D1288275

DER SPRACH BROCK HAUS

DEUTSCHES BILDWÖRTERBUCH VON A–Z

Neunte, neu bearbeitete und erweiterte Auflage

F. A. BROCKHAUS · WIESBADEN

CIP-Kurztitelaufnahme der Deutschen Bibliothek:

Der Sprach-Brockhaus: dt. Bildwörterbuch von A–Z. – 9., neu bearb. u. erw. Aufl. – Wiesbaden : Brockhaus, 1984.
ISBN 3-7653-0360-7

© F. A. Brockhaus, Wiesbaden 1984 – V-Nr. W 1644 – ISBN 3-7653-0360-7 – Printed in Germany –
Einbandentwurf: Peter Plasberg, Hamburg – Satz: Satzzentrum Oldenburg GmbH, Oldenburg (Oldb) –
Druck und Bindung: Mohndruck Graphische Betriebe GmbH, Gütersloh

VORWORT

Der Sprach-Brockhaus, der jetzt in der 9., völlig neu bearbeiteten und erweiterten Auflage vorliegt, ist mit über 83 000 Stichwörtern ein Wörterbuch für alle, die Deutsch sprechen, lesen, schreiben oder lernen, für Deutsche wie für Ausländer.

Er vereinigt in einem Alphabet die wichtigsten Wörter der deutschen Gegenwartssprache, Fremdwörter, mundartliche Ausdrücke und Wörter aus Fach- und Sondersprachen. Definitionen erklären die Bedeutung der Wörter, sprachliche Informationen, die bei jedem Stichwort stehen, erleichtern ihren korrekten Gebrauch, z. B. Angaben zu Betonung und Aussprache, zur unregelmäßigen Silbentrennung, zu Genus, Deklination und Konjugation, zu Komparation, Sprachschicht und mundartlicher oder landschaftlicher Gebundenheit. Etymologien unterrichten über die Herkunft der Wörter, sprachliche Beispiele über ihren syntaktischen und stilistischen Gebrauch.

Ein umfassender Bildteil bringt in 515 Bildgruppen mehr als 15 000 worterklärende Einzelbegriffe, die den Text ergänzen und verdeutlichen. Auf 29 Übersichten sind die wichtigsten grammatikalischen Regeln der deutschen Sprache übersichtlich zusammengefaßt.

Anregungen und Verbesserungsvorschläge sind stets willkommen; da der Verlag nicht auf alle Hinweise antworten kann, spricht er seinen Dank für jede Hilfe schon hier aus. Zu sprachlichen Auskünften ist er nach bester Möglichkeit ohne besondere Formalitäten und kostenlos gern bereit.

Wiesbaden, im Frühjahr 1984   F. A. Brockhaus

a, A *das, -/-,* **1)** ein Vokal, Abb. A 8, Übers. A 26, G 34; der erste Buchstabe des dt. Alphabets: *es geht von A bis Z.* **2)** Sinnbild des Anfangs: *wer A sagt, muß auch B sagen,* Anfangen verpflichtet; *A und O,* Anfang und Ende, das Wesentliche (Alpha und Omega).

a, A, Zeichen für: **1)** Ar. **2)** vor Maßeinheiten: Atto . . .

a, ♪ **1)** *das, -/-,* der sechste Ton der C-Dur-Tonleiter, Kammerton, Abb. N 9. **2)** Zeichen für: a-Moll.

a., Abk. für: am (bei Ortsnamen): *Frankfurt a. Main.*

A, 1) ⚡ Zeichen für: Ampere. **2)** auf Uhren Abk. für: avancer (frz. ›vorstellen‹), Richtung zum Schnellerstellen. **3)** auf Münzen: Prägestätten Berlin, Wien, Paris; auch Anfangsbuchstabe des Prägeorts. **4)** römisches Zahlzeichen: 5 000, Übers. R 27. **5)** ♪ Zeichen für: A-Dur.

Å, Zeichen für: Ångströmeinheit.

A., a., Abk. für: Anno, anno.

a. . . [grch. ›nicht‹, *an . . .* vor Vokalen und h, *ar. . .* vor rh, *. . .los, un . . .,* nicht, ohne: *amorph,* gestaltlos, ungestaltet; *anorganisch,* nicht organisch; *arrhythmisch,* ohne Rhythmus.

a . . . [lat.], vgl. *ab . . .* [lat.].

. . . a [lat.], weibl. Substantive bildende Wortendung: *die Aula; Karla.*

à [frz. ›nach . . . hin‹, ›zu‹, ›in‹, ›bei‹], je, das Stück zu: *drei Ballen à 5 DM.*

ä, Ä *das, -/-,* Umlaut des A, Übers. A 2, A 26.

Aa [ahd. aha ›fließendes Wasser‹, verwandt mit lat. aqua, vgl. Aue] *die, -/-en,* Aach, Ach(e), *oberdt., mitteldt.:* Fluß, Bach.

AA, Abk. für: Auswärtiges Amt.

a. a., Abk. für: ad acta.

Aach [ahd., vgl. Aa] *die, -/-en,* die Aa.

Aal [ahd. al] *der, -(e)s/-e,* schlangenförmiger Fisch mit schleimiger Haut: *Flußaal; er windet sich wie ein A.,* Ü sucht geschickt eine unangenehme Situation zu umgehen, vgl. Älchen. **aalen,** *ich aale mich* (habe mich geaalt), U strecke, dehne mich behaglich, faulenzend. **aalglatt,** Ü geschickt Unangenehmes vermeidend, von oberflächl. Liebenswürdigkeit. **Aalstrich** *der,* dunkler schmaler Streifen längs der Rückenmitte bei Säugetieren.

a. a. O., Abk. für: am angeführten (angegebenen) Ort, in einem schon genannten Abschnitt oder Buch.

Aar [ahd. aro] *der, -(e)s/-e,* P Adler.

Aaron [hebr.], B männl. Vorname.

Aas [ahd. az ›Fleisch toter Tiere‹, ›Futterfleisch‹, mhd. az ›Speise‹, verwandt mit ›essen‹] *das, -es/-e, Pl.* Aase, verwesende Tierleiche. **2)** *Pl.* 'Äser, grobes Schimpfwort: gemeiner Mensch. **Aasblume** *die,* Pflanze, deren Blüten nach faulendem Fleisch riechen. **aasen,** *ich aase* (habe geaast), U gehe verschwenderisch (mit Geld) um. **Aaser** *der, -s/-,* ⚔ Umhängetasche des Jägers: Weidaaser. **Aasgeier** *der,* **1)** 🦅 Geier. **2)** U Ausbeuter. **aasig,** faulig; Ü widerlich.

ab [ahd. aba], Präposition mit Dativ, bei Zeitangaben U auch mit Akkusativ, Übers. P 21. **1)** zeitlich: von . . . an, beginnend mit: *ab erstem oder ersten Januar; ab sechzehn Jahre(n).* **2)** örtlich: von . . . weg, ausgehend von: *Preis ab (unserem) Werk München.* **ab,** Adverb, **1)** weg: *ab nach Hause!; die dritte Straße rechts ab,* dort abbiegen. **2)** die Bühne verlassend: *ab nach links* (Anweisung im Textbuch). **3)** U abgerissen: *der Knopf ist ab.* **4)** vgl. ab und an.

ab . . ., in Verbindung mit Verben trennbar zusammengesetzt, **1)** weg: *abforsten; abgehen; abliegend.* **2)** zu Ende: *absuchen; ein Kleid abtragen; abwirtschaften.* **3)** nach und nach: *einen Hügel abtragen; abzahlen.* **4)** wertmindernd, schlecht: *abgegriffen; abwerten.* **5)** verneinend: *absagen.* **6)** nach unten: *abspringen; abwerfen.* **7)** nachahmend: *abmalen; abschreiben;* vgl. abarbeiten.

ab . . . [lat. ›ab . . .‹, ›miß . . .‹, ›weg . . .‹, ›ent . . .‹], vor t und z abs . . ., vor einigen Konsonanten auch a . . ., weg . . ., ab . . ., los . . .: *absolvieren; Abstinenz; Aversion.*

Aba [arab.] *die, -/-s,* ein Mantelumhang der Araber aus festem Wollstoff.

Abakus [lat. abacus ›dünne Platte‹, aus grch. abax ›Brett‹] *der, -/-,* **1)** antikes Hilfsmittel für Tafel-, Spiel-, Rechenbrett. **2)** ⬜ Säulendeckplatte, Abb. K 8.

abändern, *ich änd(e)re es ab* (habe abgeändert), mache einige Teile anders (an etwas Fertigem). **Abänderung** *die,* **1)** teilweise Umwandlung. **2)** *schweiz.* auch für: Klimakterium.

Abandon [frz. abandon ›Verzicht‹, zu ahd. ban ›Verbot‹] *der, -s/-s,* Verzicht (auf ein Recht), Abtretung, Preisgabe. **abandonnieren,** *ich abandonniere* (habe abandonniert).

---

abarbeiten, *ich arbeite ab* (habe abgearbeitet), **1)** *es,* tilge durch Arbeit. **2)** *mich,* überanstrenge mich beim Arbeiten: *er sieht abgearbeitet aus.*

Abart *die,* Spielart, Abweichung von der Art, Wandelform. **abarten,** *es artet ab* (ist abgeartet). **abartig,** abnorm. **Abartigkeit** *die, -/-en.*

Abasie [vgl. grch. a . . . und basis ›Schritt‹] *die, -/. . . s'i|en,* ⚕ krankheitsbedingte Unfähigkeit zu gehen.

abasten, *ich aste mich ab* (habe mich geastet), U plage mich.

Abate [ital.] *der, -(n)/-n* oder *. . . ti,* in Italien Titel des Weltgeistlichen.

abatisch, auf Abasie beruhend, gehunfähig.

Abaton [grch. ›das Unbetretbare‹] *das, -s/. . . ta,* für niemand oder nur Geweihten zugängl. Teil eines Heiligtums.

Abb., Abk. für: Abbildung.

Abba [aramäisch ›Vater‹], B Vater, Anrede an Gott.

Abbaside [Abbas, Oheim Mohammeds, um 565 bis um 653] *der, -n/-n,* Angehöriger eines aus Bagdad stammenden Kalifengeschlechts.

Abbau [spätmhd. abebu ›Verfall‹] *der, -(e)s,* **1)** das Abtragen von Schichten, Einzelteilen: *der A. des Zeltes.* **2)** Bestandsverminderung, Einschränkung, Herabsetzung, Leistungsabfall: *Altersabbau; A. des Personals; A. von Steuern.* **3)** ⚗ Zerlegung. **4)** biochem. Zersetzungsvorgänge. **5)** ⛏ Gewinnung nutzbarer Mineralien, auch Ort ihrer Gewinnung, Abb. B 22: *Abbaugerechtigkeit.* **6)** *Pl. -ten,* abseits gelegenes Gehöft. **7)** Weinbau: Verschlechterung der Qualität eines gelagerten Weins nach seinem Höhepunkt. **Abbaubarkeit** *die, -,* der Grad der biologisch oder chemisch möglichen Zersetzung: *Probleme durch fehlende A. bei Umweltchemikalien.* **abbauen** [mhd. abebuwen ›durch Bauen widerrechtlich abgewinnen‹], *ich baue ab* (habe abgebaut), **1)** baue ein in seine Bestandteile: *wir bauen das Gerüst ab.* **2)** *es,* ⛏ nutze, gewinne (Flöz, Erzlager). **3)** *es,* verkleinere, verringere: *ein Versuch, Vorurteile abzubauen,* Ü. **4)** *ihn,* U entlasse oder spare ein (Beamte). **5)** U lasse in meiner Leistungsfähigkeit nach: *er hat ganz plötzlich abgebaut.* **6)** *es,* zersetze auf biolog. oder chem. Weg: *Pestizide, Dünge- und Waschmittel lassen sich schwer abbauen; unser Körper baut Kohlenhydrate u. a. ab.*

abbäumen, *ich bäume es ab* (habe abgebäumt), U **1)** löse vom Webebaum. **2)** halte ein Schiff mit waagerechten Balken vom Ufer ab.

abbauwürdig, ⛏ zum Abbau lohnend.

Abbé [ab'e, frz. ›Abt‹] *der, -s/-s,* in Frankreich Titel des Weltgeistlichen.

abbeeren, *ich beere es ab* (habe abgebeert), pflücke die Beeren, Trauben ab.

abbeißen [ahd. aba bizen], *ich beiße es ab* (biß ab, habe abgebissen), löse, trenne mit den Zähnen.

abbeizen, *ich beize es ab* (habe abgebeizt), **1)** beize. **2)** entferne durch ätzende, lösende Flüssigkeiten.

abbekommen, *ich bekomme es ab* (bekam ab, habe abbekommen), U **1)** *von etwas,* kann entfernen. **2)** erhalte einen Teil von etwas: *ihr werdet Regen abbekommen; er hat was abbekommen,* ist zu Schaden gekommen.

abbeordern, *ich beord(e)re ihn, es ab* (habe abbeordert), berufe ab; mache rückgängig.

abberufen, *ich berufe ihn ab* (berief ab, habe abberufen), **1)** rufe fort (von seinem Amt). **2)** *Gott hat ihn abberufen,* P er ist gestorben. **Abberufung** *die.*

abbestellen, *ich bestelle es ab* (habe abbestellt), mache eine Bestellung rückgängig. **Abbestellung** *die.*

abbetteln, *ich bett(e)le es ihm ab* (habe abgebettelt), erreiche es durch Betteln: *sie hat es mir abgebettelt.*

Abbevillien [abəvilj'ẽ, nach der französ. Stadt Abbeville] *das, -(s),* eine Kulturstufe der Altsteinzeit.

abbezahlen [spätmhd. abezal(e)n], *ich bezahle es ab* (habe abbezahlt), zahle in Raten.

abbiegen, *ich bieg(e) es ab,* **1)** (bin abgebogen), ändere die Richtung: *der Lkw bog nach rechts ab; Linksabbieger.* **2)** (habe abgebogen) *es,* biege in eine andere Richtung; Ü lenke (ein Gespräch) auf ein anderes Thema, verhindere geschickt.

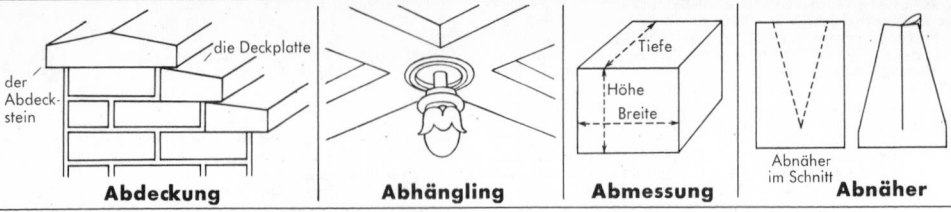

der Abdeckstein — die Deckplatte — **Abdeckung** | **Abhängling** | Tiefe, Höhe, Breite — **Abmessung** | Abnäher im Schnitt **Abnäher**

Abbild [mhd. abbilde] *das,* getreue Wiedergabe, Spiegelbild. **abbilden,** *ich* bilde *ihn, es* ab (habe abgebildet). **Abbildung** die, -/-en, Abk.: Abb., bildl. Wiedergabe, Illustration.

abbinden [mhd. abebinden], *ich* binde *es* ab (band ab, habe abgebunden), 1) binde Angebundenes los. 2) schnüre ein, so daß es abfallen muß (Warze). 3) umschnüre fest (Schlagader) zur Blutstillung. 4) 🐄 entwöhne (Kalb). 5) bereite Bauhölzer zum Aufbau auf der Baustelle vor. 6) *Zement (Mörtel, Beton), Klebstoff* bindet ab, erstarrt, wird fest.

Abbitte *die,* förmliche Bitte um Verzeihung: *ich leiste, tue A. für etwas bei jemandem.* **abbitten** [mhd. abebiten], *ich* bitte *(es ihm)* ab (bat ab, habe abgebeten).

abblasen, *ich* blase *es* ab (blies ab, habe abgeblasen), 1) puste weg. 2) lasse das Schlußsignal geben, beende (Jagd). 3) ∪ sage ab (Veranstaltung). 4) entleere ganz (Kessel).

abblassen [mhd. blassen, ⚔ ›blaß werden‹], *es* blaßt ab (ist abgeblaßt), wird blaß, verliert Farbe.

abblatten, *ich* blatte *es* ab (habe abgeblattet), entferne Blätter von Pflanzen. **abblättern,** *es* blättert ab (ist abgeblättert), 1) verliert Blätter. 2) löst sich stückweise (Farbe).

abblenden, *ich* blende *(es)* ab (habe abgeblendet), 1) verdecke Licht so weit, daß es nicht blendet. 2) Photographie: verkleinere die Blende. 3) ⚘ schalte von Fern- auf Abblendlicht. **Abblendlicht** *das, -(e)s/-er,* ⚘ Fahrlicht, Beleuchtung, die Blendung Entgegenkommender vermeidet.

abblitzen, getrennte Formen nicht üblich, ∪ abgewiesen werden: *ich bin bei ihr abgeblitzt; sie ließ ihn abblitzen.*

abblocken, *ich* blocke *es, ihn* ab (habe abgeblockt), 1) Boxen: wehre mit den Fäusten ab. 2) *seine Pläne wurden abgeblockt,* Ü ihre Verwirklichung zunächst vereitelt.

abböschen, *ich* bösche *es* ab (habe abgeböscht), schräge ab (Gelände).

Abbrand *der,* 1) Verlust an Metallen beim Schmelzen. 2) Rückstand nach dem Rösten von Erzen. 3) Ausmaß des Verbrauchs von Brennelementen in Kernkraftwerken. 4) Verbrennung von Festtreibstoffen bei Raketen. **Abbrandler, Abbrändler** *der, -s/-, österr.:* durch Brand seines Hauses schwer Geschädigter.

abbrechen [ahd. ababrehhan], *ich* breche *es* ab (brach ab, habe abgebrochen), 1) *es,* entferne ein Stück davon: *ich habe die Blüte abgebrochen.* 2) *es,* Ü löse plötzlich: *ich breche die Beziehungen ab.* 3) *es,* reiße nieder (Gebäude): *wir müssen unsere Zelte abbrechen,* Ü müssen von hier fort. 4) *es,* beende plötzlich, vorzeitig: *wegen dringender Geschäfte brach er seine Reise ab.* 5) *Bier,* rühre um. 6) *es* bricht ab, löst sich als kleineres Stück aus dem Zusammenhalt: *die Bleistiftspitze ist abgebrochen.* 7) *es* bricht ab (ist abgebrochen), Ü hört plötzlich auf.

abbremsen, *ich* bremse *(es)* ab (habe abgebremst), 1) bremse, verlangsame. 2) prüfe einen Flugmotor durch Probelauf bei gebremsten Rädern.

abbrennen [mhd. abebrennen], *ich* brenne ab (habe abgebrannt), 1) *es,* vernichte, beseitige durch Brand. 2) *ein Feuerwerk, Geschütze,* zünde, schieße los. 3) *Stahl,* härte durch Entzünden aufgestrichener Öle. 4) *es* brennt ab (ist abgebrannt), geht ganz in Flammen auf. 5) (bin abgebrannt), verliere mein Gut durch Schadenfeuer; vgl. abgebrannt.

Ab|breviation, Ab|breviatur [lat. ab ... und brevis ›kürzen‹] *die, -/-en,* Abkürzung; in der Notenschrift Zeichen z. B. für Wiederholungen mehrerer Töne in regelmäßiger Folge. **ab|brevi|eren,** *ich* abreviiere (habe abbreviiert) ab.

abbringen, *ich* bringe ab (habe abgebracht), 1) Ü *ihn von etwas,* beeinflusse ihn, bringe ihn dazu, seine Meinung oder seinen Vorsatz aufzugeben. 2) *es,* ∪ es gelingt mir, es abzulösen. 3) *es, schweiz.:* kann es verkaufen.

abbröckeln, 1) *ich* bröck(e)le *es* ab (habe abgebröckelt),

breche stückweise ab. 2) *es* bröckelt ab (ist abgebröckelt), fällt stückweise ab, zerfällt.

Abbruch [spätmhd. abebruch ›Abbruch‹, ›Mangel‹] *der,* 1) jähe Beendigung: *A. diplomatischer Beziehungen.* 2) Schaden: *das tut der Sache keinen A.* 3) 🏛 das Niederreißen: *auf A. verkauft; Abbrucharbeiten; abbruchreif.* 4) Trümmer: *Gletscherabbruch.*

abbrühen, *ich* brühe *es* ab (habe abgebrüht), übergieße mit kochender Flüssigkeit; vgl. abgebrüht.

abbrummen, *ich* brumme *eine Strafe* ab (habe abgebrummt), ∪ verbüße: *er muß noch drei Jahre abbrummen.*

abbuchen, *ich* buche *es (vom Konto)* ab (habe abgebucht), verringere das Konto um diesen Betrag. **Abbuchung** *die.*

abbürsten, *ich* bürste *es* ab (habe abgebürstet), nehme mit einer Bürste weg (Staub).

abbüßen, *ich* büße *es* ab (habe abgebüßt), leide für meine Schuld.

Abc [mhd. abc] *das, -/-,* Abece, 1) Alphabet, ABB. A 8; vgl. ÜBERS. F 17. 2) Grundkenntnisse: *Abc der Technik.* **ABC-Kampfmittel,** *Pl.,* kurz für: atomare, biologische und chemische Kampfmittel. **Abc-Schütze** *der,* Abeceschütze, Schulanfänger.

abdachen, *ich* dache *es* ab (habe abgedacht), mache schräg. **Abdachung** *die, -/-en,* 🌐 🌀 sanfte Neigung, ABB. B 20.

Abdampf *der,* ⚙ nach verrichteter Arbeit frei ausströmender Dampf; vgl. ABB. D 3: *Abdampfverwertung; Abdampfvorrichtung.* **abdampfen,** *ich* dampfe ab, 1) *es* (habe abgedampft), treibe mit Hitze aus einem Stoffgemisch aus. 2) (bin abgedampft), ∪ reise ab, gehe weg. 3) *es* dampft ab (ist abgedampft), gibt Dampf ab. **abdämpfen,** *ich* dämpfe *es* ab (habe abgedämpft), dämpfe, mindere.

abdanken, *ich* danke ab (habe abgedankt), verzichte, lege nieder (Amt, Krone). **Abdankung** *die, -/-en,* 1) Thronverzicht. 2) ⚔ Amtsabgabe, Rücktritt. 3) *schweiz.:* Beerdigung, Trauerfeier.

abdarben, *ich* darbe *es mir (vom Munde)* ab (habe abgedarbt), spare unter Opfern.

abdecken, *ich* decke *es* ab (habe abgedeckt), 1) *es,* nehme die Decke oder Deckung ab: *der Sturm hat viele Dächer abgedeckt; du mußt den Tisch abdecken,* das Geschirr usw. abräumen. 2) *es,* lege eine Schutzschicht auf, decke zu. 3) *es,* tilge (Schulden). 4) *ihn,* 🔪 decke, bewache einen Gegner. **Abdecker** [zu abdecken, ⚔ ›ein Tier die Decke (Haut) abziehen‹] *der, -s/-,* jemand, der nicht zum Verzehr geeignete Tiere tötet, verwertet oder beseitigt. **Abdeckerei** *die, -/-en.* **Abdeckung** *die,* Deckschicht, Mauerschutz, ABB. A 1.

Abderit [nach den Einwohnern der altgriech. Stadt Abdera, die als beschränkte Kleinbürger galten] *der, -en/-en,* Schildbürger.

abdichten, *ich* dichte *es* ab (habe abgedichtet), mache dicht, undurchlässig. **Abdichtung** *die,* 1) 🔵 Undurchlässigmachen eines Abschlusses. 2) Hilfsmittel dazu.

abdienen, *ich* diene *es* ab (habe abgedient), leiste ab; vergelte (eine Schuld, eine Vergünstigung) durch Arbeit.

Abdikation [zu abdizieren] *die, -/-en,* ⚔ Abdankung.

abdingbar, nach Vereinbarung abänderbar (Vorschrift).

abdingen, *ich* dinge *es ihm* ab (dang ab, habe abgedungen), ⚔ handle im Preis herunter.

abdizieren [lat. abdicere ›lossagen‹], *ich* abdiziere (habe abdiziert), ⚔ lege ein Amt nieder, danke ab.

Abdomen [lat. ›Bauch‹] *das, -s/-* oder ...*mina,* 1) ⚕ Unterleib, Bauchhöhle. 2) Hinterleib der Gliederfüßer. **abdominal,** ⚕ zum Unterleib gehörig.

abdrängen, *ich* dränge *ihn (von etwas)* ab (habe abgedrängt), zwinge ihn, seinen Platz zu verlassen.

abdrehen, *ich* drehe ab (habe abgedreht), 1) wechsle den

Kurs (Schiff, Flugzeug). **2)** *es*, reiße durch Drehen ab. **3)** *es*, schalte aus, stelle ab. **4)** *es*, verkleinere auf der Drehbank. **Abdrift** [niederdt., zu treiben] *die*, Winkel, um den Schiffe oder Flugzeuge seitlich abgetrieben werden.

abdrosseln, *ich* drossele, droßle *es* ab (habe abgedrosselt), drossele, hemme, vermindere.

Abdruck *der*, **1)** *-(e)s/-e*, Abzug, Durchschlag, Wiedergabe eines Drucktextes oder Bildes: *die Zeitschrift beginnt heute mit dem A. seiner Memoiren*. **2)** *-(e)s/^ue*, auf, in einem Material hinterlassene Form, Spur: *Fingerabdruck; Gipsabdruck; Versteinerungsabdruck; Wachsabdruck*. **abdrucken**, *ich* drucke *es* ab (habe abgedruckt). **abdrücken**, *ich* drücke *es* ab (habe abgedrückt), **1)** bilde nach, z. B. Münzen in Wachs. **2)** feuere ab (Gewehr). **3)** *U* drücke zärtlich: *er drückte seine kleine Schwester ab*. **4)** ☺ setze unter Druck.

abds., Abk. für: abends.

Abduktion [lat. abducere ›wegführen‹ *die*, -/-en, Bewegung einzelner Glieder von der Körperachse weg. **abduzieren**, *ich* abduziere *es* (habe abduziert).

abebben [zu Ebbe], *es* ebbt ab (ist abgeebbt), wird geringer: *das Tosen des Sturms, sein Zorn ebbte ab*.

Abece [mhd. abece] *das*, -/-, Abc.

Abel [hebr. Hebel ›Hauch‹], B männl. Vorname.

. . . abel [lat.], *. . .*bar: diskutabel, diskutierbar, so geartet, daß man darüber reden kann; *eine respektable Leistung*.

Abele [lat. albus ›weiß‹] *die*, -/-n, Weißpappel.

abenand, *schweiz.*: entzwei, auseinander.

Abend [ahd. aband] *der*, -s/-e, **1)** Tagesende, Dämmerung: *es wird A.; es soll den Tag nicht vor dem A. loben; aller Tage A.; am A., des Abends, jeden A., gegen A.; ich esse zu A.; Abendgymnasium; guten A.!*, Grußformel; *der Heilige A.*, vgl. Heiligabend; aber: *am Montagabend oder Montag abend*, vgl. Dienstag; *heute abend*. **2)** *alem.*: Nachmittag. **3)** P Westen: *gen A.* **4)** in Zusammensetzung: *Vorabend, Tag vor einem Fest; Weihnachtsabend*. **5)** abendl. Veranstaltung: *Herrenabend*.

Abendbrot *das*, *-(e)s*, Abendessen. **abendelang**, mehrere Abende beanspruchend: *abendelange Besprechungen*; aber: *zwei Abende lang*. **Abendessen** *das*, Mahlzeit am Abend. **abendfüllend**, zwei bis drei Stunden am Abend beanspruchend: *ein abendfüllender Film*. **Abendkleid** *das*, ABB. K 25. **Abendland** *das*, *-(e)s*, die Westhälfte der Alten Welt, Okzident. **Abendländer** *der*, *-s/-*. **abendländisch**. **abendlich**, am Abend stattfindend, geschehend: *abendliche Abkühlung; allabendlich*. **Abendmahl** *das*, *-(e)s/-e*, **1)** das letzte Mahl Jesu mit seinen Jüngern: *das letzte A.* **2)** die als Gedächtnismahl gefeierte Wiederholung dieses Mahls: *das heilige A.* **Abendrot** *das*, **Abendröte** *die*, Rotfärbung des Abendhimmels. **abends**, Abk.: abds., am Abend: *Freitag a.* oder *freitags a.; a. spät; aber: spätabends*. **Abendstern** *der*, *-(e)s*, der Planet Venus am Abendhimmel.

Abenteuer [mhd. aventiure, zu afrz. aventure ›Begebenheit‹, ›Wagnis‹] *das*, *-s/-*, **1)** gefährliches Wagnis: *Abenteuerlust*. **2)** nicht alltägliches Geschehen: *er hatte ein A. zu bestehen; Abenteuerspielplatz*, ABB. S 55. **3)** Liebeserlebnis, Seitensprung: *ein galantes A.* **abenteuerlich**, *ein abenteuerliches Vorhaben*. **abenteuern**, *ich* abenteu(e)re (habe geabenteuert). **Abenteurer** *der*, *-s/-*, **Abenteu(r)erin** *die*, *-/-nen*.

aber [ahd. abur], **1)** jedoch, indessen: *nicht ich, a. du!; er wollte kommen, a. er konnte nicht.* **2)** verstärkend: *a. ja!; a. selbstverständlich!; a., a.!* (Tadel). **3)** nochmals, wieder: *tausend und a. tausend, österr.: abertausend, und wiederum tausend; Tausende und a. Tausende, österr.: Abertausende; abertausend Blüten, viele tausend; Abertausende von Blüten.* **Aber** *das*, -s/-, Einwand, Bedingung: *er hat viele Wenn und A.*

Aberglaube [spätmhd. aber ›falsch‹, ›verkehrt‹ *der*, abwertende Bez. des Glaubens an Übernatürliches und magisches Verhalten. **abergläubisch**.

aberkennen [mhd. abekennen], *ich* erkenne *es ihm* ab (habe aberkannt), seltener: *ich* aberkenne es *ihm*, ਠ spreche ab: *ihm wurden die bürgerlichen Ehrenrechte auf 10 Jahre aberkannt*. **Aberkennung** *die*, *-/-en*.

abermalig, neuerlich. **abermals**, noch einmal.

abernten, *ich* ernte *es* ab (habe abgeerntet), bringe die gesamte Frucht ein (eines Baumes, Feldes).

Aberration [lat. aberrare ›abirren‹] *die*, *-/-en*, **1)** ☆ Abweichung des scheinbaren Standorts vom wirklichen: *tägliche, jährliche A.; Aberrationswinkel*. **2)** Optik: Abbildungsfehler. **aberrieren**, *es* aberriert (hat aberriert).

Aberwitz [spätmhd. aberwitze, vgl. Aberglaube] *der*, *-es*, Unverstand. **aberwitzig**.

---

abessen [mhd. abeezzen], *ich* esse *es* ab (aß ab, habe abgegessen), esse von etwas herunter.

Abf., Abk. für: Abfahrt.

ABF, Abk. für: Arbeiter-und-Bauern-Fakultät.

abfackeln [zu Fackel], *ich* fack(e)le *es* ab (habe abgefackelt), ⊙ lasse zeitweilig nicht verwertbare Gase abbrennen.

abfahren [mhd. abevarn], *ich* fahre ab (fuhr ab, bin abgefahren), **1)** verlasse einen Ort mit einem Fahrzeug; mache die Talfahrt: *der Zug fuhr pünktlich ab*. **2)** *er hat mich abfahren lassen*, U abgewiesen. **3)** (habe abgefahren) *es*, bringe mit einem Fahrzeug weg. **4)** (habe abgefahren) *es*, nutze durch Fahren ab: *die Reifen sind abgefahren*. **5)** (habe abgefahren), besuche alle Orte: *er hat ganz Hessen abgefahren*. **6)** die Regie fährt den Film ab [hat abgefahren], U schaltet ihn in eine Fernsehsendung ein. **7)** *darauf ist er (voll) abgefahren*, U er hat sich davon mitreißen lassen, hat begeistert darauf eingegangen.

Abfahrt [mhd. abevart] *die*, **1)** Abk.: Abf., Beginn einer Fahrt: *Abfahrtszeit; Abfahrt(s)signal*. **2)** ⤬ Talfahrt (Skilauf): *Abfahrtslauf*.

Abfall [mhd. abeval] *der*, *-(e)s/^ue*, **1)** nicht mehr verwertbarer Rest, Überbleibsel: *Küchenabfälle; radioaktive Abfälle; Abfallbeseitigung; Abfallprodukte; Abfallverwertung; Abfallwärme; Abfallzerkleinerung*. **2)** ohne Pl., ⊕ steiler Abhang. **3)** ohne Pl., *der A. der Niederlande von Spanien*. **4)** ohne Pl., das Schlechterwerden: *Leistungsabfall*.

Abfalleimer *der*, Mülleimer, ABB. K 50. **abfallen** [mhd. abevallen], *ich* falle ab (fiel ab, bin abgefallen), **1)** *es fällt ab*, fällt, löst sich: *das Blatt fällt vom Baum ab*. **2)** *von ihm*, U werde ihm untreu. **3)** *gegen ihn*, U bin, werde schlechter als er. **4)** *es fällt ab*, neigt sich (Gebirge). **5)** ↘ ändere den Kurs eines Segelschiffs nach Lee. **6)** *es fällt für mich ab*, U ich bekomme es. **abfällig**, verächtlich, mißbilligend: *sie äußerte sich a. über ihn*.

abfälschen, *ich* fälsche *den Ball* ab (habe abgefälscht), ⤬ streife den Ball, der dann die Richtung ändert.

abfangen [mhd. abevahen], *ich* fange ab (fing ab, habe abgefangen), **1)** *ihn*, *es*, erwische unterwegs, hindere daran, zum Ziel zu gelangen (Brief u. a.). **2)** *es*, 🏛 stütze ein Bauwerk durch Bögen, Pfeiler, Träger, Stützmauern. **3)** *es*, ⚒ bewahre durch Stützen vor dem Einsturz. **4)** *ihn*, ⚒ unterbreche den Angriff eines Konkurrenten. **5)** *ein Tier*, 🐗 gebe ihm den Todesstoß. **6)** *es*, bringe unter Kontrolle, bringe ein Flugzeug aus dem Sturzflug in die Waagerechte. **7)** *es*, ⚓ zwinge ein gegnerisches Flugzeug noch vor Erreichen des eigenen Gebietes zur Umkehr oder vernichte es: *Abfangsystem*. **Abfangjäger** *der*, ⚓. **Abfangsatellit** *der*, militär. Satellit als Teil eines Abfangsystems gegen feindl. Angriffe aus Luft und Weltraum.

abfärben, *es* färbt ab (hat abgefärbt), **1)** überträgt seine eigene Farbe auf etwas anderes (Stoff). **2)** *auf ihn*, U beeinflußt ihn: *sein Benehmen hat auf sie abgefärbt*.

abfasen [zu Fase], *ich* fase *es* ab (habe abgefast), schräge ab.

abfassen, *ich* fasse ab (habe abgefaßt), **1)** *ein Schriftstück*, verfasse, gebe ihm die sprachl. Form. **2)** *ihn*, fange ab, erwische.

Abfassung *die*.

abfaulen [mhd. abevalen], *es* fault ab (ist abgefault), löst sich durch Fäulnis: *abgefaulte Pflanzentriebe*.

abfedern, *ich* fed(e)re *es* ab (habe abgefedert), **1)** ⚘ töte Federwild. **2)** *Preiserhöhungen werden abgefedert*, U gemildert, teilweise wieder herabgesetzt.

abfeiern, *ich* fei(e)re *Überstunden* ab (habe abgefeiert), **1)** lasse sie mir durch Freizeit, nicht durch Bezahlung abgelten, U lasse sie mir durch Freizeit, nicht durch Bezahlung abgelten.

abfeilen [mhd. abevilen], *ich* feile *es* ab (habe abgefeilt), glätte, trage mit der Feile.

abfertigen [spätmhd. abevertigen], *ich* fertige ab (habe abgefertigt), **1)** erledige eine Geschäfts, leiste ihm Kundendienst. **2)** *es*, überprüfe, mache zur Beförderung, zur Abfahrt bereit, z. B. Pakete, Gepäck. **3)** *ihn*, behandle kurz und abweisend: *damit sich mich nicht abfertigen, das befriedigt mich nicht, ich verlange mehr*. **Abfertigung** *die*, **1)** Bedienung von Kunden. **2)** Übernahme zur Beförderung und der Ort dafür: *Gepäckabfertigung*.

abfeuern, *ich* feu(e)re *es* ab (habe abgefeuert), gebe einen Schuß aus einer Feuerwaffe ab.

abfieren [zu fieren], *ich* fiere *es* ab (habe abgefiert), ↘ lasse (am Tau) herunter.

abfinden, *ich* finde ab (fand ab, habe abgefunden), **1)** *ihn*, entschädige, stelle zufrieden. **2)** *mich damit*, ergebe mich darein, gebe mich zufrieden. **Abfindung** *die*, *-/-en*, einmalige Entschädigung, Geldsumme zur Befriedigung von Ansprüchen: *Abfindungsanspruch; Abfindungssumme*.

abfischen, *ich* fische ab (habe abgefischt), **1)** angle zum letzten Mal in der Saison. **2)** *einen Teich*, lasse das Wasser zur Fischgewinnung ab.

abflachen, 1) *ich flache ab* (habe abgeflacht) *es*, mache weniger schräg: *abgeflachte Kanten.* **2)** *es flacht ab* (ist abgeflacht), Ü sinkt im Niveau (Gespräch).

abflauen [zu flau], *es flaut ab* (ist abgeflaut), wird schwächer, langsamer, matter (Wind, Geschäft, das Interesse).

abfliegen, *ich fliege ab,* **1)** (bin abgeflogen) *von einem Ort,* verlasse ihn im Flugzeug. **2)** (habe, bin abgeflogen) *ein Gebiet,* überfliege es suchend, beobachtend.

abfließen, *es fließt ab* (*aus etwas*) ab (floß ab, ist abgeflossen), verläßt es: *der Ausguß ist verstopft, das Wasser kann nicht abfließen.*

abfluchten, *ich fluchte es ab* (habe abgefluchtet), bringe in eine gerade Linie.

Abflug *der,* das Abfliegen, Flugbeginn.

Abfluß *der,* **1)** Wegführung (von Wasser). **2)** Entleerungsrohr; Abzugsgraben, ABB. T 3. **3)** Ü Verminderung (von Kapital).

Abfolge *die,* Reihenfolge: *in rascher A.*

abfordern [mhd. ab(e)vordern], *ich ford(e)re es ihm ab* (habe abgefordert), verlange von ihm.

abformen, *ich forme ihn, es ab* (habe abgeformt), mache ein Abbild, bilde einer Form nach.

abfragen, *ich frage ihn* oder *ihm etwas ab* (habe abgefragt), prüfe seine Kenntnisse: *es wurden Vokabeln abgefragt.*

abfressen, *Tiere fressen es ab* (fraßen ab, haben abgefressen), fressen kahl: *Kaninchen haben den Salat abgefressen.*

abfrieren, 1) *es friert ab,* geht durch Frost ein, stirbt ab: *die jungen Triebe sind abgefroren.* **2)** *ich friere es mir ab* (habe abgefroren), verliere durch Frost (Gliedmaßen).

Abfuhr *die, -/-en,* **1)** Wegbeförderung. **2)** Fechten: Fehlschlag, Niederlage. **3)** Ü Zurückweisung: *man wird ihm eine A. erteilen.* **abführen** [mhd. abevüren], *ich führe ab* (habe abgeführt), **1)** *ihn, es,* leite einen anderen Weg: *das führt vom Thema ab,* Ü. **2)** *ihn,* bringe polizeilich hinaus, verhafte. **3)** *Geld,* zahle (Steuer). **4)** *es führt ab,* beschleunigt die Darmentleerung. **Abführmittel** *das,* Arznei zur Darmentleerung: *Abführpille; Abführschokolade.* **Abführung** *die.*

abfüllen, *ich fülle es ab* (habe abgefüllt), fülle in ein anderes Gefäß (Tüten, Tuben, Gläser u. a.): *Wein wird auf Flaschen abgefüllt; Abfülldatum; Abfüllmaschinen.*

abfüttern, *ich fütt(e)re ihn ab* (habe abgefüttert), **1)** versehe mit einem Futter. **2)** Ü gebe ihm zu essen, bes. bei vielen Personen. **Abfütterung** *die.*

Abg., Abk. für: Abgeordnete(r).

Abgabe *die,* **1)** ✂ das Abgeben: *Ballabgabe.* **2)** Auslieferung, Auslieferungsstelle. **3)** Verkauf, Überlassung. **4)** *meist Pl.,* Steuer, Pflichtzahlung. **abgabenfrei, abgabe(n)pflichtig,** von Steuern usw. befreit, dazu verpflichtet.

Abgang [mhd. abeganc] *der,* das Weggehen: *A. von der Schule, Bühne; Abgangszeugnis.* **2)** Verlust, Schwund. **abgängig,** K vermißt, unauffindbar. **Abgängigkeitsanzeige** *die,* österr.: Vermißtenanzeige.

Abgas *das,* ☺ bei Verbrennungsvorgängen abgehendes Gas, Auspuffgas: *Autoabgase; Abgasentgiftung; Abgastest; Abgasleitung,* ABB. S 17; *Abgasturbine; Abgasrückführung.*

abgaunern [zu Gauner], *ich gaun(e)re es ihm ab* (habe abgegaunert), liste ab, betrüge ihn darum.

ABGB, Abk. für: Allgemeines Bürgerliches Gesetzbuch (für Österreich).

abgearbeitet, vgl. abarbeiten.

abgeben [ahd. abageban], *ich gebe ab* (gab ab, habe abgegeben), **1)** *es,* verzichte darauf, lasse einem anderen zukommen. **2)** *es,* überreiche. **3)** *es,* feuere ab: *er gab zwei Warnschüsse ab.* **4)** *den Ball,* ✂ spiele ab, gebe ihn an einen Mitspieler weiter. **5)** *ein Urteil, meine Meinung,* sage. **6)** *es,* diene dazu: *ich gebe einen schlechten Sänger ab,* eigne mich nicht dazu. **7)** Kartenspiel: gebe zuletzt. **8)** *ihm davon,* teile mit einem anderen, behalte nur einen Teil. **9)** *mich mit ihm,* beschäftige, befasse mich.

abgebrannt, 1) von abbrennen. **2)** *ich bin a.,* U habe mein letztes Geld ausgegeben.

abgebraucht, abgedroschen.

abgebrüht, 1) von abbrühen. **2)** Ü sittlich abgestumpft, empfindungslos. **Abgebrühtheit** *die, -.*

abgedroschen, Ü leer wie Stroh, zu oft gebraucht und deshalb inhaltslos geworden (Schlagworte).

abgefeimt [ahd. feim ›Schaum‹, eigtl. ›abgeschäumt‹], durchtrieben, gerissen (Betrüger).

abgefuckt, U heruntergekommen: *er ist total a.; ein abgefuckter Laden.*

abgegolten, von abgelten.

abgegriffen, 1) von abgreifen. **2)** durch vieles Anfassen abgenutzt (Münze, Hut). **3)** abgedroschen, sehr oft gebraucht (Ausdruck).

abgehackt, 1) von abhacken. **2)** Ü scharf getrennt, mit vielen Pausen (gesprochen).

abgehangen, vgl. abhängen.

abgehärmt, vgl. abhärmen.

abgehen [ahd. abagan], *ich gehe ab* (ging ab, bin abgegangen), **1)** verlasse meinen Platz: *der Zug geht gleich ab,* fährt fort; *der Direktor geht ab,* tritt in den Ruhestand; *der Schauspieler geht ab* (von der Bühne); *Blut geht ab,* fließt heraus. **2)** *der Knopf geht ab,* Ü löst sich. **3)** *hier geht der Weg nach Neustadt ab,* zweigt ab. **4)** *von etwas,* verlasse es: *er ist von der Schule abgegangen; von meinen Grundsätzen kann ich nicht abgehen,* Ü. **5)** *es,* gehe prüfend entlang: *der Wärter geht die Strecke ab.* **6)** *es geht gut, schlecht ab,* verläuft. **7)** *es geht mir ab,* geht jedes Verständnis dafür ab. **8)** *es geht ab,* wird abgezogen: *hiervon gehen noch 5% ab.* **9)** *die Ware geht gut, schlecht ab,* läßt sich gut, schlecht verkaufen.

abgekämpft, U erschöpft, überarbeitet: *sie sieht a. aus.*

abgekartet [nhd., eigtl. ›zum Nachteil eines Mitspielers Karten austeilen‹, zu mhd. karten ›Karten spielen‹], **1)** von abkarten. **2)** heimlich ausgemacht, vorweg verabredet: *die beiden treiben ein abgekartetes Spiel.*

abgeklappert, 1) von abklappern. **2)** U dürr, alt und wackelig. **3)** U abgedroschen.

abgeklärt, 1) von abklären. **2)** durch Stehen klar geworden (Wein). **3)** Ü leidenschaftslos, durch Erfahrung über der Sache stehend. **Abgeklärtheit** *die, -.*

abgelebt, 1) verstorben. **2)** verbraucht, matt.

abgelegen, 1) von abliegen. **2)** fern (von allem Verkehr, vom Gewöhnlichen): *ein abgelegenes Gehöft.*

abgelten [mhd. abgelten], *ich gelte es ab* (galt ab, habe abgegolten), bezahle, leiste gleichwertigen Ersatz: *die Schuld ist damit abgegolten.* **Abgeltung** *die, -.*

abgemessen, 1) von abmessen. **2)** maßvoll, überlegt, beherrscht: *abgemessenen Schrittes.*

abgeneigt [mhd. abgeneigt ›sich abwenden‹], **1)** ungünstig gesinnt, abhold: *dem Alkohol a.* **2)** nicht willens, ungewillt: *er ist nicht a. nachzugeben,* möchte ganz gern.

Abgeordnete *die, -n/-n, ein -r, eine -,* Abk.: Abg., Vertreter, Unterhändler (einer Gruppe, des Volks), Mitglied des Parlaments: *Abgeordnetenhaus.*

abgerissen, 1) von abreißen. **2)** Ü schäbig (Kleidung). **3)** Ü plötzlich unterbrochen, unzusammenhängend (Rede, Stil).

Abgesandte *der, die, -n/-n, ein -r, eine -,* Beauftragte(r), Unterhändler(in).

Abgesang *der,* Endteil der Strophe im Minnesang, ÜBERS. M 14.

abgeschieden [mhd. abegescheiden], **1)** von abscheiden. **2)** einsam, von anderen entfernt oder getrennt: *er lebt a. von der Welt.* **3)** verstorben: *der Abgeschiedene.* **Abgeschiedenheit** [mhd. abgescheidenheit] *die, -: in der A. der Bergwelt.*

abgeschlagen, 1) von abschlagen. **2)** Ü erschöpft, ermüdet. **3)** Ü als Konkurrent ausgeschaltet: *der Favorit lief weit a. im Feld.* **Abgeschlagenheit** *die, -.*

abgeschlossen, 1) von abschließen. **2)** beendet, durchgeführt (Arbeit). **3)** *ich habe mit ihm a.,* ihn aus meinen Gedanken gestrichen; *sie hat mit dem Leben a.,* sie erwartet ergeben den Tod. **4)** einsam, getrennt: *von aller Welt a.* **Abgeschlossenheit** *die, -.*

abgeschmackt [nhd.; frühnhd. abgeschmack ›geschmacklos‹], platt, albern, takt-, geschmacklos. **Abgeschmacktheit** *die, -/-en.*

abgesehen *von ihm,* außer; wenn man es nicht berücksichtigt: *davon a.*

abgespannt [nhd., urspr. vom nicht gespannten Bogen], **1)** von abspannen. **2)** müde, leistungsunfähig, erschöpft: *du siehst a. aus.*

abgespielt, 1) von abspielen. **2)** durch häufiges Spielen abgenutzt (Schallplatten, Tonbänder, Filmkopien, Spielkarten).

abgestanden, 1) von abstehen. **2)** durch langes Stehen schal, nicht mehr frisch (Wasser). **3)** Ü abgedroschen.

abgestorben, 1) von absterben. **2)** tot. **3)** ✂ gefühllos: *mein Bein ist wie a.* **4)** Ü unempfänglich: *a. für die Freuden der Welt.*

abgetakelt [niederl. aftakelen], **1)** von abtakeln. **2)** außer

Betrieb gesetzt (Schiff). **3)** U alt und heruntergekommen (Person).

abgetan, 1) von abtun. **2)** beendet, erledigt, bedeutungslos geworden.

abgewinnen [mhd. abegewinnen], *ich gewinne es ihm ab* (gewann ab, habe abgewonnen), **1)** bekomme von ihm auf geschickte, oft listige Weise. **2)** U finde Gefallen daran: *dieser Sache kann ich nichts abgewinnen.*

abgewirtschaftet, heruntergekommen, zugrunde gerichtet.

abgewogen, 1) von abwägen. **2)** U die Vor- und Nachteile bedacht, mit Gleichmaß. **Abgewogenheit** *die, -.*

abgewöhnen, *ich gewöhne es ihm, mir ab* (habe abgewöhnt), nehme die Gewohnheit, zwinge, damit aufzuhören: *er will sich das Rauchen abgewöhnen.*

abgewrackt [zu Wrack], **1)** von abwracken. **2)** U alt und verbraucht.

abgezehrt, vgl. abzehren.

abgezirkelt, 1) von abzirkeln. **2)** U genau bedacht, genau berechnet.

abgießen, *ich gieße es ab* (goß ab, habe abgegossen), **1)** forme im Guß ab. **2)** schütte die Flüssigkeit weg: *nach dem Kochen werden die Kartoffeln abgegossen.*

Abglanz *der,* gespiegelter Glanz: *im A. der Sonne; nur noch ein A. seines Ruhms,* U.

abgleichen, *ich gleiche es ab* (habe abgeglichen), stimme genau aufeinander an.

abgleiten, *ich gleite ab* (bin abgeglitten), verliere auf glatter Oberfläche den Halt, rutsche ab: *alle Warnungen glitten an ihm ab,* U beeindruckten ihn nicht.

Abgott [ahd. abgot] *der, -(e)s/ʺer,* **1)** Götze, falscher Gott. **2)** etwas leidenschaftlich Verehrtes: *der A. der Jugend.* **Abgötterej** *die, -,* **1)** Götzendienst. **2)** leidenschaftl. Verehrung. **abgöttisch.**

abgraben [mhd. abegraben], *ich grabe es ab* (grub ab, habe abgegraben), **1)** nehme im Stück Erde weg (Hügel). **2)** leite durch einen Graben ab: *man hat ihm das Wasser abgegraben,* U ihn seiner Wirkungsmöglichkeit beraubt.

abgrasen, *ich grase es ab* (habe abgegrast), U bearbeite ein Gebiet so, daß niemand dort noch etwas erreichen kann: *der Vertreter hat den ganzen Bezirk abgegrast.*

abgraten, *ich grate es ab* (habe abgegratet), schleife den Grat von Werkstücken aus Metall, Kunststoff ab.

abgrätschen, *ich grätsche ab* (bin abgegrätscht), ✕ springe in Grätschstellung ab.

abgreifen, *ich greife ab* (habe abgegriffen), **1)** *es,* betaste überall. **2)** *es,* nütze ab; vgl. abgegriffen. **3)** *eine Strecke,* messe ab (mit dem Zirkel).

abgrenzen, *ich grenze es ab* (habe abgegrenzt), bestimme die Grenze. **Abgrenzung** *die, -/-en.*

Abgrund [ahd. abcrunt] *der,* **1)** große Tiefe, Felsenkluft. **2)** U Tiefstand: *A. von Elend; A. der Verworfenheit.* **abgründig,** U besonders gründlich, tiefgehend (Haß); schlecht durchschaubar. **abgrundtief.**

abgucken, *ich gucke ab* (habe abgeguckt), U **1)** *es ihm,* lerne von ihm durch genaues Hinschauen. **2)** *bei ihm,* schreibe bei einem Mitschüler ab.

Abguß *der,* **1)** ⊚ Abformung in einer weichen oder flüssigen, später erhärtenden Masse. **2)** die dadurch entstandene Form.

Abh., Abk. für: Abhandlung.

abhaben, *ich habe es ab* (habe abgehabt), U **1)** trage jetzt nicht (Brille, Hut). **2)** *ich will davon etwas abhaben,* beanspruche einen Anteil.

abhacken [mhd. abehacken], *ich hacke es ab* (habe abgehackt), spalte, trenne ab (mit Axt oder Beil); vgl. abgehackt.

abhaken, *ich hake es ab* (habe abgehakt), **1)** löse vom Haken oder von einer anderen Bindung. **2)** versehe etwas Geschriebenes mit Haken (Vergleichen, Überprüfen): *die Namen der Mitglieder sind abgehakt.*

abhalftern, *ich halft(e)re ab* (habe abgehalftert), **1)** *ein Pferd,* nehme ihm das Halfter ab. **2)** *ihn,* U setze ab, entlasse.

abhalten [mhd. abehaben], *ich halte ab* (hielt ab, habe abgehalten), **1)** lasse stattfinden, veranstalte (eine Versammlung). **2)** *ein Schiff hält ab,* sucht vor dem Wind zu segeln. **3)** *ihn, es,* halte fern, hindere: *die Hecke hält den Wind ab; was hielt dich davon ab, uns zu helfen?* **4)** *ein Kind,* U halte es und lasse es seine Notdurft verrichten. **Abhaltung** *die,* **1)** Verhinderung. **2)** Durchführung (von Veranstaltungen).

abhandeln, *ich hand(e)le ab* (habe abgehandelt), **1)** *es ihm,*

verstehe, es von ihm (günstiger, billiger) zu bekommen, drücke den Preis: *ich konnte ihm 10 Mark abhandeln.* **2)** *ein Thema,* bearbeite, bespreche gründlich.

abhanden [nhd., eigtl. ›aus den Händen‹, zu ahd. aba ›von . . . weg‹ und hantum, Dativ Pl. von hant; mhd. abhendic], verloren: *das Buch darf nicht a. kommen.* **Abhandenkommen** *das, -s.*

Abhandlung *die, über ihn, etwas,* Abk.: Abh., Aufsatz, schriftliche wissenschaftliche Arbeit.

Abhang *der,* ⊕ Neigung, geneigte Seite, ABB. B 20.

abhängen, *ich hänge ab* (hing ab, habe abgehangen oder hänge ab, habe abgehängt), **1)** *von ihm,* U er hat Einfluß auf mich, Macht über mich: *er hat lange finanziell von ihm abgehangen; das hing noch von anderen Umständen ab.* **2)** *Fleisch hängt ab,* hängt an einem kühlen Ort, damit es mürbe wird: *gut abgehangenes Rindfleisch.* **3)** (habe abgehängt) *ihn,* U schalte als Konkurrenten aus; gewinne einen großen Vorsprung: *der Läufer hängte seinen Verfolger in der 2. Runde ab.* **4)** *es,* nehme vom Haken. **5)** *ein Fahrzeug, es,* trenne von der Verbindung: *man hat den letzten Wagen (vom Zug) abgehängt.* **abhängig,** unselbständig, angewiesen auf: *er ist von seinem Vater finanziell a.; er macht alles davon a.; die abhängige Rede,* indirekte Rede; *der abhängige Satz,* Nebensatz; *drogenabhängig; lohnabhängig.*

Abhängigkeit *die, -: sie lebt in A. von ihren Eltern, in einem Abhängigkeitsverhältnis zu ihnen.* **Abhängling** *der, -s/-e,* ⑪ hängender Schlußstein oder Zapfen, ABB. A 1.

abhärmen [zu Harm], *ich härme mich ab* (habe mich abgehärmt), habe so großen Kummer, daß man es mir ansieht: *sie sieht abgehärmt aus.*

abhärten, *ich härte mich, ihn (gegen etwas) ab* (habe abgehärtet), mache an rauhes Wetter, Entbehrungen, Anstrengungen u. a.: *durch kaltes Duschen abgehärtet.* **Abhärtung** *die, gegen etwas; körperliche, seelische A.*

abhauen [ahd. abhouwan], *ich haue ab,* **1)** (haute ab, bin abgehauen), U entferne mich schnell, heimlich. **2)** (hieb ab, habe abgehauen) *es,* schlage ab, ABB. H 10.

abhäuten, *ich häute ein Tier ab* (habe abgehäutet), häute es.

abheben [mhd. abeheben], *ich hebe ab* (habe abgehoben), **1)** *es,* lüfte, nehme weg. **2)** *Geld,* lasse mir von meinem Guthaben auszahlen. **3)** Kartenspiel: teile als rechter Nebenmann des Gebenden die Karten in zwei oder mehr Stöße und setze sie anders zusammen. **4)** *eine Masche,* Stricken: nehme ohne abzustricken herüber. **5)** *ein Flugzeug hebt ab,* löst sich beim Start vom Boden. **6)** *mich von ihm,* unterscheide mich sehr: *die Farben heben sich gut voneinander ab.*

abheften, *ich hefte es ab* (habe abgeheftet), lege ab, ordne ein (Schriftstück).

abheilen, *es heilt ab* (ist abgeheilt), verheilt.

abhelfen [mhd. abehelfen], *ich helfe ihm ab* (half ab, habe abgeholfen), beseitige es, sorge für Besserung: *der zunehmenden Luftverschmutzung muß abgeholfen werden.*

abhetzen, *ich hetze mich, ihn ab* (habe abgehetzt), ermüde, erschöpfe durch Hast.

abheuern [zu Heuer], *ich heu(e)re ab* (habe abgeheuert), **1)** beende meinen Schiffsdienst. **2)** *ihn,* werbe ab, gewinne für mich.

Abhilfe *die, -,* Beseitigung von Übelständen: *man will A. schaffen, auf A. dringen, für A. sorgen.*

Abhitze *die, -,* ⊕ Abwärme.

abhold [mhd. abholt], nicht geneigt, feindlich: *er ist dem Theoretisieren, aller Gewalt a.*

abholen, *ich hole ihn, es ab* (habe abgeholt), gehe hin, um ihn, etwas mitzunehmen und zum Bestimmungsort zu bringen. **Abholer** *der, -s/-:* Selbstabholer (Post). **Abholung** *die, -.*

Abholz *das, -es,* ✿ Holzabfall. **abholzen,** *ich holze es ab* (habe abgeholzt), fälle Bäume, rode Wald. **abholzig,** nach oben stark verjüngt (Baumstämme). **Abholzung** *die, das Roden eines Waldstücks.*

abhorchen, *ich horche ihn, es ab* (habe abgehorcht), ⚕ prüfe durch Horchen (Herz-, Lungentätigkeit).

abhören, *ich höre ab* (habe abgehört), **1)** *ihn, es,* prüfe sein Wissen, frage ab: *bitte hör mich ab; hör mir das Latein ab!* **2)** *ihn, es,* höre heimlich mit, belausche, überwache (Gespräche, Telefon): *Abhörgerät; Abhörpraktiken.* **3)** *es,* höre prüfend an (Tonbandaufnahme).

abhorreszieren, abhorrieren [lat. abhorrere ›verabscheuen‹], *ich abhorresziere, abhorriere* (habe abhorresziert, abhorriert) *es,* verabscheue; verwerfe.

Abhub *der, -(e)s,* Rest, Abfall.

Abiogenese [vgl. a . . ., bio . . . und Genese] *die,* Entstehung von Lebewesen aus unbelebtem Stoff. **Abiọse, Abiọsis** *die, -,* 1) Lebensunfähigkeit, Leblosigkeit. 2) Abiotrophie. **abiọtisch,** unbelebt, ohne Leben. **Abio|trophịe** [vgl. . . .troph] *die, -/. . .phʾi|en,* $ vorzeitiges Absterben von Gewebe oder Gewebskomplexen, Abiosis.

Ab|itur [lat. abire ›abgehen‹] *das, -s/-e, Pl.* selten, Reifeprüfung: *Abiturnoten; Abiturzeugnis.* **Ab|iturient** *der, -en/-en,* Reifeprüfling: *Abiturientenklasse.*

abjagen, *ich* jage ab (habe abgejagt), 1) *es ihm,* jage ihm nach und nehme es ihm ab. 2) *mich, ein Pferd,* ermüde durch zu schnelles Vorwärtseilen.

Abjudikatiọn [lat. abiudicare ›richterlich aberkennen‹] *die, -/-en,* ♊ Aberkennung. **abjudizieren,** *ich* abjudiziere (habe abjudiziert) *es.*

Abjuratiọn [lat. abiurare ›abschwören‹] *die, -/-en,* Abschwörung. **abjurieren,** *ich* abjuriere (habe abjuriert) *es,* schwöre ab, leugne eidlich ab.

Abk., Abkürzung.

abkämmen, *ich* kämme *es* ab (habe abgekämmt), 1) entferne mit dem Kamm. 2) Ü suche ein Gelände gründlich ab.

abkanten, *ich* kante *es* ab (habe abgekantet), 1) beseitige scharfe Kanten. 2) biege Bleche um gerade Kanten.

abkanzeln [eigtl. an der Kanzel aus], *ich* kanz(e)le *ihn* ab (habe abgekanzelt), U tadele heftig: *ich lasse mich von ihm nicht so abkanzeln!* **Abkanz(e)lung** *die, -/-en.*

abkapseln, *ich* kaps(e)le *es* ab (habe abgekapselt), 1) *es,* schließe dicht ab, umgebe mit einer Kapsel. 2) *mich,* Ü sondere von der Umwelt ab. **Abkaps(e)lung** *die, -/-en.*

abkarten, *ich* karte *es mit ihm* ab (habe abgekartet), mache heimlich aus; vgl. abgekartet.

abkassieren, *ich* kassiere *(es)* ab (habe abkassiert), U 1) kassiere 2) nehme das Beste für mich.

abkauen, *ich* kaue *es* ab (habe abgekaut), nage ab: *abgekaute Fingernägel.*

abkaufen [ahd. abakoufon], *ich* kaufe *es ihm* ab (habe abgekauft), erwerbe von ihm durch Kauf: *das kauft euch keiner ab,* U glaubt niemand.

Abkehr [mhd. abeker] *die, -,* 1) das Sichabwenden, Verzicht: *A. vom Bösen.* 2) ♐ Arbeitsaustritt; Entlassung. **abkehren** [ahd. abakeren], *ich* kehre *mich von ihm* ab (habe mich abgekehrt), wende mich ab, kümmere mich nicht mehr um ihn.

abkehren, *ich* kehre *es* ab (habe abgekehrt), entferne von etwas durch Fegen, bes. Schmutz.

abketteln, *ich* kett(e)le *es* ab (habe abgekettelt), verbinde die letzte Maschenreihe zu einem festen Rand (beim Stricken).

abkippen, *ich* kippe ab, 1) (habe abgekippt) *es,* schütte kippend hinunter. 2) *ein Flugzeug kippt ab* (ist abgekippt), geht vornüber oder seitwärts in den Sturzflug.

abklappern, *ich* klapp(e)re *es* ab (habe abgeklappert), U ziehe von Haus zu Haus, von einem zum anderen (um etwas zu verkaufen u. a.): *ich habe mit der Sammelliste schon die ganze Straße abgeklappert.*

abklären, *ich* kläre *es* ab (habe abgeklärt), kläre; vgl. abgeklärt. **Abklärung** *die, -, schweiz. auch:* Aufhellung eines Tatbestandes.

Abklatsch *der, -es/-e,* 1) Abdruck. 2) Ü bloße Nachahmung. 3) Ebenbild. **abklatschen,** *ich* klatsche ab (habe abgeklatscht), 1) *es,* mache einen Abklatsch. 2) *ihn, es,* $ schlage mit nassem Tuch. 3) *einen Tänzer,* bitte ihn durch Händeklatschen, mit mir weiterzutanzen.

abklingen, *es* klingt ab (klang ab, ist abgeklungen), 1) wird immer leiser. 2) Ü wird immer schwächer: *das Fieber ist im Abklingen.*

abklopfen [mhd. abeklopfen], *ich* klopfe ab (habe abgeklopft), 1) ♪ gebe mit dem Taktstock das Zeichen zur Unterbrechung des Spiels. 2) Judo: zeige durch Klopfen, daß ich aufgebe. 3) *es,* entferne von etwas durch Klopfen (Schmutz von Kleidungsstücken). 4) *es,* untersuche durch Klopfen.

abknabbern, *ich* knabb(e)re *es* ab (habe abgeknabbert), nage kahl: *ich will noch die Knochen abknabbern.*

abknallen, *ich* knalle *ihn* ab (habe abgeknallt), U schieße ohne Umstände nieder.

abknapsen, *ich* knapse *es, mir* ab (habe abgeknapst), U spare ab, entziehe geizig: *das hat sie sich vom Wirtschaftsgeld abgeknapst.*

abknicken, *ich* knicke *es* ab (habe abgeknickt) *es,* breche ab, biege nach unten (Zweig). 2) *es knickt ab* (ist abgeknickt), bricht ab; biegt ab: *abknickende Vorfahrtsstraße.*

abknöpfbar, *abknöpfbare Kapuze.* **abknöpfen,** *ich* knöpfe *es* ab (habe abgeknöpft), 1) löse, entferne mit Knöpfen Befestigtes. 2) *ihm,* U verstehe abzugewinnen.

abknutschen, *ich* knutsche *ihn* ab (habe abgeknutscht), U drücke lange liebkosend und küssend an mich.

abkochen, *ich* koche ab (habe abgekocht), 1) *es,* lasse einmal aufkochen, z. B. für bessere Haltbarkeit: *abgekochtes Wasser.* 2) koche im Freien (Pfadfinder, Militär). **Abkochung** *die, -/-en,* ⚗ durch Auskochen bereitete Lösung.

abkommandieren, *ich* kommandiere *ihn* ab (habe abkommandiert), ♐ befehle zu einer anderen Tätigkeit. **Abkommandierung** *die, -/-en.*

Abkomme *der, -n/-n,* Nachkomme. **abkommen** [mhd. abekomen], *ich* komme ab (kam ab, bin abgekommen), 1) U werde schwach, mager: *sie ist in letzter Zeit sehr abgekommen.* 2) *schweiz.:* bin übermütig. 3) *von ihm,* entferne mich, verliere es oder befreie mich davon: *das Schiff kommt vom Kurs ab; ich bin von meinem Plan, meiner Meinung abgekommen,* habe ihn, sie geändert; *ich kann heute nicht abkommen,* kann mich nicht von meiner Arbeit frei machen. 4) ✂ starte: *der Läufer kam gut, schlecht vom Start ab.* 5) Schießen: *ich bin gut (schlecht) abgekommen,* habe den Schuß richtig (falsch) abgegeben. 6) *von ihm,* ♗ stamme ab. **Abkommen** *das, -s/-,* Vereinbarung, Vertrag: *ich treffe, breche ein A.* **Abkommenschaft** *die, -,* Gesamtheit der Abkommen. **abkömmlich,** entbehrlich (von Personen). **Abkömmling** *der, -s/-e,* Nachkomme, Abb. A 7.

abkoppeln, *ich* kopp(e)le *es* ab (habe abgekoppelt), löse Gekoppeltes, hänge ab.

abkragen, *ich* krage *es* ab (habe abgekragt), 🏛 schräge ab.

abkratzen [mhd. abekratzen], *ich* kratze ab, 1) (habe abgekratzt) *es,* entferne, reinige durch Schaben. 2) [nhd. ›sich mit Kratzfuß höflich verabschieden‹], V sterbe: *er ist abgekratzt.*

abkriegen, *ich* kriege *etwas* ab (habe abgekriegt), U 1) bekomme einen Anteil. 2) Ü erhalte Schläge.

abkühlen, *ich* kühle ab, 1) *es,* lasse kälter werden. 2) *es* kühlt (sich) ab, wird kühl, verliert Wärme: *seine Gefühle sind, haben sich abgekühlt,* Ü. **Abkühlung** *die,* 1) Wärmeminderung: *nächtliche A. bis auf 10°.* 2) Ü das Nachlassen: *die A. freundschaftlicher Beziehungen.*

Abkunft [zu abkommen] *die, -/⁻e,* Abstammung.

abkuppeln, *ich* kupp(e)le *es* ab (habe abgekuppelt), löse die durch Kupplung entstandene Verbindung: *der Eisenbahnwagen wurde abgekuppelt.*

abkürzen, *ich* kürze *es* ab (habe abgekürzt), finde eine Möglichkeit, schneller oder knapper am Ziel zu kommen: *ich habe meinen Besuch abgekürzt,* bin weniger lange als beabsichtigt geblieben; *ich kürze ein Wort ab,* verkürze auf wenige Buchstaben; *ein abgekürzter Weg,* ohne Umwege direkt auf ein Ziel hinführender; *abgekürztes Verfahren,* vereinfachtes. **Abkürzung** *die,* 1) kurz: Abk., Verkürzung eines Wortes auf wenige Buchstaben: *Abkürzungssprache, Kurzw.:* Aküsprache. 2) verkürzte Wegstrecke. 3) ♪ Abbreviatur.

abladen [mhd. abeladen], *ich* lade *es* ab (lud ab, habe abgeladen), nehme vom Transportmittel: *er lädt die Ware ab; er hat seinen Kummer bei mir abgeladen,* Ü mir sein Leid geklagt; *Schutt abladen verboten!*

Ablage *die, -/-n,* 1) Aufbewahrungsstelle: *Kleiderablage, Garderobe; Briefablage,* Registratur. 2) *österr.:* Annahme- und Abholstelle (chemische Reinigung, Ersatzteile). 3) *ohne Pl.,* das Ablegen: *Eiablage.* **ablagern** [mhd. abelagern], *es* lagert ab, 1) bleibt liegen bis zur Reife (Lebensmittel): *der Wein ist noch nicht genug abgelagert.* 2) *es,* setzt ab und häuft an: *Flüsse lagern Geröll ab; in der Lunge hat sich Kohlenstaub abgelagert.* **Ablagerung** *die.*

Ablaktatiọn [lat. ablactare ›entwöhnen‹] *die, -/-en,* 1) ⊕ eine Methode der Veredlung. 2) ♂ das Abstillen, Entwöhnen. **ablaktieren,** *ich* ablaktiere (habe ablaktiert) *ihn, es.*

ablandig, ⚓ vom Land aufs Meer gerichtet: *der Wind steht a.*

Ablaß [ahd. ablaz] *der, . . .lasses/. . .lässe,* 1) kath. Kirche: Nachlaß der Sündenstrafen: *Ablaßbrief.* 2) ⟁ Nachlaß vom Preis. 3) ⊚ Rohr oder Rinne zum Ablassen von Flüssigkeit. 4) *ohne A.,* ♗ unaufhörlich. **ablassen** [mhd. abelazen], *ich* lasse ab (ließ ab, habe abgelassen), 1) *es,* lasse ablaufen, leerlaufen: *man hat das Wasser aus dem Teich abgelassen; die Lokomotive ließ Dampf ab.* 2) *es,* setze den Preis herab: *er ließ uns 10 Mark ab.* 3) *es ihm,* verkaufe: *lassen Sie mir einige Zentner Mehl ab!* 4) *von ihm,* davon, sehe davon ab, höre damit auf: *er sollte von seinem Plan ablassen.* **Ablaßtag,** *oberdt.:* Gründonnerstag.

Ablatiọn [lat. ablatio ›Entwendung‹] *die, -/-en,* 1) Wegnahme, Abnahme; Ablösung, z. B. der Netzhaut. **2)** ⊕ Abtragung; das Abschmelzen oder Verdunsten von Schnee oder Eis.

Ablativ [lat. ablatus ›entfernt‹, ›getrennt‹] *der, -s/-e,* Kasus der Trennung und Absonderung in indogerman. Sprachen. **Ablatịvus absolụtus** *der, - -/. . .vi . . .ti,* Subjekt im Ablativ mit Partizip im gleichen Kasus.

Ablauf [mhd. abelouf] *der,* **1)** Stelle, an der Flüssigkeit aus etwas herausfließt. **2)** Vorrichtung dazu, Abfluß, ABB. B 28, H 11, H 21. **3)** Geschehnisfolge. **4)** Beendigung einer Zeitdauer: *nach A. der Frist.* **5)** ⫰ Verbindungskehle zweier senkrechter Flächen, ABB. A 15. **6)** ⤳ Stapellauf. **Ablaufberg** *der,* Eselsrücken, Einrichtung bei Verschiebebahnhöfen, ABB. B 5. **ablaufen,** *ich* laufe ab (lief ab, habe abgelaufen), **1)** *es,* laufe suchend entlang. **2)** *es ihm,* gewinne vor ihm: *er lief mir den Rang ab,* überflügelte, überholte mich. **3)** *es mir,* nutze, stoße ab: *ich habe mir die Absätze abgelaufen.* **4)** *es läuft ab,* leert sich (von Flüssigkeit): *das Badewasser ist abgelaufen.* **5)** *es läuft ab,* geschieht: *ist alles planmäßig abgelaufen?* **6)** *es läuft ab,* erreicht sein Ende (Frist), verliert Gültigkeit (Vertrag): *die Uhr ist abgelaufen,* Ü *dein Ende naht.* **7)** *es läuft an ihm ab* (ist abgelaufen), rinnt an ihm herunter; Ü berührt ihn nicht, bleibt nicht haften.

Ablauge *die,* **ablaugen,** *ich* lauge *es* ab (habe abgelaugt), entferne alten Anstrich mit Lösungsmitteln.

ablauschen, *ich* lausche *es ihm* ab (habe abgelauscht), **1)** ahme erfolgreich nach. **2)** P entdecke: *man will der Natur ihre Geheimnisse ablauschen.*

Ablaut [nach J. Grimm, 1785–1863] *der,* ÜBERS. A 2, V 2, regelmäßiger Vokalwechsel der Wurzelsilbe in Wortbildung und Flexion. **ablauten,** *es* lautet ab (ist abgelautet). **abläuten,** *ich* läute *(es)* ab (habe abgeläutet), gebe ein Klingelzeichen, im Pferdesport bei gültigem Start oder Unterbrechung des Ritts.

Ableben [zu mhd. abelibe] *das, -s,* P Tod.

ablecken, *ich* lecke *es* ab (habe abgeleckt), entferne mit der Zunge.

abledern, *ich* led(e)re *es* ab (habe abgeledert), säubere mit einem Leder.

ablegen [mhd. abelegen], *ich* lege ab (habe abgelegt), **1)** *es,* nehme, gebe von mir ab: *bitte legen Sie ab!,* (zum Gast) legen Sie Hut, Mantel an den Haken; *abgelegte Kleidung,* Kleidung, die man nicht mehr trägt; *diese Gewohnheit mußt du ablegen,* Ü darauf verzichten. **2)** *es,* leiste, vollbringe (Prüfung, Eid). **3)** *es,* ordne ein (Briefe, Akten, Lettern). **4)** *eine Pflanze legt ab,* vermehrt sich durch Ableger. **5)** *ein Schiff legt ab,* verläßt den Hafen. **Ableger** *der, -s/-,* **1)** ⊕ Senker, Absenker, zur Vermehrung abgetrennter und gepflanzter Trieb. **2)** U Zweigstelle.

ablehnen [nhd., eigtl. die. Lehne, Stütze wegnehmen], *ich* lehne ab (habe abgelehnt), **1)** *es, es zu tun,* erkläre, es nicht tun zu wollen, verweigere die Zustimmung: *er lehnte eine Aussprache ab; die Versammlung lehnte den Antrag ab; er verhält sich dazu ablehnend.* **2)** *ihn, es,* will nicht haben, halte fern, verurteile: *ein Bühnenstück wird abgelehnt; der Richter wurde wegen Befangenheit abgelehnt.* **Ablehnung** *die, -/-en.*

ableisten, *ich* leiste *es* ab (habe abgeleistet), erfülle eine Pflicht: *er muß seinen Militärdienst, Zivildienst ableisten.*

ableiten [mhd. abeleiten], *ich* leite *es* ab (habe abgeleitet), **1)** lenke in eine andere Bahn. **2)** entwickle aus seinem Ursprung heraus: *eine Formel kann man ableiten; fröhlich leitet sich von froh ab.* **Ableitung** *die,* **1)** Verlegung, Ablenkung: *A. des Hochwassers.* **2)** Ermittlung der Herkunft: *A. der Familie.* **3)** gedankliche Ermittlung: *A. eines Lehrsatzes.* **4)** Bildung neuer Wörter aus einem Wort, ÜBERS. A 4, G 34. **5)** ⚡ Stromverlust bei fehlerhafter Isolierung. **6)** ⚡ Erdung. **7)** △ Differentialquotient. **Ableitungssilbe** *die,* Vor- oder Nachsilbe, selbständig nicht (mehr) vorkommendes Mittel zur Wortbildung, ÜBERS. A 4, B 26, G 34.

ablenken, *ich* lenke ab (habe abgelenkt), **1)** *es,* lenke in eine andere Richtung. **2)** *ihn,* bringe auf andere Gedanken: *er läßt sich in der Schule leicht ablenken.* **Ablenkung** *die: Ablenkungsmanöver; sie braucht ein wenig A.,* Zerstreuung.

ablesen [mhd. abelesen], *ich* lese ab (las ab, habe abgelesen), **1)** *es,* spreche nach geschriebenem Text (nicht frei). **2)** stelle den Stand eines Meßgerätes fest: *Gasuhr und Stromzähler werden vierteljährlich abgelesen.* **3)** suche ab und nehme herunter, z. B. Blattläuse vom Baum. **4)** erkenne durch genaues Beobachten: *er las ihr jeden Wunsch von den Augen ab.*

ableuchten, *ich* leuchte *es* ab (habe abgeleuchtet), suche mit Licht ab.

ableugnen, *ich* leugne *es* ab (habe abgeleugnet), bestreite, gebe nicht zu: *er hat alles abgeleugnet.*

ablichten, *ich* lichte *es* ab (habe abgelichtet), photokopiere. **Ablichtung** *die, -/-en,* Photokopie.

abliefern, *ich* lief(e)re *es* ab (habe abgeliefert), gebe dem bestimmten Empfänger, überreiche pflichtgemäß: *der Kassierer lieferte das eingenommene Geld ab.* **Ablieferung** *die.*

abliegen, *es* liegt ab (lag ab, hat abgelegen), **1)** liegt weit entfernt, fern vom Verkehr: *unser Urlaubsort soll weit abliegen.* **2)** erhält durch längeres Liegen Reife, Mürbheit.

ablisten, *ich* liste *es ihm* ab (habe abgelistet), gewinne durch List: *die Erlaubnis mußte ich ihm ablisten.*

ablochen, *ich* loche *es* ab (habe abgelocht), **1)** übertrage auf Lochkarten. **2)** loche (Schriftstücke für Ordner).

ablocken, *ich* locke *es ihm* ab (habe abgelockt), entlocke.

ablöschen, *ich* lösche *es* ab (habe abgelöscht), **1)** kühle mit Wasser. **2)** trockne mit Löschpapier (Tintenschrift).

ablösen [mhd. abelœsen], *ich* löse ab (habe abgelöst), **1)** *ihn,* übernehme seinen Posten, seine Stelle: *wir lösten uns bei der Krankenwache ab.* **2)** *es,* entferne eine Schicht von der Oberfläche; ersetze eine Leistung durch eine andere: *die Schuld ist abgelöst,* bezahlt; *Ablösesumme.* **Ablösung** *die.*

abluchsen, [nhd., zu Luchs], *ich* luchse *es ihm* ab (habe abgeluchst), U nehme *es ihm* mit List ab.

Abluft *die, -,* ⊙ **1)** Abgase. **2)** bei Klima- und Entlüftungsanlagen die abgeführte Luft.

Ablution [lat. ablutio ›Abwaschung‹] *die, -/-en,* kath. Kirche: Finger- und Kelchwaschung gegen Ende der Messe.

abmachen, *ich* mache *es* ab (habe abgemacht), **1)** *von etwas,* löse, entferne. **2)** *mit ihm,* verabrede, vereinbare, erledige: *abgemacht!,* es ist verabredet. **Abmachung** *die, -/-en,* Vereinbarung, Verabredung: *wir treffen eine A. über diese Angelegenheit.*

abmagern, *ich* mag(e)re ab (bin abgemagert), werde dünn, verliere an Gewicht. **Abmagerung** *die, -/-en: Abmagerungskur; Abmagerungsmittel.*

abmähen [mhd. abemæjen], *ich* mähe *es* ab (habe abgemäht), mähe, entferne durch Mähen.

abmalen, *ich* male *es* ab (habe abgemalt), gebe nach einem Muster (Bild) wieder.

abmarkten, *ich* markte *es ihm* ab (habe abgemarktet), handle ab.

Abmarsch *der.* **abmarschieren,** *ich* marschiere ab (bin abmarschiert), entferne mich (marschierend).

abmartern, *ich* mart(e)re *mich* ab (habe mich abgemartert), gräme mich, arbeite hart.

Abmaß, *das,* ⊙ Abweichung des Istmaßes vom Nennmaß.

abmatten, *ich* matte ab (bin abgemattet) **1)** ermüde. **2)** *es mattet ab,* vermindert den Glanz.

abmeiern [zu Meierei], *ich* mei(e)re *ihn* ab (habe abgemeiert), ⚒ entziehe ihm Verwaltung, Nutznießung oder Eigentum am Bauernhof. **Abmeierung** *die, -/-en.*

abmeisen [mhd. abemeisen ›(Holz) schlagen‹], *ich* meise ab (habe abgemeist), schweiz.: **1)** *es,* handle herunter. **2)** *dem Lehrer eine Schulstunde, Aufgaben,* Schülersprache: rede aus.

abmelden [mhd. abemelde], *ich* melde *mich, es* ab (habe abgemeldet), **1)** *ihn,* sage den Besuch ab. **2)** *lasse mich aus der Einwohner- oder Teilnehmerliste streichen.* **3)** nehme Abschied. **4)** *ich bin bei ihr abgemeldet,* U habe ihre Gunst verloren. **Abmeldung** *die.*

Abmelkwirtschaft *die,* Haltung von Milchkühen ohne Nachzucht.

abmergeln [vgl. Ausmergelung], *ich* merg(e)le ab, **1)** (bin abgemergelt), magere ab. **2)** (habe abgemergelt) *mich,* plage mich ab bis zur Entkräftung: *sie sieht abgemergelt aus.*

abmessen, *ich* messe *es* ab (maß ab, habe abgemessen), stelle das Maß einer Sache fest: *sie mißt drei Meter Stoff ab; der Schaden ist nicht mehr abzumessen,* steht noch nicht fest; *vgl. abgemessen.* **Abmessung** *die,* ABB. A 1.

abmontieren [vgl. lat. ab . . . und frz. monter ›zusammensetzen‹], *ich* montiere *es* ab (habe abmontiert), baue ab, entferne (technische Anlagen).

abmühen, *ich* mühe *mich* ab (habe mich abgemüht), strenge mich sehr an.

abmurksen [niederdt. murken ›töten‹], *ich* murkse *ihn* ab (habe abgemurkst), U bringe um, ermorde.

abmustern, *ich* must(e)re ab (habe abgemustert), **1)** ⤳ quittiere meinen Dienst auf einem Schiff. **2)** ⤳ *ihn,* entlasse. **3)** *es,* stelle ein Muster davon her. **Abmusterung** *die.*

abnabeln, *ich* nab(e)le *ein Kind* ab (habe abgenabelt), durchschneide nach der Geburt die Nabelschnur: *es fiel ihm schwer, sich von seinem Elternhaus abzunabeln,* Ü selbständig zu werden.

Ablaut und andere Lautwechsel

I. Ablaut in der Verbalflexion

Zwei Lautstufen

a – { i : fangen, gefangen – fing
{ ie : { halten, gehalten – hielt
{ { blasen, geblasen – blies
{ u : { wachsen, gewachsen – wuchs
{ { graben, gegraben – grub

ä – o : wägen – wog, gewogen

au– { ie : laufen, gelaufen – lief
{ o : { saufen – soff, gesoffen
{ { saugen – sog, gesogen

e – { a : { messen, gemessen – maß
{ { geben, gegeben – gab
{ o : { quellen – quoll, gequollen
{ { scheren – schor, geschoren

ei – { i : leiden – litt, gelitten
{ ie : { steigen – stieg, gestiegen
{ { heißen, geheißen – hieß

i – o : glimmen – glomm, geglommen

ie – o : biegen – bog, gebogen

o – { a : kommen, gekommen – kam
{ ie : stoßen, gestoßen – stieß

ö – o : { erlöschen – erlosch, erloschen
{ schwören – schwor, geschworen

u – ie : rufen, gerufen – rief

ü – o : lügen – log, gelogen

Drei Lautstufen

i { –a–e : { sitzen – saß – gesessen
ie { { bitten – bat – gebeten
: liegen – lag – gelegen

ä { : gebären – gebar – geboren
e { –a–o { bergen – barg – geborgen
{ { treffen – traf – getroffen
{ { befehlen – befahl – befohlen
i { : rinnen – rann – geronnen

e–a–u/o : werden – ward – wurde/geworden

i–a–u : binden – band – gebunden

ä { –i–a : hängen – hing – gehangen
e { : gehen – ging – gegangen

II. Ablaut in der Wortbildung

Noch vielfältiger als in der Verbalflexion sind die Erscheinungen des Ablauts in der Wortbildung. Dazu einige Beispiele:

1) Steig – steigern – Steg. reißen – reizen – ritzen. zeigen – verzichten. leihen – Lehen. lehren – List, lernen. heiß – Hitze.

2) biegen – beugen – Bogen, Bug, Bügel, bücken, Buckel. riechen – Rauch, räuchern – Geruch. gießen – Genosse – Genuß. lieben – erlauben – loben – Gelübde. siech, Seuche – Sucht. Treue – trauen – Trost.

3) Binde – Band, bändigen – Bund, Bündel. trinken – Trank, Tränke – Trunk. Schwinge – Schwank, schwenken – Schwung.

4) gebären – Geburt. brechen, gebrechlich – Brache – Bruch, Brocken, bröckeln. ziemen – zahm, zähmen – Zunft.

5) Gift – Gabe. Weg, Gewicht – bewegen, wackeln – Wage, Woge. genesen – nähren.

6) Fahrt, fertig, Fähre – Fuhre, führen. Grab – Grube.

III. Umlaut

a – ä(e) : Gast – Gäste
fast – fest
Rat – Rätin

o – ö : mochte – möchte
Topf – Töpfe
Trog – Tröge

u – ü : dumm – dümmer
Flug – Flüge

au – äu : Haus – Häuser
laufe – läufst

IV. Wechsel von e und i, ie; u und o; eu und ie (Hebung und Senkung)

e – i : helfe – hilfst
Recht – Gericht

e – ie : lese – liest
geben – ergiebig

u – o : wurden – geworden
Kur – erkoren

eu – ie : Seuche – siech
Armbeuge – biegen

V. Rückumlaut

e – a : brennen – brannte

VI. Gemination: Wechsel zwischen einfachem und verdoppeltem Konsonanten

b – pf : schnauben – Schnupfen
b – pp : Knabe – Knappe
ch(ç) – ch(x) : kriechen – gekrochen
ch – ck : Dach – decken
stechen – stecken
ck – k : erschrecken – erschrak
d – tt : Feder – Fittich
f(f) – pf : schuf – geschaffen – schöpfen
triefen – Tropfen
raufen – rupfen
ff – f : schaffen – schuf
g – ck : Hag – Hecke
neigen – nicken
g – gg : fliegen – flügge
l – ll : Saal – Geselle
ll – l : fallen – fiel
m – mm : nahmen – genommen
kamen – gekommen
n – nn : Hahn – Henne
ng – nk : hangen – henken
ss – ß : essen – aß
ss(ß) – t(z) : saß, gesessen – sitzen
beißen – beizen
t – tt : gleiten – glitt
tt – tz : Schnitt – schnitzen

VII. Wechsel von h und ch

h – ch : geschehen – Geschichte
schmähen – Schmach
nahe, näher – nächste

VIII. Grammatischer Wechsel

d – t : schneiden – schnitt
f – b : dürfen – darben
h – g : ziehen – zog
s – r : gewesen – war

IX. Konsonantenwechsel vor t

b – f (vor t) : geben – Gift
g – ch (vor t) : mögen – mochte
tragen – Tracht
k – ch (vor t) : denken – dachte
dünken – deuchte

abnagen [mhd. abenagen], *ich* nage *es* ab (habe abgenagt), löse durch Nagen: *abgenagte Knochen.*

abnähen [mhd. abenæjen], *ich* nähe *es* ab (habe abgenäht), mache durch eine Naht enger. **Abnäher** *der, -s/-,* Naht zur Formgebung in Kleidungsstücken, ABB. A 1.

Abnahme [mhd. abename] *die, -/-n,* **1)** ohne *Pl.,* Wegnahme, das Entfernen: *die A. des Gipsverbandes.* **2)** ⚹ Entgegennahme, Kauf: *Warenabnahme.* **3)** Prüfung durch eine Behörde in einer Fabrik, Werkstatt: *Bauabnahme.* **4)** Schwund, Rückgang: *A. um 20 Pfund.* **Abnehme** *die, -/-n,* niederdt.: Altenteil. **abnehmen** [ahd. abaneman], *ich* nehme ab (nahm ab, habe abgenommen), **1)** verliere an Gewicht, werde magerer: *ich habe (drei Kilo) abgenommen.* **2)** *es* nimmt ab, schwindet: *seine Kräfte nehmen ab; der Mond nimmt ab, es geht auf Neumond zu,* ABB. M 17. **3)** *Maschen,* verringere die Zahl durch Zusammenstricken. **4)** *es,* entferne, hebe weg; ziehe aus: *nimm den Hut ab!* **5)** *es,* kontrolliere, prüfe: *ich nehme ein Bauwerk, eine Prüfung ab.* **6)** *es,* bilde nach, forme ab (eine Maske). **7)** *es ihm,* kaufe ab. **8)** *es ihm,* tue, trage für ihn: *du könntest mir ein bißchen Arbeit abnehmen.* **9)** *es ihm,* entferne von ihm, entziehe es ihm: *ihm wurde der Führerschein abgenommen; man hat ihm das Bein abgenommen,* amputiert. **10)** *es ihm,* ∪ glaube: *das nehme ich ihm nicht ab!* **11)** *ein Versprechen,* lasse mir geben. **Abnehmer** [ahd. abanemari] *der, -s/-,* Käufer, Kunde: *Abnehmerländer; Warenabnehmer.*

Abneigung [mhd. abeneigunge ›Sinken‹] *die,* Widerwille: *A. gegen jemanden oder etwas; eine unüberwindliche A.*

abnorm [vgl. lat. ab . . . und Norm], regelwidrig, krankhaft, ungewöhnlich. **abnormal,** *es.* österr.: abnorm. **Abnormität** *die, -/-en,* Regelwidrigkeit, Mißbildung.

abnötigen [mhd. abenœten], *ich* nötige *es ihm* ab (habe abgenötigt), erzwinge von ihm, gewinne durch Gewalt oder Betteln: *sein Verhalten nötigt mir Respekt ab.*

abnutzen, abnützen, *ich* nutze, nütze *es* ab (habe abgenutzt, abgenützt), verschleiße, mache durch Gebrauch minderwertig, schlecht. **Abnutzung, Abnützung** *die, -/-en.*

Abolition [lat. abolire ›abschaffen‹] *die, -/-en,* **1)** Abschaffung, z. B. der Sklaverei. **2)** ♐♐ Niederschlagung eines Strafverfahrens. **Abolitionismus** *der, -, 1)* Bewegung gegen jede staatl. Aufsicht. **2)** in den Verein. Staaten Bewegung zur Abschaffung der Sklaverei. **Abolitionist** *der, -en/-en.*

abominabel [frz. abominable, zu lat. abominari ›wegwünschen‹], abscheulich.

Abonnement [abɔnmã, frz.] *das, -s/-s,* Anrecht auf dauernden Bezug (einer Zeitung, Zeitschrift), Miete (Theatersitz): *Abonnement(s)preis; Theaterabonnement; Zeitschriftenabonnement.* **Abonnent** *der, -en/-en,* Inhaber eines Abonnements: *Abonnentenzahl.* **abonnieren,** *ich* abonniere (habe abonniert) *(auf) eine Zeitung.*

aboral [vgl. lat. ab . . . und os, Gen. oris ›Mund‹], von der Mundöffnung entfernt.

abordnen, *ich* ordne *ihn zu etwas* ab (habe abgeordnet), schicke als Abordnung. **Abordnung** *die,* mehrere Beauftragte (einer Gruppe): *Betriebsabordnung.*

Aboriginal [æbə'ridʒinl, engl.] *der, -(s), -s,* Ureinwohner Australiens.

Abort [auch 'abɔrt, mnd. afort ›abgelegener Ort‹] *der, -(e)s/-e,* Toilette, Klosett, WC, ABB. B 2.

Abort [lat. abortus] *der, -s/-e,* Fehlgeburt. **abortieren,** *ich* abortiere (habe abortiert), **1)** habe eine Fehlgeburt. **2)** *Pflanzen abortieren,* bilden keine Organe aus, z. B. keine Staubgefäße. **abortiv, 1)** unfertig entwickelt, zu früh geboren. **2)** ein Fehlgeburt bewirkend. **3)** zeitlich verkürzt und (bei Krankheiten) meist auch leichter verlaufend: *Abortivkur,* verkürztes Heilverfahren. **Abortivum** *das, -s/. . . va,* ♂ Mittel, das einen Abort herbeiführen oder den Verlauf einer Krankheit verkürzen soll. **Abortus** *der, -/-,* ♂ Abort.

ab ovo [lat. ›vom Ei an‹], von allem Anfang an.

abpacken, *ich* packe *es* ab (habe abgepackt), verpacke in kleineren Mengen: *abgepackte Lebensmittel.*

abpassen, *ich* passe *es, ihn* ab (habe abgepaßt), lauere auf einen günstigen Augenblick, auf sein Kommen: *der Zeitpunkt war gut abgepaßt; ich werde ihn abpassen.*

abperlen, *es* perlt *von etwas* ab (ist abgeperlt), tropft ab.

abpfeifen, *ich* pfeife *es* ab (habe abgepfiffen), ♐ gebe das Zeichen zum Aufhören (als Schiedsrichter). **Abpfiff** *der.*

abpflücken, *ich* pflücke *es* ab (habe abgepflückt), entferne durch Pflücken das Obst (von Baum, Strauch).

abplagen, *ich* plage *mich* ab (habe abgeplagt), mühe, plage mich.

abplanken, *ich* planke *ein Leck* ab (habe abgeplankt), ♐ dichte mit Bohlen.

abplatten, *ich* platte *es* ab (habe abgeplattet), mache platt. **Abplattung** *die, -/-en,* **1)** das Plattdrücken. **2)** ✿ Verkürzung der Drehachse von Himmelskörpern.

abplatzen, *es* platzt ab (ist abgeplatzt), springt ab, löst sich gewaltsam ab.

Abprall *der.* **abprallen,** *ich* pralle *von, an etwas* ab (bin abgeprallt), fahre, schnelle federnd zurück: *alle Warnungen prallten an ihm ab,* Ü er mißachtete sie. **Abpraller** *der, -s/-,* etwas, das abprallt (Geschoß, Ball).

abpressen, *ich* presse *es* ab (habe abgepreßt), **1)** prüfe unter Druck (Hohlkörper). **2)** *ihm,* Ü erzwinge von ihm.

abprotzen [zu Protze], *ich* protze *ein Geschütz* ab (habe abgeprotzt), ♐ hänge vom der Protze ab.

abputzen, *ich* putze *es* ab (habe abgeputzt), **1)** säubere durch Abwischen. **2)** bewerfe mit Mörtel, verputze (Haus).

abquälen, *ich* quäle *es* ab (habe abgequält), **1)** *mich,* mühe mich ab, strenge mich übermäßig an. **2)** *es mir,* erreiche durch Anstrengung: *sie quälte sich ein Lachen ab.*

abqualifizieren, *ich* qualifiziere *ihn* ab (habe abqualifiziert), spreche ihm die Qualifikation ab.

abrackern [zu Racker], *ich* rack(e)re *mich* ab (habe mich abgerackert), fahre, arbeite schwer, plage mich: *sie hat sich ihr Leben lang abrackern müssen.* **2)** *oberdt.:* spare.

Abraham [hebr. ›Vater der Menge‹], B männl. Vorname: *wie in Abrahams Schoß,* Ü wohlgeborgen.

abrahmen, *ich* rahme *es* ab (habe abgerahmt), **1)** *Milch,* entrahme, schöpfe die Sahne ab. **2)** Ü nehme das Beste für mich.

Abrakadabra [lat., grch., Herkunft unbekannt] *das, -s,* **1)** Zauberformel. **2)** verworrenes Gerede.

Abrasax, Abraxas.

abrasieren, *ich* rasiere *es* ab (habe abrasiert), entferne durch Rasieren: *wie abrasiert,* Ü kahl, öde.

Abrasio [lat. abradere ›abschaben‹] *die, -/. . . si'onen,* ♀ Ausschabung. **Abrasion** *die, -/-en,* **1)** ♀ Abrasio. **2)** ⊕ abtragende Wirkung der Meeresbrandung, ABB. K 56: *Abrasionsküste.*

abraten, *ich* rate *ab von etwas* ab (habe abgeraten), **1)** *ihm von etwas,* empfehle, es nicht zu tun. **2)** *es mit ihm,* oberdt.: beschließe.

Abraum [mhd. aberum] *der, -(e)s,* **1)** wertloser Abfall. **2)** ✿ taubes wertloses Gestein, ABB. T 2. **abräumen** [mhd. aberumen], *ich* räume *es* ab (habe abgeräumt), nehme weg: *das Geschirr (der Tisch) muß noch abgeräumt werden.* **Abraumsalz** *das,* ♐ Kalisalz.

Abraxas, Abrasax, magisches Zauberwort der Gnostiker.

abreagieren [vgl. lat. ab . . ., re . . . und agere ›handeln‹], *ich* reagiere *mich, es an ihm* ab (habe abreagiert), bringe seelische Spannungen zum Abklingen. **Abreaktion** *die.*

abrechnen [mhd. aberechen], *ich* rechne ab (habe abgerechnet), **1)** *es von etwas,* zähle ab, vermindere darum: *Übertreibungen mußt du abrechnen.* **2)** *ihm,* ziehe ihm ab, gebe ihm weniger: *die Unkosten abgerechnet.* **3)** *mit ihm,* bringe Geldgeschäfte in Ordnung: *wir rechnen jede Woche ab.* **4)** *mit ihm,* Ü ziehe ihn zur Rechenschaft: *wir rechnen noch ab, mein Junge!* **Abrechnung** *die,* **1)** Rechenschaft, Abschluß über Forderungen und Zahlungen: *Abrechnungsstelle.* **2)** das Abziehen: *ich bringe es in A.* **3)** Ü Vergeltung: *der Tag der A.*

Abrechte *die,* linke Tuchseite.

Abrede [mhd. aberede] *die,* **1)** ohne *Pl.,* das Ableugnen: *er kann es in A. stellen.* **2)** Verabredung: *wir wollen eine A. treffen.* **abreden** [mhd. abereden], *ich* rede ab (habe abgeredet), **1)** *ihm,* rate ab. **2)** *es mit ihm,* verabrede, mache aus.

abregen, *ich* rege *mich* ab (habe mich abgeregt), ∪ tue etwas, um meiner Erregung Herr zu werden.

abreiben [mhd. aberiben], *ich* reibe ab (habe abgerieben), **1)** *es,* entferne durch Reiben. **2)** *ihn,* trockne, massiere ihn mit einem Tuch. **Abreibung** *die: er hat eine kräftige A. erhalten,* ∪ Prügel oder Tadel.

Abreise *die,* Abfahrt, Verlassen eines Orts. **abreisen,** *ich* reise ab (bin abgereist).

Abreißblock *der, -(e)s/-s oder ˣe,* Block mit abreißbaren Zetteln. **abreißen** [mhd. aberizen ›herabreißen‹, ›rauben‹], *ich* reiße ab (riß ab, habe abgerissen), **1)** *es,* löse gewaltsam, durch kräftiges Ziehen, ABB. R 16. **2)** *es,* ▥ lege nieder, breche ab. **3)** *es reißt ab,* löst sich von etwas: *ein Knopf riß ab; das reißt gar nicht ab,* Ü hört nie auf, geht ununterbrochen weiter. **Abreißkalender** *der,* ABB. K 3.

abreiten, *ich* reite ab (habe abgeritten), **1)** *ein Pferd,* reite es als Vorbereitung, z. B. für einen Wettbewerb: *Abreiteplatz.* **2)** *es,* reite prüfend daran entlang: *er ritt die Front ab.* **3)** ⤳ auch wettere ab, warte Sturm auf freier See oder vor Anker ab. **4)** *der Auerhahn reitet ab* (ist abgeritten), ⚘ fliegt fort.

Abri [frz. ›Obdach‹] *der, -s/-s,* altsteinzeitl. Siedlungsstelle unter einem Felsüberhang.

abrichten [mhd. aberihten], *ich* richte ab (habe abgerichtet), **1)** *ein Tier,* bringe zu genauer Ausführung einer gestellten Aufgabe, dressiere: *abgerichtete Seelöwen; er richtete seinen Hund auf die Hühnerjagd ab.* **2)** *es,* hobele, fräse, schleife glatt: *Abrichthobelmaschine.* **Abrichtung** *die, -.*

Abrieb *der, -(e)s,* **1)** Oberflächenabnutzung durch Reibung; abgeriebene Materialteilchen. **2)** das Zerkleinern von Geröll (Flußgeschiebe). **abriebfest. Abriebfestigkeit** *die, -.*

abriegeln, *ich* rieg(e)le *es* ab (habe abgeriegelt), **1)** verschließe durch Riegel. **2)** sperre: *die Polizei riegelte die Straße ab.* **Abrieg(e)lung** *die, -/-en.*

abringen, *ich* ringe *es ihm* ab (rang ab, habe abgerungen), Ü erreiche mit Mühe, gegen seinen Widerstand: *das habe ich mir abgerungen.*

Abriß *der,* **1)** das Abreißen, Abbruch. **2)** Übersicht, kurze Darstellung. **3)** Umrißzeichnung, Skizze.

Ab|rogation [lat. abrogare ›abreißen‹] *die, -/-en,* 🜚 Aufhebung eines Gesetzes. **ab|rogieren,** *ich* abrogiere (habe abrogiert) *es.*

abrollen, *ich* rolle ab (habe abgerollt), **1)** *es,* hole mit einer Rollfuhre ab. **2)** *es,* wickle von einer Rolle (Kabel, Tau, Garn). **3)** *es rollt ab* (ist abgerollt), geschieht, bewegt sich fort: *die Geschehnisse rollten vor unseren Augen ab.*

abrubbeln, *ich* rubb(e)le *ihn, es* ab (habe abgerubbelt), Ü trockne ab.

abrücken [mhd. aberücken], *ich* rücke ab, **1)** (habe abgerückt) *es,* schiebe fort. **2)** (bin abgerückt) *von ihm,* gehe fort, marschiere ab: *die Abteilung rückte ab.* **3)** (bin abgerückt) *von ihm,* Ü löse mich von ihm, will nichts mehr damit zu tun haben: *er ist von seinen früheren Vorschlägen abgerückt.*

abrudern, *ich* rud(e)re ab (habe abgerudert), mache die letzte Ruderfahrt der Saison.

Abruf [mhd. aberuof ›Widerruf‹] *der, Pl. selten,* **1)** das Abrufen: *auf A.* **2)** 🜚 Anweisung zur Absendung einer auf Termin gekauften Warenmenge. **abrufbereit. abrufen** [mhd. aberüefen], *ich* rufe ab (rief ab, habe abgerufen), **1)** *ihn, es,* berufe ab, befehle weg: *der Zug wird abgerufen,* seine Abfahrt angekündigt. **2)** *Daten,* entnehme sie einer Datenverarbeitungsanlage, einer Datenbank.

abrunden, *ich* runde ab (habe abgerundet), **1)** *es,* glätte, forme durch: *eine abgerundete Arbeit,* Ü. **2)** *Zahlen,* lasse kleinere Zahlen unberücksichtigt: *man kann nach oben oder nach unten abrunden,* die nächsthöhere oder nächstniedrigere runde Zahl einsetzen; *wir sollen auf Zehner abrunden,* auf Zahlen mit am Ende, z. B. 21 zu 20. **Abrundung** *die.*

ab|rupt [lat. abrumpere ›abreißen‹, ›trennen‹], **1)** abgebrochen, zusammenhanglos. **2)** jäh: *wir wurden a.* unterbrochen.

abrüsten, *ich* rüste ab (habe abgerüstet), **1)** setze das militärische Potential herab. **2)** *es,* nehme das Gerüst weg. **Abrüstung** *die: Atomabrüstung; Abrüstungspolitik; Abrüstungsvereinbarungen.*

abrutschen, *ich* rutsche ab (bin abgerutscht), **1)** verliere den Halt: *ein Flugzeug rutscht ab,* gleitet über einen Flügel ab. **2)** Ü verkomme moralisch.

abs . . . [lat.], vgl. ab . . .

Abs., Abk. für: **1)** 🜚 Absatz. **2)** Absender.

absacken [zu sacken], *ich* sacke ab, **1)** (habe abgesackt) *es,* fülle in Säcke: *Absackwaage.* **2)** (bin abgesackt), Ü lasse in meinen Leistungen nach. **3)** *es sackt ab* (ist abgesackt), sinkt.

Absage [ahd. abasaga] *die,* **1)** Abbestellung, Mitteilung, daß eine Veranstaltung nicht stattfindet. **2)** Weigerung, Ablehnung: *auf meine Bewerbung erhielt ich eine A.* **absagen** [mhd. abesagen], *ich* sage ab (habe abgesagt), **1)** *es,* kündige an, daß es nicht stattfindet: *die heutige Vorstellung wurde abgesagt.* **2)** *ihm,* erkläre, daß unser Treffen nicht stattfinden kann.

absägen [mhd. abesagen], *ich* säge ab (habe abgesägt), **1)** *es,* trenne mit der Säge ab, ABB. S 1. **2)** *ihn,* Ü schicke ihn fort, kündige ihm: *sie haben ihren Trainer abgesägt.*

absahnen, *ich* sahne ab (habe abgesahnt), **1)** *Milch,* entrahme, schöpfe die Sahne ab. **2)** *(es),* Ü nehme das Beste für mich.

Absalom [hebr. ›Vater des Friedens‹], B männl. Vorname.

absatteln, *ich* satt(e)le *es* ab (habe abgesattelt), nehme den Sattel ab.

Absatz [mhd. abesaz ›Verringerung‹] *der,* **1)** abgesetzte Fläche, z. B. Treppenpodest, ABB. T 17, Teil des Schuhs, ABB. S 39. **2)** Unterbrechung: *absatzweise,* mit Unterbrechungen. **3)** 🜚 Abk.: Abs., Zeileneinrückung, Alinea, ÜBERS. K 41. **4)** Ablagerung. **5)** *ohne Pl.,* 🜚 Verkauf: *Warenabsatz; Absatzerfolg; Absatzgenossenschaft; Absatzkrise; Absatzmarkt.* **Absatzbar** *die,* U Schnellreparaturwerkstatt für Schuhe. **Absatzgebiet** *das,* wird eine Ware beliefert Gegend.

absaufen, *ich* saufe ab (bin abgesoffen), **1)** U gehe im Wasser unter, ertrinke. **2)** *ein Motor säuft ab,* U erhält zuviel Kraftstoff (beim Anlassen).

absaugen, *ich* sauge ab (habe abgesaugt), nehme durch Saugen, durch eine Saugvorrichtung weg (Flüssigkeit, Sekret, Staub, verbrauchte Luft). **Absaugmethode** *die,* ⚕ **1)** Saugkürettage. **2)** Methode zum Freimachen, z. B. der Atemwege durch Absaugen von Absonderung u. a.

abschaben [mhd. abeschaben], *ich* schabe *es* ab (habe abgeschabt), säubere, entferne durch Schaben. **Abschabsel** [mhd. abschabe] *das, -s/-,* abgeschabtes Restchen.

abschaffen, *ich* schaffe ab (habe abgeschafft), **1)** *es,* beseitige, hebe auf: *dieses Gesetz, diese Einrichtung wurde abgeschafft,* außer Kraft gesetzt; *ich muß meinen Hund abschaffen,* kann ihn nicht mehr halten. **2)** *mich, südwestdt.:* arbeite mich ab. **Abschaffung** *die, -/-en,* **1)** Aufhebung, Verbot: *A. der Folter.* **2)** Verzicht auf: *A. der Dienstboten.* **3)** *österr.:* polizeil. Ausweisung, Abschiebung.

abschälen [mhd. abescheln], *ich* schäle *es* ab (habe abgeschält), nehme die Schale, Rinde herunter.

abschalten, *ich* schalte ab (habe abgeschaltet), **1)** *es,* ⚡ unterbreche einen elektr. Stromkreis, stelle ab, z. B. Licht, Radio. **2)** U höre nicht mehr zu, mache nicht mehr mit.

abschatten, *ich* schatte *es* ab (habe abgeschattet), **1)** schütze vor Licht, Sonne. **2)** schattiere es. **3)** Ü stufe ab, nuanciere. **Abschattung** *die, -/-en.*

abschätzen [mhd. eigtl. eine Ware für minderwertig schätzen], *ich* schätze *es* ab (habe abgeschätzt), veranschlage, bewerte: *er hat den Wert, die Entfernung abgeschätzt.* **abschätzig,** verächtlich: *abschätzige Bemerkungen.* **Abschätzung** *die,* Festsetzung des vermutlichen Wertes, Schätzung.

Abschaum [mhd. schum, ›Schaum‹, eigtl. abgeschöpfter unbrauchbarer Schaum] *der, -(e)s,* **1)** Schaum, der sich auf kochenden Flüssigkeiten oben absetzt. **2)** Ü Schlechtestes: *der A. der Menschheit.* **abschäumen,** *ich* schäume *es* ab (habe abgeschäumt), nehme den Schaum ab.

abscheiden [mhd. abescheiden], *ich* scheide ab (habe abgeschieden), entferne aus etwas, trenne ab, z. B. Öle aus Abwässern. **Abscheider** *der, -s/-:* Benzinabscheider. **Abscheidung** *die.*

abscheren [ahd. abasceran], *ich* schere *es* ab (habe abgeschoren, auch abgeschert), schneide ab. **2)** *es schert ab* (ist abgeschert), 🜚 bricht oder wird geschnitten durch seitl. Kräftewirkung. **3)** *das Ruder schert ab* (ist abgeschert), ✕ wird von senkrechter in waagerechte Haltung gedreht. **Abscherung** *die,* **1)** das Abscheren. **2)** 🜚 Horizontalbewegung einer Erdkrustenscholle auf ihrer Unterlage.

Abscheu *der, -(e)s,* auch *die, -,* vor ihm, gegen ihn, Ekel. **abscheuern,** *ich* scheu(e)re *es* ab (habe abgescheuert), entferne, reinige durch Reiben.

abscheu|erregend, aber: *großen Abscheu erregend.* **abscheulich,** **1)** ekelhaft, häßlich. **2)** böse, schlecht. **abscheulichkeit** *die, -/-en.*

abschicken, *ich* schicke *es* ab (habe abgeschickt), sende ab, weg: *Weihnachtspakete rechtzeitig abschicken!*

abschieben [mhd. abeschieben], *ich* schiebe ab (habe abgeschoben), **1)** *es,* entferne von seinem Platz. **2)** *ihn, es,* suche loszuwerden, schicke fort, weise aus: *die Polizei schiebt unerwünschte Personen ab.* **3)** *es,* entwas, wälze ab: *er schiebt gern die Verantwortung auf andere ab.* **4)** (bin abgeschoben), U gehe fort: *schieb ab!* **Abschiebung** *die,* ⊕ relative Abwärtsbewegung einer Erdkrustenscholle.

Abschied [spätmhd. abeschit] *der, -(e)s/-e, Pl. selten,* **1)** Trennung: *ein A. für immer.* **2)** das Lebewohlsagen, letztes Treffen: *sie nahm A. von ihm; Abschiedsbrief.* **3)** Entlassung: *er nahm, erhielt seinen A.* **4)** ⚔ letzter Versammlungsbeschluß: *Reichsabschied.*

abschießen [mhd. abeschiezen ›abfallen‹, ›schadhaft werden‹], *ich* schieße ab (schoß ab, habe abgeschossen), **1)** *es,* lasse los, entsende, drücke ab (eine Schußwaffe): *ich schoß den Pfeil ab; die Rakete wurde abgeschossen.* **2)** *es, ihn,* erschieße, zerstöre durch Schüsse: *das Flugzeug wurde abgeschossen,* durch feindliche Geschosse zum Absturz gebracht; *man hat ihn abgeschossen,* U gewaltsam aus einer Position entfernt; *er hat den Vogel abgeschossen,* hat beim Schützenfest den Meisterschuß getan, Ü hat alle anderen übertroffen. **3)** *es schießt ab* (ist abgeschossen), geht steil zu Tal. **4)** *es schießt ab* (ist abgeschossen), *süddt.:* verschießt, verblaßt (Farbe).

abschilfern, *es* schilfert ab (ist abgeschilfert), schuppt ab. **Abschilferung** *die, -/-en.*

abschirmen, *ich* schirme *ihn, es* ab (habe abgeschirmt), decke, sichere (gegen Wirkungsausbreitung von Feldern, Strahlungen, Strömungen), schütze vor unerwünschten Einflüssen: *er schirmt sich gegen seine Nachbarn ab; militärischer Abschirmdienst.* **Abschirmung** *die, -/-en.*

abschirren, *ich* schirre *ein Tier* ab (habe abgeschirrt), nehme ihm das Geschirr ab.

abschlachten, *ich* schlachte ab (habe abgeschlachtet), **1)** *es,* schlachte. **2)** *ihn,* U morde, töte grausam (viele Menschen). **Abschlachtung** *die.*

abschlaffen, *ich* schlaffe ab (bin abgeschlafft), U werde schlaff, müde, bin erschöpft: *abgeschlafft saß sie da.*

Abschlag [mhd. abeslac] *der,* **1)** Ausfall, Verminderung, Preisnachlaß: *Rechnungsabschlag.* **2)** ⚒ Abholzung: *Holzabschlag.* **3)** ✂ Ziel-, Fangschlag, Abstoß. **4)** Ausgangspunkt; Beginn (Golf). **5)** ⚙ Kursabzug, Disagio. **6)** ⚙ ♒ Teilzahlung: *sie kauft auf A.; Abschlagszahlung.* **7)** Vorgeschmack: *A. auf die Seligkeit.* **8)** *norddt.:* Verschlag. **9)** Probeprägung. **abschlagen** [ahd. abaslahan], *ich* schlage ab (schlug ab, habe abgeschlagen), **1)** *es,* haue herunter, trenne gewaltsam ab, Abb. S 21: *ich schlage den Wald ab,* fälle alle Bäume. **2)** *es,* verweigere, gewähre nicht: *deine Bitte muß ich leider abschlagen.* **3)** *ihn, seinen Angriff,* weise ab, verteidige mich erfolgreich. **4)** *ich schlage Wasser ab,* U uriniere. **abschlägig,** abweisend: *er, es wurde a. beschieden,* es wurde (ihm) abgelehnt. **abschläglich,** als Vorauszahlung gedacht.

abschlämmen, *ich* schlämme *es* ab (habe abgeschlämmt), reinige von Schlamm.

abschleifen [mhd. abeslifen ›entgehen‹, *ich* schleife ab (habe abgeschliffen), **1)** *es,* entferne, glätte durch Schleifen: *eine abgeschliffene Kante.* **2)** *es* schleift sich ab, wird weniger rauh; Ü wird alltäglicher: *seine Umgangsformen werden sich noch abschleifen.*

abschleppen, *ich* schleppe ab (habe abgeschleppt), **1)** *einen Wagen,* schleppe, bringe ein nicht mehr fahrtüchtiges Fahrzeug mit einem anderen Fahrzeug fort: *Abschleppdienst; Abschleppseil,* Abb. K 40. **2)** *ihn,* bringe (gewaltsam) fort (einen Betrunkenen, Verhafteten). **3)** *mich mit ihm, etwas,* ermüde mich beim Tragen.

abschließen, *ich* schließe ab (schloß ab, habe abgeschlossen), **1)** *mit ihm, etwas,* mache Schluß, bin damit fertig. **2)** *es,* mache fest zu, versperre: *er schloß die Tür ab.* **3)** *es,* beende, mache fertig, vereinbare: *ich schließe meine Arbeit nunmehr ab; er schließt ein Geschäft, einen Vertrag, eine Wette mit ihm ab.* **4)** *mich, ihn, es von ihm, etwas,* halte fern, trenne; vgl. abgeschlossen. **Abschließung** *die: A. von der Welt, gegen Einflüsse.* **Abschluß** *der,* **1)** scharfe Trennung, gültige Abmachung, Kaufvertrag: *Vertragsabschluß; größerer Abschlüsse in Baumwolle.* **2)** Ende, Endergebnis: *wir stehen vorm A. der Verhandlungen, wollen sie zum A. bringen; Studienabschluß; Abschlußprüfung; Abschlußzeugnis.* **4)** ⚙ Jahresschlußrechnung, Bilanz: *Jahresabschluß.*

abschmecken, *ich* schmecke *es* ab (habe abgeschmeckt), schmecke und würze, falls nötig, nach.

abschmeicheln, *ich* schmeich(e)le *es ihm* ab (habe abgeschmeichelt), erlange durch Schmeichelei.

abschmieren, *ich* schmiere ab (habe abgeschmiert), **1)** *es,* ⊙ führe Schmiermittel zu. **2)** *es,* U schreibe ab. **3)** *ihn,* U verprügele. **4)** *ein Flugzeug schmiert ab,* kippt ab.

abschminken, *ich* schminke ab (habe abgeschminkt), **1)** *mich, ihn,* entferne die Schminke. **2)** *mir etwas,* U gebe es auf: *diesen Plan mußte er sich abschminken.*

abschmirgeln, *ich* schmirg(e)le *es* ab (habe abgeschmirgelt), schleife mit Schmirgel ab.

Abschn., Abk. für: Abschnitt.

abschnallen, *ich* schnalle ab (habe abgeschnallt), **1)** *mich, ihn, es,* mache los, löse einen Gurt oder Riemen. **2)** U kann oder will geistig nicht folgen.

abschneiden [ahd. abasnidan], *ich* schneide ab (habe abgeschnitten), **1)** *es,* entferne durch Schneiden; trenne ab, Abb. S 32: *ich schneide mir ein Stück Brot ab; durch das Hochwasser waren sie von der Außenwelt abgeschnitten,* Ü hat-

ten sie keine Verbindung; *er schnitt mir den Weg ab,* versperrte ihn mir; *diesen Weg kann man abschneiden,* Ü abkürzen; *wütend schnitt ihm der Vater das Wort ab,* Ü ließ ihn nicht ausreden. **2)** *gut, schlecht,* erreiche ein gutes, schlechtes Ergebnis. **Abschnitt** [mhd. abesnit] *der,* **1)** Teilstück. **2)** bestimmter Zeitraum, Epoche: *A. des Lebens; Zeitabschnitt.* **3)** ⚓ Abk.: Abschn., Teil eines Kapitels. **4)** △ Segment, Abb. K 43, K 52. **Abschnittsbevollmächtigte** *der,* Dt. Dem. Rep.: für ein bestimmtes Wohngebiet zuständiger Volkspolizist. **abschnitt(s)weise,** in Abschnitten, etappenweise.

abschnüren, *ich* schnüre *es* ab (habe abgeschnürt), **1)** umwickle sehr fest, binde ab, trenne von der Zufuhr ab. **2)** ⊞ markiere gerade Linien durch Schnüre. **3)** ⚓ zeichne Schiffslinien auf dem Schnürboden. **Abschnürung** *die.*

abschöpfen [mhd. abaschepfen], *ich* schöpfe *es* ab (habe abgeschöpft), nehme von der Oberfläche ab (Schaum, Fett): *ich schöpfe den Rahm ab,* Ü suche mir das Beste aus. **Abschöpfung** *die: Kaufkraftabschöpfung,* Ü.

abschotten, *ich* schotte ab (habe abgeschottet), **1)** *es,* ⚓ versehe mit Schotten. **2)** *mich,* Ü verschließe mich äußeren Einflüssen. **Abschottung** *die, -: die A. des Staates gegen westliche kulturelle Einflüsse.*

abschrägen, *ich* schräge *es* ab (habe abgeschrägt), mache schräg.

abschrauben, *ich* schraube *es* ab (habe abgeschraubt), mache, schraube los.

abschrecken [mhd. abeschrecken], *ich* schrecke ab (habe abgeschreckt), **1)** *ihn,* bringe ihn durch Drohung von etwas ab. **2)** *es,* übergieße etwas Erhitztes mit kaltem Wasser: *die Eier müssen abgeschreckt werden.* **abschreckend,** warnend, die Lust raubend: *ein abschreckendes Beispiel.* **Abschreckung** *die, -/-en,* **1)** Warnung vor etwas: *Abschreckungskapazität; Abschreckungsmethode.* **2)** das Übergießen von etwas Erhitztem mit kaltem Wasser (gekochte Eier).

abschreibbar, so geartet, daß es der Abschreibung unterliegt. **abschreiben** [mhd. abeschriben, urspr. ›löschen‹], *ich* schreibe ab (habe abgeschrieben), **1)** *es von ihm, von etwas,* fertige eine Abschrift an: *schreib es ab!; der Schüler schreibt von seinem Nachbar ab.* **2)** *es,* ziehe ab, setze herab (den Wert eines Vermögensteils: *ich habe die Sendung abgeschrieben,* U betrachte sie als verloren. **3)** *es,* nutze durch Schreiben ab (Bleistift, Farbband). **4)** *ihm,* sage schriftlich ab. **Abschreibung** *die,* Herabsetzung des Buchwertes eines Vermögensgegenstandes in der Bilanz: *steuerliche Abschreibungen; Abschreibungsvergünstigung.*

abschreiten, *ich* schreite *es* ab (habe abgeschritten), **1)** messe nach Schritten: *er hat die Entfernung abgeschritten.* **2)** gehe feierlich daran entlang: *der Verteidigungsminister schritt die Reihen der angetretenen Truppen ab.*

Abschrift [zu abschreiben] *die,* Zweitschrift, Doppel, Kopie. **abschriftlich.**

Abschrot *der, -(e)s/-e,* ein Amboßeinsatz, Abb. A 10. **abschroten,** *ich* schrote *es* ab (habe abgeschrotet), trenne glühende Metallstücke auf dem Amboß.

abschuppen, *ich* schuppe ab (habe abgeschuppt), **1)** *es,* entferne die Schuppen. **2)** *es schuppt (sich) ab,* fällt in Schuppen. **Abschuppung** *die, -/-en,* Abschilferung, das Abstoßen der obersten Hautschicht.

abschürfen, *ich* schürfe *mir die Haut* ab (habe abgeschürft), verletze die Oberfläche der Haut. **Abschürfung** *die: Hautabschürfung.*

Abschuß [zu abschießen] *der,* **1)** Schuß (aus einer Schußwaffe). **2)** ♀ regulierendes Wegschießen von Wild. **Abschußbasis** *die,* Startanlage für Raketen. **abschüssig,** steil, stark abfallend. **Abschüssigkeit** *die, -.* **Abschußrampe** *die,* Vorrichtung zum Starten von Raketen, Abb. R 2.

abschütteln [mhd. abeschüten], *ich* schütt(e)le ab (habe abgeschüttelt), **1)** *es,* entferne durch Schütteln. **2)** *einen Verfolger,* Ü kann ihm entkommen. **3)** *ihn, es,* Ü möchte nichts mehr damit zu tun haben: *ich habe diese Erinnerungen (von mir) abgeschüttelt.*

abschwächen, *ich* schwäche ab (habe abgeschwächt), **1)** *es,* mache schwächer. **2)** *es,* Photographie: helle auf. **3)** *es schwächt sich ab,* wird geringer, nimmt ab. **Abschwächung** *die: Konjunkturabschwächung.*

abschwarten, *ich* schwarte ab (habe abgeschwartet), **1)** *es,* ziehe die Haut, Rinde ab. **2)** U prügle.

abschweifen, *ich* schweife *von ihm* ab (bin abgeschweift), komme vom Weg ab; verlasse den Gegenstand eines Gesprächs. **Abschweifung** *die, -/-en.*

15

abschwellen, *es* schwillt ab (ist abgeschwollen), **1)** geht zurück (Schwellung). **2)** wird leiser (ein Ton).

abschwenken [mhd. abeswenken ›abreißen‹, ›abschlagen‹], *ich* schwenke ab, **1)** (bin abgeschwenkt), ändere die Richtung, Ü meine Meinung. **2)** (habe abgeschwenkt) *es,* schüttele ab, entferne mich durch Schwenken.

abschwirren, *ich* schwirre ab (bin abgeschwirrt), U entferne mich (eigtl. von Vögeln): *schwirr ab!,* U.

abschwören [mhd. abeswern], *ich* schwöre ab (habe abgeschworen), **1)** *ihm,* Ü sage mich los davon: *er schwor dem Alkohol ab.* **2)** *es,* ⚯ verneine durch Schwur (Schuld).

Abschwung *der,* **1)** das Verlassen eines Turngeräts im Schwung. **2)** Golf: Schwung, bei dem der Schläger nach vorn gezogen wird. **3)** eine Kunstflugfigur. **4)** Skisport: Schwung aus der Fallinie zum Stillstand. **5)** Ü Verschlechterung der Wirtschaftslage: *konjunktureller A.*

absegeln, *ich* seg(e)le ab, **1)** (bin abgesegelt), gehe auf Segelfahrt. **2)** (habe abgesegelt) *es,* fahre segelnd entlang. **3)** (habe abgesegelt), mache die Segelfahrt des Sommers.

absehbar, 1) erkennbar: *die Folgen sind nicht a.* **2)** übersehbar, nicht allzu groß: *in absehbarer Zeit,* bald. **absehen,** *ich* sehe ab (sah ab, habe abgesehen), **1)** *es ihm,* lerne von ihm, ahme nach. **2)** *es,* erblicke, erkenne, überschaue: *ich kann das Ende davon nicht absehen.* **3)** *es auf ihn, etwas,* mache zum Ziel: *die Diebe hatten es nur auf Geld abgesehen.* **4)** *von etwas,* berücksichtige nicht, verzichte: *von einer Klage möchte ich absehen; abgesehen vom Wetter, war unser Urlaub schön.*

Absehen *das,* -s, Visiereinrichtung in Zielfernrohren; *schweiz.:* Visier (am Gewehr): *ich richte mein A. darauf,* Ü beabsichtige es. **Absehunterricht** *der,* Unterricht im Absehen der Mundbewegung von Sprechenden für Gehörlose und Schwerhörige.

abseifen, *ich* seife *ihn, es* ab (habe abgeseift), reibe mit Seife, Seifenwasser ab.

abseigern [zu Seiger], *ich* seig(e)re ab (habe abgeseigert), ⚒ lote ab, projiziere senkrecht in die Tiefe.

abseihen, *ich* seihe *Milch* ab (habe abgeseiht), *österr.:* gebe sie durchs Sieb.

abseilen, *ich* seile *mich, ihn, es* ab (habe abgeseilt), lasse (an Felswänden) am Seil herab, Abb. S 46.

absein [mhd. abe ›von . . . weg‹ und sin ›sein‹], ÜBERS. S 47, **1)** *es ist ab* (ist abgewesen), abgerissen, entfernt: *wenn der Bart ab ist, . . .* **2)** ich bin ab, U bin sehr erschöpft.

Abseit *das,* -/-, *österr.:* ⚒ Abseits.

Abseite [mhd. absite, zu Seite] *die,* **1)** Rückseite. **2)** Unterseite eines beidseitig verwendbaren Gewebes: *Abseitenstoff.* **3)** [mhd. abside, apsite, zu mlat. absida ›Apsis‹], 🏛 Chornische. **4)** *oberdt.:* schräger Verschlag unterm Dach. **abseitig, 1)** abgelegen, nicht zur Sache gehörig. **2)** unnatürlich, krankhaft. **Abseitigkeit** *die,* -/-en. **abseits, 1)** fern, unberührt von: *a. des Großstadtlärms; a. stehen.* **2)** Bühne: zur Seite (zu sprechen). **Abseits** *das,* -/-, **1)** ⚽ Verstoß gegen die Spielregeln bei Fußball, Handball, Hockey: *Abseitsfalle; Abseitsstellung; Abseitspfiff.* **2)** isolierte Stellung: *durch diese unpopulären Maßnahmen manövrierte er sich ins A., in eine Abseitsposition.*

Absence [abs′äs, frz. ›Abwesenheit‹; vgl. Absenz] *die,* -/-n [-ən], 🩺 kurze Bewußtseinstrübung.

absenden, *ich* sende *ihn, es* ab (habe abgesandt, auch abgesendet), schicke fort: *ich habe den Brief heute abgesandt,* zur Post gegeben. **Absenden** *das,* -s, *schweiz.:* Verabschiedung von Festteilnehmern (beim Schützenfest). **Absender** *der, Abk.:* Abs., jemand, der eine Sendung abgeschickt oder den Frachtvertrag mit dem Frachtführer abschließt. **Absendung** *die,* -/-en.

absengen, *ich* senge *es* ab (habe abgesengt), brenne oberflächlich ab.

absenken, *ich* senke *es* ab (habe abgesenkt), **1)** 🌱 lege einen Trieb zur Bewurzelung in die Erde. **2)** bestimme die Senkrechte. **3)** lockere die Stützen einer Schalung. **4)** senke den Grundwasserspiegel. **Absenker** *der,* 🌱 Ableger.

absent [lat. absens], abwesend. **absentieren,** *ich* absentiere *mich* (habe mich absentiert), ⚯ entferne mich. **Absentismus** *der,* -, das Fernbleiben. **Absenz** [lat. absentia] *die,* -/-en, ⚯ Abwesenheit.

abservieren, *ich* serviere ab (habe abserviert), **1)** *es,* räume das Geschirr ab, Ü setze ab, weise ab: *er läßt sich nicht so einfach abservieren.*

absetzbar, so geartet, daß es oder er abgesetzt werden kann: *das ist steuerlich (nicht) a.* **Absetzbecken** *das,* Anlage

---

zur Wasser- und Abwasserreinigung. **absetzen** [mhd. abesetzen], *ich* setze ab (habe abgesetzt), **1)** *ihn, es,* stelle hin, lege nieder, nehme ab: *ich setze ein Glas, eine schwere Tasche, ein Kind von meinem Arm, den Hut ab; er setzt seinen Sohn am Morgen an der Schule ab,* bringt ihn mit seinem Fahrzeug bis zur Schule. **2)** mache eine Pause, höre auf: *mitten im Sprechen setzte er ab; er trank sein Glas leer, ohne einmal abzusetzen; wir mußten diese Tabletten bei der Behandlung absetzen.* **3)** *ihn,* enthebe seines Amtes, entthrone, entlasse: *der Minister, der König wurde abgesetzt.* **4)** *es,* entziehe ihm die Muttermilch (Säugetier). **5)** *es (gegen etwas),* lasse abstechen, mache merklich anders, kontrastiere. **6)** *es,* beseitige: *ein Stück wird vom Spielplan abgesetzt,* nicht mehr aufgeführt; *ich setze einen Punkt von der Tagesordnung ab,* streiche; *er setzt diesen Betrag von der Steuer ab,* versteuert ihn nicht mit; *die Ware wurde reißend abgesetzt,* sehr gut verkauft. **7)** *mich,* U verlasse heimlich meinen Wohnsitz. **8)** *es setzt sich ab,* schlägt sich nieder (Stoffe in Flüssigkeiten). **Absetzung** *die,* -/-en, **1)** Enthebung des Trägers eines Amtes wider seinen Willen. **2)** Abzug vom steuerpflichtigen Einkommen (von Ausgabe).

absichern, *ich* sich(e)re *es, mich* gegen etwas ab (habe abgesichert), sichere, schütze davor. **Absicherung** *die.*

Absicht *die,* -/-en, Plan, Ziel, Vorsatz, Wille: *mit der A., es zu tun; er hegt die A.; mit voller A.; es geschah ohne A.; er hat ernste Absichten,* U will (sie) heiraten. **absichtlich. Absichtlichkeit** *die,* -. **absichtslos. Absichtssatz** *der,* Finalsatz, ein Nebensatz, ÜBERS. S 79.

absingen [mhd. abesingen, vgl. Abgesang], *ich* singe *es* ab (sang ab, habe abgesungen), **1)** singe vom Blatt. **2)** singe zu Ende: *unter Absingen der Nationalhymnen.*

Absinth [grch. apsinthion ›Wermut‹] *der,* -(e)s/-e, Branntwein aus Wermut.

absit omen [lat.], möge es ohne (böse) Vorbedeutung sein!

absitzen [mhd. abesitzen], *ich* sitze ab, **1)** (saß ab, bin abgesessen), steige vom Pferd, Fahrrad, Motorrad. **2)** (habe abgesessen) *es,* U sitze so lange, bis es zu Ende ist: *er saß seine Strafe ab,* verbüße sie in einer Strafanstalt; *ich sitze mein Eintrittsgeld ab,* U harre trotz Langeweile bis zum Ende aus (im Theater, Kino, bei einer Veranstaltung).

absolut [lat. absolutus ›abgelöst‹], **1)** für sich betrachtet, unbedingt, unbeschränkt, vollkommen: *das absolute Maß, Maßsystem; die absolute Mehrheit,* mehr als 50 %; *der absolute Nullpunkt, Kältepunkt,* −273,16 °C. **2)** U völlig: *absoluter Unsinn.* **3)** überhaupt: *du hast a. keinen Ehrgeiz.* **Absolute** *das,* -n. **Absolutheit** *die,* -: *Absolutheitsanspruch.* **Absolution** *die,* -/-en, kath. Kirche: Lossprechung von Sünden: *ihm wurde A. erteilt.* **Absolutismus** *der,* -, unbeschränkte Herrschaft (eines Monarchen). **absolutistisch. Absolutorium** *das,* -/. . .rien, **1)** Freispruch. **2)** Bescheinigung hierüber.

Absolvent *der,* -en/-en, jemand, der eine Schule, ein Studium absolviert hat: *Hochschulabsolvent.* **absolvieren** [lat. absolvere ›loslösen‹], *ich* absolviere (habe absolviert), **1)** *ihn,* spreche los. **2)** *es,* durchlaufe und beende mit Erfolg (Schule, Prüfung). **Absolvierung** *die,* -/-en.

Absonderheit *die,* -/-en, sonderbare Eigenheit. **absonderlich. Absonderlichkeit** *die,* -/-en. **absondern** [mhd. abesundern], *ich* sond(e)re ab (habe abgesondert), **1)** *mich, ihn, es von ihm,* trenne ab, isoliere: *er sondert sich von anderen Menschen ab.* **2)** *es,* scheide aus, gebe ab, z. B. flüssige Stoffe aus Drüsen, Gegenstände aus der Konkursmasse. **Absonderung** *die,* -/-en: *Absonderungsgewebe.*

Absorbens [lat. absorbere ›verschlucken‹] *das,* -/. . .b′entien oder . . .b′entia, flüssige oder gasförmige Stoffe an sich bindender Stoff. **Absorber** [engl.] *der,* -s/-, absorbierendes Gerät oder absorbierender Stoff. **absorbieren,** *ich* absorbiere (habe absorbiert), **1)** *ihn, es,* beanspruche restlos. **2)** *es absorbiert es,* ⚗ saugt auf, nimmt in sich auf (Gas). **3)** *es absorbiert es,* Physik: verschluckt, schwächt Strahlen, z. B. Licht. **Absorption** *die,* -/-en: *Absorptionsspektrum.* **absorptiv,** *absorptive* Stoffe. **Absorptivum** *das,* -s/-e, absorbierender Stoff.

abspalten, *ich* spalte *es* ab (habe abgespaltet oder abgespalten), trenne einen kleinen Teil ab: *der linke Flügel der Partei spaltete sich ab.*

abspannen [mhd. abespannen], *ich* spanne *es* ab (habe abgespannt), **1)** mache los (Zugtier). **2)** lockere, vermindere die Spannung; vgl. abgespannt. **3)** sichere durch Seile. **Abspannung** *die,* **1)** das Nachlassen der Spannung. **2)** Ermüdung. **3)** Halte- und Spannseil, Abb. A 17, R 13.

absparen, *ich* spare *es mir (vom Munde)* ab (habe abgespart), spare unter großen Einschränkungen.

ạbspeisen, *ich* speise *ihn* ab (habe abgespeist), **1)** ✤ versorge mit Speisen. **2)** *mit etwas,* Ü fertige ihn mit Minderwertigem ab: *glauben Sie, mich mit Ausreden abspeisen zu können?*

ạbspenstig [von abspannen], *er will ihn mir a. machen,* mir wegnehmen, entfremden.

ạbsperren, *ich* sperre *es* ab (habe abgesperrt), schließe ab, versperre. **Ạbsperrung** *die,* **1)** Sperrvorrichtung, ABB. S 72. **2)** Verbot und Verhinderung des Verkehrs in und zu bestimmten Gebieten.

Ạbspiel *das, -s.* **ạbspielen,** *ich* spiele ab (habe abgespielt), **1)** *es,* führe vor, lasse ablaufen (Schallplatte, Tonband). **2)** *es (vom Blatt),* ♪ spiele nach Noten. **3)** *einen Ball,* ⛹ gebe ihn ab. **4)** *es spielt sich ab,* ereignet sich: *in wenigen Sekunden hatte sich das Unglück abgespielt.* **5)** *ein Kartenspiel,* führe technisch durch; vgl. abgespielt.

Ạbspliß [zu spleißen] *der, nordwestdt.:* **1)** Spargut. **2)** Splitter, Taufaser. **3)** ⚓ Teilung eines Taus.

ạbsplittern [zu spleißen], *ich* splitt(e)re *es* ab (habe abgesplittert), **1)** löse als Splitter ab. **2)** *es splittert ab* (ist abgesplittert), löst sich als Splitter, als Splittergruppe. **3)** *es splittert sich ab,* spaltet sich ab. **Ạbsplitt(e)rung** *die, -/-en.*

Ạbsprache *die,* Vereinbarung. **ạbsprachegemäß. ạbsprechen** [mhd. abesprechen ›absprechen‹, ›ableugnen‹], *ich* spreche *es* ab (sprach ab, habe abgesprochen), **1)** *ihm,* erkläre, daß er es nicht hat; verweigere: *man sprach ihm das Recht zur Kritik ab.* **2)** *mit ihm,* verabrede, mache ab: *der Einbrecher hatte die Tat vorher mit einem Helfershelfer abgesprochen.*

ạbspreizen [zu Spreize], *ich* spreize *es* ab (habe abgespreizt), **1)** sichere Wände durch Streben gegen Einsturz. **2)** spreize (vom Körper weg).

ạbspringen [mhd. abespringen], *ich* springe ab (sprang ab, bin abgesprungen), **1)** springe herunter, stoße mich ab: *er sprang von der Straßenbahn ab.* **2)** Ü trenne mich, sage mich los: *viele seiner Anhänger sind inzwischen wieder abgesprungen.* **3)** *es springt ab,* löst sich, splittert ab: *der Lack springt ab.*

ạbspritzen, *ich* spritze ab, **1)** (habe abgespritzt) *es,* übersprühe, bespritze. **2)** (bin abgespritzt), *schweiz.:* springe ab, verlasse es.

Ạbsprung *der,* **1)** das Losspringen, Hochschnellen: *Absprungbalken,* ⛹; *Absprunglinie,* ⛹. **2)** Sprung nach unten, ABB. F 4. **3)** *er hat den A. nicht rechtzeitig geschafft,* Ü eine mögliche Verbesserung seiner Situation verpaßt.

ạbspulen, *ich* spule *es* ab (habe abgespult), **1)** wickle von einer Spule. **2)** *die Tests wurden rasch abgespult,* Ü erledigt.

ạbspülen [mhd. abespüelen], *ich* spüle *es* ab (habe abgespült), entferne von etwas durch Spülen.

Ạbstamm *der, -(e)s,* ✤ Nachkommenschaft. **ạbstammen,** *ich* stamme *von ihm* ab (bin abgestammt), *Perfekt selten,* bin sein Nachkomme, leite meine Herkunft von ihm ab. **Ạbstämmling** *der, -s/-e,* ✤ Nachkomme. **Ạbstammung** *die, -/-en: Abstammungslehre.*

Ạbstand *der,* **1)** Entfernung, Zwischenraum: *der A. zwischen zwei Punkten.* **2)** das Vermeiden einer Berührung: *A. halten!* **3)** Zahlung für die Nichtausnutzung eines Rechts: *Abstandssumme.* **4)** *ich nehme A. von einer Sache,* verzichte darauf.

ạbstatten [zu mhd. stat ›Stätte‹, ›Stelle‹, eigtl. an die (richtige) Stelle bringen], *ich* statte *es ihm* ab (habe abgestattet), erstatte, gebe: *ich statte ihm einen Besuch, meinen Dank ab.*

ạbstauben, *ich* staube *es* ab (habe abgestaubt), **1)** wische Staub ab. **2)** U nehme heimlich fort, eigne mir an. **Ạbstauber** *der, -s/-,* U für: **Ạbstaubertor** *das,* ⛹ ohne große Eigenleistung aus kurzer Entfernung erzieltes Tor.

ạbstechen [mhd. abestechen, urspr. ›vom Roß herunterstechen‹], *ich* steche ab (stach ab, habe abgestochen), **1)** *ihn, es,* töte durch Stechen: *ich habe einen Gegner abgestochen,* besiegt (Turnierwort); *er sticht ein Tier ab,* schlachtet es. **2)** *es,* trenne Stücke (durch Stechen) ab. **3)** *Metall,* öffne das Ausflußloch am Hochofen, so daß die flüssige Masse herausfließen kann. **4)** *gegen ihn,* bin anders, hebe mich ab, biete einen auffälligen Unterschied: *abstechende Farben.* **Ạbstecher** [aus niederl., urspr. von einer Bootsfahrt gebraucht] *der, -s/-,* kleiner Ausflug während einer Reise.

ạbstecken, *ich* stecke *es* ab (habe abgesteckt), **1)** bezeichne die Grenzen (eines Baues, Grundstückes) auf einem Platz: *wir steckten unsere Ziele ab,* Ü. **2)** kennzeichne, mache mit Nadeln passend (Kleid). **Ạbsteckung** *die, -/-en,* ABB. S 61.

ạbstehen [mhd. abestan], *ich* stehe ab (habe abgestanden), **1)** *von ihm,* ✤ lasse ab, gebe auf, verzichte. **2)** *es steht ab,* liegt nicht an: *die Haare stehen (vom Kopf) ab; abstehende Ohren.* **3)** *Getränke stehen ab,* werden durch langes Stehen schal; vgl. abgestanden. **4)** *mir die Beine,* muß lange stehend warten.

ạbsteifen, *ich* steife *es* ab (habe abgesteift), 🏛 stütze vorläufig. **Ạbsteifung** *die, -/-en,* ABB. S 62.

Ạbsteige *die, -/-n,* U Absteigequartier. **ạbsteigen** [ahd. abastigan], *ich* steige ab (bin abgestiegen), **1)** steige herunter, bergab; verlasse ein Reittier, Fahrzeug: *er stieg vom Pferd ab; absteigende Linie,* Kinder, Enkel, Urenkel. **2)** nehme Wohnung, kehre ein: *ich bin bei meinem Freund abgestiegen.* **3)** verliere an Ansehen, Rang; sinke: *unser Fußballverein ist abgestiegen,* ⛹ in eine niedrigere Leistungs- und Spielklasse gekommen. **Ạbsteigequartier** *das,* **1)** Unterkunft. **2)** Gasthaus zweifelhaften Rufes. **Ạbsteiger** *der,* ⛹ U absteigende Mannschaft: *der Verein ist unter den Absteigern.*

ạbstellen [mhd. abestellen, eigtl. ›wegstellen‹, ›entfernen‹], *ich* stelle ab (habe abgestellt), **1)** *es,* setze nieder, bringe zum Aufbewahren weg. **2)** *es,* schalte ab, aus; unterbreche: *stell das Gas ab!; diese Gewohnheiten müssen abgestellt werden,* Ü. **3)** *es von etwas,* stelle entfernt davon. **4)** *es auf etwas,* richte danach aus, nehme darauf Rücksicht. **5)** *ihn zu etwas,* ✤ verwende an anderer Stelle. **Ạbstellgleis** *das,* **1)** Nebengleis für vorübergehend nicht gebrauchte Wagen, ABB. B 5. **2)** *er wurde aufs A. geschoben,* Ü in einen Lebensbereich gewiesen, der (beruflich) keine Entwicklungsmöglichkeiten mehr bietet. **Ạbstellung** *die.*

ạbstempeln, *ich* stemp(e)le ab (habe abgestempelt), **1)** *es,* drücke einen Stempel darauf. **2)** *ihn als etwas,* Ü bezeichne als: *als Versager abgestempelt.* **Ạbstemp(e)lung** *die.*

ạbsterben [mhd. abesterben ›aussterben‹], *es* stirbt ab (starb ab, ist abgestorben), **1)** stirbt, geht ein (Pflanze). **2)** verliert alles Empfinden (Gliedmaßen); vgl. abgestorben.

Ạbstich [mhd. abe ›von . . . weg‹ und stich ›Stich‹] *der,* **1)** das Loslösen (regelmäßiger Stücke): *Torfabstich.* **2)** das Ablassen von Flüssigkeit oder Schmelzgut aus dem Schmelzraum, vgl. ABB. H 20. **3)** Trennung des Faßweins vom Bodensatz.

Ạbstieg [mhd. abe ›von . . . weg‹, ›herab von‹ und stic ›Steig‹, ›Pfad‹] *der, -(e)s/-e,* **1)** Weg bergab: *der A. war schwieriger als der Aufstieg.* **2)** Ü Verschlechterung, moralisches Verkommen. **3)** ⛹ Wechsel in eine niedrigere Leistungs- oder Spielklasse: *eine abstiegsgefährdete Mannschaft.*

ạbstillen [zu stillen], *ich* stille *einen Säugling* ab (habe abgestillt), stelle ihn von Muttermilch auf andere Ernährung um.

ạbstimmen, *ich* stimme ab (habe abgestimmt), **1)** *über etwas,* gebe meine Stimme in einer Abstimmung. **2)** *es aufeinander,* mache zueinander passend: *diese Farben sind gut aufeinander abgestimmt.* **Ạbstimmkreis** *der,* ((ψ)) aus Kondensator und Spule bestehender Schaltkreis zum Abstimmen auf eine bestimmte Wellenlänge. **Ạbstimmung** *die,* **1)** Angleichung, Anpassung: *A. auf einen Farbton.* **2)** Stimmabgabe, Wahlgang: *Abstimmungsergebnis; Kampfabstimmung.* **3)** ((ψ)) Einstellung der Wellenlänge oder Frequenz: *Feinabstimmung.*

abstinẹnt [lat. abstinere ›zurückhalten‹], enthaltsam, bes. Alkohol meidend. **Abstinẹnt** *der, -en/-en,* ✤ Abstinenzler. **Abstinẹnz** *die, -: A. üben.* **Abstinẹnzler** *der, -s/-,* jemand, der abstinent lebt, bes. Anhänger der Alkoholbekämpfung.

ạbstinken, *ich* stinke ab (bin abgestunken), U habe keinen Erfolg, werde abgelehnt: *die Band ist ganz schön abgestunken; damit wird er bei mir abstinken.*

ạbstoppen, *ich* stoppe ab (habe abgestoppt), **1)** *es,* stoppe, halte an: *wir mußten die Produktion abstoppen.* **2)** *die Zeit,* messe mit der Stoppuhr.

Ạbstoß *der,* **1)** kräftiges Losschnellen. **2)** Fußball: auch Abschlag, Schuß von der Torraumlinie über den Strafraum hinweg ins Spielfeld: *A. vom Tor.* **ạbstoßen** [ahd. abastozan], *ich* stoße ab (stieß ab, habe abgestoßen), **1)** *mich, ihn, es von ihm,* stoße weg, bringe durch einen Stoß in Schwung. **2)** *es von ihm,* trenne, schlage ab: *ich habe eine Ecke vom Schrank abgestoßen.* **3)** *ihn,* Ü bin ihm unangenehm, errege seinen Abscheu: *das stößt mich ab.* **4)** *Waren,* verkaufe schnell und billig, verschleudere. **5)** *es stößt sich ab,* nutzt sich ab: *abgestoßene Ärmelkanten.* **6)** *ein Schiff stößt ab* (ist abgestoßen), entfernt sich vom Ufer. **ạbstoßend,** Ü widerlich, ekelhaft.

ạbstottern, *ich* stott(e)re *es* ab (habe abgestottert), U zahle ratenweise, zahle ab.

ab|strahiẹren [lat. abstrahere ›abziehen‹], *ich* abstrahiere (habe abstrahiert) *es (von ihm),* lasse beiseite; verallgemeinere zum Begriff, sondere das Wesentliche vom Zufälligen.

ạbstrahlen, *ich* strahle ab (habe abgestrahlt), **1)** *es,* säubere mit dem Sand- oder Wasserstrahl. **2)** *es strahlt ab,* gibt Strahlen ab.

ab|strakt [lat. abstractum ›abgezogen‹], rein begrifflich, unanschaulich, von der Wirklichkeit abgetrennt: *abstraktes Denken; abstrakte Begriffe im Unterschied zu konkreten; abstrakte Zahl,* unbenannte *Zahl; abstrakte Kunst,* gegenstandslose Kunst. **Ab|straktheit** *die, -.* **Ab|straktion** *die, -/-en,* **1)** das Abstrahieren, Verallgemeinerung zum Begriff. **2)** allgemeiner Begriff. **Ab|straktum** *das, -s/. . .ta,* **1)** unanschaulicher Begriff. **2)** begriffliches Substantiv, ÜBERS. S 77, B.

abstrampeln, *ich stramp(e)le mich ab* (habe mich abgestrampelt, U mühe mich sehr.

Abstreich *der, ⚏* Zuschlag auf Mindergebot bei Versteigerungen. **abstreichen** [mhd. abestrichen], *ich streiche ab* (habe abgestrichen), **1)** *es,* wische weg. **2)** *es,* suche ab (Gelände). **3)** *es,* ziehe ab: *von seinen Geschichten müßt ihr viel abstreichen.* **4)** *Federwild streicht ab* (ist abgestrichen), ⚑ fliegt fort.

abstreifen [mhd. abestroufen], *ich streife ab* (habe abgestreift), **1)** *es,* befreie mich davon: *ich streife die Kleider ab; ich will versuchen, meine Fehler abzustreifen,* Ü abzulegen. **2)** *es,* streiche ab: *ich streife meine Schuhe ab,* trete den Schmutz ab. **3)** *den Balg,* ⚑ ziehe ihn von erlegtem Wild ab.

abstreiten [mhd. abestriten], *ich streite es ab* (habe abgestritten), leugne ab, stelle in Abrede.

Abstrich [mhd. abe ›von . . . weg‹, ›herab‹ und strich ›Strich‹, ›Linie‹] *der,* **1)** Strich nach unten. **2)** Abzug, Streichung, Verringerung: *man muß Abstriche machen,* Ü bescheidener werden. **3)** ⊙ von einer Metallschmelze abgezogene lockere Schicht. **4)** ✚ Entnahme einer Absonderung zur Untersuchung auf Krankheitserreger.

ab|strus [lat. abstrusus ›verborgen‹, ›heimlich‹], dunkel, verworren: *abstruse Gedankengänge.*

abstufen, *ich stufe es ab* (habe abgestuft). **Abstufung** *die,* **1)** Stärkegrad, Rangeinteilung, Abtönung, Nuance. **2)** angemessene Verteilung, planvolle Ungleichheit. **3)** regelmäßiges Wachsen oder Abnehmen.

abstumpfen, *ich stumpfe ab,* **1)** (habe abgestumpft) *es,* mache stumpf, entferne eine Kante oder Spitze. **2)** *es stumpft ab* (ist abgestumpft), wird stumpf. **3)** (bin abgestumpft) *gegen etwas,* Ü gewöhne mich daran, werde unempfindlich, träge, gleichgültig: *abgestumpfte Menschen.* **Abstumpfung** *die, -/-en: A. gegen äußere Einflüsse.*

Absturz *der,* **1)** Fall, Sturz in die Tiefe (eines Flugzeugs, Bergsteigers), ABB. B 20. **2)** jäher Abhang, ABB. B 20. **abstürzen,** *ich stürze ab* (bin abgestürzt), **1)** falle herunter, stürze in die Tiefe: *ein Bergsteiger stürzte in den Alpen ab; ein Flugzeug ist kurz vor der Landung abgestürzt.* **2)** *ein Gelände stürzt ab,* fällt steil, senkrecht ab.

abstützen, *ich stütze es ab* (habe abgestützt), gebe ihm Halt durch eine Stütze.

absuchen, *ich suche es nach ihm, etwas ab* (habe abgesucht), schaue überall gründlich nach.

Absud [zu sieden] *der,* Abkochung, ausgekochter Saft.

absurd [lat. absurdus ›mißtönend‹], unsinnig, widersinnig: *ich finde diesen Vorschlag a.; absurdes Theater,* Theater, das Sinnloses und Sinnwidriges dramatisch gestaltet. **Absurdität** *die, -/-en: Absurditätenschau.*

ab|szedieren [lat. abscedere ›weggehen‹, ›sich absondern‹, *es* abszediert (hat abszediert), ✚ sondert sich ab, eitert. **Ab|szeß** *der, . . .sz'esses/. . .sz'esse,* Eitergeschwulst.

Ab|szisse [lat. abscissa ›die Abgeschnittene‹] *die, -/-n,* **Ab|szissenachse** △ die waagerechte (x-)Achse im Koordinatensystem, ABB. K 37.

Abt [ahd. abbat aus -grch. abbas aus aramäisch abba ›Vater‹] *der, -(e)s/ᵘe,* Vorsteher eines Klosters.

Abt., Abk. für: Abteilung.

abtakeln [niederl. aftakelen], *ich tak(e)le ab* (habe abgetakelt), **1)** *ein Schiff,* entferne das Mastwerk; oft: stelle außer Dienst. **2)** *ihn,* U enthebe des Amtes: *ein abgetakelter Offizier;* vgl. abgetakelt. **Abtak(e)lung** *die.*

abtasten, *ich taste ihn, es ab* (habe abgetastet), **1)** untersuche durch Tasten an verschiedenen Stellen: *sie wurden nach Waffen abgetastet.* **2)** nehme punktweise auf (Bild oder Körper): *die Preisschilder wurden elektronisch abgetastet.*

abtauen, **1)** *ich taue es ab* (habe abgetaut), lasse Gefrorenes schmelzen: *der Kühlschrank taut automatisch ab.* **2)** *es taut ab* (ist abgetaut), taut, schmilzt.

Abtausch *der,* **1)** Austausch, wechselseitiges Attackieren: *Schlagabtausch* (Boxen). **2)** Schach: Schlagen einer gegnerischen Figur unter Preisgabe einer eigenen.

Abtei [ahd. abbateia, mlat. abbatia] *die, -/-en,* von einem Abt oder einer Äbtissin geleitetes Kloster.

Abteil [auch 'a-, 1886 aus Abteilung] *das, -(e)s/-e,* abgetrennter Raum in Eisenbahnwagen, ABB. E 5. **abteilen** [mhd. abeteilen], *ich teile es ab* (habe abgeteilt), trenne ab, gliedere in Teile. **Abteilung** *die, -/-en,* Abk.: Abt., **1)** Teil eines gegliederten Ganzen; Untergliederung eines Unternehmens, einer Mannschaft, einer Fakultät: *Abteilungsleiter; die Kosmetikabteilung eines Kaufhauses.* **2)** ⚒ Jagen, Distrikt. **3)** ⊕ systemat. Einheit, ÜBERS. N 5. **4)** ⊕ Unterabschnitt einer geolog. Formation.

abteufen [zu Teufe], *ich teufe einen Schacht ab* (habe abgeteuft), ⚒ grabe ihn senkrecht in die Tiefe. **Abteufung** *die, -/-en.*

abtippen, *ich tippe es ab* (habe abgetippt), U schreibe mit der Schreibmaschine ab.

Äbtissin [ahd. abbatissa, zu Abt] *die, -/-nen,* die Klostervorsteherin bei den Benediktinerinnen und verwandten Frauenorden, auch bei den Klarissinen.

abtönen, *ich töne es ab* (habe abgetönt), stufe die Farbe ab, schattiere. **Abtönung** *die.*

abtöten, *ich töte ab* (habe abgetötet), **1)** *es,* vernichte. **2)** *mich,* U kasteie mich, suche mich weltl. Genüssen zu entfremden. **Abtötung** *die: A. des Fleisches.*

Abtrag [mhd. abetrac ›Wegnahme‹] *der, -(e)s/ᵘe,* **1)** Schaden: *jemandem A. tun.* **2)** Beseitigung von Gestein. **abtragen** [mhd. abetragen], *ich trage ab* (trug ab, habe abgetragen), **1)** *es,* schaffe (Erdreich) fort, ebne ein: *der Hügel wird abgetragen.* **2)** *es,* reiße ab (Gebäude). **3)** *Kleider,* trage sie so lange, bis sie unansehnlich geworden sind: *abgetragene Kleider.* **4)** *es,* zahle ab, erstatte (Schuld, Dank). **5)** *eine Strecke,* zeichne in richtiger Länge ein. **6)** *Speisen,* nehme vom Tisch weg. **abträglich,** schädlich: *das ist mir, meiner Gesundheit a.* **Abtragung** *die, -/-en,* **1)** das Abtragen. **2)** ⊕ Gesamtheit der Vorgänge, die zur Erniedrigung und Einebnung der Erdoberfläche führen.

Abtransport *der,* das Fortschaffen, Wegbringen. **abtransportieren,** *ich transportiere es ab* (habe abtransportiert).

abtreiben [ahd. abatriban], *ich treibe ab* (habe abgetrieben), **1)** *ihn, es,* treibe fort, zu Tal, bringe vom gewünschten Weg ab: *der Sturm trieb das Schiff vom Kurs ab.* **2)** *(die Leibesfrucht),* breche die Schwangerschaft ab, beseitige den Embryo, noch ehe er lebensreif wird. **3)** *es,* ⚒ holze ab. **4)** *es,* lasse abweiden. **5)** *es,* ⊙ entferne unedle Bestandteile aus Metallschmelzen. **6)** (bin abgetrieben), werde (von der Strömung) weggetrieben. **Abtreibung** *die, -/-en,* Abbruch der Schwangerschaft: *Abtreibungsmittel; Abtreibungsparagraph.*

abtrennbar, so beschaffen, daß es losgelöst werden kann. **abtrennen** [mhd. abetrennen], *ich trenne es ab* (habe abgetrennt), löse, lösche ab, nehme weg, schneide ab, entferne. **Abtrennung** *die.*

abtreten [mhd. abetreten], *ich trete ab* (trat ab, habe abgetreten), **1)** *es,* nutze durch Treten ab: *wir haben den Teppich schon sehr abgetreten.* **2)** *es,* putze an einem Abtreter, Kratzeisen ab: *tritt dir die Schuhe, Füße ab!* **3)** *es ihm,* überlasse, übertrage, verzichte zu seinen Gunsten (auf Rechte). **4)** (bin abgetreten), gehe fort, verzichte (auf eine Stellung): *der Schauspieler trat von der Bühne ab.* **Abtreter** *der, -s/-,* Fußmatte zum Entfernen des Schmutzes von den Schuhen, ABB. H 11, T 17. **Abtretung** *die, -/-en,* Überlassung von Sachen, Rechten, eines Staatsgebietes: *Gebietsabtretung; Abtretungsurkunde.*

Abtrieb *der,* **1)** Abtrift, das Treiben des Viehs von der Alm zu Tal: *Almabtrieb.* **2)** ⚒ Kahlschlag. **3)** ⊙ die in einem Getriebe umgeformte, an einem Endglied wirksam werdende Bewegung oder Kraft. **Abtrift** [niederdt., zu treiben] *die,* **1)** Abdrift. **2)** Abtrieb (Vieh).

abtrinken, *ich trinke es ab* (trank ab, habe abgetrunken), nehme einen Schluck vom randvollen Gefäß.

Abtritt [mhd. abetrit ›Rücktritt‹] *der,* **1)** U Toilette, Klosett. **2)** Abgang (von der Bühne).

abtrocknen [mhd. abetruckenen], **1)** *ich trockne es ab* (habe abgetrocknet), mache trocken (Geschirr). **2)** *es trocknet ab* (ist abgetrocknet), wird trocken.

abtropfen, *es tropft ab* (hat, ist abgetropft), fließt in Tropfen ab: *laß den Schirm abtropfen!*

abtrotzen, *ich trotze es ihm ab* (habe abgetrotzt), erreiche von ihm durch Trotz, Starrsinn.

abtrumpfen, *ich trumpfe ab* (habe abgetrumpft), **1)** *ihm eine Karte,* gewinne sie von ihm durch einen Trumpf. **2)** *ihn,* ⚭ weise derb zurecht.

abtrünnig [mhd. abetrünnic, zu trinnen ›sich absondern‹, ›entlaufen‹], treulos, von einer Überzeugung abgekommen. **Abtrünnigkeit** die, -.

abtun [mhd. abetuon], ich tue ab (habe abgetan), 1) es, ihn, erledige, schiebe verächtlich oder als unwichtig beiseite: sein Einwand war mit einem Lachen abgetan. 2) Wild tut sich ab, ♾ krankes Wild trennt sich vom gesunden Wild.

abtupfen, ich tupfe es ab (habe abgetupft), entferne, säubere durch leichtes Berühren: ich werde den Schmutz von der Wunde abtupfen.

Abu [arab. ›Vater‹], Bestandteil arab. Namen.

Abulie [vgl. grch. a... und bulesthai ›wollen‹] die, -/...l'i|en, Willenlosigkeit.

ab und an, ab und zu, manchmal: man sollte davon ab und zu nehmen, gelegentlich: aber: ab- und zunehmen, abnehmen und zunehmen.

ab|undant [lat. abundantia ›Überfluß‹], reichlich. **Ab|undanz** die, -/-en, 1) Ⓢ Fülle des Ausdrucks. 2) Biologie: Häufigkeit einer oder mehrerer Arten eines Standortes.

ab urbe condita [lat.], Abk.: a. u. c., seit Gründung der Stadt (Rom, 753 v. Chr.).

aburteilen, ich urteile ihn ab (habe abgeurteilt), verurteile. **Aburteilung** die, -/-en.

ab|usiv, mißbräuchlich. **Ab|usus** [lat.] der, -/-, Mißbrauch, z. B. von Alkohol, von Arzneimitteln.

Abverkauf der, österr.: Ausverkauf.

abverlangen, ich verlange es ihm ab (habe abverlangt), fordere von ihm.

abvieren, ich viere es ab (habe abgeviert), schneide vierkantig ab.

abwägen, ich wäge es ab (habe abgewogen oder abgewägt), bedenke die Vor- und Nachteile.

abwählen, ich wähle ihn ab (habe abgewählt), entferne durch Wahl aus seinem Amt.

abwälzen [mhd. abewelzen], ich wälze es ab (habe abgewälzt), 1) schiebe auf einen anderen ab: durch Preiserhöhungen will man die Steuer auf den Verbraucher abwälzen. 2) ⚙ stelle Verzahnungen her: Abwälzverfahren.

abwandeln, ich wand(e)le es ab (habe abgewandelt), 1) verändere. 2) Ⓢ beuge, dekliniere und konjugiere. **Abwand(e)lung** die.

abwandern, ich wand(e)re ab (bin abgewandert): viele Landarbeiter wanderten in die Industrie ab. **Abwanderung** die, das Verlassen (einer Gegend durch einen Teil der Bevölkerung, eines Betriebes durch Arbeitskräfte).

Abwärme die, ⚙ Abhitze, bei techn. Vorgängen entstehende Wärme, die noch genutzt werden kann: Wärmemüll: Abwärmeverwertung.

Abwart der, -(e)s/-e, schweiz.: Hausmeister. **abwarten**, ich warte es ab (habe abgewartet), bleibe geduldig, bis es geschieht: du kannst nichts tun, du mußt abwarten.

abwärts, nach unten: ich muß a. gehen: es wird mit ihm immer mehr abwärtsgehen, Ü schlechter werden.

Abwasch der, -es, 1) schmutziges Geschirr. 2) dessen Reinigung: Abwaschmittel; Abwaschwasser. **Abwasch** die, -/-en, österr.: Spülbecken. **abwaschbar**, so beschaffen, daß es abgewaschen werden kann. **abwaschen** [ahd. wascan ›(ab)waschen‹], ich wasche es ab (wusch ab, habe abgewaschen), entferne den Schmutz (von Geschirr). **Abwaschung** die, ein Heilverfahren zur Abhärtung und Kreislaufanregung.

Abwasser [spätmhd. abewazzer ›abfließendes Wasser einer Mühle‹] das, -/⸚, 1) gebrauchtes und verunreinigtes oder erwärmtes abgeleitetes Wasser sowie Niederschlagswasser: häusliche, gewerbliche und industrielle Abwässer; Abwasserreinigung. 2) ausfließendes Wasser (aus Mühle, Turbine).

abwechseln [mhd. abewehsln], ich wechs(e)le (mich) mit ihm ab (habe abgewechselt), löse ihn in bestimmter Reihenfolge ab: abwechselnd Regen und Sonnenschein. **Abwechs(e)lung** die, -/-en, Wechsel, Unterbrechung des Einerleis: sie braucht etwas A.; sie liebt die A. **abwechslungsreich**, abwechslungsreiche Kost.

Abweg [mhd. abewec ›Hinweg‹] der, Irrweg, Fehlführung: er geriet auf Abwege. **abwegig**, sonderbar, irrig: abwegige Gedanken; das ist (nicht so) a. **Abwegigkeit** die, -/-en.

Abwehr der, -, Maßnahmen, um (gegner.) Angriffe, Gefahren, Bedrohungen abzuwenden, Verteidigung, Schutz: Abwehrdienst, Sicherung gegen Spionage fremder Staaten; Abwehrmechanismen im menschlichen Verhalten; Abwehrmaßnahmen; Abwehrreaktion; Abwehrspieler; ✗. **abwehren**, ich wehre ihn, es von mir ab (habe abgewehrt), halte fern.

abweichen [zu weich], ich weiche es ab (habe abgeweicht), löse durch Feuchtigkeit.

abweichen [zu weichen], ich weiche von ihm ab (bin abgewichen), 1) bin anders, verschieden: seine Meinung weicht von meiner ab. 2) nehme eine andere Richtung (als die erwünschte): das Schiff wich vom Kurs ab. **abweichend** von ihm, im Unterschied dazu: abweichende Meinungen. **Abweichler** der, -s/-, im kommunist. Sprachgebrauch: jemand, der von den Richtlinien der Partei abweicht. **Abweichung** die, -/-en, 1) Ungleichheit, Verschiedenheit: A. von der Regel, Ausnahme. 2) ☆ Winkelabstand vom Himmelsäquator.

abweiden, Vieh weidet Land ab (hat abgeweidet), frißt das Gras von der Weide.

abweisen [mhd. abewisen], ich weise ihn, es ab (habe abgewiesen), 1) nehme nicht an, lehne ab: abweisende Blicke. 2) schlage seinen Angriff zurück. **Abweisung** die.

abwendbar, verhütbar. **abwenden** [mhd. abewenden], ich wende ab (wendete ab, habe abgewendet oder wandte ab, habe abgewandt), 1) es von ihm, wende, lenke von ihm weg (die Augen, den Blick, den Kopf). 2) es von ihm, verhüte es; bewahre, rette ihn davor (Gefahr, Unheil). 3) mich von ihm, verlasse ihn (enttäuscht oder zornig).

abwerben [mhd. abewerben], ich werbe ihn ab (warb ab, habe abgeworben), suche jemand anderem abspenstig zu machen: Arbeitskräfte wurden abgeworben, zum Wechsel des Arbeitsplatzes veranlaßt. **Abwerbung** die.

abwerfen [mhd. abewerfen], ich werfe ab (warf ab, habe abgeworfen), 1) ihn, es stoße herunter, bringe zum Fallen: das Pferd wirft den Reiter ab. 2) es, befreie mich davon, Ü verzichte darauf (Anschauungen, Vorurteile). 3) es wirft etwas ab, bringt Gewinn.

abwerten, ich werte ab (habe abgewertet), 1) es, vermindere seinen Wert: die Stadtautobahn wertet die anliegenden Grundstücke ab. 2) Geld, setze den Außenwert einer Währung durch Änderung der Wechselkurse herab. **Abwertung** die.

abwesend [mhd. abewesec, ahd. abawesan ›nicht vorhanden sein‹, zu lat. abesse], 1) nicht zugegen, ferngeblieben. 2) mit den Gedanken a., zerstreut. **Abwesende** der, die, -n/-n, ein -r, eine -. **Abwesenheit** [mhd. abewesecheit] die, -.

abwettern, ich wettere ab (habe abgewettert), ↯ reite ab.

abwetzen, ich wetze ab (habe abgewetzt), nutze ab, schabe ab: abgewetzte Hosen.

abwickeln, ich wick(e)le es ab (habe abgewickelt), 1) rolle ab. 2) Ü erledige (Geschäfte), mache Stück für Stück. 3) es wickelt sich ab, geschieht, spielt sich ab. **Abwick(e)lung** die, 1) das Wickeln von einer Rolle (Garn). 2) Ü Durchführung, Erledigung: eine reibungslose Geschäftsabwicklung.

Abwiegelei [analog zu Aufwiegelei gebildet] die, -/-en, Ü Aufforderung zur Besänftigung emotionaler Aufwallungen, bes. im polit. Zusammenhang. **abwiegeln**, ich wieg(e)le ihn ab (habe abgewiegelt). **Abwieg(e)lung** die, -/-en.

abwiegen, ich wiege es ab (habe abgewogen), stelle sein Gewicht fest: abgewogene Waren.

abwimmeln, ich wimm(e)le es ab (habe abgewimmelt), Ü weise als lästig von mir.

Abwind der, bodenwärts gerichteter Wind.

abwinken, ich winke ab (habe abgewinkt), 1) gebe Zeichen der Abweisung: unwillig winkte er ab. 2) Motorsport: ein Rennen wird abgewinkt, beendet.

abwischen, ich wische ab (habe abgewischt), entferne, reinige durch Wischen: ich wische mir den Mund ab.

abwohnen, ich wohne es ab (habe abgewohnt), 1) nutze ab (Haus, Wohnung). 2) wohne dort, bis ein im voraus gezahlter Geldbetrag oder eine Leistung abgegolten ist.

abwracken [zu Wrack], ich wracke es ab (habe abgewrackt), zerlege, verschrotte und verwerte Teile davon (Schiff, Kraftfahrzeug u. a.).

Abwurf der, 1) das Abwerfen, Fallenlassen. 2) Handball: Wurf durch den Torwart aus dem Torraum.

abwürgen [mhd. abewürgen], ich würge es ab (habe abgewürgt), Ü mache unmöglich, bringe zum Stillstand: paß auf, daß du nicht den Motor abwürgst!

abyssal, zur Tiefsee gehörig. **Abyssal** das, -s, der Bereich der Tiefsee. **abyssisch** [grch. abyssos ›Abgrund‹], in großer Tiefe befindlich; abgrundtief: abyssische Gesteine, Tiefengesteine. **Abyssus** der, -, Tiefe der Erde, Abgrund.

abzahlen [mhd. abezal(e)n], ich zahle es ab (habe abgezahlt), bezahle in Teilzahlungen. **abzählen** [mhd. abezeln], ich zähle ab (habe abgezählt), 1) es, stelle die Anzahl, die Menge fest: bitte halten Sie abgezähltes Geld bereit. 2) sage die

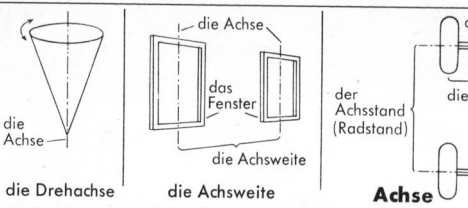

die Drehachse — die Achsweite — **Achse** — der Achsschenkel — **Adventskranz**

die Achse / die Achse / das Fenster / die Achsweite / der Achsstand (Radstand) / die Spurbreite / die Achse / der Öler / der Achsschenkel / die Achsgabel

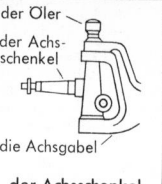

Zahlenreihe auf, z. B. beim Turnen: *abzählen zu vieren!*, immer von eins bis vier; *Abzählreime.* 3) *es*, ziehe ab, subtrahiere.
Abzahlung *die*, Teilzahlung, Ratengeschäft: *er kauft auf A.; Abzahlungsgeschäft; Abzahlungsrate.*
abzapfen, *ich* zapfe *es* ab (habe abgezapft), zapfe, entnehme: *wir zapfen Bier ab; ich zapfe ihm Geld ab*, ∪ leihe, lasse mir von ihm geben.
abzäumen, *ich* zäume *ein Tier* ab (habe abgezäumt), nehme ihm das Zaumzeug ab.
abzäunen, *ich* zäune *es* ab (habe abgezäunt), trenne durch einen Zaun ab. **Abzäunung** *die*, -/-en.
abzehren, *ich* zehre ab (habe abgezehrt), 1) *mich*, werde mager; *härme mich ab.* 2) *die Krankheit hat ihn abgezehrt*, mager gemacht. **Abzehrung** *die*, -/-en, 1) ♀ Kräfteverfall, verbunden mit Abmagerung. 2) ⚕ Lungentuberkulose.
Abzeichen *das*, 1) Merkmal. 2) Unterscheidungs- und Kennzeichen, z. B. der Dienstgrade, einer Mitgliedschaft, auch Auszeichnung für Leistungen: *Rangabzeichen; Parteiabzeichen; Sportabzeichen.* 3) auffälliger heller Fleck (bei Tieren), Abb. P 9. **abzeichnen**, *ich* zeichne ab (habe abgezeichnet), 1) *es*, zeichne nach Natur oder Vorbild. 2) *ein Schriftstück*, unterzeichne mit dem Namenszeichen. 3) *es zeichnet sich ab*, ∪ wird erkennbar, ist abzusehen.
Abziehbild *das*, Bild auf wasserdurchlässigem, beleimtem Papier, das durch Aufdrücken und Anfeuchten übertragen wird. **abziehen** [ahd. abaziohan], *ich* ziehe ab, *und* (abgezogen), 1) *es*, nehme weg, herunter: *ich ziehe den Schlüssel ab; er hat seine Hand von ihm abgezogen*, ∪ im weiteren Schutz versagt. 2) *eine Zahl*, nehme weg, subtrahiere: *wenn ich zwei von fünf abziehe, erhalte ich drei; die Steuern werden vom Lohn abgezogen.* 3) *Flüssigkeit*, zapfe ab, entnehme. 4) *Haut, Fell*, entferne. 5) *eine Kopie*, mache einen Abdruck. 6) *eine Schneide*, glätte nach (ein frisch geschliffenes Messer). 7) *es, mich, schweiz.*: ziehe aus: *zieh dich ab!; zieh die Schuhe ab!* 8) (bin abgezogen), gehe fort, verlasse meine Stellung: *wir sind schnell wieder abgezogen*, ∪ weggegangen; *Rauch zieht ab*, entweicht; *das Gewitter zieht ab.*
abzielen [mhd. abeziln], *es* zielt *darauf* ab (hat abgezielt), nimmt als Ziel, strebt an.
abzinsen, *ich* zinse *es* ab (habe abgezinst), berücksichtige die Zinsen im voraus beim Kaufpreis: *abgezinste Sparbriefe.* **Abzinsung** *die*, -.
abzirkeln [zu Zirkel], *ich* zirk(e)le *es* ab (habe abgezirkelt), 1) messe genau aus. 2) ∪ tüftele aus: *alles ist peinlich genau abgezirkelt*, eingeteilt, mit äußerster Sorgfalt vorbereitet.
Abzucht *die*, -/-e, *schweiz.*: Wassergraben.
Abzug [mhd. abezuc] *der*, 1) Verminderung, Einbehaltung (Steuer, Versicherung): *Lohnabzüge.* 2) ⚔ Wegmarsch, Räumung: *Truppenabzug.* 3) Öffnung zum Entweichen, Abb. K 4; Abzugrohr, Abb. B 2: *A. eines Teiches*, Abfluß. 4) photograph. Kopie, Einzelabdruck, Abb. S 7. 5) bei Schußwaffen Vorrichtung zum Abfeuern, Abb. M 5, P 15. 6) die vollen Spulen der Spinnmaschine. **abzüglich**, nach, unter Abzug von, weniger: *a. des Fahrgeldes.* 3) Skonto. **abzugsfähig**, *von der Steuer abzugsfähige Sonderausgaben.*
abzwacken [mhd. abezwacken], *ich* zwacke *es ihm* ab (habe abgezwackt), ∪ nehme ihm ab (Geld).
Abzweigdose *die*, Teil einer elektr. Leitung, Abb. I 3.
abzweigen, *ich* zweige ab (habe abgezweigt), 1) *es für mich*, schaffe mir (heimlich) beiseite. 2) *es zweigt von ihm ab*, gabelt sich, spaltet sich ab (Straßen, Äste). **Abzweigung** *die*, -/-en, Seitenleitung, Nebenlinie, Gabelung von Verkehrswegen.
abzwicken [ahd. zwicken, zu zwigon ›pflücken‹, ›rupfen‹], *ich* zwicke *es* ab (habe abgezwickt), verkürze, trenne durch Zwicken.
abzwitschern, *ich* zwitsch(e)re ab (bin abgezwitschert), ∪ entferne mich (eigtl. von Vögeln).

ac . . . [lat.], vgl. ad . . .
Ac, ⚛ Zeichen für: Actinium.
a c., Abk. für: a conto.
a. c., Abk. für: anni currentis.
à c., Abk. für: à condition.
Acajoubaum [akaʒ'u-, frz. ›Mahagoni‹] *der*, Nierenbaum, ein tropischer Obstbaum.
a cappella [ital. ›nach Kapellenart‹], ♪ für Singstimmen allein. **A-cappella-Chor** *der.*
acc. c. inf., a. c. i., Abk. für: accusativus cum infinitivo.
accel., Abk. für: accelerando [atʃe-, ital.], ♪ schneller werdend.
Accent aigu [aksɑ̃tɛg'y, frz. ›Betonung‹, aigu ›scharf‹] *der*, - -/-s-s [aksɑ̃tɛg'y], **Accent circonflexe** [aksɑ̃ sirkõfl'ɛks, frz. circonflexe ›gebogen‹] *der*, - -/-s-s [aksɑ̃ sirkõfl'ɛks], **Accent grave** [aksɑ̃ gr'a:v, frz. grave ›schwer‹] *der*, - -/-s-s [aksɑ̃ gr'a:v], französ. Namen der Akzente ´, ^, `.
Accentus [lat.] *der*, -/-, rezitativischer liturg. Gesang.
Accessoire [aksesw'a:r, frz. ›Nebensachen‹] *das*, -/-s, modisches Zubehör (Tuch, Hut, Tasche u. a.).
Accompa|gnato [akɔmpaɲ'a:to, ital. ›begleitet‹] *das*, -s/. . .ti, Rezitativ mit Orchesterbegleitung.
Account [ɔk'aunt, engl. ›Konto‹, ›Rechnung‹, ›Bericht‹] *der*, -s/-s, Kundenetat, den eine Werbeagentur verwaltet. **Account Executive** [-igz'ekjutiv, engl. ›Ausführender‹] *der*, - -/-s, 1) Kontakter. 2) Sachbearbeiter bei dem Werbeetat.
accresc., Abk. für: accre|scendo [akreʃ'ɛndo, ital.], ♪ crescendo.
accusativus cum infinitivo [lat.], Abk.: acc. c. inf. oder a. c. i., mit einem Infinitiv verbundener Akkusativ, der für einen Objektsatz steht: *ich sah ihn kommen*, so daß er kam.
Acetat [lat. acetum ›Essig‹] *das*, -s/-e, auch Azetat, 1) Salz der Essigsäure. 2) Ester der Essigsäure. 3) eine Chemiefaser: *Acetatseide.* **Aceton** *das*, -s, auch Azeton, farblose, leichtgefährliche Flüssigkeit von charakteristischem Geruch; Lösungsmittel. **Aceton|urie** *die*, -/. . .r|en, krankhafte Anhäufung von Aceton im Harn. **Acetylen** *das*, -s, auch Azetylen, giftiges, brennbares Kohlenwasserstoffgas.
ach! [ahd. ah], Ausruf, erstaunt oder schmerzlich: *ach so!; ach je!* **Ach** *das*, -s/-: *das Ach und Weh*, alles Leid; *mit Ach und Krach*, nur mit großer Mühe; *der Ach-Laut.*
Ach [vgl. Aa] *die*, -/-en, die Aa.
Achäer, Achajer *der*, -s/-, Angehöriger eines altgriech. Volksstammes.
Achaimenide, Achämenide *der*, -n/-n, Angehöriger eines altpersischen Herrschergeschlechts.
Achäne [vgl. grch. a . . . und chainein ›klaffen‹] *die*, -/-n, ⚘ Nußfrucht der Korbblütler, Abb. F 36.
Achat [grch., nach dem Fluß Achates auf Sizilien] *der*, -(e)s/-e, bunt geschichteter Chalzedon, ein Schmuckstein. **achaten**, aus Achat bestehend.
Ache [vgl. Aa] *die*, -/-n, die Aa.
Achelfahrt *die*, G Bettelweg fürs Mittagessen. **Achelkies** *der*, -es, G Kostgeld. **acheln** [jidd. 'achlen von hebr. ach'al], *ich* ach(e)le (habe geachelt), G esse.
Achernar [arab. ›Ende des Flusses‹] *der*, -s, ✶ ein Stern.
Acheron [grch. achos ›Schmerz‹ und rhein ›fließen‹] *der*, -(s), Fluß der Unterwelt. **acherontisch**, unterweltlich.
Acheuléen [aʃøle'ɛ, nach Saint-Acheul, Vorort von Amiens] *das*, -(s), Kulturstufe der Altsteinzeit.
Achillesferse [nach Achilleus, ›Schlangensohn‹, Held des griech. Mythos], ∪ verwundbare Stelle, schwacher Punkt.
Achillessehne *die*, ⚕ die am Fersenbein ansetzende Sehne des Wadenmuskels.
Achim [von Joachim], männl. Vorname.
achlamydeisch [-x-, vgl. grch. a . . . und chlamys ›Mantel‹], ⚘ nackt, ohne Blütenhülle (Blüte).

Achmed [arab. Ahmed, Ahmad ›der Preiswürdige‹], männl. Vorname.

a. Chr. (n.), Abk. für: ante Christum (natum).

Achroït [vgl. grch. a . . . und . . . chrom] *der, -s/-e,* farbloser bis zartgrüner Turmalin. **Achromasie** *die, -/. . . s'i|en,* Beseitigung chromat. Fehler durch Linsensysteme. **Achromat** *der, -(e)s/-e,* Linsensystem mit korrigierten Farbfehlern. **Achromatin** *das, -s,* Biologie: nicht oder nur schwer färbbarer Zellkernteil. **achromatisch,** mit korrigierten Farbfehlern. **Achromatismus** *der, -/. . . men,* Achromasie.

Achse [ahd. ahsa, lat. axis, grch. axon] *die, -/-n,* ABB. A 3, **1)** Mittellinie. **2)** Symmetrieelement der Kristallbeschreibung, ABB. K 46. **3)** △ eine durch besondere Eigenschaften ausgezeichnete Gerade, ABB. K 14; Koordinatenachse, ABB. K 37. **4)** gedachte gerade Linie, um die sich ein Körper oder System dreht: *Drehachse; Erdachse,* ABB. E 8. **5)** ⊛ Stange oder Zapfen im Mittelpunkt von Rädern und Rollen, ABB. W 2: *Achsabstand; auf (der) A.,* auf Reisen, unterwegs. **6)** ⊕ Sammelbez. für Stengel, Schaft, Stamm und Wurzelstock. **7)** Ü Verbindungslinie.

Achsel [ahd. ahsala] *die, -/-n,* **1)** Schulter, ABB. M 12; vertiefte Gegend unterhalb der Schulter mit den Achselhaaren: *er nimmt es auf die leichte A.,* macht sich wenig Sorgen darum; *er sieht ihn über die A. an,* schätzt ihn gering; *Achselschweiß.* **2)** Blattwinkel, ABB. B 34: *achselständig.* **Achselhöhle** *die,* ABB. M 12. **Achselklappe** *die,* **Achselstück** *das,* Schulterklappe an Uniformen. **Achselzucken** *das, -s,* Gleichgültigkeit oder Nichtwissen ausdrückende Bewegung. **achselzuckend,** aber: *mit den Achseln zuckend.*

. . . achsig, mit . . . Achsen versehen: *vierachsig.* **achsrecht,** axial. **Achsschenkel** *der,* Teil der Achse am Rad, an dem das Rad gelagert ist, ABB. A 3. **Achsstand** *der,* ABB. A 3.

acht (8) [ahd. ahto], ÜBERS. Z 1: *es sind a. Teilnehmer; a. und a. macht (ist) sechzehn; wir sind unser a., eine Familie von achten, zu a.; er ist über a. (Jahre alt); (ein) Viertel (auf) a., ein Viertel nach sieben (7.15 Uhr);* vgl. ABB. Z 5; *gegen, um a. (Uhr); es schlägt a. (Uhr); a. Stunden Schlaf; a. Tage,* auch für eine Woche. **Acht** *die, -/-en,* **1)** die Zahl 8: *eine A. drucken, schreiben; mit der (Buslinie, Straßenbahn) A. fahren.* **2)** Figur im Eiskunstlauf, Kunstradsport u. a.

Acht [ahd. ahta ›Rechtsverfolgung‹] *die, -,* Ausstoßung aus der Gemeinschaft: *in A. und Bann; Reichsacht.*

Acht [zu achten] *die, -,* Fürsorge, Aufmerksamkeit: *er hat es aus der, außer aller A. gelassen;* aber: *er läßt es außer acht; er nimmt sich in acht; er soll auf ihn achtgeben, achthaben,* aufpassen.

achtbar [mhd. ahtbære ›ansehnlich‹], ehrenwert, achtenswert. **Achtbarkeit** *die, -.*

achte [ahd. ahtodo] *der,* vgl. ÜBERS. Z 1, vgl. erste. **Achteck** *das,* geometr. Figur mit acht Ecken. **achteckig** (8eckig). **achteinhalb,** achtundeinhalb (8½ oder 8,5). **achtel** (⅛): *ein a., drei a. Liter;* aber: *das Achtelliter* (als Maß). **Achtel** *das, schweiz.* meist *-s/-, der achte Teil;* vgl. ÜBERS. Z 1: *ein A. vom Ganzen.* **Achtelnote** *die,* ABB. N 9.

achten [ahd. ahton ›werten‹, ›glauben‹, ›nachdenken‹, ›beachten‹], *ich achte (habe geachtet),* **1)** *ihn, es,* schätze, erkenne ihn: *eine geachtete Persönlichkeit.* **2)** *seine Gefühle,* nehme Rücksicht darauf. **3)** *auf ihn, etwas,* beobachte ihn, es, passe auf ihn, darauf auf. **4)** *mich nach ihm, bair.:* richte mich.

ächten [ahd. ahten], *ich ächte (habe geächtet),* **1)** *ihn,* spreche die Acht über ihn aus, erkläre für vogelfrei. **2)** *ihn, es,* Ü schließe aus, meide: *allgemein geächtete diktatorische Maßnahmen.*

Acht|ender *der, -s/-,* ♦ Hirsch mit acht Geweihenden. **achtens,** an achter Stelle. **Achter** *der, -s/-,* **1)** Ü die Ziffer Acht. **2)** Sportboot mit acht Ruderern und einem Steuermann. **3)** Eiskunstlauf u. a.: Figur in Form einer Acht.

achter [niederdt. von engl. after ›hinter‹, ›nach‹], ♦ hinter. **Ächter** *der, -s/-,* **1)** früher für Geächteter. **2)** P Verächter. **achter|aus,** ♦ nach hinten.

Achterbahn *die,* Berg-und-Tal-Bahn, ABB. R 31. **Achterdeck** *das,* rückwärtiges Schiffsdeck. **achterlastig,** ♦ hinten überlastet und deshalb tiefer liegend als vorn.

achterlei, acht verschiedene Möglichkeiten. **achtern** [vgl. achter], ♦ hinten: *nach a.* **Achtersteven** *der,* hinterer Abschluß des Schiffskörpers.

Achtfache *das, -n: um das A., ein Achtfaches vergrößert.* **achtfältig,** mit acht Falten. **achtfältig,** achtfach. **Achtflach** *das, -(e)s/-e,* **Achtflächner** *der, -s/-,* Oktaeder, ABB. K 38, K 46.

achtgeben, *ich gebe acht (gab acht, habe achtgegeben) auf ihn, etwas,* passe auf: *darauf habe ich nicht achtgegeben;* aber: *darauf habe ich keine Acht gegeben.* **achthaben,** *ich habe acht (habe achtgehabt),* gebe acht.

achthundert (800), vgl. hundert. **achtjährig** (8jährig), acht Jahre alt. **Achtkampf,** ✕ eine Disziplin der Turnerinnen. **Achtknoten** *der,* ♦ ein Knoten, ABB. K 31.

achtlos, unachtsam. **Achtlosigkeit** *die, -.*

achtmal (8mal), achtfach wiederholt, mit acht malgenommen: *sechs- bis achtmal;* aber: *acht mal acht ist vierundsechzig.* **achtmalig.**

achtsam, sorgfältig; aufmerksam. **Achtsamkeit** *die, -.*

Achtstundentag *der,* Arbeitstag von acht Stunden. **achtstündig** (8stündig), vgl. . . . stündig, stündlich. **achttägig,** acht Tage dauernd oder alt; auch für wöchentlich; vgl. . . . tägig, täglich. **achttausend** (8000), vgl. tausend. **acht(und)einhalb** (8½ oder 8,5).

Achtung [ahd. ahtunga] *die, -,* **1)** Hochschätzung, Ehrfurcht: *ich habe A. vor ihm; das Theaterstück erzielte nur einen Achtungserfolg,* nur Anerkennung, keine große Zustimmung. **2)** das Aufpassen: *A.!,* gebt acht!, Vorsicht!

Ächtung [mhd. æhtunge] *die, -,* **1)** Bestrafung mit Acht. **2)** Ü Meidung, Ausschluß aus einer Gemeinschaft.

achtunggebietend, *eine achtunggebietende Leistung;* aber: *hohe Achtung gebietend.* **achtungslos. achtungsvoll.**

achtzehn [ahd. ahtozehan] (18), vgl. ÜBERS. Z 1: *Zutritt unter a. (Jahren) verboten; um achtzehnhundert,* um 1800; *achtzehnjährig* (18jährig). **achtzig** (80): **1)** Kleinschreibung: *er ist a., über a. (Jahre alt); die achtziger Jahre (eines Jahrhunderts);* aber: Achtzigerjahre. **2)** Großschreibung: *eine Frau Mitte der A.; sie kommt in die A.; sie ist in den Achtzigern.* **Achtzig** [ahd. ahtozug] *die, -/-en,* die Zahl 80. **Achtziger** *der, -s/-,* **Achtzigerin** *die, -/-nen,* Mensch von achtzig bis neunundachtzig Jahren. **Achtzigerjahre,** *Pl.,* **1)** die Lebensjahre von achtzig bis neunundachtzig. **2)** die Jahre von achtzig bis neunundachtzig in einem Jahrhundert, z. B. die Jahre 1980–89. **Achtzylinder** *der,* Ü **1)** Motor mit 8 Zylindern: *Achtzylindermotor.* **2)** Kraftwagen mit einem solchen Motor.

Achylie [vgl. grch. a . . . und chylos ›Saft‹] *die, -/. . . l'i|en,* ƒ das Fehlen von Enzymen: *Magenachylie,* das Fehlen der gesamten Magensaftsekretion.

ächzen [von ach] *ich ächze (habe geächzt),* seufze, stöhne.

a. c. i., acc. c. inf., Abk. für: accusativus cum infinitivo.

Acidimetrie [lat. acidus ›sauer‹ und vgl. . . . metrie] *die, -,* ⭕ Bestimmung der Säurekonzentration. **Acidität** *die, -,* ⭕ Säuregehalt oder Säurewirkung einer Lösung. **acidophil** [lat. acidus und vgl. phil . . .], ⭕ säureliebend. **Acidose** *die, -/-n,* ƒ Anhäufung nichtflüchtiger Säuren im Blut und in den Geweben. **Acidum** *das, -s/. . . da,* **1)** Säure. **2)** Arzneimittel zum Ersatz mangelnder Säurebildung im Magen.

Acker [ahd. ackar, lat. ager, grch. agros] *der, -s/⁻, Ackerboden, Pflugfeld: Ackerbestellung; Ackergeräte; Ackerland; Acker(s)mann,* ⚆ Bauer. **2)** ein altes Feldmaß verschiedener Größe: *zehn A. Land.* **Ackerbau** *der, -(e)s,* die Nutzung des landwirtschaftl. Grund und Bodens, Landwirtschaft: *ackerbautreibende Völker.* **ackern** [mhd. ackern], *ich ack(e)re (habe geackert),* **1)** (das Feld), **2)** Ü arbeite schwer.

Ackja [schwed.] *der, -(s)/-s,* Rettungsschlitten der Bergwacht.

à condition [a kõdisj'õ, frz.], Abk.: à c., ⊿ (Lieferung) auf Bedingung.

Aconitin [grch. akoniton, zu akone ›Schleifstein‹] *das, -s/-e,* giftiges Alkaloid aus der Pflanze Aconitum (Eisenhut); ein Arzneimittel.

a conto [ital.], Abk.: a c., ⊿ auf Rechnung von . . . ; vgl. Akonto.

Acquit [ak'i:, frz.] *das, -s/-s,* Empfangsschein, Quittung.

Acrolein [lat. acer ›scharf‹ und oleum ›Öl‹] *das, -s,* farblose, stechend riechende Flüssigkeit, die beim Erhitzen von fetten Ölen oder von Glyzerin mit wasserentziehenden Mitteln entsteht.

Acrylsäure [zu lat. acer ›scharf‹ und grch. hyle ›Stoff‹, ›Wald‹] *die,* die einfachste ungesättigte organ. Säure, Ausgangsstoff für die Herstellung von Kunststoffen.

Actinid [grch. aktis, Gen. aktinos ›Strahl‹] *das, -s/-en, meist Pl.,* ⚆ Actinoid. **Actinium** *das, -s,* ⭕ Zeichen: Ac, ein radioaktives Element. **Actinoid** *das, -s/-en, meist Pl.,* eine Gruppe chemisch verwandter Elemente.

Action-painting [ˈækʃən peintiŋ, engl.] *das, -,* eine Richtung der abstrakten Malerei.

a d., Abk. für: a dato.

a. d. (bei Ortsnamen), Abk. für: an der: *Frankfurt a. d. Oder.*

a. D., Abk. für: außer Dienst.

A. D., Abk. für: Anno Domini.

ad . . . [lat. ›zu . . .‹, ›an . . .‹, ›bei . . .‹], vor c angeglichen zu ac . . ., vor f zu af . . ., vor g zu ag . . ., vor k, z, qu zu ak . . ., vor l zu al . . ., vor n zu an . . ., vor p zu ap . . ., vor r zu ar . . ., vor s zu as . . ., vor t zu at . . .: *Advent,* Ankunft; *Applaus,* Beifall; *Assistent,* Gehilfe, Mitarbeiter.

Ada [von Adelheid], weibl. Vorname.

Adabei [süddt. a ›auch‹] *der, -s/-s, österr.:* jemand, der überall dabeisein will, Neugieriger, Wichtigtuer: *Herr A.*

ad absurdum [vgl. ad . . . und lat. absurdus ›mißklingend‹, ›ungereimt‹], *ich führe etwas a. a.,* beweise die Widersinnigkeit, z. B. einer Behauptung.

ADAC, Abk. für: Allgemeiner Deutscher Automobil-Club.

ad acta [lat.], Abk.: a. a., zu den Akten: *wir legen die Sache a. a.,* Ü sehen sie als erledigt an.

Adagietto [adadʒ'etto, ital. ›kleines Adagio‹] *das, -s/-s,* ♪ kurzes langsames Stück. **adagio** [ad'a:dʒo, ital.], ♪ langsam.

Adagio *das, -s/-s,* ♪ langsamer Satz.

Adaktylie [vgl. grch. a . . . und daktylos ›Finger‹] *die, -,* Fingerlosigkeit als angeborene Mißbildung.

Adalbert [vgl. Adelbert], männl. Vorname.

Adam [hebr. ›Mensch‹], 1) männl. Vorname. 2) B der erste Mensch der Schöpfung: *A. und Eva im Paradies; seit A. und Eva,* U von jeher. 3) der Mensch allgemein: *der alte A.,* der sündhafte Mensch, das schwache Fleisch. **Adamsapfel** *der,* häufig stark hervortretender Teil des Kehlkopfs, ABB. M 12.

Adamskostüm *das: im A.,* U nackt.

Adaptation [vgl. ad . . . und lat. aptare ›anpassen‹] *die, -/-en,* 1) Anpassung des Lichtsinns an die Lichtverhältnisse: *A. des Auges.* 2) Soziologie: die Anpassung an die Bedingungen der Umwelt. **Adapter** [engl.] *der, -s/-,* Ü ein Zusatzteil, das ein Gerät für einen erweiterten Zweck verwendbar macht. **adaptieren,** *ich* adaptiere (habe adaptiert) *es, mich,* passe an. 2) *eine Wohnung, österr.:* richte neu her, renoviere. **Adaptiogenese** [zu Adaption und Genese] *die,* Genetik: Entstehung neuer Anpassungserscheinungen an besondere Umweltverhältnisse. **Adaption** *die, -/-en,* Adaptation. **adaptiv,** durch Anpassung erworben.

Adäquanz [lat. adaeque ›nahezu gleich‹] *die, -.* **adäquat,** angemessen, passend, entsprechend.

a dato [lat. ›von heute, vom gegebenen Tag an‹], Abk.: a d.

ADB, Abk. für: Allgemeine Deutsche Biographie.

ad calendas graecas [lat. ›bis zu den grch. Kalenden‹], nie (da die Griechen keine Kalenden hatten).

Addend [lat. addere ›hinzufügen‹] *der, -en/-en,* der zweite Summand einer zweigliedrigen Summe. **Addendum** *das, -s/. . .da, meist Pl.,* Zusatz, Nachtrag, Beilage. **addieren,** *ich* addiere (habe addiert) *Zahlen,* zähle sie zusammen. **Addiermaschine** *die,* Rechenmaschine, die addiert und subtrahiert. **Addition** *die, -/-en,* ÜBERS. R 11. **additional,** zusätzlich, nachträglich. **additiv,** hinzukommend. **Additive** ['ædītiv, engl.] *das, -s/-s,* Zusatz, z. B. zu Erdölprodukten, um deren Eigenschaften zu verbessern. **addizieren,** *ich* addiziere (habe addiziert) *es ihm,* Ü spreche zu, erkenne ihm an.

Adduktion [lat. adducere ›heranführen‹] *die, -/-en,* ♀ das Heranziehen eines Gliedes zur Körperachse. **Adduktor** *der, -s/. . .t'oren,* Muskel, der die Adduktion ausführt.

ade [mhd. ade, alde, aus afrz. a de ›Gott befohlen‹], auch adieu, leb wohl: *ich sage ihm a.* **Ade** *das, -s/-s,* auch Adieu, Abschiedsgruß.

. . .ade [frz.], Ableitungssilbe für weibl. Substantive: *die Maskerade; die Scharade.*

Adebar [ahd. odebero ›Segenbringer‹, vermutlich aus dem älteren udafaran ›Sumpfgänger‹ entstanden] *der, -s/-e, niederdt.* und *volkstümlich:* Storch.

Adel [ahd. adal ›Geschlecht‹, ›Abstammung‹, verwandt mit edel] *der, -s,* 1) ehemals bevorrechteter Stand: *alter, hoher, niederer A.; Adelsbrief; Adelsprädikat.* 2) Ü vornehme Gesinnung: *A. der Seele.* 3) ⚒ Erzhaltigkeit: *Adelszone.*

Adelbert [vgl. Adel und ahd. beraht ›glänzend‹], männl. Vorname. **Adele,** weibl. Vorname. **Adelgund(e)** [ahd. gund ›Kampf‹], **Adelheid** [ahd. heit ›Persönlichkeit‹], weibl. Vornamen.

adelig, adlig. **adeln,** *ich* ad(e)le (habe geadelt) *ihn,* verleihe ihm Adel.

Adelphie [grch. adelphos ›Bruder‹] *die, -,* ⚘ Vereinigung von Staubblättern in Bündelform. **Adelphogamie** [vgl. . . .gamie] *die, -/. . .m'i|en,* ⚘ Geschwisterbestäubung.

Ad(e)lung *die, -/-en,* das Adeln.

adenoid [grch. aden ›Drüse‹ und vgl. . . . id], drüsenähnlich: *adenoide Wucherungen.* **Adenom** *das, -s/-e,* **Adenoma** *das, -s/-ta,* Drüsengeschwulst. **adenomatös,** eine Drüsengeschwulst betreffend. **adenös,** die Drüsen betreffend. **Adenotomie** [grch. tome ›Schnitt‹] *die, -/. . .m'i|en,* operative Entfernung adenoider Wucherungen.

Adept [lat. adeptus ›der erlangt hat‹] *der, -en/-en,* Meister seines Fachs, Eingeweihter.

Ader [ahd. adra] *die, -/-n,* 1) Blutgefäß: *Schlagader,* vgl. ABB. M 12. 2) ⚒ schmaler Mineralgang: *Erzader,* ABB. B 34. 4) Ü Wesenszug, Veranlagung: *er hat eine A. für Komik.* 5) ⚡ stromführender Teil isolierter Leitungen. **Äderchen** *das, -s/-.* **ad(e)rig, äd(e)rig. Aderlaß** *der, . . .lasses/. . .lässe,* Blutabnahme. **Äderlein** *das, -s/-.* **Aderung, Äderung** *die, -/-en,* Durchsetzung mit Adern, geädertes Muster.

Adespota [vgl. grch. a . . . und Despot, also ›herrenlos‹], *Pl.,* Werke unbekannter Verfasser.

à deux mains [adøm'ɛ̃, frz.], mit beiden Händen, zweihändig (auf dem Klavier zu spielen).

Adgo, Abk. für: Allgemeine Deutsche Gebührenordnung für Ärzte.

Adhärens [lat. adhaerere ›anhaften‹] *das, -/. . .r'enzi|en,* das Anhaftende, Zubehör. **adhärent,** anhaftend, zusammenhängend. **Adhärenz** *die, -/-en,* das Anhängen; Anhänglichkeit. **adhärieren,** *es* adhäriert (hat adhäriert), hängt an, haftet an. **Adhäsion** *die, -/-en,* 1) das Haften verschiedener Stoffe aneinander; Molekülanziehung: *Adhäsionskraft.* 2) ♀ Verwachsung von Organen miteinander. 3) ⚘ Beitritt. **adhäsiv,** anhaftend, anziehend.

ad hoc [lat. ›zu diesem‹], zu diesem Zweck, eigens dafür; aus dem Augenblick heraus: *Ad-hoc-Erklärung.*

ad hominem [lat.], für den Menschen: *ich demonstriere a. h.,* passe meine Beweisgründe dem Menschen an, der überzeugt werden soll.

ad honorem [lat.], zu Ehren.

adhortativ [lat. adhortari ›ermahnen‹], ermahnend. **Adhortativ** [auch ›ad-] *der, -s/-e,* ermahnender, aufmunternder Imperativ der 1. Person Pl., z. B. gehen wir!

Adiabate [vgl. grch. a . . . und diabainein ›hindurchhinübergehen‹] *die, -/-n,* Kurve, die Punkte gleichen Wärmeinhalts verbindet. **adiabatisch,** ohne Wärmeaustausch.

Adiaphora [grch. ›Gleichgültiges‹], *Pl.,* Handlungen, die weder geboten noch verboten sind; Gleichgültiges.

adieu [adj'ø, frz. ›Gott befohlen‹], ade. **Adieu** *das, -s/-s, Ade.*

Ädikula [lat. aedicula ›Kapelle‹, ›Zimmer‹] *die, -/. . .lä,* ⌂ kleiner Tempel; auch Nische (für Standbilder).

Ädil [lat. aedilis, von aedes ›Tempel‹, ›Haus‹] *der, -en/-en,* altröm. Beamter.

ad infinitum [lat.], bis ins Unendliche, unaufhörlich.

Adipositas [lat. adeps ›Fett‹] *die, -,* ♀ Fettleibigkeit.

Adjektiv [lat. nomen adiectivum ›Beiwort‹] *das, -s/-e,* Abk.: Adj., Eigenschaftswort, eine Wortart, die die Eigenschaft eines Gegenstandes benennt. ÜBERS. A 4. **adjektivisch.**

Adjudikation [lat. adiudicare ›richterlich zuerkennen‹] *die, -/-en,* Zuerkennung. **adjudizieren,** *ich* adjudiziere (habe adjudiziert) *es.*

Adjunkt [lat. adiungere ›hinzufügen‹] *der, -en/-en,* 1) ⚘ Amtsgehilfe. 2) *österr.:* ein Beamtentitel: *Forstadjunkt.*

adjustieren [vgl. ad . . . und lat. iustare ›berichten‹], *ich* adjustiere (habe adjustiert) *es,* 1) eiche, richte sorgfältig zu. 2) *österr.:* rüste mit Dienstkleidung) aus. **Adjustierung** *die, -/-en,* 1) das Einpassen, Eichung. 2) *österr.:* Dienstkleidung.

Adjutant [lat. adiutor ›Helfer‹] *der, -en/-en,* 1) beigegebener Offizier. 2) *schweiz.:* Kompaniefeldwebel. **Adjutantur** *die, -/-en,* Amt, Dienststelle des Adjutanten. **Adjutor** *der, -s/. . .t'oren,* Helfer, Gehilfe. **Adjutum** *das, -s/. . .ten,* ⚘ Beihilfe, Zuschuß.

Adjuvans [lat. adiuvare ›unterstützen‹] *das, -/. . .v'anzi|en* oder . . .v'antia, ♀ unterstützendes Mittel.

Adlatus [lat. ad . . . und latus ›Seite‹] *der, -/. . .ti* oder . . .ten, K Amtsgehilfe.

Adler [mhd. adelar ›edler Aar‹] *der, -s/-,* 1) ein Greifvogel; Sinnbild für Stärke und Kühnheit: *kühn wie ein A.* 2) Wappentier und Feldzeichen, ABB. H 16: *Reichsadler.*

ad libitum [lat.], Abk.: ad lib., a. l., nach Belieben.

adlig, adelig. **Adlige** *der, die, -n/-n,* ein -r, eine -, Angehörige(r) des Adelsstandes.

Adjektiv
A. Deklination

schwach		Maskulinum			Neutrum			Femininum			Plural
Nominativ	der	kleine Mann	das		kleine Kind	die	kleine		die		Leute
Genitiv	des	Mannes	des	kleinen	Kindes	der	kleinen	Frau	der	kleinen	Leute
Dativ	dem	kleinen Mann(e)	dem		Kind(e)	der			den		Leuten
Akkusativ	den	Mann	das		kleine Kind	die	kleine		die		Leute

Die schwache Deklination steht nach einem Artikel oder einem Pronomen mit voller starker Deklinationsendung, also: *der kleine Mann, einem kleinen Mann* (aber: *ein kleiner Mann*), *meinem kleinen Mann* (aber: *mein kleiner Mann*), *dieser kleine Mann, jeder kleine Mann*, ferner nach *alle* und *keine*. Schwankend ist der Sprachgebrauch bei den anderen unbestimmten Zahlwörtern. Meist wird danach stark gebeugt: *sämtlicher deutscher Städte; mehrerer kleiner Kinder; mancher bedeutender Namen;* schwach kommt aber auch vor: *sämtlicher deutschen Städte* usw. Entsprechendes gilt für *solche* und *folgende*. Die schwache Deklination steht auch dann im Genitiv Sg. vor stark gebeugtem männlichem oder sächlichem Substantiv, wenn kein bestimmter Artikel vorangeht, um die zwei S-Laute zu vermeiden: *kleinen Mannes, kleinen Kindes* (statt *kleines Mannes, kleines Kindes*).

stark	Maskulinum	Neutrum	Femininum	Plural
Nominativ	kleiner Mann	kleines Kind	kleine Frau	kleine Frau
Genitiv	kleinen Mannes	kleinen Kindes	kleiner Frau	kleiner Leute
Dativ	kleinem Mann(e)	kleinem Kind(e)	kleiner Frau	kleinen Leuten
Akkusativ	kleinen Mann	kleines Kind	kleine Frau	kleine Leute

Die starke Deklination tritt ein, wenn keins der obengenannten Bestimmungswörter mit voller starker Deklinationsendung vor dem Adjektiv steht: *ein kleiner Mann, mein kleines Kind*. Nach den Zahlwörtern *zwei* und *drei* wird heute meist stark gebeugt: *zweier kleiner Kinder*. Die starke Deklination des alleinstehenden Adjektivs vor männlichen oder sächlichen Substantiven im Genitiv Sg. ist nur noch auf wenige Fügungen beschränkt: *reines Herzens* (neben *reinen Herzens*).

Mehrere Adjektive vor dem Substantiv werden alle in gleicher Weise gebeugt. Sind sie gleichwertig als Attribute zum Substantiv, so werden sie durch Komma getrennt: *nach kurzer, heftiger Auseinandersetzung; nach einer kurzen, heftigen Auseinandersetzung*. Ist das zweite Adjektiv mit dem Substantiv zusammen als Ganzes aufzufassen, zu dem das erste Adjektiv als Attribut tritt, so steht kein Komma zwischen den Adjektiven. Beide werden heute trotzdem in gleicher Weise gebeugt: *infolge schwerer ansteckender Krankheit*. Nur im Dativ Sg. des männlichen und sächlichen Geschlechts wird das zweite Adjektiv aus lautlichen Gründen oft schwach gebeugt: *nach gutem alten Recht; in schwerem seelischen Kampf*.

Substantivierte Adjektive werden im allgemeinen wie Adjektive gebeugt: *gerecht – der Gerechte – ein Gerechter*.

Als Prädikatsnomen, in selbständiger Stellung als Teil des Prädikats, bleibt das Adjektiv unverändert: *der Tisch ist klein; klein ist besser als zu groß*.

B. Komparation

Das Adjektiv kann, wenn es sein Sinn erlaubt, gesteigert werden.

Man unterscheidet den **Positiv:** *klein* und die Steigerungsstufen:

Komparativ: *kleiner.*

Superlativ: *am kleinsten.*

Eigenschaftswörter, die auf *-el* enden, werfen das ›e‹ im Komparativ aus: dunkel, *dunkler,* am dunkelsten.

Der Superlativ wird beim Substantiv wie jedes Adjektiv gebraucht; sonst mit *am* (nicht flektiert) oder Artikel: *ehrlich währt am längsten; du bist der jüngste; das ist das beste.*

Bei Vergleichen: er ist *größer als* sie; aber: er ist *so groß wie* sie.

Öft tritt Umlaut ein: *groß, größer, am größten;* mitunter schwankt der Gebrauch: *glatt, glatter* oder *glätter, am glattesten* oder *glättesten*. Unregelmäßige Steigerungsformen: *gut, besser, am besten; viel, mehr, am meisten.*

C. Ableitungen

von Personennamen

1) Großschreibung, wenn eine persönliche Leistung oder Zugehörigkeit ausgedrückt wird: *eine Aristophanische Komödie*, eine von Aristophanes stammende Komödie.

2) Kleinschreibung, wenn die Gattung oder eine Entsprechung bezeichnet wird: *eine aristophanische Laune*, eine derb-lustige Laune, die der Art des Aristophanes entspricht.

von geographischen Namen

1) Großschreibung bei Ableitungen auf *-er: die Berliner Verkehrslage, der Kölner Dom*. Adjektive als Bestandteil geographischer Namen werden ebenfalls groß geschrieben: *das Tote Meer, die Sächsische Schweiz.*

2) Kleinschreibung bei Ableitungen auf *-isch*, wenn sie nicht Bestandteil eines Eigennamens sind: *eine belgische Kleinstadt, die sächsische Mundart.*

vom Adjektiv

1) Verneinung

un . . .: *unsauber, unhöflich.*

2) Verstärkung

ur . . .: *uralt, urkomisch.*

3) Annäherung

. . . lich: *rötlich,* ein wenig rot gefärbt; *kränklich,* dauernd ein wenig krank.

4) Substantive

. . . heit, . . . e, . . . keit, . . . schaft: *die Klugheit; die Schärfe; die Sauberkeit; die Barschaft.*

5) Personen- und Tiernamen

. . . ling: *der Schwächling, der Kohlweißling.*

6) Verben

ver . . ., er . . .: *verkleinern, vergrößern*, kleiner, größer machen; *erkalten, erröten*, kalt, rot werden.

7) Adverbien

. . . dings: *neuerdings.*

. . . maßen: *gleichermaßen.*

. . . weise: *gleicherweise.*

. . . falls: *gleichfalls.*

A 4

D. Zusammensetzbarkeit des Adjektivs

1) Adjektiv an erster Stelle neben allen Wortarten, z. B. Substantiv: *Kleinwohnung*, Adjektiv: *kleinwüchsig*, Verb: *kleinkriegen* (ich kriege ihn klein) – neben Adverb: *kleinernteils*.

2) An zweiter Stelle fast nur hinter Substantiv: *lebenstüchtig, sorgenfrei*.

E. Das Adjektiv im Satz, ÜBERS. S 79

Das Adjektiv im Satz kann sein:
1) Attribut: der *schöne* Tag.

2) Prädikatsnomen: der Tag *ist schön.*

---

ad maiorem Dei gloriam [lat.], Abk.: A. M. D. G., zur größeren Ehre Gottes.
Admini|stration [lat. administratio] *die, -/-en,* Verwaltung. **admini|strativ. Admini|strator** *der, -s/...t'oren,* Verwalter, Vertreter. **admini|strieren,** *ich* administriere (habe administriert) *es.*
admirabel [lat. admirabilis], ♂ bewunderungswürdig.
Admiral [frz. aus arab. amir al-rahl ›Befehlshaber der Transportflotte‹] *der, -s/-e,* auch *ᵘe,* **1)** Marineoffizier im Generalsrang: *Admiralsstab.* **2)** 🦋 ein Tagfalter. **Admiralität** *die, -/-en,* Marineleitung.
Admission [lat. admissio] *die, -/-en,* Zulassung.
ADN, Abk. für: Allgemeiner Deutscher Nachrichtendienst, Nachrichtenagentur der Dt. Dem. Rep.
Adnex [lat. annexus ›Verbindung‹] *der, -es/-e,* auch Annex, **1)** Anhang. **2)** ♀ Eierstock und Eileiter.
adnominal [vgl. ad ... und nominal], zu einem Nomen gehörend.
ad notam [lat. annotare ›bemerken‹], *ich* nehme es a. n., beachte, merke es vor.
Adobe [span. aus arab.] *der, -/-s,* luftgetrockneter, ungebrannter Lehmziegel: *Adobeziegel.*
ad oculos [lat. ›vor den Augen‹], *ich* demonstriere es a. o., beweise augenscheinlich.
Adolar [vgl. Adel und ahd. aro ›Adler‹], männl. Vorname.
adoleszent [lat. adolescere ›heranwachsen‹], heranwachsend. **Adoleszenz** *die, -,* der spätere Abschnitt des Jugendalters, etwa 17. bis 20. (bei Mädchen bis zum 18.) Lebensjahr.
Adolf [ahd. adal ›Adel‹ und Wolf], männl. Vorname.
Adonai [hebr. ›mein Herr‹], Anrede an Gott, bei den Juden Gottesname für Jahwe.
Adonis [von hebr. adon ›Herr‹] *der, -/-se,* **1)** schöner Jüngling (nach Adonis in der griech. Sage). **2)** 🦋 ein Tagfalter. **adonisch,** schön wie Adonis: *adonischer Vers,* antikes Versmaß. **Adonisrös|chen** *das,* ein Hahnenfußgewächs.
ad|optieren [lat. adoptare ›erwählen‹], *ich* adoptiere (habe adoptiert) *ein Kind,* nehme es an Kindes Statt an. **Ad|option** *die, -/-en.* **Ad|optiveltern,** ÜBERS. F 6. **Ad|optivkind** *das.*
ad|oral [vgl. ad ... und os ›Mund‹], beim Mund, mundwärts gelegen.
Ad|oration [lat. adoratio] *die, -/-en,* Anbetung; Huldigung vor (geistl.) Würdenträgern. **ad|orieren,** *ich* adoriere (habe adoriert) *ihn, es.*
ad perpetuam memoriam [lat.], zu dauerndem Gedächtnis.
Adr., Abk. für: Adresse.
ad referendum [lat.], zur Berichterstattung.
ad rem! [lat.], zur Sache!
ad|renal [vgl. ad ... und lat. renes ›Nieren‹], die Nieren betreffend. **Ad|renalin** *das, -s,* Hormon, das im Mark der Nebennieren entsteht. **Ad|renosteron** [vgl. adrenal und Steroid, grch. stereos ›starr‹, ›räumlich‹] *das, -s,* Hormon der Nebennierenrinde, das als männl. Geschlechtshormon wirkt.
Adressant *der, -en/-en,* Absender. **Adressat** *der, -en/-en,* Empfänger. **Adreßbuch** *das,* Einwohnerverzeichnis. **Adresse** [frz. s'adresser à ›sich wenden an‹] *die, -/-n,* Abk.: Adr., **1)** Anschrift: *da bist du an die falsche A. geraten,* ∪ an den Unrechten. **2)** Eingabe, förml. Schreiben: *Grußadresse; Glückwunschadresse.* **3)** Datenverarbeitung: Kennzeichnung eines Speicherplatzes. **adressieren,** *ich* adressiere (habe adressiert) *es an ihn,* versehe mit seiner Anschrift.
adrett [frz. adroit], **1)** behend, anstellig. **2)** sauber und ordentlich.
Adrian [›der aus Adria (alte Stadt im Mündungsgebiet des Po) Stammende‹], männl., **Adriane,** weibl. Vorname.
adrig [zu Ader], aderig. **ädrig,** äderig.
Adsorbat [vgl. ad ... und lat. sorbere ›Flüssiges einziehen‹,

›in sich ziehen‹] *das, -s/-e,* Adsorptiv, adsorbierte Substanz.
Adsorbens *das, -/...b'enzi|en* oder *...b'entia,* **Adsorber** [engl.] *der, -s/-,* aufsaugendes Mittel, adsorbierender Stoff.
adsorbieren, *ich* adsorbiere (habe adsorbiert) *es,* 🔥 lagere an, nehme auf, verdichte (Gase oder gelöste Stoffe an der Oberfläche fester Körper). **Adsorption** *die, -/-en.* **Adsorptiv** *das, -s/-e,* Adsorbat.
Ad|stringens [lat. a(d)stringere ›festschnüren‹, ›zusammenmenziehen‹] *das, -/...g'enzi|en* oder *...g'entia,* 💊 zusammenziehendes Mittel. **ad|stringieren,** *es* adstringiert (hat adstringiert) *es.*
Adular [nach den schweiz. Adula-Alpen] *der, -s/-e,* ein Feldspat.
adult [lat. adultus], ausgewachsen, erwachsen, geschlechtsreif, mündig.
A-Dur *das, -,* ♪ Zeichen: A, eine Tonart.
ad usum [lat.], zum Gebrauch. **ad usum Delphini** [lat. ›für den Dauphin‹, den frz. Thronerben], in usum Delphini, für Kinder unter Weglassung anstößiger Stellen bearbeitet.
Adv., Abk. für: Adverb.
ad valorem [lat.], dem Werte nach.
Advantage [ædv'a:ntidʒ, engl. aus lat. advenire ›hinzukommen‹ *der, -s/-s* [-tidʒiz], Tennis: Vorteil.
Advektion [lat. advectio ›Zufuhr‹] *die, -/-en,* Transport (von Luftmassen, von Wasser in den Ozeanen) in horizontaler Richtung. **advektiv.**
Advent [lat. adventus ›Ankunft (Christi)‹] *der, -(e)s/-e,* Pl. selten, **1)** die Vorbereitungszeit auf Weihnachten. **2)** jeder der vier Sonntage vor Weihnachten: *vier Adventssonntage; Adventskranz,* ABB. A 3. **Adventist** *der, -en/-en,* Angehöriger einer evang. Sekte.
adventiv [vgl. Advantage], ⊕ **1)** in artfremdes Wuchsgebiet gelangt: *Adventivpflanzen.* **2)** mit ungewohntem Entstehungsort (Knospe, Wurzel).
Adverb [lat. ›zum Verb‹] *das, -s/-i|en,* Abk.: Adv., Umstandswort, Wortart, die ein Adjektiv oder ein anderes Adverb näher bestimmt, z. B. sehr, gern, ÜBERS. G 34. **adverbal,** zu einem Verb gehörig, von ihm abhängig. **adverbial,** als Adverb, das Adverb betreffend. **Adverbialbestimmung** *die,* **Adverbiale** *das, -s/...li|en,* adverbiale Bestimmung, Umstandsbestimmung, z. B. nähere Bestimmung des Ortes, der Zeit, der Begründung u. a. im Satz. **Adverbialsatz** *der,* Umstandssatz, ÜBERS. S 79. **Adverbium** *das, -s/...bi|en* oder *...bia,* Adverb.
Adversaria, Adversari|en [lat. advertere ›hinwenden‹, ›auf etwas richten‹], Pl., Kladde, Konzeptbuch; Sammlung von (philolog.) Notizen.
adversativ [lat. adversus], gegensätzlich, entgegensetzend.
Advertising ['ædvətaiziŋ, engl.] *die, -s/-s,* Werbung, Anzeigenwerbung.
Advocatus Dei [lat. ›Anwalt Gottes‹] *der, -/-...ti -,* bei Selig- und Heiligsprechungen der Befürworter des Antrags.
Advocatus Diaboli [lat. ›Anwalt des Teufels‹] *der, -/-...ti -,* bei Selig- und Heiligsprechungen Geistlicher, der die Einwände vorbringt.
ad vocem [lat.], zu dem Wort (ist zu bemerken ...).
Advokat [lat. advocatus ›der Gerufene‹] *der, -en/-en,* ♂, noch schweiz.: Rechtsanwalt. **Advokatur** *die, -/-en,* Amt, Stand, Kanzlei eines Advokaten.
Adynam|an|drie [vgl. grch. a..., Dynamik und vgl. andro ...] *die, -/...m'ien,* Form der Pollensterilität. **Adynamie** *die, -/...m'i|en,* Kraftlosigkeit, Schwäche. **adynamisch.**
Adyton [grch. ›das Unzugängliche‹] *das, -s/...ta,* Abaton.
AE, Abk. für: astronomische Einheit.
aer... [ae-, auch æ-, grch. aer ›Luft‹], vor Vokalen meist für aero... **Aer|enchym** [grch. parenchyma ›Eingeweide‹] *das,*

-s/-e, ⊕ Durchlüftungsgewebe. **Aerial** *das, -s/-e,* Biologie: die Luft als Lebensraum. **aerisch,** in der freien Luft befindlich. **aero...,** vor Vokalen auch *aer...,* luft..., gas... **aerob** [vgl. bio...], mit Luftsauerstoff lebend. **Aerobe** *der, -n/-n,* Aerobier. **Aerobic** [ɛərɔb´ik, engl.] *das, -s,* zu Diskomusik betriebene tänzerische Gymnastik. **Aerobi|er** *der, -s/-,* **Aerobiont** *der, -en/-en,* Biologie: Luftatmer, Sauerstoffverbraucher. **Aerobus** *der,* **Aerocart** [engl. cart ›Karren‹] *der, -(s)/-s,* kleines Fahrzeug für den innerbetrieblichen Transport auf Flughäfen. **Aero|drom** [grch. dromos ›Rennbahn‹] *der, -s/-e,* Flughafen, bes. in Ostblockländern. **Aerodynamik** *die,* Lehre von den Bewegungsgesetzen gasförmiger Körper, ABB. A 5. **aerodynamisch. Aero|elastizität** *die,* Wechselwirkung von aerodynamischen Kräften und elastischen Reaktionskräften, bes. am Flugzeug. **Aerogramm** [vgl. ...gramm] *das, -s/-e,* 1) Luftpostleichtbrief. 2) aerologisches Diagramm(papier). **Aerologie** [vgl. ...logie] *die, -,* Erforschung der Atmosphäre. **aerologisch. Aeromedizin** *die,* Flugmedizin, Wissenschaft vom Verhalten des Menschen beim Fliegen innerhalb und jenseits der Erdatmosphäre. **Aeronautik** [grch. nautike ›Schiffahrtskunde‹] *die, -,* ⊕ Luftfahrt. **Aeronomie** [grch. nomos ›Gesetz‹] *die, -,* Wissenschaft von der freien Atmosphäre einschließlich Magnetosphäre und Ionosphäre. **Aerophagie** [grch. phagein ›essen‹] *die, -,* ⚕ das Verschlucken von Luft mit der Nahrung, beim Sprechen u. a. **Aerophon** [grch. phone ›Stimme‹, ›Ton‹] *das, -s/-e,* Musikinstrument, bei dem Luft unmittelbar in Schwingung versetzt wird. **Aerophyt** [vgl. phyto...] *der, -en/-en,* ⊕ Luftpflanze, Pflanze, die nicht im Wasser oder im Boden wurzelt. **Aeroplan** [frz. planer ›schweben‹] *der, -s/-e,* ⚬ Flugzeug. **Aerosol** [lat. solutio ›Lösung‹] *das, -s/-e,* schwebeteilchenhaltiges Gas: *Aerosoldosen,* Sprühdosen, Sprays; *Aerosoltherapie,* ⚕. **Aerostatik** *die, -,* Lehre von den Gleichgewichtszuständen der Gase.

af... [lat.], vgl. ad...
a. f., Abk. für: anni futuri.
afe|bril [vgl. grch. a... und lat. febris ›Fieber‹], ⚕ ohne Fieber verlaufend.
Affäre [frz. affaire] *die, -/-n,* 1) Angelegenheit, Vorfall: *Liebesaffäre.* 2) Streitsache: *wir wollen diese A. aus der Welt schaffen,* uns einigen.
Äffchen, *das, -s/-,* Äfflein [ahd. affo] *der, -n/-n,* 1) Säugetier: *Menschenaffe; ich denke, mich laust der A.,* U ich war völlig überrascht; *er gibt seinem Affen Zucker,* U schmeichelt seinen Schwächen. 2) U Dummkopf (Schimpfwort). 3) Geck: *Putzaffe.* 4) Rausch: *er hat sich einen Affen gekauft,* U einen Rausch angetrunken. 5) Tornister.
Affekt [lat. affectus] *der, -(e)s/-e,* heftige Gemütsbewegung: *er handelte im A.; Affekthandlung; affektgeladen.* **Affektation** [lat. affectatio] *die, -/-en,* Ziererei, Getue. **affektiert,** geziert, unnatürlich, gekünstelt. **Affektion** [lat. affectio ›Eindruck‹, ›Neigung‹] *die, -/-en,* 1) ⚕ Reizung, krankhafte Veränderung. 2) ⚬ Wohlwollen: *Affektionsinteresse; Affektionswert,* Liebhaberwert. **affektiv,** gefühlsbetont, unsachlich, emotionell. **Affektivität** *die, -.*
äffen [zu Affe] *ich äffe* (habe geäfft) *ihn,* 1) täusche. 2) halte zum Narren. **Affenbrotbaum** *der,* trop. Baum mit gurkenförmigen Früchten. **Affenhaut** *die,* U flauschiges Streichgarngewebe. **Affenliebe** *die,* U blinde Liebe. **Affenpinscher** *der,* eine Hunderasse. **Affenschande** *die,* U große Schande. **Affentempo** *das,* U hohe Geschwindigkeit. **Affentheater** *das,* U übertriebenes Gehabe, lächerliche Angelegenheit. **Affenzahn** *der,* U hohe Geschwindigkeit: *der hat einen A. drauf,* er fährt viel zu schnell.
afferent [lat. afferre ›herbeibringen‹]: *afferente Nerven,* ⚕ Nerven, die von der Peripherie zum Zentralnervensystem Erregungen leiten.

affettuoso [ital.], con affetto, ♪ leidenschaftlich bewegt.
Affiche [af´iʃ, frz.] *die, -/-n,* ⚬ Anschlagzettel, Plakat.
Affidavit [neulat. ›er hat geschworen‹] *das, -s/-s,* Erklärung an Eides Statt.
affig [zu Affe], U geziert, eitel. **Affigkeit** *die, -.*
Affiliation [vgl. ad... und Filius] *die, -/-en,* Annahme an Kindes Statt, Eingliederung in eine Gemeinschaft. **affiliieren,** *ich affiliiere* (habe affiliiert) *ihn,* es.
affin [lat. affinis ›verwandt‹], durch Affinität miteinander verknüpft: *affine Figuren,* △.
Affination [frz. affiner ›verfeinern‹, ›reinigen‹] *die, -/-en,* das Affinieren. **affinieren,** *ich affiniere* (habe affiniert) *es,* reinige, z. B. Gold von Silber.
Affinität [zu affin] *die, -/-en,* 1) Annäherung, Verwandtschaft. 2) ⚭ Schwägerschaft. 3) ⚗ Triebkraft, mit der sich Stoffe untereinander umsetzen. 4) △ Parallelverwandtschaft.
Affirmation [lat. affirmatio] *die, -/-en,* Bejahung. **affirmativ. affirmieren,** *ich affirmiere* (habe affirmiert) *es.*
äffisch [zu Affe], 1) affenartig. 2) U affig.
Affix [lat. ›Zufügsel‹] *das, -es/-e,* vorangesetzte oder angehängte Bildungssilbe, Präfix oder Suffix.
affizieren [zu Affektion], *ich affiziere* (habe affiziert) *ihn, es,* 1) reize, beeindrucke. 2) ⚕ verändere krankhaft.
Äfflein *das, -s/-,* Äffchen, Diminutiv zu Affe.
Affodill [grch. asphodelos] *der, -s/-e,* Asphodill, ein Liliengewächs.
af|frettando [ital.], ♪ beschleunigend. **af|frettato,** ♪ beschleunigt.
Af|frikata, Af|frikate [lat. affricare ›anreiben‹] *die, -/...ten,* Verschlußlaut mit nachfolgendem Reibelaut, ÜBERS. G 34.
Af|front [af´rõ, frz., schweiz. af´ɔnt] *der, -s/-s* und *schweiz.: -e,* Beleidigung. **af|frontieren,** *ich affrontiere* (habe affrontiert) *ihn,* ⚬.
Af|ghane *der, -n/-n,* 1) Bewohner des vorderasiat. Staates Afghanistan. 2) eine Hunderasse. **Af|ghani** *der, -(s)/-s* und bei Wertangaben -, afghan. Währungseinheit. **af|ghanisch.**
à fonds perdu [afɔ̃pɛr´dy, frz.], ⚬ auf Verlustkonto, mit Verzicht auf Gegenleistung.
AFP, Abk. für: Agence France Presse, eine französische Nachrichtenagentur.
Afra [lat. ›die Afrikanerin‹, Heilige von Augsburg], weibl. Vorname.
a fresco [ital. ›auf frischem (Kalk malen)‹], al fresco.
Afrikaander *der, -s/-,* im südl. Afrika geborener Weißer.
Afrikaans *das, -,* Sprache der Buren in Südafrika. **Afrikanistik** *die, -,* Wissenschaft von den Sprachen und Kulturen Afrikas. **Afro|amerikaner** *der,* Amerikaner schwarzafrikan. Herkunft. **afro-amerikanisch. afro-asiatisch,** mit afrikan. und asiat. Komponenten.
After [ahd. aftar ›hinten‹, niederdt. achter] *der, -s/-,* ⚕ die Ausmündung des Mastdarms. **after...,** 1) rückwärtig, hinter...: *Afterflosse.* 2) aus zweiter Hand: *Aftermiete,* Untermiete. 3) minderwertig, schlecht: *Afterrede,* üble Nachrede.
After-shave [´aːftə ʃeiv, engl. ›After‹ nach ›und shave ›Rasur‹] *das, -/-s,* Rasierwasser, das nach der Rasur anzuwenden ist: *After-shave-Lotion.*
ag... [lat.], vgl. ad...
a. G., Abk. für: 1) als Gast (Theater). 2) auf Gegenseitigkeit (Versicherungen).
Ag [lat. argentum], ⚗ Zeichen für: Silber.
AG, Abk. für: 1) Aktiengesellschaft. 2) Amtsgericht. 3) Arbeitsgemeinschaft.
Aga [osttürk. ›älterer Bruder‹] *der, -s/-s,* auch Agha, früherer türk. Titel für Offiziere und Beamte. **Aga Khan** *der, - -s/- -e,* das Oberhaupt einer islamischen Konfession.
agam [vgl. grch. a... und ...gamie], Biologie: sich ohne

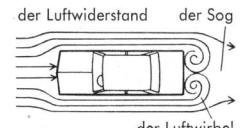

der Luftwiderstand   der Sog

der Luftwirbel   die Stromlinien-
die Strömungslinien   (Tropfen-)Form

Aerodynamik (die Strömungslehre)

Herrn	Mr.
F.A.Müller	John Smith
webergasse 35	76 Madison Avenue
6200 wiesbaden	New York 17, N.Y. USA

Inland   Ausland

Adresse (die Anschrift)

A 5

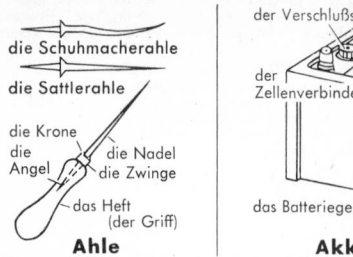

die Schuhmacherahle
die Sattlerahle
die Krone
die Angel — die Nadel
die Zwinge
das Heft (der Griff)

Ahle

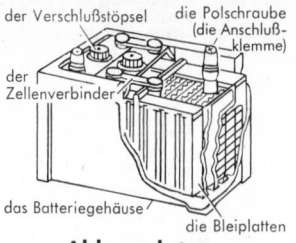

der Verschlußstöpsel die Polschraube (die Anschluß-klemme)
der Zellenverbinder
das Batteriegehäuse
die Bleiplatten

Akkumulator

Albarello

die Mandragora
die Alraunwurzel

Alraun

Befruchtung fortpflanzend. **Agame** *die, -/-n,* eine Echse. **Agamie** *die, -,* Ehelosigkeit. **Agamogonie** [grch. gonia ›Zeugung‹] *die, -/. . .n'i|en,* Biologie: ungeschlechtl. Vermehrung durch einfache Kern- und Zellteilung. **Agape** [grch. ›Liebe‹] *die, -/-n,* Liebesmahl, Armenspeisung. **Agar-Agar** [malaiisch] *der* oder *das, -s,* Gelatine aus verschiedenen Algen. **Agathe** [grch. agathos ›gut‹], weibl. Vorname. **Agatstein** *der,* Agtstein. **Agave** [grch. agauos ›edel‹] *die, -/-n,* eine Nutz- und Gartenpflanze.

. . .**age** [-a:ʒǝ, frz.], Ableitungssilbe für weibl. Substantive: *die Garage; die Takelage.* **Agenda** [lat. ›was zu behandeln ist‹, vgl. agieren] *die, -/. . .den,* Merkbuch. **Agende** *die, -/-n,* Buch für die Gottesdienstordnung. **Agenesie** [vgl. grch. a . . . und Genese] *die, -,* ⚕ angeborenes Fehlen eines Körperteils oder Organs. **Agens** [lat. ›das Wirkende‹, vgl. agieren] *das, -/. . .g'enzi|en,* Triebkraft, Ursache. **Agent** [lat. agere ›handeln‹] *der, -en/-en,* **Agentin** *die, -/-nen,* **1)** Vertreter(in): *Versicherungsagent.* **2)** Spion(in): *Agentenaustausch; Agentendienste.* **agentieren,** *ich* agentiere (habe agentiert) *Kunden, österr.:* ⚕ werbe. **Agent provocateur** [aʒ'ã provokat'œ:r, frz.] *der, - -/-s -s,* Lockspitzel. **Agentur** *die, -/-en,* Geschäftsstelle, Vertretung: *Nachrichtenagentur; Presseagentur.* **Ageusie** [vgl. a . . . und grch. geusis ›Geschmack‹] *die, -/. . .s'i|en,* ⚕ Beeinträchtigung der Geschmacksempfindung. **Agglomerat** [lat. agglomerare ›(knäuelartig fest) anschließen‹] *das, -(e)s/-e,* ⊕ Anhäufung von losen Gesteinstrümmern. **Agglomeration** *die, -/-en,* **1)** Anhäufung, Ballung, Massenzustrom. **2)** ⊕ Gesamtheit zusammengewachsener Siedlungs- und Wirtschaftseinheiten. **agglomerieren,** *es* agglomeriert (hat agglomeriert) *(sich).* **Agglutination** [lat. agglutinare ›anleimen‹] *die, -/-en,* **1)** ⚕ Ballung (von roten Blutkörperchen, von Krankheitskeimen). **2)** Ⓢ das Anfügen von Formelementen ohne lautliche Verschmelzung mit der Wurzel. **agglutinieren,** *es* agglutiniert (hat agglutiniert). **Agglutinin** *das, -s/-e, meist Pl.,* ein Antikörper. **Aggravation** [lat. aggravare ›verschlimmern‹] *die, -/-en,* Erschwerung, Übertreibung, z. B. von Krankheitssymptomen. **Aggregat** [lat. aggregare ›beigesellen‹] *das, -(e)s/-e,* **1)** Anhäufung, Gruppe aus mehreren Teilen. **2)** ⚙ Maschinensatz: *Antriebsaggregat.* **Aggregation** *die, -/-en,* Anhäufung, Angliederung. **Aggregatzustand** *der,* Physik: Erscheinungsform der Stoffe. **Aggression** [lat. aggredi ›herangehen‹, ›angreifen‹] *die, -/-en,* Angriff, affektbedingtes Angriffsverhalten: *Aggressionsabbau; Aggressionspotential; Aggressionstrieb.* **aggressiv,** angreiferisch, angriffslustig: *aggressives Verhalten.* **Aggressivität** *die, -.* **Aggressor** *der, -s/. . .s'oren,* Angreifer. **Agha** *der, -s/-s,* Aga. **Ägide** [grch. aigis, Gen. aigidos, Schild des Zeus] *die, -,* Leitung, Obhut, Schutz: *unter der Ä. von . . .*

agieren [lat. agere], *ich* agiere (habe agiert), **1)** handele. **2)** stelle eine Rolle dar: *er agierte als oberster Leiter.* **3)** *eine Rolle,* ⚭ stelle auf der Bühne dar. **agil** [lat. agilis], flink, gewandt. **Agilität** *die, -.* **Agio** ['a:ʒǝ, frz., 'a:dʒo, aus ital. aggio, zu aggiungere ›hinzufügen‹] *das, -s/-s,* Aufgeld. **Agiotage** [aʒot'a:ʒ(ǝ), frz.] *die, -/-n,* Ausnutzung von Kurs- und Preisschwankungen

(Börse). **agiotieren** [aʒjo-], *ich* agiotiere (habe agiotiert). **Ägir** [wohl zu got. ahwa, altnord. á ›Fluß‹], nord. Mythologie: Gott des Meeres. **Agitation** [lat. agitatio ›Bewegung‹] *die, -/-en,* aggressive polit. Beeinflussung, Propaganda. **agitato** [adʒi-, ital.], ♪ aufgeregt, lebhaft. **Agitator** [lat. ›Lenker‹, ›Treiber‹] *der, -s/. . .t'oren,* jemand, der Agitation betreibt. **agitatorisch. agitieren,** *ich* agitiere (habe agitiert), **1)** *für* oder *gegen eine politische Richtung.* **2)** *ihn* (bes. im kommunist. Sprachgebrauch). **Agitprop,** im kommunist. Sprachgebrauch Kurzw. für: Agitation und Propaganda: *Agitpropgruppen,* Laienspieler, mit Laienspiel Agitation betreiben; *Agitproptheater.* **Aglei** [ahd. agaleia] *die, -/-en,* oberdt.: Akelei, Glockenblume. **Agnat** [lat. agnatus] *der, -en/-en,* Blutsverwandter im Mannesstamm. **Agnes** [vermutlich von grch. hagnos ›heilig‹, ›keusch‹], weibl. Vorname. **Agnition** [lat. agnitio] *die, -,* ⚖ Anerkennung von Rechtsverhältnissen oder Tatsachen. **Agnomen** [lat.] *das,* auf eine Person gebundener Beiname. **Agnosie** [vgl. grch. a . . . und gnosis ›Erkennen‹] *die, -/. . .s'i|en,* ⚕ durch herdförmige Erkrankung der Großhirnrinde hervorgerufene Unfähigkeit, Gesprochenes, Gesehenes, Gehörtes, Getastetes zu erkennen. **Agnostiker** *der, -s/-,* Anhänger des Agnostizismus. **Agnostizismus** *der, -,* Lehre, daß man vom absoluten Sein, bes. von Gott, nichts wissen könne. **agnoszieren,** *ich* agnosziere (habe agnosziert), **1)** *ihn,* erkenne ihn an. **2)** *einen Toten, österr.:* identifiziere ihn. **Agnus Dei** [lat.] *das, - -,* B das Lamm Gottes, Sinnbild Christi.

Agogik [grch. agoge ›Führung‹] *die, -,* ♪ Tempostufung. **agogisch.**

à gogo [frz.], in Hülle und Fülle: *Hits à gogo.* **Agon** [grch.] *der, -s/-e,* altgriech. Wettkampf, Wettstreit. **Agone** [vgl. grch. a . . . und gonia ›Winkel‹, ›Ecke‹] *die, -/-n,* Nullinie, verbindet Punkte mit der Deklination Null des erdmagnet. Feldes. **Agonie** [grch. agonia] *die, -/. . .n'i|en,* Todeskampf. **Agonist** [grch. agonistes] *der, -en/-en,* Wettkämpfer. **Agora** [grch.] *die, -/Ag'oren,* altgriech. Versammlung des Heeres, Volkes; Platz dafür, Marktplatz. **Agoraphobie** [vgl. Phobie] *die, -,* ⚕ Platzangst. **Agraffe** [frz. aus ahd. krapho ›Haken‹] *die, -/-n,* **1)** Schmuckspange, Fibel, ABB. S 30. **2)** ⅏ ein Schmuckglied, ABB. B 39. **Agranulozytose** [vgl. grch. a . ., lat. granulum ›Körnchen‹ und grch. kytos ›Hülle‹] *die, -/-n,* ⚕ mangelnde Bildung der körnchenhaltigen weißen Blutkörperchen. **Agraphie** [vgl. grch. a . . . und graphein ›schreiben‹] *die, -/. . .ph'i|en,* krankheitsbedingte Unfähigkeit zu schreiben. **agrar . . .** [lat. agrarius ›die Felder betreffend‹, zu lat. ager ›Acker‹], landwirtschafts . . ., land . . .; vgl. agri . . ., agro . . .: *Agrarpolitik; Agrarreform; Agrarstaat.* **Agrarier** *der, -s/-,* **1)** Grundbesitzer, Landwirt. **2)** Mitglied einer landwirtschaftl. Berufsvertretung. **agrarisch,** landwirtschaftl. **Agrarmarkt** *der,* Gesamtheit aller auf landwirtschaftl. Erzeugnisse gerichteten Austauschbeziehungen zwischen Angebot und Nachfrage.

Agreement [ǝgr'i:mǝnt, engl.] *das, -s/-s,* Übereinkunft; vgl. Gentlemen's Agreement.

Agrément [agrem'ã, frz.] *das, -s/-s,* **1)** Zustimmung einer

Regierung zu einem ausländischen diplomatischen Vertreter. **2)** *nur Pl.*, ♪ Verzierungen.

agri ... [zu lat. ager ›Acker‹], die Landwirtschaft betreffend, acker ...; vgl. agrar ... **Agrikultur** *die*, Ackerbau, Landwirtschaft.

agro ... [zu grch. agros ›Acker‹, ›Feld‹, ›Flur‹], die Landwirtschaft betreffend, acker ...: *Agrochemikalien;* vgl. agrar ... **Agronom** *der*, *-en/-en*, akademisch ausgebildeter Landwirt. **Agronomie** *die*, -, Ackerbaulehre. **agronomisch.**

Agrostologie [grch. agros ›Feld‹, ›Flur‹ und vgl. ... logie] *die* -, Gräserkunde.

Agrumen, Agrumi [ital. agrumi ›Zitrusfrüchte‹, ›Zitrusgewächse‹], *Pl.*, Sammelbez. für Zitrusfrüchte.

Agtstein [von Achat] *der*, Agatstein, *oberdt.:* Bernstein.

Aguti [indian.-span.] *der*, *das*, *-s/-s*, Goldhase, ein Nagetier.

ägyptisch [grch. aigyptos ›dunkel‹], *ägyptische Finsternis*, B tiefe Dunkelheit. **Ägyptologie** [vgl. ... logie] *die*, -, die wissenschaftl. Erforschung des ägypt. Altertums in Sprache, Geschichte, Kunst, Kultur. **ägyptologisch.**

A. H., Abk. für: Alter Herr (einer student. Verbindung).

ah! [mhd. aha], Ausruf des Staunens, der Erleichterung: *ah so!* **Ah** *das*, *-s/-s: ein Ah der Bewunderung.*

Ah, ⚡ Zeichen für: Amperestunde.

aha! [mhd. aha], Ausruf: hab' ich dich!, so ist das also! **Aha-Erlebnis** *das*, Psychologie: das plötzliche, einfallsartige Verstehen eines Sinnzusammenhangs.

Ahasver [auch ah'a-], der Ewige Jude, eine Sagengestalt. **ahasverisch,** ruhelos umherirrend.

ahd., Abk. für: althochdeutsch.

Ahlbeere *die*, auch Albeere, Schwarze Johannisbeere.

Ahle [mhd. ale] *die*, *-/-n*, Pfriem, Lochvorbohrer, ABB. A 6.

Ahlkirsche *die*, **1)** Traubenkirsche. **2)** ein Geißblatt.

Ahm [mhd. ame, ome ›Maß‹, von mlat. ama ›Gefäß‹] *das*, *-(e)/-e*, **1)** *westdt.:* Ohm (Raummaß). **2)** *niederdt.:* Ahming [verwandt mit Ohm] *die*, *-/-e* oder *-s*, ⚓ Tiefgangskala an Schiffen.

Ahn [ahd. ano] *der*, *-(e)s* oder *-en/-en*, **1)** Vorfahr. **2)** *oberdt.:* Groß-, Urgroßvater.

ahnden [ahd. anton, andon], *ich ahnde (habe geahndet) ihn oder es,* strafe, räche. **Ahndung** *die*, *-/-en.*

Ahne [zu Ahn] *der*, *-n/-n, die*, *-/-n,* **1)** männl. oder weibl. Vorfahr: *Ahnentafel*, ABB. A 7; *Ahnfrau; Ahnherr.* **2)** *oberdt.:* Groß-, Urgroßvater oder Groß-, Urgroßmutter.

ähneln [zu ähnlich], *ich ähn(e)le (habe geähnelt) ihm,* sehe ein wenig so aus wie er, bin ihm ähnlich.

ahnen [mhd. anen], *ich ahne (habe geahnt) es,* **1)** vermute, weiß nicht ganz sicher: *ihre Schwierigkeiten kann ich nur ahnen.* **2)** fühle vorher, erwarte beinahe: *das habe ich geahnt!* **3)** *mir ahnt, es ahnt mir,* ich habe ein Vorgefühl: *mir ahnt nichts Gutes.*

ähnlich [ahd. anagalih] *ihm,* **1)** in wichtigen Merkmalen übereinstimmend, daran erinnernd: *das sieht ihm ä.,* ∪ ist ihm zuzutrauen; *ähnliche Frisuren; und ähnliche(s),* Abk.: u. ä.; aber: *das Ähnliche; etwas, nichts, viel Ähnliches; Ähnliches und Verschiedenes.* **2)** △ in entsprechenden Winkeln und im Größenverhältnis entsprechender Strecken gleich (geometrische Figuren). **Ähnlichkeit** *die*, *-/-en.*

Ahnung [zu ahnen] *die*, *-/-en,* Vermutung, Vorgefühl: *ich habe keine A.,* weiß nichts davon. **ahnungslos. Ahnungslosigkeit** *die*, -. **ahnungsvoll.**

ahoj! [niederdt.], ⚓ Anruf für ein Schiff: *Boot a.!*

Ahorn *der*, *-s/-e,* ein Laubbaum, ABB. F 36. **ahornen,** aus Ahornholz.

Ährchen *das*, *-s/-,* **1)** Diminutiv zu Ähre. **2)** Teil einer zusammengesetzten Ähre. **Ähre** [ahd. ehir ›Halm‹, ›Ähre‹] *die*, *-/-n,* reihiger Blüten- und Fruchtstand, ABB. B 38. **Ährenlese** *die*, das Ährensammeln. ... **ährig,** mit einer bestimmten Art Ähre versehen: *langährig.*

Ai [Tupí, portugies.] *das*, *-s/-s,* ein Faultier.

Aide [ɛːd, frz. ›Hilfe‹] *der*, *-n/-n,* **1)** Mitspieler. **2)** Gehilfe, Beistand. **Aide-mémoire** [ɛːdmemw'aːr, frz.] *das*, *-/-(s),* kurze Denkschrift, im diplomatischen Verkehr Aufzeichnung über eine mündliche Erklärung.

Aids [eidz, engl.], Kurzw. für: Acquired Immune Deficiency Syndrome ›erworbenes Immunschwäche-Syndrom‹, ⚕ eine Immunschwäche der Zelle.

Aigrette [ɛgr'ɛt, frz.] *die*, *-/-n,* **1)** Reiherfeder. **2)** Büschelförmiges, z. B. als Kopfschmuck.

Aikido [japan.] *das*, *-(s),* eine aus Japan stammende Form der Selbstverteidigung. **Aikidoka** *der*, *-s/-s,* Aikidokämpfer.

... aille [-aljə, frz.], Ableitungssilbe für weibl. Substantive: *die Emaille; die Kanaille.*

Air [ɛːr, frz. aus altfrz. aire ›Wesen‹, ›Natur‹, ›Herkunft‹] *das*, *-s/-s,* **1)** Lied, Weise. **2)** Aussehen, Haltung: *er gibt sich ein A.,* tut groß.

Airbus [ˈɛə-, engl. air ›Luft‹ und Bus] *der*, Großraumflugzeug für Kurz- und Mittelstrecken. **Air-Conditioning** [ˈɛə kənd'iʃniŋ, engl., vgl. Kondition] *das*, *-s/-s,* Klimaanlage.

Airedaleterrier [ˈɛədeil-, engl., nach dem Tal der Aire] *der*, eine engl. Hunderasse.

Air Force [ˈɛəfɔːs, engl. air ›Luft‹ und force ›(Streit-)Macht‹] *die*, *- -,* Luftwaffe. **Air-fresh** [ˈɛəfrɛʃ, engl. fresh ›frisch‹] *das*, *-,* Raumspray. **Air Mail** [ˈɛəmeil, engl. mail ›Post‹] *die*, *- -,* Luftpost. **Airport** [ˈɛəpɔːt, engl. port ›Hafen‹] *der*, *-(s)/-s,* Flughafen.

ais, ♪ **1)** *das*, *-/-,* Halbton über a, ABB. N 9. **2)** Zeichen für: ais-Moll.

... aise [ɛːzə, frz.], Ableitungssilbe für weibl. Substantive: *die Marseillaise; franz. eingedeutscht: die Polonäse.* **ais-Moll** *das*, Zeichen: ais, ♪ eine Tonart.

Ajatollah [pers.] *der*, *-(s)/-s,* auch Ayatollah, ein Ehrentitel bei den Schiiten.

Ajax [grch. Aias, Held vor Troja], männl. Vorname.

à jour [aʒ'uːr, frz.], **1)** ⚙ auf dem laufenden. **2)** durchbrochen (Gewebe). **3)** durchsichtig gefaßt (Edelsteine). **Ajourarbeit** [aʒ'uːr-] *die*, Durchbruchstickerei. **Ajourfassung** *die*, ABB. F 8.

AK, Abk. für: **1)** Aktienkapital. **2)** Armeekorps.

ak ... [lat.], vgl. ad ...

Akademie [grch. akademia, seit 387 v. Chr. Platos Lehrstätte vor Athen] *die*, *-/... m'i‹en,* **1)** gelehrte Gesellschaft: *A. der Wissenschaften.* **2)** Hochschule: *Kunstakademie.* **Akademiker** *der*, *-s/-,* **Akademikerin** *die*, *-/-nen,* jemand, der auf einer Hochschule ausgebildet wurde. **akademisch, 1)** hochschulmäßig, Hochschul ...: *akademische Ausbildung; akademisches Viertel,* vgl. c. t. **2)** Ü überlieferungstreu, weltfremd, trocken: *akademischer Stil.*

Akajoubaum [akaʒ'u-, frz. acajou ›Mahagoni‹] *der*, Acajoubaum.

Akanthit [grch. akantha ›Dorn‹] *der*, -, Silberglanz, ein Mineral. **Akanthus** *der*, *-/-,* **1)** 🌿 Bärenklau, staudige Zierpflanze. **2)** ☷ Blattmotiv als Ziermuster, ABB. K 8, S 8, S 69.

akatalektisch [vgl. grch. a ... und katalektisch], Metrik: nicht katalektisch, unverkürzt.

akausal [vgl. grch. a ... und kausal], nicht kausal.

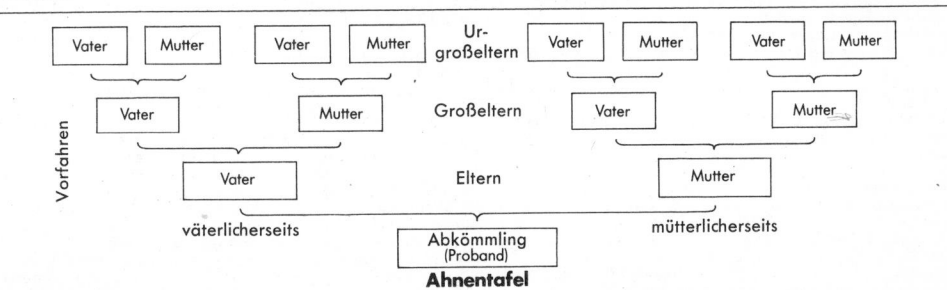

Ahnentafel

Akazie [-iə, grch. akakia, zu akis ›Spitze‹] *die, -/. . . zi|en,* **1)** Baum oder strauchartiges Mimosengewächs. **2)** volkstümlich für Robinie.

Akelei [ahd. agaleia] *die, -/-en,* Elfenschuh, ein Hahnenfußgewächs.

akephal [vgl. grch. a. . . und kephale ›Kopf‹], ohne Kopf, ohne Anfang (Texte). **Akephale** *der, -n/-n,* Mißgeburt ohne Kopf. **Akephalie** *die, -,* Fehlen des Kopfes.

Aki *das, -s/-s,* Ụ Kurzw. für: Aktualitätenkino.

Akinese, Akinesie [vgl. grch. a. . . und kinesis ›Bewegung‹] *die, -,* Bewegungslosigkeit. **akinetisch.**

Akk., Abk. für: Akkusativ.

Ak|klamation [lat. acclamatio ›Zuruf‹] *die, -/-en,* **1)** zustimmender Zuruf: *eine Wahl per A.* **2)** Beifall. **ak|klamieren,** *ich* akklamiere (habe akklamiert) *ihn, es.*

Ak|klimatisation [vgl. ad. . . und Klima] *die, -/-en,* Anpassung an veränderte Umweltbedingungen. **ak|klimatisieren,** *ich* akklimatisiere *mich* (habe mich akklimatisiert).

Akkolade [frz. accolade ›Umarmung‹, vgl. ad. . . und lat. collum ›Hals‹] *die, -/-n,* **1)** feierl. Umarmung. **2)** ⤵ geschwungene Klammer ⎯⎞. **3)** ♪ Verbindung zusammengehöriger Noten, Abb. N 10.

akkommodabel [frz. accomodation ›Anpassung‹, **1)** anpassungsfähig: *akkommodable Organe.* **2)** ⚗ zweckmäßig. **Akkommodation** *die, -/-en,* **1)** Anpassung. **2)** Einstellung des Auges. **akkommodieren,** *ich* akkommodiere (habe akkommodiert), **1)** *es,* passe, gleiche an. **2)** *mich mit ihm,* ⚗ einige mich.

Akkompa|gnement [akõpaɲm'ã, frz. accompagnement] *das, -s/-s,* ⚗ ♪ Begleitung. **akkompa|gnieren** [-ɲ'i:rən], *ich* akkompagniere (habe akkompagniert) *ihn,* ⚗.

Akkord [frz. accord, vgl. ad. . . und lat. cordis ›Herz‹] *der, -(e)s/-e,* **1)** ♪ Zusammenklang. **2)** 🂡 Vergleich zwischen Schuldner und Gläubiger, Abkommen. **3)** Lohn nach Leistung, Stücklohn: *Akkordarbeit; Akkordlohn; Akkordsystem; er arbeitet im A.; Akkordarbeiter.* **Akkordeon** *das, -s/-s,* Ziehharmonika, Abb. Z 7. **akkordieren,** *ich* akkordiere (habe akkordiert) *es,* vereinbare.

ak|kreditieren [frz. accrediter ›beglaubigen‹, vgl. ad. . . und lat. credere ›glauben‹], *ich* akkreditiere (habe akkreditiert) *ihn bei jemandem,* **1)** beglaubige (einen Gesandten). **2)** weise eine Bank an, ihm Kredit einzuräumen: *er ist bei dieser Bank akkreditiert.* **Ak|kreditiv** *das, -s/-e,* **1)** Beglaubigungsschreiben. **2)** Verpflichtungserklärung einer Bank, einen bestimmten Geldbetrag zur Verfügung zu stellen.

Ak|kreszenz [lat. accrescere ›hinzuwachsen‹] *die, -/-en, das* Anwachsen, bes. eines Erbteils. **ak|kreszieren,** *es* akkresziert (ist akkresziert).

Akku *der, -s/-s,* Kurzw. für: Akkumulator.

Akkulturation [vgl. ad. . . und Kultur] *die, -/-en,* Völkerkunde: die Übernahme fremder Kulturgüter.

Akkumulation [lat. accumulare ›aufhäufen‹] *die, -/-en,* **1)** Anhäufung, Ansammlung: *A. von Kapital.* **2)** 🜨 Ablagerung. **Akkumulator** *der, -s/. . . t'oren,* Kurzw.: Akku, **1)** Stromspeicher, Abb. A 6. **2)** Druckwassersammler. **akkumulieren,** *ich* akkumuliere (habe akkumuliert) *es.*

akkurat [lat. accuratus], genau, sorgfältig. **Akkuratesse** *die, -.*

Akkusativ [lat. casus accusativus ›der die Anklage betreffende Fall‹] *der, -s/-e,* Abk.: Akk., Wenfall, der 4. Fall der Deklination, Übers. S 77. **Akkusativobjekt** *das,* Übers. S 79.

Akme [grch. ›Spitze‹] *die, -,* 🜨 Höhepunkt einer Krankheit. **Akne** [grch., vermutlich sprachl. Entstellung von Akme] *die, -/-n,* 🜨 eine Hautkrankheit.

A-Kohle *die,* Kurzw. für: Aktivkohle.

Akoluth, Akolyth [grch. akoluthos ›Begleiter‹] *der, -s* oder *-en/-en,* kath. Kirche: ein Dienstamt.

Akonit [grch., vgl. Aconit] *das, -s/-e,* 🜨 Eisenhut. **Akonitin** *das,* Aconitin.

Akonto [ital., vgl. a conto] *das, österr.:* Anzahlung. **Akontozahlung** *die,* Abschlagszahlung.

Akorie [vgl. a. . . und koros ›Sättigung‹] *die, -,* 🜨 Gefräßigkeit durch Fehlen des Sättigungsgefühls.

akquirieren [lat. acquirere ›dazuerwerben‹], *ich* akquiriere (habe akquiriert), **1)** bin als Akquisiteur tätig. **2)** *es,* erwerbe. **3)** *ihn,* gewinne als Kunden. **Akquisiteur** [-t'ø:r] *der, -s/-e,* Kundenwerber (für Zeitungsanzeigen). **Akquisition** *die, -/-en,* **1)** Erwerbung. **2)** Kundenwerbung.

Akribie [grch. akribeia] *die, -,* peinliche Genauigkeit, Gründlichkeit. **akribisch,** *akribische Recherchen.*

akritisch [vgl. a. . . und Kritik], unkritisch, unwissenschaftlich.

akro . . . [grch. ›hoch (ragend) . . .‹, ›spitz (zulaufend) . . .‹], *Akropolis,* hoch gelegene Burg altgriech. Städte.

Akrobat [grch. akros ›zuoberst‹ und bainein ›gehen‹] *der, -en/-en,* **1)** Turnkünstler. **2)** ⚗ Seiltänzer. **Akrobatik** *die, -/-en,* Geschicklichkeitsturnen. **Akrobatin** *die, -/-nen.* **akrobatisch,** *akrobatische Übungen.*

akrokephal [vgl. akro. . . und grch. kephale ›Kopf‹], auch akrozephal, spitzköpfig. **Akrokephalie** *die, -/. . . l'i|en,* auch Akrozephalie, Spitzköpfigkeit.

Akrolein *das,* Acrolein.

Akromegalie [grch. akro. . . und grch. megas ›groß‹] *die, -/. . . l'i|en,* Riesenwuchs einzelner Körperteile.

Akronym [grch. akros ›der Höchste‹ und onyma ›Name‹] *das, -s/-e,* Kurzw. aus den Anfangsbuchstaben mehrerer Wörter, z. B. NATO.

akropetal [vgl. akro. . . und lat. petere ›streben‹], aufsteigend.

Akro|stichon [grch. akros ›äußerster‹, ›höchster‹ und stichos ›Zeile‹, ›Vers‹ *das, -s/. . . chen* oder *. . . cha,* Gedicht, in dem die Anfangsbuchstaben, -silben oder -wörter der Verse oder Strophen einen Sinn ergeben.

Akroter [grch.] *der, -s/-e,* **Akroterie** [-iə] *die, -/. . . ri|en,* **Akroterion, Akroterium** *das, -s/. . . ri|en,* 🏛 Giebelaufsatz, Abb. T 6.

akrozephal usw., vgl. akrokephal usw.

Akryl . . ., Acryl . . .

äks!, Ụ pfui!

Akt [lat. actus ›Handlung‹] *der, -(e)s/-e,* **1)** menschl. Handlung, Vorgang: *dies ist ein A. der Höflichkeit.* **2)** größerer Abschnitt eines Bühnenwerkes, Aufzug. **3)** (künstler.) Darstellung des nackten menschl. Körpers: *weibl. A.; Aktphoto.* **4)** Geschlechtsakt, Beischlaf. **5)** Pl. *-en,* 🇨🇭 Akte.

Akte [lat. acta ›Verhandeltes‹] *die, -/-n, meist Pl.,* die über eine Angelegenheit gesammelten Schriftstücke: *Prozeßakten; Akteneinsicht; Aktenhefter; Aktennotiz; Aktenordner; zu den Akten,* Abk.: z. d. A., erledigt. **aktenkundig,** in Akten festgehalten. **Aktenmappe, Aktentasche** *die,* Abb. M 3. **Aktenwolf** *der,* eine Papierzerreißmaschine. **Aktenzeichen** *das,* Buchungsnummer, Namenszeichen.

Akteur [akt'ø:r, frz. acteur, zu lat. agere ›handeln‹] *der, -s/-e,* **1)** Handelnder. **2)** Schauspieler.

Aktie [-tsiə, lat. actio ›Handlung‹] *die, -/. . . ti|en,* 🖋 ein Wertpapier, das auf einen Anteil am Grundkapital einer Aktiengesellschaft lautet: *Aktienkapital,* Abk.: AK; *Aktienmarkt; seine Aktien fallen,* auch Ü *es steht schlecht mit ihm.* **Aktiengesellschaft** *die,* Abk.: AG, eine Handelsgesellschaft. **Aktienindex** *der,* Durchschnittsberechnung aus Kursnotierungen ausgewählter Aktien. **Aktienkurs** *der: Aktienkurse steigen, fallen.*

Aktinie [vgl. aktino. . .] *die, -/. . . ni|en,* Seeanemone. **aktinisch,** durch Strahlung hervorgerufen: *aktinische Krankheiten.* **Aktinium** *das,* Actinium.

aktino . . . [grch. aktis, Gen. aktinos, strahl . . ., strahlung . . . **Aktinoid** *das, -s/-e, meist Pl.,* Actinoid. **Aktinolith** *der, -s/-e* oder *-en/-en,* Strahlstein, ein Mineral. **Aktinometer** *das, -s/-,* ein Strahlungsmesser. **aktinomorph** [vgl. . . . morph], 🜨 strahlig gebaut. **Aktinomykose** *die, -/-n,* Strahlenpilzkrankheit. **Aktinomyzet** *der, -en/-en,* Strahlenpilz.

Aktion [vgl. Aktie] *die, -/-en, meist Pl.,* **1)** Unternehmen, Vorgehen, Maßnahme, Tätigkeit: *jetzt werden sie endlich in A. treten; handeln; eine feindliche A.,* Kampfhandlung; *Aktionsgemeinschaft; aktions(un)fähig.* **2)** Beinbewegung (Pferd). **Aktionär** [frz.] *der, -s/-e,* Inhaber von Aktien: *Aktionärsversammlung.* **Aktionist** *der, -en/-en,* jemand, der durch provozierende Aktionen zur Bewußtseinsveränderung beitragen will. **aktionistisch. Aktionsart** *die,* Verlaufsart des Verbs zur Kennzeichnung der Geschehnisphasen, z. B. beginnende Handlung ›ergrauen‹, ›erblühen‹. **Aktionsradius** *der,* **1)** Strecke, die ein Fahrzeug ohne Ergänzung des Treibstoffes zurücklegen kann. **2)** Ü Wirkungsbereich. **Aktionsstrom** *der, -,* 🜨 eine elektr. Begleiterscheinung nerbl. Vorgänge.

aktiv [auch 'akti:f, lat. activus], **1)** tätig, lebendig, zielstrebig: *er ist aktives Mitglied,* unterstützt seinen Verein durch Teilnahme an Wettkämpfen, Übungen usw.: *aktives Wahlrecht,* Recht zu wählen. **2)** ⚔ ständig im Dienst stehend: *aktiver Soldat.* **3)** zur Teilnahme an bestimmten Veranstaltungen einer Studentenverbindung verpflichtet. **4)** 🎵 stark ansprechend, reaktionsfähig: *aktiver Sauerstoff.* **5)** ⌂ einträglich, Forderungen begründend: *aktive Handelsbilanz,* Überwiegen der Ausfuhr über die Einfuhr. **6)** Ⓢ aktivisch. **Aktiv** *das, -s,* selten: Aktivum, Ⓢ Tatform des Verbs, ÜBERS. V 2. **Aktiv** *das, -s/-s* oder *-e,* Dt. Dem. Rep.: Arbeitsgruppe. **Aktiva,** *Pl.,* Aktiven, Vermögenswerte (ohne Rücksicht auf Schulden). **Aktivator** *der, -s/. . .t'oren,* **1)** selbst unwirksamer chem. Zusatz, der die Wirksamkeit eines Katalysators oder Enzyms erhöht. **2)** Mittel zur Kieferregulierung. **Aktive** *der, die, -n/-n, ein -r, eine -,* Sportler, der regelmäßig an Wettkämpfen teilnimmt. **Aktiven,** *Pl.,* Aktiva. **aktivieren,** *ich* aktiviere (habe aktiviert), **1)** *ihn, es,* mache tätig, bringe in Schwung. **2)** *es,* ⌂ bewerte in der Bilanz als Aktivum. **Aktivierung** *die, -/-en.* **aktivisch,** auch aktiv, Ⓢ im Aktiv stehend (Verb). **Aktivismus** *der, -,* zielbewußte Willenstätigkeit. **Aktivist** *der, -en/-en,* **1)** Mensch voller Aktivismus. **2)** Dt. Dem. Rep.: für vorbildl. Leistungen ausgezeichneter Werktätiger. **aktivistisch,** zielbewußt handelnd. **Aktivitas** *die, -,* Gesamtheit der aktiven Mitglieder einer Studentenverbindung. **Aktivität** *die, -/-en,* aktives Verhalten, Wirksamkeit. **Aktivkohle** *die,* Kurzw.: A-Kohle, sehr poröse Kohle mit starkem Adsorptionsvermögen. **Aktivlegitimation** *die,* 𝔰𝔱 die Befugnis des Klägers, einen bestimmten Anspruch geltend zu machen. **Aktivum** *das, -s,* Ⓢ das Aktiv. **Aktiv|urlaub** *der,* Urlaub mit besonderen (sportlichen) Aktivitäten.

Ak|trice [aktr'i:s(ə), frz. actrice] *die, -/-n,* Schauspielerin.

aktualisieren [mlat. actualia, zu actus ›Handlung‹] *ich* aktualisiere *es,* mache aktuell. **Aktualismus** *der, -,* **1)** geolog. Arbeitshypothese zur Erklärung der Erdgeschichte aus gegenwärtigen geolog. Vorgängen. **2)** philosoph. Lehre, nach der es kein ruhendes, sondern nur ein stetig wirksames Sein gibt. **Aktualität** *die, -/-en,* Bedeutung für die Gegenwart, Zeitnähe: *ein Werk von großer A.; dieses Thema gewinnt (verliert) an A.* Aktualitätenkino, Kurzw.: Aki.

Aktuar [lat. actuarius ›Aktenbewahrer‹] *der, -s/-e,* **1)** 𝔰𝔟 Gerichtsangestellter. **2)** *schweiz.:* Schriftführer (eines Vereins).

aktuell [frz. actuel ›wirklich‹, zu lat. actus ›Handlung‹], für die Gegenwart von Bedeutung, zeitbezogen: *ein aktuelles Thema.* **Aktus** *der, -/-,* 𝔰𝔟 Festlichkeit (in einer Schule).

Akupressur [lat. acus ›Nadel‹ und pressus ›Druck‹] *die, -/-en,* Massage (kreisend mit den Fingerkuppen unter leichtem Druck) bestimmter Körperpunkte als Heilverfahren. **akupunktieren** [lat. pungere ›stechen‹], *ich* akupunktiere *ihn.* **Akupunktur** *die, -/-en,* 𝔰 das Einstechen von Nadeln in bestimmte Körperpunkte, ein chines. Heilverfahren.

Aküsprache [auch ak'y-] *die, -,* Kurzw. für: Abkürzungssprache.

Akustik [grch. akouein ›hören‹] *die, -,* **1)** Lehre vom Schall. **2)** Klangwirkung: *der Saal hat (k)eine gute A.* **akustisch,** *akustische Signale.* **Akuem** [vgl. . . . em] *das, -s/-e,* Phonologie: Norm für den Affektaustausch in der Rede.

akut [lat. acutus ›spitz‹], **1)** vordringlich, plötzlich auftretend: *akute Fragen, Gefahren.* **2)** 𝔰 plötzlich auftretend, rasch und heftig verlaufend: *akute Krankheiten.* **Akut** *der, -(e)s/-e,* der Akzent ´, z. B. auf é.

Akzeleration [lat. accelerare ›beschleunigen‹] *die, -/-en,* Beschleunigung. **Akzelerator** *der, -s/. . .t'oren,* Beschleuniger. **akzelerieren,** *ich* akzeleriere (habe akzeleriert) *es.*

Akzent [lat. accentus] *der, -(e)s/-e,* **1)** Ton, Hauptton. **2)** Tonzeichen, z. B. á, è, ê, ē. **3)** Tonfall: *er sprach mit französischem A.* **Akzentuation** *die, -,* Akzentuierung. **akzentuieren,** *ich* akzentuiere (habe akzentuiert) *es,* betone nachdrücklich. **Akzentuierung** *die, -,* Betonung.

Akzept [lat. acceptio ›Annahme‹] *das, -(e)s/-e,* ⌂ **1)** Annahmeerklärung (des Bezogenen auf dem Wechsel). **2)** angenommener Wechsel. **akzeptabel,** annehmbar: *ein akzeptabler Vorschlag.* **Akzeptant** *der, -en/-en,* Bezogener (beim Wechsel). **Akzeptanz** *die, -/-en.* **Akzeptation** *die, -/-en,* Annahme. **akzeptieren,** *ich* akzeptiere (habe akzeptiert) *es,* nehme an (Vorschlag, Wechsel). **Akzeptor** *der, -s/. . .t'oren,* Annehmer, Empfänger.

Akzidens [lat. accidere ›sich zufällig ereignen‹] *das, -/. . .d'enzi|en,* das Zufällige, Unwesentliche. **akzidentell, 1)** zufällig, unwesentlich. **2)** 𝔰 nicht zum Krankheitsbild gehörig. **Akzidenz** *die, -/-en,* meist *Pl.,* besondere Druckarbeit, wie Anzeigen, Prospekte u. a.: *Akzidenzdruck.*

Akzise [frz. accise, zu lat. accidere ›anschneiden‹, ›schwächen‹] *die, -/-n,* Verbrauchs- und Verkehrssteuer, Zoll.

al . . . [lat.], vgl. ad . . .

. . .al [lat.], Ableitungssilbe für Adjektive: *formal; tonal.*

Al, ⊖ Zeichen für: Aluminium.

Al., Abk. für: Alinea.

a. l., Abk. für: ad libitum.

à la [frz.], nach Art von . . .

alaaf! [aus all-ab ›vor allen anderen‹], Kölner Fastnachtsruf: *Kölle a.!*

à la baisse [a la b'ɛ:s, frz.], auf Sinken der Börsenkurse (spekulieren).

Alabaster [mhd. alabaster, grch. alabastros, nach der ägypt. Stadt Alabastron] *der, -s/-, Pl. selten,* feinkörniger, durchscheinender Gips: *Alabastergefäß; Alabasterglas.* **alabastern.**

à la bonne heure [a la bɔn'œ:r, frz. ›zur guten Stunde‹], vortrefflich, recht so!

à la carte [a la k'art, frz.], nach der Karte (essen).

à la hausse [a la 'o:s, frz.], auf Steigen der Börsenkurse (spekulieren).

à la Jardinière [a la ʒardinj'ɛ:r, frz. ›nach Art der Gärtnerin‹], Fleisch mit Gemüse garniert.

Alalie [vgl. grch. a . . . und lalein ›schwatzen‹, ›reden‹] *die, -/. . .l'i|en,* eine Sprachstörung.

à la mode [a la m'ɔd, frz.], nach der neuesten Mode. **Alamodeliteratur** *die,* die von der franzöz. und italien. Sprache und Literatur beeinflußte deutsche Literatur des 17. Jahrh. **Alamodetracht** *die,* ABB. M 16.

Aland [mhd. alant] *der, -(e)s/-e,* ein Karpfenfisch. **Alant** [lat. inula] *der, -(e)s/-e,* 🜍 eine Korbblüter.

Alarm [ital. all'arme ›zu den Waffen‹] *der, -(e)s/-e,* Warnung, Gefahrmeldung: *Alarmanlage; Fliegeralarm; er schlug A.; blinder A.,* grundlose Aufregung. **alarmieren,** *ich* alarmiere (habe alarmiert) *ihn,* **1)** rufe durch Alarm herbei: *er alarmierte die Feuerwehr.* **2)** beunruhige, erschrecke: *eine alarmierende Nachricht.*

à la suite [-sy'it, frz. ›im Gefolge‹], ⚓ der Armee oder einem bestimmten Truppenteil ehrenhalber zugeteilt.

Alaun [mhd. alun, aus lat. alumen] *der, -s/-e,* Doppelsalz aus Kalium- und Aluminiumsulfat, ein Beiz- und Desinfektionsmittel. **alaunisieren,** *ich* alaunisiere (habe alaunisiert) *ihn, es,* behandle mit Alaun.

Alb [mhd. alb, alp] *der, -(e)s/-e,* Elf, Kobold, Naturgeist; vgl. Alberich und der Alp.

Alb *die, -,* Gebirge, bes. in Eigennamen: *Schwäbische A.,* sonst die Alp.

Alba [lat. albus ›weiß‹, ›hell‹] *die, -,* **1)** *Pl. . . .ben,* Albe. **2)** *Pl. -s,* altprovenzal. Tagelied.

Alban [lat. ›der aus der Stadt Alba in Mittelitalien Stammende‹] *der, -s/-,* männl. Vorname. **Albaner** *der, -s/-,* Bewohner des Balkanstaates Albanien. **albanisch.**

Albarello [ital.] *der, -s/-s* oder *. . .r'elli,* ein Apothekergefäß, ABB. A 6.

Alba|tros [arab. al-kadus ›Krug‹, span. albuz ›Brunnenrohr‹] *der, -/-se,* ein großer Seevogel.

Albe [mhd. albe, zu lat. albus ›weiß‹, eigtl. tunica alba] *die, -/-n,* Alba, langes weißes Priestergewand, ABB. A 13.

Albedo *die, -,* ☆ Kernphysik: Reflexionsvermögen.

Albeere *die,* Ahlbeere.

Alben, *Pl.* von Album.

Alber [mhd. alber, zu lat. albus ›weiß‹] *die, -/-n, oberdt.:* Pappel.

Alberei *die, -/-en,* albernes Benehmen.

Alberich [niederdt. ›Elfenkönig‹], männl. Vorname.

albern [mhd. alwære], dümmlich-lustig, kindisch, einfältig: *ein albernes Benehmen; ein alberner Film.* **albern,** *ich* alb(e)re (habe gealbert). **Albernheit** *die, -/-en.*

Albert [Kurzform von Adalbert, vgl. Albrecht], männl. Vorname. **Alberta, Albertine,** weibl. Vornamen. **albertinisch,** auch *albertinisch: die Albertinische Linie,* ein Zweig der Wettiner.

Albin [lat. ›der, die Weiße‹], männl., **Albine,** weibl. Vorname.

Albinismus [span. albino, aus lat. albus ›weiß‹] *der, -,* **1)** erbl. Farbstoffmangel bei Menschen und Tieren. **2)** das Verbleichen grüner Pflanzen durch verringerte Ausbildung von Chlorophyll. **Albino** *der, -s,* Mensch, Tier oder Pflanze mit verringerter oder fehlender Farbstoffbildung. **albinotisch.**

Albion [wohl vorkeltisch], P Britannien.

Al|bit [lat. albus ›weiß‹] *der, -s/-e,* Natronfeldspat, häufig vorkommendes Mineral.

Al|brecht [Kurzform von Adalbert], männl. Vorname.

Album [lat. ›das Weiße‹, mit Gips überzogene weiße Tafel für öffentliche Bekanntmachungen] *das, -s/. . .ben,* Heft in Buchform, u. a. zum Einordnen von Briefmarken, Photographien, Schallplatten u. a.; Sammelbuch, Gedenkbuch: *Briefmarkenalbum; Photoalbum; Doppelalbum,* Hülle mit zwei Schallplatten.

Albumen [lat. albus ›weiß‹] *das, -s,* Eiweiß. **Albumin** *das, -s/-e, meist Pl.,* eine Gruppe der Eiweißstoffe. **Albuminat** *das, -(e)s/-e,* Eiweißverbindung. **albuminoid,** eiweißähnlich. **albuminös,** eiweißhaltig. **Albuminose** *die, -/-n,* Produkt der Eiweißspaltung. **Albuminurie** *die, -/. . .r'i|en,* Ausscheidung von Eiweiß im Harn.

Albus [lat. ›weiß‹] *der, -/-se,* Weißpfennig, alte rhein. Münze.

Alcalde [span., aus arab. al-qa¹di ›Richter‹] *der, -n/-n,* Alkalde, span. Bürgermeister und Friedensrichter.

Alcázar [alk'aθar, arab. ›die Burg‹] *der, -(s)/-es,* Alkazar, Name vieler Schlösser und Festen in Spanien.

Alchemie *die, -,* Alchimie.

Älchen *das, -s/-,* 1) ein Fadenwurm. 2) Diminutiv zu Aal.

Alchimie [arab. Artikel al und grch. chyma ›Guß‹] *die, -,* Alchemie im MA.; die (arabisch beeinflußte) Beschäftigung mit chem. Stoffen. **Alchimist** *der, -en/-en.* **alchimistisch.**

Aldebaran [arab. ›der (den Plejaden) folgende‹] *der, -s,* ☆ ein Stern.

Aldehyd [Kurzw. aus lat. alcohol(us) dehydrogenatus] *der, -s/-e,* ⚗ sehr reaktionsfähige organ. Verbindung.

Alderman ['ɔ:ldəmən, engl. ›Ältester‹] *der, -s/. . .men,* Stadtrat, Ratsherr.

Aldine [nach Aldus Manutius, um 1450–1515] *die, -/-n,* 1) Druckwerk des 15. und 16. Jahrh. 2) *ohne Pl.,* halbfette Antiquaschrift.

Ale [eil, engl.] *das, -s,* helles englisches Bier.

alea iacta est [lat.], der Würfel ist gefallen.

Aleatorik [zu lat. alea ›Würfel‹, ♪] *die,* ♪ experimentelle Form der Komposition. **aleatorisch,** vom Zufall abhängig: *aleatorische Musik.*

Alemanne [›Männer insgesamt‹] *der, -n/-n,* Angehöriger eines german. Stammes. **alemannisch. Alemannisch** *das, -(s), dem -,* alemannische Mundart, ÜBERS. M 24, D 6; vgl. Deutsch.

alert [frz. alerte, aus ital. all'erta ›auf der Höhe‹], munter, lebhaft, aufgeweckt.

Aleuron [auch -l'ɔi-, grch. ›Weizenmehl‹] *das, -s,* Eiweißkorn in pflanzl. Speichergewebe.

Alexander [grch. ›der, die Wehrhafte‹], männl., **Alexandra,** weibl. Vorname. **Alex|an|driner** *der, -s/-,* 1) Einwohner der ägypt. Stadt Alexandria. 2) eine Versart, ÜBERS. M 14. **alex|an|drinisch. Alex|an|drit** [nach Zar Alexander II.] *der, -s/-e,* grüne, bei Lampenlicht rote Abart des Chrysoberylls.

Alexia [kurz für Alexandra], weibl. Vorname.

Alexie [vgl. grch. a . . . und lexis ›Rede‹, ›Wort‹] *die, -/. . .x'i|en,* $ die Unfähigkeit zu lesen oder Gelesenes zu verstehen trotz normaler Sehfähigkeit.

Alexis [latinisierte Kurzform zu Alexander], männl. Vorname.

Alfa [arab.] *die, -,* Halm oder Blattfaser des Espartograses.

Alfanzerei [mhd. ale-fanz ›fremder Schalk‹, ›Possen‹, ›Gewinn‹, geht vermutlich auf ital. all'avanzo ›zum Vorteil‹ zurück] *die, -/-en,* ⚘ närrisches Benehmen, kindische Possen. **alfanzen,** *ich* alfanze (habe alfanzt).

Alfapapier [zu Alfa] *das,* bes. gut druckfähiges Papier.

al fine [ital.], ♪ bis zum Schluß (spielen).

Alfons [span. aus ahd. adal ›Geschlecht‹, ›Abstammung‹ und funs ›bereit‹], männl., **Alfonsa,** weibl. Vorname.

Alfred [altengl. ælf ›Elf‹ und ræd ›Rat‹], männl. Vorname.

a(l) fresco [ital. ›aufs Frische‹], eine Art der Wandmalerei; vgl. Fresko.

Alge [lat. alga] *die, -/-n,* blütenlose Wasserpflanze.

Algebra [arab. al-dschabr ›Restitution‹] *die, -/. . .bren,* Buchstabenrechnung; Lehre von den Gleichungen. **algebraisch.**

Algesie [grch. algos ›Schmerz‹] *die, -/. . .s'i|en,* Schmerzempfindlichkeit. **. . .algie,** schmerz. . .: *Neuralgie; Nostalgie.*

Algol [auch 'al-, arab. ra¹s al-gul ›Medusenhaupt‹] *der, -s,* ☆ ein Stern.

ALGOL [Kurzw. aus engl. algorithmic language, engl. ›algorithmische Sprache‹] ❤ eine Programmiersprache.

Algologe [lat. alga ›Alge‹ und vgl. . . . logie] *der, -n/-n,* Algenforscher. **Algologie** *die, -,* Algenkunde. **algologisch.**

Algonkin, 1) *der, -s/-(s),* Angehöriger einer Gruppe

nordamerikan. Indianerstämme. 2) *das, -(s), dem -,* eine nordamerikan. Sprachfamilie.

algonkisch, *algonkischer Umbruch.* **Algonkium** [nach dem Land der Algonkin in Nordamerika] *das, -s,* ⊕ Proterozoikum, eine geolog. Formation des Präkambriums.

algorithmischer Algorithmus [grch.] *der, -/. . .men,* △ ein durch Regeln festgelegter Rechenvorgang.

Algraphie [aus Aluminium und vgl. . . .graphie] *die, -/. . .ph'i|en,* ein Flachdruckverfahren und dessen Abdruck.

Ali [auch al'i:], arabischer Männername.

alias [lat. alius ›ein anderer‹], anders; auch . . .genannt: *Hardenberg a. Novalis.*

Alibi [lat. ›anderswo‹] *das, -s,* Nachweis der Abwesenheit vom Tatort zur Tatzeit: *er hat kein A.; Alibibeweis.*

Alice [-s(ə), zu Alexis oder Adelheid], weibl. Vorname.

Alienation [alie-, lat. alienatio] *die, -/-en,* ⚘ 1) Entfremdung. 2) Verkauf. 3) $ Geisteszerrüttung. **alienieren,** *ich* alieniere (habe alieniert) *ihn, es.*

Alignement [aliŋəm'ã, frz.] *das, -s/-s,* das Abstecken einer Richtlinie beim Straßen- oder Eisenbahnbau. **alignieren** [alin'i:rən], *ich* aligniere (habe aligniert) *es.*

alimentär [lat. alimentum ›Nahrung‹], nahrungsbedingt. **Alimentation** *die, -/-en,* Lebensunterhalt. **Alimente,** *Pl.,* Unterhaltsbeiträge (für nichteheliche Kinder): *Alimentenklage.* **alimentieren,** *ich* alimentiere (habe alimentiert) *ihn,* gewähre ihm Unterhalt, zahle Alimente.

Alinea [lat. a linea ›von der Zeile‹] *das, -s/-s,* Abk.: Al., neue Zeile, Absatz, ÜBERS. K 41. **alineieren,** *ich* alineiere (habe alineiert) *es,* ⚘.

aliphatisch [grch. aleiphar, Gen. aleiphatos ›Fett‹], *aliphatische Verbindungen,* ❤ Kohlenwasserstoffverbindungen, deren Kohlenstoffatome in geraden oder verzweigten Ketten angeordnet sind.

aliquant [lat. aliquantus ›ziemlich groß‹], △ mit Rest teilend. **aliquot,** △ ohne Rest teilend. **Aliquote** *die,* △ Zahl, durch die eine andere ohne Rest geteilt werden kann. **Aliquot|ton** *der,* ♪ Oberton.

Alizarin [span. alizarina] *das, -s,* Krapprot, ein Farbstoff.

alizyklisch [grch. aleiphar ›Fett‹ und kyklos ›Kreis‹], *alizyklische Verbindungen,* ❤ organ. Verbindungen aus Kohlenstoffringen.

Alk [schwed. alka] *der, -(e)s/-e oder -en/-en,* ein nord. möwenartiger Vogel.

Alkahest [arab.] *der* oder *das, -(e)s,* bei den Alchimisten das angebliche Universallösungsmittel für alle Stoffe.

alkäische Strophe [Alkaios, grch. Dichter um 600 v. Chr.] *die,* ÜBERS. M 14.

Alkalde *der,* eingedeutscht für: Alcalde.

Alkali [arab. al-kili ›die Pottasche‹] *das, -s/. . .li|en,* ❤ Hydroxid bes. von Natrium und Kalium. **Alkalimetrie** *die, -,* Bestimmung der Konzentration von Laugen. **alkalisch,** laugenartig. **alkalisieren,** *ich* alkalisiere (habe alkalisiert) *es,* mache alkalisch. **Alkaloid** *das, -(e)s/-e,* in Pflanzen vorkommende stickstoffhaltige Base. **Alkalose** *die, -,* Anhäufung basischer Stoffe im Blut.

Alkanna [ital. alcanna, aus arab. al-hinna ›Henna‹] *das, -,* in Alkannin enthaltendes Rauhblattgewächs. **Alkannin** *das, -s,* roter Farbstoff aus der Alkannawurzel.

Alkazar *der, -s/. . .z'are,* eingedeutscht für: Alcázar.

Alken [Kurzw. aus Alkohol und grch. en ›hinein‹, ›innerhalb‹] *das, -s/-e, meist Pl.,* Gruppenbezeichnung für einfache ungesättigte aliphat. Kohlenwasserstoffe.

Alkohol [arab. al-kuhl ›Bleiglanz zum Färben der Augenbrauen‹] *der, -s/-e,* 1) ❤ organ. Verbindung. 2) *ohne Pl.,* Weingeist, Äthanol. 3) *ohne Pl.,* Alkoholika. **alkoholfrei,** keinen Alkohol enthaltend (Getränke). **Alkoholika,** *Pl.,* alkoholische Getränke. **Alkoholiker** *der, -s/-,* gewohnheitsmäßiger Trinker. **alkoholisch. alkoholisieren,** *ich* alkoholisiere (habe alkoholisiert) *es,* versetze mit Alkohol. 2) *ihn,* U setze unter Alkohol, mache betrunken. **Alkoholismus** *der, -,* 1) Trunksucht. 2) Alkoholvergiftung. **Alkoholspiegel** *der, -s,* im Blut enthaltene Alkoholmenge.

Alkoven [frz. alcôve, aus span. alcoba, aus arab. al-kobba ›Gewölbe‹, ›Nebengemach‹] *der, -s/-,* Bettnische.

Alkyone [grch. halkyon ›Eisvogel‹] *die, -,* ☆ ein Stern im Sternbild des Stiers. **alkyonisch,** friedlich, windstill: *alkyonische Tage,* Tage glücklicher Ruhe.

all [ahd. al(l)], Indefinitpronomen, ÜBERS. P 24. 1) gesamt, ganz, jeder ohne Ausnahme: *all meine Hoffnung; alle Abende; alle, die gekommen waren; all(es) und jedes; alles Gute; für alles,* *vor allem; all das Große; alles andere; mein ein und (mein) alles; alle nase(n)lang*, U immer wieder, oft; *alle neune* (beim Kegeln). **2)** Zusammenschreibung: *(ein für) allemal*, aber: *ein für alle Male*. **3)** U zu Ende, aus: *die Suppe ist alle; ich bin (werde) ganz alle*, bin am Ende, völlig erschöpft. **All** *das, -s,* **1)** Weltall, Universum. **2)** alles Seiende.

all . . ., in Fremdwörtern vgl. allo . . .

all|abendlich, all|abends, jeden Abend.

alla breve [ital. ›auf kurz‹], ♪ beschleunigt. **Alla-breve-Takt** *der,* schneller ²/₂-Takt.

Allah [auch al'a:, arab. al-ilah, aramäisch allaha ›der Gott‹], muslim. Gottesbezeichnung.

alla marcia [-m'art∫a, ital.], ♪ im Marschtempo.

alla polacca [ital.], ♪ in der Art einer Polonäse.

alla prima [ital. ›auf erste (Art)‹], Malverfahren ohne Untermalung und ohne Lasuren.

Allasch [nach einem Rittergut bei Riga] *der, -(e)s/-e,* ein Kümmellikör.

alla tedesca [ital.], ♪ in der Art eines deutschen Tanzes.

allbekannt, überall bekannt. **allbeliebt,** überall beliebt.

allda, ∞ da. **alldem,** alledem. **alldeutsch,** alle Deutschen umfassend; aber: *Alldeutscher Verband,* eine polit. Vereinigung (1891–1939). **alldieweil,** ∞ weil. **alle,** vgl. all. **all(e)-dem,** all diesem: *trotz a.; bei a. muß man sagen, daß . . .*

Allee [frz. aller ›gehen‹] *die, -/. . .l'e|en,* mit Bäumen eingefaßte Straße, ABB. P 3, S 72; Schreibung in Straßennamen: vgl. Straße.

Allegat [lat. allegare ›vorbringen‹, ›anführen‹] *das, -(e)s/-e,* angeführte Textstelle. **Allegation** *die, -/-en,* Anführung, Zitat. **allegieren,** ich allegiere (habe allegiert) *eine Textstelle*.

Allegorese *die, -/-n,* allegor. Deutung. **Allegorie** [grch. allegoria, zu allos ›ein anderer‹ und agoreuein ›reden‹] *die, -/. . .r'i|en,* Verbildlichung eines abstrakten Begriffs oder Vorgangs: *der Sensenmann A. des Todes.* **allegorisch.** **allegorisieren,** ich allegorisiere (habe allegorisiert) *es*.

allegretto [ital.] ♪ mäßig lebhaft. **Allegretto** *das, -s/-oder . . .gr'etti,* mäßig lebhaftes Musikstück. **allegro,** ♪ lebhaft. **Allegro** *das, -s/-oder . . .gri,* lebhaftes Musikstück.

allein [mhd. alleine], **1)** einsam, für sich: *a. bleiben, sein, stehen.* **2)** nur: *er a. ist schuld an dem Unglück.* **3)** jedoch; aber: *ich wollte arbeiten, a. der Lärm war zu stark.* **alleine,** U allein. **Allein|erbe** *der,* einziger Erbe. **allein|erziehend,** *Heim für alleinerziehende Mütter.* **Alleingang** *der,* Unternehmen ohne Beistand der Gruppe, der man angehört: *eine Aktion im A.* **Alleinherrschaft** *die, -,* uneingeschränkte Herrschaft, Diktatur. **Alleinherrscher** *der.* **alleinig,** ausschließlich; der *alleinige Eigentümer.* **Alleinmädchen** *das,* einzige Hausgehilfin. **Alleinsein** *das,* Einsamkeit. **alleinseligmachend,** *die alleinseligmachende Kirche,* Selbstbez. der kath. Kirche. **alleinstehend,** ohne Familienangehörige lebend. **Alleinstehende** *der, die, -n/-n, ein -r, eine -.* **Allein|unterhalter** *der,* Vortragskünstler, der ohne andere Mitwirkende ein Programm durchführt. **Alleinvertretung** *die,* Vollmacht zur konkurrenzlosen Vertretung und Verbreitung einer Ware.

allel [grch. allelon ›gegenseitig‹]. **Allel** *das, -s/-e,* meist Pl., Genetik: durch Mutation bleibend veränderte Zustände eines Gens. **Allelopathie** *die, -,* gegenseitige Beeinflussung höherer und niederer Pflanzen durch Stoffwechselprodukte.

alleluja! [hebr. ›Lobet Gott‹], halleluja!

allemal, 1) für immer: *ich sage dir ein für a.;* aber: *alle Male.* **2)** jedesmal: *es ist a. dasselbe.* **3)** U auf alle Fälle, ohne Bedenken: *das kannst du a. tun.*

allemand [alm'ã, frz. ›deutsch‹], **Allemande** [alm'ãdə] *die, -/-n,* **1)** ein Gesellschaftstanz des 16.–18. Jahrh. **2)** ein Satz der Suite.

allenfalls, 1) gerade noch, zur Not, aushilfsweise. **2)** gegebenenfalls, eventuell. **3)** ∞ allenfalls. **allenthalben** [ahd. alahalba ›nach allen Seiten‹], überall.

aller . . . [mhd. aller, Gen. Pl. von al], **1)** von, an, in jedem; jedes: *allerart.* **2)** steigernd vor Superlativen: *am allerbesten; allerhöchstens.* **aller|art,** *nicht flektierbar,* verschiedenerlei: *a. Bücher;* aber: *Bücher aller A.*

Allerbarmer *der, -s,* Gott der Barmherzige.

allerdings, 1) freilich, zwar: *ich bleibe gern hier, a. nur, wenn ich nicht störe.* **2)** gewiß, betontes ›ja‹: *wartest du schon lange? a.!* **aller|enden,** P überall.

Allergen [vgl. all. und grch. ergon ›Werk‹, ›Tat‹] *das, -s/-e,* ⚕ Stoff, der eine Allergie hervorruft. **Allergie** *die, -/. . .g'i|en,* ⚕ Überempfindlichkeit gegen bestimmte Stoffe (auch Ü). **Allergiker** *der, -s/-,* jemand, der auf bestimmte

Stoffe allergisch reagiert. **allergisch,** ⚕ auf Allergie beruhend, überempfindlich: *a. gegen Heu; auf diese Anspielung reagierte er a.,* Ü. **Allergose** *die, -/-n,* allergische Krankheit.

allerhand [mhd. allerhande ›jederart‹, *nicht flektierbar,* **1)** allerlei, verschiedenerlei: *a. Gutes; a. Neues.* **2)** U ziemlich viel: *das ist a.!,* ziemlich stark, frech.

Allerheiligen *das, -,* kath. Feiertag (1. November). **Allerheiligste** *das, -n,* **1)** innerster Raum eines Heiligtums. **2)** Altarsakrament, bes. geweihte Hostie in der Monstranz.

allerlei [mhd. aller leige, Gen. von lei ›Art und Weise‹, von lat. legem über afrz. lei (frz. loi) ›Art‹], *nicht flektierbar,* verschiedenerlei: *a. nützliche Dinge; sie hat a. gekauft.* **Allerlei** *das, -s/-s,* **1)** kunterbuntes Durcheinander. **2)** Mischgemüse aus Möhren, Erbsen und Spargel: *Leipziger A.*

allerliebst [mhd. allerliebest], **1)** das Liebste von allen: *am allerliebsten gehe ich spazieren.* **2)** hübsch, niedlich: *ein allerliebstes Kind.* **3)** spöttisch: sehr schlimm: *das ist ja wirklich a.!* **Allerliebste** *der, die,* Schatz (Kosewort).

aller|orten, aller|orts, überall.

Allerseelen *das, -,* kath. Feiertag (2. November).

allerseits, für alle (miteinander): *gute Nacht a.!* **allerwärts,** überall. **alle(r)wege, allerwegen, allerwegs** [mhd. allerwegen ›überall‹], **1)** ∞ überall. **2)** oberdt.: jedenfalls, wohl.

Allerweltsgesicht *das,* U Durchschnittsgesicht, unausgeprägtes Gesicht. **Allerweltskerl** *der,* U jemand, der überall zu Hause und alles zu können glaubt. **Allerweltswort** *das, -(e)s/²er,* U abgegriffenes Wort.

allerwerteste *der, -n/-n,* U Gesäß.

alles, vgl. all. **alle|samt,** alle (miteinander). **Allesbrenner** *der,* Ofen für alle Arten von Kohle. **Allesfresser** *der,* Tier, das sowohl von tierischer als auch pflanzl. Nahrung lebt. **Alleskleber** *der,* Klebstoff für verschiedene Materialien.

allewege, allerwege. **allewe|il(e),** allweil, **1)** ∞ immer. **2)** oberdt.: unterdessen: *gib a. her!* **3)** oberdt.: soeben: *a. bin ich gekommen.*

allez! [al'e:, frz. ›geht!‹], vorwärts!, los!: *a. hopp!*

all(e)zeit, immer. **allfällig,** *schweiz., österr.:* möglicherweise vorkommend, eventuell. **Allgegenwart** *die,* ständige Anwesenheit: *die A. Gottes.* **allgegenwärtig, allgemach,** ∞ allmählich, gemächlich.

allgemein [mhd. algemeine (Adverb) ›gemeinschaftlich‹, ›gemeinsam‹], **1)** überall verbreitet, überall bekannt: *es geschah auf allgemeinen Wunsch.* **2)** für alle bestimmt: *es liegt im allgemeinen Interesse; allgemeine Wehrpflicht.* **3)** grundsätzlich: *im allgemeinen kann man das sagen;* aber: *seine Reden bewegen sich stets nur im Allgemeinen.* **Allgemeinbefinden** *das,* gesundheitl. Verfassung. **Allgemeinbildung** *die, -,* über Fachwissen hinausgehende umfassende Bildung. **allgemeingültig,** zu jeder Zeit und überall für jeden gültig. **Allgemeingut** *das, -(e)s,* Gemeingut. **Allgemeinheit** *die,* **1)** ohne Pl., alle Menschen, die Öffentlichkeit: *zum Wohle der A.* **2)** Unbestimmtheit. **Allgemeinmedizin** *die, -:* Arzt für A. **allgemeinverständlich,** für jeden verständlich, volkstümlich; aber: *die Rede war im Saal allgemein verständlich,* überall zu verstehen. **Allgemeinwohl** *das, -,* Gemeinwohl. **Allgemeinwissen** *das,* Allgemeinbildung.

Allgewalt [mhd. algewalt] *die,* alles umfassende Gewalt. **allgewaltig.**

Allheilmittel *das,* Mittel für angeblich alles. **Allheit** [mhd. alheit] *die, -,* Gesamtheit; allumfassende Welt. **allhier** [mhd. alhie], P hier.

Allianz [frz. alliance] *die, -/-en,* Bündnis.

alliebend, alles liebend; Silbentrennung vgl. ÜBERS. S 50. **Alligator** [von span. el lagarto ›die Eidechse‹] *der, -s/. . .t'oren,* ein Krokodil.

alliieren [frz. allier ›verbünden‹], *ein Staat alliiert sich mit einem anderen* (hat sich alliiert). **Alliierte** *der, die, -n/-n, ein -r, eine -,* Verbündete(r): *die Alliierten des 2. Weltkriegs.*

Alliteration [vgl. ad . . . und lat. littera ›Buchstabe‹] *die, -/-en,* Anlautreim, Stabreim, ÜBERS. R 15. **alliterieren,** *es* alliteriert (hat alliteriert): *alliterierende Dichtung.*

alljährlich, jedes Jahr wiederkehrend. **Allmacht** [ahd. alamaht ›mit ganzer Kraft‹] *die, -,* unbeschränkte Macht (Gottes): *Allmächtiger!,* Ausruf des Schreckens. **allmählich** [zu gemächlich], langsam, stetig fortschreitend.

Allmend [mhd. almeinde], *österr.:* **Allmende** *die, -/-n,* Gott: *Allmächtiger!,* Ausruf des Schreckens. **allmählich** [zu gemächlich]. **Allmende** *die, -/-n,* der Gemeinde gemeinsam gehörendes Land.

allmonatlich, jeden Monat. **allmorgendlich,** jeden Morgen. **Allmutter** *die, -,* P die Natur. **allnächtlich,** jede Nacht.

A B C D E F G H I J K L M N O P Q R S T U V W X Y Z Ä Ö Ü

a b c d e f g h i j k l m n o p q r s t u v w x y z ä ö ü au ei eu äu ch ck ß st tz

Antiqua

𝔄 𝔅 ℭ 𝔇 𝔈 𝔉 𝔊 ℌ ℑ 𝔍 𝔎 𝔏 𝔐 𝔑 𝔒 𝔓 𝔔 ℜ 𝔖 𝔗 𝔘 𝔙 𝔚 𝔛 𝔜 ℨ 𝔄 𝔒 𝔘

a b c d e f g h i j k l m n o p q r s ſ t u v w x y z ä ö ü au ei eu äu ch ck ß st tz

Fraktur

Alphabet: Druckschriften; Schreibschriften ABB. S 38

---

allo..., vor Vokalen all... [grch. allos], anders, fremd, verschieden. **allo|chthon** [vgl. allo... und grch. chthon ›Erde‹], nicht an Ort und Stelle entstanden: ⊕ *allochthone Gesteinsbildungen.*

Allod [ahd. alod ›freier Besitz‹] *das, -(e)s/-e,* im MA.: lehnsfreies Land. **allodial. Allodialgut** *das,* Eigengut eines Fürsten. **Allodifikation, Allodifizierung** *die, -/-en,* Umwandlung eines Lehens in freies Eigentum. **Allodium** *das, -s/...di|en,* Allod.

allogam [vgl. allo... und ...gamie], allogamisch, ⊕ fremdbestäubt. **Allogamie** *die, -/...mi'|en,* ⊕ Fremdbestäubung, Übertragung von Pollen auf die Narbe einer anderen Blüte derselben Art. **allogamisch,** allogam.

Allokution [lat. allocutio ›Anrede‹, ›Ansprache‹] *die, -/-en,* päpstl. Gelegenheitsansprache.

Allomorphie [vgl. allo... und ...morphe] *die, -,* das Vorkommen eines Stoffes in unterschiedl. Kristallform.

Allonge [al'ʒ, frz. allonger ›verlängern‹ *die, -/-n* [-ʒən], Verlängerungsstreifen an Wechseln. **Allongeperücke** *die,* eine Lockenperücke, ABB. H 1.

allons! [al'ʒ, frz. ›gehen wir!‹], vorwärts!, los!

all|onym [vgl. allo... und grch. onyma ›Name‹]. **Allonym** *das, -s/-e,* Name einer bekannten Persönlichkeit als Pseudonym.

Allopath [vgl. allo... und Pathos] *der, -en/-en.* **Allopathie** *die, -,* ♯ die übliche Behandlung mit Arzneimitteln im Unterschied zur Homöopathie. **allopathisch.**

Allo|plastik [vgl. allo... und Plastik] *die,* **1)** das Einbringen anorgan. Stoffe in den Körper als Ersatz für verlorengegangenes Gewebe. **2)** das Ersatzstück selbst.

Allo|tria [grch. allotrios ›fremdartig‹, ›unpassend‹] *das, -s,* Unfug, Alberei: *die Kinder treiben schon wieder A.*

allo|triomorph [grch. allotrios ›fremd‹ und ...morph], von fremder Gestalt.

Allo|tropie [vgl. allo... und grch. tropos ›Art‹, ›Weise‹] *die, -,* das Vorkommen eines chem. Elements in verschiedenen Zustandsformen, z. B. Kohlenstoff (Diamant, Graphit).

all'ottava [ital.], Abk.: all'ott., Zeichen: 8ᵛᵃ, ♪ eine Oktave höher oder (all'ottava bassa) tiefer zu spielen.

Allparteienregierung *die,* aus Mitgliedern aller Parteien gebildete Regierung.

Allrad|antrieb *der,* ⇱ Antrieb aller Räder. **all right** [ɔːlˈrait, engl.], richtig!, alles in Ordnung!

Allroundman [ɔːlˈraundmæn, engl.] *der, -s/...men,* jemand, der auf allen Gebieten Bescheid weiß. **Allroundsportler** *der,* Sportler, der mehrere Sportarten beherrscht.

allseitig, von, nach allen Seiten, in aller Beziehung: *eine allseitige Ausbildung.* **Allseitigkeit** *die, -.* **allseits,** von, nach allen Seiten, überall, allgemein: *er ist a. bekannt.*

Allstromgerät *das,* ♭ Gerät für Gleich- und Wechselstrom: *Allstrommotor.*

Alltag *der,* **1)** Werktag, Wochentag. **2)** ereignislose Zeit: *grauer A.* **alltäglich** [auch ˈal-, mhd. altegelich], **1)** alle Tage wiederkehrend: *sein alltäglicher Spaziergang.* **2)** gewöhnlich, durchschnittlich: *eine alltägliche Geschichte.* **Alltäglichkeit** *die, -,* Durchschnittlichkeit, Plattheit. **alltags,** im Alltag: *Alltagsarbeit; Alltagseinerlei; Alltagskleidung.*

all|über|all, überall. **all|umfassend,** alles umfassend.

Allüre [frz. allure, zu aller ›gehen‹] *die, -/-n,* **1)** Gangart (Pferd). **2)** *nur Pl.,* auffallendes Benehmen: *Starallüren.*

Allusion [lat. alludere ›sich spielend heranbewegen‹] *die, -/-en,* Anspielung, ÜBERS. R 12.

alluvial [lat. alluere ›anspülen‹], das Alluvium betreffend.

Alluvion *die, -/-en,* die Anlandung. **Alluvium** *das, -s,* frühere Bez. für: Holozän.

Allvater *der, -s,* Gott, auch oberster Gott in der german. und griechisch-röm. Mythologie. **allwege,** allerwege. **allweil,** alleweile. **allwissend,** alles wissend: *Doktor Allwissend,* eine Märchengestalt. **Allwissenheit** *die, -.* **allwöchentlich,** jede Woche: *sie treffen sich a.* **allzeit,** allezeit.

allzu [mhd. al-ze], viel zu, in zu hohem Grade; übertrieben: *allzubald; allzulange; allzuoft; allzusehr; allzuviel,* aber: *sie hatte allzu viele Einwände.* **allzumal, allzusammen,** alle (miteinander).

Alm *die, -/-en,* Bergweide, Alp: *Almhütte.*

Alma [lat. almus ›segenspendend‹, ›nährend‹, ›fruchtbar‹], weibl. Vorname.

Alma mater [lat. ›Nährmutter‹] *die, --,* Universität.

Almanach [mlat. almanachus] *der, -s/-e,* **1)** (bebildertes) Jahrbuch: *Verlagsalmanach.* **2)** Kalender mit Geschichten u. a.: *Musenalmanach; Familienalmanach.*

Almandin [nach der kleinasiat. Stadt Alabanda] *der, -s/-e,* eine Abart des Granats.

Almenrausch *der, -(e)s,* auch Almrausch, Alpenrose, Rhododendron. **Almer** *der, -s/-,* **Almerin** *die, -/-nen,* österr.: Senn(erin), Almbewohner(in).

Almosen [ahd. alamuosan, aus grch. eleemosyne, zu eleos ›Mitleid‹] *das, -s/-,* **1)** Gabe an Arme. **2)** Ü dürftiges Entgelt. **Almosenier** *der, -s/-e,* ein geistl. Würdenträger.

Almrausch *der,* Almenrausch.

Almut(h) [aus Adelmut, ahd. adal ›(edles) Geschlecht‹ und muot ›Sinn‹, ›Geist‹, ›Gemüt‹], weibl. Vorname.

Aloe [ˈaloe; ahd. aloe, grch. aloe] *die, -/-n,* Liliengewächs mit dicken Blättern.

alogisch [vgl. a... und logisch], unlogisch, unsinnig.

Alois [-oi-, lat. Aloisius aus ahd. al ›ganz‹, ›all‹ und wisi ›weise‹], männl. Vorname. **Aloisia,** weibl. Vorname.

Alopezie [grch. alopekia ›Fuchsräude‹] *die, -/...z'i|en,* krankhafter Haarausfall.

Alp [mhd. alb, alp] *der, -(e)s/-e,* Alb, Nachtmahr, Angsttraum.

Alp [mhd. albe ›Weideplatz auf einem Berg‹ *die, -/-en,* Alpe, Alm, Bergweide.

Alpaka [peruan. alpaco] *das, -s/-s,* **1)** ein südamerikan. Lama. **2)** *ohne Pl.,* Gewebe aus Baumwolle und Alpakawolle. **3)** *ohne Pl.,* Neusilber: *Alpakalöffel.*

al pari [ital.], zum Nennwert (einer Aktie).

Alpdruck [zu Alp ›Nachtmahr‹] *der, -s/ᵘe, Pl. selten,* **Alpdrücken** *das, -s,* nächtliche Beklemmungszustände.

Alpe *die, -/-en,* Alp. **Alpenglühen** *das,* Rotfärbung hoher Bergspitzen nach Sonnenuntergang. **Alpenjäger** *der,* **1)** Hochgebirgsjäger. **2)** ⚔ für den Kampf im Hochgebirge ausgerüsteter Soldat. **Alpenrose** *die,* Rhododendron. **Alpenveilchen** *das,* ein Primelgewächs. **Alpenverein** *der,* Vereinigung zur Förderung des Bergsteigens.

Alpha *das, -(s)/-s,* griech. Buchstabe, ÜBERS. G 36: *A. und Omega,* Anfang und Ende. **Alphabet** [aus grch. alpha und beta] *das, -(e)s/-e,* die Gesamtheit der Buchstaben eines Schriftsystems in ihrer herkömml. Anordnung, ÜBERS. A 8; vgl. ÜBERS. F 17. **alphabetisch,** Wörter in alphabetischer Reihenfolge. **alphabetisieren,** *ich* alphabetisiere (habe alphabetisiert), **1)** *es,* bringe in alphabet. Reihenfolge. **2)** *ihn,* bringe im Alphabeten Lesen und Schreiben bei: *Alphabetisierungskampagne.*

alphanumerisch [aus Alphabet und numerisch], Datenverarbeitung: eine vereinbarte Menge von Zeichen enthaltend,

die aus den Ziffern 0–9 und den Buchstaben des Alphabets besteht.
Alphastrahlen, Pl., α-Strahlen, Strahlen aus doppelt positiv geladenen Heliumionen. **Alphateilchen** das, α-Teilchen, Heliumkern.
Alp|horn das, langes Holzblasinstrument. **alpin** [lat. alpinus], die Alpen, auch: jedes Hochgebirge betreffend: *alpiner Gürtel,* Pflanzenwuchs über der Baumgrenze; *alpine Kombination,* Skisport: Wettkampf aus Abfahrtslauf und Slalom. **Alpinismus** der, -, Alpinistik, als Sport ausgeübtes Bergsteigen. **Alpinist** der, -en/-en, Bergsteiger. **Alpinistik** die, -, Alpinismus, Hochtouristik. **Alpino** der, -/. . .ni, italien. Gebirgssoldat. **Alpinum** das, -s/. . .na, . . .nen oder -s, Anlage mit Alpenpflanzen. **Älpler** der, -s/-, Bewohner der Alm oder der Alpen.
Alptraum [zu Alp ›Nachtmahr‹] der, Angsttraum mit Beklemmungszuständen.
Alraun [vgl. Alp und ahd. runen ›heimlich flüstern‹, ›raunen‹] der, -(e)s/-e, **Alraune** die, -/-n, menschenähnlich aussehender Wurzelstock der Mandragora, galt früher als Zaubermittel, ABB. A 6: *Alraunwurzel.*
als [abgeschwächt aus ahd. also], 1) Nebensätze einleitend beim Verb: zu der Zeit, da, gerade dann: *als ich eintrat; als er fortgegangen war.* 2) Nebensätze einleitend, die eine Folge bezeichnen, eine Annahme oder Täuschung: *mir war, als ob er gerufen hätte.* 3) in der Eigenschaft: *er zeigte sich als hilfsbereiter Mensch; es war nur als Beispiel erwähnt.* 4) genau wie: *sie war als Zigeunerin verkleidet.* 5) mit etwas vergleichend, besonders beim Komparativ: *er ist größer als du; ich bin mehr als erleichtert.* 6) aufzählend: zum Beispiel, wie: *als da sind; sowohl . . . als auch.* 7) westmitteldt.: immer; manchmal: *der Weg führt als geradeaus; ich habe ihn als dort gesehen.* **alsbald,** sofort, gleich. **alsbaldig,** *zum alsbaldigen Verbrauch bestimmt* (Aufschrift auf Konserven). **alsdann,** 1) hierauf, dann. 2) siehst du!, na also!
Alse [ahd. alosa] die, -/-n, Maifisch, ein Heringsfisch.
al secco [ital. ›aufs Trockene‹], auch a secco, Wandmalerei auf dem trockenen Putz.
al segno [-s′eɲo, ital.], ♪ bis zum Zeichen (noch einmal zu spielen).
also [ahd. also, aus al(l), durch so verstärkt, urspr. ›ganz so‹], 1) um zusammenzufassen: folglich, mithin: *wir sind Freunde, a. helfen wir uns.* 2) siehst du!, endlich!: *na a.!* 3) ⚕ so: *a. sprach Zarathustra.* **alsobald,** ⚕ ›alsbald. **alsogleich,** ⚕ sogleich.
alt, älter, am ältesten [ahd. alt], 1) eine bestimmte Zeit lebend: *wie alt bist du?; er ist 30 Jahre alt.* 2) nicht jung, betagt: *ein alter Mann; er ist der ältere (älteste); alt und jung,* jedermann, aber: *Alt und Jung unter einem Dach,* die alten und die jungen Leute (zwei Generationen) wohnen zusammen; *Alter Herr,* Abk.: A. H., Studentensprache: ehemals aktives Mitglied einer Studentenverbindung; *mein alter Herr, meine alte Dame,*

U meine Eltern. 3) nicht mehr neu, gebraucht: *alte Kleider; er sammelt alte Stiche.* 4) frühere Zeiten betreffend: *die alten Germanen; die Alte Welt,* die Erdteile Europa, Asien und Afrika, im Gegensatz zur Neuen Welt; *ich hänge am alten,* an der Tradition. 5) unverändert, gleich: *er war ganz der alte; es bleibt alles beim alten,* nichts wird verändert. 6) langjährig, vertraut: *ein alter Freund; von altem Schrot und Korn,* nach Väterart; *eine alte Heilmethode.* 7) U verstärkend: *er ist ein alter Geizkragen.* 8) Rennpferd: über sechs Jahre. 9) *Alter Mann,* ⚒ abgebauter Teil. **alt . . .,** 1) früher im Amt gewesen, nicht mehr amtierend: *Altbundeskanzler; Altbundespräsident; Altbundestrainer.* 2) gebraucht: *Alteisen; Altpapier.* 3) länger als etwas anderes vorhanden: *Altschnee; Altstadt.* 4) eine Stufe innerhalb einer Entwicklung: *altgriechisch; Altsteinzeit.* 5) durch lange Dauer bekannt, bewährt: *alteingesessene Familien.*
Alt [ital. alto ›hoch‹, urspr. hohe Männerstimme] der, -s, ♪ 1) die tiefere Frauen- und Knabenstimme, zweite Oberstimme: *Altstimme.* 2) Tonlagenzeichen. **Altflöte,** das Instrument: *Altflöte.*
Altan [ital. altana, zu alto ›hoch‹, lat. altus] der, -(e)s/-e, offene Terrasse im Obergeschoß eines Gebäudes, ABB. H 11.
Altar [ahd. altari aus lat. altaria ›Altaraufsatz‹, zu altus ›hoch‹] der, -(e)/¹ᶻe, 1) in vielen Religionen tischartige Opferstätte. 2) in christl. Kirchen der ›Altartisch‹ zur Feier des Abendmahls, ABB. A 9: *er führt sie zum A.,* P heiratet sie. **Altar(s)sakrament** das, in der kath. Kirche Leib und Blut Christi unter der Gestalt von Brot und Wein, die Eucharistie. **altbacken,** 1) nicht mehr frisch, einige Tage alt (Gebäck): *altbackenes Brot.* 2) U muffig, altmodisch.
Altbau der, -(e)s/-ten, älteres Gebäude. **Altbauwohnung** die, vor dem 20. 6. 1948 bezugsfertig gewordene Wohnung; allgemein: ältere Wohnung.
altbekannt, seit langem bekannt. **altbewährt,** seit langem erprobt, zuverlässig: *eine altbewährte Methode.*
Altbier das, ein stark gehopftes, bitteres Bier.
altchristlich, frühchristlich.
altdeutsch, 1) ✿ vorurheit, mittelalterlich-deutsch. 2) dem Stil der Spätgotik und Dürerzeit nachgeahmt: *altdeutsche Kleidung,* Tracht des 16. Jahrh., ABB. M 16.
Alte [ahd. altano ›Vorfahr‹] der, die, -n/-n, ein -r, eine -, 1) Greis, Greisin: *Altenbetreuung; Altentagesstätte.* 2) U Vater, Mutter, Vorgesetzte, Geschäftsinhaber: *mein Alter, mein Mann.* **Alte** das, -n, Gewohntes, Hergebrachtes: *das A. muß dem Neuen weichen;* aber: *aus alt mach neu.* **Alten,** Pl., 1) alte Leute. 2) U Eltern. 3) B Vorfahren. 4) ✿ die Griechen und Römer der Antike.
Altenheim das, Altersheim. **Altenhilfe** die, Unterstützung für alte Menschen. **Altenpfleger(in)** der, die, für die Betreuung und Pflege älterer Menschen ausgebildete Person. **Altenteil** das, Leistungen zur Versorgung eines abtretenden Bauern (Wohnung, Ernährung).
Alter [ahd. alta] das, -s/-, 1) spätere Lebensjahre: *Pensions-*

der Aufsatz oder die Bekrönung — das Kreuz

das Gesims

das Seitengehänge

der Flügel · das Mittelteil · das Tabernakel · der Altaraufsatz

die Predella · die Altarschranke

die Altardecke · das Antependium · die Mensa · der Stipes · der Altartisch

die Altarstufe

der Altarläufer — der Antritt

der Opferaltar

das Retabel — der Retabelaltar

das Sepulcrum · das Sigillum — der Altar

der Tragaltar · **Altar**

das Altarblatt · der Flügel · die Predella — der Tafelaltar

der Schrein · der Flügel — der Schreinaltar · der Flügelaltar

das Ziborium oder der Baldachin — der Ziborienaltar

der Altar

das Laubwerk

das Kruzifix · der Kelch

die Kanzel · das Retabel · die Kanzeltreppe — der Kanzelaltar

das Ziborium · die Monstranz

der Altarleuchter

das Lesepult · das Altargerät

alter; Rentenalter; Altersangabe; altersbedingte Krankheiten; Altersforschung; aus Altersgründen; Altersstarrsinn. **2)** Lebenszeit: *er erreichte ein A. von 90 Jahren.* **3)** Zeit des Bestehens: *das A. dieser Münze.* **4)** Zeitalter: *Mittelalter.*

Alteration [lat. alterare ›verändern‹] *die, -/-en,* **1)** Änderung. **2)** Erregung. **3)** ♪ chromat. Veränderung in einem Akkord.

Alter ego [lat. ›das andere Ich‹] *das, - -,* **1)** Psychologie: ideales zweites Ich mit normativem Charakter. **2)** ∪ Freund.

alterieren [lat. alterare ›verändern‹], *ich* alteriere (habe alteriert), **1)** *ihn, mich,* rege auf, ärgere. **2)** *es,* ändere: *alterierte Akkorde,* chromatisch veränderte.

altern [ahd. alten], *ich* alt(e)re (bin gealtert), werde alt.

Alternanz, Alternation [lat. alter ›der andere‹] *die, -/-en,* Wechsel. **alternativ, 1)** wechselweise, wahlweise zwischen zwei Möglichkeiten: *es stehen a. zwei Vorschläge zur Wahl.* **2)** die zweite Möglichkeit darstellend, die in betontem Gegensatz zur ersten, meist zum Herkömmlichen steht: *alternative Energiequellen; alternative Lebensformen; Alternativbewegung; Alternativgutachten; alternativpädagogische Bestrebungen; Alternativvorschlag.* **Alternative** *die, -/-n,* **1)** Wahl zwischen zwei Möglichkeiten: *ich stehe vor der A., bin vor die A. gestellt, . . .* **2)** die zweite, gegensätzliche Möglichkeit: *er hat (k)eine A. anzubieten; eine verheißungsvolle A. zur Lösung des Konflikts.* **alternieren,** *es* alterniert (hat alterniert), wechselt ab: *die Hauptrolle ist alternierend besetzt.*

alters [zu alt] *seit a., von a. her,* schon sehr lange; *vor a.,* vor langer Zeit. **Altersaufbau** *der, -s,* Gliederung der Bevölkerung nach dem Lebensalter. **altersgerecht,** dem jeweiligen Lebensalter entsprechend: *altersgerechtes sportliches Training.* **Altersgrenze** *die,* für Berufsantritt und Ruhestand festgesetztes Lebensalter. **Altersheilkunde** *die,* Lehre von den Krankheiten alter Menschen. **Altersheim** *das,* Altenheim, Wohnheim für alte Menschen. **Altersjahr** *das, schweiz.:* Lebensjahr. **Altersklasse** *die,* **1)** eine etwa im gleichen Lebensalter stehende Menschengruppe. **2)** Zusammenfassung von Waldbeständen nach Alter und Ertragsklassen. **Alterspräsident** *der,* ältestes Mitglied einer öffentlichen Körperschaft. **altersschwach. Altersschwäche** *die,* Kräfteverfall im Alter. **Alterssichtigkeit** *die,* Weitsichtigkeit älterer Leute. **Altersstil** *der,* für das höhere Lebensalter charakteristische künstlerische Ausdrucksform. **Altersstube** *die, schweiz.:* unterhaltender Nachmittag für alte Leute. **alter Stil** [lat. stilus vetus, antiquus] *der, alten St.,* seit der Kalenderreform Gregors XIII. (1582) Bez. der Tagesdaten nach dem vorausgegangenen Julianischen Kalender. **Altersversicherung** *die,* Versicherung zur Bereitstellung des Lebensunterhaltes im Alter. **Altersversorgung** *die,* Sicherung des Lebensunterhalts im Alter.

Altertum *das, -s,* **1)** das Alter: Zeit menschl. Kultur: *Altertumswissenschaft.* **2)** *klassisches A.,* Antike. **Altertümelei** *die, -,* übertreibende Nachahmung des Stils vergangener Zeiten. **altertümeln,** *ich* altertüm(e)le (habe gealtertümelt), ♂o. **Altertümer,** *Pl.,* alle aus dem Altertum stammenden Denkmäler. **altertümlich,** altmodisch, aus alter Zeit, nach alter Weise. **Altertümlichkeit** *die, -/-en.*

Alterung *die, -,* das Altern.

Älteste *die, -/-n, ein -r, eine -,* **1)** innerhalb einer Gemeinschaft Person mit dem höchsten Alter. **2)** ältestes Kind einer Familie. **3)** Vorsteher, Oberhaupt einer Gemeinschaft. **Ältestenrat** *der,* Organ des Bundestages.

Altes Testament *das,* Abk.: A. T., der ältere Teil der Bibel. **altfränkisch** [mhd. altvrenkisch], ∪ altmodisch, hausbacken: *sie kleidet sich etwas a.*

altgedient, schon lange im Dienst, erfahren.

Altgeige *die,* Bratsche.

Altgeselle *der,* ältester Geselle im Handwerksbetrieb.

altgewohnt, seit langem üblich, hergebracht.

Altgrad *der,* der 360. Teil des Kreises.

Althändler *der,* Altwarenhändler.

althergebracht, altherkömmlich, langgewohnt, überliefert: *althergebrachte Sitten und Bräuche.*

Altherrenmannschaft *die, ✗* Mannschaft, deren Teilnehmer das 32. Lebensjahr vollendet haben. **Altherrenschaft** *die, -,* die Alten Herren einer student. Verbindung.

althochdeutsch, Abk.: ahd., den ältesten Zeitabschnitt der hochdeutschen Sprache betreffend, von etwa 750 bis 1100. **Althochdeutsch** *das, -(s), dem -,* althochdeutsche Sprache, ÜBERS. D 6; vgl. Deutsch.

Altist *der, -en/-en,* **Altistin** *die, -/-nen,* Sänger(in) mit Altstimme.

Altjahr(s)abend *der, österr.:* Silvesterabend. **Altjahrstag** *der, österr.:* Silvester.

altjüngferlich, verschroben, wunderlich.

Altkatholik *der.* **altkatholisch. Altkatholizismus** *der,* eine nicht dem Papst unterstehende kath. Religionsgemeinschaft.

altklug, frühreif und vorlaut: *ein altkluges Kind.*

ältlich [mhd. altlich], ein wenig alt und verschroben.

Altmeister *der,* **1)** Innungsvorstand, Zunftältester. **2)** ältester, tüchtigster Vertreter auf einem Sport-, Kunst- oder Wissensgebiet.

Altmetall *das,* unbrauchbare metallische Gegenstände, die hüttenmäßig aufgearbeitet werden können.

altmodisch, 1) nach früherer Mode (Kleider). **2)** nicht mit der Zeit gegangen, veraltet, rückständig (Ansichten).

altnordisch, die Sprachen der german. Bevölkerung des skandinav. Nordens bis zum 15. Jahrh. betreffend. **Altnordisch** *das, -(s), dem -,* altnordische Sprache; vgl. Deutsch. **Altokumulus** [lat. altus ›hoch‹ und Kumulus] *der,* hohe Haufenschichtwolke. **Alto|stratus** [lat. stratum ›Decke‹] *der,* hohe Schichtwolke.

Altpapier *das, -s,* gebrauchtes Papier als Rohstoff.

Altphilologe *der,* Kenner der Sprachen und der Literatur des klassischen Altertums (Griechisch und Latein). **Altphilologie** *die.* **altphilologisch.**

Altruismus [frz. altruisme, zu lat. alter ›der andere‹] *der, -,* Selbstlosigkeit, Uneigennützigkeit. **Altruist** *der, -en/-en.* **altruistisch.**

altsächsisch, den ältesten Zeitabschnitt der bezeugten niederdeutschen Sprache betreffend, von etwa 800 bis 1000. **Altsächsisch** *das, -(s), dem -,* altsächsische Sprache, ÜBERS. D 6; vgl. Deutsch.

Altschlüssel *der, ♪* C-Schlüssel.

Altsilber *das,* künstlich gedunkeltes Silber.

Altsprachler *der, -s/-,* Altphilologe. **altsprachlich,** altsprachlicher Unterricht.

Altstadt *die,* der alte Stadtkern: *Altstadtsanierung.*

Altsteinzeit *die, -,* Paläolithikum, der älteste Abschnitt der Menschheitsgeschichte.

Altstimme *die, ♪* der Alt.

alttestamentarisch. Alttestamentler *der, -s/-,* Erforscher des Alten Testamentes. **alttestamentlich.**

Alttier *das, ⚥* weibl. Rot-, Elch- und Damwild, das bereits gekalbt hat.

altväterisch, altmodisch altfränkisch. **altväterlich,** altehrwürdig, patriarchalisch.

Altvordern [ahd. altfordoro], *Pl.,* Vorfahren.

Altwaren, *Pl.,* gebrauchte Gegenstände. **Altwarenhändler** *der.*

Altwasser *das, -s/-,* verlassenes Stück einer alten Flußschlinge.

Altweiberfastnacht *die,* Donnerstag vor Fastnacht. **Altweibergeschwätz** *das, ∪* dummes Gerede. **Altweibersommer** *der,* **1)** Spinnfäden in der herbstlichen Luft. **2)** Nachsommer.

altweltlich, zur Alten Welt gehörend.

Alu *das, -s,* Kurzw. für: Aluminium: *Alufolie.* **Alumen** *das, -s,* Alaun. **alumetieren,** *ich* alumetiere (habe alumetiert) *Stahl,* spritze Aluminium auf und brenne es ein. **Aluminat** *das, -(e)s/-e,* aluminiumsaures Salz. **aluminieren,** *ich* aluminiere (habe aluminiert) *Metallteile,* überziehe mit Aluminium. **Aluminit** *der, -s,* Aluminiummineral, schwefelsaure Tonerde. **Aluminium** [lat. alumen] *das, -s, ⊙* Element, Zeichen: Al, Kurzw.: Alu, silberweißes Leichtmetall: *Aluminiumfolie; Aluminiumtöpfe.*

Alumnat *das, -(e)s/-e.* **1)** Schülerheim, Internat. **2)** *österr.:* Ausbildungsstätte für Geistliche. **Alumne** [lat. alumnus ›Zögling‹, zu alere ›ernähren‹] *der, -n/-n,* **Alumnus** *der, -/. . .nen,* Zögling eines Alumnats.

alveolar [lat. alveolus ›kleine Wanne‹, ›Mulde‹], Phonetik: mit der Zungenspitze am Zahnfleisch gebildet. **Alveolar** *der, -s/-e,* Zungenspitzenlaut (d, t). **alveolär, ⚕** mit kleinen Hohlräumen. **Alveole** *die, -/-n,* **1)** bläschenförmiges Gebilde in Zellen und Geweben. **2)** die Zahnfächer der Kiefer.

Alwegbahn [nach dem schwed. Industriellen Axel L. Wenner-Gren, 1881–1961] *die,* eine Einschienenbahn.

Alwin [ahd. Adalwin, eigtl. ›(edles) Geschlecht‹ und wini ›Freund‹, auch ahd. Albwin ›Elfenfreund‹], männl., **Alwine,** weibl. Vorname.

am, zusammengezogen aus: an dem, ÜBERS. Z 13, **1)** mit

Superlativ: unübertrefflich: *am höchsten.* **2)** zeitlich: am *Abend; am Montag, dem 21. Dezember.* **3)** gerade stattfindend: *ich bin am Aufräumen.* **4)** örtlich: *am Fuße des Berges; Frankfurt am Main,* Abk.: a. M.
Am, ↺ Zeichen für: Americium.
AM, Abk. für: Amplitudenmodulation.
a. m., Abk. für: ante meridiem.
amabile [ital.], ♪ lieblich.
amächelig, ammächelig.
Amadeus [neulat. ›liebe Gott!‹], männl. Vorname.
Amalgam [arab. al-malgham ›erweichende Salbe‹] *das, -s/-e,* Quecksilberlegierung. **Amalgamation** *die, -/-en,* Verfahren zur Gewinnung von Gold und Silber aus Erz mit Hilfe von Quecksilber. **amalgamieren,** *ich* amalgamiere (habe amalgamiert) *es.*
Amalie [-iə, entlehnt von frz. Amélie ›Schützerin der Amaler‹], weibl. Vorname.
Amanda [lat. ›die, der Liebenswerte‹], weibl., **Amandus,** männl. Vorname.
Amarant [grch. amarantos ›unverwelklich‹] *der, -s/-e,* **1)** Fuchsschwanz, beliebte Zierpflanze. **2)** *ohne Pl.,* trübes dunkles Rot. **amarant(en),** dunkelrot.
Amarelle [ital. aus lat. amarus ›bitter‹, ›herb‹] *die, -/-n,* eine Sauerkirsche.
Amaryl *der, -s/-e,* synthetischer gelbgrüner Korund. **Amaryllis** [grch. ›die Glänzende‹, nach der von Vergil besungenen Hirtin] *die, -,* ein Zwiebelgewächs.
Amateur [-t'ø:r, frz.] *der, -s/-e,* jemand, der eine Beschäftigung aus Liebhaberei, nicht beruflich betreibt: *Amateurfunker; Amateurphotograph; Amateursportler; Amateurstatus für Sportler.* **Amateurliga** [-t'ø:r-] *die,* Fußball: höchste Spielklasse für Amateurvereine in der Bundesrep. Dtl.
Amati *die, -/-s,* Geige aus der Werkstatt der italien. Geigenbauerfamilie Amati (16. und bes. 17. Jahrh.).
Amaurose [grch. amauros ›dunkel‹] *die, -/-n,* ♿ völlige Blindheit (ohne Pupillenreaktion).
Amause [frz. émaux, Pl. von émail] *die, -/-n,* im MA. Bez. für Email, künstl. Edelsteine, Glaspasten u. a.
Amazone [vgl. grch. a . . . und mazos ›weibl. Brust‹, den ›Brustlosen‹ brannte man angeblich die rechte Brust aus, damit sie beim Bogenspannen nicht hinderlich sei] *die, -/-n,* **1)** Angehörige eines kriegerischen Frauenvolkes der griech. Mythologie. **2)** ☉ ⚥ Mannweib. **3)** Ü sportlich schlankes Mädchen. **4)** Ü *Amazonenrennen; Amazonenspringen.* **5)** ein Papagei: *Blaustirnamazone.*
Ambassade [auch ābas'ad, frz.] *die, -/-n,* ☉ Botschaft, Gesandtschaft. **Ambassadeur** [-d'ø:r] *der, -s/-e,* ☉ Botschafter, Gesandter.
Ambe [vgl. ambi . . .] *die, -/-n,* Doppeltreffer im Lotto.
Amber *der, -s/-(n),* die Ambra.
ambi . . . [lat. ambo ›beide‹], auch *ambo . . .,* beid . . ., doppel . . .: *ambidexter,* beidhändig geschickt.
Ambiente [ital.] *das, -,* das eine Gestalt Umgebende, das ihr Atmosphäre verleiht und ihr Wesen kennzeichnet (der Raum, die Dinge, Licht und Luft).
Ambiguität [lat. ambiguitas] *die, -,* Doppelsinnigkeit, Zweideutigkeit.
Ambition [lat. ambitio ›regelmäßige Bewerbung um ein Amt‹, ›Ehrgeiz‹] *die, -/-en,* Ehrgeiz, hohes Streben. **ambitioniert. ambitiös.**
Ambitus [lat.] *der, -,* ♪ Tonhöhenumfang einer Melodie.
ambivalent [vgl. ambi . . . und lat. valere ›stark sein‹, ›Wert haben‹], **Ambivalenz** *die, -/-en,* Doppelwertigkeit,

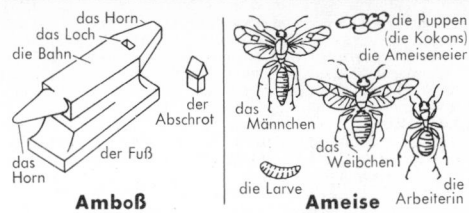

das Horn — das Loch — die Bahn — der Abschrot — das Horn — der Fuß
Amboß

die Puppen (die Kokons) die Ameiseneier — das Männchen — das Weibchen — die Larve — **Ameise** — die Arbeiterin

gleichzeitig bestehende, einander entgegengesetzte Gefühle.
ambo . . . , ambi . . . **Ambo** *der, -s/-s* oder . . . **ben,** österr.: Ambe.
Ambo [grch. ambon, zu anabainein ›hinaufsteigen‹] *der, -s/. . . b'onen,* erhöhtes Lesepult frühchristlicher Kirchen.
Amboß [ahd. anaboz ›woran man schlägt‹] *der, . . . bosses/ . . . bosse,* **1)** eiserne Unterlage beim Schmieden, ABB. A 10. **2)** ein Gehörknöchelchen, ABB. O 2. **3)** Bestandteil der Patrone, ABB. G 14.
Am|bra [arab. anbar] *die, -/-s,* auch der Amber, wohlriechendes Stoffwechselprodukt des Pottwals.
Am|brosia [grch. ambrosios ›unsterblich‹, ›göttlich‹] *die, -,* **1)** Speise der griech. Götter. **2)** P köstliche Speise. **am|brosianisch** [fälschlich nach dem hl. Ambrosius], *der Ambrosianische Lobgesang,* Tedeum. **am|brosisch,** himmlisch, göttlich, Unsterblichkeit verleihend.
ambulant [lat. ambulare ›umhergehen‹], **1)** nicht ortsfest, umherziehend: *ambulantes Gewerbe.* **2)** ambulatorisch, in der Sprechstunde (behandelt). **Ambulanz** *die, -/-en,* **1)** Ambulatorium, Abteilung für ambulante Behandlung im Krankenhaus. **2)** Ambulanzwagen, Krankenwagen. **ambulatorisch,** ambulant. **Ambulatorium** *das, -s/. . . rien,* Ambulanz.
A. M. D. G., Abk. für: ad maiorem Dei gloriam.
Ameise [mhd. ameize] *die, -/-n,* ABB. A 10; Sinnbild des Fleißes: *Ameisenhaufen; Ameisenstaat; Waldameise.* **Ameisenbär** *der,* zahnloses Säugetier Südamerikas. **Ameisenjungfer,** ein Netzflügler. **Ameisenkribbeln,** **Ameisenlaufen** *das, -s,* Hautjucken. **Ameisenlöwe** *der,* Larve der Ameisenjungfer. **Ameisensäure** *die,* stechend riechende organ. Säure.
Amelie [vgl. grch. a . . . und melos ›Glied‹] *die, -,* ♿ das angeborene Fehlen sämtlicher Glieder.
Amelioration [frz. amélioration, zu lat. melior ›besser‹] *die, -/-en,* Verbesserung (des Bodens). **ameliorieren,** *ich* amelioriere (habe amelioriert) *den Boden.*
Amelkorn [ahd. amaro] *das, -s,* der Emmer.
Amelungen, *Pl.,* ☉ Heldensage Name für die Amaler, die Anhänger Dietrichs von Bern.
amen [hebr. ›ja, gewiß‹], Schlußformel des Gebets: *er sagt zu allem ja und A.,* Ü ist mit allem einverstanden. **das, -s/-:** *die Gemeinde spricht das A.; das ist so sicher wie das A. in der Kirche,* Ü ganz sicher.
Amendement [amãm'ã, frz.] *das, -s/-s,* Änderung, Besserung; Änderungsantrag, Zusatzartikel. **amendieren,** *ich* amendiere (habe amendiert) *es.* **Amendment** [əm'endmənt, engl.] *das, -s/-s,* Amendement.
Amenor|rhö(e) [-r'ø:, vgl. grch. a . . . , menos ›Monat‹ und rhoe ›Fluß‹] *die, -/. . . rh'ö|en,* ♿ das Ausbleiben der Menstruation. **amenor|rhoisch.**

A 11

der Baldachin — das Pendelrohr — die Glasglocke — **die Leuchte** — die Ewige Lampe — die Verkehrsampel — **die Blumenampel** — **Ampel** — **Amphora** — **Ampulle** — **Ammonit**

Amentia [vgl. grch. a... und lat. mens, Gen. mentis ›Verstand‹] *die, -/...t′i|en,* **Amenz** *die, -/...z′i|en,* ✣ vorübergehende schwerwiegende Störung der Geistestätigkeit.
American way of life [əm′erikən wei ɔv l′aif, engl.] *der, - - - -,* amerikanische Lebensart.
Americium [nach Amerika] *das, -s,* ◌ Zeichen: Am, ein radioaktives Element.
Amerikaner [nach Amerigo Vespucci, 1451–1512] *der, -s/-,* **1)** U Bewohner der Vereinigten Staaten von Amerika. **2)** ein Gebäck, ABB. B 50. **amerikanisch. amerikanisieren,** *ich* amerikanisiere (habe amerikanisiert) *es, ihn,* passe der amerikanischen Sprache oder dem amerikanischen Lebensstil an. **Amerikanisierung** *die, -,* Angleichung an Geist und Lebensform Nordamerikas. **Amerikanismus** *der, -/...men,* **1)** Eigenart der nordamerikanischen Bevölkerung. **2)** Eigenart des amerikanischen Englisch. **Amerikanist** *der, -en/-en,* Kenner der Amerikanistik. **Amerikanistik** *die, -,* **1)** Erforschung bes. der vorkolumb. Kultur und Sprachen des gesamten amerikan. Kontinents. **2)** Wissenschaft von der Sprache und Literatur Nordamerikas. **amerikanistisch.**
a metà [ital.], ◱ unter Teilung von Kosten, Gewinn und Verlust: *conto (a) metà,* auf halbe Rechnung.
amethodisch [vgl. grch. a... und Methode], unmethodisch, ohne Plan.
Amethyst [vgl. grch. a... und methein ›trunken sein‹, also eigtl. ›dem Rausch widerstehend‹, denn der Stein sollte vor Trunkenheit schützen] *der, -(e)s/-e,* violetter Quarz, ein Schmuckstein.
Ame|trie [vgl. grch. a... und ...metrie] *die, -/...tr′i|en,* Ungleichmäßigkeit. **ame|trisch.**
Ame|tropie [grch. ametros ›ungleichmäßig‹ und ops ›Auge‹] *die, -,* ✣ Fehlsichtigkeit, Abweichung eines Auges vom normalen Brechungszustand.
Ami *der, -s/-s,* U kurz für: Amerikaner (als Besatzungssoldat).
Ami [frz.] *der, -/-s,* Freund.
Amiant [grch. amiantos ›unbefleckt‹, ›rein‹] *der, -s,* ein Mineral.
Amid [Kw. zu Am(moniak) und ...id] *das, -(e)s/-e,* ◌ Ammoniakverbindung.
Amikt [lat. amictus ›Umwurf‹] *der, -(e)s/-e,* das Humerale.
Amine, *Pl.,* ◌ organische Ammoniakabkömmlinge. **Amino...,** die Aminogruppe −NH₂ enthaltend: *Aminosäuren.*
Amitose [vgl. grch. a... und mitos ›Faden‹] *die, -,* direkte Zellkernteilung.
ammächelig, auch amächelig, *schweiz.:* verlockend.
Ammann [zu Amtmann] *der, -s/⁻er, schweiz.:* Gemeindevorsteher.
Amme [ahd. amma] *die, -/-n,* Frau, die ein fremdes Kind stillt. **Ammenmärchen** *das,* unglaubwürdige Geschichte.
Ammer [ahd. amaro, Kurzform von amaro fogal, vgl. Amelkorn] *die, -/-n,* auch *der, -s/-n,* ein finkenartiger Singvogel.
Ammon, Amun, ägypt. Gott.
Ammon *das, -s,* Kurzw. für: Ammonium.
Ammoniak [auch ′am-, lat. sal ammoniacum ›Salmiak‹] *das, -s,* ◌ stechend riechendes Gas aus Stickstoff und Wasserstoff. **ammoniakalisch.**
Ammonit [nach dem spiraligen Widdergehörn des Gottes Amun] *der, -en/-en,* Ammonshorn, ausgestorbener Kopffüßer, ABB. A 11.
Ammoniter *der, -s/-,* B Angehöriger eines den Israeliten verwandten Stammes.
Ammonium [lat.] *das, -s,* Kurzw.: Ammon, ◌ Atomgruppe aus vier Wasserstoffatomen und einem Stickstoffatom.
Ammonshorn *das, -(e)s/⁻er,* der Ammonit.

Amnesie [vgl. grch. a... und mnesis ›Erinnerung‹] *die, -/...s′i|en,* ✣ Gedächtnisstörung.
Amnestie [grch. amnestia ›das Vergessen‹] *die, -/...st′i|en,* allgemeine Begnadigung; Straferlaß: *Generalamnestie.* **amnestieren,** *ich* amnestiere (amnestiert) *ihn.*
Amnesty International [′æmnəsti intən′æ∫nl, engl.], eine internationale Hilfsorganisation für Menschen, die wegen ihrer weltanschaul. Überzeugung in Haft sind.
Amnion [grch. amnos ›Lamm‹] *das, -s,* Embryonalhülle. **Amnioten,** *Pl.,* Wirbeltiere, die ein Amnion bilden: Kriechtiere, Vögel und Säugetiere. **amniotisch.**
Amöbe [grch. amoibe ›Wechsel‹] *die, -/-n,* einzelliges Tier ohne feste Körperform. **Amöbenruhr** *die,* eine Darmerkrankung. **amöboid** [vgl. ...id], amöbenartig.
Amok [auch am′ɔk, malaiisch ›Wut‹] *der, -s,* mit Tötungstrieb verbundener stark aggressiver Bewegungsdrang mit anschließender Amnesie: *er läuft A.; Amokläufer.*
a-Moll *das,* Zeichen: a, ♪ eine Tonart.
Amom [grch. amomon] *das, -s/-e,* **Amomum** *das, -s/...ma,* eine asiatische Gewürzpflanze.
Amor [lat.], altrömischer Liebesgott.
amoralisch [vgl. grch. a... und Moral], moral. Bindungen ablehnend. **Amoralismus** *der,* **Amoralität** *die,* amoralische Lebenshaltung.
Amorette [ital.] *die, -/-n,* kleiner Liebesgott, Putte. **amoroso** [ital.], ♪ zärtlich, schmachtend.
amorph [vgl. grch. a... und ...morph], **1)** gestaltlos. **2)** nicht kristallin. **Amorphie** *die, -/...ph′i|en.*
amortisabel [frz. amortissable], tilgbar. **Amortisation** *die, -/-en,* planmäßige Tilgung. **amortisieren,** *ich* amortisiere (habe amortisiert) *es: diese Ausgabe wird sich schnell amortisieren.* **Amortisierung** *die, -/-en.*
Amouren [am′u:rən, frz. ›Liebe‹], *Pl.,* Liebschaften. **amourös,** auf einer Liebschaft beruhend, verliebt: *ein amouröses Abenteuer.*
Ampel [lat. ampulla ›Fläschchen‹] *die, -/-n,* ABB. A 11, **1)** schalenförmige Hängelampe. **2)** hängender Blumenbehälter. **3)** Verkehrsampel.
Ampelo|graphie [grch. ampelos ›Weinstock‹ und vgl. ...graphie] *die, -,* Rebsortenkunde.
Ampere [amp′ɛ:r, nach dem französ. Physiker A.-M. Ampère, 1775–1836] *das, -(s)/-,* Zeichen: A, ⚡ Einheit der Stromstärke, ÜBERS. M 8. **Amperemeter** *das,* Stromstärkemesser, ABB. S 73. **Amperesekunde** *die,* Zeichen: As, Maßeinheit der Elektrizitätsmenge. **Amperestunde** *die,* Zeichen: Ah, 3600 Amperesekunden.
Ampfer [verwandt mit lat. amarus ›sauer‹] *der, -s/-,* ein Knöterichgewächs.
Amphet|amin [aus Alpha, Methyl, Phenethyl und Amin] *das, -s/-e,* ein Weckamin.
amphi... [grch.], **1)** doppel..., beid..., zwei... **2)** herum... **Amphibie** [-biə, vgl. bio...] *die, -/...bi|en, meist Pl.,* Amphibium, Lurch, im Wasser und auf dem Land lebendes Tier. **Amphibienfahrzeug** *das,* Fahrzeug, das auf dem Land und auf dem Wasser fahren kann. **Amphibienflugzeug** *das,* Flugzeug, das auf dem Land und auf dem Wasser starten und landen kann. **amphibisch. Amphibium** *das, -s/...bi|en,* Amphibie. **Amphibol** *der, -s/-e,* das Mineral Hornblende. **Amphibolie** *die, -/...l′i|en,* Mehrdeutigkeit. **amphibolisch. Amphigonie** [grch. gone ›Erzeugung‹, ›Geburt‹] *die, -,* zweigeschlechtl. Fortpflanzung. **Amphi|ktyone** [grch. amphiktyones ›Umwohner‹ (des Apollotempels in Delphi)] *der, -n/-n,* Mitglied einer Amphiktyonie. **Amphi|ktyonie** *die, -/...n′i|en,* im alten Griechenland ein kultisch-polit. Verband der ›Umwohner‹ (Stadtstaaten) eines großen Heiligtums. **Amphimixis** [grch. mixis ›Vermischung‹] *die, -,* Vermischung von weibl. und männl. Erbanlagen. **Amphiole** *die, -/-n,* Handelsname für eine Ampulle mit spritzfertiger Arzneimittellösung. **Amphipode** [vgl. ...pode] *der, -n/-n,* Flohkrebs. **Amphitheater** *das,* altröm. Theater mit rundum angeordneten Sitzreihen, ABB. A 12. **amphithea|tralisch.**
Amphi|trite, griech. Meeresgöttin.
Amphora, Amphore [grch. amphoreus, zu amphi... und pherein ›tragen‹] *die, -/...ph′oren,* zweihenkliger Tonkrug, ABB. A 11.
amphoter [grch. amphoteros ›auf beiderlei Weise‹], ◌ teils sauer, teils basisch reagierend.
Am|plifikation [lat. amplificatio] *die, -/-en,* breitere Ausführung. **am|plifizieren,** *ich* amplifiziere (habe amplifiziert) *es.*

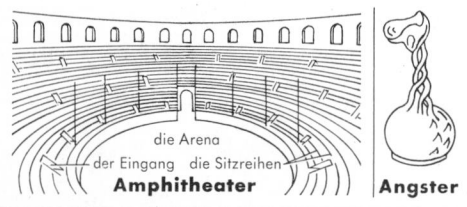

die Arena
der Eingang   die Sitzreihen
Amphitheater

Angster

der evangelische Geistliche — der evangelische Bischof — die Diakonisse — der katholische Geistliche — der katholische Bischof

der Mönch — die Nonne — der Rechtsanwalt — der Staatsanwalt — der Richter — der Rektor (Universität) — der Dekan

Amtstrachten

Am|plitude [lat. amplitudo ›Weite‹] *die, -/-n,* Physik: Schwingungsweite, ABB. P 5, W 10: *Amplitudenmodulation,* Abk.: ÅM.

Ampulle [lat. ampulla] *die, -/-n,* **1)** bauchiges Fläschchen. **2)** zugeschmolzenes Glasröhrchen mit sterilen Arzneimittellösungen, ABB. A 11. **3)** kolbenförmig erweiterte Teile röhrenförmiger Organe.

Amputation [lat. amputare ›abschneiden‹] *die, -/-en,* ⚕ operatives Entfernen eines Körperteils: *Armamputation.* **amputieren,** *ich* amputiere (habe amputiert) *es.* **Amputierte** *der, -n/-n, ein -, eine -,* jemand, dem ein Körperteil amputiert wurde: *Beinamputierter.*

Amsel [ahd. ams(a)la] *die, -/-n,* ein Singvogel.

Amt [ahd. ambaht(i)] *das, -(e)s/¹₋er,* **1)** ein dauernd bestimmter Aufgabenkreis im Dienst anderer: *ich bekleide ein A.; Ehrenamt; Amtskollege; er wurde des Amtes enthoben; in A. und Würden.* **2)** Behörde, Diensttraum, auch Sitz der Behörde: *Finanzamt; Postamt; das Auswärtige A.,* vgl. auswärtig. **3)** Amtsbezirk. **4)** U kurz für: Fernsprechvermittlungsamt: *geben Sie mir bitte ein Amt.* **5)** gesungene kath. Messe: *Hochamt.* **amten,** *ich* amte (habe geamtet), ⚭, **amtieren,** *ich* amtiere (habe amtiert), habe ein Amt inne. **amtlich, 1)** ein Amt betreffend, dienstlich, behördlich: *eine amtliche Bescheinigung; das amtliche Kennzeichen eines Kraftfahrzeugs,* Nummernschild, ABB. S 18. **2)** U wahr, feststehend, offiziell: *das ist a.*

Amtmann [ahd. ambaht ›Diener‹, ›Beamter‹] *der, -(e)s/¹₋er* oder *. . .leute,* **1)** im MA.: Beamter der Landesherrschaft. **2)** Beamter des gehobenen Dienstes. **3)** Gutsverwalter. **Amtsanmaßung** *die,* unbefugte Ausübung eines Amtes. **Amtsanwalt** *der,* Vertreter der Staatsanwaltschaft bei Amtsgerichten. **Amtsarzt** *der,* der Leiter eines Gesundheitsamtes, ein Medizinalbeamter. **Amtsbezirk** *der,* Verwaltungseinheit, örtlicher Zuständigkeitsbereich einer Behörde. **Amtsblatt** *das,* Blatt, das amtliche Verlautbarungen mitteilt. **Amtsbruder** *der,* Pfarrer gleicher Stellung. **Amtseid** *der,* Eid des Beamten u. a. vor Dienstantritt. **Amtsenthebung** *die,* Absetzung. **Amtsgeheimnis** *das,* die Verpflichtung der Beamten und Behördenangestellten zur Verschwiegenheit in Amtsangelegenheiten. **Amtsgericht** *das,* Abk.: AG, die unterste Gerichtsstufe in der Bundesrep. Dtl. **Amtsgewalt** *die,* die mit einem Amt verbundenen Rechte. **amtshalber,** von Amts wegen. **Amtshandlung** *die.* **Amtshilfe** *die,* Hilfeleistung, z. B. durch Auskünfte der Verwaltungsbehörden untereinander und gegenüber Gerichten. **Amtskette** *die,* ABB. A 13. **Amtsmiene** *die,* U unpersönlicher Gesichtsausdruck.

Amtsperson *die,* jemand mit amtlichem Auftrag: *ich komme als A.* **Amtsschimmel** [wohl zu lat. similis ›ähnlich‹] *der, -s,* U pedantische behördliche Umständlichkeit. **Amtssprache** *die,* die Behörden- und Gerichtssprache, meist die Landessprache. **Amtstracht** *die,* althergebrachte Kleidung staatl. und kirchl. Berufsgruppen, ABB. A 13. **Amtsvergehen** *das,* Verletzung einer Amtspflicht. **Amtszeichen** *das,* akustisches Zeichen im Fernsprechdienst.

Amulett [lat. amuletum] *das, -(e)s/-e,* kleiner Anhänger, der Schutz und Kraft verleihen soll.

Amun [›der Verborgene‹], Ammon, ägypt. Hauptgottheit.

amüsant [frz. amusant], vergnüglich, unterhaltsam. **Amüsement** [-'mã, frz.] *das, -s/-s,* Vergnügen, Unterhaltung. **amüsieren,** *ich* amüsiere (habe amüsiert) *ihn, mich.*

amusisch [vgl. grch. a . . . und musisch], ohne Kunstverständnis.

Amygdalin [grch. amygdale ›Mandel‹] *das, -s,* Giftstoff in Obstkernen, Bittermandeln.

Amyl [grch. amylon ›Stärke‹] *das, -s,* organische Atomgruppe. **Amylalkohol** *der,* giftiger Alkohol, Fusel. **Amylase** *die, -/-n,* Diastase, ein in Pflanzen und in der Bauchspeicheldrüse vorkommendes Enzym. **Amylen** *das, -s/-e,* ein ungesättigter Kohlenwasserstoff. **Amylose** *die, -/-n,* Bestandteil der Stärke.

an [ahd. an(a), mhd. an(e)] *ihm* oder *ihn,* Präposition, ÜBERS. P 21, **1)** dicht dabei, nahe (einer Seite): *das Bild hängt an der Wand; häng das Bild an die Wand!; Neustadt an der Weinstraße.* **2)** beschäftigt mit: *ich bin an der Arbeit; geh an die Arbeit!* **3)** tätig in, bei: *Lehrer an der Grundschule; Versetzung an die Berufsschule.* **4)** zu einer bestimmten Zeit: *es war an ihrem ersten Schultag.* **5)** von einem bestimmten Zeitpunkt beginnend: *von morgen an; von dem Tage an, als . . .* **6)** für jemand bestimmt: *ein Brief an dich.* **7)** mit Zahlen: ungefähr, gegen: *an die tausend.* **8)** auf jemanden oder etwas bezogen: *ich muß oft an ihn denken; an dieser Sache liegt mir nichts.* **9)** von einer Stelle aus: *von hier an; von diesem Preis an aufwärts.* **10)** in Besitz von: *ihm fehlt es an Energie.* **11)** mit Hilfe: *sie geht an Krücken.* **12)** verursacht durch, infolge: *sie leidet an epileptischen Anfällen.* **13)** U kurz für: angezogen: *sie hat wenig an.* **14)** U kurz für: anschalten, angeschaltet: *Licht an!; das Licht ist an.* **an,** Adverb, **1)** ab und an, manchmal, hin und wieder. **2)** an (und für) sich, genau genommen, eigentlich. **3)** von . . . an; vgl. von.

an . . . , mit Verben trennbar zusammengesetzt, **1)** berührend, dicht bei: *angrenzen; sich anschmiegen.* **2)** beginnend, teilweise, halb . . . : *angefault.* **3)** auf etwas gerichtet: *anpeilen.* **4)** verstärkend, hinzukommend: *anschwellen;* vgl. anähnlen.

An

an . . ., in Fremdwörtern vgl. a . . .
an . . . [grch.], vgl. a . . .
an . . . [lat.], vgl. ad . . .
ana . . . [grch.], 1) wieder . . ., entsprechend: *Anabaptist; analog.* 2) auf . . ., hinauf . . .: *Anakrusis*, Auftakt (Metrik).
. . .ana [lat.], auch . . .*iana*, Pluralendung an Eigennamen als Titel für Sammlungen: (von ihm) Herrührendes: *die Goetheana; die Kantiana.*
Anabaptismus [vgl. ana . . . und Baptismus] *der*, Lehre der Wiedertäufer. **Anabaptist** *der*, Wiedertäufer.
Anabasis [grch. ›Hinaufstieg‹, nach den Feldzügen des Kyros und Alexanders d. Gr.] *die*, -, Name zweier Geschichtswerke des Altertums. **anabatisch**, aufsteigend (von Winden).
Anabiose [grch. ana . . . und vgl. bio . . .] *die*, -, Wiederaufleben aus todähnlicher Trocken- oder Kältestarre. **anabiotisch**.
Anabolika [grch. ana . . . und bolus ›Zugewinn‹], *Pl.*, den Eiweißaufbau im Organismus fördernde Stoffe.
Anachoret [-xo-, -ço- oder -ko-, grch. anachorein ›zurückweichen‹] *der*, -en/-en, Einsiedler.
Anachronismus [-kro-, grch. anachronizein ›in eine andere Zeit versetzen‹, zu chronos ›Zeit‹] *der*, -/. . .*men*, 1) falsche zeitliche Einordnung. 2) nicht mehr zeitgemäße Einrichtung. **anachronistisch**.
Anadyomene [auch -m'e:ne, grch. ›die Auftauchende‹], Beiname der Aphrodite, nach ihrer Geburt aus dem Meer.
an|aerob [-ae-, vgl. ana . . . und aerob], ohne Sauerstoff lebend. **An|aerobier** *der*, -s/-, **An|aerobiont** *der*, -en/-en, niederes Lebewesen, das ohne Sauerstoff leben kann. **An|aerobiose** *die*, -, Leben ohne Sauerstoff.
Anagramm [grch. anagramma, zu anagraphein ›umschreiben‹] *das*, -s/-e, Umstellung der Buchstaben eines Wortes für Wortspiele, Decknamen u. a.
anähneln [zu ähnlich], *ich* ähn(e)le *es ihm* an (habe angeähnelt), mache ähnlich.
Anakoluth [vgl. grch. a . . . und akolouthein ›folgen‹] *das*, -s/-e, Satzbruch, ÜBERS. R 12. **anakoluthisch**.
Anakonda *die*, -/-s, eine südamerikan. Boaschlange.
Anakreontik [nach dem altgriech. Lyriker Anakreon, um 500 v. Chr.] *die*, -, Wein und Liebe besingende deutsche Literaturrichtung im 18. Jahrh. **Anakreontiker** *der*, -s/-, 1) Vertreter der Anakreontik. 2) Ü Genußmensch. **anakreontisch**, Ü heiter, genußfroh; aber: *Anakreontischer Vers*, ÜBERS. A 4, C.
anal [lat. anus ›After‹], in der Aftergegend gelegen.
Analekten [grch. analekta, zu analegein ›auflesen‹], *Pl.*, Sammlung vermischter Gedichte, Aufsätze, Sentenzen u. a.
Analeptikum [grch. analeptikos ›wiederherstellend‹] *das*, -s/. . .*ka*, Mittel zur Anregung des Kreislaufs. **analeptisch**, *analeptische Mittel*.
Analgesie [vgl. grch. an . . . und algos ›Schmerz‹] *die*, -/. . .*s'i|en*, ‡ Schmerzlosigkeit. **Analgetikum** *das*, -s/. . .*ka*, ‡ schmerzstillendes Mittel. **analgetisch**, ‡ schmerzstillend.
analog [vgl. ana . . . und grch. logos ›Wort‹, ›Rede‹], 1) entsprechend, gleichartig. 2) übertragbar, sinngemäß anwendbar. 3) ähnlich. **Analogie** *die*, -/. . .*g'i|en*, Gleichmäßigkeit, Ähnlichkeit, Entsprechung. **Analogiebildung** *die*, Umbildung einer Sprachform nach dem Muster einer anderen. **Analogieschluß** *der*, Analogismus *der*, -/. . .*men*, Schluß auf Grund einer Analogie. **Analogon** *das*, -s/. . .*ga*, das Entsprechende. **Analogrechner** *der*, Rechengerät für vorwiegend kontinuierliche Rechengrößen.
An|alphabet [vgl. an . . . und Alphabet] *der*, -en/-en, Lesens und Schreibens Unkundiger. **An|alphabetentum** *das*, -s, **An|alphabetismus** *der*, -.
Analysand *der*, -en/-en, Psychoanalyse: Person, die analysiert wird. **Analyse** [grch. analysis ›Auflösung‹] *die*, -/-n, 1) Zergliederung, Trennung eines Ganzen in seine Teile: *Strukturanalyse.* 2) kurz für: Psychoanalyse. 3) ⚗ Ermittlung der Bestandteile von Verbindungen oder Gemengen: *qualitative, quantitative A.* **analysieren**, *ich* analysiere (habe analysiert), 1) *es*, zergliedere, löse auf. 2) *ihn*, nehme an ihm eine Analyse vor. **Analysis** *die*, -, Teilgebiet der Mathematik. **Analytik** *die*, -, Kunst, Lehre oder Verfahren der Analyse. **Analytiker** *der*, -s/-, analytisch vorgehender Wissenschaftler; bes. Psychoanalytiker. **analytisch**, zergliedernd, auf die Analyse bezüglich: *analytische Chemie*, Zerlegung der Grundstoffe; *analytische Geometrie*, Umsetzung räuml. Verhältnisse in Zahlen; *analytische Psychologie*, die Psychoanalyse, bes. aber die Psychologie C. G. Jungs.

An|ämie [vgl. grch. a . . . und haima ›Blut‹] *die*, -/. . .*m'i|en*, ‡ Blutarmut. **an|ämisch**.
Anamnese [grch. anamnesis ›Erinnerung‹] *die*, -/-n, ‡ Vorgeschichte einer Krankheit. **Anamnesis** *die*, -, Philosophie: Wiedererinnerung der Seele an die Ideenschau in einem früheren Dasein. **anamne(s)tisch**, ‡.
An|amnier [vgl. grch. a . . . und Amnion], *Pl.*, Wirbeltiere, die kein Amnion bilden: Fische und Lurche.
Ananas [portugies. aus Tupí] *die*, -/- oder -se, eine tropische Frucht.
Ankasmus *der*, -/. . .*men*, Zwangsneurose. **An|ankast** *der*, -en/-en, Zwangsneurotiker. **An|anke**, 1) griech. Schicksalsgöttin. 2) *die*, -, Zwang, Schicksal.
Ananym [vgl. grch. onyma ›Name‹] *das*, -s/-e, Pseudonym aus dem rückwärts gelesenen Namen, z. B. Ceram aus Marek.
Anapäst [grch. anapaistos ›zurückgeschlagen‹] *der*, -(e)s/-e, ein Versfuß, ÜBERS. M 14. **anapästisch**.
Anapher [vgl. grch. ana . . . und grch. pherein ›tragen‹] *die*, -/. . .*rä*, Wiederholung eines Wortes am Anfang einander folgender Sätze oder Satzteile, ÜBERS. R 12. **anaphorisch**.
An|aphrodisiakum [vgl. grch. a . . . und Aphrodisiakum] *das*, -s/. . .*ka*, Arznei, die den Geschlechtstrieb hemmt. **an|aphrodisisch**, den Geschlechtstrieb hemmend.
Anaphylaxie [vgl. ana . . . und grch. phylaxis ›Beschützung‹] *die*, -, Überempfindlichkeit des Körpers gegen körperfremdes Eiweiß.
An|archie [vgl. grch. a . . . und arche ›Herrschaft‹] *die*, -/. . .*ch'i|en*, Gesetzlosigkeit. **an|archisch. An|archismus** *der*, -, Lehre, die jeden Staats- und Rechtszwang ablehnt. **An|archist** *der*, -en/-en. **an|archistisch**.
Anastasia [grch. ›die, der Auferstandene‹], weibl., **Anastasius**, männl. Vorname. **anastatisch**, erneuernd.
An|äs|thesie [grch. anaisthesia] *die*, -/. . .*s'i|en*, ‡ 1) Unempfindlichkeit. 2) Schmerzbetäubung. **an|äs|thesieren**, *ich* anästhesiere (habe anästhesiert) *ihn*. **An|äs|thesiologie** *die*, -, Lehre von der Schmerzbekämpfung. **An|äs|thesist** *der*, -en/-en, Facharzt für Anästhesie. **An|äs|thetikum** *das*, -s/. . .*ka*, schmerzausschaltendes Mittel. **an|äs|thetisch. an|äs|thetisieren**, *ich* anästhetisiere (habe anästhetisiert) *ihn*, anästhesiere.
An|astigmat [vgl. ana . . . und grch. stigma ›Stich‹, ›Punkt‹] *der* oder *das*, -s/-e, Optik: verzeichnungs-, öffnungs- und farbfehlerfreie Linse. **an|astigmatisch**.
Ana|stomose [grch. anastomoun ›eine Schleuse öffnen‹] *die*, -/-n, ‡ natürliche oder künstliche Verbindung von Gefäßen oder Nerven untereinander.
Anathem *das*, -s/-e, **Anathema** [grch.] *das*, -s/. . .*th'emata*, Fluch; Kirchenbann. **anathematisieren**, *ich* anathematisiere (habe anathematisiert) *ihn, es*.
Anatom [grch. anatemnein ›aufschneiden‹] *der*, -en/-en, Wissenschaftler für Anatomie. **Anatomie** *die*, -/. . .*m'i|en*, 1) ohne *Pl.*, Lehre vom Körperbau der Lebewesen. 2) Institut, Hörsaal für Anatomie. 3) Ü Struktur, Aufbau: *A. eines Streiks.* **anatomisch**, *anatomische Unterschiede; anatomisches Präparierbesteck*, ABB. B 24.
Anatozismus [vgl. ana . . . und grch. tokizein ›verzinsen‹] *der*, -, das Nehmen von Zinseszins.
anbacken, *es* backt an (ist angebacken), backt fest, klebt an.
anbahnen, *ich* bahne an (habe angebahnt), 1) *es*, bereite vor, leite in die Wege. 2) *es* bahnt sich an, beginnt, ist im Entstehen. **Anbahnung** *die*, -/-en, Vorbereitung, Beginn: *Eheanbahnung.*
Anbandelei, Anbändelei *die*, -/-en, das Anbandeln. **anbandeln, anbändeln**, *ich* band(e)le, bänd(e)le *mit ihm* an (habe angebandelt, angebändelt), suche Annäherung oder Streit. **Anband(e)lung, Anbänd(e)lung** *die*, -/-en, Anbandelei.
Anbau *der*, -(e)s/-ten, 1) ohne *Pl.*, Anpflanzung: *Anbaugebiet; A. von Getreide.* 2) der angebaute Teil eines Gebäudes. **anbauen**, *ich* baue *es* an (habe angebaut), 1) pflanze und ziehe auf (Feldfrüchte). 2) baue zu einem Gebäude hinzu. 3) füge lückenlos aneinander: *Anbaumöbel.*
anbefehlen, *ich* befehle *es ihm* an (befahl an, habe anbefohlen), trage auf, lege nahe, empfehle zu tun.
Anbeginn [mhd. anbegin] *der*, Beginn: *von A. (an).*
anbehalten, *ich* behalte *es* an (behielt an, habe anbehalten), ziehe nicht aus (Kleid).
anbei, K als Beilage zugefügt.

anbeißen [mhd. anbizen], *ich* beiße an (biß an, habe angebissen), **1)** *es,* beginne es zu essen. **2)** *er, es beißt an,* nimmt den Köder (Fisch an der Angel); Ü läßt sich verlocken, überreden (Person).

an(be)langen, *was es, mich, ihn an(be)langt,* K betrifft.

anbellen, *ich* belle *ihn* an (habe angebellt), **1)** *der Hund bellt ihn an,* richtet sein Gebell gegen ihn. **2)** Ü herrsche ihn grob an.

anbequemen, *ich* bequeme *mich* an (habe mich anbequemt), Ü passe mich an: *er wird sich dieser Gewohnheit auch noch anbequemen müssen.*

anberaumen [mhd. beramen ›als Ziel festsetzen‹], *ich* beraume *es* an (habe anberaumt), setze einen Termin dafür fest: *die Versammlung wurde für den 30. März anberaumt.* **Anberaumung** *die, -/-en.*

anbeten [mhd. anebiten], *ich* bete *ihn* an (habe angebetet), **1)** verehre (eine Gottheit). **2)** Ü bewundere, liebe maßlos. **Anbeter** *der.*

Anbetracht, *in A. dessen, daß . . . ,* mit Rücksicht darauf. **Anbetreff,** *in A. seiner,* K zu, für, bezüglich auf, berührend.

anbetreffen, *was mich, ihn anbetrifft,* K betrifft.

anbetteln, *ich* bett(e)le *ihn um etwas* an (habe angebettelt), wende mich bettelnd an ihn, bitte ihn (aufdringlich) um etwas. **Anbetung** *die, -/-en,* **1)** Verehrung (einer Gottheit). **2)** Ü maßlose Bewunderung oder Liebe.

anbiedern [zu bieder], *ich* bied(e)re *mich* an (habe mich angebiedert), knüpfe in aufdringlicher Weise Bekanntschaft. **Anbiederung** *die, -/-en.*

anbieten [mhd. anebeten], *ich* biete *es (ihm)* an (habe angeboten), **1)** reiche hin, stelle zur Verfügung: *darf ich Ihnen eine Tasse Kaffee, meine Hilfe anbieten?* **2)** ↗ mache Verkaufsangebote. **3)** schlage vor: *die Regierung bot ihren Rücktritt an.* **4)** Ü drohe damit: *ich habe dem Burschen eine Tracht Prügel angeboten.* **5)** *mich,* erkläre mich aus eigenem Antrieb bereit: *er bot sich an, uns beim Umzug zu helfen; am U-Bahnhof bieten sich die Mädchen an* (zur Prostitution). **6)** *es bietet sich an,* Ü ist geeignet für etwas: *dieser Platz bietet sich für ein Picknick geradezu an.*

anbinden [mhd. anebinden], *ich* binde an (band an, habe angebunden), **1)** *ihn, es,* mache fest (mit Schnüren). **2)** *mit ihm,* Ü suche Streit.

Anbiß *der,* **1)** erster Biß. **2)** Köder.

anblaffen, *ich* blaffe *ihn* an (habe angeblafft), Ü fahre barsch an.

anblasen, *ich* blase an (blies an, habe angeblasen), **1)** *es,* entfache Feuer (im Hochofen). **2)** *eine Jagd,* gebe durch Fanfarenstoß oder Jagdhornblasen das Zeichen zum Beginn. **3)** *ihn,* blase in seiner Richtung. **4)** *ihn,* Ü fahre grob an.

anblecken, *der Hund, das Raubtier* bleckt *ihn* an (hat angebleckt), zeigt ihm die Zähne.

Anblick [mhd. anblic] *der,* **1)** Betrachtung: *in den A. versunken.* **2)** das, was sich dem Auge bietet: *ein herrlicher A.!*

anblicken [mhd. aneblicken], *ich* blicke *ihn, es* an (habe angeblickt), richte meine Augen auf ihn, etwas.

anblinzeln, *ich* blinz(e)le *ihn* an (habe angeblinzelt), schaue mit halbgeschlossenen Augenlidern.

anblitzen, *ich* blitze *ihn* an (habe angeblitzt), blicke zornig an.

anbohren, *ich* bohre an (habe angebohrt), **1)** *es,* beginne, ein Loch zu bohren. **2)** *ihn, bei ihm,* Ü versuche auf vorsichtige Weise etwas zu erkunden oder zu erreichen.

Anbot *das, -(e)s/-e, österr.:* ⊗ Angebot.

anbraten, *ich* brate *es* an (briet an, habe angebraten), brate nur kurz, ohne daß es ganz gar wird (Fleisch).

anbrechen, *ich* breche an (brach an, habe angebrochen), **1)** knicke, ohne durchzubrechen: *der Zweig, der Arm ist angebrochen.* **2)** beginne zu verbrauchen: *eine angebrochene Packung.* **3)** bricht an, beginnt: *der Tag ist angebrochen.*

anbrennen, *ich* brenne an (habe angebrannt), **1)** *es,* bringe zum Brennen. **2)** *es brennt an,* fängt Feuer. **3)** *eine Speise brennt an,* setzt sich am Boden des Topfes an: *es riecht angebrannt.*

anbringen [mhd. anebringen], *ich* bringe *es* an (habe angebracht), **1)** trage herbei. **2)** mache fest, installiere (Änderung, Lampe). **3)** Ü setze ab, verkaufe (Waren). **4)** Ü teile beiläufig mit, äußere (Bemerkung, Witz).

Anbruch *der, -(e)s,* **1)** Beginn: *bei, mit A. des Tages.* **2)** das Anbrechen, Öffnen (Flasche, Konserve). **3)** *Pl.* ²*e,* ⚒ Bruchstelle nutzbarer Mineralien. **4)** ☙ in Fäulnis übergehendes Wild. **anbrüchig,** angefault (Holz, Wildbret).

anbrüllen, *ich* brülle *ihn* an (habe angebrüllt), wende mich mit lauter Stimme gegen ihn, beschimpfe ihn.

anbrüten, *der Vogel* brütet *das Ei* an (hat angebrütet), beginnt zu brüten.

. . .ance [-ãs, frz.], Ableitungssilbe für weibl. Substantive: *die Renaissance.*

Anchovis [-ço-] *die, -/-,* Anchovis.

Anciennität [ãsjeni-, frz. ancienneté] *die, -,* ⅍ Dienstalter. **Ancien régime** [ãsjɛ̃ reʒ'iːm, frz. ›alte Regierungsform‹] *das, - -,* das absolutist. Frankreich vor 1789.

ancora [ital.], ♪ noch (einmal).

. . .and [lat.], Ableitungssilbe für männl. Substantive: *der Konfirmand; der Summand; der Doktorand.*

Andacht [ahd. anadaht ›Aufmerksamkeit‹] *die, -/-en,* **1)** ohne *Pl.,* Versenkung, religiöse Hingabe. **2)** kurzer Gottesdienst. **andächtig, andachtsvoll,** versunken, in ehrfürchtiger Weise aufmerksam.

Andalusit [nach den ersten Funden in Andalusien] *der, -s/-e,* ein grünes, rötliches oder graues Mineral.

andante [ital. ›gehend‹], ♪ mäßig langsam. **Andante** *das, -(s)/-s,* ♪ mäßig langsames Musikstück. **andantino,** ♪ etwas schneller als andante. **Andantino** *das, -s/-s* oder *. . .ni,* kurzes Andante.

andauen, *es* daut an (ist angedaut), ♀ beginnt zu verdauen: *angedaute Nahrung.*

Andauer *die.* **andauern,** *es* dauert an (hat angedauert), ist noch nicht zu Ende: *der Regen dauert an.* **andauernd,** fortwährend, bestündig: *ich bin es leid, a. gestört zu werden,* Ü.

Andauung *die, -,* ♀ Anfang der Verdauung.

Andenken *das, -s/-,* **1)** ohne *Pl.,* Erinnerung: *behaltet mich in gutem A.!* **2)** kleines Geschenk zur Erinnerung, Souvenir: *Reiseandenken.*

and(e)re [ahd. ander], *-r, -s,* **1)** nicht der-, die-, dasselbe: *der, die, das, alles a.; eine a.; alle and(e)ren, andern; jemand, niemand anders; wir wollen von etwas and(e)rem, anderm sprechen; unter and(e)rem, anderm,* Abk.: u. a.; *und and(e)re,* Abk.: u. a.; *ich besinne mich eines and(e)ren, andern; er ist and(e)ren, andern Sinnes geworden.* **2)** verschieden, anti . . .: *das andere Kino,* das nicht kommerzielle. **ander(e)nfalls,** sonst, im anderen Falle. **and(e)ren|orts,** anderorts, nicht hier, anderswo. **ander(e)ntags,** am nächsten Tag. **ander(e)nteils,** auf der anderen Seite, zweitens, hingegen: *einesteils . . . a.* **and(e)rerseits,** anderseits, wenn man (wieder) berücksichtigt, hingegen, zweitens: *einerseits . . . a.*

Andergeschwisterkind *das,* ⅍ Verwandte, deren Großväter oder Großmütter Geschwister sind. **Anderkonto** *das,* Bankkonto auf den Namen eines Treuhänders über Vermögenswerte, die dieser verwaltet. **anderlei,** verschiedene andere, mancherlei. **andermal,** bei anderer Gelegenheit: *das wollen wir ein a. tun,* aber: *ein and(e)res Mal, ein um das and(e)re Mal.*

ändern [mhd. endern], *ich* änd(e)re (habe geändert), **1)** *es,* führe auf andere Weise weiter, gebe ein anderes Aussehen: *ich ä. mein Kleid.* **2)** *ihn,* wandle um, verändere: *diesen Menschen änderst du nicht mehr.* **3)** *es ändert sich,* wird anders: *die Zeiten haben sich geändert.*

andernfalls, anderenfalls. **andern|orts,** anderenorts. **anderntags,** anderentags. **andernteils,** anderenteils. **anderorts,** anderenorts.

anders [ahd. anderes], **1)** neuartig, in bisher nicht dagewesener Weise: *jetzt wird alles a.!* **2)** abweichend, unterschiedlich: *sie sieht ganz a. aus als ihre jüngere Schwester.* **3)** sonst: *wer a. als er könnte in Frage kommen?* **andersartig,** anders geartet. **Andersartigkeit,** das a. -sein. **Andersdenkende** *der, die, -n/-n, ein -r, eine -,* Vertreter(in) einer anderen Meinung. **ander|seits,** anderseits. **andersgeartet,** von anderer Art. **Andersgläubige** *der, die,* Angehörige(r) eines anderen Glaubens. **andersher|um,** Ü andersrum, in entgegengesetzter Richtung: *er ist a.,* Ü homosexuell. **Anderssein** *das,* Abweichung, Verschiedenheit. **andersprachig,** in eine andere Sprache sprechend, in einer anderen Sprache geschrieben. **anderswie,** auf andere Weise, irgendwie anders. **anderswo,** woanders, irgendwo anders, irgendwo sonst; *wo anders?, wo sonst?* **anderswoher,** von einem fremden Ort, von auswärts. **anderswohin,** an einen anderen Ort.

anderthalb [ahd. anderhalb], ein(und)einhalb: *in a. Stunden.* **anderthalbfach,** anderthalbmal soviel; vgl. achtfach. **anderthalbmal,** anderthalbfach wiederholt; vgl. achtmal.

Änderung [mhd. anderunge] *die, -/-en,* das Ändern, Veränderung, Wechsel, Neugestaltung: *Namensänderung; Programmänderung; Änderungsschneiderei.*

anderwärtig, anderwärts, an anderer Stelle, in anderer Richtung. **anderweit,** in anderer Hinsicht, auf andere Weise. **anderweitig,** *die Stelle ist schon a. vergeben.* **Andesin** [nach den Anden] *der, -s,* ein Mineral. **Andesit** *der, -s,* ein vulkan. Gestein.

andeuten, *ich* deute *es* an (habe angedeutet), **1)** *ihm,* gebe durch einen Hinweis zu verstehen: *man deutete ihm an zu gehen.* **2)** führe nur flüchtig, skizzenhaft aus: *dieses Problem kann ich heute nur andeuten.* **Andeutung** *die.* **andeutungsweise,** *er hatte a. davon gehört.*

andichten, *ich* dichte an (habe angedichtet), **1)** *ihn,* mache ein Gedicht auf ihn. **2)** *es ihm,* behaupte fälschlicherweise von ihm.

andienen, *ich* diene *es ihm* an (habe angedient), *⊿* biete sofortige Lieferung an. **Andienung** *die, -,* Schadensersatzbeanspruchung bei Seeversicherungen. **Andienungspflicht** *die,* **Andienungszwang** *der,* Verpflichtung eines Verkäufers, eine bestimmte Ware ausschließlich einem bestimmten Käufer anzubieten.

andin, die Anden betreffend, in ihnen vorkommend.

andocken [engl. to dock ›anlegen‹], *ich* docke *es* an (habe angedockt), verbinde Raumfahrzeuge miteinander, kopple an.

andonnern, *ich* donn(e)re *ihn* an (habe angedonnert), U fahre grob an, herrsche an.

Andorn *der, -(e)s/-e,* ⚕ taubnesselähnlicher Lippenblüter. **Andorraner** *der, -s/-,* Bewohner des Pyrenäenstaates Andorra. **andorranisch.**

andr..., vgl. andro...

Andragogik [grch. andro... und grch. agein ›führen‹] *die, -,* Lehre von der Erwachsenenbildung. **andragogisch.**

Andrang *der, -(e)s,* das Herandrängen, heftiger Zustrom: *A. zur letzten Vorstellung.* **andrängen,** *ich* dränge an, **1)** (habe angedrängt) *mich an ihn,* lehne, schmiege mich an. **2)** (bin, habe angedrängt) *gegen ihn,* komme ihm ungestüm entgegen.

andre, andere.

André [ādr'e:, frz. Form von Andreas], männl. Vorname. **Andrea** [grch. andreios ›mannhaft‹], weibl., **Andreas,** männl. Vorname. **Andreaskreuz** *das,* ABB. K 44.

andrehen, *ich* drehe *es* an (habe angedreht), U **1)** schalte an (Licht, Radio). **2)** *ihm,* verkaufe ihm und übervorteile ihn dabei: *du hast dir einen Ladenhüter andrehen lassen.*

andrerseits, andererseits.

Andres [zu Andreas], männl. Vorname.

andringen, *ich* dringe *gegen ihn* an (drang an, bin angedrungen), dränge an.

andro... [grch. aner, Gen. andros ›Mann‹, ›Mensch‹], männlich. **Androgamet** [grch. gamein ›heiraten‹] *der,* männl. Keimzelle. **Androgen** [vgl. ...gen] *das, -s/-e,* männl. Geschlechtshormon. **androgyn** [grch. gyne ›Weib‹], zwitterig. **Androgynie** *die, -.* **androgynisch,** älter für: androgyn.

androhen, *ich* drohe *es ihm* an (habe angedroht), erkläre, es ihm antun zu wollen: *ich habe ihm Prügel angedroht.* **Androhung** *die:* unter *A. von Gewalt.*

Android(e) *der, ...den/...den,* Automat in Menschengestalt. **Andrologie** [vgl. andro... und ...logie] *die, -,* Lehre von den an das männl. Geschlecht gebundenen Krankheiten. **Andromeda** [nach einer Gestalt der griech. Mythologie] *die, -,* ein Sternbild. **Andropause** [vgl. andro... und grch. pauein ›aufhören lassen‹] *die,* das Aufhören der Sexualfunktion beim Mann. **Androsteron** *das, -s,* die im Harn ausgeschiedene Form des männl. Geschlechtshormons Testosteron. **Andrözeum** [grch. oikos ›Haus‹] *das, -s,* die Staubblätter einer Blüte.

Andruck *der, -(e)s/-e,* ⊘ Probedruck (bei Reproduktionen): *Andruckexemplar.* **andrucken,** *ich* drucke *es* an (habe angedruckt).

andrücken, *ich* drücke *es* an (habe angedrückt), gebe einen festen Halt durch Drücken, Pressen: *du mußt das Pflaster fest andrücken.*

andudeln, anduseln, *ich* dud(e)le, dus(e)le *mir einen* an (habe angedudelt, angeduselt), U betrinke mich leicht.

...äne [frz.], Ableitungssilbe für weibl. Substantive: *die Fontäne; die Quarantäne.*

anecken, *ich* ecke an (bin, habe angeeckt), **1)** stoße an eine Ecke. **2)** bei ihm, U errege Mißfallen, Ärgernis.

aneifern, *ich* eif(e)re an (habe angeeifert), **1)** *ihn,* sporne an, ermuntere. **2)** *gegen ihn,* ⊛ eifere. **Aneiferung** *die, -/-en.*

aneignen, *ich* eigne *es mir* an (habe angeeignet), **1)** nehme (widerrechtlich) in Besitz. **2)** erwerbe Kenntnisse, Fähigkeiten: *er hat sich das Englische gut angeeignet.* **Aneignung** *die.*

aneinander, einen an den (dem) anderen: *wir wollen a. denken; sie haben a. vorbeigeredet;* sonst in Verbindung mit Verben trennbar zusammengesetzt: *man muß es aneinanderfügen,* vereinen; *sie sind aneinandergeraten,* U haben sich gestritten.

Anekdote [vgl. grch. a... und ektodon ›herausgegeben‹] *die, -/-n,* kurze witzige Geschichte, meist über bekannte Persönlichkeiten. **anekdotenhaft, anekdotisch.**

anekeln, *ich* ek(e)le *ihn* an (habe angeekelt), verursache bei ihm Ekel: *das ekelt mich an.*

anemo... [grch. anemos ›Wind‹], wind... **Anemochorie** [-k-, grch. chorizein ›verbreiten‹] *die, -,* Pflanzenverbreitung durch den Wind. **Anemograph** [vgl. ...graph] *der, -en/-en,* Windschreiber. **Anemometer** [grch. metron ›Maß‹] *das, -s/-,* der Windmesser, ABB. W 13. **Anemone** *die, -/-n,* ein Hahnenfußgewächs, bes. Windröschen.

anempfehlen, *ich* empfehle *es ihm* an oder anempfehle (empfahl an oder anempfahl, habe anempfohlen), empfehle.

anempfunden, nachgeahmt wie Selbsterlebtes.

Anepigrapha [vgl. grch. a... und epigraphe ›Überschrift‹], *Pl.,* unbetitelte Schriften. **anepigraphisch,** unbetitelt.

...aner [lat.], auch ...ianer, Endung an Eigennamen zur Bez. der Anhängerschaft: *der Lutheraner; der Kantianer.*

Anerbe *der,* Hoferbe, bäuerl. Alleinerbe. **Anerbenrecht** *das,* bäuerl. Erbfolge, bei der das Gut ungeteilt bleibt.

anerbieten, *ich* erbiete *mich* an oder anerbiete (erbot mich an oder anerbot mich, habe mich anerboten), erbiete mich, stelle mich zur Verfügung. **Anerbieten** *das, -s/-,* **Anerbietung** *die, -/-en.*

anerkanntermaßen. anerkennen, *ich* erkenne *ihn, es* an oder anerkenne (erkannte an oder anerkannte, habe anerkannt), würdige, bewerte als Leistung, bestätige als gültig: *er hat sich anerkennend über dich geäußert; er ist ein anerkannter Wissenschaftler.* **Anerkenntnis** [grch. metron ›Maß‹ ᵺ ᵺ] *nur das, -ses/-se,* Anerkennung des Klägeranspruchs durch den Beklagten. **Anerkennung** *die, -/-en,* **1)** Billigung, Zustimmung, das Geltenlassen: *die diplomatische A. eines Staates.* **2)** Würdigung, Lob: *er sprach ihr seine A. aus.*

Aneroid [vgl. grch. a..., neros ›naß‹ und ...id] *das, -(e)s/-e,* **Aneroidbarometer** *das,* ABB. L 18.

anerziehen, *ich* erziehe *es ihm* an (habe anerzogen), gewöhne durch Erziehung an: *seine Höflichkeit ist ihm anerzogen,* nicht angeboren.

anfachen [zu fächeln], *ich* fache *Feuer* an (habe angefacht), bringe durch Blasen zum Brennen, entfache.

anfahren [ahd. anafaren ›angreifen‹], *ich* fahre an (fuhr an), **1)** (bin angefahren), beginne zu fahren: *der Zug fährt an.* **2)** (bin angefahren), ⚒ gehe unter Tage. **3)** (habe angefahren) *es, ihn,* stoße mit meinem Fahrzeug an (und beschädige oder verletze dadurch). **4)** *es,* bringe mit Fuhre an: *man hat Koks angefahren.* **5)** *ihn,* U herrsche an: *er hat mich angefahren.* **6)** (habe angefahren) *es,* ⚒ finde eine Lagerstätte. **Anfahrt** [ahd. anafart] *die, -/-en,* **1)** das Herankommen (ans Ziel). **2)** Zeit hierfür: *eine halbe Stunde A. zum Büro.* **3)** Zufahrtsweg.

Anfall [mhd. anval] *der, -(e)s/ᵘe,* **1)** plötzliches, vorübergehendes Auftreten (einer Krankheit, einer Gemütsbewegung). **2)** ohne *Pl.,* Ausbeute, Ertrag: *Arbeitsanfall.* **3)** 𝔰 Stützung. **anfallen** [ahd. anafallan], *ich* falle an (fiel an), **1)** *ihn,* greife an: *das Tier hat ihn angefallen.* **2)** *an,* entsteht, ergibt sich: *hier ist viel Arbeit angefallen.* **anfällig** [mhd. anvellec], nicht widerstandsfähig, zu etwas neigend: *er ist für (gegen) Krankheiten a.* **Anfälligkeit** *die, -.* **anfall(s)weise,** in Anfällen verlaufend, schubweise.

Anfang [ahd. anafang] *der, -(e)s/ᵘe,* Beginn; ein Erstes, dem mehr folgen soll, Grundlage, Ursprung: *Anfangsschwierigkeiten; Schulanfang; ein A. zu großen Dingen; A. April; aller A. ist schwer; der A. alles Lebens.* **anfangen** [ahd. anafahan], *ich* fange *es* an (fing an, habe angefangen), **1)** beginne: *er will ein neues Leben anfangen; die Vorstellung fängt um 8 Uhr an.* **2)** unternehme, bringe zuwege, mache: *das hat er geschickt angefangen; was willst du mit den alten Sachen anfangen?* **Anfänger** [mhd. aneginner, anehaber] *der, -s/-,* **Anfängerin** *die, -/-nen,* jemand, der anfängt (etwas zu lernen): *Anfängerkursus.* **anfänglich. anfangs,** am Anfang, anfänglich: *a. dieses Jahres.* **Anfangsbuchstabe** *der,* erste Buchstabe eines Wortes. **Anfangsgründe,** *Pl.,* erste Einführung in ein Wissensgebiet. **Anfangsstadium** *das:* im *A.,* zu Beginn (einer Entwicklung).

anfassen, *ich* fasse an (habe angefaßt), **1)** *es, ihn,* berühre: *du mußt ihn mit Samthandschuhen anfassen,* U vorsichtig behandeln. **2)** helfe bei körperlicher Arbeit: *kannst du mal mit anfassen?* **3)** *es faßt sich an,* fühlt sich an.

anfauchen, *ich* fauche *ihn* an (habe angefaucht), U spreche erregt, wütend zu ihm.

anfaulen, *es* fault an (ist angefault), beginnt zu faulen.

anfechtbar, so beschaffen, daß es angefochten werden kann. **Anfechtbarkeit** *die, -.* **anfechten,** *ich* fechte an (habe angefochten), **1)** *es,* bezweifle seine Gültigkeit (Urteil, letzter Wille). **2)** *es ficht mich an,* drängt sich mir auf, bringt mich in Versuchung: *das soll mich nicht anfechten.* **Anfechtung** [ahd. anafehtunga] *die, -/-en,* **1)** ♊ Rechtseinwände gegen ein Urteil. **2)** B Versuchung.

anfeinden, *ich* feinde *ihn* an (habe angefeindet), begegne ihm mit Angriffen, bekämpfe. **Anfeindung** *die, -/-en.*

anfertigen, *ich* fertige *es* an (habe angefertigt), stelle her. **Anfertigung** *die, -/-en.*

anfeuchten, *ich* feuchte *es* an (habe angefeuchtet), mache feucht.

anfeuern, *ich* feu(e)re *es* an (habe angefeuert), **1)** *es,* beginne zu heizen (Ofen). **2)** *ihn,* U ermuntere, ermutige, treibe an. **Anfeuerung** *die, -/-en.*

anfinden, *es* findet *sich* an (fand sich an, hat sich angefunden), kommt wieder zum Vorschein: *das vermißte Buch hat sich wieder angefunden.*

anflehen, *ich* flehe *ihn* (*um etwas*) an (habe angefleht), beschwöre, bitte inständig.

anfliegen, *ich* fliege an, **1)** (habe angeflogen) *es,* steuere einen Ort als Ziel an (Flughafen): *Frankfurt wird von vielen Fluggesellschaften angeflogen.* **2)** *es fliegt ihm an,* U gelingt ohne sichtliche Arbeit: *es ist ihm nur so angeflogen.* **3)** *Samen ist angeflogen,* wurde vom Winde ausgesät. **Anflug** *der, -(e)s,* **1)** *Pl. ⁻e,* die Annäherung eines Flugzeuges an ein bestimmtes Ziel: *wir befinden uns im A. auf den Frankfurter Flughafen.* **2)** aus Flugsamen entstandene Pflanzen, bes. Waldbäume. **3)** Schimmer, Beschlag (bei Mineralien). **4)** U Andeutung, Spur: *ein A. von Lächeln.* **5)** vorübergehende Gemütsstimmung: *in einem A. von Mitleid.*

anfordern [ahd. anaforderon ›anklagen‹], *ich* ford(e)re *es* (*von ihm*) an (habe angefordert), erbitte oder verlange Sendung: *Polizeiverstärkung wurde angefordert.* **Anforderung** *die,* **1)** ohne *Pl.,* das Anfordern, Bestellung: *Preisliste auf A.* **2)** Beanspruchung der Leistungskraft: *er stellt große Anforderungen.*

Anfrage *die,* **1)** Erkundigung. **2)** das offizielle Ersuchen um Auskunft: *die kleine oder große (parlamentarische) A.; die Opposition hat eine A. eingebracht.* **anfragen,** *ich* frage *bei ihm* (*um etwas*) an, schweiz.: *ihn* (habe angefragt), bitte um Mitteilung, Erlaubnis: *wir müssen wegen des Liefertermins anfragen.*

anfressen, *ein Tier* frißt *etwas* an (fraß an, hat angefressen), nagt, knabbert daran.

anfreunden, *ich* freunde *mich mit ihm* an (habe mich angefreundet), lerne ihn näher kennen, werde sein Freund: *mit diesem Gedanken kann ich mich noch nicht anfreunden,* U vertraut machen. **Anfreundung** *die, -/-en.*

anfrieren, *es* friert *an etwas* an (ist angefroren), haftet durch Gefrieren.

anfügen, *ich* füge *es* an (habe angefügt), füge, lege bei (Schriftstück), füge hinzu, schreibe, sage als Nachtrag. **Anfügung** *die.*

anfühlen, *ich* fühle *es* an (habe angefühlt), befühle, betaste: *der Stoff fühlt sich rauh an.*

Anfuhr *die, -/-en,* das Heranfahren (von Gütern). **anführen,** *ich* führe *ihn, es* an (habe angeführt), **1)** nenne als Beispiel, benenne: *die angeführten Zitate; am angeführten Ort,* Abk.: a. a. O. **2)** verulke, halte zum besten: *da hat man dich schön angeführt.* **3)** berufe mich auf ihn: *ich führe ihn als Zeugen dafür an.* **4)** gehe am Anfang, leite: *sie führte die Quadrille an; er führte die Bande an.* **Anführer** *der,* **1)** Befehlshaber. **2)** Anstifter, Rädelsführer. **Anführung** *die,* **1)** Führung. **2)** Berufung auf Urteile: *die A. von Sachverständigen.* **3)** wörtl. Wiedergabe, Zitat. **Anführungsstrich** *der,* **Anführungszeichen** *das,* Übers. S 6.

anfüllen, *ich* fülle *es* an (habe angefüllt), fülle ganz voll.

anfunken, *ich* funke *ihn* an (habe angefunkt), rufe durch Funkspruch an.

Angabe *die,* **1)** Behauptung; Auskunft, Mitteilung (an Behörden), Hinweis, Anzeige: *die Angaben zu seiner Person waren falsch; weitere Angaben wollte er nicht machen.* **2)** ✕ das Anspielen des Balles bei jedem neuen Spielabschnitt. **3)** ohne *Pl.,* U Prahlerei.

angaffen, *ich* gaffe *ihn, es* an (habe angegafft), starre an, begaffe.

Angang [mhd. anegang] *der,* Aberglaube: bedeutungsvolle erste Begegnung.

angängig, möglich; erlaubt; zulässig.

angeben [mhd. angeben ›melden‹, ›verraten‹], *ich* gebe an (gab an, habe angegeben), **1)** *es* (*ihm*), teile mit, erkläre, behaupte: *bitte, geben Sie Ihre Adresse an!; am angegebenen Ort,* Abk.: a. a. O. **2)** *ihn,* ⚤ verrate, zeige an. **3)** *es,* bestimme: *ich muß noch das genaue Maß angeben; er will immer den Ton angeben,* U im gesellschaftl. Kreis bestimmen, eine führende Rolle spielen. **4)** (*es*), Kartenspiel: gebe als erster. **5)** (*es*), ✕ mache eine Angabe. **6)** U prahle, protze. **Angeber** *der,* **1)** jemand, der eine Anzeige erstattet. **2)** U Prahler. **Angeberei** *die, -/-en,* U Prahlerei. **angeberisch.**

Angebetete *der, die, -n/-n, ein -r, eine -,* von fern Verehrte(r); Geliebte(r).

Angebinde *das,* kleines Geschenk.

angeblich, wie behauptet, vorgegeben wird, vermeintlich.

angeboren, schon bei der Geburt vorhanden, ererbt: *ein angeborener Herzfehler.*

Angebot *das,* **1)** Vorschlag, Anerbieten (zur Hilfeleistung). **2)** ♊ Gesamtheit der zum Verkauf auf den Markt gebrachten Güter: *A. und Nachfrage; Angebotsmonopol.* **3)** ♊ Vorschlag von Preisen und Waren: *machen Sie mir ein A.!*

angebracht, U zweckmäßig, sinnvoll, wünschenswert: *dieser Ton ist hier nicht a.,* fehl am Platz; *weitere Ausführungen halte ich für nicht a.*

angebunden [zu anbinden], *er ist kurz a.,* U wortkarg, mürrisch, abweisend.

angedeihen, *ich lasse es ihm a.,* lasse zuteil werden, zugute kommen: *er ließ ihm eine gute Erziehung a.*

Angedenken *das,* ⚤ Andenken, Gedenken.

Angefälle *das,* **1)** Erbschaft. **2)** ⚒ Widerlager, ABB. B 39.

angeflogen, vgl. anfliegen.

angegangen, vgl. angehen.

angegossen, U genau passend: *das Kleid sitzt wie a.*

angegriffen, **1)** von angreifen. **2)** U erschöpft, abgespannt, angestrengt: *ihre Gesundheit ist a.* **Angegriffenheit** *die, -.*

angeheiratet, durch Heirat verwandt, erlangt: *die angeheiratete Verwandtschaft; das Vermögen ist a.*

angeheitert, U leicht betrunken.

angehen [mhd. anegan], *ich* gehe an (ging an, habe angegangen), **1)** *es,* gehe daran heran, greife an, nehme in Angriff: *sie wollen den Gipfel über die Nordwand angehen; er hat ihn von hinten angegangen,* angefallen. **2)** *ihn* (*um etwas*), bitte. **3)** *es, gegen etwas,* U bekämpfe: *er wird (gegen) diese Mißstände energisch angehen.* **4)** *es geht an* (ist angegangen), U beginnt: *wann geht die Schule an?* **5)** *es geht an* (ist angegangen), U beginnt zu brennen (Feuer, Licht), zu senden (Radio, Fernsehen). **6)** *es geht* (*gerade noch*) *an,* ist mittelmäßig, erträglich. **7)** *es geht* (*nicht*) *an,* schickt sich nicht. **8)** *es geht mich etwas an,* betrifft: *das geht dich gar nichts an!; was die Versorgung der Flüchtlinge angeht, sind Maßnahmen getroffen.* **9)** *es ist angegangen,* U in Fäulnis übergegangen (Lebensmittel). **10)** *die Saat ist angegangen,* beginnt zu keimen, wird aufgehen.

angehend, noch in der Entwicklung begriffen, erfolgversprechend: *ein angehender Künstler.*

angehören, *ich* gehöre *ihm* an (habe angehört), gehöre zu etwas, bilde einen Teil davon: *ich gehöre keiner Partei an; das gehört längst der Vergangenheit an.* **angehörig,** zu etwas gehörend. **Angehörige** *der, die,* Verwandte(r); Mitglied einer Gemeinschaft. **Angehörigkeit** *die, -:* Staatsangehörigkeit.

Angeklagte *der, die, -n/-n, ein -r, eine -,* beschuldigte Person, gegen die das Hauptverfahren schwebt.

angeknackst, U leicht beschädigt: *meine Gesundheit ist a.*

angekränkelt, nicht ganz gesund: *von des Gedankens Blässe a.,* U (Shakespeare, ›Hamlet‹).

Angel [ahd. angul] *die, -/-n,* **1)** ein Fischfanggerät: *Angelrute, Angelhaken,* ABB. A 14. **2)** Zapfen der Türbeschläges, ABB. A 14: *zwischen Tür und A.,* U in aller Eile. **3)** *Angelpunkt: ich möchte am liebsten die Welt aus den Angeln heben,* U grundlegend ändern. **4)** spitz zulaufender Fortsatz zur Befestigung des Handgriffs an Werkzeugen, ABB. A 6, M 13. **5)** Falle: *Fußangel,* ABB. A 14. **6)** *oberdt.:* Stachel (Biene, Wespe); Stich.

Angela [grch. angelos ›Engel‹], weibl. Vorname.

Angeld *das, oberdt.:* Handgeld.

angelegen, U am Herzen liegend, wichtig: *ich werde es mir a. sein lassen.* **Angelegenheit** *die,* Sache, Fall, Affäre: *ich muß*

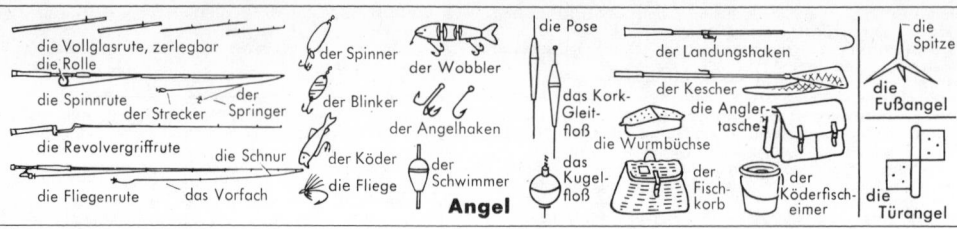

die Vollglasrute, zerlegbar / die Rolle / der Spinner / der Wobbler / die Pose / der Landungshaken / die Spitze / die Spinnrute / der Strecker / der Springer / der Blinker / das Kork-Gleit-floß / der Kescher / die Angler-tasche / die Fußangel / die Revolvergriffrute / die Schnur / der Angelhaken / die Wurmbüchse / das Kugel-floß / der Köder / der Schwimmer / das Kugel-floß / der Fisch-korb / der Köderfisch-eimer / die Fliegenrute / das Vorfach / die Fliege / **Angel** / die Türangel

---

Sie in einer dringenden A. sprechen; kümmere dich um deine eigenen Angelegenheiten! **angelegentlich,** nachdrücklich, dringend, eingehend.

Angelika [zu Angela], 1) weibl. Vorname. 2) *die, -/-s* oder *. . .ken,* ⊕ Engelwurz.

angeln [mhd. angeln], *ich ang(e)le (habe geangelt),* 1) *Fische, fange mit der Angel: ich gehe heute angeln.* 2) *ihn, nach etwas,* suche zu bekommen: *er hat sich eine reiche Frau geangelt,* U.

Angeln [lat. Anglii], *Pl.,* ein german. Volksstamm.

angeloben, *ich gelobe an (habe angelobt),* 1) *es, gelobe, verspreche feierlich.* 2) *die Rekruten werden angelobt, österr.:* vereidigt.

Angelpunkt *der,* Punkt, um den sich alles dreht; Ü Hauptpunkt, Hauptsache.

Angelsachse *der,* 1) Angehöriger eines der german. Stämme der Angeln, Sachsen und Jüten. 2) englischsprechender Bewohner Großbritanniens, des Commonwealth oder der Vereinigten Staaten. **angelsächsisch,** vgl. ÜBERS. D 6.

Angelus [lat.] *der, -/-,* Bote, Engel. **Angelus Domini** [lat. ›Engel des Herrn‹] *der, - -/- -,* ein kath. Gebet.

angemessen, gemäß, passend, entsprechend, nach Verdienst: *eine angemessene Belohnung, Vergütung.*

angenehm [mhd. genæme], erfreulich, begehrt, erwünscht: *eine angenehme Überraschung; angenehme Ruhe!,* Wunschformel beim Schlafengehen; *es ist a. warm hier.*

angenommen, vgl. annehmen.

Anger [mhd. angar] *der, -s/-,* kleine Wiese, Weide; Grünfläche im Dorf. **Angerdorf** *das,* um einen Anger angelegtes Dorf.

angeregt, lebhaft, interessant (Gespräch).

angesäuselt, U leicht betrunken.

angeschlagen, 1) Boxsport: groggy. 2) U erschöpft, übermüdet, abgespannt: *ich bin heute etwas a.*

angeschlossen, vgl. anschließen.

angeschnitten, 1) man hat ein Stück: *angeschnittene Ärmel,* nicht eingesetzte. 2) nicht mehr ganz vollständig: *das Brot ist schon (noch nicht) a.; angeschnittener Rand,* Papierrand von Büchern oder Zeitschriften, der Bilder begrenzt.

angeschrieben, *er ist bei ihr (nicht) gut a.,* Ü (nicht) sehr beliebt.

Angeschuldigte *der, die, -n/-n, ein -r, eine -,* ⌐beschuldigte Person, gegen die die öffentl. Klage erhoben worden ist.

angesehen, geschätzt, geachtet.

angesessen, ansässig, wohnhaft, eingesessen.

Angesicht [mhd. angesiht] *das, -(e)s/-e(r), Pl. selten,* 1) P, ⌐ Gesicht: *im Schweiße seines Angesichts,* mit großer Mühe. 2) Ü Anblick: *im A. Gottes, des Todes.* **angesichts** *seiner,* im Hinblick auf ihn, unter Berücksichtigung von etwas: *a. dieser Tatsachen.*

angespannt, 1) angestrengt, konzentriert: *mit angespannter Aufmerksamkeit.* 2) Ü kritisch: *die politische Lage ist a.*

angestammt, von den Vorfahren ererbt: *angestammte Rechte.*

Angestellte *der, die, -n/-n, ein -r, eine -,* jemand, der gegen festes Gehalt beschäftigt ist: *Angestelltenversicherung.*

angetan, 1) *von ihm,* angenehm berührt, eingenommen für ihn. 2) bekleidet, versehen mit: *mit kostbaren Roben a.; die Umstände sind nicht dazu (nur danach) a.,* Ü so beschaffen.

angetrunken, leicht betrunken.

angewandt, praktisch verwertet: *angewandte Wissenschaften; die angewandte oder angewendete Methode.*

Angewende *das, -s/-,* Streifen zum Wenden des Pfluges am Feldrand.

angewiesen *auf ihn,* abhängig von ihm: *ich bin auf seine Hilfe a.*

angewöhnen, *ich gewöhne es ihm, mir an (habe ange-*

wöhnt), mache zur Gewohnheit: *er hat sich das Rauchen angewöhnt.* **Angewohnheit** *die,* angenommene Gewohnheit. **Angewöhnung** *die, -,* das Angewöhnen.

angewurzelt, Ü regungslos: *wie a. stand er da.*

angezeigt, Ü empfehlenswert, zweckmäßig: *ich halte es für a., die Angaben zu überprüfen.*

angi. . ., vgl. angio.

angießen, *ich gieße Pflanzen an (goß an, habe angegossen),* gebe ihnen nach dem Einpflanzen Wasser.

angiften, *ich gifte ihn an (habe angegiftet),* U herrsche ihn böse, gehässig an: *sie gifteten sich gegenseitig an.*

Angina [lat., zu grch. anchein ›beengen‹] *die, -/. . .nen,* ⚕ Mandelentzündung. **Angina pectoris** [lat. pectus, Gen. pectoris ›Brust‹] *die, - -,* ⚕ Funktionsstörung der Herzkranzgefäße.

angi(o). . . [grch. angeion] *gefäß. . .: Angiektasie,* ⚕ Gefäßerweiterung. **Angiologie** [vgl. . . .logie] *die, -,* ⚕ Lehre von den Blutgefäßen. **Angiom** *das, -s/-e,* **Angioma** *das, -s/-ta,* ⚕ Gefäßgeschwulst. **Angio|spermen** [vgl. Sperma], *Pl.,* ⊕ die Bedecktsamigen, vgl. Abb. B 38.

An|glaise [ãgl'εːz, frz. ›englischer (Tanz)‹] *die, -/-n [-ən],* ein alter Gesellschaftstanz.

angleichen, *ich gleiche es, mich ihm an (habe angeglichen),* mache ähnlich, passend. **Angleichung** *die.*

Angler *der, -s/-,* jemand, der angelt. **Anglerfisch** *der,* ein europ. Meeresfisch.

An|glia, mittellatein. Name für England.

angliedern, *ich glied(e)re es ihm an (habe angegliedert),* füge als Teil einem Ganzen hinzu. **Angliederung** *die.*

an|glikanisch [zu Angeln, Anglia] der engl. Staatskirche angehörend. **An|glikanismus** *der, -,* Lehre und Ordnung der engl. Staatskirche. **an|glisieren,** *ich anglisiere es, ihn (habe anglisiert),* gleiche dem engl. Wesen an, mache englisch. **An|glist** *der, -en/-en.* **An|glistik** *die, -,* Wissenschaft von der engl. Sprache und Literatur. **an|glistisch. An|glizismus** *der, -/. . .men,* engl. Spracheigentümlichkeit, die beim Übersetzen in eine andere Sprache übernommen wurde. **an|glo. . .,** englisch. . . **An|gloamerikaner,** Amerikaner engl. Abstammung. **An|glo-Amerikaner,** *Pl.,* Sammelbez. für Engländer und Nordamerikaner, Angelsachse. **An|glomanie** *die, -,* übertriebene Vorliebe für alles Englische. **an|glophil** [vgl. . . .phil], englandfreundlich. **An|glophilie** *die, -.* **an|glo-phob,** englandfeindlich. **An|glophobie** *die, -.*

anglotzen, *ich glotze ihn, es an (habe angeglotzt),* U starre an.

Angorakaninchen [nach Angora, dem alten Namen für Ankara] *das,* **Angorakatze** *die,* Kaninchen-, Katzenrasse mit langem, dichtem, seidigem Haar. **Angorawolle** *die,* Haar der Angoraziege, Mohair. **Angoraziege** *die,* Ziegenrasse mit langem, dichtem, seidigem Haar.

Angostura [nach der Stadt A., heute Ciudad Bolívar, Venezuela] *der, -s/-s,* alkohol. Extrakt aus Bitter- und Aromastoffen zum Würzen von Getränken.

angreifbar, einen Angriff, Beanstandungen zulassend: *dieses Gutachten ist a.* **angreifen** [mhd. anegrifen ›Hand anlegen‹], *ich greife an (habe angegriffen),* 1) *ihn, es,* feindlich dagegen an, überfalle, werde tätlich. 2) *ihn, es,* Ü kritisiere scharf, beschimpfe, beleidige. 3) *ihn, es,* berühre. 4) *es,* Ü beginne, mache, nehme in Angriff: *dieses Problem muß sofort angegriffen werden.* 5) *es,* breche an, beginne zu verbrauchen: *wir mußten unsere letzten Ersparnisse angreifen.* 6) *es greift mich an,* strengt mich an. 7) *es greift etwas an,* beschädigt, zerstört: *das Streusalz hat die Baumwurzeln angegriffen.* **Angreifer** *der,* jemand, der einen Angriff unternimmt.

angrenzen, *ich grenze an (habe angegrenzt),* 1) *an ihn,* bin sein Grundstücksnachbar. **2)** *es grenzt an etwas an,* bildet mit ihm eine gemeinsame Grenze, stößt an. **Angrenzer** *der,* Nachbar, Anlieger, Anrainer.

Angriff [mhd. anegrif] *der, auf, gegen ihn, etwas,* **1)** feindl. Vorstoß: *der Feind ging zum A. vor; Angriffskrieg.* **2)** ✂ der Versuch, einen Vorteil über den Gegner zu gewinnen: *der A. der gegnerischen Mannschaft wurde abgewehrt.* **3)** Ü scharfe Kritik, Beschimpfung, Beleidigung. **4)** *ich nehme etwas in A.,* beginne damit. **angriffig,** *alem.,* **angriffslustig,** stets zu einem Angriff bereit.

angrinsen, *ich* grinse *ihn* an (habe angegrinst), sehe grinsend an.

Angst [ahd. angust, verwandt mit lat. angustia ›Enge‹] *die, -/ᵘe,* unbestimmtes Gefühl des Bedrohtseins: *Angstgefühl; Schulangst; sie hat A. um ihr Kind; ich schwebe in tausend Ängsten; er bekam es mit der A. zu tun; ich bin in A.; ihm wird angst und bange; ich mache ihm angst und bange.*

ängsten, *es* ängstet *mich, ihn* (hat geängstet), P ängstigt.

Angster [mhd. zu mlat. angustrom] *der, -s/-,* zwiebelförmiges Trinkgefäß mit verdrehtem Hals, Abb. A 12.

angsterfüllt, voller Angst. **angstfrei,** *angstfreie Erziehung.* **Angsthase** *der,* Ü ängstl. Mensch. **ängstigen** [ahd. angusten], *ich* ängstige (habe geängstigt), **1)** *ihn,* versetze in Angst. **2)** *mich an, um ihn,* oder *etwas,* habe Angst, mache mir Sorgen. **Ängstigung** *die, -/-en.* **ängstlich** [ahd. angustlih], Angst empfindend, sehr besorgt, gewissenhaft. **Ängstlichkeit** *die, -.* **Angstneurose** *die,* krankhafte Angstzustände. **Angströhre** *die,* Ü scherzhaft: Zylinder.

Ang|strömeinheit [ˈɔŋ-] nach dem schwed. Physiker A. J. Ångström, 1814–1874] *die,* Zeichen: Å, Maßeinheit für die Wellenlänge des Lichtes: 1 Å = 10⁻¹⁰ m.

angstvoll, voller Angst.

angucken, *ich* gucke *ihn, es* an (habe angeguckt), Ü schaue an.

angular [lat. angularis ›winklig‹, ›eckig‹], auf den Winkel bezogen, winkelig.

angurten, *ich* gurte *ihn, mich* an (habe angegurtet), schnalle mit Sicherheitsgurten fest.

Anguß *der,* erster Guß. **Angußfarbe** *die,* keram. Masse zur Veredelung der Oberfläche von Tonwaren.

Anh., ⌖ Abk. für: Anhang.

anhaben [ahd. anahaben], *ich* habe an (habe angehabt), **1)** *es,* bin damit bekleidet: *was hat sie gestern angehabt?* **2)** *das kann mir nichts anhaben,* Ü nicht schaden.

anhaften [ahd. anahaften ›innewohnen‹], *es* haftet *ihm* an (hat angehaftet), ist damit verbunden: *dem Boot haftet Teergeruch an.*

anhägern [zu Häger], *Sand* hägert *sich* an (hat sich angehägert), *niederdt.:* sammelt sich an, lagert sich an (am Fluß-, Meeresufer). **Anhägerung** *die, -/-en.*

anhalftern, *ich* halft(e)re *ein Pferd* an (habe angehalftert), lege das Halfter an.

Anhalt *der,* **1)** Halt, Stütze. **2)** Ü Anhaltspunkt. **anhalten,** *ich* halte an (hielt an, habe angehalten), **1)** *ihn, es,* hindere an der Weiterbewegung, bringe zum Stehen (Fahrzeug, Uhr, Vorübergehende). **2)** *es,* halte aus, lasse weiterklingen (Atem, Ton). **3)** *es,* halte dicht davor: *ich habe das Kleid zur Probe einmal angehalten.* **4)** *ihn zu etwas,* ermahne dazu, sorge, daß er es tut: *Kinder sollen zur Ordnung angehalten werden.* **5)** *um ein Mädchen,* hole die Erlaubnis der Eltern ein: *er hielt um die Hand ihrer Tochter an.* **6)** *mich an ihm,* halte mich fest: *bitte am Geländer anhalten!* **7)** *es hält an,* bleibt stehen: *der Zug hält an.* **8)** *es hält an,* dauert an, hört nicht auf: *der Regen hält schon lange an.* **anhaltend,** dauernd, ständig, beharrlich. **Anhalter** *der, -s/-,* **Anhalterin** *die, -/-nen,* Ü jemand, der ein Fahrzeug anhält, um (kostenlos) mitgenommen zu werden: *er fährt per Anhalter.* **Anhaltspunkt** *der,* etwas Sicheres, aus dem man weiter folgern kann, Stütze für eine Meinung. **Anhaltung** *die, österr.:* Verhaftung.

anhand, *an Hand seiner,* mit Hilfe: *anhand, an Hand eines Protokolls; anhand, an Hand von Zeugenaussagen.*

Anhang [mhd. anehanc] *der,* **1)** Zusatz, Beigabe (in einem Buch). **2)** Anhängerschaft. **3)** Ü Familie; Freund(e), Begleiter. **anhangen,** *ich* hange *ihm* an (hing an, habe angehangen), ⁰⁄₀ hänge an. **anhängen** [mhd. anehangen], *ich* hänge an (habe angehängt), **1)** *es an etwas,* füge hinzu, befestige daran: *er hängte den Anhänger an den Wagen an.* **2)** *es ihm,* Ü rede ihm etwas Unangenehmes nach, verleumde ihn: *das hat ihm ein mißgünstiger Kollege angehängt.* **3)** *mich an ihn,* schließe mich an, dränge mich auf. **4)** (hing an, habe angehangen) *ihm,* bin

ihm zugetan, ergeben: *in seiner Jugend hat er revolutionären Ideen angehangen.* **5)** *es hängt mir an* (hing an, hat angehangen), K lastet auf mir: *der Verdacht des Diebstahls hängt ihm noch immer an.* **Anhänger** *der,* **1)** Mitglied, Gefolgsmann, Jünger. **2)** Schmuckstück, Abb. S 30. **3)** angehängter Wagen ohne Motor (an Lastwagen, Straßenbahn), Abb. K 40. **4)** Namen- oder Nummernzettel (für Gepäckstücke). **Anhängerschaft** *die, -,* die Gesamtheit der Anhänger (einer Partei, Idee). **anhängig,** ⚖ schwebend, zur Entscheidung stehend: *eine Klage wird a. gemacht,* erhoben; *ein anhängiges Verfahren.* **anhänglich,** treu, ergeben, zugetan. **Anhänglichkeit** *die, -.* **Anhängsel** *das, -s/-,* **1)** kleiner Anhänger. **2)** etwas lose Anhängendes, Zusatz. **3)** Ü als unwichtig geltendes Mitglied einer Gemeinschaft: *er war ein nur geduldetes A. in unserem Freundeskreis.* **anhangsweise,** als Anhang.

Anhauch *der, -(e)s,* **1)** Hauch. **2)** Ü Anflug, Schimmer, Spur. **anhauchen** [mhd. anehuchen], *ich* hauche *ihn, es* an (habe angehaucht), blase an: *er ist romantisch angehaucht,* Ü hat romant. Ideen.

anhauen, *ich* haue *ihn* an (habe angehauen), Ü derb: spreche, bettele an.

anhäufen, *ich* häufe an (habe angehäuft), **1)** *es,* sammle in Haufen oder in Mengen: *damit kann man keine großen Reichtümer anhäufen.* **2)** *es* häuft sich an, sammelt sich an. **Anhäufung** *die.*

anheben [mhd. aneheben, ›beginnen‹], *ich* hebe an (habe angehoben), **1)** *es,* bringe ein Stück in die Höhe: *die Preise wurden angehoben,* Ü erhöht. **2)** *etwas zu tun, mit etwas,* P beginne: *er hob* (älter: hub) *an zu reden.* **Anhebung** *die.*

anheften, *ich* hefte *es an etwas* an (habe angeheftet), befestige mit Nadeln, Klammern, Heftstichen, Heftzwecken.

anheilen, *es* heilt an (ist angeheilt), wächst wieder an.

anheimeln, *es* heimelt *mich, ihn* an (hat angeheimelt), mutet vertraut an, stimmt gemütlich: *dieses Zimmer ist anheimelnd.*

anheimfallen, *es* fällt *ihm* anheim (fiel anheim, ist anheimgefallen), ⁰⁄₀ fällt ihm zu, wird sein Besitz. **anheimgeben,** *ich* gebe *es ihm* anheim (gab anheim, habe anheimgegeben), stelle anheim. **anheimstellen,** *ich* stelle *es ihm* anheim (habe anheimgestellt), überlasse seiner Entscheidung: *das muß ich dir anheimstellen.*

anheischig [zu mhd. antheiz ›Versprechen‹], *ich mache mich a.,* erbiete mich.

anheizen, *ich* heize *es* an (habe angeheizt), beginne zu heizen: *sie wollen die Stimmung anheizen,* Ü beleben, steigern.

anherrschen, *ich* herrsche *ihn* an (habe angeherrscht), fahre zornig oder befehlend an.

anheuern, *ich* heu(e)re an (habe angeheuert), **1)** trete in Schiffsdienste. **2)** *ihn,* werbe, stelle für Schiffsdienste ein (Ü auch für andere Dienste).

Anhieb, *auf A.,* Ü gleich beim ersten Mal.

anhimmeln, *ich* himm(e)le *ihn* an (habe angehimmelt), Ü blicke schmachtend an, verehre schwärmerisch.

anhin, *bis a., schweiz.:* bis jetzt.

Anhöhe *die,* Hügel.

anholen, *ich* hole *es* an (habe angeholt), ⚓ **1)** ziehe fest: *ich muß die Stricke anholen.* **2)** ziehe Segel hoch oder fest.

anhören, *ich* höre *es* an (habe angehört), **1)** *es, ihn,* höre ihm zu, schenke Gehör: *ich wollte mir die Platte schon lange anhören.* **2)** höre (ungewollt) mit: *laufend muß ich mir ihr Gezänk anhören.* **3)** *ihm,* merke an: *man konnte ihm seine Erleichterung anhören.* **4)** *es hört sich gut, schlecht an,* klingt gut, schlecht. **Anhörung** *die, -/-en,* Ü das Hearing.

Anhy|drid [vgl. grch. a . . . und hydro . . .] *das, -s/-e,* ⚗ Verbindung, die aus Säure durch Wasserentzug entsteht: *Säureanhydrid: er war ein nur geduldetes A.;* Ü Anhy|drit *der, -s/-e,* wasserfreier schwefelsaurer Kalk.

Änigma [grch. ainigma] *das, -s/-ta* oder *. . . men,* Rätsel. **änigmatisch,** rätselhaft.

Anilin [zu arab. an-nil ›Indigo‹] *das, -s,* ⚗ farblose, giftige Flüssigkeit, Ausgangsstoff für Farbstoffe und Arzneien: *Anilinfarbe; Anilindruck;* im Druckverfahren.

animalisch [lat. animal ›Lebewesen‹], tierisch; aus dem Tierreich stammend; leiblich; belebt: *animalische Gelüste,* Ü triebhafte. **Animalismus** *der, -,* kult. Verehrung von Tieren. **Animalität** *die, -,* tierisches Wesen.

Animateur [-ˈtøːr, frz., zu lat. animare ›beseelen‹, ›beleben‹, zu anima ›Seele‹] *der, -s/-e,* auch Animator, Freizeitleiter. **Animation** *die, -,* Tourismus: Beschäftigung und Unterhaltung von Reiseteilnehmern am Ferienort. **animato** [ital.], ♪ beseelt, belebt. **Animator** [engl.] *der, -s/. . . t'oren,* **1)**

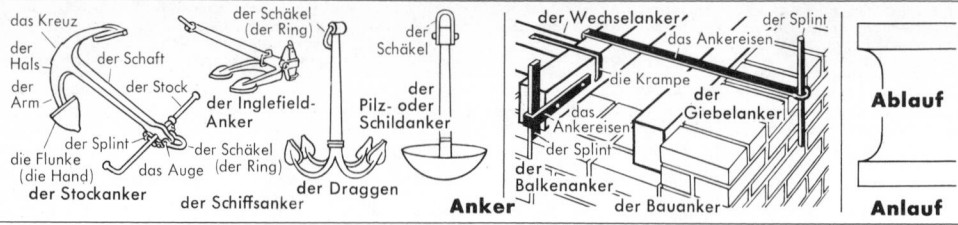

das Kreuz / der Schäkel (der Ring) / der Schäkel / der Wechselanker / der Splint / das Ankereisen

der Hals / der Schaft / der Stock / der Inglefield-Anker / der Pilz- oder Schildanker / die Krampe / der Giebelanker / das Ankereisen / der Splint

der Arm / der Splint / die Flunke (die Hand) / das Auge (der Ring) / der Stockanker / der Schäkel / der Schiffsanker / der Draggen / der Balkenanker / der Bauanker

Ablauf

Anker

Anlauf

Animateur. 2) Zeichner der einzelnen Phasen von Bewegungsabläufen bei Trickfilmen. **animieren** [frz. animer ›beleben‹], ich animiere (habe animiert), 1) ihn (zu etwas), rege an, bringe in Stimmung. 2) (es), filme die einzelnen Phasen der Bewegungsabläufe bei Trickfilmen. **Animierlokal** das, Lokal, in dem die Gäste zum Trinken angeregt werden. **Animiermädchen** das, in Tanzlokalen und Bars Mädchen, das die Gäste zum Trinken anregen soll. **Animismus** der, -, Glaube an die Beseeltheit der Natur. **animistisch. Animo** das, -s, österr.: 1) Schwung, Lust. 2) Vorliebe. **animos,** feindselig. **Animosität** die, -/-en, Gereiztheit, Feindseligkeit, Erbitterung. **animoso** [ital.], ♪ lebhaft, munter. **Animus** der, -, 1) Wille, Vorsatz. 2) U Ahnung.
An‖ion [vgl. grch. ana . . . und Ion] das, ⟲ negativ geladenes Ion.
Anis [auch ′a:-, mhd. anis, zu grch. anison ›Dill‹] der, -es/-e, eine Gewürzpflanze. **Anisett, Anisette** [-z′ɛt, frz.] der, -s/-s, Anisbranntwein.
An‖isogamie [vgl. grch. a . . ., isos ›gleich‹ und . . . gamie] die, -/ . . . m′i‖en, Fortpflanzung durch ungleiche Keimzellen. **an‖iso‖trop,** nicht isotrop.
Anita [span., zu Anna oder Juanita], weibl. Vorname.
Ank., Abk. für: Ankunft.
ankämpfen, ich kämpfe gegen ihn, es an (habe angekämpft), bekämpfe, leiste Widerstand: gegen diese Entscheidung habe ich vergeblich angekämpft.
Ankauf der, käufl. Erwerb. **ankaufen,** ich kaufe an (habe angekauft), 1) es, kaufe. 2) mich, erwerbe mir Grundeigentum. **Ankäufer** der.
Anke [niederdt. ›Ännchen‹], weibl. Vorname.
Anke [ahd. ancha ›Genick‹] der, -n/-n, 1) rhein., schwäb.: Genick. 2) ⚙ Gesenk zum Heraustreiben halbkugelförmiger Erhöhungen aus Blechen. 3) ohne Pl., Anken.
ankehrig, alem.: anstellig.
ankeilen, ich keile an (habe angekeilt), 1) es, befestige mit einem Keil. 2) ihn, U derb: haue an.
Anken [ahd. anko] der, -s, alem.: Butter.
Anker [mhd. anker, zu lat. ancora, grch. ankyra] der, -s/-, 1) schwerer Haken zum Festhalten von Schiffen auf dem Gewässergrund, ABB. A 15, S 78; Sinnbild der Hoffnung: das Schiff wirft A., geht, liegt vor A., lichtet den A. 2) Stahlverbindung zum Befestigen von Bauteilen, ABB. A 15. 3) Teil des Elektromagneten, ABB. M 1. 4) Teil einer rotierenden elektr. Maschine. 5) Ankerhemmung bei der Uhr. 6) ein altes Hohlmaß. **Ankerboje** die, Boje, die anzeigt, wo der Anker liegt. **Ankerhemmung** die, Steigradhemmung an der Uhr. **ankern** [mhd. ankern], ich ank(e)re (habe geankert), gehe, liege vor Anker. **Ankerspill** das, Winde an Bord eines Schiffes zum Heraufwinden des Ankers, ABB. S 16.
anketten, ich kette ihn, es an (habe angekettet), lege, schließe an eine Kette.
Anklage die, 1) Anschuldigung. 2) ⚖ bei Gericht gestellter Antrag auf Einleitung des Strafverfahrens gegen eine bestimmte Person: er steht unter A. wegen Mordes. **Anklagebank** die, -/ˮe, Platz des Angeklagten vor Gericht. **anklagen** [mhd. aneklagen], ich klage an (habe angeklagt), 1) ihn, ⚖ erhebe Anklage gegen ihn. 2) ihn, es, mich, beschuldige, bezichtige einer Sache. **Ankläger** der, jemand, der (vor Gericht) Anklage erhebt: der öffentliche A., Staatsanwalt. **anklägerisch,** Anklage führend. **Anklageschrift** die, schriftl. Anklage.
anklammern, ich klamm(e)re an (habe angeklammert), 1) es an etwas, befestige mit Klammern. 2) mich an etwas, ihn, suche festzuhalten: er klammerte sich an den Felsen. 3) mich an etwas, U lasse mich nicht davon abbringen.
Anklang der, 1) ähnlicher Klang, entfernte Ähnlichkeit: der Roman enthält deutliche Anklänge an Th. Mann. 2) ohne Pl., Zustimmung, freundliche Aufnahme: die neue Oper fand bisher keinen A. 3) Assonanz, ÜBERS. R 15.
ankleben [mhd. anakliben ›anhaften‹], ich klebe an, 1) (habe angeklebt) es an etwas, befestige durch Kleben. 2) es klebt an (ist angeklebt), haftet fest.
ankleiden, ich kleide ihn, mich an (habe angekleidet), lege die Kleider an, ziehe an.
anklingeln, ich kling(e)le ihn, bei ihm an (habe angeklingelt), U suche telefonisch zu sprechen.
anklingen, es klingt an etwas an (klang an, hat angeklungen), erinnert im Klang oder Wortlaut daran.
anklopfen [mhd. aneklocken], ich klopfe an (habe angeklopft), 1) an etwas, klopfe an: es klopfe an der an der Tür an. 2) bei ihm (um etwas), U bringe vorsichtig eine Bitte vor.
anknabbern, ich knabb(e)re es an (habe angeknabbert), nage ein wenig daran.
anknipsen, ich knipse das Licht an (habe angeknipst), U schalte ein.
anknöpfen, ich knöpfe an (habe angeknöpft), befestige durch Knöpfen.
anknoten, ich knote es an (habe angeknotet), befestige durch Knoten.
anknüpfen, ich knüpfe (habe angeknüpft), 1) es an etwas, verbinde durch Knüpfen. 2) es, U beginne, nehme auf: er versuchte vergeblich, mit ihr ein Gespräch, Beziehungen anzuknüpfen. 3) an etwas, U suche einen Anschluß, nehme wieder auf: ich knüpfe hier an meine gestrigen Ausführungen an.
Anknüpfung die. **Anknüpfungspunkt** der, 1) Gemeinsamkeit, die Menschen verbindet (Interessen, Kenntnisse, Erfahrungen). 2) günstiger Ausgangspunkt: ein A. für ein Gespräch.
ankohlen [zu Kohle], es kohlt an (habe angekohlt), sengt, brennt ein wenig an.
ankohlen [zu hebr. kol ›Stimme‹, ›Gerücht‹], ich kohle ihn an (habe angekohlt), U halte zum besten, verulke, verkohle.
ankommen [ahd. anaqueman], ich komme an (kam an, bin angekommen), 1) treffe ein, bin da: bei ihr ist ein Junge angekommen, U geboren worden. 2) nähere mich: ich sah den Zug ankommen. 3) (bei ihm), U werde aufgenommen: das Stück ist beim Publikum gut angekommen, U gefällt, findet Beifall; damit kommt er bei mir nicht an, U erreicht er nichts. 4) gegen ihn, etwas, U bin ihm gewachsen: gegen seine Wortgewandtheit kommst du nicht an! 5) es kommt auf ihn, etwas an, hängt davon ab, ist entscheidend: es kommt auf das Wetter an; ich lasse es darauf ankommen, unternehme nichts dagegen. 6) es kommt ihn, mich an, ergreift, überkommt ihn, mich: der Entschluß kam ihn hart an, fiel ihm schwer. **Ankömmling** der, -s/-e, jemand, der angekommen ist; U Neugeborenes.
ankoppeln, ich kopp(e)le es, ihn an (habe angekoppelt), 1) Tiere, binde gruppenweise zusammen. 2) es, kuppele an.
ankören, ich köre Zuchttiere, Bäume an (habe angekört), wähle zur Zucht aus.
ankörnen, ich körne es an (habe angekörnt), 1) ködere Schwarzwild mit Körnerfutter. 2) ⚙ schlage auf einem Werkstück kleine Vertiefungen zur Markierung von Punkten und Linien ein.
Ankörung die, 1) ⚘ Auswahl zum Zuchttier. 2) ⚘ Auswahl von Bäumen zur Samengewinnung.
ankotzen, ich kotzt mich an (ich mich angekotzt), V ich bin dessen überdrüssig, es ist mir zuwider.
ankrallen, ich kralle an (habe angekrallt), 1) mich an etwas, halte mich krampfhaft fest. 2) ihn um etwas, U bettele an.
ankreiden, ich kreide es an (habe angekreidet), 1) ⚭ schreibe in seine Schuldrechnung. 2) U nehme übel, trage nach: das wurde ihm (als böse Absicht) angekreidet.

Ankreis der, △ ein Kreis am Dreieck, ABB. D 14.

ankreuzen, ich kreuze es an (habe angekreuzt), bezeichne mit einem Kreuz als Merkzeichen.

ankümmeln, ich kümm(e)le mir einen an (habe angekümmelt), U betrinke mich.

ankünden, ich künde ihn, es an (habe angekündet), ⚭, **ankündigen**, ich kündige ihn, es an (habe angekündet). mache bekannt, melde an: ich hatte meinen Besuch vorher angekündigt; der Frühling kündigt sich an. **Ankündigung** die.

Ankunft die, -, Abk.: Ank., das Ankommen, Eintreffen: Ankunftszeit.

ankuppeln, ich kupp(e)le es an (habe angekuppelt), schließe durch Kuppeln eine Verbindung: ich kuppele einen Wagen an den Zug an.

ankurbeln, ich kurb(e)le es an (habe angekurbelt), bringe (mit einer Kurbel) in Gang: Motoren mußten früher angekurbelt werden; wir müssen die Produktion ankurbeln, Ü. **Ankurb(e)lung** die, -.

Ankylose [grch. ankylos ›gekrümmt‹ die, -/-n, ⚕ Gelenkversteifung in Beugestellung.

anlächeln, ich läch(e)le ihn an (habe angelächelt), blicke lächelnd an. **anlachen** [mhd. anelachen] ich lache an (habe angelacht), 1) ihn, blicke lachend an. 2) mir ein Mädchen, einen Mann, ich knüpfe eine Beziehung an. 3) es lacht mich an, Ü bietet einen appetitanregenden Anblick.

Anlage [mhd. anelegunge ›Anschlag‹, ›Plan‹] die, -/-n, 1) Begabung, Fähigkeit, innere Bestimmung: A. zum Zeichnen. 2) ⚕ angeborene Neigung, Veranlagung: A. zu einer Krankheit; Erbanlage. 3) Keim, Entwurf, erste Andeutung: A. der Reimen. 4) Aufbau, Plan: A. eines Romans, einer Fabrik. 5) nutzbringende Festlegung: Vermögensanlage; Anlageberater. 6) Beilage: als A. erhalten Sie . . . 7) Park, Ziergarten, Grünflächen: städtische A. 8) das Anlegen, die Fertig-, Bereitstellung: A. eines Schachtes. 9) Nutzbau: Fabrikanlagen. **Anlagepapier** das, Wertpapier zur längeren Festlegung von Kapital.

Anlände die, Landeplatz, Anlegeplatz. **anlanden**, ich lande an, 1) (habe angelandet) es, ihn, bringe an Land. 2) ein Ufer landet an (hat, ist angelandet), verbreitert sich. **Anlandung**, 1) das Anlandbringen von Personen, Gütern. 2) Alluvion, Verbreiterung des Ufers durch allmähl. Anspülung oder Senkung des Wasserstandes.

anlangen, ich lange an, 1) (bin angelangt), treffe ein, komme an. 2) (habe angelangt) es, oberdt.: fasse an. 3) was es, mich, ihn anlangt, K anbelangt, betrifft.

anlaschen, ich lasche es an (habe angelascht), ⚙ verbinde mit Laschen, schmiede an.

Anlaß [mhd. anelaz] der, . . .lasses/. . .lässe, 1) Grund, Anstoß, Veranlassung: er gibt A. zu Klagen; aus A. seines 70. Geburtstages; wir wollen es zum A. für eine Feier nehmen. 2) Ereignis, Gelegenheit: dies ist ein historischer A. 3) schweiz.: Veranstaltung. **anlassen** [ahd. analazan ›etwas über jemanden kommen lassen‹], ich lasse es an (ließ an, habe angelassen), 1) setze in Gang: ich werde den Motor anlassen. 2) U schalte nicht aus (Licht, Radio). 3) U lege nicht ab: ich werde den Mantel anlassen. 4) ⚙ erwärme (Stahl) nach dem Härten allmählich auf eine bestimmte Temperatur. 5) er, es läßt sich gut an, U arbeitet, beginnt gut. **Anlasser** der, -/-, Vorrichtung zum Ingangsetzen eines Elektro- oder Verbrennungsmotors. **Anlaßfarbe** die, Anlauffarbe. **anläßlich** seiner, aus Gelegenheit von, aus Anlaß: a. seines Jubiläums.

anlasten, ich laste es ihm an (habe angelastet), lege zur Last, werfe vor.

Anlauf [ahd. analauft ›Ansturm‹] der, 1) das Schwungnehmen für einen Sprung, Wurf. 2) Ü das Ansetzen zu einer Leistung (Rede). 3) vorspringendes Bauglied, ABB. A 15. **anlaufen** [ahd. analauffan ›entgegengehen‹], ich laufe an (lief an, bin angelaufen), 1) nehme Schwung, greife an: das Kind kam angelaufen. 3) gegen etwas, stoße im Lauf dagegen: gegen diese Zustände wirst du vergeblich anlaufen, Ü ankämpfen. 4) es, ›y lande: unser Schiff hat keine Zwischenhäfen angelaufen. 5) es läuft an, beschlägt, verfärbt sich: die Brille ist angelaufen; Silber läuft immer wieder an; sein Gesicht lief rot an, vor Wut, Scham. 6) es läuft an, häuft sich: seine Schulden sind auf einige hundert Mark angelaufen. 7) Wild läuft an, 🐗 kommt schußgerecht vor den Jäger. 8) ein Motor, Versuch, Film läuft an, beginnt zu laufen. **Anlauffarbe** die, auch Anlaßfarbe, beim Erhitzen von Metallen an deren

Oberfläche auftretende Farbe. **Anlaufzeit** die, ⊙ Zeitdauer bis zum Erreichen der vollen Leistung, auch Ü.

Anlaut der, Ⓢ der erste Laut eines Wortes oder einer Silbe: Anlautreim, ÜBERS. R 15. **anlauten**, Ⓢ ein Wort, eine Silbe lautet an (hat angelautet), beginnt mit bestimmten Laut; vgl. ÜBERS. A 26. **anläuten**, ich läute ihn, bei ihm an (habe angeläutet), rufe telefonisch an.

anlegen [ahd. analeggen], ich lege an (habe angelegt), 1) es (an etwas), lege an bestimmte Stelle: der Einbrecher hatte eine Leiter an die Hauswand angelegt; die Wöchnerin muß den Säugling (an die Brust) anlegen, im stillen; in dieser Schule werden strengere Maßstäbe angelegt, Ü. 2) es (ihm), ziehe an (Kleider), versehe damit (Schmuck, Verband, Fesseln): er hatte ein Festgewand angelegt; man legte ihm Handschellen an. 3) es, schaffe, errichte: die Stadt wurde vor 500 Jahren angelegt, gegründet. 4) Geld bei ihm, in etwas, für etwas, bringe nutzbringend unter, verwende: all sein Geld ist in Wertpapieren angelegt; welche Summe wollen Sie für das Haus anlegen? 5) es auf etwas, verfolge eine Absicht: sie legt es darauf an, ihn zu kompromittieren. 6) ein Schiff legt an, ⚓ landet im Hafen. 7) auf ihn, ziele (mit dem Gewehr). 8) mich mit ihm, U streite mich. **Anlegeplatz** der, Landestelle. **Anleger** der, 1) jemand, der sein Geld anlegt. 2) ⊙ Papiereinführer an der Druckpresse.

anlehnen, ich lehne an (habe angelehnt), 1) es, lehne an etwas. 2) es, schließe nicht ganz (Tür, Fenster). 3) mich, stütze dagegen: sie lehnen sich an ihn an; der Erzähler hat sich eng an die Tatsachen angelehnt; sie zum Vorbild genommen. **Anlehnung** die, -/-en, 1) Unterstützung, Hilfe: er suchte A. bei ihm. 2) Nachahmung: in A. an Dürer. **anlehnungsbedürftig**, schutzsuchend, unselbständig.

Anleihe [ahd. analehan] die, -/-n, 1) langfristige Kreditaufnahme. 2) das Entnehmen fremden geistigen Eigentums: er hat eine A. bei Schiller gemacht. **Anleihen** das, -s/-, schweiz.: Anleihe.

anleinen, ich leine ein Tier an (habe angeleint), binde fest: Hunde bitte draußen anleinen!

anleiten [ahd. analeitan ›hineinführen‹], ich leite ihn zu etwas an (habe angeleitet), unterweise, lerne an, zeige es ihm. **Anleitung** die.

anlenken, ich lenke es an (habe angelenkt), ⊙ verbinde ein Bauteil durch ein Gelenk beweglich mit einem anderen.

Anlernberuf der, Beruf mit ein bis zwei Jahren Anlernzeit (in Handel, Industrie, Handwerk). **anlernen**, ich lerne an (habe angelernt), 1) ihn, unterweise, schule durch Lehrgänge: angelernter Arbeiter. 2) es mir, eigne mir durch bloßes Lernen an: angelerntes Wissen. **Anlernling** der, -s/-e, jemand, der für einen Anlernberuf ausgebildet wird.

anlesen, ich lese es an (las an, habe angelesen), 1) lese nur die ersten Seiten: ich habe das Buch nur angelesen. 2) mir, lerne durch Lesen: er hat sich ein großes Wissen angelesen; das ist alles nur angelesen, wurde nicht geistig verarbeitet.

anliefern, ich lief(e)re es an (habe angeliefert), liefere an einen Bestimmungsort. **Anlieferung** die.

anliegen [ahd. analiggen ›liegen‹, ›innewohnen‹, ›bestürmen‹], ich liege an (lag an, habe angelegen), 1) ihm, ⚭ bestürme ihn mit Bitten. 2) es liegt an, ist beigefügt, -gelegt (in Briefen). 3) es liegt an, muß noch erledigt werden: liegt für heute noch etwas an? 4) ein Kleidungsstück liegt an, schmiegt sich an den Körper. 5) ein Schiff liegt einen Punkt, liegt NO an, steuert genau darauf zu. **Anliegen** das, -s/-, Bitte, Wunsch. **anliegend**, anbei (bei einem Brief). **Anlieger** der, -s/-, Anwohner eines öffentl. Verkehrsweges: Anliegerverkehr.

anlocken, ich locke ihn an (habe angelockt), locke zu mir.

anlöten, ich löte es an (habe angelötet), befestige durch Löten.

anlügen, ich lüge ihn an (habe angelogen), erzähle ihm Lügen, suche ihn zu täuschen.

anluven, ich luve an (habe angeluvt), ›y ändere den Kurs eines Schiffes so, daß es spitzer zum Wind segelt.

Anm., Abk. für Anmerkung.

Anmache die, -, U alles, womit man jemanden anmacht: laß die blöde A.! **anmachen** [mhd. sich anemachen ›sich putzen‹], ich mache es an (habe angemacht), U 1) befestige. 2) zünde, schalte an (Licht, Feuer). 3) bereite zu, mache gebrauchsfertig, rühre mit Zutaten an (Salat, Kalk). 4) ihn, versuche ihn zu beeinflussen. 5) ihn, spreche ihn dreist an: mach mich nicht an! 6) es macht mich an, interessiert, reizt, lockt mich (Essen, Kinobesuch).

anmahnen, ich mahne an (habe angemahnt), K 1) es, fordere mahnend. 2) ihn, spreche eine Mahnung aus.

anmalen, *ich* male an (habe angemalt), **1)** *es,* male auf eine Fläche; bemale, streiche an. **2)** *mich,* U schminke.

Anmarsch *der,* **1)** das Herannahen (von Truppen): *der Feind ist im A.* **2)** Herweg: *Anmarschweg.* **anmarschieren,** *ich* marschiere an (bin anmarschiert), U nähere mich marschierend: *da kamen sie anmarschiert.*

anmaßen [mhd. anemazen], *ich* maße *es mir* an (habe angemaßt), nehme in Anspruch, was mir nicht zusteht: *angemaßte Rechte.* **anmaßend,** überheblich, eingebildet, arrogant. **Anmaßung** *die, -/-en,* **1)** unberechtigter Anspruch. **2)** Überheblichkeit, Hochmut.

Anmeldeformular *das,* Formular für eine (polizeiliche) Anmeldung. **anmelden,** *ich* melde *es, ihn, mich* an (habe angemeldet), **1)** teile im voraus mit, kündige, lasse vormerken: *zur Sprechstunde bitte vorher anmelden!* **2)** lasse in die Einwohner- oder Teilnehmerliste aufnehmen: *er hat sich polizeilich angemeldet.* **3)** mache geltend: *es wurden Bedenken angemeldet; sie melden ihre Rechte an.* **Anmeldepflicht** *die,* die Pflicht zur (polizeilichen) Anmeldung. **Anmeldung** *die.*

anmerken, *ich* merke *es* an (habe angemerkt), **1)** bemerke, sage dazu: *dazu möchte ich folgendes anmerken.* **2)** bezeichne mit einer Marke, zeichne an: *der Förster merkt die kranken Bäume an.* **3)** *ihm,* bemerke, sehe an ihm: *man wird mir die Müdigkeit anmerken.* **Anmerkung** *die, -/-en,* **1)** (kurze) Meinungsäußerung. **2)** Abk.: Anm., erläuternder Zusatz zu einem Text, Fußnote.

anmessen, *ich* messe *es ihm* an (maß an, habe angemessen), passe, fertige nach Maß an.

anmieten, *ich* miete *es* an (habe angemietet), ๒ miete. **Anmietung** *die, -/-en.*

anmustern, *ich* must(e)re an (habe angemustert), ⚓ lasse mich anwerben. **2)** *ihn,* heuere, werbe an. **Anmusterung** *die.*

Anmut [mhd. anemuot ›Verlangen‹] *die, -,* Liebreiz, Grazie. **anmuten** [mhd. anemuoten ›zumuten‹, zu muoten ›begehren‹], **1)** *es mutet ihn, mich an* (hat angemutet), wirkt so oder so auf ihn, mich, macht einen bestimmten Eindruck: *dieses Zimmer mutet mich fremd an.* **2)** *ich mute es ihm an,* ⚓, *noch schweiz.:* mute ihm zu. **anmutig, anmut(s)voll,** liebreizend, graziös. **Anmutung** *die, -/-en,* **1)** ⚓, *noch schweiz.:* Zumutung. **2)** Psychologie: gefühlhaftes Eindruckserlebnis.

Anna [hebr. channah ›Gnade‹], weibl. Vorname.

annadeln, *ich* nad(e)le *es* an (habe angenadelt), *österr.:* befestige mit Stecknadeln.

annageln, *ich* nag(e)le *es* an (habe angenagelt), befestige mit Nägeln.

annagen, *ich* nage *es* an (habe angenagt), knabbere, nage ein wenig daran.

annähen, *ich* nähe *es* an (habe angenäht), befestige durch Nähen (Knopf).

annähern, *ich* näh(e)re an (habe angenähert), **1)** *es,* bringe näher, gleiche an. **2)** *mich ihm,* suche Kontakt zu ihm. **3)** *es,* ⚓ mache ein Segel fest. **4)** *es nähert sich (ihm) an,* kommt ihm näher, stimmt fast überein. **annähernd,** ungefähr, fast. **Annäherung** *die,* **1)** das Herankommen. **2)** Angleichung: *die A. der Auffassungen.* **annäherungsweise,** annähernd.

Annahme *die, -/-n,* **1)** das Annehmen: *er hat die A. des Briefes verweigert; A. an Kindes Statt,* ⚓, *A. als Kind,* Adoption; *die A. einer Wahl,* Zustimmung. **2)** Meinung, Vermutung.

Annalen [lat. annales, zu annalis, zu annus ›Jahr‹], *Pl.,* **1)** Jahrbücher. **2)** zeitgenössische Geschichtsberichte.

Annaten [mlat. annata, zu lat. annus ›Jahr‹], *Pl.,* Jahresabgaben an den Papst.

Ännchen [zu Anna], **Anne, Annedore, Annegret,** weibl. Vornamen.

annehmbar, so geartet, daß man zustimmen kann, brauchbar, akzeptabel (Vorschlag, Ausweg, Leistung). **annehmen** [ahd. ananeman], *ich* nehme an (nahm an, habe angenommen), **1)** *es,* lasse mir geben, nehme in Empfang: *den Brief nehme ich nicht an,* ich lasse ihn nicht geben; *ich nehme Ihre Einladung dankend an; er hat einen anderen Namen angenommen.* **2)** *ein Kind,* adoptiere: *er wurde an Kindes Statt angenommen.* **3)** *ihn,* stelle in Dienst: *man hat ihn nicht angenommen.* **4)** *es,* gewöhne mir an: *er hat Starallüren angenommen.* **5)** *es,* stimme zu: *der Vorschlag, Antrag wurde einstimmig angenommen.* **6)** *es,* vermute, setze voraus: *angenommen, daß er kommt.* **7)** einen Hund, nimm auf die Leine. **8)** *das Rotwild nimmt Futterstellen an,* ⚲ sucht regelmäßig Futterstellen auf. **9)** *ein Hund nimmt die Fährte an,* ⚲ folgt ihr. **10)** *es mir, mitteild.:* beziehe es auf mich, richte mich danach. **11)** *mich seiner,* kümmere mich um ihn,

etwas, sorge dafür: *er nahm sich des Verletzten an.* **annehmlich** [mhd. annæme], behaglich, bequem. **Annehmlichkeit** *die, -/-en.*

annektieren [frz., zu lat. annectere ›anknüpfen‹], *ich* annektiere (habe annektiert) *es,* verleibe (einem Staat) ein, nehme (gewaltsam) in Besitz. **Annektierung** *die, -/-en.*

Anneliden [lat. anellus, Diminutiv von anulus ›Ring‹ und vgl. . . . id], *Pl.,* Ringelwürmer.

Anneliese [zu Anna], **Annelore, Annemarie, Annerose,** weibl. Vornamen.

Annette [frz. von Anna], weibl. Vorname.

Annex [lat. annexum ›hinzugefügt‹] *der, -es/-e,* **1)** Zubehör, Beilage, Anhang; Anbau. **2)** Adnex. **Annexion** [frz.] *die, -/-en,* die gewaltsame und widerrechtliche Einverleibung fremden Staatsgebiets. **Annexionismus** *der, -,* Bestrebungen, eine Annexion herbeizuführen. **annexionistisch.**

anni currentis [lat.], Abk.: a. c., des laufenden Jahres. **anni futuri,** Abk.: a. f., des kommenden Jahres.

Annihilation [vgl. ad . . . und lat. nihil ›nichts‹] *die, -/-en,* **1)** Nichtigkeitserklärung. **2)** Physik: Reaktion zwischen kollidierenden Partikeln, Paarvernichtung. **annihilieren,** *ich* annihiliere (habe annihiliert) *es.*

anni praeteriti [lat.], Abk.: a. p., vorigen Jahres.

Anniversar *das, -s/-e,* **Anniversarium** [lat. anniversarius ›jedes Jahr wiederkehrend‹] *das, -s/. . . ri|en,* meist *Pl.,* kath. Kirche: Jahresfeier, Seelenmesse am Todestag.

anno [lat.], Abk.: a., meist: **Anno,** Abk.: A., im Jahre: *Anno dazumal, Anno Tobak,* U einstmals, in alter Zeit. **Anno Domini,** Abk.: A. D., im Jahre des Herrn, nach Christi Geburt.

Annonce [an'ōsə, frz., zu lat. annuntiare ›ankündigen‹] *die, -/-n,* Zeitungsanzeige, Inserat: *Annoncenexpedition,* Anzeigenvermittlung. **annoncieren** [anōs'i:rən], *ich* annonciere (habe annonciert) *(es).*

Annotation [lat. annotatio] *die, -/-en,* erläuternde Anmerkung, Aufzeichnung.

annuell [frz., zu lat. annus ›Jahr‹], einjährig (Pflanzen). **Annuität** *die, -/-en,* Jahresrate zur Abtragung und Verzinsung einer Schuld.

annullieren [frz. annuler, vgl. ad . . . und lat. nullus ›keiner‹], *ich* annulliere (habe annulliert) *es,* erkläre für ungültig, nichtig. **Annullierung** *die, -/-en.*

An|ode [grch. anodos ›Aufstieg‹] *die, -/-n,* ⚡ positive Elektrode.

anöden, *ich* öde ihn an (habe geödet), U langweile: *das ödet mich an.* **Anödung** *die, -/-en,* U.

an|omal [auch 'a-, grch. anomalos ›uneben‹], regelwidrig, nicht normal, abnorm. **An|omalie** *die, -/. . . i'|en.*

an|onym [grch. anonymos ›namenlos‹], ohne Namensnennung. **An|onymität** *die, -.* **An|onymus** *der, -/. . . mi* oder *. . . n'ymen,* Autor, dessen Name nicht bekannt ist oder bewußt verschwiegen wurde.

An|opheles [grch. ›nutzlos‹, ›schädlich‹] *die, -/-,* Malariamücke.

Anorak [Eskimowort] *der, -s/-s,* wasser- und winddichte Sportjacke mit Kapuze, Abb. K 25.

anordnen, *ich* ordne *es* an (habe angeordnet), **1)** verfüge, bestimme, befehle. **2)** gliedere, verteile planvoll. **Anordnung** *die: auf richterliche A.*

An|orexie [vgl. a . . . und grch. orexis ›Verlangen‹, ›Appetit‹] *die, -,* ⚕ Appetitmangel.

an|organisch [vgl. grch. a . . . und organisch], **1)** nicht zur lebenden Natur gehörend. **2)** ⚗ keinen Kohlenstoff enthaltend: *anorganische Chemie.*

anormal, abnorm, anomal.

An|orthit [vgl. grch. a . . . und ortho . . .] *der, -s,* ein Mineral.

Anpaarung *die,* erwünschte Paarung von Haustieren mit bestimmten Eigenschaften und Rassenmerkmalen.

anpacken, *ich* packe an (habe angepackt), **1)** *es, ihn,* fasse, greife an. **2)** *es,* U handhabe; beginne.

anpaddeln, *ich* padd(e)le an (habe angepaddelt), mache die erste Paddelfahrt im Jahr.

anpassen, *ich* passe an (habe angepaßt), **1)** *es,* mache passend. **2)** *es,* U stimme ab, bringe in Einklang. **3)** *mich ihm,* U richte mich danach. **Anpassung** *die,* **1)** die Fähigkeit von Lebewesen, sich auf eine veränderte Umwelt einzustellen. **2)** die Fähigkeit, sein Verhalten den sozialen Gegebenheiten anzugleichen: *Anpassungsschwierigkeiten; Anpassungshilfe.* **anpassungsfähig. Anpassungsfähigkeit** *die.*

anpeilen, *ich* peile *es* an (habe angepeilt), nehme als Richtpunkt.

anpfeifen, ich pfeife an (habe angepfiffen), 1) *(es),* ✗ gebe das Zeichen zum Beginn (als Schiedsrichter). 2) *ihn,* U schnauze an, weise grob zurecht: *er wurde vom Chef angepfiffen.* **Anpfiff** der, 1) ✗ Pfiff als Zeichen für den Spielbeginn. 2) U grobe Zurechtweisung.

anpflanzen, ich pflanze *es* an (habe angepflanzt), baue an: *Kaffee wird nur in warmen Ländern angepflanzt.* **Anpflanzung** die, das Bepflanzen, Anbau, Pflanzung, gärtnerische Anlage.

anpflaumen, ich pflaume *ihn* an (habe angepflaumt), U necke ihn, mache eine leicht boshafte Bemerkung.

anpflöcken, ich pflöcke *es* an (habe angepflöckt), befestige an oder mit Pflöcken.

anpicken, ich picke *es* an (habe angepickt), *österr.:* klebe an.

anpinseln, ich pins(e)le *es* an (habe angepinselt), bemale, bestreiche mit Farbe.

anpirschen, ich pirsche *mich* an (habe mich angepirscht), ⚇ schleiche mich an.

anpöbeln, ich pöb(e)le *ihn* an (habe angepöbelt), belästige mit gemeinen Reden. **Anpöb(e)lung** die, -/-en.

anpochen, ich poche *an etwas, bei ihm um etwas* an (habe angepocht), klopfe an.

Anprall der, heftiger Stoß, Aufschlag auf etwas Hartes.

anprallen, ich pralle *an etwas* an (bin angeprallt).

anprangern, ich prang(e)re *ihn, es* an (habe angeprangert), stelle an den Pranger, tadele öffentlich, stelle bloß. **Anprangerung** die, -/-en.

anpreien [zu preien], ich preie *es* an (habe angepreit), ⚓ rufe ein anderes Schiff an.

anpreisen, ich preise *es, ihn* an (habe angepriesen), lobe, empfehle überschwenglich. **Anpreisung** die, -/-en.

Anprobe die, das Anpassen eines neuen oder in Arbeit befindlichen Kleidungsstücks: *Anprobiernadel,* Abb. S 32.

anprobieren, ich probiere *es* an (habe anprobiert), ziehe an, um zu sehen, wie es paßt.

anpumpen, ich pumpe *ihn um etwas* an (habe angepumpt), U bitte, es mir zu leihen.

anquasseln, ich quassele, quaßle *ihn* an (habe angequasselt), **anquatschen,** ich quatsche *ihn* an (habe angequatscht), U spreche ohne Hemmung an.

Anrainer [zu Rain] der, -s/-, Anlieger, Grenznachbar: *Anrainerstaat.*

Anrand der, -(e)s, *oberdt.:* Anlauf: *er nahm A.*

anranzen, ich ranze *ihn* an (habe angeranzt), U weise grob zurecht. **Anranzer** der, -s/-, U grobe Zurechtweisung.

anraten [ahd. anaratan ›verraten‹], ich rate *es ihm* an (riet an, habe angeraten), empfehle, es zu tun: *auf Anraten des Arztes.*

anrauchen, ich rauche *es* an (habe angeraucht), beginne zu rauchen (Zigarette), rauche zum erstenmal (Pfeife). **anräuchern,** ich räuch(e)re *es* an (habe angeräuchert), räuchere ein bißchen: *leicht angeräucherte Frankfurter Würstchen.*

anrauhen, ich rauhe *es* an (habe angerauht), mache die Oberfläche rauh: *ein angerauhter Stoff.*

anrechnen, ich rechne *es ihm* an (habe angerechnet), 1) setze auf die Rechnung: *die Ausbesserung müssen wir anrechnen.* 2) schreibe gut: *die Untersuchungshaft wurde ihm angerechnet.* 3) U bewerte: *das rechne ich ihm hoch an.* **Anrechnung** die, K das Geltenlassen (Verdienst), Anschreiben (Schuld): *ich werde es in A. bringen.*

Anrecht das, 1) Anspruch: *ich habe ein A. darauf.* 2) Miete, Abonnement.

Anrede die, 1) Titel oder Fürwort für eine angesprochene Person: *A. mit Sie oder du.* 2) das Ansprechen einer Person: *bei dieser A. erschrak er.* **Anredefall** der, Ⓢ Vokativ. **anreden** [mhd. anereden], ich rede *ihn an* (habe angeredet), 1) richte das Wort an ihn. 2) *mit etwas,* gebrauche eine bestimmte Anrede: *manche Menschen wollen gern mit ihrem Titel angeredet werden.* 3) *um etwas, oberdt.:* bitte.

anregen, ich rege *es* an (habe angeregt), 1) *es,* veranlasse, gebe den Anstoß: *die Eltern haben die Einrichtung eines Kindergartens angeregt.* 2) *ihn zu etwas,* ermuntere, treibe an. 3) *es regt mich an,* belebt mich: *Kaffee regt den Kreislauf an; ein anregendes Gespräch; in angeregter Stimmung.* **Anreger** der, -s/-, jemand, der etwas anregt. **Anregung** die, 1) Denkanstoß, Vorschlag: *A. zu einer Arbeit; auf seine A. hin.* 2) physische Belebung, Aufmunterung. **Anregungsmittel** das, anregendes Genuß- oder Arzneimittel.

anreiben, ich reibe *Mischfarben* an (habe angerieben), mache sie gebrauchsfertig.

anreichern, ich reich(e)re *es (mit etwas)* an (habe angereichert), vermehre einen Bestandteil, mache gehaltvoller (Erze, Nahrungsmittel): *hochangereichertes Uran.* **Anreicherung** die, -/-en.

anreihen, ich reihe *an* (habe angereiht), 1) *es, mich,* schließe einer Reihe an. 2) *es,* nähe mit weiten Stichen aneinander. 3) *es,* ⚓ mache ein Segel an Baum oder Gaffel fest. 4) *es reiht sich an,* fügt sich an. **anreihend,** kopulativ, verbindend. **Anreihung** die, -, 1) Anfügung in Reihen. 2) das Annähen mit weiten Stichen.

Anreise die, Fahrt zu einem Ziel: *A. mit (dem) Bus.* **anreisen,** ich reise an (bin angereist).

anreißen, ich reiße *an* (riß an, habe angerissen), 1) *es,* reiße ein, mache einen kleinen Riß hinein. 2) *es,* beginne: *das Thema wurde nur angerissen; soll der Vorrat angerissen werden?* 3) *ein Streichholz,* zünde an. 4) *Saiten,* ♪ zupfe an. 5) *es,* Ⓩ zeichne Linien vor, Abb. R 16. 6) *ihn,* U bedränge mit marktschreierischer Werbung. 7) *ihn,* G leihe mir Geld von ihm. **Anreißer** der, 1) U aufdringlicher Kundenwerber, Marktschreier. 2) Vorzeichner, ein techn. Zeichner. **anreißerisch,** U marktschreierisch, aufdringlich.

Anreiz der, Lockung, Versuchung, Reiz. **anreizen,** ich reize *an* (habe angereizt), 1) *es, ihn,* biete einen Anreiz, locke, treibe an. 2) *es reizt mich an,* lockt mich an, fordert mich heraus.

anrempeln, ich remp(e)le *ihn* an (habe angerempelt), U 1) stoße absichtlich an. 2) suche Streit mit ihm. **Anremp(e)lung** die, -/-en.

anrennen, ich renne *an,* 1) (habe angerannt) *ihn, es,* stoße im Lauf an. 2) (bin angerannt) *gegen ihn, etwas,* laufe, stürme dagegen, auch U.

Anrichte [mhd. anrihte] die, -/-n, 1) Raum oder Tisch zum Bereithalten der Speisen. 2) Geschirrschrank, Sideboard, Abb. S 34, W 14. **anrichten,** ich richte *es* an (habe angerichtet), 1) mache tischfertig (Speisen). 2) U verursache etwas Schlechtes, begehe eine Dummheit.

Anriß der, 1) Ⓩ Vorzeichnung auf Holz oder Metall. 2) Rudersport: Kraftzug beim Wassereinsatz eines Ruderblattes. 3) ♯ Muskelanriß.

anrüchig [frühnhd., zu Ruf], von üblem Ruf, verrufen. **Anrüchigkeit** die, -.

anrucken, ich rucke *an,* 1) (habe angeruckt) *es,* rucke. 2) *es ruckt an* (ist angeruckt), beginnt sich mit einem Ruck fortzubewegen (Zug). **anrücken,** ich rücke *an,* 1) (habe angerückt) *es,* schiebe aneinander. 2) (bin angerückt), marschiere heran, komme: *sie sind zu zehnt angerückt,* U.

anrudern, ich rud(e)re *an* (habe angerudert), mache die erste Ruderfahrt im Jahr.

Anruf [ahd. anaruoft] der, 1) laute Anrede, Signalruf. 2) Telefongespräch: *ein dringender A. für dich; automatischer Anrufbeantworter.* **anrufen** [ahd. anaruophan], ich rufe *ihn an* (rief an, habe angerufen), 1) bitte um Hilfe; bei Gott: bete zu ihm. 2) suche telefonisch zu sprechen. **Anrufer** der, jemand, der anruft. **Anrufung** die, -/-en, Bitte um Hilfe: *die A. des Gerichtes.*

anrühren [mhd. anerüeren ›angreifen‹], ich rühre *es* an (habe angerührt), 1) *es, ihn,* berühre: *rühr mich nicht an!; er rührt nie ein Buch an,* U liest nie. 2) *es,* vermenge mit Wasser, mische: *die Soße muß angerührt werden.* 3) *es rührt mich an,* U ich empfinde Mitleid damit: *sein Unglück hat mich angerührt.*

ans, an das, Übers. T 13: *er will sich jetzt ans Werk machen,* U mit der Arbeit beginnen.

ANSA, Abk. für: Agenzia Nazionale Stampa Associata, eine italien. Nachrichtenagentur.

Ansage [ahd. anasaga ›Behauptung‹] die, 1) Ankündigung einer Darbietung; Bekanntgabe von Ergebnissen (über Lautsprecher). 2) Diktat. **ansagen,** ich sage an (habe angesagt), 1) *mich, ihn,* kündige mich, ihn an; melde meinen, seinen bevorstehenden Besuch. 2) *es,* gebe (durch Lautsprecher) bekannt, teile mit; nenne den Hörern oder Zuschauern die Art der Darbietung und der Darsteller.

ansägen, ich säge *es* an (habe angesägt), säge nicht ganz durch.

Ansager der, -s/-, **Ansagerin** die, -/-nen, 1) jemand, der die Darbietungen bei einer Veranstaltung bekanntgibt. 2) ⦿ Sprecher(in): *Fernsehansagerin.*

ansammeln, ich samm(e)le *es* an (habe angesammelt), 1) *es,* trage nach und nach zusammen. 2) *es sammelt sich an,* häuft sich, wird immer mehr: *nach und nach sammelte sich eine große Menschenmenge an.* **Ansammlung** die.

ansässig, fest wohnhaft; beheimatet. **Ansässigkeit** die, -.

Ansatz der, 1) Beginn, Anlauf: *er nimmt einen A. zum*

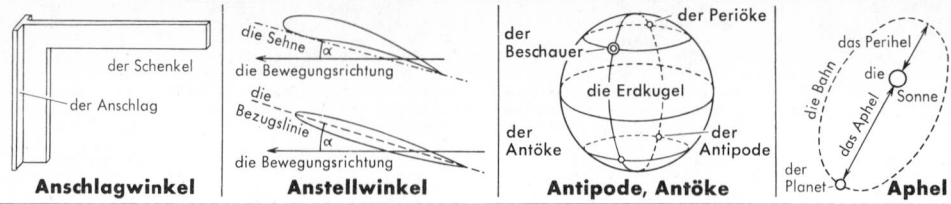

| der Schenkel / der Anschlag **Anschlagwinkel** | die Sehne / die Bewegungsrichtung / die Bezugslinie / die Bewegungsrichtung **Anstellwinkel** | der Beschauer / die Erdkugel / der Antöke / der Periöke / der Antipode **Antipode, Antöke** | das Perihel / die Sonne / die Bahn / das Aphel / der Planet **Aphel** |

Reden. **2)** ♪ Einstellung von Kehlkopf, Mund und Lippen zur Tonerzeugung (Blasinstrumente), zum Singen. **3)** Maschinenteil, an das man ein anderes anfügen kann. **4)** Zusammenstellung aller Bestandteile (für eine Arznei). **5)** △ Umsetzung von Tatsachen in Rechnungsgrößen bei der Lösung einer Aufgabe. **6)** das Neuhinzukommen, Zuwachs (von Fett, eines neuen Teils). **7)** 🜨 Voranschlag. **Ansatzpunkt** *der*, Stelle, von der aus man weiter folgern kann.

ansaufen, *ich* saufe *mir einen* an (habe angesoffen), ∪ betrinke mich (vorsätzlich).

ansaugen, *ich* sauge *es* an (habe angesaugt), ziehe durch Saugen an mich heran.

ansäuseln, *ich* säus(e)le *mir einen* an (habe angesäuselt), ∪ betrinke mich ein wenig: *er ist angesäuselt.*

anschaffen, *ich* schaffe *es* an (habe angeschafft), **1)** *(mir)*, bringe herbei, erwerbe: *er hat sich viele Bücher angeschafft; sie wollen sich keine Kinder anschaffen*, ∪; *verdient Geld als Prostituierte.* **2)** *ihm, süddt.:* trage ihm auf, ordne es an: *wer hat dir das angeschafft?* **3)** *Nachrichtenmaterial* (Geheimdienst), schaffe herbei: *anschaffende Agenten.* **Anschaffung** *die*, -/-en, Beibringung durch Erwerb oder Erzeugung. **Anschaffungskosten**, *Pl.*, **Anschaffungspreis** *der*, Kaufpreis und Nebenkosten bei der Beschaffung eines Wirtschaftsgutes.

anschäften, *ich* schäfte *es* an (habe angeschäftet), **1)** setze einen Schaft an. **2)** veredle Pflanzen.

anschalten, *ich* schalte *es* an (habe angeschaltet), setze mit Hilfe eines Schalters in Gang, schalte ein (Maschine, Licht).

anschauen [ahd. anascouwon], *ich* schaue *ihn, es* an (habe angeschaut), sehe an, betrachte. **anschaulich** [mhd. anschou-welich], so lebendig (dargestellt), daß man es zu sehen meint: *anschauliche Beschreibung.* **Anschaulichkeit** *die*, -. **Anschauung** [ahd. anscouwunga ›Betrachtung‹] *die*, -/-en, **1)** *ohne Pl.*, innere Versenkung: *A. versunken.* **2)** Meinung, Auffassung: *A. über etwas.* **3)** *ohne Pl.*, Vorstellung, Art des Betrachtens. **Anschauungsunterricht** *der*, Unterricht am Bild oder Gegenstand.

Anschein [mhd. anschin ›Deutlichkeit‹] *der*, -(e)s, Schein, äußerer Eindruck: *allem A. nach.* **anscheinend**, offenbar, dem Anschein nach: *er ist a. der bessere*, aber: *er ist nur scheinbar der bessere*, tatsächlich ist er es nicht.

anscheißen, *ich* scheiße *ihn* an (schiß an, habe angeschissen), ∇ **1)** weise grob zurecht. **2)** betrüge.

anschicken [mhd. aneschicken ›lenken‹], *ich* schicke *mich zu etwas* an (habe mich angeschickt), beginne; fange an, es zu tun: *er schickte sich an, das Haus zu verlassen.*

anschieben, *ich* schiebe *es* an (habe angeschoben), bringe durch Schieben in Bewegung.

anschießen, *ich* schieße an (schoß an), **1)** (habe angeschossen) *ihn*, verwunde, verletze; Ü greife an, kritisiere. **2)** (habe angeschossen) *eine Feuerwaffe*, gebe Probeschüsse ab, schieße ein. **3)** (bin angeschossen), *ich* komme mit großer Geschwindigkeit herbei: *plötzlich kam er angeschossen.*

anschirren, *ich* schirre *ein Zugtier* an (habe angeschirrt), lege ihm das Geschirr an.

Anschiß *der*, ∇ grobe Zurechtweisung.

Anschlag [ahd. anaslag ›Plage‹] *der*, **1)** öffentl. Aushang, Bekanntmachung. **2)** Angriff, Vernichtungsversuch: *ein A. auf sein Leben.* **3)** Niederdrücken einer Taste (Klavier, Schreibmaschine): *sie schreibt 200 Anschläge in der Minute.* **4)** Vorsprung an Maschinenteilen zur Begrenzung der Bewegung; Mauerfalz zur Aufnahme von Tür- oder Fensterblendrahmen. **5)** schußfertige Stellung des Schützen. **6)** 🜨 Voranschlag. **7)** Bildung der ersten Schlinge beim Stricken, Häkeln, Wirken. **8)** Führungsstück, z. B. an Anschlagwinkel oder Reißschiene. **9)** Anprall (der Wellen). **anschlagen** [ahd. anaslahan], *ich* schlage an

(schlug an, habe angeschlagen), **1)** *es*, befestige. **2)** *es*, hänge öffentlich aus, besonders in amtl. Kästen oder an Anschlagsäulen. **3)** *es*, beschädige durch unsachgemäße Behandlung (Geschirr, Gläser). **4)** *es auf ihn*, ziele auf ihn (mit dem Gewehr). **5)** *es*, lasse erklingen: *ich schlage einen Ton, eine Saite an; ich muß wohl einen anderen Ton anschlagen*, ∪ muß mein Verhalten ändern, muß energischer werden; *ich habe das Thema nicht angeschlagen*, nicht zur Sprache gebracht. **6)** *es*, zapfe (ein Faß). **7)** *es*, veranschlage: *er schlägt seine Leistung sehr hoch an.* **8)** (habe, bin angeschlagen) *an etwas*, stoße an: *ich bin angeschlagen*, Ü sehr erschöpft. **9)** *es schlägt bei mir an*, hat gute Wirkung, Erfolg. **10)** *der Hund schlägt an*, bellt. **Anschläger** *der*, ⚒ für Signale im Schacht verantwortlicher Bergmann. **anschlägig**, ⚒, *noch norddt.:* einfallsreich, geschickt, anstellig. **Anschlagsäule** *die*, Litfaßsäule, ABB. M 4. **Anschlagschiene** *die*, **1)** Eisenbahn: Backenschiene. **2)** eine Reißschiene, ABB. R 17. **Anschlagwinkel** *der*, ein Winkelmaß, ABB. A 16.

anschleichen, *ich* schleiche *mich an ihn, etwas* an (habe mich angeschlichen), versuche, mich unbemerkt zu nähern.

anschleppen, *ich* schleppe *es, ihn* an (habe angeschleppt), bringe mit Anstrengung herbei.

anschließen, *ich* schließe an (schloß an, habe angeschlossen), **1)** *es an etwas*, verbinde damit, befestige daran: *ich schließe die Dusche an die Wasserleitung, den Herd an den Stromkreis an; die angeschlossenen Sender*, alle Sender, die eine Sendung gleichzeitig übertragen. **2)** *mich, an ihn, an etwas*, geselle mich zu ihm, dazu. **3)** *mich*, stimme zu: *ich schließe mich seiner Meinung, seinen Ausführungen an.* **4)** *es schließt (sich) an etwas an*, folgt unmittelbar, berührt sich: *an die Rede schloß sich eine lebhafte Diskussion an; an das Haus schloß sich ein Garten an; das Kleid schließt eng an.* **anschließend**, danach, darauf folgend: *die anschließende Diskussion.* **Anschluß** *der*, **1)** Verbindung mit etwas Vorhandenem: *A. an das Fernsprechnetz; A. einer Nebenklage an ein Strafverfahren; im A. daran . . .*, danach; *Anschlußdose; Anschlußhahn*, ABB. I 3. **2)** Verkehr: günstige Verbindung: *Anschlußzug.* **3)** ∪ Kontakt, Bekanntschaft: *er sucht A., findet (keinen) A.*

Anschmack *der*, -(e)s, oberdt.: Kostprobe.

anschmiegen, *ich* schmiege *es, mich an ihn, etwas* an (habe angeschmiegt), lehne, drücke, schmiege daran. **anschmiegsam**, sich anschmiegend, zärtlich. **Anschmiegsamkeit** *die*.

anschmieren, *ich* schmiere *es* an (habe angeschmiert), **1)** *es*, beschmiere. **2)** *ihn*, ∪ betrüge, täusche, verkaufe ihm schlechte Ware: *ich wurde von ihm angeschmiert.*

anschmucken, *ich* schmucke *mich* an (habe mich angeschmuckt), *alem.:* schmiege mich an.

anschnallen, *ich* schnalle *es, ihn, mich* an (habe angeschnallt), befestige mit Schnallen, Gurten: *ich habe mich angeschnallt*, im Auto, Flugzeug die Sicherheitsgurte angelegt; *Anschnallpflicht.*

anschnauzen [zu schnauben], *ich* schnauze *ihn* an (habe angeschnauzt), ∪ fahre, herrsche grob an ihn. **Anschnauzer** *der*, ∪ grobe Zurechtweisung.

anschneiden [mhd. anesniden ›anmessen (ein Kleid)‹], *ich* schneide *es* an (habe angeschnitten), **1)** schneide nicht ganz durch. **2)** schneide das erste Stück ab, ABB. S 32. **3)** *Hunde schneiden erlegtes Wild an*, ∇ fressen an. **4)** *ein Thema*, Ü beginne zu besprechen, erörtern. **5)** *einen Punkt*, stelle die Visierlinie ein. **6)** 🜨 fahre eine Kurve nicht voll aus. **Anschnitt** *der*, **1)** erstes abgeschnittenes Stück (vom Brot), ABB. S 32. **2)** Schnittfläche.

Anschovis [niederl. ansjovis, zu span. anchoa, portug. anchova] *die*, -/-, auch Anchovis, Sardelle, ein Heringsfisch.

anschrauben, *ich* schraube *es* an (habe angeschraubt), befestige mit Schrauben.

anschreiben [mhd. aneschriben], *ich schreibe an (habe angeschrieben),* **1)** *es,* schreibe auf eine senkrechte Schreibfläche (Tafel, Wand). **2)** *es,* schreibe auf laufende Rechnung: *diese Summe müssen Sie mir anschreiben.* **3)** *ihn,* K schreibe ihm: *er wurde von uns angeschrieben.* **Anschreiben** *das,* K Schreiben, Brief.

anschreien [mhd. anschrien ›anrufen‹], *ich* schreie an (habe angeschrie[e]n), **1)** *ihn,* rede sehr laut (und wütend) an. **2)** *gegen etwas,* versuche durch lautes Sprechen zu übertönen.

Anschrift *die,* Adresse, Name und Wohnung des Empfängers, Abb. A 5.

anschuldigen, *ich* schuldige *ihn einer Sache* an (habe angeschuldigt), bezichtige, klage an, beschuldige: *er wurde des Diebstahls angeschuldigt.* **Anschuldigung** *die, -/-en,* Behauptung einer Schuld: *sie wies die A. zurück.*

anschüren, *ich* schüre *es* an (habe angeschürt), entfache.

Anschuß *der,* **1)** erster Schuß. **2)** Kugeleinschlag. **3)** ⚱ Standort des Wildes beim Schuß.

anschwärmen, *ich* schwärme an, **1)** (habe angeschwärmt) *ihn,* verehre schwärmerisch. **2)** *Insekten schwärmen an* (sind angeschwärmt), kommen im Schwarm näher: *viele Mücken kamen angeschwärmt.*

anschwärzen, *ich* schwärze an (habe angeschwärzt), **1)** *es,* mache schwarz. **2)** *ihn (bei jemandem),* U verleumde.

anschweigen, *ich* schweige *ihn* an (habe angeschwiegen), U sitze ihm schweigend gegenüber: *sie haben sich den ganzen Abend angeschwiegen.*

anschweißen, *ich* schweiße *es* an (habe angeschweißt), **1)** befestige, verbinde durch Schweißen. **2)** ⚱ schieße wund.

anschwellen, **1)** *es schwellt es an* (schwellte an, hat angeschwellt), macht dicker, größer: *die Schneeschmelze schwellte die Flüsse an.* **2)** *es schwillt an* (schwoll an, ist angeschwollen), wird dicker, größer: *die Flut schwillt noch immer an,* steigt; *der Lärm schwoll an,* U wurde stärker; *nach dem Insektenstich ist die Hand angeschwollen.* **Anschwellung** *die,* das Dickerwerden, Geschwulst.

anschwemmen, *ein Fluß schwemmt Sand, Kies, Geröll an* (hat angeschwemmt), landet, spült ans Ufer. **Anschwemmung** *die, -/-en.*

anschwimmen, *ich* schwimme an (habe angeschwommen), ✄ **1)** eröffne die Saison im Schwimmen in freiem Wasser. **2)** *er schwimmt gegen die Strömung an,* kämpft schwimmend dagegen an.

anschwindeln, *ich* schwind(e)le *ihn* an (habe angeschwindelt), belüge, täusche.

Anse [auch äs, frz., zu lat. ansa ›Henkel‹] *die, -/-n,* **1)** Gabeldeichsel. **2)** kleine, seichte Bucht.

ansegeln, *ich* seg(e)le an (habe angesegelt), ✄ **1)** eröffne die Segelsaison. **2)** *es,* steuere die Küste an.

ansehen [mhd. anesehen ›erstreben‹, ›untersuchen‹], *ich* sehe an (sah an, habe angesehen), **1)** *ihn, es,* richte den Blick darauf; betrachte; beurteile: *ich sehe ein Bild an; ich habe die Sache ganz anders angesehen; ich sehe es als meine Pflicht an; das ist hübsch anzusehen; ich will den Streit nicht länger (mit) ansehen,* U dulden; *das will ich mir mal ansehen,* prüfen. **2)** *ihm,* merke (aus bestimmten Anzeichen): *ich sehe es dir an, daß du geweint hast; ich sehe ihr für etwas,* halte ihn für etwas. **Ansehen** [mhd. ansehen ›Anblick (Gottes)‹] *das, -s,* **1)** Würde, Geltung: *er genießt großes A.; ohne A. der Person,* gerecht, unparteiisch. **2)** *oberdt.:* Aussehen. **ansehnlich,** groß, stattlich, beachtlich.

anseilen, *ich* seile *es, ihn, mich* an (habe angeseilt), befestige durch ein Seil, Abb. S 46.

ansein, *es ist an* (war an, ist angewesen), U ist eingeschaltet (Licht, Radio).

Anselm [zum german. Göttergeschlecht der Asen und helm ›Schutz‹], männl. Vorname.

ansengen, *ich* senge *es* an (habe angesengt), versenge leicht.

ansetzen [ahd. anasezzen ›auflegen‹, ›einsetzen‹], *ich* setze an (habe angesetzt), **1)** *es,* füge es daran, bringe daran: *ich setze ein Stück Stoff an den Rock an; ich setze (Fett) an,* U werde dick. **2)** *es,* bereite Speisen an; setze zu zum Kochen auf: *ich setze einen Braten an; er setzt eine Bowle an.* **3)** *es,* lege fest, veranschlage (Termin, Preis). **4)** will beginnen, mache einen Versuch: *er setzte mehrmals zum Sprechen an.* **5)** *ihn auf ihn, etwas,* U lasse ihn jemanden, etwas beobachten: *mehrere Polizisten wurden auf ihn angesetzt.* **6)** *es setzt sich an,* setzt sich fest, bleibt haften.

Ansgar [zum german. Göttergeschlecht der Asen und gar ›Speer‹], männl. Vorname.

Anshelm [vgl. Anselm], männl. Vorname.

Ansicht [ahd. anasiht] *die, -/-en,* **1)** Bild, Anblick: *Ansichts-(post)karte,* Bildkarte. **2)** Abbildungsseite: *A. von vorn,* Hauptansicht. **3)** Ü Meinung, Anschauung: *meine A. über etwas; meiner A. nach,* Abk.: m. A. n. **4)** ohne Pl., das Kennenlernen: *zur A.,* auf Probe. **ansichtig** [mhd. ansihtec], *ich werde seiner, dessen a.,* erblicke ihn, es. **Ansichtssache,** *das ist A.,* darüber kann man verschiedener Meinung sein. **Ansichtssendung** *die,* Warensendung zur Ansicht.

ansiedeln, *ich* sied(e)le an (habe angesiedelt), **1)** *ihn,* überlasse ihm Grund und Boden; mache ihn seßhaft. **2)** *es,* lasse mich nieder, werde seßhaft. **Ansied(e)lung** [ahd. anasidili] *die, -/-en,* das Ansiedeln. **2)** Niederlassung, Gehöft, Kolonie. **Ansiedler** [ahd. anasideling ›Bewohner‹] *der,* Gründer eines Hofes, Pflanzer, Kolonist.

ansingen [mhd. anesingen ›anfangen zu singen‹, ›mit Gesang feiern‹], *ich* singe *ihn, es* an (sang an, habe angesungen), besinge.

Ansinnen [mhd. anesinnen ›zumuten‹] *das, -s/-,* Zumutung, (beleidigender) Vorschlag: *er stellte an mich das A., . . .*

Ansitz *der,* **1)** ⚱ Anstand, Jagdkanzel, erhöhter Ort, wo der Jäger das Wild erwartet, Abb. J 1. **2)** *österr.:* (repräsentativer) Wohnsitz. **ansitzen,** *ich* sitze an (saß an, habe angesessen), ⚱ erwarte auf der Jagdkanzel das Wild.

ansonst, K, *schweiz.:* **ansonsten,** andernfalls, im übrigen.

anspannen [mhd. anespannen], *ich* spanne an (habe angespannt), **1)** *es,* mache straff (Seil, Muskel). **2)** *Zugtiere,* befestige vor dem Wagen. **3)** *mich, ihn,* Ü strenge an. **Anspänner** *der, -s/-,* Bauer, der zu Spanndienst verpflichtet war. **Anspannung** *die,* Anstrengung, das Zusammennehmen (der Kräfte): *mit gewaltiger A.; unter A. aller Kräfte.*

anspeien, *ich* speie *ihn, es* an (habe angespie[e]n), spucke an.

anspendeln [zu Spenadel], *ich* spend(e)le *es* an (habe angespendelt), *bair., österr.:* hefte mit einer Nadel an.

anspielen, *ich* spiele an (habe angespielt), **1)** *es,* spiele zum erstenmal darauf (Musikinstrument). **2)** *(es),* eröffne ein Spiel. **3)** *auf etwas,* Ü deute etwas an, mache Anspielungen. **Anspielung** *die, -/-en,* versteckter Hinweis.

anspinnen, *ich* spinne an (spann an, habe angesponnen), **1)** *es,* beginne, leite (heitsam) ein: *ich habe eine Unterhaltung mit ihm angesponnen.* **2)** *es spinnt sich an,* im Entstehen: *zwischen beiden scheint sich eine Romanze anzuspinnen.*

anspitzen, *ich* spitze an (habe angespitzt), **1)** *es,* mache spitz. **2)** *ihn,* U treibe zu einer Arbeit an.

Ansporn *der, -(e)s,* Antrieb, Anreiz. **anspornen,** *ich* sporne an (habe angespornt), **1)** *ein Tier,* gebe ihm die Sporen. **2)** *ihn,* Ü treibe, feuere an, wecke seinen Ehrgeiz.

Ansprache [mhd. ansprache] *die,* **1)** kurze förmliche Rede. **2)** *er findet keine A.,* U wird nicht beachtet. **ansprechen,** *ich* spreche an (sprach an, habe angesprochen), **1)** *ihn,* richte das Wort an ihn: *er hat mich auf der Straße angesprochen; ich spreche Sie noch einmal wegen des Festes an; alle Angestellten sind angesprochen,* betroffen; *davon fühle ich mich (nicht) angesprochen,* Ü das macht (keinen) Eindruck auf mich; *das Thema wurde nicht angesprochen,* nicht behandelt. **2)** *ihn um etwas,* bitte: *ich habe ihn um Feuer angesprochen.* **3)** *ihn als etwas,* erkläre die Art, bezeichne: *sein Verhalten ist nicht mehr als besonnen anzusprechen.* **4)** *auf etwas,* reagiere: *der Kranke spricht auf dieses Medikament nicht an.* **5)** *es spricht an,* gefällt: *ihre ganze Art spricht an.* **6)** *ein Instrument spricht leicht (schwer) an,* ist leicht (schwer) zum Klingen zu bringen. **ansprechend,** gefällig: *ein ansprechendes Äußeres.*

anspringen, *ich* springe an (sprang an), **1)** (bin angesprungen), U springe herbei, nähere mich im Laufschritt: *freudig bellend kam der Hund angesprungen.* **2)** (habe angesprungen) *ihn, es,* greife im Sprung an, stürze mich darauf: *der Hund hat den Fremden angesprungen.* **3)** *ein Motor springt an* (ist angesprungen), kommt in Gang.

anspritzen, *ich* spritze *ihn, es* an (habe angespritzt), bespritze, mache naß.

Anspruch [mhd. anspruch] *der,* **1)** Forderung: *sie stellt hohe Ansprüche.* **2)** das Recht, von einem anderen ein Tun oder Unterlassen zu verlangen: *A. auf Schadensersatz.* **anspruchslos, 1)** genügsam. **2)** bescheidenen Ansprüchen genügend: *ein anspruchsloser Roman.* **Anspruchslosigkeit** *die, -.* **anspruchsvoll, 1)** nicht leicht zufriedenzustellen. **2)** hohen Ansprüchen genügend.

anspucken, *ich* spucke *ihn, es* an (habe angespuckt), spucke darauf.

anspülen, *es* spült *es* an (hat angespült), spült ans Ufer.

anstacheln, *ich* stach(e)le *ihn, es* an (habe angestachelt), Ü sporne, treibe an: *das stachelte seinen Ehrgeiz an.*

Anstalt [mhd. anstalt ›Richtung‹, ›Beziehung‹] *die, -/-en,* **1)** Wohlfahrts-, Bildungseinrichtung (Schule, Heim): *Anstaltsleiterin.* **2)** Ü Heilstätte (für seelisch Kranke). **3)** *nur Pl.,* Vorbereitung: *er macht, trifft Anstalten dazu,* beginnt damit. **4)** (graphischer) Betrieb: *Verlagsanstalt.*

Anstand [mhd. anstant ›Waffenstillstand‹, ›Anstellung‹, ›Anstand‹, ›Hindernis‹] *der,* **1)** *ohne Pl.,* gutes Benehmen, gute Sitte, Takt: *er tat das nur aus A.; den A. verletzend,* seine Regeln nicht wahrend. **2)** Einwand, Schwierigkeiten: *er macht Anstände.* **3)** ᵜ Ansitz: *er hat das Reh vom A. aus geschossen.* **anständig, 1)** wohlgesittet, dem sittl. Empfinden entsprechend. **2)** Ü ziemlich heftig: *eine anständige Tracht Prügel.* **3)** Ü genügend, angemessen: *sie fordern anständige Bezahlung.* **4)** *oberdt.:* genehm, gefällig. **Anständigkeit** *die, -,* gesittetes Verhalten. **Anstandsbesuch** *der,* kurzer formeller Besuch. **anstandshalber,** der gesellschaftl. Form wegen. **anstandslos,** ohne weiteres. **Anstandsregel** *die,* Forderung der gesellschaftl. Form. **Anstandswauwau** *der,* Ü Begleitperson, die den Anstand wahren soll (bei jungen Mädchen).

anstarren [mhd. anestaren], *ich* starre *ihn, es* an (habe angestarrt), blicke unverwandt oder aufdringlich an.

anstatt [zu Statt], **1)** *seiner, dessen,* Präposition: anstelle, in Vertretung. **2)** Konjunktion: *a. zu schwatzen, arbeite!*

anstauen, *es* staut *sich* an (hat sich angestaut), staut sich (Wasser, Verkehr).

anstaunen, *ich* staune *ihn, es* an (habe angestaunt), sehe verwundert an, stehe verwundert davor.

anstechen [ahd. anastehhan ›durchstechen‹], *ich* steche *es* an (stach an, habe angestochen), mache einen Stich hinein; öffne durch Stechen (Bierfaß): *sie sticht den Kuchen an,* prüft, ob er gar ist; *er schrie wie angestochen,* U sehr.

anstecken, *ich* stecke an (habe angesteckt), **1)** *es,* zünde an: *er hat das Haus angesteckt.* **2)** *es (mir,* hefte an, befestige, z. B. einen Ring, eine Schmucknadel. **3)** *ihn mit etwas,* übertrage auf ihn (Krankheit, Fröhlichkeit). **4)** *mich mit etwas,* werde davon ergriffen, infiziert (Krankheit). **5)** *es steckt an,* überträgt sich: *Gähnen steckt an.* **ansteckend,** übertragbar: *ansteckende Krankheiten,* Infektionskrankheiten. **Anstecknadel** *die,* Schmucknadel zum Anstecken, Aʙʙ. S 30. **Ansteckung** *die, -/-en,* Übertragung (von Krankheitskeimen), Infektion: *Ansteckungsgefahr.*

anstehen [mhd. anesten ›bevorstehen‹, ›geziemen‹], *ich* stehe an (habe angestanden), **1)** warte in einer Reihe stehend, stehe Schlange: *die Menschen standen nach Lebensmitteln (süddt.: um Lebensmittel) an.* **2)** ⚇ zögere: *ich stehe nicht an, es zu tun,* habe keine Bedenken. **3)** *es steht mir an,* gefällt, geziemt: *ein solches Verhalten steht ihm nicht an.* **4)** *es steht an,* liegt vor: *Schulden stehen an; die anstehenden Fragen,* K. **5)** *ein Termin steht an,* ᛏ ist festgesetzt. **anstehend,** ⊕ offen daliegend, gewachsen: *anstehendes Gestein.*

ansteigen, *es* steigt an (ist angestiegen), führt in die Höhe, wird höher (Weg, Flut, Preise).

anstelle, an Stelle *seiner,* an seiner Stelle, in Vertretung, als Ersatz: *anstelle* oder *an Stelle einer Erklärung, von langen Erklärungen* . . .

anstellen [mhd. anestellen ›einstellen‹, ›aufschieben‹], *ich* stelle an (habe angestellt), **1)** *es,* lehne an, rücke an (Leiter). **2)** *es,* führe aus, mache: *ich stelle Beobachtungen an; da hast du etwas Schlimmes angestellt.* **3)** *es,* schalte an, setze in Gang: *er stellt das Radio an.* **4)** *ihn,* nehme in ein Arbeitsverhältnis auf, beschäftige: *ist bei einer Elektrofirma angestellt; ich habe ihn zum Fensterputzen angestellt.* **5)** *mich,* ordne mich in eine Reihe wartender Menschen ein, stehe Schlange. **6)** *mich,* zeige, erweise mich: *er stellt sich geschickt an; stell dich nicht so an!,* U tu nicht so wehleidig oder geziert. **Anstellerei** *die, -/-en,* U **1)** geziertes Betragen. **2)** Wehleidigkeit. **3)** lästiges Warten in einer langen Reihe. **anstellig,** geschickt, gelehrig. **Anstelligkeit** *die, -.* **Anstellung** *die,* **1)** Bestallung, Übertragung eines Dienstes oder Amtes: *Anstellungsvertrag.* **2)** Amt, Stelle. **Anstellwinkel** *der,* ⊿ Neigung der Tragflächen, Aʙʙ. A 16.

ansteuern, *ich* steu(e)re *es* an (habe angesteuert), ⊿ ⌘ nehme zum Ziel: *welchen Beruf steuerst du an?,* Ü.

Anstich *der,* **1)** das Öffnen durch Stich (Faß, Hochofen). **2)** erster Stich mit dem Spaten.

Anstieg *der,* **1)** das Hinaufsteigen. **2)** *ohne Pl.,* das Höherwerden, Steigung. **3)** hinaufführender Weg. **4)** *ohne Pl.,* Ü Steigerung: *A. der Lebenshaltungskosten.*

anstieren, *ich* stiere *ihn, es* an (habe angestiert), U starre an.

anstiften [zu stiften ›gründen‹], *ich* stifte an (habe angestiftet), **1)** *ihn zu etwas,* verleite. **2)** *es,* verursache, richte an, zettele an. **Anstifter** *der,* jemand, der einen anderen zu etwas verleitet. **Anstiftung** *die, zu einer Tat,* **1)** das Veranlassen, Verführung. **2)** ᛏ heimliche Verleitung.

anstimmen, *ich* stimme an (habe angestimmt), **1)** *es,* beginne laut zu äußern: *das Kind stimmte ein großes Geschrei an.* **2)** *ein Lied,* beginne zu singen.

anstinken, U derb: **1)** *es stinkt mich, ihn an* (stank an, hat angestunken), widert mich an. **2)** *dagegen kannst du nicht anstinken!,* dagegen bist du machtlos.

Anstoß [mhd. anastoz ›Antrieb‹] *der, -es,* **1)** erster Stoß, Schuß (Fußball): *wer hat A.?* **2)** *Pl. ᵘe,* Ü Anregung, Anlaß, Initiative: *er gab den A. dazu.* **3)** Beanstandung, Ärgernis: *das wird A. erregen; ich nehme A. an etwas.* **anstoßen** [ahd. anastoz(z)en], *ich* stoße an (stieß an), **1)** (habe angestoßen) *ihn, es,* gebe einen Stoß. **2)** (bin angestoßen) *an ihn, etwas,* treffe, renne dagegen, pralle an. **3)** (bin angestoßen) *bei ihm mit etwas,* errege Anstoß, Unwillen. **4)** (habe angestoßen) *mit der Zunge,* U lispele. **5)** (habe angestoßen) *mit ihm auf etwas* (als Trinksitte, zur Bekräftigung eines Wunsches): *lasse mein Glas an seinem klingen: darauf wollen wir anstoßen.* **6)** *es stößt an etwas an* (ist angestoßen), grenzt an. **Anstößer** *der, schweiz.:* Grundstücksnachbar. **anstößig,** Ärgernis erregend, den Anstand verletzend: *anstößige Witze.* **Anstößigkeit** *die, -.*

anstrahlen, *ich* strahle *ihn, es* an (habe angestrahlt), **1)** schaue glücklich oder freundlich an. **2)** beleuchte mit Scheinwerfern: *das Münster wird nachts angestrahlt.*

ansträngen [zu Strang], *ich* stränge *Pferde* an (habe angesträngt), spanne an.

anstreben, *ich* strebe *es* an (habe angestrebt), bemühe mich darum, setze mir zum Ziel.

anstreichen, *ich* streiche an (habe angestrichen), **1)** *es,* bestreiche mit Farbe. **2)** *es,* mache durch einen Strich kenntlich: *der Lehrer streicht Fehler an; ich streiche einen Tag im Kalender an* (um ihn mir zu merken). **3)** *es ihm,* U vergelte, zahle heim: *das werde ich dir anstreichen!* **Anstreicher** *der,* Tüncher, Maler.

anstrengen [zu Strang, ansträngen], *ich* strenge an (habe angestrengt), **1)** *es,* spanne an, beanspruche: *ich strenge meinen Geist, alle meine Kräfte an.* **2)** *einen Prozeß,* ᛏ mache eine Klage anhängig, leite einen Rechtsstreit ein. **3)** *mich,* gebe mir Mühe. **4)** *es strengt mich, ihn an,* ist für mich, ihn anstrengend, ermüdend. **anstrengend,** ermüdend, die Kräfte beanspruchend. **Anstrengung** *die, -/-en,* **1)** das Aufbieten der Kräfte, Mühe. **2)** ermüdende Tätigkeit, Strapaze.

Anstrich [mhd. anstrich (auf der Geige)] *der,* **1)** Farbe, bunter Überzug. **2)** Ü Schein, Vorspiegelung: *ein A. von Vornehmheit.* **3)** ♪ erster Strich auf einem Streichinstrument.

anstückeln, anstücken, *ich* stück(e)le, stücke *es* an (habe angestückelt, angestückt), füge, setze daran (Stoff).

Ansturm *der,* **1)** Angriff. **2)** Ü heftiger Andrang. **anstürmen** [mhd. anesturm ›angreifen‹], *ich* stürme an (habe, bin angestürmt), komme wild heran; greife heftig an.

ansuchen [mhd. anesuochen ›belästigen‹, ›anstellen‹], *ich* suche *bei ihm um etwas an* (habe angesucht), K bitte um etwas, stelle ein Gesuch. **Ansuchen** *das, -s/-,* K Gesuch, Bitte: *er stellte ein A. an ihn; auf A. von Herrn X.* **Ansucher** *der,* K Bittsteller.

ant . . . [grch.], vgl. anti . . .

. . . ant [roman., lat.], Ableitungssilbe an **1)** männl. Substantiven: *der Lieferant; der Musikant.* **2)** Adjektiven: *amüsant; arrogant.*

Antagonismus [vgl. anti . . . und grch. agonisma ›Kampf‹] *der, -/ . . . men,* Widerstreit, Gegenwirkung, Gegensatz. **Antagonist** *der, -en/-en,* Gegenspieler, Gegner, Widersacher. **antagonistisch.**

Antares [grch. ›dem Mars gleichend‹] *der, -,* ✹ ein Stern.

Antarktika [vgl. anti . . . und Arktis] *die, -,* ⊕ der Südpolarkontinent. **Antarktis** *die,* ⊕ Gebiet um den Südpol. **antarktisch.**

antasten [mhd. antast ›Angriff‹, ›das Recht, vor Gericht zu ziehen‹], *ich* taste an (habe angetastet), **1)** *ihn, es,* berühre. **2)** *es,* Ü verletze, berühre unberechtigt: *die verbrieften Rechte wurden angetastet.*

antatschen, *ich* tatsche *ihn, es* an (habe angetatscht), U fasse plump an, berühre unbeholfen.

Ante [lat. anta] *die, -/-n,* ⊓ pfeilerartiger Abschluß einer vorspringenden Mauer: *Antentempel.*

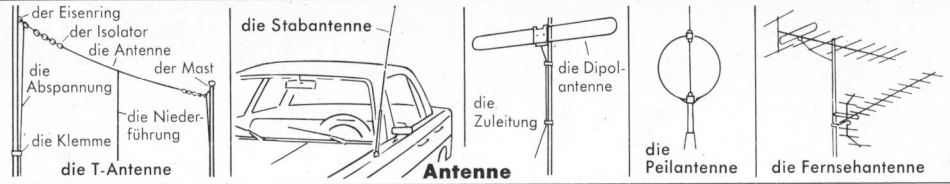

der Eisenring / der Isolator / die Antenne / der Mast / die Abspannung / die Niederführung / die Klemme / die T-Antenne / **die Stabantenne** / die Dipolantenne / die Zuleitung / **Antenne** / die Peilantenne / die Fernsehantenne

ạnte [lat.], vor. **ạnte Chrịstum (nạtum),** Abk.: a. Chr. (n.), vor Christi Geburt, vor Christus.

ạntedatieren [vgl. ante und datieren], *ich* antedatiere (habe antedatiert) *es,* ⚹ datiere vor.

antediluviạnisch [vgl. ante und diluvial], ⚹ vorsintflutlich.

Anteil [mhd. spil aneteilen ›die Wahl geben‹] *der,* **1)** Teil, der jemandem gehört oder zusteht: *sein A. an der Beute, am Erbe.* **2)** *ohne Pl.,* Mitgefühl, Teilnahme: *niemand nahm A. an seiner Not.* **ạnteilig,** dem Anteil entsprechend. **Anteilnahme** *die,* Mitgefühl, Interesse. **Anteilschein** *der,* Aktie, Urkunde über einen Geschäftsanteil.

ạntelefonieren, *ich* telefoniere *ihn* an (habe ạntelefoniert), U telefoniere mit ihm.

ạnte meridiịem [lat.], Abk.: a. m., vormittags.

antenatạl [vgl. ante und lat. natus ›Geburt‹], pränatal.

Antẹnne [lat. antenna ›Rahe‹] *die, -/-n,* ⟨ᵯ⟩ Vorrichtung zum Ausstrahlen und Empfangen elektromagnet. Wellen, ABB. A 17. **2)** 🦞 gegliederter Fühler bei Krebstieren, Tausendfüßern und Insekten: *dafür hat er keine A.,* U kein Gespür, keine Begabung.

Antepẹndium [vgl. ante und lat. pendere ›hängen‹] *das, -s/. . .dị|en,* Altarbekleidung, ABB. A 9.

Antezẹdens [zu lat. antecedere ›vorausgehen‹] *das, -/. . .d'enzi|en,* **1)** Vorausgegangenes, Grund, Ursache. **2)** *nur Pl.,* ⚹ Vorleben. **3)** ⊕ Form der Talbildung.

Anthem [ˈænθəm, engl., vgl. Antiphon] *das, -s/-s,* engl. motetten- oder kantatenartiges Gesangsstück über einen bibl. Text.

Anthẹmion [grch. anthos ›Blume‹] *das, -s/. . .mi|en,* ᵯ ein Schmuckfries in der griech. Baukunst.⌷ **Anthẹre** *die, -/-n,* ⊕ Pollenträger des Staubblatts. **Antherịdium** *das, -s/. . .dị|en,* männl. Geschlechtsorgan bei Farnpflanzen, Moosen, manchen Algen und Pilzen. **Anthologịe** [vgl. . . . logie] *die, -/. . .g'i|en,* Blütenlese, Sammelband von Gedichten, Sprüchen oder Prosastücken. **anthologisch.**

Ạn|thracẹn [grch. anthrax ›Kohle‹] *das, -s/-e,* auch Anthrazen, fester Kohlenwasserstoff. **Ạn|thrakọse** *die, -/-n,* ⚕ Kohlenstaublunge. **Ạn|thrax** *der, -,* ⚕ Milzbrand. **Ạn|thrazẹn** *das,* Anthracen. **Ạn|thrazịt, 1)** *der, -s/-e,* harte, glänzende Steinkohle. **2)** *das, -s,* schwarzgraue Farbe. **an|thrazịt(farben),** schwarzgrau.

ạn|thropo . . . [grch. anthropos ›Mensch‹], menschen . . . **Ạn|thropochorịe** [-k-, grch. chorizein ›verbreiten‹] *die, -,* Pflanzenverbreitung durch den Menschen. **an|thropogẹn** [vgl. . . . gen], von Menschen beeinflußt. **An|thropogenẹse,** **Ạn|thropogenịe** *die, -,* Lehre von der Abstammung des Menschen. **Ạn|thropogeografịe** *die,* die Geographie vom Menschen und der von ihm beeinflußten geograph. Umwelt. **Ạn|thropo|graphịe** [vgl. . . .graphie] *die, -/. . .ph'i|en,* Beschreibung der menschlichen Rassen. **An|thropoịd** [vgl. . . . id], menschenähnlich. **Ạn|thropoịd** *der, -en/-en,* **An|thropoịde** *der, -n/-n,* Menschenaffe. **Ạn|thropologe** *der, -n/-n.* **Ạn|thropologịe** [vgl. . . . logie] *die, -,* die Wissenschaft vom Menschen. **an|thropologisch. An|thropologịsmus** [vgl. . . . logie und . . . ismus] *der, -/. . .men,* krit. Bez. für philosoph. Lehren, die gesamte Wirklichkeit vom Menschen her erklären. **An|thropometrịe** [vgl. . . . metrie] *die, -,* das Erfassen meßbarer Formmerkmale des Menschen. **an|thropomẹtrisch. an|thropomọrph** [vgl. . . . morph], menschenähnlich. **An|thropomọrphe** *der, -n/-n,* Menschenaffe (Orang-Utan, Gorilla, Schimpanse). **An|thropomọrphịsmus** *der, -,* Übertragung menschl. Vorstellungen auf andere Wesen, z. B. auf Götter. **An|thropophage** [grch. phagein ›essen‹] *der, -n/-n,* Menschenfresser. **an|thropophọb,** menschenscheu. **An|thropophobịe** [vgl. . . . phobie] *die,* krankhafte Menschenscheu (Angst vor Menschen). **An|throposọph** *der, -en/-en.* **An|throposophịe** [grch. sophia ›Weisheit‹] *die, -,* nach der Lehre Rudolf Steiners ein

Erkenntnisweg, der das Geistige im Menschenwesen zum Geistigen im Weltall führen möchte. **an|throposọphisch.**

Ạn|thropotechnik *die,* Anpassung von Arbeitsbedingungen (Arbeitsplätze, -mittel, -techniken) an die körperlichen und seelischen Eigenschaften des Menschen. **an|thropozẹntrisch,** den Menschen in den Mittelpunkt stellend. **An|thropozoonọse** [-tsoo-, grch. zoon ›Lebewesen‹ und nosos ›Krankheit‹] *die, -/-n,* Infektionskrankheit bei Mensch und Tier.

ạnti . . . [grch.], vor Vokalen und h: *ant . . .,* gegen, gegenüber, nicht: *Antithese; Antagonismus; Antiheld; Antiroman; Anti-Terror-Einheit; Antitheater.*

Ạnti|alkohọliker [auch ˈan-] *der,* Gegner des Alkohols. **Ạnti|allẹrgikum** [grch.] *das, -s/. . .ka,* ⚕ Mittel zur Behandlung allergischer Krankheiten.

Ạnti|asthmạtikum *das, -s/. . .ka,* ⚕ Mittel gegen Asthma.

anti|autoritär [auch ˈan-], nicht autoritär: *antiautoritäre Erziehung,* Erziehung, die weitgehenden Verzicht auf autoritäre Einschränkungen fordert.

Antibabypille, Anti-Baby-Pille [-bˈeːbi-] *die,* hormonales Mittel zur Empfängnisverhütung.

Antibeschlạgmittel, *das* Mittel gegen das Beschlagen von Glas, z. B. Antibeschlagspray.

Antibiọtikum *das, -s/. . .ka,* ⚕ Mittel gegen Infektionen. **antibiọtisch.**

anticham|brieren [-ʃãbrˈiːrən, frz., zu antichambre ›Vorzimmer‹], *ich* antichambriere (habe antichambriert), **1)** warte lange im Vorzimmer. **2)** Ü schmeichle einflußreichen Leuten.

Ạnti|christ *der,* **1)** *-en/-en,* Gegner des Christentums. **2)** *-(s),* Widerchrist, Teufel. **ạnti|christlich.**

Antidepressịvum *das, -s/. . .va,* ⚕ Thymoleptikum, das Seelenleben beeinflussender Stoff.

Antidiabẹtikum *das, -s/. . .ka,* ⚕ Mittel zur Behandlung der Zuckerkrankheit.

Antidiar|rhọikum *das, -s/. . .ka,* ⚕ Mittel gegen Diarrhöe. **Antidọt** *das, -(e)s/-e,* **Antidoton** [grch.] *das, -s/. . .ta,* ⚕ Gegenmittel, Gegengift.

Antidumpinggesetz [-dˈʌmpiŋ-] *das,* Verbot des Dumpings.

Anti|epilẹptikum *das, -s/. . .ka,* ⚕ Mittel zur Behandlung der Epilepsie.

Antifaschịsmus [auch ˈan-] *der,* Gegnerschaft gegen den Faschismus. **Antifaschịst** [auch ˈan-] *der.* **antifaschịstisch** [auch ˈan-].

Antigẹn *das, -s/-e,* die Bildung von Antikörpern hervorrufender Stoff.

ạnti|gliss [grch. anti . . . und frz. glisser ›rutschen‹], rutschsicher: *Skianzug mit Antigliss-Ausrüstung.*

Antihormọn *das,* Substanz, die die Wirkung von Hormonen aufhebt oder vermindert.

antịk [frz. antique, zu lat. antiquus ›alt‹], **1)** die Antike betreffend. **2)** alt, altertümlich, in alter Art hergestellt: *antike Möbel.* **Antịke** *die, -,* das klassische griechisch-röm. Altertum. **Antịken,** *Pl.,* Kunstwerke aus der Antike: *Antikensammlung.* **antịkisch,** die Antike nachahmend. **antịkisịerend,** nach Art des Altertums.

ạnti|klerikạl [auch ˈan-, vgl. Klerus], kirchenfeindlich. **Ạnti|klerikalịsmus** [auch ˈan-] *der.*

Ạnti|klịmax *die,* Übergang vom stärkeren zum schwächeren Ausdruck, eine Redefigur.

Anti|klinạle [vgl. anti . . . und grch. klinein ›beugen‹] *die, -/-n,* ⊕ Sattel einer geolog. Falte.

Anti|klọpfmittel *das,* Zusatz zu Vergaserkraftstoffen.

Antikonzeptiọn *die,* Empfängnisverhütung. **antikonzeptionẹll,** empfängnisverhütend. **Antikonzeptịvum** *das, -s/. . .va,* empfängnisverhütendes Mittel.

Antikọrper *der, meist Pl.,* Immunkörper, Schutzstoff des Blutserums gegen Krankheitserreger.

Anti

Antilope [frz., zu spätgrch. anthos ›Blume‹ und ops ›Auge‹] *die, -/-n,* dem Reh ähnliches Horntier.

Antimaterie [-ə] *die,* aus Antiteilchen aufgebaute hypothet. Form der Materie.

Antimilitarismus *der,* Einstellung gegen den Militarismus. **Antimilitarist** *der.* **antimilitaristisch.**

Antimon [lat. stibium] *das, -s,* ⊕ Element, Zeichen: Sb, ein Metall. **Antimonglanz** *der,* wichtigstes Antimonmineral.

Antineuralgikum *das, -s/...ka,* ✡ Mittel gegen Neuralgien.

Antinomie [vgl. anti... und grch. nomos ›Gesetz‹] *die, -/...m'i|en,* unvereinbarer Widerspruch.

Antipasto [ital.] *der* oder *das, -(s)/...sti,* Vorspeise.

Antipathie [auch 'an-, vgl. anti... und grch. pathos] *die, -/...th'i|en,* Abneigung. **antipathisch** [auch 'an-].

Anti|phlogistikum [vgl. anti... und grch. phlogizein ›in Brand setzen‹] *das, -s/...ka,* ✡ entzündungshemmendes Mittel.

Antiphon [grch. antiphonos ›entgegentönend‹, ›antwortend‹] *die, -/-en,* **Antiphone** *die, -/-n,* **Antiphonie** *die, -/...n'i|en,* kirchl. Wechselgesang.

Antipode [grch. antipous, Pl. antipodes ›Gegenfüßler‹] *der, -n/-n,* **1)** Bewohner der Gegenseite der Erde, Abb. A 16. **2)** Ü jemand, der entgegengesetzter Ansicht ist.

antippen, *ich* tippe *es, ihn* an (habe angetippt), berühre leicht: *ich möchte dieses Thema einmal antippen,* Ü.

Antiqua [lat. antiquus ›alt‹] *die, -,* Lateinschrift, eine Druckschrift, Übers. A 8, D 16. **Antiquar** *der, -s/-e,* **1)** Buchhändler für alte Bücher. **2)** seltener: Antiquitätenhändler. **Antiquariat** *das, -s/-e,* Altbuchhandlung. **antiquarisch,** alt, gebraucht (Buch). **antiquiert,** veraltet. **Antiquität** *die, -/-en,* meist Pl., altertümliches Kunstwerk. **Antiquitätenhändler** *der,* Händler für Antiquitäten.

Antirachitikum *das, -s/...ka,* ✡ Mittel gegen Rachitis.

Antirheumatikum *das, -s/...ka,* ✡ Mittel gegen rheumat. Krankheiten.

Antisemit [auch 'an-] *der,* Judengegner. **antisemitisch** [auch 'an-]. **Antisemitismus** [auch 'an-] *der, -,* Judenfeindschaft.

Antisepsis, Antiseptik *die, -,* keimtötende Wundbehandlung. **Antiseptikum** *das, -s/...ka,* ✡ Mittel zur Antisepsis. **antiseptisch.**

Anti|spasmodikum *das, -s/...ka,* ✡ krampflösendes Mittel. **anti|spastisch,** krampflösend.

Antistatikmittel *das,* Mittel, das die elektrostat. Aufladung (von Kunststoffgegenständen) verhindern soll: *A. für Schallplatten.* **antistatisch,** antistatische Wirkung.

Anti|strophe [auch 'an-] *die,* altgriech. Literatur: der Strophe entsprechende, von einer Wendung des Chors begleitete Gegenstrophe.

Antiteilchen *das,* ein Elementarteilchen, das durch eine Wellenfunktion für Zustände negativer Energie beschrieben werden kann.

Antithese [auch 'an-] *die,* Gegenbehauptung, Entgegenstellung. **antithetisch.**

Antitoxin *das,* Gegengift.

Anti|transpirant *der, -s/-e,* schweißhemmendes Mittel.

Antizipation [lat. anticipatio ›Vorbegriff‹] *die, -/-en,* Vorwegnahme. **antizipieren,** *ich* antizipiere (habe antizipiert) *es.*

antizy|klisch, bei unregelmäßiger Folge wiederkehrend. **2)** 🔲 Konjunkturschwankungen entgegenwirkend: *antizyklische Finanzpolitik.* **Antizy|klone** *die,* Meteorologie: Hochdruckgebiet.

Antje [niederdt. zu Anna], weibl. Vorname.

Antlaßtag [ahd. antlaz ›Vergebung‹] *der,* Gründonnerstag.

Antlitz [ahd. antluzzi] *das, -es/-e,* P Gesicht.

Antoinette [ātwan'et(ə), frz. zu Antonius], weibl. Vorname.

Ant|öke [grch. ›Gegenwohner‹] *der, -n/-n,* Einwohner eines Ortes auf gleichem Längengrad, aber entgegengesetztem Breitengrad, Abb. A 16.

Anton [von Antonius], männl. Vorname.

antönen, *ich* töne *es* an (habe angetönt), *schweiz.:* deute an.

Antonia, weibl. **Antonius** [zum röm. Geschlechternamen Antius], männl. Vorname.

Ant|onym [vgl. anti... und grch. onyma ›Name‹] *das, -s/-e,* Wort von entgegengesetzter Bedeutung, z. B. ›hell‹ und ›dunkel‹.

antörnen, anturnen.

Antrag [mhd. antrac ›Anschlag‹] *der, -(e)s/-̈e,* **1)** Vorschlag für einen Beschluß: *auf A.; A. zur Abstimmung.* **2)** Gesuch,

schriftl. Bitte: *ich muß einen A. stellen; mein A. wurde abgelehnt; Antragsformular.* **3)** Heiratsvorschlag: *Heiratsantrag.* **antragen** [mhd. anetragen], *ich* trage *es ihm* an (trug ihm, habe angetragen), biete an, schlage vor. **antragsgemäß,** dem Antrag entsprechend. **Antragsteller** *der, -s/-,* jemand, der einen Antrag stellt.

antrauen, *ich* traue *sie ihm, ihn ihr* an (habe angetraut), verheirate mit ihm, ihr (als Standesbeamter, Geistlicher).

antreffen [ahd. anatrefan ›betreffen‹], *ich* treffe *ihn,* es an (traf an, habe angetroffen), finde vor: *wir trafen ihn bei der Arbeit an.*

antreiben [mhd. anetriben], *ich* treibe an (habe angetrieben), **1)** *ihn,* dränge, fordere zur Eile auf: *man mußte ihn zur Arbeit antreiben.* **2)** *es,* bringe in Bewegung: *Wasser hat die Turbinen angetrieben.* **3)** *es treibt an* (ist angetrieben), wird angeschwemmt. **Antreiber** [mhd. anetriber] *der,* jemand, der einen anderen (zur Arbeit) antreibt. **Antreibung** *die, -.*

antrenzen, *ich* trenze *mich* an (habe mich angetrenzt), *österr.:* bekleckere mich beim Essen.

antreten, *ich* trete an (trat an, habe angetreten), **1)** *es,* übernehme eine Stellung, beginne eine Arbeit, eine Reise: *ich hat sein neues Amt angetreten.* **2)** *es,* setze durch Treten in Gang. **3)** *ihn,* P nähere mich ihm bittend oder fordernd: *rasch tritt der Tod den Menschen an.* **4)** (bin angetreten), finde mich zum Beginn einer Tätigkeit ein. **5)** (bin angetreten), stelle mich in Reih und Glied: *die Soldaten, die Spieler sind angetreten.*

Antrieb *der,* **1)** bewegende Kraft, Abb. D 13: *Antriebskraft; Antriebswelle.* **2)** Ü Anstoß, Anreiz, Ansporn: *Antriebsschwäche.*

antrinken [mhd. anetrinken], *ich* trinke an (trank an, habe angetrunken), **1)** *es,* trinke den ersten Schluck aus dem Glas, der Flasche. **2)** *mir einen,* U betrinke mich (vorsätzlich): *er hat sich Mut angetrunken.* **Antrinket** *der, -s, schweiz.:* Willkommenstrunk bei einem neuen Gastwirt.

Antritt [mhd. anetritt] *der,* **1)** (erste) Stufe, Tritt, Abb. A 9. **2)** Ü Beginn, Übernahme (eines Dienstes): *Antrittsbesuch; Antrittsrede; schneller A.* (im Sport).

antun [ahd. anatuon], *ich* tue an (tat an, habe angetan), **1)** *es ihm,* tue es für ihn, erweise Gefälligkeiten: *er wollte dir damit etwas Gutes antun.* **2)** *es ihm,* bereite Schmerz: *er hat seinen Eltern viel Leid angetan.* **3)** *etwas hat es mir, ihm angetan,* gefällt mir, ihm: *das Mädchen, das Hochgebirge hat es ihm angetan.* **4)** *es,* U ziehe an. **5)** *mir etwas,* U begehe Selbstmord.

anturnen [-œ:-, engl. to turn on ›aufdrehen‹], *ich* turne *ihn* an (habe angeturnt), U versetze in rauschhafte Stimmung (durch Rauschmittel, Alkohol, mitreißende Musik).

Antwort [ahd. antwurti] *die, -/-en,* **1)** *auf eine Frage, einen Brief,* Erwiderung, Bescheid: *um Antwort wird gebeten,* Abk.: u. A. w. g. **2)** Ü Gegenhandlung, Reaktion. **antworten** [ahd. antwurten], *ich* antworte (habe geantwortet) *ihm auf etwas,* **1)** entgegne, erwidere. **2)** Ü handle dagegen, reagiere darauf. **antwortlich** *Ihres Schreibens,* K auf Ihr Schreiben hin. **Antwortschein** *der: internationaler A.,* international gültiger Gutschein für Postwertzeichen.

An|urie [vgl. grch. a... und ouron ›Urin‹] *die, -/...r'i|en,* ✡ das Versagen der Harnausscheidung.

Anus [lat.] *der, -/'Ani,* After.

anvertrauen, *ich* vertraue *an* oder anvertraue (habe anvertraut), **1)** *mich, ihn, es ihm,* überlasse seiner Obhut. **2)** *es ihm,* sage vertraulich, als Geheimnis.

anverwandeln, *ich* verwand(e)le *es mir* an (habe anverwandelt), P eigne mir geistig an, mache mir zu eigen.

anverwandt, ⚬ miteinander verwandt: *sie sind einander.* **Anverwandte** *der, die,* Verwandte(r).

anvisieren, *ich* visiere *es, ihn* an (habe anvisiert), fasse ins Auge.

Anwachs *der, -es,* Anwachsung, ♂♀ Zuwachs, Vergrößerung. **anwachsen,** *es* wächst an (wuchs an, ist angewachsen), **1)** schlägt Wurzeln: *die Pflanzen sind gut angewachsen.* **2)** U wird immer mehr: *seine Ersparnisse sind inzwischen auf einige tausend Mark angewachsen.* **Anwachsung** *die, -,* Anwachs.

anwählen, *ich* wähle *ihn* an (habe angewählt), U wähle seine Telefonnummer.

Anwalt [ahd. anawalto] *der, -(e)s/-̈e,* **Anwältin** *die, -/-nen,* **1)** Rechtsanwalt, Rechtsanwältin. **2)** bevollmächtigte(r) Vertreter(in). **3)** Fürsprecher(in), Verfechter(in): *er macht sich zum A. unserer Sache.* **Anwaltschaft** *die, -,* **1)** Gesamtheit der Anwälte. **2)** Stand, Amt des Rechtsanwalts. **3)** Vertretung als Anwalt: *er übernimmt die A.* **Anwaltskammer** *die,* gesetzl. Standesvertretung der Rechtsanwälte.

anwandeln, *es* wandelt *ihn, mich* an (hat angewandelt), erfaßt, überkommt ihn, mich (Launen). **Anwand(e)lung** *die,* Sinnesänderung, plötzliche Laune: *in einer A. von Großzügigkeit.*

anwärmen, *ich* wärme *es* an (habe angewärmt), erwärme leicht.

Anwärter [ahd. anawart (werdan) ›etwas erkennen‹] *der,* Kandidat, Aspirant. **Anwartschaft** *die, -,* Anspruch, Aussicht auf ein Recht oder Amt.

anweisen [mhd. anewisen ›hinweisen‹], *ich* weise an (habe angewiesen), **1)** *ihn, es zu tun,* befehle: *er ist angewiesen, niemanden zuzulassen.* **2)** *ihn,* leite an, belehre. **3)** *es ihm,* teile zu: *man wies ihm einen anderen Arbeitsplatz an.* **4)** *Geld,* überweise; vgl. angewiesen. **Anweisung** *die,* **1)** Befehl: *ich erhalte, gebe A.* **2)** Belehrung, Anleitung: *Gebrauchsanweisung.* **3)** Ermächtigung zur Auszahlung einer Geldsumme: *Postanweisung.*

anwendbar, zur Anwendung geeignet. **Anwendbarkeit** *die, -.* **anwenden** [ahd. anawenten], *ich* wende *es* an (wandte oder wendete an, habe angewandt oder angewendet), **1)** gebrauche, arbeite damit. **2)** *auf ihn, etwas,* beziehe, übertrage, beziehe darauf. **Anwendung** *die.*

anwerben, *ich* werbe *ihn* an (warb an, habe angeworben), gewinne, bes. zum Militärdienst. **Anwerbung** *die.*

anwerfen, *ich* werfe *einen Motor* an (warf an, habe angeworfen), ⚙ setze in Gang.

Anwert *der, -(e)s,* bair., österr.: Geltung, Wertschätzung: *das hat seinen A.,* wird geschätzt.

Anwesen *das,* Grundstück, landwirtschaftl. Betrieb (mit Wohnung). **anwesend** [ahd. anawesan] *bei etwas, zugegen,* an Ort und Stelle. **Anwesende** *der, die, -n/-n, ein -r, eine -.* **Anwesenheit** *die, -:* Anwesenheitsliste, Verzeichnis der Anwesenden.

anwidern, *ich* wid(e)re *ihn* an (habe angewidert), ekele an, stoße ab: *dieser Anblick widert mich an.*

anwinkeln, *ich* wink(e)le *die Arme* an (habe angewinkelt), beuge zum Körper hin.

Anwohner *der, -s/-,* Anlieger, Nachbar. **Anwohnerschaft** *die, -,* Gesamtheit der Anwohner.

Anwuchs *der,* **1)** Zuwachs. **2)** 🌳 ganz junger Wald. **Anwünschung** *die, -/-en.* Amtsspr.: Annahme an Kindes Statt. **Anwurf** *der,* **1)** erster Wurf (bei Ballspielen). **2)** Bewurf, Verputz. **3)** Ü Vorwurf, Schmähung.

anwurzeln, *eine Pflanze* wurzelt an (ist angewurzelt), schlägt Wurzeln an: *eine rasch anwurzelnde Pflanze; er stand da wie angewurzelt,* Ü starr (vor Staunen).

. . . anz [roman., lat.], Ableitungssilbe für weibl. Substantive: *die Bilanz; die Eleganz.*

Anzahl [mhd. anzal] *die, -,* unbestimmte Menge, einige: *eine A. gute(r) Schüler ist* oder *sind in dieser Klasse.* **anzahlen**, *ich* zahle *es* an (habe angezahlt), leiste eine erste Rate, gebe einen Teilbetrag. **Anzahlung** *die.*

anzapfen, *ich* zapfe an (habe angezapft), **1)** *es,* steche an (Faß, den Baum zur Harzgewinnung). **2)** *es,* Ü stelle (unbefugt) einen Anschluß her (Stromentnahme bei elektr. Leitungen, Mithören fremder Telefongespräche). **3)** *ihn,* Ü frage aufdringlich aus; leihe unbescheiden von ihm Geld. **Anzapfung** *die, -/-en.*

Anzeichen *das,* Vorzeichen, erste Ankündigung, Symptom.

anzeichnen, *ich* zeichne *es* an (habe angezeichnet), **1)** zeichne an die Tafel. **2)** versehe mit Merkzeichen.

Anzeige [ahd. zeiga ›Darlegung‹, ›Bestimmung‹] *die, -/-n,* **1)** ⚖ Veranlassung zu strafrechtl. Verfolgung: *A. gegen Unbekannt wegen Diebstahls.* **2)** bezahlte Bekanntmachung in Zeitung oder Zeitschrift, Annonce, Inserat: *Anzeigenteil;* vgl. ABB. Z 6. **3)** gedruckte Mitteilung: *Heiratsanzeige.* **4)** ⚖ Anzeichen, Indikation. **5)** ablesbare Stellung eines Zeigers; Gerätes. **anzeigen**, *ich* zeige *an* (habe angezeigt), **1)** *ihn,* verklage, beschuldige. **2)** *es ihm,* teile mit; setze eine Anzeige in die Zeitung. **3)** *es* zeigt *es* an, gibt an, läßt erkennen: *das Thermometer zeigt 30 Grad Celsius an.* **Anzeigepflicht** *die,* **1)** ⚖ Pflicht zur Anzeige von bestimmten Verbrechen. **2)** ⚕ Meldepflicht. **Anzeiger** *der,* **1)** jemand, der etwas anzeigt, Denunziant. **2)** Zeiger, Gerät, das etwas anzeigt, ABB. B 49. **3)** Name von Zeitschriften und Zeitungen.

anzetteln, *ich* zett(e)le *es* an (habe angezettelt), **1)** spanne die Kettfäden. **2)** Ü stifte an, bereite im geheimen vor: *er zettelte eine Verschwörung an.* **Anzett(e)lung** *die, -/-en.*

anziehen [mhd. anziehen], *ich* ziehe *es* an (habe angezogen),

1) *ihn, mich,* bekleide: *die Garderobiere half den Künstlern beim Anziehen.* **2)** *er, es* zieht *mich* an, lockt mich; Ü gefällt mir gut. **3)** *es,* bekleide mich damit: *ich habe den Wintermantel angezogen.* **4)** *es,* spanne, mache straffer, fester: *ich muß den Bogen, die Schraube anziehen; man hat die Steuerschraube angezogen,* Ü die Steuern erhöht. **5)** *es,* ⚙ führe an, zitiere. **6)** *Magnet* zieht *Eisen* an, bringt es in Richtung auf sich zu. **7)** *es* zieht *an,* wird schärfer, schwerer, steiler, kälter: *die Preise ziehen an,* steigen. **anziehend,** reizvoll, gewinnend, attraktiv, sympathisch. **Anziehung, Anziehungskraft** *die,* **1)** Kraftwirkung aufeinander zu, anziehende Kraft (Magnet), Schwerkraft (der Erde). **2)** Ü Reiz, Attraktion, gewinnendes Wesen.

Anzucht *die,* **1)** 🎣 Abwassergraben. **2)** gärtnerische Aufzucht: *Anzuchtgarten.*

Anzug [mhd. anzuc ›Anzug (im Brettspiel)‹, ›Ankunft‹, ›Vorwurf‹] *der,* **1)** Kleidung: Herrenkleidung (Jacke, Weste, Hose), ABB. K 24: *Anzugstoff.* **2)** *ohne Pl.,* das Herannahen: *ein Gewitter, der Feind ist im A.* **3)** *ohne Pl.,* der erste Zug (Brettspiele). **4)** schweiz.: Antrag im Parlament. **5)** schweiz.: Überzug, Bettbezug. **anzüglich,** beziehungsvoll, anspielend, leicht boshaft. **Anzüglichkeit** *die, -/-en.*

anzünden [mhd. anezünden], *ich* zünde *es* an (habe angezündet), bringe zum Brennen: *ich zünde mir eine Zigarette an.* **Anzünder,** Gerät zum Anzünden: *Gasanzünder.*

anzweifeln, *ich* zweif(e)le *es* an (habe angezweifelt), bezweifle, stelle seine Wahrheit, Echtheit in Frage. **Anzweif(e)lung** *die, -/-en.*

ao., a. o. (Prof.), Abk. für: außerordentlich(er Professor).

AOK, Abk. für: Allgemeine Ortskrankenkasse.

Äoler, Äolier *der, -s/-,* Angehöriger eines altgriech. Stammes. **äolisch,** auf die altgriech. Landschaft Äolien bezüglich: *äolische Tonart,* eine Kirchentonart.

äolisch [nach dem griech. Windgott Aiolos, lat. Aeolus], 🌍 vom Wind geformt, abgelagert. **Äolsharfe** *die,* Windharfe, im Wind erklingendes Saiteninstrument.

Äon [auch -'o:-, grch. aion ›Zeit‹] *der, -s/Ä'onen,* meist Pl., Ewigkeit, Weltalter.

Aorist [vgl. grch. a . . . und horizein ›begrenzen‹] *der, -(e)s/-e,* Zeitform des Ereignisberichtes (abgeschlossene Vergangenheit), z. B. in der griech. Sprache.

Aorta [grch. aorte, zu aeirein ›emporheben‹] *die, -/. . . ten,* große Körperschlagader, ABB. M 12: *Aortenklappe.*

ap . . . [lat.], vgl. ad . . .

ap . . . [grch.], vgl. apo . . .

AP, Abk. für: Associated Press, eine amerikan. Nachrichtenagentur.

a. p., Abk. für: anni praeteriti.

APA, Abk. für: Austria Presse Agentur, eine österr. Nachrichtenagentur.

Apache [-x-] *der, -n/-n,* [auch -tʃ-], Angehöriger eines nordamerikan. Indianerstammes. **2)** 🎭 Großstadtgauner (in Paris).

apage [grch. apagein ›ablassen‹, ›aufhören‹], fort mit dir! *a. Satana;* schweiz.: weiche von mir, Satan! (Worte Christi; Matth. 4, 10).

apagogischer Beweis *der,* Logik: Schluß aus der Falschheit des Gegenteils.

Apanage [-ʒə, frz., aus afrz. apaner ›ausstatten‹, zu lat. ad . . . und panis ›Brot‹] *die, -/-n,* Zuwendung an nicht regierende Mitglieder eines Fürstenhauses.

apart [frz. à part ›beiseite‹], **1)** von besonderem Reiz, ungewöhnlich: *ein apartes Gesicht.* **2)** 🎭 abgesondert, beiseite.

Apartheid [afrikaans] *die, -,* Rassentrennung in der Rep. Südafrika. **Apartment** [auch əp'a:tmənt, engl.] *das, -s/-s,* raumsparend eingerichtete moderne Kleinstwohnung; vgl. Appartement. **Apartmenthaus** *das,* Mietshaus mit Apartments.

Apathie [grch. apatheia] *die, -,* Teilnahmslosigkeit, Gleichgültigkeit. **apathisch.**

Apatit [grch. apatan ›täuschen‹, weil oft mit anderen Mineralien verwechselt] *der, -s/-e,* ein Mineral.

aper [ahd. abar], oberdt.: schneefrei: *apere Hänge; Aperwind,* Tauwind.

Aperçu [apɛrs'y, frz. ›Übersicht‹] *das, -s/-s,* geistreiche Bemerkung.

Aperitif [frz., zu lat. aperire ›öffnen‹] *der, -s/-s,* appetitanregendes alkoholisches Getränk.

apern [zu aper], *es* apert (hat geapert), oberdt.: der Schnee schmilzt, es taut.

Apertur [lat. apertura ›Öffnung‹] *die, -/-en,* Optik: Kennzeichnung der Leistung eines optischen Systems.

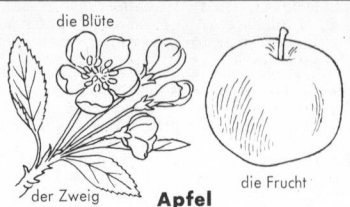

die Blüte

der Zweig **Apfel** die Frucht

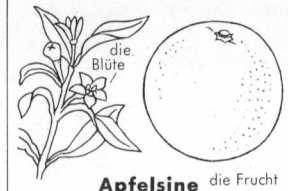

die Blüte

Apfelsine die Frucht

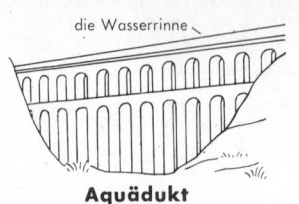

die Wasserrinne

Aquädukt

Apex [lat.] *der, -/'Apizes,* **1)** Scheitel, Spitze, ABB. S 31. **2)** ☆ Richtpunkt der Bewegung eines Gestirns. **3)** Ⓢ Zeichen für die Länge eines Vokals (a:).

Apfel [ahd. aphul] *der, -s/ᵘ,* **1)** Apfelbaum und dessen Frucht, ein Kernobst, ABB. A 18, F 36: *der A. fällt nicht weit vom Stamm,* Ü das Kind ist wie die Eltern; *wir müssen in den sauren A. beißen,* Ü eine unangenehme Sache notgedrungen tun; *Apfelmus; Apfelstrudel; A. im Schlafrock,* eine Mehlspeise. **2)** rundlicher Körper: *Augapfel.* **Apfelblütenstecher** *der,* Rüsselkäfer, dessen Larve die Apfelblütenknospen zerstört. **Äpfelchen** *das, -s/-,* Diminutiv zu Apfel. **Apfelkraut** *das, -(e)s,* dick eingekochter Apfelsaft als Brotaufstrich. **Apfelmost** *der,* Apfelsaft, Apfelwein. **Apfelmotte** *die,* ein Schmetterling, dessen Raupe ein Apfelschädling ist. **Apfelsaft** *der,* alkoholfreier Saft aus frischen Äpfeln. **Apfelschimmel** *der,* graugeflecktes weißes Pferd. **Apfelsine** [niederl. appelsien, eigtl. ›Apfel aus Sine (China)‹] *die, -/-n,* Orange, eine Zitrusfrucht, ABB. A 18. **Apfelwein** *der,* aus Äpfeln hergestellter Wein. **Apfelwickler** *der,* ein Schmetterling, dessen Raupen in Äpfeln leben.

Aph|äre̱se, Aph|äresis [grch. aphairein ›abnehmen‹] *die, -/...r'esen,* Ⓢ das Abwerfen eines anlautenden kurzen Vokals hinter vorausgehendem langen Vokal oder Diphthong: wo's geht, statt: wo es geht.

Aphasi̱e [vgl. grch. a... und phasis ›Sprache‹] *die, -/...s'i|en,* ⚕ krankhafte Sprachstörung.

Aph|e̱l *das, -s/-e,* **Aph|e̱lium** [vgl. apo... und grch. helios ›Sonne‹] *das, -s/...li|en,* ☆ sonnenfernster Punkt der Umlaufbahn eines Körpers um die Sonne, ABB. A 16.

Aphoni̱e [vgl. apo... und phone ›Stimme‹] *die, -/...n'i|en,* ⚕ Stimmlosigkeit.

Aphori̱smus [grch. aphorismos] *der, -/...men,* Sinnspruch, Gedankensplitter. **aphori̱stisch.**

Aphrodisi̱akum [nach Aphrodite] *das, -s/...ka,* ⚕ Mittel zur Steigerung des Geschlechtstriebes. **aphrodi̱sisch,** auf Aphrodite bezüglich, zum Liebesgenuß gehörend, reizend. **Aphrodi̱te** [zu aphros ›Schaum‹ (die Schaumgeborene)], griech. Liebesgöttin. **aphrodi̱tisch.**

Aph|the [grch. aphtha] *die, -/-n,* meist Pl., ⚕ Mundfäule, kleines Geschwür auf der Mundschleimhaut: *Aphtenseuche,* Maul- und Klauenseuche.

apika̱l, den Apex betreffend; an Spitze, Scheitel, Kopfende gelegen; Ⓢ mit der Zungenspitze artikuliert (Laute).

Apis *der, -,* der heilige Stier der alten Ägypter: *Apisstier, Apizes, Pl.* von: Apex.

apl., Abk. für: außerplanmäßig.

Aplana̱t [vgl. grch. a... und planasthai ›irren‹] *der* oder *das, -s/-e,* Optik: verzeichnungsarme, farbkorrigierte Linse. **aplana̱tisch.**

Aplo̱mb [apl'ɔ̃, frz. à plomb ›wie ein Bleilot‹] *der, -s,* **1)** sicheres Auftreten. **2)** Nachdruck (in der Rede). **3)** Ballett: das Abfangen einer Bewegung.

Apo, APO *die, -,* Kurzw. für: außerparlamentarische Opposition.

apo... [grch.], vor Vokalen und vor h: ap..., zurück, ab, fern, weg: *Apogäum; Apostasie.*

Apo|chroma̱t [vgl. apo... und chrom...] *der, -s/-e,* ein Linsensystem mit Korrektur der Farbfehler. **apo|chroma̱tisch.**

apodi̱ktisch [grch. apodeiktikos ›beweiskräftig‹], **1)** unwiderleglich. **2)** keinen Widerspruch duldend.

apogam. Apogami̱e [vgl. apo... und ...gamie] *die, -,* ⊕ ungeschlechtliche Fortpflanzung.

Apogä̱um [vgl. apo... und grch. ge ›Erde‹] *das, -s/...g'äen,* ☆ der erdfernste Punkt der Umlaufbahn eines Körpers um die Erde.

Apokalyp̱se [grch. apokalypsis ›Offenbarung‹] *die, -/-n,* **1)** prophet. Schrift über das Weltende, bes. Offenbarung des Johannes. **2)** *ohne Pl.,* Ü Unheil, Untergang: *die A. des zweiten Weltkriegs.* **apokalyp̱tisch, 1)** die Apokalypse betreffend, auf ihr beruhend: *apokalyptische Schriften; die Apokalyptischen Reiter,* B Sinnbilder für Pest, Krieg, Hunger, Tod. **2)** Ü unheilbringend, auf das Weltende deutend.

Apoko̱pe [-pe, grch., zu apokoptein ›abhauen‹] *die, -/...k'open,* Ⓢ Lautausfall am Wortende, z. B. hätt' ich, könnt' er. **apokopie̱ren,** ich apokopiere (habe apokopiert) *es.*

apo|kryph [grch. apokryphos], später zugesetzt, unecht. **Apo|kry̱ph** *das, -s/-en,* meist Pl., später hinzugefügte Schrift (zur Bibel).

apoli̱tisch, unpolitisch, nicht an Politik interessiert: *ein apolitischer Mensch.*

Apo̱ll, Apollo(n), griechisch-röm. Gott des Lichtes, der Dichtung und Musik. **apolli̱nisch, 1)** den Gott Apoll betreffend. **2)** harmonisch, maßvoll. **Apo̱llo, 1)** Apoll. **2)** *der, -s/-s,* schöner Jüngling. **3)** *der, -s/-s,* 🦋 ein Tagfalter: *Apollofalter.* **4)** *die, -/-s,* ein amerikan. Raumfahrzeug.

Apo̱llon, Apoll.

Apollo̱nia, weibl., **Apollo̱nius,** männl. Vorname.

Apo̱llo-Pro|gramm *das,* amerikan. Raumfahrtprogramm für die Mondlandung.

Apologe̱t [grch. apologeisthai ›sich mit Worten verteidigen‹] *der, -en/-en,* Rechtfertiger, Verteidiger. **Apologe̱tik** *die, -/-en,* Rechtfertigungslehre (des christl. Glaubens oder eines Bekenntnisses). **apologe̱tisch. Apologi̱e** *die, -/...g'i|en,* Verteidigung, Verteidigungsrede.

Apo|phthe̱gma [grch. apophthengesthai ›seine Meinung aussprechen‹] *das, -s/...men* oder *-ta,* Sinnspruch.

Apophy̱se [grch. apophysis] *die, -/-n,* **1)** ⚕ Knochenvorsprung. **2)** ⊕ in das Nebengestein eingedrungener kleiner Gang.

Apo|ple̱ktiker [grch. apoplexia ›Schlagfluß‹] *der, -s/-,* jemand, der zu Schlaganfällen neigt. **apo|ple̱ktisch. Apople̱xie** *die, -/...x'i|en,* ⚕ Schlaganfall.

apore̱tisch. Apori̱e [grch. aporia ›Ratlosigkeit‹] *die, -/...r'i|en,* **1)** Logik: Unerfahrbarkeit. **2)** Ausweglosigkeit.

Apostasi̱e [grch. apostasia] *die, -/...s'i|en,* Abfall (vom Glauben). **Aposta̱t** *der, -en/-en,* vom Glauben Abgefallener.

Apo̱stel [ahd. apostolo, zu grch. apostolos ›Sendbote‹] *der, -s/-,* **1)** Jünger Christi: *Apostelgeschichte,* im Buch des Neuen Testaments. **2)** christl. Sendbote: *Bonifatius, der A. der Deutschen.* **3)** abschätzig: Vertreter einer (neuen) Lehre: *Mäßigkeitsapostel.*

a posterio̱ri [lat. ›aus dem Späteren‹], Philosophie: aus Erfahrung gewonnen. **Aposterio̱ri** *das, -/-,* Erfahrungssatz. **aposterio̱risch,** erfahrungsgemäß.

Aposti̱lb *das,* Zeichen: asb, Maßeinheit der Leuchtdichte.

Apostola̱t [zu Apostel] *das* oder *der, -(e)s/-e,* Jüngerschaft; Sendbotenamt. **Aposto̱likum** *das, -s,* das Apostolische Glaubensbekenntnis. **aposto̱lisch, 1)** von einem Apostel stammend. **2)** päpstlich: *der apostolische Segen; der Apostolische Stuhl.* **3)** auf rein biblischer Grundlage: *das Apostolische Glaubensbekenntnis.*

Apo|stro̱ph [vgl. apo... und grch. strephein ›wenden‹] *der, -s/-e,* Auslassungszeichen, für einen ausgelassenen Buchstaben stehendes Zeichen, ÜBERS. A 19; vgl. ÜBERS. Z 13.

Apo|stro̱phe [-fe:] *die, -/...str'ophen,* feierliche Anrede. **apo|strophie̱ren,** ich apostrophiere (habe apostrophiert), **1)** *ihn,* rede feierlich an. **2)** *es,* versehe mit Apostroph. **3)** *es,* beziehe mich darauf, bezeichne als etwas.

Apothe̱ke [mhd. apoteke, lat. apotheka, grch. apotheke ›Vorratskammer‹] *die, -/-n,* **1)** staatlich genehmigte Arzneiherstellungs- und bes. -verkaufsstelle: *dieser Laden ist eine A.,*

Apostroph (Auslassungszeichen)

Der Apostroph steht für ausgelassene Laute

1) am Wortanfang für das e des Pronomens *es: Geht's? 's geht.*

2) in der Wortmitte für i bei Adjektiven: *ein ew'ger Bund.* (Aber nicht bei unbetontem e: *ich ermittle* statt *ermittele, die Ermittlung* statt *Ermittelung.*)

3) am Wortende für das Schluß-e der Substantive: *die Freud' war groß.* (Aber nicht bei formelhaften Wendungen: *in Freud und Leid.*)

4) bei Verben für e: *ich geh', ich hatt', hätt' er doch, daß Gott behüt'.* (Aber nicht in Imperativen: *geh!)*

5) bei Eigennamen, die auf s, ß, x, tz oder z enden, für das s des Genitivs: *Aristophanes' Komödien.* (Aber nicht bei anders endenden Eigennamen oder bei Abkürzungen: *Schillers Dramen, der Fahrer des Lkws.)*

U verlangt sehr hohe Preise. **2)** Schrank, Behälter für Arzneimittel: *Hausapotheke; Reiseapotheke.* **Apotheker** *der, -s/-,* staatlich geprüfter, approbierter Arzneikundiger; Inhaber einer Apotheke.

Apotheose [vgl. apo... und grch. theos ›Gott‹] *die, -/-n,* **1)** Vergötterung. **2)** begeisterte Huldigung. **3)** Theater: wirkungsvoll ausgestaltetes Schlußbild.

Apparat [lat. apparatus] *der, -(e)s/-e,* **1)** Gerät, Vorrichtung, Ausrüstung, zusammengesetzte Werkzeugeinheit: *Fernsehapparat; Photoapparat; wer ist am A.?,* am Telefon. **2)** Organisation: Gesamtheit von Menschen und Hilfsmitteln für besondere Aufgaben: *Polizeiapparat; Parteiapparat.* **3)** U etwas, das durch Größe der Beschaffenheit von der Norm abweicht: *sie hat einen Mordsapparat von Busen.* **4)** Lesartenverzeichnis: *kritischer A.* **5)** Auswahl von Büchern für eine wissenschaftl. Arbeit: *Handapparat.* **apparativ,** einen Apparat betreffend, mit Hilfe eines Apparates. **Apparatschik** [russ.] *der, -s/-s,* U Funktionär im Parteiapparat totalitärer Staaten. **Apparatur** *die, -/-en,* Gesamtheit von Apparaten, techn. Ausrüstung.

Appartement [apart(ə)m'ã, frz. ›Wohnung‹] *das, -s/-s, schweiz.:* [-m'ɛnt], *-s/-e,* Zimmerflucht (im Hotel); zusammenhängende Wohnraumgruppe; vgl. Apartment.

appassionato [ital], ♪ leidenschaftlich.

Appeal [əp'i:l, engl., zu Appell] *der, -s,* Anziehungskraft, Anreiz: *der A. moderner Technik; Sex-Appeal.*

Appeasement [əp'i:zmənt, engl.] *das, -s,* Beruhigung, Beschwichtigung, bes. in der Politik.

Appell [frz. appel ›Anruf‹, zu lat. appellare ›ansprechen‹] *der, -s/-e,* **1)** Aufforderung, Aufruf, Mahnruf: *ein A. an das Gewissen.* **2)** ♂ Antreten zum Versammelm. **3)** Fußtritt beim Fechten. **4)** ♈ Gehorsam des Jagdhundes. **Appellant** *der, -en/-en,* ♂ ♉♉ Kläger, der Berufung einlegt. **Appellat** *der, -en/-en,* ♉♉ ♂ Berufungsbeklagter. **Appellation** *die, -/-en,* ♂ ♉♉ Berufung: *Appellationsgericht.* **Appellativ** *das, -s/-e,* **Appellativum** *das, -s/...va,* ⓈGattungsname, ÜBERS. N 3. **appellieren,** *ich* appelliere (habe appelliert) *an ihn, etwas,* **1)** wende mich, rufe an. **2)** ♂ lege Berufung ein.

Appendix [lat.], **1)** *der, -/...dizes,* Anhang (eines Buches). **2)** *die, -/...dizes,* ♨ Wurmfortsatz. **Appendizitis** *die, -/...zit'iden,* ♨ Blinddarmentzündung.

Apperzeption [vgl. ad... und lat. perceptio ›Wahrnehmung‹] *die, -/-en,* **1)** bewußte Wahrnehmung. **2)** Verarbeitung und Gliederung vieler einzelner Eindrücke. **apperzeptiv. apperzipieren,** *ich* apperzipiere (habe apperzipiert) *es.*

Appetenz [lat. appetentia ›das Begehren‹] *die, -/-en,* Tendenz, die sich auf das Erreichen eines Zieles richtet, Bedürfnis.

Appetit [lat. appetitus ›Begierde‹] *der, -(e)s,* Eßlust: *appetitanregend; appetithemmend.* **appetitlich, 1)** appetitanregend. **2)** U sauber, nett, begehrenswert. **appetitlos,** ohne Appetit. **Appetitlosigkeit** *die, -.* **Appetitzügler** *der, -s/-,* Medikament mit appetithemmender Wirkung. **Appetizer** [ˈæpitaizə, engl.] *der, -s/-,* appetitanregendes Mittel, auch Aperitif.

applaudieren [vgl. ad... und lat. plaudere ›klatschend schlagen‹, *ich* applaudiere (habe applaudiert) *ihm,* klatsche Beifall. **Applaus** *der, -es,* Beifall, das Händeklatschen.

Applikant [lat. applicare ›anschließen‹, ›nahebringen‹] *der, -en/-en,* Bewerber. **Applikation** *die, -/-en,* **1)** Anwendung (von Arznei). **2)** ♂ Gesuch. **3)** aufgenähte Verzierung aus Stoff, Leder). **Applikatur** *die, -/-en,* ♪ Fingersatz. **applizieren,** *ich* appliziere (habe appliziert) *es,* **1)** nähe auf. **2)** wende an. **3)** verabreiche.

apport! [frz. apporte!, zu apporter ›herbeibringen‹, such!, bring her! (Befehl an den Hund). **Apport** *der, -s/-e,* **1)** das Herbeibringen (durch Hunde). **2)** ♋ Sacheinlage (bei Aktiengesellschaften). **Apporten,** *Pl., niederdt.:* Nachrichten, Meldung. **apportieren,** *der Hund* apportiert (hat apportiert) *es,* bringt herbei.

Apposition [vgl. ad... und lat. ponere ›setzen‹] *die, -/-en,* Ⓢ Beiordnung eines Satzgliedes, ÜBERS. S 79. **appositionell.**

ap|pretieren [frz. apprêter ›zubereiten‹, *ich* appretiere (habe appretiert) *es,* versehe mit Appretur. **Ap|pretur** *die, -/-en,* Zurichtung, Verbesserung von Geweben.

Approach [əpr'outʃ, engl. to approach ›sich nähern‹, *-es/-s* [-tʃiz], Annäherung, Zugang (zu einem wissenschaftl. Problem; zum Konsumenten durch einen wirkungsvollen Werbetext).

Ap|probation [lat. approbatio ›Billigung‹] *die, -/-en,* **1)** Bestallung, staatl. Zulassung von Ärzten und Apothekern. **2)** kath. Kirchenrecht: amtl. Bestätigung oder Ermächtigung. **ap|probieren,** *ich* approbiere (habe approbiert) *es, ihn: approbierter Arzt.*

Ap|proximation [lat. approximare ›sich annähern‹] *die, -/-en,* △ Näherung. **ap|proximativ,** annähernd, ungefähr.

Apr., Abk. für: April.

après nous le déluge [apr'ɛ nu lə del'y:ʒ, frz.], nach uns die Sintflut.

Après-Ski [apreʃ'i, frz. après ›nach‹ und Ski] *das, -,* **1)** sportlich-elegante Kleidung nach dem Skilaufen. **2)** geselliges Beisammensein nach dem Skilaufen.

Aprikose [niederl. abrikoos, über span. und arab., eigtl. ›gelber Pfirsich‹, aus lat. praecoquus ›frühreif‹] *die, -/-n,* Aprikosenbaum und dessen Frucht, ein Steinobst.

April [ahd. abrello, lat. Aprilis, zu aperire ›eröffnen‹] *der, (-s)/-e,* Abk.: Apr.; Apr., der vierte Monat des Jahres, ÜBERS. J 2; vgl. August; Sinnbild des Wetterwendischen: *er wurde in den A. geschickt,* am 1. April gefoppt. **Aprilscherz** *der,* Fopperei am 1. April. **Aprilwetter** *das,* sich vielfach wechselndes Wetter.

a prima vista [ital. ›auf den ersten Blick‹], ♪ vom Blatt (spielen).

a priori [lat. ›von vornherein‹], Philosophie: unabhängig von aller Erfahrung, aus der Vernunft selbst. **Apriori** *das, -/-,* Vernunftsatz. **apriorisch,** begriffsgemäß.

apropos [aprop'o:, frz. ›der Sache angemessen‹], übrigens, nebenbei bemerkt.

Apside *die, -/-n,* **1)** ♋ für Apsis. **2)** ♋ Punkt der ellipt. Bahn eines Himmelskörpers, in dem dieser dem Hauptkörper am nächsten oder am fernsten ist. **apsidial. Apsis** [grch. hapsis ›Rundung‹] *die, -/...s'iden,* ⊓⊓ Chornische, Seitengewölbe, ABB. K 20.

aptieren [lat. aptare], *ich* aptiere (habe aptiert) *es,* ♋ passe an, stelle um.

aqua [lat.], Wasser. **Aqua destillata** *das, - -,* chemisch reines, destilliertes Wasser. **Aquädukt** [lat. ducere ›führen‹] *der, -(e)s/-e,* hochgelegte röm. Wasserleitung, ABB. A 18. **Aquakultur** *die,* ♒ ♉ Zucht oder Aufzucht von Wasserorganismen zur bestmöglichen Nutzung. **Aquamanile** [lat. manus ›Hand‹] *das, -s/-,* kath. Liturgie: ein Gießgefäß. **Aquamarin** [lat. marinus ›meer...‹] *der, -s/-e,* meerfarbiger Beryll. **Aquanaut** *der, -en/-en.* **Aquanautik** *die, -,* Unterwasserforschung (in großen Tiefen). **Aquaplaning** [auch -pl'einiŋ, engl. to plane ›gleiten‹] *das, -(s),* Wasserglätte, das Gleiten der Autoreifen über einen Wasserfilm auf nasser Straße. **Aquarell** [ital. acquerello] *das, -s/-e,* Malerei mit Wasserfarben. **aquarellieren,** *ich* aquarelliere (habe aquarelliert) *es,* male mit Wasserfarben. **Aquarianer** *der, -s/-,* Aquarienliebhaber.

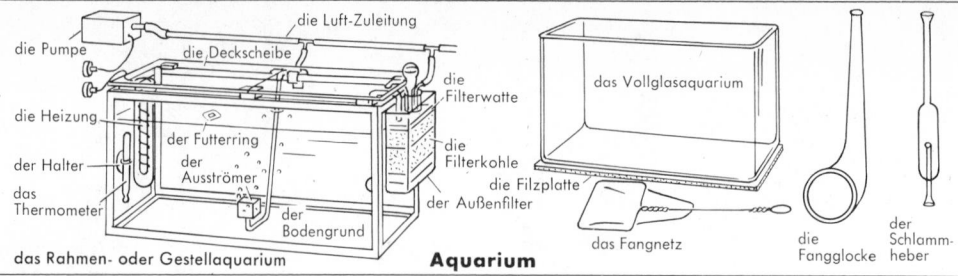

die Luft-Zuleitung · die Pumpe · die ,Deckscheibe · die Filterwatte · das Vollglasaquarium · die Heizung · der Futterring · der Ausströmer · die Filterkohle · der Halter · die Filzplatte · das Thermometer · der Außenfilter · der Bodengrund · das Rahmen- oder Gestellaquarium · das Fangnetz · die Fangglocke · der Schlammheber

Aquarium

Aquarium *das, -s/. . .ri⌐en,* Behälter für Wassertiere und -pflanzen, ABB. A 20. **Aquatinta** [ital. tinto ›gefärbt‹] *die, -,* ein Kupferstichverfahren, das wie eine getuschte Pinselzeichnung wirkt. **aquatisch, 1)** dem Wasser angehörend, im Wasser entstanden. **2)** wässerig.
Äquator [lat. zu aequare ›gleichmachen‹] *der, -s,* **1)** Linie, größter gedachter Kreis auf der Erdkugel, ABB. E 8: *unter dem Ä., in den Tropen.* **2)** der entsprechende Kreis auf der Himmelskugel. **äquatorial. Äquatortaufe** *die,* Seemannsbrauch, Angehörige der Schiffsmannschaft beim ersten Passieren des Äquators unter Wasser zu tauchen.
Aquavit [lat. aqua vitae ›Lebenswasser‹] *der, -s/-e,* mit Kümmel gewürzter Branntwein.
Äquilibrist [lat. zu aequus ›gleich‹ und libra ›Waage‹] *der, -en/-en,* Gleichgewichtskünstler, Seiltänzer. **Äquilibristik** *die, -,* Gleichgewichtskunst. **äquilibristisch. äquinoktial, 1)** das Äquinoktium betreffend. **2)** tropisch, Tropen. . .
Äquinoktium [lat. noctialis ›nacht. . .‹] *das, -s/. . .tien,* Tagundnachtgleiche. **äquivalent** [lat. vox ›wert sein‹], gleichwertig. **Äquivalent** *das, -(e)s/-e,* Gegenwert, vollwertiger Ersatz. **Äquivalenz** *die, -/-en,* Gleichwertigkeit. **äquivok** [lat. vox ›Stimme‹], doppelsinnig, zweideutig.
Ar [lat. aera ›Fläche‹] *das, der, -s/-e* und bei Maßangaben -, Zeichen: a, Flächenmaß, 100 m², ÜBERS. M 8.
Ar, ⟲ Zeichen für: Argon.
ar . . . [lat.], vgl. ad . . .
ar . . . [grch.], vgl. a . . .
. . .ar [lat. ari(u)s], Ableitungssilbe zur Bez. der Zugehörigkeit, **1)** bei männl. Substantiven (Personenbez.): *der Archivar; der Missionar.* **2)** bei Adjektiven: *atomar; nuklear.*
. . .är [frz. aus lat., vgl. . . .ar], Ableitungssilbe zur Bez. der Zugehörigkeit, **1)** bei männl. Substantiven (Personenbez.): *der Aktionär; der Parlamentär.* **2)** bei Adjektiven: *primär; visionär.*
Ara [Tupí] *der, -s/-s,* Arara, ein langschwänziger Papagei.
Ära [lat. aera] *die, -/'Ären,* **1)** Zeitalter; Zeitrechnung. **2)** ⊕ Formationsgruppe der Erdgeschichte.
Araber *der, -s/-,* **1)** Bewohner der Halbinsel Arabien; im weiteren Sinn alle, die Arabisch als Muttersprache sprechen. **2)** eine arabische Vollblutpferderasse. **Arabeske** [frz. arabesque, aus ital. arabesco, eigtl. ›nach arabischer Art‹] *die, -/-n,* **1)** stilisiertes Blattrankenornament, ABB. S 69. **2)** Schnörkel. **3)** launiges Musikstück. **4)** Ballett: waagerecht nach hinten gestrecktes Bein. **arabisch,** auf Arabien oder die Araber bezüglich: *arabische Ziffern,* die übl. Zahlzeichen 1, 2, 3 usw. **Arabisch** *das, -(s), dem -,* arabische Sprache; vgl. Deutsch. **Arabist** *der, -en/-en,* Kenner der Arabistik. **Arabistik** *die, -,* Wissenschaft von der arab. Sprache und Literatur.
Arachn(o)iden [grch. arachne ›Spinne‹ und . . .id], *Pl.,* Spinnentiere. **Arachnologie** [vgl. . . .logie] *die, -,* Spinnenkunde.
Aragonese *der, -n/-n,* **Aragonier** *der, -s/-,* Bewohner der nordostspanischen Landschaft Aragonien. **Aragonit** *der, -s,* ein rhombisch kristallisierendes Mineral.
Aralie [-liə] *die, -/. . .li⌐en,* eine tropische Pflanze.
Aramäer *der, -s/-,* Angehöriger einer urchristl. Stammesgruppe. **aramäisch.**
Arancini [-tʃ-], **Aranzini** [ital.], *Pl.,* bes. österr.: kandierte Orangenschalen.
Aräometer [grch. araios ›dünn‹ und Meter] *das, -s/-,* Senkwaage, Gerät zur Ermittlung des spezif. Gewichts von Flüssigkeiten.
Ärar [lat. aerarium, zu aes ›Erz‹, ›Geld‹, ›Vermögen‹] *das, -s/-e, österr.:* Fiskus, Staatskasse, Staatsvermögen.

Arara *der, -s/-s,* Ara.
ärarisch, *österr.:* zum Ärar gehörend, staatlich.
Araukaner *der, -s/-,* Angehöriger einer indian. Sprach- und Kulturgruppe in Chile und Argentinien. **Araukarie** [-riə] *die, -/. . .ri⌐en,* Norfolktanne, eine Schmucktanne.
Arazzo [ital., nach der frz. Stadt Arras] *der, -s/. . .zi,* gewirkter Bildteppich.
Arbeit [ahd. ar(a)beit ›Mühe‹, ›Not‹] *die, -/-en,* **1)** Berufstätigkeit: *er findet keine A.; er geht zur A.; er sucht A.; er hat eine gut (schlecht) bezahlte A.; eine Fabrik mit guten (schlechten) Arbeitsbedingungen; Arbeitsbeschaffung.* **2)** zweckbewußte Anstrengung: *er geht an die A.; geistige, körperliche A.; Arbeitsproduktivität.* **3)** Mühe, Plage: *das kostet, macht viel A.* **4)** Werk, Schöpfung, Leistung: *gute handwerkliche, wissenschaftliche A.* **5)** Physik: Produkt aus Kraft mal Weg, Maßeinheit: Joule. **6)** (schriftliche) Prüfung: *er schreibt heute eine englische A.* **arbeiten** [ahd. ar(a)beiten], **1)** leiste Arbeit, schaffe, bemühe mich: *er arbeitet ausdauernd, gründlich, langsam, zuverlässig; ich a. mich los, frei, heraus, voran* usw., *komme durch mein Zutun los, frei* usw. **2)** *es, an etwas,* beschäftige mich damit: *ich a. ein Kleid, an einem Buch, Bild,* stelle es her; *es arbeitet in ihm,* Ü etwas bewegt ihn; *er hat sich in die Höhe gearbeitet,* Ü durch Arbeit Karriere gemacht. **3)** *die Maschine, der Vulkan arbeitet,* ist tätig, in Gang. **4)** *Geld arbeitet,* trägt Zinsen. **5)** *Holz arbeitet,* wirft, verzieht sich. **6)** *Most arbeitet,* gärt. **7)** *Teig arbeitet,* geht auf. **Arbeiter** *der, -s/-,* jeder (körperlich oder geistig) arbeitende Mensch; im engeren Sinn der von einem Unternehmer gegen Lohn beschäftigte Handarbeiter im Unterschied zum Angestellten: *ungelernter A.; angelernter A.; Facharbeiter; Geistesarbeiter; Heimarbeiter; Arbeiterjugend; Arbeiterfrage; Arbeiterklasse.* **Arbeiterbewegung** *die,* der gesellschaftl. Machtkampf der Industriearbeiter seit dem 19. Jahrh. **Arbeiterin** *die, -/-nen,* **1)** weibl. Arbeiter. **2)** Bienen-, Ameisen- und Termitenform zur Brutpflege und Vorratsbeschaffung, ABB. A 10. **Arbeiterpfarrer, Arbeiterpriester** *der,* Geistlicher, der (vorübergehend) als Arbeiter tätig ist. **Arbeiterschaft** *die, -,* Gesamtheit der Arbeiter. **Arbeiter-und-Bauern-Fakultät,** *Abk.:* ABF, Vorstudieneinrichtung in der Dt. Dem. Rep. **Arbeitgeber** *der,* jemand, der einen gegen Entgelt beschäftigt: *Arbeitgeberseite; Arbeitgeberverbände.* **Arbeitnehmer** *der, -s/-,* jemand, der vertragsgemäß gegen Entgelt arbeitet: *Arbeitnehmerinteressen; Arbeitnehmerschaft; Arbeitnehmerorganisation.* **arbeitsam,** viel arbeitend, fleißig. **Arbeitsamkeit** *die, -.* **Arbeitsamt** *das,* unterste Behörde für Arbeitsvermittlung, Arbeitslosenversicherung. **Arbeitsbiene** *die,* **1)** 🐝 Arbeiterin. **2)** jemand, der (zu) eifrig arbeitet. **Arbeitsdienst** *der,* freiwillige oder pflichtgemäße gemeinsame Arbeit von Jugendlichen für den Staat. **Arbeitseinstellung** *die,* Niederlegung der Arbeit. **Arbeitsessen** *das,* ein Essen, bei dem (polit.) Fragen erörtert werden. **arbeitsfähig,** zur Arbeit tauglich. **Arbeitsfähigkeit** *die.* **Arbeitsfeld** *das,* **1)** der persönl. Aufgabenbereich. **2)** räumliches Aufgabenfeld. **Arbeitsgang** *der,* fortschreitende Tätigkeit an einer größeren Arbeit. **Arbeitsgemeinschaft** *die, Abk.:* AG, Arge, Gruppe zum Austausch von Erfahrungen oder zum gemeinsamen Handeln. **Arbeitsgericht** *das,* Gericht für arbeitsrechtl. Streitsachen. **Arbeitshaus** *das,* früher: Besserungs- und Sicherungsanstalt. **Arbeitskampf** *der,* kollektive Kampfmaßnahmen wie Streik, Aussperrung. **Arbeitsklima** *das,* Betriebsklima. **Arbeitskraft** *die,* **1)** arbeitender Mensch. **2)** Kraft zur Arbeit, Schaffenskraft: *Arbeitskräfteverfall.* **Arbeitslohn** *der,* Entgelt für die Leistung eines Arbeiters. **arbeitslos,** ohne Arbeit.

Arbeitslose *der, die, -n/-n, ein -r, eine -,* Erwerbsfähige(r) ohne Erwerbsgelegenheit: *Arbeitslosenquote.* **Arbeitslosenversicherung** *die,* Pflichtversicherung der Arbeitnehmer gegen Folgen der Arbeitslosigkeit. **Arbeitslosigkeit** *die, -,* Mangel an Arbeitsgelegenheit. **Arbeitsmarkt** *der, -(e)s,* Angebot von Arbeitskräften und Nachfrage danach. **Arbeitsmedizin** *die,* Fachgebiet der Medizin, das sich mit den Wechselwirkungen von Arbeit und Gesundheit des Menschen befaßt. **Arbeitsplatz** *der,* Stelle zum Arbeiten: *Arbeitsplatzwechsel.* **Arbeitsprozeß** *der,* Ablauf einer Arbeit. **Arbeitsrecht** *das,* der Teil des Rechts, der die Stellung des unselbständigen Arbeitnehmers regelt. **arbeitsrechtlich. arbeitsscheu. Arbeitsscheu** *die,* Abneigung gegen Arbeit. **Arbeitsschule** *die,* Schule, die zum selbständigen Arbeiten erziehen will. **Arbeitsschutz** *der,* für Arbeitnehmer der gesetzliche Schutz vor Gefahren, die sich aus der Arbeit ergeben: *Arbeitsschutzbestimmungen.* **Arbeitsstätte, Arbeitsstelle** *die,* Betrieb, Arbeitsplatz. **Arbeit(s)suche** *die,* Suche nach einem festen Arbeitsverhältnis. **arbeit(s)suchend. Arbeit(s)suchende** *der, die, -n/-n, ein -r, eine -.* **Arbeitstag** *der,* die Arbeitszeit an einem Tag: *achtstündiger A.* **Arbeitsteilung** *die,* die Auflösung einer Arbeit in Teilverrichtungen und deren Verteilung auf verschiedene Organe, Berufe, Menschen. **Arbeitstherapie** *die,* systemat. Schulung von (seelisch) Kranken zur Wiedereingliederung in den Arbeitsprozeß. **Arbeits|tier** *das,* Ü jemand, der sehr viel arbeitet. **Arbeitstitel** *der,* vorläufiger Titel während der Arbeit (für Theaterstücke, Bücher, Filme). **arbeitsunfähig,** durch Krankheit unfähig zur Arbeit. **Arbeitsunfähigkeit** *die.* **Arbeitsunfall** *der,* Betriebsunfall, Unfall während der Arbeitszeit. **Arbeitsverhältnis** *das,* Rechtsverhältnis zwischen Arbeitgeber und Arbeitnehmer. **Arbeitsvermittlung** *die,* Vermittlung von Arbeitsstellen und Arbeitsuchenden. **Arbeitsweise** *die,* Art, wie jemand arbeitet. **Arbeitswelt** *die,* der Teil der Umwelt, der den Arbeitsplatz betrifft. **arbeitswillig,** bereit zu arbeiten. **Arbeitszeit** *die,* Zeit vom Beginn bis zum Ende der Arbeit: *unsere tägliche A.; gleitende A.; Arbeitszeitverkürzung; Lebensarbeitszeit.* **Arbeitszimmer** *das,* Raum zum (geistigen) Arbeiten, Büro.

Arbi|trage [-'tr'a:ʒ, frz., von lat. arbiter ›Schiedsrichter‹] *die, -/-n,* 1) ⚖ Ausnutzung von Preisunterschieden, Kursschwankungen. 2) Schiedsgericht hierfür. **arbi|trär,** nach Ermessen, willkürlich: *arbiträre Entscheidungen.*

Arboretum [lat. arbor ›Baum‹] *das, -s/. . . ten,* Sammlung lebender Gehölze in Gärten oder Anlagen.

arch . . . [grch. archaios ›alt‹, ›ursprünglich‹], vgl. archi . . .
Archaikum, Archäikum *das, -s,* ⊕ älteste geolog. Formation. **archaisch,** frühzeitlich, aus der Frühzeit einer Kunstepoche stammend. **archäisch,** das Archaikum betreffend. **archaisieren,** ich archaisiere (habe archaisiert) *es,* mache altertümlich. **Archaismus** *der, -/. . . men,* Altertümelei (bes. sprachlich). **archaistisch,** altertümelnd. **Archäologe** [vgl. . . .loge] *der, -n/-n,* Kenner der Archäologie. **Archäologie** *die, -,* Altertumskunde; Geschichte der alten Kunst. **archäologisch. Archäo|pteryx** *die, der, -/-e* oder . . .*pt'eryges,* Urvogel. **Archäozoikum** *das, -s,* ⊕ Proterozoikum.

Arche [ahd. archa, lat. arca ›Kasten‹] *die, -/-n,* Schiff Noahs.
Archetyp [auch 'ar-, grch. archetypon ›Urbild‹] *der, -s,* Archetypus, Urbild, Urform, Muster. **archetypisch** [auch 'ar-]. **Archetypus** *der, -/. . . pen,* Archetyp.

archi . . ., vor Vokalen: arch . . ., ober . . ., erst . . ., ur . . .: *Archimandrit.*
Archibald [engl., zu ahd. ercan ›vornehm‹ und bald ›kühn‹], männl. Vorname.
Archidiakon [auch -d'i-, grch.] *der,* Titel von Geistlichen.
Archiman|drit *der, -en/-en,* Erzabt, geistl. Titel der Ostkirche.
archimedisch, auf den griech. Mathematiker Archimedes (um 285–212 v. Chr.) bezüglich: *archimedische Schraube,* eine Förderanlage; aber: *Archimedisches Prinzip,* Lehrsatz vom statischen Auftrieb.
Archipel [urspr. grch. Aigaion pelagos ›Ägäisches Meer‹] *der, -s/-e,* Inselgruppe, ABB. I 2.
Architekt [grch. architekton] *der, -en/-en,* Baufachmann, Baukünstler: *Architektenbüro.* **Architektonik** *die, -/-en,* 1) Wissenschaft von der Baukunst. 2) Aufbau eines Kunstwerks. **architektonisch,** auf die Architektonik oder die Architektur bezogen. **Architektur** *die, -/-en,* Baukunst, Baustil; vgl. ABB. S 67. **Archi|trav** [vgl. archi . . . und lat. trabs ›Querbalken‹] *der, -s/-e,* Querbalken über Säulen, ABB. G 6, T 6.
Archiv [lat. aus grch. archeion ›Rathaus‹] *das, -s/-e,* 1)

geordnete Sammlung von Akten, Urkunden: *Bildarchiv; Filmarchiv; Archivfoto.* 2) Raum, Gebäude hierfür. **Archiva|li|en,** *Pl.,* Akten (aus dem Archiv). **archivalisch,** 1) urkundlich. 2) zu einem Archiv gehörig. **Archivar** *der, -s/-e,* wissenschaftlich ausgebildeter Archivbeamter. **archivieren,** ich archiviere (habe archiviert) *es,* nehme in ein Archiv auf. **Archivierung** *die, -/-en.*
Archivolte [vgl. Archivar und lat. volvere ›drehen‹, ›wälzen‹] *die, -/-n,* ⫫ Stirnbogen, ABB. B 39.
Archon [grch.] *der, -s/. . . ch'onten,* **Archont** [grch.] *der, -en/-en,* höchster Beamter im alten Athen.
ARD, Abk. für: Arbeitsgemeinschaft der öffentlich-rechtlichen Rundfunkanstalten der Bundesrepublik Deutschland.
Are [lat. area] *die, -/-n, schweiz.:* das Ar (Flächenmaß).
Areal *das, -s/-e,* 1) Fläche, Flächeninhalt. 2) *schweiz.:* Grundstück. 3) Verbreitungsgebiet von Tieren, Pflanzen.
areligiös [vgl. grch. a . . .], nicht religiös.
Arena [lat. (h)arena ›Sand‹] *die, -/. . . nen,* Kampfplatz, Austragungsort von Wettkämpfen, ABB. A 12.
Areopag [grch. Areios pagos ›Areshügel‹] *der, -s,* Gerichtshof im alten Athen. **Ares,** griech. Kriegsgott.
arg, ärger, am ärgsten [ahd. arg], 1) schlimm, ärgerlich, böse: *es liegt im argen,* ist sehr vernachlässigt; *sein ärgster Feind;* aber: *2) oberdt.:* groß, sehr: *er ist ein arger Dummkopf; a. dumm.* **Arg** *das, -s,* Bosheit; *er ist ohne A.; er findet kein A. dabei; es ist kein A. an ihm.*
Arge, Ü kurz für Arbeitsgemeinschaft.
Argentit *der, -s,* Silberglanz, ein Mineral. **Argentum** [lat.] *das, -(s),* ⊙ Zeichen: Ag, Silber.
Ärger [von arg] *der, -s,* Verdrossenheit, Unwille, Zornstimmung, unangenehmes Erlebnis: *Ä. mit den Handwerkern; beruflicher Ä.; sie läßt ihren Ä. an ihm aus.* **ärgerlich,** 1) Ärger empfindend, verdrossen, verärgert: *er ist ä. über ihn.* 2) Ärger erregend, unangenehm: *ein ärgerlicher Vorfall.* **ärgern** [ahd. argeron], *ich ärg(e)re* (habe geärgert) 1) *ihn,* bereite ihm Ärger, Verdruß, bringe in Wut, necke deshalb: *sie ärgerte ihn maßlos.* 2) *mich über ihn* oder *etwas,* empfinde Ärger: *er hat sich schwarz geärgert,* Ü sehr; *Mensch, ärgere dich nicht!,* ein Würfelspiel. **Ärgernis** [mhd. ergerunge] *das, -ses/-se,* 1) Verletzung des religiösen oder sittl. Gefühls: *Erregung öffentlichen Ärgernisses.* 2) Anstoß, Ärger. **Arglist** [ahd. arglist] *die, -,* ⚖ jedes Verhalten, das mit Treu und Glauben in Widerspruch steht; Heimtücke, Hinterlist. **arglistig,** arglistige Täuschung, ⚖. **arglos,** ohne Arg, vertrauensvoll, ahnungslos. **Arglosigkeit** *die, -.*
Argon [auch -go'-:n, grch. argos ›träge‹] *das, -s,* ⊙ Element, Zeichen: Ar, ein Edelgas.
Argonaut [grch., zu Argo und nautes ›Seemann‹] *der, -en/-en,* 1) griech. Mythos: Teilnehmer an der Fahrt Iasons auf dem Schiff Argo. 2) ein Tintenfisch.
Argot [arg'o, frz.] *das* oder *der, -s/-s,* 1) franzö. Gaunersprache. 2) Jargon.
Argument [lat. argumentum] *das, -(e)s/-e,* Beweisgrund, Beweis, Grund für eine Behauptung: *schwache, schwerwiegende, stichhaltige Argumente.* **Argumentation** *die, -/-en,* Beweisführung. **argumentativ. argumentieren,** *ich* argumentiere (habe argumentiert), führe einen Beweis.
Argus [nach Argos, dem vieläugigen Riesen des griech. Mythos] *der,* aufmerksamer, scharfer Wächter. **Argus|augen,** *Pl.,* scharfer, mißtrauischer Blick: *er beobachtete ihn mit A.*
Argwohn [mhd. arcwan] *der, -s,* Mißtrauen: *ich hege A. gegen ihn; sein Tun erregte meinen A.* **argwöhnen,** *ich* argwöhne (habe geargwöhnt) *es,* vermute (Böses). **argwöhnisch,** mißtrauisch: *argwöhnische Blicke.*
Arhythmie *die,* Arrhythmie.
Ariadnefaden [nach der Antl. Königstochter Ariadne, die Theseus mit Hilfe eines Garnknäuels aus dem Labyrinth rettete] *der, -s,* Ü Hilfe aus verworrener, bedrohlicher Lage.
Arianer *der, -s/-,* Anhänger des Arianismus. **arianisch. Arianismus** *der, -,* Lehre des Presbyters Arius, der (im 3./4. Jahrh.) die Wesensgleichheit Christi mit Gottvater leugnete.
arid [lat. aridus], trocken, dürr (Boden). **Aridität** *die, -.*
Arie [-i∂, ital. aria ›Wind‹, ›Luft‹, zu lat. aer ›Luft‹] *die, -/. . . ri|en,* Sologesangstück mit Instrumentalbegleitung: *eine A. für Bariton, Sopran; Opernarie; Tenorarie.*
Ari|el [hebr.], 1) B Name für Jerusalem. 2) Luftgeist (bei Shakespeare und Goethe).
Ari|er [altind. arya ›der Edle‹] *der, -s/-,* 1) Angehöriger der Völker des indo-iranischen und indo-arischen Zweiges der

indo-germanischen Sprachfamilie. **2)** im nationalsozialist. Sprachgebrauch: Angehöriger der sogenannten nordischen Rasse, Nichtjude.

Ari|es [lat. ›Widder‹] *der, -,* **1)** Sturmbock, altröm. Belagerungsmaschine. **2)** ☆ das Sternbild Widder.

Ariette [ital.] *die, -/-n,* kleine Arie.

arioso [ital.], ♪ arienartig, liedartig. **Arioso** *das, -s/-s* oder *. . .si,* kleines liedartiges Musikstück.

arisch, zu den Ariern gehörend. **arisieren,** *ich* arisiere (habe arisiert) *es,* im nationalsozialist. Sprachgebrauch: überführe in arischen Besitz.

Aristo|krat [grch. aristos ›der Beste‹, kratein ›herrschen‹] *der, -en/-en,* **1)** Adliger. **2)** vornehmer Mensch. **Aristo|kratie** *die, -/. . .t'i|en,* **1)** Adel(sherrschaft). **2)** Oberschicht: *Geldaristokratie.* **3)** *ohne Pl.,* adlige Würde. **aristo|kratisch.**

aristophanisch, Ü satirisch-treffend, derb-lustig und doch geistvoll. **Aristophanisch,** auf den altgriech. Lustspieldichter Aristophanes (um 445–385 v. Chr.) bezogen, Übers. A 4, C.

Aristoteliker *der, -s/-,* Anhänger der Lehre des altgriech. Philosophen Aristoteles (384–322 v. Chr.). **aristotelisch,** Übers. A 4, C.

Arithmetik [grch. arithmetike (techne) ›das Rechnen betreffend(e Kunst)‹, zu arithmos ›Zahl‹] *die, -,* Zahlenlehre, ein Teil der Mathematik. **arithmetisch,** *arithmetische Formeln, Verfahren; arithmetisches Mittel,* Durchschnittswert.

Arithmogriph [grch. griphos ›Fischernetz‹, ›Rätsel‹] *der, -en/-en,* Zahlenrätsel.

Arkade [frz., zu lat. arcus ›Bogen‹] *die, -/-n,* **1)** *nur Pl.,* Bogengang, Abb. B 39. **2)** Gewölbebogen. **3)** Graphologie: oben geschlossene und gerundete Form der Kleinbuchstaben.

arkadisch, **1)** zur altgriech. Landschaft Arkadien gehörig. **2)** Ü idyllisch, ländlich: *arkadische Dichtung,* Schäferdichtung.

Arkebuse [frz. arquebuse, vielleicht aus niederl. haakbus ›Hakenbüchse‹] *die, -/-n,* Hakenbüchse, die Handfeuerwaffe aus dem 15. Jahrh. **Arkebusier** *der, -s/-e,* mit einer Arkebuse bewaffneter Soldat.

Arktis [grch. arktos ›Bär‹, nach dem Sternbild am nördlichen Himmel] *die, -,* Nordpolargebiet. **arktisch.**

Arktur(us) [aus grch. ›Bärenjäger‹, d. h. ›dem Großen Bären folgend‹] *der, -,* ☆ ein Stern.

Arlec|chino [arlεk'i:no, ital.] *der, -s/-s* oder *. . . ni,* Hanswurst, komische Maske der italien. Commedia dell'arte.

arm, ärmer, am ärmsten [ahd. arm, urspr. ›vereinsamt‹], **1)** nur wenig besitzend oder enthaltend: *a. an Geist; arme Ritter,* Ü in Milch eingeweichte und überbackene Weißbrotscheiben; *bei a. und reich,* jedermann, aber: *bei Armen und Reichen.* **2)** jämmerlich, kümmerlich, bedauernswert: *armes Kind!; arme Seelen,* kath.: im Fegefeuer leidende Seelen; *arme Sünder,* aber: *der Armesünder; sie ist a. dran,* Ü zu bedauern.

Arm [ahd. arm] *der, -(e)s/-e,* **1)** die obere Gliedmaße beim Menschen und Affen: *Oberarm, Unterarm,* Abb. M 12; *am A. geführt; A. in A.,* untergehakt, Abb. P 1, Ü in treuer Verbundenheit; *ich nehme ihn auf den A.,* Ü halte zum Narren; *er will mir unter die Arme greifen,* Ü mir helfen. **2)** Verbindungsstück, besonders Kraftübertragung: *Hebelarm,* Abb. H 12. **3)** Seitenteil, Seitenstange, Abb. A 15, B 5, H 2, K 29. **4)** Fangglied (Polyp), Abb. P 19. **5)** Verzweigung: *Flußarm,* Abb. I 2. **6)** Kraft: *der A. der Gerechtigkeit,* P die Justiz. **7)** Ärmel: *ein Pullover mit langem A.*

Armada [span. ›die Bewaffnete‹, lat. armatus, armatura, vgl. Armatur] *die, -/. . .den* oder *-s,* starke Kriegsflotte.

Arma|gnac [-ɲ'ak, ehemalige Grafschaft in Südwestfrankreich] *der, -(s)/-s,* ein Weinbrand.

Armatur [lat. armatura ›Bewaffnung‹] *die, -/-en,* **1)** ⚒ ⚒ Ausrüstung (des einzelnen Soldaten). **2)** ⚙ Ausrüstungsteile von Maschinen, bes. Hähne, Regler, Schalter. **Armaturenbrett** *das,* ⚙ Tafel mit Schalt- und Meßgeräten, Abb. K 40, R 9.

Armband *das, -(e)s/-ᵘer,* Abb. S 30. **Armbanduhr** *die,* Abb. U 1. **Armbinde** *die,* **1)** ♯ Stützverband. **2)** Abzeichen am Ärmel. **Armblatt** *das,* Schutz gegen Schweißflecke im Ärmel, Schweißblatt.

Armbrust [mhd., aus lat. arcuballista ›Bogenschleuder‹] *die, -/ᵘe,* eine alte Schußwaffe, Abb. A 21. **Armbruster** *der, -s/-,* **1)** Armbrustmacher. **2)** Armbrustschütze.

Ärmchen *das, -s/-,* Diminutiv zu Arm.

Arme [ahd. arming] *der, die, -n/-n, ein -r, eine -,* **1)** Bedauernswerte(r): *wir Armen!* **2)** Unterstützungsbedürftige(r): *der A. und der Reiche; Armenpfleger; Armenviertel.*

Armee [frz. armée, vgl. armieren] *die, -/. . .m'e|en,* **1)** ⚔ Heer; Heeresgruppe: *Armeeführung.* **2)** Ü große Menge: *eine A. von Neugierigen.* **Armeekorps** *das,* Abk.: AK, Heereseinheit.

Ärmel [ahd. armilo, ermilo] *der, -s/-,* Teil der Kleidung, der die Arme bedeckt, Abb. K 24, K 25: *kurze, lange, weite Ä.; Flügelärmel; Puffärmel; das kann er aus dem Ä. schütteln,* spielend machen. . . . **ärm(e)lig,** mit . . . Ärmeln: *kurzärm(e)-lig.* **ärmellos,** ohne Ärmel: *ein ärmelloses Kleid.*

Armenhaus *das,* ⚭ Heim für Arme, Obdachlose. **Armenhäusler** *der,* ⚭. **Armenrecht** *das,* Anspruch auf kostenlosen Rechtsbeistand bei Bedürftigkeit. **Armesünder** *der, Armensünders/Armensünder, ein Armersünder,* ⚭ zum Tode Verurteilter: *Arm(e)sünderglocke,* zur Hinrichtung läutende Glocke.

Armfüß(l)er *der, -s/-,* muschelähnliches Meerestier.

Armgard [zu Irmgard], weibl. Vorname.

armieren [lat. armare ›bewaffnen‹], *ich* armiere (habe armiert) *es,* rüste aus (z. B. Beton mit Eisen; eine Festung mit Waffen). **Armierung** *die, -/-en.*

. . . armig, mit . . . Armen: *einarmig; langarmig.*

Armin [Kurzform eines mit Irmin, dem Stammgott der Herminonen, gebildeten Namens], männl. Vorname.

Armkachel *die,* in Rüstungsteil, Abb. R 33. **armlang,** *ein armlanger Stengel;* aber: *der Stengel ist einen Arm lang.*

Ärmlein *das, -s/-,* Diminutiv zu Arm. **Armleuchter** *der,* **1)** Leuchter mit mehreren Armen. **2)** auch Armloch, Ü grobes Schimpfwort (verhüllend für Arschloch).

ärmlich [ahd. armalih], ziemlich arm, bedürftig, dürftig, kümmerlich ausgestattet: *sie lebt in ärmlichen Verhältnissen; eine ärmliche Behausung.* **Ärmlichkeit** *die, -.*

. . . ärmlig, . . . ärmelig. **Ärmling** *der, -s/-e,* Überärmel, Ärmelschoner.

Armorial [frz. ›heraldisch‹, zu armoiries ›Wappen‹] *das, -s/-e,* Wappenbuch.

Armreif *der,* ein Schmuckstück, Abb. S 30. **Armschiene** *die,* ein Rüstungsteil, Abb. R 33.

armselig [mhd. armselic], ärmlich, erbärmlich: *eine armselige Hütte.* **Armseligkeit** *die, -.*

Armspange *die,* ein Schmuckstück, Abb. S 30. **Armstuhl** *der,* Stuhl mit Seitenlehnen, Abb. F 5, vgl. S 75.

Armüre [frz. armure, zu lat. armatura ›Ausrüstung‹] *die, -/-n,* **1)** Trittfolge beim Weben zum Bewegen der Schäfte. **2)** kleingemustertes Schaftgewebe.

Armut [ahd. armuotigi] *die, -,* Mangel, Entbehrung, äußerste Besitzlosigkeit. **Armutszeugnis** *das,* amtl. Bescheinigung über Bedürftigkeit zur Erteilung des Armenrechts: *damit hat er sich ein A. ausgestellt,* Ü seine Unfähigkeit bewiesen.

Armvoll *der, -/-:* zwei A. Brennholz; aber: *er hat einen Arm voll(er) Brennholz.* **Armzeug** *das,* in Rüstungsteil, Abb. R 33.

Arnika [grch. arnakis ›Schafpelz‹] *die, -/-s,* eine heilkräftige Korbblüterpflanze.

Arno, Arnold [ahd. arn ›Aar‹ und waltan ›walten‹], männl. Vornamen.

Arnulf [ahd. arn ›Aar‹ und wolf ›Wolf‹], männl. Vorname.

Arom [grch.] *das, -s/-e,* P Aroma. **Aroma** *das, -s/. . .men, . . .mata* oder *-s,* Wohlgeruch, Wohlgeschmack, Würzigkeit, Würze: *Backaromen; Rumaroma.* **aromatisch,** **1)** würzig, wohlschmeckend. **2)** *aromatische Verbindungen,* ⚗ Bez. für eine organ. Stoffgruppe mit bes. stabiler ringförmiger Kohlenstoffverkettung. **aromatisieren,** *ich* aromatisiere (habe aromatisiert) *es,* versehe mit Aroma.

Aron(s)stab [grch. aron] *der, -(e)s,* eine Giftpflanze.

arpeggieren [arpεdʒ'i:rən, ital.], *ich* arpeggiere (habe arpeggiert) *(einen Akkord),* ♪ spiele arpeggio. **arpeggio** [arp'edʒo], ♪ harfenartig nacheinander zu spielen (Töne eines Akkords). **Arpeggio** *das, -s/-s* oder *. . .gi|en* [-dʒiən], ♪ harfenartig gebrochener Akkord.

Arrak [frz. aus arab. araq ›Saft‹] *der, -s/-e* oder *-s,* Branntwein aus Reis und Palmwein.

A 21

das Visier oder Schiff — der Kugelsack — die Sehne — das Rahmen-Visier — der Bolzensteg — die Nuß — der Bügel — der Abzug — die Säule oder der Schaft — die Sicherung — der Drücker oder der Stecher — der Kolben — die Armbrust — **Armbrust** — der Balester

Arrangement [arāʒm'ā, frz.] *das, -s/-s,* **1)** Anordnung, Vorbereitung. **2)** Übereinkommen, Vereinbarung. **3)** *∅* die Abrechnung im Wertpapierhandel. **4)** ♪ Bearbeitung (für andere Instrumente oder Stimmen). **Arrangeur** [arāʒ'ø:r] *der, -s/-e,* **1)** ♪ Bearbeiter eines Musikstücks. **2)** jemand, der etwas arrangiert. **arrangieren** [arāʒ'i:rən, frz. arranger], *ich arrangiere* (*habe arrangiert*), **1)** *es,* bereite vor, bringe zustande: *er hat dieses Treffen arrangiert.* **2)** *es,* ordne an, stelle zusammen: *geschmackvoll arrangierte Blumenschmuck.* **3)** *ein Musikstück,* bearbeite für andere Instrumente. **4)** *mich mit ihm,* vergleiche mich, komme trotz verschiedener Auffassungen zu einer Übereinkunft.

Arrest [mlat. arrestum] *der, -(e)s/-e,* **1)** Beschlagnahme von Sachen. **2)** Haft, leichterer Freiheitsentzug: *Jugendarrest.* **3)** das Nachsitzen (Schule). **Arrestant** *der, -en/-en,* Häftling. **Arrestation** *die, -/-en,* Verhaftung. **arretieren,** *ich arretiere* (*habe arretiert*), **1)** *ihn,* nehme fest, verhafte. **2)** *es,* halte an, sperre (Geräteteile). **Arretierung** *die, -/-en.*

Ar|rhythmie [vgl. grch. a... und Rhythmus] *die, -/...m'i|en,* **1)** unregelmäßiger Ablauf eines rhythmischen Vorgangs. **2)** ♯ unregelmäßiger Herzschlag.

arrivieren [frz. arriver ›ankommen‹, *ich arriviere* (bin arriviert), komme zu Erfolg und gesellschaftl. Ansehen. **arriviert. Arrivierte** *der, die, -n/-n, ein -r, eine -.*

arrogant [frz., zu lat. ad... und rogare ›verlangen‹], anmaßend, dünkelhaft, überheblich. **Arroganz** *die, -.*

arrondieren [-rō-, frz. arrondir], *ich arrondiere* (*habe arrondiert*) *es,* runde ab, lege zusammen (Grundstücke). **Arrondierung** [-rō-] *die, -.* **Arrondissement** [arōdism'ā] *das, -s/-s,* Unterbezirk des französ. Départements.

Arrosion [lat. arrodere ›benagen‹] *die, -/-en,* ♯ Zerstörung von Geweben, z. B. von Knochen durch Geschwüre.

Arrowroot ['ærouru:t, engl.] *das, -s,* Pfeilwurzelmehl, Stärke aus Knollen und Wurzeln tropischer Pflanzen; wichtiges Nahrungsmittel in Südamerika.

Ars [lat.] *die, -/'Artes,* Kunst. **Ars amandi** [›die Kunst zu lieben‹] *die, - -,* die Dichtung von Ovid. **Ars antiqua** [›alte Kunst‹] *die, - -,* die mehrstimmige französische Musik vom Ende des 12. Jahrh. bis um 1300.

Arsch [ahd. ars] *der, -(e)s/"e,* V **1)** Gesäß: *er kriecht ihm in den A.,* schmeichelt ihm auf plumpe Weise; *leck mich am A.!,* laß mich in Ruhe! **2)** Arschloch. **Arschbacke** *die,* V die Gesäßbacke. **Arschkriecher** *der,* V plumper Schmeichler. **Arschleder** *das,* von Bergleuten zum Schutz des Gesäßes getragenes Leder. **Arschloch** *das,* V **1)** After. **2)** grobes Schimpfwort.

Arsen [wohl zu grch. arsenikos ›männlich stark‹] *das, -s,* ⊕ Element, Zeichen: As, ein Halbmetall: *Arsenvergiftung.*

Arsenal [ital. arsenale, aus arab. eigtl. ›Werft‹, ›Waffenfabrik‹] *das, -s/-e,* ⚙ Zeughaus; Rüstkammer: *Waffenarsenal.*

arsenig, Arsenik enthaltend. **Arsenik** *das, -s,* Arsentrioxid, giftige Arsenverbindung; Arznei. **arsenikhaltig. Arsenkies** *der,* ein silbergraues Mineral.

Arsis [zu grch. arein ›heben‹] *die, -/'Arsen,* leichter Taktteil in der antiken Metrik; Senkung in der dt. Metrik.

Ars moriendi [lat. ›die Kunst zu sterben‹] *die, - -,* ein Erbauungsbuch des späten MA. **Ars multiplicata** [lat. ›multiplizierte Kunst‹] *die, - -,* Möglichkeiten der Vervielfältigung von zeitgenöss. Graphik, Malerei und Plastik. **Ars nova** [lat. ›neue Kunst‹] *die, - -,* die neuen Strömungen der französ. Musik des 14. Jahrh. **Ars poetica** *die, - -,* Gedicht des Horaz über die Dichtkunst.

Art [mhd. art ›Herkunft‹] *die, -/-en,* **1)** Wesen, Naturbeschaffenheit: *deutsche A.* **2)** Weise, Gewohnheit: *auf die A.,* so; *nach A. von,* wie; *seine A. zu essen;* jemand, *etwas (von) der A.,* dem ähnlich; aber: *derart(ig),* so. **3)** Benehmen: *ist das eine A.?,* U gehört sich das? ♤ ⊕ Spezies, systemat. Einheit, ÜBERS. N 5. **5)** Ähnliches: *eine A. Ferienheim.*

Art [a:t, engl. ›Kunst‹] *die, -/-(s),* Werbung: künstlerisch gestaltete Erzeugnis (Graphik, Photographie, Typographie). **Art.,** Abk. für: Artikel.

Art-director ['a:tdirǝkto, engl. art ›Kunst‹] *der, -s/-s,* künstler. Leiter einer Werbeagentur.

Artefakt [lat. arte factum] *das, -(e)s/-e,* **1)** künstlich Hergestelltes, Kunsterzeugnis. **2)** ♯ Selbstverstümmelung. **3)** Werkzeug aus vorgeschichtl. Zeit.

Artel [-tj'el, russ.] *das,* im alten Rußland genossenschaftl. Vereinigung von Personen gleichen Berufs, heute eine Form der landwirtschaftl. Produktionsgenossenschaften.

Artemis, griech. Göttin der Jagd.

arten [mhd. arten], *ich arte* (bin geartet) *nach ihm,* werde ihm ähnlich, gerate nach ihm, bin geschaffen: *er ist ganz anders geartet als sein Vater.*

Arterie [-iǝ, grch. arteria] *die, -/...ri|en,* Schlagader: *Arterienentzündung; Arterienverkalkung; Arterienplastik.* **arteriell. Arterio|sklerose** *die,* Arterienverkalkung.

artesische Brunnen [nach der französ. Landschaft Artois] *der,* Brunnen, in welchem Wasser durch natürl. Überdruck zutage tritt.

Artes liberales [lat.], *Pl.,* im spätgriech. Altertum und im MA. die Sieben Freien Künste.

Artgenosse *der,* Lebewesen von gleicher Art. **artgleich,** von gleicher Art.

Ar|thritis *die, -/...thrit'iden,* ♯ Gelenkentzündung. **arthritisch. ar|thro...** [grch. arthron ›Gelenk‹], gelenk..., glied(er)... **Ar|thropoden,** *Pl.,* die Gliederfüßer. **Ar|throse** *die, -,* ♯ nichtentzündl. Gelenkerkrankung.

Art(h)ur [nach dem Sagenkönig Artus, kelt. ›Bär‹], männl. Vorname.

artifiziell [frz. artificiel], künstlich; gekünstelt.

artig [mhd. erbec ›angestammte gute Beschaffenheit habend‹], **1)** brav, gehorsam. **2)** nett. **3)** höflich, zuvorkommend. **...artig,** von bestimmter Art: *neuartig; papierartig.* **Artigkeit** *die, -,* **1)** Folgsamkeit (der Kinder). **2)** Höflichkeit. **3)** *Pl. -en,* Schmeichelei, Kompliment.

Artikel [mhd. artikel ›Schriftabschnitt‹, zu lat. articulus ›Gelenk‹] *der, -s/-,* ⑤ Geschlechtswort, ÜBERS. G 10. **2)** Abk.: Art., Abschnitt, Satz (eines Gesetzes, Schriftstücks), Glaubenssatz. **3)** kleiner Aufsatz (in Zeitungen): *Artikelserie.* **4)** ⚖ Warengattung: *diesen A. führen wir nicht.* **artikular,** ♯ zum Gelenk gehörig. **Artikulation** *die, -/-en,* **1)** Lautbildung, deutlich gegliederte Aussprache. **2)** ♪ Tonbindung oder -trennung. **3)** ♯ Gelenk, Gliederung. **4)** Stellung der oberen zu den unteren Zähnen. **artikulieren,** *ich artikuliere* (*habe artikuliert*) *es,* spreche deutlich aus, formuliere: *der Sprecher artikulierte den Protest aller Anwesenden,* Ü; *er kann sich nicht recht artikulieren,* U seine Gedanken in Worte fassen.

Artillerie [frz. ›Geschütz‹, spätes MA.] *die, -/...ri|en,* mit Geschützen und Raketenwerfern ausgerüstete Truppengattung, ABB. K 45: *Schiffsartillerie; Artilleriefeuer.* **Artillerist** *der, -en/-en,* Soldat dieser Waffen.

Artischocke [ital. carciofo, nordital. articiocco, aus arab. al-charschof] *die, -/-n,* distelähnliche Gemüse- und Zierpflanze.

Artist [frz. artiste, zu lat. ars ›Kunst‹] *der, -en/-en,* **1)** Künstler in Zirkus und Varieté. **2)** Meister seines Faches, Virtuose. **3)** ['a:tist, engl.] *der, -s/-s,* Werbung: Schauspieler in Werbefilmen, Gebrauchsgraphiker, Typograph. **Artistik** *die, -,* Kunst der Artisten. **Artistin** *die, -/-nen,* weibl. Artist. **artistisch,** *artistische Kunststücke.*

Art nouveau [a:r nuv'o, frz. ›neue Kunst‹] *die, - -,* in Frankreich, England und den Verein. Staaten Bez. für den Jugendstil.

Artothek [lat. ars ›Kunst‹ und vgl. Theke] *die, -/-en,* Unternehmen, das Werke der bildenden Kunst ausleiht.

Artung [zu Art] *die, -,* Beschaffenheit, Veranlagung, Eigenart.

Artur, Arthur.

artverwandt, in der Art, ähnlich.

Arve *die, -/-n,* alem.: Zirbelkiefer.

Aryballos [grch.] *der, -/...loi,* altgriech. Salbgefäß.

Arznei [mhd. arzenie, arzatie] *die, -/-en,* Form, zu der ein Arzneimittel verarbeitet wird (Pulver, Pille, Tablette, Salbe u. a.): *eine bittere A.,* Ü eine bittere, aber heilsame Erfahrung; *Arzneipflanze,* Heilpflanze. **arzneilich. Arzneimittel** *das,* Heilmittel, Medikament: *Arzneimittelgesetz; Arzneimittelschäden.* **Arzt** [ahd. arzat, zu grch. archiatros] *der, -es/"e,* Mediziner mit Hochschulbildung und Approbation: *Hautarzt; Kinderarzt; Ärztetagung.* **Ärztekammer** *die,* Standesvertretung der Ärzte. **Ärzteschaft** *die,* Gesamtheit der Ärzte. **Arzthelferin** *die,* Gehilfin des Arztes in seiner Praxis, ein Lehrberuf. **Ärztin** *die, -/-nen,* weibl. Arzt. **ärztlich,** *sie ist in ärztlicher Behandlung.*

as, ♪ **1)** *das, -/-,* Halbton unter a, ABB. N 9. **2)** Zeichen für: as-Moll.

As, 1) Zeichen für: Amperesekunde. **2)** ✫ Zeichen für: Arsen. **3)** ♪ Zeichen für: As-Dur.

As [frz., aus lat. as ›ein Ganzes als Einheit‹] *das, 'Asses/'Asse,* **1)** Eins im Würfelspiel und höchstes Blatt der französ. Spielkarten, ABB. S 54. **2)** Ü jemand, der Hervorragendes leistet, Spitzenkönner: *ein As im Hochsprung*. **As** *der, 'Asses/ 'Asse*, Gewicht und Münze im alten Rom.

as . . . [lat.], vgl. ad . . .

ASA, Abk. für: American Standards Association, Normenstelle der USA, u. a. für die Empfindlichkeitsbestimmung photograph. Materials, z. B. 50 ASA (= 18 DIN).

Asa foetida [mlat. asa ›stark riechendes Harz‹ und foetidus ›stinkend‹] *die, - -,* **Asafötida** *die, -,* **Asant** *der, -s,* Teufelsdreck, ein unangenehm riechendes Gummiharz; ein Nervenberuhigungsmittel.

asb, Zeichen für: Apostilb.

Asbest [grch. asbestos ›unauslöschlich‹] *der, -(e)s/-e,* ein faseriges, feuerfestes Mineral: *Asbestplatten; Asbeststaublunge.* **Asbestose** *die, -/-n,* durch Einatmen von Asbeststaub hervorgerufene Lungenkrankheit.

Ascariasis, Ascaridiasis *die, -,* vgl. Askariasis, Askaridiasis. **Ascaris** *die, -/. . .r'iden,* vgl. Askaris.

Asch [ahd. asc ›Esche‹, also eigtl. ›Gefäß aus Eschenholz‹] *der, -es/²e, ostmitteldt.*: Napf, Schüssel.

Aschanti *der, -/-,* Angehöriger eines Stammes in Ghana. **Aschantinuß** *die, österr.*: Erdnuß.

Aschbecher *der,* Aschenbecher. **aschblond**, graugelb.

Asche [ahd. asca] *die, -/-n,* Verbrennungsreste, feste Rückstände verbrannter Körper; Sinnbild für Zerstörtes, Ausgeglühtes: *Asch(en)eimer; Asch(en)kasten; Friede seiner A.,* Ü Ruhe den Toten; *in Sack und A.,* Ü tief zerknirscht.

Äsche [ahd. asco] *die, -/-n,* ein lachsartiger Fisch.

Aschenbahn *die,* mit gewalzter Schlackenschüttung versehene Lauf- oder Rennbahn. **Asch(en)becher** *der,* Abb. R 7. **Aschenbrödel** [mhd. aschenbrodele ›Küchenjunge‹], **Aschenputtel** *das, -s,* **1)** Pl. -, **2)** Pl. -, Ü jemand, der die Arbeit verrichten muß, die sonst keiner tun will, und der ständig zurückgesetzt wird: *sie ist das A. der Familie.* **Aschenregen** *der,* Niederschlag von Asche. **Ascher** *der, -s/-,* Aschenbecher. **Äscher** *der, -s/-,* Lederherstellung: der Haarlockerungs- und Haarzerstörungsprozeß, auch die chem. Mittel dazu. **Aschermittwoch** [mhd. aschtac] *der, der* Mittwoch nach Fastnacht, in der kath. Kirche der erste Tag der Fastenzeit. **äschern** [zu Ascher], *ich äsch(e)re (habe ge-äschert) Felle, Häute,* enthaare im Äscher. **aschfahl**, fahl, graubleich. **aschfarben, aschfarbig**, grau wie die Farbe der Asche. **aschgrau**, grau, graubleich. **aschig**, Asche enthaltend, staubig.

Aschkenasim [auch -s'i:m], *Pl.,* die mittel- und osteurop. Juden, im Unterschied zu den Sephardim. **aschkenasisch**.

Aschkuchen [zu Asch] *der, ostmitteldt.*: Napfkuchen.

äschyleisch, Äschyleisch, auf den altgriech. Bühnendichter Aischylos (525–456 v. Chr.) bezogen, Übers. A 4, C.

Ascorbinsäure [vgl. grch. a . . . und Skorbut] *die,* das Vitamin C.

As-Dur *das,* Zeichen: As, ♪ eine Tonart.

Åse [altnord. æsir, Sg. áss] *der, -n/-n, meist Pl.,* german. Göttergeschlecht.

. . . **äse**, vgl. . . . aise.

a secco, vgl. al secco.

äsen [von Aas und essen], *das Wild äst (hat geäst),* ♆ frißt.

Asepsis [vgl. grch. a . . . und Sepsis] *die, -,* ♃ Keimfreiheit (von Wunden, Verbandstoffen, ärztl. Instrumenten). **aseptisch**, *die Wunde muß a. behandelt werden*.

Äser [zu äsen] *der, -s/-,* ♆ Maul bes. des Rot-, Dam-, Rehwildes, Abb. H 18.

Äser, Pl. von Aas.

Asiat *der, -en/-en,* Bewohner Asiens. **Asiatika,** *Pl.,* Literatur über Asien. **Asiatin** *die, -/-nen.* **asiatisch,** auf Asien oder die Asiaten bezogen.

Askanier [nach der Burg Askanien bei Aschersleben] *der, -s/-,* Angehöriger eines dt. Grafen- und Fürstengeschlechts.

Askari [arab., türk. ›Soldat‹] *der, -s/-s,* afrikan. Eingeborenensoldat in Kolonialarmeen.

Askariasis, Askaridiasis *die, -,* auch Ascariasis, Ascaridiasis, Erkrankung durch Spulwürmer. **Askaris** [grch.] *die, -/. . .r'iden,* auch Ascaris, ein Spulwurm.

Askese [grch. askesis ›Übung‹] *die, -,* mönchische Entsagung, enthaltsame Lebensweise. **Asket** *der, -en/-en,* asketisch lebender Mensch. **asketisch,** asketische Lebensweise.

Asklepios, griech. Gott der Heilkunde.

Askorbinsäure, vgl. Ascorbinsäure.

Äskulapschlange *die,* **Äskulapstab** [auch 'ɛs-, nach dem griech. Gott Asklepios] *der,* Symbol der Medizin und des ärztl. Standes, Abb. S 78.

as-Moll *das,* Zeichen: as, ♪ eine Tonart.

Asmus [von Erasmus], männl. Vorname.

asomatisch [auch 'a-, vgl. grch. a . . . und soma ›Körper‹], nicht körperlich.

äsopisch, Ü witzig-weise. **Äsopisch,** auf den altgriech. Fabelerzähler Äsop bezogen, Übers. A 4, C.

asozial [auch -tsj'a:l], nicht sozial, sich nicht in die menschl. Gemeinschaft einfügend. **Asoziale** *der, die, -n/-n, ein -r, eine -,* asozialer Mensch. **Asozialität** *die, -.*

Asparagin [grch. asparagos ›Spargel‹] *das, -s,* in Spargel u. a. vorkommende Aminosäure. **Asparagus** [auch -r'agus] *der, -,* Zierspargel.

Aspekt [lat. aspectus ›das Hinsehen‹] *der, -(e)s/-e,* **1)** Gesichtspunkt. **2)** Ⓢ Handlungsart des Verbs, besonders in den slaw. Sprachen. **3)** ☆ bestimmte Stellung der Gestirne zueinander, Übers. A 22.

Aspergill [lat. aspergillum] *das, -s/-e,* Weihwasserwedel. **Aspersion** *die, -/-en,* Besprengung mit Weihwasser.

Asphalt [grch. asphaltos ›Erdpech‹] *der, -(e)s/-e,* schwarzes glänzendes Gemenge aus Bitumen und Mineralstoffen: *Asphaltstraße.* **asphaltieren,** mit Asphalt asphaltiert) *es,* belege mit Asphalt (Straße, Dach). **asphaltisch.**

As|pik [frz. aspic ›Aspik‹, ›Natter‹, zu lat. aspis ›Natter‹] *der, österr.*: *das, -s/-e,* Sülze (mit Fleisch oder Fisch).

Aspirant [lat. aspirare ›nach etwas trachten‹, ›hinstreben‹] *der, -en/-en,* **1)** Anwärter, Bewerber. **2)** im kommunist. Sprachgebrauch: wissenschaftl. Nachwuchs an einer Hochschule. **Aspirantur** *die, -/-en,* im kommunist. Sprachgebrauch: Stelle zur Ausbildung eines Aspiranten. **Aspirata** *die, -/. . .ten* oder *. . . tä,* Ⓢ behauchter Laut, vgl. Übers. G 34. **Aspirateur** [-t'ø:r] *der, -s/-e,* Getreidereinigungsmaschine. **Aspiration** [lat. aspiratio] *die, -/-en,* **1)** Behauchung (eines Lautes). **2)** ♃ Ansaugung. **3)** Streben, Ehrgeiz. **Aspirationskürettage** *die,* ♃ Saugkürettage. **Aspirator** *der, -s/. . .t'oren,* Gerät zum Absaugen von Gasen bei Experimenten in chem. Labor. **aspirieren,** *ich aspiriere (habe aspiriert) es,* **1)** strebe danach. **2)** spreche mit Hauchlaut aus.

Aspirin *das, -s,* Handelsname für ein fiebersenkendes, schmerzstillendes Medikament.

aß, von essen.

Aß *das, 'Asses/'Asse, österr. auch für:* As.

Ass., Abk. für: Assessor(in).

assai [ital.], ♪ genug, ziemlich.

assanieren [vgl. ad . . . und lat. sanus ›gesund‹], *ich assaniere (habe assaniert) Häuser, Stadtteile, österr.*: saniere. **Assanierung** *die, österr.*

Assaut [as'o:, frz. ›Angriff‹, zu lat. ad . . . und saltus ›Sprung‹] *der, -s/-s,* sportl. Fechtkampf.

Assekurant [ital., zu lat. ad . . . und securus ›sicher‹] *der, -en/-en,* ♋ Versicherer. **Assekuranz** *die, -/-en,* ♋ Versicherung. **Assekurat** *der, -en/-en,* ♋ Versicherter. **assekurieren,** *ich assekuriere (habe assekuriert) es, ihn,* ♋.

Assel [wohl aus lat. asellus ›kleiner Esel‹] *die, -/-n,* ein Krebstier.

Assem|blee [asãbl'e:, frz., zu lat. simul ›zugleich‹] *die, -/. . . bl'e|en,* Versammlung. **Assem|bler** [əs'ɛmblə, engl.] *der, -s/-(s),* **Assem|bl|erer** *der, -s/-,* ein Übersetzerprogramm bei Rechenanlagen.

assentieren [lat. assentiri], *ich assentiere (habe assentiert),* ♋ **1)** stimme zu. **2)** *ihn, österr.*: untersuche auf Militärdiensttauglichkeit.

Assertion [lat. assertio] *die, -/-en,* Feststellung. **assertorisch,** einen Tatbestand feststellend.

Asservat [lat. asservare ›verwahren‹] *das, -(e)s/-e,* amtlich aufbewahrte Sache. **Asservatenkammer** *die,* bei Polizeistellen oder Gerichten eingerichteter Aufbewahrungsort für Asservate. **Asservatenkonto** *das,* gesperrtes Verwahrkonto bei einer Bank. **asservieren,** *ich asserviere (habe asserviert) es,* bewahre (amtlich) auf.

Assessor [lat. ›Beisitzer‹] *der, -s/. . . s'oren,* **Assessorin** *die, -/-nen,* Abk.: Ass., Anwärter(in) der höheren Beamtenlaufbahn (nach der 2. jurist. Prüfung): *Studienassessor; Gerichtsassessor.* **assessorisch.**

Assibilierung [vgl. ad . . . und lat. sibilare ›zischen‹] *die, -/-en,* die Verwandlung eines Verschlußlautes [k, t] in einen Zischlaut [s, ʃ, ts, tʃ], z. B. von latein. *causa* in franzöz. *chose* [ʃo:z].

Assiette [frz. ›Teller‹] *die, -/-n,* ♋ **1)** Lage, Stellung. **2)** Stimmung, Gemütslage. **3)** flache viereckige Schüssel. **4)** *österr.*: Vorspeise.

Assi|gnate [frz. assigner ›an-, zuweisen‹] *die, -/-n, meist Pl.,*

Papiergeld, Inflationsgeld der Französ. Revolution. **assi-gnieren,** *ich* assigniere (habe assigniert) *Geld,* weise an.

Assimilation [lat. assimilatio] *die, -/-en,* **1)** Angleichung, Anpassung. **2)** ⊕ Umwandlung anorgan. Stoffe in körpereigene Verbindungen. **3)** Angleichung zweier Laute aneinander, z. B. ›Lamm‹ aus mhd. ›lamb‹. **assimilieren,** *ich* assimiliere (habe assimiliert) *es, ihn, mich.*

Assisen [frz. assise, zu lat. sidere ›sitzen‹], *Pl.,* Schwurgericht(ssitzungen) in der Schweiz und in Frankreich.

Assistent [lat. assistere ›dabeistehen‹] *der, -en/-en,* **Assistentin** *die, -/-nen,* Helfer(in), Mitarbeiter(in), bes. wissenschaftl. Hilfskraft an Hochschulen, Instituten. **Assistenz** *die, -/-en,* Mitwirkung; Anwesenheit. **Assistenzarzt** *der,* in einem Krankenhaus oder einer Arztpraxis angestellter Arzt. **assistieren,** *ich* assistiere (habe assistiert) *ihm,* helfe, leiste Beistand: *sie assistierte bei der Operation; assistiere Beatmung.*

Associé [asɔsj′e, frz., zu lat. socius ›Gefährte‹] *der, -s/-s,* ◦/◦ Teilhaber, Gesellschafter.

Assoluta [ital., zu lat. absolutus, vgl. absolut] *die, -/-s, Pl. selten,* Spitzenstar bei Oper und Ballett.

Assonanz [vgl. ad. . . und lat. sonus ›Klang‹] *die, -/-en,* Selbstlautreim, ÜBERS. R 15.

assortieren [frz. assortir], *ich* assortiere (habe assortiert) *es,* ◢ ordne und ergänze das Lager, **assortiert,** *ein wohlassortierter Warenbestand,* ◦/◦ ein reichhaltiger. **Assortiment** *das, -(e)s/-e,* ◦/◦ Warenlager, Sortiment.

Assoziation [frz., vgl. ad. . . und lat. socius ›Gefährte‹] *die, -/-en,* **1)** Gedankenverknüpfung. **2)** Verbindung, Zusammenschluß, Vergesellschaftung. **assoziieren,** *ich* assoziiere (habe assoziiert) *es.* **Assoziierung** *die, -/-en.*

Assum(p)tion [lat. assumptio] *die, -/-en) ohne Pl.,* leibl. Aufnahme Marias in den Himmel. **2)** Assunta. **Assunta** [ital.] *die, -/. . .ten,* bildl. Darstellung der Himmelfahrt Marias.

Assyr(i)er *der, -s/-,* Bewohner des alten vorderasiat. Reichs Assyrien. **Assyriologie** *die, -,* Wissenschaft von der assyrisch-babylon. Kultur. **assyrisch.**

Ast [ahd. ast] *der, -(e)s/"e,* **1)** stärkerer Zweig: *Astwerk, Astgabel,* ABB. B 15, G 1: *man soll nicht den A. absägen, auf dem man sitzt,* Ü sich nicht selbst schaden. **2)** Verzweigung, Ader, astartiger Teil. **3)** Astansatz, Astloch (im Holz), ABB. H 23. **4)** Ü Höcker: *er lacht sich einen A.,* Ü lacht heftig.

a. St., Abk. für: alten Stils (Zeitrechnung).

Asta [zu Anastasia, Astrid oder Augusta], weibl. Vorname.

AStA *der, -(s)/-(s)* oder Ü . . .ten, Kurzw. für: Allgemeiner Studentenausschuß.

Astarte, altsemit. Göttin der Fruchtbarkeit.

Astat, Astatin, Astatium [grch. astatos ›unstet‹] *das, -s,* ⊙ Element, radioaktiv, Zeichen: At.

Ästchen *das, -s/-,* Diminutiv zu Ast. **asten,** *ich* aste (bin geastet), Ü laufe schnell. **ästen,** *der Baum* ästet (hat geästet), ◦/◦ treibt Äste.

Aster [grch. aster ›Stern‹] *die, -/-n,* ⊕ ein Korbblüter. **asterisch,** sternähnlich. **Asteriskus** *der, -/. . .ken,* Sternchen (*). **Asterismus** *der, -/,* sternförmiger Schein bei manchen Kristallen. **Asteroid** [vgl. . . .id] *der, -(e)s* oder *-en/-en,* **1)** ◬ Seestern. **2)** ✩ Planetoid.

Asthenie [vgl. grch. a. . . und sthenos ›Kraft‹] *die, -/. . .n'i|en,* ⚡ Schwäche. **Astheniker** *der, -s/-,* schwächlicher Körperbautyp. **asthenisch.**

Äs|thet [grch. aisthetes ›der Wahrnehmende‹, zu aistanesthai ›wahrnehmen‹] *der, -en/-en,* (überfeinerter) Freund des Schönen. **Äs|thetik** *die, -,* **1)** Lehre von den Formen und Gesetzen des Schönen. **2)** Lehre von der Sinneserkenntnis. **Äs|thetiker** *der, -s/-.* **äs|thetisch, 1)** auf die Ästhetik

bezogen: *unter ästhetischen Gesichtspunkten . . .* **2)** schön, gefällig: *ein ästhetischer Anblick.* **3)** überfeinert: *sie ist sehr ä. veranlagt.* **äs|thetisieren,** *ich* ästhetisiere (habe ästhetisiert) *es,* gestalte oder beurteile ausschließlich nach den Gesetzen der Ästhetik. **Äs|thetizismus** *der, -,* Lebensauffassung, die das Ästhetische überbetont. **Äs|thetizist** *der, -en/-en.* **äs|thetizistisch.**

Asth|ma [grch.] *das, -s,* ⚕ anfallsweise auftretende Atemnot: *Bronchialasthma.* **Asth|matiker** *der, -s/-,* an Asthma Leidender. **asth|matisch,** *asthmatische Anfälle.*

Asti *der, -(s)/-,* Wein aus der italien. Provinz Asti: *A. spumante,* italienischer Schaumwein.

ästig, verzweigt, astreich, verästelt.

astigmatisch [vgl. grch. a. . . und stigma ›Strich‹, ›Punkt‹]. **Astigmatismus** *der, -,* Optik: Abbildungsfehler, Stabsichtigkeit, ein Sehfehler.

Ästimation [lat. aestimare ›schätzen‹] *die, -,* ◦/◦ Hochschätzung, Würdigung. **ästimieren,** *ich* ästimiere (habe ästimiert) *es, ihn,* ◦/◦.

Ästlein *das, -s/-,* Diminutiv zu Ast. **Ästling** *der, -s/-e,* **1)** Schößling. **2)** halbflügger Vogel. **astlos,** frei von Astlöchern (Holz).

Astrachan [nach der russ. Stadt Astrachan] *der, -s/-s,* **1)** Fell eines südruss. Lammes. **2)** ein Webpelz.

Astragalos [grch. ›Sprungbein‹] *der, -/. . .loi* oder *. . .len,* **1)** a)sicherer Spielwürfel, meist aus Knöcheln. **2)** ⃟⃟ Perlstab, ABB. Z 8.

astral [grch. astron ›Gestirn‹], auf die Sterne bezüglich. **Astrale** *der, -n/-n,* ein -r, außerirdisches Lebewesen. **Astral|leib** *der,* Spiritismus: ätherische Umhüllung der Seele. **Astral|licht** das, ✷ Fixsternlicht.

Astralon [Kw.] *das, -s,* Handelsname für Platten u. a. aus PVC-Mischpolymerisat.

ast|rein, *ist die Sache ist nicht ganz a.,* U nicht unbedenklich.

Astrid [altschwed. ›die Gunst der Götter Herbeizaubernde‹], weibl. Vorname.

astro. . . [grch. astron ›Gestirn‹, stern. . ., weltraum. . . **Astrobiologie** *die,* Kosmobiologie, Exobiologie, Teilgebiet der Biologie, das sich mit der Entstehung und dem Vorkommen von Lebewesen im außerird. Weltraum befaßt. **Astroblem** *das, -e/-e,* Einschlagstruktur eines Meteors. **Astrodynamik** *die,* Anwendung der Himmelsmechanik, Ballistik u. a. auf Planung und Berechnung von Satelliten- und Raumsondenbahnen. **Astro|gnosie** *die, -,* die Kenntnis des Sternenhimmels, wie er dem bloßen Auge erscheint. **Astro|graph** [vgl. . . .graph] *der, -en/-en,* Fernrohr mit Einrichtung zum Photographieren der Gestirne. **Astrolabium** *das, -s/. . .bi|en,* astronom. Beobachtungsgerät. **Astrologe** [vgl. . . .loge] *der, -n/-n,* Sterndeuter. **Astrologie** *die, -,* Sterndeutung, Weissagung aus den Sternen. **astrologisch. Astromantie** *die, -,* Wahrsagekunst aus den Planeten und Tierkreisbildern. **Astrome|trie** [vgl. . . .metrie] *die, -,* Teilgebiet der Astronomie, befaßt sich mit dem Messen der Sternörter, führt genaue Zeitbestimmungen durch. **Astronaut** *der, -en/-en,* Raumfahrer. **Astronautik** *die, -,* Raumfahrt; vgl. R 9. **astronautisch. Astronom** *der, -en/-en,* meist an einer Sternwarte tätiger Wissenschaftler. **Astronomie** *die, -,* Sternkunde, Wissenschaft von den Himmelskörpern. **astronomisch, 1)** auf die Astronomie bezüglich: *astronomische Einheit,* Abk.: AE, mittlerer Abstand Sonne–Erde; *astronomische Zeichen,* ÜBERS. A 22. **2)** U riesengroß, sehr hoch: *astronomische Preise.* **Astrophoto|graphie** [vgl. . . .graphie] *die,* Photographie von Himmelskörpern mit Hilfe von Fernrohren. **Astrophotome|trie** [vgl. . . .metrie] *die,* Messung der scheinbaren Hellig-

---

Astronomische Zeichen

Tierkreis				Aspekt	
⊙ Sonne, Sonntag (Gold)					
☿ Merkur, Mittwoch (Quecksilber)	♈ Widder		♎ Waage	☌ Zusammenkunft (Konjunktion)	
♀ Venus, Freitag (Kupfer)	♉ Stier		♏ Skorpion	☍ Gegenschein (Opposition)	
♁ Erde (Antimon)	♊ Zwillinge		♐ Schütze	□ Geviertschein (Quadratur)	
☾ Mond, Montag (Silber)	♋ Krebs		♑ Steinbock		
♂ Mars, Dienstag (Eisen)	♌ Löwe		♒ Wassermann		
♃ Jupiter, Donnerstag (Zinn)	♍ Jungfrau		♓ Fische	**Mondphase**	
♄ Saturn, Sonnabend (Blei)				● Neumond	
♅ Uranus				☽ erstes Viertel	
♆ Neptun				○ Vollmond	
♇ Pluto				☾ letztes Viertel	

---

keit der Gestirne. **Astrophysik** *die*, Teilgebiet der Astronomie zur Erforschung der physikal. Eigenschaften der Himmelskörper.

Astuar(ium) [lat. aestuarium] *das, -s/...ri|en*, trichterförmige Flußmündung.

Äsung [zu äsen] *die, -,* ✢ Nahrung(saufnahme) vieler Wildarten.

Asyl [grch. asylos ›unverletzlich‹] *das, -s/-e,* **1)** Zufluchtsstätte: *Asylrecht.* **2)** Heim, Unterkunft: *Obdachlosenasyl.* **Asylant** *der, -en/-en,* jemand, der um Asyl ersucht.

Asymme|trie [vgl. grch. a... und Symmetrie] *die, -/...tri|en,* Ungleichmäßigkeit. **asymme|trisch.**

Asym|ptote [vgl. grch. a..., syn... und piptein ›fallen‹] *die, -/-n,* △ Näherungsgerade, ABB. K 14. **asym|ptotisch.**

Asyn|chronmotor *der,* ein Elektromotor.

asyndetisch [vgl. grch. a..., syn... und dein ›binden‹].

Asyndeton *das, -s/...ta,* Ⓢ Anreihung ohne Bindewort, ÜBERS. R 12.

aszendent [lat. ascendere ›aufsteigen‹], aufsteigend. **Aszendent** *der, -en/-en,* **1)** Verwandter in aufsteigender Linie, Vorfahr. **2)** ✶ Aufgangspunkt eines Gestirns. **aszendieren,** *ich* aszendiere (habe aszendiert), **1)** ⚬⚬ werde befördert. **2)** *ein Gestirn aszendiert,* steigt auf.

Aszese usw., vgl. Askese usw.

at, Abk. für: Atmosphäre (techn. Einheit).

At, ⚗ Zeichen für: Astat(in).

at... [lat.], vgl. ad...

A. T., Abk. für: Altes Testament.

Atair [arab. ›der fliegende (Adler)‹] *der, -s,* ✶ ein Stern.

ataktisch [grch. ataktos], $ auf Ataxie beruhend, ungleichmäßig, nicht koordiniert (Bewegungsabläufe).

Ataman *der,* -s/-e, früher der frei gewählte oberste Heerführer der Kosaken.

Ataraxie [grch. ataraxia ›Gemütsruhe‹] *die, -,* Unerschütterlichkeit, Seelenruhe.

Atavismus [lat. atavus ›Urahn‹] *der, -/...men,* Rückschlag (in Eigenschaften der Ahnen). **atavistisch.**

Ataxie [grch. ataxia ›Unordnung‹] *die, -,* $ Bewegungsstörung mit mangelnder Koordination der Bewegungsabläufe.

Atelier [atol'e, frz., eigtl. ›Haufen von Spänen‹, zu lat. asulla ›Span‹] *das, -s/-s,* **1)** Werkstatt, Künstlerwerkplatz: *Maleratelier.* **2)** Raum für photograph. Aufnahmen: *Atelieraufnahme; Filmatelier.*

Atem [ahd. atum ›Hauch‹, ›Geist‹] *der, -s,* **1)** durch die Lungen eingezogene und ausgestoßene Luft: *ich hole A.; außer A.,* keuchend, abgehetzt; *er hält mich in A.,* beschäftigt mich ohne Pause; *ich kann endlich wieder zu A. kommen,* aufatmen, zur Ruhe kommen; *Atemzug,* einmaliges Ein- und Ausatmen; *Atemgerät,* ABB. F 4; *Atemschutzmaske,* ABB. F 19. **2)** *Atemzug: in einem A.,* im Nu. **3)** P Hauch, Geist: *der A. der Freiheit, des Todes.* **atemberaubend,** erschreckend, fesselnd, mitreißend (Spannung, Tempo). **atemlos,** keuchend, in Eile. **Atemnot** *die,* $ krankhaftes, rasches Aus- und Einatmen. **Atempause** *die,* Ü kurze Ruhepause.

a tempo [ital.], ♪ wieder im Hauptzeitmaß.

Äthan [zu Äther] *das, -s,* farb- und geruchloser, gasförmiger Kohlenwasserstoff.

Athanasie [grch. athanasia] *die, -,* Unsterblichkeit. **Athanasius,** männl. Vorname.

Äthanol [Kurzw. aus Äther und Alkohol] *das, -s,* ⚗ Äthylalkohol, einwertiger Alkohol; Trinkalkohol, Weingeist.

Atheismus [vgl. grch. a... und Theismus] *der, -,* die Leugnung Gottes, einer göttl. Weltordnung oder des geltenden Gottesbegriffs. **Atheist** *der, -en/-en.* **atheistisch.**

Athenäum *das, -s/...n'äen,* **1)** Heiligtum der Göttin Athene. **2)** Bez. von Akademien, wissenschaftl. Gesellschaften, Zeitschriften u. a. **Athene,** griech. Göttin der Weisheit, Schutzgöttin der Helden, der Städte, des Ackerbaus, der Wissenschaft und der Künste.

Äther [grch. aither ›obere Luftschicht‹] *der, -s/-,* **1)** *ohne Pl.,* P Luft, Himmelsferne. **2)** ⚗ Anhydrid eines Alkohols, Betäubungsmittel. **ätherisch,** **1)** himmlisch. **2)** hauchzart, duftig: *sie hat ein ätherisches Wesen.* **3)** ⚗ Äther enthaltend, flüchtig: *ätherische Öle.* **ätherisieren,** *ich* ätherisiere (habe ätherisiert) *es, ihn,* behandle mit Äther.

atherman [eigtl. adiatherman, vgl. grch. a..., dia... und thermainein ›wärmen‹], wärmeundurchlässig.

Athlet [grch. athletes ›Wettkämpfer‹] *der, -en/-en,* **1)** Kraftmensch. **2)** sportl. Wettkämpfer: *Leichtathlet; Schwerathlet.* **Athletik** *die, -,* Wettkampflehre; sportl. Wettkampf:

Leichtathletik; Schwerathletik. **Ath|letiker** *der, -s/-,* Mensch mit starkem Knochenbau und kräftiger Muskulatur. **ath|letisch,** *er ist a. gebaut; athletische Übungen.*

Äthyl [zu Äther und vgl. ...yl] *das, -,* ⚗ Atomgruppe zahlreicher organ. Verbindungen. **Äthylalkohol** *der,* Äthanol. **Äthylen** *das, -s,* ein gasförmiger, brennbarer Kohlenwasserstoff.

Ätiologie [grch. aitia ›Ursache‹ und vgl. ...logie] *die, -,* Lehre von der Ursächlichkeit, bes. von den Krankheitsursachen. **ätiologisch,** ursächlich, begründend.

Atlant [zu Atlas] *der, -en/-en,* ⫙ gebälktragende Männergestalt. **Atlantikcharta** [-karta] *die,* ein 1941 abgeschlossener Vertrag. **Atlantikpakt:** ↗ Atlantikpakt. **Atlantis,** sagenhafter versunkener Weltteil. **atlantisch,** den Atlantik betreffend: *atlantische Störungen;* aber: *der Atlantische Ozean.*

Atlas, im griech. Mythos der Träger des Himmels. **Atlas** *der, -(ses)/-se* oder *...l'anten,* **1)** Sammlung von Land- und Himmelskarten. **2)** *ohne Pl.,* ✶ oberster Halswirbel.

Atlas [arab.] *der, -(ses)/-se,* ein Gewebe in Atlasbindung. **Atlasbindung** *die,* eine Bindung von Geweben, die auf beiden Seiten glatte, strukturlose Flächen zeigt. **atlassen,** aus Atlasgewebe.

atm., Abk. für: Atmosphäre (physikal. Einheit).

atmen [zu Atem] *ich* atme (habe geatmet) *(es),* **1)** hole Luft: *solange ich a.,* solange ich lebe. **2)** P genieße in vollen Zügen: *ich a. Frühling.* **3)** *ich a. frei,* Ü fühle mich sicher. **4)** *es atmet,* P strömt aus, verbreitet: *das Werk atmet Poesie.*

Atmometer [grch. atmos ›Dampf‹, ›Dunst‹] *das, -s/-,* Verdunstungsmesser. **Atmo|sphäre** [grch. sphaira ›Kugel‹] *die,* **1)** die Lufthülle um die Erde; Gasschicht um Gestirne. **2)** Abk.: atm., Druck von 760 mm Quecksilber bei 0°; seit 1. 1. 1978 gilt das Pascal. **3)** Abk.: at, Druck von 1 kp auf 1 cm². **4)** Ü Stimmung, Umwelt: *hier herrscht eine gespannte A.; München ist eine Stadt mit besonderer A.* **Atmo|sphärenüberdruck** *der,* Abk.: atü. **atmo|sphärisch.**

AT-Motor *der,* Ü kurz für: Austauschmotor.

Atmung *die, -,* das Atemholen: *Atmungsorgan.* **atmungsaktiv,** luftdurchlässig (Kleidung).

Atoll [malaiisch] *das, -s/-e,* ringförmige Koralleninsel.

Atom [grch. atomos ›unteilbar‹] *das, -s/-e,* ⚗ der kleinste Teil eines chem. Elements. **atomar,** auf das Atom oder die Kernwaffen bezüglich: *atomare Vorgänge; das atomare Gleichgewicht.* **Atombatterie** *die,* Isotopenbatterie. **Atombombe** *die,* eine Kernwaffe. **Atombrenner** *der,* Reaktor. **Atomenergie** *die,* Kernenergie. **Atomgewicht** *das,* relative Masse eines Atoms, bezogen auf eine Normmasse. **atomisieren,** *ich* atomisiere (habe atomisiert) *es,* zertrümmere in kleinste Teile, vernichte. **Atomismus** *der, -,* Atomistik. **Atomist** *der, -en/-en.* **Atomistik** *die, -,* Atomismus, Lehre, daß die Materie aus kleinsten, unteilbaren Teilchen aufgebaut sei. **atomistisch.** **Atomkern** *der,* innerer Bestandteil eines Atoms. **Atomkraftwerk** *das,* Kernkraftwerk. **Atommeiler** *der,* Kernreaktor. **Atommüll** *der,* radioaktive Abfälle. **Atomphysik** *die,* Physik der Atomhülle und der in ihr ablaufenden Vorgänge. **Atompilz** *der,* die Explosionswolke bei der Explosion einer Atombombe. **Atomstrahl** *der,* Strahl schnell bewegter neutraler Atome. **Atomuhr** *die,* Zeitmeßanordnung höchster Genauigkeit. **Atomwaffe** *die,* Kernwaffe. **Atomzeitalter** *das,* von der Entwicklung der Kernphysik geprägtes Zeitalter. **Atomzerfall** *der,* Zerfall der Atomkerne durch Radioaktivität. **Atomzertrümmerung** *die,* früher für Umwandlung von Atomkernen durch Stoßprozesse.

atonal [vgl. grch. a... und lat. tonus ›Klang‹], ♪ nicht tonal, zwölftönig: *atonale Musik.* **Atonie** [grch. atonos ›schlaff‹] *die, -/...n'i|en,* Erschlaffung, bes. der Muskeln. **atonisch.**

Atout [at'u, frz. à tout ›auf alles‹] *das, -s/-s,* Kartenspiel: Trumpf. **à tout prix** [atupr'i, frz.], um jeden Preis.

atoxisch [vgl. grch. a... und toxikon ›Pfeilgift‹], ohne Toxine, nicht giftig.

Atresie [vgl. grch. a... und tresis ›Loch‹] *die, -/...s'i|en,* angeborener Verschluß von Körperöffnungen, z. B. des After.

Atrichie [vgl. grch. a... und trix ›Haar‹] *die, -/...ch'i|en,* **Atrichose** *die, -/-n,* $ Haarlosigkeit.

Atrium [lat. ›Vorhalle‹] *das, -s/...ri|en,* **1)** Hauptraum im altröm. Haus. **2)** Vorhof der frühchristl. Basilika, ABB. S 67. **Atriumhaus** *das,* um einen Innenhof herum angelegter Bungalow.

Atrophie [grch. atrophia ›Auszehrung‹] *die, -/...ph'i|en,* $ Schrumpfung, Schwund. **atrophisch.**

Atropin [grch. atropos ›unabwendbar‹ wegen der tödlichen Wirkung] *das, -s*, giftiges Alkaloid der Tollkirsche und des Stechapfels.
ätsch! [Schallw.], Spottruf der Schadenfreude.
ATS-SDA, Abk. für: Agence Télégraphique Suisse – Schweizerische Depeschenagentur – Agenzia Telegrafica Svizzera, eine Nachrichtenagentur.
Attaché [ataʃ'e, frz.] *der, -s/-s*, Beigeordneter, Fachberater oder Anwärter im diplomat. Dienst: *Militärattaché.* **Attachement** [ataʃm'ã] *das, -s/-s*, ♣ Zuneigung. **attachieren** [-ʃ-], *ich* attachiere (habe attachiert), **1)** *ihn*, schließe an, geselle bei. **2)** *ihn*, ♣ teile zu. **3)** *mich an ihn*, befreunde mich mit ihm.
Attacke [frz. attaque] *die, -/-n*, **1)** Angriff, bes. Reiterangriff. **2)** Anfall: *Herzattacke.* **attackieren**, *ich* attackiere (habe attackiert) *ihn, es*, greife an, kritisiere heftig: *er wurde von der Opposition attackiert*, Ü.
Attentat [frz., zu lat. attentare ›antasten‹] *das, -(e)s/-e*, politischer Anschlag, Mord(versuch) an einer leitenden Persönlichkeit: *es wurde ein A. auf ihn begangen, verübt.* **Attentäter** *der, -s/-*, jemand, der ein Attentat verübt.
Attention! [atãsj'õ, frz. ›Aufmerksamkeit‹], Ausruf: Achtung! **Attentismus** [frz. attendre ›warten‹ und vgl. . . . ›ismus‹] *der, -*, **1)** abwartende Haltung bis zur endgültigen Klärung der Machtverhältnisse. **2)** am Kapitalmarkt die Abwarten möglicher Käufer.
Attest [lat. attestari ›bezeugen‹] *das, -(e)s/-e*, Bescheinigung, bes. eines Arztes. **attestieren,** *ich* attestiere (habe attestiert) *es (ihm).*
Ätti [ahd. atto ›Vater‹] *der, -s/-, schweiz.:* Großvater.
Attika [grch.] *die, -/. . .ken*, ⊓⊓ **1)** Querbau am Tor, ABB. S 27. **2)** fensterloser Aufbau, ABB. K 20.
Attila [ungar., nach dem Hunnenkönig] *die, -/-s*, kurze, mit Schnüren besetzte Husarenjacke.
attisch [nach der griech. Halbinsel Attika], **1)** auf Attika, bes. Athen bezüglich: *attische Sprache*, ein altgriech. Dialekt; *attische Basis*, ein Säulenfuß, ABB. B 11. **2)** Ü geistreich: *attisches Salz*, geistreicher Witz.
Attitüde [frz. attitude] *die, -/-n*, **1)** innere Einstellung, Haltung. **2)** eine Ballettstellung.
Attizismus [vgl. attisch] *der, -/. . .men*, Gebrauch und Pflege der reinen attischen Sprache; nach eine altgriechische literarische Bewegung. **Attizist** *der, -en/-en.*
Atto. . . [grch.], Zeichen: a, vor Maßeinheiten: ein Trillionstel, ÜBERS. M 8.
At|tractants [ɔtr'æktənts, engl., vgl. Attraktion], *Pl.*, Lockstoffe für Tiere, bes. für Insekten.
At|traktion [lat. attractio ›das Ansichziehen‹] *die, -/-en*, Anziehung(skraft); zugkräftige Schaunummer; fesselndes Ereignis. **at|traktiv**, anziehend: *eine attraktive Frau.* **At|traktivität** *die, -*, Anziehungskraft.
At|trappe [frz. attrape ›Falle‹] *die, -/-n*, **1)** täuschende Nachbildung, Schaupackung. **2)** Ü trügerischer Schein, Falle.
At|tribut [lat. attributum ›Beifügung‹] *das, -(e)s/-e*, **1)** Ⓢ Beifügung, nähere Bestimmung zu einem Substantiv, Adjektiv oder Adverb, ÜBERS. S 79. **2)** wesentliches Merkmal, Eigenschaft. **3)** Sinnbild, Kennzeichen, z. B. Dreizack des Neptun. **at|tributiv**, als Attribut verwendet. **At|tributsatz** *der*, Beifügungssatz, Attribut in Form eines Nebensatzes, ÜBERS. S 79.
At|trition [zu lat. atterere ›abnutzen‹, ›vernichten‹] *die, -/-en*, kath. Kirche: unvollkommene Reue.
atypisch, nicht typisch, von der Regel abweichend.
atzen [ahd. azzen ›(jemandem) zu essen geben‹], *ich* atze (habe geatzt; du atzt oder atzest) *einen Greifvogel*, füttere.
ätzen [ahd. ezzan ›fressen‹, ›essen‹], *ich* ätze (habe geätzt; du ätzt oder ätzest) *es*, **1)** behandle, entferne mit auflösenden Mitteln (Säuren, Laugen). **2)** zeichne Muster durch Oberflächenätzung. **Ätzkali** *das*, Kaliumhydroxid. **Ätzna|tron** *der*, Natriumhydroxid. **Ätzung** *die, -/-en*, **1)** Ätzvorgang. **2)** Ätzzeichnung. **3)** Abzug von einer Ätzplatte.
Ätzung *die, -/-en*, das Atzen, Fütterung, Nahrung (der Greifvögel).
au, Diphthong, ÜBERS. G 34. **äu**, Umlaut aus au: *Häute* aus *Haut*, ÜBERS. A 2, A 26.
au! [Schallw., mhd. ou], Schmerzruf, oft scherzhaft: *au Backe!*
Au [lat. aurum], ○ Zeichen für: Gold.
Au *die, -/-en*, Aue.
Aubergine [obɛrʒ'i:n, frz.] *die, -/-n*, Eierfrucht, Eierpflanze, ein Nachtschattengewächs.

a. u. c., Abk. für: ab urbe condita.
auch [ahd. ouh], **1)** zugleich, ebenfalls, desgleichen: *ich bin hungrig, du a.?; a. ich war jung.* **2)** sogar: *a. er war diesmal beteiligt!* **3)** unbetont: doch wohl, wirklich: *kann ich mich a. darauf verlassen?* **4)** verstärkend: *er muß aber a. immer stören!; wer a. immer, jeder, der; was a. immer, alles, was.* **5)** einschränkend: *und wenn er a. behauptet. . .*, sogar dann.
audi. . . [lat. audire ›hören‹], auch audio. . ., hör. . . **audiatur et altera pars** [lat. ›gehört werde auch der andere Teil‹], ⚖ ein Prozeßgrundsatz. **Audienz** [lat. audentia ›Gehör‹] *die, -/-en*, feierlicher Empfang bei Papst, Fürsten und hohen Staatsbeamten.
Audimax *das, -*, Studentensprache, Kurzw. für: Auditorium maximum. **Audimeter** *das*, Gerät, das an Hörfunk- oder Fernsehempfänger angeschlossen wird und registriert, welcher Sender eingeschaltet war. **audio. . .**, vgl. audi. . . **Audiologie** [vgl. . . .logie] *die, -*, Lehre vom Hören. **Audiometer** *das*, elektroakust. Gerät zum Messen des menschl. Hörvermögens. **Audiome|trie** [vgl. . . .metrie] *die, -*, **Audion** *das, -s* oder . . .'onen, ⚡ eine Elektronenröhre. **audiophil** [vgl. . . .phil], *audiophile Platten*, klangtechnisch hervorragende Schallplatten. **Audiovision** *die, -*, gleichzeitige optische und akustische Information, vermittelt durch Geräte. **audiovisuell**, *audiovisueller Sprachunterricht.* **Auditeur** [-t'ø:r, frz.] *der, -s/-e*, ♣ Anwalt beim Militärgericht. **auditiv**, das Hören betreffend; vornehmlich in Gehörvorstellungen denkend. **Auditor** *der, -s/. . .t'oren*, ♣ Mitglied eines Gerichts (Vernehmungsrichter); im kath. Kirchenrecht und in der Militärjustiz verschiedener Länder noch gebräuchlich. **Auditorium** *das, -s/. . .ri|en*, **1)** Hörsaal: *A. maximum*, Kurzw.: Audimax, größter Hörsaal. **2)** Zuhörerschaft.
Aue [ahd. aha ›fließendes Wasser‹, verwandt mit lat. aqua] *die, -/-n*, auch Au, **1)** feuchter Wiesengrund an Wasserläufen; Flußinsel. **2)** Ⓟ schöne Wiese. **Au(en)wald** *der*, Wald in Flußnähe.
Auerhuhn [mhd. urhan, orhan] *das*, ein großes Waldhuhn: Auerwild, Auerhahn und Auerhenne.
Auerlicht [nach dem Erfinder C. Auer von Welsbach, 1858–1929] *das, -(e)s*, Gasglühlicht.
Auerochse [mhd. ur] *der*, Ur, ausgestorbenes Wildrind.
auf [ahd. uf ›hinauf‹] *ihm* oder *ihn*, Präposition, ÜBERS. P 21, **1)** mit ihm als Grundlage, oberhalb von, nach oben; wird die Lage betont: *er sitzt a. dem Sofa*; wird die Richtung betont: *er setzt sich a. das Sofa; a. Grund dieser Aussage*, Ü; *a. ihn!*, fangt ihn! **2)** örtlich: *er zieht a. das Land; a. ihn a. ihn bin a. der Post.* **4)** zu dem Zweck: *ich gehe a. die Jagd.* **5)** während: *a. der Jagd.* **6)** für die Dauer von: *a. drei Jahre; a. Zeit*, für einen unbestimmten Zeitraum. **7)** in einer Sprache: *a. gut deutsch.* **8)** aufeinanderfolgend: *Schlag a. Schlag.* **9)** Wunsch, Grund, Ziel, Veranlassung angebend: *a. dein Wohl!; a. dein neuen Erdenbürger!; a. Ehre und Gewissen; a. gut Glück; aufs Geratewohl; a. Gedeih und Verderb.* **10)** als Ergänzung: *hoffe a. ihn!* **auf**, Adverb, **1)** *a. und ab, a. und davon, a. und nieder gehen*; vgl. aber: *Auf und Ab, Auf und Nieder.* **2)** *von. . . auf*, vgl. von. **3)** Ü kurz für Verben (Partizipien), die mit auf zusammengesetzt sind: *a. jetzt!*, aufstehen!, aufgestanden!; *Augen a.!*, aufmachen!, aufgemacht!
auf. . . [vgl. auf], in Verbindung mit Verben trennbar zusammengesetzt, **1)** empor, nach oben: *die Vögel sind aufgeflogen.* **2)** zum Leben, zum Bewußtsein: *aufwachen.* **3)** weiter, fort, los: *laßt uns aufbrechen!* **4)** offen: *Tür aufmachen!* **5)** zur Last, zur Pflicht: *man hat ihm viel aufgebürdet.* **6)** zur Bezeichnung der Grundlage: *du solltest es aufschreiben (auf Papier).* **7)** bis zum Ende: *er hat alles aufgearbeitet.* **8)** in Ordnung, sauber: *aufräumen.* **9)** nochmals: *aufgewärmtes Essen.*
aufarbeiten, *ich* arbeite auf (habe aufgearbeitet), **1)** vollende liegengebliebene Arbeit. **2)** richte neu her (Möbel, Kleider). **Aufarbeitung** *die, -/-en.*
aufatmen, *ich* atme auf (habe aufgeatmet), Ü fühle mich erlöst, befreit.
aufbacken, *ich* backe es auf (habe aufgebacken), backe nochmals kurz: *aufgebackene Brötchen.*
aufbahren [mhd. ufbaren], *ich* bahre *ihn* auf (habe aufgebahrt), stelle den Toten feierlich zur Schau. **Aufbahrung** *die, -/-en.*
aufbänken, *ich* bänke auf (habe aufgebänkt), ⚒ vermindere die Feuer in den Schiffskesseln.
Aufbau *der, -(e)s/-e* und (für Gebäude- und Schiffsteile) *-ten*, **1)** Errichtung, das Zusammenfügen zu einem geordneten Ganzen: *der A. eines neuen Unternehmens.* **2)** das (Wieder-)

aufbauen von Gebäuden. **3)** Anordnung, Gliederung, Struktur: *der A. eines Dramas, einer Sinfonie.* **4)** 🏛 über das Hauptsims ragender Gebäudeteil. **5)** ⚓ Räume auf dem Oberdeck. **aufbauen,** *ich* baue auf (habe aufgebaut), **1)** *es,* errichte, betätige mich schaffend daran. **2)** *es,* errichte nach Zerstörung wieder (Stadt). **3)** *es,* ordne, lege kunstvoll an. **4)** *ihn,* arbeite systematisch darauf hin, daß er ein bestimmtes Ziel erreicht (Politiker, Star).

aufbaumen, *Raubwild, Federwild* baumt auf (hat aufgebaumt), 🦌 springt, fliegt auf einen Baum. **aufbäumen,** *ich* bäume auf (habe aufgebäumt), **1)** *es,* wickele am Webstuhl auf. **2)** *mich,* Ü empöre, sträube, widersetze mich. **3)** *ein Pferd bäumt sich auf,* richtet sich steil auf.

aufbauschen [zu Bausch], *ich* bausche *es* auf (habe aufgebauscht), Ü lasse bedeutungsvoll erscheinen, übertreibe: *er hat den Vorfall aufgebauscht.*

Aufbauschule *die,* weiterführende Schule, die auf dem 6. bis 7. oder 9. bis 10. Schuljahr der Hauptschule aufbaut.

aufbegehren, *ich* begehre *gegen ihn, etwas* auf (habe aufbegehrt), erhebe heftig Einspruch, lehne mich auf.

aufbehalten, *ich* behalte *es* auf (behielt auf, habe aufbehalten), lasse (den Hut) auf dem Kopf.

aufbeißen, *ich* beiße *es* auf (biß auf, habe aufgebissen), öffne mit den Zähnen.

aufbekommen, *ich* bekomme *es* auf (bekam auf, habe aufbekommen), U **1)** erhalte als Hausaufgabe: *wir haben heute nichts aufbekommen.* **2)** kann es öffnen. **3)** kann es aufessen.

aufbereiten [mhd. ufbereiten ›sich rüsten‹], *ich* bereite *es* auf (habe aufbereitet). **Aufbereitung** *die, -/-en,* (vorbereitende) Bearbeitung bestimmter Materialien: *A. von Erzen; Wasseraufbereitung; A. statistischen Materials.*

aufbessern, *ich* bessere, beßre *es* auf (habe aufgebessert), verbessere, erhöhe (Wert, Gehalt, Lohn). **Aufbesserung** *die.*

aufbewahren, *ich* bewahre *es* auf (habe aufbewahrt), verwahre, hebe auf: *wir bewahren Geld und Wertgegenstände im Safe auf.* **Aufbewahrung** *die: Gepäckaufbewahrung.*

aufbiegen [mhd. ufbiegen], *ich* biege *es* auf (habe aufgebogen), löse aus der Schlinge (Draht), erweitere eine Biegung.

aufbieten [mhd. ufbieten], *ich* biete auf (habe aufgeboten), **1)** *es,* suche wirken zu lassen: *er bot alle Kräfte auf.* **2)** *eine Truppe,* rufe zusammen, rüste aus. **3)** *ein Brautpaar,* verkündige die beabsichtigte Eheschließung durch Aushang oder von der Kanzel. **Aufbietung** *die, -: mit A. aller Kräfte.*

aufbinden [mhd. ufbinden], *ich* binde *es* auf (band auf, habe aufgebunden), **1)** öffne Verschnürtes. **2)** binde hoch (Ranken). **3)** *ihm,* U belüge ihn: *man hat dir einen Bären aufgebunden.*

aufblähen [mhd. ufblæjen], *ich* blähe auf (habe aufgebläht), **1)** *es,* blähe es, blase auf. **2)** *mich,* Ü prahle. **3)** *Geld,* vermehre übermäßig die umlaufende Geldmenge. **Aufblähung** *die,* **1)** Anschwellung. **2)** ⚕ Auftreibung (des Leibes); Trommelsucht, bes. der Wiederkäuer. **3)** übermäßige Vermehrung der umlaufenden Geldmenge.

aufblasbar, *aufblasbare Schwimmwesten.* **aufblasen** [mhd. ufblasen], *ich* blase auf (blies auf, habe aufgeblasen), **1)** *es,* fülle mit Luft: *wer bläst die Luftmatratze auf?* **2)** *mich,* Ü prahle, bilde mir etwas ein: *ein aufgeblasener Bursche.*

aufblatten [zu Blatt], *ich* blatte *es* auf (habe aufgeblattet), verbinde Holzstücke auf der Breitseite. **aufblättern,** *ich* blätt(e)re *es* auf (habe aufgeblättert), schlage (schnell und flüchtig) auf, suche im Buch.

aufbleiben [mhd. ufbliben ›beharren‹], **1)** *ich* bleibe auf (bin aufgeblieben), gehe nicht zu Bett. **2)** *es bleibt auf* (ist aufgeblieben), U bleibt offen (Tür, Fenster).

aufblenden, *ich* blende auf (habe aufgeblendet), 🚗 schalte Fernlicht ein.

aufblicken [mhd. ufblicken], *ich* blicke auf (habe aufgeblickt), **1)** schlage die Lider hoch, schaue empor. **2)** *zu ihm,* Ü bewundere, verehre ihn.

aufblitzen, *es* blitzt auf (hat, ist aufgeblitzt), leuchtet kurz hell auf.

aufblühen [mhd. ufbluejen], *sie* blüht auf (ist aufgeblüht), erblüht (Knospe); P wächst heran (Mädchen).

aufbocken, *ich* bocke *es* auf (habe aufgebockt), hebe (ein Fahrzeug) auf ein Gestell.

aufbrauchen, *ich* brauche *es* auf (habe aufgebraucht), verbrauche, verwende ganz (Ersparnisse, Geduld).

aufbrausen, **1)** *ich brause auf* (bin aufgebraust), fahre zornig hoch; werde wild erregt. **2)** *es braust auf* (ist aufgebraust), steigt brausend empor: *Beifall brauste auf,* erhob sich. **aufbrausend,** Ü jähzornig, schnell erregt.

aufbrechen [mhd. ufbrechen], *ich* breche auf (brach auf, habe aufgebrochen), **1)** *es,* öffne gewaltsam. **2)** *es,* wühle kräftig um, pflüge. **3)** *es,* 🦌 weide aus. **4)** (bin aufgebrochen), rüste mich zum Weggehen. **5)** *es bricht auf* (ist aufgebrochen), öffnet sich plötzlich: *die Knospen brechen auf.*

aufbrennen [mhd. ufbrennen ›anzünden‹], *ich* brenne auf (habe aufgebrannt), **1)** *es ihm,* brenne ein, brandmarke ihn. **2)** *es ihm,* P schieße und treffe: *ich brannte ihm eins auf das Fell auf.* **3)** *es,* ⚙ frische auf durch Glühen oder Ausbrennen. **4)** *es brennt auf* (ist aufgebrannt), entzündet sich, flammt hoch.

aufbringen [mhd. ufbringen ›großziehen‹, ›zustande bringen‹], *ich* bringe auf (habe aufgebracht), **1)** *es auf etwas,* trage auf (eine Schicht). **2)** *ihn,* mache wütend: *das hat mich aufgebracht.* **3)** *es,* U kann öffnen (Tür). **4)** *es,* treibe auf, fasse: *er brachte den Mut nicht auf.* **5)** *es,* führe ein (Mode), setze in Umlauf (Gerücht): *wer hat das aufgebracht?* **6)** *ein Schiff,* ⚓ halte gewaltsam an, kapere. **Aufbringung** *die, -,* ⚓.

Aufbruch [mhd. ufbruch] *der,* **1)** *ohne Pl.,* Abmarsch, Weggang. **2)** 🦌 Eingeweide vom Schalenwild. **3)** ⚒ ein von unten nach oben hergestellter Blindschacht.

aufbrühen, *ich* brühe *Tee, Kaffee* auf (habe aufgebrüht), bereite durch Übergießen mit kochendem Wasser.

aufbrummen, *ich* brumme *ihm etwas* auf (habe aufgebrummt), U erteile, erlege auf (Strafe, Strafarbeit).

aufbügeln, *ich* büg(e)le *es* auf (habe aufgebügelt), **1)** frische durch Bügeln auf. **2)** *Muster,* übertrage durch Bügeln auf Stoff.

aufbürden [zu Bürde], *ich* bürde *es ihm* auf (habe aufgebürdet), gebe zu tragen, zwinge auf: *man bürdete mir die Arbeit, die Verantwortung auf.* **Aufbürdung** *die, -/-en.*

aufdampfen, *ich* dampfe *es* auf (habe aufgedampft), stelle durch Verdampfen von Metall u. a. einen Überzug her.

auf daß, ☙ damit.

aufdecken, *ich* decke *es* auf (habe aufgedeckt), **1)** lege eine Decke auf. **2)** nehme die Bedeckung ab. **3)** enthülle: *das Verbrechen wurde (nie) aufgedeckt.* **4)** decke den Tisch. **Aufdeckung** *die.*

aufdonnern, *ich* donn(e)re *mich* auf (habe mich aufgedonnert), U kleide mich überladen und geschmacklos: *eine aufgedonnerte Person.*

aufdrängen, *ich* dränge *es, mich ihm* auf (habe aufgedrängt), nötige ihm auf, biete zudringlich an: *er drängte mir seine Hilfe auf; die Frage drängt sich auf.*

aufdrehen, *ich* drehe auf (habe aufgedreht), **1)** ⚓ ändere den Kurs in der Richtung gegen den Wind. **2)** U fahre, gehe, arbeite schneller. **3)** Ü werde lustig: *er war gestern mächtig aufgedreht.* **4)** *es,* öffne, lockere (Hahn, Gewinde, Schraube). **5)** *es,* setze in Gang, ziehe auf (Uhrwerk). **6)** *Ruder,* drehe die Ruder beim Rückschlag um 90°.

aufdringlich [zu aufdrängen], frech, unbescheiden. **Aufdringlichkeit** *die, -/-en.*

aufdröseln, *ich* drös(e)le *es* auf (habe aufgedröselt), U drehe die Fäden auf. **Aufdrös(e)lung** *die, -/-en,* U mühsames Entwirren.

Aufdruck *der, -(e)s/-e,* **1)** gedruckter Text (auf Karten, Bildern). **2)** Änderung der Aufschrift (auf Briefmarken). **aufdrucken,** *ich* drucke *es auf etwas* auf (habe aufgedruckt), versehe mit einem Aufdruck. **aufdrücken,** *ich* drücke *es* auf (habe aufgedrückt), **1)** drücke es auf etwas. **2)** öffne durch Drücken. **3)** *ihm,* Ü präge ein: *dieser Glücksfall drückte seinem Leben den Stempel auf.*

auf|ein|ander, einer auf den (dem) anderen: *wir wollen a. warten; ihr müßt a. Rücksicht nehmen;* aber: *aufeinanderfolgende Buchstaben; er hat die Bücher aufeinandergelegt; die Wagen sind aufeinandergestoßen, aufeinandergeprallt.* **Aufein|anderfolge** *die,* Reihenfolge.

Auf|enthalt [mhd. ufenthalt] *der, -(e)s/-e,* **1)** das Verweilen am gleichen Ort: *Aufenthaltserlaubnis.* **2)** Verzögerung, Unterbrechung: *ohne A. ging es weiter.* **3)** Zeit, die man an einem Ort verbringt: *ein dreiwöchiger A.* **Auf|enthalter** *der, -s/-, schweiz.:* jemand, der sich vorübergehend in einem Ort als Gast aufhält. **Auf|enthaltsort** *der,* Platz, an dem man sich aufhält: *sein augenblicklicher A. ist mir unbekannt.*

auferlegen, *ich* erlege *es ihm* auf (habe auferlegt), seltener: *ich* auferlege *es ihm,* mache zur Pflicht, belaste ihn damit (Entbehrungen, Geldbuße). **Auferlegung** *die, -.*

auferstehen [mhd. uferstan], *getrennte Formen nicht üblich,* vom Tode erwachen; U wieder aufleben, genesen: *vom Tode auferstanden,* B; *er ist von langem Krankenlager wieder auferstanden,* U. **Auferstehung** [mhd. uferstandunge] *die, -/-en: die A. Christi.*

auferwecken [mhd. uferwecken], *getrennte Formen nicht üblich*, wieder zum Leben erwecken: *Jesus hat Lazarus von den Toten auferweckt.* **Auferweckung** *die, -/-en.*

aufessen [mhd. ufezzen], *ich esse es auf* (aß auf, habe aufgegessen), esse alles, beende die Mahlzeit.

auffächern, *ich fäch(e)re es auf* (habe aufgefächert), Ü unterteile vielfach (Fachgebiet u. a.).

auffädeln, *ich fäd(e)le es auf* (habe aufgefädelt), reihe auf einen Faden, auf Draht (Perlen).

auffahren [ahd. uffaren], *ich fahre auf* (fuhr auf, bin, habe aufgefahren), **1)** *Jesus ist gen Himmel aufgefahren,* emporgestiegen. **2)** schrecke plötzlich empor: *sie ist aus dem Schlaf aufgefahren.* **3)** (bin aufgefahren), Ü breche in Zorn aus. **4)** nehme Aufstellung: *die Festwagen sind aufgefahren; du bist zu dicht aufgefahren,* hältst zum vorausfahrenden Fahrzeug zuwenig Abstand. **5)** stoße an: *er ist mit seinem Wagen auf einen anderen aufgefahren.* **6)** sitze fest: *das Schiff ist auf eine Sandbank aufgefahren.* **7)** (habe aufgefahren) *es,* reiße auf (den Weg durch zuviel Fahren). **8)** (habe aufgefahren) *es,* fahre an und schütte auf (Schotter auf den Weg). **9)** *es,* Ü trage auf, stelle auf den Tisch: *er hat Sekt auffahren lassen.* **10)** (habe aufgefahren) *es,* ⚒ treibe vor (Stollen oder Strecke). **Auffahrt** [ahd. uffart ›Himmelfahrt‹] *die,* **1)** Bergstraße; Zubringer, Rampe, ABB. S 27. **2)** Fahrt bergan. **3)** Zug von prächtigen Wagen. **4)** *südd., schweiz.:* Himmelfahrt. **Auffahrunfall** *der,* durch Auffahren auf einen anderen Wagen entstandener Unfall.

auffallen, *ich falle auf* (fiel auf, bin aufgefallen), **1)** *auf etwas,* falle, pralle darauf. **2)** *ihm,* errege seine Aufmerksamkeit, scheine ihm bemerkenswert: *sein Benehmen ist mir aufgefallen.* **auffallend, auffällig,** ungewöhnlich, in die Augen fallend. **Auffälligkeit** *die, -.*

auffangen [mhd. ufvahen], *ich fange auf* (fing auf, habe aufgefangen), **1)** *ihn, es,* halte fest (im Schwung, im Sturz): *die Lohnerhöhungen wurden durch Preissteigerungen aufgefangen,* Ü ausgeglichen. **2)** *es,* höre zufällig, unvollständig: *ich habe nur einzelne Worte aufgefangen.* **Auffanggesellschaft** *die,* Gesellschaft, die den Geschäftsbetrieb eines insolventen Unternehmens fortführt. **Auffanglager** *das,* Lager zum vorübergehenden Aufenthalt für Flüchtlinge, Auswanderer u. a.

auffassen [mhd. ufvazzen ›erheben‹], *ich fasse es auf* (habe aufgefaßt), verstehe, deute: *das habe ich anders aufgefaßt.* **Auffassung** *die,* Meinung, Urteil. **Auffassungsgabe** *die,* Fähigkeit, etwas mit Verstand aufzunehmen.

auffieren, *ich fiere es auf* (habe aufgefiert), ✠ lockere ein gespanntes Tau.

auffindbar, *meine Geldbörse ist nicht a.* **auffinden**, *ich finde ihn, es auf* (fand auf, habe aufgefunden), stoße zufällig darauf, entdecke Gesuchtes, Verborgenes. **Auffindung** *die, -/-en.*

auffischen, *ich fische ihn, es auf* (habe aufgefischt), Ü **1)** rette, ziehe aus dem Wasser. **2)** finde, treffe zufällig.

aufflackern, *es flackert auf* (ist aufgeflackert), **1)** flammt plötzlich auf. **2)** Ü beginnt (von neuem).

aufflammen [mhd. ufvlammen], *es flammt auf* (ist aufgeflammt), **1)** brennt hoch auf, leuchtet auf. **2)** Ü beginnt plötzlich, entbrennt: *in aufflammendem Zorn.*

auffliegen [ahd. uffliegen ›sich erheben‹], *es fliegt auf* (ist aufgeflogen), **1)** erhebt sich in die Luft: *Vögel flogen auf.* **2)** *ein Pulverlager fliegt auf,* explodiert. **3)** *die Tür fliegt auf,* Ü öffnet sich sehr schnell. **4)** *ein Plan, eine Versammlung fliegt auf,* Ü scheitert, kommt nicht zum Ende.

auffordern, *ich ford(e)re ihn zu etwas auf* (habe aufgefordert), **1)** lade ein, bitte (zum Tanz). **2)** verlange (dienstlich): *die Beamten forderten alle zur Ruhe auf.* **Aufforderung** *die, zu etwas,* **1)** Einladung, Bitte: *A. zum Tanz.* **2)** Ermahnung, Befehl: *Zahlungsaufforderung.*

aufforsten [zu Forst], *ich forste es auf* (habe aufgeforstet), pflanze Bäume im (abgeholzten) Gelände an. **Aufforstung** *die, -/-en.*

auffressen, *ich fresse es auf* (fraß auf, habe aufgefressen), fresse vollständig (vom Tier): *der Hund hat den Knochen aufgefressen; die Arbeit frißt mich auf,* Ü beansprucht mich völlig.

auffrischen, *ich frische es auf* (habe aufgefrischt), **1)** *es,* erneuere, stelle wieder her: *wir frischten alte Erinnerungen auf.* **2)** *es frischt auf,* wird kühl. **3)** *der Wind frischt auf,* wird stärker. **Auffrischung** *die, -/-en.*

aufführbar, geeignet für die Bühne. **Aufführbarkeit** *die, -.* **aufführen** [ahd. uffuoren ›hinauftragen‹], *ich führe auf* (habe aufgeführt), **1)** *es,* errichte, erbaue. **2)** *es,* spiele, führe vor (Theaterstück, Film, Konzertstück). **3)** *es,* nenne, führe an. **4)** *mich,* benehme mich. **Aufführung** *die,* **1)** Vorstellung, Darstellung (auf der Bühne): *Theateraufführung; Aufführungsrecht.* **2)** *ohne Pl.,* Betragen, Benehmen.

auffüllen, *ich fülle es auf* (habe aufgefüllt), **1)** fülle auf den Teller (Suppe). **2)** ergänze Vorräte, beseitige Lücken. **3)** erhöhe den Erdboden, schütte zu. **Auffüllung** *die.*

Aufgabe [mhd. ufgabe ›Übergabe‹] *die,* **1)** Pflicht, Sendung, Anforderung: *das gehört zu seinen Aufgaben; Lebensaufgabe.* **2)** Arbeit, die erledigt werden muß, bes. Schularbeit: *Hausaufgaben.* **3)** Übungsstück: *Rechenaufgaben.* **4)** *ohne Pl.,* Verzicht, Beendigung, Schließung: *die A. des Geschäfts; A. beim sportlichen Wettkampf,* vorzeitige Beendigung. **5)** Volleyball: das Spielen des Balls aus einer Zone hinter der Grundlinie in das gegner. Feld. **6)** *ohne Pl.,* das Aufgeben von Post, Gepäck, Inseraten: *Aufgabestempel.* **7)** *ohne Pl.,* Meldung von Waren. **8)** ☉ Gicht (beim Hochofen).

aufgabeln, *ich gab(e)le auf* (habe aufgegabelt), **1)** *es,* spieße auf eine Gabel auf. **2)** *ihn, es,* Ü treffe zufällig, finde beiläufig: *wo hast du das aufgegabelt?*

Aufgabenbereich, Aufgabenkreis *der,* alle zu erfüllenden Aufgaben.

Aufgalopp *der,* Probegalopp, Vorabritt an den Tribünen zum Start.

Aufgang [ahd. ufgang] *der,* **1)** Treppe, Weg nach oben: *der A. zur Galerie,* ABB. K 7. **2)** das Erscheinen im Blickfeld: *Sonnenaufgang; der A. eines neuen Sterns am Filmhimmel,* Ü.

aufgattern, *ich gattere ihm auf, alem.:* lauere ihm auf.

aufgeben [mhd. ufgeben], *ich gebe auf* (gab auf, habe aufgegeben), **1)** *(es),* verzichte (darauf), gebe mich geschlagen: *er hat die Partie aufgegeben,* z. B. beim Schach; *der Arzt hat den Geist aufgegeben,* Ü ist gestorben. **2)** *es,* übergebe zur Beförderung oder weiteren Bearbeitung: *ich muß noch ein Paket aufgeben,* zur Post bringen; *er gibt eine Bestellung auf.* **3)** *das Essen,* stelle auf den Tisch oder verteile auf die Teller. **4)** *es ihm,* gebe zu lösen oder lernen: *ich werde dir ein Rätsel aufgeben; was hat euch der Lehrer heute aufgegeben?* **5)** *ihn,* gebe verloren, halte für unrettbar: *man hat die Vermißten jetzt aufgegeben.* **6)** ☉ schütte nach (Kohle, Erz).

aufgeblasen, vgl. aufblasen. **Aufgeblasenheit** *die, -.*

Aufgebot [zu aufbieten] *das,* **1)** öffentl. Bekanntmachung, z. B. der beabsichtigten Eheschließung. **2)** Einberufung zum Wehrdienst. **3)** die aufgebotenen Wehrfähigen: *das letzte A.* **4)** *ohne Pl.,* das Zusammennehmen, Aufbietung: *mit dem A., unter A. seiner letzten Kräfte.*

aufgebracht, 1) von aufbringen. **2)** Ü erregt, zornig: *er ist ganz a. über den Vorfall.*

aufgedonnert, vgl. aufdonnern.

aufgedunsen [mhd. dinsen ›zerren‹, reflexiv ›sich ausdehnen‹], verquollen, schwammig: *ein aufgedunsenes Gesicht.*

aufgehen [ahd. ufgan], *ich gehe auf* (ging auf, bin aufgegangen), **1)** *in ihm,* Ü widme mich ihm ganz: *er ging in seinen Studien auf.* **2)** *in ihm,* werde ein Teil davon: *alles ging in Rauch auf,* verbrannte; seine Hoffnungen gingen in Rauch auf, Ü erfüllten sich nicht. **3)** *es geht auf,* öffnet sich (die Tür, Flasche, Blüte, das Geschwür): *die Augen sind ihm aufgegangen,* Ü er hat alles durchschaut; *das Herz geht einem dabei auf,* Ü man fühlt sich freudig erhoben, ist gerührt. **4)** *die Sonne, der Mond geht auf,* erscheint über dem Horizont. **5)** *die Saat geht auf,* sprießt hervor (Same). **6)** *es geht auf,* dehnt sich aus (Teig). **7)** *es geht auf,* läßt sich teilen; stimmt (Rechnung): *3 geht in 9 ohne Rest auf.* **8)** *die Jagd geht auf,* beginnt (nach der Schonzeit). **9)** *es geht auf,* ich begreife: *die Bedeutung seiner Worte ging mir erst später auf.*

aufgeilen, *ich geile ihn, mich auf* (habe aufgegeilt), errege geschlechtlich.

aufgeklärt, 1) von aufklären. **2)** wissend: *sexuell a.* **3)** vorurteilsfrei: *ein aufgeklärter Mensch.* **Aufgeklärtheit** *die, -.*

aufgeknöpft, 1) von aufknöpfen. **2)** Ü verträglich; vergnügt und gesprächig.

aufgekratzt, 1) von aufkratzen. **2)** Ü munter, vergnügt.

Aufgeld *das,* **1)** ⚖ Agio, Betrag, um den der Kurswert den Nennwert übersteigt. **2)** Zuschlag. **3)** Draufgeld.

aufgelegt, 1) von auflegen. **2)** gelaunt: *gut, schlecht a.* **3)** bereit für: *er ist stets zu Scherzen a.* **4)** *ein aufgelegter Schwindel,* Ü offensichtlicher Schwindel.

aufgelöst, 1) von auflösen. **2)** Ü fassungslos: *in Tränen a.*

aufgeräumt, 1) von aufräumen. **2)** Ü heiter, froh gelaunt. **Aufgeräumtheit** *die, -.*

aufgeregt, 1) von aufregen. **2)** erregt, beunruhigt: *aufgeregte Schüler vor der Prüfung.* **Aufgeregtheit** *die, -.*

Aufgesang der, Anfangsteil der Strophe im Meistergesang, Übers. M 14.

aufgeschlossen, 1) von aufschließen. **2)** für etwas, Ü empfänglich, für neue Eindrücke aufnahmebereit. **Aufgeschlossenheit** die, -.

aufgeschmissen [zu schmeißen], U ratlos, hilflos.

aufgeschossen, vgl. aufschießen.

aufgeschwemmt, vgl. aufschwemmen.

aufgeweckt, 1) von aufwecken. **2)** Ü lebhaft und klug. **Aufgewecktheit** die, -.

aufgeworfen, vgl. aufwerfen.

aufgießen, ich gieße es auf (goß auf, habe aufgegossen), übergieße mit Wasser, brühe auf.

aufgleisen, ich gleise es auf (habe aufgegleist), schiebe auf Gleise. **Aufgleisung** die, -/-en, ABB. G 28: Aufgleisungsblatt.

aufgliedern, ich glied(e)re es auf (habe aufgegliedert), gliedere, unterteile. **Aufgliederung** die.

aufglimmen, es glimmt auf (hat aufgeglommen oder aufgeglimmt), beginnt zu glimmen, leuchtet schwach auf.

aufgraben, ich grabe es auf (grub auf, habe aufgegraben), öffne, lockere Erde durch Graben.

aufgreifen, ich greife auf (habe aufgegriffen), **1)** ihn, nehme gefangen, ergreife. **2)** es, Ü nehme wieder auf (einen Gedanken). **3)** es, Ü gehe darauf ein: er hat deine Bemerkung gleich aufgegriffen.

auf Grund, aufgrund dessen, veranlaßt durch: a. G. oder a. dieser Bemerkung.

Aufguß der, das Übergießen von Kräutern u. a.; die so bereitete Flüssigkeit: Teeaufguß. **Aufgußtierchen,** Pl., Infusorien, verschiedene Mikroorganismen.

aufhaben, ich habe es auf (hatte auf, habe aufgehabt), **1)** trage (Kopfbedeckung, Brille). **2)** habe als Hausaufgabe erhalten. **3)** U habe aufgegessen: hast du deine Suppe auf? **4)** habe geöffnet: die Läden haben noch auf.

aufhacken, ich hacke es auf (habe aufgehackt), öffne durch Hacken (Eis, Erdboden).

aufhaken, ich hake es auf (habe aufgehakt), **1)** löse mit Haken Geschlossenes, bes. Verschlüsse an Kleidung. **2)** ein Greifvogel hakt auf, ♆ setzt sich auf einen Baum oder Fels.

aufhalsen, ich halse es ihm auf (habe aufgehalst), U bürde auf: diese Arbeit lasse ich mir nicht aufhalsen.

aufhalten [mhd. ufhalten ›anhalten‹], ich halte auf (hielt auf, habe aufgehalten), **1)** ihn, es, zwinge stillzustehen, hemme, hindere: du hältst mich mit deinen Reden nur auf. **2)** es, halte geöffnet: er hielt die Hand auf, Ü war auf Geld, Geschenke erpicht. **3)** mich irgendwo, verweile, bin einige Zeit dort: wir können uns nicht lange bei uns aufhalten. **4)** mich über etwas, rede spöttisch, ärgerlich darüber: ich will mich nicht über seine Fehler aufhalten. **Aufhaltung** die, -/-en, Verzögerung.

aufhängen [mhd. ufhenken], ich hänge auf (habe aufgehängt), **1)** es, befestige an Haken, Stangen, Seilen. **2)** ihn, töte durch Erhängen. **3)** es ihm, U schiebe ihm eine lästige Pflicht oder schlechte Waren zu. **4)** mich, begehe Selbstmord durch Erhängen. **Aufhänger** der, **1)** Öse, Schlaufe zum Aufhängen (an Bildern, Kleidung). **2)** Publizistik: wirkungsvoller Ausgangspunkt für Berichte. **Aufhängung** die, -/-en.

aufhauen [mhd. ufhouwen], ich haue es auf (hieb auf, habe aufgehauen), **1)** öffne durch Hauen, ABB. H 10. **2)** ⚒ stelle Verbindung zwischen zwei Strecken her.

aufhäufen [mhd. ufhufen], ich häufe es auf (habe aufgehäuft), schichte zu einem Haufen übereinander; sammle an.

aufheben [ahd. ufheven], ich hebe auf (habe aufgehoben), **1)** es, ihn, bringe in die Höhe: er hob nur mein heruntergefallenes Täschchen auf. **2)** es, beende: er hob auf die Sitzung, die Tafel auf. **3)** es, streiche, erkläre für nichtig: die Verfügung wurde aufgehoben. **4)** es, bewahre auf: den Versicherungsschein mußt du gut aufheben. **5)** sie heben sich einander auf, eins hebt das andere auf, eins zerstört die Wirkung des anderen: +2 und −2 heben sich auf, ergeben 0. **Aufheben** [Fechterwort] das, -s: ich mache Aufheben(s) von etwas, spreche prahlend davon, nehme es zu wichtig. **Aufhebung** die, -, **1)** Beendigung (einer Belagerung). **2)** das Außerkraftsetzen (von Gesetzen): Aufhebungsklage.

aufheitern [ahd. heitaran ›froh machen‹], ich heit(e)re auf (habe aufgeheitert), **1)** ihn, erheitere, erfreue, vertreibe seine düstere Stimmung. **2)** das Wetter heitert sich auf, wird schön, sonnig. **Aufheiterung** die, -/-en.

aufhelfen [mhd. ufhelfen], ich helfe ihm auf (half auf, habe aufgeholfen), unterstütze ihn beim Aufstehen oder beim Hochsteigen.

aufhellen, ich helle auf (habe aufgehellt), **1)** es, Ü kläre, löse ein Geheimnis. **2)** es, mache heller (Farben), überdecke Vergilbungen und Vergrauungen. **3)** es, mache Präparate für das Mikroskop durchsichtig. **4)** es hellt sich auf, wird hell, heiter. **Aufheller** der, -s/-, Farbstoff, der kurzwelliges Licht in langwelliges, wahrnehmbares verwandelt: optische A. **Aufhellung** die, -/-en.

aufhetzen, ich hetze ihn auf (habe aufgehetzt), reize, entflamme zu Haß oder Zorn. **Aufhetzung** die, -/-en.

aufholen [mhd. ufholn ›hervorbringen‹], ich hole auf (habe aufgeholt), **1)** das Segel, die Flagge, ziehe hoch. **2)** es, gleiche aus, mache wett: der Zug hat die Verspätung aufgeholt. **3)** Leistung, ⚡ verringere den Vorsprung eines anderen.

aufholzen, ich holze auf (habe aufgeholzt), forste auf.

aufhorchen, ich horche auf (habe aufgehorcht), werde aufmerksam, lausche hin: das ließ uns aufhorchen.

aufhören [mhd. ufhœren], ich höre mit etwas auf (habe aufgehört), beende es: hör auf zu klagen, mit deinen Klagen.

aufhucken, ich hucke ihn auf (habe aufgehuckt), ostmitteldt., niederdt.: nehme auf den Rücken.

aufjagen [mhd. ufjagen ›anspornen‹], ich jage ihn, es auf (habe aufgejagt), schrecke auf.

aufjauchzen, ich jauchze auf (habe aufgejauchzt), stoße einen Jubelschrei aus: aufjauchzend lief das Kind hin entgegen.

aufkaden [zu Kade], ich kade einen Deich auf (habe aufgekadet), niederdt.: erhöhe. **Aufkadung** die, -/-en, ABB. D 5.

Aufkauf der, **1)** Kauf eines größeren Objektes. **2)** Massenkauf (zur Preissteigerung). **aufkaufen,** ich kaufe es auf (habe aufgekauft), bringe von einer Ware soviel wie möglich in meinen Besitz. **Aufkäufer** der.

aufkeimen [mhd. ufkeimen], es keimt auf (ist aufgekeimt), beginnt zu keimen, sich zu entwickeln.

Aufkimmung [zu Kimme] die, Neigung des Schiffsbodens gegen die waagerechte Ebene.

Aufklang der, wirkungsvoller Beginn.

aufklappbar, aufklappbare Taschenmesser. **aufklappen,** ich klappe es auf (habe aufgeklappt), öffne durch Umschlagen (Buch, Messer).

aufklaren, ich klare auf (habe aufgeklart), **1)** es, ⚓ räume auf. **2)** das Wetter klart auf, es wird heller, klarer. **aufklären,** ich kläre es auf (habe aufgeklärt), **1)** bringe die Wahrheit ans Licht: der Mord wurde aufgeklärt; es hat sich alles aufgeklärt. **2)** ihn über etwas, gebe ihm Auskunft, informiere ihn, sage, was er wissen muß, z. B. auf sexuellem Gebiet. **3)** es klärt sich auf, klart auf (Wetter). **Aufklärer** der, -s/-, **1)** jemand, der etwas aufklärt, für Aufklärung sorgt. **2)** ✛ Kundschafter. **3)** ✛ Aufklärungsflugzeug. **aufklärerisch, 1)** wahrheitssuchend. **2)** vernunftgläubig. **Aufklärung** die, **1)** Klarlegung, Unterrichtung: ich muß um A. des Tatbestandes bitten. **2)** Aufspürung (Verbrechen, Geheimnis): die Aufklärungsquote bei Diebstählen. **3)** ✛ Erkundungsdienst: Aufklärungsflüge. **4)** Unterrichtung über sexuelle Vorgänge und das Werden des Menschen. **5)** eine gegen Ende des 17. Jahrh. entstandene bis ins 19. Jahrh. wirkende Geistesbewegung: Aufklärungszeitalter.

aufklauben, ich klaube es auf (habe aufgeklaubt), sammle, lese auf.

aufkleben, ich klebe es auf etwas auf (habe aufgeklebt), befestige durch Kleben. **Aufkleber** der, Etikett zum Aufkleben: Paketaufkleber.

aufklinken [mhd. ufklinken], ich klinke eine Tür auf (habe aufgeklinkt), öffne.

aufknöpfen [mhd. ufknöufe(l)n], ich knöpfe es auf (habe aufgeknöpft), öffne den Knopfverschluß; vgl. aufgeknöpft.

aufknoten, ich knote es auf (habe aufgeknotet), öffne durch Lösen eines Knotens.

aufknüpfen, ich knüpfe auf (habe aufgeknüpft), **1)** es, knote auf, löse. **2)** ihn, U hänge auf (an den Galgen).

aufkochen, ich koche auf (habe aufgekocht), **1)** es, lasse nur kurz kochen; koche bereits Gekochtes kurz noch einmal. **2)** es kocht auf, beginnt zu sieden.

Aufkohlung die, -/-en, ⊚ Aufnahme von Kohlenstoff.

aufkommen [mhd. ufkomen], ich komme auf (kam auf, bin aufgekommen), **1)** kann aufstehen: der gestürzte alte Mann kam nur mit Mühe wieder auf. **2)** werde gesund: der Arzt zweifelt daran, daß sie wieder aufkommen wird. **3)** gegen ihn, Ü vermag Widerstand zu leisten, bin ihm ebenbürtig. **4)** für ihn, etwas, Ü bezahle, ersetze: ich werde für den Schaden aufkommen. **5)** ⚓ bringe das nach einer Seite gedrehte Ruder in die Mittschiffslage zurück. **6)** ⚡ nähere mich der Spitze. **7)** auf dich, norddt.: gleiche dir. **8)** es kommt auf, taucht auf, entsteht: Sturm kam *auf; wir wollen darüber keinen Zweifel aufkommen lassen,* Ü. **9)** *es kommt auf,* wird Mode, findet Verbreitung. **Aufkommen** *das, -s,* **1)** das Erscheinen, Auftreten: *das A. von Wind, eines Gerüchts.* **2)** in einem Zeitabschnitt vereinnahmte Steuern, Zölle u. a.: *Steueraufkommen.* **3)** ⚓ das Herankommen einer Bö; das Einholen eines vorausfahrenden Schiffes. **4)** Genesung: *sein A. ist ungewiß.*

aufkratzen, *ich kratze es auf* (habe aufgekratzt), öffne, mache durch Kratzen wund; vgl. aufgekratzt.

aufkreischen, *ich kreische auf* (habe aufgekreischt), schreie grell auf.

aufkrempeln [mhd. ufkrümben], *ich kremp(e)le es auf* (habe aufgekrempelt), rolle hoch, schlage um: *mit aufgekrempelten Ärmeln.*

aufkreuzen, *ich kreuze auf* (bin aufgekreuzt), **1)** ⚓ kreuze. **2)** *ich komme unerwartet.*

aufkriegen [mhd. ufkriegen ›emporstreben‹], *ich kriege es auf* (habe aufgekriegt), Ü bekomme auf.

aufkünden, *ich künde es auf* (habe aufgekündet), ⚘ kündige auf. **aufkündigen,** *ich kündige es ihm auf* (habe aufgekündigt), kündige, löse eine Beziehung: *er hat ihm die Freundschaft aufgekündigt.* **Aufkündigung** *die.*

Aufl., Abk. für: Auflage.

auflachen, *ich lache auf* (habe aufgelacht), stoße ein kurzes Lachen aus.

aufladen [mhd. ufladen], *ich lade auf* (lud auf, habe aufgeladen), **1)** *es,* setze auf den Wagen, belaste ein Transportmittel. **2)** *es,* ⚡ führe Spannung zu. **3)** *es ihm,* Ü lege ihm auf, wälze auf ihn ab: *er lädt mir die ganze Arbeit auf.*

Auflage *die,* Abk.: Aufl., **1)** ⚙ Anzahl der in einem Druck hergestellten Exemplare eines Werkes: *eine hohe Auflage; Auflagenhöhe; Neuauflage.* **2)** ⚒ Verpflichtung, Gegenleistung: *man hat es ihm zur A. gemacht.* **3)** ⚘ Jahreszuwachs. **4)** Überguß, Überzug: *Silberauflage.* **5)** Stelle, auf der etwas stützt. **Auflage(n)höhe** *die,* ⚙ Zahl der Exemplare einer Auflage. **Auflager** *das,* Bauteil, auf dem die Hauptträger ruhen, ABB. B 39.

auflandig, ⚓ von der See her wehend (Wind). **Auflandung** *die,* das Entstehen und Herstellen einer neuen Bodendecke durch Absetzen von Sinkstoffen.

auflassen [mhd. uflazen], *ich lasse auf* (ließ auf, habe aufgelassen), **1)** *es,* Ü lasse offen: *du hast das Fenster aufgelassen.* **2)** *es,* Ü aufbehalten: *er ließ den Hut auf.* **3)** *es,* lege still (Bergwerk). **4)** *ein Geschäft, österr.:* löse auf. **5)** *ein Grundstück,* ⚒ einige mich vor dem Notar oder Grundbuchamt mit dem Erwerber über den Eigentumsübergang an einem Grundstück. **6)** *mich, schweiz.:* prahle: *er hat sich aufgelassen.* **auflässig,** ⚒ außer Betrieb. **Auflassung** *die, -/-en,* **1)** Stillegung (Betrieb, Bergwerk). **2)** ⚒ Einigung zwischen Veräußerer und Erwerber zur Eigentumsübertragung an Grundstücken vor dem Notar oder Grundbuchamt.

auflasten, *ich laste es ihm auf* (habe aufgelastet), bürde auf: *die unangenehmsten Dinge lastet man ihm auf.*

auflauern [mhd. ufluren], *ich lau(e)re ihm auf* (habe aufgelauert), erwarte ihn von seinem Wissen (im Versteck).

Auflauf *der,* **1)** Ansammlung von Menschen: *Menschenauflauf.* **2)** in einer Form gebackene Speise: *Makkaroniauflauf; Auflaufform.* **3)** ⚒ Stollen im Flöz. **auflaufen** [mhd. ufloufen], *ich laufe auf* (lief auf, bin aufgelaufen), **1)** ⚓ rücke auf, rücke näher zur Spitze. **2)** *es läuft auf,* schwillt an (Beule). **3)** *die Flut läuft auf,* steigt in die Höhe. **4)** *Beträge, Zinsen laufen auf,* häufen sich, wachsen an. **5)** *ein Schiff läuft auf,* gerät auf Grund. **6)** *es läuft auf,* geht auf, sprießt aus dem Boden (Saat). **7)** (habe aufgelaufen) *es mir,* Ü laufe wund: *er hat sich die Füße aufgelaufen.*

aufleben, *ich lebe auf* (bin aufgelebt), **1)** fasse neuen Lebensmut. **2)** *es lebt auf,* tritt wieder auf, hervor.

auflegen [ahd. uflegen], *ich lege auf* (habe aufgelegt), **1)** *es auf etwas,* lege darauf: *sie hat (den Telefonhörer) aufgelegt,* das Gespräch beendet oder abgebrochen. **2)** *eine Anleihe,* biete zum Erwerb an. **3)** *ein Buch,* veröffentliche, bringe neu heraus. **Aufleger** *der, -s/-,* **1)** Arbeiter an der Gicht (Hochofen). **2)** Auflegematratze.

auflehnen [mhd. ufleinen ›an-‹, ›auflehnen‹], *ich lehne mich auf* (habe mich aufgelehnt), **1)** stütze mich auf. **2)** *gegen ihn, etwas,* Ü empöre mich, setze mich zur Wehr. **Auflehnung** *die, -/-en, gegen ihn, etwas,* Empörung; Widerstand.

auflesen [mhd. uflesen], *ich lese ihn, es auf* (las auf, habe aufgelesen), **1)** stoße zufällig darauf: *aufgelesene Redensarten, zufällig gehörte.* **2)** hebe, sammele auf: *das Fallobst muß*

---

aufgelesen werden. **3)** Ü zufällig treffen und mitnehmen: *wo hast du das Mädchen aufgelesen?*

aufleuchten, *es leuchtet auf* (hat, ist aufgeleuchtet), gibt plötzlich Licht von sich, blinkt kurz: *die Kontrollampe für den Ölstand leuchtete auf.*

Auflieferer *der, -s/-,* Absender einer Lieferung. **aufliefern,** *ich lief(e)re es auf* (habe aufgeliefert), gebe zur Beförderung ab. **Auflieferung** *die.*

aufliegen, *ich liege auf* (lag auf, habe aufgelegen), **1)** *mich,* werde durch langes Liegen wund: *die Kranke hat sich aufgelegen.* **2)** *es liegt auf,* liegt auf etwas: *ein aufliegendes Wandbrett.* **3)** *Bücher, Zeitschriften liegen auf,* liegen zur Lektüre aus (in Lesesälen). **4)** *ein Schiff liegt auf,* ist außer Betrieb.

auflockern, *ich lock(e)re es auf* (habe aufgelockert), **1)** mache locker: *die Erde muß aufgelockert werden.* **2)** Ü nehme ihm die Eintönigkeit: *durch Grünanlagen aufgelockerte Wohnviertel.* **Auflockerung** *die.*

auflodern, *es lodert auf* (hat, ist aufgelodert), **1)** flammt auf, wirft Funken: *Flammen loderten auf.* **2)** Ü ist leidenschaftlich bewegt: *noch einmal loderte sein Zorn auf.*

auflösbar. Auflösbarkeit *die, -.* **Auflösen** [mhd. uflœsen], *ich löse es auf* (habe aufgelöst), löse vollständig: *die Angelegenheit löste sich in Wohlgefallen auf,* Ü hat sich von selbst erledigt. **Auflösung** *die,* **1)** das Sichauflösen, Zergehen (Tabletten, Nebel). **2)** Ü Verwirrtheit, Verlust der seelischen Fassung: *ich fand sie in völliger A. vor.* **3)** Klärung, Lösung einer Aufgabe (Geheimnis, Rätsel, Rechenaufgabe). **4)** Beendigung, Außerkraftsetzung: *die A. eines Dienstverhältnisses.* **5)** ♪ Aufhebung einer Versetzung: *Auflösungszeichen,* ABB. N 9. **6)** Optik: Zerlegung eines Bildes in getrennt wahrnehmbare Elemente. **7)** Metrik: Ersatz einer Länge durch zwei Kürzen.

aufluven, *ich luve auf* (habe aufgeluvt), ⚓ verkleinere den Winkel zwischen Kurs und Windrichtung.

aufmachen [mhd. ufmachen], *ich mache auf* (habe aufgemacht), **1)** *es,* öffne, eröffne (Brief, Fenster, Geschäft). **2)** *es,* bringe an, mache sichtbar (Gardine). **3)** *es,* mache zurecht, statte aus: *eine gut aufgemachte Dekoration.* **4)** *mich,* trete einen Weg an: *wir müssen uns bald aufmachen; ein heftiger Wind machte sich auf,* begann zu wehen. **Aufmacher** *der,* Presse: wirkungsvoll hervorgehobener Hauptbericht, zugkräftige Schlagzeile. **Aufmachung** *die, -/-en,* **1)** Zurichtung, wirksame Gestaltung, z. B. der Ware für den Verkauf. **2)** Kleidung, Aufputz. **3)** Seeschadenrechnung.

Aufmarsch *der,* **1)** Festzug, Aufstellung zu Kundgebungen. **2)** ⚔ planmäßige Aufstellung zum Gefecht: *Truppenaufmarsch.* **aufmarschieren,** *die Truppe marschiert auf* (ist aufmarschiert).

aufmascherln, *ich mascherle es auf* (habe aufgemascherlt), *österr.:* putze auf; Ü stelle für besser hin, als es ist.

Aufmaß *das,* genaue Feststellung der an einem Bau geleisteten Arbeiten nach Zahl, Maß, Gewicht.

aufmeißeln, *ich meiß(e)le es auf* (habe aufgemeißelt), öffne mit einem Meißel.

aufmerken [mhd. ufmerken], *ich merke auf* (habe aufgemerkt), passe auf, bin bei der Sache: *aufgemerkt!* **aufmerksam,** **1)** *auf ihn, etwas,* geistig darauf gerichtet, scharf beobachtend, konzentriert: *ein aufmerksamer Schüler; ich mache ihn darauf a.,* weise darauf hin. **2)** *gegen ihn,* Ü zuvorkommend, höflich. **Aufmerksamkeit** *die, -,* **1)** geistige Sammlung. **2)** Zuvorkommenheit. **3)** *Pl. -en,* kleine Gefälligkeit; kleines Geschenk: *er überhäuft sie mit Aufmerksamkeiten.*

aufmessen, *ich messe auf* (maß auf, habe aufgemessen), **1)** *es,* stelle das Aufmaß fest. **2)** *Getreide,* bringe gemessen in den Speicher.

aufmöbeln, *ich möb(e)le ihn, es auf* (habe aufgemöbelt), U mache wieder munter, frisch: *der Kaffee hat sie aufgemöbelt.*

aufmotzen [mhd. ufmutzen ›ausschmücken‹], *ich motze es auf* (habe aufgemotzt), U mache effektvoller zurecht: *die langweilige Veranstaltung wurde mit flotter Musik aufgemotzt.*

aufmucken, *ich mucke gegen ihn, etwas auf* (habe aufgemuckt), U begehre auf, setze mich zur Wehr.

aufmuntern [mhd. mundern ›aufwecken‹], *ich munt(e)re ihn auf* (habe aufgemuntert), **1)** erheitere. **2)** ermuntere, ermutige. **Aufmunt(e)rung** *die, -/-en.*

aufmüpfig [verwandt mit muffig], U trotzig, aufsässig.

aufnähen, *ich nähe es auf* (habe aufgenäht), nähe auf etwas anderes auf (Borte, Blumen u. a.).

Aufnahme *die, -,* **1)** Unterkunft, Empfang: *du wirst dort eine gute A. finden.* **2)** Anerkennung als zu einem Kreis gehörig: *A.*

als Mitglied; Aufnahmegebühr. **3)** Beginn oder Weiterführung einer Arbeit: *Arbeitsaufnahme (nach einem Streik).* **4)** das Borgen: *A. einer Anleihe.* **5)** *Pl. -n,* das Festhalten von Personen, Gegenständen, musikal. Aufführungen usw. in Bild und Ton; das geschaffene Dokument selbst: *ich mache eine A.; Bandaufnahme; Filmaufnahmen.* **6)** das Vermessen einer Gegend zur Kartenherstellung. **7)** Reaktion: *das Stück fand beim Publikum begeisterte A.* **8)** das Aufschreiben: *Telegrammaufnahme.* **9)** das Insichaufnehmen: *Nahrungsaufnahme.* **10)** *Pl. -n,* Empfangsbüro, Rezeption, bes. im Krankenhaus: *bitte melden Sie sich in der A.* **aufnahmefähig,** fähig, etwas aufzunehmen, Sinneseindrücke oder Gedanken zu verarbeiten. **Aufnahmefähigkeit** *die, -.* **Aufnahmeprüfung** *die,* Prüfung als Voraussetzung für die Aufnahme (in eine Schule). **aufnehmen** [mhd. ufnemen], *ich nehme auf* (nahm auf, habe aufgenommen), **1)** *ihn,* empfange, bewirte, beherberge: *man hat mich sehr nett aufgenommen.* **2)** *ihn,* gewähre ihm Teilnahme, Zutritt, Aufnahme: *wir nehmen Sie in unseren Verein auf.* **3)** *ihn, es,* photographiere, filme, mache eine Tonaufnahme. **4)** *es,* bringe in die Höhe; nehme dazu, gebe ihm Raum: *ich nehme neu in das Lexikon aufgenommen; er nahm jedes Wort in sich auf,* merkte es sich. **5)** *es,* beginne (aufs neue), setze fort: *frühestens vier Wochen nach der Operation kann er die Arbeit wieder aufnehmen.* **6)** *es,* lasse auf mich wirken, reagiere: *mein Vorschlag wurde zurückhaltend aufgenommen.* **7)** *Kredit,* leihe Geld. **8)** *es,* halte schriftlich fest, schreibe nieder (Diktat, Protokoll). **9)** *es mit ihm,* Ü fühle mich ihm gewachsen: *mit ihm kann es keiner aufnehmen.* **10)** *Schmutz mit einem Lappen,* wische weg. **11)** *Tiere nehmen auf,* 𝄌 werden trächtig. **12)** *Wild nimmt auf,* ⚔ frißt.

äufnen [mhd. ufenen ›erhöhen‹], *ich äufne es* (habe geäufnet), *schweiz.:* horte (Geld), mehre (Vermögen). **aufnötigen,** *ich nötige es ihm auf* (habe aufgenötigt), zwinge ihn, es anzunehmen. **Äufnung** *die, -/-en,* das Äufnen. **aufok|troy|ieren** [-trwaji:rən, frz.], *ich oktroyiere es ihm auf* (habe aufoktroyiert), oktroyiere, zwinge auf. **aufopfern** [mhd. ufopfern], *ich opf(e)re mich für ihn auf* (habe mich aufgeopfert), tue ohne Rücksicht auf mich alles für ihn; gehe für ihn in den Tod. **Aufopferung** *die,* **1)** Opferfreudigkeit, Hingabe. **2)** Verzicht. **aufopferungsvoll.** **au|four** [oˈfuːr, frz.], im Ofen (gebacken, gebraten). **aufpacken,** *ich packe es ihm auf* (habe aufgepackt), lade auf. **aufpäppeln** [niederdt., zu Paps ›Brei‹], *ich päpp(e)le ihn auf* (habe aufgepäppelt), Ü pflege, verpflege fürsorglich (einen Kranken, Schwachen). **aufpassen,** *ich passe auf* (habe aufgepaßt), **1)** bin aufmerksam: *du mußt in der Schule besser aufpassen; aufgepaßt!, Achtung!, Vorsicht!* **2)** *auf ihn, etwas,* achte: *sie hat nicht auf das Kind aufgepaßt.* **Aufpasser** *der,* **1)** Aufseher, Wächter. **2)** (taktloser) Beobachter. **aufpeitschen,** *es peitscht ihn, es auf* (hat aufgepeitscht), **1)** wühlt auf: *die vom Sturm aufgepeitschte See.* **2)** bringt in starke Erregung, putscht auf: *eine aufpeitschende Rede.* **aufpelzen,** *ich pelze es ihm auf* (habe aufgepelzt), *österr.:* bürde auf. **aufpeppen** [engl. pepper ›Pfeffer‹], *ich peppe es auf* (habe aufgepeppt), Ü gebe ihm Schwung, mache es attraktiv: *ein mit kabarettistischen Einlagen aufgepepptes Stück.* **aufpflanzen** [mhd. ufphlanzen ›sich aufputzen‹], *ich pflanze auf* (habe aufgepflanzt), **1)** *es,* richte auf: *das Zeichen des Sieges wurde aufgepflanzt.* **2)** *es,* stecke auf: *pfropfe auf.* **3)** *mich vor ihm,* Ü stelle mich breit (und drohend) vor ihn. **aufpfluschen,** *es pfluscht es auf* (ist aufgepfluscht), *österr.:* flammt auf. **aufpfropfen,** *ich pfropfe es auf* (habe aufgepfropft), ⊕ pfropfe. **2)** Ü füge nachträglich hinzu: *einige Stilelemente an diesem Bauwerk wirken aufgepfropft.* **aufplatzen,** *es platzt auf* (ist aufgeplatzt), bekommt einen langen Riß, öffnet sich ruckartig: *die reifen Schoten platzten auf.* **aufplustern,** *ich plust(e)re es, mich auf* (habe aufgeplustert), **1)** Ü mache mich wichtig, tue wichtig. **2)** *Vögel plustern sich auf,* vergrößern sich scheinbar durch Plustern. **aufpolieren,** *ich poliere es auf* (habe aufpoliert), **1)** verleihe ihm wieder Glanz, frische, arbeite auf (Möbel). **2)** Ü aufbessern, auffrischen: *er will seine Sprachkenntnisse aufpolieren.* **aufpolstern,** *ich polst(e)re Möbel auf* (habe aufgepolstert), erneuere die Polster. **Aufprall** *der,* heftiger Stoß gegen etwas: *Aufprallwucht.*

(beim Autounfall). **aufprallen,** *ich pralle auf etwas auf* (bin aufgeprallt). **Aufpreis** *der,* Zuschlag zum Preis. **aufprobieren,** *ich probiere es auf* (habe aufprobiert), setze auf, um zu sehen, wie es paßt. **aufprotzen,** *die Bedienungsmannschaft protzt ein Geschütz auf* (hat aufgeprotzt), bringt an die Protze, macht fahrbereit. **aufpulvern,** *ich pulv(e)re ihn auf* (habe aufgepulvert), Ü ermuntere, putsche auf: *der Kaffee hat mich aufgepulvert.* **aufpumpen,** *ich pumpe es auf* (habe aufgepumpt), fülle durch Pumpen mit Luft. **aufputschen,** *ich putsche auf* (habe aufgeputscht), **1)** *ihn,* hetze auf. **2)** *mich,* reize mich auf, mache mich munter, mache mein Leistungsfähigkeit zu steigern: *mit Tabletten aufgeputscht.* **Aufputschmittel** *das.* **aufputzen,** *ich putze auf* (habe aufgeputzt), **1)** *es,* entferne durch Putzen, wische fort. **2)** *ihn, mich,* schmücke übermäßig. **aufquellen** [mhd. ufquellen], *ich quelle auf,* **1)** (habe aufgequellt) *es,* vergrößere durch Quellen. **2)** *es quillt auf* (ist aufgequollen), wird durch Quellen größer; steigt in die Höhe. **aufraffen,** *ich raffe auf* (habe aufgerafft), **1)** *es,* hebe hastig, gierig auf. **2)** *mich zu etwas,* zwinge mich dazu, nehme alle Kraft zusammen. **aufragen** [mhd. ufragen], *es ragt auf* (hat aufgeragt), ragt in die Höhe: *die hoch aufragenden Kirchtürme.* **aufrappeln,** *ich rapp(e)le mich auf* (habe mich aufgerappelt), U entschließe mich mühsam, raffe mich auf, überwinde mich zu etwas: *ich kann mich nicht dazu aufrappeln.* **aufrauhen,** *ich rauhe es auf* (habe aufgerauht), mache etwas rauh, z. B. Holz mit der Raspel. **aufräumen** [mhd. ufrumen], *ich räume auf* (habe aufgeräumt), **1)** *es,* bringe in Ordnung: *du mußt dein Zimmer aufräumen.* **2)** *mit etwas,* Ü mache Schluß, beende es energisch: *mit dieser Schlamperei muß aufgeräumt werden.* **3)** *Seuchen haben früher unter der Bevölkerung sehr aufgeräumt,* gewütet. **Aufräumung** *die, -.* **Aufräumungsarbeiten,** *Pl.,* **1)** das Aufräumen, Ordnen. **2)** Beseitigung von Schutt, Trümmern. **aufrechnen,** *ich rechne es gegen etwas auf* (habe aufgerechnet), gleiche aus: *wir wollen unsere Schulden gegeneinander aufrechnen.* **Aufrechnung** *die,* wechselseitige Schuldentilgung, Kompensation, Ausgleich. **aufrecht** [ahd. ufreht], **1)** gerade, hochgerichtet: *du mußt a. sitzen, stehen, dich a. halten;* vgl. aber: aufrechterhalten. **2)** Ü aufrichtig, ehrenhaft: *ein aufrechter Mann.* **aufrechterhalten,** *ich erhalte es aufrecht* (erhielt aufrecht, habe aufrechterhalten), gehe nicht davon ab, bleibe dabei: *er will Ruhe und Ordnung, seine Aussage aufrechterhalten.* **Aufrechterhaltung** *die, -.* **aufreden,** *ich rede auf* (habe aufgeredet), **1)** *es ihm,* überrede ihn, es zu nehmen. **2)** *ihn,* oberdt.: verhetze. **aufregen** [mhd. ufregen], *ich rege auf* (habe aufgeregt), **1)** *ihn,* bringe in Erregung, erspannte Unruhe oder Zorn. **2)** *mich,* gerate in Erregung. **Aufregung** *die: nach den Aufregungen der letzten Tage.* **aufreiben,** *ich reibe auf* (habe aufgerieben), **1)** *ihn,* zermürbe durch Arbeit: *dieser Beruf reibt ihn (mich) auf.* **2)** *Truppen,* vernichte, füge ihnen schwerste Verluste zu. **3)** *mich, es mir,* werden durch Reiben wund: *ich habe mir die Ferse aufgerieben.* **aufreibend,** anstrengend, nervlich erschöpfend: *eine aufreibende Tätigkeit.* **aufreihen,** *ich reihe es auf* (habe aufgereiht), fädele auf, reihe aneinander. **aufreißen** [mhd. ufrizen], *ich reiße es auf* (riß auf, habe aufgerissen), **1)** öffne mit Riß: *das Päckchen war aufgerissen.* **2)** breche auf: *wegen neuer Rohrleitungen muß man die Straßen aufreißen.* **3)** zeichne als techn. Zeichnung (Aufriß). **4)** *ein Mädchen,* U mache ihre Bekanntschaft. **5)** *es reißt auf* (ist aufgerissen), teilt, öffnet sich ruckartig. **aufreiten,** *ich reite auf,* **1)** (bin aufgeritten), Pferdesport: halte nicht genügend Abstand vom Vordermann. **2)** *mich* (habe mich aufgeritten), reite mich wund. **aufreizen,** *ich reize ihn auf* (habe aufgereizt), **1)** stachele, hetze auf. **2)** bringe durch starke Reize in Erregung: *ein aufreizender Anblick,* (sexuell) verführerischer. **Aufreizung** *die.* **aufribbeln** [niederdt.], *ich ribb(e)le es auf* (habe aufgeribbelt), trenne Gestricktes auf. **Aufrichte** *die, -/-n, schweiz.:* Richtfest. **aufrichten** [ahd. ufrihten], *ich richte auf* (habe aufgerichtet), **1)** *ihn, es, mich,* stelle auf, bringe hoch, auf die Beine. **2)** *ihn,* Ü tröste, gebe ihm wieder Mut. **aufrichtig,** ehrlich, offen, freimütig. **Aufrichtig-**

keit *die,* -. **Aufrichtung** *die,* -, 1) Errichtung. 2) seelische Stärkung.

aufriegeln, *ich* rieg(e)le *es* auf (habe aufgeriegelt), öffne den Riegel.

Aufriß [zu aufreißen] *der,* Darstellung eines Gegenstandes durch senkrechte Projektion auf die Vertikalebene, ABB. R 24.

aufrollen, *ich* rolle auf (habe aufgerollt), 1) *es,* öffne etwas Gewickeltes. 2) *es,* wickle auf eine Rolle, zur Rolle: *Sicherheitsgurt mit Aufrollautomatik.* 3) *es,* Ü behandle gründlich, bringe zur Sprache: *das Problem wurde erneut aufgerollt.* 4) den Gegner, ⚔ bringe ihn von der Flanke her zum Weichen.

aufrücken [ahd. ufrucchen ›sich nach oben bewegen‹], *ich* rücke auf (bin aufgerückt), 1) gehe weiter vor und schließe damit eine Lücke in der Reihe: *bitte aufrücken!* (in einem überfüllten Abteil). 2) Ü werde befördert, steige im Rang: *er ist zum Abteilungsleiter aufgerückt..*

Aufruf *der,* 1) öffentl. Aufforderung: *ein A. an alle; Wahlaufruf.* 2) Ungültigkeitserklärung: *der A. von Banknoten.*

aufrufen [mhd. ufroufen], *ich* rufe auf (rief auf, habe aufgerufen), 1) *ihn, es,* nenne zu einem bestimmten Zweck, fordere auf, z. B. den Schüler zum Antworten in der Schule. 2) *ihn,* rüttele auf, appelliere an ihn: *er rief das Volk zu neuen Taten auf.* 3) Banknoten, setze außer Kurs.

Aufruhr [ahd. ruora ›Bewegung‹] *der,* -(e)s/-e, Pl. selten, 1) Tumult, Durcheinander: *die wartende Menge geriet in A.* 2) Aufstand, gewaltsame Empörung gegen staatl. Gewalt. 3) Ü starke innere Unruhe. **aufrühren,** *ich* rühre *es* auf (habe aufgerührt), 1) bringe durch Rühren an die Oberfläche. 2) Ü errege, mache erneut bewußt: *dieses Gespräch hat altes Leid aufgerührt; er will das Volk aufrühren,* zum Aufstand treiben. **Aufrührer** *der,* -s/-, jemand, der Aufruhr stiftet, Revolutionär. **aufrührerisch,** 1) in Aufruhr befindlich: *die aufrührerische Menge.* 2) Aufruhr schürend: *aufrührerische Reden.*

aufrunden, *ich* runde *es* auf (habe aufgerundet), runde nach oben ab (Zahl). **Aufrundung** *die.*

aufrüsten [mhd. ufrüsten ›sich bereit machen‹], *ich* rüste auf (habe aufgerüstet), 1) verstärke die militär. Macht eines Staates. 2) *es,* umbaue mit einem Gerüst. **Aufrüstung** *die.*

aufrütteln, *ich* rütt(e)le *ihn* auf (habe aufgerüttelt), 1) rüttele ihn, bis er wach ist. 2) Ü ermuntere, ermahne ihn nachdrücklich, veranlasse zur Tat. **Aufrütt(e)lung** *die,* -/-en.

aufs, auf das, ÜBERS. Z 13: *aufs beste; aufs herzlichste.*

aufsagen [mhd. ufsagen], *ich* sage auf (habe aufgesagt), 1) *es* ihm, kündige aus: *ich habe ihm den Dienst, die Freundschaft aufgesagt.* 2) *ein Gedicht,* spreche es auswendig. **Aufsagung** *die,* -, Kündigung.

aufsammeln [mhd. ufsamen], *ich* samm(e)le *es* auf (habe aufgesammelt), lese auf, nehme hier und da etwas auf.

aufsässig [mhd. ufsetzic ›hinterlistig‹], widerspenstig, trotzig. **Aufsässigkeit** *die,* -.

Aufsatz [mhd. ufsaz ›Auflegen von Steuern‹, ›Absicht‹, ›Plan‹] *der,* 1) kurze Abhandlung in der Presse oder für die Schule. 2) Aufbau, aufgesetzter Teil, z. B. ABB. A 9. 3) Teil des Visiers an Geschützen. 4) Schallbecher (Orgelpfeife). 5) Halsansatz (Pferd). 6) norddt.: Gericht, Gang (Essen).

aufsaugen, *ich* sauge *es* auf (sog auf, habe aufgesogen oder saugte auf, habe aufgesaugt), 1) saugend in mich, nehme in mich auf, bes. eine Flüssigkeit: *der Boden hat das Wasser rasch aufgesogen.* **Aufsaugung** *die,* -.

aufschärfen, *ich* schärfe *es* auf (habe aufgeschärft), ⚲ schneide auf (Balg, Schwarte; bei Rotwild u. a.).

aufschauen, *ich* schaue auf (habe aufgeschaut), 1) blicke empor. 2) *zu ihm,* Ü bewundere ihn.

aufscheinen, *es* scheint auf (ist aufgeschienen, *bes.* österr.: ist ersichtlich, erscheine.

aufscheuchen, *ich* scheuche auf (habe aufgescheucht), 1) *ein Tier,* schrecke auf, daß es davoneilt, davonfliegt. 2) *ihn,* Ü störe abrupt bei etwas.

aufscheuern, *ich* scheu(e)re *mich, es mir* auf (habe aufgescheuert), reibe wund: *aufgescheuerte Fersen.*

aufschichten, *ich* schichte *es* auf (habe aufgeschichtet), lege in Schichten aufeinander (Holz). **Aufschichtung** *die.*

aufschieben [mhd. ufschieben], *ich* schiebe *es* auf (habe aufgeschoben), 1) öffne durch Schieben. 2) Ü verschiebe auf einen späteren Zeitpunkt: *ich muß meine Reise aufschieben.* **Aufschiebling** *der,* -s/-e, 🏠 Aufsatzbalken am Dach, ABB. D 1. **Aufschiebung** *die,* 1) Aufschub. 2) ⊕ Vorgang und Erscheinung einer relativen Aufwärtsbewegung einer Gesteinsscholle gegenüber einer anderen.

aufschießen [mhd. ufschiezen], *ich* schieße auf (schoß auf,

bin aufgeschossen), 1) bewege mich plötzlich in die Höhe. 2) wachse empor: *ein lang, hoch aufgeschossener junger Mann.* 3) (habe aufgeschossen) *ein Tau,* lege es zusammen.

aufschinden, *ich* schinde *mich, es* auf (habe aufgeschunden), reiße wund, blutig: *ich habe mir das Knie aufgeschunden.*

Aufschlag [mhd. ufslac] *der,* 1) hartes Auftreffen eines Körpers auf eine Fläche. 2) das Öffnen: *Augenaufschlag.* 3) Preiserhöhung, bes. Unterschied zwischen Ein- und Verkaufspreis. 4) nach oben umgeschlagener Teil an Kleidungsstücken, ABB. K 24. 5) Kette (Weberei). 6) ♪ unbetonter Taktteil. 7) 🌲 durch herabgeglittene Samen entstandener Waldwuchs unter dem Mutterbaum. 8) ✂ erster Schlag des Balls, z. B. beim Tennis: *wer hat A.?; Aufschlagball; Aufschlagfehler; Aufschlaglinie,* ABB. F 11, T 6. **aufschlagen** [mhd. ufslahen], *ich* schlage auf (schlug auf, habe aufgeschlagen), 1) *es,* öffne durch Schlagen (Eis, Ei, Nuß). 2) *es,* öffne ein Buch: *schlagen Sie im Buch Seite 120 auf!; ich schlage das Buch auf Seite 120 auf.* 3) die Augen, hebe die geschlossenen Lider. 4) *es mir,* verwunde beim Fall. 5) *es,* errichte, baue auf (Zelt, Lager, Bett; Wohnsitz). 6) *es,* oberdt.: lege weissagend Karten. 7) *es,* ziehe die ersten Maschen einer Strickarbeit auf die Nadel. 8) *es,* schlage nach oben um, z. B. Ärmel. 9) *(es),* verteuere (Waren), erhöhe (Preis): *es schlägt auf,* wird teurer. 10) (bin aufgeschlagen), pralle heftig auf eine Fläche (Boden, Wasser). 11) Tennis u. a.: beginne mit dem Spiel, indem ich den ersten Schlag ausführe. 12) Flammen schlagen auf (sind aufgeschlagen), lodern in die Höhe. **Aufschlagwasser** *das,* -s/-, Wasserräder antreibendes Wasser.

Aufschlämmung *die,* -/-en, Auflandung.

aufschließen [mhd. ufsliezen], *ich* schließe auf (schloß auf, habe aufgeschlossen), 1) rücke auf, fülle die Lücken. 2) *es,* öffne (Tür); mache zugänglich (Gelände). 3) *es,* ⚗ überführe schwerlösliche Stoffe in wasser- oder säurelösliche Verbindungen. 4) *es,* ⚒ mache eine Lagerstätte durch Schächte und Stollen zugänglich, abbaufähig. 5) *mich ihm,* vertraue mich ihm an; vgl. aufgeschlossen.

aufschlitzen, *ich* schlitze *es* auf (habe aufgeschlitzt), schneide oder reiße der Länge nach auf.

aufschluchzen, *ich* schluchze auf (habe aufgeschluchzt), weine laut auf.

Aufschluß [mhd. usluz ›Auflösung eines Rätsels‹] *der,* 1) Klärung: *ich erhalte, gebe A. über ihn.* 2) ⊕ Stelle, an der ein Gestein zutage liegt. 3) ⚒ Fundstätte. **aufschlüsseln** [zu Schlüssel], *ich* schlüssele, schlüßle *es* auf (habe aufgeschlüsselt), 1) verteile nach einem Schema. 2) entziffere. **Aufschlüsselung, Aufschlüßlung** *die,* -/-en. **aufschlußreich,** zur Klärung beitragend: *aufschlußreiche Hinweise.*

aufschnappen, *ich* schnappe auf (habe aufgeschnappt), 1) *es,* Ü höre oder erfahre zufällig: *er hat etwas aufgeschnappt.* 2) *der Hund* schnappt ein Stück Fleisch auf, fängt es mit dem Maul. 3) *es* schnappt auf, öffnet sich schnappend: *das Kofferschloß schnappte auf.*

aufschneiden [mhd. ufsniden], *ich* schneide auf (habe aufgeschnitten), 1) Ü prahle, übertreibe. 2) *es,* öffne mit einer Schere oder einem Messer, ABB. S 32. 3) *es,* schneide in Scheiben (Wurst, Brot). **Aufschneider** *der,* jemand, der prahlt, übertreibt. **Aufschneiderei** *die.* **aufschneiderisch,** *aufschneiderische Reden.* **Aufschnitt** *der,* -s, Schinken-, Wurst- und Bratenscheiben, ABB. F 26.

aufschnüren [mhd. ufsnüeren], *ich* schnüre *es* auf (habe aufgeschnürt), löse die Verschnürungen, z. B. von Paketen.

aufschrecken [mhd. ufschrecken], *ich* schrecke auf, 1) (schreckte auf, habe aufgeschreckt) *ihn, es,* erschrecke; scheuche hoch (Tiere). 2) (schreckte oder schrak auf, bin aufgeschreckt), fahre plötzlich in die Höhe; bekomme plötzlich Angst: *sie schreckt* (🔀 schrickt) *aus dem Schlaf auf.* **Aufschrei** *der,* kurzer lauter Ausruf: *ein A. des Schreckens, der Freude.*

aufschreiben, *ich* schreibe auf (habe aufgeschrieben), 1) *ihn, es,* notiere (seinen Namen), lege es schriftlich nieder. 2) *es,* notiere als noch nicht bezahlt, schreibe an.

aufschreien, *ich* schreie auf (habe aufgeschrie[e]n), lasse einen Schrei ertönen.

Aufschrift *die,* Text auf Denkmälern, Schildern, Münzen, ABB. M 25, Postsendungen (Anschrift u. a.).

Aufschub [mhd. ufschup] *der,* Verzögerung, Verschiebung auf einen späteren Termin, Frist.

aufschürzen [mhd. ufschürzen ›aufschieben‹ (den Gerichtstag)], *ich* schürze *es* auf (habe aufgeschürzt), schürze, raffe in die Höhe.

aufschütteln, *ich* schütt(e)le *es* auf (habe aufgeschüttelt), lockere durch Schütteln (Betten).

aufschütten [mhd. ufschüten ›speichern‹], *ich* schütte *es* auf (habe aufgeschüttet), erhöhe oder verbreitere durch Anfahren von Erd- oder Schuttmassen (Dämme, Straßen). **Aufschüttung** *die.*

aufschwatzen, *ich* schwatze *es ihm* auf (habe aufgeschwatzt), ∪ überrede ihn, es zu nehmen, zu kaufen.

aufschweißen, *ich* schweiße *es* auf (habe aufgeschweißt), öffne durch Schweißen.

aufschwellen [mhd. ufswellen], **1)** *ich* schwelle *es* auf (habe aufgeschwellt), mache größer. **2)** *es* schwillt *auf* (ist aufgeschwollen), schwillt, wird dick; wird lauter (Beifall).

aufschwemmen, *ich* schwemme auf, **1)** (habe aufgeschwemmt) *es,* quelle auf, weiche auf. **2)** (bin aufgeschwemmt), werde unförmig dick, bes. durch zu vieles Trinken: *ein aufgeschwemmtes Gesicht,* ein gedunsenes. **Aufschwemmung** *die, -/-en.*

aufschwingen [mhd. ufswingen], *ich* schwinge *mich* auf (schwang mich auf, habe mich aufgeschwungen), **1)** *zu etwas,* ∪ entschließe mich nur mit Mühe dazu. **2)** *Vögel schwingen sich auf,* fliegen in die Höhe. **Aufschwung** [mhd. ufswanc] *der,* **1)** Hochstimmung, Begeisterung: *das hat ihm seelischen A. gegeben.* **2)** ✂ das Hochschwingen des Körpers an einem Gerät, ABB. L 7. **3)** Besserung der Wirtschaftslage: *konjunktureller A.*

aufsehen [ahd. ufsehan], *ich* sehe auf (sah auf, habe aufgesehen), **1)** blicke empor. **2)** *zu ihm,* bewundere ihn. **Aufsehen** *das, -s,* öffentl. Beachtung: *sein Rücktritt hat A. erregt.* **aufsehenerregend,** *ein aufsehenerregender Fall;* aber: *der großes Aufsehen erregende Fall.* **Aufseher** [mhd. ufseher] *der,* Überwachungsbeamter, Aufsichtsführender.

aufsein, *ich* bin auf (war auf, bin aufgewesen), ∪ **1)** bin aufgestanden (aus dem Bett). **2)** *es ist auf,* ist geöffnet.

auf seiten *dessen,* auf der Seite von.

aufsetzen [ahd. ufsezzen], *ich* setze auf (habe aufgesetzt), **1)** *es,* bringe es auf einen bestimmten Platz: *er setzt den Hut auf; ich setze die Brille auf; der Pilot setzte das Flugzeug weich auf dem Boden auf,* landete weich; *das Kind setzt einen Dickkopf auf,* ∪ ist trotzig. **2)** *es,* fasse schriftlich ab, entwerfe (einen Brief, eine Rede, eine Rechnung). **3)** *es,* bringe auf das Feuer, die Herdplatte (Wasser, Speisen). **4)** *Hirsche, Rehe setzen auf,* bekommen ein Geweih, Gehörn. **5)** *mich,* richte mich zum Sitzen auf. **Aufsetzer** *der,* Fußball, Handball u. a.: Ball, der kurz vor dem Tor auf dem Boden aufspringt.

Aufsicht *die, -/-en,* **1)** △ Sicht von oben. **2)** *ohne Pl.,* Überwachung, Kontrolle: *er führt die A. darüber; Aufsichtspflicht;* **aufsichtführend,** *der aufsichtführende Beamte;* aber: *der eine strenge Aufsicht führende Beamte.* **Aufsichtführende** *der, die, -n/-n, ein -r, eine -.* **aufsicht(s)los. Aufsichtsrat** *der,* Aufsichtsorgan bei Aktiengesellschaften und Genossenschaften: *Aufsichtsratsvorsitzender.*

aufsitzen [mhd. ufsitzen], *ich* sitze auf (saß auf, habe, bin aufgesessen), **1)** sitze aufrecht. **2)** setze mich auf etwas (Pferd, Fahrrad, Motorrad). **3)** sitze nicht zu Bett: *ich habe die ganze Nacht aufgesessen.* **4)** *ihm,* ∪ lasse mich täuschen, betrügen: *ich bin seinen Lügen aufgesessen.* **5)** *ich lasse ihn aufsitzen,* ∪ halte mich nicht an unsere Vereinbarung. **6)** *Schiffe sitzen auf* (haben aufgesessen), ⚓ laufen auf, stranden. **Aufsitzer** *der, -s/-,* österr.: Reinfall, Übertölpelung.

aufspalten [mhd. ufspalten], *ich* spalte *es* auf (habe aufgespaltet oder aufgespalten), **1)** zerteile durch Schlag (Holz). **2)** ∪ teile auf, trenne: *die Opposition hat sich in zwei Lager aufgespalten.* **Aufspaltung** *die.*

aufspannen [mhd. ufspannen], *ich* spanne *es* auf (habe aufgespannt), **1)** befestige, z. B. auf einer Werkzeugmaschine. **2)** breite aus, öffne: *ich spanne den Schirm auf.*

aufsparen, *ich* spare *es mir* auf (habe aufgespart), hebe für später auf, lege zurück. **Aufsparung** *die, -/-en.*

aufspeichern, *ich* speich(e)re *es* auf (habe aufgespeichert), **1)** speichere, häufe an: *aufgespeicherte Vorräte.* **2)** *es* speichert *sich auf,* ∪ sammelt sich an: *aufgespeicherter Zorn.* **Aufspeicherung** *die.*

aufsperren [mhd. ufsperren], *ich* sperre *es* auf (habe aufgesperrt), **1)** schließe auf, öffne (Schloß, Tür). **2)** öffne weit, z. B. das Fenster: *der Vogel sperrt den Schnabel auf; sperr die Ohren auf!,* ∪ hör gut zu!

aufspielen, *ich* spiele auf (habe aufgespielt), **1)** mache Musik. **2)** *mich,* gebe an, prahle: *er spielte sich als Kenner auf,* tat so, als ob er Kenner sei.

aufspießen, *ich* spieße *ihn, es* auf (habe aufgespießt), stecke auf eine Spitze, durchbohre.

aufsplittern, *ich* splitt(e)re *es* auf (habe aufgesplittert), spalte in viele kleine Teile auf. **Aufsplitterung** *die, -/-en.*

aufsprengen, *ich* sprenge *es* auf (habe aufgesprengt), öffne gewaltsam (mit Sprengstoff, mit dem Brecheisen).

aufspringen [ahd. ufspringan], *ich* springe auf (sprang auf, bin aufgesprungen), **1)** springe auf etwas hinauf. **2)** stehe plötzlich auf. **3)** *es springt auf,* öffnet sich plötzlich, z. B. eine Tür; wird rissig (Haut, Holz): *aufgesprungene Lippen.* **Aufsprung** [mhd. ufsprunc] *der,* Sprung in die Höhe.

aufspulen, *ich* spule *es* auf (habe aufgespult), wickle auf eine Spule (Film, Garn).

aufspüren, *ich* spüre *ihn, es* auf (habe aufgespürt), entdecke durch Verfolgen von Spuren (Wild; Verbrecher). **Aufspürung** *die, -/-en.*

aufstacheln, *ich* stach(e)le *ihn* auf (habe aufgestachelt), reize, hetze auf (zum Bösen, zum Widerstand). **Aufstach(e)lung** *die, -/-en.*

aufstampfen, *ich* stampfe auf (habe aufgestampft), trete kräftig mit dem Fuß auf den Boden: *sie stampfte vor Zorn mit dem Fuß auf.*

Aufstand *der,* **1)** Aufruhr. **2)** ✂ Aufstellung über die Leistung einer Grube. **aufständisch,** aufrührerisch: *die aufständischen Matrosen.* **Aufständische** *der, die, -n/-n, ein -r, eine -.*

aufstapeln, *ich* stap(e)le *es* auf (habe aufgestapelt), schichte, häufe auf. **Aufstap(e)lung** *die.*

Aufstau *der,* das Aufhalten fließenden Wassers zur Speicherung. **aufstauen,** *ich* staue *es* auf (habe aufgestaut), halte zurück: *aufgestaute Gefühle.* **Aufstauung** *die.*

aufstechen, *ich* steche *es* auf (stach auf, habe aufgestochen), **1)** öffne mit einem Stich, z. B. Eiterblasen. **2)** ∪ finde, entdecke: *er hat ein Komplott aufgestochen.*

aufstecken [mhd. ufstechen], *ich* stecke *es* auf (habe aufgesteckt), **1)** befestige auf etwas: *ich stecke das Haar auf; ihm wurde ein Licht aufgesteckt,* ∪ eine Sache deutlich gemacht. **2)** ∪ gebe auf, verzichte: *er hat den Plan aufgesteckt.*

aufstehen [mhd. ufstan], *ich* stehe auf (bin aufgestanden), **1)** stelle mich auf die Füße, erhebe mich. **2)** verlasse das Bett: *morgen mußt du früh aufstehen.* **3)** *gegen ihn,* ∪ lehne mich auf, empöre mich. **4)** *die Tür steht auf* (hat aufgestanden), ∪ ist offen.

aufsteigen [ahd. ufstigan], *ich* steige auf (bin aufgestiegen), **1)** besteige ein Reittier, Fahrzeug. **2)** komme höher: *Rauch steigt auf; er stieg zum Abteilungsleiter auf,* wurde befördert; *aufsteigende Linie,* zusammenfassend für Eltern, Großeltern, Urgroßeltern. **3)** *ein Vogel, Flugzeug steigt auf,* erhebt sich in die Luft. ✂ wechsle in eine höhere Leistungs- oder Spielklasse. **Aufsteiger** *der,* **1)** Emporkömmling. **2)** ✂ ∪ aufsteigende Mannschaft.

aufstellen [mhd. ufstellen ›sich emporrichten‹], *ich* stelle auf (habe aufgestellt), **1)** *es,* richte, baue an seinem Platz auf: *wir haben den Schrank noch nicht aufgestellt.* **2)** *ihn, es,* mache, stelle zusammen, errichte; setze an eine bestimmte Stelle: *ich stelle Behauptungen, eine Rechnung, ein Programm, einen Rekord, eine Mannschaft auf; er wurde als Kandidat für die nächste Wahl aufgestellt.* **3)** *mich,* stehe wartend: *wir stellten uns an der Straße auf, um den Präsidenten zu sehen.* **Aufstellung** *die: die Mannschaft spielt in folgender A.* (Fußball); *eine A. aller Mitarbeiter, über die Einnahmen,* eine Liste; *wir nehmen A., stellen uns auf.*

aufstemmen, *ich* stemme auf (habe aufgestemmt), **1)** *es,* öffne durch Stemmen oder mit dem Stemmeisen. **2)** *mich,* stütze mich auf.

Aufstieg [mhd. ufstic] *der, -(e)s/-e,* **1)** das Aufwärtssteigen; Weg auf einen Berg. **2)** ∪ Verbesserung: *sozialer A.; beruflicher A.; sein A. vom Facharbeiter zum Direktor; Aufstiegsspiel* (Fußball). **Aufstiegsmöglichkeit** *die,* Chance, sich zu verbessern: *in dieser Stellung hat er keine A.*

aufstöbern [mhd. ufstieben ›wie Staub auffliegen‹], *ich* stöb(e)re *es* auf (habe aufgestöbert), **1)** spüre auf, finde: *wo hast du dieses Buch aufgestöbert?* **2)** *ein Hund stöbert Wild auf,* 🐦 jagt es aus dem Versteck.

aufstocken, *ich* stocke *auf* (habe aufgestockt), **1)** *ein Haus,* setze ein Stockwerk auf. **2)** *es,* ∪ erhöhe (Kapital, Kredit). **Aufstockung** *die, -/-en.*

aufstöhnen, *ich* stöhne auf (habe aufgestöhnt), seufze tief auf.

Aufstoß *der,* Aufprall. **aufstoßen** [mhd. ufstozen], *ich* stoße auf (stieß auf, habe aufgestoßen), **1)** *es,* setze heftig auf eine Fläche auf. **2)** *es,* öffne mit einem Ruck (Tür, Fenster). **3)** *mich, es, mir,* verletze beim Aufprallen auf eine Fläche. **4)** rülpse, lasse plötzlich Luft durch die Speiseröhre in den Mund entweichen. **5)** (bin aufgestoßen), stoße auf Grund. **6)** *es stößt mir auf* (ist aufgestoßen), ∪ fällt mir auf.

aufstreben [mhd. ufstreben], *ich* strebe auf (habe aufgestrebt), bemühe mich um ein höheres Ziel: *ein aufstrebender junger Mann; eine aufstrebende Stadt.*

aufstreichen, *ich* streiche *es* auf (habe aufgestrichen), streiche darauf, z. B. Butter auf das Brot.

aufstreifen, *ich* streife *es* auf (habe aufgestreift), ziehe hoch, krempele auf: *aufgestreifte Ärmel.*

Aufstrich *der,* **1)** bei Streichinstrumenten: Strich nach oben. **2)** Butter, Marmelade u. ä. auf Brot: *Brotaufstrich.* **3)** Haarstrich (beim Schreiben).

Aufstrom *der, -(e)s,* hochsteigende Luft, hochsteigendes Wasser.

aufstülpen [zu Stulpe], *ich* stülpe *es* auf (habe aufgestülpt), wölbe hoch, werfe auf: *mit aufgestülpten Lippen.*

aufstützen [mhd. ufstützen ›aufstauen‹, ›aufsteigen‹], *ich* stütze *mich, es* auf etwas auf (habe aufgestützt), lehne, ruhe darauf: *er stützt die Arme auf den (dem) Tisch auf.*

aufsuchen, *ich* suche *auf* (habe aufgesucht), **1)** *ihn, es,* gehe hin, besuche: *ich suche einen Arzt, ein Gasthaus auf.* **2)** *es,* sehe, schlage nach (Textstelle). **3)** *es,* hebe auf, z. B. Stecknadeln vom Boden. **4)** erkunde Bodenschätze.

auftafeln, *ich* taf(e)le *(es)* auf (habe aufgetafelt), bringe reichlich Speisen auf die Tafel.

auftakeln, *ich* tak(e)le *auf* (habe aufgetakelt), **1)** *ein Schiff,* versehe mit Takelage. **2)** *mich, ihn,* ∪ putze übermäßig auf: *eine aufgetakelte Person.* **Auftak(e)lung** *die.*

Auftakt *der,* **1)** ♪ unvollständiger Takt am Beginn eines Musikstückes, ABB. N 10. **2)** Metrik: Teil des Verses, der der ersten Hebung vorausgeht, ÜBERS. M 14. **3)** ∪ Eröffnung: *zum Festauftakt.*

auftanken, *ich* tanke *(es)* auf (habe aufgetankt), **1)** fülle Treibstoff auf. **2)** ∪ schöpfe wieder Kraft.

auftauchen, *ich* tauche *auf* (bin aufgetaucht), **1)** komme wieder an die Oberfläche des Wassers. **2)** ∪ erscheine, bin plötzlich da: *er ist plötzlich bei uns aufgetaucht.*

auftauen, *ich* taue *auf* (bin aufgetaut), **1)** (bin aufgetaut) freundlich, mitteilsam zu werden. **2)** (habe aufgetaut) *es,* lasse Gefrorenes schmelzen. **3)** *es* taut auf (ist aufgetaut), schmilzt (Eis, Schnee).

aufteilen, *ich* teile *es* auf (habe aufgeteilt), verteile restlos; teile in verschiedene Gruppen ein. **Aufteilung** *die.*

auftischen, *ich* tische *es* auf (habe aufgetischt), **1)** bringe auf den Tisch, serviere. **2)** ∪ erzähle: *ich lasse mir keine Lügen auftischen.*

Auftrag *der, -(e)s/ᵘᵉ,* **1)** zugeteilte Arbeit; Anweisung dafür: *ich bekomme, erteile, gebe den A. zu etwas.* **2)** ⚙ Abschluß eines Lieferungsvertrages, Bestellung: *Auftragsbestätigung; Auftragslage; Auftraggeber.* **3)** *im A. (des, von ...),* Abk.: i. A., im Namen, auf Weisung. **4)** Schicht: *Farbauftrag.* **5)** Längsfäden (Weberei). **auftragen** [mhd. uftragen], *ich* trage auf (trug auf, habe aufgetragen), **1)** *es,* nutze ab (Kleidung). **2)** *es,* streiche auf (Farben): *er hat dick aufgetragen,* ∪ stark übertrieben. **3)** *das Essen,* bringe auf den Tisch. **4)** *ihm,* ∪ sage ihm, er solle ihm etwas weitersagen, mache zur Pflicht: *ich hatte ihm einen Gruß an dich aufgetragen; ihm wurde aufgetragen, die versäumte Zeit nachzuarbeiten.* **5)** *es trägt auf,* läßt dick erscheinen: *dieses Kleid trägt auf.*

auftreffen, *ich* treffe auf *ihm, etwas an* (traf auf, bin aufgetroffen), pralle an, setze, schlage auf eine Fläche auf.

auftreiben [mhd. uftriben], *ich* treibe *es* auf (habe aufgetrieben), **1)** wirbele auf, treibe in die Höhe. **2)** ∪ finde, weiß zu beschaffen: *diesen Stoff konnte ich nicht mehr auftreiben.* **3)** blähe, pumpe auf, erweitere durch inneren Druck: *Gase, die den Körper auftreiben.*

auftrennen [mhd. uftrennen], *ich* trenne *es* auf (habe aufgetrennt), löse die Nähte wieder, ziehe Gestricktes oder Gehäkeltes auf: *aufgetrennte Nähte.*

auftreten [mhd. uftreten], *ich* trete auf (trat auf, bin, habe aufgetreten), **1)** *es,* öffne durch Treten: *er hat die Tür aufgetreten.* **2)** setze den Fuß: *er ist (hat) fest aufgetreten.* **3)** (bin aufgetreten), erscheine, komme, bes. auf die Bühne: *er tritt als Zeuge auf; sie ist im Zirkus aufgetreten.* **4)** benehme mich: *tritt selbstsicher auf.* **5)** *es tritt auf,* kommt vor: *dieser Virus ist nur vereinzelt aufgetreten.*

Auftrieb *der,* **1)** ∪ Anregung, die zu Leistungen ermutigt: *dieser Erfolg gab ihm neuen A.* **2)** Kräfte entgegen der Schwerkraft, die durch Druckunterschiede entstehen: *dynamischer A.; Auftriebskraft.* **3)** das Hinauftreiben des Viehs auf die Alm. **4)** zum Verkauf gestellte Tiere.

Auftritt [mhd. uftrit ›Höhe‹] *der,* **1)** bewegter Wortwechsel, Streitgespräch: *er hatte einen heftigen A. mit seiner Wirtin.* **2)** das Erscheinen eines Darstellers auf der Bühne. **3)** Bühne: Szene. **4)** oberer Abschluß einer Treppenstufe, ABB. T 17.

auftrumpfen, *ich* trumpfe auf (habe aufgetrumpft), **1)** spiele Trumpf. **2)** (habe aufgetrumpft) *gegen ihn,* ∪ zeige mich ihm überlegen, triumphiere, überbiete ihn.

auftun [mhd. ufintuon], *ich* tue *es, auf* (tat auf, habe aufgetan), **1)** öffne, eröffne: *ungeahnte Möglichkeiten tun sich auf.* **2)** ∪ finde, schaffe mir an: *er hat bereits neue Freunde aufgetan.*

auftürmen, *ich* türme *es* auf (habe aufgetürmt), schichte hoch auf, sammle an: *die Arbeit türmt sich auf,* ∪.

auf und ab, ohne Ziel hin und her; hoch und tief: *wir wollen ein wenig auf und ab gehen;* aber: *es ist ein ewiges Auf und Ab; hier ist kein Platz zum Aufundabgehen.*

auf und davon, weg, verschwunden: *er ist auf und davon gegangen, hat sich auf und davon gemacht,* ∪.

auf und nieder, auf und ab.

aufwachen, *ich* wache *auf* (bin aufgewacht), werde wach.

aufwachsen [mhd. ufwahsen], *ich* wachse auf (wuchs auf, bin aufgewachsen) *in einem Ort,* verbringe Kindheit und Jugendzeit dort.

aufwallen [mhd. ufwallen], *es* wallt auf (ist aufgewallt), wallt in die Höhe: *ins kochende Wasser geben und kurz aufwallen lassen* (Rezept); *Zorn wallte in ihm auf,* ∪. **Aufwallung** *die, -,* ∪ plötzlich aufkommendes Gefühl: *in einer A. von Mitleid.*

aufwältigen, *ich* wältige *es* auf (habe aufgewältigt), ⚒ richte zusammengebrochene Grubenschächte auf.

Aufwand *der, -(e)s,* **1)** die zu etwas nötigen Mittel, Aufwendungen: *Energieaufwand; Kostenaufwand.* **2)** große Ausgaben, Prachtentfaltung: *er treibt zuviel A.* **3)** übertrieber Einsatz: *Stimmaufwand, das Schreien.* **Aufwandsentschädigung** *die,* Vergütung für dienstlich veranlaßten Aufwand.

aufwärmen, *ich* wärme *auf* (habe aufgewärmt), **1)** *es,* wärme nochmals: *aufgewärmte Speisen.* **2)** *es,* ∪ bringe erneut ins Gedächtnis zurück: *aufgewärmte Erinnerungen, Probleme.* **3)** *mich,* mache mich warm, z. B. durch gymnast. Übungen.

Aufwartefrau *die,* Haushaltshilfe auf Stunden. **aufwarten** [mhd. ufwarten ›acht haben auf‹, ›dienen‹], *ich* warte auf (habe aufgewartet), **1)** *bei ihm,* bediene ihn. **2)** *ihm damit, kann es geben: damit kann ich nicht aufwarten.* **3)** *ihm,* besuche ihn, stelle mich vor. **Aufwärter** *der, -s/-,* **Aufwärterin** *die, -/-nen,* Diener(in), Kellner(in).

aufwärts [mhd. ufwert, eigtl. ›nach oben gewendet‹], nach oben gerichtet, empor: *der Weg soll a. gehen;* aber: *es wird auch wieder aufwärtsgehen,* ∪ besser werden: *Aufwärtsentwicklung; Aufwärtsstrend.* **Aufwärtshaken** *der,* ein aufwärts gerichteter Schlag beim Boxen.

Aufwartung *die, -/-en,* **1)** Höflichkeitsbesuch: *ich werde ihm meine A. machen.* **2)** Hausarbeit auf Stunden gegen Bezahlung. **2)** Aufwartefrau.

Aufwasch *der, -(e)s,* **1)** der Abwasch. **2)** *in einem A.,* ∪ alles auf einmal. **aufwaschen,** *ich* wasche *(es)* auf (wusch auf, habe aufgewaschen), reinige das Geschirr.

aufwecken, *ich* wecke *ihn* auf (habe aufgeweckt), störe aus dem Schlaf; vgl. aufgeweckt.

aufweichen, **1)** *ich* weiche *es* auf (habe aufgeweicht), mache weich: *der Regen hat den Weg aufgeweicht.* **2)** *es* weicht auf (ist aufgeweicht), wird weich. **Aufweichung** *die, -/-en.*

aufweisen, *ich* weise *es* auf (habe aufgewiesen), besitze, verfüge darüber: *er hat gute Vornoten aufzuweisen.*

aufwenden, *ich* wende *es* auf (habe aufgewendet oder aufgewandt), zahle, gebe aus, leiste. **aufwendig,** kostspielig. **Aufwendung** *die,* **1)** Ausgabe. **2)** Leistung, Aufbietung. **3)** nur Pl., ⚙ Aufwand, Verbrauch an Gütern, Leistungen, Steuern u. a.

aufwerfen [mhd. ufwerfen], *ich* werfe auf (warf auf, habe aufgeworfen), **1)** *es,* bringe zur Sprache: *diese Frage wurde in der Diskussion aufgeworfen.* **2)** *es,* häufe, schichte auf. **3)** *es,* bewege in die Höhe, wölbe: *aufgeworfene Lippen.* **4)** *mich zu etwas,* ermächtige mich dazu: *er hat sich zum Sittenrichter aufgeworfen.*

aufwerten, *ich* werte auf (habe aufgewertet), **1)** *es,* erhöhe den Wechselkurs der eigenen Währung. **2)** *es,* erhöhe nachträg-

A 23

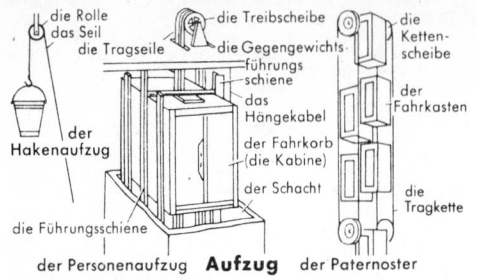

die Rolle
das Seil
die Tragseile
die Treibscheibe
die Gegengewichts-
führungs-
schiene
die Ketten-
scheibe
das
Hängekabel
der
Fahrkasten
der
Hakenaufzug
der Fahrkorb
(die Kabine)
der Schacht
die
Tragkette
die Führungsschiene
der Personenaufzug **Aufzug** der Paternoster

lich den Nennbetrag einer Geldschuld, die durch Geldentwertung abgewertet wurde. 3) *ihn, es,* Ü lasse im Ansehen steigen: *der Jugendstil wurde in den letzten Jahren aufgewertet.* **Aufwertung** *die.*

aufwickeln, *ich* wick(e)le *es* auf (habe aufgewickelt), wickele zu einer Rolle, zu einem Knäuel, ABB. W 12: *ich will das Garn aufwickeln.* **Aufwickler** *der,* ABB. W 3.

Aufwiegelei *die, -/-en,* 1) Aufhetzung. 2) Aufforderung zum Aufstand, zur Verweigerung des Gehorsams. **aufwiegeln** [zu mhd. wigelen ›wanken‹, ahd. wegan ›wankend machen‹], *ich* wieg(e)le *ihn* auf (habe aufgewiegelt). **Aufwieg(e)lung** *die, -/-en.*

aufwiegen, *ich* wiege *es* auf (habe aufgewogen), Ü biete vollen Ersatz dafür: *du bist nicht mit Gold aufzuwiegen,* unersetzbar.

Aufwiegler *der, -s/-,* jemand, der andere aufwiegelt. **aufwieglerisch. Aufwiegelung** *die, -/-en,* Aufwiegelung.

Aufwind *der,* aufwärts gerichtete Luftströmung.

aufwirbeln, *ich* wirb(e)le auf, 1) (habe aufgewirbelt), lasse in die Höhe wehen: *die Sache hat viel Staub aufgewirbelt,* Ü großes Aufsehen erregt. 2) *es* wirbelt auf (ist aufgewirbelt), fliegt wirbelnd hoch.

aufwischen [mhd. ufwischen], *ich* wische *es* auf (habe aufgewischt), trockne, reinige durch Wischen (Fußboden): *Aufwischlappen.*

Aufwuchs *der, -es/ᵘe,* 1) ⚘ junger Wald. 2) *ohne Pl.,* Nachkommenschaft.

aufwühlen, *ich* wühle *es* auf (habe aufgewühlt), 1) reiße durch Wühlen, Graben auf: *die Wildschweine wühlten den Boden auf.* 2) Ü rühre auf, bringe schmerzlich in Erinnerung: *ein aufwühlendes Erlebnis.*

Aufwurf *der,* Aufschüttung.

aufzählen, *ich* zähle *es* auf (habe aufgezählt), nenne einzeln, der Reihe nach. **Aufzählung** *die.*

aufzäumen [zu Zaum], *ich* zäume *ein Tier* auf (habe aufgezäumt), zäume es: *er zäumt das Pferd beim (am) Schwanz auf,* Ü beginnt eine Sache falsch.

aufzehren, *ich* zehre *es* auf (habe aufgezehrt), P verzehre, verbrauche alles: *die Krankheit zehrt seine Kräfte (sein Vermögen) auf.* **Aufzehrung** *die, -.*

aufzeichnen, *ich* zeichne *es* auf (habe aufgezeichnet), 1) zeichne auf ein Stück Papier. 2) schreibe auf. 3) speichere in Bild und Ton: *die Theateraufführung wurde für das Fernsehen aufgezeichnet.* **Aufzeichnung** *die.*

aufzeigen [mhd. ufzeigen], *ich* zeige *es* auf (habe aufgezeigt), mache namhaft; beweise; führe vor.

aufziehen [mhd. ufziehen], *ich* ziehe *es* auf (habe aufgezogen), 1) *es,* öffne, z. B. eine Schublade, einen Vorhang. 2) *es,* spanne die Feder (an Uhren u. a.); spanne auf: *ich muß auf der Geige eine neue Saite aufziehen; er will ganz andere Saiten aufziehen,* Ü energischer durchgreifen. 3) *es,* klebe auf, z. B. Karten auf Leinwand. 4) *ihn,* erziehe, pflege: *sie hat das Kind ihrer Schwester aufgezogen.* 5) *ihn,* Ü ärgere, necke. 6) *es,* U setze ins Werk: *die Veranstaltung wurde groß aufgezogen.* 7) *eine Pflanze zieht es auf* (ist aufgezogen), wird durch Frieren des Bodens aus der Verwurzelung gerissen. 8) *es zieht auf* (ist aufgezogen), kommt heran: *ein Gewitter zieht auf.* **Aufzucht** [mhd. ufzuht ›das Aufziehen‹, ›Hinaufziehen‹] *die, -,* das Großziehen von Tieren und Pflanzen, auch deren Nachkommenschaft. **Aufzug** [mhd. ufzuc›Vorrichtung zum Aufziehen‹] *der,* 1) Festzug, Aufmarsch. 2) Aufmachung: *in unordentlichem A.* 3) Akt, größerer Abschnitt eines Bühnenstückes. 4) Förderanlage für Personen oder Lasten, ABB. A 23. 5) Weberei: Gesamtheit der Kettfäden.

aufzwingen, *ich* zwinge *es ihm* auf (zwang auf, habe aufgezwungen), nötige ihn, es zu nehmen.

Aug., Abk. für: August (Monat).

Augapfel [mhd. ougapfel] *der,* 1) Teil des Auges, ABB. A 24. 2) *ohne Pl.,* Ü Kostbarkeit: *er hütet es wie seinen A.* **Auge** [ahd. ouga] *das, -s/-n,* 1) Sehorgan, ABB. A 24: *sie ist ganz A.,* im Schauen verloren; *er soll mir nicht vor Augen kommen!,* begegnen; *ich schaue ihm ins A.,* blicke ihn fest an, Ü begegne ihm kühn; *A. um A., Zahn um Zahn,* B Gleiches soll mit Gleichem vergolten werden; *das A. des Gesetzes,* Ü Polizei, Polizist. 2) Ü Fähigkeit zum Betrachten, einen sicheren Blick; *man sollte ihm die Augen öffnen,* Ü ihn aufklären. 3) Punkt, Tupfen, z. B. am Pfauenschwanz, Fetttropfen auf der Suppe. 4) Punkt, Zahl auf Spielkarten, Würfeln, ABB. D 9, W 16. 5) Glanz, Schein (Edelstein, Taft, Seide): *das A. des Tages,* P die Sonne. 6) Loch, Öhr, vgl. ABB. A 15. 7) runde Fensteröffnung: *Bullauge.* 8) Schleife, Masche. 9) Öse in einer Tauschlinge, ABB. K 31. 10) ⚘ Knospe, Knospenansatz. 11) vertieftes Buchstabenbild der Matrize. 12) Meteorologie: windstilles Zentrum eines Tiefdruckgebiets. **Äugelchen, Äug(e)lein** *das, -s/-.* **äugeln** [mhd. ougeln], *ich* äug(e)le (habe geäugelt), 1) *mit ihm,* tausche Blicke, zwinkere ihm zu. 2) *es,* ⚘ veredele, okuliere. **äugen** [mhd. ougen ›vor Augen bringen‹, ›zeigen‹], *ich* äuge (habe geäugt) *nach ihm,* blicke vorsichtig, spähe. **Augenbank** *die,* Einrichtung zum Bereithalten von konservierten menschlichen Augen für Hornhautüberpflanzungen. **Augenblick** [mhd. ougenblic] *der,* 1) kurzer Zeitraum: *im A.,* sofort, blitzschnell. 2) bestimmter Zeitpunkt: *in diesem A.,* jetzt; da(mals). **augenblicklich,** 1) sofort(ig): *Hilfe ist a. notwendig.* 2) jetzt, gegenwärtig: *die augenblickliche Lage.* 3) vorübergehend. **augenblicks,** sofort. **Augenbraue** [mhd. ougebra] *die,* Braue. **Augendeckel** *der,* Lid. **Augendiagnose** *die,* die wissenschaftlich unbewiesene Feststellung von Krankheiten aus der Regenbogenhaut. **augenfällig,** leicht sichtbar, auffällig. **Augenfalter** *der,* ein Tagfalter. **Augenglas** *das,* Brille, Monokel, Fernrohr. **Augenlicht** *das, -(e)s,* P Sehvermögen: *mein A.,* Ü mein Liebstes. **Augenmaß** *das, -es,* Fähigkeit, Größen zu schätzen: *nach A.,* durch bloßes Ansehen geschätzt. **Augenmerk** *das, -(e)s: er will sein A. darauf richten,* aufpassen, es beachten. **Augenpulver** *das, -s,* Ü die Augen Schädigendes, bes. kleine Schrift. **Augenpunkt** *der,* Projek-

A 24

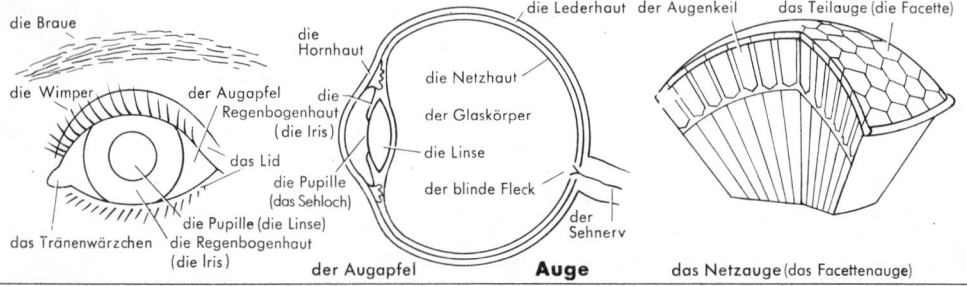

die Braue
die Hornhaut
die Lederhaut der Augenkeil das Teilauge (die Facette)
die Wimper
der Augapfel
die Regenbogenhaut (die Iris)
die Netzhaut
der Glaskörper
die Linse
das Lid
die Pupille (das Sehloch)
der blinde Fleck
das Tränenwärzchen
die Pupille (die Linse)
die Regenbogenhaut (die Iris)
der Augapfel **Auge** das Netzauge (das Facettenauge)
der Sehnerv

tionszentrum in der Perspektive, ABB. P 6. **Augenringe, Augenschatten,** *Pl.*, dunkle Hautverfärbung unter den Augen. **Augenschein** *der, -(e)s,* **1)** (Prüfung durch) eigenes Anschauen: *du solltest es selbst in A. nehmen; Augenscheinseinnahme,* ⚥. **2)** äußerer Schein: *der A. trügt.* **augenscheinlich,** anscheinend; offenbar: *er hat sich a. getäuscht.* **Augenspiegel** *der,* ärztl. Gerät zur Untersuchung des Augenhintergrundes. **Aug(en)sprosse** *die,* unterste Sprosse am Geweih, ABB. G 21. **Augentrost** *der,* **1)** ein Rachenblüter. **2)** *mein A.,* Ü mein Liebstes. **Augenwasser** *das,* **1)** flüssige Augenarznei. **2)** P Tränen. **Augenweide** *die,* erfreulicher Anblick. **Augenwischerei** *die, -,* Ü Täuschung, Betrug. **Aug(en)zahn** *der,* oberer Eckzahn. **Augenzeuge** *der,* Beobachter eines Vorgangs: *Augenzeugenbericht.*

Augiasstall [nach König Augias der Herkulessage] *der,* große Unordnung, Verschmutzung.

. . .äugig, mit einer bestimmten Art oder Zahl von Augen: *blauäugig; einäugig.*

Augit [grch. auge ›Glanz‹] *der, -s/-e,* Mineral, Pyroxen.

Äuglein *das, -s/-,* Diminutiv zu Auge.

Augment [lat. augmentum ›Zuwachs‹] *das, -s/-e,* in einigen indogerman. Sprachen das e vor dem Verb zur Bez. von Vergangenheitsformen. **Augmentation** *die, -/-en,* **1)** Vergrößerung. **2)** ♪ Verlängerung eines Notenwertes. **3)** ♪ Vergrößerung von Motiven oder Themen. **Augmentativ** *das, -s/-e,* **Augmentativum** *das, -s/. . .va,* Ⓢ durch ein Suffix gebildete Vergrößerungsform bei Substantiven und Adjektiven, z. B. Unmenge. **augmentieren,** *ich* augmentiere (habe augmentiert) *es,* vermehre, vergrößere.

Augspleiß *der,* ABB. K 31. **Augsproß** *der,* **Augsprosse** *die,* Augensprosse, ABB. G 21.

Augur [lat. ›Vogeldeuter‹; ›Weissager‹] *der, -s* oder *. . .g'uren/. . .g'uren,* altröm. Priester, der aus bestimmten Vorzeichen den Willen der Götter zu erforschen hatte. **Augurenlächeln** *das, -s,* Lächeln Eingeweihter über die Leichtgläubigkeit der Menge.

August [nach Augustus, lat. ›der Erhabene‹, zu augere ›vermehren‹, Ehrenname des röm. Kaisers Gaius Octavianus] *der, -(e)s* oder *-/-e,* Abk.: Aug., der achte Monat des Jahres, ÜBERS. J 2: *in der Mitte des August(e)s* oder *A.,* aber ohne Artikel nur: *Mitte A.; Anfang des August(e)s* oder *A.,* aber: *Anfang A.* **August** *der, -(e)s/-e,* Spaßmacher, Clown: *der dumme A.* **August,** männl., **Augusta, Auguste,** weibl. Vornamen. **augusteisch,** Kaiser Augustus (63 v. Chr. bis 14 n. Chr.) bezüglich, ÜBERS. A 4, C.

Augustiner [nach dem hl. Augustinus, 354–430] *der, -s/-,* Mönch des Augustinerordens.

Augzahn *der,* Augenzahn.

Auktion [lat. auctio, Gen. auctionis] *die, -/-en,* Versteigerung. **Auktionator** *der, -s/. . .t'oren,* Versteigerer. **auktionieren,** *ich* auktioniere (habe auktioniert) *es.*

Aul [auch aul] *der, -s/-e,* Sippenverband bei zentralasiat. Türkvölkern; deren Siedlung.

Aula [lat., aus grch. aule] *die, -/. . .len,* auch *-s,* **1)** Festsaal in Schule und Universität. **2)** Lichthof des altgrch. Hauses. **3)** in der röm. Kaiserzeit Palast und Hofhaltung eines Fürsten. **4)** Vorhof, dann auch Kirchenschiff der altchristl. Basilika.

Auletik [grch.] *die, -,* Musik für Auloi. **Aulos** *der, -/. . .l'oi,* altgriech. Doppeloboe aus zwei Einzelrohren.

au naturel [onatyr'εl, frz. ›nach der Natur‹], ohne künstl. Zusatz (Speisen, Getränke).

au pair [op'ε:r, frz.], von gleichem Wert; auf Gegenleistung. **Au-pair-Mädchen** *das,* junges Mädchen, das gegen Verpflegung, Unterkunft, Taschengeld im Ausland bei Familien im Haushalt arbeitet, um die Landessprache zu erlernen.

au porteur [opɔrt'œ:r, frz.], 🔲 auf den Inhaber ausgestellt (Wertpapier).

Aura [lat.] *die, -,* **1)** Luft, Hauch. **2)** Ü von einem Menschen ausgehende Wirkung, Ausstrahlung. **3)** ✚ seelische oder körperl. Empfindungen vor Krampfanfällen. **4)** Okkultismus: ein angeblich lichtartiger Schein um lebende Wesen.

Aurea mediocritas [lat. ›das goldene Mittelmaß‹] *die, - -,* der goldene Mittelweg.

Aurelie [-iə], weibl., **Aurelius** [lat., nach dem röm. Geschlechtsnamen Aurelius], männl. Vorname.

Aureole [lat. aureolus ›golden‹] *die, -/-n,* **1)** Heiligenschein, ABB. H 13. **2)** Mond-, Sonnenhof. **3)** ⚒ warnende Lichterscheinung in Grubenlampen. **4)** ☇ heller oder farbiger Hof oder Saum um Lichtquellen.

Auriculotherapie [lat. auricula ›Öhrchen‹, zu auris ›Ohr‹] *die,* ✚ Verfahren der Akupunktur für die Ohrmuschel.

Aurignacien [orinasi'ε̃, nach dem Fundort Aurignac in Südfrankreich] *das, -(s),* Stufe der Altsteinzeit. **Aurignacmensch** [orin'ak-] *der,* eine späteiszeitl. Menschenform.

Aurikel [lat. auricula ›Öhrchen‹, zu auris ›Ohr‹, wegen der Form des Blattes] *die, -/-n,* eine Schlüsselblume. **aurikular,** die Ohren betreffend.

Auripigment [lat. aurum ›Gold‹ und Pigment] *das, -s,* ein gelbes Arsenmineral.

Aurora, römische Göttin der Morgenröte.

Aurum [lat.] *das, -(s),* das Gold.

aus [ahd. uz] Präposition, ÜBERS. P 21, **1)** von . . . her (örtlich), verlassend: *a. dem Haus; sie stammt a. Hamburg; ich habe ihn a. den Augen verloren,* Ü ihn lange nicht gesehen, auch nichts von ihm gehört. **2)** von . . . her (zeitlich): *a. dem Mittelalter.* **3)** infolge (von): *a. diesem Anlaß; a. Liebe.* **4)** die Beschaffenheit, das Material angebend: *a. Kunststoff; wie a. einem Guß,* Ü einheitlich gestaltet. **aus,** Adverb, **1)** heraus, hinaus: *er soll bei ihm ein und a. gehen,* Ü eng mit ihm befreundet sein; *aber: aus- und eingehende Waren; ich weiß weder a. noch ein,* Ü bin ratlos. **2)** Ⴑ zu Ende: *a.!,* Schluß! **3)** Ⴑ ausschalten: *Licht a.!* **4)** von . . . aus, vgl. von.

aus . . ., in Verbindung mit Verben trennbar zusammengesetzt, **1)** hervor, das Innere verlassend: *ausschwitzen; ausströmen.* **2)** hinaus, weg: *ausfahren; ausreiten.* **3)** zu Ende: *auslernen; es wird aussein,* U. **4)** allerseits, rundum: *ausschmükken; austäfeln.* **5)** eine Wahl treffend: *ausgesuchte Ware:* vgl. ausarbeiten.

Aus *das, -,* ✂ **1)** Bereich außerhalb des Spielfeldes: *Ausball.* **2)** Boxen: Ende des Kampfes wegen Kampfunfähigkeit.

ausarbeiten [mhd. uzarbeiten], *ich* arbeite aus (habe ausgearbeitet), **1)** es, mache fertig; vollende formal. **2)** *mich,* verschaffe mir körperl. Bewegung. **Ausarbeitung** *die, -/-en.*

ausarten, *es* artet aus (ist ausgeartet), entartet, gerät außer Kontrolle: *die Demonstration artete zu blutigen Zusammenstößen aus.* **Ausartung** *die, -/-en.*

ausatmen, *ich* atme *Luft* aus (habe ausgeatmet), stoße durch Nase oder Mund aus. **Ausatmung** *die.*

ausbacken, *ich* backe *es* aus (habe ausgebacken), backe völlig gar: *gut ausgebackenes Brot.*

ausbaden [eigtl. ›zu Ende baden‹], *ich* bade *es* aus (habe ausgebadet), trage die Folgen (für fremde Schuld): *er muß den Fehler seines Bruders ausbaden.*

ausbaggern, *ich* bagg(e)re *es* aus (habe ausgebaggert), reinige den Grund mit dem Bagger aus: *der verschlammte Hafen wird ausgebaggert.* **Ausbaggerung** *die.*

ausbaken, *ich* bake *es* aus (habe ausgebakt), niederdt.: belege ein Fahrwasser mit Baken.

ausbalancieren [-balãsi:-], *ich* balanciere *es* aus (habe ausbalanciert), **1)** gleiche aus (Gewichte einer Waage). **2)** Ü bringe ins Gleichgewicht (Interessen, militärische Kräfte, politische Mächte).

ausbaldowern, *ich* baldow(e)re *es* aus (habe ausbaldowert), U kundschafte eine Gelegenheit zum Diebstahl aus.

Ausbau *der, -(e)s/-ten,* **1)** ohne *Pl.,* das Ausbauen, Herausnehmen: *der A. des Motors.* **2)** ohne *Pl.,* Ausführung, Vervollkommnung, Erweiterung: *der A. des Straßennetzes, der sozialen Sicherheit.* **3)** 🔲 alle Arbeiten, die nach Fertigstellung des Rohbaus folgen: *Innenausbau.* **4)** Abbau, abseits gelegenes Gehöft. **5)** ⚒ Sicherung, Stützung von Gruben: *Grubenausbau.* **6)** Weinbau: geschmackliche Weiterentwicklung des Weins bis zum qualitativen Höhepunkt.

ausbauchen, *ich* bauche *es* aus (habe ausgebaucht). **Ausbauchung** *die,* ausgeweitete Rundung eines Hohlkörpers.

ausbauen, *ich* baue *es* aus (habe ausgebaut), **1)** nehme heraus, z. B. einen Motor. **2)** erweitere durch Bauen: *das Dachgeschoß kann noch ausgebaut werden.* **3)** Ü vollende in allen Einzelheiten, erweitere, vervollkommne: *ein gut ausgebautes Schulsystem.* **4)** Weinbau: behandle und lasse reifen bis zum qualitativen Höhepunkt (Wein).

ausbedingen [mhd. uzbedingen], *ich* bedinge *es mir* aus (bedang aus, habe ausbedungen), verlange für mich, sichere mir: *er hat sich das Vorkaufsrecht ausbedungen.*

ausbeißen [mhd. uzbizen], *ich* beiße *es mir* aus (biß aus, habe ausgebissen), verletze durch Beißen (Zahn): *er hat sich daran die Zähne ausgebissen,* Ü sich vergeblich abgemüht, eine Aufgabe zu lösen.

ausbessern, *ich* bessere, beßre *es* aus (habe ausgebessert), beseitige Schäden, repariere. **Ausbesserung, Ausbeßrung** *die: Ausbesserungsarbeiten.*

ausbeulen, *ich beule es aus* (habe ausgebeult), **1)** verbeule: *eine ausgebeulte Hose.* **2)** beseitige Beulen: *ich lasse die Motorhaube ausbeulen.*

Ausbeute *die,* Ertrag, Gewinn: *die A. an Erzen; die wissenschaftliche A.* **ausbeuten** [zu Beute], *ich beute aus* (habe ausgebeutet), **1)** *es,* ziehe Nutzen, z. B. aus einem Bergwerk. **2)** *ihn,* nutze seine Arbeitskraft unmäßig aus. **Ausbeuter** *der, -s/-,* jemand, der andere Menschen ausnutzt, ausbeutet. **Ausbeuterei** *die, -/-en,* rücksichtslose Ausnutzung. **Ausbeutung** *die, -/-en,* **1)** Nutzung. **2)** Ausbeuterei.

ausbiegen, *ich biege ihm aus* (bin ausgebogen), U weiche aus, mache ihm Platz.

ausbieten [mhd. uzbieten ›auffordern‹], *ich biete es aus* (habe ausgeboten), halte zum Verkauf feil. **Ausbietung** *die, -:*

ausbilden [mhd. uzbilden ›eine Nachbildung davon zeigen‹], *ich bilde aus* (habe ausgebildet), **1)** *ihn,* schule (für einen Beruf, für besondere Aufgaben). **2)** *es,* gestalte, forme. **Ausbildende** *der, die, -n/-n, ein -r, eine -,* jemand, der einen anderen zur Berufsausbildung einstellt, teilweise auch ausbildet. **Ausbilder** *der, -s/-,* schweiz.: **Ausbildner** *der, -s/-,* jemand, der einen anderen ausbildet. **Ausbildung** *die,* **1)** Lernjahre, Berufsbildung, Schulung für besondere Aufgaben: *die A. zum Handwerker; Berufsausbildung; anerkannte Ausbildungsberufe.* **2)** Gestaltung, Formung: *die A. des Gerätes.* **Ausbildungsbeihilfe** *die,* finanzielle Unterstützung während der Ausbildung. **Ausbildungsgang** *der,* Verlauf der Ausbildung.

Ausbiß *der,* ⊕ Stelle, an der ein Gestein zutage tritt.

ausbitten, *ich bitte es mir aus* (bat aus, habe ausgebeten), erbitte für mich, verlange, fordere: *ich bitte mir Ruhe aus!*

ausblasen [mhd. uzblasen ›durchs Horn blasen‹], *ich blase es aus* (blies aus, habe ausgeblasen), **1)** leere, reinige durch Blasen. **2)** lösche durch Blasen (Flamme). **3)** gestalte durch Blasen (Glas). **Ausbläser** *der,* ⚔ ausgebranntes, nicht explodiertes Geschoß. **Ausblasung** *die,* ⊕ Deflation.

ausbleiben, *es bleibt aus* (ist ausgeblieben), stellt sich nicht (wie erwartet) ein: *der Besucherstrom, der erhoffte Erfolg, das gefürchtete Verkehrschaos blieb aus.*

ausbleichen [mhd. uzblichen ›zum Vorschein kommen‹], *ich bleiche es aus* (habe ausgebleicht), **1)** mache bleich: *von der Sonne ausgebleichte Vorhänge.* **2)** *es* bleicht aus (blich aus, ist ausgeblichen oder ausgebleicht), verliert Farbe, wird blaß.

ausblenden, *ich blende (es) aus* (habe ausgeblendet), ⋔ lasse Bild und (oder) Ton langsam verklingen, verblassen (Film, Rundfunk, Tonband). **Ausblendung** *die.*

Ausblick *der, auf etwas,* **1)** Fernblick. **2)** Ü Vorausschau in die Zukunft. **ausblicken** [mhd. uzblicken], *ich blicke nach ihm aus* (habe ausgeblickt), halte Ausschau.

ausblühen, *es* blüht aus (hat ausgeblüht), bildet Salz beim Verdunsten der Feuchtigkeit von Böden, Gesteinen, Mauern an der Oberfläche. **Ausblühung** *die, -/-en.*

ausbluten, *ich* blute aus (bin, habe ausgeblutet), **1)** verblute: *Schlachttiere müssen ausbluten,* ihr Blut soll ausfließen; *ein ausgeblutetes Land,* Ü ein ausgebeutetes, durch Krieg völlig geschwächtes. **2)** *es* blutet aus, Farbstoffe schlagen durch (farbbluten).

ausbojen, *ich boje es aus* (habe ausgeboj[e]t), mache durch Bojen kenntlich (Fahrwasser).

ausbooten, *ich* boote ihn aus (habe ausgebootet), **1)** bringe mit Boot an Land. **2)** U entlasse, verdränge aus seiner Stellung. **Ausbootung** *die, -/-en.*

ausborgen [mhd. uzborgen], *ich borge es mir von ihm aus* (habe ausgeborgt), entleihe.

ausbraten, *ich* brate es aus (habe ausgebraten), lasse durch Braten flüssig hervortreten (Fett aus Speck).

ausbrechen [mhd. uzbrechen], *ich breche aus* (brach aus, bin, habe ausgebrochen), **1)** befreie mich: *der Gefangene ist ausgebrochen.* **2)** *es* bricht aus, Ü beginnt: *ein Krieg ist ausgebrochen.* **3)** lasse meinen Gefühlen freien Lauf: *er ist in Tränen ausgebrochen.* **4)** (bin ausgebrochen), komme von der vorgesehenen Richtung ab, z. B. ein Flugzeug beim Starten oder Landen, ein Pferd auf der Rennbahn. **5)** *Schweiß bricht aus* (ist ausgebrochen), zeigt sich. **6)** *es* bricht los, heraus: *ich habe ein Brett ausgebrochen.* **7)** *es,* speie aus: *er hat das Essen wieder ausgebrochen.* **8)** (habe ausgebrochen) *es,* lichte (Obstbäume, Reben). **Ausbrecher** *der,* Gefangener, der (aus einer Strafanstalt) ausbricht.

ausbreiten [mhd. uzbreiten], *ich* breite es aus (habe ausgebreitet), **1)** breite, entfalte (Decke, Zeitung). **2)** verbreite (Gerücht). **3)** *es* breitet sich aus, dehnt sich aus, gewinnt Boden: *das Feuer, die Nachricht breitete sich schnell aus.* **Ausbreitung** *die, -/-en.*

ausbrennen [mhd. uzbrennen], *ich* brenne aus, **1)** (habe ausgebrannt) *es,* vernichte durch Brennen, mache keimfrei (Warze, Wunde). **2)** *es* brennt aus (ist ausgebrannt), verbrennt völlig, verbrennt im Inneren: *ein ausgebranntes Haus; ich bin völlig ausgebrannt,* Ü meine Kräfte sind verbraucht.

ausbringen [mhd. uzbringen], *ich* bringe aus (habe ausgebracht), **1)** einen Trinkspruch, spreche bei einem Trunk. **2)** *es,* schweiz.: plaudere aus (Geheimnis), verbreite (Gerücht). **3)** *eine Zeile,* ⊗ setze weiträumiger, so daß es eine Zeile mehr gibt.

Ausbruch [mhd. uzbruch] *der,* **1)** plötzlicher Beginn, Gefühlsentladung: *der A. eines Krieges, einer Krankheit; Zorn(es)ausbruch.* **2)** plötzlich einsetzende Tätigkeit eines Vulkans. **3)** gewaltsame Befreiung: *der Ausbruchsversuch eines Gefangenen.* **4)** österr.: Auslese (Wein, Öl): *Ausbruchwein.*

ausbrüten [mhd. uzbrüeten], *der Vogel* brütet das Ei aus (hat ausgebrütet), brütet so lange, bis das Junge ausschlüpft: *was brütest du jetzt aus?,* Ü was denkst du dir aus?

ausbuchen, *ich* buche es aus (habe ausgebucht), ⅋ tilge durch entsprechende Eintragung in die Geschäftsbücher; vgl. ausgebucht.

ausbuchten, *ich* buchte es aus (habe ausgebuchtet), wölbe, vertiefe oder erhöhe rundlich. **Ausbuchtung** *die, -/-en.*

ausbügeln, *ich* bügle (e)le es aus (habe ausgebügelt), **1)** bügele glatt. **2)** U bringe in Ordnung: *der Fehler läßt sich noch ausbügeln.*

ausbuhen, *ich* buhe es, ihn aus (habe ausgebuht), äußere durch Buhrufe mein Mißfallen: *die Theateraufführung, der Tenor wurde ausgebuht.*

Ausbund [urspr. ein Warenmuster, ›das nach außen gebundene (beste Stück)‹] *der, -(e)s,* Muster, höchste oder tiefste Stufe, Inbegriff: *ein A. an Tugend, von Bosheit.* **ausbündig,** ⅋ musterhaft, außerordentlich.

ausbürgern, *ich* bürg(e)re ihn aus (habe ausgebürgert), entziehe ihm die Staatsangehörigkeit. **Ausbürgerung** *die, -/-en.*

ausbürsten, *ich* bürste es aus (habe ausgebürstet), **1)** entstaube (Kleidung). **2)** entferne mit der Bürste (Staub). **3)** bürste kräftig (Haar).

ausbüxen, *ich* büxe aus (bin ausgebüxt), *norddt.:* reiße aus.

Ausdauer *die,* zähe Geduld, unverrückbarer Wille. **ausdauernd,** **1)** zäh, beharrlich: *er hat eine ausdauernde Natur.* **2)** ⊕ perennierend, überwinternd (Staudenpflanzen).

ausdehnbar, zum Ausdehnen geeignet. **ausdehnen,** *ich* dehne aus (habe ausgedehnt), **1)** *es, mich,* dehne, weite, vergrößere Umfang, Volumen: *ein ausgedehntes Gummiband.* **2)** *es,* Ü verlänge (Zeit): *die Debatte dehnte sich über mehrere Stunden aus.* **3)** *es* dehnt sich aus, erstreckt sich: *der Vorort dehnt sich bis zum Waldrand aus.* **Ausdehnung** *die.*

ausdenken, *ich* denke es mir aus (habe ausgedacht), ersinne, erschaffe durch Nachdenken: *eine ausgedachte Geschichte; die Folgen sind nicht auszudenken!*

ausdeuten, *ich* deute es aus (habe ausgedeutet), lege aus, suche zu enträtseln. **Ausdeutung** *die.*

ausdienen, *ich* diene aus (habe ausgedient), beende meinen Dienst, bin nicht mehr zu gebrauchen: *er, es hat ausgedient; ein ausgedientes Möbelstück.*

ausdiskutieren, *ich* diskutiere es aus (habe ausdiskutiert), erörtere eingehend, bis umstrittene Punkte geklärt sind: *wir konnten das Problem noch nicht ausdiskutieren.*

ausdocken, *ich* docke ein Schiff aus (habe ausgedockt), nehme aus dem Dock.

ausdorren, *es* dorrt aus (ist ausgedorrt), verliert alle Feuchtigkeit, trocknet aus. **ausdörren,** *ich* dörre es aus (habe ausgedörrt), mache trocken, lasse austrocknen: *eine ausgedörrte Kehle,* eine durstige.

ausdrehen, *ich* drehe es aus (habe ausgedreht), **1)** schalte aus (Licht, Gas, Radio). **2)** löse durch Drehungen heraus. **3)** drechsele einen Hohlraum.

Ausdruck *der,* Pl. ²*e,* Redensart, Wort: *ein derber A.; er muß nach Ausdrücken suchen; ich bringe es zum A.; Ausdrucksvermögen; Ausdrucksweise; Slangausdrücke.* **2)** ohne Pl., Zeichen innerer Vorgänge, Mienenspiel: *Gesichtsausdruck; mit A. spielen; Ausdruckstanz.* **3)** ohne Pl., Bezeigung: *mit dem A. der größten Hochachtung.* **4)** Pl. -e, vom Fernschreiber gelieferter Text, vom Computer geliefertes Ergebnis. **aus-**

drucken, *ich* drucke *es* aus (habe ausgedruckt), ⊘ drucke die gesamte Auflage (fertig). **ausdrücken** [mhd. uzdrücken], *ich* drücke aus (habe ausgedrückt), **1)** *es*, presse aus. **2)** *es, mich,* Ü spreche aus, finde Worte dafür: *er drückt sein Beileid aus; du hast dich gut ausgedrückt.* **ausdrücklich,** bestimmt, deutlich, betont: *auf ausdrücklichen Wunsch; er hat es verboten.* **Ausdruckskunst** *die,* -, **1)** Expressionismus. **2)** Pantomimik. **ausdruckslos. Ausdruckslosigkeit** *die,* -. **ausdrucksvoll.**

Ausdrusch *der,* das Dreschen; Ertrag beim Dreschen.

ausdünnen, *ich* dünne *Haar* aus (habe ausgedünnt), schneide heraus und mache dadurch weniger dicht.

ausdünsten [mhd. uzdunsten], **ausdünsten,** *ich* dunste, dünste *(es)* aus (habe ausgedunstet, ausgedünstet), gebe Wasserdampf, Kohlendioxid ab (durch Haut und Lunge), ströme Geruch aus, sondere Dunst ab. **Ausdunstung, Ausdünstung** *die,* -/-en.

aus|ein|ander, abgesondert von anderen, einer vom anderen fort, ABB. E 2: *beide Dörfer sollen weit a. liegen; dieses Wort mußt du a. schreiben; man muß diese beiden Schüler a. setzen;* aber Zusammenschreibung, wenn ein neuer Begriff entsteht: *man muß ihm die Probleme auseinandersetzen; er will den Motor auseinandernehmen,* zerlegen; *das Boot ist auseinandergebrochen,* zerbrochen. **aus|ein|andergehen,** *es* ging auseinander (ging auseinander, ist auseinandergegangen), **1)** löst sich auf: *die Ehe, die Versammlung ist auseinandergegangen; unsere Meinungen gingen auseinander,* unterschieden sich. **2)** *wir werden auseinandergehen,* uns trennen. **3)** *ich* gehe auseinander, Ü werde dick. **aus|ein|anderhalten,** *ich* halte *beides* auseinander (hielt auseinander, habe auseinandergehalten), Ü sondere, unterscheide: *die Zwillinge kann man kaum auseinanderhalten.* **aus|ein|anderleben,** *wir* leben *uns* auseinander (haben uns auseinandergelebt), werden uns fremd: *das Ehepaar hat sich auseinandergelebt.* **aus|ein|andersetzen,** *ich* setze auseinander (habe auseinandergesetzt), **1)** *es ihm,* lege dar: *du mußt ihm die Sache genau auseinandersetzen,* erklären; aber vgl. auseinander. **2)** *mich mit ihm,* bringe unterschiedliche Meinungen zum Ausdruck; verständige mich mit ihm über die Aufteilung gemeinschaftl. Vermögens. **Aus|ein|andersetzung** *die,* -/-en, **1)** Streit. **2)** ernste Aussprache. **3)** lehrhafte Darlegung. **4)** ⚖ Aufteilung eines gemeinschaftl. Vermögens, z. B. einer Erbmasse.

auserkoren [auch -k'o:-, vgl. kiesen] *zu etwas,* auserwählt. **auserlesen** [auch -l'e:-, mhd. uzerlesen], **1)** ausgesucht, vorzüglich: *von auserlesener Qualität.* **2)** *für etwas,* auserwählt.

ausersehen, *ich* ersehe *ihn, es zu etwas* aus (ersah aus, habe ausersehen), wähle, spreche aus: *er fühlte sich zu großen Taten ausersehen,* berufen.

auserwählt, durch Wahl, Vorsehung bestimmt: *er wurde zu unserem Sprecher a.* **Auserwählte** *der, die,* -n/-n, *ein -r, eine -.* **Auserwählung** *die,* -.

ausessen, *ich* esse *es* aus (aß aus, habe ausgegessen), leere, indem ich daraus esse (Schüssel).

ausfädeln, *ich* fäd(e)le *es* aus (habe ausgefädelt), nehme den Faden aus der Nadel.

ausfahren [ahd. uzfaran], *ich* fahre aus (fuhr aus), **1)** (bin ausgefahren), fahre spazieren. **2)** (bin ausgefahren), gehe fort, verlasse, z. B. den Hafen, die Grube. **3)** (habe ausgefahren) *ihn,* fahre ihn spazieren (Kranken, Kind). **4)** (habe ausgefahren) *es,* liefere mit einem Fahrzeug aus (Zeitungen, Post, Waren). **5)** (habe ausgefahren) *es,* vertiefe, verderbe durch vieles Fahren: *ausgefahrene Straßen; er gebt gern ausgefahrene Wege,* Ü stützt sich auf die Erfahrungen anderer. **6)** (habe ausgefahren) *es,* bringe aus der Ruhe- in Funktionsstellung (Flugzeugfahrwerk, Sehrohr). **7)** (habe ausgefahren) *eine Kurve,* 🚗 fahre sie vorschriftsmäßig in voller Krümmung. **8)** (habe ausgefahren) *es,* fahre mit höchstmöglicher Geschwindigkeit: *er kann seinen Wagen selten voll ausfahren.* **Ausfahrt** [ahd. uzfart] *die,* **1)** das Verlassen des Standplatzes: *der Zug hat A.* **2)** Spazierfahrt. **3)** Weg, Verkehrsweg, auf dem man aus etwas herausfährt, z. B. bei Autobahnen, ABB. A 27: *Ausfahrtsstraße; A. freihalten!* **4)** 🛠 das Verlassen des Bergwerks.

Ausfall [mhd. uzval] *der,* **1)** Ergebnis, Erfolg oder Mißerfolg: *der A. der Ernte war gut, schlecht.* **2)** Verlust, Wegfall: *Haarausfall; Ertragsausfall.* **3)** das Nichtstattfinden, Unterbleiben, z. B. einer Schulstunde. **4)** beleidigende Äußerung: *seine Ausfälle ließen mich kalt.* **5)** ✕ das Vorschnellen des Körpers, ABB. F 9, L 6. **6)** ⚔ Angriff aus belagerten Festungen. **ausfallen** [mhd. uzvallen], *ich* falle aus (fiel aus, bin ausgefallen), **1)** kann nicht mitmachen: *eine Stunde fällt aus,*

findet nicht statt; *ein Spieler fällt aus,* wirkt im Spiel nicht mit. **2)** *gegen ihn,* stoße vor (beim Fechten, ABB. F 9); greife an. **3)** *es fällt (mir) aus,* löst sich und fällt heraus. **4)** *es fällt gut oder schlecht aus,* gerät oder mißrät (Arbeit, Ernte). **5)** *das Heck fällt aus,* ragt unten vor. **ausfällen,** *ich* fälle *es* aus (habe ausgefällt), 🜹 lasse einen Stoff aus seiner Lösung ausscheiden. **ausfallend, ausfällig,** beleidigend: *er wird leicht a.* **Ausfall(s)erscheinung** *die,* ⚕ Aufhebung oder Abschwächung der Tätigkeit eines Organs. **Ausfallstraße** *die,* Hauptverkehrsstraße, die aus der Stadt herausführt. **Ausfällung** *die,* 🜹.

ausfechten [mhd. uzvehten ›herausdringen‹, *ich* fechte *es* aus (habe ausgefochten), Ü kämpfe für eine Sache bis zur Entscheidung: *sie ficht den Streit vor Gericht aus.*

ausfegen, *ich* fege *es* aus (habe ausgefegt), kehre, reinige mit dem Besen. **Ausfeger** *der,* **1)** Kehrbesen, ABB. B 23. **2)** Kehraus.

ausfeilen, *ich* feile *es* aus (habe ausgefeilt), **1)** bearbeite, glätte mit der Feile. **2)** Ü arbeite exakt aus: *eine bis ins kleinste ausgefeilte Rede, Rolle.*

ausfertigen [mhd. uzvertigen], *ich* fertige *es* aus (habe ausgefertigt), K schreibe aus (Schriftstücke). **Ausfertigung** *die,* -/-en: *in doppelter A.,* mit Kopie.

ausfindig, *ich* mache *ihn, es a.,* finde (nach langem Suchen, Nachdenken).

ausfliegen [mhd. uzvliegen], *ich* fliege aus, **1)** (habe ausgeflogen) *ihn,* hole mit dem Flugzeug heraus: *die Zivilisten wurden aus dem Krisengebiet ausgeflogen.* **2)** (bin ausgeflogen), U mache einen Ausflug, gehe auf Wanderschaft. **3)** *der Vogel fliegt aus,* verläßt sein Nest: *der Vogel ist ausgeflogen,* Ü der gesuchte Verbrecher hat sich davongemacht.

ausfließen [mhd. uzfliazan ›hervorfließen‹], *es* fließt aus (floß aus, ist ausgeflossen), kommt herausgeflossen (Flüssigkeit); leert sich durch Herausfließen (Faß, Tank).

ausflippen [engl. to flip out ›auspendeln‹], *ich* flippe aus (bin ausgeflippt), U **1)** breche aus dem Rahmen der bürgerl. Lebensweise aus, z. B. bei Drogenabhängigkeit: *das Problem der ausgeflippten Jugendlichen.* **2)** verliere die Beherrschung: *als er das hörte, flippte er aus.*

ausflocken, *ich* flocke *es* aus (habe ausgeflockt), 🜹 fälle Stoffe aus ihrer kolloidalen Lösung. **Ausflockung** *die,* -/-en.

Ausflucht *die,* -/"e, **1)** Ausrede, Vorwand: *alle Ausflüchte halfen ihm nichts.* **2)** Fluchtloch.

Ausflug *der,* **1)** Wanderung, kürzere Spazierfahrt: *ein A. ins Grüne; Ausflugsverkehr; Wochenendausflug.* **2)** Flugloch (im Bienenstock). **3)** das Verlassen des Nestes, Wegfliegen (Bienen, Vögel). **Ausflügler** *der,* -s/-, jemand, der einen Ausflug unternimmt: *Sonntagsausflügler.*

Ausfluß [mhd. uzvluz] *der,* **1)** Abfluß, Abzugsgraben. **2)** dauerndes Strömen durch eine Öffnung. **3)** 🜍 Fluor, Sekretabsonderung aus der Scheide. **4)** ohne Pl., Ü Ergebnis: *A. seines Zornes, seiner Faulheit.*

ausforschen, *ich* forsche *ihn, es* aus (habe ausgeforscht), frage ihn gründlich aus, erkunde es. **Ausforschung** *die.*

ausfragen, *ich* frage *ihn* aus (habe ausgefragt), suche aus ihm alles Wissenswerte herauszuholen: *ich lasse mich nicht ausfragen.* **Ausfragerei** *die,* -, U.

ausfransen, 1) *ich* franse *es* aus (habe ausgefranst), versehe mit Fransen. **2)** *es* franst aus (ist ausgefranst), bekommt Fransen, wird am Rand faserig: *ausgefranste Jeans.*

ausfräsen, *ich* fräse *es* aus (habe ausgefräst), bearbeite mit der Fräsmaschine, fräse heraus.

ausfressen, *ich* fresse *es* aus (fraß aus, habe ausgefressen), **1)** *ein Tier frißt den Napf aus,* leert durch Fressen. **2)** *Wasser frißt Gestein aus,* höhlt es aus. **3)** U tue etwas Unerlaubtes: *was hast du in der Schule wieder ausgefressen?*

ausfrieren, *es* friert aus (ist ausgefroren), gefriert und ist als Eis abtrennbar (Lebensmittelkonservierung).

ausfugen, *ich* fuge *es* aus (habe ausgefugt), verstreiche die Fugen: *die Mauer ist noch nicht ausgefugt.*

Ausfuhr *die,* -/-en, Export, der Absatz von Waren in das Ausland: *Ausfuhrland; Ausfuhrverbot; Weizenausfuhr.* **ausführbar,** **1)** möglich, zur Ausführung geeignet. **2)** zur Ausfuhr geeignet. **Ausführbarkeit** *die,* -. **ausführen** [ahd. uzfuoren ›herausführen‹], *ich* führe aus (habe ausgeführt), **1)** *ihn,* führe spazieren (Hund). **2)** *ihn,* nehme auf ein Vergnügen mit. **3)** *es,* vollende, vollführe, führe durch: *ich führe den Plan aus; alle Reparaturen werden sauber ausgeführt,* erledigt. **4)** *es,* exportiere, verkaufe Waren in das Ausland: *aus Deutschland ausgeführte Waren.* **5)** *es,* beschreibe, lege ausführlich dar. **Ausführende** *der, die,* -n/-n, *ein -r, eine -.* **ausführlich**

(Betonung ÜBERS. B 26), sehr genau, eingehend: *ein ausführlicher Bericht*. **Ausführlichkeit** *die, -: in aller A*. **Ausführung** *die*, **1)** Machart, Feinheit der Arbeit: *Innenausbau in hochwertiger A*. **2)** das Umsetzen einer Absicht in die Tat: *der Plan war schnell gefaßt, seine A. um so langwieriger*. **3)** genaue Darlegung: *ich konnte seinen Ausführungen nicht folgen*.

ausfüllen [mhd. uzvüllen], *ich fülle aus (habe ausgefüllt)*, **1)** *es*, erfülle, nehme lückenlos ein: *mit Sand ausgefüllte Grube*. **2)** *es füllt mich aus*, Ü *gibt mir Inhalt: die Arbeit füllt mich nicht aus*. **3)** ergänze, beantworte Fragen: *ich mußte ein Formular ausfüllen*. **Ausfüllung** *die*.

Ausg., ⊞ Abk. für: Ausgabe. **Ausgabe** *die*, **1)** Zahlung, finanzieller Aufwand: *Haushaltsausgaben; Ausgabe(n)beleg*. **2)** Aushändigung, Verkauf, Verteilung: *Warenausgabe*. **3)** Ort, an dem etwas ausgegeben wird, Schalter: *Gepäckausgabe; Ausgabestelle*. **4)** Mitteilung, Bekanntgabe: *Befehlsausgabe*. **5)** ⊞ Abk.: Ausg., Veröffentlichung eines Druckwerks: *Erstausgabe; Wochenendausgabe*. ⊞ Art der Veröffentlichung: *eine broschierte, gebundene, kommentierte A*. **7)** Datenverarbeitung: Output. **Ausgabe(n)buch** *das*, Notizbuch für finanziellen Aufwand.

Ausgang [ahd. uzgang] *der*, **1)** Tür, Stelle zum Hinausgehen: *Hinterausgang*. **2)** Schlußstück: *der A. eines Verses*. **3)** Ende: *ein Verkehrsunfall mit tödlichem A*. **4)** Ergebnis, Entscheidung über Erfolg oder Mißerfolg: *der A. des Prozesses*. **5)** das Verlassen des Hauses: *der erste A. des Genesenden; Ausgangssperre*. **6)** ⊞ alles, was den Aufbewahrungsort verläßt. **7)** Ausgehtag, dienstfreier Abend. **8)** Ausgangspunkt. **ausgangs** *dessen*, K am Ende. **Ausgangspunkt** *der*, Ursprung, Beginn: *das ist der A. für unseren Plan*.

ausgebacken, vgl. ausbacken.

ausgeben [ahd. uzkeban ›(her)ausgeben‹], *ich gebe aus (gab aus, habe ausgegeben)*, **1)** *es*, setze in Umlauf, teile anderen mit (Geld, eine Losung): *sie gibt viel Geld für Kleidung aus*. **2)** *es*, verteile (Suppe, Karten). **3)** *mich*, verbrauche meine Kraft bis zur Erschöpfung. **4)** *mich als jemand, etwas*, behaupte fälschlich zu sein.

ausgebombt, durch Bomben zerstört (Gebäude); aus der eigenen Wohnung infolge Zerstörung oder Beschädigung durch Bomben vertrieben (Person). **Ausgebombte** *der, die, ein -r, eine -*.

ausgebucht, ohne freien Platz (Flüge, Reisen, Hotels): *der Flug nach Ibiza ist bereits a.; ⊞* vgl. ausbuchen.

Ausgeburt *die*, Ü übles Erzeugnis: *A. der Hölle; die A. einer krankhaften Phantasie*.

ausgedient, vgl. ausdienen.

Ausgedinge *das, -s/-*, Altenteil. **Ausgedinger** *der, -s/-*, jemand auf dem Altenteil.

ausgefallen, **1)** von ausfallen. **2)** Ü ungewöhnlich, merkwürdig: *eine ausgefallene Idee*.

ausgefeimt, oberdt.: abgefeimt.

ausgeflippt, U vgl. ausflippen. **Ausgeflippte** *der, die, -n/-n, ein -r, eine -*.

ausgeglichen, **1)** von ausgleichen. **2)** Ü gleichmäßig, ohne große Schwankungen: *ein Mensch mit einem ausgeglichenen Wesen*. **Ausgeglichenheit** *die, -*.

ausgehen [ahd. uzgan ›hinausgehen‹, ›enden‹], *ich gehe aus (ging aus, bin ausgegangen)* **1)** mache einen Gang außer Haus, bes. zu Vergnügungen: *willst du heute abend mit mir ausgehen?; aus- und eingehende Waren*, aber: *er ist bei uns aus und ein gegangen, hat uns häufig besucht*. **2)** *darauf*, Ü strebe mit allen Mitteln: *er geht darauf aus, mich aus meiner Stellung zu drängen; er soll auf Raub, Abenteuer ausgehen*. **3)** *davon*, stütze meine Erörterungen darauf: *davon ausgehend, daß . . .* **4)** *ich gehe frei (straffrei) aus*, Ü *komme ohne Strafe davon*. **5)** *ich gehe leer aus*, Ü *bekomme nichts*. **6)** *es geht aus*, wird aufgebraucht, schwindet: *uns ist der Kaffee ausgegangen; der Gesprächsstoff ist uns noch nie ausgegangen; bei diesem Pullover geht die Farbe aus*, er färbt beim Waschen ab; *die Haare gehen mir aus, fallen aus*. **7)** *das Feuer geht aus*, verlischt. **8)** *es geht aus*, endet, verläuft: *wie ist die Sache ausgegangen?* **9)** *es geht von ihm, von etwas aus*, ist durch ihn veranlaßt, nimmt seinen Ausgang: *die Anregung dazu ist von ihm ausgegangen*.

ausgehungert, **1)** sehr hungrig, durch Hunger schwach. **2)** *nach etwas*, Ü begierig darauf.

ausgekocht, **1)** von auskochen. **2)** U abgefeimt, gerissen: *ein ausgekochter Bursche*.

ausgelassen, **1)** von auslassen. **2)** Ü übermütig, lustig und lebhaft: *die Kinder tollten a. im Schnee; eine ausgelassene Gesellschaft*. **Ausgelassenheit** *die, -*.

ausgelastet, vgl. auslasten.

ausgelernt, vgl. auslernen. **Ausgelernte** *der, die, -n/-n, ein -r, eine -*.

ausgelitten, *er hat a.*, P ist gestorben.

ausgemacht [mhd. uzmachen ›vollenden‹], **1)** von ausmachen. **2)** vereinbart: *so war es a*. **3)** U erwiesen, eindeutig: *ein ausgemachter Schwindel!*

ausgemergelt, vgl. ausmergeln.

ausgenommen, **1)** von ausnehmen. **2)** mit Ausnahme von, außer: *die Anwesenden a.; ich entsinne mich noch aller Einzelheiten, a. dieser einen (diese eine a.)*.

ausgepicht [urspr. ›innen mit Pech gedichtet‹], **1)** mit allen Tricks und Schlichen vertraut, gerissen. **2)** U *eine ausgepichte Kehle*, eine an scharfe Getränke gewöhnte.

ausgeprägt, vgl. ausprägen. **Ausgeprägtheit** *die, -*.

ausgepumpt, **1)** von auspumpen. **2)** U erschöpft: *die Fußballspieler waren völlig a*.

ausgerechnet, **1)** von ausrechnen. **2)** gerade, wie es nicht sein soll: *a. dann kam er, als ich weggehen wollte*.

ausgeschlossen (vgl. Betonung, ÜBERS. B 26), **1)** von ausschließen. **2)** unmöglich, nicht in Frage kommend.

ausgeschnitten, **1)** von ausschneiden. **2)** dekolletiert, mit tiefem Halsausschnitt (Kleid).

ausgeschossen, **1)** von ausschießen. **2)** Gewehrlauf: durch falsche oder zu häufige Benutzung ausgeweitet.

ausgesorgt, *er hat a.*, sein Leben finanziell abgesichert.

ausgesprochen, **1)** von aussprechen. **2)** besonders, sehr: *ich mag sie a. gern*. **3)** besonders groß, deutlich: *das war ausgesprochenes Glück*.

ausgestalten, *ich gestalte es aus (habe ausgestaltet)*, versehe, rüste aus; erweitere seine Gestaltung: *wer hat das Fest ausgestaltet?* **Ausgestaltung** *die*.

ausgesteckt, **1)** von ausstecken. **2)** *es ist a.*, österr.: ein Buschen (Strauß) hängt über der Tür zum Zeichen des Ausschanks von selbst angebautem Wein.

ausgesucht, **1)** von aussuchen. **2)** sehr fein, erwählt: *ausgesuchte Qualitäten*. **3)** als Ausschuß liegengeblieben: *die Wintermäntel sind im Dezember schon sehr a*.

ausgewachsen, vgl. auswachsen.

ausgewählt, **1)** von auswählen. **2)** erlesen, besonders fein.

ausgewogen [zu Waage], **1)** von auswiegen. **2)** Ü wohl durchdacht und abgestimmt. **Ausgewogenheit** *die, -*.

ausgezeichnet, **1)** von auszeichnen. **2)** Ü hervorragend, vorzüglich: *das Essen war a*.

ausgiebig [zu geben], reichlich: *ein ausgiebiges Frühstück; wir riefen uns a. aus*. **Ausgiebigkeit** *die, -*.

ausgießen [ahd. uzgiezan], *ich gieße es aus (goß aus, habe ausgegossen)*, **1)** schütte aus einem Gefäß heraus. **2)** fülle durch Hineingießen einer Masse (eine Form). **Ausgießung** *die, -/-en*, Austeilung: *Fest der A. des Heiligen Geistes*, Pfingsten.

Ausgleich *der, -(e)s/-e*, **1)** Beseitigung von Unterschieden, das Erreichen der Gleichstandes: *Ausgleichstreffer*, ✂. **2)** Ersatz, Entschädigung: *Lastenausgleich*. **3)** Versöhnung, Vermittlung: *sie ist stets auf A. bedacht*. **4)** kurz für: Kontoausgleich. **5)** österr.: Vergleich (bei Zahlungsschwierigkeiten). **ausgleichbar**, zum Ausgleich geeignet. **ausgleichen**, *ich gleiche es aus (habe ausgeglichen)*. **Ausgleichsgetriebe** *das*, Differentialgetriebe, ⇌ Zahnradgetriebe, das die verschieden schnelle Drehung der Räder beim Kurvenfahren ausgleicht. **Ausgleichsrennen** *das*, Rennen mit Vorgabe für Schwächere. **Ausgleichssport** *der*, sportl. Betätigung zum Ausgleich einseitiger Beanspruchung des Körpers. **Ausgleichung** *die*, Ausgleich.

ausgleiten, *ich gleite aus (bin ausgeglitten)*, verliere den sicheren Stand des Fußes und falle: *sie glitt auf einer Bananenschale aus*.

ausgliedern, *ich gliedere es aus (habe ausgegliedert)*, **1)** löse aus etwas Größerem, trenne ab. **2)** Ü lasse beiseite: *einige Fragen hat man aus dem Fragenkomplex ausgegliedert*.

ausglühen, *ich glühe es aus (habe ausgeglüht)*, **1)** *es*, reinige, indem ich es zum Glühen bringe (Nadeln, chem. Gefäße). **2)** *ein Metall*, erhitze und lasse langsam abkühlen, um sein Gefüge zu ändern.

ausgraben [mhd. uzgraben], *ich grabe es aus (grub aus, habe ausgegraben)*, **1)** hole aus der Erde, lege frei (Altertümer). **2)** Ü hole aus der Vergangenheit hervor, belebe neu (Erinnerungen, vergessene Literatur). **Ausgrabung** *die*.

ausgreifen, *ich greife aus (habe ausgegriffen)*, **1)** komme mit großen, schnellen Schritten voran: *die Pferde griffen tüchtig aus; mit ausgreifenden Schritten*. **2)** hole weit aus.

ausgrenzen, *ich* grenze *es* aus (habe ausgegrenzt), Ü stecke die Grenzen ab, schließe aus. **Ausgrenzung** *die, -/-en.*

ausgründen, *ich* gründe *es* aus (habe ausgegründet), ⚖ nehme einen Teil aus einem Betrieb heraus und gründe damit gleichzeitig eine neue Firma. **Ausgründung** *die.*

Ausguck *der, -(e)s/-e,* ➚ 1) scharfes Beobachten: *A. halten.* 2) Ort des Beobachtungspostens; auch der Posten selbst.

Ausguß *der,* 1) Ablauf mit Becken, Abfluß, ABB. I 3. 2) Schnabel, Tülle (Kanne), ABB. G 7.

aushaben [mhd. uzhaben ›beenden‹], *ich* habe aus (hatte aus, habe ausgehabt), Ü 1) es ist Schluß (mit der Arbeit, der Schule). 2) *es,* habe ausgezogen, ausgetrunken.

aushacken, *ich* hacke *es* aus (habe ausgehackt), entferne, löse durch Hacken heraus (Unkraut, Kartoffeln).

aushaken, *ich* hake *es* aus (habe ausgehakt), 1) *es,* löse vom Haken oder den Haken aus den Öse. 2) *es hakt aus,* Ü kann nicht mehr: *da hakte es bei ihm aus,* seine Geduld war zu Ende; auch: er beging eine Kurzschlußhandlung.

aushalten [mhd. uzhalten ›instand halten‹, ›verpflegen‹], *ich* halte aus (hielt aus, habe ausgehalten), *es,* ertrage: *der Lärm ist nicht zum Aushalten.* 2) einen Ton, lasse lange erklingen. 3) *ihn, sie,* bezahle den Lebensunterhalt (bei einem Liebesverhältnis): *sie wird von ihm ausgehalten.*

aushandeln, *ich* hand(e)le *es* aus (habe ausgehandelt), komme durch Verhandlungen zu einer Vereinbarung.

aushändigen [zu Hand], *ich* händige *es* ihm aus (habe ausgehändigt), übergebe, überreiche. **Aushändigung** *die, -, K.*

Aushang *der,* ausgehängte öffentl. Bekanntmachung.

Aushängebogen *der,* ⚙ erster Reindruckabzug eines Druckwerks. **aushängen** [mhd. uzhangen], *ich* hänge aus, 1) (habe ausgehängt) *es,* bringe öffentlich an: *das Konzertprogramm wird in der Vorverkaufsstelle ausgehängt;* der Winzer *hängt aus, wien.:* schenkt Heurigen aus. 2) (habe ausgehängt) *es,* hänge aus den Stützen oder Haken (Tür, Fenster): *es hängt aus* (hing aus, hat ausgehangen), wird öffentlich bekanntgemacht. 4) *ein Kleid hängt sich aus* (hat sich ausgehängt), wird durch Hängen wieder glatt. **Aushänger** *der,* ⚙ Aushängebogen. **Aushängeschild** *das,* 1) Gewerbe-, Gütezeichen. 2) Ü Person oder Sache, die man für wirkungsvoll hält und deshalb werbend einsetzt: *sie ist das A. unserer Partei.*

ausharren, *ich* harre aus (habe ausgeharrt), halte aus, weiche nicht.

aushärten, *ich* härte *es* aus (habe ausgehärtet). **Aushärtung** *die,* 1) Überführung härtbarer Kunststoffe in vernetzten Zustand. 2) bei Legierungen angewendete Wärmebehandlung zur Erhöhung der Härte und Festigkeit.

Aushau *der,* 1) 🌲 Rodung, Lichtung. 2) ⚒ Abbau.

aushauchen, *ich* hauche *es* aus (habe ausgehaucht), 1) atme hauchend aus. 2) *er hat sein Leben, seinen Geist ausgehaucht,* P ist gestorben.

aushauen [mhd. uzhouwen ›aushauen‹, ›ausschlachten (Tiere)‹], *ich* haue *es* aus (hieb aus, habe ausgehauen), schlage heraus, modelliere, ABB. H 10.

aushäusig, Ü außer Hauses, selten zu Hause.

ausheben [mhd. uzheben ›sich aufmachen‹], *ich* hebe aus (habe ausgehoben), 1) *es,* grabe aus: *die Soldaten mußten Gräben ausheben.* 2) *ihn,* ⚔ wähle zum Militärdienst aus. 3) *es,* nehme hebend heraus, z. B. die Tür aus den Angeln. 4) *ihn,* mache unschädlich, verhafte: *die Polizei hat das Verbrechernest ausgehoben.* **Ausheber** *der,* ⚔ ein Griff beim Ringen. **Aushebung** *die.* **Aushebungswesen** *das, -s,* ⚔ das Wehrersatzwesen in der Schweiz.

aushecken [zu hecken], *ich* hecke *es* aus (habe ausgeheckt), Ü fasse einen Plan: *das habt ihr durchtrieben ausgeheckt!*

ausheilen, 1) *ich* heile *es* aus (habe ausgeheilt), lasse, kann es völlig heilen. 2) *es heilt aus* (ist ausgeheilt), verheilt vollständig. **Ausheilung** *die.*

aushelfen, *ich* helfe *ihm* aus (half aus, habe ausgeholfen), helfe in einer vorübergehenden Notlage: *ich kann dir mit drei Mark aushelfen;* sie dir borgen; *sie hilft im Geschäft aus,* arbeitet als Aushilfe mit.

Aushieb *der,* 1) Fechten: Hieb beim Ausfall. 2) ⚒ Erzprobe. 3) 🌲 Auszugshieb.

Aushilfe [mhd. uzhilfe] *die,* vorübergehende Arbeit, Vertretung, Ersatz für eine gewisse Zeit. **Aushilfskraft** *die,* jemand, der als Aushilfe arbeitet. **aushilfsweise.**

aushöhlen, *ich* höhle *es* aus (habe ausgehöhlt), 1) mache hohl: *ausgehöhlte Baumstämme, Früchte.* 2) *die Krankheit höhlt ihn aus,* Ü schwächt ihn. **Aushöhlung** *die.*

ausholen [mhd. uzholn ›ausholen‹, ›auswählen‹], *ich* hole aus (habe ausgeholt), 1) nehme Schwung für einen Schlag: *er holte mit der Hand mächtig aus.* 2) Ü beginne weitschweifig mit einer Erzählung. 3) *es,* ➚ ziehe die Segelleine steif. 4) *ihn,* Ü horche aus, frage aus: *er versuchte mich auszuholen.*

ausholzen, *ich* holze *es* aus (habe ausgeholzt), entferne unnötige Äste oder Bäume. **Ausholzung** *die.*

aushorchen, *ich* horche *ihn* über etwas aus (habe ausgehorcht), erfrage vorsichtig von ihm. **Aushorcher** *der.*

Aushub [zu ausheben] *der, -(e)s,* 1) das Ausheben von Erdreich. 2) ausgehobene Menge Erde.

aushülsen, *ich* hülse *es* aus (habe ausgehülst), schäle, nehme aus der Hülse (Hülsenfrüchte).

aushungern [mhd. uzhungern], *ich* hung(e)re *ihn* aus (habe ausgehungert), mache durch Hunger mürbe, gefügig; vgl. ausgehungert. **Aushungerung** *die, -/-en.*

aus|ixen, *ich* ixe *es* aus (habe ausgeixt), mache mit dem Buchstaben X ungültig (auf der Schreibmaschine).

auskämmen, *ich* kämme *es* aus (habe ausgekämmt), 1) entferne mit dem Kamm. 2) frisiere.

auskegeln, *ich* keg(e)le *mir ein Gelenk* aus (habe ausgekegelt), *oberdt.:* renke aus.

auskehlen, *ich* kehle *es* aus (habe ausgekehlt), höhle rinnenartig aus, versehe mit Hohlkehle. **Auskehlung** *die.*

auskehren [mhd. uzkeren ›herauskehren‹, ›zutage fördern‹], *ich* kehre *es* aus (habe ausgekehrt), reinige durch Kehren. **Auskehricht** *der,* Kehricht.

auskeilen, *es* keilt aus (hat ausgekeilt), 1) schlägt aus (Pferd). 2) *es keilt sich* (sich) *aus,* ⊕ nimmt ab bis zum völligen Verschwinden. **Auskeilung** *die, -/-en,* ⊕.

auskennen, *ich* kenne *mich (in etwas)* aus (habe mich ausgekannt), weiß Bescheid, finde mich darin zurecht: *in diesem Fachgebiet, dieser Stadt kenne ich mich (nicht) gut aus.*

auskerben, *ich* kerbe *es* aus (habe ausgekerbt), mache Einschnitte. **Auskerbung** *die.*

auskernen [mhd. uzkernen], *ich* kerne *es* aus (habe ausgekernt), entkerne.

ausklammern, *ich* klamm(e)re *es* aus (habe ausgeklammert), 1) nehme aus Klammern heraus (Text). 2) Ü lasse beiseite, weil es nicht in Betracht kommt: *einige Themen wurden vorerst ausgeklammert.* **Ausklammerung** *die, -/-en.*

ausklamüsern, *ich* klamüs(e)re *es* aus (habe ausklamüsert), *norddt.:* tüftele aus.

Ausklang *der,* 1) ♪ letzter Klang. 2) Ü allmählicher Abschluß: *zum A. des Festes.*

ausklappbar, *ausklappbare Schrankbetten.* **ausklappen,** *ich* klappe *es* aus (habe ausgeklappt), klappe heraus, nach außen.

ausklarieren, *ich* klariere *es* aus (habe ausklariert), lasse das Schiff vor dem Auslaufen bei der Hafen- und Zollbehörde abfertigen. **Ausklarierung** *die, -/-en.*

ausklauben, *ich* klaube *es* aus (habe ausgeklaubt), suche die besseren Stücke heraus.

auskleiden, *ich* kleide *es* aus (habe ausgekleidet), 1) *ihn, mich,* lege die Kleider ab, ziehe ihn, mich aus. 2) *es,* verkleide die Innenwände. **Auskleidung** *die, -/-en.*

ausklingen, *es* klingt aus (klang aus, ist ausgeklungen), 1) verklingt, verstummt. 2) Ü endet: *der Ball klang mit einem Walzer aus.*

ausklinken, *ich* klinke *es* aus (habe ausgeklinkt), löse eine Verbindung durch Druck auf eine Klinke.

ausklopfen, *ich* klopfe *es* aus (habe ausgeklopft), reinige, entferne durch Klopfen (Teppich; Staub). **Ausklopfer** *der,* Teppichklopfer.

ausklügeln, *ich* klüg(e)le *es* aus (habe ausgeklügelt), ertüftle, ersinne spitzfindig: *nach einem ausgeklügelten System.* **Ausklüg(e)lung** *die.*

auskneifen, *ich* kneife aus (bin ausgekniffen), Ü laufe heimlich fort, reiße aus.

ausknipsen, *ich* knipse *es* aus (habe ausgeknipst), Ü schalte aus (elektrische Beleuchtung, Geräte).

ausknobeln, *ich* knob(e)le *es* aus (habe ausgeknobelt), 1) *mit ihm,* entscheide durch Knobeln, lose aus. 2) Ü tüftele aus, erkunde durch scharfes Nachdenken.

ausknocken [-nɔkən, engl. to knock ›schlagen‹], *ich* knocke *ihn* aus (habe ausgeknockt), 1) Boxsport: besiege durch Knockout. 2) Ü steche aus, bin ihm überlegen.

ausknöpfbar, *ausknöpfbares Mantelfutter,* durch Knöpfe herauszutrennen. **ausknöpfen,** *ich* knöpfe *es* aus (habe ausgeknöpft).

auskochen, *ich koche es aus* (habe ausgekocht), **1)** ziehe gewisse Bestandteile durch Kochen heraus. **2)** sterilisiere (Geräte) durch Kochen; vgl. ausgekocht.

auskoffern, *ich koff(e)re es aus* (habe ausgekoffert), hebe Boden aus für den Straßenunterbau. **Auskofferung** *die, -/-en.*

auskohlen, *ich kohle es aus* (habe ausgekohlt). **Auskohlung** *die, -/-en,* der vollständige Entzug von Kohlenstoff aus einem Werkstück aus Stahl.

auskolken [zu Kolk], *das Wasser kolkt es aus* (hat ausgekolkt). **Auskolkung** *die, -/-en,* Vertiefung in der Flußsohle, an der Küste und im Gletscheruntergrund, Entstehung eines Kolks, vgl. Abb. D 5.

auskommen [mhd. uzkomen ›auskommen‹, ›herauskommen‹, ›bekannt werden‹, ›aus sein‹], *ich komme aus* (kam aus, bin ausgekommen), **1)** *mit ihm,* Ü vertrage mich: *man kann gut, schlecht mit ihm auskommen.* **2)** *mit etwas,* reiche (mit Geld, Vorräten). **3)** *oberdt.:* entfliehe, entrinne: *er will sich nichts auskommen lassen,* nichts entgehen lassen, er ist geizig. **Auskommen** *das, -s,* **1)** friedliches Nebeneinanderleben: *es ist kein A. mit ihm.* **2)** Lebensunterhalt: *er hat sein A. gefunden.* **auskömmlich,** genügend, ausreichend: *auskömmliche Einkünfte.*

auskörnen, *ich körne es aus* (habe ausgekörnt), entferne die Körner.

auskosten, *ich koste es aus* (habe ausgekostet), Ü genieße ganz: *ich habe den Urlaub ausgekostet.*

auskotzen, *ich kotze es, mich aus* (habe ausgekotzt), Ü derb: breche, speie aus.

auskragen, *er kragt aus* (hat ausgekragt), 𝍇 kragt vor. **Auskragung** *die, -/-en,* 𝍇 vorragender Bauteil (Erker, Sims).

auskramen, *ich krame es aus* (habe ausgekramt), Ü hole von einer vergessenen Stelle wieder: *wir haben alte Erinnerungen ausgekramt,* Ü.

auskratzen [mhd. uzkratzen], *ich kratze aus* (habe ausgekratzt), **1)** *es,* reiße mit den Nägeln heraus: *ich könnte ihr vor Wut die Augen auskratzen.* **2)** *es,* säubere, leere gründlich: *das Kind will die Schüssel mit dem Teig auskratzen.* **3)** (bin ausgekratzt), Ü reiße aus, entfliehe. **Auskratzung** *die, -/-en,* 𝍇 Ausschabung, bes. der Gebärmutter.

auskriechen, *Tiere kriechen aus* (sind ausgekrochen), verlassen die Eihülle: *die frisch ausgekrochenen Küken.*

auskristallisieren, *es kristallisiert aus* (hat auskristallisiert), scheidet sich in Kristallform ab.

auskuddeln, *ich kudd(e)le es aus* (habe ausgekuddelt), *niederdt.:* reinige oberflächlich.

auskugeln, *ich kug(e)le mir ein Gelenk aus* (habe ausgekugelt), renke aus.

auskühlen, *ich kühle aus,* **1)** (bin ausgekühlt), verliere Körperwärme, friere stark. **2)** *Raum* (habe ausgekühlt) *es,* lasse völlig kalt werden. **3)** *es kühlt aus* (ist ausgekühlt), verliert Wärme, wird völlig kalt. **Auskühlung** *die.*

Auskultation [lat. auscultare ›horchen‹] *die, -/-en,* 𝍇 das Abhorchen des Körpers, bes. von Herz und Lunge. **Auskultator** *der, -s/...t'oren,* ⚯ Gerichtsreferendar. **auskultatorisch,** 𝍇 durch Auskultation feststellbar oder festgestellt. **auskultieren,** *ich auskultiere* (habe auskultiert) *ihn,* 𝍇.

auskundschaften, *ich kundschafte es aus* (habe ausgekundschaftet), suche zu erfahren, erforsche, finde heraus. **Auskundschafter** *der.* **Auskundschaftung** *die, -.*

Auskunft [spätmhd., eigtl. ›das Herauskommen‹] *die, -/"e,* **1)** erbetene Mitteilung, belehrende Antwort: *ich habe eine A. eingeholt, erteilt, gegeben; Auskunftsdienst; auskunftspflichtig; Rentenauskunft.* **2)** Auskunftsstelle, Dienststelle, bei der man Erkundigungen einziehen kann: *Bahnhofsauskunft,* Abb. B 4. **Auskunftei** *die, -/-en,* Unternehmen, das gewerbsmäßig Auskünfte über wirtschaftl. oder persönl. Verhältnisse Dritter erteilt.

auskuppeln, *ich kupp(e)le (es) aus* (habe ausgekuppelt), ⚙ löse durch Kuppeln eine Verbindung.

auskurieren, *ich kuriere es aus* (habe auskuriert), behandle bis zur völligen Heilung.

auslachen, *ich lache ihn aus* (habe ausgelacht), verspotte ihn lachend.

Auslad *der, -s, schweiz.:* Ausladung (bei der Eisenbahn).

ausladen [mhd. uzladen], *ich lade es aus* (lud aus, habe ausgeladen), **1)** *es,* nehme die Ladung vom Transportmittel: *er lädt Möbel aus; der Wagen wurde ausgeladen.* **2)** *es ladet aus,* ⚙ tritt hervor, kragt aus, kantet über.

ausladen [nhd. zu ›einladen‹], *ich lade ihn aus* (lud aus, habe ausgeladen), Ü mache eine Einladung rückgängig.

ausladend, 1) weitgeschwungen, breit gebaut, über etwas herausragend. **2)** weitschweifig (Stil). **Ausladung** *die,* **1)** Entleerung, Löschung (Schiff, Wagen). **2)** größte Reichweite, Abb. A 25. **3)** 𝍇 Auskragung.

Ausladung *die,* Ü Widerruf einer Einladung.

Auslage *die,* **1)** im Schaufenster ausgestellte Ware, Abb. B 4, F 26. **2)** meist *Pl.,* Ausgabe, Unkosten (für einen anderen): *Auslagen werden erstattet.* **3)** öffentliches Zugänglichmachen, z. B. von Wahllisten. **4)** 𝍖 Anfangsstellung, Abb. F 9, L 6: *Rechtsauslage,* eine Kampfstellung beim Boxen. **5)** 𝍗 Spannweite des Geweihs, Abb. G 21.

auslagern, *ich lag(e)re es aus* (habe ausgelagert), bewahre an einem anderen (sichereren) Ort auf: *die Museumsbestände waren im Krieg ausgelagert.* **Auslagerung** *die.*

Ausland [mhd. uzlant] *das, -(e)s,* alle Länder außerhalb des eigenen Staates: *Auslandspresse; Auslandsreise.* **Ausländer** [mhd. uzlender] *der, -s/-,* **Ausländerin** *die, -/-nen,* Angehörige(r) eines fremden Staates: *Ausländerasyl; Ausländerrecht.* **ausländisch. Auslandskorrespondent** *der,* **Auslandskorrespondentin** *die,* **1)** *Publizistik:* Berichterstatter(in) im Ausland. **2)** Angestellte(r) für fremdsprachigen Briefwechsel.

auslangen, *ich lange aus* (habe ausgelangt), 𝍖 **1)** hole aus (zum Schlag). **2)** *es langt aus,* reicht aus.

Auslaß *der, ...lasses/...lässe,* das Hinauslassen, Abflußöffnung: *Auslaßventil.* **auslassen** [ahd. uzlazan ›ausschicken‹, ›beenden‹], *ich lasse aus* (ließ aus, habe ausgelassen), **1)** *ihn, es,* übergehe, berücksichtige nicht: *du hast im Diktat ein Wort ausgelassen.* **2)** *Wasser,* lasse ablaufen. **3)** *es an ihm,* lasse spüren: *er hat seine schlechte Laune an mir ausgelassen.* **4)** *Falten, Säume,* trenne auf (um ein Kleidungsstück länger oder weiter zu machen). **5)** *Fett, Butter,* bringe zum Schmelzen. **6)** *mich über ihn,* äußere mich, sage meine Meinung. **7)** *ihn, es, oberdt.:* lasse los, gebe frei. **8)** *etwas, oberdt.:* bin freigebig. **Auslassung** *die, -/-en.* **Auslassungspunkte,** *Pl.,* Punkte anstelle von Wörtern. **Auslassungszeichen** *das,* Apostroph, Übers. A 19, vgl. Übers. Z 13.

auslasten, *ich laste ihn, es aus* (habe ausgelastet), **1)** belaste bis zur Grenze der Leistungsfähigkeit: *mit dieser Arbeit ist er nicht ausgelastet; voll ausgelastete Maschinen.* **2)** belaste bis zur Grenze der Tragfähigkeit (Fahrzeuge).

auslatschen, *ich latsche aus,* **1)** (habe ausgelatscht) *Schuhe,* Ü weite durch vieles Tragen. **2)** (bin ausgelatscht), Ü derb: mache einen groben Fehler im Benehmen.

Auslauf [mhd. uzlouf ›Auszug‹, ›Durchfall‹] *der,* **1)** Tummelplatz, freier Bewegungsraum: *Kinder brauchen viel A.; freier A. für Hühner.* **2)** Abfluß, Abb. H 4. **3)** das Abklingen einer Bewegung, Abschluß eines Laufs. **auslaufen** [mhd. uzloufen], *es läuft aus* (lief aus, ist ausgelaufen), **1)** läuft langsam bis zum Stillstand. **2)** fließt aus (ein Gefäß, eine Flüssigkeit). **3)** Ü geht über: *das Gebirge läuft in einer Hügelkette aus.* **4)** endet, hört auf (zu bestehen): *mein Arbeitsvertrag läuft zum Jahresende, dieser Artikel ist ausgelaufen,* wird nicht mehr hergestellt. **5)** *ein Schiff läuft aus,* 𝍗 fährt ab, verläßt den Hafen. **6)** *ein Baum läuft aus,* ⊕ treibt Wurzelsprossen. **7)** *Farben laufen aus,* werden ausgewaschen und verfärben andersfarbiges Gewebe. **8)** *ich laufe mich aus* (habe mich ausgelaufen), mache mir gründlich Bewegung. **Ausläufer** *der,* **1)** Vorberg. **2)** Nachkomme. **3)** äußerste Grenze eines Wirkungsbereichs: *das Erdbeben reichte mit seinen Ausläufern bis...* **4)** ⊕ verlängerter Seitensproß, der neue Pflanzen bildet. **5)** *schweiz.:* Laufbursche.

auslaugen, *ich lauge es aus* (habe ausgelaugt), ⟲ entferne (durch Lösungsmittel) aus festen Gemengen die löslichen Bestandteile: *ich bin völlig ausgelaugt,* Ü erschöpft. **Auslaugung** *die, -/-en.*

Auslaut *der,* letzter Laut eines Wortes oder einer Silbe. **auslauten,** *es lautet aus* (hat ausgelautet), endet: *in ›Sanftmut‹ lauten beide Silben mit t aus.* **ausläuten** [mhd. uzliuten ›zu Grabe läuten‹], *ich läute es aus* (habe ausgeläutet), **1)** *es,* rufe mit einer Glocke aus. **2)** *es läutet aus,* hört auf zu läuten.

ausleben, *ich lebe mich aus* (habe mich ausgelebt), genieße mein Leben in vollen Zügen.

auslecken, *ich lecke es aus* (habe ausgeleckt), leere, säubere durch Lecken.

ausleeren, *ich leere es aus* (habe ausgeleert), mache völlig leer: *ich muß die Aschenbecher ausleeren.* **Ausleerung** *die.*

auslegen [mhd. uzlegen], *ich lege es aus* (habe ausgelegt), **1)** *es,* lege ausgebreitet hin, mache allgemein zugänglich (Waren, Listen). **2)** *es,* bringe in die richtige Lage (Ruder, Degen, Leitungen). **3)** *es,* bedecke völlig: *wir legen unsere Wohnung mit*

Teppichboden aus; **Ausleg(e)ware,** ABB. F 38. **4)** *es für eine bestimmte Leistung,* baue dafür (Maschinen, Kraftwerke). **5)** *Geld,* zahle für einen anderen leihweise: *kannst du mir 50 Mark auslegen?* **6)** *es,* Ü deute, erkläre, interpretiere (Bibel, Textstelle, Gesetzestext). **7)** *mich,* beuge mich vor, z. B. beim Fechten. **Ausleger** [mhd. uzlege ›Ausdeuter‹] *der,* ABB. A 25, B 3. **1)** 𝕞 hervorragender Träger. **2)** Ruderstützen außerhalb des Bootes, ABB. B 42. **3)** Sicherung des Bootes gegen Kentern. **4)** Erklärer, Interpret, z. B. der Bibel. **Auslegerboot** *das,* ABB. A 25. **Auslegung** *die, -/-en.*

ausleiern, *ich* lei(e)re *es* aus (habe ausgeleiert), Ü überdrehe ein Schraubengewinde, nutze (etwas Dehnbares) ab: *ein ausgeleiertes Gummiband.*

Ausleihe *die, -/-n,* Ausgabestelle in Büchereien. **ausleihen** [mhd. uzlihen], *ich* leihe aus (habe ausgeliehen), **1)** *es,* überlasse vorübergehend, verleihe. **2)** *es mir,* erhalte vorübergehend, entleihe: *Rückgabe ausgeliehener Bücher.*

auslernen, *ich* lerne aus (habe ausgelernt), beende die Ausbildungszeit (Lehrzeit): *er hat (noch nicht) ausgelernt.*

Auslese *die,* **1)** Auswahl des am besten Geeigneten, des Guten, der Besten: *Ausleseprozeß.* **2)** Wein aus überreifen, ausgelesenen Trauben. **auslesen** [ahd. arlesan], *ich* lese aus (las aus, habe ausgelesen), **1)** suche aus, scheide prüfend. **2)** Ü lese zu Ende: *hast du das Buch schon ausgelesen?*

ausleuchten, *ich* leuchte *es* aus (habe ausgeleuchtet), verteile das Licht gut darauf: *die Szene muß für die Fernsehaufnahme gut ausgeleuchtet werden.*

ausliefern, *ich* lief(e)re *ihn, es ihm* aus (habe ausgeliefert), übergebe: *Frankreich lieferte den Verbrecher an Deutschland aus; die Möbel werden ausgeliefert,* ins Haus gebracht; *ich bin ihm ausgeliefert,* Ü preisgegeben. **Auslieferung** *die, -.*

ausliegen [ahd. uzligen ›außen sein‹, ›zu Felde liegen‹], *es* liegt aus (lag aus, hat ausgelegen), ist öffentlich zugänglich (Listen, Bücher, Waren).

ausloben, *ich* lobe *es* aus (habe ausgelobt), ⚖ setze öffentlich eine Belohnung aus. **Auslobung** *die, -/-en.*

auslöffeln, *ich* löff(e)le *es* aus (habe ausgelöffelt), **1)** leere, esse mit dem Löffel. **2)** Ü trage die Folgen einer Handlung: *was du dir eingebrockt hast, das mußt du auch auslöffeln.*

Auslohnung, Auslöhnung *die, -/-en,* Lohnzahlung (bei der Entlassung).

auslöschen, *ich* lösche aus (habe ausgelöscht), **1)** *es,* lasse nicht weiterbrennen: *löschst du das Licht aus?* **2)** *es,* trockne Tintenschrift mit Löschpapier. **3)** *es,* tilge, vernichte (Spuren, Erinnerungen). **4)** *es* lischt aus (losch oder löschte aus, ist ausgelöscht), hört auf zu brennen, zu bestehen.

auslosen, *ich* lose *es* aus (habe ausgelost), bestimme durch Los: *die ausgelosten Glückszahlen.*

auslösen [ahd. uzlosen, ›herauslösen‹], *ich* löse aus (habe ausgelöst), **1)** *ihn,* kaufe los. **2)** *Knochen,* nehme heraus. **3)** *ein Pfand,* kaufe zurück. **4)** *es,* setze in Gang, beseitige eine Hemmung: *er hat das Uhrwerk ausgelöst.* **5)** *es,* erzeuge, bewirke: *dieser Anblick löste bei uns viele Erinnerungen aus.* **Auslöser** *der,* **1)** Photographie: Vorrichtung zum Auslösen des Kameraverschlusses, ABB. P 12, F 21. **2)** Verhaltensforschung: Reiz, auf den eine bestimmte Reaktion erfolgt.

Auslosung [mhd. uzlœsunge] *die,* **1)** Entscheidung durch das Los. **2)** Aussonderung von zu tilgenden Schuldverschreibungen oder Anteilen.

Auslösung *die,* **1)** Bewirkung (von Reaktionen, Gefühlen). **2)** Befreiung durch Zahlung (Gefangene). **3)** Rücktausch, Rückkauf (von Pfändern). **4)** ⚙ Hebel zum Ingangsetzen eines Mechanismus. **5)** Erstattung der Unkosten bei Auseinanderfallen von Wohn- und Arbeitsort.

ausloten, *ich* lote *es* aus (habe ausgelotet), **1)** bringe in die Senkrechte. **2)** ⚓ stelle durch Loten die Wassertiefe fest. **3)** Ü erforsche gründlich.

Auslucht(e) [zu lugen ›schauen‹] *die, -/. . .ten,* **1)** norddt.: erkerartiger Vorbau. **2)** ostdt.: Querdachgiebel.

auslüften, *ich* lüfte *es* aus (habe ausgelüftet), setze der frischen Luft aus (Betten, Kleidung).

Auslug *der, -(e)s/-e,* Aussichtsposten (im Mastkorb). **auslugen,** *ich* luge *nach ihm* aus (habe ausgelugt), halte Ausschau.

ausmachen [mhd. uzmachen, ›vollenden‹, ›hervortreten lassen‹], *ich* mache *es* aus (habe ausgemacht), **1)** lösche, schalte aus: *mach das Licht aus!* **2)** Ü hole heraus: *wir machen Kartoffeln aus.* **3)** Ü verabrede, vereinbare (Termin, Treffpunkt). **4)** bringe zur Klärung, zur Entscheidung: *das müßt ihr vor Gericht ausmachen.* **5)** erkenne, entdecke, spüre auf (Wild). **6)** *es* macht *etwas* aus, bedeutet etwas, beträgt: *Hitze macht mir nichts aus; das macht 100 DM aus.*

ausmahlen [mhd. uzmaln ›zu Ende mahlen‹, ›ausmahlen‹], *ich* mahle *Getreide* aus (habe ausgemahlen), gewinne durch Mahlen eine bestimmte Mehltype. **Ausmahlung** *die, -: Ausmahlungsgrad.*

ausmalen [spätmhd. uzmalen ›auszeichnen‹], *ich* male *es* aus (habe ausgemalt), **1)** fülle die umrissenen Felder mit Farbe. **2)** Ü schildere anschaulich, stelle mir vor: *ich ausmale* **2)** *ihm, mir,* Ü schildere anschaulich, stelle mir vor.

ausmanövrieren, *ich* manövriere *ihn* aus (habe ausmanövriert), Ü schalte durch geschicktes Vorgehen aus.

ausmarchen [frz., zu Mark ›Grenze‹], *ich* marche *es* aus (habe ausgemarcht), schweiz.: **1)** grenze ab (Grundstücke; Rechte, Interessen). **2)** kämpfe aus (sportl. Entscheidung; Wahl, Abstimmung). **Ausmarchung** *die, -.*

Ausmarsch *der,* ⚔ das Abrücken oder der Marsch ins Gelände in geschlossenem Zug.

Ausmaß *das,* **1)** Größe, Ausdehnung: *eine Smogglocke von bisher nicht gekanntem Ausmaße.* **2)** Maß, Grad: *eine Umweltkatastrophe größten Ausmaßes.*

ausmauern, *ich* mau(e)re *es* aus (habe ausgemauert), fülle oder umkleide die Innenfläche von etwas mit Mauerwerk. **Ausmauerung** *die, -/-en.*

ausmeißeln, *ich* meiß(e)le *es* aus (habe ausgemeißelt), entferne, forme mit Hilfe eines Meißels.

ausmergeln [von mhd. marc ›das Mark‹, eigtl. ›das Mark entziehen‹], *ich* merg(e)le *ihn, es* aus (habe ausgemergelt), entziehe ihm alle Kraft: *sie sieht ausgemergelt aus; ausgemergelter Boden.* **Ausmerg(e)lung** *die, -/-en.*

Ausmerze *die, -,* Entfernung minderwertiger Tiere. **ausmerzen** [von der Aussonderung minderwertigen Viehs im März], *ich* merze *es* aus (habe ausgemerzt), tilge als minderwertig, scheide Minderwertiges aus. **Ausmerzung** *die, -/-en,* **1)** Ausmerze. **2)** Ausscheidung von Untauglichem.

ausmessen [mhd. uzmezzen], *ich* messe *es* aus (maß aus, habe ausgemessen), stelle die Maße nach allen Richtungen fest: *ich will das Zimmer ausmessen.*

ausmieten [zu Miete ›Aufbewahrungsstelle‹], *ich* miete *es* aus (habe ausgemietet), nehme aus der Miete (Kartoffeln).

ausmieten [zu Miete ›Überlassung gegen Entgelt‹], *ich* miete *es* aus (habe ausgemietet), schweiz.: vermiete.

ausmisten, *ich* miste aus (habe ausgemistet), **1)** *den Stall,* nehme den Mist heraus. **2)** *(es),* Ü reinige, räume auf.

ausmittig, ⊙ exzentrisch.

ausmünden, *es* mündet *in, auf etwas* aus (hat, ist ausgemündet), mündet, endet: *beide Straßen münden in den Marktplatz aus.* **Ausmündung** *die, -/-en.*

ausmünzen, *ich* münze *es* aus (habe ausgemünzt), **1)** präge Münzen daraus. **2)** Ü deute zu meinem Vorteil. **Ausmünzung** *die, -/-en.*

der Ausleger — das Boot — der Schwimmer — **das Auslegerboot** — der Riemen — die Dolle — das Boot — der Ausleger — der Ausleger — **Ausleger**

der Ausleger — die Ausladung — die Stütze — der Auslegerkran

die Motorhaube — die Klemmschraube — die Klemmvorrichtung — die Schraube — der Sporn — **Außenbordmotor**

ausmustern, *ich* must(e)re *ihn, es* aus (habe ausgemustert).
Ausmusterung *die,* **1)** Auswahl des Guten, Ausscheidung des Schlechten. **2)** ⚔ Entlassung aus dem Militärdienst wegen Krankheit.

Ausnahme *die, -/-n,* **1)** Abweichung von der Regel: *alle ohne A.; mit A. der Opposition; ich mache bei ihm, für ihn eine A.; Ausnahmegenehmigung; Ausnahmesituation.* **2)** österr.: Altenteil. **Ausnahmefall** *der,* Ausnahme: *im A.* **Ausnahmegericht** *das,* ⚖ außerordentliches Gericht zur Aburteilung bestimmter Einzelfälle oder Einzelpersonen (in der Bundesrep. Dtl. unzulässig). **Ausnahmegesetz** *das,* ⚖ Gesetz, das für bestimmte Personen Ausnahmeregelungen vorsieht (unzulässig). **Ausnahmezustand** *der,* staatlicher Notstand, der zu außerordentlichen Maßnahmen (Notstandsgesetze) nötigt. **Ausnahmsfall** *der,* österr.: Ausnahmefall. **ausnahmslos,** ohne Ausnahme. **ausnahmsweise,** als Ausnahme, ganz selten. **Ausnahmszustand** *der,* österr.: Ausnahmezustand. **ausnehmen** [ahd. uzneman ›herausnehmen‹], *ich* nehme aus (nahm aus, habe ausgenommen), **1)** *ihn, es,* berücksichtige nicht mit, meine nicht, schließe aus: *die Damen nehme ich natürlich aus,* für sie gilt das nicht; vgl. ausgenommen. **2)** *ihn,* U nehme ihm Geld ab (beim Spiel): *man hat ihn beim Pokern völlig ausgenommen.* **3)** *ihn,* U frage ihn aus. **4)** *es,* nehme den Inhalt heraus: *das Huhn ist schon ausgenommen,* die Eingeweide sind entfernt. **5)** *es nimmt sich gut, schlecht aus,* Ü wirkt. **ausnehmend,** ungewöhnlich, sehr. **Ausnehmer** *der, -s/-,* österr.: Altbauer auf dem Altenteil.

ausnüchtern, *ich* nücht(e)re *ihn* aus (habe ausgenüchtert), lasse (in Polizeigewahrsam) nüchtern werden. **Ausnüchterung** *die, -:* Ausnüchterungszelle.

ausnutzen, ausnützen, *ich* nutze, nütze *ihn, es* aus (habe ausgenutzt, ausgenützt), verwende zu eigenem Vorteil, ziehe kräftig Nutzen daraus: *er hat die günstige Gelegenheit ausgenützt; wir lassen uns von ihm ausnutzen.* **Ausnutzung, Ausnützung** *die, -/-en.*

auspacken, *ich* packe aus (habe ausgepackt), **1)** *es,* nehme aus seiner Hülle, öffne (ein Paket). **2)** U teile ausführlich (etwas Unangenehmes) mit, was ich bisher für mich behalten habe: *er hatte es satt, ihn zu decken, und packte gründlich aus.*

auspeitschen, *ich* peitsche *ihn* aus (habe ausgepeitscht), schlage derb mit der Peitsche. **Auspeitschung** *die, -/-en.*

auspellen [zu niederdt. Pelle ›Haut‹], *ich* pelle *ihn, mich* aus (habe ausgepellt), U ziehe aus.

auspendeln, *ich* pend(e)le *es* aus (habe ausgependelt), messe mit einem Pendel. **Auspendler** *der,* jemand, der nicht an seinem Wohnort arbeitet und deshalb täglich zum Arbeitsplatz hinausfahren muß.

auspfählen, *ich* pfähle *es* aus (habe ausgepfählt), ✽ stütze mit Pfählen ab. **Auspfählung** *die, -/-en.*

auspfeifen, *ich* pfeife *ihn* aus (habe ausgepfiffen), verhöhne durch laute Pfiffe: *das Theaterstück, der Schiedsrichter wurde ausgepfiffen.*

auspflanzen, *ich* pflanze *es* aus (habe ausgepflanzt), bringe junge Pflanzen z. B. aus dem Gewächshaus ins Freiland.

Au|spizi|en [lat., von auspicium ›Vogelschau‹, *Pl.,* **1)** im alten Rom: Erkundung des göttl. Willens, bes. durch Beobachten des Vogelflugs. **2)** Aussichten, Hoffnungen. **3)** Leitung: *unter seinen A.*

ausplappern, *ich* plapp(e)re *es* aus (habe ausgeplappert), U plaudere aus.

ausplaudern, *ich* plaud(e)re *es* aus (habe ausgeplaudert), verrate geschwätzig: *Kinder plaudern alles aus.*

ausplündern, *ich* plünd(e)re *ihn, es* aus (habe ausgeplündert), raube aus, nehme ihm alles weg. **Ausplünd(e)rung** *die.*

auspolstern, *ich* polst(e)re *es* aus (habe ausgepolstert), stopfe weich aus.

ausposaunen, *ich* posaune *es* aus (habe ausposaunt), U erzähle überall, was ich besser hätte verschweigen sollen.

auspowern [power, von frz. pauvre ›arm‹], *ich* pow(e)re *ihn, es* aus (habe ausgepowert). **1)** Verarmung, Verelendung. **2)** Ausbeutung.

ausprägen, *es* prägt *sich* aus (hat sich ausgeprägt), U kommt deutlich zum Vorschein, tritt stark hervor: *sein Ehrgeiz prägte sich immer mehr aus; scharf ausgeprägte Gesichtszüge.* **Ausprägung** *die.*

auspressen [mhd. uzpressen], *ich* presse aus (habe ausgepreßt), **1)** *es,* drücke (Saft) heraus. **2)** *ihn,* U frage weitestgehend aus.

ausprobieren, *ich* probiere *es* aus (habe ausprobiert), versuche, stelle durch Erfahrung fest.

Auspuff *der, -(e)s/-e,* ⊚ das Ausströmen von Abgasen und Abdampf, auch die Vorrichtung dafür, ABB. K 39, K 40: *Auspuffgase; Auspuffrohr; Auspufftopf.*

auspumpen, *ich* pumpe es aus (habe ausgepumpt), leere durch Pumpen (den Magen, Wasser aus einer Grube); vgl. ausgepumpt.

auspunkten, *ich* punkte *ihn* aus (habe ausgepunktet), Boxsport: besiege nach Punkten.

Ausputz *der,* **1)** Schmuck. **2)** Abfall beim Reinigen von Getreide: *Kornausputz.* **ausputzen,** *ich* putze *es* aus (habe ausgeputzt), **1)** reinige von Schmutz. **2)** schmücke. **Ausputzer** *der,* **1)** U Ausbeuter. **2)** U Rüge. **3)** Fußball: letzter Abwehrspieler vor dem Torwart.

ausquartieren, *ich* quartiere *ihn* aus (habe ausquartiert), nehme, kündige ihm das Quartier, die Wohnung. **Ausquartierung** *die, -/-en.*

ausquetschen, *ich* quetsche aus (habe ausgequetscht), **1)** *es,* presse aus. **2)** *ihn,* U suche von ihm zu erfahren.

ausradieren, *ich* radiere *es* aus (habe ausradiert), **1)** entferne durch Radieren. **2)** Ü vernichte völlig: *im Krieg ausradierte Dörfer.*

ausrangieren [-rā:ʒi:rən, frz.], *ich* rangiere *es* aus (habe ausrangiert), stelle, lege beiseite, sortiere aus, werfe weg: *ausrangierte Kleidungsstücke.*

ausrasten, *es* rastet aus (ist ausgerastet), **1)** springt aus seiner Befestigung. **2)** *bei mir,* U verliere die Beherrschung oder das Verständnis für den Zusammenhang.

ausrauben, *ich* raube *ihn, es* aus (habe ausgeraubt), plündere, nehme ihm alles gewaltsam weg.

ausräuchern, *ich* räuch(e)re *es* aus (habe ausgeräuchert), vertreibe Schädlinge durch Rauch: *das Wespennest wurde ausgeräuchert.* **Ausräucherung** *die, -/-en.*

ausraufen [mhd. uzroufen], *ich* raufe *es* aus (habe ausgerauft), reiße heraus: *ich könnte mir die Haare ausraufen!* (vor Zorn).

ausräumen [mhd. uzrumen ›Platz machen‹], *ich* räume *es* aus (habe ausgeräumt), entferne durch Räumen, leere: *Diebe räumten die Wohnung aus; sind eure Zweifel jetzt ausgeräumt?,* Ü beseitigt. **Ausräumung** *die.*

ausrechnen, *ich* rechne *es* aus (habe ausgerechnet), berechne, errechne: *rechne dir aus, was das kostet!; die Folgen kannst du dir ausrechnen!,* Ü; vgl. ausgerechnet. **Ausrechnung** *die.*

Ausrede [mhd. uzrede] *die,* Lüge zur Entschuldigung, Vorwand: *eine faule A.,* plumpe Lüge. **ausreden** [mhd. uzreden ›aussprechen‹, ›verabreden‹], *ich* rede aus (habe ausgeredet), **1)** spreche zu Ende: *laß mich ausreden!* **2)** *es, ihm,* versuche, ihn von etwas abzubringen: *er ließ es sich nicht ausreden!*

ausreiben, *ich* reibe *es* aus (habe ausgerieben), **1)** reinige, entferne durch Reiben. **2)** *oberdt.:* scheuere: *Ausreibtuch.*

ausreichen, *ich* reiche *mit etwas* aus (habe ausgereicht), komme aus, habe genügend davon: *die Zeit reichte nicht mehr aus.* **ausreichend,** U genügend. **2)** als Leistungsnote 4: *die Arbeit wurde mit (der Note) ›4.‹ bewertet.*

ausreifen, *es* reift aus (ist ausgereift), wird völlig reif: *die Tomaten müssen noch ausreifen; eine ausgereifte Arbeit,* Ü.

Ausreise [mhd. uzreise] *die,* das Verlassen des Landes: *Ausreiseerlaubnis; Ausreiseantrag.* **ausreisen** [mhd. uzreisen ›ins Feld ziehen‹], *ich* reise aus (bin ausgereist).

ausreißbar, *ausreißbares Mantelfutter,* durch Reißverschluß herauszutrennen. **ausreißen** [mhd. uzrizen], *ich* reiße aus (riß aus, bin ausgerissen), **1)** laufe weg, entfliehe. **2)** U Rennen: mache einen plötzlichen Vorstoß. **3)** *es reißt aus,* bekommt einen Riß: *das Knopfloch ist ausgerissen.* **4)** (habe ausgerissen) *es,* nehme gewaltsam heraus, ABB. R 16. **Ausreißer** *der,* U jemand, der ausreißt (Kind).

ausreiten [mhd. uzriten], *ich* reite aus (bin ausgeritten), mache einen Spazierritt; verlasse einen Ort zu Pferd.

ausrenken [mhd. uzrenken], *ich* renke *es, ihm* aus (habe ausgerenkt), drehe aus dem Gelenk: *er hat sich, mir den Arm ausgerenkt; sie renkte sich den Hals nach ihm aus,* U hielt eifrig Ausschau. **Ausrenkung** *die, -/-en.*

ausrichten [mhd. uzrihten], *ich* richte *es* aus (habe ausgerichtet), **1)** passe in (Maschinenteile, Stollen, Gleise); mache Reihen gerade. **2)** *auf etwas,* Ü gleiche Gesinnung und Verhalten an. **3)** setze durch, erreiche: *er konnte bei seinem Vorgesetzten nichts ausrichten.* **4)** bereite, veranstalte: *er richtet das Fest aus.* **5)** übermittle einen Auftrag: *richte ihr bitte Grüße von uns aus!* **6)** ⚒ spüre auf. **Ausrichtung** *die.*

ausringen, ich ringe es aus (rang aus, habe ausgerungen), wringe aus (Wäsche).

Ausritt der, 1) das Wegreiten. 2) Ausflug zu Pferd.

ausroden, ich rode es aus (habe ausgerodet), ⊕ ⚘ rode, entferne Pflanzen samt Wurzelstock. **Ausrodung** die.

ausrollen, 1) ich rolle es aus (habe ausgerollt), mache glatt, wälze aus: ich habe den Kuchenteig ausgerollt. 2) es rollt aus (ist ausgerollt), verlangsamt das Rollen bis zum Stillstand.

ausrotten, ich rotte es aus (habe ausgerottet), vernichte völlig. **Ausrottung** die, -/-en.

ausrücken [mhd. uzrücken ›herausreißen‹], ich rücke aus (bin ausgerückt), 1) marschiere aus: die Truppe rückt zum Manöver aus. 2) U entfliehe, laufe weg. 3) (habe ausgerückt) es, schreibe über den Rand hinaus: die Endsumme wird nach rechts ausgerückt.

Ausruf der, 1) verhaltener Schrei: im A. der Überraschung. 2) öffentliche mündliche Bekanntmachung. **ausrufen** [urspr. nur ›öffentlich bekanntmachen‹], ich rufe es aus (rief aus, habe ausgerufen), 1) sage erstaunt oder begeistert: da rief er aus: ›Ich kann es kaum fassen!‹ 2) verkünde öffentlich: 1918 wurde die Republik ausgerufen; über den Bahnhofslautsprecher wurden die Stationen ausgerufen. **Ausrufer** der, jemand, der etwas ausruft. **Ausrufewort** das, Interjektion, ÜBERS. G 34: ach! **Ausrufezeichen, Ausrufungszeichen** das, ÜBERS. S 6.

ausruhen, ich ruhe mich, es aus (habe ausgeruht), erhole mich, gönne mir, ihm eine Pause, um neue Kräfte zu sammeln: ausgeruht begann er von neuem.

ausrupfen, ich rupfe es aus (habe ausgerupft), reiße heraus (Federn).

ausrüsten [mhd. uzrüsten], ich rüste es, ihn, mich aus (habe ausgerüstet), versehe mit allem Bedarf, bereite zu einem bestimmten Zweck vor. **Ausrüstung** die, 1) ohne Pl., das Ausrüsten. 2) alles zu einem bestimmten Zweck Nötige: Bergsteigerausrüstung; Ausrüstungsgegenstände. 3) Appretur und Veredlung eines Gewebes.

ausrutschen, ich rutsche aus (bin ausgerutscht), 1) gleite, verliere den sicheren Stand des Fußes: sie ist bei Glatteis ausgerutscht; gleich rutscht mir die Hand aus, Ü gibt es eine Ohrfeige. 2) Ü benehme mich unangemessen, lasse unerwartet in der Leistung nach: er ist auf dem diplomatischen Parkett ausgerutscht, Ü. **Ausrutscher** der, -s/-: diese Bemerkung, das letzte Fußballspiel dieser Mannschaft war ein A., Ü.

Aussaat die, 1) ohne Pl., das Säen. 2) Saat. **aussäen,** ich säe es aus (habe ausgesät), streue Saatgut aus.

Aussage die, 1) Mitteilung, Erklärung. 2) genauer Bericht (vor Gericht). 3) geistiger Gehalt. **aussagen** [mhd. uzsagen], ich sage es über ihn, etwas aus (habe ausgesagt), gebe mein Wissen, meine Meinung kund, bes. als Zeuge vor Gericht: er hat falsch ausgesagt; der Bericht sagt darüber nichts aus.

aussägen, ich säge es aus (habe ausgesägt), schneide mit der Säge heraus: ausgesägte Märchenfiguren.

Aussageweise die, Ⓢ Modus.

aussalzen, ich salze es aus (habe ausgesalzt), ⊤ fälle Stoffe durch Salzzusatz aus.

Aussatz [mhd. uzsetze, zu uzsetzen ›auswärts wohnend‹] der, -es, ⚕ Lepra, eine Infektionskrankheit. **aussätzig. Aussätzige** die, -n/-n, ein/r, eine -.

aussauern, eine Pflanze sauert aus (ist ausgesauert), stirbt in stehendem Wasser ab. **Aussauerung** die, -.

aussaugen [mhd. uzsugen], ich sauge es aus (habe ausgesaugt, auch ausgesogen), 1) es, entferne, leere durch Saugen. 2) ihn, Ü nütze rücksichtslos aus, beute aus (Freunde, Arbeitskräfte).

Aussch., Abk. für: Ausschuß.

ausschaben, ich schabe es aus (habe ausgeschabt), kratze aus, z. B. eine Körperhöhle (Gebärmutter). **Ausschabung** die, -/-en.

ausschachten, ich schachte es aus (habe ausgeschachtet), hebe Erdreich, eine Grube aus. **Ausschachtung** die, -/-en.

ausschalen, ich schale es aus (habe ausgeschalt), 1) verschale. 2) entferne die Schalung, nehme die Gußform ab. 3) Wellen schalen aus, spülen aus.

ausschalmen, ich schalme es aus (habe ausgeschalmt), ⚘ bestimme Bäume durch Schalmen zum Fällen.

ausschalten [mhd. uzschalten ›fernhalten‹], ich schalte aus (habe ausgeschaltet), 1) es, ⚡ schalte ab: ich schalte die Maschine aus. 2) ihn, Ü lasse nicht mitwirken, berücksichtige nicht: die Fehlerquelle muß ausgeschaltet werden; man wollte eine Beeinflussung ausschalten. **Ausschaltung** die.

Ausschalung die, das Ausschalen.

Ausschank der, -(e)s/⸚e, 1) Ausgabe von Getränken. 2) Schankwirtschaft. 3) Schanktisch.

ausscharren [mhd. uzscharn ›aus der Schar (der Gefangenen) herausholen‹], ich scharre es aus (habe ausgescharrt), kratze, grabe aus.

Ausschau die, -, das Suchen mit Blicken: ich halte A. nach ihm, suche ihn. **ausschauen,** ich schaue aus (habe ausgeschaut), 1) nach ihm, suche zu erspähen, halte Ausschau. 2) sehe aus: er schaut recht elend aus.

ausscheiden [ahd. uzceiden], ich scheide aus, 1) (bin ausgeschieden), gehe aus einem Kreis heraus, verliere meine Mitgliedschaft, Anwartschaft: ich scheide aus dem Amt aus; der Sportler ist aus dem Wettkampf ausgeschieden. 2) (habe ausgeschieden) ich, es, entferne, ziehe nicht in die engere Wahl; sondere ab: diesen Bewerber, diese Möglichkeit schied ich von Anfang an aus; Exkremente werden ausgeschieden. 3) (habe ausgeschieden) es, ⊤ fälle aus, trenne feste Stoffe aus einer Lösung. **Ausscheidung** die: Ausscheidungsprodukt; Leichtathletikausscheidungen. **Ausscheidungskampf** der, ✕.

ausschelten, ich schelte ihn aus (schalt aus, habe ausgescholten), schimpfe aus.

ausschenken [mhd. uzschenken], ich schenke Getränke aus (habe ausgeschenkt), gieße ins Glas, bes. am Ausschank.

ausscheren [niederdt. utscheren], 1) ich schere es aus (habe ausgeschert), ↗ ziehe heraus, wechsle aus (Tauwerk). 2) ein Fahrzeug schert aus (ist ausgeschert), weicht von der bisherigen Spur ab.

ausschicken [mhd. uzschicken], ich schicke ihn aus (habe ausgeschickt), sende ihn zu einem bestimmten Zweck auf den Weg: ich hatte ihn ausgeschickt, dich zu suchen.

ausschießen [mhd. uzschiezen], ich schieße aus (schoß aus, habe ausgeschossen), 1) es, vernichte, beseitige durch Schuß: er hat ihm ein Auge ausgeschossen; das Jagdrevier wurde ausgeschossen, der gesamte Wildbestand erlegt. 2) es, schieße um einen Gewinn. 3) es, ⊕ stelle die gesetzten Seiten für die Druckform zusammen. 4) es schießt aus (ist ausgeschossen), verschießt, verblaßt (Farbe).

ausschiffen [mhd. uzschiffen], ich schiffe aus (habe ausgeschifft), 1) ihn, es, bringe vom Schiff ans Land, entlade vom Schiff. 2) mich, gehe an Land. **Ausschiffung** die, -/-en.

ausschildern, ich schilde(e)re aus (habe ausgeschildert), versehe mit Verkehrsschildern: die Umleitung ist (gut, schlecht) ausgeschildert. **Ausschilderung** die.

ausschimpfen, ich schimpfe ihn aus (habe ausgeschimpft), sage ihm Grobheiten, schelte ihn.

ausschlachten, ich schlachte es aus (habe ausgeschlachtet), 1) schlachte die minderen Tiere einer Herde. 2) weide aus (Schlachtvieh). 3) U nehme aus einem gebrauchsunfähig gewordenen Gegenstand noch erhaltene Einzelteile (aus Autos, Maschinen). 4) U nütze, beute aus (Ereignisse, Kenntnisse).

ausschlafen [urspr. auch ›auswärts schlafen‹], ich schlafe aus (schlief aus, habe ausgeschlafen), 1) stille das Schlafbedürfnis vollkommen: ich habe nicht ausgeschlafen; ich habe sich richtig ausgeschlafen. 2) es, überwinde durch Schlaf: er schläft seinen Rausch aus.

Ausschlag der, 1) Abweichung von der Ruhelage (Pendel, Zunge an Waagen). 2) Ü das Entscheidende: das gab den A. 3) Hauterkrankung, ⚕ Flecken, Bläschen: Hautausschlag. 4) Locheisen. 5) ⚙ Gutgewicht, Naturalrabatt, Vergütung für Gewichtsverluste. **ausschlagen** [mhd. uzslahen ›hervorbrechen‹], ich schlage aus (schlug aus, habe ausgeschlagen), 1) bewege mich heftig, schlage um mich: das Pferd schlägt aus, stößt mit den Hufen. 2) es, schlage heraus, entferne gewaltsam: er hat mir einen Zahn ausgeschlagen. 3) es, kleide aus, verkleide: ich schlage den Schrank mit Papier aus. 4) es, lehne ab, weise zurück: ich werde die Erbschaft ausschlagen. 5) die Uhr schlägt aus, beendet das Schlagen. 6) es schlägt aus (hat, ist ausgeschlagen), treibt aus: die Bäume schlagen aus. 7) es schlägt aus (ist, hat ausgeschlagen), weicht von der Nullstellung ab, schwingt (Zeiger einer Waage, Pendel). 8) es schlägt (zum Guten, Schlechten) aus (ist ausgeschlagen), Ü entwickelt, wendet sich. **ausschlaggebend,** entscheidend: seine Entscheidung war a. für mich.

ausschlämmen [vgl. Schlamm], schlämmen.

ausschließen [mhd. uzsliezen], ich schließe aus (schloß aus, habe ausgeschlossen), 1) ihn, es, sperre aus. 2) ihn, es, erkläre als nicht zugehörig oder unmöglich, kündige ihm die Mitgliedschaft, verweise ihn aus der Gemeinschaft: er wurde aus der Partei ausgeschlossen; ich schließe einen Fehler nicht *aus.* 3) *Zeilen, ⊘ bringe sie auf die vorgeschriebene Breite.* 4) *mich von ihm, halte mich von etwas fern; vgl. ausgeschlossen.* **ausschließlich, 1)** *nur, nichts als: er ist a. Gelehrter.* **2)** *ungeteilt, alleinig: sein ausschließliches Recht.* 3) *dessen, nicht mitgerechnet, außer: a. des Fahrgeldes, a. Fahrgeld, a. Fahrgeldern.* **Ausschließlichkeit** *die, -.* **Ausschließung** *die,* **1)** *das Ausschließen, Fernhalten.* 2) ♫♫ *Verbot für Richter u. a., an Verfahren von eigenem Interesse mitzuwirken.*

Ausschlupf *der, Öffnung zum Entwischen.* **ausschlüpfen** [mhd. uzsliefen], *ein Tier schlüpft aus (ist ausgeschlüpft), kriecht aus dem Ei oder der Puppe.*

Ausschluß *der,* 1) *das Unmöglichmachen: bei A. einer dritten Lösung.* 2) *Entziehung einer Mitgliedschaft, Ausstoßung: Parteiausschluß; Ausschlußverfahren.* 3) *Verhinderung, Verbot der Teilnahme: die Verhandlung vor Gericht fand unter A. der Öffentlichkeit statt.* 4) ⊘ *niedrigere Lettern zur Füllung der Zwischenräume.*

ausschmelzen [mhd. uzmelzen], *ich schmelze es aus (habe ausgeschmolzen), trenne zwei Stoffe durch Schmelzen; mache durch Schmelzen flüssig.*

ausschmücken [mhd. uzsmücken], *ich schmücke es aus (habe ausgeschmückt), füge mancherlei hinzu, um es schöner zu machen (Raum): ich schmücke meine Erzählung mit Einzelheiten ausgeschmückt, Ü.* **Ausschmückung** *die.*

ausschneiden [mhd. uzsniden], *ich schneide es aus (habe ausgeschnitten), trenne einen bestimmten Teil oder eine Form ab,* ABB. S 32: *ich schneide den Aufsatz aus der Zeitung aus.* **Ausschnitt** *der,* 1) *ausgeschnittenes Stück: der A. einer Kugel,* ABB. K 52; *Zeitungsausschnitt.* 2) *Loch, in tiefer A., große Halsöffnung an Kleidern.* 3) *Ü Teil, Einzelheit: das Fernsehen überträgt Ausschnitte aus dem Fußballänderspiel; Bildausschnitt.* **ausschnittweise,** *die Parlamentsdebatte wurde a. übertragen.*

ausschöpfen, *ich schöpfe es aus (habe ausgeschöpft), leere, entferne durch Schöpfen: wir schöpfen das Boot (das Wasser) aus.* 2) *Ü nutze, werte aus: sämtliche Möglichkeiten wurden ausgeschöpft.*

ausschreiben, *ich schreibe es aus (habe ausgeschrieben),* 1) *fertige aus, stelle schriftlich zusammen (Rechnung, Quittung).* 2) *verzichte auf Abkürzungen.* 3) *gebe öffentlich bekannt: Wahlen wurden ausgeschrieben; man schrieb die freie Stelle in der Zeitung aus.* 4) *präge durch vieles Schreiben aus: eine ausgeschriebene Handschrift.* **Ausschreibung** *die,* 1) *öffentl. Aufforderung zur Einreichung von Angeboten.* 2) ✂ *Ankündigung eines Wettkampfes.*

ausschreiten [mhd. uzschriten ›hinausgehen‹], *ich schreite aus (bin ausgeschritten), mache lange Schritte.* **Ausschreitung** *die, -/-en, meist Pl.,* 1) *Gewalttätigkeit: es kam zu Ausschreitungen gegen die Polizei.* 2) *sittliche Verfehlung.*

ausschroten, *ich schrote es aus (habe ausgeschrotet),* 1) *Getreide, zermahle zu Schrot.* 2) *Fleisch, österr.: zerlege fachgerecht zum Verkauf.*

Ausschuhen *das, -s,* 🐎 *das Verlieren des Hornschuhs (Huf, Klaue) durch Krankheit.*

ausschulen, *ich schule ihn aus (habe ausgeschult),* 1) *nehme aus der Schule.* 2) *österr. auch: versetze an eine andere Schule.* **Ausschulung** *die.*

Ausschuß [zu mhd. uzschiezen ›(sich) aussondern‹] *der, Abk.: Aussch.,* 1) *ein größeren Körperschaften unterstellter engerer Kreis, Komitee, Kommission: Untersuchungsausschuß; Ausschußsitzung.* 2) *Austrittsstelle eines Geschosses.* 3) *ohne Pl., Ware mit Fehlern: Ausschußware.*

ausschütteln, *ich schütt(e)le es aus (habe ausgeschüttelt),* 1) *säubere, entferne durch Schütteln: ich schüttle das Staubtuch aus.* 2) ⚗ *extrahiere gelöste Verbindungen.* **ausschütten** [ahd. uzscutten], *ich schütte aus (habe ausgeschüttet),* 1) *es, leere, gieße aus: ich schütte den Eimer aus; er schüttete ihm sein Herz aus,* U *teilte ihm seine Sorgen mit; die Dividende wurde ausgeschüttet, verteilt.* 2) *mich vor Lachen,* U *lache mich.* **Ausschüttung** *die, Verteilung von Gewinnanteilen: Gewinnausschüttung; die jährliche A. der Dividende.*

ausschwärmen, *die schwärmen aus (sind ausgeschwärmt),* 1) 🐝 *fliegen davon, um ein neues Volk zu gründen (Bienen).* 2) 🛡 *verteile sich im Gelände (Soldaten).*

ausschweifen, *ich schweife es aus* (*bin ausgeschweift), lebe genußsüchtig, maßlos, bes. sexuell: er führt ein ausschweifendes Leben.* 2) (habe ausgeschweift) *es, kerbe aus, runde ab.* **Ausschweifung** *die, -/-en.*

ausschweigen, *ich schweige mich über etwas aus (habe mich ausgeschwiegen), bin durch nichts zum Reden zu bringen.*

ausschwemmen, *ich schwemme es aus (habe ausgeschwemmt), spüle heraus (aus dem Flußbett).* **Ausschwemmung** *die, -/-en.*

ausschwingen [mhd. uzswingen ›ausdreschen‹, ›die Flügel breiten‹], *es schwingt aus (schwang aus, hat ausgeschwungen),* 1) *hört allmählich auf zu schwingen.* 2) *ich schwinge aus, schweiz.: kämpfe für den Endkampf im Schwingen (Ringsport).* **Ausschwinget** *der, -s, schweiz.: Endkampf im Schwingen.*

ausschwitzen [mhd. uzswitzen], *ich schwitze es aus (habe ausgeschwitzt), sondere (durch Schwitzen) ab: ich will meine Erkältung ausschwitzen.* **Ausschwitzung** *die, -/-en.*

aussegeln, *ich seg(e)le aus (bin ausgesegelt), steche in See, gehe auf Segelfahrt; überhole einen Konkurrenten.*

aussegnen, *ich segne ihn aus (habe ausgesegnet).* **Aussegnung** *die,* 1) *Segnung der Mutter nach einer Geburt.* 2) *Segen für einen Toten beim Verlassen des Sterbehauses.*

aussehen [mhd. uzsehen ›hinaussehen‹], *ich sehe aus (sah aus, habe ausgesehen),* 1) *wie etwas, nach etwas, gut, schlecht, habe das Aussehen, scheine, wirke so: das sieht nach gar nichts aus, ist unansehnlich; es sieht nach Regen aus; so sieht du aus!,* U *das könnte dir so passen!; sie sieht wie ihre Mutter aus,* sieht *ihr ähnlich.* 2) *nach ihm, schaue, ob er kommt.* **Aussehen** *das, -s, Anblick, äußerer Eindruck, Anschein.*

aussein, *ich bin aus (war aus, bin ausgewesen),* U 1) *bin ausgegangen, bes. zu Vergnügungen: er ist gestern abend noch ausgewesen.* 2) *es ist aus, ist zu Ende: die Schule wird bald aussein; das Licht ist aus, ist ausgeschaltet.* 3) *er soll darauf aussein, danach trachten.*

außen [ahd. uz(z)an], *außerhalb eines Raumes, nicht innen: von a. (her); nach a. (hin); a. an der Tür.* **Außenantenne** *die, außerhalb des Hauses, meist auf dem Dach angebrachte Antenne.* **Außenbordmotor** *der, angebauter Bootsmotor,* ABB. A 25. **außenbords,** *außen am Schiff.*

aussenden [ahd. uzsenten], *ich sende aus,* 1) (habe ausgesandt, auch: ausgesendet) *ihn, gebe ihm einen Auftrag, den er erfüllen soll.* 2) (habe ausgesendet) *es, sende, strahle aus.*

Außendienst *der, -(e)s, Tätigkeit außerhalb des Hauses, der Dienststelle: er arbeitet im A. der Versicherung.*

Aussendung *die, -, das Aussenden.*

Außenhandel *der, zwischenstaatl. Handel, Einfuhr und Ausfuhr.* **Außenhaus** *das, alles, was zwischen Wohnung und Straße liegt, vor und hinter dem Haus (Treppenhaus, Eingang, Vorgarten, Hof, Parkplatz).* **Außenminister** *der, Minister für Außenpolitik.* **Außenpolitik** *die, Gestaltung der Beziehungen eines Staates zu anderen Staaten und zu internationalen Organisationen.* **Außenseiter** *der, -s/-,* 1) *Nichtfachmann.* 2) *jemand, der von gesellschaftl. Normen abweicht; Eigenbrötler.* 3) *Sportler oder Rennpferd mit wenig Gewinnchancen.* **Außenstände** [mhd. uzstant], *Pl., unbezahlte Forderungen.* **Außenstehende** *der, die, -n/-n, ein -r, eine -,* 1) *nicht zu einer bestimmten Gruppe Gehörende(r).* 2) *Uneingeweihte(r).* **Außenstürmer** *der,* ✂ *der Linksaußen und der Rechtsaußen,* ABB. F 37. **Außenwelt** *die, -, alles, was außerhalb des Körpers ist und dort wahrgenommen werden kann.* **Außenwinkel** *der,* ABB. D 14. **Außenwirtschaft** *die, -, alle Wirtschaftsbeziehungen zwischen Staatsräumen, Außenhandel, Dienstleistungs- und Kapitalverkehr.*

außer [ahd. uz(z)ar] *ihm, auch ihr, selten dessen,* Präposition, ÜBERS. P 21, 1) *mit Ausnahme von: alle a. dir.* 2) *außerhalb von, ohne: a. Atem; außer Dienst, Abk.: a. D.; sie geriet völlig a. Fassung; er gerät a. Landes; a. Hause oder Haus(e); ich bin a. mir,* aber: *ich geriet a. mich oder mir (vor Zorn, Freude); er läßt es a. acht,* aber: *a. aller Acht.* 3) *Konjunktion, wenn nicht, ausgenommen: ich erwarte ihn a. du sagst noch ab oder a. daß (wenn) du noch absagst.* **Außerachtlassen** *das, -s.* **außerdem,** *noch dazu: das sagte ich a.* **außerdienstlich,** *außerhalb des Dienstes stattfindend.*

äußere [ahd. uz(z)aro], *-r, -s,* 1) *an der Außenseite, außerhalb, von außen sichtbar oder kommend: der äußere Eindruck.* 2) *auswärtig, ausländisch: die äußeren Angelegenheiten des Staates; die äußere Mission.* **Äußere(r)n,** *ein -s,* 1) *Außenseite, Oberfläche.* 2) *äußere Erscheinung: er hält viel auf sein Äußeres.* 3) *Ausland: Ministerium des Äußeren.* **außerehelich,** *nichteehelich.* **außergalaktisch,** ✹ *außerhalb der Milchstraße.* **außergewöhnlich,** *hervorstechend, besonders: ein außergewöhnlicher Mensch; außergewöhnliche Belastungen, Aufwendungen, die bei der Lohn- und Einkommensteuer berücksichtigt werden.* **außerhalb** [ahd. uzerhalb] *dessen, außen, jenseits der Grenzen von etwas: a.*

Europas; a. der Legalität; er wohnt a., nicht in der Stadt.
Außerkraftsetzung *die, -,* aber: *es wird außer Kraft gesetzt.*
äußerlich, 1) auf das Äußere bezüglich: *Arznei ä. anwenden!; ä.* blieb sie ruhig. **2)** Ü unwesentlich: *das sind nur äußerliche Dinge.* **Äußerlichkeit** *die, -/-en.* **äußern,** *ich* äußerle (habe geäußerlt) *den Hund,* österr.: führe ihn auf die Straße.
außermittig, ⊙ ausmittig, exzentrisch. **äußern,** *ich* äuß(e)re (habe geäußert), **1)** *es, mich,* spreche aus, sage meine Meinung: *sie äußerte sich anerkennend (abfällig) über ihn.* **2)** *es* äußert *sich,* zeigt sich. **außerordentlich,** ungewöhnlich, besonders: *außerordentlicher Professor,* Abk.: ao.: a. o. Prof., Extraordinarius, ein Hochschullehrer. **außerparlamentarisch,** nicht im Parlament: *außerparlamentarische Opposition,* Kurzw.: APO. **außerplanmäßig,** Abk.: apl., zusätzlich zum Plan: *der Zug fährt a.* **äußerst** [ahd. uzssonondi], sehr groß, gewaltig, sehr; Ü letztmöglich (das, was am größten, niedrigsten oder schlimmsten ist): *er macht äußerste Anstrengungen; bis zum äußersten,* sehr; *er war aufs äußerste erschrocken,* sehr; *der äußerste Preis,* niedrigste; aber: *ich bin aufs Äußerste gefaßt, befürchte das Äußerste,* Unheil; *er bringt mich zum Äußersten,* zur Verzweiflung; *er läßt es aufs Äußerste ankommen, zum Äußersten kommen.* **außerstande,** nicht in der Lage: *ich bin, fühle, sehe mich dazu a.; er wird dazu a. sein.* **Äußerung** *die, -/-en,* das Äußern.
aussetzen [mhd. uzsetzen], *ich* setze aus (habe ausgesetzt), **1)** *es, mit etwas,* unterbreche, verschiebe, höre auf: *ich setze mit einer Kur aus; die Strafe wird zur Bewährung ausgesetzt,* (vorläufig) nicht vollstreckt. **2)** *es an ihm, etwas,* tadle: *er hat an allem etwas auszusetzen.* **3)** *es,* lege fest, schreibe aus (Preis, Belohnung). **4)** *mich, ihn, es,* gebe schutzlos preis, z. B. einer Gefahr, Ansteckung, dem Regen: *sie hat ihr Kind ausgesetzt,* irgendwo hilflos liegenlassen. **5)** *Pflanzen,* bringe ins Freie. **6)** *Tiere,* bringe ins Freie und überlasse sich selbst. **7)** *es,* bringe zu Wasser, an Land (ein Boot vom Schiff aus). **8)** *es setzt aus,* hört auf, stockt (Pulsschlag, Motor). **Aussetzung** *die, -/-en:* A. eines *Verfahrens,* ⚖⚖; *die* A. des *Allerheiligsten,* das Ausstellen zur Anbetung.
Aussicht [zu Sicht] *die, -/-en,* **1)** Ausblick, Fernblick: *eine herrliche A. auf die Berge; Aussichtsturm.* **2)** Ü wahrscheinliche Zukunft: *er hat es in* A. gestellt. **aussichtslos,** hoffnungslos. **Aussichtslosigkeit** *die, -.* **aussichtsreich,** erfolgversprechend: *eine aussichtsreiche Bewerbung.*
aussieben, *ich* siebe aus (habe ausgesiebt), **1)** *es,* sondere durch Sieben aus. **2)** *ihn,* Ü wähle aus.
aussiedeln, *ich* sied(e)le *ihn* aus (habe ausgesiedelt). **Aussied(e)lung** *die,* **1)** Übersiedlung deutschstämmiger Personen aus den früheren deutschen Ostprovinzen und dem osteurop. Ausland in die Bundesrep. Dtl. **2)** Verlegung eines landwirtschaftl. Betriebes aus dem Dorflage in die Feldmark. **Aussiedler** *der: Auffanglager für A.; Aussiedlerhof.*
aussöhnen [von suonen ›versöhnen‹], *ich* söhne *ihn, mich mit ihm* aus (habe ausgesöhnt), stifte Frieden, versöhne. **Aussöhnung** *die, -/-en.*
aussolen [vgl. Sole], *ich* sole *es* aus (habe ausgesolt), löse in Salzlagerstätten Steinsalz durch Wasser auf.
aussondern [mhd. uzsundern], *ich* sond(e)re *es* aus (habe ausgesondert), trenne von der Menge aus, wähle aus und entferne: *Ausschußware wird sofort ausgesondert.* **Aussond(e)rung** *die,* **1)** das Aussondern. **2)** im Konkurs die Rückgabe von Gegenständen an den Berechtigten.
aussortieren, *ich* sortiere *es* aus (habe aussortiert), sondere aus: *das angefaulte Obst wird aussortiert.*
ausspähen, *ich* spähe *nach ihm* aus (habe ausgespäht), spähe, halte Ausschau.
Ausspann *der,* Pferdewechsel (Zugtiere). **ausspannen,** *ich* spanne aus (habe ausgespannt), **1)** ruhe mich aus, erhole mich. **2)** *Zugtiere,* mache los. **3)** *es,* nehme Eingespanntes heraus. **4)** *es,* hänge, stelle gespannt auf. **5)** *sie, es ihm,* Ü mache abspenstig, nehme fort: *er hat ihm die Freundin ausgespannt.* **Ausspannung** *die,* **1)** das Ausspannen. **2)** Ausspann.
aussparen, *ich* spare *es* aus (habe ausgespart), lasse frei. **Aussparung** *die, -/-en,* **1)** das Freilassen von Raum. **2)** der freigelassene Raum.
ausspeien [mhd. uzspiwen], *ich* speie *es* aus (habe ausgespie[e]n), spucke aus.
aussperren, *ich* sperre aus (habe ausgesperrt), **1)** *ihn, mich,* mache ihm, mir den Zutritt unmöglich: *wenn du dich ausschläfst, sind wir ausgesperrt.* **2)** *ihn,* Ü schließe von der Arbeit aus. **Aussperrung** *die,* Ausschließung von Arbeitnehmern durch den Arbeitgeber, eine Maßnahme gegen den Streik.

ausspielen, *ich* spiele aus (habe ausgespielt), **1)** *(es),* gebe (als erster) meine Karte. **2)** *es,* setze aufs Spiel, setze als Gewinn aus. **3)** *er hat (seine Rolle) ausgespielt,* Ü ist am Ende, hat keinen Einfluß, keine Bedeutung mehr. **4)** *einen gegen den anderen,* Ü mache jeden zum Gegner des anderen. **5)** *ihn,* ♣ bin ihm durch geschicktes, trickreiches Spiel überlegen. **Ausspielung** *die, -/-en,* Verlosung der Gewinne: *die A. der Fernsehlotterie; A. im Lotto.*
ausspinnen, *ich* spinne *es* aus (spann aus, habe ausgesponnen), denke aus, führe fort: *er hat seine Erlebnisse zu einem Roman ausgesponnen.*
ausspionieren, *ich* spioniere *es* aus (habe ausspioniert), suche zu entdecken, zu erfahren.
Aussprache [mhd. uzsprache ›Ausspruch (eines Urteils)‹] *die,* **1)** Erzeugung von Klang (der Sprache, einzelner Laute), Übers.: A 26: *er hat eine schlechte (undeutliche) A.* **2)** Meinungsaustausch, Debatte: *eine A. über die Schulsituation.* **aussprechbar,** so geartet, daß es ausgesprochen werden kann. **aussprechen** [ahd. uzsprehhen], *ich* spreche aus (sprach aus, habe ausgesprochen), **1)** *es,* bilde Sprachlaute: *manche Worte sind schwer auszusprechen, sprechen sich schwer aus.* **2)** *es,* bringe zum Ausdruck, äußere: *darf ich eine Bitte aussprechen?; ich spreche Ihnen meinen wärmsten Dank aus; seine Kündigung wurde ausgesprochen.* **3)** *es,* spreche zu Ende: *warte doch, bis ich ausgesprochen habe!* **4)** *mich (mit ihm, über ihn, über etwas),* teile meine Gedanken mit, sage meine Meinung: *sie muß sich ab und zu aussprechen; die Regierung hat sich gegen den Gesetzentwurf ausgesprochen;* vgl. ausgesprochen.
ausspritzen, *ich* spritze *es* aus (habe ausgespritzt), **1)** säubere durch Spritzen. **2)** gebe eine Flüssigkeit spritzend von mir, aus einem Gerät, das ich bediene.
Ausspruch [mhd. uzspruch ›Schiedsspruch‹] *der,* kürzere bedeutsame Äußerung: *ein A. Goethes.*
ausspucken, *ich* spucke *(es)* aus (habe ausgespuckt), gebe durch Spucken von mir: *das Kind hat den Brei wieder ausgespuckt; er muß Geld ausspucken,* Ü zahlen.
ausspülen, *ich* spüle *es* aus (habe ausgespült), reinige mit Wasser oder einer anderen Flüssigkeit: *ich spüle ein Glas aus; ich habe (mir) den Mund ausgespült.*
ausstaffieren [mnd. stafferen ›ausschmücken‹, zu afrz. estoffer], *ich* staffiere *mich, ihn, es* aus (habe ausstaffiert), statte aus, rüste aus. **Ausstaffierung** *die, -/-en.*
Ausstand [zu ausstehen ›außer Dienst sein‹] *der,* **1)** Streik: *die Arbeiter wollen in den A. treten.* **2)** oberdt.: Frist: *er will keinen A. geben.* **3)** oberdt.: das Ausscheiden aus dem Dienst. **ausständig,** streikend. **Ausständler** *der, -s/-,* Streikender.
ausstatten [mhd. staten ›zu etwas verhelfen], *ich* statte *es* aus (habe ausgestattet), versehe mit allem Nötigen, rüste aus: *der Haushalt ist gut ausgestattet.* **Ausstattung** *die, -/-en,* **1)** Ausrüstung. **2)** äußere Aufmachung. **3)** Zuwendung der Eltern an Kinder, Aussteuer. **4)** Bühnendekoration. **Ausstattungsstück** *das,* **1)** ausgestellter Gegenstand. **2)** Theaterstück mit prunkvoller Ausstattung.
ausstechen [mhd. uzstechan, urspr. ›im Turnier aus dem Sattel stoßen‹], *ich* steche aus (stach aus, habe ausgestochen), **1)** *es,* entferne mit einem spitzen, scharfen Gerät: *er sticht Klee aus dem Rasen aus.* **2)** *es,* hebe mit einer Form aus (Teig): *Ausstechformen,* vgl. Abb. K 51. **3)** *ihn bei ihm,* Ü übertreffe; verdränge, löse in der Gunst ab.
ausstecken [mhd. uzstecken ›den Turnierplatz markieren‹], *ich* stecke *es* aus (habe ausgesteckt), markiere mit Fähnchen, z. B. eine Rennstrecke; vgl. ausgesteckt.
ausstehen, *ich* stehe aus (habe ausgestanden), **1)** *es,* erdulde, leide und ertrage: *wir haben große Angst um dich ausgestanden.* **2)** *ich kann ihn, etwas nicht ausstehen,* Ü mag ihn, es nicht. **3)** *es steht aus,* ist ausgestellt. **4)** *es steht aus,* ist noch nicht da, fehlt, ist noch nicht bezahlt: *das Wahlergebnis steht noch aus; ausstehende Forderungen.*
aussteifen, *ich* steife *es* aus (habe ausgesteift), stütze ab, z. B. Baugruben.
aussteigen, *ich* steige aus (bin ausgestiegen), **1)** verlasse ein Fahrzeug, Flugzeug: *alles ausgestiegen!* **2)** U entwinde mir: *er will aus dem Vertrag aussteigen.* **Aussteiger** *der,* U jemand, der aus dem bürgerl. Leben ausbricht: *das Problem jugendlicher A.*
aussteinen, *ich* steine *es* aus (habe ausgesteint), entferne den Stein (aus Früchten).
ausstellen, *ich* stelle *es* aus (habe ausgestellt), **1)** stelle zur Schau; stelle an einen bestimmten Platz: *70 Firmen stellten ihre Entwürfe aus; man stellte Wachen aus.* **2)** *ihm,* fertige aus, trage

Aussprache

Die deutsche Hochsprache ist die korrekte Aussprache des Deutschen, wie sie erstmals von Th. Siebs 1898 in der ›Deutschen Bühnensprache‹ festgelegt wurde.

Es gibt **mehr Laute als Buchstaben**, so daß manche Buchstaben mehrere Laute wiedergeben können. In alphabet. Reihenfolge sind die wichtigsten Regeln der dt. Hochsprache unter Verwendung der internationalen Lautschrift hier zusammengefaßt.

Die Umgangssprache und die Aussprache der **Mundarten** sind hier nicht berücksichtigt. Die Umgangssprache hat keine Norm. Zu den Mundarten vgl. ÜBERS. M 24.

Benachbarte Laute müssen jeder für sich deutlich ausgesprochen werden; man darf sie nicht, wie in der Mundart, einander angleichen: **a** vor **n** also nicht wie **ã**, **n** vor **b** nicht wie **m**.

Vor Vokalen am Wortanfang wird ein deutliches Kehlkopfknacken ' gehört: 'ehe.

Für Kürze und Länge eines Vokals ist die Unterscheidung von **offenen Silben** (sie gehen auf einen Vokal aus, z. B. Stu-fe) und **geschlossenen Silben** (sie gehen auf einen Konsonanten aus, z. B. saf-tig) wichtig.

Die Kürze eines Vokals kann durch nachfolgende Konsonantenverdopplung gekennzeichnet werden (knapp, Latte). Folgen mehrere Konsonanten, wird der Vokal in der Regel ebenfalls kurz gesprochen (Kunst, schlichten, ängstlich), außerdem vor einfachem Konsonanten in einigen einsilbigen Wörtern (an, in, ob, um).

Zur Kennzeichnung der **Länge eines Vokals** hat man drei Möglichkeiten: Verdopplung der Vokale a, e, o (Waage, Reeder, Moos), Dehnungs-h (Ahnung, Lohn) und bei i nachfolgendes e (Liebe, Trieb).

In betonter offener Silbe wird der Vokal in der Regel ebenfalls lang gesprochen: *die* **Lage** [l'a:gə], **losen** [l'o:zən], außerdem vor einfachem Konsonanten in betonter Silbe, wenn der Vokal in den flektierten Formen des Wortes in offener Silbe steht: *der* **Strom** [ʃtr'o:m] weil Stro-mes, **schlug** [ʃlu:g] weil schlu-gen.

Schwanken der Länge in verschiedenen Wortformen gibt es nicht: *das* **Bad** [b'a:d], *des* **Bades** [b'a:dəs].

In Fremdwörtern werden die meisten Laute wie die entsprechenden deutschen gesprochen (soweit solche vorhanden); nur die kurzen Vokale vor dem betonten Vokal sind geschlossen. *das* **Theater** mit kurz abgehacktem e, nicht ə, *die* **Kolonie** mit kurz abgehacktem o (nach u zu), nicht ɔ (nach a zu). Im Deutschen nicht vorhandene Laute werden wie in der Fremdsprache gesprochen: ʃ, θ, ã, ɔ̃, ɛ̃ usw.

Die einzelnen Laute

Bei Vokalen vgl. die Abschnitte über Kürze und Länge eines Vokals, die für alle Vokale angeben, wann ein Vokal in der Regel kurz und wann er lang zu sprechen ist.

a, klar zu sprechen, vor n, m nicht nasaliert;
kurz und hell:
der **Ball** [bal], **krachen** [kr'axən], **mancher** [m'ançər], *die* **Angst** [aŋst], **rasch** [raʃ], **lange** [l'aŋə];
in einigen einsilbigen Wörtern und im unbetonten Suffix
. . .am: **ab** [ap], **am** [am], **an** [an], **das** [das], **was** [was], *der* **Bräutigam** [br'oytigam];
dunkler bei langem Vokal:
das **Aas** [a:s], *die* **Mahnung** [m'a:nuŋ], **da** [da:], **damals** [d'a:ma:ls], *das* **Mal** [ma:l] weil Ma-les,
ebenso die Suffixe . . .**bar** [-ba:r], . . .**nam** [-na:m], . . .**sal** [-sa:l], . . .**sam** [-sa:m].

ä, stets offen, kurz: **kämmen** [k'ɛmən], *die* **Wäsche** [v'ɛʃə]; lang: **jäh** [jɛ:], **häkeln** [h'ɛːkəln], *der* **Bär** [bɛ:r] weil Bä-ren.

ai vgl. ei. **au** klingt fast wie aɔ; **äu** vgl. eu.

b, d, g, weich gesprochen im Silbenanlaut (vor l, n, r auch dann, wenn b, d oder g nur in der Grundform anlauten):
der **Bach** [bax], *der* **Nabel** [n'a:bəl], **neblig** [n'e:blɪç] weil Ne-bel; *das* **Dach** [dax], *die* **Made** [m'a:də], **niedrig** [n'i:drɪç], *der* **Geist** [gaist], *der* **Hügel** [h'y:gəl], **regnen** [r'e:gnən] weil Re-gen;
härter gesprochen zu Beginn des Sprechens und nach stimmlosem Geräuschlauten, als Verschlußlaut fast wie p, t, k: *bitte komm!, darauf kommt's an!, Glück muß man haben; ausbrechen, aufdrehen, entgehen;* **ab** [ap], **ob** [ɔp], **Rad** [ra:t], **karg** [kark].

c ts vor hellen Vokalen (e, ä, i, y): **Celsius** [ts'ɛlzius]; **Cäcilie** [tsɛts'i:liə];
k vor dunklen Vokalen und vor Konsonanten: **& Co.** [ko:], *das* **Credo** [kr'e:do].

ch ç nach hellen Vokalen (e, ä, i, ö, ü, y) und den Diphthongen ei (ai, ay, ey) und eu (äu, oy, oi) sowie in der Diminutivendung . . .chen: **rächen** [r'ɛçən], **ich** [ɪç], **euch** [ɔyç], *das* **Kännchen** [k'ɛnçən];
nach l, n, r: *der* **Kelch** [kɛlç], **manch** [manç], **horchen** [h'ɔrçən];
in Fremdwörtern meist auch vor hellen Vokalen: *das* **Chinin** [çin'i:n];
x nach dunklen Vokalen (a, o, u) und dem Diphthong au: *die* **Rache** [r'axə], **noch** [nɔx], **auch** [aux];
k mitunter im Anlaut, bes. vor dunklen Vokalen, vor l und vor r: *der* **Chor** [ko:r], *das* **Chlor** [klo:r], **Christ** [krist]; außerdem in der Verbindung chs: *der* **Fuchs** [fuks], jedoch nicht da, wo es erst durch Ableitung entsteht: **höchste** [h'ø:çstə] weil hoch.

d vgl. b.

e ɛ kurz und offen (wie ä in ›Wäsche‹):
hell [hɛl], **eng** [ɛŋ], **fesch** [fɛʃ], in den unbetonten Präfixen **ent . . .** [ɛnt-], **er . . .** [ɛr-], **her . . .** [hɛr-], **ver . . .** [fɛr-], **zer . . .** [tsɛr-];
e: lang und geschlossen:
leer [le:r], *der* **Lehm** [le:m], **je** [je:], **neben** [n'e:bən], *der* **Weg** [we:g] weil We-ges;
ə kurz unbetont bes. im Wortauslaut:
die **Gabe** [g'a:bə], *ich* **lese** [l'e:zə], außerdem in den unbetonten Präfixen **be . . .** [bə-] und **ge . . .** [gə-].
ei genau wie **ai**, klingen fast wie ae mit kurz gesprochenem e. **eu, äu** genau wie **oi**, klingen fast wie ɔø.

f stimmlos zwischen Unterlippe und Oberzähnen gesprochen: **fast** [fast].

g vgl. b; die Endung . . .**ig** wird gesprochen
iç im Silben-(Wort-)Auslaut und vor Konsonant:
der **König** [k'ø:nɪç], *die* **Innigkeit** [-ɪçkait], *des* **Königs** [-ɪçs], **innigst** [-ɪçst];
ik vor . . .lich:
königlich [k'ø:nɪklɪç] und in *das* **Königreich** [-ikraiç].

h wird gesprochen im Wortanlaut vor Vokal:
das **Herz** [hɛrts], *die* **Hand** [hant];
im Silbenanlaut von Zusammensetzungen und Ableitungen vor vollstimmigem Vokal:
das **Gehalt** [gəh'alt], **anhalten** ['anhaltən];
in den Ableitungssuffixen . . .**heit** [-hait] und . . .**haft** [-haft] und in einigen kurzen Wörtern:
der **Uhu** ['u:hu], **aha** [ah'a:], **oho** [ɔh'o:];
in allen anderen Fällen bleibt h stumm; meist bezeichnet es die Dehnung des vorangehenden Vokals:
roh [ro:], **ruhig** [r'u:ɪç], **gehen** [g'e:ən].

i kurz und offen:
der **Himmel** [h'ɪməl], **mischen** [m'ɪʃən], *der* **Ring** [rɪŋ];
in einigen einsilbigen Wörtern vor einfachen Konsonanten: **bin** [bin], **mit** [mit];
in zahlreichen Endungen wie . . .**icht**, . . .**ig**, . . .**im**, . . .**in**, . . .**is**, . . .**isch**, . . .**it**, . . .**lich**, . . .**nis**, . . .**rich**;
lang und geschlossen:
die [di:], *das* **Vieh** [fi:], **ihm** [i:m], *die* **Fibel** [f'i:bəl], *der* **Stil** [ʃti:l] oder sti:l] weil Sti-les.
j vor Vokal in Fremdwörtern (. . .ion, . . .ier):
die **Nation** [natsj'o:n], *der* **Portier** [pɔrtj'e:].

j immer stimmhaft und gerieben.

k, p, t werden behaucht im Anlaut (einer betonten Silbe):
kaum, *die* **Puppe**, *das* **Tau**,
und im absoluten Auslaut:
er ist stark; papperlapapp!; kommt sie mit?

l immer stimmhaft. **lj, nj** (nur in Fremdwörtern, meist **gl**, **gn**, **ll**, **n** geschrieben) sollen möglichst in einen Laut verschmelzen.

m mit geschlossenen Lippen: *der* **Mut**; **am.**

n unterscheidet deutlich gewöhnliches **n** [n] von **ng** [ŋ] und **nk** [ŋk]: *die* **Länge** [lˈɛŋə], **krank** [kraŋk]; n-g nur in Zusammensetzungen: **ungewiß** [ˈungəvis].

o ɔ kurz und offen:
die **Rolle** [rˈɔlə], **forsch** [fɔrʃ], *die* **Post** [pɔst], *der* **Mop** [mɔp];
o: lang und geschlossen:
das **Moos** [mo:s], *das* **Ohr** [o:r], **wo** [wo:], *der* **Loden** [lˈo:dən], **rot** [ro:t] weil ro-tes, *der* **Pol** [po:l] weil Po-les.

ö œ kurz und offen: **öfter** [ˈœftər], **gönnen** [gˈœnən];
ø lang und geschlossen:
gewöhnen [gəvˈø:nən], *der* **König** [kˈø:niç], *die* **Möwe** [mˈø:və], *das* **Öl** [ø:l] weil Ö-les.

p wird behaucht wie k. **pf** nie wie f. **ph** in Fremdwörtern wie f. **pph** wie pf.

qu kv im An- und Inlaut:
quatsch! [kvatʃ], **verquollen** [ferkvˈɔlən].

r wird meist mit Zungenrücken und Halszäpfchen gesprochen; mit der Zungenspitze bes. in Bayern.

s s stimmlos im Silben-(Wort-)Auslaut:
ans [ans], *der* **Auslaut** [ˈauslaut],
im Anlaut vor Konsonant:
der **Skandal** [skandˈa:l],
im Inlaut vor p und t:
die **Rispe** [rˈispə], **finster** [fˈinstər],
bei ss im Inlaut:
müssen [mˈysən] und
bei ß im In- und Auslaut: **reißen** [rˈaisən], **heiß** [hais],
z stimmhaft im Silbenanlaut vor Vokal:

die **Rose** [rˈo:zə], *die* **Sehnsucht** [zˈe:nzuxt] und bei . . . **sal** [-za:l] und . . . **sam** [-za:m],
ʃ im Anlaut vor p und t:
sparen [ʃpˈa:rən], *der* **Stein** [ʃtain].

t wird behaucht wie k, ebenso **th. tz** immer ts.

u kurz und offen:
der **Kummer** [kˈumər], **jung** [juŋ], *die* **Tusche** [tˈuʃə]. Aber jüngerer Vokalausfall bleibt unberücksichtigt:
sucht [su:xt] weil zu suchet, im Unterschied zu *die* **Sucht** [suxt];
lang und geschlossen:
die **Uhr** [u:r], **zu** [tsu:], *die* **Blume** [blˈu:mə], *der* **Ruf** [ru:f] weil Ru-fes,
im betonten Präfix ur . . .:
der **Urlaub** [ˈu:rlaup], *die* **Ursache** [ˈu:rzaxə]; Ausnahme: *das* **Urteil** [ˈurtail].

ü kurz und offen:
dünn [dyn], **fünf** [fynf], **drücken** [drˈykən];
lang und geschlossen:
die **Bühne** [bˈy:nə], **müde** [mˈy:də], **schwül** [ʃvy:l] weil schwü-les.

v wie f in deutschen und früh eingedeutschten Wörtern:
das **Veilchen** [fˈailçən], *der* **Nerv** [nɛrf],
wie w im Silben-(Wort-)Anlaut spät eingedeutschter Fremdwörter:
die **Vase** [vˈa:zə], *das* **Klavier** [klavˈi:r].

w zwischen Unterlippe und Oberzähnen: **verwegen** [fervˈe:gən].

x ks.

y y, Kürzen und Längen wie ü.

z ts; in Fremdwörtern und Namen manchmal z.

---

die erforderlichen Angaben ein, schreibe (z. B. Zeugnis, Paß, Rechnung, Wechsel). **Aussteller** *der*, *-s/-*, 1) Unterzeichner (einer Urkunde). 2) jemand, der auf einer Messe seine Waren ausstellt. **Ausstellung** *die*, 1) zur Ansicht zusammengestellte Waren, Sammlungen, vgl. Abb. M 28: *Gemäldeausstellung; Ausstellungshalle.* 2) Ausfertigung (von Wechseln, Urkunden). 3) ⚙ Einwand, Bemängelung.

Aussterbeetat [-et'a] *der: das steht auf dem A.*, U man braucht es nicht mehr, es verliert an Bedeutung. **aussterben**, *es* stirbt aus (starb aus, ist ausgestorben), pflanzt sich nicht mehr fort, verschwindet von der Erde: *diese Tierart ist ausgestorben; ein Brauch stirbt aus,* U gerät in Vergessenheit; *die Straßen waren wie ausgestorben,* völlig leer von Menschen.

Aussteuer *die,* Zuwendung der Eltern an heiratende Töchter. **aussteuern** [mhd. uzstiuren], *ich* steu(e)re aus (habe ausgesteuert), 1) *sie,* statte die heiratende Tochter aus. 2) *ihn,* stelle die Leistungen ein (Krankenversicherung). 3) *es,* ⊙ stelle eine elektroakust. Anlage so ein, daß Verstärkerröhre oder Transistor verzerrungsfrei arbeitet. **Aussteuerung** *die.*

Ausstich *der,* 1) das Beste (vom Wein). 2) *schweiz.:* ⚔ Stichkampf; Entscheidungskampf (im Schwingen).

Ausstieg *der, -(e)s/-e,* Stelle zum Aussteigen.

ausstopfen, *ich* stopfe es aus (habe ausgestopft), fülle einen Hohlraum aus: *ich stopfe Tiere aus,* fülle ihre Bälge mit Werg u. a. **Ausstopfung** *die, -/-en.*

Ausstoß *der,* 1) Anstich (Bier): jährl. Biererzeugung. 2) Produktionsmenge, z. B. einer Maschine. 3) Einrichtung zum Abfeuern von Torpedos: *Ausstoßrohr.* **ausstoßen** [ahd. uzstozan], *ich* stoße aus (stieß aus, habe ausgestoßen), 1) *es mir, ihm,* verletze, entferne durch Stoß: *er hat sich ein Auge ausgestoßen.* 2) *es,* bringe hervor, lasse hervortreten: *er stieß einen heftigen Seufzer aus; das Ventil stieß Dampf aus.* 3) *ihn,* schließe aus einer Gemeinschaft aus. **Ausstoßung** *die, -/-en,* 1) das Ausstoßen, Vertreibung, Ausschluß. 2) ⓢ Elision.

ausstrahlen, *ich* strahle es aus (habe ausgestrahlt), gebe, sende Strahlen ab, verbreite in größerem Umkreis: *die Heizung strahlt Wärme aus; du strahlst immer gute Laune aus; der Rundfunk, Fernsehsender strahlt ein Programm aus,* sendet. **Ausstrahlung** *die: eine Persönlichkeit von großer A.,* Ü.

ausstrecken, *ich* strecke es aus (habe ausgestreckt), 1) *es,* strecke vollkommen: *ich strecke die Arme nach mir aus;* das Kind streckte die Arme nach mir aus. 2) *mich,* lege mich hin.

ausstreichen [mhd. uzstrichen ›ausmalen‹], *ich* streiche es aus (habe ausgestrichen), 1) streiche glatt, auseinander: *ich streiche eine Backform mit Fett aus.* 2) streiche durch, tilge: *ausgestrichene Textstellen.*

ausstreuen, *ich* streue es aus (habe ausgestreut), 1) verteile

durch streuen, verbreite: *ich streue Samen aus.* 2) Ü setze in Umlauf: *er hat ein Gerücht ausgestreut.* **Ausstreuung** *die.*

Ausstrich *der,* 1) ⊕ Schnitt einer Gesteinsschicht mit der Erdoberfläche. 2) ⚕ Blutausstrich.

ausströmen, 1) *ich* ströme es aus (habe ausgeströmt), strahle aus, verbreite: *sie strömt Güte aus; der Ofen strömt viel Wärme aus.* 2) es strömt aus ihm aus (ist ausgeströmt), entweicht, tritt aus: *aus der Leitung strömt Gas aus.*

ausstudiert, U 1) fertig mit der Hochschulausbildung. 2) gründlich erforscht.

aussuchen, *ich* suche es aus (habe ausgesucht), 1) lese aus (Beeren). 2) *mir,* wähle aus einer Menge aus; vgl. ausgesucht.

aussüßen, *es* süßt aus (ist ausgesüßt), Brackwasser wird zu Süßwasser.

Aust [niederdt., zu mhd. ougest, ouwest ›August‹] *die, -/-en, niederdt.:* der Erntemonat August; Ernte.

austarieren, *ich* tariere es aus (habe austariert), 1) tariere, bringe die Waage ins Gleichgewicht. 2) *österr.:* stelle auf der Waage das Leergewicht fest.

Austausch *der,* 1) Auswechselung: *ein A. der Zündkerzen.* 2) Geben und Wiedergeben: *A. von Erinnerungen; Gedankenaustausch.* 3) Aufenthalt im Ausland auf Gegenseitigkeit: *Austauschprofessor; Schüleraustausch.* **austauschbar,** *die Spieler sind a.* **austauschen,** *ich* tausche aus (habe ausgetauscht), 1) *ihn, es,* wechsele aus. 2) *es mit ihm,* wir geben uns wechselseitig: *wir müssen mit Erfahrungen austauschen.* **Austauschmotor** *der,* U kurz: AT-Motor, Ersatzmotor (für Kraftfahrzeuge).

austeilen [mhd. uzteilen ›aussteuern‹], *ich* teile es an sie aus (habe ausgeteilt), verteile, gebe jedem davon, lasse jedem sein Teil zukommen. **Austeilung** *die.*

austen [von Aust], *ich* auste (habe geaustet) *es, niederdt.:* ernte.

Austenit [nach dem engl. Forscher Sir W. C. Roberts-Austen, 1843–1902] *der, -s/-e,* ein Mischkristall.

Auster [ahd. aostorscala ›Austernschale‹, grch. ostreon ›Auster‹, zu osteon ›Knochen‹, ›Gebein‹] *die, -/-n,* eßbare Meeresmuschel, Abb. M 27.

Austerität, Austerity [ɔstˈeriti, engl. ›strenge Einfachheit‹] *die, -,* Politik der Sparsamkeit; Sparmaßnahmen.

Austernbank *die,* Massenvorkommen von Austern. **Austernpark** *der,* Zuchtplatz für Austern. **Austernpilz** *der,* ein eßbarer Blätterpilz.

austiefen, *ich* tiefe es aus (habe ausgetieft), vertiefe, baue in die Tiefe aus.

austilgen, *ich* tilge es aus (habe ausgetilgt), vernichte völlig. **Austilgung** *die.*

austoben, *ich tobe mich, es* aus (habe ausgetobt), lasse meinen überschießenden Kräften, Gefühlen freies Spiel.

austonnen, *ich tonne es* aus (habe ausgetonnt), 🜨 versehe mit Tonnen, boje aus.

Austrag [mhd. uztrac] *der, -(e)s/᷍e,* **1)** *Pl. selten,* Erledigung; Entscheidung: *die Sache soll endlich zum A. kommen, gelangen, gebracht werden.* **2)** *ohne Pl., südd.:* Altenteil. **austragen** [ahd. uztragan], *ich trage* aus (trug aus, habe ausgetragen), **1)** *es,* bringe zu der Kundschaft ins Haus: *sie trägt Zeitungen aus.* **2)** *es,* Ü bringe zur Entscheidung: *Kämpfe, Turniere, Meisterschaften werden ausgetragen.* **3)** *es,* lösche eine Eintragung (im Geschäftsbuch). **4)** *ein Kind,* trage es bis zur Geburt im Mutterleib. **Austräger** *der,* Bote: *Zeitungsausträger.* **Austräger** *der, -s/-, südd.:* Altbauer. **Austragung** *die, -/-en: Austragungsort der Wettkämpfe.*

au|stral [lat. auster ›Südwind‹], südlich. **au|stralid. Australide** [vgl. . . . id] *der, die, -n/-n, ein -r, eine -,* Angehörige(r) einer urtümlichen Menschenrasse.

austreiben [ahd. uztriban], *ich treibe* aus (habe ausgetrieben), **1)** *Vieh,* führe auf die Weide. **2)** *ihn, es,* treibe hinaus, vertreibe. **3)** *es ihm,* Ü gewöhne ihm ab: *man wird dir die Frechheit schon austreiben.* **Austreibung** *die, -/-en.*

austreten [mhd. uztreten], *ich* trete aus (trat aus, habe ausgetreten), **1)** *Feuer, Glut,* lösche mit den Füßen: *er hat die Zigarette ausgetreten.* **2)** *es,* weite, nutze ab durch vieles Treten: *du hast die Schuhe schon sehr ausgetreten.* **3)** (habe ausgetreten) *es,* bahne durch häufiges Begehen, trete fest: *er geht gern ausgetretene Pfade,* auch Ü profitiert von den Erfahrungen anderer. **4)** *aus etwas,* verlasse es: *ich bin aus dem Verband ausgetreten,* als Mitglied ausgeschieden. **5)** (bin ausgetreten), suche die Toilette auf.

Au|striazismus [von Austria, lat. Name für Österreich und vgl. . . .ismus] *der, -/. . .men,* Wort oder Redensart der deutschen Umgangssprache in Österreich.

austricksen [zu Trick], *ich* trickse *ihn* aus (habe ausgetrickst), U **1)** 🜨 spiele geschickt, trickreich aus. **2)** Ü schalte geschickt, mit List aus.

austrinken [mhd. uztrinkan], *ich* trinke es aus (trank aus, habe ausgetrunken), leere das Gefäß ganz. **Austrinket** *der, -s, schweiz.:* Abschiedstrunk beim scheidenden Gastwirt.

au|strisch, *austrische Sprachen,* zusammenfassend für die austroasiatischen und die austronesischen Sprachen.

Austritt [mhd. uztrit] *der,* **1)** *aus ihm,* das Verlassen (eines Vereins, eines Raumes), Hervorkommen: *A. aus der Kirche; der A. von Wasser.* **2)** kleiner Balkon. **3)** Treppenabsatz, Abb. T 17. **4)** Toilette, Klosett. **Austrittserklärung** *die,* Kündigung der Mitgliedschaft.

au|stroasiatisch, *austroasiatische Sprachen,* Sprachfamilie in Süd- und Südostasien.

austrocknen, **1)** *ich trockne es* aus (habe ausgetrocknet), mache innen trocken (Gläser). **2)** *es trocknet aus* (ist ausgetrocknet), wird völlig trocken, ihm wird die Feuchtigkeit entzogen: *ein ausgetrocknetes Flußbett.* **Austrocknung** *die.*

Au|stromarxismus *der,* eine in Österreich entwickelte Form des Marxismus.

austrommeln, *ich* tromm(e)le *ihn, es* aus (habe ausgetrommelt), gebe (eigtl.: durch Ausrufen und Trommeln) öffentlich bekannt.

au|stronesisch, *austronesische Sprachen,* Sprachfamilie in Südostasien und Ozeanien.

austüfteln, *ich* tüft(e)le *es* aus (habe ausgetüftelt), U ersinne, erdenke etwas Verwickeltes, z. B. Rätsel.

ausüben, *ich übe es* aus (habe ausgeübt), **1)** tue gewohnheitsmäßig: *er soll ein Handwerk ausüben.* **2)** setze in die Tat um, bediene mich seiner: *er übte seinen Einfluß, seine Macht aus.* **Ausübung** *die: in A. seines Amtes,* K.

ausufern, *es* ufert aus (ist ausgeufert), **1)** tritt über die Ufer. **2)** Ü verliert jedes Maß: *die Debatte droht auszuufern.* **Ausuferung** *die, -/-en.*

Ausverkauf *der,* Leerung der Lager durch Verkauf verbilligter Waren: *Ausverkaufsware.* **ausverkaufen,** *ich* verkaufe *es* aus (habe ausverkauft), leere die Lager, verkaufe alles: *dieser Artikel ist ausverkauft,* nicht mehr erhältlich; *sie spielten vor ausverkauftem Haus,* voll besetztem (Theater).

auswachsen [mhd. uzwahsen ›ausschlagen (Pflanzen)‹], *es* wächst aus (wuchs aus, ist, hat ausgewachsen), **1)** wächst zu voller Größe heran: *Katzen sind mit 60 Tagen ausgewachsen.* **2)** *sich,* verschwindet durch Wachsen. **3)** *sich zu etwas,* Ü entwickelt sich dazu: *der kleine Zwischenfall hat sich zu einem Skandal ausgewachsen; es ist zum Auswachsen!,* bald verliere

ich die Geduld; *ein ausgewachsener Blödsinn,* U großer. **4)** *Getreide wächst aus* (ist ausgewachsen), keimt auf dem Halm.

Auswahl *die,* **1)** das Auswählen, Möglichkeit zu wählen: *du hast freie A.; du mußt eine A. treffen.* **2)** viele verschiedene Sorten: *in reicher A.* **3)** das Ausgewählte, Auslese: *eine A. des Besten.* **auswählen,** *ich* wähle *es* aus (habe ausgewählt), suche mit Sorgfalt aus einer größeren Menge heraus; vgl. ausgewählt. **Auswahlmannschaft** *die,* 🜨 Mannschaft aus Spielern verschiedener Vereine.

auswalzen, *ich* walze aus (habe ausgewalzt), **1)** *es,* strecke durch Walzen. **2)** *ein Thema,* U behandle breit, ausführlich.

Auswand(e)rer *der,* jemand, der sein Heimatland für immer verläßt. **auswandern** [mhd. uzwandern], *ich* wand(e)re aus (bin ausgewandert). **Auswanderung** *die.*

auswärtig [ahd. uzwertig ›der äußere‹], **1)** von außerhalb kommend: *auswärtige Besucher.* **2)** nicht am gleichen Ort lebend. **3)** ausländisch: *auswärtige Angelegenheiten,* die Beziehungen eines Staates mit anderen; *das Auswärtige Amt,* Abk.: AA, Außenministerium der Bundesrep. Dtl.; *Bundesminister des Auswärtigen.* **Auswärtige** *der, die, -n/-n, ein -r, eine -,* jemand, der auswärts wohnt. **auswärts,** **1)** nach außen. **2)** nicht am gleichen Ort: *er arbeitet a.; Auswärtsspiel,* 🜨. **3)** nicht zu Hause: *wir wollen a. essen.*

auswaschen, *ich wasche es* aus (wusch aus, habe ausgewaschen), **1)** entferne, reinige durch Waschen: *sie wäscht den Fleck, den Pullover aus.* 🝩 reinige einen Niederschlag durch Übergießen auf einem Filter mit geeigneter Flüssigkeit. **Auswaschung** *die,* **1)** das Auswaschen. **2)** Bodenkunde: Lösung der Nährstoffe durch Niederschläge.

auswechselbar, *auswechselbare Teile.* **auswechseln** [mhd. uzwehseln], *ich* wechs(e)le *es, ihn* aus (habe ausgewechselt), ersetze durch etwas oder jemand anderes. **Auswechselspieler** *der,* 🜨. **Auswechs(e)lung** *die, -/-en.*

Ausweg *der,* Rettungsweg, Hilfe (aus einer Not). **ausweglos,** hoffnungslos. **Ausweglosigkeit** *die, -.*

Ausweiche *die,* Weitung eines schmalen Weges; Doppelung eines Schienenstranges. **ausweichen,** *ich* weiche aus (bin ausgewichen), **1)** *ihm,* gehe aus dem Weg, mache Platz. **2)** ♩ verlasse vorübergehend die Haupttonart. **3)** *einer Sache,* ohne auf die Sache einzugehen: *er antwortet a.* **Ausweichmöglichkeit** *die: es gibt keine A.* **Ausweichung** *die, -/-en.*

ausweiden, *ich* weide *ein Tier* aus (habe ausgeweidet), nehme die Eingeweide heraus.

ausweinen, *ich* weine *mich* aus (habe mich ausgeweint), **1)** weine lange. **2)** Ü spreche ausführlich über meine Sorgen: *sie hat sich bei mir ausgeweint.*

Ausweis *der, -es/-e,* **1)** Urkunde zur Beglaubigung oder Berechtigung: *Personalausweis; Ausweiskontrolle.* **2)** K Beweisstück: *nach A. seines Gutachtens.* **ausweisen** [mhd. uzwisen], *ich* weise aus (habe ausgewiesen), **1)** *ihn,* schicke fort, verweise des Landes. **2)** *mich, ihn, es,* legitimiere, lege einen Ausweis vor. **ausweislich** *dessen,* K nach Ausweis. **Ausweisung** *die,* Aufenthaltsverbot für einen Staat oder eine Gemeinde.

ausweiten, *ich* weite *es* aus (habe ausgeweitet), weite, dehne aus: *wir wollen unsere Handelsbeziehungen ausweiten; der Konflikt hat sich ausgeweitet.* **Ausweitung** *die, -/-en: eine bedrohliche A. der Epidemie.*

auswendig [mhd. uzwendec], **1)** ⚬ auf der Außenseite eines Gegenstandes. **2)** wortgetreu aus dem Gedächtnis: *du mußt es a. können, a. lernen; das Auswendiglernen.*

auswerfen [ahd. uzwerfan], *ich* werfe *es* aus (warf aus, habe ausgeworfen), **1)** schachte aus, grabe, höhle aus. **2)** schleudere hinaus: *er wirft den Anker aus.* **3)** verspreche, setze fest (Prämien, Zuschüsse).

auswerten, *ich* werte *es* aus (habe ausgewertet), verwerte, ziehe Nutzen daraus (Erfahrungen, Forschungsergebnisse, filmisches u. a. Material). **Auswertung** *die.*

auswetzen, *ich* wetze *die Scharte* wieder aus (habe ausgewetzt), Ü mache wieder gut (eigtl.: schleife eine Scharte glatt).

auswickeln, *ich* wick(e)le *es* aus (habe ausgewickelt), wickele aus seiner Umhüllung, packe aus.

auswiegen, *ich* wiege *es* aus (habe ausgewogen), wiege genau aus; vgl. ausgewogen.

auswildern, getrennte Formen nicht üblich: *Tiere werden ausgewildert,* werden nach Aufzucht in Gefangenschaft in der artgemäße Umwelt ausgesetzt (z. B. zur Auffrischung bedrohter Bestände).

auswintern, *es* wintert aus (ist ausgewintert), geht durch Kälte zugrunde (Feldfrüchte, Fische). **Auswinterung** *die.*

auswirken [mhd. uzwirken ›ausführen‹], *ich* wirke aus (habe ausgewirkt), **1)** *es ihm, es für ihn,* erreiche, erwirke. **2)** *es* wirkt sich aus, hat seine Folgen, zeigt sich später. **Auswirkung** *die,* Folge, Einfluß.

auswischen [mhd. uzwischen], *ich* wische aus (habe ausgewischt), **1)** *es,* lösche aus, beseitige. **2)** *ihm eins,* U spiele einen üblen Streich. **3)** (bin ausgewischt) *ihm,* U entwische.

auswittern, *ich* wittert aus (ist ausgewittert), leidet oder verblaßt durch Witterungseinflüsse (Gestein).

auswringen, *ich* wringe *Wäsche* aus (wrang aus, habe ausgewrungen), ringe, presse das Wasser heraus.

Auswuchs *der, -es/⸚e,* **1)** krankhafte Wucherung. **2)** *meist Pl.,* schädliche Entwicklung, Übertreibung: *die Auswüchse einer krankhaften Phantasie.*

auswuchten, *ich* wuchte *es* aus (habe ausgewuchtet), ⚙ beseitige die Unwucht bei umlaufenden Maschinenteilen.

Auswurf *der,* **1)** ⚕ Schleim, Blut u. a. aus den Atmungswegen ausgestoßene Stoffe: *auswurffördernde Mittel.* **2)** aus einem Vulkan ausgestoßene Masse. **3)** Ü Abschaum, Schlechtestes: *der A. der Menschheit.* **auswürfeln,** *ich* würf(e)le *es* aus (habe ausgewürfelt), entscheide durch Würfeln. **Auswürfling** *der, -s/-e,* vulkanisches Auswurfsgestein.

auswurzeln [mhd. uswurzeln], *ich* wurz(e)le *es* aus (habe ausgewurzelt), entwurzele, reiße mit den Wurzeln aus.

auszahlen [mhd. uzzeln ›erklären‹], *ich* zahle aus (habe ausgezahlt), **1)** *ihn, es ihm,* gebe Geld, entlohne: *lassen Sie sich den Betrag an der Kasse auszahlen!* **2)** *ihn,* finde ab mit einer Geldsumme. **3)** *es zahlt sich aus,* lohnt sich. **auszählen,** *ich* zähle aus (habe ausgezählt), **1)** *es,* stelle die Anzahl genau fest. **2)** *ihn,* scheide aus, bes. durch Abzählreime. **3)** *einen Boxer,* stelle, während er verteidigungsunfähig (auf dem Boden) ist, durch Zählen bis zehn seine Niederlage fest. **Auszahlung** *die:* Gehaltsauszahlung. **Auszählung** *die:* Stimmenauszählung.

auszanken, *ich* zanke *ihn* aus (habe ausgezankt), mache ihm Vorwürfe.

auszehren, *Krankheit* zehrt aus (hat ausgezehrt). **Auszehrung** *die,* Abmagerung, Schwächung durch Krankheiten (Tuberkulose, Krebs).

auszeichnen [mhd. uzzeichenen ›auswählen‹], *ich* zeichne aus (habe ausgezeichnet), **1)** *ihn,* behandle mit Vorzug, besser als andere. **2)** *ihn,* lasse ihm eine Ehrung zuteil werden. **3)** *es,* versehe mit Preisschild (Ware). **4)** *es,* kennzeichne, z. B. zu fällende Baumstämme, die Schriftarten in einem Manuskript. **5)** *mich,* tue mich hervor, leiste Besonderes; vgl. ausgezeichnet. **Auszeichnung** *die,* **1)** lobende Hervorhebung: *mit A. bestanden* (Prüfung). **2)** Orden, Ehrung. **3)** Preisangabe: *Preisauszeichnung.* **4)** Kennzeichen, auffälliges Merkmal.

ausziehbar, so beschaffen, daß man es ausziehen kann: *eine ausziehbare Tischplatte.* **ausziehen** [ahd. uzziohan], *ich* ziehe aus (habe ausgezogen), **1)** *mich, ihn,* entkleide, lege die

Kleidung ab. **2)** *es,* lege (Kleidungsstücke) ab. **3)** *es,* entnehme die gewünschten Teile, löse von etwas, z. B. Öle aus Samen. **4)** *es,* schreibe das Wichtigste heraus, exzerpiere. **5)** *es,* vergrößere durch herausziehbare Teile, z. B. einen Tisch. **6)** *Draht,* strecke lang und dünn. **7)** *es,* zeichne nach: *er hat den Bleistiftentwurf mit Tusche ausgezogen.* **8)** (bin ausgezogen), verlasse eine Wohnung mit allen meinen Sachen. **9)** (bin ausgezogen), gehe zu einem bestimmten Zweck fort: *viele Ritter zogen auf Abenteuer, auf Raub aus.* **Ausziehtisch** *der,* Tisch mit Auszug, Abb. T 12.

auszischen, *ich* zische *ihn* aus (habe ausgezischt), zeige ihm durch Zischen meine Mißbilligung, bes. im Theater.

Auszubildende *der, die, -n/-n, ein -r, eine -,* jemand, der sich in der Berufsausbildung befindet, Lehrling.

Auszug [mhd. uzzoc] *der,* **1)** das Ausziehen (aus einer Wohnung), Abmarsch. **2)** ⚗ das Herauslösen bestimmter Bestandteile aus festen oder flüssigen Gemische mittels Lösungsmitteln, Extrakt. **3)** Ausschnitt(e) aus einem Text. **4)** Bearbeitung eines Orchesterwerkes für nur ein Instrument. **5)** beste Sorte (Mehl, Grieß): *Auszugsmehl.* **6)** ausziehbarer Teil, Abb. T 12. **7)** *südd.:* Altenteil. **8)** *schweiz.:* erste Heeresklasse der Wehrpflichtigen (die jungen Jahrgänge). **Auszügler** *der, -s/-,* **1)** *südd.:* Altbauer. **2)** *schweiz.:* Wehrpflichtiger des Auszugs. **Auszugshieb** *der,* 🌲 Entfernung alter Bäume. **auszugsweise,** nur in wichtigen Teilen.

auszupfen, *ich* zupfe *es* aus (habe ausgezupft), ziehe zupfend heraus.

aut . . . , vgl. auto . . .

aut|ark, wirtschaftlich unabhängig. **Aut|arkie** [grch. autarkeia, vgl. auto . . . und grch. arkein ›genügen‹] *die, -/. . . k'i|en,* Selbstgenügsamkeit; wirtschaftl. Unabhängigkeit eines Staates vom Ausland. **aut|arkisch.**

Authentie [grch. authentikos ›gültig‹] *die, -,* Authentizität. **authentifizieren,** *ich* authentifiziere (habe authentifiziert) *es,* bezeuge, beglaubige die Echtheit. **authentisch,** echt: *a. ausgelegt,* vom Verfasser selbst erklärt; *ein authentischer Bericht.* **authentisieren,** *ich* authentisiere (habe authentisiert) *es,* mache glaubwürdig. **Authentizität** *die, -,* Echtheit, Glaubwürdigkeit.

Autismus [vgl. auto . . . und . . . ismus] *der, -,* ⚕ Selbstbezogenheit, Insichgekehrtheit. **auto . . .** [grch. autos ›selbst‹], vor Vokalen meist *aut . . . ,* selbst . . . , eigen . . . **Auto** [Kurzform von: Automobil] *das, -s/-s,* Kraftwagen, Abb. K 40: *ich will A. fahren, bin A. gefahren; Autofahrer; Autoknacker,* U jemand, der Autos aufbricht und ausraubt; *Autoradio; Autoreisezug; Autoschlange,* lange Reihe wartender Autos.

Auto [span.-portugies., von lat. actus ›Vorgang‹] *das, -s/-s,* in Spanien und Portugal: **1)** eine gerichtl. Handlung. **2)** seit dem MA. Bez. für Schauspiele, bes. moralischen, religiösen Inhalts.

Autoag|gression [vgl. auto . . . und lat. aggredi ›angrei-

A 27

das Rasthaus — die Tankstelle — die Lampe — der Parkplatz — die Überführung (die Brücke) — das Gebotszeichen: Vorfahrt achten

der Tankwart

der Wegweiser

die Einfahrt (in die Tankstelle)

die Einfahrt (in die Autobahn)

die Leitplanke

das Verbotszeichen: Verbot der Überschreitung bestimmter Fahrgeschwindigkeiten

die Zapfsäule

die Telephonsäule (Rufsäule)

Ausfahrt

die Einfahrt

der linke Fahrstreifen

der rechte Fahrstreifen

der Blendschutzzaun

die unterbrochene Linie

die geschlossene Linie

die Ausfahrt

die Leitplanke

der Grünstreifen

Autobahn

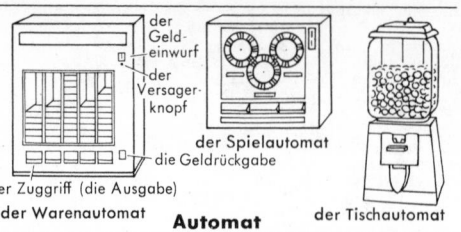

der Geld-einwurf
der Versager-knopf
der Spielautomat
die Geldrückgabe
der Zuggriff (die Ausgabe)
der Warenautomat **Automat** der Tischautomat

fen‹] *die*, ⚕ gegen die eigene Person gerichtete Aggression: *Autoaggressionskrankheiten*, Krankheiten, die durch körpereigene Stoffe hervorgerufen werden. **Aytobahn** *die*, ein Schnellverkehrsweg nur für Kraftfahrzeuge, ABB. A 27. **Autobio|graphie** *die*, Beschreibung des eigenen Lebens. **autobio|graphisch. Aytobus** [aus Auto(mobil) und Omnibus] *der*, Kurzw.: Bus, Omnibus, ABB. K 40. **Autocar** [engl. car ›Wagen‹] *der*, *-s/-s*, kurz: Car, *schweiz.*: Reiseomnibus. **auto|chthon** [vgl. auto. . . und grch. chthon ›Erde‹], an Ort und Stelle entstanden, ureingesessen. **Auto|chthone** *der*, *-n/-n*, Ureinwohner eines Landes. **Auto-Cross** [engl.] *das*, *-/-e*, Autosport: Fahrt auf abgesteckten Bahnen in unwegsamem Gelände.

Autodafé [-f'e:, portugies. auto da fé, aus lat. actus fidei ›Glaubensakt‹] *das*, *-s/-s*, 1) Ketzerverbrennung. 2) öffentl. Verbrennung verbotener Schriften u. a.

Autodidakt [vgl. auto. . . und grch. didaskein ›lehren‹] *der*, *-en/-en*, jemand, der durch Selbstunterricht Wissen und Bildung erworben hat. **Autodidaktentum** *das*, *-s*. **autodidaktisch. Auto|drom** [grch. dromos ›Rennbahn‹] *das*, *-s/-e*, 1) Motodrom. 2) *österr.*: Fahrbahn für Skooter. **Autofahrerwelle** *die*, Hörfunkprogramm mit Verkehrshinweisen. **Auto|falle** *die*, 1) Vorrichtung, um ein Kraftfahrzeug plötzlich zum Halten zu bringen. 2) U Polizeikontrolle (Radarkontrolle) des Autoverkehrs. **Autofriedhof** *der*, U Schrottplatz für alte Autos. **autogam** [vgl. . . . gamie], Biologie: selbstbefruchtend (Schnecke), sich selbst bestäubend (Blüte). **Autogamie** *die*, *-/. . .m'i|en*, Selbstbefruchtung, Selbstbestäubung. **autogen** [vgl. . . . gen], ursprünglich, selbsttätig: *autogenes Training*, Entspannungsübungen; *autogenes Schweißen*, Schweißen (und Schneiden) mit einer aus Acetylen und Sauerstoff erzeugten Flamme. **Autogiro** [-ʒ'i:ro] *das*, der Tragschrauber. **Autognosie** [grch. gignoskein ›erkennen‹] *die*, -, Selbsterkenntnis. **Auto|gramm** [vgl. . . . gramm] *das*, *-s/-e*, eigenhändige Unterschrift (einer bekannten Person). **Autogrammjäger** *der*, U leidenschaftl. Sammler von Autogrammen. **Auto|graph** [vgl. . . . graph] *das*, *-s/-e(n)*, vom Verfasser geschriebener Text. **autokephal** [grch. kephale ›Haupt‹], unabhängig, mit eigenem Oberhaupt. **Autokephalie** *die*, -. **Autokino** *das*, Freilichtkino, bei dem man den Film vom Auto aus betrachtet. **Auto|klav** [lat. clavis ›Schlüssel‹] *der*, *-s/-en*, Gefäß zum Erhitzen unter hohem Druck. **Auto|krat** [grch. kratein ›herrschen‹] *der*, *-en/-en*, Alleinherrscher. **Auto|kratie** *die*, *-/. . .t'i|en*, Staatsform, bei der Herrscher die unumschränkte Staatsgewalt in sich vereinigt. **auto|kratisch. Autolyse** [grch. lysis ›Auflösung‹] *die*, -, Selbstauflösung, Auflösung von Organen und Geweben durch eiweißabbauende Enzyme. **Automat** [grch. automatos ›sich selbst bewegend‹] *der*, *-en/-en*, mechan. Einrichtung, die einen Vorgang selbsttätig ausführt, ABB. A 28: *Münzautomat; Spielautomat; Zigarettenautomat; Automatenrestaurant*; eine Schnellgaststätte; *Automatenstraße*, Zusammenfassung einer größeren Zahl von Warenautomaten. **Automatie** *die*, -, Automatismus. **Automatik** *die*, *-/-en*, 1) techn. Einrichtung zur Selbsttätigkeit. 2) ohne Pl., Lehre von der Selbsttätigkeit. **Automation** *die*, -, Automatisierung. **Automatisation** *die*, -, Automatisierung. **automatisch,** 1) selbsttätig, durch Automaten: *automatische Flugzeugsteuerung.* 2) unwillkürlich, unbeabsichtigt: sie reagierte a. **automatisieren,** *ich* automatisiere (habe automatisiert) es. **Automatisierung** *die*, -, Automation, Steuerung und Kontrolle von Herstellungsvorgängen durch Automaten. **Automatismus** *der*, *-/. . .men*, das Ablaufen von Tätigkeiten ohne bewußtes, willentliches Eingreifen. **Automobil** [vgl. auto. . . und lat. mobilis ›beweglich‹] *das*,

-s/-e, Kraftwagen: *Automobilausstellung.* **Automobilist** *der*, *-en/-en, österr., schweiz.:* Kraftfahrer, Autofahrer. **automorph** [vgl. . . . morph]. **Automorphismus** *der*, *-/. . .men*, Abbildung einer Gruppe oder eines Ringes auf sich selbst. **autonom** [grch. nomos ›Gesetz‹], eigengesetzlich, unabhängig, selbständig: *autonome Gebiete, Verwaltung.* **Autonomie** *die*, *-/. . .m'i|en*, Eigengesetzlichkeit, Unabhängigkeit, Selbstverwaltung. **Autonomist** *der*, *-en/-en*, Anhänger einer landschaftl. oder gliedstaatl. Selbstverwaltung. **aut|onym** [grch. onyma ›Name‹], unter dem Namen des Verfassers. **Autopilot** *der*, automat. Steuerungseinrichtung in Flugzeugen. **Auto|plastik** *die*, ⚕ Ersatz verlorengegangener Gewebsteile durch körpereigenes gleichartiges Gewebe. **Aut|opsie** [grch. opsis ›Sicht‹] *die*, *-/. . .s'i|en*, 1) Augenschein, Inaugenscheinnahme. 2) ⚕ Leichenuntersuchung durch Sektion.

Autor [lat. auctor ›Urheber‹] *der*, *-s/. . .t'oren*, Verfasser: *Autor(en)korrektur; Buchautor.* **Autorisation** *die*, *-/-en*, Ermächtigung, Vollmacht. **autorisieren,** *ich* autorisiere (habe autorisiert) *ihn zu etwas*, ermächtige: *autorisierte Übersetzung*, vom Verfasser genehmigte. **autoritär** [frz.], mit unbeschränkten Machtmitteln ausgestattet: *ein autoritärer Staat*, Staat, in dem die Regierung ohne Kontrolle durch die Volksvertretung entscheidet. **Autorität** *die*, *-/-en*, 1) ohne Pl., Ansehen, Geltung, Machtbefugnis: *er besitzt A.; er muß sich mehr A. verschaffen.* 2) maßgebender Fachmann. **autoritativ,** maßgebend, entscheidend. **Autorschaft** *die*, -, Eigenschaft als Autor.

Autosom [vgl. auto. . . und grch. soma ›Körper‹] *das*, *-s/-en*, an der Geschlechtsbestimmung nicht beteiligtes, paarweise vorkommendes Chromosom. **Autosuggestion** *die*, Selbstbeeinflussung. **Autotomie** [grch. tome ›Schnitt‹] *die*, *-/. . .m'i|en*, 🐍 Selbstverstümmelung, das Vermögen, bei Gefährdung einen Körperteil abzuwerfen. **Autotoxin** [vgl. Toxin] *das*, Gift, das im Körper selbst entsteht. **auto|troph. Auto|trophie** [grch. trophe ›Nahrung‹] *die*, -, Biologie: Ernährung grüner Pflanzen aus anorgan. Stoffen. **Autotypie** [grch. typos ›Druck‹] *die*, *-/. . .p'i|en*, Rasterätzung, Druckplatte zur Wiedergabe von Halbtonbildern. **autotypisch. Autovakzin** *das*, Wiederimpfstoff, aus den abgetöteten Krankheitserregern des Patienten hergestellt.

autsch!, U Ausruf des Schmerzes.

autumnal [lat. autumnus], herbstlich.

Auwald *der*, Auenwald.

auweh! [mhd. ouwe], Ausruf des Schmerzes.

auxiliar [lat. auxiliaris ›helfend‹], aushilfsweise, hilfs. . .: *Auxiliarverb*, Hilfsverb.

Auxin [grch. auxein ›wachsen‹, ›vergrößern‹] *das*, *-s/-e*, Wuchsstoff der Pflanzen.

a v., Abk. für: a vista.

Aval [av'a:l, frz.] *der*, selten *das*, *-s/-e*, Bürgschaft, bes. für einen Wechsel. **avalieren,** *ich* avaliere (habe avaliert) *es*, leiste Wechselbürgschaft.

Avance [av'äs(ə), frz.] *die*, *-/-n*, 1) Vorsprung. 2) 🎵 Vorschuß. 3) ermutigendes Entgegenkommen: *sie hat ihm Avancen gemacht.* **Avancement** [avãsm'ã] *das*, *-s/-s*, Beförderung. **avancieren** [avãs'i:rən, frz. avancer], *ich* avanciere (bin avanciert), rücke in eine höhere Stellung auf. **Avancierung** [avãs'i:-] *die*, *-/-en*. **Avantage** [avãt'a:ʒ(ə)] *die*, *-/-n*, ⚜ 1) Vorteil, Gewinn. 2) Vorgabe. **Avantgarde** [avãg'ard(ə)] *die*, *-/-n*, Gruppe von Vorkämpfern (für eine Idee). **Avantgardismus** [avã-] *der*, -, Richtung, die für neue Strömungen eintritt, z. B. in Literatur und Kunst. **Avantgardist** *der*, *-en/-en*. **avantgardistisch.**

avanti! [ital.], vorwärts!

Avanturin *der*, *-s/-e*, Aventurin.

Avare *der*, Aware.

AvD, Abk. für: Automobilclub von Deutschland.

Ave-Maria [lat. ›Gegrüßt seist du, Maria!‹] *das*, *-(s)/-(s)*, katholisches Gebet.

Avenida [span. und portugies.] *die*, *-/-s* oder . . .*den*, Prachtstraße.

Aventiure [-t'yrə, mhd. aus frz. aventure] *die*, *-/-n*, Abenteuer, Abschnitt eines (höfischen) Romans. **Aventurin** [lat.] *der*, *-s/-e*, Avanturin, ein Mineral, rötlichbrauner Quarz.

Avenue [avən'y, frz., 'ævənju, engl.] *die*, *-/-n* [-n'yən], *engl. Pl. -s*, Prachtstraße.

Average ['ævəridʒ, engl.] *der*, -, 1) Durchschnitt, Mittelwert. 2) Bez. für Waren mittlerer Güte. 3) 🚢 Havarie.

Averbo [lat.] *das*, *-s/-s* oder . . .*bi*, Ⓢ die Stammformen des Verbs, z. B. ›trinken, trank, getrunken‹.

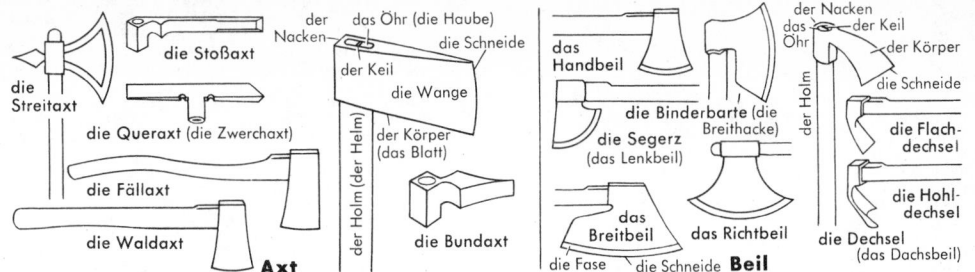

die Streitaxt · die Stoßaxt · die Queraxt (die Zwerchaxt) · die Fällaxt · die Waldaxt · der Nacken · das Öhr (die Haube) · die Schneide · der Keil · die Wange · der Körper (das Blatt) · der Holm (der Helm) · die Bundaxt · **Axt** · das Handbeil · die Segerz (das Lenkbeil) · die Binderbarte (die Breithacke) · das Breitbeil · das Richtbeil · die Fase · die Schneide · der Nacken · das Öhr · der Keil · der Körper · die Schneide · der Holm · die Flach-dechsel · die Hohl-dechsel · die Dechsel (das Dachsbeil) · **Beil**

Avers [lat. adversus ›zugekehrt‹] *der, -es/-e*, Vorderseite (einer Münze), Abb. M 25, Bildseite (einer Medaille).

Aversion [lat. aversio ›das Abwenden‹] *die, -/-en*, Abneigung, Widerwille: *sie hat eine A. gegen ihn, gegen diese Arbeit.*

AVG, Abk. für: Angestelltenversicherungsgesetz.

Aviarium [lat. avis ›Vogel‹] *das, -s/. . .ri|en*, Vogelhaus.

Aviatik *die, -*, 1) ♂ Flugwesen, Flugtechnik. 2) *schweiz.:* Flugsport.

Avis [frz.] *der* oder *das, -es/-e*, 1) Anzeige, Ankündigung. 2) Wechselrecht: Mitteilung des Ausstellers eines Wechsels an den Bezogenen über den Grund der Wechselziehung. **avisieren,** *ich avisiere* (habe avisiert) *es ihm,* melde, zeige an.

Aviso [ital. avvisare ›melden‹], 1) *der, -s/-s,* ⚓ ♂ kleiner leichtbewaffneter Kreuzer. 2) *das, -s/-s,* österr.: Anzeige, Ankündigung.

a vista [ital.], Abk.: a. v., 1) auf Sicht, bei Vorlage fällig: *Avistawechsel.* 2) ♪ vom Blatt.

Avitaminose [vgl. grch. a. . . und Vitamin] *die, -/-n*, Vitaminmangelkrankheit.

Avivage [-v'a:ʒə, zu frz. aviver ›beleben‹] *die, -/-n*, Veredelung gefärbter Gewebe. **avivieren,** *ich avivire* (habe aviviert) *es.*

Avocado [span.] *die, -/-s*, birnenförmige trop. Frucht.

Aware *der, -n/-n*, Avare, 1) Angehöriger eines asiat. Nomadenvolkes im frühen MA. 2) Angehöriger eines kaukas. Stammes. **awarisch.**

Awesta [pers. ›Grundtext‹, ›Unterweisung‹] *das, -*, heilige Schrift der altpers. Religion. **awestisch.**

Axel [dän.-schwed., zu Absalom, hebr. ›der Vater des Friedens‹], männl. Vorname.

Axel [nach dem Norweger Axel Paulsen, 1855–1938] *der, -s/-,* ⚔ Axel-Paulsen-Sprung, ein Sprung im Eis- und Rollkunstlauf.

Axerophthol [Kw.] *das, -s*, das Vitamin A₁.

axial [zu lat. axis ›Achse‹], auf die Achse bezüglich, in der Richtung der Achse: *Axialverschiebung; Axialturbine.* **Axialität** *die, -*.

axillar [lat. axilla ›Achselhöhle‹], 1) ⚕ in der Achselhöhle gelegen. 2) ⚘ in der Blattachsel stehend, vgl. Abb. P 10: *Axillarknospe.*

Axinit [grch. axine ›Axt‹] *der, -s/-e*, ein triklines Mineral.

Axiologie [grch. axios ›wert‹ und vgl. . . .logie] *die, -*, Philosophie: Werttheorie. **axiologisch.**

Axiom [grch. axioma, zu axioun ›für recht halten‹] *das, -s/-e*, Grundsatz, der ohne Beweis unmittelbar einsichtig ist und als Grundlage für ein System von Sätzen dient: *Axiomensystem; Parallelenaxiom.* **Axiomatik** *die, -*, Lehre von den Axiomen. **axiomatisch. axiomatisieren,** *ich axiomatisiere* (habe axiomatisiert) *es,* erhebe zum Axiom.

Axminsterteppich ['æks-, engl. nach der Stadt Axminster in Devonshire] *der,* ein Flortteppich.

Axolotl [aztekisch ›Wasserspiel‹] *der, -s/-*, ein amerikan. Lurch, der sich als Larve fortpflanzen kann.

Axonometrie [grch. axon ›Achse‹ und vgl. . . .metrie] *die, -/. . .tr'i|en*, Mathematik: ein Verfahren zur Gewinnung der Parallelprojektion einer räuml. Figur auf eine Ebene. **axonometrisch.**

Axt [ahd. accus], -/-ᵉe, ein Hauwerkzeug, Abb. A 29.

Ayatollah [aja-] *der, -(s)/-s*, Ajatollah.

Aye-Aye [' aj ' aj, frz., Schallwort] *der, -/-,* ein Halbaffe.

Ayuntamiento [ajun-, span.] *das,* auch *der, -(s)/-s*, in Spanien der Gemeinderat.

Azalee [grch. azaleos ›dürr‹] *die, -/. . .l'e|en,* **Azalie** [-iə] *die, -/. . .li|en*, ein häufiger Zierstrauch.

azentrisch ohne Zentrum.

azeotrop [vgl. grch. a. . ., grch. zein ›sieden‹ und tropos ›Richtung‹]. **Azeotropie** *die, -*, die Eigenschaft eines Gemisches von Flüssigkeiten, das durch Destillation nicht zu trennen ist.

azephal usw., vgl. akephal usw.

Azetat, Azeton, Azetylen, vgl. Ac. . .

Azid [lat. acidus ›sauer‹] *das, -s/-e,* ⟲ Salz der Stickstoffwasserstoffsäure. **Azidimetrie, Azidität, Azidose,** vgl. Ac. . .

Azilien [azilj'ɛ̃, frz., nach dem Fundort Mas-d'Azil, Dép. Ariège] *das, -s*, Kulturgruppe der Mittelsteinzeit.

Azimut [arab. as-sumut ›Richtungskreise‹] *das,* auch *der, -s/-e*, Winkel auf dem Horizontkreis zwischen Meridian und Höhenkreis eines Himmelskörpers. **azimutal.**

Azine [Kw.], *Pl.,* ⟲ formal vom Benzol abgeleitete stickstoffhaltige organische Verbindungen: *Azinfarbstoffe.*

azinös [lat. acinus ›Weinbeere‹], ⚕ traubenförmig (Drüsen).

Azo. . . [frz. azote, vgl. grch. a. . . und zoe ›Leben‹], auch *Azot. . .* und *Azoto. . .* ⟲ Stickstoff. . . **Azobenzol** *das.* orangerote organ. Verbindung; Muttersubstanz der Azofarbstoffe. **Azofarbstoffe,** *Pl.,* künstliche organ. Farben. **Azoikum** *das, -s,* ⊕ Archaikum, Erdzeitalter ohne organ. Leben.

azoisch. Azoospermie [atsoo-] *die, -/. . .m'i|en*, das Fehlen von lebenden Samenfäden in der Samenflüssigkeit. **Azot** [az' ɔt, frz.] *der, -*, Stickstoff. **Azotämie** [grch. haima ›Blut‹] *die, -/. . .m'i|en*, das Zurückhalten harnpflichtiger Stoffe im Blut. **azotieren,** *ich azotiere* (habe azotiert) *es,* führe Stickstoff in eine chem. Verbindung ein. **Azotometer** *das, -s/-*, Gerät zum Messen von Stickstoff. **Azoturie** [grch. ouron ›Harn‹] *die, -/. . .r'i|en*, vermehrte Ausscheidung von Harnstoff im Harn.

Azteke *der, -n/-n*, Angehöriger eines mexikan. Volkes. **aztekisch.**

Azubi *der, -s/-s, die, -/-s,* U kurz für: Auszubildende(r).

Azulejos [aθul'exos, von span. azul ›blau‹], *Pl.,* bunte spanische Fayencefliesen.

Azulen *das, -s/-e*, ein Kohlenwasserstoff. **Azur** [arab.-pers. ›blau‹] *der, -*, himmelblaue Farbe. **Azureelinien,** *Pl.,* waagrechtes Linienfeld für Wertangaben auf Vordrucken, z. B. auf Schecks, um Fälschungen zu erschweren. **azurieren.** **Azurit** *der, -s/-e*, Kupferlasur, ein Mineral. **azurn,** azurblau: *ein azurner Himmel,* P.

Azygie [grch. azygos ›unverbunden‹] *die, -.* **azygisch,** 1) ungepaart. 2) nicht paarweise vorhanden.

azyklisch, nicht kreisförmig, nicht zyklisch.

Azymon [grch. azymos ›ungesäuert‹] *das, -(s)/. . .ma,* ungesäuertes Brot.

B

b, B [be:] *das, -/-,* stimmhafter gesprengter Lippenlaut, Übers. A 26, G 34, der zweite Buchstabe des dt. Alphabets. **b** *das, -/-, ♪* **1)** Halbton unter h. **2)** Zeichen für die Erniedrigung um einen Halbton, Abb. N 9. **3)** Zeichen für: b-Moll.

b., Abk. für: bei(m).

B, 1) ✆ Zeichen für: Bor. **2)** Zeichen für: Bel. **3)** Abk. für: Brief auf Kurszetteln). **4)** ♪ Zeichen für: B-Dur.

B., Abk. für: Bachelor.

Ba, ✆ Zeichen für: Barium.

Baal [hebr. ›Herr‹] **1)** urspr. ein westsemit. Sturm- und Fruchtbarkeitsgott. **2)** *der, -s/-e* oder *Beal'im,* im A. T. Bez. für heidnische Gottheiten.

Baas *der, -es/-e, niederdt.:* Meister, Brotherr; Aufseher: *Heuerbaas.* **baasig,** *niederdt.:* meisterlich.

Babbelei *die, -/-.* U. **babbeln** [Schallw.], *ich* babb(e)le (habe gebabbelt), U schwatze.

Babe, Bäbe [slaw.] *die, -/-n,* **1)** *ostmitteldt.:* Napfkuchen, Abb. K 51. **2)** *bair.:* alte Frau.

Babel [Babylon, Hauptstadt Babyloniens] *das, -s,* Ü Sündenpfuhl.

Babesia [nach dem rumän. Bakteriologen V. Babès, 1854—1926] *die, -/. . .si|en,* Einzeller, Erreger von Tierkrankheiten. **Babesiose** *die, -/-n.*

Babette [zu Barbara oder Elisabeth], weibl. Vorname.

Babismus [nach Ali Muhammad, der sich Bab ›Pforte zum verborgenen Iman‹ nannte] *der, -,* religiöse Bewegung in Persien im 19. Jahrh. **Babist** *der, -en/-en.*

Babusche [türk. aus pers. paj-pusch ›Fußbekleidung‹] *die, -/-n, meist Pl., ostdt.:* pantoffelartiger Stoffschuh.

Babuschka [russ.] *die, -/-s,* Großmutter; alte Frau.

Baby [be:bi, engl.] *das, -s/-s,* auch . . .*bies,* **1)** Säugling. **2)** [be'ibi] U auch als Anrede für ein junges Mädchen. **Babydoll** [be'eibidɔl, auch -dɔl] *das, -(s)/-s,* Shorty, Abb. K 25. **Babyjahr** [be:bi-] *das,* Bundesrep. Dtl.: Jahr, für das der Staat für Frauen, die nach Geburt eines Kindes nicht sofort wieder berufstätig sind, die Beiträge zur Rentenversicherung bezahlt.

babylonisch, auf Babylonien, das Land zwischen Euphrat und Tigris, und seine Hauptstadt Babylon bezüglich: *die babylonische Sprachverwirrung,* Ü das Sprachendurcheinander; aber: *die Babylonische Gefangenschaft,* Ü das Sprachendurcheinander.

babysitten [be'eibi-, engl. to sit ›sitzen‹], *nur Infinitiv üblich,* U kleinere Kinder während einer kurzen Abwesenheit der Eltern beaufsichtigen. **Babysitter** [be'eibi-] *der, -s/-.*

Baccara [frz.] *das, -/-s,* Bakkarat.

Bac|chanal [-x-, nach dem Gott Bacchus] *das, -s/. . .li|en* oder *-e,* **1)** Bacchusfest. **2)** ausschweifendes Trinkgelage. **Bac|chant** *der, -en/-en,* **1)** Bacchusdiener. **2)** im MA.: fahrender Schüler. **Bac|chantin** *die, -/-nen,* Mänade, Bacchusdienerin. **bac|chantisch, bac|chisch,** trunken, ausschweifend. **Bac|chus,** röm. Gott des Weines.

Bach [ahd. bah] *der, -(e)s/"e,* **1)** kleines fließendes Gewässer. **2)** Gerinnsel. **bachab,** *ich schiebe es b., schweiz.:* lehne ab, verwerfe (Abstimmungsvorlage).

Bache [aus afrz. bacon ›Schweinehälfte‹] *die, -/-n,* Wildsau, Abb. S 43.

Bachelor [b'ætʃələ, engl., vgl. Bakkalaureus] *der, -(s)/-s,* Abk.: B., der unterste akadem. Grad in Großbritannien, Nordamerika und anderen englischsprachigen Ländern.

Bacher [vgl. Bache] *der, -s/-,* jüngerer Wildeber.

Bacher *der,* Bocher.

Bächlein *das, -s/-,* Diminutiv zu Bach.

Bachstelze [ahd. wagistarz] *die,* ein Singvogel.

Bacillus [lat. ›Stäbchen‹] *der, -/. . .c'illi,* ✚ Bazillus.

back [engl. ›zurück‹], ➚ hinten, zurück. **Back** [bæk, engl.] *der, -s/-s, schweiz.:* Verteidiger (Fußball, Eishockey). **Back** *die, -/-en,* **1)** ➚ Aufbau auf dem Vorschiff. **2)** ➚ Eßschüssel; Eßtisch; Tischkameradschaft. **Backbord** *das, österr.* auch *der, -(e)s/-e,* linke Schiffsseite. **backbord(s),** ➚ links.

Bäckchen *das, -s/-.* **Backe** *die, -/-n,* Rückenstück: *Hinterbacke.* **Backe** [ahd. backo] *die, -/-n,* **1)** Wange, Seitenwand der Mundhöhle. **2)** paarweise aufeinanderwirkender Teil an Werkzeugen, z. B. an Schraubstöcken, Bremsen, Abb. W 10, Z 3: *Backenbremse; Backenbrecher.* **3)** nach vorn gerichteter Teil seitlich an hohen Lehnen.

backen [ahd. pacchen], *ich backe* (backte, älter: buk, habe gebacken; du bäckst, U auch backst; er bäckt, U auch backt; wenn er backte, älter: büke), **1)** *den Teig,* mache ihn durch trockene Hitze zu Brot oder Kuchen gar. **2)** *es,* mache in möglichst Fett gar (Fleisch, Teig). **3)** *es,* dörre (Obst): *Backpflaume.* **4)** *Brot bäckt, backt,* wird im Ofen gar. **5)** *es backt* (nur: backte, hat gebackt), klebt, ballt sich zusammen (Schnee).

Backen *der, -s/-, süddt.:* die Backe. **Backenbart** *der,* die Fräse, Abb. B 11. **Backenknochen** *der,* das Jochbein, Abb. S 10. **Backenschiene** *die,* durchlaufende Schiene einer Weiche, Abb. W 8. **Backenstreich** *der,* P Ohrfeige. **Backentasche** *die,* 🐿 Ausstülpung der Backenhaut. **Backen)zahn** *der,* Zahn mit zweihöckriger Krone, Abb. G 6.

Bäcker [mhd. becker] *der, -s/-,* Hersteller von Backwaren: *Bäckermeister.* **Bäckerei** [mhd. becke] *die, -/-en,* **1)** Backhaus und Bäckerladen, Abb. B 1. **2)** *österr.:* Gebäck. **3)** *ohne Pl.,* Bäckerhandwerk. **Backete** *die, -, schweiz.:* das, was auf einmal gebacken wird. **Backfisch** *der,* **1)** gebackener Fisch. **2)** U halbwüchsiges Mädchen.

Backgammon [bæk'æmən, engl.] *das, -s/-s,* Puff, Tricktrack, ein Brettspiel. **Background** [b'ækgraund, engl.] *der, -s/-s,* **1)** Hintergrund, U. B. vergrößerter Bildhintergrund im Film, bei Werbephotos u. a. **2)** Jazz: beim improvisierten Solo der vom Ensemble gebildete Klanghintergrund. **3)** geistiger, materieller oder historischer Hintergrund: *eine Familie mit großbürgerlichem B.* **Backgroundinformation** *die,* Hintergrundinformation. **Backhand** [b'ækhænd, engl.] *die, -/-s,* auch *der, -(s)/-s,* Tennis: Rückhand(schlag).

Backhend(e)l [zu backen] *das, -s/-(n), österr.,* **Backhuhn** *das, -s/. . .* gebackenes Huhn. **backig,** *norddt.:* klebrig.

. . .backig, . . .bäckig [zu Backe], mit einer bestimmten Art Backen: *rotbackig, rotbäckig.*

Backlash [b'æklæʃ, engl.] *der, -/-s,* **1)** Reaktion, Rückstoß. **2)** Einnahme einer extremen Position als Antwort auf eine ebenso extreme, entgegengesetzte Haltung.

Bäcklein *das, -s/-,* Diminutiv zu Backe.

Backobst [zu backen] *das,* Dörrobst. **Backofen** *der,* Ofen oder Herdteil zum Backen, Abb. B 1, H 15.

Backpfeife [zu Backe] *die,* U Ohrfeige. **backpfeifen,** *ich* backpfeife (habe gebackpfeift) *ihn,* U.

Backpulver [zu backen] *das,* Mittel zum Treiben des Teiges. **Backschaft** [zu back] *die, -/-en,* ➚ Tischgemeinschaft. **Backsgast** *der, -es/-en,* Verlader auf dem Vorschiff. **Back|spin** [b'æk-, engl. back ›zurück‹ und to spin ›herumwirbeln‹] *der, -s/-s,* Golf: mit Rückwärtsdrall geschlagener Ball. **Backspring** *der, -(s)/-s,* Boxen: Ausweichsprung nach rückwärts.

Back|stag [zu back] *das, -(e)s/-e(n),* ➚ Haltetau am Mast (seitlich nach hinten).

Backstein [zu backen] *der,* Ziegel: *Backsteinbau.* **Backwerk** *das, -s,* (süße) Backwaren.

Bacon [b'eikən, engl.] *der, -s,* durchwachsener gepökelter Speck.

Bad [ahd. bad] *das, -(e)s/"er,* **1)** Reinigung oder Erfrischung des Körpers durch Eintauchen in Wasser oder Übergießen mit Wasser: *ich werde ein B. nehmen; Duschbad; Fußbad; Wannenbad; Badewasser.* **2)** das Eintauchen in eine heilkräftige Flüssigkeit: *Moorbad.* **3)** Anlage oder Gebäude mit Schwimmbecken: *Freibad; Hallenbad.* **4)** kurz für: Badezimmer. **5)** Ort mit Heilquellen. **6)** Bestrahlung mit Licht oder Heilstrahlen: *Sonnenbad.* **7)** ✆ Lösung von Elektrolyten u. a. in Behältern. **8)**

Bäckerei

das Schwadenrohr — der Abzug — die Zeituhr — der Temperaturmesser — der Backofen — die Krücke — das Abstellbrett — die Kuchenformen — die Feuerung — das Nudelholz — die Mehlschütte — der Bäcker — der Teig — die Knetmaschine — der Backtrog (die Backmulde) — der Mehlsack — der Schieber — die Einschießtüren — die Kuchenbleche — die Backstube — das Sieb — der Backtisch (der Wirktisch)

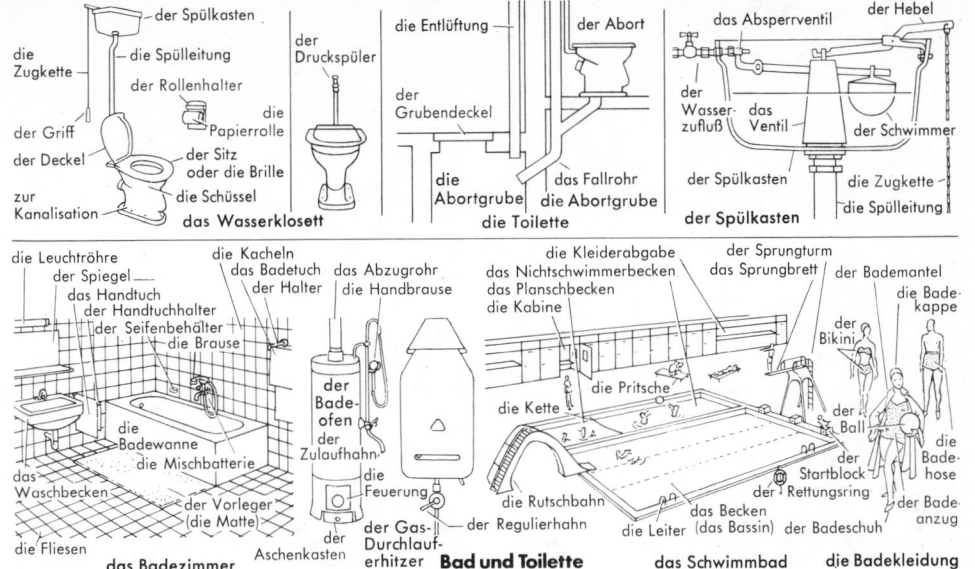

das Wasserklosett · **die Toilette** · **der Spülkasten** · **das Badezimmer** · **Bad und Toilette** · **das Schwimmbad** · **die Badekleidung**

in Laboratorien, Küchen usw. eine Einrichtung zur gleichmäßigen Erwärmung eines Stoffes. **Badeanstalt** die, öffentl. Anlage zum Schwimmen; vgl. ABB. B 2. **Badeanzug** der, ABB. B 2. **Badearzt** der, Arzt in Badeorten. **Badehose** die, ABB. B 2. **Badekabine** die, ABB. B 2, S 71. **Badekappe** die, ABB. B 2.

Baedeker [Verlagsname] der, -(s)/-, ein Reiseführer. **Bademantel** [zu Bad] der, ABB. B 2. **Bademeister** der, jemand, der in einer Badeanstalt am Badestrand die Aufsicht führt. **Bademütze** die, Badekappe. **baden** [ahd. badon], ich bade (habe gebadet), **1)** nehme ein Bad: ich gehe baden; mit diesen Plänen wirst du baden gehen, U scheitern. **2)** es, tauche ein, reinige ganz, mache naß: die Mutter badet den Säugling; in Schweiß gebadet, Ü.

Badenser der, -s/-, Badener, Bewohner des Landes Baden. **badensisch.**

Bader [mhd. badære] der, -s/-, **1)** Dorfbarbier, Wundarzt. **2)** ⚒ Bademeister. **Badestrand** der, ABB. S 71. **Badewanne** die, ABB. B 2. **Badezeug** das, alles, was man zum Baden (Badeanstalt, Strand) braucht. **Badezimmer** das, ABB. B 2. **Badezusätze**, Pl., Badeöl, Badesalz u. a. zum Wannenbad. **Badia** [ital., aus lat. ecclesia abbatisia] die, -/...d'i|en, **1)** Abtei, Abteikirche. **2)** [arab.] Wüstenschloß. **Badinage** [...n'a:ʒ, frz. ›Spaß‹] die, -/-n[-ən], **Badinerie** die, -/...r'i|en, ♪ schneller Suitensatz, bes. im 18. Jahrh. **Badminton** [b'ædminton, engl.], nach dem Ort in der engl. Grafschaft Gloucester] das, -, ⚔ turniermäßige Spielart des Federballs, ABB. F 11.

Bad-trip [bæd-, engl. ›schlechte Reise‹] der, Horrortrip. **Bafel** [jidd. ›minderwertige Ware‹] der, -s/-, auch Bofel, **1)** Abfallseide. **2)** Ausschußware. **3)** ohne Pl., Ü Geschwätz. **bafeln**, ich baf(e)le (habe gebafelt), oberdt.: **1)** schlafe. **2)** schwätze.

baff [Schallw.], U verblüfft, verdutzt.

BAFÖG, Bafög das, -(s), **1)** kurz für: Bundesausbildungsförderungsgesetz. **2)** Ausbildungsgeld nach diesem Gesetz: er bezieht B.

BAG, Abk. für: Bundesarbeitsgericht.

Bagage [bag'a:ʒ, frz.] die, -/-n, **1)** ⚒ Gepäck. **2)** ⚒ Troß. **3)** [-g'a:ʒə], U Gesindel.

Bagasse [frz., zu span. bagazo] die, -/-n, die ausgepreßten Stengel des Zuckerrohrs.

Bagatelle [frz., ital. bagatella ›Lappalie‹, zu bacca, lat. baca ›Beere‹] die, -/-n, **1)** Kleinigkeit, Geringfügigkeit. **2)** ♪ leichtes Stück. **bagatellisieren**, ich bagatellisiere (habe bagatelli-

siert) es, suche als geringfügig hinzustellen. **Bagatellsache** die, geringfügige Rechtsstreitigkeit. **Bagatellschaden** der, kleiner Versicherungsschaden.

Bagger [niederdt. baggeren ›ausschlammen‹, zu bagghår ›Schlamm‹] der, -s/-, Maschine zum Abtragen von Erdmassen und Geröll, ABB. B 3. **Baggerführer** der, jemand, der einen Bagger bedient. **baggern**, ich bagg(e)re (habe gebaggert), arbeite mit dem Bagger. **Baggersee** der, mit Wasser gefüllte, ausgebaggerte Grube.

Baggings [b'æginz, engl.], Pl., grobe Jutegewebe.

Bagno [b'anjo, ital. ›Bad‹] das, -s/-s oder ...gni, früher: Kerker in Frankreich: Bagnosträfling.

Bagpipe [b'ægpaip, engl. ›Sackpfeife‹] die, -/-s, Dudelsack.

Bagstall der, -s/⸚e und -e, österr.: ›beigestellter‹ Pfosten zum Stützen.

Baguette [bag'ɛt, frz. ›Stöckchen‹] die, -/-n [-ən], **1)** eine Art des Edelsteinschliffs. **2)** französ. Stangenweißbrot.

bah!, bäh! [Schallw.], Ausruf der Schadenfreude, der Verachtung oder des Ekels.

bähen [ahd. bahen], ich bähe (habe gebäht), **1)** erwärme durch feuchte Umschläge. **2)** oberdt.: röste (Brot). **3)** das Schaf bäht, blökt.

Bahn [mhd. ban(e)] die, -/-en, **1)** geebnete Strecke, ebene Fläche: er brach sich (freie) B.; er braucht freie B., auch Ü Handlungsfreiheit; Eisbahn; Fahrbahn; Rennbahn; Rodelbahn; Rollschuhbahn; Bahnrennsport. **2)** Schwimmen: abgegrenzte Strecke für Wettbewerbe. **3)** Verkehrs- oder Fördermittel: Straßenbahn; Seilbahn. **4)** Schienenweg: Bahndamm. **5)** langer Streifen: Stoffbahn. **6)** Ü Lebensweg: er ist auf die schiefe B. gekommen, auch er hat gegen die Gesetze verstoßen. **7)** kurz für: Eisenbahn: wir fahren mit der B.; Bahnreise; Bahnpersonal. **8)** Physik: Weg, den ein Körper zurücklegt: Flugbahn; Sternbahn. **9)** ⚙ Arbeitsseite eines Werkzeugs, ABB. H 5. **bahnbrechend**, die Voraussetzungen für eine neue Entwicklung schaffend: eine bahnbrechende Erfindung. **Bahnbrecher** der. **Bahnbus** der, von der Bundesbahn betriebener Bus. **Bähnchen** das, -s/-. **Bahndamm** der, erhöhte Gleisanlage; vgl. ABB. E 4. **bahnen**, ich bahne (habe gebahnt) es, ebne, mache gangbar: ich mußte mir einen Weg durch die Menge bahnen. **Bähnert** [von frz. panier] der, -s/-e, ostmitteldt.: flacher runder Korb.

Bahnfahrt die, Fahrt mit der Eisenbahn. **bahnfrei**, 🚃 frei bis zum Waggon im Abgangsbahnhof. **Bahnhof** der, Abk.: Bhf., Anlage zur Abwicklung des Eisenbahnverkehrs, ABB.

B 3

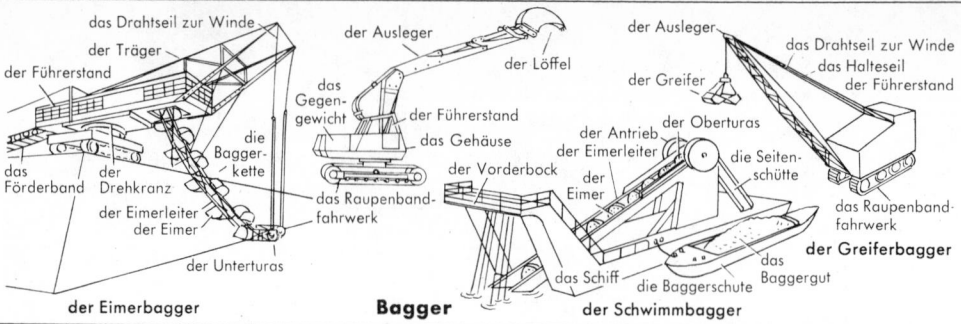

der Eimerbagger **Bagger** der Schwimmbagger

B 4, B 5: *Rangierbahnhof; Bahnhofsuhr; großer B.,* U feierl.
Empfang für einen hohen Gast. **Bahnhofsvorsteher** *der.*
. . . bahnig, aus . . . Bahnen bestehend: *mehrbahnig.* **Bahnkörper** *der,* Abb. E 4. **bahnlagernd,** vom Bahnhof zu holen
(Paket). **Bähnle** *das, -s/-,* südd.: Eisenbahn, Straßenbahn.
Bähnlein *das, -s/-.* **Bahnmeister** *der,* der für einen Bezirk
der Bahnanlagen verantwortliche Bahnangestellte. **Bahnmeisterei** *die, -/-en.* **Bahnpost** *die,* Postdienststelle im Zug,
Postwagen. **Bahnräumer** *der,* Schutzvorrichtung an Lokomotiven. **Bahnsteig** *der,* Abb. B 4, B 5: *Bahnsteigkarte.*
Bahnüberführung *die,* über eine Straße geleiteter Teil einer
Eisenbahnstrecke. **Bahnübergang** *der,* in gleicher Höhe
über Gleise führender Teil eines Weges: *(un)beschrankter B.,*
Abb. S 72. **Bahnunterführung** *die,* unter einer Straße
hindurchgeführter Teil einer Eisenbahnstrecke, Abb. E 4.
Bahnwärter *der,* Eisenbahnbediensteter zur Überwachung
der Bahnstrecken.
 Bahöl [hebr. baholoh ›Bestürzung‹] *der, -s,* G Lärm, Tumult.
 Bahre [ahd. bara] *die, -/-n,* Traggestell für Kranke oder
Tote, Abb. B 6: *von der Wiege bis zur B.,* ein Leben lang.
Bahrtuch *das, -s/ᵉer,* Tuch zum Einhüllen der Bahre, Abb.
B 6, S 4.

 Bai [frz. baie] *die, -/-en,* Meeresbucht.
 Bai|gneuse [bɛɲ'ø:z, frz., eigtl. ›Badende‹] *die, -/-n* [-ən],
Haube des 18. und 19. Jahrh.
 Bailiff [b'eilif, engl., zu lat. baiulus ›Lastträger‹] *der, -s/-s,*
Bailli [baj'i, frz.] *der, -(s)/-s,* **1)** mittelalterl. Beamtentitel in
England und Frankreich. **2)** Titel in Ritterorden.
 Bainmarie [bɛ̃mar'i, frz.] *das, -s/-s,* Kochkunst: Wasserbad.
 Bairam [türk.] *der, -(s)/-s,* auch Beiram, Bez. für zwei hohe
islamische Feste.
 bairisch, sprachwissenschaftlich für die Mundart des bair.
Stammes, Übers. D 6, M 24.
 Baiser [bɛz'e:, frz. ›Kuß‹] *das, -s/-s,* Meringe(l), Gebäck aus
Eiweißschnee und Zucker, Abb. K 51.
 Baisse [bɛ:s(ə), frz.] *die, -/-n,* starkes Sinken der Börsenkurse oder Preise. **Baissier** [bɛsj'e] *der, -s/-s,* jemand, der auf
Baisse spekuliert.
 Bajadere [portugies. bailadeira] *die, -/-n,* ind. Tänzerin.
 Bajazzo [ital. pagliaccio ›Hanswurst‹, zu paglia ›Stroh‹] *der,
-s/-s,* Spaßmacher, Hanswurst, Abb. M 6.
 Bajes [jidd. bajiss von hebr. bajit] *das, -/-,* U Haus, altes
baufälliges Gebäude.
 Bajonett [frz., nach der Stadt Bayonne] *das, -(e)s/-e,*

B 4

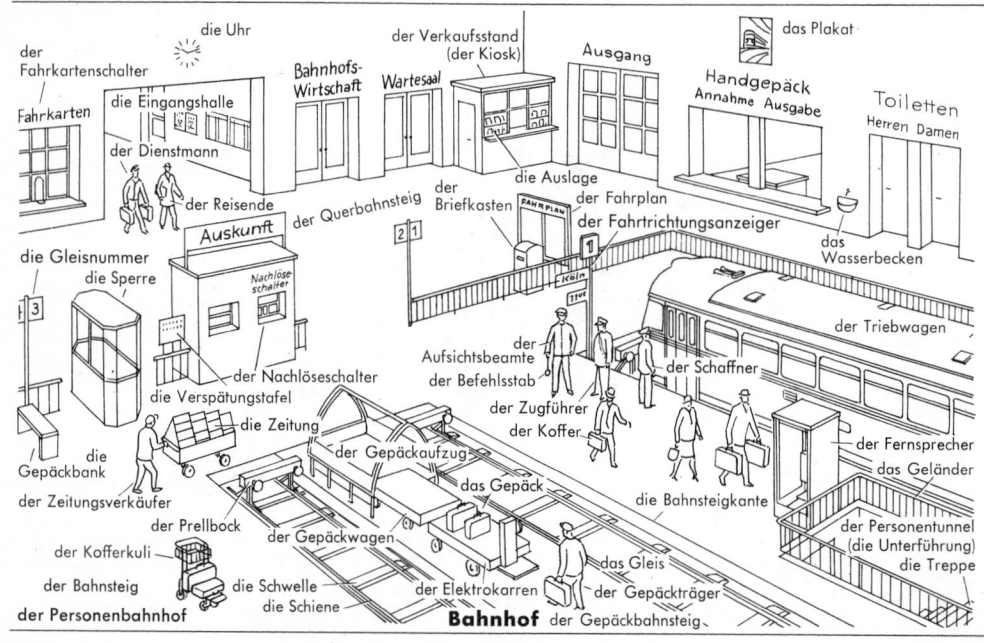

Bahnhof

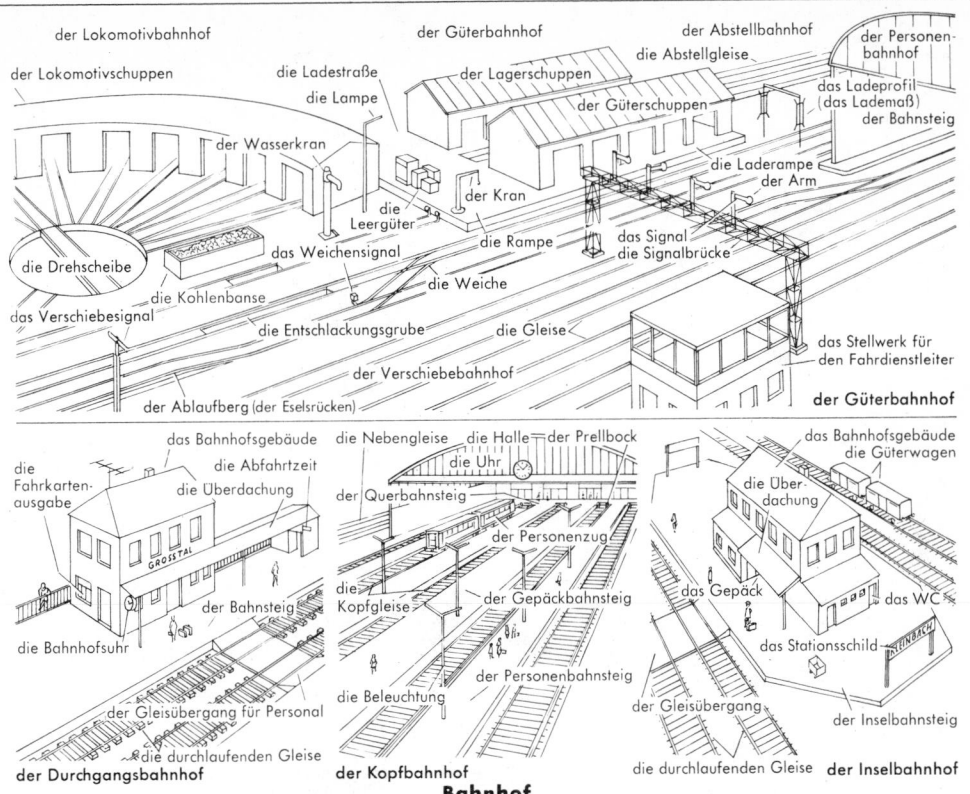

Bahnhof

Seitengewehr. **bajonettieren,** ich bajonettiere (habe bajonettiert), **1)** kämpfe mit dem Bajonett. **2)** ihn, spieße ihn mit dem Bajonett auf. **Bajonettverschluß** der, ABB. B 6.

Bajuware der, -n/-n, noch altertümelnd für: Bayer. **bajuwarisch.**

Bake [niederl. baak] die, -/-n, **1)** ⌇ feststehendes Seezeichen, ABB. S 44. **2)** Eisenbahn: Rechtecktafel vor dem Vorsignal, ABB. E 4. **3)** ⌂ Hinweistafel vor Bahnübergängen, ABB. V 4. **4)** Absteckpfahl bei Vermessungen. **5)** ⚓ optisches Signal oder Funksignal.

Bakel [lat. baculum] der, -s/-, ⚘ Stock (des Schulmeisters).

Bakelit [nach dem belg. Erfinder L. H. Baekeland, 1863 bis 1944] das, -s, Handelsname für einen Kunststoff.

Bakkalaureat das, -(e)s/-e, akadem. Grad des Bachelor: *Bakkalaureatsprüfung.* **Bakkalaureus** [mlat. baccalarius ›Hintersasse‹, engl. bachelor] der, -/...rei [-rei:], Inhaber des Bakkalaureats.

Bakkarat [frz. baccara] das, -s, ein Kartenglücksspiel.

Bakken [norweg.] der, -(s)/-, Sprungschanze.

Bakschisch [auch -'i-, pers. ›Gabe‹] das, österr. auch der, -(es)/-e, **1)** Almosen, Trinkgeld. **2)** Bestechungsgeld.

Bakteriämie die, -/...m'i|en, ⚕ massenhaftes Vorhandensein von Bakterien im Blut. **Bakterie** [-riə, grch. bakteria ›Stab‹] die, -/...ri|en, meist Pl., mikroskopisch kleine pflanzliche Lebewesen. **bakteriell. Bakterienkrieg** der, Verwendung krankheitserregender Bakterien als Kriegsmittel. **Bakteriologe** [vgl. ...loge] der, -n/-n. **Bakteriologie** die, -, Bakterienkunde. **bakteriologisch. Bakteriolyse** [grch. lysis ›Auflösung‹] die, -/-n, Zerstörung, Auflösung von Bakterien. **Bakteriolysin** das, -/-e, meist Pl., bakterienauflösende Schutzstoffe. **bakteriophag. Bakteriophage** [grch. phagein ›fressen‹] der, -n/-n, meist Pl., Phage, ein Virus, das Bakterien zerstört. **Bakteriostase** [grch. stasis ›das Stehen‹] die, -, Behinderung des Wachstums von Bakterien. **bakteriostatisch. Bakterium** das, -s/...ri|en, die Bakterie. **Bakteriurie** [grch. ouron ›Harn‹] die, -/...ri|en, das Ausscheiden von Bakterien mit dem Harn. **bakterizid** [lat. caedere ›töten‹], bakterientötend. **Bakterizid** das, -s/-e.

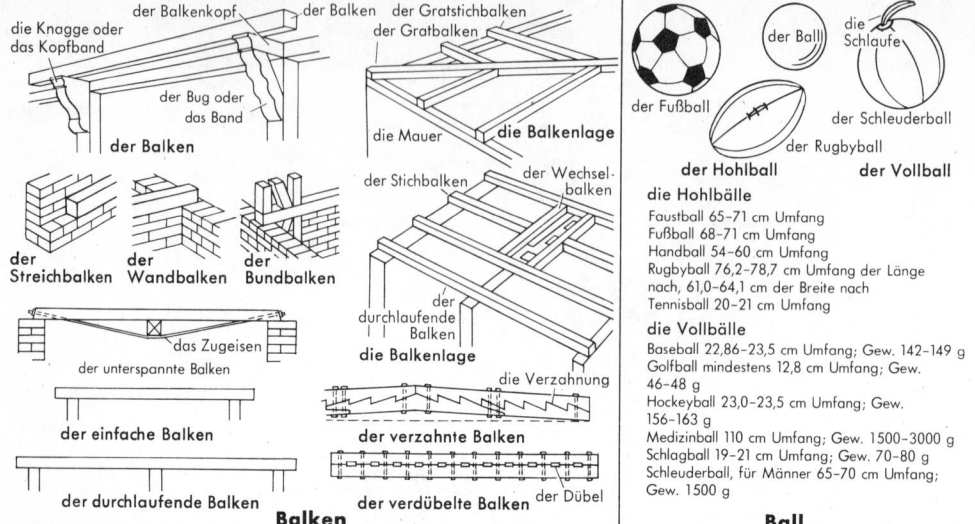

Balken **Ball**

Balalaika [russ.] *die, -/-s* oder *...ken,* russ. Musikinstrument, ABB. B 6.
Balance [bal′ã:s, frz. ›Waage‹, ›Gleichgewicht‹, zu lat. bilanx, Gen. bilancis, ›zwei Waagschalen (habend)‹ *die, -/-n,* Gleichgewicht, Schwebe: *Balanceakt.* **Balancé** [-s′e] *das, -s/-s,* Ballett: ein Schwebeschritt. **Balancement** [-m′ã] *das, -s,* ♪ Bebung. **balancieren,** *ich* balanciere (habe balanciert), **1)** halte mich im Gleichgewicht: *Balancierstange.* **2)** *es,* trage es im Gleichgewicht schwebend.
Balanitis [grch. balanos ›Eichel‹] *die, -/. . .t′iden,* ⚕ Entzündung der Eichel.
Balata [auch bal′a-, indian.] *die, -,* getrockneter tropischer Pflanzensaft, kautschukähnlich.
Balbier *der, -s/-e,* U Barbier. **balbieren,** *ich* balbiere (habe balbiert) *ihn,* **1)** U barbiere. **2)** Ü betrüge: *man hat ihn über den Löffel balbiert.*
bald [mhd. balde ›schnell‹, ›sogleich‹, ›kühn‹, ahd. baldo ›kühn‹], eher, am ehesten, **1)** in kurzer Zeit, wenig später: *ich komme b.; so b. wie,* auch *so b. als möglich.* **2)** U beinahe, fast: *das ist doch b. unmöglich!* **3)** *b. – b.,* teils – teils, einmal – ein andermal: *b. hier, b. dort.*
Baldachin [-x-, mhd. baldekin, ital. baldacchino ›kostbarer Seidenstoff aus Bagdad‹ (mlat. Baldac) *der, -s/-e,* **1)** mit Stoff bespannter Thron- oder Betthimmel. **2)** Traghimmel. **3)** Schutzdach, ABB. A 9.
Bälde, *in B.,* P bald.
Bald(e)r, Baldur.
baldig, baldigst, baldmöglichst, K möglichst bald.
Baldower [hebr. baal ›Mann‹ und dowor ›Wort‹, eigtl. ›jemand, der zu überreden sucht‹ *der, -s/-,* U Gauner, der Gelegenheit zum Diebstahl auskundschaftet. **baldowern,** selten für: ausbaldowern.
Bal|drian [mhd., mlat. Valeriana P Rgr, *der, -s/-e,* eine Heilpflanze: *Baldriantinktur.* **Bal|driantee** *der, -s/-e,* Tee aus Baldrianwurzeln. **Bal|driantropfen,** *Pl.,* Beruhigungsmittel.
Balduin [ahd. baldo ›kühn‹ und wini ›Freund‹], männl. Vorname.
Baldur, Bald(e)r, nordischer Gott.
Baldwin [zu Balduin], männl. Vorname.
Balester [lat. ballista ›Wurfmaschine‹, zu grch. ballein ›werfen‹], *der, -s/-,* Balläster, Armbrust mit Kugelgeschoß, ABB. A 21.
Balg [ahd. balg ›Schlauch‹] *der, -(e)s/-ᵘ̈e,* **1)** ⚘ abgezogenes Fell, abgezogene Haut (von Raubwild, Hasen, Vögeln): *ich ziehe dem Hasen den B. ab,* häute ihn. **2)** Luft- und Windbehälter, ABB. B 6: *früher mußten bei der Orgel die Bälge getreten werden.* **3)** ausziehbares Verbindungsteil, z. B. zwischen Eisenbahnwagen. **4)** ausgestopfter Körper, z. B. Puppenrumpf. **5)** ⚕ Lymphknoten an der Zunge: *Balgdrüsen.* **6)** *oberdt.:* Hülse (Erbse). **7)** *westdt.:* Bauch, Fettleib. **8)** *der, das, -(e)s/-ᵘ̈er,* U verächtlich: (unartiges) Kind.
Balge [über niederl. aus frz. baille] *die, -/-n,* auch Balje, **1)** *nordwestdt.:* hölzernes Gefäß. **2)** *niederdt.:* Wasserrinne im Watt.
balgen [ahd. belgan ›sich erregen‹], *ich* balge *mich* (habe gebalgt) *mit ihm,* raufe im Scherz.
Balgen [zu Balg] *der, -s/-,* ausziehbare Hülle (Kamera, Ziehharmonika), ABB. P 12, Z 7.
Balgerei *die, -/-en,* das Balgen, Raufen.
Balgfrucht [zu Balg] *die,* ABB. F 36. **Balggeschwulst** *die,* ⚕ eine gutartige Geschwulst unter der Haut.
Balje *die, -/-n,* Balge.
Bälkchen *das, -s/-.* **Balken** [ahd. balco] *der, -s/-,* **1)** vierkantig behauenes Langholz, ABB. B 7: *Balkenkonstruktion.* **2)** ⬚ Träger, starker Deckenträger aus Holz oder Stahl, ABB. B 7, D 4: *er lügt, daß sich die B. biegen,* Ü unverschämt: *Wasser hat keine B.,* Ü keinen Halt. **3)** ⚕ Nervenbrücke zwischen den Großhirnhälften, ABB. G 6. **4)** ▽ im Heroldsstück, ABB. W 5. **5)** vom Pflug aufgeworfene Erde. **6)** ✂ kurz für: Schwebebalken. **Balkendecke** *die,* **1)** ⬚ Holzbalkendecke. **2)** Zimmerdecke mit unverputzten Balken. **Balkenkopf** *der,* ⬚ vorstehendes, meist verziertes Balkenende, ABB. B 7. **Balkenkreuz** *das,* grch. Kreuz, ABB. K 44. **Balkenüberschrift** *die,* ABB. W 1.
Balkon [aus frz., ital. balcone, zu ahd. balco ›Balken‹] *der* [-k′õ], *-s/-s,* auch [-k′o:n], *-s/-e,* ⬚ Vorbau, Austritt, durch Gitter oder Brüstung abgeschlossen, ABB. H 11: *Balkonpflanzen.* **2)** erhöhter umbauter Teil am Rand des Zuschauerraums in Theater und Kino: *Balkonplätze.*
Ball [ahd. bal ›Ball‹, ›Kugel‹] *der, -(e)s/-ᵘ̈e,* **1)** kugelförmiges Spiel- und Sportgerät, ABB. B 7: *Fußball; Gummiball; Tennisball; Wasserball; ich werfe, fange einen B.; ich spiele B.* oder *mit dem B.; du mußt am B. bleiben,* Ü deine Sache unablässig verfolgen. **2)** *ohne Pl.,* Sportart oder Spiel mit einem Ball: *Ballspiel; Faustball; Handball; Ballabgabe; Ballnetz; Ballwechsel.* **3)** Billardkugel, ABB. B 31. **4)** etwas Kugelförmiges: *Schneeball; Sonnenball,* P.
Ball [spätmhd. bal ›Gekläff‹] *der, -(e)s/-ᵘ̈e,* ⚶ das Bellen der Jagdhunde, wenn die Sau gestellt ist.
Ball [frz. bal, spätlat. ballare ›tanzen‹] *der, -(e)s/-ᵘ̈e,* Tanzveranstaltung: *ich gehe auf einen B.; Ballsaal; Presseball.*
Ballade [ital. ballata, provenzal. balada ›Tanzlied‹, spätlat. ballare ›tanzen‹] *die, -/-n,* dramatisch erzählendes Gedicht. **balladenhaft, balladesk. Ballad-Opera** [b′æləd ′ɔpərə,

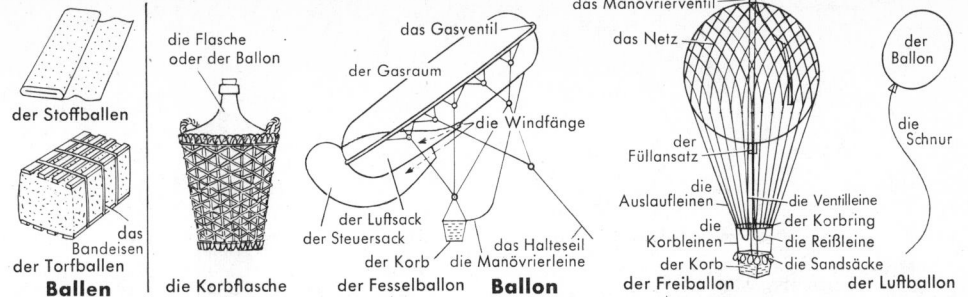

der Stoffballen

das Bandeisen
der Torfballen
Ballen

die Flasche
oder der Ballon
der Gasraum

der Luftsack
der Steuersack
der Korb
die Korbflasche
der Fesselballon

das Manövrierventil
das Gasventil

die Windfänge

das Halteseil
die Manövrierleine

Ballon

das Netz

der Füllansatz
die Auslaufleinen
die Korbleinen
der Korb
der Freiballon

die Ventilleine
der Korbring
die Reißleine
die Sandsäcke

der Ballon

die Schnur

der Luftballon

engl.] *die, -/-s*, engl. Singspiel mit Volksliedmelodien, bes. im 18. Jahrh.

Ballast [auch b′a-, zu Last] *der, -(e)s/-e, Pl. selten,* **1)** wertlose Fracht zum Gewichtsausgleich: *Ballastwasser* (in Schiffen). **2)** Ü Belastung, unnützes Beiwerk.

Balläster *der, -s/-,* Balester.

Ballaststoffe, *Pl.,* die unverdaulichen Anteile der Nahrung.

Ballawatsch *der, -s,* auch Pallawatsch, *österr.:* das Durcheinander; Unsinn.

Bällchen *das, -s/-,* Diminutiv zu Ball.

Ballei [mhd. balie, zu mlat. ballia] *die, -/-en,* Bezirk eines Ritterordens.

Balleisen *das, -s/-,* Drechslerwerkzeug mit schräger Schneide.

ballen [mhd. ballen], *ich balle* (habe geballt), **1)** *es,* drücke fest zusammen, forme zu etwas Kugelförmigem (Schnee, Papier): *er drohte mit geballter Faust.* **2)** *es ballt sich,* bildet eine Masse oder einen Klumpen, verdichtet sich: *Wolken ballen sich zu einer Regenwand; geballte Energie.*

Ballen [ahd. ballo, zu Ball] *der, -s/-,* **1)** Frachtstück, in Leinwand u. a. fest verpackt, Abb. B 8. **2)** Zählmaß (Papier; Tuch 12 Stück; Leder 120 Stück). **3)** schwielenartig verdickte Bildungen der Innenhand, Abb. H 6, und der Lauffläche der Gliedmaßen vieler Landtiere, Abb. P 9. **4)** hinterer Teil der Pferdehufe über der Hornmasse, Abb. P 9. **5)** Fechten: Lederkugel an der Spitze des Übungsrapiers. **6)** Halbrundungen (am Hobel). **7)** Schlifffläche mancher Meißel. **8)** auf Pappe gerollte Stoffbahn, Abb. B 8. **Ballenblume** *die,* 🌼 Gesimsschmuck, Abb. G 17.

Ballenkreuz *das,* Kreuz mit Kugeln am Ende der Arme.

Ballenstück *das,* Unterkeule (Rind).

Ballerei [zu ballern] *die, -/-en,* U sinnlose, laute Schießerei.

Ballerina, Ballerine [ital., spätlat. ballare ›tanzen‹] *die, -/. . .nen,* Ballettänzerin.

Ballermann *der,* U Revolver. **ballern** [von Ball ›Spiel- und Sportgerät‹], *ich ball(e)re* (habe geballert), U **1)** schieße lautstark mehrmals hintereinander. **2)** *es gegen etwas,* werfe heftig dagegen.

Ballett [ital. balletto, vgl. Ballerina] *das, -(e)s/-e,* **1)** Bühnentanz mit Musik. **2)** Tanzgruppe: *Ballettänzerin; Balletttruppe;* vgl. Silbentrennung, Übers. S 50. **Balletteuse** [balɛt′øːzə] *die, -/-n,* Tänzerin beim Ballett. **Ballettmeister** *der,* Leiter der Tanzgruppe. **Ballettratte** *die,* U Ballettteuse.

Ballgoal [b′ɔlgoul, engl. goal ›Ziel‹] *das, -s,* ein Ballspiel zwischen zwei Mannschaften.

ballhornisieren [wird auf den Buchdrucker J. Bal(l)horn, 1528–1603, zurückgeführt], *ich ballhornisiere* (habe ballhornisiert) *es,* verballhorne.

ballig, ⊙ schwach gewölbt (Lauffläche einer Riemenscheibe).

Balliste [lat. ballista, zu grch. ballein ›werfen‹] *die, -/-n,* antikes Wurfgeschütz. **Ballistik** *die, -,* Lehre von der Bewegung geworfener oder geschossener Körper. **Ballistiker** *der, -s/-.* **ballistisch,** *ballistische Kurve,* Flugbahn. **Ballistokardio|graphie** [vgl. . . .graphie] *die,* das Aufzeichnen der Körpererschütterung beim Schlagen des Herzens.

Balljunge *der,* Junge, der beim Tennis die Bälle aufsammelt und den Spielern zurückwirft.

Ballkleid *das,* Tanzkleid.

Ballon [frz.] *der* [-l′ɔ̃], *-s/-s,* auch [-l′oːn], *-s/-e,* Abb. B 8,**1)** mit Gas gefüllte Hülle, Kinderspielzeug: *Luftballon.* **2)** durch Leichtgas getragenes Luftfahrzeug: *Fesselballon; Wetterballon.* **3)** große bauchige Flasche. **4)** U Kopf. **Ballonett** *das, -(e)s/-e,* Luftsack im Innern von Fesselballons. **Ballonmütze** *die,* Schirmmütze mit ballonförmigem Kopf.

Ballot [b′ælət, engl. ›Wahlkugel‹] *das, -s/-s,* **1)** im angloamerikan. Recht die geheime Abstimmung. **2)** Stimmzettel, Wahlkugel.

Ballotade [frz., zu balotter ›schaukeln‹] *die, -/-n,* Übung der Hohen Schule, Abb. H 22.

Ballotage [balot′aːʒə, frz., vgl. Ballot] *die, -/-n,* geheime Abstimmung mit Kugeln. **ballotieren,** *ich ballotiere* (habe ballotiert).

Ballung [zu ballen] *die, -/-en,* Verdichtung, Ansammlung, z. B. von Bevölkerung und Produktionsstätten: *Ballungsraum; Ballungszentren der Industrie.*

Ballyhoo [b′ælihuː, auch -h′uː, engl. Schallw.] *das, -,* marktschreierische Werbung, Reklamerummel.

Balme [keltisch] *die, -/-n,* nischenartige Höhle an Felswänden.

Balmung *der, -s,* in der dt. Sage das Schwert Siegfrieds.

Balneologie [lat. balneum ›Bad‹ und vgl. . . .logie] *die, -,* 💊 Bäderkunde. **balneologisch,** *balneologische Anwendungen.* **Balneotherapie** *die,* Heilbehandlung mit Bädern.

Bal paré [frz. ›geschmückter Ball‹] *der, - -/-s -s* [bal par′e:], ♾ besonders festlicher Ball.

Balsa [span.], **1)** *das, -s,* Balsaholz, ein sehr leichtes Nutzholz. **2)** *die, -/-s,* ein Floß, urspr. aus Balsaholz.

Balsam [ahd. balsamo, hebr. basam] *der, -s/-e,* **1)** Gemisch von Harzen und äther. Ölen: *Balsamstrauch.* **2)** Ü Linderung, Freude: *das ist B. für mich.* **Balsambaumgewächs** *das,* Baum oder Strauch mit Harzgängen in der Rinde. **balsamieren,** einbalsamieren. **Balsamierung** *die, -/-en.* **Balsamine** *die, -/-n,* 🌸 Springkraut. **balsamisch,** **1)** wohlriechend. **2)** lindernd, wohltuend.

Balte [von Baltikum, Estland und Lettland] *der, -n/-n,* **1)** Bewohner des Baltikums. **2)** aus dem Baltikum stammender Deutscher: *Baltendeutscher.*

Balthasar [hebr., verwandt mit Belsazar ›Gott schütze sein Leben‹], männl. Vorname.

baltisch, die Balten betreffend.

Baluster [frz. balustre, zu grch. balaustion ›Granatapfelblüte‹] *der, -s/-,* 🏛 kleine Säule als Geländerstütze, Abb. H 11. **Balustrade** *die, -/-n,* 🏛 Brüstung mit Balustern, Abb. H 11, S 27.

Balz [mhd. valz] *die, -/-en,* Begattungsvorspiel bei Vögeln. **balzen,** *ein Vogel balzt* (hat gebalzt).

Bambino [ital., zu bambo, ♾ ›Kind‹] *der, -s/. . .ni oder -s,* **1)** kleines Kind. **2)** *ohne Pl.,* Darstellung des Jesuskindes in der italien. Kunst.

Bamboccicade [-bɔtʃ′aːdə, ital., zu bamboccio ›dickes Kind‹, ›Puppe‹] *die, -/-n,* Kunst: Bild aus dem Volksleben.

Bambule [frz. bamboula ›Negertrommel‹, aus einer Bantusprache] *die, -/-n,* U Aufruhr, bes. unter Häftlingen.

Bambus [malaiisch bambu] *der, -ses/-se oder -/-,* **1)** meist tropisches, baumhohes Gras. **2)** das Bambusrohr: *Bambuspfeil,* Abb. P 8; *Bambusstab.*

Bammel *der, -s,* U Angst: *ich habe B.* **bammeln** [Schallw.], *ich bamm(e)le* (habe gebammelt), U baumele.

bampfen, *ich bampfe* (habe gebampft), *österr.:* mampfe.

Ban [serbokroat. ›Herr‹] *der, -s/-e,* auch Banus, früher ein hoher kroat. und ungar. Würdenträger.

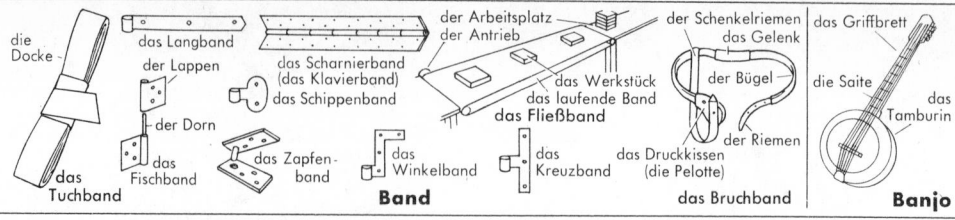

die Docke | das Langband | der Arbeitsplatz / der Antrieb | der Schenkelriemen | das Griffbrett
der Lappen | das Scharnierband (das Klavierband) / das Schippenband | das Werkstück / das laufende Band | das Gelenk / der Bügel | die Saite
der Dorn | das Zapfenband | das Fließband | der Riemen | das Tamburin
das Tuchband | das Fischband | das Winkelband | das Kreuzband | das Druckkissen (die Pelotte) | das Bruchband | Banjo

Band

banal [frz. ›gewöhnlich‹, zu afrz. ban ›Gerichtsbezirk‹, Ü ›was der Gemeinschaft gehört‹], alltäglich, abgedroschen, platt. **banalisieren,** *ich* banalisiere (habe banalisiert) *es,* ziehe ins Alltägliche herab. **Banalität** *die, -/-en.*

Banane [portug. banana] *die, -/-n,* trop. Pflanze und deren Frucht. **Bananenstecker** *der,* Abb. S 61.

Banat [zu Ban] *das, -(e)s/-e,* einem Ban unterstehende ungar. Grenzmark. 2) *ohne Pl.,* geschichtl. Landschaft zwischen Theiß, Donau, Maros und Karpaten: *Banater Schwaben.*

Banause [grch. banausos ›Handwerker‹] *der, -n/-n,* Spießer, Mensch ohne Kulturempfinden. **Banausentum** *das, -s.* **banausisch.**

band, von binden.

Band [zu binden] *das, -(e)s/-"er,* 1) schmales Gewebe, Abb. B 9, M 27: *Gummiband.* 2) schmaler Streifen, z. B. aus Leder (Treibriemen), aus Metall: *Halsband,* Abb. H 27; *Armband,* Abb. S 30. 3) ♄ Ligament, bindegewebige Verbindung gegeneinander beweg. Teile des Körpers: *Bänderriß.* 4) Metallstreifen um ein Faß: *Faßband,* Abb. F 8. 5) Beschlag (an Tür und Fenster), Abb. B 9. 6) 🔲 schräge Versteifung, Abb. B 7. 7) Bergsteigen: gesimsartige Stufe in Fels, Geröll, Schnee, Eis, Abb. B 20. 8) *bes. norddt.:* Schnur. 9) P roßam. 10) kurz für: Fließband: *am laufenden B.,* Ü ununterbrochen. 11) ⚙ Bereich von Wellenlängen und Frequenzen. 12) kurz für: Tonband, Abb. T 13: *er hat es auf B. gesprochen; Bandgeschwindigkeit.*

Band [zu binden] *das, -(e)s/-e, meist Pl.,* P 1) Fessel: *er lag in Banden; die Kinder waren außer Rand und B.,* Ü sehr ausgelassen. 2) Ü Verbindung: *sie knüpften, lösten die Bande der Freundschaft.*

Band *der, -(e)s/-"e,* Abk.: Bd. *(Sg.),* Bde. *(Pl.),* ⊘ 1) Einband: *Lederband,* Abb. B 53. 2) der gezählte Teil eines Gesamtwerkes: *Lieferung in Bänden; bandweise; Heines Werke in fünf Bänden; das spricht Bände,* Ü läßt viel erkennen.

Band [bænd, engl., zu Bande ›Gruppe‹, ›Schar‹] *die, -/-s,* Tanzkapelle, Jazzkapelle: *Jazzband.*

Bandage [-d'a:ʒə, frz.] *die, -/-n,* 1) Verband, Abb. V 3. 2) Schutzbinde (beim Fechten, Boxen). **bandagieren** [-ʒ'i:-], *ich* bandagiere (habe bandagiert) *ihn, es.* **Bandagist** [-ʒ'ist] *der, -en/-en,* Hersteller oder Verkäufer von Bandagen.

Bandaufnahme *die,* auf Tonband aufgezeichnete Sprache, Musik u. a.: *Bandaufnahmegerät.* **Bandbreite** *die,* 1) ⦨ die Größe des von einem elektr. Filter durchgelassenen Frequenzbereichs. 2) Währungswesen: Spielraum, in dem sich die Devisenkurse im System der festen Wechselkurse frei bewegen können. **Bändchen** *das, -s/-,* Diminutiv zu Band: *Gummibändchen.*

Bande [frz. bande ›Schar‹, zu got. bandwa ›Fahne‹] *die, -/-n,* 1) von einem Anführer geleitete Gruppe von Verbrechern. 2) Pack, Horde. 3) U Gruppe von Kindern: *Rasselbande.* 4) Umrandung der Spielfläche beim Eishockey, der Billardtafel, Abb. B 31: *Bandenwerbung,* Werbeplakate auf der Umrandung von Spielflächen. 5) Einfassung der Reitbahn, Abb. R 18, der Zirkusmanege, Abb. Z 10, u. a.

Bandeisen *das,* dünner Eisenstreifen zum Verpacken, Abb. B 8. **Bändel** *das, -s/-,* oder *B'änderchen,* auch Bendel, Diminutiv zu Band: *Schuhbändel; Bändelhaube; sie hat ihn am B.,* Ü beherrscht ihn, bestimmt, was er tun soll; *das Kind hing mir am B.,* Ü wich nicht von mir.

Bandelier [frz. bandoulière] *das, -s/-e,* ⚔ breites Wehrgehänge, Abb. M 16.

Bandenspektrum *das,* ein von leuchtenden Molekülen ausgesandtes vielliniges Spektrum.

Banderilla [-r'iʎa, span., zu bandera ›Fahne‹] *die, -/-s,* geschmückter Speer beim Stierkampf. **Banderillero** [-riʎ'ero] *der, -s/-s,* Stierkämpfer, der dem Stier Banderillas in den Nacken stößt.

bändern, *ich* bänd(e)re (habe gebändert) *es,* male, nähe, lege Streifen auf.

Banderole [frz. Wimpel, zu ital. banderuola] *die, -/-n,* 1) Steuerband (an Tabakwaren), Abb. K 21. 2) Spruchband auf Werken der Malerei und Graphik. **banderolieren,** *ich* banderoliere (habe banderoliert) *es,* versehe mit Banderolen, versteuere. **Banderolierung** *die, -/-en.*

Bänderton *der,* ⊕ eiszeitl., feingeschichteter Ton. **Bänderung** *die, -/-en,* ⊕ durch Farb- oder Materialwechsel gekennzeichnetes Lagengefüge in Gesteinen. **Bandfilter** *der,* ein elektr. Filter zum Aussieben eines Frequenzbandes. **Bandförderer** *der,* Gurtförderer, ein laufendes, stetiges Fördermittel. **Bandgenerator** *der, ⚡* Gerät zur Erzeugung von Hochspannungen. **Bandhaken** *der,* Werkzeug zum Reifenspannen, Abb. B 45. **Bandholz** *das,* zu halbrunden Bändern geschnittene Ruten zum Binden von Fässern, Kisten u. a.

. . .bändig, aus einer bestimmten Anzahl von Bänden bestehend: *ein 24bändiges Lexikon.*

bändigen [zu mhd. bendec ›festgebunden‹], *ich* bändige (habe gebändigt), 1) *ihn,* zähme, unterwerfe, mache (wilde Tiere). 2) *es,* Ü bezähme, unterdrücke (Zorn). **Bändiger** *der, -s/-,* 1) Bezwinger. 2) Vorführer wilder Tiere, Dompteur: *Löwenbändiger.* **Bändigung** *die, -/-en.*

Bandit [ital. bandito, zu Bann] *der, -en/-en,* Berufsverbrecher; Räuber.

Bandkeramik [nach den bandförmigen Gefäßverzierungen] *die, -/-,* ⊕ Kulturgruppe der Jungsteinzeit.

Bandleader [b'ændli:də, engl.] *der, -s/-,* Leiter einer Band, der die führende Stimme spielt.

Bändlein *das, -s/-,* Diminutiv zu Band. **Bandmaß** *das,* 1) aufrollbares Metermaß, Abb. M 7. 2) Widerristhöhe des Pferdes (mit einem Meßband gemessen). **Bandnudeln,** *Pl.,* bandförmige Nudeln.

Bandola *die, -/-s,* Bandurria.

Bandoneon, Bandonion [nach dem Erfinder H. Band, 1821–1860] *das, -s/-s,* eine Form der Ziehharmonika. **Bandsäge** *die, -s/-,* Säge mit endlosem Sägeband. **Bandscheibe** *die, ♄* Zwischenwirbelscheibe: *Bandscheibenvorfall.* **Bändsel** *das, -s/-,* ⚓ dünnes Tau. **Bandstahl** *der,* Stahl in Bandform. **Bandstock** *der,* niederdt.: hölzerner Faßreifen. **Bandstuhl** *der,* Webstuhl für Bänder. **Bandura** [grch. pandoura] *die, -/-s,* ukrain. Saiteninstrument. **Bandurria** *die, -/-s,* kleines span. Zupfinstrument.

Bandwaren, *Pl.,* Bänder, Borten und Litzen. **Bandweber, Bandwirker** *der,* Facharbeiter für Bandwaren. **Bandwurm** *der,* schmarotzender Plattwurm; Sinnbild des Nichtendenwollenden: *eine Bandwurmrede,* U.

Bandy [b'ændi, engl.] *das, -s/-. . .dies,* altes engl. Eishockeyspiel mit dem Ball.

Bangbüx, Bangbuxe *die, -/. . .xen,* norddt.: Angsthase. **bang(e),** banger am bangsten oder bänger, am bängsten [mhd. bange ›Angst‹, ›Sorge‹], furchtsam, besorgt, angstvoll: *bange Ahnungen beschlichen mir; mir ist angst und bange; bange machen gilt nicht!, ich* fürchte mich nicht. **Bange** *die, -.* **bangen,** *ich* bange (habe gebangt), 1) *um jemanden, vor jemanden* oder *etwas,* zittere, sorge mich. 2) *mich nach ihm,* U habe angstvolle Sehnsucht.

Bangert [von Baumgarten] *der, -s/-en,* alem.: Obstgarten. **Bangigkeit** [zu bange] *die, -.* **bänglich,** ängstlich, besorgt. **Bangnis** *die, -/-se.*

Banjo [auch b'ændʒo, engl.] *das, -s/-s,* ein Zupfinstrument, Abb. B 9.

Bank [ahd. banc] *die, -/-"e,* 1) Sitzgelegenheit für mehrere Personen nebeneinander, Abb. B 10: *man soll nichts auf die lange B. schieben,* U hinhalten, verzögern; *(alle) durch die B.,* U alle ohne Ausnahme. 2) Auflagerung, dichte Häufung,

Schicht (Meerestiere, Wolken, Gras, Steine). **3)** Untiefe: *Sandbank*, ABB. K 56. **4)** fester Werktisch: *Drehbank, Hobelbank*, ABB. D 13, H 19. **5)** Ladentisch. **6)** Kampfstellung beim Ringkampf. **7)** ein Turngerät.

Bank [frz. banque, ital. banco, mhd. banc ›Tisch‹, ›Wechselbank‹] *die, -/-en,* **1)** Anstalt des Geldverkehrs, Kreditinstitut: *Bankhaus; Notenbank; Bankenkonsortium; Bankraub.* **2)** Glücksspiel: die vom Bankhalter verwaltete Kasse: *er hält die B.,* setzt gegen alle Mitspieler; *er sprengt die B.,* gewinnt das gesamte Geld des Bankhalters. **3)** zentrale Sammelstelle: *Blutbank; Datenbank.* **Bankakzept** *das,* von einer Bank angenommener Wechsel. **Bankanweisung** *die,* Anweisung von einer oder auf eine Bank. **Bankausweis** *der,* Gegenüberstellung der nationalen und internationalen Aktiva und Passiva der Zentralbank. **Bankbeamte** *der,* ausgebildeter Angestellter einer Bank. **Bankbruch** *der,* ℅ Bankrott. **bankbrüchig,** ℅.

Bänkchen *das, -s/-,* Diminutiv zu Bank. **Bankeisen** *das,* Schraubenleiste zur Befestigung in der Wand, ABB. B 10. **Bänkellied** *das,* Moritat. **Bänkelsang** *der, -(e)s,* Vortrag von Schauerballaden auf Jahrmärkten (von einer Bank herab). **Bänkelsänger** *der.*

Bankenaufsicht *die,* staatl. Beaufsichtigung der Kreditinstitute: *die B. entzog der Bank die Lizenz.* **Banker** [b'æŋkə, engl.] *der, -s/-,* Bankier. **Bankerott** *der,* der Bankrott. **Bankert** [mhd. banchart, zu Bank, eigtl. ›auf der Bank gezeugt‹] *der, -s/-e,* verächtlich: nichteheliches Kind. **Bankett** [frz. banquet, ital. banchetto, zu Bank] *das, -(e)s/-e,* Festmahl.

Bankett [frz. banquette ›Gehweg‹] *das, -(e)s/-e,* **Bankette** *die, -/-n,* **1)** unterster Absatz einer Grundmauer. **2)** schmaler Seitenweg neben der Fahrbahn. **3)** Auftritt für Schützen (in der Festung). **4)** Berme, vgl. ABB. B 44, D 5.

bankettieren, *ich* bankettiere (habe bankettiert), ℅ halte ein Festmahl ab.

Bankgeheimnis *das,* Verpflichtung einer Bank, die Bankbeziehungen ihrer Kunden geheimzuhalten. **Bankhalter** *der,* Glücksspiel: der Spieler, gegen den die übrigen spielen. **Bankier** [baŋkj'e, frz. banquier] *der, -s/-s,* Kaufmann, der im eigenen Namen oder als unbeschränkt haftender Gesellschafter einer Handelsgesellschaft das Bankgewerbes bankgeschäfte tätigt. **Bankkaufmann** *der,* Lehrberuf des Bankwesens. **Bankkonto** *das,* Konto bei einer Bank. **Bankleitzahl** *die,* Kennziffer im bargeldlosen Zahlungsverkehr. **Banknote** *die,* Geldschein. **Bankomat** *der, -en/-en,* bes. österr., schweiz.: Geldautomat. **bank|rott. Bank|rott** [ital. banca rotta ›zerbrochene Bank‹] *der, -s/-e,* Zahlungsunfähigkeit, Konkurs. **Bankrotteur** [-t'ø:r] *der, -s/-e.* **bank|rottieren,** *ich* bankrottiere (habe bankrottiert), mache Bankrott. **Banküberweisung** *die,* Geldüberweisung durch eine Bank.

Bankung *die, -/-en,* ⊕ dickplattige Gesteinsabsonderung. **Bann** [ahd. ban] *der, -(e)s/-e,* **1)** zauberhafte Gewalt: *sie hält ihn in B.* **2)** MA.: Befugnis, bei Strafe zu gebieten und zu verbieten. **3)** Acht, Verbannung, Ausschluß aus der Kirche: *er wurde mit dem B. belegt; Bannfluch.* **Bannbruch** *der,* **1)** Zollhinterziehung, Schmuggel. **2)** Verletzung des Bannes, auch die Strafe dafür, päpstl. Bannurkunde. **bannen** [ahd. (gi)bannan ›jemanden vor Gericht fordern‹], *ich* banne (habe gebannt), **1)** P hält an einem Ort fest: *auf ihre Plätze gebannt, verfolgten die Zuschauer das Geschehen.* **2)** belege mit dem Bann. **3)** bezaubere, übe magische Gewalt aus: *(wie) gebannt schaute er sie an.* **4)** es, behebe: *so wurde die Not gebannt.* **Banner** *der, -s/-,* Beschwörer. **Banner** *das, -s/-,* **1)** P Feldzeichen. **2)** eine Art Fahne, ABB. F 1: *Bannerträger; Bannerschlepp,* Form der Luftwerbung. **Bannfluch** *der,* Kirchenbann. **Banngut** *das,* Bannware.

bannig, norddt.: ungeheuer, sehr.

Bannkreis *der,* Macht des Einflusses: *sie geriet ganz in seinen B.* **Bannmeile** *die,* **1)** Weichbild. **2)** für Kundgebungen gesperrter Stadtkern. **Bannstrahl** *der,* P Bannfluch, Kirchenbann. **Bannwald** *der,* Schutzwald gegen Lawinen und Bergstürze. **Bannware** *die,* geschmuggelte Ware für eine kriegführende Macht. **Bannwart** *der, -(e)s/-e,* alem.: Feldhüter. **Banse** [mhd. banse] *die, -/-n,* **Bansen** *der, -s/-,* mitteldt., niederdt.: Scheunenteil zum Lagern des Getreides. **bansen,** *ich* banse (habe gebanst) *es,* schichte Garben in die Scheune, trete Heu fest.

Bantamgewicht [nach dem zum Hahnenkampf benutzten Bantamhuhn] *das, -(e)s,* Gewichtsklasse der Schwerathletik. **Bantamhuhn** *das,* ein Zwerghuhn. **Banteng** *der, -(s)/-s,* ein asiat. Wildrind. **Bantu** *der, -(s)/-(s),* Angehöriger einer Gruppe von afrikan. Völkern und Stämmen, die Bantusprachen sprechen. **Banus** *der, -/-,* Ban.

Baobab [westafrikan. Eingeborenenname] *der, -s/-s,* der Affenbrotbaum.

Baptismus [grch. baptismos ›Taufe‹] *der, -,* Lehre christl. Sondergemeinschaften mit Erwachsenentaufe. **Baptist** *der, -en/-en,* Anhänger des Baptismus. **Baptist,** männl., **Baptista,** weibl. Vorname. **Baptisterium** *das, -s/...ri|en,* **1)** Taufkapelle. **2)** Antike: Badebecken.

bar, Zeichen für: das Bar.

...bar [ahd....baro ›tragend‹], **1)** zu etwas Bestimmtem möglich: *lesbar; tragbar.* **2)** enthaltend, erfüllt von: *dankbar; fruchtbar; wunderbar.*

bar [ahd. bar ›bloß‹], **1)** in Geldscheinen oder Münzen: *er zahlt (in) b.; Verkauf nur gegen b.; bare Auslagen; in barem Geld; Barkauf; Barzahlung erwünscht!; er nimmt es für bare Münze, Ü glaubt leichtfertig, vertraut arglos.* **2)** nackt, entblößt: *barbusig; barfüßig; barhäuptig.* **3)** Ü leer von, entbehrend: *jeder Liebe b., ohne Liebe.* **4)** augenscheinlich, deutlich: *du redest baren Unsinn.*

Bar [grch. baros ›das Schwere‹] *das, -s/-s,* Zeichen: bar, metr. Maßeinheit des Drucks.

Bar [mhd. bar] *der, -(e)s/-e,* Meistersingerlied.

Bar [engl., urspr. ›Schranke‹] *die, -/-s,* **1)** Gaststätte mit erhöhtem Schanktisch: *Barbetrieb; Nachtbar; Tanzbar.* **2)** der Schanktisch selbst; auch Schränkchen u. a. zur Aufbewahrung alkohol. Getränke: *Hausbar; Barschrank; Barfach.* **3)** engl. Anwaltskammer.

Bär [ahd. bero, eigtl. ›der Braune‹] *der, -en/-en,* **1)** ein Raubtier; Sinnbild für Brummigkeit, täppische Stärke: *Bärenfell; er hat Bärenkräfte,* Ü; *man hat dir einen Bären aufgebunden, Ü* Lügengeschichte erzählt; *damit hat man ihm einen Bärendienst erwiesen,* ihm mehr geschadet als geholfen. **2)** Großer und Kleiner B., ✶ Sternbilder (Himmelswagen). **3)** ⊙ Rammklotz, Maschinenhammer, Fallblock.

Baraber *der, -s/-,* österr.: jemand, der schwer arbeitet (bes. Bauarbeiter). **barabern,** *ich* barabere (habe barabert).

Barack [ungar.] *der, -s,* ungar. Aprikosenbranntwein.

Baracke [frz. baraque, zu span. barro ›Lehm‹, eigtl. ›Lehmhütte‹] *die, -/-n,* meist einstöckiges, langgestrecktes Gebäude einfachster Bauart, oft als Behelfsunterkunft: *Barackenlager; Barackenunterbringung; Holzbaracke.*

Baratt *der, -(e)s,* Baratthandel. **Baratterie** [ital. barattaria ›Tauschhandel‹, ›Betrügerei‹] *die, -/...ri|en,* Betrug der Schiffer am Reeder. **Baratthandel** *der,* Tauschhandel. **barattieren,** *ich* barattiere (habe barattiert), treibe Tauschhandel.

Barbakane [ital. barbacane, aus pers. balachane] *die, -/-n,* Vorwerk an mittelalterl. Befestigungsanlagen, ABB. B 56.

Barbar [grch. barbaros ›Nichtgrieche‹] *der, -en/-en,* Rohling, Ungebildeter. **Barbara,** weibl. Vorname. **Barbarei** *die, -/-en,* **1)** Unmenschlichkeit, Grausamkeit. **2)** ohne Pl., Mangel

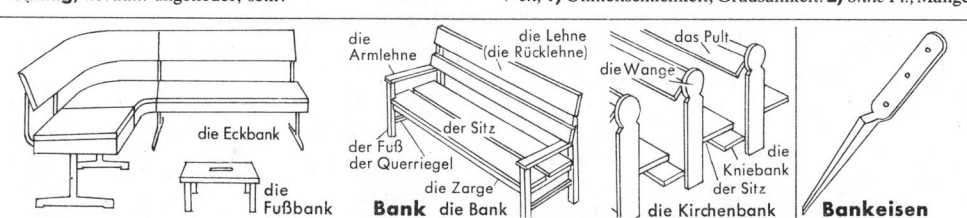

die Armlehne / die Lehne (die Rücklehne) / das Pult / die Wange / der Sitz / die Eckbank / der Fuß / der Querriegel / die Zarge / **Bank** die Bank / die Fußbank / die Kniebank / der Sitz / die Kirchenbank / **Bankeisen**

B 10

an Kultur. **barbarisch. Barbarismus** [vgl. . . . .ismus] *der,
-/. . .men,* ⚬ grobe Sprachwidrigkeit.

Barbarossa [ital. ›Rotbart‹], Kaiser Friedrich I.

Barbe [ahd. barbo, zu lat. barba ›Bart‹, nach den Bartfäden]
die, -/-n, 1) karpfenartiger Süßwasserfisch. 2) Kopfschmuck
für Frauen im 18. Jahrh.

Barbecue [bˈaːbikju, engl. von westind. Barbacao] *das*
oder *der, -(s)/-s,* 1) Gartenfest mit Spießbraten. 2) Gestell zum
Grillen im Freien. 3) das so gegrillte Fleisch.

bärbeißig [eigtl. auf Bären abgerichtete Hunde betreffend],
mürrisch, grimmig. **Bärbeißigkeit** *die, -.*

Bärbel [zu Barbara], weibl. Vorname.

Barbier [frz.] *der, -s/-e,* ⚬ Bartscherer, Haarschneider.
barbieren, *ich barbiere* (habe barbiert) *ihn,* 1) ⚬ rasiere.
2) U betrüge; vgl. balbieren.

Barbiton [grch.] *das, -s/-s,* altgriech. Saiteninstrument.

Barbiturat *das, -s/-e, meist Pl.,* Abkömmling der Barbitur-
säure, Medikament. **Barbitursäure** *die,* Hauptbestandteil
vieler Schlaf- und Beruhigungsmittel.

Barchan [turkmen.] *der, -s/-e,* halbmondförmige Wander-
düne.

barchen, aus Barchent.

Bärchen *das, -s/-,* Diminutiv zu Bär.

Barchent [mhd. barchant, zu arab. barrakan ›grober
Wollstoff‹] *der, -s/-e,* einseitig aufgerauhtes dichtes Baumwoll-
gewebe: *Barchentbettücher.*

Barches [-x-, hebr. beracha ›Segensspruch‹] *der, -/-,* jüd.
Sabbatbrot.

Bardame *die,* Kellnerin in einer Bar.

bardauz!, Nebenform von pardauz!

Barde [irisch bard, kymrisch bardd] *der, -n/-n,* 1) altkelt.
Sänger. 2) U Heldensänger, Dichter.

Barde [frz., span. albarda, zu arab. al bardaˈla ›Sattelunter-
lage‹ *die, -/-n,* Speckscheibe als Hülle von Bratgeflügel.

Bardepot [-po:] *das,* zinslose Einlagen bei der Dt. Bundes-
bank, die Inländer halten müssen, wenn sie im Ausland Geld
aufnehmen: *Bardepotpflicht.*

bardieren [zu Barde] *ich bardiere* (habe bardiert) *es,*
umwickle mit Speck.

Bardiet [zu lat. barditus ›germ. Kriegsgesang‹] *das, -(e)s/-e,*
1) ein heldisches Oratorium (nach F. G. Klopstock). 2)
Barditus.

bardisch, die Barden betreffend.

Barditus [vgl. Bardiet] *der, -/-,* auch Barritus, Schlachtge-
schrei der Germanen.

Barelle *die, -/-n,* auch Barille, *schweiz.:* Aprikose.

Bärenfang *der, -s,* Likör aus Honig und Alkohol. **Bären-
führer** *der,* jemand, der z. B. auf Jahrmärkten mit Tanzbären
umherzieht. **Bärenfüßigkeit** *die, -/. . .*keiten] 1) Senkung der Fessel beim
Pferd. **Bärenhaut** *die, -: er liegt gern auf der B.,* U faulenzt gern.
Bärenhunger *der,* U gewaltiger Hunger. **Bärenklau** *der, -s*
oder *die, -,* ④ U 1) Akanthus. 2) ein Doldenblüter. **bärenmäßig,**
U gewaltig: *bärenmäßige Kräfte.* **Bärennatur** *die, -/-en,* 1)
ohne Pl., robuste, widerstandsfähige Veranlagung. 2) Mensch
mit dieser Veranlagung. **Bärenspinner** *der,* ein Schmetter-
ling. **Bärensprung** *der,* Turnen: Sprung am Langpferd, ABB.
L 7. **bärenstark,** sehr stark.

Barett [frz. barrette, spätlat. birretum, zu lat. birrus ›kurzer
Mantel mit Kapuze‹] *das, -(e)s/-e,* schirmlose flache Mütze,
ABB. A 13, M 16.

Barfreimachung *die, -/-en,* unmittelbare Zahlung der
Postgebühren in Geld.

Barfrost [zu bar] *der,* Blachfrost, Frost ohne Schneedecke.

barfuß, *nur adverbial, barfüßig: ich bin, gehe b.* **Barfüßer**
der, -s, Franziskaner- oder Karmelitermönch: *Barfüßerorden.*
barfüßig, ohne Schuhe und Strümpfe.

barg, von bergen.

Bargeld *das, -(e)s,* Scheine und Münzen. **bargeldlos,**
durch Scheck und Überweisung: *bargeldloser Zahlungsver-
kehr.* **barhaupt,** *nur adverbial: ich bin, gehe b.* **barhäuptig,**
ohne Kopfbedeckung.

Barhocker *der,* hochbeiniger Hocker am Schanktisch einer
Bar.

Barile [ital. ›Faß‹] *das, -s/. . .li,* früheres Wein- und Ölmaß
verschiedener Größe.

Barille *die, -/-n,* Barelle.

Bärin *die, -/-nen,* weiblicher Bär.

barisch, den Luftdruck betreffend: *barisches Windgesetz;*
vgl. Bar.

Bariton [ital. baritono, zu grch. barys ›tief‹ und tonos ›Ton‹]

der, -s/-e, ♪ 1) Männerstimme zwischen Baß und Tenor. 2)
Sänger dieser Stimmlage. 3) Tonlagenbezeichnung, auch bei
Instrumenten: *Baritonschlüssel.*

Barium [grch. barys ›schwer‹] *das, -s,* ⟲ Element, Zeichen:
Ba, Erdalkalimetall: *Bariumbrei; Bariumsulfat,* Röntgenkon-
trastmittel.

Bark [engl. bark] *die, -/-en,* ein mindestens dreimastiges
Segelschiff. **Barkane** [ital. barcone ›Lastkahn‹] *die, -/-n,* auch
Barkone, Fischereiboot mit zwei bis drei Masten. **Barka-
role** [ital. barcarola, von barca ›Barke‹] *die, -/-n,* Gondel-
lied. **Barkasse** [span. barcaza] *die, -/-n,* 1) Verkehrs(motor)-
boot, ABB. B 42. 2) größtes Beiboot von Kriegsschiffen.
Barke [mhd. barke] *die, -/-n,* kleines Boot.

Barkeeper [bˈaːrkiːpə, engl.] *der, -s/-,* 1) Inhaber einer Bar.
2) Kellner in einer Bar.

Barkone *die, -/-n,* Barkane.

Bärlapp [zu Bär und ahd. lappo ›flache Hand‹, eigtl.
›Bärentatze‹] *der, -s/-e,* ④ eine Farnpflanze; vgl. Hexenmehl.

Barlauf [von mhd. barre ›Schranke‹ *der, -(e)s,* ein Laufspiel.

Bärlein *das, -s/-,* Diminutiv zu Bär.

Bärme *die, -, niederdt.:* 1) Hefe. 2) Schaum (vom Bier).

barmen [ahd. (ir)barmen ›jemanden erbarmen‹], *ich barme*
(habe gebarmt), *norddt. und ostdt.:* 1) klage, jammere. 2) *es
barmt mich,* tut mir leid. **barmherzig,** mitleidig, hilfsbereit, im
Dienste der Nächstenliebe: *Barmherzige Brüder, Schwestern,*
geistl. Orden. **Barmherzigkeit** *die, -/-en.*

Barmixer *der,* Kellner in einer Bar, der die Getränke mischt.

Barn, Zeichen: b, Maßeinheit des Wirkungsquerschnitts
bei Stoßvorgängen zwischen Kernteilchen.

Barn [ahd. barno] *der, -(e)s/-e, oberdt.:* Krippe, Heuboden.

Barnabit [nach dem Barnabaskloster in Mailand] *der,
-en/-en,* Angehöriger einer kath. Männerkongregation.

barock [portug. barroco ›schief‹, ›unregelmäßig‹], 1) zum
Barock gehörig. 2) Ü verschnörkelt, schwulstig. **Barock** *das,
der, -(s),* 1) Kunstform vom Ende des 16. bis Mitte des 18.
Jahrh., vgl. ABB. S 67, S 68: *Barockkirche.* 2) dieses Zeitalter.
Barockperle *die,* unregelmäßig runde Perle.

Barogramm [grch. baros ›Schwere‹, vgl. . . .gramm] *das,
-s/-e,* Luftdruckkurve. **Barograph** [. . .graph] *der,
-en/-en,* selbstaufzeichnender Luftdruckmesser. **Barometer**
das, -s/-, Luftdruckmesser. **Barometrie** [vgl. . . .metrie] *die,
-,* Luftdruckmessung. **barometrisch,** *barometrische Höhen-
messung.*

Baron [mhd. baron, aus frz.] *der, -s/-e,* Freiherr. **Baronat**
das, -(e)s/-e, Baronie. **Baronesse** *die, -/-n,* Freiin, Freifräu-
lein. **Baronet** [bˈærənit, engl.] *der, -s/-s,* Klasse des engl.
niederen Adels. **Baronie** *die, -/. . .n'i|en]* 1) Freiherrenwürde.
2) Stammsitz eines Barons. **Baronin** *die, -/-nen,* Freifrau.
baronisieren, *er* baronisiert (hat baronisiert) *ihn,* erhebt in
den Freiherrenstand.

Barrakuda [span.] *der, -s/-s,* Pfeilhechtart, trop. Raubfisch.

Barras [wohl zu jidd. baras ›Brotfladen‹] *der, -, U Kommiß,
Wehrdienst.

Barre [mhd. barre, zu afrz. ›Schranke‹] *die, -/-n,* 1)
Schranke, Stange, Schlagbaum, Absperrung. 2) Sand- oder
Schlammbank vor Flußmündungen.

Barrel [bˈærəl, engl. ›Faß‹, ›Tonne‹] *das, -s/-s,* englisch-
amerikanisches nichtmetrisches Hohlmaß.

Barren [zu Barre] *der, -s/-,* 1) stangenförmig
gegossenes Metall: *Goldbarren.* 2) Turngerät, ABB. T 22.

Barretter [frz. barrette ›Stift‹] *der, -s/-,* ⌀ Gerät zur Messung
schwacher Hochfrequenzströme. **Barriere** [frz.] *die, -/-n,* 1)
Schlagbaum, Schranke, ABB. E 4. 2) Ü kommunikatives,
geistiges oder gesellschaftl. Hindernis, Behinderung: *Sprach-
barriere; Bildungsbarriere.* **Barrikade** [frz.] *die, -/-n,* Straßen-
sperre; Sinnbild für Volkserhebung: *sie werden auf die
Barrikaden gehen, klettern, steigen,* Ü. *barrikadieren,* selten
für: verbarrikadieren. **Barring** [niederl.] *die, -/-s,* Gerüst auf
Schiffen zur Lagerung von Booten. **Barrister** [bˈærɪstə, engl.]
der, -s/-(s), in Großbritannien der vor Gericht auftretende
Anwalt; vgl. Solicitor.

Barritus *der, -/-,* Barditus.

barsch [niederdt.], 1) verdrießlich, grob. 2) ⚬ herb
schmeckend.

Barsch [mhd. bars, verwandt mit Borste, nach den Stacheln
des Fischs] *der, -es/-e,* ein Speisefisch.

Barschaft [weiblicher] *die, -/-en,* Besitz an Bargeld:
er wurde seiner ganzen B. beraubt.

Barscheck [zu bar] *der,* der am Bankschalter bar ausgezahl-
te Scheck.

der Metallbarren / der Holm / der Schieber / die Röhre / der Ring / die Querschwelle / der Ausläufer / die Längsschwelle / die Säulenhülse / der Turnbarren **Barren**

der W-förmige Bart / der Vollbart / der Knebelbart / der Kaiserbart / die Fräse / der Schnurrbart / die Koteletten / der englische Schnurrbart / der Spitzbart / die Fliege / der Zwirbelbart **Bart**

der Anlauf / der Trochilus (die Kehle) / die Säule / der Torus (die Wulst) / **die attische Basis** / die Säule / das Eckblatt / die Plinthe / die mittelalterliche Basis **Basis**

Barschheit [zu barsch] *die, -,* Unfreundlichkeit, Grobheit.

Barsel *der, -s/-,* Barthel.

Barsoi [russ. borsoi, eigtl. ›der Schnelle‹] *der, -s/-s,* Windhundrasse.

Barsortiment *das,* ⌕ Zwischenhandel im Buchhandel: *Barsortimentkatalog.*

barst, von bersten.

Bart [ahd. bart] *der, -(e)s/*ᵘ*e,* **1)** Haarwuchs im Gesicht, ABB. B 11: *das hat so einen B.,* ∪ ist längst bekannt; *der B. ist ab,* ∪ es ist zu Ende; *sie geht ihm ganz schön um den B.,* ∪ sie umschmeichelt ihn; *er brummt, murmelt in seinen B.,* ∪ spricht undeutlich, leise. **2)** Schnauzhaare (Kater, Hund). **3)** zottiges oder lappiges Anhängsel, Fleischlappen (um Schnabel oder Schnauze). **4)** der schließende Teil des Schlüssels, ABB. S 28.

Bärtchen *das, -s/-.*

Barte [ahd. barta, zu Bart] *die, -/-n,* **1)** Seihvorrichtung der Bartenwale. **2)** ⚒ Beil, Streitaxt: *Binderbarte,* ABB. A 29. **3)** Teil der Hellebarde, H 14.

Bartel [von Bart] *die, -/-n,* dünner Hautanhang vieler Fische. **Bärtel** *das, -s/-, süddt.:* Diminutiv zu Bart. **Barterl** *das, -s/-(n), bair., österr.:* Kinderlätzchen. **Bartfaden** *der,* die Bartel. **Bartflechte** *die,* meist baum- oder felsbewohnende Flechte. **2)** ⚕ Entzündung der Haut im Bartbereich. **Bartgeier** *der,* Lämmergeier, großer Raubvogel. **Bartgras** *das,* eine Nutzpflanze.

Barthel, *niederdt.:* Kurzform zu: Bartholomäus oder Berthold.

Barthel *der, -s/-,* auch Barsel, G Brecheisen: *er weiß, wo B. den Most holt,* ∪ er kennt alle Kniffe und Schliche.

Bartholomäus [aramäisch ›Sohn des Tholmai‹], männl. Vorname.

Bärtierchen, *Pl.,* mikroskopisch kleine Tierchen.

bartig, mit Bart. **Bärtlein** *das, -s/-,* Diminutiv zu Bart. **bartlos,** ohne Bart. **Bartlosigkeit** *die, -.* **Bartmeise** *die,* ein Singvogel. **Bartmoos** *das,* ein Laubmoos. **Bartscherer** *der,* ⚒ Barbier.

Baryon [grch. barys ›schwer‹, ›tief‹] *das, -s/ . . . ry'onen, meist Pl.,* schweres Elementarteilchen. **Baryt** *der, -(e)s/-e,* Schwerspat. **Baryton** [grch. barytonos ›tief tönend‹] *das, -s/-s,* vom 17. bis 19. Jahrh. gebräuchl. Gambe in Baritonlage. **Barytonese** [grch. tonos ›Klang‹] *die, -/-n,* Verschiebung des Akzents vom Wortende weg. **Barytonon** *das, -s/ . . . na,* Wort mit unbetonter Endsilbe. **barytonisch. Barytonum** *das,* Schwerpunkt.

Bas *der, -es/-e,* hochdt. Schreibung für: Baas.

basal [zu Basis] *der,* **1)** grundlegend. **2)** eine Schicht einer Schichtenfolge bildend: *Basalkonglomerat.* **Basaliom** [zu Basis] *das, -s/-e,* Basalzellenkrebs, eine Hautgeschwulst.

Basalt [lat. basaltes] *der, -(e)s/-e,* junges schwarzes Ergußgestein, oft säulig abgesondert: *Basaltschotter.*

Basaltemperatur *die,* die allmorgendlich gemessene Körpertemperatur, die bei der Frau auf den Zeitpunkt des Eisprungs schließen läßt.

basalten, basaltig, basaltisch, aus Basalt.

Basar [türk. bazar] *der, -s/-e,* auch Bazar, **1)** morgenländ. Markt. **2)** Kaufhaus, Kaufhalle. **3)** Verkauf zu Wohltätigkeitszwecken.

bäscheln, *ich* bäschele (habe gebäschelt), *schweiz.:* **1)** bastle herum. **2)** tändle.

Bäs|chen *das, -s/-,* Diminutiv zu Base.

Baschkire *der, -n/-n,* Angehöriger eines Türkvolkes.

Baschlik [türk.] *der, -s/-s,* kaukas. Wollkapuze.

Base [ahd. basa] *die, -/-n,* **1)** Kusine, ÜBERS. F 6. **2)** *schweiz. auch:* Tante, Bäsi. **3)** ⚒ Nachbarin, Gevatterin.

Base [zu Basis], **1)** *die, -/-n,* ⌕ Verbindung, die mit Säuren Salze bildet. **2)** [beis, engl.] *das, -/-s* [-siz], Baseball: Eckpunkt des Malquadrats im Spielfeld. **3)** [beis, engl.] *die, -/-s* [-siz], ⚒ Basis. **Baseball** [b'eisboːl, engl.] *der, -s,* ein Rasenballspiel.

Basedowsche Krankheit [nach dem dt. Arzt Karl v. Basedow, 1799–1854] *die, -n -,* Schilddrüsenerkrankung.

Basement [b'eisment, engl.] *das, -s/-s,* ⌕ Untergeschoß (Kaufhaus).

Basen, *Pl.* von: **1)** Base (Kusine). **2)** ⚒ Base. **3)** Basis.

Bäsi *das, -s/-, schweiz.:* Tante.

Basic English [b'eisik 'iŋgliʃ, engl.] *das, - -(s),* vereinfachte Form des Englischen mit 850 Wörtern.

basieren [zu Basis], *es* basiert *auf ihm* (hat basiert), beruht auf, stützt sich darauf.

basilar, basal: *Basilarmembran.*

Basilianer [nach Basilius dem Großen, um 330–379] *der, -s/-,* **1)** unkorrekte Bez. für Mönche der orthodoxen Kirche. **2)** *Pl.,* fünf Mönchsorden der unierten orientalischen Kirchen. **Basilienkraut** *das,* Basilikum. **Basilika** [grch. basilikos ›königlich‹] *die, -/ . . . ken,* **1)** im Altertum: Gerichts- und Markthalle. **2)** Kirche mit erhöhtem Mittelschiff und niedrigeren Seitenschiffen, ABB. K 20, S 67. **basilikal. Basilikum** *das, -s,* auch Basilienkraut, eine Nutzpflanze. **Basilisk** [mhd. basiliske] *der, -en/-en,* **1)** Fabelwesen mit tödlichem Blick: *Basiliskenblick.* **2)** ein Leguan. **Basil(ius)** [grch. ›der Königliche‹], männl. Vorname.

Basis [grch. ›Schritt‹, ›Gang‹, ›Sockel‹] *die, -/ . . . sen,* **1)** Ü Grundlage, Ausgangspunkt, Unterbau: *Basisregion; Basisnarkose.* **2)** ⌕ Sockel, Säulenfuß, ABB. B 14. **3)** Grundlinie, Grundfläche, ABB. D 14. **4)** △ Grundzahl bei Potenz oder bei Logarithmus, ÜBERS. R 11. **5)** Grundwort, Wortwurzel. **6)** ⓢ ein mehreren Wörtern gemeinsames Wortstück, an dem Erscheinungen des Ablauts auftreten. **7)** Grammatiktheorie: die Grundlage der Transformation. **8)** ⚕ der unterste Teil eines Organs: *Schädelbasisbruch.* **9)** Stereophonie: der Abstand der äußeren Mikrophone und der äußeren Lautsprecher voneinander: *Basisbreite.* **10)** ⊙ die Elektrode oder der Teil des Transistors zur Steuerung des Kollektorstromes. **11)** der glasige Bestandteil von Ergußgesteinen: *Glasbasis.* **12)** Vermessungskunde: die unmittelbar gemessene Grundlinie: *Basismeßgerät.* **13)** historischer Materialismus: die Gesamtheit der materiellen ökonomischen Verhältnisse einer Gesellschaft. **14)** Politik: die Gruppen und Individuen in der grundlegenden Schicht eines gesellschaftl. Gebildes, z. B. Betrieb, Ortsverband: *Basisarbeit; basisdemokratisch.* **15)** ⚒ Einsatzstützpunkt für Streitkräfte; auch der Ausgangspunkt für die Versorgung der Truppe. **basisch,** ⚒ alkalisch, laugenartig. **Basiseinheiten,** *Pl.,* früher Grundeinheiten, die aus den Basisgrößen gehörigen Einheiten. **Basisgrößen,** *Pl.,* früher Grundgrößen, voneinander unabhängige physikal. Größen. **Basisgruppe** *die,* kleinere Vereinigung von Personen zur Diskussion politischer Themen, auch zu radikalsozialist. Agitation (bes. an Universitäten). **Basizität** *die, -,* **1)** ⚒ die Anzahl der in einer Säure durch Metalle ersetzbaren Wasserstoffatome. **2)** Maß für die Basenstärke einer Lösung. **3)** Metallurgie: das Verhältnis der basischen zu den sauren Bestandteilen in metallurg. Schlacken.

Baske *der, -n/-n,* Angehöriger eines Pyrenäenvolkes. **Baskenmütze** *die,* ABB. M 27.

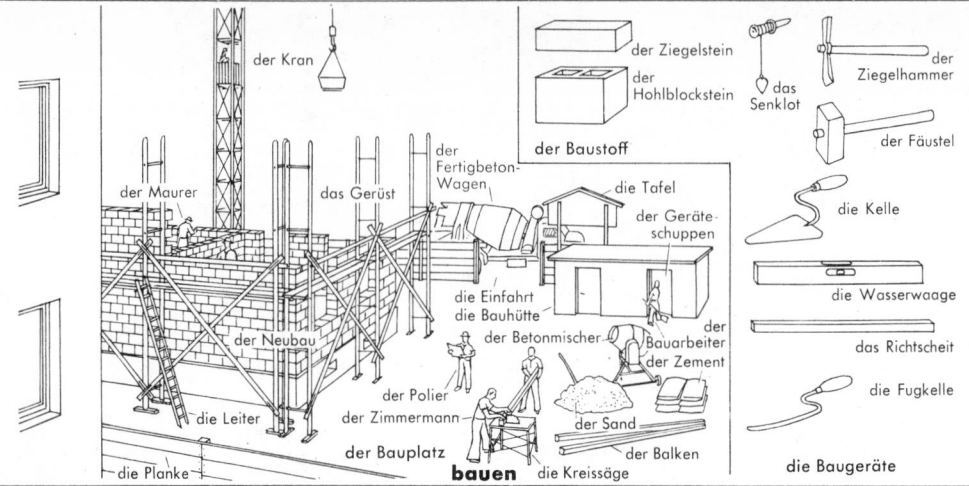

der Kran

der Ziegelstein

der Hohlblockstein

das Senklot

der Ziegelhammer

der Baustoff

der Fäustel

der Fertigbeton-Wagen

die Tafel

der Geräteschuppen

die Kelle

der Maurer

das Gerüst

die Einfahrt

die Bauhütte

der Betonmischer

der Neubau

der Bauarbeiter

der Zement

die Wasserwaage

das Richtscheit

der Polier

die Leiter

der Zimmermann

der Bauplatz

bauen

die Kreissäge

der Sand

der Balken

die Fugkelle

die Planke

die Baugeräte

B̲a̲sketball [engl. basket ›Korb‹] *der, -(e)s/⁻e,* **1)** auch *das, ohne Pl.,* Korbballspiel. **2)** Ball dafür.

b̲a̲skisch, die Basken betreffend.

Bask̲ü̲leverschluß [frz. bascule ›Schaukel‹] *der,* ein Tür- oder Fensterverschluß, ABB. F 12.

basoph̲i̲l [vgl. Basis und phil . . .], mit basischen Farbstoffen färbbar, z. B. Zellteile.

Basqu̲i̲ne [bask′in, frz.] *die, -/-n,* über dem Reifrock getragenes Schoßmieder im 16. und 17. Jahrh.

Basrel̲i̲ef [b′arəlj′ɛf, frz.] *das,* flaches Relief.

b̲a̲ß [ahd. baz ›besser‹, ›mehr‹, ›weiter‹], **1)** *alem.:* besser. **2)** U sehr: *er ist b. erstaunt darüber.*

B̲a̲ß [ital. basso ›tief‹, zu mlat. bassus ›niedrig‹] *der, B′asses/B′ässe,* ♪ **1)** tiefste männl. Stimmlage. **2)** Sänger dieser Stimmlage, Bassist. **3)** tiefste Tonlage bei Instrumenten: *Kontrabaß; Baßgeige.* **4)** die die harmon. Grundlage bildende tiefste Stimme des mehrstimmigen Satzes. **b̲a̲ssa,** ♪ die tiefere Lage bezeichnend: *8va (ottava) bassa,* (die Stelle ist) eine Oktave tiefer (zu spielen).

B̲a̲ssa *der, -s/-s,* ⚭ Pascha.

B̲a̲ßbariton *der,* Männerstimme zwischen Baß und Bariton.

B̲a̲sse [niederdt.] *der, -n/-n,* ⚥ männl. Schwarzwild.

Bassel̲i̲ssestuhl [frz. lisse ›Weberaufzug‹, ›Kette‹] *der,* Webstuhl mit waagerechter Kette.

Bass̲e̲na [ital.] *die, -/-s, bes. wiener.:* Wasserbecken im Treppenflur für mehrere Mieter: *Bassenatratsch,* Klatsch, Tratsch.

Bass̲e̲t [bas′ɛ, frz., zu bas ›niedrig‹] *der, -s/-s,* französ. Jagdhund. **Basset hound** [b′æsit haund, engl.] *der, - -s/- -s,* der Basset in England und Amerika.

Bass̲e̲tt [zu Baß] *der, -(e)s/-e,* ⚭ Cello. **Bass̲e̲tthorn** *das,* gekrümmte Altklarinette.

Bass̲i̲n [bas′ɛ̃, frz. ›Becken‹] *das, -s/-s,* künstlich angelegtes Wasserbecken.

Bass̲i̲st *der, -en/-en,* Baßsänger. **B̲a̲sso** *der, -/. . .si,* Baß: *B. continuo,* Abk.: B. c., Generalbaß; *B. ostinato,* sich wiederholende Tonfolge im Baß. **B̲a̲ßschlüssel** *der,* ♪ F-Schlüssel, ABB. N 10.

B̲a̲st [mhd. bast] *der, -(e)s/-e,* **1)** ⚘ ein pflanzl. Gewebe: *Bastfasern.* **2)** ⚥ die behaarte Haut am wachsenden Geweih und Gehörn, ABB. G 21. **3)** die den Kokonfaden umhüllende Schicht: *Seidenbast.*

b̲a̲sta! [ital.], genug!, Schluß!: *und damit b.!*

B̲a̲stard [mhd. bast(h)art, afrz. bastard ›anerkanntes Kind eines Adligen, das von der rechtmäßigen Frau stammt‹] *der, -(e)s/-e,* **1)** ⚭ nichteheliches Kind. **2)** Mischling. **bastard̲i̲eren,** *ich* bastardiere (habe bastardiert) *es,* kreuze (Tiere, Pflanzen). **Bastard̲i̲erung** *die, -/-en.* **B̲a̲stardschrift** *die,* eine zwischen zwei Schriftarten stehende Druckschrift.

Bast̲e̲i *die, -/-en,* Bastion.

Bast̲e̲i *die, -/-en.* **b̲a̲steln** [mhd. besten ›binden‹, ›schnüren‹, zu Bast], *ich* bast(e)le (habe gebastelt) *es, an ihm,* stelle aus Liebhaberei her, baue mir zusammen: *Bastelarbeit.*

b̲a̲sten, aus Bast bestehend: *ein bastener Übertopf.*

B̲a̲stian [zu Sebastian], männl. Vorname.

Bast̲i̲lle [bast′i:j, frz.] *die, -/-n,* eine turmartige Befestigung, später nur noch ein Schloß bei Paris.

Bast̲i̲on [ital. bastione] *die, -/-en,* vorspringendes Bollwerk in Festungen, ABB. B 56. **bastion̲i̲eren,** *ich* bastioniere (habe bastioniert) *es,* ⚭ versehe eine Festung mit Bollwerken.

B̲a̲stler *der, -s/-,* jemand, der (gern) bastelt.

Baston̲a̲de [frz., aus ital. bastonata ›Stockhieb‹, zu bastone ›Stock‹] *die, -/-n,* Prügelstrafe auf Fußsohlen und Rücken.

B̲a̲stseide *die,* **1)** nicht entbastete Rohseide. **2)** die Gewebe daraus.

Bas̲u̲to *der, -(s)/-(s),* Angehöriger eines südafrikan. Stammes.

bat, von bitten.

BAT, Abk. für: Bundesangestelltentarif.

Bat., Abk. für: Bataillon. **Bat̲a̲ille** [bat′a:j, frz., eingedeutscht bat′aljə] *die, -/-n,* ⚭ Schlacht. **Bataill̲o̲n** [bataj′ɔ̃, frz., eingedeutscht bataj′o:n] *das, -s/-e,* Abk.: Bat., Teil eines Regiments oder einer Brigade: *Bataillonskommandeur.*

Bat̲a̲te [span. patata, aus indian.] *die, -/-n,* Süßkartoffel, eine stärkereiche Knollenfrucht.

Bat̲a̲ver *der, -s/-,* Angehöriger eines german. Stammes. **bat̲a̲visch.**

Bathol̲i̲th [grch. bathos ›Tiefe‹ und vgl. . . .lith] *der, -s/-e* oder *-en/-en,* ein ausgedehnter, aus unten sich verbreitender Tiefengesteinskörper. **Bathom̲e̲ter** *das, -s/-,* Bathymeter. **Bathophob̲i̲e** *die,* Höhenangst (beim Blick in die Tiefe).

bathy̲a̲l [grch. bathys ›tief‹], dem Meeresbereich zwischen 200 und 800 m angehörend. **Bathy|graph̲i̲e** [vgl. . . . graphie] *die, -,* Beschreibung des Meeresbodens. **bathy|gr̲a̲phisch.** **Bathym̲e̲ter** *das, -s/-,* Bathometer, Lot zur Bestimmung der Tiefe von Gewässern. **Bathyme|tr̲i̲e** [vgl. . . . metrie] *die, -,* Tiefenmessung. **Bathy|sk̲a̲ph** [grch. skaphos ›Wanne‹, ›Schiff‹] *der, -en/-en,* Tiefseeboot für Forschungszwecke. **Bathy|sph̲ä̲re** *die,* **1)** tiefste Schicht des Weltmeeres. **2)** Bez. für verschiedene Tauchkugeln.

B̲a̲tik [javanisch ›gesprenkelt‹] *der, -s,* Färbeverfahren für Gewebe mit Wachsschablonen. **b̲a̲tiken,** *ich* batike (habe gebatikt) *es.*

Bat̲i̲st [nach dem ersten Hersteller Baptiste, Leinweber aus Cambrai im 13. Jahrh.] *der, -(e)s/-e,* sehr feines leinwandbindiges Gewebe: *Batistbluse.* **bat̲i̲sten.**

Batter̲i̲e [frz., zu battre ›schlagen‹] *die, -/. . .r′i|en,* **1)** ⚡ zusammengeschaltete galvan. Elemente. **2)** ⚔ Abk.: Batt., kleinste Einheit der Artillerie. **3)** Zusammenschaltung mehrerer gleichartiger Geräte, z. B. Hähne für Kalt- und Warmwas-

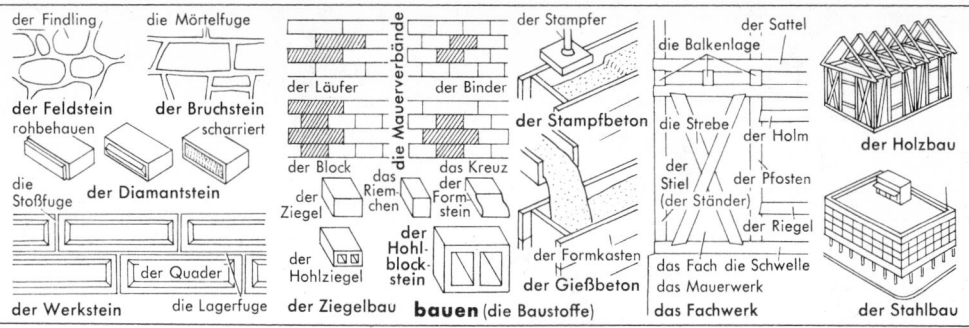

der Findling · die Mörtelfuge · der Feldstein rohbehauen · der Bruchstein scharriert · die Stoßfuge · der Diamantstein · der Quader · der Werkstein · die Lagerfuge · die Mauerverbände · der Läufer · der Binder · der Block · das Riemchen · das Kreuz · der Ziegel · der Formstein · der Hohlziegel · der Hohlblockstein · der Ziegelbau · **bauen** (die Baustoffe) · der Stampfer · der Stampfbeton · der Formkasten · der Gießbeton · der Sattel · die Balkenlage · die Strebe · der Holm · der Stiel (der Ständer) · der Pfosten · der Riegel · das Fach · die Schwelle · das Mauerwerk · das Fachwerk · der Holzbau · der Stahlbau

serzufluß, ABB. H 4. **4)** U mehrere gleichartige Dinge: *eine B. Flaschen.* **Batteriehaltung** *die, -,* Form der Legehennenhaltung.

Batzen [mhd. batze, zu backen ›kleben‹] *der, -s/-,* **1)** alte Scheidemünze (4 Kreuzer, Schweiz: 10 Rappen). **2)** Klumpen: *ein schöner B. Geld, viel Geld.*

Bau [ahd. bu ›Wohnsitz‹] *der, -(e)s,* **1)** Bauarbeit, Errichtung, ABB. B 12, B 13: *das Haus befindet sich in im B.; Bautätigkeit; Baustein; Hoch- und Tiefbau.* **2)** Bauart, Aufbau, Struktur: *der B. eines Atoms, eines Dramas; Körperbau; Satzbau.* **3)** *Pl. -ten,* Gebäude: *historische und moderne Bauten; Stahlbau,* ABB. B 13. **4)** *Pl. -e,* ⚒ Bergwerksanlage. **5)** *Pl. -e,* 🦊 Erdhöhle: *Fuchsbau.* **6)** 🦊 Arrest(lokal): *er hat eine Woche B. bekommen.* **7)** *Leute vom B.,* Ü Fachleute; *er ist vom B.,* Ü Fachmann. **Bauamt** *das,* Behörde zur Ausübung der Bauaufsicht. **Bauarbeiter** *der,* Arbeiter im Baugewerbe. **Bauart** *die,* Konstruktion, Art, in der die Bauteile zusammengefügt sind. **Bauaufsicht** *die,* Aufsicht über die Durchführung von Bauten: *Bauaufsichtsbehörde.*

Bauch [ahd. buh, buch] *der, -(e)s/ᵘe,* **1)** Unterleib, ABB. F 25, M 12: *er hält sich den B. vor Lachen; er liegt auf dem B. vor ihm,* Ü verehrt ihn unterwürfig. **2)** ✂ Wölbung (Flasche, Schiff), ABB. F 23. **Bauchbinde** *die,* **1)** Binde um den Bauch. **2)** Ü schmaler Papierstreifen um Zigarren oder Bücher, ABB. B 53, R 7. **Bauchdecke** *die,* vordere (beim Menschen) oder untere (bei Säugetieren) Begrenzung des Bauches. **Bäuchelchen** *das, -s/-.* **bauchen,** ausbauchen. **Bauchfell** *das,* Überzug der Bauchorgane, ABB. M 12: *Bauchfellentzündung.* **Bauchfüßer** *der, -s/-,* die Schnecke. **Bauchhöhle** *die,* Leibeshöhlung bei Säugetier und Mensch, ABB. M 12: *Bauchhöhlenschwangerschaft.* **bauchig,** gewölbt, stark gerundet: *dickbauchig.* **Bauchladen** *der,* nach vorn umgehängter Verkaufskasten für Tabakwaren, Süßigkeiten u. a., ABB. G 5. **Bauchlage** *die: Gymnastik in B.* **Bauchlandung** *die,* Landung eines Flugzeugs mit eingezogenem Fahrgestell. **Bäuchlein** *das, -s/-,* **bäuchlings,** auf dem Bauch. **Bauchpilz** *der,* ein Pilz mit großem Fruchtkörper, ABB. P 14. **bauchreden,** *nur Infinitiv und Partizip üblich,* ohne Mundbewegungen reden: *er hat bauchgeredet.* **Bauchredner** *der.* **Bauchspeicheldrüse** *die,* Verdauungssaft und Insulin ab-

sondernde Drüse mit innerer Sekretion. **Bauchtanz** *der,* Tanz mit rhythm. Hüftbewegung. **bauchtanzen,** *nur Infinitiv üblich.* **Bauchung** *die, -/-en,* Wölbung. **Bauchweh** *das, -s,* Bauchschmerzen.

Baud [engl. baut, frz. boːt, nach dem französ. Ing. J. M. E. Baudot, 1845–1903] *das, -s/-,* Zeichen: Bd, Einheit der Schrittgeschwindigkeit in der Telegraphen- und Fernschreibtechnik.

Baude [tschech. bouda, zu Bude] *die, -/-n,* alleinstehendes Gebirgshaus, Berggasthof (im Riesengebirge). **Baudenkmal** *das,* künstlerisch oder kulturgeschichtlich bedeutendes Bauwerk. **Baudichte** *die,* Bebauungsdichte. **Bauelement** *das,* vorgefertigtes Bauteil.

bauen [ahd. buan ›(be)wohnen‹, ›Landwirtschaft betreiben‹], *ich baue (habe gebaut) es,* **1)** füge nach einem Plan zusammen, errichte, lege an (Brücken, Häuser, Städte, Verkehrswege). **2)** anfertigen, herstellen, konstruieren (Kraftwagen, Maschinen). **3)** pflanze an, bepflanze: *ich b. Rüben, Kartoffeln.* **4)** U mache: *er hat sein Examen, einen Unfall gebaut.* **5)** *auf ihn, auf etwas,* Ü verlasse mich darauf, vertraue: *auf ihn, auf sein Wort kannst du bauen.*

Bauer [zu Bau] *das, -s/-,* Vogelkäfig. **Bauer** [ahd. gibur ›Nachbar‹] *der, -n/-n,* **1)** auch *-s/-n,* Landwirt, ABB. S 9. **2)** Figur im Kartenspiel. **Bäuerchen** *das, -s/-,* **1)** Diminutiv zu Bauer. **2)** U das Aufstoßen des Säuglings. **Bäuerin** *die, -/-nen,* Landwirtin, Ehefrau eines Bauern. **bäu(e)risch,** U verächtlich: unverfeinert, ungeschliffen. **Bäuerlein** *das, -s/-.* **bäuerlich,** den Bauern betreffend. **Bauernfängerei** *die, -/-en,* plumpes Betrügen. **Bauernhaus** *das,* Wohnhaus mit Betriebsgebäuden, ABB. B 14. **Bauernhof** *der.* **Bauernlegen** *das, -s,* Einziehen von Bauernhöfen durch Großgrundbesitzer. **Bauernregel** *die,* überlieferte Wetterregel. **Bauer(n)same** *die, -, schweiz.:* Bauernschaft. **Bauernschläue** *die, -,* Pfiffigkeit. **Bauerntum** *das, -s,* Wesen, Stand des Bauern. **Bauersame** *die, -,* Bauernsame. **Bauersfrau** *die,* Bäuerin.

Bauerwartungsland *das,* Land, das bald zum Bebauen freigegeben werden soll. **baufällig,** dem Zusammenbruch nahe (Gebäude). **Baufälligkeit** *die, -.* **Bauflucht** *die,* Flucht-

B 14

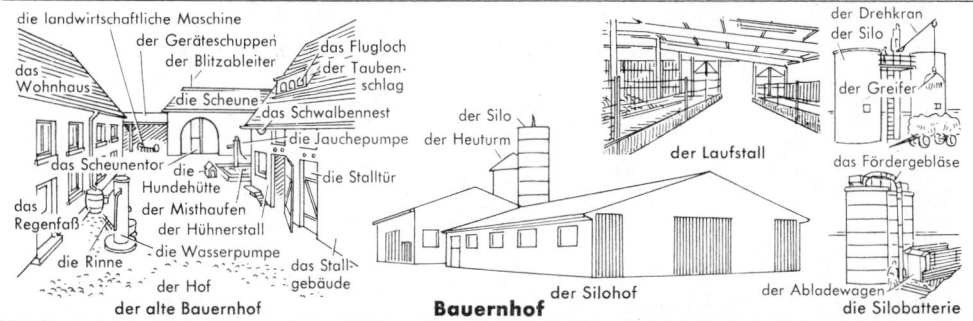

die landwirtschaftliche Maschine · der Geräteschuppen · der Blitzableiter · die Scheune · das Fluglöch · der Taubenschlag · das Schwalbennest · die Jauchepumpe · die Hundehütte · die Stalltür · das Wohnhaus · das Scheunentor · der Misthaufen · der Hühnerstall · die Wasserpumpe · das Regenfaß · die Rinne · der Hof · das Stallgebäude · der alte Bauernhof · der Silo · der Heuturm · der Laufstall · der Silohof · **Bauernhof** · der Drehkran · der Silo · der Greifer · das Fördergebläse · der Abladewagen · die Silobatterie

linie. **Bauführer** der, jemand, der die örtliche Bauausführung überwacht. **Baugelände** das, Gelände, auf dem Gebäude errichtet werden oder werden sollen. **Baugespann** das, schweiz.: Stangenprofile für einen Bau. **Baugewerbe** das, zusammenfassende Bez. für Hoch- und Tiefbau. **Baugrund** der, Untergrund für Gebäudeerrichtung: *Baugrundverfestigung.* **Baugrundstück** das, ein bebaubares Grundstück. **Bauhandwerker**, Pl., alle Lehrberufe des Handwerks innerhalb des Baugewerbes. **Bauherr** der, jemand, der bauen läßt. **Bauherrenmodell** das, -s, Kapitalanlagemodell im privaten Wohnungsbau. **Bauhof** der, Zurichteplatz für Baustoffe. **Bauhütte** die, 1) Werkbude der Bauarbeiter, ABB. B 12. 2) im MA. Verband der Baumeister. **Bauingenieur** der, im Bauwesen tätiger Ingenieur. **Baukasten** der, Kinderspielzeug, ABB. K 19: *Baukastensystem,* Herstellung aus einheitlichen Einzelteilen (z. B. im Maschinenbau). **Bauklotz** der, Kinderspielzeug, Klötzchen zum Bauen: *ich staune Bauklötze(r),* Ü staune sehr. **Baukosten,** Pl., Kosten für einen Bau: *Baukostenzuschuß.* **Baukunst** die, -, Architektur, ABB. S 67. **Bauland** das, -(e)s, bebaubares Gelände: *Baulanderschließung.* **Bauleiter** der, Leiter der Ausführung eines Baues. **baulich,** den Bau betreffend: *bauliche Veränderungen.* **Baulichkeit** die, -/-en, Gebäude.

Baum [ahd. boum] der, -(e)s/e, 1) ein Holzgewächs, ABB. B 15: *Baumbestand;* Sinnbild der Kraft. 2) P sich verzweigendes Wachstum: *der B. des Lebens.* 3) Walze zum Aufwickeln der Kettfäden oder des Gewebes am Webstuhl. 4) jedes stärkere Rundholz, besonders Mast: *Mastbaum.* 5) Balken, Stange: *Schlagbaum.* 6) Segeln: Stange, an der der untere Saum des Segels befestigt wird, ABB. S 45: *Großbaum; Ladebaum.* **Bäumchen** das, -s/-.

Baumeister der, Bauunternehmer nach bestandener Prüfung.

baumeln [vgl. bammeln], *ich* baum(e)le (habe gebaumelt), hänge schwingend, schaukele.

baumen, *Raubwild, Federwild* baumt (hat gebaumt), baumt auf.

bäumen [mhd. boumen ›sich bäumen‹, vom Pferd], **1)** selten für: aufbäumen. **2)** *ein Pferd bäumt sich* (hat sich gebäumt), richtet sich ruckartig auf. **3)** *ich bäume* (habe gebäumt) *es,* sichere den Erntewagen mit dem Wiesbaum.

Baumfalke der, schnellster Greifvogel. **Baumfrevel** der, die widerrechtl. Beschädigung von Bäumen. **Baumgrenze** die, Höhengrenze normalen Baumwuchses. **Baumkante** die, Rest der Baumoberfläche am Schnittholz. **baumkantig.** **Baumkuchen** der, ein hoher, schichtweise gebackener Kuchen, ABB. K 51. **baumlang,** Ü sehr lang. **Baumläufer** der, kleiner Singvogel. **Bäumlein** das, -s/-. **Baumreiter** der, Wildkatze. **Baumscheibe** die, runde, unkrautfrei gehaltene

Bodenfläche um Obstbäume. **Baumschläfer** der, ein Nagetier. **Baumschlag** der, -(e)s, Darstellungstechnik von Zweigen in der Kunst. **Baumschule** die, Gärtnerei für Bäume, ABB. G 3. **Baumschwamm** der, ein Schadpilz. **baumstark,** Ü sehr stark. **Baumsterben** das, -s, eine Obstbaumkrankheit. **Baumwolle** die, Samenhaare verschiedener Malvengewächse, bes. zur Fasergewinnung: *Baumwollhemd; Baumwollpflücker; Baumwollstoff.* **baumwollen,** aus Baumwolle.

Baunzerl das, -s/-(n), österr.: Milchbrötchen.

Bauordnung die, Summe der öffentlich-rechtl. Vorschriften über Errichtung, Änderung, Instandhaltung und Abbruch von baulichen Anlagen. **Bauplan** der, genaue Zeichnungen für einen Bau. **Bauplatz** der, abgegrenztes Stück Land zum Bebauen. **Baupolizei** die, ⚙ Behörde, die Bauten genehmigt und das Bauen überwacht. **Baurat** der, -(e)s/e, höherer Beamter eines Bauamts.

bäurisch, bäuerisch.

Bausch [mhd. busch ›Schlag, der Beulen gibt‹] der, -es/e oder -e, 1) Wulst, Hervortretendes, weite Falten. 2) etwas zusammengeballtes Weiches: *Wattebausch.* 3) Pausche am Sattel. 4) *in B. und Bogen,* Ü ohne das einzelne zu berücksichtigen, insgesamt. **Bäuschchen** das, -n/-. **bauschen,** *ich* bausche (habe gebauscht), **1)** *es,* lege in weite Falten zusammen. **2)** *das Kleid bauscht,* schlägt weite Falten. **bauschig.** **Bäuschlein** das, -s/-.

bausparen, *nur im Infinitiv üblich,* bei einer Bausparkasse sparen: *Bausparvertrag.* **Bausparer** der, -s/-. **Bausparkasse** die, Unternehmen zur gemeinschaftl. begünstigten Sparen und zur Kreditvergabe bes. für Eigenheime. **Baustelle** die, Stelle, wo gebaut wird: *Autobahnbaustelle.* **Baustil** der, ein Zeitalter kennzeichnende Formgebung bei Bauten, ABB. S 67. **Baustoff** der, zum Bauen verwendeter Rohstoff: *Schwerbaustoffe; Leichtbaustoff; Baustoffprüfung,* ABB. B 12, B 13.

Bautalstein der, nord. Grab- oder Gedenkstein. **Bautechnik** die, das Bauen auf der Grundlage angewandter Naturwissenschaft. **Bautechniker** der. **Bauunternehmer** der, Gewerbetreibender, der die Ausführung von Bauten übernimmt. **Bauweise** die, 1) Methode des Bauens: *konventionelle B.; Fertigbauweise; Sandwichbauweise.* 2) Anordnung der Häuser: *offene B.,* Einzelbauten; *geschlossene B.,* Reihenbauten. **3)** ⚒ das Vorgehen beim Abbau einer Lagerstätte. **Bauwerk** das, ansehnlicher Bau: *erhaltungswürdige Bauwerke.* **Bauwesen** das, -s, Baukunst und Bauhandwerk. **Bauwich** der, -(e)s/-e, Abstand eines Hauses von Nachbarhaus oder Straße. **bauwürdig,** ⚒ zum Abbau lohnend (Lagerstätten).

Bauxerl das, -s/-n, österr.: auch Pauxerl, kleines, niedliches Kind.

B 15

der Zweig — der Wipfel — die Krone — das Astwerk (das Geäst) — die Kugel — der Kegel — die Hecke — das Spalier — **die Kunstformen** — die Astgabel — der Kugelbaum — der Schirm — die Pyramide — das Kopfholz — der Hängebaum — der Schopfbaum — **die Naturformen** — der Stamm — das Blatt — der Jahr(es)ring — die Rinde (die Borke) — das Mark — die Markstrahlen (der Spiegel) — der Wurzeltrieb — die Wurzel — **der Stamm** — der Stumpf — der Jahr(es)ring — der Stamm — der Stumpf — der Stumpf (der Stubben) — die Seitenwurzel — die Hauptwurzel — das Wurzelgeflecht — die Wurzel — **Baum**

Bauxit [nach dem Fundort Les Baux in Südfrankreich] *der, -s/-e,* wichtiges Aluminiumerz.

bauz! [Schallw.], Schreckruf beim Fallen.

Bavaria [lat. Name für Bayern] *die, -,* Verkörperung Bayerns.

Bayer *der, -n/-n,* Bewohner Bayerns. **bay(e)risch,** *das bayrische Bier;* aber: *der Bayerische Wald.* **Bayrischkraut** *das, -s,* Weißkraut mit Speck, Zucker und Essig.

Bazar *der, -s/-e,* Basar.

Bazi [zu Lumpazi] *der, -s/-s,* bair., österr.: Taugenichts, Schelm, Kumpan, Freundchen.

Bazillenträger *der,* gesunder Mensch mit Krankheitskeimen. **Bazillus** [lat. bacillum ›Stäbchen‹] *der, -/...z'illen,* sporenbildendes Bakterium.

bb, ♪ Zeichen für: Doppel-b.

BBC [bi:bi:s'i:, engl.], Abk. für: British Broadcasting Corporation, eine brit. Rundfunkgesellschaft.

B. c., ♪ Abk. für: Basso continuo.

B. C. G., Abk. für: Bacillus Calmette-Guérin, ein Tuberkuloseimpfstoff.

Bd, Zeichen für: Baud.

Bd., ⊗ Abk. für: Band.

BDA, Abk. für: Bund Deutscher Architekten.

Bde., ⊗ Abk. für: Bände.

BdL, Abk. für: Bank deutscher Länder.

B-Dur *das, -, ♪* Zeichen: B, eine Tonart.

be . . . [ahd. bi], auf ein Ziel gerichtet, mit bestimmter Absicht handelnd: *ich betrete, beliche, besehe es,* ÜBERS. V 2.

Be, ◌ Zeichen für: Beryllium.

beabsichtigen, *ich* beabsichtige (habe beabsichtigt) *es,* will es tun: *das war nicht beabsichtigt!,* es geschah ungewollt.

beachten [ahd. (h)ahton], *ich* beachte (habe beachtet) *ihn, es,* achte auf ihn, darauf. **beachtenswert,** Aufmerksamkeit verdienend. **beachtlich,** ziemlich groß, wichtig, nicht unbedeutend. **Beachtung** *die: man schenkte ihm wenig B.*

beackern, *ich* beacker(e)re (habe beackert) *es,* **1)** pflüge, bearbeite (Feld). **2)** U bearbeite gründlich (Wissensgebiet).

Beamte [zu Amt] *der, -n/-n, ein -r,* Inhaber eines öffentl. Amtes: *Beamtenstelle; Justizbeamter.* **Beamtenschaft** *die, -,* alle Beamten (eines Landes usw.). **Beamtentum** *das, -s.* **beamtet,** als Beamter fest angestellt. **Beamtin** *die, -/-nen.*

beängstigen, *ich* beängstige (habe beängstigt) *ihn,* mache ihm Angst: *das beängstigt mich, wirkt beängstigend auf mich.* **Beängstigung** *die, -/-en.*

beanspruchen, *ich* beanspruche (habe beansprucht) *es,* **1)** verlange, weil ich ein Recht zu haben meine: *ich beanspruche seinen Anteil, ein eigenes Zimmer, Schadenersatz.* **2)** *es* beansprucht etwas, hat viel davon nötig: *die Bremsen sind sehr beansprucht,* müssen viel leisten; *die Arbeit beansprucht mich, viel Platz, Zeit.* **Beanspruchung** *die, -/-en.*

beanstanden [Anstand nehmen], *ich* beanstande (habe beanstandet) *es,* erhebe Einspruch, tadele, rüge Mängel: *es gab nichts zu beanstanden.* **Beanstandung** *die, -/-en: die meisten Beanstandungen waren auf Materialfehler zurückzuführen.*

beantragen, *ich* beantrage (habe beantragt) *es,* stelle einen Antrag: *er beantragte Unterstützung.* **Beantragung** *die, -/-en.*

beantworten, *ich* beantworte (habe beantwortet) *es (ihn),* gebe (ihm) Antwort darauf: *diese Frage kann ich nicht beantworten, ist schwer zu beantworten.* **Beantwortung** *die, -/-en: in B. Ihres Schreibens,* K.

bearbeiten, *ich* bearbeite (habe bearbeitet), **1)** *Land,* bebaue. **2)** *es,* richte zu, mache zurecht: *bearbeitetes Holz, zugehauenes.* **3)** *einen Text, ein Musikstück,* überarbeite. **4)** *einen Fall, ein Gesuch,* arbeite fachgerecht daran, prüfe und entscheide. **5)** *ihn,* U suche zu beeinflussen. **Bearbeiter** *der: der zuständige Sachbearbeiter.* **Bearbeitung** *die, -/-en: Bearbeitungszeit; Holzbearbeitung.*

beargwöhnen [zu Argwohn], *ich* beargwöhne (habe beargwöhnt) *ihn wegen einer Sache,* mißtraue ihm, verdächtige ihn. **Beargwöhnung** *die, -/-en.*

Beat [bi:t, engl. to beat ›schlagen‹] *der, -(s),* stark auf Rhythmik aufbauender moderner Jazz: *Beatmusik; Beatschuppen,* U Tanzlokal mit Beatmusik.

Beata, Beate [lat. ›die Glückliche‹], weibl. Vorname.

Beat Generation [bi:t dʒenər'eiʃn, engl.] *die, - -,* eine literarische und gesellschaftliche Protestbewegung der späten 50er Jahre in den USA.

beatmen, *ich* beatme (habe beatmet) *ihn,* führe Luft in seine Atemwege ein. **Beatmung** *die: Mund-zu-Mund-B.; Beatmungsgerät.*

Beatnik [b'i:tnik, engl.] *der, -s/-s,* Anhänger der Beat Generation.

Beatrice [-tr'i:tʃə oder -tr'is, spätlat. ›die Glückbringende‹], **Beatrix,** weibl. Vornamen.

Beau [bo:, frz. ›schön‹] *der, -/-s,* Stutzer, Geck.

Beaufortskala [b'oufət-, engl., nach Admiral Beaufort, 1774–1857] *die,* eine Skala der Windstärken.

beaufschlagen, *es* beaufschlagt (hat beaufschlagt) *es,* trifft die Turbinenschaufeln (Wasser- oder Dampfstrahl).

beaufsichtigen, *ich* beaufsichtige (habe beaufsichtigt) *ihn, es,* überwache, führe Aufsicht. **Beaufsichtigung** *die, -/-en.*

beauftragen, *ich* beauftrage (habe beauftragt) *ihn zu etwas,* erteile ihm einen Auftrag, trage ihm auf. **Beauftragte** *der, die, -n/-n, ein -r, eine -,* jemand, der mit etwas beauftragt wurde: *der Sonderbeauftragte.* **Beauftragung** *die, -.*

beäugen, *ich* beäuge (habe beäugt) *ihn, es,* schaue neugierig, mißtrauisch an. **beaugenscheinigen,** *ich* beaugenscheinige (habe beaugenscheinigt) *ihn, es,* K schaue selber an.

Beaujolais [boʒol'ɛ, frz., nach der Landschaft zwischen Loire und Saône] *der, -/-,* ein französ. Rotwein.

Beauté [bo:t'e, frz.] *die, -/-s,* Schönheit; schöne Frau.

Beauty... [bj'u:ti, engl.], Schönheits... **Beautycase** [-keis, engl. case ›Behältnis‹] *das oder der, -/-* oder *-/-* [-siz], Kosmetikköfferchen. **Beautyfarm** *die,* Schönheitsfarm. **Beautyshop** [-ʃop] *der,* Kosmetiksalon.

bebaisse [beb'ɛsə, jidd. bebajis ›zuhause‹], *b. gehen, b. tun,* G sterben.

bebändern, *ich* bebänd(e)re (habe bebändert) *es,* versehe mit Bändern.

bebauen [mhd. bebuwen], *ich* bebaue (habe bebaut), **1)** bearbeite (pflüge, nutze). **2)** besetze mit Häusern. **Bebauung** *die, -/-en.* **Bebauungsdichte** *die,* **1)** das Verhältnis der bebauten zur unbebauten Fläche einer Stadt. **2)** das Verhältnis von Gebäude zu unbebauter Fläche im Grundstück. **Bebauungsplan** *der,* Plan zur Aufteilung von Siedlungsgelände.

Bébé [beb'e, frz.] *das, -s, schweiz.:* Säugling.

beben [ahd. biben], *ich* bebe (habe gebebt) *vor ihm oder etwas,* zittere (vor Angst, Kälte): *die Erde bebt,* wird erschüttert (von einem Erdbeben). **Beben** *das, -s/-.*

bebildern, *ich* bebild(e)re (habe bebildert) *es,* ⊗ schmücke mit Bildern, illustriere. **Bebild(e)rung** *die, -/-en.*

Bebop [b'i:bop, engl.] *der, -(s)/-s,* Stilrichtung des Jazz.

bebrillt, U mit Brille.

Bebung [zu beben] *die, -/-en, ♪* leichtes, zitterndes Schwanken der Tonhöhe.

Béchamelsoße [beʃam'ɛl-, nach Marquis L. de Béchamel, † 1703] *die,* feine, würzige Soße.

Becher [ahd. bechari, zu mlat. bicarium] *der, -s/-,* **1)** Trinkgefäß, ABB. B 16, G 7. **2)** etwas Becherförmiges, z. B. Fruchthülle, ABB. B 18, F 36. **Becherchen** *das, -s/-.* **Becherfrucht** *die,* Fruchtform. **Becherkeim** *der,* Entwicklungsform vielzelliger Lebewesen. **Becherkulturen,** *Pl.,* eine Gruppe von jungsteinzeitl. Kulturen: *Glockenbecherkultur.* **Becherlein** *das, -s/-.* **Becherling** *der, -s/-e,* ein Pilz, ABB. P 14. **bechern,** *ich* bech(e)re (habe gebechert), U zeche. **Becherwerk** *das,* ein Fördermittel, ABB. B 16.

becircen [zu Circe], *ich* becirce (habe becirct) *ihn,* auch bezirze, U betöre ihn.

Becken [ahd. bekin, zu mlat. baccinum] *das, -s/-,* ABB. B 16, **1)** große flache Schüssel, ABB. B 2: *Waschbecken.* **2)** eingefaßte Wasserfläche, ABB. B 2, B 52: *Schwimmbecken; Planschbecken.* **3)** Geographie: Vertiefung der Erdoberfläche: *Tieflandbecken; Meeresbecken.* ⊕ Vertiefung der Erdoberfläche, die aufgefüllt nicht in Erscheinung tritt. **5)** ⚕ Knochengürtel zwischen Beinen und Rumpf, ABB. M 12: *Beckenbruch.* **6)** ♪ Schlaginstrument, ABB. S 12.

Beckmesserei *die, -/-en.* **beckmessern** [Beckmesser, (histor.) Figur aus Wagners ›Meistersingern‹], *ich* beckmessere (habe gebeckmessert) *ihn,* kritisiere kleinlich.

bedachen [mhd. bedachen], *ich* bedache (habe bedacht) *es,* versehe mit einem Dach: *eine bedachte Terrasse.*

bedacht [mhd. bedaht], **1)** überlegt, besonnen: *er hat in dieser gefährlichen Situation sehr b. gehandelt.* **2)** *ich bin b. auf etwas,* achte darauf, strebe danach: *er ist auf seine Gesundheit sehr b.; er war darauf b., möglichst genaue Ergebnisse zu erzielen.* **3)** *jemanden bedenken: mit Rosen b.,* P. **Bedacht** *der, -(e)s: mit (ohne) B.,* sorgfältig, rücksichtsvoll (sorglos, rücksichtslos); *ich nehme darauf B.,* beachte es. **bedachte,** von bedenken. **bedächtig,** besonnen, langsam: *er geht, handelt,*

103

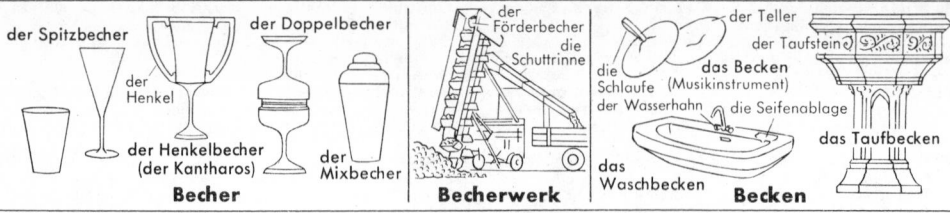

der Spitzbecher · der Henkel · der Doppelbecher · der Henkelbecher (der Kantharos) · der Mixbecher · **Becher** · der Förderbecher · die Schuttrinne · **Becherwerk** · der Teller · der Taufstein · die Schlaufe · das Becken (Musikinstrument) · der Wasserhahn · die Seifenablage · das Waschbecken · das Taufbecken · **Becken**

redet b. **Bedächtigkeit** *die, -.* **bedachtsam,** bedächtig. **Bedachtsamkeit** *die, -.*

Bedachung *die, -/-en,* 1) *ohne Pl.,* das Bedachen. 2) Dach, Bedeckung.

bedackeln [hebr. daggel], *ich* bedack(e)le (habe bedackelt) *ihn,* G betrüge.

bedang, von bedingen.

bedanken, *ich* bedanke (habe bedankt) *mich für etwas,* 1) sage meinen Dank: *sei bedankt!* 2) *dafür b. ich mich!,* U das will ich gar nicht haben.

bedarf, von bedürfen. **Bedarf** *der, -(e)s,* aus Bedürfnis entstehende Nachfrage: *unser B.* an Vitaminen; *Lebensmittelbedarf; Wohnraumbedarf; nach B.; ich habe keinen B.,* brauche nichts; *Bedarfsdeckung; Bedarfsermittlung.* **Bedarfsfall** *der, -(e)s: im B.,* wenn nötig. **Bedarfshaltestelle,** Haltestelle, an der ein öffentliches Verkehrsmittel nur hält, wenn jemand einoder aussteigen will.

bedauerlich, unerfreulich, zu bedauern: *ein bedauerliches Versehen.* **bedauern** [ahd. betiuren], *ich* bedau(e)re (habe bedauert), 1) *ihn,* bemitleide: *ich b. den armen Kerl.* 2) *es,* sehe ungern, wünsche ungeschehen: *ich b. den Vorfall.* 3) *(ich) b.!,* damit kann ich leider nicht dienen. **Bedauern** *das, -s: zu meinem großen B.; er sprach sein B. über den Vorfall aus.* **bedauernswert, bedauernswürdig.**

bedecken [ahd. bithecken], *ich* bedecke (habe bedeckt) *ihn,* 1) decke zu, verhülle: *sie bedeckte ihr Gesicht mit den Händen; ein bedeckter Himmel.* 2) φ geleite zum Schutz. 3) *der Hengst bedeckt,* belegt. **bedecktsamig. Bedecktsamige,** *Pl.,* φ Samenpflanzen mit Fruchtknoten, Angiospermen, Abb. B 38. **Bedeckung** *die, -/-en,* 1) φ Schutz, Deckung. 2) φ das Verschwinden eines Sterns hinter einem anderen. 3) φ bewaffnete Begleitung. 4) Bewölkung.

bedenken [mhd. bedenken], *ich* bedenke (habe bedacht), 1) *es,* überlege, erwäge; beachte, berücksichtige: *er hatte die Folgen seiner Tat nicht bedacht; diese Möglichkeit habt ihr nicht bedacht.* 2) *ihn mit etwas,* versorge, beschenke; vermache ihm. 3) *mich,* gebe mir mir zu b. mich eines Besseren, fasse einen besseren Entschluß. **Bedenken** *das, -s/-,* 1) Zweifel, Einwand: *ich habe noch einige B.* 2) Überlegung: *nach reiflichem B.* **bedenkenlos,** hemmungslos, skrupellos. **bedenklich,** 1) Zweifel, Mißtrauen erregend, ungünstig: *das wirft ein bedenkliches Licht auf ihn.* 2) zweifelnd, besorgt, nachdenklich: *er machte ein bedenkliches Gesicht; sein Verhalten stimmt mich b.* 3) besorgniserregend, gefährlich: *der Zustand des Patienten ist b.* **Bedenklichkeit** *die, -/-en.* **Bedenkzeit** *die,* Zeit, um eine Entscheidung zu bedenken: *er bat sich eine B. von vier Wochen aus.*

bedeppert [φ betört, zu taub], U ratlos, betreten.

bedeuten [mhd. bediuten], *ich* bedeute (habe bedeutet), 1) *es ihm, daß . . .,* gebe zu verstehen, befehle: *sie bedeutete ihm zu gehen.* 2) *es bedeutet,* hat einen bestimmten Sinn, ist soviel wie, ist ein Zeichen für: *ich weiß nicht, was diese Anspielung bedeuten soll; die Bretter, die die Welt bedeuten,* die (Theater-)Bühne; *Abendrot bedeutet schönes Wetter.* 3) *es bedeutet,* ist von bestimmter Wichtigkeit: *sein Beruf bedeutet ihm alles; das hat nichts (viel, wenig) zu bedeuten.* **bedeutend,** 1) groß, wichtig, beachtlich: *ein bedeutendes Ereignis.* 2) einflußreich, berühmt: *ein bedeutender Komponist.* 3) um vieles, sehr: *der Umfang des Werkes wurde um ein bedeutendes erweitert.* **bedeutsam,** 1) wichtig. 2) voller Bedeutung: *mit einem bedeutsamen Blick.* **Bedeutsamkeit** *die, -.* **Bedeutung** *die,* 1) Sinn, Wortsinn: *Bedeutungserweiterung; Bedeutungsverengung; Bedeutungswandel.* 2) Wichtigkeit, Tragweite. **bedeutungslos. Bedeutungslosigkeit** *die, -/-en.* **bedeutungsvoll.**

bedienen, *ich* bediene (habe bedient), 1) *ihn,* erweise ihm

(gewerblich) Dienste. 2) *es,* warte, überwache, regle den Gang (einer Maschine, eines Gerätes). 3) *es,* Kartenspiel: gebe gleiche Farbe zu. 4) *mich seiner,* brauche es, mache Gebrauch davon; *bedienen Sie sich!,* langen Sie zu (bei Tisch); *ich bin bedient!,* U bin seiner, dessen überdrüssig. **Bedienerin** *die, süddt.:* Aufwartefrau. **bedienstet** *bei ihm,* in Dienst, beschäftigt. **Bedienstete** *der, die, -n/-n, ein -r, eine -,* Beamter, Beamtin. **Bediente** *der, -n/-n, ein -r,* Diener. **Bedienung** *die, -/-en,* 1) *ohne Pl.,* das Bedientwerden (Restaurant, Geschäft): *B. inbegriffen!; mit der B. in diesem Geschäft waren wir nicht zufrieden.* 2) jemand, der bedient, Verkäufer, Kellner. 3) Handhabung einer Maschine, eines Gerätes: *Bedienungsanleitung.* **Bedienungsgeld** *das,* Preisaufschlag in Gaststätten und Hotels für das Personal.

Bedill [hebr. bedil 'Zinn'] *das, -s,* G Zinn, Kupfer, Metall für die Münzfälscherei.

bedingen [mhd. bedingen 'durch Verhandlung gewinnen'], *es* bedingt (bedingte, hat bedungen), 1) erfordert, hat zur Bedingung: *diese Arbeit bedingt Sorgfältigkeit, eine bestimmte Ausbildung.* 2) hat zur Folge: *Konjunkturrückgang bedingt ein Ansteigen der Arbeitslosigkeit.* 3) *ich bedinge* (bedang oder bedingte, habe bedungen) *es,* φ mache zur Bedingung, vereinbare. **bedingt,** an eine Bedingung geknüpft, abhängig davon, eingeschränkt: *bedingte Strafaussetzung,* Strafaussetzung zur Bewährung; *bedingte Reflexe,* durch Gewöhnung oder Dressur entstandene reflektor. Reaktionen; *für diese Aufgabe ist er nur b. geeignet; b. tauglich.* **Bedingtheit** *die, -.* **Bedingung** *die, -/-en,* 1) Voraussetzung, etwas, das dasein muß, damit ein anderes eintreten kann; Forderung, Vereinbarung: *das mache ich zur B. für meine Zustimmung; nur unter dieser B. bin ich dazu bereit; ein Angebot mit günstigen Bedingungen.* 2) *nur Pl.,* Umstände, Verhältnisse, Situation: *er wuchs unter schwierigen Bedingungen auf; die wirtschaftlichen, gesellschaftlichen Bedingungen eines Landes.* **bedingungslos,** ohne Einschränkung. **Bedingungslosigkeit** *die, -.* **Bedingungssatz** *der,* Konditionalsatz, Übers. S 79. **bedingungsweise,** unter Einschränkung.

bedrängen [mhd. bedrengen], *ich* bedränge (habe bedrängt) *ihn mit etwas,* 1) bedrücke, quäle: *mich bedrängen Sorgen, Schuldgefühle.* 2) belästige, setze unter Druck: *vom Gegner, von Fragen bedrängt.* **Bedränger** *der, -s/-.* **Bedrängnis** *die, -/-se,* Notlage, Konflikt: *er geriet in B.* **Bedrängung** *die, -/-en.*

bedräuen, *ich* bedräue (habe bedräut) *ihn,* φ bedrohe. **bedripst** [niederdt.], U kleinlaut, verlegen.

bedrohen [mhd. bedröuwen], *ich* bedrohe (habe bedroht), 1) *ihn,* drohe ihm: *er bedroht ihn mit einer Pistole.* 2) *es bedroht ihn, etwas,* steht (drohend) bevor: *die Verschmutzung der Gewässer bedroht den Fischbestand; vom Aussterben bedrohte Tierarten.* **bedrohlich. Bedrohung** *die, -/-en.*

bedrucken, *ich* bedrucke (habe bedruckt) *es,* drucke etwas darauf: *bunt bedruckte Kleiderstoffe.*

bedrücken [ahd. thruken 'drücken', 'bedrücken', 'quälen'], *ich* bedrücke (habe bedrückt), 1) *ihn,* lege harten Zwang auf. 2) *es bedrückt mich,* beunruhigt mich, macht mich traurig: *es herrschte eine bedrückte Stimmung; bedrückende Sorgen.* **bedrückenderweise. Bedrücker** *der, -s/-,* roher Gewalthaber. **Bedrücktheit** *die, -,* trübe Stimmung. **Bedrückung** *die, -/-en.*

Beduine [arab. Badw, *Pl.* Badawi] *der, -n/-n,* nomadischer Araber. **beduinisch.**

bedungen, von bedingen.

bedünken [ahd. githunken], *es* bedünkt *mich* (hat mich bedünkt), *es will mich bedünken,* φ mir scheint. **Bedünken** *das, -s: meines Bedünkens,* φ nach meiner Ansicht.

bedürfen [ahd. bithurfan], *ich* bedarf (habe bedurft) *seiner,* habe nötig: *ich bedarf deines Rates, eines Freundes.* **Bedürfnis** *das, -ses/-se,* **1)** Wunsch oder Notwendigkeit, einem Mangel abzuhelfen: *B. nach Ruhe, nach Unterhaltung; Lebensbedürfnisse.* **2)** ⚬ Notdurft. **Bedürfnisanstalt** *die,* öffentl. Toilette. **bedürfnislos,** ohne Bedürfnisse, anspruchslos. **Bedürfnislosigkeit** *die, -.* **bedürftig, 1)** arm: *Hilfe für Bedürftige.* **2)** *ich bin seiner b.,* brauche ihn, *es: ich bin seines Trostes b.* **Bedürftigkeit** *die, -.*

beduseln [niederdt., zu Dusel], *ich bedus(e)le mich* (habe mich beduselt), U betrinke mich: *ich bin ein wenig beduselt.*

Beefeater [b'i:fi:tə, engl. ›Rindfleischesser‹] *der, -s/-s,* Angehöriger der königl. Leibgarde im Londoner Tower. **Beefsteak** [b'i:fsteik, engl.] *das, -s/-s,* **1)** kurz gebratene Rindslende. **2)** *deutsches B.,* gebratener Hackfleischklops.

beehren, *ich beehre* (habe beehrt), **1)** *ihn,* erweise ihm eine Ehre; besuche ihn. **2)** *mich,* erlaube mir (Höflichkeitsformel).

beeiden, *ich beeide* (habe beeidet) *es,* leiste einen Eid darauf: *er mußte seine Aussage beeiden.* **beeidigen,** *ich beeidige* (habe beeidigt) *es,* ⚬ beeide. **Beeidigung** *die, -.*

beeifern, *ich beeif(e)re mich* (habe mich beeifert) *dessen,* gebe mir die größte Mühe.

beeilen, *ich beeile mich* (habe mich beeilt), bemühe mich, etwas schnell zu tun. **Beeilung!,** U beeil dich!

beeindrucken, *ich beeindrucke* (habe beeindruckt) *ihn,* mache Eindruck, errege achtungsvolle Aufmerksamkeit, imponiere: *das hat mich sehr beeindruckt.*

beeinflußbar, *ein leicht, schwer beeinflußbarer Mensch,* leicht, schwer zu beeinflussen. **Beeinflußbarkeit** *die, -.* **beeinflussen,** *ich beeinflusse* (habe beeinflußt) *es, ihn,* nehme Einfluß, wirke ein: *ein ausgedehntes Hoch wird in den nächsten Tagen unser Wetter beeinflussen.* **Beeinflussung** *die, -/-en.*

beeinträchtigen [mhd., zu Eintrag ›Einschlag beim Weben‹ (Querfäden), später ›Hemmung‹, ›Schaden‹], *ich beeinträchtige* (habe beeinträchtigt) *ihn, es,* schade, mindere: *das beeinträchtigt den Wert erheblich.* **Beeinträchtigung** *die, -/-en: eine B. seines Wohlbefindens.*

beelenden [mhd. beellenden ›sich sehnen‹], *es beelendet mich* (hat mich beelendet), *schweiz.:* stimmt mich traurig.

Beelzebub [auch b'e:-, hebr. Baal-Zebub ›Herr der Fliegen‹] *der, -,* Teufel: *man soll nicht den Teufel durch den B. austreiben,* B ein Übel durch ein schlimmeres bekämpfen.

beenden, *ich beende* (habe beendet) *es,* vollende, führe aus, mache Schluß damit. **beendigen,** *ich beendige* (habe beendigt) *es,* ⚬ beende. **Beend(ig)ung** *die, -/-en.*

beengen, *ich beenge* (habe beengt) *ihn,* beschränke, enge ein: *beengende Kleidung, Verhältnisse.* **Beengung** *die, -/-en.*

beerben, *ich beerbe* (habe beerbt) *ihn,* erhalte seinen Nachlaß. **Beerbung** *die, -/-en.*

Beerchen *das, -s/-,* Diminutiv zu Beere.

beerdigen [zu Erde], *ich beerdige* (habe beerdigt) *ihn,* begrabe, bestatte auf dem Friedhof. **Beerdigung** *die, -/-en.*

Beere [ahd. beri] *die, -/-n,* eine Fruchtform: *Himbeere; Stachelbeere; Beerenobst,* ABB. B 17, F 36. **Beerenauslese** *die,* **1)** Auswahl bei Beeren, Trauben. **2)** Prädikat eines Qualitätsweins. **beerenförmig. Beerlein** *das, -s/-.*

Beest *das, -(e)s/-er,* niederdt.: *Biest.*

Beet [Nebenform zu Bett, ahd. betti] *das, -(e)s/-e,* **1)** Gartenstück für Blumen, Gemüse, ABB. G 3. **2)** durch Zwischenfurchen begrenzter Ackerteil, ABB. B 28.

Beete *die, -/-n,* die Bete.

befähigen, *ich befähige* (habe befähigt) *ihn zu etwas,* setze in die Lage, mache die Ausführung möglich: *seine Ausbildung befähigt ihn zu dieser Tätigkeit.* **befähigt,** begabt: *ein befähigter junger Mensch.* **Befähigung** *die, -/-en,* Eignung; Begabung. **Befähigungsnachweis** *der,* Nachweis vorschriftsmäßiger Ausbildung zur Ausübung einer Tätigkeit: *für diese Arbeit muß ein B. erbracht werden.*

befahl, von befehlen.

befahren, *ich befahre* (befuhr, habe befahren) *es,* **1)** fahre darauf: *eine stark befahrene Straße; dieser Flußabschnitt ist für größere Schiffe nicht befahrbar.* **2)** 🜨 gehe unter Tage, baue ab. **3)** 🜨 *ein befahrener Bau,* bewohnter. **4)** *befahrenes Volk,* 🜨 erfahrene Seeleute.

Befall *der, -(e)s,* das Auftreten von Schädlingen, Pflanzenkrankheiten. **befallen** [ahd. bifallan ›zugrunde gehen‹, ›zu Fall kommen‹], *es befällt* (befiel, hat befallen) *ihn,* kommt über ihn (Krankheit, Unglück): *er wurde plötzlich von Furcht befallen; die Pflanze ist von Blattläusen befallen.*

befangen [ahd. bifahan ›(einengend) umfangen‹], **1)** verlegen, schüchtern. **2)** ⚖ vorurteilsvoll, parteiisch: *der Zeuge wurde als b. abgelehnt.* **3)** *er ist in einem Irrtum b.,* irrt sich. **Befangenheit** *die, -.*

befassen [mhd. bevazzen ›einfassen‹], *ich befasse* (habe befaßt), **1)** *mich mit ihm,* beschäftige mich damit, gebe mich mit ihm ab. **2)** *ihn mit etwas,* K übergebe zur Bearbeitung: *mit diesem Fall ist der Amtsrichter befaßt worden.*

befehden, *ich befehde* (habe befehdet) **1)** *ihn, es,* P bekämpfe. **2)** *sie befehden sich,* liegen miteinander in Fehde. **Befehdung** *die, -/-en.*

Befehl [mhd. bevelch] *der, -(e)s/-e,* **1)** bindender Auftrag eines Vorgesetzten: *auf seinen B. (hin); Befehlsempfänger; Befehlsgewalt; Befehlsverweigerung; Befehlsnotstand.* **2)** ⚔ Kommando: *sie stehen unter dem B. von. . .* **3)** Datenverarbeitung: Anweisung für Rechenanlagen. **befehlen** [ahd. bifelahan], *ich befehle* (befahl, habe befohlen; *du befiehlst; er befiehlt; wenn er befiehle; befiehl!) es ihm,* ⚔ gebe ihm den Befehl, ordne an: *wer hat hier zu befehlen?* **2)** P empfehle, vertraue an: *Gott befohlen.* **3)** *ich befehle ihn zu mir,* lasse kommen. **befehlend, befehlerisch,** gebieterisch. **befehligen,** *ich befehlige* (habe befehligt) *es,* ⚔ bin verantwortl. Vorgesetzter: *ich b. eine Kompanie.* **Befehlsform** *die,* Imperativ. **Befehlshaber** *der, -s/-,* ⚔ Führer eines größeren Verbandes. **befehlshaberisch,** herrschsüchtig. **Befehlsstab** *der,* Eisenbahn: Signal des Fahrdienstleiters für die Abfahrt, Kelle, ABB. K 16, B 4. **befehlswidrig,** Befehlen nicht entsprechend.

befeinden, *ich befeinde* (habe befeindet) *ihn,* bekämpfe: *sie befeinden sich,* bekämpfen sich.

befestigen [mhd. bevesten], *ich befestige* (habe befestigt) *es,* **1)** mache fest, bringe gut an: *das Rad ist mit der Nabe an der Achse befestigt.* **2)** 🜨 mache zur Verteidigung bereit. **3)** Ü stärke: *Vertrauen befestigt die Freundschaft.* **Befestigung** [mhd. bevestunge] *die, -/-en,* **1)** haltbare Verbindung. **2)** 🜨 Geländegestaltung oder Bauten zur Verteidigung: *Befestigungsanlage.* **3)** verstärkender Ausbau (Ufer, Böschung), ABB. B 44. **4)** Ü Stärkung.

befeuchten [mhd. beviuhten], *ich befeuchte* (habe befeuchtet) *es,* mache feucht. **Befeuchtung** *die, -.*

befeuern, *ich befeu(e)re* (habe befeuert) *es.* **Befeu(e)rung** *die, -/-en,* Markierung von Schiffs- und Flugwegen durch Leucht- und Funkfeuer.

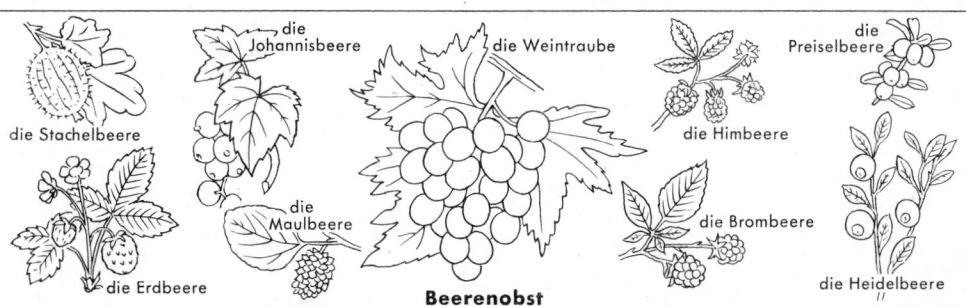

die Johannisbeere — die Weintraube — die Preiselbeere — die Stachelbeere — die Himbeere — die Maulbeere — die Brombeere — die Erdbeere — die Heidelbeere

Beerenobst

B 17

Beffchen [niederdt., zu mlat. biffa ›Mantel‹] *das, -s/-,* Halsbinde an Amtstrachten, ABB. A 13.

befiedert, mit Federn versehen (Vögel).

befiehl!, von befehlen.

befinden [ahd. bifindan], *ich* befinde (befand, habe befunden), **1)** *über ihn, etwas,* beurteile, erkenne: *er hat den Plan für gut befunden.* **2)** *mich,* bin anwesend. **3)** *mich,* Ü fühle mich (wohl, schlecht). **Befinden** *das, -s,* **1)** Gesundheitszustand; seel. Verfassung: *ich möchte mich nach seinem B. erkundigen.* **2)** Urteil, Meinung. **befindlich,** vorhanden.

befingern, *ich* befing(e)re (habe befingert) *es,* Ü betaste, mit den Fingern untersuchend berühren.

beflaggen, *ich* beflagge (habe beflaggt) *es,* versehe mit Fahnen, Flaggen (Haus, Schiff). **Beflaggung** *die, -/-en.*

beflecken [mhd. bevlecken], *ich* beflecke (habe befleckt) *es,* **1)** beschmutze. **2)** Ü entehre (jemandes Ruf). **Befleckung** [mhd. bevleckunge ›Makel‹] *die, -/-en.*

beflegeln, *ich* befleg(e)le (habe beflegelt) *ihn, österr.:* beschimpfe.

befleißigen, *ich* befleißige *mich* (habe mich befleißigt) *seiner,* bemühe mich eifrig darum.

befliegen, *ich* befliege (habe beflogen) *ein Gebiet,* fliege planmäßig darüber (mit einem Flugzeug, Hubschrauber).

beflissen [ahd. gifliz(z)an ›sich anstrengen‹ von fliz ›Fleiß‹], emsig bemüht, (über)eifrig: *beflissene Schüler; musikbeflissen.* **Beflissenheit** *die, -.* **beflissentlich,** absichtlich.

beflocken, *ich* beflocke (habe beflockt) *es,* bringe Flocken auf ein mit Klebstoff behandeltes Gewebe: *beflocktes Gewebe.* **Beflockung** *die, -/-en.*

beflügeln, *es* beflügelt (hat beflügelt) *ihn,* P **1)** beschleunigt: *beflügelten Schrittes.* **2)** Ü gibt Antrieb, spornt an: *der Erfolg beflügelte ihn.* **Beflüg(e)lung** *die, -.*

befluten, *ich* beflute (habe beflutet) *es,* ⚕ setze unter Wasser. **Beflutung** *die, -/-en.*

befohlen, von befehlen.

befolgen, *ich* befolge (habe befolgt) *es,* handle danach: *du solltest meinen Rat befolgen.* **Befolgung** *die, -/-en.*

beförderlich, *schweiz.:* beschleunigt. **befördern,** *ich* beförd(e)re (habe befördert), **1)** *es, ihn,* bringe fort, transportiere. **2)** *ihn,* gebe ihm eine höhere Stellung. **Beförd(e)rung** *die, -/-en: B. zu Lande, zur Luft, zu Wasser; Beförderungskosten; Lastenbeförderung.* **Beförderungsmittel** *das,* Mittel zum Befördern von Personen und Lasten (Flugzeug, Eisenbahn u. a.).

beforsten, *ich* beforste (habe beforstet) *es,* bewirtschafte mit Wald. **Beförst(e)rung** *die, -,* gesetzlich geregelte Verwaltung und Bewirtschaftung nichtstaatl. Waldungen durch Staatsforstbeamte. **Beforstung** *die, -.*

befrachten, *ich* befrachte (habe befrachtet) *es,* belade mit Nutzlast. **Befrachter** *der, -s/-,* Absender einer Fracht. **Befrachtung** *die, -/-en.*

befrackt, Ü mit Frack bekleidet.

befragen [mhd. bevragen], *ich* befrage (habe befragt), **1)** *ihn,* richte eine Frage an ihn. **2)** *mich nach (bei) ihm, über etwas,* erkundige mich. **Befragung** *die, -/-en.*

befranst, mit Fransen versehen.

befreien [mhd. bevrien], *ich* befreie (habe befreit) **1)** *ihn, es,* gebe Freiheit (Gefangene). **2)** *ihn, mich,* mache frei, erlöse, entlaste: *er befreite mich aus dieser Gefahr, unangenehmen Situation; er atmete befreit auf,* erleichtert; *befreiendes Gelächter.* **3)** *ihn von etwas,* erlasse ihm: *vom Militärdienst befreit.* **Befreier** *der, -s/-.* **Befreiung** *die, -/-en: Befreiungsbewegung; Befreiungsorganisation; Gefangenenbefreiung.*

befremden, *es* befremdet (hat befremdet) *mich,* erstaunt mich, berührt mich unangenehm: *das ist befremdend.* **Befremden** *das, -s,* unwilliges Erstaunen. **befremdlich,** befremdend. **Befremdnis** *die, -/-se.* **Befremdung** *die, -.*

befreunden, *ich* befreunde *mich* (habe mich befreundet), **1)** *mit ihm,* werde sein Freund: *wir sind befreundet.* **2)** *mit etwas,* gewöhne mich daran: *ich befreunde mich allmählich mit seinem Plan.*

befrieden [mhd. bevriden], *ich* befriede (habe befriedet) *das Land,* bringe ihm den Frieden, beruhige. **befriedigen,** *ich* befriedige (habe befriedigt), **1)** *ihn,* stelle zufrieden, genüge seinen Ansprüchen. **2)** *mich selbst,* onaniere. **befriedigend,** **1)** den Ansprüchen genügend. **2)** als Leistungsnote: 3. **Befriedigung** *die, -.* **Befriedung** *die, -.*

befristen, *ich* befriste (habe befristet) *es,* setze ihm eine Frist: *befristete Verträge.* **Befristung** *die, -/-en.*

befruchten, *ich* befruchte (habe befruchtet) *ihn, es,* **1)** vereinige eine männl. mit einer weibl. Geschlechtszelle. **2)** Ü rege zu fruchtbarer Tätigkeit an. **Befruchtung** *die, -/-en.*

Befruchtungsoptimum *das,* ⚕ Zeitspanne mit der größten Aussicht auf Empfängnis.

befugen [mhd. bevüegen], *ich* befuge (habe befugt) *ihn zu etwas,* berechtige, ermächtige: *er ist dazu (nicht) befugt.* **Befugnis** *die, -/-se: das überschreitet seine Befugnisse.*

befühlen [mhd. bevüelen], *ich* befühle (habe befühlt) *ihn, es,* taste ab.

befummeln, *ich* befumm(e)le (habe befummelt) *es,* Ü **1)** befühle, betaste. **2)** besorge, erledige, bewerkstellige.

Befund [zu befinden] *der, -(e)s/-e,* Feststellung; Ergebnis einer (ärztl.) Untersuchung: *ohne B.,* ⚕ Abk. o. B.

befürchten [mhd. bevürhten], *ich* befürchte (habe befürchtet) *es,* ahne besorgt. **Befürchtung** *die, -/-en: sie hatte die schlimmsten Befürchtungen.*

befürworten, *ich* befürworte (habe befürwortet) *es,* empfehle, verwende mich dafür. **Befürwortung** *die, -/-en.*

Beg *der, -s/-s,* Nebenform von Bei.

begabt, reich befähigt, von guten Anlagen: *er ist für Musik b.; sie ist mathematisch b.* **Begabte** *die, -n/-n, ein -r, eine -,* begabter Mensch: *Begabtenförderung.* **Begabung** [mhd. begabunge ›Beschenkung‹] *die, -/-en,* **1)** natürl. Anlage für bestimmte Leistungen. **2)** begabter Mensch.

begaffen, *ich* begaffe (habe begafft) *es,* Ü blicke aufdringlich an.

begangen, von begehen. **Begängnis** *das, -ses/-se,* feierliche Handlung: *Leichenbegängnis.*

begann, von beginnen.

Begard [mlat. Beguini, niederl. beggaert ›Bettler‹] *der, -en/-en,* **Begarde** *der, -n/-n,* Mitglied einer religiösen Männergemeinschaft im MA.

begasen, *ich* begase (habe begast) *es, ihn,* behandle mit Gas (Schädlingsbekämpfung; Heilmethode).

begatten [zu Gatte], *er* begattet (hat begattet) *sie,* vollzieht die geschlechtl. Vereinigung: *der Hengst begattet die Stute; die Fische begatten sich.* **Begattung** *die, -/-en: Begattungsorgane; Begattungstrieb.*

begaunern, *ich* begaun(e)re (habe begaunert) *ihn,* Ü betrüge, übervorteile.

begebbar, ⚖ übertragbar (Wechsel). **begeben** [ahd. begeben ›verlassen‹, ›aufgeben‹], *ich* begebe (begab, habe begeben), **1)** *es,* ⚖ verkaufe, setze in Umlauf (Anleihen, Wechsel). **2)** *mich zu ihm,* gehe hin. **3)** *mich an die Arbeit,* beginne damit. **4)** *mich seiner,* gebe auf, verzichte darauf. **5)** *es begibt sich,* geschieht, ereignet sich. **Begebenheit** *die, -/-en,* **Begebnis** *das, -ses/-se,* Ereignis, Geschehen.

begegnen [ahd. begagenen], *ich* begegne (bin begegnet) *ihm,* **1)** treffe ihn zufällig: *wir sind uns in der Stadt begegnet; ihre Blicke begegneten sich.* **2)** *es begegnet mir,* kommt vor: *das Wort begegnet uns bei Goethe.* **3)** treffe Gegenmaßnahmen: *dieser Gefahr muß man begegnen.* **4)** verhalte mich ihm gegenüber: *ich begegnete mir abweisend.* **Begegnung** *die, -/-en,* **1)** Zusammentreffen. **2)** Sportwettkampf: *sportliche B.*

begehbar. begehen [ahd. pegan], *ich* begehe (beging, habe begangen) *es,* **1)** gehe auf etwas: *dieser aufgeweichte Weg ist kaum zu begehen.* **2)** prüfe durch Abschreiten (Bahnstrecke, Feld). **3)** feiere: *er begeht seinen 50. Geburtstag.* **4)** tue: *er begin ging einen Fehler, Selbstmord, ein Unrecht, ein Verbrechen.*

Begehr [mhd. beger] *der, das, -s,* ⚭ Begehren. **begehren** [ahd. geron], *ich* begehre (habe begehrt) *ihn, es von ihm,* wünsche heftig: *ein begehrter Urlaubsziel.* **Begehren** *das, -s.* **begehrenswert. begehrlich,** heftig wünschend, lüstern: *begehrliche Blicke.* **Begehrlichkeit** *die, -.*

Begehung *die, -/-en,* das Begehen.

begeifern, *ich* begeif(e)re (habe begeifert) *es,* **1)** beschmutze mit Speichel. **2)** Ü überschütte mit Schmähungen. **Begeif(e)rung** *die, -/-en.*

begeistern [zu Geist], *ich* begeist(e)re (habe begeistert) *ihn, mich für etwas: die Inszenierung hat mich begeistert; er kann sich dafür (nicht) begeistern.* **begeistert,** *begeisterter Applaus; ein begeisterter Reiter.* **Begeist(e)rung** *die, -,* **1)** freudige Erregung, lebhafte Zustimmung: *Wogen der B.; Begeisterungstaumel.* **2)** Vorliebe, Passion: *mit B. Schach.*

Begier [ahd. girida] *die, -,* **Begierde** *die, -/-n, nach ihm,* leidenschaftl. Verlangen. **begierig** *auf etwas, nach ihm.*

begießen [ahd. bigiazan], *ich* begieße (begoß, habe begossen) *es,* **1)** mache naß, feucht: *ich b. die Blumen.* **2)** Ü feiere mit einem Umtrunk: *das müssen wir begießen!; ich b. mir die Nase,* Ü betrinke mich. **Begießung** *die, -/-en.*

Begine [vgl. Begard] *die, -/-n*, Mitglied einer religiösen Frauengemeinschaft im MA.

beging, von begehen.

Beginn [ahd. bigin] *der, -s*, Anfang einer zeitlichen (auch räumlichen) Erstreckung: *zu B. sprach der Vorsitzende; Unterrichtsbeginn.* **beginnen,** *ich beginne* (begann, habe begonnen; wenn er begönne) 1) *es, mit ihm,* fange an: *wir können mit dem Spiel beginnen.* 2) *es beginnt,* fängt an, ist im Entstehen: *die Vorstellung beginnt um acht Uhr; ein neues Zeitalter hat begonnen.* 3) *es,* Ü treibe, unternehme: *was können wir zu dieser späten Stunde noch beginnen?* **Beginnen** *das, -s,* Unternehmung, Vorhaben.

beglaubigen, *ich beglaubige* (habe beglaubigt) *es,* bestätige amtlich, bezeuge: *eine beglaubigte Kopie, Unterschrift.* **Beglaubigung** *die, -/-en: Beglaubigungsschreiben.*

begleichen, *ich begleiche* (habe beglichen) *es,* bezahle, tilge. **Begleichung** *die, -/-en: die B. einer Rechnung.*

Begleitadresse *die,* Begleitschein. **begleiten** [ahd. gileiten], *ich begleite* (habe begleitet) *ihn,* 1) gehe mit (zur Gesellschaft, als Schutz). 2) ♪ spiele zu Gesang oder einem melodieführenden Instrument auf einem anderen Instrument. **Begleiter** *der, -s/-,* jemand, der einen begleitet. **Begleiterscheinung** *die,* mit einem Vorgang verbundenes Merkmal. **Begleitpapiere,** *Pl.,* ⌑ Papiere zu einer Sendung. **Begleitschein** *der,* zollamtl. Urkunde. **Begleitschreiben** *das,* ⌑ Schreiben zu einer Sendung. **Begleitumstände,** *Pl.,* Begleiterscheinungen. **Begleitung** *die, -.*

beglücken, *ich beglücke* (habe beglückt) *ihn mit etwas,* mache ihm eine Freude (Ü auch ironisch): *sie beglückte uns mit einem nächtlichen Anruf,* Ü; *ein beglückendes Gefühl.* **Beglücker** *der, -s/-: ein B. der Menschheit.* **Beglückung** *die, -/-en.*

beglückwünschen, *ich beglückwünsche* (habe beglückwünscht) *ihn zu etwas,* spreche freudige Anteilnahme aus. **Beglückwünschung** *die, -/-en.*

begnadet, (göttlich) begabt: *ein begnadeter Pianist.* **begnadigen,** *ich begnadige* (habe begnadigt) *ihn,* erlasse Strafe. **Begnadigung** *die, -/-en.*

begnügen [mhd. begenüegen, zu genug], *ich begnüge mich* (habe mich begnügt) *mit ihm,* gebe mich damit zufrieden.

Begonie [-niə, nach M. Begon, 1638–1710, Gouverneur von San Domingo] *die, -/. . .ni|en,* eine Zierpflanze.

begonnen, von beginnen.

begönnern, *ich begönn(e)re* (habe begönnert) *ihn,* behandle gönnerhaft.

begraben [ahd. bigraban], *ich begrabe* (begrub, habe begraben) *ihn,* 1) beerdige: *begraben, beerdigt, Abk.: begr.,* Zeichen: ⚰. 2) *gebe auf: begrabene Hoffnungen; du kannst dich damit begraben lassen,* Ü damit wirst du keinen Erfolg haben. **Begräbnis** *das, -ses/-se,* 1) Erdbestattung. 2) Grabstätte: *Erbbegräbnis,* ABB. F 35.

begradigen, *ich begradige* (habe begradigt) *es,* mache gerade. **Begradigung** *die, -/-en: Flußbegradigung.*

begrannt, mit Grannen besetzt.

begreifen [ahd. bigrifan], *ich begreife* (habe begriffen) *ihn,* 1) Ü verstehe. 2) betaste. **begreiflich,** verständlich: *es war schwer, ihm seinen Fehler b. zu machen.* **begreiflicherweise,** *diese Niederlage hat ihn b. sehr entmutigt.*

begrenzen, *ich begrenze* (habe begrenzt) *es,* 1) schließe in Grenzen ein, teile ab: *ein eng begrenztes Arbeitsgebiet.* 2) Ü beschränke: *meine List ist begrenzt.* **Begrenztheit** *die, -,* Beschränkung: *die B. seiner Fähigkeiten.* **Begrenzung** *die, -/-en,* 1) das Begrenzen. 2) Umriß, Grenze.

Begriff [mhd. begrif] *der, -(e)s/-e,* 1) mit einem Wort verbundene Bedeutung: *Begriffspaare,* ABB. E 2. 2) Ü Ahnung, blasse Vorstellung: *du kannst dir keinen B. davon machen.* 3) Ü Auffassungsgabe: *ist er schwer von B.* 4) *ich bin im B. zu . . . ,* will soeben damit beginnen. **begriffen** *in ihm, begriffen* ist mit: *er war mitten in der Arbeit b.* **begrifflich,** gedanklich, abstrakt: *begriffliches Hauptwort,* Abstraktum, ÜBERS. S 77, B. **Begriffsbestimmung** *die,* eindeutige Umschreibung eines Begriffs, Definition. **begriffsmäßig,** begrifflich. **begriffsstutzig,** *österr.:* **begriffsstützig,** schwer begreifend. **Begriffsvermögen** *das, -s,* Auffassungsgabe.

begrub, von begraben.

begründen [mhd. begründen], *ich begründe* (habe begründet) *es,* 1) gebe Gründe an: *er begründet sein Fernbleiben mit Krankheit.* 2) setze als Grundlage: *ein begründeter Verdacht.* 3) Ü gründe, stifte. **Begründer** *der,* jemand, der etwas ins Leben ruft: *B. einer Lehre.* **Begründung** *die, -/-en.* **Begründungssatz** *der,* Kausalsatz, ÜBERS. S 79.

begrünen, 1) *ich begrüne* (habe begrünt) *es,* versehe mit Pflanzen, Rasen, Bäumen: *der Rand des Parkplatzes soll mit Sträuchern begrünt werden.* 2) *es begrünt sich* (hat sich begrünt), wird (von Natur wieder) grün.

begrüßen [mhd. begrüezen], *ich begrüße* (habe begrüßt) 1) *ihn,* heiße willkommen, grüße; *schweiz.* auch: befrage nach seiner Meinung. 2) *es,* Ü halte für erfreulich. **begrüßenswert,** *ein begrüßenswerter Vorschlag.* **Begrüßung** *die, -/-en: die B. der Gäste; Begrüßungsschluck.*

begucken, *ich begucke* (habe beguckt) *es,* Ü schaue mir an.

Begum [engl. Schreibung für türk. Begam, weibl. Form zu Bei] *die, -/-en,* Titel indischer Fürstinnen.

begünstigen, *ich begünstige* (habe begünstigt) *ihn.* **Begünstigung** *die, -/-en,* 1) Förderung, Vergünstigung, Bevorzugung: *steuerliche Begünstigungen.* 2) ⚖ Beistand nach einer Straftat.

begutachten, *ich begutachte* (habe begutachtet) *es,* beurteile fachmännisch. **Begutachter** *der, -s/-.* **Begutachtung** *die, -/-en: der Vertragsentwurf wurde zur B. vorgelegt.*

begütert, reich, wohlhabend.

begütigen [mhd. begüeten], *ich begütige* (habe begütigt) *ihn,* beruhige, beschwichtige. **Begütigung** *die, -/-en.*

behaart, mit Haaren bedeckt. **Behaarung** *die, -/-en,* Haarwuchs.

behäbig, 1) dicklich und bequem. 2) *schweiz.* ⚭: wohlhabend. **Behäbigkeit** *die, -.*

behaftet [mhd. behaft ›verbunden‹] *mit ihm,* mit etwas Unangenehmem belastet: *mit einem Makel b.*

behagen [mhd. behagen], *es behagt* (hat behagt) *ihm,* gefällt, bereitet Behagen, ist angenehm: *das behagt mir nicht.* **Behagen** *das, -s,* Zufriedenheit, Wohlbefinden. **behaglich,** gemütlich; angenehm: *die Wohnung ist b. eingerichtet; behagliche Wärme.* **Behaglichkeit** *die, -/-en.*

behalten [ahd. bihaltan], *ich behalte* (behielt, habe behalten) *es,* 1) gebe nicht her: *dieses Bild möchte ich behalten.* 2) Ü bewahre im Gedächtnis, merke mir: *ich kann diese Telefonnummer einfach nicht behalten; behalte mich in guter Erinnerung!* 3) *im Auge,* Ü beobachte (weiterhin), denke weiter daran: *kleine Kinder sollte man ständig im Auge behalten; diesen Plan b. ich im Auge.* 4) bewahre auf, erhalte: *er kann kein Geheimnis für sich behalten; diese Blumen haben ihre Frische lange Zeit behalten; diese Sache hast du recht behalten; eine Partei behält die Mehrheit.* **Behälter** *der, -s/-,* Möbelstück, Raum, Gefäß, ... **Behältnis** *das, -ses/-se,* Gefäß, Möbelstück, Raum, Aufbewahrung: *Hochbehälter,* ABB. H 20.

behämmert, Ü derb: dumm.

behandeln, *ich behand(e)le* (habe behandelt), 1) *ihn, es,* gehe um mit ihm: *er wurde gut, schlecht behandelt; ich b. ihn richtig; die Maschine wurde unsachgemäß behandelt.* 2) *es (mit etwas),* wirke darauf (konservierend, pflegend) ein: *mit Chemikalien behandelte, chemisch behandelte Lebensmittel.* 3) stehe ihm ärztlich bei: *er wird ambulant behandelt; der behandelnde Arzt.* 4) *es,* arbeite darüber, handle es ab (ein Thema). **Behandlung** *die, -/-en: behandlungsbedürftig; Behandlungspflicht; Behandlungsweise; bei wem sind Sie in B.?,* welcher Arzt behandelt Sie?

Behang *der, -(e)s/¨e,* 1) hängender Schmuck, Vorhang, Quasten, Fransen. 2) 🐾 Ohren des Jagdhunds. 3) Haarwuchs (Pferdebeine, Affenschulter). **behängen** [mhd. behenken], *ich behänge* (habe behängt), 1) *es, ihn mit etwas,* statte überreich aus: *sie behängt sich mit Schmuck.* 2) 🐾 *ich behänge den Hund,* richte an der Leine ab.

beharren, *ich beharre* (habe beharrt) *auf, in, bei ihm,* Ü bestehe darauf, halte zäh daran fest. **beharrlich,** zäh, unabweisbar. **Beharrlichkeit** *die, -.* **Beharrungsvermögen** *das, -s,* 1) beharrliches Durchhalten beim Verfolgen eines Zieles. 2) Physik: Eigenschaft aller Körper, einer Änderung ihres Bewegungszustandes einen Widerstand entgegenzusetzen, Trägheit.

behauchen [mhd. behuchen], *ich behauche* (habe behaucht) *es,* bedecke mit Hauch: *behauchter Laut,* Aspirata, ÜBERS. G 34. **Behauchung** *die, -.*

behauen [mhd. behouwen], *ich behaue* (habe behauen) *es,* schlage zurecht: *behauene Baumstämme, Steine.*

behaupten [mhd. behoupten ›enthaupten‹, ›behaupten‹], *ich behaupte* (habe behauptet) 1) *es,* vertrete eine Meinung sehr bestimmt, erkläre für wahr (ohne Beweis): *er behauptet, nichts davon gewußt zu haben.* 2) *es,* verteidige mit Erfolg, behalte: *ich b. meine Stellung.* 3) *mich,* bleibe fest, setze mich durch. **Behauptung** *die, -/-en: Behauptungswille.*

der Oberschenkel
das Tischbein
das Knie
das Schienbein
die Wade
das Kruzifix
das Sprechgitter
der Unterschenkel
der Spann
die Ferse
die Zehen
die Sohle
die Tür
Kniebank
das Dreibein
das Bein und der Fuß

Beichtstuhl | **Bein**

Behausung [mhd. behusunge] *die, -/-en,* Wohnung, notdürftige Unterkunft.
Behaviorismus [biheivjə-, engl. behavio(u)r ›Verhalten‹ und vgl. . . .ismus] *der, -,* eine Richtung der Psychologie. **behavioristisch.**
beheben [mhd. beheben], *ich* behebe (habe behoben) *es,* **1)** beseitige: *behobene Schwierigkeiten.* **2)** *österr.:* hebe ab (Geld von der Bank). **Behebung** *die, -.*
beheimatet, 1) ansässig. **2)** heimisch.
beheizbar, *die Laube ist b.* **beheizen,** *ich* beheize (habe beheizt) *es,* heize: *beheizte Garagen.* **Beheizung** *die, -/-en.*
Behelf [mhd. behelf] *der, -(e)s/-e,* **1)** Aushilfe, Ersatz: *Behelfsbau; Behelfsbrücke; Behelfsmaßnahmen.* **2)** ♐ Einwand. **behelfen,** *ich* behelfe *mich* (behalf mich, habe mich beholfen), weiß mir zu helfen, nehme einen Ersatz. **behelfsmäßig,** als Behelf: *behelfsmäßige Unterkünfte.*
behelligen [zu mhd. hellegen ›stören‹], *ich* behellige (habe behelligt) *ihn mit etwas,* belästige. **Behelligung** *die, -.*
behend(e) [mhd. behende ›mit Geschick zu brauchen‹], flink, gewandt, geschickt. **Behendigkeit** *die, -.*
beherbergen [ahd. herebergon ›ein Lager aufschlagen‹, ›sich aufhalten‹], *ich* beherberge (habe beherbergt) *ihn,* **1)** gebe Nachtlager, Unterkunft. **2)** *es beherbergt,* Ü bietet Raum für: *die Bibliothek beherbergt eine Sammlung alter Handschriften.* **Beherbergung** *die, -/-en:* Beherbergungsvertrag.
beherrschbar, so beschaffen, daß man es beherrschen kann. **Beherrschbarkeit** *die, -.* **beherrschen,** *ich* beherrsche (habe beherrscht), **1)** *ein Land, ein Volk, einen Menschen,* herrsche darüber, übe Macht aus. **2)** *es,* kann oder verstehe vollständig: *er beherrscht die Sprache.* **3)** *es,* überrage: *die Landschaft beherrschende Höhen.* **4)** *mich,* halte mich in der Gewalt, zügele mich: *er konnte sich nur mit Mühe beherrschen.* **Beherrscher** *der, -s/-,* P Herrscher. **Beherrschtheit** *die, -,* Zurückhaltung, Selbstzucht. **Beherrschung** *die, -: er verliert leicht die B.; Selbstbeherrschung.*
beherzigen, *ich* beherzige (habe beherzigt) *es,* nehme mir zu Herzen, merke mir und richte mich danach: *du solltest diesen Rat beherzigen.* **beherzigenswert. Beherzigung** *die, -: dies zur B.!* **beherzt,** tapfer, mutig: *sein beherztes Eingreifen.* **Beherztheit** *die, -.*
behexen, *ich* behexe (habe behext) *ihn.* **1)** Ü beeinflusse stark. **2)** *sie behext ihn,* Märchen: verzaubert.
behielt, von behalten.
behilflich, *ich bin ihm b.,* helfe ihm.
behindern, *ich* behind(e)re (habe behindert) *ihn,* **1)** erschwere ihm etwas. **2)** ⚔ erschwere einem Mitspieler unfair den Wettkampf. **behindert,** beeinträchtigt, bes. durch ein körperl. oder seelisches Leiden: *körperbehindert.* **Behinderte** *der, die, -n/-n, ein -r,* eine -: *körperlich oder geistig B.; Behindertenförderung; Behindertensport.* **Behind(e)rung** *die, -/-en: im Behinderungsfall(e),* wenn eine Behinderung vorliegt.
Behmlot [nach dem dt. Physiker A. Behm, 1880–1952] *das,* Echolot.
beholfen, von behelfen.
behorchen, *ich* behorche (habe behorcht) *ihn,* **1)** ⚕ horche ab. **2)** belausche.
Behörde [zu behören, ♐ ›gehören‹, eigtl. ›Stelle, vor die eine Sache gehört‹] *die, -/-n,* amtliche Stelle: *Bundesbehörde; Behördenangestellte; Behördenverkehr; es geht den Behördenweg.* **behördlich, behördlicherseits,** K.
behost, Ü mit Hosen bekleidet.
Behuf [mhd. behuof ›was nützlich ist‹] *der, -(e)s/-e,* K Zweck: *zu diesem B.* **behufs** *seiner,* K zwecks.

behummsen, behumpsen, *ich* behummse, behumpse (habe behummst, behumpst) *ihn, ostmitteldt.:* betrüge.
behüten [ahd. behuoten], *ich* behüte (habe behütet) *ihn (vor etwas),* bewache, beschütze: *behüt' dich Gott!,* leb wohl!; *(Gott) behüte!,* ja nicht! **Behüter** *der, -s/-.* **behutsam,** sorgsam, sanft, vorsichtig. **Behutsamkeit** *die, -.*
bei *ihm,* **1)** Abk.: b., in der Nähe: *bei Leipzig; beim Fenster; ich hatte das Formular bei der Hand,* griffbereit. **2)** an einem Ort, in enger Verbindung mit: *beim Bäcker; ein Konto bei der Sparkasse; sie arbeitet bei der Post; bei Müllers; bei uns zu Hause; diesen Satz habe ich bei Goethe gefunden; ein bei den Germanen verbreiteter Brauch; bei Hofe; der Botschafter beim Vatikan; die Entscheidung liegt bei dir; ich habe kein Geld bei mir.* **3)** an einem Punkt: *er nahm sie bei der Hand; diese Gelegenheit muß man beim Schopf(e) fassen,* ergreifen; *ich werde dich beim Wort nehmen,* dich auf das, was du gesagt hast, festlegen. **4)** zur Zeit von, während: *bei Nacht; beim Start; bei dieser Gelegenheit; bei der Arbeit, beim Arbeiten möchte ich nicht gestört werden; Vorsicht beim Überholen!* **5)** wenn es so ist, unter der Bedingung, als Grund für; auch Einräumung: *bei Lawinengefahr ist das Skilaufen verboten; bei seinen Möglichkeiten müßte er es schaffen; bei großer Nachfrage wird das Angebot erweitert; bei aller Nachsicht kann man ihm das nicht durchgehen lassen.* **6)** mit sich führend, versehen sein mit: *er ist nicht bei Verstand,* U: *bei Trost(e), bei Kräften, bei Stimme, bei Laune; ich bin im Augenblick nicht bei Kasse,* habe wenig Geld. **7)** zur Einleitung von Beteuerungsformeln: *bei Gott!, bei meiner Ehre,* (ich schwöre) auf den Namen Gottes, auf meine Ehre. **8)** ♋ (neben Zahlen) ungefähr: *bei tausend Mann; bei weitem,* um vieles.
bei . . . [ahd. bi], in Verbindung mit Verben trennbar zusammengesetzt: *beimessen; beizichen;* vgl. beibehalten.
Bei [türk. beg ›Herr‹] *der, -s/-e* oder *-s,* auch Beg, ehemaliger türkischer Titel.
beibehalten, *ich* behalte *es* bei (behielt bei, habe beibehalten), lasse unverändert weiterbestehen. **Beibehaltung** *die, -: unter B. der bisherigen Vorschriften,* K.
beibiegen, *ich* biege *es ihm* bei (habe beigebogen), U bringe ihm geschickt bei.
Beiboot *das,* von Schiffen mitgeführtes kleines Boot.
Beibreche *die,* ⚒ Gesteine, die neben den Haupterzen abgebaut werden.
beibringen, *ich* bringe *es (ihm)* bei (habe beigebracht), **1)** bringe herbei, beschaffe (Zeugen, Unterlagen). **2)** füge zu (Verluste, Wunde). **3)** lehre. **4)** teile schonend mit. **Beibringung** *die, -,* K Beschaffung (von Unterlagen).
Beichte [ahd. bigiht] *die, -/-n,* (Sünden)bekenntnis: *der Priester hört die B., nimmt die B. ab; die B. ab.* **beichten** [mhd. bihtegen, bihten], *ich* beichte (habe gebeichtet), bekenne meine Sünden, Ü ein Vergehen. **Beichtiger** *der, -s/-,* ♱ Beichtvater. **Beichtkind** *das,* **Beichtling** *der, -s/-e,* jemand, der die Beichte ablegt. **Beichtsiegel** *das,* Beichtgeheimnis. **Beichtstuhl** *der,* ABB. B 18. **Beichtvater** *der,* Geistlicher, der die Beichte abnimmt.
beide [ahd. beide], alle zwei: *alle b., alles beides; wir b.,* selten: *wir beiden,* aber stets: *wir beiden jungen Leute; von beider Tod ist nichts bekannt; keiner von beiden; b. Beine; mit beiden Händen,* mit *beide.* **beidemal,** alle zwei Male; aber: *b. Male.*
beiderlei, von zwei genannten Arten: *b. Geschlechts.* **beiderseitig,** auf beiden Seiten, gegenseitig: *in der beiderseitigen Einverständnis.* **beiderseits** *dessen: b. des Rheins.*
Beiderwand [eigtl. beiderlei Gewand, Wolle und Leinen] *die, -,* auch *das, -(e)s,* beidrechts grobes Gewebe.
Beidhänder *der, -s/-,* **1)** jemand, der mit beiden Händen gleich geschickt ist. **2)** ein großes Schwert. **beidhändig,** mit beiden Händen. **Beidhändigkeit** *die, -.* **beidrecht,** gleichseitig (Gewebe).
beidrehen, *ich* drehe bei (habe beigedreht), ⚓ verlangsame die Fahrt, wende das Schiff dem Wind zu.
beidseits, *bes. schweiz.:* beiderseits.
beieinander, nahe zusammen, ABB. E 2: *wir werden oft b. sein,* Ü einer bei dem anderen; aber: *sie soll (nicht) gut beieinandersein,* U bes. südd.: gesund, bei Verstand.
beiern [mittelniederl. beiaert ›Glockenspiel‹], *ich* bei(e)re (habe gebeiert), *norddt.:* schlage die Glocke mit dem Klöppel an.
Beifahrer *der,* ↻ Mitfahrer: *Beifahrersitz,* ABB. K 40.
Beifall *der, -s,* **1)** lobende Zustimmung: *der Plan findet seinen B.* **2)** begeistertes Händeklatschen, Applaus: *Beifallsbezeigung; Beifallskundgebung; Beifallssturm; beifallspendend.* **beifällig,** zustimmend: *er äußerte sich b.*

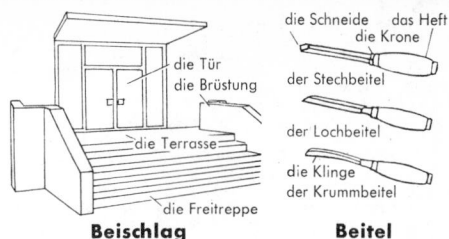

die Schneide — das Heft
die Krone

der Stechbeitel

der Lochbeitel

die Klinge
der Krummbeitel

die Tür
die Brüstung

die Terrasse

die Freitreppe

Beischlag **Beitel**

Beifilm der, kurzer Film vor dem Hauptfilm.
beifolgend, Abk.: beif., anbei, beigelegt.
beifügen, ich füge es bei (habe beigefügt), lege bei, füge an.
Beifügung die, -/-en, **1)** ohne Pl., das Beifügen: unter B. von Dokumenten, K. **2)** Attribut, ÜBERS. S 77. **Beifügungssatz** der, Ⓢ Attributsatz, ÜBERS. S 79.
Beifuß [ahd. bipoz] der, -es, ⊕ ein Korbblüter, ABB. G 23.
Beigabe die, etwas, was dazugegeben wird: Grabbeigabe.
beige [be:ʒ, frz.], nicht flektierbar, **1)** naturfarben (Wolle). **2)** gelbgrau: ein b. Kleid; U auch flektiert: ein beiges Kleid, im beigen Kleid. **Beige** die, -, U auch: -s.
Beige die, -/-n, schweiz.: Stapel: Holzbeige.
beigeben, ich gebe bei (gab bei, habe beigegeben), **1)** es, füge hinzu. **2)** ihn, gebe als Helfer dazu. **3)** ich gebe klein bei, gebe mich geschlagen, gebe den Widerstand auf.
beigen, ich beige (habe beiget) es, auch byge, schweiz.: stapele.
Beigeordnete der, die, -n/-n, ein -r, eine -, auf Zeit gewählter Gemeindebeamter, gewählte Gemeindebeamtin.
Beigeschmack der, **1)** Nebengeschmack. **2)** Ü störende Eigenschaft: diese Angelegenheit hat einen unangenehmen B.
beigesellen, ich geselle bei (habe beigesellt), **1)** es, ihn, lasse hinzukommen. **2)** mich ihm, schließe mich an.
Beignet [bɛɲʿɛ, frz.] der, -s/-s, Fettgebackenes.
Beiheft das, einem Lehrbuch beigefügter gehefteter Teil (mit den Lösungen der Aufgaben).
Beihilfe die, **1)** finanzielle Unterstützung (bes. für Beamte); Stipendium: Studienbeihilfe. **2)** ⚖ wissentliche Hilfeleistung zur Begehung einer Straftat.
Beihirsch der, ⚥ schwächerer Hirsch, der das Rudel des Platzhirsches in der Brunft begleitet.
beiholen, ich hole bei (habe beigeholt), ⚓ ziehe Segel ein.
Beiklang der, -(e)s/ᵉe, **1)** ♪ mitschwingender Ton. **2)** ohne Pl., Ü Unterton.
beikommen, ich komme bei (kam bei, bin beigekommen), **1)** ihm, weiß seine schwache Seite zu treffen: ihm ist nicht beizukommen. **2)** es kommt mir bei, niederdt.: ist meine Pflicht, kommt mir zu; fällt mir ein.
Beikost die, Nahrung für den Säugling neben der Milch.
Beil [ahd. bihal] das, -(e)s/-e, Werkzeug zum Behauen von Holz, ABB. A 29.
beil., Abk. für: beiliegend.
beiladen, ich lade es bei (lud bei, habe beigeladen), lade zusätzlich mit auf. **Beiladung** die, **1)** zusätzliche Ladung. **2)** ⚖ Zuziehung Dritter zu einem Prozeß, an dem sie rechtliches Interesse haben.
Beilage die, -/-n, **1)** einer Zeitung oder Zeitschrift beigelegtes Heft: Zeitschriftenbeilage. **2)** Zukost: Salat als B.
Beilager [mhd. bileger] das, **1)** bis ins MA. der Vollzug der Ehe durch Besteigen des gemeinschaftl. Lagers vor Zeugen. **2)** ⚭ Beischlaf.
beiläufig, 1) nebenbei, nebensächlich: er fragte mich b. danach; eine beiläufige Bemerkung. **2)** österr.: etwa, ungefähr.
beilegen, ich lege bei (habe beigelegt), **1)** es, füge dazu. **2)** es einer Sache, messe bei, schreibe zu: dieser Entscheidung hatten wir keine Bedeutung beigelegt. **3)** es mir, lege mir ohne Berechtigung zu (Titel). **4)** einen Streit, schlichte. **5)** ein Schiff legt bei, stoppt, dreht bei. **Beilegung** die, -/-en, Schlichtung: die B. eines Streits.
beileibe [zu Leib], b. nicht, durchaus nicht.
Beileid [zu Leid] das, Anteilnahme (bei Todes- und Unglücksfällen): Beileidsbezeigung; Beileidsbrief.
beiliegen, es liegt bei (lag bei, hat beigelegen), **1)** ist als Beilage, Zutat angefügt. **2)** ⚓ ein Schiff liegt bei, liegt hart am Wind. **beiliegend,** Abk.: beil., in der Anlage, im gleichen Umschlag. **Beiliegende** das, -n.
beim [mhd. bime], zusammengezogen aus: bei dem, ÜBERS. Z 13.
beimengen, ich menge es bei (habe beigemengt), füge zu einer Mischung hinzu. **Beimengung** die, -/-en.
beimessen, ich messe es ihm (maß bei, habe beigemessen), ich spreche, schreibe zu, lege bei: diesem Vorfall mißt man keine Bedeutung bei, hält ihn für unbedeutend.
beimischen, ich mische es bei (habe beigemischt), füge zu einer Mischung hinzu. **Beimischung** die, -/-en.
Bein [ahd. bein ›Bein‹, ›Knochen‹] das, -(e)s/-e, ABB. B 18, 1) Gliedmaße bei Tier und Mensch; er reißt sich kein B. aus, U strengt sich wenig an; ich werde dir Beine machen, U treibe dich an; das ganze Dorf war auf den Beinen, unterwegs; wir müssen die Beine in die Hand, unter die Arme nehmen, uns

beeilen; er will mir ein B. stellen, Ü versucht, mir zu schaden; ich will mir noch ein wenig die Beine vertreten, mir Bewegung verschaffen, gehen; er ist nach seiner Krankheit nur schwer auf die Beine gekommen, langsam genesen; ich habe mir die Beine in den Bauch gestanden, lange gewartet; er steht mit beiden Beinen im Leben, denkt realistisch; ich muß mich auf die Beine machen, aufbrechen; sie steht mit einem B. im Grab, ist todkrank; in kurzer Zeit hat er sehr viel auf die Beine gestellt, erreicht. **2)** der das Bein bekleidende Teil der Hose: Hosenbein. **3)** längliche Stütze (an Stuhl, Tisch), ABB. S 75, T 12. **4)** ⊕, noch ⚕ Knochen: Stirnbein; Jochbein, ABB. M 12: es friert Stein und B., ist eisig kalt. **5)** Elfenbein.
beinah(e), fast, annähernd.
Beiname der, zusätzl. Name, z. B. Ehrenname, Spottname.
Beinarbeit die, ⚒ Arbeit, die ein Sportler mit den Beinen zu leisten hat. **Beinbrech** der, - oder -(e)s, ein Liliengewächs. **Beinbruch** der, Bruch eines Beinknochens: das ist kein B., nicht schlimm; Hals- und Beinbruch!, viel Glück! **Beinchen** das, -s/-. **beinern,** aus Knochen oder Elfenbein. **Beinfleisch** das, österr.: eine Rindfleischspeise.
beinhalten es beinhaltet (hat beinhaltet) etwas, K enthält, umfaßt.
beinhart, österr.: sehr hart (wie Knochen). **Beinhaus** das, Aufbewahrungsort für ausgegrabene Knochen auf Friedhöfen. **Beinhaut** die, Knochenhaut. **. . .beinig,** mit . . . Beinen: breitbeinig; zweibeinig. **Beinkleid** das, ⚤ Hose. **Beinling** der, -s/-e, Oberteil des Strumpfes, Hosenbein, ABB. M 16. **Beinröhre** die, Teil der Rüstung, ABB. R 34. **Beinschiene** die, Beinröhre. **Beinschwarz** das, Farbe aus Knochenkohle. **Beintasche** die, Rüstungsteil, ABB. R 33. **Beinwell** der oder das, -(e)s, ⊕ ein Boretschgewächs. **Beinzeug** das, Rüstungsteile, ABB. R 33.
beiordnen, ich ordne ihn einem anderen bei (habe beigeordnet), setze zu seiner Unterstützung ein, gebe bei. **beiordnend,** koordinierend. **Beiordnung** die, **1)** gleichberechtigte Nebeneinanderstellung. **2)** Zuordnung.
Beipferd das, ⚤ Handpferd.
beipflichten, ich pflichte ihm bei (habe beigepflichtet), stimme zu. **Beipflichtung** die, -/-en.
Beiprogramm das, Spielplan im Kino außer dem Hauptfilm (Wochenschau, Beifilm).
Beiram der, -s/-s, Bairam.
Beirat der, -(e)s/ᵉe, **1)** beratende Körperschaft: wissenschaftlicher B.; Elternbeirat. **2)** ⚤ zugeordneter Berater. **Beiratschaft** die, -, schweiz.: ⚖ Kuratel.
Beiried das, -(e)s, österr.: eine Rindfleischsorte.
beirren, ich beirre (habe beirrt) ihn, verwirre, störe: ich lasse mich von ihm, dadurch nicht beirren.
beisammen [mhd. bisamen], beieinander, zusammen: wir werden oft b. sein; aber: sie soll (nicht) gut beisammensein, U bes. süddt.: gesund, bei Verstand; auch sonst in Verbindung mit Verben trennbar zusammengesetzt: beisammenbleiben; beisammenhaben; beisammensitzen; beisammenstehen. **Beisammensein** das, -s, Geselligkeit.
Beisasse [mhd. bisæze] der, -n/-n, im MA. Städter ohne volles Bürgerrecht.
Beisatz der, Apposition, ÜBERS. S 79.
Beischlaf der, geschlechtl. Vereinigung von Mann und Frau. **Beischläferin** [mhd. bislafe] die, -/-nen, ⚤ Geliebte, Nebenfrau.
Beischlag [mhd. bislac ›Nebenschlag‹] der, ⃞ Vorbau mit Treppe am Haus, ABB. B 19.
Beischluß der, etwas Beigepacktes, Anlage: unter B. von . . .

Beischrift *die, ⚏* Nachtrag.
Beisegel *das, ⚓* Hilfssegel.
Beisein *das, -s: in seinem B.*, seiner Anwesenheit.
beiseite [mhd. besite], auf die Seite, fort: *er will etwas Geld b. legen*, sparen; *Spaß b.!*, ∪ es ist ernst gemeint. **Beiseitesetzung** *die*, ⚏ K Mißachtung.
Beis(e)l [jidd. bajis ›Haus‹] *das, -s/-(n)*, ∪ österr.: urspr. Wiener Kneipe; kleine, einfache Gaststätte.
beisetzen, *ich* setze *bei* (habe beigesetzt), **1)** *es*, füge hinzu. **2)** *Segel*, hisse. **3)** *ihn*, bestatte, begrabe. **Beisetzung** *die, -/-en*, Begräbnis, Bestattung. **Beisetzungsfeierlichkeiten.**
beisichtig, *mittelfränk.*: kurzsichtig.
Beisitz *der.* **beisitzen**, *ich* sitze *ihm* bei (saß bei, habe beigesessen), übe das Amt des Beisitzers aus. **Beisitzer** *der, -s/-*, **1)** ⚖ Richter neben dem Vorsitzenden. **2)** Vorstandsmitglied neben dem Vorsitzer.
Beispiel [mhd. bispel ›Gleichnis‹, ›Fabel‹] *das, -(e)s/-e*, **1)** Vorbild, Muster: *nimm dir ein B. an ihm!* **2)** ausgewählte Probe: *das kann dir als B. dienen; zum Beispiel*, Abk.: z. B. **beispielgebend**, **beispielhaft**, vorbildlich, musterhaft. **beispiellos**, noch nicht dagewesen; auch unerhört, empörend. **beispielshalber**, **beispielsweise**, zum Beispiel.
beispringen, *ich* springe *ihm* bei (sprang bei, bin beigesprungen), übe mir Hilfe.
beißen [ahd. bizan], *ich* beiße (biß, habe gebissen), **1)** presse die Zähne zusammen, dringe mit den Zähnen in etwas ein: *ich b. in den Apfel; ich mußte mir auf die Lippen beißen, um nicht laut loszulachen; er mußte ins Gras beißen*, ∪ sterben; *sie hat in den sauren Apfel gebissen*, ∪ es notgedrungen getan; *da wirst du auf Granit beißen*, ∪ auf starken Widerstand stoßen. **2)** *es*, zerkleinere mit den Zähnen, kaue: *ich kann die harte Kruste nicht beißen; er hatte nichts zu beißen*, nichts zu essen, litt Hunger. **3)** *es beißt*, brennt, ist scharf (Speisen, Gerüche): *der Rauch beißt in die Augen.* **4)** *er beißt ihn, es*, verletzt ihn mit den Zähnen (Hund), sticht (Insekt). **5)** *er beißt nach ihm*, schnappt, sucht mit den Zähnen zu fassen. **6)** *Farben beißen sich*, passen nicht zusammen: *dieses Grün beißt sich mit dem Blau.* **Beißerchen**, *Pl.*, ∪ Zähne bei Kindern. **Beißkorb** *der*, Maulkorb, ABB. H 27. **Beißzahn** *der*, Schneidezahn, ABB. G 6. **Beißzange** *die*, Kneifzange, Zange zum Abkneifen, ABB. Z 3, S 29.
Beistädel [mhd. bistal] *der, -s/-*, alem.: Pfosten.
Beistand [mhd. bistant] *der, -(e)s/ᵘe*, **1)** ohne *Pl.*, Hilfe: *er leistet mir B.* **2)** ⚖ Helfer in Vormundschaftssachen oder im Prozeß: *Rechtsbeistand.* **3)** österr.: Trauzeuge. **beistehen** [ahd. bistan], *ich* stehe *ihm* bei (habe beigestanden), helfe ihm, unterstütze ihn.
Beisteuer *die*, finanzielle Unterstützung. **beisteuern**, *ich* steu(e)re *es zu etwas* bei (habe beigesteuert), gebe meinen Beitrag, helfe mit zum Gelingen.
beistimmen, *ich* stimme *ihm* bei (habe beigestimmt), stimme *ihm* zu. **Beistimmung** *die*.
Beistrich *der*, Komma, ÜBERS. S 6.
Beitel [niederdt.] *der, -s/-*, Stemmeisen für Holzbearbeitung, ABB. B 19, K 21.
Beitrag *der, -(e)s/ᵘe, zu etwas*, **1)** Anteil eines einzelnen an etwas Größerem (an einem Werk, Geschenk): *ein B. zur Lösung des Problems.* **2)** Zahlung: *Mitgliedsbeitrag; Beitragserhöhung.* **3)** Aufsatz: *B. für eine Zeitschrift.* **beitragen**, *ich* trage *dazu* bei (trug bei, habe beigetragen).
beitreiben, *ich* treibe *es* bei (habe beigetrieben), **1)** schaffe herbei, treibe ein (Schulden, Steuern). **2)** ⚒ beschlagnahme. **Beitreibung** *die, -/-en.*
beitreten, *ich* trete *ihm* bei (trat bei, bin beigetreten), beteilige mich, werde Mitglied. **Beitritt** *der*, **1)** *zu ihm*, Anschluß; Erwerbung der Mitgliedschaft: *Beitrittserklärung.* **2)** ⚘ Merkmal der Hirschfährte; vgl. ABB. F 4.
Beiwagen *der*, **1)** Seitenwagen am Kraftrad. **2)** Anhänger (der Straßenbahn).
Beiwerk *das*, schmückende Zutat, entbehrliche Beigabe, Nebensächliches: *modisches B.*
Beiwesen *das, -s*, *westdt.*: Zubehör.
beiwohnen, *ich* wohne *bei* (habe beigewohnt) **1)** *einem Ereignis*, bin Zeuge, erlebe es. **2)** *einer Frau*, habe Geschlechtsverkehr mit ihr. **Beiwohnung** *die.*
Beiwort [mhd. biwort] *das, -(e)s/ᵘer*, **1)** Adjektiv, ÜBERS. A 4. **2)** *schmückendes B.*, das Epitheton ornans.
Beiz [vgl. Beisel] *die, -/-en*, schweiz.: Kneipe.
Beizäumung *die*, Zäumung für gute Kopfhaltung des Pferdes, ABB. P 9.

Beize [mhd. beize] *die, -/-n*, **1)** ☉ eine meist wässerige Lösung zur Desinfizierung, Färbung u. a.: *Holzbeize.* **2)** Kochkunst: Marinade oder Kochsalzlösung zur Behandlung von Fleisch, Fisch, Käse. **3)** Behandlung mit Beizen. **4)** ☘ Jagd mit abgerichteten Greifvögeln, bes. Falken: *Beizjagd; Beizfalke; Beizvogel.*
beizeiten, zur rechten Zeit, ehe es zu spät ist.
beizen [mhd. beizen ›(durch Kummer) mürbe machen‹, ›mit Falken jagen‹; eigtl. ›beißen machen‹], *ich* beize (habe gebeizt) *es*, **1)** behandle mit Beizen. **2)** schweiz. auch: tränke ein. **3)** ☘ gehe auf Beizjagd.
beiziehen, *ich* ziehe *ihn* bei (habe beigezogen), fordere seine Hilfe, Mitwirkung, erbitte seinen Rat.
bejahen [mhd. bejazen], *ich* bejahe (habe bejaht) *es*, sage ja, billige, begrüße: *er bejaht den Plan.* **bejahendenfalls**, K im Falle einer Bejahung.
bejahrt [mhd. bejaren ›altern‹], reifen Alters, alt.
Bejahung *die, -/-en*, bejahende Antwort, Billigung.
bejammern [mhd. bejameren], *ich* bejamm(e)re (habe bejammert) *ihn*, bedaure tief, beklage. **bejammernswert**, **bejammerswürdig**, zu bedauern.
bejubeln, *ich* bejub(e)le (habe bejubelt) *ihn*, begrüße freudig, empfange mit Jubel.
bekakeln [zu kakeln], *ich* bekak(e)le (habe bekakelt) *es mit ihm*, ∪ bespreche ausführlich.
bekämpfen, *ich* bekämpfe (habe bekämpft) *ihn, es*, suche zu besiegen, gehe dagegen vor: *er bekämpfte Krankheiten, Mißstände.* **Bekämpfung** *die, -.*
bekannt [mhd. bekant], **1)** von vielen gekannt, gewußt: *eine bekannte Melodie, Schauspielerin; eine bekannte Tatsache.* **2)** nicht neu (für jemanden), vertraut (mit etwas): *das ist mir b.; wir sind bekannt; keinen einander; darf ich b. machen?*, vorstellen; aber Zusammenschreibung, wenn ein neuer Begriff entsteht; vgl. bekanntgeben, bekanntmachen, bekanntwerden. **Bekannte** *der, die, -n/-n, ein -r, eine -*, jemand, den man näher kennt: *Bekanntenkreis.* **bekanntermaßen**, bekanntlich. **Bekanntgabe** *die, -*, Veröffentlichung. **bekanntgeben**, *ich* gebe *es* bekannt (gab bekannt, habe bekanntgegeben), veröffentliche: *die Nachricht wurde soeben bekanntgegeben.* **Bekanntheit** *die, -: Bekanntheitsgrad.* **bekanntlich**, wie jedermann weiß. **bekanntmachen**, *ich* mache *es* bekannt (habe bekanntgemacht), veröffentliche: *die Verordnung wurde bekanntgemacht*; aber: *ich habe beide miteinander bekannt gemacht*, sie einander vorgestellt. **Bekanntmachung** *die, -/-en*, Verordnung, amtliche öffentl. Mitteilung; Plakat mit einer solchen Mitteilung. **Bekanntschaft** *die, -/-en*, **1)** ohne *Pl.*, Vertrautheit: *B. mit der Chemie.* **2)** Bekanntenkreis, Bekannte(r). **bekanntwerden**, *es* wird bekannt (wurde bekannt, ist bekanntgeworden), dringt in die Öffentlichkeit: *darüber soll noch nichts bekanntwerden*; aber: *ihn möchte ich mit ihm bekannt werden*, sie kennenlernen.
Bekassine [frz. bécasse] *die, -/-n*, eine Sumpfschnepfe.
bekehren [ahd. bikeren], *ich* bekehre (habe bekehrt) *ihn zu etwas*, bringe ihn dazu, es zu lieben, daran zu glauben, es auszuüben. **Bekehrer** *der, -s/-*, jemand, der einen anderen bekehrt. **Bekehrte** *der, die, -n/-n, ein -r, eine -*, jemand, der bekehrt ist. **Bekehrung** *die, -/-en: B. zum Christentum.*
bekennen [ahd. bichennen ›erkennen‹, ›kennen‹], *ich* bekenne (habe bekannt) *es*, **1)** gebe zu, gestehe: *ich b. meinen Irrtum, meine Sünden.* **2)** *er bekannte seinen Glauben; du mußt Farbe bekennen*, ∪ deine wahre Meinung offenbaren. **3)** *mich (als, für) schuldig*, gebe meine Schuld zu. **4)** *mich zu ihm*, glaube an ihn; trete für ihn ein. **Bekenntnis** *das, -ses/-se*, **1)** Bezeugung des Glaubens. **2)** Glaubenssätze einer Religionsgemeinschaft: *Glaubensbekenntnis.* **3)** Zugehörigkeit zu einer solchen. **4)** Geständnis. **Bekenntnisfreiheit** *die, -*, Glaubensfreiheit. **Bekenntnisschule** *die*, Schule, in der Lehrer und Schüler dem gleichen Bekenntnis angehören, Konfessionsschule.
bekernen, *man* bekernt (hat bekernt) *einen Stadtteil*, macht ihn nach vollendeter Sanierung wieder Mietern zugänglich.
bekieken, *ich* bekieke (habe bekiekt) *es, norddt.*: besehe: *er wird sich inwendig bekieken*, ∪ schlafen.
beklagen [ahd. bechlagon], *ich* beklage (habe beklagt), **1)** *ihn, es*, P äußere Schmerz, Trauer: *wir beklagten seinen Tod.* **2)** *es*, bedaure, bejammere (Schäden, Verluste). **3)** *mich über ihn* oder *etwas*, beschwere mich, äußere Unzufriedenheit. **beklagenswert**, **beklagenswürdig**, bedauerlich, Anteilnahme verdienend. **Beklagte** *der, die, -n/-n, ein -r, eine -*, ⚖ Gegenpartei des Klägers.

beklatschen, *ich beklatsche (habe beklatscht) ihn, es,* **1)** klatsche Beifall. **2)** trage Nachreden weiter, plaudere aus.

bekleben [mhd. bekleben ›haften bleiben‹], *ich beklebe (habe beklebt) es,* klebe auf etwas; klebe voll: *die Kacheln waren mit Blumenmotiven beklebt.* **Beklebung** *die, -/-en.*

bekleckern, beklecksen [mhd. beklecken], *ich beklek-k(e)re, bekleckse (habe bekleckert, bekleckst) es,* beschmutze, mache fleckig: *er hat sich (nicht gerade) mit Ruhm bekleckert,* ∪ hat sich dumm angestellt.

bekleiden [mhd. bekleiden], *ich bekleide (habe bekleidet)* **1)** *ihn,* sorge für seine Kleidung. **2)** *es,* überziehe mit einer Verhüllung (Wand). **3)** *ein Amt,* habe, erfülle. **Bekleidung** *die, -/-en,* ABB. K 24, K 25: *Bekleidungsindustrie.* **2)** Brett am Türpfosten, ABB. T 19.

beklemmen [mhd. beklemmen ›zusammenpressen‹], *es beklemmt (hat beklemmt) mich,* bedrückt, ängstigt (Angst): *beklemmende Sorgen.* **Beklemmung** *die, -/-en.* **beklommen,** bedrückt, voll banger Sorge. **Beklommenheit** *die, -.*

bekloppt, beknackt, ∪ dumm, einfältig.

beknien, *ich beknie [-kn'iːə] (habe bekniet) ihn,* ∪ suche unbedingt zu beeinflussen.

bekochen, *ich bekoche (habe bekocht) ihn,* ∪ sorge für sein Essen.

bekommen [ahd. biqueman], *ich bekomme (bekam, habe bekommen),* **1)** *es,* erhalte, erreiche, bringe in meinen Besitz (Arbeit, Besuch, Hunger). **2)** *es bekommt mir,* tut mir gut, fördert meine Gesundheit: *wohl bekomm's!* **bekömmlich,** der Gesundheit förderlich: *das Essen ist schwer b.; aber: ein schwerbekömmliches Essen.*

beköstigen [mhd. bekostigen], *ich beköstige (habe beköstigt) ihn,* gebe ihm zu essen. **Beköstigung** *die, -.*

bekräftigen [spätmhd. bekreftigen, zu kräftigen], *ich bekräftige (habe bekräftigt) es,* **1)** bestätige nachdrücklich: *ich b. dies mit einem Eid.* **2)** unterstütze, bestärke darin: *ich bekräftigte seinen Verdacht.* **Bekräftigung** *die, -/-en.*

bekränzen, *ich bekränze (habe bekränzt) es,* **1)** setze einen Kranz auf: *ich b. den Sieger.* **2)** *es,* schmücke mit Girlanden. **Bekränzung** *die, -/-en.*

bekreuzen, *ich bekreuze (habe bekreuzt) ihn,* segne ihn mit dem Kreuz. **bekreuzigen,** *ich bekreuzige (habe bekreuzigt) mich,* mache das Kreuzzeichen.

bekriegen [zu Krieg], *ich bekriege (habe bekriegt) ihn,* führe Krieg gegen ihn, bekämpfe.

bekritteln [zu Kritik], *ich bekritt(e)le (habe bekrittelt) ihn,* tadele kleinlich, nörgele. **Bekritt(e)lung** *die, -/-en.*

bekritzeln, *ich bekritz(e)le (habe bekritzelt) es,* mache sinnlose Striche und Schnörkel.

Bekrönung *die, -/-en,* ⟐ schmuckvoller oberer Abschluß, ABB. A 9.

bekümmern [mhd. bekümbern], *ich bekümm(e)re (habe bekümmert),* **1)** *ihn,* bereite ihm Sorgen, kränke ihn: *das bekümmert mich nicht,* ist mir gleichgültig: *ein bekümmertes Gesicht,* sorgenvolles. **2)** *mich um etwas,* bemühe mich darum, setze mich dafür ein. **Bekümmernis** *die, -/-se,* ᴾ Kummer. **Bekümmertheit** *die, -.* **Bekümmerung** *die, -.*

bekunden, *ich bekunde (habe bekundet) es,* **1)** spreche öffentlich aus. **2)** zeige, verrate: *das bekundet Unkenntnis.* **Bekundung** *die, -/-en.*

Bel [vgl. Dezibel] *das, -,* Zeichen: B, Dämpfungsmaß.

Béla [b'eːla, ungar. b'eːlɔ, zu Adalbert], männl. Vorname.

belächeln, belachen, *ich beläch(e)le, belache (habe belächelt, belacht) es,* lache, lächle darüber.

beladen [mhd. beladen], *ich belade (belud, habe beladen) ihn, es,* lege Last auf; befrachte. **Beladung** *die, -/-en,* **1)** Fracht. **2)** *ohne Pl.,* Ladearbeit.

Belag [zu legen] *der, -(e)s/ᵘe,* **1)** dünne Deckschicht: *Kunststoffbelag.* **2)** ⚕ krankhafter Überzug (auf der Zunge). **3)** Butter, Wurst, Käse u. a. auf Brot: *Brotbelag.*

Belagerer *der, -s/-,* belagernder Feind. **belagern** [mhd. belegern], *ich belag(e)re (habe belagert) ihn,* halte (mit meinem Heer) umschlossen, bedränge von allen Seiten. **Belag(e)rung** *die, -/-en,* ABB. ᴷ: *Belagerungstruppen.* **Belagerungszustand** *der,* Ersatz des bürgerl. Rechtszustandes durch Kriegsrecht: *der B. wurde verhängt.*

Belami [bela'miː, frz. bel ami ›schöner Freund‹] *der, -(s)/-s,* Frauenliebling.

belämmert, belemmert.

Belang [K zu belangen] *der, -(e)s/-e,* **1)** Interesse, Wichtigkeit: *überseeische Belange; nichts von B.* **belangen** [ahd. belangen ›verlangen‹], *ich belange (habe belangt) ihn,* **1)** ziehe zur Verantwortung, verklage: *er wurde wegen Diebstahls belangt.* **2)** *was micht belangt,* ⧉ angeht, betrifft. **belanglos,** unwichtig. **Belanglosigkeit** *die, -/-en.* **belangreich,** wichtig. **Belangung** *die, -,* ⧉ Anklage.

belassen, *ich belasse (beließ, habe belassen) es, ihn,* Klasse.

belastbar, mit etwas zu belasten: *er ist psychisch wenig b.* **Belastbarkeit** *die, -.* **belasten,** *ich belaste (habe belastet) ihn, es,* **1)** belade. **2)** bedrücke: *Sorgen belasten ihn.* **3)** beschuldige: *belastende Zeugenaussagen.* **4)** ⚖ trage auf die Sollseite ein: *ich b. sein Konto mit 100 Mark.*

belästigen, *ich belästige (habe belästigt) ihn,* bin ihm unangenehm (durch Aufdringlichkeit, störendes Kommen). **Belästigung** *die, -/-en: Geruchsbelästigung; Lärmbelästigung.*

Belastung *die, -/-en,* **1)** Gewicht, Traglast: *die zulässige Höchstbelastung.* **2)** ⚖ jede Eigentumsbeschränkung (Schuld, Verpflichtung). **3)** ⚕ krankhafte Erbanlagen: *erbliche B.* **4)** ∪ Überanstrengung, Stress: *seelische B.* **Belastungsprobe** *die,* Untersuchung auf die Tragfähigkeit; Sinnbild für die Erprobung: *die Freundschaft hat die B. bestanden.* **Belastungszeuge** *der,* ⚖ Zeuge der Anklage.

belauben [mhd. belouben], *es belaubt sich (hat sich belaubt),* treibt Laub (Baum). **Belaubung** *die, -.*

belauern, *ich belau(e)re (habe belauert) ihn,* beobachte heimlich. **Belau(e)rung** *die, -.*

Belauf *der, -,* ⧉ Betrag. **2)** Schutzbezirk eines Försters. **belaufen** [mhd. beloufen], *ich belaufe (belief, habe belaufen) es,* **1)** begehe (ein Gebiet). **2)** *der Eber beläuft die Sau,* begattet. **3)** *es beläuft sich,* erreicht die Höhe, Summe von: *die Rechnung beläuft sich auf 500 Mark.*

belauschen, *ich belausche (habe belauscht) ihn,* beobachte heimlich, horche.

bel canto [ital.], vgl. Belkanto.

Belche [mhd. belche] *die, -/-n,* **Belchen** *das, -s/-,* Bleßhuhn.

beleben, *ich belebe (habe belebt) ihn,* Ü rege an, bringe Schwung hinein. **belebt,** **1)** lebendig: *belebte Natur,* ÜBERS. N 5. **2)** lebhaft, bevölkert: *eine belebte Straße,* eine verkehrsreiche. **Belebtheit** *die, -.* **Belebung** *die, -,* das Beleben.

belecken, *ich belecke (habe beleckt) es,* lecke daran: *von der Kultur beleckt,* ∪ verfeinert.

Beleg *der, -(e)s/-e,* **1)** Beweisstück: *ein B. für ein Wort,* Stelle, wo es vorkommt. **2)** Urschrift, beweisendes Papier: *Kostenbeleg.* **belegbar,** zu belegen, beweisbar. **belegen,** *ich belege (habe belegt) es,* **1)** bedecke mit einem Belag: *ich b. den Boden mit Kunststoffplatten; eine belegte Stimme, Zunge.* **2)** *es mit Personen,* nutze für die Unterkunft: *alle Zimmer sind belegt.* **3)** *ein Boot,* mache an Land fest. **4)** *einen Platz,* reserviere, sichere mir ein Recht darauf, reserviere für mich: *dieser Platz ist belegt.* **5)** *die Klinge,* Fechtkunst: binde. **6)** *Waffen,* beanspruche zur Austragung eines Zweikampfes den Waffenschutz einer fremden studentischen Verbindung. **7)** *der Stier, Hengst belegt,* begattet. **8)** *es,* beweise: *ich b. die Richtigkeit durch Urkunden.* **Belegexemplar** *das,* 🖶 Abzug von einem Druckwerk als Beleg. **Belegleser** *der,* Zeichenleser. **Belegschaft** *die, -/-en,* Gesamtheit der Arbeitnehmer eines Betriebes. **Belegstück** *das,* 🖶 Belegexemplar. **Belegung** *die, -/-en.*

belehnen [mhd. belehnen], *ich belehne (habe belehnt) ihn,* **1)** übertrage ihm ein Lehen. **2)** beleihe. **Belehnung** *die, -/-en,* feierliche Einsetzung in Lehensrechte, Investitur.

belehren, *ich belehre (habe belehrt) ihn (über etwas),* kläre auf, unterrichte: *ich b. ihn eines Besseren, eines anderen.* **Belehrung** *die, -/-en.*

beleibt [zu Leib], dick, korpulent. **Beleibtheit** *die, -.*

beleidigen [ahd. leidigon ›ein Leid zufügen‹], *ich beleidige (habe beleidigt) ihn (mit etwas),* kränke, verletze. **beleidigt. Beleidigung** *die, -/-en,* rechtswidrige Kränkung, scharfe Grobheit oder Bosheit.

beleihen, *ich beleihe (habe beliehen),* **1)** *ihn mit etwas,* belehne. **2)** *es,* nehme oder gebe einen Kredit auf ein Pfand. **3)** *ein Haus,* nehme oder gebe eine Hypothek darauf. **Beleihung** *die, -/-en: Grundstücksbeleihung; Beleihungswert.*

belemmert [mniederl. belemmeren, zu lahm], ∪ **1)** übel, schlimm. **2)** betrogen, hereingefallen.

Belemnit [grch. belemnon ›Geschoß‹] *der, -en/-en,* ausgestorbener Kopffüßer (Tintenfisch).

belesen, in der Literatur gut unterrichtet: *sie ist auf diesem Gebiet sehr b.* **Belesenheit** *die, -.*

Bel|es|prit [belɛspr'iː, frz.] *der, -s/-s,* ⧉ Schöngeist.

Bel|etage [bɛlet'aːʒə, frz. bel étage ›schönes Stockwerk‹] *die,* erstes Stockwerk über dem Erdgeschoß.

beleuchten [mhd. beliuhten], *ich beleuchte* (habe beleuchtet) *es,* **1)** werfe Licht darauf: *von Scheinwerfern beleuchtet.* **2)** Ü zeige: *er beleuchtete das Problem von allen Seiten.* **Beleuchter** *der, -s/-,* Lichtmeister auf der Bühne u. a.: *Beleuchterbrücke, Beleuchterbühne,* ABB. B 55, F 15. **Beleuchtung** *die, -/-en,* **1)** natürl. Lichtverteilung. **2)** künstl. Erhellung, planmäßige Gestaltung der Lichtverhältnisse: *Beleuchtungstechnik.* **Beleuchtungskörper** *der,* Leuchte, ABB. L 10. **Beleuchtungsstärke** *die,* das Verhältnis des auf eine Fläche fallenden Lichtstroms zur Fläche, Maßeinheit: Lux.

beleumdet [mhd. beliumunden ›in den Ruf bringen‹], **beleumundet,** im Ruf stehend: *sie ist gut, schlecht b.*

belfern [zu bellen und Welf ›junger Hund‹], *ich belf(e)re* (habe gebelfert), Ü zanke, schimpfe.

Bel|fried [mhd. zu bellen ›läuten‹] *der, -s/-e,* Turm, Glocken-, Stadtturm.

Belial [hebr. belija'al ›Bosheit‹], Name des Teufels.

belichten, *ich belichte* (habe belichtet) *es,* setze dem Licht aus (Film). **Belichtung** *die, -/-en,* Produkt aus Beleuchtungsstärke und Einwirkungszeit beim Photographieren. **Belichtungsmesser** *der,* Meßgerät zur Ermittlung der richtigen Belichtung, ABB. P 12: *Photoapparat mit eingebautem B.*

belieben, *ich beliebe* (habe beliebt), **1)** bin geneigt, lasse mich zu etwas herab: *du beliebst wohl zu scherzen!* **2)** es beliebt *ihm, mir,* gefällt: *ganz wie es Ihnen beliebt.* **Belieben** *das, -s,* Ermessen, Wille: *ganz nach B.,* wie man will. **beliebig, 1)** irgendein beliebiges Beispiel; *der, die beliebige, ein beliebiger,* irgend jemand; *alles, jeder beliebige.* **2)** wunschgemäß: *b. oft.* **beliebt** *bei allen,* von allen gern gesehen oder gebraucht: *ein beliebter Lehrer; er will sich überall b. machen.* **Beliebtheit** *die, -:* Beliebtheitsgrad.

beliefern, *ich belief(e)re* (habe beliefert) *ihn,* liefere ihm Ware. **Belieferung** *die, -/-en.*

Belkanto [ital., zu lat. bellus ›hübsch‹ und cantus] *der, -s* klangschöner Gesang der italien. Schule.

Bella [ital. ›die Schöne‹, auch Kurzform von: Isabella u. a.], weibl. Vorname.

Belladonna [ital. ›schöne Frau‹] *die, -/. . .d'onnen,* Tollkirsche.

Belle Epoque [bɛlep'ɔk, frz. ›schöne Epoche‹] *die, - -,* die Zeit des Jugendstils in Europa.

bellen [ahd. bellen], *er bellt* (hat gebellt), **1)** gibt Laut (Hund, Fuchs). **2)** *ich belle,* Ü huste heftig.

Belle|trist [zu frz. belles lettres ›schöne Literatur‹] *der, -en/-en,* Schriftsteller der Belletristik. **Belletristik** *die, -,* schöngeistige Literatur, bes. Unterhaltungsliteratur. **belletristisch.**

Bellevue [bɛlv'yː, frz. ›schöner Blick‹] *das, -(s)/-n* [-v'yːən], Aussichtspunkt; Name vieler Schlösser.

Bellona [lat. bellum ›Krieg‹], altröm. Kriegsgöttin.

beloben ⚬⚬, **belobigen,** *ich belobe, belobige* (habe belobt, belobigt) *ihn,* lobe, erwähne mit Lob. **Belob(ig)ung** *die, -/-en.*

belohnen [mhd. belonen], *ich belohne* (habe belohnt) *ihn für etwas,* gebe ihm eine Belohnung. **belohnenswert. Belohnung** *die, -/-en,* Geschenk als Dank.

beluchsen [zu Luchs], *ich beluchse* (habe beluchst) *ihn,* Ü belauere.

belüften, *ich belüfte* (habe belüftet) *es,* führe frische Luft zu. **Belüftung** *die, -:* Belüftungsventil, vgl. Z 11.

belügen [zu lügen], *ich belüge* (habe belogen) *ihn,* erzähle ihm Unwahres.

belustigen, *ich belustige* (habe belustigt) *ihn, mich (bei, mit etwas),* erheitere, unterhalte, mache Spaß. **Belustigung** *die, -/-en,* spaßhafter Zeitvertreib.

Belutsche [zu Belutschistan in Pakistan] *der, -n/-n,* Angehöriger eines Volkes mit westiran. Sprache.

Belvedere [ital. eigtl. ›schön sehen‹] *das, -(s)/-s,* Aussichtspunkt; Name vieler Schlösser.

Bem., Abk. für: Bemerkung.

Bema [grch. ›Stufe‹, ›Thron‹] *das, -s/-ta,* Ostkirchen: erhöhter Raum für die Geistlichkeit.

bemächtigen [zu mächtig], *ich bemächtige mich* (habe mich bemächtigt) *seiner,* nehme ihn, es mit Gewalt. **Bemächtigung** *die, -.*

bemäkeln [zu Makel], *ich bemäk(e)le* (habe bemäkelt) *ihn, es,* tadle, bekrittele. **Bemäk(e)lung** *die, -/-en.*

bemalen, *ich bemale* (habe bemalt) *es,* streiche mit Farbe an, mache bunt. **Bemalung** *die, -/-en.*

bemängeln [zu Mangel], *ich bemäng(e)le* (habe bemängelt) *es (an, bei ihm),* rüge, beanstande als Fehler oder Mangel. **Bemäng(e)lung** *die, -/-en.*

bemannen [mhd. bemannen], *ich bemanne* (habe bemannt) *es,* versehe mit einer Mannschaft: *bemannte Raumfahrt.* **Bemannung** *die, -/-en,* Besatzung, Schiffsmannschaft.

bemänteln [zu Mantel], *ich bemänt(e)le* (habe bemäntelt) *es,* suche zu verbergen, beschönige. **Bemänt(e)lung** *die, -/-en.*

bemasten, *ich bemaste* (habe bemastet) *ein Schiff,* rüste mit einem Mast aus.

Bembel [zu bampeln ›baumeln‹] *der, -s/-, oberdt.:* **1)** Apfelweinkrug. **2)** Glockenschwengel.

bemeiern, *ich bemei(e)re* (habe bemeiert) *ihn,* Ü überliste.

bemeistern [mhd. bemeistern ›meisterlich gestalten‹], *ich bemeist(e)re* (habe bemeistert), **1)** *ihn,* besiege. **2)** *mich,* beherrsche mich.

bemerkbar, spürbar, zu bemerken: *er versuchte, sich b. zu machen,* die Aufmerksamkeit auf sich zu lenken. **bemerken** [mhd. bemerken], *ich bemerke* (habe bemerkt), **1)** *es,* äußere, sage. **2)** *es, ihn,* nehme wahr, erblicke oder höre. **bemerkenswert,** beachtlich. **bemerklich,** ⚬⚬ bemerkbar. **Bemerkung** *die, -/-en,* Abk.: Bem., kurze Äußerung, Ausspruch: *er machte eine B. über dich; zu diesem Thema ein paar Bemerkungen; eine scherzhafte, spöttische B.*

bemessen, *ich bemesse* (habe bemessen) *es ihm,* teile in gewollten Mengen zu: *meine Zeit ist knapp bemessen, ich habe wenig Zeit.* **Bemessung** *die:* Bemessungsgrundlage.

bemitleiden, *ich bemitleide* (habe bemitleidet) *ihn (wegen etwas),* schenke mein Mitleid. **Bemitleidung** *die, -.*

bemittelt [zu Mittel], wohlhabend, reich.

Bemmchen *das, -s/-,* **Bemme** [westslaw. pomazka] *die, -/-n, ostmitteldt.:* bestrichene Brotschnitte: *Butterbemme.*

bemogeln, *ich bemog(e)le* (habe bemogelt) *ihn,* Ü betrüge.

bemoost, 1) mit Moos bewachsen. **2)** Ü alt: *ein bemoostes Haupt,* P.

bemühen [mhd. bemüejen ›belästigen‹], *ich bemühe* (habe bemüht), **1)** *ihn,* mache ihm Mühe, Arbeit; veranlasse ihn, etwas zu tun. **2)** *mich um es,* gebe mir Mühe, suche zu fördern. **bemühend,** *schweiz.:* peinlich, taktlos. **Bemühung** *die, -/-en, um etwas,* **1)** Anstrengung. **2)** Förderungsbestreben.

bemüßigen [mhd. bemuezigen ›entledigen‹], *ich bemüßige* (habe bemüßigt) *ihn,* Ü veranlasse: *ich fühle, sehe mich dazu bemüßigt,* glaube, Anlaß oder Recht zu haben, es zu tun.

bemustern, *ich bemust(e)re* (habe bemustert) *es,* belege, ergänze mit Probemustern: *bemusterte Angebote, Kataloge.*

bemuttern [zu Mutter], *ich bemutt(e)re* (habe bemuttert) *ihn,* sorge liebevoll und sanft bevormundend für ihn: *sie bemutterte den kleinen Bruder.* **Bemutt(e)rung** *die, -.*

bemützt, eine Mütze tragend.

Ben, 1) Sohn (bei hebräischen Eigennamen). **2)** [zu Benjamin], männl. Vorname.

benachbart, in der Nähe wohnend; angrenzend: *benachbarte Familien, Grundstücke.*

benachrichtigen, *ich benachrichtige* (habe benachrichtigt) *ihn von etwas,* unterrichte, teile mit. **Benachrichtigung** *die, -/-en.*

benachteiligen, *ich benachteilige* (habe benachteiligt) *ihn,* schädige seine Rechte oder Belange: *ich fühle mich benachteiligt,* zurückgesetzt. **Benachteiligung** *die, -/-en.*

benageln, *ich benag(e)le* (habe benagelt) *es,* beschlage mit Nägeln. **Benag(e)lung** *die, -/-en.*

benagen [mhd. benagen], *ein Tier benagt* (hat benagt) *etwas,* nagt daran.

benaut, *niederdt.:* verlegen, kleinlaut, beklommen.

Bendel [ahd. bendel ›Band‹] *das oder der, -s/-,* Bändel.

bene [lat. Adverb von bonus], gut, wohl.

benebelt, Ü betrunken, leicht betäubt.

benedeien [mhd. benedien, zu lat. benedicere, eigtl. ›gut reden‹, zu diesem benedeie (habe benedeit) *ihn,* P ⚬⚬ segne; vgl. gebenedeit.

Benedikt [lat. ›der Gesegnete‹], männl. Vorname. **Benedikta,** weibl. Vorname. **Benediktenkraut** *das,* eine Heilpflanze. **Benediktiner** *der, -s/-,* **1)** Mönch des Benediktinerordens: *Benediktinerkloster.* **2)** ein Kräuterlikör. **Benediktion** *die, -/-en,* Segnung. **benedizieren** [lat. benedicere], *ich benediziere* (habe benediziert) *es,* segne.

Benefiz [frz. bénéfice ›Gewinn‹, ›Pfründe‹, zu lat. beneficium ›Wohltat‹] *das, -es/-e,* **1)** Anrecht am Reinertrag (einer Aufführung): *Benefizvorstellung.* **2)** Pfründe. **Benefiziant**

der, -en/-en, Genießer eines Benefizes. **Benefiziar** der, -s/-e, **Benefiziat** der, -en/-en, Inhaber eines Benefiziums. **Benefizium** das, -s/...zi|en, im MA.: 1) Lehen. 2) kirchliche Pfründe.

benehmen [ahd. bineman ›(weg)nehmen‹, ›verhindern‹], ich benehme (benahm, habe benommen), 1) mich, verhalte mich: benimm dich (anständig)! 2) es ihm, P entziehe, mache unmöglich: das Entsetzen benahm ihm die Sprache. **Benehmen** das, -s, 1) Betragen, Verhalten. 2) Einvernehmen: ich setze mich mit ihm ins B., unterhandle, komme überein.

beneiden [mhd. beniden], ich beneide (habe beneidet) ihn um es, gönne ihm nicht. **beneidenswert.**

Benelux die, -, Sammelname für die Länder: Belgien, Niederlande und Luxemburg, soweit sie als Einheit auftreten: Beneluxländer, Beneluxstaaten.

benennen [mhd. benennen ›darlegen‹], ich benenne (habe benannt) ihn, es (nach ihm), gebe einen Namen: nach ihm benannt. **Benennung** die, -/-en, Name, Bezeichnung.

benetzen, ich benetze (habe benetzt) es, P mache ein wenig naß. **Benetzung** die, -.

Bengali das, -(s), dem -, neuindische Sprache.

bengalisch, die vorderind. Landschaft Bengalen betreffend: bengalisches Feuer, farbiges Feuerwerk, vgl. ABB. F 18.

Bengel [mhd. bengel ›Knüppel‹] der, -s/-, 1) ⚒ Stock, Knüppel. 2) U Pl. -s, Flegel, frecher Junge. **Bengelchen** das, -s/-.

beniesen, ich beniese (habe beniest) es, U bekräftige durch Niesen.

beni|gne [lat. benignus], ⚕ gutartig. **Beni|gnität** die, -, 1) Güte. 2) ⚕ Gutartigkeit. **Beni|gnus**, männl. Vorname.

Benimm der, -s, U Betragen: sie hat keinen B.

Benjamin [hebr. ben-jamin ›Sohn der rechten Seite‹, das ist Süden], 1) männl. Vorname. 2) der, -s/-e, U Jüngster.

Benne [mhd. benne, frz. banne, zu gall.-lat. benna] die, -/-n, schweiz.: Wagenkorb; Schubkarre, alter Karren.

Benno [von Bernhard, Benedikt], männl. Vorname.

benommen 1) von benehmen. 2) U beklommen, leicht betäubt: ich bin b. von einem Medikament, von einem Sturz, von schwerem Wein. **Benommenheit** die, -, leichte Betäubung.

benoten, ich benote (habe benotet) es, gebe eine Note: seine Klassenarbeit wurde mit ›gut‹ benotet.

benötigen [mhd. benoten ›in Not sein‹], ich benötige (habe benötigt) ihn, es, brauche dringend. **Benötigung** die, -.

Benotung die, -, das Benoten.

Benthal [grch. benthos ›Tiefe‹] das, -s, der Meeres- und Gewässerboden als Lebensbereich. **benthonisch. Benthos** das, -, die am Meeresgrund lebende Tier- und Pflanzenwelt.

benutzbar, zu benutzen. **Benutzbarkeit** die, -. **benutzen** [mhd. benützen], **benützen**, ich benutze, benütze (habe benutzt, benützt) es (zu etwas), verwende, gebrauche, Ü ziehe Vorteil daraus. **Benutzer, Benützer** der, -s/-, jemand, der etwas benutzt. **Benutzung, Benützung** die, -.

benzen, ich benze (habe gebenzt), österr.: penze.

Benzin [vgl. Benzoe] das, -s/-e, ein Kraftstoff, Extraktions- und Lösemittel, Gemisch leicht siedender Kohlenwasserstoffe: Benzinpreise. **Benzinkanister** der, tragbares Gefäß für Benzin, ABB. K 40. **Benzinuhr** die, Meßgerät für den Benzinvorrat in Fahrzeugtanks. **Benzoe** [-tsoe-, ital. bengiuì, aus arab. luban gawi ›javanischer Weihrauch‹, den man mit Sumatra-Harz verwechselte] die, -, **Benzoeharz** das, ein trop. Harz. **Benzoesäure** die, eine kristalline organ. Säure; Konservierungsmittel. **Benzol** das, -s/-e, ein flüssiger aromat. Kohlenwasserstoff: Benzolring. **Benzyl** das, -s, einwertiger Rest des Toluols: Benzylalkohol.

beobachten, ich beobachte (habe beobachtet), 1) ihn, es, betrachte genau und lange; überwache, kontrolliere: er fühlt sich beobachtet. 2) ihn, es, bemerke: das habe ich nie beobachtet. 3) es, halte, übe aus (Stillschweigen, Zurückhaltung). **Beobachter** der, -s/-, jemand, der etwas beobachtet: ein neutraler B.; nach Ansicht politischer B. **Beobachtung** die, -/-en: Beobachtungsposten. **Beobachtungsgabe** die, -, Fähigkeit zur Beobachtung: er hat (k)eine gute B.

beordern [zu Order], ich beord(e)re (habe beordert) ihn, befehle, bestelle. **Beorderung** die, -.

bepacken, ich bepacke (habe bepackt) ihn mit etwas, lade ihm auf: ein schwerbepackter Wagen; aber: er ist überaus schwer bepackt. **Bepackung** die, -.

bepflanzen, ich bepflanze (habe bepflanzt) es mit etwas, versehe mit Pflanzen. **Bepflanzung** die, -.

bepflastern, ich bepflast(e)re (habe bepflastert) es, 1) belege mit Pflastersteinen. 2) U beklebe mit viel Pflaster.

bepinseln, ich bepins(e)le (habe bepinselt) es, bestreiche mit dem Pinsel.

Beppa [oberdt. von Josefine], weibl. Vorname. **Beppo**, männl. Vorname.

bepudern, ich bepudere (habe bepudert) es, ihn, bestäube mit Puder.

bequem [ahd. biquami], 1) angenehm, passend: der Anzug, Sessel ist b.; eine bequeme Lösung; wir können das b. in einer Woche schaffen. 2) ungern, alles Unangenehme scheuend: sie ist zu b. zum Arbeiten. **bequemen** ich bequeme mich (habe mich bequemt) zu etwas, lasse mich endlich herbei: er bequeme sich zu Zugeständnissen. **bequemlich**, ⚒ Bequemlichkeit liebend, behäbig. **Bequemlichkeit** die, -/-en, 1) Annehmlichkeit. 2) Einrichtung dazu, Komfort. 3) ohne Pl., Trägheit.

Berapp [wohl zu raffen] der, -(e)s, rauher Verputz. **berappen**, ich berappe (habe berappt) es, ⫟ bewerfe mit grobem Putz.

berappen [zu hebr. Rebbach, Rebbes ›Gewinn‹], ich berappe (habe berappt) es, U bezahle.

beraten [ahd. (bi)ratan], ich berate (beriet, habe beraten), 1) ihn, stehe ihm mit Rat zur Seite: damit war er gut, schlecht beraten; eine beratende Tätigkeit. 2) mich mit ihm, bespreche, überlege mit ihm gemeinsam. 3) die Versammlung berät über etwas, überlegt die Lösung eines Problems. **Berater** der, -s/-, jemand, der berät: juristische B.; Einrichtungsberater; Beraterverträge. **beratschlagen**, ich beratschlage (habe beratschlagt) mit ihm, berate mich. **Beratschlagung** die, -/-en. **Beratung** die, -/-en, das Erteilen von Rat: Berufsberatung; Eheberatung; Kundenberatung; Beratungskosten. **Beratungsstelle** die: B. für Geburtenkontrolle.

berauben [ahd. biroubon], ich beraube (habe beraubt) ihn (dessen), 1) raube aus. 2️⃣ U nehme weg: b. Sie doch nicht?; des Augenlichts beraubt, P blind. **Beraubung** die, -/-en.

berauschen, ich berausche (habe berauscht), 1) ihn mit etwas, mache betrunken, Ü bringe in Begeisterungstaumel. 2) mich an etwas, Ü begeistere mich. **berauschend**, in einen Rausch versetzend: berauschende Mittel, Rauschmittel, Betäubungsmittel. **berauscht**, 1) betrunken. 2) Ü begeistert. **Berauschtheit** die, -. **Berauschung** die, -, das Berauschen, das Berauschtsein.

Berber der, -s/-, 1) Angehöriger eines nordafrikan. Volkes. 2) kurz für Berberteppich. **Berberei** die, -, alter Name für Nordwestafrika.

Berberitze [mlat. berberis] die, -/-n, eine Nutzpflanze, ein Zierstrauch.

Berceuse [bɛrs'ø:z(ə), frz., zu berceau ›Wiege‹] die, -/-n, Wiegenlied.

berechenbar, zu berechnen. **berechnen** [ahd. birechanon], ich berechne (habe berechnet) es, 1) schätze vorher, kalkuliere: die berechneten Baukosten. 2) stelle in Rechnung: er hat es mir zum Selbstkostenpreis berechnet. 3) Ü erwäge genau: ihr Auftreten war auf Wirkung berechnet. **berechnend**, eigennützig die Vorteile bedenkend. **Berechnung** die, 1) genauer Voranschlag. 2) Ausrechnung. 3) Ü eigennützige Überlegung.

berechtigen, ich berechtige (habe berechtigt) ihn zu etwas, gebe ihm das Recht, etwas zu tun: dazu ist er nicht berechtigt. **berechtigt**, zu Recht bestehend, begründet: berechtigte Klagen, Zweifel. **Berechtigte** der, die, -n/-n, ein -r, eine -, jemand mit Berechtigung: Wohngeldberechtigte. **berechtigterweise**, mit Recht. **Berechtigung** die, -/-en, 1) Rechtmäßigkeit. 2) Recht, Befugnis: Berechtigungsschein; mit voller B.; ohne jede B.

bereden [mhd. bereden], ich berede (habe beredet) 1) es etwas, rede darüber, berate. 2) ihn zu etwas, veranlasse, überrede. 3) ihn, sage ihm Schlechtes nach. 4) mich mit ihm, berate mich. **beredsam**, redegewandt, wortreich. **Beredsamkeit** die, -. **beredt**, 1) beredsam. 2) ausdrucksvoll: sein Schweigen legte beredtes Zeugnis ab. **Beredtheit** die, -.

Beregnung die, -, eine Form der Bewässerung, ABB. B 23.

Bereich der oder das, -(e)s/-e, 1) Umgebung, Gebiet, Umkreis: im B. der Innenstadt. 2) Einflußgebiet, Wirkungskreis: Einflußbereich; Frequenzbereich.

bereichern, ich bereichere (habe bereichert), 1) ihn, lasse ihm etwas zukommen. 2) mich an etwas, suche unredlich Gewinn. **Bereicherung** die, -/-en, Pl. selten, 1) das Bereichern, das Sichbereichern. 2) Ü Nutzen, Gewinn: die neue Konzertreihe ist eine B. für unsere Stadt.

das Gipfelkreuz · der Scheitel · die Scharte (das Törl) · die Bergkette · der Bergrücken
der Fels · der Gipfel · der Grat · der First · der Kamm
der Sattel
das Gesims · der Bergstock · die Kuppe
das Horn
das Band · der Krater · der Nebenkrater
die Wand · die Abdachung · die Lava
der Überhang · der Abhang · die Zacke (Zinne) · der Vulkan (Kegel)
der Absturz · die Schrunde
der Kegel · die Platte · der Dom (Kogel)
die Halde · der Schutthang · der Fuß
der Tafelberg · die Bergformen · der Inselberg

Berg

bereifen [zu Reif], es bereift sich (hat sich bereift), bedeckt sich mit Rauhreif: bereifte Äste, Dächer.
bereifen, ich bereife (habe bereift) ein Fahrzeug, versehe mit Reifen. Bereifung die, -/-en: Winterbereifung.
bereinigen, ich bereinige (habe bereinigt) es, Ü kläre, bringe in Ordnung: wir haben unsere Meinungsverschiedenheit bereinigt. Bereinigung die, -.
bereisen, ich bereise (habe bereist) es, lerne auf Reisen kennen: er hat schon viele Länder bereist.
bereit [ahd. bireiti] zu etwas, für ihn, fertig, fähig (zum Gebrauch, zur Tat): werdet ihr dazu b. sein, euch b. erklären, euch b. finden; aber: ich will es bereithalten, bereitlegen, bereitmachen, bereitstellen, werde bereitstehen. bereiten [mhd. bereiten], ich bereite (habe bereitet) 1) es, stelle her, mache fertig (Essen, Arznei). 2) es ihm, verursache (Kummer).
bereiten [mhd. beriten], ich bereite (habe beritten) ein Pferd, reite zu. Bereiter der, Ausbilder von Reitpferden.
bereithalten, ich halte ihn, es, mich bereit (hielt bereit, habe bereitgehalten), habe in Bereitschaft, zur Verfügung: wir sollen uns zur Probe bereithalten. bereitlegen, ich lege es bereit (habe bereitgelegt), lege zurecht, halte zur Verfügung: du sollst ihm das Buch bereitlegen. bereitmachen, ich mache es fertig (habe bereitgemacht), mache fertig, bereite vor. bereits, schon. Bereitschaft die, -, 1) das Bereitsein. 2) Vorrat, Verfügung: er hat eine Ausrede in B. 3) Pl. -en, eine einsatzbereite Abteilung der Polizei. Bereitschaftsdienst der, das Bereitsein für Notfälle außerhalb der Dienstzeit. Bereitschaftspolizei die, kasernierte Polizei. bereitste-

hen, es steht bereit (hat bereitgestanden), steht da, damit darüber verfügt werden kann: es stand zum Abholen bereit.
bereitstellen, ich stelle es bereit (habe bereitgestellt), stelle hin, damit darüber verfügt werden kann: das Material wurde bereitgestellt. Bereitung die, -, das Bereiten, Herstellung.
bereitwillig, geneigt, gern bereit. Bereitwilligkeit die.
berennen, ich berenne (habe berannt), 1) es, suche zu erstürmen. 2) es, ihn, Ü bestürme, bedränge.
berenten, ich berente (habe berentet) ihn, K spreche eine Rente zu: dieser Berufszweig wird frühzeitig berentet.
bereuen [mhd. beriuwen], ich bereue (habe bereut) es, empfinde Reue darüber: bedauere, beklage.
Berg [ahd. berg] der, -(e)s/-e, 1) große Erhöhung, deutlich umgrenzte Bodenerhebung, ABB. B 20; sinnbildlich für viel Arbeit, große Schwierigkeiten und Lasten: ein B. von Briefen, Sorgen; Glaube kann Berge versetzen, Ü vollbringt fast Unmögliches; er hat mir goldene Berge versprochen, Ü große Versprechungen gemacht; wir sind über den B., Ü über das Schlimmste hinaus; er ist bereits über alle Berge, Ü sehr weit weg; er will damit hinter dem Berge halten, Ü es verheimlichen; mir stehen die Haare zu Berge (vor Schreck), Ü. 2) nur Pl., ⚒ taubes Gestein. Berg. . .,) Gebirgs. . .) Gruben. . ., Bergwerks. . . berg|ab, den Berg hinunter: es geht b., Ü wird schlechter. berg|abwärts.
Bergamotte [ital., aus türk. beg armudi ›Fürstenbirne‹] die, -/-n, 1) eine Birnensorte. 2) Pomeranzenart, Zitrusfrucht.
Bergamt das, ⚒ staatliche Aufsichtsbehörde. berg|an, in die Höhe. Bergarbeiter der, Bergmann. bergauf, bergan.

das Geleucht · der Bohrstahl · der Eishaken · der Kletterhammer
der Schachthut · der Rucksack · der Ringhaken
der Wasserschlauch · der Bohrhammer · das Seil · der Fiechtlhaken
das Gasschutzgerät · der Druckluftschlauch · das Spitzeisen
das Bergleder · der Abbauhammer · der Eispickel · der Karabiner
die Wetterlampe · der Druckluftschlauch · das Griffeisen
der Drahtkorb
der Knieschoner · der Handfäustel · die Bügelsäge · das Steigeisen
der Akkumulator · der Lampentopf mit dem Benzingefäß · die Axt · die Kratze · der Bergschuh · der Kletterschuh · der Nietnagel
der Bergmann · **Bergbau** (Gerät) · die Pfannschaufel · der Bergsteiger · **Bergsteiger** · der Flügelnagel

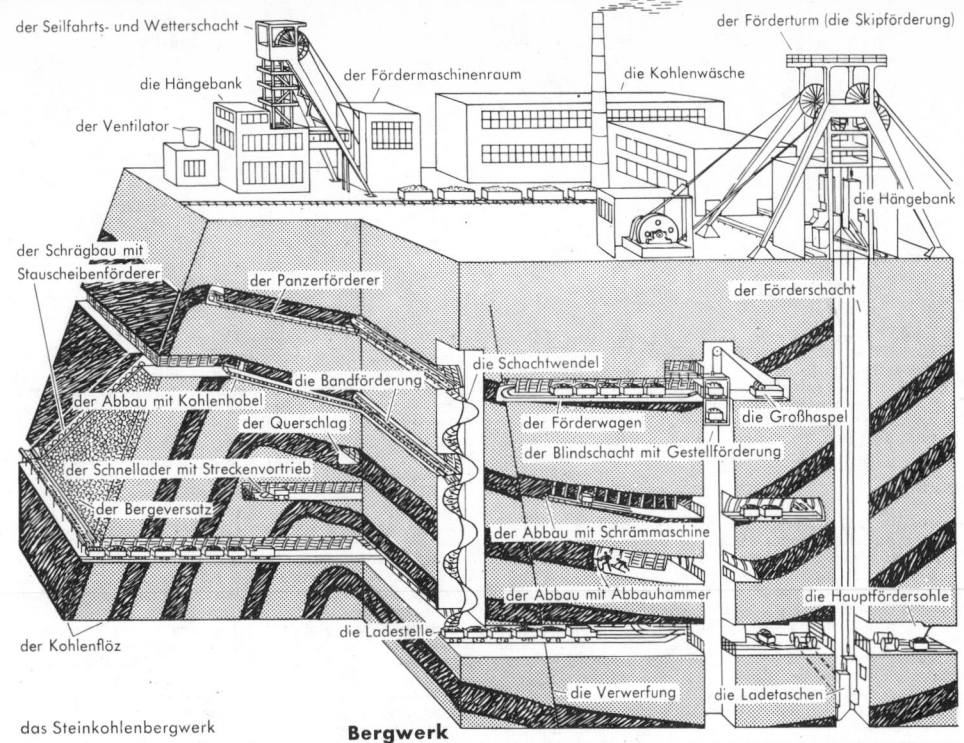

der Seilfahrts- und Wetterschacht
die Hängebank
der Ventilator
der Fördermaschinenraum
der Förderturm (die Skipförderung)
die Kohlenwäsche
die Hängebank
der Schrägbau mit Stauscheibenförderer
der Panzerförderer
der Förderschacht
die Schachtwendel
die Bandförderung
der Abbau mit Kohlenhobel
der Querschlag
der Förderwagen
die Großhaspel
der Schnellader mit Streckenvortrieb
der Blindschacht mit Gestellförderung
der Bergeversatz
der Abbau mit Schrämmaschine
der Abbau mit Abbauhammer
die Hauptfördersohle
der Kohlenflöz
die Ladestelle
die Verwerfung
die Ladetaschen
das Steinkohlenbergwerk

Bergwerk

bergaufwärts. Bergbahn *die,* Bahn im Gebirge oder auf einen Berg, ABB. S 46. **Bergbau** *der, -(e)s,* gewerbliche Gewinnung der Bodenschätze, vgl. ABB. B 21. **bergbaulich. Bergelohn** *der,* ⌐ der Anspruch auf Lohn für eine Bergung. **bergen** [ahd. bergan], *ich berge (barg, habe geborgen; du birgst, er birgt; wenn er bärge!),* **1)** *ihn (vor etwas),* bringe in Sicherheit, rette. **2)** *die Segel,* ⌐ hole nieder (bei Sturm). **3)** *es in mir,* P verheimliche. **4)** *es birgt etwas (in sich),* P enthält: *diese Expedition birgt mancherlei Gefahren.*
bergeweise, in großer Menge: *die Post kam b.* **Bergfahrt** *die,* Fahrt bergauf oder flußauf. **Bergfried** [mhd. bervrit] *der, -(e)s/-e,* Hauptturm der Burg, ABB. B 56. **Bergführer** *der,* berufsmäßiger Führer fürs Hochgebirge. **Berghauptmann** *der,* Bergbeamter, Leiter eines Oberbergamtes. **bergig,** uneben, gebirgig. **Bergknappe** *der.* **Bergkrankheit** *die,* Höhenkrankheit. **Bergkristall** *der,* kristallisierter wasserklarer Quarz. **Bergleder** *das,* Schutzleder des Bergmanns, ABB. B 21. **Bergmann** [mhd. bercman] *der, -(e)s/. . .leute,* Arbeiter im Bergwerk, ABB. B 21. **bergmännisch. Bergparte** *die,* Schmuckteil der Bergleute. **Bergpredigt** *die,* eine bedeutsame Predigt Christi. **Bergrutsch** *der,* Abgleiten von Erd- oder Gesteinsmassen an Berghängen. **Bergschaden** *der,* durch Bergbau verursachter Schaden. **bergschüssig,** reich an taubem Gestein. **bergsteigen,** *nur Infinitiv und Partizip üblich: er will bergsteigen, ist viel berggestiegen.* **Bergsteiger** *der,* Wanderer und Kletterer im Gebirge, ABB. B 21. **bergsteigerisch,** *bergsteigerisches Können.* **Bergstock** *der,* **1)** Gebirgsmasse, ABB. B 20. **2)** Wanderstock, ABB. S 19. **Bergsturz** *der,* das Abstürzen von Gesteins- oder Erdmassen an steilen Berghängen. **Berg-und-Tal-Bahn** *die,* Achterbahn, ABB. R 31. **Bergung** *die, -/-en,* **1)** *Bergungsmannschaft.* **2)** ⌐ Einbringung eines in Seenot geratenen Schiffes oder seiner Ladung. **bergunter,** den Berg hinunter. **Bergwacht** *die,* Organisation zur Hilfe bei Bergun-

fällen. **Bergwerk** *das,* Anlage zur Gewinnung von Mineralien, ABB. B 22.
Beriberi [singhalesisch] *die, -,* eine Vitaminmangelkrankheit.
Bericht [mhd. beriht] *der, -(e)s/-e, über etwas,* Wiedergabe von Tatsachen in Wort oder Bild: *ich fasse einen B. ab; ich erstatte B.; Polizeibericht; Tatsachenbericht.* **berichten,** *ich berichte (habe berichtet) es, ihm, über etwas.* **Berichter** *der: Kriegsberichter.* **Berichterstatter** *der, -s/-,* **1)** Sachbearbeiter, Referent. **2)** Mitarbeiter (Presse, Funk, Film, Fernsehen), der über Tagesereignisse berichtet, Reporter. **Berichterstattung** *die.*
berichtigen [mhd. berihten], *ich berichtige (habe berichtigt),* **1)** *ihn, mich,* verbessere (Irrtum, Unwahrheit). **2)** *es,* stelle richtig, korrigiere. **Berichtigung** *die, -/-en.*
beriechen, *ich berieche (habe berochen) es,* **1)** rieche daran. **2)** prüfe durch Riechen: *sie beriechen sich,* Ü suchen einander näher kennenzulernen.
berieseln, *ich beriese(e)le (habe berieselt),* **1)** *es,* bewässere. **2)** *ihn,* Ü lasse ständig auf ihn einwirken (Radiomusik, Werbung). **Berie(s)lung** *die, -,* ABB. B 28.
beringen, *ich beringe (habe beringt) es,* versehe mit Ringen (Vögel). **Beringung** *die, -.*
Beritt *der, -(e)s/-e,* ⚔ Teil der Schwadron. **2)** ⚶ Forstbezirk. **beritten,** zu Pferde: *berittene Polizisten.*
Berkelium [nach Berkeley, USA] *das, -s,* ⬡ Zeichen: Bk, künstliches radioaktives Actinoiden-Element.
Berliner *der, -s/-,* **1)** Einwohner der Stadt Berlin. **2)** gefüllter Pfannkuchen, ABB. K 51. **Berliner Blau** *das,* Preußischblau. **berlin(er)isch,** auf Berlin bezüglich. **berlinern,** *ich berlin(e)re (habe berlinert),* spreche Berliner Mundart.
Berlocke [frz. breloque] *die, -/-n,* Schmuckanhänger (an Uhrketten), ABB. S 30.

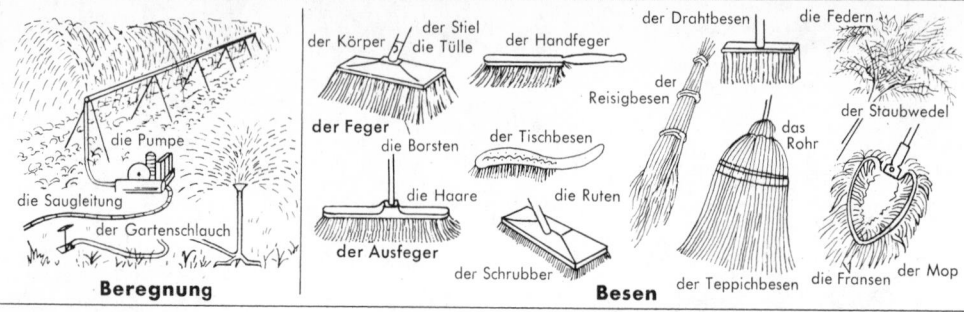

der Stiel / die Tülle / der Körper / die Pumpe / die Saugleitung / der Gartenschlauch — **Beregnung** — der Handfeger / der Drahtbesen / die Federn / der Reisigbesen / der Staubwedel / das Rohr / **der Feger** / die Borsten / der Tischbesen / die Haare / die Ruten / der Schrubber / der Ausfeger / der Teppichbesen / die Fransen / der Mop — **Besen**

Berme [niederl. berm] *die, -/-n,* Böschungssicherung durch waagerechten Fortsatz, Abb. B 44, D 5.

Bernadette [frz.], weibl. Vorname. **Bernd, Bernhard** [ahd. bero ›Bär‹ und hart ›stark‹], männl. Vornamen. **Bernharda, Bernhardine,** weibl. Vornamen. **Bernhardiner** *der, -s/-,* 1) Angehöriger eines Mönchsordens. 2) eine Hunderasse.

Bernstein [mnd. bernestein, zu bernen ›brennen‹, eigtl. ›Brennstein‹] *der, -s,* fossiles Harz; oft mit pflanzlichen und tierischen Einschlüssen: *Bernsteinkette.* **bernsteine(r)n.**

Bernward [ahd. bero ›Bär‹ und wart ›Wärter‹], männl. Vorname.

Bersagliere [bɛrsaʎ'ɛːrə, ital. bersaglio ›Zielscheibe‹] *der, -(s)/. . .ri,* Infanterist einer italien. Truppengattung.

bersten [ahd. brestan ›(zer)reißen‹, *ich* berste (barst, bin geborsten; du birst, er birst), 1) *vor Lachen,* Ü lache heftig. 2) *es birst,* zerspringt, bricht auf, bekommt Risse: *das Eis ist geborsten.*

. . .bert [ahd. beraht ›glänzend‹], in Namen: glänzend. **Berta,** weibl. Vorname. **Bert(h)old** [ahd. waltan ›walten‹], männl. Vorname. **Bert(h)olda,** weibl. Vorname.

Bertillonage [bɛrtijon'aːʒə, frz., nach Alphonse Bertillon, französ. Anthropologe, * 1853, † 1914] *die, -,* ♂ kriminalist. Identifizierungsverfahren durch in Karteien schriftlich festgehaltene körperl. Merkmale.

Bertram [ahd. beraht ›glänzend‹ und raban ›Rabe‹], männl. Vorname. **Bertrand** [frz. -tr'ã], männl. Vorname.

berüchtigt [frühnhd., zu Ruf], in üblem Ruf stehend, schlecht beleumdet.

berücken [urspr. vom Vogel- und Fischfang ›das Netz über das Opfer rücken (ziehen)‹, *ich* berücke (habe berückt) *ihn,* verlocke, bezaubere: *eine berückende Schönheit.*

berücksichtigen, *ich* berücksichtige (habe berücksichtigt), 1) *es,* beachte, beziehe in Überlegungen ein: *man muß die Wetterlage berücksichtigen.* 2) *ihn,* gewähre ihm das, wofür er sich beworben hat, was er braucht oder haben möchte: *ich kann nicht alle Bewerber berücksichtigen.* **Berücksichtigung** *die, -.*

Berückung *die, -,* Bezauberung.

Beruf [mhd. beruof ›Leumund‹] *der, -(e)s/-e,* 1) Lebenserwerb, Zugehörigkeit zu einem Erwerbszweig: *freier B.; erlernter B.; er geht (k)einem B. nach; Berufsausbildung; Berufserfahrung; Berufswechsel; Berufsziel.* 2) ♂ Berufung, innere Bestimmung. **berufen** [ahd. biruofan], *ich* berufe (berief, habe berufen), 1) *ihn,* ernenne, setze in ein Amt ein: *er wurde in den Vorstand, zum Vorsitzenden berufen.* 2) ♂ *ihn,* berufe ein, lasse kommen. 3) *es, ihn,* beschwöre (Unglück, Geister). 4) *mich auf ihn,* nenne ihn als Zeugen oder Beweis.

berufen *zu etwas,* besonders geeignet: *zum Pianisten b.*

beruflich, auf den Beruf bezüglich: *berufliche Schwierigkeiten.* **Berufsberatung** *die,* Beratung bei der Berufswahl. **berufsfremd,** nicht den erlernten Beruf betreffend. **Berufsgeheimnis** *das,* 1) Schweigepflicht der Ärzte, Rechtsanwälte u. a. 2) Ü nur einer (Berufs)gruppe bekannter Kniff. **Berufsheer** *das,* Heer, dessen Angehörige Soldaten von Beruf sind. **Berufskrankheit** *die,* auf einen Beruf zurückgehende Erkrankung. **Berufsschule** *die,* die Berufsausbildung begleitende Pflichtschule. **Berufsspieler** *der,* **Berufssportler** *der,* ein Sportler, der gewerblich Sport treibt, z. B. Fußball. **berufstätig,** eine Erwerbstätigkeit ausübend. **Berufstätige**

der, die, -n/-n, ein -r, eine -. **Berufstätigkeit** *die, -.* **berufsunfähig,** unfähig zur Ausübung des Berufes. **Berufsunfähigkeit** *die.* **Berufsverbot** *das,* ♂♂ Verbot, einen bestimmten Beruf oder ein Gewerbe auszuüben. **Berufsverkehr** *der,* das Fahren Berufstätiger von der Wohnung zum Arbeitsplatz und umgekehrt. **Berufswahl** *die, -,* Entscheidung für einen Beruf. **Berufung** [mhd. beruofunge ›Ausrufung‹] *die, -/-en,* 1) innerer Auftrag zu einer Tätigkeit. 2) Angebot einer leitenden Stelle. 3) ♂ Erneuerung der Verhandlung vor einer höheren Instanz: *er legte gegen das Urteil B. ein.*

beruhen, *es* beruht (hat beruht) *auf etwas,* stützt sich, ist gegründet: *es b. auf einem Irrtum; lassen wir die Sache auf sich beruhen,* verfolgen wir sie nicht weiter.

beruhigen, *ich* beruhige (habe beruhigt) *ihn, mich,* bringe zur Ruhe, beschwichtige: *die Lage an der Börse hat sich beruhigt.* **Beruhigung** *die, -/-en: Beruhigungsmittel; Wetterberuhigung.*

berühmt [zu ahd. sih peruomen ›sich rühmen‹], weit bekannt, hochangesehen, unvergessen: *er ist b. wegen seiner Verdienste um die Weltraumforschung.* **Berühmtheit** *die, -/-en,* 1) ohne Pl., das Berühmtsein. 2) U berühmte Person.

berühren [ahd. biruoren], *ich* berühre (habe berührt), 1) *ihn, es,* fasse an. 2) *es,* komme nahe heran, stelle Kontakt her, bringe in Kontakt: *die Strecke berührt den Ort (nicht).* 3) *es,* erwähne (flüchtig): *er berührte auch diese Frage.* 4) *es berührt mich,* betrifft mich, geht mich an: *das berührt mich (nicht).* **Berührung** *die, -/-en,* 1) das Betasten. 2) Ü Zusammenhang: *diese Angelegenheit kannst du damit nicht in B. bringen.* 3) △ das Berühren zweier Kurven oder Flächen in einem Punkt. **Berührungspunkt** *der,* 1) Punkt, in dem sich geometrische Figuren berühren. 2) Ü Gemeinsamkeit im Denken, in den Interessen: *wir haben keinen B. miteinander.*

berußt, mit Ruß bedeckt, beschmutzt.

Beryll [grch. beryllos aus altind.] *der, -s/-e,* ein farbloses oder gefärbtes Mineral (Smaragd, Aquamarin u. a.). **Beryllium** *das, -s,* ♀ Element, Zeichen: Be, silberweißes schmiedbares Metall.

bes., Abk. für: besonders.

besäen [mhd. besæjen], *ich* besäe (habe besät) *es mit etwas,* 1) versehe mit Saatgut (Feld). 2) *besät mit,* Ü dicht bedeckt: *die Straßen waren mit Konfetti besät.*

besagen [ahd. bisagen], *es* besagt (hat besagt) *etwas,* bedeutet, drückt aus: *das b. nichts, folgendes; der Zettel b. alles,* verrät es. **besagt,** K erwähnt: *besagter Zeuge.* **Besagte** *der, die, -n/-n,* K. **besagtermaßen,** K wie gesagt.

besaitet, 1) mit Saiten bespannt. 2) Ü vgl. zartbesaitet.

besammeln, *ich* besamm(e)le (habe besammelt) *Truppen, schweiz.:* sammle: *wir besammeln uns,* versammeln uns. **Besamm(e)lung** *die, -/-en.*

Besamung *die, -/-en,* 1) Eindringen des Samenfadens in das Ei. 2) das Verbringen der Samenflüssigkeit in das weibl. Geschlechtsorgan: *künstliche B.*

Besan [niederl. besane, über ital. mezzana, aus arab. mazzan] *der, -s/-e,* Segel am Besanmast.

besänftigen, *ich* besänftige (habe besänftigt) *ihn,* beruhige (Zorn). **Besänftigung** *die, -/-en.*

Besanmast [zu Besan] *der,* ⚓ hinterster Mast.

Besatz *der, -es/⸚e,* 1) aufgenähte Kanten, Bänder u. a. an Kleidern, Abb. A 13, K 25. 2) das Vorkommen bestimmter Tiere in einem Gebiet. 3) fremde Bestandteile bei Sämereien.

Besatzer *der, -s/-,* ∪ Angehöriger einer Besatzungstruppe.
Besatzung [mhd. besaz ›Belagerung‹] *die, -/-en,* **1)** Bemannung (Schiff, Flugzeug). **2)** Verteidigungstruppe einer befestigten Anlage. **3)** Truppe, die ein Gebiet besetzt hält: *Besatzungsmacht; Besatzungstruppen.* **Besatzungszone** *die,* von fremden Truppen besetztes Gebiet.
besaufen [ahd. bisoufen ›ertränken‹], *ich besaufe mich* (habe mich besoffen), V trinke zuviel Alkohol, betrinke mich.
Besäufnis *das, -ses/-se* oder *die, -/-se,* ∪ **1)** *ohne Pl.,* Trunkenheit. **2)** Trinkgelage.
besäumen, *ich besäume* (habe besäumt) *es,* gebe (einem Brett oder Balken) rechtwinklige Kanten.
besäuseln, [ich besäus(e)le *mich* (habe mich besäuselt), ∪ betrinke mich ein wenig: *er war gestern besäuselt.*
beschädigen [mhd. beschedigen], *ich beschädige* (habe beschädigt) *es,* mache schadhaft, verderbe etwas daran. **Beschädigung** *die, -/-en.*
beschaffen [ahd. biscaffon], *ich beschaffe* (habe beschafft) *es (ihm),* besorge. **beschaffen,** geartet, veranlagt, mit bestimmten Eigenschaften. **Beschaffenheit** *die, -.* **Beschaffung** *die, -,* das Beschaffen: *Beschaffungskosten.*
beschäftigen, *ich beschäftige* (habe beschäftigt) **1)** *ihn,* habe im Arbeitsverhältnis: *er beschäftigt in seinem Betrieb 200 Arbeiter und Angestellte.* **2)** *ihn mit etwas,* gebe Arbeit. **3)** *mich mit etwas,* gebe mich damit ab, arbeite oder denke daran. **4)** *es beschäftigt mich,* ∪ gibt ihm zu denken. **Beschäftigte** *der, die, -n/-n, ein -r, eine -,* jemand, der in einem Arbeitsverhältnis steht. **Beschäftigung** *die, -/-en: Vollbeschäftigung; Beschäftigungsverhältnis.* **Beschäftigungsprogramm** *das,* Programm zur Herabsetzung der Arbeitslosigkeit. **Beschäftigungstherapie** *die,* Behandlung von Kranken, indem man sie beschäftigt.
beschälen [ahd. scelo ›Zuchthengst‹], *der Hengst* beschält (hat beschält) *die Stute,* begattet. **Beschäler** *der, -s/-,* Zuchthengst.
beschallen, *ich beschalle* (habe beschallt), **1)** ⊙ setze starkem Schall aus. **2)** *ihn,* ⚡ behandle mit Ultraschall. **Beschallung** *die, -/-en,* Paarung von Pferden.
beschämen [mhd. beschemen], *ich beschäme* (habe beschämt) *ihn,* handle so, daß er sich reuevoll schämen müßte: *sein Verhalten war beschämend für mich.* **beschämenderweise. Beschämung** *die, -,* Demütigung; Scham.
beschatten [mhd. beschatewen], *ich beschatte* (habe beschattet) *ihn, es,* **1)** setze in den Schatten, schütze vor Sonne: *das Unglück beschattete sein letztes Lebensjahr,* Ü trübte. **2)** Ü beobachte heimlich, überwache. **Beschattung** *die, -.*
Beschau, *die, -,* **1)** Betrachtung. **2)** Fleischprüfung am Schlachtvieh: *Fleischbeschau.* **3)** Untersuchung des Feingehalts. **4)** Zollprüfung. **beschauen** [ahd. biscouwon], *ich beschaue* (habe beschaut) *ihn, es mir,* betrachte ruhig. **Beschauer** *der, -s/-,* **1)** Betrachter. **2)** Fleischprüfer (bei Schlachtungen). **3)** Warenprüfer. **beschaulich,** behaglich, versonnen betrachtend, geruhsam. **Beschaulichkeit** *die, -.* **Beschauung** *die, -,* das Beschauen. **Beschauzeichen** *das,* Kennzeichnung des Feingehalts, Punzierung.
Bescheid *der, -(e)s/-e,* **1)** Antwort: *du bekommst morgen B.* **2)** Auskunft: *er weiß hier B.,* kennt sich hier aus. **3)** bescheid. Entscheidung. **4)** *jemandem B. tun,* einen Zutrunk erwidern.
bescheiden [mhd. bescheiden], *ich bescheide* (habe beschieden) *ihn,* **1)** gebe Bescheid, teile eine amtliche Entscheidung mit: *er wurde abschlägig beschieden.* **2)** *zu mir,* lasse kommen. **3)** *mich,* P teile zu: *Gott beschied es,* hat es verhängt. **4)** *mich mit etwas,* begnüge mich damit. **5)** *mich,* verzichte, resigniere. **bescheiden,** **1)** genügsam, zurückhaltend. **2)** einfach, gering (Verhältnisse). **Bescheidenheit** *die, -.*
bescheinen [ahd. biscinan], *es* bescheint (hat beschienen) *etwas,* bestrahlt, scheint an: *von der Sonne beschienen.*
bescheinigen [zu Schein], *ich bescheinige* (habe bescheinigt) *es (ihm),* bestätige schriftlich. **Bescheinigung** *die, -/-en,* Ausweis, Bestätigung, Quittung: *Arbeitsbescheinigung.*
bescheißen [mhd. beschizen], *ich* bescheiße (beschiß, habe beschissen) *ihn,* V betrüge: *er hat uns beschissen;* vgl. beschissen.
beschenken, *ich beschenke* (habe beschenkt) *ihn,* gebe ihm ein Geschenk. **Beschenkte** *der, die, -n/-n, ein -r, eine -,* Empfänger(in) eines Geschenks. **Beschenkung** *die.*
bescheren, *ich beschere* (habe beschert) *es ihm, ihn mit etwas,* beschenke (besonders zu Weihnachten) *lasse zuteil werden.* **Bescherung** [mhd. bescherunge] *die, -/-en,* **1)** Überreichung von Geschenken, besonders zu Weih-

nachten. **2)** ∪ unangenehme Überraschung: *da haben wir die B.!*
bescheuert, ∪ dumm, einfältig, begriffsstutzig.
beschichten, *ich beschichte* (habe beschichtet) *es,* versehe mit einer Schicht: *kunststoffbeschichtet.* **Beschichtung** *die.*
beschicken [mhd. beschicken ›nach jemandem schicken‹], *ich beschicke* (habe beschickt), **1)** *einen metallurgischen Ofen,* fülle, beheize und pflege; *beschicktes Metall,* vorverarbeitetes. **2)** *eine Ausstellung, Versammlung,* sende Muster und Vertreter hin. **3)** *es,* ⚇ versorge, erledige: *ich b. mein Haus,* ordne meine Angelegenheiten. **Beschickung** *die, -.*
beschießen [mhd. beschiezen], *ich beschieße* (beschoß, habe beschossen), **1)** *es (mit etwas),* schieße auf etwas, darauf: *der Wagen wurde beschossen; man beschoß ihn mit Vorwürfen,* Ü. **2)** überziehe (Wände mit Stoff). **3)** *es beschießt, alem.:* genügt, kommt heraus. **Beschießung** *die, -/-en.*
beschildern, *ich beschild(e)re* (habe beschildert) *es,* versehe mit Schildern. **Beschild(e)rung** *die, -/-en: die B. der Hauptverkehrsstraßen,* ABB. S 18.
beschimpfen [mhd. beschimpfen], *ich beschimpfe* (habe beschimpft) *ihn,* kränke durch eine derbe Beleidigung. **Beschimpfung** *die, -/-en.*
beschirmen [ahd. biscirmen], *ich beschirme* (habe beschirmt) *vor etwas,* P beschütze. **Beschirmer** [ahd. scirmari] *der, -s/-,* P Beschützer. **Beschirmung** *die, -.*
beschirren, *ich beschirre* (habe beschirrt) *ein Pferd,* lege das Geschirr an.
Beschiß [mhd. beschiz] *der, . . .sch'isses,* V Betrug. **beschissen,** V **1)** von bescheißen. **2)** *eine beschissene Situation,* eine unerfreuliche, äußerst unangenehme.
Beschlächt [zu schlagen] *das, -(e)s/-e,* Uferschutz (senkrechte Bohlenwand).
beschlafen [mhd. beslafen], *ich beschlafe* (beschlief, habe beschlafen), **1)** *es,* Ü überlege es mir über Nacht, ehe ich mich entscheide. **2)** *eine Frau,* ∪ habe Geschlechtsverkehr mit ihr.
Beschlag *der, -(e)s/-e,* **1)** Metallteil zum Schutz, Schmuck, Zusammenhalt, ABB. F 12. **2)** Anflug, Hauch, feiner Überzug (auf Glas, Metall). **3)** Hufeisen, ABB. H 26. **4)** 🦌 Begattung des Rotwilds. **5)** *ich nehme in B., belege mit B.,* beanspruche, eigne mir an: *er hat ihn gleich mit B. belegt,* ∪ ganz für sich allein beansprucht. **Beschläg** *das, -(e)s/-e, schweiz.:* Beschlag, Metallteil. **beschlagen** [ahd. bislahan], *ich beschlage* (beschlug, habe beschlagen), **1)** *es,* versehe mit einem Beschlag. **2)** *ein Pferd,* lege ihm Hufeisen an. **3)** *Segel,* befestige. **4)** *der Hirsch beschlägt die Hirschkuh,* begattet. **5)** *es beschlägt (sich),* bezieht sich mit Niederschlag der Luftfeuchtigkeit. **beschlagen,** Ü kenntnisreich, gut unterrichtet: *er ist auf (in) diesem Gebiet gut b.* **Beschlagnahme** *die, -/-n,* ⚖ zwangsweise Sicherstellung von Gegenständen. **beschlagnahmen,** *ich beschlagnahme* (habe beschlagnahmt) *es.*
beschleichen [mhd. beslichen], *ich beschleiche* (habe beschlichen) **1)** nähere mich ihm unbemerkt. **2)** *Furcht, Sorge beschleicht mich,* Ü ergreift mich ganz allmählich.
beschleunigen, *ich beschleunige* (habe beschleunigt) *es,* lasse schneller werden, rascher ablaufen: *der Wagen beschleunigt von 0 auf 100 Stundenkilometer in 10 Sekunden; beschleunigter Puls.* **Beschleuniger** *der, -s/-,* **1)** Kernphysik: Anlage zur Beschleunigung von geladenen Elementarteilchen und Ionen. **2)** 🜨 Katalysator. **Beschleunigung** *die, -/-en,* **1)** das Schnellerwerden. **2)** Physik: Geschwindigkeitszunahme in einer Zeiteinheit: *Beschleunigungsvermögen.*
beschleusen, *ich beschleuse* (habe beschleust) *einen Fluß,* versehe mit Schleusen, kanalisiere.
beschließen [ahd. bisliozan], *ich beschließe* (beschloß, habe beschlossen) *es,* **1)** beende: *damit b. ich die Debatte.* **2)** entscheide mich, es zu tun: *wir haben es gestern beschlossen; eine beschlossene Sache.* **Beschließerin** *die, -/-en,* Verwalterin, Wirtschafterin. **beschlossenermaßen,** nach Übereinkunft. **Beschluß** *der,* Übereinkommen, gemeinsame Willensentscheidung: *Gesamtbeschluß; wir fassen einen B.* **beschlußfähig,** durch Anwesenheit einer bestimmten Anzahl von Mitgliedern fähig, einen Beschluß zu fassen. **Beschlußfähigkeit** *die, -.* **Beschlußfassung** *die, -,* Beschließung, Entscheidung. **beschlußreif,** gründlich durchdacht, so daß ein Beschluß gefaßt werden kann.
beschmieren, *ich beschmiere* (habe beschmiert) *ihn, es,* **1)** mache schmutzig. **2)** bemale unsauber. **3)** bestreiche: *ich b. das Brot mit Butter, mit Sirup.*
beschmutzen, *ich beschmutze* (habe beschmutzt) *ihn, es,* mache schmutzig, auch Ü. **Beschmutzung** *die, -/-en.*

beschneiden [ahd. bisnidan], *ich beschneide (habe beschnitten) es (ihm),* **1)** schneide glatt (Rand). **2)** mache kürzer, stutze (Bart, Fingernägel). **3)** ⊕ entferne einen Teil der Zweige. **4)** fälsche (Wein). **5)** Ü schränke ein, setze herab (Ausgaben, Etat). **6)** *ihn,* vollziehe die Beschneidung. **Beschneidung** *die, -/-en,* ⚥ Entfernung der Vorhaut des Penis, auch der Klitoris.

beschneit [mhd. besnit, zu besnien ›beschneien‹], mit Schnee bedeckt: *die beschneiten Hügel.*

beschnobern, beschnop(p)ern, beschnüffeln [zu schnauben], **beschnuppern, beschnobere** usw. (habe beschnobert usw.) *es, ihn,* **1)** Ü berieche. **2)** Ü sehe mir neugierig an, suche vorsichtig kennenzulernen.

beschollen [zu schelten], verächtlich, anrüchig.

beschönigen, *ich beschönige (habe beschönigt) es,* Ü suche in besserem Lichte erscheinen zu lassen: *ich will die Angelegenheit nicht beschönigen.* **Beschönigung** *die, -/-en.*

beschottern, *ich beschott(e)re (habe beschottert) es,* bedecke mit Schotter. **Beschott(e)rung** *die, -/-en.*

beschränken, *ich beschränke (habe beschränkt),* **1)** *ihn, es,* enge ein, setze ihm Grenzen. **2)** *mich auf etwas,* begnüge mich: *ich b. mich auf das Notwendigste.* **beschrankt,** mit Schranken versehen: *beschrankter Bahnübergang,* ABB. S 72, V 4. **beschränkt,** **1)** eingeengt, knapp, dürftig. **2)** Ü geistig unbeweglich, einfältig. **Beschränktheit** *die, -.* **Beschränkung** *die, -/-en, auf etwas,* Einengung darauf: *wir müssen uns Beschränkungen auferlegen,* unseren Lebensstandard einengen.

beschreiben [mhd. beschriben], *ich beschreibe (habe beschrieben),* **1)** *ihn, es,* gestalte einen Eindruck in Worten. **2)** *es,* beschrifte, bedecke mit Schrift. **3)** *es beschreibt einen Kreis, eine Bahn,* macht eine gekrümmte Bewegung (Flugzeug). **Beschreibung** *die, -/-en,* **1)** Schilderung, sprachliche Wiedergabe von Erlebtem: *das spottet jeder B.,* ist so schlimm, daß man es mit Worten nicht wiedergeben kann. **2)** genaue Angaben über jemanden oder etwas.

beschreiten, *ich beschreite (habe beschritten),* **1)** *es,* begehe. **2)** *den Rechtsweg,* Ü klage bei Gericht.

Beschrieb *der, -s/-e, schweiz.:* Beschreibung.

beschriften, *ich beschrifte (habe beschriftet) es,* versehe mit einer erklärenden Aufschrift, einem Etikett, Schild. **Beschriftung** *die, -/-en.*

beschuldigen [ahd. sculdigon], *ich beschuldige (habe beschuldigt) ihn einer Tat,* erkläre für den Täter. **Beschuldiger** *der, -s/-,* jemand, der einen anderen beschuldigt. **Beschuldigte** *der, die, -n/-n, ein -r, eine -,* jemand, der einer Straftat verdächtigt wird. **Beschuldigung** *die,* das Zuschieben der Schuld: *eine B. wird erhoben, zurückgewiesen.*

beschulen, *ich beschule (habe beschult) ihn, es,* versorge mit schulischen Einrichtungen (Kinder, einen Bezirk).

beschummeln, *ich beschumm(e)le (habe beschummelt) ihn,* Ü betrüge, übervorteile.

beschuppen, *ich beschuppe (habe beschuppt) ihn,* G betrüge.

beschuppt, mit Schuppen bedeckt.

Beschuß *der, . . . sch'usses,* **1)** Prüfung von Schußwaffen auf Haltbarkeit. **2)** Beschießung: *die Stadt lag unter B.; der Redner wurde unter B. genommen,* Ü heftig angegriffen.

beschütten [mhd. beschüten ›bedecken‹], *ich beschütte (habe beschüttet) es, ihn,* übergieße.

beschützen [mhd. beschützen], *ich beschütze (habe beschützt) ihn (vor etwas),* gebe ihm Schutz. **Beschützer** *der, -s/-,* Schirmherr, Verteidiger. **Beschützerin** *die, -/-en.*

beschwatzen, beschwätzen, *ich beschwatze, beschwätze (habe beschwatzt, beschwätzt),* **1)** *ihn zu etwas,* überrede. **2)** *es,* rede darüber, klatsche.

Beschwer *die, -,* ⚬ Last, Mühsal. **Beschwerde** [mhd. beswærde ›Kummer‹] *die, -/-n,* **1)** Mühsal, Last. **2)** Rechtsmittel gegen Beschlüsse eines Gerichts oder einer Behörde: *ich lege B. ein; Beschwerdeschrift.* **beschweren,** *ich beschwere (habe beschwert),* **1)** *ihn, es,* belaste, mache schwerer. **2)** *mich über ihn, etwas,* beklage mich, bringe eine Beschwerde an. **Beschwerer** *der, -s/-,* kleiner Gegenstand zum Belasten leichter Gegenstände: *Briefbeschwerer.* **beschwerlich,** mühsam. **Beschwerlichkeit** *die, -/-en,* **Beschwernis** *die, -/-se,* Mühsal, Last. **Beschwerung** *die, -/-en,* Verstärkung des Gewichts.

beschwichtigen [mhd. beswiften], *ich beschwichtige (habe beschwichtigt) ihn,* beruhige, besänftige. **Beschwichtigung** *die, -: Beschwichtigungsversuche.*

beschwindeln, *ich beschwind(e)le (habe beschwindelt) ihn,* belüge: *er hat mich ganz schön beschwindelt!*

118

beschwingt [zu Schwinge], schwungvoll, gute Laune bereitend: *beschwingte Musik.* **Beschwingtheit** *die, -.*

beschwipst [zu Schwips], Ü leicht betrunken.

beschwören [ahd. biswer(r)en], *ich beschwöre (habe beschworen),* **1)** *ihn,* bitte dringend: *ich b. dich, (nicht) nachzugeben.* **2)** *es,* bekräftige mit einem Eid: sie mußte ihre Aussage beschwören. **3)** *ihn, es,* banne, zaubere herbei oder fort (Geister). **Beschwörer** *der, -s/-,* jemand, der einen anderen zu etwas beschwört. **Beschwörung** *die, -/-en,* das Beschwören: *Beschwörungsformel.*

beseelen, *ich beseele (habe beseelt) es,* erfülle mit Seele, Gefühl: *beseeltes Spiel.* **Beseeltheit** *die, -,* Erfülltsein mit Empfindung. **Beseelung** *die, -,* das Beseelen.

besehen [ahd. bisehan], *ich besehe (besah, habe besehen) ihn, es (mir),* schaue an, betrachte gründlich: *bei Licht besehen,* Ü wenn man es gründlich bedenkt.

beseitigen [zu Seite], *ich beseitige (habe beseitigt) ihn, es,* bringe weg, entferne, schaffe aus der Welt (Abfälle, Spuren); Ü vernichte, ermorde. **Beseitigung** *die, -/-en.*

beseligen [zu selig], *ich beselige (habe beseligt) ihn,* mache glücklich: *ein beseligendes Wiedersehen; sie ist darüber beseligt.*

Besen [ahd. besamo] *der, -s/-,* **1)** Werkzeug zum Kehren, ABB. B 23: *neue B. kehren gut,* Ü anfangs arbeitet jeder tüchtig. **2)** grober Pinsel zum Wandbewurf. **3)** Schaumschläger: *Schneebesen,* ABB. K 51. **4)** Ü Schlingel. **5)** *niederdt.:* Binse; Rute (junger Baum). **Besenbinder** *der,* früher: Hersteller von Besen aus Reisig. **besenrein,** sauber gefegt: *die Wohnung wird b. übergeben.*

besessen [mhd. besezzen] *von etwas,* **1)** wahnhaft erregt: *von Dämonen b.* **2)** stark ergriffen von einer Idee oder Aufgabe: *er ist von seiner Arbeit b.* **Besessene** *der, die, -n/-n, ein -r, eine -.* **Besessenheit** *die, -.*

besetzen [ahd. besezzen ›bewachen‹], *ich besetze (habe besetzt) es,* **1)** erobere, belege (gewaltsam). **2)** verteile Rollen oder Instrumente für ein Zusammenspiel. **3)** vergebe einen Posten. **4)** benähe mit Borten usw. **5)** halte frei (Platz). **Besetzer** *der, -s/-,* jemand, der etwas (gewaltsam) besetzt: *Hausbesetzer.* **besetzt,** nicht mehr frei: *der Platz ist schon b.* **Besetztzeichen** *das,* beim Telefonieren ein Signalton, der zu hören ist, wenn die gewählte Nummer besetzt ist. **Besetzung** *die, -/-en,* **1)** Eroberung, (gewaltsame) Belegung: *die B. der Stadt durch feindliche Truppen.* **2)** Rollenverteilung (Theater): *heute wird in erster B. gespielt.*

besichtigen [zu Sicht], *ich besichtige (habe besichtigt) es,* schaue an (Museum, Stadt). **Besichtigung** *die, -/-en,* **1)** beschauender Rundgang: *Stadtbesichtigung; Besichtigungszeit.* **2)** ⚙ Warenprüfung bei der Ablieferung.

besiedeln, *ich besied(e)le (habe besiedelt) es,* mache neue Bewohner ansässig: *eine dünn besiedelte Gegend.* **Besied(e)lung** *die, -/-en.*

besiegeln [mhd. besigelen], *ich besieg(e)le (habe besiegelt) es,* **1)** verschließe fest. **2)** bestätige endgültig. **3)** *sein Schicksal ist besiegelt,* steht unabwendbar fest. **Besieg(e)lung** *die, -/-en, Pl. selten.*

besiegen, *ich besiege (habe besiegt) ihn, es,* erringe den Sieg über ihn (im Wettkampf); Ü überwinde (Krankheit). **Besieger** *der,* Sieger. **Besiegte** *der, die, -n/-n, ein -r, eine -,* Verlierer(in) des Kampfes. **Besiegung** *die, -/-en.*

Besing [Diminutiv zu niederl. bes ›Beere‹] *der, -(e)s/-e, norddt.:* Heidelbeere.

besingen [ahd. gisingan], *ich besinge (besang, habe besungen),* **1)** *ihn, es,* rühme, verherrliche durch ein Gedicht oder ein Lied. **2)** *eine Platte, ein Band,* singe zur Aufnahme auf einen Tonträger: *sie hat ihre erste LP besungen.*

besinnen [mhd. besinnen], *ich besinne mich (besann mich, habe mich besonnen),* **1)** überlege ruhig: *ich b. mich eines anderen, Besseren.* **2)** *auf ihn,* erinnere mich an ihn: *ich konnte mich nicht auf seinen Namen besinnen.* **besinnlich,** nachdenklich, beschaulich. **Besinnlichkeit** *die.* **Besinnung** *die, -,* **1)** Bewußtsein: *der Verletzte ist bei B.;* Ü zu vernünftiger Einsicht: *ihn erst zur B. bringen,* Ü zu vernünftiger Einsicht. **besinnungslos,** **1)** ohnmächtig, tief betäubt. **2)** Ü außerordentlich erregt: *b. vor Zorn.* **Besinnungslosigkeit** *die, -.*

Besitz *der, -es,* **1)** alles, worüber man verfügen darf: *ich ergreife B. von etwas; Hausbesitz; Eigenbesitz; Besitzbürgertum.* **2)** ⚖ tatsächliche (nicht rechtliche) Herrschaft über eine Sache: *das Diebesgut fand sich in seinem B.* **besitzanzeigend,** *besitzanzeigendes Fürwort,* Possessivpronomen, ÜBERS. P 24. **besitzen** [ahd. bisizzen], *ich besitze (besaß, habe besessen) es,* **1)** habe zu eigen, verfüge darüber: *er besitzt keinen*

Pfennig, ein Vermögen. **2)** *ich b. ein Gefühl dafür,* Ü *es ist mir zu eigen.* **Besitzer** *der, -s/-, jemand, der etwas besitzt.* **Besitzergreifung** *die, Aneignung.* **besitzlos,** *ohne Besitz.* **Besitzlosigkeit** *die, -.* **Besitztum** *das, -(e)s/ ᵘer, Besitz.* **Besitzung** *die, größerer Grundbesitz.*

besoffen [zu besaufen], V betrunken. **Besoffene** *der, die, -n/-n, ein -r, eine -,* V Betrunkene(r). **Besoffenheit** *die, -.*

besohlen, *ich besohle (habe besohlt) es, setze neue Sohlen darauf.* **Besohlung** *die, -/-en: Schuhbesohlung.*

besolden [zu Sold], *ich besolde (habe besoldet) ihn, zahle die Besoldung.* **Besoldung** *die, -/-en, regelmäßige Dienstbezüge der Beamten: Beamtenbesoldung; Besoldungserhöhung.*

besömmern, *ich besömm(e)re (habe besömmert) ein Feld, nutze nur im Sommer.*

besondere [ahd. suntar ›besonders‹, ›abgesondert‹], *-r, -s, außergewöhnlich, nur einen Gegensatz eigen: b. Merkmale; im besonder(e)n, besondren; bis aufs einzelne u. b.; zur besond(e)ren Verwendung, Abk.: z. b. V.; das ist das Besondere an dieser Angelegenheit, das Außergewöhnliche; etwas, nichts Besond(e)res.* **Besonderheit** *die, -/-en, Eigenart.* **besonders,** *Abk.: bes.* **1)** *hauptsächlich, in erster Linie: das mußt du b. beachten!* **2)** *sehr: (nicht) b. gut.* **3)** *nachdrücklich: darauf möchte ich b. hinweisen.*

besonnen [mhd. besunnen, zu besinnen], *überlegt, umsichtig: er handelt b.* **Besonnenheit** *die, -.*

besonnen [mhd. besunnen, zu besinnen], *ich besonne (habe besonnt) es, mich, setze der Sonne aus: eine besonnte Landschaft.*

besorgen [ahd. bis(w)orgen], *ich besorge (habe besorgt) es,* **1)** *kaufe ein; verschaffe.* **2)** *erledige (Aufträge, Geschäfte).* **3)** *ihn, es, betreue (Kranke, Haushalt).* **4)** *ich bin besorgt um ihn, voll Sorge, Befürchtungen.* **Besorgnis** [ahd. s(w)orga] *die, -/-se, Befürchtung, Sorge.* **besorgniserregend.** **Besorgtheit** *die, -,* **1)** *Besorgnis.* **2)** *freundliches Helfenwollen.* **Besorgung** *die, -/-en, Erledigung, Einkauf, Botenweg.*

bespannen [mhd. bespannen], *ich bespanne (habe bespannt) es,* **1)** *spanne Zugtiere vor.* **2)** *versehe mit Überzug, Saiten.* **3)** *besetze mit Fischen (Teich).* **Bespannung** *die,* **1)** *Zugtiere.* **2)** *Überzug, Außenhaut.*

bespeien [mhd. bespiwen], *ich bespeie (habe bespie[e]n) ihn, spucke an.*

bespickt [zu spicken], **1)** *mit Speckstreifen durchzogen (Braten).* **2)** *vollgesteckt (mit Nadeln).*

bespiegeln, *ich bespieg(e)le (habe bespiegelt)* **1)** *mich, betrachte eitel im Spiegel.* **2)** *mich,* Ü *mache mich zum Gegenstand eitler Selbstdarstellung.* **3)** *gebe wieder, schildere: der in diesem Roman bespiegelte Zeitgeist.* **Bespieg(e)lung** *die, -.*

bespielen, *ich bespiele (habe bespielt) es,* **1)** *mache musikalische Tonaufnahmen (Schallplatte, Tonband).* **2)** *gebe Vorstellungen (auf der Bühne, in einem theaterlosen Ort).*

bespitzeln, *ich bespitz(e)le (habe bespitzelt) ihn, beobachte heimlich, lasse durch Spitzel beobachten.* **Bespitz(e)lung** *die, -/-en.*

bespötteln [mhd. bespotten], *ich bespött(e)le (habe bespöttelt) ihn, es, spotte über ihn, darüber.*

besprechen [ahd. bisprehhan], *ich bespreche (besprach, habe besprochen) es,* **1)** *mit ihm, mich mit ihm, berate.* **2)** *beurteile, schreibe eine Kritik darüber (Bücher, Bühnenstücke).* **3)** *mache sprachliche Tonaufnahmen (Schallplatte, Tonband).* **4)** *behandle Krankheiten mit Zaubersprüchen.* **Besprechung** *die, -/-en: Buchbesprechung; Besprechungsexemplar.*

besprengen [mhd. besprengen], *ich besprenge (habe besprengt) es, ihn, bespritze mit Wasser, Weihwasser.*

besprenkeln, *ich besprenk(e)le (habe besprenkelt) es, ihn, versehe mit Tupfen, Flecken.*

bespringen, *das männliche Tier bespringt (besprang, hat besprungen) das weibliche,* 🐕 *begattet es.*

bespritzen, *ich bespritze (habe bespritzt) es, ihn, befeuchte, beschmutze durch Spritzer.*

besprühen, *ich besprühe (habe besprüht) es, verteile darauf feinste Teilchen einer Flüssigkeit.*

bespucken, *ich bespucke (habe bespuckt) ihn, spucke an.*

Bessemerbirne [nach H. Bessemer, 1813–98] *die, Gefäß zur Stahlerzeugung.*

besser [ahd. bez(z)iro], Komparativ von gut: *in diesen Schuhen kann ich b. gehen; aber: Zusammenschreibung, wenn ein neuer Begriff entsteht: dem Patienten soll es bessergehen; das scheint mir das bessere zu sein, am besten; aber: da muß ich*

dich eines Besseren belehren; hoffentlich wird er sich eines Besseren besinnen; es gibt nichts Besseres, Beßres; meine bessere Hälfte, Ü *meine Frau.* **Bessere** *der, die, -n/-n, ein -r, eine -, jemand, der mehr Fähigkeiten oder Tugenden besitzt.* **bessergestellt,** *mit höherem Lebensstandard: bessergestellte Kreise; aber: das kann man besser stellen, hinstellen.* **bessern** [ahd. pezziron], *ich bessere, beßre (habe gebessert) es,* **1)** *mache besser, erhöhe den Wert.* **2)** *mich, lege Unarten ab.* **3)** *es bessert sich, wird besser.* **Besserung** [ahd. bezzrunga] *die, -/-en, Beßrung,* **1)** *Abkehr vom Bösen, Abnehmen der Not.* **2)** *Schritt zur Gesundung.* **Besserungsanstalt** *die,* ♀⚥ *Heim für Schwererziehbare.* **Besserverdienende** *der, die, -n/-n, ein -r, eine -, jemand, der über ein gehobenes Einkommen verfügt: Sonderabgaben für B.* **Besserwisser** *der, -s/-,* U *unerwünschter Belehrer.*

Best [zu beste] *das, -(e)s/-e, österr.: Preis, Gewinn.* **best...,** *am besten, am meisten: das besterzogene Kind; der bestgehaßte Mann von allen; zur mein persönliche Bestzeit.*

bestallen [mhd. bestalt, Partizip von bestellen ›als Eigentum zuweisen‹], *ich bestalle (habe bestallt) ihn, setze in ein Amt ein: er wird zum Vormund bestallt.* **Bestallung** [mhd. bestallunge] *die, -/-en, Approbation: Bestallungsurkunde.*

Bestand [mhd. bestant] *der, -(e)s/ ᵘe,* **1)** *Fortdauer, Weiterbestehen: das ist (nicht) von B.* **2)** *augenblicklicher Vorrat: Bestandsverzeichnis.* **3)** ♠ *Nutzbäume eines Reviers.* **bestanden,** **1)** *von bestehen.* **2)** *bewachsen: mit Wald b.* **beständig,** **1)** *andauernd, ständig.* **2)** *widerstandsfähig: wetterbeständig.* **3)** U *treu, beharrlich.* **4)** *in einem fort, immer: er hat b. etwas auszusetzen.* **Beständigkeit** [ahd. statigi] *die, -.* **Bestandsaufnahme** *die,* **1)** *listenmäßige Erfassung des Vorrats.* **2)** Ü *das Zusammenfassen von Erfahrungen.* **Bestandteil** *der, Sache als Teil einer größeren Einheit: man kann es in seine Bestandteile zerlegen.*

bestärken [mhd. besterken], *ich bestärke (habe bestärkt) ihn in etwas, unterstütze (seine Meinung).* **Bestärkung** *die, -.*

bestätigen [mhd. bestatigen], *ich bestätige (habe bestätigt) es,* **1)** *erkenne die Richtigkeit an: er sah sich, seine Meinung bestätigt, das macht rechtskräftig.* **3)** ♥ *bescheinige das Vorhandensein von Wild.* **4)** ✉ *teile das Eintreffen einer Sendung mit.* **5)** *es bestätigt sich, bewahrheitet sich.* **Bestätigung** *die, -/-en: Eingangsbestätigung; Bestätigungsschreiben.*

bestatten [mhd. bestaten ›an seine Stelle (stat) bringen‹], *ich bestatte (habe bestattet) einen Toten, übergebe ihn feierlich der Erde, dem Feuer, dem Wasser.* **Bestatter** *der, -s/-, jemand, der einen Toten bestattet, auch Unternehmer hierfür.* **Bestätterei** [verwandt mit Besteder] *die, -/-en, südwestdt.: Speditionsgeschäft.* **Bestätter(er)** *der, -s/-.* **Bestattung** *die, Bestatung; die ..., das Bestatten, Beisetzung: Bestattungsinstitut; Bestattungsunternehmen.*

bestäuben [ahd. pestouben], *ich bestäube (habe bestäubt) es, bestreue mit Puder, Pulver, Blütenstaub: Insekten bestäuben Blüten.* **bestaubt,** staubig. **Bestäubung** *die, -/-en, das Bestäuben: Eigenbestäubung; Fremdbestäubung.*

bestauden, *eine Pflanze bestaudet sich (hat sich bestaudet), bestockt sich.* **Bestaudung** *die, -/-en.*

bestaunen, *ich bestaune (habe bestaunt) ihn, es, betrachte staunend.*

beste [ahd. bezisto], Superlativ von gut: *unübertrefflich, so gut wie möglich: im besten Alter; das wird so b. (am besten) sein; es ist aufs b. geregelt; er will etwas zum besten geben; du sollst das nicht sagen haben haben, halten, wenden; aber: sie hat das Beste ausgewählt; das Beste ist gerade gut genug; es ist nur zu deinem Besten, deinem Wohl; ich tue mein Bestes, was ich nur vermag.* **Beste** *die, der, -n/-n,* **1)** *Leistungsfähigste(r): der B. der Klasse; aber: der erste beste, irgendeiner.* **2)** *Liebste(r).* **3)** *Anrede: mein Bester! meine Beste!*

bestechen [mhd. bestechen, ⚒ ›einen Erzgang bearbeiten‹], *ich besteche (bestach, habe bestochen),* **1)** *ihn, gewinne durch verbotene Geschenke.* **2)** *er, es besticht, macht einen günstigen Eindruck: er besticht durch sein gutes Äußere.* **bestechlich,** *Bestechungen zugänglich.* **Bestechlichkeit** *die, -.* **Bestechung** *die, -/-en, strafrechtlich verbotenes Schenken (aktive B.) zur Beeinflussung von Beamten, Richtern, Soldaten und die Annahme solcher Geschenke (passive B.): Bestechungsgeld; Bestechungsversuch; Beamtenbestechung.*

Besteck [zu bestecken ›daraufstecken‹, ›einstecken‹] *das, -(e)s/-e,* **1)** *Messer, Gabel und Löffel,* Abb. B 24. **2)** ⚕ *tragbare Instrumentenausrüstung,* Abb. B 24. **3)** ⚓ *Schiffsort nach Längen- und Breitengrad: das B. nehmen.* **4)** ⊙ *abgesteckter*

Grundriß (auf der Werft). **bestecken,** *ich* bestecke (habe besteckt) *es,* **1)** stecke voll, spicke. **2)** stecke ab (Grundriß).
Besteder [niederdt.] *der, -s/-,* ⌐ Schiffsbauherr.
Besteg *der, -(e)s/-e,* Letten zwischen Gesteinsschichten.
bestehen [ahd. bestan], *ich* bestehe (habe bestanden), **1)** *es besteht,* ist, existiert: *es bestehen noch Zweifel, jemand zweifelt;* aber: *es sollen keine Zweifel bestehenbleiben, man soll sie nicht bestehenlassen.* **2)** *es besteht aus etwas,* ist zusammengesetzt aus: *dieser Kleiderstoff besteht aus Chemiefasern.* **3)** *es besteht in etwas,* Ü ist ausgefüllt damit: *die Hauptarbeit bestand im Planen; darin besteht seine Chance.* **4)** behaupte mich, habe Bestand: *Schönheit vergeht, Tugend besteht; er besteht vor uns,* hält unseren Zweifeln stand. **5)** *darauf,* verlange energisch, beharre darauf: *ich b. auf meinem Recht.* **6)** *es,* stehe erfolgreich durch: *ich habe die Prüfung bestanden.* **7)** *ihn,* bekämpfe mit Erfolg, P besiege: *Siegfried bestand den Drachen.* **Bestehen** *das, -s,* Vorhandensein, Existenz: *seit B. des Unternehmens.*
bestehlen, *ich* bestehle (bestahl, habe bestohlen) *ihn (um etwas),* nehme (es) ihm heimlich und widerrechtlich.
besteigen, *ich* besteige (habe bestiegen) *es,* **1)** gehe hinauf (Berg). **2)** setze mich darauf (Reittier), hinein (Wagen). **3)** *den Thron,* Ü übernehme die Herrschaft. **Besteigung** *die:* Erstbesteigung des Berges.
bestellen [mhd. bestellen], *ich* bestelle (habe bestellt) *es,* **1)** verlange Lieferung: *bestellte Ware; Bestellabteilung.* **2)** richte aus, überbringe (Grüße, eine Botschaft). **3)** *ihn,* lasse kommen: *ich bin um 10 Uhr beim Arzt bestellt,* angemeldet. **4)** *ihn zu etwas,* bestalle, setze ein: *er wurde zum Vormund bestellt.* **5)** bearbeite, bebaue (Feld), ordne, versorge (Haus). **6)** *um ihn ist es schlecht bestellt,* es geht ihm schlecht. **7)** lasse reservieren (Theaterkarten, Tisch im Restaurant). **8)** *er hat nichts zu bestellen,* Ü er darf nichts verantwortlich tun. **Besteller** *der, -s/-,* jemand, der etwas bestellt. **Bestellgeld** *das,* Gebühr an den Austräger von Zeitungen. **Bestelliste** *die,* ⌐ Liste angeforderter Waren; Silbentrennung, vgl. ÜBERS. S 50. **Bestellung** [mhd. bestellunge] *die,* das Bestellen.
bestenfalls, im günstigsten Fall. **bestens,** so gut wie möglich.
besternt, bestirnt.
besteuerbar, mit Steuern belegbar. **besteuern,** *ich* besteu(e)re (habe besteuert) *ihn, es,* lege eine Steuer auf. **Besteu(e)rung** [mhd. bestiure] *die.*
bestgehaßt, Ü am meisten gehaßt.
bestialisch [lat. bestialis ›tierisch‹], entsetzlich roh, grausam. **Bestialität** *die, -/-en.*
besticken, *ich* besticke (habe bestickt) *es,* **1)** schmücke mit einer Stickerei: *eine reich bestickte Bluse.* **2)** befestige auf der Außenseite (Deich). **Bestickung** *die, -.*
Bestie [-iə, lat. bestia] *die, -/. . . sti\en,* **1)** wildes Tier. **2)** Ü grausamer Mensch.
bestimmbar, genau zu erklären, einzuordnen. **bestimmen** [mhd. bestimmen], *ich* bestimme (habe bestimmt) *es,* **1)** stelle einen Sachverhalt genau fest, ermittle die Zugehörigkeit: *ich b. eine Pflanze, Fossilien.* **2)** befehle, entscheide, was geschehen soll: *hier habe ich zu bestimmen.* **3)** sehe für jemanden oder etwas vor: *die Ware ist für dich bestimmt.* **4)** *ihn zu etwas,* veranlasse, überrede. **bestimmt, 1)** entschieden, energisch: *sein bestimmtes Auftreten imponierte allen.* **2)** sicher: *er kommt b. nicht.* **Bestimmtheit** *die, -.* **Bestimmung** *die, -/-en,* **1)** ohne Pl., Schicksal. **2)** ohne Pl., Lieferungsort: *mit B. Hamburg; Bestimmungshafen; Bestimmungsort.* **3)** genaue Erklärung: *Pflanzenbestimmung.* **4)** Anordnung, Vorschrift:

gesetzliche Bestimmungen. **5)** Ⓢ ein Satzteil, der einen anderen näher bestimmt: *Adverbialbestimmung.* **6)** Verwendungszweck: *der neue Autobahnabschnitt wurde seiner B. übergeben.*
bestirnt, mit Sternen bedeckt (Himmel).
Bestleistung *die,* Höchstleistung.
Bestmann *der,* ⌐ zweiter Führer kleiner Küstenfahrschiffe.
bestmöglich, so gut wie möglich.
bestocken, *eine Pflanze* bestockt *sich* (hat sich bestockt), bildet oberirdische Seitentriebe. **Bestockung** *die.*
Bestohlene *der, die, -n/-n, ein -r, eine -,* jemand, dem etwas gestohlen wurde.
bestoßen [mhd. bestozen ›bearbeiten‹], *ich* bestoße (bestieß, habe bestoßen) *es,* **1)** beschädige durch Stoß. **2)** Ⓨ kante ab (mit Bestoßzeug).
bestrafen [mhd. bestrafen], *ich* bestrafe (habe bestraft) *ihn (für etwas),* gebe eine Strafe. **Bestrafung** *die, -/-en.*
bestrahlen, *ich* bestrahle (habe bestrahlt) *ihn, es,* **1)** beleuchte (Scheinwerfer). **2)** setze den Strahlen (der Sonne) aus. **3)** ⚕ behandle mit Strahlen: *die Geschwulst wurde bestrahlt.* **Bestrahlung** *die: Bestrahlungsdosis; Bestrahlungsraum.*
bestreben [mhd. bestreben], *ich* bestrebe *mich* (habe mich bestrebt), *etwas zu tun,* bemühe mich darum, versuche es ernsthaft: *ich bin bestrebt, das Ziel zu erreichen.* **Bestreben** *das, -s:* es war sein B. zu helfen. **Bestrebung** *die, -/-en:* revolutionäre Bestrebungen.
bestreichen [ahd. bestrihhen], *ich* bestreiche (habe bestrichen) *es,* **1)** berühre streichend: *ich b. jeden Muskel.* **2)** bedecke mit einem Überzug: *eine mit Butter bestrichene Brotschnitte.* **3)** ⚔ nehme (einen Geländeteil) unter Feuer: *der vom Geschütz bestrichene Raum.*
bestreiken, *ich* bestreike (habe bestreikt) *es,* belege mit Streik: *ein bestreikter Betrieb.* **Bestreikung** *die, -.*
bestreiten [mhd. bestriten], *ich* bestreite (habe bestritten) *es,* **1)** erkläre für unrichtig. **2)** bezahle, finanziere. **Bestreitung** *die, -/-en,* Zahlung der Kosten.
bestreuen [mhd. beströuwen], *ich* bestreue (habe bestreut) *es,* bedecke mit einer losen Schicht: *ich b. den Kuchen mit Zucker.* **Bestreuung** *die, -.*
bestricken [ahd. bistricchan], *ich* bestricke (habe bestrickt) *ihn,* **1)** bezaubere, mache einen tiefen Eindruck. **2)** stricke für ihn (Pullover). **bestrickend,** gewinnend, bezaubernd: *sie hat ein bestrickendes Wesen.* **Bestrickung** *die, -.*
Bestseller [engl. best ›am besten‹ und to sell ›verkaufen‹] *der, -s/-,* bes. erfolgreiches Buch, das schnell eine hohe Auflage erreicht: *Bestsellerautor; Bestsellerliste.*
bestücken, *ich* bestücke (habe bestückt) *es,* rüste aus, bes. mit Geschützen (Schiff, Stellung). **Bestückung** *die, -.*
bestuhlen, *ich* bestuhle (habe bestuhlt) *es,* versehe mit Sitzplätzen (Theater). **Bestuhlung** *die, -,* ABB. T 8.
bestürmen, *ich* bestürme (habe bestürmt) *ihn,* bedränge (mit Bitten, Fragen). **2)** *es,* greife an, stürme (Festung). **Bestürmung** *die, -.*
bestürzen [ahd. bisturzen ›umstürzen‹, ›zu Fall bringen‹], *es* bestürzt (hat bestürzt) *ihn,* setzt in peinlichste Verwunderung: *das b. mich sehr; ich bin darüber bestürzt; bestürzende Ereignisse.* **Bestürztheit, Bestürzung** *die, -: darüber herrschte große B.*
Bestwert *der,* Optimum.
Besuch *der, -(e)s/-e,* **1)** das Aufsuchen von Personen (im Heim), Orten, Veranstaltungen: *Besuchstag; Besuchszeit; Theaterbesuch.* **2)** ohne Pl., Gast; Gäste: *mein B. ist wieder fort;*

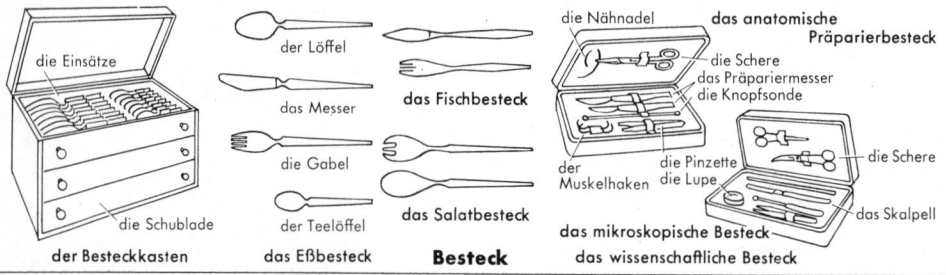

B 24

die Einsätze — der Löffel — das Fischbesteck — das Messer — die Gabel — der Teelöffel — das Salatbesteck — die Schublade — der Besteckkasten — das Eßbesteck — **Besteck**

die Nähnadel — das anatomische Präparierbesteck — die Schere — das Präpariermesser — die Knopfsonde — der Muskelhaken — die Pinzette — die Lupe — die Schere — das mikroskopische Besteck — das wissenschaftliche Besteck — das Skalpell

Besuchskarte
(die Visitenkarte)

das Pult

die Kniebank
Betstuhl

der Geldbeutel

der Tabakbeutel

der Klingelbeutel
Beutel

der Campingbeutel

Staatsbesuch. 3) ohne Pl., Gastaufenthalt: *wir sind auf, zu B. hier.* **besuchen** [ahd. besuohhen ›untersuchen‹], *ich besuche* (habe besucht), **1)** *ihn,* bin sein Gast, gehe zu ihm. **2)** *ihn,* gehe zu einer geschäftlichen Angelegenheit: *der Vertreter besucht seine Kunden.* **3)** *es,* gehe hin zu einer bestimmten Angelegenheit (Ausstellung, Schule, Veranstaltung). **Besucher** *der, -s/-,* jemand, der etwas oder jemanden besucht: *Museumsbesucher; ein Besucherstrom.* **Besuchskarte** *die,* Abb. B 25.

besudeln [zu sudeln], *ich* besud(e)le (habe besudelt) *ihn, es,* **1)** beschmutze. **2)** Ü entehre. **Besud(e)lung** *die, -.*

Beta *das, -(s)/-s,* griech. Buchstabe, Übers. G 36.

betagt [mhd. betaget ›ein gewisses Alter habend‹], **1)** alt. **2)** ♫♩ bereits entstanden, aber noch nicht durchsetzbar (gestundete Forderung). **Betagtheit** *die, -,* das Alter.

betakeln, *ich* betak(e)le (habe betakelt) *es,* **1)** takele auf (Schiff). **2)** umwickle ein Tauende mit Bindfaden. **Betak(e)lung** *die,* Takelung.

betanken, *ich* betanke (habe betankt) *es,* fülle Treibstoff ein: *das entführte Flugzeug war mit 42 t Treibstoff betankt.*

betasten [mhd. betasten], *ich* betaste (habe betastet) *es, ihn,* berühre prüfend mit den Fingern.

Betastrahlen, *Pl.,* β-Strahlen, beim Zerfall radioaktiver Stoffe ausgesandte energiereiche Elektronen.

betätigen, *ich* betätige (habe betätigt) **1)** *es,* bringe zur Wirkung, bediene: *die Bremse.* **2)** *mich,* arbeite, beschäftige mich: *er betätigt sich als Schriftsteller.* **Betätigung** *die, -/-en,* Tätigkeit. **Betätigungsfeld** *das,* Ü Gebiet des Wirkens, Arbeitens.

Betatron [Kw. aus Betastrahlen und Elektron] *das, -s/.. .tr'one* oder *-s,* Teilchenbeschleuniger.

betatschen, *ich* betatsche (habe betatscht) *es,* ∪ fasse plump an, berühre unbeholfen.

betäuben [zu taub], *ich* betäube (habe betäubt) *ihn, mich,* trübe das Bewußtsein, mache empfindungsunfähig. **betäubend, 1)** bewußtlos machend. **2)** Ü übergroß: *betäubender Lärm.* **Betäubung** *die, -/-en: Betäubungsmittel, ✚.*

betaut, mit Tau bedeckt.

Betbruder [zu beten] *der,* ∪ aufdringlich frommer Mann. **bête** [bɛːt, frz. ›dumm‹], *er ist b.,* Kartenspiel: verliert. **Bete** [lat. beta] *die, -/-n,* Wurzelgemüse: *rote B.* **Beteigeuze** [arab. ›Hand der Riesin‹] *der, -,* ☆ ein Stern. **beteilen** [ahd. giteilen ›teilen‹, ›austeilen‹], *ich* beteile (habe beteilt) *ihn,* österr.: beteilige ihn. **beteiligen,** *ich* beteilige (habe beteiligt), **1)** *ihn,* gebe einen Anteil. **2)** *mich an etwas,* übernehme einen Teil von Kosten, Mühe, Gewinn. **Beteiligte** *der, die, -n/-n, ein -r, eine -,* jemand, der einen Anteil hat oder an etwas teilnimmt. **Beteiligung** *die, -/-en:* die B. an einem *Unternehmen, ⚖* Teilhaberschaft durch Einzahlung.

Betel [malaiisch betul ›echt‹, ›einfaches Blatt‹] *der, -s,* trop. Genußmittel zum Kauen.

Betel *der, -s/-,* niederdt.: Beitel.

beten [ahd. beton], *ich* bete (habe gebetet), rufe Gott an: *ich b. um etwas, für ihn, zu Gott.* **Beter** *der, -s/-,* jemand, der betet.

beteuern [eigtl. ›wertvoll machen‹, mhd. betiuren ›schätzen‹, zu teuer], *ich* beteu(e)re (habe beteuert) *es,* versichere nachdrücklich, beschwöre die Richtigkeit: *er beteuerte seine Schuldlosigkeit.* **Beteu(e)rung** *die, -/-en: Unschuldsbeteuerungen.*

betexten, *ich* betexte (habe betextet) *es,* versehe mit einem Text (Bild, Film).

bethlehemitisch, auf die Stadt Bethlehem bezüglich: *der bethlehemitische Kindermord.*

Beting [niederdt.] *der, -s/-e* oder *die, -/-e,* ⚓ hölzerner Ketten- und Tauhalter.

Betise [frz. bétise ›Dummheit‹] *die, -/-n, ⚘* Dummheit.

betiteln, *ich* betit(e)le (habe betitelt), **1)** *es,* gebe einen Titel, eine Überschrift. **2)** *ihn,* rede mit Titel an. **Betit(e)lung** *die, -/-en.*

betölpeln, *ich* betölp(e)le (habe betölpelt) *ihn,* ∪ überliste. **Beton** [-t'õ, österr. -t'o:n, frz., nach lat. bitumen ›Schlamm‹, ›Sand‹] *der, -s/-s,* Baustoff aus künstlich hergestelltem Konglomeratgestein, z. B. Zement, Sand, Wasser, Abb. F 38: *Betonmischer,* Abb. B 12.

betonen, *ich* betone (habe betont) *es,* **1)** hebe beim Sprechen den Wortton hervor: *die Stammsilbe wird betont.* **2)** stelle nachdrücklich fest: *ich b., daß ich ganz unbeeinflußt vorgehe.* **3)** mache geltend: *er betonte zu sehr seine Überlegenheit.* **betonieren,** *ich* betoniere (habe betoniert) *es,* baue, belege mit Beton. **Betonierung** *die, -/-en.*

betonnen, *ich* betonne (habe betonnt) *es,* ⚓ kennzeichne durch Tonnen oder Bojen (Fahrwasser). **Betonnung** *die, -/-en.*

Betonung *die, -/-en,* das Betonen, Übers. B 26: *die B. liegt auf der ersten Silbe; Wortbetonung; Betonungsregel.*

B 26

Betonung: Grundregeln der deutschen Betonung

Mehrsilbige einfache Wörter betonen die Stammsilbe, das ist meist die vorletzte Silbe: **Vater, Holunder.** Ableitungen (außer solchen mit betonten Ableitungssilben und **lebendig**) behalten die Betonung des Grundwortes bei: **lebhaft, Lebhaftigkeit.** Zusammensetzungen werden meistens auf dem ersten Teil betont: **Versetzungszeichen.**

Einzelheiten

1) Unbetont sind die vorgestellten Ableitungssilben **be...,er...,ge...,ver...,zer...;** auch **all...,** wo es nur steigert: **belebt, erlebt, allmählich** usw.

2) Das Präfix ist bei den Verben stets betont, die trennbar zusammengesetzt sind: **ankommen** (ich komme an), **aufgeben** (ich gebe auf), **einkochen** (ich koche ein).

3) Bildhafte zusammengesetzte Adjektive sind auf beiden Teilen gleich stark betont: **blutjung,** sehr jung (aber **blutarm,** arm an Blut).

4) Das Suffix **...ei** ist immer betont: **Ziegelei.**

5) Eine Anzahl Wörter, z. B. **Abteilung, auserkoren, auserlesen, ausführlich, ausgenommen, ausge-** schlossen, entweder, leibhaftig, undenkbar, und Zusammensetzungen mit **...einander** und **...lei: durch..., hinter..., miß..., über..., um..., unter..., wider..., wieder...** in der Betonung nach Wortart, Stimmung, Gegend und besonderer Bedeutung.

6) Die Fremdwörter haben den Ton meist auf der letzten oder vorletzten Silbe, Lateinische besonders auf der vorletzten (aber auch drittletzten), französische stets auf der letzten, wenn sie nicht auf **e** ausgehen. Oft wechselt der Ton in verschiedenen Formen, z. B. *der* **Faktor,** *die* **Faktoren.**

---

betören [mhd. betœren], *ich* betöre (habe betört) *ihn*, beeinflusse so, daß er zu Torheiten bereit ist; mache in mich verliebt: *sie betörte ihn; sinnbetörend.* **Betörer** *der, -s/-*, Verführer. **Betörung** *die, -/-en.*

betr., Abk. für: betreffs, betreffend. **Betr.**, Abk. für: Betreff.

Betracht [mhd. betraht] *der, -(e)s*, Erwägung, Berücksichtigung: *das kommt (nicht) in B.; das steht außer B.; ich ziehe es in B.* **betrachten**, *ich* betrachte (habe betrachtet) *ihn, es,* 1) sehe gründlich, prüfend an: *ich b. ein Kunstwerk, die gegenwärtige Lage.* 2) *als etwas,* Ü halte dafür, nehme an: *ich b. ihn als meinen Freund.* **Betrachter** *der, -s/-*, gedankenvoller Beschauer. **beträchtlich**, ziemlich groß, viel: *er hat um ein beträchtliches zugenommen.* **Betrachtung** *die, -/-en,* 1) prüfende Besichtigung: *Kunstbetrachtung.* 2) nachdenkliche Abhandlung: *eine wissenschaftliche B.* **Betrachtungsweise** *die,* Art der Betrachtung.

Betrag [mhd. betrac ›Vertrag‹] *der, -(e)s/-ᵉe*, Summe, bestimmte Menge. **betragen**, *ich* betrage (betrug, habe betragen), 1) *mich,* benehme mich: *er beträgt sich wie ein Gassenjunge.* 2) *es beträgt,* beläuft sich auf, macht aus: *die Summe beträgt fünfzig.* **Betragen** *das, -s,* Benehmen, Verhalten.

betrauen, *ich* betraue (habe betraut) *ihn mit etwas,* beauftrage mit einer verantwortungsvollen Aufgabe.

betrauern, *ich* betrau(e)re (habe betrauert) *ihn,* trauere um ihn.

beträufeln [mhd. betroufen], *ich* beträuf(e)le (habe beträufelt) *es,* tropfe darauf.

betreff, *in b.*, K betreffs. **Betreff** *der, -s,* Abk.: Betr., K: *in dem B.,* in dieser Beziehung. **betreffen**, *es* betrifft (betraf, hat betroffen) *ihn, es,* geht ihn, es an, bezieht sich auf ihn, etwas: *das betrifft mich nicht.* **betreffend**, Abk.: betr., in Betracht kommend. **Betreffende** *der, die, das, -n/-n,* jemand, der genannt, etwas, das gemeint ist: *betreffs.* **Betreffnis** *das, -ses/-se, schweiz.:* Anteil, Rechnungsbetrag. **betreffs**, Abk.: betr., *seiner,* ihn betreffend.

betreiben, *ich* betreibe (habe betrieben) *es,* 1) beschäftige mich damit: *ich b. Ackerbau.* 2) beschleunige, bringe voran: *ich b. diese Angelegenheit.* 3) ⊙ treibe an: *eine elektrisch betriebene Maschine.* 4) *schweiz.:* treibe ein (durch Zwangsvollstreckung). **Betreiben** *das, -s: auf mein B.,* auf meine Veranlassung. **Betreiber** *der,* K jemand, der ein Gewerbe, bes. ein Dienstleistungsunternehmen betreibt. **Betreibung** *die, -/-en.*

betreten [ahd. gitretan], *ich* betrete (betrat, habe betreten), 1) *es,* gehe hinein, stelle mich darauf: *ich b. ein Geschäft, ein Zimmer, den Rasen.* 2) *ihn,* ♂ ertappe. **Betreten** (*her, 1*) in peinlicher Verlegenheit. 2) ♂ ertappt. **Betreten** *das, -s: B. verboten!* **Betretenheit** *die, -,* peinliche Verlegenheit. **Betretungsfall** *der,* K: *im B.,* ♂ wenn man ertappt wird.

betreuen [mhd. betriuwen], *ich* betreue (habe betreut) *ihn, es,* pflege sorgsam, kümmere mich darum: *ich b. Kinder, Kranke, Sportler, ein Sachgebiet.* **Betreuer** *der, -s/-*, **Betreuerin** *die, -/-nen,* jemand, der andere betreut. **Betreute** *der, die, -n/-n, ein -r, eine -*, jemand, der betreut wird. **Betreuung** *die, -,* das Betreuen, Pflege: *Seniorenbetreuung.*

Betrieb [zu betreiben] *der, -(e)s,* 1) *Pl. -e,* Arbeitsstätte, räumlich-techn. Einheit eines Wirtschaftsunternehmens: *ein kleiner, moderner B.; Privatbetrieb; Betriebsruhe.* 2) geordneter Ablauf eines Unternehmens: *der B. der Bahn.* 3) lebhaftes Treiben: *hier ist B.!; Betriebsnudel,* U jemand, der ständig für B.

sorgt. 4) *eine Maschine ist in (außer) B.*, arbeitet (nicht). **betrieblich**, betriebliche Altersversorgung. **betriebsam**, emsig, unternehmend. **Betriebsamkeit** *die, -.* **Betriebsangehörige** *der, die,* in einem Betrieb Tätige(r). **Betriebsanleitung** *die,* Anweisung zur Bedienung (einer Maschine). **betriebsbereit**, in arbeitsfähigem Zustand (Maschine). **betriebsblind**, unfähig, Mängel im eigenen Arbeitsbereich zu erkennen. **betriebseigen**, zum Betrieb gehörig. **Betriebserlaubnis** *die,* ♂ behördl. Anerkennung der Vorschriftsmäßigkeit eines Fahrzeugs. **betriebsfähig**, arbeitsfähig (Maschine). **Betriebsferien**, *Pl.,* gleichzeitiger Urlaub für alle in einem Betrieb Beschäftigten. **betriebsfremd**, nicht zum Betrieb gehörig. **Betriebsgewerkschaftsleitung** *die,* Abk.: BGL, Arbeitnehmervertretung in den Betrieben (Dt. Dem. Rep.). **Betriebskapital** *das,* Mittel zur finanziellen Abwicklung der Geschäfte. **Betriebsklima** *das,* in einem Betrieb herrschende Grundstimmung. **Betriebskoeffizient** *der,* Verhältnis von Gewinn und Betriebskosten. **Betriebskollektivvertrag** *der,* Dt. Dem. Rep.: jährl. Vereinbarung zwischen Betriebsleiter und Betriebsgewerkschaftsleitung zur Planerfüllung. **Betriebsleiter** *der,* leitender Angestellter. **Betriebsordnung** *die,* Zusammenfassung der für einen Betrieb geltenden Arbeitsbedingungen. **Betriebsplan** *der,* Dt. Dem. Rep.: der für die einzelnen Betrieb geltende Teil des Wirtschaftsplans. **Betriebspsychologie** *die,* Bereich der Psychologie, der sich mit den in Betrieben tätigen Menschen befaßt. **Betriebsrat** *der,* Vertretung der Arbeiter und Angestellten im Betrieb. **betriebssicher**, gesichert gegen Störungen im Arbeitsgang (Maschine). **Betriebssicherheit** *die.* **Betriebsstoff** *der,* Stoff zur Unterhaltung mechanischer und organischer Vorgänge. **Betriebsverfassung** *die,* Regelung der Beziehungen zwischen Arbeitgeber und Arbeitnehmern: *Betriebsverfassungsgesetz.* **Betriebswirt** *der,* Fachmann der Betriebswirtschaft. **Betriebswirtschaft(slehre)** *die,* Lehre von den Unternehmen und Betrieben.

betrinken, *ich* betrinke *mich* (betrank mich, habe mich betrunken), trinke zuviel Alkohol.

betroffen [von betreffen], *darüber, von etwas,* bestürzt, innerlich bewegt: *von seinem Schweigen tief b.; sie machte ein betroffenes Gesicht.* **Betroffene** *der, die, -n/-n, ein -r, eine -.* **Betroffenheit** *die, -.*

betrüben [mhd. betrüeben], *ich* betrübe (habe betrübt) *ihn,* mache kummervoll, traurig: *das hat ihn betrübt.* **betrüblich**, Kummer bereitend: *eine betrübliche Mitteilung.* **betrüblicherweise**. **Betrübnis** [mhd. betrüebede] *die, -/-se,* das Betrübtsein, Traurigkeit. **betrübt**, still traurig: *mit betrübter Miene.* **Betrübtheit** *die, -,* betrübter Zustand.

Betrug [mhd. betrogen ›verblendet‹] *der, -(e)s,* 1) das Hintergehen eines anderen: *frommer B., Lügen, um zu schonen.* 2) ♂ Täuschung zur Bereicherungsabsicht, die zu einem Vermögensschaden führt: *Versicherungsbetrug; Betrugsversuch.* **betrügen**, *ich* betrüge (habe betrogen), 1) *ihn,* hintergehe. 2) *ihn um etwas,* nehme ihm durch Betrug. 3) *mich,* verfalle in Selbsttäuschung, rede mir ein. **Betrüger** *der, -s/-,* 1) jemand, der andere betrügt. 2) U hochgewölbter Flaschenboden, ABB. F 23. **Betrügerei** *die, -/-en,* kleiner, wiederholter Betrug. **betrügerisch**, absichtlich täuschend: *in betrügerischer Absicht.*

betrunken [von betrinken], stark berauscht nach Alkoholgenuß. **Betrunkene** *der, die, -n/-n, ein -r, eine -,* jemand, der betrunken ist. **Betrunkenheit** *die, -.*

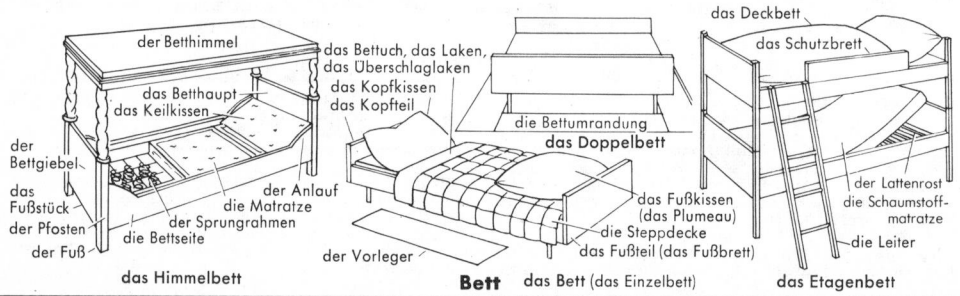

das Himmelbett — der Betthimmel, das Betthaupt, das Keilkissen, der Bettgiebel, das Fußstück, der Pfosten, der Fuß, der Anlauf, die Matratze, der Sprungrahmen, die Bettseite

Bett — das Bettuch, das Laken, das Überschlaglaken, das Kopfkissen, das Kopfteil, der Vorleger, das Bett (das Einzelbett), das Fußkissen (das Plumeau), die Steppdecke, das Fußteil (das Fußbrett)

das Doppelbett — die Bettumrandung

das Etagenbett — das Deckbett, das Schutzbrett, der Lattenrost, die Schaumstoffmatratze, die Leiter

Betsäule die, mit Kruzifix oder Heiligenbild geschmückte Säule. **Betschwester** die, U aufdringlich fromme Frau. **Betstuhl** der, ABB. B 25.

Bett [ahd. betti] das, -(e)s/-en, 1) Nachtlager (Gestell, Matratze, Bettzeug), ABB. B 27: ich muß morgens mein B. machen, Kissen und Laken glätten; er muß das B. hüten, ist ans B. gefesselt, ist krank; ich muß zu B. gehen, mich schlafen legen; sie geht mit jedem ins B., U hat wahlloss Geschlechtsverkehr. 2) großes Federkissen, ABB. B 27: Federbett; wir lüften täglich die Betten. 3) von fließenden Gewässern geschaffene Geländerinne: Flußbett, ABB. F 32. 4) ♈ Platz, an dem sich Wild niederläßt. 5) ⊙ Gestell zur Aufnahme der Bewegungsteile und Führungen einer Maschine. 6) ⚒ Flöz, Schicht. **Bettbank** die, als Bank und als Bett dienendes Möbel. **Bettchen** das, -s/-. **Bettcouch** die, als Bett verwendbare Couch. **Bettdecke** die, Decke zum Zudecken im Bett.

Bettel [mhd. betel ›das Betteln‹] der, -s, 1) ♾ Bettelei. 2) minderwertiges Zeug, Plunder, Kram. **bettelarm**, sehr arm. **Bettelei** die, -/-en, 1) öffentl. Almosenheischen. 2) anhaltendes, lästiges Bitten. **Bettelmönch** der, Mönch eines Bettelordens. **betteln** [ahd. betalon], ich bett(e)le (habe gebettelt) (um etwas), 1) bitte um Unterstützung und Almosen: Betteln und Hausieren verboten! 2) flehe, bitte unaufhörlich: er bettelte um ein wenig Liebe. **Bettelorden** der, Orden, der sich von Almosen erhält. **Bettelstab** der, P Verarmung: das hat ihn an den B. gebracht.

betten [mhd. betten], ich bette (habe gebettet) 1) ihn, mache ihm ein Lager. 2) mich, P bereite mein Schicksal: er hat sich nicht auf Rosen gebettet. **Bettfeder** die, weiche Feder für Kissen. **Bettflasche** die, Wärmflasche, Bettwärmer. **Betthimmel** der, ABB. B 27. **Betthupferl** das, -s/-, bair.: Süßigkeit vor dem Schlafengehen.

Betti, Bettina [Kurzform von Elisabeth], weibl. Vornamen. **Bettlade** die, -/-n, oberdt.: Bettgestell. **bettlägerig**, so krank, daß man nicht aufstehen darf. **Bettlein** das, -s/-.

Bettler [ahd. betalari] der, -s/-, jemand, der von Almosen lebt. **Bettlerzinken** der, Geheimzeichen der Bettler an Haustüren.

Bettnässen das, -s, ungewollter Harnabgang im Schlaf. **Bettnässer** der, -s/-, jemand, der an Bettnässen leidet. **Bettruhe** die, Aufenthalt im Bett bei Krankheit: der Arzt hat strengste B. verordnet. **Bettschüssel** die, ABB. S 41. **Bettschwere** die, einsetzendes Schlafbedürfnis. **Bettstatt** die, -/-ᵉn, oberdt.: 1) Bett. 2) Federbett (Polster zum Zudecken, Plumeau). **Bettuch** das, Silbentrennung vgl. ÜBERS. S 50. **Bettung** die, -/-en, 1) Grundlage, bereitetes Lager. 2) Teil des Bahnkörpers, ABB. E 4, G 28. **Bettwäsche** die, Bettuch und Bezüge für Kopfkissen und Deckbett.

betucht [hebr. batuah, jidd. betuche ›sicher‹], 1) U wohlhabend. 2) U vertrauenswürdig. 3) jidd.: still.

betulich, geschäftig und umständlich (um jemanden) besorgt. **Betulichkeit** die, -. **betun**, ich betue mich (habe mich betan), ostdt.: 1) bin betulich. **betun**, ziere mich.

betupfen, ich betupfe (habe betupft) es, 1) versehe mit Tupfen. 2) berühre behutsam, tupfe ab.

betütert, U leicht betrunken.

Beuche die, -/-n, Lauge zum Reinigen von Baumwollrohfasern. **beuchen** [spätmhd. biuchen ›in heißer Lauge einweichen‹], ich beuche (habe gebeucht) es.

beugbar, so beschaffen, daß es gebeugt werden kann (Wort). **Beuge** die, -/-n, 1) Biegung. 2) Böttcherwerkzeug zum Reifenbiegen. 3) Turnerstellung, ABB. L 6. **Beugehaft** die, ⚖ Ordnungshaft. **Beugel** das, -s/-, österr.: ein Gebäck. **beugen** [ahd. bougen], ich beuge (habe gebeugt) 1) es, biege (nach unten), senke: ich b. das Knie, den Arm. 2) ein Wort, verändere durch Beugung, flektiere. 3) das Recht, wende unehrlich an. 4) mich, U füge mich, gehorche. 5) das beugt mich, U beschämt oder kränkt mich tief. **Beuger** der, -s/-, Muskel zum Beugen der Gliedmaßen. **Beugung** die, -/-en, 1) das Beugen. 2) Ⓢ Flexion, Deklination und Konjugation; ÜBERS. S 77 (Substantiv), G 10 (Genus), A 4 (Adjektiv), P 24 (Pronomen), A 2 und V 2 (Verb). 3) Physik: bei Wellenvorgängen Abweichung von der geradlinigen Ausbreitung durch Hindernisse.

Beule [mhd. biule] die, -/-n, 1) durch Stoß entstandene vorspringende Wölbung. 2) ⚕ Vorwölbung der Haut: eine B. an der Stirn. 3) tekton. gewölbte Gesteinsschichten. **beulen**, es beult sich (hat sich gebeult), bildet Beulen. **Beulenpest** die, weniger gefährl. Form der Pest mit Eiterbeulen auf der Haut.

beunruhigen, ich beunruhige (habe beunruhigt) 1) ihn, bereite ihm Sorge oder Aufregung: beunruhigende Nachrichten. 2) mich, mache mir Sorgen: das beunruhigt mich. **Beunruhigung** die, -.

beurkunden [mhd. urkunden ›bezeugen‹], ich beurkunde (habe beurkundet) es, 1) lege es urkundlich fest. 2) U beweise. **Beurkundung** die, -/-en.

beurlauben, ich beurlaube (habe beurlaubt), 1) ihn, gebe Urlaub: er wurde für einen Fortbildungskurs beurlaubt. 2) ihn, entbinde vorübergehend von den Amtspflichten: ich lasse mich beurlauben. 3) mich, U verabschiede mich. **Beurlaubung** die, -/-en.

beurteilen, ich beurteile (habe beurteilt) es, ihn (nach etwas), äußere eine wertende Meinung darüber: das kann ich nicht beurteilen. **Beurteilung** die, -/-en, Urteilsbildung, wohlerwogene Meinung, Bewertung, Kritik: das entzieht sich meiner B.; mündliche, schriftliche B.

Beuschel das, -s/-, österr.: 1) (Gericht aus) Lunge, Herz, Leber, Milz von Kalb oder Lamm. 2) Milch, Rogen und Eingeweide vom Karpfen.

Beuschel der, -s/-, ⚒ großer Hammer.

beut, ⚘ P bietet.

Beute [mhd. biute ›Verteilung‹] die, -, 1) Gewinn bei Jagd, Krieg, Einbruch: kostbarer Schmuck fiel ihm zur B.; Beutegut. 2) schutzlos Preisgegebenes: eine leichte B.

Beute [ahd. biuta, zu biet ›Tisch‹] die, -/-n, mitteldt.: Holzgefäß; Backtrog; Bienenstock, Bienenwohnung.

Beutel [ahd. butil] der, -s/-, 1) Säckchen, ABB. B 25. 2) ♾ Geldtasche. 3) Behälter für Beuteltiere. 4) Sack zum Aussieben des Mehls. 5) Holz zum Mürbeschlagen von Flachs. 6) Beitel. **Beutelchen** das, -s/-. **beuteln**, ich beut(e)le (habe gebeutelt), 1) es, ihn, südostdt.: schüttele tüchtig. 2) Mehl, siebe. 3) Flachs, klopfe. 4) es beutelt, bauscht sich (Kleid). **Beutelschneider** der, ♾ Taschendieb. **Beuteltier** das, Säugetier mit Hautfalte oder Beutel an den Zitzen.

beuten [zu Beute], ich beute (habe gebeutet) Waldbienen, siedle in hohlen Baumstämmen an: Beutenhonig. **Beutestück** das, erbeutete Sache. **Beutezug** der, das Ausgehen auf Raub.

Beutler der, -s/-, 1) ♾ Hersteller von Beuteln. 2) Beuteltier.

bevettern, ich bevett(e)re (habe bevettert) ihn, ♾ behandle in aufdringl. Weise vertraut.

bevölkern [zu Volk], ich bevölkere (habe bevölkert) es, 1) erfülle mit Bewohnern: dicht bevölkerte Gebiete. 2) die Bienen bevölkern den Kasten, U leben in ihn in Scharen. **Bevölkerung** die, -, Bewohner eines bestimmten Gebietes: Landbevölkerung; Stadtbevölkerung; Bevölkerungsstatistik; Bevölkerungszunahme. **Bevölkerungsdichte** die, die Zahl der Einwohner je km². **Bevölkerungsexplosion** die, sprunghafte Bevölkerungszunahme. **Bevölkerungspolitik** die, Maßnahmen zur Beeinflussung der Bevölkerungszahl.

bevollmächtigen [mhd. volmehtig ›bevollmächtigt‹], ich bevollmächtige (habe bevollmächtigt) ihn, erteile Vollmacht. **Bevollmächtigte** der, die, -n/-n, ein -r, eine -, Inhaber(in) einer Vollmacht. **Bevollmächtigung** die, -.

bevor [mhd. bevor], ehe, früher als: b. er kommt.

bevormunden [mhd. vormunden], ich bevormunde (habe bevormundet) ihn, verhindere seine selbständige Willensentscheidung: ich lasse mich nicht bevormunden! **Bevormundung** die, -: das führt zu einer B. der Eltern.

bevorraten, ich bevorrate (habe bevorratet), versehe mit einem Vorrat.

bevorrecht(ig)en [zu Vorrecht], ich bevorrecht(ig)e (habe bevorrechtet, bevorrechtigt) ihn, gebe besondere Rechte, bevorzuge. **Bevorrechtung** die, -.

bevorschussen, ich bevorschusse (habe bevorschußt) ihn, K gebe ihm einen Vorschuß.

bevorstehen, es steht bevor (hat bevorgestanden), ist zu erwarten, kommt bald: die bevorstehenden Wahlen.

bevorteilen [zu Vorteil], ich bevorteile (habe bevorteilt), ♾ ihn, übervorteile. 2) ihn, fördere.

bevorzugen, ich bevorzuge (habe bevorzugt) ihn, es (vor anderen), gebe ihm den Vorzug, behandle günstiger: bevorzugte Abfertigung. **Bevorzugung** die, -/-en.

bewachen [mhd. bewachen], ich bewache (habe bewacht) ihn, es, passe scharf auf, bin wachsam: ein gut bewachtes Grundstück. **Bewacher** der, -s/-.

bewachsen, es bewächst (bewuchs, hat bewachsen), 1) Land bewächst (sich), bedeckt sich mit Pflanzen. 2) Pflanzen

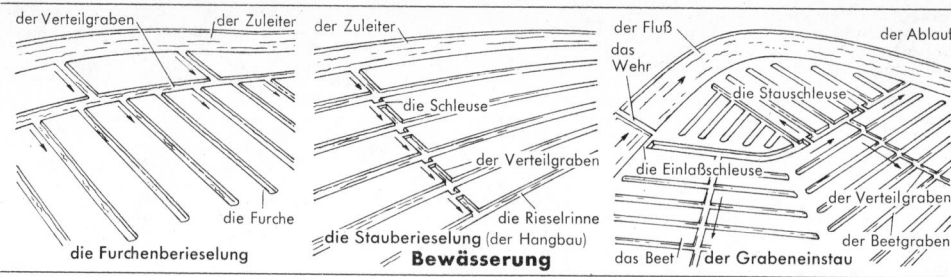

der Verteilgraben, der Zuleiter, der Zuleiter, der Fluß, das Wehr, der Ablauf, die Schleuse, die Stauschleuse, der Verteilgraben, die Einlaßschleuse, die Furche, die Rieselrinne, der Verteilgraben, **die Furchenberieselung**, **die Stauberieselung** (der Hangbau), das Beet, der Grabeneinstau, der Beetgraben, **Bewässerung**

bewachsen Land, bedecken. **Bewachsung** die, -, Pflanzendecke.

Bewachung die, -, das Bewachen.

bewaffnen, ich bewaffne (habe bewaffnet) ihn, gebe Waffen oder Hilfswerkzeuge. **Bewaffnete** der, die, -n/-n, ein -r, eine -, jemand, der bewaffnet ist. **Bewaffnung** die, -/-en, 1) ohne Pl., das Bewaffnen. 2) die Waffen: atomare B.

bewahren [ahd. bewaron], ich bewahre (habe bewahrt), 1) ihn vor etwas, schütze mit Erfolg: (Gott) bewahre!, nein! 2) es, verwahre, hebe auf: ich b. das für später, Ü verschiebe; wir müssen die Ruhe bewahren, Ü. **bewähren** [ahd. gewaron ›als wahr erweisen‹], ich bewähre mich (habe mich bewährt), erweise mich als geeignet: er bewährt sich als Freund, in dieser Stellung. **Bewahrer** der, -s/-, 1) Wächter, verantwortlicher Aufseher. 2) P Schützer. **bewahrheiten** [zu wahr] es, bewahrheitet sich (hat sich bewahrheitet), stellt sich als wahr heraus. **Bewahrheitung** die, -. **bewährt,** erprobt, tüchtig: nach bewährtem Rezept. **Bewährtheit** die, -, lange Erprobung. **Bewahrung** die, -, das Bewahren. **Bewährung** die [mhd. bewærunge] die, -/-en, Fähigkeitsnachweis: Bewährungsprobe. **Bewährungsfrist** die, Probezeit bei bedingtem Straferlaß. **Bewährungshelfer** der, Person, die einen Verurteilten während der Bewährungsfrist betreut.

bewalden, es bewaldet sich (hat sich bewaldet), bedeckt sich mit Wald: bewaldete Hügel. **bewaldrechten,** ich bewaldrechte (habe bewaldrechtet) es, entrinde Rundholz. **Bewaldung** die, -/-en, Waldanteil an der Gesamtlandesfläche.

bewältigen [zu Gewalt], ich bewältige (habe bewältigt), 1) ihn, ☞ besiege, unterwerfe. 2) es, werde damit fertig, überwinde es (Schwierigkeit, die eigene Vergangenheit): er hat alle Aufgaben schnell bewältigt. **Bewältigung** die, -.

bewandert in einem Wissensgebiet, unterrichtet, erfahren.

bewandt [zu bewenden], ☞ gestaltet, beschaffen. **Bewandtnis** die, -/-se: damit hat es folgende B., es verhält sich so.

bewässern, ich bewässere, bewäßre (habe bewässert) es, führe Wasser zu. **Bewässerung, Bewäßrung** die, -/-en, das Zuführen von Wasser zur Förderung des Pflanzenwachstums, z. B. durch Berieselung, Abb. B 28, Beregnung, Abb. B 23.

bewegbar, so beschaffen, daß es bewegt werden kann.

bewegen [ahd. giwegan ›hin und her bewegen‹], ich bewege (habe bewegt), 1) es, veranlasse zu Orts- oder Lageveränderung, halte in Schwung. 2) ihn, Ü rühre oder errege sein Gemüt: das bewegt mich tief. 3) es, B bedenke: sie bewegte die Worte im Herzen. 4) mich, verändere meine Lage, gehe in einer bestimmten Richtung: er bewegte sich auf uns zu. 5) es bewegt sich, ändert sich: die Preise dafür bewegen sich zwischen 80 und 100 Mark. 6) (habe bewogen) ihn zu etwas, veranlasse: ich konnte ihn nicht dazu bewegen. **Beweggrund** der, innere Veranlassung, Motiv. **beweglich,** 1) bewegbar: bewegliche Griffe. 2) Ü gelenk, regsam, lebhaft: er ist (geistig) sehr b. 3) unfest: bewegliche Sache, Ü jeder körperliche Gegenstand außer Grundstücken; bewegliche Feste, Feste, die nicht an ein festes Datum gebunden sind, vgl. Übers. J 2. **Beweglichkeit** die, -/-en, bewegt, 1) unruhig: ein bewegtes Leben. 2) Ü gerührt, ergriffen: b. nahm er Abschied. **Bewegtheit** die, -. **Bewegung** die, -/-en, 1) Ortsveränderung: es wurden Truppenbewegungen beobachtet. 2) Lageveränderung: er macht eine B. mit dem Arm, Bein. 3) regelmäßige Körpertätigkeit: er macht sich B., geht spazieren, arbeitet körperlich. 4) Ü geistige, weltanschauliche, polit. Massenbestrebung: Freiheitsbewegung. 5) Ü Rührung: innere B. **Bewegungsapparat** der, Bewegungsorgane bei Mensch und Tieren. **Bewegungsbad** das,

⸹ Bewegungsübungen im Warmwasserbecken. **Bewegungsfreiheit** die, -, auch Ü Möglichkeit zu selbständigem Handeln. **Bewegungskrankheit** die, Kinetose. **Bewegungskrieg** der, Kampfhandlungen mit fortwährender Bewegung. **bewegungslos,** ruhend. **Bewegungslosigkeit** die, -. **Bewegungsstudie** [-ia] die, Untersuchung zur bestmöglichen Gestaltung der Arbeitsbewegungen. **bewegungsunfähig,** zu keiner Bewegung fähig.

bewehren [ahd. biwerren ›wehren‹, ›schützen‹], ich bewehre (habe bewehrt), 1) ihn, ☞ bewaffne. 2) es, rüste aus, armiere: bewehrter Beton, Stahlbeton. **Bewehrung** die, -, 1) Stahleinlage im Beton. 2) äußere Bekleidung eines Kabels. 3) ☌ Krallen und ähnliches an Wappentieren.

beweiben, er beweibt sich (hat sich beweibt), 1) heiratet.

beweihräuchern [mhd. wirouchen], ich beweihräuch(e)re (habe beweihräuchert), 1) es, umgebe mit Weihrauch. 2) ihn, Ü lobe übertrieben.

beweinen [ahd. biweinon], ich beweine (habe beweint) ihn, trauere um ihn: B. Christi.

Beweis der, -es/-e, ⚖ Verfahren, das dem Gericht die Überzeugung von der Wahrheit oder Unwahrheit einer Behauptung verschaffen soll: er muß den B. antreten, führen; Beweismittel. 2) Zeichen: ein B. der Zuneigung. 3) Philosophie: die logisch-methodische Begründung der Richtigkeit oder Unrichtigkeit einer Aussage. **Beweisaufnahme** die, gerichtl. Prüfung der Schuldgründe. **beweisbar,** so beschaffen, daß es bewiesen werden kann. **Beweisbarkeit** die, -. **beweisen** [mhd. bewisen], ich beweise (habe bewiesen) es, 1) führe einen Beweis. 2) zeige: dies Verhalten beweist Mut. **Beweisführung** die, -, Art, in der Beweise geführt werden. **Beweisgrund** der, Grund, auf den sich ein Beweis stützt. **beweiskräftig,** beweiskräftiges Material. **Beweisstück** das, Sache, auf die sich ein Beweis stützt.

bewenden [ahd. biwenten ›hin-, umwenden‹], ich lasse es dabei bewenden, begnüge mich damit. **Bewenden** das, -s: er hat dabei sein B., es bleibt dabei.

bewerben [ahd. biwerban ›sich bemühen‹], ich bewerbe mich (bewarb mich, habe mich beworben) um etwas, suche zu erhalten (Arbeitsstelle), werbe darum (Mädchen). **Bewerber** der, jemand, der sich bewirbt (um einen Posten, um ein Mädchen). **Bewerbung** die, Stellungsgesuch: Bewerbungsschreiben; Bewerbungsunterlagen.

bewerfen, ich bewerfe (bewarf, habe beworfen) mit etwas, 1) ihn, es, werfe nach ihm. 2) es, bedecke mit einem Bewurf (Mauer).

bewerkstelligen [mhd. ze werke stellen], ich bewerkstellige (habe bewerkstelligt) es, führe aus, bringe zustande: wir müssen das geschickt bewerkstelligen. **Bewerkstelligung** die, -.

bewerten [zu werten], ich bewerte (habe bewertet), 1) ihn, schätze nach Verdienst, würdige. 2) es, setze seinen Wert fest. **Bewertung** die: Bewertungsgrundlage.

bewettern, ich bewettere (habe bewettert) eine Strecke, ⚒ führe ihr frische Luft zu. **Bewett(e)rung** die, -.

bewilligen [mhd. willigen], ich bewillige (habe bewilligt) es ihm, gewähre. **Bewilligung** die, -/-en.

bewillkommnen, ich bewillkommne (habe bewillkommnet) ihn, begrüße, heiße willkommen. **Bewillkommnung** die, -.

bewimpelt, mit Wimpeln behängt. **Bewimp(e)lung** die, -/-en.

bewirken, ich bewirke (habe bewirkt) es, veranlasse, bringe zustande: damit bewirkst du nichts; das bewirkende Zeitwort, Kausativ, Übers. V 2. **Bewirkung** die.

bewirten [zu Wirt], *ich* bewirte (habe bewirtet), **1)** *ihn*, gebe zu essen und zu trinken. **2)** *es*, *schweiz.*: bewirtschafte (Land). **bewirtschaften**, *ich* bewirtschafte (habe bewirtschaftet) *es*, **1)** leite, bearbeite (landwirtschaftl. Betrieb). **2)** regle den Verkehr damit: *bewirtschaftete Devisen*. **Bewirtschaftung** *die*, -. **Bewirtung** *die*, -, das Bewirten. **Bewirtungsvertrag** *der*, ↗ das Bewirten des Gastes einer Schankwirtschaft gegen Entgelt.

bewitzeln [zu Witz], *ich* bewitz(e)le (habe bewitzelt) *ihn*, *es*, verspotte ihn, mache Witze darüber.

bewog, von bewegen.

bewohnbar, als Unterkunft geeignet. **bewohnen** [mhd. bewonen], *ich* bewohne (habe bewohnt) *es*, wohne darin: *er bewohnt das ganze Haus allein*. **Bewohner** *der*, -s/-, ständiger Einwohner: *Hausbewohner; Mitbewohner*. **Bewohnerschaft** *die*, -, alle Bewohner (eines Hauses, Gebiets).

bewölken [ahd. wolchenon ›Wolken bringen‹], *es* bewölkt *sich* (hat sich bewölkt), **1)** bedeckt sich mit Wolken (Himmel). **2)** Ü wird zorndrohend (Stirn). **Bewölkung** *die*, -, Bedeckung des Himmels mit Wolken: *aufgelockerte B.*

Bewuchs [von bewachsen] *der*, -es, Pflanzendecke.

Bewund(e)rer *der*, -s/-, staunend anerkennender Betrachter. **bewundern**, *ich* bewund(e)re (habe bewundert) *ihn*, *es*, erkenne staunend seinen Wert, sehe verehrend zu ihm auf. **bewundernswert**, **bewundernswürdig**, Bewunderung verdienend. **Bewund(e)rung** *die*, -, verehrende, staunende Anerkennung. **bewunderungswert**, **bewunderungswürdig**, bewundernswert.

Bewurf *der*, Mauerputz.

bewurzeln, *ein Baum* bewurzelt *sich* (hat sich bewurzelt), bekommt Wurzeln.

bewußt [zu ♂♀ bewissen ›Bescheid wissen‹], **1)** klaren Geistes, vor sich selbst Rechenschaft ablegend: *ich bin mir keines Fehlers b.* **2)** im Bewußtsein gedrungen: *er lebt sehr b.* **3)** bekannt: *an dem bewußten Tag*. **4)** gewollt, absichtlich: *bewußte Täuschung*. **Bewußtsein** *das*, -. **bewußtlos**, ohne Bewußtsein, ohnmächtig. **Bewußtlosigkeit** *die*, -. **bewußtmachen**, *ich* mache *es ihm*, *mir* bewußt (habe bewußtgemacht), mache klar: *man muß ihr zuerst ihre Fehler bewußtmachen, bevor sie sich ändern kann*. **Bewußtsein** *das*, -s, **1)** Gesamtheit geistiger Tätigkeit des Menschen; das Wissen um diese Tätigkeit: *Bewußtseinsbildung*. **2)** klare geistige Verfassung, Besinnung: *er ist bei B.*; *Bewußtseinserweiterung; Bewußtseinsspaltung; Bewußtseinstrübung*. **3)** Absicht, Bewußtheit: *mit vollem B.*

bez., Abk. für: **1)** bezüglich. **2)** auch bez, bz, bezahlt. **Bez.**, Abk. für: **1)** Bezeichnung. **2)** Bezirk.

bezahlbar, so hoch im Preis, daß man es bezahlen kann. **bezahlen** [mhd. bezaln], *ich* bezahle (habe bezahlt), **1)** *es (mit etwas)*, gebe einen Gegenwert (Geld) dafür: *ich b. bar, mit Scheck; bezahlt*, Abk.: bez, bez., bz. **2)** *ihn*, händige ihm das schuldige Geld aus. **3)** *ihn (für etwas)*, lasse gegen Entgelt tun. **4)** *für etwas*, Ü trage die Folgen. **5)** *es macht sich bezahlt*, Ü lohnt sich. **Bezahlung** *die*.

bezähmbar, zu bändigen: *ihr Temperament ist kaum b.* **bezähmen**, *ich* bezähme (habe bezähmt), **1)** *mich*, *meinen Zorn*, beherrsche ihn. **2)** *ein Tier*, bändige, bezwinge. **Bezähmung** *die*, Beherrschung.

bezaubern [ahd. pezouveron], *ich* bezaub(e)re (habe bezaubert) *ihn*, **1)** Ü setze in Entzücken, gewinne durch Anmut: *ein bezauberndes Mädchen*. **2)** ♂♀ banne, behexe. **Bezaub(e)rung** *die*, -.

bezechen, *ich* bezeche *mich* (habe mich bezecht), betrinke mich. **Bezechtheit** *die*, -.

bezeichnen [ahd. bezeihhenen], *ich* bezeichne (habe bezeichnet), **1)** *es*, mache durch Zeichen kenntlich: *bezeichnete Wanderwege*. **2)** *ihn als etwas*, nenne, kennzeichne: *er bezeichnete ihn als Schmarotzer*. **3)** *ihn*, beschreibe näher. **bezeichnend** *für ihn*, kennzeichnend, charakteristisch. **bezeichnenderweise**. **Bezeichnung** *die*, Abk.: Bez., Kenntlichmachung, Name: *eine treffende B.*

bezeigen [mhd. bezeigen], *ich* bezeige (habe bezeigt), **1)** *es*, zeige: *ich b. Freude*. **2)** *es ihm*, drücke aus (Dankbarkeit, Teilnahme). **Bezeigung** *die*, -.

bezeugen [mhd. bezeugen], *ich* bezeuge (habe bezeugt) *es (ihm)*, **1)** erkläre, aus eigenem Erleben zu wissen. **2)** beglaubige, bescheinige: *bezeugt*, durch Zeugen bestätigt. **3)** bezeige, drücke aus. **Bezeugung** *die*, -.

bezichtigen [ahd. pezihen], *ich* bezichtige (habe bezichtigt) *ihn eines Verbrechens*, beschuldige. **Bezichtigung** *die*, -.

beziehbar, **1)** zum Beziehen mit einem Überzug geeignet. **2)** bezugsfertig (Wohnung). **beziehen** [ahd. biziohan], *ich* beziehe (habe bezogen), **1)** *es*, ziehe einen Überzug darüber (Kissen), bedecke: *es bezieht sich, bewölkt sich*. **2)** *es*, bespanne (mit Saiten). **3)** *eine Wohnung*, ziehe ein. **4)** *es auf etwas*, setze es dazu in Beziehung. **5)** *mich auf ihn*, berufe mich, verweise. **6)** *es von ihm*, erhalte (Ware, Wissen, Geld). **beziehentlich** *dessen*, K mit Bezug auf. **Bezieher** *der*, -s/-, jemand, der etwas bezieht (Zeitung). **Beziehung** *die*, -/-en, **1)** Verbindung, Zusammenhang: *es steht in keiner B. dazu; die diplomatischen Beziehungen wurden aufgenommen, abgebrochen; er hat Beziehungen*, Ü einflußreiche Bekannte. **2)** Hinsicht: *in dieser B. kannst du beruhigt sein*. **beziehungslos**, ohne Verbindung: *die zwei Aussagen stehen b. nebeneinander*. **beziehungsweise**, Abk.: bzw., oder, anders gesagt.

beziffern, *ich* beziff(e)re (habe beziffert) *es*, **1)** versehe mit Ziffern, numeriere. **2)** ♪ *bezifferter Baß*, der durch Noten und Ziffern bezeichnete Generalbaß. **Beziff(e)rung** *die*, -.

Bezirk [ahd. umbincirh ›Umkreis‹, zu lat. circus ›Kreis‹] *der*, -(e)s/-e, **1)** Abk.: Bez., Bz., abgegrenztes Gebiet: *Regierungsbezirk; Verwaltungsbezirk*. **2)** Ü bestimmter Bereich: *künstlerische Bezirke*. **Bezirksgericht** *das*, **1)** Dt. Dem. Rep.: dem Landgericht oder Oberlandesgericht entsprechende Gerichtsstufe. **2)** Österreich, Schweiz: dem Amtsgericht entsprechende Gerichtsstufe. **bezirksweise**, in Bezirken.

bezirzen, becircen.

Bezoar [arab., aus pers. padsahr ›Gegengift‹] *der*, -s/-e, Bezoarstein, Haarballen im Magen oder Darm bei Mensch und Säugetieren, früher Volksheilmittel.

Bezogene *der*, *die*, -n/-n, *ein* -r, *eine* -, ⚏ jemand, der durch Wechsel oder Anweisung zur Zahlung aufgefordert wird.

Bezug [ahd. bizug] *der*, -(e)s/″e, **1)** Überzug (Bett, Möbel): *Bettbezug; Bezugsstoff*. **2)** ohne Pl., Erhalt (Waren, Zeitungen). **3)** nur Pl., Einnahme: *seine Bezüge, Gehalt*. **4)** ♪ die für ein Instrument nötigen Saiten; Haare auf Geigenbögen, ABB. B 39. **5)** ohne Pl., Hinsicht, Beziehung: *Bezugsgröße; Bezugsperson; es hat, nimmt B. auf ihn; aber: in bezug auf ihn*. **Bezüger** *der*, -s/-, *schweiz.*: Bezieher (einer Zeitung), Einforderer (von Steuern). **bezüglich**, **1)** Beziehung habend: *bezügliches Fürwort*, Relativpronomen, ÜBERS. P 24. **2)** Abk.: bez., *dessen*, K mit Beziehung auf. **Bezugnahme** *die*, -/-n, K Berufung: *unter B. auf ihn*. **bezugsfertig**, fertig zum Einzug (Wohnung). **Bezugsquelle** *die*, Einkaufsgelegenheit. **Bezugsrecht** *das*, Vorkaufsrecht der Aktionäre auf neue Aktien. **Bezugssatz** *der*, Relativsatz, ÜBERS. S 79. **Bezug(s)schein** *der*, Zuweisung auf rationierte Waren. **Bezugssystem** *das*, ein zusammenhängendes Ganzes von Funktionen und Abhängigkeiten, die bei der Untersuchung einzelner Abschnitte mitbeachtet werden müssen.

bezuschussen, *ich* bezuschusse (habe bezuschußt) *es*, gewähre ihm einen Zuschuß (Theater). **Bezuschussung** *die*, -.

bezwecken [zu Zweck], *ich* bezwecke (habe bezweckt) *es*, beabsichtige, will erreichen: *was bezweckst du damit?*

bezweifeln [mhd. beziwiveln], *ich* bezweif(e)le (habe bezweifelt) *es*, ziehe in Zweifel, will nicht glauben: *ich b. seine Angaben*. **Bezweif(e)lung** *die*, -.

bezwingen [ahd. bith(w)ingan], *ich* bezwinge (bezwang, habe bezwungen), **1)** *ihn*, besiege, überwinde: *er bezwang seinen Gegner in der 3. Runde*. **2)** *es*, bewältige, werde fertig damit: *der Berg wurde bezwungen*, erstiegen. **3)** *es*, *mich*, beherrsche (mich): *er bezwang seine Neugier*. **bezwingend**, einnehmend, gewinnend: *ein bezwingendes Lächeln*. **Bezwinger** *der*, Sieger, Überwinder. **Bezwingung** *die*, -.

BfA, Abk. für: Bundesversicherungsanstalt für Angestellte.

BFH, Abk. für: Bundesfinanzhof.

Bg., Abk. für: Bogen (Papier).

BGB, Abk. für: Bürgerliches Gesetzbuch.

BGBl, Abk. für: Bundesgesetzblatt.

BGH, Abk. für: Bundesgerichtshof.

BGS, Abk. für: Bundesgrenzschutz.

BH [beh'a:] *der*, -(s)/-s, Ü Büstenhalter.

Bhf., Abk. für: Bahnhof.

bi, Ü bisexuell.

bi... [lat.], doppel(t)..., zwei...: *bikonkav; bisexuell*.

Bi [lat. bismutum], ○ Zeichen für: Wismut.

Bi|archie [vgl. bi... und archi...] *die*, -/...ch'i|en, Doppelherrschaft.

Bias [b'aiəs, engl. ›Tendenz‹, ›Vorurteil‹] *das*, -/-, Meinungsforschung: Verzerrung von Ergebnissen durch methodische Fehler und subjektive Einflüsse.

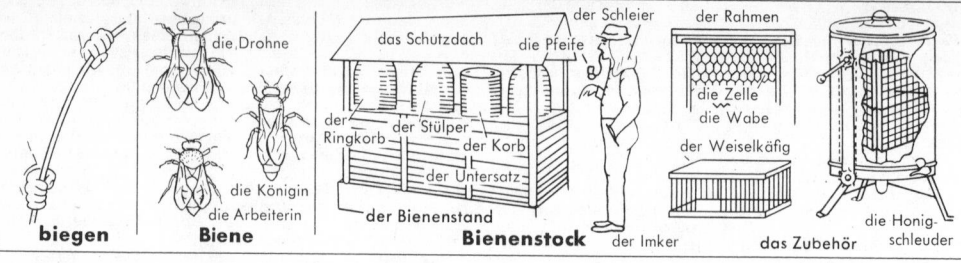

die ,Drohne · das Schutzdach · der Schleier · der Rahmen · die Pfeife · die Zelle · die Wabe · der Ringkorb · der Stülper · der Korb · der Untersatz · der Weiselkäfig · die Königin · die Arbeiterin · der Bienenstand · der Imker · das Zubehör · die Honig-schleuder

biegen · **Biene** · **Bienenstock**

Biathlon [vgl. bi. . . und grch. athlos, Akk. athlon ›Kampf‹] *das, -s, ⚔* Verbindung von Skilanglauf mit Schießprüfungen.
bibbern [ahd. biben ›beben‹, ›zittern‹], *ich* bibb(e)re (habe gebibbert), ⋃ zittere (vor Kälte).
Bibel [mhd. bibel, biblie, nach kirchenlat. biblia, urspr. Pl. zu grch. biblion ›Buch‹, nach dem syr. Hafen Byblos, von wo Papyrus bezogen wurde] *die, -/-n,* 1) die Heilige Schrift, heiliges Buch der Christen: *Bibelspruch.* 2) Sinnbild für ein heiliges oder bedeutsames Buch. **bibelfest,** die Texte der Bibel gut kennend. **Bibelgesellschaft** *die,* evang. Verein zur Herstellung und Verbreitung von Bibeln.
Bibeli *das, -/-, alem.:* Hitzebläschen, Hautausschlag.
Bibelot [bibl'o:, frz.] *der, -s/-s,* kleinerer kunstgewerbl. Gegenstand.
Biber [ahd. bibar, eigtl. ›der Braune‹] *der, -s/-,* 1) Nagetier. 2) dessen Fell. 3) *auch das,* -s rauhes Baumwollgewebe: *Biberbettuch.* **Bibergeil,** -s, Abscheidung aus den Afterdrüsen des Bibers.
Bibernelle *die, -/-n, ⚕* Pimpernell.
Biberratte *die,* Nutria. **Biberschwanz** *der,* flacher Dachziegel, Abb. D 2.
Bi|blio|graph [grch. biblion ›Buch‹ und vgl. . . . graph] *der, -en/-en,* jemand, der Bibliographien verfaßt. **Bi|blio|graphie** [vgl. . . . graphie] *die, -/. . .i|en,* Bücherkunde; Bücher- oder Literaturverzeichnis. **bi|blio|graphieren,** *ich* bibliographiere (habe bibliographiert) *es,* erfasse Bücher bibliographisch, schreibe sie nach Verfasser, Titel u. a. auf. **Bi|bliographierung** *die, -.* **bi|blio|graphisch. Bi|blio|klast** [grch. klan ›(zer)brechen‹] *der, -en/-en,* leidenschaftl. Sammler, der sich einzelne Seiten aus fremden Büchern aneignet. **Bi|bliolatrie** [grch. latreia ›Kult‹] *die, -,* übersteigerte Bücherverehrung (Bibel). **Bi|bliomanie** *die,* krankhaft übersteigerte Bücherliebhaberei. **Bi|bliomantie** [vgl. Mantik] *die, -,* Wahrsagen durch beliebiges Aufschlagen von Textstellen in Büchern. **bi|bliophil,** bücherliebend. **Bi|bliophile** [vgl. phil. . .] *der, die, -n/-n, ein -r, eine -,* Bücherfreund(in). **Bi|bliothek** [vgl. Theke] *die, -/-en,* Bücherei, Büchersammlung. **Bi|bliothekar** *der, -s/-e,* **Bi|bliothekarin** *die, -/-nen,* Beamter, Beamtin der Bibliothek. **bi|bliothekarisch. Bi|bliotherapie** *die,* Psychotherapie: Lesen ausgewählter Bücher als Hilfsmittel der Behandlung.
bi|blisch, auf die Bibel bezüglich: *biblische Gestalten; ein biblisches Alter,* ⋃ sehr hohes Alter.
Bi|chromat [-kro-] *das, -(e)s/-e,* Dichromat.
Bicinium [lat. ›Zwiegesang‹] *das, -s/. . .ni|en,* auch Bizinie, kleines zweistimmiges Musikstück.
Bickbeere [norddt., zu mnd. pick ›Pech‹, wegen der Farbe] *die, norddt.:* Heidelbeere.
bicyclisch, ↺ bizyklisch.
biderb [vgl. bieder], ♣ P bieder.
bidet [bid'e:, frz.] *das, -s/-s,* Sitzbecken für Waschungen und Spülungen.
Bidon [bid'ɔ̃, frz.] *der, -s/-s, schweiz.:* Eimer mit Verschluß, Benzinkanister.
Biduum [lat.] *das, -s/. . .du|en,* Zeitraum von zwei Tagen.
bieder [ahd. bitherbi ›nützlich‹], rechtschaffen, ehrenwert, treuherzig. **Biederkeit** *die, -,* gutgläubiger, treuherziger Mensch. **Biedermeier** *das, -s,* Kunststil, bes. 1815–48, vgl. Abb. S 68: *Biedermeierstil; Biedermeierzeit.* **biedermeierlich,** biedersinnig. **Biedersinn** *der, -(e)s,* biedere Gesinnung.
Biege [mhd. biege ›Neigung‹] *die, -/-n,* Biegung. **Biegefestigkeit** *die,* die Festigkeit eines Körpers gegenüber Belastung durch Biegung. **biegen** [ahd. biogan], *ich* biege (habe

gebogen), **1)** *es,* mache krumm, verwandle in einen Bogen, Abb. B 29: *die Bäume biegen sich im Wind; auf Biegen oder Brechen,* ⋃ unbedingt, auf jeden Fall. **2)** *um etwas,* gehe, fahre herum: *er biegt (mit dem Auto) um die Ecke.* **Biegling** *der, -s/-e,* Rebensenker. **biegsam, 1)** leicht zu biegen. **2)** ⋃ fügsam. **Biegsamkeit** *die, -.* **Biegung** *die, -/-en,* **1)** bogenförmige Änderung der Richtung, Wendung, Kurve: *Wegbiegung.* **2)** Ⓢ Beugung, Flexion.
Bien *der, -s,* Bienenvolk. **Bienchen** *das, -s/-.* **Biene** [ahd. bina, bine] *die, -/-n,* ein Hautflügler, Abb. B 29: *Bienenhonig; Honigbiene;* Sinnbild des Fleißes. **Bienenbeute** *die,* Bienenstock, Bienenwohnung. **Bienenfleiß** *der,* unermüdlicher Fleiß. **Bienenkorb** *der,* strohgeflochtene Bienenwohnung. **Bienenschwarm** *der,* abwanderndes neues Bienenvolk. **Bienenstich** *der,* Kuchenart. **Bienenstock** *der,* Bienenvolk samt Wohnung, Abb. B 29. **Bienenvater** *der,* Bienenzüchter. **Bienenvolk** *das,* Arbeiterinnen, Drohnen und die Königin. **Bienlein** *das, -s/-.*
bienn [vgl. bi. . . und lat. annus ›Jahr‹], ⚕ zweijährig, mit zweijähriger Lebensdauer. **biennal,** zweijährlich, alle zwei Jahre stattfindend. **Biennale** *die, -/-n,* zweijährliche Veranstaltung. **Biennium** *das, -s/. . .ni|en,* Zweijahresfrist.
Bier [ahd. bior] *das, -(e)s/-e,* Gärungsgetränk aus Malz und Hopfen: *Bierbrauerei; Altbier; das ist nicht mein B.,* ⋃ damit will ich nichts zu tun haben. **Bierbankpolitiker** *der,* ⋃ jemand, der im Wirtshaus großtuerische polit. Reden führt. **Bierbaß** *der,* ⋃ tiefe Stimme. **Bierdeckel** *der,* Untersetzer für Biergläser. **Biereifer** *der,* ⋃ übertrieben großer Eifer. **Bierfilz** *der,* Bierdeckel. **Bierglas** *das,* Abb. G 27. **Bierleiche** *die,* ⋃ völlig Betrunkener. **Bierreise** *die,* ⋃ Zechbummel. **Bierruhe** *die,* ⋃ unerschütterliche Ruhe. **Bierverlag** *der,* Zwischenhandel für Bier. **Bierverleger** *der,* Zwischenhändler mit Bier. **Bierzeitung** *die,* Scherzzeitschrift für Feste im engeren Kreise. **Bierzipfel** *der,* student. Verbindungen: Anhängsel, meist mit den Farben der eigenen oder befreundeter Verbindungen, Abb. S 30.
Biese [mhd.] *die, -/-n,* **1)** Vorstoß an der Uniformhose in der Waffenfarbe. **2)** abgestepptes Fältchen an Kleidungsstücken, Abb. N 2. **3)** Schmucknaht am Schuh.
biesen [mhd. bisen], *das Vieh* biest (hat gebiest), wird wild, wenn es von Biesfliegen und -würmern befallen wird. **Biesfliege** *die,* Dasselfliege.
Bieße *die, -/-n, schweiz.:* ⚘ Faß.
Biest [lat. bestia ›wildes Tier‹] *das, -(e)s/-er,* ⋃ **1)** Vieh, besonderes Rind. **2)** Schimpfwort: gemeiner Mensch; durchtriebene Person; verwünschter Gegenstand.
Biest [mhd. biest] *der, -(e)s,* **Biestmilch** *die,* Milch von einer Kuh, die frisch gekalbt hat.
Bieswurm *der,* Bremsenlarve.
Biet [mhd. biat] *das, -(e)s/-e, schweiz.:* Gebiet (meist mit Städtenamen zusammengesetzt): *Baselbiet.*
bieten [ahd. biatan], *ich* biete (habe geboten), **1)** *es ihm für etwas,* reiche, stelle ihm zur Wahl, etwas zu nehmen: *ich b. dem Finder 5 Mark; das lasse ich mir nicht bieten,* gefallen; *ich b. ihm die Hand zum Frieden, ⋃ er bot ihr den Arm; ich bot die Stirn, die Spitze, Trotz,* ⋃ widersetzte sich; *dafür bietet sich keine Gelegenheit.* **2)** *bei Versteigerungen,* mache ein Angebot: *er bot 2 000 Mark für die Radierung.* **Bieter** *der, -s/-,* jemand, der bei einer Versteigerung bietet.
bifilar [vgl. bi. . . und lat. filum ›Faden‹], zweifädig: *bifilare Aufhängung,* Aufhängung an zwei parallelen Drähten.
Bifokalglas [vgl. bi. . . und Fokus] *das,* in zwei Linsen geteiltes Brillenglas für Nah- und Fernsicht.

Bifurkation [lat. bifurcus ›zweizackig‹] *die, -/-en,* Gabelung.
Biga [lat.] *die, -/. . .gen,* Zweigespann in der Antike.
Bigamie [vgl. bi. . . und . . .gamie] *die, -,* Doppelehe, gesetzwidrige zweite Eheschließung bei bereits bestehender Ehe. **bigamisch. Bigamist** *der, -en/-en,* in Bigamie Lebender.
Big Band [-bænd, engl.] *die, - -/- -s,* großes Jazzorchester.
bigott [frz. bigot], frömmelnd, scheinheilig. **Bigotterie** *die, -.*
Bijouterie [biʒutr'i:, frz.] *die, -/. . .r'i|en,* Schmuckwaren und der Handel damit. **Bijoutier** [biʒut'je:, frz.] *der, -s/-s,* schweiz.: Juwelier.
Bikini [nach dem Atoll Bikini in der Gruppe der Marshall-Inseln] *der, -s/-s,* zweiteiliger Badeanzug, ABB. K 25.
bikonkav [lat.], beiderseits hohl. **bikonvex** [lat.], beiderseits erhaben (Linsen, ABB. L 14).
bilabial [vgl. bi. . . und lat. labrum ›Lippe‹], mit beiden Lippen gebildet (dt. Laute: b, p, m).
Bilanz [ital. bilancio, zu bilancia ›Waage‹] *die, -/-en,* Kontenabschluß: *Handelsbilanz; Bilanzbuchhalter; wir müssen die B. ziehen,* abrechnen, Ü uns einen Überblick über die Auswirkungen vergangenen Geschehens verschaffen. **bilanzieren,** *ich bilanziere* (habe bilanziert) *es,* stelle eine Bilanz auf. **Bilanzprüfer** *der,* Wirtschaftsprüfer. **Bilanzstörung** *die,* $ Mißverhältnis von Zu- und Abfuhr im Stoffwechsel.
bilateral [vgl. bi. . . und lateral], beidseitig, zweiseitig: *bilateraler Handelsvertrag.*
Bilch [ahd. bilih] *der, -(e)s/-e,* Schlafmaus.
Bilche *die, -/-n, schweiz.:* 🌳 Birke.
Bild [ahd. bilidi] *das, -(e)s/-er,* **1)** Darstellung von Dingen, Personen auf einer Fläche (Zeichnung, Gemälde, Druck, Photographie), ABB. B 30: *Landschaftsbild; Bildbeschreibung; ein B. von einem Mädchen,* Ü ein besonders schönes. **2)** symbol. Darstellung einer Sache durch eine andere: *der Baum ist B. des Menschenlebens.* **3)** Theater: ein Abschnitt eines Bühnenstücks, der sich in derselben Dekoration abspielt. **4)** Anblick: *ihm bot sich ein liebliches B.; sie war nur noch ein B. des Jammers.* **5)** klare Vorstellung: *ich kann mir kein B. von der Sache machen; ich bin im Bilde,* weiß Bescheid. **6)** Erscheinungsform: *Krankheitsbild; Weltbild.* **Bildagentur** *die,* ein Unternehmen, das gewerbsmäßig Bilder (Photographien) verleiht oder verkauft. **Bildband** *der,* Buch, das hauptsächlich aus Abbildungen besteht. **Bildbeilage** *die,* aus Bildern bestehende Beilage (Buch, Zeitung). **Bildberichterstatter** *der,* Bildreporter. **Bildebene** *die,* die Ebene, in der sich ein Bild befindet.
bilden [ahd. bilidon], *ich bilde* (habe gebildet) *ihn, es,* **1)** forme, erzeuge: *drei Seiten bilden ein Dreieck.* **2)** vermittle Bildung: *dieses Buch bildet.* **3)** *der Fluß bildet die Grenze,* ist. **4)** *nach etwas,* gestalte nach einem Muster. **5)** *ich bilde mich,* lasse mich geistig anregen. **6)** *es bildet sich,* entwickelt sich, entsteht: *auf der Milch hat sich eine Haut gebildet.*
Bilderbogen *der,* Druckblatt mit Bildfolgen und kurzen gereimten Texten. **Bilderbuch** *das,* Buch mit vielen Bildern (für Kinder): *wie aus dem B.,* Ü vollkommen, wie jemand oder etwas sein soll. **Bilderbuch. . .,** vollkommen, genau nach Plan: *Bilderbuchlandung des Raumfahrzeugs; ein Bilderbuchtor,* 🏒. **Bilderdienst** *der,* Bildagentur. **Bilderrätsel** *das,* in Bildern versteckter Wortlaut, Rebus, ÜBERS. R 6. **bilderreich,**

mit vielen Bildern, Gleichnissen (Sprache). **Bilderreichtum** *der, -s.* **Bilderschrift** *die,* Darstellung von Sachverhalten unmittelbar durch Bilder, eine Frühform der Schrift. **Bildfläche** *die,* **1)** Gesichtsfeld, bes. bei Übertragung vom Räumlichen auf eine Fläche: *es erscheint auf der B.,* wird sichtbar, tritt auf. **2)** Leinwand (für Filme, Lichtbilder), Bildwand. **Bildfrequenz** *die,* Zahl der in einer Sekunde im Fernsehen übertragenen Bilder. **Bildfunk** *der,* Bildtelegraphie. **bildhaft,** wie ein Bild wirkend, anschaulich. **Bildhauer** *der,* Hersteller von plastischen Kunstwerken. **Bildhauerei** *die, -;* Bildhauerkunst, ABB. B 30. **bildhauerisch. bildhauern,** *ich bildhauere* (habe gebildhauert), U. **bildhübsch,** sehr hübsch. **Bildkonserve** *die,* U zur späteren Sendung im Fernsehen aufbewahrte Filmaufnahmen. **Bildkraft** *die, -,* Anschaulichkeit (der Sprache). **bildkräftig. bildlich,** mit Hilfe eines Bildes, anschaulich. **Bildner** [ahd. bilitheri] *der, -s/-,* Gestalter, Bildhauer. **Bildnerei** *die, -.* **bildnerisch,** bildhauerisch. **Bildnis** *das, -ses/-se,* bildliche Darstellung eines Menschen, Porträt, ABB. B 30. **Bildplatte** *die,* plattenförmiger Träger von Bild- und Tonaufzeichnungen. **Bildreportage** [-ta:ʒə] *die.* **Bildreporter** *der,* Reporter, der gewerblich aktuelle Fotos erstellt. **Bildröhre** *die,* die Kathodenstrahlröhre im Fernsehempfänger, auf deren Leuchtschirm das Bild entsteht. **bildsam,** aufnahmefähig für Bildung. **Bildsamkeit** *die, -.* **Bildschärfe** *die,* Klarheit des Bildes (Photographie, Fernsehen). **Bildschirm** *der,* **1)** Bildwand, Projektionswand. **2)** Leuchtschirm. **Bildschirmspiel** *der,* Telespiel. **Bildschirmtext** *der,* Übertragung von Texten über Kanäle geringer Bandbreite mit Wiedergabe auf Fernsehempfängern. **Bildschirmzeitung** *die,* aktuelle Kurzinformationen als Bildschirmtext. **Bildschnitt** *der,* Bearbeitung eines Films durch Heraustrennen und Neuaneinanderfügen von Szenen. **bildschön,** sehr schön. **Bildspeicherröhre** *die,* ein Bilderzeuger mit Bildspeicherung, Fernsehaufnahmeröhre. **Bildstock** *der,* Betsäule. **Bildtelefon** *das,* Bewegtbildübertragung während des Ferngesprächs zwischen den Teilnehmern. **Bildtelegraphie** *die,* elektrische Übertragung von Bildern. **Bildumwandler** *der,* Gerät zum Betrachten eines photograph. Negativs als Positiv.
Bildung *die, -/-en,* **1)** ohne Pl., die planmäßige geistige Formung eines Menschen, auch der durch sie erreichte Zustand: *Erwachsenenbildung; Bildungsbedürfnis; Bildungsideal; Bildungsstufe; Bildungsgrad.* **2)** ohne Pl., höhere Schulbildung; Anstand, Takt. **3)** Gestaltung, Form, Gestalt: *die B. eines Wortes,* ÜBERS. W 15; *die B. einer Regierung.* **Bildungsanstalt** *die,* Unterrichtsanstalt. **bildungsbeflissen,** eifrig um Bildung bemüht. **Bildungsbürger** *der,* U abwertend: jemand, der auf seine (herkömmliche) Bildung stolz ist. **Bildungschancen,** *Pl.,* die Möglichkeiten, Bildung zu erwerben: *gleiche B. für alle!* **bildungsfähig,** in der Lage, Bildung aufnehmen zu können; erziehbar. **Bildungsgewebe** *das,* 🌱 zu lebhafter Zellteilung fähiges Gewebe. **bildungshungrig,** nach Bildung strebend. **Bildungsnotstand** *der,* Schlagwort für das Ungenügen des Schul- und Hochschulwesens. **Bildungsreise** *die,* Studienreise. **Bildungsurlaub** *der,* bezahlter Urlaub für Arbeitnehmer zur berufl. Weiterbildung. **Bildungsweg** *der,* Verlauf der Ausbildung: *der zweite B.,* Möglichkeit, über Abendschulen u. a. zur Fachschul- oder Hochschulreife zu gelangen.
Bildwand *die,* Auffangfläche für projizierte Lichtbilder,

der Rahmen — die Öse
die Zeichnung
der Wechselrahmen
(das Passepartout)
Bild

das Profilbild — En-face-Bild
das Kopfbild
das Brustbild — das Kniebild
Bildnis

das Standbein — die Plinthe
der Spielbein
der Sockel
das Standbild
die Büste
das Relief
der Modellierbock
das Schrägeisen
das Hohleisen
der Geißfuß
der Klöpfel
das gekröpfte Eisen
das Modellierholz
die Werkzeuge des Bildhauers
Bildhauerei

B 30

ABB. F 21. **Bildwerfer** *der*, Projektionsapparat. **Bildwirkerei** *die*, Herstellung von Stoffen (Teppichen) in ornamentaler oder bildl. Ausführung. **Bildwörterbuch** *das*, Wörterbuch, in dem beschriftete Bilder die Worterklärungen ergänzen. **Bildzerleger** *der*, bei Bildtelegraphie und Fernsehen ein Gerät, das Bilder in elektr. Stromstöße umwandelt zur Übertragung.

Bilge [engl.] *die*, -/-n, ⚓ Kielraum eines Schiffes, in dem sich das Leckwasser sammelt: *Bilgewasser.*

Bilgere *die*, -/-n, *schweiz.*: Zahnfleisch.

Bilingue [vgl. bi... und lat. lingua ›Sprache‹] *die*, -/-n, **Bilinguis** *die*, -/...guen, zweisprachige Inschrift. **bilinguisch**, zweisprachig.

Bilirubin [lat. bilis ›Galle‹ und Rubin] *das*, -s, ein Gallenfarbstoff.

Bill [engl. von William], männl. Vorname.

Bill [engl.] *die*, -/-s, engl. Bez. für: 1) Gesetz, Urkunde. 2) Gesetzentwurf.

Billard [-lj-, frz. bij′a:r, zu bille ›Kugel‹] *das*, -s/-s, ein Kugelstoßspiel, ABB. B 31: *Billardspiel; Billardtisch.*

Bille [zu mnd. (ars) bille ›Hinterbacke (Rundung)‹] *die*, -/-n, ⚓ Heckrundung.

Bille [zu Beil] *die*, -/-n, doppelschneidige Hacke.

Billeteur [b′iljetø:r, frz.] *der*, -s/-e, **Billeteuse** [b′iljetø:zə] *die*, -/-n, 1) *schweiz.*: Schaffner(in). 2) ∪ *schweiz., österr.*: Platzanweiser(in). **Billett** [bilj′ɛt] *das*, -(e)s/-e und -s, 1) Fahrkarte, Eintrittskarte. 2) *schweiz.*: kurzes Schreiben.

Billiarde [Kw.] *die*, -/-n, 1000 Billionen, ÜBERS. Z 1.

billig [mhd. billich], 1) wohlfeil, nicht teuer: *Billigangebote,* ∪; *Billigwaren,* ∪. 2) angemessen, gerecht: *das ist mir recht und b.* 3) nichtssagend: *eine billige Ausrede.* 4) minderwertig: *das Kleid sieht b. aus.* **billigdenkend,** ⚘ wohlmeinend. **billigen** [mhd. billichen], *ich billige* (habe gebilligt) *es,* genehmige, stimme zu, bin einverstanden. **billigermaßen, billigerweise,** gerechterweise. **Billigkeit** *die*, -/-en, 1) geringer Preis. 2) Berechtigung. **Billigung** *die*, -, Zustimmung.

Billion [Kw.] *die*, -/-en, eine Million Millionen (= 1000 Milliarden), in einigen Ländern, z. B. den Vereinigten Staaten, eine Milliarde, ÜBERS. Z 1.

Bilokation [vgl. bi... und lat. locus ›Ort‹] *die*, -/-en, in der Religionsgeschichte (auch im Okkultismus) angenommene Fähigkeit bevorzugter Menschen, gleichzeitig an zwei verschiedenen Orten anwesend zu sein.

Bilsenkraut [ahd. bilisa] *das*, -(e)s, Teufelsauge, Tollkraut, ein giftiges Nachtschattengewächs.

bim, bim bam, bim bam bum [Schallw.], Kindersprache: Nachahmung des Glockenschlags.

Bimester [lat. bimestris ›zweimonatig‹] *das*, -s/-, Zeitraum von zwei Monaten.

Bimetall *das*, Metallstreifen aus zwei verschiedenen, miteinander verbundenen Metallen. **Bimetallismus** *der*, -, Doppelwährung.

Bimmel [lautmalend] *die*, -/-n, ∪ Klingel. **bimmeln,** *ich* bimm(e)le (habe gebimmelt), ∪ klingle.

bimsen [ahd. bumiʒ, zu lat. pumex, Gen. pumicis ›Bimsstein‹, eigtl. mit Bimsstein glätten], *ich bimse* (habe gebimst), ∪ 1) *es,* riebe ab, glätte, drille. 3) *es,* lerne mit übertriebenem Fleiß. 4) ∨ habe Geschlechtsverkehr. **Bimsstein** *der*, schaumiges, vulkan., helles Gesteinsglas.

bin, von sein.

binär [frz. binaire, zu lat. bini ›je zwei‹, △ aus zwei Einheiten bestehend: *Binärcode; Binärentscheidung,* ∪. **Binatsch, Binätsch** *der*, -, *schweiz.*: Büretsch.

bin|aural [lat. bini ›je zwei‹ und auris ›Ohr‹], binaurales Hören, zweiohriges Hören; *Binauraleffekt beim Abhören mit Kopfhörer.*

Binde [ahd. binda] *die*, -/-n, 1) Stoff zum Verbinden, ABB. V 3. 2) Tuch zum Zubinden oder Festhalten (bei Verletzungen), ABB. V 3: *die B. fiel ihm von den Augen,* ∪ plötzlich merkte, durchschaute er es. 3) Stoffstreifen, auch als Abzeichen: *Armbinde; Halsbinde; er hat sich einen hinter die B. gegossen,* ∪ einen Schnaps getrunken. **Bindegewebe** *das*, Grundgewebe des menschlichen und tier. Körpers: *Bindegewebsschwäche.* **Bindeglied** *das*, 1) Zwischenstück (einer Kette). 2) Ü Vermittler. **Bindehaut** *die*, schleimige Haut über dem Augapfel und unter dem Lid: *Bindehautentzündung.* **Bindemittel** *das*, Stoff zum Zusammenhalten und Verkleben fester Körper. **binden** [ahd. bintan], *ich binde* (band, habe gebunden) *es,* 1) an jemanden oder etwas, mache fest: *er band den Baum an die Stütze; dieser Leim bindet gut; mein Eid bindet mich,* Ü verpflichtet; *die Ehe bindet zwei Menschen; das werde ich dir nicht auf die Nase binden,* U ich kann in dieser Angelegenheit nichts tun; *ich b. Blumen zum Kranz.* 3) *es um etwas,* schlinge herum und knote fest; *du mußt noch einen Bindfaden um das Päckchen binden.* 4) ᧡ verbinde den Druckbogen und binde sie ein. 5) Fechtkunst: erfasse und drücke die gegner. Klinge zur Seite. **Bindequote,** ᧡ vom Verlag festgesetzte Anzahl der zu bindenden Bücher. **Binder** *der*, -s/-, 1) Krawatte. 2) Person oder Maschine, die etwas bindet: *Blumenbinder; Faßbinder; Garbenbinder.* 3) ein Mauerstein, ABB. B 13. 4) Hauptbalken des Dachstuhls. **Binderbarte** *die*, Breithacke, Böttcherbeil, ABB. A 29. **Binderei** *die*, -/-en, Werkstätte für Strauß- und Kranzherstellung. **Binderin** *die*, -/-nen, Blumen-, Garbenbinderin. **Binde-s** *das*, s zwischen zusammengesetzten Haupt- oder Eigenschaftswörtern, z. B. Arbeitstempo; hoffnungslos. **Bindestrich** *der*, zwei Wörter verbindender Querstrich, ÜBERS. Z 12. **Bindevokal** *der*, Vokal zwischen Wurzel und Endung. **Bindewort** *das*, Konjunktion, ÜBERS. G 34. **Bindfaden** *der*, dünne Schnur: *es regnet Bindfäden,* U sehr stark. **bindig,** 1) leicht verknüpft. 2) schwer (Boden). **Bindigkeit** *die*, -, ⚛ die Anzahl der von einem Atom ausgehenden Elektronenverbindungen. **Bindung** [mhd. bindunge] *die*, -/-en, 1) der Zusammenhalt von Atomen in Molekülen: *chemische B.* 2) Textiltechnik: die Art der Fadenvereinigung bei Geweben: *Leinwandbindung.* 3) Verbindung durch Bindriemen, Riemen, Draht oder Festhaltevorrichtungen, ABB. G 11; *Skibindung,* ABB. S 51. 4) ♪ pausenlose Folge zweier oder mehrerer Töne. 5) Ü enger Zusammenhalt zwischen Personen, Verpflichtung: *er will keine enge B. eingehen.* **bindungslos,** ohne Bindung.

Binetsch *der*, -, *schweiz.*: Büretsch.

Binge [mhd. binge ›Vertiefung‹, ›Graben‹] *die*, -/-n, auch Pinge, ⚒ Einsturzkessel.

Bingelkraut [mhd. bunge ›Knolle‹] *das*, ein Wolfsmilchgewächs.

Bingo [engl.] *das*, -(s), dem Lotto ähnliches Glücksspiel.

binnen [mhd. binnen], innerhalb, im Laufe von: *b. kurzem; b. einem Jahr; b. drei Tagen;* auch *b. eines Jahres; b. dreier Tage.* **binnenbords,** im Schiff. **Binneneis** *das*, Inlandeis. **Binnenfleet** *das*, Sammelgraben für das Wasser hinter einem Deich. **Binnengewässer** *das*, Gewässer innerhalb des Landes. **Binnenhafen** *der*, Hafenanlagen an Kanälen, Flüssen und Binnenseen. **Binnenhandel** *der*, Handel innerhalb der Staatsgrenzen. **Binnenland** *das*, küstenfernes Land. **binnenländisch. Binnenmarkt** *der*, der binnenwirtschaftl. Warenaustausch. **Binnenmeer** *das*, mit den Weltmeeren nur durch Meerengen verbundenes Meer. **Binnenreim** *der*, Reim innerhalb der Verszeile. **Binnenschiffahrt** *die*, Schiffahrt auf Flüssen, Kanälen, Seen, Haffen. **Binnentief** *das*, Binnenfleet. **Binnenwanderung** *die*, Bevölkerungsverschiebungen innerhalb der Staatsgrenzen. **Binnenwirtschaft** *die*, die inländ. Wirtschaft. **Binnenzoll** *der*, innerhalb eines Staates erhobener Zoll.

Bin|ode [lat. bini ›je zwei‹ und grch. hodos ›Weg‹] *die*, -/-n, ⚡ Doppelröhre mit einem Verstärkersystem und einer Diode in demselben Röhrenkolben.

Bin|okel [lat. bini ›je zwei‹ und oculus ›Auge‹] *das*, -s/-, Brille, Lupe, Fernrohr für beide Augen. **Bin|okel** *der*, -s/-, ⚘ schweiz. Kartenspiel. **bin|okular,** mit beiden Augen zugleich.

Binom [vgl. bi... und grch. nomos ›Gesetz‹] *das*, -s/-e, △ Summe aus zwei Gliedern, wie a + b. **binominal,** *binominale Nomenklatur,* wissenschaftl. Benennung der Pflanzen und

B 31

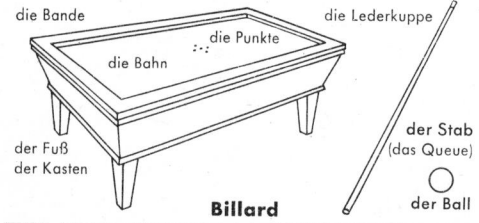

die Bande • die Lederkuppe • die Punkte • die Bahn • der Fuß • der Kasten • der Stab (das Queue) • der Ball • **Billard**

Tiere mit Gattungs- und Artnamen. **binọmisch,** auf ein Binom bezüglich.

Bịnse [ahd. binuz] *die, -/-n,* grasähnliche Sumpfpflanze: *das ist mir in die Binsen gegangen,* Ü verloren-, entzweigegangen, nicht geglückt. **Bịnsenwahrheit, Bịnsenweisheit** *die,* Altbekanntes, Selbstverständliches.

bio... [grch. bios ›Leben‹], leben(s)... **bioaktịv,** biologisch aktiv: *bioaktives Waschmittel.* **Biochemie** *die,* Wissenschaft von der chem. Zusammensetzung der Lebewesen und von den chem. Vorgängen im Organismus. **Biochemiker** *der.* **biochẹmisch. biogẹn** [vgl. ... gen], durch die Tätigkeit von Lebewesen entstanden. **Biogenese** *die,* Entstehung des Lebens, Entwicklungsgeschichte der Lebewesen. **biogenẹtisch. Biogeo|graphie** *die,* Wissenschaft von der zeitlichen und räumlichen Verbreitung von Tieren und Pflanzen. **biogeo|graphisch. Bio|grạmm** [vgl. ...gramm] *das, -s/-e,* Verhaltensforschung: Aufzeichnung des Lebensablaufs von Individuen. **Bio|graph** [vgl. ...graph] *der, -en/-en,* Verfasser einer Biographie. **Bio|graphie** *die, -/...ph'i|en,* Lebensbeschreibung. **bio|graphisch. Bio|indikator** *der,* Organismus, Population oder Biozönose als Anzeiger von Umweltqualitäten. **Bioladen** *der,* auch Ökoladen, Ü Geschäft, Laden, in dem Lebensmittel angeboten werden, die nicht mit chem. Mitteln behandelt wurden. **Biologe** [vgl. ...loge] *der, -n/-n.* **Biologie** *die, -,* Wissenschaft von den Lebewesen, ÜBERS. N 5. **biologisch, 1)** die Biologie betreffend: *biologische Forschungen.* **2)** aus natürlichen Stoffen hergestellt, auf organischen Stoffen beruhend: *biologische Kampfmittel,* Pilze, Bakterien, Viren u. a.; *biologisches Gemüse,* Ü aus organischem Dünger gezogenes. **Biomantie, Biomantik** [grch. mantis ›Seher‹] *die, -,* das Wahrsagen aus Handlinien, Puls u. a. **biomedizinisch,** *Biomedizinische Technik,* Abk.: BMT, neuer Zweig der Medizin. **Biome|trie, Biome|trik** *die, -,* statist. Untersuchung von Lebewesen. **biomorph** [vgl. ...morph], von den biolog. Vorgängen geprägt. **Biọnik** [Kurzw. aus Biologie und Technik] *die, -,* Entwicklung und Bau von techn. Anlagen, die sich an die Funktion der biolog. Systeme anlehnen. **Bionomie** [grch. nomos ›Gesetz‹] *die, -,* Wissenschaft von den Gesetzmäßigkeiten des Lebens. **Biophylaxe** [grch. phylax ›Wächter‹, ›Hüter‹] *die, -,* Lebensschutz. **Biophysik** *die,* Wissenschaft von den physik. Vorgängen in Lebewesen. **biophysikalisch. Bioprotektion** *die, -,* Lebensschutz. **Bio|sphäre** [grch. sphaira ›Kugel‹] *die, -,* der von Lebewesen besiedelte Erdkrustenbereich. **Biotechnik** *die, -,* techn. Nutzbarmachung von Organismen. **Biotin** *das, -s,* Vitamin H. **biotisch,** auf Leben, Lebewesen bezüglich (chemische und physikal. Vorgänge). **Biotop** [grch. topos ›Ort‹, ›Raum‹] *der* oder *das, -s/-e,* Lebensraum einer Tier- oder Pflanzenart. **Biotropie** [grch. tropos ›Wechsel‹, ›Wendung‹] *die, -,* die Lebensvorgänge beeinflussende Wirkung, z. B. durch Föhn. **Biotyp(us)** *der,* reine Erblinie. **Biozönose** [grch. koinos ›gemeinsam‹] *die, -,* Lebensgemeinschaft von Organismen: *Biogeozönose.*

Bipede [lat. bipes] *der, -n/-n,* Zweifüß(l)er. **bipẹdisch. bipolar** [lat.], zweipolig. **Bipolarität** *die.*

Bịqua|drat [lat.] *das,* △ vierte Potenz. **biqua|drạtisch.**

Biquet [bi'ke, frz.] *der, -s/-s,* Schnellwaage für Gold- und Silbermünzen.

Bird-strike [b'ə:dstraik] *der, -(s)/-s,* Vogelschlag.

Bireme [vgl. bi... und lat. remus ›Ruder‹] *die, -/-n,* altes Kriegsschiff mit zwei Ruderreihen.

Birẹtt [lat. biretum] *das, -(e)s/-e,* Barett katholischer Geistlicher.

Bịrgit, Birgịtta [von Brigitte], weibl. Vornamen.

Bịrke [ahd. birhha] *die, -/-n,* Laubbaum mit weißer Rinde, ABB. L 3. **bịrken,** aus Birkenholz. **Bịrkhuhn** *das,* ein Waldhuhn.

Birmạne *der, -n/-n,* Bewohner des hinterindischen Staates Birma. **birmạnisch,** auf Birma bezüglich.

Bịrne [ahd. bira, zu lat. pirum] *die, -/-n,* **1)** Birnbaum, ein Kernobstgehölz, und dessen Frucht, ABB. B 32. **2)** elektrischer Glühkörper: *Glühbirne,* Glühlampe, ABB. E 6. **3)** Ü Kopf. **bịrn(en)förmig,** in der Form einer Birne.

bịrst, von bersten.

bịs [mhd. biz], so lange oder so weit, daß es erreicht ist: *bis Leipzig; bis Ostern; bis drei Uhr; vier bis sechs Personen; ich warte, bis er kommt;* vor Wörtern, die keine Orts-, Zeit- oder Mengenbezeichnung sind, nur in Verbindung mit anderen Präpositionen: *bis ans Ende der Welt; naß bis auf die Haut; bis*

auf einen, außer einem; *bis auf den letzten Mann,* alle; *bis auf weiteres,* einstweilen; *bis ins letzte,* sehr genau; *bis zum Tode.*

bịs [lat. ›zweimal‹], ♪ Aufforderung zur Wiederholung.

Bịsam [mlat. bisamum, aus hebr. besem ›Wohlgeruch‹] *der, -s/-e,* **1)** Fell der Bisamratte. **2)** *ohne Pl.,* Moschus. **Bịsamratte** *die,* ein Nagetier.

bịschen [eigtl. ›bsch machen‹], *ich bische* (habe gebischt) *es, mitteld., süddt.:* wiege in den Armen, beruhige.

Bịschof [ahd. biscof, zu grch. episkopos ›Aufseher‹] *der, -s/"e,* hoher Geistlicher, Vorstand einer Diözese (Bistum) oder Landeskirche, ABB. A 13. **bịschöflich,** mit bischöflicher Erlaubnis. **Bịschofshut** *der,* runder schwarzer Hut mit grüner Schnur. **Bịschofsmütze** *die,* **1)** Mitra, ABB. A 13. **2)** Name mehrerer Pflanzen und Schnecken. **Bịschofsring** *der,* goldener, edelsteinverzierter Ring als Amtszeichen des Bischofs. **Bịschofssitz** *der,* Hauptstadt eines Bistums. **Bịschofsstab** *der,* Krummstab, Hirtenstab, ABB. A 13.

Bịse [ahd. bisa ›Nordwind‹] *die, -/-n,* auch Biswind, *schweiz.:* Nordostwind.

Bisexualität *die,* Zweigeschlechtigkeit. **bisexuẹll, 1)** die Anlagen für beide Geschlechter enthaltend (Zellen). **2)** Ü kurz: bi, im Geschlechtstrieb auf beide Geschlechter gerichtet.

Bịsgurn *die, -/-, wien.:* zänkische Frau.

bisher, bis jetzt. **bisherig,** K weiter oben; aber: *das Bisherige,* bisher Gesagte.

Biskọtte [ital. biscotto, vgl. bi... und lat. coctum ›gebakken‹] *die, -/-n, österr.:* ein Gebäck. **Biskuit** [biskv'i:t, frz.] *das, -s/-s* oder *-e,* **1)** leichtes, sandkuchenartiges Gebäck. **2)** weichere unglasierte Porzellanart: *Biskuitporzellan.*

bislạng, bisher, bis jetzt.

Bịsmarckhering *der,* marinierter Hering.

Bịson [grch., lat. aus germ.] *der, -s/-s,* ein Rind, ABB. R 22.

bịß, von beißen. **Bịß** [ahd. biz] *der, B'isses/B'isse,* **1)** das Zuschnappen mit den Zähnen. **2)** Verletzung durch Beißen: *Bißwunde;* Sinnbild für stechenden Schmerz: *Gewissensbisse.* **Bịßchen** *das, -s/-,* ein wenig, eine Kleinigkeit, etwas: *kein b.,* überhaupt nicht(s). **bịssel,** *ein b., oberdt., mitteldt.:* bißchen. **Bịssen** *der, -s/-,* **1)** Mundvoll, Happen. **2)** Ü kleiner Imbiß. **bịsserl,** *ein b., oberdt.:* bißchen. **bịssig, 1)** schnell beißend (Tier). **2)** Ü scharf, höhnisch (Bemerkung). **Bịssigkeit** *die, -/-en.* **Bịßlein** *das, -s/-.*

bịst, von sein.

bịsten, weibliches Haselwild bistet (hat gebistet), lockt.

Bịster [frz. bistre] *der* oder *das, -s,* eine braune Tusche aus Buchenruß.

Bi|strọ [frz.] *das, -s/-s,* kleine Gaststätte, Ausschank.

Bịs|tum [ahd. piscoftuom] *das, -(e)s/"er,* Diözese, Amtsbezirk eines kath. Bischofs.

bisweilen, manchmal, ab und zu.

Biswind *der, schweiz.:* Bise.

bịt, Informationstheorie, Nachrichtentechnik: Zeichen für die Einheit, mit der die Anzahl von Binärentscheidungen gemessen wird. **Bịt** [Abk. von engl. binary digit ›binäre Zahl‹] *das, -s/-s,* Datenverarbeitung: Information, die nur zwischen zwei Werten entscheidet; Kurzform für: Binärzeichen.

Bịttag *der,* kath. Kirche: jeder der drei Tage vor Himmelfahrt; Silbentrennung vgl. ÜBERS. S. 50. **Bịttbrief** *der.* **bịtte,** Höflichkeitsformel für: ich bitte. **Bịtte** [ahd. bita ›Gebet‹] *die, -/-n,* das Aussprechen eines Wunsches: *ich erfülle eine B. an ihm; er gewährt mir die B., schlägt sie mir ab.* **bịtten** [ahd. bitan] *ich bitte* (bat, habe gebeten) *(ihn),* spreche eine Bitte aus, ersuche, fordere höflich auf: *ich b. ihn um Nachsicht; ich b. für jemanden,*

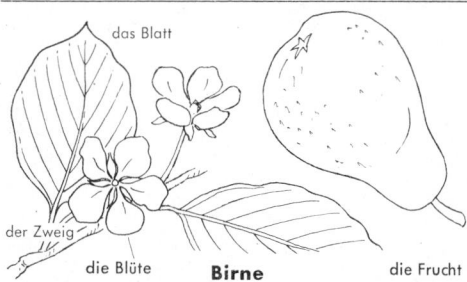

B 32

das Blatt

der Zweig

die Blüte **Birne** die Frucht

Bitt

spreche zu seinen Gunsten; *ich b. ihn zum Essen zu uns,* lade ihn ein; *bitte wenden!,* Abk.: b. w., umblättern; *bitte zurücktreten!; bitte schön!; du sollst ›bitte‹ sagen.*

bitter [ahd. bitter], 1) sehr herb im Geschmack: *bitt(e)re Mandeln; b. wie Galle.* 2) Ü gemütsverdüstert, alles Freudige grimmig verneinend: *bittere Vorwürfe; durch Unglück b. geworden.* 3) beißend, schmerzhaft: *es ist b. kalt;* aber: *ein bitterkaltes Wetter.* 4) verstärkend: *das tut b. not; es ist bitterer Ernst, bitterernst.* **bitterböse,** sehr böse. **Bitt(e)re** *der, -n/-n, ein -r,* ein Branntwein. **Bitterkeit** *die, -/-en.* **Bitterklee** *der,* staudiges Enziangewächs auf Sumpfböden. **bitterlich,** tief schmerzlich: *sie weinte b.* **Bitterling** *der, -s/-e,* 1) kleiner Karpfenfisch. 2) ein Enziangewächs. 3) ein Pilz (Röhrling). **Bittermandelöl** *das.* **Bitternis** *die, -/-se.* **Bitterorange** [-ɔr'āʒə] *die,* Pomeranze. **Bittersalz** *das,* Magnesiumsulfat. **Bitterspat** *der,* Magnesit. **bittersüß,** bitter und süß zugleich, auch Ü. **Bittersüß** *das, -,* ein Nachtschattengewächs. **Bitterwasser** *die, -s/",* Heilquelle mit Gehalt an Magnesiumsulfat. **Bitterwurz** *die,* der Gelbe Enzian.

Bittgang *der,* Gang mit Bitten oder Gebeten, bes. Prozession an den Bittagen.

Bittre *der,* vgl. Bittere.

Bittschreiben *das,* schriftl. Bitte. **Bittsteller** *der, -s/-,* jemand, der eine Bitte vorträgt.

Bitumen [lat. ›Erdpech‹] *das, -s/-* oder *. . .mina,* organ., brennbarer gasförmiger bis fester Kohlenwasserstoff. **bitumig,** bituminös. **bituminieren,** *ich* bituminiere (habe bituminiert) *es.* **bituminös,** Bitumen enthaltend.

bitzeln [ahd. biz ›Biß‹], *ich* bitz(e)le (habe gebitzelt), 1) *es, ostmitteldt.:* schneide kleine Stückchen ab. 2) *es* bitzelt, *oberdt.:* prickelt: *Bitzelwasser,* Sprudel.

bivalent [vgl. bi. . . und lat. valere ›wert sein‹], ↺ zweiwertig. **Bivalenz** *die.*

Biwa *die, -/-s,* japan. Laute mit vier Saiten.

Biwak [frz. bivouac, von dt. ›Beiwache‹] *das, -s/-s* oder *-e,* ⛷, Alpinistik: Lager im Freien. **biwakieren,** *ich* biwakiere (habe biwakiert).

bizarr [ital. bizarro], 1) ungewöhnlich, seltsam (Formen). 2) wunderlich, verschroben (Wesen). **Bizarrerie** *die, -/. . .r'i|en.*

Bizeps [lat. biceps ›zweiköpfig‹] *der, -(es)/-e,* Muskel mit zwei Ursprüngen (Köpfen), bes. der Beugemuskel des Ellbogengelenks.

Bizinie [-iə] *die, -/. . .ni|en,* Bicinium.

bizyklisch [vgl. bi. . . und Zyklus], ↺ auch bicyclisch: *bizyklische Verbindungen,* chem. Verbindungen mit zwei miteinander verknüpften Ringen, die mindestens zwei Atome gemeinsam enthalten.

Björn [norweg., schwed. ›Bär‹], männl. Vorname.

Bk, ↺ Zeichen für: Berkelium.

Bl., Abk. für: Blatt (Papier).

Bla|bla [Schallw.] *das, -(s),* Ü nichtssagende Konversation.

Blache [mhd. blach ›flach‹] *die, -/-n,* Nebenform von: Blahe. **Blachfeld** *das,* 1) Ebene. 2) P Schlachtfeld. **Blachfrost** *der,* Barfrost.

Black-Bottom [bl'ækbɔtəm, engl.] *der, -(s)/-s,* ein Gesellschaftstanz.

Black box [blæk bɔks, engl. ›schwarzer Kasten‹ (des Zauberers)] *die, --/--es* [-b'ɔksiz], ⊕, Informationsverarbeitung, Biologie u. a.: Bez. für einen Teil, bei dem vorwiegend das Zusammenwirken mit anderen Teilen betrachtet wird, während sein innerer Aufbau unerheblich oder unbekannt ist: *Black-box-Methode.*

Blackout [bl'ækaut, engl. ›Verdunkelung‹] *das* oder *der, -(s)/-s,* 1) eine Störung in der Ionosphäre, die sich auf den Funkverkehr auswirkt. 2) Raumfahrtmedizin: ›Schwarzsehen‹, vorübergehender Verlust des Sehvermögens unter Einwirkung hoher Beschleunigung. 3) plötzliches Verdunkeln der Szene. 4) *da hatte ich einen B.,* Ü das habe ich gar nicht gemerkt. 5) totaler Stromausfall.

Black Power [blæk p'auə, engl. ›schwarze Gewalt‹] *die, --,* Schlagwort der radikalen Bürgerrechtsbewegung der Neger in den Vereinigten Staaten.

blaff, Schallwort, bes. für Gebell. **blaffen, bläffen,** *der Hund* blafft, bläfft (hat geblafft, gebläfft), bellt. **Blaffer, Bläffer** *der, -s/-.*

Blaffert [frz. blafard ›bleich‹, ›fahl‹] *der, -s/-e,* Name verschiedener alter kleiner Silbermünzen.

Blag [niederdt.] *das, -(e)s/-en,* **Blage** *die, -/-n,* Ü lästiges kleines Kind.

Blahe [mhd. blahe] *die, -/-n, oberdt.:* Plane.

blähen [ahd. plaan ›(auf)blasen‹], *es* bläht (hat gebläht), 1) bildet Darmgase, z. B. Hülsenfrüchte. 2) *es,* bläst auf, läßt schwellen: *der Wind bläht die Segel.* **Blähung** *die, -/-en,* Gasbildung im Darm.

blaken, *es* blakt (hat geblakt), *niederdt.:* qualmt, rußt.

bläken [Nebenform von blöken], *ich* bläke (habe gebläkt), Ü brülle, schreie, weine.

Blaker [zu blaken] *der, -s/-,* reflektierender Metallteil eines Wandleuchters; der Leuchter selbst, Abb. L 10. **blakig,** qualmend, rußig.

blamabel, beschämend, bloßstellend: *eine blamable Angelegenheit.* **Blamage** [blam'a:ʒə] *die, -/-n,* lächerlich-peinlicher Vorfall. **blamieren** [frz. blâmer ›tadeln‹], *ich* blamiere (habe blamiert) *es,* übergieße mit kochendem Wasser, z. B. Obst, Gemüse.

bland [lat. blandus ›schmeichelnd‹], ♯ mild, reizlos (eine Diät); ruhig verlaufend (eine Krankheit).

blank [ahd. blang], 1) glänzend, spiegelglatt: *die Kupferschale ist wieder b. geworden, b. poliert;* aber: *die blankpolierte Kupferschale.* 2) rein, sauber: *ich muß den Fußboden noch b. machen.* 3) abgewetzt: *die Hose ist b. gesessen.* 4) nackt, unverhüllt: *blanker Unsinn; blanke Waffen,* Dolch, Säbel u. a.; vgl. aber: blankziehen. 5) *ich bin b.,* Ü ohne Geld. 6) *er hat eine Farbe b.,* Kartenspiel: hat nur eine Karte von einer Farbe oder ist in einer Farbe ohne Karte. 7) *österr., süddt.:* ohne Hut und Mantel: *er geht b., ist b. gegangen.* 8) ➻ vgl. Hans.

Blanka [mlat., span. ›die Weiße‹], weibl. Vorname.

Blänke [zu blank] *die, -/-n,* 1) ohne Pl., blanke Beschaffenheit. 2) Waldlichtung. 3) Moortümpel. **Blankett** *das, -(e)s/-e,* (teilweise) unausgefüllter Vordruck einer Urkunde. **blankieren,** *ich* blankiere (habe blankiert) *es,* verkaufe von mir noch nicht Gekauftes. **blanko** [ital. bianco ›weiß‹], (teilweise) unausgefüllt (Vordruck): *er hatte den Scheck b. unterschrieben.* **Blanko** *das, -s/-s.* **Blankoscheck** *der,* unterschriebener Scheck, bei dem der Betrag nicht eingesetzt ist. **Blankovollmacht** *die,* unbeschränkte Vollmacht. **Blankvers** [engl. blank verse ›reimloser Vers‹] *der,* ÜBERS. M 14. **blankziehen,** *ich* ziehe *eine Waffe* blank (habe blankgezogen), ziehe sie aus der Scheide.

Bläs|chen *das, -s/-:* Bläschenausschlag. **Blase** [mhd. blase, bes. ›Harnblase‹] *die, -/-n,* 1) Gase oder Flüssigkeiten unter dünner Haut, Gasblase in Flüssigkeit: *Seifenblase.* 2) Hohlräume in Glas, Stein usw. 3) häutiges Hohlorgan: *Harnblase; Blasenkatarrh; Fischblase.* ♯ Flüssigkeitsansammlung unter der Oberhaut: *Brandblase.* 5) ⊙ Behälter zum Verdampfen oder Destillieren. 6) *ohne Pl.,* Ü verächtlich: Bande, Gesellschaft. **Blasebalg** *der, -s/"e,* Gerät zur Erzeugung eines Luftstroms, Abb. B 6. **blasen** [ahd. blasan], *ich* blase (blies, habe geblasen; du bläst er bläst), 1) stoße Luft aus dem Mund oder der Nase aus. 2) *der Wind* bläst. 3) *es,* erzeuge Töne mit Blasinstrumenten: *sie bläst Flöte; Blasmusik.* 4) *es,* erzeuge, forme durch Luftstrom (Glasgefäße, Hohlkörper aus Kunststoff). 5) *ihn,* V bringe durch Fellatio zum Samenerguß. **Blasenkammer** *die,* Gerät zum Sichtbarmachen der Spuren ionisierender Teilchen. **Blasenkeim** *der,* frühes Stadium der Embryonalentwicklung. **Blasenkirsche** *die,* ein Nachtschattengewächs. **Blasennuß** *die,* Pimpernuß. **Blasenstein** *der,* Steinbildung in der Harnblase. **Blasenwurm** *der,* Finne, Echinokokkus, Hülsenwurm, Larvenform der Bandwürmer. **Bläser** *der, -s/-,* 1) jemand, der durch Blasen etwas erzeugt: *Glasbläser.* 2) Musiker, der ein Blasinstrument spielt: *Blechbläser; Bläserquartett.* 3) ⚒ Grubengasausbruch.

blasiert [frz. blasé ›abgestumpft‹], hochnäsig, eingebildet, gelangweilt und überheblich. **Blasiertheit** *die, -.*

blasig, mit Blasen. **Blas|in|strument** *das,* durch eingeblasenen Luftstrom zum Tönen gebrachtes Musikinstrument, Abb. B 33.

Blasius [vermutl. zu Basilius], männl. Vorname.

Blason [blaz'ɔ̃, frz.] *der, -s/-s,* Wappenschild. **blasonieren,** *ich* blasoniere (habe blasoniert) *es,* beschreibe ein Wappen fachgerecht oder male *es* aus. **Blasonierung** *die, -/-en.*

Blasphemie [grch. blasphemia ›Verleumdung‹] *die, -/. . .m'i|en,* Gotteslästerung, Lästerung heiliger Personen oder Dinge. **blasphemieren,** *ich* blasphemiere (habe blasphemiert) *(ihn, es).* **blasphemisch, blasphemistisch.**

Blasrohr *das,* 1) Holzrohr zum Blasen (für Pfeife u. a. als Waffe). 2) Düse am Schornstein von Dampflokomotiven.

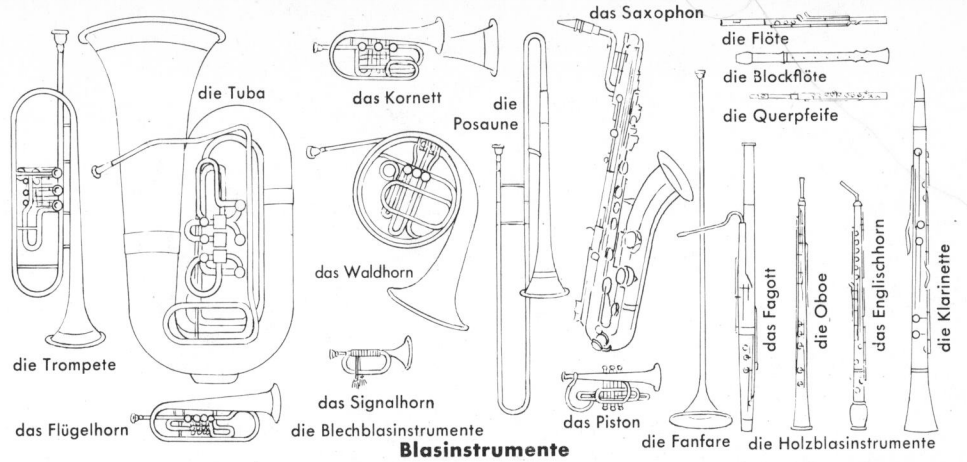

das Saxophon
die Flöte
die Blockflöte
die Querpfeife

die Tuba
das Kornett
die Posaune
das Waldhorn
das Fagott
die Oboe
das Englischhorn
die Klarinette

die Trompete

das Signalhorn
das Flügelhorn
die Blechblasinstrumente
das Piston
die Fanfare
die Holzblasinstrumente

Blasinstrumente

blaß, blasser, am blassesten oder blässer, am blässesten [mhd. blas ›kahl‹, ›schwach‹], bleich, farblos, fahl (Haut): *sie sah b. aus; der Redner wirkte sehr blaß,* Ü hinterließ keinen Eindruck; *er hat keine blasse Ahnung,* Ü er weiß überhaupt nichts; *ein blasses Blau,* aber: *blaßblau.* **Blässe** *die,* -, **1)** Blaßheit, blasses Aussehen. **2)** Ü Farblosigkeit, das Fehlen persönlicher Charakteristika (Stil). **Blaßheit** *die,* -. **Bläßhuhn** *das,* Bleßhuhn. **bläßlich,** ein wenig blaß. **blast. . .,** vgl. blasto. **bläst,** von blasen. **Blastem** [grch. blastema ›Keim‹] *das,* -s/-e, Bildungsgewebe aus embryonalen Zellen. **blasto. . .** [grch. blastos ›Keim‹], auch *blast. . .,* keim. . .: *blastogen,* von der Keimanlage ausgehend. **Blastoderm** [grch. derma ›Haut‹] *das,* -s, den Dotter umschließende Zellen. **Blastogenese** *die,* ungeschlechtl. Vermehrung durch Sprossung oder Knospung. **Blastom** *das,* -s/-e, abnorme Gewebsneubildung. **Blastomere** [grch. meros ›Teil‹] *die,* -/-n, Zelle, die während der Eifurchung entsteht. **Blastoporus** [grch. poros ›Zugang‹] *der,* -, Urmund, Öffnung der Gastrula. **Blastula** *die,* -, Blasenkeim. **Blatt** [ahd. blat] *das,* -(e)s/⁼er, **1)** Teil der höheren Pflanze, Abb. B 34: *die Blätter fallen; er nimmt kein B. vor den Mund,* Ü sagt rückhaltlos seine Meinung. **2)** als Mengenangabe bei Papierbogen, *Pl.* -, Abk.: Bl., beschnittenes Stück Papier, als Maß ¼ Bogen; Brief, Zettel, Noten, Abzug einer Radierung u. a.: *100 B. Papier; er soll es vom B. spielen,* nach Noten (ohne vorheriges Üben); *ein neues B. der Weltgeschichte,* Ü; *das steht auf einem anderen B.,* Ü gehört nicht hierher; *das B. wendet sich,* Ü jetzt wird es anders. **3)** Zeitung, Zeitschrift: *Wochenblatt.* **4)** Spielkarte; *im einen Spieler zugeteilten Karten: er hat (k)ein gutes B.* **5)** breiter flacher Teil, z. B. an Axt, Abb. A 29, H 2, Ruder, Abb. R 21, Säge, Abb. S 1. **6)** eine dünne Schicht, z. B. fein ausgeschlagenes Metall: *Blattgold.* **7)** ⚭ Bereich um das Schulterblatt der Haarwildes, Abb. R 13; auch Klinge des Weidmessers. **8)** Weberkamm, Teil des Webstuhls. **Blättchen** *das,* -s/- oder *Bl´ätterchen.* **Blattei** [Kw. aus Blatt und Kartei] *die,* -/-en, systematisch geordnete Sammlung loser Blätter. **blatteln** [zu frz. (fruit) blet ›halb faul‹, ›matschig‹ (Obst)], *es* blattelt (hat geblattelt), *bair.:* riecht aasig. **blatten** [zu Blatt], *ich* blatte (habe geblattet), ⚭ fiepe auf einem Blatt oder einem Instrument (zum Anlocken des Rehbocks auf Schußnähe). **Blatter** [mhd. blatere] *die,* -/-n, **1)** 🜋 Eiterbläschen, Pocke: *Blatternarbe;* vgl. Blattern. **2)** *schweiz.:* Blase. **blatt(e)rig,** voller Blattern, pockennarbig. **blätt(e)rig** [zu Blatt], **1)** voller Blätter, blattreich. **2)** blattartig, abblätternd, in dünne Schichten zerfallend. **Blättermagen** *der,* Faltenmagen, Löser, Psalter, Teil des Wiederkäuermagens, Abb. M 1. **Blattern** [vgl. Blatter], *Pl.,* die Pocken (Infektionskrankheit): *schwarze B.*

blättern [mhd. bleteren], *ich* blätt(e)re (habe geblättert), **1)** schlage die Blätter im Buch um (und lese hier und da ein Stückchen). **2)** *es* blättert, bröckelt in Schichten ab. **3)** *es auf etwas,* lege in einzelnen Blättern hin: *er blätterte die Geldscheine auf den Tisch.* **Blätterpilz** *der,* Pilz mit blattartigen Fruchtkörperträgern, Abb. P 14. **Blätterteig** *der,* blättriger Buttertteig. **Blätterwald** *der,* -(e)s, Ü Gesamtheit der Zeitungen. **Blätterwerk** *das,* -(e)s, Blattwerk. **Blattfloh** *der,* ein Pflanzenschädling. **Blattgrün** *das,* Chlorophyll, grüner Farbstoff der Pflanzen. **Blattlaus** *die,* ein Pflanzenschädling. **Blättlein** *das,* -s/-, Diminutiv zu Blatt. **Blattpflanze** *die,* Zierpflanze mit schönen Blättern.

blattrig [zu Blatter], blatterig. **blättrig** [zu Blatt], blätterig. **Blattschuß** *der,* ⚭ Schuß auf das Blatt des Wildes. **Blattwerk** *das,* -/-, **1)** natürliche Belaubung. **2)** Laubnachbildungen als Ornament, Blattornament, Abb. S 69. **Blattzeit** *die,* ⚭ Brunftzeit des Rehwildes.

Blätz [ahd. blez ›Stückchen (Tuch)‹] *der,* -es/-e, *schweiz.:* Lappen. **Blätzli** *das,* -(s)/-(s), *schweiz.:* Fleischschnitzel. **blau** [ahd. blao], mit der Farbe Blau gefärbt; Sinnbild für Treue, Faulheit, ziellose Ferne: *die blaue Blume,* Sinnbild der Sehnsucht in der romant. Dichtung; *der blaue Planet, die Erde; blauer Dunst,* Schwindel oder Einbildung; *du wirst noch dein blaues Wunder erleben,* Ü sehr überrascht sein; *ich will den Stoff b. färben,* vgl. aber: *blaumachen; der blaue Montag,* Ü Montag, an dem ich blaumache; *blaue Jungs,* Matrosen; *der blaue Fleck,* Bluterguß; *das blaue Auge,* Schlagmal am Auge; *er ist noch einmal mit einem blauen Auge davongekommen,* Ü glimpflich; *ich habe vor Kälte blaue Finger bekommen; das Blaue Band,* Auszeichnung für die schnellste Überquerung des Atlantiks durch ein Passagierschiff; *blaue Bohnen,* Gewehrkugeln; *der blaue Brief,* Mitteilung der Schule über schlechte Leistungen oder Kündigungsbrief; *er ist b.,* Ü sehr betrunken; *ein blaugestreifter Stoff,* vgl. gestreift. **Blau** *das,* -s/-, Farbe im Spektrum zwischen Grün und Violett: *die Farbe B.; das B. des Himmels; ein Stoff in B.* **blauäugig, 1)** mit blauen Augen. **2)** Ü naiv. **Blauäugigkeit** *die,* -. **Blaubart, 1)** im Märchengestalt: *Ritter B.* **2)** *der,* Ü Frauenmörder. **Blaubeere** *die,* Heidelbeere. **Blaudruck** *der,* -(e)s/-e, ein Stoffdruckverfahren. **Blaue** *das,* -/-n: *eine Fahrt ins B.,* Ü Fahrt mit unbekanntem Ziel; *sie redet das B. vom Himmel herunter,* Ü ist sehr geschwätzig. **Bläue** *die,* -(s)/-(s), *schweiz.:* Farbe im Himmelblau. **blauen,** *ich* blaue (habe geblaut), **1)** *es,* färbe blau. **2)** bläue. **3)** *der Himmel blaut,* ist, wird blau. **bläuen,** *ich* bläue (habe gebläut) *es,* helle auf; vgl. aber. **Blaufelchen** *der,* blattsartiger Fisch gewisser Seen (Bodensee); vgl. Felchen. **Blaufuchs** *der,* ein Polarfuchs; dessen Pelz. **Blauhemd** *das,* Ü Dt. Dem. Rep.: Mitglied der FDJ. **Blauholz** *das,* zur Farbgewinnung verwendetes Kernholz eines trop. Baumes. **Blaujacke** *die,* Ü Matrose. **Blaukraut** *das, österr., süddt.:* Rotkohl. **Blaukreuz** *das,* -es, Sammelbez.

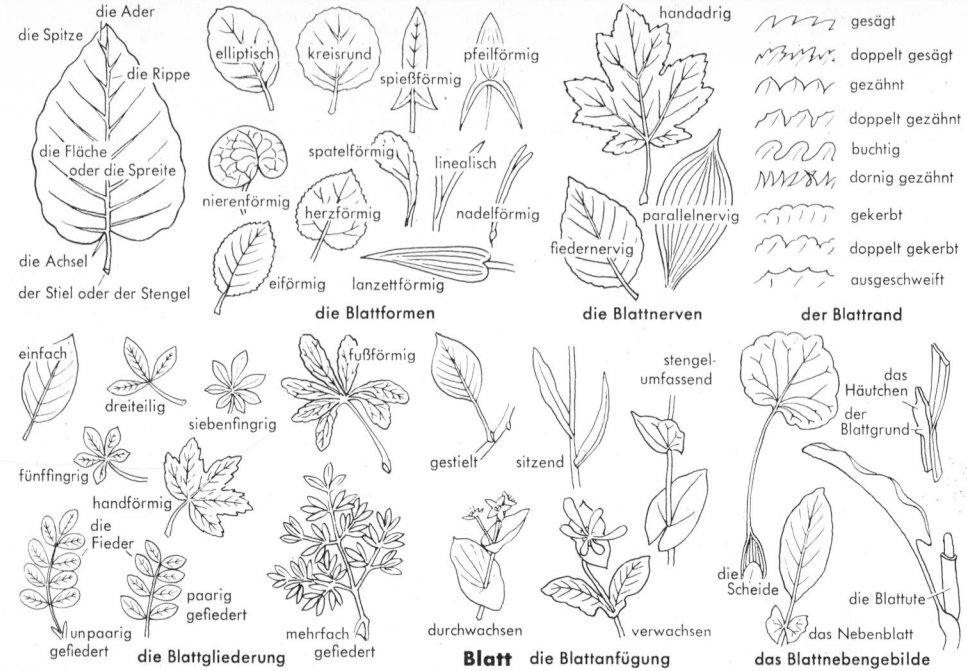

die Spitze · die Ader · die Rippe · elliptisch · kreisrund · spießförmig · pfeilförmig · handadrig · gesägt · doppelt gesägt · gezähnt · doppelt gezähnt · buchtig · dornig gezähnt · die Fläche oder die Spreite · spatelförmig · linealisch · nierenförmig · herzförmig · nadelförmig · parallelnervig · gekerbt · doppelt gekerbt · die Achsel · fiedernervig · ausgeschweift · der Stiel oder der Stengel · eiförmig · lanzettförmig · **die Blattformen** · **die Blattnerven** · **der Blattrand**

einfach · dreiteilig · siebenfingrig · fünffingrig · handförmig · die Fieder · paarig gefiedert · unpaarig gefiedert · **die Blattgliederung** · mehrfach gefiedert · fußförmig · gestielt · sitzend · stengelumfassend · durchwachsen · verwachsen · das Häutchen · der Blattgrund · die Scheide · die Blattute · das Nebenblatt · **Blatt** · **die Blattanfügung** · **das Blattnebengebilde**

für chem. Kampfstoffe (Nasen- und Rachenreizstoffe). **bläulich,** ins Blaue spielend: *bläulichgrün.* **Blaulicht** *das,* **1)** der kurzwellige Teil des sichtbaren Lichtes. **2)** blau blinkendes Warnlicht an Einsatzfahrzeugen der Polizei, Feuerwehr, an Krankenwagen. **Bläuling** *der, -s/-e,* ein Schmetterling. **blaumachen,** *ich* mache blau (habe blaugemacht), Ü arbeite unter einem Vorwand nicht. **Blauöl** *das,* reines Anilin. **blaurot,** bläulichrot, violett: *blaurote Farbe; aber:* **blau-rot,** blau und rot: *blau-rote Streifen.* **Blausäure** *die, -,* Cyanwasserstoff, ein Gift. **Blaustrumpf** [Lü. von engl. bluestocking] *der,* Frau, die einseitig Intelligenz hervorkehrt. **Blausucht** *die, -,* Blaufärbung der gesamten Haut und der Schleimhäute infolge ungenügender Sauerstoffsättigung des Blutes.

Blazer [bl'eizar, engl.] *der, -s/-,* Klubjacke, sportl. Jacke. **Blech** [mhd. blech ›Metallblättchen‹, zu ahd. blecchen ›blitzen‹] *das, -(e)s/-e,* **1)** zu Platten oder Bändern ausgewalztes Metall. **2)** *ohne Pl.,* Ü alle Bläser von Blechblasinstrumenten eines Orchesters: *das B. trat zu stark hervor.* **3)** kurz für: Kuchenblech, Abb. K 51. **4)** *ohne Pl.,* Ü Unsinn: *red kein B.!* **Blechblasinstrumente,** *Pl.,* ♪ Gruppe der messingnen Blasinstrumente mit Kesselmundstück, Abb. B 33. **Blechbüchse, Blechdose** *die,* Behälter aus Blech (für Konserven). **blechen** [zu Rotwelsch Blech ›Geld‹], *ich* bleche (habe geblecht) *(es),* Ü zahle. **blechern, 1)** aus Blech. **2)** metallisch klappernd, dünn klingend. **Blechlehre** *die,* Maßstab für Blechdicken, Abb. L 5. **Blechner** *der, -s/-, südwestdt.:* Klempner. **Blechschaden** *der,* 🚗 Sachschaden am Kraftwagen bei Unfall.

blecken [ahd. blecchen ›blitzen‹, ›blank sein‹], *ich* blecke (habe gebleckt) *die Zähne,* lasse sehen, zeige (bes. von Hunden und Raubtieren).

Blei *der, -(e)s/-e,* 🐟 Brachse.

Blei [ahd. blio] *das, -(e)s/-e, ohne Pl.,* ⚗ Element, Zeichen: Pb, ein Metall: *Bleiguß; Bleivergiftung;* Sinnbild für lastende Schwere: *meine Füße sind wie B.* **2)** Lot, Richtblei, Senkblei: *es wurde mit dem B. vermessen.* **3)** *ohne Pl.,* ⚲ Kugel (Geschoß): *mit Pulver und B.* **4)** *meist ohne Pl., -(e)s/-e* oder *-s,* Ü Bleistift.

Bleibe *die, -/-n,* **1)** Herberge, Obdach. **2)** Ü Wohnung.

bleiben [ahd. biliban], *ich* bleibe (bin geblieben), **1)** verlasse meinen Ort, meine Lage nicht, verändere mich nicht: *ich b. bei euch; ich b. dir treu; ich b., was ich bin; dabei b. ich!,* ich ändere meine Meinung nicht; *ich b. an der Arbeit,* arbeite weiter; *soll ich bei der Begrüßung sitzen bleiben?,* vgl. aber: sitzenbleiben. **2)** *es bleibt,* hat Bestand, ist unvergänglich: *es ist von bleibendem Wert.* **3)** *es bleibt,* bleibt übrig, wird als Rest zurückgelassen: *und was bleibt mir?* **4)** Schreibung in Verbindung mit Verben vgl. haften-, hängen-, kleben-, liegen-, sitzen-, stecken-, stehenbleiben. **bleibenlassen,** *ich* lasse *es* bleiben (ließ bleiben, habe bleibenlassen), Ü beginne nicht damit, höre damit auf: *du solltest das lieber bleibenlassen;* aber: *man sollte man hier bleiben lassen,* nicht wegschicken.

bleich [ahd. bleih], blaß, ohne Farbe. **Bleiche** *die, -/-n,* **1)** *ohne Pl.,* Blässe. **2)** der Vorgang des Bleichens. **3)** Rasenplatz zum Bleichen der Wäsche, Abb. H 21. **bleichen, 1)** *ich* bleiche (habe gebleicht) *es,* mache weiß, entferne Farben, helle auf, z. B. Wäsche. **2)** *es bleicht* (ist gebleicht; 🔅 blich, ist gebleicht), wird farblos. **Bleicherde,** die, feinstverteiltes Aluminium- oder Magnesiumsilikat zum Bleichen von Ölen, Fett u. a. **Bleichert** *der, -s/-e,* blaßroter Wein. **Bleichgesicht** *das, -(e)s/-er,* Ü Mensch mit blasser Hautfarbe; Ausdruck der Indianer für die Europäer. **Bleichsucht** *die, -,* **1)** Form der Blutarmut. **2)** ⚕ Chlorose. **bleichsüchtig.**

bleien, *ich* bleie (habe gebleit) *es,* versehe mit Blei. **bleiern, 1)** aus Blei. **2)** Ü bleischwer (Schlaf, Müdigkeit). **bleifrei,** *freies Benzin,* kein Blei enthaltendes umweltfreundliches Benzin. **Bleifuß** *der: er fährt mit B.,* mit dauernd durchgetretenem Gaspedal. **Bleigießen** *das, -s,* ein Silvesterbrauch. **Bleiglanz** *der,* Bleisulfid, wichtigstes Bleierz. **Bleiglas** *das,* Bleioxid enthaltendes Glas. **bleiig,** bleihaltig. **Bleikammern,** *Pl.,* **1)** Behälter zur Erzeugung von Schwefelsäure. **2)** [nach dem Staatsgefängnis des alten Venedig], Sinnbild grausamer Gefangenschaft. **Bleikristall** *das,* Bleioxid enthaltendes Kristallglas. **bleischwer,** schwer lastend. **Bleistift** *der,* Graphitstift, Abb. B 57. **Bleistiftspitzer.** **Bleistiftabsatz** *der,* dünner, hoher Absatz an Damenschuhen. **Bleiweiß** *das,* bleihaltige Farbe, eine weiße Malerfarbe. **Bleiwurz** *die,* Geröll- und Schuttpflanze.

Blende *die, -/-n,* **1)** Einrichtung zur Abschirmung von

die Satzzeichen

die Ziffern

Blindenschrift ⌇ das Zahlenzeichen

die Schreibtafel
der Schreibgriffel

der Bügel

das Geschirr

Blindenuhr **Blindenhund**

Strahlen: *Sonnenblende.* **2)** bei opt. Geräten eine Einrichtung, durch die die Öffnung des Objektivs verkleinert werden kann, Abb. P 12. **3)** bei Film, Funk und Fernsehen ein Mittel zur Gliederung von Bild- und Tonaufzeichnungen. **4)** ein zum Schmuck der Mauerfläche aufgelegter Bauteil, Abb. B 39. **5)** Schutzwand, z. B. auf Schießständen. **6)** innerer Laden der Schiffsfenster. **7)** aufgesetzter Zierstreifen an Kleidungsstücken. **8)** ›◌ durchscheinendes Sulfidmineral mit starkem, nicht metallischem Glanz: *Manganblende.* **blenden** [ahd. blenten ›blind machen‹], *ich blende (habe geblendet)*, **1)** *ihn*, strahle ihm schmerzhaft ins Auge: *das entgegenkommende Fahrzeug hat mich geblendet; blendende Helle; das Kleid ist blendend weiß*, aber: *ein blendendweißes Kleid.* **2)** *ihn*, täusche, beindrucke so, daß er für nichts mehr Augen hat: *mit seinem sicheren Auftreten hat der Betrüger uns geblendet.* **3)** *ihn*, zerstöre das Sehvermögen (bis ins MA. als Strafe). **4)** *es*, ⚹ tarne. **5)** *es*, ⊤⊤ verdecke mit einer Blende. **6)** *es*, färbe dunkel (Pelzwerk). **7)** *Wild*, ✾ scheuche durch aufgehängte Lappen zurück. **blendend, 1)** strahlend. **2)** U großartig, ausgezeichnet: *ich habe mich b. unterhalten.* **Blender** *der, -s/-*, jemand, der mehr scheint, als er ist.

Blenderwald [vgl. plentern] *der*, Plenterwald.

Blendgiebel [zu Blende, blenden] *der*, Abb. G 25.

Blendling [mhd. blendelinc ›Mischling‹, zu ahd. blantan ›mischen‹] *der, -s/-e*, Biologie: Bastard zweier Varietäten derselben Art.

Blendrahmen *der*, äußerer Fensterrahmen, Abb. F 12.

Blendung *die, -/-en,* **1)** Wirkung von überstarkem Licht auf das Auge. **2)** Zerstörung des Augenlichtes. **3)** kleiner, schußsicherer Unterstand. **Blendwerk** *das, -(e)s*, Vorspiegelung, Schein, Trug. **Blendzeug** *das,* ✾ Lappen zum Blenden, Abb. J 1.

Blennor|rhö(e) [-r'ø, grch. blennos ›Schleim‹ und rheein ›fließen‹] *die, -/. . .rh'ö|en,* ⚕ Eiterfluß, eitrige Absonderung einer Schleimhaut, bes. der Augenbindehaut.

Blepharitis [grch. blepharon ›Augenlid‹] *die, -/. . .t'iden,* ⚕ Entzündung der Augenlidränder.

Blesse [mhd. blasse] *die, -/-n,* **1)** weißer Stirnfleck bei Säugetieren und Vögeln, Abb. P 9. **2)** Tier mit weißem Stirnfleck. **Bleßhuhn** *das,* Bläßhuhn, ein Wasservogel.

blessieren [frz. blesser], *ich blessiere (habe blessiert) ihn,* ⚔ verwunde. **Blessur** *die, -/-en,* ⚔ Verwundung, Wunde.

bleu [blø:, frz.], *nicht flektierbar,* blau (in blasser Schattierung). **Bleu** *das, -/-,*

Bleuel *der, -s/-,* ⚙ Holzstock zum Schlagen nasser Gewebe.

bleuen [ahd. bliuwan ›schlagen‹, ›geißeln‹], *ich bleue (habe gebleut) ihn,* U verbleue, schlage.

blich, ⚙ von bleichen.

Blick [ahd. blig ›Strahl‹, ›Blitz‹; ›Blick‹] *der, -(e)s/-e,* **1)** kurzes Hinschauen: *auf den ersten B.; er hat einen B. dafür, erkennt es schnell, kann es gut beurteilen.* **2)** Aussicht: *mit B. ins Grüne.* **3)** Ausdruck der Augen: *ein sprechender, ein stechender B.* **blicken,** *ich blicke (habe geblickt)* **1)** *auf ihn,* etwas, nach ihm, schaue, sehe: *sie blickte in den Spiegel; sie hat sich lange nicht mehr blicken lassen,* war lange nicht mehr hier. **2)** *es blickt,* ist sichtbar: *das Haus blickt aus den Bäumen.* **3)** *es läßt tief blicken,* U verrät mancherlei (Ungünstiges). **Blickfang** *der,* etwas, das die Augen auf sich zieht. **Blickfeld** *das,* alles, was jemand mit dem Blick erfassen kann. **2)** Ü Mittelpunkt des Interesses.

blieb, von bleiben.

blies, von blasen.

blind [ahd. blint], **1)** ohne Sehvermögen: *b. sein ist ein schweres Los; er ist b. geworden;* vgl. aber: blindfliegen, blindschreiben, blindspielen; *der Blindgebor(e)ne; der blinde*

Fleck, Eintrittsstelle des Sehnervs in das Auge, Abb. A 24; *er hat da einen blinden Fleck,* Ü sieht bestimmte Dinge nicht. **2)** versteckt: *ein blinder Passagier.* **3)** glanzlos, angelaufen, nicht durchsichtig (Glas). **4)** unrichtig, vorgetäuscht: *blinder Alarm; ein blindes Fenster,* Blende. **5)** Ü ohne Einsicht, unüberlegt: *blinder Eifer, Zorn; Liebe macht b.* **Blindboden** *der,* Bretter unter dem Fußbodenbelag, Abb. F 38. **Blinddarm** *der,* **1)** Teil des Dickdarms, Abb. M 12. **2)** fälschlich für: Wurmfortsatz: *Blinddarmentzündung.* **Blinde** *der, die, -n/-n,* ein -r, eine -, blinder Mensch: *Blindenhund; Blindenschrift,* Abb. B 35. **Blindekuh** *die,* Spiel, Abb. S 53: *wir wollen B. spielen.* **blindfliegen,** *ich fliege blind (bin blindgeflogen),* fliege im Blindflug. **Blindflug** *der,* Instrumentenflug, Flugzeugführung ohne Sicht, nur nach Bordinstrumenten. **Blindgänger** *der, -s/-,* **1)** nicht explodiertes Geschoß. **2)** Ü untauglicher Mensch. **Blindheit** *die, -,* das Blindsein: *er ist mit B. geschlagen,* Ü erkennt offensichtl. Tatsachen nicht. **blindlings,** unbesonnen, ohne Überlegung, ohne zu prüfen. **Blindschacht** *der,* ⚒ ein Schacht, der nicht zur Erdoberfläche geöffnet ist. **Blindschleiche** *die,* fußlose, schlangenförmige Echse. **blindschreiben,** *ich schreibe (es)* blind (habe blindgeschrieben), schreibe auf der Schreibmaschine, ohne auf die Tasten zu sehen. **blindspielen,** *ich spiele (es)* blind (habe blindgespielt), spiele ein Instrument oder Spiel, ohne hinzuschauen: *er hat die ganze Partie Schach blindgespielt,* dabei nicht auf das Brett geblickt. **Blindwiderstand** *der,* ⚡ ein Teil des Wechselstromwiderstands. **blindwütig,** ohne jede Überlegung, heftig, wütend.

blink, *b. und blank,* glänzend sauber. **blinken** [mnd. blinken, zu blank], *ich blinke (habe geblinkt),* **1)** *(es),* signalisiere mit Blinklicht. **2)** *es blinkt,* glänzt, leuchtet: *es blinkt vor Sauberkeit.* **Blinker** *der, -s/-,* **1)** Blinkleuchte, Blinklicht. **2)** ein Metallköder für die Sportfischerei, Abb. A 14. **blinkern,** *ich blink(e)re (habe geblinkert),* **1)** blinzle. **2)** blinke. **3)** angle mit einem Blinker. **Blinkfeuer** *das,* in bestimmten Abständen aufleuchtendes Leuchtfeuer. **Blinkleuchte** *die,* ⇦ Leuchte als Fahrtrichtungsanzeiger, Abb. K 40; Warnsignal, z. B. an Baustellen. **Blinklicht** *das, -(e)s/-er,* ein aufleuchtendes Lichtzeichen, z. B. an Kraftwagen: *Warnblinklicht.*

blinzeln [mhd. blinzeln], *ich blinz(e)le (habe geblinzelt),* zwinkere mit den Augen, schließe die Lider halb.

Blitz [mhd. blitze, ahd. blig] *der, -es/-e,* **1)** Funkenentladung bei Gewitter, Abb. M 19: *die Blitze zucken; ein B. schlug ein; wie ein B. aus heiterem Himmel,* Ü ganz unerwartet. **2)** Sinnbild für ungeheure Schnelligkeit und außerordentl. Wucht: *wie der B.,* U ganz besonders schnell; *Geistesblitz.* **blitz. . .,** verstärkend: *blitzsauber; blitzblank,* U auch *blitzeblank; blitzschnell.* **Blitzableiter** *der,* ⚡ Schutzvorrichtung gegen Blitzschaden, Abb. B 36. **blitzartig, 1)** wie ein Blitz. **2)** Ü sehr schnell. **blitzen,** *ich blitze (habe geblitzt),* **1)** U arbeite mit Blitzlicht. **2)** *es,* U photographiere mit Blitzlicht. **3)** *es,* ein Blitz leuchtet auf; Ü es leuchtet, glänzt. **4)** *es blitzt,* U der Unterrock guckt vor. **Blitzesschnelle** *die,* U größte Eile. **Blitzgespräch** *das,* ein bevorzugt vermitteltes Ferngespräch. **Blitzkrieg** *der,* rasch beendeter Krieg. **Blitzlicht** *das,* Photographie: kurz aufblitzende künstl. *Blitz(licht)gerät,* Abb. P 12. **Blitzröhre** *die,* durch Blitzeinschlag in Sandboden gebildete Röhre. **Blitzschlag** *der: Tod durch B.* **Blitzwürfel** *der,* ein Blitzlicht, Abb. P 12.

Blizzard [bl'izəd, engl.] *der, -s/-s,* schwerer, kalter Schneesturm in Nordamerika.

Bloch [vgl. Block] *der, das, -(e)s/-e oder ⌐er, oberdt.:* **1)** roh behauener, auf Brettlänge zugeschnittener Stamm. **2)** Bürste mit Stiel. **3)** Sägebock. **blochen,** *ich bloche (habe geblocht)*

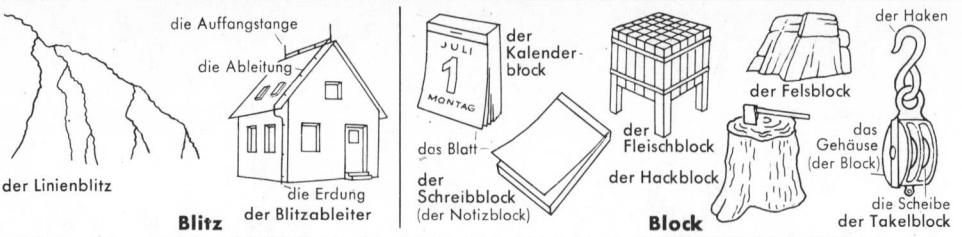

der Linienblitz · die Auffangstange · die Ableitung · die Erdung · der Blitzableiter — **Blitz**

der Kalenderblock · das Blatt · der Schreibblock (der Notizblock) · der Fleischblock · der Hackblock · der Felsblock · das Gehäuse (der Block) · der Haken · die Scheibe · der Takelblock — **Block**

es, schweiz.: bohnere, wachse (Fußboden). **Blocher** *der, -s/-, schweiz.:* Bohnerbürste.

Block [ahd. bloh ›Holzblock‹] *der, -(e)s/ᵘe,* ABB. B 36, **1)** rohes, kurzes Stammstück, Klotz. **2)** massive Einheit, z. B. größeres Stück Gestein: *Felsblock.* **3)** ⚙ gegossene, vorgewalzte oder vorgeschmiedete Masse. **4)** Klotz zum Befestigen der Glieder, als Folterwerkzeug. **5)** Streckenabschnitt zur Sicherung von Eisenbahnzügen durch elektromechan. Sperrung von Signalen und Weichen. **6)** ⚓ Gehäuse für Rollen (am Flaschenzug), ABB. F 23. **7)** *Pl. auch -s,* Bündnis, Verbindung mehrerer Staaten oder Parteien: *Ostblock(staaten); Blockbildung.* **8)** Gruppe mehrerer Warenposten, Gruppe von gleichartigen Einheiten: *er kauft im B.* **9)** gemeinsamer Einsatz (Kartenspiel). **10)** ein Mauerverband, ABB. B 13. **11)** *Pl. meist -s,* Häuserblock. **12)** *Pl. -s oder ᵘe,* an einer Seite zusammengeklebte Blätterlage: *Kalenderblock; Notizblock; Stenoblock.* **Blockade** [frz. bloquer ›sperren‹] *die, -/-n,* **1)** allseitige Absperrung der Zufuhr: *über den Staat wurde die B. verhängt.* **2)** ⚡ vorübergehende Ausschaltung von Teilen des Nervensystems. **3)** ⚕ blockierte Stelle. **Blockbuch** *das,* von Holzschnitttafeln abgezogenes Buch (um 1450). **blocken,** *ich* blocke (habe geblockt), **1)** *es,* blockiere; sperre durch Blocksignal. **2)** Boxen: blocke ab. **3)** *(es), oberdt.:* bohnere. **Blocker** *der, -s/-, oberdt.:* schwere Bohnerbürste. **Blockflöte** *die,* ein Holzblasinstrument, ABB. B 33. **blockfrei,** *blockfreie Staaten; Konferenz der Blockfreien.* **Blockhaus** *das,* Haus aus rohen oder behauenen Holzstämmen. **blockieren,** *ich* blockiere (habe blockiert), **1)** *es,* sperre, hemme, schalte aus; Ü mache unmöglich: *die Verhandlungen wurden lange blockiert.* **2)** *es,* sperre durch Blocksignal. **3)** *es,* ⚕ kennzeichne eine Lücke im Satz, Zeichen: ▮. **4)** *ein Rad blockiert,* gleitet ohne Drehbewegung, wenn die Bremskraft die Reibungskraft an der Fahrbahn übersteigt. **Blockierung** *die, -/-en.* **blockig,** klotzig. **Blockkondensator** *der,* ⚡ ein unveränderlicher Kondensator, ABB. K 36. **Blockschrift** *die,* eine blockförmig erscheinende latein. Druckschrift. **Blockstelle** *die,* Eisenbahn: kleines Stellwerk zum Bedienen der Blocksignale. **Blockstunde** *die,* Doppelstunde im Unterricht, Blockunterricht. **Blockung** *die, -/-en,* das Blocken, Blockieren. **Blockzeit** *die,* Zeit vom Augenblick, in dem ein Flugzeug beim Abflug in Bewegung setzt, bis zum Stillstand nach der Landung.

blöd(e) [ahd. blodi ›schwach‹], **1)** geistig beschränkt, schwachsinnig. **2)** ⚕ schwach: *blöde Augen.* **3)** ⚕ schüchtern. **4)** Ü unklug, unangenehm: *eine blöde Geschichte!* **5)** *schweiz.:* fadenscheinig (Stoff); ungesalzen (Speise). **Blödel** *der, -s/-,* U Blödian. **Blödelei** *die, -/-en.* **blödeln,** *ich* blöd(e)le (habe geblödelt), rede heiteren Unfug. **Blödheit** *die, -.* **Blödian** *der, -(e)s/-e,* Dummkopf. **Blödigkeit** *die, -,* ⚕ Schüchternheit. **Blödling** *der, -s/-e,* **Blödmann** *der,* U Blödian. **Blödsinn**

der, -(e)s, **1)** ⚕ Schwachsinn. **2)** U Unsinn: *rede keinen B.!* **3)** U heiterer Unfug. **blödsinnig. Blödsinnigkeit** *die, -.*

blöken [Schallw., niederdt.], *es* blökt (hat geblökt), schreit (Schaf und Kalb): *blökende Schafherden.*

blond [mhd. blunt, aus frz.], **1)** hellhaarig, gelblich (nur vom Haar): *hellblond; ich lasse mir das Haar b. färben;* *blondgefärbtes Haar.* **2)** U hellgelb (Bier); nicht scharf gebacken (Brötchen). **Blonde** *die, -n/-n, eine -,* **1)** Blondine. **2)** *eine kühle B.,* auch *ein kühles Blondes,* U ein Glas helles Bier. **3)** [auch blõd] *die, -/-n* [-an], eine Seidenspitze. **blondgelockt,** blondlockig, mit blonden Locken. **blondieren,** *ich* blondiere (habe blondiert) *Haar,* färbe es blond. **Blondine** *die, -/-n,* blonde Frau.

bloß [mhd. bloz], **1)** nackt, entblößt: *mit bloßem Oberkörper; bloßhäutig.* **2)** unausgerüstet, unbedeckt: *mit der bloßen Hand,* ohne Waffen; *mit bloßem Auge,* ohne Brille, Fernglas. **3)** alleinig: *der bloße Anblick.* **4)** nur: *b. noch diese Kleinigkeit.* **5)** ja (verstärkend): *b. nicht!* **Blöße** *die, -/-n,* **1)** Nacktheit. **2)** Lichtung (im Wald). **3)** ⚔ Lücke in der Deckung. **4)** Ü Schwäche, angreifbare Stelle: *du hast dir eine B. gegeben,* dich blamiert. **5)** gereinigte Lederhaut. **bloßlegen,** *ich* lege *es* bloß (habe bloßgelegt), lege frei; Ü enthülle. **bloßliegen,** *ich* liege bloß (lag bloß, habe bloßgelegen), bin nicht zugedeckt. **bloßstellen,** *ich* stelle *mich,* ihn bloß (habe bloßgestellt), zeige meine, seine Schwächen, Fehler vor anderen, mache zum Gespött. **Bloßstellung** *die.* **bloßstrampeln,** *ich* stramp(e)le *mich* bloß (habe mich bloßgestrampelt), werfe die Bettdecke ab.

Blouson [bluz'õ, frz.] *das,* auch *der, -(s)/-s,* Bluse, die an den Hüften eng aufliegt.

Blow-up [blou'ʌp, engl.] *das, -s/-s,* **1)** Vergrößerung (einer Photographie, eines Filmbildes). **2)** U Aufbauschung.

blubbern [Schallw.], *ich* blubb(e)re (habe geblubbert), *niederdt.:* **1)** spreche undeutlich. **2)** *es* blubbert, gluckst, sprudelt Bläschen aus (beim Ausgießen von Flaschen).

Blue baby [blu: b'eibi, engl. ›blauer Säugling‹] *das, - -/ - . . .-ies,* Säugling mit Blausucht, meist mit angeborenem Herzfehler. **Blue chips** [blu: tʃips, engl. ›blaue Spielmarken (beim Poker)‹], *Pl.,* Börse: erstklassige Aktien. **Blue jeans** [blu: dʒ'i:nz, engl.], *Pl.,* lange blaue Hosen aus Baumwollköper, ABB. K 24. **Blues** [blu:z, engl.] *der, -/-,* **1)** urspr. schwermütige Gesänge nordamerikan. Neger; auch die daraus entstandene Form des Jazz. **2)** ein langsamer Gesellschaftstanz.

Bluff [auch blʌf, engl.] *der, -s/-s,* geschickte Irreführung. **bluffen** [auch bl'ʌfən, bl'œfən], *ich* bluffe (habe gebluflt) *ihn,* täusche durch Prahlerei, führe irre.

blühen [ahd. bluon], *es* blüht (hat geblüht), **1)** hat offene Blüten (Pflanze). **2)** Ü gedeiht: *das Geschäft blüht.* **3)** ⚒ steht zutage (Erz). **4)** *das kann dir auch noch blühen,* U geschehen.

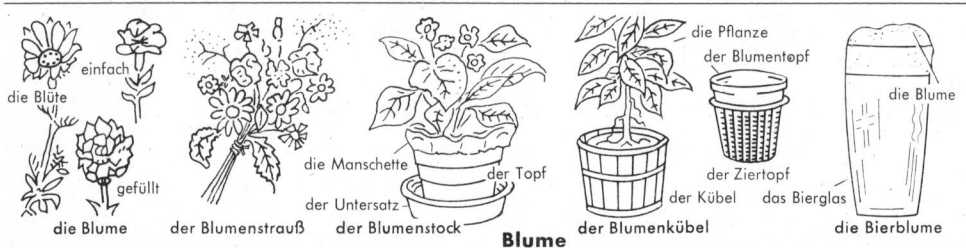

die Blüte · einfach · gefüllt — die Blume · die Manschette · der Blumenstrauß · der Untersatz · der Topf · der Blumenstock — **Blume** · die Pflanze · der Blumentopf · der Ziertopf · der Kübel · der Blumenkübel · die Blume · das Bierglas · die Bierblume

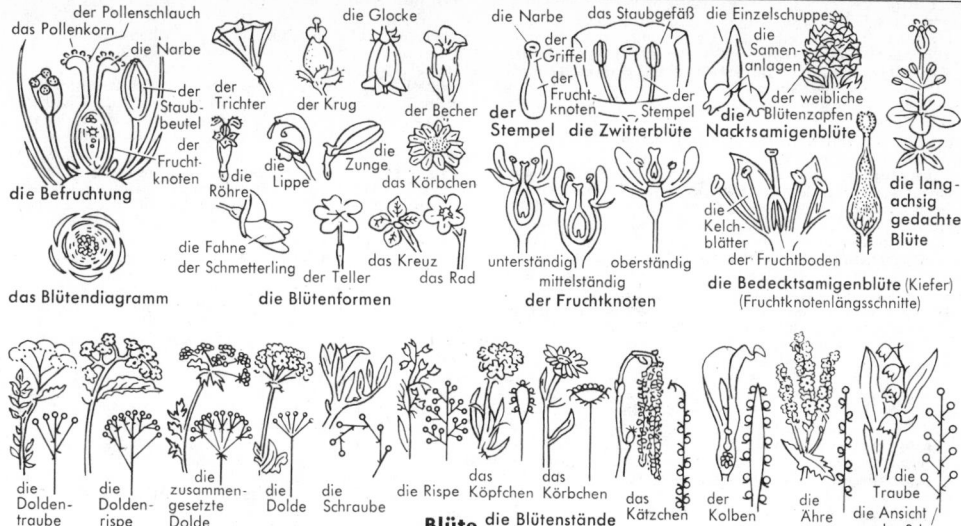

der Pollenschlauch
das Pollenkorn
die Narbe
der Staubbeutel
der Fruchtknoten
die Befruchtung
das Blütendiagramm

die Glocke
der Trichter
der Krug
der Becher
die Röhre
die Lippe
die Zunge
das Körbchen
die Fahne
der Schmetterling
der Teller
das Kreuz
das Rad
die Blütenformen

die Narbe
das Staubgefäß
der Griffel
der Fruchtknoten
der Stempel
die Zwitterblüte
unterständig
oberständig
mittelständig
Kelchblätter
der Fruchtboden
der Fruchtknoten

die Einzelschuppe
die Samenanlagen
der weibliche
die Blütenzapfen
Nacktsamigenblüte
die langachsig gedachte Blüte
die Bedecktsamigenblüte (Kiefer)
(Fruchtknotenlängsschnitte)

die Doldentraube
die Doldenrispe
die zusammengesetzte Dolde
die Dolde
die Schraube
die Rispe
das Köpfchen
das Körbchen
das Kätzchen
der Kolben
die Ähre
die Traube
die Ansicht
das Schema
Blüte die Blütenstände

blühend, 1) in Blüte stehend. **2)** Ü prachtvoll gedeihend, üppig: *sie sieht b. aus; das ist blühender Unsinn; er hat eine blühende Phantasie.* **Blühet** *der, -, schweiz.:* Blütezeit. **Blümchen** *das, -s/-,* **1)** Diminutiv zu Blume. **2)** 🌸 kleiner weißer Stirnfleck, ABB. P 9. **Blümchenkaffee** *der,* Ü dünner Kaffee (so daß ein Blumenmuster auf dem Tassenboden sichtbar ist). **Blume** [ahd. bluomo] *die, -/-n,* **1)** farbschöne Blüte oder blühende Pflanze, ABB. B 37; Sinnbild für Schönheit, Reinheit und Zartheit: *er hat es durch die B. gesagt,* Ü vorsichtig angedeutet. **2)** Schaum, bes. auf Bier, ABB. B 37. **3)** Bukett, Duft des Weines. **4)** 🐾 Hasenschwanz, Schwanzspitze von Wolf und Fuchs. **5)** Teil der Rindskeule, ABB. F 25. **Blümelein** *das, -s/-,* P Blümlein. **Blumenbeet,** ABB. G 3. **Blumenkohl** *der,* ABB. K 33. **Blumenstock** *der,* ABB. B 37. **Blumenstrauß** *der, -es/²e,* ABB. B 37. **Blumentiere,** *Pl.,* Korallentiere. **Blumentopf** *der,* Topf zum Einpflanzen von Gewächsen; Topf mit der Pflanze, ABB. B 37.
blümerant [frz. bleu mourant ›blaßblau‹], Ü schwach, schwindlig, unwohl.
blumig, 1) voller Blumen. **2)** mit einer Blume (Wein). **3)** Ü wortreich verblümt, geziert (Redeweise). **Blümlein** *das, -s/-,* Diminutiv zu Blume.
Blunze *die, -/-, österr., bair.:* Blutwurst: *das ist mir Blunzen,* Ü gleichgültig.
Blüs|chen *das, -s/-.* **Bluse** [aus frz. blouse] *die, -/-n,* **1)** Oberbekleidungsstück für Frauen und Mädchen, ABB. K 25. **2)** Kittel, Windjacke; Oberteil der Matrosenkleidung: *Wind-bluse.*
Blüse [niederdt.] *die, -/-n,* Leucht-, Blinkfeuer.
blusig, wie eine (weite) Bluse.
Blust [mhd. bluost] *der, das, -(e)s, schweiz.:* das Blühen, Blüte, Blütezeit.
Blut [ahd. bluot] *das, -(e)s,* **1)** ⚕ fachsprachl. Pl. -e, im Blutgefäßsystem kreisende Flüssigkeit, die vor allem Nährstoffe und Sauerstoff im Körper verteilt und Schlacken abführt: *es wurde viel B. vergossen, viele Menschen wurden getötet; er schwitzt B. und Wasser,* Ü ist in höchster Angst, Aufregung; *sie hat B. geleckt,* Ü hat Geschmack daran gefunden. **2)** Ü Gemütslage, Temperament: *ruhig B.!; heißes B.; das macht böses B.,* erregt Unwillen. **3)** Abstammung, Rasse: *die Bande des Blutes; blaues B.,* Adel. **4)** Zuchtwert eines Tieres nach seiner Abstammung: *Kaltblut; Warmblut; Vollblut; Halbblut.* **5)** *junges B.,* Ü junge Leute. **Blutader** *die,* Vene, das Blut zum Herzen zurückführt. **Blutalge** *die,* ⊕ Alge, deren Blattgrün durch roten Farbstoff überdeckt ist. **Blutalkohol** *der,* Alkoholgehalt des menschl. Blutes nach Alkoholgenuß, ausgedrückt in ⁰/₀₀ (g Alkohol je 1 000 g Blut). **blutarm, 1)** an

Blutarmut leidend. **2)** [-'arm], Ü sehr arm. **Blutarmut** *die,* ⚕ Anämie, Mangel an roten Blutkörperchen. **Blutausstrich** *der,* ⚕ das Ausstreichen eines Tropfens Blut zur mikroskop. Untersuchung. **Blutbad** *das, -(e)s,* Ü grausames Morden: *das Attentat richtete ein B. an.* **Blutbahn** *die,* Blutkreislauf. **Blutbank** *die, -/-en,* ⚕ Gewinnungs- und Sammelstelle für Blutkonserven. **Blutbild** *das,* ⚕ mikroskop. Blutuntersuchung. **blutbildend,** das Blutkörperchen vermehrend. **Blutbildung** *die, -.* **Blutbuche** *die,* Buche mit rotem Laub. **Blutdruck** *der, -(e)s,* der Druck des strömenden Blutes auf die Blutgefäße: *hoher, niedriger B.* **blutdürstig,** mordgierig, darauf aus, zu töten.
Blutegel *der,* blutsaugender Egel. **bluten** [ahd. bluoten], *ich blute (habe geblutet),* **1)** verliere Blut: *die Wunde blutet; ihm blutet das Herz,* Ü er hat Kummer. **2)** *eine Pflanze blutet,* aus Wunden (am Zweig, Stamm) tritt Flüssigkeit aus. **3)** *Beton blutet,* stößt Wasser ab. **4)** Ü zahle, büße. **Blütenlese** *die,* Anthologie. **Blütenstand** *der,* blütenbesetzter Teil des Pflanzensprosses, der keine Laubblätter trägt, ABB. B 38, L 3. **Blütenstaub** *der,* Pollen, staubähnliche männl. Keimzellen der Samenpflanzen. **Blütenstecher** *der,* **1)** kleiner Rüsselkäfer. **2)** G jemand, der Banknoten fälscht oder Falschgeld in Umlauf bringt. **blütenweiß,** rein weiß. **Bluter** *der, -s/-,* an Bluterkrankheit Leidender. **. . .blüter,** Tier mit einer bestimmten Eigenschaft: *Kaltblüter.*
. . .blüter, ⊕ . . .blütler.
Blut|erguß *der,* Hämatom, der Austritt von Blut in das Bindegewebe, in Muskeln oder Gelenke. **Bluterkrankheit** *die,* Hämophilie.
Blütezeit *die,* Zeit des Blühens, Ü Glanzzeit. **Blutfarbstoff** *der,* Hämoglobin. **Blutgefäß** *das,* Ader, blutdurchströmte häutige Röhre. **Blutgeld** *das,* ⚕ % 1) Wergeld. **2)** Belohnung für Aufdeckung eines Verbrechens. **blutgierig,** blutdürstig. **Blutgruppe** *die,* erbbedingte unveränderl. Eigenschaft des Blutes. **Bluthund** *der,* **1)** Schweißhund, ein Jagdhund. **2)** Ü blutgieriger Mensch. **blutig, 1)** blutbefleckt. **2)** mit Mord verbunden: *blutige Tat.* **3)** Ü völlig, wirklich (verstärkend): *ein blutiger Anfänger; es war blutiger Ernst.* **. . .blütig,** auf Blut bezüglich: *heißblütig,* Ü.
. . .blütig, auf die Blüte bezüglich: *schmalblütig.*

135

blutjung, Ü sehr jung. **Blutkonserve** die, keimfrei aufbewahrtes, haltbar gemachtes Blut. **Blutkörperchen** das, -s/-, geformter Bestandteil des Blutes: rote und weiße B. **Blutkörperchensenkung** die, Blutsenkung. **Blutkreislauf** der, Umlauf des Blutes im Blutgefäßsystem. **Blutkuchen** der, geronnenes Blut. **Blutleere** die, verminderte Blutzufuhr zu einem Organ oder Körperteil, im engeren Sinn die künstlich herbeigeführte.

. . .**blüt(l)er,** mit einer für eine Pflanzenfamilie typischen Blüte: Schmetterlingsblüt(l)er.

Blutorange [-orãʒə] die, Orange mit rötlichem Fruchtfleisch und rötlicher Schale. **Blutplasma** das, die von den geformten Bestandteilen gesonderte Blutflüssigkeit. **Blutplättchen** das, der Thrombozyt. **Blutprobe** die, Blutentnahme für Blutuntersuchungen (zur Feststellung des Blutalkohols). **Blutrache** die, Rache eines Familie eines Entehrten oder Ermordeten am Schuldigen oder an dessen Verwandten: er übte B. **blutreinigend,** das Blut (angeblich) verbessernd. **blutrot,** rot wie Blut, intensiv rot. **blutrünstig, 1)** blutgierig. **2)** von Mordgeschichten handelnd. **Blutsauger** der, **1)** Tier, das als Nahrung Blut saugt. **2)** Ü rücksichtsloser Ausbeuter. **3)** ♌ die Schönechse. **Blutsbruder** der, durch Blutsbrüderschaft verbundener Freund. **Blutsbrüderschaft** die, durch Blut (Mischen eines Blutstropfens vom eigenen Blut mit dem des Freundes) besiegelte Männerfreundschaft. **Blutschande** die, Inzest, Geschlechtsverkehr unter nahen Verwandten. **blutschänderisch. Blutschuld** die, -, P Mord. **Blutschwamm** der, ⚕ eine Blutgefäßgeschwulst. **Blutsenkung** die, ⚕ Blutkörperchensenkung, Blutentnahme (zur Untersuchung der) Geschwindigkeit, mit der Blutkörperchen in ungerinnbar gemachtem Blut nach unten sinken. **Blutspender** der, jemand, der Blut für Bluttransfusionen gibt. **blutstillend,** blutstillende Mittel. **Blutstillung** die, Maßnahmen, um eine Blutung zum Stehen zu bringen. **Blutstropfen** der. **Blutsturz** der, plötzliche, heftige Blutung. **blutsverwandt,** mit gleichen Vorfahren.

blutt [mhd. blut], alem.: nackt; kahl; arm; ungefiedert.

Bluttat die, P Mord. **Bluttransfusion** die, Blutübertragung, Einführung von Blut eines Menschen in den Blutkreislauf eines anderen. **blutüberströmt. Blutübertragung** die, Bluttransfusion. **Blutung** die, -/-en, Austritt von Blut aus der Blutbahn. **blutunterlaufen,** durch Eindringen von Blut in das Unterhautzellgewebe blau gefärbt. **Blutvergiftung** die, ⚕ Sepsis, Allgemeinerkrankung des Körpers durch Eindringen von Bakterien in den Blutkreislauf. **blutvoll,** Ü lebendig, kräftig. **Blutwäsche** die, **1)** Bluttransfusion, bei der erkranktes Blut gegen gesundes ausgetauscht wird. **2)** Hämodialyse. **blutwenig,** Ü sehr wenig. **Blutwurst** die, Rotwurst, eine Wurstsorte. **Blutzeuge** der, Märtyrer. **Blutzucker** der, der in der Blutflüssigkeit gelöste Traubenzucker.

b. m., br. m., Abk. für: brevi manu.

b-Moll das, ♪ Zeichen: b, eine Tonart: die b-Moll-Tonleiter.

BMT, Abk. für: Biomedizinische Technik.

BND, Abk. Bundesnachrichtendienst.

Bö [niederdt. bui] die, -/-en, Böe, heftiger Windstoß.

Boa [lat. ›Wasserschlange‹] die, -/-s, **1)** eine Riesenschlange. **2)** Ü Schal aus Pelz, Federn oder ähnlichem.

Boardinghouse [bˈɔːdiŋhaus, engl.] das, -/-s [-hauziz], Pension, Gasthaus. **Boardingschool** [bˈɔːdiŋskuːl] die, -/-s, in Großbritannien höhere Privatschule mit Internat.

Bob [engl. Kurzform zu Robert], männl. Vorname.

Bob [engl. to bob ›sich ruckartig bewegen‹] der, -s/-s, kurz für: Bobsleigh, ein Sportschlitten, ABB. S 26: Bobbahn; Zweierbob.

bobben, ich bobbe (habe gebobbt), Bobsport: schnelle ruckartige und den Oberkörper vor, um die Geschwindigkeit zu erhöhen.

Bobby [engl. Kurzform zu Robert], männl. Vorname.

Bobby [nach dem Organisator der Londoner Polizei, Sir Robert (Bobby) Peel, 1788–1850] der, -s/. . .bies, Spitzname der Londoner Polizisten.

Bobine [frz., urspr. Garnspule am Spinnrad] die, -/-n, **1)** Weberei: Garnspule. **2)** ⚙ Trommel für Förderseile. **3)** Rolle aus Zigarettenpapier. **Bobinet** [auch -nˈɛt] der, -s/-s, engl. Tüll, ein durchsichtiger Stoff.

Bob|sleigh [bˈɔbslei, vgl. Bob und engl. sleigh ›Schlitten‹] der, -s/-s, der Bob.

Boccia [bˈɔtʃa, ital. ›Kugel‹] die, -, auch das, -s, ein Kugelspiel.

Boche [bɔʃ, frz.] der, -/-s, franzöe. Schimpfwort für Deutsche.

Bocher [jidd. bócher, von hebr. bachúr ›junger Mann‹, ›Junggeselle‹, ›Talmudschüler‹] der, -s/Bachur'im, **1)** Bacher, Lehrer, jüd. Religionslehrer. **2)** Rotwelsch: Studierter, Beamter, der die Gauner und das Rotwelsch kennt.

Bock das, -(s)/-, kurz für: Bockbier.

Bock [ahd. boc] der, -(e)s/⸚e, **1)** ausgewachsenes männl. Tier geweih- und gehörntragender Arten; männl. Kaninchen: Rehbock; Ziegenbock; ich habe (k)einen, null B. auf etwas, zu etwas. Ü (keine) Lust auf etwas, zu etwas. **2)** Sinnbild des Trotzes: ihn stößt der B., Ü ist trotzig; das hieße den B. zum Gärtner machen, Ü man darf nicht den Auftrag geben. **3)** Turngerät, ABB. T 22: wir wollen B. springen; vgl. aber: Bockspringen. **4)** stützendes Gerüst, Gestell: Rüstbock; Sägebock. **5)** hochbeiniger Schemel. **6)** Kutschersitz, ABB. W 2: Kutschbock. **7)** Ü Fehler: er hat einen B. geschossen, einen groben Fehler gemacht. **8)** Rammbalken zum Einbrechen von Mauern: Sturmbock. **9)** ein Käfer: Bockkäfer; Hausbock.

bockbeinig, Ü bockig, trotzig.

Bockbier [aus bair. Oambock, Aimbock ›Einbecker (Bier)‹] das, ein Starkbier.

Böckchen das, -s/-, **1)** Diminutiv zu Bock. **2)** die Zwergantilope, kleine Antilope. **bocken** [mhd. bocken ›stoßen‹], ich bocke (habe gebockt), **1)** Ü trotze: das Kind bockt heute wieder; er bockt bei jeder Gelegenheit; der Motor bockt, Ü läuft nicht richtig. **2)** das Pferd bockt, springt plötzlich mit gewölbtem Rücken hoch. **3)** ein Horntier bockt, stößt mit den Hörnern. **4)** Ziegen (Schafe) bocken, verlangen nach dem Bock. **5)** V habe Geschlechtsverkehr. **bockig,** Ü eigensinnig, störrisch. **Böcklein** das, -s/-, Diminutiv zu Bock. **Bocksbart** der, **1)** Kinnhaare des Ziegenbocks. **2)** ✿ ein Korbblüter.

Bocksbeutel der, bauchig-runde, flache Flasche für Frankenwein. **Bockshorn** das, **1)** spiraliges Horn, ABB. H 25. **2)** gewundener Beschlag (Tür, Fenster). **3)** laß dich nicht ins B. jagen!, Ü verblüffen, erschrecken. **Bockspringen** das, -s, Springen über den Bock (Turngerät) oder über den gebückte Person, ABB. S 53. **bockstill, bockstill,** es steht b., schweiz.: ist unverrückbar. **Bockwurst** die, eine gebrühte Wurst, ABB. F 26: heiße B. mit Brötchen und Senf.

Bodden [niederdt. boddem ›Meeresboden‹] der, -s/-, seichte Meeresbucht an einer Flachküste im Grundmoränengebiet.

Bodega [span.] die, -/-s, Weinstube, Weinkeller.

Boden [ahd. bodem] der, -s/⸚, **1)** die oberste, belebte Verwitterungsschicht der Erde: Bodenfeuchtigkeit; Bodenfrost; Sandboden; schwerer B., lehmig-toniges Ackerland; Grund und B.; nach langem Flug hatten wir wieder festen B. unter den Füßen; die Anregung fiel auf fruchtbaren B., Ü wurde berücksichtigt; man kann es nicht aus dem B. stampfen, Ü ohne Vorbereitung entstehen lassen; ihm brennt der B. unter den Füßen, Ü sein Aufenthaltsort ist für ihn gefährlich. **2)** Grund, untere Fläche: Fußboden; Tortenboden; der Boxer ging zu B.; ein Faß ohne B., Ü eine endlose, nutzlose Arbeit, Angelegenheit. **3)** Ü sichere Grundlage: auf dem B. der Tatsachen. **4)** Speicher und Trockenraum unter dem Dach, ABB. H 11. 5) ⚓ Ladedeck. **6)** wir reden es zu B., schweiz.: besprechen es bis in alle Einzelheiten. **Bodenabwehr** die, ⚔ Abwehr feindlicher Flugzeuge vom Boden aus. **Bodenbearbeitung** die, Bearbeitung des Erdbodens zur land- und forstwirtschaftl. Nutzung. **Bodenbelag** der, Bedeckung des Fußbodens (Parkett, Kunststoff, Teppich usw.). **Boden-Boden-Rakete** die, ⚔ Rakete, die von der Erdoberfläche auf Ziele auf der Erdoberfläche eingesetzt wird. **Bodendruck** der, -(e)s, **1)** Druck einer Flüssigkeit auf den Boden eines Gefäßes. **2)** spezif. Flächenbelastung einer Fahrbahn durch Fahrzeug. **Bodenfeuer** das, Lauffeuer. **Bodenfreiheit** die, kleinster Abstand zwischen einem Fahrzeug und dem Erdboden. **Bodenkammer** die, Kammer unter dem Dach. **Bodenkunde** die, Wissenschaft von der Verwitterungskrume (Boden). **bodenlos, 1)** unendlich tief. **2)** Ü unerhört: eine bodenlose Frechheit. **Boden-Luft-Rakete** die, ⚔ Rakete, die vom Boden aus gegen fliegende Ziele eingesetzt wird. **Bodenmüdigkeit** die, Unergiebigkeit eines Ackerbodens für eine Feldfrucht, wenn der od. mehrere Male hintereinander bebaut worden ist. **Bodenpersonal** das, ✈ Angestellte von Luftverkehrsgesellschaften, die nicht im Flug-, sondern im Bodendienst eingesetzt sind (im Unterschied zum fliegenden Personal). **Bodenrecht** das, ⚖ Recht, das Grund und Boden betrifft. **Bodenreform** die, Neuregelung der Grundbesitzverteilung. **Bodenschätze,** Pl., Erze, Kohle u. a. in der Erde. **bodenständig,** fest verwurzelt; lange ansässig, an die Heimat gebunden. **Bodenturnen** das, Turn-

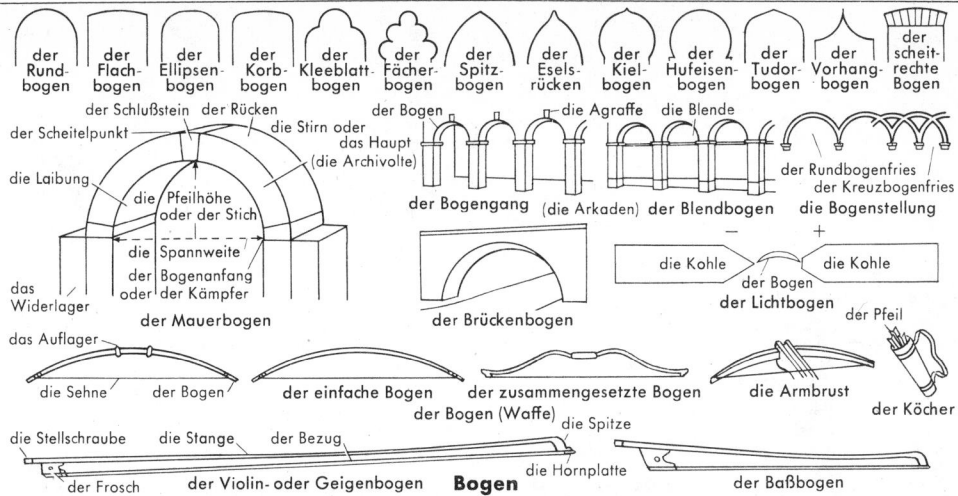

der Rundbogen · der Flachbogen · der Ellipsenbogen · der Korbbogen · der Kleeblattbogen · der Fächerbogen · der Spitzbogen · der Eselsrücken · der Kielbogen · der Hufeisenbogen · der Tudorbogen · der Vorhangbogen · der scheitrechte Bogen

der Schlußstein · der Rücken · der Bogen · die Agraffe · die Blende · der Scheitelpunkt · die Stirn oder das Haupt (die Archivolte) · die Laibung · die Pfeilhöhe oder der Stich · der Rundbogenfries · der Kreuzbogenfries · der Bogengang (die Arkaden) · der Blendbogen · die Bogenstellung · die Spannweite · der Bogenanfang oder der Kämpfer · das Widerlager · der Mauerbogen · der Brückenbogen · die Kohle · der Bogen · die Kohle · der Lichtbogen · der Pfeil · das Auflager · die Sehne · der Bogen · der einfache Bogen · der zusammengesetzte Bogen · der Bogen (Waffe) · die Armbrust · der Köcher · die Stellschraube · die Stange · der Bezug · die Spitze · die Hornplatte · der Frosch · der Violin- oder Geigenbogen · **Bogen** · der Baßbogen

---

übungen auf dem Boden. **bodenweit,** eine Fußstellung des Pferdes, Abb. P 9. **Bodenwichse** *die, schweiz.:* Bohnerwachs.

Bo|dhisattwa [altind. ›der, dessen Wesen Erleuchtung ist‹] *der, -/-s,* der noch nicht vollendete Buddha als Nothelfer.

bodigen, *ich* bodige (habe bodigt) *ihn, schweiz.:* werfe zu Boden, besiege, überwältige ihn.

bodmen [niederdt.], *ich* bodme (habe bodmet) *es.* **Bodmerei** *die, -/-en,* Verbodmung, eine Schiffsverpfändung gegen Darlehen.

Bodo [wohl zu ahd. gibiotan ›gebieten‹], männl. Vorname.

Bodoni [nach dem italien. Buchdrucker G. Bodoni, 1740 bis 1813] *die, -, ℰ* eine Antiquaschrift.

Bodybuilding [b'ɔdibildiŋ, engl. body ›Körper‹ und to build ›(auf)bauen‹] *das, -/-s,* Muskelausbildung durch Kraftübungen.

Bodycheck [b'ɔditʃek, engl. to check ›aufhalten‹] *der, -s/-s,* Eishockey: erlaubter Körperangriff unter Einsatz von Brust, Schulter, Hüfte, jedoch nicht des Schlägers. **Bodysuit** [b'ɔdisju:t, engl. suit ›Anzug‹] *der, -(s)/-s,* enganliegendes einteiliges Damenunterbekleidungsstück.

Böe *die, -/-n, Bö.*

Bofel *der, -s/-,* Bafel.

Bofist *der, -(e)s/-e,* Bovist.

bog, von biegen.

Bogen [ahd. bogo] *der, -s/-, süddt. Pl. auch ", Abb. B 39,* **1)** Teil einer Kurve, z. B. Kreisbogen, gekrümmte Linie, Abb. K 43: Torbogen; Bogenbrücke; *ich* mache einen B. um ihn, Ü will nicht mit ihm zusammentreffen. **2)** eine Schußwaffe: Bogenschütze; *mit Pfeil und* B. *schießen;* er hat den B. überspannt, Ü ist zu weit gegangen; *sie hat den B. heraus,* wie etwas gemacht wird. **3)** Streichwerkzeug für Streichinstrumente: Bogenführung. **4)** ♪ Zeichen für Bindung. **5)** ein Tragwerk, z. B. am Gesims, Abb. B 39, F 34. **6)** Abk.: Bg., rechteckig beschnittenes Papier. **7)** ℰ kurz für: Druckbogen, Papierbogen, der nach Durchlauf durch die Druckmaschine beidseitig mit je vier Quart- oder acht Oktavseiten bedruckt ist. **8)** *schweiz.:* Heunetz (auf dem Nacken zu tragen). **Bogenfries** *der,* Reihe kleiner Bogen, z. B. am Gesims, Abb. B 39, F 34. **Bogengang** *der,* **1)** ♰ Teil des inneren Ohres, der dem Gleichgewichtssinn dient, Abb. O 2. **2)** ⊞ Laube, Laubengang, Abb. B 39, M 4. **Bogengrad** *der,* △ Grad. **Bogenlampe** *die,* **1)** Lampe mit elektr. Lichtbogen, Abb. L 10. **2)** Wasserball: Bogenwurf, leichter, hoch angesetzter Wurf. **Bogenminute** *die,* der 60. (alte Einteilung, 1′) oder 100. (neue Einteilung, 1c) Teil eines Bogengrades. **Bogenschießen** *das, -s:* B. *ist ein sportlicher Wettkampf.* **Bogensekunde** *die,* der 60. (alte Einteilung, 1″) oder 100. (neue Einteilung, 1cc) Teil einer Bogenminute.

Bogey [b'ougi, engl.] *das, -s/-s,* Golf: ein Schlag mehr als die für ein Loch festgelegte Anzahl.

Bogheadkohle [b'ɔghed-, nach dem schott. Ort Boghead] *die,* aus Algenkörpern bestehende Kohle.

bogig, gekrümmt, mit Bogen. **Bogner** [mhd. bogenære] *der, -s/-, ⚒* Bogenmacher.

Bogomile [nach dem Priester Bogomil, zu slaw. bog ›Gott‹ und milyj ›lieb‹] *der, -n/-n,* im MA. eine dualist. Sekte auf dem Balkan und in Kleinasien.

Boheme [bo'ɛ:m, frz. ›Böhme‹, ›Zigeuner‹] *die, -,* die unbürgerliche, ungezwungene und unkonventionell lebende Künstlerwelt. **Bohemien** [bɔemj'ɛ̃] *der, -s/-s,* Angehöriger der Boheme.

Bohle [mhd. bole] *die, -/-n,* starkes Brett.

Böhme *der, -n/-n,* Bewohner in Böhmen in der Tschechoslowakei. **böhmisch, 1)** auf Böhmen bezüglich. **2)** *das sind für mich böhmische Dörfer,* unbekannte, unverständliche Dinge (weil die tschech. Ortsnamen den Deutschen fremd klingen).

Böhnchen *das, -s/-.* **Bohne** [ahd. bona] *die, -/-n,* **1)** Hülsenfrucht mit länglichen Früchten, Abb. B 41: *grüne Bohnen; Wachsbohne; Bohnensalat.* **2)** Kaffee- oder Kakaofrucht, Abb. B 41: *Bohnenkaffee.* **3)** Kunde, Altersfleck in Pferdezähnen; *blaue Bohnen,* U Gewehrkugeln. **5)** *nicht die B., U nicht.* **Bohnenfest, Bohnenkönigsfest** *das,* Fest der Drei Könige (6. Januar) mit dem Brauch, eine Bohne in den Kuchen einzubacken. **Bohnenkraut** *das, -(e)s,* eine Würzpflanze. **Bohnenstange** *die,* Stütze für Bohnenranken, Abb. G 3; Sinnbild für Langes und Dünnes: *sie ist dürr wie eine B.,* U. **Bohnenstroh** *das: dumm wie B.,* U sehr dumm.

Bohner *der, -s/-,* **Bohnerbesen** *der,* **Bohnerbürste** *die,* Geräte zum Bohnern, Abb. S 60. **bohnern** [mhd. bohnen ›blank reiben‹], *ich* bohn(e)re (habe gebohnert) *es,* mache Fußböden glänzend. **Bohnerwachs** *das,* ein Pflegemittel für Fußböden.

bohren [mhd. born], *ich* bohre (habe gebohrt), **1)** *es,* mache ein Loch hinein, höhle tief ein: *er bohrte ein Loch in die Wand; ich b.* einen Brunnen; *er bohrt nach Erdöl.* **2)** drehe etwas in einem Loch: *er bohrt mit dem Finger in der Nase.* **3)** *U bohrender Schmerz,* Ü peinigender. **4)** Ü bitte inständig, dränge: *du mußt so lange bohren, bis er nachgibt.* **Bohrer** *der, -s/-,* Werkzeug zum Bohren, Abb. B 40, S 29. **Bohrhammer** *der, ⚒* Druckluftmaschine zum Bohren von Sprenglöchern, Abb. B 21. **Bohrinsel** *die,* Bohrplattform. **Bohrmaschine** *die,* Abb. B 40: *Schlagbohrmaschine.* **Bohrmeißel** *der,* großer Bohrer, auch zum Gesteinsbohren. **Bohrplattform** *die,* stationäre Bohranlage in Meeresgewässern, Abb. B 40. **Bohrturm** *der,* Abb. B 40. **Bohrung** *die, -/-en,* das Bohren; Bohrloch.

böig, reich an Böen (Wetter); heftig, kurz stoßend (Wind). **Boiler** [engl. to boil ›kochen‹, ›sieden‹] *der, -s/-s,* Warmwasserbereiter und -speicher.

Bojar [russ.] *der, -en/-en,* früher Adliger, bes. in Rußland, Rumänien, Litauen.

Boje [niederdt. boye, aus afrz. boie] *die, -/-n,* verankertes schwimmendes Seezeichen, Abb. B 41, H 3.

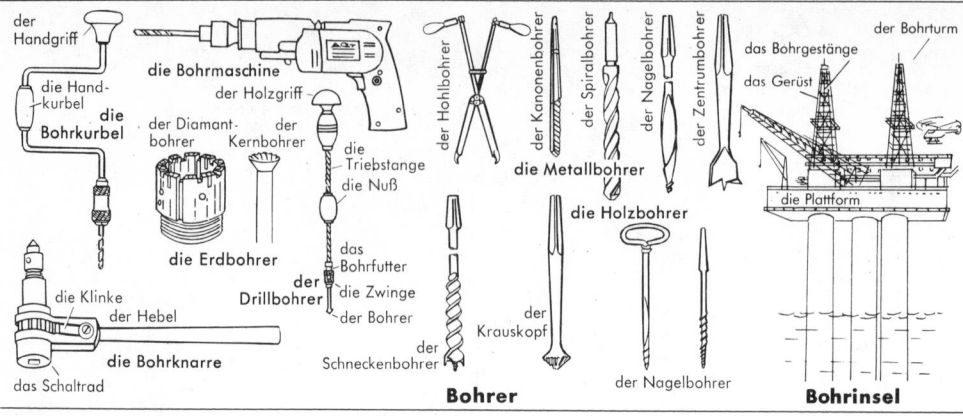

der Handgriff · die Handkurbel · die Bohrkurbel · die Bohrmaschine · der Holzgriff · der Diamantbohrer · der Kernbohrer · die Triebstange · die Nuß · der Hohlbohrer · der Kanonenbohrer · der Spiralbohrer · der Nagelbohrer · der Zentrumbohrer · das Bohrgestänge · das Gerüst · der Bohrturm · die Metallbohrer · die Holzbohrer · die Erdbohrer · das Bohrfutter · die Zwinge · der Bohrer · der Krauskopf · der Schneckenbohrer · der Nagelbohrer · die Plattform · die Klinke · der Hebel · der Drillbohrer · die Bohrknarre · das Schaltrad

Bohrer   **Bohrinsel**

Bokmål [b'ukmo:l, norweg. ›Buchsprache‹] *das, -(s)*, eine norweg. Landessprache.

Bol *der, -(e)s*, Bolus.

Bola [span. ›Kugel‹] *die, -/-s*, eine Schleuderwaffe, ABB. L 2.

Bolero [span.] *der, -s/-s*, **1)** spanisch-andalusischer Paartanz. **2)** westenartige Jacke: *Bolerojäckchen.*

Bolid [grch. bolos ›Kugel‹] *der, -(e)s/-e oder -en/-en*, **Bolide** *der, -n/-n*, **1)** ☆ Feuerkugel, Meteor. **2)** Motorsport: Rennwagen.

Bolivianer *der, -s/-*, **Bolivianerin** *die, -/-nen*, Bolivier, Bolivierin, Bewohner(in) des südamerikan. Staates Bolivien. **bolivianisch,** bolivisch.

bölken, *ich* bölke (habe gebölkt), *niederdt.:* blöke, brülle (von Rindern, Schafen; U auch von Kindern).

Bollandist [nach J. Bolland, 1596–1665] *der, -en/-en*, zum Jesuitenorden gehörendes Mitglied des Herausgeberkreises einer Dokumentensammlung über die Heiligen.

Bolle [ahd. bolla ›Knospe‹, ›kugelförmiges Gefäß‹] *die, -/-n*, **1)** *norddt.:* Zwiebel. **2)** *berliner.:* Loch im Strumpf. **3)** *südwestdt.:* Schöpfgefäß. **Bölle** [ital. cipolla ›Zwiebel‹] *die, -/-n, schweiz.:* **1)** Zwiebel. **2)** U Uhr.

Böller [mhd. boler] *der, -s/-*, **1)** Mörser (zum Schießen) des 16. Jahrh. **2)** kleines Geschütz für Salutschüsse: *Böllerschuß.* **bollern,** *ich* boll(e)re (habe gebollert), U lärme, poltere. **böllern,** *ich* böll(e)re (habe geböllert), schieße mit Böllern.

Bollerwagen *der, bes. berliner.:* Handwagen.

Bollette [ital. bolletta] *die, -/-n, österr.:* Zollurkunde, Steuerbescheinigung.

Bollwerk [mhd. bolwerc] *das*, **1)** Schutzwehr, Befestigung: *ein B. gegen die Tataren; ein B. des Friedens*, Ü. **2)** Kai, ABB. H 3.

Bologneser [-ɔn-] *der, -s/-*, **1)** Einwohner der italien. Stadt Bologna. **2)** kleinwüchsiger Haushund.

Bolometer [grch. bole ›Wurf‹, ›Strahl‹] *das, -s/-*, Gerät zum Messen kleiner Wärmeunterschiede und von Strahlungsenergie.

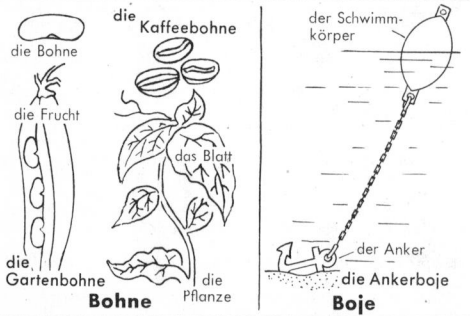

die Bohne · die Kaffeebohne · die Frucht · das Blatt · die Gartenbohne · die Pflanze

Bohne   **Boje**

der Schwimmkörper · der Anker · die Ankerboje

Bolschewik [russ. bolschinstwo ›Mehrheit‹] *der, -en/-i* [auch russ. -k'i], **1)** historisch: Mitglied der Kommunist. Partei der Sowjetunion. **2)** *Pl. auch -en*, U verächtlich: Kommunist. **bolschewikisch. bolschewisieren,** *ich* bolschewisiere (habe bolschewisiert) *es*, führe den Bolschewismus ein. **Bolschewisierung** *die, -.* **Bolschewismus** *der, -*, der Kommunismus sowjet. Prägung. **Bolschewist** *der, -en/-en.* **bolschewistisch.**

bolsterig, *alem.:* steif, ungeschmeidig.

Bolus [lat., zu grch. bolos ›(Erd)klumpen‹] *der, -*, **1)** auch Bol, Gemenge, eisenschüssiger Tonerdemineralien. **2)** *Pl. . . .li*, Bissen, Klumpen; als Arzneiform: große, weiche Pille zur Anwendung bei Tieren. **Bolus|tod** *der*, Tod durch Fremdkörper in der Luftröhre.

Bolz [ahd. bolz] *der, -es/-e*, Bolzen. **bolzen,** *ich* bolze (habe gebolzt), U *ihn*, prügele. **2)** Fußball: spiele hart, planlos, regelwidrig. **Bolzen** *der, -s/-*, **1)** kurzer runder Metallstift, ABB. S 35. **2)** Geschoß, z. B. für die Armbrust. **3)** längliches, vorn spitz zulaufendes Metallstück: *Plättbolzen*, ABB. B 54. **bolz(en)gerade,** *schweiz.:* pfeilscharf, schnurgerade. **Bolzplatz** *der*, U Kinderspielplatz für (Fuß)ballspiele.

Bombage [bɔmb'a:ʒə, frz. zu grch. bombos ›dumpfes Getöse‹] *die, -/-n*, das Bombieren, Aufwölbung. **Bombarde** *die, -/-n*, **1)** im späten MA.: Geschütz für Steinkugeln, ABB. G 15. **2)** Bomhart. **Bombardement** [-m'ã, frz.] *das, -s/-s*, Bombardierung. **bombardieren** [frz. bombarder ›beschießen‹], *ich* bombardiere (habe bombardiert), **1)** *es*, belege mit Bomben. **2)** *ihn mit Bitten, Fragen, Vorwürfen*, U bedränge ihn heftig. **Bombardierkäfer** *der*, eine Laufkäfer. **Bombardierung** *die, -/-en.* **Bombardon** [bɔbard'ɔ̃, ital. bombardone] *das, -s/-s*, eine tiefe Tuba.

Bombast [engl., mlat. bombax ›Baumwolle‹, eigtl. Stoff zum Aufbauschen der Kleider] *der, -(e)s*, schwülstiger Stil, Wortschwall, Überladung. **bombastisch,** schwülstig, überladen, hochtrabend, prahlerisch.

Bombe [frz., zu grch. bombos ›dumpfes Getöse‹] *die, -/-n*, **1)** Hohlkörper mit Sprengladung, Brandsatz u. a. sowie Zünder: *Bombenanschlag; Bombendrohung; Sprengbombe; Napalmbombe; die B. ist geplatzt*, U das befürchtete Ereignis ist eingetreten. **2)** U kurz für: Atombombe: *mit der B. leben.* **3)** erstarrtes Lavastück. **4)** Ü kugelig, bombenähnlich geformter Gegenstand: *Eisbombe.* **5)** ⚔ U kräftiger Schuß aufs Tor. **bomben . . .,** U verstärkend: *ein Bombenauftrag*, ein ganz großer Auftrag: *ein Bombengeschäft.* **Bombenerfolg** *der*, U sehr großer Erfolg. **bombenfest, 1)** sicher gegen Bomben. **2)** [b'ɔmbənf'est], *das steht b.*, U ist ganz sicher. **bombengeschädigt,** durch Bomben (im Krieg) zu Schaden gekommen. **Bombengeschädigte** *der, die, -n/-n, ein -r, eine -.* **Bombenrolle** *die*, U sehr wirkungsvolle Rolle (für einen Schauspieler). **bombensicher, 1)** widerstandsfähig gegen Beschießung. **2)** [b'ɔmbəns'i-], U vollkommen sicher, über jeden Zweifel erhaben. **Bombenteppich** *der*, gleichzeitiger Abwurf einer großen Zahl von Bomben auf ein Flächenziel. **Bombenterror** *der*, Form der Gewaltanwendung, bes. zur Erreichung polit. Ziele. **Bombentrichter** *der*, durch Explosion einer Bombe

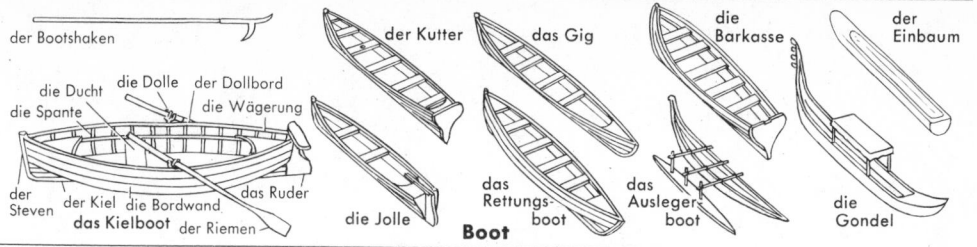

der Bootshaken — der Kutter — das Gig — die Barkasse — der Einbaum

die Ducht — die Dolle — der Dollbord — die Spante — die Wägerung

der Steven — der Kiel — die Bordwand — das Ruder — das Kielboot — der Riemen — die Jolle — das Rettungsboot — das Auslegerboot — die Gondel

Boot

entstandene trichterförmige Vertiefung im Boden. **Bomber** *der, -s/-,* ⚙ Flugzeug zum Abwurf von Bomben. **bombieren** [frz. bomber ›wölben‹], *ich* bombiere (habe bombiert), **1)** *es,* wölbe hoch, z. B. Blechplatten. **2)** *es bombiert,* wölbt sich, z. B. Konservendosen durch Gasentwicklung. **bombig,** U hervorragend, großartig.

Bomhart [mhd. bomhart] *der, -s/-e,* Bombarde, **1)** altes Holzblasinstrument. **2)** eine Zungenstimme der Orgel.

Bommel [zu bummeln] *die, -/-n,* auch *der, -s/-, norddt.:* Troddel, Quaste.

Bon [bɔŋ, bɔ̃, frz. ›gut‹] *der, -s/-s,* Gutschein; Kassenzettel. **bona fide** [lat.].

Bonbon [bɔ̃bɔ̃, bɔ̃b'ɔ̃, frz. zu bon ›gut‹] *der oder das, -s/-s,* kleine zuckerige Süßigkeit. **Bonbonniere** [bɔ̃bɔnj'ɛːrə] *die, -/-n,* Dose, Schachtel für (mit) Pralinen.

Bond [engl.] *der, -s/-s,* festverzinsl. Schuldverschreibung.

bongen [zu Bon], *ich* bonge (habe gebongt) *es: es ist schon gebongt,* U mit der Kasse registriert.

Bongo *das, -(s)/-, die -/-s,* kleine Trommel (für Jazz).

Böhnhase [niederdt. Bön ›Dachboden‹] *der, niederdt.:* **1)** Katze. **2)** der Zunft nicht angehöriger Handwerker; Pfuscher.

Bonhomie [bɔnɔm'i, frz.] *die, -,* Biederkeit, Gutmütigkeit. **Bonhomme** [bɔn'ɔm] *der, -s/-s,* ⚙ gutmütiger Mensch.

Boni, *Pl.* von Bonus.

Bonifatius, Bonifaz [lat. bonum ›das Gute‹ und fateri ›bekennen‹ oder fatum ›Schicksal‹], männl. Vornamen.

Bonifikation [frz.] *die, -/-en,* Vergütung, Entschädigung. **bonifizieren** [frz. bonifier], *ich* bonifiziere (habe bonifiziert) *es.* **Bonität** *die, -,* **1)** Güte, Gütegrad, z. B. eines Ackers. **2)** Zahlungsfähigkeit. **bonitieren,** *ich* bonitiere (habe bonitiert) *es,* schätze (Boden, Waren). **Bonitierung** *die, -/-en.*

Bonito [span.] *der, -s/-s,* Name von zwei Thunfischarten.

Bonmot [bɔ̃m'o, frz. bon ›gut‹ und mot ›Wort‹] *das, -s/-s,* geistreiche Bemerkung.

Bonne [frz.] *die, -/-n.* ⚙ Kinderfräulein, Erzieherin.

Bonnet [bɔn'ɛ, frz.] *das, -s/-s,* Mütze, ABB. S 33; eine Frauenhaube. **Bonneterie** *die, -/...r'i|en, schweiz.,* **1)** Kurzwarenhandlung, -abteilung. **2)** *nur Pl.,* Kurzwaren.

Bonsai [japan.] *das, -/-s,* Zwergbaum.

Bonus [lat. ›gut‹] *der, -/-,* auch *-ses/-se* oder *B'oni,* gewährter Vorteil (an Punkten); Sondervergütung (zu Dividenden, Versicherungsprämien).

Bonvivant [bɔ̃viv'ã, frz. bon ›gut‹ und vivre ›leben‹] *der, -s/-s,* Lebemann, bes. als Rollenfach.

Bonze [frz., zu japan. bozu] *der, -n/-n,* **1)** buddhist. Priester. **2)** U verächtlich: einflußreicher Funktionär: *Parteibonze.* **Bonzentum** *das, -s.* **Bonzokratie** *die, -/...t'i|en,* U Herrschaft der Bonzen.

Boofke *der, -s/-s, bes. berliner.:* ungeschickter, ungebildeter Mensch.

Boogie-Woogie [b'ugi w'ugi, engl.] *der, -(s)/-s,* **1)** Klavierbegleitstil zum Bluesgesang. **2)** ein Gesellschaftstanz.

Boom [bu:m, engl.] *der, -s/-s,* plötzlicher (wirtschaftl.) Aufschwung, Hochkonjunktur: *Bauboom; Sparboom.*

Booster [b'u:stə, engl.] *der, -s/-,* Hilfs- oder Zusatztriebwerk; Startrakete, Startstufe von Raketen; Kraftverstärker in Anlassern und Flugzeugsteuerungen.

Boot [mnd. bot] *das, -(e)s/-e,* kleines, meist offenes Wasserfahrzeug, ABB. B 42, B 43, F 5: *Bootsfahrt; Ruderboot.*

Boot [bu:t, engl.] *der, -s/-s, meist Pl.,* **1)** halbhoher Schuh. **2)** Hufschoner für Rennpferde.

Bootes [grch. ›Ochsentreiber‹] *der, -,* ⚝ ein Sternbild.

Bootlegger [b'u:tlegə, engl. bootleg ›Stiefelschaft‹] *der, -s/-,* Alkoholschmuggler; illegaler Schnapsbrenner.

Bootsgast *der, -(e)s/-en,* ⚓ ein Matrose, Ruderer.

Bootshaken *der,* ABB. B 42. **Bootshaus** *das,* Gebäude zum Aufbewahren von Wasserfahrzeugen. **Bootsmann** *der, -(e)s/...leute,* **1)** der wachhabenden Offiziers (auf Handelsschiffen). **2)** Dienstgrad der Kriegsmarine.

Bop *der, -(s)/-s,* kurz für: Bebop.

Bor [mlat. borax] *das, -s,* ⚛ Zeichen: B, ein nichtmetallisches Element.

Bora [grch. boreas ›Nordwind‹] *die, -/-s,* kalter Fallwind an der Adria. **Boraccia** [-r'atʃa] *die, -/-s,* bes. starke Bora.

Boracit *der,* Borazit.

Borago *der, -s,* Boretsch.

Borat *das, -(e)s/-e,* Salz oder Ester der Borsäure. **Borax** [mlat., zu arab. burak] *der, -(es),* ein Bormineral, wasserhaltiges borsaures Natrium. **Borazit** *der, -s,* ein borhaltiges Mineral.

Bord [ahd. bort ›Band‹, ›Rand‹] *der, -(e)s/-e,* **1)** Rand, Einfassung (Fluß, Gehweg). **2)** ⚓ der oberste Schiffsrand; das Schiff selbst, auch auf Luftfahrzeuge übertragen: *Mann über B.!,* Alarmruf, wenn jemand vom Schiff ins Wasser gefallen ist; *er warf alle Vorsicht über B.,* Ü machte sich frei davon; *die Passagiere gehen an (von) B.,* betreten (verlassen) das Schiff oder Flugzeug; *Bordinstrumente; Bordprogramm.*

Bord [mnd. bort] *das, -(e)s/-e,* Wandbrett, Teller- oder Büchergestell: *Bücherbord; Gewürzbord.*

Bordcase [b'ɔ:dkeis, engl.] *das oder der, -/-* oder *-s* [-siz], Bordkoffer, kleiner Reisekoffer, den der Fluggast an Bord bei sich behalten darf.

Börde [niederdt. ›Gerichtsbezirk‹] *die, -/-n,* fruchtbare Niederung: *Magdeburger B.*

bordeaux [bɔrd'o], *nicht flektierbar,* bordeauxrot. **Bordeaux** *der, -, Pl. bei Sorten -* [-d'o:s], Wein, meist Rotwein,

B 43

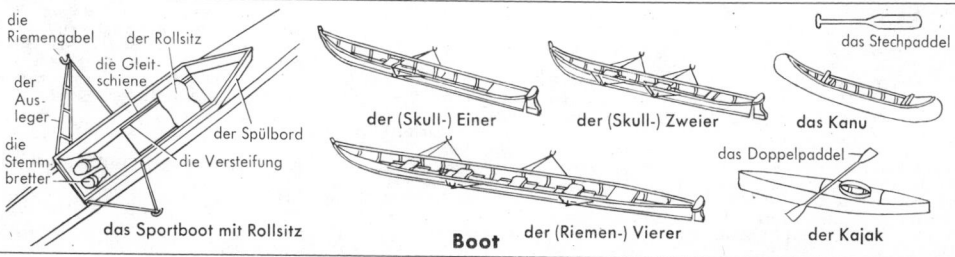

die Riemengabel — der Rollsitz — der Ausleger — die Gleitschiene — der Spülbord — die Stemmbretter — die Versteifung — das Stechpaddel

der (Skull-) Einer — der (Skull-) Zweier — das Kanu — das Doppelpaddel

das Sportboot mit Rollsitz — **Boot** — der (Riemen-) Vierer — der Kajak

Bord

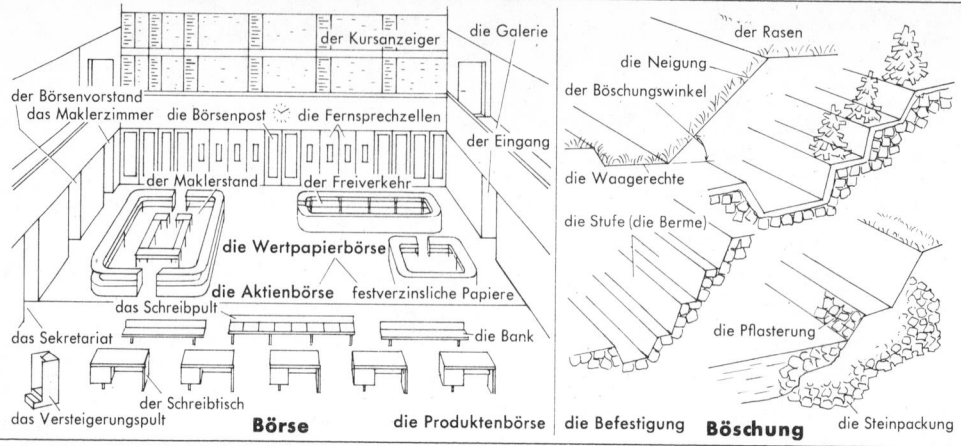

der Kursanzeiger — die Galerie — der Rasen — die Neigung — der Böschungswinkel

der Börsenvorstand — das Maklerzimmer — die Börsenpost — die Fernsprechzellen — der Eingang — der Böschungswinkel

der Maklerstand — der Freiverkehr — die Waagerechte

die Wertpapierbörse — die Stufe (die Berme)

die Aktienbörse — festverzinsliche Papiere — das Schreibpult

das Sekretariat — die Bank — die Pflasterung

der Schreibtisch

das Versteigerungspult — **Börse** — die Produktenbörse | die Befestigung — **Böschung** — die Steinpackung

aus der Umgebung der franzôs. Stadt Bordeaux: *Bordeaux-wein*. **bordeauxrot**, dunkelrot, weinrot. **Bordelaiser Brühe** [bɔrdəl'ɛːzər-, nach der Weinlandschaft um Bordeaux] *die*, Bordeauxbrühe, Kupfer(vitriol)kalkbrühe, Spritzmittel gegen Pflanzenkrankheiten.

Bordell [afrz. bordel ›Bretterhüttchen‹] *das, -s/-e*, Haus oder Wohnung zur Ausübung der Prostitution.

bördeln, *ich* börd(e)le (habe gebördelt) *es*, biege den Rand um (von Blechen). **Börd(e)lung** *die, -/-en*.

Bordereau [bɔrdər'oː, frz.], **Bordero** *das* oder *der, -s/-s*, Verzeichnis, Zusammenstellung, Aufstellung.

Borderpreis [engl. border ›Grenze‹] *der, ⌀* Preis bis zur Grenze (des Abnehmerstaates).

Bordfunk *der*, Sprechfunk auf Schiffen und Flugzeugen.

bordieren [frz.], *ich* bordiere (habe bordiert) *es*, rändere, säume kunstvoll, besetze mit Borte. **Bordierung** *die, -/-en*.

Bordkante *die*, Bordschwelle, Bordstein.

Bordkoffer *der*, Bordcase.

Bordschwelle *die*, **Bordstein** *der*, stufenförmige Abgrenzung des Gehwegs zur Fahrbahn.

Bordun [mhd. purdune, lat. bordunus] *der, -s/-e*, 1) unveränderlich fortklingender Baßton, z. B. beim Dudelsack. 2) eine Baßsaite (Baßlaute). 3) ein Orgelregister.

Bordüre [frz. bordure ›Rand‹] *die, -/-n*, Einfassung, gemusterter Rand (bei Geweben).

Bordwand *die*, seitlicher Teil der Außenhaut bei Schiffen, Flugzeugen.

Bore [ind. ›Flut‹] *die, -/-n*, brandende Gezeitenwelle.

boreal, nördlich; dem kaltgemäßigten, kontinentalen nördl. Klima zugehörig. **Boreas** [grch. boreas ›Nordwind‹] *der, -*, kalter nördlicher Wind in der Ägäis.

Boretsch [lat. bor(r)ago, wohl zu arab. abu raǧ ›Vater des Schweißes‹] *der, -(e)s*, auch Borago, Borretsch, Gurkenkraut, eine Nutzpflanze.

Borg [mhd. borc], *auf B.*, leihweise. **borgen** [ahd. borgen ›sich hüten‹, ›sich kümmern um‹], *ich* borge (habe geborgt) *es*, 1) *ihm*, stelle leihweise zur Verfügung, verleihe. 2) *mir*, entleihe, nehme leihweise.

Borgis [aus frz. bourgeois ›bürgerlich‹] *die, -, ⌀* ein Schriftgrad, ÜBERS. D 16.

Borid *das, -s/-e*, ⚗ Verbindung von Bor mit einem Metall.

Boris [slaw.], männl. Vorname.

Borke [mnd. borke], *die, -/-n*, 1) ⚘ abgestorbener Teil der Rinde, ABB. H 23: Borkenkäfer. 2) *niederdt.:* Schorf. **Borkenkrepp** *der*, ein Gewebe. **borkig**, 1) mit Borke bedeckt. 2) rauh wie Borke.

Born [mnd. born] *der, -(e)s/-e*, P Quelle, Brunnen: *ein B. der Lebensfreude*, Ü.

borniert [frz. borné ›beschränkt‹], geistig beschränkt; engstirnig, anmaßend. **Borniertheit** *die, -/-en*.

Bornit [nach dem österr. Mineralogen I. von Born, 1742 bis 1791] *der, -s/-e*, ein Kupfererz.

Borretsch *der, -(e)s*, Boretsch.

Börries [von Liborius], männl. Vorname.

Borsalbe *die, ⚕* Hautsalbe aus Vaseline mit 10% Borsäure.

Borschtsch [russ.] *der, -*, Suppe aus Rindfleisch, Gemüsen, bes. Weißkraut und roten Rüben.

Börse [niederl. beurs, zu mlat. bursa ›Geldbeutel‹] *die, -/-n*, 1) regelmäßige Zusammenkunft der Händler in Effekten, Wechseln oder bestimmten Warengattungen: *Effektenbörse; Warenbörse; Börsenkurs*. 2) dazu bestimmtes Gebäude, ABB. B 44. 3) Geldbeutel: *Geldbörse*. 4) ⚔ Bezahlung für einen Kampf bei Berufsboxern. **Börsenmanöver** *das, -s* (unlauteres) Geschäft an der Börse. **Börsianer** *der, -s/-*, Ü Börsenspekulant, Börsenjobber; Makler an der Börse.

Borste [ahd. burst] *das, -/-n*, steifes Haar (Schwein, Dachs), auch aus Kunststoff, bei Bürsten und Pinseln, ABB. B 23, P 13.

Borstentier, **Borstenvieh** *das*, Ü Schwein. **borstig, 1)** mit Borsten; struppig. **2)** Ü grob, verdrießlich. **Borstigkeit** *die, -/-en*, Ü.

Borte [mhd. borte, zu Bord] *die, -/-n*, Randbesatz, meist gemustertes Schmalgewebe, z. B. ABB. W 4.

Borusse [frz.], *der, -n/-n*, Preuße. **Borussia** [latein. Name für Preußen] *die*, Frauengestalt als Sinnbild für Preußen.

borzet, *schweiz.:* gehäuft: *b. voll*.

bös, **bösartig**, 1) hinterhältig, tückisch (Charakter). 2) ⚕ gefährlich, lebensbedrohend: *bösartige Geschwülste*. **Bösartigkeit** *die, -*.

Bosatsu [japan., zu Bodhisattwa] *der, -*, in Japan Titel hoher geistl. Würdenträger.

böschen [zu alem. Bosch ›Grasbodenstück‹], *ich* bösche (habe geböscht) *es*, schräge, bösche ab. **Böschung** *die, -/-en*, befestigter Abhang, ABB. B 44. **Böschungswinkel** *der*, ABB. B 44.

böse [ahd. bose ›wertlos‹, ›schwach‹], auch bös, 1) schlecht, unangenehm: *böses Wetter, Regen, Sturm usw.; b. Wetter*, ⚒ schlagende Wetter. 2) sündhaft: *jenseits von Gut und Böse; das Böse in der Welt.* 3) böswillig, unartig, schädigend: *ein böser Geist; die b. Sieben*, sprichwörtl. Unglückszahl; *der b. Blick*, (nach altem Aberglauben) Schaden anwünschender Blick. 4) Ü krank, entzündet, schmerzhaft: *ein böser Finger*. 5) verärgert, zornig: *ich bin dir b.*, grolle dir; *wir haben uns im bösen getrennt*, sind im Streit auseinandergegangen. 6) Ü sehr, arg: *ich habe mich b. geschnitten; er bekam einen bösen Schreck.* **Böse** *der, -n/-n*, ein -r, B Teufel. **Bösewicht** *der, -(e)s/-e* oder -er, böser Mensch. **boshaft, 1)** schadenfroh, spottsüchtig, hinterhältig. **2)** *schweiz.:* leicht gereizt. **Boshaftigkeit, Bosheit** *die, -/-en*.

Boskett [frz. bosquet] *das, -s/-e*, Gehölzgruppe in Renaissance- und Barockgärten.

Boskoop, **Boskop** [nach dem niederl. Ort] *der, -s/-s*, eine Winterapfelsorte.

Bosnigl, **Bosnickel** *der, -s/-*, österr., bair.: boshafter Mensch.

Boson [nach dem ind. Physiker N. S. Bose, 1894–1974] *das, -s/...s'onen*, Elementarteilchen mit ganzzahligem Spin.

Boß [engl., zu niederl. baas ›Herr‹, ›Meister‹] *der, B'osses/ B'osse,* ∪ Unternehmer, Vorgesetzter; Partei-, Gewerkschaftsführer: *du bist hier der B.,* du hast zu bestimmen.

Bosse [frz. ›Buckel‹] *die, -/-n,* **1)** roh behauener Stein, z. B. Rohform einer Skulptur. **2)** Goldschmiedekunst: buckelförmige Verzierung. **Boßel** *die, -/-n, der, -s/-, niederdt.:* Kugel.

bosselieren, *ich* bosseliere (habe bosseliert) *es,* bossiere.

bosseln, *ich* bossele, boßle (habe gebosselt), **1)** arbeite an handwerkl. Kleinigkeiten herum, bastle. **2)** boßele. **3)** bossiere.

boßeln [mhd. bozeln ›schlagen‹, ›kegeln‹], *ich* boß(e)le (habe geboßelt), *niederdt.:* **1)** werfe mit der Boßel, kegele. **2)** spiele Eisschießen, eine Art Klootschießen. **Bossenquader** *der,* Mauerstein mit roh behauener Vorderseite. **Bossenwerk** *das,* Mauer aus roh behauenen Steinen. **bossieren,** *ich* bossiere (habe bossiert) *es,* **1)** meißele ein Kunstwerk grob aus, behaue Steine ihm winkelrecht. **2)** modelliere in Gips, Ton, Wachs. **Bossierwachs** *das,* Wachs zum Modellieren.

bossig, *niederdt.:* wild, trotzig.

Boston [b'ɔstən, nach der nordamerikan. Stadt], **1)** *der, -s/-s,* ein langsamer Walzer. **2)** *das, -s,* ein Kartenspiel.

böswillig, **1)** tückisch, hinterhältig. **2)** absichtlich schädigend. **Böswilligkeit** *die, -/-en.*

bot, von bieten. **Bot** [mhd. bot ›Gebot‹, ›Befehl‹] *das, -(e)s/-e, schweiz.:* Versammlung.

Botanik [grch. botanikos ›Kräuter betreffend‹] *die, -,* Pflanzenkunde, ÜBERS. N 5. **Botaniker** *der, -s/-,* **botanisch**, *botanische Gärten.* **botanisieren,** *ich* botanisiere (habe botanisiert), sammle Pflanzen. **Botanisiertrommel** *die,* Blechbehälter zum Botanisieren, ABB. T 18.

Bötchen *das, -s/-,* Diminutiv zu Boot.

Bote [ahd. boto] *der, -n/-n,* **1)** Überbringer einer Sendung oder Nachricht: *mit Eilboten; Postbote; Zeitungsbote.* **2)** jemand, der Botengänge erledigt, Laufbursche. **3)** P Abgesandter, Verkündiger: *ein B. des Frühlings.* **Botengang** *der.*

Botenlohn *der,* Trinkgeld für den Boten.

Bot(h)o [alte Form von Bodo], männl. Vorname.

Botin *die, -/-nen,* weibl. Bote.

botmäßig [zu Bot], untertan, zum Gehorsam, zum Tribut verpflichtet. **Botmäßigkeit** *die.*

Boto, Botho.

Botokude [portug. botoque ›Faßspund‹ (Ohr- und Lippenpflöcke)] *der, -n/-n,* **1)** Angehöriger eines Indianerstammes in Ostbrasilien. **2)** ∪ unordentlicher, ungebildeter Mensch. **botokudisch.**

Botschaft [ahd. botescaft] *die, -/-en,* **1)** Nachricht, Meldung. **2)** feierliche amtliche Verlautbarung des Staatsoberhauptes. **3)** Gesandtschaft erster Klasse; Gebäude hierfür: *die österreichische B. in Frankreich.* **Botschafter** *der, -s/-,* Gesandter erster Klasse: *Botschafteraustausch; Sonderbotschafter; Gespräche auf Botschafterebene.*

Bott *das, -(e)s/-e,* Bot.

Böttcher [zu Bottich] *der, -s/-,* Handwerker, der Holzgefäße (Fässer, Tonnen usw.) herstellt. **Böttcherei** *die, -/-en,* Werkstatt des Böttchers, ABB. B 45.

Bottelier [frz. bouteillier ›Kellermeister‹] *der, -s/-s,* auch Bottler, ⚓ Verwalter von Schiffsproviant.

Botten [poln. bot ›Stiefel‹, frz. botte], *Pl.,* klobige, schmutzige Schuhe.

Bottich [mhd. botech, mlat. buteca] *der, -(e)s/-e,* großes breites Gefäß (aus Holz), ABB. K 16.

Bottle-Party [b'ɔtl-, engl. bottle ›Flasche‹] *die,* Party, zu der jeder Gast Getränke mitbringt.

Bottler *der, -s/-,* ⚓ Bottelier. **Bottlerei** *die, -/-en,* ⚓ Raum, in dem Schiffsproviant verwaltet wird.

Botulismus [lat. botulus ›Wurst‹ und vgl. . . . ismus] *der, -,* Lebensmittelvergiftung durch verdorbene Wurst, Konserven u. a.

Bou|clé [bukl'e, ›Locken tragend‹], **1)** *das, -s/-s,* starkes, gekräuseltes Garn. **2)** *der, -s/-s,* Gewebe, Teppich aus diesem Garn.

Boudoir [budw'a:r, zu frz. bouder ›schmollen‹, eigtl. ›Schmollwinkel‹] *das, -s/-s,* ⚥ Damenzimmer.

Bougie [buʒ'i, frz. ›Kerze‹, eigtl. . . .] *die, -/-s,* ⚕ biegsamer Stab zum Dehnen verengter Körperkanäle, z. B. der Harnröhre. **bougieren** [buʒ-], *ich* bougiere (habe bougiert) *es.*

Bou|gram [bugr'ã, nach frz. Stadt Buchara] *der, -s/-s,* **1)** ein hart appretierter leinwandbindiger Stoff. **2)** ⚓ Buckram.

Bouillabaisse [bujab'ɛ:s, zu frz. bouillir ›kochen‹ und abaisser ›(sich) senken‹, wegen der kurzen Zubereitungszeit] *die, -/-s,* eine Fischsuppe. **Bouillon** [bul'j'õ, frz.] *die, -/-s,* **1)** Fleischbrühe. **2)** Bakteriologie: Nährbrühe zur Bakterienzüchtung. **Bouillonwürfel** [bul'j'õ-] *der,* getrockneter, würfelförmig gepreßter Fleischextrakt.

Boule [bu:l, frz. ›Kugel‹] *die, -/-s* oder *das, -(s)/-s,* ein franzöz. Kugelspiel.

Boulevard [bul(ə)v'a:r, frz., zu mittelniederl. bolwerc ›Bollwerk‹] *der, -s/-s,* breite Straße, Ringstraße (in Paris). **Boulevardpresse** *die,* Sensationspresse, Massenblätter mit publikumswirksamer, sensationell aufgemachter Berichterstattung, meist auf der Straße verkauft. **Boulevardtheater** *das,* bühnenwirksames leichtes Unterhaltungsstück; Theater für solche Stücke.

Bouquet [buk'ɛ, frz.] *das, -s/-s,* Bukett.

Bouquinist [buki-] *der, -en/-en,* Bukinist.

Bourbone [bur-] *der, -n/-n,* Angehöriger des franzöz. Herrscherhauses Bourbon. **bourbonisch.**

bourgeois [burʒw'a, bei flektierten Formen -ʒw'az, frz.], auf die Bourgeoisie bezüglich. **Bourgeois** *der, -/-,* marxist. Bez. für einen Angehörigen der Bourgeoisie. **Bourgeoisie** *die, . . .s'i|en,* marxist. Bez. für das Bürgertum als Klasse, bes. die wohlhabende Schicht: *B. und Proletariat.*

Bourrée [bur'e, frz.] *die, -/-s,* alter, der Gavotte verwandter Tanz; Teil der Suitenform.

Bourrette [bur'et, frz.] *die, -/-n,* **1)** Seidenabfall. **2)** Gewebe hieraus: *Bourretteseide.*

Bouteille [but'ej(ə), frz.] *die, -/-n,* Flasche, Weinflasche.

Boutique [but'ik, frz.] *die, -/-n,* kleines Spezialgeschäft, bes. für modische Kleider und Zubehör.

Bouton [but'õ, frz.] *der, -s/-s,* Schmuckknopf, ABB. S 30.

Bouzouki [buz'uki, grch.] *die, -/-s,* eingedeutscht: Busuki, mandolinenartiges Instrument der griech. Volksmusik.

bovin [lat. bovis ›Rind‹], das Rind betreffend.

Bovist [auch bov'ist, spätmhd. vomevist, eigtl. ›Fuchsfurz‹] *der, -(e)s/-e,* auch Bofist, ein Bauchpilz.

Bowdenzug [b'au-, engl.] *der,* Drahtzug, der Bewegungen und Kräfte durch einen in einem Metallschlauch verschiebbaren Draht überträgt.

Bowiemesser [b'o:vi-, nach J. Bowie, 1796–1836], dolchähnl. Jagdmesser in Lederscheide.

Bowle [b'o:lə, engl. bowl ›Schale‹] *die, -/-n,* **1)** kaltes Getränk aus Wein und Sekt mit Früchten oder Würzkräutern: *Erdbeerbowle.* **2)** Gefäß hierfür, ABB. S 41. **Bowler** [b'ou-] *der, -s/-,* Herrenhut mit steifem, rundem Kopf, ABB. H 29.

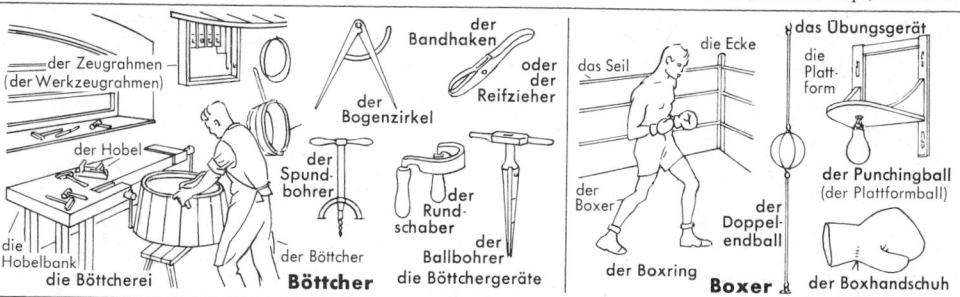

der Zeugrahmen (der Werkzeugrahmen) · der Hobel · die Hobelbank · die Böttcherei — der Bogenzirkel · der Bandhaken · oder der Reifzieher · der Spundbohrer · der Rundschaber · der Ballbohrer · der Böttcher · die Böttchergeräte · **Böttcher**

das Seil · die Ecke · das Übungsgerät · die Plattform · der Boxer · der Doppelendball · der Boxring · der Punchingball (der Plattformball) · der Boxhandschuh · **Boxer**

B 45

Bowling [b'oulin, zu engl. to bowl ›rollen lassen‹] *das, -s/-s,*
1) amerikan. Art des Kegelspiels, ABB. K 15: *Bowlingbahn.* 2)
engl. Kugelspiel auf Rasenplätzen.
Box [engl.] *die, -/-en,* 1) auch Boxe, Abteilung im Stall, ABB.
S 59: *sie führten die Pferde in die Boxen.* 2) auch Boxe, ⟷ Abteil
in einer Großgarage; im Motorsport kleine Werkstätte am
Rand der Rennstrecke. 3) auch Boxe, Unterstellraum. 4)
Schachtel, Kasten. 5) kastenförmige Kleinkamera.
Boxcalf [b'okska:f, engl.] *das, -s/-s,* Boxkalf.
Boxe *die, -/-n,* Box.
boxen [engl. to box ›mit der Hand schlagen‹], *ich* boxe (habe
geboxt; du box[es]t), 1) *gegen ihn, mit ihm,* übe Faustkampf:
Boxhandschuh; Boxkampf. 2) *ihn,* ⋃ puffe, stoße. **Boxer** *der,
-s/-,* 1) Faustkämpfer, ABB. B 45. 2) eine Haushunderasse.
boxerisch. Boxermotor *der,* Verbrennungsmotor mit ge-
genüberliegenden Zylindern.
Boxkalf [auch b'okska:f, engl.] *das, -s/-s,* Kalbleder.
Boy [bɔi, engl. ›Knabe‹, ›Bursche‹] *der, -s/-s,* Laufbote,
Diener, Hoteldiener. **Boyfriend** [b'ɔifrend] *der, -s/-s,* Freund
eines jungen Mädchens.
Boykott [bɔi-, nach dem irischen Gutsverwalter C. C.
Boycott, 1832–1897] *der, -(e)s/-e,* Verrufserklärung, Abbruch
der Beziehungen, Nichtbeteiligung als politische, soziale oder
wirtschaftl. Kampfmaßnahme: *Handelsboykott; Boykotterklä-
rung; wir wurden zum B. der Wahlen aufgerufen.* **boykottie-
ren,** *ich* boykottiere (habe boykottiert) *ihn, es.*
Br, ⟲ Zeichen für: Brom.
Br., Abk. für: Bruder (Mönch).
brabbeln [Schallw.], *ich* brabb(e)le (habe gebrabbelt) *(es),*
⋃ spreche undeutlich vor mich hin.
brach, von brechen.
brach, 1) unbestellt: *ein bracher Acker.* 2) Ü ungenutzt; vgl.
brachliegen. **Brache** [mhd. brache ›Umbrechen des Bodens
nach der Ernte‹] *die, -/-n,* 1) Feld ohne Nutzpflanzen,
unbestelltes Ackerland: *Sozialbrache,* nicht bewirtschaftetes
Land. 2) Flurteil der Dreifelder- und Feldgraswirtschaft.
brachen, *ich* brache (habe gebracht) *es,* 1) breche die Brache
auf, pflüge. 2) lasse brachliegen. **Brachet** *der, -s/-e,* Brach-
monat.
brachial [lat. brachium ›Arm‹, auf den Arm, den Oberarm
bezüglich. **Brachialgewalt** *die, -,* rohe körperl. Gewalt.
Brachiopode [vgl. . . . pode] *der, -n/-n,* Armfüßer.
Brachkäfer *der,* Junikäfer. **Brachland** *das, -(e)s,* Brache.
brachliegen, *es* liegt brach (lag brach, hat brachgelegen),
ist unbebaut (Acker), Ü bleibt ungenutzt: *er sollte seine Kräfte
nicht brachliegen lassen,* Ü. **Brachmonat, Brachmond**
[Monat, in dem das Brachfeld umbrochen wurde] *der,* ⚭ Juni.
Brachse [mhd. brahsem] *die, -/-n,* **Brachsen** *der, -/-,*
auch Blei, ein Karpfenfisch.
brachte, von bringen.
Brachvogel *der,* Vogel mit langem, schwach gebogenem
Schnabel.
brachy... [grch. brachys], kurz... **Brachydaktylie**
[grch. daktylos ›Finger‹] *die, -/...l'i|en,* ⚕ angeborene Kurz-
fingerigkeit. **Brachykephal** [grch. kephale ›Kopf‹], brachy-
zephal. **Brachykephalie** *die, -/...l'i|en,* Brachyzephalie.
Brachylogie *die, ...logie] die, -/...g'i|en,* Kürze im Aus-
druck. **brachyzephal,** kurz-, rundköpfig. **Brachyzephalie**
die, -/...l'i|en, Kurzköpfigkeit.
Brack [zu Wrack] *das, -(e)s/-e,* niederdt.: Ausschuß,
Schund.
Bracke [ahd. braccho, verwandt mit mhd. braehen ›rie-
chen‹] *der, -n/-n,* auch *die, -/-n,* eine Spürhunderasse.
Bracker [zu Brack] *der, -s/-,* niederdt.: Warenprüfer.
brackig [mittelniederl. brac ›salzig‹, niederdt.: 1) schlecht,
minderwertig. 2) brackisch, ⊕ mit Salzwasser
vermischt, nicht trinkbar. **Brackwasser** *das, -s/-,* salziges,
ungenießbares Wasser (Mischung mit Salzwasser oder Ver-
dunstung von Süßwasser).
brady... [grch. bradys], langsam... **Bradykardie** [grch.
kardia ›Herz‹] *die, -/...d'i|en,* ⚕ langsame Schlagfolge des
Herzens.
Brägen *der, -s/-,* Nebenform von Bregen.
Bragi, altnord. Mythologie: der Gott der Dichtung.
Brahma [altind.], 1) hoher indischer Gott. 2) *der, -(s),*
dessen Verkörperung. **Brahman** *das, -s,* indische Religion:
Weltseele, Kraft, die alle Welten schafft und erhält. **Brahma-
ne** *der, -n/-n,* Mitglied der obersten Kaste der Hindus.
brahmanisch. Brahma(n)ismus *der, -,* im weitesten Sinn
der Hinduismus.

Brailleschrift [br'a:j(ə)-, nach dem französ. Erfinder L.
Braille, 1809–1852] *die,* die heute gebräuchl. Blindenschrift.
Brain-Drain [br'eindrein, engl. ›Abzug von Intelligenz‹]
der, -s/-s, Bez. für die Abwanderung wissenschaftl. Führungs-
kräfte ins Ausland. **Brainstorming** [br'einstɔ:miŋ, engl.
brainstorm ›Geistesblitz‹] *das, -s,* Gruppendiskussion, bei der
jeder seine Gedanken zur Lösung eines Problems spontan
äußern soll. **Brain-Trust** [br'eintrʌst, engl. ›Gehirn-Trust‹]
der, -(s)/-s, Ausschuß beratender Fachleute für führende
Persönlichkeiten (Politiker, Unternehmer). **Braintruster**
[br'eintrʌstər] *der, -s/-.*
Brakteat [lat. bractea] *der, -en/-en,* 1) goldenes Hänge-
schmuckstück der Völkerwanderungszeit. 2) mittelalterliche,
einseitig geprägte Münze aus Silberblech.
Bram [ahd. brama ›Dorn‹] *der, -(e)s/-en,* auch Brame,
niederdt.: Ginster: *Brambusch.*
Bram [niederl.] *die, -/-en,* ⚓ Bramstenge.
Bramarbas [nach einer Figur aus L. Holbergs ›Jacob von
Tyboe‹] *der, -/-se,* Großsprecher, Prahler. **bramarbasieren,**
ich bramarbasiere (habe bramarbasiert).
Bramburi [tschech.], *Pl., österr.:* Kartoffeln.
Brame *die, -/-n, niederdt.:* der Bram.
Bräme [mhd. brem] *die, -/-n,* Einfassung; Besatz (an
Kleidern).
Bramme *die, -/-n,* ⊙ walzfertiger Eisenblock.
Bramrahe *die,* **Bramsegel** *das,* ⚓ Segel, an der Bramsten-
ge befestigt. **Bramstenge** *die,* ⚓ zweite Verlängerung des
Mastes beim Segelschiff.
Branche [br'aʃə, frz.] *die, -/-n,* Fach, Geschäfts-, Wirt-
schaftszweig, Abteilung. **Branche(n)kenntnis** *die,* Fachwis-
sen. **Branchenverzeichnis** *das,* nach Branchen geordnetes
Verzeichnis von Adressen (im Telefonbuch).
Branchie [-iə, grch. branchia] *die, -/...chi|en, meist Pl.,*
Kieme.
Brand [ahd. prant] *der, -(e)s/-ᵉe,* 1) Feuer, Feuersbrunst: *ein
B. bricht aus, entsteht, wird entfacht; man hat das Kaufhaus in B.
gesteckt.* 2) das Glühen, Abbrennen (Kalk, Ziegel, Porzellan).
3) auch Brandmal, Brandzeichen. 4) Heizstoff, Feuerung. 5) ⚒ mit
Feuer gerodetes Land. 6) brennendes Holzstück. 7) Landwirt-
schaft: saurer Fleck (auf dem Acker): *Brandfleck.* 8) Name
vieler Pflanzenkrankheiten: *Roggenstengelbrand.* 9) ⚕ Nekro-
se, das Absterben von Gewebe: *Brandkrankheiten; feuchter
und trockener B.* 10) P Glut, sengende Hitze. 11) Ü Hit-
zegefühl, großer Eifer, Erregung: *Brandeifer.* 12) Ü Durst.
Brandblase *die,* durch Verbrennung entstandene Blase der
Haut. **Brandbombe** *die,* mit einer selbstentzündbaren Sub-
stanz gefüllte Bombe. **Brandbrief** 1) früher Erlaubnis für
Brandgeschädigte zum Sammeln von Geld und Naturalien. 2)
schriftl. Bedrohung mit Brandstiftung. 3) Ü eiliger Mahnbrief,
dringender Bittbrief. **brandeilig,** Ü sehr eilig. **Brandeisen**
das, stempelartiges Werkzeug zum Einbrennen von Brandma-
len, Brandzeichen. **brandeln,** *es* brandelt (hat gebrandelt) *ihn,
brandenden Verkehr,* Ü im lärmenden, tosenden. **Brandfak-
kel** *die,* Sinnbild der Brandstiftung und Erregung von Zwist.
Brandfuchs *der,* 1) Fuchs mit roter Ober- und schwarzer
Unterseite. 2) Korpsstudent im zweiten Semester. **Brandgas-
se** *die,* Schutzraum zwischen Gebäuden. **Brandgiebel** *der,*
feuerbeständiger, hochgeführter Zwischengiebel, ABB. M 10.
Brandgrab *das,* vorgeschichtl. Grab mit eingeäscherten
Leichen. **Brandherd** *der,* Ausgangsstelle eines Brandes.
brandig, 1) brenzlig. 2) ⚕ nekrotisch, absterbend (Gewebe).
3) ⊕ vom Brand befallen (Getreide). **Brandkasse** *die,* öffentl.
Anstalt für Feuerversicherung. **Brandleger** *der, -s/-. österr.:*
Brandstifter. **Brandmal** *das, -(e)s/-e,* auch *ᵉer,* 1) Brandnarbe.
2) im MA.: eingebranntes Schandmal. 3) Brandzeichen.
Brandmalerei *die,* Zeichnungen mit glühendem Stahl- oder
Platinstift in Holz. **brandmarken,** *ich* brandmarke (habe
gebrandmarkt) *ihn,* 1) im MA.: brenne ein Schandmal ein.
2) Ü stelle öffentlich bloß. **Brandmauer** *die,* starke Mauer
zwischen aneinanderstoßenden Gebäuden, ABB. M 10.
brandneu, ⋃ ganz neu. **Brandpilz** *der,* ⊕ Parasit von
Blütenpflanzen. **brandrot,** feuerrot. **brandschatzen,** *ich*
brandschatze (habe gebrandschatzt) *eine Stadt,* erpresse Geld-
zahlungen durch Drohung mit Brand und Plünderung. **Brand-
schatzung** *die, -/-en.* **Brandsohle** *die,* Innenseite des
Schuhs. **Brandstätte** *die, -/-n,* 1) Ort, Schuttstelle eines Brandes.
2) Kohlenmeiler. **Brandstifter** *der,* jemand, der die Brandstif-
tung begeht. **Brandstiftung** *die,* vorsätzliches Legen von

Schadenfeuer. **Brạndung** *die, -/-en,* das Überstürzen der Meereswogen an der Küste, ABB. S 71: *Brandungsreiten,* das Wellenreiten, Surfing. **Brạndwache** *die,* beim Abzug der Feuerwehr zurückbleibender Posten. **Brạndwunde** *die,* durch Verbrennung entstandene Wunde.

Brandy [brˈændi, engl.] *der, -s/-s,* Branntwein.

Brạndzeichen *das,* eingebranntes Zeichen bei Zuchttieren.

Brạnntwein [zu brennen] *der,* alkoholreiches Getränk.

brạ̈sig, *niederdt.:* **1)** frisch, rot aussehend. **2)** behäbig, dick.

Brasịl, 1) *der, -s/-e* oder *-s,* dunkle Tabaksorte. **2)** *die, -/-,* Zigarre aus Brasiltabak. **Brasịlholz** *das,* Pernambuco, Pernambukholz, orange- bis dunkelrotes Holz. **Brasilịaner** *der, -s/-,* **Brasilịanerin** *die, -/-nen,* Bewohner(in) des südamerikan. Staates Brasilien. **brasiliạnisch.**

Brạsse [niederdt.] *die, -/-n,* ⚓ Tau zum Drehen der Rahen, Haltetau.

Brạsse *die, -/-n,* **Brạssen** *der, -s/-, niederdt., mitteldt.:* Brachsen.

Brasselẹtt [frz. bracelet] *das, -s/-e,* **1)** ↝ Armband. **2)** G Handschelle.

brạssen [zu Brasse ›Tau‹] *ich brasse (habe gebraßt) es, ⚓* drehe die Rahen nach dem Wind.

Brạssen *der, -s/-,* Brasse, Brachse.

Brät *das, -(e)s, oberdt.:* **1)** mageres Schweinefleisch. **2)** Fleischkloß. **3)** rohe Wurstmasse. **Brạtapfel** *der,* gebratener Apfel, **brạ̈teln,** *ich brät(e)le (habe brätelt) es,* brate ein wenig an. **braten** [ahd. braten], *ich* brate (briet, habe gebraten; du brätst, er brät), **1)** *es,* lasse durch Hitze, meist mit Fett ohne Wasser, unter Bildung einer braunen Kruste gar werden, vgl. ABB. B 46: *ich b. Fisch, Fleisch, Kartoffeln.* **2)** *es brät,* wird (mit Fett ohne Wasser) durch Hitze bräunlich und gar: *das Schnitzel brät in der Pfanne.* **3)** U mir ist sehr heiß: *ich b. in der Sonne,* lasse mich von der Sonne bräunen. **Braten** [ahd. brato ›Fleisch ohne Knochen‹] *der, -s/-,* Fleischstück zum Braten oder gebratenes Fleisch, ABB. B 46: *Bratensoße; Schweinebraten; ein fetter B.,* Ü reiche Beute; *er hat den B. gerochen,* U die Absicht gemerkt. **Brạtenrock** *der,* U Gehrock. **Brạ̈ter** *der, -s/-,* ovale Pfanne zum Braten und Schmoren. **Brạthend(e)l** *das, süddt.:* gebratenes Huhn, Brathähnchen. **Brạtkartoffeln,** *Pl.,* gebratene Scheiben gekochter Kartoffeln. **Brạ̈tling** *der, -s/-e,* Milchreizker, ein Speisepilz. **Brạtröhre** *die,* Ofenraum zum Braten, Backofen, ABB. H 15.

Brạtsche [ital. viola da braccio ›Armgeige‹] *die, -/-n,* Altgeige, Viola, eine Quinte tiefer als die Geige gestimmtes Streichinstrument. **Brạtschist** *der, -en/-en,* Bratschenspieler. **Brạtspieß** *der,* Stahlstange, an der ein Braten gedreht wird. **Brạtspill** *das, ⚓* Winde mit waagerechter Welle für das Ankertau.

Brạtwurst *die,* Wurst, die man gebraten ißt.

Brạtze *die, -/-n,* Pratze, oberdt.: Pranke.

Bräu [zu brauen] *das, -(e)s/-e* oder *-s,* **1)** Brauerei. **2)** Biersorte: *Löwenbräu.* **3)** auf einmal gebrautes Bier. **4)** Gastwirtschaft, die zu einer Brauerei gehört. **5)** *der, -(e)s/-e, bair.:* Brauereibesitzer.

Brauch [ahd. pruh ›Gebrauch‹] *der, -(e)s/ᵘe,* **1)** gewohnte Sitte: *das ist bei uns B.,* üblich; *nach altem B.* **2)** ↝ Gebrauch. **brạuchbar,** verwendbar, nützlich. **Brạuchbarkeit** *die, -.* **brạuchen** [bruhhen ›gebrauchen‹], **1)** *ich* brauche (habe gebraucht) *ihn, es zu etwas,* **1)** habe nötig, bedarf seiner: *er braucht Hilfe; ich brauchte (südd. auch bräuchte) mehr Zeit dafür.* **2)** muß es tun: *du brauchst nicht zu reden.* **3)** verwende, gebrauche. **Brạuchtum** *das, -(e)s,* Gesamtheit der Volksbräuche. **Brạuchwasser** *das, -s,* nur für gewerbl. Zwecke bestimmtes Wasser (nicht trinkbar).

Brạue [ahd. brawa] *die, -/-n,* Augenbraue, Haarbogen über dem Auge, ABB. A 24.

brạuen [mhd. bruwan], *ich* braue (habe gebraut), **1)** *es,* stelle Bier her. **2)** *es,* U bereite zu (Punsch): *ich b. mir einen starken Kaffee.* **3)** *es braut,* brodelt, steigt hoch. **Brạuer** *der, -s/-,* gelernter Bierhersteller. **Brauerẹi** *die, -,* **1)** Herstellung von Bier. **2)** *Pl. -en,* Unternehmen hierfür. **Braugerẹchtigkeit** *die,* Braurecht, Recht zur Herstellung und zum Verkauf von Bier. **Brạumeister** *der.*

braun [ahd. brun], mit der Farbe Braun gefärbt, wie Holz, Erde gefärbt, gelb-rot-schwarz gemischt; vgl. blau. **Braun** *das, -s/-,* eine dunkle (Körper-)farbe mit rötlichgelbem Farbton; vgl. Blau. **Braun** *der, -s/-,* ♂ Bär. **Brạ̈une** *die, -/-n,* **1)** Braunfärbung: *Sonnenbräune.* **2)** U Halskrankheit (Angina oder Diphtherie). **3)** Pflanzenkrankheit, die Braunfärbung verursacht. **Brạun-**

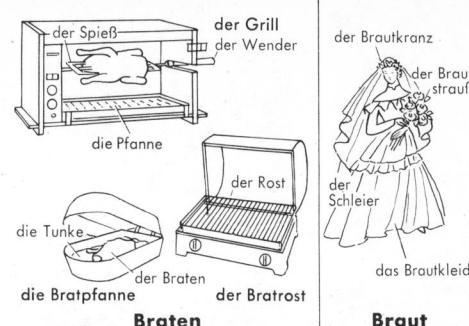

der Spieß — der Grill / der Wender — der Brautkranz — der Brautstrauß

die Pfanne — der Rost — der Schleier — die Tunke — der Braten — das Brautkleid

die Bratpfanne — der Bratrost

Braten | **Braut**

eisenstein *der,* Limonit, wichtiges Eisenerz. **Braunẹlle** *die, -/-n,* **1)** ein Singvogel. **2)** [lat. prunella], Brunelle, ein Lippenblüter. **brạ̈unen,** *ich* bräune (habe gebräunt), **1)** werde braun: *ich b. in der Sonne.* **2)** *ihn, es,* mache braun: *man bräune die Zwiebeln in wenig Fett; die Sonne bräunt die Haut, meist; sonnengebräunte Haut.* **Braunfäule** *die,* Name mehrerer Pflanzenkrankheiten. **Brạunfisch** *der,* Schweinswal. **braungebrannt,** von der Sonne gebräunt (Haut): *sonn bräunt;* aber: *die Sonne hat mich braun gebrannt.* **Brạunkohl** *der,* eine Form des Grünkohls. **Brạunkohle** *die,* Kohle niedrigen Inkohlungsgrades: *Braunkohlenbrikett.* **brạ̈unlich,** ins Braune spielend. **Brạunspat** *der,* eisenhaltiger Dolomit. **Brạunstein** *der,* ein Manganerz. **Brạ̈unung** *die, -,* Braunfärbung: *Bräunungsstudio; künstliche B. der Haut.*

Braus [mhd. brus] *der, -es: er lebt in Saus und B.,* Ü verschwenderisch, in Festtrubel.

Brausche [mhd. brusche] *die, -/-n, mitteldt.:* Beule an der Stirn. **brạuschen,** *es* brauscht (hat gebrauscht), *mitteldt.:* **1)** schwillt an. **2)** wiehert laut (Pferd). **brạuschig,** *mitteldt.:* angeschwollen.

Brạuse *die, -/-n,* **1)** mit feinen Löchern versehenes Kopfstück an Gießkannen und Duschen, ABB. D 19: *ein heißes Brausebad.* **2)** kurz für: Brauselimonade. **Brạusekopf** *der,* Ü leicht erregbarer Mensch. **Brạuselimonade** *die,* mit Kohlendioxid versetzte Limonade. **brạusen** [mhd. brusen], *ich* brause (habe gebraust), **1)** *mich,* dusche unter der Brause, nehme ein Brausebad. **2)** *es braust,* tobt, wallt, lärmt (Unwetter, Sturm, Wasser; Beifall). **3)** *Limonade braust,* schäumt zischend auf. **4)** (bin gebraust), U eile, fahre schnell: *er ist um die Ecke gebraust.* **Brạusepulver** *das,* durch Entweichen von Kohlendioxid in Wasser aufbrausendes Pulver.

Braust *die, -, schweiz.:* **1)** Brunst. **2)** Großfeuer.

Braut [ahd. brut] *die, -/ᵘe,* Verlobte; Frau am Tag ihrer Hochzeit, ABB. B 46. **Brạ̈utchen** *das, -s/-.* **Brạutführer** *der,* Verwandter oder Freund des Bräutigams, der mit der Brautjungfer die Braut zur Kirche geleitet. **Brạ̈utigam** [ahd. brutigomo] *der, -s/-e,* Verlobter; Mann am Tag seiner Hochzeit. **Braut in Haaren** *die, - - -,* eine Zierpflanze. **Brạutjungfer** *die,* ledige Verwandte oder Freundin der Braut, die sie zur Kirche geleitet. **brạ̈utlich. Brạutpaar** *das,* Braut und Bräutigam. **Brạutschau** *die,* Suche nach einer passenden Braut: *er geht auf B.*

brav [frz. brave], **1)** von gutem Benehmen, artig, gehorsam: *du bist ein braves Kind.* **2)** ↝ tapfer, tüchtig. **3)** redlich, rechtschaffen. **Brạvheit** *die, -.* **bravịssimo!** [ital.], Beifallsruf: sehr gut! **brạvo!** [ital.], Beifallsruf: gut! **Brạvo, 1)** *das, -s/-s,* Beifallsruf: *Bravorufe.* **2)** *der, -s/-s* oder . . . *vi,* Bandit. **Bravour** [bravˈuːr, frz.] *die, -,* **1)** Tapferkeit. **2)** Meisterschaft; technisch glanzvolle Leistung: *Bravourarie; Bravourstück; das war eine Bravourleistung.* **bravourọ̈s,** mit Bravour: *eine bravouröse Leistung; er hat das Stück b. vorgetragen.*

BRD, nicht amtl. Abk. für: Bundesrepublik Deutschland.

break! [breik, engl. to break ›abbrechen‹], trennt euch!, Trennkommando beim Boxen. **Break** *der/das, -s/-s,* **1)** eine offene, vierrädrige Pferdekutsche. **2)** ⚡ Durchbruch, kraftvolle Angriffsaktion; beim Trabrennen Wechsel in den Galopp. **3)** ♪ kurze solist. Einlage im Jazz.

Brec|cie [brˈɛtʃə, ital. breccia] *die, -/-n,* Brekzie, ein Sedimentgestein.

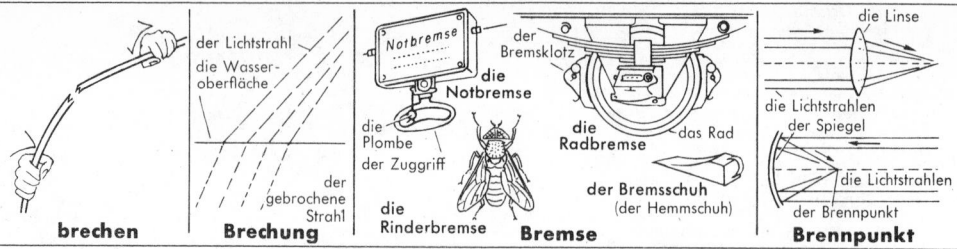

der Lichtstrahl
die Wasser-
oberfläche
der
gebrochene
Strahl
brechen

Notbremse
die
Plombe
der Zuggriff
die
Rinderbremse
Brechung

die
Notbremse
der
Bremsklotz
die
Radbremse
das Rad
der Bremsschuh
(der Hemmschuh)
Bremse

die Linse
die Lichtstrahlen
der Spiegel
die Lichtstrahlen
der Brennpunkt
Brennpunkt

brechbar, 1) so beschaffen, daß man es brechen kann. **2)** so geartet, daß es eine Brechung erleiden kann (Licht). **Brechbarkeit** die, -. **Brechbohne** die, Bez. für rundhülsige, fleischige Bohnensorten. **Brechdurchfall** der, mit Erbrechen und Durchfall einhergehende Erkrankung. **Breche** die, -/-n, Werkzeug zum Brechen: *Flachsbreche.* **Brecheisen** das, Brechstange, Stahlstange zum Heben von Lasten, Abbrechen von Mauerwerk u. ä. **brechen** [ahd. breh(h)an], *ich breche* (*brach, bin, habe gebrochen; du brichst, er bricht*), Abb. B 47, **1)** knicke zusammen: *ich bin in die Knie gebrochen.* **2)** *aus etwas, komme plötzlich hervor: die Sonne ist aus den Wolken gebrochen.* **3)** *es bricht, geht in Stücke (durch Druck): das Glas ist gebrochen.* **4)** *das Auge bricht* (ist gebrochen), wird im Tod starr. **5)** *Wein bricht* (ist gebrochen), `%` wird trübe. **6)** *Schwarzwild bricht* (hat gebrochen), `%` wühlt den Boden auf. **7)** *Milch bricht* (ist gebrochen), *schweiz.:* gerinnt. **8)** (habe gebrochen), *erbreche mich.* **9)** *mit ihm,* Ü sage mich davon los, entzweie mich mit ihm: *ich habe mit der Vergangenheit gebrochen.* **10)** *es,* teile durch Druck in Stücke, trenne durch Gewalt: *sie hat (sich) einen Arm gebrochen.* **11)** *es,* Ü bezwinge, überwinde: *ich werde deinen Widerstand, deinen Trotz brechen; er hat den Rekord gebrochen.* **12)** (habe gebrochen), halte nicht (Wort, Ehe, Eid, Vertrag). **13)** (habe gebrochen) *Farben, töne sie an.* **14)** (habe gebrochen) *Flachs,* bearbeite auf der Breche. **15)** *es bricht sich an etwas* (hat sich gebrochen), stößt an und prallt zurück: *Wellen brechen sich am Fels.* **16)** *Wellen werden gebrochen,* erleiden (optische) Brechung. **17)** *die Stimme bricht sich* (hat sich gebrochen), verändert ihre Klangfarbe in der Reifezeit. **Brecher** der, -s/-, **1)** steile, sich überstürzende Welle. **2)** Maschine zum Zerkleinern. **Brechmittel** das, Erbrechen herbeiführendes Mittel: *er ist für mich ein B.,* Ü ist mir zuwider. **Brechreiz** der, Übelkeit, Würgen im Hals. **Brechstange** die, Brecheisen.

. . .brecht [ahd. beraht], in Namen: *. . .glänzend.*
Brechung die, -/-en, **1)** Richtungsänderung einer Welle, z. B. einer Lichtwelle, beim Übergang in ein anderes Medium, Abb. B 47, L 12. **2)** Ⓢ Lautwandel von Vokalen vor bestimmten Konsonanten.
Brechwurzel die, Wurzel einer brasilian. Heilpflanze.
Bredouille [bred'uljə, frz.] die, - Ü Verlegenheit, Bedrängnis: *ich bin in der B.*
Breeches [br'i:tʃiz, engl.], *Pl.,* im Oberteil weite, unten enge Sporthose, bes. Reithose: *Breecheshose.*
Bregen der, -s/-, auch **Brägen,** *norddt.:* Hirn vom Schlachtvieh: *Bregenwurst.*
Brei [ahd. brio] der, -(e)s/-e, dickflüssige Masse, Kinderkost: *Grießbrei; er geht (schleicht) wie die Katze um den heißen B. (herum),* Ü redet um die Sache herum, wagt sich nicht zu handeln.
breichen, *ich breiche* (habe breicht) *ihn, es, schweiz.:* preiche.
breiig, dickflüssig, wie Brei. **Brein** der, -s, *österr.:* Hirse(brei).
breit [ahd. breit], Abb. E 2, **1)** in der Querrichtung gemessen: *einen Meter b.* **2)** ausgedehnt nach den Seiten: *eine breite Straße; weit und b.,* in weiter Umgebung; *darüber könnte man lang und b. sprechen,* ein langes und breites sagen, des langen und breiten reden, sich des breiter(e)n auslassen, höchst ausführlich, umständlich, aber: *es geht oder zerfließt ins Breite; er hat die Schuhe b. getreten,* aber: *breitgetretene Schuhe;* vgl. breitmachen, breitschlagen, breittreten. **3)** nach allen Seiten zerlaufen, ausgedehnt und formlos: *breitgequetscht.* **4)** ausgedehnt: *es ist an die breite Öffentlichkeit gedrungen,* weithin bekanntgeworden; *Breitenwirkung.* **5)** `♪` langsam, ausdrucksvoll (Spiel).
Breitbandantibiotikum das, Breitspektrumantibiotikum.
breitbeinig, mit gespreizten Beinen (stehend). **Breite** die,

-/-n, **1)** seitl. Ausdehnung: *die B. der Straße.* **2)** Bahn (Stoffmaß). **3)** große Ausdehnung (Landschaft, Rede): *er geht in die B.,* wird dick, Ü redet weitschweifig. **4)** `☆` der Winkelabstand eines Gestirns von der Ekliptik. **5)** *geographische B.,* ⊕ der Winkel, den die Verbindungslinie eines Ortes mit dem Erdmittelpunkt und die Ebene des Erdäquators bilden, Polhöhe: *ein Ort 50° nördlicher B.,* Abk.: n(ördl.) Br. **breiten,** *ich breite* (habe gebreitet) *es,* dehne, strecke nach den Seiten aus, lege breit aus: *die Henne breitet ihre Flügel über die Küken; Nebel breitet sich über das Tal.* **Breitengrad** der, ⊕ Zone der Erdoberfläche zwischen zwei um 1° auseinanderliegenden Breitenkreisen. **Breitenkreis** der, ⊕ Parallelkreis zum Äquator, Abb. E 8. **Breitensport** der, freiwillige körperl. Ertüchtigung und sportl. Freizeitgestaltung ohne Wettkampfcharakter. **Breithacke** die, Binderbarte, Abb. A 29. **Breitling** der, -s/-e, Bez. für Sprotte und Karausche. **breitmachen,** *ich mache mich breit* (habe mich breitgemacht), Ü beanspruche viel Platz, weiche nicht: *er hat sich im Abteil sehr breitgemacht;* aber: *man will eine Straße breit machen.* **Breitnase** die, neuweltl. Affe. **breitnasig. breitschlagen,** *ich schlage ihn breit* (schlug breit, habe breitgeschlagen), Ü überrede, gewinne: *hast du dich breitschlagen lassen?;* aber: *Metall kann man breit schlagen.* **breitschult(e)rig,** mit breiten Schultern. **Breitschwanz** der, -, eine Persianerart, Übers. R 8. **Breitseite** die, -/-n, **1)** Seite eines Schiffes. **2)** Gesamtheit der Geschütze auf einer Schiffsseite. **3)** gleichzeitiges Feuer dieser Geschütze: *eine B. abgeben, einfach.* **Breitspektrumantibiotikum** das, `♱` Antibiotikum, das sich gegen viele Arten von Krankheitserregern richtet. **Breitspur** die, Eisenbahn: Spurweite über 1,435 m. **breitspurig, 1)** breiter Spurweite. **2)** Ü anmaßend, prahlerisch. **breittreten,** *ich trete es breit* (trat breit, habe breitgetreten), Ü behandle zu ausführlich: *das Thema wurde breitgetreten;* aber: *sie haben den Weg über den Rasen breit getreten.* **Breitwandfilm** der, ein Kinofilm mit einem bes. gestreckten Seitenverhältnis.
Brekzie [-iə] die, -/. . .zi|en, Breccie.
Breme die, -/-n, oberdt.: `¤` Bremse.
Bremer der, -s/-, Einwohner der Stadt Bremen. **bremisch.**
Bremsberg der, schiefe Ebene mit Transporteinrichtung.
Bremse [mhd. bremse ›Klemme‹, ›Maulkorb‹] die, -/-n, **1)** Hemmvorrichtung an Rädern und Wellen, Abb. B 47, W 2: *Scheibenbremse.* **2)** Knebel für Pferde, Abb. P 9.
Bremse [mhd. breme, zu bremen ›brummen‹] die, -/-n, blutsaugende (Weibchen) und pollenfressende (Männchen) Fliege: *Rinderbremse,* Abb. B 47.
bremsen [mhd. premezen ›bändigen‹], *ich bremse* (habe gebremst), **1)** (es) setze die Bremse in Tätigkeit, verlangsame die Geschwindigkeit, halte an. **2)** *es, ihn,* Ü verlangsame, dämpfe; halte zurück, hindere: *beim Reden ist sie kaum zu bremsen.* **Bremser** der, -s/-, **1)** Begleitfahrer in Güterwagen. **2)** hinten sitzender Bobfahrer. **Bremsklotz** der, Abb. B 47, K 21. **Bremslicht** das, Stopplicht, Beleuchtungseinrichtung, die das Betätigen der Bremse anzeigt, Abb. K 40. **Bremsschuh** der, Hemmschuh, Abb. B 47. **Bremsspur** die, Spur eines bremsenden Fahrzeugs. **Bremsung** die, -/-en. **Bremsweg** der, Weg vom Betätigen der Bremse bis zum Stillstand des Fahrzeugs.
brennbar. Brennbarkeit die, -. **Brennelement** das, auch Brennstoffelement, Stab aus Kernspaltstoff. **brennen** [ahd. *ich brenne* (habe gebrannt; wenn es brennte), **1)** stehe in Flammen: *Brennholz; Brennspiritus; es brennt!; Feuer!; wo brennt's denn?,* Ü warum so eilig? **2)** *die Lampe brennt,* strahlt Licht aus, leuchtet. **3)** *es brennt,* Ü schmerzt stechend: *die Wunde brennt; die Sohlen brennen (mir) vom Laufen.* **4)** *die Sonne brennt,* scheint sehr heiß. **5)** lege Feuer an:

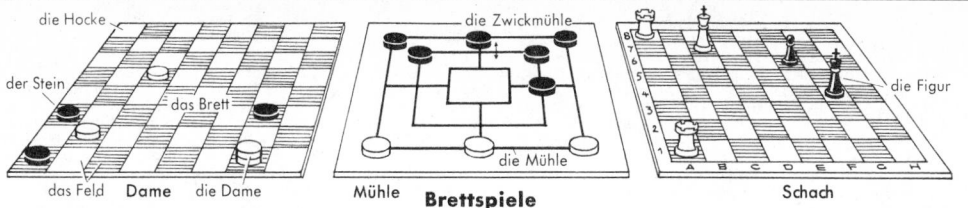

die Hocke — die Zwickmühle — die Figur
der Stein — das Brett — die Mühle
das Feld — Dame — die Dame — Mühle — **Brettspiele** — Schach

sengen und brennen, ein Land verwüsten. **6)** Ü bin leidenschaftlich ergriffen: *brennende Sorge.* **7)** U bin begierig, neugierig: *dafür interessiere ich mich brennend; ich b. darauf, sie wiederzusehen.* **8)** *es,* verwende als Heizstoff: *wir brennen Koks.* **9)** *Vieh,* versehe mit Brandzeichen. **10)** *es,* behandle mit Feuer, Hitze: *Porzellan wird gebrannt; gebrannte Mandeln.* **11)** *es,* bereite Branntwein. **12)** *es hat brennen müssen, schweiz.:* vermutlich liegt Brandstiftung vor. **13)** *mich,* verbrenne mich, hole mir eine Brandwunde: *ein gebranntes Kind,* U jemand mit einer negativen Erfahrung. **Brennende Liebe** *die, -n -,* rot blühendes Nelkengewächs. **Brenner** *der, -s/-,* **1)** Träger der Flamme bei Heiz- und Beleuchtungsgeräten, Abb. G 4. **2)** Facharbeiter in der Herstellung von Spiritus und Trinkbranntwein. **3)** Arbeiter am Brennofen. **4)** Name mehrerer durch Pilze verursachter Pflanzenkrankheiten. **5)** 🐛 Blütenstecher. **Brennerej** *die, -/-en,* Branntweinerzeugung. **Brennessel** *die,* Nesselpflanze mit Brennhaaren; vgl. Silbentrennung, Übers. S 50. **Brenngesetz** *das,* beim Verbrennungsmotor der zeitl. Verlauf der Wärmeentwicklung bei der Verbrennung. **Brennglas** *das,* Optik: U Sammellinse mit kurzer Brennweite (Lupe). **Brennhaar** *das,* hohles Haar an Nesselpflanzen und Schmetterlingsraupen. **Brennpunkt** *der,* **1)** Optik: Abb. B 47. **2)** Ü Mittelpunkt: *im B. des Interesses.* **Brennschluß** *der,* das Ende der Antriebsphase einer Rakete, Beginn der Freiflugbahn. **Brennstelle** *die,* Stelle, an die elektr. Geräte angeschlossen werden können. **Brennstoff** *der,* **1)** Stoff, der zur Wärmeerzeugung dient. **2)** Kernenergietechnik: Stoff, der die spaltbaren Atome enthält. **Brennstoffelement** *das,* **1)** Brennstoffzelle, eine Zelle zur Direktumwandlung einer Energieart in eine andere, meist elektrische. **2)** Brennelement. **Brennweite** *die,* Abstand zwischen Brennpunkt und Linsenmittelpunkt. **Brente** *die, -/-n,* oberdt.: **1)** [mhd. brente, zu ital. brenta], Holzgefäß, Milchfaß. **2)** Printe. **Brenze** [zu brennen], *Pl.,* brennbare Mineralstoffe. **brenzeln,** *es* brenzelt (hat gebrenzelt), riecht nach Brand. **brenzlich,** *bes. österr.:* brenzlig. **brenzlig,** riecht nach Brand riechend. **2)** Ü bedenklich, verdächtig. **Bresche** [frz. brèche ›Bruch‹] *die, -/-n,* Abb. K 38, **1)** ⚔ Lücke in einer Befestigung: *er will eine B. schlagen.* **2)** *er hat für dich eine B. geschlagen, ist für dich in die B. gesprungen,* Ü hat dich gegen jemandes Widerstand unterstützt. **bresthaft** [mhd. bresthaft], ⚕ gebrechlich, schwächlich.

Bretone *der, -n/-n,* Kelte aus der Bretagne. **bretonisch. Brett** [ahd. bret] *das, -(e)s/-er,* **1)** flache Holzplatte, Abb. H 23: *Bücherbrett; Spielbrett,* Abb. B 48; *Bretterwand; er hat bei ihm einen Stein im B.,* Ü er steht in ihrer Gunst. **2)** Sinnbild für eine undurchdringbare Abgrenzung: *er hat ein B. vorm Kopf,* U er ist begriffsstutzig, beschränkt. **3)** *nur Pl.* Skí. **4)** *nur Pl.,* Bühne: *die Bretter, die die Welt bedeuten.* **Brettchen** *das, -s/-.* **Brettel** *das, -s/-(n), meist Pl., süddt.:* Brettl, Skí. **brettern,** aus Brettern. **Bretterzaun** *der.* **Brettl** *das, -s/-,* **1)** Kleinkunstbühne, Kabarett. **2)** *Pl. auch -n,* Brettel, Skí. **Brettspiel** *das,* Abb. B 48.

breuseln, *es* breusel(e)t (hat gebreuselt, breuselet), *schweiz.:* riecht brenzlig.

Breve [lat. brevis ›kurz‹] *das, -s/-n oder -s,* kurze Papsturkunde. **Brevet** [brev'ε, frz.] *das, -s/-s,* **1)** früher in Frankreich offener Gnadenbrief des Königs. **2)** ⚙ staatl. Verleihungsurkunde für Diplome, Patente u. a. **brevetieren,** *ich* breveiere (habe brevetiert) *es,* ⚙ stelle ein Brevet darüber aus. **Breviarium** *das, -s/. . .ri|en,* **1)** ⚙ kurze Übersicht; Auszug aus größeren Werken. **2)** Brevier. **Brevier** *das, -s/-e,* **1)** Gebetbuch der kath. Geistlichen. **2)** Auswahl von Texten aus größeren Werken. **Breviloquenz** [lat. loqui ›sprechen‹] *die, -/-en,* kurze Ausdrucksweise. **brevi manu,** Abk.: b(r). m., kurzerhand. **Brevis** *die, -/. . .ves,* ♩ **1)** eine verhältnismäßig kurze Mensuralnote. **2)** Notenwert mit der Geltung von zwei ganzen Noten.

Brezel [ahd. brezitella] *die, -/-n,* achtförmiges Backwerk, Abb. B 50: *das geht wie's Brezelbacken,* U sehr schnell. **Brezen** *die, -/-,* auch *der, -s/-,* österr.: Brezel.

brichst, bricht, von brechen.

Bricke [mnd. pricke] *die, -/-n,* 🐟 Neunauge.

Bridge [bridʒ, engl.] *das, -/-,* ein Kartenspiel.

bridieren [frz. brider ›aufzäumen‹], *ich* bridiere *es,* umschnüre Bratenfleisch zur Formverbesserung.

Brie [nach der Landschaft östlich von Paris] *der, -s/-s,* Briekäse, ein Weichkäse, Abb. K 11.

briecken, *ich* briecke (habe briecket) auch briegge, *schweiz.:* weine, heule.

Brief [ahd. brief, zu lat. brevis ›kurz‹] *der, -(e)s/-e,* **1)** schriftl. Mitteilung, meist mit der Post übersandt, Abb. B 49: *sie schreiben sich Briefe; sie wechseln Briefe miteinander.* **2)**

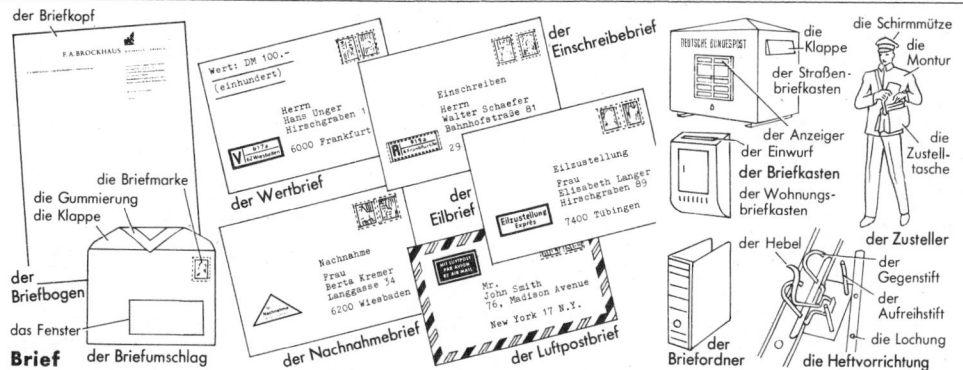

der Briefkopf — der Einschreibebrief — die Klappe — die Schirmmütze — die Montur
der Straßenbriefkasten
Wert: DM 100.- (einhundert) — der Wertbrief — Einschreiben — der Eilbrief — Eilzustellung — der Anzeiger — der Einwurf — der Briefkasten — die Zustelltasche
die Briefmarke — die Gummierung — die Klappe — der Wohnungsbriefkasten — der Zusteller
der Briefbogen — Nachnahme — der Nachnahmebrief — der Luftpostbrief — der Hebel — der Gegenstift — der Aufreihstift — die Lochung
das Fenster — der Briefumschlag — der Briefordner — die Heftvorrichtung
Brief

&⚮& Urkunde: *er muß B. und Siegel darauf geben,* Ü ein festes Versprechen. **3)** Abk.: B (auf Kurszetteln), Börse: Angebot. **Briefadel** *der,* durch Adelsbrief verliehener Adel. **Briefbogen** *der,* Blatt Papier für Briefe. **Briefchen** *das, -s/-.* **Briefdrucksache** *die,* eine gebührenbegünstigte Briefsendung. **Brieffreundschaft** *die,* Freundschaft allein durch Briefwechsel. **Briefgeheimnis** *das,* ⚷⚶ Unverletzlichkeit des Briefes: *das B. wurde verletzt,* ein Brief unbefugt geöffnet.

Briefing [br'i:fiŋ, engl.] *das, -s/-s,* **1)** kurze Unterrichtung, Anweisung, bes. für Dolmetscher vor Kongressen. **2)** Lagebesprechung als Ausgangspunkt für weitere Entscheidungen.

Briefkarte *die,* Karte, die man im Umschlag versendet. **Briefkasten** *der,* ABB. B 49, **1)** Postkasten, den die Post regelmäßig leert. **2)** Kasten (an der Haustür) zum Einwurf der zugestellten Briefsendungen. **3)** Ü Abteilung in Zeitungen und Zeitschriften für Leserzuschriften: *Briefkastenonkel, -tante,* Ü Redakteur(in) für die Beantwortung von Leserfragen. **Briefkastenfirma** *die,* Niederlassung eines Unternehmens ohne besondere Wirtschaftstätigkeit aus Steuergründen, z. B. in Liechtenstein. **Briefkopf** *der,* der obere Teil eines Briefes, ABB. B 49. **Briefkurs** *der,* börsenmäßiger Angebotspreis eines Wertpapiers. **brieflich,** durch Brief. **Briefmarke** *die,* Postwertzeichen, ABB. B 49, M 3: *Briefmarkenalbum; Briefmarkensammlung.* **Brieföffner** *der,* Gerät zum Öffnen der Briefe, ABB. B 57. **Briefroman** *der,* Erzählung in Briefform. **Briefschaften,** *Pl.,* ein- und ausgehende Briefe. **Briefsendung** *die,* Briefe, Postkarten, Drucksachen u. a. **Briefsteller** *der, -s/-,* **1)** (früher) Person, die für andere Briefe schreibt. **2)** Anleitung zum Briefschreiben. **Brieftasche** *die,* Mappe für Geld, Ausweis, Führerschein u. ä. **Brieftaube** *die,* Haustaubenrasse. **Brieftelegramm** *das,* mit der gewöhnl. Post ausgetragenes Telegramm. **Briefträger** *der,* Postbote, Postbediensteter, der Briefsendungen zustellt, ABB. B 49. **Briefumschlag** *der,* ABB. B 49. **Briefverkehr** *der,* Briefwechsel. **Briefwaage** *die,* ABB. W 1. **Briefwahl** *die,* Wahlmöglichkeit bei Abwesenheit vom Wahlort. **Briefwechsel** *der,* Briefverkehr, schriftl. Verkehr zwischen Personen, Firmen, Behörden.

brieggen, *ich* briegge (habe briegget), briecke.

Bries *das, -es/-e,* **Brieschen, Briesel** *das, -s/-,* Thymusdrüse, bes. des Kalbs, auch als Speise.

briet, von braten.

Brigade [frz., zu ital. briga ›Streit‹] *die, -/-n,* **1)** ⚔ ein Truppenverband: *Brigadegeneral; Panzerbrigade.* **2)** im kommunist. Sprachgebrauch: Bez. für die kleinste Arbeitsgruppe (in einem Betrieb): *Erntebrigade; Lehrlingsbrigade.* **Brigadier** [-dj'e] *der, -s/-s,* **1)** ⚔ früher Führer einer Brigade. **2)** in der Schweiz militär. Dienstgrad. **3)** [-d'i:r] *der, -s/-e,* im kommunist. Sprachgebrauch: Leiter der Brigade eines Betriebs. **Brigant** [ital., zu brigare ›kämpfen‹] *der, -en/-en,* ⚮⚯ Räuber; Aufständischen. **Brigantentum** *das, -(e)s.* **Brigantine** *die, -/-n,* **1)** leichte Form der Brigg, kleiner Zweimaster. **2)** enger Panzerrock. **Brigg** [gekürzt aus Brigantine] *die, -/-s,* Zweimaster mit Rahentakelung.

Brigitte [altirisch Brigit ›die Hohe‹], weibl. Vorname.

Brikett [frz. briquette ›Steinchen‹] *das, -s/-s,* auch *-e,* in Form gepreßte Stoffe (Kohle), ABB. O 1: *Braunkohlenbrikett; Brikettfabrik.* **brikettieren,** *ich* brikettiere (habe brikettiert) *es,* forme zu Briketts (Kohle). **Brikettierung** *die, -.*

Brikole [frz.] *die, -/-n,* Rückprall des Billardballes von der Bande. **brikolieren,** *ich* brikoliere (habe brikoliert) *es,* treffe durch Brikole.

brillant [brilj'ant, frz.], glänzend, ausgezeichnet (Leistung): *ein brillanter Einfall; seine Rede war b.* **Brillant** *der, -en/-en,* geschliffener Diamant: *Brillantschliff,* Schliffform für Edelsteine. **brillanten. Brillantin** [briljant'i:n] *das, -s/-e,* österr.: Brillantine. **Brillantine** [-t'i:nə] *die, -/-n,* parfümiertes Haarfett. **Brillantring** *der,* Ring mit Brillant, ABB. S 30. **Brillanz** [brilj'ants] *die, -,* Glanz; außergewöhnl. Fertigkeit: *der Pianist besticht durch die B. seiner Anschlagstechnik.*

Brille [mhd. berille, von Beryll] *die, -/-n,* **1)** Augenglas, ABB. B 50: *Sonnenbrille; Taucherbrille; ich muß eine B. tragen; er sieht alles durch eine rosige (schwarze) B.,* Ü er ist stets optimistisch (pessimistisch). **2)** brillenförmiges Zeichen, bes. Augenring bei Tieren: *Brillenbär.* **3)** Ring um eine runde Öffnung, z. B. Sitz des Klosetts, ABB. B 2. **Brillenschlange** *die,* **1)** eine Giftschlange. **2)** U Brillenträgerin. **Brillenträger** *der, -s/-,* **Brillenträgerin** *die, -/-nen,* Person, die eine Brille tragen muß.

brillieren [brilj'i:rən, frz. briller ›glänzen‹], *ich* brilliere (habe brilliert), falle durch hervorragende Leistungen auf.

Brimborium [frz. brimborion ›Kleinigkeit‹] *das, -s,* U unnützes Gerede, Umschweife.

Brimsen [rumän. brînză ›Käse‹] *der, -s/-,* ein Sauermilchkäse.

bringen [ahd. bringan], *ich* bringe (habe gebracht), **1)** *es,* schenke, gebe als Ertrag: *er brachte seiner Frau Blumen; das Geld bringt Zinsen; sie brachten ihm ein Ständchen; das soll dir Glück bringen.* **2)** *ihn, es,* schaffe herbei, hole, überbringe: *er brachte mir das Buch, die Nachricht.* **3)** *ihn,* begleite, führe: *man brachte ihn ins Krankenhaus; er bringt mich nach Hause.* **4)** *es,* U veröffentliche, zeige: *wir bringen einen Artikel über die Buchmesse.* **5)** *es an einen anderen Ort,* trage hin, schaffe weg: *du bringst den Koffer auf den Boden.* **6)** *ihn auf etwas,* lenke seine Gedanken darauf, veranlasse ihn dazu: *das brachte uns auf den Gedanken zu reisen.* **7)** *ihn um etwas,* schädige ihn, nehme ihm etwas: *sie brachten mich um mein Vermögen.* **8)** *etwas hinter mich,* leiste ein gutes Stück Arbeit. **9)** *es zu etwas,* erreiche: *er brachte es zum Abteilungsleiter; er hat es zu etwas gebracht,* ist im Leben etwas geworden. **10)** *es an mich,* U eigne mir an: *er konnte das angrenzende Grundstücke an sich bringen.* **11)** *es nicht über mich,* schaffe es nicht: *sie brachte es nicht über sich, ihm die Wahrheit zu sagen.* **12)** *es,* U schaffe, bezwinge: *die Riesenwelle am Reck b. ich auch noch; das bringt's nicht,* hat keinen Erfolg. **Bringer** *der, -s/-,* ⚮⚯ Überbringer. **Bringschuld** *die,* ⚷⚶ Schuld, die der Schuldner auf seine Kosten und Gefahr übermitteln muß.

Brink *der, -(e)s/-e, niederdt.:* hügeliges Stück Grasland. **Brinksitzer** *der, -s/-, niederdt.:* Kätner.

Brio [ital.] *das, -s,* ♪ Schwung, Lebhaftigkeit.

Brioche [bri'ɔʃ, frz.] *die, -/-s,* feines Hefegebäck.

brioso [ital.], ♪ con brio.

brisant [frz. briser ›zerbrechen‹, ›zerkleinern‹], **1)** hochexplosiv. **2)** Ü hochaktuell und heikel: *ein brisantes Thema; das Problem ist äußerst b.* **Brisanz** *die, -/-en,* **1)** Sprengkraft: *Brisanzgeschoß.* **2)** ohne Pl., erregende Aktualität: *die politische B. des Vortrags.*

B 50

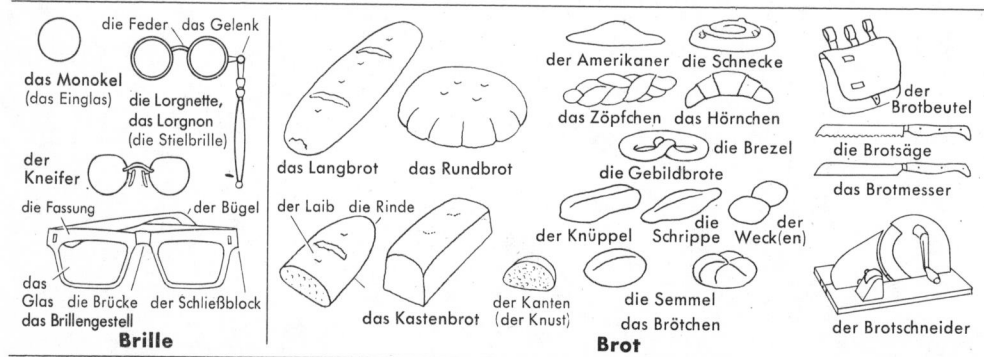

die Feder — das Gelenk

das Monokel (das Einglas)

die Lorgnette, das Lorgnon (die Stielbrille)

der Kneifer

die Fassung — der Bügel

das Glas — die Brücke — der Schließblock — das Brillengestell

Brille

der Amerikaner — die Schnecke

das Zöpfchen — das Hörnchen

der Brotbeutel

die Brezel

die Brotsäge

die Gebildbrote

das Brotmesser

der Knüppel — Schrippe — der Weck(en)

die Semmel

das Brötchen

das Langbrot — das Rundbrot

der Laib — die Rinde

das Kastenbrot — der Kanten (der Knust)

der Brotschneider

Brot

Brise [frz.] *die, -/-n,* leichter bis mittlerer Wind, guter Segelwind: *eine leichte, eine frische B.*
Brisling [norweg.] *der, -s/-e,* die Sprotte.
Brisolett *das, -s/-e,* **Brisolette** [frz., vgl. brisant] *die, -/-n,* gebratener Fleischkloß.
Brite *der, -n/-n,* 1) keltischer Bewohner Britanniens. 2) Bewohner Großbritanniens. **Britin** *die, -/-nen.* **britisch.**
Britschka [slaw.] *die, -/-s,* offene, leichte Kutsche.
br. m., b. m., Abk. für: brevi manu.
Broccoli [ital.], *Pl.,* Spargelkohl, eine Kohlsorte.
Bröckchen *das, -s/-.* **bröck(e)lig,** so beschaffen, daß es zu zerbröckeln droht. **Bröck(e)ligkeit** *die, -.* **bröckeln,** ich bröck(e)le (habe gebröckelt), 1) *es,* breche in kleine Stücke. 2) *es bröckelt,* zerbricht in kleine Stücke, zerfällt: *Putz bröckelt von der Wand.* **brocken** [mhd. brocken], *ich* brocke (habe gebrockt) *es,* breche in kleinere Stücke, brocke es ein.
Brocken [ahd. brocco] *der, -s/-,* 1) abgebrochenes (größeres) Stück: *Gesteinsbrocken; ein harter B.,* Ü eine schwierige Sache; *ein fetter B.,* Ü eine gute Gelegenheit. 2) Ü zusammenhangloses Einzelstück: *er spricht nur ein paar B. Spanisch.* 3) Ü dicker, schwerfälliger Mensch. **brockenweise,** Stück um Stück.
Brodel *der, -s,* Brodem. **brodeln** [mhd. brodeln], *es* brodelt (hat gebrodelt), 1) siedet hörbar, wallt auf: *in den unterdrückten Gebieten brodelt es,* Ü gärt es. 2) *ich brodele,* österr.: vertrödele meine Zeit. **Brodem** *der, -s,* heißer Dunst, Dampf, Nebel.
Broderie [frz.] *die, -/...r'i|en,* ⚭ Stickerei. **brodieren,** *ich* brodiere (habe brodiert) *es,* ⚭ besticke, fasse mit Stickerei ein.
Brodler *der, -s/-,* österr.: jemand, der Zeit vertrödelt.
Broiler [engl. to broil ›braten‹, ›grillen‹] *der, -s/-,* Dt. Dem. Rep.: Brathähnchen.
Brokat [ital. broccato] *der, -(e)s/-e,* gemustertes Seidengewebe mit eingewebten Gold- oder Silberfäden: *Goldbrokat; Silberbrokat; Brokatschuh.* **brokaten.**
Broker [auch br'ouke, engl.] *der, -s/-,* Börsenmakler.
Brokkoli, *Pl.,* Broccoli.
Brom [grch. bromos ›übler Geruch‹] *das, -s,* ⏚ Zeichen: Br, ein flüssiges nichtmetall. Element.
Brom [zu Bram ›Dornstrauch‹] *der, -(e)s/-e,* oberdt.: Blüten- oder Fruchtzweig.
Bromat *das, -(e)s/-e,* Salz der Bromsäure.
Brombeere [ahd. ›Dornbeere‹, zu Bram] *die,* Brombeerstrauch, stacheliger Halbstrauch und dessen Frucht, Abb. B 17: *Brombeermarmelade.*
Bromelie [-iə, nach dem schwed. Botaniker O. Bromel, 1639–1705] *die, -/...li|en,* eine Zier- und Nutzpflanze.
Bromid *das, -(e)s/-e,* Salz der Bromwasserstoffsäure und die Säurebromide. **bromieren,** *ich* bromiere *es* (habe bromiert).
Bromierung *die, -,* Anlagerung von freiem Brom an organ. Moleküle. **Bromismus** *der, -,* Bromvergiftung. **Bromit** *der, -s,* Silberbromid, ein Mineral. **Bromsilber** *das,* Silberbromid, eine lichtempfindl. Verbindung.
bronchial, auf die Bronchien bezüglich: *Bronchialkatarrh.*
Bronchie [-iə, grch. bronchos ›Luftröhre‹] *die, -/...chi|en, meist Pl.,* Bronchus, gröbere Verzweigung der Luftröhre. **Bronchiole** *die, -/-n, meist Pl.,* feine Verzweigung der Bronchien. **Bronchitis** *die, -/...t'iden,* Bronchialkatarrh, Entzündung der Bronchien. **Broncho|pneumonie** *die,* Form der Lungenentzündung. **Bronchus** *der, -/...chen,* Bronchie.
Bronn *der, -(e)s/-en,* **Bronnen** [zu Brunnen] *der, -s/-,* P Brunnen, Quelle.
Brontosaurus [grch. bronte ›Donner‹ und sauros ›Eidechse‹] *der, -/...ri|er,* langhalsiger Dinosaurier mit kleinem Schädel.
Bronze [br'õsə, ital. bronzo] *die, -,* 1) eine Kupferlegierung, bes. mit Zinn. 2) *Pl. -n,* daraus hergestellter Kunstgegenstand: *Bronzekunst.* 3) rotbrauner Farbton. **bronzefarben. Bronzemedaille** *die, -/-n,* eine Auszeichnung für den dritten Platz. **bronzen,** 1) aus Bronze. 2) bronzefarben. **Bronzezeit** *die, -,* vorgeschichtl. Zeitalter zwischen Jungsteinzeit und Eisenzeit. **bronzieren,** *ich* bronziere (habe bronziert) *es,* überziehe mit Bronze.
Brosame [ahd. brosma ›Krümel‹] *die, -, meist Pl.,* Brotkrume, Krümel, geriebene Semmel.
brosch., Abk. für: broschiert.
Brosche [frz. broche ›Spieß‹, ›Nadel‹] *die, -/-n,* Nadel mit Schmuckplatte, Abb. S 30.
Brös|chen *das, -s/-, mitteldt.:* Brieschen.
broschieren [frz. brocher ›aufspießen‹, ›durchstechen‹], *ich*

broschiere (habe broschiert) *es,* 1) ⚭ hefte oder klebe Druckbogen zu einem Heft oder Buch ohne Einbanddecke: *broschiert,* Abk.: brosch. 2) füge mit besonderen Fäden Muster in Gewebe. **Broschur** *die, -/-en,* 1) *ohne Pl.,* das Broschieren. 2) Broschüre. **Broschüre** *die, -/-n,* broschiertes Buch, Druckschrift im Umfang weniger Bogen.
Brösel [mhd. brosem] *der, -s/-, österr.:* *das, -s/-n,* Brosame, Krümel. **Brös(e)lein** *das, -s/-.* **brös(e)le** (habe gebröselt), 1) *es,* zerkrümele. 2) *es bröselt,* zerfällt in Krümel.
Brosme *der, -/- oder '',* *schweiz.:* Brosame, Krume.
Brossage [brɔs'a:ʒ, frz.] *die, -,* das Bürsten (bei Tuchherstellung). **brossieren,** *ich* brossiere (habe brossiert) *es.*
Brot [ahd. brot] *das, -(e)s/-e,* 1) eine Backware aus Mehl, Wasser, Salz und einem Treibmittel, Abb. B 50: *ein Laib B.; eine Scheibe, eine Schnitte B.; Roggenmischbrot.* 2) Ü Lebensunterhalt: *Broterwerb; das tägliche B. muß verdient werden.* 3) eine Scheibe B.: *ein belegtes B.; Butterbrot.* **Brotbeutel** *der,* Abb. B 50. **Brötchen** *das, -s/-,* Gebäck aus Weizenmehl, Abb. B 50: *Brötchengeber,* U scherzhaft: Arbeitgeber. **Brotgeber,** U scherzhaft: Arbeitgeber. **Brotherr** *der,* Arbeitgeber. **Brotkorb** *der,* Abb. K 2: *man wird uns den B. höher hängen,* Ü das Leben verteuern oder den Lohn mindern. **brotlos,** 1) erwerbslos. 2) *eine brotlose Kunst,* U wenig einträgliche Tätigkeit. **Brotröster** *der, -s/-,* Toaster. **Brotschneidemaschine** *die,* Abb. B 50, K 50. **Brotschrift** *die,* ⚭ gängige Schriftart für Werk- und Zeitungsdruck. **Brotstudium** *das,* U Studium, das man nur im Hinblick auf späteren Gelderwerb, gewählt wird. **Brotzeit** *die, oberdt.:* Zwischenmahlzeit (am Vormittag).
brotzeln, *ich* brotz(e)le (habe gebrotzelt) *es,* brutzele.
Brouillon [bruj'õ, frz.] *das, -s/-s,* Entwurf.
Browning [br'auniŋ, nach dem amerikan. Ingenieur J. M. Browning, 1855–1926] *der, -s/-s,* Selbstladepistole, Abb. P 15.
Broyhan [br'ɔi-, nach dem Brauer Cord Broyhan, † 1570] *der, -s, norddt.:* ein Weißbier.
brr! [Schallw.], 1) Ausruf bei Ekel, Kälteempfindung. 2) Ausruf zum Anhalten von Zugtieren.
BRT, Abk. für: Bruttoregistertonne.
Brucellose [nach dem engl. Arzt D. Bruce, 1855–1931] *die, -/-n,* eine Infektionskrankheit bei Mensch und Tier.
Bruch [ahd. bruh] *der, -(e)s/ᵘe,* 1) das Auseinandergehen, Zerbrechen durch Druck, Stoß u. a.: *Achsenbruch.* 2) gewaltsame Zerstörung: *es ging zu B., in die Brüche.* 3) ⚕ Fraktur, das Brechen eines Knochens: *Knochenbruch;* Hernie, das Hervortreten von Eingeweide: *Eingeweidebruch.* 4) Bruchstelle, Spalt, Riß, der bei gewaltsamer Trennung entsteht: *muschelförmiger B. ohne Pl.,* zerbrochene Ware: *Bruchschokolade.* 6) Falte, Knick, Bügelfalte. 7) Ü Lösung einer persönl. Bindung: *zwischen den Verlobten kam es zum B.* 8) Ü Verletzung, Nichterfüllung eines Vertrages, eines Versprechens: *Vertragsbruch.* 9) Ü plötzliche Änderung in der Art der Darstellung: *Stilbruch.* 10) △ Verhältnis zwischen zwei ganzen Zahlen, Übers. R 11. 11) ⊕ Verwerfung. 12) 𐊠 Schaden an Bäumen durch Abbrechen von Ästen, Wipfeln: *Windbruch.* 13) ⚑ als Auszeichnung an der Jägerhut gesteckter grüner Zweig; auch Bez. einer Fährte u. a. 14) Milchgerinnsel zur Käsebereitung. 15) ♡ Beizeichen, unterscheidendes Merkmal an sonst gleichem Wappen. 16) kurz für: Steinbruch. 17) U kurz für: Bruchteil.
Bruch [mhd. bruoch] *der oder das, -(e)s/ᵘe,* mit Bäumen und Gesträuch bestandenes Sumpfland.
Bruchband *das, -(e)s/ᵘer,* Band mit Druckkissen zum Zurückhalten eines Eingeweidebruchs, Abb. B 9. **Bruchbude** *die,* U abbruchreifes Haus, elende Unterkunft. **bruchfest.**
Bruchfestigkeit *die, -.*
bruchig, sumpfig.
brüchig, 1) zerbrechlich, rissig. 2) Ü klanglos (Stimme), nicht einwandfrei (Moral). **Brüchigkeit** *die, -.* **bruchlanden,** getrennte Formen nicht üblich: *das Flugzeug ist bruchgelandet.* **Bruchlandung** *die,* Landung eines Flugzeugs, bei der es größeren Schaden erleidet. **Bruchlinie** *die,* ⊕ Schnitt einer Verwerfungsfläche mit der Erdoberfläche. **bruchrechnen,** *nur Infinitiv,* mit Brüchen rechnen: *im Bruchrechnen ist er gut.* **Bruchrechnung** *die, -.* **Bruchschaden** *der,* Beschädigung durch Bruch. **bruchsicher. Bruchstein** *der,* roh behauener Stein, Abb. B 13. **Bruchstrich** *der,* △ Strich zwischen Zähler und Nenner, Übers. R 11.
Bruchstück *das,* 1) Brocken. 2) Rest eines sonst vollen Ganzen. 3) Ü unvollständiges oder unvollendetes Werk, Fragment (Dichtung) oder Torso (Bildhauerkunst). **bruchstückhaft.** Ü. **Bruchteil** *der,* 1) △ bestimmter Teil eines

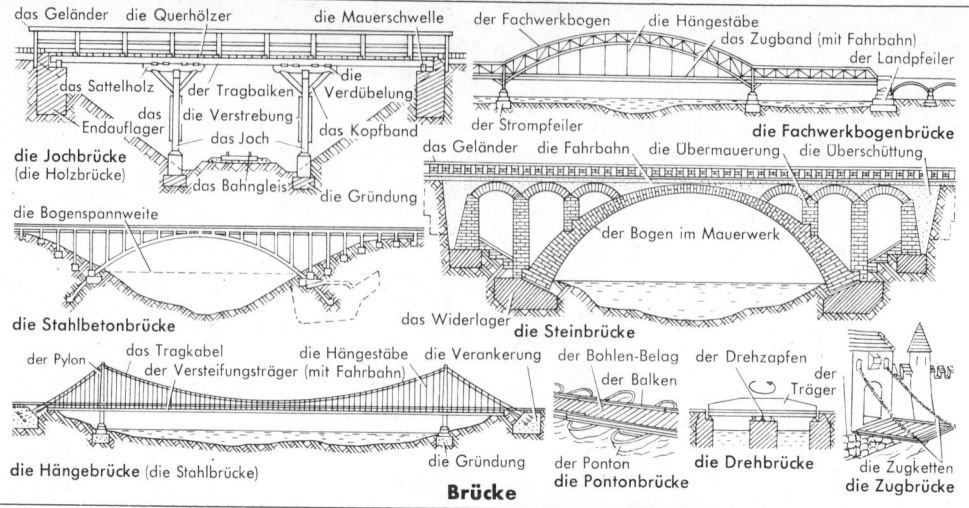

das Geländer die Querhölzer die Mauerschwelle der Fachwerkbogen die Hängestäbe das Zugband (mit Fahrbahn)
der Landpfeiler

das Sattelholz der Tragbalken die Verdübelung der Strompfeiler **die Fachwerkbogenbrücke**
das Endauflager die Verstrebung das Joch das Kopfband das Geländer die Fahrbahn die Übermauerung die Überschüttung

die Jochbrücke
(die Holzbrücke) das Bahngleis die Gründung

die Bogenspannweite der Bogen im Mauerwerk

die Stahlbetonbrücke das Widerlager **die Steinbrücke**

der Pylon das Tragkabel die Hängestäbe die Verankerung der Bohlen-Belag der Drehzapfen
der Versteifungsträger (mit Fahrbahn) der Balken der Träger

die Hängebrücke (die Stahlbrücke) die Gründung der Ponton **die Drehbrücke** die Zugketten
die Pontonbrücke **die Zugbrücke**

Brücke

Ganzen. **2)** Ü sehr kleiner Teil: *nur ein B. meiner Unkosten wurde erstattet.* **Bruchzahl** *die,* Übers. Z 1.

Brücke [ahd. brucca] *die, -/-n,* **1)** Bauwerk zur Verbindung getrennter Teile eines Verkehrsweges (über Flüsse, Täler, Straßen, Eisenbahnen), Abb. B 51: *die B. führt über den Rhein; Brückenbau; Betonbrücke.* **2)** Ü Verbindung: *er hat alle Brücken hinter sich abgebrochen,* alle Verbindungen gelöst; *man will ihm goldene Brücken bauen,* ihm die Versöhnung, ein Eingeständnis erleichtern; *ein Brückenschlag zur Verständigung der Völker.* **3)** kleiner Teppich, Abb. W 14. **4)** an zwei gesunden Zähnen befestigte Haltevorrichtung für künstl. Zähne, Abb. Z 2. **5)** ⚡ Querleitung: *Meßbrücke.* **6)** brückenähnlicher Aufbau: *Beleuchterbrücke,* Abb. B 55: *Landungsbrücke.* **7)** Turnübung, Abb. L 6. **8)** kurz für: Kommandobrücke (auf dem Schiff). **9)** *schweiz.:* Heuboden. **10)** *schweiz.:* Fußbank. **11)** *österr.:* Schlachthof. **Brückenechse** *die,* ein nur noch auf den Inseln östlich Neuseelands lebendes Kriechtier. **Brückenkopf** *der,* ⚔ Befestigung am jenseitigen Flußufer zur Sicherung des Flußübergangs. **Brückenwaage** *die,* Waage mit breiter Plattform.

Brüden *der, -s/-, niederdt.:* Brodem, Abdampf.

Bruder [ahd. bruoder] *der, -s/¨,* **1)** männl. Person im Verhältnis zu seinen Geschwistern, Übers. F 6: *die Brüder Grimm; Brudermord; Halbbruder; Zwillingsbruder.* **2)** Kamerad, Freund, Gleichgesinnter, Stammesgenosse: *unter Brüdern,* U offen gesprochen oder billig gerechnet; *die sozialistischen Bruderländer* (im kommunist. Sprachgebrauch). **3)** Abk.: Br., Mönch: *Ordensbruder, Laienbruder.* **4)** Mitglied derselben Vereinigung: *Vereinsbruder.* **5)** U Bursche, Kerl: *B. Liederlich, liederlicher Bursche; ein warmer B.,* Homosexueller; *Saufbruder; Radaubruder; diesen Brüdern ist alles zuzutrauen.* **Brüderchen** *das, -s/-.* **Brüdergemeine** *die,* eine evang. Freikirche: *Herrnhuter B.* **Bruderkrieg** *der,* Kampf zwischen Angehörigen eines Volkes. **Brüderlein** *das, -s/-.* **brüderlich, 1)** von einem Bruder stammend. **2)** wie unter liebevollen Brüdern; verläßlich, treu: *wir wollen b. teilen,* gerecht. **Brüderlichkeit** *die, -,* brüderliches Einvernehmen. **Bruderschaft** *die, -/-en,* geistl. Gemeinschaft, kirchl. Verein. **Brüderschaft** *die, -,* enge Freundschaft: *wir wollen B. schließen, trinken,* vom Sie zum Du übergehen.

Brüge, Brügi [mhd. brügge ›hölzernes Gestell‹] *die, -/...gene, schweiz.:* **1)** Viehstand im Stall. **2)** Heu- oder Getreideboden. **3)** Obsthürde.

Brühe [mhd. brüeje] *die, -/-n,* **1)** durch Kochen von Nahrungsmitteln (Fleisch, Knochen, Kräuter) gewonnene würzige Flüssigkeit: *Fleischbrühe; Hühnerbrühe; Knochenbrühe.* **2)** trübe Flüssigkeit, z. B. Waschlauge. **3)** U üble Sache: *er sitzt, steckt in der B.,* ist in arger Verlegenheit. **brühen** [mhd. brüen], *ich brühe* (habe gebrüht) *es,* **1)** koche. **2)** übergieße mit kochender Flüssigkeit. **brühig,** wie Brühe. **Brühkartoffeln,** *Pl.,* in Fleischbrühe gekochte Kartoffeln.

Brühl [mhd. brüel] *der, -(e)s/-e,* urspr. Sumpfland, heute noch Bez. für tiefliegende Ortsteile.

brühwarm, U ganz frisch: *eine brühwarme Neuigkeit; sie hat alles b. weitererzählt.* **Brühwürfel** *der,* Bouillonwürfel.

Bruitismus [frz. bruit ›Lärm‹ und vgl. . . . .ismus] *der, -,* eine Richtung der modernen Musik.

Brüllaffe *der,* ein Affe mit kräftigen Stimmwerkzeugen. **brüllen** [mhd. brülen] *ich brülle* (habe gebrüllt), schreie heftig: *im Stall brüllten die Tiere; brüllendes Gelächter.* **Brüller** *der, -s/-,* U jemand, der oft brüllt.

Brumaire [brym'ɛːr, frz. ›Nebelmonat‹] *der, -(s)/-s,* zweiter Monat im französ. Revolutionskalender (22. 10. bis 20. 11.).

Brummbär *der,* U brummiger Mensch. **Brummbaß** *der,* U **1)** tiefer Baß. **2)** Baßgeige. **Brummeisen** *das,* **1)** Maultrommel, Abb. M 11. **2)** ⛓ Gefängnis. **brummeln,** *ich brumm(e)le* (habe gebrummelt), murmle, schimpfe leise vor mich hin. **brummen** [mhd. brummen], *ich brumme* (habe gebrummt), **1)** lasse tiefe Töne hören: *du brummst wie ein Bär.* **2)** *es brummt,* dröhnt tief, dumpf. **3)** *(es),* schimpfe leise vor mich hin. **4)** Ü schmolle, trotze. **5)** *mir brummt der Schädel,* ich habe ein dumpfes Gefühl im Kopf, habe Kopfschmerzen. **6)** Ü U sitze eine Freiheitsstrafe ab; Ü muß nachsitzen (Schüler). **Brummer** *der, -s/-,* **1)** meist eine Schmeißfliege. **2)** etwas, was brummende Geräusche hervorbringt. **3)** Ü etwas Großes, Dickes: *ein dicker B.,* schwerer Lastkraftwagen, schweres Flugzeug. **brummig,** verdrießlich, mürrisch. **Brummigkeit** *die, -.* **Brummkreisel** *der,* Kreisel, der beim Drehen summt, Abb. K 43. **Brummochse** *der,* **1)** Stier. **2)** U Dummkopf. **Brummschädel** *der,* U schmerzender Kopf.

Brunch [brantʃ, engl. Kurzw. aus breakfast ›Frühstück‹ und lunch ›Mittagessen‹] *der, -/-s oder -es/-e,* spätes, reichliches Frühstück und zugleich Mittagessen.

Brunelle [ahd. brun] *die, -/-n,* ⚘ Braunelle.

Brünelle [ahd. brun] *die, -/-n,* Prünelle.

brünett [zu frz. brun ›braun‹], braunhaarig; bräunlich (Teint). **Brünette** *die, -/-n, eine -, eine -,* brünette Frau.

Brunft [mhd. brunft, zu ahd. premen ›brüllen‹] *die, -/¨e,* ⚘ Brunst beim wiederkäuenden Schalenwild: *Brunftzeit.* **brunften,** *Wild* brunftet (hat gebrunftet). **brunftig.**

Brunhild, Brünhild, Brunhilde, Brünhilde [ahd. brunna ›Rüstung‹ und hiltja ›Kampf‹], weibl. Vornamen.

brünieren [zu braun], *ich brüniere* (habe brüniert) *es,* überziehe Stahlgegenstände mit einer schwarzen, bräunlichen oder bläulichen Oxidschicht. **Brünierung** *die, -.*

Brunn *der, -(e)s* oder *-en/-en,* ⛓ Brunnen. **Brünnchen** *das, -s/-,* Diminutiv zu Brunnen.

Brünne [ahd. brunna ›Rüstung‹] *die, -/-n,* Panzerhemd.

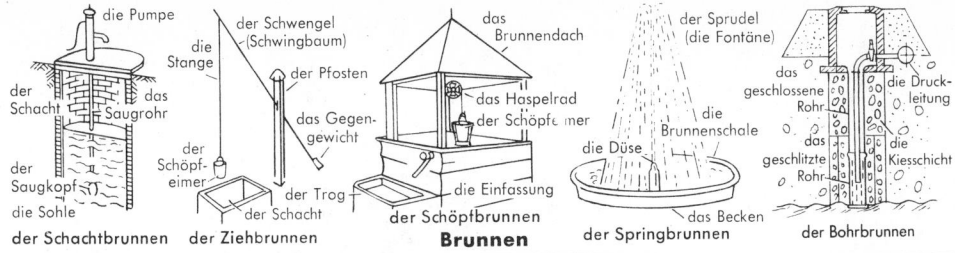

der Schachtbrunnen — der Ziehbrunnen — **Brunnen** — der Schöpfbrunnen — der Springbrunnen — der Bohrbrunnen

---

Brunnen [ahd. brun(n)o] *der, -s/-,* **1)** Anlage zur Förderung von Grundwasser, auch künstlerisch gestaltet, Abb. B 52, M 4: *Brunnenschacht; Dorfbrunnen.* **2)** *alem.:* Quelle. **3)** Wasser einer Heilquelle: *während der Kur trinke ich B.; Brunnenkur.* **Brunnenkresse** *die,* ein Kreuzblütler, Nutzpflanze. **Brunnenpest** *die,* im Brunnenwasser lebende Bakterien. **Brunnenvergiftung** *die,* **1)** ♒ vorsätzliche Vergiftung von Trinkwasser. **2)** Ü Verleumdung. **Brünnlein** *das, -s/-.*
Bruno [zu ahd. brun ›braun‹], männl. Vorname.
Brunst [vgl. Brunft] *die, -/⁻e,* geschlechtl. Erregung, Paarungszeit bei vielen Säugetieren: *Brunstzeit.* **brunsten,** *das Tier* brunstet (hat gebrunstet). **brünstig. Brünstigkeit** *die, -.*
brüsk [frz. brusque], schroff, barsch. **brüskieren,** *ich* brüskiere (habe brüskiert) *ihn,* behandle brüsk, rücksichtslos. **Brüskierung** *die, -/-en.*
Brust [ahd. brust] *die, -/⁻e,* **1)** zwischen Hals und Bauch liegender Teil des Rumpfes bei Mensch und Tier, Abb. M 12, F 25, P 9, V 7; Sinnbild für Lungenkraft und Sitz des Gefühls: *er sang aus voller B.,* prahlte: *er warf sich in die B.,* prahlte. **2)** Busen, die weibl. Brustdrüsen; Sinnbild mütterlicher Speisung: *die Mutter gibt dem Säugling die B.,* stillt; *ein Brustkind, kein Flaschenkind; er saugt an den Brüsten der Weisheit,* Ü studiert. **Brustbein** *das,* Knochen des Brustkorbs, Abb. M 12. **Brustbeutel** *der,* am Band um den Hals gehängte, unterm Hemd getragene Geldtasche. **Brustbild** *das,* Abb. B 30. **Brüstchen** *das, -s/-.* **Brustdrüse** *die,* Milchdrüse, Drüse zur Milchabsonderung. **brüsten** [mhd. brüsten ›sich in die Brust werfen‹], *ich* brüste *mich* (habe mich gebrüstet), prahle: *er brüstet sich damit, der Freund des Chefs zu sein.* **Brustfell** *das,* die innere Wand des Brustkorbes auskleidende seröse Haut. **. . .brüstig,** mit einer bestimmten Brust: *schmalbrüstig.* **Brustkasten, Brustkorb** *der,* Brustwirbel, Rippen und Brustbein, Abb. M 12. **Brüstlein** *das, -s/-.* **brustschwimmen,** *nur* Infinitiv, in flacher, gestreckter Brustlage schwimmen. **Bruststimme** *die,* mit Brustresonanz gebildete Stimme. **Brusttasche** *die,* bei Bekleidungsstücken in Brusthöhe. **Brusttee** *der,* Hustentee. **Brustton** *der, -(e)s/⁻e,* **1)** ♪ Bruststimme. **2)** *im (mit dem) B. der Überzeugung,* Ü mit Nachdruck. **Brüstung** *die, -/-en,* Schutzgeländer, Abb. H 11. **Brustwarze** *die,* warzenförmige Mündung der Milchgänge aus der Brustdrüse, Abb. M 12. **Brustwehr** *die,* ⚔ ein Schutzwall.
brut [bryt, frz. ›roh‹, ›unbearbeitet‹], trocken, herb (Wein, bes. Champagner).
Brut [mhd. bruot ›durch Wärme Belebtes‹] *die, -/-en,* **1)** das Brüten. **2)** 🐦 gleichzeitig ausgebrütete junge in einem Wurf geborene Nachkommen; *sich entwickelnde Fischeier: Brutpflege.* **3)** ⚘ Pflanzenteile, die neue Pflanzen bilden können: *Brutzwiebel.* **4)** ungeschliffene Edelsteine. **5)** U Gesindel: *Teufelsbrut.*
brutal [spätlat. brutalis], roh, gewaltsam, rücksichtslos: *man schlug b. auf ihn ein; mit brutaler Gewalt.* **brutalisieren,** *ich* brutalisiere (habe brutalisiert) *ihn.* **Brutalisierung** *die, -: die zunehmende B. des Fußballs.* **Brutalität** *die, -/-en.*
Brutapparat *der,* **1)** 🐦 Brutofen, Gerät zum künstl. Ausbrüten von Eiern. **2)** Brutkasten. **brüten** [ahd. bruoten], *ich* brüte (habe gebrütet), **1)** Vögel brüten, sitzen auf den Eiern: *das Haushuhn brütet 20 Tage.* **2)** *über etwas,* Ü grüble nach, sinne ständig: *er brütet über dem Entschluß; er brütet Rache.* **3)** Kerntechnik: *der Reaktor* brütet, erzeugt aus nicht spaltbarem neues spaltbares Material. **4)** *es* brütet, ist drückend heiß: *Mittagsglut brütet über dem Tal,* P lagert darüber; *es ist brütend*

heiß, aber: *ein brütendheißer Tag.* **Brüter** *der, -s/-,* Brutreaktor, Kernreaktor, der mehr spaltbares Material erzeugt, als er verbraucht: *schneller B.,* Brüter, der mit schnellem Natron brütet. **Bruthitze** *die,* drückende Hitze. **brütig,** 🐦 bereit zu brüten (Glucke). **2)** *oberdt.:* dumpf, schwül (Luft). **Brutkasten** *der,* ⚕ Inkubator, Gerät zum Aufziehen von Frühgeburten. **Brutknospe** *die,* knollen- oder zwiebelförmige Knospe zur ungeschlechtl. Fortpflanzung. **Brutofen** *der,* Brutapparat. **Brutreaktor** *der,* Brüter.
brutto [ital.], Abk.: btto., einschließlich Verpackung; ohne Abzüge (Gehälter); Gegensatz: netto. **Bruttoeinkommen** *das,* **Bruttolohn** *der,* Einkommen, Lohn vor Abzug von Steuern und Beiträgen zur Sozialversicherung. **Bruttoregistertonne** *die,* Abk.: BRT, Raummaß für den gesamten Schiffsraum (nicht nur der Nutzraum). **Bruttosozialprodukt** *das,* Wert der im Inland erzeugten Güter und Dienste. **Bruttovermögen** *das,* Vermögen ohne Abzug der Schulden.
brutzeln, *ich* brutz(e)le (habe gebrutzelt), U **1)** *es,* brate. **2)** *es brutzelt,* brät spritzend und brodelnd.
Bruyèreholz [bryj'ɛ:r-, frz.] *das,* Wurzelholz der Baumheide. **Bruyèrepfeife** *die,* Tabakspfeife aus Bruyèreholz.
Bryologie [grch. bryon ›Moos‹ und vgl. . . .logie] *die, -,* Lehre von den Moosen.
Bschores [hebr.] *der, -,* G Wuchergewinn.
bschüssen, *es* bschüßt (bschoß, hat bschossen), *schweiz.:* es ist ausgiebig (Wolle u. a.). **bschüssig.**
Bschütti *die, -/-s, schweiz.:* Jauche.
Bsetzi *die, -, schweiz.:* Pflaster, gepflasterter Vorplatz.
BSG, Abk. für: Bundessozialgericht.
bst! [Schallw.], psch!, pst!, still!, Ruhe!
btto., Abk. für: brutto.
Bub [zu Bube] *der, -en/-en, oberdt.:* Junge, Bursche.
bubbern [Schallw.], *es* bubbert (hat gebubbert), U pocht, klopft erregt (Herz).
Bübchen *das, -s/-,* Diminutiv zu Bub. **Bube** [mhd. buobe ›Knabe‹, ›Diener‹, ›Spieler‹] *der, -n/-n,* ♣ Schurke. **2)** ♣ Schildknappe, Lehrling. **3)** Spielkarte, Abb. S 54. **bubenhaft,** nach Jungenart. **Bubenstreich** *der,* **1)** Streich von Lausbuben. **2)** ♣ Schurkerei. **Bubenstück** *das,* **Büberei** *die, -/-en,* gemeiner Streich, Schurkerei. **Bubi** *der, -s/-s,* Koseform zu Bub. **Bubikopf** *der,* eine Kurzhaarfrisur für Frauen. **Bubikragen** *der,* kleiner runter Kragen. **bübisch,** **1)** ♣ schändlich. **2)** schalkhaft: *sie lächelte b.*
Bubo [grch. boubon ›Leiste‹] *der, -s/. . .b'onen,* ⚕ entzündl. Anschwellung der Lymphknoten in der Leistenbeuge.
Buch [ahd. buoh] *das, -(e)s/⁻er,* **1)** größeres Schrift- oder Druckwerk, Abb. B 53: *Buchmalerei; Buchmesse; Bücherschrank; Bilderbuch; Märchenbuch; ich schreibe an einem B. über unsere Stadt; Jugendbuch; er hat sich ins B. der Geschichte eingetragen,* Ü unsterbliche Verdienste erworben; *das B. der Bücher,* die Bibel; *er redet wie im B.,* ununterbrochen; *das ist mir ein B. mit sieben Siegeln,* Ü ich weiß nichts davon; *ein Priester, wie er im Buche steht,* U ein typischer, vorbildlicher. **2)** Teil eines größeren Schriftwerkes: *die Bücher des Neuen Testaments.* **3)** 🗀 bezeichnet: *er führt die Bücher dieser Firma; es schlägt zu Buch(e),* Ü wirkt sich beachtlich aus. **4)** Wettliste bei Pferderennen. **5)** vollständiges Kartenspiel. **6)** Zählmaß für Blattgold und Blattsilber, früher auch für Papierbogen. **Buchbinder** *der,* Handwerker in der Buchbinderei: *Buchbinderarbeiten.* **Buchbinderei** *die,* **1)** ♣ Arbeit vom Falzen der fertigen Bogen bis zum Einbinden. **2)** Werkstatt des Buchbinders. **Buchdruck** *der, -(e)s,* Hochdruckverfahren für den Druck von Büchern, Zeitschriften,

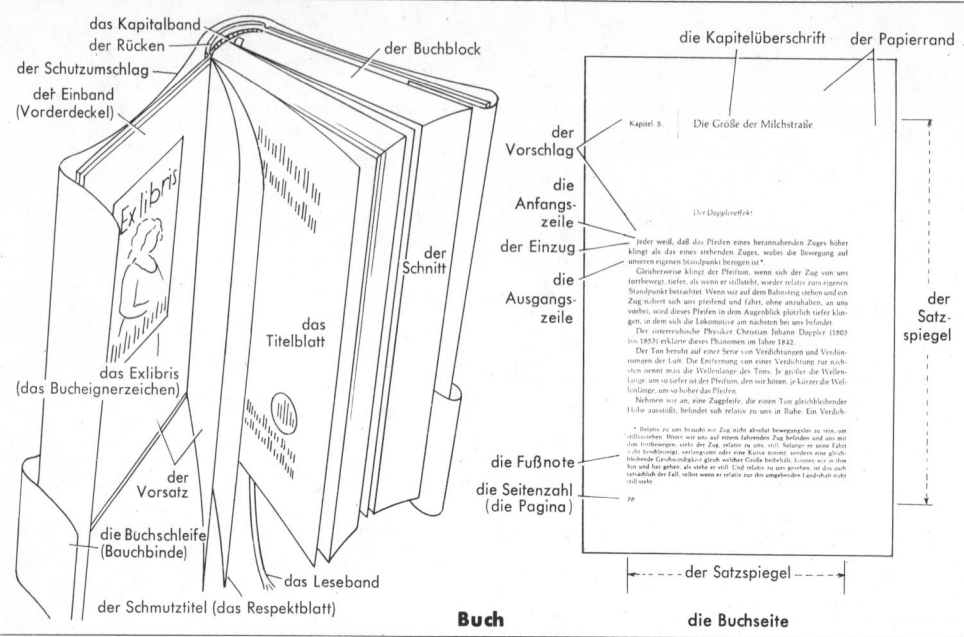

das Kapitalband
der Rücken
der Schutzumschlag
der Einband
(Vorderdeckel)
der Buchblock

Ex libris

der Schnitt

das Titelblatt

das Exlibris
(das Bucheignerzeichen)

der Vorsatz

die Buchschleife
(Bauchbinde)

das Leseband

der Schmutztitel (das Respektblatt)

Buch

die Kapitelüberschrift   der Papierrand

der Vorschlag
die Anfangszeile
der Einzug
die Ausgangszeile

Kapitel 5.   Die Größe der Milchstraße

der Satzspiegel

die Fußnote
die Seitenzahl
(die Pagina)

- - - - der Satzspiegel - - - -

die Buchseite

ABB. D 15. **Buchdrucker** *der*, Handwerker im Druckereigewerbe. **Buchdruckerkunst** *die*, Buchdruck.
Buche [ahd. buohha] *die*, -/-n, ein Laubbaum: *Buchenholz; Rotbuche*. **Buchecker** *die*, -/-n, oberdt.: **Buchel** *die*, -/-n, Frucht der Buche.
Büchelchen *das*, -s/-, Diminutiv zu Buch.
buchen [nhd.], *ich* buche (habe gebucht) *es*, **1)** 🕮 trage in Geschäftsbuch ein. **2)** lasse vormerken, bestelle (eine Reise, einen Platz auf dem Schiff, im Flugzeug). **3)** *als etwas*, Ü sehe dafür an: *ich b. es als Erfolg.*
buchen, aus dem Holz der Buche.
Bücherbrett *das*, Wandbrett für Bücher. **Bücherei** *die*, -/-en, Bibliothek, Büchersammlung; Räume dafür: *Leihbücherei*. **Buch|erfolg** *der*, besonders erfolgreiches Buch.
Bücherkunde *die*, -, Bibliographie, Lehre über alles, was das Buch betrifft, und über Bücherverzeichnisse. **Bücherrevisor** *der*, Buchprüfer. **Bücherstütze** *die*, Stütze, die eine Bücherreihe hält. **Bücherwurm** *der*, Ü besonders eifriger Sammler und Leser von Büchern.
Buchfink *der*, ein Singvogel.
Buchforderung *die*, 🕮 Forderung auf Grund der Geschäftsbücher. **Buchführung** *die*, 🕮 kaufmänn. Rechnungsführung, Aufzeichnung der Geschäftsvorgänge: *doppelte B.*
buchgemäß, 🕮 nach den Geschäftsbüchern, der Buchführung entsprechend. **Buchgemeinschaft** *die*, Unternehmen, das Bücher im Abonnement abgibt. **Buchhalter** *der*, -s/-, **Buchhalterin** *die*, -/-nen, ausgebildete(r) Angestellte(r) für die Buchführung. **buchhalterisch. Buchhaltung** *die*, Buchführung; Abteilung dafür. **Buchhandel** *der*, Herstellung und Vertrieb von Büchern: *Verlagsbuchhandel*. **Buchhändler** *der*, Inhaber oder ausgebildeter Angestellter eines buchhändler. Unternehmens. **buchhändlerisch. Buchhandlung** *die*, Geschäft zum Verkauf von Büchern. **Büchlein** *das*, Diminutiv zu Buch. **Buchmacher** *der*, Gewerbetreibender, der Rennwetten, bes. für Pferderennen, vermittelt. **Buchprüfer** *der*, Sachverständiger für Buchführung, Bilanz usw.
Buchsbaum [ahd. buhsboum, zu lat. buxus, grch. pyxos] *der*, ein immergrüner baumartiger Strauch, vgl. ABB. F 35.
Büchs|chen *das*, -s/-, Diminutiv zu Büchse. **Buchse** *die*, -/-n, **1)** ⚙ Hohlzylinder zum Schutz von Wellen oder Zapfen. **2)** ⚡ Steckdose: *Steckbuchse*. **Büchse** [ahd. buhsa, zu grch.

pyxis] *die*, -/-n, **1)** kleiner Behälter, bes. runde, gut verschließbare Dose, ABB. G 7: *Büchsenfleisch; Konservenbüchse*. **2)** Gewehr mit gezogenem Lauf, ABB. G 20. **Büchsenlicht** *das*, -(e)s, 🏹 Helligkeit, bei der man schon oder noch zielen kann. **Büchsenmacher** *der*, Hersteller von Gewehren. **Büchsenmilch** *die*, Milch aus der Konservendose. **Büchsenöffner** *der*, Gerät zum Öffnen von Konservendosen.
Buchstabe [ahd. buohstab] *der*, -ns auch -n/-n, geschriebenes Zeichen für einen Sprachlaut, vgl. ÜBERS. A 8, A 26, G 36; Sinnbild für Wortklauberei: *er hält sich starr an einen Buchstaben*, hält sich starr an einen Wortlaut, ohne selbständig zu denken; *auf den Buchstaben genau*, ganz genau, überpeinlich; *setz dich auf deine vier Buchstaben*, Ü verhüllend für: Popo, das Gesäß. **Buchstabenglaube** *der*, starrer Dogmenglaube, der sich an den engsten Wortsinn hält. **Buchstabenrechnung** *die*, △ Rechnung, in der feste Größen durch *a, b, c* usw., unbekannte durch *x, y, z* bezeichnet werden. **Buchstabenschloß** *das*, ein Sicherheitsschloß. **buchstabieren**, *ich* buchstabiere (habe buchstabiert) *es*, lese, spreche buchstabenweise: *buchstabieren Sie bitte Ihren Namen!* **Buchstabiertafel** *die*, ÜBERS. F 17. **Buchstabierung** *die*, -/-en. **buchstäblich**, genau nach dem Wortlaut, nicht übertrieben, wirklich: *eine buchstäbliche Auslegung des Textes; die Veranstaltung fiel b. ins Wasser; es verschlug ihm b. die Sprache.*
Bucht [niederdt., zu biegen] *die*, -/-en, **1)** ⊕ nur nach einer Seite offenes Becken: *Tieflandsbucht; Meeresbucht*, ABB. I 2, K 56. **2)** ⚓ Krümmung des Schiffsdecks nach den Seiten zu. **3)** ⚓ Schleife (im Tau). **4)** Box, Verschlag, Koben, ABB. S 59.
Buchtel [tschech.] *die*, -/-n, österr.: Dampfnudel.
buchtenreich, ⚓ mit vielen Buchten. **buchtig, 1)** buchtenreich. **2)** mit Einbuchtungen (Blattrand), ABB. B 34.
Buchung *die*, -/-en, **1)** das Buchen, Eintragung: *Buchungsmaschine; Fehlbuchung.* **2)** Bestellung (z. B. eines Flugtickets).
Buchweizen *der*, eine mehlliefernde Pflanze, ABB. G 18: *Buchweizenmehl.*
Buchwert *der*, 🕮 Wert laut Geschäftsbuch. **Buchzeichen** *das*, Lesezeichen. **Buchzwang** *der*, 🕮 Pflicht, Geschäftsbücher zu führen.
Buck, Bück *der*, -(es)/-e, schweiz.: Hügel, Anhöhe.
Buckel [mhd. buckel] *der*, -s/-, **1)** ⚕ Verkrümmung der Wirbelsäule nach hinten. **2)** Höcker, Ausbuchtung: *die Katze*

macht einen B. **3)** auch die, -/-n, erhabene Verzierung in Metall.
4) runde gewölbte Scheibe im Schild, ABB. S 18. **5)** Ü Rücken:
du kannst mir den B. herunterrutschen, Ü bist mir ganz
gleichgültig. **buck(e)lig, 1)** mit Rückenverkrümmung. **2)** mit
Buckeln; beulenartig verziert. **Buck(e)lige** der, die, -n/-n,
ein -r, eine -, buckliger Mensch. **buckeln,** ich buck(e)le (habe
gebuckelt), **1)** mache einen Buckel, Ü zeige mich unterwürfig.
2) es, trage auf dem Rücken. **3)** Metall, treibe kunstvoll.
Buckelrind das, Zebu. **Buckelurne** die, vor- und früh-
geschichtl. Tongefäß mit Buckelverzierung. **bücken** [mhd.
bücken], ich bücke mich (habe mich gebückt), beuge mich nach
vorn, mache den Rücken krumm: er bückte sich nach etwas,
wollte es aufheben.

Bücking [wohl zu büken ›in Rauch von Buchenholz
räuchern‹] der, -s/-e, alte Nebenform zu Bückling. **Bückling**
der, -s/-e, geräucherter Hering.
Bückling [zu bücken] der, -s/-e, Ü Verbeugung.
Buckram [vgl. Bougram] der, -s, ⊘ haltbarer, appretierter
Stoff für Bucheinbände.
Buck|skin [engl. ›Bockfell‹] der, -s/-s, ein Stoff für
Herrenanzüge.
Büdchen das, -s/-, Diminutiv zu Bude.
Buddel [von frz. bouteille] die, -/-n, auch Buttel, norddt.:
Flasche.
Buddelei die, -. **buddeln** [niederdt.], ich budd(e)le (habe
gebuddelt), Ü grabe, wühle im Sand.
Bud|dha [altindisch ›der Erwachte‹, ›der Erleuchtete‹], **1)**
Ehrenname des indischen Religionsstifters. **2)** der, -(s)/-s,
dessen Verkörperung: Buddhastatue. **Bud|dhismus** der, -,
von Buddha gestiftete Religion. **Bud|dhist** der, -en/-en.
bud|dhistisch.
Bude [mhd. buode ›Hütte‹] die, -/-n, **1)** leichtes Häuschen,
z. B. auf Rummelplätzen, ABB. R 31: Bretterbude; Würstchen-
bude. **2)** U altes Haus: wir sind ihm auf die B. gerückt, U haben
ihn ohne Einladung besucht; sie rennen mir die B. ein, U
belästigen mich immer wieder (mit Anliegen). **3)** U Zimmer
(für Studenten), Büro, Betrieb usw.: sie stellten die B. auf den
Kopf, trieben fröhlichen Unfug. **Budel** die, -/-(n), österr.:
Verkaufstisch. **Budenzauber** der, U fröhliches Fest im
eigenen Heim.
Budget [bydӡ'e, zu afrz. bougette ›Geldbeutel‹] das, -s/-s,
Haushaltsplan, Etat, für einen Zeitraum zur Verfügung
stehenden Gelder: Budgetentwurf; Militärbudget. **budgetär.**
budgetieren, ich budgetiere (habe budgetiert), stelle in den
Budget auf. **Budgetierung** die, -/-en.
Budike [frz. boutique ›Laden‹] die, -/-n, auch Butike,
U kleiner Laden, Kramladen; Kneipe. **Budiker** der, -s/-,
Besitzer einer Budike.
Büdner [zu Bude] der, -s/-, niederdt.: Kleinbauer.
Budo [japan.] das, -s, Sammelbegriff für die japan.
Kampfkünste Judo, Ju-Jutsu, Karate, Kendo u. a. **Budoka**
der, -s/-s, jemand, der Budo betreibt.
Büfett [frz.] das, -s/-s oder -e, Buffet, Büffet, **1)** Geschirr-
schrank, Anrichte. **2)** Schanktisch, Ausgabestelle für Speisen
und Getränke, ABB. G 5. **3)** kaltes B., Tisch mit kalten Speisen
zur Selbstbedienung. **Büfettier** [byfɛt'e] der, -s/-s, Verwalter
eines Schanktisches.
Büffel [frz. buffle, zu lat. bulalus] der, -s/-, ein Horntier:

Wasserbüffel; Büffelleder. **Büffelei** die, -. **büffeln,** ich büff(e)le
(habe gebüffelt) (es), U lerne ausdauernd und angestrengt.
Buffet [frz. byf'ɛ, schweiz. b'yfɛ] das, -s/-s, österr. auch:
Büffet [byf'e] das, -s/-s, Büfett.
Buffo [ital.] der, -s/-s oder B'uffi, Sänger komischer Rollen
(Oper). **buffonesk, buffonesk,** wie in der Opera buffa.
Bug [mhd. buoc ›Obergelenk‹, eigtl. ›Biegung‹] der, -(e)s/-e,
1) der vordere Teil des Schiffes, ABB. S 16, Ü auch des
Flugzeugs, ABB. F 31, Flugkörpers, Geschosses u. a. **2)** Pl. auch
˝e, Blatt, Schulterteil der Säugetiere; Schulterstück, ABB. F 25,
P 9. **3)** Pl. ˝e, ⟅⟆ Pl. ˝e schräge Versteifung, ABB. B 7.
Bügel [zu biegen] der, -s/-, ABB. B 54, **1)** rundlicher, nicht
ganz geschlossener Griff. **2)** Kleiderbügel. **3)** Steigbügel.
Bügelbrett das, ABB. B 54. **Bügeleisen** das, Gerät zum
Bügeln, ABB. B 54. **Bügelfalte** die, ABB. K 24. **bügelfest,**
Reiten: fest im Sattel. **bügelfrei,** nach der Wäsche glatt ohne
Bügeln (Hemden, Stoffe). **Bügelhorn** das, Sammelbez. für
Baß- und Tenortuba, Pikkolo, Flügel-, Tenorhorn, Baryton.
Bügelmeßschraube die, eine Mikrometerschraube, ABB.
M 15. **bügeln,** ich büg(e)le (habe gebügelt) es, glätte mit dem
Bügeleisen oder einer Bügelmaschine (Textilien), ABB. B 54: er
ist immer geschniegelt und gebügelt, U sehr gepflegt gekleidet.
Buggy [b'ʌgi, engl.] der, -s/-s, **1)** leichtgebauter Einspän-
ner, bes. für Trabrennen. **2)** geländegängiger, offener Kraft-
wagen.
Büglerin die, -/-nen, Frau, die (berufsmäßig) bügelt.
bugsieren [niederl.], ich bugsiere (habe bugsiert) ihn, es, **1)**
↝ schleppe und schiebe ein großes Schiff im Hafen. **2)** Ü lenke,
bringe geschickt zu einem bestimmten Ziel: wir bugsierten ihn
nach Hause. **Bugsierer** der, -s/-, ↝ Schleppschiff. **Bugsie-
rung** die, -/-en.
Bug|spriet das oder der, -(e)s/-e, ↝ schräg nach vorn
herausstehender Mast, ABB. K 29. **Bugwelle** die, beim
fahrenden Schiff der sich vor dem Bug aufstauende Wellen-
berg.
buh! [Schallw.], Ausruf des Mißfallens. **Buh** das, -s/-s: es
gab vereinzelte Buhs während der Vorstellung, U.
Buhei [Schallw.] das, -s, bes. rhein.-westfäl.: Aufhebens,
unnützes Gerede: sie machen B.
Bühel der, -s/-, Bühl.
buhen, ich buhe (habe gebuht), U rufe buh.
Bühl [mhd. bühel] der, -(e)s/-e, Bühel, oberdt.: Hügel.
Buhle [mhd. buole, ⊗P **1)** der, -n/-n, Geliebter. **2)** die, -/-n,
Geliebte. **buhlen,** ich buhle (habe gebuhlt), **1)** mit ihm, ihr,
⊗P liebkose ihn, sie, habe ein Liebesverhältnis. **2)** wetteifere,
werbe um etwas, strebe heftig danach: ich b. um seine Er-
folg; ich b. um seine Gunst. **Buhlerin** die, -/-nen, die Buhle.
buhlerisch. Buhlschaft die, -/-en, ⊗ Liebesverhältnis.
Buhmann [zu buh] der, -(e)s/˝er, Kinderschreck, böser
Mann: man will mich zum B. machen, Ü als abschreckendes
Beispiel, als Schuldigen hinstellen.
Buhne [niederdt., verwandt mit Bühne] die, -/-n, quer ins
Wasser hineingebauter Damm zur Flußregelung, Förderung
der Verlandung, ABB. F 32: Buhnenkopf.
Bühne [mhd. büne ›Zimmerdecke‹, ›Brett‹] die, -/-n, **1)**
Schauplatz der Aufführung im Theater, ABB. B 55: Bühnen-
bearbeitung, bühnenwirksame Gestaltung (eines Romans);
Drehbühne; er ist von der politischen B. verschwunden, Ü; es

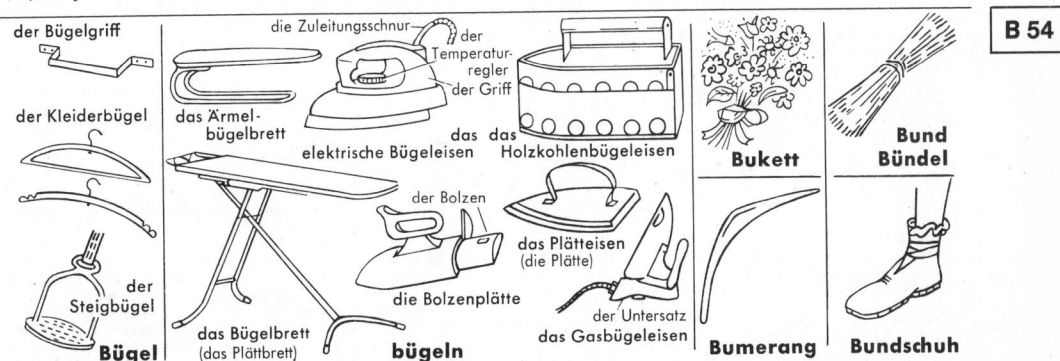

B 54

der Bügelgriff — die Zuleitungsschnur — der Temperaturregler — der Griff — der Kleiderbügel — das Ärmelbügelbrett — das elektrische Bügeleisen — das Holzkohlenbügeleisen — **Bukett** — **Bund Bündel** — der Bolzen — das Plätteisen (die Plätte) — der Steigbügel — die Bolzenplätte — der Untersatz — das Gasbügeleisen — **Bügel** — das Bügelbrett (das Plättbrett) — **bügeln** — **Bumerang** — **Bundschuh**

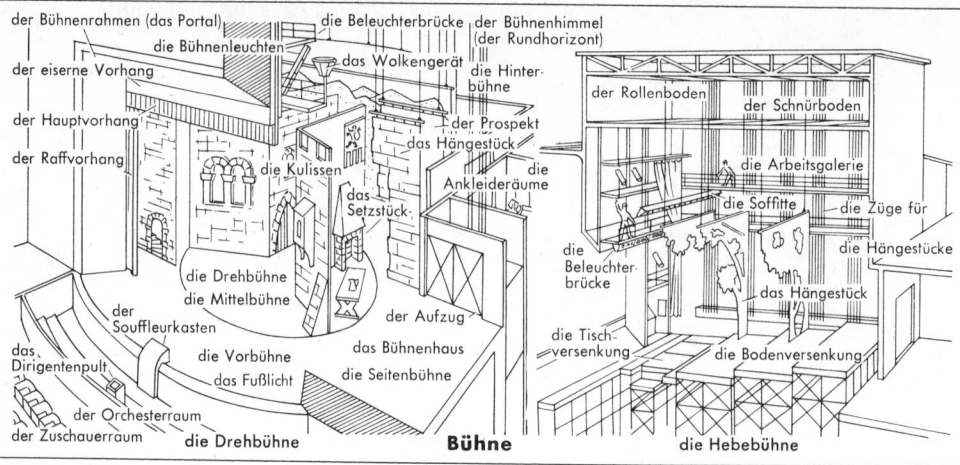

der Bühnenrahmen (das Portal) — die Beleuchterbrücke — der Bühnenhimmel (der Rundhorizont)
die Bühnenleuchten
der eiserne Vorhang — das Wolkengerät — die Hinterbühne
der Hauptvorhang — der Prospekt — der Rollenboden — der Schnürboden
der Raffvorhang — das Hängestück
die Kulissen — die Ankleideräume — die Arbeitsgalerie
das Setzstück — die Soffitte — die Züge für
die Drehbühne — die Beleuchterbrücke — die Hängestücke
die Mittelbühne
der Souffleurkasten — der Aufzug — das Hängestück
das Dirigentenpult — die Vorbühne — das Bühnenhaus — die Tischversenkung — die Bodenversenkung
das Fußlicht — die Seitenbühne
der Orchesterraum
der Zuschauerraum — **die Drehbühne** — **Bühne** — **die Hebebühne**

ging *ohne Zwischenfall über die B.*, Ü *lief reibungslos ab*. **2)** Ü Theater: *Wanderbühne; er will zur B. gehen*, Schauspieler werden. **3)** erhöhter Teil des Fußbodens, Plattform, Podium, Tribüne: *Rednerbühne*. **4)** *oberdt.*: (bretterne) Zimmerdecke. **5)** *oberdt.*: Dachboden. **bühnen**, *ich bühne* (habe gebühnt) *es, niederdt.*: **1)** decke mit Brettern (Zimmer). **2)** wölbe. **Bühnenaussprache** *die*, Bühnensprache. **Bühnenbild** *das*, durch Kulissen u. a. Ausstattungsstücke gestaltetes szenisches Bild. **Bühnenbildner** *der*, Entwerfer, auch Gestalter von Bühnenbildern. **bühnengerecht**, theatermäßig, wirkungsvoll. **bühnenreif**, fürs Theater brauchbar. **Bühnensprache** *die*, Bühnenaussprache, Hochsprache, ÜBERS. A 26. **bühnenwirksam**, auf der Bühne wirkungsvoll.
  Buhruf [zu buh] *der*, ein Ausruf des Mißfallens.
  Buhurt [mhd. buhurt, aus afrz. bouhourt] *der, -(e)s/-e*, mittelalterl. Reiterkampfspiel.
  buk, von backen.
  Bukanier [frz., aus portugies.-Tupí] *der, -s/-*, westindischer Seeräuber im 17. Jahrh.
  Bukett [frz. bouquet] *das, -(e)s/-s* oder *-e*, **1)** Blumenstrauß, ABB. B 54. **2)** Duft, Blume des Weins.
  Bukinist [zu frz. bouquin ›altes Buch‹, ›Schmöker‹] *der, -en/-en*, Straßenbuchhändler.
  Bukolik [von grch. boukolos ›Rinderhirt‹] *die, -*, Schäfer-, Hirtendichtung. **Bukoliker** *der, -s/-*, Dichter von Hirtenliedern. **bukolisch**.
  Bulbille [zu Bulbus] *die, -/-n*, ⊕ Brutknospe. **bulbös**, knollig, zwiebelförmig.
  Bulbul, Bülbül [pers.-arab.] *der, -s/-s*, ein Singvogel.
  Bulbus [lat. ›Zwiebel‹] *der, -/...ben*, **1)** ⊕ zwiebelartiges Organ. **2)** *Pl. auch ...bi*, ⚕ zwiebelförmiges Organ, z. B. Augapfel.
  Bule [grch. boule ›Wille‹] *die, -*, Ratsversammlung, eine Behörde in den altgriech. Staaten.
  Bulette [frz., zu Boule] *die, -/-n*, gebratenes Fleischklößchen.
  Bulgare *der, -n/-n*, **Bulgarin** *die, -/-nen*, Angehörige(r) eines südslaw. Volkes. **bulgarisch**, die Bulgaren und den südosteuropäischen Staat Bulgarien betreffend. **Bulgarisch** *das, -(s), dem -*, bulgarische Sprache; vgl. Deutsch.
  Bulimie [grch. bulimia ›Heißhunger‹] *die, -*, ⚕ Gefräßigkeit.
  Bulin(e) [aus engl. bowline] *die, -/...nen*, ⚓ Hilfsleine am Rahsegel.
  Bulkcarrier [bˈʌlkkæri̯ə, engl. bulk ›Bulkladung‹ und carrier ›Träger‹] *der, -s/-s*, Schiff zur Beförderung von Bulkladungen. **bulken**, *ich bulke* (habe gebulkt) *es*, ⚓ schütte.
  Bulkladung *die*, ⚓ einschüttbares Frachtgut, z. B. Getreide, Kohle.
  Bullarium [lat.] *das, -s/...ri̯en*, Sammlung päpstl. Bullen.
  Bullauge [niederdt. Bulloog, eigtl. ›Bullenauge‹] *das*, rundes, kleines Fenster, bes. am Schiff. **Bulldogge** [engl. bull

›Bulle‹ und dog ›Hund‹] *die*, eine Haushundrasse. **Bulldozer** [-douzə] *der, -s/-*, **1)** schweres Raupenfahrzeug für Planierungen. **2)** eine Presse für Walzwerke.
  Bulle [mnd. bulle ›Zuchtstier‹] *der, -n/-n*, **1)** Stier, männl. Rind, ABB. R 22; auch für andere männl. Tiere: *Elefantenbulle; Zuchtbulle*. **2)** Ü großer, starker Mann. **3)** Ü Polizist, Kriminalbeamter. **4)** ♗ jemand, der einen einflußreichen Posten innehat: *Küchenbulle*.
  Bulle [mhd. bulle, zu lat. bulla ›(Wasser)blase‹] *die, -/-n*, **1)** Schutzkapsel für ein Metallsiegel. **2)** Metallsiegel. **3)** Urkunde mit Metallsiegel: *päpstliche, kaiserliche Bullen*. **4)** *norddt.*: Flasche.
  Bullenbeißer *der, -s/-*, **1)** Bulldogge. **2)** Ü bissiger Mensch. **Bullenhitze** *die*, Ü große Hitze. **bullenstark**, Ü sehr stark.
  bull(e)rig. bullern [Schallw.], *ich bull(e)re* (habe gebullert), *norddt.*: **1)** schelte polternd. **2)** bollere, klopfe laut; schieße: *er bullert gegen die Tür*. **3)** *es bullert*, gibt dumpfe Töne von sich.
  Bulletin [bylˈtɛ̃, frz.] *das, -s/-s*, Bericht, Bekanntmachung, amtl. Verlautbarung: *ärztliches, amtliches B*.
  Bullfinch [bˈulfintʃ, engl.] *der, -s/-s*, Pferdesport: eine buschförmige Hürde.
  bullig [zu Bulle] *U* sehr stark, sehr groß, kräftig gebaut: *ein bulliger Kerl; bullige Hitze*.
  bullös [lat. bulla ›(Wasser)blase‹], ⚕ blasenförmig, blasig.
  Bully [engl. to bully ›Ball abschlagen‹] *das, -s/-s*, Roll-, Eis- und Feldhockey: Eröffnungsaktion bei Beginn des Spiels und einer Spielphase.
  bulst(e)rig [zu plustern], *oberdt.*: fahrig.
  Bulte, Bülte *die, -/-n*, **Bulten** *der, -s/-*, *niederdt.*: **1)** bewachsener Erdhaufen, Rasenhügel. **2)** feste Deckschicht auf Torf. **3)** über den Moorwasserspiegel ragende Vegetationsinsel. **Bultsack** *der*, Seemannsmatratze.
  bum!, Schallw. für dröhnendes Aufschlagen: *bim, bam, bum!; bum, bum!*
  Bumbaß *der*, altes Instrument der Bettelmusikanten.
  Bumboot [engl. bumboat, zu niederdt. bom ›Baum‹ und boot ›Boot‹] *das*, Händlerschiff, das Schiffe im Hafen mit Bedarfsgütern versorgt.
  Bumerang [engl. boomerang, aus einer australischen Eingeborenensprache] *der, -s/-s* oder *-e*, Wurfholz, das bei Verfehlen des Ziels zum Werfer zurückkehrt, ABB. B 54: *Reformpolitik erwies sich als B.*, Ü unbeabsichtigte negative Wirkungen trafen den Urheber selbst.
  Bummel, 1) *der, -s/-*, U gemütlicher kleiner Spaziergang: *Einkaufsbummel; Schaufensterbummel*. **2)** *die, -/-n*, U Quaste, Troddel. **Bummelant** *der, -en/-en*, Bummler. **Bummelei** *die, -/-en*, übertriebene Langsamkeit, Nachlässigkeit, Faulheit. **bumm(e)lig**, langsam, faul, träge. **Bumm(e)ligkeit** *die, -*. **Bummelleben** *das*, Leben eines Müßiggängers. **bummeln** [niederdt. ›hin und her schwanken‹, *ich bumm(e)le*, U **1)** (bin gebummelt), mache einen Bummel: *ich b. durch die Geschäfts-*

straßen; *wir wollen heute abend bummeln gehen,* mehrere Lokale besuchen. **2)** (habe gebummelt), mache langsam: *bummelt nicht so!* **3)** (habe gebummelt), bin faul und lebe leichtsinnig: *gebummelt statt studiert.* **Bummelstreik** der, Form des Streiks, bei dem im Arbeitsablauf starke Verzögerungen eintreten, ›Dienst nach Vorschrift‹. **Bummelzug** der, U langsamer Personenzug. **Bummerl** das, -s/-(n), österr.: Verlustpunkt beim Kartenspiel. **Bummler** der, -s/-, **1)** Nichtstuer. **2)** träger Mensch. **3)** Nachtschwärmer.

bums!, Schallw. für dumpfen Fall oder Schlag. **Bums** der, -es/-e, U **1)** dumpfer Schlag, Fall. **2)** laute Tanzveranstaltung. **3)** Koitus. **bumsen,** *ich* bumse, **1)** (habe gebumst), U schlage dumpf gegen etwas: *an dieser Kreuzung bumst es öfter mal,* gibt es Karambolagen. **2)** (habe gebumst) *(sie),* V habe Geschlechtsverkehr. **3)** (bin gebumst), falle dröhnend auf. **Bumslokal** das, U anrüchige Vergnügungsstätte.

Buna [Kurzw. aus Butadien und Natrium] der oder das, -(s), synthet. Kautschuk.

Bund [mhd. bunt] der, -(e)s/-ᵉe, **1)** eine Gemeinschaft, Zusammenschluß von Individuen, Gruppen, Staaten u. a.: *Sängerbund; Gewerkschaftsbund; Staatenbund; Bundesstaat; sie wollen einen B. eingehen,* sich verbünden; *der B. fürs Leben,* die Ehe; *der Alte B., der Neue B.,* B das Alte und Neue Testament. **2)** ohne Pl., kurz für: Bundesrep. Dtl., bes. im Gegensatz zu den einzelnen Bundesländern; auch U kurz für Bundeswehr: *Bundesbürger; Bundesgebiet; Bundesregierung; Bundesminister; Bundespost; bundesdeutsch; der, die Bundesdeutsche.* **3)** ⊘ Verbindungsstelle der durch das Heften mit den Bünden zusammengefaßten gefalzten Druckbogen. **4)** oberer eingefaßter Rand von Hosen und Röcken, Abb. K 24. **5)** ⊙ Ring am Zapfen. **6)** ♪ Leiste auf dem Griffbrett eines Saiteninstruments, Abb. G 26. **7)** verschließbarer Ring: *Schlüsselbund.* **8)** das, -(e)s/-e, Zusammengebundenes, Abb. B 54: *zwei B. Stroh.* **Bündchen** das, -s/-, **1)** feste Stoffeinfassung an Halsausschnitt und Ärmeln von Kleidungsstücken. **2)** Diminutiv zu: das Bund.

Bündel [mhd. bündel, Verkleinerung zu Bund] das, -s/-, **1)** Zusammengebundenes, z. B. Holz, Spargel, Stroh, Abb. B 54: *er muß sein B. schnüren,* Ü fortgehen. **2)** ein altes Garnmaß. △ Gesamtheit aller Geraden im Raum, die sich in einem Punkt schneiden: *Geradenbündel.* **Bündelei** die, -/-(en), **1)** das Zusammenbündeln; Verschnürung. **2)** Geheimbündelei. **Bündelis|tag** der, schweiz.: **1)** 2. Febr., Kündigungstag für Dienstboten. **2)** letzter (schulfreier) Samstag vor Ferienbeginn. **bündeln,** *ich* bünd(e)le (habe gebündelt) *es,* füge zu einem Bündel zusammen. **Bündelpfeiler** der, von schlanken Säulen umgebener Pfeiler, Abb. S 67. **bündelweise,** in Bündeln.

Bundesangestelltentarif der, Abk.: BAT, tarifrechtl. Regelung für die Angestellten des öffentl. Dienstes der Bundesrep. Dtl. **Bundesanstalt** die, in der Bundesrep. Dtl. Bundesbehörde für bestimmte Aufgaben: *B. für Arbeit.* **Bundesarbeitsgericht** das, Abk.: BAG, oberstes Organ der Arbeitsgerichtsbarkeit in der Bundesrep. Dtl. **Bundesautobahn** die, in der Bundesrep. Dtl. eine Bundesfernstraße, bestimmte Autobahn. **Bundesbahn** die, staatl. Eisenbahn in Österreich, in der Schweiz und der Bundesrep. Dtl.: *Deutsche Bundesbahn,* Abk.: DB. **Bundesbruder** der, Mitglied derselben (student.) Vereinigung. **Bundesebene** die, -: *auf B.,* über die Länder hinausgehend, die gesamte Bundesrep. Dtl. betreffend. **bundeseigen,** der Bundesrep. Dtl. gehörend. **Bundesfernstraße** die, überregionale Verkehrsstraße in der Bundesrep. Dtl. **Bundesfinanzhof** der, Abk.: BFH, oberstes Organ der Finanzgerichtsbarkeit in der Bundesrep. Dtl. **Bundesgenosse** der, Verbündeter. **Bundesgenossenschaft** die, › Bündnis. **Bundesgericht** das, **1)** in Bundesstaaten Gericht, das verfassungsmäßig in bestimmten, dem Gesamtstaat vorbehaltenen Angelegenheiten Recht spricht. **2)** das oberste Gericht der Schweiz. **Bundesgerichtshof** der, Abk.: BGH, in der Bundesrep. Dtl. oberstes Bundesgericht für die ordentl. Gerichtsbarkeit. **Bundesgesetzblatt** das, Abk.: BGBl., in der Bundesrep. Dtl. das amtl. Verkündungsblatt für Gesetze und Rechtsverordnungen des Bundes. **Bundesgrenzschutz** der, Abk.: BGS, in der Bundesrep. Dtl. eine polizeiähnl. Bundesbehörde zum Schutz der Landesgrenzen. **Bundeshauptstadt** die, in der Bundesrep. Dtl. Bonn als Sitz der Bundesregierung. **Bundeshaus** das, Gebäude des Dt. Bundestags in Bonn. **Bundesheer** das, Heer eines Bundesstaats, z. B. im Dt. Bund (bis 1866), in Österreich und der Schweiz. **Bundeskanzlei** die, in der Schweiz die dem Bundespräsidenten unterstellte Kanzlei des Bundesrats. **Bun-**

deskanzler der, **1)** Bundesrep. Dtl. und Österreich: Leiter der Bundesregierung: *Bundeskanzleramt.* **2)** Schweiz: Leiter der Bundeskanzlei. **Bundeslade** die, -, Heiligtum der israelit. Stämme. **Bundesland** das, Gliedstaat der Bundesrep. Dtl. und Österreichs. **Bundesliga** die, Fußball u. a.: höchste Spielklasse in der Bundesrep. Dtl. **Bundesnachrichtendienst** der, Abk.: BND, Geheimdienst der Bundesrep. Dtl. **Bundespräsident** der, **1)** Staatsoberhaupt in der Bundesrep. Dtl. und in Österreich. **2)** in der Schweiz der Vorsitzende des Bundesrats (er ist nicht Staatsoberhaupt). **Bundesrat** der, **1)** in der Bundesrep. Dtl. und in Österreich das föderative, aus Vertretern der Länder bestehende Bundesorgan. **2)** in der Schweiz die oberste leitende und vollziehende Regierungsbehörde. **3)** im Dt. Reich (1871–1918) als Vertretung der einzelstaatl. Regierungen das oberste Reichsorgan. **Bundesrepublik** die, ein Bundesstaat: *B. Deutschland.* **bundesrepublikanisch. Bundessozialgericht** das, Abk.: BSG, oberstes Organ der Sozialgerichtsbarkeit in der Bundesrep. Dtl. **Bundesstaat** der, **1)** Staat, dessen Gliedstaaten in gewissem Umfang Selbständigkeit behalten. **2)** einzelner Gliedstaat. **Bundesstadt** die, in der Schweiz Bern als Sitz von Bundesregierung und Parlament. **Bundesstraße** die, in der Bundesrep. Dtl. eine Bundesfernstraße. **Bundestag** der, **1)** Volksvertretung, Parlament der Bundesrep. Dtl. **2)** im Dt. Bund: Bundesversammlung. **Bundestrainer** [-trɛ- oder -tre-] der, in Bundesstaaten Trainer der Nationalmannschaft. **Bundesverdienstkreuz** das, Verdienstorden der Bundesrep. Dtl. **Bundesverfassungsgericht** das, Abk.: BVerfG, oberstes Organ der Verfassungsgerichtsbarkeit in der Bundesrep. Dtl. **Bundesversammlung** die, **1)** Bundesrep. Dtl.: Organ für die Wahl des Bundespräsidenten. **2)** Dt. Bund: Bundestag, Gesandtenkongreß der Gliedstaaten. **3)** Schweiz: oberstes Bundesorgan. **Bundesverwaltungsgericht** das, Abk.: BVerwG, oberstes Organ der Verwaltungsgerichtsbarkeit in der Bundesrep. Dtl. **Bundeswehr** die, -, die Streitkräfte der Bundesrep. Dtl. ausgedehnt: *bundesweite Fahndung.*

bündig, **1)** zwingend: *ein bündiger Beweis.* **2)** schlagend, treffend: *kurz und b.* **3)** ⊓⊓ glatt abgeflüchtet, eben verlaufend. **Bündigkeit** die, -, Treffsicherheit, zwingende Beweiskraft. **bündisch,** in einem Bund gehörig: *Bündische Jugend.* **Bündner** der, -s/-, **1)** ⊶ Angehöriger eines Bundes. **2)** schweiz. kurz für: Graubündner: *B. Fleisch.* **bündnerisch,** schweiz. kurz für: graubündnerisch. **Bündnis** das, -ses/-se, **1)** Freundschaftsvertrag zwischen Staaten: *Bündnissystem; Bündnisvertrag; Militärbündnis.* **2)** freundschaftl. Bindung zwischen mehreren Personen oder Gruppen. **Bundschuh** der, Bauernschuh, Abb. B 54, Zeichen aufständ. Bauern um 1500. **Bundsteg** der, ⊘ Raum zwischen zwei Satzspiegeln, durch den die Heftung geht. **Bundzeichen** das, Kerbe an Bauhölzern, die zusammengehören.

Bungalow [-lo, auch b'ʌŋəlou, engl. aus ind.] der, -s/-s, (leichtes) einstöckiges Haus, Abb. H 11.

Bunge [mhd. bunge ›Trommel‹] die, -/-n, reusenförmiges Fischernetz.

Bunker [engl.] der, **1)** großer Behälter für Kohle, Erz, Zement, Getreide u. a. **2)** Golf: Sandloch. **3)** ⊶ Schutzraum (aus Beton), Unterstand: *Luftschutzbunker.* **4)** ⊶ Arrest: *er bekam sechs Tage B.* **bunkern,** *ich* bunk(e)re (habe gebunkert) *(es),* lade, fülle in Bunker.

Bunsenbrenner [nach dem Chemiker R. W. Bunsen, 1811–1899] der, ein Gasbrenner, Abb. G 4.

bunt [mhd. bunt, urspr. auf schwarz- und weißgeflecktes Pelzwerk bezogen], **1)** farbig (nicht nur schwarz und weiß): *Buntpapier; Buntstift.* **2)** mehrfarbig: *ein buntkarierter Rock;* aber: *der Rock ist b. kariert; er ist nun ein bunter Hund,* U sehr bekannt. **3)** ≐ gefleckt (Kuh): *buntscheckig.* **4)** abwechslungsreich: *ein bunter Abend,* mit Darbietungen verschiedener Art; *bunte Reihe,* wechselnd Männer und Frauen; *das wird mir zu b.,* Ü nun habe ich es satt. **Bünt** die, -/-en, schweiz.: eingezäuntes Land.

Buntdruck der, -(e)s/-e, Farbendruck. **Buntfilm** der, Farbfilm. **Buntheit** die, -, **1)** bunte Beschaffenheit, Farbenfülle. **2)** Ü Abwechslungsreichtum, Vielfalt: *die B. des Lebens.* **Buntmetall** das, jedes schwere Nutzmetall außer Eisen. **Buntsandstein** der, -(e)s, ⊕ eine geolog. Abteilung der Trias. **Buntspecht** der, schwarz-, weiß- und rotgefiederter Specht.

Bürde [ahd. burdin] die, -/-n, **1)** Last, schwere Traglast. **2)** Ü seelische Last, Mühe, Kummer.

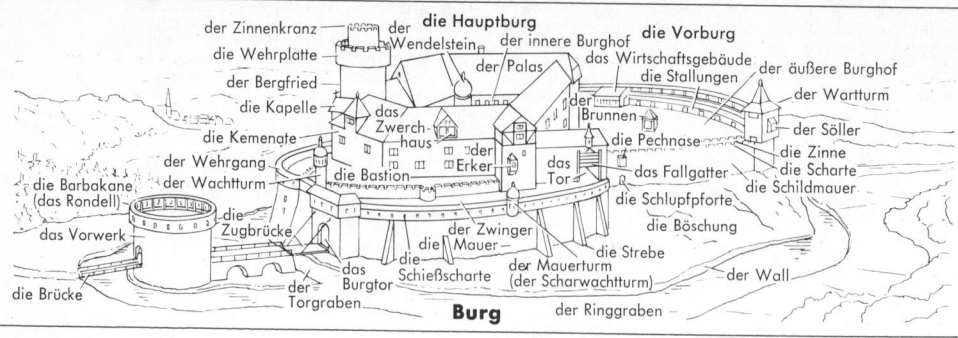

der Zinnenkranz — der Wendelstein — **die Hauptburg** — der innere Burghof — **die Vorburg**
die Wehrplatte — der Palas — das Wirtschaftsgebäude — der äußere Burghof
der Bergfried — die Stallungen — der Wartturm
die Kapelle — das Zwerch-haus — der Brunnen — der Söller
die Kemenate — der Erker — die Pechnase — die Zinne
der Wehrgang — der Wachtturm — die Bastion — das Tor — das Fallgatter — die Scharte
die Barbakane (das Rondell) — die Schildmauer
die Zugbrücke — die Schlupfpforte
das Vorwerk — die Mauer — die Böschung
die Brücke — das Burgtor — das Schießscharte — der Zwinger — die Strebe — der Wall
der Torgraben — **Burg** — der Mauerturm (der Scharwachtturm) — der Ringgraben

---

Bure [niederl. boer ›Bauer‹] *der, -n/-n,* Südafrikaner, meist niederländ. Herkunft: *Burenkrieg.*
Bureau [byr'o, frz.] *das, -s/-s* und *-x* [byr'o], ⚭ für: Büro.
Büretsch *der, -, alem.:* Spinat.
Bürette [frz.] *die, -/-n,* Glasröhre zum Abmessen kleiner Flüssigkeitsmengen.
Burg [ahd. burg ›Burg‹, ›Stadt‹, urspr. befestigte Höhe] *die, -/-en,* **1)** befestigte Anlage, ABB. B 56; Sinnbild für eine feste Zuflucht: *mein Heim, meine B.!; Burggraben; Ritterburg.* **2)** Bau aus Sand: *Strandburg.* **3)** 🦫 über das Wasser ragender Bau des Bibers.
Bürge [ahd. purgio] *der, -n/-n,* jemand, der für andere haftet: *ich bin sein B.* **bürgen,** *ich* bürge (habe gebürgt) *für ihn, ihm für etwas,* bin Bürge, leiste Sicherheit, garantiere.
Burger [engl. b'ə:gə] *der, -s/-,* kurz für: Cheeseburger, Hamburger u. a.
Burger *der, -s/-, schweiz.:* Person mit Heimatrecht in der Gemeinde: *Burgerschaft.* **Bürger** [ahd. burgare] *der, -s/-,* **1)** vollberechtigter Bewohner einer Gemeinde oder eines Staates: *Staatsbürger; Bundesbürger; Bürger der Bundesrep. Dtl.; Bürgerausschuß; Bürgernähe; Bürgerpflicht.* **2)** Angehöriger des (besitzenden) Mittelstandes: *Bürgersinn; Bürgertugend; Besitzbürger.* **3)** *akademischer B.,* Angehöriger einer Hochschule. **Bürgerhaus** *das,* **1)** ⚭ Wohnhaus der städt. Bevölkerung. **2)** allen Bürgern zugängliche städt. Einrichtung. **Bürgerin** *die, -/-nen.* **Bürger|initiative** *die,* Zusammenschluß von Bürgern zur Durchsetzung gemeinsamer Interessen. **Bürgerkrieg** *der,* mit Waffen ausgetragener Machtkampf streitender Parteien innerhalb eines Staates. **bürgerlich, 1)** den Bürger betreffend, dem Bürger zustehend: *bürgerliche Ehrenrechte;* aber: *das Bürgerliche Gesetzbuch,* Abk.: *BGB.* **2)** den Mittelstand betreffend, ihm angehörig: *bürgerliche Vorurteile, Moralvorstellungen.* **3)** nach hergebrachter Art, nicht zu verfeinert: *bürgerliche Küche.* **Bürgerlichkeit** *die, -.* **Bürgermeister** *der,* Vorsitzender der Stadt- oder Gemeindeverwaltung: *Bürgermeisteramt.* **Bürgermeisterei** *die,* Amt(ssitz) des Bürgermeisters. **Bürgerrecht** *das,* Gesamtheit der Rechte eines Bürgers. **Bürgerrechtler** *der, -s/-,* **Bürgerrechtlerin** *die, -/-nen.* **Bürgerrechtsbewegung** *die,* Bewegung, die für die Verwirklichung des Bürgerrechts kämpft. **Bürgerschaft** *die, -/-en, Pl. selten,* **1)** Gesamtheit der Bürger einer Gemeinde oder eines Staates. **2)** Parlament der Hansestädte Hamburg und Bremen. **bürgerschaftlich.** **Bürgerschreck** *der,* ⋃ jemand, der durch unkonventionelles Verhalten Angehörige des Bürgertums provoziert. **Bürgersteig** *der,* Gehweg, ABB. S 72. **Bürgertum** *das, -s,* Gesamtheit der Bürger, bes. als Angehörige des Mittelstandes.
Burgfriede(n) [mhd. burcvride] *der,* **1)** im MA.: öffentl. Sicherheit innerhalb des Burggebiets. **2)** ⋃ vorübergehende Einstellung eines Streites, Parteienkampfes. **Burggraf** *der,* im MA.: Beamter für Rechtsprechung, Militär- und Zivilverwaltung; in den dt. Königs- und Bischofsburgen und -städten der richterliche und militär. Vertreter des Stadtherrn.
Burghard [von Burkhard], männl. Vorname.
Bürgin *die, -/-nen,* weibl. Bürge. **Bürgschaft** [mhd. bürgeschaft] *die, -/-en,* Sicherheit, Haftung für einen anderen.
Burgstall *der,* ♦ Erhöhung in der Hirschfährte.
Burgunder *der, -s/-,* **1)** Angehöriger eines german. Stammes. **2)** französ. Wein: *Burgunderrebe; Burgunderwein.*

Burgverlies *das,* Kerker der Burg.
burisch, die Buren betreffend, zu ihnen gehörend.
Burjate, Burjäte *der, -n/-n,* Angehöriger eines mongol. Volkes. **burjatisch, burjätisch.**
Burkhard [ahd. burg ›Burg‹ und hart ›stark‹], männl. Vorname.
Burlak [slaw.] *der, -en/-en,* im alten Rußland: wandernder Tagelöhner, Schiffsknecht auf der Wolga.
burlesk [frz., zu ital. burla ›Schwank‹], possenhaft. **Burleske** *die, -/-n,* **1)** Posse, Schwank. **2)** ♪ Musikstück heiteren Charakters.
Burmane, burmanisch, engl. Schreibung für: Birmane, birmanisch. **Burmese, burmesisch,** in der Schweiz für: Birmane, birmanisch.
Burnout [bə:n'aut, engl.] *das, -s,* **1)** bei Reaktoren das Durchbrennen von Brennstoffhülsen oder Wärmeaustauschern. **2)** Brennschluß einer Rakete.
Burnus [arab.] *der, -* oder *-ses/-se,* Kapuzenmantel der Beduinen.
Büro [frz. bureau] *das, -s/-s,* **1)** Amts-, Geschäftszimmer, ABB. B 57: *Bürostunden, Bürozeit,* Arbeitszeit im Büro; *Büromaschine,* techn. Hilfsmittel für Schreib- und Rechenarbeiten im Büro; *Direktionsbüro; Übersetzungsbüro.* **2)** Gesamtheit der in einem Büro beschäftigten Angestellten: *Bürovorsteher; Bürohengst,* ⋃ scherzhaft: *Büroangestellter.* **Büroklammer** *die,* ABB. B 57. **Büro|krat** *der, -en/-en,* trockener Aktenmensch, Pedant. **Büro|kratie,** *-/. . .t'i|en,* **1)** Beamtenherrschaft. **2)** der Verwaltungsapparat, *Pl.,* ⋃ Bürokratismus. **büro|kratisch. büro|kratisieren,** *ich* bürokratisiere (habe bürokratisiert) *es,* unterwerfe einem bürokrat. System. **Büro|kratismus** *der, -,* rein formalist. Dienstauffassung und Neigung zu Kleinlichkeit, Wortklauberei bei Behörden. **Büro|kratius,** ⋃ Amtsschimmel, Sinnbild des Bürokratismus: *heiliger B.!* **Bürotel** [Kurzw. aus Büro und Hotel] *das, -s/-s,* Hotel, das Appartements mit Büros vermietet.
Bursch [zu mhd. burse ›Börse‹, ›zusammenlebende Genossenschaft‹, bes. von Studenten] *der, -en/-en,* ⋃ Bursche. **Bürschchen** *das, -s/-,* Diminutiv zu Bursche. **Bursche** *der, -n/-n,* **1)** junger Mann, Halbwüchsiger. **2)** Lehrling, Geselle, Bote, Hotel-, Offiziersdiener. **3)** vollberechtigtes Mitglied einer student. Verbindung. **Burschenschaft** *die, -/-en,* student. Verbindung. **Burschenschafter** *der, -s/-,* Mitglied einer Burschenschaft. **burschenschaftlich. burschikos,** flott, ungezwungen, formlos: *sie hat ein etwas burschikoses Wesen; sie gibt sich bewußt b.* **Burschikosität** *die, -.* **Bürschlein** *das, -s/-,* Diminutiv zu Bursche. **Burse** *die, -/-n,* im MA.: Studentenheim.
Bürste [mhd. bürste, zu Borste] *die, -/-n,* **1)** Reinigungswerkzeug mit Borsten, ABB. B 58: *Bürstenmassage; Kleiderbürste; Zahnbürste.* **2)** Elektrotechnik: federnder Schleifkontakt aus Graphit. **3)** kurze Männerfrisur: *Bürstenhaarschnitt,* ABB. H 1. **bürsten,** *ich* bürste (habe gebürstet), **1)** *es, ihn, mich,* bearbeite eine Bürste zur Reinigung, Glättung, Aufrauhung: *ich bürste den Teppich, das Fell des Hundes, die Haut, (mir) das Haar.* **2)** *es,* entferne mit einer Bürste (Staub, Fusseln). **3)** *(sie),* ∨ habe Geschlechtsverkehr (mit ihr). **Bürstenabzug** *der,* ⊞ erster Abzug von einem Schriftsatz. **Bürstenbinder** *der,* **1)** Hersteller von Bürsten. **2)** Raupe des Bürstenspinners. **Bürstenspinner** *der,* ein Schmetterling.

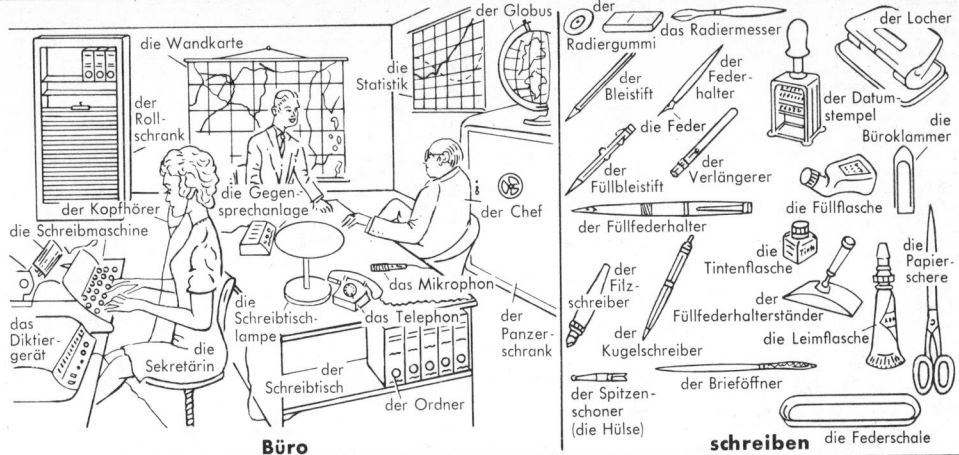

Büro — **schreiben**

die Wandkarte · der Globus · der Radiergummi · das Radiermesser · der Locher · die Statistik · der Rollschrank · der Bleistift · der Federhalter · der Datumstempel · die Büroklammer · der Kopfhörer · die Gegensprechanlage · die Feder · der Füllbleistift · der Verlängerer · die Füllflasche · der Chef · der Füllfederhalter · die Schreibmaschine · der Filzschreiber · die Tintenflasche · die Papierschere · das Diktiergerät · die Schreibtischlampe · das Mikrophon · der Füllfederhalterständer · die Leimflasche · die Sekretärin · das Telephon · der Panzerschrank · der Kugelschreiber · der Brieföffner · der Schreibtisch · der Ordner · der Spitzenschoner (die Hülse) · die Federschale

bürtig, niederdt., oberdt.: gebürtig.
Bürzel [von oberdt. borzen ›hervorragen‹] der, -s/-, **1)** hinterste Rückengegend der Vögel, ABB. V 7. **2)** ⚡ Schwanz von Wildschwein, Bär und Dachs.
Bus der, -ses/-se, Kurzw. für: Autobus, Omnibus: Busfahrer; Bushaltestelle; Reisebus; Stadtbus.
Busch [mhd. busch] der, -(e)s/⁻e, **1)** Strauch, niedriges Holzgewächs, ABB. P 3; er schlug sich seitwärts in die Büsche, U verschwand heimlich; ich werde bei ihm mal auf den B. klopfen, U versuchen, ihn auszuhorchen; er wollte damit hinterm B. halten, U es für sich behalten; es ist etwas im B., U etwas ist (im verborgenen) an. **2)** ohne Pl., Tropenwald, Urwald, Dickicht: im afrikanischen B. **3)** Büschel, Bündel: Federbusch.
Büschel [mhd. büschel] das, -s/-, **1)** kleiner Busch, kleines Bündel: Haarbüschel. **2)** △ alle Geraden einer Ebene, die sich in einem Punkt schneiden; alle Ebenen, die sich in einer Geraden schneiden. **büsch(e)lig**, in Büscheln. **Büschen** der, -s/-, bair., österr.: Blumenstrauß. **Buschenschenke** die, bair., österr.: Straußwirtschaft. **buschig, 1)** wie ein Busch, Büschel, dicht bewachsen: buschige Augenbrauen. **2)** mit Büschen bewachsen. **Buschklepper** der, ⚡ Wegelagerer, Strauchdieb. **Buschmann** der, -(e)s/⁻er, Angehöriger eines südwestafrikan. Restvolkes. **Buschmeister** der, ein brasilian. Giftschlange. **Buschneger** der, Nachkomme entlaufener Negersklaven in Guayana und Westindien. **Buschwindrös|chen** das, eine Anemone.
Büse [niederl. buis] die, -/-n, Heringsfischerboot.
Büseli [aus frz. piece ›Stück‹] das, -/-, schweiz.: Wollflaum.
Busen [ahd. buosum] der, -s/-, **1)** weibliche Brust; auch Vertiefung zwischen den weiblichen Brüsten. **2)** P Inneres: ich hege ein Gefühl im B. **3)** Ausbuchtung, tief einschneidende Meeresbucht: Meerbusen. **4)** westmitteldt.: Überbau über Kamin oder Herd. **Busenfreund** der, sehr naher Freund.

Bu|shel [buʃl, engl., zu frz. boisseau ›Scheffel‹] der, -s/-s und bei Maßangaben -, ein englisch-amerikan. Hohlmaß.
Büsi das, -/-, schweiz.: Katze.
. . .busig, mit einer bestimmten Art Busen: vollbusig.
Business [b'iznis, engl.], eingedeutscht **Busineß** das, -, Geschäft: Big B., Geschäftsbereich der Großunternehmer.
busper, alem.: munter, frisch aussehend.
Buß der, B'usses/B'usse, **Büß** der, B'üsses/B'üsse, schweiz.: **1)** Puff, Nasenstüber. **2)** Hautbläschen.
Bussard [ahd. musari] der, -s/-e, ein Greifvogel.
Buße [ahd. buoza ›Besserung‹, ›Abhilfe‹] die, -/-n, für etwas, **1)** religiöse Leistung zur Sühnung einer Gewissensschuld: das Sakrament der B. (in der kath. Kirche); Bußübung, Betätigung der Reue. **2)** Strafe, Schadensersatz: Geldbuße. **büßen** [ahd. buozen], ich büße (habe gebüßt), **1)** es, tue Buße, zeige tätige Reue. **2)** erleide Strafe für etwas: er mußte für seine Vertrauensseligkeit bitter büßen. **3)** es, B befriedige (Lust). **4)** es, ⚡ bessere aus. **5)** es, U, schweiz.: strafe (von Polizei, Behörde, Gericht): er wurde mit 20 Franken gebüßt. **Büßer** der, -s/-, **Büßerin** die, -/-nen, reuige(r) Sünder(in), der (die) Buße tut.
Busserl [zu mhd. bussen ›küssen‹] das, -s/-(n), bair., österr.: Kuß, Küßchen.
Büßerschnee der, hohe kegelförmige Zacken, eine Schmelzform der Schneedecke, z. B. in den Anden. **bußfertig**, bereit zur Buße. **Bußfertigkeit** die, -. **Bußgeld** das, Geldbuße bei Ordnungswidrigkeiten, bes. im Straßenverkehr: Bußgeldkatalog; Bußgeldverfahren.
Bussi [Diminutiv zu Busserl] das, -s/-, bair., österr.: Kuß.
Bussole [frz. boussole] die, -/-n, **1)** Magnetkompaß. **2)** auf der Wirkung elektr. Stromes auf Magnetnadeln beruhendes elektr. Meßgerät.
Bußprediger der, Mahner zur inneren Einkehr. **Bußtag, Buß- und Bettag** der, evang. Feiertag zur inneren Einkehr, ÜBERS. J 2.

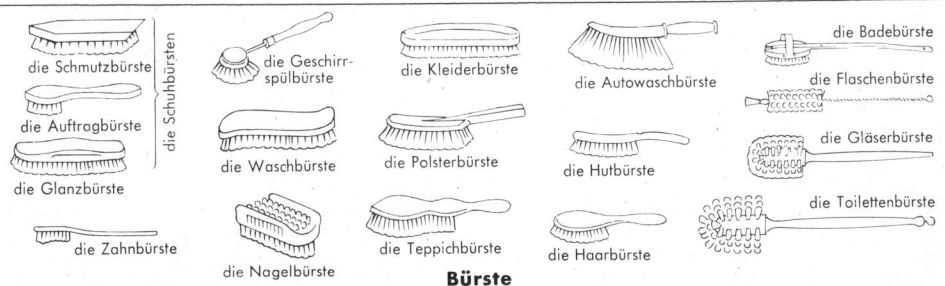

Bürste

die Schmutzbürste · die Schuhbürsten · die Geschirrspülbürste · die Kleiderbürste · die Autowaschbürste · die Badebürste · die Flaschenbürste · die Auftragbürste · die Waschbürste · die Polsterbürste · die Hutbürste · die Gläserbürste · die Glanzbürste · die Zahnbürste · die Nagelbürste · die Teppichbürste · die Haarbürste · die Toilettenbürste

Büste [frz.] *die, -/-n,* **1)** Bildwerk, das den menschl. Kopf mit den Schultern, auch mit der ganzen Brust darstellt, ABB. B 30. **2)** die weibl. Brust. **3)** Puppe (in der Schneiderei), ABB. S 32.
Büstenhalter *der,* kurz: BH, Wäschestück zur Stützung und Formung der weibl. Brust, ABB. H 4, K 25.
Bu|strophedon [grch. ›wie man Pflugochsen wendet‹] *das, -s,* Furchenschrift, Schreibart, bei der mit jeder neuen Zeile die Schriftrichtung wechselt (rechts- und linksläufig).
Busuki *die, -/-s,* Bouzouki.
Butadi|en [grch. boutyron ›Butter‹] *das, -s,* ein ungesättigter, gasförmiger Kohlenwasserstoff. **Butan** *das, -s/-e,* ein gesättigter, gasförmiger Kohlenwasserstoff. **Butanol** *das, -s/-e,* Butylalkohol, in vier Isomeren vorkommend, wichtiges techn. Lösungsmittel.
buten [niederdt. bi und ut ›bei‹ und ›aus‹], *niederdt.:* draußen, jenseits (der Deiche).
Buten [vgl. Butadien] *das, -s/-e,* Butylen, in drei Isomeren vorkommender ungesättigter Kohlenwasserstoff. ·
Butike *die, -/-n,* Budike.
Butler [b'ʌtlə(r), engl.] *der, -s/-,* Haushofmeister; oberster Diener im vornehmen (engl.) Häusern.
Butskopf *der,* Schwertwal, ein Delphin.
butt, *niederdt.:* **1)** stumpf, kurz, breit. **2)** Ü stumpfsinnig, dumm. **Butt** *der, -(e)s/-e,* ein Plattfisch: *Steinbutt.*
Bütt [mhd. büte, zu mlat. butina ›Flasche‹] *die, -/-en,* Ü (faßförmiges) Rednerpult für Karnevalisten: *er steigt in die B.; Büttenrede.* **Butte** *die, -/-n,* bair., österr., schweiz.: Bütte.
Bütte *die, -/-n,* **1)** hölzernes Faß, Bottich, Kübel. **2)** auf dem Rücken zu tragendes Gefäß, z. B. für Trauben bei der Weinlese. **3)** Bütt. **Buttel** *die, -/-n,* Buddel.
Büttel [mhd. bütel, zu ahd. biatan ›bieten‹, ›verkündigen‹] *der, -s/-,* ∞ Gerichtsdiener; Häscher.
Bütten [zu Bütte] *das, -s/-,* durch Schöpfen mit der Hand aus der Bütte hergestelltes Papier: *Büttenpapier.*
Butter [mhd. buter, über lat. von grch. boutyron] *die, -,* aus Milch gewonnene Speisefett: *ich streiche B. aufs Brot; Süßrahmbutter; Buttercreme(torte); Butterkuchen; buttergelb; alles ist in B.,* Ü in Ordnung. **Butterbirne** *die,* saftige Birne.
Butterblume *die,* Bez. für mehrere gelbe Blumen, bes. Hahnenfußgewächse: *er tut es für ein B.,* Ü fast umsonst; *das bekomme ich von ihr täglich aufs B. geschmiert,* Ü immer wieder vorgeworfen. **Butterbrot** *das,* mit Butter bestrichene Brotschnitte: *er tut es für ein B.,* Ü fast umsonst; *das bekomme ich von ihr täglich aufs B. geschmiert,* Ü immer wieder vorgeworfen. **Butterbrotpapier** *das,* fettundurchlässiges Papier.
Butterflystil [b'ʌtəflai-, engl. ›Schmetterling‹] *der,* Schmetterlingsstil, ein Schwimmstil.
butt(e)rig, 1) aus Butter. **2)** weich, fettig wie Butter.
Buttermilch *die,* beim Buttern zurückbleibende Flüssigkeit.
buttern, *ich* butt(e)re (habe gebuttert), **1)** stelle aus Milch

Butter her. **2)** *es,* bestreiche mit Butter. **Butterpilz** *der,*
Butterröhrling *der,* eßbarer Röhrenpilz. **Butterschmalz** *das,* wasserfreies, reines Butterfett. **butterweich, 1)** weich wie Butter. **2)** Ü sehr nachgiebig, teilnahmsvoll.
Buttje [zu butt] *der, -s/-s, niederdt.:* Junge, Kind.
Büttner [mhd. bütenære] *der, -s/-, ostmitteldt.:* Böttcher.
Button [bʌtn, engl. ›Knopf‹] *der, -s/-s,* Ansteckplakette mit einem Slogan oder Bild. **Button-down-Hemd** [bʌtnd'aun-] *das,* Oberhemd mit festgeknöpften Kragenenden.
Butylalkohol [vgl. Butadien] *der,* Butanol. **Butylen** *das, -s/-e,* Buten. **Butyrat** *das, -s/-e,* Salz und Ester der Buttersäure. **Butyrometer** *das, -s/-,* Meßgerät zur Fettbestimmung in Milch und Käse.
Butz [zu butt] *der, -en/-en, bes. niederdt.:* **1)** Kuß. **2)** Puff, Stoß. **3)** Kobold, Knirps, kleiner Kerl. **4)** Butzemann. **5)** die Butze. **Butze** *der, -n/-n,* **1)** Butzen. **2)** Kobold. **Butze** *die, -/-n, niederdt.:* Wandbett, Verschlag. **Butzemann** [mhd. butze] *der, -(e)s/...²er,* Kobold, Kinderschreck, Vogelscheuche; vermummte Gestalt. **bützen** [mhd. butzen ›stoßen‹], *ich* bütze (habe gebützt) *ihn, es, bes. niederdt.:* **1)** küsse. **2)** stoße. **Butzen** *der, -s/-,* **1)** geronnener Ausfluß, z. B. Eiter. **2)** Metallabfälle; Unregelmäßigkeit an Gußstücken. **3)** kleine Erhebung. **4)** Kerngehäuse (Apfel, Birne). **Butzenscheibe** *die,* kleine runde, in der Mitte verdickte Fensterscheibe. **Butzkopf** *der,* Butskopf.
Büx *die, -/-en,* **Buxe** *die, -/-n, norddt.:* Hose.
BV, Abk. für: (schweizerische) Bundesverfassung.
BVerfG, Abk. für: Bundesverfassungsgericht.
BVerwG, Abk. für: Bundesverwaltungsgericht.
BVG, Abk. für: Bundesversorgungsgesetz.
b. w., Abk. für: bitte wenden!
bye-bye! [baib'ai, engl.] ∞ auf Wiedersehen!
bygen, *schweiz.:* beigen.
Byssus [grch. byssos] *der, -,* **1)** Antike: kostbares feinfädiges Gewebe, bes. zum Einhüllen von Mumien. **2)** faserförmige Haftfäden mancher Muscheln.
Byte [bait, engl.] *das, -s)/-s,* bei Rechenanlagen ein Zeichen aus acht Bits, das einen Buchstaben oder zwei Dezimalziffern darstellen kann.
Byzantiner *der, -s/-,* **1)** Einwohner von Byzanz, heute Istanbul. **2)** Ü ∞ Schmeichler, Kriecher. **byzantinisch, 1)** auf Byzanz bezüglich: *byzantinische Kunst.* **2)** Ü ∞ unterwürfig, schmeichlerisch. **Byzantinismus** *der, -,* Ü ∞ Unterwürfigkeit, Kriecherei. **Byzantinist** *der, -en/-en,* Wissenschaftler, Kenner der Byzantinistik. **Byzantinistik** *die, -,* Wissenschaft von der byzantin. Geschichte und Kultur.
bz, auch: bez, bez., Abk. für: bezahlt.
bzw., Abk. für: beziehungsweise.

C

c, C [tse:] *das, -/-,* ein Konsonant, ÜBERS. A 8, A 26, G 34.
c, 1) auch ct, Abk. für: Cent, Centime. **2)** Abk. für: Zenti . . ., Kubik . . . **3)** *das, -/-,* ♪ Grundton der C-Dur-Tonleiter, ABB. N 9. **4)** ♪ Zeichen für: c-Moll.
C, 1) Zeichen für: Coulomb. **2)** röm. Zahlzeichen für 100 (lat. centum). **3)** ⚗ Zeichen für: Kohlenstoff (Carboneum). **4)** ♪ Zeichen für: C-Dur. **5)** ♪ Zeichen für: ⁴/₄-Takt. **6)** ♪ Notenschlüssel, C-Schlüssel.
°C, Zeichen für: Grad Celsius.
ca., Abk. für: circa; vgl. zirka.
Ca, ⚗ Zeichen für: Calcium.
Cabaletta [ital.] *die, -/-s* oder *. . .l'etten,* kleine Arie.
Caballero [kaβaʎ'ero, span.] *der, -s/-s,* **1)** Ritter. **2)** Herr (ohne Hinzufügung des Namens).
Cabaret [kabar'ɛ, frz.] *das, -s/-s,* Kabarett.
Cabochon [kabɔʃ'ɔ̃, frz.] *der, -s/-s,* mugelig geschliffener Edelstein: *Cabochonschliff.*
Cabotage [kabot'a:ʒə] usw., Kabotage usw.
Ca|brio [k-] *das, -s(s)/-s,* Kabrio. **Ca|briolet** [kabriɔl'ɛ, frz.] *das, -s/-s,* Kabriolett.

Cachenez [kaʃn'e, frz. ›verbirg die Nase!‹] *das, - [-n'es]/ -[-n'es],* (seidenes) Halstuch.
Cachet [kaʃ'e:, frz.] *das, -s/-s,* ∞ **1)** Siegel. **2)** Ü Eigenart.
Cachou [kaʃ'u, frz.] *das, -s/-s,* Anislakritze.
Cäcilie [-iə, lat. ›die aus dem Geschlecht der Caecilier Stammende‹], weibl. Vorname; Schutzheilige der Musik.
Caddie [k'ædi, engl.] *der, -s/-s,* **1)** Junge zum Schlägertragen beim Golf. **2)** zweirädriges Wägelchen zum Transportieren der Golfschläger. **3)** zweirädriges Einkaufswägelchen; auch Einkaufswagen in Selbstbedienungsläden.
Cadmium [nach Kadmos, dem Gründer von Theben] *das, -s,* auch Kadmium, ⚗ Element, Zeichen: Cd, ein Metall.
Café [kaf'e:, frz., vgl. Kaffee] *das, -s/-s,* Kaffeehaus, mit Konditorei verbundene Gaststätte. **Cafeteria** [k-, amerikan.-span.] *die, -/-s,* Gaststätte mit Selbstbedienung. **Cafetier** [-tj'e:] *der, -s/-s,* **Cafetiere** [-tj'ɛ:rə] *die, -/-n,* ∞ Wirt(in) eines Cafés.
Caisson [kɛs'ɔ̃, frz.] *der, -s/-s,* Senkkasten, unten offener Kasten für Arbeiten unter Wasser, das durch Einpumpen von Druckluft ferngehalten wird: *Caissonkrankheit,* ⚕ eine Druckluftkrankheit.
cal, Zeichen für: Kalorie.
Calamit *der,* Kalamit. **Calamus** [grch. kalamos ›Schilf‹, ›Rohr‹] *der, -/. . .mi,* die Rohrpalme.
calando [ital.], ♪ langsamer und leiser.
Calcination usw., Kalzination usw.
Calcium [lat. caix ›Kalkstein‹] *das, -s,* auch Kalzium, ⚗ Element, Zeichen: Ca, ein Leichtmetall.

Calembour(g) [kalãb'u:r, frz.] *der, -s/-s,* ♂ Wortspiel, Kalauer.

Calendae [lat.], *Pl.,* eingedeutscht: Kalenden, der erste Tag jeden Monats im altröm. Kalender.

Caliban [k'ælibæn, engl. Umstellung aus cannibal ›Kannibale‹], halbtier. Ungeheuer bei Shakespeare; vgl. Kaliban.

Californium [nach dem amerikan. Staat Kalifornien] *das, -s,* Kalifornium, ♡ Element, Zeichen: Cf, ein radioaktives Element.

Callboy [k'ɔ:lbɔi, engl.] *der,* **Callgirl** [k'ɔ:lgə:l, engl.] *das,* telefonisch zur Prostitution vermittelte Person: *Callgirlring,* Organisation von Callgirls.

Calvados [-v-, nach dem französ. Département Calvados] *der, -/-,* ein französ. Apfelbranntwein.

calvinisch usw., kalvinisch usw.

Calypso [kal'i-, Herkunft unsicher] *der, -(s)/-s,* **1)** afroamerikan. Gesangsform in Westindien. **2)** ein rumbaähnlicher Gesellschaftstanz.

Camembert [k'amɔmbɛ:r, auch kamãb'ɛ:r, nach dem Ort Camembert in der Normandie] *der, -s/-s,* ein Weichkäse, ABB. K 11.

Camera ob|scura [lat. ›dunkle Kammer‹] *die, - -/. . .rae . . .rae,* Lochkamera.

Camilla, weibl., **Camillus** [lat. ›Altardiener(in)‹], männl. Vorname.

Camion [k'amjõ, frz.] *der, -s/-s, schweiz.:* Lastkraftwagen. **Camionnage** [-jɔn'a:ʒ] *die, -, schweiz.:* Spedition. **Camionneur** [-n'ø:r] *der, -s/-e, schweiz.:* Spediteur.

Camou|flage [kamufl'a:ʒ, frz.] *die, -/-l [-ʒən],* ♂ Tarnung (von Befestigungsanlagen).

Camp [kæmp, engl. von lat. campus] *das, -s/-s,* Zelt-, Feld-, Gefangenenlager.

Campanile [ital. campana ›Glocke‹] *der, -/-,* Kampanile, frei stehender Glockenturm. **Campanula** [lat.] *die, -/. . .lae,* Glockenblume.

Campecheholz [kamp'etʃe-, nach dem mexikan. Staat] *das,* Blauholz.

campen [k'æmpən, engl. zu Camp], *ich campe* (habe gecampt). **Camper** [k'æmpə(r)] *der, -s/-,* jemand, der Freizeit oder Urlaub in Zelt oder Wohnwagen verbringt. **Campesino** [span.] *der, -s/. . .ti,* Landarbeiter, Bauer in Spanien und Lateinamerika. **Camping** [k'æmpiŋ] *das, -s: Campingausrüstung; Campingplatz.* **Camposanto** [ital. ›heiliges Feld‹] *der, -s/-s* oder . . .*ti,* Friedhof. **Campus** [k'a-, engl. k'æmpəs, von lat. campus ›Feld‹] *der, -/-,* geschlossenes Gelände von Schulen oder Hochschulen: *Campusuniversität.*

Canasta [span. ›Henkelkorb‹] *das, -s,* ein Kartenspiel.

Cancan [kãk'ã, frz.] *der, -s/-s,* ein schneller Tanz mit Hochwerfen der Beine.

Cancer [lat. ›Gitter‹, ›Krebs‹] *der, -/-,* ♄ selten für: Krebs.

cand., Abk. für: candidatus: *cand. med.;* vgl. Kandidat.

Candela [lat. ›Kerze‹] *die, -/-,* Zeichen: cd, Einheit der Lichtstärke.

Cannabis [lat., zu grch. kannabis] *der, -,* **1)** Hanf. **2)** Haschisch. **3)** Marihuana.

Cannelloni [ital.], *Pl.,* mit Fleisch gefüllte und mit Käse überbackene große Hohlnudeln.

Cañon [k'aɲɔn oder kaɲ'o:n, engl. k'æɲən, span. ›Röhre‹] *der, -s/-s,* tief eingeschnittenes, steilwandiges Flußtal, ABB. T 3.

Cant [kænt, engl.] *der, -s,* **1)** Heuchelei. **2)** Gaunersprache.

cantabile [ital., zu lat. cantus ›Lied‹], ♪ ausdrucksvoll, gesangartig. **Cantate,** Kantate. **Canto** *der, -s/-s,* Gesang. **Cantus** *der, -/-,* Gesang, Melodie; bei mehrstimmigen Gesängen die Oberstimme. **Cantus firmus** [lat. firmus ›fest‹] *der, - -/. . .mi,* Hauptmelodie eines polyphonen Satzes.

Canvassing [k'ænvəsiŋ, engl.] *das, -s,* Wahlpropaganda, Stimmenwerbung.

Canzone *die, -/-n,* Kanzone.

Cape [ke:p, engl. 'keip] *das, -s/-s,* ärmelloser Umhang.

Capella [lat. ›Ziege‹, in der griech. Mythologie die unter die Gestirne versetzte Ziege Amaltheia], ☆ ein Stern.

Cappuccino [-tʃ'i:no, ital.] *der, -s/-s* oder . . .*ni,* Kaffee mit Schlagsahne, bestreut mit Kakaopulver.

Ca|prese *der, -n/-n,* Bewohner der italien. Insel Capri. **Ca|priccio** [kapr'itʃo, ital.] *das, -s/-s,* auch Kapriccio, launiges Musikstück. **Ca|price** [-pr'i:s, frz.] *die, -/-n [-sən],* Kaprice.

Capsien [kapsj'ɛ̃, nach dem Fundort Gafsa, in der Antike Capsa, in Südtunesien] *das, -(s),* Kulturgruppe der Mittel- und Jungsteinzeit.

Captatio benevolentiae [lat.] *die, - -,* das Werben um die Gunst (des Zuhörers oder Lesers).

Caput mortuum [lat. ›toter Kopf‹] *das, - -,* rotes Eisenoxid, Malerfarbe.

Caquelon [kakəl'õ, frz.] *das, -s/-s,* Keramiktopf mit Stiel, bes. für Käsefondue.

Car [ka:r, engl.] *der, -s/-s, schweiz.* kurz für: Autocar.

Carabiniere [ital.] *der, -(s)/. . .ri,* Gendarm.

caramba! [span.], U Teufel!, Donnerwetter!

Caravan [auch -v'a:n, engl. k'ærəvæn, ›Karawane‹] *der, -s/-s,* Wohnwagen; kombinierter Personen- und Lieferwagen. **Caravaning** [k'ærəvæniŋ] *das, -s,* Leben im Wohnwagen.

carbo. . . usw., karbo. . . usw.

Carboneum [lat. carbo ›Kohle‹] *das, -s,* ♂ Kohlenstoff. **Carbonfaser** *die,* Kohlenstoff-Faser.

carcino. . . usw., karzino. . . usw.

Cardigan [k'a:digən, engl. nach Lord Cardigan, 1797–1868] *der, -s/-s,* lange Strickjacke oder -weste.

care of [k'ɛərɔv, engl.], Abk.: c/o, auf Briefen: (wohnhaft) bei, per Adresse.

Caritas [lat. ›Liebe‹, ›Hochachtung‹] *die, -,* **1)** Karitas. **2)** Kurzbez. für: Deutscher Caritasverband, ein Organ der kath. Wohlfahrtspflege.

Carlos [span. Karl], männl. Vorname.

Carmen [span., nach der hl. Jungfrau vom Berge Karmel], weibl. Vorname.

Carnallit *der, -s,* Karnallit.

Carneol [lat. ›fleischfarben‹, zu caro ›Fleisch‹] *der, -s/-e,* ein Mineral, gelbl. bis rote Abart des Chalcedons.

Carotin *das, -s,* Karotin.

carrarisch, die italien. Stadt Carrara betreffend: *carrarischer Marmor.*

Carte blanche [k'art bl'ãʃ, frz. ›weiße Karte‹] *die, - -/-s -s* [k'art bl'ãʃ], unbeschränkte Vollmacht.

cartesianisch usw., kartesianisch usw.

Cartoon [-t'u:n, engl.] *der* oder *das, -(s)/-s,* **1)** Karikatur, Witzzeichnung. **2)** Comic strips.

Casanova [nach dem italien. Abenteurer Giacomo Casanova, 1725–1798] *der, -(s)/-s,* Frauenheld, Verführer.

Cäsarentum [ts-, nach dem röm. Staatsmann Gaius Julius Caesar, 100–44 v. Chr.], Cäsarismus, diktator. Alleinherrschaft. **Cäsarenwahn** *der,* diktator. Alleinherrschaft in Verbindung mit Größen- und Verfolgungswahn. **cäsarisch,** Ü kaiserlich; diktatorisch; aber: *Cäsarisch,* von Caesar stammend, vgl. ÜBERS. A 4, C. **Cäsarismus** *der, -,* Cäsarentum. **Cäsaropapismus** *der, -,* Staatsform, bei der staatl. und kirchl. Macht in einer Person vereint sind.

Casein *das, -s,* Kasein.

Case-work [k'eiswə:k, engl. case ›Fall‹ und work ›Arbeit‹] *das, -s/-s,* Einzelfallhilfe.

cash [kæʃ, engl.], engl. Bez. für: Bargeld, Barzahlung. **cash and carry** [k'æʃ ənd k'æri, engl. to carry ›tragen‹ (bei eigenem Transport)‹], Verkauf ohne Kredit und Kundendienst.

Cashewnuß [k'æʃu-, engl. k'æʃu:, engl.-indian.] *die,* wohlschmeckender Same des Acajoubaums.

Cash-flow [kæʃfl'ou, engl. cash ›Geld‹, ›Kasse‹ und to flow ›fließen‹] *der, -s,* Betriebswirtschaftslehre: Gelddurchfluß durch ein Unternehmen.

Casino *das, -s/-s,* Kasino.

Cäsium [lat. caesius ›blaugrau‹] *das, -s,* ♡ Element, Zeichen: Cs.

Cassa [ital.] *die, -,* Kasse: *per cassa,* bar.

Cassata [ital.] *die, -/-s,* ein italien. Speiseeis.

Cast [ka:st, engl.] *das, -,* Filmherstellung: der gesamte Stab der Mitwirkenden.

Castor [vgl. Dioskuren] *der, -s,* ☆ ein Stern.

Casus [lat. ›Fall‹] *der, -/-,* ♀ Fall. **Casus belli** *der, - -,* Kriegsfall; U Streitfall. **Casus obliquus** *der, - -/. . .qui,* ⓢ abhängiger Fall, z. B. Genitiv, Dativ, Akkusativ.

Catch-as-catch-can [k'ætʃ əz k'ætʃ k'æn, engl.] *das, -,* eine Freistilringkampfart, bei der fast alle Griffe erlaubt sind. **catchen** [k'ætʃən, engl. to catch ›ergreifen‹], *ich* catche (habe gecatcht). **Catcher** [k'ætʃər] *der, -s/-.*

Catch|up [k'ɛtʃap, engl. k'ætʃap] *der* oder *das, -(s)/-s,* Ketchup.

Catgut [k'ætgat, engl.] *das, -s,* Katgut.

Caudillo [kaud'iʎo, span.] *der, -(s)/-s,* (militärischer und politischer) Machthaber.

Causa [lat.] *die, -/. . .sae,* Ursache, Grund; Rechtsgrund, Rechtsfall. **Cause célè|bre** [ko:zsel'ɛbr, frz.] *die, - -/-s -s* [ko:zsel'ɛbr], aufsehenerregender Rechtsfall. **Causerie** [ko:zər'i:, frz.] *die, -/...r'i|en,* ♾ Plauderei. **Causeur** [ko-z'œ:r] *der, -s/-e,* ♾ unterhaltsamer Plauderer. **Causeuse** [koz'ø:z] *die, -/-n* [-zən], **1)** ♾ Schwätzerin. **2)** kleines Sofa. **Cavatine** *die, -/-n,* Kavatine.

cave canem! [lat. ›hüte dich vor dem Hund!‹], Inschrift an altröm. Häusern.

Ca|yennepfeffer [kaj'ɛn-, nach der Hauptstadt von Französisch-Guayana] *der,* ein scharfes Gewürz.

CB-Funk [Abk. für: Citizen Band, engl. ›Bürger-Frequenz‹] *der,* Sprechfunk mit kleiner Leistung für jedermann.

cbkm, ♾ Zeichen für: Kubikkilometer. **cbm,** ♾ Zeichen für: Kubikmeter. **ccm,** ♾ Zeichen für: Kubikzentimeter.

cd, Zeichen für: Candela.

Cd, ⊙ Zeichen für: Cadmium.

CD, Abk. für: Corps diplomatique.

cdm, ♾ Zeichen für: Kubikdezimeter.

CDU, Abk. für: Christlich-Demokratische Union (Deutschlands).

C-Dur *das,* Zeichen für: C, ♪ eine Tonart.

Ce, ⊙ Zeichen für: Cer.

Cedille [sed'i:j, frz. aus span. zedilla ›kleines Z‹] *die, -/-n* [-jən], Häkchen unter c, das in Französischen unter c, dessen Aussprache damit als *s* bezeichnet wird, z. B. leçon [ləs'ɔ̃], Lektion.

Celesta [tʃe-, ital. celeste ›himmlisch‹] *die, -/-s oder . . . sten,* Stahlplattenklavier.

Cella [lat.] *die, -/C'ellae,***1)** in der Antike kleiner Wohnraum, auch Vorratsraum. **2)** Kultraum des antiken Tempels mit dem Götterbild. **3)** Mönchszelle, im christl. Altertum und frühen MA. auch Kloster.

Cellist [(t)ʃ-] *der, -en/-en,* Cellospieler. **Cello** [(t)ʃ'ɛlo, verkürzt aus Violoncello] *das, -s/-s oder C'elli,* Kniegeige, Violoncello.

Cellon [Kw., zu lat. cella ›Zelle‹] *das, -s,* Handelsname für einen Kunststoff aus Celluloseacetat. **Cellophan** [grch. diaphanes ›durchsichtig‹] *das, -s,* **Cellophane** *die, -,* Handelsname für eine durchsichtige Folie. **Cellulitis** *die, -/...t'iden,* Zellulitis. **Celluloid** [auch -l'ɔit] *das, -s,* Zelluloid, ältester thermoplast. Kunststoff. **Cellulose** *die, -/-n,* Zellulose.

Celsius [nach dem schwed. Astronomen Anders Celsius, 1701–1744], Zeichen: C, Wärmegradeinteilung in 100°, ÜBERS. M 8.

Cembalo [tʃ'ɛm-, verkürzt aus Clavicembalo] *das, -s/-s oder . . . li,* Tasteninstrument, bei dem die Saiten angerissen werden, ABB. K 23.

Cent [tsɛnt, engl. sɛnt, zu lat. centum ›hundert‹] *der, -(s)/-(s),* bei Wertangaben *Pl.* -, Abk.: c oder ct, *Pl.* cts, kleine Münzeinheit der USA, Niederlande u. a. Staaten. **Centavo** [sɛnt'a:vo, span., portug.] *der, -(s)/-(s),* bei Wertangaben *Pl.* -, kleine Münzeinheit auf den Philippinen, in Portugal, Mexiko u. a. lateinamerikan. Staaten.

Centenar usw., Zentenar usw.

Center [ts'ɛntər, engl. s'ɛntər, amerikan. ›Zentrum‹, ›Mittelpunkt‹] *das, -s/-,* Großeinkaufsanlage, Geschäftszentrum, Mittelpunkt: *Shopping-Center; Eros-Center.*

Centesimo [tʃen-, ital., vgl. Cent] *der, -(s)/...mi,* bei Wertangaben *Pl.* -, kleine Münzeinheit in Italien u. a. Staaten. **Centésimo** [sen-, span.] *der, -(s)/-(s),* bei Wertangaben *Pl.* -, kleine Münzeinheit in Panama u. a. lateinamerikan. Staaten. **Centime** [sɑ̃t'i:m, frz.] *der, -(s)/-s,* bei Wertangaben *Pl.* -, Abk.: c oder ct, *Pl.* cts, *schweiz.:* Ct., kleine Münzeinheit in Frankreich, der Schweiz, Luxemburg, Belgien u. a. Staaten. **Céntimo** [s'en- oder θ'en-, span.] *der, -(s)/-(s),* bei Wertangaben *Pl.* -, kleine Münzeinheit in Spanien und lateinamerikan. Staaten.

Centurie [-iə], Zenturie usw.

Cer [nach dem Planetoiden Ceres] *das, -s,* ⊙ Element, Zeichen: Ce, auch Cerium, Zer, Metall.

Cer|cle [sɛrkl, frz., zu lat. circulus] *der, -s/-s,* geselliger Kreis, geschlossene Gesellschaft.

Ceres, altröm. Göttin des pflanzlichen Wachstums.

Ceresin *das, -s,* Zeresin.

cerise [sər'i:z, frz. ›Kirsche‹], *nicht flektierbar,* kirschrot.

Cerium *das, -s,* Cer.

Certosa [tʃɛrt'o:za, ital. ›Kartause‹] *die, -/...sen,* Kartäuserkloster in Italien.

Cervelat [s'ɛrvəla, von frz. cervelas] *der, -s/-s, schweiz.:* eine Brühwurst; vgl. Zervelatwurst.

ces *das, -/-,* ♪ Halbton unter c, ABB. N 9. **Ces,** Zeichen für: Ces-Dur. **Ces-Dur** *das, -,* ♪ eine Tonart.

c'est la guerre [sɛlag'ɛ:r, frz. ›das ist der Krieg‹], im Krieg kennt man keine Rücksichten.

c'est la vie [sɛlav'i, frz.], ›So ist das Leben!‹.

c'est le ton qui fait la musique [sɛlət'ɔ̃ kifɛlamyz'ik, frz.], ›Der Ton ist's, der die Musik macht‹.

ceteris paribus [lat.], unter sonst gleichen Umständen.

Ceterum censeo [lat. ›übrigens meine ich (daß Karthago zerstört werden muß)‹, stehender Schlußsatz der Senatsreden Catos des Älteren] *das, - -,* feste Überzeugung, wiederholt vorgebrachte Forderung.

Čevapčići [tʃev'aptʃitʃi, serbokroat.], *Pl.,* gegrillte Hackfleischröllchen.

Ceylonese *der, -n/-n,* Bewohner der Insel Ceylon. **ceylonesisch.**

cf, Abk. für: cost and freight, eine Handelsklausel.

Cf, ⊙ Zeichen für: Californium.

cf., Abk. für: confer.

CFK, Abk. für: Carbonfaser-Kunststoff.

cfr., Abk. für: confer.

cg, Abk. für: Zentigramm.

ch, Buchstabengruppe, ÜBERS. A 26, G 34.

CH, Abk. für: Confoederatio Helvetica.

Chablis [ʃabl'i, nach der französ. Stadt Chablis] *der, - [-bli(s)]/- [-blis],* weißer Burgunderwein.

Cha-Cha-Cha [tʃ'a-, span.] *der, -(s)/-s,* ein Gesellschaftstanz.

Chaconne [ʃak'ɔn, frz. aus span.] *die, -/-s oder -n* [-nən], alter Gesellschaftstanz; Instrumentalstück.

chacun à son goût [ʃak'œnasɔ̃g'u, frz.], jeder nach seinem Geschmack.

Cha|grin [ʃagr'ɛ̃, frz.] *das,* auch: sagr̃ ›Kruppe des Pferdes‹ *das, -s,* Leder mit aufgepreßtem Narbenmuster. **cha|grinieren** [ʃa-], *ich* chagriniere (habe chagriniert) *Leder,* versehe mit künstlichen Narben.

Chaine [ʃɛ:n, frz. ›Kette‹] *die, -/-n* [-nən], **1)** Reigen, bei dem sich Tänzer und Tänzerinnen abwechselnd die Hand geben. **2)** Kettfaden.

Chairman [tʃ'ɛəmən, engl., zu chair ›Stuhl‹] *der, -/... men,* Vorsitzender, z. B. in Ausschüssen.

Chaise [ʃ'ɛ:z(ə), frz. ›Stuhl‹] *die, -/-n,* ♾ **1)** halboffener Wagen. **2)** Sessel. **Chaiselongue** [ʃɛz(ə)l'ɔ̃g, frz. longue ›lang‹] *die, -/-n* [-gən] oder auch *das, -s/-s,* Liegesofa.

Chalcedon [k-, nach der altgriech. Stadt Chalcedon am Bosporus] *der, -s/-e,* Chalzedon, dichte, feinfaserige Quarzart.

Chaldäer [k-] *der, -s/-,* Angehöriger eines semit.-aramäischen Volksstammes in Chaldäa, im südl. Mesopotamien. **chaldäisch.**

Chalet [ʃal'ɛ, frz.] *das, -s/-s,* Schweizerhäuschen, Landhaus (aus Holz); Sennhütte.

chalko. . . [ç-, grch. chalkos], kupfer. . ., erz. . . **Chalkographie** [vgl. . . . graphie] *die, -,* ♾ Kupferstechkunst. **Chalkopyrit** [vgl. Pyrit] *der, -(e)s,* Kupferkies. **Chalkosphäre** [grch. sphaira ›Kugel‹] *die, -,* Zwischenschicht der Erde. **Chalzedon** [k-] *der, -s/-e,* Chalcedon.

Chamäleon [k-, grch. chamaileon ›Erdlöwe‹] *das, -s/-s,* Echsenart, die die Farbe wechseln kann; Sinnbild der Unbeständigkeit. **chamäleonartig.**

Cham|bre garnie [ʃ'ãbr garn'i, frz.] *das, - -/-s -s* [ʃ'ãbr garn'i], ♾ möbliertes Zimmer. **Cham|bre séparée** [-separ'e] *das, - -/-s -s* [-separ'e], ♾ kleiner Sonderraum in Gaststätten.

chamois [ʃamw'a, frz.] *nicht flektierbar,* gelbbraun. **Chamois** *das, -,* Chamoisleder, Gemsenleder, Sämischleder.

Champa|gner [ʃamp'anjər, frz. ʃã-] *der, -s/-,* Schaumwein aus der nordfranzös. Landschaft Champagne. **champa|gnerfarben, champa|gnerfarbig,** zartgelb.

Champi|gnon [ʃ'ampinjɔ̃, frz. ʃãpiɲ'ɔ̃, frz. champ ›Feld‹] *der, -s/-s,* ein eßbarer Blätterpilz: *Champignonkultur.* **Champion** [tʃ'æmpjən, engl. zo mlat. campio ›Kämpfer‹] *der, -s/-s,* Meister in einer Sportart. **Championat** [ʃam-] *das, -s/-e,* Meisterschaft in einer Sportart.

Chance [ʃã:s(ə), frz. ›Zufall‹, zu vulgärlat. cadentia ›Fall‹] *die, -/-n,* Glücksfall, günstige Möglichkeit, Aussicht: *Torchance; Chancengerechtigkeit; er hat seine C. (nicht) genutzt; man sollte ihm noch eine C. geben; er hat keine Chancen bei ihr,* U sie mag ihn nicht. **Chancengleichheit** *die: Forderung nach C. bei der Ausbildung Jugendlicher.*

Chancellor [tʃ'a:nsələ, engl.] *der, -s/-s,* Kanzler.

Change [ʃ'ãʒ, frz.] *die,* auch [tʃeindʒ, engl.] *der, -,* Tausch, Wechsel (von Geld). **changeant** [ʃãʒ'ã, frz.], *nicht flektierbar,* schillernd. **Changeant** *der, -(s)/-s,* **1)** Edelstein mit wechselnder schillernder Färbung. **2)** Gewebe, das in verschiedenen Farben schillert. **Changement** [ʃãʒmˈã] *das, -s/-s,* Änderung, Verwandlung. **changieren** [ʃaʒˈiːrən], *es* changiert (hat changiert), **1)** schillert. **2)** *ein Jagdhund changiert,* geht von einer Fährte auf eine andere über. **3)** *ein Pferd changiert,* ♂♂ wechselt den Beinsatz im Galopp.

Chanson [ʃãsˈ̃ɔ, frz.], **1)** *die, -/-s,* singbares Gedicht der älteren franzӧs. Poesie. **2)** *das, -/-s,* Lied (für das Kabarett). **Chanson(n)ette** [ʃãsɔnˈɛt(ə)] *die, -/-n,* **1)** Chansonsängerin. **2)** kleines Chanson. **Chansonnier** [ʃˈãsɔnjˈe] *der, -s/-s,* Chansonsänger.

Chanukka [xanukˈaː, hebr. ›Weihe‹] *die, -,* Lichterfest, achttägiges jüd. Tempelfest, meist im Dezember.

Chaos [kˈaːɔs, grch., eigtl. ›Kluft‹] *das, -,* **1)** Philosophie: ungeordneter Urstoff, aus dem die Welt hervorgegangen ist. **2)** ungeordnete Masse, Wirrwarr. **Chaote** *der, -n/-n, meist Pl.,* Ü politischer Radikaler, der die Gesellschaftsordnung durch Gewaltaktionen verändern will. **chaotisch,** wirr, verworren.

Chapeau claque [ʃapoklˈak, frz.] *der, - -/-x -s* [ʃapoklˈak], zusammenklappbarer Zylinderhut, ABB. Z 14.

Charade [ʃ-, frz.] *die, -/-n,* Scharade.

Charakter [k-, grch. ›das Eingeprägte‹] *der, -s/. . . t'ere,* **1)** die Gesamtheit der geistig-seelischen Eigenschaften einer Person: *er hat C.,* eine feste Haltung; *Charakterfehler; Charakterschwäche; charaktervoll.* **2)** Person im Hinblick auf ihre Charaktereigenschaften: *Charakterkopf; ein übler C.* **3)** Gepräge, Eigenart: *der unverwechselbare C. der Rheinlandschaft; die Diskussion nahm einen unsachlichen C. an.* **4)** *meist Pl.,* Schriftzeichen. **charakterfest,** willensstark, standhaft. **Charakterfestigkeit** *die.* **charakterisieren,** *ich* charakterisiere (habe charakterisiert) *ihn, es,* beschreibe, kennzeichne in seiner Eigenart. **Charakterisierung** *die, -/-en.* **Charakteristik** *die, -/-en,* Kennzeichnung, das Wesentliche treffende Beschreibung. **Charakteristikum** *das, -s/. . . ka,* kennzeichnendes Merkmal, Wesenszug. **charakteristisch. charakterlich,** den Charakter betreffend. **charakterlos,** willensschwach, ohne sittl. Charakter. **Charakterlosigkeit** *die, -.* **Charakterologie** *die, -,* Charakterkunde, Lehre vom menschl. Charakter, Persönlichkeitsforschung. **charakterologisch. Charakterrolle** *die,* charakterlich scharf ausgeprägte Rolle (Bühne). **Charakterstück** *das,* **1)** Schauspiel, in dem ein ausgeprägter Charakter im Mittelpunkt steht. **2)** ♪ Instrumentalkomposition, die ein Thema ausdrucksvoll charakterisiert. **Charakterzug** *der,* Eigenart, Wesenszug.

Charge [ʃˈarʒə, frz. ›Last‹; die, -/-n,* **1)** Rang, Würde, Amt, z. B. in einer student. Verbindung. **2)** ♂♂ ♂♂ Dienstgrad. **3)** Theater: kleine Rolle mit ausgeprägten Charakterzügen. **4)** Hüttentechnik: die Beschickung eines metallurg. Ofens. **chargieren,** *ich* chargiere (habe chargiert), **1)** erfülle in Wichs bestimmte Aufgaben als Chargierter. **2)** übertreibe in der Darstellung einer Rolle (Hochofen); lade (Gewehr). **Chargierte** *der, -n/-n,* ein -r, Amtsträger in einer Studentenverbindung.

Charis [ç-, grch. ›Anmut‹, ›Freude‹, ›Gnade‹] *die, -/. . . r'iten,* **1)** *ohne Pl.,* Anmut. **2)** *meist Pl.,* auch Charitin, griech. Göttin der Anmut. **Charisma** [ç-] *das, -s/. . . r'ismen* oder *. . . r'ismata,* **1)** Gnadengabe, Berufung. **2)** besondere Ausstrahlung eines Menschen. **charismatisch.**

Charité [ʃaritˈe, frz. von lat. caritas] *die, -/-s,* Name von Krankenhäusern.

Charitin [grch.] *die, -/-nen,* Charis, griech. Göttin.

Charivari [ʃ-, frz., zu mlat. carivarium] *das, -s/-s,* ♂♂ Durcheinander; Katzenmusik.

Charles [frz. ʃarl, engl. tʃaːlz, zu Karl], männl. Vorname. **Charleston** [tʃˈaːlstən, nach dem amerikan. Stadt in South Carolina] *der, -s/-s,* Gesellschaftstanz.

Charlotte [ʃ-, frz., zu Charles], **1)** weibl. Vorname. **2)** *die, -/-n,* Name verschiedener Süßspeisen.

charmant [ʃ-, frz.], eingedeutscht: scharmant, reizend, liebenswürdig, bezaubernd: *ein charmanter Gastgeber.* **Charme** [ʃarm, zu lat. carmen ›Lied‹] *der, -s,* eingedeutscht: Scharm. **Charmeur** [ʃarmˈøːr] *der, -s/-s* oder *-e,* betont liebenswürdiger Mensch, charmanter Schmeichler. **Charmeuse** [ʃarmˈøːz] *die, -,* kunstseidener Trikotstoff.

Charon [ç-], griech. Mythologie: Fährmann zur Unterwelt.

Chart [tʃaːt, engl.] *die, -/-s,* **1)** Börse: graphische Darstellung von Preisentwicklungen. **2)** Zusammenstellung der (10) beliebtesten Schlager. **Charta** [k-, lat., zu grch. chartes ›Papier‹] *die, -/-s,*

Verfassungsurkunde: *C. der Vereinten Nationen.* **Charte** [ʃart, frz.] *die, -/-n* [-tən], Verfassungsurkunde. **Charter** [ʃ-, engl. tʃˈaːtə] *der, -s/-s,* **1)** Urkunde, Freibrief. **2)** Frachtvertrag. **3)** kurz für: Charterflug(zeug): *Charterluftverkehr.* **Charterer** [(t)ʃˈaːr-] *der, -s/-,* Mieter eines Schiffes oder Flugzeugs. **Charterflugzeug** *das,* **Chartermaschine** *die,* gechartertes Flugzeug. **chartern** [(t)ʃˈaːr-], *ich* chartere (habe gechartert) *es,* miete ein Schiff oder Flugzeug.

Char|treuse [ʃartrˈøːz, nach dem Kartäuserkloster Grande Chartreuse bei Grenoble] *der, -,* Handelsname für einen franzӧs. Kräuterlikör.

Charybdis [ç-] *die, -,* griech. Mythologie: gefährlicher Meeresstrudel; vgl. Skylla.

Chassidim [x-, hebr. ›die Frommen‹], *Pl.,* Anhänger des Chassidismus. **Chassidismus** *der, -,* myst. Bewegung des osteurop. Judentums, bes. im 18. Jahrh.

Chassis [ʃasˈi, frz.] *das, - [-si(s)]/- [-sis],* **1)** ⟿ Fahrgestell. **2)** Montagegestell.

Chasuble [ʃazˈybl, frz.] *das, -s/-s,* lange Damenweste als Überkleid.

Château [ʃatˈo, frz.] *das, -s/-s,* Schloß; Burg.

Chateaubriand [ʃatobriˈã, nach dem franzӧs. Schriftsteller F. R. Vicomte de Chateaubriand, 1768–1848] *das, -(s)/-s,* doppeltes Filetsteak.

Chatelaine [ʃatlˈɛːn, frz. ›Burgfrau‹] *die, -/-s,* Uhranhänger, Schmuck mit Anhängern, ABB. S 30.

Chatte [kˈatə] *der, -n/-n,* Angehöriger eines german. Stammes.

Chaudeau [ʃodˈo, frz., zu chaud ›warm‹] *das, -(s)/-s,* süße, warme Weinschaumtunke.

Chauffeur [ʃofˈøːr, frz. ›Heizer‹] *der, -s/-e,* eingedeutscht: Schoffӧr, (berufsmäßiger) Kraftfahrzeugfahrer. **chauffieren** [ʃof-], *ich* chauffiere (habe chauffiert) *ihn.*

Chauke [ç-] *der, -n/-n,* Angehöriger eines german. Stammes.

Chaussee [ʃosˈe, frz.] *die, -/. . . s'e|en,* Landstraße, ABB. S 72; in Straßennamen: vgl. Straße.

Chauvi [ʃˈovi] *der, -s/-s,* Ü Vertreter des männl. Chauvinismus. **Chauvinismus** [ʃ-] *der, -,* **1)** übersteigerter, blinder Patriotismus (nach einer Lustspielfigur der Brüder Cogniard, 1831] *der, -,* **1)** übersteigerter, blinder Patriotismus: *männlicher C.,* übertriebenes männl. Selbstgefühl, Überlegenheitsanspruch gegenüber Frauen. **Chauvinist** *der, -en/-en.* **chauvinistisch.**

Check [tʃɛk, engl.] *der, -s/-s,* **1)** Eishockey: Behinderung des Spielverlaufs. **2)** *schweiz.:* Scheck. **checken** [tʃ-], *ich* checke (habe gecheckt), **1)** *ihn,* Eishockey: rempele an, behindere. **2)** *ihn, es,* Ü überprüfe, kontrolliere. **3)** *es,* Ü begreife, verstehe: *hast du endlich gecheckt, wie das funktioniert?* **Checker** *der, -s/-s,* Ü Kontrolleur. **Check-in** *das, -s/-s,* Abfertigung der Fluggäste. **Checkliste** *die,* Kontrolliste, bes. zur Überprüfung techn. Geräte. **Checkpoint** [tʃˈɛkpɔint] *der, -s/-s,* Kontrollpunkt an Grenzübergängen.

chee|rio! [tʃˈiːrio, engl. tʃˈiəriˈou], Ü **1)** auf Wiedersehen! **2)** zum Wohl!, prost!

Cheeseburger [tʃˈiːzbəːgə, engl.] *der,* Hamburger mit Käse.

Chef [ʃef, frz. von lat. caput ›Haupt‹] *der, -s/-s,* Vorgesetzter, Leiter (eines Unternehmens, einer Dienststelle): *Chefarzt; Chefredakteur; Chefsekretärin,* Sekretärin des Chefs; *Polizeichef; Regierungschef; Bandenchef,* Anführer einer Bande. **Chef-. . .,** Haupt-. . ., Ober-. . .: *Chefpilot; Chefideologe.* **Chef d'œuvre** [ʃedˈœvr, frz.] *das, - -(s)/- -[-dˈœvr],* Hauptwerk, Meisterwerk. **Chefin** *die, -/-nen,* weibl. Chef.

Chemie [ç-, ӧster. k-, grch. chemeia] *die, -,* die Wissenschaft von Eigenschaften und Umwandlungen der Elemente: *anorganische C.; Chemiealbum.* **Chemiefasern,** *Pl.,* Sammelbez. für künstl. Faserstoffe (Kunstfasern), die aus natürl. Stoffen (z. B. Zellulose) oder synthetisch hergestellt werden: *Chemiefaserstoffe.* **Chemi|graph** *der, -en/-en.* **Chemigraphie** [vgl. . . . graphie] *die, -,* Verfahren zur Herstellung von Druckplatten für den Buchdruck. **Chemikalie** [-iə] *die, -/. . . li|en, meist Pl.,* durch chemisch-techn. Verfahren hergestelltes Erzeugnis. **Chemikant** *der, -en/-en,* Ausbildungsberuf in der chem. Industrie. **Chemiker** *der, -s/-s,* Wissenschaftler auf dem Gebiet der Chemie: *Chemikergerät,* ABB. C 1.

Cheminée [ʃmˈine, frz.] *das, -s/-s, schweiz.:* offener Kamin. **chemisch,** die Chemie betreffend, den Gesetzen der Chemie entsprechend: *chemische Elemente,* chemisch nicht zerlegbare Grundstoffe; *chemische Reinigung; chemische Zeichen,* Abkürzung für die Elemente.

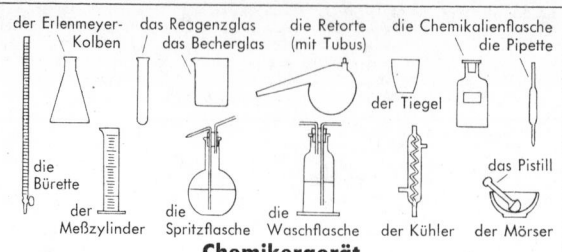

der Erlenmeyer-Kolben — das Reagenzglas / das Becherglas — die Retorte (mit Tubus) — die Chemikalienflasche / die Pipette — der Tiegel — die Bürette — der Meßzylinder — die Spritzflasche — die Waschflasche — der Kühler — das Pistill — der Mörser

Chemikergerät

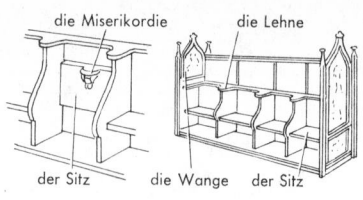

die Miserikordie — die Lehne — der Sitz — die Wange — der Sitz

Chorstuhl

Chemiserie [ʃəmizr'i, frz.] *die, -/. . . r'i|en, schweiz.*: Weißwarenhandlung.
Chemisett [ʃəmi-, frz. ›Hemdchen‹] *das, -(e)s/-s* oder *-e*, **Chemisette** *die, -/-n*, Vorhemd, auch Einsatz an Damenkleidern.
Chemotechniker *der*, in der chem. Industrie arbeitender Angestellter mit Fachschulausbildung. **chemotherapeutisch. Chemotherapie** *die*, ⚕ Behandlung (von Infektionskrankheiten) mit chem. Mitteln.
. . .**chen**, das Neutrum bestimmende Verkleinerungssilbe, ÜBERS. S 77.
Chenille [ʃən'iljə, frz. ʃən'ij, ›Raupe‹] *die, -/-n*, samtige Webware für Teppiche, Badewäsche u. a.
cherchez la femme [ʃerʃelaf'am, frz. ›suchet die Frau!‹], dahinter steckt bestimmt eine Frau.
Cherry Brandy [tʃ'eri br'ændi, engl. ›Kirschbranntwein‹] *der, - -s/- -s*, ein Kirschlikör.
Cherub [ç'e:-, hebr.] *der, -s/-im* oder . . . *b'inen*, auch *-e*, Lichtengel. **cherubinisch.**
Cherusker [ç-] *der, -s/-*, Angehöriger eines german. Volksstammes an der Weser. **cheruskisch.**
Chester [tʃ'estər, nach der engl. Stadt] *der, -s/-*, ein fetter Hartkäse: *Chesterkäse*.
chevaleresk [ʃəvalr'esk, frz.], ritterlich. **Chevalier** [ʃəval-j'e, frz. ›Ritter‹] *der, -s/-s*, französ. Adelstitel, auch dessen Träger.
Cheviot [ʃ'eviɔt, engl. tʃ'eviət, nach dem engl. Cheviotschaf] *der, -s/-s*, rauhes köperbindiges Gewebe aus gröberer Wolle.
Che|vreau [ʃəvr'o, frz., zu chèvre ›Ziege‹] *das, -s*, chromgegerbtes Ziegenleder mit feinen Narben. **Che|vrette** [ʃəvr'ɛt, frz.] *die, -s*, chromgegerbtes Schafleder, wie Chevreau zugerichtet.
Che|vron [ʃəvr'ɔ̃, frz. ›Sparren‹] *der, -s/-s*, **1)** Gewebe mit fischgrätenähnlichem Muster. **2)** französ. Dienstgradabzeichen. **3)** ⛉ Sparren.
Chewing-gum [tʃ'u:iŋɡʌm, engl.] *der, -(s)/-s*, Kaugummi.
Chi [çi:] *das, -(s)/-s*, griech. Buchstabe, ÜBERS. G 36.
Chianti [k-, nach der Landschaft in der Toskana] *der, -(s)*, ein italien. Rotwein.
Chiasma [ç-, nach der Kreuzform des griech. Chi: χ] *das, -s/-ta* oder . . . *men*, Kreuzung der Sehnerven im Gehirn.
Chiasmus *der, -*, Kreuzstellung von Satzgliedern, ÜBERS. R 12. **chiastisch**, in Kreuzstellung.
chic [ʃik, frz.], schick.
Chichi [ʃiʃ'i, frz.] *das, -(s)*, Getue; modische Zutat.
Chicorée [ʃ'ikore:, frz. -r'e:, vgl. Zichorie] *die, -* oder *der, -s*, eine Gemüsepflanze: *Chicoréesalat*.
Chief [tʃi:f] *der, -s/-s*, engl. Bez. für: Haupt, Oberhaupt.
Chiffon [ʃ'ifɔŋ, österr. ʃif'o:n, frz. ʃif'ɔ̃] *der, -s/-s, österr. auch: -e*, ein schleierartiges Gewebe.
Chif|fre [ʃ'ifrə, frz., afrz. cifre, aus arab. sifr ›leer‹, ›Null‹] *die, -/-n*, **1)** Geheimzeichen. **2)** Namenzeichen. **3)** symbolhaftes Wort in der Dichtung. **4)** Kennziffer (in Anzeigen). **chiffrieren**, *ich chiffriere* (habe chiffriert) *es*, fasse in Geheimschrift ab, verschlüssele: *ein chiffriertes Telegramm*.
Chi|gnon [ʃinj'ɔ̃, frz.] *der, -s/-s*, Nackenknoten, -zopf, ABB. H 1.
Chihuahua [tʃiw'awa, nach dem mexikan. Staat] *der, -s/-s*, bes. kleinwüchsige Haushunderasse.
Chilene [tʃi-] *der, -n/-n*, **Chilenin** *die, -/-nen*, Bewohner(in) des südamerikan. Staates Chile. **chilenisch. Chilesalpeter** *der*, natürlicher Salpeter.

Chili [tʃ'i:li, span.-indian.] *der, -s*, **1)** Chillies. **2)** scharfe, mit Cayennepfeffer gewürzte Soße.
Chiliade [ç-, grch. chilioi ›tausend‹] *die, -/-n*, Tausenderreihe. **Chiliasmus** *der, -*, Erwartung des Tausendjährigen Reiches nach der Wiederkehr Christi. **Chiliast** *der, -en/-en*. **chiliastisch.**
Chillies [tʃ'iliz, span.-indian.], *Pl.*, der Cayennepfeffer.
Chimära [ç-, grch. chimaira ›Ziege‹] *die, -*, Ungeheuer der griech. Mythologie. **Chimäre** *die, -/-n*, **1)** Schimäre. **2)** ⚘ Pfropfbastard.
Chinarinde [ç-, peruanisch ›quina-quina‹] *die*, ein Chinin enthaltendes natürl. Heilmittel.
Chinchilla [tʃintʃ'ila, span. tʃintʃ'iʎa, span.-indian.] *die, -/-s* oder *das, -s/-s*, südamerikan. Nagetier mit wertvollem Pelz.
Chinese [ç-, österr. k-] *der, -n/-n*, **Chinesin** *die, -/-nen*, Bewohner(in) des ostasiat. Staates China oder Person chines. Abkunft. **chinesisch**, *die Chinesische Mauer*, Schutzmauer des altchines. Reiches; Sinnbild für eigensinniges Sichverschließen gegen die übrige Welt. . . .*chinesisch*, Ü nur für eine kleine Gruppe verständlich: *Computerchinesisch; Parteichinesisch.*
Chinin [ç-, ital. chinina, zu peruanisch quina] *das, -s*, Alkaloid der Chinarinde, Fiebermittel.
Chinoiserie [ʃinwazr'i, frz.] *die, -/. . . r'i|en*, kunstgewerbliche Arbeit in chines. Manier.
Chintz [tʃ-, engl. aus Hindi chint] *der, -(es)/-e*, steif appretiertes, glänzendes (buntgemustertes) Baumwollgewebe.
Chip [tʃip, engl. ›Splitter‹] *der, -s/-s*, **1)** Spielmarke. **2)** *meist Pl.*, in Fett gebackene dünne Scheibchen roher Kartoffeln. **3)** Elektronik: integrierte Schaltung.
Chippendale [tʃ'ipəndeil, nach dem engl. Kunsttischler Th. Chippendale, 1718–1779] *das, -(s)*, vom Rokoko ausgehender engl. Möbelstil, ABB. S 68.
chir(o). . . [ç-, österr. k-, von grch. cheir ›Hand‹], hand . . .: *das Chiragra*, ⚕ Gicht der Hand. **Chiro|gnomie, Chirologie** [vgl. . . .logie] *die, -*, Handdeutung. **Chiromantie** *die, -*, Handlesekunst. **Chiro|praktik, Chirotherapie** *die, -*, aus bestimmten Handgriffen zum Einrenken verschobener Wirbel bestehendes Heilverfahren. **Chir|urg** [grch. ergein ›tätig sein‹] *der, -en/-en*, Facharzt für Chirurgie. **Chir|urgie** *die, -/. . .g'i|en*, **1)** *ohne Pl.*, Teil der Medizin, der durch mechanisch wirkende Mittel, z. B. Operationen, zu heilen sucht. **2)** chirurg. Abteilung einer Klinik. **chir|urgisch.**
Chitin [ç-, von Chiton] *das, -s*, chem. Stoff, der u. a. den Panzer der Gliederfüßer bildet. **chitinig, chitinös**, aus Chitin. **Chiton** [grch. ›Gewand‹, ›Panzer‹] *der, -s/-s*, altgriech. Kleidungsstück, ABB. M 16.
Chlamys [auch çlam'ys, grch.] *die, -/-*, altgriech. Mantel, ABB. M 16.
Chloe [kl'o:e, grch. ›die Grüne‹, Beiname der Demeter], weibl. Vorname (in Hirtendichtungen).
Chlor [klo:r, grch. chloros ›gelbgrün‹] *das, -s*, ⚗ Zeichen: Cl, gasförmiges giftiges Element. **Chloral** *das, -s*, eine Chlorverbindung. **Chlorat** *das, -(e)s/-e*, ein Salz der Chlorsäure. **chloren**, *ich chlore* (habe gechlort) *es*, versetze mit Chlor, behandle mit Chlor, mache keimfrei: *gechlortes Wasser*. **Chlorid** *das, -(e)s/-e*, ein Metallsalz der Salzsäure: *Natriumchlorid*, Kochsalz. **chlorieren**, *ich chloriere* (habe chloriert) *es*, **1)** führe Chlor in eine chem. Verbindung ein. **2)** chlore. **chlorig**, Chlor enthaltend. **Chlorit** [-] *das, -s/-e*, **1)** ein glimmerähnliches Mineral. **2)** *das, -s/-e*, ein Salz der chlorigen Säure. **Chlorkalk** *der*, ein Bleich- und Desinfektionsmittel. **Chloroform** *das, -s*, **1)** eine früher als Betäubungsmittel verwendete

Flüssigkeit. **2)** ein Lösungsmittel. **chloroformieren,** *ich chloroformiere* (habe chloroformiert) *ihn,* betäube mit Chloroform. **Chlorophyll** *das, -s,* Blattgrün. **Chlorose** *die, -/-n,* **1)** ♯ Bleichsucht. **2)** Pflanzenkrankheit durch mangelhafte Chlorophyllbildung. **Chlorung** *die, -,* Behandlung mit Chlor.

Choke [tʃouk, engl. to choke ›würgen‹] *der, -s/-s,* **Choker** [tʃ'oukə(r)] *der, -s/-,* ⇔ Luftklappe am Vergaser zur Erleichterung des Starts; Bedienungsknopf dafür.

chol. . . [çol—, grch. chole ›Galle‹], gallen. . . **Cholämie** [grch. haima ›Blut‹] *die, -,* ♯ das Übertreten von Gallenbestandteilen ins Blut; bewirkt Gelbsucht. **Cholera** [k-, mhd. kolre, zu grch. cholera] *die, -,* infektiöse Darmkrankheit: *Choleraepidemie.* **Choleriker** [k-] *der, -s/-,* jähzorniger, zu starken Gefühlsausbrüchen neigender Mensch. **cholerisch. Cholesterin** [ç-, auch k-, grch. stereos ›fest‹] *das, -s,* ein Lipoid, Hauptbestandteil der Gallensteine.

Chor [ko:r, ahd. chor, zu grch. choros] *der, -(e)s/"e,* **1)** Sanges- oder Sprechgruppe: *Chorgesang; Chorenchor.* **2)** Gesangswerk für mehrere Stimmen. **3)** Antike: Platz für kultischen Tanz und Gesang. **4)** auch *das, -(e)s/"e* oder *-e,* ⏛ Hauptaltarraum, ABB. K 20. **Choral** *der, -s/"e,* **1)** kath. Kirche: Gregorianischer Gesang; vgl. gregorianisch. **2)** evang. Kirche: Kirchenlied.

chord. . . [k-, grch. chorde ›Saite‹, bes. ›Darmsaite‹], saite. . . **Chorda** [grch.] *die, -/. . .den,* Chorda dorsalis, knorpelähnl. Vorstufe der Wirbelsäule bei den Chordaten. **Chordaten,** *Pl.,* Wirbeltiere und Manteltiere. **Chorditis** *die, -/. . .ditiden,* ♯ Stimmbänderentzündung.

Chorea [k-, grch. choreia ›Reigen‹] *die, -,* ♯ Veitstanz. **Choreograph** [k-] *der, -en/-en,* Entwerfer der Choreographie. **Choreographie** [vgl. . . .graphie] *die, -/. . .ph'ien,* **1)** Tanzschrift. **2)** Regieentwurf der Tänze im Ballett. **choreographieren,** *ich choreographiere* (habe choreographiert) *ein Ballett.* **choreographisch. Choreut** [ç-] *der, -en/-en,* Chortänzer im altgrich. Theater. **Choreutik** *die, -,* altgriech. Lehre vom Chortanz. **Chorfrau** [k-] *die,* Kanonisse. **Chorhemd** *das,* Chorrock. **Chorherr** *der,* Kanoniker. **chorisch,** einen Chor betreffend; im Chor auszuführen. **Chorist** *der, -en/-en,* **Choristin** *die, -/-nen,* Chorsänger(in). **Chörlein** *das, -s/-,* **1)** Diminutiv zu Chor. **2)** Erkerausbau an Bauten des MA. **Chorrock** *der,* Chorhemd, weißes Übergewand der kath. Priester, ABB. A 13. **Chorstuhl** *der,* ABB. C 1: *eine Kirche mit altem Chorstuhl.* **Chorus** [k-] *der, -,* 🔗 Sängerchor. **2)** [k'o:rəs, engl.], Grundmelodie im Jazz sowie deren improvisierte oder arrangierte Umgestaltung.

Chose [ʃ'o:zə, frz.] *die, -/-n,* eingedeutscht: Schose, U Angelegenheit, Sache; unangenehmes Ereignis.

Chow-Chow [tʃaut̮ʃ'au, engl.-chines.] *der, -s/-s,* ein Nordlandhund.

Chrestomathie [k-, grch. chrestos ›nützlich‹ und mathein ›lernen‹] *die, -/. . .th'ien,* Auswahl aus schriftstellerischen Werken, meist für den Unterricht.

Chrie [çr'i:(ə), grch. chreia ›Gebrauch‹] *die, -/-n,* 🔗 Aufsatz nach gegebenen Leitpunkten.

Chrisam [ç-, grch. chrima] *das* oder *der, -s,* **Chrisma** *das, -s,* zum liturg. Gebrauch geweihtes Salböl.

Christ [ahd. krist, zu Christus], **1)** Jesus Christus. **2)** *der, -en/-en,* Anhänger des Christentums: *Christenverfolgung.* **Christa,** weibl. Vorname. **Christbaum** *der,* Weihnachtsbaum. **Christblume** *die,* Christrose, schwarze Nieswurz. **Christdemokrat** *der,* Angehöriger einer christlich-demokrat. Partei. **Christdorn** *der,* Christusdorn. **Christel,** weibl. Vorname. **Christenheit** *die,* Gesamtheit der Christen. **Christenlehre** *die,* evang. Kirche: **1)** religiöse Unterweisung der konfirmierten Jugend. **2)** Religionsunterricht außerhalb der Schule. **Christenpflicht** *die,* moralische Verpflichtung, einem Mitmenschen zu helfen. **Christentum** *das, -s,* **1)** die auf Jesus Christus gegründete Religion. **2)** christl. Gesinnung. **Christfest** *das,* Weihnachten. **Christian,** männl. Vorname. **Christiane,** weibl. Vorname. **christianisieren,** *er* christianisiert (hat christianisiert) *ein Volk,* bekehrt zum Christentum. **Christianisierung** *die, -.* **Christina, Christine,** weibl. Vornamen. **christkatholisch,** *schweiz.:* altkatholisch. **Christkind** *das, -(e)s/er,* **1)** Jesuskind, Jesus Christus als neugeborenes Kind: *das C. in der Krippe,* vgl. ABB. K 47. **2)** *bes. süddt.:* Gestalt, die nach dem Volksbrauch den Kindern zu Weihnachten Geschenke bringt. **3)** auch Christkindl, *bes. süddt.:* Weihnachtsgeschenk: *Christkindlmarkt.* **Christkönigsfest** *das,* kath. Fest am Sonntag vor Allerheiligen. **christlich,** auf das Christentum bezüglich, in seinem Geiste: *christliche Moral,*

Nächstenliebe; aber Großschreibung: *die Christlich-Demokratische Union (Deutschlands),* Abk.: CDU; *die Christlich-Soziale Union (Deutschlands),* Abk.: CSU; *der Christliche Verein Junger Männer,* Abk.: CVJM. **Christlichkeit** *die, -.* **Christmette** *die,* Gottesdienst in der Christnacht. **Christmonat** *der,* Dezember. **Christnacht** *die,* heilige Nacht, Nacht zum 25. Dezember. **Christolatrie** [grch. latrein ›Kult‹] *die, -,* die Verehrung Christi als Gott. **Christologie** *die, -,* Wissenschaft von der Person Christi. **christologisch. Christoph** [nach dem hl. Christophorus], männl. Vorname. **Christrose** *die,* Christblume. **Christus** [grch. christos ›der Gesalbte‹], Jesus Christus: *Christi Himmelfahrt; nach Christo* oder *Christus,* Abk.: n. Chr.; *nach Christi Geburt,* Abk.: n. Chr. G.; *vor Christo* oder *Christus,* Abk.: v. Chr. Chr.; *vor Christi Geburt,* Abk.: v. Chr. G.; *er sieht aus wie das Leiden Christi,* U sehr schlecht. **Christ(us)dorn** *der,* Name vieler dorniger Pflanzen. **Christusmonogramm** *das,* Zeichen für den Namen Christus, ABB. S 78. **Christwurz** *die,* Name verschiedener Pflanzen, bes. für Nieswurz.

chrom. . . [kro:m-, von grch. chroma ›Farbe‹], farb. . . **Chrom** *das, -s,* ⚕ Element, Zeichen: Cr, ein Metall: *sein neuer Wagen hat viel glänzendes C.,* U; *chromblitzend.* **Chromatik** *die, -,* **1)** Farbenlehre. **2)** ♪ Erhöhung oder Erniedrigung der Stammtöne einer Tonart um einen Halbton. **Chromatin** *das, -s,* Gerüstsubstanz des Zellkerns, Bestandteil der Chromosomen. **chromatisch,** **1)** auf Farbenzerlegung beruhend. **2)** ♪ in Halbtönen fortschreitend: *chromatische Tonleiter.* **Chromatophor** [grch. pherein ›tragen‹] *das, -s/-en,* meist *Pl.,* **1)** ❀ Farbstoff enthaltendes Körperchen der Pflanzenzelle. **2)** ⚗ Farbstoffzelle, bes. der Haut. **Chromatron** *das, -s/. . .tr'one,* Bildröhre zur Wiedergabe farbiger Fernsehbilder. **Chromfarbe** *die,* lichtechte Chromverbindung für Malerei, Anstrich, Druck, Keramik, z. B. Chromgelb, Chromgrün. **chromieren,** *ich chromiere* (habe chromiert) *es,* **1)** behandle beim Färben mit Chromverbindungen (Textilfasern). **2)** verchrome. **Chromleder** *das,* mit Chromsulfat gegerbtes Leder. **chromogen,** Farbstoff bildend. **Chromosom** [grch. soma ›Körper‹, grch. -soma], grch. -soma], Kernschleife, im Zellkern befindlicher Träger der Erbanlagen: *Chromosomenanomalie; Chromosomenzahl.* **Chromosomensatz** *der,* alle Chromosomen eines Zellkerns. **Chromosphäre** *die,* atmosphär. Schicht der Sonne.

Chronik [kr'o:-, grch. chronos ›Zeit‹] *die, -/-en,* **1)** Geschichtswerk, Bericht über (geschichtl.) Ereignisse in zeitlich genauer Reihenfolge: *Stadtchronik; Weltchronik; Familienchronik.* **2)** ohne *Pl., Bücher der C.,* zwei Bücher des A. T. **chronikalisch,** in Form einer Chronik. **Chronique scandaleuse** [kron'ik skådal'ø:z, frz.] *die, -,* Sammlung von Klatschgeschichten. **chronisch,** langwierig, schleichend (Krankheit). **Chronist** *der, -en/-en,* Chronikschreiber. **Chronograph** [vgl. . . .graph] *das, -en/-en,* **1)** Gerät zum Übertragen der Uhrzeit auf Lochstreifen. **2)** eine Uhr mit Stoppuhrmechanismus. **Chronologie** [vgl. . . .logie] *die, -,* **1)** Lehre von der Zeitrechnung und Zeitmessung. **2)** die Zeitrechnung. **chronologisch,** der Zeit nach geordnet. **Chronometer** *das, -s/-,* genau gehende Uhr. **Chronometrie** [vgl. . . .metrie] *die, -/. . .tr'ien,* Zeitmessung. **chronometrisch.**

Chrysantheme [k-, grch. chrysanthemon ›Goldblume‹] *die, -/-n,* Wucherblume. **Chrysoberyll** [ç-] *der,* grünlichgelbes bis grünes Mineral, ein Edelstein. **Chrysolith** [ç-, vgl. . . .lith] *der, -s/-e(n),* Varietät des Olivins, ein Edelstein. **Chrysopras** [ç-] *der, -es/-e,* grüner Chalcedon. **chthonisch** [çt'o:-, grch. chthon ›Erde‹], der Erde angehörend, unterirdisch: *chthonische Götter,* Erdgottheiten.

Chuzpe [x'utspə, jidd., zu hebr. chuzpá] *die, -,* Unverfrorenheit, dreistigkeit.

Ci, Zeichen für: Curie.

CIA [si:ai:'ei], Abk. für: Central Intelligence Agency, der Geheimdienst der USA.

ciao! [tʃau, ital.], tschau!

Ciborium [tsi-] *das, -s/. . .ri|en,* Ziborium.

Cicero [ts'i:tsero, Cicero, röm. Redner, 106–43 v. Chr.] *die, -, schweiz.:* auch *der, -,* ⏁ ein Schriftgrad, ÜBERS. D 16. **Cicerone** [tʃitʃer'o:ne, ital.] *der, -(s)/-s* oder *. . .ni,* Fremdenführer. **ciceronianisch, ceronisch** [ts-], Ü stilistisch vollkommen: *ein ciceronianisches Redentalent;* aber: *Ciceronianisch, Ciceronisch,* von Cicero stammend, ÜBERS. A 4, C.

Cie., 🔗, *noch schweiz.:* Abk. für: Kompanie (Gesellschaft).

cif, Abk. für: cost, insurance, freight, eine Handelsklausel. **Cilli** [ts'ili, von Cäcilie], weibl. Vorname.

Cineast [si-, frz., zu grch. kinema ›Bewegung‹] *der, -en/-en,* **1)** Filmfachmann, Filmemacher. **2)** Filmfan. **cineastisch.**

Cinema|scope [sinemask'o:p, vgl. . . . skopie] *das, -,* ein Breitwandfilmverfahren. **Cinemathek** [si-, vgl. Theke] *die, -/-en,* Filmothek, Sammlung von Filmen, Filmarchiv. **Cinerama** [si-] *das, -,* ein Breitwandfilmverfahren.

Cingulum [ts-] *das, -s/-s* oder . . . *la,* Zingulum.

Cinquecento [tʃiŋkvetʃ'ɛnto, italien. ›fünfhundert‹, Abk. für: 1500] *das, -(s),* italien. Name für das 16. Jahrh. und seinen Stil.

circa [lat.], Abk.: ca., zirka.

Circe [ts'irtsə, nach Kirke] *die, -/-n,* verführerische Frau.

circensisch [tsirts-], zirzensisch.

Circuit training [s'ə:kit tr'einiŋ, engl. circuit ›Kreisbewegung‹] *das, - -s,* ✗ Kreistraining, Zirkeltraining, Kombination von zehn bis 24 unterschiedl. Übungen. **Circulus vitiosus** [lat. ›fehlerhafter, falscher Kreis‹] *der, - -/. . . li . . . si,* **1)** Zirkelschluß. **2)** das Vorhandensein zweier Störungen, die einander wechselseitig verstärken. **3)** Teufelskreis.

cis, ♪ **1)** *das, -/-,* Halbton über c, ABB. N 9. **2)** Zeichen für: cis-Moll. **Cis,** Zeichen für: Cis-Dur. **Cis-Dur** *das,* Zeichen: Cis, eine Tonart. **cis-Moll** *das,* Zeichen: cis, eine Tonart.

cito [lat.], schnell, eilig (alte Briefaufschrift).

Citoyen [sitwaj'ɛ̃, frz.] *der, -s/-s,* Bürger.

Citrusfrüchte, *Pl.,* Zitrusfrüchte.

City [s'iti, engl., zu lat. civitas] *die, -/-s* oder . . . *ties,* Innenstadt, Geschäftsviertel, Zentrum einer Großstadt.

Civitas [lat. ›Bürgerrecht‹] *die, -,* Staat, Stadt, Gemeinwesen.

ck, eine Buchstabengruppe; zur Silbentrennung vgl. ÜBERS. S 50.

cl, Zeichen für: Zentiliter.

Cl, ↗ Zeichen für: Chlor.

c. l., Abk. für lat.: citato loco, am angeführten Ort.

Clactonien [klæktɔnj'ɛ̃, nach dem engl. Fundort Clacton] *das, -(s),* Formengruppe der Altsteinzeit.

Claim [kleim, engl.] *das, -(s)/-s,* Anspruch; Anteil (an einer Mine).

Clairet [klɛr'ɛ, frz. ›bleichrot‹] *der, -s/-s,* der Weißherbst.

Clair-ob|scur [klɛrɔpsk'y:r, frz.] *das, -(s),* Helldunkel (Malerei).

Clan [kla:n, engl. klɛn, gälisch ›Kinder‹] *der, -s/-e* oder engl. *-s,* Verwandtschaftsgruppe, enger Bund.

Claque [klak, frz. claquer ›klatschen‹] *die, -,* Gesamtheit der Claqueure. **Claqueur** [-k'ø:r] *der, -s/-e,* bezahlter Beifallklatscher.

Claudia [die aus dem röm. Geschlecht der Claudier Stammende], weibl. Vorname.

Clavicembalo [klavitʃ'embalo, ital.] *das,* Cembalo.

Clavicula [lat. ›Schlüsselchen‹] *die, -/. . . lae,* ♩ das Schlüsselbein.

clean [kli:n, engl. ›sauber‹], ∪ nicht mehr drogenabhängig (nach Behandlung).

Clearing [kl'i:riŋ, engl. to clear ›ins reine bringen‹] *das, -s/-s,* Zahlungsausgleich, Verrechnung; *Clearingabkommen,* zwischenstaatl. Verrechnungsabkommen.

Clematis [auch kl'e-] *die, -/-,* Klematis.

Clemens [lat. clemens ›mild‹, ›gnädig‹], auch Klemens, männl., **Clementine,** auch Klementine, weibl. Vorname.

Clerk [kla:k, engl.] *der, -s/-s,* **1)** kaufmänn. Angestellter. **2)** brit. oder amerikan. Verwaltungsbeamter.

clever [kl'evər, engl.], klug, gescheit; durchtrieben: *ein cleverer Bursche.* **Cleverness** [kl'ɛvərnɛs] *die, -,* eingedeutscht: Cleverneß.

Clinch [klintʃ, engl.] *der, -(e)s,* Umklammerung des Gegners beim Boxen: *wir müssen ihn in den C. nehmen, mit ihm in den C. gehen,* ∪ ihn hart anfassen, bedrängen.

Clip [altengl. clyppan ›umarmen‹] *der, -s/-s,* auch Klipp, Klemme, Klammer; Schmuckspange mit federnder Klemme, ABB. S 30: *Ohrclip.*

Clipper [zu to clip ›abschneiden‹, eigtl. ›Zeitabschneider‹] *der, -s/-,* schnelles amerikan. Verkehrsflugzeug; vgl. aber: Klipper.

Clips *der, -es/-e,* auch Klips, *seltener für:* Clip.

Clique [kl'ikə, frz.] *die, -/-n,* Klüngel, Sippschaft, einander fördernde Gruppe, die Außenstehende fernhält: *Cliquenwirtschaft.*

Clivia [-v-, nach Lady Clive, † 1866] *die, -/. . . vi|en,* Klivie, gelbrot blühende Zierpflanze.

Clochard [klɔʃ'a:r, frz., zu clocher ›hinken‹] *der, -(s)/-s,* streunender Obdachloser, Stadtstreicher (bes. in Paris).

Cloqué [klok'e:, frz.] *der, -(s)/-s,* Kleiderstoff mit blasenartig erhöhter Oberfläche.

Clou [klu:, frz. ›Nagel‹] *der, -s/-s,* Höhepunkt, Glanzstück.

Clown [klaun, engl. ›Tölpel‹] *der, -s/-s,* Spaßmacher (im Zirkus), ABB. M 6. **Clownerie** *die, -/. . . r'i|en,* Betragen nach Art eines Clowns, kindisches Benehmen. **clownesk.**

Club [klub, engl. klʌb] *der, -s/-s,* Klub.

Cluniazenser [klu-] usw., Kluniazenser usw.

cm, Zeichen für: Zentimeter. **cm²,** Zeichen für: Quadratzentimeter. **cm³,** Zeichen für: Kubikzentimeter.

Cm, ↗ Zeichen für: Kobalt.

C + M + B, in Segnungsformeln: Caspar, Melchior, Balthasar, die Heiligen Drei Könige.

cmm, ☁ Zeichen für: Kubikmillimeter.

c-Moll *das,* ♪ Zeichen: c, eine Tonart.

c/o, Abk. für: care of.

Co [lat. cobaltum], ↗ Zeichen für: Kobalt.

Co. [Abk. für engl. Company], Kompanie(gesellschaft).

Coach [koutʃ, engl., eigtl. ›Kutsche‹] *der, -(s)/-s,* ✗ Trainer, Berater. **coachen,** *er coacht* (hat gecoacht) *die Sportler.*

Cob|ler [k'ɔ-, engl.] *der, -s/-s,* ein Cocktail.

COBOL [Kurzw. aus common business oriented language, engl.] *das,* eine Programmiersprache.

Coca *die, -/-,* Koka. **Coca** *das, -(s)/-* oder *die, -/-,* ∪ kurz für: **Coca-Cola** *das, -(s)/-* oder *die, -/-,* Handelsname für ein Erfrischungsgetränk. **Cocain** *das, -s/-s,* Kokain.

Cochenille [kɔʃən'iljə, frz. kɔʃn'ij] *die, -/-n,* Koschenille.

Cochon [kɔʃ'õ, frz. ›Schwein‹] *der, -s/-s,* Schimpfwort: unanständiger Mensch. **Cochonnerie** [kɔʃɔnər'i] *die, -/. . . r'i|en,* Schweinerei.

Cockerspani|el [engl.] *der,* eine Jagdhunderasse.

Cockney [k'ɔkni, engl., eigtl. ›Hahnenei‹, das erste Ei einer Henne], **1)** *der, -(s)/-s,* Spitzname des Londoner Spießbürgers. **2)** *das, -(s),* Stadtsprache von London mit vulgärem Einschlag.

Cockpit [engl. cock ›Hahn‹ und pit ›Grube‹] *das, -s/-s,* **1)** im Flugzeug die Pilotenkabine, ABB. F 31, im Kraftwagen (bes. Sport- und Rennwagen) Platz des Fahrers. **2)** ⚓ Plicht.

Cocktail [k'ɔkteil, engl.] *der, -s/-s,* ein ›Schwanz‹, alkohol. Mischgetränk. **Cocktailkleid** *das, -(e)s/-er,* kurzes elegantes Kleid. **Cocktailparty** *die,* zwangloser Empfang.

Coda [ital. ›Schwanz‹] *die, -/-s,* eingedeutscht: Koda, ♪ Schlußteil.

Code [ko:d, frz., koud, engl., zu lat. codex ›Buch‹] *der, -s/-s,* Kode, Schlüssel für Geheimschriften, Telegramme, Rechenanlagen. **Code civil** [kɔdsiv'il, frz.] *der, - -,* bürgerl. Gesetzbuch in Frankreich. **Codex** *das, -s,* Kodex. **Codex** usw., Kodex usw. **codieren,** *ich codiere* (habe codiert) *es,* übertrage in einen Code: *eine codierte Nachricht.* **Codierer** *der, -s/-,* Person, die etwas codiert. **Codierung** *die, -/-en.*

Cœur [kœr, frz. ›Herz‹] *das, -/-(s),* Herz, Rot, Spielkartenfarbe, ABB. S 54.

Coffein usw., Koffein usw.

cogito, ergo sum [lat.], ›ich denke, also bin ich‹, Grundsatz der Philosophie von Descartes.

Co|gnac [k'ɔnjak, frz. koɲ'ak, nach der südwestfranzös. Stadt Cognac] *der, -s/-s,* aus Weinen des Gebietes um Cognac hergestellter Weinbrand; vgl. aber: Kognak.

Coiffeur [koaf'ø:r, frz.] *der, -s/-e,* bes. schweiz.: Friseur. **Coiffeuse** [koaf'ø:zə] *die, -/-n,* Friseuse.

Coir [malaiisch] *das, -(s)* oder *die, -,* Kokosnußfaser.

Coitus usw., Koitus usw.

Coke [kouk, engl.] *das, -(s)/-s,* kurz für: Coca-Cola.

col., ⚙ Abk. für: columna (Spalte).

Cola *das, -(s)/-* oder *die, -/-,* ∪ kurz für: Coca-Cola.

Cölestin usw., Zölestin usw.

Collage [kɔl'a:ʒə, frz. coller ›kleben‹] *die, -/-n,* **1)** Klebebild aus verschiedenen Materialien. **2)** literar. Text, der aus Zitaten verschiedener Herkunft besteht. **3)** ♪ aus vorgefundenen Materialien bestehende Komposition. **collagieren** [-ʒ-], *er collagiert* (habe collagiert) *es.*

College [k'ɔlidʒ, engl.] *das, -(s)/-s[-dʒiz]* und **Collège** [kɔl'ɛ:ʒ, frz.] *das, -(s)/-s,* höhere Schule, Eingangsstufe einer Hochschule. **Collegemappe** [k'ɔlidʒ-] *die,* schmale Aktentasche.

Collie [k'ɔli, kelt.] *der, -s/-s,* Schott. Schäferhund.

Collier [kɔlj'e:, frz.] *das, -s/-s,* Kollier.

Colón [-l'o:n, nach der span. Form des Namens Kolumbus] *der, -(s)/-es,* bei Wertangaben *-,* Währungseinheit in Costa Rica und El Salvador.

Coloradokäfer [nach dem amerikan. Bundesstaat Colorado] *der,* Koloradokäfer, Kartoffelkäfer.

Colt [nach dem amerikan. Erfinder S. Colt, 1814–62] *der, -s/-s,* Handelsname für einen Revolver.
Columbarium *das, -s/. . .ri|en,* Kolumbarium.
Comanche [-tʃ-] *der, -n/-n* oder *-s* [-tʃiz], Komantsche.
Combo [engl. Kurzw. für combination] *die, -/-s, ♪* kleine Jazzkapelle.
Comeback [kʌmb′æk, engl.] *das, -(s)/-s,* Wiederauftreten eines bekannten Künstlers, Sportlers, Politikers nach längerer Pause.
COMECON, Comecon [Kurzw. aus Council for Mutual Economic Assistance, engl. ›Rat für gegenseitige Wirtschaftshilfe‹] *der* oder *das, -s,* eine Wirtschaftsorganisation der Ostblockstaaten.
Comesti|bles [komɛst′ibl, frz. ›Nahrungsmittel‹], *Pl., schweiz.:* Feinkostgeschäft.
Comics [k′ɔmiks], kurz für: **Comic strips** [engl. ›lustige Streifen‹], *Pl.,* gezeichnete Bildergeschichten in Zeitungen, Zeitschriften.
comme ci, comme ça [kɔms′i kɔms′a, frz. ›wie hier, so dort‹], U nicht besonders.
Commedia dell'arte [ital. ›Kunstlustspiel‹] *die, - -,* italien. Stegreifkomödie des 16.–18. Jahrh.
comme il faut [kɔmilf′o, frz.], wie es sein muß.
Commis [-m′i, frz.] *der, -/-,* Kommis. **Commis voyageur** [-vwajaʒ′œːr] *der, - -/- -s, ♀* Handlungsreisender.
Common sense [k′ɔmən sens, engl. ›allgemeiner Verstand‹] *der, - -,* gesunder Menschenverstand.
Commonwealth [k′ɔmənwelθ, engl. ›Gemeinwohl‹] *das, -,* 1) Gemeinwesen. 2) Nationengemeinschaft: *British C. of Nations,* Gemeinschaft der gleichberechtigten Teile des Brit. Reiches.
Communiqué [-mynik′e, frz.] *das, -s/-s,* Kommuniqué.
Compact Disc [kɔmp′ækt disk, engl.] *die,* Kompaktplatte.
Compa|gnie [kɔpaɲ′i, frz.] *die, -/. . .n′i|en, ♀* Kompanie.
Compiler [kɔmp′ailə(r), engl.] *der, -s/-,* ein Übersetzungsschlüssel für digitale Rechenanlagen.
compound. . . [kɔmp′aund, engl. to compound ›zusammensetzen‹, verbund. . .: *Compoundtriebwerk.* **Compoundmaschine** *die,* 1) Verbundmaschine, eine Dampfmaschine. 2) Compoundmotor, ein Elektromotor.
Com|ptoir [kɔtw′aːr, frz.] *das, -s/-s, ♀* Kontor.
Computer [kɔmpj′uːtə(r), engl. ›Rechner‹] *der, -s/-,* elektron. Rechenanlage, Datenverarbeitungsanlage: *Computerfahndung; Computerkunst; Computersprache; computergesteuert; Heimcomputer; Mikrocomputer.*
Comte [kɔt, frz.] *der, -/-s,* Graf. **Comtesse** [kɔt′ɛs] *die, -/-n* [-sən], Komteß.
con. . . [lat.], mit. . .; vgl. kon. . .
con [ital.], mit; als musikal. Vortragsbezeichnungen: *c. affetto,* affettuoso, mit Leidenschaft; *c. agilità,* leicht, beweglich; *c. amore,* mit Liebe, warm; *c. anima,* beseelt, belebt; *c. brio,* mit Schwung; *c. calore,* mit Wärme; *c. dolcezza,* mit Süße, weich; *c. dolore,* mit Schmerz; *c. espressione,* mit Ausdruck; *c. forza,* mit Kraft; *c. fuoco,* mit Feuer; *c. grazia,* mit Anmut; *c. moto,* bewegt; *c. passione,* mit Leidenschaft; *c. sordino,* mit Dämpfer.
Concentus [lat. ›Mitgesang‹] *der, -/-,* im Gregorian. Gesang die stärker melodisch gestalteten liturg. Gesänge.
Concha *die, -/-s* oder *. . .chen,* Koncha.
Concierge [kɔsj′ɛrʒ, frz., zu lat. concevius] *der* und *die, -/-s,* auch *-n* [-ʒn], Hausmeister(in), Pförtner(in).
Concours hippique [kɔk′u:rip′ik,frz.] *der, - -/- -s* [-ip′ik], Reit- und Fahrturnier.
Conditio sine qua non [lat.] *die, - - - -,* unerläßliche Bedingung.
Condominium *das,* Kondominium.
Condottiere [ital.] *der, -s/. . .ri,* Söldnerführer.
confer! [lat.], Abk.: cf., cfr., conf., vergleiche!
Conférence [kɔfer′ãs, frz.] *die, -/-n* [-sən], unterhaltsame Ansage (Rundfunk, Kabarett). **Conférencier** [kɔferãsj′e] *der, -s/-s.*
Confessio [lat.] *die, -/. . .fessi′ones,* 1) Geständnis, Beichte. 2) Glaubensbekenntnis. **Confiteor** *das, -s,* Sündenbekenntnis.
Confoederatio Helvetica [lat.] *die, - -,* Abk.: CH, Schweizerische Eidgenossenschaft.
Con|frater [lat.] *der,* Konfrater.
Consecutio temporum [lat.] *die, - -,* Zeitenfolge im zusammengesetzten Satz.
Consensus [lat.] *der, -/-,* Konsens.

Consilium ab|eundi [lat.] *das, - -,* Androhung der Verweisung von der höheren Schule.
Consommé [kɔsɔm′e, frz., zu lat. consummare ›zur höchsten Vollendung bringen‹] *die, -/-s* oder *das, -s/-s,* auch Konsommé, Kraftbrühe.
Contactlinse *die,* Kontaktlinse.
Container [kɔnt′einə(r), engl.] *der, -s/-,* Großraumbehälter für Gütertransporte: *Containerschiff; Containerverkehr.*
Conte [ital.] *der, -/. . .ti* oder *-s,* Graf.
Contenance [kɔtən′ãs, frz.] *die, -,* Kontenance.
Contergankind [nach dem Handelsnamen für das Beruhigungsmittel Thalidomid] *das,* U Kind mit angeborenen Mißbildungen, die durch Einnahme von Contergan während der Frühschwangerschaft verursacht wurden.
Contessa [ital.] *die, -/. . .t′essen,* Gräfin.
Contest [k′ɔntest, engl.] *der, -s/-s* und *-e,* Wettbewerb (Unterhaltungsmusik).
con|tra [lat.], kontra, gegen: *in Sachen X. c. Ý.* **Con|tra** *das, -s/-s,* Kontra. **Con|tradictio in adjecto** *die, - - -,* Widerspruch in der Beifügung (eckiger Kreis). **con|tra legem,** gegen das Gesetz. **con|tre. . .** [kɔtrə-, frz.-lat.], konter. . .
Con|troller [kɔntr′oulə(r), engl.] *der, -s/-,* Prüfer; Fachmann für Kostenrechnung und Kosten|planung.
Con|urbation [kɔnəːb′eiʃn, engl., vgl. con. . . und lat. urbs ›Stadt‹] *die, -/-s,* Gruppe zusammengewachsener Städte.
Convent [-e] *der, -/-e,* Konvent.
Convoy [kɔnv′ɔi, engl.] *der, -s/-s,* Konvoi.
cool [ku:l, engl. ›kühl‹], U sachlich, leidenschaftslos: *das läßt ihn c.; ein cooler Typ.* **Cool Jazz** [-dʒ′æz] *der,* Form des modernen Jazz.
Copilot *der,* Kopilot.
Copyright [k′ɔpirait, engl.] *das, -s/-s,* Urheberrecht.
coram pu|blico [lat.], öffentlich.
Cord *der, -(e)s/-e,* Kord.
Cordon bleu [kɔrdɔbl′ø, frz., eigtl. ›blaues Band‹] *das, - -/-s -s* [-dɔbl′ø], doppeltes gefülltes Kalbschnitzel.
Cordula [zu lat. cor ›Herz‹], weibl. Vorname.
Core [kɔː, engl. ›Kern‹] *das, -(s)/-s,* Physik: Reaktorkern, der das spaltbare Material enthält.
Cornea [lat. cornu ›Horn‹] *die, -,* Kornea, ♀ die Hornhaut des Auges.
Corned beef [k′ɔ:nd biːf, auch k′ɔːnet, engl.] *das, - -,* gepökeltes Rindfleisch in Konserven.
Cornelia, weibl., **Cornelius** [lat. ›die, der aus der altröm. Sippe der Cornelier Stammende‹], männl. Vorname.
Corner [k′ɔːnə(r), engl.] *der,* 1) Ringecke (beim Boxen). 2) ♀, *noch österr.:* Ecke, Eckball (beim Fußball). 3) Börse: die Schwänze.
Corn-flakes [k′ɔːnfleiks, engl.], *Pl.,* Maisflocken.
Cornichon [-ʃ′ɔ, frz.] *das, -s/-s,* Pfeffergurke.
Corolla usw., Korolla usw.
Corona usw., Korona usw.
Corps [kɔːr, frz. kɔːr, vgl. Corpus] *das, -[kɔːrs]/-[kɔːrs],* Korps. **Corps de ballet** [kɔːrdabal′e] *das, - -,* Ballettgruppe. **Corps di|plomatique** [-diplɔmat′ik] *das, - -/-s -s* [-t′ik], Abk.: CD, Diplomatisches Korps.
Corpus [lat.] *das, -/. . .pora,* 1) Körper; Körperschaft. 2) ♀ Teil des Bildungsgewebes eines Sprosses. 3) Biologie: Organ oder Organteil mit verschiedenen Funktionen. **Corpus delicti** *das, - -/. . .pora - -,* ♀♂ Beweisstück. **Corpus juris** *das, - -,* Rechtsbuch.
Corrida de toros [span.] *die, - - -/- - -,* Stierkampf.
Corrigenda [lat. corrigere ›verbessern‹], *Pl.,* Druckfehler.
Corrigens [lat. ›. . .g′entia oder . . .g′en|en], Pharmazie: geschmacksverbessernder Zusatz zu Arzneien.
corriger la fortune [kɔriʒ′elafɔrt′yn, frz. ›das Glück verbessern‹], falschspielen.
Corso *der, -s/-s,* Korso.
Cortes [span.], *Pl.,* die Volksvertretung in Spanien, früher auch in Portugal.
Cortex *der,* Kortex.
Cortison *das,* Kortison.
cos, Zeichen für: Kosinus. **cosec,** Zeichen für: Kosekans.
Cosima, weibl., **Cosimo** [ital.], männl. Vorname.
Cosmo|tron *das,* Kosmotron.
Costaricaner *der, -s/-,* Bewohner des mittelamerikan. Staates Costa Rica. **costaricanisch.**
cot, cotg, auch **ctg,** Zeichen für: Kotangens.
Cottage [k′ɔtidʒ, engl.] *das, -/-s* [-dʒis], 1) Landhaus. 2) [kɔt′æʃ], österr.: Villenviertel.

Cotton [kɔtn, engl.] *der, das, -s,* Baumwolle.
Cottonmaschine [k'ɔtn-, nach dem brit. Ingenieur W. Cotton, * 1786, † 1887] *die,* Flachwirkmaschine zur Herstellung von gewirkter Oberbekleidung.
Couch [kautʃ, engl., zu frz. coucher ›ausgestreckt hinlegen‹] *die, schweiz. auch: der, -/-es* oder *-en,* Liegesofa, ABB. W 14.
Couchette [kuʃ'ɛt, frz.] *die, -/-s, bes. schweiz., österr.:* Platz im Liegewagen der Eisenbahn.
Couleur [kul'ø:r, frz. ›Farbe‹] *die, -/-en* oder *-s,* **1)** *ohne Pl.,* Kartenspiel: Trumpf. **2)** Farben einer Studentenverbindung. **3)** *ohne Pl.,* (polit.) Anschauung, Fachrichtung, Art: *Vertreter verschiedener C.*
Couloir [kulw'a:r, frz.] *der, -s/-s,* steile, enge Schlucht.
Coulomb [kul'ɔ̃, nach dem französ. Physiker C. A. de Coulomb, 1736–1806] *das, -s/-s,* Zeichen: C, ⚡ Amperesekunde.
Count [kaunt, engl., zu Conte] *der, -s/-s,* engl. Bez. für einen Grafen des europ. Kontinents.
Countdown [kauntd'aun, engl. ›Herabzählen‹] *der* oder *das, -(s)/-s,* das Rückwärtszählen der Vorbereitungsprogrammpunkte bis 0 = Zero (Startzeitpunkt), bes. von Raketen: *der C. ist angelaufen, auch Ü.*
Counter [k'auntə, engl.] *der, -s/-,* **1)** Schalter zur Abfertigung von Flugreisenden. **2)** Theke in Reisebüros u. a.
Countess [k'auntis, engl.] *die, -/. . .t'essen* oder *. . .tesses* [-tisiz], eingedeutscht: Counteß, Gräfin.
Country-Music [k'ʌntri mj'u:zik, engl.] *die, -,* Volksmusik (in den USA).
County [k'aunti] *die, -/. . .ties,* engl. Grafschaft, amerikan. Verwaltungsbezirk.
Coup [ku, frz.] *der, -s/-s,* Streich, bes. Staatsstreich; überraschendes Vorgehen. **Coup de main** [kudəm'ɛ̃] *der, - - -/-s - -* [ku-], ⚔ Handstreich. **Coupé** [kup'e:, frz. ›abgeschnitten‹] *das, -s/-s,* auch Kupee, **1)** geschlossenes zweisitziges Kraftfahrzeug: *ein sportliches C.* **2)** ⚔ geschlossene zweisitzige Kutsche, ABB. W 2. **3)** ⚔ Eisenbahnabteil.
Cou|plet [kupl'e:, frz., von lat. copula ›Verbindung‹] *das, -s/-s,* witziges Lied mit Refrain, bes. im Kabarett.
Coupon [kup'ɔ̃, frz. couper ›schneiden‹] *der, -s/-s,* auch Kupon, **1)** Abschnitt; Gutschein. **2)** Zinsschein, Dividendenschein. **3)** (Stoff)abschnitt.
Cour [ku:r, frz., zu lat. cohors ›Hofraum‹] *die, -,* **1)** Hof(haltung); Gunstbewerbung: *er macht ihr die C.* **2)** Gerichtshof.
Courage [kur'a:ʒ(ə), frz., zu cœur ›Herz‹] *die, -,* Mut, Beherztheit. **couragiert** [-ʒ'i:rt].
Courbette [kurb'ɛt(ə)] usw., Kurbette usw.
Course [kɔ:s, engl. ›(Renn)strecke‹] *der, -/-s* [-siz], Golf: die Streckenanlage auf dem Golfplatz: *Golfcourse.*
Courtage [kurt'a:ʒ(ə), frz. courtier ›Makler‹, zu lat. curare ›besorgen‹] *die, -/-n,* auch Kurtage, Maklergebühr.
Courtoisie [kurtwaz'i, mhd. kurtoisie, zu frz. cour] *die, -/. . .s'i|en,* **1)** ritterl. Höflichkeit. **2)** ⛛ zwei Wappen nebeneinander.
Cousin [kuz'ɛ̃, frz.] *der, -s/-s,* Vetter. **Cousine** [ku-] *die, -/-n,* Kusine, Base, ÜBERS. F 6.
Couture [kut'y:r, frz.] *die, -,* Haute Couture. **Couturier** [kutyrj'e] *der, -s/-s,* Damenschneider.
Couvert [kuv'ɛ:r] usw., Kuvert usw.
Cover [k'ʌvə, engl.] *das, -s/-s,* **1)** Schutzumschlag, (Platten)hülle. **2)** Titelseite, Titelbild (Zeitung, Illustrierte): *Covergirl,* Mädchen als Titelbild einer Illustrierten, Titelbildschönheit. **Covercoat** [-kout] *der, -(s)/-s,* **1)** ein Mantel- und Kostümstoff. **2)** Mantel daraus.
Cowboy [k'aubɔi, engl. ›Kuhjunge‹] *der, -s/-s,* berittener amerikan. Rinderhirt.
Cox' Orange [kɔksɔr'ã:ʒə, nach R. Cox] *die,* ein Tafelapfel.
Coyote *der, -n/-n,* Kojote.
cr., Abk. für: currentis.
Cr, ⚗ Zeichen für: Chrom.
Crack [kræk, engl., mhd. krachen, Schallw.] *der, -s/-s,* aussichtsreichster Kampfteilnehmer (Sportler, Rennpferd).
Cracker [kr'ækə(r)] *der, -s/-(s),* **1)** knuspriges Kleingebäck. **2)** Feuerwerkskörper.
Craquelé [krakal'e, frz. ›rissig‹] *das, -s/-s,* auch Krakelee, Glasur mit feinen Rissen.
Crash-Test [kr'æʃ-, engl. ›Zusammenstoß‹] *der,* Verfahren zur Untersuchung des Verhaltens von Kraftfahrzeugen und Insassen bei Unfällen.
Crawl [krɔ:l, engl.] usw., Kraul usw.

Crayon [krɛj'ɔ̃] usw., Krayon usw.
Credo [lat. ›ich glaube‹] *das, -s/-s,* Glaubensbekenntnis; auch Ü.
Creek [kri:k, engl. ›Bucht‹, ›Flüßchen‹] *der, -s/-s,* zeitweilig trockener Flußlauf.
creme [krɛm, kre:m, frz., zu grch. chrima ›Salbe‹], *nicht flektierbar,* cremefarben. **Creme** *die, -/-s,* Krem, **1)** sahnige Süßspeise, Tortenfüllung. **2)** salbenartiges Pflegemittel: *Hautcreme; Schuhcreme.* **3)** *ohne Pl.,* Ü das Erlesenste: *die C. der Gesellschaft; die Crème de la crème.* **cremefarben, cremefarbig** [kr'e:m-], blaßgelb. **cremen,** *ich* creme (habe gecremt) *ihn, es,* reibe mit Creme ein, creme ein.
Crêpe [krɛ:p, frz., zu lat. crispus ›kraus‹], **1)** *die, -/-s,* dünner Pfannkuchen. **2)** *der, -/-s,* Krepp. **Crêpe de Chine** [-dəʃ'i:n] *der, - - -/- - -* [krɛ:p-], Chinakrepp, ein leichtes Gewebe. **Crêpe Georgette** [-ʒɔrʒ'ɛt] *der, - - -/-s* [krɛ:p-], durchsichtiges Kreppgewebe. **Crepon** [krep'ɔ̃] *der, -s/-s,* Krepon.
cresc., Abk. für: cre|scendo [krɛʃ'ɛndo, ital. ›wachsend‹], Zeichen: <, ♪ stärker werdend, ABB. N 10. **Cre|scendo** *das, -s/-s* oder *. . .di.*
Crescentia [lat. crescere ›wachsen‹], weibl. Vorname.
Cretonne [kret'ɔn, frz., nach dem französ. Dorf Creton] *der* oder *die, -/-s,* Kretonne, ein Baumwollgewebe.
Crevette [krev'ɛt(ə), frz.] *die, -/-n,* Krevette.
Crew [kru:, engl. ›Gruppe‹] *die, -/-s,* Besatzung, Mannschaft, bes. bei Schiffen und Flugzeugen.
Cricket [kr'ikət, engl.] *das, -s/-s,* Kricket.
Croissant [krwas'ã, frz.] *das, -(s)/-s,* Gebäck (Hefe-, Blätterteig) in Form eines Hörnchens.
Croquet [kr'oukei, engl.] *das, -s/-s] usw., Krocket usw.
Cross-Country [krɔs k'ʌntri, engl.] *das, -(s)/-s,* Querfeldeinlauf, -rennen (Leichtathletik, Motorradsport, Radsport, Pferdesport).
Croupade [kru-, frz.] *die, -/-n,* Kruppade. **Croupier** [krupj'e] *der, -s/-s,* Gehilfe des Bankhalters (im Spielsaal).
Croupon [krup'ɔ̃, vgl. Kruppe] *der, -s/-s,* Rückenteil der (gegerbten) Rindshaut.
Cruise-Missile [kru:z m'isil, engl. to cruise ›kreuzen‹ und missile ›Geschoß‹] *das, -s/-s,* ⚔ Lenkflugkörper mit Strahltriebwerk, zum Konturenflug geeignet.
Crux [lat. ›Kreuz‹] *die, -,* Ü Kummer, Leid; Schwierigkeit: *es ist eine C. mit ihm; die C. bei der Sache ist, daß. . .*
Cruzeiro [kruz'eiru, portugies., zu ›Kreuz‹] *der, -s/-s,* bei Wertangaben Pl. -, Währungseinheit in Brasilien.
Cs, ⚗ Zeichen für: Cäsium.
Csárdás [tʃ'a:rda:ʃ, zu ungar. csárda ›Wirtshaus (in der Pußta)‹] *der, -/-,* ungar. Nationaltanz.
C-Schlüssel *der,* ♪ Notenschlüssel mit der Schlüsselnote c[1].
Csikós [tʃ'iko:ʃ, ungar.] *der, -/-,* ungar. Pferdehirt.
CSU, Abk. für: Christlich-Soziale Union.
ct, **1)** auch c, Pl. cts, Abk. für: Cent, Centime. **2)** früher Zeichen für: Karat (Edelsteingewicht).
c. t., Abk. für: cum tempore [lat.], mit dem akadem. Viertel, d. h. eine Viertelstunde nach dem angesetzten Zeit.
Ct., *schweiz.* Abk. für: Centime.
ctg, auch cot, cotg, Zeichen für: Kotangens.
Cu [lat. cuprum], ⚗ Zeichen für: Kupfer.
Cubiculum [lat.] *das, -s/. . .la,* **1)** urspr. Schlafzimmer, dann jedes Zimmer altröm. Wohnhäuser. **2)** Loge des röm. Kaisers im Zirkus. **3)** Grabkammer in Katakomben.
cui bono? [lat.], wem zum Nutzen?
Cuius regio, eius religio [lat. ›wessen das Land, dessen die Religion‹], Grundsatz des Augsburger Religionsfriedens von 1555, wonach der Landesherr die Religion der Untertanen bestimmte.
Cul de Paris [kydpar'i, frz. ›Pariser Steiß‹] *der, - - -/-s - -* [ky-], Ende des 19. Jahrh. hinten unter dem Frauenkleid getragenes Polster, vgl. ABB. M 16.
Cumarin usw., Kumarin usw.
Cumberlandsauce [k'ʌmbələndzɔsə, nach der engl. Grafschaft Cumberland] *die,* kalte, süß-saure Sauce.
cum grano salis [lat. ›mit einem Körnchen Salz‹], nicht ganz wörtlich, mit der nötigen Einschränkung. **cum laude,** mit Lob (bestanden, bei akadem. Prüfungen). **cum tempore,** ›mit Zeit‹, vgl. c. t.
Cumulus [lat.] *der, -/. . .li,* Kumulus.
Cunnilingus [lat. cunnus ›weibl. Scham‹, lingua ›Zunge‹] *der, -,* auch Kunnilingus, das Liebkosen der äußeren weibl. Geschlechtsorgane mit dem Mund.
Cup [kʌp, engl.] *der, -s/-s,* **1)** Becher, Pokal (als Siegespreis);

auch der Kampf um den Pokal: *Europacup.* **2)** Körbchen des Büstenhalters.
Cupido [lat. ›das Begehren‹], Amor, altröm. Liebesgott.
Cupro [Kw., zu lat. cuprum ›Kupfer‹] *das, -s,* Chemiefaser auf Cellulosegrundlage.
Curaçao [kyras′a:o, nach der Antilleninsel Curaçao] *der, -(s)/-s,* Handelsname für einen Likör aus Pomeranzenschalen.
Curare *das, -(s),* Kurare.
Curé [kyr′e, frz., zu lat. curare ›sorgen‹] *der, -s/-s,* kath. Pfarrer in Frankreich.
Curettage [-t′a:ʒə] usw., Kürettage usw.
Curie [kyr′i, nach dem französ. Physikerehepaar Pierre, 1859–1906, und Marie Curie, 1867–1934] *das, -/-,* Zeichen: Ci, Maßeinheit der Radioaktivität. **Curium** *das, -s,* ⚛ Element, Zeichen: Cm, Transuran.
Curling [k′œrliŋ, engl. k′ə:-, engl. to curl ›sich drehen‹, ›sich winden‹] *das, -s,* ein Eisspiel.
currentis [lat.], Abk.: cr., des laufenden (Jahres, Monats): *am 10. cr.* **Curriculum** [lat. ›Lauf‹] *das, -s/...la,* Lehrplan,

Lehrkanon der Fächer und Schulen: *Curriculumforschung.*
Curriculum vitae *das, - -,* Lebenslauf.
Curry [k′œri, auch k′ʌri, engl. aus Tamil kari ›Sauce‹] *der* oder *das, -s,* ein scharfes ostind. Mischgewürz: *Currywurst.*
Cut [kœt, auch kʌt], kurz für: **Cutaway** [k′œtəve, auch k′ʌtəwei, engl. ›weggeschnitten‹] *der, -s/-s,* Herrengehrock mit abgerundeten Vorderschößen.
cutten [k′ʌtən, engl. to cut ›schneiden‹], *ich cutte* (habe gecuttet) *einen Film, ein Tonband.* **Cutter** [k′ʌtə] *der, -s/-,* **Cutterin** *die, -/-nen,* Schnittmeister(in) bei Film, Rundfunk, Fernsehen, Hersteller(in) des Bildschnitts.
CVJM, Abk. für: Christlicher Verein Junger Männer.
cwt, Abk. für: (engl. centweight) Hundredweight.
Cyan usw., Zyan usw.
cyclo..., zyklo...
Cymbal *das, -s/-e* oder *-s,* Zimbal.
cyrillisch, kyrillisch.
cyst..., zyst...
cyto..., zyto...

D

d, D [de:] *das, -/-,* stimmhafter dentaler Verschlußlaut, ABB. A 8, ÜBERS. A 26, G 34.
d, 1) *das, -/-,* ♪ der zweite Ton der C-Dur-Tonleiter, ABB. N 9. **2)** ♪ Zeichen für: d-Moll. **3)** Zeichen für: Dezi... **4)** Abk. für: Denar. **5)** auf Rezepten, Abk. für: detur. **6)** vor Maßeinheiten Zeichen für: dezi... **7)** △ Zeichen für: Differential. **8)** Abk. für: dies (Tag) in Physik und Astronomie. **9)** ⚰ Zeichen für: deleatur, ⚰.
D, 1) röm. Zahlzeichen für: 500, ÜBERS. R 27. **2)** auf Münzen: Prägestätte München. **3)** auch ^{2}H, ⚛ Zeichen für: Deuterium. **4)** ⚛ Abk. für: (Bundesrepublik) Deutschland. **5)** ♪ Zeichen für: D-Dur. **6)** ⚭ vor Maßeinheiten Zeichen für: deka... **7)** auch D., Abk. für: Dinar.
D., Abk. für: **1)** Doctor theologiae, Doktor der evang. Theologie. **2)** auch D, Dinar.
da, Zeichen für: Deka...
da [ahd. t(h)o], **1)** dort oder hier, wohin ich zeige, an jener oder dieser Stelle: *da liegt es; da hinten; wer klopft da?; dieser Mann da!; da, wo die Ampel ist, kannst du die Straße überqueren; hier und da machte er einige der ersten Schneeglöckchen, an manchen Stellen.* **2)** in diesem Augenblick, bei dieser Gelegenheit: *da geschah es; da kommt er ja!* **3)** unter Umständen: *da wundert man sich über nichts mehr!* **4)** ⚭, noch P Relativadverb: *an dem Tage, da dies geschah; an dem Ort, da er begraben wurde, ... * **5)** weil: *er mit unbekannter Adresse verzogen ist, kann ihn die Post nicht erreichen; da du nun einmal hier bist, kannst du mir helfen.*
da..., **1)** mit Verben trennbar zusammengesetzt: *dableiben; dasein; dastehen.* **2)** vor Vokal dar..., unbetontes Präfix, das mit Präposition Adverbien bildet: *dabei; daran.*
d. Ä., Abk. für: der Ältere: *Pieter Bruegel d. Ä.*
DAB, Abk. für: Deutsches Arzneibuch.
dabehalten, *ich behalte ihn,* es *da* (behielt da, habe dabehalten), *behalte zurück, gebe ihn heraus: man hat ihn gleich dabehalten.*
dabei [auch d′a:-], **1)** bei dem, wovon gerade die Rede ist, im Verlauf: *sie putzte das Fenster, d. fiel sie von der Leiter; es bleibt d., bei unserer Absprache; es ist doch nichts d.,* U das ist nicht schwierig, nicht anstößig. **2)** in der Nähe, daneben, darunter, dazugehörend: *eine Sprechplatte mit Textheft d.; zwar bekam ich heute Post, doch ein Brief war nicht d.; er ist immer d.,* macht alles mit. **3)** gleichzeitig: *er frühstückte und las Zeitung d.; er ist erfolgreich und d. nicht eingebildet.* **4)** im Begriff sein: *ich war gerade d., das Haus zu verlassen.* **5)** obwohl: *heute ist es ziemlich kalt, d. haben wir schon Mitte Mai.* **dabei...,** mit Verben trennbar zusammengesetzt: *dabeihaben; dabeiliegen.* **dabeibleiben,** *ich bleibe dabei* (bin dabeigeblieben), bleibe bei etwas, gebe nicht auf: *ich konnte leider nicht dabeibleiben; aber: er muß dabei bleiben,* muß an seiner Meinung festhalten.
dabeisein, *ich bin dabei* (war dabei, bin dabeigewesen), bin anwesend, beteiligt: *er will immer dabeisein; aber: es muß etwas dabei sein,* die Sache ist bedenklich. **dabeisitzen,** *ich sitze dabei* (saß dabei, habe dabeigesessen), bin sitzend zugegen: *ich möchte bei eurer Besprechung dabeisitzen; aber: ich möchte dabei sitzen,* nicht stehen. **dabeistehen,** *ich stehe dabei* (habe dabeigestanden), bin stehend zugegen: *ich stehe leider dabei; aber: sie können besser zeichnen, wenn sie dabei stehen,* nicht sitzen.

dableiben, *ich bleibe da* (bin dageblieben), gehe nicht fort: *wir wollen dableiben; aber: er sollte da bleiben,* dort, und nicht hierherkommen.
da capo [ital., zu lat. caput ›Haupt‹], Abk.: d. c., ♪ noch einmal von Anfang an: *da capo al fine,* vom Anfang bis zum Schlußzeichen wiederholen. **Dacapo** *das, -s/-s: Dacapoarie.*
d'accord [dak′ɔ:r, frz., zu lat. cor ›Herz‹], einig, einverstanden.
Dach [ahd. dah, zu decken] *das, -(e)s/″er,* **1)** oberer Abschluß eines Gebäudes, ABB. D 1, D 2: *Dachkammer, Dachgeschoß, Dachwohnung,* Wohnraum unmittelbar unter dem Dach, Mansarde, ABB. H 11; *Flachdach,* ABB. D 1; *Dachziegel,* ABB. D 2; *wir wohnen mit ihm unter einem D.,* im selben Haus; *sie hatten kein D. über dem Kopf,* waren obdachlos; *wir haben alles unter D. und Fach,* Ü beendet, abgeschlossen, in Sicherheit. **2)** Bedeckung: *Wagendach.* **3)** U Kopf: *ich habe eins aufs D. bekommen,* Ü bin gezielt worden; *ich muß ihm mal aufs D. steigen,* Ü ihn zurechtweisen. **4)** ⚒ hangendes Gestein über dem Abbau: Dachschicht. **Dach...,** in Zusammensetzungen: oberste Institution einer mehrgliedrigen (Verbands)organisation: *Dachverband; Dachorganisation; Dachgesellschaft.* **Dachboden** *der,* Speicher unter dem Dach. **Dachdecker** *der, -s/-,* Bauhandwerker, der Hausbedachungen herstellt, vgl. ABB. **Dächelchen** *das, -s/-* oder *D′ächerchen,* Diminutiv zu Dach. **dachen,** *ich dache* (habe gedacht) *es,* ⚒ decke mit einem Dach. **Dachfenster** *das,* ABB. D 1, H 11. **Dachfirst** *der,* waagerechte Schnittlinie zweier Dachflächen, ABB. D 1. **Dachgarten** *der,* als Garten gestaltetes Flachdach. **Dachgaube** *die,* über stehenden Dachfenstern angehobenes Dach. **Dachgleiche** *die, -/-n,* österr.: Richtfest: *Dachgleichenfeier.* **Dächlein** *das, -s/-* oder *D′ächerchen,* Diminutiv zu Dach. **Dachpappe** *die,* geteerte Pappe. **Dachpfanne** *die,* gewellter Dachziegel, ABB. D 2. **Dachreiter** *der,* (Glocken)türmchen auf dem Dach, ABB. K 20, K 28. **Dachrinne** *die,* eine Regenwasser auffangende Rinne am Dachrand, ABB. D 1, H 11.
Dachs [ahd. dahs] *der, -es/-e,* **1)** ein Raubtier: *er schläft wie ein D.,* Ü lange und fest. **2)** U unerfahrener junger Bursche: *so ein junger D.!* **Dachsbau** *der, -(e)s/-e,* Höhle des Dachses. **Dachsbeil** *das,* Dechsel, ABB. A 29.
Dachschaden *der, -s,* U ungeistiger Defekt.
Dächschen *das, -s/-,* Diminutiv zu Dachs. **Dachsel, Dächsel** *der, -s/-,* **1)** Dackel, Dachshund. **2)** Dechsel. **3)** ein Beitel. **dachsen,** *ich dachse* (habe gedachst), U schlafe lange und fest. **Dachshaarpinsel** *der,* Rasierpinsel aus Dachshaar. **Dachshund** *der,* Dackel. **Dächsin** *die, -/-nen,* weibl. Dachs. **Dachsschwarte** *die,* Fell des Dachses.
Dachstuhl *der,* Traggerüst des Daches, ABB. D 1.
dächte, von denken.

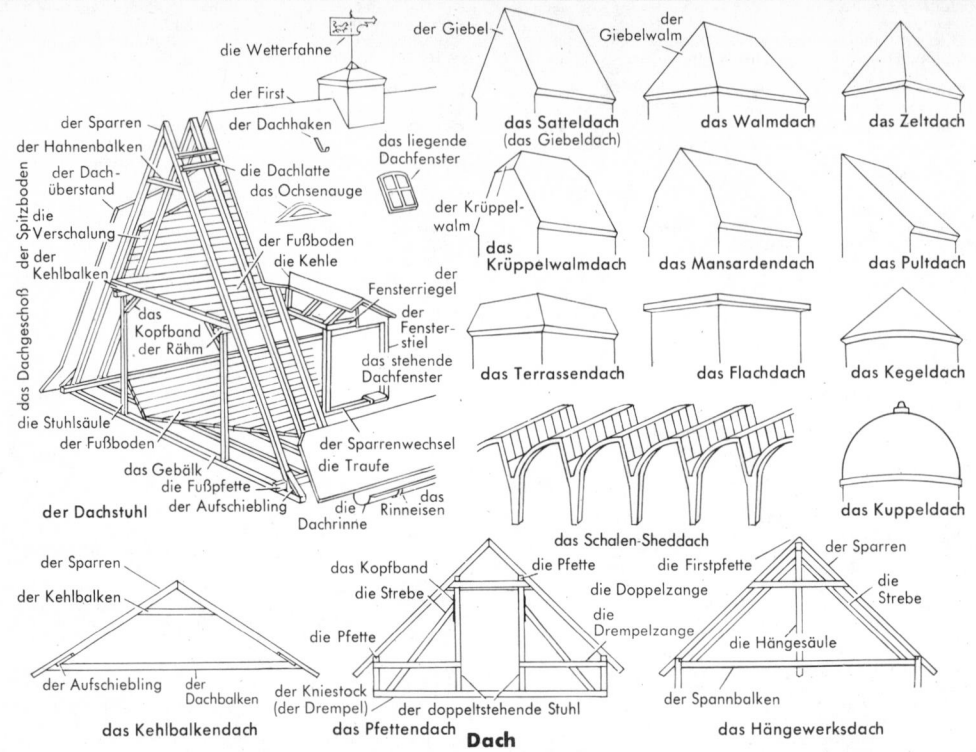

Dach

Dạchtel [zu mhd. daht ›Denken‹, eigtl. ›Denkzettel‹] *die, -/-n,* U Ohrfeige. **dạchteln,** *ich* dacht(e)le (habe gedachtelt) *ihn,* U ohrfeige ihn: *er hat ihm eine gedachtelt.*
Dạckel [kurz für: Dachshund] *der, -s/-,* ein Jagdhund.
Dạcron [Kw.] *das, -s,* Handelsname für eine synthet. Chemiefaser.
Dadaịsmus [frz. dada ›Holzpferdchen‹, wohl kindl. Stammellaut] *der, -,* literarisch-künstler. Bewegung nach 1916.
Dadaịst *der, -en/-en.* **dadaịstisch.**
dädalisch [Daidalos, Erfinder im griech. Mythos, grch. daidallein ›kunstvoll arbeiten‹, ⚭ erfinderisch: *dädalischer Stil,* Bez. für den Stil der kretisch-griech. Plastik des 7. Jahrh. v. Chr.
Daddy [d'ædi, engl.] *der, -s/-s* oder *-dies,* engl. U für: Vater.
dadurch [auch d'a:-], durch diesen Umstand: *nur d. konnte es geschehen; d., daß . . .;* aber: *er muß da durch,* durch diese Öffnung, Lücke, Ü durch diese Schwierigkeit.
Dạffke [jidd. davko ›gewiß‹], *aus D.,* berliner.: aus Trotz.
dafür [auch d'a:-, ahd. thar(a)furi], **1)** als Ersatz für etwas, statt dessen: *sie ist zwar nicht hübsch, d. aber intelligent; ich habe d. 50 Mark gezahlt,* für diese Ware. **2)** für etwas, für diesen Umstand, zugunsten: *wir wollen abstimmen, wer d. und wer dagegen ist; d.!,* einverstanden!; *er ist der geeignete Mann d.,* für diese Tätigkeit; *alle Anzeichen sprechen d., daß diese Partei die nächste Wahl gewinnt; das ist nun der Dank d.!,* U ironisch: so schlecht wird mir meine Mühe vergolten; *ich kann doch nichts d.!,* es ist nicht meine Schuld. **dafür. . .,** mit Verben trennbar zusammengesetzt. **dafürhalten,** *ich* halte dafür (hielt dafür, habe dafürgehalten), meine: *man könnte dafürhalten, daß . . .;* aber: *er ist nicht der Chef, aber man könnte ihn dafür halten.*
Dafürhalten *das, -s:* nach meinem *D.,* meiner Meinung.
dafürkönnen, *ich* kann etwas (nichts) dafür (habe dafürgekonnt), U habe (keine) Schuld.
dag, Zeichen für: Dekagramm.

DAG, Abk. für: Deutsche Angestellten-Gewerkschaft.
dagegen [auch d'a:-, ahd. daragagene], **1)** gegen etwas: *ich bin d.,* nicht einverstanden; *d. gibt es kein Mittel; wie können wir d. vorgehen?; keiner wird d. haben.* **2)** jedoch, aber: *er fuhr mit dem Wagen, sie d. mit der Bahn.* **dagegen. . .,** mit Verben trennbar zusammengesetzt: *dagegensetzen; dagegenstemmen.* **dagegenhalten,** *ich* halte es dagegen (hielt dagegen, habe dagegengehalten), erwidere, entgegne: *sein Argument ist überzeugend, du kannst ihm nichts dagegenhalten;* aber: *du mußt dich an den Ofen setzen und deine kalten Füße dagegen halten.* **dagegenstellen,** *ich* stelle *mich* dagegen (habe mich dagegengestellt), leiste Widerstand gegen etwas: *es ist sinnlos, sich dagegenzustellen;* aber: *du mußt einen Stuhl dagegen stellen,* gegen etwas, z. B. die Tür.
Dạgmar [ahd. dag ›Tag‹ und mari ›berühmt‹], weibl. Vorname.
Dạgobert [aus ahd. dag ›Tag‹ und beraht ›glänzend‹], männl. Vorname.
Daguerreotypịe [dagero-, nach dem französ. Erfinder L. J. M. Daguerre, 1787–1851] *die, -/. . .p'i'en,* ⚭ **1)** Photographie auf Jodsilberplatte. **2)** *ohne Pl.,* Verfahren dafür.
daheim, zu Hause: *er wird d. bleiben, sein; auf dem Gebiet der Mineralienkunde ist sie d.,* Ü kennt sie sich aus. **Daheim** *das, -s.* **Daheimgebliebene** *der, die, -n/-n, ein -r, eine -.*
daher [auch d'a:-], **1)** von dort her: *er ist von d. gekommen; also d. weht der Wind!,* U das sind deine Gründe. **2)** deshalb, deswegen, darum: *er wurde bei dem Unfall bewußtlos, d. kann er sich an nichts mehr erinnern; das kommt nur d., daß du zuviel rauchst; d. kommt es, daß er ständig hustet.* **daher. . .,** mit Verben trennbar zusammengesetzt: *daherbringen; daherfliegen.* **dahergelaufen,** von unbekannter Herkunft, ohne Vermögen, ohne Ansehen: *dieser dahergelaufene Kerl!* **Dahergelaufene** *der, die, -n/-n, ein -r, eine -.* **daherkommen,** *ich* komme daher (kam daher, bin dahergekommen), komme

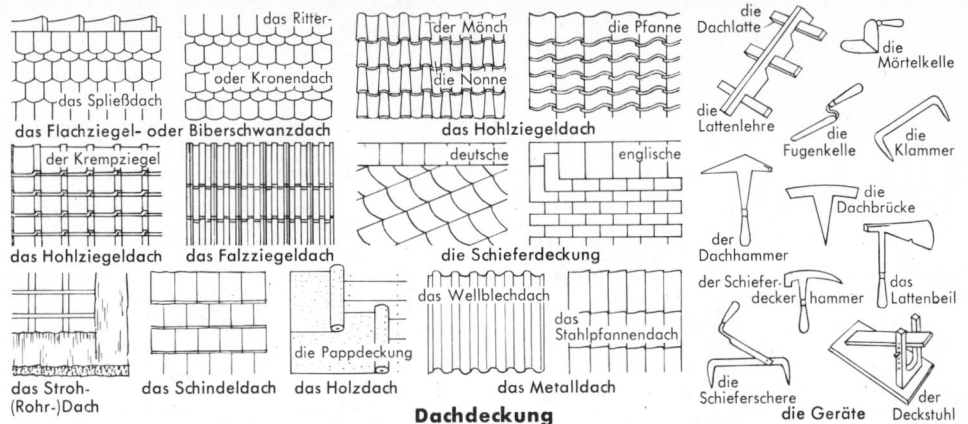

das Ritter- oder Kronendach · das Spließdach · das Flachziegel- oder Biberschwanzdach · der Mönch · die Nonne · die Pfanne · das Hohlziegeldach · die Dachlatte · die Mörtelkelle · die Lattenlehre · die Fugenkelle · die Klammer · der Krempziegel · deutsche · englische · die Dachbrücke · das Hohlziegeldach · das Falzziegeldach · die Schieferdeckung · der Dachhammer · der Schieferdecker · das Wellblechdach · das Stahlpfannendach · der Schieferhammer · das Lattenbeil · die Pappdeckung · das Stroh-(Rohr-)Dach · das Schindeldach · das Holzdach · das Metalldach · die Schieferschere · die Geräte · der Deckstuhl

Dachdeckung

des Weges, komme einher: *plötzlich ist er des Weges dahergekommen;* aber: *das kann nur daher kommen, daß. . .,* kann nur diesen Grund haben. **daherreden,** *ich rede (es) daher (habe dahergeredet),* rede ohne Überlegung: *wie kann man nur so dumm daherreden!*

dahier, ⚭ hier, an diesem Ort.

dahin [auch d'a:-], **1)** zu der genannten Stelle: *wir gehen heute ins Konzert, kommst du auch d.?; man kann nicht bis d. durchfahren, sondern muß zweimal umsteigen; dahinab, dahinauf, dahinüber führt der Weg.* **2)** vorwärts, weiter: *er raste d.* bis zu diesem Zustand: *er brachte ihn d., daß. . .,* beeinflußte. **4)** bis d., bis zu einem bestimmten Zeitpunkt: *bis d. wird noch viel Zeit vergehen.* **5)** [nur -h'in], vergangen, verloren: *sein guter Ruf ist nun endgültig d.* **dahin. . .,** mit Verben trennbar zusammengesetzt: **dahinfahren; dahinleben. dahindämmern,** *ich dämm(e)re dahin (bin dahingedämmert),* bin im Halbschlaf; sterbe langsam, ohne das Bewußtsein wiedererlangt zu haben. **dahinfallen,** *es fällt dahin (fiel dahin, ist dahingefallen),* schweiz.: entfällt, ist erledigt. **dahinfliegen,** *die Zeit fliegt dahin (ist dahingeflogen),* vergeht schnell: *die Urlaubszeit wird allzu schnell dahinfliegen;* aber: *ich möchte auch einmal dahin fliegen,* an diesen Ort.

dahingegen [auch d'a:-], jedoch.

dahingehen, *ich gehe dahin (ging dahin, bin dahingegangen),* **1)** *er ist dahingegangen,* P gestorben. **2)** *die Zeit geht dahin,* vergeht, verstreicht. **dahingestellt,** unentschieden, nicht näher untersucht: *es bleibt (wir lassen es) d., ob. . .* **dahinraffen,** *eine Krankheit rafft ihn dahin (hat ihn dahingerafft),* bewirkt seinen Tod. **dahinsiechen,** *ich sieche dahin (bin dahingesiecht),* bin lange schwer krank, bis ich sterbe; sterbe langsam. **dahinstehen,** *es steht dahin (hat dahingestanden),* ist noch unentschieden, fraglich.

dahinten [auch d'a:-], dort hinten. **dahinter** [auch d'a:-], hinter diesem: *hier stehen die Gläser, und d. liegt der Flaschenöffner; es ist nichts d.,* U taugt nichts. **dahinter. . .,** mit Verben trennbar zusammengesetzt. **dahinterknien,** *ich knie mich dahinter (habe mich dahintergekniet),* U strenge mich an, verfolge es energisch: *du mußt dich schon dahinterknien, wenn du dein Ziel erreichen willst!* **dahinterkommen,** *ich komme dahinter (kam dahinter, bin dahintergekommen),* U finde es heraus, entdecke, verstehe: *ich kann nicht dahinterkommen, wie er das gemacht hat;* aber: *erst kommen Wiesen, dahinter kommt der Wald,* als nächstes. **dahinterstecken,** *es steckt dahinter (hat dahintergesteckt),* U hat etwas (Geheimes) zu bedeuten: *da wird doch nichts dahinterstecken?;* aber: *ich werde den Zettel dahinter stecken,* hinter die anderen.

Dahlie [-iə, nach dem schwed. Botaniker A. Dahl, 1751 bis 1789] *die, -/. . .lien,* ein farben- und formenreicher Korbblüter, Zierpflanze.

Daisy [d'eizi, engl. ›Gänseblümchen‹], weibl. Vorname.

Dakota *der, -(s)/-(s),* auch Sioux, Angehöriger eines nordamerikan. Indianerstammes.

daktylisch, aus Daktylen bestehend. **daktylo. . .** [grch.

daktylos ›Finger‹], finger. . . **Daktylo** *die, -/-s, schweiz.:* Daktylographin. **Daktylogramm** [vgl. . . .gramm] *das, -s/-e,* Fingerabdruck. **Daktylograph** [vgl. . . .graph] *der, -en/-en,* **Daktylographin** *die, -/-nen, schweiz.:* Maschinenschreiber(in). **Daktylologie** [vgl. . . .logie] *die, -,* Finger- und Gebärdensprache der Taubstummen und Gehörlosen. **Daktyloskopie** [vgl. . . .skopie] *die,-/. . .p'i|en,* Fingerabdruckverfahren. **daktyloskopisch. Daktylus** *der, -/. . .t'ylen,* ein Versfuß, ÜBERS. M 14.

Dalai-Lama [mongol. dalai ›Meer‹, ›Welt‹ und tibet. blá-ma ›geistlicher Oberer‹] *der, -(s)/-s,* das weltl. Oberhaupt des tibet. Lamaismus.

dalassen, *ich lasse ihn, es da (ließ da, habe dagelassen),* lasse zurück: nehme nicht mit: *du kannst den Koffer dalassen;* aber: *du kannst ihn da lassen,* dort, wo er gerade ist.

Dalbe [niederdt.] *die, -/-n,* Bündel eingerammter Pfähle zum Festmachen von Schiffen, ABB. H 3.

Dalberei *die, -/-en,* U Alberei. **dalb(e)rig,** U albern. **dalbern,** *ich dalb(e)re (habe gedalbert),* U albere.

daliegen, *ich liege da (lag da, habe dagelegen),* liege ausgestreckt (ohne mich zu rühren): *er sah ihn verletzt daliegen;* aber: *laß das da liegen!,* dort.

Dalila, Nebenform von Delila.

Dalk *der, -(e)s/-e, oberdt.:* **1)** Dummkopf, ungeschickter Mensch. **2)** Geschwätz. **dalken,** *ich dalke (habe gedalkt),* schwätze dummes Zeug. **dalke(r)t.**

Dalles [jidd. daless ›Armut‹, ›Elend‹] *der, -,* U Armut, Geldmangel: *er hat den D.*

dalli! [poln. dalej ›vorwärts‹], U los!, schnell!: *d., d.!*

Dalmatika [nach der jugoslaw. Landschaft Dalmatien] *die, -/. . .ken,* festl. Gewand des Diakons in der kath. Kirche. **Dalmatiner** *der, -s/-,* **1)** Bewohner von Dalmatien. **2)** eine Hunderasse. **3)** Wein aus Dalmatien. **dalmatinisch, dalmatisch,** auf Dalmatien bezüglich.

dal segno [-s'eɲo, ital.], Abk.: d. s., ♪ vom Zeichen an (zu wiederholen).

Daltonismus [nach dem engl. Physiker und Chemiker J. Dalton, 1766–1844] *der, -,* Rotgrünblindheit, eine Farbenfehlsichtigkeit.

damalig, damals vorhanden: *unter den damaligen Zuständen. . .* **damals,** zu jener Zeit: *wir haben d. die Lage falsch beurteilt; seit d. hassen sie sich.*

Damast [nach der Stadt Damaskus] *der, -(e)s/-e,* Gewebe mit eingewebtem Muster: *Damastbezug; Seidendamast.* **damasten** *der, -s/-,* Damast mit Damaskus. **Damaszener** *der, -s/-,* Einwohner von Damaskus. **Damaszener Klinge** *die,* damaszierte Stahlklinge. **damaszenisch,** zu Damaskus gehörig. **damaszieren,** *ich damasziere (habe damasziert) es,* versehe Stahl mit linearen gewundenen Zeichnungen.

Dämchen *das, -s/-,* ironisch: Modepüppchen; Prostituierte. **Dame** [frz., zu lat. domina ›Herrin‹] *die, -/-n,* **1)** erwachsene weibl. Person, Bez. im gesellschaftl. Verkehr: *meine Damen und Herren!,* Anrede; *eine ältere D.; meine alte D.,* U meine

Dame

Mutter; *die D. des Hauses*, Hausherrin, Gastgeberin; *Damen,* kurz: D, Aufschrift an Toiletten; *Damenbekanntschaft; Damenbesuch; Damenhut; Damenschneider; Hofdame.* **2)** ohne *Pl.,* Damespiel. **3)** Siegerstein im Damespiel, ABB. B 48. **4)** Königin im Schachspiel, ABB. S 9. **5)** dritthöchste Spielkarte, ABB. S 54. **6)** [deim, engl.], vor dem Vornamen: ein dem Sir entsprechender Adelstitel für Frauen. **Damebrett** *das,* ABB. B 48.

Dämel [niederdt.] *der, -s/-(s),* Ü Dummkopf, alberner Mensch. **dameln, dämeln,** *ich* dam(e)le, däm(e)le (habe gedamelt, gedämelt), Ü benehme mich kindisch, albern.

Damenbinde *die,* Monatsbinde, Menstruationsbinde. **damenhaft,** vornehm, zurückhaltend. **Damensitz** *der: ich reite im D.,* mit beiden Beinen auf der einen Seite des Pferdes. **Damenwahl** *die,* Wahl des Tanzpartners durch die Dame. **Damespiel** *das,* kurz: Dame, im Brettspiel, ABB. B 48.

Damhirsch [ahd. tamo, zu lat. dama ›rehartiges Tier‹] *der,* männl. Damwild mit Schaufelgeweih, ABB. G 21.

damisch, *süddt.:* **1)** dumm, albern. **2)** schwindlig. **3)** sehr, groß: *sie hat sich d. darüber gefreut.*

damit, 1) [auch d'a:-], mit dieser Sache: *d. will ich nichts zu tun haben; weg d.!* **2)** [nur -m'it], zu dem Zweck, daß: *ich sage es, d. alle es wissen.*

Dämlack *der, -s/-e oder -s,* Ü Dämel. **dämlich,** Ü dumm, einfältig. **Dämlichkeit** *die, -.*

Damm [mhd. tam] *der, -(e)s/^{u}e,* **1)** aufgeschütteter Erdkörper: *Bahndamm,* ABB. E 4; *Staudamm,* ABB. T 3; *Dammbruch; sie wollten seiner Willkür einen D. entgegensetzen,* Ü inneren Widerstand, Hemmung gegen etw.; *ich bin wieder auf dem D.,* Ü gesund. **2)** noch *berliner.:* befestigte Fahrstraße; *Kurfürstendamm;* in Straßennamen: vgl. Straße. **3)** ♀ Stück zwischen After und äußeren Geschlechtsorganen: *Dammriß,* Einreißen des Damms bei Gebärenden. **4)** Orgelbau: Holz, auf dem der Stimmstock liegt.

Dammar [malaiisch] *das, -s,* Dammarharz, ein Harz zur Herstellung von Lacken und Farben, z. B. Heizkörperlack.

dämmen [mhd. temmen], *ich* dämme (habe gedämmt) *es,* **1)** staue auf (Wasser). **2)** Ü schränke ein, hemme (Schmerzen).

Dämmer [ahd. dhemar] *der, -s,* P Dämmerung. **dämm(e)rig,** halbdunkel. **Dämmerlicht** *das, -(e)s,* Halbdunkel. **dämmern,** *ich* dämm(e)re (habe gedämmert), **1)** träume vor mich hin, bin in Halbschlaf oder leichter Betäubung. **2)** *es dämmert,* wird Tag oder wieder Nacht, ist dämmrig. **3)** *es dämmert (bei) ihm,* Ü die Erkenntnis erwacht langsam. **Dämmerschlaf** *der,* **1)** Halbschlaf. **2)** ♀ leichte Betäubung. **Dämmerschoppen** *der,* kleiner Abendumtrunk. **Dämm(e)rung** *die, -/-en,* Halbdunkel, Übergang von Tag zu Nacht. **Dämmerzustand** *der,* ♀ zeitweig andauernde Bewußtseinstrübung.

Dämmstoff *der,* Isoliermittel zum Wärme-, Kälte- oder Schallschutz. **Dämmung** *die, -/-en,* das Dämmen, Eindämmen.

damnatur [lat. ›wird verworfen‹], darf nicht gedruckt werden. **Damno** [ital. danno] *der oder das, -s/-s,* **Damnum** [lat.] *das, -s/. . .na,* Schaden, Verlust, Abzug, bes. im Hypothekenverkehr.

Damoklesschwert [nach einer Erzählung um einen Höfling in Syrakus, 4. Jahrh. v. Chr.] *das, -(e)s,* Sinnbild für stets drohende Gefahr: *die Möglichkeit eines Unfalls hing wie ein D. über ihm.*

Dämon [grch. daimon ›göttliches Wesen‹, ›Schicksal‹] *der, -s/. . .m'onen,* **1)** böser Geist; Teufel. **2)** Ü dem Menschen innewohnendes Gesetz: *von seinem D. getrieben.* **dämonenhaft. Dämonie** *die, -/. . .n'i|en,* unheimliche Gewalt, Besessenheit. **dämonisch. dämonisieren,** *ich* dämonisiere (habe dämonisiert) *es, ihn,* lege ihm dämon. Eigenschaften bei.

Dämonologie [vgl. . . .logie] *die, -/. . .g'i|en,* Lehre von den Dämonen.

Dampf [ahd. damph] *der, -(e)s/^{u}e,* **1)** Physik: gasförmiger Stoff in Berührung mit seiner flüssigen oder festen Phase: *Wasserdampf; Dampfbügeleisen.* **2)** Sinnbild rastloser Kraft: *du mußt mehr D. dahinter machen,* Ü die Angelegenheit beschleunigen; *er mußte erst einmal D. ablassen,* Ü seiner Verärgerung ungehemmt Ausdruck verleihen; *er hat D. vor ihm,* Ü Angst. **Dampfbad** *das,* Schwitzbad mit heißem Dampf.

Dampfdom *der,* kuppelförmiger Aufbau auf Dampfkesseln als Speicher für Dampf, z. B. an Lokomotiven, ABB. K 18.

dampfen, *es* dampft (hat gedampft), gibt Dampf von sich: *die Suppe d.; dampfende Wiesen.* **dämpfen** [ahd. t(h)emfen, eigtl. ›dämpfen (rauchen) machen‹, d. h. ›(Feuer) ersticken‹, ›erwürgen‹], *ich* dämpfe (habe gedämpft), **1)** dünste, koche im Dampfbad. **2)** mache leiser, schwäche ab: *die hohe Mauer dämpft den Verkehrslärm; seine Begeisterung wurde gedämpft; gedämpftes Licht; gedämpfte Farben.* **3)** behandele mit Wasserdampf: *manche Textilien muß man dämpfen.* **Dampfer** *der, -s/-,* Dampfschiff: *Dampferfahrt; Dampferanlegestelle; da sitzt er auf dem falschen D.,* Ü er irrt. **Dämpfer** *der, -s/-,* **1)** ♪ Vorrichtung zum Abschwächen der Tonstärke, ABB. G 8. **2)** Gerät zum Dämpfen von Speisen: *Kartoffeldämpfer.* **3)** Ü Zügelung von Begeisterung oder Überheblichkeit: *man muß ihm einen D. aufsetzen.* **Dampfhammer** *der,* Schmiedewerk mit Dampfbetrieb. **Dampfheizung** *die,* mit Dampf betriebene Heizung. **dampfig,** voll Dampf. **dämpfig,** kurzatmig (von Pferden). **Dämpfigkeit** *die, -.* **Dampfkessel** *der,* Anlage zur Dampferzeugung, ABB. K 18. **Dampfkochtopf** *der,* ein Schnellkochtopf mit hohem Dampfdruck bei fest verschraubbarem Deckel. **Dampfmaschine** *die,* durch Dampfdruck getriebene Kraftmaschine, ABB. D 3. **Dampfnudel** *die,* meist *Pl.,* Klößchen aus lockerem Hefeteig. **Dampfschiff** *das,* auch Dampfer, mit Dampfkraft betriebenes Schiff. **Dämpfung** *die, -/-en,* **1)** das Dämpfen. **2)** die Schwächung einer periodisch veränderl. Größe. **Dampfwalze** *die,* eine mit Dampf betriebene Straßenwalze, vgl. ABB. W 3; Sinnbild für zermalmende Übermacht.

Damwild [vgl. Damhirsch] *das,* ♀ ein Nutzwild.

Dan [japan.] *der, -/-,* Rangstufe im Budosport.

danach [auch d'a:-, ahd. t(h)avana ›danach‹, ›dabei‹, ›darin‹], **1)** nach diesem: *er fragte d., sie griff d.* **2)** hinterher, dann, später: *erst kam sie, d. er.* **3)** entsprechend, so: *sie sieht ganz d. aus, als ob. .,* Ü; *d. mußt du dich richten.*

Dana|ergeschenk [Danaer, bei Homer die Griechen] *das,* Geschenk, dessen Annahme gefährlich ist (wie das Trojanische Pferd).

Danaidenarbeit [Danaiden im griech. Mythos Töchter des Königs Danaos, die wegen Gattenmordes ein durchlöchertes Faß vollschöpfen sollten] *die,* mühsame, vergebliche Arbeit.

Dandy [d'ændi, engl.] *der, -s/-s,* Modenarr, Geck. **dandyhaft. Dandytum** *das, -s.*

Däne *der, -n/-n,* Bewohner von Dänemark.

daneben [auch d'a:-], **1)** neben diesem: *hier ist die Küche, d. das Eßzimmer; hier ist Hilfe notwendig, d. ist alles andere unwichtig,* Ü im Vergleich dazu. **2)** außerdem: *wir einigten uns über dieses Problem, d. besprachen wir noch andere Fragen.* **3)** am Ziel vorbei: *der Schuß ging d.* **daneben. . .,** mit Verben trennbar zusammengesetzt: *danebengreifen; danebenschießen.* **danebenbenehmen,** *ich* benehme *mich* daneben (benahm mich daneben, habe mich danebenbenommen), Ü benehme mich unpassend. **danebenfallen,** *es* fällt daneben (fiel daneben, ist danebengefallen), Ü danebenfallen etwas andeutet. **danebengehen,** *es* geht daneben (ging daneben, ist danebengegangen), Ü verfehlt sein Ziel, mißlingt: *dieser Versuch mußte danebengehen; aber: daneben gehen wir häufig ins Theater, außerdem.*

Dane|brog [dän. brog ›Tuch‹] *der, -s,* die dän. Flagge.

dang, von dingen.

danieden [ahd. thar nidana], ♂ P auf der Erde, danieder. **danieder,** (nach) unten. **daniederliegen,** *ich* liege danieder (lag danieder, habe daniedergelegen), P bin krank, befinde mich in schlechtem Zustand: *die Wirtschaft hat daniedergelegen,* Ü.

Dani|el [hebr. ›Gott ist mein Richter‹], männl., **Daniela,** weibl. Vorname.

Däne *der, -n/-n,* **Dänin** *die, -/-nen,* Bewohner(in) von

D 3

die Dampfleitung — der Treibriemen — das Schwungrad — die Abdampfleitung — die Exzenterstange — der Exzenter — der Schieberkasten — die Kurbelwelle — die Kurbel — der Zylinder — der Kolben — der Kreuzkopf — die Pleuelstange — die Kolbenstange — die Geradführung

Dampfmaschine

Dänemark. **dänisch. Dänisch** das, -(s), dem -, dänische Sprache, ÜBERS. D 6; vgl. Deutsch.

dank [nhd.] ihm oder dessen im Sg., im Pl. meist dessen, infolge, durch: d. seinem Fleiß oder d. seines Fleißes; d. seiner Bemühungen. **Dank** [ahd. thank, danc, urspr. ›Gedanke‹] der, -(e)s, an ihn für etwas, Worte, Gefühle, Vergeltung für erwiesene Leistungen, Wohltaten: ich schulde ihm D.; ich sage ihm vielen D., vgl. aber: danksagen; Gott sei D.!; Dankgebet. **dankbar, 1)** von Dank erfüllt, immer zu Dank bereit: dankbare Kinder; das nehme ich d. an. **2)** ergiebig, befriedigend: eine dankbare Aufgabe. **3)** haltbar, strapazierfähig, anspruchslos (Kleidung, Pflanzen). **Dankbarkeit** die, -. **danke,** Höflichkeitsformel aus: ich danke: ja d.!; nein d.!; d. der Nachfrage. **danken,** ich danke (habe gedankt), **1)** spreche meinen Dank aus: ich d. ihm für etwas. **2)** U lehne ab: dafür d. ich, das möchte ich nicht haben. **3)** erwidere einen Gruß. **4)** es ihm, P verdanke es ihm. **5)** es ihm (nicht, schlecht), zeige ihm meine Dankbarkeit (nicht, schlecht). **dankenswert, 1)** Dank verdienend. **2)** lohnend, nützlich (Aufgabe). **dankenswerterweise. Dankeschön** das, -s: sie hat ihr D. ausgesprochen; aber: ich danke schön! **Dankmar** [ahd. mari›berühmt‹], männl. Vorname. **danksagen,** ich sage ihm dank (habe danksagt), auch: sage Dank, spreche mündlich oder schriftlich meinen Dank aus; aber: ich sage vielen Dank. **Danksagung** die, -/-en. **Dankschreiben** das, briefl. Dank.

dann [ahd. than(n)e], **1)** nachher, darauf: erst schien die Sonne, d. regnete es. **2)** d. und wann, manchmal, gelegentlich. **3)** wenn die Bedingung erfüllt ist: nimm den Rat an, d. wird es gelingen. **4)** ferner: d. mußt du noch bedenken, daß . . . **dannen** [ahd. than(n)an], von d., ›%‹, noch B und P, von hier (weg): heb dich von d.!; er eilte von d. **dannzumal,** schweiz.: dann, in jenem Augenblick. **Danse macabre** [däsmak'abr, frz.] der, - -/-s -s [däsmak'abr], Totentanz.

dantesk [Dante, italien. Dichter, 1265–1321], nach Art des Dichters Dante: von dantesker Größe. **dantisch, Dantisch,** ÜBERS. A 4, C.

Daphne [grch. ›Lorbeer‹], **1)** weibl. Vorname. **2)** die, -/-n, ④ der Seidelbast.

dappen, ich dappe (habe gedappt), oberdt.: tappe.

dar . . . , 1) hin . . . : darreichen. **2)** vgl. da . . .

darlan [auch d'a:-, ahd. thar(a)ana], **1)** an diesem, an dieses: ich möchte einmal d. riechen; ich denke nicht d.!, keinesfalls; er hat d. glauben müssen, U ist gestorben. **2)** dicht daneben: der Schrank steht zu nahe d., z. B. an der Heizung. **3)** man erkennt ihn d., daß . . . ; jetzt ist er d., an der Reihe. **4)** im Begriff: ich war nahe d., abzusagen. **darlan . . . ,** in Verbindung mit Verben trennbar zusammengesetzt; vgl. dran . . . , ran . . . **darlangehen,** ich gehe daran (ging daran, bin darangegangen), fange an, beginne mit etwas: wir wollen darangehen, unsere Wohnung zu renovieren; aber: nicht daran gehen!, nicht (zu nahe) an diese Sache heran. **darlansetzen,** ich setze daran (habe darangesetzt), **1)** es, setze aufs Spiel, wage: wir wollen alles daransetzen, unser Ziel zu erreichen; aber: wir wollen uns daran setzen, z. B. an diesen Tisch. **2)** mich, beginne mit etwas: wenn die Arbeit fertig werden soll, muß ich mich jetzt daransetzen.

darlauf [auch d'a:-, ahd. dar(a)uf], **1)** auf dieses, auf diesem: der Brief liegt doch d., auf etwas; es geht d. aus, erstrebt es. **2)** danach, dann, später: am Tag d.; erst trat ein Komiker auf, d. folgte eine ernste Nummer; den darauffolgenden Tag. **darlauf . . . ,** in Verbindung mit Verben trennbar zusammengesetzt; vgl. drauf . . . **darlaufhin** [auch d'a:-], **1)** unter diesem Gesichtspunkt: wir müssen den Vorfall d. untersuchen, ob . . . **2)** demzufolge, danach: d. verließ er den Raum; aber: es deutet darauf hin, daß . . . , auf dieses.

darlaus [ahd. tharuz], aus diesem: soll ich dir d. vorlesen?, z. B. aus der Zeitung; mach dir nichts d.!, nimm diese Sache nicht so ernst; was ist d. geworden?; d. folgt, daß . . .

darben [ahd. tharben], ich darbe (habe gedarbt), leide Mangel, entbehre etwas.

darbieten, ich biete es dar (habe dargeboten), **1)** biete, zeige, führe auf, führe vor: ein großes Unterhaltungsprogramm wurde dargeboten. **2)** P biete an, reiche. **Darbietung** die, -/-en, unterhaltende Vorführung.

darbringen [mhd. darbringen ›beweisen‹], ich bringe es ihm dar (habe dargebracht), gebe hin, schenke, opfere, widme: den Göttern wurden Opfer dargebracht. **Darbringung** die, -/-en.

darlein [auch d'a:-, ahd. thar(a)in], in dieses, dahinein: er kann sich nicht d. fügen. **darlein . . . ,** in Verbindung mit Verben trennbar zusammengesetzt; vgl. drein . . . **darlein-**

reden, ich rede ihm darein (habe dareingeredet), mische mich aufdringlich in fremde Angelegenheiten: du sollst ihm nicht immer dareinreden!; aber: du mußt darein reden!, dort hinein (in das Mikrophon).

darf, von dürfen.

Darg [niederdt.] der, -s/-e, auch Dark, halbversteinerter Marschtorf.

darlin [auch d'a:-], in diesem, hierin: was ist d.?, z. B. in diesem Gefäß; d. hat er recht, in dieser Angelegenheit; der Unterschied besteht d., daß . . . **darlin . . . ,** in Verbindung mit Verben trennbar zusammengesetzt; vgl. drin . . . **darlinnen,** P da innen, darin.

Dark der, Darg.

darlegen, ich lege es ihm dar (habe dargelegt), trage vor, erkläre, erläutere. **Darlegung** [mhd. darlegunge] die, -/-en.

Darleh(e)n [zu Lehen] das, -s/-, ⚹ gewährte Anleihe, Leihsumme, Kredit: Darleh(e)nskasse; Darleh(e)nssumme. **Darleiher** der, -s/-, ⚹ Geldgeber.

Darling [d'a:liŋ, engl.] der, -s/-s, Liebling.

Darm [ahd. darm] der, -(e)s/-"e, **1)** Teil des Verdauungskanals bei Mensch und Tier, ABB. M 12: Dünndarm; Dickdarm; Darmentleerung; Darmträgheit. **2)** bearbeiteter Darm von Schlachttieren: Wurst im D.; Darmsaiten der Violine. **Darmflora** die, die im Darm lebenden Bakterien.

darnach, darneben, darnieder, ⚥ danach usw. **darlob,** ⚥ darüber, deshalb: d. waren alle sehr erstaunt.

Darre [ahd. darra] die, -/-n, **1)** ⊕ Vorrichtung zum Dörren; vgl. ABB. H 28. **2)** Tierkrankheiten, Darrsucht.

darreichen, ich reiche es ihm dar (habe dargereicht), biete an, gebe, überreiche. **Darreichung** die, -/-en.

darren [ahd. darran], ich darre (habe gedarrt) es, dörre, trockne, röste es, z. B. den Darm (Malz, Hanf). **Darrmalz** das, ein Trockenmalz. **Darrsucht** die, ⚥ Bez. verschiedener Krankheiten des Jungviehs. **Darrung** die, -/-en, das Darren.

darstellbar. darstellen, ich stelle dar (habe dargestellt), **1)** ihn, es, gebe wieder, veranschauliche, beschreibe, zeige: auf seinen Bildern stellt er oft Fabelwesen dar; die Rolle wurde von einer Anfängerin dargestellt; dieser Vorgang wird in der Presse anders dargestellt. **2)** es, ⚹ stelle her, erzeuge. **Darsteller** der, -s/-, **Darstellerin** die, -/-nen, Schauspieler(in), Opernsänger(in). **darstellerisch. Darstellung** die, Beschreibung, Wiedergabe in Wort, in Bild oder auf der Bühne.

dartun, ich tue es ihm dar (habe dargetan), lege dar, beweise.

darlüber [auch d'a:-, ahd. darubere], **1)** über dieses, über diesem: wir wohnen im Erdgeschoß, d. wohnt Familie X, im ersten Etage; du kannst dich d. beschweren. **2)** währenddessen: d. verging die Zeit. **3)** mehr: er zahlt d. hinaus nichts. **darlüber . . . ,** in Verbindung mit Verben trennbar zusammengesetzt: darüberfahren; darüberschreiten. **darlübermachen,** ich mache mich darüber (habe mich darübergemacht), U mache mich an etwas Bestimmtes, bes. ans Essen: die Kinder wollten sich gleich darübermachen, gleich alles aufessen; aber: darüber machen Sie sich unnötige Sorgen. **darlüberstehen,** ich stehe darüber (habe darübergestanden), bin überlegen, es berührt mich nicht: ihr solltet doch darüberstehen!, über diesen Kleinigkeiten; aber: erst kommen die Teller, darüber stehen die Gläser.

darlum [auch d'a:-, ahd. darumbe], **1)** um dieses, um diesem: ein Garten mit einem Zaun d.; du sollst dich nicht immer d. herumreden!, um den Kern der Sache; ich bitte dich d.! **2)** deshalb, deswegen: er braucht Geld, d. ist er gekommen. **darlum . . . ,** in Verbindung mit Verben trennbar zusammengesetzt. **darlumkommen,** ich komme darum (kam darum, bin darumgekommen), U bekomme es nicht, verpasse eine Gelegenheit: er ist aus eigener Schuld darumgekommen; aber: darum kommen sie, aus diesem Grund.

darlunter [auch d'a:-, ahd. darundere], **1)** unter dieses, unter diesem: er wohnt im ersten Stock, wir d., im Erdgeschoß. **2)** in einer Menge befindlich: 15 Verletzte, d. 5 Kinder. **3)** weniger: er verlangt 500 Mark Miete, d. will er nicht gehen. **darlunter . . . ,** in Verbindung mit Verben trennbar zusammengesetzt: daruntermengen; daruntersetzen. **darlunterfallen,** ich falle darunter (fiel darunter, bin daruntergefallen), werde zu etwas Bestimmtem gerechnet: es gibt eine Rentenerhöhung, Herr X wird auch darunterfallen; aber: gib acht auf der Leiter, sonst wirst du da runterfallen! **darlunterliegen,** ich liege darunter (lag darunter, habe daruntergelegen), liege unter etwas: du nimmst das obere Bett im Schlafwagen, ich werde darunterliegen; aber: hier sind zwei Aktenstöße, mein Antrag soll darunter liegen, mit dabei.

Darwinismus [nach dem engl. Biologen Ch. Darwin, 1809 bis 1882] *der, -,* Biologie: Theorie über die Ursachen der Entstehung und Umwandlung der Arten. **Darwinist** *der, -en/-en,* Anhänger des Darwinismus. **darwinistisch.**

D-Arzt, kurz für: Durchgangsarzt.

das, Übers. S 77, P 24: *das heißt,* Abk.: d. h.; *das ist,* Abk.: d. i.

dasein, *ich* bin da (war da, bin dagewesen), **1)** bin anwesend, gegenwärtig: *ist in meiner Abwesenheit jemand dagewesen?* **2)** *für ihn,* kümmere mich um ihn, umsorge ihn. **3)** *es ist da,* ist vorhanden: *sind noch Zigaretten da?* **4)** *alles ist schon einmal dagewesen,* hat sich schon einmal ereignet; *das übertrifft alles bisher Dagewesene.* **Dasein** *das,* **1)** tatsächl. Vorhandensein, Bestehen, Existenz. **2)** Leben, bes. das menschliche Leben: *der Kampf ums D.; Daseinsberechtigung; Daseinsbewältigung; Daseinsfreude; ein ärmliches D.*

daselbst, ⚭ dort: *geboren in Hamburg, gestorben d.*

Dash [dæʃ, engl.] *der, -(s)/-(s),* Spritzer, kleine Menge beim Mischen von Cocktails.

dasitzen, *ich* sitze da (saß da, habe dagesessen), sitze untätig herum: *sie kann stundenlang so dasitzen,* aber: *da sitzen sie ja!,* dort; *nun sitzt sie ohne einen Pfennig da,* U hat keinerlei Einkünfte.

dasjenige, Übers. P 24.

daß [ahd. t(h)az], Nebensätze einleitende Konjunktion: *ich glaube, d. er kommt;* vgl. Übers. G 34, K 35, S 79.

dasselbe, Übers. P 24: *ein und d.*

Dasselfliege *die,* Biesfliege, eine stark behaarte Fliege.

dastehen, *ich* stehe da (habe dagestanden), **1)** stehe: *du könntest mir helfen, anstatt nur dazustehen;* aber: *du sollst da stehen!,* dort. **2)** U gelte: *wie stehe ich jetzt da?,* was wird man von mir denken?

Dasymeter [grch. dasys ›dicht‹ und metron ›Maß‹] *das,* Gasdichtemesser zum Nachweis des Auftriebs fester Körper in Gasen.

Date [deit, engl. ›Datum‹] *das, -(s)/-s,* **1)** Verabredung, Rendezvous. **2)** Person, mit der man eine Verabredung hat; Freund(in). **Datei** [Kw. aus Daten und Kartei] *die, -/-en,* Speichereinrichtung bei der Datenverarbeitung. **Dateldienst** [Kw. aus Daten und Meldedienst] *der,* Einrichtung der Dt. Bundespost zur Übermittlung von Daten auf Fernmeldeleitungen. **Daten,** *Pl.* von Datum, **1)** Zeit-, Mengen- und sonstige Zahlenangaben. **2)** aus Beobachtungen, Erfahrungen, statist. Erhebungen u. a. gewonnene Gegebenheiten. **Datenbank** *die, -/-en,* Zentralspeicher zur Datenverarbeitung eines großen Arbeitsgebietes. **Datenschutz** *der,* Schutzmaßnahmen gegen unberechtigte Benutzung gespeicherter Daten: *Datenschutzbeauftragter; Datenschutzgesetz.* **Datenträger** *der,* Mittel (Lochkarte o. ä.) zum Speichern von Daten. **Datenverarbeitung** *die,* Auswertung von Daten durch Büromaschinen oder elektron. Rechenanlagen: *elektronische D.,* Abk.: EDV; *Datenverarbeitungsanlage.* **Datex-Verkehr** *der,* Übermittlung von Daten auf einem öffentl. Fernmeldenetz. **datieren,** *ich* datiere (habe datiert), **1)** *es,* versehe mit einem Datum. **2)** *es datiert,* stammt. **Datierung** *die, -/-en.* **Dating** [d'eitiŋ, engl.] *das, -s,* das Verabreden zu einem Date, bes. von Jugendlichen in den USA.

Dativ [lat. casus dativus ›Gebefall‹] *der, -s/-e,* Wemfall, 3. Fall der Deklination, Übers. S 77. **Dativobjekt** *das,* Übers. S 79.

dato [ital. ›gegeben‹], ⚭ heute: *bis d.* **Datowechsel** *der,* Wechsel, dessen Verfalltag auf einen bestimmten Termin nach dem Ausstellungstag festgesetzt ist.

Datscha [russ.] *die, -/-s* oder . . .schen, russ. Sommerhaus auf dem Land. **Datsche** *die, -/-n,* Dt. Dem. Rep.: Wochenendhaus.

Dattel [mhd. datel, ital. dattilo, zu grch. daktylos ›Finger‹] *die, -/-n,* Frucht der Dattelpalme. **Dattelpalme** *die,* nordafrikan. Baum.

Datum [lat. datum ›gegeben‹] *das, -s/. . .ten,* Bestimmung eines Tages, Übers. J 2; vgl. Daten: *Datumsangabe; Datum(s)stempel.* **Datumsgrenze** *die,* Grenzlinie etwa längs des 180. Längengrades, an der eine Datumsdifferenz von einem Tag festgelegt ist.

Daube [mhd. duge] *die, -/-n,* **1)** gebogene Latte der Faßwand, Abb. F 8. **2)** Eisschießen: Holzwürfel als Ziel.

Daubel *die, -/-n,* österr.: Fischnetz.

Dauer [spätmhd. dur, zu mhd. düren ›dauern‹, ›Bestand haben‹, verwandt mit lat. durare] *die, -,* **1)** Bestand, Fortbestehen: *es war nur von kurzer D.; D. in der Vergangenheit,*

Imperfekt, Übers. V 2. **2)** lange Zeit: *auf die D. ist das nicht möglich.* **3)** bestimmte Zeitspanne: *auf die D. von zwei Jahren; Krankheitsdauer; Dauerprüfung.* **Dauerauftrag** *der,* Auftrag an Banken u. a. zur Erledigung regelmäßig wiederkehrender Überweisungen. **Dauerbrenner** *der,* **1)** Ofen, der längere Zeit über brennen kann, Abb. O 1. **2)** U langer Kuß. **Dauerfeuer** *das,* eine Schießtechnik (Maschinenwaffen). **dauerhaft,** langen Bestand versprechend; ausdauernd. **Dauerhaftigkeit** *die, -.* **Dauerlauf** *der,* ✂ das längere Einhalten einer gleichmäßigen Laufgeschwindigkeit. **dauern,** *es* dauert (hat gedauert), **1)** bleibt bestehen, ändert sich nicht: *eine dauernde Gefahr.* **2)** währt: *es dauerte nur kurze Zeit.*

dauern [mhd. turen ›zu kostbar dünken‹; verwandt mit teuer], *er, es* dauert (hat gedauert) *ihn, mich,* tut mir leid.

Dauerware *die,* haltbare Ware, z. B. Dauerwurst. **Dauerwelle** *die,* Verfahren zum künstl. Krausen des Haars über einen längeren Zeitraum; auch das damit gekrauste Haar. **Dauerzustand** *der,* Zustand von längerer Dauer: *das darf kein D. werden!*

Däumchen *das, -s/-,* Diminutiv zu Daumen: *er dreht D.,* U ist faul. **Daumen** [ahd. dumo] *der, -s/-,* **1)** stärkster Finger der Hand, Abb. H 6: *ich werde dir den D. drücken, halten,* an dich mit guten Wünschen denken; *du mußt den D. daraufdrükken,* U nachdrücklich darauf bestehen. **2)** ⚙ Nocken, kurzer Bolzen oder Hebel zum Greifen. **daumenbreit. daumendick. Daumenschraube** *die,* ein Folterwerkzeug. **Däumlein** *das, -s/-,* Diminutiv zu Daumen. **Däumling** *der, -s/-e,* kleines Männchen, Märchengestalt.

Daune [mnd. dune] *die, -/-n, meist Pl.,* Flaumfedern von Gänsen und Enten: *Daunendecke, Daunenbett,* mit Daunen gefüllte Deckbett. **daunenweich,** so weich wie Daunen.

Dauphin [dof'ɛ̃, frz.] *der,* nach der Landschaft Dauphiné, die zur Apanage des Thronfolgers gehörte) *der, -s/-s,* Titel des französ. Thronfolgers (1349–1830).

Daus [mhd. dus, zu afrz. dous ›zwei‹] *das, -es/-e* oder ⁿer, **1)** As im Kartenspiel, Abb. S 54. **2)** zwei Augen im Würfelspiel. **3)** [nhd.], *Pl. -e,* Teufel: *ei der D.!*

David [hebr. ›der Geliebte‹], männl. Vorname. **David(s)-stern** *der,* ein sechszackiger Stern, Symbol des Judentums.

Davis-Cup [d'eivis kʌp, nach dem amerikan. Stifter D. F. Davis, 1879–1945] *der,* **Davis-Pokal** [d'eivis-] *der,* ein internationaler Wanderpreis im Herrentennis.

Davit [d'eivit, engl.] *der, -s/-s,* Kran auf Schiffen, Abb. R 20.

davon [auch d'a:-], **1)** von diesem: *einige Meter d. entfernt; er ist d. noch weit entfernt,* U von seinem Ziel; *die Rente ist klein, sie kann d. nicht leben; ich habe genug d.; das kommt d.!,* U dieses Mißgeschick war vorauszusehen; *ich auch, aus, daß . . .* **2)** weg, fort: *er ging auf und d.* **davon. . .,** in Verbindung mit Verben trennbar zusammengesetzt: *davoneilen; davonfahren.*

davongehen, *ich* gehe davon (ging davon, bin davongegangen), gehe fort, entferne mich: *er muß nun für immer davongehen,* P sterben; aber: *davon gehen drei mit uns spazieren,* von einer größeren Gruppe. **davonkommen,** *ich* komme davon (kam davon, bin davongekommen), entrinne, entkomme: *er ist bei dem Unfall mit einer Prellung davongekommen; wir sind noch einmal davongekommen,* U haben Glück im Unglück gehabt; aber: *davon kommen seine Schwierigkeiten,* rühren her. **davonlaufen,** *ich* laufe davon (lief davon, bin davongelaufen), laufe fort: *es ist zum Davonlaufen,* U unerträglich. **davonmachen,** *ich* mache mich davon (habe mich davongemacht), gehe (heimlich) weg, reiße aus: *die Übeltäter wollten sich davonmachen.* **davontragen,** *ich* trage davon (trug davon, habe davongetragen), **1)** *es, ihn,* trage fort. **2)** *es,* erlange, erringe: *er trug den Sieg davon.* **3)** *es,* erleide: *er hat von dem Unfall eine Gehbehinderung davongetragen.*

davor [auch d'a:-, ahd. thar(a)furi], vor diesem, vor dieses: *ein Rathaus mit einem Brunnen d.; nimm dich in acht d.!; ich habe Angst d.* **davor. . .,** in Verbindung mit Verben trennbar zusammengesetzt: *davorhängen; davorstehen.* **davorlegen,** *ich* lege es davor (habe davorgelegt), lege vor etwas anderes: *ich lege die Kette davorlegen,* vor die Tür; aber: *davor legen wir noch einen Läufer.* **davorliegen,** *es* liegt davor (lag davor, hat davorgelegen), liegt vor etwas anderem: *aus Sicherheitsgründen sollte die Kette immer davorliegen,* z. B. vor der Tür; aber: *davor liegen noch einige Wochen.*

dawider [ahd. tharawidiri], gegen etwas, ⚭ dagegen: *viele werden d. sein.* **dawiderreden,** *ich* rede dawider (habe dawidergeredet), entgegne etwas, mache Einwände.

dazu [auch d'a:-, ahd. darazuo], **1)** zu diesem: *noch eine*

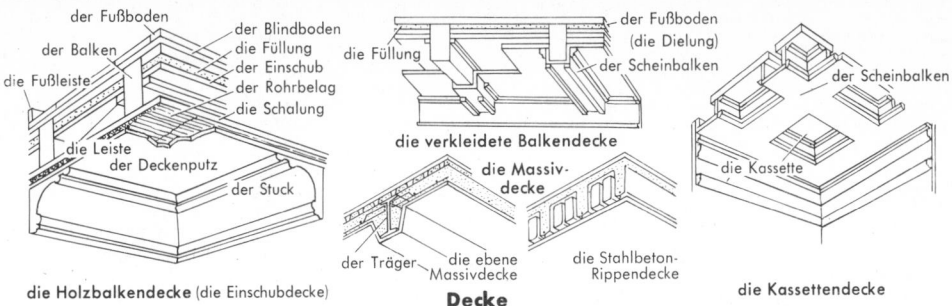

der Fußboden
der Balken
die Fußleiste
die Leiste
der Deckenputz
der Stuck

der Blindboden
die Füllung
der Einschub
der Rohrbelag
die Schalung

die Füllung

der Fußboden
(die Dielung)
der Scheinbalken

der Scheinbalken

die verkleidete Balkendecke

die Massiv-decke

die Kassette

der Träger
die ebene
Massivdecke

die Stahlbeton-Rippendecke

die Holzbalkendecke (die Einschubdecke)

Decke

die Kassettendecke

Prise Salz d.!; d. eignet er sich nicht; ich gratuliere dir d., daß du das Examen bestanden hast. **2)** außerdem: *wir brauchen Salat, d. die Gewürze.* **dazu.. .,** in Verbindung mit Verben trennbar zusammengesetzt: *dazurechnen; dazuschreiben.* **dazugehören,** *ich* gehöre dazu (habe dazugehört), gehöre zu ihm oder etwas: *bei diesem Sport haben Mut und Ausdauer immer dazugehört.* **dazugehörig. dazukommen,** *ich* komme dazu (kam dazu, bin dazugekommen), komme hinzu: *wir sind noch rechtzeitig dazugekommen, um das Unglück zu verhindern;* aber: *dazu kommen wir nicht,* wir haben keine Zeit dafür.
dazumal, ⅜ damals: *Anno d.*
dazuschauen, *ich* schaue dazu (habe dazugeschaut), *österr.:* beeile mich: *ich muß dazuschauen, daß ich fertig werde.*
dazutun, *ich* tue *es* dazu (habe dazugetan), füge hinzu: *du mußt noch eine Prise Salz dazutun.* **Dazutun** *das,* Hilfe, Unterstützung: *es geschah ohne mein D.*
dazwischen [auch d'a:-], **1)** zwischen, inmitten zweier oder mehrerer: *rechts steht das Sofa, links ein Sessel, d. ein Tisch; wir haben Beeren gepflückt, doch es waren auch einige unreife d.* **2)** zwischen zwei oder mehreren Zeitpunkten: *ich war zweimal in Athen, allerdings liegen zehn Jahre d.* **dazwischen.. .,** in Verbindung mit Verben trennbar zusammengesetzt: *dazwischenfahren; dazwischenrufen.* **dazwischenkommen,** *ich* komme dazwischen (kam dazwischen, bin dazwischengekommen), **1)** gerate zwischen etwas. **2)** Ü mische mich in etwas ein. **3)** *es kommt dazwischen,* stört die Ausführung einer Absicht: *immer muß mir etwas dazwischenkommen!* **dazwischentreten,** *ich* trete dazwischen (trat dazwischen, bin dazwischengetreten), greife vermittelnd oder schlichtend ein: *er konnte noch rechtzeitig dazwischentreten.*
dB, Zeichen für: Dezibel.
DB, Abk. für: Deutsche Bundesbahn.
DBB, Abk. für: Deutscher Beamtenbund.
DBGM, Abk. für: Deutsches Bundes-Gebrauchsmuster.
DBP, Abk. für: **1)** Deutsche Bundespost. **2)** Deutsches Bundespatent.
d. c., ♪ Abk. für: da capo.
DDR, amtl. Abk. für: Deutsche Demokratische Republik.
DDT, Abk. für: Dichlordiphenyltrichloräthan, ein Schädlingsbekämpfungsmittel.
D-Dur *das,* ♪ Zeichen: D, eine Tonart.
de.. . [lat.], von . . . weg, ent.. ., ab.. ., un. . .: *Deduktion; defensiv; Defroster;* vgl. des.. .
Dead heat [d'ed hi:t, engl.] *das, -(s)/-s,* ⚕ totes Rennen, Wettkampf, bei dem zwei oder mehr Teilnehmer gleichzeitig durchs Ziel gehen. **Deadline** [d'edlain, engl., eigtl. ›Todeslinie‹] *die, -/-s,* letzter (Ablieferungs)termin.
dealen [d'i:lən, engl. to deal ›verteilen‹, ›handeln‹], *ich* deale (habe gedealt), handle illegal mit Rauschmitteln: *in diesem Lokal soll gedealt werden.* **Dealer** [d'i:lə] *der, -s/-,* **1)** Makler, Jobber. **2)** illegaler Verteiler, Rauschmittelhändler.
Debakel [frz. débâcle] *das, -s/-,* Zusammenbruch, Niederlage: *wir ist schuld an diesem D.?; Finanzdebakel.*
Debatte [frz. débat] *die, -/-n,* längere Erörterung (im Parlament), Diskussion: *Bundestagsdebatte.* **debattelos,** ohne Debatte. **debattieren** [frz., zu lat. battuere ›schlagen‹], *ich* debattiere (habe debattiert) *mit ihm über jemanden oder etwas,* erörtere gründlich.
Debet [lat. ›er schuldet‹] *das, -s/-s,* ⚖ linke Seite des Kontos, Soll.

debil [lat. debilitas ›Schwäche‹]. **Debilität** *die, -,* Hinfälligkeit, leichter Schwachsinn: *Altersdebilität.*
Debitor [lat. debere ›schuldig sein‹] *der, -s/.. .t'oren,* Schuldner: *Debitorenkonto.*
Debüt [deb'y, frz. début ›Anfang‹] *das, -s/-s,* erstes öffentl. Auftreten. **Debütant** *der, -en/-en.* **Debütantin** *die, -/-nen.* **debütieren,** *ich* debütiere (habe debütiert).
Dechanat *das,* Dekanat. **Dechanei** *die,* Dekanei. **Dechant** [auch d'e-, mhd. techan] *der, -en/-en,* kath. Dekan.
Decher [mhd. decher, zu lat. decuria ›Abteilung von zehn‹] *der oder das, -s/-,* altes dt. Zählmaß (10 Stück).
dechiffrieren [de ʃifr'i:rən, frz., vgl. Chiffre], *ich* dechiffriere (habe dechiffriert) *es,* entziffere, deute, z. B. Geheimschriften. **Dechiffrierung** *die, -/-en.*
Dechsel [mhd. dehsel] *die, -/-n,* ein Beil, ABB. A 29.
Deck [niederdt., zu decken] *das, -(e)s/-s* oder *-e,* jede Ebene im Schiffsrumpf der Höhe nach unterteilende Zwischenwand, ABB. S 16, S 17: *alle Mann an D.!; er ist (nicht) auf D.,* Ü (nicht) leistungsfähig. **Deckadresse, Deckanschrift** *die,* getarnte Anschrift zum Empfang von Nachrichten ohne Bekanntwerden des Empfängers. **Deckbett** *das,* Federbett zum Zudecken, ABB. B 27. **Deckblatt** *das,* **1)** Außenhülle der Zigarre, ABB. R 7. **2)** ✿ Blatt, in dessen Achsel ein Seitensproß wächst. **3)** durchsichtiges Blatt für Korrekturen (auf Zeichnungen u. ä.). **4)** oberste Karte auf einem Stoß Spielkarten. **Deckchen** *das, -s/-,* kleine Zierdecke. **Decke** [ahd. thek(k)i] *die, -/-n,* **1)** etwas zum Bedecken, Verdecken, Zudecken: *Bettdecke; Tischdecke.* **2)** obere Schicht: *Schneedecke; er steckt mit ihm unter einer D.,* Ü macht gemeinsame Sache mit ihm. **3)** oberer Abschluß eines Raumes, ABB. D 4, H 11: *Deckenbeleuchtung; Deckenkonstruktion; Kassettendecke.* **4)** ⚹ Haut, Fell. **5)** ⚘ Bucheinband. **6)** Mantel des Luftreifens, ABB. R 14. **Deckel** *der, -s/-,* **1)** abnehmbarer oder aufklappbarer Verschluß, ABB. G 7, T 14: *Topfdeckel.* **2)** Bucheinband, ABB. B 53: *Einbanddeckel; Buchdecke(l).* **3)** Ü Hut: *du wirst gleich eins auf den D. kriegen,* Ü gerügt werden. **Deckelglas** *das,* Glaskrug mit Deckel. **decken** [ahd. the(c)ken], *ich* decke (habe gedeckt), **1)** *es,* bedecke, lege darüber: *ich d. das Dach, den Tisch.* **2)** *ihn, es,* schütze, z. B. den Rückzug: *der Bauer ist durch den Läufer gedeckt* (Schach). **3)** *ihn,* ⚕ bewache einen gegnerischen Spieler. **4)** *den Bedarf,* ✿ befriedige. **5)** *es,* verdecke (Farben). **6)** *das Zuchttier deckt ein weibliches Tier,* begattet. **7)** *der Hund deckt die Sau,* ⚹ packt sie und hält sie fest. **8)** *es,* ↻ verdränge aus Kristallen die Mutterlauge durch reinere Flüssigkeiten. **9)** *mich,* Ü sichere mich. **10)** *es deckt sich mit ihm,* fällt zusammen, stimmt überein (geometrische Figuren, Begriffe, Interessen). **Deckfarbe** *die,* undurchsichtige Farbschicht. **Deckfrucht** *die,* Feldfrucht, die zum Schutz einer anderen eingesät wird. **Deckhengst** *der,* Zuchthengst. **Deckmantel** *der,* Vorwand: *unter dem D. der Nächstenliebe.* **Deckname** *der,* fingierter Name, Pseudonym. **Decksamer,** *Pl.,* ✿ die Bedecktsamigen. **Deckung** *die, -/-en,* **1)** Übereinstimmung, das Sichdecken. **2)** ⚔ Schutz gegen Sicht und Waffenwirkung: *sie mußten in D. gehen, volle D. nehmen.* **3)** ⚖ Sicherheit für eine Schuld oder einen Kredit. **4)** ⚕ Abwehr des gegner. Angriffs, Verteidigung: *Deckungsspieler.* **deckungsgleich,** übereinstimmend, kongruent. **Deckweiß** *das,* weiße Deckfarbe.
Decoder [engl., vgl. Code] *der, -s/-,* Einrichtung zum Entschlüsseln einer codierten Nachricht. **decodieren,** *ich* decodiere (habe decodiert) *es.* **Decodierung** *die.*

decouragieren [-kuraʒ'i:-, frz., vgl. Courage], *ich* decouragiere (habe decouragiert) *ihn*, entmutige.

Decouvert [-v'ɛ:r, frz.] *das, -s/-s*, Dekuvert.

de|cresc., Abk. für: **de|cre|scendo** [-ʃ'en-, ital.], Zeichen: >, ♪ leiser werdend. **De|cre|scendo** *das*.

DED, Abk. für: Deutscher Entwicklungsdienst.

Dedikation [lat. dedicare ›widmen‹] *die, -/-en*, Zueignung, Widmung, Schenkung. **Dedikationsexemplar** *das*, Buch mit einer Widmung vom Autor. **dedizieren,** *ich* dediziere (habe dediziert) *es ihm*.

Deduktion [lat. deducere ›ableiten‹] *die, -/-en*, Herleitung des Besonderen aus dem Allgemeinen. **deduktiv. deduzieren,** *ich* deduziere (habe deduziert) *es*.

Deep-freezer [d'i:p fr'i:zə, engl.] *der, -s/-*, Gefrierschrank, Tiefkühltruhe.

Deern *die, -/-, niederdt.*: Mädchen.

De|eskalation [vgl. de . . . und Eskalation] *die, -/-en*, stufenweise Abschwächung, Verringerungen, z. B. militär. Mittel. **de|eskalieren,** *es* deeskaliert (ist, auch: hat deeskaliert).

de facto [lat. ›von der Tatsache aus‹], tatsächlich, den Tatsachen entsprechend. **De-facto-Anerkennung** *die*, Anerkennung allein nach Lage der Tatsachen, ohne rechtl. Grundlage.

Defaitismus [-fɛ-] *der*, usw., Defätismus usw.

Defäkation [lat. defaecare ›vom Bodensatz reinigen‹] *die, -/-en*, 1) Reinigung, Klärung. 2) ♰ Kotentleerung. **defäkieren,** *ich* defäkiere (habe defäkiert), ♰.

Defätismus [frz. défaitisme] *der, -*, Zweifel an Sieg und Erfolg, bes. im Krieg, Mutlosigkeit, Schwarzseherei. **Defätist** *der, -en/-en*. **defätistisch**, *defätistische Äußerungen*.

defekt [lat. defectus ›entkräftet‹, zu deficere ›abfallen‹, ›zu fehlen beginnen‹], schadhaft, fehlerhaft. **Defekt** *der, -(e)s/-e*, 1) Schaden, Panne: *Motordefekt*. 2) Mangel, Gebrechen: *ein geistiger D.* **defektiv, 1)** mangelhaft, lückenhaft. 2) Ⓢ ein Wort betreffend, das nicht alle Flexionsformen besitzt. **Defektivum** *das, -s/. . . va*, defektives Wort, z. B. Leute.

defensiv [lat. defendere ›abwehren‹, verteidigend, abwehrend: *defensive Fahrweise, Spielweise*, rücksichtsvolles, nicht aggressives Fahren, Spielen (Sport); *Defensivkrieg*. **Defensive** *die, -/-n: er ließ sich in die D. drängen.* **Defensor** *der, -s/. . . s'oren*, Verteidiger, Sachwalter: *D. fidei*, Verteidiger des Glaubens, Titel engl. Könige.

Defi|brillation [vgl. de . . . und lat. fibra ›Faser‹] *die, -/-en*, ♰ Verfahren zur Behandlung des Herzkammerflimmerns durch Stromstöße.

Defilee [frz. défiler, zu file ›Reihe‹] *das, -s/. . .l'e|en*, 1) ♣ Hohlweg, Engpaß. 2) feierl. Vorbeimarsch. **defilieren,** *die Soldaten* defilieren (sind defiliert), marschieren vorbei.

definieren [lat. definire ›abgrenzen‹], *ich* definiere (habe definiert) *es*, gebe eine Definition davon. **definit**, bestimmt: *definite Größen*, △ Größen, die immer das gleiche Vorzeichen haben. **Definition** *die, -/-en*, 1) Begriffsbestimmung. 2) *dogmatische D.*, verpflichtende Festlegung eines kath. Glaubenssatzes. **definitiv**, entscheidend, endgültig. **Definitivum** *das, -s/. . . va*, endgültiger Zustand. **definitorisch**, durch Definition festgelegt, Definitionen betreffend.

defizient [lat. deficere ›fehlen‹, ›abnehmen‹], unvollständig. **Defizient** *der, -en/-en*, ♂♀ Dienstuntauglicher. **Defizit** *das, -s/-e*, Fehlbetrag. **defizitär**, *ein defizitärer Haushaltsplan*.

De|fla|gration [lat. deflagratio] *die, -/-en*, das Abbrennen eines Sprengstoffes ohne Explosion.

De|flation [vgl. de . . . und Inflation] *die, -/-en*, 1) 📈 Verringerung der wirksamen Geldmenge mit Sinken der Preisniveaus. 2) ⊕ Abtragung durch Wind. **de|flationär, de|flationistisch, de|flatorisch.**

De|flektor [lat. deflectere ›ablenken‹] *der, -s/. . . t'oren*, 1) Saugkopf, Aufsatz auf Lüftungsschächten. 2) Elektrode am Zyklotron.

De|floration [lat. deflorare ›der Blume berauben‹] *die, -/-en*, Entjungferung. **de|florieren,** *ich* defloriere (habe defloriert) *sie*.

Deformation [lat. deformare ›entstellen‹] *die*, 1) Form-, Gestalt-, Volumenveränderung. 2) ♰ Mißbildung. **deformieren,** *ich* deformiere (habe deformiert) *es*, verforme, verunstalte: *es ist deformiert*. **Deformierung** *die, -/-en.*

Deformität *die, -/-en*, ♰ Mißbildung.

De|fraudant [lat. defraudare ›betrügen‹] *der, -en/-en*, jemand, der Geld unterschlägt. **De|fraudation** *die*, 1) Betrug, Unterschlagung. 2) Hinterziehung (Zölle, Steuern). **de|fraudieren,** *ich* defraudiere (habe defraudiert) *es*.

De|froster [engl. ›Entfroster‹] *der*, 1) ⟳ Einrichtung gegen Beschlagen und Eisbildung an Scheiben. 2) Vorrichtung im Kühlschrank zum Abtauen des Gefrierfachs.

deftig [niederdt.], U 1) tüchtig, kräftig: *deftige Kost.* 2) derb, grob: *deftige Späße.* **Deftigkeit** *die, -/-en.*

Degagement [degaʒm'ã, frz. ›Loslösung‹, zu gage ›Pfand‹] *das, -s/-s*, 1) Einlösung (eines Versprechens, eines Pfandes). 2) Ungezwungenheit. **degagieren** [dega3'i:rən], *ich* degagiere (habe degagiert) *mich, ihn, es*, befreie, löse los. **degagiert** [-ʒ'i:rt], frei, ungezwungen.

Degen [mhd. degen, ahd. thegan ›Knabe‹, ›Held‹, ›Diener‹] *der, -s/-*, ♣ P Held, Gefolgsmann.

Degen [mhd. degen, zu mlat. daga] *der, -s/-*, Hieb- und Stichwaffe, Abb. D 5: *das Degenfechten*, Abb. F 9. **Degenbrecher** *der*, Degen aus dem 16. Jahrh., Abb. D 5.

Degeneration [lat. degenerare ›entarten‹] *die*, Entartung: *Degenerationserscheinungen.* **degeneriert**, entartet.

Degenhard [ahd. thegan ›Held‹ und harti ›hart‹], männl. Vorname.

Degout [deg'u:, frz., vgl. de . . . und lat gustare ›kosten‹, ›schmecken‹] *der, -s*, Widerwille, Ekel. **degoutant.**

De|gradation [frz., zu mlat. degradare ›herabsetzen‹] *die, -/-en*, 1) Degradierung. 2) Entziehung geistl. Standesrechte. 3) Bodenkunde: Veränderung des Bodenprofils. **de|gradieren,** *ich* degradiere (habe degradiert) *ihn: er wurde zum Leutnant degradiert.* **De|gradierung** *die, -/-en*, Herabsetzung; Versetzung in einen niederen Rang.

De|gras [degr'a, frz. dégraisser ›entfetten‹] *das, -*, Gerberfett.

De|gression [lat. degredi ›herabschreiten‹] *die, -/-en*, 📉 Herabsetzung, Staffelung eines Tarifs, wobei der Satz von oben nach unten abnimmt. **de|gressiv**, absteigend: *degressive Abschreibung*, 📉.

Degustation [frz. deguster ›kosten‹] *die, -/-en, schweiz.*: Kostprobe. **de gustibus non est disputandum** [lat.], über Geschmack läßt sich nicht streiten. **degustieren,** *ich* degustiere (habe degustiert) *es, schweiz.*: koste, probiere.

dehnbar, 1) so beschaffen, daß es sich dehnen läßt. 2) Ü vieldeutig: *ein dehnbarer Begriff.* **Dehnbarkeit** *die, -.* **dehnen** [ahd. then(n)en, ich dehne (habe gedehnt), 1) *es*, verlängere durch Ziehen, strecke. 2) *Töne, Vokale*, halte lange aus. 3) *mich*, strecke meine Glieder aus. 4) *es dehnt sich*, läßt sich strecken. **Dehnung** *die, -/-en*, 1) Verlängerung eines Körpers durch mechan. Kräfte, Temperaturerhöhung u. a. 2) Verlängerung eines Vokals oder einer Silbe. **Dehnungszeichen** *das*, Schriftzeichen für Lautdehnung: *Dehnungs-h*; vgl. Übers. A 2.

Dehors [də'ɔ:r, frz. ›draußen‹], *Pl.*, äußerer Schein, gesellschaftl. Anstand.

Dehy|dratation [vgl. de . . . und grch. hydor ›Wasser‹] *die, -/-en*, Trocknung, bes. von Lebensmitteln. **Dehy|dratisierung** *die, -/-en*, Abspaltung von Wasser aus chem. Verbindungen. **dehy|drieren,** *ich* dehydriere (habe dehydriert) *es*, entziehe Wasserstoff. **Dehydrierung** *die*, Entzug von Wasserstoff.

De|ibel *der, -s/-*, U verhüllend: Teufel: *pfui D.!*

Deich [mhd. dik] *der, -(e)s/-e*, Schutzdamm gegen Überschwemmungen, bes. am Meer, Abb. D 5. **deichen,** *ich* deiche (habe gedeicht) *es*, deiche ein. **Deichgraf, Deichhauptmann** *der*, Vorsitzender der Deichverwaltung.

Deichsel [ahd. dihsala, zu dehnen] *die, -/-n*, 1) Stange am Wagen, Abb. W 2. 2) Nebenform von Dechsel. **deichseln,** *ich* deichs(e)le (habe gedeichselt) *es*, U führe etwas Schwieriges geschickt durch: *wir werden die Sache schon deichseln.*

Dei gratia [lat.], Abk.: D. G., von Gottes Gnaden.

deiktisch [auch de'ik-, grch. deiktikos ›hinweisend‹], zeigend, durch Beispiele wirkend.

dein [ahd. din], 1) Possessivpronomen, Übers. P 24, dir gehörig, von dir ausgehend: *dies ist d. Buch; d. ganzer Besitz; deine Genesung macht rasche Fortschritte; er verwechselt gern mein und d.,* U die Besitzverhältnisse, aber: *das Mein und das Dein; Dein Fritz (Briefschluß).* 2) auch deiner, ♂♀ Genitiv von du: *ich denke dein(er).* **deine** *der, die, das*, deinige. **deinerseits**, von dir, von deiner Seite: *sind d. Einwände zu erwarten?* **deinesgleichen** [auch d'ain-], nicht flektierbar, Leute wie du: *geh zu d.!* **deinethalben, deinetwegen,** *(um)* **deinetwillen,** wegen deiner, um dich, für dich. **dein(ig)e** *der, die, das*, der, die, das zu dir Gehörige, 1) in Briefen kleinschreibung, wenn ein vorangegangenes Substantiv zu ergänzen ist: *ist dieser Platz der d.?* 2) Großschreibung: *ich bin der Dein(ig)e;*

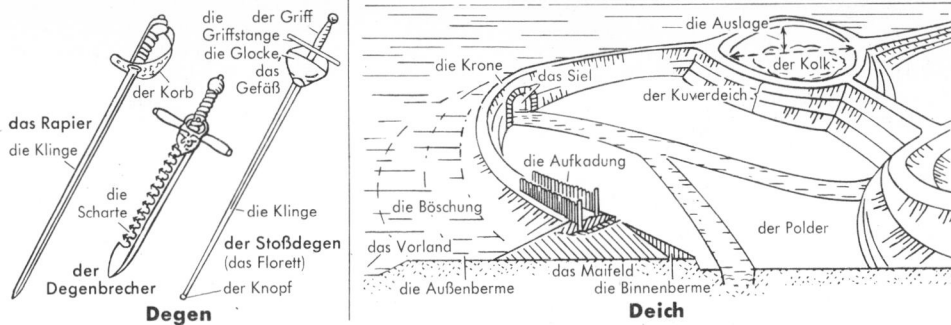

das Rapier
die Klinge
die Scharte
der Degenbrecher
der Korb
die Griffstange
die Glocke
das Gefäß
der Griff
die Klinge
der Stoßdegen
(das Florett)
der Knopf

Degen

die Krone
das Siel
der Kuverdeich
die Auskadung
die Böschung
das Vorland
die Außenberme
das Maifeld
die Binnenberme
die Auslage
der Kolk
der Polder

Deich

---

rette das Dein(ig)e!, deine Habe; *wie geht es den Dein(ig)en?*, deinen Angehörigen.

Deismus [lat. deus ›Gott‹ und vgl. . . . ismus] *der, -*, Glaube an einen Gott, der nicht in das Weltgeschehen eingreift. **Deist** *der, -en/-en*, Anhänger des Deismus. **deistisch.**

Deiwel *der, -s/-, niederdt.*, **Deixel** *der, -s/-, oberdt.*: Deibel.

Déjà-vu-Erlebnis [deʒav'y-, frz. ›schon gesehen‹] *das*, unbegründeter Bekanntheitscharakter von Eindrücken auf Grund von Erinnerungstäuschungen.

de jure [lat.], von Rechts wegen. **De-jure-Anerkennung** *die*, Anerkennung nach rechtl. Grundsätzen.

Deka *das, -(s)/-, österr.*: Dekagramm: *ich kaufe 10 D.*

Deka. . . [grch. ›zehn‹], Zeichen: da, vor Maßeinheiten: das Zehnfache, ÜBERS. M 8. **Deka|brist** [russ. dekabr ›Dezember‹] *der, -en/-en*, Teilnehmer am russ. Aufstand vom Dezember 1825. **Dekade** [frz. décade] *die, -/-n*, eine Gesamtheit von zehn; Zeitraum von zehn Tagen (Wochen, Monaten, Jahren).

dekadent [frz., vgl. de. . . und lat. cadere ›fallen‹] kulturell überfeinert, (sittlich) verfallen. **Dekadenz** *die, -.*

dekadisch [vgl. de. . .], zehnteilig: *dekadisches System*, Dezimalsystem. **Dekaeder** [vgl. . . . eder] *das, -s/-*, Zehnflächner. **Deka|gramm** *das*, Zeichen: dag, österr.: dkg, 10 Gramm, ÜBERS. M 8. **Dekalog** *der, -(e)s/-e*, die Zehn Gebote. **Dek|ameron** [ital. ›Decamerone‹ von G. Boccaccio, 1313 bis 1375, zu grch. hemera ›Tag‹] *das, -s*, italien. Novellensammlung, die an 10 Tagen erzählt wurde.

Dekan [mhd. techan, zu lat. decanus ›Führer von zehn Mann‹] *der, -s/-e*, 1) Superintendent. 2) Dechant, kath. Aufsichtsgeistlicher. 3) Leiter einer Fakultät. **Dekanat** *das, -(e)s/-e*, Dechanat, Amt, Amtszeit, Amtsbezirk eines Dekans. **Dekanei** *die, -/-en*, Dechanei, Wohnung eines Dekans.

dekantieren [frz. décanter ›abgießen‹], *ich dekantiere* (habe dekantiert) *es*, gieße Flüssigkeit vom Bodensatz ab.

dekapieren [frz. décaper], *ich dekapiere* (habe dekapiert) *es*, ⟳ entferne Anlauf- und Oxidschichten von Metallen.

Dekapode [vgl. Deka. . . und . . . pode] *der, -n/-n*, 1) ein Zehnfußkrebs. 2) ein Kopffüßler.

dekartellieren, dekartellisieren. Dekartellierung *die*, Dekartellisierung. **dekartellisieren** [vgl. de. . . und Kartell], *ich dekartellisiere* (habe dekartellisiert) *ein Kartell*, entflechte. **Dekartellisierung** *die, -/-en.*

Dekateur [-t'ø:r, frz.] *der, -s/-e*, Fachmann, der dekatiert. **dekatieren** [frz.], *ich dekatiere* (habe dekatiert) *es*, behandle Gewebe mit Wasserdampf, um es glatt und maßhaltig zu machen. **Dekatierer** *der, -s/-*, Dekateur. **Dekatur** *die, -/-en*, das Dekatieren.

De|klamation [lat. declamare ›laut vortragen‹] *die, -/-en*, 1) kunstgerechter Vortrag (eines Gedichts). 2) ♪ Gestaltung von Wort und Ton bei Gesang. **De|klamator** *der, -s/. . .t'oren*, Vortragskünstler. **de|klamatorisch**, 1) vortragskünstlerisch. 2) U übertrieben pathetisch. **de|klamieren** (habe deklamiert) *es*, trage ausdrucksvoll vor.

De|klaration [lat. declarare ›deutlich machen‹] *die, -/-en*, 1) offizielle Erklärung: *D. der Bürgerrechte.* 2) Zoll- oder Steuererklärung. **de|klaratorisch. de|klarieren**, *ich deklariere* (habe deklariert) *es*.

de|klassieren [frz. déclasser], *ich deklassiere* (habe deklassiert) *ihn*, 1) setze herab. 2) ✗ schlage überlegen: *die Mannschaft wurde deklassiert.* **De|klassierung** *die, -/-en.*

de|klinabel [lat. declinare ›abbiegen‹], deklinierbar, beugbar. **De|klination** *die, -/-en*, 1) Ⓢ die Flexion von Substantiv, Adjektiv, Artikel und Pronomen, ÜBERS. S 77, A 4, G 10, P 24. 2) ☆ Winkelabstand eines Gestirns vom Himmelsäquator. 3) Winkel zwischen geograph. und magnet. Nordrichtung: *Deklinationsachse*, ABB. S 65. **de|klinierbar**, deklinabel, beugbar. **de|klinieren**, *ich dekliniere* (habe dekliniert) *ein Wort*, beuge, verändere durch Flexion.

dekodieren usw., decodieren usw.

Dekokt [lat. decoctum ›das Abgekochte‹] *das, -(e)s/-e*, Absud, Abkochung, Auszug von Pflanzenteilen und Wasser.

Dekolleté [-kolt'e, frz., zu lat. collum ›Hals‹] *das, -s/-s*, tiefer Halsausschnitt am Kleid. **dekolletiert** [-kolt'i:rt].

dekomponieren [vgl. de. . . und lat. componere ›zusammenstellen‹], *ich dekomponiere* (habe dekomponiert) *es*, zerlege (in Grundbestandteile). **Dekomposition** *die.* **Dekompositum** *das*, Ⓢ Zerlegung von sprachlichen Einheiten in ihre Bestandteile.

Dekontamination [vgl. de. . . und Kontamination] *die*, Beseitigung von (radioaktiven) Verunreinigungen. **dekontaminieren**, *ich dekontaminiere* (habe dekontaminiert) *es*.

Dekonzen|tration [vgl. de. . . und Konzentration] *die*, Zersplitterung, Auflösung, Entflechtung. **dekonzen|trieren**, *ich dekonzentriere* (habe dekonzentriert) *es*.

Dekor [frz., zu lat. decorare ›schmücken‹] *das, -s/-s*, Verzierung, Muster. **Dekorateur** [-t'ø:r] *der, -s/-e*, **Dekorateurin** [-t'ø:rin] *die, -/-nen*, Handwerker(in) für die Ausstattung von Innenräumen, Schaufenstern, Bühne und Filmszene. **Dekoration** *die, -/-en*, 1) Ausschmückung. 2) Bühnenbild, Ausstattung. **Dekorationsstoff**, kurz: Dekostoff, Stoff für Gardinen und Möbelbezüge. **dekorativ**, wirksam schmückend. **dekorieren**, *ich dekoriere* (habe dekoriert), 1) *ihn, es*, schmücke. 2) *ihn*, zeichne aus, verleihe ihm Orden. **Dekorierung** *die, -/-en.*

Dekort [auch -k'o:r, vgl. de. . . und ital. corto ›kurz‹] *der, -(e)s/-e*, ⚖ Abzug von einer Zahlung wegen schlechter Ware oder bei sofortiger Zahlung. **dekortieren**, *ich dekortiere* (habe dekortiert) *es*.

Dekorum [lat. decorus ›schicklich‹] *das, -s*, Anstand, Schein der Schicklichkeit.

Dekostoff *der*, kurz für: Dekorationsstoff.

De|krement [lat. decrementum ›Abnahme‹] *das, -(e)s/-e*, 1) ⚕ Verminderung der Potentialhöhe bei Fortleitung der Erregung an der Nervenfaser. 2) △ kleine Abnahme einer veränderlichen Größe. **de|krementieren**, *ich dekrementiere* (habe dekrementiert), Computersprache: zähle um 1 herunter.

de|krepit [lat. decrepitus ›altersschwach‹], ⚙ hinfällig, abgelebt. **De|krepitation** *die*, knisterndes Zerplatzen von Kristallen mit Wassereinschlüssen beim Erhitzen. **de|krepitieren**, *ein Kristall* dekrepitiert (ist dekrepitiert).

De|kres|zenz [lat. decrescere ›abnehmen‹] *die, -/-en*, Abnahme.

De|kret [lat. decretum ›beschließen‹] *das, -(e)s/-e*, Erlaß, Entscheidung. **De|kretale** *das, -/-n* oder . . . li|en, (päpstliche) Entscheidung. **de|kretieren**, *ich dekretiere* (habe dekretiert) *es*, bestimme, verordne.

dekupieren [frz. découper], *ich dekupiere* (habe dekupiert) *es*, säge aus, schneide aus: *Dekupiersäge*, eine Laubsäge.

Dekurie [-iə, lat. decuria] *die, -/. . . ri|en*, Zehnerschaft.

dekussiert [lat. decussare ›kreuzweise unterteilen‹], ⊕ kreuzgegenständig.

Dekuvert [-v'ε:r, frz.] *das, -s/-s,* auch Decouvert, *ⅆ* **1)** Ausfall einer Einnahme. **2)** unbeglichene Schuld. **3)** Börse: Mangel an Wertpapieren. **deku|vrieren** [frz. découvrir ›aufdecken‹], *ich* dekuvriere (habe dekuvriert), **1)** *ihn, es,* entlarve. **2)** *mich,* offenbare, verrate.

del., Abk. für: **1)** deleatur. **2)** delineavit.

deleatur [lat.], Abk.: del., Zeichen: ⌐, ⊘ es werde gestrichen. **Deleatur** *das, -s/-,* ⊘ Tilgungszeichen.

Delegat [lat. delegare ›zuweisen‹] *der,* Bevollmächtigter: *Apostolischer D.,* Gesandter des Papstes. **Delegation** *die,* **1)** Ausschuß von Bevollmächtigten, Abordnung: *Delegationsmitglied.* **2)** ♌ Übertragung von Vollmachten. **delegieren,** delegiere (habe delegiert) *ihn, es: delegierte Gerichtsbarkeit,* ♌. **Delegierte** *der, die, -n/-n, ein -r, eine -,* Bevollmächtigte(r), Abgeordnete(r).

delektieren [lat. delectare ›erfreuen‹], *ich* delektiere *mich* (habe mich delektiert) *an etwas,* ♉ labe, ergötze mich.

Deliberation [lat. deliberare ›erwägen‹] *die, -/-en,* ♉ Beratung, Überlegung: *Deliberationsfrist,* ♌ Bedenkzeit. **deliberieren,** *ich* deliberiere (habe deliberiert) *es,* ♉ überlege, bedenke, berate.

Delicious [del'i:tsius, auch dil'i∫əs, engl. ›köstlich‹, zu lat. deliciosus] *der, -/-,* Bez. für verschiedene Apfelsorten. **delikat** [frz. délicat], **1)** zartfühlend, behutsam, wohlschmeckend. **3)** heikel, empfindlich. **Delikatesse** *die, -/-n,* **1)** Feinkost, Leckerbissen. **2)** Zartgefühl. **Delikatessengeschäft, Delikateßgeschäft** *das,* Feinkostgeschäft.

Delikt [lat. delictum] *das, -(e)s/-e,* strafbare Handlung, Straftat: *er wurde eines sittlichen Deliktes verdächtigt.*

Delila [hebr. ›die Zarte‹], weibl. Vorname.

delin., del., Abk. für: **delineavit** [lat.], auf Stichen in Verbindung mit dem Namen: hat (es) gezeichnet.

Delinquent [lat. delinquere ›sich vergehen‹] *der, -en/-en,* Übeltäter, Verbrecher.

delirieren [lat. delirare ›verrückt sein‹, ›abweichen‹], *ich* deliriere (habe deliriert), rede wirr, bin irre. **Delirium** *das, -s/. . .ri|en,* seelische Störung mit Sinnestäuschungen: *D. tremens,* Säuferwahnsinn.

delisch, auf die griech. Insel Delos bezüglich.

deliziös [frz. délicieux], köstlich, wohlschmeckend.

Del|kredere [ital. del credere] *das, -/-,* *ⅆ* Gewährleistung für den Eingang einer Forderung, z. B. beim Kommissionär.

Delle [mhd. telle ›Schlucht‹, verwandt mit Tal] *die, -/-n,* **1)** leichte Vertiefung, Druckstelle, Авв. H 29. **2)** ⊕ flache Mulde ohne fließendes Gewässer.

delogieren [-ʒ'i:-, frz. déloger ›ausziehen‹], *ich* delogiere (habe delogiert) *ihn,* österr.: zwinge zur Räumung einer Wohnung. **Delogierung** [-ʒ'i:-/] *die, -/-en.*

Delphin [mhd. talfin, zu grch. delphis, Gen. delphinos] *der, -s/-e,* **1)** ein Wassersäugetier. **2)** ☆ ein Sternbild. **Delphinarium** *das, -s/. . .ri|en,* Meeresaquarium für Delphine. **delphinschwimmen,** *nur Infinitiv üblich: er kann gut d.* **Delphinschwimmen** *das, -s,* ein Schwimmstil.

delphisch [Delphi, griech. Wahrsagestätte,] Ü dunkel, doppeldeutig: *ein delphisches Orakel,* ein doppeldeutiges; aber: *das Delphische Orakel,* das Orakel in Delphi.

Delta [grch.] *das,* **1)** *-(s)/-s,* griech. Buchstabe, ÜBERS. G 36. **2)** *-s/-s* oder *. . . ten,* ⊕ fächerförmig verzweigte Flußmündung, Авв. F 32: *deltaförmig.* **Deltafliegen** *das, -s,* das Drachenfliegen. **Deltaflügel** *der,* ✈ Flugzeugflügel in Form eines Dreiecks. **Deltastrahlen,** *Pl.,* δ-Strahlen, Elektronenstrahlen, die beim Durchgang geladener Teilchen durch Materie entstehen. **Deltawellen,** *Pl.,* im EEG auftretende wellenförmige Kurven. **Deltoid** *das, -(e)s/-e,* △ Viereck aus zwei gleichschenkligen Dreiecken, Авв. V 6.

de Luxe [də l'yks, frz.], mit allem Luxus; beste Qualität.

dem, ÜBERS. S 77, P 24.

dem . . . [grch. demos], volk . . ., volks . . . **Dem|agoge** [grch. agein ›führen‹, ›anführen‹] *der, -n/-n,* Volksverführer, Aufwiegler. **Dem|agogie** *die, -/. . .g'i|en.* **demagogisch,** *demagogische Reden.*

Demant [grch.] *der, -(e)s/-e,* P Diamant. **demanten. Demantoid** *der, -(e)s/-e,* grünlicher Granat, Schmuckstein.

Demarche [-m'ar∫(ə), frz. démarche ›Maßregel‹, ›Schritt‹] *die, -/-n* [-∫ən], diplomat. Schritt.

Demarkation [frz. démarcation, zu ahd. marka ›Grenze‹] *die, -/-en,* Abgrenzung. **Demarkationslinie** *die,* vorläufige Abgrenzung von Hoheitsgebieten oder Einflußsphären. **de-**

markieren, *ich* demarkiere (habe demarkiert) *es,* setze eine Grenze fest. **Demarkierung** *die.*

demaskieren [frz. démasquer], *ich* demaskiere (habe demaskiert) *ihn, mich,* **1)** nehme ihm, mir die Maske ab. **2)** Ü entlarve. **Demaskierung** *die.*

dem|entgegen, hingegen, dagegen.

Dementi [frz.] *das, -s/-s,* offizielle Richtigstellung, Widerruf: *es wurde ein amtliches D. veröffentlicht.*

Dementia [lat. ›Unsinn‹, ›Wahnsinn‹] *die, -/. . .m'enzen,* auch Demenz, $ erworbener Schwachsinn.

dementieren [frz. démentir], *ich* dementiere (habe dementiert) *es,* stelle richtig, widerrufe, erkläre für unwahr. **dem|entsprechend,** demgemäß; angemessen.

Demenz [lat.] *die, -/-en,* Dementia.

Demeter, griech. Göttin des Erntesegens. **Demetergemüse** *das,* Ü biologisch gedüngtes Gemüse.

demgegenüber, andererseits. **demgemäß,** diesem gemäß; also, darum.

demi . . . [dəm'i, frz.], halb . . .

Demijohn [-dʒɔn, engl.] *der, -s/-s,* große Korbflasche, Ballon für Säuren.

demilitarisieren [vgl. de... und militarisieren], *ich* demilitarisiere (habe demilitarisiert) *es,* entmilitarisiere. **Demilitarisierung** *die, -.*

Demimonde [dəmim'ɔ̃d(ə), frz.] *die, -,* Halbwelt.

Demineralisation [vgl. de...] *die, -/-en,* Verminderung der Mineralsalze im Körper.

deminutiv usw., diminutiv usw.

Demission [frz.] *die,* Niederlegung (eines Amtes), Rücktritt (einer Regierung). **demissionieren,** *ich* demissioniere (habe demissioniert).

Demiurg [grch. demiourgos ›Handwerker‹, ›Künstler‹, ›Schöpfer‹] *der, -s* oder *-en,* **1)** bei Platon der das Chaos ordnende ›Weltbaumeister‹. **2)** bei den Gnostikern der Schöpfer der Sinnenwelt.

demnach, folglich, auf Grund des Gesagten. **demnächst,** bald.

demo . . . [grch. demos], volk . . ., volks . . .

Demo *die, -/-s,* U kurz für: Demonstration.

Demobilisation [lat.] *die, -,* Demobilisierung. **demobilisieren** [frz. demobiliser], *ich* demobilisiere (habe demobilisiert) *das Heer,* führe es auf den Friedensstand zurück, rüste ab. **Demobilisierung, Demobilmachung** *die,* Abrüstung.

Demodulator [vgl. de... und Modulator] *der,* Bauteil eines Funkempfängers zur Rückgewinnung der niederfrequenten Schwingungen, die einer höherfrequenten Trägerschwingung aufgeprägt wurden.

Demo|graphie [vgl. demo... und ...graphie] *die, -/. . .ph'i|en,* Beschreibung von Zustand und Veränderung einer Bevölkerung mit Hilfe der Bevölkerungsstatistik; Bevölkerungswissenschaft. **demo|graphisch.**

Demoiselle [dəmwaz'el, frz., zu mlat. dominicella, von lat. domina ›Herrin‹] *die, -/-n,* ♀ Fräulein.

Demo|krat [vgl. demo... und grch. kratein ›herrschen‹] *der, -en/-en,* Anhänger der Demokratie. **Demo|kratie** *die, -/. . .t'i|en,* Volksherrschaft, Form des polit. Lebens, die vom Willen des gesamten Volkes getragen wird. **demo|kratisch. demo|kratisieren,** *ich* demokratisiere (habe demokratisiert), **1)** *den Staat,* mache zur Demokratie. **2)** *Institutionen,* forme nach demokratischen Gesichtspunkten um. **Demo|kratisierung** *die, -.*

demolieren [frz. démolir], *ich* demoliere (habe demoliert) *es,* zerstöre. **Demolierung** *die, -/-en.*

demonetisieren [vgl. de... und lat. moneta ›Münze‹], *ich* demonetisiere (habe demonetisiert) *eine Münze,* setze sie außer Kurs. **Demonetisierung** *die, -.*

Demon|strant [lat. demonstrare ›genau zeigen‹] *der, -en/-en,* Teilnehmer an einer Kundgebung. **Demon|stration** *die, -/-en,* **1)** Kundgebung: *Massendemonstration; Demonstrationsrecht.* **2)** anschauliche Schilderung, eindringliche Bekundung. **3)** Beweisführung, Darlegung. **demon|strativ, 1)** anschaulich; anschaulich: *ein demonstratives Beispiel.* **2)** herausfordernd, auffallend: *er wandte sich d. ab.* **3)** Ⓢ hinweisend. **Demon|strativ** *das, -s/-e,* **Demon|strativpronomen** *das,* Ⓢ hinweisendes Fürwort, ÜBERS. P 24. **Demonstrator** *der, -s/. . .t'oren,* **1)** jemand, der etwas demonstriert. **2)** Vorführer, Messeführer. **demon|strieren,** *ich* demonstriere (habe demonstriert), **1)** veranstalte eine Kundgebung, beteilige mich daran. **2)** *es ihm,* stelle anschaulich dar.

Demontage [demɔnt'a:ʒə, frz. démonter ›abbauen‹] *die,* der erzwungene Abbau von Industrieanlagen, bes. in einem besiegten Land: *die D. von Fabrikanlagen; die D. erst kürzlich gewährter Rechte,* Ü. **demontieren,** *ich* demontiere (habe demontiert) *es,* baue ab, zerlege. **Demontierung** *die.*
Demoralisation [frz. démoraliser ›verderben‹] *die, -,* Auflösung von Sitte und Moral. **demoralisieren,** *ich* demoralisiere (habe demoralisiert) *ihn,* **1)** untergrabe seine Moral. **2)** entmutige. **Demoralisierung** *die, -.*
de mortuis nil nisi bene [lat.], (sprich) von den Toten nur gut!
Demo|skop [vgl. demo... und grch. skopos ›Beobachter‹] *der, -en/-en,* Meinungsforscher. **Demo|skopie** *die, -/...p'i|en,* Meinungsforschung. **demo|skopisch,** *demoskopische Umfragen, Untersuchungen.*
demo|sthenisch [nach dem altgriech. Redner Demosthenes, 384–322 v. Chr.], Ü beredsam: *demosthenische Beredsamkeit;* aber: *Demosthenische Reden;* vgl. ÜBERS. A 4, C.
Demotike [ðimɔtik'i, neugrch. ›Volkssprache‹], heutige griech. Umgangssprache. **demotisch** [grch. demótikos], dem (gemeinen) Volk angehörig, volkstümlich: *demotische Schrift,* eine altägyptische Schrift.
Demut [ahd. diomuoti] *die, -,* tiefe Bescheidenheit. **demütig.** **demütigen,** *ich* demütige (habe gedemütigt), **1)** *ihn,* kränke, erniedrige. **2)** *mich vor ihm,* erniedrige mich. **Demütigung** *die, -/-en.* **demut(s)voll,** demütig.
demzufolge, infolgedessen, daher.
den, ÜBERS. S 77, P 24.
den, Zeichen für: Denier.
Denar [lat. denarius] *der, -s/-e,* Abk.: d, altrömische Silbermünze.
Denaturalisation [vgl. de... und naturalisieren] *die,* Entzug der Staatsangehörigkeit, Ausbürgerung. **denaturalisieren,** *ich* denaturalisiere (habe denaturalisiert) *ihn.*
denaturieren [vgl. de... und Natur], *ich* denaturiere (habe denaturiert) *es,* mache ungenießbar, vergälle (z. B. Spiritus, Milchprodukte). **Denaturierung** *die, -.*
denazifizieren [vgl. de..., Nazi und lat. facere ›machen‹], *ich* denazifiziere (habe denazifiziert) *ihn,* entnazifiziere. **Denazifizierung** *die, -.*
Den|drit *der, -en/-en,* **1)** ♯ Ästchen der Nervenzellen. **2)** verästelter Eisen- und Manganbelag auf Gesteinsflächen. **den|dritisch,** verzweigt, verästelt. **den|dr(o)...** [grch. dendron ›Baum‹], baum..., holz... **Den|drologe** *der, -n/-n.* **Den|drologie** *die, -/...logie‹ die, -,* Gehölzkunde. **den|drologisch.**
Deneb [arab.] *der, -s,* ☆ ein Stern.
denen, ÜBERS. P 24.
dengeln [mhd. tengeln], *ich* deng(e)le (habe gedengelt) *die Sense, oberdt.:* schärfe sie.
Denguefieber [d'ɛŋge-, span. ›geziert‹] *das,* Siebentagefieber, eine trop. Virusinfektion.
Denier [dənj'e:, frz., zu lat. denarius, vgl. Denar] *das, -(s)/-,* Zeichen: den, früher ein Feinmaß für Seiden- und Chemiefasern: *ein Damenstrumpf von 20 den.*
Denis [dən'i, frz., von Dionysos], männl., **Denise** [dən'i:z], weibl. Vorname.
Denkanstoß *der,* Anregung zur gründlichen Beschäftigung mit etwas: *wir wollen dafür Denkanstöße geben, liefern.* **Denkart** *die,* Gesinnung, sittl. Grundhaltung des Menschen. **Denkaufgabe** *die,* Rätsel, zu dessen Lösung Nachdenken gehört. **denkbar, 1)** zu beschaffen, daß es sich denken läßt, möglich. **2)** äußerst, möglichst: *die d. besten Waren.* **denken** [ahd. t(h)enken], *ich* denke (dachte, habe gedacht), **1)** arbeite geistig, urteile: *ein denkendes Wesen; er denkt logisch, nüchtern, praktisch.* **2)** *es,* stelle mir im Geiste vor: *er denkt gleich das Schlimmste.* **3)** *es mir,* meine, bilde mir ein: *ich habe mir die Sache anders gedacht.* **4)** *an ihn, etwas,* ♋ P: *seiner,* bin im Geiste bei ihm, beschäftige mich damit, erinnere mich: *ich d. (nicht) gern daran.* **5)** *mir etwas dabei,* mache mir Vorstellungen, Gedanken, verfolge eine Absicht damit. **Denker** *der, -s/-,* gründlich denkender Mensch, Philosoph: *die Dichter und D.* **denkerisch,** zum Denken gehörend. **Denkerstirn** *die,* Ü hohe Stirn. **Denke(t)li** *das, -/-, schweiz.:* Stiefmütterchen.
Denkfähigkeit *die,* Fähigkeit, logisch zu denken. **denkfaul,** träge im Denken. **Denklehre** *die,* Logik. **Denkmal** *das, -(e)s/-¨e* oder *-e,* Gegenstand der Kunst, Geschichte, Natur von denkwürdiger Bedeutung; Erinnerungsbauwerk: *Naturdenkmal; Denkmal(s)pflege; Denkmal(s)schutz; die Denkmal(s)würdigkeit einer Bauepoche.* **Denkmodell** *das: in die Zukunft*

weisende *Denkmodelle.* **Denkpause** *die: wir wollen bei den Besprechungen eine D. einlegen.* **Denkprozeß** *der,* Vorgang des Bewußtwerdens. **Denkschrift** *die,* **1)** Darlegung einer wichtigen Sache (an eine Behörde). **2)** Nachruf. **Denksport** *der,* das Lösen von Denkaufgaben. **Denkspruch** *der,* Wahlspruch, Sinnspruch. **denkste!,** U das hast du dir so gedacht! **Denkungsart, Denkweise** *die,* Denkart. **denkwürdig,** der Erinnerung wert, wichtig. **Denkwürdigkeit** *die, -/-en.* **Denkzettel** *der,* **1)** Merkzettel. **2)** Ü handgreifliche Lehre, fühlbare Strafe: *ich habe ihm einen D. gegeben.*
denn [ahd. than(ne)e], **1)** den Grund angebend: *d. es ist wichtig.* **2)** einräumend: *es sei d., du willigst ein.* **3)** verstärkend: *was kann ich d. dafür!* **4)** ♋ als: *wer ist größer d. Gott?* **5)** B außer wenn: *ich lasse dich nicht, du segnest mich d.* **6)** norddt.: dann, danach.
Dennis [engl., von Dionysos], männl. Vorname.
dennoch, trotzdem, doch; vgl. Silbentrennung, ÜBERS. S 50.
Denomination [lat. denominare ›ernennen‹] *die,* **1)** Ernennung, Bezeichnung. **2)** bes. im angelsächs. Sprachbereich Bez. für eine Religionsgemeinschaft, eine Konfession. **Denominativ** *das, -s/-e,* **Denominativum** *das, -s/...va,* ⑤ von einem Nomen abgeleitetes Wort, z. B. ›klären‹ von ›klar‹. **denominieren,** *ich* denominiere (habe denominiert) *es, ihn,* benenne.
Densität [lat. densus ›dicht‹] *die, -/-en,* Dichtigkeit.
dent... [lat. dens], lat. dental, die Zähne betreffend. **Dental** *der, -s/-e,* **Dentalis** *die, -/...les,* ⑤ Zahnlaut, ÜBERS. G 34. **dentieren** [dä-], *ich* dentiere (habe dentiert) *es,* zacke, zahne aus. **Dentist** *der, -s/-e,* Zahnbein. **Dentist** *der, -en/-en,* früher: an einer Fachschule ausgebildeter Zahnheilkundiger. **Dentition** *die, -/-en,* das Zahnen, Zahndurchbruch.
Denudation [lat. denudare ›entblößen‹] *die, -/-en,* **1)** Entblößung. **2)** ⊕ flächenhafte Abtragung.
Denunziant [lat. denuntiare ›anzeigen‹] *der, -en/-en,* jemand, der andere denunziert. **Denunziation** *die, -/-en,* Anzeige aus niedrigen Beweggründen. **denunziatorisch.** **denunzieren,** *ich* denunziere (habe denunziert) *ihn,* zeige an. **2)** *es,* verleumde, brandmarke: *seine Hilfe wurde als Opportunismus denunziert.*
De|odorant *das, -s/-s* oder *-e,* Desodorans. **deo gratias!** [lat.], Gott sei Dank!
Departement [-m'ã, frz., zu lat. pars ›Teil‹] *das, -s/-s, schweiz.:* [-m'ent], *-s/-e,* **1)** ♋ Verwaltungszweig, Abteilung. **2)** *schweiz.:* Ministerium. **3)** französ. Verwaltungsbezirk.
Dependance [depãd'ãs, frz. dépendre, zu lat. dependere ›abhängig sein‹] *die, -/-n* [-sən], Nebengebäude (eines Hotels). **Dependenz** *die, -/-en,* Abhängigkeit.
Depersonalisation [vgl. de... und Person] *die, -,* Entpersönlichung, eine psych. Störung.
Depesche [frz. dépêcher ›beschleunigen‹] *die, -/-n,* ♋ Telegramm, Eilbotschaft. **depeschieren,** *ich* depeschiere (habe depeschiert)
Depilation [vgl. de... und lat. pilus ›Haar‹] *die, -/-en,* Enthaarung. **Depilatorium** *das, -s/...ri|en,* Enthaarungsmittel. **depilieren,** *ich* depiliere (habe depiliert) *es,* enthaare.
De|placement [deplasm'ã, frz. déplacer ›umstellen‹, zu place ›Ort‹, ➚ Wasserverdrängung eines Schiffes. **de|placieren** [-s'i:-], *ich* deplaciere (habe deplaciert) *es, ihn,* ♋ versetze an eine andere Stelle. **2)** verdränge. **de|placiert** [-s'i:rt], eingedeutscht: **de|plaziert,** unangebracht: *eine deplacierte Bemerkung.*
Deponens [lat. deponere ›niederlegen‹] *das, -/...n'enzi|en* oder *...n'entia,* latein. Grammatik: Verb in Passivform mit aktiver Bedeutung. **Deponent** *der, -en/-en,* jmand, der deponiert. **Deponie** *die, -/...n'i|en,* Ablagerungsort von Bauschutt, Abfällen: *Mülldeponie.* **deponieren,** *ich* deponiere (habe deponiert) *es,* hinterlege, gebe zur Aufbewahrung. **Deponierung** *die, -/-en.*
Deport [auch -p'ɔ:r, frz.] *der, -s/-s* oder *-e,* Kursabzug.
Deportation [lat. deportare ›fortbringen‹] *die, -/-en,* (staatl.) Zwangsverschickung, Verbannung. **deportieren,** *ich* deportiere (habe deportiert) *ihn.* **Deportierte** *der, die, -n/-n, ein -r, eine -.*
Depositar, Depositär [lat. depositum, zu deponere ›niederlegen‹] *der, -s/-e,* Verwahrer deponierter Werte. **Depositen,** *Pl.,* **1)** hinterlegte Wertsachen. **2)** verzinsliche Geldeinlagen: *Depositenbank.* **Deposition** *die, -/-en,* **1)** Hinterlegung. **2)** Absetzung eines kath. Geistlichen. **Depositorium** *das, -s/...ri|en,* ♋ Archiv, Aufbewahrungsort. **Depot** [dep'o:] *das, -s/-s,* **1)** Niederlage; Lager. **2)** Sammelhalle für (öffentl.)

Verkehrsmittel: *Omnibusdepot*. **3)** einer Bank zur Verwahrung gegebene Wertstücke. **4)** $ Ablagerung, Ansammlung. **Depọtfund** *der*, prähistor. Sammelfund. **Depọtpräparat** *das*, Arzneimittel, das im Körper nur langsam verbraucht wird. **Depọtschein** *der*, Hinterlegungsschein.

Depp [verwandt mit tappen, täppisch] *der, -en/-e* oder *-s/-e, oberdt.*: Tölpel, Trottel, Dummkopf. **dẹppen,** *ich* deppe (habe deppt) *ihn, bes. schles.:* mache lächerlich, ducke, demütige. **dẹppert,** tölpelhaft.

De|pravatiọn [lat. depravare ›verderben‹] *die, -/-en,* **1)** Psychiatrie: Verfall der moral. Persönlichkeit, bes. bei Alkoholismus und Drogenabhängigkeit. **2)** Verschlechterung des Krankheitszustandes. **3)** Wertminderung, bes. bei Münzen. **depravịert.**

De|pressiọn [lat. deprimere ›niederdrücken‹] *die,* **1)** Niedergeschlagenheit. **2)** Tiefstand der Wirtschaftsentwicklung. **3)** ⊕ Landsenke unter dem Niveau des Meeresspiegels. **4)** ✮ Höhenkreis eines Sterns unter dem Horizont. **5)** Meteorologie: Tiefdruckgebiet. **6)** Physik: Senkung nicht netzender Flüssigkeiten in Haarröhrchen. **de|pressịv,** niedergeschlagen, gedrückt: *sie ist d. gestimmt.* **de|primịeren,** *es* deprimiert (hat deprimiert) *ihn, mich,* drückt seelisch nieder, entmutigt: *ich bin deprimiert; ein deprimierender Anblick.*

De|privatiọn [vgl. de. . . und lat. privare ›berauben‹] *die, -/-en,* **1)** Psychologie: Mangel oder Entzug von Zuwendung und Liebe. **2)** Absetzung eines kath. Geistlichen.

Deputạt [lat. deputare ›zuteilen‹] *das, -(e)s/-e,* **1)** Naturallohn: *Deputatlohn.* **2)** zukommender Anteil, gewohntes Maß. **Deputatiọn** *die, -/-en,* Abordnung. **deputịeren,** *ich* deputiere (habe deputiert) *ihn zu etwas,* ordne ab. **Deputịerte** *der, die, -n/-n, ein -r, eine -.*

der, Übers. S 77, P 24.

derangịert [derãʒ'iːrt, frz. déranger], in Unordnung, verwirrt, zerzaust.

der|art, so; vgl. Art. **der|artig,** so beschaffen: *derartiges,* solches; aber: *etwas Derartiges.*

derb [ahd. derbi ›ungesäuert‹ (Brot), heutige Bedeutung nhd.], **1)** hart, kräftig: *derbe Schuhe.* **2)** ∪ grob, offen, ohne Rücksicht: *eine derbe Rüge.* **3)** unfein (Witz). **Dẹrbheit** *die, -/-en.* **Dẹrbholz** *das,* ✲ Baumstämme und dickere Äste.

Dẹrby [auch d'əːbi, von den 12. Grafen von Derby 1780 eingeführt] *das, -(s)/-s,* **1)** Pferderennen zur Zuchtprüfung. **2)** Wettkampf (im Fußball): *Lokalderby.*

der|ẹinst, späterhin, einst, Übers. P 24. **dẹrenthalben, dẹrentwegen, dẹrentwillen,** um derentwillen, wegen dieser. **dẹrer,** Übers. P 24. **dẹrgestalt,** so, derart. **der|gleichen,** Abk.: dgl., so beschaffen, von ähnlicher Art: *und d. (mehr),* Abk.: u. dgl. (m.).

dẹrig, *schweiz.:* solch einer.

Derivạt [lat. derivare ›ableiten‹] *das, -(e)s/-e,* **1)** etwas aus einem anderen Abgeleitetes. **2)** ⟲ Abkömmling. **3)** Ⓢ abgeleitetes Wort, z. B. ›Klugheit‹ von ›klug‹. **Derivatiọn** *die, -/-en,* Ⓢ Ableitung. **derivatịv. derivịeren,** *ich* deriviere (habe deriviert) *es.*

derjẹnige, Übers. P 24. **dẹrlei,** dergleichen.

Dẹrma [grch.] *das, -s/-ta,* $ Haut. **dẹrmal,** die Haut betreffend.

dermạl|einst, dereinst. **dẹrmalen,** ✍ jetzt. **dẹrmalig,** ✍ augenblicklich. **dẹrmaßen,** derart.

dermatịsch [grch. derma ›Haut‹], dermal. **Dermatịtis** *die, -/. . .tit'iden,* $ Hautentzündung. **Dermatọloge** [vgl. . . . loge] *der, -n/-n,* Hautarzt. **Dermatologịe** *die, -/-en,* Lehre von den Hautkrankheiten. **Dermato|plạstik,** **1)** $ Hautüberpflanzung, Hauttransplantation. **2)** Dermoplastik. **Dermo|plạstik** *die,* auch Dermatoplastik, das Ausstopfen von Tierbälgen; möglichst naturgetreue Nachbildung von Tieren.

Dernier cri [dɛrnje kr'iː, frz.] *der, - -/-s -s [-je kr'iː],* letzter Schrei, neueste Mode.

dẹro, ✍ deren: *Dero Gnaden.*

Derogatiọn [lat. derogare ›entziehen‹, ›teilweise abschaffen‹] *die, -/-en,* ↺ Beeinträchtigung; Aufhebung von Einzelbestimmungen eines Gesetzes. **derogạtiv, derogatọrisch. derogịeren,** *ich* derogiere (habe derogiert) *es.*

dersẹlbe, Übers. P 24. **derwẹil(en),** inzwischen.

Dẹrwisch [pers. ›Bettler‹] *der, -(e)s/-e,* islam. Bettelmönch: *Derwischtanz.*

dẹrzeit, jetzt; damals. **dẹrzeitig,** K.

des, Übers. S 77, P 24.

des *das, -/-,* ♪ Halbton unter d, Abb. N 9. **Des,** Zeichen für: Des-Dur.

---

des., Abk. für: designatus.

des. . . [lat. de], vor Wörtern mit Vokal: von . . . weg, ent. . . , ab. . . , un. . . : *desinfizieren; Desorganisation;* vgl. de. . . **des|armịeren** [frz. désarmer], *ich* desarmiere (habe desarmiert) *ihn,* ♋ und Fechtsport: entwaffne. **Des|armịerung** *die.*

Desạster [frz. désastre, ital. disastro, eigtl. ›Unstern‹] *das, -s/-,* ∪ Mißgeschick, Zusammenbruch.

des|avouịeren [de:zavu'iːrən, frz. désavouer], *ich* desavouiere (habe desavouiert), **1)** *es,* erkenne nicht an, stelle in Abrede. **2)** *ihn,* stelle in der Öffentlichkeit bloß. **Des|avouịerung** *die, -/-en.*

Dẹs-Dur *das,* ♪ Zeichen: Des, eine Tonart.

desensibilisịeren [vgl. de. . . und sensibel], *ich* desensibilisiere (habe desensibilisiert), **1)** *ihn,* $ setze eine Überempfindlichkeit künstlich herab. **2)** *es,* Photographie: setze die Lichtempfindlichkeit herab. **Desensibilisịerung** *die.*

Desertẹur [dezɛr'øːr, frz., lat. desertor] *der, -s/-e,* Fahnenflüchtiger. **desertịeren,** *ich* desertiere (bin desertiert). **Desertiọn** *die, -/-en,* Fahnenflucht.

desgl., Abk. für: **desglẹichen,** das gleiche, (eben)so. **dẹshalb,** aus diesem Grund: *es geschah nur d., weil . . .* **desiderạbel** [lat. desiderare ›wünschen‹], wünschenswert. **Desiderạt** *das, -(e)s/-e,* **Desiderạtum** *das, -s/. . .ta,* Forderung, bes. erwünschte Anschaffung für Büchereien. **Desidẹrius,** männl. Vorname.

Design [diz'ain, engl., aus lat. designare ›bezeichnen‹] *das, -s/-s,* Entwurf, Zeichnung, Muster. **Designatiọn** *die, -/-en,* Bestimmung, Bezeichnung; vorläufige Ernennung für ein Amt. **desi|gnạtus,** Abk.: des., im voraus ernannt. **Designer** [diz'ainə, engl.] *der, -s/-,* Formgestalter, Schöpfer von Industrie- und Gebrauchsformen: *Möbeldesigner.* **desi|gnịeren,** *ich* designiere (habe designiert) *ihn zu etwas,* bestimme, bezeichne; ernenne vorläufig für ein Amt.

Des|illusiọn [frz. désillusion, vgl. des. . . und Illusion] *die,* Ernüchterung, Enttäuschung. **des|illusionịeren,** *ich* desillusioniere (habe desillusioniert) *ihn: das hat mich desillusioniert.*

Des|infektiọn [vgl. des. . . und Infektion] *die,* auch Desinfizierung, Entseuchung, das Unschädlichmachen von Krankheitserregern: *Desinfektionsmittel; Krankenzimmerdesinfektion.* **Des|infẹktor** *der, -s/. . .t'oren,* Fachmann für Desinfektionen; Kammerjäger. **des|infizịeren,** *ich* desinfiziere (habe desinfiziert) *es,* entseuche, mache Krankheitserreger unschädlich. **Des|infizịerung** *die,* Desinfektion.

Des|informatiọn [vgl. des. . . und Information] *die,* Methode, durch falsche Information Spannungen zu erzeugen oder zu vertiefen.

Des|inte|gratiọn [vgl. des. . . und Integration] *die,* Auflösung, Zerteilung eines Ganzen, Zerspaltenheit.

Des|inter|ẹsse [vgl. des. . . und Interesse] *das, -s,* Mangel an Interesse. **des|interessịert** an ihm, daran, nicht interessiert, gleichgültig, unbeteiligt.

De|skriptiọn [lat. descriptio] *die, -/-en,* Beschreibung. **de|skriptịv,** beschreibend: *deskriptive Wissenschaften.* **De-skriptivịsmus** *der,* Ⓢ eine Methode, die das Sprachsystem exakt zu beschreiben sucht.

Des|odorans [vgl. des. . . und lat. odorare ›etwas riechen‹] *das, -/. . .r'anzi|en* oder *. . .r'antia,* **Des|odorant** *das, -s/-s* oder *-e,* Photographie, geruchhemmendes Mittel. **des|odorịeren, des|odorisịeren,** *ich* desodoriere, desodorisiere (habe desodoriert, desodorisiert) *es.* **Des|odorịerung, Des-odorisịerung** *die, -/-en.*

desolạt [lat. desolatus ›vereinsamt‹], trostlos: *das Grundstück befand sich in einem desolaten Zustand.*

Des|organisatiọn [vgl. des. . . und Organisation] *die,* Auflösung, Zerrüttung, Unordnung. **des|organisịeren,** *ich* desorganisiere (habe desorganisiert) *es: die ganze Sache war völlig desorganisiert.*

des|orientịert [vgl. des. . . und orientiert], nicht oder falsch orientiert. **Des|orientịertheit** *die, -.* **Des|orientịerung** *die,* $ Unfähigkeit, sich räumlich oder zeitlich zurechtzufinden.

Des|oxidatiọn [vgl. des. . . und Oxidation] *die,* ⟲ die Entfernung gebundenen Sauerstoffs. **Des|oxyribonucleịn-säure** *die,* Abk.: DNS, engl.: DNA, natürl. Kettenmolekül, bes. in Zellkernen, Träger der genet. Information.

Des|sozialisatiọn [vgl. de. . . und Sozialisation] *die,* Soziologie: Rückbildung oder Verlust sozialer Kontakte bei sozialer Isolation.

de|spektịerlich [lat. despectus], geringschätzig.

De|sperạdo [span. desesperado, zu lat. desperare ›verzweifeln‹] *der, -s/-s,* **1)** Mensch, der zu jeder Verzweiflungstat fähig ist. **2)** Bandit, Räuber. **de|sperat,** verzweifelt.

Despot [grch. despotes ›Herr‹, ›Herrscher‹] *der, -en/-en,* **1)** unumschränkter Gewaltherrscher. **2)** Ü herrischer Mensch. **Despotie** *die, -/. . . ′i|en.* **despotisch. Despotismus** *der, -,* Gewaltherrschaft (als System).

desselben, Genitiv von derselbe. **dessen,** ÜBERS. P 24, **1)** *die Hand d., der uns führt,* P. **2)** *ich sah meinen Freund und d. Sohn.* **3)** *er aber, in d. Plan es lag, . . . dessenthalben, dessentwegen, dessentwillen, um d.,* um seinetwillen, deswegen. **dessenungeachtet,** dennoch, trotzdem.

Dessert [des′ε:r, frz.] *das, -s/-s,* Nachspeise: *Dessertteller.* **Dessertwein** [des′ε:r-, frz.] *der,* Süßwein.

Dessin [des′ε̄, frz., zu lat. designare ›bezeichnen‹ *das, -s/-s,* **1)** Plan, Entwurf. **2)** Musterzeichnung. **Dessinateur** [-t′ø:r] *der, -s/-e,* Musterzeichner im Textilgewerbe. **dessinieren,** *ich* dessiniere (habe dessiniert) *es.*

Dessous [des′u:, frz. ›darunter‹] *das, -/- [-s′u:s], meist Pl.,* Damenunterwäsche.

Destillat [lat. destillare ›herabtropfen‹ *das, -(e)s/-e,* Produkt der Destillation: *Weindestillat.* **Destillateur** [-t′ø:r] *der, -s/-e,* Destillatbrenner. **Destillation** *die, -/-en,* 🜅 Trennung von Stoffen (durch Verdampfung und anschließende Kondensation). **destillieren,** *ich* destilliere (habe destilliert) *es: destilliertes Wasser; Destillierkolben.*

Destinatar, Destinatär [frz. destinataire, zu lat. destinare ›bestimmen‹ *der, -s/-e,* auf Seefrachtbriefen: Empfänger von Frachten. **Destination** *die, -/-en,* Bestimmung.

destituieren [lat. destituere ›verlassen‹, *ich* destituiere (habe destituiert) *ihn.* **Destitution** *die, -/-en,* Amtsenthebung.

desto [ahd. desdoh], zwischen Komparativen: um so: *je mehr, d. besser;* aber: *nichtsdestoweniger.*

de|struieren, *ich* destruiere (habe destruiert) *es.* **Destruktion** [lat. destructio] *die, -/-en,* Zerstörung: *Destruktionstrieb.* **de|struktiv,** zerstörend, zersetzend.

desultorisch [lat. desultorius], ohne Ausdauer, wankelmütig, unbeständig.

des|ungeachtet, dessenungeachtet. **deswegen,** deshalb.

de|szendent [lat. descendere ›absteigen‹], absteigend. **De|szendent** *der, -en/-en,* **1)** Abkömmling. **2)** ✷ Untergangspunkt eines Gestirns. **De|szendenz** *die, -/-en,* **1)** ohne *Pl.,* Abstammung: *Deszendenztheorie.* **2)** ohne *Pl.,* Verwandtschaft in absteigender Linie. **3)** ✷ Untergang eines Gestirns. **de|szendieren,** *es* deszendiere (hat deszendiert), steigt ab (Gestirn), sinkt ab (Wasser). **De|szension** *die, -/-en.*

Detachement [deta∫m′ã, frz. détacher ›lösen‹ *das, -s/-s,* ⚔ Bez. für eine kleinere Kampfgruppe. **Detacheur** [-∫′ø:r] *der, -s/-e,* **1)** eine Maschine der Müllerei. **2)** ein Fachberuf für chem. Fleckenfernung. **detachieren** [-∫-], *ich* detachiere (habe detachiert). **1)** *ihn,* befehle zu einer Sonderaufgabe. **2)** *es,* reinige von Flecken. **3)** *es,* bearbeite Mahlgut mit dem Detacheur.

Detail [det′aj, frz.] *das, -s/-s,* Einzelheit: *er hat es bis ins D. geschildert; Detailfragen; Detailhandel,* ⚙ Einzelhandel. **detaillieren** [detaj′i:rən], *ich* detailliere (habe detailliert) *es,* erörtere in allen Einzelheiten: *eine detaillierte Schilderung.*

Detektei, *die, -/-en,* Detektivbüro, Ermittlungsbüro. **Detektiv** [lat. detegere ›aufdecken‹] *der, -s/-e,* Kriminalbeamter, Geheimpolizist; jemand, der in privatem Auftrag Ermittlungen anstellt: *Privatdetektiv; Detektivgeschichte.* **Detektor** *der, -s/. . . t′oren,* **1)** Funktechnik: Demodulator im Rundfunkempfänger. **2)** Gerät (Sensor) zum Aufspüren z. B. radioaktiver Stoffe oder feindl. Raketen. **Detektorempfänger** *der,* ein röhrenloser Empfänger mit Kristalldetektor.

Détente [det′ãt, frz., vgl. de . . . und lat. tendere ›spannen‹ *die, -,* Entspannung, bes. politisch: *Détentepolitik.*

Detention [lat.] *die, -/-en,* 𝄍 tatsächliche Gewalt.

Detergens [lat. detergere ›abwischen‹ *das, -/. . . g′enti|en* oder *. . . g′enzi|en, meist Pl.,* in Wasch- und Spülmitteln enthaltene Stoffe, die die Oberflächenspannung des Wassers herabsetzen.

Deterioration [lat.deterior ›schlechter‹ *die, -/-en,* Verschlechterung. **Deterioration** *das, -s/. . . va,* Pejorativum. **deteriorieren,** *ich* deteriore (habe deterioriert) *es.*

Determinante [lat. determinare ›begrenzen‹ *die, -/-n,* **1)** etwas, was eine Entwicklung, einen Sachverhalt bestimmt. **2)** △ ein Hilfsmittel der Algebra. **3)** Biologie: ⚙ Erbanlage im Keimplasma. **Determination** *die, -/-en.* **determinativ,** näher bestimmend. **Determinativ** *das, -s/-e,* **1)** ein sinndeuten-

des Zeichen, z. B. in der ägypt. Schrift. **2)** Ⓢ Wurzelerweiterung eines indogerman. Wortes um einen Laut ohne erkennbare Funktion. **determinieren,** *ich* determiniere (habe determiniert) *es,* bestimme; entscheide. **Determinierung** *die, -/-en.*

Determinismus *der, -,* Lehre von der Unfreiheit des Willens. **deterministisch.**

detestabel [lat. destabilis], ⚙ verabscheuenswert, abscheulich. **detestieren,** *ich* detestiere (habe detestiert) *es.*

Detlef, Detlev [ahd. diot ›Volk‹ und leib ›überlebend‹, ›Sohn‹], männl. Vorname.

Detonation [lat. detonare ›losdonnern‹ *die, -/-en,* chemische oder nukleare Reaktion von zerstörender Gewalt, scharfer Knall. **detonieren,** *ich* detoniere (habe detoniert), **1)** ♪ ziehe den Ton hinunter oder hinauf. **2)** *es* detoniert (ist detoniert), gibt eine Detonation.

De|triment [lat. detrimentum, eigtl. ›das Abgeriebene‹] *das, -(e)s/-e,* Schaden, Verlust. **De|tritus** *der, -,* **1)** Lockermaterial, durch Zerfall von Gesteinen und Organismen-Hartteilen entstanden. **2)** Schweb- und Sinkstoffe in Gewässern. **3)** ⚕ Überreste zerfallener Gewebs- und Zellteile.

detto, österr., bair.: dito.

Detumeszenz [lat. detumescere ›zu schwellen aufhören‹ *die, -,* ⚕ das Abschwellen, z. B. einer Geschwulst.

detur [lat.], Abk.: d, auf ärztl. Rezepten: man gebe.

deucht, ⚙ von dünken.

Deukalionisch [nach Deukalion, dem Stammvater der Hellenen im griech. Mythos], *Deukalionische Flut,* Sintflut.

Deus ex machina [-x-, lat. ›Gott aus der Maschine‹ (im antiken Schauspiel)] *der, - - -,* Ü unverhoffter Helfer.

Deut [niederl.] *der,* **1)** *-(e)s/-e,* früher eine kleine Münze. **2)** Ü Kleinigkeit: *dafür gebe ich keinen, nicht einen D.,* nicht das geringste.

deut. . ., deuter. . ., vgl. deuten.

deutbar. Deutelei *die, -/-en.* **deuteln,** *ich* deut(e)le (habe gedeutelt) *daran,* versuche allerhand Deutungen, lege es kleinlich aus: *an meiner Entscheidung gibt es nichts zu deuteln.* **deuten** [ahd. diuten], *ich* deute (habe gedeutet), **1)** *es,* erkläre, suche Sinn herauszuholen: *ich d. es als ein gutes Zeichen.* **2)** *auf etwas,* zeige darauf. **3)** *es* deutet daraus, Ü läßt sich daraus erkennen: *alles deutet auf einen Regierungswechsel.* **Deuter** *der, -s/-:* Sterndeuter.

Deuterium *das, -s,* 🜅 Zeichen: D oder ^{2}H, schwerer Wasserstoff. **deutero. . .** [grch. deuteros ›der zweite‹], auch *deuto. . .,* vor Vokalen auch *deuten. . ., zweit . . ., deuten . . .* **Deuteron** *das, -s/. . . r′onen,* Atomkern des Deuteriums. **Deuteronomium** [›zweites Gesetz‹, zu nomos ›Gesetz‹] *das, -s,* das fünfte Buch Mose.

. . . deutig, zweideutig. **deutlich** [mhd. diutecliche(n)], **1)** klar und sicher zu erkennen: *sprich d.!;* auch *deutlichste.* **2)** grob, rücksichtslos offen: *eine deutliche Absage; ich mußte d. werden,* grob meine Meinung sagen. **Deutlichkeit** *die, -/-en.* **deutlichkeitshalber.**

deuto. . ., deutero. . .

deutsch [ahd. diutisc, zu diot ›Volk‹, eigtl. ›zum Volk gehörig‹], Abk.: dt., auf Deutschland und die Deutschen bezüglich, **1)** Kleinschreibung: *die deutsche Bundesrepublik* (kein Titel); *die deutsche Sprache,* ÜBERS. D 6; *er denkt, fühlt d.; wir unterhalten uns d. oder englisch;* vgl. aber: *Deutsch; auf gut d.* Ü verständlich; *man muß d. mit ihm reden,* Ü sehr deutlich werden. **2)** Großschreibung (in Titeln, Namen): *Deutsche Bundesbahn,* Abk.: DB; *Deutsches Bundespatent,* Abk.: DBP; *Deutsche Bundespost,* Abk.: DBP; *Deutsche Mark,* Abk.: DM; *Deutsche Presse-Agentur,* Abk.: dpa; *Deutsche Reichsbahn,* Abk.: DR; *Deutsche Schlafwagen- und Speisewagen GmbH.,* Abk.: DSG; *Deutscher Sportbund,* Abk.: DSB; *Deutscher Turnerbund,* Abk.: DTB; *Deutsches Rotes Kreuz,* Abk.: DRK; *der Deutsche Bund; das Deutsche Reich; Deutsche Demokratische Republik,* Abk.: DDR. **Deutsch** *das, -(s), dem -,* die deutsche Sprache, wenn sie näher bestimmt ist: *er kann, lernt, spricht, versteht (gut, schlecht, kein, nicht) D.; ein Lehrstuhl für D.; D. als Unterrichtsfach; er erteilt, gibt, unterrichtet D.; D. als Fremdsprache; Deutschlehrer; im heutigen D.; das Buch erscheint jetzt auch in D.* **deutschamerikanisch,** auf die Amerikaner deutscher Abstammung bezüglich. **deutsch-amerikanisch,** Deutschland und Amerika betreffend. **deutsch-deutsch,** die Bundesrep. Dtl. und die Dt. Dem. Rep. betreffend: *die deutsch-deutschen Handelsbeziehungen.* **Deutsche** *das,* **1)** -n, dem -n, die deutsche Sprache überhaupt; vgl. ÜBERS. A 26, B 26, D 6, M 24, W 15: *ins D. übersetzt; das Hauptwort*

Deutsche Sprache

I. Gliederung der germanischen Sprachen

Nordsee-Germ.	Weser-Rhein-Germ.	Elb-Germ.	Ost-Germ.	Nord-Germ.
Stämme: Sachsen, Chauken, Friesen	*Stämme: Franken, Hessen*	*Stämme: Lango-barden, Semnonen, Hermanduren, Marko-mannen, Quaden, Alemannen*	*Stämme: Goten, Wandalen, Burgunder*	*Stämme: Nord-germ. in Nord-jütland, Süd-skandinavien, später auch Island*

Angelsächsisch	Friesisch	Sächsisch	Fränkisch, Hessisch	Alemannisch, Bairisch	Ostgermanisch	Nordgermanisch
Englisch	Friesisch		Niederländisch, Deutsch, Jiddisch		[ausgestorben]	Schwedisch, Dänisch, Norwegisch, Isländisch, Färöisch

II. Stammbaum der deutschen und niederländischen Sprache

Altniederfränkisch	Altsächsisch		Althochdeutsch	
	(Mundarten noch weit-gehend unbekannt)	Mittelfränkisch, Rheinfränkisch	Südrheinfränkisch, Ost-fränkisch, Alemannisch, Bairisch, Langobardisch	

Mittelniederländisch	Mittelniederdeutsch		Mittelhochdeutsch	
Flämisch, Brabantisch, Limburgisch, Hollän-disch, Utrechtisch	Nordsächsisch, Westfä-lisch, Ostfälisch, Elbost-fälisch, Ostniederdeutsch	Mittelfränkisch, Rheinfränkisch, Thüringisch, Obersächsisch, Schlesisch	Südrheinfränkisch, Ost-fränkisch, Alemannisch, Bairisch	

	Niederdeutsch (Mundarten)	Mitteldeutsch		Oberdeutsch

Neuniederländisch		Neuhochdeutsch	
auf holländischer Grund-lage (Standardsprache: die nie-derländische Hochsprache)		auf hochdeutscher Grundlage	

im Deutschen. **2)** der, die, -n/-n, ein -r, eine -, dem Deutsch-tum (nach Abstammung, Muttersprache) Zugehörige(r): *alle Deutschen;* wir *Deutsche,* älter: *wir Deutsche.* **Deutsch-kunde** die, -, Unterricht über deutsche Sprache und Kultur. **deutschkundlich,** *deutschkundlicher Unterricht.* **Deutschland,** das Land der Deutschen; an Kraftwagen Abk.: D (für die Bundesrep. Dtl.). **Deutschlandlied** das, -(e)s, die deutsche Nationalhymne. **deutschschweizerisch,** auf die deutschsprechende Schweiz bezüglich. **deutsch-schweize-risch,** Deutschland und die Schweiz betreffend. **deutsch-sprachig,** deutsch sprechend, deutsch geschrieben: *die deutschsprachige Bevölkerung.* **Deutschtum** das, -s, deutsche Eigenart. **Deutschtümelei** die, -, übertriebene Betonung des Deutschtums. **Deutschunterricht** der, Unterricht in deut-scher Sprache und Literatur.

Deutung [mhd. diutunge] die, -/-en, Auslegung, Erklärung: *Schriftdeutung; Deutungsversuche.*

Deux-pièces [døpj'es, frz., zu deux ›zwei‹ und pièces ›Stücke‹] das, -/-, zweiteiliges Damenkleid, Kleid mit Jacke.

Devalvation [frz. dévaluation, vgl. de . . . und lat. valere ›wert sein‹] die, -/-en, Abwertung einer Währung. **devalvatio-nistisch.** **devalvatorisch.** **devalvieren,** *ich* devalviere (habe devalviert) *eine Währung.*

Devastation [lat. devastare ›gänzlich verwüsten‹] die, -/-en, Verwüstung, Verheerung. **devastieren,** *ich* devastiere (habe devastiert) *es.*

Deverbativ [lat., vgl. de . . . und Verb] das, -s/-e, **Deverbati-vum** das, -s/ . . . va, Ⓢ die (verbale) Ableitung von einem Verbalstamm.

Deviation [mlat. deviare ›abweichen‹, zu lat. via ›Weg‹] die, -/-en, **1)** Abweichung (von der Normalrichtung, vom einge-barten Weg). **2)** ⇲ Ablenkung der Kompaßnadel durch Eisenteile des Schiffes. **devi̱ieren,** *es* deviiert (hat deviiert).

Devise [mlat. devisa ›Abzeichen‹] die, -/-n, **1)** Wahlspruch. **2)** *meist Pl.,* Zahlungsmittel in ausländischer Währung: *Devisenmarkt.* **Devisenkurs** der, Wechselkurs, Verhältnis zweier Währungen beim Umtausch.

Devolution [lat. devolvere ›herabwälzen‹] die, -/-en, ♌ Übergang eines Rechtes oder Besitzes auf einen anderen kraft Gesetzes. **devolvieren,** *ich* devolviere (habe devol-viert), **1)** ♌ gehe an die höhere Instanz. **2)** *es,* wälze ab.

Devon [nach der engl. Grafschaft Devon] das, -(s), ⊕ eine geolog. Formation des Paläozoikums. **devonisch.**

devot [lat. devotus], **1)** unterwürfig. **2)** ✛ gottergeben. **Devotion** die, -. **Devotionali̱en,** *Pl.,* Gegenstände, die zur Andacht anregen sollen (Rosenkränze, Bilder).

dewäg, *schweiz.:* so, auf diese Art.

dexio̱graphisch [grch. dexios ›rechts‹ und vgl. . . . graph], rechtsläufig (Schriftrichtung).

Dextrin [lat. dexter ›rechts‹] das, -s/-e, Sammelbez. für höhermolekulare Kohlenwasserstoffe. **Dextrose** die, -/-n, Traubenzucker.

Dez [de:ts, niederdt., frz. tête, zu lat. testa ›Schale‹] der, -es/-e, ∪ Kopf.

Dez., Abk. für: Dezember. **Dezem** [lat. decem ›zehn‹] der, -s/-s, Zehnt. **Dezember** [im alten röm. Kalender der zehnte Monat] der, -(s)/-, Abk.: Dez., der zwölfte Monat des Jahres, ÜBERS. J 2; vgl. August. **Dezemvir** der, -n oder -s/-n, Mitglied des Dezemvirats. **Dezemvirat** das, -(e)s/-e, im altröm. Staat eine Behörde von zehn Männern. **Dezennium** das, -s/ . . . ni̱en, Jahrzehnt.

dezent [lat. decens], **1)** unaufdringlich: *dezente Musik; dezente Farben.* **2)** taktvoll, feinfühlig: *dezente Kritik.*

dezentral, *dezentrale Lage, Versorgung.* **Dezentralisa-tion** [vgl. de . . .] die, -/-en, **1)** Aufgliederung. **2)** Übertragung staatl. Aufgaben auf Organe der Selbstverwaltung, bes. auf Gemeinden. **dezentralisieren,** *ich* dezentralisiere (habe dezentralisiert) **Dezentralisierung** die, -/-en.

Dezenz [lat.] die, -, dezente Beschaffenheit.

Dezernat [lat. decernere ›entscheiden‹] das, -(e)s/-e, Ar-beitsgebiet, Amtsbereich (bei Behörden, Verwaltungen). **Dezernent** der, -en/-en, Sachbearbeiter, Leiter eines Dezer-nats; Berichterstatter für eine Behörde.

Dezi . . . [lat. decem ›zehn‹, Zeichen: d, vor Maßeinheiten:

ein Zehntel..., ÜBERS. M 8: **Dezibel,** Zeichen: dB; *Dezigramm,* Zeichen: dg; *Deziliter,* Zeichen: dl; *Dezimeter,* Zeichen: dm.

dezidiert [vgl. Dezernat], entschieden; entschlossen.

dezimal [zu lat. decimus ›der zehnte‹], auf das Dezimalsystem bezogen. **Dezimalbruch** *der,* ÜBERS. R 11, Z 1. **Dezimale** *die, -(n)/-n,* bei Dezimalbrüchen: Zahl rechts vom Komma (Zehntel, Hundertstel usw.). **Dezimalklassifikation** *die,* Abk.: DK, ein Ordnungssystem für das menschl. Gesamtwissen (in Bibliotheken, in der Dokumentation). **Dezimalsystem** *das,* dekadisches System, auf der Zahl 10 beruhendes Zahlensystem. **Dezimalwaage** *die,* Waage, bei der das Verhältnis der Last zu den aufgelegten Gewichten 10:1 beträgt. **Dezime** *die, -/-n,* 1) ♪ die zehnte Stufe der diaton. Tonleiter, ABB. N 9. 2) zehnteilige Strophenform. **dezimieren,** *ich* dezimiere (habe dezimiert) *es,* Ü vermindere, bringe ihm starke Verluste bei (eigtl.: lasse jeden zehnten Mann töten). **Dezimierung** *die, -/-en.*

Dezision [lat. decisio] *die, -/-en,* 1) Bescheid, Entscheidung: *Dezisionismus,* eine philosoph. Lehre. 2) Bestimmtheit, Nachdruck. **dezisiv.**

dg, Zeichen für: Dezigramm.

D. G., Abk. für: Dei gratia.

DGB, Abk. für: Deutscher Gewerkschaftsbund.

dgl., Abk. für: dergleichen.

d. Gr., Abk. für: der Große (bei Eigennamen).

d. h., Abk. für: das heißt.

d. i., Abk. für: das ist.

di..., 1) [grch. dis ›zweimal‹, zu dyo ›zwei‹], doppel...: *Dichlorid,* ⚗ Metallverbindung mit zwei Chloratomen. 2) vor Vokalen für dia... 3) seltener für dis...

dia... [grch.], vor Vokalen di..., durch..., ent..., über...

Dia *das, -s/-s,* Kurzw. für: Diapositiv.

Diabas [grch. diabasis ›Übergang‹] *der, -es/-e,* schwarzes bis dunkelgrünes altes Ergußgestein.

Diabetes [grch.] *der, -,* ⚕ Harnruhr, bes. Zuckerkrankheit: *Diabetes mellitus.* **Diabetiker** *der, -s/-,* Zuckerkranker. **diabetisch.**

diabolisch [grch. diabolos ›verleumderisch‹; ›Teufel‹], teuflisch. **Diabolo** *das, -s/-,* ein Fangspiel, ABB. S 53.

Diachronie [-kr-, vgl. dia... und grch. chronos ›Zeit‹] *die, -,* Ⓢ die historische Sprachbetrachtung.

Diadem [grch. diadema ›Stirnbinde‹] *das, -s/-e,* Stirn- oder Kopfschmuck, ABB. S 30.

Diadoche [grch. diadochos ›Nachfolger‹, ›Erbe‹] *der, -n/-n,* Nachfolger (Alexanders d. Gr.): *Diadochenkämpfe.*

diaglyphisch [grch. diaglaphein ›aushöhlen‹], vertieft gestochen, gemeißelt.

Diagnose [grch. diagignoskein ›genau erkennen‹, ›entscheiden‹] *die, -/-n,* Erkennung (von Krankheiten u. a.) nach Merkmalen: *Diagnoseklinik; Fehldiagnose.* **Diagnostik** *die, -,* Lehre von der Diagnose und ihre Anwendung. **Diagnostiker** *der,* jemand, der eine Diagnose stellt: *dieser Arzt ist ein guter D.* **diagnostisch. diagnostizieren,** *ich* diagnostiziere (habe diagnostiziert) *es.*

diagonal [vgl. dia... und grch. gonia ›Winkel‹], schräglaufend: *die Streifen verlaufen d.; diagonales Lesen,* Ü Lesen unter Weglassen von Einzelheiten, um sich schnell zu informieren. **Diagonal** *der, -(s)/-s,* dichtes Gewebe mit schräg ansteigender Bindung. **Diagonale** *die, -/-n,* △ Verbindungsgerade zwischen zwei nicht benachbarten Ecken, ABB. V 6.

Diagramm [grch. diagramma] *das, -s/-e,* 1) Kurvendarstellung von Zahlenwerten, Schaubild, ABB. D 7. 2) schemat. Grundriß einer Blüte: *Blütendiagramm,* ABB. B 38. **Diagraph** [vgl...graph] *der, -en/-en,* Perigraph, Gerät zum Aufzeichnen von Umrißkurven.

Diakon [mhd. diaken, zu grch. diakonos ›Diener‹] *der, -s/-e* oder *-en/-en,* 1) kath. Kirche: Geistlicher auf der Vorstufe zur Priesterweihe; auch ein selbständiger Weihegrad. 2) evang. Kirche: Beauftragter für die kirchl. Fürsorge. **Diakonat** *das, -(e)s/-e,* Amt oder Wohnung eines Diakons. **Diakonie** *die, -,* in der evang. Kirche der Dienst in der Gemeindearbeit. **diakonisch. Diakonisse** *die, -/-n,* **Diakonissin** *die, -/-nen,* Schwester im Dienst der Sozialarbeit der evang. Kirche, ABB. A 13: *Diakonissenhaus.*

dia|kritisch [grch. diakritikos], unterscheidend, der Unterscheidung dienend: *diakritisches Zeichen,* Unterscheidungszeichen für die Aussprache eines Buchstabens, z. B. Striche, Punkte bei Umlauten (ä, ö, ü).

Dialekt [grch. dialektos ›Unterredung‹, ›Redeweise‹, ›Mundart‹] *der, -(e)s/-e,* Mundart, ÜBERS. M 24. **dialektal. Dialektik** *die, -,* 1) Kunst des Argumentierens (nach den Sophisten); Ü Spitzfindigkeit. 2) Weg des Denkens nach dem Dreischritt von These, Antithese und Synthese (nach Hegel). 3) die Entwicklung der Wirklichkeit in realen Gegensätzen (nach K. Marx). **dialektisch,** *er* denkt d. **Dialektologie** [vgl. ...logie] *die, -/...g'i|en,* Mundartforschung.

Dialog [grch. dialogos] *der, -(e)s/-e,* Zwiegespräch, Unterredung zwischen zwei oder mehreren Personen: *der europäisch-arabische D.* **dialogisch. dialogisieren,** *ich* dialogisiere (habe dialogisiert) *es,* verarbeite zu einem Dialog.

Dialysator *der, -s/...t'oren,* ⚗ Gerät zur Durchführung von Dialysen. **Dialyse** [grch. dialysis ›Auflösung‹] *die, -/-n,* Trennung von Stoffen aus Lösungen; ⚕ kurz für: Hämodialyse. **dialysieren,** *ich* dialysiere (habe dialysiert) *es.* **dialytisch,** 1) durch Dialyse. 2) auflösend, zerstörend.

diama|gnetisch. Diama|gnetismus [vgl. dia... und Magnetismus] *der,* die Stoffeigenschaft, die in einem äußeren Magnetfeld ein entgegengesetztes magnet. Feld bildet.

Diamant [mhd. diamant, zu grch. adamas, Gen. adamantos ›Stahl‹, eigtl. ›Unbezwingliches‹], 1) *der, -en/-en,* wertvoller Edelstein; Sinnbild für Härte und hohen Wert: *Rohdiamant; Diamantschleifer; schwarze Diamanten,* Ü Steinkohlen. 2) *die, -,* ✎ ein Schriftgrad. **diamanten,** *die diamantene Hochzeit,* der 60. Hochzeitstag.

DIAMAT *der, -(e)s,* Kurzw. für: dialektischer Materialismus.

Diameter *der, -s/-,* Durchmesser, ABB. K 43. **diametral,** gegenüberliegend, entgegengesetzt: *d. entgegengesetzt,* völlig gegensätzlich. **diame|trisch.**

Diana, 1) römische Göttin der Jagd. 2) weibl. Vorname. **Diane,** weibl. Vorname.

Dianoetik [vgl. dia... und Noetik] *die, -,* Lehre vom Denken.

Diapause [grch. diapausis ›das Dazwischen-Pause-Machen‹] *die,* 🐾 Entwicklungsruhe.

diaphan [grch. diaphanes], durchscheinend.

Diaphora [grch. ›Verschiedenheit‹] *die, -,* Rhetorik: Betonung des Unterschieds. **Diaphorese** *die, -/-n,* ⚕ das Schwitzen. **diaphoretisch,** *diaphoretische Mittel,* ⚕ schweißtreibende.

Dia|phragma [grch.] *das, -s/...men,* 1) Scheidewand, z. B. zwischen Körperhöhlen. 2) ⚕ Zwerchfell. 3) ⚗ poröse Wand zwischen Elektrolyten.

Diapositiv [zu grch. diaphainesthai ›hindurchschimmern‹ und Positiv] *das, -s/-e,* Kurzw.: Dia, durchsichtiges photograph. Bild (zur Projektion). **Diaprojektor** *der,* Projektor.

Europa (ohne BRD) 9,4 — Sowjetunion 15,0 — in Mill.t — 2,7 BRD — 0,7 Asien — 2,0 — 1,5 — Verein. Staaten und Kanada — Sonstige — die Welternte an Roggen 1970 — das statistische Diagramm

Diagramm

die Seitenstellschraube — die Höhenstellschraube — die Klemmschraube — die Diopterscheibe — die Durchsicht

Diopter

der Holzring — der Eisenkern — der Eisenring

Diskus

Di|ärese [grch. diairesis] *die, -/-n,* **1)** Trennung, Aufteilung. **2)** getrennte Aussprache zweier nebeneinanderstehender Vokale, oft durch Trema bezeichnet, z. B. Sinaï.

Diarium [lat., zu dies ›Tag‹] *das, -s/. . .ri|en,* Notizbuch, Tagebuch.

Diar|rhö(e) [-r'ø:, grch. diarrhoia, eigtl. ›Durchfluß‹] *die, -/. . .rh'ö|en,* Durchfall. **diar|rhöisch.**

Dia|skop [vgl. dia . . . und . . . skop] *das, -s/-e,* Projektor.

Dia|spora [grch. ›Zerstreuung‹] *die, -,* **1)** in andersgläubigem Gebiet zerstreut lebende Gemeinde. **2)** Gebiet, das diese Minderheit bewohnt.

Diastase [grch. diastasis ›Spaltung‹, ›Trennung‹] *die, -/-n,* **1)** Trennung; Lücke. **2)** ∞ für: Amylase.

Diastole [auch -'o-, grch. ›Ausdehnung‹] *die, -/. . .st'olen,* rhythm. Erweiterung der Herzkammer; Gegensatz: Systole. **diastolisch,** *diastolischer Blutdruck.*

diät, *ich lebe, esse d.* **Diät** [grch. diaita ›Lebensweise‹] *die, -,* Ernährung, um Heilwirkung zu erreichen; Schonkost: *eine kochsalzarme D.; Diätkur; Diätassistentin.*

Diäten [zu lat. dies ›Tag‹], *Pl.,* Tagegelder (für Abgeordnete), Aufwandsentschädigung.

Diätetik [vgl. Diät] *die, -/-en,* Ernährungslehre, Ernährungstherapie. **diätetisch.**

Diathek [vgl. Dia und Theke] *die, -/-en,* Sammlung von Diapositiven.

diatherman [vgl. dia . . . und grch. therme ›Wärme‹], wärmedurchlässig. **Diathermie** *die, -,* Wärmebehandlung mit hochfrequentem Wechselstrom.

Diathese [grch. diathesis ›Zustand‹] *die, -/-n,* ⚕ besondere Empfänglichkeit für eine Krankheit.

Diatomee [grch. diatome ›das Durchschneiden‹, weil der Kieselpanzer zwei Teile hat] *die, -/. . .m'e|en,* Kieselalge: *Diatomeenschlamm.*

Diatonik [vgl. dia . . . und grch. tonos ›Ton‹] *die, -,* ♪ Tonordnung aus den Ganz- und Halbtönen der siebenstufigen Dur- oder Molltonleiter. **diatonisch.**

Dia|tribe [grch. ›das Zerreiben‹, ›Verweilen‹] *die, -/-n,* **1)** gelehrte Abhandlung. **2)** Streitschrift, Schmähschrift.

Di|azoniumverbindungen [vgl. di . . . und Azot], *Pl.,* salzartige organ. Verbindungen.

Dibbelmaschine *die, -,* eine Sämaschine. **dibbeln** [engl. to dibble ›junge Pflanzen setzen‹], *ich dibb(e)le (habe gedibbelt) es,* säe in regelmäßigen Abständen.

dibbern [jidd. ›reden‹], *ich dibb(e)re (habe gedibbert),* ∪ rede leise und eindringlich.

dich, Akkusativ von *du,* ÜBERS. P 24.

Dichotomie [grch. dichotomia] *die, -/. . .m'i|en,* Zweiteilung. **dichotom(isch).**

Di|chroismus [-kr-, vgl. di . . ., grch. chroa ›Haut‹, ›Hautfarbe‹, ›Farbe‹ und vgl. . . .ismus] *der, -,* Zweifarbigkeit, Farbwechsel bei einigen Kristalle je nach der Blickrichtung. **di|chroitisch. Di|chromasie** *die, -/. . .s'i|en,* eine Farbenfehlsichtigkeit. **Di|chromat** *das, -s/-e,* giftiges Salz der Dichromsäure. **di|chromatisch,** zweifarbig. **Di|chro|skop** *das, -s/-e,* Gerät zur Prüfung auf Dichroismus. **di|chro|skopisch.**

dicht [mhd. dihte], **1)** dichtgefügt mit kleinen Zwischenräumen, ABB. E 2: *das Tier ist d. behaart,* aber: *das dichtbehaarte Fell; das Land ist d. bevölkert,* aber: *das dichtbevölkerte Land.* **2)** ganz nahe: *an Zaun; ich stand d. dabei.* **3)** undurchlässig: *der Stoff ist d.; dichter Nebel;* vgl. dichthalten, dichtmachen. **Dichte** *die, -,* **1)** Physik: die Masse eines Stoffes in der Raumeinheit: *bei +4 °C hat Wasser seine größte D.* **2)** Dichtheit, Verteilung auf einen bestimmten Raum: *Verkehrsdichte.* **dichten,** *ich dichte (habe dichtet) es,* mache dicht, undurchlässig.

dichten [ahd. tihton ›ersinnen‹, ›diktieren‹, *ich* dichte (habe gedichtet) *es,* **1)** erdenke, verfasse in sprachl. Werk, bes. in Versen: *Dichtkunst.* **2)** ∪ schwindle, erträume: *du dichtest wohl?* **Dichter** *der, -s/-,* **Dichterin** *die, -/-nen,* Verfasser(in) von Versen oder anderen Wortkunstwerken, Schriftsteller: *Dichterkreis.* **dichterisch, 1)** die Dichtung betreffend: *dichterische Freiheiten,* Abweichungen der Dichtersprache von der Norm oder Umgestaltung von Tatsachen in Dichtwerken. **2)** in formvollendeter Sprache: *dichterische Worte.* **3)** ∪ dichtend, phantasievoll begeisternd: *dichterische Gedanken.* **Dichterling,** *der, -s/-e,* ∪ schlechter Dichter, Versemacher.

dichthalten, *ich halte dicht (habe dichtgehalten),* ∪ bin verschwiegen; aber: *das Faß wird hoffentlich dicht halten.* **Dichtheit, Dichtigkeit** *die, -.* **dichtmachen,** *ich mache es dicht (habe dichtgemacht),* ∪ schließe: *wenn kein*

---

neuer Auftrag eingeht, müssen wir den Betrieb dichtmachen; aber: *ich will die Fenster dicht machen,* abdichten. **Dichtung** *die, -/-en,* ⚙ Vorrichtung, die den Austritt von Gasen, Dämpfen und Flüssigkeiten verhindert: *Dichtungsring.*

Dichtung *die, -/-en,* Dichtwerk, die einzelne Schöpfung der Dichtkunst: *dramatische, epische, lyrische D.*

dick [ahd. thick], **1)** eine große Masse bietend, ABB. E 2: *eine dicke Schicht Schnee; ein dicker Mensch; eine dicke Backe,* ∪ geschwollene Backe; Sinnbild für lastende Mengen, Prahlereien und Unempfindlichkeit: *dickes Geld,* ∪ Reichtum; *die haben es d.,* ∪ sind reich; *red keine dicken Töne!; er hat ein dickes Fell,* Ü ist nicht empfindlich; *ein dicker Hund,* ∪ ein grober Fehler. **2)** stark, von bestimmter Dicke: *ein 2 cm dickes Brett.* **3)** dicht: *im dicksten Forst; dicke voll,* ∪ ganz voll. **4)** dickflüssig: *ein dicker Brei.* **5)** Ü überdrüssig: *ich habe es d., kriege es d.,* ∪ habe es satt, will nicht mehr. **6)** ⚵ trächtig. **7)** ∪ eng, innig: *eine dicke Freundschaft.* **8)** ∪ unheilvoll: *das dicke Ende kommt nach,* ∪ das Unangenehme stellt sich später heraus; *durch d. und dünn,* ∪ durch alle Schwierigkeiten.

Dick [engl., von Richard], männl. Vorname.

Dickdarm *der,* ABB. M 12. **Dicke** [ahd. dicchi] *die, -/-n,* **1)** ohne *Pl.,* das Dicksein. **2)** Ausdehnung von einer Seite zur anderen, z. B. bei Mauern: *Dickenmesser.* **3)** ☺ Modell einer Lehmform. **4)** die, *-n/-n, ein - , eine -,* dicker Mensch.

Dickerchen *das, -s/-,* Diminutiv von Dicker; Kosewort. **dick(e)tun,** *er tut sich dick(e) (tut sich dick[e], hat sich dick[e]getan),* ∪ prahlt, macht sich wichtig. **dickfellig, 1)** mit dickem Fell. **2)** Ü wenig empfindlich, z. B. gegen Vorwürfe. **Dickfelligkeit** *die, -.* **Dickhäuter** *der, -s/-,* ⚘ Sammelwort für Schweine, Flußpferde, Nashörner, Tapire, Elefanten. **2)** Ü gefühlloser Mensch. **Dickicht** *das, -s/-e,* dichter Wald oder Busch, ABB. F 33. **Dickkopf** *der,* **1)** Ü Trotzkopf; Eigensinn. **2)** der Fisch Döbel. **dickköpfig,** Ü trotzig, eigensinnig. **Dickköpfigkeit** *die, -,* Ü. **dicklich,** zu Dicke neigend. **Dickmilch** *die,* saure Milch. **Dickte** *die, -/-n,* **1)** Dicke (Ausdehnung). **2)** Breite einer Letter, ABB. L 9. **Dicktuer** *der, -s/-,* ∪ Prahler. **Dicktuerei** *die, -,* ∪ Prahlerei. **dicktuerisch. dicktun,** dicketun. **Dickung** *die, -/-en,* ⚘ Altersklasse des Waldbestandes. **Dickwurz** *die,* Runkelrübe.

Didaktik [grch. didaktike techne ›Lehrkunst‹] *die, -,* Unterrichtslehre; Theorie der Bildungsinhalte. **didaktisch,** die Didaktik betreffend; belehrend, lehrhaft.

dideldum!, dideldumdei! [Schallw.], ∞ lustiger Ausruf. **die,** ÜBERS. P 24, S 21.

Dieb [ahd. thiob] *der, -(e)s/-e,* jemand, der Diebstahl begeht: *Gelegenheitsdieb; Diebesbeute; Diebesgut.* **Dieberei** *die, -/-en,* Diebstahl. **diebessicher,** einbruchssicher. **diebisch, 1)** unehrlich, zum Stehlen neigend: *die diebische Elster;* **2)** Ü sehr, mit Schadenfreude: *ich freue mich d. über seinen Streich.* **Diebstahl** *der, -(e)s/²e,* das Stehlen, Wegnahme einer fremden Sache, um sie sich anzueignen: *Ladendiebstahl.*

diejenige, ÜBERS. P 24.

Diele [mhd. dil(e)] *die, -/-n,* **1)** Brett, bes. Fußbodenbrett, ABB. F 38: *Dielenbretter.* **2)** Flurzimmer, Vorraum, ABB. H 11. **3)** Gaststätten art: *Tanzdiele; Eisdiele.* **4)** oberdt.: Zimmerdecke und Raum unter dem Dach. **5)** norddt.: Fußboden.

Di|elek|trikum [vgl. dia . . . und elektrisch] *das, -s/. . .ka,* ein Stoff mit sehr geringer elektr. Leitfähigkeit. **di|elek|trisch.**

dielen [zu Diele], *ich diele (habe gedielt) es,* belege Fußboden mit Brettern.

Dieme *die, -/-n,* **Diemen** *der, -s/-,* norddt.: Feim.

dienen [ahd. thionon], *ich diene (habe gedient),* **1)** *ihm, bei ihm,* wirke für ihn als Helfer, Hausangestellte usw., helfe, bin für ihn da: *niemand kann zwei Herren dienen* (Sprichwort); *er hat sein Leben lang der Wissenschaft gedient.* **2)** bin Soldat: *ein gedienter Soldat, einen im Wehrdienst ausgebildeter.* **3)** *(ihm) mit etwas,* warte als Verkäufer auf, lege Ware vor: *damit können wir leider nicht dienen.* **4)** *es dient (ihm) als etwas, zu etwas,* ist für jemanden oder etwas da, wird benutzt: *es diente ihm nur als Vorwand; die medizinische Forschung dient der Allgemeinheit.*

Diener [mhd. dienære] *der, -s/-,* **1)** Hausangestellter: *Kammerdiener.* **2)** Angestellter an Instituten: *Museumsdiener.* **3)** Ü jemand, der sich unterordnend einer Sache widmet: *ein D. Gottes.* **4)** als Höflichkeitsbezeugung: *Ihr ergebenster D.,* ∞. **5)** Verbeugung: *der Junge machte einen D.* **6)** *der stumme D.,* Ü Anrichtetischchen; Kleiderständer. **dienerisch,** betont unterwürfig. **dienern,** *ich dien(e)re (habe gedienert),* **1)** mache Verbeugungen. **2)** Ü bin dienerisch. **Dienerschaft** *die, -/-en,* Gesamtheit der Dienstboten. **dienlich,** zuträglich, förderlich: *das ist der Sache nicht d.* **Dienst** *der, -(e)s/-e,* **1)** nutzbringende Leistung, Unterstützung, Gefälligkeit: *du leistest mir damit einen großen, einen schlechten D.* **2)** *ohne Pl.,* Ausübung der Amts-, Berufspflicht: *er hat D.; er ist im D.; außer D.,* Abk.: a. D.; *Wehrdienst; öffentlicher D.; D. nach Vorschrift; Dienstaufsichtsbeschwerde.* **3)** Gottesdienst, bes. Messe. **4)** ⊓⊓ lange dünne Säule der gotischen Pfeiler. **Dienst|abteil** *das,* Abteil für Eisenbahnbeamte. **Dienstag** [eigtl. Dingstag, mnd. dingesdach, Tag des röm. Kriegsgottes Mars, der als Thingbeschützer den Beinamen Mars ›Thingsus‹ hatte; zu lat. dies martis; daneben mnd. zistag, vgl. Zyschtig] *der,* der alttestamentar. dritte, nach DIN-Norm zweite Tag der Woche: *dienstags, regelmäßig am Dienstag; am D. abend,* an diesem bestimmten Dienstag; *am Dienstagabend,* an diesem oder an jedem Dienstag; *an jedem Dienstagabend* oder *D. abends* oder *dienstags abends,* an jedem Dienstag; *D. früh;* vgl. ÜBERS. J 2. **dienst|tägig,** am Dienstag stattfindend. **dienst|täglich,** jeden Dienstag stattfindend. **Dienst|alter** *das,* die im Beamten- oder Soldatenverhältnis verbrachte Zeit. **dienstbar,** zu Dienst verpflichtet; zu Diensten bereit. **Dienstbarkeit** *die, -/-en,* ℔ dingliches Nutzungsrecht. **dienstbeflissen,** (über)eifrig im Dienst. **Dienstbeflissenheit** *die, -.* **dienstbereit,** geneigt, Dienst zu leisten; geöffnet (Apotheke). **Dienstbeschädigung** *die,* im öffentl. oder im Wehrdienst eingetretene dauernde Gesundheitsschädigung. **Dienstbezüge,** *Pl.,* Gehalt der Beamten. **Dienstbote** *der,* Hausangestellter. **Diensteid** *der,* Amtseid. **Dienstgeheimnis** *das,* Amtsgeheimnis. **Dienstgrad** *der,* Rangstufe: *militärische Dienstgrade.* **diensthabend,** K im Dienst befindlich: *diensthabender Wachtmeister.* **Diensthabende** *die, -n/-n, ein -r, eine -,* jemand im Dienst. **Dienstleistung** *die,* Tätigkeit, die nicht in der Erzeugung von Sachgütern, sondern in persönl. Leistung besteht: *Dienstleistungsgewerbe.* **dienstlich,** den Dienst betreffend, zum Dienst gehörend. **Dienstmädchen** *das,* Hausangestellte. **Dienstmann** *der, -(e)s,* **1)** *Pl. . . . mannen,* früher: Lehnsmann. **2)** *Pl. . . . männer* oder *. . . leute,* berufsmäßiger Helfer, z. B. Gepäckträger. **Dienststelle** *die,* Verwaltung, bes. Amt, Behörde. **diensttauglich,** zum Dienst fähig. **Diensttauglichkeit** *die.* **diensttuend,** K im Dienst befindlich. **Dienstverpflichtung** *die,* Verpflichtung der Staatsbürger zur Dienstleistung außerhalb der Wehrpflicht. **Dienstweg** *der,* Ü vorgeschriebener Instanzenweg. **Dienstwohnung** *die,* einem Beamten oder Soldaten zugewiesene Wohnung.

dies, ÜBERS. P 24.

dies [lat.], Abk.: d, physikal. Zeichen für: Tag. **Dies** [lat.] *der, -/-,* Tag: *Dies academicus,* Feiertag der Hochschule; *Dies irae,* Tag des Zornes, das Jüngste Gericht.

diesbezüglich, K das Erwähnte betreffend.

Diesel *der, -(s)/-,* kurz für: Dieselmotor oder Kraftwagen mit Dieselmotor: *Dieselöl; dieselelektrischer Antrieb.* **dieselbe,** ÜBERS. P 24. **Dieselmotor** [nach dem dt. Ingenieur R. Diesel, 1858 bis 1913] *der,* ein Verbrennungsmotor. **dieseln,** *ein Ottomotor dieselt* (hat gedieselt), läuft ohne elektr. Zündung weiter.

dieser [ahd. t(h)eser], diese, dieses (dies), ÜBERS. P 24: *dieserhalb,* deshalb; *dieses Monats,* Abk.: d. M.

diesig [niederdt.], dunstig, nebelig.

diesjährig, in diesem Jahr stattfindend. **diesmal,** dieses (eine) Mal. **diesmalig,** dasmalig. **diesseits** *dessen,* auf dieser Seite. **Diesseits** *das, -,* die irdische Welt.

Diet(h)er [ahd. diot ›Volk‹ und heri ›Heer‹], männl. Vorname. **Diethild** [ahd. hilt ›Kampf‹], **Diethilde, Dietlind** [ahd. lint ›Schlange‹], **Dietlinde,** weibl. Vornamen. **Dietmar** [ahd. mari ›berühmt‹], männl. Vorname. **Dietrich** [ahd. rihhi ›mächtig‹, ›herrlich‹, ›reich‹], **1)** männl. Vorname. **2)** [scherzhafte Übertragung des Vornamens] *der, -s/-e,* hakenförmiger Draht zum Öffnen von Schlössern.

dieweil, ⁀⁀ **1)** inzwischen. **2)** K weil.

dif . . . [lat.], Nebenform von dis . . . vor Wörtern, die mit f beginnen. **Diffamation** [lat. diffamare ›ins Gerede bringen‹] *die, -/. . .nen,* Diffamierung. **diffamatorisch,** verleumderisch. **Diffamie** *die, -/. . .m'i|en,* verleumderische Äußerung. **diffamieren,** *ich diffamiere* (habe diffamiert) *ihn.* **Diffamierung** *die, -/-en,* üble Nachrede, Verleumdung.

different [lat. differre ›verschieden sein‹], unterschiedlich, ungleich. **differential,** einen Unterschied darstellend, begründend: *Differentialdiagnose,* dies wahrsch. ⚕. **Differential** *das, -s/-e,* **1)** △ Differentialquotient. **2)** kurz für: Differentialgetriebe. **Differentialgetriebe** *das,* kurz: Differential, ⟺ Ausgleichs-

getriebe. **Differentialquotient** *der,* △ Quotient aus Differenzen, die gegen einen Grenzwert konvergieren. **Differentialrechnung** *die,* △ Rechnung mit Quotienten aus Differenzen, die gegen einen Grenzwert konvergieren. **Differentialschraube** *die,* ein Feinmeßgerät. **Differentiation** *die, -/-en,* **1)** △ Berechnung eines Differentialquotienten. **2)** Aufspaltung oder Entmischung eines Magmas. **differentiell,** differential: *differentielle Psychologie.* **Differenz** *die, -/-en,* **1)** Unterschied. **2)** △ Ergebnis einer Subtraktion, ÜBERS. R 11. **3)** ⟋⟋ Rest(posten), Fehlbetrag. **4)** *meist Pl.,* Ü Meinungsverschiedenheit: *es kam zwischen ihnen zu Differenzen.* **differenzieren,** *ich differenziere* (habe differenziert), **1)** *es,* betone Unterschiede, stufe ab, gliedere auf: *eine differenzierte Schilderung aller Fakten; das mußt du differenzieren sehen!* **2)** *eine Funktion,* △ behandele nach den Regeln der Differentialrechnung. **Differenzierung** *die, -/-en.* **differieren,** *es differiert* (hat differiert) *in einer Sache, um etwas,* weicht davon ab.

diffizil [lat. difficilis], schwierig, heikel.

difform [vgl. dis . . . und lat. forma ›Gestalt‹], mißgestaltet. **Difformität** *die, -/-en,* Mißbildung.

Dif|frakt [vgl. dis . . . und lat. fractus ›gebrochen‹], zerbrochen. **Dif|fraktion** *die,* Physik: Beugung.

diffundieren [lat. diffundere ›ausgießen‹, ›ausbreiten‹], *es diffundiert* (ist diffundiert), erfährt eine Diffusion. **diffus** [lat. diffusus ›ausgedehnt‹], **1)** zerstreut, allseitig (Licht). **2)** Ü verschwommen, wirr (Gerede). **Diffusion** *die,* Ausbreitung, Vermischung. **Diffusor** *der, -s/. . .s'oren,* **1)** Strömungstechnik: sich erweiternder Teil eines Strömungskanals. **2)** Optik: lichtverteilende Streuscheibe.

difig, 1) *schweiz.:* anstellig, flink. **2)** schlau.

digen [vgl. di . . . und . . . gen], geschlechtlich fortgepflanzt. **Digest** [d'aidʒest, engl., zu lat. digesta ›eingeteilte (Schriften)‹] *der, das, -(s)/-s,* Zusammenstellung von Auszügen aus Veröffentlichten. **Digesten,** *Pl., ℔* Hauptteil des im Corpus juris zusammengestellten röm. Rechts. **Digestion** [lat. digestio ›Verteilung‹] *die, -/-en,* **1)** Verdauung. **2)** Auszug von Drogen. **digestiv,** die Verdauung betreffend, anregend.

digital [lat. digitus ›Finger‹], **1)** mit dem Finger. **2)** ziffernmäßig. **Digitalis** *die, -,* ✿ Fingerhut: *Digitalispräparate.* **digitalisieren,** *ich digitalisiere* (habe digitalisiert) *es,* setze in die digitale Darstellung um. **Digitalrechner** *der,* eine Rechenanlage, die das Ergebnis in Ziffern angibt. **Digitaluhr** *die,* eine die Zeitangabe in Ziffern zeigende Uhr.

Di|gnitar, Di|gnitär [lat. dignitas ›Würde‹] *der, -s/-e,* Würdenträger der kath. Kirche. **Di|gnität** *die, -,* Würde.

Di|gression [lat. digressio ›das Weggehen‹] *die, -/-en,* **1)** Abschweifung. **2)** ✬ der Winkel zwischen dem Meridian und dem Vertikalkreis eines polnahen Sterns.

dihy|brid [vgl. di . . . und lat. hybrida ›Mischling‹]. **Dihy|bride** *der, die, -n/-n, ein -r, eine -,* Mischling, dessen Eltern sich in zwei Merkmalen unterscheiden.

Dike [grch. ›Weisung‹], grch. Göttin der Gerechtigkeit.

di|klin [vgl. di . . . und grch. kline ›Lager‹], ✿ eingeschlechtig.

Dikotyle, Dikotyledone [vgl. di . . . und grch. kotyledon ›Keimblatt‹] *die, -/-n,* ✿ zweikeimblättrige Pflanze.

Diktaphon *das, -s/-e,* Diktiergerät. **Diktat** [lat. dictum ›das Gesagte‹, zu dicere ›sagen‹, ›sprechen‹] *das, -(e)s/-e,* **1)** Nachschrift, Niederschrift nach Gesprochenem: *unsere Klasse schreibt heute ein D.* **2)** unabweislicher Befehl: *das D. der Stunde.* **Diktator** *der, -s/. . . t'oren,* Herrscher mit unbeschränkter Machtfülle. **diktatorisch,** herrschsüchtig, herrisch, keinen Widerspruch duldend: *das Land wird d. regiert.* **Diktatur** *die, -/-en,* Ausübung unbeschränkter Macht durch eine oder mehrere Personen. **diktieren,** *ich diktiere* (habe diktiert) *ein Diktat,* **1)** *es, -n, -r, eine -,* spreche zur Nachschrift vor. **2)** *etwas,* befehle: *der Sieger diktierte die Bedingungen.* **Diktiergerät** *das,* Gerät zur Aufnahme und Wiedergabe gesprochener Mitteilungen, ABB. B 57. **Diktion** *die, -/-en,* Ausdrucks-, Schreibweise. **Diktionär** *das, der, -s/-e,* Wörterbuch. **Diktum** *das, -s/. . . ta,* Ausspruch.

dilatabel [lat. dilatare ›ausdehnen‹], dehnbar. **Dilatation** *die, -/-en,* **1)** Ausdehnung, z. B. durch Wärme. **2)** ⚕ Erweiterung eines Hohlorgans. **dilatieren,** *ich dilatiere* (habe dilatiert) *es.* **Dilation** *die, -/-en,* Aufschub, Verzögerung. **dilatorisch,** *dilatorische Einrede, ℔.*

Dilemma [vgl. di . . . und grch. lemma ›Annahme(satz)‹] *das, -s/-s* oder *. . . -ta,* schwierige Wahl (zwischen zwei Übeln), Zwangsentscheidung, Zwangslage.

Dilettant [ital. dilettare ›ergötzen‹] *der, -en/-en,* Nichtfachmann, Laie. **dilettantisch, 1)** nur aus Liebhaberei. **2)**

sachunkundig, laienhaft. **Dilettantismus** der, -. **dilettieren,** ich dilettiere (habe dilettiert) in etwas.

Dill [ahd. tilli] der, -(e)s/-e, österr. auch: **Dille** die, -/-n, eine Würzpflanze, ABB. G 24: Dillsoße, österr.: Dillensoße.

diluvial. Diluvium [lat. ›Überschwemmung‹] das, -s, ⚹ für: Pleistozän.

dim., Abk. für: diminuendo.

Dime [daim, engl., zu lat. decima ›Zehntel‹] der, -s/-s und bei Wertangaben -, nordamerikan. Münze.

Dimension [lat. dimensio] die, -/-en, Abmessung, Ausdehnung: ein Körper hat drei Dimensionen; dimensionslos. **dimensional,** zweidimensional.

Dimeter [vgl. di... und Meter] der, -s/-, antiker Vers aus zwei Metren.

diminuendo [ital.], Abk.: dim., Zeichen: >, ♪ decrescendo, (in der Tonstärke) schwächer werdend. **diminuieren** [lat. deminuere ›verringern‹], ich diminuiere (habe diminuiert) es. **Diminution** die, -/-en, 1) Verkleinerung. 2) ♪ Verkürzung eines Themas. **diminutiv,** verkleinernd. **Diminutiv** das, -s/-e, Ⓢ Verkleinerungsform, Form des Substantivs, ÜBERS. S 77, C.

Dimission die, ⚹ Demission.

dimmen, ich dimme (habe gedimmt), betätige den Dimmer. **Dimmer** [engl. dim ›trübe‹, ›düster‹, ›verschwommen‹] der, -s/-, stufenloser Helligkeitsregler für Glühlampen.

dimorph [vgl. di... und... morph], zweigestaltig. **Dimorphismus** der, -/...men.

Din, auch D, D., Abk. für: Dinar.

DIN, Abk. für: Deutsche Industrie-Norm, Zeichen für die Normen des Deutschen Instituts für Normung, z. B. DIN-Format (Papierformat), 18 DIN (Maß für die Lichtempfindlichkeit eines Films).

Dina [zu Bernhardine, Leopoldine u. a. oder hebr. Dinah], weibl. Vorname.

Dinar [zu Denar] der, -s/-e und bei Wertangaben -, Abk.: D, D. und Din (Jugoslawien), Name mehrerer Währungs- und Münzeinheiten.

dinarisch [nach dem Dinarischen Gebirge], dinarische Rasse, eine zu den Europiden gehörige Menschenrasse.

Diner [din'e, frz., zu lat. dis... und ieiunus ›nüchtern‹] das, -s/-s, 1) Hauptmahlzeit. 2) feierl. Essen.

Ding [ahd. thin(g) ›Gericht‹, ›Sache‹, ›Angelegenheit‹] das, -(e)s/-e, Ⓤ (verächtlich) Pl. -er, 1) Gegenstand, Sache; jedes ist ein D. an sich; Angelegenheit: es gab viele schöne Dinge zu sehen, gute Dinge zu essen; das ist ein D. der Unmöglichkeit, ist unmöglich; das ging nicht mit rechten Dingen zu, nicht auf natürliche oder rechtmäßige Weise; er ist immer guter Dinge, gut gelaunt; er steht über den Dingen, läßt sich von dieser Angelegenheit nicht behelligen; vor allen Dingen, vor allem; nach Lage der Dinge, unter Berücksichtigung aller Fakten. 2) Ⓤ wertloser Gegenstand: wirf die alten Dinger weg! 3) Pl. nur -er, Ⓤ Mädchen: diese jungen Dinger. 4) Pl. nur -e, Thing: Dinggenossen. **Dingelchen** das, -s/- oder D'ingerchen. **dingen** [eigtl. ›vor Gericht abhandeln‹], ich (dingte oder dang, habe gedungen oder gedingt) ihn, nehme gegen Bezahlung in Dienst: ein gedungener Mörder. **Dingerchen,** Pl. von Dingelchen. **dingfest,** ich mache ihn d., verhafte ihn.

Dingi [ostind.] das, -s/-s, kleines Beiboot.

Dinglein das, -s/-, Diminutiv zu Ding. **dinglich,** eine Sache betreffend: dingliches Recht, Recht, das eine unmittelbare Herrschaft über eine Sache gewährt.

Dingo [Eingeborenensprache Australiens] der, -s/-s, verwilderter austral. Haushund.

Dings, Dingsbums das, der, die, -, Ⓤ Sache oder Person, deren Name einem nicht einfällt. **Dingsda,** Ⓤ 1) Ort, dessen Name nicht genannt werden kann oder soll. 2) das, der, die, -, Dings. **Dingskirchen,** Ⓤ ein beliebiger Ort oder ein Ort, auf dessen Namen man nicht kommt. **Dingung** die, -/-en, das Dingen. **Dingwort** das, Substantiv.

dinieren [frz. dîner ›zu Abend essen‹], ich diniere (habe diniert), nehme ein Diner ein.

Dinkel [ahd. thinkil] der, -s/-, eine Weizenart.

Dinner [engl., vgl. Diner] das, -s/-(s), die engl. Hauptmahlzeit.

Dinosaurier [grch. deinos ›furchtbar‹ und sauros ›Eidechse‹] der, ausgestorbenes Landkriechtier.

Diode [vgl. di... und grch. hodos ›Weg‹] die, -/-n, ein Gleichrichter mit zwei Elektroden.

diokletianisch [Diokletian, um 240–313], Ⓤ grausam: diokletianische Verfolgung; aber: die Diokletianische Herrschaft; vgl. ÜBERS. A 4, C.

Diolen [Kw.] das, -(s), Handelsname für eine synthet. Chemiefaser.

Dionysien, Pl., Dionysosfest. **dionysisch,** rauschhaft: dionysische Feste. **Dionysos,** griech. Gott des Weines.

Diopter [vgl. dia... und grch. optein ›sehen‹] das, -s/-, Gerät, mit dem man ein Ziel anvisiert, ABB. D 7. **Dioptrie** die, -/...tr'i|en, Zeichen: dpt, Maßeinheit für die brechende Kraft einer Linse oder eines optischen Systems. **dioptrisch.**

Diorama [vgl. dia... und grch. horama ›Anblick‹] das, -s/...men, 1) zweiseitig bemaltes durchsichtiges Bild. 2) plast. und gemalte Darstellung zu Lehrzwecken.

Diorismus [grch. diorizein ›abgrenzen‹ und vgl. ...ismus] der, -/...men, Begriffsbestimmung. **Diorit** der, -s/-e, ein Tiefengestein.

Dioskuren [grch. ›Söhne des Zeus‹, im griech. Mythos Kastor und Polydeukes (lat. Pollux)], Pl., P zwei unzertrennliche Freunde.

Diotima [auch -t'i:ma, grch. ›Ehre des Zeus‹], erdichteter Frauenname.

Diözesan der, -en/-en, Angehöriger einer Diözese. **Diözese** [grch. dioikesis ›Verwaltung‹] die, -/-n, Amtsbezirk eines Bischofs. **Diözie** [vgl. di... und grch. oikia ›Haus‹] die, -/-n, ⓑ Zweihäusigkeit, Getrenntgeschlechtigkeit (auf einer Pflanze nur männl. oder nur weibl. Blüten). **diözisch.**

Diphtherie [grch. diphthera ›Fell‹] die, -/...r'i|en, ✚ eine Infektionskrankheit. **diphtherisch.**

Diphthong [grch. di... und grch. phthongos ›Laut‹] der, -s/-e, Zwielaut, ÜBERS. G 34. **diphthongieren,** ich diphthongiere (habe diphthongiert) es. **Diphthongierung** die, -/-en, Entstehung von Diphthongen, ÜBERS. M 24. **diphthongisch.**

Dipl., Abk. für: Diplom: Dipl.-Chem., Diplomchemiker; Dipl.-Gwl., Diplomgewerbelehrer; Dipl.-Hdl., Diplomhandelslehrer; Dipl.-Holzw., Diplomholzwirt; Dipl.-Ing., Diplomingenieur; Dipl.-Kfm., österr.: Dkfm., Diplomkaufmann; Dipl.-Ldw., Diplomlandwirt; Dipl.-Met., Diplommeteorologe; Dipl.-Phys., Diplomphysiker; Dipl.-Sportl., Diplomsportlehrer; Dipl.-Volksw., Diplomvolkswirt u. a.

diploid [grch. diploos ›doppelt‹, ›paarweise‹ und vgl. ...id], mit doppeltem Chromosomensatz. **Diplokokkus** der, Doppelkokkus, kugelförmige, paarweise gekoppelte Bakterien.

Diplom [grch. diploma, eigtl. ›zweifach gefaltetes (Schreiben)‹ das, -(e)s/-e, ⚹ amtl. Schriftstück. 2) Urkunde über Auszeichnungen oder Prüfungen: Doktordiplom; Diplomarbeit; Diplomchemiker oder Diplom-Chemiker, Abk.: Dipl.-Chem., ein akadem. Grad; vgl. Dipl. **Diplomand** der, -en/-en, jemand, der sich auf eine Diplomprüfung vorbereitet. **Diplomat** der, -en/-en, 1) höherer Beamter des auswärtigen Dienstes. 2) Ⓤ geschickt verhandelnde Person. **Diplomatie** die, -, 1) Kunst der Verhandlung, im zwischenstaatl. Verkehr: Reisediplomatie. 2) Gesamtheit der Diplomaten. **Diplomatik** die, -, Urkundenlehre. **diplomatisch,** 1) die Diplomatik betreffend. 2) zur Diplomatie gehörend, zwischenstaatlich: diplomatisches Korps; aber: das in Bonn akkreditierte Diplomatische Korps, Abk.: CD. 3) Ⓤ geschickt, vorsichtig verhandelnd. **diplomieren,** ich diplomiere (habe diplomiert) ihn, erteile ihm ein Diplom.

Dipodie [vgl. di... und... pod'i|en], Metrik: Gruppe aus zwei gleichen Versfüßen. **dipodisch.**

Dipol [vgl. di... und Pol] der, das Polpaar eines Magneten oder ein Gebilde aus zwei gleich großen entgegengesetzten elektr. Ladungen: Dipolantenne, ABB. A 17.

Dippel [vgl. di..., oberdt.] Dübel, Zapfen. **Dippelbaum** der, oberdt.: Decken-, Tragbalken.

dippen [engl. to dip ›kurz eintauchen‹], ich dippe (habe gedippt) es, 1) norddt.: tauche flüchtig und nur wenig ein. 2) ✫ hole die Nationalflagge nieder und hisse sie wieder zum Gruß. 3) engl.: räudige Schafe.

Dipsomanie [grch. dipsos ›Durst‹ und Manie] die, -/...n'i|en, periodisch auftretende Trunksucht.

Diptam [lat. dictamnus, nach dem Berg Dicte auf Kreta] der, -s, ein Halbstrauch.

Dipteros [vgl. di... und grch. pteron ›Flügel‹] der, -/...roi, griech. Tempel mit doppeltem Säulenumgang.

Diptychon [grch. diptychos ›doppelt gefaltet‹] das, -s/...chen oder... cha, 1) zweiteilige Klapptafel. 2) zweiflügeliges Altarbild.

dir, Dativ von du, ÜBERS. P 24: d. ältestem oder ältesten Mitglied.

Directoire [-tw'a:r, frz.] das, -(s), 1) Direktorium. 2) Kunststil und Mode der Direktoriumszeit.

direkt [lat. directus, zu dirigere ›lenken‹], unmittelbar, gerade(wegs), ohne Zwischenstufe: *direkte Rede,* Ⓢ die wörtlich angeführte Rede, vgl. Übers. S 6; *Direktflug; Direktverkauf.* **Direktion** *die, -/-en,* 1) Vorstand, Leitung: *Direktionsassistent; Direktionswagen; Verwaltungsdirektion.* 2) ♾ Richtung. **direktionslos,** richtungslos. **Direktive** *die, -/-n,* Richtlinie, Verhaltensregel. **Direktmandat** *das,* Wahlrecht: Mandat eines im Wahlkreis durch Mehrheitswahl gewählten Abgeordneten. **Direktor** *der, -s/...t'oren,* Leiter, Vorsteher: *Bankdirektor; Schuldirektor; Generaldirektor; Direktorenposten.* **Direktorat** *das, -(e)s/-e,* Leitung (Amt und Raum). **direktorial.** **Direktorin** [auch dir'εk-] *die, -/-nen,* Leiterin, Vorsteherin. **Direktorium** *das, -s/...ri|en,* 1) Directoire, oberste Regierungsbehörde in Frankreich 1795 bis 1799. 2) Vorstand aus mehreren Personen. **Direktrice** [-tr'i:s(ə)] *die, -/-n,* leitende Angestellte, bes. in der Bekleidungsindustrie. **Direktrix** *die, -,* △ Leitlinie, z. B. bei Kegelschnitten, vgl. Abb. K 14. **Direktsendung** *die,* **Direktübertragung** *die,* Live-Sendung, Sendung des Rundfunks oder Fernsehens, die direkt aus dem Studio oder vom Ort des Geschehens über den Sender geht.

Direttissima [ital. ›die Direkteste‹] *die, -/-s,* Alpinismus: der Aufstiegsweg in der direkten Fallinie eines Berges oder einer Wand.

Direx *der, -/-e,* ∪ Schuldirektor. **Dirigat** *das, -(e)s/-e,* Tätigkeit des Dirigenten. **Dirigent** [lat. dirigere ›leiten‹] *der, -en/-en,* Leiter eines Orchesters oder Chores: *Dirigentenpult; Dirigentenstab.* **dirigieren,** *ich* dirigiere (habe dirigiert) *ihn, es,* 1) ♪ leite als Dirigent. 2) Ü lenke, lenke. **Dirigismus** *der, -,* Wirtschaftssystem mit staatl. Eingriffen. **dirigistisch.**

Dirk [Kurzform zu Dietrich], männl. Vorname. **Dirn** *die, -/-en, niederdt.:* Mädchen; *bair., österr. auch:* Gehilfin beim Bauern. **Dirndl** *das, -s/-, bair.-österr.:* 1) Mädchen. 2) Dirndlkleid. **Dirndlkleid** *das,* Trachtenkleid in alpenländ. Art. **Dirne** [ahd. thiorna ›Jungfrau‹] *die, -/-n,* 1) Prostituierte. 2) ♾ Mädchen (vom Lande), Magd.

dis, ♪ 1) *das, -/-,* Halbton über d, Abb. N 9. 2) Zeichen für: dis-Moll.

dis... [...lat.], seltener *di...,* vor f *dif...,* auseinander..., gegensätzlich, miß..., un..., zer...

Disagio [diz'adʒo, ital. ›Abschlag‹] *das, -s/-s,* Abschlag, unter dem Nennwert liegender Kurswert.

Discjockey *der,* Diskjockey. **Disco** *die, -/-s,* Disko. **Discounter** [disk'auntə, engl. discount ›Rabatt‹] *der, -s/-,* Inhaber eines Discountgeschäfts. **Discountgeschäft** *das,* **Discountladen** *der,* sparsam ausgestatteter Laden, der Waren mit Preisnachlässen verkauft: *Discountpreise.*

Disengagement [dising'eidʒmənt, engl., vgl. dis... und Engagement] *das, -s,* die Auseinanderrücken, bes. der Machtblöcke in Europa.

Diseur [diz'œ:r, frz., zu dire ›sprechen‹] *der, -s/-e,* **Diseuse** [diz'ø:z(ə)] *die, -/-n,* Vortragskünstler(in), bes. im Kabarett.

Disharmonie [vgl. dis... und Harmonie] *die, -/...n'i|en,* 1) Mißklang. 2) Unstimmigkeit. **disharmonieren,** *ich* disharmoniere (habe disharmoniert) *mit ihm,* 1) stimme nicht zusammen. 2) bin uneinig. **disharmonisch.**

Disjunktion [lat. disiunctio] *die, -/-en,* Aufteilung, Trennung. **disjunktiv,** trennend, einander ausschließend.

Diskant [mlat. discantus ›Gegenstimme‹, zu lat. cantus ›Gesang‹, ›Klang‹] *der, -s/-e,* ♪ 1) die hohen Tonlagen eines Instruments, bes. des Klaviers. 2) ♾ Sopran.

Diskette [zu engl. disc ›Schallplatte‹, vgl. Diskus und ...ette] *die, -/-n,* flexible Magnetplatte als Datenspeicher in Datenverarbeitungsanlagen. **Diskjockey** [-dʒɔki, engl.] *der,* jemand, der zu Schallplattenmusik verbindende Texte spricht (bei Rundfunksendungen, in Diskotheken). **Disko** *die, -/-s,* auch Disco, 1) Diskothek (Lokal): *wir gehen in die D.* 2) Veranstaltung, Tanz in der Diskothek: *Diskofieber; Diskomusik; Diskosound; sie tanzen D.; Diskomode.* **Disko|graphie** [vgl. ...graphie] *die, -/...ph'i|en,* Schallplattenverzeichnis. **Diskologie** *die, -,* Wissenschaft von der Musik und ihrer Interpretation im Bereich der Tonträger.

Diskont [ital. disconto ›Abrechnung‹] *der, -s/-e,* 1) Zinsabzug (beim Ankauf noch nicht fälliger Wechsel): *Diskontgeschäft.* 2) Diskontsatz. **Diskonten,** *Pl.,* inländ. Wechsel. **diskontieren,** *ich* diskontiere (habe diskontiert) *es,* kaufe (einen Wechsel) an unter Abzug des Diskonts. **Diskontierung** *die, -/-en.*

diskontinuierlich [vgl. dis... und kontinuierlich], unterbrochen, zusammenhanglos. **Diskontinuität** *die, -.*

Diskontsatz *der,* von der Zentralbank festgesetzter Zinssatz, zu dem sie Wechsel von den Kreditinstituten ankauft. **diskordant** [lat. discordare ›uneinig sein‹], nicht übereinstimmend. **Diskordanz** *die, -/-en,* ⊕ ungleichförmige Lagerung von Gesteinsschichten.

Diskothek [engl. disc ›Schallplatte‹ und Theke] *die, -/-en,* 1) kurz: Disko, Lokal mit modischer Schallplattenmusik. 2) Schallplattensammlung. **Diskothekar** *der, -s/-e,* Verwalter einer Diskothek (beim Rundfunk).

dis|kreditieren [vgl. dis... und Kredit], *ich* diskreditiere (habe diskreditiert) *ihn,* verdächtige, bringe in Verruf.

dis|krepant. **Dis|krepanz** [lat. discrepantia] *die, -/-en,* Unstimmigkeit, Zwiespältigkeit, Mißverhältnis.

dis|kret [mlat. discretus, zu lat. discernere ›trennen‹, ›unterscheiden‹], 1) verschwiegen. 2) unauffällig, taktvoll. 3) △ nicht zusammenhängend, einzeln, aus einzelnen (diskreten) Bauteilen zusammengesetzt (elektron. Technik). **Dis|kretion** *die, -: man hat uns D. zugesichert;* das gebietet die D.

Dis|kriminante [lat. discriminare ›trennen‹, ›scheiden‹] *die, -/-n,* eine Rechengröße, gebildet aus den Koeffizienten einer algebraischen Gleichung. **dis|kriminieren,** *ich* diskriminiere (habe diskriminiert) *ihn,* 1) behandle unterschiedlich, benachteilige willkürlich, sondere aus. 2) verdächtige, setze herab: *diskriminierende Äußerungen.* **Dis|kriminierung** *die, -/-en: die D. rassischer, sozialer Minderheiten.*

diskurrieren [frz. discourir, zu lat. discurrere ›auseinanderlaufen‹], *ich* diskurriere (habe diskurriert), rede, unterhalte mich. **Diskurs** *der, -es/-e,* Gespräch. **diskursiv,** 1) gesprächsweise. 2) von einem Inhalt zum andern fortschreitend, schlußfolgernd; Gegensatz: intuitiv.

Diskus [lat., griech. diskos] *der, -/-... -ken* oder *-se,* 1) Scheibe, z. B. Knorpelscheibe in Gelenken, zwischen Wirbeln. 2) ⚕ Wurfscheibe, Abb. D 7: *das Diskuswerfen.*

Diskussion [frz., zu lat. discussus ›zerschlagen‹] *die, -/-en,* Aussprache, Meinungsaustausch: *wir stellen das Thema zur D.; es steht zur D.; Diskussionsgrundlage; Fernsehdiskussion.* **diskutabel,** erwägenswert, annehmbar: *ein diskutabler Vorschlag.* **diskutierbar,** zur Erörterung geeignet, diskutabel. **diskutieren,** *ich* diskutiere (habe diskutiert) *es, über etwas,* erörtere, pflege Meinungsaustausch.

Dislokation [lat. dis... und lat. locare ›hinstellen‹, ›legen‹] *die, -/-en,* 1) Verlagerung, Verschiebung. 2) ⚕ Verteilung von Truppen. 3) ⊕ durch Faltung oder Bruch gestörte Lagerung. **dislozieren,** *ich* disloziere (habe disloziert) *es, ihn.*

Dismem|bration [vgl. dis... und lat. membrum ›Glied‹, ›Teil‹] *die, -/-en,* Teilung, Auflösung, Zerfall.

dis-Moll *das,* ♪ Zeichen: dis, eine Tonart.

Dispache [-p'aʃ, frz.] *die, -/-n,* ⚓ Schadensberechnung. **Dispacheur** [-ʃ'ø:r] *der, -s/-e,* Sachverständiger zur Errechnung der Dispache. **dispachieren** [-ʃ-], *ich* dispachiere (habe dispachiert) *es.*

disparat [lat. disparare ›trennen‹], nicht zueinander passend, ungleichartig. **Disparität** *die.*

Dispatcher [-p'ætʃə, engl. to dispatch ›erledigen‹, ›abschicken‹] *der, -s/-,* Produktionsleiter in Großbetrieben.

Dispens [lat. dispensare ›genau abwägen‹, ›ordnen‹] *der, -es/-e,* kath. Kirche und österr.: *die,* Befreiung (von Vorschriften, Verpflichtungen, vom Unterricht). **Dispensation** *die, -s/...ri|en,* Arzneibuch. **Dispensatorium** *das, -s/...ri|en,* Arzneibuch. **Dispens|ehe,** eine nach päpstl. Befreiung von Ehehindernissen geschlossene Ehe. **Dispenser** [engl. ›Verteiler‹, ›Verwalter‹] *der,* Hilfsflugzeug zum Betanken von Flugzeugen aus Unterflurtankanlagen. **dispensieren,** *ich* dispensiere (habe dispensiert), 1) *ihn von etwas,* befreie (zeitweise) von einer Verpflichtung: *er ist vom Sport dispensiert.* 2) Arzneien, bereite zu und gebe ab: *Dispensierrecht.* **Dispensierung** *die, -/-en.*

di|spergieren [lat. dispergere ›zerstreuen‹], *ich* dispergiere (habe dispergiert) *es.* **di|spers,** fein verteilt, zerstreut. **Dispersion** *die, -/-en,* 1) Zerstreuung, Verbreitung: *die D. des Lichts,* Zerlegung des Lichts in die verschiedenen Farben, Abb. L 12. 2) feine Verteilung eines Stoffs in einem anderen: *Dispersionsfarben.*

Dis|placed person [displ'eist p'ə:sn, engl., to displace ›verschleppen‹] *die, -/- -s, Abk.:* D. P., Verschleppte (unter dem Nationalsozialismus).

Dis|play [-pl'ei, engl. to display ›zur Schau stellen‹] *das, -s/-s,* 1) Werbung: wirkungsvolles Ausstellen von Waren: *Displaygraphiker.* 2) Displaymaterial, z. B. Plakate. 3) Datenverarbeitung: Sichtgerät. **Dis|player** *der, -s/-,* Displaygraphiker.

Disponenden [lat. disponere ›verteilen‹], *Pl.*, *&* beim Sortimenter lagernde Bücher. **Disponent** *der, -en/-en,* innerhalb eines Geschäftsbereichs bevollmächtigter kaufmänn. Angestellter. **disponibel,** verfügbar. **Disponibilität** *die, -.* **disponieren,** *ich* disponiere (habe disponiert), **1)** *über etwas,* teile es ein. **2)** *über ihn, etwas,* verfüge. **disponiert, 1)** *ich bin (nicht) d.,* bin in guter (schlechter) Verfassung: *der Sänger war schlecht d.* **2)** *zu, für etwas,* empfänglich, z. B. für bestimmte Krankheiten. **Disposition** *die,* **1)** Plan, Einteilung, Gliederung. **2)** Anordnung. **3)** 🎵 Festsetzung, Verfügung. **4)** körperl. und seelische Verfassung. **5)** Anlage, Neigung, z. B. zu Krankheiten. **6)** *er wurde zur D. gestellt,* Abk.: z. D., in den einstweiligen Ruhestand versetzt. **dispositionsfähig,** geschäftsfähig. **Dispositionsfonds** [-fõ] *der,* Geldmittel zur freien Verfügung (des Ministers). **dispositiv,** *dispositives Recht,* abänderbares Recht.
Dis|proportion [vgl. dis... und Proportion] *die,* Mißverhältnis. **dis|proportioniert.**
Disput [lat. disputatio, zu disputare ›erörtern‹] *der, -(e)s/-e,* Streitgespräch: *wir hatten einen D. über kirchliche Fragen.* **disputabel,** strittig. **Disputant** *der, -en/-en,* jemand, der disputiert. **Disputation** *die, -/-en,* wissenschaftl. Streitgespräch. **disputieren,** *ich* disputiere (habe disputiert) *mit ihm,* tausche Meinungen in einem Streitgespräch aus.
Disqualifikation [vgl. dis... und Qualifikation] *die,* Disqualifizierung, Untauglichkeitserklärung; 🏅 Ausschluß eines Sportlers bei Wettkämpfen. **disqualifizieren,** *ich* disqualifiziere (habe disqualifiziert) *ihn.* **Disqualifizierung** *die.*
Dissens [lat. dissentio] *der, -es/-e,* 🎵 Meinungsverschiedenheit. **dissentieren,** *ich* dissentiere (habe dissentiert), bin anderer Ansicht.
Dissertation [lat. dissertare ›ausführlich erörtern‹ *die, -/-en,* wissenschaftl. Arbeit zur Erlangung des Doktorgrades.
Dissident [lat. dissidere ›auseinandersitzen‹, ›widersprechen‹] *der, -en/-en,* **1)** jemand, der zu keiner staatlich anerkannten Religionsgemeinschaft gehört. **2)** jemand, dessen Meinung von den herrschenden polit. Grundsätzen abweicht.
Dissimilation [lat. dissimilis ›unähnlich‹] *die, -/-en,* **1)** Beseitigung, Verlust der Ähnlichkeit. **2)** Ⓢ Umwandlung oder Ausstoßung eines von zwei benachbarten gleichen oder ähnl. Lauten. **3)** Biologie: Stoffwechselvorgang, durch den zusammengesetzte organ. Verbindungen in einfachere zerlegt werden. **dissimilieren,** *ich* dissimiliere (habe dissimiliert) *es.*
Dissimulation [lat. dissimulatio ›das Verschweigen‹] *die, -/-en,* 🩺 Verheimlichung einer Krankheit. **dissimulieren,** *ich* dissimuliere (habe dissimuliert) *es.*
Dissipation [lat. dissipatio ›Zerstreuung‹] *die, -/-en,* Umwandlung anderer Energieformen in Wärme.
dissolubel, löslich, schmelzbar, zerlegbar. **dissolut,** ungebunden, zügellos. **Dissolution** *die, -/-en.* **dissolvieren** [lat. dissolvere ›auflösen‹], *ich* dissolviere (habe dissolviert) *es,* löse auf, schmelze.
dissonant [vgl. dis... und lat. sonare ›tönen‹]. **Dissonanz** *die, -/-en,* Mißton, Auseinanderklang, Zwiespalt. **dissonieren,** *es* dissoniert (hat dissoniert).
Dissoziation [lat. dissociare ›trennen‹] *die, -/-en,* Trennung, Auflösung, Zerfall, bes. der Moleküle. **dissoziieren,** *ich* dissoziiere (habe dissoziiert) *es.*
Dissuasion [frz. aus lat. dissuasio ›Gegenrede‹] *die, -,* Abschreckung.
distal [lat. distare ›entfernt sein‹], vom Mittelpunkt entfernt gelegen. **Distanz** [lat.] *die,* **1)** Abstand, Entfernung: *ich halte, wahre D.,* auch Ü. **2)** 🏅 zu bewältigende Strecke; Boxen: vorgesehene Rundenzahl. **distanzieren,** *ich* distanziere (habe distanziert), **1)** *ihn,* lasse im Wettkampf hinter mir zurück. **2)** *mich von ihm, etwas,* rücke ab, will nichts damit zu tun haben. **Distanzwechsel** *der,* 💼 Wechsel mit verschiedenen Orten für Ausstellung und Zahlung.
Distel [ahd. distil] *die, -/-n,* Name verschiedener stacheliger Pflanzen. **Distelfink** *der,* Stieglitz.
Distichon [-ç-, vgl. di... und grch. stichos ›Vers‹, ›Reihe‹] *das, -s/...chen,* Strophe aus zwei verschiedenen Versen, bes. Hexameter und Pentameter, ÜBERS. M 14.
distinguiert [-g'i:rt, frz., zu lat. distinguere ›unterscheiden‹], ausgezeichnet, vornehm. **Distinktion** *die, -/-en,* **1)** Auszeichnung, Ansehen, Rang. **2)** österr.: Rangabzeichen. **3)** Unterscheidung. **distinktiv,** unterscheidend.
Dis|torsion [lat. distortio ›Verdrehung‹, ›Verzerrung‹] *die,* **1)** 🩺 Verstauchung. **2)** Optik: Verzeichnung.
Dis|tribution [lat. distributio] *die, -/-en,* Verteilung, Auftei-

lung, z. B. des Volkseinkommens auf bestimmte soziale Klassen: *Distributionsformel,* die bei Austeilung des Abendmahls gesprochenen Worte. **Dis|tributionalismus** *der, -,* Ⓢ eine Methode, die von der Verteilung der Elemente im Satz und ihrer Verbindungsmöglichkeit ausgeht. **dis|tributiv. Dis|tributivzahlwort** *das,* Zahlwort der Verteilung, ›je‹, z. B. je zwei.
Di|strikt [engl. district, zu lat. distringere ›auseinanderziehen‹] *der, -(e)s/-e,* Bezirk, Verwaltungseinheit.
Diszi||plin [mhd. disciplin(e), zu lat. disciplina] *die, -/-en,* **1)** *ohne Pl.,* Zucht, Unterordnung: *du mußt D. halten, wahren, für D. sorgen;* Selbstdisziplin. **2)** Fach, Unterrichtszweig. **3)** 🏅 Wettbewerb einer Sportart. **diszi||plinär,** österr.: disziplinarisch. **Diszi||plinargewalt** *die,* Recht des Staates den Beamten gegenüber. **diszi||plinarisch,** disziplinell, die Disziplin, die Disziplinargewalt betreffend; streng: *disziplinarische Strafen.* **Diszi||plinarverfahren** *das,* Strafverfahren gegen dienstl. Verfehlungen eines Beamten: *Disziplinarmaßnahmen.* **diszi||plinell,** disziplinarisch. **diszi||pliniert,** an Disziplin gewöhnt. **diszi||plinlos,** *disziplinloses Verhalten.*
Di|thyrambe [grch. dithyrambos] *die, -/-n,* Lobeshymne. **di|thyrambisch,** begeistert, schwungvoll. **Di|thyrambus** *der, -/...ben,* Dithyrambe.
dito [ital. detto ›gesagt‹, von dire ›sagen‹], Abk.: do. oder dto., *æ* gleichfalls, ebenso. **Dito** *das, -s/-s,* Einerlei.
Dittchen *das, -s/-,* ostniederdt.: Zehnpfennigstück.
Ditto|graphie [grch. dittos ›doppelt‹ und vgl. ...graphie] *die, -/...ph'i|en,* Doppellesart (bei antiken Schriftstellern); fehlerhafte Wiederholung von Buchstaben, Silben, Wörtern.
Di|urese [vgl. dia... und grch. ouron ›Harn‹] *die, -/-n,* Harnausscheidung. **Di|uretikum** *das, -s/...ka,* harntreibendes Mittel. **di|uretisch.**
Diurnal *das, -s/-e,* **Diurnale** [lat. diurnus ›täglich‹, zu dies ›Tag‹] *das, -/...lia,* kath. Kirche: Auszug aus dem Brevier; die am Tag zu betenden Teile des Stundengebets.
Diva [ital., zu lat. divus ›göttlich‹] *die, -/-s* oder ...ven, Star, gefeierte Künstlerin (bei Bühne, Film, Fernsehen).
divergent, divergierend, auseinandergehend, in entgegengesetzte Richtung strebend: *divergente Linien, Meinungen.* **Divergenz** *die, -/-en,* **1)** Auseinanderentwicklung, Abweichung. **2)** Meinungsverschiedenheit. **divergieren** [mlat. divergere], *es* divergiert (hat divergiert).
divers [lat. diversus ›abweichend‹, ›verschieden‹], **1)** verschieden: *diverses Büromaterial; Diverses,* Vermischtes, Verschiedenes. **2)** *nur Pl.,* mehrere: *diverse Themen.* **Diversant** *der, -en/-en,* im kommunist. Sprachgebrauch: Saboteur. **Diversifikation** *die, -/-en,* Übergang von der Einseitigkeit zur Vielseitigkeit. **diversifizieren,** *ich* diversifiziere (habe diversifiziert) *es.* **Diversion** *die, -/-en,* **1)** 🪖 Ablenkung. **2)** im kommunist. Sprachgebrauch: Sabotage. **Divertikel** [lat. diverticulum ›Abweg‹, ›Seitenweg‹] *das, -s/-,* 🩺 Ausbuchtung, Ausstülpung eines Hohlorgans.
Divertimento [ital. ›Vergnügen‹] *das, -s/-s* oder ...ti, **Divertissement** [-m'ã, frz.] *das, -s/-s,* 🎵 unterhaltsames Musikstück.
divide et impera! [lat. ›teile und herrsche!‹], säe Zwist, um zu herrschen.
Dividend [lat. dividere ›teilen‹] *der, -en/-en,* △ zu teilende Zahl; Zähler eines Bruches, ÜBERS. R 11. **Dividende** *die, -/-n,* auf eine Aktie entfallender Anteil am Reingewinn: *Dividendenschein.* **dividieren,** *ich* dividiere (habe dividiert) *eine Zahl durch eine andere,* teile, ÜBERS. R 11.
Dividivi [indian.-span.] *das, -/-(s), urspr. Pl.,* Gerbmittel, Schoten eines südamerikan. Baumes.
Divination [lat. divinatio] *die, -/-en,* Ahnungsvermögen. **divinatorisch,** seherisch. **Divinität** [lat. divinitas] *die, -,* Göttlichkeit; Gottheit.
Divis [lat. divisio ›Teilung‹] *das, -es/-e,* Silbentrennungszeichen, Bindestrich. **Division** *die, -/-en,* **1)** △ Teilung, ÜBERS. R 11. **2)** 🪖 Verband gemischter Truppen: *Panzerdivision; Divisionstruppen.* **3)** Teil der Schiffsbesatzung. **Divisionär** *der, -s/-e,* 🪖 Divisionskommandeur, schweiz.: Oberstdivisionär. **Divisor** *der, -s/...s'oren,* △ teilende Zahl; Nenner eines Bruches, ÜBERS. R 11.
Diwan [pers. ›Amtszimmer‹, ›bequemer Sitz des Beamten‹, später Gedichtsammlung] *der, -s/-s,* **1)** Sofa ohne Rückenlehne. **2)** Sammlung der Gedichte eines islam. Verfassers.
dixi [lat.] ich habe gesprochen (als Schluß einer Rede).
Dixie *der, -(s),* kurz für: **Dixieland** [-lænd, engl., Bez. für die nordamerikan. Südstaaten] *der, -(s),* eine Form des Jazz: *Dixieland-Jazz.*

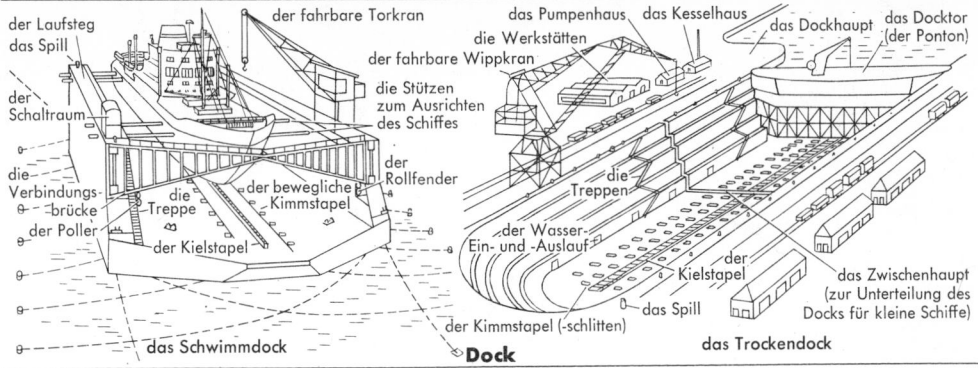

der Laufsteg
das Spill
der Schaltraum
die Verbindungsbrücke
die Treppe
der Poller
der Kielstapel
der bewegliche Kimmstapel
das Schwimmdock

der fahrbare Torkran
der fahrbare Wippkran
die Stützen zum Ausrichten des Schiffes
der Rollfender
der Kimmstapel (-schlitten)
Dock

das Pumpenhaus
die Werkstätten
das Kesselhaus
das Dockhaupt
das Docktor (der Ponton)
die Treppen
der Wasser-Ein- und -Auslauf
der Kielstapel
das Spill
das Trockendock
das Zwischenhaupt (zur Unterteilung des Docks für kleine Schiffe)

d. J., Abk. für: 1) der Jüngere. 2) dieses Jahres.
DJH, Abk. für: Deutsche Jugendherberge.
DK, Abk. für: Dezimalklassifikation.
Dkfm., österr. Abk. für: Diplomkaufmann.
dkg, österr. Zeichen für: Dekagramm.
DKP, Abk. für: Deutsche Kommunistische Partei.
dkr, Abk. für: dänische Krone.
dl, Zeichen für: Deziliter.
DLG, Abk. für: Deutsche Landwirtschafts-Gesellschaft.
DLRG, Abk. für: Deutsche Lebens-Rettungs-Gesellschaft.
dm, Zeichen für: Dezimeter. **dm²,** Zeichen für: Quadratdezimeter. **dm³,** Zeichen für: Kubikdezimeter, ÜBERS. M 8.
DM, Abk. für: Deutsche Mark.
d. M., Abk. für: dieses Monats.
d-Moll das, ♪ Zeichen für: d, eine Tonart.
DNA, Abk. für: Deutscher Normenausschuß.
DNA [engl. di εn ʹei, eigtl. deoxyribonucleic acid], Abk. für: Desoxyribonucleinsäure.
DNS, Abk. für: Desoxyribonucleinsäure.
do., dto., Abk. für: dito.
d. O., Abk. für: der, die Obige.
Dobel der, das, -s/-, Tobel.
Döbel der, -s/-, ein karpfenartiger Süßwasserfisch.
Döbel [mhd. tübel] der, -s/-, Nebenform von Dübel.
Dobermann [nach dem dt. Züchter K. F. L. Dobermann, 1834–1894] der, -s/-ʹʹer, eine Haushunderasse.
doch [ahd. tho(h)], 1) betont als Antwort; dennoch, trotz Schwierigkeiten: *ich höre, du kommst nicht mit? o d.!; er kommt aber d.!* 2) unbetont als Füllwort: wahrhaftig, tatsächlich: *komm d. mit!; es stimmt d.?; ja d.!; nein d.!* 3) zwei Hauptsätze verbindend: *ich bot es ihm an, d. er lehnte ab.*
Doches [hebr.] der, -/-, G Hintern.
Docht [ahd. taht, eigtl. ›Geflochtenes‹] der, -(e)s/-e, Zuführer des Brennstoffs in Lampen, ABB. L 10, und Kerzen, ABB. K 17: *Dochtschere.*
Dock [engl.] das, -s/-s, selten -e, Anlage zum Trockenstellen von Schiffen, ABB. D 8: *das Schiff liegt im D.*
Docke [mhd. tocke ›Puppe‹, ›junges Mädchen‹, ›Stützholz‹] die, -/-n, 1) Zopf aus Garnsträhnen, ABB. G 2. 2) Getreidepuppe. 3) Reitstock an der Drehbank, vgl. ABB. D 13. 4) Cembalo: hölzerner Zapfen, an dem der Federkiel befestigt ist. 5) gedrehte Säule eines Treppen- oder Brüstungsgeländers. 6) kleiner Stoß Tabakblätter, verkaufsfertig sortiert. 7) oberdt.: Puppe. 8) walzenförmiges Holz- oder Metallstück, bes. bei der Wäschemangel.
docken, *ich docke* (habe gedockt), 1) *ein Schiff,* lege es ins Dock. 2) *ein Raumfahrzeug,* koppele es mit einem zweiten zusammen. **Docker** der, -s/-, Ü Dockarbeiter. **Dockhafen** der, gegen Flutbewegung durch Schleusen abgeschlossener Hafen. **Docking** das, -s/-s, das Aneinanderkoppeln von zwei Raumfahrzeugen.
dodekadisch [grch. dodeka ›zwölf‹]. **Dodekaeder** [grch. hedra ›Fläche‹] das, -s/-, Zwölfflächner, ABB. K 38. **Dodekaphonie** [grch. phone ›Stimme‹] die, -, Zwölftonmusik. **dodekaphon(isch).**
Doelenstück [dʹuːlən-, niederl. doelen ›Schützenhof‹],

Schützenstück, Gruppenbild von Mitgliedern holländ. Schützengilden, bes. im 17. Jahrh.
Dogaressa [ital.] die, -/...rʹessen, Frau des Dogen.
Dogcart [engl. ›Hundekarren‹] der, -s/-s, ein zweirädriger Einspänner.
Doge [dʹoːʒə, ital., zu lat. dux ›Führer‹] der, -n/-n, Oberhaupt der ehemaligen Stadtstaaten Venedig und Genua: *Dogenpalast.*
Dogge [engl. dog ›Hund‹] die, -/-n, eine Haushunderasse: *Deutsche D.*
Dogge [zu Docke] die, -/-n, Doppe, Fassung für Edelsteine während des Schleifens.
Dogger [engl.] der, -s, ⊕ Brauner Jura, eine geolog. Abteilung des Jura.
Dogger [niederl.] der, -s/-, Schiff niederländ. Fischer: *Doggerboot.*
Dögling [niederdt.] der, -(e)s/-e, ein Schnabelwal.
Dogma [grch.] das, -s/...men, Glaubenssatz, Lehrsatz; Ü starre Lehrmeinung: *Dogmengeschichte; ein politisches D.*
Dogmatik die, -, wissenschaftliche Darstellung einer (christl.) Glaubenslehre. **Dogmatiker** der, -s/-, Vertreter einer Glaubenslehre; starrer Verfechter bestimmter Lehrmeinungen. **dogmatisch,** 1) an ein Dogma gebunden. 2) Ü ohne Prüfung der Voraussetzungen, lehrhaft. **dogmatisieren,** *ich dogmatisiere* (habe dogmatisiert) *es,* erhebe zum Dogma. **Dogmatismus** der, -, starre Festlegung von Glaubens- oder Lehrsätzen und unkritisches Festhalten daran.
Dohle [ahd. taha] die, -/-n, taubengroßer Rabenvogel.
Dohne [ahd. ›Spannung‹] die, -/-n, Vogelschlinge, Sprenkel: *Dohnenstieg,* Fang von Drosseln.
do it yourself [du it jurs'elf, engl. ›mach es selbst‹], Schlagwort zur Propagierung der handwerkl. Selbsthilfe: *Do-it-yourself-Ratgeber.*
doktern, *ich dokt(e)re* (habe gedoktert) *an mir,* U versuche allerlei, um mich gesund zu machen. **Doktor** [lat. doctus ›gelehrt‹, doctor ›Lehrer‹] der, -s/...tʹoren, 1) Abk.: Dr., ein akadem. Grad; Person mit Doktortitel: *er hat seinen D. gemacht,* U; *Sehr geehrter Herr D.!, Sehr geehrte Frau D.!,* Anrede (in Briefen); *D. der Medizin,* vgl. D. 2) U Arzt. **Doktorand** der, -en/-en, **Doktorandin** die, -/-nen, jemand, der sich auf die Doktorprüfung vorbereitet. **Doktorat** das, -(e)s/-e, Doktorwürde. **doktorieren,** *ich doktoriere* (habe doktoriert), lege die Doktorprüfung ab.
Doktrin [lat. doctrina] die, -/-en, 1) wissenschaftl. Lehre. 2) zum Glaubenssatz verhärtete Meinung. 3) Politik: programmat. Festlegung von Richtlinien. **doktrinär,** als nach einer Lehrmeinung beurteilend, vorurteilsvoll: *man wirft ihm doktrinäre Methoden vor.*
Dokument [lat. docere ›beweisen‹, eigtl. ›beweisende Urkunde‹] das, -(e)s/-e, 1) Urkunde. 2) Probe, Beweis. **Dokumentarbericht** der, tatsächl. Begebenheiten beweiskräftig wiedergebender Bericht. **Dokumentarfilm** der, Film, der tatsächl. Geschehen wiedergibt, auch über das Leben in der Natur: *ein D. über die Tierwelt der Tiefsee; ein D. über einen Kriegsschauplatz.* **dokumentarisch,** *dokumentarische Fotos.* **Dokumentation** die, -/-en, 1) Sammlung und Nutzung von Akten, Zeitungen, Filmen, Tonbändern u. a.: *Dokumenta-*

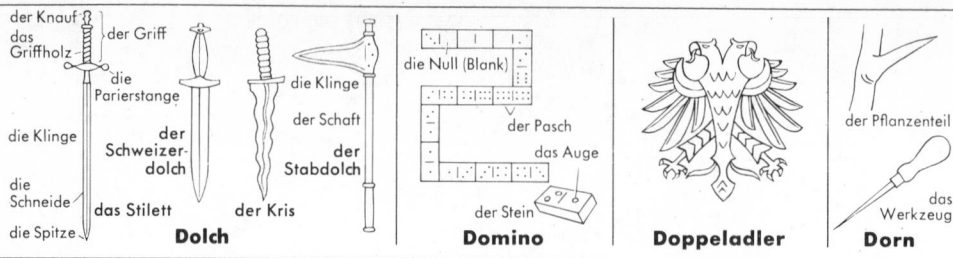

der Knauf | der Griff | die Parierstange | die Klinge | der Schaft | der Schweizerdolch | der Stabdolch | das Stilett | der Kris | **Dolch** · die Null (Blank) · der Pasch · das Auge · der Stein · **Domino** · **Doppeladler** · der Pflanzenteil · das Werkzeug · **Dorn**

(der Knauf, das Griffholz, der Griff, die Parierstange, die Klinge, der Schaft, die Klinge, der Schweizerdolch, der Stabdolch, die Schneide, das Stilett, der Kris, die Spitze, **Dolch**, die Null (Blank), der Pasch, das Auge, der Stein, **Domino**, **Doppeladler**, der Pflanzenteil, das Werkzeug, **Dorn**)

tionszentrum. **2)** Dokumentarbericht. **3)** Ü Beweis, Ausdruck.

dokumentieren, *ich* dokumentiere (habe dokumentiert) *es, beweise, zeige (durch Dokumente): hierin dokumentiert sich seine liberale Haltung,* Ü.

Dolan [Kw.] *das, -(s),* Handelsname für eine synthet. Chemiefaser.

dolce [dʒltʃe, ital. ›süß‹], ♪ sanft, lieblich. **Dolcefarniente** *das, -,* süßes Nichtstun. **Dolce vita** *das, die, - -,* süßes Leben, das (ausschweifende) Leben von Müßiggängern.

Dolch [vermutlich von lat. dolo] *der, -(e)s/-e,* kurze Stoßwaffe, ABB. D 9: *Dolchstich; Dolchstoß; Dolchstoßlegende,* Ü.

Dolde [ahd. toldo] *die, -/-n,* ein Blütenstand, ABB. B 38. **Doldenblüt(l)er** *der,* Pflanzen mit Dolden. **doldenförmig, doldig.**

Dole [ahd. dola ›Röhre‹, ›Graben‹, verwandt mit Delle] *die, -/-n,* **1)** Abwasserleitung, Durchlaß. **2)** *alem.:* Rinnsal.

Dolerit [grch. doleros ›täuschend‹] *der, -s/-e,* dem Basalt ähnliches Gestein.

dolichokephal [grch. dolichos ›lang‹ und kephale ›Kopf‹], dolichozephal. **Dolichokephalie** *die, -/. . .l'i|en,* Dolichozephalie. **dolichozephal,** langköpfig. **Dolichozephalie** *die, -/. . .l'i|en.*

dolieren, dollieren.

Doline [slowen. dolina ›Tal‹] *die, -/-n,* schlüssel- oder trichterförmige Hohlform in Karstgebieten.

doll, Ü toll, unglaublich.

Dollar [von Tåler] *der, -s/-s* und bei Wertangaben *Pl. -,* Zeichen: $, Währungseinheit in den Vereinigten Staaten, auch in mehreren anderen Staaten.

Dolle [mnd.] *die, -/-n,* **1)** Eisendübel. **2)** ↘ Vorrichtung zum Halten der Ruder, ABB. A 25, B 42: *Dollbord.*

dollieren [frz. doler ›hobeln‹], *ich* dolliere (habe dolliert) *es, schleife die Fleischseite ab (bei Feinleder).*

Dolly [engl., zu Dorothea] **1)** weibl. Vorname. **2)** *der, -(s)/-s,* Kamerawagen.

Dolman [magyar., aus türk.] *der, -s/-e* **1)** alttürk. Leibrock. **2)** Husarenjacke.

Dolmen [kelt. ›Steintische‹] *der, -s/-,* ein vorgeschichtl. Steingrab.

Dolmetsch [mhd. tolmetze, aus türk.] *der, -es/-e,* **1)** Ü Fürsprecher: *er macht sich zum D. der Unterdrückten.* **2)** Dolmetscher. **dolmetschen,** *ich* dolmetsche (habe gedolmetscht) *(es).* **Dolmetscher** *der, -s/-,* jemand, der mündlich die Verständigung zwischen Personen fremder Sprachen vermittelt: *D. für Englisch und Französisch; Dolmetscherinstitut.*

Dolomit [nach dem franz. Mineralogen D. de Gratet de Dolomieu, 1750–1801] *der, -s/-e,* **1)** ein Mineral: *Dolomitspat.* **2)** Gestein mit Dolomit.

Dolores [span. ›die Schmerzensreiche‹ (Maria)], weibl. Vorname. **Dolorosa** [lat. dolor ›Schmerz‹] *die, -,* Mater Dolorosa.

dolos [lat. dolus ›Betrug‹, ›Arglist‹], ♃♃ heimtückisch, vorsätzlich. **Dolus** *der, -,* ♃♃ böse Absicht: *D. eventualis,* bedingter Vorsatz.

Dom [mhd. tuom, zu lat. domus ›Haus‹] *der, -(e)s/-e,* **1)** Bischofskirche, auch die Hauptkirche einer Stadt: *Domchor.* **2)** 𝍯 Kuppel, ABB. K 53. **3)** eine Bergform, ABB. B 20.

Dom [portug., zu lat. dominus] *der, -,* Herr; vor Vornamen in Portugal höfl. Titel für Priester und Adlige.

D. O. M. [lat.], Abk. für: Deo optimo maximo, ›Gott, dem Besten und Mächtigsten‹, Eingangsformel kirchl. Weihinschriften.

Domäne [lat. dominium ›Herrschaft‹, zu dominus ›Herr‹] *die, -/-n,* **1)** staatliches oder landesherrliches Gut: *Weinbaudomäne.* **2)** Ü Arbeitsgebiet, Gebiet, in dem man sich gut auskennt: *die französische Literatur ist seine D.*

Domestik [lat. domestici ›Hausgenossen‹, zu domus ›Haus‹] *der, -en/-en,* **1)** Dienstbote. **2)** Radsport: Fahrer, der dem besten Fahrer seiner Mannschaft Hilfsdienste leistet. **Domestikation** *die, - /-en,* Umwandlung von Wildtieren zu Haustieren, von Wildpflanzen zu Kulturpflanzen. **Domestike** *der, -n/-n,* Domestik. **domestizieren,** *ich* domestiziere (habe domestiziert) *Tiere, Pflanzen.*

Domherr *der,* Domkapitular, **1)** kath. Kirche: Mitglied des Domkapitels. **2)** evang. Kirche: Inhaber der Pfründe eines alten Doms.

Domina [lat. ›Herrin‹] *die, -/. . .nä,* Kloster- oder Stiftsvorsteherin, Äbtissin.

dominant [lat. dominari ›herrschen‹], **1)** beherrschend, vorherrschend. **2)** überdeckend (Erbmerkmale). **Dominante** *die, -/-n,* **1)** vorherrschendes Merkmal. **2)** ♪ fünfter Ton der Tonleiter; Dreiklang über diesem Ton: *Dominant(en)akkord.* **3)** vorherrschende Pflanzen- oder Tierwelt. **Dominanz** *die, -/-en,* Genetik: vorherrschende Genwirkung bei der Merkmalsausprägung. **dominieren,** ich dominiere (hat dominiert), herrscht vor, überragt: *eine dominierende Rolle.*

Dominik [lat. Dominicus ›zum Herrn gehörig‹], männl. Vorname. **Dominikaner** *der,* **1)** Mönch des Predigerordens: *Dominikanerorden.* **2)** Bewohner der Dominikanischen Republik auf Hispaniola. **Dominikus,** männl. Vorname.

Dominion [-m'injən, engl., vgl. Domäne] *das, -s/-s* oder . . .ni|en, frühere Bez. für ein überseeisches Gebiet des Britischen Reichs mit Selbstregierung.

Domino [lat. dominus ›Herr‹], **1)** *das, -s/-s,* ein Steinspiel, ABB. D 9: *Dominospiel.* **2)** *der, -s/-s,* Maskenmantel, ABB. M 6; Person, die einen solchen Mantel trägt.

Dominus [lat. ›Hausherr‹] *der, -/. . .ni,* Herr, Gebieter. **Dominus vobiscum!,** der Herr sei mit euch!

Domizil [lat. domicilium ›Wohnung‹] *der, -s/-e,* Wohnsitz. **domizilieren,** *ich* domiziliere (habe domiziliert), K habe meinen Wohnsitz.

Domkapitel *das,* Körperschaft von Geistlichen als Beirat des Bischofs. **Domkapitular** *der,* Domherr. **Dompfaff** *der, -en,* auch *-s/-e,* ein Singvogel.

Dompteur [dɔmpt'ø:r, frz.] *der, -s/-e,* **Dompteuse** [dɔmpt'ø:zə] *die, -/-n,* Tierbändiger(in), jemand, der wilde Tiere dressiert und vorführt.

Domra [russ.] *die, -/-s* oder . . .ren, russisches lautenähnl. Zupfinstrument.

Don [lat. dominus] *der, -(s)/-s,* Herr; vor Vornamen in Spanien höfl. Anrede, in Italien Titel für Priester und Adlige. **Doña** [d'ɔnja, span., zu lat. domina] *die, -/-s,* Frau, Fräulein; vor Vornamen in Spanien höfl. Anrede.

Donald [gäl. ›der Mutige‹], männl. Vorname.

Donar [ahd. ›Donner‹], german. Gott.

Donatar [lat. donatio ›Schenkung‹] *der, -s/-e,* ⚯ Beschenkter. **Donation** *die, -/-en,* ⚯ Schenkung. **Donator** *der, -s/. . .t'oren,* ⚯ Schenker, Stifter. **2)** Atom oder Molekül, das Elektronen abgibt, z. B. in Halbleitern. **Donatus** [lat. ›der (von Gott) Geschenkte‹], männl. Vorname.

Donja *die, -/-s,* eingedeutscht für: Doña; U Freundin; Dienstmädchen.

Donjon [dɔʒ'ɔ̃, frz., eigtl. ›Herrenturm‹] *der, -s/-s,* befestigter Wohnturm einer Burg.

Don Juan [dɔn xu'an, Gestalt der europ. Dichtung] *der, - -s/- -s,* Ü Verführer, Frauenheld.

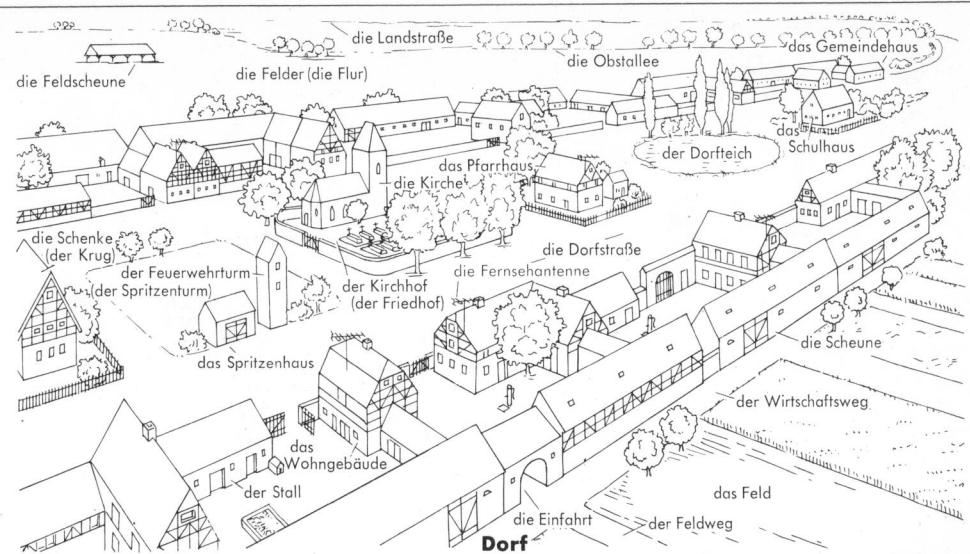

die Landstraße · die Obstallee · das Gemeindehaus · die Feldscheune · die Felder (die Flur) · der Dorfteich · das Schulhaus · das Pfarrhaus · die Kirche · der Dorfstraße · die Schenke (der Krug) · die Fernsehantenne · der Feuerwehrturm (der Spritzenturm) · der Kirchhof (der Friedhof) · die Scheune · das Spritzenhaus · der Wirtschaftsweg · das Wohngebäude · der Stall · das Feld · die Einfahrt · der Feldweg

Dorf

Donna [ital., zu lat. domina] *die, -/-s* oder *D'onnen*, Frau, Herrin.

Donner [ahd. donar] *der, -s/-*, **1)** bei einem Gewitter das rollende oder krachende Geräusch nach dem Blitz: *der D. rollt.* **2)** Ü ähnliches Geräusch: *der D. der Lawine, der Flugzeugmotoren; D. noch mal!, D. und Doria!*, Flüche. **Donnerbart** *der*, ein Pflanzenname. **Donnerbüchse** *die*, Bombarde, vgl. ABB. G 15; Ü Feuerwaffe. **Donnerer** *der, -s/-*, Gewittergott. **Donnerkeil** *der*, **1)** vorgeschichtl. Steingerät. **2)** Blitzschleuder des Gewittergottes. **3)** Teil der Kalkschale des Belemniten. **donnern**, *es* donnert (hat gedonnert), **1)** Donner rollt, kracht. **2)** es gibt ein donnerähnl. Geräusch: *donnernder Applaus.* **3)** *ich donn(e)re*, Ü schelte laut, polternd: *Ruhe!*, donnerte er. **Donnerschlag** *der*, kurzer, heftiger Donner: *die Nachricht wirkte wie ein D.*, Ü. **Donnerstag** [ahd. toniristac, eigtl. ›Tag des Donar‹] *der*, der alttestamentar. fünfte, nach DIN-Norm vierte Tag der Woche; vgl. Dienstag. **Donnerwetter** *das*, Ü **1)** zorniger oder erstaunter Ausruf: *(zum) D.!* **2)** heftige Auseinandersetzung: *es gab ein heftiges D.*

Don Quichotte [dõkiʃʹɔt, nach dem Romanhelden von M. de Cervantes, 1547–1616] *der*, - -s/- -s, Ü weltfremder Schwärmer. **Donquichotterie** *die, -/. . .r'ien*, zum Scheitern verurteiltes Unternehmen eines weltfremden Schwärmers. **Don Quijote, Don Quixote** [dɔn kixʹotə, span.] *der*, - -s/- -s, Don Quichotte.

Dontgeschäft [frz. dont ›dessen‹, ›davon‹] *das*, Börse: Prämiengeschäft.

doof [niederdt. zu: taub], Ü dumm; langweilig. **Doofheit** *die, -*. **Doofi** *der, -s/-s*, Ü dummer, einfältiger Mensch.

dopen [engl. dope ›Narkotikum‹], *ich dope* (habe gedopt) *ihn, mich*: *gedopte Sportler werden disqualifiziert.* **Doping** *das, -s/-s*, ✶ unerlaubte Verwendung von Anregungsmitteln, um die Leistung zu steigern: *Doping-Kontrolle.*

Doppe *die, -/-n*, Dogge (für Edelsteine).

doppel. . . [über frz. double, aus lat. duplus ›zweifach‹], doppelt. . ., zweifach. . .: *Doppelbett; Doppelfenster; Doppelmitgliedschaft; Doppelmord; er spielt in diesem Film eine Doppelrolle; Doppelvierer.* **Doppel** *das, -s/-*, **1)** vollwertige Abschrift, Durchschlag. **2)** Tennis u. a.: Spiel zwischen zwei Spielpaaren: *Damendoppel; gemischtes D.* **3)** *der, alem.:* Einsatz beim Schützenfest. **Doppeladler** *der*, zweiköpfiger Adler auf Wappen oder Münzen, ABB. D 9. **Doppel-b** *das, -s/-s*, Zeichen: bb, ♪ Versetzungszeichen, das um zwei Töne erniedrigt, ABB. N 9. **Doppelbier** *das*, ein Starkbier. **doppelbödig**, mit doppeltem Boden. **Doppelbrechung** *die*, Zerlegung eines Lichtstrahls in zwei Komponenten. **Doppelbüch-**

se *die*, Jagdgewehr mit zwei gezogenen Läufen. **Doppeldecker** *der, -s/-*, **1)** Flugzeug mit zwei übereinanderliegenden Tragflächen, ABB. F 31. **2)** Ü Doppeldeckbus. **doppeldeutig**, mit zwei Bedeutungen, zweideutig, doppelsinnig. **Doppeldeutigkeit** *die, -/-en*. **Doppelehe** *die*, Bigamie. **Doppelflinte** *die*, Schußwaffe mit zwei glatten Läufen, ABB. G 20. **Doppelgänger** *der, -s/-*, jemand, der einem anderen täuschend ähnlich sieht. **doppelgleisig**, zweigleisig. **Doppelgriff** *der*, ♪ gleichzeitiges Greifen zweier oder mehrerer Töne auf Saiteninstrumenten. **Doppelheit** *die, -*, doppeltes Vorhandensein. **Doppelkinn** *das*, Fettwulst unter dem Kinn. **Doppelkontinent** *der, -(e)s*, Nord- und Südamerika. **Doppelkopf** *der, -(e)s*, ein Kartenspiel. **Doppelkreuz** *das*, **1)** Zeichen: ×, ♪ Versetzungszeichen, das einen Ton um zwei halbe Töne erhöht, ABB. K 44. **2)** ABB. K 44. **Doppelleben** *das, -s*, Ü zwei sich widersprechende Lebensstile: *er führt ein D.* **doppeln**, *ich dopp(e)le* (habe gedoppelt) *es*, **1)** mache doppelt. **2)** unterlege mit einer zweiten Schicht. **3)** *österr., süddt.:* besohle. **4)** stelle ein Duplikat einer Lochkarte her. **Doppelpunkt** *der*, Kolon, ein Satzzeichen, ÜBERS. S 6. **Doppelschlag** *der*, ♪ Verzierung, ABB. N 10. **doppelseitig**, auf beiden Seiten: *doppelseitige Lungenentzündung.* **Doppelsinn** *der, -(e)s*, doppelte Bedeutung, Nebensinn, Hintersinn. **doppelsinnig. doppelt**, **1)** zweimal das gleiche: *ich habe das Buch d.; ich bin d. so alt wie du; das ist d. gemoppelt*, Ü unnötigerweise zweifach. **2)** zweierlei: *doppelte Moral*, Anwendung verschiedener sittlicher Maßstäbe für die gleichen Handlungen; *doppeltes Spiel: er treibt ein doppeltes Spiel.* **Doppel-T-Eisen** *das*, ABB. T 16. **Dopp(e)lung** *die, -/-en*, **1)** das Doppeln. **2)** Bekleidung mit einer zweiten Schicht. **Doppelverdiener** *der*. **Doppelverdienst** *der*, Einkommen aus dem Verdienst mehrerer Familienmitglieder, bes. von Mann und Frau. **Doppelversicherung** *die*, gleichzeitig mehrere Versicherungen gegen die gleiche Gefahr. **Doppelwährung** *die*, Bimetallismus, gleichzeitig Gold- und Silberwährung. **Doppelzentner** *der*, Zeichen: dz, 100 kg, ÜBERS. M 8. **Doppelzimmer** *das*, Zimmer mit zwei Betten (im Hotel). **doppelzüngig**, falsch, nach Bedarf anders sprechend: *er redet d.*

Dora [von Dorothea], weibl. Vorname.

Dorade [frz. dorer ›Vergoldender‹] *die, -/-n*, Name mehrerer Fische, z. B. für Goldmakrele.

Dorado [eigtl. el Dorado, span. ›der Vergoldete‹] *das, -s/-s*, auch Eldorado, **1)** sagenhaftes Goldland. **2)** Ü Traumland.

Dorer *der, -s/-*, auch Dorier, Angehöriger eines altgriech. Stammes.

Dorf [ahd. dorf] *das, -(e)s/-*er, ländliche Siedlung, ABB. D 10:

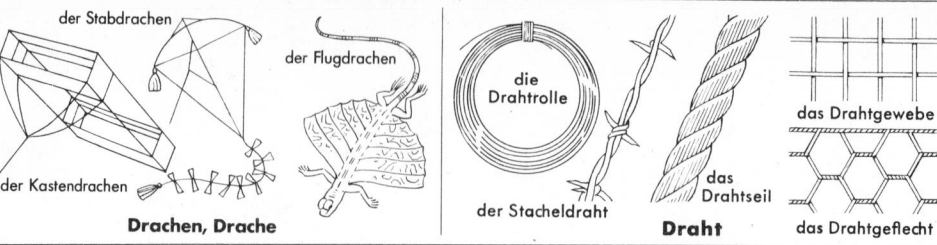

der Stabdrachen

der Flugdrachen

die Drahtrolle

das Drahtgewebe

der Kastendrachen

der Stacheldraht

das Drahtseil

Drachen, Drache

Draht

das Drahtgeflecht

Dorfbewohner; Dorflinde; Heidedorf. **Dörfchen** *das, -s/-.* **Dorfet** *der, -s/-en,* **Dorfete** *die, -/-n, schweiz.:* Dorffest. **dörfisch,** sehr einfach; sehr unbeholfen. **Dörfler** *der, -s/-,* Landbewohner, Nichtstädter. **dörflich,** *dörfliche Lebensweise.* **Dorfschulze** *der,* ⚥ Dorfvorsteher.

Dori|er *der, -s/-,* Dorer.

Doris [von Dorothea], weibl. Vorname.

dorisch, 1) zu den Dorern gehörig. 2) zu einer Stilform der griech. Baukunst gehörend: *dorische Säule,* ABB. S 8.

Dormeuse [dɔrmˈøːz(ə), frz., zu dormir ›schlafen‹ *die, -/-n,* 1) bequemer Sessel. 2) ⚥ Reisewagen mit Liegeplatz. 3) ⚥ Schlafhaube. **Dormitorium** [lat. dormire ›schlafen‹] *das, -s/. . .ri|en,* Schlafsaal eines Klosters, ABB. K 28.

Dorn [ahd. dorn] *der, -(e)s,* 1) *Pl. -en,* stechender holziger Pflanzenteil, ABB. D 9; Sinnbild von Schmerz oder Ärgernis: *Dornenhecke; Dornenstrauch; ein Lebensweg voller Dornen,* Ü; *das ist ihm ein ständiger D. im Auge,* Ü ein ständiges Ärgernis. 2) *Pl. -e,* Werkzeug zum Löchern, ABB. D 9. 3) *Pl. -e,* Stift an Schnallen u. a., ABB. G 39. **Dörnchen** *das, -s/-.* **Dornenkrone** *die,* Sinnbild höchsten Leidens (Christi), ABB. K 44. **dornenreich,** Ü beschwerlich. **Dornfortsatz** *der,* Fortsatz am Wirbelknochen. **dornig,** mit Dornen versehen. **Dornrös|chen** *das,* Märchenprinzessin, die hundert Jahre schlief: *Dornröschenschlaf,* Ü anhaltende Untätigkeit, Verträumtheit.

Dorothea, Dorothee [auch d'o-, grch. ›die von Gott Geschenkte‹, weibl. Vornamen.

Dörre [von dürr] *die, -/-n,* Darre. **dörren** [ahd. dorren] *es* dorrt (ist gedorrt), wird trocken, dürr: *das Gras dorrte.* **dörren,** *ich* dörre (habe gedörrt) *es,* lasse austrocknen: *gedörrte Früchte.* **Dörrfleisch** *das,* geräuchertes Fleisch. **Dörr|obst** *das,* Dauerobst, getrocknetes Obst.

dorsal [lat. dorsum ›Rücken‹ und . . . al], anatom. Lagebezeichnung: zum Rücken (zur Rückseite) gehörend oder gelegen. **Dorsal** *der, -s/-e,* Ⓢ mit dem Zungenrücken gebildeter Laut: *Dorsallaut.*

Dorsch [mhd. dorsch] *der, -es/-e,* Kabeljau: *Dorschleber.* **Dorsche** [mhd. torse] *die, -/-n, oberdt.:* Kohlstrunk; Steckrübe.

dorsiven|tral [lat. dorsum ›Rücken‹ und venter ›Bauch‹], Biologie: mit einer Symmetrie-Ebene, z. B. vom Rücken zum Bauch. **dorsoven|tral,** anatom. Richtungsbezeichnung: vom Rücken zum Bauch hin.

dort [ahd. tharot], an dem Ort, den ich zeige, von dem wir gerade sprachen; nicht hier, sondern weiter in der Ferne: *d. hinten.* **dortbehalten,** vgl. dabehalten. **dortbleiben,** vgl. dableiben. **dorten,** ⚥ dort. **dorther,** *von d.,* aus dieser Richtung. **dorthin,** in diese Richtung: *er lief da- und d.* **dorthin|ab,** in dieser Richtung abwärts. **dortig,** *das dortige Klima ist recht mild.* **dortzulande,** in jenem Land.

dos à dos [dozad'o:], Rücken an Rücken (Ballett). **Dös|chen** *das, -s/-.* **Dose** [niederl. doos] *die, -/-n,* 1) Büchse, besonders runder Behälter, ABB. G 7: *Bierdose; Keksdose; Konservendose; Puderdose; Dosenöffner.* 2) runder Deckkörper: *Abzweigdose; Steckdose,* ABB. I 3. 3) U Dosis. **Dosen. . .,** in (Konserven)dosen verpackt: *Dosenbier; Dosenfleisch; Dosenmilch.*

dösen [mhd. dosen ›sich still verhalten‹, ›schlummern‹], *ich* döse (habe gedöst), U schlafe halb, träume vor mich hin. **Dosenlibelle** *die,* eine Wasserwaage zum Waagrechtstellen, z. B. eines Meßgeräts.

dosieren [zu Dosis], *ich* dosiere (habe dosiert) *es,* teile zu, bemesse. **Dosierung** *die, -/-en.*

dösig [zu dösen], schläfrig.

Dosimeter *das, -s/-,* Gerät zur Messung einer Strahlendosis. **Dosis** [grch. ›Gabe‹] *die, -/. . .sen,* bestimmte Menge einer Arznei, die auf einmal zu nehmen ist; Einzelgabe.

Dossier [dɔsj'e, frz. ›Aktenbündel‹, ›Rückenlehne‹, zu dos ›Rücken‹] *der* oder *das, -s/-s,* zu einer Angelegenheit gehörigen Akten. **dossieren,** *ich* dossiere (habe dossiert) *es,* bösche flach ab. **Dossierung** *die, -/-en,* 1) flache Böschung. 2) Querneigung von Fahrbahnen.

Dost [ahd. dosto ›Büschel‹] *der, -es/-e,* ✿ ein Lippenblüter. **Dosten** *der, -s/-, bair.:* Busch. **dostig,** *oberdt.:* aufgedunsen, dick.

Dotation [zu lat. dotare ›ausstatten‹] *die, -/-en,* Schenkung an Stiftungen und Anstalten; Ausstattung. **dotieren,** *ich* dotiere (habe dotiert) *es: der Literaturpreis ist mit 5000 Mark dotiert.* **Dotierung** *die, -/-en,* 1) Dotation. 2) Zusatz von Fremdatomen in reines Halbleitermaterial.

Dotter [mhd. toter, engl. dot ›Punkt‹] *das* oder *der, -s/-,* 1) Eigelb, ABB. E 1; Nährstoff des werdenden Lebewesens: *Dottersack.* 2) eine Ölfrucht. **Dotterblume** *die,* Sumpfdotterblume, Hahnenfußgewächs. **dottergelb,** kräftig gelb.

Dotze *die, -n/-n, schweiz.:* rundes gesägtes Stück eines Baumes.

dotzen, *ich* dotze (habe gedotzt), *südwestdt.:* 1) *es,* lasse aufprallen und hochspringen. 2) *es* dotzt, prallt auf und springt zurück (Ball).

Douane [du'a:n, frz.] *die, -/-n* [-nən], Zoll; Zollamt. **Douanier** [duanj'e, frz.] *der, -s/-s,* Zollbeamter.

doubeln [d'u:bəln], *ich* double (habe gedoubelt), 1) *ihn,* spiele als Double für ihn. 2) *es,* besetze mit einem Double: *die gefährlichen Szenen wurden gedoubelt.* **Dou|ble** [du:bl, frz. ›Doppel‹] *das, -s/-s,* 1) Ersatzperson für den Darsteller: *der Rennfahrer wirkte in dem Film als D. mit.* 2) ♪ Variation eines Satzes der Suite. **Dou|blé** [du'ble] *das, -s/-s,* Dublee. **Doublette** [dubl'εtə] *die, -/-n,* Dublette. **dou|blieren** [dubl'i:rən], *ich* doubliere (habe doubliert) *es,* dubliere.

Dou|glasie [dugl'a:ziə, nach dem schott. Botaniker D. Douglas, 1798–1834] *die, -/. . .si|en,* Douglastanne, ein Nadelbaum.

Dou|glasraum, Dou|glasscher Raum [d'ʌgləs-, nach dem engl. Arzt J. Douglas, 1675–1742] *der,* Raum der Bauchhöhle zwischen Mastdarm und Gebärmutter. **Dou|glas|skop** [vgl. . . .skop] *das, -s/-e,* Gerät zum Besichtigen des Douglasraums.

down [daun, engl.], 1) nieder!, legen! 2) U niedergedrückt, erschöpft: *er fühlt sich d.; ich bin heute ganz d.* **Downer** [d'aunə] *der, -s/-s,* U Tranquilizer (für Rauschgiftabhängige).

Doxologie [grch. doxa ›Ruhm‹ und . . .logie] *die, -/. . .g'i|en,* Lobpreisung Gottes.

Doyen [dwaj'ɛ̃, frz., zu lat. decanus ›Dekan‹] *der, -s/-s,* 1) Sprecher eines diplomatischen Korps. 2) (Rang)ältester.

Dozent [lat. docere ›lehren‹] *der, -en/-en,* Hochschullehrer. **Dozentenschaft** *die, -,* Gesamtheit der Dozenten einer Hochschule. **Dozentur** *die, -/-en,* Lehrauftrag als Dozent. **dozieren,** *ich* doziere (habe doziert), trage vor, belehre, lehre.

D. P. [dip'i, engl.], Abk. für: Displaced person; U auch *der, -(s)/-s.*

dpa, Abk. für: Deutsche Presse-Agentur.

dpt, Zeichen für: Dioptrie.

Dr, Abk. für: Drachme.

Dr., Abk. für: Doktor.

DR, Abk. für: Deutsche Reichsbahn.

d. R., Abk. für: 1) ⚥ der Reserve: *Leutnant d. R.* 2) *österr.:* des Ruhestands.

Drache *der, -n/-n,* **Drachen** [ahd. trahho, grch. drakon ›der scharf Blickende‹] *der, -s/-,* **1)** sagenhaftes Untier. **2)** ein Kinderspielzeug, Abb. D 11. **3)** Wikingerboot. **4)** Ü zänkischer Mensch, bes. ältere Frau. **5)** *ohne Pl.,* ☆ ein Sternbild. **Drachenbaum** *der,* ⊕ palmenähnlicher Baum mit schwertförmigen Blättern. **Drachenfliegen** *das,* auch Deltafliegen, das Fliegen mit drachenartigen, deltaförmigen Hängegleitern. **Drachensaat** *die,* P Saat der Zwietracht.

Drachme [grch. ›Handvoll (von Münzen)‹] *die, -/-n,* Abk.] Dr, **1)** griech. Währungseinheit. **2)** altgriech. Gewichts- und Rechnungseinheit. **3)** früheres Apothekergewicht.

Dragée, Dragee [dra3′e:, frz., grch. tragemata ›Naschwerk‹] *das, -s/-s,* überzuckerte Frucht oder Pille.

Draggen [niederdt.] *der, -s/-,* Ankerform, Abb. A 15.

Dragoman [ital. dragomanno, aus arab.] *der, -s/-e,* im Orient: Dolmetscher; Fremdenführer.

Dragon [frz., vgl. Estragon] *der* oder *das, -s,* Estragon.

Dragonade [frz., zu dragon, urspr. ›feuerspeiender Drache‹] *die, -/-n,* Ü gewaltsames Vorgehen (der Regierung).

Dragoner *der, -s/-,* ♘ Angehöriger der leichten Reiterei.

drah di, *österr.:* geh weg! **Dra(h)diwaberl** *das, -s/-(n), wien.:* sich rasch drehender Gegenstand, Kreisel. **drahen** [zu drehen], *ich drahe* (habe gedraht), *österr.:* durchzeche bummelnd eine Nacht. **Drahrer** *der, -s/-,* *österr.:* Nachtschwärmer. **Drahrerei** *die, -, österr.:* Bummelei zur Nachtzeit.

Draht [ahd. drat, zu drehen] *der, -(e)s/"e,* **1)** schnurartig (einige hundertstel bis 12 mm stark) ausgewalztes oder gezogenes Metall, Abb. D 11: *Drahtgeflecht; Drahtzaun; Stacheldraht; er ist auf D.,* Ü flink und umsichtig. **2)** Ü Fernsprecher, Fernschreiber: *der D. meldet; Drahtantwort.* **3)** mit Pech eingeriebener Nähfaden des Schuhmachers. **Drahtanschrift** *die, -/-en,* Form für Telegramm. **Drahtauslöser** *der,* eine Form des Kameraauslösers, Abb. P 12. **Drahtbürste** *die,* kräftige Bürste mit Drahtborsten. **Drähtchen** *das, -s/-.* **drahten,** *ich drahte* (habe gedrahtet) *es ihm,* telegraphiere. **drahten, drähtern,** aus Draht. **Drahtfernsehen** *das,* Kabelfernsehen. **Drahtfunk** *der,* ((•)) Übertragung von Hörfunksendungen über vorhandene Leitungen. **Drahtgeflecht** *das,* Abb. D 11. **Drahtgewebe** *das,* Abb. D 11. **Drahtglas** *das,* durch Drahtgewebe verstärktes Glas. **Drahthaar** *das,* rauhes Haar bei Hunden: *Drahthaarfox.* **drahtig,** Ü sportlich gestählt, sehnig. **Drahtlehre** *die,* Meßwerkzeug der Drahtstärke. **drahtlos,** durch Funk. **Drahtnachricht** *die,* telegraphische Nachricht. **Drahtseil** *das,* aus Stahldraht gedrehtes Seil, Abb. D 11. **Drahtseilbahn** *die,* Abb. S 46. **Drahthau** *der,* **1)** Hindernis. **2)** Soldatensprache: Dörrgemüse. **Drahtwand** *die,* Rabitzwand. **Drahtwurm** *der,* Larve der Schnellkäfer. **Drahtzieher** *der,* **1)** Drahthersteller. **2)** Ü im Hintergrund bleibender Urheber: *der D. dieser Aktion ist unbekannt.*

Drain [drɛːn; drɛ̃, frz., aus engl. to drain ›entwässern‹] *der, -s/-s,* der Drän. **Drainage** [drɛnˈa:3ə] *die, -/-n,* die Dränage. **drainieren** [drɛ-], *ich drainiere* (habe drainiert) *es,* dräniere. **Draisine** [nach K. F. Drais, 1785–1851] *die, -/-n,* **1)** leichtes Eisenbahnfahrzeug, Abb. D 12. **2)** Laufrad, Abb. F 3.

drakonisch [Drakon, altgriech. Gesetzgeber um 621 v. Chr.], überaus streng: *drakonische Maßnahmen.*

drall [zu drillen], rund und fest, stramm, pausbackig. **Drall** *der, -(e)s/-e,* **1)** Drehung. **2)** Physik: Kraft, mit der ein an einem Faden hängender Körper, der aus seiner Ruhelage herausgedreht ist, wieder in diese zurückstrebt. **3)** Drehung eines Geschosses um seine Achse, hervorgerufen durch die Windung der Züge bei Feuerwaffen: *Links- oder Rechtsdrall* (bei Geschossen, Ü in der Politik). **4)** Spinnerei: Anzahl der Drehungen auf eine bestimmte Fadenlänge. **Drallheit** *die, -,* draller Wuchs, dralles Aussehen.

Dralon [Kw.] *das, -(s),* Handelsname für eine synthet. Chemiefaser.

Drama [grch., eigtl. ›Handlung‹] *das, -s/.. .men,* **1)** Schauspiel, Bühnendichtung. **2)** Ü bewegtes Geschehen: *das D. eines Lebens.* **Dramatik** *die, -,* **1)** Bühnendichtkunst. **2)** Ü bewegter Ablauf, Spannung: *die D. dieses Geschehens.* **Dramatiker** *der, -s/-,* Schauspieldichter. **dramatisch, 1)** bühnenmäßig. **2)** Ü eindringlich, spannend. **dramatisieren,** *ich dramatisiere* (habe dramatisiert) *es,* **1)** arbeite zum Drama um. **2)** Ü übertreibe. **Dramatisierung** *die, -/-en.* **Dramaturg** *der, -en/-en,* Theaterangestellter, der Stücke für eine Bühne auswählt und bearbeitet. **Dramaturgie** *die, -/.. .g′i|en,* Schauspielkunde. **dramaturgisch. Dramolett** *das, -s/-e,* kurzes Drama.

dran, Ü daran: *du bist d.,* an der Reihe; *das ganze Drum und Dran,* alles, was noch dazugehört. **dran. . .,** Ü daran . . ., in Verbindung mit Verben trennbar zusammengesetzt; vgl. drankommen, drankriegen, dransinnen.

Drän [zu Drain] *der, -s/-s* oder *-e,* **1)** Abflußrohr zur Bodenentwässerung. **2)** ⚕ Gummiröhrchen zur Dränage. **Dränage** [-nˈa:3ə] *die, -/-n,* **1)** ⚕ Ableitung von Wundflüssigkeit durch Dräns. **2)** Dränung. **dränen,** *ich dräne* (habe gedränt) *es,* dräniere.

Drang [mhd. dranc ›Gedränge‹] *der, -(e)s,* **1)** Druck. **2)** Trieb, heftige Sehnsucht: *der D. zur Freiheit.* **Drängelei** *die, -,* das Drängeln. **drängeln,** *ich dräng(e)le* (habe gedrängelt), **1)** suche mich vorzuschieben in einer Menge, um ein Ziel zu gelangen: *am Fahrkartenschalter wurde heftig gedrängelt.* **2)** Ü verlange hartnäckig: *die Kinder drängelten, bis die Mutter nachgab.* **drängen** [ahd. thrangon], *ich dränge* (habe gedrängt), **1)** *ihn, es,* presse, drücke zusammen: *eine dichtgedrängte Menschenmenge.* **2)** *ihn zu etwas,* Ü treibe an, versuche zu beschleunigen. **3)** *nach, auf etwas,* dulde keinen Aufschub: *die Gläubiger drängen auf Zahlung.* **4)** *mich an ihn,* komme ihm ganz nahe, schmiege mich an. **5)** *es drängt,* eilt, ist dringend. **Drängerei** *die, -,* das Drängen. **Drangsal** *die, -/-e* oder *das, -(e)s/-e,* Not, Bedrückung. **drangsalieren,** *ich drangsaliere* (habe drangsaliert) *ihn,* peinige, plage. **Drangsalierung** *die, -/-en.* **drangvoll,** sehr gedrängt, drückend: *drangvolle Enge.*

dränieren [zu Drain], *ich dräniere* (habe dräniert) *es,* **1)** entwässere durch Dränung. **2)** ⚕ leite Wundflüssigkeit ab. **Dränierung** *die, -/-en.*

Drank *der, -(e)s, niederdt.:* Spülwasser; Schweinefutter aus Küchenabfällen: *Drankfaß.*

drankommen, *ich komme dran* (kam dran, bin drangekommen), Ü komme an die Reihe. **drankriegen,** *ich kriege ihn dran* (habe drangekriegt), Ü bringe mit Geschick zu etwas, übertölpele: *da hast du mich schön drangekriegt.* **dransinnen,** *ich sinne ihm dran* (habe drangesinnet), *schweiz.:* trage es ihm nach, Ü.

Dränung [zu Drain] *die, -/-en,* Entwässerung des Bodens durch Röhren, Gräben, Kiesschichten, Abb. D 12.

Drapé [-p'e:, frz. drap ›Tuch‹] *der, -(s)/-s,* ein Anzugstoff. **Draperie** *die, -/.. .r'i|en,* Stoffdekoration, malerischer Faltenwurf. **drapieren,** *ich drapiere* (habe drapiert) *es,* falte Stoff kunstvoll, schmücke aus. **Drapierung** *die, -/-en.*

drappfarbig [frz. drap ›Tuch‹], *österr.:* sandfarbig.

Drasch [dra:ʃ] *der, -es, ostmitteldt.:* aufgeregte Geschäftigkeit, Eile, Hetze: *sie ist immer im D.*

Drasticum [grch. drastikos ›wirksam‹] *das, -(s)/.. .ca,* stark wirkendes Abführmittel. **Drastik** *die, -,* Wirksamkeit, Derbheit. **drastisch, 1)** stark wirksam: *ein drastisches Mittel.* **2)** derb anschaulich: *eine drastische Schilderung.*

dräuen [ahd. drouwen ›drohen‹, ›tadeln‹], *ich dräue* (habe gedräut) *ihm,* ♐ drohe.

Draisine

die Motorhaube · der Schienenstrang

der Kopfdrain · der Hauptsammler · der Sammler · der Sauger · der Vorfluter · der Dränageplan

Dränung

der Maulwurfpflug · der Schwanenhals · der Legehaken · die Spitzhacke · der Spaten · die Geräte

die Aströhre · der Röhrendrän · der Kastendrän · die Dränarten

D 12

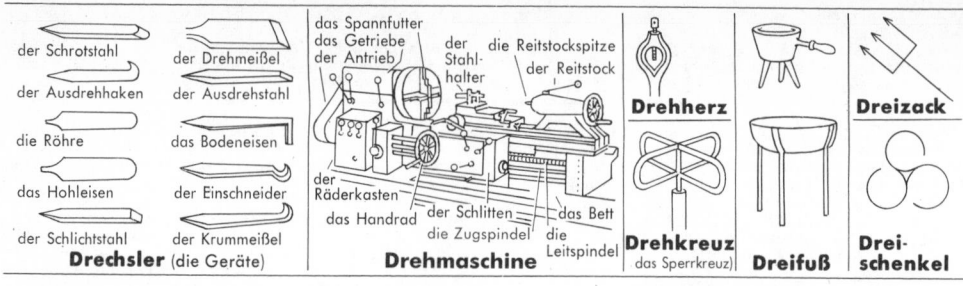

der Schrotstahl · der Drehmeißel · das Spannfutter · das Getriebe · der Antrieb · der Stahlhalter · die Reitstockspitze · der Reitstock

der Ausdrehhaken · der Ausdrehstahl

Drehherz · **Dreizack**

die Röhre · das Bodeneisen

das Hohleisen · der Einschneider · der Räderkasten · das Handrad · der Schlitten · das Bett

der Schlichtstahl · der Krummeißel · die Zugspindel · die Leitspindel

Drehkreuz (das Sperrkreuz) · **Dreifuß**

Drechsler (die Geräte) · **Drehmaschine** · **Drei-schenkel**

drauf, U darauf: *ich war d. und dran, den Plan aufzugeben, war nahe daran, war im Begriff.* **drauf...,** in Verbindung mit Verben trennbar zusammengesetzt; vgl. draufgehen, draufzahlen. **Draufgabe** *die,* 1) 🔔 Draufgeld. 2) Zugabe des Händlers an den Kunden. **Draufgänger** *der, -s/-,* jemand, der gewagt oder schnell handelt, ohne sich zu besinnen. **draufgängerisch. Draufgängertum** *das, -(e)s,* Art eines Draufgängers. **draufgehen,** *ich gehe drauf* (ging drauf, bin draufgegangen), U 1) gehe zugrunde, sterbe: *bei der Pest sind Tausende draufgegangen.* 2) *es geht drauf,* wird verbraucht, verschwendet: *bei diesem Ausflug sind 100 Mark draufgegangen.* **Draufgeld** *das,* 🔔 Anzahlung zum Zeichen des Vertragsabschlusses. **drauflegen,** *ich lege drauf* (habe draufgelegt), U *zahle drauf.* **drauflos...,** in Richtung auf etwas, (ungezielt) gegen etwas: *drauflosgehen; drauflosreden; drauflosschlagen.* **Draufsicht** *die,* Ansicht von oben. **draufzahlen,** *ich zahle drauf* (habe draufgezahlt), U *es ist ein Verlustgeschäft für mich, ich zahle zu.*

draus, U daraus.

drauß [ahd. daruz], ⚘ P draußen. **draußen,** außerhalb des Ortes, an dem wir uns befinden (nicht im Zimmer, in der Stadt, im Lande): *er war zwei Jahre d.,* U im Ausland.

Drawida *der, -(s)/-(s),* Angehöriger einer Sprachfamilie Vorderindiens. **drawidisch.**

Drawing-room [drʼɔːiŋ ruːm, engl.] *der, -s/-s,* Empfangs- und Wohnzimmer in England.

Dreadlocks [drʼedlɔks, engl.] *Pl.,* kleine Zöpfchen aus dünnen Haarsträhnen.

Drechselei *die, -/-en,* gekünsteltes Getue. **drechseln,** *ich drechs(e)le* (habe gedrechselt) *es,* 1) bearbeite Holz, Horn u. a. auf der Drehbank, ABB. D 13. 2) U forme kunstvoll: *gedrechselte Worte,* gekünstelter, steifer Stil. **Drechsler** [mhd. drähsel] *der, -s/-,* Hersteller von Möbelteilen und Gebrauchsgegenständen auf der Drehbank: *Drechslerarbeit; Drechslerwaren.* **Drechslerei** *die, -/-en,* Drechslerhandwerk, Drechslerwerkstatt.

Dreck [mhd. drec] *der, -(e)s,* U 1) Schmutz: *Dreck(s)arbeit; man hat ihn in den D. gezogen,* U verleumdet; *wir müssen die Karre aus dem D. ziehen,* U eine verfahrene Sache wieder in Ordnung bringen. 2) Kot: *Fliegendreck.* 3) U Kleinigkeit: *er kümmert sich um jeden D.; das geht dich einen D. an,* U gar nichts. **Dreckfink** *der,* U schmutziger Mensch, bes. Kind. **dreckig,** U 1) schmutzig. 2) U schlecht: *es geht ihm d.* 3) U gemein, hämisch: *ein dreckiges Lachen.* **Drecknest** *das,* U derb: armseliges Dorf, langweilige Kleinstadt. **Drecksau** *die,* V ein Schimpfwort. **Dreckspatz** *der,* Dreckfink.

Dredge [drɛdʒ, engl.]. **Dredsche** *die, -/-n,* Schleppnetz. **Dreesch** [niederdt.] *der, -es/-e,* auch Driesch, als Weide benutztes Land.

Dreh [zu drehen] *der, -(e)s/-e,* U 1) Drehung. 2) U entscheidender Handgriff: *man muß nur den D. heraushaben,* wissen, wie man es machen muß. **Drehbank** *die,* veraltete Bez. für: Drehmaschine. **drehbar,** zum Drehen eingerichtet. **Drehbleistift** *der,* Bleistift mit herausschraubbarer Mine. **Drehbrücke** *die,* eine schwenkbare Brücke, ABB. B 51. **Drehbuch** *das,* Text für einen Film mit genauer Angabe der Einzelaufnahmen. **Drehbühne** *die,* drehbare Bühne, ABB. B 55. **Dreheisen|in|strument** *das,* Strom- und Spannungsmesser für Gleich- und Wechselstrom. **drehen** [ahd. draen], *ich drehe* (habe gedreht) *es,* 1) lasse kreisen: *ich d. das Rad um die Achse.* 2) wende, bringe in eine andere Richtung: *ich d. den Scheinwerfer auf ihn.* 3) flechte, winde (Seile, Zöpfe). 4) forme, runde (Tüten, Pillen). 5) drechsle, bearbeite Metall auf der

Drehbank. 6) U verdrehe, suche anders erscheinen zu lassen: *du magst es drehen, wie du willst.* 7) *ein Ding,* U erreiche etwas auf unehrliche Art. 8) *einen Film,* nehme ihn auf. 9) *mich,* bewege mich im Kreise (im Tanz, im Strudel). 10) *er dreht und wendet sich,* U sträubt sich unter allerlei Vorwänden. 11) *der Wind dreht (sich),* verändert die Richtung. 12) *es dreht sich darum,* U handelt sich: *alles dreht sich um ihn,* er steht im Mittelpunkt. **Dreher** *der, -s/-,* 1) Metallarbeiter an der Drehbank. 2) ein Volkstanz, Ländler. 3) Handgriff zum Drehen. **Drehergewebe** *das,* ein luftiges Gewebe, ABB. G 19. **Drehfeld** *das,* ein magnet. Feld, das sich um eine feste Achse dreht. **Drehfeuer** *das,* 🚢 ein durch period. Drehung von Scheinwerfern erzeugtes Schiffahrtszeichen. **Drehflügelflugzeug** *das,* Flugzeug (Hubschrauber, Tragschrauber) mit um eine senkrechte Achse rotierenden Drehflügeln (Rotoren). **Drehgestell** *das,* Fahrgestell für Schienenfahrzeuge, ABB. E 5. **Drehherz** *das,* Hilfswerkzeug auf der Drehbank, ABB. D 13. **Drehkondensator** *der,* ein durch Drehen einstellbarer Kondensator, ABB. K 36. **Drehkran** *der,* ABB. K 42. **Drehkrankheit** *die,* Gehirnkrankheit der Wiederkäuer, bes. der Schafe. **Drehkreuz** *das,* eine Sperrvorrichtung, ABB. D 13. **Drehmaschine** *die,* eine Werkzeugmaschine, ABB. D 13. **Drehorgel** *die,* trag- oder fahrbare Kleinorgel, Leierkasten, ABB. O 3. **Drehpause** *die,* Pause während der Filmaufnahmen. **Drehschalter** *der,* ABB. E 6. **Drehscheibe** *die,* 1) Eisenbahn: drehbare Brücke zum Wenden, ABB. B 5. 2) Töpferscheibe, ABB. T 14. **Drehspul|in|strument** *das,* Strom- und Spannungsmesser für Gleichstrom. **Drehstrom** *der,* dreiphasiger Wechselstrom. **Drehstrommotor** *der,* ein Elektromotor. **Drehstuhl** *der,* Stuhl mit drehbarem Sitz. **Drehtür** *die,* sich um eine Mittelachse drehende Tür, ABB. T 19. **Drehung** *die, -/-en,* Bewegung eines geometrischen Gebildes um einen Punkt (Drehpunkt, Zentrum) oder eine Achse (Drehachse, Rotationsachse). **Drehwurm** *der,* 1) Erreger der Drehkrankheit. 2) *ich habe den D.,* U fühle mich schwindlig. **Drehzahl** *die,* Anzahl der Umdrehungen in der Zeiteinheit: *Drehzahlregler.*

drei (3) [ahd. t(h)ri], ÜBERS. Z 1; vgl. acht: *sie kamen alle d.; ein Drama in d. Akten; d. mal d. ist neun; er kann nicht bis d. zählen,* U ist sehr dumm; *wir sind zu dreien oder zu dritt; die Vereinigung dreier mächtiger Völker,* selten: *dreier mächtiger Völker;* aber: *die Heiligen Drei Könige.* Vgl. Acht 3; als Note ›befriedigend‹; vgl. Acht. **Dreiachteltakt** (³/₈-Takt) *der,* Takt aus je drei Achtelnoten. **dreiarmig,** mit drei Armen (Leuchter). **dreibastig,** *nordostd.:* dummdreist. **dreibeinig,** mit drei Beinen (Schemel). **dreiblätt(e)rig,** mit drei Blättern (Klee). **dreidimensional,** mit drei Dimensionen, räumlich. **Dreieck** *das,* 1) △ Fläche, die durch die kürzesten Verbindungen dreier nicht auf einer Geraden liegenden Punkte begrenzt wird, ABB. D 14: *Dreiecksschaltung,* ↯. 2) *ohne Pl.,* ✰ ein Sternbild. **dreieckig. Dreieinigkeit** *die, -,* Trinität, Gottvater, Sohn und Heiliger Geist. **Dreier** *der,* 1) alte Münze. 2) *oberd.:* die Note Drei. **Dreierreihe** *die: in D. antreten!,* in drei Reihen hintereinander. **Dreifaltigkeit** *die, -,* Dreieinigkeit: *Dreifaltigkeitsfest.* **Dreifelderwirtschaft** *die, -,* Landwirtschaft: Bewirtschaftung einer Flur in dreijährigem Wechsel. **Dreifuß** *der,* 1) Gestell auf drei Füßen, ABB. D 13. 2) Schustergerät, ABB. S 39. **dreigestrichen,** ♪ die dritte Oktave über dem Mittelton c: *das dreigestrichene d.* **Dreiheit** *die, -,* Gesamtheit von drei Teilen. **dreihundert** (300), vgl. hundert. **Dreikampf** *der,* aus drei Übungen bestehender sportlicher Wettkampf. **Dreikant** *der* oder *das, -(e)s/-e,* dreiseitig begrenzte Ecke eines Körpers. **dreikantig,** ABB. F 11. **Dreikä-**

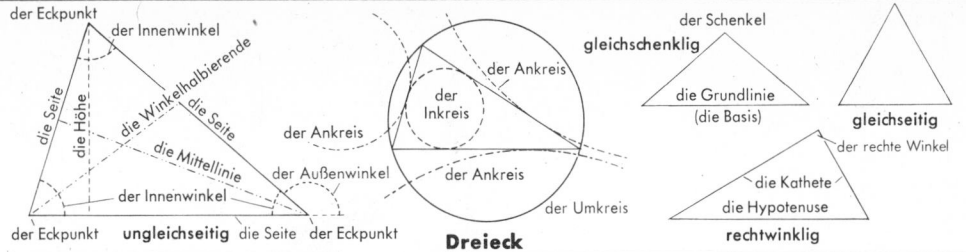

der Eckpunkt
der Innenwinkel
die Winkelhalbierende
die Seite
die Höhe
die Seite
die Mittellinie
der Ankreis
der Außenwinkel
der Innenwinkel
der Eckpunkt ungleichseitig die Seite der Eckpunkt

der Ankreis
der Inkreis
der Ankreis
der Ankreis
der Umkreis

Dreieck

der Schenkel
gleichschenklig
die Grundlinie
(die Basis)
gleichseitig
der rechte Winkel
die Kathete
die Hypotenuse
rechtwinklig

---

sehoch *der, -s/-(s),* U kleiner Kerl. **Dreiklang** *der,* Akkord aus drei Tönen. **Dreikönigsfest** *das,* 6. Januar. **dreimal** (3mal), dreifach wiederholt, mit drei malgenommen: *ich habe d. gefragt.* **dreimalig,** *nach dreimaliger Befragung.* **Dreimaster** *der, -s/-,* 1) Segelschiff mit drei Masten. 2) Dreispitz. **Dreimeilenzone** *die,* ein zum Hoheitsgebiet eines Staates zählender drei Seemeilen breiter Meeresgürtel vor der Küste. **drein,** U darein: *er blickt wild d.* **drein. . .,** in Verbindung mit Verben trennbar zusammengesetzt: *dreinhauen; dreinschauen; dreinschlagen.* **dreinblicken,** *ich blicke freundlich, grimmig drein* (habe dreingeblickt), *mache ein freundliches, grimmiges Gesicht.* **dreinfinden,** *ich finde mich drein* (fand mich drein, habe mich dreingefunden), *gebe mich zufrieden, finde mich ab.* **Dreingabe** *die,* Zugabe. **dreinreden,** *ich rede ihm drein* (habe dreingeredet), *mische mich in seine Angelegenheiten.* **dreinsehen,** *ich sehe drein* (sah drein, habe dreingesehen), *blicke drein.*
Dreipaß *der, . . .passes/. . .passe,* ⟅⟆ gotische Schmuckform, Abb. M 7. **Dreiphasenstrom** *der,* Drehstrom. **Dreirad** *das,* 1) Fahrrad mit zwei Hinterrädern, Abb. K 40. **dreiräd(e)rig. Dreisatz** *der,* △ Schlußrechnung von drei gegebenen Zahlen auf eine vierte. **Dreischenkel** *die,* eine Schmuckform, Abb. D 13. **Dreischneuß** *der,* ⟅⟆ gotische Schmuckform, Abb. M 7. **dreischürig,** drei Ernten gebend (Wiese, Kleefeld). **dreispaltig,** in drei Spalten gedruckt (Seite). **Dreispitz** *der,* Hutform, Abb. M 16. **Dreisprung** *der,* ⚹ ein Weitsprung. **dreißig** (30), vgl. achtzig. **dreißigjährig,** 30 Jahre alt; aber: *der Dreißigjährige Krieg.*
dreist [niederdt.], keck, anmaßend, frech: *das hat er d. verlangt; eine dreiste Behauptung.* **Dreistigkeit** *die, -.*
Dreistufenrakete *die,* Rakete aus drei trennbaren Teilen mit jeweils eigenem Antrieb. **Dreitagefieber** *das,* ⚕ 1) Säuglings- und Kleinkindkrankheit mit Hautausschlag. 2) grippeähnl. Viruserkrankung. **dreitausend** (3000), vgl. tausend. **dreiviertel** (³/₄) ein Ganzes weniger ein Viertel: *d. drei,* ein Viertel vor drei (14⁴⁵ Uhr); in *d. Höhe;* aber: *Dreiviertel der Höhe.* **Dreiviertelstunde** *die,* 45 Minuten: *in einer D.* oder *in einer dreiviertel Stunde;* in *drei viertel Stunden,* ³/₄ *Stunden;* aber: *in drei Viertelstunden.* **Dreivierteltakt** *der,* (³/₄-Takt), Takt des Walzers. **Dreizack** *der, -(e)s/-e,* Kennzeichen des griechischen Meeresgottes, Abb. D 13. **dreizehn** (13), vgl. achtzehn: *jetzt schlägt's d.!,* Ü nun ist aber Schluß! **Dreizimmerwohnung** *die,* 3-Zimmer-Wohnung, Wohnung mit drei Zimmern (und Küche, Bad, WC).
Drell [niederdt., zu drei] *der, -s/-e, norddt.:* Drillich. **Drempel** *der, -s/-, niederdt.:* 1) Schwelle, besonders beim Schleusentor. 2) ⟅⟆ Wand zwischen Dachbalkenlage und dem angehobenen Dachfuß, Abb. D 1.
Dresche *die, -,* U Prügel. **dreschen** [mhd. dreschen ⟩dreschen⟨, ⟩quälen⟨], *ich dresche* (habe gedroschen, du drischst, er drischt), 1) *es,* löse Samenkörner aus Nutzpflanzen durch Schlagen (mit Dreschflegel, Abb. F 23, Dreschmaschine): *da hat er leeres Stroh gedroschen,* Ü fruchtlose Arbeit geleistet; *er drischt nur leere Phrasen,* Ü. 2) *ihn,* U prügle. **Drescher** *der, -s/-,* Arbeiter beim Dreschen.
Dress, Dreß [engl. dress ⟩Kleidung⟨] *der, -,* auch *Dr'esses/ Dr'esse, österr.: die, -/Dr'essen,* (Be)kleidung, bes. für Sport. **Dresseur** [-s'ø:r] *der, -s/-e,* jemand, der Tiere dressiert. **dressieren** [frz. dresser ⟩abrichten⟨], *ich dressiere* (habe dressiert) *es,* 1) richte ab (Tiere). 2) ⚬⚬ richte gefällig an (Speisen). 3) presse (Hüte). 4) kämme (Schappeseide) mit der Dressingmaschine.
Dressing [engl. to dress ⟩zubereiten⟨,⟩ankleiden⟨] *das, -s/-s,* Salatsoße. **Dressing-gown** [-gaun] *das, der, -(s)/-s,* Herren-

morgenmantel. **Dressman** [dr'esmæn, engl.] *der, -/. . .men,* jemand, der auf Modenschauen Herrenkleidung vorführt; männl. Photomodell.
Dressur [zu dressieren] *die, -/-en,* 1) das Abrichten wilder Tiere. 2) das Abrichten von Gebrauchstieren (Jagd-, Blindenhunde). 3) Ausbildung von Pferden, bei der die natürl. Bewegungen herausgearbeitet werden: *Dressurreiter.* **Dressurprüfung** *die,* Vorführung der Dressurübungen.
DRGM, Abk. für: Deutsches Reichs-Gebrauchsmuster. **dribbeln** [engl. to dribble ⟩tröpfeln⟨], *ich dribb(e)le* (habe gedribbelt), Fußball: treibe den Ball mit kurzen Stößen vor mir her. **Dribbling** *das, -s/-s,* das Dribbeln.
Driesch *der, -es/-e,* der Dreesch.
Drift [mhd. triften ⟩treiben⟨] *die, -/-en,* 1) durch Wind hervorgerufene oberflächennahe Meeresströmung: *Driftströmung.* 2) langsame Abweichung von einer gemessenen Größe; Abdrift. **Drift|eis** *das,* Treibeis. **driften,** *es driftet* (hat gedriftet), ⚓ treibt. **Drifter** *der, -s/-,* Fischereifahrzeug mit Treibnetz.
Drilch *der, -(e)s/-e,* der Drillich.
Drill *der, -(e)s/-e,* 1) ohne Pl., ⚓ Schliff, straffe Ausbildung. 2) Reinform von Drell. 3) *Pl. -s,* ein afrikan. Affe.
Drillbohrer *der,* Abb. B 40. **drillen** [mhd. drillen ⟩drehen⟨], *ich drille* (habe gedrillt), 1) *ihn,* bilde mit Strenge aus. 2) *es,* säe in Furchen. 3) *es,* wirbele, lasse kreisen. 4) *es,* bohre mit dem Drillbohrer. 5) *einen Fisch,* ermüde durch wiederholtes Freigeben und Einholen der Leine.
Drillich [mhd. drilich ⟩dreifach⟨, ⟩mit drei Fäden gewebt⟨] *der, -s/-e,* kräftiges, dichtes Gewebe: *Drillichzeug.*
Drilling [mhd. drilinc ⟩der dritte Teil von eins⟨] *der, -s/-e,* 1) mit zwei Geschwistern gleichzeitig im Mutterleib ausgetragenes Kind. 2) Jagdgewehr mit drei Läufen, Abb. G 20. 3) dreispitziger Angelhaken. **Drillingsnerv** *der,* ⚕ Trigeminus.
Drillmaschine *die,* eine Sämaschine, Abb. S 2. **Drillung** *die, -/-en,* ⚙ Verdrehung eines stabförmigen Körpers.
drin, U darin: *das ist nicht d.,* U nicht durchführbar, lohnt nicht. **drin. . .,** in Verbindung mit Verben trennbar zusammengesetzt: *drinliegen; drinstecken;* vgl. drinsitzen.
dringen [ahd. dringan ⟩drängen⟨, ⟩zusammendrücken⟨], *ich dringe* (drang, bin gedrungen), 1) bahne mir einen Weg: *das Wasser dringt in den Keller; davon sollte nichts an die Öffentlichkeit dringen,* Ü. 2) *in ihn,* Ü bestürme (mit Bitten). 3) (habe gedrungen) *auf etwas,* bestehe darauf, verlange unbedingt, dränge dazu: *er dringt auf sofortige Bezahlung.* **dringend,** eilig, nachdrücklich: *ich muß dich d. sprechen.* **dringlich,** nachdrücklich, eindringlich, bes. wichtig: *eine dringliche Angelegenheit.* **Dringlichkeit** *die, -.*
Drink [engl.] *der, -(s)/-s,* alkoholisches Getränk.
drinsitzen, *ich sitze drin* (saß drin, habe dringesessen), U bin in einer unangenehmen Lage.
Drischel *die, -s/-* oder *die, -/-n, oberdt.:* Schlagkolben am Dreschflegel. **drischst,** von dreschen.
dritte [ahd. thrit(t)ho], *-r, -s,* vgl. erste, Übers. Z 1: *er ist der d. von zehn; jeder d.; zum dritten, drittens; der d. Stand,* Bürgerstand; *die d. Welt,* die Entwicklungsländer; aber: *der lachende Dritte,* jemand, der beim Streit zweier anderer Vorteile hat; *ein Dritter,* Unbeteiligter; *er ist der Drittletzte der Klasse,* der drittschlechteste Schüler; *das Dritte Reich,* der nationalsozialistische Staat 1933–1945. **Dritteil** *das,* Drittel, vgl. Silbentrennung, Übers. S 50. **drittel** (¹/₃), vgl. achtel. **Drittel** *das, -s/-,* vgl. achtel. **dritteln,** *ich drittele* (habe gedrittelt) *es,* teile in drei Teile. **drittens,** Übers. Z 1. **drittklassig,** von schlechter Qualität: *ein drittklassiges Hotel.* **Drittschaden** *der,* ⚖ Schaden eines Dritten, der nicht Ver-

D 15

der Stromanschluß · die Rohrleitung · die Wicklung · der Luftspalt · fest · der Gasstrom · der Eisenkern · die Drosselklappe · die Drosselspule · **Drossel**

der Hochdruck (der Buchdruck) · die Farbwalzen · das Feuchtwerk · das Papier · der Druckzylinder · der Flachdruck (der Offsetdruck) · das Papier · der Druckzylinder · das Papier · die Farbe · die Druckform · die Farbwalzen · das Farbwerk · der Formzylinder · der Gummituchzylinder · **Druck** · der Papierstapel · der Druckzylinder · der Formzylinder · das Rakelmesser · das Farbwerk · der Tiefdruck

der Drücker (der Schlüssel) · der Türdrücker (die Klinke) · **Drücker**

---

tragspartner ist. **Drittschuldner** *der*, ⚏ Schuldner einer gepfändeten Forderung.
Drive [draiv, engl. to drive ›treiben‹, ›fahren‹] *der, -s/-s,* **1)** Treibschlag beim Golf und Tennis. **2)** *ohne Pl., ♪* rhythmische Spannung beim Jazz. **3)** *ohne Pl., Ü* Antrieb, Schwung: *ihm fehlt der rechte D.* **Drive-in-Kino** *das,* Autokino. **Driver** [dr′aivər] *der, -s/-,* ein Golfschläger, Abb. G 32.
DRK, Abk. für: Deutsches Rotes Kreuz.
drob, U darob. **droben,** U da oben.
Droge [frz. drogue] *die, -/-n,* pflanzl. oder tierisches Erzeugnis für arzneiliche und techn. Verwendung: *Drogenabhängigkeit, Drogenmißbrauch,* Abhängigkeit, Mißbrauch von suchterregenden Stimulantien; *Drogenszene; Drogentote.* **Drogerie** *die, -/...r′i|en,* Verkaufsstätte für Drogen, Chemikalien u. a. **Drogist** *der, -en/-en,* ein Lehrberuf des Handwerks.
Drohbrief *der,* Brief mit einer Drohung. **drohen** [ahd. drouwen], *ich drohe (habe gedroht),* **1)** *ihm mit etwas,* kündige einen Schaden an: *Drohgebärde.* **2)** *es droht,* scheint bevorzustehen (Unangenehmes): *mir droht Strafe, es droht mir Strafe; es droht zu regnen; ein Gewitter droht.*
Drohn [zu dröhnen] *der, -en/-en,* **Drohne** *die, -/-n,* männl. Biene, Abb. B 29; Sinnbild des Nichtstuers, Schmarotzers: *er führt ein Drohnendasein.*
dröhnen [niederdt., Schallw.], *es dröhnt (hat gedröhnt),* klingt laut, schallt: *mit dröhnender Stimme; mir dröhnte der Kopf von ihrem Geschwätz.*
Drohung [zu drohen] *die, -/-en,* Ankündigung von Unheil oder Gewalt: *Attentatsdrohung; leere Drohungen.*
Drolerie [frz.] *die, -/...r′i|en,* **1)** schnurrige Komik. **2)** Darstellung komischer Szenen.
drollig [niederdt., zu mittelniederl. drol ›Kobold‹], spaßig, lustig. **Drolligkeit** *die, -/-.*
Drommete *die, -/-n, ♂* P Trompete.
Dronte *die, -/-n,* ausgerottete, flugunfähige Riesentaube.
Drop-out [dr′ɔpaut, engl.] *der, -(s)/-s,* **1)** Aussteiger. **2)** ⊙ kurzzeitiges Aussetzen der Tonbandaufzeichnung durch Mängel am Tonträger. **Drops** [engl. ›Tropfen‹] *der, -/-, meist Pl.,* Fruchtbonbon.
drosch, von dreschen.
Droschke [russ. droschki ›leichter Wagen‹] *die, -/-n,* **1)** Pferdekutsche als Mietwagen: *Pferdedroschke; Droschkengaul,* U; *Droschkenkutscher.* **2)** Taxi: *Kraftdroschke.*
dröseln, *ich drös(e)le (habe gedröselt),* **1)** *es,* drehe (Fäden). **2)** U schlendere gedankenlos umher, bummele.

Drossel [mhd. droschel] *die, -/-n,* ein Singvogel: *König Drosselbart,* Märchengestalt des verschmähten Freiers.
Drossel [mhd. drüzzel] *die, -/-n,* **1)** ♀ Luftröhre des Schalenwildes. **2)** Drosselspule. **Drossel|ader** *die,* Halsblutader. **Drosselklappe** *die,* Abb. D 15. **drosseln,** *ich drossele, droßle (habe gedrosselt),* **1)** *ihn,* würge. **2)** *es,* ⊙ vermindere, sperre ab, z. B. einen Durchfluß, vgl. Abb. D 15. **3)** *es,* hemme: *die Einfuhr wird gedrosselt.* **Drosselschieber** *der,* Drosselklappe. **Drosselspule** *die,* Spule zur Schwächung von Wechselstrom, Abb. D 15. **Drosselung** *die, -/-en.* **Drosselventil** *das,* Ventil zur Drosselung. **Droßlung** *die, -/-en,* Drosselung.
Drost [vgl. Truchseß] *der, -(e)s/-e, ♂ niederdt.:* Verwalter einer Drostei. **Drostei** *die, -/-en, ♂ niederdt.:* Verwaltungsbezirk.
drüben, auf der anderen Seite. **drüber,** U darüber; vgl. drunter.
Druck [ahd. thruck] *der, -(e)s,* **1)** Lastendes, Pressendes: *D. im Magen.* **2)** *Pl. ″e,* ⊙ auf eine Fläche wirkende Kraft: *ein D. von 1 Mill. Pa.* **3)** Ü Bedrängnis: *ich bin im D.* **4)** Ü Zwang: *unter dem D. der Verhältnisse; er übt einen D. auf ihn aus.* **5)** *Pl. -e,* Erzeugnis des Buchdrucks: *alte Drucke.* **6)** das Drucken in Buch- und Akzidenzdruck, Abb. D 15, Übers. D 16: *ich gebe es in D.; Druckfarben.* **Druckanzug** *der,* Schutzanzug für den Flug in großen Höhen. **Druckbogen** *der,* ✏ Bogen. **Druckbuchstabe** *der,* Buchstabe in Druckschrift. **Druckeberger** *der, -s/-,* jemand, der sich vor Gefahr, Arbeit, Verantwortung usw. drückt. **drucken,** *ich drucke (habe gedruckt) es,* ✏ vervielfältige durch Druck. **drücken** [ahd. thruken], *ich drücke (habe gedrückt) es,* **1)** beenge, übe einen Druck darauf aus: *wir drücken ihm die Hand; ihn drückt der neue Schuh; er läuft gedrückt umher, Ü bedrückt; drückende Hitze; die Last der Schulden, schwere Sorgen drücken ihn, Ü.* **2)** unterbiete (Preis, Rekord). **3)** lenke abwärts (Flugzeug). **4)** ⊙ stelle Hohlformen aus Metall auf der Dreh- oder Drückmaschine her. **7)** ♐ veranstalte eine Drückjagd. **8)** *mich,* U entferne mich heimlich. **9)** *mich um, von, vor etwas,* suche mich einer lästigen Pflicht zu entziehen: *er drückt sich, wo er nur kann.* **10)** *es drückt,* übt Druck aus: *das drückt auf den Magen.* **Drucker** *der, -s/-,* **1)** Buchdrucker. **Drücker** *der, -s/-,* **1)** Türschloß mit selbsttätig einschnappendem Riegel: *Türdrücker,* Abb. D 15. **2)** Bedienungsknopf für elektr. Anlagen: *er sitzt am D.,* U hat einen einflußreichen Posten. **3)** *auf den letzten D.,* U noch schnell, ehe es zu spät dafür ist. **4)** U von Tür zu Tür gehender Werber, bes. für Zeitschriftenabonnements. **Druckerei** *die, -/-en,* Unter-

---

D 16

Druckschrift

Schriftgrad	Perl	Nonpareille	Petit	Borgis	Korpus (Garmond)	Cicero	Mittel
Antiqua	Buch	Buch	Buch	Buch	Buch	Buch	Buch
Fraktur	Buch	Buch	Buch	Buch	Buch	Buch	Buch
Kursiv	Buch	Buch	Buch	Buch	Buch	Buch	Buch

Schriftstärke (Beispiel in Petit) mager: Buch; halbfett: **Buch**; fett: **Buch**

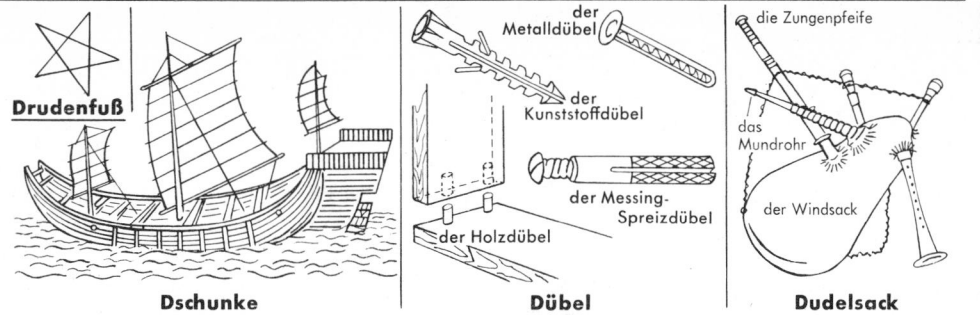

Drudenfuß

der Metalldübel
der Kunststoffdübel
der Messing-Spreizdübel
der Holzdübel

die Zungenpfeife
das Mundrohr
der Windsack

Dschunke   **Dübel**   **Dudelsack**

nehmen, das Druckerzeugnisse herstellt. **Druckerpresse** *die*, Maschine zum Drucken. **Druckerschwärze** *die*, schwarze Druckfarbe. **druckfähig**, für den Druck geeignet. **Druckfehler** *der*, ⌘Fehler im gedruckten Text. **druckfertig**, zum Druck vorbereitet. **Druckfestigkeit** *die*, Belastbarkeit eines Werkstoffs durch Druck bis zum Bruch. **Druckform** *die*, Form, von der die Farbe auf den Bedruckstoff übertragen wird, Abb. D 15. **Drückjagd** *die*, ruhige Jagd mit wenig Treibern. **Druckkabine** *die*, nach außen luftdicht abgeschlossener Raum (im Flugzeug). **Druckknopf** *der*, zweiteiliger Knopf mit Federverschluß, Abb. K 30. **Druck(knopf)schalter** *der*, Abb. E 6. **Drucklähmung** *die*, ⚕ Lähmung durch Druck auf Nerven. **Drucklegung** *die*, -, ⌘ Druckbeginn. **Druckluft** *die*, -, verdichtete Luft zum Übertragen von Energie: *Druckluftmeißel*, Abb. M 11. **Druckmaße**, *Pl.*, Übers. M 8. **Druckmittel** *das*, Ü Mittel, um einen Zwang auszuüben. **Druckposten** *der*, Stelle für Drückeberger. **druckreif**, 1) zur Veröffentlichung durch Druck geeignet. 2) druckfertig. **Drucksache** *die*, mechanisch vervielfältigte Papiere als Postsendung. **Druckschrift** *die*, 1) Schrift für den Druck, Übers. D 16. 2) gedrucktes Schriftwerk. **drucksen**, *ich druckse (habe gedruckst)*, ∪ zaudere, zögere zu reden oder zu handeln. **Drucksinn** *der*, -(e)s, Tastsinn. **Druckstock** *der*, Klischee. **Druckverband** *der*, ⚕ straffer Verband zur Blutstillung. **Druckversuch** *der*, ⚕ Prüfung der Druckfestigkeit. **Druckwelle** *die*, eine sich mit Überschallgeschwindigkeit fortbewegende Welle hochkomprimierter Luft (bei Explosionen). **Drude** [mhd. trute ›Gespenst‹, dann ›Zauberin‹] *die*, -/-n, weibl. Nachtgeist. **Drudenfuß** *der*, in einem Zuge zu zeichnende fünfeckige Figur, Abb. D 17. **Drudenstein** *der*, im Wasser rundgeschliffener Stein mit einem Loch. **Drugstore** [dr'ʌgstɔːr, engl. drug ›Droge‹ und store ›Laden‹] *der*, -s/-s, Gemischtwarengeschäft in den Verein. Staaten. **drü(h)en**, *ich drü(h)e (habe drü[h]et)*, *schweiz.*: gedeihe, werde dick. **Druide** [altirisch drui ›Weiser‹] *der*, -n/-n, keltischer Priester: *Druidenaltar; Druidenstein*, ⚶ Megalithgrab. **drum**, ∪ darum: *das Drum und Dran, alles Zubehör; sei's d.!*, nun gut, es mag geschehen. **Drummer** [dr'ʌmər, engl. drum ›Trommel‹] *der*, -s/-, Schlagzeuger (bei einer Jazzband). **Drums** [drʌms], *Pl.*, Schlagzeug. **drunten**, da unten. **drunter**, darunter: *es geht d. und drüber*, ∪ durcheinander. **Drusch** *der*, -es/-e, 1) das Dreschen. 2) Dreschertrag. **Druse** [zu Drüse] *die*, -/-n, 1) mit Mineralen ausgekleideter Hohlraum im Gestein. 2) ohne *Pl.*, ansteckender Katarrh beim Pferd. **Druse** [arab.] *der*, -n/-n, Angehöriger einer islam. Sekte. **Drüse** [ahd. druos] *die*, -/-n, 1) Sekretionsorgane bei Mensch und Tier. 2) Ausscheidungsgewebe bei Pflanzen. **druseln**, *ich drus(e)le (habe gruselt)*, *norddt.*: schlummere, schlafe halb. **Drusen** [ahd. truosana], *Pl.*, *oberdt.*: Bodensatz von Wein: *Drusenbranntwein*. **drüsig**, an Druse erkrankt (Pferd). **drüsig**, wie eine Drüse aussehend, voller Drüsen. **druste**, *niederdt.*: treuherzig-bieder. **dry** [drai, engl. ›trocken‹], trocken, herb (alkohol. Getränke): *Wermut extra d.*

Dryade [grch. drys ›Eiche‹] *die*, -/-n, Baumnymphe. **d. s.**, ♪ Abk. für: dal segno. **DSB**, Abk. für: Deutscher Sportbund. **Dschellaba** [arab.] *die*, -/-s, arab. mantelartiges Männergewand. **Dschinn** [arab.] *der*, -s/- oder -en, Dämon, Teufel. **Dschiu-Dschitsu** *das*, -(s), eingedeutscht für: Jiu-Jitsu. **Dschungel** *der* oder *das*, -s/-, selten *die*, -/-n, 1) Buschwald, Sumpfdickicht, Urwald in Indien. 2) Ü undurchgl. Wirrwarr: *im D. der Intrigen*. **Dschunke** [malaiisch] *die*, -/-n, plumpes ostasiat. Segelschiff, Abb. D 17. **DSG**, Abk. für: Deutsche Schlafwagen- und Speisewagen GmbH. **dt.**, Abk. für: deutsch. **DTB**, Abk. für: Deutscher Turnerbund. **dto.**, Abk. für: dito. **Dtzd.**, Abk. für: Dutzend. **du** [ahd. t(h)u], Übers. P 24: *sie stehen auf du und du, sind eng vertraut*. **Du** *das*, -(s)/-(s): *er bot mir das Du an*. **d. U.**, Abk. für die Unterzeichnete. **Dual** [lat. duo ›zwei‹] *der*, -s/-e, Ⓢ Zweizahl (im Unterschied zu Singular und Plural). **Dualismus** *der*, -, Zweiheit, Gespaltenheit (des Weltbildes, eines Staatsgebildes); Entgegengesetztheit zweier Erklärungsweisen. **dualistisch. Dualität** *die*, -, wechselseitige Zuordnung zweier Begriffe. **Dualsystem** *das*, auf der Zahl 2 beruhendes Zahlensystem. **Dübel** *der*, -s/-, alem.: Dummkopf, Schwachsinniger. **Dübel** [mhd. tübel ›Pflock‹] *der*, -s/-, 1) Verbindungsmittel zur festen Verankerung von Nägeln oder Schrauben in Wänden und Decken, Abb. D 17. 2) Bolzen zur verschiebungssicheren Bindung von Bauteilen, Abb. D 17. **dübeln**, *ich düb(e)le (habe gedübelt) es*. **dubios, dubiös** [lat. dubiosus], zweifelhaft. **Dubiosen**, *Pl.*, ⌘ unsichere Außenstände. **dubitativ**, zweifelhaft. **Dublee** [frz. zu double ›doppelt‹] *das* -s/-s, 1) mit edlerem Metall überzogenes Metall: *Golddublee*. 2) Billardstoß, der die Bande einmal berührt. **Dublette** *die*, -/-n, 1) Doppelstück. 2) Nachahmung (Edelstein). 3) Doppeltreffer. **dublieren**, *ich dubliere (habe dubliert) es*, 1) verdopple. 2) stelle Dublee her. 3) drehe aus mehreren Fäden zusammen (Garn). 4) *die Billardkugel*, lasse sie einmal die Bande berühren. **Dublone** *die*, -/-n, alte span. Goldmünze. **duch**, auch tuch, *schweiz.*: niedergeschlagen, gedrückt. **Duchesse** [dyʃ'ɛs, frz. ›Herzogin‹, zu lat. ducere ›führen‹] *die*, -, schweres glänzendes Gewebe. **Ducht** [niederdt.] *die*, -/-en, ⚓ 1) Ruderbank, Abb. B 42. 2) Stützbalken (im Schiff). 3) kleines Verdeck am Vorderteil. **Duckdalbe, Dückdalbe** [niederdt. Dalbe ›Pfahl‹, dukdalf, nach dem duc d'Alba, Herzog von Alba; er soll sie eingeführt haben] *die*, Dalbe, Abb. H 3. **ducken** [mhd. tucken ›sich beugen‹], *ich ducke (habe geduckt)*, 1) *ihn*, presse den Kopf nieder. 2) *ihn*, Ü schüchtere ein. 3) *mich*, beuge mich, den Kopf ein, mache mich klein. 4) *mich*, Ü füge mich ängstlich. **Duckmäuser** [spätmhd. tockelmusen ›Heimlichkeit treiben‹] *der*, -s/-, jemand, der sich stets ängstlich fügt. **duckmäuserisch. Duckstein** *der*, *niederdt.*: Tuff. **dudeldumdei**, lautmalend für den Klang des Dudelns. **Dudelei** *die*, -, unangenehmes Dudeln. **dudeln** [Schallw.] *ich*

dud(e)le (habe gedudelt), **1)** blase auf dem Dudelsack. **2)** *es,* Ü summe leise und eintönig vor mich hin. **Dudelsack** *der,* auch Sackpfeife, altes Blasinstrument, Abb. D 17: *Dudelsackpfeifer.*

Duden [nach K. Duden, 1829–1911] *der, -(s)/-,* ein Rechtschreibbuch.

Duell [lat. duellum, ältere Form von bellum ›Krieg‹] *das, -s/-e,* Zweikampf. **Duellant** *der, -en/-en,* Kämpfer im Duell. **duellieren,** *ich* duelliere *mich* (habe mich duelliert) *mit ihm.*

Duenja, Duenna [span. dueña ›Herrin‹] *die, -/-s,* ⚥ Anstandsdame.

Duett [ital. duetto, zu due ›zwei‹] *das, -(e)s/-e,* Musikstück für zwei Singstimmen.

duff [eigtl. taub, vgl. doof], *niederdt.:* matt, dumpf. **Duff** *der, -(e)s, niederdt.:* dicke Luft, Nebel.

Düffel [nach der belg. Stadt Duffel] *der, -s/-,* flauschartiges Gewebe. **Dufflecoat** [dˈʌfəlkout, engl. ›Mantel aus Düffel‹] *der, -s/-s,* kurzer sportl. Mantel, Abb. K 24.

Duft [mhd. tuft ›Dunst‹, ›Tau‹] *der, -(e)s/ᵘe,* **1)** zarter Geruch: *Duftnote; Duftwasser.* **2)** ❄ Rauhreif. **Düftchen** *das, -s/-.*

dufte [hebr. tob ›gut‹], U großartig, ausgezeichnet.

duften [mhd. tüften], *es* duftet (hat geduftet), **1)** verbreitet Duft: *es d. nach Rosen.* **2)** U stinkt. **duftig,** Ü hauchzart. **Duftmarke** *die,* Harn, Kot oder Duftdrüsensekret von Tieren zum Kennzeichnen ihres Reviers u. a. **Duftstoff,** pflanzl. oder tierischer Stoff mit besonderem Geruch.

Dukaten [mhd. ducate, aus lat.] *der, -s/-,* alte Goldmünze. **Dukatengold** *das,* feinstes Gold, das verarbeitet wird.

Düker [niederl. duiker ›Taucher‹] *der, -s/-,* **1)** *niederdt.:* Taucher. **2)** ⊚ Unterführung eines Wasserlaufes. **3)** *niederdt.:* Taucherente.

duktil [frz. ductile, zu lat. ducere ›ziehen‹], streckbar, verformbar. **Duktilität** *die, -.* **Duktus** *der, -,* Federführung, Schriftzug.

dulden [ahd. thulten], *ich* dulde (habe geduldet), **1)** leide still: *sie mußte viel dulden im Leben.* **2)** *ihn,* erdulde, ertrage seine Fehler. **3)** *es,* erlaube: *die Sache duldet keine Verzögerung; Lärm wird hier nicht geduldet.* **Dulder** *der, -s/-,* jemand, der viel erduldet. **Duldermiene** *die,* Mitleid heischender Gesichtsausdruck. **duldsam,** andere bei ihrer Überzeugung lassend, tolerant. **Duldsamkeit** *die, -.* **Duldung** *die, -,* stillschweigende Hinnahme (aber nicht Billigung).

Dult [mhd. tult ›Fest‹] *die, -/-en,* bair.: Messe, Jahrmarkt.

Dulzinea [Figur aus Cervantes' ›Don Quijote‹] *die, -/-s* oder *. . . n'e|en,* U Geliebte.

Duma [russ. ›Gedanke‹, ›Rat‹] *die, -/-s,* Rußland: **1)** beratende Fürstenversammlung. **2)** 1870–1917 die Stadtverordnetenversammlung. **3)** *ohne Pl.,* russ. Reichstag 1905–1917.

Dumdum [nach der ind. Munitionsfabrik Dum-Dum] *das, -(s)/-(s),* ein Infanteriegeschoß, das wie ein Sprenggeschoß wirkt: *Dumdumgeschoß.*

dumm, dümmer, am dümmsten [ahd. tumb], **1)** einfältig: *ein dummer Mensch.* **2)** unüberlegt, unklug: *das war d. von dir.* **3)** unerfahren, unwissend: *es ist ja noch ein dummes Kind.* **4)** peinlich, ärgerlich: *eine dumme Sache; das wird mir zu d.,* ich habe genug davon; *am Ende bist du doch der Dumme,* den Geschädigte, Benachteiligte. **Dummbartel** *der, -s/-,* U dummer Mensch. **dummdreist,** dumm und frech. **Dummejungenstreich** *der, -s/Dumme(n)j'ungenstrei(ch)e(s),* die Dumme(n)j'ungenstreiche, ein Dumme(r)j'ungenstreich, törichter Streich (in der Art unvernünftiger Jungen). **Dummerjan** *der, -s/-e,* U dummer Mensch. **Dummheit** *die, -/-en,* **1)** *ohne Pl.,* Mangel an Urteilskraft. **2)** unüberlegte Handlung: *mach keine Dummheiten!* **Dummkoller** *der,* unheilbare Gehirnkrankheit des Pferdes. **Dummkopf** *der,* dummer Mensch. **dümmlich,** einfältig. **Dümmling** *der, -s/-e,* dummer Mensch. **dummstolz,** dünkelhaft und geistlos.

Dummy [dˈʌmi, engl. ›Attrappe‹, ›Statist‹] *der, -s/-s* oder *. . . mies,* Puppe, die zu Testzwecken verwendet wird, z. B. beim Crash-Test.

dümpeln [niederdt.], *ein Boot* dümpelt (hat gedümpelt), ⛵ schlingert in unruhigem Hafenwasser.

dumpf [mhd. zu dumpfig], **1)** moderig, muffig riechend. **2)** U beklemmend, unklar, drohend: *dumpfe Stimmung; eine dumpfe Ahnung.* **3)** hohlklingend, tief und gedämpft: *dumpfes Geräusch; dumpfe Trauersänge.* **Dumpfheit** *die, -.* **dumpfig** [mhd. dumpfen ›dampfen‹], dumpf, moderig.

Dumping [dˈʌmpiŋ, engl. to dump ›hinwerfen‹] *das, -s,* 🛒 Export von Waren zu Schleuderpreisen: *Dumpingpreise.*

dun, *niederdt.:* betrunken: *er ist d., trinkt sich d.*

Dune *die, -/-n, niederdt.:* Daune.

Düne [niederdt.] *die, -/-n,* vom Wind aufgeschütteter und bewegter Sandhügel, Abb. S 71: *Wanderdüne; Dünenkette; Dünensand.* **Dünenhafer** *der,* eine Grasart.

Dung [ahd. tunga] *der, -(e)s,* Mist als Dünger: *Pferdedung; Dunggrube.* **düngen,** *ich* dünge (habe gedüngt) *es,* bereichere den Boden mit Dünger: *Düngemittel.* **Dünger** *der, -s/-,* ertragfördernder Zusatz von Nährstoffen zum Erdboden: *Blumendünger; Kunstdünger.* **Düngerhaufen, Dunghaufen** *der,* Misthaufen zum Düngen. **Düngung** *die, -.*

dunkel [ahd. tunchel], **1)** lichtarm oder lichtlos, finster: *es wird schon früh d.,* es wird Abend; *die Fenster wurden d.,* das Licht ging aus; *ich tappe im Dunkeln umher;* vgl. aber 3). **2)** nicht hell (Farben): *dunkelblau; ein dunkles Rot; dunkelhaarig; dunkelhäutig.* **3)** unklar, verschwommen: *ich habe nur eine dunkle Erinnerung; ich tappe im dunkeln,* Ü weiß nicht Bescheid; *man hat ihn im dunkeln darüber gelassen,* Ü im ungewissen. **4)** fragwürdig, verdächtig: *eine dunkle Vergangenheit; dunkle Geschäfte; ein dunkler Ehrenmann; ein dunkler Punkt in seinem Leben,* etwas Ehrenrühriges. **5)** tief, gedämpft: *eine dunkle Stimme.* **Dunkel** *das, -s.*

Dünkel [mhd. dunc ›das Bedünken‹] *der, -s,* Eingebildetheit, Hochmut.

Dunkel|adaption *die,* ⚕ Anpassung des Auges an Lichtveränderungen.

dünkelhaft [zu Dünkel], eingebildet, voller Dünkel.

Dunkelheit *die, -.* **Dunkelkammer** *die,* gegen Tageslicht abgeschlossener Raum für photograph. Arbeiten. **Dunkelmann** *der,* zwielichtiger Mensch. **dunkeln** [ahd. tunchelen], es dunkelt (hat gedunkelt), wird dunkel, dämmert. **Dunkelwolken,** *Pl.,* Ansammlungen interstellarer Materie, die das Sternlicht absorbieren. **Dunkelziffer** *die,* unbekannte Anzahl: *die D. bei Erpressungen ist groß.*

dünken [ahd. thunken], *er* dünkt (hat gedünkt, ⚥ gedeucht), **1)** *sich,* hat eine hohe Meinung von sich: *er dünkt sich sehr überlegen.* **2)** *es* dünkt *mich, mir,* ⚥ mir scheint: *die Sache dünkt mich gut.*

dünn [ahd. dunni], **1)** von geringer Dicke, mager, Abb. E 2: *dünne Beine; er hat eine dünne Haut,* Ü ist empfindlich, sensibel. **2)** nicht dicht: *dünnes Haar; ein dünnbevölkertes Land;* aber: *das Land ist d. bevölkert.* **3)** wäßrig, gehaltarm: *eine dünne Brühe; Dünnbier.* **4)** *er will sich dünnmachen,* U sich heimlich entfernen; aber: *im überfüllten Bus mußte ich mich d. machen,* U wenig Platz einnehmen. **Dünndarm** *der,* Teil des Darms, Abb. M 12. **Dünndruck** *der,* Druck auf besonders dünnem, aber undurchsichtigem Papier: *Dünndruckausgabe; Dünndruckpapier.* **Dünne** *die, -,* Dünnheit.

dünnemals, *niederdt.:* damals.

dünnflüssig, wenig flüssig. **Dünnheit** *die, -,* das Dünnsein. **Dünnpfiff** *der,* U, **Dünnschiß** *der,* V Durchfall. **Dünnschliff** *der,* sehr dünnes Gesteinsplättchen zu mikroskop. Untersuchungen. **Dünnung** *die, -/-en,* Flanke (des Tiers), Abb. F 25. **dünnwandig,** mit einer dünnen Wand.

Dunst [ahd. tunist ›Sturm‹, verwandt mit ›stieben‹, ›Staub‹] *der, -(e)s/ᵘe,* **1)** Trübung der Luft: *Dunstschleier; Dunstwolke;* Sinnbild für Nichtigkeit und Vergänglichkeit: *laß dir keinen blauen D. vormachen,* Ü nichts vorspiegeln. **2)** Hauch, Ausdünstung. **3)** *ohne Pl.,* U Ahnung: *ich habe keinen D. davon,* weiß nichts. **🌾** feinster Vogelschrot: *Vogeldunst.* **Dunstabzugshaube** *die,* Abb. H 15, K 50. **dünsten,** es dünstet (hat gedünstet), verbreitet Dunst. **dünsten,** *ich* dünste (habe gedünstet), **1)** *es,* mache mit wenig Fett in Dampf gar, dämpfe. **2)** *es* dünstet, dunstet. **Dunstglocke, Dunsthaube** *die,* Ansammlung von Dunst über Großstädten oder Industrieanlagen: *eine D. liegt über der Stadt.* **dunstig,** voller Dunst, trüb (Wetter). **Dunstkreis** *der,* **1)** ⊕ Atmosphäre. **2)** Ü Umwelt, Einflußbereich: *im D. einer großen Persönlichkeit.* **Dunstrohr** *das,* 🏠 Entlüftungsrohr, Abb. H 11.

Dünung [zu Düne] *die, -/-en,* Wellengang bei Windstille nach Sturm.

duo. . . [ital., lat. ›zwei‹], zwei. . . **Duo** *das, -s/-s,* **1)** Musikstück für zwei Instrumente. **2)** die Ausführenden eines Duos; Ü zwei Personen, die etwas gemeinsam unternehmen: *Verbrecherduo.* **duodenal,** ⚕ den Zwölffingerdarm betreffend: *Duodenalgeschwür.* **Duodenum** [lat. duodeni ›(je) zwölf‹] *das, -s/. . . na,* Zwölffingerdarm, Abb. M 1. **Duodez** [lat. duodecimus ›der zwölfte‹] *das, -s/. . .* ⚥ Zeichen: 12°, kleines Buchformat in Zwölftelbogen. **2)** Ü etwas lächerlich Kleines. **Duodezfürst** *der,* Herrscher eines sehr kleinen Fürstentums. **duodezimal,** auf das Duodezimalsystem bezo-

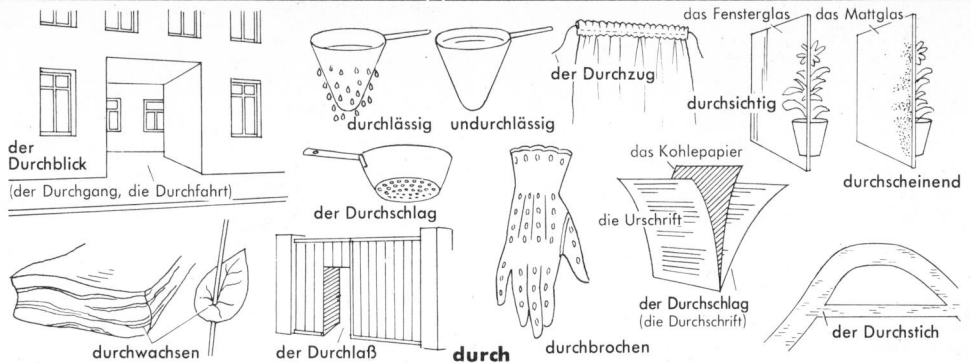

der Durchblick
(der Durchgang, die Durchfahrt)

durchlässig   undurchlässig

der Durchschlag

durchwachsen   der Durchlaß   **durch**   durchbrochen

der Durchzug

durchsichtig

das Fensterglas   das Mattglas

das Kohlepapier

die Urschrift

durchscheinend

der Durchschlag
(die Durchschrift)

der Durchstich

gen. **Duodezimalsystem** *das, -s,* auf der Zahl 12 beruhendes Zahlensystem. **Duodezime** *die,* ♪ die zwölfte Stufe der diatonischen Tonleiter. **Duodezstaat** *der,* kleines Ländchen. **Duole** *die, -/-n,* ♪ zweiteilige Tonfolge, die den gleichen Zeitwert darstellt wie drei Töne der gleichen Schreibweise. **düpieren** [frz. duper ›hintergehen‹], *ich* düpiere (habe düpiert) *ihn,* übertölpe, überliste. **Düpierung** *die, -/-en.* **Du|plet** [dupl′e, zu lat. duplex›doppelt‹], **Du|plett** *das, -s/-s,* aus zwei Linsen bestehende Lupe. **Du|plex...,** Doppel... **du|plieren,** *ich* dupliere (habe dupliert) *es,* verdoppele. **Du|plierung** *die, -/-en.* **Du|plik** *die, -/-en,* ♫♭ Gegenerklärung. **Du|plikat** *das, -(e)s/-e,* auch Duplum, Doppelstück, Abschrift. **Du|plikation** *die, -/-en,* Verdoppelung. **du|plizieren,** *ich* dupliziere (habe dupliziert) *es,* verdoppele. **Du|plizität** *die, -,* Zweimaligkeit, zufälliges Doppelgeschehen: *die D. der Ereignisse.* **Du|plum** *das, -s/...pla,* Duplikat.

düppig, *schweiz.:* schwül, heiß.

Dur [lat. durus ›hart‹] *das, -,* ♪ jede Tonart mit großer Terz im Dreiklang der Tonika: *in Dur; A-Dur,* aber: *a-Moll; der Durakkord.*

durabel [lat. durabilis], dauerhaft, haltbar: *in durabler Ausführung.* **durativ** [lat. durare ›dauern‹], ⓈG die Dauer eines Geschehens ausdrückend.

durch [ahd. thuru(c)h] *ihn, es,* vgl. Abb. D 18, **1)** auf einer Seite hinein und zur anderen hinaus, mittendurch: *er stieß mit dem Bohrer d. die Wand; er ging d. den Park; ich bin gut d. die Prüfung gekommen, Ü.* **2)** *d. und d.,* Ü völlig, ganz und gar: *er ist d. und d. verlogen.* **3)** während eines bestimmten Zeitraums: *diese Verbindung hat d. das ganze Leben gehalten; den ganzen Sommer d.* **4)** vermittels, mit Hilfe von: *d. Fleiß zum Ziel; er erfuhr es d. ihn.* **5)** vorüber: *es ist zehn Uhr d.* **6)** *er ist bei mir unten d.,* Ü ich halte nichts mehr von ihm. **7)** Kochkunst: gar.

durch..., in Verbindung mit Verben trennbar oder untrennbar zusammengesetzt; vgl. Übers. V 2, F; mitunter beides nebeneinander ohne Bedeutungsunterschied: *ich durchtanze eine Nacht oder ich tanze eine Nacht durch, die ganze Nacht; ich durchbohre das Brett oder ich bohre das Brett durch.*

durcharbeiten, *ich* arbeite durch (habe durchgearbeitet), **1)** mache keine Pause. **2)** *es,* bearbeite von allen Seiten. **3)** *er arbeitete sich durch das schwierige Buch durch,* las es mit viel Mühe zu Ende. **Durcharbeitung** *die, -/-en,* allseitige, gründliche Bearbeitung.

durchatmen, *ich* atme durch (habe durchgeatmet), atme tief ein und aus: *du atmest nicht richtig durch.*

durchaus [mhd. durchuz], unbedingt, völlig: *er will d. kommen; das ist d. richtig; das stimmt d. nicht,* ganz und gar nicht.

durchbacken, *der Kuchen* bäckt durch (ist durchgebacken), wird durch Backen gar. **durchbacken,** beim Backen durchsetzt (mit): *mit gehackten Feigen und Datteln durchbackenes Früchtebrot.*

durchbeißen, *ich* beiße durch (biß durch, habe durchgebissen), **1)** *es,* trenne durch Beißen: *der Hund biß die Leine durch.* **2)** *mich,* Ü überwinde aus eigener Kraft Schwierigkeiten. **durchbeißen** [mhd. durchbizzen], *ich* durchbeiße (durchbiß, habe durchbissen) *es,* durchbohre mit den Zähnen: *der Pantoffel ist vom Hund ganz durchbissen.*

durchbetteln, *ich* bett(e)le *mich* durch (habe mich durchgebettelt), lasse mich von wechselnden Personen unterstützen.

durchblättern, *ich* blätt(e)re *es* durch (habe durchgeblättert), durchblättere, sehe flüchtig an (Buch). **durchblättern,** *ich* durchblätt(e)re (habe durchblättert) *es,* blättere durch.

Durchblick *der,* **1)** offene Stelle, die Ausblick erlaubt, Abb. D 18. **2)** Ü Verstehen einer Situation: *er hat den richtigen D.* **durchblicken,** *ich* blicke durch (habe durchgeblickt), **1)** schaue hindurch (Fenster). **2)** Ü verstehe. **durchblicken,** *ich* durchblicke (habe durchblickt) *ihn,* Ü blicke durch, durchschaue, verstehe.

durchblitzen, *es* durchblitzt (hat durchblitzt) *ihn,* fällt ihm plötzlich ein, kommt als Erkenntnis.

durchblutet, mit Blut versorgt: *gut durchblutete Haut.* **Durchblutung** *die, -: Durchblutungsstörungen,* ♯.

durchbohren [mhd. durchborn], *ich* bohre *es* durch (habe durchgebohrt), durchbohre, durchdringe mit einem spitzen Gegenstand. **durchbohren,** *ich* durchbohre (habe durchbohrt) *ihn,* bohre durch: *ein durchbohrender Blick,* Ü. **Durchbohrung** *die.*

durchboxen, *ich* boxe *es* durch (habe durchgeboxt), Ü setze gegen starken Widerstand durch: *er hat den Beschluß durchgeboxt; er mußte sich durchboxen.*

durchbraten, *ich* brate *es* durch (habe durchgebraten), brate so lange, bis es ganz durch ist: *ein gut durchgebratenes Schnitzel.*

durchbrechen [mhd. durchbrechen], *ich* breche durch (brach durch, habe durchgebrochen), **1)** *es,* zerbreche, breche in Stücke: *ich habe die Schokolade durchgebrochen.* **2)** zerbreche die Grundlage, so daß ich durchstürze: *das Kind ist auf dem Eis durchgebrochen.* **3)** bahne mir gewaltsam einen Weg (durch Gestrüpp): *das Tier ist durchgebrochen.* **4)** *es bricht durch,* Ü tritt zutage: *sein wahres Ich ist durchgebrochen.* **durchbrechen,** *ich* durchbreche (durchbrach, habe durchbrochen) *es,* **1)** breche durch: *das Flugzeug durchbricht die Schallmauer.* **2)** Ü übertrete (ein Verbot). **Durchbrechung** *die.*

durchbrennen, *es* brennt durch (ist durchgebrannt), **1)** wird ganz glühend: *der Koks ist noch nicht durchgebrannt.* **2)** *die Sicherung ist durchgebrannt,* durch zu starke elektr. Belastung entzweigegangen. **3)** *ich* brenne durch, Ü laufe heimlich davon: *der Kassierer ist mit 100 000 Mark durchgebrannt.*

durchbringen, *ich* bringe *ihn,* es durch (habe durchgebracht), **1)** trage dazu bei, eine Krankheit oder Schwierigkeiten zu überwinden: *der Arzt hat seinen Patienten noch einmal durchgebracht.* **2)** sorge für den Lebensunterhalt: *sie brachte ihre Schwester mit durch.* **3)** Ü bringe zum Erfolg: *unser Antrag wurde mit großer Mehrheit durchgebracht.* **4)** Ü gebe sinnlos aus, vergeude: *er hat sein Erbteil durchgebracht.*

durchbrochen, *durchbrochene Arbeit,* Stickerei u. a., Abb. D 18. **Durchbruch** *der,* **1)** gewaltsam entstandene Öffnung: *Mauerdurchbruch.* **2)** Überwindung eines letzten Hindernisses: *er verhalf dieser Idee zum D.* **3)** Ü das Zutagetreten: *der D. eines neuen Lebensgefühls.*

durchdenken [mhd. durchdenken], *ich* denke *es* durch (habe durchgedacht), durchdenke. **durchdenken,** *ich* durchdenke (habe durchdacht) *es,* denke gründlich darüber nach: *hast du das auch richtig durchdacht?; ein gut durchdachter Plan.*

durchdrängen, *ich* dränge *mich* durch (habe mich durchgedrängt), zwänge mich hindurch: *die Halle war voller Menschen, ich konnte mich nur mit Mühe durchdrängen.*

durchdrehen, *ich* drehe durch (habe durchgedreht), **1)** *es,* lasse drehend durch eine Maschine laufen: *ich habe das Fleisch durchgedreht.* **2)** Ü verliere die Nerven: *er hat durchgedreht.*

durchdringen, *ich* dringe durch (drang durch, bin durchgedrungen), **1)** gelange (mit Mühe) durch etwas hindurch: *da war dichtes Gestrüpp, wir konnten kaum durchdringen; Wasser dringt durch die Wand; durchdringende Kälte; durchdringender Geruch.* **2)** *mit etwas,* finde Anerkennung, Zustimmung: *mit seinem Vorschlag drang er nicht durch.* **durchdringen** [mhd. durchdringen], *ich* durchdringe (durchdrang, habe durchdrungen) *es,* **1)** dringe durch: *er durchdrang das Dickicht.* **2)** Ü überzeuge, erfülle ganz: *die Botschaft hat alle Welt durchdrungen; er ist durchdrungen von seiner Sendung.* **Durchdringung** *die,* -, **1)** das Eindringen, Hindurchbrechen. **2)** Ü gründliches Erfassen einer Aufgabe. **3)** △ gegenseitiges Durchschneiden von Körpern oder Flächen.

durchdrücken, *ich* drücke *es* durch (habe durchgedrückt), **1)** drücke bis zu einem Widerstand (Hebel). **2)** Ü setze gegen Widerstand durch: *er konnte den Plan (nicht) durchdrücken.*

durch|eilen, *ich* eile durch (bin durchgeeilt), laufe schnell hindurch: *sie ist durch das Kaufhaus nur durchgeeilt.* **durch|eilen,** *ich* durcheile (habe durcheilt) *es,* eile durch.

durch|ein|ander, **1)** wahllos, regellos wechselnd: *sie aß und trank alles d.* **2)** ungeordnet, unordentlich: *alles lag d.* **3)** *d. sein,* Ü verwirrt, konfus. **Durcheinander** *das,* -s, Unordnung, Verwirrung: *ein heilloses D.* **durch|ein|ander . . .,** in Verbindung mit Verben trennbar zusammengesetzt: *sie hat alles durcheinandergebracht,* in Unordnung; *ihr sollt nicht alle durcheinanderreden.*

durchessen, *ich* esse *mich* durch (aß mich durch, habe mich durchgegessen), **1)** lebe auf Kosten anderer: *er hat sich dreist überall durchgegessen.* **2)** Ü esse von allem etwas: *wir mußten uns durch fünf Gänge durchessen.*

durchexerzieren, *ich* exerziere *es* durch (habe durchexerziert), Ü übe, probe vom Anfang bis zum Ende durch: *wir werden die neue Methode einmal durchexerzieren.*

durchfahren [ahd. thuruhfaran], *ich* fahre durch (fuhr durch, bin durchgefahren), **1)** fahre hindurch: *der Zug fährt durch einen Tunnel durch.* **2)** halte nicht an: *wir sind bis zur Grenze durchgefahren.* **durchfahren,** *ich* durchfahre (durchfuhr, habe durchfahren), **1)** fahre umher, bereise (im Fahrzeug das Land, im Schiff das Meer). **2)** *es durchfährt ihn, mich,* Ü wird plötzlich bewußt: *ihn durchfuhr ein heftiger Schreck.* **Durchfahrt** [mhd. durchvart] *die,* **1)** Öffnung für Wagen, Schiffe, ABB. D 18. **2)** durchgehender Verkehr: *D. verboten; Durchfahrtsstraße.* **3)** Durchreise.

Durchfall *der,* **1)** häufige Entleerung dünnflüssigen Stuhls, Diarrhöe. **2)** Ü Mißerfolg: *das Stück erlebte bei der Premiere einen D.* **durchfallen,** *ich* falle durch (fiel durch, bin durchgefallen), **1)** *durch etwas,* stürze beim Fallen durch (ein Loch), zerschlage beim Fall (eine Scheibe). **2)** Ü bestehe nicht (Prüfung), habe Mißerfolg: *die neue Oper ist durchgefallen.*

durchfechten [mhd. durchvehten], *ich* fechte durch (habe durchgefochten), **1)** *es,* setze durch, kämpfe bis zum Erfolg: *sein Anwalt hat diese Sache durchgefochten.* **2)** *mich,* schlage mich mühsam durchs Leben. **3)** *mich,* ⚥ lebe vom Fechten (⚥ für Betteln).

durchfinden, *ich* finde *mich* durch etwas durch (fand mich durch, habe mich durchgefunden), bezwinge Widerstände, Unordnung, komme zu Klarheit oder zum Ausgang.

durchfliegen, *es* fliegt durch (ist durchgeflogen), **1)** fliegt durch etwas hindurch: *der Ball flog durch die Fensterscheibe.* **2)** *ich bin durchgeflogen,* Ü habe nicht bestanden (Prüfung). **durchfliegen** [mhd. durchvliegen ›gedanklich durchdringen‹], *ich* durchfliege (habe durchflogen), **1)** den Luftraum *(eines Gebiets),* fliege hindurch. **2)** *ein Buch,* lese schnell und flüchtig, überfliege.

durchflutet, P ganz erfüllt: *vom Licht des Mondes d.*

durchformen, *ich* forme *es* durch (habe durchgeformt), arbeite formal gut aus.

durchforschen, *ich* durchforsche (habe durchforscht) *es,* **1)** bearbeite wissenschaftlich von allen Seiten. **2)** bereise forschend. **3)** suche sorgfältig darin. **Durchforschung** *die,* -.

durchforsten, *ich* durchforste (habe durchforstet) *es,* **1)** *den Wald,* holze ihn planmäßig aus. **2)** Ü suche gründlich ab: *ich habe die ganze Kartei durchforstet, aber die Adresse konnte ich nicht finden.* **Durchforstung** *die,* -.

durchfragen, *ich* frage *mich* durch (habe mich durchgefragt), frage immer wieder, um zum Ziel zu gelangen: *er fragte sich zum Museum durch.*

durchfressen, *es* frißt *etwas* durch (fraß durch, hat durchgefressen), **1)** zerstört (fressend): *Ratten haben die Bretterwand durchgefressen; eine Säure frißt den Stoff durch.* **2)** *ich fresse mich durch,* Ü derb: lebe auf Kosten anderer.

Durchfuhr *die,* -/-*en,* Warenverkehr zwischen zwei Ländern durch ein drittes: *Durchfuhrzölle; Warendurchfuhr.*

durchführbar, geeignet, verwirklicht zu werden. **Durchführbarkeit** *die,* -. **durchführen** [mhd. durchvüeren], *ich* führe *es* durch (habe durchgeführt), verwirkliche, bringe bis zum Ende: *er führte seinen Plan durch.* **Durchführung** *die,* **1)** das Umsetzen in die Tat (Plan, Bestimmung). **2)** ♪ Verarbeitung des Themas (Fuge, Sonate).

durchfüttern, *ich* füt(t)e(r)e *ihn* durch (habe durchgefüttert), Ü ernähre unentgeltlich: *wir können ihn nicht durchfüttern.*

Durchgang [ahd. durhgang] *der,* **1)** Öffnung zum Durchgehen, ABB. D 18. **2)** das Durchgehen: *Durchgangsbahnhof; Durchgangsverkehr.* **3)** ☿ das Vorbeigehen von Merkur oder Venus vor der Sonne. **4)** einzelne Stufe von Prüfungen, Versuchen: *in beiden Durchgängen siegte der favorisierte Sprinter.* **Durchgänger** *der,* -s/-, **1)** Entflohener, Ausreißer. **2)** Pferd, das nicht scheut. **durchgängig,** ausnahmslos, alles betreffend. **Durchgangsarzt** *der,* kurz: D-Arzt, gesetzlich bestellter Facharzt zur Erstversorgung und Begutachtung von Verletzten bei Arbeitsunfällen. **Durchgangslager** *das,* Lager zur behelfsmäßigen Unterbringung von Flüchtlingen u. a. **Durchgangszug** *der,* D-Zug, ABB. E 5.

durchgeben, *ich* gebe *es* durch (gab durch, habe durchgegeben), gebe weiter, übermittle: *die Meldung wurde in der Tagesschau durchgegeben.*

durchgehen [ahd. thuruhgan], *ich* gehe durch (ging durch, bin durchgegangen), **1)** *etwas,* gehe durch eine Öffnung hindurch, durchquere: *gehen Sie bitte nach vorn durch!* (in der Straßenbahn). **2)** reiße aus, entfliehe: *ihm ist die Frau durchgegangen,* Ü seine Frau hat ihn verlassen; *die Pferde gingen durch; ihr Temperament geht häufig mit ihr durch,* reißt sie mit. **3)** *prüfe* Stück für Stück. **4)** *es geht durch,* geht von einem Ende bis zum anderen: *ein durchgehender Zug,* Zug, der nicht auf Zwischenstationen hält. **5)** *es geht durch,* wird (bei Abstimmung) angenommen, wird nicht verworfen. **6)** *er will es diesmal noch durchgehen lassen.* **durchgehend,** **1)** die ganze Strecke oder mehrere Teilstrecken durchlaufend (Wagen, Züge). **2)** ohne Unterbrechung: *das Kaufhaus hat d. geöffnet,* ohne Mittagspause. **3)** Ü ausnahmslos. **durchgehends,** Ü ohne Ausnahme.

durchgeistigt, geisterfüllt: *ein durchgeistigtes Gesicht.* **durchglüht,** P bis ins Innerste erwärmt; begeistert.

durchgreifen [mhd. durchgrifen ›vollkommen begreifen‹], *ich* greife durch (habe durchgegriffen), **1)** strecke den Arm durch. **2)** Ü schaffe Ordnung, setze mich kräftig durch: *durchgreifende Erfolge.*

durchhalten, *ich* halte durch (hielt durch, habe durchgehalten), harre aus, ertrage es, stehe bis zum Ende durch: *Durchhalteparole; Durchhaltevermögen.*

Durchhang *der,* tiefer hängende Mitte ausgespannter Körper, ABB. L 9. **durchhängen,** *es* hängt durch (hing durch, hat durchgehangen), **1)** hängt in der Mitte nach unten. **2)** *ich hänge durch,* Ü bin in schlechter körperlicher oder seelischer Verfassung.

durchhauen [mhd. durchhouwen], *ich* haue durch (habe durchgehauen), **1)** *es,* zerteile, zerschlage, ABB. H 10. **2)** *ihn,* Ü verprügele.

durchhecheln [mhd. durchhecheln ›durch und durch weich schlagen‹], *ich* hech(e)le durch (habe durchgehechelt), **1)** *Flachs,* bearbeite mit der Hechel. **2)** *ihn, es,* Ü bespöttele, klatsche über jemanden: *sie hechelten gemeinsame Bekannte durch.*

durchhelfen, *ich* helfe *ihm* durch (half durch, habe durchgeholfen), ermögliche das Durchführen einer Sache oder das Überstehen einer Not: *sie kann sich nicht allein durchhelfen.*

Durchhieb *der,* ♣ ausgehauener Streifen Wald, Schneise.

durchhungern, *ich* hung(e)re *mich* durch (habe mich durchgehungert), verbringe eine entbehrungsreiche Zeit.

durchkämmen, *ich* kämme *es* durch (habe durchgekämmt), **1)** kämme gründlich (Haar). **2)** Ü durchsuche. **durchkämmen,** *ich* durchkämme (habe durchkämmt) *es,* Ü durchsuche: *sie haben die ganze Gegend erfolglos durchkämmt.*

durchkauen, *ich kaue es* durch (habe durchgekaut), **1)** kaue gründlich. **2)** *mit ihm,* Ü bespreche sehr gründlich.

durchkommen [ahd. thuruhqueman], *ich komme durch* (kam durch, bin durchgekommen), **1)** zwänge mich hindurch: *im Gedränge konnte ich nicht durchkommen.* **2)** komme vorbei: *wann kommt die Fahrzeugkolonne hier durch?* **3)** Ü bewältige (eine Arbeit): *ich hatte so viel zu tun, daß ich nicht mehr durchkam.* **4)** Ü bestehe (eine Prüfung). **5)** Ü bleibe am Leben: *wir hoffen, daß der Verletzte durchkommen wird.*

durchkomponieren, *ich komponiere es durch* (habe durchkomponiert), **1)** ♩ vertone einen Text ohne Berücksichtigung seiner strophischen Gliederung. **2)** Ü ordne nach wohldurchdachtem Plan.

durchkreuzen, *ich kreuze es durch* (habe durchgekreuzt), streiche kreuzweise durch: *ich habe das Wort durchgekreuzt.* **durchkreuzen,** *ich durchkreuze* (durchkreuzt) es, Ü **1)** fahre darüber: *er durchkreuzt mit seiner Jacht das Mittelmeer.* **2)** vereitele, störe: *durchkreuze nicht meine Absichten!*

durchladen, *ich lade ein Gewehr durch* (lud durch, habe durchgeladen), mache schußbereit.

Durchlaß *der, . . . lasses/. . . lässe,* **1)** Mauerwerk zur Durchführung kleinerer Wasserläufe, ABB. E 4. **2)** kleiner Durchgang, ABB. D 18. **durchlässig** *für etwas,* **1)** undicht, nicht aufhaltend, ABB. D 18. **2)** Pferd: auf die Hilfen des Reiters ansprechend. **Durchlässigkeit** *die, -.*

Durchlaucht [auch ‹l'› auxt, mhd. durchliuhtec ‹durchleuchtet›] *die, -,* Titel für Fürsten: *Euer D.* (Anrede). **durchlauchtig,** fürstlich, erhaben.

Durchlauf *der,* **1)** *ohne Pl.,* das Durchlaufen. **2)** kurz für: Durchlaufprobe. **durchlaufen** [ahd. thuruhloufan], *ich laufe durch* (lief durch, bin durchgelaufen), **1)** laufe hindurch. **2)** laufe ohne Rast. **3)** *Wasser läuft durch* (ist durchgelaufen), fließt, sickert durch. **4)** *es,* nutze durch vieles Laufen ab: *ich habe die Schuhsohlen durchgelaufen.* **durchlaufen,** *ich laufe* (durchlief, habe durchlaufen), **1)** *es,* erlebe von Anfang bis Ende, bringe hinter mich: *er durchlief alle Klassen; sie durchlief alle Stufen der Angst.* **2)** *es durchläuft mich,* Ü ich fühle: *von Schaudern der Angst durchlaufen.* **Durchläufer** *der,* ⊕ ein Fossil, das über lange geolog. Zeiten vorkommt.

Durchlauf|erhitzer *der, -s/-,* ein Heißwasserbereiter. **Durchlaufprobe** *die,* Theater: erste Probe eines Stückes im Zusammenhang.

durchleben, *ich durchlebe* (habe durchlebt) *es,* erlebe bewußt: *schmerzlich durchlebte Stunden der Ungewißheit.*

durchlesen [mhd. durchlesen], *ich lese es durch* (las durch, habe durchgelesen), **1)** lese von Anfang bis Ende. **2)** lese flüchtig, um einen allgemeinen Eindruck zu gewinnen: *ich habe den Artikel nur kurz durchgelesen.*

durchleuchten [mhd. durchliuhten], *ich leuchte durch* (hat durchgeleuchtet), schimmere durch: *die Lampe hat durch den Vorhang durchgeleuchtet.* **durchleuchten,** *ich durchleuchte* (habe durchleuchtet), **1)** *es,* sende Licht hindurch (Ei zur Prüfung). **2)** *ihn,* Ü röntge. **3)** *ihn, es,* Ü untersuche kritisch, analysiere. **Durchleuchtung** *die, -/-en.*

durchliegen, *ich liege mich durch* (lag durch, habe durchgelegen), bekomme durch langes Liegen wunde Stellen: *der Patient hat sich durchgelegen.*

durchlochen, *ich durchloche* (habe durchlocht) *es,* bohre ein Loch hinein. **durchlöchern,** *ich durchlöch(e)re* (habe durchlöchert), bohre viele Löcher hinein: *von Schrotkugeln durchlöchert.*

durchlüften, *ich lüfte es durch* (habe durchgelüftet), lüfte gründlich, erfülle mit frischer Luft. **durchlüften,** *ich durchlüfte* (durchlüftet) *es,* lüfte durch. **Durchlüftung** *die.*

durchmachen, *ich mache es durch* (habe durchgemacht), **1)** erlebe von Anfang bis Ende, bringe hinter mich (eine Ausbildung, eine Entwicklung). **2)** erdulde, erlebe Schweres: *sie hat schon viel durchgemacht.* **3)** Ü mache keine Pause.

Durchmarsch *der,* **1)** Durchquerung: *der D. von Truppen.* **2)** Ü Durchfall.

durchmessen [mhd. durchmezzen], *ich durchmesse* (durchmaß, habe durchmessen), *ich durchmaß den Saal mit raschen Schritten.* **Durchmesser** *der,* △ Zeichen: ∅, Sehne, die durch den Mittelpunkt geht, ABB. K 43, K 52.

durchmogeln, *ich mog(e)le mich durch* (habe mich durchgemogelt), schlage mich mit Mogeln durch.

durchnäßt, ganz von Nässe durchdrungen: *vom Regen d.*

durchnehmen, *ich nehme es durch* (nahm durch, habe durchgenommen), besprech gründlich, lerne: *in der letzten Stunde haben wir den Prager Fenstersturz durchgenommen.*

durchpeitschen, *ich peitsche durch* (habe durchgepeitscht), **1)** *ihn,* schlage mit der Peitsche. **2)** *es,* Ü bringe vorschnell zum Abschluß: *das Gesetz wurde noch vor den Parlamentsferien durchgepeitscht.*

durchproben, *ich probe es durch* (habe durchgeprobt), übe gründlich von Anfang bis Ende.

durchqueren, *ich durchquere* (habe durchquert) *es,* reise von einer Grenze bis zur gegenüberliegenden, bewege mich hindurch (Raum, Gebiet). **Durchquerung** *die, -/-en.*

durchrechnen, *ich rechne es durch* (habe durchgerechnet), rechne bis zum Ende: *ich rechne die Aufgabe zur Kontrolle noch einmal durch.*

Durchreiche *die, -/-n,* Maueröffnung von Küche zu Eßzimmer zum Durchreichen der Speisen.

Durchreise *die,* Fahrt durch den Ort: *wir besuchen sie auf der D.; Durchreiseerlaubnis.* **Durchreisende** *der, die.*

durchringen, *ich ringe mich durch* (rang mich durch, habe mich durchgerungen), entschließe mich nach Überwindung innerer Widerstände: *hast du dich endlich zu einem Entschluß durchgerungen?*

durchrosten, *es rostet durch* (ist durchgerostet), bekommt ein Loch durch Rost: *das Blech ist durchgerostet.*

Durchrutschweg *der,* bei der Eisenbahn der Sicherheitsabstand vom Hauptsignal bis zu einem Gefahrenpunkt.

durchs, Ü durch das; vgl. ÜBERS. Z 13.

Durchsage *die,* Mitteilung an die Öffentlichkeit über Lautsprecher (Rundfunk u. a.): *D. ohne Gewähr.* **durchsagen,** *ich sage es durch* (habe durchgesagt).

durchschalten, *ich schalte durch* (habe durchgeschaltet), schalte zu Ende; stelle eine elektr. oder Telefonverbindung über mehrere Schaltstellen her.

durchschaubar, *seine Absicht war leicht d.* **Durchschaubarkeit** *die, -.* **durchschauen** [mhd. durchschouwen], *ich schaue durch* (habe durchgeschaut), **1)** sehe hindurch. **2)** Ü durchschaue: *eben schau ich durch!* **durchschauen,** *ich durchschaue* (habe durchschaut) *es, ihn,* errate, was dahintersteckt: *ich d. seine Absichten.*

durchscheinend [mhd. durchschinec], Licht unter Schwächung und Streuung durchlassend, ABB. D 18.

durchscheuern, *ich scheu(e)re es durch* (habe durchgescheuert), beschädige durch Scheuern: *die Hose ist am Knie durchgescheuert.*

durchschießen, *ich schieße durch etwas durch* (schoß durch, habe durchgeschossen), sende eine Kugel durch. **durchschießen,** *ich durchschieße* (durchschoß, habe durchschossen) *es,* **1)** schieße durch. **2)** ⊘ versehe mit Durchschuß. **3)** hefte weißes Papier zwischen die Blätter eines Buches.

durchschlafen, *ich schlafe durch* (schlief durch, habe durchgeschlafen), schlafe ohne Unterbrechung: *ich schlief bis um 7 Uhr durch.* **durchschlafen,** *ich durchschlafe* (durchschlief, habe durchschlafen), verbringe schlafend: *am liebsten durchschläft sie den Vormittag.*

Durchschlag [mhd. durchslac] *der,* **1)** auf der Schreibmaschine mit Hilfe von Kohlepapier hergestellte Doppelschrift, ABB. D 18. **2)** Sieb für breiige Stoffe, ABB. D 18. **3)** ⚒ Herstellung einer Verbindung zwischen zwei Grubenteilen. **4)** ⚡ das Überspringen von Funken durch die Isolierung (Sicherung) infolge zu hoher Spannung oder schadhafter Leitung. **5)** ⊙ Werkzeug zum Einschlagen von Löchern in Bleche. **durchschlagen** [ahd. thuruhslahan], *ich schlage durch* (schlug durch, habe durchgeschlagen), **1)** *es,* zerteile, zerschlage: *ich habe den Baumstamm mit der Axt durchgeschlagen.* **2)** *es,* presse durch ein Sieb. **3)** *mich,* Ü komme ein Hindernis, überwinde Schwierigkeiten: *er hat sich durch die feindlichen Reihen durchgeschlagen.* **4)** *es schlägt durch,* überwindet ein Hindernis: *die Feuchtigkeit ist durch die Tapete durchgeschlagen.* **5)** *es schlägt durch,* wirkt nachhaltig (Abführmittel). **6)** *es schlägt durch* (ist durchgeschlagen), Ü tritt deutlich hervor (Erbanlagen). **durchschlagen** (durchschlug, habe durchschlagen) *es,* schlage auf etwas und dringe damit hindurch: *der Stein durchschlug das Glas.* **durchschlagend,** Ü deutlich, wirksam: *ein durchschlagender Erfolg.* **Durchschlagpapier** *das,* dünnes Papier für Durchschläge. **Durchschlagskraft** *die,* **1)** Kraft eines Geschosses, ein Ziel zu durchschlagen. **2)** Ü Wirksamkeit: *eine Rede von großer D.*

durchschlängeln, *ich schläng(e)le mich durch* (habe mich durchgeschlängelt), winde mich hindurch: *er hat sich im Leben immer durchgeschlängelt,* Ü ist geschickt allen Schwierigkeiten ausgewichen.

Durchschlupf der, -(e)s/-e, Öffnung zum Aus- oder Einkriechen, ABB. T 15.

durchschneiden [mhd. durchsniden], ich schneide es durch (habe durchgeschnitten), zerteile mit der Schere oder dem Messer in zwei Teile, ABB. S 32. **durchschneiden,** ich durchschneide (habe durchschnitten) es, Ü ziehe in schmaler Furche hindurch, zerteile: Schiffe durchschneiden die Wellen; eine Demarkationslinie durchschneidet die Ebene. **Durchschnitt** der, 1) Schnitt durch etwas. 2) Ü Mittelwert: Durchschnittseinkommen; Durchschnittsgeschwindigkeit; Durchschnittspreis; im D., Ü üblicherweise, im allgemeinen. **durchschnittlich. Durchschnittsmensch** der, Mensch ohne hervorstechende Eigenschaften.

Durchschuß der, 1) ohne Pl., Weberei: Querfäden. 2) ohne Pl., ⊗ Zwischenraum zwischen den Zeilen; vgl. ÜBERS. K 41. 3) Schuß, bei dem das Geschoß durch den Körper geht und ihn wieder verläßt.

durchschwindeln, ich schwind(e)le mich durch (habe mich durchgeschwindelt), schlage mich mit Schwindeln durch.

durchsehen [ahd. durhsehan], ich sehe durch (sah durch, habe durchgesehen), 1) durch etwas, schaue hindurch (Fenster, Fernrohr). 2) es, prüfe nach, überprüfe (Rechnungen, Hausaufgaben. 3) Ü verstehe: da sieht niemand mehr durch.

durchsetzen, ich setze durch (habe durchgesetzt), 1) es, erreiche (gegen Widerstände): sie kann bei ihm alles durchsetzen. 2) mich, behaupte mich, erreiche Anerkennung: er hat sich gegenüber den Schülern schnell durchgesetzt. **durchsetzen** [mhd. durchsetzen ›vollständig besetzen‹, ich durchsetze (habe durchsetzt) es mit etwas, vermenge, mische hinein: mit Erzen durchsetztes Gestein. **Durchsetzung** die, -: Durchsetzungskraft; Durchsetzungsvermögen.

Durchsicht die, Prüfung durch Betrachten: nach D. der Rechnungen. **durchsichtig** [mhd. durchsihtec], 1) Licht ohne Schwächung und Streuung durchlassend, ABB. D 18. 2) sehr zart, kränklich: ein durchsichtiges Gesicht. 3) Ü leicht zu durchschauen: sein Plan ist sehr d. **Durchsichtigkeit** die, -.

durchsickern, es sickert durch (ist durchgesickert, 1) fließt langsam und dünn hindurch: das Blut ist durch den Verband durchgesickert. 2) Ü wird langsam, meist ungewollt bekannt: die Nachricht ist durchgesickert.

durchsitzen, ich sitze es durch (saß durch, habe durchgesessen), nutze durch vieles Sitzen ab (Polster, Hose).

durchspielen, ich spiele es durch (habe durchgespielt), 1) spiele vom Anfang bis zum Ende (Szene, Musikstück). 2) Ü probiere mit allen Möglichkeiten aus: laßt uns diesen Vorschlag doch einmal durchspielen.

durchsprechen [mhd. durchsprechen], ich spreche es durch (sprach durch, habe durchgesprochen), 1) übermittle telefonisch: das Telegramm wurde vom Postamt bereits durchgesprochen. 2) mit ihm, erörtere, bespreche: diese Frage ist schon oft durchgesprochen worden.

durchstarten, ich starte durch, 1) (bin durchgestartet), breche einen Landeanflug ab durch Gasgeben und Steigflug: das Flugzeug startet durch; der Pilot ist durchgestartet. 2) (habe durchgestartet) es, lasse durchstarten.

durchstechen [mhd. durchstechen], ich steche es durch (stach durch, habe durchgestochen), 1) dringe mit einem spitzen Gegenstand durch. 2) ⚬ betrüge. **durchstechen,** ich durchsteche (durchstach, habe durchstochen) es, ihn, 1) steche durch. 2) mache einen Einschnitt, z. B. in einen Damm. **Durchstecherei** die, -/-en, ⚬ Betrug.

durchsteigen, ich steige durch (bin durchgestiegen), 1) steige durch etwas hindurch. 2) U verstehe, durchschaue: da steige ich nicht mehr durch.

durchstehen, ich stehe es durch (habe durchgestanden), ertrage, halte aus. **durchstehen,** ich durchstehe (habe durchstanden) es, stehe durch.

durchstellen, ich stelle das Telefongespräch durch (habe durchgestellt), verbinde mit einem anderen Anschluß.

Durchstich der, 1) durch Stich erzeichnete Öffnung. 2) Durchbruch einer Öffnung (Tunnelbau), ABB. D 18. 3) das Abschneiden einer Flußschlinge, ABB. F 32.

durchstöbern, ich stöb(e)re es durch (habe durchgestöbert), durchstöb(e)re. **durchstöbern,** ich durchstöb(e)re (habe durchstöbert) es, durchsuche eifrig, genau.

Durchstoß der. **durchstoßen,** ich stoße durch (stieß durch, bin, habe durchgestoßen), 1) durch etwas, erzwinge meinen Weg, durchbreche: er ist durch die feindlichen Linien durchgestoßen. 2) es, nutze ab: ich habe die Ärmel der Jacke durchgestoßen. **durchstoßen** [ahd. durhstozan], ich durch-

stoße (durchstieß, habe durchstoßen) es, stoße durch: man hat die feindlichen Linien durchstoßen. **Durchstoßung** die, -.

durchstreichen [mhd. durchstreichen], ich streiche es durch (habe durchgestrichen), mache einen Strich durch; mache ungültig: ich habe die Zahl durchgestrichen. **durchstreichen,** ich durchstreiche (habe durchstrichen) es, durchquere: wir haben die Wälder durchstrichen.

durchsuchen, ich durchsuche (habe durchsucht) ihn, es, untersuche aufs sorgfältigste, suche ab: sie hat vergebens alle Schubladen durchsucht. **Durchsuchung** die, -/-en.

durchtränken (habe durchtränkt) es, 1) erfülle mit Feuchtigkeit. 2) P erfülle ganz.

durchtrieben [mhd. durchtriben ›durchdringen‹], listig, gerissen: ein durchtriebener Kerl. **Durchtriebenheit** die, -.

durchwachen, ich durchwache (habe durchwacht) eine Nacht, verbringe wachend.

durchwachsen, ABB. D 18, 1) geschichtet aus Fett und Fleisch: gut durchwachsenes Fleisch. 2) U gemischt, mittelmäßig: das Wetter ist d. **durchwachsen,** es, ⚬ wächst durch (ist durchgewachsen), ④ wächst über die Blüte hinaus in eine neue Blüte oder einen Laubsproß fort, ABB. B 34. **Durchwachsung** die, -/-en, ④ Blütenmißbildung, auch Mißbildung der Kartoffelknollen.

Durchwahl die, -: Durchwahlnummer. **durchwählen,** ich wähle durch (habe durchgewählt), wähle die Nummer eines Fernsprechteilnehmers oder eines Hausanschlusses direkt, ohne daß sich eine Vermittlung dazwischenschaltet.

durchweg, ausnahmslos: wir waren d. für seinen Plan. **durchwegs,** österr., schweiz.: durchweg.

Durchwinterung die, -, Erhaltung den Winter hindurch (Pflanzen).

durchwirken, ich wirke es durch (habe durchgewirkt), knete, arbeite durch (Teig). **durchwirken** [mhd. durchwürken], ich durchwirke (habe durchwirkt) es, wirke verschiedene Fäden ein: mit Goldfäden durchwirkter Brokat.

durchwühlen [mhd. durchwüelen], ich wühle es durch (habe durchgewühlt) 1) durchwühle. 2) ich wühle mich durch, bahne mir wühlend einen Weg: der Hund hat sich unter dem Zaun durchgewühlt; ich habe mich durch den Berg Arbeit durchgewühlt, Ü. **durchwühlen,** ich durchwühle (habe durchwühlt) es nach etwas, werfe beim Suchen durcheinander, suche rücksichtslos.

durchwurschteln, durchwursteln, ich wurscht(e)le, wurst(e)le mich durch (habe mich durchgewurschtelt, durchgewurstelt), U schlage mich durch.

durchwuzeln, ich wuz(e)le mich durch (habe mich durchgewuzelt), österr.: 1) dränge, winde mich durch die Menschenmenge. 2) Ü schlage mich durch.

durchzeichnen, ich zeichne es durch (habe durchgezeichnet), pause.

durchziehen, ich ziehe durch, 1) (habe durchgezogen) es, ziehe durch etwas anderes hindurch (Faden). 2) (habe durchgezogen) es, bringe (trotz Schwierigkeiten) zum Abschluß, gebe nicht auf: wir konnten das Arbeiten schnell noch durchziehen. 3) (bin durchgezogen), marschiere ohne Aufenthalt durch. **durchziehen** [mhd. durchziehen], ich durchziehe (habe durchzogen), 1) ein Land, durchquere, wandere hindurch. 2) Kanäle durchziehen das Land, gehen hindurch. 3) es mit etwas, mische darunter. **Durchzieher** der, student. Mensur: 1) unter der feindl. Klinge durchgezogener Hieb. 2) die dadurch verursachte Narbe.

durchzucken, es durchzuckt (hat durchzuckt) ihn, mich, geht plötzlich durch ihn, mich hindurch: ein heftiger Schmerz, ein Gedanke durchzuckte mich.

Durchzug [mhd. durchzoc] der, 1) das Durchziehen, Durchmarschieren. 2) durch einen Raum streichende Luft: ich mache D., öffne Tür und (gegenüberliegendes) Fenster. 3) umgeschlagener Saum, durch den eine Schnur durchgezogen wird, ABB. D 18.

dürfen [ahd. thurfan], ich darf (habe gedurft; wir dürfen, ihr dürft, sie dürfen; wenn er dürfte) es tun, habe das Recht oder die Erlaubnis: das hättest du nicht machen dürfen; ich d. mit, ich darf mitkommen; ich d. Ihnen mitteilen, daß . . .; das dürfte (nicht) stimmen.

dürftig [ahd. t(h)urftig], mangelhaft, kümmerlich, ärmlich: das kulturelle Angebot ist sehr d. **Dürftigkeit** die, -.

Duro|plast [lat. durus ›hart‹ und grch. plassein ›bilden‹, ›formen‹] der oder das, -(e)s/-e, meist Pl., beim Erwärmen härtbare, unlösl. Kunststoffe. **duro|plastisch.**

dürr [ahd. thurri], 1) trocken, saftlos, abgestorben (Ast). 2) abgemagert, skelettartig. **3)** Ü unfruchtbar, ärmlich, nüchtern: *mit dürren Worten,* knapp. **Dürre** *die, -/-n,* **1)** Trockenheit. **2)** Magerkeit. **3)** Darre. **Dürr|erz** *das,* geringhaltiges Silbererz mit Quarz als Gangart. **Dürrfutter** *das,* Heu, Stroh usw. (im Unterschied zu Grünfutter).

Durst [ahd. thurst] *der, -es,* **1)** Trieb zum Trinken. **2)** Ü übergroße Sehnsucht: *D. nach Wahrheit; Wissensdurst.* **dursten,** *ich durste* (habe gedurstet), habe Durst: *die Tiere mußten tagelang dursten.* **dürsten,** *ich dürste* (habe gedürstet), **1)** habe Durst: *mich dürstet,* P. **2)** nach ihm, Ü verlange sehnlichst: *er, ihn dürstet nach Ehre.* **durstig,** *er hat eine durstige Kehle,* U trinkt viel. **durstlöschend,** den Durst stillend. **Durststrecke** *die,* Ü schwierige, entbehrungsreiche Zeit: *bis zu seinem ersten Erfolg mußte er eine lange D. überwinden.*

Dusche [frz. douche] *die, -/-n,* Brause; Bad unter der Dusche, ABB. D 19: *Duschraum; Wechseldusche; eine kalte D.,* Ü Enttäuschung, Schock. **duschen,** *ich dusche* (habe geduscht) (ihn, mich), bade unter der Dusche.

Düse [frühnhd. thüsel] *die, -/-n,* **1)** Strömungskanal, setzt Druck in Geschwindigkeit um. **2)** Vorrichtung zum feinen Zerstäuben einer Flüssigkeit.

Dusel *der, -s,* U **1)** Schwindelgefühl, halbe Betäubung. **2)** Halbschlaf. **3)** Rausch. **4)** unverdientes Glück: *da habe ich D. gehabt.* **Duselei** *die, -/-en,* Unachtsamkeit, Torheit. **dus(e)lig,** leicht beduselt, schlaftrunken. **duseln** [mhd. duseln ›taumeln‹], *ich dus(e)le* (habe geduselt), bin im Halbschlaf.

Düsenantrieb *der,* Strahlantrieb. **Düsenflugzeug** *das,* Flugzeug mit Strahlantrieb.

Dussel [Nebenform von Dusel] *der, -s/-,* U Dummkopf. **dusselig, dußlig,** U dumm, tolpatschig.

Dust *der, -es,* niederdt.: Dunst, Staub.

duster, norddt.: düster. **düster** [mhd. dinster ›finster‹], **1)** dunkel. **2)** Ü schwermütig, niederdrückend: *sein Blick ist d.* **Düster** *das, -s,* Düsterheit, Düsterkeit, Düsternis *die, -.*

Dutt [niederdt.] *der, -(e)s/-s* oder *-e,* U Haarknoten, Bausch.

Dutte *die, -/-n,* österr.: Saugflasche.

Duty-free-shop [dju'ti: fri: ʃɔp, engl.] *der,* zollfreie Verkaufsstelle, bes. auf Flughäfen und im Hafenbereich.

Dutzend [mhd. dutzent, zu lat. duodecim ›zwölf‹] *das, -s/-e* und als Mengenbezeichnung *-,* Abk.: Dtzd., 12 Stück: *dutzendweise; sechs Mark das D.; drei D.; im D. billiger!* **Dutzendmensch** *der,* Mensch mit durchschnittl. Eigenschaften. **Dutzendware** *die,* billige Massenware.

Duumvirat [lat. duumviratus, zu Duo und vir ›Mann‹] *das, -(e)s/-e,* aus zwei Männern bestehende altröm. Behörde.

Duvet [dyv′e, frz. ›Flaum(feder)‹] *das, -s/-s, schweiz.:* Daunendecke. **Duvetine** [dyft′i:n] *der, -s/-s,* Velveton, eine Samtimitation.

Düwel *der, -s/-, niederdt.:* Teufel.

Duwock *der, -s/-s, niederdt.:* Ackerschachtelhalm.

Duzbrüderschaft *die: ich schließe mit ihm D.,* gehe von der Anrede mit Sie auf du über. **duzen** [mhd. duzen], *ich duze* (habe geduzt) ihn, rede mit du an: *wir stehen auf Duzfuß,* nennen einander du; *Duzfreund.*

dwars, niederdt.: quer, querab: *in Dwarslinie,* ⚓ nebeneinander. **Dwarswind** *der,* ⚓ Seitenwind.

Dweil *der, -s/-e,* ⚓ schrubberähnlicher Aufwischer aus Lumpen.

Dy, 1) ◌ Zeichen für: Dysprosium. **2)** *der, -/-,* humoser Schlamm in Binnenseen; Torfmudde.

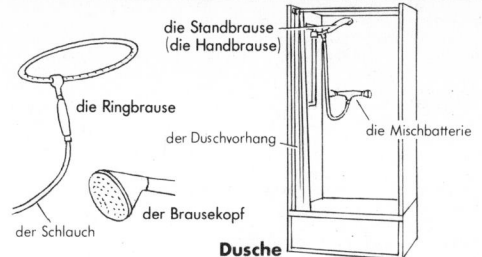

die Standbrause (die Handbrause)

die Ringbrause

der Duschvorhang

die Mischbatterie

der Brausekopf

der Schlauch

Dusche

Dyadik [grch. dyas ›Zweiheit‹] *die, -,* △ Dualsystem. **dyadisch. Dyas** *die, -,* ⚒ Perm.

Dyn [Kurzform von grch. dynamis ›Kraft‹] *das, -s/-,* Zeichen: dyn, Maßeinheit der Kraft. **Dynamik** *die, -,* **1)** Physik: Lehre von der Änderung des Bewegungszustandes von Körpern unter dem Einfluß von Kräften. **2)** ♪ (Lehre von der) Abstufung der Tonstärke. **3)** Ü Schwung, Triebkraft, lebhaftes Auf und Ab. **dynamisch,** *eine dynamische Persönlichkeit,* Ü; *dynamische Rente,* Rente, die dynamisiert wird. **dynamisieren,** *ich dynamisiere* (habe dynamisiert) *es,* **1)** treibe voran, beschleunige (bestimmte Prozesse, Vorgänge). **2)** passe an die Lohn- und volkswirtschaftl. Produktivitätsentwicklung an (bestimmte Leistungen, Renten). **Dynamisierung** *die, -/-en.* **Dynamismus** *der, -,* **1)** die philosoph. Meinung, daß alle Wirklichkeit auf mechan. oder seelenartige Kräfte zurückzuführen sei. **2)** die frühreligiöse Vorstellung, daß die Natur von unpersönl. Kräften belebt sei. **Dynamit** *das, -s,* ein Sprengstoff. **Dynamo** [auch d′y-] *der, -s/-s,* **Dynamomaschine** *die, ⚡* Stromerzeuger, Generator. **Dynamometer** *das,* Gerät zum Messen von Kräften.

Dynast *der, -en/-en,* Herrscher. **Dynastie** [grch. dynasteia ›Macht‹] *die, -/...ien,* Herrscherhaus. **dynastisch.**

dys... [grch.], miß..., übel... **Dys|ar|thrie** [grch. arthron ›gliedern‹] *die, -/...thr′ien,* mangelnde Sprech- und Lautbildungsfähigkeit. **Dys|enterie** [grch. enteron ›Darm‹] *die, -/...r′ien,* Ruhr. **Dysmelie** [grch. melos ›Glied‹] *die, -/...r′ien,* Gliedmaßenmißbildung. **Dysmenor|rhö(e)** [-r′ø:, vgl. Menorrhö(e)] *die, -/...rh′öen,* schmerzhafte Menstruation. **Dyspepsie** [grch. pepsis ›Verdauung‹] *die, -/...s′ien,* Verdauungsstörung. **Dys|pnoe** [grch. pnoe ›Hauch‹] *die, -,* Atemnot. **Dys|prosium** [grch. dysprositos ›schwer zu erlangen‹] *das, -s,* ◌ Element, Zeichen: Dy, metall. Element der Lanthanoiden-Gruppe. **Dys|teleologie** [grch. telos ›Ziel‹, ›Zweck‹ und vgl. ... ›logie‹] *die, -,* die Lehre von den nicht mit der Teleologie erklärbaren Zuständen in der Natur. **Dystonie** [grch. tonos ›Spannung‹] *die, -/...n′ien,* anomaler Spannungszustand: *vegetative D.* **dys|troph, 1)** an Dystrophie leidend. **2)** ⊕ reich an Humusstoffen (Seen). **Dys|trophie** [vgl. ...troph] *die, -/...ph′ien,* Ernährungsstörung. **Dysurie** [grch. ouron ›Harn‹] *die, -/...r′ien,* Störung der Blasenentleerung.

dz, Zeichen für: Doppelzentner.

D-Zug [d′e:-, eigtl. Durchgangszug] *der,* Schnellzug: *D-Zug-Wagen,* ABB. E 5.

E

e, E *das, -/-,* ein Vokal, ABB. A 8, ÜBERS. A 26, G 34. **e,** ♪ **1)** *das, -/-,* der dritte Ton der C-Dur-Tonleiter, ABB. N 9. **2)** Zeichen für: e-Moll.

e, △ die Basis der natürl. Logarithmen (2,71828...).

E, Zeichen für: **1)** Eilzug. **2)** ⊕ Ost (engl. east, französ. est). **3)** ♪ E-Dur.

Earl [ə:l, engl.] *der, -s/-s,* Graf.

Eau de Cologne ['o:dəkɔl'ɔnə, frz.] *das, - - -,* Kölnischwasser. **Eau de vie** ['o: dəv′i:, frz. ›Lebenswasser‹] *das, - - -,* Branntwein.

Ebbe [zu ab ›weg‹, ›zurück‹] *die, -/-n,* **1)** das Fallen des Meeresspiegels im Gezeitenwechsel, ABB. G 25. **2)** Ü Tiefstand, Geldmangel: *in meiner Kasse herrscht E.*

ebd., Abk. für: ebenda.

eben [ahd. eban, ebano], **1)** gerade dies, nichts anderes: *das*

ist es ja e.!; ebenderselbe; ebendeshalb; ebendieser; ebendort. **2)** in diesem Augenblick: *e. kommt er; kannst du ihn e. einmal rufen?,* schnell. **3)** nämlich, nun einmal: *er ist e. unzuverlässig.* **4)** besonders: *das ist nicht e. viel.* **5)** gerade passend: *das kommt mir e. aus.* **6)** flach, gleichmäßig hoch, ABB. E 2: *Eis bildet ebene Flächen.* **Ebenbild** *das,* einem anderen sehr gleichender Mensch: *er ist mein E.* **ebenbürtig, 1)** von gleichem

Eben

gesellschaftl. Stand. **2)** Ü mit gleichen Fähigkeiten: *sie ist ihm e.*
Ebenbürtigkeit *die*, -. **ebenda,** Abk.: ebd., gerade, genau dort (verstärkend): *ebendaher; ebendarum; ebendaselbst.*
Ebene [ahd. ebonoti] *die, -/-n,* **1)** Flachland. **2)** △ Fläche, die bestimmt ist durch drei Punkte, einen Punkt und eine Gerade, zwei parallele oder sich schneidende Geraden: *schiefe E.:* vgl. schief. **3)** Ü Stufe, Niveau: *die Beratungen fanden auf höchster E. statt.* **ebenerdig,** im Erdgeschoß; auf Straßenhöhe. **ebenfalls,** auch, gleichfalls. **Ebenheit** *die,* -, **1)** ebene Beschaffenheit. **2)** ⊕ kleinere Ebene, Terrasse.
Ebenholz [grch. ebenos, aus altägypt. hbnj] *das,* dunkles hartes Edelholz. **ebenieren,** *ich* ebeniere (habe ebeniert) *es,* lege mit Ebenholz aus.
Ebenmaß [mhd. ebenmaze] *das, -(e)s,* gefälliges Gleichmaß, Regelmäßigkeit. **ebenmäßig,** formschön, edel, gleichmäßig. **ebenso,** genauso, auch so: *ebensogut; ebensolang(e); ebensoviel; ebensoweit;* aber: *er ist ein e. guter Mensch; e. lang wie breit.* **ebensolcher,** genau ein solcher.
Eber [ahd. ebur] *der, -s/-,* männl. Schwein, ABB. S 43.
Eber|esche [mhd. eberboum, eigtl. ›falsche Esche‹, vgl. Aberglaube] *die,* ein Kernobstbaum.
Eberhard [ahd. ebur ›Eber‹ und hart ›stark‹], männl. Vorname.
Eberraute *die,* Edelraute.
Eberwurz [vgl. Eberesche] *die,* distelähnl. Pflanze.
ebnen [ahd. ebenon], *ich* ebne (habe geebnet) *es,* glätte, mache eben: *er ebnete ihr den Weg zum Erfolg,* Ü.
e. c., Abk. für: exempli causa.
Ecarté [-'t'e:, frz.] *das, -s/-s,* Ekarté.
Ecce-Homo ['ɛktse-, lat. ecce homo ›siehe, welch ein Mensch‹] *das, -(s)/-(s),* Darstellung des dornengekrönten Christus.
Ecclesia [grch. ekklesia ›Volksversammlung‹] *die,* -, auch Ekklesia, Kirche, Gemeinde.
Echappement [eʃapm'ã, frz.] *das, -s/-s,* Hemmung (Uhr); Auslösung einer Mechanik (Klavier). **echappieren** [eʃap'i:rən], *ich* echappiere (bin echappiert) *ihm,* ⊕ entwische.
Echarpe [eʃ'arp, frz.] *die, -/-s,* gemustertes Halstuch, Schal.
echauffieren [eʃɔf'i:rən, frz.] échauffer ›erhitzen‹], *ich* echauffiere *mich* (habe mich echauffiert), rege mich auf: *sie war ganz echauffiert,* erregt, erhitzt.
Echinocactus [grch. echinos ›Igel‹ und Kaktus] *der,* -, Igelkaktus. **Echinoderme** [grch. derma ›Haut‹] *der, -n/-n,* meist Pl., Stachelhäuter. **Echinokokkus** [grch. kokkos ›Kern‹] *der,* Blasen- oder Hülsenwurm. **Echinus** *der, -/-,* **1)** ein Seeigel. **2)** ⊞ Wulst am Kapitell der dorischen Säule.
Echo [grch. ›Schall‹] *das, -s/-s,* **1)** Widerhall. **2)** Ü Zustimmung: *das Konzert fand ein begeistertes E.* **3)** Ü unkritische Wiederholung fremder Meinungen: *er ist nur das E. seiner Frau.* **4)** Reflexion einer elektromagnet. Welle: *Radarecho.* **echo|en,** *es* echot (hat geechot), hallt wider. **Echolalie** [grch. lalein ›schwatzen‹ eigtl. -/-..l'i|en, ⚥ Echosprache, sinnloses Wiederholen gehörter Wörter. **Echolot** *das,* Gerät zur Tiefenmessung durch Schallwellen. **Echomimie** [grch. mimike ›Mimik‹] *die,* -, Nachahmung von Gebärden.
Echse [eigtl. Dechse, entstanden durch falsche Trennung von Eidechse] *die, -/-n,* ein Schuppenkriechtier, z. B. Eidechse.
echt [mhd. ehaft ›recht‹, mhd. e, ahd. ewa ›Gesetz‹], **1)** unverfälscht: *echte Perlen; ein echter Picasso,* von Picasso selbst gemaltes Bild; *eine echtgoldene Kette,* aber: *die Kette ist e. golden.* **2)** wahr, ursprünglich, aufrichtig: *echte Freundschaft.* **3)** typisch, bezeichnend: *ein echter Schwabe.* **4)** beständig: *farbecht.* **5)** △ *ein echter Bruch,* Bruch, der kleiner als 1 ist, ÜBERS. R 11. **6)** *das ist e. gut!*
echter, niederdt.: nächstfolgend.
Echtheit *die,* -, das Echtsein: *Echtheitsprüfung.*
Eck *das,* -/- und österr.: -en, oberdt.: Ecke; sonst in: *Dreieck, Viereck* u. a.
Eckard, Eckart [ahd. ekka ›Spitze‹, ›Schwertschneide‹ und hart ›stark‹], männl. Vornamen: *ein getreuer Eckart,* Ü treuer Hüter.
Eckball *der,* Freistoß im Fußball, Handball u. a. von der Nähe der Eckfahne aus, ABB. F 37.
Eckbert [ahd. ekka ›Spitze‹, ›Schwertschneide‹ und beraht ›glänzend‹], männl. Vorname.
Eckblatt *das,* Säulenschmuck, ABB. B 11. **Ecke** [ahd. ekka] *die, -/-n,* **1)** hervorstehende Spitze, Knick (in der Umgrenzung eines Körpers): *an beiden Ecken,* an den äußersten Enden; *an allen Ecken und Enden,* überall; *er wurde um die E. gebracht,* Ü beseitigt, ermordet. **2)** Treffpunkt zweier Häuserfronten

an Straßenkreuzungen: *ich wohne um die E.,* Ü in der Nebenstraße, ganz nahe; *wir sind um ein paar Ecken miteinander verwandt,* Ü entfernt verwandt. **3)** Winkel: *ungezogene Kinder wurden in die E. gestellt; aus welcher E. kommst du?,* Ü Gegend. **4)** △ Treffpunkt winklig zusammenstoßender Linien oder Flächen, ABB. V 6. **5)** Ü Eckball: *die E. wird vom Rechtsaußen getreten; die Eckfahne,* ABB. F 37. **6)** U langes Stück: *du mußt noch eine tüchtige E. laufen.* **ecken** [mhd. ecken], *ich* ecke (habe geeckt) *es,* ⚥ zacke aus. **Eckensteher** *der,* ⚥ Berliner Dienstmann; Ü Nichtstuer.
Ecker [got. akran ›Frucht‹, zu akrs ›Acker‹] *die, -/-n,* **1)** ⊕ Eichel, vgl. ABB. E 1. **2)** Kartenspiel: Eichel, ABB. S 54. **3)** ⊕ Buchecker.
Eckhard, Eckhart [vgl. Eckard], männl. Vornamen.
Eckhaus *das,* Gebäude an einer Straßenecke. **eckig, 1)** nicht rund. **2)** reich an Ecken, Spitzen und Kanten. **3)** Ü unbeholfen, ungeschliffen: *ein eckiger Charakter.* **Eckigkeit** *die,* -.
Ecklohn *der,* tariflich festgesetzter Stundenlohn für eine bestimmte Lohngruppe, nach dem die jeweiligen Lohnbeträge berechnet werden. **Eckpfeiler** *der,* **1)** Pfeiler am Ende einer Reihe. **2)** Ü Hauptstütze, Grundsalz. **Eckpfosten,** Sitzplatz am Ende einer Reihe. **Eckstein** *der,* **1)** behauener Stein. Ü Hauptstütze, Grundsatz. **3)** Farbe der französischen Spielkarte, Karo, ABB. S 54. **Eckstoß** *der,* Fußball: Eck.
Eckwerte, *Pl.,* vorgesehene zentrale Werte bei geplanten Steueränderungen. **Eckwurf** *der,* Handball: Eckball. **Eckzahn,** ABB. G 6. **Eckzins** *der,* Zins für Sparkonten mit gesetzl. Kündigungsfrist, nach dem sich die Verzinsung anderer Einlagen richtet.
Eclair [ekl'ε:r, frz.] éclair ›Blitz‹] *das, -s/-s,* mit Creme gefülltes Gebäckstück.
Eclat [ekl'a, frz.] *der, -s/-s,* Eklat.
Economiser [i:k'ɔnəmaizə, engl.] *der, -s/-,* Ekonomiser. **Economyklasse** [i:k'ɔnəmi-, engl. economy ›Sparsamkeit‹] *die,* verbilligte Beförderungsklasse im Personenluftverkehr.
Ecossaise [ekɔs'ε:z, frz.] ›die Schottische‹] *die, -/-n* [-zən], auch Ekossaise, ein Gesellschaftstanz im ²/₄-Takt.
ecru [ekr'y, frz.], *nicht flektierbar,* auch ekrü, roh, ungebleicht, ungefärbt (Seide).
Ecuadorianer [nach der Lage Ecuadors unter dem Äquator, span. ›ecuador‹] *der, -s/-,* Bewohner des südamerikan. Staates Ecuador. **ecuadorianisch.**
ed., Abk. für: edidit, (hat) herausgegeben. **Ed.,** Abk. für: Edition.
Edamer [nach der niederländ. Stadt Edam] *der, -s/-,* eine Käsesorte, ABB. K 11.
edaphisch [grch. edaphos ›Erdboden‹, bodenbedingt, bodenabhängig. **Edaphon** *das, -s,* Gesamtheit der Organismen des Erdbodens.
edd., Abk. für: ediderunt, (haben) herausgegeben.
Edda [zu Edith], *die, -/'den,* weibl. Vorname.
Edda [zu Edel?], *die, -/'den,* Sammlung altisländ. Götter- und Heldenlieder. **eddisch,** eddische Lieder.
edel, ed(e)ler, am edelsten [ahd. edili, zu Adel], **1)** vortrefflich, kostbar: *edler Wein.* **2)** hilfsbereit, menschlich vornehm: *eine edle Gesinnung.* **3)** ⚥ adlig: *von edlem Geschlecht; Edeldame.* **Edelfäule,** Pilzbefall reifer Weinbeeren (Verwendung für Ausleseweine). **Edelfreie** *der,* Edeling. **Edelgard,** weibl. Vorname. **Edelgas** *das, -es,* Bez. für Gase, die unter gewöhnl. Bedingungen keine chem. Verbindungen bilden (Helium, Argon). **Edelhirsch** *der,* Rothirsch, ABB. G 21, F 4. **Edeling** *der, -s/-e,* german. Adliger. **Edelmann** *der, -(e)s/..leute,* **1)** Adliger. **2)** Ü Mensch von edler Gesinnung. **edelmännisch. Edelmetall** *das,* elementar sehr beständiges Metall wie Gold, Silber, Platin. **Edelmut** *der,* Großherzigkeit, selbstlose Hilfsbereitschaft. **edelmütig. Edelraute** *die,* Alpenpflanze. **Edelreis** *das,* zur Veredlung brauchbarer Pflanzensproß. **Edelrost** *der, -(e)s,* Patina. **Edelstahl** *der,* rostfreier Stahl. **Edelstein** *der,* Mineral, das sich durch Härte und Aussehen auszeichnet, z. B. Diamant, Rubin, Saphir. **Edeltanne** *die,* Weißtanne. **Edeltraud, Edeltrud,** weibl. Vornamen. **Edelweiß** *das, -(es)/-e,* eine Hochgebirgspflanze. **Edelwild** *die,* Rotwild. **Edelzwicker** *der,* elsässischer Wein, Verschnitt aus verschiedenen Rebsorten.
Eden [hebr. ›Wonne‹] *das, -s,* Paradies: *Garten E.* **2)** Ü paradiesisch schöner Ort.
Edentaten [lat. edentare ›der Zähne berauben‹, *Pl.,* Zahnarmen, Zahnlosen Säugetiere, z. B. Ameisenbären.
...eder [grch. hedra ›Sitz‹, ›Fläche‹], △ Suffix zur Be-

der Rahmen   der Balken   das Eigelb

das Spiegelei

die Fischeier
(der Rogen)

die Salzlöffe

die Zweige   das Blatt

die Äste

der Zinken   **die Balkenegge**

das Eigelb
(der Dotter)

der
Eierlöffel

der Zweig

das Eiweiß
die Haut
die Luftblase

der Stamm

die Eichel
der Becher

das Gelenk   **die Gelenkegge**   das Gestell

die Schale

Egge   **Ei**   der Eierbecher

die Eiche

Eiche

---

zeichnung regelmäßiger Körper: *das Rhomboeder*, von sechs Rhomben begrenzter Körper.
Edgar [angelsächs. ead ›Besitz‹, ›Glück‹ und gar ›Ger‹], männl. Vorname.
edieren [lat. edere ›herausgeben‹], *ich ediere* (habe ediert) *es, ⌀ gebe heraus*; vgl. ed., edd. **Edikt** [lat. edictum] *das, -(e)s/-e*, Verordnung, Erlaß.
Edith [angelsächs. ead ›Besitz‹, ›Glück‹ und gyth ›Kampf‹], weibl. Vorname.
Edition [zu edieren] *die, -/-en*, Abk.: Ed., ⌀ Ausgabe. **Editio princeps** *die, - -/...ti'ones ...cipes*, Erstausgabe. **Editor** *der, -s/...t'oren*, Herausgeber. **Editorial** [edit'ɔ:riəl, engl.] *das, -s/-s*, **1)** Leitartikel. **2)** Vorbemerkung des Herausgebers. **3)** Impressum. **editorisch**.
Edle [zu edel] *der, die, -n/-n, ein -r, eine -*, **1)** Adelstitel: *Edle(r) von ...* **2)** P edler Mensch.
Edmund [angelsächs. ead ›Besitz‹, ›Glück‹ und mund ›Schutz‹], männl. Vorname.
EDS, Abk. für: elektronisches Datenvermittlungs-System.
Eduard [angelsächs. ead ›Besitz‹, ›Glück‹ und weard ›Hüter‹], männl. Vorname.
Edukation [lat. educare ›erziehen‹] *die, -/-en*, Erziehung.
E-Dur *das*, Zeichen *E*, eine Tonart.
EDV, Abk. für: elektronische Datenverarbeitung.
Edward, Edwin [angelsächs. ead ›Besitz‹, ›Glück‹ und weard ›Hüter‹], männl. Vorname.
EEG, Abk. für: Elektroenzephalogramm.
Efendi [türk.] *der, -s/-s*, ehrende Anrede: Herr.
Efeu [ahd. ebahewi] *der, -s*, immergrüne Kriech- oder Kletterpflanze: *efeubewachsen; Efeuranken*.
Effeff [zu ff] *das, -: er versteht es aus dem E.*, U sehr gründlich, sehr gut.
Effekt [lat. effectus ›Wirkung‹] *der, -(e)s/-e*, **1)** (überraschende) Wirkung, Auswirkung: *im Endeffekt*, schließlich. **2)** Physik: früher für Leistung, heute in Zusammensetzungen: *Nutzeffekt; lichtelektrischer E.* **Effekten**, *Pl.*, **1)** Wertpapiere (Schuldverschreibungen und Anteilscheine): *Effektenbörse; Effektenmakler*. **2)** bewegl. Habe. **Effekthascherei** *die, -*, starkes Bemühen um Wirkung. **effektiv**, tatsächlich. **Effektivität** *die, -*, Wirksamkeit, Leistungsfähigkeit. **Effektivstand** *der*, tatsächl. Bestand, Ist-Stärke. **effektuieren**, *ich effektuiere* (habe effektuiert) *es*, bewerkstellige, leiste. **effektvoll**, eindrucksvoll.
efferent [lat. efere ›hinaustragen‹], *efferente Nerven*, ⚡ Nerven, die die Erregungen vom Zentralnervensystem in die Körperperiphere leiten.
Effet [ɛf'ɛ, frz. ›Wirkung‹] *der oder das, -s/-s*, Ballspiele, Billard: Wirkung des gegen die Seite des Balls geführten Stoßes.
Effi [zu Elfriede], weibl. Vorname.
effilieren [frz. effiler ›ausfransen‹], *ich effiliere* (habe effiliert) *Haar*, mache beim Schneiden dünner: *Effilierschere*.
effizient [engl. efficient, zu lat. efficere ›bewirken‹]. **Effizienz** *die, -/-en*, Wirksamkeit. **effizieren**, *ich effiziere* (habe effiziert) *es*, bewirke.
Ef|floreszenz [lat. efflorescere ›aufblühen‹] *die, -/-en*, **1)** ⚡ ein Hautausschlag. **2)** ⊕ Ausblühung. **ef|floreszieren**, *es effloresziert* (ist effloresziert).
Effusion [lat. effusio ›das Ausgießen‹] *die, -/-en*, Erguß (Lava). **effusiv**, *Effusivgestein*, Ergußgestein.
EFTA *die, -*, Kurzw. für: European Free Trade Association, die Europäische Freihandelsgemeinschaft.

eG, e. G., Abk. für: eingetragene Genossenschaft.
EG, Abk. für: Europäische Gemeinschaften.
egal [frz. égal, zu lat. aequalis], **1)** gleich, gleichartig. **2)** U gleichgültig. **3)** [′egal], *ostmitteldt.*: immer. **egalisieren**, *ich egalisiere* (habe egalisiert) *es*, gleiche aus. **egalitär**, auf (gesellschaftl.) Gleichheit zielend. **Egalität** *die, -*, Gleichheit.
Egart [ahd. egerda ›Brachland‹] *die, -*, *oberdt.*: Grasland: *Egart(en)wirtschaft*, Feldgraswirtschaft.
Egbert [ahd. ekka ›Spitze‹, ›Schwertschneide‹ und beraht ›glänzend‹], männl. Vorname.
Egel [ahd. egala, zu egh ›stechen‹] *der, -s/-*, ein Ringelwurm (Blutegel); auch ein Saugwurm (Leberegel).
Egerling [zu Egart] *der, -s/-e*, Champignon.
Egge [mhd. egede] *die, -/-n*, **1)** Gerät zum Lockern des Bodens, zum Einebnen und Unkrautentfernen, ABB. E 1. **2)** Webkante: *Eggenband*. **3)** *niederdt.*: Ecke. **eggen**, *ich egge* (habe geeggt) *den Boden*, bearbeite mit der Egge.
Eginhard [zu Eckehard], männl. Vorname.
EGKS, Abk. für: Europäische Gemeinschaft für Kohle und Stahl.
Egli *der, -(s)/-*, *schweiz.*: Barsch.
eGmbH, Abk. für: eingetragene Genossenschaft mit beschränkter Haftpflicht.
eGmuH, Abk. für: eingetragene Genossenschaft mit unbeschränkter Haftpflicht.
Ego [lat. ego ›ich‹] *das, -*, das Ich. **Egoismus** *der, -*, Eigenliebe, Selbstsucht, Eigennutz. **Egoist** *der, -en/-en*, selbstsüchtiger, eigennütziger Mensch. **egoistisch**.
Egon [Kurzform zu Eginhard], männl. Vorname.
Egotismus *der, -*, Neigung, sich in den Vordergrund zu stellen. **Egotist** *der, -en/-en*. **Egotrip** *der*, U äußerst egoistische Lebensgestaltung: *er ist auf dem E.* **Egozen|trik** [lat. ego und Zentrum] *die, -*, übertriebene Ichbezogenheit. **Egozentriker** *der, -s/-*, egozentr. Mensch. **egozen|trisch**, *egozentrisches Verhalten*. **Egozen|trizität** *die, -*.
EGR, Abk. für: Emission Gas Recirculation, die Abgasrückführung.
egrenieren [frz. égrener, zu é und grain ›aus dem Korn‹], *ich egreniere* (habe egreniert) *es*, trenne Baumwollfasern von Samen: *Egreniermaschine*.
Egyptienne [eʒipsj′ɛn, frz. ›ägyptisch‹] *die, -*, eine Druckschrift.
eh [ahd. (h)er ›eher‹, ›früher‹], **1)** *eh daß*, ⚹ bevor. **2)** früher: *seit eh und je*, schon immer; *ehmorgen, oberdt.*: früher als morgen. **3)** *oberdt.*: ohnehin, sowieso: *das hab' ich eh gemacht*. **4)** P ehe. **5)** *eh!*, U Ausruf unterschiedl. Bedeutung: *eh nun!*
e. h., **1)** Abk. für: ehrenhalber. **2)** *österr.*: Abk. für: eigenhändig (unterschrieben).
ehe [vgl. eh], bevor: *e. ich abreise, besuche ich dich noch einmal; tu etwas dagegen, e. es zu spät ist*.
Ehe [ahd ewa ›Recht‹, ›Ewigkeit‹] *die, -/-n*, durch Sitte und Gesetz anerkannte Lebensgemeinschaft von Mann und Frau: *eine E. schließen, eingehen; Ehekrise; Eheprobleme; wilde E.*, ⚹ nicht durch Heirat legalisierte Zusammenleben. **Eheanbahnungsinstitut** *das*. **Eheberatung** *die*, amtl. Beratung in Vorbereitung und Führung einer Ehe: *Eheberatungsstelle*. **ehebrechen**, *nur Infinitiv üblich: du sollst nicht e.!*, sonst: *bricht die Ehe*. **Ehebrecher** *der, -s/-*, **Ehebrecherin** *die, -/-nen*, Ehepartner, der die eheliche Treue bricht. **ehebrecherisch**, *ehebrecherische Beziehungen*. **Ehebruch** *der*, Beischlaf eines Ehegatten mit einer dritten Person während bestehender Ehe.

ehedem, ⚭ ehemals. **ehedenn**, B bevor.
Ehefrau die, weibl. Ehepartner. **Ehegatte** der, Ehepartner.
Ehegattin die, Ehefrau. **Ehehindernis** das, ♉. **Eheleute**,
Pl., Ehepaar. **ehelich**, 1) zur Ehe gehörig: eheliche Treue;
eheliches Güterrecht. 2) einer gültigen Ehe entstammend:
eheliche Kinder. **ehelichen**, ich eheliche (habe geehelicht)
ihn, sie, P heirate. **Ehelichkeit** die. **Ehelosigkeit** die.
ehemalig, einstig. **ehemals**, einst, vormals.
Ehemann der, männlicher Ehepartner. **ehemündig**. **Ehe-**
mündigkeit die, Mindestalter für die Eheschließung. **Ehe-**
paar das, Ehemann und Ehefrau. **Ehepartner** der, Ehefrau
oder Ehemann.
eher, Komparativ von bald, 1) früher, vorher: er kam e. als
du. 2) mehr, vielmehr: er ist e. frech (als lustig). 3) lieber, besser:
e. betteln!
Eherecht das, -(e)s: das neue E. **Ehering** der, Trauring.
ehern [ahd. erin], P aus Erz, eisern, unumstößlich: ein
ehernes Gesetz; Ü hart, unbeugsam, fest: mit eherner Stirn.
Ehescheidung die, rechtl. Auflösung einer Ehe: er hat die
Ehescheidungsklage eingereicht. **Eheschließung** die, Heirat.
Ehestand der, -(e)s, das Verheiratetsein.
ehesten, am e., mit größter Wahrscheinlichkeit. **ehestens**,
frühestens: das kommt e. morgen.
Ehevermittlung die, die gewerbsmäßige Vermittlung von
Partnern zur Ehe. **Ehevertrag** der, Vertrag der Ehegatten zur
Regelung ihrer güterrechtl. Verhältnisse **ehewidrig**, ehewid-
riges Verhalten.

ehnder, oberdt.: eher.
Ehr|abschneider der, Verleumder. **ehrbar**, ehrenhaft,
angesehen, sittsam. **Ehrbegriff** der, Auffassung von Ehre.
Ehre [ahd. (h)era] die, -/-n, 1) Anerkennung, Achtung,
Ansehen, Ehrgefühl, Selbstachtung: jemandes E. verletzen; ein
Mann von E., ein ehrenhafter Mann; um der Wahrheit die E.
zu geben, um die Wahrheit zu sagen; auf E. und Gewissen,
wahrhaftig; wir haben ihm die letzte E. erwiesen, an seinem
Begräbnis teilgenommen. 2) etwas, worauf man stolz sein
kann: das ist mir eine E.; das macht ihm wenig E.; er hat damit E.
eingelegt, Anerkennung gefunden. 3) Auszeichnung, Lobprei-
sung: E. sei Gott in der Höhe. 4) Ehrgefühl: er hat keine E. im
Leibe. 5) ⚭ Jungfräulichkeit: sie hat die E. verloren. **ehren**, ich
ehre (habe geehrt) ihn, gebe ihm ein sichtbares Zeichen meiner
Schätzung.
Ehren [mhd. ern ›Tenne‹] der, -/-, alem.: Hausflur.
Ehrenamt das, ohne Entgelt ausgeübtes Amt. **ehrenamt-**
lich, ehrenamtlicher Richter. **Ehrenbezeigung** die, Aus-
druck besonderer Hochachtung und Verehrung; militärischer
Gruß. **Ehrenbürger** der, von Stadtverwaltungen verliehener
Ehrentitel. **Ehrendoktor** der, von Hochschulen verliehener
Ehrentitel. **Ehrenerklärung** die, Erklärung, daß beleidigen-
de Absicht nicht vorgelegen habe.
Ehrenfried [ahd. arn ›Adler‹ und fridu ›Schutz‹], männl.
Vorname.
Ehrengabe die, Geschenk für einen Ehrengast. **Ehren-**
gast der, besonders ausgezeichneter Gast. **Ehrengeleit** die,
Begleitung für eine hohe Persönlichkeit. **Ehrengericht** das,
mit Standesgenossen besetztes Gericht zur Untersuchung von
Verfehlungen in bestimmten Berufen. **ehrenhaft**, den Forde-
rungen der Ehre entsprechend. **Ehrenhaftigkeit** die, -. **eh-**
renhalber, Abk.: e. h., als Ehrung. **Ehrenlegion** die, ein franz-
zös. Orden. **Ehrenmal** das, -(e)s/-e oder ...mäler, Denkmal
zum Gedächtnis für Gefallene. **Ehrenmann** der, ehrenhafter
Mensch. **Ehrenmitglied** das, Mitglied durch besondere
Ehrung. **Ehrenplatz** der, Platz für einen Ehrengast. **Ehren-**
preis der, 1) Auszeichnung, Gewinn. 2) auch das, ⊕ ein
Rachenblüter. **Ehrenrechte**, Pl.: bürgerliche E., Wahlrecht,
Bekleidung von Ämtern und Würden. **Ehrenrettung** die,
Abwehr persönl. Angriffe. **ehrenrührig**, die Ehre verletzend.
Ehrenrunde die, ✗ Runde als Ehrung: die Sieger ritten eine E.
Ehrensache die, ∪ selbstverständliche Pflicht. **Ehrentag**
der, festlicher Tag zur Erinnerung an ein besonderes Ereignis.
ehrenvoll, Ehre bringend. **ehrenwert**, redlich, bieder,
achtbar. **Ehrenwort** das, Aussage, für die jemand seine Ehre
verpfändet, feierl. Versprechen. **Ehrenzeichen** das, ordens-
ähnliche Auszeichnung. **ehrerbietig**, hochachtungsvoll. **Ehr-**
erbietigkeit die, -, **Ehrerbietung** die, -, Ehrfurcht die. im
Achtung, Ehrerbietung. **ehrfürchtig**, **ehrfurchtsvoll**. **Ehr-**
gefühl das, -(e)s, feines Empfinden für ehrenhaftes Handeln.
Ehrgeiz der, Streben nach Anerkennung. **ehrgeizig**, ein
ehrgeiziger Plan; der Schüler ist sehr e.
Ehrhard [zu Erhard], männl. Vorname.

ehrlich [ahd. (h)erlich] 1) aufrichtig, offen, ohne Falsch: ein
ehrlicher Charakter; er meint es e. 2) ⚭ frei von Schande: sein
ehrlicher Name ist befleckt. **ehrlicherweise**, das muß man
e. zugeben. **Ehrlichkeit** die, -. **ehrlos**, verächtlich, ohne
Ehrgefühl. **Ehrlosigkeit** die, -. **ehrpusselig**, **ehrpußlig**,
∪ übertrieben sittsam. **ehrsam**, ehrbar. **Ehrung** die, -: die E.
für den Jubilar; Gefallenenehrung. **ehrvergessen**, nicht
ehrenhaft. **ehrverletzend**, kränkend. **Ehrverlust** der, Ver-
lust der bürgerl. Ehrenrechte (gerichtl. Strafe). **Ehrwürden**,
Anrede für Angehörige geistlicher Orden: Euer, Eure (Abk.:
Ew.) E. **ehrwürdig**, Ehrfurcht einflößend. **Ehrwürdigkeit**
die, -.

ei, Diphthong, ÜBERS. G 34.
Ei [ahd. ei] das, -(e)s/-er, 1) die weibl. Keimzelle, oft mit
Nährstoffen in einer Schale eingeschlossen, meist: Hühnerei,
ABB. E 1: ein hartgekochtes, ein weiches Ei; Frühstücksei; das Ei
des Kolumbus, Ü einfache, doch schwer zu findende Lösung;
wie aus dem Ei geschält, gepellt, Ü sorgfältig gekleidet; er
behandelt ihn wie ein rohes Ei, sehr behutsam; das sind
ungelegte Eier, Ü noch nicht spruchreife Pläne; sie gleichen sich
wie ein Ei dem andern, sind sich zum Verwechseln ähnlich. 2)
meist Pl., V der Hoden.
ei!, auch eiei!, Ausruf des Ärgers, der Verwunderung, des
Spottes, der Zärtlichkeit.
...ei [mhd. ...ie], bildet: 1) Orte und Gewerbe bezeich-
nende weibl. Substantive, bes. von Berufsnamen auf ...er:
die Fleischerei; die Tischlerei. 2) häufiges Geschehen bezeich-
nende weibl. Substantive von Verben auf ...eln und ...ern,
bes. im tadelnden Sinne: die Heuchelei; die Meckerei, ∪; vgl.
...erei.
eiapopeia, Schallw., um Kinder in den Schlaf zu wiegen.
Eibe [ahd. iwa] die, -/-n, ⊕ Taxus, ein immergrünes
Nadelholz. **eiben**, aus Eibenholz.
Eibisch [ahd. ibisca, zu lat. ibiscum] der, -es/-e, Name
mehrerer Malvengewächse; Eibisch(blätter)tee.
Eichamt [vgl. eichen ›abmessen‹] das, Behörde zur Prüfung
von Maßen, Gewichten und Meßgeräten.
Eichapfel der, Gallapfel. **Eiche** [ahd. eih] die, -/-n, ein
Laubbaum, ABB. E 1; Sinnbild der Kraft.
Eiche die, -/-n, Eichung.
Eichel [ahd. eihhila] die, -/-n, 1) Frucht der Eiche, ABB. E 1.
2) eine Farbe der dt. Spielkarte, ABB. S 54. 3) ♂ Teil des mänl.
Gliedes und des Kitzlers. 4) vorderer schwellbarer Körperab-
schnitt der Eichelwürmer. **Eichelhäher** der, ein Rabenvogel.
eichen [mhd. ichen ›abmessen‹, zu spätlat. aequus ›gleich‹],
ich eiche (habe geeicht) es, prüfe amtlich Maße, Gewichte oder
Meßgeräte, stelle so genau ein: er ist darauf geeicht, Ü versteht
sich gut darauf.
eichen [zu Eiche], aus Eichenholz: eichene Schränke.
Eichen das, -s/- oder 'Eierchen, Diminutiv zu Ei.
Eichenkranz der, Siegeskranz aus Eichenlaub. **Eichen-**
laub das, 1) Laub der Eiche. 2) Auszeichnung in Form von
Eichenlaub. **Eichenlohe** die, gemahlene Eichenrinde zum
Gerben. **Eichenspinner**, **Eichenwickler** der, Schmetter-
linge, deren Raupen Forstschädlinge sind. **Eichhorn** [ahd.
eihhurno], **Eichhörnchen** das, **Eichkater** der, **Eichkätz-**
chen das, **Eichkatze** die, ein baumbewohnendes Nagetier.
Eichmaß das, altes Flüssigkeitsmaß. **Eichung** die, -/-en,
behördliche Prüfung und Stempelung der Meßgeräte.
Eid [ahd. eid] der, -(e)s/-e, gesetzlich festgelegte Beteue-
rungsformel: ich lege einen E. ab; er hat einen falschen E.
geschworen, einen Meineid; er hat unter E. ausgesagt (vor
Gericht); der Richter nahm ihm den E. ab.
Eidam [ahd. eidum] der, -s/-e, ⚭ Schwiegersohn.
Eidbruch der, Verletzung eines Eides. **eidbrüchig**.
Eidechse [ahd. egidehsa] die, -/-n, ♉ ein Schuppen-
kriechtier. 2) ohne Pl., ✗ ein Sternbild.
Eiderdaune [isländ. ӕðr, eine nord. Gänseart] die, Flaum-
feder der Eiderente. **Eiderdune** die, niederdt.: Eiderdaune.
Eiderente die, eine Meeres-Tauchente.
Eidesbelehrung die, ♉ Hinweis auf die Bedeutung des
Eides. **Eidesfähigkeit** die, ♉ Eidesmündigkeit. **Eidesfor-**
mel die, ♉ Wortlaut des Eides. **Eideshelfer** der, ⚭♉ Bürge
für den Eidpflichtigen. **Eidesleistung** die, Ablegung eines
Eides. **Eidesmündigkeit** die, ♉ jemandes Eid ist zu
leisten. **Eidesnotstand** der, ♉ strafmildernder Umstand für
Meineid. **Eidespflicht** die, Verpflichtung zum Beeiden einer
Aussage. **eidesstattlich**, einem Eid entsprechend: eidesstatt-
liche Versicherung; aber: an Eides Statt.
Eidetik [grch. eidos ›Aussehen‹] die, -, 1) Philosophie: die

Lehre von dem aus der Anschauung gewonnenen allgemeinen Wesen der Dinge (bes. in der Phänomenologie). **2)** Psychologie: Lehre von der Fähigkeit, objektive Eindrücke in subjektiven Anschauungsbildern nachzuerleben. **Eidetiker** *der, -s/-.* **eidetisch.**

Eidgenosse *der,* Mitglied einer Eidgenossenschaft. **Eidgenossenschaft** *die,* kultischer oder politischer Zusammenschluß: *Schweizerische E.,* Schweiz. **eidgenössisch.** **Eidhelfer** *der,* Eideshelfer. **eidlich,** *eine eidliche Aussage.*

Eidophorverfahren [vgl. Eidetik] *das,* Verfahren zur Wiedergabe von Fernsehbildern auf großen Bildschirmen.

Eidotter *das* oder *der,* das Gelb im Ei, ABB. E 1. **Eierbecher** *der,* Ständer für das gekochte Hühnerei, ABB. E 1. **Eierbrikett** *das,* eiförmiges Steinkohlenbrikett, ABB. O 1. **Eierfrucht** *die,* Aubergine. **eiern,** *es eiert (hat geeiert),* U läuft nicht rund (Rad). **Eier(pfann)kuchen** *der,* in der Pfanne gebackener fladenförmiger Kuchen aus Eiern, Milch, Mehl. **Eierpflanze** *die,* Aubergine. **Eierschale** *die,* ABB. E 1. **Eierschwamm** *der,* Pfifferling. **Eierstock** *der,* Bildungsgewebe der Eizellen, Ovarium. **Eiertanz** *der,* **1)** ursprünglich Fruchtbarkeitstanz. **2)** Ü besonders vorsichtiges Verhalten in einer heiklen Lage: *er führte einen E. auf.* **Eiertätsch** *der, -es/-e, schweiz.:* Eierpfannkuchen. **Eieruhr** *die,* Sanduhr zum Eierkochen.

Eifer [mhd. îfer] *der,* **1)** emsiges Streben, großer Fleiß: *blinder E. schadet nur,* Unüberlegtheit; *im E. des Gefechts,* vor Aufregung. **Eiferer** *der, -s/-.* **eifern,** *ich eif(e)re (habe geeifert),* **1)** *gegen etwas,* wende mich erregt dagegen. **2)** *nach etwas,* strebe emsig danach. **Eifersucht** *die, -,* leidenschaftl. Streben nach Alleinbesitz mit Angst vor Nebenbuhlern: *er machte ihr eine Eifersuchtsszene.* **Eifersüchtelei** *die, -/-en,* fortwährende leichte Eifersucht. **eifersüchtig,** *du bist hoffentlich nicht e. auf ihn.*

eiförmig, länglichrund, oval.

eifrig, voll Eifer.

Eigelb *das,* Eidotter, ABB. E 1.

eigen [ahd. eigan], **1)** einer Person eng verknüpft (als Besitz, Eigenschaft): *ich bin sein e.; es ist mein e.,* gehört mir; *es ist mir e.,* ist eine Eigenschaft von mir; *ein eig(e)nes Haus; in eig(e)ner Person, mit eig(e)nen Augen,* selbst; *auf eig(e)ne Faust,* von sich aus; *ich mache es mir zu e.,* eigne mir an. **2)** eigentümlich, eigenartig: *mit der ihm eig(e)nem Großmut; von eig(e)nem Reiz.* **3)** wunderlich, merkwürdig: *mir wurde so e.* **4)** peinlich, sorgsam: *sie ist sehr e. in ihrer Arbeit.* **5)** wählerisch: *e. im Essen.* **6)** getrennt: *ihm eine eigenen Eingang.* **Eigenart** *die,* **1)** Gesamtheit der Merkmale, die ein Wesen auszeichnen: *deutsche E.* **2)** Eigenheit: *er hat eine E. an sich.* **eigenartig.** **Eigenartigkeit** *die.* **Eigenbetrieb** *der,* wirtschaftl. Unternehmen von Gemeinden. **Eigenbrötelei** *die, -,* eigenbröterisches Wesen. **Eigenbrötler** *der, -s/-,* Sonderling, Einzelgänger (eigtl. Mensch, der sein Brot allein bäckt). **Eigenbrötlerei** *die, -,* Eigenbrötelei. **eigenbrötlerisch.** **Eigendünkel** *der,* Hochmut. **eigengesetzlich,** nach besonderen Gesetzen. **Eigengesetzlichkeit** *die.* **Eigengewicht** *das,* Gewicht ohne Verpackung oder ohne Zuladung (Leergewicht). **Eigenhandel** *der,* Außenhandel: die Ein- und Ausfuhr eines Landes ohne Durchfuhr. **eigenhändig,** **1)** *österr.:* Abk.: e. h., selbst gemacht, selbstgeschrieben: *eigenhändige Unterschrift.* **2)** Post: dem Empfänger persönlich. **Eigenheim** *das,* Einfamilienhaus in eigenem Besitz. **Eigenheit** *die, -/-en,* charakteristische Besonderheit einer Person oder Sache. **Eigenkapital** *das,* ⌀ Differenz zwischen den Aktiva und dem Fremdkapital eines Unternehmens. **Eigenkirche** *die,* im MA. die Eigentum eines weltl. Grundherrn stehende Kirche. **Eigenleben** *das,* unabhängiges Leben, Leben für sich. **Eigenliebe** *die,* Egoismus. **Eigenlob** *das,* Lob der eigenen Person: *E. stinkt,* U. **eigenmächtig,** ohne die Zuständigen zu fragen. **Eigenmächtigkeit** *die, -/-en.* **Eigenname** *der,* Name für ein Einzelwesen oder -ding, ÜBERS. N 3. **Eigennutz** *der, -es,* eigener Vorteil; rücksichtsloses Streben danach. **eigennützig.** **Eigennützigkeit** *die, -/-en,* Eigennutz. **eigens,** nur, ausschließlich: *e. zu diesem Zweck.* **Eigenschaft** *die, -/-en,* Wesenszug einer Person, Merkmal (Qualität) einer Sache, ABB. E 2. **Eigenschaftswort** *das, -es/...wörter,* Adjektiv, ÜBERS. A 4. **Eigensinn** *der, -(e)s,* zähes Festhalten an einer Meinung, Starrsinn, Trotz. **eigensinnig.** **eigenstaatlich,** mit eigenem Hoheitsrecht. **Eigenstaatlichkeit** *die, -.* **eigenständig,** selbständig. **eigensüchtig,** egoistisch, selbstsüchtig. **eigentlich,** Abk.: eigtl., **1)** wenn man es genau betrachtet, strenggenommen: *e. ist das nicht ganz richtig.* **2)** in Wirklichkeit, tatsächlich: *was willst du e.*

damit erreichen?; *das ist nicht sein eigentlicher Name.* **3)** ursprünglich: *die eigentliche Bedeutung eines Wortes.* **Eigentor** *das,* ⚹ Treffer ins eigene Tor; Ü etwas Nachteiliges, das auf den Urheber selbst zurückfällt. **Eigentum** *das, -s,* ⌀⌀ die umfassende Besitz-, Verfügungs- und Nutzungsmacht über eine Sache: *das ist sein geistiges E.; Eigentumspolitik; Privateigentum.* **Eigentümer** *der, -s/-.* **eigentümlich,** **1)** einer Person oder Sache innewohnend, zugehörig. **2)** merkwürdig, sonderbar, befremdend. **Eigentümlichkeit** *die, -/-en.* **Eigentumsvorbehalt** *der,* ⌀⌀ Vereinbarung beim Verkauf einer bewegl. Sache. **Eigentumswohnung** *die,* Teileigentum an einem Wohnhaus. **Eigenvakzin** *das,* Autovakzin. **Eigenverbrauch** *der, -s,* ⌀ der Teil der Produkte eines Betriebes, der von der Familie des Inhabers verbraucht wird. **Eigenwärme** *die,* die von jemandem oder von etwas selbst hervorgebrachte Wärme: *die E. der Erde, des Körpers.* **eigenwarm,** *eigenwarme Tiere,* Pl., die Warmblüter. **Eigenwechsel** *der,* Solawechsel. **Eigenwille** *der,* selbständiges Wollen; Dickköpfigkeit. **eigenwillig.** **Eigenwilligkeit** *die, -/-en.* **eignen** [ahd. eignen ›sich zuschreiben‹, ›anmaßen‹], *ich eigne (habe geeignet),* **1)** *es ihm,* P widme, gebe zu eigen. **2)** *eigen,* P gehört, ist eigen: *ihm eignet Nachsicht und Güte.* **3)** *mich zu, für etwas,* tauge, passe, bin geeignet: *er eignet sich zum Rechtsanwalt, für diese Tätigkeit.* **Eigner** *der, -s/-,* Eigentümer: *Schiffseigner.* **Eignung** *die, -/-en,* Befähigung: *Eignungsprüfung; Eignungsuntersuchung.*

eigtl., Abk. für: eigentlich.

. . .eiig, aus einer bestimmten Anzahl von Eiern entstanden: *zweieiige Zwillinge.*

Eike [niederdt.], männl. Vorname.

Eiklar [mhd. eierklar] *das, -s/-, oberdt.:* Eiweiß.

Eiland [mhd. eilant, einlant ›allein liegendes Land‹, ›Insel‹] *das, -(e)s/-e,* P kleine Insel, ABB. I 2.

Eilbote *der,* Bote, der eine eilige Nachricht überbringt. **2)** Postbote, der Eilsendungen austrägt, ABB. B 49. **Eilbrief** *der,* Brief, der durch Eilboten ausgetragen wird, ABB. B 49. **Eile** [ahd. îla] *die, -,* Hast, Streben nach Geschwindigkeit: *damit hat es keine E.; ich bin in E.; in der E. habe ich es vergessen; im Eiltempo; im Eilmarsch; zur E. angetrieben.*

Eileiter *der,* Teil der weibl. Geschlechtsorgane.

eilen, *ich eile (bin geeilt),* **1)** haste: *er eilte nach Hause.* **2)** *mich (habe mich geeilt),* beeile mich. **3)** *es eilt,* drängt, ist eilig. **eilends,** schnell, schleunigst. **eilfertig,** **1)** hastig, überstürzt. **2)** dienstbeflissen. **Eilfertigkeit** *die, -/-en.* **Eilgut** *das,* Frachtgut, das beschleunigt befördert wird. **eilig,** **1)** dringlich, keinen Aufschub duldend: *sie hatte nichts Eiligeres zu tun, als . . .* **2)** eilends. **Eilschrift** *die,* eine Form der Kurzschrift. **Eilsendung** *die,* Postsendung, die durch Eilboten zugestellt wird. **Eilzug** *der,* Zeichen: E; Reisezug, der an Haltepunkten und kleineren Bahnhöfen nicht hält.

Eimer [ahd. eimbêr, zu grch. amphíphoreus] *der, -s/-,* **1)** Gefäß zum Tragen von Flüssigkeiten, zum Aufbewahren von Abfällen u. a., ABB. E 3, G 7, auch am Bagger, ABB. B 3: *es ist im E.,* U vorbei, verdorben, zerstört. **2)** ⚹ Flüssigkeitsmaß, meist zwischen 60 und 70 *l.* **eimerweise,** in, mit Eimern.

ein [ahd. ein], **1)** Zahlwort, ÜBERS. Z 1, betont: nur einer, ein einziger: *in einer Nacht drei Überfälle!; der eine der Männer; aber: der Eine Gott; einundeinhalb, eineinhalb; wie kann einer nur so dumm sein,* U jemand; *eins nach dem anderen; es ist alles eins,* U gleichgültig; *es läuft (kommt) auf eins hinaus,* U es ist das gleiche; *in einem fort,* U ununterbrochen. **2)** unbestimmter Artikel, ÜBERS. Z 10, unbetont: *eine gute Ernte; ein neuer Raketenstart.* **3)** unbestimmtes Pronomen, ÜBERS. P 24, alleinstehend: *man eins trinken,* U einen Schluck; *ein Glas; sein e. und alles; das eine tut not; eine runterhauen,* U eine Ohrfeige geben. **ein. . .,** ein. . . betreffend: *einachsig; einarmig; einspurig; einbeinig; einpolig; einzeilig;* mit Verben trennbar zusammengesetzt, vgl. einarbeiten.

Einakter *der, -s/-,* Drama mit nur einem Akt. **einaktig.**

ein|ander [ahd. einander], sich gegenseitig: *wir wechselten e. ab;* vgl. aneinander, aufeinander, beieinander usw.

Einantwortung *die, -/-en, österr.,* ⌀⌀ Übertragung der Erbschaft in die rechtl. Besitz des Erben.

einarbeiten, *ich arbeite ein (habe eingearbeitet),* **1)** *es,* arbeite hinein, füge es ein. **2)** *ihn,* führe in eine Arbeit ein. **3)** *mich in etwas,* lerne durch Beschäftigung kennen, werde vertraut damit. **Einarbeitung** *die, -:* Einarbeitungszeit.

einäschern, *ich äschere ein (habe eingeäschert),* **1)** *es,* brenne nieder. **2)** *ihn,* verbrenne (den Leichnam). **Einäscherung** *die, -/-en,* Feuerbestattung.

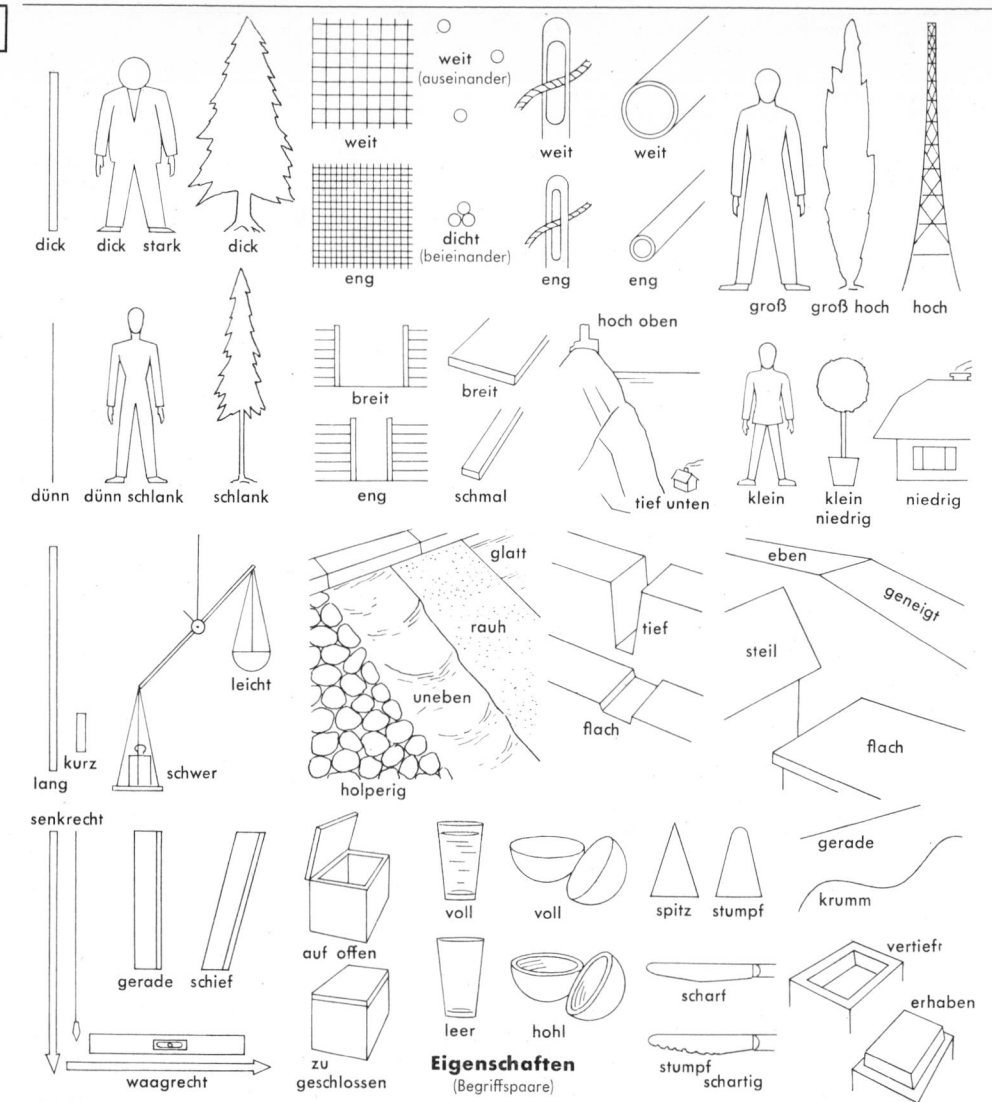

Eigenschaften
(Begriffspaare)

einatmen, *ich* atme *(es)* ein (habe eingeatmet), ziehe (Luft) durch Nase oder Mund ein.

einätzen, *ich* ätze *es* ein (habe eingeätzt), stelle durch Ätzen dar: *Gläser mit eingeätzten Motiven.*

Einback *der, -(e)s/-e,* oder *²e,* weiches Milchgebäck.

Einbahnstraße *die,* Straße, die nur in einer Richtung befahren werden darf.

einbalsamieren, *ich* balsamiere *ihn* ein (habe einbalsamiert). **Einbalsamierung** *die, -/-en,* ein Verfahren, Leichen vor Verwesung zu schützen.

Einband *der, -(e)s/²e,* **Einbanddecke** *die, ⊘* Rücken und Deckel des Buches, ABB. B 53. **einbändig,** aus nur einem Band bestehend: *ein einbändiges Lexikon.*

Einbau *der, -(e)s/-ten,* nachträgliche Ergänzung innerhalb eines Baus, Geräts u. a. **einbauen,** *ich* baue *es* ein (habe eingebaut), **1)** setze baulich ein: *eine eingebaute Schrankwand.* **2)** füge ein: *er baute eine zusätzliche Szene in sein Drama ein.*

Einbauküche *die,* Küche, bei der Möbel, Herd, Kühlschrank u. a. gleich mit eingebaut sind.

Einbaum *der,* Boot aus einem Baumstamm, ABB. B 42.

Einbauschrank *der,* in die Wand eingebauter Schrank, ABB. S 34.

Einbeere *die, ⊕* eine Giftpflanze.

einbegreifen, *ich* begreife *es* ein (habe einbegriffen), umfasse damit: *in dieser Frage ist die Antwort schon einbegriffen.* **einbegriffen,** seltener für: inbegriffen.

einbehalten, *ich* behalte *es* ein (behielt ein, habe einbehalten), zahle nicht aus: *die einbehaltenen Sozialabgaben.*

einbekennen, *ich* bekenne *es* ein (habe einbekannt), *österr.:* gestehe. **Einbekenntnis** *das, österr.:* Geständnis.

einberufen, *ich* berufe *ihn* ein (berief ein, habe einberufen), befehle zum Wehrdienst. **Einberufung** *die, -/-en,* Aufforderung zum Zusammenkommen, zum Wehrdienst: *die E. einer Versammlung; die E. zum Wehrdienst.*

einbestellen, *ich* bestelle *ihn* ein (habe einbestellt), K bestelle an einen bestimmten Ort.

einbetonieren, *ich* betoniere *es* ein (habe einbetoniert), umgebe mit Beton.

einbetten, *ich* bette *es* ein (habe eingebettet), 1) füge ein, lasse ganz umschlossen sein: *in Blumen eingebettete Spazierwege.* 2) Mikroskopie: bereite ein Objekt zum Schneiden mit dem Mikrotom vor.

einbeziehen, *ich* beziehe *ihn, es* ein (habe einbezogen), nehme mit dazu.

einbiegen, *ich* biege ein, 1) (habe eingebogen) *es,* biege nach innen. 2) (bin eingebogen), nehme einen Seitenweg: *ich bin rechts eingebogen.*

einbilden [mhd. inbilden ›(ins Gedächtnis) einprägen‹], *ich* bilde mir (habe eingebildet), 1) *mir etwas (auf etwas),* bin hochmütig, lächerlich stolz (darauf). 2) *es mir,* nehme irrtümlich an. **Einbildung** *die, -/-en,* 1) Vorstellung, der keine Wirklichkeit entspricht. 2) *ohne Pl.,* Hochmut, Dünkel. **Einbildungskraft** *die, -,* Erfindungsgabe, Phantasie.

einbinden [mhd. inbinden], *ich* binde *es* ein (band ein, habe eingebunden), ⚯ versehe mit Rücken und Deckeln (Buch).

einbindig, ⚲ mit nur einer Bindigkeit.

Einbiß *der,* Zahnveränderung beim Pferd.

einblasen, *ich* blase *es ihm* ein (blies ein, habe eingeblasen), Ü sage heimlich vor; stifte ihn an. **Einbläser** *der, -s/-,* U.

Einblatt *das,* die Sumpfherzblatt, ein Steinbrechgewächs.

Einblattdruck *der,* ein künstlerischer Druck.

einblenden, *ich* blende *(es)* ein (habe eingeblendet), schalte eine Aufnahme in eine andere ein (bei Film, Fernsehen, Rundfunk).

einbleuen [ahd. bliuwan ›schlagen‹], *ich* bleue *es ihm* ein (habe eingebleut), versuche gewaltsam einzuschärfen.

Einblick *der,* Kenntnisnahme (durch Augenschein): *ich gewinne, habe, nehme E., verschaffe mir E. in etwas.*

einbrechen, *ich* breche ein (brach ein, bin, habe eingebrochen), 1) breche durch (eine Decke): *das Eis ist eingebrochen.* 2) verschaffe mir gewaltsam Eintritt (um zu stehlen): *vergangene Nacht ist jemand bei mir eingebrochen.* 3) *es,* schlage ein: *er hat die Fensterscheibe eingebrochen.* 4) (bin eingebrochen) *bei jemand,* U erscheine unerwartet. 5) *es bricht ein* (ist eingebrochen), stürzt ein (Decke). 6) (ist eingebrochen), fängt plötzlich an: *bei einbrechender Dunkelheit.* 7) (habe eingebrochen) *es,* beginne abzurichten (Pferd). 8) U erleide eine Niederlage, scheitere: *er ist mit seinen Vorschlägen schwer eingebrochen.* **Einbrecher** *der, -s/-,* Dieb, der Einbruch begeht: *Einbrecherwerkzeug.*

Einbrenne *die, -/-n, bes. oberdt.:* Mehlschwitze: *Einbrennsuppe.* **einbrennen,** *ich* brenne *es (ihm)* ein (habe eingebrannt), kennzeichne durch Brandmal.

einbringen, *ich* bringe *ihn, es* ein (habe eingebracht), 1) schaffe herein (ein Schiff in den Hafen, einen ausgebrochenen Sträfling ins Gefängnis). 2) lege dem Parlament vor (Gesetzesvorlage). 3) hole ein, mache wett: *den Verlust bringe ich nie wieder ein.* 4) *es bringt etwas ein,* wirft Gewinn ab: *das Geschäft bringt mir viel (nichts) ein.* 5) Werte, bringe mit: *sie hat ein Vermögen in die Ehe (die Firma) eingebracht.* 6) Zeilen, ⚯ streiche. **einbringlich,** einträglich. **Einbringung** *die,*

-/-en, 1) Gefangensetzung. 2) Mitgift, Heiratsgut. 3) *einer Gesetzesvorlage,* das Vorlegen im Parlament.

einbrocken [mhd. inbrocken], *ich* brocke *es ihm, mir* ein (habe eingebrockt), 1) brocke hinein, z. B. Brot in die Suppe. 2) U verursache Schwierigkeiten: *da hast du dir etwas Schönes eingebrockt!*

Einbruch [mhd. inbruch] *der,* 1) gewaltsames Eindringen in verschlossene Räume, meist als Einbruchdiebstahl. 2) Ü Beginn: *bei E. der Dunkelheit.* 3) Einsturz; das Eindringen (von Wasser), der Vorstoß (des Feindes). 4) Verfahrensweise im Tunnel- und Bergbau. 5) U schwere Niederlage: *die Mannschaft erlebte einen schweren E. beim Rückspiel.* **einbruch(s)sicher,** gegen Einbruch gesichert.

einbuchten, *ich* buchte *ihn* ein (habe eingebuchtet), U sperre ein. **Einbuchtung** *die, -/-en,* 1) einspringende Vertiefung. 2) U Gefangennahme.

einbuddeln, *ich* budd(e)le *es* ein (habe eingebuddelt), U grabe (in Sand) ein.

einbürgern, *ich* bürgere ein (habe eingebürgert), 1) *ihn,* verleihe ihm die Staatsangehörigkeit. 2) *Tiere, Pflanzen,* mache heimisch. 3) *es,* mache zur Gewohnheit: *das hat sich (nicht) eingebürgert.* **Einbürgerung** *die, -/-en.*

Einbuße *die,* Verlust: *er erlitt eine E.* **einbüßen,** *ich* büße *es* ein (habe eingebüßt), verliere.

eincremen, *ich* creme *es, mich* ein (habe eingecremt), reibe mit Creme ein.

eindämmen, *ich* dämme *es* ein (habe eingedämmt), 1) umschließe mit einem Damm. 2) Ü schränke ein, gebiete Einhalt, begrenze: *man konnte den Waldbrand eindämmen.* **Eindämmung** *die, -/-en.*

eindampfen, *ich* dampfe *es* ein (habe eingedampft), ⚲ lasse verdunsten, destilliere.

eindecken, *ich* decke *mich* ein (habe mich eingedeckt), schaffe den nötigen Vorrat an: *ich bin mit Arbeit eingedeckt,* Ü reichlich versehen. **Eindecker** *der, -s/-,* Flugzeug mit einer Tragfläche (im Unterschied zum Doppeldecker).

eindeichen, *ich* deiche *es* ein (habe eingedeicht), umschließe mit Deichen. **Eindeichung** *die, -/-en.*

eindeutig [zu deuten], 1) unmißverständlich, inhaltlich klar: *der Plan ist e.* 2) keinen Zweifel zulassend, klar erkennbar: *eine eindeutige Niederlage.* 3) △ von einer bestimmten Größe, die einer bestimmten anderen Größe zugeordnet ist. **Eindeutigkeit** *die, -.*

eindeutschen, *ich* deutsche *es* ein (habe eingedeutscht), 1) *ihn,* mache zu einem Deutschen. 2) *es,* passe der deutschen Sprache und Kultur an. **Eindeutschung** *die, -/-en.*

eindicken, *ich* dicke *es* ein (habe eingedickt), dampfe zum Teil ein; entwässere Feststoffe durch Absitzen oder Klären.

eindosen, *ich* dose *es* ein (habe eingedost), verschließe Lebensmittel in Dosen.

eindrehen, *ich* drehe *es* ein (habe eingedreht), 1) wickele (Haar auf Lockenwickler). 2) schraube in eine Fassung (Glühbirne). 3) *es dreht ein,* ⛵ schwenkt in eine andere Richtung: *das Schiff drehte nach Osten ein.*

eindringen [ahd. githringan], *ich* dringe ein (drang ein, bin eingedrungen), 1) *auf ihn,* greife heftig an, bedränge. 2) *auf ihn,* Ü suche zu überzeugen. 3) *in es,* verschaffe mir Zutritt. 4) Ü *in es,* mache mich vertraut: *ich bin in die Materie eingedrungen.* **eindringlich,** nachdrücklich: *trotz eindringlicher Warnungen.* **Eindringlichkeit** *die, -.* **Eindringling** *der, -s/-e,* jemand, der sich rücksichtslos Eingang verschafft.

Eindruck [mhd. indruc] *der, -(e)s/ᵘᵉ,* 1) Ü tiefe Wirkung, Einprägung in Fühlen und Denken: *das hat E. auf mich*

die Pütze · der Griff · der Bügel · der Melkeimer · der Mülleimer (der Treteimer) · der Deckel · der Wassereimer · der Hebel · **Eimer**

der Einsatz · der Einsatz · der Einsatz · **Einsatz**

das Kunsteis · die Eisstange · die Eistüte · die Eisscholle · die Eisjacht · **Eis**

gemacht. **2)** ohne Pl., Ü Anschein: *er macht einen guten E.; der erste E. ist entscheidend.* **3)** Druckspur: *der E. des Kopfes ins Kissen.* **4)** das Bedrucken (von Tuchen). **eindrucken,** *ich* drucke *es* ein (habe eingedruckt), bedrucke mit einem Muster (Stoff). **eindrücken,** *ich* drücke *es* ein (habe eingedrückt), drücke, so daß es eine Einbuchtung erhält oder einbricht. **eindrücklich,** *schweiz.:* eindrucksvoll. **eindrucksvoll,** überzeugend: *ein eindrucksvoller Bericht.*

eindübeln, *ich* düb(e)le *es* ein (habe eingedübelt), setze einen Dübel ein: *eingedübelte Haken.*

einduseln, *ich* dus(e)le *es* ein (bin eingeduselt), U schlummere ein: *sie war ein wenig eingeduselt.*

einebnen, *ich* ebne *es* ein (habe eingeebnet), **1)** glätte die Oberfläche, beseitige Unebenheiten. **2)** Ü gleiche aus, mache gleich. **Einebnung** *die, -/-en.*

Einehe *die,* Monogamie.

eineiig, aus einer befruchteten Eizelle entstanden: *eineiige Zwillinge.*

eineindeutig, △ umkehrbar eindeutig.

Einelternfamilie *die,* ein (alleinstehender) Elternteil mit Kind(ern).

einen [ahd. einon ›übereinkommen‹], *ich* eine (habe geeint) *sie,* P einige.

einengen, *ich* enge *es* ein (habe eingeengt), **1)** mache enger. **2)** Ü schränke ein, begrenze. **3)** ⚗ erhöhe die Konzentration einer Lösung durch Verdampfung des Lösungsmittels. **Einengung** *die, -/-en.*

Einer *der, -s/-,* **1)** jede Zahl von null bis neun. **2)** Sportboot für nur einen Ruderer, ABB. B 43. **Einerkolonne** *die, schweiz.:* Gänsemarsch. **einerlei, 1)** gleichgültig, bedeutungslos: *das ist mir e.* **2)** gleichartig: *e. Tuch.* **3)** eintönig, abwechslungsarm: *immer nur e. Kost.* **Einerlei** *das, -s,* stetes Gleichbleiben: *das E. des Alltags.* **einerseits,** auf der einen Seite, zwar: *e. hast du recht, . . . ; e. – andererseits.* **Einerstelle** *die,* △ bei mehrstelligen Zahlen die letzte Ziffer, bei Dezimalbrüchen die letzte Ziffer vor dem Komma. **einesteils,** einerseits: *e. – andernteils.*

einfach [spätmhd. einfach], **1)** nicht zusammengesetzt: *ein einfacher Knoten.* **2)** ohne Mühe, nicht schwierig; leicht verständlich, unkompliziert: *eine einfache Aufgabe; das läßt sich ganz e. beweisen; er hat es sich e. gemacht,* bequem. **3)** schlicht, ohne Aufwand: *einfache Kleidung; er kommt aus einfachen Verhältnissen.* **4)** (verstärkend) ohne weiteres: *das ist e. prachtvoll; sie ist e. davongelaufen; so geht das e. nicht.* **5)** U ohne Rückfahrkarte: *einmal Köln e., bitte!* **Einfachheit** *die, -: der E. halber,* um den Ablauf (einer Sache) zu erleichtern.

einfädeln, *ich* fäd(e)le *es* ein (habe eingefädelt), **1)** stecke den Faden durchs Nadelöhr. **2)** Ü bringe geschickt zustande (Plan, Intrige). **3)** *mich,* ordne mein Auto in den fließenden Verkehr ein. **Einfäd(e)lung** *die, -.*

einfahren, *ich* fahre ein (fuhr ein), **1)** (bin eingefahren), komme hinein (in die Grube, den Bahnhof). **2)** *der Dachs fährt ein* (ist eingefahren), 🐾 schiebt, rückwärts gehend, Gras, Laub, Moos in den Bau. **3)** *es hat sich so eingefahren,* U ist zur Gewohnheit geworden. **4)** (habe eingefahren) *die Ernte,* bringe unter Dach. **5)** (habe eingefahren) *einen Wagen,* mache durch Fahren allmählich leistungsfähig. **6)** (habe eingefahren) *ein Pferd,* gewöhne es ans Ziehen. **7)** (habe eingefahren) *es,* beschädige, indem ich hineinfahre (Tor, Zaun). **8)** (habe eingefahren) *es,* bringe aus der Funktions- in Ruhestellung (Flugzeugfahrwerk, Sehrohr). **Einfahrt** [mhd. invart] *die: E. freihalten!; Toreinfahrt; Hauseinfahrt,* ABB. B 12.

Einfall [mhd. inval] *der,* **1)** plötzlich aufkommender Gedanke, Plan aus plötzl. Laune: *es war nur so ein E.* **2)** ⚔ feindlicher Einmarsch: *der E. der Hunnen.* **3)** das Hereinfallen: *der E. des Lichts.* **4)** Einsturz. **einfallen,** *ich* falle ein (fiel ein, bin eingefallen), **1)** dringe ein: *der Feind ist ins Nachbarland eingefallen.* **2)** schalte mich plötzlich in ein Gespräch ein. **3)** *es fällt ein,* stürzt ein. **4)** *eine Schicht fällt ein,* ⊕ dacht sich in einer Richtung ab. **5)** *Federwild fällt ein,* 🦆 setzt sich. **6)** *Licht fällt ein,* dringt herein. **7)** ♪ setze ein (Stimme, Instrument). **8)** *es fällt mir ein,* Ü ich denke, erinnere mich daran: *mir fällt dazu nichts ein; fällt mir nicht ein!,* U das tue ich nicht; *was fällt dir ein?,* U laß das! **9)** *es fällt ein,* sinkt ein, wird schmaler (Wangen). **einfall(s)reich,** mit vielen guten Einfällen. **Einfallstor** *das,* für das (gewaltsame) Eindringen in ein Gebiet günstiger geograph. Ort. **Einfallstraße** *die,* Hauptverkehrsstraße, die in eine Stadt hineinführt. **Einfallswinkel** *der,* ABB. L 12.

Einfalt [ahd. einfalti] *die, -,* **1)** gutmütige Beschränktheit. **2)** Arglosigkeit. **3)** 🐾 Schlichtheit. **einfältig,** töricht, beschränkt. **Einfaltspinsel** *der,* U einfältiger Mensch.

Einfamilienhaus *das,* ein für das Wohnen nur einer Familie bestimmtes Haus, ABB. H 11.

einfangen, *ich* fange ein (fing ein, habe eingefangen), **1)** *ihn,* fange wieder. **2)** *es,* Ü stelle dar (Zeit, Stimmung u. a.).

Einfangprozeß *der,* ein Kernprozeß, bei dem ein leichtes Kernteilchen einen Atomkern trifft und von diesem absorbiert wird.

einfarbig, österr. auch: **einfärbig,** von nur einer Farbe.

einfassen, *ich* fasse *es* ein (habe eingefaßt), versehe mit einer Fassung, Umrandung. **Einfassung** *die, -/-en,* ABB. B 52, S 155.

einfetten, *ich* fette *es* ein (habe eingefettet), reibe mit Fett ein.

einfinden, *ich* finde *mich* ein (fand mich ein, habe mich eingefunden), komme zum verabredeten Treffpunkt.

einflechten, *ich* flechte *es* ein (habe eingeflochten), **1)** füge in ein Geflecht ein. **2)** Ü streue ein, lasse einfließen (Worte, Sätze in ein Gespräch).

einfliegen, *ich* fliege *es* ein (habe eingeflogen), **1)** transportiere mit dem Flugzeug in ein bestimmtes Gebiet (Personen, Waren). **2)** *ein Flugzeug,* probiere im neues Flugzeug im Flug aus. **3)** *ein Flugzeug fliegt ein* (ist eingeflogen), fliegt in ein bestimmtes Gebiet.

einfließen, *es* fließt ein (floß ein, ist eingeflossen), **1)** fließt hinein, mündet. **2)** *ich habe es einfließen lassen,* U nebenher gesagt.

einflößen, *ich* flöße *es ihm* ein (habe eingeflößt), **1)** gebe ein (Arznei). **2)** Ü erwecke (Furcht, Vertrauen).

Einflug [von einfliegen] *der: Einflugschneise.*

Einfluß [mhd. invluz] *der,* **1)** Mündung. **2)** Ü bestimmende Wirkung: *er hat großen E. auf uns.* **Einflußnahme** *die, -.* **einflußreich,** von bedeutendem Einfluß: *eine einflußreiche Persönlichkeit.*

einflüstern, *ich* flüstere *es ihm* ein (habe eingeflüstert), **1)** sage vor. **2)** Ü bewege ihn heimlich dazu. **Einflüst(e)rung** *die, -/-en.*

einfordern, *ich* fordere *es* ein (habe eingefordert), fordere eine fällig gewordene Zahlung oder Leistung.

einförmig [mhd. informec], abwechslungslos, langweilig. **Einförmigkeit** *die, -.*

einfrieden [zu ahd. fridu ›Zaun‹], *ich* friede *es* ein (habe eingefriedet), **einfriedigen,** *ich* friedige *es* ein (habe eingefriedigt), umzäune: *ein eingefriedetes, eingefriedigtes Grundstück.* **Einfriedigung, Einfriedung** *die, -/-en,* ABB. M 10.

einfrieren, *ich* friere *es* ein (habe eingefroren), **1)** konserviere durch Kälteeinwirkung (Lebensmittel). **2)** *Schiffe, Leitungen sind eingefroren,* festgefroren, durch das Eis unbenutzbar geworden. **3)** Ü halte eine Entwicklung auf, lege auf dem derzeitigen Stand fest: *die Beziehungen der beiden Staaten sind eingefroren; das Einfrieren der Löhne, des Kernwaffenpotentials.* **4)** *Kredite, Guthaben sind eingefroren,* Ü gesperrt, nicht verfügbar.

einfügen, *ich* füge *es* ein (habe eingefügt), passe ein: *hier möchte ich noch eine Zeile einfügen.* **Einfügung** *die,* **1)** Anbringung eines Zusatzes. **2)** der Zusatz selbst.

einfühlen, *ich* fühle *mich in etwas* ein (habe mich eingefühlt), versetze mich in eine bestimmte Lage. **einfühlsam,** mit dem Vermögen zur Einfühlung begabt. **Einfühlung** *die.*

Einfuhr *die, -/-en,* Import: *Einfuhrsperre; Weizeneinfuhr.* **einführen** [ahd. infuoren ›herbeiführen‹], *ich* führe ein (habe eingeführt), **1)** *ihn in etwas,* mache ihn mit einer Sache vertraut. **2)** *ihn,* mache ihn bekannt, stelle ihn vor. **3)** *es,* mache (offiziell) bekannt, verbreite: *neue Lehrpläne werden eingeführt.* **4)** *es,* importiere: *Deutschland führt Rohstoffe ein.* **5)** *es,* schiebe, gebe hinein: *der Arzt führt den Kehlkopfspiegel ein.* **Einführung** *die,* **Einführungspreis** *der,* 🔲 bes. günstiger Preis bei der Einführung einer neuen Ware.

Eingabe *die,* **1)** das Eingeben. **2)** schriftl. Vorschlag, Gesuch (an eine Behörde). **3)** Datenverarbeitung: Input.

Eingang [mhd. inganc] *der,* **1)** Öffnung zum Hineingehen, ABB. B 44. **2)** Erhalt (Briefe, Waren). **3)** eingetroffene Sendungen. **4)** Einleitung. **5)** ohne Pl., Ü Zugang: *E. in ein Wissensgebiet.* **eingängig,** leicht verständlich, einprägsam: *eine eingängige Melodie.* **eingangs,** am Anfang: *e. des Briefes,* K. **Eingangsstufe** *die,* **1)** die beiden ersten Klassen der Sekundarstufe als Erprobungs- oder Orientierungsstufe. **2)** die beiden ersten Klassen der Primarstufe zur allmählichen Hinführung in schulisches Lernen.

eingeben, *ich* gebe *es ihm* ein (gab ein, habe eingegeben), **1)** lasse ihn trinken (Arznei, Gift). **2)** Ü wecke in ihm (schlechte)

Gedanken: *das hat dir dieser Freund eingegeben!* **3)** *ich gebe Daten in eine Rechenanlage ein,* versorge damit.

eingebildet, 1) nur in der Einbildung vorhanden: *eingebildete Krankheiten.* **2)** überheblich, zu sehr von sich überzeugt: *er ist e. auf seine Kenntnisse.* **Eingebildetheit** *die, -.*

eingeboren [mhd. einborn], **1)** P angeboren, ererbt (Eigenschaft). **2)** einheimisch (Mensch): *die eingeborene Bevölkerung.* **3)** B einzig: *Gottes eingeborener Sohn.* **Eingebor(e)ne** *der, die, -n/-n, ein -r, eine -,* **1)** Einheimischer. **2)** Ureinwohner.

Eingebrachte *das, -n, ein -s, oberdt.:* Mitgift, Heiratsgut.

Eingebung *die, -/-en,* überraschend auftauchender entscheidender Gedanke: *er hatte eine E.*

eingedenk [mhd. ingedenke] *dessen,* daran denkend.

eingefallen, hohlwangig, krankhaft mager.

eingefleischt [mhd. ingevleischet], zur Gewohnheit geworden (wie ein Stück vom eigenen Fleisch), unverbesserlich: *ein eingefleischter Junggeselle.*

eingefuchst [zum student. Fuchs], U gut eingearbeitet.

eingehakt, eingehängt, Arm in Arm, vgl. ABB. P 1.

eingehen [ahd. ingan], *ich gehe ein* (ging ein, bin eingegangen), **1)** P gehe hinein, werde aufgenommen: *er ist in die Ewigkeit eingegangen; seine Tat wird in die Geschichte eingehen.* **2)** darauf, einbringen, berücksichtige es: *auf alle Fragen können wir heute nicht eingehen; sie geht sehr auf ihr Kind ein,* bemüht sich, es zu verstehen. **3)** *eine Sache,* erkläre mich damit einverstanden: *sie gehen einen Handel, eine Wette ein; ich will dieses Risiko nicht eingehen.* **4)** sterbe, verdorre: *der Hund, die Pflanze ist eingegangen.* **5)** *es geht ein,* kommt an (Gelder; Briefe). **6)** *es geht ein,* wird enger, kleiner: *die Bluse ist bei der Wäsche eingegangen.* **7)** *es geht mir ein,* ich begreife: *das ging ihm ein wie Honig,* U die Schmeichelei war ihm angenehm. **8)** *die Firma geht ein,* U hört auf zu bestehen. **9)** *ich bin damit eingegangen,* U habe einen Schaden davongetragen. **eingehend,** ausführlich: *aufs eingehendste.*

eingekeilt, in einer dichten Menschenmenge stehend: *e. zwischen den Zuschauern.*

eingelernt, gut gelernt, aber geistig nicht verarbeitet.

Eingemachte *das, -n, ein -s,* durch Einkochen haltbar gemachtes Obst, Gemüse.

eingemeinden, ich gemeinde *einen Ort* ein (habe eingemeindet), nehme in einen anderen Gemeindeverband auf. **Eingemeindung** *die, -/-en.*

eingenommen, 1) *von etwas,* voll schlechter Vorurteile. **2)** *für ihn,* günstig gesinnt. **3)** *von sich,* eingebildet, überheblich. **Eingenommenheit** *die, -.*

eingeschlechtig, ♂ zweihäusig.

eingeschrieben, 1) Post: versichert gegen Verlust, vgl. ABB. B 49. **2)** (öffentlich) eingetragen: *eingeschriebenes Mitglied einer Partei.*

eingeschworen, U vom Wert einer Sache völlig überzeugt: *er ist auf diesen Dichter e.*

eingesessen [mhd. insezzen], seit langem heimisch, ansässig.

eingesprengt, ⊕ in kleinen Teilen zwischengelagert.

eingestand(e)nermaßen, laut Geständnis. **Eingeständnis** *das,* Bekenntnis, Geständnis. **eingestehen,** *ich gestehe es ein* (habe eingestanden), gestehe, gebe zu.

eingestellt, 1) von einstellen. **2)** gesinnt, mit einer bestimmten Einstellung: *ein liberal eingestellter Mensch.*

eingestrichen, ♪ Bezeichnung einer Oktave in der mittleren Lage.

eingetragen, (behördlich) registriert; vgl. eG, e.G., eGmbH, eGmuH, e.V.

Eingeweide [mhd. (in)geweide zu ahd. weida ›Weide(platz)‹, ›Futter‹, den Hunden als Fraß vorgeworfen] *das, -s/-, meist Pl.,* **1)** innere Organe (in den Körperhöhlen), ABB. M 12. **2)** P Inneres. **Eingeweidefisch** *der,* in Hohlräumen anderer Tiere lebender Fisch. **Eingeweidewurm** *der,* in Mensch und Tier schmarotzende Wurm, z. B. Bandwurm.

Eingeweihte *der, die, -n/-n, ein -r, eine -,* jemand, den man ins Vertrauen gezogen hat.

eingewöhnen, ich gewöhne *mich* ein (habe mich eingewöhnt), werde heimisch, mache mich mit einer Sache vertraut. **Eingewöhnung** *die, -:* *die E. in eine neue Umgebung.*

eingezogen, 1) zurückgezogen. **2)** beschlagnahmt. **3)** einberufen (zur Wehrpflicht).

eingießen, *ich gieße es (ihm)* ein (goß ein, habe eingegossen), gieße in etwas hinein (Tasse, Glas).

eingipsen, *ich gipse es* ein (habe eingegipst), **1)** befestige

(einen Dübel) in der Wand mit Gips. **2)** lege in einen Gipsverband: *der gebrochene Knöchel wurde eingegipst.*

eingittern, *ich gittere es* ein (habe eingegittert), umschließe mit einem Gitter.

Einglas *das,* ⚭ Monokel, ABB. B 50.

eingleisig, U nur mit einem Gleis: *eingleisige Strecke.*

eingliedern, *ich gliedere es* ein (habe eingegliedert), ordne, reihe ein. **Eingliederung** *die, -.*

eingraben, *ich grabe* ein (grub ein, habe eingegraben), **1)** *Schätze,* verberge unter der Erde. **2)** *es,* pflanze ein. **3)** *ein Tier,* *es gräbt sich ein,* gräbt sich einen Bau, einen Graben. **4)** *es gräbt sich mir ein,* U es prägt sich mir ins Gedächtnis. **5)** *es,* P ritze, graviere ein.

eingravieren, *ich graviere es* ein (habe eingraviert), graviere: *ein eingraviertes Monogramm.* **Eingravierung** *die.*

eingreifen, *ich greife* ein (habe eingegriffen), **1)** schreite ein: *die Polizei mußte eingreifen.* **2)** beteilige mich, mische mich ein: *wir haben in die Diskussion eingegriffen.* **3)** *in etwas,* verletze (Rechte). **4)** *ein Zahnrad greift ein,* faßt.

eingrenzen, *ich grenze es* ein (habe eingegrenzt), **1)** umgebe mit einer Grenze. **2)** beschränke.

Eingriff *der: E. der Behörden; ärztlicher, chirurgischer E.,* Operation; *Eingriffe in angestammte Rechte; E. des Zahnrades.*

Einguß *der,* **1)** ohne Pl., ⊙ das Hineinschütten (Metall in die Gußform). **2)** ⊙ Gießloch (an der Gußform) und Zapfen am Gießloch.

einhaken, *ich hake* ein (habe eingehakt), **1)** U greife ein: *an diesem Punkt (der Diskussion) werde ich einhaken.* **2)** *es,* stecke in Haken oder Öse. **3)** *mich bei ihm,* gehe Arm in Arm: *sie gingen eingehakt,* vgl. ABB. P 1.

Einhalt *der, -(e)s,* Halt: *ich gebiete ihm E.,* hindere an weiterem Tun. **einhalten,** *ich halte* ein (hielt ein, habe eingehalten), **1)** ⚭ zögere, höre auf. **2)** *es,* erfülle innerhalb der festgesetzten Zeitspanne, wie verabredet: *sie hat die Verabredung, den Termin nicht eingehalten.* **3)** *es,* kräusele leicht ein (Stoff). **Einhaltung** *die: die E. einer Frist, eines Vertrags.*

einhämmern, *ich hämmere es ihm* ein (habe eingehämmert), U präge es ihm nachhaltig ein.

einhandeln, *es mir ich handel(e) es mir* ein (habe eingehandelt), tausche ein: *damit handelst du dir nur Ärger ein,* U.

einhändigen, *ich händige es ihm* ein (habe eingehändigt), übergebe ihm. **Einhandsegler** *der,* Segler, der allein auf Fahrt geht.

einhängen, *ich hänge* ein (habe eingehängt), **1)** *es,* bringe durch Hängen an die vorgesehene Stelle (Fenster, Türen). **2)** *den Telefonhörer,* lege auf. **3)** *mich bei ihm,* gehe Arm in Arm.

Einhard [zu Eckehard], männl. Vorname.

einhauen, *ich haue* ein (habe eingehauen), U **1)** *es,* schlage ein. **2)** *auf ihn,* prügele ihn.

einhäusig, 1) U oft und gern zu Hause. **2)** ♂ mit männl. und weibl. Fortpflanzungsorganen auf derselben Pflanze ausgestattet.

einheben, *ich hebe es* ein (habe eingehoben), **1)** hebe in die Angeln (Tür, Fenster). **2)** *österr.:* erhebe, lasse zahlen (Steuern). **Einhebung** *die, österr.:* Steuererhebung.

einheimisch, 1) beheimatet, fest ansässig. **2)** inländisch (Produkt). **3)** bodenständig (Pflanze). **Einheimische** *der, die, -n/-n, ein -r, eine -.*

einheimsen [mhd. heimsen ›heimbringen‹] *ich heimse es* ein (habe eingeheimst), U erlange (Erfolg, Gewinn, Ruhm).

Einheirat *die.* **einheiraten,** *ich heirate in eine Familie, ein Geschäft* ein (habe eingeheiratet), trete in, übernehme Besitz durch Heirat.

Einheit *die, -/-en,* **1)** etwas untrennbar Zusammengehöriges: *Einheitspreis; Spracheinheit.* **2)** Maßeinheit: *Einheitenzeichen; Arbeitseinheit; Stromeinheit; der Hund verlangt seine Streicheleinheiten,* U, scherzh. **3)** ⚔ Truppenverband. **einheitlich,** eine Einheit bildend, in sich zusammenhängend: *einheitliche Kleidung.* **Einheitlichkeit** *die, -.* **Einheitsgewerkschaft** *die,* weltanschaulich neutrale Gewerkschaft, häufig auch in totalitären Staaten unter Druck gebildete Gewerkschaft. **Einheitskreis** *der,* Kreis vom Radius der Länge 1. **Einheitsliste** *die,* einzig zugelassene Kandidatenliste aller Parteien bei Wahlen in vielen kommunist. Staaten. **Einheitspartei** *die,* Partei, in der sich mehrere als die polit. Gruppen einer Richtung zusammengeschlossen haben: *Sozialistische E. Deutschlands,* Abk. SED. **Einheitsschule** *die,* einheitlich aufgebautes Schulwesen eines Landes von der Grundschule bis zur Hochschule. **Einheitsstaat** *der,* einheitlich aufgebautes und geleitetes Staatswesen. **Einheitsversicherung** *die,* eine Versicherung gegen eine Vielzahl von Gefahren in einem Versicherungsvertrag. **Einheitswert** *der,* ein einheitlich festgesetzter steuerl. Wert des land- und forstwirtschaftlichen sowie des sonstigen Grund- und Betriebsvermögens. **Einheitswurzel** *die,* Wurzel aus der Zahl 1.

einheizen, *ich* heize ein (habe eingeheizt), **1)** mache Feuer, heize. **2)** *ihm,* U ermahne eindringlich. **3)** U trinke Alkohol: *er hat wieder tüchtig eingeheizt.*

einhelfen, *ich* helfe *ihm* ein (half ein, habe eingeholfen), flüstere zu, wenn er ins Stocken gerät.

einhellig [ahd. einhel], übereinstimmend. **Einhelligkeit** *die, -.*

einher [mhd. inher], daher, umher: *er stolzierte e.*

Einherier [-iər], **Einherjer** *der, -s/-,* altnord. Mythologie: gefallener Krieger in Walhall.

einhieven, *ich* hieve *es* ein (habe eingehievt), ⚓ ziehe die Ankerkette ein.

einholen, *ich* hole ein (habe eingeholt), **1)** *ihn, es,* erreiche ihn, es, mache einen Vorsprung wett. **2)** *ihn,* P hole jemanden ab und gebe ihm das Geleit bis zum Bestimmungsort. **3)** *es,* fordere an: *wir werden ein Gutachten einholen.* **4)** *(es),* U mache kleinere Einkäufe. **5)** *es,* ⚓ ziehe ein, hole herein (Boot, Tau). **6)** *die Flagge,* hole herunter. **Einholung** *die, -/-en: E. der Flagge, einer Erlaubnis.*

Einhorn [ahd. einhurno] *das,* pferdeähnliches Fabeltier, Abb. H 16.

Einhufer, *Pl.,* die Pferde.

einhüllen, *ich* hülle *es* ein (habe eingehüllt), wickele ein, umgebe.

einig [ahd. einig ›einzig‹], **1)** einer Meinung, einträchtig: *darin, darüber sind wir (uns) e.; wir gehen darin e.* **2)** B einzig.

einige [ahd. einig ›irgendein‹], **1)** manche, eine gewisse Menge (mehr als zwei, aber nicht viele): *e. entkamen; e. hundert, mehrere hundert; e. gute Freunde.* **2)** *einiges,* ein wenig: *nach einiger Zeit; mit einigem guten Willen; darin habe ich e. Übung; ihm wurde einiges zugemutet,* U zumuten viel.

einigeln [zu Igel] *ich* ig(e)le *mich* ein (habe mich eingeigelt), **1)** Ü kapsele mich ab. **2)** *das Bataillon igelt sich ein,* ⚔ bezieht eine nach allen Seiten zu verteidigende Stellung.

einigemal, einige Male.

einigen, *ich* einige (habe geeinigt), **1)** *sie,* bringe zur Einheit oder Einigung. **2)** *mich mit ihm,* komme überein: *wir haben uns über den Preis, auf diese Lösung geeinigt.*

einigermaßen, ungefähr, leidlich: *wir hatten e. gutes Wetter; diese Vorwürfe kamen e. überraschend,* ziemlich.

einiggehen, *ich* gehe *mit ihm* einig (ging einig, bin einiggegangen), stimme mit ihm überein. **Einigkeit** [ahd. einigkeit ›Einheit‹] *die, -.* **Einigung** *die, -/-en: über diesen Punkt wurde keine E. erzielt.*

einimpfen, *ich* impfe *es ihm* ein (habe eingeimpft), Ü präge tief ein.

einjagen, *ich* jage *es ihm* ein (habe eingejagt), Ü bewirke, flöße ein: *du hast mir einen schönen Schrecken eingejagt!*

einjährig, **1)** ein Jahr alt. **2)** ein Jahr dauernd. **3)** ⚘ mit nur einer Vegetationsperiode. **Einjährige** *das, -n,* ⚘ mittlere Reife. **Einjährige** *der, -n/-n, ein -r,* früher: Wehrpflichtiger, der auf Grund seiner Schulbildung nur ein Jahr diente. **Einjährigkeit** *die, -.*

einkacheln, *ich* kach(e)le *ein* (habe eingekachelt), U heize tüchtig.

einkalkulieren, *ich* kalkuliere *es* ein (habe einkalkuliert), **1)** berechne mit. **2)** Ü beziehe ein.

Einkammersystem *das,* Volksvertretung mit nur einer Kammer.

einkapseln, *ich* kaps(e)le *es, mich* ein (habe eingekapselt), kaps(e)le ab. **Einkaps(e)lung** *die, -.*

Einkauf *der,* **1)** Erwerb durch Kauf: *ich will Einkäufe machen; Einkaufsbummel; Einkaufsgenossenschaft; Weihnachtseinkäufe.* **2)** Eintritt durch Bezahlen eines Betrages: *E. in ein Altenheim.* **3)** die gekaufte Ware selbst. **einkaufen,** *ich* kaufe ein (habe eingekauft), **1)** *es,* kaufe: *wir wollen einkaufen gehen,* Einkäufe machen. **2)** *mich,* erwerbe mir den Eintritt: *eine Stelle in einem Altenheim.* **3)** *mich, schweiz. auch:* erwerbe eine Teilhaberschaft, das Bürgerrecht; zahle nach (Wassergebühr, Pensionskasse). **Einkäufer** *der,* ⚏ Angestellter für den Einkauf der Waren. **Einkaufspreis** *der,* ⚏ Preis, den der Einzelhändler für eine Ware zahlen muß. **Einkaufszentrum** *das,* ein Verkaufszentrum mit mehreren Einzelhandelsgeschäften und Warenhäusern sowie Parkplätzen.

Einkehr [mhd. inker] *die, -/-en,* **1)** ⚘ kürzere Rast, bes. im Gasthaus. **2)** *ohne Pl.,* Selbstbesinnung: *innere E.* **einkehren,** *ich* kehre ein (bin eingekehrt), besuche (ein Wirtshaus): *Kummer und Sorge sind bei ihr eingekehrt,* Ü.

einkeimblätt(e)rig, ⚘ mit nur einem Keimblatt.

einkellern, *ich* kell(e)re *es* ein (habe eingekellert), bringe als Vorrat für den Winter im Keller unter (Kohlen, Kartoffeln). **Einkellerung** *die, -.*

Einkerbung *die,* **1)** Kerbe. **2)** *ohne Pl.,* das Anbringen von Kerben.

einkerkern, *ich* kerk(e)re *ihn* ein (habe eingekerkert), setze im Kerker fest. **Einkerkerung** *die, -.*

einkesseln, *ich* kessele, keßle *ihn* ein (habe eingekesselt), schließe ein; umzingele, umzingele (Wild; Truppen; Verbrecher). **Einkesselung** *die, -/-en.*

Einkindschaft *die,* ♊ früher: Gleichstellung der Kinder aus verschiedenen Ehen.

einklagen, *ich* klage *eine Forderung* ein (habe eingeklagt), mache sie vor Gericht geltend. **Einklagung** *die, -/-en.*

einklammern, *ich* klamm(e)re *es* ein (habe eingeklammert), setze in Klammern (Text). **Einklammerung** *die, -/-en.*

Einklang *der, Pl. selten,* **1)** Unisono, ♪ gleicher Ton von mehreren Stimmen oder Instrumenten. **2)** Ü Übereinstimmung: *es steht im E. mit unserer Abmachung; ich muß es damit in E. bringen.*

einkleben, *ich* klebe *es* ein (habe eingeklebt), befestige darin, besonders in einem Buch.

einkleiden, *ich* kleide *ihn, mich* ein (habe eingekleidet), **1)** statte mit neuer (einheitl.) Kleidung aus. **2)** Ü gebe eine sprachl. Form: *du mußt dein Anliegen in freundliche Worte einkleiden.* **Einkleidung** *die,* **1)** Ausgabe von Uniform, Anstaltskleidung. **2)** Ü sprachl. Formgebung: *die E. eines Gedankens.* **3)** kath. Klosterrecht: feierl. Anlegung der Novizentracht.

einklemmen, *ich* klemme *es* ein (habe eingeklemmt), klemme zwischen etwas.

Einklopfpulver *das,* Hexenmehl, Sporen von Bärlapp.

einkneifen, *ich* kneife *(es)* ein (habe eingekniffen), drücke an mich: *mit eingekniffenem Schwanz stand der Hund dabei.*

einknicken, *ich* knicke ein, **1)** (bin eingeknickt), knicke zusammen: *ich bin mit dem Fuß eingeknickt.* **2)** (habe eingeknickt) *es,* knicke, biege um.

einknöpfen, *ich* knöpfe *es* ein (habe eingeknöpft), befestige mit Hilfe von Knöpfen: *ein Regenmantel mit einem wollenen Futter zum Einknöpfen.*

einkochen, *ich* koche *ein* (habe eingekocht), konserviere durch Kochen und luftdichtes Verschließen: *eingekochtes Obst.* **Einkochglas** *das,* Abb. G 27.

einkommen, *ich* komme ein (kam ein, bin eingekommen), **1)** *um etwas,* K bitte, richte ein Gesuch. **2)** *Geld kommt ein,* wird eingenommen. **Einkommen** *das, -s/-,* Einnahmen während eines bestimmten Zeitraums: *Einkommensverteilung; Bruttoeinkommen.* **einkommensschwach,** mit niedrigem Einkommen: *die einkommensschwachen Haushalte.* **einkommensstark. Einkommen(s)steuer** *die,* vom Staat erhobene Abgabe vom Einkommen: *einkommen(s)steuerpflichtig.*

Einkorn *das, -(e)s,* eine Getreidepflanze.

einkratzen, *ich* kratze ein (habe eingekratzt), **1)** *es,* ritze ein (Zeichen). **2)** *mich bei ihm,* U mache mich beliebt.

einkreisen, *ich* kreise ein (habe eingekreist), **1)** *ihn,* umstelle, umzingele (zusammen mit anderen); treibe in die Enge. **2)** *eine Gemeinde,* gliedere sie in einen Kreis ein. **Einkreiser** *der, -s/-,* (ʸ) Einkreisempfänger, Rundfunkempfänger mit einem Abstimmkreis. **Einkreisung** *die, -/-en: Einkreisungspolitik.*

einkriegen, *ich* kriege ein (habe eingekriegt), U **1)** *ihn,* hole ein. **2)** *mich,* gewinne meine Fassung wieder: *sie kriegte sich vor Lachen kaum ein.*

Einkristall *der,* ein einziger homogener gezüchteter Kristall.

Einkünfte, *Pl.,* Einkommen: *Nebeneinkünfte.*

einkuppeln, *ich* kupp(e)le *ein* (habe eingekuppelt), ⚙ lege die Kupplung ein.

Einlad *der, -s, schweiz.:* Einladung.

einladen [ahd. inladen], *ich* lade *es* ein (lud ein, habe eingeladen), lade in ein Fahrzeug.

einladen [ahd. inladon], *ich* lade *ihn* ein (lud ein, habe eingeladen), bitte zu Gast, fordere zum Kommen oder Mitgehen auf: *wir haben ihn zum Abendessen eingeladen.* **einladend,** Ü verlockend. **Einladung** *die,* **1)** Aufforderung zum Besuch: *wir werden der E. Folge leisten; die Einladungen sind verschickt.* **2)** Fechten: Herausforderung des gegnerischen Angriffs durch eine scheinbare Blöße.

Einlage die, 1) in eine Spielfolge eingeschobenes Stück. 2) ⚕ provisorische Füllung eines Zahnes. 3) Gemüse, Klößchen usw. in der Suppe. 4) Beilage zum Inhalt (Brief, Paket). 5) innerer Tabak der Zigarre. 6) Stützvorrichtung für das Fußgewölbe (im Schuh). 7) Versteifung, Zwischenlage aus Geweben (im Kragen). 8) Guthaben bei Banken. 9) ⚏ Beitrag eines Gesellschafters.

einlagern, ich lag(e)re es ein (habe eingelagert), 1) kellere ein (Kartoffeln, Obst). 2) bewahre in einem Lager auf. **Einlagerung** die, 1) das Einlagern. 2) ⊕ die Einschaltung auffälliger Gesteine in einem Gesteinskörper.

einlangen, ich lange ein (bin eingelangt), österr.: treffe ein: er ist gerade eingelangt.

Einlaß der, . . . lasses/. . . lässe, 1) ⚭ Eingang. 2) ohne Pl., Öffnung (eines Saales), Zutritt: E. ab 14 Uhr; er verschafft sich E. **einlassen** [mhd. inlanzen], ich lasse ein (ließ ein, habe eingelassen), 1) ihn, öffne ihm den Zutritt. 2) es, lasse einlaufen: ich habe Wasser in die Wanne eingelassen. 3) es in etwas, füge ein (in eine Vertiefung). 4) den Fußboden, bair.: wachse; bohnere. 5) mich auf, in etwas, mische mich ein, wage mich daran: ich mag mich in den Streit nicht einlassen. 6) mich mit ihm, abschätzig: gehe ein näheres Verhältnis ein. **einläß-lich**, schweiz.: gründlich. **Einläßlichkeit** die, -. **Einlassung** die, -/-en, Zivilprozeß: sachl. Gegenerklärung des Beklagten.

Einlauf der, 1) Ankunft (Dampfer). 2) ⚕ das Einbringen von Flüssigkeit durch den After in den Dickdarm. 3) nur in einer Richtung passierbare Öffnung in Wildzäunen. 4) Ҝ eingegangene Post. 5) ⚒ das Durchlaufen, -reiten oder -fahren der Ziellinie, auch Rangfolge im Ziel; letzte gerade Strecke vor dem Ziel: Einlaufwette. **einlaufen**, ich laufe ein (lief ein, bin eingelaufen), 1) in etwas, betrete im Laufschritt: soeben ist der Sieger des Marathonlaufs ins Stadion eingelaufen. 2) es läuft ein, kommt an, fährt ein: der Zug läuft auf Bahnsteig drei ein; das Schiff ist in den Hafen eingelaufen. 3) Stoffe laufen ein, werden kleiner. 4) Post läuft ein, Ҝ trifft ein. 5) Wasser läuft in die Wanne ein, fließt hinein. 6) mich ein (habe mich eingelaufen), gewöhne mich aus Laufen: die Maschine hat sich noch nicht ein-gelaufen, noch nicht an regelmäßigen Gang gewöhnt. 7) (habe eingelaufen) Schuhe, mache durch Tragen für mich passend. 8) (habe eingelaufen): er lief mir die Bude ein, U belästigte mich mit wiederholten Besuchen.

einläuten, ich läute es ein (habe eingeläutet), kündige durch Läuten den Beginn von etwas an.

einleben, ich lebe mich in etwas (habe mich eingelebt), gewöhne mich in eine neue Umgebung, finde mich darin zurecht.

Einlegearbeit die, in Holz eingelegte Verzierung aus an-dersfarbigem Holz oder aus anderem Material. **einlegen**, ich lege ein (habe eingelegt), 1) es, tue hinein, schiebe, füge ein: er legte eine Pause ein; sie wußte Sonderzüge eingelegt. 2) es, konserviere: man kann Gurken in Essig einlegen. 3) Berufung, Fürbitte, ein Veto, spreche aus, mache geltend: damit kannst du Ehre einlegen, erwerben; sie will ein gutes Wort für ihn einlegen. 4) Gelder, zahle ein. 5) meine Haare, bringe sie mit Locken-wicklern u. ä. in eine bestimmte Form. **Einlegesohle** die, Sohle zum Einlegen in den Schuh.

einleiten [ahd. inleiten ›hineinführen‹], ich leite ein (habe eingeleitet), 1) es, bereite vor und beginne: das Verfahren gegen ihn wurde eingeleitet; man mußte die Geburt künstlich einleiten. 2) in etwas, gebe eine Einführung, verfasse ein Vorwort. **Einleitung** die.

einlenken, ich lenke ein (habe eingelenkt), Ü gebe nach, werde versöhnlich.

einlesen, ich lese ein (las ein, habe eingelesen), 1) mich in etwas, werde durch Lesen damit vertraut. 2) es, übertrage Daten in Rechenanlagen, besonders in den Speicher.

einleuchten [mhd. inliuhten ›(er)leuchten‹], es leuchtet mir ein (hat mir eingeleuchtet), erscheint mich, ist verständlich: das leuchtet mir (nicht) ein. **einleuchtend**, die Gründe sind e.

Einlieferer der, -s/-. **einliefern**, ich liefere ein (habe eingeliefert), übergebe, liefere ab (ins Gefängnis, ins Krankenhaus; Ware, Postsendungen). **Einlieferung** die.

einliegend, ⚏ beigefügt: einliegender Prospekt. **Einlieger** [mhd. inleger] der, -s/-, zur Miete wohnender Landarbeiter. **Einliegerwohnung** die, vermietbare abgeschlossene Klein-wohnung im Einfamilienhaus.

einlochen, ich loche es ein (habe eingelocht), U bringe ins Gefängnis. 2) einen Golfball, spiele ins Zielloch, putte.

einlogieren [-ʒ-], ich logiere ihn ein (habe einlogiert), beherberge: sie hat sich bei uns einlogiert.

einlösen, ich löse es ein (habe eingelöst), 1) kaufe zurück, bezahle (Wechsel, Pfand). 2) erfülle (Versprechen).

einlullen, ich lulle ihn ein (habe eingelullt), 1) singe in den Schlaf. 2) U wiege in Sicherheit.

Einmache die, -, österr.: Mehlschwitze. **einmachen**, ich mache es ein (habe eingemacht), lege oder koche ein, kon-serviere: eingemachtes Obst; Einmachglas; Einmachzucker.

einmal, 1) nicht öfter, ein einziges Mal: e. ist keinmal!; das gibt's nur e.; ein für allemal, endgültig. 2) einst: es war e. 3) bei Gelegenheit, später: du wirst dich noch e. daran erinnern. 4) auf e., plötzlich: auf e. war er weg; alles auf e., alles zugleich. 5) noch e., zweimal, ein zweites Mal: noch e. so lang; der Text mußte noch e. überarbeitet werden. 6) ohne Betonung als Füllwort: es ist nun e. so, man muß sich damit abfinden; nicht e. das, selbst das nicht; laß doch e. sehen! **Einmaleins** das, -, Vervielfäl-tigungsreihe: das kleine E., Multiplikationen von Zahlen zwi-schen 1 und 10; das große E., Multiplikationen von Zahlen zwi-schen 1 und 20. **einmalig**, einzig, unwiederholbar, nur einmal vorkommend. **Einmaligkeit** die, -. **Einmalprämie** [-iə] die, Versicherung: Abgeltung für die gesamte Laufzeit. **Einmal-produkt** das, zu einmaligem Gebrauch bestimmtes Produkt.

Einmannbesetzung die, Besetzung mit nur einem Mann (Straßenbahn, Güterzug). **Einmanngesellschaft** die, eine Kapitalgesellschaft mit nur einem Gesellschafter.

Einmarkstück das, Geldstück im Wert von einer Mark.

Einmarsch der, der E. der Truppen in den neutralen Nachbarstaat. **einmarschieren**, ich marschiere ein (bin einmarschiert), ziehe, rücke marschierend ein.

Einmaster der, -s/-, Schiff mit nur einem Mast. **einmastig**.

einmauern, ich mau(e)re es ein (habe eingemauert), umgebe mit Mauerwerk; befestige im Mauerwerk. **Einmaue-rung** die, -.

einmeißeln, ich meiß(e)le es ein (habe eingemeißelt), ritze, schlage mit einem Meißel ein.

einmengen, ich menge mich ein (habe mich eingemengt), U mische mich ein. **Einmengung** die, -/-en.

Einmeterbrett das, Sprungbrett im Meter über der Wasseroberfläche.

einmieten, ich miete ein (habe eingemietet), 1) ihn, mich, besorge ihm (mir) eine Wohnung. 2) es, lagere in Mieten ein. **Einmietung** die, -.

einmischen, ich mische mich ein (habe mich eingemischt), kümmere mich darum, obwohl es mich nicht betrifft: da solltest du dich nicht einmischen. **Einmischung** die.

einmonatig [auch 'ein-], einen Monat dauernd. **einmo-natlich** [auch 'ein-], je einmal im Monat.

einmotten, ich motte es ein (habe eingemottet), behandle mit einem Mittel gegen Motten.

einmummeln, **einmummen**, ich mumm(e)le, mumme ihn, mich ein (habe eingemummelt, eingemummt), U ziehe dick an, hülle warm ein.

Einmündung die: die E. der Straße in die Hauptstraße. **einmütig** [ahd. einmuotig], gleichgesinnt; einstimmig. **Einmütigkeit** die, -.

einnachten, es nachtet ein (hat eingenachtet), schweiz.: nachtet, wird Nacht.

einnähen, ich nähe es ein (habe eingenäht), nähe in etwas hinein: ein eingenähtes Mantelfutter.

Einnahme [mhd. inname] die, -/-n, 1) ohne Pl., das Ein-nehmen: Tabletteneinnahme; die E. der Mahlzeiten. 2) nur Pl., Eingang von Geld: Ausgaben und Einnahmen. 3) ⚔ Erobe-rung, Erstürmung (Festung, Stadt).

einnebeln, ich neb(e)le ein (habe eingenebelt). **Ein-neb(e)lung** die, -/-en, Tarnung durch künstlichen Nebel.

einnehmen [mhd. innemen], ich nehme ein (nahm ein, habe eingenommen), 1) es, nehme zu mir, esse: du mußt jetzt deine Arznei einnehmen; das Frühstück wurde im Freien eingenom-men. 2) lade auf, ein: ein Schiff nimmt Kohlen ein. 3) Geld, erhalte, ziehe ein: der Veranstalter nahm gestern nicht viel ein. 4) es, ⚔ ergreife Besitz, erobere, besetze: nach schweren Kämpfen wurde die Festung eingenommen. 5) es, begebe mich an einen Platz, nehme ein, beanspruche, fülle aus: dieses Stichwort nimmt zwei Spalten ein. 6) ihn nimmt mich für, gegen ihn ein, Ü stimmt mich günstig, ungünstig. **einnehmend**, anziehend, gewinnend: ein einnehmendes Wesen, auch U: sie nimmt, was immer sie bekommen kann. **Einnehmer** der, -s/-, Kassierer: Steuereinnehmer.

einnicken, ich nicke ein, 1) (bin eingenickt), schlafe (im Sitzen) für kurze Zeit ein. 2) (habe eingenickt) den Ball, Fußball: köpfe ihn aus geringer Entfernung ins Tor.

ei̯nnisten, *ich* niste *mich* ein (habe mich eingenistet), Ü lasse mich fest nieder, ergreife Besitz von einem Platz.

Ei̯nöd *die, -/-en, oberdt.:* Einödhof. **Ei̯nöde** [ahd. einoti] *die, -/-n,* Wüstenei, einsame Gegend. **Ei̯nödhof** *der,* einzelner, inmitten seiner Flur liegender Bauernhof.

ei̯nordnen, *ich* ordne *es (in etwas)* ein (habe eingeordnet), füge, reihe an der richtigen Stelle ein: *Linksabbieger bitte einordnen!; es fällt ihr schwer, sich in die Gemeinschaft einzuordnen.* **Ei̯nordnung** *die.*

ei̯npacken, *ich* packe ein (habe eingepackt), **1)** *es,* wickele ein, bringe in eine Hülle, mache zum Paket, verstaue (in den Koffer): *sie hat sich gut eingepackt,* Ü warm angezogen. **2)** *damit kannst du einpacken,* Ü das hat keinen Erfolg. **Ei̯npackung** *die,* Verpackung.

ei̯nparken, *ich* parke *(es)* ein (habe eingeparkt), fahre (das Auto) in eine Parklücke.

Ei̯npartei̯(en)system *das,* Herrschaftssystem, in dem nur eine Partei zugelassen ist.

ei̯npassen, *ich* passe *es* ein (habe eingepaßt), füge maßgerecht ein.

ei̯npauken, *ich* pauke *es ihm* ein (habe eingepaukt), Ü bringe es ihm mit allen Mitteln bei, übe so lange, bis er es endlich lernt. **Ei̯npauker** *der,* Ü Lehrer, der Studenten zum Examen vorbereitet.

Ei̯npeitscher *der, -s/-,* bes. in Großbritannien ein Abgeordneter, der bei Abstimmungen für die Anwesenheit der Mitglieder seiner Fraktion sorgt.

ei̯npendeln, *es* pendelt *sich* ein (hat sich eingependelt), spielt sich ein. **Ei̯npendler** *der,* jemand, der nicht am Ort des Arbeitsplatzes wohnt und deshalb täglich zum Arbeitsort fahren muß.

ei̯npennen, *ich* penne ein (bin eingepennt), Ü schlafe ein: *er war gerade eingepennt.*

Ei̯npersonenhaushalt *der: für Einpersonenhaushalte geeignete Waschmaschinen.*

ei̯npferchen, *ich* pferche ein (habe eingepfercht), **1)** *Vieh,* treibe in einen Pferch. **2)** *Menschen,* Ü dränge auf engem Raum zusammen, schließe ein. **Ei̯npferchung** *die, -.*

ei̯npflanzen, *ich* pflanze *es* ein (habe eingepflanzt), **1)** setze zum Wachstum in Erde. **2)** ⚡ setze in einen Organismus ein.

Ei̯nphasenstrom *der,* ⚡ einphasiger Wechselstrom.

ei̯npinseln, *ich* pins(e)le *es* ein (habe eingepinselt), bestreiche etwas mit einem Pinsel.

ei̯nplanen, *ich* plane *ihn, es* ein (habe eingeplant), rechne damit, berücksichtige: *diese Kosten waren nicht eingeplant.*

ei̯npökeln, *ich* pök(e)le *es* ein (habe eingepökelt), salze ein.

ei̯npoldern [zu Polder], *ich* poldere *(es)* ein (habe eingepoldert), deiche ein.

ei̯nprägen, *ich* präge *es* ein (habe eingeprägt), **1)** präge in etwas: *auf der Innenseite des Ringes war ein Name eingeprägt.* **2)** *ihm,* Ü lehre nachdrücklich: *den Kindern wurde immer wieder eingeprägt . . .* **3)** *mir,* Ü merke mir: *diesen Text habe ich mir gut eingeprägt.* **4)** *es prägt sich ein,* Ü bleibt im Gedächtnis. **ei̯nprägsam**, zu merken, eindrucksvoll: *ein einprägsamer Text.* **Ei̯nprägsamkeit** *die, -.* **Ei̯nprägung** *die.*

ei̯npro̱grammieren, *ich* programmiere *es* ein (habe einprogrammiert), **1)** gebe als Programm in eine Rechenanlage ein. **2)** Ü plane ein.

ei̯npudern, *ich* pudere *es* ein (habe eingepudert), bedecke mit Puder.

ei̯npuppen, *ein Insekt* puppt *sich* ein (hat sich eingepuppt), verpuppt sich.

ei̯nquartieren, *ich* quartiere *ihn bei ihm* ein (habe einquartiert), bringe in einem Quartier unter: *er hat sich vorübergehend bei seiner Tante einquartiert; die Truppen wurden einquartiert,* in Privathäusern untergebracht. **Ei̯nquartierung** *die, -/-en.*

ei̯nrahmen, *ich* rahme *es* ein (habe eingerahmt), umgebe mit einem Rahmen oder einer anderen Einfassung: *in Gold eingerahmte alte Bilder; von zwei Polizisten eingerahmt, wurde er abgeführt,* Ü. **Ei̯nrahmung** *die, -/-en.*

ei̯nrammen, *ich* ramme *es* ein (habe eingerammt), stoße mit Ramme und Hammer ein.

ei̯nrangieren [-raži:rən], *ich* rangiere *ihn, es* ein (habe einrangiert), Ü ordne ein, zu: *es ist schwierig, ihn richtig einzurangieren.* **Ei̯nrangierung** [-raži:ruŋ] *die, -.*

ei̯nrasten, *es* rastet *es* ein (ist eingerastet), **1)** verhakt sich in seiner Befestigung. **2)** *er ist eingerastet,* Ü plötzlich beleidigt.

ei̯nräuchern, *ich* räuchere *es* ein (habe eingeräuchert), erfülle mit Rauch: *er räuchert uns die Bude ein,* Ü.

ei̯nräumen, *ich* räume *es* ein (habe eingeräumt), **1)** stelle,

lege hinein: *wir müssen das Zimmer, den Schrank einräumen.* **2)** *ihm,* trete ab, gewähre, gestehe zu: *er räumte ihm seinen Platz ein; immer werden ihm Vergünstigungen eingeräumt; er räumte ein, die Lage falsch beurteilt zu haben,* gab zu. **Ei̯nräumung** *die.* **Ei̯nräumungssatz** *der,* Ⓢ Konzessivsatz, Übers. S 79.

ei̯nrechnen, *ich* rechne *es* ein (habe eingerechnet), nehme in die Rechnung auf, berücksichtige: *Unkosten eingerechnet.*

Ei̯nrede *die,* Einwand, Widerspruch. **ei̯nreden**, *ich* rede ein (habe eingeredet), **1)** *auf ihn,* spreche lange und eindringlich zu ihm. **2)** *es ihm,* überrede ihn dazu, es zu glauben oder zu tun: *wer hat dir das bloß eingeredet!* **3)** *es mir,* mache mir etwas vor: *das redest du dir ein!*

ei̯nregnen, **1)** *es regnet sich ein* (hat sich eingeregnet), der Regen wird zum Dauerregen. **2)** *wir sind im Urlaub eingeregnet,* konnten kaum aus dem Haus vor Dauerregen.

ei̯nreiben, *ich* reibe *es, ihn* ein (habe eingerieben), trage durch Reiben auf: *ich r. mich mit Sonnenöl ein.* **Ei̯nreiber** *der, -s/-,* ein Fensterverschluß, Abb. F 12. **Ei̯nreibung** *die,* kräftiges Einreiben (von Arzneimitteln in die Haut).

ei̯nreichen, *ich* reiche *es* ein (habe eingereicht), übergebe (einer Behörde), ersuche schriftlich um etwas: *ich habe ein Gesuch, eine Klage, Urlaub eingereicht; er wurde zur Beförderung eingereicht.* **Ei̯nreichung** *die, -.*

ei̯nreihen, *ich* reihe *ihn, es, mich* ein (habe eingereiht), ordne in eine Reihe, einen Zusammenhang ein: *er reiht sich in die wartende Schlange ein.* **Ei̯nreiher** *der, -s/-,* Anzug mit einreihig geknöpfter Jacke. **ei̯nreihig**, nur mit einer Knopfreihe: *ein einreihiger Mantel.*

Ei̯nreise *die,* ordnungsgemäßes Betreten fremden Staatsgebiets: *Einreisegenehmigung; Einreisevisum.* **ei̯nreisen**, *ich* reise ein (bin eingereist).

ei̯nreißen, *ich* reiße ein (riß ein, habe eingerissen), **1)** *es,* zerstöre: *das Haus wurde eingerissen.* **2)** *es,* bringe einen Riß hinein: *eine eingerissene Buchseite.* **3)** *es reißt ein* (ist eingerissen), bekommt einen Riß. **4)** *es reißt ein,* Ü wird zur (schlechten) Gewohnheit, kommt auf: *diese Unsitte ist in letzter Zeit eingerissen; das wollen wir gar nicht erst einreißen lassen.*

ei̯nreiten [mhd. iriten], *ich* reite ein, **1)** (bin eingeritten), reite hinein. **2)** (habe eingeritten) *ein Pferd,* reite es zu.

ei̯nrenken, *ich* renke *es* ein (habe eingerenkt), **1)** *ihm ein Gelenk,* bringe wieder in die richtige Lage. **2)** *es,* Ü bringe wieder in Ordnung: *das wird sich schon von selbst wieder einrenken.* **Ei̯nrenkung** *die, -.*

ei̯nrennen, *ich* renne ein (habe eingerannt), bringe zum Einstürzen, öffne gewaltsam: *man hat ihm fast das Haus eingerannt,* Ü ihn wiederholt aufdringlich besucht; *da hat er offene Türen eingerannt,* Ü unnötige Anstrengungen gemacht.

ei̯nrichten, *ich* richte ein (habe eingerichtet), **1)** *es,* gründe, schaffe: *die Stadt will mehrere Kindergärten einrichten, ein Pannendienst wurde eingerichtet.* **2)** *es,* bewerkstellige, bringe zuwege: *wenn Sie es einrichten können, besuchen Sie uns doch.* **3)** *eine Wohnung, ein Zimmer,* statte mit Möbeln aus. **4)** *Gliedmaßen,* bringe in die richtige Lage. **5)** *es,* bearbeite: *er richtete das Drama für die Bühne ein.* **6)** *es,* △ verwandle eine gemischte Zahl in einen unechten Bruch. **7)** *ihn,* mache es mir wohnlich. **8)** *mich auf etwas,* bereite mich darauf vor, ermögliche es: *auf so viele Gäste sind wir nicht eingerichtet.* **9)** *ich muß mich einrichten,* sparsam sein. **Ei̯nrichtung** *die,* **1)** öffentliche Anstalt oder Gewohnheit, Institution: *die Verbesserung der städtischen Einrichtungen; seine Zusammenkünfte wurden zur ständigen E., zur Gewohnheit.* **2)** das Ordnen, Ausstatten: *die E. einer neuen Zweigstelle.* **3)** vollständige Ausstattung: *Zimmereinrichtung; Einrichtungshaus, Möbelgeschäft.*

ei̯nritzen, *ich* ritze *es* ein (habe eingeritzt), kerbe durch Ritzen ein: *er hat seinen Namen in die Banklehne eingeritzt.*

ei̯nrollen, *ich* rolle *es* ein (habe eingerollt), rolle hinein, wickle auf, ein: *sie rollt sich das Haar ein.*

ei̯nrosten, *es* rostet ein (ist eingerostet), wird rostig (und dadurch unbeweglich): *meine Englischkenntnisse sind eingerostet,* Ü in Vergessenheit geraten.

ei̯nrücken, *ich* rücke ein (bin, habe eingerückt), **1)** Typographie: setze ein Stück zurück: *ich habe die erste Zeile des Absatzes etwas eingerückt,* Übers. K 41. **2)** *es,* veröffentliche in einer Zeitung, inseriere: *wir haben die Anzeige in die Wochenendausgabe eingerückt.* **3)** *er hat eine Maschine eingerückt,* eingekuppelt und auf Antrieb. Weise mit dem Antrieb verbunden. **4)** ⚔ komme in einen Ort oder ein Land ein: *Truppen sind eingerückt.* **5)** ⚔ werde eingezogen: *er ist zum Wehrdienst eingerückt.* **Ei̯nrückung** *die, -/-en.*

einrühren, ich rühre es ein (habe eingerührt), **1)** mische durch Rühren hinein: man soll ein Ei in die Suppe einrühren. **2)** es ihm, Ü bringe ihn in eine böse Lage, schaffe ihm Unannehmlichkeiten.

einrüsten, ich rüste es ein (habe eingerüstet), versehe mit einem Gerüst: der Rohbau wird eingerüstet.

eins [mhd. einez], **1)** Zahlwort, ÜBERS. Z 1; vgl. acht: e., zwei, drei; es schlug e.; e. nach dem anderen!; das hören und lachen war e., Ü geschah gleichzeitig; das Spiel steht e. zu null. **2)** Ü unbestimmtes Pronomen: wir tranken noch e., ein Glas; er versetzte ihm e., einen Schlag, eine Entgegnung. **3)** Ü einerlei, gleichgültig: mir ist alles e. **4)** e. a, von erstklassiger Qualität: e. a Rindfleisch. **5)** einig: sie waren sich darüber e. **Eins** die, -/-en, die Zahl 1; als Leistungsnote ›sehr gut‹: sie bestand die Prüfung mit E.

Einsaat die, Saat, Aussaat.

einsäckeln, ich säck(e)le es ein (habe eingesäckelt), stecke ein (Geld). **einsacken,** ich sacke ein (habe eingesackt), **1)** es, fülle in einen Sack. **2)** es, Ü säckele ein. **3)** (bin eingesackt), Ü sinke ein.

einsagen, ich sage es ihm ein (habe eingesagt), sage vor, flüstere zu (in der Schule): laß dir nichts von ihm einsagen!

einsalben, ich salbe ihn ein (habe eingesalbt), reibe mit Salbe ein.

einsalzen, ich salze es ein (habe eingesalzen, selten: eingesalzt), mache mit Kochsalz haltbar (Lebensmittel): damit kannst du dich einsalzen lassen, Ü das ist nicht zu gebrauchen.

einsam, allein, von allen verlassen; abgelegen: ich lebe e.; ein einsamer Ort; das ist einsame Spitze, Klasse, Ü ausgezeichnet. **Einsamkeit** [mhd. einsamkeit] die, -.

einsammeln, ich samm(e)le es ein (habe eingesammelt), **1)** sammle: alle liegengebliebenen Gegenstände werden eingesammelt. **2)** nehme von jedem seinen Anteil: der Lehrer sammelt die Hefte ein; der Junge sammelt die Stimmzettel ein.

einsargen, ich sarge ihn ein (habe eingesargt), lege (den Toten) in den Sarg.

Einsatt(e)lung die, ⊕ tieferer Teil eines Gebirgskammes oder Höhenzuges.

Einsatz [mhd. insaz ›das Hineinsetzen‹] der, **1)** Anteil, den man aufs Spiel setzt zu Gewinn oder Verlust: unter, mit E. des Lebens, Ü. **2)** Gebühr für die Teilnahme (an einem Rennen u. a.); Pfand. **3)** auswechselbarer oder anfügbarer Geräteteil, z. B. ABB. E 3, R 17. **4)** zwischengesetztes Stück (in Wäsche), ABB. E 3. **5)** ♪ Beginn einer Stimme oder eines Instruments beim Zusammenklang: ein verpatzter E. **6)** das Eingesetztwerden zu bestimmter Verwendung: die Truppen gelangten zum E. **7)** das Sicheinsetzen: sein E. bei dieser Aufgabe war vorbildlich. **einsatzbereit,** fertig zum Einsatz; hilfsbereit. **Einsatzkommando** das: das E. der Polizei. **Einsatzteich** der, Teich zur Fischzucht. **Einsatzzeichen** das, ♪ Zeichen des Dirigenten zum Einsatz.

einsauen [zu Sau], ich saue es, ihn, mich ein (habe eingesaut), Ü derb: beschmutze.

einsäuern, ich säu(e)re es ein (habe eingesäuert), mache durch Gärung haltbar.

einsaugen, ich sauge es ein (habe eingesogen), ziehe durch Saugen ein, atme ein: das hat er mit der Muttermilch eingesogen, Ü daran ist er von früh auf gewöhnt.

einsäumen, ich säume es ein (habe eingesäumt), fasse ein.

einschachteln, ich schacht(e)le es ein (habe eingeschachtelt), stecke einen Teil in oder über den anderen. **Einschacht(e)lung** die, -/-en.

einschalen, ich schale ein (habe eingeschalt), stelle eine Schalung zum Betonieren her. **Einschaler** der, -s/-.

einschalten, ich schalte ein (habe eingeschaltet), **1)** es, setze durch Schalten in Betrieb: ich schalte das Licht, den Fernsehapparat, den ersten Gang (beim Auto) ein; der Verkehrswarnfunk schaltet sich automatisch ein. **2)** es, schiebe dazwischen: ich schalte eine Pause ein. **3)** ihn, lasse mitwirken: die Polizei wurde in die Ermittlungen eingeschaltet. **4)** mich, mische mich ein, greife z. B. in ein Gespräch, eine Verhandlung. **Einschaltquote** die, Hör- und Fernsehfunk: der prozentuale Anteil der Teilnehmer an bestimmten Sendungen. **Einschaltung** die.

einschärfen, ich schärfe es ihm ein (habe eingeschärft), präge ein: ich habe ihm größte Vorsicht eingeschärft.

einscharren, ich scharre es ein (habe eingescharrt), vergrabe oberflächlich; verscharre.

einschätzen, ich schätze es, ihn ein (habe eingeschätzt), **1)** beurteile, bewerte: ich hatte ihn richtig eingeschätzt. **2)**

veranlage durch Schätzung vorläufig zur Steuer: er ist sehr hoch eingeschätzt worden. **Einschätzung** die: Fehleinschätzung.

einschenken, ich schenke es (ihm) ein (habe eingeschenkt), gieße ein.

einscheren, ich schere ein, **1)** (habe eingeschert) es, ✠ ziehe das Tauwerk in die Blöcke. **2)** (bin eingeschert), reihe mich mit einem Fahrzeug in eine bestimmte Richtung oder einen Verband ein.

Einschicht die, -, oberdt.: Einsamkeit, Öde. **einschichtig, 1)** oberdt.: einsam, einbrötlerisch; ledig. **2)** aus nur einer Schicht bestehend. **3)** Industrie: nur in einer Schicht arbeitend.

einschicken, ich schicke es ein (habe eingeschickt), sende etwas an eine Firma (zur Reparatur), an die Redaktion einer Zeitung oder eines Verlages (Leserbrief, Manuskript).

einschieben, ich schiebe es ein (habe eingeschoben), bringe, schiebe dazwischen, füge ein. **Einschiebsel** das, -s/-, Zugabe, Zwischengeschaltetes. **Einschiebung** die, **1)** das Dazwischenlegen. **2)** Einschiebsel.

Einschienenbahn die, Bahn mit nur einer Fahrschiene.

einschießen [mhd. inschiezen ›hineinschieben‹], ich schieße ein (schoß ein, habe eingeschossen), **1)** es, schieße hinein (den Ball ins Tor). **2)** mich, übe mich, gewöhne mich ans Schießen, suche das Ziel zu treffen. **3)** es, zerstöre durch Beschuß (Fenster). **4)** es, lege Geld ein. **5)** es, schiebe in den Backofen (Brot). **6)** Papier, ⊠ lege zwischen bedruckte Bogen. **7)** Milch (schießt ein), ⚕ tritt in die Milchdrüsen ein. **8)** Weberei: ziehe Schußfäden durch die Kettfäden. **9)** eine Waffe, justiere sie.

einschiffen, ich schiffe ein (habe eingeschifft), **1)** es, ihn, verlade, bringe auf ein Schiff. **2)** mich, reise mit dem Schiff ab. **Einschiffung** die, -/-en.

einschl., Abk. für: einschließlich.

einschlafen, ich schlafe ein (schlief ein, bin eingeschlafen), **1)** versinke in Schlaf: Einschlafschwierigkeiten; der Briefwechsel ist eingeschlafen, Ü hat allmählich aufgehört zu bestehen. **2)** verhüllend: sterbe. **3)** Glieder schlafen ein, werden vorübergehend gefühllos: mein linker Arm ist eingeschlafen. **einschläf(e)rig,** für nur einen Schläfer bestimmt (Bett). **einschläfern,** ich schläf(e)re es ein (habe eingeschläfert), **1)** ihn, versetze in Schlaf. **2)** ein Tier, töte schmerzlos durch Medikamente. **einschläfernd,** einschläfernde Musik. **einschläfig, einschläfrig,** einschläferig.

Einschlag der, **1)** Auftreffen, Treffstelle (eines Geschosses). **2)** am Pl., Ü Beigabe, leichter Zusatz, Beimischung: ein südländischer E. **3)** Weberei: Querfäden. **4)** ♣ Menge der gefällten Bäume. **5)** breiter Saum. **6)** ⊕ vorläufiges Einpflanzen von Gehölzen und Stauden, z. B. als Frostschutz. **einschlagen** [mhd. inslahen], ich schlage ein (schlug ein, habe eingeschlagen), **1)** stimme zu, übernehme eine Verpflichtung (urspr. durch Handschlag). **2)** Ü habe Erfolg, finde Anklang: der neue Kollege hat gut eingeschlagen; sein Buch hat eingeschlagen. **3)** ein Tier, etwas, schlage blind ein, darauf ein. **4)** es, zertrümmere durch Schlagen (Türen, Fenster). **5)** es, treibe durch Schlagen hinein, ABB. S 21. **6)** es, wähle eine Richtung: ich schlage einen Weg, eine Laufbahn ein; er schlug das Steuer nach links ein. **7)** es, wickele ein, z. B. ein Buch in Papier. **8)** es, schlage, lege, nähe um: sie schlug den Saum ein. **9)** Pflanzen, setze vorläufig in Erde. **10)** es, ♣ fälle eine Menge Bäume. **11)** Farben schlagen ein, werden beim Trocknen matt. **12)** es schlägt ein, trifft mit Gewalt: ein Blitz schlägt ein; diese Nachricht hat wie eine Bombe eingeschlagen. **einschlägig,** bezüglich, dazugehörig: ein einschlägiges Fachgeschäft; er ist e. vorbestraft, für das gleiche Vergehen oder Verbrechen.

einschlämmen, ich schlämme es ein (habe eingeschlämmt), wässere kräftig (Pflanzen).

einschleichen [mhd. insleichen ›unbemerkt hineinführen‹], ich schleiche mich ein (habe mich eingeschlichen), **1)** in etwas, versuche, unbemerkt hineinzukommen: er hat sich in sein Vertrauen eingeschlichen, Ü. **2)** es schleicht sich ein, Ü wird nach und nach üblich, stellt sich unbemerkt ein: schlechte Sitten haben sich überall eingeschlichen; in die Rechnung hat sich ein Fehler eingeschlichen.

einschleifen, ich schleife es ein (habe eingeschliffen), **1)** grabe durch Schleifen ein (in Glas). **2)** ⊛ mache durch Schleifen passend (Motorventil).

einschleppen, ich schleppe es ein (habe eingeschleppt), **1)** bringe mit einem Schleppdampfer in den Hafen. **2)** Ü bringe herein: eine aus Übersee eingeschleppte Seuche.

einschleusen, ich schleuse ihn, es ein (habe eingeschleust),

1) bringe durch Schleusen (Schiff). **2)** Ü bringe heimlich herein (Agenten).

einschließen [mhd. insliezen], *ich schließe mich, ihn, es ein* (schloß ein, habe eingeschlossen), **1)** sperre ein, setze in sicheren Gewahrsam: *er wurde in sein Zimmer eingeschlossen;* *eine Stadt wird eingeschlossen,* ♐ umzingelt. **2)** begreife ein, nehme mit hinein: *in die Rechnung ist das Bedienungsgeld eingeschlossen.* **einschließlich** *dessen,* Abk.: *einschl.,* mit einbegriffen, berücksichtigt: *e. aller Nebenkosten; e. des Portos* oder *e. Porto.* **Einschließung** *die,* **1)** ohne Pl., Ü Mitberücksichtigung. **2)** das Einschließen: *E. in Klammern.* **3)** ♐ Umzingelung. **4)** ♪♫ früher: nicht entehrende Freiheitsstrafe.

einschlummern, *ich schlumm(e)re ein* (bin eingeschlummert), schlafe (sanft) ein.

Einschluß [mhd. insloz ›Inbegriff‹] *der,* **1)** ohne Pl., Mitberücksichtigung: *mit E. der Verpackung.* **2)** stofflich abweichende gasförmige, flüssige oder feste körperl. Substanz in Mineralen, Gesteinen und in metall. Werkstoffen. **Einschlußverbindungen,** *Pl.,* ⟲ chem. Verbindungen, bei denen kleine Moleküle in den Hohlräumen eines größeren Moleküls eingeschlossen sind.

einschmeicheln, *ich schmeichele mich bei ihm ein* (habe mich eingeschmeichelt), mache mich beliebt. **einschmeichelnd,** angenehm im Klang (Stimme, Musik).

einschmelzen, *ich schmelze es ein* (habe eingeschmolzen), **1)** mache durch Hitze flüssig (Metall). **2)** *es schmilzt ein* (ist eingeschmolzen), wird (durch Hitze) flüssig.

einschmieren, *ich schmiere es ein* (habe eingeschmiert), **1)** bestreiche, reibe ein. **2)** U mache schmutzig.

einschmuggeln, *ich schmugg(e)le mich, ihn, es ein* (habe eingeschmuggelt), komme, bringe heimlich hinein.

einschnappen, *ich schnappe ein* (bin eingeschnappt), **1)** U nehme etwas übel, fühle mich beleidigt: *sei doch nicht gleich eingeschnappt!* **2)** *es schnappt ein,* fällt ins Schloß (Tür).

einschneiden, *ich schneide es ein* (habe eingeschnitten), **1)** mache einen Schnitt hinein, kerbe ein; ritze Zeichen oder Muster in Holz. **2)** *es schneidet in etwas ein,* dringt tief ein. **einschneidend,** Ü tiefgreifend: *einschneidende Sparmaßnahmen.*

einschneien, *ich schneie ein* (bin eingeschneit), werde völlig mit Schnee bedeckt, werde durch andauernden Schneefall festgehalten.

Einschnitt *der,* **1)** Kerbe, Schnittöffnung, ABB. K 38, S 41. **2)** Ü Absatz, zugleich Abschluß und Anfang, einschneidende Veränderung: *die Heirat ist ein tiefer E. im Leben.* **3)** durch Abtragen des Bodens entstandene Vertiefung für ein Bauwerk (Straße). **einschnitzen,** *ich schnitze es ein* (habe eingeschnitzt), schneide (in Holz, Elfenbein) ein.

einschnüren, *ich schnüre es ein* (habe eingeschnürt), binde, umwickele ganz fest: *der Gürtel schnürt mich ein.* **Einschnürung** *die,* **1)** feste Schnürung. **2)** eingeschnürte Stelle.

einschränken, *ich schränke es ein* (habe eingeschränkt), beschränke, begrenze: *ich habe meinen Zigarettenkonsum eingeschränkt.* **2)** *ich* suche mit weniger auszukommen: *wir mußten uns einschränken.* **Einschränkung** *die, -/-en:* *der Film ist nur mit E. empfehlenswert,* mit Vorbehalt.

Einschreib(e)brief *der,* eingeschriebener Brief. **einschreiben,** *ich schreibe ein* (habe eingeschrieben), **1)** *mich, ihn, es,* trage ein, bes. setze einen Namen in eine Liste: *der Student ließ sich einschreiben,* immatrikulieren; △ *er schrieb einen Kreis in ein Quadrat ein,* zeichnete so ab, daß der Kreis alle Seiten des Quadrats von innen berührte. **2)** *es,* sende als Einschreiben; vgl. eingeschrieben, **Einschreiben,** *das, -s/-,* Vermerk auf eingeschriebenen Postsachen, ABB. B 49. **2)** *das, -s/-,* eingeschriebene Postsendung. **Einschreibung** *die,* **1)** Eintragung, Immatrikulation. **2)** schriftliches Preisangebot zu Versteigerungen.

einschreiten, *ich schreite gegen ihn, etwas ein* (bin eingeschritten), gehe vor: *die Polizei plant, stärker gegen den Drogenhandel einzuschreiten.*

einschrumpfen, *es schrumpft ein* (ist eingeschrumpft), zieht sich zusammen, läuft ein. **Einschrumpfung** *die.*

Einschub *der,* **1)** Einschiebung, Zusatz. **2)** ⊞ Bretter zwischen Deckenbalken, ABB. D 4.

einschüchtern, *ich schücht(e)re ihn ein* (habe eingeschüchtert), mache ihn ängstlich, unsicher. **Einschüchterung** *die, -/-en: Einschüchterungsversuch.*

einschulen, *ich schule ihn ein* (habe eingeschult), gebe (ein Kind) zum erstenmal in die Schule. **Einschulung** *die.*

einschürig [zu Schur], *oberdt.:* **1)** nur einmal abmähbar (Wiese), nur einmal scherbar (Schafe). **2)** eigenbrötlerisch.

Einschuß *der,* **1)** Eintrittsstelle des Geschosses. **2)** Beimischung. **3)** Weberei: Querfäden. **4)** Einlage (Geld). **5)** Wundinfektionskrankheit des Pferdes.

Einschütte *die, ostdt.:* die Federbett. **einschütten,** *ich schütte es ein* (habe eingeschüttet), fülle, gieße ein.

einschwenken, *ich schwenke ein* (bin eingeschwenkt), **1)** biege ein: *sie ist in die Seitenstraße eingeschwenkt.* **2)** Ü reihe mich ein: *er ist in die allgemeine Richtung eingeschwenkt.*

einschwingen, 𓅦 *Federwild schwingt ein* (schwang ein, ist eingeschwungen), setzt sich auf einen Baum.

einsegnen [mhd. insegenen], *ich segne ein* (habe eingesegnet), **1)** *ihn, es,* spreche, erteile einen Segen darüber. **2)** *ihn,* konfirmiere. **Einsegnung** *die.*

einsehen, *ich sehe ein* (sah ein, habe eingesehen), **1)** schaue hinein, überblicke: *ich habe die Akten eingesehen; man kann von hier aus das Gelände gut einsehen.* **2)** begreife, verstehe: *er sah sein Unrecht ein.* **Einsehen** *das, -s,* Verständnis: *er hatte kein E.,* nahm keine Vernunft an.

einseifen, *ich seife ein* (habe eingeseift), **1)** [zu Seife] *ihn, es,* reibe mit Seife ein. **2)** [wohl zu jidd. sewel ›Dreck‹] *ihn,* U beschwatze, überliste, betrüge.

einseitig, 1) nur auf einer Seite stattfindend, entwickelt, ausgebaut; nur für eine Seite verbindlich (Vertrag u. a.): *eine einseitige Gesichtslähmung.* **2)** Ü *einen Gesichtspunkt ausschließlich betonend* (parteiisch, vorurteilsvoll, fachgebunden): *er beurteilt die Lage sehr e.* **3)** nur in einer Art: *eine einseitige Ernährungsweise, Ausbildung.* **Einseitigkeit** *die, -.*

einsenden, *ich sende es (ihm) ein* (sandte, seltener: sendete ein, habe eingesandt, seltener: eingesendet); schicke ein: *das eingesandte Manuskript; Einsendeschluß.* **Einsender** *der,* Absender einer Einsendung. **Einsendung** *die,* **1)** Verschickung, Zustellung. **2)** eingesandte Sache.

einsenken, *ich senke es ein* (habe eingesenkt), versenke, lasse tief ein.

Einser *der, -s/-,* U **1)** die Eins, die Zahl 1. **2)** die Note 1.

einsetzen, *ich setze ein* (habe eingesetzt), **1)** *es,* setze in etwas hinein, bringe an die gehörige Stelle: *hier muß eine neue Fensterscheibe eingesetzt werden; ich habe die Pflanzen (in die Erde) eingesetzt; er hat den Betrag eingesetzt,* eingetragen. **2)** *ihn,* mache, bestimme zu etwas, ernenne: *er wurde eingesetzt in ein Amt, in seine früheren Rechte.* **3)** *ihn, es,* ziehe für eine Aufgabe heran: *zur Bergung der Verletzten wurden Hubschrauber eingesetzt.* **4)** *es,* wage daran, setze aufs Spiel: *ich setze meine Ehre, mein Leben, viel Geld ein.* **5)** beginne: *die Geigen setzen ein; der Winter hat früh eingesetzt.* **6)** *mich* (für ihn, etwas), verwende meinen Einfluß oder meine Schaffenskraft: *sie sollte sich etwas mehr einsetzen; alle setzten sich für den Kollegen ein.* **Einsetzung** *die, -/-en.*

Einsicht *die, -/-en,* **1)** bei näherer Betrachtung aufkommende Erkenntnis, tief in der neuen Einsichten gewonnen. **2)** ohne Pl., Vernunft: *bist du nun zur E. gekommen?* **3)** Pl. selten, Einblick, Kenntnisnahme: *er hat, nimmt, verlangt E. in die Akten.* **einsichtig, 1)** einsichtsvoll, klug, verständnisvoll. **2)** verständlich: *aus leicht einsichtigen Motiven.* **Einsichtnahme** *die, -/-,* K Einblick. **einsichtsvoll,** einsichtig.

einsickern, *es sickert ein* (ist eingesickert), dringt ein. **Einsiedelei** *die, -/-en,* einsamer Wohnort, Wohnung eines Einsiedlers. **Einsiedler** [ahd. einsidelo] *der,* einsam lebender Mönch: *er lebt wie ein E.,* liebt die Einsamkeit. **einsiedlerisch. Einsiedlerkrebs** *der,* in leeren Schneckengehäusen lebender zehnfüßiger Krebs.

einsilbig, 1) nur aus einer Silbe bestehend (Wort). **2)** Ü wortkarg: *er gab nur einsilbige Antworten; sie saßen sich gegenüber.* **Einsilbigkeit** *die, -.*

einsingen, *ich singe ein* (sang ein, habe eingesungen), **1)** *mich,* werde sicher im Gesang. **2)** *ihn,* singe in den Schlaf. **3)** *es,* beginne mit Singen: *sie sangen die Christmesse ein.*

einsinken, *ich sinke ein* (sank ein, bin eingesunken), **1)** sinke hinein, versinke: *in diesem Schlamm sinkt man ein.* **2)** *der Boden ist ein,* vertieft sich.

einsitzen, *ich sitze ein* (saß ein, habe eingesessen), **1)** ♪♫ sitze im Gefängnis. **2)** *es,* drücke durch Sitzen ein: *das Sofa ist eingesessen.* **Einsitzer** *der, -s/-,* **1)** Fahrzeug mit nur einem Sitzplatz. **2)** Insasse. **einsitzig,** mit einem Sitzplatz.

einsmals, *alem.:* plötzlich.

einsömm(e)rig, erst einen Sommer alt, einjährig (Fische).

einsortieren, *ich sortiere es ein* (habe einsortiert), ordne an bestimmter Stelle ein.

einspannen [mhd. inspannen], *ich* spanne ein (habe eingespannt), **1)** *es,* befestige in etwas: *sie spannt ein neues Blatt in die Schreibmaschine ein.* **2)** *Zugtiere,* befestige vor dem Wagen. **3)** *ihn für, zu etwas,* Ü veranlasse zur Mithilfe: *sie versucht, ihn für ihre Arbeit einzuspannen.* **Einspänner** *der, -s/-,* **1)** Wagen mit nur einem Zugtier. **2)** *österr.:* eine Art der Kaffeezubereitung. **3)** Ü Eigenbrötler. **4)** Ü Strohwitwer. **5)** ♂ Bauer, der nur ein Pferd besitzt. **einspännig,** mit nur einem Pferd vor dem Wagen.

einsparen, *ich* spare ein (habe eingespart), **1)** *es,* verwende nicht, behalte ein. **2)** *einen Posten, Arbeitsplatz,* besetze nicht (mehr). **Einsparung** *die, -/-en.*

einspeisen, *ich* speise *es* ein (habe eingespeist), gebe Informationen oder Energie in eine techn. Anlage ein (Computer, Leitungsnetz).

einsperren [mhd. insperren], *ich* sperre ein (habe eingesperrt), **1)** *mich, ihn, es,* schließe ein. **2)** *ihn,* Ü bringe ins Gefängnis.

einspielen, *ich* spiele ein (habe eingespielt), **1)** *es,* bringe durch mehrmaliges Spielen zu besserem Klang (Musikinstrumente). **2)** *es,* spiele ein Musikstück für eine Schallplattenaufnahme. **3)** *mich,* werde im Spiel sicher. **4)** *mich auf ihn,* Ü ergänze mich mit ihm: *sie sind gut aufeinander eingespielt.* **5)** *es spielt es ein,* bringt ein: *der Film hat die Kosten eingespielt.* **6)** *es spielt sich ein,* Ü kommt in Gang: *unsere Zusammenarbeit hat sich gut eingespielt.*

einspinnen, *ich* spinne ein (spann ein, habe eingesponnen), **1)** *mich,* verwebe mich in meine Gedanken. **2)** *ihn,* Ü sperre ins Gefängnis. **3)** *die Spinne spinnt sich ein,* webt ein Netz um sich herum. **4)** *die Raupe spinnt sich ein,* verpuppt sich.

Einsprache *die,* ♂ Einspruch. **einsprachig,** nur in einer Sprache: *die einsprachige Beschriftung ist von Nachteil.*

einsprengen, *ich* sprenge *es* ein (habe eingesprengt), **1)** bespritze mit Wasser (Wäsche). **2)** (einen Rasen). **3)** (Wäschen; vgl. eingesprengt. **Einsprengling** *der, -s/-e,* großer Kristall in Porphyren. **Einsprengsel** *das, -s/-,* Einschluß.

einspringen, *ich* springe ein (sprang ein, bin eingesprungen), **1)** *für ihn,* tue etwas stellvertretend: *er ist schon öfter für sie eingesprungen.* **2)** *es springt zurück.* **3)** *einspringender Winkel,* △ überstumpfer Winkel (größer als 180°), ABB. W 13.

Einspritzdüse *die,* Düse, durch die Kraftstoff eingespritzt wird. **einspritzen,** *ich* spritze *es* ein (habe eingespritzt), **1)** bringe (mit einer Spritze) eine Flüssigkeit in etwas ein; $ injiziere. **2)** feuchte an (Wäsche). **Einspritzmotor** *der,* Verbrennungsmotor, bei dem der Kraftstoff eingespritzt wird. **Einspritzpumpe** *die,* Kraftstofförderpumpe bei Einspritzmotoren. **Einspritzung** *die, -/-en,* $ Injektion.

Einspruch *der,* Verwahrung, Protest; ⚖ Widerspruch gegen Unrecht: *ich erhebe E.; sein E. wurde verworfen.*

Einsprung *der,* ⚔ in Zäunen eine Öffnung, die das Wild nur nach innen durchspringen kann, ABB. Z 4.

einspurig, mit nur einem Gleis, mit nur einer Fahrbahn: *im Bereich der Baustelle ist die Autobahn nur e. befahrbar.*

einst [ahd. eines ›einmal‹, eines Tages‹], in ferner Vergangenheit (einstmals) und in ferner Zukunft (dereinst): *hier stand e. ein Tempel; hoffentlich mußt du das nicht e. bereuen.* **Einst** *das, -,* Vergangenheit: *das E. und das Jetzt.*

Einstachler *der, -s/-,* bes. in trop. Meeren lebender Knochenfisch.

einstampfen, *ich* stampfe *es* ein (habe eingestampft), **1)** zerkleinere durch Stampfen, stampfe fest. **2)** verarbeite Druckerzeugnisse zu Papierrohstoff. **Einstampfung** *die, -.*

Einstand *der,* **1)** festlicher Beginn eines neuen Dienstes. **2)** ⚔ ruhige Lagen, in denen sich Schalenwild am Tag aufhält. **3)** *ohne Pl.,* Tennis: 40 beide (beide Parteien haben 40 Punkte).

Einstandspreis *der,* der Einkaufspreis zuzüglich der unmittelbaren Bezugskosten.

einstauben, 1) *ich* staube *es* ein (habe eingestaubt), *österr.:* pudere ein. **2)** *es staubt ein* (ist eingestaubt), wird mit Staub bedeckt. **einstäuben,** *ich* stäube *es* ein (habe eingestäubt), sprühe mit Flüssigkeit ein, bestreue mit Puder.

einstechen, *ich* steche ein (stach ein, habe eingestochen), **1)** *es,* steche mit einem spitzen Gegenstand. **2)** *auf ihn,* verletze durch mehrmaliges Stechen mit einer Stichwaffe: *wie von Sinnen stach er auf sein Opfer ein.*

einstecken, *ich* stecke ein (habe eingesteckt), **1)** *es,* schiebe ein, z. B. in meine Tasche; nehme an mich; Ü nehme ein (Geld). **2)** *es,* lasse es mir gefallen: *er steckt jede Beleidigung ein.* **3)** *ihn,* Ü bin ihm überlegen. **4)** *ihn,* Ü sperre ein.

einstehen, *ich* stehe *für ihn, etwas* ein (bin eingestanden), bürge, leiste Gewähr, trete verantwortlich für jemanden oder etwas ein: *ich werde jederzeit für dich einstehen.*

einsteigen, *ich* steige ein (bin eingestiegen), **1)** steige, klettere hinein, gehe in ein Fahrzeug: *einsteigen!* **2)** Ü beteilige mich an etwas: *ich bin erst nach Beginn der Arbeit eingestiegen.* **3)** breche ein: *der Dieb ist in die Wohnung eingestiegen.* **Einsteiger** *der,* Ü Anfänger in einem Fachgebiet: *Videotechnik für E.*

Einsteinium [nach dem Physiker A. Einstein, 1879 bis 1955] *das, -s,* ⚛ Zeichen: Es, künstl. radioaktives Element.

einstellen, *ich* stelle ein (habe eingestellt), **1)** *es,* bringe hinein, gebe zur Aufbewahrung: *ich stelle den Wagen in eine (einer) Garage ein; kann ich meine Sachen für eine Woche bei Euch einstellen?* **2)** *es,* beende, unterbreche: *die Ermittlungen wurden eingestellt.* **3)** *ihn,* nehme in Dienst: *wir stellen neue Arbeitskräfte ein.* **4)** *es,* ⊙ richte genau, bringe in eine bestimmte Stellung: *ich habe meinen Photoapparat auf Blende 11 eingestellt; stell doch einen anderen Sender ein.* **5)** ✗ einen Rekord, erziele eine bereits aufgestellte Höchstleistung. **6)** *mich,* komme, erscheine: *die Gäste haben sich noch nicht eingestellt.* **7)** *mich auf etwas,* richte mich danach: *auf Regenwetter war ich nicht eingestellt.*

einstellig, aus nur einer Ziffer bestehend (die Zahlen von 1 bis 9).

Einstellplatz *der,* Fläche im Freien zum Abstellen von Kraftfahrzeugen. **Einstellung** *die,* **1)** ⊙ Einrichten, Anpassen, Abstimmung: *E. der Kamera.* **2)** Verhältnis, Stimmung, innere Haltung: *meine E. hierzu; Lebenseinstellung.* **3)** Indienstnahme: *Einstellungssperre.* **4)** Beendigung, das Ruhenlassen (eines gerichtlichen Verfahrens, einer Arbeit). **5)** kleinste Einheit einer Film- oder Fernsehaufzeichnung.

einstens, ♂ einst.

Einstich *der,* **1)** das Einstechen. **2)** Stelle, an der eingestochen wird.

Einstieg *der, -(e)s/-e,* **1)** das Einsteigen. **2)** Öffnung zum Einsteigen, ABB. F 31, S 73, R 9. **3)** *das ist ein guter E. in das Thema,* Ü eine gute Einleitung.

einstig, früher, ehemalig.

einstimmen, *ich* stimme ein (habe eingestimmt), **1)** falle, setze ein (Chor). **2)** *es,* bringe in Einklang (Instrumente). **3)** *mich,* Ü stelle mich auf etwas ein. **einstimmig, 1)** ♪ mit nur einer Stimme oder mehreren Stimmen im Einklang. **2)** Ü einmütig, ohne Gegenstimme gebilligt. **Einstimmigkeit** *die, -.*

einstippen, *ich* stippe *es* ein (habe eingestippt), Ü tunke, tauche hinein.

einstmalig, länger zurückliegend. **einstmals** [mhd. eines males], ehemals.

einstöckig, aus nur einem Stockwerk bestehend.

einstoßen, *ich* stoße *es* ein (stieß ein, habe eingestoßen), zertrümmere, verletze durch Stoß.

einstreichen, *ich* streiche *es* ein (habe eingestrichen), **1)** streiche hinein, reibe ein, bestreiche. **2)** Ü stecke ein, nehme an mich (Geld).

einstreuen, *ich* streue *es* ein (habe eingestreut), **1)** bringe durch Streuen hinein, streue ein: *in das Teppichmuster sind Rosen eingestreut.* **2)** Ü füge hinzu: *er streut gern Anekdoten ins Gespräch ein.*

einströmen, *es* strömt ein (ist eingeströmt), fließt, flutet herein: *kalte Luftmassen sind eingeströmt.* **Einströmung** *die.*

einstudieren, *ich* studiere *es* ein (habe einstudiert), übe ein (Bühnenstück, Rolle). **Einstudierung** *die, -.*

einstufen, *ich* stufe *es, ihn* ein (habe eingestuft), ordne ein: *in diesem Jahr wurde er in eine höhere Besoldungsgruppe eingestuft.* **Einstufung** *die, -/-en.*

Einstülpung *die, -/-en,* Biegung nach innen: *Darmeinstülpung.*

einstürmen, *ich* stürme *auf ihn, etwas* ein (bin eingestürmt), stürze auf ihn, darauf zu; dringe auf ihn ein, Ü: *viele Eindrücke stürmten auf mich ein,* Ü.

Einsturz *der:* wegen Einsturzgefahr gesperrt. **einstürzen,** *ich* stürze *es* ein (habe eingestürzt), **1)** bringe zum Umfallen. **2)** *es stürzt ein* (ist eingestürzt), bricht zusammen. **3)** *es stürzt auf ihn ein,* Ü überfällt ihn.

einstweilen [zu Weile] inzwischen, vorläufig. **einstweilig,** vorläufig, noch nicht endgültig: *eine einstweilige Verfügung, Anordnung.*

Eintagsfliege *die,* ein Insekt; Sinnbild der Kurzlebigkeit.

Eintagsküken *das,* das Küken am ersten Lebenstag.

Eintänzer *der,* in Tanzlokalen angestellter Tanzpartner.

eintauchen, *ich* tauche *es* ein (habe eingetaucht), **1)** tauche, halte in eine Flüssigkeit. **2)** *ich tauche ein* (bin eingetaucht), tauche im Wasser unter.

Eintausch *der,* Tausch. **eintauschen,** *ich* tausche *es gegen etwas* ein (habe eingetauscht).

einteilen, *ich* teile ein (habe eingeteilt), **1)** *es,* gliedere: *das Gebiet wurde in vier Bezirke eingeteilt.* **2)** *es mir,* verteile planmäßig: *man muß sich seine Arbeit einteilen.* **3)** *ihn,* weise ihn einer Gruppe mit einer bestimmten Aufgabe zu: *er wurde zu den Funkern eingeteilt.* **einteilig,** aus nur einem Teil bestehend: *ein einteiliger Badeanzug.* **Einteilung** *die,* **1)** planmäßige Verteilung: *E. der Arbeit; er hat keine E.,* weiß die Zeit nicht gut zu nutzen. **2)** Gliederung (nach Maßen), ABB. R 10.

Eintel *das, -s/-,* △ ein Ganzes: $^1/_1$.

eintepschen, *ich* tepsche *es* ein (habe eingetepscht), *österr.:* drücke ein.

eintönig [zu Ton], abwechslungslos, langweilig: *eine eintönige Arbeit, Landschaft.* **Eintönigkeit** *die, -.*

Eintopf *der,* U in nur einem Topf gekochtes, vermengtes Gericht: *Eintopfgericht; Gemüseeintopf.* **eintopfen,** *ich* topfe *es* ein (habe eingetopft), pflanze in einen Blumentopf.

Eintracht [mhd. eintraht] *die, -,* Einigkeit, Verträglichkeit. **einträchtig.** **Einträchtigkeit** *die, -.*

Eintrag [mhd. intrac ›Nachteil‹, ›Schaden‹] *der, -(e)s/"e,* **1)** Eintragung: *ein E. in die Personalakte.* **2)** Weberei: Einschlag. **3)** *das tut ihm E.,* schadet ihm. **eintragen** [ahd. intragan], *ich* trage ein (trug ein, habe eingetragen), **1)** *es, ihn, mich,* schreibe hinein, z. B. in Listen; vgl. eintragen. **2)** *es trägt mir etwas ein,* bringt Vorteil, Gewinn, Schaden: *seine Hilfe trug ihm nur Undank ein.* **einträglich,** ergiebig, lohnend: *ein einträgliches Geschäft.* **Einträglichkeit** *die, -.* **Eintragung** *die, -/-en,* schriftlicher Vermerk (in einem öffentlichen Register).

eintränken [mhd. intrenken], *ich* tränke *es* ein (habe eingetränkt), **1)** durchnässe. **2)** *ihm,* U zahle heim.

einträufeln, *ich* träuf(e)le *es* ein (habe eingeträufelt), fülle in Form von Tropfen ein, gebe ein (Arznei).

eintreffen, *ich* treffe ein (traf ein, bin eingetroffen), komme an: *der genaue Zeitpunkt seines Eintreffens steht noch nicht fest; die Voraussage ist eingetroffen,* U hat sich verwirklicht.

eintreiben [mhd. intriben ›vergelten‹], *ich* treibe ein (habe eingetrieben), **1)** treibe hinein (Vieh). **2)** U kassiere ein, verlange die Bezahlung: *man hat die Steuern, Beiträge, Außenstände eingetrieben.* **Eintreibung** *die, -/-en,* nachdrückliches Verlangen einer Zahlung (Schulden, Steuern).

eintreten [mhd. intreten], *ich* trete ein (trat ein, bin eingetreten), **1)** *in etwas, bei ihm,* gehe hinein (z. B. in ein Haus), gelange hinein: *bitte, treten Sie ein!; das Raumschiff wird gegen Mitternacht in die Erdatmosphäre eintreten.* **2)** U werde Mitglied, Mitarbeiter, Angestellter bei ihm: *er ist vor drei Jahren in die Firma eingetreten.* **3)** *in etwas,* beginne damit: *er trat in die Unterhaltung, in ein neues Lebensjahr ein.* **4)** *für ihn, etwas,* nehme öffentlich dafür Stellung, verwende meinen Einfluß, vertrete, verteidige ihn, *es: er tritt aktiv für seine Überzeugung ein.* **5)** *es tritt ein,* geschieht, erfüllt sich, wird Wirklichkeit: *das befürchtete Verkehrschaos ist nicht eingetreten; plötzlich trat Stille ein; der Tod trat am Abend ein.* **6)** *es,* drücke durch einen Tritt ein, trete fest: *er hat die Tür eingetreten; sie trat sich einen Dorn ein.*

eintrichtern, *ich* tricht(e)re *es ihm* ein (habe eingetrichtert), U bringe mühsam bei.

Eintritt *der, -(e)s,* **1)** das Betreten, Hereinkommen: *bei ihrem E. ins Zimmer.* **2)** *Pl. -e,* Erwerbung der Mitgliedschaft, Beginn der Mitarbeit: *mein E. ins Geschäft.* **3)** Beginn: *bei E. der Dunkelheit.* **4)** Gebühr für Besucher: *Eintrittsgeld.* **Eintrittskarte** *die,* zum Besuch berechtigende Karte (z. B. für Museen, Theater). **Eintrittsrecht** *das,* ♂ ♀ das Recht, wonach an Stelle eines verstorbenen Abkömmlings des Erblassers die Abkömmlinge des ersteren treten.

eintrocknen, *ich* trockne ein (habe eingetrocknet), **1)** *es,* lasse völlig trocken werden, dörre. **2)** *es trocknet ein* (ist eingetrocknet), wird trocken und schrumpft.

eintröpfeln, *ich* tröpf(e)le *es* ein (habe eingetröpfelt), gebe ein, träufele ein. **Eintröpf(e)lung** *die, -,* Einführung in Form von Tropfen (Arznei).

eintrüben, *es* trübt *sich* ein (hat sich eingetrübt), der Himmel bedeckt sich, das Wetter verschlechtert sich. **Eintrübung** *die, -.*

eintrudeln, *ich* trud(e)le ein (bin eingetrudelt), U treffe langsam und (meist) verspätet ein.

eintunken [mhd. intunken], *ich* tunke *es* ein (habe eingetunkt), U tauche ein: *er tunkt den Keks in die Milch ein.*

einüben, *ich* übe *es* ein (habe eingeübt), gewinne oder vermittle die Fertigkeit durch Üben. **Einübung** *die.*

Einung [mhd. einunge] *die, -,* P Einigung.

einverleiben [spätmhd., Lü. von spätlat. incorporare, zu mhd. lip ›Leib‹], *ich* verleibe *es* ein (habe einverleibt), **1)** *mir,* U esse, trinke (in großen Mengen). **2)** *ein Staat will sich Gebiete einverleiben,* sie annektieren. **Einverleibung** *die, -/-en.*

Einvernahme *die, -/-n,* Vernehmung vor Gericht. **Einvernehmen** [spätmhd., Lü.] *das, -s,* Eintracht, Einigkeit: *ich setzte mich mit ihm ins E.,* verständige mich mit ihm. **einvernehmlich.**

einverstanden, gleicher Ansicht, gleichen Willens: *ich bin mit ihm, damit e.* **einverständlich,** *bes. österr., schweiz.:* mit Einverständnis der Partner: *einverständliches Tun, Handeln.* **Einverständnis** *das,* Zustimmung: *im E. mit ihm,* nach vorheriger Verständigung.

Einwaage *die, -,* bei Konserven: reines Gewicht ohne Flüssigkeit.

einwachsen, *ich* wachse *es* ein (habe eingewachst), **1)** [zu Wachs], reibe mit Wachs ein. **2)** [zu wachsen ›größer werden‹], *der Nagel wächst ein* (wuchs ein, ist eingewachsen), wächst in etwas fest.

Einwand [zu einwenden] *der, -(e)s/"e,* Einspruch; Gegengrund, Widerspruch: *er erhebt keinen E.*

Einwand(e)rer *der.* **einwandern,** *ich* wand(e)re ein (bin eingewandert), reise in ein fremdes Land ein, um dort festen Wohnsitz zu nehmen. **Einwand(e)rung** *die: Einwanderungsbehörde; Einwanderungsbeschränkung; Masseneinwanderung.*

einwandfrei, ohne Fehler, tadellos: *einwandfreie Ware; der Apparat funktioniert e.; es steht e. fest, daß . . .,* eindeutig.

einwärts [mhd. inwertes], nach innen: *mit e. gerichteten Fußspitzen.*

einwechseln, *ich* wechs(e)le *es* ein (habe eingewechselt), tausche ein (Geld). **Einwechs(e)lung** *die, -.*

einwecken [nach dem Erfinder J. Weck, 1841–1914], *ich* wecke *es* ein (habe eingeweckt), koche in Gläsern mit Gummiring-Dichtung ein. **Einweckglas** *das,* Einkochglas.

Einwegflasche *die,* **Einwegglas** *das,* Behältnis, das der Verbraucher nach Benutzung wegwirft. **Einwegspiegel** *der,* Spiegel, durch den man von der Rückseite her durchsehen kann.

einweichen, *ich* weiche *es* ein (habe eingeweicht), lege in Flüssigkeit, durchfeuchte.

einweihen, *ich* weihe ein (habe eingeweiht), **1)** *es,* übergebe feierlich seiner Bestimmung: *das Denkmal wurde eingeweiht; ich habe meinen neuen Mantel eingeweiht,* U zum ersten Mal angezogen. **2)** U *ihn in etwas,* führe ein, unterrichte: *er ist in den Plan eingeweiht; das ist nur für Eingeweihte verständlich.* **Einweihung** *die: Einweihungsfeierlichkeiten.*

einweisen, *ich* weise ein (habe eingewiesen), **1)** *ihn in ein Amt,* führe feierlich ein. **2)** *ihn in eine Arbeit,* leite an. **3)** *ihn,* ordne seine Einlieferung an (Krankenhaus). **4)** *es,* leite ein Fahrzeug zu einem vorbestimmten Platz. **Einweisung** *die.*

einwenden, *ich* wende *es gegen etwas* ein (habe eingewendet oder eingewandt), bringe als Gegengrund vor: *dagegen habe ich nichts einzuwenden.* **Einwendung** *die.*

einwerfen [ahd. inwerfan], *ich* werfe ein (warf ein, habe eingeworfen), **1)** *eine Scheibe,* zertrümmere durch Wurf. **2)** *es,* werfe hinein: *der Ball wurde ins Spielfeld eingeworfen; du mußt zwei Markstücke in den Automaten einwerfen.* **3)** *es,* sage (als Zwischenbemerkung).

einwertig, ♡ mit einer Bindigkeit.

einwickeln, *ich* wick(e)le *es* ein (habe eingewickelt), **1)** *es, ihn,* packe hinein, umhülle: *die Ware wird in Papier eingewickelt.* **2)** *ihn,* U täusche, übervorteile: *er hat sich von ihm ganz schön einwickeln lassen.*

einwilligen, *ich* willige *in etwas* ein (habe eingewilligt), stimme zu: *sie willigt in die Scheidung ein.* **Einwilligung** *die, -/-en: dazu gebe ich ihm meine E. nicht.*

einwintern, *ich* wint(e)re ein (habe eingewintert), schütze gegen die Winterwitterung.

einwirken, *ich* wirke *auf ihn, etwas* ein (habe eingewirkt), **1)** suche zu beeinflussen. **2)** *es wirkt auf etwas ein,* übt eine Wirkung aus. **Einwirkung** *die.*

Einwohner [mhd. inwoner] *der, -s/-,* U dauernd Ansässiger: *Einwohnermeldeamt.* **2)** Mieter. **Einwohnergleichwert** *der,* eine Maßzahl für den Schmutzgehalt eines Abwassers je Tag. **Einwohnerschaft** *die, -,* Gesamtheit der Einwohner.

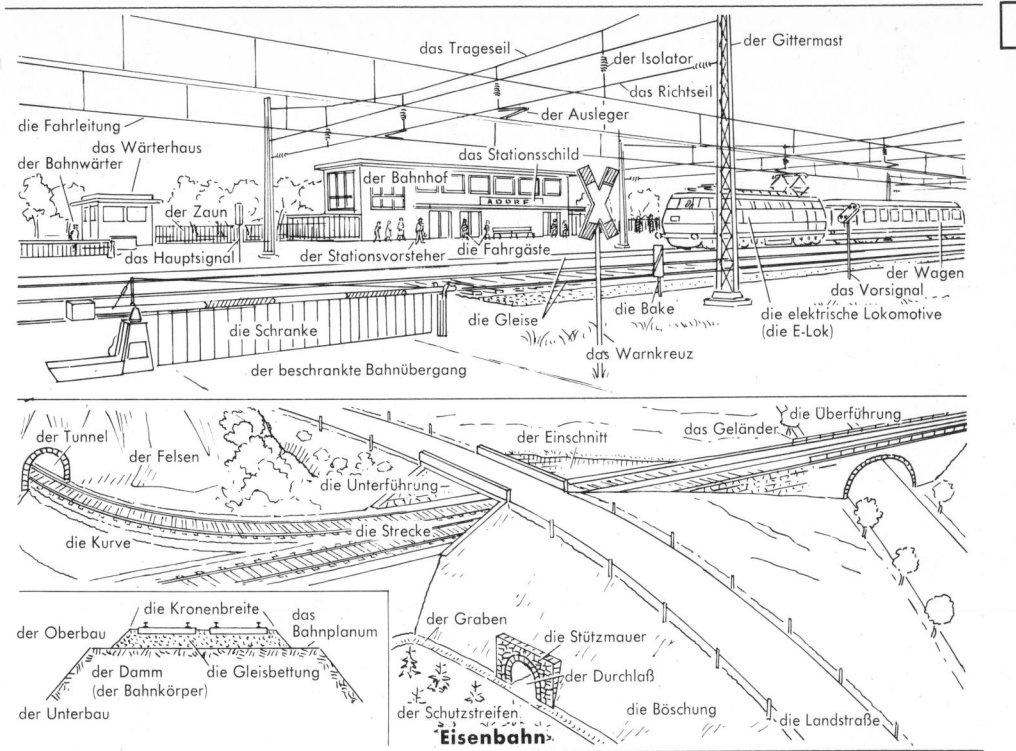

das Trageseil — der Isolator — der Gittermast — das Richtseil — der Ausleger — die Fahrleitung — das Wärterhaus — der Bahnwärter — das Stationsschild — der Bahnhof — ADORF — der Zaun — der Stationsvorsteher — die Fahrgäste — das Hauptsignal — die Gleise — die Bake — das Warnkreuz — der beschrankte Bahnübergang — die Schranke — das Vorsignal — die elektrische Lokomotive (die E-Lok) — der Wagen

der Tunnel — der Felsen — die Unterführung — die Kurve — der Einschnitt — das Geländer — die Überführung — die Strecke — die Kronenbreite — das Bahnplanum — der Oberbau — der Graben — die Stützmauer — der Damm (der Bahnkörper) — die Gleisbettung — der Durchlaß — der Unterbau — der Schutzstreifen — die Böschung — die Landstraße

Eisenbahn

Einwurf [mhd. inworf] *der,* **1)** Einwand. **2)** Zwischenbemerkung. **3)** Schlitz (im Briefkasten, in der Tür), ABB. B 49. **4)** ✗ das Wiedereinwerfen des Balls ins Spielfeld.

einwurzeln, *eine Pflanze* wurzelt ein (ist eingewurzelt), schlägt Wurzeln: *tief eingewurzelte Skepsis,* Ü.

Einzahl *die, -,* Ⓢ Singular, ÜBERS. A 4, P 24, S 77, V 2.

einzahlen, *ich* zahle *Geld* ein (habe eingezahlt), zahle auf ein Konto, bringe zu einer Kasse. **Einzahlung** *die.* **Einzahlungsschein** *der,* **1)** Einzahlungsformular für ein Postsparbuch. **2)** *schweiz.:* Zahlkarte.

einzäunen, *ich* zäune *es* ein (habe eingezäunt), umschließe mit einem Zaun. **Einzäunung** *die, -/-en.*

einzeichnen, *ich* zeichne ein (habe eingezeichnet), **1)** *es,* zeichne in etwas hinein. **2)** *mich in eine Liste,* schreibe ein. **Einzeichnung** *die.*

Einzel *das, -s/-,* Tennis: Spiel zwischen zwei Gegnern. **Einzelantrieb** *der,* ⊙ eine Art des elektr. Antriebs von Arbeitsmaschinen, wobei jede Maschine von einem eigenen Motor angetrieben wird. **Einzeldarstellung,** Darstellung eines einzelnen Problems. **Einzeldosis** *die,* ⚕ Arzneimenge für einmaliges Einnehmen. **Einzelfallhilfe** *die,* auf die Besonderheiten eines Falles eingehende Sozialhilfe. **Einzelfeuer** *das,* bei Maschinenwaffen die Abgabe einzelner Schüsse. **Einzelgabe** *die,* Einzeldosis. **Einzelgänger** *der, -s/-,* **1)** Eigenbrötler. **2)** ⚘ vom Rudel getrennt lebendes Tier. **Einzelhaft** *die,* Gefangenschaft abgesondert von anderen Gefangenen. **Einzelhandel** *der,* Warenverkauf in kleinen Mengen an die Letztverbraucher. **Einzelheit** *die, -/-en,* einzelner Teil: *Einzelheiten waren nicht zu erkennen.* **Einzelkind** *das: er ist ein typisches E.* **Einzellader** *der, -s/-,* Schußwaffe, die nur mit einer Patrone geladen werden kann.

Einzeller *der,* ⚘, einzelliges Lebewesen. **einzellig,** aus nur einer Zelle bestehend.

einzeln [mhd. einzel], von allen anderen getrennt, für sich allein: *der einzelne Mensch; der einzelne; bis ins einzelne,* genau; aber: *alles geht vom Einzelnen ins Ganze.* **Einzelradaufhängung** *die, -,* ⚘ unabhängige Aufhängung jedes Rades. **Einzelrichter** *der,* Richter, der allein entscheidet. **Einzelstück** *das:* nur wenige *Einzelstücke kamen zur Versteigerung.* **Einzelvertrag** *der,* in der Dt. Dem. Rep. Dienstvertrag mit Spitzenkräften der Wissenschaft, Technik u. a. **Einzelzimmer** *das,* Zimmer für eine Person (im Hotel).

einzementieren, *ich* zementiere *es* ein (habe einzementiert), befestige mit Zement.

einziehen [mhd. inziehen], *ich* ziehe ein (habe eingezogen), **1)** *es,* führe ein: *ich habe Gummiband eingezogen.* **2)** *es,* ziehe herunter (Flagge, Segel). **3)** *es,* ziehe nach innen, an mich heran: *die Katze zog die Krallen ein; das Flugzeug zieht das Fahrwerk ein.* **4)** *es,* ziehe aus dem Verkehr (Banknoten). **5)** *es,* beschlagnahme, konfisziere: *man hat sein Vermögen eingezogen.* **6)** *es,* Ü hole ein: *wir wollen noch Erkundigungen einziehen.* **7)** *Zeilen,* ⌨ rücke ein. **8)** *Luft,* atme, sauge ein. **9)** *Gelder,* fordere ein, kassiere: *ich muß noch Außenstände einziehen.* **10)** *eine Wand,* setze trennend dazwischen. **11)** *ihn,* ⚓ berufe zum Wehrdienst. **12)** *es zieht ein,* dringt ein (Creme). **13)** *er ist in ein neues Haus eingezogen,* hat dort Wohnung genommen. **14)** *Truppen sind eingezogen,* einmarschiert. **Einziehung** *die:* E. *von Steuern.*

einzig [mhd. einzec], **1)** nur einmal vorhanden: *ein einziges Kind; kein einziger; etwas einziges; der einzige,* aber: *er ist unser Einziger.* **2)** vortrefflich, köstlich, seltsam: *das ist e.!, e. schön!* **3)** nur: *e. und allein; e. aus diesem Grund; das e. Wahre,* Ü Richtige. **einzigartig,** von nicht wieder zu erreichender Eigenart, unverwechselbar. *eine Wand,* setze trennend dazwischen.

Einzimmerapartment [auch -əpa:tmənt, engl.] *das,* **Einzimmerwohnung** *die,* aus einem Zimmer bestehende Wohnung mit Küche oder Kochnische, Bad oder Dusche, WC.

einzuckern, *ich* zuck(e)re *es* ein (habe eingezuckert), konserviere Obst mit Hilfe von Zucker.

Einzug [mhd. inzuc] *der,* **1)** ⛨ das Einziehen (von

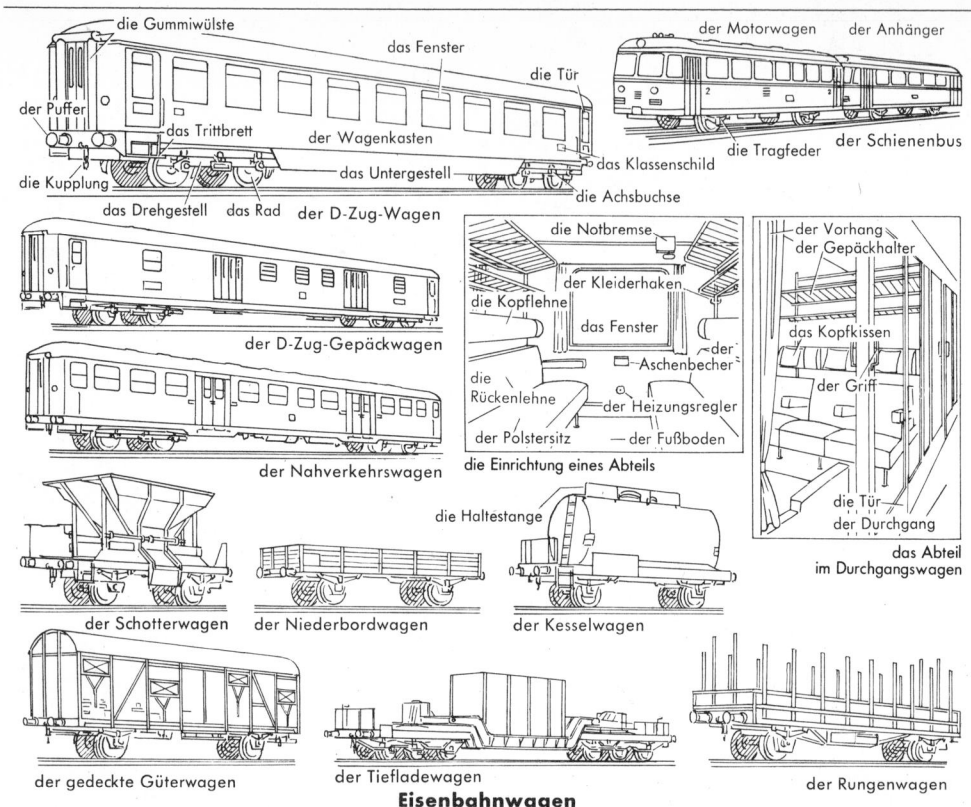

die Gummiwülste — das Fenster — die Tür — der Motorwagen — der Anhänger
der Puffer — das Klassenschild — die Tragfeder — der Schienenbus
das Trittbrett — der Wagenkasten
die Kupplung — das Untergestell — die Achsbuchse
das Drehgestell — das Rad — **der D-Zug-Wagen**

der D-Zug-Gepäckwagen

der Nahverkehrswagen

die Notbremse — der Kleiderhaken — die Kopflehne — das Fenster — der Aschenbecher — die Rückenlehne — der Heizungsregler — der Polstersitz — der Fußboden
die Einrichtung eines Abteils

der Vorhang — der Gepäckhalter — das Kopfkissen — der Griff — die Tür — der Durchgang
das Abteil im Durchgangswagen

die Haltestange

der Schotterwagen — **der Niederbordwagen** — **der Kesselwagen**

der gedeckte Güterwagen — **der Tiefladewagen** — **der Rungenwagen**

Eisenbahnwagen

Forderungen, Wechseln). **2)** (festlicher) Einmarsch. **3)** das Beziehen (Wohnung): *der E. ins neue Haus.* **4)** ⊘ Einrücken der Anfangszeilen, ABB. B 53. **5)** Borstenbüschel in einer Bürste, vgl. ABB. B 58. **6)** *niederdt.:* Zwischenboden. **7)** *schweiz.:* Geldsammlung. **Einzüger** *der, -s/-, schweiz.:* Kassierer. **Einzugsgebiet** *das,* **1)** ⊕ Entwässerungsgebiet einer Quelle, eines Brunnens oder eines Flusses. **2)** Raumordnung: das durch wirtschaftl., soziale, kulturelle u. a. Beziehungen mit einem Zentralort verbundene Umland.

Einzylinder *der,* Verbrennungs- oder Dampfmaschine mit nur einem Zylinder.

Eipulver *das,* getrocknetes, pulverisiertes Vollei.

eis *das, -/-,* ♪ Halbton über dem e, ABB. N 9.

Eis [ahd. is] *das, -es,* ABB. E 3, **1)** Wasser in festem Aggregatzustand: *Eiskristall; Eisschmelze; Eisscholle.* **2)** Gefrorenes, Speiseeis: *Eiscreme; Eiswaffel; Erdbeereis.* **3)** Sinnbild für Gefühllosigkeit und Härte: *ein Herz von E.; sie ist wie ein Eisblock;* für eine unsichere Grundlage: *das E. ist gebrochen; der Plan wurde auf E. gelegt,* Ü vorläufig zurückgestellt. **Eisbahn** *die,* zum Sport geeignete Eisfläche: *Kunsteisbahn.* **Eisbär** *der,* gelblichweißer Bär der Arktis. **Eisbein** *das,* **1)** gepökelte und gekochte Schweinebein. **2)** *nur Pl.,* Ü kalte Füße. **Eisberg** *der,* im Meer schwimmende Eismasse. **Eisbeutel** *der,* **Eisblase** *die,* ⚕ mit angestoßenem Eis gefüllter Behälter zur Kühlung. **eisblau,** grünlichblau. **Eisblink** *der, -(e)s/-e,* in den Polarmeeren der helle Widerschein des Polareises am Horizont. **Eisblume** *die,* gefrorener Wasserniederschlag an Glasscheiben. **Eisblumenglas** *das,* Glas mit eisblumenähnl. Mustern. **Eisbombe** *die,* halbkugelförmige Torte aus Speiseeis. **Eisbrecher** *der,* **1)** ein Schiff, das

Fahrrinnen durch das Eis bricht und offenhält. **2)** Schutzbau vor Brückenpfeilern. **Eisdiele** *die,* Verkaufsstelle für Speiseeis.

Eisen [ahd. isa(r)n] *das, -s/-,* **1)** *ohne Pl.,* ⚗ Element, Zeichen: Fe, ein Schwermetall; Sinnbild der Härte: *Not bricht E.; ein heißes E.,* Ü heikle Angelegenheit. **2)** Gerät aus Eisen, z. B. Waffen, Fesseln: *das Hufeisen,* ABB. H 26; *das Bügeleisen,* ABB. B 54; *das Waffeleisen,* ABB. K 50; *er starb durchs E.,* wurde mit dem Schwert getötet; *sie lagen in E.,* waren gefesselt; *er hat zwei E. im Feuer,* Ü verfolgt zwei Pläne gleichzeitig; *man muß das E. schmieden, solange es heiß ist,* Ü etwas erledigen, solange es vorteilhaft ist. **3)** ⚇ Falle aus Eisen. **4)** *ohne Pl.,* $ eisenhaltige Arznei: *er muß E. nehmen.* **5)** Golfschläger, ABB. G 32. **6)** *ein Ausgedientes: er gehört zum alten E.,* ist nicht mehr arbeitsfähig. **Eisenbahn** *die,* schienengebundenes Verkehrsmittel auf eigenem Bahnkörper, ABB. E 4: *Eisenbahnwagen,* ABB. E 5: *es ist höchste E.,* Ü höchste Zeit. **Eisenbahner** *der, -s/-,* Bediensteter bei der Eisenbahn. **Eisenbart(h),** *der E.,* Ü Arzt mit Vorliebe für gewaltsame Kuren. **Eisenblüte** *die, -,* das Mineral Aragonit. **Eisenerz** *das,* Mineralaggregat oder Gestein mit einem Eisengehalt, der eine wirtschaftl. Verhüttung ermöglicht. **Eisenglanz** *der, -es/-e,* Hämatit. **Eisenholzbaum** *der,* Name trop. und subtrop. Bäume mit hartem Holz: *Eisenholz.* **Eisenhut** *der,* **1)** mittelalterlicher Helm, ABB. H 14. **2)** ⊕ Hahnenfußgewächs mit helmähnl. Blüten. **Eisenkraut** *das,* Name mehrerer Pflanzen. **Eisenrindenbaum** *der,* in den Eukalyptus. **Eisenspat** *der,* Siderit, wichtiges Eisenerz. **eisenverarbeitend,** Eisen als Rohstoff benutzend. **Eisenwaren,** *Pl.,* Gegenstände aus Eisen. **Eisenzeit** *die, -,* vorgeschichtl. Zeitabschnitt. **eisern** [ahd. isirn], **1)** aus Eisen: *Eiserner Hut,* die Oxidation bei Erzlagerstätten; *die eiserne Lunge,* $ Vorrichtung für künstl.

Atmung. **2)** Ü unverrückbar fest, unnachgiebig, hart: *eiserner Wille; eiserne Gesundheit; mit eiserner Faust,* unerbittlicher Strenge; *mit eiserner Stirn,* unerschütterlicher Sicherheit; *aber e!,* U selbstverständlich; *die eiserne Hochzeit,* Fest des 65jährigen Ehejubiläums; *die eiserne Ration,* Ü nur im Notfall anzugreifender Verpflegungsvorrat; *der eiserne Vorhang,* Sicherheitsvorhang im Theater, Abb. B 55, aber: *der Eiserne Vorhang,* Ü Abschließung des sowjetischen Einflußbereiches gegen die übrige Welt; *das Eiserne Kreuz,* dt. Kriegsauszeichnung.

Eis|**essig** *der,* erstarrte Essigsäure. **eisfrei,** ohne Eis (Fluß, Straße). **Eisgang** *der, -(e)s,* Treibeis auf fließenden Gewässern. **eisgekühlt,** mit Eis gekühlt (Getränke). **Eishaken** *der,* Werkzeug für Bergsteiger, Abb. B 21. **Eisheiligen,** *Pl.,* Kälterückfälle bes. vom 12.–14. Mai. **Eishockey** [-ki] *das,* Hockey auf Schlittschuhen. **eisig, 1)** sehr kalt: *eisiger Wind; es ist e. kalt;* aber: *ein eisigkalter Tag.* **2)** Ü unnahbar, abweisend: *eisiges Schweigen.* **Eisjacht** *die,* Boot auf Kufen zum Eissegeln, Abb. E 3. **Eiskaffee** *der,* Kaffee mit Speiseeis. **eiskalt, 1)** sehr kalt: *ich habe eiskalte Füße.* **2)** Ü ohne Gefühl, nüchtern: *ein eiskalter Typ; die Wirkung war e. berechnet.* **Eiskeil** *der,* durch Frost gebildete keilförmige, meist mit Fremdmaterial gefüllte Spalte. **Eiskraut** *das,* die Mittagsblume. **Eislauf** *der, -(e)s,* das Laufen auf dem Eis mit Schlittschuhen, Abb. S 26: *Eiskunstlauf; Eisschnellauf.* **eislaufen,** *ich* laufe eis (lief eis, bin eisgelaufen), laufe Schlittschuh. **Eisläufer** *der,* **Eisläuferin** *die,* Schlittschuhläufer(in). **Eismaschine** *die,* Gerät zur Herstellung von Speiseeis. **Eismeer** *das,* die großenteils ständig von Eis bedeckten Meeresteile am Nord- und Südpol. **Eismonat, Eismond** *der,* ♉ Januar. **Eispickel** *der,* Werkzeug für Bergsteiger, Abb. B 21.

Eisprung *der,* ⚕ die Ovulation. **Eispunkt** *der, -(e)s,* Schmelzpunkt des Eises bei normalem Luftdruck. **Eisrevue** [-revy] *die,* von berufsmäßigen Eisläufern dargebotene Schau.

Eiß [mhd. eiz] *der, -es/-e, oberdt.:* Eitergeschwür.

Eissalat *der,* Krachsalat, starkrippige Form des Kopfsalats. **Eisschießen** *das, -s,* ein Wettspiel auf dem Eis. **Eisschrank** *der,* ♉ Kühlschrank mit Eis.

Eiße *die, -/-n,* der Eiß.

eissegeln, nur Infinitiv. **Eissegeln** *das, -s,* das Segeln mit der Eisjacht. **Eissprosse** *die,* 🦌 Geweihsprosse zwischen Augen- und Mittelsprosse. **Eistaucher** *der,* nördl. Wasservogel. **Eisvogel** [ahd. isarnovagal] *der, -s,* **1)** rackenartiger Vogel mit langem Schnabel. **2)** ein Tagschmetterling. **Eiswürfel** *der,* Eisstückchen zum Kühlen von Getränken. **Eiszapfen** *der,* aus Wassertropfen gefrorenes zapfenförmiges Eisstück. **Eiszeit** *die,* jeder Abschnitt der Erdgeschichte mit starker Zunahme außerpolarer Vereisung. **eiszeitlich.**

Eitel [zu eitel], männl. Vorname. **eitel** [ahd. ital ›eitel‹, ›leer‹], **1)** selbstgefällig, eingebildet. **2)** putzsüchtig. **3)** P nichtig, wertlos, leer: *eitles Geschwätz.* **4)** ⚕ rein, ganz: *e. Gold.* **Eitelkeit** *die, -/-en.*

Eiter [ahd. eit(t)ar] *der, -s,* ⚕ entzündl. Absonderung von Flüssigkeit infolge Infektion durch Eiterbakterien. **Eiterherd** *der,* eitrige Stelle. **eit(e)rig. eitern,** *es* eitert (hat geeitert). **Eit(e)rung** *die, -/-en.*

Eiweiß [mhd. eierklar] *das, -es/-e,* **1)** *Pl. selten,* bei Mengenangaben *-,* das Klare im Hühnerei, Abb. E 1. **2)** lebenswichtiger höhermolekularer Naturstoff der Organismen (vorwiegend aus Kohlen-, Wasser-, Sauer- und Stickstoff): *pflanzliches, tierisches E.; Eiweißpräparate; der Eiweißbedarf des Körpers;* eiweißhaltige Nahrung. **Eizelle** *die,* weibl. Keim- oder Geschlechtszelle.

Eizes [jidd. ezo ›Rat‹], *Pl.,* U Ratschläge.

Ejakulat [lat. eiaculare ›herauswerfen‹] *das, -(e)s/-e,* ausgespritzte Samenflüssigkeit. **Ejakulation** *die, -/-en,* Ausspritzen des Samens, z. B. beim Geschlechtsverkehr. **Ejektion** [lat. eiectio ›Vertreibung‹] *die, -/-en,* ⊕ der Auswurf von vulkan. Aschen u. a. **Ejektor** *der, -s/. . .t'oren,* **1)** ⊕ eine Dampfstrahlpumpe. **2)** Vorrichtung zum Auswerfen leerer Hülsen bei automat. und halbautomat. Schußwaffen. **ejizieren** [lat. eicere], *ich* ejiziere (habe ejiziert) *es,* werfe (hin)aus.

ek. . . [grch.], aus. . ., heraus. . .

Ekarté [-t'e:, frz. écarté ›gespreizt‹] *das, -s/-s,* französ. Kartenspiel.

EKD, Abk. für: Evangelische Kirche in Deutschland.

ekel, ekelig: *eine ekle Sache.* **Ekel, 1)** *der, -s,* Widerwille, Abscheu, meist begleitet von körperlichem Übelbefinden: *das erregt E. in mir.* **2)** *das, -s/-,* U widerlicher Mensch. **ekelhaft,**

ek(e)lig, 1) Ekel verursachend, widerwärtig. **2)** U unangenehm. **ekeln,** *ich* ek(e)le *mich* (habe mich geekelt), **1)** *vor ihm,* empfinde starken Widerwillen. **2)** *mir* oder *mich* ekelt, ich empfinde Abscheu: *der Geruch ekelt mich.*

Ekelname *der,* Ökelname.

EKG, Abk. für: Elektrokardiogramm.

Ekkehard [zu Eckehard], männl. Vorname.

Ek|**klesia** *die, -,* Ecclesia.

Eklat [ekl'a, frz. éclat] *der, -s/-s,* Aufsehen; Skandal. **ek**|**latant, 1)** aufsehenerregend. **2)** offenkundig.

Ek|**lektiker** [vgl. ek . . . und grch. legein ›wählen‹] *der, -s/-,* **1)** Vertreter des Eklektizismus. **2)** Ü jemand, der aus vielerlei Gebieten oder Stilen auswählt; unschöpferischer Künstler. **ek**|**lektisch. Ek**|**lektizismus** *der, -,* Philosophie: Richtung, die aus verschiedenen überlieferten philosoph. Lehren eine neue zusammenstellt.

eklig, ekelig.

Ek|**lipse** [grch. ekleipsis ›das Ausbleiben‹] *die, -/-n,* ☆ Sonnen- oder Mondfinsternis. **Ek**|**liptik** *die, -,* ☆ scheinbare Bahn, die die Sonne im Laufe eines Jahres beschreibt. **ek**|**liptisch.**

Ek|**loge** [grch. ›Auswahl‹] *die, -/-n,* Hirtengedicht. **Ek**|**logit** *der, -s/-e,* ⊕ metamorphes Gestein, vorwiegend aus rotem Granat und grünem Pyroxen bestehend.

Ekonomiser [i:k'ɔnəmaizə, engl. to economize ›sparsam wirtschaften‹] *der, -s/-,* ⊙ Vorwärmvorrichtung an Dampfkesseln.

Ekossaise [ekɔs'ɛ:z] *die,* Ecossaise.

Ekphorie [vgl. ek . . . und grch. pherein ›tragen‹] *die, -/. . .r'i|en,* ⚕ ein Erinnerungsvorgang. **ekphorisch.**

Ekrasit [frz. écraser ›zermalmen‹] *das, -s,* ein Sprengstoff.

ekrü, eingedeutscht für: ecru.

Ek|**stase** [grch. ekstasis] *die, -/-n,* Begeisterung, Verzückung: *in E.,* völlig hingerissen, außer sich. **ek**|**statisch.**

Ektasie [grch. ektasis ›Ausdehnung‹] *die, -/. . .s'i|en,* ⚕ Erweiterung eines Hohlorgans.

ekto. . . [grch. ektos], außen. . ., außerhalb. **Ektoderm** [grch. derma ›Haut‹] *das, -s/-e,* äußeres Keimblatt im Embryo der Tiere. **Ektomie** [grch. ektemnein ›herausschneiden‹] *die, -/. . .m'i|en,* ⚕ Herausschneiden, völlige Entfernung eines Organs. **Ektoparasit** *der,* ⊕ Schmarotzer auf der Körperoberfläche eines Wirtes. **Ektoplasma** *das,* äußerer Teil des Zellplasmas.

Ekzem [vgl. ek . . . und grch. zeein ›kochen‹] *das, -s/-e,* ⚕ ein meist chronisch-entzündl. Hautausschlag mit Juckreiz.

. . .el, an Substantiven für: **1)** Werkzeuge: *Hebel* zu *heben; Stößel* zu *stoßen.* **2)** Körperteile: *Flügel* zu *fliegen.* **3)** Personenbezeichnungen: *Büttel; Krüppel.* **4)** Diminutive, bes. *oberdt.: Tüchel* zu *Tuch; Büchel* zu *Buch.*

Elaborat [lat. elaborare ›ausarbeiten‹] *das, -(e)s/-e,* **1)** Ausarbeitung. **2)** Geschreibsel, Pfuschwerk. **elaborieren,** *ich* elaboriere (habe elaboriert) *es:* elaborierter Code, Ⓢ differenzierte sprachl. Ausdrucksfähigkeit.

Elan [auch el'ã, frz. élan] *der, -s,* Schwung, Begeisterung.

Elastik [grch. elastos ›dehnbar‹] *die, -s/-s* oder *der,* oder *die, -/-en,* elast. Gewebe oder Maschenware. **elastisch, 1)** dehnbar: *eine elastische Mullbinde.* **2)** federnd, geschmeidig: *elastischer Gang.* **3)** Ü nicht starr; anpassungsfähig: *wir müssen mit unseren Plänen e. bleiben.* **Elastizität** *die, -,* Eigenschaft fester Körper, nach einer Formänderung wieder in ihren ursprünglichen Zustand zurückzugehen.

Elastomere [vgl. Elastik und grch. meros ›Teil‹], *Pl.,* kautschukelastische Natur- oder Kunststoffe.

Elativ [lat. elatus ›erhaben‹] *der, -s/-e,* Ⓢ eine Steigerungsform des Adjektivs, oft formgleich mit dem Superlativ, aber ohne Vergleichung, z. B. tiefste Not; sehr tiefe Not; grundschlecht je schlecht.

Elch [ahd. el(a)ho] *der, -(e)s/-e,* größter Hirsch mit breitschaufligem Geweih: *Elchbulle; Elchkuh.* **Elchhund** *der,* skandinav. Hund aus der Gruppe der Spitze.

Eldorado [span.] *das, -s,* das Dorado.

Elefant [ahd. helphant, zu grch. elephas] *der, -en/-en,* größtes Landsäugetier, mit langem Rüssel: *er ist ein richtiger E.,* U ein plumper, ungeschickter Mensch. **Elefantenbaum** *der,* Leberwurstbaum, westafrikan. Baum mit wurstförmigen Früchten. **Elefantenfuß** *der,* Schildkrötenpflanze, südafrikan. Pflanze mit stärkeren Knollen (Hottentottenbrot). **Elefantengras** *das,* Gras mit langborstigen Ähren. **Elefantenkrankheit** *die,* Elephantiasis. **Elefantenlaus** *die,* **1)** eine Tierlaus. **2)** Cashewnuß, ölreicher Samen des

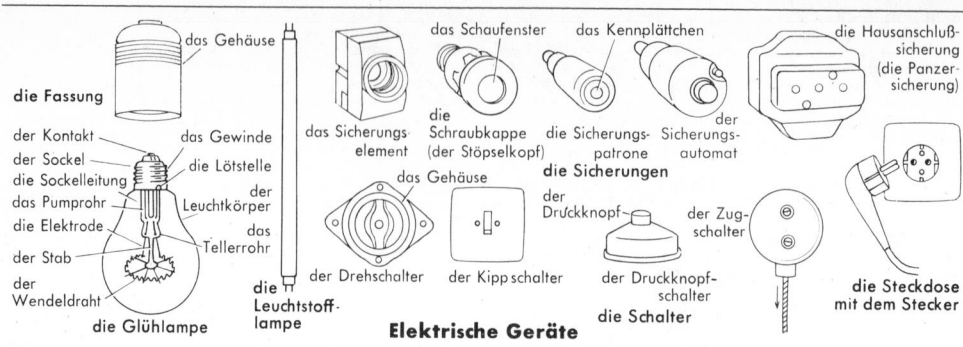

die Fassung

der Kontakt — das Gehäuse
das Gewinde
der Sockel — die Lötstelle
die Sockelleitung — der Leuchtkörper
das Pumprohr — das Tellerrohr
die Elektrode
der Stab
der Wendeldraht
die Glühlampe

die Leuchtstofflampe

das Schaufenster   das Kennplättchen   die Hausanschlußsicherung (die Panzersicherung)

das Sicherungselement   die Schraubkappe (der Stöpselkopf)   die Sicherungspatrone   der Sicherungsautomat

das Gehäuse   die Sicherungen

der Druckknopf

der Drehschalter   der Kippschalter   der Druckknopfschalter   der Zugschalter   die Steckdose mit dem Stecker

die Schalter

Elektrische Geräte

Acajou- oder Nierenbaumes. **3)** eiförmige Frucht des Ostind. Merkfruchtbaumes. **Elefantenohr** *das,* Name mehrerer Pflanzen. **Elefantenschildkröte** *die,* Riesen-Landschildkröte. **Elefantiasis** *die, -/. . .ti'asen,* ⚕ Elephantiasis.
elegant [frz., zu lat. eligere ›auswählen‹], **1)** geschmackvoll, modisch. **2)** gewählt, ausgesucht, fein, gewandt: *eine elegante Lösung.* **Elegant** [eləg'ã] *der, -s/-s,* Stutzer. **Eleganz** *die, -.*
Elegie [grch. elegeia] *die, -/. . .g'i|en,* Gedichtform in Distichen; Klagelied. **elegisch, 1)** in der Art einer Elegie. **2)** Ü schmerzlich, wehmutsvoll: *elegische Stimmung.*
Elektion [lat. eligere ›auswählen‹] *die, -/-en,* Wahl, Auswahl. **elektiv. Elektorat** *das, -(e)s/-e,* Kurfürstentum, Kurfürstenwürde.
Elektra [grch.], weibl. Vorname.
elektrifizieren, *ich elektrifiziere (habe elektrifiziert) es,* stelle auf elektrischen Betrieb um. **Elektrifizierung** *die, -/-en.* **Elektrik** *die, -,* Elektrotechnik. **Elektriker** *der, -s/-,* ein Handwerksberuf. **elektrisch,** *elektrischer Strom; ein e. geladener Zaun; der elektrische Stuhl,* Gerät zur Hinrichtung. **Elektrische** *die, -n/-n,* U ⚏ Straßenbahn. **elektrisieren,** *ich elektrisiere (habe elektrisiert),* **1)** erzeuge elektr. Ladungen. **2)** *es, ihn,* leite elektr. Strom durch, behandle mit elektr. Strom. **3)** *ihn,* Ü rüttle auf, begeistere: *er ist wie elektrisiert.* **4)** *mich,* bekomme einen elektr. Schlag. **Elektrizität** [grch. elektron ›Bernstein‹] *die, -,* ABB. E 6, I 3, ÜBERS. M 8, elektr. Ladung, elektr. Strom, elektr. Energie: *Elektrizitätswerk.*
Elektroauto *das,* ein Elektrofahrzeug. **Elektrochemie** *die,* die Lehre vom Zusammenhang chemischer und elektr. Erscheinungen. **Elektrode** *die, -/-n,* in elektr. Stromleitern die Übergangsstellen von metall. Leitern auf Leitung durch Ionen oder freie Elektroden. **Elektrodynamik** *die,* die Lehre von den zeitlich veränderlichen elektromagnet. Feldern. **Elektroenzephalogramm** [grch. enkephalos ›Gehirn‹ und vgl. . . .gramm] *das, -s/-e,* Abk.: EEG, Aufzeichnung elektr. Hirnströme. **Elektrofahrzeug** *das,* durch Elektromotor angetriebenes Kraftfahrzeug. **Elektrogerät** *das.* **Elektroherd** *der,* ABB. K 50. **Elektrokardiogramm** *das, -s/-e,* Abk.: EKG, Aufzeichnung der Aktionsströme des Herzens. **Elektroklimatologie** *die,* die Wissenschaft von den elektr. Erscheinungen und Vorgängen in der Atmosphäre, auch in umbauten Räumen. **Elektrolyse** [grch. lysis ›Auflösung‹] *die, -/-n,* chem. Zersetzung von chemischen Lösungen durch elektr. Strom. **Elektrolyt** *der, -s* oder *-en/-e(n),* Stoff, der bei der Auflösung das Wasser leitend macht. **Elektromagnet** *der,* stromdurchflossene Spule mit Eisenkern. **Elektrometer** *das, -s/-,* Gerät zum Nachweis elektr. Ladungen oder zum Messen von Spannungen. **Elektromotor** *der,* Maschine zur Umwandlung von elektr. Arbeit in mechan. Arbeit.
Elektron [grch. ›Bernstein‹, zu elektor ›strahlend‹] *das, -s/. . .tr'onen,* **1)** negativ geladenes leichtes Elementarteilchen. **2)** Handelsbez. für Magnesiumlegierungen. **Elektronenaustauscher,** *Pl.,* Stoffe, die leicht Elektronen abgeben und wieder aufnehmen. **Elektronenblitzgerät** *das,* ein elektron. Blitzlicht, ABB. P 12. **Elektronengehirn** *das,* U elektron. Rechenanlage. **Elektronengerät** *das,* elektr. Gerät, in dem Elektronen als Stromträger, als Schaltelemente zur Aufzeichnung eines Vorgangs, zur Erzeugung eines Bildes benutzt werden. **Elektronenröhre** *die,* ein evakuiertes Gefäß mit Elektroden (Kathode, Anode) zum Aussenden und Auffangen von Elektronen (Elektronenstrahlen), ABB. R 25. **Elektronenschleuder** *die,* Gerät zur Beschleunigung von Elektronen auf hohe Energien. **Elektronenstrahlen,** *Pl.,* in gleicher Richtung bewegte Elektronen. **Elektronensynchrotron** *das,* ein Beschleuniger für Elektronen. **Elektronenvolt** *das,* Zeichen: eV, Einheit der Atom- und Kernphysik für Energie. **Elektronik** *die, -,* Schaltungstechnik mit Elektronengeräten. **elektronisch,** *elektronische Kamera; elektronische Musik; elektronische Datenverarbeitung,* Abk.: EDV. **Elektrophor** *der, -s/-e,* Gerät zur Aufladung eines elektr. Leiters durch Influenz. **Elektrophorese** [grch. pherein ›tragen‹] *die, -,* ein Verfahren zur Trennung hochmolekularer Stoffe. **Elektrorasierer** *der,* elektrisch betriebener Rasierapparat. **Elektroschock** *der,* ⚕ eine Form der Elektrotherapie. **Elektrostatik** *die,* die Lehre von der ruhenden Elektrizität. **Elektrotechnik** *die, -,* Technik von elektr. und magnet. Grundvorgänge der Physik. **Elektrotechniker** *der,* Sammelbez. für selbständige und unselbständige Berufe der Elektrotechnik. **Elektrotherapie** *die,* ⚕ Anwendung elektr. Ströme zu Heilzwecken. **Elektrotomie** [grch. tome ›Schnitt‹] *die, -/. . .m'i|en,* ⚕ das Schneiden mit elektr. Messer.
Element [lat. elementum] *das, -(e)s/-e,* **1)** ⚗ Grundstoff: chemische Elemente; das periodische System der Elemente. **2)** ⚡ Stromquelle, die auf der Umsetzung chemischer in elektrische Energie beruht: *galvanisches E.* **3)** Urstoff: *die vier Elemente,* Feuer, Wasser, Luft und Erde; *das Toben der Elemente,* der Naturgewalten; *er ist in seinem E.,* Ü in der für ihn passenden Umgebung. **4)** *nur Pl.,* Grundbegriff: *die Elemente einer Wissenschaft.* **5)** Bestandteil; Einzelteil, z. B. von Möbeln: *die Oper enthält Elemente der Volksmusik.* **6)** *nur Pl.,* Ü abwertend: Menschen: *lichtscheue, kriminelle Elemente.* **7)** △ Bez. für grundlegende Begriffe und Sätze; Bestandteile einer Menge. **elementar, 1)** grundlegend, wichtig: *von elementarer Bedeutung; elementare Bedürfnisse; elementarsten Pflichten.* **2)** einfach, Anfangs . . : *ihm fehlen die elementarsten Voraussetzungen.* **3)** urwüchsig, ungehemmt, wie in Naturereignis: *mit elementarer Gewalt.* **Elementarladung** *die,* die kleinste elektr. Ladung. **Elementarlänge** *die,* eine Naturkonstante von 10^{-13} cm. **Elementarschule** *die,* ⚏ Grundschule. **Elementarteilchen** *das,* kleinster Baustein der Materie. **Elementarzeit** *die, -,* die Zeit, die das Licht braucht, um die Elementarlänge zu durchlaufen.
Elemi [arab.-span.] *das, -s,* ein trop. Baumharz.
Elen [altlitauisch ellenis ›Hirsch‹] *das,* der *-s/-,* Elch.
Elenantilope *die,* eine Waldantilope.
elend [ahd. elilenti ›vertrieben,‹ ›unglücklich‹], **1)** unglücklich, beklagenswert: *er ging e. zugrunde.* **2)** verächtlich, gemein: *ein elender Lügner.* **3)** ärmlich: *eine elende Hütte.* **4)** nicht wohl, krank: *sie sieht elend e. aus.* **5)** U unangenehm: *er wurde e. verhauen; ich habe elende Zahnschmerzen.* **6)** *schweiz. auch:* krüppelhaft, idiotisch. **Elend** *das, -s,* **1)** Not, Bedrängnis, Unglück: *es ist ein E.!; das heulende E.,* U. **2)** Elenddistel, mehrere Arten der Mannstreu. **elendig, elendiglich.**
Elenshorn *das,* der Hirschgeweihfarn.
Eleonora, Eleonore [Bedeutung unsicher], weibl. Vornamen.

Elephantiasis [grch.] *die, -/. . .ti'asen,* auch Elefantiasis, ⚕ Verdickung der Haut und Unterhaut, bes. infolge Lymphstauung.

Elevation [lat. elevatio] *die, -/-en,* **1)** Erhöhung, das Emporheben. **2)** kath. Liturgie: das Emporheben von Hostie und Kelch während der Messe. **3)** ✶ Hebung, Höhe. **Elevator** *der, -s/. . .t'oren,* ⚙ Becherwerk.

Eleve [frz.] *der, -n/-n,* **Elevin** *die, -/-nen,* Schüler, Schülerin (im Ballett, Schauspiel); Praktikant (in Land- und Forstwirtschaft); Zögling.

elf (11) [adj. einlif], ÜBERS. Z 1; vgl. acht. **Elf** *die, -/-en,* **1)** die Zahl 11; vgl. Acht. **2)** ✗ aus elf Spielern bestehende Mannschaft.

Elf [mhd. alb, zu altengl. ælf] *der, -en/-en,* **Elfe** *die, -/-n,* Geisterwesen in Märchen und Sagen.

Elfenbein [ahd. helfantpein] *das, -s/-e, Pl. selten,* aus Zahnbein bestehende Stoßzähne von Elefant und Mammut: *Elfenbeinschnitzerei.* **elfenbeinern.** **Elfenbeinnuß** *die,* Same der Elfenbeinpalme, pflanzl. Elfenbein. **Elfenbeinpalme** *die,* mittel- und südamerikan. Palme. **Elfenbeinturm** *der, -(e)s,* Symbol hochmütiger Absonderung von der Welt.

elfenhaft [zu Elf, Elfe], zart wie Elfen. **Elfenschuh** *der,* ⚘ die Akelei.

Elfer [zu elf] *der, -s/-,* Ц Elfmeter. **Elferrat** *der,* elf Personen, die Fastnachtsveranstaltungen vorbereiten und leiten.

elfisch [zu Elf, Elfe], elfenhaft.

Elfmeter *der,* ein Strafstoß beim Fußball.

Elfriede [ahd. alp ›Elf‹ und fridu ›Schutz‹], weibl. Vorname.

Elias [hebr. ›mein Gott ist Jahwe‹], männl. Vorname.

elidieren [lat. elidere ›heraustreiben‹], *ich elidiere* (habe elidiert) *es,* **1)** tilge, lasse aus. **2)** Ⓢ nehme eine Elision vor.

Elimination [frz. éliminer, zu lat. eliminare ›entfernen‹] *die, -/-en,* Beseitigung, Ausschaltung. **eliminieren,** *ich eliminiere* (habe eliminiert) *es.*

Elisabeth, Elise [hebr. ›Gott ist mein Eid‹ oder ›mein Gott ist die Vollkommenheit‹], weibl. Vornamen.

Elision [lat. elisio ›Ausstoßung‹] *die, -/-en,* Ⓢ Verlust eines unbetonten Vokals, z. B. hab' ich.

elitär, *eine elitäre Minderheit.* **Elite** [frz.] *die, -/-n,* Auslese, ausgewählte Minderheit, Führungsschicht: *Elitetruppe; schauspielerische E.*

Elixier [arab. al-iksir ›Stein der Weisen‹, von grch. xerion ›das Trockene‹] *das, -s/-e,* ⚕ **1)** Auszug aus mehreren Pflanzendrogen. **2)** Zaubertrank: *Lebenselixier.*

Elk [engl. ›Elch‹] *der, -s/-s,* nordamerikan. Name für Wapiti.

Elke [fries. Kurzform zu Adelheid], weibl. Vorname.

. . . ell [frz.], Ableitungssilbe für Adjektive: . . .lich, (etwas) beachtend, betreffend: *formell; kulturell.*

Ella [zu Elisabeth], weibl. Vorname.

Ellbogen *der,* Ellenbogen.

Elle [ahd. elina] *die, -/-n,* **1)** ⚕ einer der beiden Unterarmknochen, ABB. M 12. **2)** altes Längenmaß, ABB. M 7: *er will alles mit der gleichen E. messen,* Ц unterschiedslos behandeln.

Ellen [engl. Kurzform zu Eleonore und Helene], weibl. Vorname.

Ell(en)bogen [mhd. ellenboge] *der, -s/-,* Knochenfortsatz am oberen Ende der Elle, ABB. M 12: *ein Mensch mit E.,* Ц jemand der sich rücksichtslos durchsetzt. **Ell(en)bogenfreiheit** *die,* Ц Bewegungsfreiheit.

ellenlang [zu Elle], Ц sehr lang.

Eller [mnd. elne, zu ahd. erila] *die, -/-n, niederdt.:* Erle.

Ellhorn *der, -(e)s/-e, niederdt.:* Holunder.

Elli [zu Elisabeth], weibl. Vorname.

Ellipse [grch. elleipein ›ermangeln‹] *die, -/-n,* **1)** △ ein Kegelschnitt, ABB. K 14, K 55. **2)** Ⓢ unvollständiger, aber verständlicher Satz: *(ich) komme gleich.* **Ellipsoid** *das, -(e)s/-e,* △ ein Körper mit drei aufeinander senkrecht stehenden Achsen; ebene Schnitte durch ihn sind Ellipsen, ABB. K 38. **elliptisch.**

Elmira [span.-arab. ›Fürstin‹], weibl. Vorname.

Elmsfeuer *das,* sichtbare Entladung der Erdelektrizität, häufig auf Schiffsmasten.

Eloah [hebr.] *der, -(s)/Eloh'im,* B Gott.

Eloge [el'o:ʒ(ə), frz.] *die, -/-n,* Lob, Lobrede.

Elongation [vgl. ex und lat. longus ›lang‹] *die, -/-en,* **1)** Physik: bei einem schwingenden Körper die Entfernung aus seiner Ruhelage. **2)** ✶ Winkelabstand eines Planeten von der Sonne oder eines Satelliten von seinem Planeten.

eloquent [lat. eloquens], beredsam. **Eloquenz** *die, -.*

Elritze [ostmitteldt., zu ahd. erling] *die, -/-n,* ein kleiner Karpfenfisch.

Elsa [zu Elisabeth], weibl. Vorname.

Elsbeere *die,* eine Eberesche.

Elsbeth, Else [zu Elisabeth], weibl. Vornamen.

Elster [ahd. agalstra] *die, -/-n,* ein Rabenvogel; Sinnbild für diebische Veranlagung und Schwatzhaftigkeit. **Elsterchen** *das, -s/-,* ein Prachtfink.

Elter *der* oder *das, -s,* Biologie, Statistik: ein Elternteil. **elterlich,** *elterliche Gewalt.* **Eltern** [ahd. eltiron], *Pl.,* Vater und Mutter, ABB. A 7, ÜBERS. F 6: *Elternbildung, Elterntraining* zur Bewältigung erzieherischer Probleme; *Elternhaus; Adoptiveltern; die Ohrfeige war nicht von schlechten E.,* Ц kräftig. **Elternabend** *der,* beratende Zusammenkunft von Eltern und Lehrern. **Elternaktiv** *das,* Dt. Dem. Rep.: Arbeitsgruppe aus Eltern von Schülern einer Klasse, die sich mit Schul- und Erziehungsproblemen beschäftigt. **Elternbeirat** *der,* Zusammenschluß von Eltern zur Vertretung gemeinsamer Interessen. **Elterninitiative** *die,* Zusammenschluß von Eltern zur Vertretung gemeinsamer Interessen. **elternlos,** verwaist. **Elternschaft** *die, -,* alle Eltern (der Schüler einer Anstalt). **Elternvertretung** *die,* gewählte Abordnung von Eltern, die über Erziehung und Unterricht an der Schule ihrer Kinder beraten.

Elvira [span.], weibl. Vorname.

elysäisch, elysisch.

elysieren [Kurzw. zu Elektrolyse], *ich elysiere* (habe elysiert) *es,* trage (schleife) Metalle durch Elektrolyse ab.

elysisch. Elysium [grch. Elysion pedion] *das, -s,* Land der Seligen, Paradies.

Ely|tron [grch. ›Hülle‹], *das, -s/El 'ytren,* Deckflügel der Insekten.

. . .em [grch.], Ableitungssilbe für sächl. Substantive: *das Ödem; das Ekzem; das Phonem; das Morphem.*

em., Abk. für: emeritiert.

Em, ☉ Zeichen für: Radium-Emanation.

Email [em'a:j, frz. verwandt mit Schmelzen‹] *das, -s/-s,* **Emaille** [em'aljə, auch em'a:j, frz.] *die, -/-n,* auf Metall aufgeschmolzener glasartiger Überzug: *Emailletopf.* **emaillieren** [emaj'i:-], *ich emailliere* (habe emailliert) *es.*

Emanation [lat. emanare ›herausfließen‹] *die, -/-en,* **1)** Ausstrahlung. **2)** Philosophie: Hervorgehen aus einem einheitl. Urgrund. **3)** ☉ ⚛ Radon. **emanieren,** *es* emaniert (ist emaniert).

Emanuel [zu Immanuel], männl. Vorname.

Emanze *die, -/-n,* Ц abwertend: emanzipierte Frau, Feministin. **Emanzipation** [lat. emancipare ›einen Sohn aus der väterl. Gewalt entlassen‹] *die, -/-en,* Befreiung aus einem Abhängigkeitsverhältnis; rechtliche und gesellschaftliche Gleichstellung von Frau und Mann: *Emanzipationsbewegung.* **emanzipatorisch,** *emanzipatorische Bestrebungen.* **emanzipieren,** *ich emanzipiere* (habe emanzipiert) *ihn, mich.* **emanzipiert,** **1)** selbständig, unabhängig: *eine emanzipierte Frau.* **2)** Ц betont vorurteilsfrei.

Emballage [ãbal'a:ʒ(ə), frz.] *die, -/-n,* Verpackung.

Embargo [span. embargar ›anhalten‹] *das, -s/-s,* **1)** Zurückhalten fremder Schiffe nebst Ladung. **2)** Ausfuhrverbot: *Waffenembargo.*

Emblem [auch äbl'e:m, frz., grch. emblema ›eingelegte Arbeit‹] *das, -s/-e,* Sinnbild, Kennzeichen. **em|blematisch,** sinnbildlich.

Embolie [grch. embole ›das Hineinwerfen‹] *die, -/. . .l'i|en,* ⚕ Verstopfung eines Blutgefäßes durch einen vom Blutstrom verschleppten Körper (z. B. Blutpfropf oder Luft).

Embonpoint [ãbõpw'ɛ̃, frz. en bon point ›am richtigen Punkt‹] *das* oder *der, -s,* ⚛ Beleibtheit.

Em|bryo [grch. ›Brut‹], *der, -s/. . .bry'onen* oder *-s,* **1)** Entwicklungsstadium bei Mensch und Tier vom befruchteten Ei bis zur Geburt oder bis zum Schlüpfen; i. e. S. die menschl. Frucht vom befruchteten Ei bis zum Ende des dritten Schwangerschaftsmonats. **2)** ⚘ unentwickelte Pflanze in nicht gekeimten Samen. **em|bryonal. Em|bryopathie** [vgl. patho . . .] *die, -/. . .th'i|en,* Fruchtschädigung während des embryonalen Stadiums: *Alkoholembryopathie.* **Em|bryosack** *der,* innerer Teil der Samenanlage.

Emd *das, -(e)s, schweiz.:* Grummet. **emden,** *ich* emde (habe geemdet), *schweiz.:* schlage Grummet.

Emendation [lat. emendatio] *die, -/-en,* ⚛ Verbesserung, bes. eines Textes. **emendieren,** *ich* emendiere (habe emendiert) *es.*

Emeręntia, Emeręnz [lat. ›die Verdienstreiche‹], weibl. Vornamen.

Emergęnz [lat. emergere ›auftauchen‹] *die, -/-en,* ⊕ pflanzl. Gebilde, z. B. Stachel der Rose.

Emerịt [lat. emeritus ›ausgedient‹] *der, -en/-en,* Emeritus. **emeritịeren,** *ich* emeritiere (habe emeritiert) *ihn,* versetze in den Ruhestand. **emeritịert,** Abk.: em., im Ruhestand. **Emeritịerung** *die, -/-en.* **Emęritus** *der, -/. . .ti,* jemand, der emeritiert ist, bes. Geistlicher oder Hochschullehrer.

emęrs [lat. emersus ›aufgetaucht‹], über die Wasseroberfläche herausragend, z. B. Teile von Wasserpflanzen.

Emętikum [grch. emein ›ausspeien‹] *das, -s/. . .ka,* ₷ Brechmittel. **emętisch.**

Emi|grạnt [lat. emigrare ›auswandern‹] *der, -en/-en,* Flüchtling, Auswanderer: *Emigrantenschicksal.* **Emi|gratịon** *die, -/-en,* 1) Auswanderung, bes. aus politischen oder religiösen Gründen. 2) ohne Pl., Land, wohin jemand emigriert ist: *er starb in der E.* **emi|grịeren,** *ich* emigriere (bin emigriert) es.

Emil [frz., vom lat. Geschlechternamen Aemilius abgeleitet], männl. Vorname. **Emịlia, Emịlie** [-iə], weibl. Vornamen.

eminẹnt [lat. eminere ›hervorragen‹], hervorragend, außerordentlich: *ein Problem von eminenter Bedeutung; sie ist e.* tüchtig. **Eminẹnz** *die, -/-en,* Titel, auch Anrede der Kardinäle: *graue E.,* Ü einflußreiche, jedoch nach außen nicht in Erscheinung tretende Persönlichkeit.

Emịr [auch em'ir, arab. amir ›Befehlshaber‹] *der, -s/-e,* Titel arabischer Stammesführer und Fürsten. **Emirạt** *das, -(e)/-e,* Rang und Herrschaftsgebiet eines Emirs.

Emissär [frz., zu lat. emissarius] *der, -s/-e,* Abgesandter, Geheimbote. **Emissịon** *die, -/-en,* 1) Ausgabe, z. B. von Wertpapieren, Briefmarken. 2) Physik: Aussendung von Teilchen oder elektromagnet. Strahlung. 3) Ausstoßung von luftverunreinigenden Stoffen. 4) *schweiz. auch:* Rundfunksendung. **Emittẹnt** *der, -en/-en,* Herausgeber von Wertpapieren. **Emịtter** *der, -s/-,* Emissionselektrode eines Transistors. **emittịeren** [lat. emittere ›aussenden‹], *ich* emittiere (habe emittiert) es.

Emma [Kurzform zu Ermgard, Irmgard], weibl. Vorname. **Emmentaler** [nach der schweizer. Landschaft im Kanton Bern] *der, -s/-,* eine Käsesorte.

Emmer [zu ahd. amari] *der, -s,* eine Weizenart.

Emmerich [zu Amalrich], männl. Vorname.

ẹ-Moll *das, -,* Zeichen: e, ♪ eine Tonart.

Emotịon [lat. emovere ›herausbewegen‹] *die, -/-en,* Gemütsbewegung, Gefühlserregung. **emotịonal, emotionell. emotịonalisịeren,** *ich* emotionalisiere (habe emotionalisiert) *ihn, es,* errege, versehe mit Emotionen: *die Diskussion emotionalisierte sich zunehmend.* **emotịonẹll,** gefühlsmäßig, gefühlsbetont.

Empathịe [vgl. en . . . und pathos ›Leiden‹, ›Gefühl‹] *die, -,* Einfühlung.

empfahl, von empfehlen.

empfand, von empfinden.

Empfang [ahd. antfanc] *der, -(e)s/-ᵉe,* 1) Aufnahme, Begrüßung: *sie bereiteten ihm einen festlichen E.* 2) Annahme, Erhalt (Waren): *Empfangsbescheinigung; empfangsberechtigt; ich bestätige den E. des Paketes; ich habe die Sendung in E. genommen.* 3) ⦨ das Empfangen von Rundfunk- und Fernsehsendungen: *wegen des Gewitters haben wir heute schlechten E.* 4) Unterredung oder Einladung (bei einer Persönlichkeit): *Presseempfang.* **empfangen,** *ich* empfange (empfing; habe empfangen; du empfängst, er empfängt), 1) *ihn,* nehme seinen Besuch entgegen, begrüße: *er wurde freundlich empfangen.* 2) *es,* nehme an, erhalte. 3) *es,* ⦨ übernehme auf mein Funk-, Rundfunk- oder Fernsehgerät: *Empfangsantenne.* 4) *es,* nehme auf (Eindrücke). 5) *eine Frau empfängt,* P wird schwanger. **Empfänger** *der, -s/-,* 1) jemand, der etwas entgegennimmt: *Befehlsempfänger.* 2) ⦨ Gerät zur Aufnahme und Wiedergabe von Funksendungen: *Rundfunkempfänger,* ABB. R 30. **empfänglich,** aufnahmebereit, zugänglich: *sie ist e. für Schmeicheleien.* **Empfänglichkeit** *die, -.* **Empfängnis** *die, -/-se,* Befruchtung der Eizelle durch eine Samenzelle: *die Unbefleckte E.,* kath. Glaubenssatz, daß die Mutter Jesu im Augenblick ihrer eigenen Empfängnis frei von Erbsünde war. **empfängnisverhütend,** die Empfängnis verhindernd: *empfängnisverhütende Mittel;* aber: *die Empfängnis verhütende Mittel.* **Empfängnisverhütung** *die.* **empfangsberechtigt,** zum Empfang berechtigt. **Empfangschef** *der,* **Empfangsdame** *die,* Angestellte(r) zur Begrüßung der Kunden oder Gäste.

empfęhlen [mhd. enphelhen ›anvertrauen‹], *ich* empfehle (empfahl, habe empfohlen; du empfiehlst, er empfiehlt; wenn er empföhle, empfähle; empfiehl!), 1) *es ihm,* P vertraue an: *sie empfahl ihn der Güte Gottes.* 2) *ihn, es (ihm),* erkläre für vorteilhaft, rate dazu: *sie wurde uns als sehr tüchtig empfohlen; dieses Buch kann ich wärmstens empfehlen; Fisch ist heute nicht zu empfehlen; empfehlen Sie mich Ihrer Gattin,* grüßen Sie sie. 3) *mich,* P verabschiede mich: *er empfahl sich mit einer knappen Verbeugung; ich habe mich bald empfohlen,* Ü bin weggegangen. 4) *es empfiehlt sich,* ist zweckmäßig. **empfęhlenswert,** ratsam, günstig. **Empfęhlung** *die, -/-en.*

empfịnden [ahd. intfindan], *ich* empfinde (empfand, habe empfunden) *es,* spüre, fühle, bewege im Gemüt (Kälte) oder nehme mit den Sinnen wahr (Kälte): *ich e. Freude an einem Kunstwerk, Furcht vor einer Gefahr, Reue über eine Tat.* **Empfịnden** *das, -s:* nach meinem E. **empfịndlich,** 1) leicht verletzbar, überzart, empfänglich für Einwirkungen, Reize. 2) Ü schmerzhaft (Strafe, Verlust). **Empfịndlichkeit** *die, -/-en.* **empfịndsam,** feinfühlig; gefühlsbetont, sentimental. **Empfịndsamkeit** *die, -/-en.* **Empfịndung** *die, -/-en,* Sinneswahrnehmung, Gefühl, Eindruck, (innere) Erregung. **empfịndungslos,** gefühllos. **Empfịndungslosigkeit** *die, -.* **Empfịndungswort** *das,* Interjektion, ÜBERS. G 34.

empfịng, von empfangen.

Emphạse [grch. emphasis] *die, -/-n,* Pl. *selten,* Nachdruck, Eindringlichkeit. **emphạtisch,** *emphatische Redeweise.*

Emphysẹm [grch. emphysema ›das Eingeblasene‹] *das, -s/-e,* ₷ krankhafte Ansammlung von Luft im Gewebe.

Empịre *das, -(s),* 1) [ãp'i:r, frz.], Kaiserreich unter Napoleon I. und Napoleon III.; Stil dieser Zeit, etwa 1800–30, ABB. S 68. 2) ['empaiᵊ, engl.], das Britische Reich und Commonwealth.

Empịrem *das, -s/-e,* Erfahrungstatsache. **Empịrie** [grch. empeiria] *die, -,* (Sinnes-)Erfahrung. **Empịriker** *der, -s/-,* jemand, der der Erfahrung bes. große Bedeutung beimißt. **empịrisch. Empịrismus** *der, -,* Lehre, die alle Erkenntnis aus der (Sinnes-)Erfahrung ableitet. **Empịrist** *der, -en/-en,* Anhänger des Empirismus. **empịristisch.**

empọr [ahd. in bore ›in der Höhe‹], aufwärts, nach oben: *e. in den Weltraum.* **empọr . . . ,** in Verbindung mit Verben trennbar zusammengesetzt: *sich emporarbeiten; emporflattern; emporschauen; emporschallen;* vgl. emporkommen. **Empọre** *die, -/-n,* Galerie in Kirchen und Sälen.

empọren [mhd. enbᴐᵊren], *ich* empöre (habe empört) *mich,* 1) *(über etwas),* errege mich sehr, entrüste mich: *darüber habe ich mich sehr empört; das essen empörenden Zwischenfällen . . . ; eine empörte Menschenmenge zog vor das Rathaus.* 2) *gegen jemanden, etwas,* lehne mich auf, widersetze mich: *das Volk empörte sich gegen seine Unterdrücker.* 3) *es empört mich,* versetzt mich in Erregung, Entrüstung. **empọrend,** abscheulich: *das ist e.!* **Empọrer** *der, -s/-.*

Empọrium [grch. emporion] *das, -s/. . .ri|en,* ⚖ Handelsplatz, Markt.

empọrkommen, *ich* komme empor (kam empor, bin emporgekommen), 1) Ü erreiche eine höhere soziale Stellung, gewinne Ansehen. 2) *es kommt empor,* kommt in die Höhe, an die Oberfläche; Ü entsteht. **Empọrkömmling** *der, -s/-e,* jemand, der aus kleinen Verhältnissen rasch zu Einfluß und Wohlstand gelangt ist. **Empọrung** *die, -/-en,* 1) ohne Pl., Entrüstung. 2) Aufruhr, Aufstand.

Empyẹm [vgl. en . . . und grch. pyon ›Eiter‹] *das, -s/-e,* ₷ eitriger Erguß in einer Körperhöhle.

ẹmsig [ahd. emizzig], fleißig, unermüdlich. **Ẹmsigkeit** *die, -.*

Ẹmu [portug.] *der, -s/-s,* ein straußenartiger Vogel.

emulgịeren [lat. emulgere ›ausmelken‹], *ich* emulgiere (habe emulgiert) *es,* stelle eine Emulsion her. **Emulsịn** *das, -s,* ein Enzymgemisch. **Emulsịon** *die, -/-en,* 1) Dispersion einer Flüssigkeit in einer anderen, mit ihr nicht mischbaren. 2) Photographie: die lichtempfindl. Schicht auf Glasplatten und Filmen.

Ẹ-Musik, Ü Abk. für: ernste Musik.

en . . . [grch.], in, an, ein, auf.

Enakịter, Ẹnakskinder, Ẹnakssöhne [hebr. ›Anakim‹], Pl., Volk von Riesen.

En|anthẹm [vgl. en . . . und grch. anthein ›blühen‹] *das, -s/-e,* ₷ Ausschlag auf Schleimhäuten.

en avant [ãnav'ã, frz.], vorwärts.

en bloc [ãbl'ᴐk, frz.], im ganzen.

Enchiridion [vgl. en . . . und grch. cheir ›Hand‹] *das, -s/. . .di|en,* Handbuch, Lehrbuch.

encouragieren [ăkuraʒ-, frz. encourager], *ich encouragiere (habe encouragiert) ihn, ⚥ ermutige.*
. . .**end,** Endung des Partizip Präsens, ÜBERS. V 2.

Ende [ahd. enti] *das, -s/-n,* **1)** *ohne Pl.,* Schluß, Aufhören, Ort oder Zeit, von der aus etwas nicht mehr weitergeht; Ü Tod: *ich bin am E.,* völlig erschöpft; *er ist mit seiner Kunst am E.,* ratlos; *es geht zu E. mit ihm,* Ü er stirbt; *gegen E.,* kurz vor Schluß; *es nimmt, hat kein E.; letzten Endes,* schließlich; *das dicke E. kommt noch,* Ü Unangenehmes steht noch bevor; *E. gut, alles gut,* ein gutes Ergebnis läßt die Anstrengungen vergessen, mit denen es erreicht wurde. **2)** Spitze, letztes Stück: *das E. des Bleistifts; an allen Ecken und Enden,* überall. **3)** Ü kleines Stück: *ein E. Weg.* **4)** ✺ Tau. **5)** Weberei: Salband, Kante. **6)** ✹ Geweihsproßspitze. **endeln,** *ich end(e)le (habe geendelt) es,* fasse bei Wirkwaren die Ränder ein.

Endemie [grch. endemos ›einheimisch‹] *die, -/. . .m'i|en,* örtlich begrenztes, wiederholtes Auftreten einer bestimmten Krankheit. **endemisch,** einheimisch; im Vorkommen auf verhältnismäßig engbegrenzte Gebiete beschränkt. **Endemismus** *der, -,* Beschränkung einer Tier- oder Pflanzenart auf ein Verbreitungsgebiet. **Endemit** *der, -en/-en,* auf ein Verbreitungsgebiet beschränkte Tier- oder Pflanzenart.

enden [ahd. enton], *ich ende (habe geendet),* **1)** ⚥ beende, schließe. **2)** *es endet,* geht aus, hört auf: *das Spiel endete unentschieden; wie soll das enden?; das Wort ›Klang‹ endet auf ›g‹.*

en détail [ădet'aj, frz.], im einzelnen, im Einzelhandel.

endgültig [zu gelten], unumstößlich. **Endgültigkeit** *die, -.* **endigen** [mhd. enden], *ich endige (habe geendigt).* **1)** *ende.* **2)** *es, ⚥ beende.*

Endivie [-ə, ital. endivia, zu grch. entybon] *die, -/. . .vi|en,* eine Salatpflanze.

Endkampf *der,* ein Entscheidungskampf. **endlich** [mhd. endelich], **1)** begrenzt in Raum oder Zeit; vergänglich. **2)** nach langer Verzögerung: *e. kommt ihr!* **Endlager** *das,* endgültiges Lager für (meist radioaktive) giftige Stoffe. **Endlichkeit** *die, -.* **endlos,** **1)** ohne Ende; unendlich. **2)** ⊚ in sich geschlossen, z. B. Treibriemen, Paternosterkette, ABB. A 23. **Endlosigkeit** *die, -.* **Endmaß** *das,* Stahlklötzchen zur genauen Längenmessung.

endo . . . [grch. endon], innen, innerhalb. **Endobiose** [grch. bios ›Leben‹] *die, -/-n,* symbiot. oder parasit. Aufenthalt eines Lebewesens im Innern des Wirtsorganismus. **Endodermis** [grch. derma ›Haut‹] *die, -/. . .men,* zellulare Schutzschicht der Gefäßbündel bei Pflanzen. **Endogamie** [vgl. . . . .gam] *die, -/. . .m'i|en,* Heirat nur innerhalb einer bestimmten Gruppe eines Stammes oder Volkes. **endogen** [vgl. . . . .gen], **1)** durch innere, z. B. genet. Ursachen bedingt. **2)** ⊕ durch Kräfte des Erdinnern erzeugt. **Endokard** [grch. kardia ›Herz‹] *das, -s/-e,* ♥ Herzinnenhaut. **Endokarditis** *die, -/. . .dit'iden,* ♥ die Entzündung der Herzinnenhaut. **Endokarp** [grch. karpos ›Frucht‹] *das, -s/-e,* innerste Schale der pflanzl. Frucht. **endo|krin** [grch. krinein ›scheiden‹], mit innerer Sekretion (von Drüsen). **Endo|krinologie** [vgl. . . . .logie] *die, -,* die Lehre von der Funktion der Drüsen mit innerer Sekretion und den Hormonen. **Endomitose** [grch. mitos ›Schlinge‹] *die,* Chromosomenvermehrung ohne nachfolgende Zellteilung. **Endo|plasma** *das,* innerer Teil des Zellplasmas. **Endo|prothese** *die,* Ersatzstück aus körperfremdem Material für ein Organ oder Körpergewebe. **Endo|skop** [vgl. . . . .skop] *das, -s/-e,* Instrument zur Besichtigung von Körperhöhlen. **Endoskopie** *die, -/. . .p'i|en,* ♥ Besichtigung von Körperhöhlen mit dem Endoskop. **Endo|sperm** [grch. sperma ›Same‹] *das, -s/-e,* pflanzl. Nährgewebe. **Endothel** [grch. thele ›Mutterbrust‹] *das, -s/-e,* zellige Innenauskleidung von Gefäßen und Körperhöhlen. **endotherm** [grch. therme ›Wärme‹], ⌐ unter Wärmeaufnahme verlaufend.

Endpunkt *der,* Abschluß, Ziel. **Endsilbe** *die,* Silbe am Ende des Wortes. **Endspiel** *das,* letztes, entscheidendes Spiel eines Wettbewerbs. **Endspurt** *der,* ✕ die letzte Phase eines Rennwettbewerbs oder einer Regatta mit verstärktem Einsatz. **Endstation** *die,* letzte Station eines Verkehrsmittels; Ü Ende. **Endung** *die, -/-en,* ⓢ die bei der Flexion abwandelbaren Schlußlaute der Wörter, z. B. *s* in *Tags* von *Tag,* ÜBERS. A 4, S 77, V 2. **Endziffer** *die,* letzte Ziffer mehrstelliger Zahlen. **Endzweck** *der,* letzter, eigentlicher Zweck.

Energetik *die, -,* die Auffassung, die die Energie für das Wesen der Dinge erklärt. **energetisch. Energide** *die, -/-n,* Zellkern mit Zellplasma. **Energie** [grch. energeia] *die, -/. . .g'i|en,* **1)** *ohne Pl.,* Tatkraft, Schwung, Nachdruck: *er hat viel E.,* ist energiegeladen. **2)** Physik: Arbeitsvermögen, die Fähigkeit eines Systems, Arbeit zu verrichten: *der Verbrauch, Verlust, Vorrat an E.; alternative Energien; energiebewußt; Energiegewinnung; energieintensiv; Energiekrise; Energielücke; Energiesparmaßnahmen; Energieträger; Energieversorgung; Energiewirtschaft; Kernenergie; Sonnenenergie.* **energielos,** ohne Kraft. **Energielosigkeit** *die, -.* **Energiewirtschaft** *die,* Maßnahmen zur Nutzung aller Energiequellen. **energisch,** tatkräftig, mit Energie.

enervieren [frz., vgl. ex und lat. nervus ›Sehne‹], *ich enerviere (habe enerviert) ihn,* entnerve; *ich bin enerviert.*

en face [ăf'as, frz.], von vorn, ABB. B 30.

en famille [ăfam'ij, frz.], im Verwandtenkreis, im engeren Kreis.

Enfant terri|ble [ăfâter'ibl, frz. ›schreckliches Kind‹] *das, - -/-s -s* [ăfâter'ibl], jemand, der durch unangebrachte Offenheit Verlegenheit hervorruft.

Enfleurage [ăflœ:r'a:ʒ, frz. en ›in‹ und fleur ›Blume‹] *die, -,* Verfahren zur Gewinnung natürl. Blütenriechstoffe.

eng [ahd. engi], ABB. E 2, **1)** schmal, wenig Raum lassend, fest anliegend: *enge Gäßchen; das Kleid ist sehr e.; sie lebt in engen Verhältnissen,* Ü sehr beschränkt; *er hat einen engen Horizont,* Ü keinen geistigen Weitblick; *sein Angebot kam in engere Wahl,* Ü. **2)** dicht gedrängt: *wir saßen e. beisammen.* **3)** Ü sehr vertraut: *enge Freunde; aufs engste befreundet.*

Engagement [ăgaʒm'â, frz.] *das, -s/-s,* **1)** Anstellung, besonders beim Theater. **2)** Bindung, Verpflichtung. **3)** entschiedenes Eintreten für etwas: *sein polit. E.* **engagieren** [ăgaʒ-], *ich engagiere (habe engagiert) ihn,* **1)** verpflichte, stelle an. **2)** fordere (zum Tanz) auf. **3)** *mich zu etwas,* erbiete mich dazu. **4)** *mich in einer Sache,* lasse mich binde, verpflichte mich, trete entschieden für etwas ein. **engagiert** [ăgaʒ-], mit starkem persönl. Interesse an einer Sache; mit Entschiedenheit für etwas eintretend.

enganliegend, eng (Kleidung). **engbefreundet,** sehr befreundet: *ein engbefreundetes Paar;* aber: *das Paar ist eng befreundet.* **engbegrenzt,** *ein engbegrenztes Gebiet.* **engbrüstig,** kurzatmig, schwächlich. **Enge** *die, -/-n,* **1)** eingeengte Stelle: *Landenge; Meerenge.* **2)** *ohne Pl.,* Beengung, Beschränktheit; Bedrängnis: *er wurde in die E. getrieben,* Ü seine Ausflüchte wurden widerlegt.

Engel [ahd. engil, zu grch. angelos ›Bote‹] *der, -s/-,* Bote Gottes; Sinnbild der Reinheit, Selbstlosigkeit und Schönheit: *Engelsgüte; engel(s)rein; engel(s)schön; ein E. fliegt durchs Zimmer,* Ü das Gespräch stockt; *ich hörte die E. im Himmel singen,* Ü ein starker Schmerz durchfuhr mich.

Engelbert, Engelbrecht [ahd. engil und beraht ›glänzend‹], männl. Vornamen.

Engelchen, Eng(e)lein *das, -s/-,* Diminutive zu Engel.

engelhaft, wie ein Engel.

Engelhard [zum Stammesnamen der Angeln und ahd. harti ›hart‹], männl. Vorname.

Engelmacherin *die, -/-nen,* Ü Frau, die ein Kind absichtlich sterben läßt oder Abtreibungen vornimmt. **Engelsgeduld** *die,* sehr große Geduld. **engel(s)gleich. Engelsüß** [mhd. engelsüeze] *das, -es,* ein Farn. **Engelszungen,** *Pl.: sie redeten mit E.,* suchten eindringlich zu überreden. **Engelwurz** *die, -,* ein Pflanzenname.

engen [ahd. engen], *ich enge (habe geengt),* **1)** *ihn,* P beenge. **2)** *es, ⊚* verkleinere örtlich den Querschnitt von Hohlkörpern.

Engerling [ahd. engiring] *der, -s/-e,* Larve der Blatthornkäfer, z. B. des Maikäfers.

engherzig, kleinlich. **Engherzigkeit** *die, -.* **Engigkeit** *die, -,* Enge.

Engländer [mhd. engellende(r)] *der, -s/-,* **1)** Bewohner von England. **2)** einstellbarer Schraubenschlüssel, ABB. S 35. **englisch, 1)** ⚥ auf Engel bezüglich: *der Englische Gruß,* Ave Maria, kath. Gebet. **2)** auf England bezüglich: *der englische Garten,* Landschaftsgarten im 18. und 19. Jahrh., ABB. P 3; *die englische Krankheit,* Rachitis; *die englische Leine,* Zügelordnung am Zweispänner, vgl. ABB. P 9; *das englische Vollblut,* edle Pferderasse; *der Englische Walzer,* langsamer Walzer; *die Englischen Fräulein,* eine kath. Frauenkongregation. **englisch, 1)** *das, -(s), dem -,* die englische Sprache. **2)** Deutsch. **Englischhorn** *das,* ein Holzblasinstrument, ABB. B 33. **Englischleder** *das,* festes, dichtes Baumwollgewebe. **Englischrot** *das,* Farbe aus Eisenoxid. **English spoken**

['ingliʃ sp'oukən], (hier wird) Englisch gesprochen (Aufschrift an Geschäften). **English-Waltz** ['ingliʃ w'ɔ:ls] *der, -/-,* Englischer Walzer.

engmaschig, mit engen Maschen (Netz).

Engobe [ãg'ɔb(ə), frz.] *die, -/-n,* Überzug einer keram. Masse mit anders gefärbten Massen. **engobieren** [ã-], *ich* engobiere (habe engobiert) *es.*

Engpaß *der,* **1)** schmaler Weg. **2)** ∪ vorübergehender Mangel (an Arbeitskräften, Waren u. a.): *Versorgungsengpaß.*

En|gramm [vgl. en . . . und. . . gramm] *das, -s/-e,* physiolog. Spur des Wahrgenommenen im Gehirn.

en gros [ãgr'o:, frz.], im großen, im Großhandel: *Engros-preis.* **En|groshandel** [ãgr'o:-] *der,* Großhandel.

engstirnig, kleinlich denkend, beschränkt.

enharmonisch [vgl. en . . . und Harmonik], ♪ nach der Herkunft verschieden benannt, aber in der temperierten Stimmung von gleicher Tonhöhe (wie fis und ges).

Enjambement [ãʒãbm'ã, frz. ›überschreiten‹] *das, -s/-s,* Versbrechung, ÜBERS. M 14.

enkaustieren [vgl. en . . . und Kaustik], *ich* enkaustiere (habe enkaustiert) *es.* **Enkaustik** *die, -/-en,* antike Maltechnik mit heiß aufgetragenen Wachsfarben. **enkaustisch.**

Enkel [ahd. anchal] *der, -s/-, bair., niederdt.:* Fußknöchel.

Enkel [mhd. enikel, zu ahd. ano ›Ahn‹, da man im Enkel den wiedergeborenen Großvater sah] *der, -s/-,* Kindeskind, ÜBERS. F 6: *Enkelsohn; Enkeltochter; Urenkel.* **Enkelin** *die, -/-nen.*

En|klave [frz., zu lat. clavis ›Schlüssel‹] *die, -/-n,* in ein Staatsgebiet eingesprengter fremder Gebietsteil.

En|klise [grch. enklinein ›anlehnen‹] *die, -/-n,* ⑤ Anlehnung eines unbetonten Wortes an das vorangehende Wort. **En|klitikon** *das, -/. . . ka,* das unbetonte Wort, das sich an das vorangehende anlehnt. **en|klitisch.**

Enkomiast [grch. enkomion ›Lob‹] *der, -en/-en,* Lobredner.

Enkulturation *die, -,* Soziologie: das Hineinwachsen von Personen (Kinder, Jugendliche) in die Kultur, von der sie abstammen.

en masse [ãm'as, frz.], in Fülle, massenhaft.

en miniature [ãmiɲat'yr, frz.], im kleinen Maßstab.

ennet, *schweiz.:* jenseits: *ennetbirgisch,* hinter den Bergen.

Enno [friesisch, zu ›Egin-‹, ›Ein-‹], männl. Vorname.

ennuyant [ãnyij'ã, frz.] ennuyer ›langweilen‹], ⚭ langweilig. **ennuyieren** [ãnyj-], *ich* ennuyiere (habe ennuyiert) *ihn.*

enorm [lat. enormis], ungeheuer, außergewöhnlich.

en passant [ãpas'ã, frz.], im Vorbeigehen, nebenbei.

en profil [ãprof'il, frz.], im Profil, ABB. B 30.

Enquete [ãk'et, frz., zu lat. quaestio] *die, -/-n* [-tən], Umfrage, statist. Erhebung; Untersuchung, Ermittlung.

en route [ãr'ut, frz.], unterwegs.

enragiert [ãraʒ'i:rt, frz. enrager ›wütend werden‹], ⚭ wütend, leidenschaftlich für etwas eingenommen.

Ensem|ble [ãs'ãbl, frz. ensemble ›zusammen‹] *das, -s/-s,* **1)** Gruppe gemeinsam wirkender Künstler: *Ensemblespiel.* **2)** ♪ kleines Orchester: *Ensemblemusik.* **3)** Musiknummer mit mehreren Solisten (Oper). **4)** aufeinander abgestimmte (Damen)kleidungsstücke. **5)** zusammengehörende Gruppe von Bauten. **Ensem|blewert** [ãs'ãbl-, eigtl. ›Wert der Gesamtheit‹] *der,* Denkmalpflege: histor. Baugefüge, das für ein Stadtbild charakteristisch und deshalb erhaltenswert ist.

en suite [ãsy'it, frz.], ununterbrochen, hintereinander.

ent . . . [ahd. int . . ., zu grch. anti . . .], *mit Verben untrennbar zusammengesetzt:* **1)** ins Gegenteil verkehrend: *entbinden; entfesseln; enttarnen; Entpolitisierung.* **2)** eine Tätigkeit beginnend: *entbrennen; entstehen.* **3)** Trennung ausdrückend: *enteilen; entfliehen.*

ent|arten [mhd. entarten], *ich* bin entartet (ist entartet), schlägt aus der Art; entwickelt sich negativ, degeneriert: *entartete Sitten.* **Ent|artung** *die, -/-en: Entartungserscheinung.*

Entase [grch. entasis ›anspannen‹] *die, -/-n,* **Entasis** *die, -/. . . t'asen,* ⬚ die nach oben zunehmende Abschwellung des Säulenschafts.

ent|äußern, *ich* entäuß(e)re *mich* (habe mich entäußert) *seiner,* verzichte darauf, gebe es weg: *er hat sich aller Besitztümer entäußert.* **Ent|äußerung** *die, -.*

entbehren [ahd. inberan], *ich* entbehre (habe entbehrt) *es* oder *seiner,* habe nicht, vermisse, mir fehlt: *diese Beschuldigung entbehrt jeder Grundlage; ein langes entbehrtes Vergnügen.* **entbehrlich,** nicht unbedingt notwendig. **Entbehrlichkeit** *die, -.* **Entbehrung** *die, -/-en,* Mangel an Notwendigem: *entbehrungsreich.*

entbieten [ahd. inbiotan ›gebieten‹, ›melden‹], *ich* entbiete (habe entboten) *es,* P teile mit: *der König entbietet den Bürgern seinen Gruß.*

entbinden [ahd. in(t)bintan], *ich* entbinde (entband, habe entbunden), **1)** gebäre, bringe zur Welt: *sie hat im Krankenhaus entbunden; die Frau wurde von einem Jungen entbunden.* **2)** sie, helfe bei der Entbindung. **3)** *ihn dessen,* P befreie, spreche los: *sie entband ihn seines Versprechens.* **Entbindung** *die,* **1)** Geburt. **2)** Befreiung.

entblättern, *ich* entblätt(e)re (habe entblättert), **1)** *es,* befreie von Blättern. **2)** *mich,* U scherzhaft: entkleide. **3)** *der Baum entblättert sich,* verliert sein Laub. **Entblätt(e)rung** *die, -/-en.*

entblöden [zu blöde], *ich* entblöde *mich* (habe mich entblödet) *nicht, etwas zu tun,* ⚭ erkühne, erfreche mich.

entblößen, *ich* entblöße (habe entblößt), **1)** *es,* nehme die Hülle weg: *er entblößt den Oberkörper.* **2)** *ihn von etwas,* beraube, nehme weg: *er war aller Mittel entblößt,* hatte kein Geld. **Entblößung** *die, -/-en.*

entbrennen, *ich* entbrenne (bin entbrannt), **1)** Ü werde leidenschaftlich erregt: *er entbrannte in Zorn, Liebe.* **2)** *es entbrennt,* P beginnt heftig: *der Kampf ist entbrannt.*

entdecken [ahd. intdeccan ›aufdecken‹], *ich* entdecke (habe entdeckt), **1)** *es,* finde (als erster) auf: *die Wikinger entdeckten Grönland.* **2)** *ihn, es,* sehe, bemerke plötzlich: *der Fehler wurde nicht entdeckt.* **3)** *es ihm,* teile mit, offenbare. **4)** *mich ihm,* zeige mich von einer unbekannten Seite, ziehe ihn ins Vertrauen. **Entdecker** *der, -s/-,* jemand, der etwas entdeckt. **Entdeckung** *die: Entdeckungsreise; das Zeitalter der Entdeckungen.*

Ente [ahd. anut] *die, -/-n,* **1)** ein Wasservogel: *sie schwimmt wie eine bleierne E.,* U sehr schwerfällig. **2)** U haltloses Gerücht, bes. falsche Zeitungsmeldung. **3)** U Harngefäß für bettlägerige männl. Kranke. **4)** *kalte E.,* Getränk aus Weißwein, Zitrone und Sekt.

ent|ehren, *ich* entehre (habe entehrt) *ihn,* tue ihm Schande an: *ein entehrtes Mädchen,* ⚭; *eine entehrende Strafe.* **Ent|ehrung** *die.*

ent|eignen, *ich* enteigne (habe enteignet) *ihn.* **Ent|eignung** *die, -/-en,* Expropriation, die Entziehung des Eigentums von Staats wegen.

ent|eilen, *ich* enteile (bin enteilt), laufe schnell davon.

ent|eisen, *ich* enteise (habe enteist) *es,* befreie von Eisansatz, Eis auf.

ent|eisenen, *ich* enteisene (habe enteisent) *es,* befreie von Eisen, z. B. Trinkwasser. **Ent|eisenung** *die, -.*

Ent|eisung *die,* das Enteisen.

Entelechie [grch. entelecheia ›ununterbrochene Tätigkeit‹] *die, -,* Philosophie: ein dem Organismus innewohnendes Entwicklungs- und Formprinzip. **entelechisch.**

Entenflott *das, -s,* **Entengries** *der, -es,* **Entengrütze** *die, -/,* Pflanzenname. **Entenschnabel** *der,* breiter, flacher Schuh im 15. Jahrh.

Entente [ãt'ãt, frz. ›Einverständnis‹] *die, -/-n* [-tən], Staatenbündnis.

Enter *das, -/-, niederdt.:* einjähriges Pferd.

enteral [grch. enteron ›Darm‹], ⚕ die Eingeweide betreffend; durch Magen und Darm erfolgend.

ent|erben [mhd. enterben], *ich* enterbe (habe enterbt) *ihn,* schließe von der gesetzl. Erbfolge aus. **Ent|erbung** *die, -/-en.*

Enterich [ahd. anutrehho] *der, -s/-e,* männl. Ente.

Enteritis [grch. enteron ›Darm‹] *die, -/. . . t'iden,* ⚕ Darmentzündung.

entern [niederdt., zu span. entrar ›eintreten‹], **1)** (bin geentert), ⚓ klettere die Masten empor. **2)** (habe geentert) *es,* erstürme ein Schiff auf See: *Enterbrücke; Enterhaken.*

Entertainer [-teinə(r), engl.] *der, -s/-,* Unterhalter im Showgeschäft.

entfachen, *ich* entfache (habe entfacht) *es,* **1)** bringe zum Brennen (Feuer). **2)** Ü löse aus (eine Leidenschaft), entfessele.

entfahren, *ich* entfahre (entfuhr, ist entfahren) *mir,* entschlüpfe unbeabsichtigt mir (Ausruf).

entfallen [ahd. intfallan], *ich* entfalle (entfiel, ist entfallen), **1)** K fällt weg: *der letzte Punkt der Tagesordnung entfiel.* **2)** *mir,* P fällt mir aus der Hand. **3)** *mir,* Ü vergesse es: *sein Name ist mir entfallen.* **4)** *auf mich,* Ü erhalte es als Anteil: *auf jeden entfallen drei Stück.*

entfalten [ahd. in(t)faldan, Lü. von lat. explicare], *ich* entfalte (habe entfaltet) *es,* **1)** breite auseinander (Papier). **2)**

lege dar (Pläne). **3)** entwickle, lasse zur Geltung kommen; zeige, beginne: *ich kann mich beruflich nicht entfalten; er entfaltet großes Geschick bei der Arbeit; sie entfalteten eine fieberhafte Aktivität.* **Entfaltung** *die, -.*

entfärben, *ich* entfärbe (habe entfärbt), **1)** *es,* entferne die Farbe (aus Stoffen). **2)** *mich,* werde blaß. **Entfärber** *der,* Mittel zum Entfärben. **Entfärbung** *die.*

entfernen [mhd. entvernen], *ich* entferne (habe entfernt), **1)** *ihn, es,* schaffe weg, beseitige: *der Fleck läßt sich nicht entfernen.* **2)** *mich,* gehe fort: *der Zug entfernte sich schnell; wir sollten uns nicht zu sehr vom Thema entfernen,* Ü; *sie hat sich von ihm entfernt,* Ü ist ihm fremd geworden. **entfernt,** nicht nahe, weit: *ein entfernter Verwandter; nicht im entferntesten,* durchaus nicht. **Entfernung** *die, -/-en,* **1)** Abstand: *die E. beträgt 100 m.* **2)** das Weggehen und Fernsein. **3)** Entlassung: *seine E. aus dem Amt.* **Entfernungsmesser** *der,* Meßgerät für Entfernungen: *ein Photoapparat mit eingebautem E.,* ABB. P 12.

entfesseln, *ich* entfessele, entfeßle (habe entfesselt) *es,* **1)** P löse Fesseln. **2)** Ü bringe zum Ausbruch: *er hat diesen Streit entfesselt; niemand wollte damit einen Krieg entfesseln.* **Entfesselung, Entfeßlung** *die.*

entfetten, *ich* entfette (habe entfettet) *es,* befreie von Fett, entziehe Fett. **Entfettung** *die, -: Entfettungskur.*

entflammen [mhd. enphlammen], *ich* entflamme, **1)** (bin entflammt) *für ihn,* Ü begeistere mich. **2)** *es entflammt,* geht in Feuer auf: *ein Streit ist entflammt,* Ü. **3)** (habe entflammt) *es,* zünde an; Ü bringe zum Ausbruch (Begeisterung). **Entflammungspunkt** *der,* Flammenpunkt.

entflechten, *ich* entflechte (habe entflochten) *es.* **Entflechtung** *die, -/-en,* Auflösung eines Konzerns in einzelne Unternehmen; Entwirrung eines komplizierten zusammengesetzten Gefüges: *Truppenentflechtung.*

entfliegen [mhd. entphliegen], *ein Vogel* entfliegt (ist entflogen), entkommt: *Kanarienvogel entflogen!*

entfliehen [ahd. in(t)fliahan], *ich* entfliehe (bin entflohen), **1)** fliehe, flüchte: *er entfloh ins Ausland, seinem Bewacher.* **2)** *es entflieht,* P vergeht: *der schöne Augenblick ist entflohen.*

entfremden, *ich* entfremde (habe entfremdet) *mich, ihn ihm,* werde, mache fremd, lockere die Zusammengehörigkeit. **Entfremdung** *die, -: es kam zu einer E. zwischen uns.*

entfrosten, *ich* entfroste (habe entfrostet) *es,* enteise oder schütze vor Eisbildung. **Entfroster** *der,* Defroster. **Entfrostung** *die, -.*

entführen [ahd. intfuaren], *ich* entführe (habe entführt) **1)** *ihn,* führe mit Gewalt fort (einen Menschen). **2)** *es ihm,* Ü nehme weg, bringe aus seinem Bereich. **Entführer** *der.* **Entführung** *die: Kindesentführung; Flugzeugentführung.*

entgasen, *ich* entgase (habe entgast) *es,* entferne aus chem. Stoffen fein verteilte Gase durch trockene Destillation, Ultraschall oder chem. Zusätze. **Entgasung** *die, -.*

entgegen [ahd. ingegin], **1)** *ihm e.,* in der Richtung auf etwas, auf einen Kommenden zu: *dem Besuchern e.; dem Strom e.* **2)** zum Unterschied, als Widerspruch, gegen: *e. meiner Weisung; dem entgegen muß festgestellt werden.* **entgegen-...,** in Verbindung mit Verben trennbar zusammengesetzt: *entgegenfahren; entgegenstellen;* vgl. entgegenarbeiten.

entgegenarbeiten, *ich* arbeite *ihm* entgegen (habe entgegengearbeitet), suche ihm zu schaden.

entgegenbringen, *ich* bringe *es ihm* entgegen (habe entgegengebracht), Ü zeige, hege ein Gefühl ihm gegenüber: *er brachte mir nur Mißtrauen entgegen.*

entgegengehen, *ich* gehe *ihm* entgegen (ging entgegen, bin entgegengegangen), gehe auf einen Ankommenden zu: *das Haus geht seiner Fertigstellung entgegen,* Ü wird bald fertig sein.

entgegengesetzt, umgekehrt, gegenteilig: *in entgegengesetzter Richtung; er ist entgegengesetzter Meinung.*

entgegenhalten, *ich* halte *es ihm* entgegen (hielt entgegen, habe entgegengehalten), **1)** halte in seiner Richtung, biete dar. **2)** Ü stelle gegenüber, wende ein: *ich konnte ihm wichtige Argumente entgegenhalten.*

entgegenkommen, *ich* komme *ihm* entgegen (kam entgegen, bin entgegengekommen), **1)** gehe so, daß ich ihm begegne: *er will mir entgegenkommen.* **2)** Ü berücksichtige teilweise seine Wünsche: *wir sind bereit, Ihnen in diesem Punkte entgegenzukommen; das war sehr entgegenkommend von Ihnen.* **Entgegenkommen** *das, -s,* Freundlichkeit, Gefälligkeit: *wir danken für Ihr freundliches E.* **entgegenkommenderweise,** K in freundlicher Art: *e. wurde ihm direkt geholfen;* aber: *in entgegenkommender Weise.*

entgegenlaufen, *ich* laufe *ihm* entgegen (lief entgegen, bin entgegengelaufen), **1)** laufe auf ihn zu. **2)** *es läuft ihm entgegen,* Ü widersetzt sich ihm.

entgegennehmen, *ich* nehme *es* entgegen (nahm entgegen, habe entgegengenommen), empfange, lasse mir geben.

entgegensehen, *ich* sehe *ihm* entgegen (sah entgegen, habe entgegengesehen), blicke in seiner Richtung; Ü erwarte es.

entgegensetzen, *ich* setze *es ihm* entgegen (habe entgegengesetzt), Ü tue oder sage etwas Gegensätzliches: *dem ist nichts entgegenzusetzen.*

entgegenstrecken, *ich* strecke *es ihm* entgegen (habe entgegengestreckt), halte vor ihn mit ausgestrecktem Arm.

entgegentreten, *ich* trete *ihm* entgegen (trat entgegen, bin entgegengetreten), **1)** trete vor ihn hin. **2)** Ü widersetze mich einer Sache, suche sie zu verhindern: *diesem Plan bin ich energisch entgegengetreten.*

entgegnen [ahd. ingaganen ›entgegenkommen‹], *ich* entgegne (habe entgegnet) *es,* erwidere, antworte; *ich habe nichts darauf zu entgegnen.* **Entgegnung** *die, -/-en.*

entgehen [ahd. intgan], *ich* entgehe (entging, bin entgangen), **1)** *ihm,* entkomme: *diese Gelegenheit lasse ich mir nicht entgehen,* will ich nutzen. **2)** *es entgeht mir,* ich übersehe es, bemerke es nicht: *vielleicht sind mir einige Druckfehler entgangen; entgangene Gelegenheiten.*

entgeistert [mhd. entgeisten ›den Geist aufgeben‹], völlig überrascht, bestürzt.

Entgelt [mhd. engelt] *das, ⚬ der, -(e)s/-e,* Pl. selten, Bezahlung, Ersatz (für Mühen): *das ist bekommt man für, gegen ein kleines E.; ohne E.,* unentgeltlich. **entgelten** [ahd. intgeltan], *ich* entgelte (entgalt, habe entgolten), **1)** *es,* bezahle, büße dafür: *ich lasse es ihn entgelten.* **2)** *es ihm,* entschädige ihn dafür: *meine Mühe wurde (mir) reichlich entgolten.*

entgiften, *ich* entgifte (habe entgiftet) *es,* dekontaminiere, befreie von Gift. **Entgiftung** *die, -.*

entgleisen, *es* entgleist (ist entgleist), **1)** springt aus den Gleisen (Wagen der Eisenbahn, Straßenbahn). **2)** *ich entgleise,* Ü bin taktlos. **Entgleisung** *die, -/-en.*

entgleiten, *es* entgleitet (ist entglitten) *ihm,* **1)** gleitet ihm aus den Händen. **2)** Ü entzieht sich seinem Einfluß: *der Sohn ist ihr entglitten.*

entgöttert, der Göttlichkeit, der Götter beraubt.

entgräten, *ich* entgräte (habe entgrätet) *den Fisch,* entferne die Gräten.

enthaaren, *ich* enthaare (habe enthaart) *es,* entferne alle Haare. **Enthaarung** *die, -.*

enthalten [mhd. enthalten ›festhalten‹, ›stützen‹], *ich* enthalte (enthielt, habe enthalten), **1)** *mich dessen,* verzichte darauf, erwehre mich: *ich e. mich des Urteils; sie konnte sich der Tränen kaum enthalten.* **2)** *es enthält etwas,* hat in sich, als Inhalt: *in der Luft ist Sauerstoff enthalten; diese Aussage enthält alles; die Kiste enthält etwas Werkzeuge.* **enthaltsam,** mäßig oder ablehnend, abstinent (z. B. gegen Alkohol; im Geschlechtsverkehr). **Enthaltsamkeit** *die, -.* **Enthaltung** *die,* Verzicht: *Stimmenthaltung.*

enthärten, *ich* enthärte (habe enthärtet) *es,* mache weich (Wasser). **Enthärter** *der, -s/-,* Mittel zum Enthärten. **Enthärtung** *die, -.*

enthaupten, *ich* enthaupte (habe enthauptet) *ihn,* schlage ihm den Kopf ab. **Enthauptung** *die, -/-en.*

enthäuten, *ich* enthäute (habe enthäutet) *ein Tier,* häute es.

entheben [ahd. intheffan], *ich* enthebe (habe enthoben) *ihn davon, dessen,* befreie, entbinde ihn: *man enthob ihn von diesem Amt; aller Sorgen enthoben.* **Enthebung** *die: Amtsenthebung.*

entheiligen, *ich* entheilige (habe entheiligt) *es,* verletze die Heiligkeit (eines Ortes, einer Einrichtung). **Entheiligung** *die.*

enthemmen, *ich* enthemme (habe enthemmt) *ihn,* befreie von Hemmungen: *völlig enthemmt.* **Enthemmung** *die, -.*

enthüllen, *ich* enthülle (habe enthüllt) *es,* **1)** entferne die Hülle, mache sichtbar: *der Berg enthüllte sich unseren Blicken.* **2)** entferne die Hülle und weihe damit ein (Denkmal). **3)** Ü decke ein Geheimnis auf: *sein Brief hat alles enthüllt.* **Enthüllung** *die, -/-en.*

enthusiasmieren [grch. entheos ›gotterfüllt‹], *ich* enthusiasmiere (habe enthusiasmiert) *ihn,* erfülle mit Begeisterung: *er war enthusiasmiert.* **Enthusiasmus** *der, -,* Begeisterung. **Enthusiast** *der, -en,* Schwärmer, leidenschaftl. Bewunderer. **enthusiastisch,** *enthusiastischer Beifall.*

Entität [spätlat. ens, Gen. entis ›das Sein‹] *die, -/-en,* Seinsweise.

entjungfern, *ich* entjungfere (habe entjungfert) *sie,* nehme ihr die Jungfernschaft. **Entjungferung** *die, -/-en.*

entkalken, *ich* entkalke (habe entkalkt) *es,* befreie von Kalk: *Mittel zum Entkalken des Wassers.* **Entkalkung** *die, -/-en.*

entkeimen, *ich* entkeime (habe entkeimt) *es,* **1)** breche die Keime ab oder aus (Kartoffeln). **2)** töte die Krankheitserreger, desinfiziere, sterilisiere: *entkeimtes Trinkwasser.* **3)** *es entkeimt ihm,* P stammt davon ab.

entkernen, *ich* entkerne (habe entkernt), **1)** *Früchte,* nehme den Kern heraus. **2)** *Häuser,* mache zur Sanierung frei.

entkleiden, *ich* entkleide (habe entkleidet), **1)** *ihn, mich,* ziehe aus. **2)** *ihn dessen,* Ü nehme es ihm: *er wurde seiner Würden entkleidet.* **Entkleidung** *die, -/-en.*

entknoten, *ich* entknote (habe entknotet) *es,* knote auf.

entkoffeinieren, *ich* entkoffeiniere (habe entkoffeiniert) *Kaffee,* entziehe ihm den größten Teil des Koffeins.

entkohlen, *ich* entkohle (habe entkohlt) *Stahl,* ⊙ entziehe Kohlenstoff. **Entkohlung** *die, -.*

Entkolonialisierung, Entkolonisierung *die,* Auflösung eines kolonialen Herrschaftsverhältnisses.

entkommen, *ich* entkomme (entkam, bin entkommen) *(ihm),* entgehe: *der Gefangene entkam seinen Bewachern, aus dem Lager.*

entkorken, *ich* entkorke (habe entkorkt) *die Flasche,* ziehe den Korken heraus.

entkräften, *es* entkräftet (hat entkräftet) *ihn,* **1)** schwächt ihn, nimmt ihm die Kraft: *die Krankheit hat ihn völlig entkräftet.* **2)** *ich entkräfte es,* Ü widerrufe, widerlege, mache ungültig (Beweis, Verordnung). **Entkräftung** *die, -: er brach vor E. zusammen.*

entkrampfen, *ich* entkrampfe (habe entkrampft) *es,* löse einen Spannungszustand: *die Beziehungen zwischen den Nachbarstaaten haben sich entkrampft.*

entladen [mhd. entladen], *ich* entlade (entlud, habe entladen), **1)** *es,* leere aus, nehme die Ladung heraus (Wagen, Feuerwaffe, Batterie). **2)** *mich seiner, von etwas,* befreie mich davon: *er entlud sich seiner Sorgen.* **3)** ⚡ *eine Spannung entlädt sich,* gleicht sich aus: *seine seelische Anspannung entlud sich in einem heftigen Ausbruch,* Ü. **Entladung** *die.*

entlang [mnd. en(t)lanc], längs, in Längsrichtung folgend: *den Fluß e., am Fluß e., dem Fluß e.,* ⚡*; e. des Tals,* ⚡*; gehen Sie hier e.!,* in dieser Richtung. **entlang...,** in Verbindung mit Verben trennbar zusammengesetzt: *entlangfahren; entlanggehen.* **entlanglaufen,** *ich* laufe entlang (lief entlang, bin entlanggelaufen), laufe in Längsrichtung zu etwas: *wir wollen am Waldrand entlanglaufen;* aber: *wir wollen hier entlang laufen,* nicht fahren.

entlarven, *ich* entlarve (habe entlarvt) *ihn,* Ü enthülle seine geheimen (bösen) Absichten. **Entlarvung** *die, -/-en.*

entlassen [ahd. in(t)lazan], *ich* entlasse (entließ, habe entlassen) *ihn,* **1)** erlaube zu gehen: *er entließ uns freundlich; sie wurde aus der Klinik entlassen.* **2)** beende die Haft: *er wurde aus der Haft entlassen.* **3)** kündige ihm sein Amt, seine Stellung: *der entlassene Angestellte.* **Entlassung** *die, -/-en: Massenentlassungen; Schulentlassung; Entlassungspapiere.*

entlasten [mhd. entlesten], *ich* entlaste (habe entlastet) *ihn,* **1)** nehme ihm Arbeit ab. **2)** Ü erleichtere: *die Beichte entlastete ihr Gewissen.* ⚖ befreie (teilweise) vom Verdacht: *die Aussage des Zeugen hat ihn wesentlich entlastet.* **4)** ⚖ billige die Geschäftsführung (des Vorstandes, der Kasse). **5)** ⚖ schreibe eine Leistung auf eine Schuld gut: *ich Konto wurde um den Betrag entlastet.* **Entlastung** *die, -: Entlastungszeuge; Entlastungszug; Arbeitsentlastung.*

entlauben, *ich* entlaube (habe entlaubt) *es,* entferne alles Laub. **Entlaubung** *die, -.*

entlaufen [mhd. entloufen], *ich* entlaufe (entlief, bin entlaufen) *ihm,* gehe (heimlich) weg, entfliehe: *Pudel entlaufen!*

entlausen, *ich* entlause (habe entlaust) *ihn, es,* befreie von Läusen. **Entlausung** *die, -/-en.*

entledigen [mhd. entledigen], *ich* entledige (habe entledigt), **1)** *ihn dessen,* befreie ihn davon. **2)** *mich seiner,* lege ab, beseitige ihn, es. **3)** *mich einer Sache,* führe aus: *er entledigt sich des Auftrags.* **Entledigung** *die, -.*

entleeren, *ich* entleere (habe entleert) *es,* mache leer. **Entleerung** *die, -/-en.*

entlegen [mhd. entligen ›fern liegen‹], fern von allem, abgelegen. **Entlegenheit** *die, -.*

entlehnen [ahd. intlehanon], *ich* entlehne (habe entlehnt)

es (mir), **1)** ⚡ entleihe (Buch). **2)** übernehme: *aus dem Englischen entlehnte Wörter.* **Entlehnung** *die, -/-en.*

entleiben [mhd. entliben], *ich* entleibe *mich* (habe mich entleibt), ⚡ töte mich.

entleihen [ahd. intlihan], *ich* entleihe (habe entliehen) *es (mir),* borge, nehme leihweise. **Entleiher** *der, -s/-.*

entloben, *ich* entlobe *mich* (habe mich entlobt), löse meine Verlobung. **Entlobung** *die, -/-en.*

entlocken, *ich* entlocke (habe entlockt) *es ihm,* verstehe, von ihm zu bekommen: *er entlockte ihr das Geheimnis.*

entlohnen, *ich* entlohne (habe entlohnt) *ihn,* gebe ihm Lohn: *seine Arbeit wurde gut entlohnt.* **Entlohnung** *die, -.*

entlüften, *ich* entlüfte (habe entlüftet) *es,* ersetze verbrauchte Luft durch frische. **Entlüfter** *der,* Gerät zum Entlüften. **Entlüftung** *die: Entlüftungsanlage.*

entmachten, *ich* entmachte (habe entmachtet) *ihn,* nehme ihm die Macht: *der entmachtete Diktator.* **Entmachtung** *die, -.*

entmannen [mhd. entmannen], *ich* entmanne (habe entmannt) *ihn,* kastriere. **Entmannung** *die, -.*

entmenscht [mhd. entmenschen], unmenschlich, verroht.

entmieten, *ich* entmiete (habe entmietet) *es,* vermiete Wohnungen (in Mietshäusern) nicht mehr, um das Haus abzureißen oder zu sanieren.

entmilitarisieren, *ich* entmilitarisiere (habe entmilitarisiert) *es,* entferne die militärischen Einrichtungen (eines Staates): *entmilitarisierte Zone.* **Entmilitarisierung** *die, -.*

entminen, *ich* entmine (habe entmint) *ein Gebiet,* befreie von Minen.

entmündigen, *ich* entmündige (habe entmündigt) *ihn,* stelle unter Vormundschaft. **Entmündigung** *die, -.*

entmutigen [mhd. entmuoten ›feindlich entgegensprengen‹], *ich* entmutige (habe entmutigt) *ihn,* nehme ihm den Mut. **Entmutigung** *die, -/-en.*

Entmythologisierung *die,* der Versuch, mythische Elemente in der Weltvorstellung zu erkennen und zu überwinden.

Entnahme *die, -/-n,* das Herausnehmen: *Blutentnahme.*

entnazifizieren, *ich* entnazifiziere (habe entnazifiziert) *ihn, es.* **Entnazifizierung** *die, -,* in Dtl. nach 1945 die Maßnahmen zur Ausschaltung nationalsozialist. Einflüsse.

entnehmen [mhd. entnemen], *ich* entnehme (entnahm, habe entnommen) *es ihm, aus etwas,* nehme heraus, beziehe von dort. **2)** *es daraus,* schließe, ersehe: *aus dem Bericht ist nichts Neues zu entnehmen.*

entnerven, *ich* entnerve (habe entnervt) *ihn,* Ü mache nervös: *der Lärm hat mich völlig entnervt.*

ento..., [grch. entos], innen..., innen... **ento|blast** [grch. blastos ›Keim‹] *das, -(e)s/-e,* **Entoderm** [grch. derma ›Haut‹] *das, -s/-e,* inneres Keimblatt im Embryo der Tiere. **entodermal.**

Entomologe [grch. entomos ›eingeschnitten‹ und vgl. ...logie] *der, -n/-n.* **Entomologie** *die, -,* die Wissenschaft von den Insekten. **entomologisch.**

Entoparasit [vgl. ento... und Parasit] *der,* Innenschmarotzer. **Entophyt** [grch. phyton ›Pflanze‹] *der, -en,* pflanzlicher Schmarotzer in Mensch und Tier. **Entoplasma** *das,* Endoplasma. **Entozoon** [vgl. Zoo] *das, -s/...z'o|en* oder ...z'oa, tierischer Parasit in anderen Tieren.

entpersönlichen, *es* entpersönlicht (hat entpersönlicht) *ihn,* nimmt ihm das Persönliche, die Persönlichkeit. **Entpersönlichung** *die, -: die E. der Arbeitsplätze.*

entpflichten, *ich* entpflichte (habe entpflichtet) *ihn,* entbinde seinen Pflichten, emeritiere. **Entpflichtung** *die, -/-en.*

entpolitisieren, *ich* entpolitisiere (habe entpolitisiert) *es,* schalte Gesichtspunkte der Politik aus. **Entpolitisierung** *die, -: die E. des öffentlichen Lebens.*

entpuppen, *er* entpuppt sich (hat sich entpuppt) *als etwas,* Ü zeigt sich anders als erwartet: *er entpuppte sich als begabter Maler; die Sache entpuppte sich als Schwindel.*

entrahmen, *ich* entrahme (habe entrahmt) *die Milch,* nehme den Rahm weg. **Entrahmung** *die, -.*

entraten [mhd. entraten], *ich* entrate (entriet, habe entraten) *einer Sache,* ⚡ entbehre ihn, es, komme ohne ihn, es aus: *sie kann seiner Unterstützung nicht entraten.*

enträtseln, *ich* enträts(e)le (habe enträtselt) *es,* lüfte das Geheimnis. **Enträts(e)lung** *die, -.*

En|tre|akt [ãtr'akt, frz. entreacte] *der,* Zwischenakt.

entrechten, *ich* entrechte (habe entrechtet) *ihn,* beraube der Rechte: *eine entrechtete Minderheit.* **Entrechtung** *die, -.*

En|trecote [ãtrk'o:t, frz.] *das, -(s)/-s,* Mittelrippenstück beim Rind.

En|tree [ātr'e, frz.] *das, -s/-s,* **1)** Vorzimmer, Korridor: *Entreetür.* **2)** *bes. österr.:* Eintrittsgeld. **3)** das Erscheinen: *ein gelungenes E.* **4)** erster Gang nach der Suppe. **5)** ♪ Vorspiel.
En|trefilet [āntrfil'e, frz. ›Zwischenartikel‹] *das, -s/-s,* ᴼᴼ kurze Meinungsäußerung in der Presse.
entreißen, *ich* entreiße (entriß, habe entrissen) *es ihm,* nehme gewaltsam weg.
En|trelacs [ātrl'a, frz.], *Pl.,* 🛲 verschlungene Linien und Bänder als Ornament.
en|tre nous [ātrn'u:, frz.], unter uns.
En|trepot [ātrp'o:, frz.] *das, -/-s,* Zollniederlage.
En|tre|preneur [ātrprən'œr, frz.] *der, -s/-e,* ᴼᴼ Veranstalter.
En|tre|prise [ātrpr'iz] *die, -/-n* [-zən], ᴼᴼ Veranstaltung.
En|tresol [ātrs'ol, frz.] *das, -s/-s,* ᴼᴼ Zwischengeschoß.
En|trevue [ātrv'y:, frz.] *die, -/-n* [-v'yən], ᴼᴼ Zusammenkunft.
en|trez! [ātr'e, frz. entrer ›eintreten‹], herein!
entrichten [mhd. enrihten], *ich* entrichte (habe entrichtet) *es ihm,* bezahle: *die Steuern, Beiträge sind pünktlich zu entrichten.* **Entrichtung** *die, -.*
entrinden, *ich* entrinde (habe entrindet) *Baumstämme,* entferne die Rinde.
entringen, *ich* entringe (entrang, habe entrungen), **1)** *es ihm,* ᴾ entreiße. **2)** *es entringt sich ihm,* ᴾ kommt hervor: *ihrer Brust entrang sich ein Seufzer.*
entrinnen [mhd. entrinnen], *ich* entrinne (entrann, bin entronnen) *ihm,* ᴾ **1)** entfliehe, entkomme. **2)** *die Zeit entrinnt,* vergeht. **3)** *es entrinnt,* fließt heraus. **Entrinnen** *das, -s,* Flucht: *es gab kein E. mehr.*
entrisch [ahd. (h)entrisc›alt‹], *österr.:* unheimlich, schaurig.
entrollen, *ich* entrolle, **1)** (habe entrollt) *es,* rolle auf, entfalte. **2)** *es entrollt* (hat entrollt) *sich,* rollt sich auf, entfaltet sich. **3)** *es entrollt* (ist entrollt), rollt davon.
En|tropie [grch. entropein ›umkehren‹] *die, -,* **1)** Physik: der Teil der Wärmeenergie, der nicht in mechan. Arbeit umgesetzt werden kann. **2)** Informationstheorie: mittlerer Informationsgehalt einer Nachricht.
entrosten, *ich* entroste (habe entrostet) *Stahl, Eisen,* entferne Rost.
entrücken [mhd. entrücken], *ich* entrücke (habe entrückt) *ihn,* ᴾ **1)** versetze in eine andere Welt: *sie wirkte entrückt.* **2)** nehme plötzlich weg, entziehe: *unseren Blicken entrückt.* **Entrücktheit** *die, -.* **Entrückung** *die, -.*
entrümpeln, *ich* entrümp(e)le (habe entrümpelt) *es,* mache von Gerümpel frei. **Entrümp(e)lung** *die, -.*
entrüsten [mhd. entrüsten], *ich* entrüste (habe entrüstet), **1)** *ihn,* versetze in zornigen Unwillen. **2)** *mich über etwas,* empöre mich darüber. **Entrüstung** *die, -.*
entsaften, *ich* entsafte (habe entsaftet) *es,* entziehe den Saft (Obst, Gemüse). **Entsafter** *der, -s/-,* Gerät zum Entsaften, ᴬᴮᴮ. K 52, K 50.
entsagen, [ahd. intsagen], *ich* entsage (habe entsagt) *ihm,* verzichte schmerzlich; danke ab: *er entsagte dem Thron.* **Entsagung** *die, -,* Verzicht, Selbstlosigkeit. **entsagungsvoll.**
entsalzen, *ich* entsalze (habe entsalzt) *es,* entferne Salz (Trinkwassergewinnung). **Entsalzung** *die, -/-en.*
Entsatz [zu entsetzen] *der, -es,* ⚔ Befreiung eingeschlossener Truppenteile durch Angriff von außen.
entsäuern, *ich* entsäu(e)re (habe entsäuert) *es,* entferne Säure (aus Wasser, Wein). **Entsäu(e)rung** *die, -.*
entschädigen, *ich* entschädige (habe entschädigt) *ihn für etwas,* gebe ihm Ersatz für einen Schaden. **Entschädigung** *die: Entschädigungssumme; Hausratentschädigung.*
entschärfen, *ich* entschärfe (habe entschärft) *es,* **1)** mache ungefährlich (Bomben, Minen). **2)** Ü entferne politisch aggressive oder moralisch anstößige Stellen (aus Buch, Presse, Film). **Entschärfung** *die.*
Entscheid [mhd. entscheit] *der, -(e)s/-e,* Entscheidung.
entscheiden, *ich* entscheide (habe entschieden), **1)** *es,* gebe ein maßgebendes Urteil ab (in Streitfragen). **2)** *es,* gebe den Ausschlag. **3)** *mich,* wähle zwischen mehreren Möglichkeiten: *er entschied sich für, gegen das Angebot; es entscheidet sich,* geht endgültig in einer bestimmten Richtung. **entscheidend,** ausschlaggebend, richtunggebend. **Entscheidung** *die,* **1)** Beendigung eines Zweifels oder Streits durch Sieg der einen Richtung; *Entscheidungsbefugnis; Entscheidungshilfe; Entscheidungsspiel.* **2)** gerichtl. Urteil, Verfügung. **entschieden, 1)** zweifelsfrei, ausgemacht, abgesprochen. **2)** zielsicher, energisch: *aufs entschiedenste.* **Entschiedenheit** *die, -.*

entschlacken, *ich* entschlacke (habe entschlackt), **1)** *es,* befreie von Schlacken. **2)** *den Körper,* ⚕ rege die Ausscheidung von Rückständen des Stoffwechsels an. **Entschlackung** *die, -.*
entschlafen [ahd. intslafan], *ich* entschlafe (entschlief, bin entschlafen), ᴾ **1)** schlafe ein. **2)** sterbe: *sie ist sanft entschlafen.*
entschlagen [mhd. entslahen], *ich* entschlage (entschlug, habe entschlagen) *mich seiner,* ᴼᴼ verzichte darauf, gebe auf: *ich e. mich eines Vorteils.*
entschleiern, *ich* entschlei(e)re (habe entschleiert) *es,* Ü decke auf, enthülle. **Entschlei(e)rung** *die, -.*
entschließen [ahd. intsliozan ›aufschließen‹, ›öffnen‹], *ich* entschließe mich (entschloß sich, habe mich entschlossen) *für* oder *gegen etwas, zu einer Tat,* entscheide mich. **Entschließung** *die.* **entschlossen,** zielsicher, tatkräftig: *entschlossenes Handeln.* **Entschlossenheit** *die, -.*
entschlummern [mhd. entslummen], *ich* entschlumm(e)re (bin entschlummert), ᴾ schlafe ein.
entschlüpfen [mhd. entslipfen ›entgleiten‹], *ich* entschlüpfe (bin entschlüpft) *ihm,* **1)** entrinne. **2)** *ein Wort, Ausruf entschlüpft ihm,* entfährt ihm unbeabsichtigt.
Entschluß *der,* Festlegung des Willens, innere Entscheidung: *er faßte den E. abzureisen; entschluß(un)fähig.*
entschlüsseln, *ich* entschlüssele, entschlüßle (habe entschlüsselt) *es,* mache verständlich (Funkspruch, Geheimschrift). **Entschlüsselung, Entschlüßlung** *die, -.*
entschlußfreudig, Entschlußkraft *die, -,* Fähigkeit zur Entscheidung. **entschlußlos,** unentschlossen, zaudernd. **Entschlußlosigkeit** *die, -.*
entschuldbar, verzeihlich. **Entschuldbarkeit** *die, -.*
entschulden, *ich* entschulde (habe entschuldet) *ihn,* mache schuldenfrei, erleichtere die Schuldenlast. **entschuldigen** [mhd. entschulden], *ich* entschuldige (habe entschuldigt), **1)** *ihn (bei jemandem),* bringe Entschuldigungen für ihn oder sein Handeln vor. **2)** *es,* verzeihe es, erkläre eine Tat und mildere dadurch einen Vorwurf: *Verkehrsunfall entschuldigt jede Verspätung.* **3)** *entschuldigen Sie!,* verzeihen Sie (die Störung, die unbeabsichtigte Belästigung). **4)** *mich,* gebe Gründe an, die mein Tun weniger tadelnswert erscheinen lassen; bitte um Nachsicht. **5)** *mich,* sage ab: *er entschuldigt sich für heute abend.* **6)** *mich,* bitte, mich entfernen oder mit etwas anderem beschäftigen zu dürfen: *entschuldige mich bitte einen Augenblick.* **Entschuldigung** *die, -/-en,* **1)** Milderungsgrund: *dafür gibt es keine E.* **2)** Bitte um Verzeihung oder Nachsicht: *er stammelte seine E.; E.!,* verzeihen Sie! **3)** höfliche Absage: *Entschuldigungsbrief; Entschuldigungsgrund.* **Entschuldung** *die, -/-en,* das Entschulden.
entschweben [mhd. entsweben], *ich* entschwebe (bin entschwebt), ᴾ schwebe, fliege, eile davon.
entschwefeln, *ich* entschwef(e)le (habe entschwefelt) *es,* ⊙ entferne Schwefel aus Roheisen.
entschwinden [mhd. entswinnen], *ich* entschwinde (entschwand, bin entschwunden) *(ihm),* verschwinde: *er entschwand unseren Blicken.*
entseelt, ᴾ tot: *sie sank e. zu Boden.*
entsenden, *ich* entsende (entsandte, habe entsendet oder entsandt) *ihn,* schicke fort. **Entsendung** *die, -.*
entsetzen [ahd. in(t)sizzen], *ich* entsetze (habe entsetzt), **1)** *ihn,* setze in Furcht oder empörtes Staunen. **2)** *mich,* gerate in Furcht oder erschrecktes Staunen: *ich bin entsetzt über sein Verhalten,* empört. **3)** *ihn,* ᴼᴼ setze ab: *er wurde seines Amts entsetzt.* **4)** ⚔ befreie vom umzingelnden Feind. **Entsetzen** *das, -s,* fassungsloser Schreck: *Entsetzensschrei.* **entsetzlich,** furchtbar, schrecklich. **Entsetzlichkeit** *die, -.* **Entsetzung** *die, -/-en,* **1)** Amtsenthebung. **2)** Entsatz.
entseuchen, *ich* entseuche (habe entseucht) *es,* **1)** desinfiziere. **2)** beseitige radioaktive u. a. Verunreinigungen. **Entseuchung** *die, -/-en.*
entsichern, *ich* entsich(e)re (habe entsichert) *eine Schußwaffe,* mache schußfertig.
entsiegeln, *ich* entsieg(e)le (habe entsiegelt) *es,* löse das Siegel (Brief).
entsinnen [mhd. entsinnen], *ich* entsinne *mich* (entsann mich, habe mich entsonnen) *seiner,* erinnere mich daran: *entsinnst du dich jenes Sommers?*
entsorgen, *ich* entsorge (habe entsorgt) *ein Gebiet.* **Entsorgung** *die, -,* Umweltschutz: Beseitigung von Abfällen, Abgasen und Abwässern.
entspannen [mhd. entspannen ›losmachen‹], *ich* entspanne

(habe entspannt) *es,* **1)** setze die Spannung herab. **2)** Ü vermindere die Gefahr: *die Lage im Krisengebiet entspannte sich.* **3)** lockere (Körper). **4)** *mich,* Ü löse mich aus der Verkrampfung, ruhe mich aus. **Entspannung** *die, -: Entspannungspolitik; gymnastische Entspannungsübungen.*

entspiegeln, *ich* entspieg(e)le (habe entspiegelt) *es,* vermindere Reflexe an Glasflächen durch Schichten, die Interferenz erzeugen: *entspiegeltes Glas.*

entspinnen, *es* entspinnt *sich* (entspann sich, hat sich entsponnen), beginnt, entwickelt sich: *eine erregte Diskussion entspann sich.*

entsprechen [mhd. entsprechen], *ich* entspreche (entsprach, habe entsprochen), **1)** *einer Sache,* genüge den Anforderungen oder Erwartungen, passe dazu: *die Anordnung entspricht den Umständen.* **2)** *ihm,* genüge, befriedige, willfahre: *er entsprach ihren Wünschen.* **3)** *ihm,* bin ihm ähnlich, kann ihn in gewissen Beziehungen ersetzen: *die beiden Meldungen entsprechen sich,* sagen ungefähr das gleiche aus. **entsprechend, 1)** angemessen, einer Sache genügend: *eine den Leistungen entsprechende Bezahlung.* **2)** ähnlich, dazu stimmend, analog: *die entsprechende Stelle im Text;* aber: *Entsprechendes gilt für dich.* **3)** *ihm* entsprechend, zufolge, gemäß: *entsprechend der neuen Verordnung.* **Entsprechung** *die, -/-en,* genaue Wiedergabe, passendes Seitenstück, Analogie: *dieses Wort hat keine E. im Französischen.*

entsprießen [mhd. entspriezen], *ich* entsprieße (entsproß, bin entsprossen) *(aus) ihm,* P **1)** stamme ab: *der Ehe entsprossen zwei Kinder.* **2)** *es entsprießt,* wächst hervor (Knospe).

entspringen [ahd. inspringan], *es* entspringt (entsprang, ist entsprungen) *aus etwas,* **1)** nimmt seinen Ursprung davon (Quelle, Fluß): *der Fluß entspringt in den Alpen.* **2)** *ein Raubtier ist aus dem Zoo entsprungen,* entlaufen.

entstammen, *ich* entstamme *ihm, Perfekt nicht üblich,* leite mich von ihm her, bin sein Nachkomme: *er entstammt einem alten Geschlecht.*

entstauben, entstäuben, *ich* entstaube, entstäube (habe entstaubt, entstäubt) *es,* entferne den Staub. **Entstaubung, Entstäubung** *die, -.*

entstehen [mhd. entsten], *es* entsteht (ist entstanden) *aus ihm,* tritt ins Dasein, geht hervor, wird gebildet: *hier entsteht eine neue Stadt; daraus kann nur Zank entstehen.* **Entstehung** *die, -/-en: Entstehungsgeschichte; Entstehungszeit.*

entsteigen, *ich* entsteige (bin entstiegen) *einer Sache,* P steige heraus.

entsteinen, *ich* entsteine (habe entsteint) *es,* entferne den Stein (aus Obst): *entsteinte Kirschen.*

entsteißen, *ich* entsteiße (habe entsteißt) *es ihm,* U schmeichle ab, erlange durch List.

entstellen [mhd. entstellen], *ich* entstelle (habe entstellt), **1)** *ihn, es,* mache häßlich, verunstalte: *eine entstellende Brandwunde.* **2)** *es,* verdrehe, verfälsche, fülle mit Lügen: *ein entstellter Bericht.* **Entstellung** *die, -.*

entstören, *ich* entstöre (habe entstört) ((ɣ)) beseitige Störungen: *ein entstörtes Radiogerät.* **Entstörung** *die, -.*

entstressen, *ich* entstresse (habe entstreßt) U erhole mich durch gründliches Ausspannen vom Streß: *ich muß mal entstressen.*

entströmen, *es* entströmt (ist entströmt) *ihm,* strömt heraus, entweicht (Gas).

entsühnen, *ich* entsühne (habe entsühnt) *ihn,* befreie von Sünde, Schuld. **Entsühnung** *die, -.*

enttabuieren, *ich* enttabuiere (habe enttabuiert) *ihn,* enttabuisiere. **Enttabuierung** *die.* **enttabuisieren,** *ich* enttabuisiere (habe enttabuisiert) *ihn, es,* löse ihn, es aus einem Tabu. **Enttabuisierung** *die.*

enttäuschen, *ich* enttäusche (habe enttäuscht) *ihn,* entspreche nicht seinen Erwartungen: *sei bitte nicht enttäuscht, wenn wir nicht kommen können.* **Enttäuschung** *die.*

entthronen, *ich* entthrone (habe entthront) *ihn,* **1)** verdränge vom Thron, setze ab. **2)** Ü entferne aus einer führenden Stellung. **Entthronung** *die, -.*

enttrümmern, *ich* enttrümm(e)re (habe enttrümmert) *es,* befreie von Trümmern. **Enttrümm(e)rung** *die, -.*

entvölkern, *ich* entvölkere (hat entvölkert) *ein Gebiet,* verringere die Zahl der Bevölkerung: *der Krieg, eine Seuche hat das Land entvölkert.* **Entvölkerung** *die, -.*

entw., Abk. für: entweder.

entwachsen [mhd. entwahsen], *ich* entwachse (entwuchs, bin entwachsen) *ihm,* werde zu groß oder zu reif dafür: *er ist dem Kindesalter entwachsen.*

entwaffnen [mhd. entwafenen], *ich* entwaffne (habe entwaffnet) *ihn,* **1)** nehme ihm die Waffen ab. **2)** Ü nehme ihm die Gegenargumente: *ein entwaffnendes Lächeln.* **Entwaffnung** *die, -.*

entwaldet, des Waldes beraubt: *entwaldete Landschaft.* **Entwaldung** *die, -.*

entwarnen, *ich* entwarne (habe entwarnt), beende den Alarmzustand. **Entwarnung** *die.*

entwässern, *ich* entwässere, entwäßre (habe entwässert) *es.* **Entwässerung** *die, -/-en,* **1)** Dränung. **2)** Abfluß von Abwässern, ABB. T 20. **3)** Minderung des Wassergehalts, z. B. in Chemie und Medizin.

entweder [auch 'ent-, ahd. einweder], Abk.: entw.: *entweder . . . oder . . .,* tritt das eine ein, so ist das andere unmöglich; *e. jetzt oder nie.* **Entweder-Oder** das, -, U Entscheidung zwischen zwei Dingen: *es gibt kein E.-O.,* keine Wahl.

entweichen [mhd. entweichen], *ich* entweiche (bin entwichen) *ihm,* P entfliehe, gehe fort. **2)** *es entweicht,* findet einen Ausweg, strömt aus (Dampf, Gas).

entweihen, *ich* entweihe (habe entweiht) *es,* **1)** schände (kirchliche Geräte). **2)** störe (Andacht). **Entweihung** *die.*

entwenden [mhd. entwenden], *ich* entwende (habe entwendet) *es (ihm),* nehme weg, stehle. **Entwendung** *die.*

entwerfen [mhd. entwerfen], *ich* entwerfe (entwarf, habe entworfen) *es,* plane, zeichne einen Entwurf. **Entwerfer** *der,* Designer, Formgestalter: *er ist E. für Tapetenmuster.*

entwerten, *ich* entwerte (habe entwertet) *es,* nehme oder mindere seinen Wert: *Fahrkartenentwerter.* **Entwertung** *die: Geldentwertung.*

entwesen, *ich* entwese (habe entwest) *es,* befreie von Schädlingen. **Entwesung** *die, -/-en.*

entwickeln, *ich* entwick(e)le (habe entwickelt), **1)** *es,* erreiche allmählich, bringe hervor (Fähigkeiten). **2)** *es,* lege dar (Plan). **3)** *einen Film,* mache das Bild auf dem belichteten Film sichtbar. **4)** *mich,* bringe meine Anlagen zur Entfaltung: *das Kind hat sich gut entwickelt; die jungen Pflanzen entwickeln sich gut.* **5)** *es* entwickelt sich, entsteht: *aus der Bekanntschaft entwickelte sich eine herzliche Freundschaft; bei dem Brand hat sich starker Rauch entwickelt.* **Entwick(e)lung** *die, -/-en: Filmentwicklung; Entwicklungsfaktor; Entwicklungsforschung; Entwicklungsstufe.* **Entwickler** *der, -s/-,* Photographie: Flüssigkeit zum Entwickeln von Filmen. **Entwicklungsgeschichte** *die,* Werdegang des Lebens auf der Erde. **Entwicklungshelfer** *der.* **Entwicklungshilfe** *die, -,* direkte Maßnahmen zur Unterstützung für Entwicklungsländer. **Entwicklungsjahre,** Pl., die Zeit der Pubertät. **Entwicklungsland** *das,* Gebiet mit niedrigem Lebensstandard, der mit Hilfe anderer Nationen gehoben werden soll. **Entwicklungspolitik** *die,* die Gesamtheit der Maßnahmen zur besseren Nutzung des wirtschaftl. Potentials der Entwicklungsländer. **Entwicklungsstörung** *die,* Hemmung, Unterbrechung der Entwicklung (eines Lebewesens). **Entwicklungsstufe** *die: dieses Volk hat schon früh eine hohe E. erreicht.*

entwinden [mhd. entwinden], *ich* entwinde (entwand, habe entwunden) *es ihm,* nehme mit Gewalt aus der Hand: *er entwand ihm den Dolch.*

entwirren, *ich* entwirre (habe entwirrt) *es,* **1)** ziehe auseinander (Fäden eines Knäuels). **2)** Ü kläre, schlichte (unklare Lage). **Entwirrung** *die, -.*

entwischen [mhd. entwischen], *ich* entwische (bin entwischt) *ihm,* U entschlüpfe, entkomme.

entwöhnen [ahd. intwennen], *ich* entwöhne (habe entwöhnt), **1)** *ihn dessen,* gewöhne ihm etwas ab: *ich habe mich des Rauchens entwöhnt.* **2)** *einen Säugling,* höre mit Stillen auf. **Entwöhnung** *die, -.*

entwölken, *ich* entwölke *sich* (hat sich entwölkt) **1)** klärt sich auf (Himmel). **2)** Ü glättet sich von Zornesfalten (Stirn).

entwürdigend, die Würde verletzend, demütigend: *die Behandlung der Gefangenen war e.*

Entwurf [zu entwerfen] *der,* Plan, skizzenhafte Ausführung, vorläufige Niederschrift.

entwurzeln, *ich* entwurz(e)le (habe entwurzelt), **1)** *es,* reiße aus dem Boden (Pflanze). **2)** *ihn,* Ü entziehe ihm die vertraute Umgebung: *die durch den Krieg Entwurzelten.* **Entwurz(e)lung** *die, -/-en: Baumentwurzelung.*

entzaubern, *ich* entzaubere (habe entzaubert) **1)** seiner Zauberkraft, U seines Reizes beraubt. **2)** aus einer Verzauberung befreit. **Entzauberung** *die.*

entzerren, *ich* entzerre (habe entzerrt) *es,* beseitige Verzerrungen (bei photograph. Geländeaufnahmen, bei elektroakust. Übertragung). **Entzerrung** *die.*

entziehen [ahd. inziahan], *ich* entziehe (habe entzogen), **1)** *es ihm,* gebe nicht länger, verweigere von jetzt an: *ich entzog ihm meine Unterstützung.* **2)** *mich ihm, seiner,* befreie mich davon, halte mich davon fern: *ich e. mich diesem Zwang; das entzieht sich meiner Kenntnis,* das weiß ich nicht. **Entziehung** *die, -: E. der Fahrerlaubnis.* **Entziehungskur** *die,* Kur zur Entwöhnung von Rauschmitteln.

entzifferbar [zu Ziffer], gerade noch lesbar. **entziffern,** *ich* entziff(e)re (habe entziffert) *es,* **1)** entschlüssele eine Geheimschrift. **2)** lese mit Mühe. **Entziff(e)rung** *die, -: Hieroglyphen-entzifferung.*

entzücken [mhd. entzücken ›entreißen‹], *ich* entzücke (habe entzückt) *ihn,* bereite ihm große Freude, begeistere. **Entzücken** *das, -s.* **entzückend,** sehr erfreulich, hübsch: *dein neues Kleid ist ganz e.*

Entzug *der, -(e)s,* das Entziehen: *Entzugserscheinungen.*

entzündbar, brennbar. **entzünden** [ahd. inzunden], *ich* entzünde (habe entzündet), **1)** *es,* setze in Brand, zünde an: *diese Tat hat ihren Haß entzündet,* Ü. **2)** *es* entzündet sich, fängt Feuer, beginnt zu brennen: *daran entzündete sich neuer Streit,* Ü. **3)** *es entzündet sich,* $ in ihm beginnt eine Entzündung. **entzündlich, 1)** entzündbar. **2)** $ auf einer Entzündung beruhend: *eine entzündliche Schwellung.* **Entzündung** *die,* **1)** Beginn einer Verbrennung. **2)** $ örtliche Reaktion eines Körpergewebes auf einen schädigenden Reiz: *eitrige E.; entzündungshemmendes Mittel; Halsentzündung.*

entzwei [mhd. enzwei, eigtl. ›in zwei (Teile)‹], zerbrochen, in Stücke gegangen. **entzwei...,** in Verbindung mit Verben trennbar zusammengesetzt: *entzweireißen; entzweischneiden.* **entzweibrechen, 1)** *ich breche es entzwei* (brach entzwei, habe entzweigebrochen), zerbreche, breche in Stücke. **2)** *es bricht entzwei* (brach entzwei, ist entzweigebrochen), zerbricht. **entzweien** [mhd. enzweien], *ich* entzweie (habe entzweit), **1)** *sie beide,* bringe in Unfrieden. **2)** *mich mit ihm,* verzanke mich, gerate in Zwiespalt: *worüber habt ihr euch entzweit?* **entzweigehen,** *es* geht entzwei (ging entzwei, ist entzweigegangen), zerbricht, geht kaputt. **entzweischlagen,** *ich* schlage *es* entzwei (schlug entzwei, habe entzweigeschlagen), schlage in Stücke, zerschlage. **Entzweiung** *die, -,* Trennung, Bruch.

Enumeration [lat. enumeratio] *die, -/-en,* ⚬ Aufzählung. **enumerativ,** aufzählend: *enumerative Redeweise.* **enumerieren,** *ich* enumeriere (habe enumeriert) *es,* ⚬.

Enunziation [lat. enuntiatio] *die, -/-en,* ⚬ Aussage; Erklärung.

Enurese [vgl. en... und grch. ourein ›harnen‹] *die, -/-n,* $ das Bettnässen.

Envers [ãv'ɛr, frz.] *der, -/-* [ãv'ɛrs], ⚬ Kehrseite.

Environment [env'airənmənt, engl. ›Umgebung‹] *das, -s/-s,* künstler. Gestaltung eines Raumes mit Objekten aus dem Alltagsleben. **environmental** [envi-], in Art eines Environments. **Environtologie** [vgl. ...logie] *die, -,* Wissenschaft von den Beziehungen des menschl. Organismus zu den natürl. Umweltfaktoren (Luft, Temperatur u. a.).

en vogue [ãv'ɔg, frz.], in Mode, im Schwange.

...enz [lat.], Ableitungssilbe für weibl. Substantive: *die Existenz; die Konsistenz.*

Enzephalitis [grch. enkephalos ›Gehirn‹] *die, -/...t'iden,* $ Gehirnentzündung. **Enzephalographie** [vgl. ...graphie] *die, -/...ph'i|en,* $ die röntgenolog. Darstellung der Hirnkammern nach Luftfüllung.

Enzian [ahd. entian, zu lat. gentiana] *der, -s/-e,* **1)** Gebirgspflanze. **2)** mit Enzianwurzel gebrannter Schnaps.

Enzyklika [grch. enkyklios epistole ›allgemeiner Rundbrief‹] *die, -/...ken,* päpstliches Rundschreiben. **enzyklisch,** einen Kreis durchlaufend.

Enzyklopädie [Kw. aus grch. enkyklios paideia ›allumfassende Bildung‹] *die, -/...d'i|en,* **1)** Darstellung der Gesamtheit aller Wissenszweige. **2)** Sachwörterbuch hierüber. **enzyklopädisch, 1)** weltumspannend. **2)** alle Wissenschaften umfassend: *er verfügt über ein enzyklopädisches Wissen.* **3)** in Form einer Enzyklopädie.

Enzym [grch. zyme ›Sauerteig‹] *das, -s/-e,* ⟲ Zellwirkstoff, der einen biochem. Vorgang anregt und lenkt: *Enzympräparat.* **enzymatisch,** *enzymatische Reaktionen.* **Enzymopathie** [grch. pathos ›Leiden‹] *die, -/...th'i|en,* durch Mangel an Enzymen oder Funktionsstörung hervorgerufene Stoffwechselkrankheit.

enzystieren [grch. kystis ›Blase‹], *es* enzystiert (hat enzystiert), kapselt sich ein, versieht sich mit einer Schutzhülle.

eo ipso [lat. ›durch sich selbst‹], eben dadurch, von selbst.

Eolienne [eɔlj'ɛn, frz., nach dem griech. Gott der Winde Aiolos] *die, -,* taftbindiger Kleiderstoff.

Eolith [grch. eos ›Morgen‹ und vgl. ...lith] *der, -s/-e* oder *-en/-en,* vermeintl. Feuersteingeräte aus voreiszeitl. Ablagerungen. **Eos,** griech. Göttin der Morgenröte. **Eosin** *das, -s,* ein roter Farbstoff. **eozän. Eozän** [grch. kainos ›neu‹, ›jung‹] *das, -s,* eine geolog. Abteilung des Tertiärs. **Eozoikum** [grch. zoon ›Leben‹] *das, -s,* eine geolog. Formation des Präkambriums.

epagogisch [grch. epagein ›hinauf-, herbeiführen‹], Philosophie: vom Besonderen zum Allgemeinen führend.

Epakte [grch. epaktos ›fremd‹, ›hinzuerworben‹] *die, -/-n,* Anzahl der Tage vom letzten Neumond des alten Jahres bis zum Neujahrstag.

Eparchie [grch. eparcheios] *die, -/...ch'i|en,* Diözese in der Ostkirche.

Epaulette [epol'ɛt, frz. épaule ›Schulter‹] *die, -/-n* [-tən], Schulterstück bei Uniformen.

Epen, *Pl.* von Epos.

Epenthese [vgl. epi... und grch. enthesis ›Hineinsetzung‹] *die, -/-n,* Einschub eines Lautes. **epenthetisch.**

Ephebe [grch. ephebos] *der, -n/-n,* Jüngling.

ephemer [grch. ephemeros ›auf den Tag‹], eintägig; Ü vergänglich. **Ephemeride** *die, -/-n,* **1)** Vorgang von kurzer Dauer. **2)** Vorausberechnung der täglichen Stellung der Himmelskörper; auch die Tabellen davon. **3)** Eintagsfliege.

Ephorat *das, -s/-e,* Amt des Ephorus. **Ephorus** [grch. ephoros ›Aufseher‹] *der, -/...ph'oren,* Superintendent und Leiter kirchl. Ausbildungsstätten.

Ephraim [hebr. ›Fruchtbarkeit‹], männl. Vorname.

epi... [grch.], über, auf, an; bei, zu, hinzu.

Epidemie [grch. epidemios ›im Volk verbreitet‹] *die, -/...m'i|en,* Krankheitswelle, gehäuftes Auftreten einer Infektionskrankheit: *Grippeepidemie.* **epidemisch. Epidemiologie** *die, -,* Lehre von der Entstehung und Bekämpfung von Epidemien. **epidemiologisch,** *epidemiologische Studien.*

epiderm [vgl. epi... und grch. derma ›Haut‹], die Epidermis betreffend. **Epidermis** *die, -/...men,* oberste Schicht der Haut.

Epidiaskop [vgl. epi... und Diaskop] *das, -s/-e,* Bildwerfer für durchsichtige und undurchsichtige Bilder.

epigonal. Epigone [grch. epigonos ›nachgeboren‹] *der, -n/-n,* unschöpferischer Nachahmer großer Vorbilder. **epigonenhaft. Epigonentum** *das, -s.*

Epigramm [grch. epigramma ›Aufschrift‹, ›Inschrift‹] *das, -s/-e,* kurzes, geistreiches oder witziges Gedicht, Sinngedicht. **epigrammatisch,** knapp, treffend gesagt. **Epigraph** [grch. epigraphein ›darauf schreiben‹, die -s (antike) Inschrift. **Epigraphik** *die, -,* Inschriftenkunde.

Epik [grch. epikos, zu Epos] *die, -,* erzählende Dichtung. **Epiker** *der, -s/-,* erzählender Dichter.

Epikanthus [vgl. epi... und grch. kanthos ›Augenwinkel‹] *der, -,* $ eine Augenwinkel vom oberen zum unteren Augenlid ziehende Hautfalte.

Epikrise [grch. epikrisis ›Beurteilung‹] *die,* $ abschließende ärztliche Beurteilung eines Krankheitsfalls.

Epikureer [nach dem griech. Philosophen Epikur, 341–271 v. Chr.] *der, -s/-,* **1)** Anhänger der Lehre Epikurs. **2)** Ü Genußmensch. **epikureisch.**

Epilation [vgl. epi... und lat. pilus ›Haar‹] *die, -/-en,* $ Entfernung von Körperhaaren.

Epilepsie [grch. epilepsis ›das Ergreifen‹] *die, -/...s'i|en,* $ Anfälle von Krämpfen und Bewußtlosigkeit, Fallsucht. **Epileptiker** *der, -s/-,* an Epilepsie Erkrankter, Fallsüchtiger. **epileptisch.**

epilieren [zu Epilation], *ich* epiliere (habe epiliert) *es,* enthaare.

Epilog [grch. epilogos] *der, -s/-e,* Schlußwort; Nachspiel (Theaterstück).

Epinglé [epẽgl'e, frz.] *der, -(s)/-s,* feingerippter Stoff.

Epinikion [grch.] *das, -s/...ki|en,* altgriech. Preisgesang für einen Sieger in den Nationalspielen.

Epiphania [grch. epiphania ›Erscheinung‹] *die, -,* Erscheinung (des Herrn). **Epiphanias** *das, -/...ni|en,* Epiphanienfest, Fest der Erscheinung Christi (6. Januar). **Epiphanie** *die, -,* Epiphania.

Epipher *die, -/-n,* **Epiphora** [grch. epipherein ›nachtragen‹] *die, -/-n,* Redefigur: Wiederholung eines Wortes am Ende einander folgender Sätze oder Satzteile. **2)** $ Tränenfluß.

Epiphyse [grch. epiphysis ›Angewachsenes‹] *die, -/-n,* **1)**

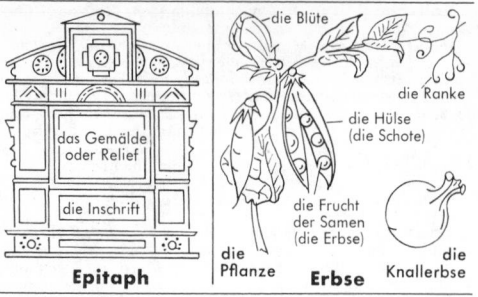

das Gemälde oder Relief

die Inschrift

Epitaph

die Blüte

die Ranke

die Hülse (die Schote)

die Frucht der Samen (die Erbse)

die Pflanze

Erbse

die Knallerbse

Endstück langer Röhrenknochen. **2)** Zirbeldrüse. **Epiphyt** [vgl. epi... und grch. phyton ›Pflanze‹, eigtl. ›Überpflanze‹] *der, -en/-en,* Pflanze, die auf einer anderen wächst, ohne dieser Nährstoffe zu entziehen.

episch, das Epos betreffend, erzählend: *eine epische Dichtung; seine Rede war von epischer Breite,* Ü weit ausholend.

Epi|skop [grch. episkopein ›betrachten‹] *das, -s/-e,* Bildwerfer für undurchsichtige Bilder.

epi|skopal [grch. episkopos ›Hüter‹], bischöflich. **Epi|skopalismus** *der, -,* **Epi|skopalsystem** *das, -s,* Kirchenrechtssystem, das das allgemeine Konzil der Bischöfe dem Papst überordnet. **Epi|skopat** *der* oder *das, -s/-e,* **1)** Bischofsamt. **2)** die Gesamtheit der Bischöfe. **Epi|skopus** *der, -/...pi,* Bischof.

Episode [frz., grch. epeisodion] *die, -/-n,* **1)** Zwischenspiel, nebensächl. Erlebnis. **2)** Zeitabschnitt innerhalb eines größeren zusammenhängenden Geschehens. **3)** Literatur: eingeschobene Nebenhandlung. **4)** ♪ Zwischenspiel in der Fuge. **episodenhaft, episodisch.**

Epistel [grch. epistole ›Sendung‹] *die, -/-n,* **1)** (kunstvoller) Brief. **2)** Apostelbrief. **3)** *ihm wurde die E. gelesen,* Ü eine Strafpredigt gehalten.

Epistemologie [grch. episteme ›Wissen‹ und vgl....logie] *die, -,* Lehre vom Wissen.

Epistyl *das, -s/-e,* **Epistylion** [vgl. epi... und grch. stylos ›Säule‹] *das, -s/...li|en,* ⫴ Architrav, ABB. G 6.

Epitaph [vgl. epi... und grch. taphos ›Grab‹] *das, -s/-e,* Erinnerungsmal für einen Verstorbenen (in der Kirche), ABB. E 7, K 20.

Epithel [vgl. epi... und grch. thele ›Brustwarze‹, übertragen im Sinn von ›Hautpapille‹] *das, -s/-e,* gefäßfreie Zellschicht, die die äußere Oberfläche und die inneren Hohlräume des menschl. und tierischen Körpers überkleidet.

Epitheton [grch. epithetos ›hinzugefügt‹] *das, -s/...ta,* (schmückendes) Beiwort: *E. ornans,* ÜBERS. R 12.

Epitomator *der, -s/...t'oren,* Verfasser einer Epitome. **Epitome** [grch.] *die, -/...t'omen,* Auszug (aus einem Buch).

Epizen|trum [vgl. epi... und Zentrum] *das, -s/...ren,* Erdbeben: der Ort stärkster Bewegung der Erdoberfläche.

epizoisch. Epizoon [vgl. epi... und grch. zoon ›Leben‹] *das, -s/...z'o|en,* auf Tieren sitzender Schmarotzer.

epochal, epochemachend, aufsehenerregend: *ein epochales Ereignis.* **Epoche** [grch. ›das Anhalten‹] *die, -/-n,* größerer geschichtl. Zeitabschnitt: *das Ereignis macht E.,* leitet eine neue Zeit ein; aber: *das epochemachende Ereignis.*

Epopöe [grch. epopoiia ›Abfassung eines epischen Gedichts‹] *die, -/-n,* ♂♀ Epos. **Epos** [grch. ›Wort‹, ›Rede‹, ›Erzählung‹] *das, -/'Epen,* längeres erzählendes Gedicht.

Eppich [mhd. ephich, zu lat. apium] *der, -s/-e,* volkstüml. Bez. für mehrere Pflanzen (Sellerie, Petersilie, Efeu).

Eprouvette [epruv'ɛt, frz. éprouver ›probieren‹, lat. probare ›prüfen‹] *die, -/-n* [-tən], österr.: Reagenzglas.

Epsilon *das, -(s)/-s,* griech. Buchstabe, ÜBERS. G 36.

Equilibrist usw., Äquilibrist usw.

Equipage [ekip'aːʒ, frz. ›Ausstattung‹] *die, -/-n* [-ʒən], **1)** herrschaftl. Kutsche. **2)** Schiffsbesatzung. **3)** Equipierung. **Equipe** [ek'ip, frz. ›Truppe‹] *die, -/-n* [-pən], Mannschaft (Reiten, Fechten). **equipieren** [eki-], *ich equipiere* (habe equipiert) *ihn, -s,* ♂♀ rüste aus. **Equipierung** [eki-] *die, -/-en.*

er, Personalpronomen, ÜBERS. P 24. **Er,** ♂♀ Anrede in der 3. Person für männl. Untergebene.

er..., Präfix, **1)** zu etwas machen oder werden: *erkalten.*

erwärmen. **2)** ein Ergebnis erzielen: *erbauen; errichten.* **3)** etwas erwerben: *erarbeiten; erbitten.* **4)** beginnen: *erzittern; erschrecken.* **5)** *oberdt.: z. B. ersorgen,* sorgevoll erwarten.

...er, Suffix für: **1)** Substantive: Berufsbezeichnungen, von Verben oder Substantiven abgeleitet: *der Zeichner; der Fleischer;* Gerätenamen, gleichzeitig auf Personen anwendbar: *der Bohrer; der Former;* Einwohnernamen: *der Wiener; der Schweizer.* **2)** Adjektive, von Orts- oder Ländernamen abgeleitet: *das Wiener Würstchen; der Schweizer Käse.* **3)** Komparativ der Adjektive, ÜBERS. A 4: *lang, länger.*

Er, ⚛ Zeichen für: Erbium.

er|achten [ahd. irahton], *ich erachte* (habe erachtet) *es,* meine, daß es ist: *ich e. es für nötig; ich e. es deiner unwürdig.* **Er|achten** *das, -s,* Meinung, Ansicht: *meines Erachtens,* Abk.: m. E.; *nach meinem E.; meinem E. nach.*

erarbeiten, *ich erarbeite* (habe erarbeitet) *es mir,* erwerbe durch Arbeit: *er hat sich sein Wissen selbst erarbeitet.*

Erato [grch.], Muse der Liebesdichtung.

Erb|anlage *die,* in den Genen festgelegte Fähigkeit eines Organismus, kennzeichnende Merkmale zu entwickeln.

Erbärmdebild *das,* Darstellung Christi als Schmerzensmann. **erbarmen** [ahd. irbarmen], *ich erbarme* (habe erbarmt) *mich,* **1)** *seiner, über ihn,* habe Mitleid mit ihm, suche ihm zu helfen oder verzeihe ihm. **2)** *er, erbarmt mich,* tut mir leid. **Erbarmen** *das, -s,* Mitleid, das nach Abhilfe sucht. **erbarmenswert,** Erbarmen erweckend. **Erbarmer** *der, -s/-,* P mitleidiger Helfer: *Allerbarmer,* Gott. **erbärmlich, 1)** erbarmenswert. **2)** kleinlich, verächtlich. **Erbärmlichkeit** *die, -.* **Erbarmung** *die, -,* das Erbarmen. **erbarmungslos,** ohne Erbarmen, grausam. **Erbarmungslosigkeit** *die, -.*

erbauen [mhd. erbuwen], *ich erbaue* (habe erbaut) *es,* errichte, baue auf. **2)** *es erbaut ihn,* versetzt in Hochstimmung: *er wird nicht sehr erbaut davon sein,* Ü nicht erfreut, sich darüber ärgern. **3)** *man an etwas,* finde innere Stärkung, erfreue mich daran. **Erbauer** *der, -s/-,* Bauherr, Baumeister. **erbaulich,** das Gemüt stärkend, läuternd. **Erbaulichkeit** *die, -.* **Erbauung** *die, -: er tut es zu seiner E.*

Erbbaurecht *das,* ⚖ das vererbl. und veräußerl. Recht, auf einem fremden Grundstück ein Bauwerk zu errichten. **erbberechtigt,** befugt, die Erbschaft anzutreten. **Erbe, 1)** [ahd. erbo] *der, -n/-n,* Übernehmer eines Erbes. **2)** [ahd. erbi] *das, -s,* Hinterlassenschaft: *Erbstück; Familienerbe.*

erbeben, *ich erbebe* (bin erbebt) *vor ihm,* zittere vor Furcht.

erben [ahd. erben], *ich erbe* (habe geerbt) *es (von ihm),* übernehme als Erbe, beerbe ihn.

erbetteln, *ich erbett(e)le* (habe erbettelt) *es,* erlange durch Betteln, Ü erreiche durch vieles Bitten.

erbeuten, *ich erbeute* (habe erbeutet) *es,* erringe als Beute: *erbeutete feindliche Geschütze.* **Erbeutung** *die, -.*

Erbfaktor *der,* das Gen. **Erbfall** *der,* Todesfall, durch den jemand zum Erben wird. **Erbfeind** *der, -(e)s,* B Teufel. **Erbfolge** *die,* Reihenfolge der Erbberechtigung (der Familienmitglieder). **Erbgang** *der, -(e)s,* Biologie: Vererbungsweise eines Merkmals. **Erbgut** *das,* **1)** das Erbe. **2)** *ohne Pl.,* Gesamtheit der Erbanlagen.

erbieten [ahd. irbiatan], *ich erbiete mich* (habe mich erboten), *etwas zu tun,* erkläre mich bereit: *wer erbietet sich freiwillig, ihm zu helfen?*

Erbin *die, -/-nen,* Übernehmerin eines Erbes.

erbitten, *ich erbitte* (erbat, habe erbeten) *es,* versuche durch Bitten zu erreichen.

erbittern [mhd. erbittern], *ich erbitt(e)re* (habe erbittert) *ihn,* bringe in Verbitterung. **erbittert,** sehr heftig, hartnäckig: *erbitterter Widerstand.* **Erbitt(e)rung** *die, -.*

Erbium [urspr. Terbia, nach der schwed. Stadt Ytterby] *das, -s,* ⚛ Zeichen: Er, ein Element, an der Luft ziemlich stabiles Seltenerdmetall.

Erbkrankheit *die,* erbliche Krankheit.

er|blassen [mhd. erblichen], *ich erblasse* (bin erblaßt) *vor ihm,* werde blaß, verliere die Farbe. **2)** *er erblaßt,* P stirbt. **3)** *vor ihm,* Ü bin ihm unterlegen.

Erb|lasser [mhd. daz erbe lan] *der, -s/-,* jemand, der ein Erbe hinterläßt. **Erb|lassung** *die, -.*

er|bleichen [mhd. erbleichen], *ich erbleiche,* **1)** (bin erbleicht), werde bleich, erblasse. **2)** *er erbleicht* (ist erblichen), P stirbt.

erb|lich [mhd. erbeliche], *eine erbliche Krankheit; dieser Titel ist e.; er ist e. belastet.* **Erb|lichkeit** *die, -,* Übertragbarkeit auf Nachkommen durch Vererbung.

er|blicken [mhd. erblicken], *ich erblicke* (habe erblickt) **1)**

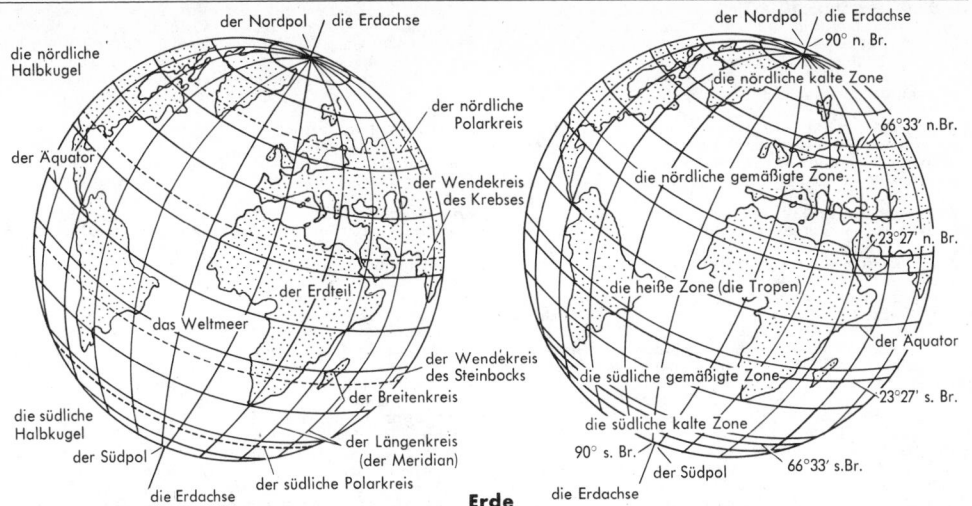

der Nordpol / die Erdachse
die nördliche Halbkugel
der nördliche Polarkreis
der Äquator
der Wendekreis des Krebses
der Erdteil
das Weltmeer
der Wendekreis des Steinbocks
der Breitenkreis
die südliche Halbkugel
der Südpol
der Längenkreis (der Meridian)
die Erdachse
der südliche Polarkreis

der Nordpol / die Erdachse
90° n. Br.
die nördliche kalte Zone
66°33' n.Br.
die nördliche gemäßigte Zone
23°27' n. Br.
die heiße Zone (die Tropen)
der Äquator
die südliche gemäßigte Zone
23°27' s. Br.
die südliche kalte Zone
90° s. Br.
der Südpol
66°33' s.Br.
die Erdachse

Erde

ihn, es, bemerke mit den Augen: *ein Kind erblickt das Licht der Welt*, wird geboren. 2) *es in ihm*, Ü halte dafür: *in ihm e. ich meinen schärfsten Konkurrenten.*
er|blinden [ahd. irblinden], *ich erblinde* (bin erblindet), werde blind, verliere die Sehkraft. **Er|blindung** *die*, -/-en.
er|blühen [mhd. erblüejen], *sie erblüht* (ist erblüht), 1) blüht auf (Knospe). 2) P ist herangewachsen (Mädchen).
Erbmasse *die*, Erbgut. **Erb|onkel** *der*, U Onkel, von dem eine größere Erbschaft zu erwarten ist.
erbosen [mhd. erbosen ›schlecht werden‹], *ich erbose* (habe erbost), 1) *ihn*, erzürne: *er ist erbost darüber.* 2) *mich*, werde böse.
erbötig, K bereit: *ich es ist zu tun.* **Erbötigkeit** *die*, -.
Erbpacht *die*, ♾ vererbl. und veräußerl. dingliches Nutzungsrecht an einem Grundstück. **Erbprinz** *der*, designierter Nachfolger eines regierenden Fürsten.
er|brechen [mhd. erbrechen], *ich erbreche* (erbrach, habe erbrochen), 1) *es*, breche auf, öffne gewaltsam. 2) *es, mich*, breche, gebe den Mageninhalt durch den Mund von mir.
Er|brechen *das, -s: das Thema wurde bis zum E. durchdiskutiert*, Ü bis zum Überdruß.
Erb|recht *das, -(e)s*, ♾ alle ein Erbe betreffenden Rechtsbestimmungen.
er|bringen, *ich erbringe* (habe erbracht), schaffe herbei: *ich e. den Beweis dafür*, beweise.
Erbschaft *die, -/-en, das Erbe: Erbschaftsteuer.* **Erbschein** *der*, Urkunde über das Recht an einem Erbe. **Erbschleicher** *der*, jemand, der sich ein Erbe zu erschleichen sucht. **Erbschleicherei** *die*, -.
Erbse [ahd. araweiz] *die, -/-n*, Speise- und Futterpflanze, ABB. E 7: *Erbs(en)brei; erbsengroß.* **Erbsenstein** *der*, aus erbsenförmigen Mineralkörpern bestehendes Gestein. **Erbs(en)stroh** *das*, getrocknetes Kraut der Erbse.
Erbsünde [mhd. erbsünde, Lü. von lat. peccatorium hereditarium] *die*, -, nach christl. Lehre die dem Menschen angeborene Sündhaftigkeit.
Erbswurst *die*, in Wurstform gepreßte Suppenkonserve aus Erbsenmehl.
Erbteil, 1) *das*, von den Vorfahren vererbte Anlage: *seine musikalische Begabung ist ein E. seiner Mutter.* 2) *der*, ♾ Anteil eines Miterben. **Erbzins** *der*, ⚯ die jährl. Pachtsumme bei der Erbpacht.
Erd|achse *die*, -, durch Nord- und Südpol gehende Drehachse der Erde, ABB. E 8. **Erd|apfel** *der*, 1) Kartoffel. 2) Topinamburknolle.
erdauern, *ich erdau(e)re* (habe erdauert) *es, schweiz.:* prüfe gründlich. **Erdau(e)rung** *die*, -.
Erdbahn *die*, -, Bahn der Erde um die Sonne. **Erdball** *der, -s*, P die Erdkugel. **Erdbeben** *das*, Erschütterung der

Erdoberfläche, die im Erdinnern entsteht: *Erdbebenherd.*
Erdbeere *die*, 1) Rosengewächs mit eßbarer Scheinfrucht (Beere), ABB. B 17: *erdbeerfarben.* 2) Zierpflanze mit ungenießbaren Früchten (Indische Erdbeere). **Erdbirne** *die*, 1) süßlich schmeckende Knolle einer Windepflanze. 2) Kartoffel. **Erdboden** *der*, Erdoberfläche: *die Stadt wurde dem E. gleichgemacht*, völlig zerstört. **Erde** [ahd. erda] *die*, -, 1) der von den Menschen bewohnte Planet, ABB. E 8: *auf der E., P auf Erden; Erdglobus; Erdzeitalter; erdverbunden.* 2) der feste Boden: *er steht mit beiden Beinen auf der E.*, Ü ist tüchtig und praktisch im Leben; *er hat sie unter die E. gebracht*, Ü zu ihrem Tod beigetragen; *er ruht in fremder E.*, Ü ist nicht in seiner Heimat begraben; *auf der E.*, Ü auf dem Boden; *zu ebener E.*, in Höhe der Erdoberfläche. 3) Erdreich; verwitterte Gesteine, besonders soweit sie Pflanzenwuchs tragen: *zwischen den Felsen war kaum E.* 4) *Erden, Pl.*, ⌀ eine Reihe von Metalloxiden. **Erd|eichel** *die*, 1) Erdnuß. 2) Erdkastanie. 3) Knollen-Platterbse, im Schmetterlingsblüter. **erden**, *ich erde* (habe geerdet) *es*, ⚡ verbinde einen Stromleiter mit der Erde.
Erdenbürger *der*, Mensch im Diesseits. **Erdenglück** *das*, diesseitiges Glück.
erdenken [ahd. irthenken], *ich erdenke* (habe erdacht) *es*, erfinde, ersinne, schaffe im Geiste. **erdenklich**, alles nur mögliche, soviel sich nur denken läßt: *er gab sich alle erdenkliche Mühe; er versuchte alles Erdenkliche.*
Erdenleben *das*, P das irdische Leben. **erdennah**, erdnah. **Erdenrund** *das, -s*, P die Erde. **Erder** *der, -s/-*, Metallplatte oder -netz in der Erde als widerstandsarme Verbindung zwischen elektr. Anlagen und der Erde. **Erdfall** *der*, trichterförmige Einsenkung der Erdoberfläche. **Erdferne** *die*, -, Apogäum. **Erdfloh** *der*, springfähiger Käfer, Pflanzenschädling. **Erdg.**, Abk. für: Erdgeschoß. **Erdgas** *das*, in der Erde vorkommendes Gemisch gasförmiger brennbarer Kohlenwasserstoffe, Naturgas. **erdgebunden**, der Erde verhaftet. **Erdgeschichte** *die*, Geschichte der Entwicklung der Erde. **erdgeschichtlich**, Abk.: Erdg. **Erdgeschoß** *das*, Stockwerk zur ebenen Erde, Parterre, ABB. H 11. **Erdhörnchen** *das*, im Nagetier. **Erdhund** *der*, Dachshund oder Terrier für Jagdzwecke.
erdichten, *ich erdichte* (habe erdichtet) *es*, erfinde in meiner Phantasie, denke mir aus.
erdig, voller Erde; erdartig. **Erdkarte** *die*, kartograph. Darstellung der Erde. **Erdkastanie** [-iǝ] *die*, Erdeichel, Doldenblüter mit eßbaren Wurzelknollen. **Erdkrebs** *der*, 1) volkstüml. Name der Maulwurfsgrille. 2) *ohne Pl.*, eine Baumkrankheit. **Erdkreis** *der, -es*, Erde, Erdkugel. **Erdkruste** *die*, Erdrinde. **Erdkugel** *die*, -, Erde, ABB. A 16, G 30, vgl. E 8. **Erdkunde** *die*, -, Geographie. **erdkundlich. Erdmagnetismus** *der*, Magnetismus des Erdkörpers.

erdnah. Erdnähe *die,* Perigäum. **Erdnuß** *die,* Erdeichel, Schmetterlingsblüter mit im Boden reifenden Früchten, ABB. E 10, N 11. **Erdöl** *das,* in der Erde vorkommendes Gemisch flüssiger, brennbarer Kohlenwasserstoffe: *Erdöldollars,* U die Einnahmen der Staaten, die Erdöl exportieren.

erdolchen, *ich* erdolche (habe erdolcht) *ihn,* töte mit dem Dolch.

Erdpech [ahd. erdihhi] *das,* ⚬ Asphalt. **Erdpflanze** *die,* der Geophyt. **Erdrauchgewächse,** *Pl.,* Pflanzen wie Lerchensporn, Herzblume. **Erdreich** *das, -(e)s,* Erdboden, Erde.

er|dreisten, *ich* erdreiste *mich* (habe mich erdreistet), *es zu tun,* bin so dreist, nehme mir heraus: *was erdreistet er sich!*

Erd|rinde *die,* Erdkruste, oberste Schicht der Erde.

er|dröhnen, *es* erdröhnt (ist erdröhnt), beginnt zu dröhnen.

er|drosseln, *ich* erdrossele, erdroßle (habe erdrosselt) *ihn,* erwürge. **Er|drosselung, Er|droßlung** *die.*

Erdrübe *die,* Kohlrübe.

er|drücken [ahd. irdrucchen], *ich* erdrücke (habe erdrückt) *ihn,* 1) drücke tot. 2) *es erdrückt mich,* Ü belastet mich sehr. **er|drückend,** sehr überlegen: *erdrückende Übermacht.*

Erd|rutsch *der,* das Abgleiten von Erdmassen, Bergrutsch. **Erdsatellit** *der,* die Erde umkreisender Raumflugkörper. **Erdschatten** *der,* von der Sonne bewirkter Schatten der Erde, der die Mondfinsternis hervorruft. **Erdschlipf** *der, oberdt.:* Bergrutsch. **Erdstoß** *der,* Erschütterung der Erdrinde. **Erdteil** *der,* jede der großen Festlandmassen der Erde, Kontinent. **Erdtrabant** *der,* Erdsatellit.

erdulden, *ich* erdulde (habe erduldet) *es,* ertrage, halte aus.

Erd|umkreisung *die,* das Umkreisen der Erde durch Satelliten. **Er|dung** *die, -,* das Erden, ABB. B 36. **Erdwachs** *das,* festes natürl. Bitumen. **Erdweber,** *Pl.,* urtüml. Spinnen, z. B. Vogelspinne, Mordspinne. **Erdzeitalter** *das,* ⊕ den geolog. Formationen übergeordneter Zeitabschnitt, Ära.

Erebos, Erebus [grch. erebos] *der, -,* Finsternis, bes. der Unterwelt.

...e|rei, Suffix für weibl. Substantive, die ein häufiges Geschehen bezeichnen, meist im tadelnden Sinn: 1) von Verben abgeleitet: *die Rederei; die Schreiberei;* aber Verben auf ...eln und ...ern, vgl. ...ei. 2) an Substantive angefügt: *die Dieberei; die Schweinerei.*

ereifern, *ich* eifere *mich* (habe mich ereifert) *über ihn, es,* rege mich auf. **Ereif(e)rung** *die, -.*

ereignen [ahd. irougen ›sichtbar machen‹], *es* ereignet *sich* (hat sich ereignet), geschieht, geht vor: *während dieser Abwesenheit hat sich nichts ereignet.* **Ereignis** *das, -ses/-se,* Begebenheit, (bedeutsames) Geschehnis: *ein freudiges E., Geburt eines Kindes.* **ereignisreich,** *ereignisreiche Wochen.*

ereilen [mhd. erilen], *es* ereilt (hat ereilt) *ihn,* holt ihn, erreicht überraschend: *der Tod ereilte ihn,* P er starb plötzlich.

erektil [lat. erigere ›aufrichten‹], einer Erektion fähig: *erektile Organe.* **Erektion** *die, -/-en,* ⚥ Aufrichtung, das Steifwerden, bes. vom männl. Glied.

Eremit [grch. eremos ›einsam‹] *der, -en/-en,* 1) Einsiedler. 2) Einsiedlerkrebs. **Eremitage** [-t'aːʒǝ] *die, -/-n,* 1) Einsiedelei. 2) Gartenhäuschen des 18. Jahrh.

Er(e)n [mhd. er(e)n ›Fußboden‹, ›Tenne‹] *der, -/-, oberdt.:* Hausflur.

ererbt, als Erbe übernommen.

erethisch. Erethismus [grch. erethizein ›reizen‹ und vgl. ...ismus] *der, -,* ⚕ Zustand erhöhter Erregung.

erfahren [ahd. irfaran], *ich* erfahre (erfuhr, habe erfahren) *es,* 1) erhalte Kenntnis davon, es wird mir gesagt: *ich erfuhr es durch Zufall.* 2) erlebe, empfange: *da erfuhr er den Undank der Welt; er erfuhr die sorgsamste Behandlung.* **erfahren,** reich an Erfahrung, vielfach erprobt: *ein erfahrener Anwalt.* **Erfahrenheit** *die, -.* **Erfahrung** *die, -/-en,* 1) durch wiederholte Arbeit gewonnene Fertigkeit, Kenntnis: *er hat E. auf diesem Gebiet, in diesen Arbeiten.* 2) belehrendes Erlebnis: *er machte gute Erfahrungen; Erfahrungsaustausch; Erfahrungswerte; Lebenserfahrung.* 3) das durch systemat. Anschauung, Wahrnehmung erworbene Wissen, Empirie: *Erfahrungsbericht; Erfahrungswissenschaft.* **erfahrungsgemäß,** wie man aus Erfahrung weiß. **erfahrungsreich,** mit viel Erfahrung, bewandert.

erfassen, *ich* erfasse (habe erfaßt) *es,* 1) ergreife, nehme in die Hand. 2) Ü berühre, beeinflusse: *große Angst erfaßte mich.* 3) Ü verstehe: *er hat die Lage auf den ersten Blick erfaßt.* 4) nehme in Listen, Statistiken auf: *die Wehrpflichtigen werden erfaßt.* **Erfassung** *die, -.*

erfinden [ahd. irfindan], *ich* erfinde (erfand, habe erfunden) *es,* 1) schaffe eine bisher noch nicht vorhandene Sache. 2)

erdenke, lüge oder erdichte. **Erfinder** *der,* Schöpfer von etwas bisher noch nicht Vorhandenem (auf techn. Gebiet). **erfinderisch,** voller Einfälle: *Not macht e.* **Erfindung** *die, -/-en,* 1) erste oder neue Lösung einer techn. Aufgabe: *E. der Dampfmaschine.* 2) erfundene Behauptung oder erfundenes Ereignis: *das ist nur E.; Erfindungsgabe.* **erfindungsreich,** erfinderisch.

Erfolg [nhd., zu ahd. arfolgen ›verfolgen‹] *der, -(e)s/-e,* Folge, Wirkung, günstiges Ergebnis: *er tat es mit dem E., daß alles lachte; er hat E. im Leben; Erfolgsautor; Erfolgskurve,* Ü; *Erfolgsprämie; Verkaufserfolg.* **erfolgen,** *es* erfolgt (ist erfolgt) *auf etwas,* geschieht: *auf diese Klage ist nichts mehr erfolgt.* **Erfolghascherei** *die, -,* U Sucht nach Erfolg. **erfolglos,** ohne Erfolg. **Erfolglosigkeit** *die, -.* **erfolgreich,** *ein erfolgreicher Kaufmann.* **erfolgversprechend,** mit voraussichtlich gutem Erfolg: *ein erfolgversprechender Anfang.*

erforderlich, notwendig, unerläßlich: *die erforderlichen Maßnahmen.* **erfordern** [mhd. ervordern], *es* erfordert (hat erfordert) *es,* verlangt unbedingt: *das e. Kenntnisse, Mut.* **Erfordernis** *das, -ses/-se,* Voraussetzung, Vorbedingung.

erforschen [mhd. ervorschen], *ich* erforsche (habe erforscht) *ihn, es,* untersuche wissenschaftlich, suche genau kennenzulernen. **Erforscher** *der.* **Erforschung** *die:* Südpolerforschung.

erfragen [ahd. irfragen], *ich* erfrage (habe erfragt) *es,* erfahre durch Fragen: *ich mußte den Weg erfragen.*

erfrechen, *er* erfrecht *sich* (hat sich erfrecht), wagt, nimmt sich heraus: *was erfrecht er sich eigentlich!*

erfreuen [ahd. irfrewen], *ich* erfreue (habe erfreut), 1) *ihn mit (durch) etwas,* mache ihm eine Freude. 2) *mich an (über) etwas,* freue mich. 3) *mich dessen,* genieße, habe: *er erfreut sich (k)eines guten Rufes.* **erfreulich,** Freude bereitend, günstig: *erfreuliche Ergebnisse.*

erfrieren [ahd. ervriesen], *es* erfriert (ist erfroren), 1) geht durch Frost zugrunde. 2) *ich erfriere es mir* (habe erfroren), *es e. (mir),* ein Körperteil stirbt durch Kälte ab. **Erfrierung** *die, -/-en: Tod durch E.; Erfrierungstod.*

erfrischen [mhd. ervrischen], *ich* erfrische (habe erfrischt) *ihn, mich,* belebe neu, mache frisch: *erfrischendes Lachen,* Ü. **Erfrischung** *die, -/-en,* 1) ohne Pl., Belebung, Erquickung. 2) erquickendes Getränk, Obst, Speiseeis u. ä. **Erfrischungsraum** *der,* kleines Restaurant, z. B. in Warenhäusern.

erfüllen [ahd. irfollon], *ich* erfülle (habe erfüllt), 1) *es* ganz, mache voll: *Geschrei erfüllte die Luft.* 2) *es erfüllt ihn,* bewegt ihn innerlich. 3) *ein Versprechen, eine Hoffnung, eine Bitte,* lasse Wirklichkeit werden, führe es aus: *es erfüllt sich,* wird Wirklichkeit. **Erfüllung** *die, -,* 1) Verwirklichung: *mein Wunsch ging in E.* 2) ⚖ Tilgung einer Schuld: *Erfüllungstag; Erfüllungsgehilfe.* **Erfüllungsort** *der,* ⚖ Ort, an dem eine geschuldete Leistung zu erfüllen ist.

erg., Abk. für: ergänze.

Erg [grch. ergon ›Arbeit‹] *das, -s/-,* Zeichen: erg, physikal. Einheit der Arbeit (Energie).

ergänzen [zu ganz], *ich* ergänze (habe ergänzt) *es,* vervollständige: *die beiden Freunde ergänzen einander sehr gut.* **Ergänzung** *die, -/-en,* 1) Hinzufügung: *Ergänzungsabgabe,* zusätzl. Einkommen- und Körperschaftsteuer. 2) Ⓢ Objekt, ÜBERS. S 79. **Ergänzungsfarbe** *die,* Komplementärfarbe.

ergattern [eigtl. ›durch das Gatter etwas erlangen‹], *ich* ergatt(e)re (habe ergattert) *es,* U verschaffe mir geschickt.

ergaunern, *ich* ergau(e)re (habe ergaunert) *es (mir),* U gewinne durch Gaunerei.

ergeben [ahd. irgeban], *ich* ergebe (ergab, habe ergeben), 1) *es ergibt,* wirft ab, bringt Ertrag oder Erkenntnis: *die Sammlung ergab 100 DM.* 2) *mich ihm,* strecke die Waffen, begebe mich in Gefangenschaft. 3) *mich ihm,* Ü gebe mich ganz hin, widme: *ich ergab sich den Lehren Buddhas; wann hat er sich dem Trunk ergeben?* 4) *mich in etwas,* füge mich ein: *ergib dich in dein Schicksal!* 5) *es ergibt sich,* folgt daraus, kommt zustande: *aus alledem ergeben sich völlig neue Gesichtspunkte.* **ergeben,** gefügig, untertan: *er war ihm treu e.; Ihr ergebener ...,* Schlußformel in Briefen. **Ergebenheit** *die, -.* **Ergebnis** *das, -ses/-se,* Auswirkung, Erfolg, Ertrag, Resultat: *das E. einer Forschungsreise, einer Rechenaufgabe.* **ergebnislos,** ohne Erfolg: *ergebnislose Bemühungen.* **ergebnisreich,** voller Ergebnisse. **Ergebung** *die, -,* 1) das Waffenstrecken, Verzicht auf weiteren Kampf. 2) entsagende Geduld: *ergebungsvoll.*

ergehen [ahd. irgan], *ich* ergehe *mich* (erging mich, habe mich ergangen), 1) P gehe geruhsam auf und ab: *er erging sich* *im Garten.* **2)** Ü verbreite mich ausgiebig in Worten oder Gedanken: *er ergeht sich in Scheltreden, Vermutungen.* **3)** *es ergeht* (ist ergangen), wird erlassen, geht offiziell heraus: *es erging ein Gebot.* **4)** *es ergeht* (ist ergangen) *mir gut, schlecht, mir geht es gut, schlecht.* **5)** *ich lasse es über mich ergehen,* nehme hin, lasse mit mir geschehen. **Ergehen** *das, -s,* Befinden: *Wohlergehen.*

ergetzen, *ich* ergetze (habe ergetzt) *ihn, mich,* ⚬⚬ ergötze. **ergiebig,** ertragreich, nutzbringend. **Ergiebigkeit** *die, -.* **ergießen** [ahd. irgiozan], *es* ergießt *sich* (ergoß sich, hat sich ergossen), **1)** *in ein Gewässer,* fließt hinein, mündet. **2)** *über etwas,* P strömt herab: *Mondlicht ergoß sich über das Meer.* **erglänzen** [mhd. erglenzen], *es* erglänzt (ist erglänzt), beginnt zu glänzen, leuchtet auf. **erglühen** [mhd. erglüejen], *ich* erglühe (bin erglüht), **1)** *es erglüht,* gerät in Glut. **2)** *für ihn, etwas,* P begeistere mich, beginne leidenschaftlich zu lieben: *in Liebe erglüht.* **ergo** [lat.], also, folglich.

Ergo|graph [grch. ergon ›Arbeit‹ und vgl. . . . graph] *der, -en/-en,* Gerät zum Aufzeichnen von Muskelarbeit. **Ergographie** [vgl. . . . .graphie] *die, -,* die Erforschung der Arbeitsgeräte und ihrer Verwendung. **Ergo|logie** [vgl. . . . .logie] *die, -.* **Ergo|meter** *das, -s/-,* Gerät zum Messen der Leistung des Menschen.

Ergotismus [frz. ergot ›Mutterkorn‹ und vgl. . . . ismus] *der, -,* ☥ Kribbelkrankheit, Vergiftung mit Mutterkorn.

ergötzen [ahd. irgezzen ›vergessen machen‹], *ich* ergötze (habe ergötzt) *ihn, mich,* unterhalte, erheitere, vergnüge. **Ergötzen** *das, -s:* zum E. der Zuschauer. **ergötzlich.**

ergrauen, *ich* ergraue (bin ergraut), werde grau (mein Haar); Ü werde alt: *im Dienst ergraut.*

ergreifen [mhd. ergrifen], *ich* ergreife (habe ergriffen), **1)** *ihn, es,* nehme in die Hände: *ich e. mein Glas.* **2)** *ihn,* nehme fest (Dieb). **3)** *es ergreift ihn, mich,* Ü erfaßt, befällt: *von schwerer Krankheit ergriffen.* **4)** *es,* beginne damit, nehme wahr (Besitz, eine Gelegenheit, Maßregeln, das Wort): *welchen Beruf willst du ergreifen?; endlich hat jemand die Initiative ergriffen.* **5)** *es ergreift ihn, mich,* Ü erschüttert mich, bewegt mein Gemüt: *von ihrem Tod waren wir tief ergriffen.* **Ergreifung** *die, -: eine Belohnung für die E. des Täters.* **Ergriffenheit** *die, -,* Mitgefühl, Trauer.

ergrimmen [mhd. ergrimmen ›zerkratzen‹], *ich* ergrimme (bin ergrimmt) *über ihn, etwas,* werde zornig.

ergründen [mhd. ergründen], *ich* ergründe (habe ergründet) *es,* erforsche, suche genau festzustellen.

Erguß *der,* **1)** das Ausströmen von Flüssigem: *Bluterguß, ☥; Samenerguß, ☥.* **2)** Ü leidenschaftl. Aussprechen von Gefühlen, Stimmungen. **Ergußgestein** *das,* ⊕ an der Erdoberfläche erstarrte Lava.

erhaben [mhd. erhaben], **1)** über die Umgebung erhöht, plastisch hervortretend (Relief), ABB. K 38, L 14. **2)** Ü feierlich, erhebend-eindrucksvoll, großartig: *ein erhabener Anblick.* **3)** *über ihn,* nicht berührt davon, stolz darüberstehend: *über alles Lob e.,* ganz ausgezeichnet. **Erhabenheit** *die, -.*

Erhalt *der, -(e)s,* K Empfang: *nach E. Ihres Schreibens.* **erhalten,** *ich* erhalte (erhielt, habe erhalten), **1)** *es,* bekomme, lasse mir geben: *hast du die Benachrichtigung erhalten?* **2)** *ihn, mich, es,* sorge für den Unterhalt, bewahre: *dadurch habe ich mich gesund erhalten.* **3)** *es erhält sich,* dauert fort: *dieser Brauch erhielt sich bis heute.* **Erhalter** *der,* P Bewahrer; Ernährer. **erhältlich,** käuflich, zu bekommen. **Erhaltung** *die,* das Bestehenbleiben, Pflege, Konservierung: *Erhaltungszustand; Selbsterhaltung.* **erhaltungswürdig,** *erhaltungswürdige Bauwerke.*

erhängen [mhd. erhenken], *ich* erhänge (habe erhängt) *ihn, mich,* töte durch den Strang, hänge auf.

Erhard [mhd. ere ›Ehre‹ und hart ›stark‹], männl. Vorname. **erhärten** [mhd. erherten], *ich* erhärte, **1)** (habe erhärtet) *es,* Ü bekräftige: *durch Eid erhärtet.* **2)** *es erhärtet* (ist erhärtet), wird hart. **Erhärtung** *die, -.*

erhaschen [mhd. erhaschen], *ich* hasche (habe erhascht), **1)** *es,* kann gerade noch fangen. **2)** *einen Blick, ein Wort,* Ü fange auf, schnappe auf.

erhausen, *ich* erhause (habe erhaust) *es,* schweiz.: erspare.

erheben [ahd. irheven], *ich* erhebe (erhob, habe erhoben), **1)** *ihn, es,* hebe empor. **2)** *ihn,* gebe ihm einen höheren Rang: *er wurde in den Adelsstand erhoben.* **3)** *ihn, es,* preise, lobe: *er erhob ihn in den Himmel.* **4)** *es,* verlange, lasse mir zahlen (Steuern, Zoll): *die Gebühr wird jährlich erhoben.* **5)** *es,* mache geltend: *ich e. Einspruch.* **6)** *Geschrei, Klage,* beginne, stimme an. **7)** *mich,*

stehe auf. **8)** *mich gegen ihn, etwas,* empöre mich: *die Bauern erhoben sich gegen den Adel.* **9)** *mich über etwas,* wachse darüber hinaus: *erhebe dich nicht über deine Mitmenschen!,* dünke dich nicht besser! **10)** *es erhebt sich über etwas,* ragt darüber hinaus. **11)** *es erhebt sich,* entsteht (Sturm, Frage). **erhebend,** erbaulich, ergreifend. **erheblich,** bedeutsam, wichtig, groß, zahlreich: *erhebliche Einwände; der Schaden war e.* **Erhebung** *die,* **1)** das Erheben, Erhobenwerden. **2)** Hügel, Berg. **3)** Auflehnung. **4)** Erbauung. **5)** Gebührenforderung. **6)** Befragung; Ermittlung: *statistische E.*

erheischen [mhd. er(h)eischen], *ich* erheische (habe erheischt) *es,* verlange, beanspruche.

erheitern, *ich* erheit(e)re (habe erheitert) *ihn, mich,* unterhalte, zerstreue, belustige: *seine Erzählung wirkte erheiternd.* **Erheit(e)rung** *die, -.*

erhellen, *ich* erhelle (habe erhellt) *es,* **1)** beleuchte. **2)** Ü kläre: *daraus erhellt, daß . .,* wird deutlich. **3)** *es erhellt sich,* wird hell (Fenster, Himmel). **Erhellung** *die, -.*

erhitzen [mhd. erhitzen], *ich* erhitze (habe erhitzt), **1)** *es,* mache heiß. **2)** *mich,* Ü errege mich, werde gereizt: *erhitzte Gemüter.* **Erhitzung** *die, -.*

erhoffen, *ich* erhoffe (habe erhofft) *es (von ihm),* erwarte.

erhöhen [ahd. irhohen], *ich* erhöhe (habe erhöht) *es,* **1)** mache höher: *das Haus wird um ein Stockwerk erhöht; erhöhte Preise.* **2)** verstärke, vergrößere, steigere: *mit erhöhter Kraft; erhöhte Temperatur, leichtes Fieber.* **3)** *ihn,* erhebe in höheren Rang. **Erhöhung** *die, -/-en,* **1)** das Erhöhen. **2)** Hügel, Berg. **Erhöhungszeichen** *das,* ♪ ABB. N 9.

erholen [ahd. irholon ›herbeiholen‹], *ich* erhole *mich* (habe mich erholt), komme wieder zu Kräften, gleiche Schäden aus: *er kam (nicht sehr) erholt aus dem Urlaub zurück; von dem Schrecken e. ich mich nicht so bald; Preise, Börsenpapiere erholen sich,* Ü steigen wieder. **erholsam,** der Erholung dienend: *Kräftigung, Rückgewinnung der Leistungsfähigkeit: erholungssuchend; Erholungsurlaub.* **erholungsbedürftig,** der Erholung bedürfend, abgearbeitet.

erhören, *ich* erhöre (habe erhört) *ihn,* gewähre ihm seinen Wunsch: *ich kann das nicht erhören, oberdt.:* ertragen zu hören. **Erhörung** *die, -.*

Erich [nord.], männl. Vorname.

erigibel [lat. erigere ›aufrichten‹], einer Erektion fähig. **erigieren,** *es* erigiert (ist erigiert).

Erika [grch. ereike] *die, -/. . .ken,* Heidepflanze. **Erika** [von Erich], weibl. Vorname.

erinnerlich, *es ist mir e.,* ich kann mich daran erinnern.

erinnern [mhd. erinnern], *ich* erinn(e)re (habe erinnert), **1)** *ihn daran,* rufe es ihm ins Gedächtnis zurück, mahne ihn: *sein Stil erinnert an Thomas Mann.* **2)** *mich seiner, an ihn, dessen, daran,* weiß es noch, habe es nicht vergessen. **Erinnerung** *die, -/-en,* **1)** ohne Pl., Fähigkeit, Vergangenes in der Vorstellung wieder zu beleben: *Erinnerungsvermögen.* **2)** Unvergessenes, Andenken: *das war nur Erinnerungssache.*

Erin(n)ye, Erin(n)ys [grch. Erinys] *die, -/. . . ny|en, meist Pl.,* jede der drei Rachegöttinnen.

Eris [grch. eris ›Streit‹], griech. Göttin der Zwietracht. **Erisapfel** *der,* Zankapfel.

erjagen [mhd. erjagen], *ich* erjage (habe erjagt) *es,* **1)** erbeute auf der Jagd. **2)** Ü gewinne durch emsiges Bemühen.

erkalten [ahd. ercalten], *es* erkaltet (ist erkaltet), **1)** wird kalt. **2)** Ü hört auf, vergeht: *ihre Liebe war schnell wieder erkaltet.* **erkälten** [mhd. erkelten ›kalt machen‹], *ich* erkälte *mich* (habe mich erkältet), bekomme eine Erkältung. **Erkältung** *die, -/-en,* Erkrankung, ausgelöst durch Abkühlung des ganzen Körpers oder einzelner Körperteile: *Erkältungskrankheiten.*

erkämpfen, *ich* erkämpfe (habe erkämpft) *es,* gewinne durch Kampf oder große Anstrengung.

erkaufen, *ich* erkaufe (habe erkauft), **1)** *ihn mir,* gewinne durch Geld, besteche. **2)** *es,* Ü erringe durch Mühe, Opfer: *ein teuer erkaufter Erfolg.*

erkeimen, *ich* erkeime *mich* (habe mich erkeimt), schweiz.: erhole mich.

erkennbar, zweifelsfrei zu unterscheiden und wahrzunehmen. **Erkennbarkeit** *die, -.* **erkennen** [ahd. irkennen], *ich* erkenne (erkannte, habe erkannt), **1)** *es,* nehme wahr, sehe: *kannst du das im Dunkeln noch erkennen?* **2)** *ihn, es (an etwas),* merke, wer der Betreffende oder was das Gewesene ist: *du hast mich gleich erkannt?* **3)** *daß oder wie es ist,* bemerke, merke: *da erkannte er, daß er betrogen war.* **4)** *auf etwas,* ☒☒ fälle ein Urteil: *das Gericht erkannte auf Freiheitsentzug.* **5)** *für eine Summe,* ☒☒ ⚬⚬ schreibe gut. **6)** *sie,* B schlafe (zum ersten Male) mit ihr. **erkenntlich,** dankbar, zu Gegendiensten bereit: *ich werde mich e. zeigen.* **Erkenntlichkeit** *die, -/-en.* **Erkenntnis, 1)** *das, -ses/-se,* ♂♀ Urteil. **2)** *die, -/-se,* das Erkennen, Erwerb von Wissen. **Erkenntnislehre, Erkenntnistheorie** *die,* Lehre von den Voraussetzungen, Prinzipien und Grenzen des Erkennens. **Erkennung** *die, -,* Feststellung einer bestimmten Person oder Sache als das, was sie ist: *Erkennungsmerkmal.* **Erkennungsdienst** *der,* Dienststelle der Kriminalpolizei, die mit techn. Hilfsmitteln die Identität von Personen feststellt. **Erkennungsmarke,** von Soldaten zu tragende Metallmarke zur Feststellung der Identität.

Erker [mhd. ärker, zu lat. arcus ›Bogen‹] *der, -s/-,* vorspringender Ausbau an Bauten, ABB. B 56, H 11: *Erkerfenster; Erkerzimmer.*

erkiesen [ahd. erkiosan], *ich erkiese* (habe erkoren) *ihn, es,* ♂♀ erwähle.

erklärbar, so beschaffen, daß es zu erklären ist. **erklären** [mhd. erklæren], *ich erkläre* (habe erklärt), **1)** *es ihm,* mache ihm klar, verständlich. **2)** *es,* spreche aus, besonders in bindender Form: *es, ..., keine Beleidigung beabsichtigt zu haben; man erklärt seine Liebe, seinen Rücktritt, den Krieg.* **3)** *es für etwas,* nenne mit Bestimmtheit: *das e. ich für eine Lüge.* **4)** *mich,* spreche klar und bindend. **5)** *mich ihr,* bekenne meine Liebe. **6)** *mich für, gegen ihn,* spreche meine Neigung oder Abneigung, Billigung oder Mißbilligung aus. **Erklärer** *der, -s/-,* jemand, der etwas erklärt. **erklärlich,** verständlich: *erklärlicherweise.* **Erklärung** *die,* **1)** Erläuterung, Auslegung: *erklärungsbedürftig; Erklärungsversuch.* **2)** Darlegung der Ursachen oder der dahinterstehenden Gesetze: *die E. eines physikalischen Gesetzes.* **3)** bindender Ausspruch: *Regierungserklärung; Unabhängigkeitserklärung.* **4)** Liebeserklärung.

erklecklich [ahd. kleken ›genügen‹], erheblich, beträchtlich: *eine erkleckliche Summe.*

erklettern, erklimmen, *ich erklett(e)re* (habe erklettert), erklimme (habe erklommen) *es,* klettere hinauf, erreiche die oberste Spitze: *er konnte den Gipfel des Ruhms erklimmen,* Ü.

erklingen [mhd. erklingen], *es erklingt* (erklang, ist erklungen), beginnt zu klingen (Lied, Musik).

erklügeln [zu klug], *ich erklüg(e)le* (habe erklügelt) *es,* ersinne spitzfindig, tüftele aus.

erkranken, *ich erkranke* (bin erkrankt), werde krank: *er ist an Grippe erkrankt.* **Erkrankung** *die, -/-en:* Grippeerkrankung.

erkühnen [mhd. erkuonen], *ich erkühne mich* (habe mich erkühnt), wage.

erkunden [mhd. erkunnen ›kennenlernen‹], *ich erkunde* (habe erkundet) *es,* suche festzustellen, kundschafte aus, erfrage. **erkundigen,** *ich erkundige mich* (habe mich erkundigt) *nach ihm, etwas,* frage nach, hole Auskünfte ein. **Erkundigung** *die, -/-en,* Nachfrage, Nachforschung: *man will Erkundigungen einziehen.* **Erkundung** *die, -/-en:* Erkundungsfahrt.

erküren [mhd. erkürn], *ich erküre* (habe erkoren) *ihn, es,* ♂♀ erwähle.

...erl, oberdt.: *...lein: Vogerl,* Vöglein.

erlaben [mhd. erlaben], *ich erlabe* (habe erlabt) *ihn, mich,* erquicke, erfrische.

Erlagschein *der,* österr.: Zahlkarte.

erlahmen [mhd. erlamen], *ich erlahme* (bin erlahmt), werde müde, lasse im Eifer nach. **Erlahmung** *die, -.*

erlangen [mhd. erlangen], *ich erlange* (habe erlangt) *es,* erreiche, bekomme. **Erlangung** *die, -: die Wiedererlangung verlorener Rechte.*

Erlaß *der, ...l'asses/...l'asse,* österr.: *...l'ässe,* **1)** Verfügung oder Bekanntmachung einer Behörde: *ein ministerieller E.* **2)** Aufhebung einer Schuld, Strafe: *Schuldenerlaß; Straferlaß.* **erlassen** [ahd. irlaz(z)en], *ich erlasse* (erließ, habe erlassen), **1)** *es,* verordne, veröffentliche, lasse in Kraft treten (Gesetz). **2)** *es ihm,* befreie ihn davon: *ihm wurde die Strafe erlassen.* **erläßlich,** ♂♀ nicht bindend; verzeihlich. **Erlassung** *die, -.*

erlauben [ahd. irlouben], *ich erlaube* (habe erlaubt), **1)** *es ihm,* gestatte, stimme zu: *erlaubte Mittel.* **2)** *mir, es zu tun,* nehme mir die Freiheit: *darf ich mir erlauben, Sie zu fragen?* **Erlaubnis** *die, -/-se:* Ausgangserlaubnis; Erlaubnisschein.

erlaucht [mhd. erluht ›erleuchtet‹], erhaben, berühmt, gnädig. **Erlaucht** *die, -/-en,* Titel mancher Grafen.

erlauschen, *ich erlausche* (habe erlauscht) *es,* erfahre durch Lauschen.

erläutern [ahd. irliuteren ›läutern‹], *ich erläut(e)re* (habe erläutert) *es ihm,* erkläre. **Erläuterung** *die, -/-en.*

Erle [ahd. erila] *die, -/-n,* ein Laubbaum, ABB. E 10.

erleben [mhd. erleben], *ich erlebe* (habe erlebt) *es,* **1)** erfahre denkend und fühlend, nehme in mein Bewußtsein auf: *erlebte Geschichte; sie erlebte viel Leid mit dem Jungen; ich habe ihn noch nie so lustig erlebt,* Ü gesehen; *wenn du das machst, kannst du etwas von mir erleben!,* Ü das nehme ich dir übel und handle danach. **2)** zur Zeit eines bestimmten Ereignisses: *er hat die Anfänge der Raumfahrt erlebt.* **Erlebensfall** *der, -(e)s,* K das Erleben eines Termins: *die Versicherung wird im E. ausgezahlt.* **Erlebnis** *das, -ses/-se,* das Erlebte, Ereignis: *Erlebnisdrang; Erlebnisaufsatz; Jugenderlebnisse.*

erledigen [mhd. erledigen ›frei machen‹], *ich erledige* (habe erledigt), **1)** *es,* mache fertig, arbeite zu Ende. **2)** *es,* besorge, führe aus (Auftrag). **3)** *ihn, es,* richte zugrunde, beseitige: *ich bin erledigt,* Ü todmüde; ruiniert. **Erledigung** *die, -/-en.*

erlegen [ahd. irlgen], *ich erlege* (habe erlegt), **1)** *Wild,* töte, bringe zur Strecke. **2)** *Geld,* K zahle aus. **3)** *Pfand,* hinterlege. **Erlegung** *die, -.*

erleichtern [mhd. erlihtern], *ich erleicht(e)re* (habe erleichtert) *ihn, es,* **1)** mache leichter, nehme eine Last ab: *nach der Prüfung sah er sehr erleichtert aus.* **2)** *um etwas,* U bestehle: *ich wurde um meine Brieftasche erleichtert.* **Erleicht(e)rung** *die, -/-en:* Arbeitserleichterung.

erleiden [ahd. irlidan], *ich erleide* (habe erlitten) *es,* erlebe Böses; ertrage, erdulde (Niederlagen, Verluste): *erlittenes Unrecht; er hat Schiffbruch erlitten,* Ü ist gescheitert.

erlen, aus dem Holz der Erle.

erlernbar, zum Erlernen geeignet. **Erlernbarkeit** *die, -.* **erlernen** [mhd. erlernen], *ich erlerne* (habe erlernt) *es,* eigne mir durch Lernen an. **Erlernung** *die, -.*

erlesen [mhd. erlesen], *ich erlese* (erlas, habe erlesen) *es,* ♂♀, ausgesucht: sortiere, sondere aus. **erlesen,** ausgesucht, gewählt: *mit erlesenen Worten.* **Erlesenheit** *die, -.*

erleuchten [ahd. irliuhten], *ich erleuchte* (habe erleuchtet), **1)** *es,* setze in helles Licht. **2)** *ihn,* U gebe ihm eine Erleuchtung. **Erleuchtung** *die, -/-en,* plötzliche Erkenntnis.

erliegen [ahd. irligen], *ich erliege* (bin erlegen) *ihm,* unterliege, werde von ihm besiegt: *er ist der Versuchung erlegen; er erlag seinen schweren Verletzungen,* starb daran.

erlisten [mhd. erlisten], *ich erliste* (habe erlistet) *es (mir),* erlange durch List.

Erlkönig [Fehlübersetzung von dän. ellerkonge ›Ellerkönig‹] *der,* **1)** ohne Pl., Elfenkönig. **2)** Ü ein in der Erprobung befindliches, aber noch geheimgehaltenes neues Automodell.

erlogen [ahd. irlogen], *ich erlüge,* erfunden: *das ist erstunken und e.,* U **2)** durch Lüge erworben.

Erlös [zu erlösen] *der, -es/-e,* Bargewinn: *der E. aus der Lotterie.*

erlöschen [ahd. irlescen], *es erlischt* (ist erloschen), **1)** geht aus (Feuer). **2)** Ü wird matt und still: *die Augen erlöschen; mit erlöschender Stimme.* **3)** Ü hört auf zu bestehen: *die Firma ist erloschen.* **4)** ein Gefühl, das Leben e., P vergeht, stirbt: *er ist am Erlöschen,* liegt im Sterben.

erlösen [ahd. irlosen], *ich erlöse* (habe erlöst), **1)** *ihn,* befreie: *von langem Leiden durch den Tod erlöst; er atmete erlöst auf,* aus einem Zustand der Spannung oder Furcht befreit. **2)** *es,* nehme ein: *den durch den Verkauf des Grundstücks erlöste Betrag.* **Erlöser** *der, -s/-,* Befreier, Retter. **2)** *der,* Christus: *Erlöserbild.* **Erlösung** *die,* **1)** Befreiung von körperlicher oder seelischer Qual: *der Tod als E.* **2)** ohne Pl., Kirche: Befreiung von Sünde und Schuld mit göttl. Hilfe.

ermächtigen, *ich ermächtige* (habe ermächtigt) *ihn zu etwas, es zu tun,* gebe ihm Vollmacht, Erlaubnis: *dazu bin ich nicht ermächtigt.* **Ermächtigung** *die, -/-en:* Einzugsermächtigung, Erlaubnis, fällige Gebühren vom Konto einzuziehen.

ermahnen [mhd. ermanen], *ich ermahne* (habe ermahnt) *ihn zu etwas, es zu tun,* fordere ihn auf, pflichtgemäß zu tun. **Ermahnung** *die: väterliche Ermahnungen.*

ermangeln, *ich ermang(e)le* (habe ermangelt), **1)** *seiner,* er, es fehlt mir: *es ermangelt einer Sache,* fehlt daran. **2)** *nicht, es zu tun,* verfehle nicht, tue es sicher. **Ermang(e)lung** *die, -: in E. einer Sache,* K an Stelle von, statt, mangels.

ermannen [mhd. ermannen], *ich ermanne mich* (habe mich ermannt) *zu etwas,* mache mir Mut, raffe mich auf.

ermäßigen, *ich ermäßige* (habe ermäßigt) *es,* verringere, setze herab (Gebühr, Preis, Steuer): *Rentner erhalten Karten zu ermäßigtem Preis.* **Ermäßigung** *die, -/-en:* steuerliche E.

ermatten, *ich ermatte* (bin ermattet), **1)** werde matt, lasse

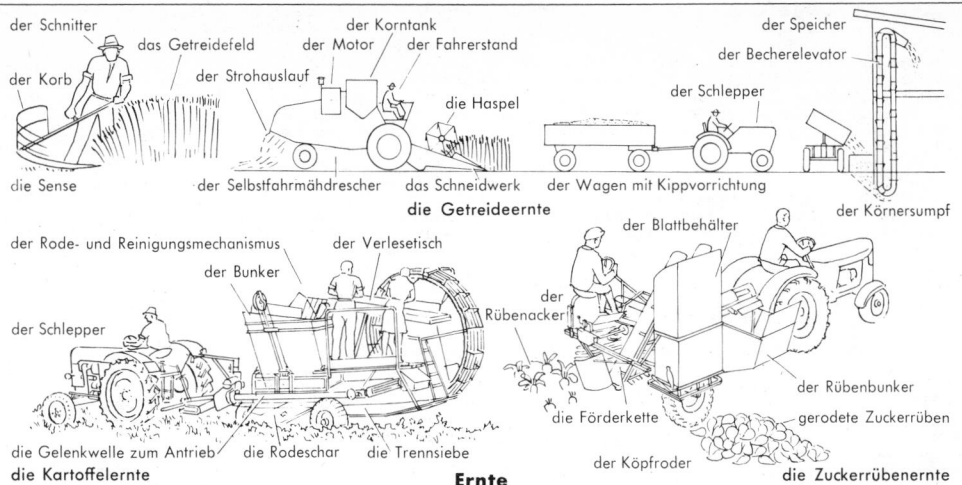

der Schnitter · das Getreidefeld · der Korntank · der Motor · der Fahrerstand · der Speicher · der Becherelevator · der Korb · der Strohauslauf · die Haspel · der Schlepper · die Sense · der Selbstfahrmähdrescher · das Schneidwerk · der Wagen mit Kippvorrichtung · der Körnersumpf

die Getreideernte

der Rode- und Reinigungsmechanismus · der Verlesetisch · der Blattbehälter · der Bunker · der Rübenacker · der Schlepper · der Rübenbunker · die Förderkette · gerodete Zuckerrüben · der Köpfroder · die Gelenkwelle zum Antrieb · die Rodeschar · die Trennsiebe · der Köpfroder

die Kartoffelernte · **Ernte** · **die Zuckerrübenernte**

nach (im Eifer). **2)** *es ermattet mich* (hat mich ermattet), macht mich matt. **Ermattung** *die, -.*

ermessen [ahd. irmezzen], *ich ermesse* (ermaß, habe ermessen) *es*, verstehe in seiner Größe, beurteile. **Ermessen** *das, -s*, Urteil, Entscheidung: *es ist in dein E. gestellt*, steht dir frei; *nach menschlichem E.; Ermessensfrage; Ermessenssache; Ermessensspielraum.*

Ermitage [-t'a:ʒə] *die, -/-n*, Eremitage.

ermitteln, *ich ermitt(e)le* (habe ermittelt) *es*, erfahre durch Nachforschungen, bekomme durch geschicktes Vorgehen heraus: *gegen den Verdächtigen wird schon seit Wochen ermittelt, 🗗.* **Ermitt(e)lung** *die, -/-en,* das Ermitteln: *die Polizei stellt Ermittlungen an.* **Ermittlungsverfahren** *das,* 🗗 vorbereitendes Verfahren bei Verdacht einer Straftat.

ermöglichen, *ich ermögliche* (habe ermöglicht) *es ihm,* mache möglich, biete Gelegenheit dazu.

ermorden [mhd. ermürden], *ich ermorde* (habe ermordet) *ihn,* töte mit Vorsatz. **Ermordung** *die, -/-en.*

ermüden [mhd. ermüeden], *ich ermüde, 1)* (bin ermüdet), werde müde. **2)** (habe ermüdet) *ihn,* mache müde. **Ermüdung** *die, -/-en, Pl. selten: Ermüdungserscheinungen.*

ermuntern [mhd. ermuntern], *ich ermunt(e)re* (habe ermuntert), **1)** *ihn,* mache munter. **2)** *ihn zu etwas,* sporne ihn dazu an, spreche ihm Mut zu. **3)** *mich* (*zu etwas*), werde munter, raffe mich auf. **Ermunterung** *die, -/-en.*

ermutigen, *ich ermutige* (habe ermutigt) *ihn zu etwas, es zu tun,* mache ihm Mut: *er ermutigte mich zu diesem Versuch; ermutigende Neuigkeiten.* **Ermutigung** *die, -/-en.*

. . .ern, Suffix für: **1)** Adjektive, die angeben, woraus etwas besteht: *gläsern; hölzern.* **2)** schallnachahmende Verben: *klimpern; wiehern.*

Ern *der, -/-,* Eren.

Erna [von Ernestine], weibl. Vorname.

ernähren [mhd. ernern ›gesund machen‹, ›retten‹, ›ernähren‹], *ich ernähre* (habe ernährt) *ihn, mich,* versorge mit Nahrung, Ü sorge für den Unterhalt. **Ernährer** *der, -s/-,* jemand, der den Unterhalt eines anderen bestreitet: *der E. der Familie.* **Ernährung** *die, -:* *künstliche E.; Ernährungsweise.* **Ernährungsstörung** *die, 🗗* Leiden, das auf falscher Nahrungszusammensetzung beruht. **Ernährungstherapie** *die, 🗗* Krankenbehandlung durch Änderung der Ernährung.

ernennen [mhd. ernennen], *ich ernenne* (habe ernannt) *ihn,* setze ein: *er wurde zum Minister ernannt.* **Ernennung** *die: Ernennungsurkunde.*

Ernestine [zu Ernst], weibl. Vorname.

erneuen [mhd. erniuwen], *ich erneue* (habe erneut) *es,* erneuere, lasse wieder aufleben. **Erneuer, Erneu(e)rer** *der, -s/-,* jemand, der etwas erneuert. **erneuern,** *ich erneu(e)re* (habe erneuert) *es,* **1)** bessere aus, setze instand, renoviere. **2)** wechsle Teile durch neue aus (Glühbirnen, Radioröhren). **3)**

setze wieder in Kraft (Verträge). **4)** lasse wieder aufleben, frische auf (Freundschaft, Kräfte). **Erneu(e)rung** *die: erneuerungsbedürftig.* **erneut,** von neuem, wieder, wiederholt. **Erneuung** *die, -,* das Erneuen.

erniedrigen, *ich erniedrige* (habe erniedrigt), **1)** *ihn,* demütige, setze herab, degradiere: *er hat sich erniedrigt.* **2)** *es,* ♪ mache um einen Halbton tiefer, ABB. N 9. **Erniedrigung** *die, -/-en.* **Erniedrigungszeichen** *das,* ♪ ABB. N 9.

ernst, 1) sachlich, streng, aufrichtig, nicht heiter: *ein ernster Mensch; mit ernster Miene; ernste Musik; mit diesem Vorsatz ist es mir e.* **2)** bedrohlich: *der Zustand des Patienten ist e.; eine ernste politische Verwicklung.*

Ernst [ahd. ernust ›Kampf‹, ›Ernst‹], männl. Vorname. **Ernst** [ahd. ernust] *der, -es,* **1)** feste Gesinnung, Standhaftigkeit, Strenge: *dir fehlt am nötigen E.* **2)** Bedrohlichkeit: *der E. der Lage war ihm nicht klar.* **3)** entschiedene Meinung, zielstrebiges Handeln: *nun wird es E. damit!; jetzt mache ich es E.; im E.; allen Ernstes; es ist mir E. damit.* **Ernstfall** *der, -(e)s,* bedrohliche Situation, in der man sich bewähren muß: *im E., für den E.* **ernstgemeint,** *ein ernstgemeinter Antrag;* aber: *der Antrag war ernst gemeint.* **ernsthaft, 1)** von ernster Gesinnung. **2)** ernstgemeint. **Ernsthaftigkeit** *die, -.* **ernstlich,** in ernster Weise.

Ernte [ahd. arnot] *die, -/-n,* das Einbringen der Feld- und Gartenfrüchte; die eingebrachten Früchte selbst, ABB. E 9; Sinnbild für Ertrag aus eigener Arbeit: *die E. deines Fleißes; Erntesegen; Traubenernte.* **Erntedankfest** *das,* kirchl. Fest im Herbst. **Erntemond** *der,* ⚭ August. **ernten** [ahd. arnon], *ich ernte* (habe geerntet) *es,* bringe die Ernte ein.

ernüchtern, *ich ernücht(e)re* (habe ernüchtert) *ihn,* mache nüchtern, nehme ihm den Rausch, die Einbildung oder die Begeisterung: *die ernüchterte mich; eine ernüchternde Antwort.* **Ernüchterung** *die, -/-en.*

Eroberer *der, -s/-.* **erobern** [ahd. obaron], *ich erob(e)re* (habe erobert) *es* (*mir*), **1)** nehme im Krieg, erkämpfe. **2)** Ü gewinne durch Vorzüge, erwecke Gegenliebe: *er hat ihr Herz im Sturm erobert.* **Eroberung** *die, -/-en: Eroberungskrieg; er hat eine E. gemacht,* Ü die Zuneigung einer Frau gewonnen. **eroberungslustig,** stets zu Eroberungen bereit.

erodieren [lat. erodere ›abnagen‹], *es erodiert* (hat erodiert) *es,* trägt ab, wäscht aus: *der Fluß e. den Berghang.*

eröffnen [mhd. iroffenon], *ich eröffne* (habe eröffnet), **1)** *es,* beginne: *er eröffnete die Sitzung; er eröffnete die Partie* (Schachspiel). **2)** *ein Geschäft,* K öffne offiziell. **3)** *es ihm,* teile vertraulich mit, tue feierlich kund. **4)** *es eröffnet sich,* zeigt sich: *ganz neue Möglichkeiten eröffnen sich mir.* **Eröffnung** *die, -/-en: Geschäftseröffnung; Testamentseröffnung.* **Eröffnungsbeschluß** *der,* 🗗 Gerichtsbeschluß im Strafprozeß, das Hauptverfahren zu eröffnen.

erogen [grch. eros ›Liebe‹ und vgl. . . . .gen], geschlechtlich erregend: *erogene Zonen*, Körperstellen, deren Reizung sexuelle Erregung auslöst.

erörtern [zu Ort], *ich* erört(e)re (habe erörtert) *es*, erwäge und bespreche eingehend. **Erörterung** *die, -/-en.*

Eros [grch.], **1)** griech. Liebesgott. **2)** *der, -*, sinnl. Liebe. **3)** *der, -*, begeistertes Streben nach Erkenntnis. **Eros-Center** [-s'entə, engl.] *das, -s/-*, Gebäude(komplex) zur Ausübung der Prostitution.

Erosion [lat. erosio ›Zernagung‹] *die, -/-en*, **1)** Abtragung (von der Erdoberfläche durch fließendes Wasser): *Erosionsschutz*. **2)** ⚕ oberflächlicher Gewebsverlust.

Erotema [grch.] *das, -s/. . .'emata*, Frage, Fragesatz. **erotematisch**, bes. auf Fragen des Lehrers beruhend (Unterricht).

Eroten [zu Eros], *Pl.*, kleine Erosgestalten (in der Kunst).

Erotik *die, -*, **1)** Sinnlichkeit. **2)** geistig-seelische Entfaltung der Geschlechtlichkeit und das Spiel mit deren Reizen. **Erotika**, *Pl.*, erot. Schriften. **Erotiker** *der, -s/-*, **1)** Mensch mit starken erot. Neigungen. **2)** in der Antike Verfasser erot. Schriften. **erotisch. erotisieren**, *ich* erotisiere (habe erotisiert) *ihn*, wecke sinnl. Verlangen. **Erotomanie** [vgl. Manie] *die, -*, Liebeswahnsinn, krankhafte Steigerung des Geschlechtstriebes.

Erpel [ahd. erpf] *der, -s/-*, männl. Ente.

erpicht [zu Pech], *ich* bin *e. auf etwas*, versessen, begierig: *sie ist aufs Geld, auf Neuigkeiten e.*

erpressen, *ich* erpresse (habe erpreßt) *es von ihm*, nötige durch Gewalt oder Drohung ab: *ein erpreßtes Geständnis*. **Erpresser** *der, -s/-*, jemand, der eine Erpressung begeht: *Erpresserbriefe*. **erpresserisch**, *erpresserisches Vorgehen*. **Erpressung** *die: Erpressungsversuch.*

erproben, *ich* erprobe (habe erprobt) *ihn, es*, stelle auf die Probe, lasse sich bewähren: *ein erprobtes Mittel*. **Erprobung** *die, -/-en: die E. neuer Arbeitstechniken*. **Erprobungsstufe** *die*, die Orientierungsstufe.

erquicken [ahd. irquicken], *ich* erquicke (habe erquickt) *ihn*, erfrische, belebe, gebe Lebensfreude zurück: *erquickender Schlaf.* *erquicklich.* **Erquickung** *die, -/-en.*

Errata, *Pl.* von Erratum.

erraten [mhd. erraten], *ich* errate (erriet, habe erraten) *es*, **1)** bekomme aus versteckten Anzeichen heraus: *ich e. deine Gedanken*. **2)** löse (ein Rätsel).

erratisch [lat. errare ›irren‹], verirrt, verstreut: *der erratische Block*, Findling (Stein). **Erratum** *das, -s/. . .ta*, Irrtum; Druckfehler.

errechnen, *ich* errechne (habe errechnet) *es*, bekomme durch Rechnen heraus: *die errechneten Zinsen*.

erregbar, (leicht) zu erregen. **Erregbarkeit** *die, -*. **erregen** [zu regen], *ich* errege (habe erregt) **1)** *ihn, mich*, rege auf, reize, bringe zu Gefühlsausbrüchen. **2)** *es*, erzeuge, erwecke: *er erregt ständig Ärgernis*. **Erreger** *der, -s/-*, Verursacher: *Krankheitserreger*. **Erregtheit** *die, -*. **Erregung** *die, -/-en.*

erreichbar, *die Stadt ist gut e.*, nahe, günstig gelegen: *er ist telefonisch e.* **erreichen** [ahd. irreihhen], *ich* erreiche (habe erreicht) *es*, gelange ans Ziel: *sie kann bei ihm alles erreichen*, Ü tut alles, was sie will. **Erreichung** *die, -*.

erretten, *ich* errette (habe errettet) *ihn*, rette, bewahre. **Erretter** *der*. **Errettung** *die*.

errichten [ahd. irrihten], *ich* errichte (habe errichtet) *es*, erbaue, richte ein, stelle auf: *sie errichteten eine neue Ordnung*, Ü. **Errichtung** *die, -*.

erringen [ahd. irringen], *ich* erringe (errang, habe errungen) *es*, erlange mit Mühe (den Sieg). **Erringung** *die, -*.

erröten [ahd. irroten], *ich* erröte (bin errötet) *über etwas*, werde (vor Freude, Zorn, Scham) rot.

Errungenschaft *die, -/-en*, **1)** positiv bewertete Neuerung: *meine neue E.*, Ü Anschaffung. **2)** ⚖ Vermögen, das die Ehegatten während der Ehe durch eigenen Erwerb erlangten: *Errungenschaftsgemeinschaft*.

Ersatz [mhd. ersaz] *der, -es*, **1)** Ergänzung an Stelle einer anderen Sache: *Ersatzteil; Ersatzteilmedizin*, ⚕ das Überpflanzen oder Einpflanzen von Organen oder Organteilen. **2)** Gegenwert, Entschädigung: *Schadensersatz; Ersatzanspruch*. **3)** ⚙ Reserve, Verstärkung: *Ersatztruppe*. **Ersatzbefriedigung** *die*, Triebbefriedigung durch eine Ersatzhandlung. **Ersatzdehnung** *die*, Ⓢ die Längung eines Vokals infolge Ausfalls eines oder mehrerer folgender Laute. **Ersatzdienst** *der*, Zivildienst. **Ersatzhandlung** *die*, Handlung, die einer durch Triebverschiebung bedingten Ersatzbefriedigung dient.

Ersatz(kranken)kasse *die*, eine Krankenkasse mit freiwilliger Mitgliedschaft. **Ersatzmieter** *der*, Nachmieter.

ersaufen, *ich* ersaufe (bin ersoffen), **1)** U derb: ertrinke. **2)** *eine Grube ersäuft*, ⚒ wird durch eingebrochenes Wasser unbrauchbar. **ersäufen** [mhd. ersoufen], *ich* ersäufe (habe ersäuft) *ihn*, U ertränke: *ich e. meinen Kummer*, Ü betäube ihn durch Alkohol.

erschaffen [ahd. irscaffan], *ich* erschaffe (habe erschaffen) *es*, schaffe, lasse entstehen: *Gott erschuf den Menschen*. **Erschaffung** *die: die E. der Welt.*

erschallen, *es* erschallt (ist erschallt oder erschollen), erklingt, ertönt: *Gelächter erschallte, erscholl.*

erschaudern, *ich* erschaud(e)re (bin erschaudert), werde von einem Schauder ergriffen (vor Ehrfurcht, Entsetzen).

erschauern, *ich* erschau(e)re (bin erschauert), werde von einem Schauer ergriffen (vor Kälte).

erscheinen [ahd. irscinan], *ich* erscheine (bin erschienen), **1)** lasse mich sehen, komme. **2)** 📖 *ein Buch erscheint*, wird herausgegeben. **3)** *es erscheint*, scheint, wirkt: *das erscheint mir bemerkenswert*. **Erscheinung** *die, -/-en*, **1)** etwas Sichtbares, das Äußere der Dinge: *Erscheinungsform*. **2)** das Hervortreten, Veröffentlichung: *es tritt in E.; Erscheinungsort*. **3)** Philosophie: das sich in der raum-zeitl. Erfahrung darbietende Sein, im Unterschied zum absoluten Sein. **4)** Kirche: *Fest der E. des Herrn*, Dreikönigsfest, Epiphanias. **Erscheinungsbild** *das*, der Phänotypus.

erschießen [ahd. irsciezen ›niederstrecken‹], *ich* erschieße (erschoß, habe erschossen), **1)** *ihn*, töte durch Schuß. **2)** *ich bin erschossen*, U völlig erschöpft. **Erschießung** *die, -/-en.*

erschlaffen [mhd. erslæwen ›lau werden‹], *ich* erschlaffe (bin erschlafft), verliere die Spannkraft, ermüde: *erschlaffte Muskeln*. **Erschlaffung** *die, -*.

erschlagen [ahd. irslahan], *ich* erschlage (erschlug, habe erschlagen), **1)** *ihn*, töte durch Schlag, morde. **2)** *ich bin erschlagen*, U völlig erschöpft, ganz erstaunt. **Erschlagung** *die, -/-en.*

erschleichen [mhd. erslichen], *ich* erschleiche (habe erschlichen) *es*, erwerbe, erreiche auf widerrechtliche oder unmoralische Weise: *ein sich die Erbschaft erschlichen.*

erschließen, *ich* erschließe (erschloß, habe erschlossen) *es*, **1)** mache zugänglich: *diese Grundstücke sind noch nicht erschlossen*, nicht dem Verkehrs- und Versorgungsnetz angeschlossen. **2)** stelle durch Schlußfolgerungen fest: *diese grammatische Form ist nur erschlossen, nicht belegt*. **3)** *die Blüte erschließt sich*, öffnet sich. **Erschließung** *die, -*: *Erschließungskosten.*

erschöpfen [mhd. erschepfen], *ich* erschöpfe (habe erschöpft), **1)** *es*, behandle vollständig: *eine erschöpfende Darstellung*. **2)** *ihn*, mache müde. *ich erschöpft*, U **1)** vollständig verbraucht (Vorräte); vollständig behandelt (Thema). **2)** U bis zum Ende der Kräfte ermüdet. **Erschöpfung** *die, -*: *Erschöpfungszustand; körperliche und seelische E.*

erschrecken [mhd. erschricken], *ich* erschrecke, **1)** (habe erschreckt) *ihn*, versetze in Schrecken, Angst, Erregung: *erschreckende Meldungen*. **2)** (erschrak, bin erschrocken), bekomme einen Schreck: *erschrick nicht!* **Erschrockenheit** *die, -*.

erschüttern [ahd. irscutten], *ich* erschütt(e)re (habe erschüttert), **1)** *es*, bringe ins Wanken: *erschütterte Gebäude, Hoffnungen*. **2)** *es erschüttert mich*, versetzt mich in starke Erregung, Ergriffenheit: *ein erschütternder Anblick; ich bin erschüttert*. **Erschütterung** *die, -/-en*: *Erderschütterung; seelische E.*

erschweren, *ich* erschwere (habe erschwert) *es*, mache es ihm schwer, behindere ihn: *erschwerende Umstände; erschwerte Bedingungen*. **Erschwernis** *die, -/-se*, **Erschwerung** *die, -*.

erschwindeln, *ich* erschwind(e)le (habe erschwindelt) *es*, erlange durch Betrügereien.

erschwingen [mhd. erswingen], *ich* erschwinge (erschwang, habe erschwungen) *es*, erstehe (etwas Teures): *das ist wohl nicht zu erschwingen*. **erschwinglich**, bezahlbar, so daß man es sich leisten kann: *erschwingliche Preise*.

ersehen [ahd. irsehan ›erblicken‹], *ich* ersehe (ersah, habe ersehen), **1)** *es*, erblicke, nehme wahr (Vorteil). **2)** entnehme: *das e. ich aus diesem Brief.*

ersehnen, *ich* ersehne (habe ersehnt) *es*, wünsche herbei, trachte danach, möchte dringend haben: *lang ersehnt.*

ersetzbar, so geartet, daß es zu ersetzen ist. **Ersetzbarkeit** *die, -*. **ersetzen** [ahd. irsezzen], *ich* ersetze (habe ersetzt), **1)**

ihn, es, diene als Ersatz, vertrete ihn; schaffe Ersatz: *er ist nicht so leicht zu ersetzen; sie ersetzt dem Kind die Mutter.* **2)** *es, ihm,* gebe ihm etwas anderes für einen Schaden, Verlust. **Ersetzung** *die, -.*

ersichtlich, klar sichtbar, deutlich, offenbar.

ersinnen [mhd. ersinnen], *ich* ersinne (ersann, habe ersonnen) *es,* denke mir aus.

ersitzen [mhd. ersitzen], *ich* ersitze (ersaß, habe ersessen) *mir,* ⌂ erwerbe etwas durch lange Nutznießung als Eigentum. **Ersitzung** *die, -.*

ersorgen, *ich* ersorge (habe ersorgt) *es, schweiz.:* erwarte mit Sorge.

erspähen [mhd. erspehen], *ich* erspähe (habe erspäht) *ihn, es,* erkenne durch scharfes Hinschauen oder Aufpassen (Person, Vorteil).

ersparen, *ich* erspare (habe erspart), **1)** *es,* lege zurück, gebe nicht aus (Geld). **2)** *es mir,* unterlasse, tue nicht: *das kannst du dir ersparen.* **3)** *es ihm,* verschone ihn damit: *die Enttäuschung bleibt ihm nicht erspart.* **Ersparnis** *die, -/-se, österr. auch: das, -ses/-se,* **1)** Minderverbrauch, Minderausgabe: *Energieersparnis.* **2)** *meist Pl.,* zurückgelegtes Geld: *meine letzten Ersparnisse.*

erspießen [mhd. erspriezen], *es* ersprießt (ersproß, ist ersprossen), **1)** *aus ihm,* knospt, wächst hervor. **2)** *mir,* ⌂ gedeiht, bringt Nutzen. **ersprießlich,** vorteilhaft, nützlich.

erst [ahd. (h)erist], **1)** zuerst, als erstes: *e. die Arbeit, dann das Vergnügen.* **2)** nur, nicht mehr (länger) als: *e. gestern.* **3)** gar, nur gar: *da solltet ihr e. einmal sein neuestes Buch lesen!*

erstarken, *es* erstarkt (ist erstarkt), wird stark.

erstarren, [mhd. erstaben], *es* erstarrt (ist erstarrt), **1)** wird hart (Metall, Gestein). **2)** *ich* erstarre, ⌂ werde starr (vor Kälte, Staunen, Schreck). **Erstarrung** *die, -: Erstarrungszustand; Erstarrungsgestein.*

erstatten [mhd. erstaten], *ich* erstatte (habe erstattet) *es ihm,* **1)** bezahle, vergelte. **2)** ersetze, entschädige ihn dafür. **3)** gebe, sage (Bericht, Dank). **Erstattung** *die, -: Erstattungskosten; Beitragserstattung.*

Erstaufführung *die,* erste Aufführung eines Theaterstükkes, Films in einem Land, einer Stadt: *die deutsche E. fand fünf Jahre nach der Uraufführung statt.*

erstaunen, *ich* erstaune, **1)** (bin erstaunt), wundere mich: *ein erstaunter Blick.* **2)** (habe erstaunt) *ihn,* setze in Verwunderung. **Erstaunen** *das, -s.* **erstaunlich,** staunenerregend.

Erstausgabe *die,* erste Ausgabe eines Buches. **erste** [ahd. (h)eristo], *-r, -s,* ÜBERS. Z 1, **1)** jemand (etwas), der (das) am Anfang einer Reihe steht: *er war der e., der es hörte; fürs e., vorläufig; das e. Mal oder das erstemal; das Erste und das Letzte,* Anfang und Ende; *der e. Tag des Monats,* aber: *am Ersten des Monats; der e. beste,* aber: *der erstbeste, der zufällig erste, beliebige; Erste Hilfe.* **2)** jemand (etwas), der (das) dem Range nach an der Spitze steht: *ein Abteil Erster Klasse; der, die Erste in unserer Klasse; die Ersten werden die Letzten sein* (Bibel). **3)** das Beste in der Qualität: *Waren erster Güte.* **4)** jemand (etwas), den (das) es in seiner Art noch nicht gegeben hat: *er stieß als erster in den Weltraum vor.* **e.** Organtransplantation.

erstechen [mhd. erstechen], *ich* ersteche (erstach, habe erstochen) *ihn,* töte durch Stich.

erstehen, [mhd.] (habe erstanden) *es (von ihm),* kaufe: *wo hast du das erstanden?* **2)** [ahd. irstan ›auferstehen‹] (bin erstanden), P erstehe vom Tode.

ersteigbar, so beschaffen, daß man es ersteigen kann.

ersteigen [mhd. erstigen], *ich* ersteige (habe erstiegen) *es,* erreiche durch Steigen. **Ersteiger** *der,* jemand, der etwas ersteigt: *die E. des Mount Everest.*

ersteigern, *ich* ersteig(e)re (habe ersteigert) *es,* erstehe auf einer Versteigerung. **Ersteigerung** *die.*

Ersteigung *die,* das Ersteigen.

erstellen, *ich* erstelle (habe erstellt) *es,* erzeuge, stelle her: *die Häuser wurden in den 20er Jahren erstellt.* **Erstellung** *die, -.*

erstens, als erstes, zum ersten.

ersterben [mhd. ersterben], *ich* ersterbe (erstarb, bin erstorben), sterbe dahin: *mit ersterbender Stimme,* Ü; *er erstarb vor Ehrfurcht,* Ü.

erstere, *-r, -s,* der, die, das erste. **erstgeboren,** als erstes Kind geboren. **Erstgeburt** *die,* **1)** die erste Geburt. **2)** im Altertum das Vorzugsrecht des Erstgeborenen: *Erstgeburtsrecht.* **erstgenannt,** zuerst genannt: *erstgenanntes Beispiel,* aber: *der Erstgenannte,* zuerst genannte Person.

ersticken [mhd. ersticken], *ich* ersticke, **1)** (bin erstickt), sterbe an Luftmangel. **2)** (habe erstickt) *ihn,* töte durch Luftzug: *die Revolte wurde im Keim erstickt,* Ü. **3)** (habe

erstickt) *es in ihm,* Ü vernichte, zerstöre: *das Gute in ihm war erstickt.* **Erstickung** *die, -/-en: Erstickungstod.*

erstklassig, erstrangig, von bester Art. **Erstkläßler** *der, -s/-, oberdt.:* Schüler der ersten Klasse. **Erstkommunikant** *der,* jemand, der zur Erstkommunion geht. **Erstkommunion** *die,* (feierlicher) erster Empfang der Kommunion. **Erstling** *der, -s/-e,* **1)** erstes Kind: *Erstlingsausstattung.* **2)** erstes Erzeugnis, erste Arbeit: *Erstlingsdruck.* **erstmals,** zum ersten Mal stattfindend. **erstmals,** zum ersten Mal. **Erstmilch** *die,* ⚕ das Kolostrum. **erstrangig,** erstklassig.

erstreben, *ich* erstrebe (habe erstrebt) *es,* strebe danach. **erstrebenswert,** lohnend, erstrebt zu werden: *seine berufliche Position ist nicht gerade e.*

erstrecken [mhd. erstrecken], *es* erstreckt *sich* (hat sich erstreckt) *über etwas,* bedeckt, dehnt sich räumlich oder zeitlich aus: *diese Regelung e. sich nur auf Haustiere,* Ü betrifft. **Erstreckung** *die, -,* Längenausdehnung.

erstreiten [mhd. erstriten], *ich* erstreite (habe erstritten) *es,* erringe, erreiche kämpfend.

Erststimme *die,* Stimme für die Wahl eines Wahlkreisabgeordneten (Bundestagswahl). **Ersttagsstempel** *der,* Sonderstempel (am ersten Ausgabetag neuer Postwertzeichen).

erstunken, *das ist e. und erlogen,* Ü gelogen.

erstürmen [mhd. erstürmen], *ich* erstürme (habe erstürmt) *es,* nehme, erlange im Sturm: *die Festung wurde erstürmt.* **Erstürmung** *die, -/-en.*

ersuchen [ahd. irsuohhen], *ich* ersuche (habe ersucht) *ihn um etwas,* bitte höflich. **Ersuchen** *das, -s/-: auf sein E.*

ertappen [mhd. tape ›Pfote‹], *ich* ertappe (habe ertappt) *ihn bei etwas,* erwische, überrasche bei heimlichem Tun: *auf frischer Tat ertappt.*

ertauben [mhd. ertouben ›taub machen‹], *ich* ertaube (bin ertaubt), werde taub. **Ertaubung** *die, -.*

erteilen [mhd. erteilen], *ich* erteile (habe erteilt) *es ihm,* gebe, weise zu (Befehl, Unterricht), gewähre (Audienz). **Erteilung** *die, -: Befehlserteilung.*

ertönen, *es* ertönt (ist ertönt), beginnt zu tönen, erklingt.

ertöten [mhd. ertœten], *ich* ertöte (habe ertötet) *es,* P töte ab, ersticke (Gefühl, Regung).

Ertrag *der, -(e)s/⸚e,* Gewinn, Ausbeute: *die Fabrik wirft einen hohen E. ab; ertragsfähig; Ertragssteigerung; Ernteertrag.*

ertragbar, ertragen. **ertragen** [mhd. ertragen], *ich* ertrage (ertrug, habe ertragen) *ihn, es,* nehme hin, ohne mich dagegen aufzulehnen: *sie erträgt geduldig ihr Leiden.* **erträglich, 1)** auszuhalten, erduldbar: *die Schmerzen sind e.* **2)** Ü nicht sehr gut, mittelmäßig: *uns geht es e.* **Erträgnis** *das, -ses/-se,* Ertrag. **ertragreich,** *eine ertragreiche Ernte.*

ertränken [mhd. ertrenken], *ich* ertränke (habe ertränkt) *ihn, mich,* bringe zum Ertrinken.

erträumen, *ich* erträume (habe erträumt) *es,* wünsche sehnlich, stelle mir im Wunschtraum vor.

ertrinken [ahd. irdrinkan], *ich* ertrinke (ertrank, bin ertrunken), **1)** komme im Wasser ums Leben: *Tod durch Ertrinken.* **2)** *in ihm,* Ü habe sehr viel davon: *er ertrinkt im Wohlleben, in seinem Geld.*

ertrotzen, *ich* ertrotze (habe ertrotzt) *es (von ihm),* erreiche durch Trotz, Starrsinn.

ertrügen [mhd. ertriegen ›betrügen‹], *ich* ertrüge (habe ertrogen) *Geld, schweiz.:* erwerbe es betrügerisch.

ertüchtigen, *ich* ertüchtige (habe ertüchtigt) *mich zu etwas,* mache leistungsfähiger.

erübrigen, *ich* erübrige (habe erübrigt), **1)** *es,* erspare. **2)** *es für ihn,* halte frei. **3)** *es erübrigt sich,* ist überflüssig.

eruieren [lat. eruere ›ausfindig machen‹], *ich* eruiere (habe eruiert) *es,* ermittle, erforsche.

Eruption [lat. eruptio] *die, -/-en,* **1)** Ausbruch (eines Vulkans). **2)** ⚕ Auftreten eines Hautausschlags; der Ausschlag selbst. **eruptiv. Eruptivgestein** *das,* Gestein aus erstarrtem Magma.

Erve [lat. ervum] *die, -/-n,* Name zweier Futterpflanzen.

erwachen [ahd. irwahhen], *ich* erwache (bin erwacht), **1)** wache auf. **2)** *es* erwacht, Ü entsteht plötzlich (Gefühl): *sein Gewissen ist erwacht.* **Erwachen** *das, -s.*

erwachsen [ahd. irwahsen], *es* erwächst (erwuchs, ist erwachsen), wächst hervor, entsteht: *daraus erwuchsen ihm neue Ausgaben, großes Leid.* **erwachsen,** der Kindheit entwachsen: *er hat drei erwachsene Söhne.* **Erwachsene** *der, die, -n/-n, ein -r, eine -,* erwachsener Mensch: *Erwachsenenbildung.*

erwägen [mhd. erwegen, eigtl. ›sich bewegen‹], *ich* erwäge (habe erwogen) *es*, überlege, bedenke, ziehe prüfend in Betracht. **erwägenswert,** in Frage kommend: *erwägenswerte Vorschläge.* **Erwägung** *die, -/-en: ich ziehe es in E.*

erwählen [mhd. erweln], *ich* erwähle (habe erwählt) *ihn, es mir,* wähle, suche mir aus: *der von ihm erwählte Beruf.* **Erwählung** *die, -.*

erwähnen [ahd. giwahanen], *ich* erwähne (habe erwähnt) *ihn, es,* spreche kurz davon, nenne. **erwähnenswert,** nennenswert. **Erwähnung** *die, -/-en.*

erwahren, *es* erwahrt *sich* (hat sich erwahrt), *schweiz.:* stellt sich als wahr heraus, wird amtlich bestätigt (Wahlergebnis).

erwandern, *ich* erwand(e)re (habe erwandert) *es mir,* lerne durch Wanderungen kennen: *er hat sich die Umgebung der Stadt erwandert.*

erwarmen [mhd. erwarmen], *ich* erwarme (bin erwarmt), ⚥ werde warm. **erwärmen** [mhd. erwermen], *ich* erwärme (habe erwärmt), **1)** *es,* mache warm. **2)** *mich dafür,* Ü nehme Anteil, begeistere mich: *für die neue Mode kann ich mich nicht erwärmen.* **Erwärmung** *die, -.*

erwarten [ahd. erwarten], *ich* erwarte (habe erwartet), **1)** *ihn, es,* warte auf sein Kommen, hoffe darauf, rechne damit: *sie erwartet ein Kind,* ist schwanger. **2)** *es erwartet mich,* kommt bald: *wer weiß, was uns erwartet!* **Erwartung** *die, -/-en.* **erwartungsgemäß,** wie erwartet. **erwartungsvoll,** voller Erwartung, Spannung.

erwecken [ahd. erweggen], *ich* erwecke (habe erweckt), **1)** *ihn vom Tode, von den Toten,* belebe, gebe dem Leben wieder. **2)** *es,* Ü errege (Mitleid, Haß, Zweifel). **Erweckung** *die, -/-en,* religiöse Bekehrung; das Wachrufen (des Interesses).

erwehren [ahd. irwer(r)en], *ich* erwehre *mich* (habe mich erwehrt) *seiner,* wehre ab, halte fern: *sie konnte sich der Tränen kaum erwehren.*

erweichen [ahd. irweihhen], *ich* erweiche (habe erweicht), **1)** *es,* mache weich. **2)** *ihn,* Ü mache nachgiebig: *laß dich nicht erweichen!; herzerweichend.* **Erweichung** *die, -/-en.*

Erweis *der, -es/-e,* Beweis. **erweisen** [mhd. erwisen], *ich* erweise (habe erwiesen), **1)** *es,* leiste, bezeige (einen Dienst, Wohltaten). **2)** *es erweist sich,* stellt sich heraus: *es hat sich als Irrtum erwiesen.* **erweislich,** nachweislich.

erweitern, *ich* erweit(e)re (habe erweitert) *es,* **1)** vergrößere (Blutgefäße; das Wissen). **2)** Ü dehne auf neue Gebiete aus (Befugnisse). **3)** *einen Bruch,* multipliziere Zähler und Nenner mit der gleichen Zahl. **Erweiterung** *die, -/-en.*

Erwerb *der, -(e)s/-e,* **1)** Verdienst, Lohn. **2)** Kauf. **3)** Gewerbe, Lebensunterhalt: *Erwerbsleben; Erwerbsminderung.* **erwerben** [mhd. erwerben ›durch Bemühungen erlangen‹], *ich* erwerbe (erwarb, habe erworben) *es,* gewinne, kaufe, erlerne, erlange hinzu: *erworbene Rechte.* **Erwerber** *der.* **erwerblich,** **1)** käuflich. **2)** gewerblich. **erwerbsbeschränkt,** durch körperl. oder seelisches Leiden in der Erwerbsfähigkeit beschränkt. **Erwerbsbeschränkte** *der, die, -n/-n, ein -r, eine -.* **Erwerbsbeschränkung** *die.* **erwerbsfähig,** fähig, sich seinen Lebensunterhalt selbst zu verdienen: *erwerbsunfähig.* **Erwerbsfähige** *der, die, -n/-n, ein -r, eine -.* **Erwerbsfähigkeit** *die.* **Erwerbsgesellschaft** *die,* eine privatrechtliche Vereinigung mit dem Zweck des gemeinschaftlichen Erwerbs. **Erwerbsintensität** *die,* der Umfang der Beteiligung erwerbsfähiger Personen am Erwerbsleben. **erwerbslos,** ohne Verdienst, arbeitslos. **Erwerbslose** *der, die, -n/-n, ein -r, eine -,* Arbeitslose(r). **Erwerbslosigkeit** *die, -.* **Erwerbsquelle** *die,* Verdienstmöglichkeit. **Erwerbsquote** *die,* der prozentuale Anteil der Erwerbspersonen an der Bevölkerung. **erwerbstätig,** um des Verdienstes willen arbeitend, berufstätig. **Erwerbstätige** *der, die, -n/-n, ein -r, eine -.* **Erwerbstätigkeit** *die.* **Erwerbung** *die,* Kauf, Anschaffung: *Neuerwerbung.*

erwidern [mhd. erwideren], *ich* erwid(e)re (habe erwidert), **1)** *es (ihm) auf etwas,* antworte, entgegne: *auf Ihr Schreiben vom 1. d. M. e. ich folgendes.* **2)** *ihm mit etwas,* gebe dafür, vergelte: *er erwiderte Haß mit Haß; unerwiderte Liebe.* **Erwiderung** *die, -/-en: in E. Ihres Schreibens vom . . ., K.*

erwiesen, von erweisen. **erwiesenermaßen,** nachweislich: *eine e. falsche Behauptung.*

Erwin [ahd. heri ›Heer‹ und wini ›Freund‹], männl. Vorname.

erwirken, *ich* erwirke (habe erwirkt) *es,* erreiche, führe herbei: *er erwirkte Haftentschädigung.* **Erwirkung** *die, -.*

erwischen, *ich* erwische (habe erwischt), **1)** *ihn bei etwas,* ertappe. **2)** *ihn, es,* kann gerade noch fassen, erlangen. **3)** *es erwischt ihn,* U ihm widerfährt etwas Unangenehmes.

erwünscht, angenehm, willkommen: *sein Besuch ist (nicht) e.; das war die erwünschte Gelegenheit.*

erwürgen [mhd. erwürgen], *ich* erwürge (habe erwürgt) *ihn,* töte durch Zuschnüren der Kehle.

Erythrozyten [grch. erythros ›rot‹ und kytos ›Höhlung‹, ›Zelle‹], *Pl.,* die roten Blutkörperchen.

Erz [ahd. aruzzi] *das, -es/-e,* **1)** metallhaltiges Mineral oder Gestein: *Erzader; Erz(berg)bau; Erzlagerstätte; Eisenerz.* **2)** P Kupfer, Eisen und ihre Legierungen.

erz... [ahd. arzi-, zu grch. archi-], Präfix, **1)** an hohen Titeln: *Erzmundschenk; Erzpriester.* **2)** eingedeutscht verstärkend gebraucht: *erzdumm; erzfaul; Erzgauner; Erzschurke; Erzspitzbube.*

erzählen [ahd. irzellen], *ich* erzähle (habe erzählt) *es ihm,* **1)** berichte, gebe in Worten wieder, schildere: *erzählende Dichtung, Epos, Roman, Novelle.* **2)** U mache weis, rede vor: *mir kannst du viel erzählen!* **Erzähler** *der, -s/-,* jemand, der etwas erzählt. **erzählerisch,** auf eine Erzählung bezüglich: *er hat eine erzählerische Begabung.* **Erzählung** *die, -/-en,* **1)** Bericht, Schilderung von tatsächl. oder erfundenen Begebenheiten. **2)** sprachl. Kunstform, meist in Prosa.

Erzbischof *der,* **1)** der einer Kirchenprovinz vorstehende Bischof. **2)** vom Papst verliehener persönl. Ehrentitel. **erzbischöflich.** **Erzbistum** *das.*

erzeigen [mhd. erzeigen], *ich* erzeige (habe erzeigt) *es ihm,* zeige, erweise (einen Dienst, Liebe): *er erzeigt sich dankbar.*

erzen, **1)** aus Erz bestehend. **2)** U sehr hart.

Erzengel [ahd. archangelos] *der,* in der Bibel jeder der vier vornehmsten Engel.

erzeugen [mhd. erziugen], *ich* erzeuge (habe erzeugt), **1)** *ihn,* ⚥ bringe hervor, setze ins Leben. **2)** *es,* stelle her, produziere. **Erzeuger** *der, -s/-,* 🜨 Vater. **2)** Hersteller, Fabrikant. **Erzeugerland** *das,* Land, in dem eine Ware produziert wird. **Erzeugerpreis** *der,* der Preis, den der Erzeuger beim Verkauf der Ware erhält. **Erzeugnis** *das,* Ergebnis einer Tätigkeit, Produkt, Fabrikat: *landwirtschaftliche Erzeugnisse.* **Erzeugung** *die, -,* Herstellung, Schaffung.

Erzfeind *der,* **1)** erbitterter Feind. **2)** *ohne Pl.,* B Teufel. **Erzgang** *der,* mit Erzen ausgefüllte Gesteinsspalte. **Erzgicht** *die,* die in den Hochofen gegebene Beschickung aus Erz.

Erzherzog *der,* Titel der Prinzen des Hauses Österreich. **erzherzoglich.** **Erzherzogtum** *das.*

erzhöffig, erzhöfflich, Gewinn an Erz versprechend.

erziehbar, durch Erziehung lenkbar: *dieses Kind ist schwer e.; aber: ein schwererziehbares Kind.* **erziehen** [ahd. irziahan], *ich* erziehe (habe erzogen) *ihn,* wirke planmäßig formend ein (auf das Kind, den Jugendlichen): *er ist gut erzogen.* **Erzieher** *der, -s/-,* **1)** jeder, der einen anderen erzieht (Eltern ihre Kinder). **2)** Lehrer, Pädagoge. **erzieherisch, erziehlich.** **Erziehung** *die, -.: Erziehungsmethoden; Erziehungsschwierigkeiten; Jugenderziehung.* **Erziehungsberechtigte** *der, die,* derjenige, der die elterl. Gewalt ausübt.

erzielen [mhd. erziln, eigtl. ›erzeugen‹], *ich* erziele (habe erzielt) *es,* **1)** erreiche (Erfolg). **2)** treffe (Tor).

erzittern [mhd. erzitt(e)re (habe erzittert), **1)** fange plötzlich an zu zittern, erbebe.

erzürnen [mhd. erzürnen], *ich* erzürne (habe erzürnt) **1)** *ihn,* mache zornig. **2)** *mich,* werde zornig.

Erzväter, *Pl.,* B die Stammväter Israels.

erzwingen [mhd. erzwinge (erzwang, habe erzwungen) *es,* erreiche mit Drohung, Gewalt, Ausdauer. **Erzwingung** *die, -.* **erzwungenermaßen,** e. gab er nach.

es, Personalpronomen, ÜBERS. P 24.

es *das, -/-,* ♪ Halbton unter e, ABB. N 9. **2)** Zeichen für: es-Moll. **Es, 1)** ♪ Zeichen für: Es-Dur. **2)** 🜨 Zeichen für: Einsteinium.

Eschatologie [grch. eschatos ›äußerster‹, ›letzter‹ und vgl. . . .logie] *die, -,* Lehre vom Weltende. **eschatologisch.**

Esche [ahd. asc] *die, -/-n,* ein fiederblättriger Laubbaum: *Eschenholz.* **eschen,** aus dem Holz der Esche.

Es-Dur *das,* Zeichen: Es, ♪ die Tonart.

Esel [ahd. esil, lat. asinus] *der, -/-s,* **1)** afrikan. Huftier; Sinnbild für: Dummheit, Überbürdung und Störrigkeit: *so ein E.!,* Dummkopf, Tölpel. **2)** Gestell, Sägebock. **Eselei** *die, -/-en,* U Dummheit, Torheit. **Eselin** *die, -/-nen.* **Eselsbrücke** *die,* Denkhilfe für etwas schwer Merkbares. **Eselshaupt** *das,* Hafenschlag-Teilung. ABB. M 5. **Eselsohr** *das,* Ü umgeknickte Ecke einer Buch- oder Heftseite. **Eselsrücken** *der,* **1)** ⌂ Bogen, ABB. B 39. **2)** Ablaufberg, ABB. B 5.

die Schale — das Blatt — die Salatschüssel — die Sauciere — die Suppenschüssel (die Terrine) — die Bratenplatte — der Beilagelöffel — das Rotweinglas — der Pfefferstreuer — der Dessertlöffel — die Beilagegabel — die Nuß — die Gabel — der Salzstreuer — das Weißweinglas — das Wasserglas — der Suppenteller — der Eßlöffel — der Fruchtzapfen — der Dessertteller — das Dessertmesser — das Messer (das Besteck) — **Erdnuß** — **Erle** — das Tischtuch — die Serviette — **Eßtisch** — der Eßteller

---

Eska|dron [frz.] *die, -/-en,* Schwadron.
Eskalade [frz. escalade, zu lat. scala ›Leiter‹] *die, -/-n,* ⚔ Angriff mit Sturmleitern. **Eskalad|erwand** *die,* ⚔ Kletterwand. **Eskalation** [engl.] *die, -,* ständig fortschreitende Ausweitung, z. B. kriegerischer Handlungen. **eskalieren,** *es* eskaliert (ist, auch: hat eskaliert).
Eskamotage [-t'a:ʒ, frz. escamotage ›Taschenspielerei‹] *die, -/-n* [-ʒən], ⚔ das Verschwindenlassen eines Gegenstandes. **Eskamoteur** [-t'ø:r] *der, -s/-e,* Taschenspieler. **eskamotieren,** *ich* eskamotiere (habe eskamotiert) *es,* lasse verschwinden.
Eskapade [frz. escapade] *die, -/-n,* 1) falscher Sprung eines Schulpferdes. 2) Ü unüberlegter Streich; Seitensprung. **Eskapismus** *der, -,* Flucht aus der Wirklichkeit in eine Scheinwelt. **eskapistisch.**
Eskariol [frz. escarole, zu lat. lactuca scariola ›Lattich‹, ›Gartensalat‹] *der, -s,* die Endivie.
Eskimo [indian. eigtl. ›Rohfleischesser‹] *der, -(s)/-(s),* Angehöriger eines Volkes im arktischen Nordamerika, in Grönland und im NO Asiens. **eskimoisch.**
Eskorte [frz. escorte] *die, -/-n,* Geleit, Bedeckung, Begleitmannschaft. **eskortieren,** *ich* eskortiere (habe eskortiert) *ihn,* gebe sicheres Geleit.
es-Moll *das,* Zeichen: es, ♪ eine Tonart.
Esoterik [grch. esoteros ›innerer‹] *die, -/-en,* 1) Geheimlehre. 2) *ohne Pl.,* esoter. Beschaffenheit. **Esoteriker** *der, -s/-,* jemand, der in eine Geheimlehre eingeweiht ist. **esoterisch,** 1) nur Eingeweihten zugänglich. 2) geheim.
Espa|gnoletteverschluß [espanol'ɛt(ə)-, frz. espagnol ›spanisch‹] *der,* ein Fensterverschluß, ABB. F 12.
Esparsette [frz. esparcet] *die, -/-n,* eine Futterpflanze.
Esparto [span.] *das, -s,* **Espartogras** *das,* die trocknen Halme und Blätter mehrerer fremder Gräser, Flechtmaterial.
Espe [ahd. aspa] *die, -/-n,* Zitterpappel; Sinnbild der Furcht: *er zittert wie Espenlaub.* **espen,** aus Espenholz.
Esperanto [Pseudonym des poln. Erfinders L. Zamenhof, 1859–1917] *das, -(s),* eine Welthilfssprache.
Es|planade [frz.] *die, -/-n,* freier Platz, Anlage.
es|pressivo [ital.], ♪ ausdrucksvoll. **Es|presso** [ital. ›ausgedrückt‹], 1) *der, -(s)/-s* oder *. . . pr'essi,* starker (italien.) Kaffee. 2) *das, -(s)/-s,* kleines Lokal, Kaffeestube.
Es|prit [ɛspr'i, frz., zu lat. spiritus] *der, -s,* Geist, feinsinnige Witzigkeit.
Esq., Abk. für : Esquire. **Esquire** [iskw'aiə, engl., zu lat. scutarius ›Schildknappe‹] *der, -s/-s,* engl. Höflichkeitstitel.
Essay [ɛs'ei, engl., zu lat. exigere ›überlegen‹] *das* oder *der, -s/-s,* sprachkünstlerisch durchgeformte kürzere Abhandlung. **Essayist** *der, -en/-en,* **essayistisch.**
eßbar, zum Verzehr geeignet: *eßbare Pilze.*
Esse [ahd. essa] *die, -/-n,* 1) bes. *ostmitteldt.:* Schornstein; Rauchfang: *der Essenkehrer,* Schornsteinfeger. 2) U Zylinderhut.
essen [ahd. ezzan] *ich* esse (aß, habe gegessen; du ißt; er ißt; iß!) *es,* nehme als Nahrung zu mir: *Eßgeschirr; Eßlust; es wird nichts so heiß gegessen, wie es gekocht wird,* Ü es wird weniger schlimm als anfangs angenommen. **Essen** *das, -s/-,* 1) Nahrung. 2) Mahlzeit; vgl. ABB. E 10: *Mittagessen; Essenszeit; er gibt ein E. für 50 Personen,* eine festl. Einladung.

essential, essentiell [frz., zu Essenz], wesentlich. **Essenz** [lat. essentia ›das Wesen‹] *die, -/-en,* 1) 🜊 konzentrierte Lösung. 2) *ohne Pl.,* Philosophie: Wesen, eigentlicher Sinn.
Esser [mhd. ezzer] *der, -s/-,* jemand, der ißt: *wir haben zum Mittagessen einen E. mehr; ein guter, schlechter E.,* Mensch mit gutem, schlechtem Appetit.
Essig [ahd. ezzih, zu lat. acetum] *der, -s/-e,* ein saures Würz- und Konservierungsmittel: *Essiggurke; Weinessig; damit ist es E.,* U daraus wird nichts. **Essigbakteri|en,** *Pl.,* eine Gruppe von Bakterien, die Äthylalkohol in Essigsäure umwandeln. **Essigbaum** *der,* eine Sumachart. **Essigdorn** *der,* Berberitze. **Essigessenz** *die,* auf 80 % verdünnte Essigsäure. **Essigmutter** *die, -,* Kultur von Essigbakterien zur Essigherstellung. **essigsauer,** Essigsäure enthaltend oder daraus entstanden: *essigsaure Tonerde.* **Essigsäure** *die, -,* eine Fettsäure. **Essigstich** *der, -(e)s,* eine durch Essigbakterien hervorgerufene Krankheit von Wein und Bier.
Esta|blishment [ist'æbliʃmənt, engl. to establish ›einrichten‹] *das, -s,* die herrschenden Kräfte in Staat und Gesellschaft.
Este *der, -n/-n,* Bewohner Estlands.
Ester [Kurzw. aus Essig und Äther] *der, -s/-,* organ. Verbindung, die bei Einwirkung von Alkoholen auf Säuren entsteht.
Esther [pers. ›Stern‹], weibl. Vorname.
Estin *die, -/-nen,* Bewohnerin von Estland. **estnisch.**
Estomihi [lat. ›sei mir (ein starker Fels)‹], 1) evang. Kirche: der siebte Sonntag vor Ostern, ÜBERS. J 2. 2) kath. Kirche: Quinquagesima, der Sonntag vor Aschermittwoch.
Estrade [frz.] *die, -/-n,* erhöhter Teil des Fußbodens.
Estragon [frz. targon, zu arab. tarkhoun] *der, -s,* Würzpflanze, Beifußart.
Est|rich [mhd. esterich, zu mlat. astracum ›Pflaster‹, grch. ostrakon ›Scherbe‹] *der, -s/-e,* 1) fugenloser Fußbodenbelag (aus Zement, Gips, Lehm), ABB. F 38. 2) *oberdt.:* Trockenboden.
et [lat. ›und‹], Zeichen: &, (in Firmennamen) und.
Eta *das, -(s)/-s,* das 7. griech. Buchstabe, ÜBERS. G 36.
eta|blieren [frz. établir ›festsetzen‹, *ich* etabliere (habe etabliert), 1) *es,* gründe, errichte. 2) *mich,* lasse mich nieder (als Geschäftsmann). 3) *mich,* nehme einen festen Platz in der gesellschaftl. Ordnung ein: *diese Partei hat sich etabliert.* **Eta|blierung** *die, -,* **Eta|blissement** [-blism'ã] *das, -s/-s,* 1) Vergnügungsstätte. 2) Niederlassung, Geschäft.
Etage [et'a:ʒə, frz., zu lat. stare ›stehen‹] *die, -/-n,* Stockwerk: *Etagenwohnung.* **Etagenbett** *das,* zwei Betten übereinander, ABB. B 27. **Etagenheizung** *die,* Warmwasserheizung für eine Wohnung oder ein Stockwerk. **Etagere** [-ʒ'ε:rə] *die, -/-n,* Stufengestell.
Etalon [etal'õ, frz.] *der, -s/-s,* Urmaß, Normalmaß für Länge und Masse.
Etamin [frz. étamine ›Seihtuch‹] *das, -s,* **Etamine** *die, -,* gazeartiges Gewebe.
Etappe [frz., zu mittelniederl. stapel ›Stapelplatz‹] *die, -/-n,* 1) Abschnitt: *Etappenrennen,* Radsport: etappenweises Straßenrennen über Tage oder Wochen; *Etappenziel.* 2) ⚔ Hinterland der Kampftruppe: *Etappengebiet.*
Etat [et'a, frz.] *der, -s/-s,* 1) Haushaltsplan: *Etataufstellung; Etatjahr; Etatposten.* 2) Lebensverhältnisse, Vermögensstand:

das geht über meinen E., ∪ kann ich mir nicht leisten. **3)** ⚓ Sollbestand einer militär. Einheit: *Etatstärke.* **4)** *schweiz. auch:* Verzeichnis von Behörden, Mitgliedern, Funktionären. **Etatismus** *der, -,* Tendenz, den staatl. Einfluß auf Kosten der individuellen Rechtssphäre auszuweiten. **etatistisch. etatmäßig,** als regelmäßiger Posten im Haushalt.
Etazismus *der, -,* die Aussprache des altgriech. Buchstabens Eta (H, η) als e und nicht als i (Itazismus).
etc., Abk. für: et cetera. **et cetera** [lat. ›und das übrige‹], und so weiter: *etc. pp.* (verstärkend), vgl. pp.
etepetete [vermutlich aus frz. être, peut-être ›kann sein‹, ›vielleicht‹], ∪ zimperlich, geziert, übergenau.
Ethik [grch. ethikos ›sittlich‹] *die, -,* philosoph. Wissenschaft vom Sittlichen. **Ethiker** *der, -/-.* **ethisch.**
ethnisch [grch. ethnos ›Volk‹], volkseigentümlich. **Ethnographie** [vgl. . . . graphie] *die, -,* beschreibende Völkerkunde. **ethnographisch. Ethnolinguistik** *die,* Wissenschaft von der Sprache im Zusammenhang mit der Kultur der Sprachträger. **Ethnologie** [vgl. . . . . logie] *die, -,* allgemeine Völkerkunde. **ethnologisch.**
Ethologie [grch. ethos ›Gewohnheit‹, ›Charakter‹ und vgl. . . . logie] *die, -,* Verhaltensforschung. **Ethos** *das, -,* sittliche Gesinnung; menschliche Grundhaltung.
Etikett [frz. etiquette ›Hinweiszettel‹] *das, -s/-e* oder *-s,* Aufschrift, ABB. F 23, Zettel mit Preisangabe an Waren. **Etikette** *die, -/-n,* **1)** gesellschaftl. Umgangsformen. **2)** selten für: Etikett. **etikettieren,** *ich etikettiere* (habe etikettiert) *es (als etwas,* Ü).
Etiolement [etjɔlm'ã, frz. ›das Verkümmern‹] *das, -s,* ⊕ Vergeilung. **etiolieren,** *die Pflanze* etioliert (ist etioliert), vergeilt.
etliche [ahd. ed(d)eslih ›irgendein‹, ›etlich‹], einige: *etlichemal,* aber: *e. Male.* **etliches,** etwas, manches: *e. Gute.*
Etmal [niederdt.] *das, -(e)s/-e,* **1)** Zeit von Mittag bis Mittag. **2)** die in dieser Zeit zurückgelegte Strecke.
Etrusker *der, -s/-,* Bewohner der altitalischen Landschaft Etrurien. **etruskisch.**
. . . ett [frz., ital.], Suffix für Adjektive und für sächl. Substantive: *adrett; kokett; das Parkett; das Quartett.*
. . . ette [frz.], Suffix für weibl. Substantive: *die Etikette; die Manschette.*
Etüde [frz. étude ›Studium‹] *die, -/-n,* ♪ Übungsstück, bes. zur Fingerfertigkeit.
Etui [ety'i, frz.] *das, -s/-s,* **1)** Hülle, Behälter: *Brillenetui.* **2)** ärztl. Besteck.
etwa [mhd. etewa ›irgendwo‹, ›ziemlich‹], **1)** ungefähr, annähernd: *in e.; e. zehn Meter.* **2)** am Ende, wohl gar: *warst du es e.?* **etwaig,** möglich, vielleicht geschehend: *etwaige Verstöße gegen die Gesetze werden bestraft.*
etwas [ahd. etewaz], *nicht flektierbar,* **1)** eine nicht genau beschreibbare Sache: *hast du e. gehört?* **2)** ein wenig: *das ist e. besser; so e. wie ein Künstler, einem Künstler ähnlich; e. Schönes; e. anderes.* **3)** etwas Besonderes, Bedeutendes: *er meint, e. zu sein; das will schon e. heißen; was er da geleistet hat, ist schon e.,* Ü. **Etwas** *das, -/-,* **1)** Unbestimmtes, aber deutlich Wahrnehmbares: *sie hat so ein gewisses E.* **2)** Bestehendes im Gegensatz zum Nichts. **3)** ∪ Lebewesen: *so ein winziges E.*
etwelche, Ⓑ einige.
Etymologie [grch. etymos ›wirklich‹ und vgl. . . . logie] *die, -/. . . g'i|en,* **1)** ohne Pl., Wissenschaft von der Bildung und Grundbedeutung der Wörter. **2)** Herkunft und Bedeutung eines Wortes. **etymologisch. Etymon** *das, -s/. . . ma,* Stammwort.
eu, Diphthong, ÜBERS. G 34.
eu. . . [grch.], gut . . . : *Eudämonie; Euphorie.*
Eu, ⟡ Zeichen für: Europium.
euch, ÜBERS. P 24.
Eubiotik [vgl. eu. . . und bio. . .] *die, -,* Lehre vom gesunden Leben.
Eucharistie [vgl. eu. . . und grch. charis ›Huld‹, ›Dank‹] *die, -/. . . sti|en,* Altarsakrament. **eucharistisch.**
Eudämonie [vgl. grch. eudaimon ›glücklich‹] *die, -,* Glückseligkeit. **Eudämonismus** *der, -,* Lehre, die im menschl. Glück das Lebensziel sieht. **eudämonistisch.**
euer, ÜBERS. P 24: *die Euern, Euren* oder *Eurigen,* eure Angehörigen; *Euer, Eure,* Abk. in Titeln: Ew. **euerseits,** auch euerseits, von euer Seite. **euersgleichen,** auch euresgleichen, jemand wie ihr. **euerthalben,** auch euerthalben, **euertwegen,** auch euertwegen, **euertwillen,** auch euertwillen: *um e.,* euch zuliebe.

Eugen [auch oig'e:n, grch.: eugenes ›wohlgeboren‹], männl., **Eugenie** [-niə], weibl. Vorname.
Eugenik [vgl. eu. . . und . . . gen] *die, -,* Erbgesundheitslehre. **Eugeniker** *der, -s/-.* **eugenisch.**
Eukalyptus [vgl. eu. . . und grch. kalyptos ›bedeckt‹] *der, -/. . . ten* oder *-,* immergrüner Laubbaum mit stark riechenden, ölhaltigen Blättern.
euklidisch, Euklidisch, auf den altgriech. Mathematiker Euklid, 4.–3. Jahrh. v. Chr., bezogen, ÜBERS. A 4, C.
Eukolie [grch. eukolos ›heiter‹] *die, -,* Zufriedenheit, Heiterkeit.
Eukrasie [vgl. eu. . . und grch. krasis ›Mischung‹] *die, -,* gute Zusammensetzung der Körperflüssigkeit.
Eule [ahd. uwila] *die, -/-n,* **1)** ein Nachtvogel; Sinnbild für: Weisheit, Häßlichkeit, Verdrießlichkeit; volkstümlich: Unglücksvogel: *wir fangen eine E.,* ⚓ bekommen plötzlich Wind von vorne; *das hieße Eulen nach Athen tragen,* ∪ Überflüssiges tun. **2)** ein Nachtfalter. **3)** Flederwisch. **4)** ein Tonpfeifchen.
Eulenflucht *die, -, norddt.:* Abenddämmerung.
Eulenspiegel [niederdt. ulen ›wischen‹ und Spiegel, ⚘›Hintern‹] *der,* Schelm: *Till E.,* Schwankgestalt. **Eulenspiegelei** *die, -/-en,* Schelmenstreich.
Eumenide [grch. Eumenides ›die Wohlwollenden‹] *die, -/-n, meist Pl.,* beschönigend für Erinnye.
Eunuch [grch. eunuchos, eigtl. ›Betthüter‹] *der, -en/-en,* Kastrat, Haremswächter: *Eunuchenstimme.*
Euphemismus [vgl. eu. . . und grch. pheme ›Rede‹] *der, -/. . . men,* beschönigende Umschreibung. **euphemistisch.**
Euphonie [vgl. eu. . . und grch. phone ›Stimme‹] *die, -/. . . n'i|en,* Wohlklang. **euphonisch.**
Euphorbia [vgl. eu. . . und grch. phorbe ›Weide‹, ›Futter‹] *die, -/. . . bi|en,* ⊕ Wolfsmilch.
Euphorie [grch. euphoros ›leicht ertragend‹] *die, -,* Gefühl gesteigerten Wohlbefindens. **euphorisch. euphorisieren,** *ich euphorisiere* (habe euphorisiert) *ihn: euphorisierende Medikamente.*
Euphuismus [nach J. Lylys (1554–1606) Roman ›Euphues‹] *der, -,* manierist. Stil der engl. Literatur gegen Ende des 16. Jahrh. **euphuistisch.**
Eupnoe [vgl. eu. . . und grch. pnoe ›Atem‹] *die, -,* ⚕ das normale ruhige Atmen.
Eur [zu europäisch] *der, -/-,* Rechnungseinheit der Europäischen Gemeinschaften.
. . . eur [œr, frz., eingedeutscht ø:r], Ableitungssilbe für männl. Substantive: *der Exploiteur; der Friseur.*
Eurailpaß [juər'ei-, engl., kurz für: European railroad pass ›Europäischer Eisenbahnpaß‹] *der,* Netzkarte für Touristen aus Übersee-Ländern für das westeurop. Eisenbahnnetz. **Eurailtarif** [juər'ei-] *der,* verbilligter Tarif für Touristen mit Eurailpaß.
Eurasien, die Landmasse Europa und Asien. **Eurasier** *der, -s/-,* **Eurasierin** *die, -/-nen,* Abkömmling von Europäern und Asiaten. **eurasisch.**
Euratom [auch 'oi-] *die, -,* Kurzw. für: Europäische Atomgemeinschaft.
eure, auch euere, ÜBERS. P 24. **eurerseits,** auch euerseits, von eurer Seite. **euresgleichen,** auch euersgleichen, Menschen wie ihr. **eurethalben,** auch euerthalben, **euretwegen,** auch euertwegen, **euretwillen,** auch euertwillen, euch zuliebe.
Eurhythmie [vgl. eu. . . und Rhythmus] *die, -,* **1)** Ebenmaß von Bewegungen (als künstler. Ausdrucksform). **2)** ⚕ Regelmäßigkeit des Herzschlags.
eurige, ÜBERS. P 24.
euripideisch, Euripideisch, auf den altgriech. Tragödiendichter Euripides, 485/484 oder um 480–406 v. Chr., bezogen, ÜBERS. A 4, C.
Eurocheque [-ʃek, Europa und frz. chèque ›Scheck‹] *der, -s/-s,* Euroscheck, bei den Banken fast aller europäischen Länder einzulösender Scheck. **Eurodollars,** *Pl.,* auf US-Dollar lautende Geschäftsbankenguthaben, die zwischen nichtamerikan. Kreditinstituten gehandelt werden: *Eurodollar-Markt.* **Eurokommunismus** *der,* polit. Richtung westeurop. kommunistischer Parteien, die unabhängig vom Kommunismus sowjet. Prägung einen eigenen, autonomen Weg zum Sozialismus gehen wollen. **Eurokrat** [grch. kratos ›Herrschaft‹] *der, -en/-en,* ∪ Bediensteter bei den Behörden der Europäischen Gemeinschaft. **Euromarkt** *der,* Geld- und Kapitalmarkt der wichtigsten westeurop. Finanzplätze. **Europa, 1)** griech. weibl. Sagengestalt. **2)** [grch. Europe, nach der myth.

Europa oder aus semit. ereb ›dunkel‹, ›Abendland‹], ein Erdteil: *Europarat; Europacup; Europameister; Europapokalspiel.* **Europäer** *der, -s/-,* **Europäerin** *die, -/-nen,* Bewohner(in) Europas. **europäisch,** auf den Erdteil Europa bezogen: *die europäischen Staaten; Europäische Gemeinschaften,* Abk.: EG; *Europäisches Parlament,* die Versammlung der Europäischen Gemeinschaften. **Europastraßen,** *Pl.,* mit E gekennzeichnete über- und zwischenstaatl. Hauptverkehrsstraßen Europas. **Europide** *der, die, -n/-n, ein -r, eine -,* Angehörige(r) der in Europa einheim. Menschenrassen. **Europium** *das, -s,* ⚛ Element, Zeichen: Eu. **Eurocheck** *der,* Eurocheque. **Eurosignal** *das, -s,* europ. Funkrufdienst der Dt. Bundespost. **Eurovision** [Kurzw. aus Europa und Television] *die, -,* Zusammenschluß von Rundfunkgesellschaften Westeuropas und Nordamerikas zum Austausch von Fernsehprogrammen: *Eurovisionssendung.*

eury . . . [grch. eurys], weit. . ., breit. . .: *eurytherm; euryphag.* **euryök** [grch. oikos ›Haus‹], an verschiedene Umweltbedingungen anpassungsfähig (Tiere, Pflanzen). **Euryökie** *die, -.* **eurysom** [grch. soma ›Körper‹], ♀ breitwüchsig.

. . .euse [ø:zə, frz.], Ableitungssilbe für weibl. Substantive: *die Friseuse; die Masseuse.*

Eusebius [grch. eusebes ›fromm‹], männl. Vorname.

Eustachius [vgl. eu. . . und grch. stachys ›Ähre‹], männl. Vorname.

Eutektikum [grch. eutektos ›leicht schmelzend‹] *das, -s/. . .ka,* bei bestimmter Temperatur erstarrendes Gemenge aus mehreren Stoffen, die miteinander eine homogene Flüssigkeit bilden, in festem Zustand aber unmischbar sind. **eutektisch,** *eutektische Legierung.*

Euter [ahd. utar(o)] *das, -s/-,* zwei bis vier Milchdrüsen bei weibl. Paarhufern, ABB. F 25.

Euterpe [vgl. eu. . . und grch. terpein ›erquicken‹], Muse der Instrumentalmusik.

Euthanasie [vgl. eu. . . und grch. thanatos ›Tod‹] *die, -,* Sterbehilfe, Erleichterung des Sterbens durch Medikamente: *Lebensverkürzung durch E. ist strafbar.*

eutroph [vgl. eu. . . und . . . troph], nährstoffreich (Boden, Gewässer). **Eutrophie** *die, -.* **Eutrophierung** *die, -/-en,* unerwünschte Nährstoffzunahme in Gewässern.

ev., Abk. für: evangelisch.

Ev., Abk. für: Evangelium (Jesu).

eV, Zeichen für: Elektronenvolt.

e. V., Abk. für: eingetragener Verein.

Eva [hebr. ›Leben‹], **1)** weibl. Vorname. **2)** B der zweite Mensch der Schöpfung. **3)** *die, -/-s,* (kleines) Mädchen oder Frau mit typisch weibl. Eigenschaften: *eine richtige kleine E., Evastochter; im Evaskostüm,* U nackt.

evakuieren [frz. évacuer, zu lat. vacuus ›leer‹], *ich evakuiere* (habe evakuiert), **1)** *es,* Physik: mache einen Raum möglichst luft- oder gasleer. **2)** *die Bevölkerung,* siedle die Bewohner eines Gebietes vorübergehend aus. **Evakuierte** *der, die, -n/-n, ein -r, eine -.* **Evakuierung** *die, -/-en.*

Evaluation [engl. value ›Wert‹, lat. valere ›wert sein‹] *die, -/-en,* Sozialwissenschaften: Bewertung einer Erfahrung, z. B. bei pädagogischen Programmen. **evaluieren,** *ich evaluiere* (habe evaluiert) *es.* **Evaluierung** *die, -/-en,* Auswertung.

Evangeliar [ahd. evangelio, vgl. eu. . . und grch. angelos ›Bote‹] *das, -s/- oder . . . rilen,* Buch, das die Evangelien enthält. **Evangelikale** [engl. evangelical] *der, -n/-n,* Angehöriger einer konservativen Bewegung innerhalb des Protestantismus. **Evangelisation** *die, -/-en,* die Verkündigung des Evangeliums. **evangelisch,** Abk.: ev., **1)** auf das Evangelium bezogen. **2)** auf die durch Reformation entstandenen Kirchen bezogen, protestantisch: *die evangelische Kirche;* aber: *die Evangelische Kirche in Deutschland,* Abk.: EKD; *e.-lutherisch; e.-reformiert.* **evangelisieren,** *ich evangelisiere* (habe evangelisiert) *ihn.* **Evangelist** *der, -en/-en,* **1)** Verfasser einer der vier Evangelien. **2)** Wanderprediger. **Evangelistar** *das, -s/-e,* liturg. Buch, das die in der Messe zu lesenden Abschnitte der Evangelien enthält. **Evangelium** *das, -s/. . . lilen,* **1)** Abk.: Ev., Lebensbeschreibung Jesu. **2)** die christl. Heilsbotschaft.

Evaporat [vgl. ex und lat. vapor ›Dampf‹] *das, -s/-e,* eingedampfte Lösung. **Evaporation** *die, -,* Verdampfung. **evaporieren,** *ich evaporiere* (habe evaporiert) *es: evaporierte Milch,* Milch, der Wasser entzogen wurde. **Evaporographie** *die, -,* die Erzeugung von Abbildungen mit Infrarot-Strahlung.

Evasion [frz., vgl. ex und lat. vadere ›gehen‹] *die, -/-en,* **1)** das Entweichen, Flucht. **2)** ⚖ Ausflucht. **evasiv, evasorisch,** ⚖ auf Ausflüchten beruhend, ausweichend.

Evektion [vgl. ex und lat. vectare ›führen‹] *die, -,* ✦ Störung der Mondbahnlänge.

Eveline [engl., zu Eva], weibl. Vorname.

Eventualität [frz., zu lat. eventus ›Ereignis‹] *die, -/-en,* Möglichkeit, unvorhergesehener, aber mögl. Fall. **eventuell,** Abk.: evtl., möglicherweise eintretend; gegebenenfalls.

Ever|green [ˈevəgri:n, engl. ›Immergrün‹] *der, -s/-s,* Musikstück, das Jahre hindurch beliebt ist.

Everte|brat [vgl. ex und lat. vertebra ›Wirbel‹] *der, -en/-en, meist Pl.,* Invertebrat, wirbelloses Tier.

evident [lat. evidens ›einleuchtend‹], gewiß, sicher, unmittelbar einsichtig. **Evidenz** *die, -/-en.*

Eviktion [lat. evincere ›völlig besiegen‹] *die, -/-en,* ⚖ Entziehung einer Sache durch richterl. Urteil. **evinzieren,** *ich* evinziere (habe evinziert) *es.*

ev.-luth., Abk. für: evangelisch-lutherisch.

Evolute [lat. evolvere ›abwickeln‹] *die, -/-n,* der geometr. Ort der Krümmungsmittelpunkte einer ebenen Kurve. **Evolution** [lat. evolutio] *die, -/-en,* allmähl. Entwicklung: *Evolutionstheorie.* **evolutionär. Evolutionismus** *der, -,* natur- und kulturphilosoph. Lehre von der Evolution. **Evolvente** [vgl. Evolute] *die, -/-n,* Abwicklungskurve der Evolute. **evolvieren,** *ich* evolviere (habe evolviert) *es,* entwickele, entfalte.

evozieren [lat. evocare ›aufrufen‹], *ich* evoziere (habe evoziert) *ihn,* ⚖ rufe (eine Sache) auf.

ev.-ref., Abk. für: evangelisch-reformiert.

evtl., Abk. für: eventuell.

Ew. [Ewer, mhd. ›iwer‹, ›iuwer‹], in Titeln alte Abk. für: Euer, Eure: *Ew. Hochwürden; Ew. M.,* Euer, Eure Majestät.

EWA, Abk. für: Europäisches Währungsabkommen.

Ewald [ahd. ewa ›Gesetz‹ und waltan ›walten‹], männl. Vorname.

Ewer [fläm. envare ›Ein-Mann-Fahrzeug‹] *der, -s/-,* niederdt.: kleineres Frachtsegelschiff.

EWG, Abk. für: Europäische Wirtschaftsgemeinschaft.

ewig [ahd. ewig], **1)** nie endend, unendlich lange dauernd, stets erneut: *für immer und e.; ewige Treue;* sie ist in die ewige Ruhe eingegangen, P gestorben; *der Ewige Jude,* Ahasver, eine Sagengestalt; *die Ewige Lampe, das Ewige Licht,* immer brennendes Licht in kath. Kirchen, ABB. A 11. **2)** unwandelbar, zeitlos, endlos: *ewiger Schnee; die Ewige Stadt,* Rom; *das Ewigweibliche.* **3)** U sehr lange, zu lange: *ich warte schon e. auf dich; diese ewige Nörgelei habe ich satt.* **Ewigkeit** *die, -/-en.* **ewiglich,** P ewig.

EWS, Abk. für: elektronisch gesteuertes Wählsystem der Fernsprechvermittlung.

ex [lat.], aus, heraus; U zu Ende, vorbei: *ich trinke ex,* leere das Glas mit einem Zug. **ex. . .,** aus . . . heraus; ehemalig: *Exmission; Exminister.*

ex|akt [lat. exactus, zu exigere ›abmessen‹], genau, sorgfältig: *exakte Wissenschaften,* Wissenschaften, die messende und nachprüfbare Methoden verwenden (bes. Mathematik und Naturwissenschaften). **Exaktheit** *die, -.*

Ex|altation [lat. exaltare ›erhöhen‹] *die, -.* **ex|altieren,** *ich* exaltiere mich (habe mich exaltiert), **1)** rege mich übermäßig auf. **2)** begeistere mich überschwenglich: *eine exaltierte Person,* ein überspannter, hysterischer Mensch.

Ex|amen [lat., zu exigere ›abwägen‹] *das, -s/- oder . . . mina,* Prüfung: *mündliches, schriftliches E.; Staatsexamen; Examensangst; Examensnote.* **Ex|aminand** *der, -en/-en,* Prüfling. **Ex|aminator** *der, -s/. . .t'oren,* Prüfer. **ex|aminieren** [lat. examinare ›prüfen‹], *ich* examiniere (habe examiniert) *ihn.*

Ex|anthem [grch. exanthema ›das Aufgeblühte‹] *das, -s/-e,* ♀ Hautausschlag.

Ex|arch [grch. exarchos ›Vorsteher‹] *der, -en/-en,* **1)** byzantin. Statthalter. **2)** orthodoxer Oberbischof. **Ex|archat** *das, -s/-e,* Amt und Amtsgebiet eines Exarchen. **Ex|archie** *die, -/. . .ch'ien,* nicht als Diözese konstituierte Kirchengebiet.

Ex|artikulation [vgl. ex und lat. articulus ›Glied‹] *die, -,* ♀ chirurg. Abtrennung eines Gliedes im Gelenk.

Ex|audi [lat. ›erhöre‹], **1)** evang. Kirche: der sechste Sonntag nach Ostern, ÜBERS. J 2. **2)** kath. Kirche: der siebte Sonntag der Osterzeit.

Ex|azerbation [vgl. ex und lat. acerbus ›heftig‹] *die, -,* ♀ Verschlimmerung einer Krankheit.

exc., auch excud., Abk. für: excudit.

ex cathe|dra [lat. ›vom Stuhl aus‹], von maßgebender (päpstlicher) Seite; unfehlbar.

Exceptio [-tsio, lat.] *die, -/. . .ti'ones,* ⚖ Einrede.

Exchange [ikstʃ'eindʒ, engl. ›Tausch‹] *die, -/-n* [-ən], **1)** Geldwechsel; Wechselkurs. **2)** Wechselstube; Börse.

excud., exc., Abk. für: excudit. **excudit** [lat. ›hat es gedruckt‹], Vermerk auf Kupferstichen hinter dem Namen des Druckers (Verlegers).

Ex|edra [grch. ›Außensitz‹, zu hedra ›Sitz‹] *die, -/. . .'edren,* ⌂ **1)** in der Antike steinerner Sitzplatz im Freien oder Raum, der sich auf einen Hof oder Platz öffnet. **2)** Apsis.

Ex|egese [grch. exegesis] *die, -/-n,* Ausdeutung eines Schriftwerks, bes. der Bibel. **Ex|eget** *der, -en/-en.* **Ex|egetik** *die, -.* **ex|egetisch.**

exekutieren [frz. exécuter, zu lat. exsequi ›vollziehen‹], *ich* exekutiere (habe exekutiert) *es, ihn.* **Exekution** *die, -/-en,* ♂♀ **1)** ⚍ Vollstreckung eines Urteils. **2)** Hinrichtung. **3)** *österr. auch:* Pfändung, Zwangsvollstreckung: *Exekutionsordnung.* **exekutiv. Exekutive** *die, -,* die vollziehende Gewalt (Staatsgewalt außer der Gesetzgebung und Rechtsprechung): *Exekutivgewalt; Exekutivausschuß.* **Exekutor** *der, -s/. . .t'oren,* **1)** Vollstrecker. **2)** *österr.:* Gerichtsvollzieher. **exekutorisch.**

Ex|empel [mhd. exempel, zu lat. exemplum] *das, -s/-,* **1)** (warnendes) Beispiel: *hier muß ein E. statuiert werden,* ein abschreckendes Beispiel gegeben werden soll. **2)** Rechenaufgabe: *ich mache die Probe aufs E.,* versuche die Richtigkeit einer Behauptung nachzuweisen. **Ex|em|plar** *das, -s/-e,* Abk.: Expl., Einzel-, Musterstück. **ex|em|plarisch, 1)** beispielhaft, musterhaft. **2)** nachdrücklich, abschreckend: *er wurde e. bestraft.* **ex|em|pli causa,** Abk.: e. c., beispielsweise. **Ex|emplifikation** *die, -/-en.* **ex|em|plifizieren,** *ich* exemplifiziere (habe exemplifiziert) *es,* erläutere durch Beispiele.

ex|emt [lat. eximere ›wegnehmen‹], befreit, von einem allgemeinen Gesetz ausgenommen. **Ex|emtion** *die, -/-en.*

Exequatur [lat. exsequatur ›man möge vollführen‹] *das, -s/. . .t'uren,* im diplomat. Verkehr: Ermächtigung. **Exe|quien,** *Pl.,* kath. Totenfeierlichkeiten. **exequieren,** *ich* exequiere (habe exequiert) *es,* vollstrecke.

ex|erzieren [lat. exercere ›üben‹], *ich* exerziere (habe exerziert), ⚔ **1)** übe mich, werde ausgebildet. **2)** *ihn, es,* bilde aus, übe. **Ex|erzitium** *das, -s/. . .ti|en,* **1)** schriftliche häusl. Schularbeit. **2)** *nur Pl.,* kath. geistl. Übungen.

Exhalation *die, -/-en,* **1)** ⊕ das Ausströmen von Gasen, Dämpfen aus Vulkanen. **2)** ♀ Ausatmung, Ausdünstung. **exhalieren** [lat. exhalare ›aushauchen‹], *es* exhaliert (hat exhaliert) *etwas.*

Exhaustor [lat. exhaurire ›ausschöpfen‹] *der, -s/. . .t'oren,* Absauger, Vorrichtung zum Absaugen (von Gas, Staub).

exhibieren [lat. exhibere ›darbieten‹], *ich* exhibiere (habe exhibiert), **1)** *es,* händige aus (Papiere). **2)** *es, mich,* zeige vor, stelle zur Schau. **Exhibition** *die, -/-en.* **Exhibitionismus** *der, -,* krankhafte Neigung zur Entblößung, bes. der Geschlechtsteile, in der Öffentlichkeit. **Exhibitionist** *der, -en/-en.* **exhibitionistisch.**

Exhumation [vgl. ex und lat. humatio ›Beerdigung‹] *die, -/-en,* Ausgrabung einer schon beerdigten Leiche, z. B. für gerichtsmedizin. Untersuchungen. **exhumieren,** *ich* exhumiere (habe exhumiert) *ihn.* **Exhumierung** *die, -/-en.*

Exil [lat. exsilium] *das, -s/-e,* Verbannung, Verbannungsort: *er lebt im E.; Exil-Kubaner; Exilregierung; Exilliteratur.* **exilieren,** *ich* exiliere (habe exiliert) *ihn,* schicke ins Exil.

existent [lat. exsistere ›hervorgehen‹], wirklich, vorhanden. **existential,** existentiell. **Existentialismus** *der, -,* die von J. P. Sartre geprägte französ. Existenzphilosophie. **Existentialist** *der, -en/-en.* **existentialistisch. Existentialphilosophie** *die,* die Existenzphilosophie von M. Heidegger. **existentiell,** auf das Dasein bezogen. **Existenz** *die, -/-en,* **1)** das Dasein, Vorhandensein, Leben: *Existenzangst; existenzbedrohend; Existenzfrage.* **2)** Lebensunterhalt: *Existenzgrundlage; Existenzkampf; Existenzminimum.* **3)** ♀ Mensch: *eine dunkle, verkrachte E.* **existenzfähig,** daseinsfähig. **Existenzphilosophie** *die,* Oberbegriff für eine philosoph. Richtung im 20. Jahrh. **existieren,** *es* existiert (hat existiert), **1)** besteht: *die Behörde, unser altes Haus e. nicht mehr.* **2)** *von diesem Gehalt kann ich nicht existieren,* leben, meinen Unterhalt bestreiten.

Ex|itus [lat. ›Ausgang‹] *der, -,* ♀ Tod.

Exkardination [vgl. ex und Inkardination] *die, -/-en,* Entlassung eines kath. Geistlichen aus seiner Diözese.

exkl., Abk. für: exklusive.

Ex|klave [vgl. ex und lat. clavis ›Schlüssel‹] *die, -/-n,* Gebietsteil eines Staates innerhalb fremden Staatsgebietes.

---

ex|kludieren [lat. excludere ›ausschließen‹], *ich* exkludiere (habe exkludiert) *es,* schließe aus. **Ex|klusion** *die, -/-en.* **ex|klusiv, 1)** ausschließlich bestimmten Personen oder Dingen vorbehalten: *Exklusivinterview.* **2)** vornehm abgesondert, sehr anspruchsvoll: *eine exklusive Gesellschaftsschicht; eine exklusive Gaststätte.* **Ex|klusive,** Abk.: exkl., ausschließlich, ausgenommen: *e. aller Versandkosten.* **Ex|klusivität** *die, -,* gesellschaftl. Abgeschlossenheit.

Exkommunikation [vgl. ex und lat. communis ›gemeinsam‹] *die,* Ausschluß aus der Gemeinschaft der Kirche. **exkommunizieren,** *ich* exkommuniziere (habe exkommuniziert) *ihn.*

Exkoriation [vgl. ex und lat. corium ›Haut‹, ›Fell‹] *die, -/-en,* ♀ Hautabschürfung.

Ex|krement [lat. excrementum] *das, -(e)s/-e, meist Pl.,* Ausscheidung, Kot. **Ex|kret** *das, -(e)s/-e,* ♀ Abfallprodukt aus dem Stoffwechsel. **Ex|kretion** *die, -/-en,* Ausscheidung.

Exkulpation [vgl. ex und lat. culpa ›Schuld‹] *die, -/-en,* ♂♀ Rechtfertigung. **exkulpieren,** *ich* exkulpiere (habe exkulpiert) *ihn,* ♂♀.

Exkurs [vgl. ex und lat. currere ›laufen‹] *der,* Abschweifung; Anhang. **Exkursion** *die, -/-en,* Lehrausflug.

Ex|li|bris [lat. ex libris und den Büchern‹] *das, -/-,* in Bücher eingeklebter Zettel zur Bezeichnung des Eigentümers, ABB. B 53.

Exma|trikel [vgl. ex und Matrikel] *die,* Bescheinigung über den Abgang von einer Hochschule. **Exma|trikulation** *die, -/-en,* Streichung aus einer Matrikel; Abmeldung von der Hochschule. **exma|trikulieren,** *ich* exmatrikuliere (habe exmatrikuliert) *ihn.*

Emission [vgl. ex und Mission] *die,* gerichtl. Ausweisung: *Emissionsklage.* **exmittieren,** *ich* exmittiere (habe exmittiert) *ihn.* **Exmittierung** *die, -/-en.*

exo- [grch.], außen, außerhalb, auswärts, draußen, heraus, hinaus, über . . . hinaus.

Exobiologie [vgl. exo. . . und Biologie] *die,* Astrobiologie.

Exodermis [vgl. exo. . . und grch. derma ›Haut‹] *die, -/. . .men,* ⊕ sekundäres Abschlußgewebe der Wurzel.

Ex|odos [grch. ›Auszug‹] *das,* **1)** Schlußlied des Chors im altgriech. Drama. **2)** Schlußteil des altgriech. Dramas. **Exodus** *der, -/-se,* altgriech. **1)** Auszug der Juden aus Ägypten. **2)** *ohne Pl.,* das zweite Buch Mose.

ex officio [lat.], ♂♀ von Amts wegen.

Exogamie [vgl. exo. . . und . . .gamie] *die, -,* Vorschrift, die nur Heirat außerhalb der eigenen Gruppe erlaubt.

exogen [vgl. exo. . . und . . .gen], durch äußere Ursachen bedingt.

Exokarp [vgl. exo. . . und grch. karpos ›Frucht‹] *das, -(e)s/-e,* ⊕ die äußere Wandschicht der pflanzl. Frucht.

exo|krin [vgl. exo. . . und grch. krinein ›scheiden‹], nach außen gerichtet: *exokrine Drüsen.*

ex|orbitant [vgl. ex und lat. orbita ›Bahn‹], außerordentlich, übermäßig, übertrieben. **Ex|orbitanz** *die, -/-en.*

ex|orz(is)ieren [grch. exorkizein ›beschwören‹], *ich* exorz(is)iere (habe exorz[is]iert) *ihn.* **Ex|orzismus** *der, -/. . .men,* Beschwörung, Austreibung des Teufels. **Ex|orzist** *der, -en/-en.*

Exo|sphäre [vgl. exo. . . und Sphäre] *die, -,* äußerste Schicht der Atmosphäre.

Exot [grch. exoteros der äußere] *der, -en/-en,* **1)** Mensch, Tier, Pflanze, Fabrikat aus entfernten Ländern. **2)** Ü fremdländ. Tabak. **3)** überseeisches Wertpapier. **Exotarium** *das, -s/. . .ri|en,* Gebäude für exot. Tiere in zoolog. Gärten. **Exoteriker** *der, -s/-,* der Nichteingeweihte, Außenstehende. **exoterisch,** für weite Kreise bestimmt, gemeinverständlich. **exotherm** [vgl. exo. . . und grch. therme ›Wärme‹], ◌ unter Wärmeabgabe verlaufend.

Exotik [vgl. Exot] *die, -,* das Fremde, Fremdländische, bes. aus den Tropenländern. **Exotismus** *der, -,* Vorliebe für das Exotische.

Expander [lat. expandere ›ausspannen‹] *der, -s/-,* Muskelstrecker (Turngerät). **expandieren,** *es* expandiert (hat expandiert) *etwas,* dehnt sich aus, breitet sich aus; erweitert den Einflußbereich. **expansibel,** ausdehnbar. **Expansion** *die, -,* Ausdehnung; Ausbreitung (von Staaten): *Expansionsbestrebungen.* **expansiv,** sich ausdehnend: *Expansivbeton.*

Expa|triation [vgl. ex und lat. patria ›Vaterland‹] *die, -/-en,* Ausbürgerung, Entzug der Staatsbürgerschaft. **expatriieren,** *ich* expatriiere (habe expatriiert) *ihn.* **Expa|triierung** *die, -/-en.*

Expedient [lat. expedire ›losmachen‹] *der, -en/-en,* Versender, Versandleiter. **expedieren,** *ich* expediere (habe expediert) *es,* befördere, versende. **Expedit** *das, -(e)s/-e, österr.:* Versandabteilung. **Expedition** *die, -/-en,* **1)** das Bereitmachen zum Versand; Versandabteilung. **2)** Beförderung. **3)** Forschungsreise. **4)** Feldzug. **Expeditor** *der, -s/. . .t'oren,* Expedient.

Expektorans [vgl. ex und lat. pectus, Gen. pectoris ›Brust‹] *das, -/. . .r'antia* und *. . .r'anzi|en,* **Expektorantium** *das, -s/. . .tia,* ✚ Hustenmittel. **Expektoration** *die, -/-en,* **1)** ✚ Auswurf. **2)** ♣ Herzerguß, gefühlsbetonte Aussprache. **expektorieren,** *ich* expektoriere (habe expektoriert) *mich, es.*

expensiv [lat. expendere, Partizip expensum ›ausgeben‹, ›auszahlen‹], kostspielig.

Experiment [lat. experimentum] *das, -s/-e,* **1)** wissenschaftl. Versuch. **2)** Ü gewagtes Unternehmen. **experimental. Experimental. . .,** *Experimentalfilm; Experimentalphysik.* **Experimentator** *der, -s/. . .t'oren,* jemand, der Experimente anstellt. **experimentell. experimentieren,** *ich* experimentiere (habe experimentiert) *mit etwas.*

expert [lat. expertus ›erfahren‹]. **Experte** *der, -n/-n,* Sachverständiger: *Expertenausschuß.* **Expertise** *die, -/-n,* 🞠 Begutachtung.

Expl., Abk. für: Exemplar.

Explanation [lat. explanatio] *die, -/-en,* Auslegung, Erklärung (Texte). **explanativ. explanieren,** *ich* explaniere (habe explaniert) *es.*

Explantat [vgl. ex und lat. planta ›Setzling‹] *das, -s/-e, auf* einen künstl. Nährboden übertragenes Gewebe. **Explantation** *die, -/-en.* **explantieren,** *ich* explantiere (habe explantiert) *es.*

explicit [lat. explicitus est ›es ist erörtert worden‹], das Buch ist zu Ende (Vermerk am alten Handschriften und Büchern). **Explicit** *das, -s/-e.* **Explikation** *die, -/-en,* Erklärung, Erläuterung. **explizieren,** *ich* expliziere (habe expliziert) *es.* **explizit, explizite,** ausdrücklich, deutlich.

explodieren [lat. explodere ›durch Zischen u. a. Mißfallenskundgebungen (Schauspieler) zum Abgang zwingen‹], *ich* explodiere (bin explodiert), **1)** Ü breche heftig in Zorn aus. **2)** *es* explodiert, zerbirst mit einem Knall.

Exploitation [-plwa-, *frz.*] *die, -/-en,* 🞠 **1)** Ausbeutung. **2)** Nutzbarmachung. **Exploiteur** [-plwat'ø:r, *frz.*] *der, -s/-e.* **exploitieren,** *ich* exploitiere (habe exploitiert) *es.*

Exploration [lat. explorare ›erforschen‹] *die, -/-en,* **1)** Erforschung. **2)** ✚ die fachgemäße ärztl. Befragung eines Kranken. **explorieren,** *ich* exploriere (habe exploriert) *es.*

explosibel [vgl. explodieren], explosiv. **Explosibilität** *die, -.* **Explosion** *die, -/-en,* **1)** die mit Knall und zerstörender Wirkung verbundene plötzliche Volumenvergrößerung von Gasen und Dämpfen: *Gasexplosion; Explosionsgefahr; Explosionsgeschoß.* **2)** Ü heftiger Zornausbruch. **3)** ♪ schnelles Anwachsen: *Bevölkerungsexplosion; Kostenexplosion.* **explosiv. Explosivlaut** *der,* Verschlußlaut, ÜBERS. G 34.

Exponat [lat. exponere ›zur Schau stellen‹] *das, -(e)s/-e,* Ausstellungsstück, Museumsstück. **Exponent** *der, -en/-en,* **1)** △ hochgestellte Zahl einer Wurzel oder Potenz, ÜBERS. R 11: *Exponentialfunktion.* **2)** Vertreter einer Sache. **exponieren,** *ich* exponiere (habe exponiert), **1)** *es,* erörtere, stelle dar. **2)** *einen Film*, belichte. **3)** *es, ihn, mich,* stelle heraus, ziehe die Aufmerksamkeit darauf, setze einer Gefahr aus: *in dieser Angelegenheit möchte ich mich nicht exponieren; er steht an exponierter Stelle.*

Export [lat. exportare ›hinaustragen‹] *der, -(e)s/-e,* Ausfuhr, der Absatz von Waren an das Ausland: *Exportgeschäft; Exportbier; Rinderexport.* **Exporten,** *Pl.,* Ausfuhrwaren. **Exporteur** [-t'ø:r, *frz.*] *der, -s/-e,* Ausfuhrkaufmann, auch *-firma.* **exportieren,** *ich* exportiere (habe exportiert) *es.*

Exposé [*frz.,* zu lat. expositio] *das, -s/-s,* **1)** Darlegung, kurze Erläuterung. **2)** Film: Handlungsskizze. **Exposition** *die,* **1)** Darlegung. **2)** Einführung in die Dramenhandlung. **3)** 🞠 Belichtung (Film). **4)** ♪ der erste Teil eines Sonatensatzes. **5)** Ausstellung. **Expositur** *die, österr.:* Nebenbehörde, Zweigbetrieb. **Expositus** *der, -/. . .ti,* kath. Hilfspfarrer.

expreß [lat. expressus ›ausgedrückt‹, ›ausdrücklich‹], **1)** eilig: *Expreßgut; Expreßbote.* **2)** *rhein.:* eigens. **Expreß** *der, . . .pr'esses/Expr'eßzüge,* 🞠 Fernschnellzug: *Orientexpreß.* **Expression** [*frz.,* eigtl. expressio ›Ausdruck‹] *die, -/-en,* **1)** Ausdruck. **2)** ✚ das Herauspressen, z. B. der Nachgeburt. **Expressionismus** *der, -,* Ausdruckskunst, eine Kunstrichtung Anfang des 20. Jahrh. **Expressionist** *der, -en/-en.*

expressionistisch. ex|pressis verbis [lat. verbum ›Wort‹], wörtlich, ausdrücklich. **expressiv,** ausdrucksvoll. **Expressivität** *die, -,* **1)** Ausdruckskraft, z. B. der Sprachlaute. **2)** ♣ Grad der Ausbildung eines Erbmerkmals.

ex professo [lat.], vorsätzlich; von Amts wegen.

Ex|pro|priateur [-t'ø:r, *frz.,* vgl. ex und lat. proprius ›eigen‹] *der, -s/-e,* Enteigner. **Ex|pro|priation** *die, -/-en,* Enteignung. **ex|pro|priieren,** *ich* expropriiere (habe expropriiert) *ihn.*

Expulsion [lat. expulsio, Gen. expulsionis ›Vertreibung‹] *die, -/-en,* ✚ Austreibung. **expulsiv.**

exquisit [lat. exquisitus], auserlesen: *sie hat einen exquisiten Geschmack.*

Exsikkat [lat. exsiccare ›austrocknen‹] *das, -(e)s/-e,* getrocknetes Pflanzenpräparat, meist fürs Herbarium. **Exsikkation** *die, -/-en,* ⚗ Austrocknung. **exsikkativ. Exsikkator** *der, -s/. . .t'oren,* meist evakuierbares Laborgerät zum Trocknen feuchter oder zum Aufbewahren wasserfrei gemachter Stoffe. **Exsikkose** *die, -/-n,* ♣ Flüssigkeitsverarmung des Organismus.

Ex|spektant [lat. exspectare ›erwarten‹] *der, -en/-en,* ♣ Anwärter auf eine Stelle. **Ex|spektanz** *die, -/-en.* **ex|spektativ, 1)** ♣ abwartend: *exspektative Heilmethode.* **2)** zur Anwartschaft berechtigend.

Ex|spiration [lat. exspirare ›aushauchen‹] *die, -/-en,* Ausatmung. **ex|spiratorisch, 1)** auf Exspiration beruhend. **2)** exspiratorischer Akzent, auf starker Betonung beruhend, mit Nachdruck gesprochen. **ex|spirieren,** *ich* exspiriere (habe exspiriert) *es.*

Ex|stirpation [lat. exstirpatio ›Ausrottung‹] *die, -/-en,* ✚ völlige operative Entfernung (Organ, Geschwulst). **Ex|stirpator** *der, -s/. . .t'oren,* ein Bodenbearbeitungsgerät. **ex|stirpieren,** *ich* exstirpiere (habe exstirpiert) *es,* ✚.

Exsudat [lat. exsudare, Partizip exsudatum ›ausschwitzen‹] *das, -(e)s/-e,* ♣ zellhaltige, eiweißreiche Flüssigkeit als Folge von Entzündungen. **Exsudation** *die, -,* **1)** ♣ zell- und eiweißhaltige Flüssigkeit als Ausschwitzung, Austritt von Blutanteilen durch die Gefäßwände hindurch. **2)** Verdunsten der Bodenfeuchtigkeit in Trockengebieten. **exsudativ.**

Extemporale [lat. ex tempore ›aus dem Augenblick‹] *das, -s/. . .li|en,* unvorbereitete schriftl. Klassenarbeit. **ex tempore,** aus dem Stegreif. **Extempore** *das, -s/-s,* **1)** Zusatz aus dem Stegreif (auf der Bühne). **2)** Stegreifspiel, -rede. **extemporieren,** *ich* extemporiere (habe extemporiert) *es: eine extemporierte Rede.*

extendieren [lat. extendere ›ausdehnen‹], *ich* extendiere (habe extendiert) *es,* dehne aus, weite aus. **extensibel. Extension** *die,* Ausdehnung, Streckung. **Extensität** *die, -,* Ausdehnung, Umfang. **extensiv,** der Ausdehnung nach; nach außen wirkend: 🜲 erweiternd, ausdehnend. **3)** Landwirtschaft: auf großen Flächen mit geringen Mitteln betrieben. **Extensivität** *die, -,* Extensität. **Extensor,** *der, -s/. . .s'oren,* Streckmuskel.

Exterieur [-j'ø:r, *frz.,* zu lat. exterior ›auf der Außenseite‹] *das, -s/-s,* äußere Erscheinung, Außenseite. **Exteriorität** *die, -/-en,* 🞠 Exterieur.

extern [lat. externus], draußen befindlich, auswärtig, fremd. **Externat** *das, -s/-e,* Lehranstalt, deren Schüler nicht in der Schule wohnen. **Externe** *der, -n/-n, ein -r, eine -,* **1)** nur zur Abschlußprüfung an eine Schule verwiesener Schüler (verwiesene Schülerin). **2)** Schüler(in), der (die) nicht im Internat wohnt.

exterritorial [vgl. ex und Territorium], außerhalb der Jurisdiktion des Landes. **Exterritorialität** *die, -.*

Extinktion [lat. ex(s)tinguere ›auslöschen‹] *die, -/-en,* **1)** 🞠 Auslöschung. **2)** Optik: die Gesamtschwächung des Lichtes durch Absorption und Streuung.

Extorsion [lat. extorquere ›entwinden‹] *die, -/-en,* 🞠 Erpressung.

ex|tra [lat. ›außerhalb‹], *nicht flektierbar,* ∪ **1)** Pronomen: nur, eigens, besonders, nebenbei, zusätzlich: *es kostete noch e.* **2)** Adjektiv: außerordentlich, besondere: *eine e. Belohnung.* **Ex|tra** *das, -s/-s, meist Pl.,* ∪ zusätzliches Teil: *Auto mit vielen Extras.* **ex|tra. .,** in Zusammensetzungen: **1)** sonder-. ., außerordentlich: *Extrablatt,* Sonderausgabe einer Zeitung; *er macht wieder Extratouren,* handelt eigenwillig. **2)** außer-. ., außerhalb: *extrafloral,* außerhalb der Blüte befindlich; *extrazellulär,* außerhalb der Zelle.

ex|tra dry [-drai, *engl.* ›sehr trocken‹], herb, nicht süß, z. B. Schaumweine.

ex|trahieren [lat. extrahere ›herausziehen‹], *ich* extrahiere (habe extrahiert) *es,* ziehe heraus (Zahn; Bestandteil aus festen oder flüssigen Stoffen durch Lösungsmittel). **Ex|trakt** *der, -(e)s/-e,* Auszug (aus Büchern, Pflanzenstoffen). **Ex|traktion** *die, -/-en: Zahnextraktion.* **ex|trakt|v,** ausziehend, ausziehbar: *Extraktivstoff.*

ex|traordinär [lat. extraordinarius], außergewöhnlich. **Extraordinarium** *das, -s/...ri|en,* außerordentl. Haushaltsplan. **Ex|traordinarius** *der,* außerordentl., nicht planmäßiger Professor.

Ex|trapolation [vgl. extra und lat. interpolare ›teilweise neu gestalten‹] *die, -/-en,* das Ausdehnen einer mathemat. oder statist. Beziehung über den Bereich hinaus, in dem sie gefunden wurde. **ex|trapolieren,** *ich* extrapoliere (habe extrapoliert) *es.*

Ex|trapost *die,* früher: Sonderpost(kutsche).

ex|traterre|strisch [vgl. extra und lat. terrestris ›irdisch‹], außerirdisch, außerhalb der Erde und Erdatmosphäre befindlich.

ex|tra|uter|in [vgl. extra und Uterus], ♀ außerhalb der Gebärmutter: *Extrauterinschwangerschaft.*

ex|travagant [frz., vgl. extra und lat. vagari ›umherschweifen‹], ausgefallen, ungewöhnlich; überspannt. **Ex|travaganz** *die, -/-en.*

Ex|traversion [vgl. extra und lat. vertere ›wenden‹] *die.* **ex|travert|ert,** Psychologie: nach außen gewandt, weltoffen.

Ex|trawurst *die,* **1)** österr.: eine Wurstsorte. **2)** *für ihn muß immer eine E. gebraten werden,* ∪ er möchte eine Sonderstellung einnehmen.

ex|trem [lat. extremus ›der äußerste‹], **1)** äußerst, übertrieben, maßlos: *extreme Temperaturen; extreme Parolen.* **2)** am äußersten Punkt stehend. **Ex|trem** *das, -s/-e: Extremfall; Extremsituation.* **Ex|tremismus** *der, -,* radikale Haltung. **Ex|tremist** *der, -en/-en: Linksextremisten; Rechtsextremisten.* **ex|tremistisch,** extremistische Gruppen. **Ex|tremität** *die, -/-en, meist Pl.,* Gliedmaßen.

ex|trors [lat. extrorsum ›nach außen‹], ⚘ nach außen gewendet.

Ex|truder [lat. extrudere ›hinausstoßen‹] *der, -s/-,* ⊙ eine Presse zur Verarbeitung von Kunststoffen.

Ex|ulzeration [vgl. ex und lat. ulcus ›Geschwür‹] *die, -/-en,* ♀ Geschwürbildung. **ex|ulzerieren,** *es* exulzeriert (hat exulzeriert).

ex usu [lat.], durch Übung, nach dem Brauch.

Ex|uvie [-viə, lat. exuviae] *die, -/-n, meist Pl.,* die bei der Häutung abgestreifte Körperhülle, z. B. bei Schlangen.

ex voto [lat. ›auf Grund eines Gelübdes‹], Inschrift auf Weihegeschenken. **Exvoto** *das, -s/-s* oder *...ten,* Weihegeschenk.

Exz., Abk. für: Exzellenz. **exzellent** [lat. excellere ›hervorragen‹], vortrefflich. **Exzellenz** *die, -/-en,* **1)** Vortrefflichkeit. **2)** Abk.: Exz., hoher Titel. **exzellieren,** *ich* exzelliere (habe exzelliert), zeichne mich aus.

exzelsior [lat. excelsior], höher hinauf.

Exzenter [vgl. ex und Zentrum] *der, -s/-,* ⊙ auf einer Welle befestigte Scheibe, deren Mittelpunkt nicht auf der Achse der Welle liegt, Abb. D 3, P 22. **Exzen|trik** *die, -,* **1)** von der Norm abweichendes, auffallendes Benehmen, Überspanntheit. **2)** mit Komik dargebotene Artistik. **Exzen|triker** *der, -s/-.* **exzen|trisch,** **1)** überspannt. **2)** △ außerhalb des Mittelpunktes. **Exzen|trizität** *die, -/-en.*

Exzeption [lat. exceptio] *die, -/-en,* ⚖ **1)** Ausnahme. **2)** ⚖ Einrede. **exzeptionell,** ausnahmsweise, außergewöhnlich. **exzeptiv,** ausschließend. **Exzeptivsatz** *der,* Konditionalsatz, der eine Ausnahme enthält: *morgen werden wir wandern, es sei denn, es regnet.*

exzerpieren [lat. excerpere ›auswählen‹], *ich* exzerpiere (habe exzerpiert) *es,* mache einen Auszug (aus einem Buch). **Exzerpt** *das, -(e)s/-e.*

Exzeß [lat. excessus ›das Herausgehen‹] *der, ...z'esses/...z'esse,* Ausschreitung, Ausschweifung: *sie treiben es bis zum E.* **exzessiv,** übertrieben, übermäßig, maßlos: *eine exzessive Phantasie.*

exzidieren [lat. excidere ›herausschneiden‹], *ich* exzidiere (habe exzidiert) *es,* ♀ schneide heraus. **Exzision** *die, -/-en.*

Eyeliner [ˈailainə, engl.] *der, -s/-,* Kosmetik: Stift oder Flüssigkeit zum Zeichnen eines Lidstrichs.

EZU, Abk. für: Europäische Zahlungsunion.

F

f, F [ɛf] *das, -/-,* stimmloser labiodentaler Reibelaut, Abb. A 8, Übers. A 26, G 34.

f *das, -/-,* **1)** ♪ vierter Ton der C-Dur-Tonleiter, Abb. N 9. **2)** ♪ Zeichen für: f-Moll. **3)** ♪ Grundton des F-Schlüssels. **4)** ♪ Zeichen für: forte. **5)** Zeichen für: Femto... **6)** die Gravitationskonstante.

f., Abk. für: folgende (Seite).

F, Zeichen für: **1)** Fahrenheit. **2)** Farad. **3)** ↺ Zeichen für: Fluor. **4)** ♪ Zeichen für: F-Dur. **5)** auf Münzen u. a.: Prägeort Stuttgart.

Fa., Abk. für: Firma.

Fabel [mhd. fabele, zu lat. fabula] *die, -/-n,* **1)** die einer epischen oder dramat. Dichtung zugrunde liegende Handlung. **2)** lehrhafte kleine Erzählung aus der Natur, bes. der Tierwelt, in der Tiere wie Menschen handeln: *Tierfabel; Fabeltier; Fabelwesen.* **3)** unglaubliche, erdichtete Geschichte: *erzähl uns keine F.!* **Fabel|ei** *die, -/-en.* **fabelhaft,** wunderbar, großartig. **Fabelhans** *der,* ∪ Lügner. **fabeln,** *ich* fab(e)le (habe gefabelt), erzähle Lügen; erfinde.

Fa|brik [lat. fabrica ›Werkstätte‹] *die, -/-en,* Betrieb der Massenherstellung von Waren mit Hilfe von Maschinen: *Schuhfabrik; Fabrikanlage; Fabrikarbeiter.* **Fa|brikant** *der, -en/-en,* Besitzer einer Fabrik, Hersteller einer Ware. **Fa|brikat** *das, -(e)s/-e,* Erzeugnis, Ware: *Markenfabrikat.* **Fa|brikation** *die, -/-en: Küchengerätefabrikation; Fabrikationsfehler; Fabrikationsgeheimnis; Fabrikationsprozeß.* **Fa|brikler** *der, -s/-,* **Fa|brikler** *der, -s/-, -/-nen,* schweiz.: Fabrikarbeiter(in). **fa|brikmäßig,** **1)** in einer Fabrik hergestellt. **2)** Ü ohne Eigenart. **fa|brikneu,** ungebraucht. **fa|brizieren,** *ich* fabriziere (habe fabriziert) *es,* stelle in einer Fabrik her: *was hast du denn da fabriziert?,* ∪ zurechtgebastelt.

Fabulant [zu Fabel] *der, -en/-en,* jemand, der fabuliert, Schwätzer. **fabulieren,** *ich* fabuliere (habe fabuliert) *es,* erdichte, erzähle mit Ausschmückungen. **Fabulist** *der, -en/-en,* ⚘ Fabeldichter. **fabulös,** Ü märchenhaft, unwahrscheinlich.

Face [faːs, frz. ›Gesicht‹, ›Fläche‹] *die, -,* ⚘ Stirnseite; vgl. en face. **Face lifting** [feis ˈliftiɳ, engl. to lift ›heben‹] *das, -s/- -s,* kosmet. Operation zur Beseitigung von Falten im Gesichtsbereich.

Facette [faˈsɛtə, frz., zu Face] *die, -/-n,* **1)** angeschliffene Fläche (Edelstein, Glas): *Facettenschliff.* **2)** ⊜ die abgeschrägten Ränder der Druckplatten. **Facettenauge** *das,* Auge der Gliederfüßer, Abb. A 24. **facettieren,** *ich* facettiere (habe facettiert) *es.* **facettiert,** in vielen Feldern eckig geschliffen.

Fach [ahd. fah ›Abteilung‹] *das, -(e)s/ᵘ-er,* **1)** Unterabteilung (Schrank, Fenster), Abb. G 12, S 34: *wir wollen es endlich unter Dach und F. bringen,* Ü fertigstellen. **2)** Fachgebiet, Wissensgebiet: *mein F. ist die Biologie; Baufach; Rollenfach* (Bühne); *Schulfach; Fachausbildung; Fach-Chinesisch,* Ü für den Laien unverständliche Fachsprache; *Fachbegriff; Fachrichtung; Fachwissen; Fach(wörter)buch; Fachzeitschrift.* **3)** Weberei: Öffnung zwischen den Kettfäden, in die der Schußfaden eingeführt wird. **4)** Abteilung in Fachwerkhäusern, Abb. B 13. **...fach,** an Zahlen: sovielmal mehr: *vierfach, das Vierfache, 4fach, das 4fache,* Übers. Z 1. **Facharbeiter** *der,* Arbeiter mit Lehre und Abschlußprüfung in einem anerkannten Lehrberuf. **Facharzt** *der,* auf ein Fachgebiet spezialisierter Arzt: *F. für innere Medizin.* **fachärztlich. Fachausdruck** *der,* einer bestimmten Berufstätigkeit eigener, genau festgelegter Ausdruck (Terminus). **Fachbereich** *der,* organisator. Grundeinheit an Hochschulen: *Fachbereichssprecher.*

Fächel [zu Fächer] *der, -s/-,* ⚘ ein Blütenstand. **fächeln,** *ich* fäch(e)le (habe gefächelt), **1)** *ihn, mich,* wehe (mit einem Fächer u. a.) kühlend zu. **2)** *es fächelt,* weht kühlend: *fächelnde Winde, -,* **Fach** [mhd. fochen ›fauchen‹, ›blasen‹], selten für: anfachen. **Fächer** [in Anlehnung an mhd. focher ›Blasebalg‹] *der, -s/-,* **1)** Luftwedel, Abb. F 1. **2)** ⚘ gespreizte Schwanzfedern des Auerhahns. **Fächerbogen** *der,* Schmuck-

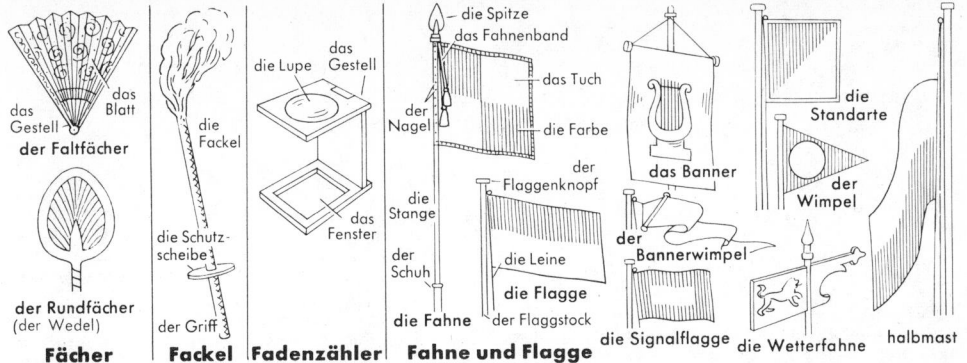

das Gestell / das Blatt — **der Faltfächer**
die Lupe / das Gestell
die Fackel
die Schutz-scheibe
das Fenster
die Stange
der Schuh
die Leine
der Rundfächer (der Wedel)
der Griff
die Fahne
die Spitze / das Fahnenband
das Tuch
die Farbe
der Flaggenknopf
die Flagge
der Flaggstock
der Nagel
das Banner
die Lyra
der **Bannerwimpel**
die Signalflagge
die **Standarte**
der **Wimpel**
die Wetterfahne
halbmast

Fächer | **Fackel** | **Fadenzähler** | **Fahne und Flagge**

---

bogen, ABB. B 39. **fächerförmig. Fächergewölbe** *das,* Gewölbeart. **fäch(e)rig.**
fächern [zu Fach], *ich* fäch(e)re (habe gefächert) *es,* unterteile in Fächer.
Fächerpalme *die,* Palme mit fächerförmigem Laub, ABB. P 2.
Fachgebiet *das,* berufliches Spezialgebiet, Wissensgebiet. **fachgemäß, fachgerecht,** fachlich korrekt. **Fachgeschäft** *das,* auf eine bestimmte Art Waren spezialisiertes Geschäft, Spezialgeschäft. **Fachhochschule** *die,* Hochschule mit relativ spezialisiertem Studienangebot. **Fachidiot** *der,* Ụ jemand, der sich ausschließlich auf sein Wissensgebiet beschränkt. **Fachkreise,** *Pl.,* Fachleute: *in Fachkreisen ist man der Meinung...* **Fachlehrer** *der,* Lehrkraft für bestimmte Fächer. **fachlich,** ein bestimmtes Fachgebiet betreffend: *fachliche Qualifikation.* **Fachliteratur** *die,* Literatur für ein bestimmtes Fachgebiet. **Fachmann** *der, -(e)s/... leute* od. *²er,* für ein Fachgebiet Zuständiger, Geschulter. **fachmännisch.** **Fachschaft** *die, -/-en,* 1) Zusammenfassung einer Berufsgruppe. 2) Interessenvertretung der Studierenden eines Faches. **Fachschule** *die,* Lehranstalt für besondere Berufszweige: *Fachschulreife.* **Fachsimpelej** *die, -.* fachsimp(e)le (habe gefachsimpelt), rede nur vom Fach (statt von allgemein interessierenden Dingen). **Fachsprache** *die,* Sprache mit bestimmten, für ein Fachgebiet kennzeichnenden Wörtern und Wendungen. **Fachverband** *der,* Zusammenschluß von Fachleuten zur gemeinsamen Interessenvertretung. **Fachwerk** *das, -(e)s/-e,* 1) ▥ Rahmenbau, ABB. B 13: *Fachwerkhaus.* 2) Fachbuch. **Fachwissenschaft** *die,* Lehre von einem bestimmten Sachgebiet.
Fackel (ahd. faccala, zu lat. facula] *die, -/-n,* flammendes Beleuchtungsmittel, ABB. F 1; Sinnbild des Erhellens, Brennens: *die F. des Krieges.* **fackeln,** *ich* fack(e)le (habe gefackelt), 1) ♀ bewege mich unruhig hin und her (wie eine Fackel). 2) *ich f. nicht lange,* Ụ zögere nicht, gehe schnell entschlossen gegen etwas vor. **Fackelzug** *der,* Umzug mit brennenden Fackeln.
Façon [fas'õ, frz. ›Gestalt‹] *die, -/-s,* die Fasson.
Factoring [f'æktərɪŋ, engl. factor ›Agent‹, ›Treuhänder‹] *das, -s,* ◫ Methode zur Finanzierung des Absatzes und zur Absicherung des Kreditrisikos.
Fädchen *das, -s/-,* Diminutiv zu Faden.
fad(e) [frz. fade], 1) geschmacklos, schal: *die Suppe ist f.* 2) Ụ langweilig, reizlos: *ein fades Mädchen.*
fädeln, *ich* fäd(e)le (habe gefädelt), 1) *es,* fädele ein, auf. 2) *es fädelt,* läßt Fäden, franst aus. **Faden** [ahd. fadum ›so viel Garn, wie man mit ausgebreiteten Armen mißt‹] *der, -s/* ², 1) zusammengedrehtes Gebilde mit rundem und im Verhältnis zur Länge sehr kleinem Querschnitt: *Garnfaden; Metallfaden; Seidenfaden; Spinnwebfaden; Fadengold; Fadennudeln;* Sinnbild für Dünne und Zerreißbarkeit: *es hing an einem F.,* Ụ beinahe wäre es (nicht) geschehen; *kein trockener F. ist an ihm,* er ist völlig durchnäßt; auch: Sinnbild des Zusammenhangs: *er verliert leicht den F. (der Rede),* Ụ; *wie ein roter F.,* Ụ als verbindender Grundgedanke; *er will die Fäden in der Hand behalten,* Ụ die Leitung. 2) *Pl. -,* ⚓ Raummaß für Holz, Klafter.

3) *Pl. -,* ⌇ ein Tiefen- und Längenmaß. 4) *Pl. -,* im Garnhandel: Umfang der Haspel oder Weife. 5) *Pl. -,* Klafter (Längenmaß). 6) ∪ sehr schmaler Balken, Schrägbalken oder Pfahl: *Bastardfaden.* **Fadengeflecht** *das,* ⚘ Geflecht von Pilzfäden. **fadengerade,** im Fadenlauf. **Fadenglas** *das,* ein Kunstglas. **Fadenkiemer** *der, -s/-,* Muschel mit fadenförmigen Kiemen. **Fadenkreuz** *das,* zwei sich rechtwinklig schneidende Fäden in der Brennebene eines Objektivs. **Fadenlauf** *der, -(e)s,* Verlauf von Querfäden (Gewebe). **Fadenmolekül** *das,* linear aufgebautes Makromolekül. **Fadenöffner** *der,* Maschine zum Auflösen von Abfallgarnen. **Fadenpilz** *der,* überwiegend aus Zellfäden bestehender Pilz. **fadenscheinig,** 1) abgescheuert, schäbig (Kleidung). 2) Ụ leicht zu durchschauen: *der Vorwand ist f.* **Fadenwurm** *der,* Wurm mit dreischichtiger Körperwand. **Fadenzähler** *der,* ABB. F 1.
Fadheit *die, -,* fade Beschaffenheit, fades Wesen.
...fädig, mit einer bestimmten Art oder Zahl Fäden versehen: *feinfädig; dreifädiges Garn.*
Fading [f'eidɪŋ, engl.] *das, -s,* ꞈꞈꞈ Schwund: *Fadingeffekt.*
Fafnir [›Umfasser‹], nord. Mythos: schatzhütender Drache.
Fagott [ital. fagotto, eigtl. ›Reisigbündel‹, nach der urspr. doppelröhrigen Form] *das, -(e)s/-e,* Holzblasinstrument, ABB. B 33. **Fagottist** *der, -en/-en.*
Fähe [Nebenform von Fohe, ahd. foha ›Füchsin‹] *die, -/-n,* ⚥ Weibchen der kleinen Raubtiere, wie Fuchs, Dachs.
fahen [mhd. vahen ›fassen‹, ›anfangen‹], ♂ P fangen.
fähig [mhd. gevæhic], 1) befähigt, begabt, tüchtig: *ein fähiger Kopf.* 2) *zu etwas,* imstande, geeignet und bereit: *er ist dazu (nicht) f.; er ist dessen (nicht) f.* **Fähigkeit** *die, -/-en.*
fahl [mhd. val], bleich, bläßlich: *fahlgelb.* **Fahlerz** *das,* Silber- und Kupfererz. **Fahlheit** *die, -.* **Fahlleder** *das,* ein Rindleder.
Fähnchen *das, -s/-,* 1) Diminutiv zu Fahne. 2) Ụ leichtes, billiges (Sommer-)Kleid.
fahnden [mhd. vanden ›besuchen‹, *ich* fahnde (habe gefahndet) *nach* jemandem oder etwas, suche (polizeilich) nach jemandem oder etwas. **Fahndung** *die, -/-en: Fahndungsbuch.*
Fahne [ahd. fano ›Feldzeichen‹, ›Fahne‹] *die, -/-n,* 1) ABB. F 1: *Fahnenstange; Fahnenweihe;* Sinnbild der Zusammengehörigkeit: *sie wollen die F. hochhalten,* Ụ unerschütterlich bei etwas ausharren; *er ist mit fliegenden Fahnen zur Gegenpartei übergegangen,* Ụ befremdlich rasch. 2) im Wind bewegter Dunststreifen: *Rauchfahne; er hat eine F.,* Ụ riecht stark nach Alkohol. 3) ⚘ Teil der Vogelfeder, ABB. F 10. 4) ⚘ ein Blumenblatt der Schmetterlingsblüte, ABB. B 38. 5) ⚙ Korrekturabzug des noch nicht umbrochenen Satzes: *Korrekturfahne; Fahnenabzug.* 6) ⚘ langbehaarter Schwanz (Hund, Eichhörnchen). **Fahneneid** *der,* auf die Fahne geschworener militär. Diensteid. **Fahnenflucht** *die, -,* ♂ eigenmächtiges Entfernen oder Fernbleiben von der Truppe, Desertion. **fahnenflüchtig. Fahnenjunker** *der,* Offiziersanwärter. **Fahnenschuh** *der,* Metallbeschlag am unteren Ende der Fahnenstange, vgl. ABB. F 1. **Fähnlein** *das, -s/-,* ♂ Heerhaufen. **Fähnrich** *der, -(e)s/-e,* 1) im MA. Fahnenträger. 2) Offiziersanwärter in der Bundeswehr.

16*

243

F 2

der Ankunftsort
der Abfahrtsort
08.03.76

Wiesbaden Hbf.
Koblenz Hbf.
R 1603
2.Kl. 12.00 DM
100 km (2)
Wiesbaden Hbf. - Koblenz

2 0 5 1

die Klasse
der Preis
die
Entfernung
in km

17 09 75

Schnellzug-
zuschlag
3,00 DM

DZu

5 5 3 5

das Fahrscheinheft

die geschriebene Fahrkarte

die Autofähre
Fähre

die Ausgabenummer
die Fahrkarte

die Schnellzug-
zuschlagkarte

Fahrkarte

Fahrausweis der, 1) Fahrkarte. 2) schweiz.: Führerschein. **Fahrbahn** die, ABB. S 72: Fahrbahnmarkierung; Gegenfahrbahn. **fahrbar**, so beschaffen, daß es gefahren werden kann: fahrbarer Untersatz, Ü Fahrzeug. **Fahrdamm** der, Fahrbahn. **Fährde** [mhd. vare] die, -/-n, ⚥ P Gefahr. **Fahrdienstleiter** der, Eisenbahn: ein Beamter. **Fahrdraht** der, Stromdraht für elektr. Bahnen, ABB. S 73. **Fähre** [ahd. ferren ›zu Schiff fahren‹] die, -/-n, Schiff zum Übersetzen: Fährbetrieb; Fährschiff; Autofähre, ABB. F 2. **fahren** [ahd. faran], ich fahre (fuhr, bin gefahren; du fährst, er fährt; wenn er führe), 1) benutze ein Fahrzeug: ich f. Auto, Rad, spazieren; ich bin Auto gefahren, aber: ich bin radgefahren, spazierengefahren; würdest du mich einmal fahren lassen?; aber: du solltest es fahrenlassen, Ü darauf verzichten. 2) bewege mich schnell: er ist mir an die Kehle gefahren; der Hase fährt aus dem Lager, der Fuchs aus dem Bau, ⚥; der Gedanke fuhr ihm durch den Kopf, Ü; der Schreck fährt mir in die Glieder, Ü. 3) ich bin gut (schlecht) mit ihm gefahren, habe gute (schlechte) Erfahrungen gemacht. 4) ⚔ bewege mich unter Tage fort. 5) streiche leicht über etwas: sie fuhr sich (mit der Hand) über das Haar. 6) (habe gefahren) ihn, es, bringe mit einem Fahrzeug fort. 7) (habe gefahren) es, lenke (Kraftwagen u. a.): ich f. diesen Wagen seit zwei Jahren; er fährt beim Fahrturnier einen Vierspänner. **Fahrende** der, -n/-n, ein -r, Umherziehender (Gaukler, Gewerbetreibender); früher: wandernder Schüler, Student: fahrende Leute; fahrendes Volk. **fahrende Habe** die, -n -, 🛢 Fahrnis. **Fahrenheit** [nach dem dt. Physiker D. G. Fahrenheit, 1686–1736], Zeichen: F, Maßeinheit der Temperatureinteilung in den englischsprachigen Ländern, ÜBERS. M 8: Fahrenheitskala; 60 °F.

fahrenlassen, ich lasse es fahren (ließ fahren, habe fahrenlassen), Ü gebe auf, lasse los: er hat die Erbschaft fahrenlassen; er hat einen fahrenlassen, U derb: eine Blähung abgehen lassen; aber: er will ihn mit dem Wagen fahren lassen. **Fahrensmann** der, -(e)s/⸚er oder . . .leute, Mann, der zur See fährt. **Fahrer** der, -s/-, Fahrzeugführer, ABB. S 73. **Fahrerei** die, -, langes, lästiges oder schlechtes Fahren. **Fahrerflucht** die, -, Unfallflucht, Flucht eines Fahrers, der einen Unfall verschuldet hat oder sich einer polizeil. Kontrolle entzieht. **Fahr|erlaubnis** die, Führerschein. **Fahrersitz** der, ABB. S 73. **Fahrfehler** der: Unfall durch F. **Fahrgast** der, zur Beförderung übernommene Person, Passagier: Fahrgastschiff. **Fahrgeld** das, Preis für eine Fahrt (Eisen-, Straßenbahn). **Fahrgelegenheit** die, Gelegenheit zu fahren: Mitfahrgelegenheit. **Fahrgeschwindigkeit** die: mit überhöhter F. **Fahrgestell** das, Unterbau von Fahrzeugen, ABB. L 17, S 73. **Fahrhabe** die, -/-n, schweiz.: Fahrnis. **Fahrhauer** der, ⚔ Gehilfe des Steigers. **fahrig**, unstet, unruhig, zerstreut. **Fahrigkeit** die, -. **Fahrkarte** die, Ausweis über bezahltes Fahrgeld, ABB. F 2: Busfahrkarte; Fahrkartenausgabe; Fahrkartenschalter, ABB. B 4. **Fahrkorb** der, ABB. A 23. **Fahrkosten**, Pl., die Kosten für das Fahren mit Fahrzeug oder öffentl. Verkehrsmittel: Fahrkostenzuschuß. **fahrlässig**, leichtsinnig, unachtsam, schuldig durch Unterlassen von etwas Notwendigem: fahrlässige Tötung. **Fahrlässigkeit** die, -/-en. **Fahrlehrer** der, jemand, der beruflich das Führen von Kraftfahrzeugen lehrt. **Fährmann** der, -s/⸚er oder . . .leute, Führer einer Fähre. **Fahrnis** die, -/-se und das, -ses/-se, ⚖ bewegliche Sachen: Fahrnisgemeinschaft. **Fährnis** [vgl. Fährde] die, -/-se, ⚥ P Gefahr. **Fahrplan** der, Zeittafel für Verkehr, ABB. B 4. **fahrplanmäßig**, in Übereinstimmung mit dem Fahrplan: fahrplanmäßige Ankunft (des Zuges) 13 Uhr. **Fahrpreis** der, Preis für das Fahren mit öffentl. Verkehrsmitteln: Fahrpreisanzeiger; Fahrpreisermäßigung. **Fahrprüfung** die, Prüfung zum Erlangen des Führerscheins. **Fahrrad** das, durch Tretkurbel betriebenes Zweirad, ABB. F 3: Fahrradkette; Fahrradweg. **Fahrrinne** die, auf der Schiffahrt gekennzeichnete tiefste Rinne in einem Wasserlauf. **Fahrschein** der, Fahrkarte: Fahrscheinheft; Sammelfahrschein. **Fahrschule** die, gewerbl. Betrieb, in dem das Führen von Kraftfahrzeugen gelehrt wird. **Fahrschüler** der, 1) jemand, der das Führen eines Kraftfahrzeuges lernt. 2) Schüler, der zum Schulbesuch ein Verkehrsmittel benutzt.

F 3

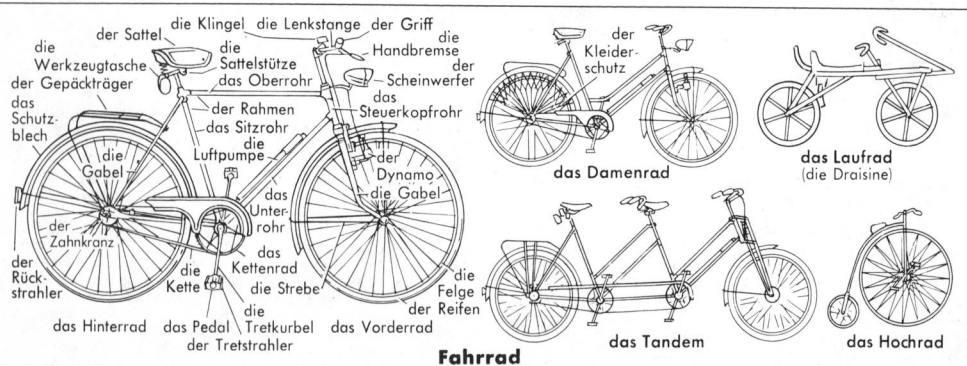

die Klingel die Lenkstange der Griff
der Sattel
die Werkzeugtasche
der Gepäckträger
die Sattelstütze
das Oberrohr
die Handbremse
der Scheinwerfer
das Steuerkopfrohr
der Kleiderschutz
das Schutzblech
der Rahmen
das Sitzrohr
die Luftpumpe
die Gabel
der Dynamo
die Gabel
das Unterrohr
der Zahnkranz
das Kettenrad
die Strebe
die Felge
der Reifen
der Rückstrahler
die Kette
das Pedal
die Tretkurbel
der Tretstrahler
das Hinterrad
das Vorderrad

das Damenrad

das Laufrad
(die Draisine)

das Tandem

das Hochrad

Fahrrad

Fahrsteig der, horizontales oder leicht geneigtes Fördermittel für Personentransport (in Bahn- und Flughäfen, Fußgängertunneln u. a.). **Fahrsteiger** der, ✕ Aufsichtsperson. **Fahrstil** der: sein F. ist (nicht) gut. **Fahrstreifen** der, ABB. A 27. **Fahrstuhl** der, 1) Rollstuhl für Kranke. 2) Aufzug, ABB. A 23, G 12: Fahrstuhlführer. 3) Sitz des Dachdeckers. **Fahrstunde** die, Unterrichtsstunde in einer Fahrschule. **Fahrt** [ahd. vart] die, -/-en, 1) das Fahren, Reise, Wanderung, Ausflug: Bahnfahrt; F. ins Blaue, mit unbekanntem Ziel. 2) das Recht zu fahren: freie F. 3) ⚓ Geschwindigkeit. 4) ✕ Leiter. 5) Ü Schwung, Zorn: er ist in F. gekommen; das hat ihn in F. gebracht.

Fährte [mhd. verte ›Weg‹] die, -/-n, Spur (von Schalenwild), ABB. F 4: er verfolgt eine F.

Fahrtenbuch das, Buch für schriftl. Aufzeichnungen bei Fahrten (z. B. bei Rallyes). **Fahrtenschwimmer** der, jemand, der eine Schwimmprüfung für Fortgeschrittene abgelegt hat: Fahrtenschwimmerabzeichen. **Fahrtrichtungsanzeiger** der, Blinkleuchte am Kraftfahrzeug zum Anzeigen einer Fahrtrichtungsänderung, ABB. K 40. **fahrtüchtig**, fähig, ein Kraftfahrzeug zu führen. **Fahrtüchtigkeit** die. **Fahrverbot** das, ⬚⬚ das Verbot, ein Kraftfahrzeug zu führen. **Fahrwasser** das, 1) Fahrrinne, ABB. K 56. 2) er ist in seinem F., Ü das ist sein Lieblingsthema, da weiß er Bescheid. **Fahrwerk** das, Bauteil an Fahrzeugen (Kraftfahrzeug, Flugzeug). **Fahrzeit** die, Dauer der Fahrt: eine F. von fünf Stunden. **Fahrzeug** das, -(e)s/-e, Sammelwort für Wagen, Schlitten, Schiff usw.: Kraftfahrzeug; Fahrzeughalter; Fahrzeugstellmacher.

Faible [fɛːbl, frz. ›schwach‹] das, -s/-s, Vorliebe, Schwäche: sie hat ein F. für ihn, dafür.

fair [fɛə, engl., eingedeutscht fɛːr], anständig, ritterlich, unparteiisch. **Fairness** [ˈfɛːnəs], eingedeutscht **Fairneß** die, -. **Fair play** [-ˈplɛi] das, - -, ehrliches Spiel, ehrenhaftes Verhalten.

Fait accompli [fɛtakɔ̃ˈpli, frz.] das, - -/-s -s [fɛzakɔ̃ˈpli], vollendete Tatsache: man stellte mich vor ein F. a.

fäkal [lat. faeces], auf Kot bezüglich, aus Kot bestehend: Fäkaldünger; Fäkalsprache, Ü. **Fäkalien**, Pl., Exkremente; Kot.

Fakir [arab. faqir ›arm‹] der, -s/-e, 1) in Indien muslim. Bettler, später auch hinduist. Asket. 2) Zauberkünstler.

Faksimile [lat. fac simile ›mach es ähnlich‹] das, -s/-s, originalgetreue Nachbildung, z. B. von Handschriften: Faksimileausgabe; Faksimiledruck. **faksimilieren**, ich faksimiliere (habe faksimiliert) es.

Fakt der, -(e)s/-en, das Faktum.

Faktion [frz., zu lat. factio ›Partei‹, ›Umtriebe‹] die, -/-en, leidenschaftlich kämpfende polit. Partei. **faktiös**.

faktisch [zu Faktum], tatsächlich, auf Tatsachen begründet, wirklich. **faktitiv**, bewirkend. **Faktitiv** [auch f'a...] das, -s/-e, Kausativ. **Faktizität** die, -/-en, Tatsächlichkeit, Gegebenheit.

Faktor [lat. factor, zu facere ›machen‹] der, -s/...t'oren, 1) maßgebender Bestandteil oder Einfluß: Erbfaktor; Umweltfaktor; Faktorenanalyse; Faktorenkoppelung. 2) △ Vervielfältiger, ÜBERS. R 11. 3) ⚙ Leiter einer Faktorei. 4) Zwischenmeister, der Arbeit an Heimarbeiter ausgibt. 5) Leiter einer Abteilung (Setzerei, Buchbinderei). **Faktorei** die, -/-en, (überseeische) Handelsniederlassung: Faktoreigewicht. **faktoriell**, in Faktoren zerlegt. **Faktotum** [lat. fac totum ›tu alles‹] das, -s/-s, Gehilfe, Diener(in) für alles. **Faktum** [lat. factum] das, -s/...ten oder ...ta, Tatbestand, Tatsache: Faktenwissen. **Faktur** [ital. fattura, zu Faktum] die, -/-en, 1) ⬚ Rechnung über eine Ware. 2) Aufbau eines Tonstücks. **fakturieren**, ich fakturiere (habe fakturiert), 1) schreibe Rechnungen aus: Fakturiermaschine. 2) berechne (Waren). **Fakturist** der, -en/-en, **Fakturistin** die, -/-nen.

Fakultas [lat. facultas ›Möglichkeit‹, ›Fähigkeit‹] die, -/...t'äten, durch Prüfung bewiesene Befähigung. **Fakultät** die, -/-en, 1) Fachgruppe der Hochschule, heute weitgehend durch Fachbereiche ersetzt. 2) ohne Pl., △ Produkt aller natürl. Zahlen von 1 bis n, z. B.: vier F., geschrieben: 4! = 1×2×3×4. 3) kath. Kirchenrecht: Vollmacht. **fakultativ**, wahlfrei, nach eigenem Ermessen.

falb [zu fahl], graugelb. **Falbe** der, -n/-n, ein Pferd mit gelblich-cremefarbenem Deck-, schwarzem Langhaar und Aalstrich.

Falbel [ital. falbala] die, -/-n, Faltenbesatz. **fälbeln**, ich fälb(e)le (habe gefälbelt) es.

Falerner [aus Falerno in Kampanien] der, -s/-, ein italien. Wein.

fälisch, einer in Nord- und Nordwesteuropa vorkommenden Menschenrasse zugehörig: die fälische Rasse.

Falke [ahd. falcho] der, -n/-n, 1) ein Greifvogel: Falkenjagd, Jagd mit Greifvögeln, bes. Falken. 2) Falkonett. **Falkenauge** das, ein Schmuckstein. **Falkenbeize** die, Falknerei. **Falkenier** der, -s/-e, **Falkner** der, -s/-, Abrichter von Falken. **Falknerei** die, -/-en, 1) Anlage zum Halten und Abrichten von Greifvögeln, bes. Falken. 2) ohne Pl., das Abrichten von Greifvögeln und die Jagd mit ihnen.

Falkonett [frz., zu ital. falconetto] das, -s/-e, ⚙ leichtes Geschütz.

Fall [niederdt.] der, -(e)s/-en, ⚓ Tau zum Segelhissen.

Fall [ahd. fal ›Fall‹, ›Untergang‹] der, -(e)s/¨e, 1) das Fallen, Sturz: Fallhöhe; er kam zu F.; der F. des Wildes, ✞ das Sterben; Wasserfall; der F. eines Menschen, Ü moralischer Verfall; Hochmut kommt vor dem F.; er hat unser Vorhaben zu F. gebracht, Ü vereitelt. 2) ohne Pl., das Sinken (Wasser): der F. des Pegelstandes um 2 cm. 3) einzelner Umstand: dieser F. tritt selten ein; in diesem F., für diesen F., wenn das geschieht; auf jeden F., auf alle Fälle, unbedingt, unter allen Umständen; von F. zu F., jeweils den Umständen entsprechend; das ist ganz mein F., paßt, gefällt mir sehr gut. 4) ⬚⬚ Tatbestand, bes. Straftat: der F. Dreyfus; Rechtsfall; Fallstudie. 5) ⚕ ein Kranker in einem Krankheitsablauf: Krankheitsfall; ein schwerer F.; ein F. von

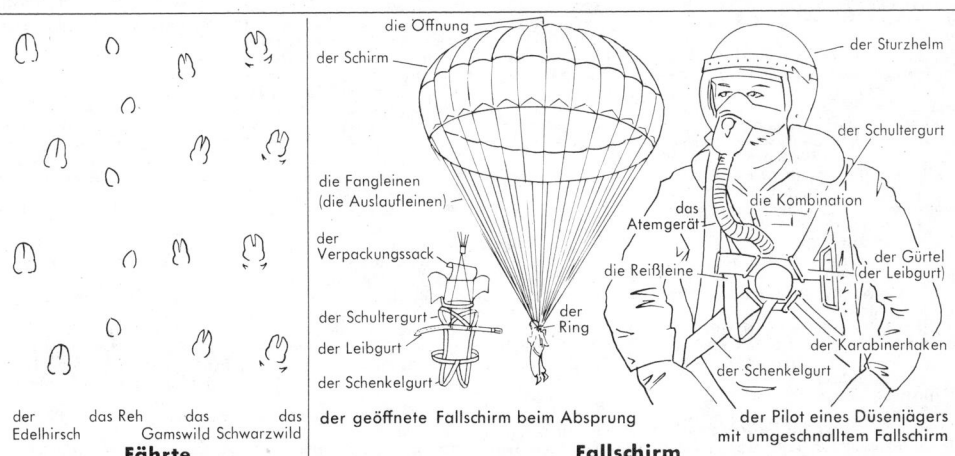

die Öffnung
der Schirm
die Fangleinen (die Auslaufleinen)
der Verpackungssack
der Schultergurt
der Leibgurt
der Schenkelgurt
der Ring

der Sturzhelm
der Schultergurt
die Kombination
das Atemgerät
die Reißleine
der Gürtel (der Leibgurt)
der Karabinerhaken
der Schenkelgurt

der Edelhirsch · das Reh · das Gamswild · das Schwarzwild
Fährte

der geöffnete Fallschirm beim Absprung

der Pilot eines Düsenjägers mit umgeschnalltem Fallschirm
Fallschirm

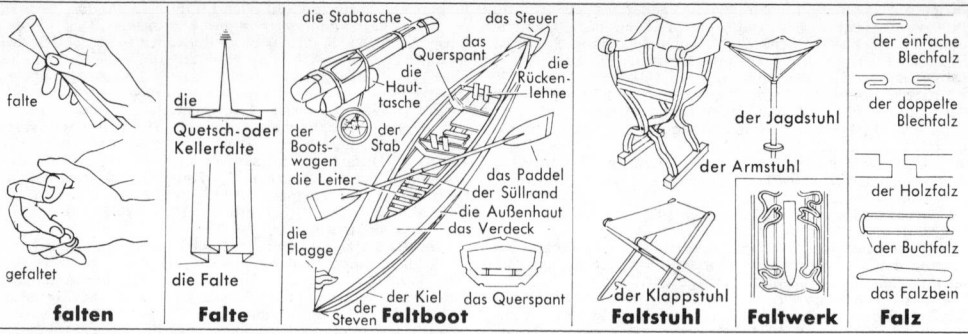

falte | die Quetsch- oder Kellerfalte | die Stabtasche | das Steuer | der einfache Blechfalz

das Querspant | die Hauttasche | die Rückenlehne | der doppelte Blechfalz

der Bootswagen | der Stab | der Jagdstuhl

die Leiter | der Armstuhl | der Holzfalz

gefaltet | die Flagge | das Paddel | der Süllrand | die Außenhaut | das Verdeck | das Buchfalz

der Klappstuhl | der Falzbein

der Steven / der Kiel | das Querspant | das Falzbein

falten | **Falte** | **Faltboot** | **Faltstuhl** | **Faltwerk** | **Falz**

Pest; der F. verlief tödlich. **6)** Kasus, ÜBERS. S 77. **7)** ⌐ Neigung von Schornsteinen und Masten. **Fallbeil** *das,* Hinrichtungsmaschine, Guillotine. **Fallbrücke** *die,* Zugbrücke, ABB. B 51.
Falle [ahd. falla] *die, -/-n,* **1)** Fangvorrichtung, ABB. M 11: *Mausefalle.* **2)** Ü Hinterhalt: *er wollte mir eine F. stellen; die Polizei hatte das Haus umstellt, die Verbrecher saßen in der F.* **3)** U Bett: *ich werde heute früh in die F. gehen.* **4)** Riegel am Türschloß, ABB. S 28, T 19. **5)** ⊕ bestimmte Erdöl- oder Erdgaslagerstätte.
fallen [ahd. fallan], *ich falle (fiel, bin gefallen; du fällst, er fällt),* **1)** bewege mich (dem Gesetz der Schwerkraft folgend) nach unten: *Vorsicht, fall nicht!; Regen, Schnee fällt; Licht fällt ins Zimmer; ein Schatten fällt auf den Weg; das fällt in mein Fach,* Ü *gehört dazu; das fällt ins Auge,* Ü *zieht den Blick auf sich; sie ist aus der Rolle gefallen,* Ü *hat sich unangemessen betragen; ich bin aus allen Wolken gefallen,* Ü *war völlig überrascht; das fällt unter diesen Begriff,* Ü *gehört hinein; das Vermögen fällt an die Enkel,* Ü *sie erben; die Entscheidung ist gefallen,* Ü *man hat entschieden; er fiel in die Hände des Gegners,* Ü *geriet in seine Gewalt; sie fielen sich in die Arme,* umarmten sich; *dieses Wort ist nicht gefallen,* Ü; *du fällst mir auf die Nerven,* Ü; *Neujahr fällt auf eine Sonntag,* Ü. **2)** *es fällt, sinkt: der Kurs, der Preis, die Temperatur fällt.* **3)** *ein gefallenes Mädchen,* ⚥ durch vorehelichen Geschlechtsverkehr von der bürgerl. Moralauffassung verachtet. **4)** *Soldaten fallen,* werden im Kampf getötet. **5)** *das Wild fällt,* ♀ verendet. **6)** *der Festung ist gefallen,* wurde erobert. **fällen** [ahd. fellan ›zu Fall bringen‹], *ich fälle (habe gefällt) es,* **1)** bringe zum Stürzen (Bäume): *Holzfäller.* **2)** Ü treffe, spreche aus: *ich f. eine Entscheidung, ein Urteil.* **3)** △ ziele, richte: *ich f. ein Lot,* errichte eine Senkrechte.
fallenlassen, *ich lasse es fallen (ließ fallen, habe fallen[ge]lassen),* **1)** Ü gebe auf: *diesen Plan habe ich fallenlassen; ich habe das Glas fallen lassen.* **2)** Ü äußere beiläufig: *er ließ eine Bemerkung fallen.* **Fallgrube** *die,* ♀ Grube zum Fang von Großwild.
fallibel [mlat. fallibilis, zu lat. fallere ›betrügen‹], fehlbar, dem Irrtum unterworfen. **Fallibilität** *die, -,* Fehlbarkeit, die Möglichkeit, zu irren. **fallieren,** *ich falliere (habe falliert),* stelle die Zahlungen ein, gehe in Konkurs.
fällig [zu fallen], was bald geschehen (bes. bezahlt werden) soll: *das Urteil ist heute f.; fällige Zinsen; in diesem Zimmer sind neue Tapeten f.* Ü. **Fälligkeit** *die, -/-en:* **Fälligkeitstag.**
Falliment [falim'ã, frz., zu fallieren] *das, -s/-e,* ♀ Zahlungseinstellung, Bankrott.
Fallinie [-iə] *die,* ⊕ die Richtung des stärksten Gefälles bei geneigten Flächen; vgl. Silbentrennung, ÜBERS. S 50.
Fallissement [falism'ã, frz.] *das,* ♀ Falliment. **fallit,** ♀ zahlungsunfähig. **Fallit** *der, -en/-en,* ♀ jemand, der zahlungsunfähig ist.
Fallmeister *der,* ♀ Abdecker. **Fallobst** *das,* vom Baum gefallene Früchte.
Fal(l)ott [frz.] *der, -en/-en,* österr.: Gauner, Betrüger.
Fallout [fɔː'laut, engl. to fall out ›herausfallen‹] *der, -s/-s,* **1)** Ablagerungen von radioaktivem Staub auf der Erdoberfläche. **2)** Ü Nebenprodukt.
Fallreep [zu Fall ⌐] *das,* ⌐ Leiter, Treppe außenbords, ABB. S 16.
fallreif, *fallreifes Obst.* **Fallrückzieher** *der,* Fußball: Schuß, bei dem sich der Spieler rückwärts fallen läßt und dabei den Ball über den eigenen Kopf schlägt. **falls,** wenn, im Falle, daß.

. . . falls, nötigenfalls; gegebenenfalls; bestenfalls. **Fallschirm** *der,* Gerät zum Abspringen von Personen oder Herablassen von Gegenständen aus Luftfahrzeugen, ABB. F 4. **Fallschirmjäger** *der,* ⚔ Angehöriger einer Fallschirmtruppe. **Fallschirmseide** *die,* leichte, sehr reißfeste Natur- oder Chemieseide. **Fallschirmspringen** *das, -s.* **Fallschirmspringer** *der.* **Fallschirmtruppe** *die,* ⚔ Luftlandetruppe, die ihren Einsatzort durch Fallschirmabsprung erreicht. **Fallstrick** *der,* Ü Hinterhalt: *sie legt ihm einen F.* **Fallsucht** *die, -,* ♀ Epilepsie. **fallsüchtig,** ♀. **Falltür** *die,* Tür im Fußboden, ABB. T 19.
Fällungsreaktion *die,* 🜹 das Abscheiden eines Stoffes aus seiner Lösung. **fallweise,** **1)** von Fall zu Fall, gegebenenfalls. **2)** österr. auch: gelegentlich. **Fallwild** *das,* ♀ verendetes Wild, das nicht von Jäger erlegt ist. **Fallwind** *der,* Wind mit abwärts gerichteter Bewegungskomponente.
falsch [mhd. valsch, zu lat. falsus ›falsch‹], **1)** unecht, gefälscht, künstlich: *falsche Edelsteine; falsche Zähne; falscher Hase,* ein Hackfleischgericht. **2)** irrig, unrichtig: *eine falsche Behauptung; Falscheid; Falschmeldung; wir haben f. gesungen, gespielt,* aber: *er hat falschgespielt,* betrügerisch; *ich gehe, bin f., habe mich verirrt; du bist an der falschen Adresse,* Ü wirst nichts erreichen. **3)** unaufrichtig, hinterlistig: *eine falsche Person.* **Falsch** *das oder der, -es,* P Unehrlichkeit: *es ist kein F. an ihm; per F.* **fälschen,** ich fälsche (habe gefälscht) es, mache (in betrügerischer Absicht) nach; gebe bewußt ein unechtes Stück für ein echtes aus: *ein gefälschtes Gemälde; die Unterschrift, Urkunde ist gefälscht.* **Fälscher** *der, -s/-.* **Fälscherin** *die, -/-nen.* **Falschgeld** *das,* gefälschtes Geld. **Falschheit** *die, -.* **fälschlich,** **1)** irrtümlich. **2)** in betrügerischer Absicht. **Falschmünzer** *der,* Hersteller von Falschgeld. **Falschmünzerei** *die, -.* **falschspielen,** ich spiele falsch (habe falschgespielt) beim Spiel. **Falschspieler** *der.* **Fälschung** *die, -/-en,* **1)** ohne Pl., das Fälschen. **2)** gefälschter Gegenstand. **fälschungssicher,** *fälschungssichere Kraftfahrzeugkennzeichen.*
Falsett [ital. falsetto, zu falso ›falsch‹] *das, -(e)s/-e,* Fistelstimme: *Falsettstimme.* **falsettieren,** ich falsettiere (habe falsettiert). **Falsettist** *der, -en/-en.*
Falsifikat [lat. falsus ›falsch‹ und facere ›machen‹] *das, -(e)s/-e,* gefälschter Gegenstand, Fälschung. **Falsifikation** *die, -/-en,* **1)** ♀ Fälschung. **2)** Widerlegung einer Theorie oder eines (generellen) Satzes durch ein Gegenbeispiel. **falsifizieren,** ich falsifiziere (habe falsifiziert) es. **Falsum** *das, -s/. . . sa,* etwas Falsches, Fälschung.
Faltboot *das,* zerlegbares Paddelboot, ABB. F 5. **Fältchen** *das, -s/-.* **Falte** [ahd. fald] *die, -/-n,* **1)** Biegung, Knick in einer Fläche (Stoff, Papier), ABB. F 5: *Kleiderfalte.* **2)** 💧 Runzel, Hautfalte: *Mongolenfalte.* **3)** ⊕ auch Faltung, Verkrümmung von Erdschichten: *Faltengebirge.* **fälteln,** ich fält(e)le (habe gefältelt) es, ABB. F 5, **1)** lege in Falten. **2)** [ahd. faldan], *ich falte (habe gefaltet) es,* ABB. F 5, **1)** lege in Falten. **2)** lege sauber zusammen (Papier, Taschentuch). **3)** lege übereinander (Finger, Hand): *gefaltete Hände.* **Faltenmagen** *der,* 🐄 Blättermagen, ABB. M 1. **Faltenrock** *der,* ABB. K 25. **Faltenwurf** *der, -(e)s,* Ordnung der Falten (eines Gewandes, Vorhangs).
Falter [ahd. vivaltra] *der, -s/-,* Schmetterling: *Tagfalter; Nachtfalter.*
fältig, voller Falten. *. . . fältig, . . . fach: tausendfältig; vielfältig.* **Faltstuhl** *der,* ♀ Klappstuhl, ABB. F 5. **Faltung**

die, -/-en, **1)** das Falten. **2)** ⊕ Falte: *Faltungsbeben; Faltungsphase.* **Faltwerk** das, Ornament in Form gradliniger Falten, ABB. F 5.

Falz [mhd. valz] der, -es/-e, ABB. F 5, **1)** Verbindung umgebogener und zusammengepreßter Blechränder. **2)** Kniff, Faltstelle. **3)** ✑ die beim Abpressen des Buches entstehende Nut zwischen Buchrücken und den Deckeln. **4)** Aussparung oder Vertiefung zum guten Ineinandergreifen von Hölzern, Steinen, Ziegeln, ABB. H 25. **Falzbein** das, Gerät zum Falzen von Papier, ABB. F 5. **falzen** [ahd. falzan, zu falten] *ich falze* (habe gefalzt) *es*, **1)** versehe mit einem Falz. **2)** mache gleichmäßig dick (Leder). **Falzhobel** der, Hobel zum Ausstoßen rechtwinkliger Falze, ABB. H 19. **Falzung** die, -/-en. **Falzziegel** der, ein Dachziegel, ABB. D 2.

Fama [lat.] die, -, Gerücht, Nachrede, Leumund.

familiär, 1) die Familie betreffend. **2)** Ü vertraut, wohlbekannt. **Familiarität** die, -.

Familie [-liə, lat. familia ›Hausstand‹] die, -/...li|en, **1)** in der Regel Mann, Frau und Kinder, ÜBERS. F 6: *Familienvater; er will eine F. gründen,* heiraten; *geordnete Familienverhältnisse; eine Feier im engsten Familienkreis; im Schoß der F.; Familienzusammenführung; Großfamilie; Kleinfamilie.* **2)** Geschlecht, Sippe: *er stammt aus alter, guter F.; es bleibt in der F.,* Ü niemand erfährt es; *das liegt bei uns in der Familie,* hat sich vererbt, kommt mehrmals in der Familie vor; *Familienähnlichkeit; Familienbesitz; Familiengruft; Adelsfamilien.* **3)** ⊕ ♌ systematische Einheit, ABB. H 5. **Familienangehörige** der, die. **Familienanschluß** der, ...schlusses: *eine Hausangestellte mit F.* **Familienbetrieb** der, eine von Familienmitgliedern betriebene Unternehmung: *bäuerlicher F.* **Familienbuch** das, **1)** Familienstammbuch, eine Familienchronik. **2)** ein vom Standesbeamten geführtes Personenstandsbuch. **Familienname** der, ÜBERS. N 3. **Familienplanung** die, die Geburtenregelung. **Familiensinn** der: *er zeigt (keinen) F.* **Familienstammbuch** das, Familienbuch. **Familienstand** der, der familienrechtl. Status. **Familienzusammenführung** die, Zusammenführung von Familien, die durch polit. Ereignisse getrennt wurden. **Familienzuwachs** der, Ü Geburt eines Kindes: *wir erwarten F.*

famos [lat. famosus ›viel besprochen‹], ausgezeichnet, großartig: *eine famose Idee.*

Famula die, -/. . .lä, weibl. Famulus. **Famulatur** die, -/-en, Krankenhauspraktikum für Medizinstudenten. **famulieren,** *ich famuliere* (habe famuliert). **Famulus** [lat. ›Gehilfe‹, ›Diener‹] der, -/. . .li oder -se, **1)** früher Student als Gehilfe eines Hochschullehrers. **2)** Medizinstudent während des Krankenhauspraktikums.

Fan [fæn, engl., Kurzw. zu fanatic ›Schwärmer‹] der, -s/-s, leidenschaftlich für etwas Begeisterter: *Filmfan; Funkfan; Fußballfan; Jazzfan; Fanklub; Fanpost.*

Fanal [frz., zu grch. phanos ›Fackel‹] das, -s/-e, **1)** Flammenzeichen. **2)** Ü Zeichen für den Beginn bedeutender Ereignisse: *ein F. des Aufstandes.*

Fanatiker [lat. fanaticus ›schwärmend‹, zu fanum ›geweihter

Ort‹] der, -s/-, zu Fanatismus neigender Mensch. **fanatisch. fanatisieren,** *ich* fanatisiere (habe fanatisiert) *die Menge,* hetze zum Fanatismus. **Fanatismus** der, -, das blinde und aggressive Verfolgen eines Zieles; die Besessenheit von einer Idee oder Überzeugung.

fand, von finden.

Fandango [span., vom portugies. Schicksalslied fado] der, -s/-s, span. Volkstanz.

Fanfare [frz.] die, -/-n, **1)** kurzes schmetterndes Tonstück für Blasinstrumente. **2)** Fanfarensignal. **3)** gerade oder einwindige Trompete ohne Ventile, ABB. B 33: *Fanfarentrompete; Fanfarenzug.*

Fang [ahd. fahunga] der, -(e)s/ᵘe, **1)** Beute, Jagd: *er ist, geht auf F. aus; die Polizei hat einen guten F. gemacht,* Ü einen Verbrecher gefaßt. **2)** ☝ Kralle der Greifvögel und Eulen; Maul der Hunde und Raubtiere; *die Fänge,* die Eckzähne des Hunde und Raubtiere; *er hat dem Tier den F. gegeben,* ☝ den Todesstoß. **Fanganlage** die, Fangnetzanlage zum Abbremsen von Flugzeugen. **Fangarm** der, Arm der Polypen, ABB. P 19. **Fangball** der, -(e)s, das Ballwerfen. **Fangedamm** der, wasserdichte Einfassung einer Baugrube. **Fangeisen** das, Saufeder. **fangen** [ahd. fahan], *ich* fange (fing, habe gefangen; du fängst, er fängt) *ihn,* es, jage danach, nehme fest, ergreife, erbeute, ABB. F 7: *fang den Ball!; die Kinder spielten Fangen; der Verbrecher wurde gefangen,* festgenommen. **Fänger** der, -s/-: *der Rattenfänger,* Sagengestalt. **Fangfäden,** *Pl.,* zum Beutefang dienende Körperanhänge niederer Tiere. **Fangfrage** die, Frage, bei der über den ausgedrückten Inhalt der Frage hinaus eine zusätzliche Information angestrebt wird, ohne daß dies den Befragten bewußt ist. **Fanggürtel** der, klebriger Schutzgürtel an Bäumen gegen hochkletternde Schädlinge. **fängisch,** ☝ fangbereit (Falle). **Fangjagd** die, ☝ eine Jagd, bei der das Wild in Fallen, Netzen, Gruben u. a. gefangen wird. **Fangleine** die, ⚓ Leine, die von einem Schiff aus einem Boot zum Festhalten zugeworfen wird. **Fangnetz** das, ABB. F 7.

Fango [ital. ›Schlamm‹] der, -s, vulkan. Schlamm zu Heilzwecken: *Fangopackung.*

Fangsatz der, ein Aussagesatz, der wie die Fangfrage eine zusätzliche Information bringen soll aus der Reaktion des Angesprochenen. **Fangschnur** die, urspr. an Uniform und Kopfbedeckung befestigte Schnur; später Achselschnüre oder Schnüre an der Uniformschulter. **Fangschuß, Fangstoß** der, ☝ Tötung angeschossenen Wildes.

Fanni [engl., Kurzform zu Franziska], weibl. Vorname.

Fant [mhd. vant ›Bursche‹, oberdt. fant ›Junge‹] der, -(e)s/-e, unreifer junger Bursche.

Fantasia [span. ›Phantasie‹, ›Prunk‹] die, -/-s, Reiterkampfspiel in Nordafrika und Arabien. **Fantasie** [ital. fantasia] die, -/...s'i|en, ♪ Instrumentalstück in freier Form.

Farad [nach dem engl. Physiker M. Faraday, 1791–1867] das, -(s)/-, Zeichen: F, ⚡ Maßeinheit der elektr. Kapazität.

Farbband das, Schreibband in Büromaschinen, ABB. S 36.

Farbbuch das, Buntbuch, amtl. Veröffentlichung zur Außenpolitik und Diplomatie, z. B. Weißbuch. **Farbe** [ahd. far(a)wa

---

Familie

Ich habe zwei **Eltern** *(Vater, Mutter)*, vier **Großeltern** (je einen *Großvater* und eine *Großmutter* väterlicher- und mütterlicherseits), acht **Urgroßeltern** (je zwei *Urgroßväter* und zwei *Urgroßmütter* väterlicher- und mütterlicherseits). Die Kinder meiner Eltern sind meine **Geschwister** *(Brüder, Schwestern)*. Die *Brüder* meines Vaters und meiner Mutter sind meine **Onkel** (⚤ Oheime), die *Schwestern* meines Vaters und meiner Mutter sind meine **Tanten** (⚤ Muhmen). Die *Brüder (Schwestern)* meiner Großväter und meiner Großmütter sind meine **Großonkel (Großtanten).** Die *Kinder* meiner Onkel und Tanten sind meine **Vettern (Cousins)** und **Basen (Cousinen).**

Der *Ehemann* meiner Schwester, der *Bruder* meiner Frau oder meines Mannes ist mein **Schwager;** die *Ehefrau* meines Bruders, die *Schwester* meiner Frau oder meines Mannes ist meine **Schwägerin.** Die *Kinder* meines Bruders und die meiner Schwester sind meine **Neffen** und **Nichten.**

Die *Eltern* meiner Frau sind meine **Schwiegereltern** *(Schwiegervater* und *Schwiegermutter).* Die *Frau* des Bruders meiner Frau ist meine **angeheiratete Schwägerin** (Ü **Schwippschwägerin);** der *Mann* der Schwester meiner Frau ist mein **angeheirateter Schwager** (Ü **Schwippschwager).**

Die *Frau* meines Sohnes ist meine **Schwiegertochter;** der *Mann* meiner Tochter ist mein **Schwiegersohn.**

Die *Frau* meines Neffen ist meine **angeheiratete Nichte;** der *Mann* meiner Nichte ist mein **angeheirateter Neffe.** Die *Kinder* meines Sohnes und die meiner Tochter sind meine **Enkel** und **Enkelinnen;** ihre *Ehegatten* meine **angeheirateten Enkel** und **Enkelinnen.** Die *Kinder* meiner Neffen und Nichten sind meine **Großneffen** und **Großnichten.**

Die *Kinder* meiner Enkel und Enkelinnen sind meine **Urenkel** und **Urenkelinnen.**

Der angeheiratete *Mann* meiner Mutter ist mein **Stiefvater;** die angeheiratete *Frau* meines Vaters ist meine **Stiefmutter.**

An Elternstelle habe ich **Adoptiveltern** *(Adoptivvater, Adoptivmutter).*

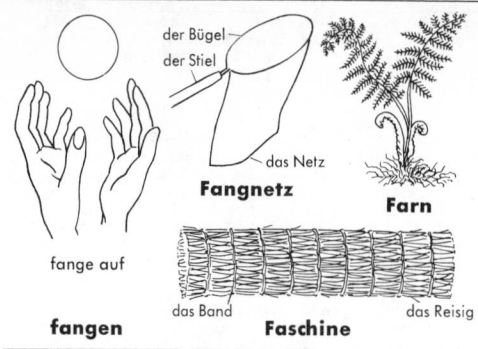

der Bügel
der Stiel

das Netz

Fangnetz

Farn

fange auf

das Band
das Reisig

fangen

Faschine

›Farbe‹, ›Aussehen‹] die, -/-n, 1) Gesichtsempfindung, die durch farbiges Licht oder durch Pigment ausgelöst und durch das Auge vermittelt wird: *Farbempfindung.* 2) Buntheit im Unterschied zu schwarz und weiß: *der Stoff verliert die F.,* verblaßt. 3) Färbung der Haut: *er verliert die F.,* Ü wird blaß, erbleicht; *sie hat F.,* sieht wohl, blühend aus. 4) Mittel zum Färben: *die F. ist noch frisch; Öl-, Wasserfarben,* vgl. ABB. M 2. 5) Spielkarten: Eicheln (Eckern), Grün (Laub), Rot (Herzen), Schellen oder Treff, Pik, Cœur (Herz), Karo (Eckstein), ABB. S 54: *du mußt F. bekennen,* in der ausgespielten Farbe bedienen, Ü dich bestimmt für, gegen etwas erklären. 6) ▽ *heraldische Farben,* Tinktur, Blau, Grün, Rot, Purpur und Schwarz; *Landesfarben; Nationalfarben; die deutschen Farben,* Schwarz-Rot-Gold. **farb|echt,** beständig in der Farbe. **Farb|echtheit** die, -. **färben** [ahd. farawen], *ich färbe* (habe gefärbt) *es,* 1) gebe Farbe: *die untergehende Sonne färbte den Abendhimmel rot.* 2) trage Farbe auf: *sie hat ihr Haar dunkel gefärbt;* aber: *dunkelgefärbtes Haar.* 3) Ü verfälsche, verändere: *eine mundartlich gefärbte Ausdrucksweise.* . . . **farben,** *erdbeerfarben; goldfarben.* **farbenblind,** Farben mangelhaft oder gar nicht unterscheidend. **Farbenblindheit** die. **Farbendruck** der, mehrfarbiger Druck. **farbenfreudig, farbenfroh,** sehr bunt. **Farbenlehre** die, die Wissenschaft von den Farben und deren spezif. Gesetzmäßigkeiten. **Farbenpracht** die, Buntheit: *Kirchenfenster in ihrer F.* **farbenprächtig. farbenreich. Farbenreichtum** der, -(e)s. **Farbensinn** der, -(e)s, Fähigkeit zur Unterscheidung und wirkungsvollen Zusammenstellung von Farben. **Farbensymbolik** die, die sinnbildl. Deutung der Farben. **Färber** der, -s/-, Facharbeiter in der Färberei. **Färberei** die, -/-en, 1) die Verfahren zum Färben von Textilien. 2) gewerbl. Färbebetrieb. **Färberröte** die, ⊕ Gattung der Rötegewächse. **Färberwaid** der, -(e)s/-e, ⊕ ein Schmetterlingsblütler. **Färberwau** der, -(e)s/-e, ⊕ ein Resedagewächs. **Farbfernsehen** das, Fernsehen in natürl. Farben: *Farbfernsehgerät.* **Farbfilm** der, Film, der natürl. Farben wiedergibt. **Farbfilter** der, ein Lichtfilter, der vorzugsweise nur Strahlung bestimmter Wellenlänge durchläßt. **Farbgebung** die, -, Art der farbigen Darstellungsweise. **Farbholz** das, farbstofflieferndes Handelsholz. **farbig,** 1) bunt. 2) Ü lebendig, anschaulich: *die farbige Schilderung des Vorganges.* . . . **farbig,** *einfarbig; mehrfarbig; verschiedenfarbig.* **Farbige** der, die, -n/-n, ein, eine -, Nichtweiße(r), in Amerika bes. Neger(in) oder Mulatte (Mulattin). **Farbigkeit** die, -. **farblich,** farbliche Unterschiede. **farblos,** 1) ohne Farbe. 2) Ü eintönig, reizlos. **Farblosigkeit** die, -. **Farbstift** der, farbiger Zeichenstift. **Farbstoff** der, Farbmittel organ. Herkunft: *Farbstoffträger.* **Farbton** der, Abstufung der Farbe. **Färbung** die, -/-en, 1) ohne Pl., das Färben. 2) Farbe, natürl. oder künstl. Farbgebung. 3) Ü Tendenz, Richtung.

Farce [fars, frz., zu lat. farcire ›stopfen‹] die, -/-n [-ən], 1) Posse. 2) Ü leeres Getue. 3) Füllung, bes. Fleischfüllung in Speisen. **farcieren,** *ich farciere* (habe farciert) *es,* fülle mit Fleischfarce.

Farin [zu lat. farina ›Mehl‹] der, -s, gelbbrauner Zucker.

Farm [engl., vgl. Ferme] die, -/-en, landwirtschaftl. Betrieb: *Geflügelfarm; Pelztierfarm.* **Farmer** der, -s/-.

Farn [ahd. farn] der, -(e)s/-e, staudige Sporenpflanze, ABB. F 7: *Farnkraut; Farnwedel,* Blatt des Farns.

Farre der, -n/-n, männl. Rind oder Schwein. **Färse** [spätmhd. verse ›junge Kuh‹] die, -/-n, auch Kalbe, weibl. Rind vor dem ersten Kalben.

Farz der, -es/-e, V Nebenform von Furz.

Fasan [mhd. fasan, zu grch. ornis phasianos ›Vogel vom Fluß Phasis‹] der, -(e)s/-e(n), ein Hühnervogel. **Fasanerie** die, -/. . .r'i]en, Fasanenzucht und -garten.

Fasces, Pl., Faszes.

Fasche [lat. fascia] die, -/-n, österr.: Binde. **faschen,** *ich fasche* (habe gefascht) *es,* österr.: umwickle mit einer Binde, bandagiere.

faschieren [von Farce], *ich faschiere* (habe faschiert) *es,* österr.: hacke Fleisch klein, treibe es durch den Fleischwolf. **Faschiermaschine** die, Fleischwolf, ABB. K 50. **Faschierte** das, -n, ohne Artikel: -s, österr.: Hackfleisch.

Faschine [ital. fascina, zu fascis ›Bündel‹] die, -/-n, Reisigbündel zur Uferbefestigung, ABB. F 7: *Faschinenbau.*

Fasching [mhd. vaschanc, eigtl. ›Ausschank des Fastentrunks‹] der, -s/- oder -s, Fastnacht: *Faschingsball; Faschingskostüm; ein buntes Faschingstreiben.*

Faschismus [ital. fascismo, zu fascio ›Rutenbündel‹, Emblem der Bewegung] der, -, national- und sozialrevolutionäre Bewegung mit totalitären Zielen zwischen 1919 und 1945 in Italien, häufig auf verwandte Bewegungen übertragen. **Faschist** der, -en/-en. **faschistisch. faschistoid** [vgl. . . . id], dem Faschismus ähnlich.

Fase [frz. face ›Gesicht‹, ›Fläche‹, lat. facies ›Aussehen‹, ›Gesicht‹] die, -/-n, abgeschrägte Kante, z. B. am Beil, ABB. A 29, am Balken, ABB. K 7.

Fasel [mhd. fasol] die, -/-n, oberdt.: Bohne.

Fasel [mhd. fasel] der, -s/-, männl. Zuchttier: *Faselvieh.*

Faselei die, -/-en. **Fas(e)ler** der, -s/-, **Faselhans,** -(es)/-e oder -"e, jemand, der faselt. **fas(e)lig. faseln** [nhd.], *ich fas(e)le* (habe gefaselt), 1) rede Unsinn: *was faselst du da wieder!* 2) bin zerstreut: *Faselfehler.*

Faser [mhd. vase ›loser Faden‹] die, -/-n, 1) Biologie: langgestreckte Zelle oder ein Zellbündel: *Faserhaut; er hängt mit jeder F. seines Herzens an seiner Heimat,* Ü. 2) textiler Faserstoff: *Naturfasern; Chemiefasern.* **Fäserchen** das, -s/-. **fas(e)rig. fasern,** *es fasert* (hat gefasert), läßt Fasern, franst aus. **fasernackt,** völlig nackt: *splitterfasernackt.* **Faserschreiber** der, Filzschreiber. **Faserstoffe,** Pl., Fasern zur textilen Verarbeitung. **Faserung** die, -, das Fasern.

Fa|shion [f'æʃn, engl.] die, -, Mode, Vornehmheit, Eleganz. **fa|shiona|ble** [f'æʃnəbl].

Fasler der, **Fasler.** **faslig,** faselig.

Fasnacht, Fasnet, alem.: Fastnacht.

Fasole [vgl. Fasel] die, -/-n, schweiz.: ⚭ Fisole, Bohne.

fasrig, faserig.

Faß [ahd. faz] das, F'asses/F'ässer, 1) Gefäß mit rundem Boden, meist in der Mitte gebaucht, ABB. F 8: *Faßband; das schlägt dem F. den Boden aus,* Ü das ist etwas, das zu weit geht; *Bier vom F.; Faßwein; Weinfässer.* 2) früheres Hohlmaß unterschiedl. Größe.

Fassade [frz., zu lat. facies ›Gesicht‹] die, -/-n, Vorderfront, Schauseite, ABB. S 67. **Fassadenkletterer** der, Einsteigdieb.

faßbar [zu fassen], zu begreifen, zu verstehen: *unfaßbar.*

Faßbinder der, Böttcher. **Fäßchen** das, -s/-.

fassen [ahd. faz(z)on ›rüsten‹, ›bereiten‹], *ich fasse* (habe gefaßt) *es, ihn,* 1) ergreife, packe, nehme in die Hand, in die Zange: *er faßte mich am Rockzipfel; Grausen faßt ihn,* Ü; *man faßt einen Beschluß, eine Ansicht, eine Neigung zu jemand,* Ü; *ich werde es ins Auge fassen,* Ü erwäge. 2) nehme fest: *der Dieb wurde gefaßt,* Ü *es faßt,* gibt Raum, vermag aufzunehmen: *der Topf faßt zwei Liter; der Saal faßt kaum die Menge.* 4) Ü verstehe, begreife: *ich kann es kaum fassen.* 5) rahme, fasse ein: *zierlich gefaßte Edelsteine.* 6) ⚭ nehme in Empfang: *die Soldaten konnten Essen fassen.* 7) *mich,* zwinge mich zur Ruhe: *ruhig und gefaßt.* 8) *ich mache mich darauf gefaßt,* bereite mich darauf vor, stelle mich darauf ein: *in gefaßter Haltung.* 9) *mich,* drücke mich aus: *fasse dich kurz!*

Fassi das, -/F'assene, schweiz.: Inlett.

Fäßlein das, -s/-, Diminutiv zu Faß.

faßlich [zu fassen], verständlich: *leicht f.*

Fasson [-s'ɔ̃, frz. façon] die, -/-s, 1) Form. 2) Schnitt, Sitz (z. B. eines Anzugs). 3) Ü Anstand. **fassonieren,** *ich fassoniere* (habe fassoniert) *es,* forme, gestalte. **fassoniert,** gemustert: *fassonierte Stoffe.*

Fassung die, -/-en, 1) Umrahmung, z. B. für Edelsteine, ABB. F 8, Glühbirnen, ABB. E 6. 2) Ü Beherrschtheit, Ruhe:

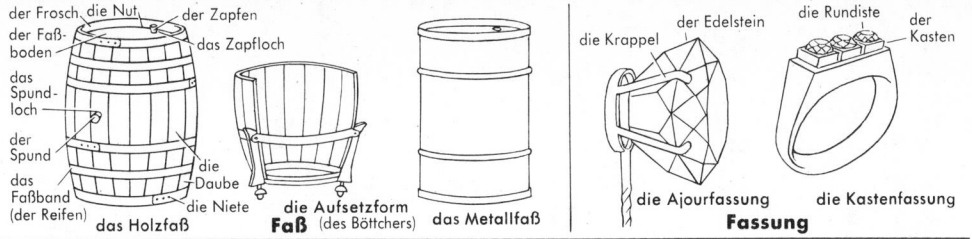

der Frosch, die Nut, der Zapfen
der Faßboden
das Spundloch
der Spund
das Faßband (der Reifen)
das Holzfaß
die Daube
die Niete
das Zapfloch
die Aufsetzform
Faß (des Böttchers)
das Metallfaß

der Edelstein die Rundiste der Kasten
die Krappel
die Ajourfassung die Kastenfassung
Fassung

er ringt um F.; er ist aus der F. geraten. **3)** Wortlaut eines Schriftstücks: *davon gibt es zwei Fassungen.* **4)** *alem.:* Federsack im Bettkissen. **Fassungskraft** *die, -,* Fähigkeit, eine bestimmte Menge aufzunehmen oder zu verstehen: *das geht über meine F.* **fassungslos,** bestürzt; aufs höchste erstaunt. **Fassungslosigkeit, -. Fassungsvermögen** *das, -s,* die Größe eines Hohlraumes.
   fast [ahd. fasto ›fest‹, ›streng‹], beinahe, nicht ganz.
   Fastback [fˈaːstbæk, engl., eigtl. ›schneller Rücken‹] *das, -s/-s,* Fließheck.
   fasten [ahd. faston], *ich* faste (habe gefastet), enthalte mich aller oder bestimmter Speisen: *Fastenkur.* **Fasten,** *Pl.,* **Fastenzeit** *die,* Zeit, in der nach kath. Kirchengebot gefastet wird: *Fastenpredigt; Fastensonntag.* **Fastnacht** [mhd. vastnaht] *die, -,* die Tage vor Aschermittwoch, eigtl. der Abend vor Beginn der Fastenzeit: *Fastnachtsbrauch.*
   Faszes [lat. fascis ›Bündel‹, *Pl.,* von den Liktoren getragenes Zeichen der Gewalt über Leben und Tod, ᴀʙʙ. R 32.
   faszial, bündelweise. **Fasziation** *die, -/-en,⊕* Verhängung, das Auftreten von bandförmig verbreiterten Stoßachsen und Wurzeln. **Faszie** [-iə] *die, -/...zi|en,* sehnig-faserige Bindegewebshaut bei Mensch und Tier. **Faszikel** *der, -s/-,* Heft; Aktenbündel.
   Faszination [lat. fascinare ›bezaubern‹] *die, -/-en,* starkes Beeindrucktsein, Bezauberung, Bann. **faszinieren,** *ich* fasziniere (habe fasziniert) *ihn: eine faszinierende Frau.*
   fatal [lat. fatalis ›vom Geschick bestimmt‹], verhängnisvoll, unangenehm. **Fatalismus** *der, -,* Glaube an Vorherbestimmung, ergebungsvoller Schicksalsglaube. **Fatalist** *der, -en/-en.* **fatalistisch. Fatalität** *die, -/-en,* Mißgeschick.
   Fata Morgana [ital., eigtl. Fee Morgana] *die, - -/- ...nen* oder - -s, Luftspiegelung.
   fatieren [lat. fateri ›bekennen‹, *ich* fatiere (habe fatiert) *es,* **1)** ⚗ bekenne. **2)** *österr.* K: gebe meine Steuererklärung ab.
   Fatsche *die, -/-n, bair.-österr.:* Wickelbinde: *Fatschenkind.*
   Fätterli *das, -s/-, schweiz.:* Holzform der Käserei.
   Fatum [lat. ›Götterspruch‹] *das, -s/...ta,* Schicksal.
   Fatzke [zu Faxe] *der, -n/-n* oder -s/-s, Ü blasierter Mensch.
   fauchen [mhd. phuchen], *es* faucht (hat gefaucht), schnaubt zischend, prustet drohend (Dampf, Katze): *sie fauchte wütend,* Ü.
   Fauk, Fäuk *der, -(e)s/-e, schweiz.:* Flamme; Knall; Blähung.
   faul [ahd. ful], **1)** moderig, verdorben (Fleisch, Laub, Geruch, Wasser); sinnbildlich für sittlich verderbt. **2)** arbeitsunlustig, träge: *er legt sich auf die faule Haut,* tut nichts; *faule See,* Windstille; *nicht f.,* U schnell, heftig. **3)** ⚗ unsicher, unzuverlässig: *faule Aktien.* **5)** U bedenklich, zweifelhaft: *eine faule Sache,* da stimmt etwas nicht; *fauler Zauber,* Schwindel; *ein fauler Witz,* ein schlechter Witz; *faule Ausreden,* unglaubwürdige Ausreden. **6)** ⚒ zersetzt, mürbe. **7)** durch die Sonne unterhöhlt (Schnee).
   Faulbaum, *der,* **1)** ein Kreuzdorn: *Faulbaumrinde.* **2)** Traubenkirsche. **Faulbrut** *die, -,* bakterielle Brutkrankheit der Honigbiene. **Faulecke** *die, ⚕* oberflächl. Wunde oder Einriß an den Mundwinkeln. **faulen,** *es* fault (hat gefault), vermodert, wird faul. **fäulen,** *ich* fäule (habe gefäult) *es,* erweiche (Lumpen für die Papierherstellung) durch Gärung. **faulenzen,** *ich* faulenze (habe gefaulenzt), bin faul, gebe mich müßig. **Faulenzer** *der, -s/-,* **1)** fauler Mensch. **2)** U Liegestuhl. **3)** *österr.:* Linienblatt (Schreibunterlage). **Faulenzerei** *die, -/-en.* **Faulheit** *die, -.* **faulig,** faul(end). **Fäulnis** *die, -,* Zersetzung stickstoffhaltiger organ. Verbindungen durch Fäulnisbakte-

rien. **Faulpelz** *der,* U fauler Mensch. **Faulschlamm** *der,* feinkörniges, dunkelgraues Sediment, das unter Sauerstoffabschluß entsteht. **Faultier** *das,* südamerikan. Klettertier; Sinnbild großer Trägheit.
   Faun *der, -(e)s/-e,* altröm. Naturgott; Sinnbild der Spottlust oder Lüsternheit.
   Fauna [lat.], **1)** altitalische Feld- und Waldgöttin. **2)** *die, -/...nen,* Tierwelt (eines Gebietes): *Faunenkunde.*
   faunisch, lüstern wie ein Faun.
   Faunist *der, -en/-en.* **Faunistik** *die, -,* die Wissenschaft von der systemat. Zusammensetzung der Tierwelt eines Gebietes.
   Faust [ahd. fust] *die, -/"e,* **1)** geballte Hand, ᴀʙʙ. H 6: *faustgroß; Faustschlag; das paßt wie die F. aufs Auge,* U sehr schlecht; *das tun ich auf eigene F. getan,* U selbständig, in eigener Verantwortung. **2)** altes Längenmaß, ᴀʙʙ. M 7.
   Faustball *der, -(e)s,* Spiel, bei dem der Ball mit der Faust über eine Leine gestoßen wird. **Fäustchen** *das, -s/-: er lacht sich ins F.,* U ist schadenfroh. **faustdick,** Ü sehr (groß): *er hat f. aufgetragen,* stark übertrieben; *eine faustdicke Lüge,* sehr plumpe; *er hat es f. hinter den Ohren,* U ist sehr durchtrieben. **Fäustel** *der, -s/-,* **1)** kurzstieliger schwerer Hammer, ᴀʙʙ. B 12. **2)** Faustkeil. **fäusten,** *ich* fauste (habe gefaustet) *den Ball,* schlage ihn mit der Faust. **Fausthammer** *der,* **1)** Schlosserhammer, ᴀʙʙ. H 5. **2)** Streithammer. **Fausthandschuh** *der,* ᴀʙʙ. H 6.
   faustisch [zu Goethes ›Faust‹, nach dem Schwarzkünstler Dr. J. Faust, 1480–1536/39], zu immer neuem Erleben, neuen Erkenntnissen drängend.
   Faustkampf *der,* Boxkampf. **Faustkeil** *der,* Steinwerkzeug aus vorgeschichtl. Zeit. **Fäustlein** *das, -s/-.* **Fäustling** *der, -s/-e,* **1)** Fausthandschuh. **2)** Faustrohr. **Faustpfand** *das,* im Besitz des Gläubigers befindliche verpfändete Sache. **Faustrecht** *das, -(e)s,* Selbsthilfe durch Gewalt. **Faustregel** *die,* einfache Grundregel. **Faustrohr** *das,* eine alte Reiterpistole.
   faute de mieux [fotdəmjˈø, frz.], in Ermangelung eines Besseren.
   Fauteuil [fotˈœj, frz.] *das, -s/-s,* Lehnstuhl.
   Fauxpas [foˈpa, frz. faux ›falsch‹ und pas ›Schritt‹] *der, -/-,* Taktlosigkeit, Verstoß gegen die gute Form.
   favorabel, ⚗ günstig, geneigt. **favorisieren,** *ich* favorisiere (habe favorisiert) *ihn,* begünstige: *ein hoch favorisiertes Rennpferd,* ein sehr aussichtsreiches Rennpferd. **Favorit** [frz., zu lat. favor ›Gunst‹, *der, -en/-en,* **1)** ⚗ Günstling. **2)** aussichtsreichster Wettkämpfer, Bewerber: *wer ist F. in diesem Fußballspiel?; er wurde seiner Favoritenrolle (nicht) gerecht.* **Favoritentum** *das, -s,* Günstlingswirtschaft. **Favoritin** *die, -/-nen.*
   Faxe [nhd.] *die, -/-n,* meist Pl., Posse, dummer Streich: *mach keine Faxen!* **Faxenmacher** *der.*
   Fayence [faˈãs, frz., nach der italien. Stadt Faenza] *die, -/-n,* glasierte Tonware.
   Fazenettli *das, -s/-,* Fazilett.
   Fäzes [lat. faeces], *Pl.,* Exkremente.
   Fazetie [-tia, lat. facetiae ›Witz‹] *die, -/...ti|en,* meist Pl., kurze satirische oder erot. Erzählung in der Renaissance. **2)**
   fazial [lat. facies ›Gesicht‹], **1)** das Gesicht betreffend. **2)** ⊕ die Schichtung angehend. **Fazialis** [eigtl. nervus facialis] *der, -,* ⚕ Gesichtsnerv. **Fazies** [-ies] *die, -/-,* ⊕ Gesamtheit der petrographischen und paläontolog. Merkmale einer Ablagerung.
   Fazilett [ital. fazzoletto] *das, -s/-e,* auch Fazenettli, *alem.:* Taschen- und Mundtuch.
   Fazilität [lat. facilitas] *die, -/-en,* **1)** ohne Pl., ⚗ Leichtigkeit, Gewandtheit. **2)** Grenze, bis zu der Kredite bewilligt werden.

F 9

die Grundstellung   die Auslage   der Ausfall   die Quart   die Cercleeinladung   die Sixt   die Inquartata

das Florettfechten

der Armstich

das Degenfechten

der Passato-sotto   die Sekond   die Terz   **das Säbelfechten**   **fechten**   der Kopfhieb   der Kopfvorstoß

Fazit [lat. facit ›es macht‹] *das, -s/-e* oder *-s,* Ergebnis, Endsumme: *ich ziehe das F. aus unserer Besprechung.*

FBI [ˈεfbiːˈai, engl.], Abk. für: Federal Bureau of Investigation, Bundeskriminalamt der Vereinigten Staaten.

FDGB, Abk. für: Freier Deutscher Gewerkschaftsbund (Dt. Dem. Rep.).

FDJ, Abk. für: Freie Deutsche Jugend (Dt. Dem. Rep.).

FDP, F. D. P., Abk. für: Freie Demokratische Partei.

F-Dur *das,* Zeichen: F, ♪ eine Tonart.

Fe [lat. ferrum ›Eisen‹], ⚉ Zeichen für: Eisen.

Feature [ˈfiːtʃə, engl. ›Merkmal‹] *das, -(s)/-s,* **1)** Spielfilm, Hauptfilm. **2)** aktueller Zeitungsartikel. **3)** Dokumentarsendung in Hörfunk und Fernsehen.

Feber *der, -s, österr.:* Februar. **Febr.,** Abk. für: Februar.

fe|bril [lat. febris ›Fieber‹], ♯ fieberhaft.

Fe|bruar [lat. februare ›reinigen‹, eigtl. Sühnemonat] *der, -(s)/-e,* Abk.: Febr., der zweite Monat des Jahres, ÜBERS. J 2; vgl. August.

fec., Abk. für: fecit.

fechsen [zu mhd. vahs ›Haupthaar‹], *ich fechse* (habe gefechst) *es, österr.:* ernte. **Fechser** *der, -s/-,* Ableger, Setzling, z. B. des Weinstocks. **Fechsung** *die, -/-en.*

Fechtboden *der,* student. Fechtsaal. **Fechtbruder** *der,* bettelnder Wanderbursche. **fechten** [ahd. fehtan ›kämpfen‹], *ich fechte* (habe gefochten; du fichtst, er ficht) *(mit ihm),* **1)** ⚔ kämpfe mit Stoß- und Hiebwaffen, ABB. F 9: *Fechthandschuh; Fechtmeister; Säbelfechten; sie fechten einen Gang (miteinander).* **2)** ⚒ bettele (nach Handwerksburschenart). **Fechter** *der, -s/-.* **Fechtersprung** *der,* Geräteturnen: Sprung, von nur einer Hand unterstützt. **Fechterwelle** *die,* Knieumschwung am Reck, vgl. ABB. L 7.

fecit [lat.], Abk.: fec., nach Künstlernamen, z. B. auf Kupferstichen: . . . hat (es) gemacht.

fecken, *ich fecke* (habe gefeckt) *es, schweiz.:* eiche. **Fecker** *der, -s/-, schweiz.:* **1)** Maß-, Milchprüfer. **2)** Landstreicher.

Feder [ahd. federa] *die, -/-n,* **1)** Hautbekleidung der Vögel, ABB. F 10; Sinnbild der Leichtheit, des Fliegens und der Weichheit: *Federbett; Federkissen; Federkleid; Federhut; Hutfeder; sie liegt noch in den Federn,* im Bett. **2)** Schreibwerkzeug (im Federhalter) für Tinte und Tusche, ABB. F 10: *Federzeichnung; ein Mann der F.,* ein Schriftsteller; *ein Werk aus seiner F.,* von ihm geschrieben. **3)** elast. Element aus Metall, Gummi zum Abfangen von Stößen u. a. Belastungen, ABB. S 29, W 2. **4)** ⚒ Teil der Holzverbindung, ABB. H 24. **5)** schmaler biegsamer Degen, bes. Sauspieß. **6)** ⚘ Rückenborste des Schwarzwilds. **7)** ⚘ Rippe des Rotwilds. **8)** ⚘ Dornfortsätze von Wirbeln des

---

F 10

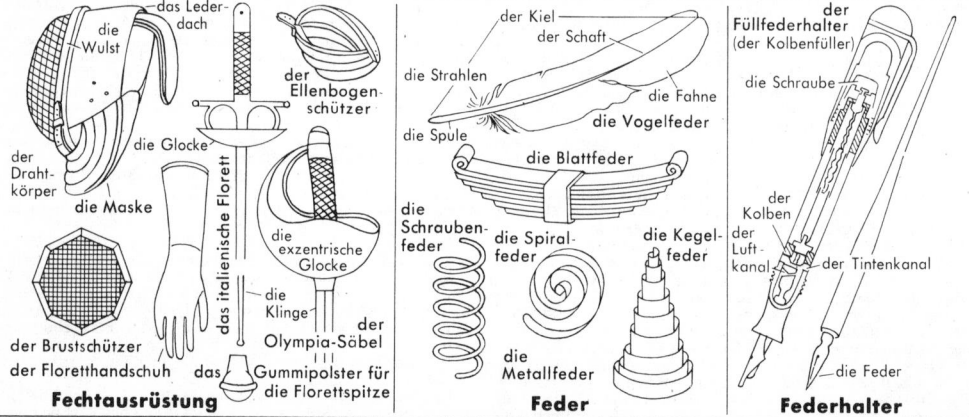

das Lederdach   die Wulst   der Ellenbogenschützer   die Glocke   der Drahtkörper   die Maske   das italienische Florett   die exzentrische Glocke   die Klinge   der Brustschützer   der Floretthandschuh   der Olympia-Säbel   das Gummipolster für die Florettspitze

Fechtausrüstung

der Kiel   der Schaft   die Strahlen   die Fahne   **die Vogelfeder**   die Spule   die Blattfeder   die Schraubenfeder   die Spiralfeder   die Kegelfeder   die Metallfeder

Feder

der Füllfederhalter (der Kolbenfüller)   die Schraube   der Kolben   der Luftkanal   der Tintenkanal   die Feder

Federhalter

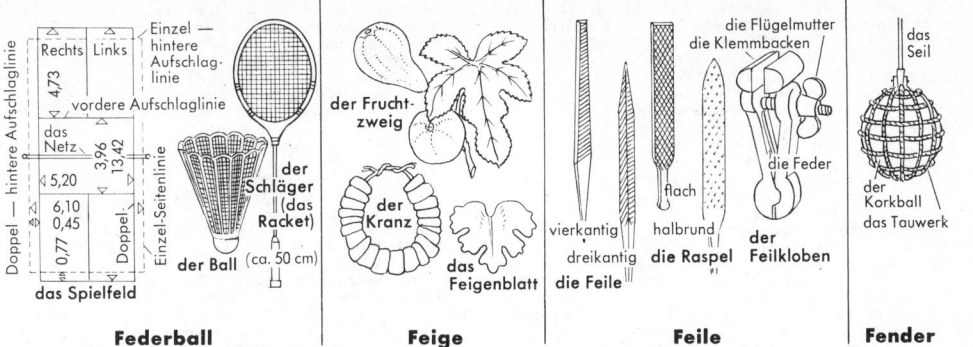

die Flügelmutter / die Klemmbacken / das Seil

Einzel — hintere Aufschlaglinie / vordere Aufschlaglinie

Rechts | Links / Einzel —

4,73 / das Netz / 3,96 / 13,42 / 5,20 / 6,10 / 0,45 / 0,77

Doppel — hintere Aufschlaglinie / Einzel-Seitenlinie / Doppel-

das Spielfeld

der Schläger (das Racket) / der Ball (ca. 50 cm)

der Fruchtzweig / der Kranz / das Feigenblatt / die Feige

vierkantig / dreikantig / halbrund / flach / die Raspel / der Feilkloben / die Feder

der Korkball / das Tauwerk

Federball | **Feige** | **Feile** | **Fender**

Schalenwilds. **Federball** der, -(e)s/ʺe, ABB. F 11, **1)** ohne Pl., Federballspiel, ABB. S 53. **2)** Ball dafür. **Federbrett** das, Turnen: abgefedertes Sprungbrett. **Federbusch** der, ein Bündel von Federn. **Federchen** das, -s/-. **Federeisen** das, Hobeleisen für Spundhobel. **Federfuchser** der, -s/-, verächtlich: Schreiber, Schriftsteller. **federführend,** maßgeblich, verantwortlich. **Federgewicht** das, -(e)s, ✂ leichte Gewichtsklasse beim Boxen, Ringen, Gewichtheben u. a. **Federhalter** der, Schreibwerkzeug, ABB. F 10, B 57: Füllfederhalter. **fed(e)rig,** aus Federn bestehend, einer Feder ähnlich. **Federkernmatratze,** ABB. M 10. **Federkiel** der, ABB. F 10. **Federkleid** das: F. der Vögel, P. **Federkrieg** der, Ü literar. Wettstreit. **federleicht,** sehr leicht. **Federlesen** das, -s: ohne viel Federlesen(s), ohne zu zögern, ohne Rücksicht; er macht nicht viel F. mit ihm (damit), keine Umstände, nimmt wenig Rücksicht (darauf). **Federmesser** das, feines Messer (für den Schreibtisch). **federn,** ich fed(e)re (habe gefedert), **1)** es federt, gibt unter Druck nach und schnellt dann in die alte Stellung zurück: ein federnder Gang, leichter Gang. **2)** es, versehe mit Federn: der Wagen ist gut, schlecht gefedert. **3)** es, österr.: fordere (eine Schuld ein). **4)** das Deckbett federt, Ü läßt Federn durch. **Federritten** die, -/-, österr.: Inlett. **Federspiel** [mhd. vederspil] das, **1)** ⚬⚬ Beize. **2)** wichtiges Falknereigerät. **Federstiel** der, österr.: Federhalter. **Federstrich** der, Zug mit der Schreibfeder: mit einem F., Ü ohne Zögern, leichthin. **Federung** die, -, ⚬ elastische Aufhängung, Stützung, Pufferung durch Federn. **Federvieh** das, Geflügel. **Federwaage** die, ABB. W 1. **Federweiß** das, feingemahlenes Mineralpulver (Talk). **Federweiße** der, -n/-n, ein -r, gärender, nicht mehr sehr süßer Most. **Federwild** das, die jagdbaren Vögel. **Federwolke** die, zartes Wolkengebilde, Zirrus. **Federzange** die, feine Greifzange, Pinzette.

Fee [frz. fée, zu vulgärlat. fata ›Wahrsagerin‹, lat. fatum ›Götterspruch‹, ›Schicksal‹] die, -/-f F'e|en, wundertätige, gute oder böse Märchengestalt: Feenmärchen.

Feedback [f'i:dbæk, engl. to feed ›füttern‹ und back ›zurück‹] das, -s, die Regelung technischer, physiolog. und psycholog. Vorgänge durch Rückkopplung.

Feeling [f'i:liŋ, engl. ›Empfindung‹] das, -s, Gespür, Empfinden (für etwas); Einfühlungsvermögen: sie hat viel F.

feenhaft [zu Fee], zauberisch-schön.

Feez [nhd., neben v. frz. fêtes ›die Feste‹ der, -es/-e, **1)** ohne Pl., mitteldt.: Fez. **2)** schweiz.: Geselligkeit (mit Tanz) im geschlossenen Kreis.

Fege [mhd. vege ›Reinigung‹] die, -/-n, Reinigungsgerät für Getreide. **Feg(e)feuer** das, -s, nach kath. Glauben ein Ort, an dem die Seele von läßlichen Sünden geläutert wird. **fegen** [mhd. vegen], ich fege (habe gefegt), **1)** (es), reinige, säubere mit dem Besen: der Hirsch fegt, ⚬ reinigt sein neues Geweih vom Bast. **2)** der Wind fegt (ist gefegt) über etwas, saust, streicht eilend. **Feger** der, -s/-, **1)** Besen, ABB. B 23. **2)** U Stutzer; unsolides Mädchen. **Fegnest,** schweiz.: unruhiges Kind. **fegnesten,** ich fegneste (habe gefegnestet). **Fegsel** das, -s/-, Abfall beim Waggon- und Schiffsladungen, z. B. Getreide.

Feh [ahd. feh ›ungleich‹] das, -(e)s/-e, sibir. Eichhörnchen und sein Fell.

Fehde [ahd. gifehida] die, -/-n, **1)** im MA. Krieg zwischen

kleinen Machthabern. **2)** Unfriede, Feindschaft, Streit: er liegt mit ihm in F. **3)** Kleinkrieg: Stammesfehde. **Fehdehandschuh** der: er warf ihm den F. hin, Ü sagte ihm Fehde an; sie nimmt den F. auf, Ü nimmt die Herausforderung an.

fehl [mhd. væle ›das Fehlen‹], falsch, erfolglos, neben das Ziel: das ist hier f. am Platz, wird hier f. sein, paßt nicht; vgl. aber: fehlbesetzen, fehlgehen, fehlgreifen, fehlleiten, fehlschlagen, fehltreten. **Fehl,** ohne F., makellos. **Fehl. . . , 1)** Falsch . . .: Fehleinschätzung; Fehlentscheidung; Fehlentwicklung; Fehlverhalten. **2)** fehlend: Fehlgewicht; Fehlmenge. **Fehlanzeige** die, **1)** irrtümliche Anzeige: das war eine F., Ü trifft nicht zu. **2)** Meldung, daß etwas nicht vorhanden ist oder nicht zutrifft. **fehlbar,** schweiz.: (einer Übertretung) schuldig. **fehlbelegen,** getrennte Formen nicht üblich: fehlbelegte Sozialwohnungen, von nicht bedürftigen Mietern bewohnte. **Fehlbelegung** die: Fehlbelegungsabgabe. **fehlbesetzen,** getrennte Formen nicht üblich: man hat diese Stelle, Rolle fehlbesetzt, mit einer dafür ungeeigneten Person. **Fehlbesetzung** die. **Fehlbetrag** der, eine ungedeckte Ausgabe, Defizit. **Fehlbitte** die, erfolglose Bitte. **Fehldiagnose** die, falsche Diagnose. **fehlen** [mhd. væln], ich fehle (habe gefehlt), **1)** bin nicht da: er fehlt oft in der Schule; es fehlt am Nötigsten, mangelt; es fehlt ihm an Mut; was fehlt dir?, bist du krank?; es hat nicht viel gefehlt und ich wäre gestürzt, beinahe wäre ich gestürzt. **2)** ihm, werde vermißt: du hast mir sehr gefehlt, ich habe mich nach dir gesehnt; das hat noch gefehlt!, U nun ist das Mißgeschick vollkommen. **3)** P sündige, verstoße gegen die Sitte. **4)** ihn, es, ⚬⚬ treffe nicht, besonders schieße daneben: er fehlt das Wild, den Weg. **Fehler** der, -s/-, **1)** Abweichung vom Richtigen, Verstoß: Rechenfehler; ich habe einen F. begangen; grammatikalischer F. **2)** Fehlschuß. **3)** Unzulänglichkeit, charakterl. Mangel: er hat nur einen F. – er lügt. **fehlerfrei. fehlerhaft,** mit Fehlern, Mängeln. **Fehlerhaftigkeit** die, -. **fehlerlos. Fehlerquelle** die, Ursprung des Fehlers. **Fehlfarbe** die, **1)** Kartenspiel: Farbe, die einem Spieler fehlt; auch: die nicht Trumpf ist. **2)** Zigarre mit mißfarbigem Deckblatt. **3)** abweichende Farbe einer Briefmarke. **fehlfarben. Fehlgeburt** die, das Gebären einer noch nicht lebensfähigen Frucht. **fehlgehen,** ich gehe fehl (ging fehl, bin fehlgegangen), **1)** gehe in die falsche Richtung. **2)** U irre mich. **fehlgreifen,** ich greife fehl (habe fehlgegriffen), **1)** greife daneben. **2)** Ü wende eine falsche Maßnahme an. **Fehlgriff** der. **Fehlhandlung** die, Fehlleistung. **Fehling** der, -s/-e, G Arznei. **Fehlinger** der, -s/-, G Arzt. **Fehlingsbajes** das, G Apotheke. **Fehl|inter|pretation** die, falsche Auslegung. **fehl|inter|pretieren,** getrennte Formen nicht üblich: er hat die Lage fehlinterpretiert. **Fehl|investition** die, ein hinsichtlich des Verwendungszweckes unvorteilhafter Kapitaleinsatz: dieses Förderband, dieses Auto ist eine F. **Fehlkon|struktion** die, eine fehlerhaft durchgeführte Konstruktion. **Fehlleistung** die, psychologisch symptomatische Störung beim Vollzug von an sich fehlerfrei durchführbaren Handlungen, z. B. Versprechen. **fehlleiten,** ich leite es fehl (habe fehlgeleitet), führe in die falsche Richtung: ein fehlgeleiteter Brief. **Fehlleitung** die. **Fehlpaß** der, ✂ Ballabgabe, die den angespielten Spieler nicht erreicht. **Fehlschlag** der. **fehlschlagen,** ich schlage fehl (schlug fehl, habe fehlgeschlagen), **1)** schlage

Fehl

daneben. **2)** *es schlägt fehl* (ist fehlgeschlagen), Ü mißglückt: *ein fehlgeschlagenes Unternehmen*. **Fehlschluß** *der,* falsche Schlußfolgerung. **Fehlsichtigkeit** *die, -, ♯* Störung des Sehvermögens: *Farbenfehlsichtigkeit*. **Fehlstart** *der, ⚔* regelwidriger Start oder Frühstart. **fehltreten,** *ich trete fehl* (trat fehl, bin fehlgetreten). **Fehltritt** *der,* **1)** das Stolpern. **2)** Ü Verstoß gegen die Sitte: *sie hat einen F. begangen*. **Fehlurteil** *das,* falsches Urteil. **Fehlzündung** *die,* **1)** ⇦ Zündung im Auspuffrohr. **2)** Ü Mißverständnis.

Fehn [ahd. fenne ›Sumpf‹] *das, -(e)s/-e, niederdt.:* Fenn, Venn, Moor.

feien [mhd. feien ›nach Art der Feen begabt‹], *ich feie* (habe gefeit) *ihn (gegen etwas),* mache fest und unverwundbar (durch Zauber): *er ist gegen alles gefeit.*

Feier [ahd. fira, zu lat. feriae ›Festtage‹] *die, -/-n,* festl. Veranstaltung: *Familienfeier; Geburtstagsfeier; Feierstunde.* **Feierabend** *der,* **1)** Arbeitsschluß: *wir haben, machen um 5 Uhr F.* **2)** Ü Schluß, Ende: *nun aber F.!* Schluß damit. **Feierei** *die, -/-en.* **feierlich,** ernst, würdevoll, erhebend, weihevoll. **Feierlichkeit** *die, -/-en,* **1)** ohne Pl., feierliche Stimmung. **2)** Ü Feier. **feiern** [ahd. firon], *ich feie(e)re* (habe gefeiert), **1)** *es,* begehe Feste. **2)** *ihn,* preise ihn, huldige ihm. **3)** Ü lasse die Arbeit ruhen. **Feierschicht** *die,* Schicht, in der nicht gearbeitet wird: *die Bergarbeiter mußten eine F. einlegen.* **Feiertag** *der,* **1)** festlicher Tag. **2)** arbeitsfreier Tag: *staatlich anerkannter F.; sonn- und feiertags;* vgl. Dienstag. **feiertäglich.**

feig(e) [ahd. feigi ›arm‹, ›dem Tod verfallen‹], **1)** ängstlich, aus Furcht jede Gefahr meidend. **2)** gemein, hinterhältig. **3)** ⚒ faul (Gestein, Gang).

Feige [ahd. figa, zu lat. ficus] *die, -/-n,* eine Südfrucht, ABB. F 11: *Feigenbaum.* **Feigenblatt** *das,* Blatt des Feigenbaums; Sinnbild der schamhaften Verhüllung, ABB. F 11. **Feigheit** *die, -.* **feigherzig.** **Feigherzigkeit** *die, -.* **Feigling** *der, -s/-e,* feiger Mensch.

feil [ahd. feili ›feil‹, ›käuflich‹], ⚭ verkäuflich, käuflich. **feilbieten,** *ich biete es feil* (habe feilgeboten), biete zum Verkauf an. **Feilbietung** *die, -/-en.*

Feile [ahd. fi(ha)la] *die, -/-n,* Werkzeug zur Oberflächenbearbeitung, ABB. F 11, S 29. **feilen** [ahd. filon], *ich feile* (habe gefeilt) *es, an ihm,* **1)** bearbeite mit der Feile. **2)** Ü glätte (Stil, Benehmen). **Feilenhauer** *der,* Hersteller von Feilen.

feilhalten, *ich halte es feil* (hielt feil, habe feilgehalten), biete zum Verkauf an.

Feilicht *das, -s,* auch Feilsel, Feilspäne, Abfall beim Feilen. **Feilkloben** *der,* Klammer zum Halten von Werkstücken, ABB. F 11, S 29.

feilschen [mhd. veils(ch)en, zu feil], *ich feilsche* (habe gefeilscht) *(um etwas),* handle den Preis herunter.

Feilsel [eigtl. Feilstaub] *das, -s/-,* Feilicht.

Feim *der, -(e)s/-e,* **Feime** *die, -/-n,* Feimen. **feimen,** *ich feime* (habe gefeimt) *es,* setze auf Feime. **Feimen** [mhd. vime] *der, -s/-, norddt.:* geschichteter Haufen von Getreide, Stroh oder Heu.

fein [mhd. fin, zu afrz. fin ›zart‹, ›fein‹], **1)** dünn, zierlich, zart: *feine Fäden; feine Glieder.* **2)** klein zerteilt: *ein feines Sieb,* mit sehr kleinen Löchern; *das Mehl ist f. gemahlen,* aber: *feingemahlenes Mehl,* zu kleinsten Teilchen zermahlen; *feingeädert; feinkörnig; feingestreift; Feinblech.* **3)** genau, scharf: *ein feines Ohr, gutes Gehör; feine Unterschiede; Feinmessung.*

4) Abk.: ff, sehr gut, vorzüglich in der Qualität: *feine Wurstwaren; feine Backwaren.* **5)** Ü sehr erfreulich: *das ist f.!* **6)** vornehm, gewandt im Benehmen: *feine Sitten.* **7)** listig, geschickt ausgedacht: *ein feiner Plan; das Unternehmen war f. eingefädelt.* **8)** rein, geläutert: *Feingold; Feinsilber.* **9)** südostdt.: recht, sehr, aber *(vorstärkend): sei f. still; das ist f. nicht so.* **Feinabstimmung** *die,* ⑽ Feineinstellung, genaue Einstellung eines Gerätes (des Senders). **Feinbäckerei** *die,* Bäckerei für feine Backwaren, Konditorei.

feind [ahd. fientlihho ›feindlich‹, Adv.], *ich bin ihm f.,* böse, abgeneigt; *spinnefeind,* U. **Feind** [ahd. fijant] *der, -(e)s/-e,* Widersacher, Gegner; Gegenspieler: *er ist mein ärgster (größter) F.; er ist ein F. des Alkohols; Feindwiderstand; Menschenfeind; er fiel in Feindeshand; er kam zum Kampf; das Bataillon hatte Feindberührung,* es kam zum Kampf. **feindlich** [ahd. fientlih ›feindlich‹, Adj.] gegnerisch, voller Haß. **Feindlichkeit, Feindschaft** *die, -/-en,* Gegnerschaft, Haß. **feindschaftlich. feindselig,** feindlich (Gesinnung). **Feindseligkeit** *die, -/-en,* **1)** ohne Pl., feindliche Gesinnung. **2)** meist Pl., kriegerische Handlung: *dieser Staat hat die Feindseligkeiten eröffnet,* den Krieg begonnen.

Feine *die, -,* Feinheit. **feinen,** *ich feine* (habe gefeint) *es,* ⊙ verfeinere (Metalle). **Feinfrost** *der, -(e)s,* **Feinfrostware** *die,* Dt. Dem. Rep.: Tiefkühlware: *Feinfrostgemüse.* **feinfühlend, feinfühlig,** zartfühlend, taktvoll. **Feinfühligkeit** *die, -.* **Feingehalt** *das, -s.* Gehalt an reinem Edelmetall. **feinglied(e)rig,** mit zarten Gliedern. **Feinheit** *die, -/-en: die Feinheiten dieses Romans hat er nicht verstanden.* **Feinkosthandlung** *die,* Laden für Genußmittel, Delikatessen. **Feinmechanik** *die,* älter und begrenzter für: Feinwerktechnik. **Feinmechaniker** *der.* **Feinmeßgerät** *das,* jedes sehr empfindl. Meßgerät. **Feinschmecker** *der,* jemand, der gern und mit Verständnis gut ißt. **feinsinnig,** (künstlerisch) fein empfindend oder empfunden. **Feinsinnigkeit** *die, -.* **Feinsliebchen** *das,* P Geliebte. **Feinung** *die, -,* Verfeinerung (Metalle). **Feinwaschmittel** *das,* Waschmittel für empfindliche Textilien. **Feinwerktechnik** *die, -,* Zweig der Technik, der sich mit dem Bau mechan., meßtechn., elektr., opt. und akustischer Geräte befaßt.

feiß, *alem.:* feist, reich: *ein feißer Unternehmer.* **feist** [ahd. feiz(i)t ›feist‹, ›reich‹], fett, wohlgenährt. **Feist** *das, -es,* ⚰ Fett des Elch-, Rot-, Dam- und Rehwildes. **Feiste, Feistheit** *die, -.* **Feisthirsch** *der,* Hirsch vor der Brunft (Feistzeit August und September). **Feistigkeit** *die, -.*

Feitel *der, -s/-, österr.:* einfaches Taschenmesser: *Taschenfeitel.*

feixen [nhd.], *ich feixe* (habe gefeixt), U lache, grinse schadenfroh.

feken [nhd.], *ich feke* (habe gefekt) *es, schweiz.:* entwende.

Felbel [ital. felpa] *der, -s/-,* ein Plüsch.

Felber [ahd. felewa] *der, -s/-,* **Felberbaum** *der,* **Felbinger** *der, -s/-, oberdt.:* Weidenbaum.

Felchen [mhd. velche] *der, -s/-,* Renke, lachsartiger Fisch.

Feld [ahd. feld] *das, -(e)s/-er,* **1)** Ackerland, pflügbarer Nutzboden; Stück der Ackerflur, ABB. D 10: *Feldarbeit; Feldblume; Feldmaus; Feldweg; Kartoffelfeld.* **2)** umgrenztes Gebiet, z. B. Spielfeld, ABB. F 37, Platz für eine Wappenfigur, Stück eines Spielbrettes, ABB. B 48. **3)** Physik: den Raum erfüllende Kraft: *elektrisches F.; magnetisches F.; Schwerefeld; Temperaturfeld; Feldstärke.* **4)** Ü Tätigkeitsgebiet, Fach: *das ist*

F 12 — **Fenster**

der Blendrahmen (das Fensterfutter) · das Fischband · das Winkelband · der Vorreiber · der doppelte Vorreiber · der Weitstab (das Losholz) · der Sturz · die Schere · der Kämpfer · das Oberlicht (das Kippfenster) · das Dachfenster · das Ochsenauge (das Fledermausfenster) · das Mansardenfenster · die Deckleiste · die Scheinecke · die Schlagleiste · der Griff · der Rahmen · das Fensterkreuz (der Fensterstock) · der Anschlag · die Sprosse · die Scheibe · das Gewände · der aufgehende Pfosten · die Laibung · der Fensterflügel · der Wasserschenkel · die Sohlbank · das Fensterbrett (die Fensterbank) · das Doppelfenster · das Drehkippfenster · das Schiebefenster · die Brüstung · die Schweißwasserrinne · das Flügelfenster · die Lasche · die Beschläge · der Kippfensterverschluß · der Einreiber · der Espagnoletteverschluß · der Basküleverschluß

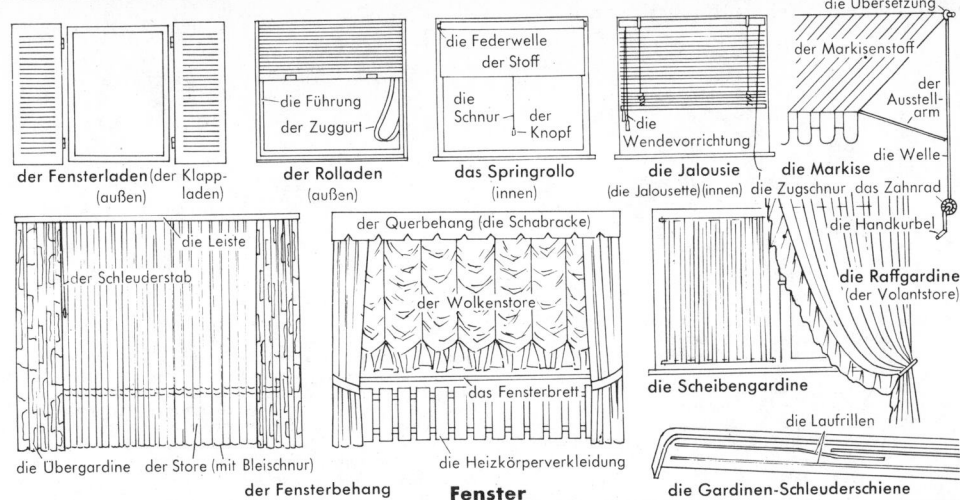

der Fensterladen (der Klapp- laden) (außen)

die Führung der Zuggurt

der Rolladen (außen)

die Federwelle der Stoff die Schnur der Knopf

das Springrollo (innen)

die Wendevorrichtung

die Jalousie (die Jalousette)(innen)

die Markise die Zugschnur das Zahnrad

die Übersetzung der Markisenstoff der Ausstell- arm die Welle die Handkurbel

die Raffgardine (der Volantstore)

die Leiste der Schleuderstab

der Querbehang (die Schabracke) der Wolkenstore

das Fensterbrett

die Scheibengardine die Laufrillen

die Übergardine der Store (mit Bleischnur) der Fensterbehang **Fenster**

die Heizkörperverkleidung

die Gardinen-Schleuderschiene

---

ein weites *F.*, ein umfangreiches Thema. **5)** ⚔ geschlossene Gruppe von Wettkampfteilnehmern: *die Läufer im Mittelfeld; Feldspieler; Feldüberlegenheit.* **6)** Kriegsschauplatz: *die Soldaten ziehen ins F., stehen im F.; er mußte das F. räumen,* Ü *sich zurückziehen; er konnte das F. behaupten,* Ü *sich durchsetzen.* **7)** P Gefilde, Landschaft: *durch F. und Wald.* **8)** ⚜ *ein Hund steht im ersten F.,* im ersten Lebensjahr. **9)** ⚔ kurz für: Grubenfeld, Bergwerksfeld. **Feld...**, oft: Kriegs..., Front...: *Feldartillerie; Feldgeistlicher; Feldgottesdienst; Feldhaubitze; Feldlazarett.* **Feldahorn** *der,* ein über 20 m hoher Laubbaum. **feldaus,** *f., feldein,* kreuz und quer durchs Land. **Feldbahn** *die,* leicht verlegbare Schmalspurbahn. **Feldbereinigung** *die,* Flurbereinigung. **Feldbett** *das,* zusammenklappbares Bett. **Felddienst** *der,* die gesamte Tätigkeit der Truppen im Krieg: *Felddienstübung; felddienstfähig.* **Feldflasche** *die,* Flasche, die von Soldaten zur Mitnahme von Getränken mitgeführt wird. **Feldflüchter** *der, -s/-,* verwilderte Haustaube. **Feldfriedensbruch** *der,* das unbefugte Betreten fremder Ländereien. **Feldfrucht** *die,* landwirtschaftl. Nutzpflanze. **Feldgraswirtschaft** *die,* Wechselfolge von Weide- und Ackernutzung. **feldgrau,** grau wie die Frontuniform. **Feldhauptmann** *der,* ⚔ Führer der Landsknechte. **Feldherr** *der,* Heerführer. **Feldhüter** *der,* zum Schutz der Felder angestellter öffentlicher Bediensteter. **Feldküche** *die,* Truppenfahrzeug mit Kochgelegenheit. **Feldmarschall** *der,* hohe militär. Rangstufe. **Feldmaß** *das,* Flächenmaß für land- und forstwirtschaftl. Grundstücke. **Feldmesser** *der,* ⚬ Geometer. **Feldort** *der,* ⚔ kurz für: *Feldortstrecke,* eine Abbaustrecke. **Feldpost** *die,* die Postverbindung zwischen Heimat und Truppe während des Krieges: *Feldpostbrief.* **Feldsalat** *der, -(e)s,* Pflanze, Abb. S 3. **Feldscher, Feldscherer** *der, -s/-,* ⚬ Wundarzt. **Feldschlange** *die,* Geschütz im späten MA., Abb. G 15. **Feldspat** *der,* wichtiges gesteinsbildendes Mineral. **Feldstärke** *die,* Physik: Maß für die Wirkung eines Feldes. **Feldstecher** *der,* ein kleines Doppelfernrohr, Abb. F 14. **Feldverweis** *der,* ⚔ das Verweisen eines Spielers vom Spielfeld. **Feldwaage** *die,* Gerät zum Messen des Erdmagnetismus. **Feld-Wald-und-Wiesen-...,** Allerwelts...: *Feld-Wald-und-Wiesen-Programm.* **Feldwebel** *der, -s/-, schweiz.:* **Feldweibel** *der,* Unteroffiziersdienstgrad. **Feldzug** *der,* (kriegerisches) Unternehmen: *ein F. gegen den Hunger in der Welt,* Ü.

Felge [ahd. fel(a)ga] *die, -/-n,* **1)** Teil eines Fahrzeugrades, der die Bereifung trägt, Abb. R 1. **2)** Geräteturnen: jeder Umschwung, Abb. L 7 : *Felgaufschwung; Felgumschwung; Riesenfelge.* **3)** das Pflügen der Brache. **Felgenhauer, Felgner** *der, -s/-,* ⚬ Wagenbauer.

Felix [lat. ›der Glückliche‹], männl., **Felizitas,** weibl. Vorname.

Fell [ahd. fel ›Haut‹] *das, -(e)s/-e,* **1)** behaarte Tierhaut. **2)** U Haut: *dich juckt wohl das F.?,* du wirst übermütig; *man will ihm das F. über die Ohren ziehen,* ihn ausbeuten, betrügen; *er hat ein dickes F.,* ist wenig empfindlich; *ihm sind die Felle weggeschwommen,* seine Hoffnungen wurden enttäuscht.

Fellache [arab. falaha ›pflügen‹] *der, -n/-n,* Angehöriger der ackerbautreibenden Landbevölkerung, bes. Ägyptens.

Fellatio [lat. fellare ›saugen‹] *die, -/...ti'ones,* sexuelle Praktik, bei der der Penis des Partners in den Mund genommen wird.

Fellchen *das, -s/-,* Diminutiv zu Fell.

Fell|eisen [mhd. velis, zu mlat. valisia ›Satteltasche‹] *das, -s/-,* ⚬ Reisesack.

Fellow [f'elou, engl. ›Gefährte‹] *der, -s/-s,* **1)** Mitglied einer wissenschaftl. Gesellschaft in England. **2)** Stipendiat an engl. und amerikan. Hochschulen.

Felonie [frz. ›Treulosigkeit‹] *die, -/...n'i|en,* ⚬ Arglist, Verrat (am Lehnsherrn).

Fels [ahd. felis] *der, -en/-en,* Felsen: *Felsblock; Felswand.* **Felsche** [mhd. vel-sloz ›Klinke‹, ›Riegel‹] *die, -/-n,* oberdt.: **1)** Türdrücker. **2)** Sense.

Felsen [ahd. felisa] *der, -s/-,* größeres Gesteinsgebilde, Abb. B 20; Sinnbild unerschütterlicher Festigkeit oder Härte: *er ist wie ein F.,* zuverlässig oder hart, nicht zu erweichen; *Felsenwand; Felsenvorsprung.* **Felsenbein,** ⚬ Teil des Schläfenbeins. **felsenfest,** Ü sehr fest: *davon bin ich f. überzeugt; das ist meine felsenfeste Meinung.* **Felsenmeer** *das,* eine Ansammlung von Felsblöcken. **felsig,** aus Felsen bestehend; mit großen Steinen durchsetzt. **Felszeichnung** *die,* vorgeschichtl., auf Felsen gemalte oder geritzte Zeichnung.

Feluke [arab.] *die, -/-n,* Küstenfahrzeug im Mittelmeer.

Feme [mhd. veme ›Strafe‹] *die, -/-n,* **1)** im MA. Landgericht Westfalens. **2)** Notgericht, Selbsthilfe in Rechtsdingen: *Femegericht; Femmord.*

Femel [lat. femella ›Weibchen‹, weil von zarter Gestalt als die weibl. Pflanze] *der, -s,* Fimmel, männl. Hanf- oder Hopfenpflanze. **Femelbetrieb** *der,* ⚘ planmäßig gezogener Mischforst (nicht nach Altersklassen geordnet): *Femelschlagbetrieb.* **Femelwald** *der,* Plenterwald.

feminin [lat. femininus], **1)** weiblich. **2)** ⚬ weiblich: *er hat feminine Gesichtszüge.* **Femininum** *das, -s/...na,* Ⓢ weibl. Geschlecht, weibl. Substantiv, Übers. G 10. **Feminismus** *der, -, -/ ...men,* weibl. Züge bei Männern, männl. Tieren. **2)** Bestrebungen, den Einfluß der Frau zu verstärken, die männl. Vorherrschaft in der Gesellschaft abzuschaffen. **Feministin** *die, -/-nen,* Frau, die für Rechte und Interessen der Frau kämpft. **feministisch.**

femme fatale [fam fat'al, frz.] *die, --/-s-s* [fam fat'al], verführerische Frau.

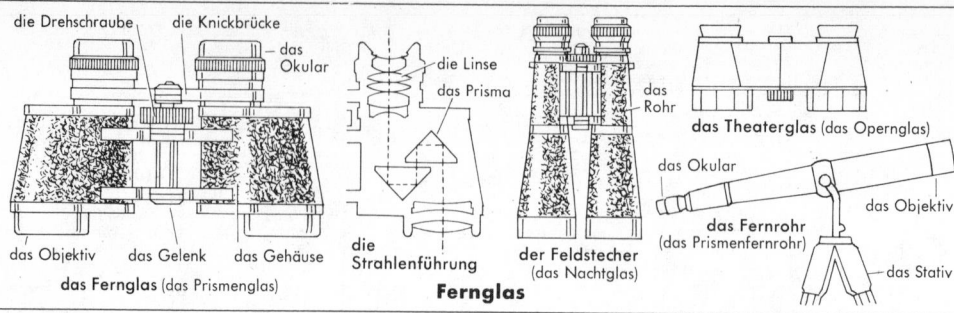

die Drehschraube — die Knickbrücke — das Okular — die Linse — das Prisma — das Rohr — das Theaterglas (das Opernglas) — das Okular — das Objektiv — das Fernrohr (das Prismenfernrohr) — das Stativ — das Objektiv — das Gelenk — das Gehäuse — die Strahlenführung — der Feldstecher (das Nachtglas) — das Fernglas (das Prismenglas)

Fernglas

Femto... [schwed. femton ›fünfzehn‹], Zeichen: f, vor Maßeinheiten: ein Billiardstel, ÜBERS. M 8.

Fench [lat. panicum ›Kolbenhirse‹] der, -(e)s/-e, Fennich, Hirse.

Fenchel [ahd. fenuhal, zu lat. feniculum] der, -s, eine Gewürzpflanze, ABB. G 23: *Fencheltee; Fenchelhonig.*

Fender [engl. to fend, lat. defendere ›abwehren‹] der, -s/-, ›ʋ zwischen Anlegestelle und Schiffswand gehängter schützender Puffer, ABB. F 11.

Fenn das, -(e)s/-e, niederdt.: das Fehn.

Fenner der, -s/-, ‰ Fähnrich.

Fennich der, -(e)s/-e, Fench.

Fenrir, Fenriswolf, nord. Mythologie: ein Dämon.

Fenster [ahd. fenster, zu lat. fenestra] das, -s/-, 1) Lichtöffnung in Gebäuden, Wagen, ABB. F 12, F 13: *Fensterrahmen; Fensterscheibe; er ist weg vom F.,* ʋ hat seinen Einfluß verloren (Politiker, Künstler). 2) durchsichtiger Teil in Briefumschlägen, ABB. B 49: *Fensterbriefumschlag.* **Fensterbank** die, **Fensterbrett** das, ABB. F 12. **Fensterchen** das, -s/-. **Fensterflügel** der, ABB. F 12. **Fensterglas** das, ein Tafelglas. **Fensterkranz** der, ABB. K 53. **Fensterkreuz** das, ABB. F 12. **Fensterladen** der, ABB. F 13. **Fensterleder** der, Ledertuch zum Fensterputzen. **fensterln,** ich fensterle (habe gefensterlt) bei ihr, bair.: klettere nachts oder durchs Fenster der Liebsten. **Fensterplatz** der, Platz am Fenster (in Verkehrsmitteln). **Fensterputzer** der, jemand, der gegen Bezahlung Fenster putzt. **Fensterrose** die, ⊞ rundes Fenster mit Maßwerk. **...fenstrig,** mit einer bestimmten Art oder Anzahl von Fenstern: *ein zweifenstriges Zimmer.*

Fenz [engl. fence] die, -/-e, Einfriedung, Zaun.

Feodor [russ., zu grch. Theodoros], männl., **Feodora,** weibl. Vorname.

Ferch der, -es/-e, ⚒ schlagendes Wetter.

Ferd(e)l, oberdt., **Ferdinand** [zum got. Stamm frithu ›Friede‹ und nanth ›wagen‹], männl. Vornamen.

Ferge [ahd. ferjo] der, -n/-n, P Fährmann.

Ferial..., österr.: Ferien...: Ferialkolonie; Ferialtag. Ferien [lat. feriae], Pl., mehrtägige oder -wöchige Arbeitspause, bes. der Schulen und Gerichte: *Gerichtsferien; Schulferien; Ferienarbeit; Ferienjob; Ferienkurs; Ferienlager; Ferienzentrum.* **Feriensache** die, Rechtsangelegenheit, die auch in den Gerichtsferien erledigt werden muß.

Ferkel [ahd. farhili(n), zu far(a)h ›Schwein‹] das, -s/-, 1) Schwein im ersten Vierteljahr, ABB. S 43. 2) ʋ unreinlicher Mensch. **Ferkelei** die, -/-en, ʋ Unanständigkeit. **ferkeln,** ich ferk(e)le (habe geferkelt), 1) ʋ benehme mich unanständig. 2) *ein Schwein ferkelt,* wirft Junge.

Ferman [pers.] der, -s/-e, Erlaß islam. Herrscher.

Fermate [ital. fermata ›Ruhepunkt‹] die, -/-n, ♪ Verlängerungszeichen.

Ferme [frz., urspr. ›Pachtgut zum festen Preis‹, zu fermer ›abschließen‹, lat. firmare ›sichern‹, ›bestätigen‹] die, -/-n, Bauerngut.

Ferment [lat. fermentum ›Sauerteig‹] das, -s/-e, ⊘ Enzym. **Fermentation** die, -, 1) ⊘ Umsetzung in biologischen Materialien, z. B. bei Gärungen. 2) Verfahren zur Aufbereitung von Tabak, Leder, Kaffee, Tee u. a. **fermentativ,** Gärung erzeugend, bewirkend; durch Fermente bewirkt. **fermentieren,** ich fermentiere (habe fermentiert).

Fermium [nach dem italien. Physiker E. Fermi, 1901–1954] das, -s, ⊘ künstl. Element, Zeichen: Fm.

fern [ahd. ferrana], 1) weit entfernt, abgelegen: *f. dem Getriebe der Großstadt; von nah und f.,* von überall; *ferne Länder; das sei f. von mir!,* davor will ich mich hüten. 2) lange Zeit zurückliegend, in weiter Zukunft bevorstehend: *vor fernen Zeiten; der Tag ist nicht mehr f.,* kommt bald. **Fernamt** das, ‰ für Fernvermittlungsstelle. **Fernbedienung** die, Bedienung eines Gerätes durch Fernwirken: *Farbfernsehgeräte mit F.* **fernbleiben,** ich bleibe ihm fern (bin ferngeblieben), gehe nicht zu ihm, nehme nicht daran teil. **Ferne** die, -/-n. **ferner,** 1) weiter, außerdem (als Fortsetzung der Aufzählung). 2) fernerhin.

Ferner [ahd. firni ›alt‹, eigtl. ›Altschnee‹] der, -s/-, oberdt.: Gletscher, auch Firner.

fernerhin, weiterhin, noch längere Zeit. **Fernfahrer** der, Fahrer eines Fernlastwagens. **Ferngas** das, ein Brenngas, das durch Fernleitungen an die Verbraucherstellen geführt wird. **Ferngespräch** das, telefon. Verbindung über das Ortsnetz hinaus. **ferngesteuert,** drahtlos gesteuert. **Fernglas** das, ABB. F 14. **fernhalten,** ich halte es, ihn, mich von etwas fern (hielt fern, habe ferngehalten), lasse nicht in die Nähe kommen, nicht teilnehmen: *davon hältst du dich besser fern.* **Fernheizung** die, Heizung vieler Häuser von einer zentralen Stelle aus. **Fernkurs(us)** der, Lehrgang beim Fernunterricht. **fernlenken,** ich lenke es fern (habe ferngelenkt), *ferngelenkte Raketen.* **Fernlenkung** die, Beeinflussung der Bewegung eines Fahrzeuges von außen oder nach eingespeistem Bordprogramm. **Fernlicht** das, -(e)s, bei Kraftfahrzeugen das nicht abgeblendete Licht. **fernliegen,** es liegt mir fern (lag fern, hat ferngelegen), ʋ ich habe keinerlei Interesse daran. **Fernmeldeamt** das, Dienststelle der Post, der der Fernmeldedienst in einem Bereich unterstellt ist. **Fernmeldesatellit** der, Nachrichtensatellit. **Fernmeldewesen** das, -s, alles, was die Übermittlung von Nachrichten, durch Leitungen oder drahtlos, betrifft, Fernsprecher, Fernschreiber u. a. **fernmündlich,** telefonisch. **fernöstlich,** den Fernen Osten, Ostasien betreffend. **Fernrohr** das, optisches Gerät, das entfernte Gegenstände scheinbar näher bringt, ABB. F 14. **Fernruf** der, 1) telefon. Anruf. 2) Nummer des Telefonanschlusses. **Fernschreiber** der, schreibmaschinenartiger Telegraphenapparat. **fernsehen,** ich sehe fern (sah fern, habe ferngesehen), sehe eine Fernsehsendung. **Fernsehen** das, -s, Übertragung bewegter Bilder mit den Mitteln der Funktechnik, ABB. F 15: *Fernsehapparat; Fernsehansager(in); Fernsehempfänger; Fernsehprogramm; Farbfernsehen; Kabelfernsehen.* **Fernseher** der, ʋ 1) Fernsehempfänger. 2) ʋ Fernsehteilnehmer, Fernsehzuschauer: *ich bin ein begeisterter F.* **Fernsehfilm** der, speziell fürs Fernsehen produzierter Film. **Fernsehschirm** der, Leuchtschirm der Bildröhre. **Fernsehserie** die, zusammengehörende Folge von Fernsehsendungen. **Fernsehspiel** das, 1) Fernsehfilm. 2) Telespiel. **fernsichtig,** weitsichtig, übersichtig. **Fernsichtigkeit** die, -. **Fernsprecher** der, Gerät zum Senden und zum Empfang von Sprache auf elektr. Wege, ABB. F 16, vgl. ÜBERS. F 17: *Fernsprechzelle; Fernsprechanschluß.* **fernstehen,** ich stehe jemandem, einer Sache fern (habe ferngestanden), habe keine Beziehung dazu. **fernsteuern,** ich steu(e)re es fern (habe ferngesteuert), lenke fern. **Fernsteuerung** die, -. **Fernstraße** die, Straße für den Fernverkehr. **Fernstudium** das, Fernunterricht auf Fach- und Hochschulebene. **Fernuniversität** die, Hochschule, vorwiegend mit Fernstudium. **Fernunterricht** der, Fortbildung durch Unterrichtsbriefe.

Tonband, Schallplatte, Film, Fernsehen u. a. **Fernverkehr** *der,* Verkehr zwischen weit entfernt liegenden Orten: *Fernverkehrsstraße.* **Fernvermittlungsstelle** *die,* Fernsprechvermittlungsstelle zwischen verschiedenen Ortsnetzen. **Fernwärmeversorgung** *die,* Versorgung mit Wärme durch Fernheizung. **Fernweh** *das,* Sehnsucht nach der Ferne. **Fernwirken** *das, -s,* ⊙ das Überwachen und Steuern räumlich entfernter Objekte mit signalumsetzenden Verfahren. **Fernziel** *das,* nicht unmittelbares, in fernerer Zukunft liegendes Ziel.

feroce [fer'o:tʃe, ital., lat. ferox], ♪ wild, ungestüm.

Ferrima|gnetismus [lat. ferrum ›Eisen‹] *der,* Eigenschaft antiferromagnet. Stoffe, die nach außen hin ferromagnetisch erscheinen. **Ferrit** *das, -s/-e,* **1)** eine Eisenmodifikation. **2)** *meist Pl.,* oxidkeram. Werkstoffe. **3)** ältere Bez. für bestimmte Eisenverbindungen. **Ferroma|gnetismus** *der,* Eigenschaft bestimmter fester, kristalliner Stoffe, die eine starke Magnetisierbarkeit im magnet. Feld bewirkt.

Ferse [ahd. fersana] *die, -/-n,* Hacken, hinterer Teil des Fußes, ABB. M 12, des Hufs, Schuhs, ABB. S 39, des Strumpfes, ABB. S 76: *sie waren ihm auf den Fersen,* Ü *waren dem Verfolgten schon nahe; er mußte Fersengeld geben,* Ü *fliehen.*

fertig [ahd. fartig, zu Fahrt, eigtl. ›bereit zum Aufbruch‹], **1)** vollendet, zu Ende gearbeitet: *das Essen ist noch nicht f.; ein fertiger Mensch,* Ü *erwachsen und innerlich ausgeglichen; mit dir bin ich f.,* Ü *will ich nichts mehr zu tun haben.* **2)** *zu etwas,* bereit: *f. zur Abfahrt.* **3)** Ü *erschöpft, müde: ich bin fix und f.; sie ist mit den Nerven f.* **4)** *in etwas,* (*im Reden*) *geschickt, gewandt, ausgereift: er ist ein fertiger Könner auf seinem Gebiet.* **Fertigbauweise** *die,* Bauweise, bei der vorgefertigte Bauteile auf der Baustelle zusammengefügt werden. **fertigbekommen,** *ich bekomme es fertig* (bekam fertig, habe fertigbekommen), Ü *bringe zustande.* **fertigbringen,** *ich bringe es fertig* (habe fertiggebracht), Ü **1)** *bringe zustande.* **2)** *bringe übers Herz: ich bringe es nicht fertig, den Hund zu verkaufen; so etwas bringst du fertig!, das ist dir zuzutrauen;* aber: *die Speisen wurden bereits fertig gebracht,* in fertigem Zustand. **fertigen,** *ich fertige* (habe gefertigt) *es, stelle her, fabriziere.* **Fertiggericht** *das,* fertig zubereitetes, konserviertes Gericht. **Fertighaus** *das,* ein aus vorgefertigten Bauteilen errichtetes Haus. **Fertigkeit** *die, -/-en,* Können, Gewandtheit: *Fingerfertigkeit.* **Fertigkleidung** *die,* Konfektion. **fertigkriegen,** *ich kriege es fertig* (habe fertiggekriegt), Ü *bringe zustande.* **fertigmachen,** *ich mache fertig* (habe fertiggemacht), Ü **1)** *es,* beende, *versetze in fertigen Zustand.* **2)** *es, mich,* bereite vor. **3)** *ihn,* Ü *zermürbe, nehme das Selbstbewußtsein.* **4)** *ihn,* Ü *tadle scharf.* **fertigstellen,** *ich stelle es fertig* (habe fertiggestellt), versetze in fertigen Zustand, stelle her. **Fertigstellung** *die, -.* **Fertigteil** *das,* vorgefertigtes Bauelement. **Fertigung** *die, -,* ⚒ das Herstellen: *Fertigungskosten.* **Fertigungstechnik** *die,* ⚒ neben der Energie- und der Verfahrenstechnik ein Teil der industriellen Produktionstechnik. **Fertigware** *die,* das Endergebnis einer industriellen Herstellung.

fertil [lat. fertilis], fruchtbar. **Fertilität** *die, -.*

Ferula [lat. ›Gerte‹] *die, -/-s,* Kreuzstab des Papstes, ABB. F 18.

fes *das, -/-,* ♪ Halbton unter f, ABB. N 9.

Fes [vermutlich nach der Stadt Fès in Marokko] *der, -/-* oder *-es/-e,* auch Fez, morgenländ. Kopfbedeckung, ABB. F 18.

fesch [Kurzw. aus engl. fashionable], **1)** Ü schick, flott. **2)** *österr. auch:* nett, freundlich.

Fessel [mhd. vezzel, zu vuoz ›Fuß‹] *die, -/-n,* ⚕ **1)** beim Menschen der Teil des Unterschenkels über dem Knöchel. **2)** auch Fesselgelenk, Köte, bei Huftieren Gelenkverbindung zwischen den Mittelfußknochen und dem ersten Zehenglied, ABB. P 9, F 18.

Fessel [ahd. fezzil] *die, -/-n,* **1)** Kette oder Schnur zur Gefangenhaltung, ABB. F 18. **2)** Ü Zwang, Bindung: *die F. der Ehe, des Berufs.* **Fesselballon** *der,* Ballon, der durch ein Seil mit der Erde verbunden ist, ABB. B 8. **fessellos. fesseln,** *ich fessele,* auch *feßle* (habe gefesselt) *ihn, es* (*an etwas*), **1)** binde, kette an und binde Glieder zusammen: *sie fesselten ihn an Händen und Füßen, an den Marterpfahl.* **2)** Ü halte fest: *seine Krankheit fesselte ihn wochenlang ans Bett.* **3)** binde durch Liebe, Dankbarkeit u. a.: *er versuchte, sie durch Versprechungen an sich zu fesseln.* **4)** errege lebhafte Aufmerksamkeit: *ein fesselnder Vortrag.* **Fesselung, Feßlung** *die, -.*

fest [ahd. festi], **1)** formbeständig, starr: *ein Stein ist ein fester Körper.* **2)** hart, unzerbrechlich; stabil, haltbar: *dieses Holz ist sehr f.; ein festes Gewebe.* **3)** unerschütterlich, unbeirrbar: *das ist mein fester Wille, meine feste Überzeugung; eine feste Freundschaft; dazu bin ich f. entschlossen.* **4)** dauernd, gleichbleibend: *feste Kundschaft; fester Wohnsitz; festes Einkommen.* **5)** ⚖ unabänderlich: *eine feste Bestellung; Festofferte; Festpreis.* **6)** sicher, geschützt: *kugelfest.*

Fest [mhd. fest, zu lat. festum] *das, -es/-e,* **1)** Feier: *Festbankett; Gartenfest.* **2)** jährlich wiederkehrender Feiertag: *bewegliche Festtage; Weihnachtsfest.*

fest..., in Verbindung mit Verben trennbar zusammengesetzt: starr, zäh, schwer löslich: *festbacken; festbeißen; festbleiben;* vgl. festbinden.

Festakt *der,* Feier: *der F. zur Verleihung des Nobelpreises.*

festangestellt, mit fester Anstellung: *ein festangestellter Beamter;* aber: *er ist fest angestellt.* **Festangestellte** *der, die.*

festbinden, *ich binde fest* (band fest, habe festgebunden) *es, ihn,* binde an, befestige: *der Hund war an der Hütte festgebunden;* aber: *du mußt das Band ganz fest binden.* **Feste** *die, -/-n,* **1)** Festung. **2)** P Himmel.

festen, *ich feste* (habe gefestet), *schweiz.:* feiere ein Fest.

festfahren, *ich fahre fest* (fuhr fest, bin festgefahren), **1)** gerate an eine Stelle, wo es kein Fortkommen gibt: *das Schiff ist festgefahren,* **2)** *ich habe mich festgefahren,* Ü *weder aus noch ein.* **Festgeld** *das,* Einlagen von Nichtbanken bei Kreditinstituten für mindestens 30 Zinstage. **festhalten,** *ich halte fest* (hielt fest, habe festgehalten), **1)** *ihn, es,* lasse nicht los. **2)** *es,* merke mir: *ich habe den Vorfall im Notizbuch festgehalten.* **3)** *es, ihn im Bild,* male, photographiere. **4)** *an etwas,* Ü bewahre es, gebe es nicht auf: *wir wollen an dieser Tradition festhalten.* **5)** *mich,* ergreife eine Stütze: *halte dich fest!* **festigen,** *ich festige* (habe gefestigt) *es, mich,* mache fest, beständig; stärke: *die Lage hat sich gefestigt; ein gefestigter Charakter.* **Festigkeit** *die, -,* **1)** Widerstandskraft eines Stoffes gegen Verformung oder Trennung. **2)** Ü Standhaftigkeit. **Festigung** *die, -.*

Festival [engl., zu lat. festivitas ›Heiterkeit‹] *das, -s/-s,* große festliche Veranstaltung: *Filmfestival.* **Festivität** *die, -/-en,* Ü Fest.

festklemmen, *ich klemme es fest* (habe festgeklemmt), befestige mit einer Klemme. **Festland** *das,* größere Landmasse: *Festlandsockel.* **festländisch. festlegen,** *ich lege fest* (habe festgelegt), **1)** *es,* bestimme, ordne an: *er will den Termin*

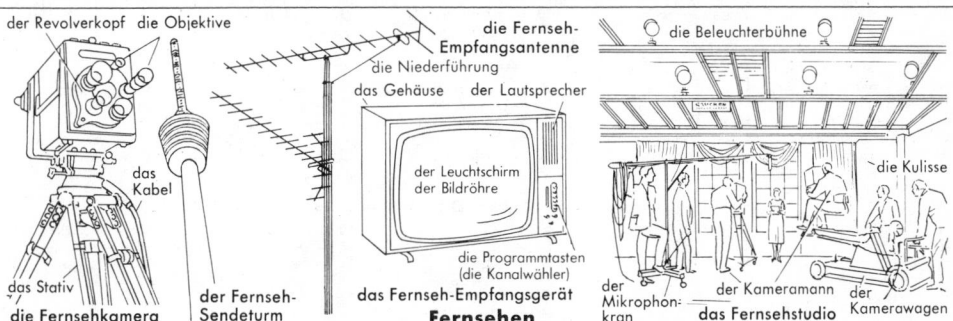

der Revolverkopf — die Objektive — die Fernseh-Empfangsantenne — die Niederführung — das Gehäuse — der Lautsprecher — die Beleuchterbühne — der Leuchtschirm der Bildröhre — die Kulisse — das Kabel — die Programmtasten (die Kanalwähler) — das Fernseh-Empfangsgerät — der Mikrophonkran — der Kameramann — der Kamerawagen — das Stativ — die Fernsehkamera — der Fernseh-Sendeturm — **Fernsehen** — das Fernsehstudio

F 16

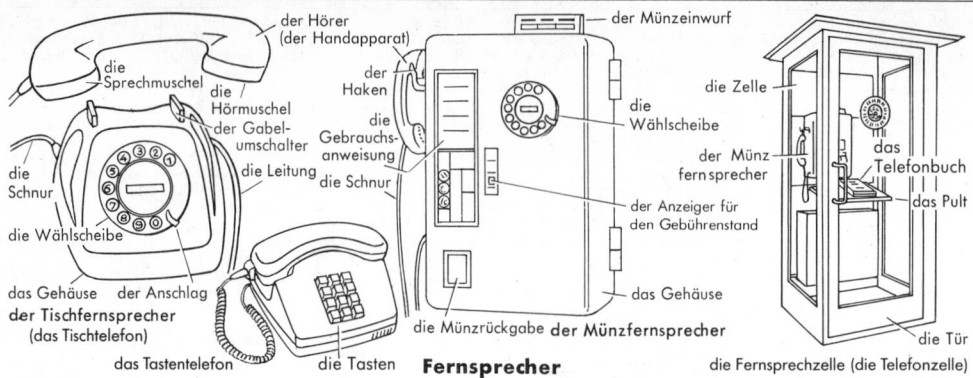

die Sprechmuschel · die Hörmuschel · der Gabelumschalter · die Schnur · die Wählscheibe · das Gehäuse · der Anschlag · **der Tischfernsprecher (das Tischtelefon)** · das Tastentelefon · die Tasten · der Hörer (der Handapparat) · der Haken · die Gebrauchsanweisung · die Leitung · die Schnur · der Münzeinwurf · die Wählscheibe · der Münzfernsprecher · der Anzeiger für den Gebührenstand · das Gehäuse · die Münzrückgabe **der Münzfernsprecher** · **Fernsprecher** · die Zelle · das Telefonbuch · das Pult · die Tür · die Fernsprechzelle (die Telefonzelle)

festlegen. **2)** *mich,* entscheide mich: *er hat sich bereits festgelegt.* **Festlegung** *die, -/-en.*

festlich, feierlich, erhebend, einem Fest entsprechend: *festlicher Blumenschmuck.* **Festlichkeit** *die, -/-en,* **1)** festliche Veranstaltung. **2)** *ohne Pl.,* festliche Stimmung.

festliegen, *es* liegt fest (lag fest, hat festgelegen), **1)** ist festgesetzt (Termin). **2)** ist nicht verfügbar (Kapital). **3)** ist auf Grund gefahren (Schiff). **festmachen,** *ich* mache *es* fest (habe festgemacht), **1)** Ü befestige. **2)** Ü bestimme (Ort, Zeit). **3)** Ü schließe ab: *ich mache ein Geschäft fest.* **4)** *ein Schiff macht fest,* ↘ legt an. **Festmeter** *der,* Zeichen: fm, ≮ 1 m³ feste Holzmasse. **festnageln,** *ich* nag(e)le fest (habe festgenagelt), **1)** *es,* befestige mit Nägeln. **2)** *ihn,* Ü zwinge, sich zu etwas zu äußern oder zu bekennen: *auf diesen Termin lasse ich mich nicht festnageln.* **Festnahme** *die, -/-n,* vorläufiger Freiheitsentzug ohne richterl. Haftbefehl. **festnehmen,** *ich* nehme *ihn* fest (nahm fest, habe festgenommen): *der Verdächtige wurde vorläufig festgenommen.*

Feston [fɛsˈtõ, frz. ›Girlande‹] *das, -s/-s,* Schmuckmotiv, ABB. F 18. **festonieren,** *ich* festoniere (habe festoniert) *es.* **Festonstich** *der,* Knopflochstich.

Festpunkt *der,* **1)** Punkt zur Festlegung und Eichung einer Temperaturskala, z. B. Gefrier-, Siedepunkt. **2)** Vermessungstechnik: durch Bauwerk oder Steinpfeiler dauerhaft bezeichneter Punkt im Gelände. **festsetzen,** *ich* setze *es* fest (habe festgesetzt), **1)** *ihn,* entziehe ihm die Freiheit. **2)** *es,* bestimme, lege fest (Termin, Gehalt). **3)** *es setzt sich fest,* setzt sich an, klebt fest (Schmutz). **Festsetzung** *die, -/-en.* **festsitzen,** *ich* sitze fest (saß fest, habe festgesessen), **1)** bin steckengeblieben, festgefahren. **2)** *es sitzt fest,* haftet, klebt fest.

Festspiel *das,* **1)** zu festlichem Anlaß verfaßtes Bühnenstück. **2)** *nur Pl.,* periodisch wiederkehrende festliche Aufführungen: *Bühnen- und Filmfestspiele.*

feststehen, *es* steht fest (stand fest, hat festgestanden), ist festgesetzt, beschlossen: *die Tagesordnung muß bis morgen feststehen;* aber: *die Leiter muß fest stehen.* **feststehend,** sicher, erwiesen. **feststellen,** *ich* stelle *es* fest (habe festgestellt), **1)** mache unbeweglich (Bremsen). **2)** erforsche, ermittle: *sein Verschulden wurde einwandfrei festgestellt.* **3)** nehme wahr: *heute habe ich einen leichten Gasgeruch festgestellt.* **Feststeller** *der, -s/-,* **Feststelltaste** *die,* bei der Schreibmaschine Taste zum Festhalten des hochgeschalteten Wagens, ABB. S 36. **Feststellung** *die,* Ermittlung oder Aussage einer Tatsache.

Festtag *der,* Feiertag. **festtäglich. festtags,** an Festtagen.

Festung [von ahd. festen ›befestigen‹] *die, -/-en,* zur nachhaltigen Verteidigung befestigter Ort: *Festungswall.* **Festungshaft** *die,* früher eine nicht entehrende Freiheitsstrafe.

festverzinslich, *festverzinsliche Wertpapiere,* Schuldverschreibungen, Renten- und Pfandbriefe.

Festzug *der,* geschmückter Umzug.

fetal [frz. fête] *die, -/-n,* Ü Festlichkeit, Party.

fetal, ⚕ den Fetus und seine Entwicklung betreffend.

Fete [frz. fête] *die, -/-n,* Ü Festlichkeit, Party.

Fetisch [frz. fétiche, zu lat. facticius ›künstlich gemacht‹]

F 17

Fernsprech-Buchstabiertafel

Inland

A = Anton	**E** = Emil	**K** = Kaufmann	**Q** = Quelle	**Ü** = Übermut
Ä = Ärger	**F** = Friedrich	**L** = Ludwig	**R** = Richard	**V** = Viktor
B = Berta	**G** = Gustav	**M** = Martha	**S** = Samuel	**W** = Wilhelm
C = Cäsar	**H** = Heinrich	**N** = Nordpol	**Sch** = Schule	**X** = Xanthippe
Ch = Charlotte	**I** = Ida	**O** = Otto	**T** = Theodor	**Y** = Ypsilon
D = Dora	**J** = Julius	**Ö** = Ökonom	**U** = Ulrich	**Z** = Zacharias
		P = Paula		

Ausland

A = Amsterdam	**F** = Florida	**K** = Kilogramme	**Q** = Québec	**V** = Valencia
B = Baltimore	**G** = Gallipoli	**L** = Liverpool	**R** = Roma	**W** = Washington
C = Casablanca	**H** = Havana	**M** = Madagaskar	**S** = Santiago	**X** = Xanthippe
D = Danemark	**I** = Italia	**N** = New York	**T** = Tripoli	**Y** = Yokohama
E = Edison	**J** = Jérusalem	**O** = Oslo	**U** = Upsala	**Z** = Zürich
		P = Paris		

Sprechfunkverkehr-Buchstabiertafel

A = Alfa	**F** = Foxtrott	**K** = Kilo	**Q** = Quebec	**V** = Victor
B = Bravo	**G** = Golf	**L** = Lima	**R** = Romeo	**W** = Whiskey
C = Charlie	**H** = Hotel	**M** = Mike	**S** = Sierra	**X** = X-ray
D = Delta	**I** = India	**N** = November	**T** = Tango	**Y** = Yankee
E = Echo	**J** = Juliett	**O** = Oscar	**U** = Uniform	**Z** = Zulu
		P = Papa		

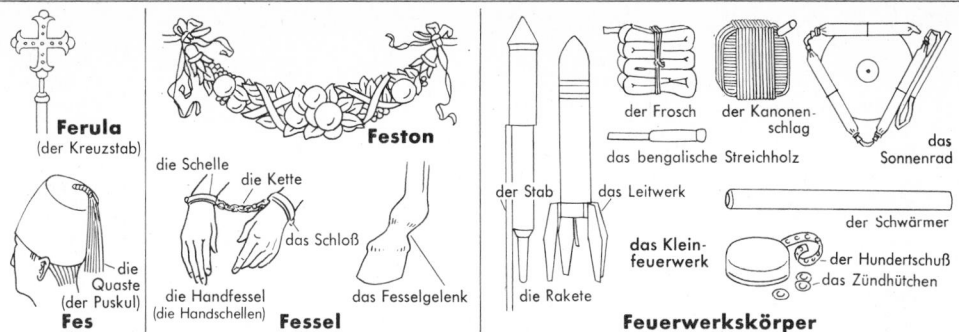

Ferula (der Kreuzstab) — **Feston** — die Schelle — die Kette — das Schloß — die Quaste (der Puskul) — die Handfessel (die Handschellen) — das Fesselgelenk — **Fes** — **Fessel** — der Frosch — der Kanonenschlag — das bengalische Streichholz — das Sonnenrad — der Stab — das Leitwerk — der Schwärmer — das Kleinfeuerwerk — die Rakete — der Hundertschuß — das Zündhütchen — **Feuerwerkskörper**

der, -(e)s/-e, Amulett, Talisman, ein Gegenstand, dem magische Kräfte zugeschrieben werden. **Fetischismus** *der, -,* **1)** Fetischverehrung. **2)** ⚥ eine sexuelle Fehlhaltung. **Fetischist** *der, -en/-en.* **fetischistisch.**
Fetographie [vgl. Fetus und . . . graphie] *die, -,* röntgenologische Darstellung des menschl. Embryos.
fett [zu feist], **1)** reich an Fett. **2)** fruchtbar: *fetter Boden.* **3)** Ü ergiebig, gewinnbringend: *ein fettes Amt; fette Jahre.* **4)** dick, breit: *die Stichwörter sind f. gedruckt;* aber: *die fettgedruckten Stichwörter,* ÜBERS. D 16. **Fett** *das, -(e)s/-e,* **1)** ⚗ Ester des Glyzerins mit höheren Fettsäuren: *Fettgehalt; Fettfleck.* **2)** Anhäufung von Fettgewebe im menschlichen und tierischen Körper: *sie hat F. angesetzt,* ist dick geworden. **3)** *du wirst dein F. noch kriegen,* Ü Schelte oder Strafe. **Fettansatz** *der, -es,* Zuwachs an Fett. **fettarm,** *eine fettarme Diät.* **Fettauge** *das,* schwimmender Fetttropfen. **Fettcreme** *die,* der Hautpflege dienende, fetthaltige Salbe. **Fette** *die, -,* Fettheit. **fetten,** *ich fette* (habe gefettet), **1)** *es,* schmiere mit Fett ein. **2)** *es ist fettet,* sondert Fett ab, macht fettig. **fettfrei. fetthaltig,** Fett enthaltend. **Fettleite** *die, -.* **Fetthenne** *die,* ⚘ Fettkraut, dickblättrige Pflanze. **fettig,** Fett enthaltend, ölig, schmierig. **Fettigkeit** *die, -,* fettige Beschaffenheit. **Fettlebe** *die, -,* Ü Wohlleben: *wir machen F.,* essen, leben üppig. **fettleibig,** dick. **Fettleibigkeit** *die, -,* übermäßiger Fettansatz. **Fettnäpfchen** *das: ich bin ins F. getreten,* Ü habe ungewollt das gesagt oder getan, was als unangenehm empfunden wird. **Fettpolster** *das,* ⚥ Unterhautfettgewebe. **fettreich. Fettsäure** *die,* ⚗ eine aliphatische, ungesättigte Säure. **Fettsucht** *die, -,* krankhafte Neigung zu Fettleibigkeit. **fett|triefend,** vgl. Silbentrennung, ÜBERS. S 50. **Fettwanst** *der,* Ü sehr dicker Mann.
Fetus [lat.] *der, -ses/-se* oder *-/. . . ten,* ⚥ Fötus, Embryo vom dritten Monat an.
Fetzchen *das, -s/-.* **fetzen** [mhd. vetzen ›reißen‹, *ich fetze* (habe gefetzt), **1)** *es,* zerfetze. **2)** *es fetzt,* U ist mitreißend, begeisternd. **Fetzen** [mhd. vetze ›Fetzen‹, ›Lumpen‹] *der, -s/-,* **1)** Schnitzel, kleines Stück: *er zerriß es in lauter F.* **2)** zerschlissenes Tuch: *mein Hemd ist nur noch ein F.* **3)** U Lappen, Scheuertuch.
feucht [ahd. fuhti], mit Nässe getränkt (Papier), reich an Wasserdampf (Luft). **Feuchte** *die, -.* **feuchtfröhlich,** U fröhlich beim Zechen: *das war ein feuchtfröhlicher Abend.* **Feuchtigkeit** *die, -.* **Feuchtigkeitscreme; Luftfeuchtigkeit. feuchtwarm,** *feuchtwarme Witterung; feuchtwarme Umschläge.*
feudal [von mlat. feudum ›Lehen‹, zu ahd. fihu ›Vieh‹, d. h. Vermögen], **1)** aus dem Lehenswesen stammend, lehnsrechtlich. **2)** auf die Adelsherrschaft bezogen. **3)** U vornehm, prachtvoll: *ein feudales Hotel.* **Feudalherrschaft** *die, -,* **Feudalismus** *der, -,* das Feudalsystem, Lehenswesen; Vorherrschaft des Adels. **Feudalität** *die, -,* **1)** Feudalherrschaft. **2)** Vornehmheit.
Feudel *der* oder *das, -s/-,* niederdt.: Scheuerlappen.
Feuer [ahd. fiur, verwandt mit grch. pyr] *das, -s/-,* **1)** Verbrennung unter Flammenerscheinung: *das Haus fängt F., ist in F. geraten; er hat F. gelegt,* einen Brand gestiftet; *er gab ihr F.,* zündete ihr die Zigarette an; *sie passen zusammen wie F. und Wasser,* ganz und gar nicht; *damit wirst du das Öl ins F. gießen,* das Übel verschlimmern; *er würde für ihn durchs F. gehen,* sich unbedingt für ihn einsetzen; *sie spielt mit dem F.,* Ü mit einer Gefahr. **2)** das Schießen, Beschießung: *Feuergefecht; der*

Gegner eröffnete das F., stellte das F. ein; er gibt F., schießt; die Stadt steht unter F. **3)** Ü schwunghaftes Wesen, Begeisterung, Temperament: *mit südlichem F.; er ist F. und Flamme,* begeistert; *er hat F. gefangen,* hat sich plötzlich verliebt, begeistert. **4)** Glanz (Edelstein). **5)** Gehalt (Wein). **6)** ⚓ ☩ Funk- und Leuchtfeuer zur Navigation, ABB. S 44.
Feueralarm *der,* Aufruf der Feuerwehr zur Brandbekämpfung. **Feueranzünder** *der,* Gerät oder Stoff zum Entzünden von Feuer. **feuerbeständig,** widerstandsfähig gegen Feuer während einer Zeit von 1½ Stunden (DIN). **Feuerbestattung** *die,* Totenbestattung durch Verbrennen der Leiche und Beisetzung der Asche, Einäscherung. **Feuereifer** *der,* großer Eifer. **feuerfest,** widerstandsfähig gegen Feuer während der vorgesehenen Gebrauchsdauer. **Feuerfresser** *der,* Gaukler, der das Verschlingen von Feuer vortäuscht. **Feuergefahr** *die, -,* Gefahr, daß ein Feuer ausbrechen könnte. **feuergefährlich,** leicht entflammbar. **feuerhemmend,** widerstandsfähig gegen Feuer während einer halben Stunde (DIN). **Feuerholz** *das, -es,* Kleinholz zum Heizen. **feuerjo,** feurio, ⚘⚘ es brennt. **Feuerleiter** *die,* Metallleiter an der Außenseite von (großen) Gebäuden als Rettungsweg bei Bränden. **Feuerlöscher** *der,* Gerät zur Bekämpfung von Schadenfeuern. **Feuermal** *das,* ein Muttermal. **Feuermelder** *der,* Gerät zum Herbeirufen der Feuerwehr, ABB. F 19. **feuern,** *ich feu(e)re* (habe gefeuert), **1)** heize. **2)** *auf ihn, etwas,* schieße. **3)** *ihn,* U werfe ihn hinaus (aus seiner Stellung). **4)** *es gegen etwas,* U werfe es dagegen (gegen die Wand). **Feuerprobe** *die,* **1)** im MA. ⚓ Gottesurteil. **2)** *er hat die F. bestanden,* Ü sich bewährt (in einer neuen Aufgabe). **feuerrot,** brennend rot. **Feuersbrunst** *die,* großes Schadenfeuer. **Feuerschaden** *der,* Schaden durch Brand. **Feuerschein** *der,* Widerschein eines Feuers. **Feuerschiff** *das,* mit Leuchtfeuer ausgerüstetes verankertes Schiff, ABB. S 44. **Feuerschlucker** *der,* Feuerfresser. **Feuerschutz** *der,* Sicherung gegen Brand. **feuersicher,** feuerfest. **feuerspeiend,** Feuer herausschleudernd: *feuerspeiende Berge,* Vulkane. **Feuerstehler** *der,* ⚘ Goldlaufkäfer. **Feuerstein** *der,* **1)** ein Kieselgestein, altes Zündmittel. **2)** kleiner Stab aus Zer-Eisen-Legierung als Zündmittel in Feuerzeugen. **Feuerstelle,** ABB. H 15. **Feuerstellung** *die,* ⚘ kampfbereite Stellung von Geschützen, Maschinengewehren u. a. **Feuertaufe** *die,* erstes Gefecht, an dem jemand teilnimmt. **Feuertod** *der,* früher Todesstrafe durch Verbrennen. **Feuerüberfall** *der,* ⚘ plötzlicher Beschuß. **Feuerung** *die, -/-en,* Einrichtung zur Wärmeübertragung durch Verbrennen von Brennstoffen: *Feuerungsanlage,* ABB. H 16, K 18. **Feuerversicherung** *die,* Versicherung gegen Brandschaden. **Feuerwaffe** *die,* eine Waffe, bei der durch Verbrennungsgase die Geschosse hervorgeschleudert werden. **Feuerwasser** *das, -s,* P Branntwein. **Feuerwehr** *die,* Einrichtungen und Mannschaften zur Bekämpfung von Schadenfeuern, ABB. F 19: *Feuerwehrauto; Feuerwehrmann; Berufsfeuerwehr.* **Feuerwerk** *das,* Erzeugung von Licht-, Funken-, Rauch-, Heul- und Knalleffekten. **feuerwerken,** *ich feuerwerke* (habe gefeuerwerkt). **Feuerwerker** *der, -s/-,* Fachmann für Feuerwerkskörper. **Feuerwerkskörper** *der,* mit leichtentzündl. Stoffen gefüllte Hülse zur Herstellung von Feuerwerkseffekten, ABB. F 18. **Feuerzange** *die,* Zange zum Aufnehmen von Brennmaterial. **Feuerzangenbowle** [-bo:lə] *die,* heißes Getränk aus Wein und mit Rum getränktem Zucker, der auf einer Zange angezündet wird.

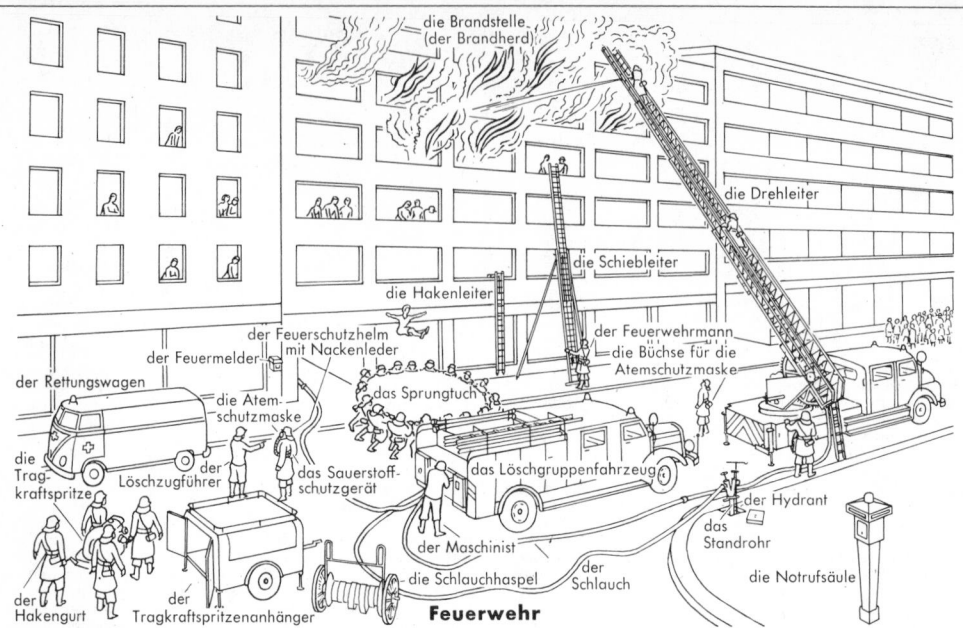

die Brandstelle,
(der Brandherd)

die Drehleiter

die Schiebleiter

die Hakenleiter

der Feuerschutzhelm
mit Nackenleder

der Feuermelder

der Feuerwehrmann
die Büchse für die
Atemschutzmaske

der Rettungswagen

die Atem-
schutzmaske

das Sprungtuch

die
Trag-
kraftspritze

der
Löschzugführer

das Sauerstoff-
schutzgerät

das Löschgruppenfahrzeug

der Hydrant

das
Standrohr

der Maschinist

die Schlauchhaspel

der
Schlauch

die Notrufsäule

der
Hakengurt

der
Tragkraftspritzenanhänger

Feuerwehr

Feuerzeug *das, -(e)s/-e*, Gerät zum Entzünden von Feuer (Zigarette), Abb. F 20.

Feuilleton [fœj(ə)t'ɔ̃, frz. feuillet ›Buchblatt‹, eigtl. Blättchen] *das, -s/-s*, kultureller und meist literarisch gestalteter Teil einer Zeitung. **Feuilletonist** *der, -en/-en*, Verfasser von Artikeln fürs Feuilleton. **feuilletonistisch**, unterhaltend, geistreich plaudernd: *eine feuilletonistische Beilage.*

feurig, 1) glühend: *man wird feurige Kohlen auf seinem Haupte sammeln,* B ihn beschämen. **2)** Ü lebhaft, temperamentvoll: *ein feuriges Pferd; feuriger Wein.* **feurio**, feuerjo.

Fex *der, -es/-e, österr.: -en/-e(n)*, jemand, der in etwas vernarrt ist: *Bergfex.*

Fez [vgl. Feez] *der, -es*, auch Feez, U Spaß, Unsinn.

Fez [vgl. Fes] *der, -es/-e*, der Fes.

ff, Zeichen für: **1)** sehr fein. **2)** ♪ fortissimo.

ff., Abk. für: und folgende (Seiten).

Fiaker [nach der Statue des St. Fiacrius am Hause eines Droschkenverleihs in Paris] *der, -s/-, österr.:* **1)** Mietwagen. **2)** Lohnkutscher.

Fiale [grch. phiale ›Urne‹] *die, -/-n*, 🕌 gotisches Spitztürmchen, Abb. K 20, S 67.

Fiasko [ital. ›Strohflasche‹, fare fiasco ›durchfallen‹] *das, -s/-s*, Mißerfolg, z. B. eines Bühnenstücks: *er erlebte, erlitt ein F.*

Fibel [Kinderwort zu Bibel] *die, -/-n,* **1)** Lehrbuch für Anfänger: *Tonbandfibel.* **2)** Lesebuch für Schulanfänger.

Fibel [lat. fibula] *die, -/-n,* Gewandspange, Abb. F 20.

Fiber [lat. fibra] *die, -/-n,* Faser: *Fiberglas.* **Fibrin** *das, -s*, ein Eiweißkörper bei der Blutgerinnung. **Fibrom** *das, -s/-e*, Geschwulst aus faserigem Bindegewebe. **fibrös.**

ficht, von fechten.

Fichte [ahd. fiohta, verwandt mit grch. peuke ›Fichte‹] *die, -/-n*, ein Nadelbaum: *Fichtenholz.* **fichten**, aus Fichtenholz.

Fichtennadelextrakt *der*, ein Badezusatz. **Fichtenspargel** *der*, eine Moderpflanze.

Fichu [fiʃ'y, frz.] *das, -s/-s*, dreizipfliges Schultertuch, über der Brust gekreuzt, im Rücken geknotet, Abb. M 16.

Ficke [mnd. vicke] *die, -/-n, norddt.:* eingenähte Kleidertasche.

ficken [mhd. ficken ›reiben‹] *ich* ficke (habe gefickt), **1)** *(sie)*, V habe Geschlechtsverkehr (mit ihr). **2)** *norddt., mitteldt.:* reibe; schlage. **Fickfack** *der, -(e)s/-e*, U Ausflucht, Vorwand. **fickfacken**, *ich* fickfacke (habe gefickfackt).

Fiction [f'ikʃən, engl., vgl. Fiktion] *die, -/-s*, Prosadichtung, z. B. Romane.

Fideikommiß [fidei-, lat. fidei commissum ›zu treuen Händen belassen‹] *das, . . .m'isses/ . . .m'isse*, 🔲 früher unteilbares, unveräußerliches Familienvermögen. **Fideismus** [lat. fides ›Glaube‹] *der, -*, theolog. Ansicht, daß der Glaube unabhängig von Lehrmeinungen sei oder die Glaubenswahrheiten nicht von der Vernunft erschlossen werden könnten.

fidel [lat. fidelis ›treu‹], U vergnügt, lustig.

Fidel *die, -/-n*, im MA. und in der Renaissance ein kleines Streichinstrument; vgl. Fiedel.

Fideli *das, -s/-, schweiz.:* Fadennudel.

Fidelitas, Fidelität [lat. fidelitas ›Treue‹, ›Zuverlässigkeit‹] *die, -*, geselliges Beisammensein; Fröhlichkeit.

Fidibus [Studentenwort] *der, -/-* oder *-ses/-se*, gefalteter Papierstreifen oder Holzspan zum Feuer- und Pfeifeanzünden.

Fiduz [lat. fiducia], **1)** *das, -*, Vertrauen, Zutrauen. **2)** *die, -, schweiz.:* Lust zu etwas. [lat. fiducia ist ›es herrsche Vertrauen‹] *das, -*, Studentensprache: Gegengruß beim Schmollis: *fiduzit!*, ich komme nach.

Fieber [ahd. fiebar, zu lat. febris] *das, -s/-,* **1)** ♀ krankhaft erhöhte Körpertemperatur: *Gelbfieber; Fieberanfall; Fieberträume.* **2)** Ü Besessenheit, große seel. Erregung: *im F. der Begeisterung; Goldfieber.* **fieberfrei**, der *Patient ist heute f.* **fieberhaft, 1)** Ü in fliegender Hast, erregt: *sie überlegt f.* **2)** fieberig: *fieberhafter Infekt.* **fieb(e)rig**, an Fieber erkrankt. **Fieberkurve** *die*, Schaubild vom Verlauf des Fiebers. **Fiebermücke** *die*, eine Stechmücke, die Malaria überträgt. **fiebern**, *ich* fieb(e)re (habe gefiebert), **1)** ♀ habe Fieber. **2)** bin erregt, gespannt: *er fieberte vor Unruhe.* **3)** *nach ihm, etwas*, Ü verlange ihn, es heftig, leidenschaftlich. **Fieberrinde** *die*, Chinarinde. **Fieberthermometer** *das*, Thermometer zum Messen der Körpertemperatur, Abb. T 9.

Fiedel [ahd. fidula, zu mlat. vitula] *die, -/-n*, U Geige: *Fiedelbogen.* **fiedeln** [mhd. videlen], *ich* fied(e)le (habe gefiedelt), U geige stümperhaft.

Fieder [zu Feder] *die, -/-n,* **1)** das einzelne Blättchen eines gefiederten Blattes: *Fiederblatt*, Abb. B 34. **2)** ✂ kleine Feder. **fied(e)rig**, *ich* fied(e)re (habe gefiedert). **fiedern**, *ich* fiedere, **1)** besetze mit Federn. **2)** füge zusammen (Bretter). **3)** 🦅 *der Vogel fiedert sich*, legt ein neues Federkleid an.

fiel, von fallen.

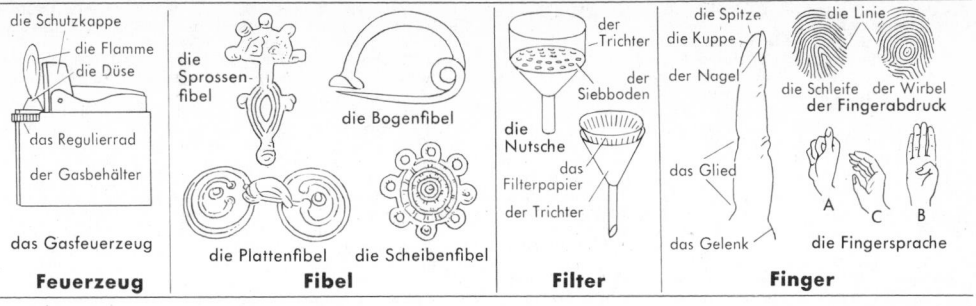

die Schutzkappe
die Flamme
die Düse
das Regulierrad
der Gasbehälter
das Gasfeuerzeug

die Sprossenfibel
die Bogenfibel
die Plattenfibel   die Scheibenfibel

der Trichter
der Siebboden
die Nutsche
das Filterpapier
der Trichter

die Spitze
die Kuppe
die Linie
der Nagel
die Schleife   der Wirbel
der Fingerabdruck
das Glied
das Gelenk
die Fingersprache
A   C   B

| Feuerzeug | Fibel | Filter | Finger |

Fiepe [Schallw.] *die, -/-n,* Pfeife (zum Anlocken von Rehwild). **fiepen,** *das Reh* fiept (hat gefiept), stößt einen hohen, feinen Ton aus: *der Hund fiept,* ∪ winselt leise, stößt Pfeiftöne aus.

Fierant [ital. fiera ›Markt‹, ›Messe‹] *der, -en/-en,* österr.: Markthändler.

fieren [niederdt., zu ahd. fiaren ›eine Richtung geben‹], *ich* fiere (habe gefiert) *es,* ⚓ fiere ab, lasse am Tau herunter (Last); fiere auf, lockere ein gespanntes Tau.

fies [niederdt.], ∪ widerlich, ekelhaft, gemein: *ein fieser Charakter; das war f. von ihm.*

FIFA *die, -,* Kurzw. für: Fédération Internationale de Football Association, Internationaler Fußballverband.

fifty-fifty [engl. ›fünfzig-fünfzig‹], ∪ halbpart, zu gleichen Teilen: *wir machen f.-f.; die Chancen stehen f.-f.*

Figaro [Bühnengestalt von C. de Beaumarchais, 1732–1799] *der, -s/-s,* ∪ scherzhaft: Friseur.

Fight [fait, engl.] *der, -s/-s,* ⚔ (lebhaft geführter) Boxkampf. **fighten** [ˈfaɪ-], *ich* fighte (habe gefightet), kämpfe hart. **Fighter** [ˈfaɪtə] *der, -s/-.*

Figur [lat figura] *die, -/-en,* 1) körperl. Gestalt: *sie hat eine gute F.* 2) Umrißbild, Umrißzeichnung. 3) bildhafte Darstellung, Abbildung. 4) Bewegungsablauf beim Tanz und Eiskunstlauf. 5) Spielstein, Abb. S 9, B 48; Gestalt auf einer Spielkarte. 6) ♪ zusammengehörige Tongruppe. 7) rednerische Wendung, Übers. R 12. 8) ∪ lächerliche Erscheinung: *er gab eine komische F. ab.* **Figura** *die, -: wie F. zeigt,* wie an diesem Beispiel zu sehen ist. **figural,** mit Figuren versehen, verziert. **Figurant** *der, -en/-en,* **Figurantin** *die, -/-nen,* stumme(r) Mitwirkende(r) auf der Bühne, im Film. **Figuration** *die, -/-en,* ♪ Figurierung, Verzierung einer Melodie. **Figürchen** *das, -s/-: Porzellanfigürchen.* **figurieren,** *ich* figuriere (habe figuriert), 1) stelle als Figurant dar. 2) *es,* schmücke mit Figuren. **figuriert,** gemustert (Gewebe), ausgeschmückt (Musik). **Figurierung** *die, -/-en,* Figuration. **Figurine** *die, -/-n,* 1) kleine antike Statue. 2) Nebenfigur im Hintergrund von Landschaftsgemälden. 3) Kostümzeichnung (Bühne, Mode). **figürlich,** 1) bildlich, anschaulich. 2) in übertragener Bedeutung.

Fiktion [lat. fictio ›Gestaltung‹] *die, -/-en,* 1) Erdichtung, erdichtete Annahme, Unterstellung. 2) ⚖ Unterstellung, bei der ein nicht vorhandener Tatbestand als vorhanden (oder umgekehrt) angenommen wird. **Fiktionalismus** *der, -,* die philosoph. Auffassung, jede wissenschaftl. Erkenntnis mache von Fiktionen Gebrauch. **fiktiv,** erdichtet, nur angenommen.

Filament [lat. filum ›Faden‹] *das, -(e)s/-e,* 1) ⚛ Staubfaden. 2) meist Pl., ☆ langgestrecktes, unregelmäßig begrenztes Gebilde auf der Sonnenoberfläche. 3) endlose Chemiefaser: *Filamentgarn.*

Filet [fiˈleː, frz. eigtl. ›Netz‹] *das, -s/-s,* 1) Lendenstück (Schlachtvieh, Wild); abgelöstes Bruststück (Geflügel); entgrätetes Rückenstück (Fisch). 2) durchbrochene Kettenware. **Filetarbeit** [fiˈleː-] *die,* Netzarbeit, Abb. H 7. **filetieren,** *ich* filetiere (habe filetiert) *Fleisch, Fisch, Geflügel,* löse Filets heraus.

Filia hospitalis [lat. filia ›Tochter‹ und hospes ›Wirt‹] *die, - -/. . .ae . . .les,* Studentensprache: Tochter der Wirtsleute.

Filiale [mlat. filialis ›die Tochter betreffend‹] *die, -/-n,* Zweiggeschäft, Zweigniederlassung, Zweigstelle: *Filialleiter.* **Filialgeneration** *die,* Tochtergeneration. **Filialkirche** *die,* Tochtergemeinde. **Filiation** [eigtl. ›Kindschaft‹, zu lat. filius ›Sohn‹ und filia ›Tochter‹] *die, -/-en,* 1) Abstammungsnachweis. 2) Abhängigkeit und Gehorsamspflicht von Ordensmitgliedern. 3) Gliederung des Staatshaushaltsplans.

Filibuster, 1) *der, -s/-,* Flibustier. 2) [ˈfilibʌstə, engl.] *das, -(s)/-,* Verschleppungs-, Verzögerungstaktik.

filieren [frz. filer ›spinnen‹], *ich* filiere (habe filiert), 1) stelle eine Filetarbeit her. 2) vertausche zwei Spielkarten.

Filigran [lat. filum ›Faden‹ und granum ›Korn‹] *das, -s/-e,* Zierwerk aus feinem Gold- oder Silberdraht.

Filius [lat.] *der, -/. . .lii,* oft scherzhaft: Sohn.

Filler *der, -(s)/-,* kleine ungar. Münzeinheit.

Film [engl. film ›Häutchen‹] *der, -(e)s/-e,* 1) dünnes Häutchen, feinste Schicht: *Ölfilm.* 2) lichtempfindlich beschichteter Zellulose- oder Kunststoffstreifen als photograph. Aufnahmematerial, Abb. F 21, P 12: *ich lasse einen F. entwickeln; Negativfilm; Umkehrfilm.* 3) Lichtspielstück: *Farbfilm; Filmstudio; Filmfestspiele; die Filmversion eines Romans.* **Filmemacher** *der,* ∪ Regisseur eines Films, oft zugleich Drehbuchautor. **filmen,** *ich* filme (habe gefilmt), 1) stelle Lichtspielstücke her, wirke dabei als Schauspieler mit. 2) *es, ihn,* nehme mit der Filmkamera auf. **filmisch. Filmothek**

F 21

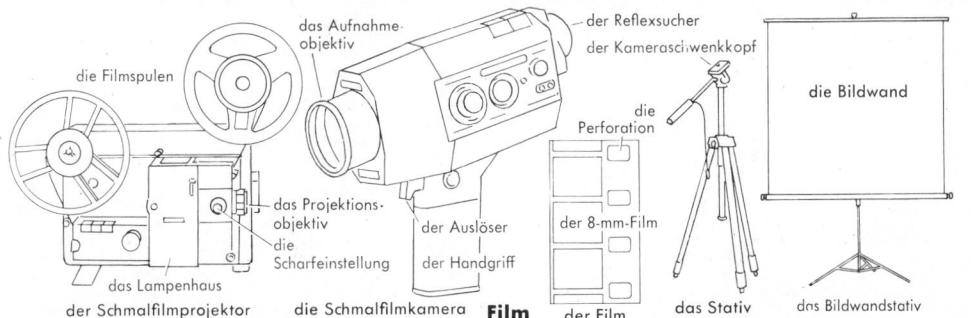

die Filmspulen
das Aufnahmeobjektiv
der Reflexsucher
der Kameraschwenkkopf
die Bildwand
die Perforation
das Projektionsobjektiv
die Scharfeinstellung
der Auslöser
der Handgriff
das Lampenhaus
der Schmalfilmprojektor
die Schmalfilmkamera   **Film**   der Film
der 8-mm-Film
das Stativ
das Bildwandstativ

die, *-/-en*, Cinemathek. **Filmstar** *der*, *-s/-s*, berühmte(r) Filmschauspieler(in).

Filou [fil'u, frz., zu engl. fellow ›Bursche‹] *der*, *-s/-s*, durchtriebener Mensch, Spitzbube, Schelm.

Filter [mlat. filtrum ›Durchseihgerät aus Filz‹] *der*, *das*, *-s/-*, **1)** Gerät zum Trennen von Feststoffen aus Flüssigkeiten oder Gasen, ABB. F 20: *Filterpapier; Kaffeefilter; Filterzigarette.* **2)** Vorrichtung zur Abtrennung einer bestimmten Schallfrequenz aus einem Frequenzgemisch: *akustisches Filter.* **3)** Optik: Vorrichtung im Strahlengang zur Schwächung einer Lichtstrahlung oder zur Veränderung ihrer spektralen Zusammensetzung: *Lichtfilter; Farbfilter; Gelbfilter.* **4)** Atemschutzfilter. **filtern**, *ich* filt(e)re (habe gefiltert) *es.* **Filt(e)rung** *die*, *-/-en.* **Fil|trat** *das*, *-(e)s/-e*, durch Filtern geklärte, gereinigte Flüssigkeit. **Fil|tration** *die*, *-/-en.* **fil|trieren**, *ich* filtriere (habe filtriert) *es*, filtere: *Filtrierpapier.*

Filz [ahd. filz ›grobes Tuch‹] *der*, *-es/-e*, **1)** Textilerzeugnis aus ungeordnet verschlungenen Tierhaaren oder Wolle. **2)** U Filzokratie. **3)** U Geizhals. **4)** U Filzhut. **5)** *österr.:* unausgeschmolzenes Fett. **6)** *bair., österr.:* Hochmoor. **filzen**, *ich* filze (habe gefilzt), **1)** *es filzt*, verwirrt sich zu Filz (Wolle). **2)** *es*, verarbeite zu Filz. **3)** *Vieh*, befühle beim Kauf. **4)** U geize, knausere. **5)** *ihn*, *es*, U durchsuche nach verbotener Ware oder nach Ungeziefer. **filzig**, **1)** dem Filz ähnlich, verfilzt. **2)** U geizig. **Filzo|kratie** [grch. kratein ›herrschen‹] *die*, *-*, U gegenseitige Begünstigung, bes. im bürokrat. Bereich. **Filzschreiber** *der*, Schreibgerät mit einer Spitze aus Chemiefasern, urspr. aus Filz, ABB. B 57.

Fimmel *der*, *-s/-*, **1)** U leidenschaftliche Vorliebe: *Theaterfimmel.* **2)** U Größenwahn, Überspanntheit. **3)** ⚒ starker Eisenkeil. **4)** ⚘ der Femel. **fimmelig**, U ein wenig verrückt.

FINA *die*, *-*, Kurzw. für: Fédération Internationale de Natation Amateur, Internationaler Schwimmverband.

final [lat. finis ›Ende‹], **1)** abschließend, beendend. **2)** die Absicht, den Zweck angebend. **Final** [f'ainəl, engl.] *das*, *-s/-*, *schweiz.:* Finale. **Finale** *das*, *-s/-*, **1)** Schlußteil. **2)** ♪ Schlußsatz eines mehrteiligen Musikstücks; Schlußteil eines Opernaktes. **3)** 🏆 Endkampf der Sieger aus Vor- und Zwischenkämpfen. **Finalist** *der*, *-en/-en*, 🏆 Teilnehmer eines Finales. **Finalität** *die*, *-/-en*, Zielstrebigkeit, Zweckmäßigkeit. **Finalsatz** *der*, Umstandssatz der Absicht, ÜBERS. S 79.

Financier [finãsj'e, frz., zu mlat. finare ›zum Ende kommen‹] *der*, *-s/-s*, ⚘, *noch österr.:* Finanzier. **Finanz** *die*, *-/-en*, **1)** *nur Sg.*, Geldwesen; Geldgeschäft; Gesamtheit der Finanziers: *Hochfinanz; Finanzwesen.* **2)** *nur Pl.*, öffentl. Geldwesen, Staatshaushalt: *die Verteilung der Finanzen auf das Rechnungsjahr;* (private) Vermögenslage: *meine Finanzen erlauben mir das nicht*, U. **Finanzamt** *das*, örtliche Landesbehörde der Finanzverwaltung. **Finanzer** *der*, *-s/-*, *österr.:* Zollbeamter. **Finanzhoheit** *die*, staatliche Befugnis zur Regelung der öffentlichen Finanzen und Besteuerung. **finanziell.** **Finanzier** [-tsj'e:] *der*, *-s/-s*, Finanzmann, Geldmann, Bankfachmann; Geldgeber. **finanzieren**, *ich* finanziere (habe finanziert) *es*, ermögliche es, indem ich Geld dafür gebe, bereitstelle. **Finanzierung** *die*, *-/-en.*

Findelkind [mhd. vindelkint] *das*, von den Eltern ausgesetztes Kleinkind. **finden** [ahd. findan], *ich* finde (fand, habe gefunden) *es*, *ihn*, **1)** stoße suchend oder zufällig darauf, entdecke Gesuchtes oder Unbekanntes: *ich habe fünf Mark gefunden; er fand keinen Ausweg*, Ü; *suchet, so werdet ihr finden*, B; *er findet immer etwas auszusetzen; das war für ihn ein gefundenes Fressen; kaum ihm sein Geld gelegen; die beiden haben sich gesucht und gefunden, passen sehr gut zueinander; sie findet immer die passenden Worte.* **2)** erhalte, bekomme: *er fand viel Anerkennung, keinen Freund; er fand bei einem Verkehrsunfall den Tod; ich fand noch keine Gelegenheit dazu; er findet keine Arbeit; Fahrräder fanden reißenden Absatz, wurden viel verkauft.* **3)** meine, erkenne, halte dafür: *ich f. das unpraktisch; ich f., du könntest kommen, daß du kommen könntest; ich f. ihn interessant; wie finden Sie das?, was meinen Sie dazu?; ich f. keinen Spaß daran; dabei kann ich nichts finden,* U ich habe keine Bedenken. **4)** (mich), finde den rechten Weg: *sie fand sich heim*, U; *er findet abends nie ins Bett,* U geht spät schlafen. **5)** *mich*, erlange mein seel. Gleichgewicht wieder: *er hat sich nach diesem Schock schnell gefunden.* **6)** *mich in etwas*, füge mich, finde mich damit ab: *er will sich nicht in sein Schicksal finden.* **7)** *es findet sich*, wird aufgefunden: *der Schlüssel hat sich gefunden; das findet sich hier oft,* Ü kommt häufig vor; *das wird sich finden,* Ü wird sich ergeben, geregelt werden. **8)** *wir finden uns*, werden Freunde, Vertraute: *in der Liebe zur Musik finden*

sich die Rivalen. **Finder** *der*, *-s/-*, jemand, der etwas findet. **Finderlohn** *der*, Entgelt, das der Finder einer verlorenen Sache vom Eigentümer beanspruchen kann.

Fin de siècle [fɛ̃dəsj'ɛkl, frz.] *das*, *- - -*, **1)** Ende des (19.) Jahrhunderts. **2)** Ü die müde Blasiertheit und der überfeinerte Geschmack dieser Zeit.

findig [mhd. vündec ›erfinderisch‹], **1)** einfallsreich. **2)** ⚒ fündig. **Findigkeit** *die*, *-*. **Findling** *der*, *-s/-e*, **1)** Findelkind. **2)** von Gletschern der Eiszeit verschleppter Gesteinsblock.

Fine [ital., zu lat. finis ›Ende‹] *das*, *-s/-s*, Ende, Schluß (eines Musikstücks).

Fines herbes [finz'ɛrb, frz. ›feine Kräuter‹], *Pl.*, feingehackte Kräuter, oft mit Champignons oder Trüffeln.

Finesse [frz.] *die*, *-/-n*, Feinheit, Scharfsinn; Kniff, Trick: *ihre Küche ist mit allen Finessen ausgestattet; finessenreich.*

fing, von fangen.

Finger [ahd. fingar] *der*, *-s/-*, jeder der fünf vorderen Abschnitte der menschl. Hand, ABB. F 20, H 6: *das kannst du an deinen fünf Fingern abzählen,* Ü das kannst du dir leicht vorstellen; *man wird mit Fingern auf dich zeigen,* Ü dich verachten; *er hat lange F. gemacht,* Ü gestohlen; *er leckt sich die F. danach,* Ü ist begierig darauf; *leg den F. nicht auf die (offene) Wunde,* Ü rühre die Sache nicht wieder auf; *das kann er sich doch nicht einfach aus den Fingern saugen,* Ü frei erfinden; *sie hat keinen F. gerührt, krumm gemacht,* Ü nichts getan; *dabei kannst du dir leicht die F. verbrennen,* Ü zu Unannehmlichkeiten kommen; *laß die F. davon!,* befaß dich nicht damit; *man muß ihm auf die F. sehen,* Ü ihn genau beobachten; *man kann ihn um den F. wickeln,* Ü leicht beeinflussen, lenken. **Fingerabdruck** *der*, ABB. F 20. **fingerbreit**, *ein fingerbreiter Spalt;* aber: *der Spalt ist drei Finger breit.* **Fingerbreit** *der*, *-/-: ich weiche keinen F.* **fingerdick**, vgl. fingerbreit. **fingerfertig**, mit den Fingern sehr geschickt, flink. **Fingerfertigkeit** *die.* **Fingerhandschuh** *der*, ABB. H 6. **Fingerhut** *der*, **1)** Nähhilfe, ABB. N 2, S 32. **2)** Ü geringe Flüssigkeitsmenge: *nur einen F. voll.* **3)** ⚘ ein Rachenblüter. **...fingerig**, mit einer bestimmten Zahl oder Zahl von Fingern: *langfingerig.* **fingerlang**, vgl. fingerbreit. **Fingerling** *der*, *-s/-e*, Schutzhülle für einen (verletzten) Finger. **fingern**, *ich* fing(e)re (habe gefingert), **1)** *an etwas*, U bewerkstellige geschickt. **2)** *es*, U berühre oder bearbeite (sinn- und zwecklos). **Fingersatz** *der*, ♪ zweckmäßiger Einsatz der Finger beim Spielen einer Tonfolge auf einem Instrument. **Fingerspitze** *die*, Kuppe, Ende des Fingers: *er ist musikalisch bis in die Fingerspitzen,* Ü. **Fingerspitzengefühl** *das*, U feines Gefühl für die Behandlung heikler Angelegenheiten. **Fingersprache** *die*, Zeichensprache der Gehörlosen, ABB. F 20. **Fingerzeig** *der*, *-(e)s/-e*, Hinweis, Wink: *ein F. Gottes.*

fingieren [lat. fingere] *ich* fingiere (habe fingiert) *es*, erdichte, täusche vor, unterstelle: *eine fingierte Adresse.*

Finis [lat.] *das*, *-/-*, Schluß, Ende. **Finish** [f'iniʃ, engl.] *das*, *-s/-s*, **1)** 🏆 Endkampf. **2)** letzte Überarbeitung, letzter Schliff. **finit** [lat. finitus] **1)** begrenzt, endlich. **2)** Ⓢ bestimmt: *finite Verbformen,* ÜBERS. V 2.

Fink [ahd. fincho, nach seinem Ruf] *der*, *-en/-en*, ein Singvogel: *Buchfink.*

Finke *der*, *-n/-n*, **1)** Student. Verbindungen: Student, der keiner Verbindung angehört. **2)** U leichtsinniger Mensch. **Finken** *der*, *-s/-.*, *schweiz.:* Hausschuh. **Finkenherd** *der*, früher: Vorrichtung zum Fang von Finken. **Finkenschlag** *der*, *-(e)s*, Gesang des Buchfinken. **Finkler** *der*, *-s/-*, ⚘ Vogelfänger.

Finndingi, Finn-Dingi [eigtl. ›finnisches Dingi‹] *das*, *-s/-s*, 🏆 olymp. Einmannjolle.

Finne [nhd.] *der*, *-n/-n*, Bewohner von Finnland. **Finne** [mhd. vinne] *die*, *-/-n*, **1)** 🐛 Jugendform der Bandwürmer. **2)** 🌱 entzündeter Mitesser. **Finne** [niederdt., vgl. Pinne] *die*, *-/-n*, **1)** Rückenflosse der Haie und Wale. **2)** schmale Seite des Hammers, ABB. H 5. **finnig**, mit Finnen (Bandwurm oder Hautausschlag) behaftet.

Finnin *die*, *-/-nen*, Bewohnerin von Finnland. **finnisch.** **Fin(n)mark** *die*, *-/-*, Abk.: Fmk, finnische Währungseinheit. **Finnwal** *der*, *-s/-e*, bis 25 m langer Furchenwal.

finster [ahd. finstar], **1)** lichtlos, dunkel: *in finst(e)rer Nacht; im Finstern*, in der Dunkelheit, aber: *wir tappen im finstern,* Ü sind im ungewissen; düster: *ein finst(e)res Gesicht.* **3)** Ü geheimnisvoll und unheilschwer: *eine finst(e)re Tat; eine finstere Gesellschaft,* zweifelhafte. **Finsterkeit** *die*, *-*.

Finsterling *der*, *-s/-e*, Mensch, der eine grimmige Miene zur

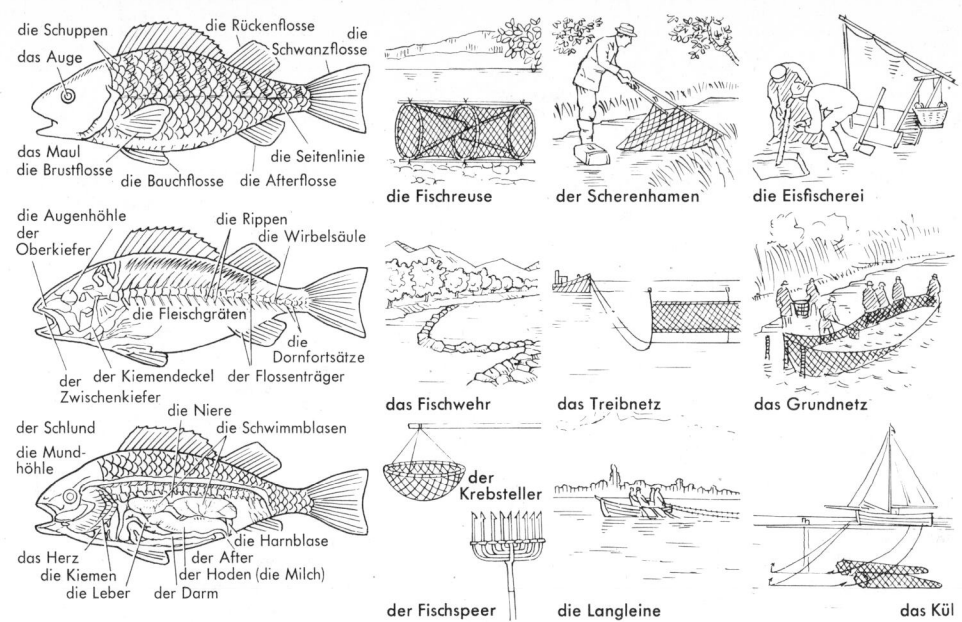

die Schuppen • die Rückenflosse • die Schwanzflosse
das Auge
das Maul • die Seitenlinie
die Brustflosse
die Bauchflosse • die Afterflosse

die Fischreuse • der Scherenhamen • die Eisfischerei

die Augenhöhle • die Rippen
der Oberkiefer • die Wirbelsäule
die Fleischgräten
die Dornfortsätze
der Zwischenkiefer • der Kiemendeckel • der Flossenträger

das Fischwehr • das Treibnetz • das Grundnetz

der Schlund • die Niere • die Schwimmblasen
die Mundhöhle
das Herz • die Harnblase
die Kiemen • der After
die Leber • der Hoden (die Milch)
der Darm

der Krebsteller

der Fischspeer • die Langleine • das Kül

Fisch   **Fischerei**

Schau trägt. **Finsternis** die, -/-se, 1) Dunkelheit. 2) ☆ das Unsichtbarwerden eines Himmelskörpers infolge Eintritts in den Erdschatten oder Verdeckung durch einen anderen Himmelskörper: Sonnenfinsternis.
    Finte [ital. finta ›List‹] die, -/-n, 1) Täuschung, Vorwand. 2) ⚔ Scheinangriff, besonders beim Boxen und Fechten. 3) ⚔ Schwungübung am Seitpferd. **fintenreich.**
    finz(e)lig, ∪ besonders mühsam (Arbeit), sehr klein, die Augen anstrengend (Schrift).
    Fioritur [ital. fiore ›Blume‹] die, -/-en, ♪ Verzierung beim Kunstgesang (Triller, Koloratur).
    Fips der, -es/-e, ∪ 1) kleiner, unscheinbarer Kerl. 2) das Schnippen mit Daumen und Mittelfinger. 3) Meister F., Spottname für: Schneider. **fipsen,** ich fipse (habe gefipst), ∪ schnippe mit Daumen und Mittelfinger. **fipsig,** ∪ winzig, unbedeutend.
    Firlefanz [mhd. firlifanz, frz. Tanzname Virelai ›Ringellied‹] der, -es/-e, ∪ 1) Tand, überflüssiger Kram. 2) Albernheiten, Possen. **Firlefanzerei** die, -/-en.
    firm [lat. firmus], fest, sicher, beschlagen, bewandert (in einem Fachgebiet).
    Firma [lat. firmare ›befestigen‹, ›beglaubigen‹] die, -/...men, Abk.: Fa., 1) ⚐ (im Handelsregister eingetragener) Geschäftsname: Firmeninhaber; Firmenregister. 2) ∪ Geschäft, Betrieb: in (bei) welcher F. arbeitest du?
    Firmament [mhd. firmament, zu lat. firmamentum ›Stütze‹] das, -(e)s/-e, Himmel, Himmelsgewölbe.
    firmen [mhd. firmen, vgl. Firma], ich firme (habe gefirmt) ihn, erteile die Firmung. **firmieren,** ich firmiere (habe firmiert), führe als Firmenname, unterzeichne mit diesem. **Firmling** der, -s/-e, jemand, der gefirmt wird. **Firmung** die, -/-en, kath. Sakrament, vom Bischof durch Salbung und Handauflegung vollzogen.
    firn [ahd. firni ›alt‹], 1) alt, vorjährig, mehrere Jahre alt (Schnee). 2) alt schmeckend (Wein). **Firn** der, -(e)s/-e, ewiger Schnee im Hochgebirge, Abb. G 29. **Firne** die, -/-n, 1) etwas hart gewordenes Bukett bei altem Wein. 2) P auch Firn. **Firner** der, -s/-, Gletscher, Ferner. **Firngrenze** die, Schneegrenze.
    Firnis [mhd. firnis, zu afrz. vernis ›Lack‹] der, -ses/-se, farbloses Anstrichmittel, das Öle oder Harzmittel enthält und gut trocknet; Sinnbild für äußeren Schein: seine Bildung ist nur F. **firnissen,** ich firnisse (habe gefirnißt) es.
    First [ahd. first] der, -(e)s/-e, 1) ⊓ oberste Kante des Daches, Abb. D 1. 2) ⚒ Decke des Grubenraumes. 3) P Gebirgskamm, Abb. B 20.
    first class [fə:st kla:s, engl.], erstklassig. **First Lady** [-l'eidi, engl. ›erste Dame‹] die, --/-...dies [-di:z], Bez. für die Frau eines Staatsoberhauptes, Präsidentin u. a.
    fis das, -/-, ♪ 1) das um einen Halbton erhöhte f, Abb. N 9. 2) Zeichen für: fis-Moll. **Fis,** Zeichen für: Fis-Dur.
    FIS die, -, Kurzw. für: Fédération Internationale de Ski, Internationaler Skiverband.
    Fisch [ahd. fisc, verwandt mit lat. piscis] der, -es/-e, 1) im Wasser lebendes Wirbeltier, Abb. F 22; Sinnbild für Stummheit, Gefühlskälte: Fischgericht; Bratfisch; sie ist stumm, kalt wie ein F.; faule Fische, ∪ dumme Ausreden; das sind kleine Fische, ∪ ist leicht, schnell erledigt; weder F. noch Fleisch, ∪ nichts Rechtes, nur eine halbe Sache; er hat die Fische gefüttert, ∪ hat sich auf dem Schiff übergeben, ist seekrank geworden. 2) nur Pl., ☆ ein Sternbild des Tierkreises, Übers. A 22. **fischarm,** fischarme Gewässer. **Fischband** das, Scharnier für Türen und Fenster, Abb. B 9, F 12, T 19. **Fischbein** das, -(e)s, Hornstäbchen aus Barten der Wale. **Fischbesteck** das, Besteck zum Fischessen, Abb. B 24. **Fischblase** die, 1) Schwimmblase der Fische. 2) Kunst: Ornament, bes. im got. Maßwerk, Abb. M 7, S 69. **Fischblut** das, ∪ Gefühlskälte. **Fischchen** das, -s/-, 1) Diminutiv zu Fisch. 2) ein Ur-Insekt, z. B. das Silberfischchen, ein Hausschädling. **fischeln,** es fischel(e)t (hat gefischelt), schweiz.: riecht, schmeckt nach Fisch. **fischen,** es fischt (hat gefischt), 1) fange Fische: er fischt im trüben, ∪ zieht aus verworrener Lage Gewinn; er fischt sich die besten Stücke (aus der Suppe), ∪ nimmt sich selbst das Beste; sie fischt nach Komplimenten, ∪ ist auf Komplimente aus. 2) ihn, es (aus dem Wasser), ∪ ziehe heraus. **Fischer** der, -/-en-, amen; Fischerei: Fischpacht. **Fischer** der, -s/-, Fischfänger. **Fischerboot** das, Segelboot für Binnen- oder Küstenfischerei. **Fischerei** die, -/-en, Fischfang, Abb. F 22. **Fischerring** der, Siegelring

des Papstes. **Fischerstechen** *das, -s,* Kampfspiel in Booten auf dem Wasser. **Fischgräte** *die,* verknöcherte Sehne des Fisches. **Fischgrätenmuster** *das,* Stoffmuster in Köperbindung, ABB. M 26. **Fischgrätenstich** *der,* Zierstich, ABB. H 7. **fischig, 1)** glitschig wie ein Fisch. **2)** nach Fisch schmeckend, riechend. **Fischleim** *der,* aus Fischabfällen gekochter Leim. **Fischmehl** *das,* Futtermehl aus Fischabfällen. **Fischotter** *der,* an das Leben im Wasser angepaßter Marder. **fischreich,** *fischreiche Gewässer.* **Fischvergiftung** *die,* Vergiftung durch Genuß verdorbener oder giftiger Fische. **Fischwehr** *die, -/-en,* Zaun in oder am Wasser zum Aufhalten wandernder Fische und Umleiten in Reusen. **Fischzucht** *die.*

Fis-Dur *das,* Zeichen: Fis, ♪ eine Tonart.

Fisel *die, -/-n,* Fisole.

Fise(t)holz *das, -es,* Holz des Perückenstrauches.

Fisimatenten [vermutlich aus lat. visae patentes (litterae) ›geprüftes Patent‹ wegen der bürokrat. Schwierigkeiten bei dessen Ausstellung], *nur Pl.,* ∪ Umstände, Ausflüchte, Flausen, lose Streiche: *sie hat nur F. im Kopf.*

Fiskal [lat. fiscalis ›die Staatskasse betreffend‹] *der, -s/-e,* ♂ Beamter der Staatskasse. **fiskalisch,** *fiskalische Bedenken.* **Fiskalismus** *der,* übermäßige Ausdehnung der staatl. Verfügungsgewalt über das Volksvermögen. **Fiskus** *der, -,* der Staat als Eigentümer des Staatsvermögens: *das wird vom F. bezahlt.*

fis-Moll *das,* Zeichen: fis, ♪ eine Tonart.

Fisole [mhd. visol, fasol, zu grch. phaseolos] *die, -/-n,* Fisel, österr.: Gartenbohne.

fispelig [Schallw.]. **fispeln,** *ich fisp(e)le (habe gefispelt),* ∪ unruhig, aufgeregt, arbeite fahrig.

fissil [lat. fissilis, zu findere ›spalten‹], spaltbar. **Fissilität** *die, -,* spaltbare Eigenschaft. **Fissur** [lat. fissura ›Riß‹] *die, -/-en,* ♀ Knochen- oder Schleimhautriß.

Fist [mhd. vist] *der, -es/-e,* ∪ Blähung.

Fistel [ahd. fistul, zu lat. fistula ›Röhre‹] *die, -/-n,* ♀ krankhafte Verbindung zwischen zwei Hohlorganen oder zwischen Hohlorganen und Körperoberfläche. **fisteln,** *ich fist(e)le (habe gefistelt),* spreche mit Fistelstimme. **Fistelstimme** *die,* hohe Kopfstimme.

fit [engl.], leistungsfähig, in bester Form, bes. im Sport; gesund, sich wohl fühlend.

Fitis [Schallw.] *der, - oder -ses/-se,* Vogel, Laubsängerart. **Fitness,** eingedeutscht **Fitneß** [zu fit] *die, -,* Leistungsfähigkeit: *Fitness-Training; Fitness-Center.*

Fitsche *die, -/-n, oberdt.:* Fischband.

fitten [engl. to fit], *ich fitte (habe gefittet) es,* Schiffbau: **1)** passe eine Holzschablone an. **2)** taste den Kiel ab.

Fittich [ahd. fettah, zu Feder] *der, -(e)s/-e,* P Flügel der Vögel: *er nahm ihn unter seine Fittiche,* ∪ in seine Obhut.

Fitting [engl. ›Ausrüstung‹, ›Montage‹] *das, -s/-s, meist Pl.,* Verbindungsstück bei Rohrleitungen.

Fitz. . . [lat. ›filius‹], vor irischen Namen: Sohn des . . ., z. B. Fitzgerald.

Fitz *der, -es,* ∪ Wirrwarr, Knäuel. **Fitzchen** *das, -s/-,* ∪ Kleinigkeit: *von Essen bleib nicht ein F. übrig.* **Fitze** [ahd. fizza ›Anzahl Fäden beim Haspeln‹] *die, -/-n,* **1)** Strang, Docke (Garn). **2)** *oberdt.:* Runzel; Hieb. **3)** *schweiz.:* Gerte, Rute. **Fitzelchen** *das, -s/-,* ∪ Fitzchen. **fitzen,** *ich fitze (habe gefitzt),* **1)** ∪ arbeite aufgeregt, überhastet. **2)** *es, mitteldt., niederdt.:* teile Garn in Strähnen. **3)** *Bohnen,* ziehe ihnen die Fäden ab. **4)** *es, oberdt.:* schnitzele. **5)** *es, oberdt.:* runzele, ziehe kraus (Nase). **6)** *ihn,* ∪ schlage ihn mit einer Rute. **Fitzfaden** *der,* Faden, der die Garnstränge voneinander trennt.

Fiumara [ital., zu fiume, lat. flumen ›Fluß‹] *die, -/. . .re,* Fluß, der in regenarmen Sommern kaum oder kein Wasser führt.

Five o'clock (tea) [f'aiv ɔkl'ɔk t'i:, engl.] *der, --(-)/--(-s),* Fünfuhrtee.

fix [lat. fixus ›fest‹], **1)** fest: *fixe Preise; fixe Idee,* Zwangsvorstellung, Wahn. **2)** ∪ geschwind, gewandt: *ein fixer Bursche; f. und fertig,* ganz fertig, ∪ ganz erschöpft. **Fixateur** [-t'ø:r] *der, -s/-e,* Gerät zum Aufspritzen eines Fixativs. **Fixativ** *das, -s/-e,* **1)** Mittel, um Zeichnungen unverwischbar zu machen. **2)** Mittel, um einer Frisur Halt zu geben. **fixen,** *ich fixe (habe gefixt),* **1)** verkaufe ein Wertpapier, ohne es schon zu besitzen. **2)** ∪ injiziere Rauschmittel mit einer Spritze. **Fixer** *der, -s/-,* **1)** Börsenspekulant. **2)** auch Schießer, ∪ jemand, der Rauschmittel injiziert. **fixfertig,** *schweiz.:* ∪ fix und fertig. **fixieren,** *ich fixiere (habe fixiert),* **1)** *es,* lege fest, bestimme: *alle Einwände wurden im Protokoll fixiert.* **2)** *ihn,* sehe starr an. **3)** Photographie: entferne das unbelichtete Halogensilber im

Fixierbad. **4)** *sie ist auf ihn (etwas) fixiert,* emotional fest gebunden. **Fixierung** *die, -/-en,* **1)** Härtung, Festigung. **2)** Psychologie: Entwicklungshemmung. **Fixigkeit** *die, -,* ∪ Gewandtheit. **Fixpunkt** *der,* Festpunkt. **Fixstern** *der,* ☆ am Himmel scheinbar feststehender Stern. **Fixum** *das, -s/. . .xa,* festes Gehalt.

. . .fizieren [lat. facere ›machen‹], zu etwas machen: *elektrifizieren,* elektrisch machen, auf Elektrizität umstellen.

Fizz [fis, engl. to fizz ›sprudeln‹] *der, -/-es* [f'isiz], alkohol. Getränk: *Gin-Fizz.*

Fjäll [schwed.], **Fjell** [norweg.] *das* oder *der, -s/-s,* weite, baumlose Hochfläche Skandinaviens.

Fjord [dän.] *der, -(e)s/-e,* lange, schmale, steilwandige Meeresbucht.

FKK, Abk. für: Freikörperkultur: *FKK-Strand.*

fl., Fl., Abk. für: Florin (Gulden).

Fla, *schweiz.:* **Flab,** Kurzw. für: Flugabwehr.

Fläbbe *die, -/-n,* Flappe.

flach [ahd. flah], **1)** eben, ohne Erhebungen und Tiefen, ABB. E 2: *flaches Land; auf dem flachen Land,* außerhalb der Stadt. **2)** seicht, nicht tief, ABB. E 2: *ein flaches Flußbett.* **3)** ∪ platt, geistlos, oberflächlich: *eine flache Diskussion.* **4)** *mit der flachen Klinge,* mit der Breitseite. **5)** *auf der flachen Hand,* auf der gestreckten, nicht geschlossenen Hand. **Flach** *das, -(e)s/-e,* seichte Stelle. **Flachbauweise** *die,* Bebauung mit ein- und zweigeschossigen Häusern. **Flachdach** *das,* ABB. D 1. **Flachdruckverfahren** *das,* 🖶 Druckverfahren, bei dem druckende und nichtdruckende Teile in einer Ebene liegen, ABB. D 15. **Fläche** *die, -/-n,* **1)** Oberfläche oder Schnittfläche als Begrenzung eines (geschnittenen) Körpers. **2)** größere freie Strecke (Wand, Feld): *Flächenbrand.* **3)** zweidimensionales geometr. Gebilde, ABB. K 14, K 46. **Flacheisen** *das,* Meißel zur Steinbearbeitung, ABB. M 11. **flächendeckend,** eine Fläche deckend, auf der Gesamtfläche bezogen: *man erstrebt die flächendeckende Förderstufe für unsere Stadt.* **flächenhaft,** flächig, zweidimensional. **Flächeninhalt** *der,* die Anzahl der in einer Fläche enthaltenen Flächeneinheiten. **Flächenmaß** *das,* ÜBERS. M 8. **flachfallen,** *es fällt flach (fiel flach, ist flachgefallen),* ∪ kommt nicht mehr in Betracht, fällt aus. **Flachfeuergeschütz** *das,* Geschütz für Geschosse mit gestreckter Flugbahn. **Flachheit** *die, -.* **flächig,** flächenhaft. **Flachküste** *die,* ∪ geistloser Mensch. **Flachküste** *die,* ebene Meeresküste. **Flachland** *das,* weithin ebenes Land. **Flachmann** *der,* ∪ 1) Taschenflasche. **2)** *er hat einen F. gebaut,* ist gestorben. **Flachrennen** *das,* Pferderennen auf flacher Bahn.

Flachs [ahd. flahs] *der, -es,* **1)** ein Leingewächs und seine Fasern. **2)** ∪ Scherz, Neckerei. **flachsblond,** hellblond. **Flachsbreche** *die, -/-n,* Gerät zum Brechen des Flachses von Holzteilen. **Flachsdarre** *die,* Gerät zum Trocknen des Flachses.

Flachsee *die,* Meeresgebiet von geringer Tiefe.

flachsen [zu Flachs], *ich flachse (habe geflachst),* ∪ scherze, spotte. **flächse(r)n,** aus Flachs. **Flachshaar** *das,* ∪ hellblondes Haar. **Flachskopf** *der,* ∪ Kind mit hellblondem Haar.

Flachsröste *die,* das Mürbemachen von Flachsstengeln zum Gewinnen der Bastfasern.

Flachzange *die,* ABB. Z 3, S 29.

flacken, *ich flacke (habe geflackt), schwäb., bair.:* liege faul da.

Flackerfeuer *das,* ᔐ Lichtsignal. **flack(e)rig, flackern** [ahd. flogaron], *es flackert (hat geflackert),* **1)** brennt zuckend (Feuer, Licht). **2)** bewegt sich unruhig hin und her, zittert: *mit flackerndem Blick.*

Fladen [ahd. flado ›Opferkuchen‹] *der, -s/-,* **1)** dünner, flacher Kuchen: *Eierfladen.* **2)** flacher, runder, breiiger Haufen: *Kuhfladen.*

Flader [mhd. vlader, verwandt mit flattern, flackern] *die, -/-n,* Maser (im Holz). **flad(e)rig,** gemasert.

Fladuse [zu afrz. fleute douce] *die, -/-n, niederdt.:* **1)** Schmeichelei. **2)** Haube mit Bändern, ABB. H 10; Aufputz.

Flagellant [lat. flagellare ›peitschen‹] *der, -en/-en,* jmd., der sich aus religiösen Gründen oder zur Triebbefriedigung geißelt. **Flagellantismus** *der, -,* Selbstgeißelung als asket. Übung oder als Form der Triebbefriedigung. **Flagellate** *die, -/-n, meist Pl.,* Geißeltierchen.

Flageolett [flaʒol'et, frz. flageoler, lat. flare ›blasen‹] *das, -s/-s,* **1)** kleine französ. Schnabelflöte. **2)** hohes Flötenregister der Orgel. **Flageoletton** *der,* Flötenton der Streichinstrumente und der Harfe; vgl. Silbentrennung, ÜBERS. S 50.

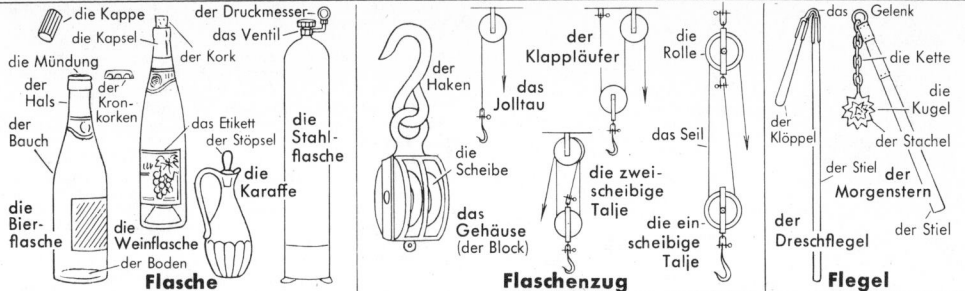

die Kappe — der Druckmesser — das Gelenk
die Kapsel — das Ventil — der Klappläufer — die Rolle
die Mündung — der Kork — der Haken — die Kette
der Hals — der Kronkorken — das Jolltau — die Kugel
der Bauch — das Etikett — der Stöpsel — die Stahlflasche — der Klöppel — der Stachel
die Karaffe — die Scheibe — das Seil — der Stiel — der Morgenstern
die Bierflasche — die Weinflasche — der Boden — das Gehäuse (der Block) — die zweischeibige Talje — die einscheibige Talje — der Dreschflegel — der Stiel

Flasche — **Flaschenzug** — **Flegel**

Flagge [niederdt., verwandt mit flackern, flattern] *die, -/-n*, meist viereckige Fahne, bes. auf Schiffen, ABB. F 1, S 16. **flaggen**, *ich* flagge (habe geflaggt), ziehe die Flagge auf. **Flaggengala** *die*, festl. Beflaggen eines Schiffes. **Flaggenparade** *die*, Aufmarsch zum feierl. Hissen oder Einholen der Flagge. **Flaggschiff** *das*, Kriegsschiff, auf dem sich der Führer des Verbandes befindet. **Flaggstock** *der*, Stange, an der die Fahne aufgezogen wird.

fla|grant [frz., zu lat. flagrare ›brennen‹, offenkundig, schlagend: *eine flagrante Verletzung der Bestimmungen; vgl.* in flagranti.

Flair [flɛːr, frz. flairer, zu lat. fragrare ›stark riechen‹ *das*, 1) Fluidum, Ausstrahlung, persönliche Note: *sie hat ein gewisses F.* 2) Spürsinn, feiner Instinkt.

Flak *die, -/-(s)*, Kurzw. für: Flugabwehrkanone, ABB. G 16: *Flakartillerie; Flakstellung.*

Flakon [flak'ŏ, frz.] *das* oder *der, -s/-s*, Fläschchen (aus geschliffenem Glas); Riechfläschchen.

Flambeau [flăb'o, frz.] *der, -s/-s*, 1) hoher Armleuchter. 2) ⚔ Fackel.

Flamberg [frz. flamberge, zu Floberge, dem Schwert der altfranzös. Sage von den Haimonskindern] *der, -(e)s/-e*, Flammenschwert, Zweihänderschwert mit wellig geflammter Klinge; P Schwert.

flambieren [frz. flamber], *ich* flambiere (habe flambiert), 1) *es*, ⚔ senge ab. 2) *Speisen*, übergieße mit Alkohol und entzünde sie.

Flamboyant-Stil [flăbwaj'ă–, frz. ›geflammt‹] *der, -s*, spätgot. Stil in Frankreich und England, ABB. M 7.

Flame *der, -n/-n*, urspr. Bewohner Flanderns, heute Angehöriger einer der Sprach- und Volksgruppen in Belgien.

Flamenco [span.] *der, -(s)/-s*, span. Musizierart bestimmter Tanzlieder: *Flamencotänzerin.*

Flamin, Flämin *die, -/-nen*, urspr. Bewohnerin Flanderns, heute Angehörige einer der Sprach- und Volksgruppen in Belgien.

Flamingo [span., portug., zu lat. flamma ›Flamme‹ *der, -s/-s*, stelzbeiniger Wasservogel.

flämisch, auf die Flamen bezüglich.

Flämmchen *das, -s/-.* **Flamme** [mhd. vlamme, zu lat. flamma] *die, -/-n*, 1) von Licht und Wärme begleitete Erscheinung von Gasen und Dämpfen, ABB. F 20, K 17: *es geht in Flammen auf.* 2) Ü heftige Gefühlsregung: *der F. der Leidenschaft; er war jäcoh Feuer und F.*, begeistert. 3) ∪ Geliebte, Angebetete. 4) 🐦 rote, warzige Haut um die Augen der Auerhähne. **Flammé** [-m'e] *der, -*, ein Dekorationsstoff. **flammen**, *es* flammt (hat geflammt), 1) steht in Flammen. 2) Ü glüht, brennt; funkelt, blitzt: *flammende Röte, Begeisterung; ein flammender Blick.* **flämmen**, *ich* flämme (habe geflämmt), 1) senge ab. 2) ✿ bearbeite mit Flammen; schmücke mit Flammenmustern, ABB. M 26. **Flammende Herz** *das*, eine Zierpflanze. **Flammenmeer** *das*, Ü große brennende Fläche. **Flammenschwert** *das*, Flamberg. **Flammenwerfer** *der*, ⚔ eine Nahkampfwaffe. **Flammenzeichen** *das*, Feuersignal.

Flammeri [engl. flummery ›Hafermehlbrei‹, kelt. Ursprungs] *der, -s/-s*, kalte Süßspeise.

Flamm|ofen *der*, ein Schmelzofen. **Flammpunkt** *der*, Temperatur, bei der die Dämpfe brennbarer Flüssigkeiten entzünden. **Flammrohr** *das*, Rohr als Rostträger und zur Gasführung im Flammrohrkessel, einem Dampfkessel. **flammvergütet**, durch Flammeneinwirkung vergütet.

flandrisch, Flandern betreffend, daher stammend.

Flanell [frz., zu engl. flannel, kelt. Ursprungs] *der, -s/-e*, weiches, ein- oder beidseitig gerauhtes Gewebe aus Wolle, Baumwolle oder Chemiefasern: *Flanellrock.* **flanellen**.

Flaneur [flan'ø:r, frz. flâner ›bummeln‹] *der, -s/-e*, Bummler, Müßiggänger. **flanieren**, *ich* flaniere (bin, habe flaniert), schlendere umher, bummele.

flank, *österr.*: frei heraus; rücksichtslos: *flankweg.*

Flanke [frz. flanc, zu ahd. lancha ›Seite‹, ›Lende‹ *die, -/-n*, 1) ⚔ Seite einer Truppe: *ein Angriff auf die F. des Gegners.* 2) 🏰 Seitenteile des Körpers, ABB. H 27. 3) Turnen: seitlicher Sprung mit Handstütz über ein Gerät, ABB. L 7. 4) Fußball: ein in Tornähe von den Seitenlinien in die Spielfeldmitte geschlagener Ball. 5) ✿ die Seite eines Zahnrades, von der die Kräfte übertragen werden. **flanken**, *ich* flanke (habe geflankt), führe eine Flanke aus (Turnen, Fußball). **Flankenstellung** *die*, Verteidigungsstellung seitlich der feindl. Vormarschrichtung. **flankieren**, *ich* flankiere (habe flankiert) *ihn*, stehe an seiner Seite, decke oder fasse ihn von der Seite.

Flansch [spätmhd. vlansch ›Zipfel‹ *der, -(e)s/-e*, flacher Ansatz an Rohren zu ihrer Verbindung, ABB. R 25: *Flanschendichtung; Flanschenverbindung.* **flanschen**, *ich* flansche (habe geflanscht) *es*, versehe mit einem Flansch.

Flappe *die, -/-n, mitteldt., niederdt.: herabgezogene Unterlippe, Schmollmund: *zieh nicht solch eine F.*

Flapper [fl'æp, engl. to flap ›flattern‹] *der, -s/-*, keckes, betont selbstbewußtes junges Mädchen.

Flaps *der, -es/-e*, ∪ Flegel, Lümmel. **flapsig**, ∪ flegelhaft.

Fläschchen *das, -s/-.* **Flasche** [mhd. flasga, verwandt mit flechten, eigtl. ›umflochtenes Gefäß‹ *die, -/-n*, 1) Gefäß mit enger Öffnung und Halsansatz, ABB. F 23, S 7, B 8. 2) ✿ beim Flaschenzug das Gehäuse, in dem die Rollen gelagert sind. 3) *wien.:* Ohrfeige. 4) ∪ Dummkopf, Tölpel, unsportlicher Mensch. **Flaschenbier** *das*, in Flaschen gefülltes Bier. **Flaschenhals** *der*, 1) schmaler Teil der Flasche zwischen Öffnung und Bauch. 2) Ü eine Fahrbahn, Engpaß. **Flaschenkürbis** *der*, flaschenförmiger Kürbis. **Flaschenpost** *die*, Beförderung von Nachrichten in wasserdicht verschlossener Flasche im Meer. **flaschenreif**, gesagt abgelagert zum Abfüllen in Flaschen (Wein). **Flaschenzug** *der*, Vorrichtung zum Heben von Lasten, ABB. F 23. **Flaschner** *der* [eigtl. ›Hersteller von Flaschen‹, die früher meist aus Metall waren] *der, -s/-, südwestdt.:* Klempner.

Flaser [verwandt mit Fladen] *die, -/-n*, Ader im Gestein, Maser im Holz. **flas(e)rig**, 1) in dünnen Lagen geschichtet. 2) geädert, gemasert.

Flash [flæʃ, engl. ›Blitz‹] *der, -(s)/-s*, 1) das Blitzlicht. 2) das beim Einspritzen von Rauschmitteln empfundene Körpergefühl. **Flashback** [flæʃbæk, engl. nach ›zurück‹] *der, -(s)/-s*, längere Zeit nach dem Einspritzen von Rauschmitteln plötzlich wieder auftretender Flash.

flätig, *südwestdt.:* flink, hurtig.

Flatsche *die, -/-n*, **Flätschen** *der, -s/-, mitteldt.:* 1) Fetzen, Lumpen; flacher Klumpen; breite Hautrötung. 2) verschüttete Flüssigkeit. 3) Regenguß.

Flatter *die, -: er macht die F.*, ∪ macht sich davon, geht weg. **Flattergeist** *der*, unsteter Mensch. **Flattergras** *das*, ein Waldgras. **flatterhaft**, unbeständig, unstet, wankelmütig. **Flatterhaftigkeit** *die*.

Flatterie [frz.] *die, -/. . . r'i|en*, Schmeichelei.

flatt(e)rig, aufgeregt, zitterig. **Flatt(e)rigkeit** *die, -.* **Flattermann** *der*, ∪, 1) (gegrilltes) Hähnchen. 2) nervöser Mensch.

Flat

F 24

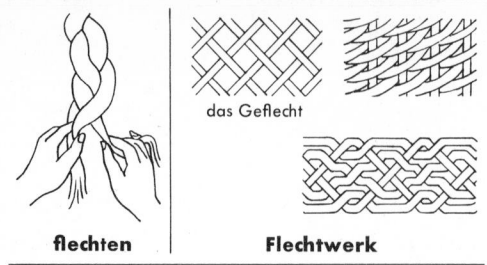

das Geflecht

flechten   **Flechtwerk**

3) *ohne Pl., Angst: er kriegt immer gleich den F.* **Flattermarke** *die, & mitgedrucktes Zeichen im Falz eines Druckbogens.* **Flattermine** *die, ⚙ selbsttätige Landmine.* **flattern** [mhd. vladeren], *ich* flatt(e)re (habe, bin geflattert), **1)** U bin wankelmütig, wechsele schnell Ort oder Meinung. **2)** *ein Vogel flattert,* fliegt unsicher mit raschen Flügelschlägen. **3)** *es flattert,* wird rasch vom Wind bewegt: *flatternde Fahnen.* **Flattertiere,** *Pl.,* flugfähige Säugetiere. **Flatteur** [flat′ø:r, frz. flatter ›schmeicheln‹] *der, -s/-e,* ⚙ Schmeichler. **flattieren,** *ich* flattiere (habe flattiert) *ihn,* ⚙ schmeichle ihm. **Flattuse** *die, -/-n,* Fladuse. **Flatulenz** [lat. flatus ›das Blasen‹] *die, -/-en,* ⚕ Blähsucht. **flau** [niederl. flauw, zu afrz. floe ›welk‹], **1)** matt, kraftlos, übel: *mir ist f. vor Hunger; eine flaue Brise.* **2)** 🖀 lustlos (Börse bei geringer Nachfrage oder fallendem Preis). **3)** abgestanden, fade schmeckend. **Flauheit** *die, -.* **Flaum** [ahd. pfluma, zu lat. pluma] *der, -(e)s,* **1)** Flaumfedern. **2)** erster, weicher Bartwuchs; feines Haar (Säugling); samtige, pelzige Haut (Pfirsich). **3)** Flom(en). **Flaumacher** [zu flau] *der, -s/-,* U Miesmacher. **Flaumfeder** [zu Flaum] *die,* zarte, weiche Feder. **flaumig,** zart wie Flaum. **flaumweich,** U zu nachgiebig. **Flaus, Flausch** [mhd. vlus(ch), verwandt mit Vlies] *der, -es/-e,* dickes, wolliges Gewebe. **flauschig. Flausen** [zu Flaus, eigtl. ›umherfliegende Wollflocken‹], *Pl.,* U dummes Geschwätz, Ausflüchte, Flunkereien: *die F. treibe ich dir noch aus.* **Flausenmacher** *der,* U. **Flaute** [zu flau] *die, -/-n,* **1)** ⚓ Windstille. **2)** U Stille im Geschäft; momentane Leistungsschwäche. **Fläz** *der, -es/-e,* U Flegel, Lümmel. **fläzen,** *ich* fläze *mich* (habe mich gefläzt), U lümmele mich hin. **fläzig. Flebbe** *die, -/-n,* G Ausweis, Wanderbuch. **Flechse** [frühnhd. flachsader ›Sehne‹, ›Nerv‹] *die, -/-n,* Sehne. **flechsig. Flechte** [mhd. vlehte ›Flechtwerk‹] *die, -/-n,* **1)** geflochtenes Haar, Zopf. **2)** ⚕ schuppiger oder krustenbildender Hautausschlag. **3)** Lebewesen aus Pilz und Alge. **flechten** [ahd. flehtan], *ich* flechte (habe geflochten; du flichtst, er flicht) *es,* verknüpfe (Fäden, Reiser, Haarsträhnen) durch regelmäßiges Verschränken, ABB. F 24: *sie hat ihr Haar zu Zöpfen geflochten.* **Flechter** *der, -s/-,* ⚙ Korbmacher, Stuhlflechter. **Flechtwerk** *das, -(e)s,* **1)** Geflecht, geflochtener Gegenstand. **2)** Schmuckmuster, ABB. F 24, S 69. **Fleck** [ahd. flec(cho) ›Lappen‹, ›Landstück‹, ›andersfarbige Stelle‹] *der, -(e)s/-e,* **1)** Stelle, bestimmter Punkt: *der schwarze F.,* Mittelpunkt der Zielscheibe; *er hat das Herz auf dem rechten F.,* Ü das richtige Gefühl, Verständnis, Mut; *sie hat den Mund auf dem rechten F.,* Ü ist schlagfertig; *vom F. weg,* auf der Stelle, sofort; *er kommt nicht vom F. mit seiner Arbeit,* Ü macht keine Fortschritte. **2)** kleinere Fläche: *dieser F. Erde, dieses Stück Land.* **3)** beschmutzte Stelle: *ein F. auf dem Kleid; fleckenlos,* sauber; *ein F. auf seiner Ehre,* Ü Makel. **4)** andersfarbige Stelle: *ein blauer F. (auf der Haut),* Bluterguß. **5)** Flicken: *ein F. auf dem Schuh.* **6)** *nur Pl.,* Speise aus Stücken vom Eingeweide: *saure Flecke; Kuttelflecksuppe.* **Fleckchen** *das, -s/-.* **flecken,** *ich* flecke (habe gefleckt), *oberdt.:* **1)** *es,* flicke. **2)** *es,* versehe mit Absätzen (Schuhe). **3)** *es fleckt,* nimmt leicht Flecke an: *Seide fleckt.* **4)** *es fleckt,* geht vorwärts: *die Arbeit will heute nicht flecken.* **Flecken** *der, -s/-,* **1)** Fleck. **2)** größere ländl. Siedlung mit Marktrecht: *Marktflecken.* **Fleckentferner** *der,* Mittel zum Entfernen von Flecken. **Fleckenwasser** *das,* ein Fleckentferner. **Fleckerl** *das, -s/-, oberdt.:* **1)** Fleckchen. **2)** *meist Pl.,* viereckige Stückchen aus Nudelteig (als Suppeneinlage): *Fleckerlsuppe.* **Fleckerlteppich** *der, oberdt.:* aus farbigen Stoffstücken zusammengesetzter Teppich. **Fleckfieber** *das,* ⚕ Flecktyphus, schwere Infektionskrankheit. **fleckig,** **1)** beschmutzt. **2)** gesprenkelt. **Fleckvieh** *das,* Rinderrasse. **Fledderer** *der, -s/-s:* Leichenfledderer. **fleddern** [zu flat-

---

F 25

das Schwein

das Rippenstück · das Rückenstück · der Kamm · der Schinken · das Ohr · das Bruststück · der Bauch · der Kopf · die Backe · der Vorderschinken · das Bein · das Spitzbein (die Pfote)

das Schaf (der Hammel)

der Rücken · der Hals · die Keule · der Bug · die Brust

das Rind

die Fehlrippe · der Kamm · der Bug · die Querrippe · das Maul · der Brustkern · das Quer-rippenstück · der Rinderbraten · die Blume · die Kugel · die Oberschale · das Ochsenschwanz · das Mittelschwanzstück · das Eckschwanzstück · der Nierenbraten · die Dünnung · das Unterschwanzstück · die Mittelbrust · die Hachse (die Hesse) · das Euter

Fleisch

1. Güte · 2. Güte · 3. Güte · 4. Güte

das Kalb

der Kamm · der Rücken · die Keule · der Hals · der Kopf · der Bug · der Bauch · die Brust · die Hachse · der Fuß

der Fleischhaken · der Kühlraum | die Würste · der Schinken · das halbe Schwein · das Gehänge · die Waage · die Registrierkasse · die Aufschnittmaschine · die Stange · die Auslage · der Block · die Bodenplatten · der Laden · **Fleischerei**

die Knochensäge · das Aufschneidemesser · der Stahl · **die Geräte** · das Hackmesser · das Beil · die Bockwurst · das Paar Frankfurter · die Landjäger · die Speckseite · die Bratwurst · der Preßkopf · der Rollschinken · der Aufschnitt · die Sülze · **die Fleisch- und Wurstwaren**

tern], *ich fledd(e)re (habe gefleddert) ihn,* G bestehle einen Toten oder Schlafenden.
Fledermaus [eigtl. ›Flattermaus‹] *die,* ein Flattertier, Handflügler. **Fledermausfenster** *das,* eine Art Giebelfenster, Abb. F 12. **Flederwisch** *der,* Federbesen zum Staubwischen.
Fleet [zu fließen] *das, -(e)s/-e,* auch Flet, *niederdt.:* 1) Entwässerungsgraben oder -kanal. 2) miteinander verbundene Treibnetze.
Flegel [ahd. flegil, zu lat. flagellum ›Geißel‹] *der, -s/-,* 1) Dreschflegel, Werkzeug zum Dreschen, Abb. F 23. 2) Ü Lümmel, frecher Mensch. 3) ⚹ Morgenstern (Waffe). **Flegelei** *die, -/-en,* flegelhaftes Benehmen, Ungezogenheit. **flegelhaft,** ungezogen. **Flegelhaftigkeit** *die, -.* **Flegelhenke** *die, -/-n, schweiz.:* Fest beim Dreschschluß. **Flegeljahre,** *Pl.,* Entwicklungsjahre bei männl. Jugendlichen. **flegeln,** *ich fleg(e)le mich* (habe mich geflegelt), fleg(e)le mich hin, setze oder stelle mich betont nachlässig hin. **Flegelte** *die, -/-n,* Flegelhenke.
flehen [ahd. flehon], *ich flehe* (habe gefleht), bitte eindringlich und demütig. **Flehen** *das, -s,* innige Bitte zu Gott oder Gebet. **flehentlich,** inständig, eindringlich: *flehentliche Bitten.*
fleien, *ich fleie* (flie, habe gefleien) es, *niederdt.:* staple, häufe.
Flejer [engl. flyer ›Flügel‹] *der, -s/-,* eingedeutscht für: Flyer.
Fleisch [ahd. fleisc(h)] *das, -(e)s,* 1) Weichteile von Mensch und Tier: *sein eigen F. und Blut,* P Blutsverwandte, leibliche Nachkommen; *damit schneidest du dir ins eigene F.,* Ü schadest dir selbst; *es ist ihm in F. und Blut übergegangen,* ganz zur Gewohnheit geworden. 2) das als menschl. Nahrungsmittel verwendete Muskelgewebe der Tiere, Abb. F 25, F 26: *gekochtes, gebratenes F.; Fleischklößchen; Fleischsalat; Suppenfleisch.* 3) unverholzte massige Pflanzenteile: *Fruchtfleisch,* Abb. F 36. 4) B Leib, Körper: *das F. ist schwach,* erliegt leicht Versuchungen. **Fleischbank** *die,* ⚹ Ladentisch zum Verkauf von Fleisch. **Fleischbeschau** *die,* amtl. Untersuchung der Schlachttiere vor und nach der Schlachtung. **Fleischbeschauer** *der,* zur Fleischbeschau berechtigte Person. **Fleischbrühe** *die,* durch Auskochen von Fleisch entstandene Brühe, Bouillon. **Fleischer** *der, -s/-,* Handwerker, der Vieh schlachtet und das Fleisch verarbeitet. **Fleischerei** *die, -/-en,* handwerkl. Betrieb des Fleischers, Abb. F 26. **Fleischergang** *der,* Ü vergeblicher Weg. **fleischern,** *ich fleisch(e)re* (habe gefleischert), arbeite als Fleischer. **fleischern,** aus Fleisch bestehend: *Fleischernes, oberdt.:* Fleisch. **Fleischeslust** *die,* B Sinnenlust. **fleischfarben,** hautfarben, zartrosa. **fleischfressend,** *fleischfressende Pflanzen,* ⚹ tierfangende Pflanzen. **Fleischgeschwulst** *die,* bösartige Geschwulst, Sarkom. **Fleischhacker** *der, -s/-, südwestdt.:* Fleischer. **fleischig,** reich an Fleisch, üppig. **fleischlich,** B 1) leiblich. 2) sinnlich: *fleischliche Begierden.* **fleischlos,** ohne Fleisch (Speise), vegetarisch (Küche). **Fleischschau** *die, schweiz.:* Fleischbeschau. **Fleischschauer** *der, schweiz.:* Fleischbeschauer. **Fleischtopf** *der: Fleischtöpfe Ägyptens,* Ü gute Kost, gutes Leben. **Fleischwerdung** *die, -,* leibliche Geburt

(Christi). **Fleischwolf** *der,* Gerät zum Zerkleinern von Fleisch, Abb. K 50. **Fleischwunde** *die,* bis ins Fleisch reichende Verletzung.
Fleiß [ahd. fliz ›Eifer‹, ›Streit‹, ›Fleiß‹] *der, -es,* eifriges, tatkräftiges Streben nach einem Ziel: *mit seinen ganzen F. aufgeboten; Fleißaufgabe; Arbeitsfleiß; das hat er mit F. getan,* U mit Absicht; *zu F., bair.:* absichtlich. **fleißig, 1)** arbeitsam, strebsam, eifrig: *er hat f. gearbeitet; aber: das Fleißige Lieschen,* ✿ eine Zierpflanze. **2)** beharrlich, sooft wie möglich: *sie hat mich f. im Krankenhaus besucht.*
flektierbar [lat. flectere ›beugen‹], Ⓢ beugbar. **flektieren,** *ich flektiere* (habe flektiert) *es,* Ⓢ beuge, wandle ab, unterwerfe der Flexion.
flennen [ahd. flannen ›den Mund verziehen‹], *ich flenne* (habe geflennt), U weine, heule: *das Kind flennt bei jeder Kleinigkeit.* **Flennerei** *die, -.*
Flet *das, -(e)s/-e,* das Fleet.
fletschen [mhd. vletschen], *ein Tier* fletscht (hat gefletscht) *die Zähne,* bleckt, zeigt, entblößt sie.
fletschern [nach dem amerikan. Schriftsteller H. Fletcher, 1849–1919], *ich fletsch(e)re* (habe gefletschert) *es,* kaue ganz besonders langsam und sorgfältig.
Flett [niederdt., vgl. Fletz] *das, -(e)s/-e,* Querraum, Herdraum im niedersächs. Bauernhaus.
Fletz [ahd. flezzi ›Fußboden‹] *das* oder *der, -es/-e,* Hausflur im oberdt. Bauernhaus.
fleucht, ⚹ flieht. **fleugt,** ⚹ fliegt: *was da f. und kreucht.*
Fleurist [flœr'ist, frz. fleur ›Blume‹, ›Glanz‹] *der, -en/-en,* Florist. **Fleuristin** *die, -/-nen.* **Fleuron** [flœr'ɔ, frz.] *das, -s/-s,* Blumenornament. **Fleurop** [auch flœːr'ɔp], Abk. für: flores Europae (›Blumen Europas‹), eine internat. Organisation zur Vermittlung von Blumengeschenken.
fleußt, ⚹ fließt.
flexibel [lat. flectere ›beugen‹], **1)** biegsam, geschmeidig. **2)** Ü anpassungsfähig: *flexible Altersgrenze; f. bleiben!* **3)** Ⓢ flektierbar, beugbar. **Flexibilität** *die, -,* **1)** Biegsamkeit. **2)** Fähigkeit, sich wechselnden Situationen rasch anzupassen. **Flexion** [frz. -'sjɔ] *die, -/-en,* Ⓢ Beugung: *Flexionsendungen.* **Flexodruck** *der,* Hochdruckverfahren. **Flexor** *der, -s/. . .x'oren,* Beugemuskel. **Flexur** *die, -/-en,* **1)** ✚ Biegung: *F. des Dickdarms.* **2)** ⊕ bruchlose Abwärtsbiegung einer Schichtfolge.
Flibustier [engl. filibuster, zu niederl. vrijbuiter] *der, -s/-,* westind. Seeräuber des 17. Jahrh., Freibeuter.
flichtst, von flechten.
flicken [mhd. vlicken], *ich flicke* (habe geflickt), **1)** *es,* bessere aus, mache z. B. durch Einsetzen von Stücken. **2)** *ihm etwas am Zeug,* U mache auf kleinliche Weise Vorhaltungen. **Flicken** *der, -s/-,* Stück (Textilien, Leder) zum Ausbessern. **Flickerei** *die, -,* Flickarbeit, (lästiges) Flicken.
Flick-Flack [frz. flicflac ›klipp-klapp‹] *der, -,* ✄ ein Überschlag rückwärts aus dem Stand heraus.
Flickschneider *der,* **Flickschuster** *der,* Schneider und Schuster, die ausbessern. **Flickwerk** *das,* zusammengestückelte Arbeit; Ü Pfuscherei. **Flickwort** *das,* Füllwort.

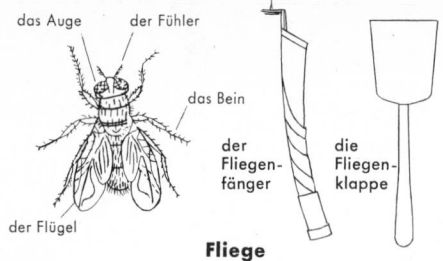

das Auge   der Fühler

das Bein

der Fliegen-fänger   die Fliegen-klappe

der Flügel

Fliege

Flieboot [engl. flyboat] *das*, kleines schnelles Fischerboot.
Flieder [mnd. vleder] *der, -s/-,* 1) auch Syringe, ein Ölbaumgewächs, Abb. L 3: *Fliederstrauß.* 2) Schwarzer Holunder: *Fliedertee.* **fliederfarben, fliederfarbig,** zartlila.
Fliege [ahd. fliega] *die, -/-n,* 1) ein Insekt (Zweiflügler), Abb. F 27: *sie starben wie die Fliegen,* U massenweise; *er tut keiner F. etwas zuleide,* ist ein gutmütiger Mensch; *in der Not frißt der Teufel Fliegen,* ist man nicht wählerisch. 2) ♂ Korn des Jagdgewehrs. 3) Bärtchen am Kinn oder über der Oberlippe, Abb. B 11. 4) zur Querschleife gebundene Krawatte. 5) künstl. Köder beim Angeln. **fliegen** [ahd. fliogan], *ich fliege* (bin geflogen), 1) reise im Flugzeug. 2) U eile, bewege mich sehr schnell. 3) U werde entlassen: *er ist aus seiner Stellung geflogen.* 4) (habe geflogen) *es,* steuere ein Flugzeug. 5) *es fliegt,* bewegt sich fort durch die Luft (Vogel, Ball). **fliegend,** 1) schwebend, zum Fliegen befähigt: *fliegende Fische; fliegendes Personal,* die Besatzung eines Flugzeugs; *fliegende Untertassen,* bisher nicht nachgewiesene Flugkörper unbekannter Herkunft. 2) heftig: *fliegende Hitze,* plötzlich auftretendes Hitzegefühl. 3) schnell: *in fliegender Hast; fliegende Bauten,* Bauten, die im häufigen Auf- und Abbauen erlauben (Karussells, Tribünen); *fliegende Händler,* wandernde Händler ohne festen Stand. **Fliegenfänger** *der,* mit Fliegenleim bestrichenes Papier als Fliegenfalle, Abb. F 27. **Fliegenfenster** *das,* Fenstereinsatz mit engmaschigem Drahtgewebe. **Fliegengewicht** *das,* ✻ leichteste Gewichtsklasse im Boxen, Ringen, Gewichtheben. **Fliegenklappe** *die,* Gerät zum Erschlagen von Fliegen, Abb. F 27. **Fliegenkopf** *der,* ⊘ Abdruck einer umgekehrt gesetzten Letter. **Fliegenpilz** *der,* giftiger Blätterpilz. **Fliegenschnäpper** *der,* ein Singvogel. **Flieger** *der, -s/-,* 1) Flugzeugführer. 2) ♂ Angehöriger der Luftwaffe. 3) U Flugzeug. 4) ✻ Radrennfahrer für kurze Strecken. 5) ⤸ Flyer, für kurze Strecken geeignetes Rennpferd. 6) ⤸ kleinstes vorderstes Vormastsegel, Abb. S 45. **Fliegerabwehr** *die,* Bekämpfung der feindl. Luftwaffe durch Flak. **Fliegeralarm** *der,* Warnung vor feindl. Flugzeugen. **Fliegerei** *die, -,* das Flugwesen. **Fliegerhorst** *der,* Flugplatz der Luftwaffe. **fliegerisch,** *fliegerisches Können.*
Fliehburg *die,* vor- und frühgeschichtl. Befestigung als Zufluchtstätte für Kriegszeiten. **fliehen** [ahd. fliohan], *ich fliehe,* 1) (bin geflohen) *vor ihm,* ergreife die Flucht, kehre (dem Feind, der Gefahr) den Rücken. 2) (habe geflohen) *ihn,* P meide, halte mich fern davon: *ich f. die Gesellschaft.* **fliehend,** schräg zurückweichend (Kinn, Stirn). **Fliehkraft** *die,* Zentrifugalkraft: *Fliehkraftregler,* Abb. R 13.
Fliese [mnd. vlise] *die, -/-n,* Wand-, Fußbodenplatte, Abb. B 2. **fliesen,** *ich fliese* (habe gefliest) *es,* belege mit Fliesen.
Fließarbeit *die,* örtlich fortschreitende, lückenlose Folge von Arbeitsvorgängen. **Fließband** *das,* laufendes Band, das Werkstücke von einem Arbeitsgang zum andern befördert, Abb. B 9: *Fließbandarbeiter.* **Fließei** *das,* Vogelei ohne Kalkschale. **fließen** [ahd. fliozan], *es fließt* (floß, ist geflossen, wenn es flösse), 1) bewegt sich fort (Flüssigkeit). 2) U strömt: *ihr Redestrom f. unaufhörlich; Ströme von Blut flossen,* es gab viele Tote. 3) rieselt, rinnt: *Sand f. durch die Hand.* 4) Physik: verformt sich unter Einwirkung einer Kraft (Flüssigkeit, Festkörper): *Fließkunde.* **fließend,** Ü 1) geläufig, ohne Stocken: *er spricht f. Englisch.* 2) verschwimmend, ineinander übergehend: *die Grenzen sind f.* **Fließheck** *das,* auch Fastback, nach rückwärts gleichmäßig abgeschrägtes Hinterende am Pkw. **Fließlaut** *der,* ⑤ Liquida, Übers. G 34. **Fließpapier** *das,* ungeleimtes Papier, das Flüssigkeiten schnell aufsaugt, Löschpapier.

Flimmer [nhd.] *der, -s/-,* 1) zitternder Glanz. 2) U Scheinglanz, wertloser Schein. 3) Flitter, Schmuckblättchen. 4) Glimmer (Stein). **Flimmer** *die, -/-n,* ☌ Wimper, Zytoplasmafortsatz. **Flimmerkiste** *die,* U Lichtspielhaus; Fernsehgerät. **flimmern** [verwandt mit flammen], *ich flimm(e)re* (habe geflimmert), 1) *es,* U putze, bis es glänzt. 2) *es flimmert,* glänzt unruhig, zitternd: *die Sterne flimmern; die Luft flimmert* (vor Hitze); *es flimmert mir vor den Augen.*
Flinder *der, -s/-,* 1) ᡛ Flitter. 2) ᠍ Tuchlappen. 3) *niederdt.:* Schmetterling. **Flinderhaube** *die,* alte Prachthaube, Abb. H 10.
flink [urspr. ›glänzend‹, zu blinken], rasch, geschwind, behend. **Flinkheit** *die, -.*
Flins *der, -es/-e, niederdt.:* Plinse.
Flint [engl., verwandt mit grch. plinthos ›Ziegel‹] *der, -(e)s/-e,* Feuerstein. **Flinte** [verkürzt aus Flintbüchse] *die, -/-n,* 1) urspr. Steinschloßgewehr. 2) Schrotgewehr, Abb. G 20: *du darfst die F. nicht ins Korn werfen,* U den Mut nicht verlieren. **Flintglas** [engl.] *das,* stark lichtbrechendes optisches Glas. **Flinz** [verwandt mit Flint] *der, -es/-e,* 1) feinkörniger Kalk oder Schiefer. 2) feinsandiges Mergelgestein.
Flip [engl.] *der, -s/-s,* 1) Cocktail mit Eigelb. 2) Eis-, Rollkunstlauf: ein Sprung im Kürlaufen. **Flipper** *der, -s/-,* ein Spielautomat. **flippern,** *ich flipp(e)re* (habe geflippert), spiele an einem Flipper.
flirren [nhd.], *es flirrt* (hat geflirrt), flimmert, glänzt: *flirrendes Licht.*
Flirt [flœrt, engl. flə:t] *der, -s/-s,* Liebelei, Tändelei. **flirten** [fl'œrtən, engl. flə:tn], *ich flirte* (habe geflirtet) *mit ihm.*
Flittchen *das, -s/-,* U leichtlebiges Mädchen, Prostituierte.
Flitter *der, -s/-,* 1) Glitzerschmuck, bes. glänzende Metallstückchen zum Aufnähen: *Flittergold.* 2) täuschender Glanz. **Flitterkram** *der,* glitzernde Kleinigkeiten. **flittern** [zu flattern], *es flittert* (hat geflittert), flimmert, glänzt unruhig. **Flitterwochen,** *Pl.,* erste Zeit der Ehe.
Flitz [zu fliegen, frz. flèche ›Pfeil‹, über niederl. flits rückentlehnt] *der, -es/-e,* ᡛ Pfeil. **Flitzbogen** *der,* Pfeil und Bogen als Kinderspielzeug. **flitzen,** *ich flitze* (bin geflitzt), U renne, sause (wie ein Pfeil). **Flitzer** *der, -s/-,* U kleines, schnelles Fahrzeug.
floaten [fl'ou-], *eine Währung* floatet (hat gefloatet). **Floating** [fl'outiŋ, engl. to float ›schweben‹, ›hochsteigen‹] *das, -s,* das freie Schwanken der Wechselkurse.
Flobertgewehr [nach dem frz. Erfinder N. Flobert, 1819–1894] *das,* Handfeuerwaffe für kleine Entfernungen.
F-Loch *das,* ♪ Öffnung im Resonanzkörper von Streichinstrumenten.
flocht, von flechten.
Flöckchen *das, -s/-.* **Flocke** [ahd. floccho] *die, -/-n,* 1) lockere kleine Masse: *Schneeflocke.* 2) Büschelchen (Wolle, Watte). 3) in den Blättchen zerpreßte Nährmittel: *Haferflocken; Kartoffelflocken.* 4) weißes Abzeichen der Haustiere. **flocken,** *es* flockt (ist geflockt), ballt sich zu Flocken zusammen. **Flockenblume** *die,* ein Korbblüter. **Flockenstoff** *der,* Gewebe, das auf der Oberseite zu wolligen Flocken aufgerauht ist. **flockig,** in Flocken. **Flockseide** *die,* Abfallseide. **Floconné** [-n'e, frz.] *der, -(s)/-s,* Flockenstoff.
Flödel *der, -s/-,* eingelegte Randverzierung bei Streichinstrumenten.
flog, von fliegen.
floh, von fliehen.
Floh [ahd. floh, verwandt mit fliehen] *der, -(e)s/ᵘe,* 1) blutsaugendes Insekt: *man hat ihm einen F. ins Ohr gesetzt,* U eine Mitteilung gemacht, die ihm keine Ruhe läßt; *er hört die Flöhe husten,* U hält sich für sehr klug; *du hast wohl einen F. im Ohr!,* U bist nicht ganz bei Verstand. 2) *nur Pl.,* U Geld. **flöhen,** *ich flöhe* (habe geflöht) *ihn,* 1) lese ihm die Flöhe ab (Hund, Affe). 2) G betrüge um sein Geld. **Flohgras** *das,* Grasname, z. B. Nickendes Perlgras. **Flohkäfer** *der,* Erdfloh. **Flohkraut** *das,* ein Korbblüter. **Flohkrebs** *der,* seitlich zusammengedrückter kleiner Krebs ohne Scheren. **Flohmarkt** *der,* Trödelmarkt. **Flohzirkus** *der,* Jahrmarktsbude mit ›dressierten‹ Flöhen.
Flom(en) [ahd. fluom ›Fett‹] *der, -s, norddt.:* Nieren- und Bauchfett der Schweine und Gänse.
Flop [engl.] *der, -(s)/-s,* Mißerfolg, Fehlschlag: *diese Schallplatte war ein F.*
Floppy disk [engl. floppy ›schlaff‹ und disc ›(Schall)platte‹] *die, --/-s,* Diskette.
Flor [zu Velour] *der, -s/-e,* 1) dünnes Seidengewebe. 2) feine,

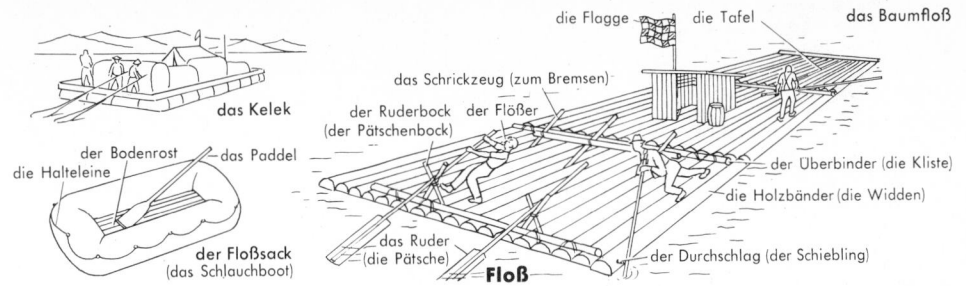

die Flagge — die Tafel — das Baumfloß
das Schrickzeug (zum Bremsen)
das Kelek
der Ruderbock der Flößer
(der Pätschenbock)
der Bodenrost — das Paddel
die Halteleine
der Überbinder (die Kliste)
die Holzbänder (die Widden)
der Floßsack
(das Schlauchboot)
das Ruder
(die Pätsche)
der Durchschlag (der Schiebling)
Floß

haarartige Oberfläche bei Teppichen, Plüsch- und Samtgeweben. **3)** Trauerband: *Trauerflor.* **4)** Spinnerei: auf der Krempel erzeugte feine Faserschicht, Vlies. **Flor** [lat. flos, Gen. floris ›Blüte‹] *der, -s/-e,* **1)** Blumenfülle. **2)** U Gedeihen, Wohlstand. **Flora, 1)** weibl. Vorname. **2)** *die, -/. . . ren,* Pflanzenreich, Pflanzenwuchs eines Gebiets: *F. des Hochgebirges; Alpenflora.* **3)** Liste oder Bestimmungsbuch für ein Pflanzengebiet. **4)** die im Darm lebenden Bakterien: *Darmflora.* **floral,** *florale Muster.*
Florentiner [nach der italien. Stadt Florenz] *der, -s/-,* **1)** Damenstrohhut mit breiter, biegsamer Krempe. **2)** Mandel-Nußgebäck.
Floreszenz [lat. florescere ›aufblühen‹] *die, -/-en,* Blütezeit; Blütenstand.
Florett [frz. fleuret, zu ital. fioretto ›Knospe‹] *das, -(e)s/-e,* Stoßdegen, Fechtwaffe, Abb. D 5, F 9: *Florettfechten.* **Florettseide** *die,* aus Seidenabfall gewebter Stoff.
Florian [lat. flor(id)us ›blühend‹, ›prächtig‹], männl. Vorname. **florid,** rasch fortschreitend (Krankheit). **florieren** [lat. florere ›blühen‹, es floriert (hat floriert), blüht, gedeiht: *das Geschäft f.; ein florierender Handel.* **Florilegium** [lat. flos ›Blüte‹ und legere ›sammeln‹] *das, -s/. . .gi|en,* Blütenlese, Auswahl, Anthologie.
Florin [mhd. florin, zu mlat. florinus ›Florentiner‹; die Münze zeigt die Lilie von Florenz] *der, -s/-e* oder *-s,* Abk.: fl., Fl., Gulden.
Florist [frz., zu lat. flos, Gen. floris ›Blüte‹] *der, -en/-en,* **1)** Kenner und Erforscher der Flora. **2)** Blumenbinder, Blumenzüchter. **Floristik** *die, -.* **Floristin** *die, -/-nen.*
Florpost [zu Velour] *die,* leichtes Schreibpapier; Durchschlagpapier.
flösch, *alem.:* schwammig; schwächlich.
Floskel [lat. flosculus ›Blümchen‹, ›Zierde‹] *die, -/-n,* leere Redensart, Redewendung. **floskelhaft.**
floß, von fließen. **Floß** [flo:s, ahd. floz] *das, -es/⁻e,* flaches Wasserfahrzeug, meist aus zusammengebundenen Baumstämmen, Abb. F 28. **flößbar,** mit Flößen befahrbar. **Floßboot** *das,* Schlauchboot. **Floßbrücke** *die,* Flußübergang aus Baumstämmen. **flösse,** von fließen.
Flosse [ahd. flozza] *die, -/-n,* **1)** Gliedmaße der Fische. **2)** am Flugzeug die feststehenden Teile des Leitwerks. **3)** U Hand, Fuß. **4)** flossenartiger Schwimmschuh, Abb. T 5.
Flöße *die, -/-n,* Schwimmkörper an Angel oder Netz. **flößen** [mhd. vlœzen ›hinabschwemmen‹], *ich flöße* (habe geflößt), **1)** fahre mit Flößen. **2)** *es,* befördere als Treibgut (bes. Holz). **3)** *es,* rahme ab (Milch). **Flößer** *der, -s/-,* Floßführer. **Flößerei** *die, -/-en,* Holzbeförderung auf Flüssen.
Flotation [engl. floatation, to float ›schwimmen (lassen)‹] *die, -,* ⚒ Aufbereitung von Mineralien, Gesteinen, chem. Stoffen in Flüssigkeiten (Schwimm-Aufbereitung).

Flöte [mhd. vloite, zu afrz. fleute] *die, -/-n,* **1)** Holzblasinstrument, Abb. B 33: *ich blase, spiele F.; man muß ihm die Flötentöne beibringen,* U ihn Höflichkeit lehren. **2)** eine Orgelstimme. **3)** hohes Trinkglas. **flöten,** *ich flöte* (habe geflötet), **1)** spiele Flöte. **2)** pfeife, singe in hohen Tönen (Vögel). **3)** U spreche süß, schmeichlerisch.
flötengehen [zu Flöte, G ›Gefängnis‹, *es* geht flöten (ging flöten, ist flötengegangen), U verloren, entzwei.
flotieren [engl. to float ›schwimmen (lassen)‹, *ich flotiere* (habe flotiert) *es,* bereite durch Flotation auf.
Flötist *der, -en/-en,* Flötenspieler.
flötschen, pflotschen.
flott [zu niederdt. vlot ›schwimmend‹], **1)** im Wasser frei schwimmend, schwimmfähig (Schiff, Pflanze). **2)** schick, modisch: *ein flottes Kleid.* **3)** flink, rasch, ohne Unterbrechung: *sie arbeitet f.; ein flottgehender Betrieb,* aber: *der Betrieb ist immer f. gegangen.* **4)** lustig, unbekümmert, leichtsinnig: *sie lebt f.*
Flott *das, -(e)s,* **1)** schwimmende Pflanzenmasse: *Entenflott,* Wasserlinsen. **2)** *niederdt.:* Rahm. **Flotte** *die, -/-n,* **1)** Gesamtheit der Schiffe eines Staates: *Handelsflotte; Flottenstützpunkt; Flottenverband.* **2)** größerer Verband von Kriegsschiffen: *Pazifische F.; Transportflotte.* **3)** Textilveredlung: wäßrige Lösung zum Behandeln von Textilien. **Flottholz** *das,* leichtes Holz für Schwimmkörper am Fischernetz. **flottieren,** *es* flottiert (hat flottiert), schwimmt, schwebt, schwankt: *flottierende Schuld,* kurzfristige, schwebende Schuld. **Flottille** *die, -/-n,* Verband kleiner (Kriegs-)Schiffe. **flottmachen,** *ich mache es* flott (habe flottgemacht), **1)** mache wiederschwimmfähig (Schiff). **2)** Ü bringe wieder in Gang (Angelegenheit). **flottweg,** in einem fort, rasch.
Flotzmaul *das,* feuchter Teil der Nase, z. B. bei Rindern.
Flower-power [fl'auə p'auə, engl. ›Blumenmacht‹] *die, -,* Blumen als Symbol einer humanisierten Gesellschaft bei Demonstrationen u. a.
Flöz [ahd. flezzi ›geebneter Boden‹] *das, -es/-e,* **1)** ⚒ Schicht nutzbarer Mineralien, Abb. B 22. **2)** *oberdt.:* Hausflur. **flözen,** *ich flöze* (habe geflözt), Nebenform von flößen.
Fluate, *Pl.,* Kurzw.für: Fluorsilikate, Härtemittel für Beton.
Fluch [ahd. fluoh] *der, -(e)s/⁻e,* **1)** Verwünschung, im Zorn ausgesprochener Unheilswunsch. **2)** derber Ausdruck. **3)** schicksalhafte böse Folge: *der F. der bösen Tat.* **fluchbeladen,** von einem Fluch verfolgt, belastet. **fluchen,** *ich fluche* (habe geflucht), **1)** drücke mich derb aus. **2)** U verwünsche.
Flucht [zu fliegen] *die, -/-en,* **1)** gerade Linie, Reihe: *Zimmerflucht.* **2)** ⊙ Spielraum: *diese Tür muß mehr F. haben.*
Flucht [ahd. fluht, zu fliehen] *die, -/-en,* **1)** ohne Pl., das Enteilen, Entweichen (vor dem Feind): *auf der F.,* beim Fliehen; *der Feind wurde in die F. geschlagen,* besiegt. **2)** ⚘ Sprung des Schalenwildes. **fluchtartig,** sehr schnell. **Fluchtburg** *die,* vor- und frühgeschichtl. Befestigung.

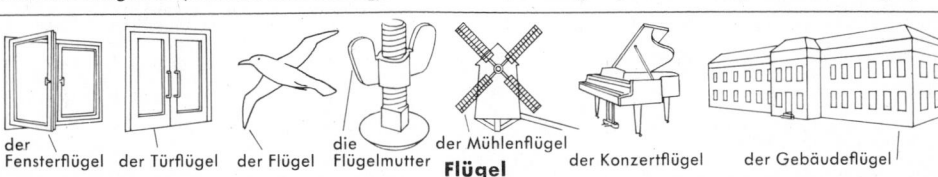

der Fensterflügel der Türflügel der Flügel die Flügelmutter der Mühlenflügel der Konzertflügel der Gebäudeflügel
Flügel

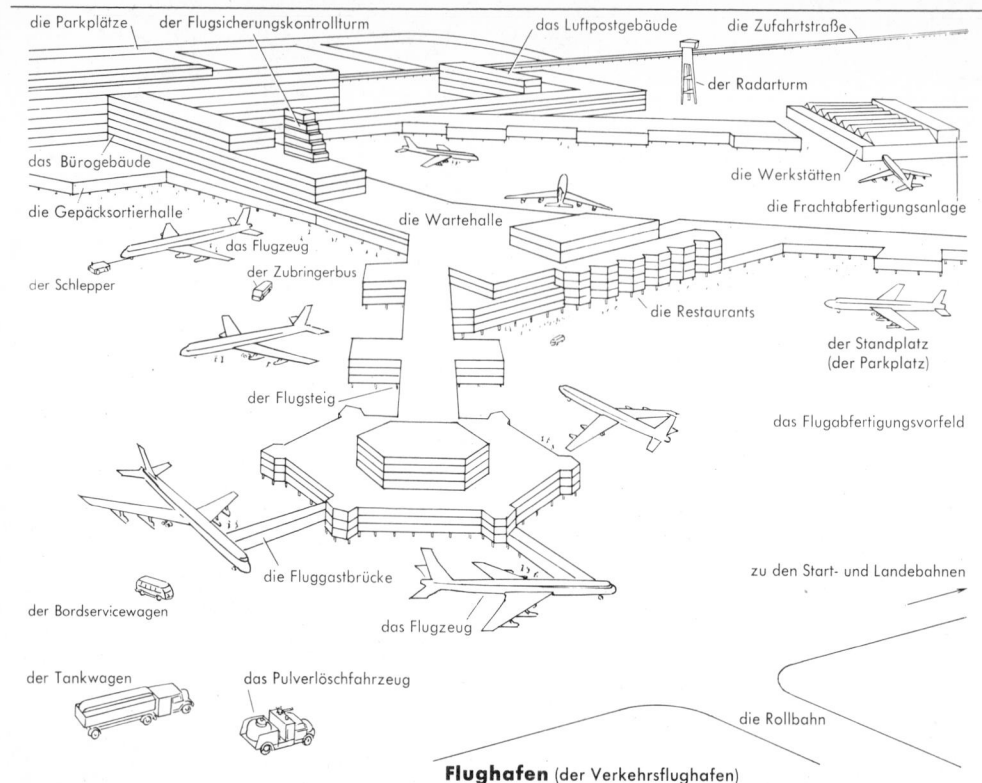

die Parkplätze, der Flugsicherungskontrollturm — das Luftpostgebäude — die Zufahrtstraße
der Radarturm
das Bürogebäude
die Werkstätten
die Gepäcksortierhalle
die Frachtabfertigungsanlage
das Flugzeug — die Wartehalle
der Schlepper — der Zubringerbus
die Restaurants
der Standplatz
(der Parkplatz)
der Flugsteig
das Flugabfertigungsvorfeld
die Fluggastbrücke
zu den Start- und Landebahnen
der Bordservicewagen
das Flugzeug
der Tankwagen — das Pulverlöschfahrzeug
die Rollbahn

Flughafen (der Verkehrsflughafen)

fluchten [zu Flucht, fliegen], *ich* fluchte (habe gefluchtet) *es,* bringe in eine gerade Linie.

flüchten [ahd. fluhten], *ich* flüchte (bin geflüchtet) *ich* flüchte *mich* (habe mich geflüchtet), fliehe, rette mich, verlasse einen gefährdeten Ort, suche Zuflucht. **Fluchtgeschwindigkeit** die, Geschwindigkeit, die erforderlich ist, um dem Anziehungsbereich eines Himmelskörpers zu entkommen. **Fluchthelfer** der, jemand, der Menschen zur Flucht aus kommunist. (bes. aus der Dt. Dem. Rep.) in nichtkommunist. Länder verhilft. **flüchtig, 1)** fliehend, entflohen: *ein flüchtiger Verbrecher.* **2)** P schnell, leichtfüßig: *der flüchtige Hirsch.* **3)** Ü vergänglich: *flüchtiges Glück.* **4)** Ü oberflächlich, ungenau: *flüchtige Arbeit; flüchtige Bekanntschaft.* **5)** bei Zimmertemperatur merklich verdampfend (Äther, Benzin, Benzol). **6)** 🜍 brüchig. **Flüchtigkeit** die, -. **Flüchtigkeitsfehler** der, Fehler aus Unaufmerksamkeit. **Flüchtling** der, -s/-e, Person, die durch Krieg oder polit. Maßnahmen veranlaßt wurde, ihre Heimat zu verlassen: *Flüchtlingslager; politischer F.* **Fluchtlinie** [-iə] die, 🜍 gerade Linie, in der die Front nebeneinanderstehender Gebäude verläuft, Bauflucht. **Fluchtpunkt** der, ABB. P 6. **Fluchtschnur** die, Schnur zum Abstecken, ABB. S 61. **Fluchtverdacht** der, Verdacht einer beabsichtigten Flucht. **fluchtverdächtig.**

fludd(e)rig, flatterhaft, unordentlich. **fluddern,** *ich* fludd(e)re (habe gefluddert), *niederdt.:* flattere.

Fluder [mhd. vloder], **1)** *das, -s/-,* hölzerne Wasserrinne (Mühle, Bergwerk). **2)** *die, -/-n, bair.:* Holzfloß. **fludern,** *ich* flud(e)re (habe gefludert) *es, bair.:* flöße Holz.

Flug [ahd. flug] der, -(e)s/ᵘe, **1)** das Fliegen, Fortbewegung im Luftraum: *der F. der Vögel, des Balls, der Asche; ich habe einen F. nach Berlin gebucht,* Reise mit dem Flugzeug. **2)**

Sinnbild für Geschwindigkeit und hohes Steigen: *die Zeit verging wie im Fluge,* sehr schnell; *der F. der Gedanken.* **3)** 🜍 größere Anzahl von Vögeln: *ein F. Wildgänse.* **4)** ◡ zwei halbkreisförmig gespreizte (Adler-)Flügel. **Flugabwehr** die, Fliegerabwehr: *Flugabwehrkanone,* Kurzw.: Flak. **Flugbahn** die, die Bahn eines geworfenen (Wurfbahn), geschossenen oder durch Eigenantrieb fliegenden Körpers. **Flugball** der, Tennis: auch Volley, ein Ball, der, ohne den Boden berührt zu haben, dem Gegner zurückgespielt wird. **Flugblatt** das, Broschüre oder Einblattdruck mit großer Verbreitung, Werbeblatt. **Flugboot** das, Wasserflugzeug mit stufenbootförmigem Rumpf. **Flugdrache** der, Echse, ABB. D 11. **Flügel** [mhd. vlügel] der, -s/-, ABB. F 29, **1)** zum Fliegen dienender Körperteil bei Tieren, ABB. F 27; Sinnbild für hohen Schwung: *Gänseflügel; Flügelfedern; auf den Flügeln des Gesanges,* ♀; *man muß ihm die F. beschneiden,* Ü ihn in seiner Freiheit beschränken; *er läßt die F. hängen,* Ü ist mutlos. **2)** ⊕ zwei seitliche Blumenblätter der Schmetterlingsblüte; häutiger Anhang einer Frucht oder eines Samens zur Verbreitung durch den Wind, ABB. F 36. **3)** Tragfläche am Flugzeug. **4)** der eine Teil von paarigen, spiegelbildlich angeordneten Gegenständen, z. B. der Lunge, einer Tür, eines Fensters. **5)** äußeres Ende (einer militär. Aufstellung, einer Treibjagd): *der linke F. der Partei.* **6)** einzelne Fläche eines Windrades (Windmühle), Propellers oder Verdichterrades. **7)** ♪ großes Klavier, ABB. K 23: *Konzertflügel,* ABB. F 29. **8)** 🜍 längl. Anbau, bes. Seitengebäude. **9)** 🜍 Windfahne am Mast. **Flügeladjutant** der, Generaladjutant, Stabsoffizier als Adjutant eines Befehlshabers. **Flügelaltar** der, Altar mit ausklappbaren Seitenteilen, ABB. A 9. **Flügelfrucht** die, Frucht mit häutigen Flügeln, ABB. F 36. **Flügelhaube** die, Frauenhaube mit flügelartigen Seitenteilen. **Flügelhorn** das, Blasinstrument, ABB. B 33. **...flüg(e)lig,** mit einer bestimmten Art oder Anzahl

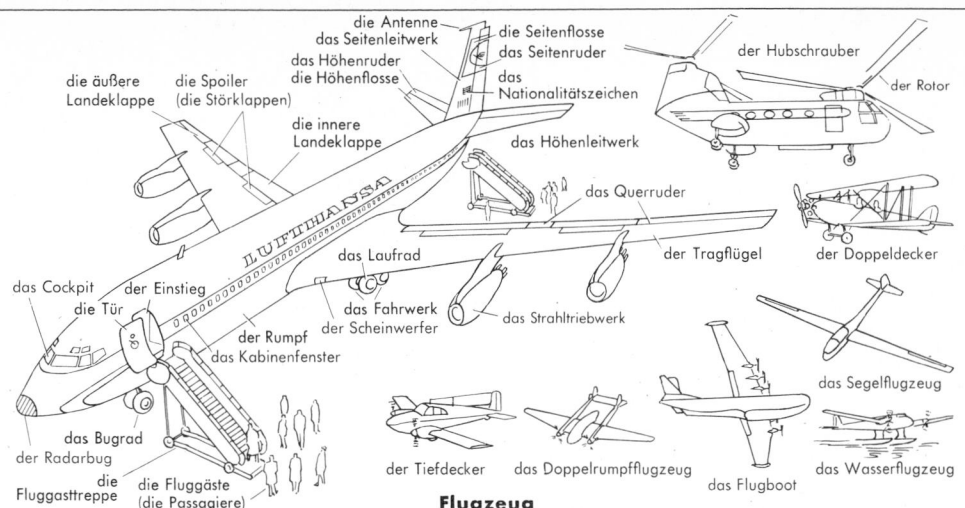

das Cockpit · die Tür · der Einstieg · der Rumpf · das Kabinenfenster · die äußere Landeklappe · die Spoiler (die Störklappen) · die innere Landeklappe · die Antenne · das Seitenleitwerk · das Höhenruder · die Höhenflosse · die Seitenflosse · das Seitenruder · das Nationalitätszeichen · der Hubschrauber · der Rotor · das Höhenleitwerk · das Querruder · das Laufrad · das Fahrwerk · der Scheinwerfer · das Strahltriebwerk · der Tragflügel · der Doppeldecker · das Segelflugzeug · das Bugrad · der Radarbug · die Fluggasttreppe · die Fluggäste (die Passagiere) · der Tiefdecker · das Doppelrumpfflugzeug · das Flugboot · das Wasserflugzeug

Flugzeug

von Flügeln: *zweiflügelig*. **flügellahm, 1)** flugunfähig. **2)** Ü schwunglos. **Flügelmann** *der*, ⚏ am weitesten außen stehender Mann eines Flügels. **Flügelmutter** *die*, Schraubenmutter mit abstehenden Seitenteilen, Abb. F 11, F 29. **flügeln**, *ich flüg(e)le* (habe geflügelt) *Vögel*, ⚒ treffe in den Flügel. **Flügelpferd** *das*, **Flügelroß** *das*, griech. Mythologie: das geflügelte Dichterpferd Pegasus. **Flügelschlag** *der*, Bewegung der Flügel. **Flügelstürmer** *der*, ⚔ der Linksaußen und Rechtsaußen. **Fluggast** *der*, Reisender im Flugzeug. **flügge** [ahd. flucchi], **1)** flugfähig (Vogel). **2)** Ü selbständig: *Kinder werden f.* **Flughafen** *der*, Anlage zum Starten und Landen von Flugzeugen und für die zugehörige Abfertigung, Abb. F 30. **Flugkapitän** *der*, Titel für bewährte Flugzeugführer. **Flugkörper** *der*, unbemanntes Fluggerät mit oder ohne Eigenantrieb, Abb. G 16. **Fluglotse** *der*, Flugleiter im Flugverkehrskontrolldienst der Flugsicherung. **Flugmedizin** *die*, Aeromedizin. **Flugmodell** *das*, flugfähiges Kleinstflugzeug von nicht über 5 kg Gewicht. **Flugplatz** *der*, Flughafen, der nicht dem allgemeinen Verkehr dient. **flugs** [mhd. vluges], schnell, eilends. **Flugsand** *der*, vom Wind abgelagerter Sand. **Flugsaurier** *der*, ein ausgestorbenes vogelähnliches Kriechtier. **Flugschrauber** *der*, -s/-, ein Hubschrauber. **Flugschreiber** *der*, automat. Registriergerät in Flugzeugen. **Flugschrift** *die*, Flugblatt. **Flugsport** *der*, sportl. Betätigung mit Luftfahrzeugen und mit Fallschirmspringen. **Flugtouristik** [-tu-] *die*, Reiseverkehr mit Flugzeugen. **Flugverkehr** *der*, Luftverkehr. **Flugzeug** *das*, Luftfahrzeug, Abb. F 31: *Flugzeugabsturz; Flugzeugentführung; Segelflugzeug; Sportflugzeug*. **Flugzeugführer** *der*, Pilot. **Flugzeugmodell** *das*, Modellflugzeug, naturgetreue Nachbildung von Großflugzeugen. **Flugzeugträger** *der*, Kriegsschiff, Abb. A 15.

Fluh, Flüh [ahd. fluoh ›Fels‹] *die*, -/-e, **Flühe** *die*, -/-n, *schweiz.*: Felsabhang, Felswand.

fluid [lat. fluidus ›fließend‹], flüssig. **Fluid** *das*, -s/-e oder ...da, Sammelbez. für Flüssigkeiten, Gase und Dämpfe. **Fluidum** *das*, -s/...da, **1)** Flüssigkeit, etwas Fließendes. **2)** Ü von einem Menschen oder einem Kunstwerk ausgehende Wirkung, Ausstrahlung.

Fluktuation [lat. fluctuare ›wanken‹, ›wogen‹] *die*, -/-en, das Hin und Her, Schwanken, Wechsel: *die F. innerhalb eines Berufszweiges, Arbeitsplatzwechsel*. **fluktuieren**, *es* fluktuiert (hat fluktuiert): *fluktuierende Bevölkerung*, nicht seßhafte Bevölkerung.

Flunder [mnd. vlundere] *die*, -/-n, ein Plattfisch.

Flunke [niederdt. ›Flügel‹, ›Arm‹] *die*, -/-n, ⚒ Arm des Ankers, Abb. A 15.

Flunkerei *die*, -. **flunkern** [niederdt., zu niederl. flonkeren ›flimmern‹, ›im Winde hin- und herschwanken‹], *ich* flunk(e)re (habe geflunkert), **1)** erzähle Lügengeschichten, schwindele,

schneide auf, übertreibe. **2)** *es flunkert*, *niederdt.*: flimmert, glänzt.

Flunsch [zu flennen] *der*, -(e)s/-e, *norddt.*: verdrießlich verzogener Mund, Schmollmund: *sie zieht einen F.*

Fluor [lat. fluere ›fließen‹], **1)** *das*, -s, ⚛ Element, Zeichen: F, giftiges, grüngelbes Gas. **2)** *der*, -, ⚕ Ausfluß (aus den weibl. Geschlechtsteilen). **Fluoreszenz** *die*, -, das Selbstleuchten mancher Stoffe bei Belichtung. **fluoreszieren**, *es fluoresziert* (hat fluoresziert). **Fluorid** *das*, -(e)s/-e, Metallverbindung des Fluors. **Fluorit** *der*, -(e)s/-e, Flußspat.

Flur [mhd. vluor ›Flur‹, ›Saatfeld‹, ›Boden‹], **1)** *der*, -(e)s/-e, *urspr. niederdt.*: Fußboden, Vorraum in Haus oder Wohnung, Abb. H 11: *Hausflur*. **2)** *die*, -/-en, *urspr. hochdt.*: Bodenfläche, Saatfeld, Nutzland mit Äckern, Wiesen, Weiden, Rebanlagen, Abb. D 10: *Feldflur*. **Flurbereinigung** *die*, Neugestaltung der Flureinteilung, bes. Zusammenlegung von zersplittertem Landbesitz. **Flurbuch** *das*, Verzeichnis der Fluren einer Gemeinde. **Flurgarderobe** *die*, Kleiderablage im Flur. **Flurschaden** *der*, durch Wild, Naturereignisse, militär. Übungen auf landwirtschaftl. Grundstücken entstandener Schaden. **Flurschütz** *der*, -en/-en, Feldhüter. **Flurumgang** *der*, feierl. Umzug durch die Fluren, Bittgang.

fluschen, *es* fluscht (hat gefluscht), *norddt.*: flutscht.

Fluse [niederdt., zu Flausch] *die*, -/-n, Fadenrestchen.

Fluß [ahd. fluz] *der*, Fl'usses/Fl'üsse, **1)** fließendes Gewässer, Abb. F 32: *Flußnetz; Flußschiffahrt; Flußufer; Flußverschmutzung; Flußwasser*. **2)** Ü Bewegung, Geläufigkeit: *Redefluß; alles ist im F.*, entwickelt sich noch. **3)** ▽ unter Wellenlinien begrenzter Pfahl, Balken, Schrägbalken. **4)** Schmelzmasse (auch erstarrte): *Glasfluß*. **5)** Schmelzzusatz, bes. Flußspat: *Flußmittel*. **6)** manche Krankheiten: *Schlagfluß*. **flußabwärts**, den Fluß hinab zur Mündung hin. **Flußarm** *der*, seitl. Abzweigung eines Flusses. **flußaufwärts**, dem Fluß zur Quelle hin. **Flußbau** *der*, künstl. Regelung des Flußlaufes. **Flußbett** *das*, Bodenrinne, in der ein Fluß fließt. **Flüßchen** *das*, -s/-. **Flußdiagramm** *das*, graphische Darstellung von Arbeitsabläufen. **flüssig, 1)** volumenbeständig: *flüssiges Glas; flüssiger Stahl*. **2)** Ü fließend, geläufig (Aussprache, Rede): *er schreibt einen flüssigen Stil*. **3)** ⚖ verfügbar (Geld): *ich habe kein Geld f.* **Flüssigkeit** *die*, -/-en, **1)** flüssiger Körper, Stoff in flüssigem Aggregatzustand. **2)** Ü Gewandtheit, Geläufigkeit. **flüssigmachen**, *ich mache Kapital* flüssig (habe flüssiggemacht), Ü setze es in Bargeld um: *ich kann 10000 Mark flüssigmachen*; aber: *ich will das Blei flüssig machen*, schmelzen. **Flußkrebs** *der*, im Süßwasser lebender, eßbarer Krebs. **Flußlauf** *der*, Verlauf, Bett eines Flusses. **Flüßlein** *das*, -s/-. **Flußpferd** *das*, pflanzenfressender Paarhufer in und an Gewässern Afrikas. **Flußregelung, Flußregulierung** *die*, Korrektion des Wasserlaufs. **Flußsäure**

Fluß

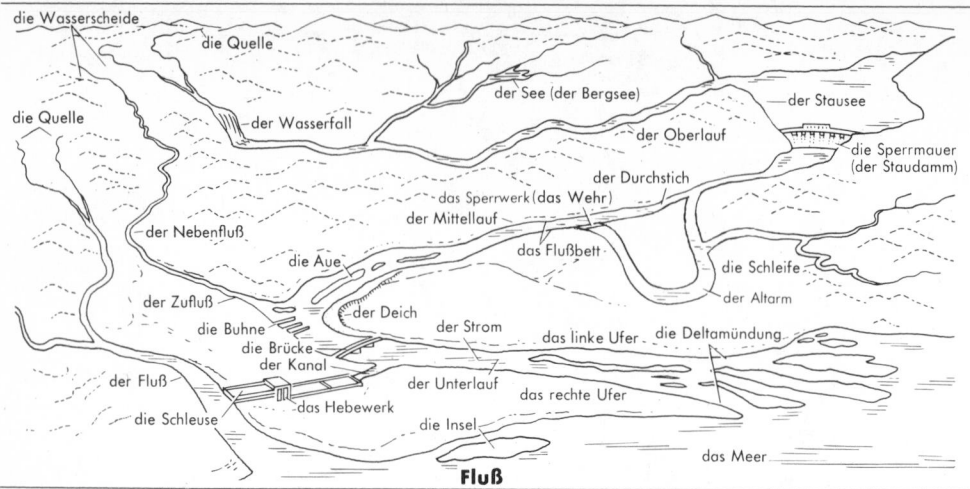

die Wasserscheide · die Quelle · der See (der Bergsee) · der Stausee · die Quelle · der Wasserfall · der Oberlauf · die Sperrmauer (der Staudamm) · der Durchstich · das Sperrwerk (das Wehr) · Flüstergewölbe · der Mittellauf · der Nebenfluß · die Aue · das Flußbett · die Schleife · der Zufluß · der Deich · der Altarm · die Buhne · der Strom · das linke Ufer · die Deltamündung · die Brücke · der Kanal · das rechte Ufer · der Fluß · der Unterlauf · die Schleuse · das Hebewerk · die Insel · das Meer

Fluß

die, Lösung von Fluorwasserstoff in Wasser. **Flußspat** der, Fluorit, ein Fluormineral. **Flußstahl** der, jeder in flüssigem Zustand erzeugte und abgegossene Stahl.

Flüstergewölbe das, Gewölbe, in dem geflüsterte Worte weit von der Schallquelle entfernt an bestimmten Stellen hörbar sind. **flüstern** [Schallw.], ich flüst(e)re (habe geflüstert) (es), rede leise: sie flüsterte mit ihm; sie flüsterte ihm etwas ins Ohr; dem werde ich etwas flüstern, Ü die Meinung sagen. **Flüsterpropaganda** die, Propaganda von Mund zu Mund. **Flüstertüte** die, Ü Megaphon.

Flut [ahd. fluot] die, -/-en, 1) Steigen des Meerwassers im Gezeitenwechsel, Авв. G 25. 2) Wassermasse, wildbewegter Strom: die Fluten der Donau. 3) Ü Masse: eine F. von Glückwünschen brach über ihn herein. **fluten**, ich flute (habe geflutet), 1) es, lasse vollaufen, setze unter Wasser (U-Boot). 2) es flutet, schwillt an (Flut); Ü strömt in Mengen daher: die Menschen fluteten in den Saal. **Fluthafen** der, nur bei Flut benutzbarer Hafen. **Flutlicht** das, -(e)s, das Anleuchten einer begrenzten Fläche mit hoher Beleuchtungsstärke: ein Fußballspiel unter F. **Flutmündung** die, trichterförmige Flußmündung.

flutschen [Schallw.], es flutscht (hat geflutscht), mitteldt.: geht rasch voran: die Arbeit f. **Flutwelle** die, anströmende Flut der Gezeiten; durch Seebeben entstandene besonders hohe Welle. **Flutzeit** die, Flut, Steigen des Meerwassers.

fluvial, fluviatil [lat. fluvialis ›im Fluß‹, zum Fluß gehörig, vom Fluß gebildet. **fluvioglazial** [lat. fluvius ›Fluß‹ und glazial], von Gletscherschmelzwasser gebildet.

Fluxion [lat. fluctuare ›fließen‹, ›wogen‹] die, -/-en, Fluß, Wallung. **Fluxus** der, -, 1) ♀ gesteigerte Absonderung (Blut, Eiter). 2) eine Sonderform des Happenings.

Fly-by [flai bai, engl. to fly ›fliegen‹ und by ›vorbei‹] das, -(s)/-s, 1) (parademäßiger) Vorbeiflug. 2) Vorüberflug einer Raumsonde an einem anderen Planeten ohne Landung. **Flyer** [fl'aiə(r), engl.] der, -s/-, 1) ✂ Flieger. 2) ein Rennpferd. 3) auch Fleier, Vorspinnmaschine mit Flügelspindeln. **Flying Dutchman** [fl'aiiŋ d'ʌtʃmən] der, - -/- . . .men, Sportsegelboot.

Flysch [eigtl. zum ›Fließen‹ neigend] der, -(e)s, ⊕ durch Tektogenese gebildetes Sedimentgestein.

fm, Abk. für: Festmeter.
Fm, ⊙ Zeichen für: Fermium.
Fmk, Abk. für: Finnmark.
f-Moll das, Zeichen: f, ♪ eine Tonart.
fob, Abk. für: free on board, Lieferung frei Schiff, Kosten- und Risikoklausel im Außenhandelsgeschäft.
focht, von fechten.
Fock [niederl. fokken ›aufziehen‹ die, -/-en, ↘ das unterste Rahsegel am Fockmast, Авв. S 45. **Fockfall** der, Tau zum

Aufziehen der Fock. **Fockmast** der, Vordermast, Авв. S 16. **Fockstag** das, Verspannung von Mast zum Bug.

Föderalismus [lat. ›foedus, Gen. foederis ›Bündnis‹, ›Staatsvertrag‹] der, -, die Gestaltung des Staatskörpers als Bundesstaat oder als Staatenbund. **Föderalist** der, -en/-en. **föderalistisch. Föderation** die, -/-en, 1) Bündnis. 2) Staatenverbindung, Staatenbund. **föderativ,** bundesmäßig, auf eine Föderation bezüglich: föderative Staaten. **Föderierte** der, die, -n/-n, ein -r, eine -, der, die Verbündete, verbündete Macht.

Fog [engl.] der, -s, niederdt.: dichter Nebel.
Fogasch [ungar.], **Fogosch** der, -(e)s/-e, ⌐ Zander.
Föhe [ahd. foha] die, -/-n, ⚥ Füchsin.
fohlen, die Stute fohlt (hat gefohlt), wirft ein Fohlen. **Fohlen** [ahd. folo, verwandt mit grch. polos ›Tierjunges‹] das, -s/-, Füllen, Pferd bis zum Alter von 2 Jahren.
Föhn [lat. favonius lauer Westwind‹] der, -(e)s/-e, trockener, warmer Fallwind. **föhnen,** es föhnt (hat geföhnt), der Föhn weht. **föhnig,** bedrückend schwül, vom Föhn beeinflußt (Wetter). **Föhnkrankheit** die, durch Föhn ausgelöste gesundheitl. Störungen.
Föhre [ahd. forha] die, -/-n, Kiefer (Baum).
Foid [aus Feldspatoid] der, -(e)s/-e, meist Pl., Feldspatvertreter, ein gesteinsbildendes Mineral.
fokal, den Fokus betreffend: Fokalinfektion. **Fokus** [lat. focus ›Herd‹, ›Feuerstätte‹] der, -/- oder -se, 1) Brennpunkt (von Linsen und Spiegeln). 2) Krankheitsherd. **fokussieren,** ich fokussiere (habe fokussiert) es, stelle ein opt. Gerät scharf ein.
Fol., Abk. für: Folio.
Folge [mhd. volge ›Gefolge‹, ›Nachfolge‹] die, -/-n, 1) Ergebnis eines Ereignisses, Auswirkung: Folgeerscheinung; Folgelasten; Folgesorgen; Unfallfolgen; das kann böse Folgen haben; das bleibt nicht ohne Folgen, da geschieht noch etwas; das hatte zur F., daß . . .; leichtfertig. 2) Reihe, Aufeinanderfolge: die lange F. der Versuche; die nächste, neue F. (eines Druckwerkes). 3) ohne Pl., Gehorsam, Dienstpflicht, Entgegenkommen: ich muß dieser Aufforderung F. leisten. 4) ohne Pl., Zukunft: die F. wird es lehren; in der F., im weiteren Verlauf; für die F., in Zukunft. 5) Gefolge, bes. Leichenzug. 6) ⚥ Recht, ein Wild auf fremdem Boden weiterzuverfolgen: Jagdfolge. 7) △ gesetzmäßige Aufeinanderfolge von Zahlen, durch Komma voneinander getrennt. **folgen** [ahd. folgen], ich folge (bin gefolgt), 1) ihm, gehe hinter ihm her, gehe nach: der Hund folgte dem Einbrecher; ich bin ihm bis zu seiner Wohnung gefolgt; kannst du mir folgen?, Ü verstehst du das? 2) bin der nächste: nun folgt ein Walzer; Brief folgt. 3) auf ihn, komme danach: auf Regen folgt Sonne; auf Otto I. folgte Otto II. 4) (habe gefolgt) ihm, gehorche, richte mich nach ihm. 5) es folgt aus ihm, leitet sich ab: daraus folgt, daß . ., ergibt sich, wird

bewiesen. **folgend,** nächst, nachstehend verzeichnet: *am folgenden Tage; folgende Seite,* Abk.: f.; *folgende Seiten,* Abk.: ff.; *ich habe folgendes zu bemerken; durch folgendes wurde ich darauf aufmerksam; mit folgendem überzeugte er mich; im folgenden* oder *in folgendem; der folgende* (in der Reihenfolge); aber: *der auf einen anderen Folgende,* den *Nachfolger; folgendes, das folgende teilen wir Ihnen mit,* dieses; aber: *das darauf Folgende,* das später Geschehende oder Erwähnte; *aus, in, mit, nach, von dem Folgenden,* den folgenden Ausführungen. **folgendermaßen, folgenderweise,** auf diese Weise, so: *das soll f. geschehen.* **folgenlos,** ohne Folgen. **folgenreich, folgenschwer,** *eine folgenschwere Entscheidung.* **Folgerecht** *das,* ⚖ Recht des Urhebers auf Beteiligung am Erlös bei Veräußerung eines Werkes der bildenden Kunst. **folgerecht, folgerichtig,** mit Überlegung, planmäßig, die Folgerungen ziehend, konsequent. **folgern,** *ich* folg(e)re (habe gefolgert) *es aus etwas,* erschließe, ziehe Schlußfolgerungen: *aus seinen Worten folgerte ich, daß . . .* **Folgerung** *die, -/-en,* Denkergebnis, Ableitung von neuen Erkenntnissen aus gegebenen. **Folgesatz** *der,* Konsekutivsatz, Übers. S 79. **folgewidrig,** nicht folgerichtig. **Folgezeit** *die,* unmittelbar auf ein Ereignis folgende Zeit. **folglich,** demzufolge, infolgedessen, aus diesem Grund. **folgsam,** gehorsam. **Folgsamkeit** *die, -.*

Foliant [lat. folium ›Blatt‹] *der, -en/-en,* großformatiges Buch. **Folie** [-iə] *die, -/. . .li|en,* **1)** dünnes Blatt, Haut aus Metall oder Kunststoff: *Metallfolie; Foliendruck.* **2)** Hintergrund (von dem sich etwas abhebt). **foliieren,** *ich* foliiere (habe foliiert) *es,* unterlege mit einer Folie. **Folio** *das, -/-s* oder *. . .li|en,* **1)** ⚘ Abk.: Fol., Zeichen: 2°, ℅ Kanzleiformat. **2)** Blatt im Geschäftsbuch. **Folium** *das, -s/. . .lia* oder *. . .li|en,* Blatt einer Pflanze.

Folketing [dän.] *das, -,* das dänische Parlament.

Folk|lore [engl.] *die, -,* **1)** überlieferte Lieder, Märchen, Sagen, Sprichwörter eines Volkes. **2)** Volkskunde. **Folk|lorist** *der, -en/-en,* Kenner der Folklore, Volkskundler. **folk|loristisch. Folksong** [f'ouksɔŋ, engl.] *der, -s/-s,* Volkslied.

Folle *die, -/-n, schweiz.:* Milchtrichter.

Follikel [lat. folliculus ›kleiner Sack‹, ›Beutel‹] *der, -s/-,* **1)** grübchenförmige Einsenkung der Haut, aus der Haare herausragen: *Haarfollikel.* **2)** Zellhülle, die das reife Ei umgibt: **Follikelhormone,** Östrogene. **Follikelsprung,** Eisprung, Ovulation. **follikular, follikulär.**

Folter [spätmhd. foltrit, lat. poledrus ›Folterbank‹, zu grch. polos ›Fohlen‹, wegen der ähnlichen Form] *die, -/-n,* **1)** Gerät zum Foltern. **2)** das Foltern, das Auferlegen körperl. Qualen zur Erzwingung von Geständnissen. **3)** Ü körperliche oder seelische Qual: *er spannt mich auf die F.,* Ü befriedigt meine Neugier nicht. **Folterkammer** *die,* Raum zum Foltern. **foltern** [mhd. vultern], *ich* folt(e)re (habe gefoltert) *ihn,* martere, peinige, mißhandle. **Folterung** *die, -/-en.*

Fomalhaut [arab. fam al-hut ›Maul des Fisches‹] *der, -(s),* ✴ ein Stern.

Foment [lat. fomentum ›Umschlag‹] *das, -s/-e,* ♨ warmer Umschlag.

Fön *der, -(e)s/-e,* Handelsname für ein elektr. Heißluftgerät: *ich trockne das Haar mit dem F.; Fönfrisur.*

foncé [fõs'e, frz.], **1)** dunkel. **2)** naturfarben.

Fond [fõ, frz., zu lat. fundus ›Boden‹] *der, -s/-s,* **1)** Grundlage. **2)** Hintergrund. **3)** hinterer Sitzraum im Wagen. **4)** durch Auskochen von Fleisch oder Knochen gewonnener Extrakt.

Fondant [fõd'ã, frz. fondre ›(ver)schmelzen‹, ›gießen‹] *der, -s/-s,* Süßigkeit aus gewürzter weicher Zuckermasse.

Fonds [fõ, frz. ›Grund und Boden‹, vgl. Fond] *der, - [fõ(s)]/- [fõs],* Geldmittel für bestimmte Zwecke. **Fondsgeschäft** [fõ-] *das,* Börsengeschäft in Staatspapieren.

Fondue [fõd'y, frz. fondre ›(ver)schmelzen‹] *die, -/-s* oder *das, -s/-s,* **1)** schweiz. Käsegericht: *Käsefondue.* **2)** Fondue bourguignonne: *Fleischfondue.* **Fondue bourguignonne** [-burgin'ɔn] *die, - -/-s -s,* in siedendem Fett gebratene Fleischstückchen.

fönen, *ich* föne (habe gefönt) *das Haar,* trockne mit Fön.

Fontäne [frz. fontaine, mhd. fontane, zu lat. fons ›Quelle‹] *die, -/-n,* Springbrunnen, Abb. B 52, W 6. **Fontanelle** [frz., eigtl. ›kleine Quelle‹] *die, -/-n,* Lücke zwischen den Schädelknochen neugeborener Menschen und Säugetiere.

Fontange [fõt'ãʒ, frz., wohl nach der Herzogin v. Fontanges, Mätresse Ludwigs XIV.] *die, -/-n [-ʒən],* Damenkopfputz, Abb. H 10.

foot [fut, engl. ›Fuß‹] *der, -/feet* [fi:t], Abk.: ft, engl. Längenmaß. **Football** [f'utbɔ:l, engl.] *der, -s,* amerikan. Ballspiel.

foppen [urspr. G], *ich* foppe (habe gefoppt) *ihn,* necke, verspotte, halte zum Narren. **Fopperei** *die, -/-en.*

Foraminifere [lat. foramen ›Loch‹, ›Öffnung‹ und ferre ›tragen‹] *die, -/-n,* meeresbewohnender Einzeller.

Force [fors, frz., zu lat. fortis ›stark‹] *die, -/-n [-sən],* Stärke, Kraft, besondere Fähigkeit. **Force de dissuasion** [-də disyasj'õ, frz. ›Abschreckung‹] *die, - - -,* **Force de frappe** [-də fr'ap, frz., eigtl. ›Schlagkraft‹] *die, - - -,* Name der französ. Atomstreitmacht. **Force majeure** [-maʒ'œ:r] *die, - -,* höhere Gewalt. **forcieren** [-s'i:-], *ich* forciere (habe forciert) *es,* **1)** erzwinge, treibe intensiv voran: *er forciert das Rennen.* **2)** Ü übertreibe, steigere: *er forciert die Stimme in den höheren Lagen.* **forciert** [-s'i:-], **1)** gezwungen, unnatürlich. **2)** intensiv vorangetrieben: *forciertes Wachstum.*

Förde [zu Furt] *die, -/-n, niederdt.:* tief in das Festland einschneidende Meeresbucht.

Förderanlage *die,* Einrichtung zum stetigen Fördern von Schütt- und Stückgütern, Abb. T 2. **Förderband** *das,* laufendes Band.

Förderer *der, -s/-,* jemand, der etwas fordert. **Förderer** *der, -s/-,* **1)** jemand, der etwas fördert. **2)** Fördermittel. **Förderklasse** *die,* besondere Schulklasse für zurückgebliebene Schüler, seltener zur Förderung begabter Schüler. **Förderkorb** *der,* ⚒ Fördereinrichtung im Schacht. **förderlich** [mhd. vürderlich], nützlich, zweckmäßig: *Sport ist der Gesundheit f.* **Fördermaschine** *die,* ⚒ Maschine zum Betrieb der Fördereinrichtungen in Schächten. **Fördermittel** *das,* Einrichtung zum Bewegen von Gütern.

fordern [ahd. fordoron], *ich* ford(e)re (habe gefordert), **1)** *es von ihm,* verlange, will haben: *ich f. von euch Stillschweigen.* **2)** *ihn,* rufe zum Zweikampf oder Wettbewerb auf. **3)** *es fordert,* macht notwendig: *die Lage fordert Opfer.*

fördern [ahd. furdiren, zu furdir ›vorwärts‹, eigtl. ›weiter nach vorn bringen‹], *ich* förd(e)re (habe gefördert), **1)** *ihn,* begünstige, helfe ihm beim Vorwärtskommen: *durch freundliche Lehrer gefördert.* **2)** *es,* ⚒ bringe zutage von der Förderstrecke durch Förderstollen und Förderschacht; vgl. Abb. B 22. **3)** *es zutage,* Ü mache allen klar, enthülle. **Förderrinne** *die,* **Förderschnecke** *die,* Förderanlage. **Förderstufe** *die,* in Schulreformplänen Bezeichnung für das fünfte und sechste Schuljahr. **Förderturm** *der,* ⚒ Abb. B 22.

Forderung *die, -/-en,* **1)** Verlangen, bes. sittliche Pflicht: *an uns alle geht die F. zu helfen.* **2)** ⚖ Anspruch eines Gläubigers. **3)** Herausforderung zum Zweikampf.

Förderung *die, -/-en,* Unterstützung, Hilfe: *Begabtenförderung; Förderungsmaßnahmen; förderungswürdig.*

Före [schwed.] *die, -,* Eignung des Schnees zum Skifahren.

Foreign Office [f'ɔrin 'ɔfis, engl. foreign ›fremd‹ und office ›Amt‹] *das, - -,* das Auswärtige Amt Großbritanniens.

Forelle [ahd. forhana] *die, -/-n,* Sport- und Speisefisch.

Foren, *Pl.* von Forum.

forensisch [lat. forensis, zu Forum], gerichtlich: *forensische Medizin,* ℅ Gerichtsmedizin.

Forfaitierung [fɔ:fet-, frz. à forfait ›in Bausch und Bogen‹] *die, -,* ⚖ Finanzierungsform von Exportgeschäften.

Forint [ungar. ›Gulden‹] *der, -(s)/-s* und bei Wertangaben -, Abk.: Ft., ungar. Währungseinheit.

Forke [ahd. furka, zu lat. furca] *die, -/-n, norddt.:* Heugabel, Mistgabel, Abb. G 1. **forkeln,** *ein Hirsch* forkelt (hat geforkelt), stößt mit dem Geweih zu.

Forle *die, -/-n, oberdt.:* Kiefer. **Forl|eule** *die,* Eulenschmetterling; Kiefernschädling.

Form [mhd. forme, zu lat. forma ›Gestalt‹] *die, -/-en,* **1)** Gestalt, Äußeres, Gestaltung: *der Krug hat eine hübsche F.; formschön.* **2)** ⚘ die Druckform. **3)** Werkzeug oder Gehäuse zum Formen: *Hutform; Kuchenform; Gießform; Prägeform,* Abb. K 17. **4)** Abart, Erscheinungsweise: *die wichtigsten Formen des Zeitwortes.* **5)** gutes, gesellschaftl. Regeln entsprechendes Benehmen: *man muß die F. wahren; Formfragen.* **6)** Äußerlichkeit im Gegensatz zum Gehalt. **7)** ⚽ Leistungszustand eines Sportlers oder einer Mannschaft: *er war (nicht) gut in F., hat ein Formtief.* **8)** △ Zahlenausdruck mit einer oder mehreren Unbestimmten. **9)** Philosophie: das gestaltgebende innere Wesen im Unterschied zum Stoff. **formal,** auf die Form bezüglich, formgemäß: *formaljuristisch.* **Formalausbildung** *die,* ⚔ Exerzierausbildung.

F 33

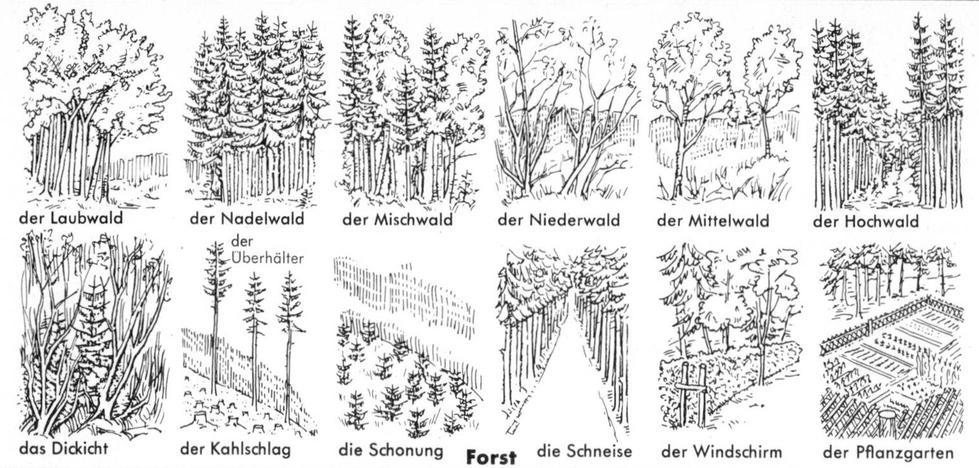
der Laubwald
der Nadelwald
der Mischwald
der Niederwald
der Mittelwald
der Hochwald
das Dickicht
der Überhälter
der Kahlschlag
die Schonung
die Schneise
der Windschirm
der Pflanzgarten

Forst

Form|aldehyd [lat. formica ›Ameise‹ und Aldehyd] *der, -s,* ein farbloses, stechend riechendes Gas.

Formali|en, *Pl.,* Förmlichkeiten, Äußerlichkeiten. **formalisieren,** *ich* formalisiere (habe formalisiert) *es,* bringe in (strenge) Ordnung. **Formalismus** *der, -,* das Überbewerten des Formalen. **formalistisch. Formalität** *die, -/-en,* Formsache, formale Vorschrift: *die Formalitäten beim Grenzübertritt.* **formaliter,** förmlich. **formaljuristisch,** wortgetreue Auslegung von Rechtsvorschriften. **Formans** *das, -/. . . m'anti|en,* Ableitungssilbe. **Format** *das, -(e)s/-e,* **1)** Normgröße, Maß: *DIN-Format.* **2)** Ü überdurchschnittl. Bedeutung der Persönlichkeit: *ein Mann von F.* **Formation** *die, -/-en,* **1)** ⚘ Abteilung, Verband: *Formationsflug.* **2)** 🌐 Abschnitt eines geologischen Erdzeitalters, den Abteilungen übergeordnet. **3)** genetisch Zusammengehöriges, z. B. Erzformation, Pflanzengesellschaft. **formbar,** zum Formen geeignet. **Formbarkeit** *die, -.* **formbeständig,** *formbeständige Strickwaren.* **Formblatt** *das,* Vordruck, Formular. **Formel** *die, -/-n,* **1)** festgelegter Ausdruck: *dafür gibt es keine F.* **2)** kurze Begriffsbestimmung. **3)** △ Buchstabenausdruck, der eine Rechenvorschrift angibt. **4)** ⌒ die mit chem. Zeichen ausgedrückte Zusammensetzung von Molekülen. **5)** Rennwagenklasse. **formelhaft,** auf Formeln, starren Regeln gegründet: *formelhafte Wendungen.* **Formelhaftigkeit** *die, -.* **formell, 1)** im Formalen sich erschöpfend. **2)** die äußeren Formen, die Umgangsformen (genau) beachtend. **formen,** *ich* forme (habe geformt) *es,* gebe oder verändere die Form, gestalte: *dieses Erlebnis hat seinen Charakter geformt.* **Formenlehre** *die,* Lehre von den Formen, Morphologie. **formenreich,** *eine formenreiche Pflanzenfamilie.* **Former** *der, -s/-,* Hersteller von Gußformen. **Formerei** *die, -/-en,* Werkstätte des Formers. **Formfehler** *der,* Verletzung der äußeren Form, z. B. bei Gerichtsverhandlungen. **Formgebung** *die, -,* Formung. **formgewandt,** geschickt in Ausdruck oder Umgang.

formidabel [frz. formidable], ☘ schrecklich, gewaltig.

formieren [mhd. formieren, zu lat. formare], *ich* formiere (habe formiert), **1)** *es,* gestalte: *formierte Gesellschaft.* **2)** *Truppen,* ⚘ stelle sie auf. **Formierung** *die, -.* **. . . förmig,** von bestimmter Form: *gasförmig; kreisförmig.* **förmlich, 1)** in vorgeschriebener Form, bindend und klar: *eine förmliche Abmachung.* **2)** formell. **3)** U gewissermaßen, geradezu: *man könnte f. aus der Haut fahren,* meine Geduld ist am Ende. **Förmlichkeit** *die, -/-en,* **1)** förmliche Handlung, Äußerung. **2)** *ohne Pl.,* förmliches Verhalten. **formlos, 1)** ohne besondere Form: *ein formloser Antrag genügt.* **2)** Ü ungezwungen (Benehmen). **Formlosigkeit** *die, -.* **Formsache** *die,* Handlung nur um der äußeren Form willen: *nur eine F.* **Formstein** *der,* besonders geformter Mauerstein, Abb. F 34. **Formular** [lat. formula ›Regel‹, ›Vorschrift‹, zu Form] *das, -s/-e,* Formblatt, Vordruck. **formulieren,** *ich* formuliere (habe formuliert) *es,* bringe in eine bestimmte sprachl. Form. **Formulierung** *die, -/-en.* **Formung** *die, -,* das Formen. **formvollendet,** formschön, formal vollendet.

forsch [zu Force], U draufgängerisch; schneidig. **Forsche** *die, -,* U.

förscheln, *ich* försch(e)le (habe geförschelt), *schweiz.:* forsche vorsichtig, horche aus. **forschen** [ahd. forscon], *ich* forsche (habe geforscht) *(nach ihm, etwas),* **1)** suche zu erkunden, wissenschaftlich zu verstehen. **2)** suche gewissenhaft. **Forscher** *der, -s/-: Heimatforscher; Naturforscher.* **Forschung** *die, -/-en,* wissenschaftl. Arbeit mit dem Ziel, neue Erkenntnisse zu gewinnen: *Forschungsauftrag; Forschungsreise; Marktforschung; Verhaltensforschung.*

Forst [ahd. forst, zu mlat. forestis] *der, -es/-e(n),* bewirtschafteter, fest abgegrenzter Wald, Abb. F 33: *Forstamt; Forstfrevel; forstgerecht; Forstrecht; Forstrevier; Forstschutz.* **forsten,** *ich* forste (habe geforstet) *es,* verwalte, bewirtschafte (einen Wald). **Förster** *der, -s/-,* Forstbeamter. **Försterei** *die, -/-en,* Amtssitz des Försters. **forstlich. Forstwirtschaft** *die,* planmäßiges Pflanzen und Pflegen des Waldes.

Forsythie [-iə, nach dem engl. Botaniker W. A. Forsyth, 1737–1804] *die, -/. . . thi|en,* gelb blühender Zierstrauch.

fort [mhd. vort], **1)** weg: *er ist f.; f. mit ihm!* **2)** abwesend, nicht hier, verschwunden: *es ist f.* **3)** Ü weiter, vorwärts: *und so fort,* Abk.: usf.; *in einem f.,* ununterbrochen; *f. und f.,* ständig, immer wieder; aber: *immerfort,* unausgesetzt. **fort. . .,** in Verbindung mit Verben trennbar zusammengesetzt: weg. . ., weiter. . .: *fortbilden; fortdauern; fortgehen; fortlassen; fortwollen;* vgl. fortfahren.

Fort [foːr, frz., zu lat. fortis ›stark‹] *das, -s/-s,* Teil einer Befestigungsanlage, kleines Festungswerk.

fort|ab, fort|an, hinfort, in Zukunft. **Fortbestand** *der, -(e)s,* das Weiterbestehen. **Fortbewegung** *die,* Bewegung von einer Stelle weg. **Fortbildung** *die,* ergänzende Ausbildung: *Fortbildungskurs.* **Fortdauer** *die,* unverändertes Weiterbestehen: *die F. der Schlechtwetterlage.*

forte [ital.], Abk.: f, ♪ laut, stark: *fortepiano,* ♪ laut und sofort wieder leise.

fortfahren, *ich* fahre fort (fuhr fort, bin fortgefahren), **1)** reise ab: *sie sind gestern fortgefahren; wann fährst du fort?* **2)** *mit einer Tätigkeit,* mache weiter, höre nicht auf. **3)** (habe fortgefahren) *es, ihn,* bringe mit dem Wagen weg. **Fortfall** *der, -(e)s,* künftiges Unterbleiben, Fehlen. **fortfallen,** *es* fällt fort (fiel fort, ist fortgefallen), unterbleibt, geschieht nicht. **fortführen,** *ich* führe *es* fort (habe fortgeführt), betreibe weiter; leite als Nachfolger (Unternehmen). **Fortführung** *die, Pl. selten.* **Fortgang** *der, -(e)s,* **1)** das Fortgehen: *nach seinem F.* **2)** weitere Entwicklung: *das Werk nimmt seinen F.* **Fortgeschrittene** *der, die, -n/-n, ein -r, eine -,* jemand, der in einem Fach schon mehr als ein Anfänger kann: *Englisch für F.* **fortgesetzt,** dauernd, unaufhörlich, immerzu: *fortgesetzte Belästigungen; ich wurde f. gestört.*

Fortifikation [zu Fort und lat. facere ›machen‹] *die, -/-en,* Befestigungskunst, Festungswerk. **fortifikatọrisch.**
fortịssimo [ital.], Abk.: ff, ♪ sehr laut.
fọrtkommen, *ich* komme fort (kam fort, bin fortgekommen), 1) Ü mache Fortschritte, komme voran. 2) *mach, daß du fortkommst!,* Ü geh weg! 3) *es ist fortgekommen,* Ü abhanden gekommen. **Fọrtkommen** *das, -s: berufliches Fortkommen.*
fọrtlaufend, unmittelbar aufeinanderfolgend: *die Plätze sind f. numeriert.* **fọrtleben,** *er, es* lebt *in ihm* fort (hat fortgelebt), Ü sein Andenken wird in ihm weiterbestehen. **Fọrtluft** *die,* ins Freie abgeführte verbrauchte Raumluft. **fọrtpflanzen,** *ich* pflanze fort (habe fortgepflanzt), 1) *mich,* habe Nachkommen. 2) *es pflanzt sich fort,* Ü breitet sich aus: *der Schall pflanzt sich fort.* **Fọrtpflanzung** *die,* -, 1) Erzeugung von Nachkommen: *Fortpflanzungsorgan.* 2) Ü Weiterleitung (Licht, Schall): *Fortpflanzungsgeschwindigkeit.* **fortreißen,** *ich* reiße fort (riß fort, habe fortgerissen), 1) *es,* nehme gewaltsam, schnell weg. 2) *ihn,* Ü versetze in leidenschaftliche Anteilnahme: *von Begeisterung fortgerissen.* **Fọrtsatz** *der,* Verlängerung, Auswuchs: *Knochenfortsatz.* **fọrtscheren** [spätmhd. sich scheren ›schnell fortlaufen‹], *scher dich fort!,* Ü geh weg! **fọrtschreiben,** *ich* schreibe fort (habe fortgeschrieben). **Fọrtschreibung** *die,* Statistik: laufendes zahlenmäßiges Festhalten eines wechselnden Bestandes, z. B. Einwohnerzahl. **fọrtschreiten,** *ich* schreite fort (bin fortgeschritten), 1) entwickle mich, mache Fortschritte: *ein fortgeschrittener Schüler.* 2) *es schreitet fort,* dauert an, nimmt zu: *eine Krankheit in fortgeschrittenem Stadium; bei fortschreitender Inflation.* **Fọrtschritt** *der,* Höherentwicklung, Weiterentwicklung, Wertsteigerung: *er macht im Deutschen gute Fortschritte; fortschrittsfeindlich.* **Fọrtschrittler** *der, -s/-,* fortschrittlicher Mensch. **fọrtschrittlich,** modern denkend, den neuesten Erfahrungen entsprechend. **fọrtsetzen,** *ich* setze *es* fort (habe fortgesetzt), 1) stelle beiseite. 2) führe weiter, nehme wieder auf: *wir setzen unser Gespräch morgen fort.* **Fọrtsetzung** *die, -/-en,* 1) Wiederaufnahme, Weiterführung nach Unterbrechung. 2) Abschnitt eines Romans, der in mehreren Ausgaben einer Zeitung erscheint: *F. folgt, in der nächsten Ausgabe geht es weiter.*
fọrtstehlen, *ich* stehle *mich* fort (stahl mich fort, habe mich fortgestohlen), entferne mich heimlich: *unbemerkt von den übrigen Gästen konnte er sich fortstehlen.*
Fortụna [lat. ›Schicksal‹], röm. Göttin des Glücks.
fọrtwährend, dauernd, ununterbrochen.
Fọrum [lat.] *das, -s/. . . ren* oder *. . .ra,* 1) Markt- und Gerichtsplatz im alten Rom. 2) Ü geeigneter Personenkreis oder Ort für etwas: *vor dem F. der Öffentlichkeit; Diskussionsforum.*
forzạndo, forzạto [ital.], ♪ sforzando, sforzato.
Fọße [frz. (carte) fausse ›schlecht(e Karte)‹] *die, -/-n,* Kartenspiel: leere Karte, Fehlkarte.
fossịl [lat. fossilis ›ausgegraben‹], vorweltlich, versteinert. **Fọssil** *das, -s/. . . liῑen,* Versteinerung, Rest eines Lebewesens der geolog. Vergangenheit: *Fossiliensammlung.* **Fossilisatiọn** *die,* -, der Vorgang der Fossilwerdung.
fötạl, fetal.
Fọto *das, -s/-s,* kurz für: Photographie. **foto. . .,** eingedeutscht für: photo. . .
Fötus *der, -ses/-se* oder *-/. . .ten,* Fetus.
Fọtze [mhd. fotze] *die, -/-n,* V äußere weibl. Geschlechtsteile, Vulva.
Fọtzel *der, -s/-, oberdt.:* Lump, elender Mensch. **fọtzelig, fọtzelig,** *oberdt.:* zerfranst, zerlumpt.
foul [faul, engl. ›widerlich‹, ›faul‹, ⚔ regelwidrig. **Foul** *das, -s/-s,* Regelverstoß: *Foulelfmeter; Foulspiel.*
Foulard [ful'a:r, frz.], *das, -s/-s,* 1) bedrucktes weiches Seidengewebe. 2) Färbereimaschine.
foulen [f'au-, engl.], *ich* foule (habe gefoult), ⚔ spiele regelwidrig: *der Linksaußen wurde gefoult.*
Fourgon [furg'õ, frz.] *der, -s/-s,* ⚙ Packwagen.
fow [fau, engl.], Lieferungsklausel. **Fow** Abk. für: first open water, Verschiffung erst bei eisfreiem Wasser. 2) Abk.für: free on waggon, Lieferung frei Bahnwagen.
Fox [engl. fox ›Fuchs‹] *der, -es/-e,* Kurzw. für: 1) Foxterrier. 2) Foxtrott. **Fọxterriῑer** *der,* Hunderasse. **Fọxtrott** *der, -(e)s/-e* oder *-s,* Gesellschaftstanz im ⁴/₄-Takt.
Foyer [fwaj'e, frz., urspr. ›Herd‹, ›Heim‹] *das, -s/-s,* Wandelhalle im Theater u. a.
fr, Abk. für: Franc.
fr., Abk. für: franko.
Fr, ⊙ Zeichen für: Francium.

Fr., Abk. für: 1) Franken. 2) Frau.
Fra, Abk. von ital. frate ›Bruder‹, vor Namen von Mönchen: Klosterbruder.
Fracht [ahd. freht ›Verdienst‹, ›Lohn‹] *die, -/-en,* 1) zu befördernde Güter: *Frachtgut.* 2) Ladung: *Frachtdampfer.* 3) Vergütung oder Preis für Beförderung: *Frachtkosten.* **Frachtbrief** *der,* Urkunde über eine Frachtsendung. **frạchten,** *ich* frachte (habe gefrachtet) *es,* befördere: *der Kaufmann frachtet,* verfrachtet, gibt als Fracht auf; *ein Schiff frachtet,* führt als Fracht. **Frạchter** *der, -s/-,* 1) Frachtschiff. 2) Verfrachter (Versender). **frạchtfrei** eines Frachtschiffs.
Frack [engl. frock ›langes Mönchsgewand‹, aus afrz. froc] *der, -(e)s/⁻̈e* oder *-s,* festl. Herrenanzug, ABB. K 24.
Frạge [ahd. fraga] *die, -/-n,* 1) Bitte oder Aufforderung zur Antwort: *ich richte, stelle eine F. nach etwas (über jemanden) an jemanden.* 2) Ü Klärung verlangt, Problem: *das ist die F., es ist zweifelhaft; das ist keine F., steht außer F., ist ganz sicher; das kommt nicht in F., nicht in Betracht.* **Fragebogen** *der,* Vordruck zum Ausfüllen. **Frạgefürwort** *das,* Interrogativpronomen, ÜBERS. P 24. **frägeln,** *ich* fräg(e)le (habe gefrägelt) *ihn, schweiz.:* frage vorsichtig, listig. **fragen** [ahd. fragen], *ich* frage (habe gefragt), 1) *ihn etwas, nach etwas, um etwas, ob es so sei,* bitte um Antwort, will von ihm wissen, erbitte mir Auskunft, erkundige mich: *er hat nach dir gefragt; ich muß noch um Erlaubnis fragen; ich werde ihn nach dem Weg fragen; ich f. mich, ob es sich lohnt,* Ü ich überlege; *er sah mich fragend an; danach fragt doch niemand,* Ü es interessiert niemanden. **Frager** *der, -s/-,* jemand, der etwas fragt. **Fragereῑ** *die,* -. **Fragesạtz** *der,* ÜBERS. S 79. **Fragestellung** *die,* Formulierung einer Frage. **Frạgewort** *das,* ÜBERS. P 24. **Frạgezeichen** *das,* Satzzeichen der Frage, ÜBERS. S 6.
fragịl [lat. frangere ›zerbrechen‹], zerbrechlich, überzart. **Fragilitạt** *die,* -.
fraglich, 1) zweifelhaft, umstritten: *es ist noch f., ob wir kommen.* 2) betreffend, erwähnt: *die fragliche Person.* **Fraglichkeit** *die,* -. **fraglos,** ohne Frage, zweifellos: *deine Entscheidung war f. richtig.* **Fraglosigkeit** *die,* -.
Fragmẹnt [lat. fragmentum] *das, -(e)s/-e,* 1) Bruchstück. 2) unvollendetes (literar.) Werk. **fragmentạrisch.**
Fragner [ahd. phraganari ›Kleinhändler‹] *der, -s/-, bair.-österr.:* Lebensmittelhändler.
frạgwürdig, zweifelhaft. **Frạgwürdigkeit** *die,* -.
frais(e) [fre:z, frz. ›Erdbeere‹], erdbeerfarben.
Fraisen [ahd. freisa ›Schrecken‹, ›Gefahr‹], *Pl., oberdt.:* (schreckerregende) Krämpfe bei kleinen Kindern.
Fraktiọn [frz. fraction ›Bruchteil‹] *die, -/-en,* 1) Vereinigung von politisch gleichgesinnten Mitgliedern einer Volksvertretung; fest organisierte Verbindung von Abgeordneten der gleichen Partei: *Fraktionssitzung; Fraktionsvorsitzender.* 2) ⊙ etwas, das Klärung verlangt, Problem: *das ist die F.* 2) ⊙ aus einem Stoffgemisch abgetrennter Anteil. **fraktionῑeren,** *ich* fraktioniere (habe fraktioniert) *es,* ⊙: *fraktionierte Destillation.* **Fraktiọnszwang** *der,* Verpflichtung zu festgelegter Stimmabgabe für die Mitglieder einer Fraktion. **Fraktụr** [lat. fractura] *die, -/-en,* 1) ✜ Knochenbruch. 2) Schriftart, ÜBERS. A 8, D 16. 3) *ich rede mit ihm F.,* Ü sage ihm deutlich, grob meine Meinung.
Frambösie [frz. framboise ›Himbeere‹] *die, -/. . .s'i|en,* ✜ tropische Hautkrankheit.
Frame [freim, engl. ›Rahmen‹, ›Gerüst‹] *der, -n [-mən]/ -n [-mən],* Rahmen der Eisenbahnfahrzeuge.
Franc [frã, frz.] *der, --/-s* und bei Wertangaben -, Abk.: fr, *Pl.* auch frs, Währungseinheit von Frankreich.
Française [frãs'ɛz, frz. ›französisch(er Tanz)‹] *die, -/-n [-zən],* ein Gesellschaftstanz im ⁶/₈-Takt.
Franchise [frãʃ'i:z, frz.] *die, -/-n,* 1) ⚭ Freimut. 2) Abgaben-, Zollfreiheit. 3) unterhalb des vereinbarten Versicherungswertes liegender Prozentsatz, der nicht ersetzt wird.
Franchising [fr'æntʃaiziɳ, engl.] *das, -s,* eine Zusammenarbeit rechtlich selbständiger Unternehmen, meist in Form vertikaler Betriebskooperation.
Frạncium [mlat. Francia ›Frankreich‹] *das, -s,* ⊙ Zeichen: Fr, ein unbeständiges radioaktives Element.
frank [zu frz. franc ›fränkisch‹], frei: *f. und frei,* offen, aufrichtig.
Frank [ahd. franko ›der Franke‹], männl. Vorname.
Frank *der, -en/-en,* eingedeutscht für: Franc.
Frankatur [ital. francare ›freimachen‹] *die, -/-en,* Entrichtung der Postgebühren im voraus durch den Absender.
Frạnke *der, -n/-n,* 1) Angehöriger eines german. Stammes. 2) Bewohner der dt. Landschaft Franken.

Hinweise zur Benutzung am Schluß des Bandes

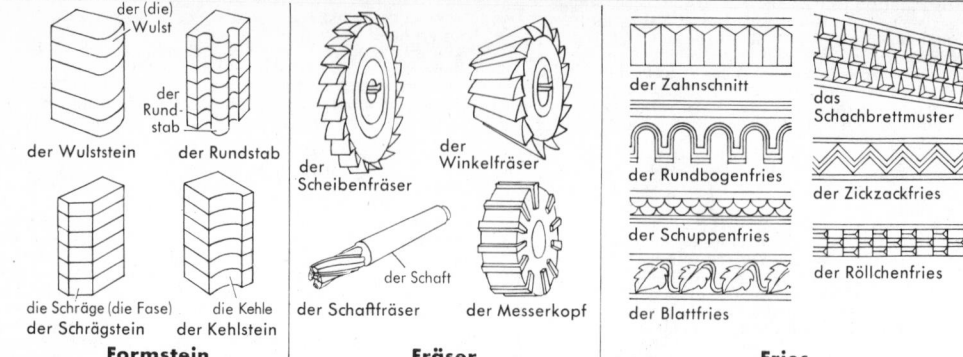

der (die) Wulst
der Rundstab
der Wulststein   der Rundstab
der Scheibenfräser
der Winkelfräser
der Zahnschnitt
das Schachbrettmuster
der Rundbogenfries
der Zickzackfries
der Schuppenfries
der Schaft
der Röllchenfries
die Schräge (die Fase)   die Kehle   der Schaftfräser   der Messerkopf
der Schrägstein   der Kehlstein
der Blattfries

Formstein   **Fräser**   **Fries**

Franken [mhd. franc] *der, -s/-,* Abk.: sfr, *Pl.* auch sfrs, in der Schweiz: Fr. oder sFr., Währungseinheit der Schweiz.
Frankfurter, 1) *der, -s/-,* Einwohner der Stadt Frankfurt. **2)** *die, -/-,* leicht geräuchertes Brühwürstchen, Abb. F 26.
frankieren [ital. francare], *ich* frankiere (habe frankiert) *es,* mache Postsendungen frei, entrichte als Absender die Postgebühren im voraus: *ich f. einen Brief,* versehe mit Briefmarken; *Frankiermaschine.* **Frankierung** *die, -/-en,* Frankatur.
Fränkin *die, -/-nen,* **1)** Angehörige eines german. Stammes. **2)** Bewohnerin der dt. Landschaft Franken. **fränkisch.**
franko [ital. ›frei‹], porto-, kostenfrei (Porto oder Fracht vom Absender bezahlt).
frankophil [zu Frankreich und vgl. philo. . .], franzosenfreundlich. **Frankophilie** *die, -.* **frankophon,** [vgl. phono. . .], französischsprachig.
Franktireur [frãtir'œ:r, frz. franctireur] *der, -s/-s* oder *-e,* Freischärler.
Franse [mhd. franse, zu frz. frange] *die, -/-n,* Randbesatz aus Fäden an Tüchern, Decken u. a. **fransen,** *ich* franse (habe gefranst) *es,* versehe mit Fransen. **fransig.**
Franz [Kurzform zu Franziskus], männl. Vorname.
Franzband [Franz. . ., Kurzw. zu ›französisch‹] *der,* handgebundener Ganzledereinband. **Franzbranntwein** *der,* Einreibemittel aus mit aromat. Essenzen vermischtem Alkohol.
Franzbrot *das,* Weißbrot.
Franziska, weibl. Vorname. **Franziskaner** *der, -s/-,* **Franziskanerin** *die, -/-nen,* Mönch, Nonne eines Bettelordens: *Franziskanerorden.* **Franziskus** [ital. Francesco ›der Franzose‹], männl. Vorname.
Franzose *der, -n/-n,* **1)** Bewohner von Frankreich. **2)** verstellbarer Schraubenschlüssel, Abb. S 36. **Französelei** *die, -.* **französeln,** *ich* französ(e)le (habe französelt), ahme in lächerlicher Weise die Franzosen nach. **Franzosenkrankheit** *die,* U Syphilis. **Französin** *die, -/-nen,* Bewohnerin von Frankreich. **französisch,** auf Frankreich bezüglich: *er hat sich auf f. empfohlen,* U heimlich davongemacht; aber: *die Französische Revolution.* **Französisch** *das, -(s), dem -,* französische Sprache; vgl. Deutsch. **französisieren,** *ich* französisiere (habe französisiert) *es,* gebe ihm franzöß. Form, Prägung.
frappant [frz. frapper ›schlagen‹], schlagend, auffallend, überraschend. **Frappé** [-p'e] **1)** *der, -s/-s,* Stoff mit eingepreßten Mustern. **2)** *das, -s/-s,* Getränk aus Milch, Eis und Früchten. **frappieren,** *ich* frappiere (habe frappiert), **1)** *ihn,* überrasche, bringe ihn in Verlegenheit: *das hat mich frappiert,* stutzig gemacht. **2)** *es,* kühle mit Eis.
Fräse [frz. fraise ›Borte‹, ›Halskrause‹] *die, -/-n,* **1)** Landwirtschaft: Maschine zur Bodenbearbeitung: *Bodenfräse.* **2)** Halskrause. **3)** Backenbart, Abb. B 11. **fräsen,** *ich* fräse (habe gefräst) *es.* **Fräser** *der, -s/-,* **1)** Metallarbeiter. **2)** Werkzeug zur spanabhebenden Formung, Abb. F 34: *Fräsmaschine.*
fraß, von fressen. **Fraß** [mhd. fraz ›Fresser‹, ›Essen‹, ›Fressen‹] *der, -es,* **1)** Raubtiernahrung. **2)** U schlechtes Essen.
Frater [lat.] *der, -s/. . .tres,* Bruder; Ordensbruder, Mönch. **fraternisieren,** *ich* fraternisiere (habe fraternisiert) *mit ihm,* verbrüdere mich. **Fraternität** *die, -/-en,* **1)** ohne *Pl.,* Verbrüderung, Brüderlichkeit. **2)** Bruderschaft.

frätscheln [zu fragen und tratschen], *ich* frätsch(e)le (habe gefrätschelt), *oberdt.:* rede und frage viel, frage aus.
fratt [mhd. vretten, vraten ›wund reiben‹], *oberdt.:* wund, aufgerieben.
Fratz [ital. frasche ›Possen‹] *der, -es/-e(n),* **1)** schelmisches, niedliches Mädchen. **2)** ungezogenes Kind. **3)** Geck, Laffe. **Frätzchen** *das, -s/-.* **Fratze** *die, -/-n,* **1)** verzerrtes Gesicht, Zerrbild: *sie schnitt ihm ein F.* **2)** U Gesicht: *sie hat eine hübsche F.* **3)** Posse, (geschmacklose) Tollheit. **fratzenhaft,** verzerrt, widerwärtig. **Fratzenschneider** *der,* jemand, der Fratzen schneidet.
Frau [ahd. frouwa ›Herrin‹, zu got. frauja ›Herr‹] *die, -/-en,* Abk.: Fr., **1)** erwachsener weibl. Mensch: *Frauenarbeitslosigkeit; Frauenbuchladen; Frauenfrage; Frauenkrankheiten; Frauenliteratur; Frauenmusik.* **2)** Ehegattin: *meine F.; Ehefrau.* **3)** Anrede für weibliche Erwachsene: *F. Müller; F. Nachbarin.* **4)** *Unsere liebe F.,* P Maria. **5)** *die weise F.,* ↓ U Hebamme. **6)** *die Weiße F.,* Geistererscheinung. **Frauchen** *das, -s/-.*
Fraudation [lat. fraudare ›betrügen‹] *die, -/-en,* ↓ Betrug, Unterschlagung. **fraudulös.**
Frauenarzt *der,* Gynäkologe. **Frauenbewegung** *die,* Bestrebungen zur Verbesserung der Stellung der Frau. **Frauenfachschule** *die,* Bildungseinrichtung mit dem Kernfach Hauswirtschaft. **Frauenfarn** *der,* zarter Waldfarn. **Frauenhaar** *das, -s,* volkstümlicher Name für verschiedene Pflanzenarten. **Frauenhaus** *das,* Stätte zur Aufnahme und Unterstützung mißhandelter Frauen (mit ihren Kindern). **Frauenheld** *der,* auf Frauen anziehend wirkender Mann. **Frauenherz** *das,* eine Zierpflanze. **Frauenmantel** *der,* ein Rosengewächs. **Frauenrechtlerin** *die, -/-nen,* Kämpferin für die Gleichberechtigung der Frau. **frauenrechtlerisch.** **Frauenschuh** *der,* eine Orchidee; auch volkstüml. Name für andere Pflanzen. **Frauenzimmer** *das,* ↓, noch U verächtlich: weibl. Person.
Frauke [niederdt., Koseform zu Frau], weibl. Vorname.
Fräulein [mhd. frouwelin] *das, -s/-,* Abk.: Frl., **1)** Anrede für unverheiratete weibl. Erwachsene: *F. Müller; Ihr F. Braut; F., bitte zahlen* (zur Kellnerin). **2)** ↓ Tochter adeligen Hauses. **fraulich,** weiblich-mütterlich.
Freak [fri:k, engl. ›Mißbildung‹, ›etwas Ungewöhnliches‹] *der, -s/-s,* U **1)** jemand, der aus der bürgerl. Normen herausfällt. **2)** jemand, der sich übertrieben, blind für etwas begeistert: *Diskofreak; Filmfreak.*
frech [ahd. freh ›gierig (nach)‹], **1)** unverschämt, anmaßend, vorlaut. **2)** ↓ tollkühn. **Frechdachs** *der,* frecher Mensch, freches Kind. **Frechheit** *die, -/-en.* **Frechling** *der, -s/-e,* frecher Mensch.
Fred [Kurzform von Frederick oder Alfred], männl. Vorname.
Freesie [-iə, nach dem dt. Arzt Fr. H. Th. Freese, gestorben 1876] *die, -/. . .si|en,* eine Zierpflanze.
Fregatte [frz. frégate, ital. fregata] *die, -/-n,* **1)** ↓ schnellsegelndes Kriegsschiff mit drei Masten. **2)** kleineres Kriegsschiff. **Fregattenkapitän** *der,* Seeoffizier im Rang eines Oberstleutnants. **Fregattvogel** *der,* tropischer und subtrop. Küstenvogel mit ausdauerndem Segelflug.

frei [ahd. fri], **1)** nicht gefangen, ungebunden: *Kräfte können f. werden,* verfügbar; *ich habe f.,* brauche nicht zu arbeiten; Verbindungen mit Verben werden getrennt geschrieben, wenn ›frei‹ in der Bedeutung von ›nicht gestützt‹, ›nicht abhängig‹ u. a. gebraucht wird: *ich will f. bleiben, f. sein; ich kann das schwere Gefäß kaum f. halten,* ohne Stütze; vgl. aber: freihalten. **2)** Ü unbehindert, uneingeschränkt, unabhängig, ledig: *ist sie noch f.* oder *in festen Händen?; sie will f. bleiben,* unabhängig, ledig; *die Freie und Hansestadt Hamburg; freie Berufe,* nicht an feste Anstellung gebundene Berufe; *aus freien Stücken,* freiwillig; *man läßt ihm freie Hand,* ihn machen, was er will. **3)** unbesetzt: *eine freie Stelle; ist dieser Platz noch f.?* **4)** ohne Hilfsmittel: *aus freier Hand gezeichnet,* ohne Zirkel und Lineal; *er spricht f.,* ohne abzulesen; vgl. aber: freisprechen. **5)** ungenau, nicht wörtlich: *eine freie Übersetzung.* **6)** unentgeltlich: *Freilos; Eintritt f.; als Krankenschwester hat sie freie Station,* unentgeltliche Wohnung und Verpflegung. **7)** offen, nicht umschlossen: *freies Feld.* **8)** *von etwas,* ganz ohne: *f. von Schulden, Haß.* 🚗 Beförderungskosten bis dahin bezahlt: *f. Schiff, f. Bahnhof, f. Haus.* **10)** 🕮 nicht mehr urheberrechtlich geschützt: *Wilhelm Buschs Werke sind seit Jahren f.* **11)** oberdt.: sehr, wirklich: *das ist f. hübsch.* **frei . . .,** in Verbindung mit Verben trennbar zusammengesetzt: *freibekommen; freikommen; freischaufeln;* vgl. freigeben.

Freja, Freyja.

Freibad *das,* Schwimmbad im Freien. **Freiballon** *der,* bemannter Luftballon, ABB. B 8. **Freibank** *die,* Verkaufsstätte von minderwertigem Fleisch. **freiberuflicher** *der, -s/-.* **freiberuflich,** ohne feste Anstellung. **Freibetrag** *der,* Betrag, der steuerfrei bleibt: *Kinderfreibetrag.* **Freibeuter** *der, -s/-,* **1)** Seeräuber. **2)** Ü jemand, der rücksichtslos seinen Vorteil sucht. **freibeuterisch. freibleibend,** 🕮 unverbindlich: *ein freibleibendes Angebot.* **Freibord** *der,* über dem Wasserspiegel liegender Teil des Schiffsbords. **Freibrief** *der,* **1)** urkundlich gegebenes Recht. **2)** Ü angemaßtes Recht. **Freidenker** *der,* Freigeist, Mensch, der sich keinen religiösen Dogmen unterwirft. **freidenkerisch.**

freidig [mhd. vreidec ›treulos‹, ›kühn‹], *oberdt.:* kühn, getrost; keck.

Freie *das, -n,* offene Landschaft: *im Freien,* draußen, nicht im Hause oder in der Stadt. **Freie** *der, die, -n/-n, ein -r, eine -,* in älteren Verfassungen: Vollbürger, kein Höriger.

freien [mhd. vrien], *ich freie* (habe gefreit), ⚭ **1)** *um ein Mädchen, eine Frau,* werbe um sie, mache ihr Heiratsantrag. **2)** *sie,* heirate. **Freier** *der, -s/-,* Werber (um ein Mädchen): *er geht auf Freiersfüßen.*

Freiexemplar *das,* 🕮 kostenfreies Stück. **Freifrau** *die,* **Freifräulein** *das,* Ehefrau, Tochter eines Freiherrn. **Freigabe** *die,* das Freigeben, Freilassen, Aufheben von Beschlagnahme. **Freigänger** *der, -s/-,* Inhaftierter, der außerhalb der Vollzugsanstalt arbeitet. **freigeben,** *ich gebe frei* (gab frei, habe freigegeben), **1)** *ihm,* beurlaube für eine begrenzte Zeit: *ich habe mir eine Stunde freigeben lassen.* **2)** *ihn,* entlasse aus einer Bindung. **freigebig,** nicht geizig. **Freigebigkeit** *die, -.* **Freigehege** *das,* Anlage für Tiere im Freien. **Freigeist** *der,* Freidenker. **freigeistig. Freigericht** *das,* Feme. **Freigrenze** *die,* begrenzte Höhe des Freibetrages. **Freigut** *das,* kostenlos beförderte oder zollfreie Ware. **Freihafen** *der,* außerhalb des Zollgebiets belassenes Hafengebiet, in dem ausländ. Waren zollfrei ein- und ausgehen können. **freihalten,** *ich halte frei* (hielt frei, habe freigehalten), **1)** *ihn,* bezahle für ihn: *er hat mich oft freigehalten.* **2)** *es,* lasse nicht besetzen: *ich werde dir einen Platz freihalten; aber: dieses Gewicht kann ich nicht mehr frei halten,* ohne Unterstützung. **Freihandbücherei** *die,* Bibliothek, in der die Leser die Bücher selbst aus den Regalen nehmen. Beschränkung. **Freihandel** *der,* zwischenstaatl. Handelsverkehr ohne staatl. Beschränkungen, z. B. Zoll. **freihändig,** ohne sich mit den Händen festzuhalten oder die Arme aufzustützen. **Freiheit** *die, -/-en,* **1)** Unabhängigkeit im Denken oder Handeln: *die F., zu tun, was man will; Freiheitsliebe.* **2)** 🔒🔒 Vorrecht, Privileg: *Abgabenfreiheit.* **3)** *er nimmt sich in letzter Zeit unerhörte Freiheiten heraus,* verstößt gegen die Konventionen. **4)** als höfliche Redensart: *ich nehme mir die F. zu kommen.* **freiheitlich. Freiheitsstrafe** *die,* 🔒 Entziehung der persönlichen Freiheit. **freiheraus,** unumwunden: *du kannst es f. sagen.* **Freiherr** *der,* Abk.: Frh(r)., Adelstitel (Baron). **Freiin** *die, -/-nen,* Freifräulein. **Freikarte** *die,* kostenlose Eintrittskarte. **Freikauf** *der.* **freikaufen,** *ich kaufe ihn frei* (habe freigekauft), befreie durch Zahlung von Lösegeld: *es wurden 10 politische Gefangene freigekauft.* **Freikörperkultur** *die,*

Abk.: FKK, Nacktkultur, Naturismus. **Freikorps** *das,* Truppe aus Freiwilligen. **Freikugel** *die,* Aberglaube: durch Zauber sicher treffende Kugel. **Freiladebahnhof** *der,* Bahnhof zum Verladen unmittelbar in Eisenbahnwagen von der Straße aus. **Freiland** *das, -(e)s,* freies Land, Garten: *im F. gezogene Pflanzen,* nicht im Gewächshaus. **freilassen,** *ich lasse ihn frei* (ließ frei, habe freigelassen), gebe ihm die Freiheit wieder: *man hat ein Gefangenen freigelassen; aber: diesen Platz sollen wir frei lassen,* nicht besetzen. **Freilassung** *die, -,* Freigabe, Entlassung. **Freilauf** *der,* lösbare Verbindung zweier Wellen, z. B. im Fahrrad. **freilebend,** in Freiheit lebend (Tier). **freilegen,** *ich lege es frei* (habe freigelegt), befreie von einer deckenden Schicht: *bei den Ausgrabungen wurden Gräber freigelegt; aber: die Leitung kann frei gelegt werden,* ohne besonderen Schutz. **Freilegung** *die, -,* Befreiung von deckenden Schichten. **Freileitung** *die,* oberirdisch geführte elektr. Leitung. **freilich, 1)** allerdings, wie man zugeben muß. **2)** gewiß, ja. **Freilichtbühne** *die,* Bühne unter freiem Himmel. **Freilichtmalerei** *die,* Malerei im Freien, um Lichtwirkungen direkt wiederzugeben. **Freilichtmuseum** *das,* volkskundl. Museum, das die Bauernhäuser in ihrer natürlichen Umgebung zeigt. **freimachen,** *ich mache frei* (habe freigemacht), **1)** *es,* frankiere (Brief), zahle Porto oder Zoll: *ich muß die Post freimachen; aber: diese Plätze muß ich frei machen.* **2)** *mich,* ziehe mich aus: *bitte freimachen,* sagte der Arzt. **Freimachung** *die, -,* Frankatur. **Freimarke** *die,* Briefmarke. **Freimaurer** *der,* Anhänger der Freimaurerei. **Freimaurerei** *die, -,* weltbürgerl. Bewegung. **freimaurerisch. Freimut** *der,* furchtlose Offenheit. **freimütig. Freimütigkeit** *die, -.* **freipressen,** *ich presse ihn frei* (habe freigepreßt), befreie durch Erpressung: *die Terroristen versuchten ihre Gefangenen freizupressen.* **freireligiös,** von dogmat. Bindung. **Freisaß, Freisasse** *der, . . .sassen/. . .sassen,* im MA.: Eigentümer eines abgabenfreien Gutes. **freischaffend,** ohne feste Anstellung: *freischaffender Künstler.* **Freischar** *die,* eigenmächtig gebildete Truppe aus Freiwilligen. **Freischärler** *der, -s/-,* Angehöriger einer Freischar. **Freischlag** *der,* Hockey: Strafe für einen Regelverstoß. **Freischütz** *der, -en/-en,* Volkssage: Schütze, der Freikugeln benutzt. **freischwimmen,** *ich schwimme mich frei* (schwamm mich frei, habe mich freigeschwommen), lege die Schwimmprüfung ab. **Freischwimmer** *der.* **Freisinn** *der,* freiheitliche, fortschrittl. Gesinnung; auch polit. Richtung. **freisinnig. freisprechen,** *ich spreche ihn frei* (sprach frei, habe freigesprochen), **1)** stelle (vor Gericht) seine Unschuld fest: *der Angeklagte wurde mangels Beweises freigesprochen; aber: ich habe den Vortrag frei gesprochen,* ohne Vorlage, ohne abzulesen. **2)** mache (einen Auszubildenden) zum Gesellen. **Freisprechung** *die, -.* **Freispruch** *der,* 🔒🔒 gerichtl. Feststellung, daß der Angeklagte unschuldig oder der Tat nicht überführt ist. **Freistaat** *der,* Republik. **Freistatt** *die, -,* **Freistätte** *die, -,* Zufluchtsstätte, Asyl. **Freistelle** *die,* **1)** kostenfreier Unterricht. **2)** kostenlose Unterbringung, z. B. im Altersheim. **freistellen,** *ich stelle frei* (habe freigestellt), **1)** *ihn,* befreie von einer Verpflichtung: *er wurde vom Wehrdienst freigestellt; aber: wir wollen die Garage frei stellen.* **2)** *es ihm,* überlasse seiner Entscheidung. **Freistempel** *der,* Stempel zum Freimachen von Postsendungen. **Freistil,** **1)** das Kraulschwimmen. **2)** Ringen: Kampfstil, bei dem die Griffe am ganzen Körper erlaubt sind: *Freistilringen.* **Freistoß** *der,* Fußball: eine Strafe bei regelwidrigem Verhalten. **Freistunde** *die,* unterrichtsfreie Stunde innerhalb der Unterrichtszeit.

Freitag [ahd. friadag, nach Freya] *der,* der alttestamentar. sechste, nach DIN-Norm fünfte Tag der Woche, ÜBERS. J 2; vgl. Dienstag.

Freite [zu freien] *die, -/-n,* Brautwerbung. **Freitisch** *der,* kostenfreies Mittagessen (für Studenten). **Freitod** *der,* Selbstmord. **Freitreppe** *die,* ABB. M 4. **Freiübung** *die,* vgl. ABB. L 6.

Freiwerber [zu freien] *der,* ⚭ Brautwerber im Auftrag eines anderen.

Freiwild *das,* ∪ schutzloser Mensch: *er war F. für seine Verfolger.* **freiwillig,** aus eigenem Entschluß, ungezwungen: *freiwillige Helfer gesucht.* **Freiwillige** *die, -n/-n, ein -r, eine -,* jemand, der freiwillig etwas tut, z. B. Wehrdienst. **Freiwilligkeit** *die, -.* **Freiwurf** *der,* 🏀 bei verschiedenen Ballspielen ungehinderter Strafwurf. **Freizeichen** *das,* **1)** Zeichen zur Kennzeichnung einer Ware. **2)** in regelmäßigen Abständen erklingender Summton im Telefon, der anzeigt, daß der gewählte Anschluß frei ist. **Freizeit** *die,* arbeitsfreie Zeit:

Freizeitgesellschaft; Freizeitpädagogik; Freizeitwert. **Freizeit-gestaltung** *die,* sinnvolle Beschäftigung in der Freizeit. **freizügig, 1)** nicht ortsgebunden. **2)** freigebig, nicht geizig: *eine freizügige Geste.* **Freizügigkeit** *die,* -.

fremd [ahd. fremidi], **1)** aus einem anderen Volk, Land, aus einer anderen Stadt, Familie: *fremde Länder, fremde Sitten; er ist hier f.* **2)** einem anderen gehörend: *fremdes Eigentum.* **3)** unbekannt, ungewohnt, andersartig: *eine fremde Umgebung.* **fremdartig,** ungewohnt, anders. **Fremdartigkeit** *die,* -. **Fremde** *die,* -, unbekanntes, unheimisches Land. **Fremde** *der, die, -n/-n, ein -r, eine -,* jemand, der von auswärts gekommen ist. **fremdeln,** *ich* fremd(e)ls (habe gefremdelet), *bes. alem.:* bin schüchtern in fremder Umgebung (Kinder). **Fremdenbuch** *das,* Buch im Hotel, in das sich die Gäste eintragen. **Fremdenführer** *der,* **1)** jemand, der gewerbsmäßig Fremde bei Besichtigungen führt. **2)** Buch als Anleitung für Fremde zum Besichtigen einer Stadt, einer Sehenswürdigkeit. **Fremdenheim** *das,* Pension. **Fremdenlegion** *die,* aus angeworbenen Ausländern bestehende französ. Söldnertruppe. **Fremdenlegionär** *der.* **Fremdenverkehr** *der,* Reiseverkehr mit Aufenthalt an fremden Orten. **Fremdenzimmer** *das,* Zimmer zur Übernachtung für Gäste. **Fremdfinanzierung** *die,* ⌼ Finanzierung durch nicht betriebseigene Mittel (Darlehen, Kredite). **fremdgehen,** *ich* gehe fremd (ging fremd, bin fremdgegangen), U bin untreu, begehe Ehebruch. **Fremdheit** *die,* -, Unvertrautheit, das Anderssein. **Fremdherrschaft** *die,* -, von einem Feind ausgeübte Herrschaft. **Fremdkapital** *das,* ⌼ Verbindlichkeiten eines Unternehmens, bes. Anleihen, Hypotheken. **Fremdkörper** *der,* **1)** ⚕ von außen in den Körper eingedrungener oder künstlich eingesetzter Gegenstand. **2)** U Eindringling. **fremdländisch,** einem fremden Land angehörig. **Fremdling** *der, -s/-e,* P Fremder. **Fremdsprache** *die,* Sprache eines anderen Volkes. **fremdsprachig,** eine Fremdsprache sprechend, in einer Fremdsprache: *fremdsprachiger Unterricht,* in einer Fremdsprache gehaltener Unterricht. **fremdsprachlich,** auf eine Fremdsprache bezüglich: *fremdsprachlicher Unterricht,* Unterricht über Fremdsprachen, zur Erlernung von Fremdsprachen. **Fremdwort** *das,* aus einer Sprache in wenig veränderter Form übernommenes Wort, z. B. Journal, Rationalisierung, babysitten; vgl. ÜBERS. A 26, B 26: *Fremdwörterbuch.*

frenetisch [frz. frénétique, zu grch. phrenetikos], rasend, leidenschaftlich: *frenetischer Beifall.*

frequent, häufig. **frequentieren** [lat. frequentare ›häufig besuchen‹, *ich* frequentiere (habe frequentiert) *es,* besuche, benutze oft, verkehre dort. **Frequenz** *die, -/-en,* **1)** Anzahl der Schwingungen in der Zeiteinheit: *Frequenzmodulation,* Abk.: FM. **2)** Verkehrsdichte: *ein Autobahnabschnitt mit besonders starker F.* **3)** Häufigkeit: *Der Herzschläge; Pulsfrequenz.* **4)** Besucherzahl: *die F. der Kunstausstellung war gut.*

Freske [ital. pittura a fresco, ›Gemälde‹, fresco ›frisch‹] *die, -/-n,* **Fresko** *das, -s/...ken,* Wandmalerei auf noch feuchtem Putz: *Freskomalerei.*

Fresko *der, -s,* melierter Kammgarn- oder Streichgarnstoff. **Fressalien,** *Pl.,* U Lebensmittel. **Fresse** *die, -/-n,* U derb: Mund, Maul. **fressen** [ahd. frezzan], *ich* fresse (fraß, habe gefressen; du frißt, er frißt), **1)** U derb: esse unmäßig: *friß, Vogel, oder stirb!,* U du mußt das tun; *hast du es endlich gefressen?,* U verstanden? **2)** *das Tier frißt (ihn, es),* ißt, nimmt Nahrung auf. **3)** *es frißt,* U breitet sich zerstörend aus (Geschwür). **4)** *es frißt,* U verbraucht, erfordert: *dieser Wagen frißt viel Benzin.* **Fressen** *das, -s,* Futter: *das war ein gefundenes F. für ihn,* U kam ihm sehr gelegen. **Fresser** *der, -s/-,* **1)** fressendes Tier: *Pflanzenfresser.* **2)** Ü Vielfraß. **Fresserei** *die, -,* zu reichliches Essen. **Freßpaket** *das,* U Paket mit Lebensmitteln. **Freßsack** *der,* U Vielfraß. **Freßsucht** *die, -,* Gefräßigkeit. **Freßzellen,** *Pl.,* weiße Blutkörperchen, die in den Körper eingedrungene Krankheitserreger aufnehmen.

Frett [niederl. fret, zu frz. furet, aus lat. fur ›Dieb‹] *das, -(e)s/-e,* **Frettchen** *das, -s/-,* dem Iltis nahe verwandter Raubmarder, für Kaninchenjagd geeignet.

fretten [ahd. vretten], *ich* frette (habe gefrettet), *oberdt.:* **1)** *es,* reibe, bohre. **2)** *mich,* reibe mich wund. **3)** *mich,* Ü plage mich, mühe mich ab. **Fretterei** *die, -.*

frettieren [zu Frett], *ich* frettiere (habe frettiert) *es,* ⚘ jage Wildkaninchen mit Frettchen.

Freude [ahd. frewida] *die, -/-n,* **1)** ohne Pl., Frohgefühl, Beglückung: *ich habe F. an dir; es macht mir F.; in Freud und Leid; freudebringend.* **2)** etwas, das erfreut: *das tue ich mit Freuden; kleine Alltagsfreuden.* **Freudenbotschaft** *die,* erfreuliche Mitteilung. **Freudenhaus** *das,* Bordell. **freude(n)los,** freudlos. **Freudenmädchen** *das,* Prostituierte. **freudenreich,** *freudenreiche Zeiten;* aber: *an Freuden reich.* **Freudentränen,** *Pl.: sie weinte F.* **freudestrahlend,** überglücklich aussehend. **freudig, 1)** frohgemut, heiter gestimmt: *ein freudiges Gesicht.* **2)** freudebringend, beglückend: *ein freudiges Ereignis,* Geburt eines Kindes. **Freudigkeit** *die,* -. **freudlos,** ohne Freude. **Freudlosigkeit** *die,* -. **freudvoll,** beglückt. **freuen** [ahd. frouwen], *ich freue mich* (habe mich gefreut), empfinde Freude, bin beglückt: *ich f. mich dessen, daran, darüber; es freut mich, daß Du kommst.*

freund, wohlgesinnt: *ich bin, werde, bleibe ihm f.* **Freund** [ahd. friunt] *der, -(e)s/-e,* **1)** jemand, dem man in kameradschaftl. Zuneigung verbunden ist: *er ist mein F.; wir sind Freunde; gut F.* **2)** Partner: *Geschäftsfreund.* **3)** Liebhaber für etwas: *Gartenfreund.* **4)** oft abgegriffen: *mein lieber F., so geht das nicht!* **Freundchen** *das, -s/-,* meist scherzhaft drohend als Anrede. **Freundeskreis** *der,* Gesamtheit der Freunde. **Freundin** *die, -/-nen,* weibl. Freund. **freundlich, 1)** wohlwollend, gefällig, liebenswürdig: *sie ist stets f.* **2)** heiter, licht, ansprechend: *freundliches Wetter; familienfreundlich; kinderfreundlich; umweltfreundlich.* **freundlicherweise.** **Freundlichkeit** *die, -/-en.* **Freundschaft** *die, -/-en,* auf gegenseitige Neigung, Achtung, Vertrauen und Treue gegründetes Verhältnis. **freundschaftlich.** **Freundschaftsdienst** *der,* Hilfe aus Freundschaft. **Freundschaftsspiel** *das,* ⚽ Spiel zweier Mannschaften außerhalb der Meisterschaft. **Freundschaftsvertrag** *der,* Vertrag zwischen Staaten zur Festigung der Freundschaft.

frevel [ahd. fravili], P frevelhaft, verbrecherisch: *in frevlem Mut.* **Frevel** [ahd. fravali] *der, -s/-,* **1)** überhebliche Versündigung gegen göttl. oder menschl. Ordnungen. **2)** P Verbrechen. **3)** Vergehen gegen Jagd- oder Forstgesetze: *Baumfrevel.* **frevelhaft,** verwerflich, unverzeihlich: *frevelhafter Leichtsinn.* **freveln** [mhd. vrevelen], *ich* frev(e)le (habe gefrevelt) *an ihm,* gegen Frevel. **Freveltat** *die,* Frevel, Missetat. **Frevler** *der, -s/-,* P. **frevlerisch,** frevelhaft.

Freyja [altnord. freya ›Herrin‹, ›Frau‹], nordgerman. Göttin der Liebe und Fruchtbarkeit.

Freyr, nordgerman. Gott.

Frh(r)., Abk. für: Freiherr.

Fridatte *die, -n/-n,* österr.: Frittate.

friderizianisch, im Geist oder aus der Zeit Friedrichs d. Gr.

Fridolin [ahd. frido ›Schutz‹, ›Friede‹], männl. Vorname. **Frieda,** weibl. Vorname. **Friede** *der, -ns/-, Pl. selten,* älter und P für: Frieden: *F. sei mit Euch!,* B. **Friedemann,** männl. Vorname. **Frieden** *der, -s/-, Pl. selten,* **1)** rechtlich gesicherter Zustand innerhalb einer Gemeinschaft und zwischen den Staaten: *die kriegführenden Staaten wollen F. schließen; es herrscht F.; Friedensnobelpreis; Friedenssicherung; Weltfrieden.* **2)** Ausgeglichenheit, innere Harmonie: *der F. der Natur; du mußt F. mit dir selber machen; laß mich in F.!,* U in Ruhe! **Friedensbewegung** *die,* Bestrebungen, den Frieden herbeizuführen und zu erhalten. **Friedensbruch** *der,* gegen den Frieden verstoßende Handlung. **Friedensforschung** *die,* wissenschaftl. Erforschung der Bedingungen des Friedens. **Friedenskuß** *der,* gegenseitige Umarmung der kath. Geistlichen bei der Messe. **Friedenspfeife** *die,* bei Indianern die bei festl. Gelegenheiten zur Bekräftigung der Freundschaft gemeinsam gerauchte Pfeife. **Friedensrichter** *der,* **1)** früher in Deutschland: bestellte Person zur Vornahme des Sühneversuchs. **2)** im Ausland: Einzelrichter für kleine Strafsachen. **Friedensschluß** *der,* Abschluß eines Friedensvertrages. **Friedensvertrag** *der,* völkerrechtl. Vereinbarung über die Beendigung eines Kriegszustandes. **Friedenswille** *der,* Bereitschaft zum Frieden. **Friederike** [zu Friedrich], weibl. Vorname. **friedfertig,** verträglich, friedliebend: *ein friedfertiger Mensch.* **Friedfertigkeit** *die,* -. **Friedfisch** *der,* Fisch, der sich von Pflanzen, Detritus und Plankton ernährt. **Friedhelm** [ahd. helm ›Helm‹], männl. Vorname. **Friedhof** [ahd. frithof ›Zufluchtsort‹, zu friten ›hegen‹, erst mhd. angeglichen an Friede] *der,* Begräbnisstätte, Abk. F 35. **friedlich, 1)** ohne Krieg: *eine friedliche Lösung.* **2)** verträglich, friedfertig: *eine friedliche Veranlagung.* **3)** voll wohltuender Stille: *ein friedlicher Morgen.* **4)** zufrieden, still: *sei doch f.!* **Friedlichkeit** *die,* -. **friedliebend,** den Frieden liebend, Streit vermeidend. **friedlos, 1)** ⚖ vogelfrei, geächtet. **Friedlosigkeit** *die,* -. **Friedrich** [ahd. frido ›Schutz‹, ›Friede‹ und ahd. rihhi ›mächtig‹], männl. Vorname. **friedsam** [ahd. fridusam], friedfertig. **Friedsamkeit** *die,* -.

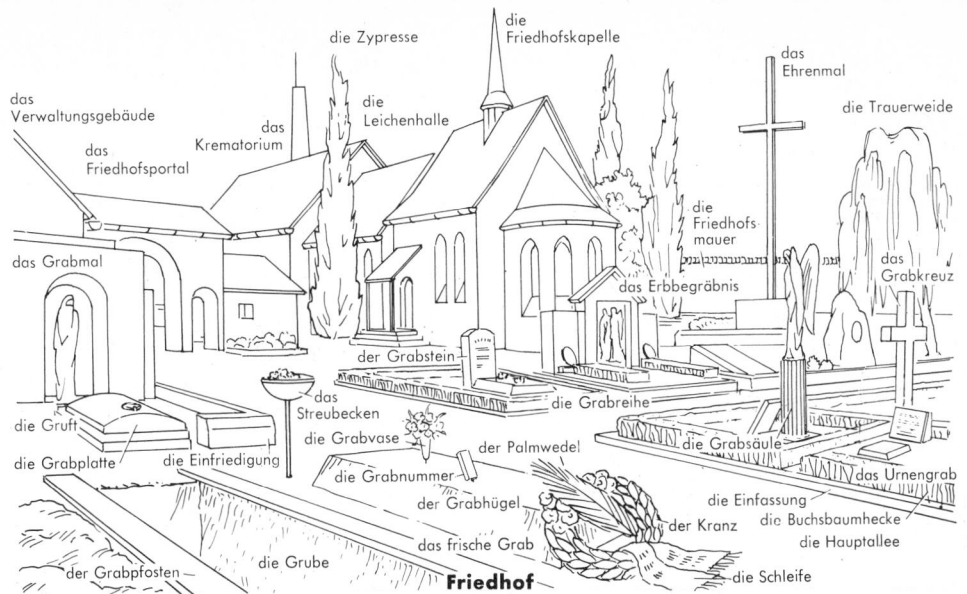

das Verwaltungsgebäude · das Friedhofsportal · das Krematorium · die Leichenhalle · die Zypresse · die Friedhofskapelle · das Ehrenmal · die Trauerweide · das Grabmal · die Friedhofsmauer · das Erbbegräbnis · das Grabkreuz · die Gruft · das Streubecken · der Grabstein · die Grabreihe · die Grabsäule · die Grabplatte · die Einfriedigung · die Grabvase · der Palmwedel · das Urnengrab · die Grabnummer · die Einfassung · die Buchsbaumhecke · der Grabpfosten · die Grube · der Grabhügel · das frische Grab · der Kranz · die Hauptallee · die Schleife · **Friedhof**

frieren [ahd. friosan], *ich* friere (habe gefroren), **1)** *mir ist kalt: mich friert, es friert mich; mir frieren die Hände, mich friert an den Händen* (älter: *an die Hände*), *ich f. an den Händen; ich f. wie ein junger Hund, wie ein Schneider,* U sehr. **2)** *es friert,* die Temperatur sinkt unter den Gefrierpunkt: *letzte Nacht hat es gefroren.* **3)** *es friert* (ist gefroren), erstarrt durch Frost: *das Wasser ist gefroren, zu Eis geworden.*

Fries [mittelniederl. frise ›krauses, flockiges Tuch‹] *der, -es/-e,* **1)** waagerechter, bandartiger Streifen zur Gliederung und zum Schmuck einer Wandfläche, ABB. F 34, G 6; in Büchern am Kopf von Druckseiten. **2)** grobes, gerauhtes Woll- oder Halbwollgewebe.

Friese *der, -n/-n,* **1)** Angehöriger eines german. Stammes. **2)** Bewohner der Landschaften West-, Ost- und Nordfriesland.

Friesel [niederdt. fris(e)ln ›Hirsekörner‹] *der* oder *das, -s/-n, meist Pl.,* bläschenförmiger, harmloser Hautausschlag.

Friesin *die, -/-nen,* **1)** Angehörige eines german. Stammes. **2)** Bewohnerin der Landschaften West- und Nordfriesland. **friesisch.**

Frigg, altnord. für: Frija.

frigid(e) [lat. frigidus ›kalt‹], **1)** kühl, frostig. **2)** geschlechtlich nicht erregbar (Frau). **Frigidität** *die, -.*

Frija [vgl. Freyja], altgerman. Göttin, Gattin Wodans.

Frikadelle [frz. fricadelle, eigtl. ›Gebratenes‹, zu lat. frigere ›rösten‹] *die, -/-n,* gebratenes Fleischklößchen. **Frikandeau** [frikãd'o, frz.] *das, -s/-s,* zubereitete Kalbsnuß. **Frikandelle** *die, -/-n,* **1)** Scheibe aus gedämpftem Fleisch. **2)** Frikadelle. **Frikassee** *das, -s/-s,* gedämpfte Fleischstücke in heller Soße: *Hühnerfrikassee.* **frikassieren,** *ich* frikassiere (habe frikassiert), **1)** *es,* schneide in Stücke. **2)** *ihn,* U verprügle.

frikativ [lat. fricare ›reiben‹], auf Reibung beruhend. **Frikativ** *der, -s/-e,* **Frikativlaut** *der,* ⑤ Reibelaut, Spirans, ÜBERS. G 34. **Friktion** *die, -/-en,* **1)** Reibung: *Friktionseffekt.* **2)** ⚕ Einreibung, Massage durch reibende Bewegung der Fingerspitzen. **3)** Ü Mißhelligkeit. **friktionslos.**

Frisbee [frizb'i, engl.] *das, -s/-s,* Handelsname für eine Wurfscheibe aus Plastik zum Spielen.

frisch [ahd. frisc], **1)** kühl: *frisches Wetter.* **2)** unverbraucht, nicht ermüdet: *frische Truppen; der Läufer war noch f.* **3)** munter: *ein frischer Junge; f., fromm, froh (fröhlich), frei!* (Turnerwahlspruch). **4)** erneuert: *mit frischen Kräften.* **5)** neu, jung (Gemüse). **6)** eben erst geschehen, getan: *frische Fährten; auf frischer Tat,* bei der Tat; *f. gemahlener Kaffee.* **7)** sauber,

unbenutzt (Wäsche). **8)** nicht abgelagert (Brot), nicht abgestanden (Wasser). **9)** ☉ nicht totgebrannt: *frische Erze.* **frischauf,** wohlan. **frischbacken,** eben erst gebacken: *frischbackenes Brot;* aber: *frisch gebackenes Brot.* **Frische** *die, -.* **frischen,** *ich* frische (habe gefrischt), **1)** *es,* entferne Beimengungen aus Roheisen durch Oxidation. **2)** *die Sau frischt,* ⚕ wirft Junge (Wildschwein). **3)** *Schalenwild, der Hund frischt sich,* ⚕ trinkt. **4)** *mich,* P erfrische. **Frischhaltepackung** *die:* Gebäck in Frischhaltepackungen bleibt knusprig. **Frischling** *der, -s/-e,* Wildschwein im ersten Lebensjahr, ABB. S 43. **Frischwasser** *das,* **1)** ⚕ Süßwasser. **2)** Industrie: neu hinzukommendes Grund- oder Oberflächenwasser. **frischweg,** ohne Scheu, sofort entschlossen. **Frischzell(en)therapie** *die,* ⚕ Behandlung mit lebenden Zellen.

Frisé [-z'e, frz. friser ›kräuseln‹] *der, -,* Gewebe mit gekräuselter Oberfläche. **Friseur** [friz'ø:r, frz.] *der, -s/-e,* Haarschneider und -pfleger. **Friseurin** *die, -/-nen,* **Friseuse** [-z'ø:zə] *die, -/-n,* Haarschneiderin und -pflegerin. **frisieren,** *ich* frisiere (habe frisiert), **1)** *ihn,* kämme, forme sein Haar: *Frisiersalon.* **2)** *es,* mache beschönigend zurecht, versehe mit Vorteilen: *ein frisierter Bericht; ein frisierter Motor.* **Frisiertoilette** *die,* kleine Kommode mit Spiegel. **Frisör** *der, -s/-e,* eingedeutscht für: Friseur.

frißt, von fressen.

Frist [ahd. frist, zu frei, eigtl. ›straffreie Zeit‹] *die, -/-en,* festgesetzter Zeitraum, festgesetzter Zeitpunkt: *ihm wurde eine F. von zwei Jahren gesetzt, gewährt; die F. läuft um acht Uhr ab.* **fristen,** *ich* friste (habe gefristet) *es,* verbringe unter Schwierigkeiten: *er fristete mühsam sein Leben.* **Fristenlösung** *die,* (strafloser) Schwangerschaftsabbruch innerhalb einer bestimmten Frist. **fristgerecht,** zur festgelegten Frist. **fristlos,** unverzüglich, ohne Frist: *fristlose Entlassung.*

Frisur [zu frisieren] *die, -/-en,* Haartracht; vgl. ABB. H 1.

Friteuse [frit'ø:zə, frz.] *die, -/-n,* elektr. Gerät zum Fritieren.

Fritfliege *die,* ein Getreideschädling.

Frit|hjof [altnord. fridr ›Schutz‹, ›Frieden‹ und thjofr ›Räuber‹], männl. Vorname.

fritieren [frz. frire, zu lat. frigere ›rösten‹], *ich* fritiere (habe fritiert) *es,* backe in heißem Fett aus (Fleisch, Kartoffeln). **Frittate** [ital. frittata] *die, -/-n, österr.:* Eierkuchen, meist nudelförmig geschnitten als Suppeneinlage. **Fritte** *die, -/-n,* poröse Schmelzmasse (aus Glas-, Porzellanpulver). **fritten,** *es*

frittet (hat gefrittet), backt geschmolzen zusammen (Glasmasse, Eisenfeilspäne, Gestein am vulkan. Kontakt). **Frittenporzellan** das, weiches, stark durchscheinendes Porzellan. **Frittung** die, -. **Fritüre** die, -/-n, heißes Fettbad zum Ausbacken von Speisen; auch das darin Gebackene selbst.
Fritz [zu Friedrich], männl. Vorname.
frivol [frz. frivole, zu lat. frivolus ›wertlos‹], leichtfertig, zweideutig: eine frivole Bemerkung. **Frivolität** die, -/-en, 1) Leichtfertigkeit, Zweideutigkeit. 2) nur Pl., mit Schiffchen hergestellte Handarbeit.
Frl., Abk. für: Fräulein.
froh [ahd. fro], 1) fröhlich, glücklich, voller Freude: frohe Gesichter; f. bei Sport und Spiel. 2) zufrieden, erleichtert: ich bin f. darüber, über diese Lösung; er konnte seines Lebens nicht f. werden. 3) Freude bereitend: frohes Fest!; aber: die Frohe Botschaft, Evangelium. **frohgemut**, heiter, zuversichtlich. **fröhlich**, heiter, freudig: eine fröhliche Gesellschaft; ein fröhliches Gemüt. **Fröhlichkeit** die, -. **frohlocken** [mhd. lecken ›hüpfen‹, zu leichen ›springen‹], ich frohlocke (habe frohlockt) über ihn, 1) jubele. 2) triumphiere schadenfroh. **Frohsinn** der, -(e)s, fröhliches Gemüt. **frohsinnig**.
fromm, frommer, am frommsten oder frömmer, am frömmsten [mhd. vrum, zu ahd. fruma wesen ›vollgültig sein‹], 1) gläubig, gottesfürchtig: ein frommer Christ. 2) geduldig, still, gehorsam: ein frommes Pferd. 3) ⚔ brav, tüchtig: der fromme Landsknecht. 4) ein frommer Wunsch, ein machtloser Wunsch. **Frömmelei** die, -. **frömmeln**, ich fröm(e)le (habe gefrömmelt), heuchle Frömmigkeit. **frommen**, es frommt (hat gefrommt) mir, nützt. **Frömmheit** die, -, Gehorsamkeit, Geduld. **Frömmigkeit** die, -, Glaube an Gott. **Frömmler** der, -s/-, jemand, der frömmelt.
Fron [ahd. frono ›dem Herrn gehörig‹] die, -/-en, meist unentgeltliche Pflichtarbeit des Leibeigenen; Sinnbild harter, aufgezwungener Arbeit. **Fronaltar** der, ⚔ Hochaltar. **Fronarbeit** die, Zwangsarbeit, Fron. **Fronbote** der, im MA.: Gerichtsdiener. **Fronde** die, -/-n, Fron. **Fronde** [frd. ›Schleuder‹; Spottwort] die, -, urspr. die Opposition des französ. Adels gegen den Absolutismus; danach: regierungsfeindl. Partei. **Frondeur** [frd'œr] der, -s/-e, politisch Unzufriedener, Anhänger der Fronde.
Frondienst der, Fronarbeit.
frondieren [zu Fronde], ich frondiere (habe frondiert), widerstrebe, arbeite in der Opposition.
fronen [zu Fron], ich frone (habe gefront), leiste Fronarbeit. **frönen**, ich fröne (habe gefrönt) ihm, gebe mich ihm rückhaltlos hin: ich f. einer Leidenschaft, einem Laster. **Fröner** der, -s/-, jemand, der Fron leistet. **Fronfasten**, Pl., vierteljährl. Fasttage. **Fronleichnam** der, -(e)s, kath. Kirchenfest ›Christi heiliger Leib‹, Donnerstag nach Trinitatis: Fronleichnamsprozession.
Front [frz., ital., zu lat. frons, Gen. frontis ›Stirn‹] die, -/-en, 1) Stirnseite, Vorderansicht (Haus, angetretene Truppe). 2) Gefechtslinie, Kampfzone: Frontkämpfer. 3) geschlossene Einheit, Block: die F. der Arbeiter; Gefahren von der Ölfront, Ü. 4) Grenzfläche zwischen warmen und kalten Luftmassen: Kaltluftfront. 5) ich mache F. gegen etwas, Ü widersetze mich. 6) ich mache F. vor ihm, wende mich ihm zu, nehme Haltung an (als militär. Ehrenbezeigung). **frontal**, 1) von der Vorderseite her, von vorn: Frontalzusammenstoß. 2) direkt nach vorn gerichtet: sie griffen f. an. **Frontalangriff** der, Angriff geradeaus gegen die feindl. Front. **Frontantrieb**, Vorderradantrieb bei Kraftfahrzeugen. **Frontispiz** der, ▭ Giebeldreieck über einem vorspringenden Gebäudeteil. 2) Titelverzierung; dem Titelblatt gegenüberstehendes Bild.
fror, von frieren.
Frosch [ahd. frosg] der, -(e)s/ᵘe, 1) ein schwanzloser Lurch: die Frösche quaken; sei kein F.!, Ü Spielverderber; ich habe einen F. im Hals, Ü bin heiser. 2) Feuerwerkskörper: Knallfrosch. 3) Weberei: Endteg am Webstuhl. 4) ♪ verstellbare Platte am Griffende des Bogens der Streichinstrumente, ABB. B 39. 5) über den Faßboden hinausragender Teil der Dauben, ABB. F 8. **Froschbiß** der, eine Schwimmblattpflanze. **Froschblut** der, er hat F., Ü ist durch nichts aufzuregen oder zu begeistern. **Fröschchen** das, -s/-. **Froschklemme** die, zangenartiges Haltewerkzeug zum Heben von Lasten. **Froschlaich** der, gallertartige Eimassen des Frosches. **Fröschlein** das, -s/-. **Froschlurche**, Pl., schwanzlose Lurche (Frosch, Unke, Kröte). **Froschmann** der, Taucher mit Tauchgerät. **Froschperspektive** die, Ansicht von einem unter Augenhöhe liegenden Gesichtspunkt; Ü engstirnige

Denkweise: aus der F. betrachtet. **Froschtest** der, ⚥ früher eine Schwangerschaftsreaktion.
Frost [ahd. frost] der, -(e)s/ᵘe, 1) Temperatur unter dem Gefrierpunkt: Nachtfröste. 2) Kältegefühl: Schüttelfrost. 3) Schäden durch Frost: Frostbeulen; die Pflanzen haben F. abbekommen; Frostaufbrüche. **fröst(e)lig**, leicht frierend. **frösteln**, ich fröst(e)le (habe gefröstelt), 1) auch mich fröstelt, friere mit schauerndem Gefühl. 2) es fröstelt, es ist leichter Frost. **frosten**, ich froste (habe gefrostet) es, friere es zum Konservieren ein. **Froster** der, -s/-, Tiefkühlfach. **frostig**, 1) kalt, zu Frost neigend (Wetter). 2) Ü zurückhaltend, unfreundlich: ein frostiger Empfang. **Frostigkeit** die, -. **Frostspanner** der, ein Baumschädling.
Frottee [frz. frotter ›reiben‹] das oder der, -(s)/-s, gekräuseltes Gewebe. **Frotteetuch** das, Frottiertuch. **frottieren**, ich frottiere (habe frottiert) ihn, reibe mit Tüchern (ab). **Frottiergewebe** das, ein- oder beidseitig mit Schlingen versehenes Gewebe: F. für Bademäntel. **Frottiertuch** das, Handtuch aus Frottiergewebe.
frotzeln [oberdt., wohl zu Fratze], ich frotz(e)le (habe gefrotzelt) ihn, ∪ necke, ärgere.
frs, Abk. für: Francs [Pl. von Franc].
Frucht [ahd. fruht, zu lat. fructus] die, -/ᵘe, 1) ⚘ der Samen mit dem ihn umschließenden Gebilde, ABB. F 36. 2) Keimling bei Mensch und Tier: Leibesfrucht. 3) eßbare Pflanzenteile außer Blättern und Stengeln (Knollen, Obst, Körner usw.); Sinnbild des Genusses: verbotene Früchte, etwas Unerlaubtes. 4) Feldertrag, Getreide: Feldfrüchte. 5) Ü Folgen einer Handlung: er kann die Früchte seines Fleißes ernten; eine F. der Liebe, P Kind. **fruchtbar**, 1) an Frucht ergiebig, ertragreich: fruchtbarer Boden. 2) fähig, Frucht zu tragen, Kinder zu gebären: eine fruchtbare Frau. 3) Ü erfolgreich, nützlich: eine fruchtbare Arbeit. **Fruchtbarkeit** die, -. **Fruchtblase** die, ⚥ Fruchtwasser gefüllte Eihülle des Embryos. **Fruchtblatt** das, Fruchtboden, Teile der Blüte, ABB. F 36, B 38. **fruchtbringend**, ergiebig, ertragreich. **Früchtchen** das, -s/-, 1) Diminutiv zu Frucht. 2) Ü Taugenichts. **fruchten**, es fruchtet (hat gefruchtet), nutzt, bewirkt: Ermahnungen fruchteten nichts. **Fruchtfleisch** das, eßbarer Teil der Frucht. **Fruchtfolge** die, planmäßige Folge beim Anbau von Feldfrüchten. **fruchtig**, nach Früchten schmeckend (z. B. Wein). **Fruchtknoten** der, ABB. B 38. **fruchtlos**, Ü nutzlos, vergeblich: fruchtlose Bemühungen. **Fruchtpresse** die, Gerät zum Auspressen des Saftes aus Früchten. **Fruchtsaft** der, von Früchten ausgepreßter Saft. **Fruchtwasser** das, Flüssigkeit, in der der Embryo in der Fruchtblase schwimmt. **Fruchtwechsel** der, Fruchtfolge. **Fruchtzucker** der, eine Zuckerart in süßen Früchten und im Honig.
frugal [lat. frugalis], einfach, mäßig: ein frugales Mahl. **Frugalität** die, -.
früh [ahd. fruo], 1) vor einer genannten oder der gewöhnlichen Zeit: heute bin ich f. gekommen, habe noch etwas Zeit; früher als sonst; früher als du, vor dir; der Bus kam zu f., vor der fahrplanmäßigen Zeit; das ist mir zu f.; frühes Obst; in früheren Zeiten; Früherkennung bei Krebs. 2) am Anfang, z. B. des Tages, Lebens, Jahres, eines Zeitraums: f. am Tag; f. im Jahr; morgen f.; morgens f., aber: frühmorgens; f. aufstehen; ich erfuhr es f., sehr bald; frühestens morgen, nicht vor morgen; Frühromantik. **Frühauf**, von f., von Kindheit an. **Frühaufsteher** der, -s/-, jemand, der morgens immer sehr früh aufsteht. **Frühbeet** das, ABB. G 3. **frühchristlich**, die ersten nachchristlichen Jahrhunderte betreffend, aus ihr stammend. **Frühe** die, der Morgen: in aller F. **früher**, 1) Komparativ von früh. 2) ehemals. **Frühgeburt** die, ⚥ 1) Geburt eines nicht ausgetragenen, jedoch lebensfähigen Kindes. 2) frühgeborenes Kind. **Frühgeschichte** die, 1) auf die Vorgeschichte folgender Zeitabschnitt. 2) Ü früher geschichtlicher Abschnitt einer Entwicklung: aus der F. der Industrialisierung. **Frühjahr** das, Frühling. **Frühjahrs-Tagundnachtgleiche** die, ⚘ 21. März. **Frühkartoffel** die, bes. früh reifende Kartoffelsorte. **Frühling** der, -s/-e, 1) eine Jahreszeit, ÜBERS. J 2: Frühlingsanfang; Frühlingsblume; Frühlingsmonat. 2) Ü Zeit der Jugend, des Sprossens und Wachsens: im F. des Lebens. **frühlingshaft**. **frühmorgens**, f., Wecken f. bei Sonnenaufgang. **Frühobst** das, bes. früh reifende Obstsorte. **frühreif**, körperlich und seelisch vorzeitig gereift. **Frühreife** die, -. **Frühschoppen** der, vormittägl. Beisammensein bei Bier oder Wein. **Frühsport** der, Ausgleichsübungen nach dem Aufstehen. **Frühstart** der, ⚡ das dem Startsignal zuvorkommende Lösen aus der Startposition.

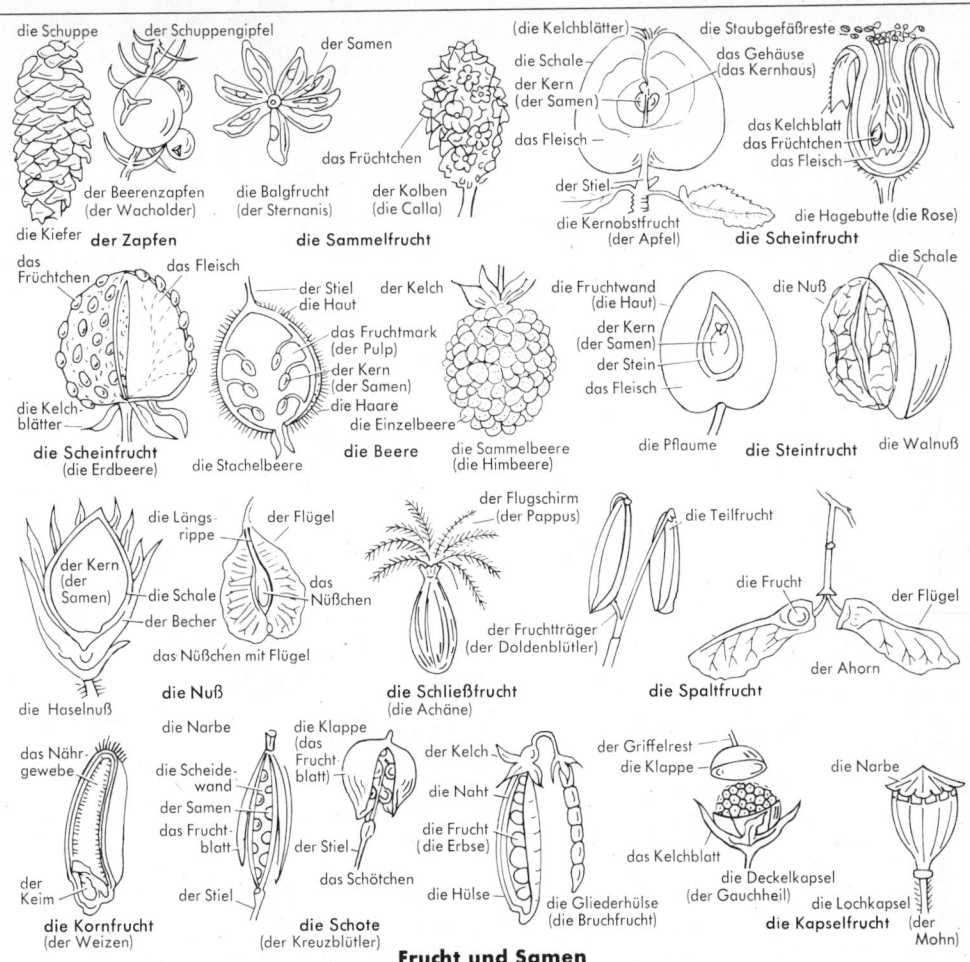

Frucht und Samen

Frühstück das, Morgenmahlzeit: Frühstückspause. **früh-stücken**, ich frühstücke (habe gefrühstückt), 1) esse Frühstück. 2) es, esse es zum Frühstück. **frühzeitig**, früh, zeitig.
Fruktifikation [lat. fructus ›Frucht‹ und facere ›machen‹] die, -/-en, 1) Fruchtbildung. 2) Nutzbarmachung. **fruktifi-zieren**, ich fruktifiziere (habe fruktifiziert), 1) es, ⚯ mache nutzbar. 2) es fruktifiziert, bildet Früchte. **Fruktivore** [-v'o:-], lat. fructus ›Frucht‹ und vorare ›fressen‹ der, -n/-n, Fruchtfresser. **Fruktose** die, -, Fruchtzucker.
Frust der, -(e)s, ∪ Frustration: immer dieser F.! **Frustra-tion** [lat. frustra ›vergeblich‹, ›vereiteln‹] die, -/-en, das Versagtbleiben einer Erwartung, Enttäuschung. **frustrieren**, ich frustriere (habe frustriert), 1) ihn, enttäusche in seiner Erwartung, versage bewußt oder unbewußt ein Bedürfnis. 2) es, vereitele, täusche.
Frutti di mare [ital. ›Meeresfrüchte‹] die, Pl., Sammelbez. für Austern, Muscheln, Garnelen u. a. kleinere Meerestiere.
F-Schlüssel der, ♪ Baßschlüssel.
ft, Abk. für: foot.
Ft, Abk. für: Forint.
Fuchs [fuks, ahd. fuhs] der, -es/ˮe, 1) hundeartiges Raub-tier; Sinnbild der List und Schlauheit. 2) etwas Rotbraunes

(Pferd, Rothaariger, Goldstück). 3) ein Tagfalter. 4) ⊙ Kanal zwischen Feuerung und Schornstein, ABB. K 18. 5) Verbin-dungsstudent im ersten Jahr. 6) ⚔ wirkungsloser Sprengschuß. **Fuchsbau** der, -(e)s/-e, Wohnhöhle des Fuchses. **Füchs-chen** das, -s/-, 1) Diminutiv zu Fuchs. 2) ⚥ ein Sternbild. **fuchsen**, ich fuchse (habe gefuchst) ihn, mich, ∪ ärgere ihn, mich: das fuchst mich.
Fuchsie [-iɐ, nach dem dt. Botaniker L. Fuchs, 1501–1566] die, -/. . .si|en, eine Zierpflanze.
fuchsig, 1) rothaarig. 2) ∪ wütend, ärgerlich: das macht mich f. **Fuchsin** das, -s, ein roter Teerfarbstoff. **Fuchsin** die, -/-nen, weibl. Fuchs. **Fuchsjagd** die, 1) Jagd auf Füchse (meist zu Pferd). 2) sportl. Jagdreiten. **Füchslein** das, -s/-, Diminutiv zu Fuchs. **Fuchsmajor** der, Erzieher der Füchse einer studentischen Verbindung. **Fuchsschwanz** der, 1) Schwanz des Fuchses. 2) eine Säge, ABB. S 1, T 11. 3) ein Gras, auch Ama-rant u. a. Pflanzen, ABB. G 35. **fuchsteufelswild**, sehr wü-tend.
Fuchtel [zu fechten] die, -/-n, Degen mit breiter Klinge; Sinnbild strenger Aufsicht: sie steht unter seiner F. **fuchteln**, ich fucht(e)le (habe gefuchtelt) mit etwas, bewege heftig hin und her, bes. die Arme. **fuchtig**, ∪ erbost, aufgebracht.

Fuder [ahd. fuodar, zu altengl. faedn ›Umarmung‹, ›Klafter‹] *das, -s/-,* **1)** Wagenladung: *ein F. Heu.* **2)** Flüssigkeits-, bes. Weinmaß. **3)** altes Festkörpermaß. **fuderweise.**

Fug [mhd. vuoc ›Schicklichkeit‹] *der, -(e)s: mit F. und Recht,* rechtmäßig, mit voller Berechtigung.

fugal [ital., mlat. ›Wechselgesang‹, lat. fuga ›Flucht‹ (der Stimmen vor einander)], ♪ in der Art einer Fuge. **Fuge** *die, -/-n,* ♪ die am vollkommensten durchgebildete kontrapunktisch gebundene Satzart.

Fuge [ahd. fuogi, zu fügen] *die, -/-n,* Verbindungsstelle oder Ritze zwischen benachbarten Teilen (Bauteilen, Brettern, Gesteinen), Abb. H 24: *es ist aus den Fugen gegangen,* entzweigegangen, Ü hat sich völlig verändert (Welt). **fugen,** *ich fuge* (habe gefugt) *es,* ziehe Fugen, schließe sie mit Falzen usw. gut zusammen. **fügen** [ahd. fuogen], *ich füge* (habe gefügt), **1)** *es (mit etwas, an etwas),* setze passend aneinander, verbinde. **2)** *es zu etwas,* gebe dazu (als Ergänzung). **3)** *der Zufall fügt es,* bewirkt, läßt geschehen. **4)** *mich ihm, in etwas,* ordne mich unter, gehorche. **5)** *mich zu ihm,* passe mich an. **fugenlos,** ohne Fugen, glatt. **füglich,** mit Recht, in passender Weise. **fügsam,** gefügig, gehorsam. **Fügsamkeit** *die, -.* **Fugung** *die, -/-en,* **1)** das Fugen. **2)** das Gefügte. **Fügung** *die, -/-en,* **1)** das Sichfügen. **2)** das Walten des Schicksals: *durch eine gnädige F. entging er dem Tod.*

fühlbar, spürbar, merklich: *eine fühlbare Erleichterung.* **Fühlbarkeit** *die, -.* **fühlen** [ahd. fuolen], *ich fühle* (habe gefühlt), **1)** *es,* empfinde seelisch (Glück, Zufriedenheit). **2)** *es,* empfinde körperlich: *ich f. alle meine Knochen,* Ü usuche alles weh. **3)** *es,* nehme mit dem Tastsinn wahr: *ich f. dem Kranken den Puls.* **4)** *es,* Ü merke, ahne: *ich f. Unheil nahen.* **5)** *ich fühle nach etwas,* greife tastend danach: *er fühlte nach seiner Brieftasche.* **6)** *mich gut, schlecht, krank,* spüre Anzeichen, bin so gestimmt. **7)** *mich als etwas,* glaube es zu sein: *ich f. mich dafür verantwortlich.* **8)** *er fühlt sich,* Ü ist stolz, überheblich. **Fühler** *der, -s/-,* ⚭ Körperanhänge, die Sinneswerkzeuge tragen, Abb. I 1: *ich habe meine F. danach ausgestreckt,* Ü suche es zu erfahren. **Fühl(er)lehre** *die,* ⊙ ein Meßgerät, Spion. **fühllos,** ohne Gefühl, herzlos. **Fühllosigkeit** *die, -.* **Fühlung** *die, -,* Verbindung, Berührung: *wir blieben durch Jahre in F.,* wußten einer vom anderen. **Fühlungnahme** *die, -,* Annäherung, Herstellung einer persönlichen Verbindung.

fuhr, von fahren. **Fuhre** [ahd. fuora ›Fahrt‹, ›Schar‹, ›Futter‹] *die, -/-n,* **1)** Bestellung, Transport auf Wagen: *die Ware wurde mit F. angerollt; Fuhrunternehmen.* **2)** Wagenlast, Fuder: *zwölf Fuhren Sand.* **fuhren,** *es fuhret* (hat gefuhret), *schweiz.:* sättigt stark. **führen** [ahd. fuoren], *ich führe* (habe geführt) *ihn, es,* **1)** weise den Weg: *der Reiseleiter führte uns zum Hotel; das Schild führt zum Aufzug, zum Parkdeck.* **2)** bestimme die Richtung seines Handelns: *dieses Vorbild führte ihn zu seinem Beruf.* **3)** leite, stütze: *er führte den Kranken am Arm; man führte die Damen zu Tisch,* siehe vor: *er hatte die Klasse drei Jahre hindurch als Klassenlehrer geführt.* **4)** *bei mir, habe bei mir.* **6)** handhabe: *er weiß den Degen zu führen.* **7)** habe dauernd, öffentlich (Namen, Wappen). **8)** ⚖ habe zum Verkauf: *Damenstrümpfe führen wir nicht.* **9)** in vielen Wendungen in abgeblaßter Bedeutung: *ich f. ein Amt, die Aufsicht, ein ruhiges Leben, Krieg, einen Rechtsstreit, freche Reden.* **10)** befördere: *der Fluß führt Geröll.* **11)** oberdt.: *fahre.* **12)** bin der erste, stehe vorne: *im Entscheidungsrennen führte Italien.* **13)** *es führt,* ist gerichtet: *diese Straße führt zur nächsten Autobahnauffahrt; eine Brücke führt über die Schlucht.* **14)** *es führt zu etwas,* hat zur Folge: *überhöhte Geschwindigkeit führte zu diesem Unfall; das führt zu nichts.* **15)** *mich,* betrage mich: *er hat sich in der Schule stets tadellos geführt.* **Führer** *der,* **1)** jemand, der andere oder etwas leitet: *Fremdenführer; Bergführer; Lokomotivführer; Kompanieführer; eine Führernase.* **2)** Lehrbuch, Reisehandbuch: *Sprachführer; Reiseführer.* **Führerausweis** *der, schweiz.:* Führerschein. **führerlos. Führerschein** *der,* amtl. Fahrberechtigung für Kraftfahrer. **Führerstand** *der,* Platz des Lokomotivführers, Abb. L 16. **führig,** *alem.:* **1)** ♀ folgsam (Hund). **2)** griffig. **Führigkeit** *die, -.* **Fuhrlohn** *der,* Bezahlung für Beförderung. **Fuhrmann** *der, -(e)s/ᵘer* oder *...leute,* **1)** Lastenkutscher. **2)** *ohne Pl.,* ✶ ein Sternbild. **Fuhrpark** *der,* alle Fahrzeuge eines Unternehmens. **Führung** *die, -/-en,* **1)** Leitung, Befehlsgewalt: *Führungskraft; Führungsanspruch; Führungsstil; Unternehmensführung.* **2)** ⊙ Vorrichtung, die einem bewegl. Maschinenteil die Bahn seiner Bewegung vorschreibt: *Führungsschiene,* Abb. A 23. **3)** Teil des Geschosses. **4)** Benehmen: *wegen guter F. wurde er vorzeitig entlassen.* **5)** ✗ Spitze im Wettkampf: *er ging in F.;*

Führungstor. Führungsakademie *die,* Ausbildungsstätte für Offiziere im Generalstabsdienst. **Führungsaufsicht** *die,* ⚖ eine Maßregel der Besserung und Sicherung bei Rückfalltätern. **Führungsstab** *der,* übergeordnete Behörde, die die Generalstäbe der Teilstreitkräfte koordiniert. **Führungszeugnis** *das,* Bescheinigung der Polizei über etwaige Vorstrafen oder darüber, daß keine Strafen vorliegen. **Fuhrwerk** *das,* bespanntes Lastfahrzeug. **fuhrwerken,** *ich fuhrwerke* (habe gefuhrwerkt), **1)** fahre mit dem Fuhrwerk. **2)** U wirtschafte energisch umher.

Fulbe, *Pl.* von Pullo.

Fulgurit [lat. fulgur ›Blitz‹] *der, -s/-e,* **1)** ⊕ die Blitzröhre. **2)** ein Sprengstoff.

Full dress [engl.] *der, - -,* große Gesellschaftskleidung.

Fülle [ahd. fulli, zu voll] *die, -,* **1)** das Vollsein. **2)** Menge, Überfluß: *wir haben das in (Hülle und) F.* **3)** das Dicksein: *Leibesfülle.* **4)** *Pl. -n,* Füllung (bei Geflügel, Pasteten). **füllen** [ahd. fullen], *ich fülle* (habe gefüllt), **1)** *es mit etwas,* mache voll: *ich f. ein Glas mit Wasser.* **2)** *es in etwas,* tue hinein, gieße hinein: *ich f. Marmelade in Gläser.* **3)** *es füllt sich,* wird voll: *das Stadion füllte sich mit Zuschauern.*

Füllen [ahd. fulin] *das, -s/-,* **1)** Fohlen. **2)** *ohne Pl.,* ✶ ein Sternbild.

Füller *der, -s/-,* U **Füllfederhalter** *der,* Abb. F 10, B 57. **Füllhorn** *das,* mit Blumen und Früchten gefülltes Horn; Sinnbild des Überflusses.

Full house [f'ul haus, engl.] *das, - -/-s*[-siz], **1)** volles Haus. **2)** Kartenkombination beim Poker.

füllig, dicklich, korpulent. **Füllsel** *das, -s/-,* etwas, das zum Füllen benutzt wird.

Full-time-Job [f'ultaimdʒɔb, engl.] *der,* **1)** Ganztagsarbeit. **2)** Ü Tätigkeit, die jemanden völlig beansprucht.

Füllung *die, -/-en,* **1)** *ohne Pl.,* das Eingießen: *F. der Fässer.* **2)** Inhalt, der etwas füllt; Holz oder Glas in Türen, Abb. T 19; Mauerwerk zwischen Trägern und Gewölberippen, Abb. D 4, F 38: *Türfüllung; Zahnfüllung.* **Füllwort** *das,* Flickwort, Wort, das ohne eigtl. Sinn eingeschoben wird.

fully fashioned [f'uli f'æʃnd, engl. full ›voll‹ und to fashion ›anfertigen‹], formgearbeitet (Strickwaren).

fulminant [lat. fulminare ›blitzen‹], prächtig, fabelhaft: *eine fulminante Rede.* **Fulminanz** *die, -.*

Fum [ital. fumo ›Rauch‹] *der, -(e)s, wien.:* **1)** Anstand. **2)** das Vornehmtun.

Fumarole [ital. fumarola] *die, -/-n,* ⊕ vulkan. Gas-Dampf-Aushauchung.

Fummel *der, -s/-,* U leichtes, billiges Kleid. **fumm(e)lig,** U fahrig. **fummeln** [Schallw.], *ich fumm(e)le* (habe gefummelt), U **1)** renne hin und her, z. B. beim Fußballspielen. **2)** *an etwas (herum),* pfusche, bastele herum. **3)** *es,* befühle. **4)** *norddt.:* putze blank.

Fund [mhd. vunt] *der, -(e)s/-e,* **1)** das Finden von etwas Verlorenem: *Fundsachen.* **2)** Entdeckung, Ausgrabung: *Funde aus der Römerzeit.*

Fundament [lat. fundamentum, lat. fundare ›begründen‹] *das, -(e)s/-e,* **1)** die Gründung. **2)** 𝍖 Grundmauer, Abb. H 11. **3)** Grundlage: *das F. seiner philosophischen Lehre.* **fundamental,** grundlegend; schwerwiegend: *ein fundamentaler Irrtum.* **fundamentieren,** *ich fundamentiere* (habe fundamentiert) *es,* lege den Grund; gründe.

Fundbüro *das,* Aufbewahrungsstelle für gefundene Gegenstände. **Fundgrube** *die,* **1)** ⚒ neueröffnetes ergiebiges Bergwerk. **2)** Ü Reichtum an ungehobenen Schätzen: *dieses Buch ist eine wahre F.*

fundieren [mhd. fundieren, vgl. Fundament], *ich fundiere* (habe fundiert) *es,* **1)** gründe (fest), begründe: *ein gut fundiertes Geschäft.* **2)** statte mit Geldmitteln aus: *fundiertes Einkommen.* **Fundierung** *die, -.*

fündig [zu finden], ⚒ Ausbeute versprechend: *die Bergleute wurden f., fanden eine Lagerstätte nutzbarer Mineralien.*

Fundort *der,* **Fundstätte** *die: F. minoischer Gräber.* **Fundstelle** *die,* **1)** Fundbüro.

Fundus [lat. ›Grund‹, ›Boden‹] *der, -,* **1)** Grundstock, Bestand. **2)** bewegl. Theatergut (Dekorationen, Kostüme). **3)** $ Boden eines Hohlorgans.

Funeralien [lat. funus, Gen. funeris ›Leichenbestattung‹], *Pl.,* Trauer- und Begräbnisfeiern.

fünf (5) [ahd. fimf], Übers. Z 1; vgl. acht: *wir sind zu fünf(en), fünft oder unser f.; er läßt fünf(e) gerade sein,* nimmt es nicht allzu genau; *die fünfte Schweiz,* Gesamtheit der Auslandsschweizer (die anderen vier sind die Sprachgemeinschaften in der Schweiz). **Fünf** *die, -/-en,* die Zahl 5; als Leistungsnote ›mangelhaft‹; vgl. Acht. **Fünf|eck** *das,* eine geometrische Figur mit fünf Seiten. **fünf|eckig. Fünfer** *der, -s/-,* U Fünfpfennigstück. **Fünfer|alphabet** *das,* das im Nachrichtenverkehr gebräuchlichste Telegraphenalphabet. **fünfhundert** (500), vgl. hundert. **Fünfjahr(es)plan** *der,* ein auf fünf Jahre berechneter Wirtschaftsplan. **Fünfkampf** *der,* ✗ Wettkampf aus fünf Einzelkampfarten. **Fünf|liber** *der, -s/-, schweiz.:* Fünffrankenstück. **Fünfmarkstück** *das,* auch 5-Mark-Stück. **Fünfpaß** *der, . . .passes/. . .passe,* gotische Maßwerkform, ABB. M 7. **Fünfprozentklausel** *die,* auch 5-Prozent-Klausel oder 5%-Klausel, Vorschrift in Wahlgesetzen. **Fünftagewoche** *die,* Arbeitswoche von fünf Tagen. **fünftausend** (5 000), vgl. tausend. **Fünf|uhrtee** *der,* Geselligkeit beim Nachmittagstee. **fünfzehn** (15), vgl. achtzehn. **fünfzig** (50), vgl. achtzig: *Fünfzigpfennigmarke, 50-Pfennig-Marke, 50-Pf-Marke,* Briefmarke im Wert von 50 Pfennig. **Fünfziger** *der, -s/-,* 1) U Fünfzigpfennigstück. 2) Mann im Alter von 50–60 Jahren: *Endfünfziger.* **Fünfzigerin** *die, -/-nen:* Mittfünfzigerin.

fungibel [lat. fungi ›verrichten‹, ›leisten‹], ♫ vertretbar: *eine fungible Sache.* **fungieren,** *ich fungiere* (habe fungiert) *als etwas,* wirke, bin tätig, verwalte ein Amt.

Funk *der, -(e)s,* kurz für: Funktechnik, Funkverkehr, bes. Rundfunk: *Funkamateur; Funkberichterstatter; Funklotterie; Funknavigation; Funktaxi; Hörfunk.* **Funkbild** *das,* drahtlos übermitteltes Bild. **Fünkchen** *das, -s/-.* **Funke** [ahd. funcho] *der, -n/-n,* auch Funken, 1) kleine, blitzartig leuchtende Feuererscheinung: *der elektrische F.* 2) das Aufglimmen: *noch sind Funken unter der Asche; Funkenflug.* 3) Ü plötzliche Eingebung, Winzigkeit: *kein F. von Verständnis.* **funkeln,** *es funkelt* (hat gefunkelt), leuchtet wie Funken auf: *Sterne funkeln; ihre Augen funkelten,* Ü. **funkelnagelneu,** U ganz neu. **funken** [mhd. vuncen ›Funken von sich geben‹], *ich funke* (habe gefunkt), 1) *es,* sende drahtlos, übermittle durch Funk: *das Schiff funkt SOS.* 2) *es funkt,* gibt Funken. 3) *es hat (endlich) bei ihm gefunkt,* U er hat es verstanden. **Funken** *der, -s/-,* Funke. **Funker** *der, -s/-,* 1) Telegrafist im drahtlosen Verkehr: *Bordfunker.* 2) ♫ Angehöriger der Nachrichtentruppen. **Funkfeuer** *das,* für die Funknavigation bestimmte Sendestation. **funkisch,** zum Funk gehörend, ihn betreffend. **Fünklein** *das, -s/-.* **Funkmeßtechnik** *die, -/,* Radar. **Funknavigation** *die,* Führung von See-, Luft- und Raumfahrzeugen mit Hilfe elektromagnet. Wellen. **Funksendung** *die,* drahtlose Sendung, Sendung über Rundfunk oder Fernsehen. **Funksprechgerät** *das,* kompakte bewegliche oder tragbare Sende-Empfangs-Anlage für drahtlosen Fernsprechverkehr. **Funkspruch** *der,* drahtlose Nachricht. **Funkstreife** *die,* mit einem Funksprechgerät ausgerüstete Polizeistreife: *Funkstreifenwagen.* **Funktion** [lat. functio, zu fungi ›verrichten‹, ›leisten‹] *die, -/-en,* 1) Tätigkeit, Wirken, Amt, Zweck: *es ist in F. getreten, hat seine Tätigkeit aufgenommen: funktionsbedingt; funktionsrecht; funktionstüchtig.* 2) △ von einer anderen Größe gesetzmäßig abhängige Größe. **funktional,** funktionell. **Funktional|analysis** *die,* △ Anwendung der Analysis auf Vektorräume. **Funktionalismus** *der, -,* 1) eine Betrachtungsweise, die Tatbestände von ihren Wirkbeziehungen her auffaßt. 2) ⊤⊤ Richtung, bei der die Form der Funktion folgt. **Funktionär** *der, -s/-e,* Beauftragter einer Gruppe, einer Partei. **funktionell,** die Funktion betreffend, zweckbestimmt, wirksam: *er arbeitet f.; eine funktionelle Einrichtung; funktionelle Störung,* ♀ Erkrankung, die auf gestörter Tätigkeit eines nicht krankhaft veränderten Organs beruht. **funktionieren,** *es funktioniert* (hat funktioniert), arbeitet ordnungsgemäß: *die Maschine f. (nicht); unsere Zusammenarbeit f.,* Ü. **Funkturm** *der,* Bauwerk mit Sende- oder Empfangsantennen. **Funkverkehr** *der,* drahtloser Nachrichtenverkehr.

Funsel, Funzel [zu Funke] *die, -/-n,* U schlecht brennende Lampe oder Kerze.

für [ahd. furi ›vor‹, ›vor. . .hin (her)‹, ›wegen‹] *ihn, etwas,* ÜBERS. P 21, 1) an Stelle, als Ersatz: *f. den Verlust erhielt er Ersatz.* 2) als Bezahlung: *f. eine Mark.* 3) zugunsten, zuliebe, zum Zweck: *alles f. den Kunden; dies Geschenk ist f. dich; ich bin f. den ersten Vorschlag; f. diesen Fall habe ich vorgesorgt; f. mich kommt das nicht in Frage; das Für und Wider,* Gründe und Gegengründe; *ein f. allemal,* ein Fall, der immer gilt. 4) entsprechend, im Verhältnis zu: *f. seine Jahre ist er noch sehr rüstig.* 5) was betrifft: *ich f. meine Person; genug f. heute; fürs erste,* einstweilen, vorläufig. 6) zur Angabe einer Meinung, Beurteilung: *ich halte ihn f. klug; er hat es f. gut befunden.*

gebilligt. 7) *f. sich,* allein, gesondert: *das ist eine Sache f. sich.* 8) was *f.,* von welcher Art: *was ist er f. ein Mensch?* 9) als Zeitangabe und in zeitl. Folge: *wir haben das Ferienhaus f. einen Monat gemietet; Schritt f. Schritt,* allmählich; *Jahr f. Jahr,* jedes Jahr wieder.

Furage [für′a:ʒə, frz. fourrager ›Futter holen‹, verwandt mit dt. Futter] *die, -,* ♫ Lebensmittel für die Truppe, Futter für die Pferde. **furagieren** [-ʒ′i:-], *ich furagiere* (habe furagiert), empfange, hole Furage.

fürbaß, ♫ P weiter: *er schritt f.*

fürben, *ich fürbe* (habe gefürbet) *es, alem.:* fege, säubere mit dem Besen.

Fürbitte *die,* Gebet oder Bitte zugunsten anderer. **fürbitten,** nur Infinitiv üblich. **Fürbitter** *der, -s/-.*

Furche [ahd. fur(u)h] *die, -/-n,* 1) Längsvertiefung, Rille, ABB. B 28: *Ackerfurche.* 2) Runzel (in der Haut), Vertiefung (im Gehirn, in einer Säule): *es: mit gefurchter Stirn.* **Furchenschrift** *die,* das Bustrophedon. **furchig,** gefurcht.

Furcht [ahd. for(h)ta] *die, -,* das Gefühl, von etwas Bestimmtem bedroht zu werden: *F. vor ihm, daß etwas geschieht, geschehen könne; von F. ergriffen; aus F. wagten sie nicht zu reden; die F. des Herrn, Gottes,* P die Furcht, Ehrfurcht vor Gott; *furchteinflößend; furchterregend.* **furchtbar,** 1) schreckenerregend, gefahrdrohend. 2) U groß, sehr: *er ist f. dumm.* **Furchtbarkeit** *die, -.* **Furchtegott,** männl. Vorname. **fürchten** [ahd. for(h)ten], *ich fürchte* (habe gefürchtet), 1) *ihn, es,* habe Furcht (oder Ehrfurcht): *er fürchtet seinen Vater.* 2) *mich vor ihm,* habe Angst: *er fürchtet sich vor einer Strafe.* 3) *mich, es zu tun,* scheue mich, möchte es aus Furcht unterlassen. **fürchterlich,** furchtbar. **furchtlos,** unerschrocken, mutig. **Furchtlosigkeit** *die, -.* **furchtsam,** ängstlich, zu Furcht neigend. **Furchtsamkeit** *die, -.*

Furchung *die, -/-en,* Entwicklungsbeginn einer Eizelle.

fürder [ahd. furdir], ♫ weiter, ferner. **fürderhin,** ♫ in Zukunft, künftig.

für|ein|ander, einer für den anderen, wechselseitig: *sie wollen f. einstehen, leben, sein.*

für|erst, ♫ vorerst.

Furiant [lat. furia ›Leidenschaft‹, ›Raserei‹] *der, -s,* schneller böhmischer Tanz. **Furie** [-iə] *die, -/. . .ri|en,* 1) römische Rachegöttin. 2) U wütende Frau.

Furier [frz., vgl. Furage] *der, -s/-e,* ♫ mit Unterkunfts- und Verpflegungsgeschäfte Betrauter.

furios [ital., zu lat. furiosus], wütend, hitzig. **furioso,** ♪ leidenschaftlich erregt.

fürliebnehmen, ♫ vorliebnehmen.

Furnier [frz. fournir ›ausstatten‹] *das, -s/-e,* dünnes Holzblatt zum Aufleimen auf die Sichtflächen von Holz- oder Holzwerkstoffplatten, ABB. H 24: *Furnierholz; Nußbaumfurnier.* **furnieren,** *ich furniere* (habe furniert) *es.*

Furor [ital. furore, zu lat. furor] *der, -s,* Jähzorn, Wut. **Furore** *die, -* oder *das, -s,* Raserei, Beifall: *es wird F. machen,* Aufsehen erregen.

fürs, U für das, ÜBERS. Z 13.

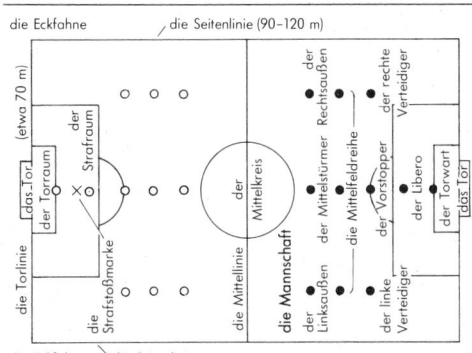

F 37

das Spielfeld (der Grundriß)

Fußball

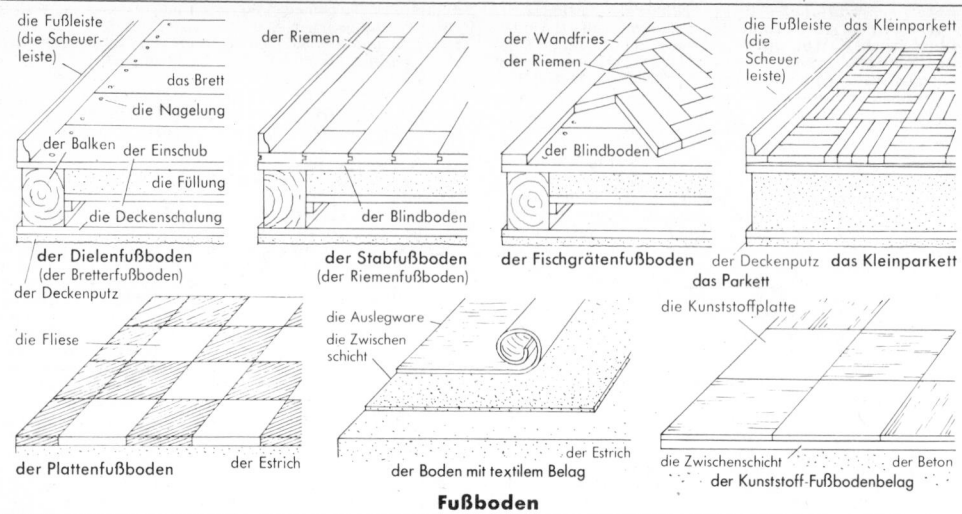

die Fußleiste (die Scheuerleiste) · das Brett · die Nagelung · der Balken · der Einschub · die Füllung · die Deckenschalung — der Dielenfußboden (der Bretterfußboden) · der Deckenputz

der Riemen · der Blindboden — der Stabfußboden (der Riemenfußboden)

der Wandfries · der Riemen · der Blindboden — der Fischgrätenfußboden · der Deckenputz · das Parkett

die Fußleiste (die Scheuerleiste) · das Kleinparkett — der Deckenputz · das Kleinparkett

die Fliese — der Plattenfußboden · der Estrich

die Auslegware · die Zwischenschicht · der Estrich — der Boden mit textilem Belag

die Kunststoffplatte · die Zwischenschicht · der Estrich · der Beton — der Kunststoff-Fußbodenbelag

Fußboden

Fürsorge *die, -,* 1) ältere Bez. für Sozialhilfe. 2) liebevolle Betreuung, Unterstützung: *der Kranken wurde alle F. zuteil.* **Fürsorgeerziehung** *die,* eine Maßnahme öffentlicher Jugendhilfe für Minderjährige. **Fürsorger** *der, -s/-,* **Fürsorgerin** *die, -/-nen,* jemand, der in der Fürsorge arbeitet. **fürsorgerisch,** auf die Fürsorge bezüglich. **fürsorglich,** liebevoll betreuend. **Fürsorglichkeit** *die, -.*
Fürspan [mhd. vürspan] *der,* 12., 13. Jahrh.: eine Spange.
Fürsprache *die,* Rede zugunsten eines anderen, Empfehlung. **Fürsprech** *der, -s/-e,* 1) ⚭ Fürsprecher. 2) *schweiz.:* Rechtsanwalt. **Fürsprecher** *der,* jemand, der sich für einen anderen bittend einsetzt.
Fürst [ahd. furist, engl. first ›der erste‹] *der, -en/-en,* 1) Titel des hohen Adels. 2) Landesherr: *Reichsfürst; Fürstbischof.* **Fürstenhaus** *das,* bestimmtes fürstl. Geschlecht. **Fürstentum** *das, -s/-̈er,* Regierungsgebiet eines Fürsten. **Fürstin** *die, -/-nen,* weiblicher Fürst; Ehefrau eines Fürsten. **fürstlich,** 1) auf einen Fürsten bezüglich. 2) Ü prächtig, üppig. **Fürstlichkeit** *die, -,* 1) fürstliche Beschaffenheit. 2) *Pl. -en,* Angehöriger einer fürstlichen Familie.
Furt [ahd. furt, zu fahren] *die, -/-en,* durchschreitbare Stelle im Fluß.
fürtrefflich, ⚭ vortrefflich.
Fürtuch [oberdt., für ›vor‹ *das,* ⚭ Schürze.
Furunkel [lat. furunculus ›kleiner Dieb‹ (an den Körpersäften)] *der,* auch *das, -s/-,* 🜨 Eiterbeule, knotenförmige eitrige Entzündung mit Einschmelzung des Haarbalges. **Furunkulose** *die, -/-n,* mehrfach auftretende Furunkel.
für|uße, voruße. **fürwahr,** wahrhaftig, wirklich. **Fürwitz** *der,* ⚭ Vorwitz. **Fürwort** *das,* Pronomen, ÜBERS. P 24.
Furz [ahd. furz] *der, -es/-̈e,* V abgehende Blähung. **furzen,** *ich furze (habe gefurzt),* V.
fuscheln, fuschern, *ich fusch(e)le, fusch(e)re (habe gefuschelt, gefuschert), mitteldt.:* 1) fahre, laufe (heimlich) umher. 2) pfusche.
Fusel *der, -s/-,* Ü schlechter Branntwein.
fus(e)lig, 1) fusselig, ausgefranst: *er redet sich den Mund f.,* Ü mählt, erklärt immer wieder vergeblich. 2) kleinl. Genauigkeit fordernd (Arbeit). 3) fahrig, aufgeregt, unsicher. **fuseln,** *ich fus(e)le (habe gefuselt),* 1) fussele. 2) bastle kleine Dinge, arbeite ungeschickt, hastig. 3) schreibe winzig.
Füsilier [frz., zu fusil ›Gewehr‹] *der, -s/-e,* ⚭ Infanterist bestimmter Regimenter. **füsilieren,** *ich füsiliere (habe füsiliert) ihn,* erschieße standrechtlich. **Füsillade** *die, -/-n,* standrechtl. Massenerschießung.
Fusion [lat. fusio ›Erguß‹, ›Verschmelzung‹] *die, -/-en,* Verschmelzung, Zusammenschluß: *Kernfusion; Fusionskon-*trolle, 🖉; *Fusionsreaktor.* **fusionieren,** *zwei Unternehmen fusionieren (haben fusioniert),* 🖉. **Fusionierung** *die, -/-en.*
Fuß [ahd. fuoz] *der, -es/-̈e,* 1) unterster Teil des Beines, ABB. B 18, M 12: *er ist von Kopf bis F. korrekt gekleidet; er fiel ihm zu Füßen; er folgt mir auf dem Fuße,* unmittelbar; *er ist gut zu F.,* ein guter Wanderer; *stehenden Fußes,* Ü sofort; *er konnte noch nicht F. fassen,* Ü heimisch werden, seine Stellung festigen; *er steht bereits auf eigenen Füßen,* Ü ist selbständig; *die Beweisführung steht auf schwachen Füßen,* Ü ist unsicher; *er tritt das Gesetz mit Füßen,* Ü mißachtet es. 2) Stütze, unterster Teil, z. B. eines Gerätes, ABB. M 15, des Bettes, ABB. B 27, eines Berges, ABB. B 20. 3) *ohne Pl.,* altes Längenmaß, ABB. M 7: *einen oder zwei Fuß breit (hoch, tief);* aber: *der Steg ist kaum fußbreit; er will keinen Fußbreit weichen.* 4) Ü Verhältnis, Maßstab: *er lebt auf großem Fuße,* verschwenderisch; *wir stehen auf Grußfuß,* grüßen uns, aber kennen uns nicht näher. 5) Metrik: eine betonte Silbe mit den dazugehörigen unbetonten: *Versfuß,* ÜBERS. M 14.
Fußangel *die,* ABB. A 14. **Fußball** *der,* 1) *ohne Pl.,* Sportart, ABB. F 37: *Fußballbundesliga; Fußballspiel; Fußballtor,* ABB. T 15; *Fußballtoto.* 2) Ball dafür, ABB. B 7. **Fußballer** *der, -s/-,* Ü Fußballspieler. **Fußbank** *die,* Fußstütze, ABB. B 10. **Fußboden** *der,* die ebene begehbare Fläche eines Raumes, ABB. F 38: *Fußbodenbelag.* **Füßchen** *das, -s/-.*
Fussel [mhd. visel ›Faser‹] *die, -/-n oder der, -s/-(n),* Ü Fädchen, Flocke, Schnitzelchen (am Kleid u. ä.). **fusselig,** 1) fusselt.
fusseln, *es fusselt (hat gefusselt): dieses Gewebe f.*
füßeln, *ich füß(e)le (habe gefüßelt),* stoße unter dem Tisch jemand mit dem Fuß an; *österr. auch:* stelle ein Bein. **fußen** [mhd. vuozen], *ich fuße (habe gefußt),* 1) *auf ihm,* stehe, beruhe, gründe: *diese Entscheidung fußt auf der Verfassung.* 2) *ein Greifvogel fußt,* 🜨 setzt sich. **Fußfall** *der,* Kniefall (vor jemandem). **Fußgänger** *der, -s/-,* jemand, der zu Fuß geht: *Fußgängerweg.* **Fußgängerüberweg** *der,* durch Zebrastreifen gekennzeichneter Weg, auf dem die Fußgänger Vortritt vor dem Kraftverkehr haben. **Fußgängerzone** *die,* für den Fahrverkehr (mit Ausnahme des Zulieferungsverkehrs) gesperrte Ortsstraßen und Plätze. **fußhoch,** *das Wasser steht f. . . .* **fußig,** mit einer bestimmten Art oder Anzahl von Füßen: *plattfüßig; vierfüßig.* **Fußleiste** *die,* Leiste am Rand des Fußbodens, ABB. F 38. . . . **füß(l)er,** Teil des Namens einiger Lebewesen: *Gliederfüß(l)er; Tausendfüß(l)er; Zweifüß(l)er.*
fußlig, fusselig.
Füßling *der, -s/-e,* Fußteil (an Strümpfen). **Fußmatte** *die,* Abtreter, -s/-, vgl. H 11. **Fußnote** *die,* Anmerkung unterm Text. **Fußpunkt** *der,* 1) △ unterer Punkt, der das Lot steht. 2) ☆ Nadir. **Fußsack** *der,* Kälteschutz für die Füße. **Fußsohle** *die,* Lauffläche des Fußes, ABB. B 18, M 12. **Fußspur** *die,* Abdruck eines Fußes auf dem Boden: *die Polizei*

konnte Fußspuren des Einbrechers sichern. **Fuß(s)tapfe** die, **Fuß(s)tapfen** der, Fußspur: er will in meine Fußstapfen treten, Ü das gleiche tun wie ich. **Fußvolk** das, -(e)s, **1)** Infanterie. **2)** ∪ diejenigen, die die Hauptlast der Arbeit tragen. **Fußwaschung** die, sinnbildl. Demutsbezeigung. **Fußweg** der. **fußwund,** er hat sich f. gelaufen.

Fustage [-ʒə, frz., zu afrz. fust ›Faß‹] die, -, Leergut (Fässer, Kisten).

Fustanella [grch., von lat. fustis ›(Holz)keule‹ (wegen der Form)] die, -/. . .n'ellen, Männerrock der neugriech. Nationaltracht.

Fusti [ital., Pl. von fusto ›Stiel‹, ›Stengel‹], Pl., ⊿ Refaktie.

Futhark [f'u:θark, nach den ersten sechs Zeichen: f, u, th, a, r, k] das, -s, älteste german. Runenreihe.

futsch [Schallw.], ∪ verloren, weg; zerstört: alles Geld war f.; er war f. und hin, ∪ begeistert, hingerissen.

Futter [ahd. fuoter ›Verpflegung‹] das, -s/-, Nahrung der Tiere, vor allem der Haustiere: Grünfutter; Vogelfutter; Futtermittel; Futterpflanze; Futterrübe.

Futter [ahd. fuoter ›Überzug‹, ›Behälter‹] das, -s/-, **1)** Innenauskleidung für Oberbekleidungsstücke, Abb. K 24: Pelzfutter; Steppfutter; Futterstoff. **2)** ⊓ Verkleidung (der Tür, einer Mauer durch eine Verstärkungsmauer), Abb. T 19, M 10.

3) Auskleidung eines Behälters oder Gefäßes. **4)** Werkzeug zum Einspannen von Werkstücken: Spannfutter.

Futterage [-ʒə, zu Futter ›Nahrung‹ und Furage] die, -, ∪ Mundvorrat, Essen.

Futteral [zu Futter ›Behälter‹] das, -s/-e, Behältnis, Hülle, Überzug, Kapsel: Brillenfutteral. **Futtermauer** die, Stützmauer oder Verkleidungsmauer als Schutz gegen Steinschlag.

futtern, ich futt(e)re (habe gefuttert), (es), ∪ esse. **füttern** [ahd. fuot(i)ren], ich fütt(e)re (habe gefüttert), **1)** ihn, es mit etwas, gebe Futter, nähre: wir füttern unser Vieh mit Gras. **2)** einen Computer, gebe Daten ein.

füttern [zu Futter ›Überzug‹], ich fütt(e)re (habe gefüttert) es, versehe mit einem Futter: der Rock ist gefüttert; gefütterte Stiefel.

Futterneid [zu Futter ›Nahrung‹] der, ∪ Mißgunst. **Fütt(e)rung** die, -/-en: F. der Raubtiere.

Futur [lat. futurum] das, -s/-e, Ⓢ Zukunft, eine Zeitform des Verbs, Übers. A 26. **2. futurisch,** Ⓢ. **Futurismus** der, -, Kunstrichtung des 20. Jahrh. **Futurist** der, -en/-en. **futuristisch, 1)** den Futurismus betreffend. **2)** futurologisch. **Futurologe** der, -n/-n, Zukunftsforscher. **Futurologie** [vgl. . . . logie] die, -, Zukunftsforschung. **futurologisch. Futurum** das, -s/. . .ra, Futur.

G

g, G [ge:] das, -/-, stimmhafter gesprengter Gaumenlaut, Abb. A 8, Übers. A 26, G 34.
g, 1) das, -/-, ♪ fünfter Ton der C-Dur-Tonleiter, Abb. N 9. **2)** ♪ Zeichen für: g-Moll. **3)** Zeichen für: Gramm. **4)** Zeichen für: österr. Groschen.
G, 1) Abk. für: Geld (auf Kurszetteln). **2)** Zeichen für: Gauß. **3)** ♪ Zeichen für: G-Dur. **4)** Zeichen für: Giga. . .
Ga, ⟲ Zeichen für: Gallium.
Gäa [grch. Gaia], Göttin der Erde.
gab, von geben.
Gabardine [-d'in(ə), auch g'abardin, nach dem französ. Modewarenhaus Gabartin] der, -s oder die, -, Köpergewebe mit feinen Schrägrippen.
Gabbro [ital.] der, -s, ein magmat. Gestein.
Gabe [ahd. geba, zu geben] die, -/-n, **1)** Geschenk, Dargebrachtes: weihnachtlicher Gabentisch. **2)** Fähigkeit, Begabung. **3)** verabreichte Menge einer Arznei, Dosis. **4)** schweiz.: Preis beim Schützenfest. **gäbe, 1)** von geben. **2)** vgl. gang.
Gabel [ahd. gabala] die, -/-n, **1)** Werkzeug mit Zinken, als Eßgerät und landwirtschaftliches Gerät, Abb. G 1, B 24: Kuchengabel; Heugabel. **2)** Verzweigung: Astgabel. **3)** Teil des Fahrrades, Abb. F 3. **4)** Schach: gleichzeitiger Angriff eines Bauern auf zwei Figuren. **Gabelbissen** der, kleine pikante Zwischenmahlzeit. **Gabelbock** der, **1)** ein Horntier. **2)** Rehbock als Gabler. **Gäbelchen** das, -s/-. **Gabelfarn** der, Gleichenia, ein trop. Farn. **Gabelfrühstück** das, (festliches) zweites Frühstück. **Gabelgriff** der, **1)** Turnen: Daumen gegenüber allen anderen Fingern. **2)** bei Blasinstrumenten Griff mit Zeige- und Ringfinger bei erhobenem Mittelfinger.
Gabelhirsch der, Rothirsch als Gabler, vgl. Abb. G 21.
gab(e)lig, gegabelt, einmal verzweigt. **Gabelmücke** die, Fiebermücke. **gabeln,** ich gab(e)le (habe gegabelt), **1)** nach etwas, ∪ suche aufzuspießen, mit einem Stock zu ergreifen. **2)** der Fluß gabelt sich, Ü teilt sich in mehrere Arme. **3)** gäb(e)le (habe gegäbelt), schweiz.: ↺ suche zu erhaschen.
Gabelschwanz der, ein Schmetterling. **Gabelstapler** der, -s/-, ein fahrbares Fördermittel zum senkrechten Heben, Abb. K 10. **Gab(e)lung** die, -/-en, Abzweigung (Weg, Fluß).
Gabelweihe die, ↺ der Rotmilan.
Gabi [zu Gabriele], weibl. Vorname.
gäbig, schweiz.: praktisch, nützlich, vorteilhaft.
Gabler [zu Gabel] der, -s/-, ⚕ Rehbock oder Rothirsch mit zweiendiger Stange, Abb. G 21.
Gabriel [hebr. ›der starke Mann Gottes‹], männl. Vorname. **Gabriele,** weibl. Vorname.
gach [mhd. gach ›schnell‹], österr.: jäh, plötzlich.
gackeln, Hühner gackeln (haben gegackelt), gackern.
gackern [Schallw., mhd. gagern ›schreien wie eine Gans‹], Hühner gackern (haben gegackert), **1)** geben Laut. **2)** ich gack(e)re über etwas, Ü rede viel und aufgeregt. **gacksen,** Hühner gacksen (haben gegackst), gackern.
gad, alem.: **1)** sofort. **2)** genau. **3)** gerade.

Gadem, Gaden [ahd. gadam ›Raum‹, ›Gemach‹, ›Scheune‹] der, -s/-, schweiz. ↺, auch niederdt.: **1)** Saalbau. **2)** einzimmeriges Haus. **3)** Kammer; Laden; Stockwerk.
Gadolinium [nach dem finn. Chemiker J. Gadolin, 1760 bis 1852] das, -s, ⟲ Element (Seltenerdmetall), Zeichen: Gd.
Gaff das, -s/-s, Metallstab mit hakenförmigem Ende zum Anlanden größerer Fische. **Gaffel** [niederdt., zu Gabel] die, -/-n, **1)** an einem Mast verschiebbare Segelstange: Gaffelsegel, Abb. S 45. **2)** niederrhein. ↺: Zunft. **Gaffelschoner** der, ein zweimastiges Segelschiff, das nur Gaffel- und Gaffeltoppsegel führt.
gaffen [zu Gaff], ich gaffe (habe gegafft) den Fisch, hole mit dem Gaff an Land (ins Boot).
gaffen [mhd. gaffen, zu ahd. kapfen ›schauen‹], ich gaffe (habe gegafft) nach ihm, blicke staunend, neugierig. **Gaffer** der, -s/-, müßiger Zuschauer. **Gafferei** die, -.
Gag [gæg, engl.] der, -s/-s, effektvoller witziger Einfall, groteske Situation (in Film, Werbung u. a.).
Gagat [grch. gagates, nach der Stadt Gagas in Kleinasien] der, -(e)s/-e, als Schmuckstein verwendete tiefschwarze Braunkohle, Jet(t).
Gage [g'a:ʒə, frz., altfränk. Ursprungs] die, -/-n, Bezahlung von Künstlern: Schauspielergagen.
gageln [mhd. gagen ›zappeln‹], ich gag(e)le (habe gagelt), schweiz.: wackle.

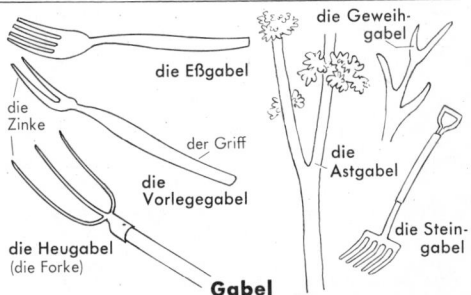

G 1

die Geweih-
gabel

die Eßgabel

die Zinke

der Griff

die Astgabel

die Vorlegegabel

die Stein-
gabel

die Heugabel
(die Forke)

Gabel

gähnen [ahd. ginen], *ich* gähne (habe gegähnt), **1)** atme tief und langsam durch den weit geöffneten Mund vor Müdigkeit oder Langeweile. **2)** *ein Abgrund gähnt vor uns,* Ü klafft, öffnet sich riesig und tief. **3)** *gähnende Leere,* Ü fast völlige Leere (eines Saals).

Gaillarde [gaj'ard, frz. gaillard ›munter‹, ›keck‹] *die, -/-n* [-dən], ein alter Gesellschaftstanz.

Gake [Schallw.] *die, -/-n, ostmitteldt.:* **1)** Bläschen an der Lippe. **2)** vorlautes junges Mädchen.

Gal [nach Galileo Galilei] *das, -s/-,* Zeichen: Gal, in Geophysik und Geodäsie Einheit der Fallbeschleunigung.

Gala [span. aus arab.] *die, -,* Festschmuck, Festkleid: *er hat sich in G. geworfen; Galauniform; Galavorstellung.*

galaktisch [grch. galaktikos ›milchig‹, zu gala ›Milch‹], auf das Milchstraßensystem bezüglich. **Galaktose** *die, -/-n,* eine Zuckerart, entsteht bei der Spaltung des Milchzuckers. **Galalith** *das, -s* [Kw., grch. gala ›Milch‹ und vgl. litho...], Handelsname für Erzeugnisse aus Caseinkunststoff.

Galan [span. galano ›höfisch‹, zu Gala] *der, -s/-e,* abwertend: Liebhaber. **galant**, höflich, ritterlich, zuvorkommend (gegenüber Frauen): *die galante Zeit,* das 18. Jahrh., Rokoko; *ein galantes Abenteuer,* Liebesaffäre. **Galanterie** *die, -/...r'i|en.* **Galanteriewaren**, *Pl.,* ⚭ schmückendes Zubehör für Kleidung.

Galatea [grch. Galateia], griech. Meernymphe.

Galater *der, -s/-,* Angehöriger kelt. Stämme in Kleinasien: *Galaterbrief,* ein Brief des Apostels Paulus.

Galaxis [vgl. galaktisch] *die, -,* ✶ die Milchstraße.

Gäle *der, -n/-n,* kelt. Bewohner Schottlands, auch Irlands.

Galeasse [ital. galeazza, zu mlat. galea] *die, -/-n,* kampfkräftige Galeere. **Galeere** *die, -/-n,* im MA.: Ruderkriegsschiff: *Galeerensträfling,* zum Rudern Verurteilter. **Galeone** *die, -/-n,* auch Galione, im MA.: ein Kriegs- und Handelsschiff. **Galeote** *die, -/-n,* auch Galiote, Galiot, leichte Galeere.

Galerie [afrz. galilée ›Vorhalle einer Kirche‹, nach dem bibl. Galiläa] *die, -/...r'i|en,* **1)** nach einer Seite offener, langer schmaler Laufgang in Kirchen und Häusern, ABB. K 20. **2)** oberster Rang im Theater. **3)** Ausstellungsraum für Kunstsammlungen: *Gemäldegalerie.* **Galeriewald** *der,* Wald längs der Flüsse in Savannen und Steppen.

Galgant [chines. liang-kiang ›feiner milder Ingwer‹] *der, -(e)s,* zu Heilzwecken verwendeter Wurzelstock.

Galgen [ahd. galgo] *der, -s/-,* **1)** Gerüst aus Balken zur Hinrichtung durch den Strang. **2)** Vorrichtung zum Aufhängen von Lasten. **3)** Ü bewegliche Vorrichtung, an der ein Mikrophon hängt. **Galgenfrist** *die,* Ü letzter Aufschub vor etwas Unangenehmem. **Galgenhumor** *der,* Ü Humor in einer unerfreulichen Situation. **Galgenstrick**, **Galgenvogel** *der,* Ü Gauner, Herumtreiber.

Galiläer *der, -s/-,* **1)** Bewohner von Galiläa, einer Landschaft Palästinas. **2)** *ohne Pl.,* Christus. **galiläisch**.

Galimathias [Galli, Prüflinge der Sorbonne, zu lat. gallus ›Hahn‹ und grch. matheia ›Wissen‹] *der* oder *das, -,* verworrenes Gerede.

Galion [span., zu Galeasse] *das, -s/-s,* ⚓ Vorbau am Bug älterer Schiffe. **Galione** *die, -/-n,* Galeone. **Galionsfigur** *die,* Bugschmuck. **Galiot** *die, -/-en,* **Galiote** *die, -/-n,* Galeote.

gälisch, die Gälen betreffend.

Gallapfel [lat. galla, nach der kugeligen Form] *der,* ⚭ runde, gerbstoffreiche Mißbildung. **Galle** *die, -/-n,* **1)** 🐴 krankhafte Flüssigkeitsansammlungen in Gelenken und Sehnenscheiden. **2)** ⚭ Verbildung durch Schmarotzer: *Pflanzengalle.* **3)** Abschaum (beim Glasschmelzen, Teerschwelen). **4)** Landwirtschaft: Stelle im Acker mit Nässestauung: *Wassergalle.*

Galle [ahd. galla, verwandt mit lat. fel, grch. cholé] *die, -/-n,* **1)** flüssige Absonderung der Leber; Sinnbild für Ärger und schlechte Laune: *mir läuft die G. über,* Ü ich ärgere mich. **2)** Ü Gallenblase: *Gallenkolik.* **galle(n)bitter**, sehr bitter. **Gallenblase** *die,* Organ, das Galle aufspeichert, ABB. M 12. **Gallensäure** *die,* in der Galle vorkommende Säure. **Gallenstein** *der,* festes Gebilde in der Gallenblase.

Gallert [mhd. galreide, zu mlat. galatria von lat. gelidus ›erstarrend‹] *das, -(e)s/-e,* **Gallerte** *die, -/-n,* zähelastische Masse. **gallertartig**.

Gallien [lat. Gallia], in röm. Zeit Name von Frankreich, Belgien und Oberitalien. **Gallier** *der, -s/-,* Bewohner von Gallien.

gallig, **1)** Galle enthaltend. **2)** Ü verbittert, mürrisch.

gallikanisch, französisch-katholisch (vor 1789). **gallisch**, **1)** Gallien, die Gallier betreffend. **2)** ⚭ französisch: *der*

gallische Hahn, Wahrzeichen Frankreichs. **Gallium** [nach der latein. Bez. Gallia für Frankreich] *das, -s,* ↻ Element, Zeichen: Ga, ein Metall. **Gallizismus** [vgl. Gallien und...ismus] *der, -/...men,* französ. Spracheigentümlichkeit in einer anderen Sprache. **Gallomanie** [vgl. Manie] *die, -,* übertriebene Vorliebe für französ. Wesen.

Gallone [engl. gallon] *die, -/-n,* engl. und amerikan. Hohlmaß.

gallophil [vgl. Gallien und philo...], franzosenfreundlich. **Gallophilie** *die, -.*

Gallussäure *die, -,* Säure, die z. B. in Galläpfeln vorkommt. **Gallwespe** *die,* ein Hautflügler: *Eichengallwespe.*

Galmei [mhd. kalemine; über frz., lat. aus grch. kadmeia] *der, -s/-e,* ein Zinkerz.

Galon [gal'ɔ̃, frz. galon] *der, -/-s,* **Galone** *die, -/-n,* Tresse, Goldlitze. **galonieren**, *ich* galoniere (habe galoniert) *es,* versehe mit Tressen, Streifen.

Galopp [mhd. galopieren, frz. galoper, fränk. Ursprungs] *der, -s/-e* oder *-s,* **1)** springende Gangart des Pferdes, ABB. R 18; Sinnbild für raschen Lauf, Geschwindigkeit: *es ging im G. nach Hause,* Ü sehr schnell. **2)** schneller Rundtanz im ²/₄-Takt. **galoppieren**, *ich* galoppiere (bin, habe galoppiert). **galoppierend**, ⚭ rasch fortschreitend: *galoppierende Schwindsucht.*

Galosche [mhd. kaloze, zu frz. galoche] *die, -/-n,* **1)** Überschuh aus Gummi, ABB. S 39. **2)** Ü ausgetretener Schuh.

galst(e)rig, *niederdt.:* ranzig, faulig.

galt [vgl. gelt], *oberdt.:* keine Milch gebend (Kühe).

galt, von gelten.

Galvanisation [nach dem italien. Naturforscher L. Galvani, 1737–1798] *die, -,* das Galvanisieren. **galvanisch**, das Galvanisieren betreffend: *galvanischer Strom,* Gleichstrom; *galvanisches Bad,* Lösung von Metallsalzen zum Galvanisieren; *galvanisches Element,* elektrochem. Stromquelle auf galvan. (elektrolyt.) Grundlage. **Galvaniseur** [-z'œːr] *der, -s/-e,* Facharbeiter der Galvanotechnik. **galvanisieren**, *ich* galvanisiere (habe galvanisiert), **1)** *es,* überziehe Werkstücke durch Elektrolyse (im galvan. Bad) mit einer Metallschicht. **2)** *ihn,* behandle zu Heilzwecken mit galvan. Strom. **Galvano** *das, -s/-s,* galvanoplastisch hergestellte Abformung einer Druckplatte. **Galvanokaustik** *die, -,* ✂ Abtrennung oder Zerstörung von Körpergewebe durch chirurg. Instrumente, die mit elektr. Strom glühend gemacht wurden. **Galvanometer** *das,* elektromagnet. Meßinstrument für schwache Ströme. **Galvanoplastik** *die,* Herstellung metallener Gegenstände, z. B. Druckplatten oder Kunststofformen, mit der Methode der Galvanotechnik. **galvano|plastisch**. **Galvano|skop** *das, -s/-e,* einfaches Galvanometer. **Galvanotechnik** *die,* Anwendung der Elektrolyse zum Abscheiden metall. Überzüge auf Metallen oder leitend gemachten Nichtmetallen. **Galvanotherapie** *die,* eine Form der Elektrotherapie.

Gamander [mhd. gamandre, zu grch. chamaidrys] *der, -s/-,* ⚘ **1)** ein Lippenblüter. **2)** ein Rachenblüter.

Gamasche [frz. gamache ›lederner Überstrumpf‹, über span. aus arab.] *die, -/-n,* **1)** Wadenbekleidung aus Leder oder Stoff. **2)** Bekleidung des Oberfußes aus Stoff oder weichem Leder. **3)** *sie hat Gamaschen vor,* U Angst.

Gambe [ital. Viola da gamba ›Kniegeige‹] *die, -/-n,* dem Violoncello ähnliches Streichinstrument (16.–18. Jahrh.).

Gambia *das, -s/-,* Bewohner des afrikan. Staates Gambia. **gambisch**.

Gambist *der, -en/-en,* Gambenspieler.

Gambit [span. gambito, aus arab. ganbi ›seitlich‹] *das, -s/-s,* Schach: eine Spieleröffnung.

Gam|brinus, sagenhafter flandrischer König, Schutzpatron der Brauer.

Gamet [grch. gamein ›heiraten‹, gamos ›Ehe‹] *der, -en/-en,* Geschlechtszelle, geschlechtl. Keim- oder Vermehrungszelle. **...gamie**, die Befruchtung, die Ehe betreffend.

Gamma *das, -(s)/-s,* griech. Buchstabe, ÜBERS. G 36. **Gammastrahlen**, *Pl.,* γ-Strahlen, elektromagnet. Strahlung bei Atomkernumwandlungen.

Gammel [nhd. mnd. gammelen ›alt werden‹] *der, -s, niederdt., ostmitteldt.:* wertloser Kram. **Gammelei** *die, -,* das Gammeln. **gamm(e)lig**, **1)** verdorben, nicht mehr zu gebrauchen. **2)** Ü faul und ungepflegt. **gammeln**, *ich* gamm(e)le (habe gegammelt), bin faul, träge: als die Gammler.

Gammen *der, -s/-, schweiz.:* in der Mitte erhöhtes Beet.

Gammler *der, -s/-,* (betont) ungepflegter Mensch, Nichtstuer: *jugendliche G.*

Gams [mhd. gamz] *der* oder *die, -/-en, bair.:* Gemse: *Gamswild.* **Gamsbart** *der,* Rückenhaare bes. des Gemsbockes als Hutschmuck.

Ganasche [frz. ganache, grch. gnathos ›Kinnbacke‹] *die, -/-n,* hinterer oberer Rand des Unterkiefers beim Pferd, ABB. P 9.

Gand *die, -/-en* oder *das, -(e)s/ⁿer, oberdt.:* Schutthalde.

Ganef(f) *der, -(s)/-e,* G Ganove.

Gan|erbe [mhd. ganerbe] *der,* ♂ Miterbe.

gang, 1) *es ist g. und gäbe,* üblich, geläufig. 2) auch **gäng,** *schweiz.:* immer.

Gang [ahd. gang] *der, -(e)s/ⁿe,* 1) *ohne Pl.,* das Gehen, Fortbewegung zu Fuß. 2) *ohne Pl.,* Bewegung, Lauf; Ablauf, Verlauf: *ich muß es in G. halten, bringen, setzen,* aber: *das Ingangsetzen; es geht seinen G.,* Ü geht weiter; *der G. der Entwicklung, der Ereignisse.* 3) Besorgung, Weg zu einem bestimmten Zweck: *ich muß noch einen schweren G. tun; ich habe noch ein paar Gänge vor.* 4) einmaliger Arbeitsaufwand, z. B. Abschnitt im Zweikampf, einmaliges Wenden beim Kreuzen des Seglers, einmalige Füllung des Mühltrichters: *Arbeitsgang.* 5) Gericht in der Speisenfolge: *wir haben zu Mittag drei Gänge,* z. B. Suppe, Hauptgericht, Nachtisch. 6) schmaler Verbindungsraum, unterdachter Gehweg: *Durchgang; Verbindungsgang; Gehörgang,* ABB. O 2; *unterirdische Gänge; Gänge im Fuchsbau.* 7) ⚒ ⊕ mit Gestein oder Erz gefüllte Spalte in einem anderen älteren Gestein. 8) ⚙ Windung, eine Umdrehung eines Gewindes, ABB. G 21. 9) ⤳ Übersetzungsstufe zwischen einem Motor (bei Fahrrädern: Tretkurbelantrieb) und Radantrieb: *Gangschaltung; Rückwärtsgang; anfahren im ersten G.*

Gang [gæŋ, engl. ›Gruppe‹, ›Bande‹] *die, -/-s,* Bande meist jugendl. Mitglieder, bes. in Großstädten.

gäng, *schweiz.:* ↑ gang.

Gangart *die,* 1) Art der Fortbewegung beintragender Tiere. 2) Reiten: Bewegungsart des Pferdes, z. B. Trab, Galopp. 3) Petrographie: die nicht metallhaltigen Begleitminerale auf Erzgängen, z. B. Quarz. **gangbar,** 1) zum Begehen geeignet. 2) Ü geläufig, üblich, gültig, annehmbar. **Gängelband** *das, ich führe, habe ihn am G.,* Ü bevormunde. **Gängelei** *die, -,* lästige Bevormundung. **gängeln,** *ich* gäng(e)le (habe gegängelt) *ihn,* bevormunde. **Ganggestein** *das,* spaltenfüllendes magmat. Gestein. **Ganggewicht** *das,* Gewicht als Antrieb eines Uhrwerks, ABB. U 1. **gängig,** 1) rasch, gut laufend: *ein gängiges Pferd.* 2) gebräuchlich, üblich: *eine gängige Redensart.* 3) gern gekauft, leicht verkäuflich: *gängige Waren.* **Gängigkeit** *die, -.*

Gan|glijenzelle [grch. ganglion ›Geschwulst‹, ›Überbein‹, später ›Nervenknoten‹] *die,* Nervenzelle. **Gan|glion** *das, -s/. . .glijen,* 1) Nervenknoten. 2) Überbein.

Gan|grän [grch. gangraina ›kalter Brand‹] *die, -/-en,* **Gangräne** *die, -/-n,* ♟ feuchter Brand. **gan|grä|nös.**

Gang|spill [niederdt., zu gehen und Spindel] *das, ⚓* Ankerwinde.

Gangster [g'æŋstə, engl., zu Gang ›Bande‹] *der, -s/-,* Mitglied einer Verbrecherbande: *Gangsterboß; Gangstermethoden.*

Gangway [g'æŋwei, engl. ›Durchgang‹, ›Passage‹] *die, -/-s,* Laufsteg zum Schiff oder Flugzeug.

Ganove [jidd. ganowe ›Dieb‹] *der, -n/-n,* Gauner, Dieb.

Gans [mhd. gans, verwandt mit lat. anser und grch. chen] *die, -/ⁿe,* G nach der Schwimmvogel. 2) verächtlich: *dumme Frau.* **Gansbraten** *der, südd., österr.:* Gänsebraten.

Gänschen *das, -s/-.* **Gänseblümchen** *das,* ein kleinstaudiger Korbblütler. **Gänsebraten** *der,* gebratene Gans.

Gänsefüßchen *das,* Ü Anführungszeichen. **Gänsehaut** *die,* Ü das Aufrichten der Hauthärchen durch Frösteln oder Furcht. **Gänseklein** *das, -s,* Gericht aus den kleineren Teilen und Eingeweiden der Gans. **Gänsemarsch** *der, -es: im G.,* Ü einer hinter dem anderen. **Ganser** *der, -s/-, südd.,* **Gänserich** *der, -s/-e,* männl. Gans. **Gänsewein** *der,* ⌣ Wasser. **Gänslein** *das, -s/-.*

Gant [mhd. gant, zu ital. incanto ›Versteigerung‹] *die, -/-en, oberdt.* ♂, noch *schweiz.:* Versteigerung, Konkurs.

Ganter [mhd. ganazzo] *der, -s/-,* 1) *niederdt.:* Gänserich. 2) *südd.:* Gestell als Faßunterlage.

Ganymed(es) [grch. »der Erquickende«], griech. Mythologie: Mundschenk des Zeus.

ganz [ahd. ganz], 1) heil, unversehrt, ungeteilt: *das Glas ist nicht mehr g.; ganze Zahlen,* keine Brüche; *ein ganzer Kerl,* Ü ein tüchtiger Mensch. 2) gesamt, alle, alles: *g. Europa;*

ganztägig; mit ganzer Kraft; ich bin g. Ohr, ins Zuhören vertieft; *im (großen und) ganzen,* im allgemeinen; *g. und gar,* völlig; *die ganzen Leute,* Ü alle. 3) sehr ähnlich: *er ist g. der Vater.* 4) ∪ nur: *mit ganzen drei Mann kann ich die Arbeit nicht schaffen.* 5) ∪ *das ist g. schlecht.* 6) ziemlich, einigermaßen, nicht besonders: *g. gut,* leidlich. **Ganze** *das, -n, ein -s,* alles (die Gemeinschaft, das Werk): *er will aufs G. gehen,* will alles; *jetzt geht es ums G.; es handelt sich ums große G.; diese Dinge bilden ein Ganzes.* **Gänze** *die, -/-n,* 1) *ohne Pl.,* Ganzheit: *zur G., österr.:* ganz. 2) ♺ nicht abgebautes Lager von Eisenerz. **Ganzheit** *die, -,* Geschlossenheit, umfassende Einheit. **ganzheitlich. Ganzheitsmethode** *die,* Ganzwortmethode, Erlernen des Lesens vom ganzen Wort aus. **ganzjährig,** während des ganzen Jahres: *g. geöffnet.* **Ganzlederband, Ganzleinenband** *der,* ganz in Leder oder Leinen gebundenes Buch. **gänzlich,** ganz, völlig. **Ganzsache** *die,* Briefumschlag oder Postkarte mit aufgedrucktem Wertstempel. **ganzseiden,** aus reiner Naturseide. **Ganztagsschule** *die,* Schule, in der sich die Schüler den ganzen Tag über aufhalten. **Ganzwortmethode** *die,* ↑ Ganzheitsmethode.

gap(p)en, *ich* gap(p)e (habe gegap[p]et), *schweiz.:* tändle, scherze (meist mit Tieren).

gar [ahd. garo], 1) fertig gekocht: *das Essen ist g.* 2) fertig zubereitet (Leder, Gußmasse). 3) sehr, ganz, sogar (immer getrennt geschrieben): *g. zuviel; auf g. keinen Fall; das kommt g. nicht in Frage; sei nicht g. so wild; g. bald schon. . .*

Garage [gar'a:ʒə, frz., zu garer ›in Obhut nehmen‹] *die, -/-n,* Unterstellraum für Kraftwagen, ABB. H 11: *Hochgarage; Tiefgarage; Garagenwagen.* **garagieren** [-ʒ-], *ich* garagiere (habe garagiert), *österr.:* stelle den Kraftwagen ein.

Garagist [-ʒ-] *der, -en/-en, schweiz.:* Inhaber einer Autoreparaturwerkstatt.

Garant [frz., aus altfränk.] *der, -en/-en,* Bürge, Gewährsmann. **Garantie** *die, -/. . .ti|en,* Gewähr, Haftung: *der Fernsehapparat hat ein Jahr G.* **garantieren** [frz. garantir ›bürgen‹], *ich* garantiere (habe garantiert) *es: international garantierte Grenzen.* **Garantieschein** *der,* Schriftstück über eine Garantie (beim Warenkauf).

Gar|aus [eigtl. ›vollständig vorbei‹] *der: er macht ihm den G.,* Ü tötet, vernichtet ihn.

Garbe [ahd. garbe] *die, -/-n,* 1) gebündeltes Getreide oder Stroh: *Garbenbindemaschine.* 2) Ü Bündel: *Lichtgarben* (des Scheinwerfers). 3) Korbblütergattung: *Schafgarbe.*

Garçon [gars'ɔ̃, frz.] *der, -s/-s,* 1) junger Mann, Junggeselle. 2) Kellner. **Garçonne** [gars'ɔn] *die, -/-n [-nən],* Junggesellin. **Garçonnière** [garsɔnj'ɛ:r] *die, -/-n [-rən], österr., schweiz.:* Junggesellenwohnung.

Garde *die, -/-n,* 1) Elitetruppe. 2) Fastnachtstruppe. **Garde du Corps** [gardədyk'o:r, frz. garde ›Wache‹ und corps ›Körper‹] *das, - - -/- -s - - [gardə-],* Leibwache.

Gardenie [-iə, nach dem engl. Arzt A. Garden, 1730–1792] *die, -/. . .ni|en,* häufiger trop. Zierstrauch.

Garderobe [frz. garder ›hüten‹ und robe ›Talar‹, ›Kleid‹] *die, -/-n,* 1) gesamte Kleidung eines Menschen. 2) (Vorraum mit) Kleiderablage: *Garderobenhaken.* 3) Umkleideraum, bes. für Schauspieler. **Garderobier** *der, -s/-s,* **Garderobiere** [-bj'ɛ:rə] *die, -/-n,* Aufseher(in) der Garderobe.

gardez! [gard'e:, frz. ›aufgepaßt‹], Schach: Warnung beim Angriff auf die Dame.

Gardine [mittelniederl. gordijn, zu spätlat. cortina ›Vorhang‹] *die, -/-n,* Fenstervorhang, ABB. W 14: *er sitzt hinter schwedischen Gardinen,* Ü im Gefängnis. **Gardinenpredigt** *die,* Ü Strafrede, bes. der Ehefrau.

Gardist *der, -en/-en,* Angehöriger einer Garde.

Gare [ahd. garawi ›Ausrüstung‹] *die, -,* 1) günstiger Zustand von Kulturboden. 2) Mischung der Gerbstoffe zur Glacéleder. 3) Petrographie: Richtung, in der massige Gesteine, z. B. Granit, gut spalten.

garen, *ich* gare (habe gegart) *es,* koche gar.

gären [ahd. jesan ›schäumen‹], *es* gärt (gor, hat gegoren) oder, bes. Ü gärte, hat gegärt), 1) ist in Gärung, schäumt: *gorene Marmelade; im Volke gärte es,* Ü es herrscht unruhige Stimmung. 2) *ich gäre es,* bringe in Gärung.

gargekocht, gargekochtes Fleisch; aber: *es ist gar gekocht.*

Gargel [frz. gargouille ›Falz‹] *der, -s/-,* Falz zum Einlassen des Bodens am Faß.

Garküche *die,* ♂ Speisehaus.

Garmond [-m'ɔ̃, österr. g'armond, nach dem französ. Stempelschneider C. Garamond, 1480–1561] *die, -, ✍* Korpus, ein Schriftgrad, ÜBERS. D 16.

G 2

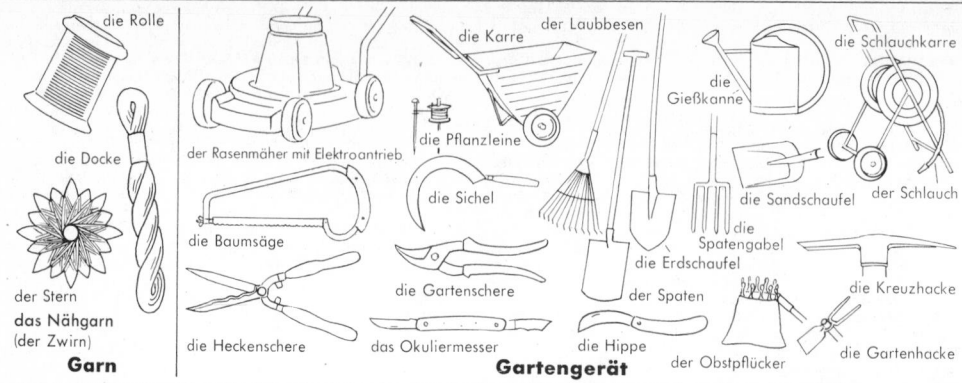

die Rolle · die Karre · der Laubbesen · die Schlauchkarre · die Gießkanne · die Docke · der Rasenmäher mit Elektroantrieb · die Pflanzleine · die Sichel · die Sandschaufel · der Schlauch · die Baumsäge · die Spatengabel · die Erdschaufel · die Kreuzhacke · der Stern · die Gartenschere · der Spaten · **das Nähgarn** (der Zwirn) · die Heckenschere · das Okuliermesser · die Hippe · der Obstpflücker · die Gartenhacke

Garn   **Gartengerät**

Garn [ahd. garn, eigtl. ›Darm‹] *das, -(e)s/-e,* **1)** aus Fasern gesponnener Faden, ABB. G 2: *Garnknäuel,* vgl. ABB. K 30. **2)** Netz zum Fisch- und Vogelfang: *ich bin ihm ins G. gegangen,* Ü überlistet worden. **3)** Ü Erzählung, bes. Seemannsgeschichte: *er hat Seemannsgarn gesponnen.*

Garnele [mittelniederl. gheernaert, zu Granne] *die, -/-n,* ein zehnfüßiger Krebs.

garni [frz., zu garnir ›mit etwas versehen‹], möbliert; vgl. Hotel garni. **garnieren,** *ich* garniere (habe garniert) *es,* schmücke, verziere (Speiseplatten, Torten; auch Kleider, Hüte). **Garnierung** *die, -/-en: Blumengarnierung.* **Garnison** *die, -/-en,* ⚔ **1)** Besatzung eines Standortes. **Garnitur** *die, -/-en,* **1)** Besatz, Einfassung, Verzierung, Beschlag. **2)** Satz, Reihe, Anzahl von Zusammengehörigem: *eine G. Unterwäsche,* Hemd und Hose, ABB. K 24; *Polstergarnitur.* **3)** Ü Rangordnung innerhalb einer Gruppe: *diese Sportler, Schauspieler sind zweite G.*

Garrick [g'ærik, engl., angeblich nach dem engl. Schauspieler D. Garrick, 1716–1799] *der, -s/-s,* Herrenmantel (bes. 19. Jahrh.), ABB. M 16.

Gar(r)otte [frz. garrotter ›knebeln‹, span. garrote ›Knebel‹] *die, -/-n,* ein Halseisen zur Hinrichtung durch Erdrosseln.

garstig [mhd. garstic ›ranzig‹], eklig, häßlich, böse. **Garstigkeit** *die, -/-en,* **1)** ohne Pl., garstige Beschaffenheit. **2)** garstige Tat, garstige Äußerung.

Gärtchen *das, -s/-.* **gärteln,** *ich* gärt(e)le (habe gärtelt), verrichtet Gartenarbeit aus Liebhaberei. **Garten** [ahd. garto, zu got. garda ›Gehege‹] *der, -s/⸗,* abgegrenztes Gelände zum Anbau von Nutz- und Zierpflanzen, ABB. G 3: *Gartengerät,* ABB. G 2; *Gartenlaube; Gartenzaun; Gemüsegarten; botanischer G.* **Gartenbau** *der, -s,* erwerbsmäßig betriebener Anbau gärtnerischer Kulturpflanzen: *Gartenbauausstellung.* **Gartenstadt** *die,* in Grünanlagen eingebettete Siedlung. **Gärtlein** *das, -s/-.* **Gärtner** *der, -s/-,* jemand, der einen Garten (berufsmäßig) bearbeitet. **Gärtnerei** *die, -/-en,* **1)** ohne Pl., Haltung und Züchtung von Pflanzen. **2)** Unternehmen hierfür, ABB. G 3. **Gärtnerin** *die, -/-nen,* weibl. Gärtner. **gärtnerisch. gärtnern,** *ich* gärtnere (habe gegärtnert), bearbeite einen Garten.

Gärung [zu gären] *die, -/-en,* der Abbau von Kohlenhydraten durch Enzyme: *Gärungsprozeß.*

Gas [nhd., zu grch. chaos ›wirre, gestaltlose Masse‹] *das, -es/-e,* **1)** Stoff im gasförmigen Aggregatzustand. **2)** gasförmige Kohlenwasserstoffe zum Heizen, ABB. G 4: *Erdgas; Stadtgas; Gasfernversorgung; Gasheizung; stell das G. ab!,* Ü den Gashahn eines Herdes. **3)** Ü *ich gebe G.,* trete aufs Gaspedal und beschleunige dadurch (beim Autofahren). **Gasbrand** *der,* ⚕ eine Wundinfektion.

Gasel [arab. ›Gespinst‹] *das, -s/-e,* **Gasele** *die, -/-n,* auch Ghasel, oriental. Gedichtform.

G 3

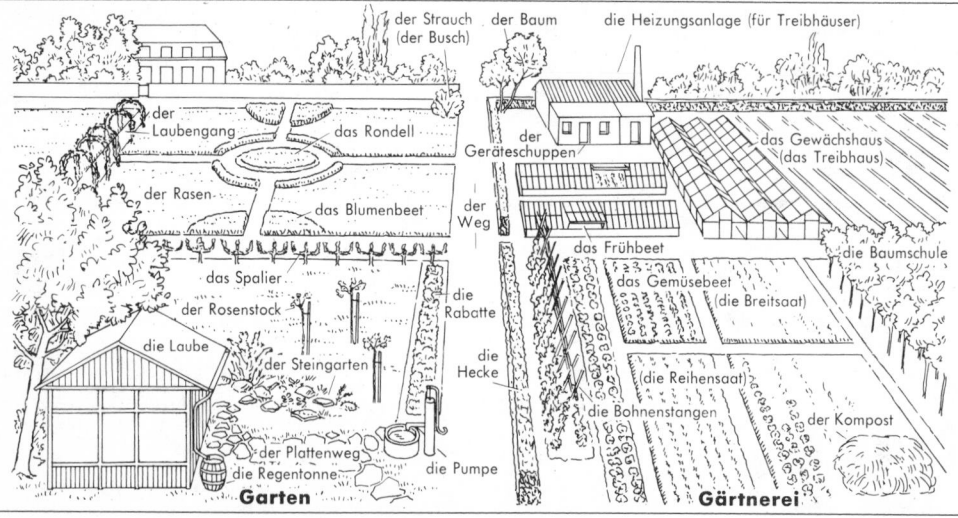

der Strauch (der Busch) · der Baum · die Heizungsanlage (für Treibhäuser) · der Laubengang · das Rondell · der Geräteschuppen · das Gewächshaus (das Treibhaus) · der Rasen · das Blumenbeet · der Weg · das Spalier · das Frühbeet · die Baumschule · der Rosenstock · die Rabatte · das Gemüsebeet · (die Breitsaat) · die Laube · (die Reihensaat) · der Steingarten · die Hecke · die Bohnenstangen · der Kompost · die Regentonne · der Plattenweg · die Pumpe

Garten   **Gärtnerei**

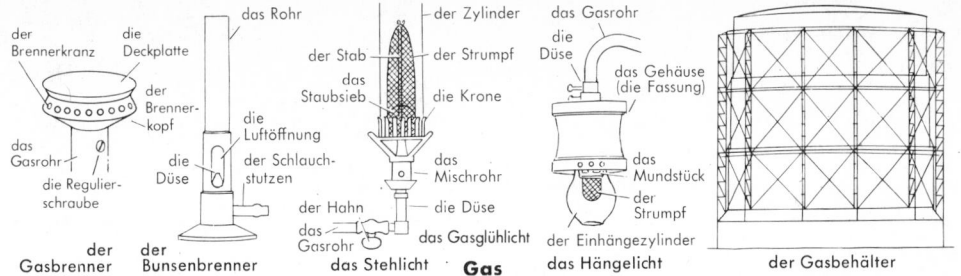

der Gasbrenner — der Bunsenbrenner — das Stehlicht — **Gas** — das Hängelicht — der Gasbehälter

gasförmig, im Aggregatzustand mit den geringsten zwischenmolekularen Kräften befindlich: *gasförmige Stoffe*. **Gasherd** *der*, mit Gas betriebener Küchenherd, ABB. H 15. **gasig**, wie Gas, gasartig. **Gaskammer** *die*, Raum zur Tötung von Menschen durch Giftgas.

Gaskonade [zu der französ. Landschaft Gascogne, deren Bewohner als Prahler galten] *die, -/-n*, ⚭ Prahlerei.

Gasmann *der*, U ein Angestellter, der den Gasverbrauch der Haushalte feststellt. **Gasmaske** *die*, Schutzmaske gegen Giftgase. **Gasmesser** *der, -s/-*, Gerät zum Messen der verbrauchten Gasmenge. **Gasohol** [aus engl. gas ›Gas‹, ›Treibstoff‹ und Alkohol] *das, -s*, Treibstoff aus Äthylalkohol (Getreidealkohol) und Benzin. **Gasolin** [aus engl. gas ›Gas‹, ›Treibstoff‹ und lat. oleum ›Öl‹] *das, -s*, 1) engl. Bez. für Benzin. 2) Warenname für ein Spezialbenzin. **Gasometer** *der, -s/-*, 1) chem. Laborgerät zur Volumenbestimmung von Gasen. 2) fälschl. Bez. für Großgasbehälter. **Gaspedal** *das*, ABB. K 40.

Gäßchen *das, -s/-*. **Gasse** [ahd. gazza] *die, -/-n*, 1) enge Straße, schmaler Durchgang; in Straßennamen vgl. Straße: *Kleinstadtgassen; die hohle G.*, Hohlweg. 2) *oberdt.*: Stadtstraße. 3) Ü schmaler trennender Raum: *die Schaulustigen bildeten eine G., als die Polizei kam, traten zur Seite.* 4) Fußball: die Lücke zwischen gegnerischen Abwehrspielern. **Gassenhauer** *der*, ⚭ viel gesungenes Lied mit einprägsamer Melodie. **Gassenjunge** *der*, unbeaufsichtigter, schlecht erzogener Junge. **Gäßlein** *das, -s/-*.

Gast [ahd. gast, verwandt mit lat. hostis, urspr. ›Fremdling‹] *der, -es/⸚e*, 1) jemand, den man eingeladen hat: *wir haben heute abend Gäste; er ist bei uns zu G.* 2) vorübergehend Anwesender: *Kurgast*. 3) Besucher eines Hotels, einer Gaststätte: *Hotelgast*. 4) Theater: Schauspieler, der auf einer fremden Bühne auftritt. 5) 🚢 Pl. -en, Matrose mit Sonderausbildung oder -verwendung: *Bootsgast; Signalgast*. **Gastarbeiter** *der*, ausländ. Arbeitnehmer. **Gästebuch** *das*, Buch, in das sich Gäste eintragen. **Gasterei** *die, -/-en*, ⚭ üppiges Gastmahl, Gelage. **gastfrei**, gastfreundlich. **Gastfreiheit** *die, -*. **gastfreundlich**, gastfrei, gerne Gäste bei sich sehend. **Gastfreundlichkeit**, **Gastfreundschaft** *die, -*. **Gastgeber** *der, -s/-*, **Gastgeberin** *die, -/-nen*, jemand, der einlädt, eine Geselligkeit veranstaltet. **Gasthaus** *das*, 1) Unterkunft und Verpflegung bietendes Haus. 2) Gaststätte. **Gasthof** *der*, ländl. Gasthaus. **Gasthörer** *der*, Hörer einer Hochschule, der nur einzelne Vorlesun-

gen hört. **gastieren**, *ich gastiere (habe gastiert)*, trete als Gast auf einer fremden Bühne auf. **gastlich**, 1) gastfreundlich. 2) wohnlich, gemütlich. **Gastlichkeit** *die, -*. **Gastmahl** *das*, festl. Mahlzeit mit Gästen.

gastral [grch. gaster, Gen. gastros ›Bauch‹, ›Magen‹], ⚕ zum Magen-Darm-System gehörend. **Gastralgie** [grch. algos ›Schmerz‹] *die, -/...g'i|en*, Magenkrampf. **gastrisch**, den Magen betreffend. **Gastritis** *die, -/...t'iden*, Magenschleimhautentzündung.

Gastrolle *die: er gibt nur eine G.*, U ist nur vorübergehend hier, dabei.

Gastronom [vgl. gastral und grch. nomos ›Sitte‹] *der, -en/-en*, 1) Feinschmecker. 2) Gastwirt mit feiner Küche. **Gastronomie** *die, -*, feine Kochkunst. **gastronomisch**. **Gastroskopie** [vgl. . . . skopie] *die, -*, ⚕ Magenspiegelung. **Gastrula** *die, -*, Biologie: der Becherkeim.

Gastspiel *das*, Auftritt auf fremder Bühne. **Gaststätte** *die*, Unternehmen zur Bewirtung von Gästen, ABB. G 5. **Gaststube** *die*, Raum einer Gaststätte für die Bewirtung. **Gastwirt** *der*, Eigentümer oder Pächter einer Gaststätte. **Gastwirtschaft** *die*, Gaststätte.

Gaswerk *das*, Anlage zur Erzeugung von Stadtgas. **Gaszähler** *der*, Gasmesser.

gätlich [verwandt mit Gatte], *norddt.*: passend.

Gatsch *der, -es/-e, österr.*: Matsch, Kot. **gatschig**.

Gat(t) [niederdt. ›Öffnung‹, ›Loch‹, zu engl. gate ›Tor‹] *das, -(e)s/-en* oder *-s, niederdt.*: 🚢 1) Heckform eines Schiffes. 2) enge Durchfahrt in Gewässern, ABB. G 25. 3) Loch in der Schiffswand zum Wasserablauf. 4) umsäumtes Loch im Segel.

GATT *das, -s*, Kurzw. für: General Agreement on Tariffs and Trade, ein internationales Handelsabkommen.

Gatte [mhd. gate, zu ahd. gegat ›in Beziehung stehend mit‹] *der, -n/-n*, Ehemann: *die Gatten*, P das Ehepaar. **gatten**, *es gattet sich (hat sich gegattet)*, P vereinigt sich.

Gatter [ahd. gataro, verwandt mit Gitter] *das, -s/-*, 1) Gitter, Zaun, ABB. S 59. 2) Säge mit mehreren Sägeblättern. 3) Spulengestell an Spinnmaschinen. **gattern**, *ich gatt(e)re (habe gegattert), alem.*: 1) umzäune. 2) lauere, spähe.

gattieren [zu gatten], *ich gattiere (habe gattiert) es*, Spinnerei, Gießerei: mische fachgemäß.

Gattin *die, -/-nen*, Ehefrau. **Gattung** *die, -/-en*, 1) Gruppe, Sorte, Art. 2) Biologie: systemat. Einheit, ÜBERS. N 5. 3)

die Gastwirtschaft — **Gaststätte** — das Restaurant

dichter. Grundform: *Literaturgattung*, Lyrik, Epik, Drama.
Gattungsbegriff *der*, Logik: Bez. für gemeinsame Merkmale von Arten. **Gattungsname** *der*, Übers. N 3.
Gau [ahd. gouwi, zu Au] *der*, *-(e)s/-e*, Landschaft, größeres zusammengehöriges Gebiet. **Gäu** *das*, *-(e)s/-e*, *oberdt.*: Gau, bes. Land im Gegensatz zu Stadt: *ins G. gehen*, Ü ins Gehege kommen.
GAU, kurz für: größter anzunehmender Reaktor-Unfall (Umweltschutz).
Gaube *die*, *-/-n*, Nebenform zu Gaupe.
Gauch [ahd. gouh ›Kuckuck‹, ›Narr‹] *der*, *-(e)s/-e oder "e*, ☊ 1) Kuckuck. 2) Narr, armer Betrogener. **Gauchheil** *das*, *-(e)s/-e*, ein Primelgewächs, Abb. F 36.
Gaucho [gˈautʃo, araukan. cauchu] *der*, *-(s)/-s*, berittener südamerikan. Viehhirt.
gaudeamus! [lat.], wir wollen lustig sein!: *g. igitur*, ein Studentenlied. **Gaudi** [zu gaudium] *das*, *-s*, Ü und *bair., österr.*: *die*, *-*, Gaudium.
Gaudieb [niederl. gouwdief ›geschwinder Dieb‹] *der*, ☊ Gauner.
Gaudium [lat. ›Spaß‹, ›Freude‹] *das*, *-s*, großer Spaß.
Gaufe(l) [mhd. goufe] *die*, *-/-n*, *schweiz.*: hohle Hand; beide Hände voll.
gaufrieren [go-, frz. gaufrer, zu gaufre ›Wabe‹], *ich gaufriere (habe gaufriert) es*, presse Muster (in Stoff, Papier, Kunstleder).
Gäuggel *der*, *-s/-*, *alem.*: Narr, Possengestalt. **Gaukelei** [ahd. coukel] *die*, *-/-en*, Blendwerk, Trug, Possenspiel.
gaukeln, *ich gauk(e)le (habe gegaukelt)*, 1) Pflattere, tändele umher: *gaukelnde Schmetterlinge*. 2) mache Taschenspielerkunststücke, täusche spielerisch. **Gaukelspiel**, **Gaukelwerk** *das*, Gaukelei. **Gaukler** *der*, *-s/-*, 1) Jahrmarktskünstler, Taschenspieler, Zauberkünstler. 2) ein afrikan. Greifvogel. **Gauklerei** *die*, *-/-en*, Gaukelei. **gauklerisch**, trügerisch.
Gaul [mhd. gul ›Pferd‹, ›männl. Tier‹] *der*-*(e)s/-"e*, (altes oder wertloses) Pferd.
gaumen [mhd. goumen], *ich gaume (habe gegaumet)*, *oberdt.*: hüte, behüte, bewahre, schone.
Gaumen [ahd. goumo, verwandt mit gähnen] *der*, *-s/-*, 1) Scheidewand zwischen Mund- und Nasenhöhle. 2) Ü guter Geschmack (bei Essen und Trinken): *er hat einen feinen G.*, ist ein Feinschmecker. **Gaumenkitzel** *der*, Ü Leckerei. **Gaumenlaut** *der*, mit Zungenrücken und Gaumen gebildeter Laut, Übers. G 34.
Gauner [früher Jauner, zu junen ›spielen‹, ›betrügen‹] *der*, *-s/-*, 1) Dieb, Betrüger, Landstreicher. 2) gerissener Mensch. **Gaunerei** *die*, *-/-en*, Betrug, Schelmenstück. **gaunerisch**. **gaunern**, *ich gaun(e)re (habe gegaunert)*, verübe Gaunerei. **Gaunersprache** *die*, Sondersprache der Gauner. **Gaunerzinken** *der*, Geheimzeichen der Gauner.
Gaupe [westmitteldt.] *die*, *-/-n*, auch Gaube, rechteckiges Dachfenster.
Gauß [nach dem dt. Mathematiker C. F. Gauß, 1777 bis 1855] *das*, *-/-*, Zeichen: G, Einheit der magnet. Induktion.
Gautsche *die*, *-/-n*, *süddt.*: Schaukel. **gautschen**, *ich gautsche (habe gegautscht)*, 1) es, presse die nasse Papierbahn zwischen zwei Walzen aus. 2) *ihn*, tauche zum Abschluß der Lehrzeit den Gehilfen in ein Faß Wasser (Buchdruckerbrauch). 3) *süddt.*: schaukele.
Gavial [Hindi] *der*, *-s/-e*, ein Krokodil.
Gavotte [gavˈɔt, frz.] *die*, *-/-n* [-tən], ein alter Tanz.
Gay [gei, engl. ›fröhlich‹, ›lustig‹] *der*, *-(s)/-s*, Ü Homosexueller.
Gaze [gˈa:zə, frz., span. gasa, zu arab. kazz ›Flockseide‹, ›Rohseide‹] *die*, *-/-n*, netzartiges Gewebe.
Gazelle [ital. gazella, zu arab. ghazal] *die*, *-/-n*, 1) Springantilope, ein Horntier. 2) Sinnbild für leichtfüßige Anmut.
Gazette [frz., zu ital. gazetta] *die*, *-/-n*, ☊ Zeitung, Zeitschrift.
Gd, ✝ Zeichen für: Gadolinium.
G-Dur *das*, Zeichen: G, ♪ eine Tonart.
Ge, ✝ Zeichen für: Germanium.
ge . . ., Präfix, 1) zur Bildung des Partizips der Vergangenheit des einfachen und des trennbar zusammengesetzten dt. Verbs: *ich lebe — habe gelebt; ich komme an — bin angekommen*; nicht bei Fremdwörtern: *ich studiere — habe studiert* und bei untrennbaren Zusammensetzungen: *ich durchlebe — habe durchlebt; ich ertrage — habe ertragen*. 2) an Sammelbez.: *das Getier*, allerlei Tiere; *das Geäst*, Astwerk. 3) zur Bez. an-

dauernden Geschehens: *das Geflüster; das Gehupe; das Gekicher*. 4) *bes. süddt.* in der Form g . . .: *die Gstätten*, Stätten.
Geächtete [zu Acht] *der, die, -n/-n, ein -r, eine -*, jemand, der geächtet wurde.
Geäder *das*, *-s*, Muster, Netz aus Adern, Maserung. **geädert**, von Adern durchzogen.
geartet [zu Art], beschaffen: *er ist gut g.*
Geäse [zu äsen] *das*, *-s/-*, ☿ 1) Maul des Schalenwildes, Abb. R 13. 2) aufgenommene Nahrung.
Geäst *das*, *-es*, Astwerk, Abb. B 15.
geb., Abk. für: 1) geboren. 2) ✆ gebunden.
Gebäck *das*, *-(e)s/-e*, *Pl. selten*, kleines Backwerk, Abb. K 2.
gebacken, von backen.
Gebälk *das*, *-(e)s/-e*, **Gebälke** *das*, *-s/-*, *Pl. selten*, ☶ 1) Balkenwerk des Dachstuhls, Abb. D 1. 2) im Steinbau die Verbindung zwischen Säulen und Dach (am griech. Tempel), Abb. G 6.
Gebände *das*, *-s/-*, Gebende.
Gebärde [ahd. gibarida ›Benehmen‹, ›Aussehen‹] *die*, *-/-n*, Bewegung, mit der man etwas ausdrücken will: *mit einer abweisenden, hilflosen, verächtlichen G.; Drohgebärde*. **gebärden**, *ich gebärde mich (habe mich gebärdet)*, auch gebare mich, verhalte, benehme mich: *er gebärdet sich wie ein Verrückter*, U. **Gebärdensprache** *die*, Zeichensprache, Verständigung durch Gebärden. **gebaren**, *ich gebare mich (habe mich gebart)*, gebärde mich. **Gebaren** [mhd. gebar] *das*, *-s*.
gebären [ahd. giberan ›gebären‹, ›hervorbringen‹, eigtl. ›zu Ende tragen‹], *ich gebäre* (gebar, habe geboren; P du gebierst, es gebiert), 1) *ihn*, bringe zur Welt: *ein Kind wurde geboren*. 2) *es gebiert*, P erschafft, erzeugt: *so wurde der Plan geboren*. **Gebärerin** *die*, *-/-nen*, P Mutter. **Gebärmutter** *die*, ♀ bei Mensch und Tier das Hohlorgan des weibl. Körpers, in dem sich das befruchtete Ei fortentwickelt.
Gebärung *die*, ☌ *österr.*: das Gebaren.
gebauchpinselt, Ü geehrt, geschmeichelt.
Gebäude [ahd. gebuwede, auch *das, -s/-*, 1) Bauwerk, Haus: *Gebäudekomplex*. 2) Ü kunstvolle Fügung: *das G. der Kantischen Philosophie*. 3) ⚒ Grubenanlage.
gebefreudig, freigebig: *in gebefreudiger Stimmung*.
Gebein [ahd. gibeini] *das*, P 1) Knochengerüst. 2) alle Glieder: *die heiligen Gebeine*, die sterbl. Hülle Christi.
Gebelfer [zu belfern] *das*, *-s*, Gebell. 2) Ü keifendes Zanken. **Gebell(e)** [mhd. gebille] *das*, *-s*, anhaltendes Bellen.
geben [ahd. geban], *ich gebe* (gab, habe gegeben; du gibst, er gibt; gib!), 1) *es ihm*, lasse es in seinen Besitz gelangen, schenke, reiche, teile zu, bestimme, gewähre: *gib mir den Mantel!; Gott gebe es!; er gab uns zu verstehen, daß . . .*, er deutete an; *gegebene Größen*, △ bekannte; *ich g. ihm drei Tage*, setze eine Frist oder mehr zu; *man muß drei Tage braucht oder zehn*, Kartenspiel: verteile die Karten; *gib's ihm!*, U laß ihm eine deutliche Abfuhr (durch Prügel oder Worte) zukommen! 2) *es*, veranstalte (eine Party oder ein Konzert). 3) *es*, führe auf: *was wird heute (im Theater) gegeben?* 4) *es wird geben*, ergeben, wird dazu: *dieser Most wird einen guten Wein geben*. 5) *es vor mir*, erbreche, Ü *gebe kund: er gab nicht viel Neues von sich*. 6) *etwas, viel, wenig auf ihn*, schätze ihn, halte von ihm: *ich g. nichts auf das Gerede*. 7) *es gibt ihn, etwas*, besteht, ist vorhanden, geschieht, kommt vor: *es gab Schwierigkeiten; dafür gibt es keinen Anlaß; das gibt's nicht, das ist unmöglich, kann oder darf nicht sein*. 8) *mich, stelle mich, unterwerfe mich: er gab sich gefangen*. 9) *mich, verhalte, benehme mich: sie gab sich ganz natürlich*. 10) *es sich wohl, halt nicht, bessert sich: ich fühle mich nicht wohl, aber es wird sich bald wieder geben*.
Gebende [mhd. gebende, auch *das, -s/-*, auch Gebände, im MA.: Frauenkopftracht, Abb. M 16.
gebenedeit, B gesegnet. **Gebenedeite** [mhd. gebenedien, zu mlat. benedicere ›Gutes von jemandem reden‹] *die*, *-n*, B die Gottesmutter Maria.
Geber [ahd. kebo] *der*, *-s/-*, 1) jemand, der anderen etwas zukommen läßt: *Geldgeber*. 2) ⊕ Meßgeber, Ferngeber, Gerät zur Umformung einer nichtelektr. Größe in eine für Messung und Übertragung geeignete elektr. Größe: *Drehzahlgeber; Durchflußgeber; Widerstandsgeber*. **Geberlaune** *die*: *er ist in G.*, sehr freigebig.
Gebet [ahd. gibet, zu bitten] *das*, *-(e)s/-e*, Anrufung, Bitte oder Dank an Gott: *ins G. versenkt; Dankgebet; Gebetsformel; ich nahm ihn mir ins G.*, U ihm ins Gewissen reden.
gebeten, von bitten. **gebetet**, von beten.
gebeugt, 1) leicht gekrümmt: *ein gebeugter Gang*. 2) Ü niedergedrückt, lebensunfroh geworden: *durch Gram g.*

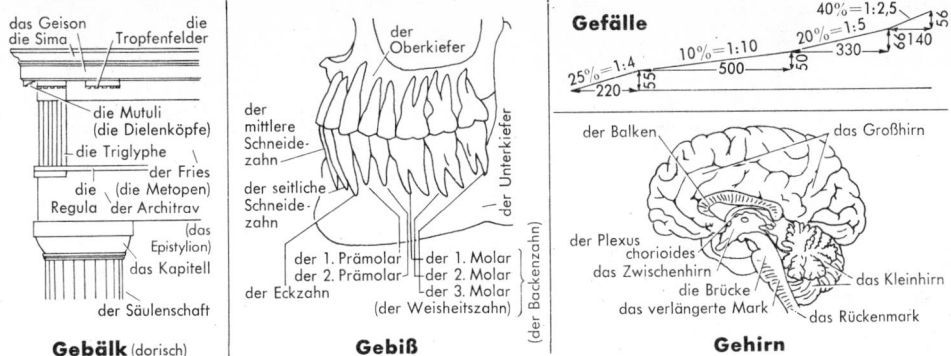

Gebälk (dorisch) — das Geison, die Sima, die Tropfenfelder, die Mutuli (die Dielenköpfe), die Triglyphe, der Fries, die Regula (die Metopen), der Architrav (das Epistylion), das Kapitell, der Säulenschaft

Gebiß — der Oberkiefer, der mittlere Schneidezahn, der seitliche Schneidezahn, der Eckzahn, der 1. Prämolar, der 2. Prämolar, der 1. Molar, der 2. Molar, der 3. Molar (der Weisheitszahn), der Unterkiefer (der Backenzahn)

Gefälle — 40% = 1:2,5; 20% = 1:5; 10% = 1:10; 25% = 1:4

Gehirn — der Balken, das Großhirn, der Plexus chorioides, das Zwischenhirn, die Brücke, das verlängerte Mark, das Kleinhirn, das Rückenmark

gebeut, ◦◦ gebietet.

Gebhard [ahd. geban ›geben‹ und hart ›stark‹, ›kühn‹], männl. Vorname.

gebierst, von gebären.

Gebiet [mhd. gebiet ›Befehl‹, ›Gebiet‹] *das, -(e)s/-e,* **1)** Herrschaftsbezirk: *Gebietshoheit,* Staatsgewalt. **2)** geograph. Raum: *Ackerbaugebiet; Industriegebiet; Gebietsansprüche.* **3)** Ü Sachbereich, Fach: *auf dem G. der Medizin.* **gebieten,** *ich gebiete* (habe geboten), **1)** *es ihm,* P befehle: *Geduld ist geboten,* nötig, erforderlich. **2)** *über ihn,* herrsche, verfüge. **Gebieter** *der, -s/-,* **Gebieterin** *die, -/-nen,* Herr(in), Herrscher(in). **gebieterisch,** herrisch, sehr eindringlich. **Gebietskörperschaft** *die,* 🔒 Körperschaft mit abgegrenztem Hoheitsbereich.

Gebild [mhd. gebilde ›Gestalt‹] *das, -(e)s/-e,* P Gebilde. **Gebildbrot** *das,* Backware in Form bestimmter Figuren, z. B. Brezel, ABB. B 50. **Gebilde** *das, -s/-,* Gestaltetes, Geformtes, Erzeugnis: *ein G. von Menschenhand.* **gebildet, 1)** wohlgebildet. **2)** mit guten Kenntnissen und guter Erziehung. **Gebildete** *der, die, -n/-n, ein -r, eine -,* gebildeter Mensch.

Gebinde [mhd. gebinde] *das, -s/-,* **1)** etwas Zusammengebundenes, Zusammengefügtes: *Blumengebinde.* **2)** bestimmte Anzahl von Fäden eines Garnes. **3)** größeres Faß: *Flüssigkeitsmaß verschiedener Größe.* **4)** Eingeweide der Fische.

Gebirge [ahd. gibirgi] *das, -s/-,* **1)** durch Täler gegliederte Gesamtheit von Bergen und Hochflächen, ABB. B 20. **2)** 🪨 Gesteinsverband, Gestein, ABB. T 20. **gebirgig,** *ein gebirgiges Land.* **Gebirgler** *der, -s/-,* Gebirgsbewohner. **Gebirgszug** *der,* eine Reihe ineinander übergehender Berge.

Gebiß [ahd. gibiz] *das, ...b'isses/...b'isse,* **1)** alle Zähne, ABB. G 6. **2)** künstl. Zahnreihe. **3)** Teil des Zaumes. **gebissen,** von beißen.

Gebläse *das, -s/-,* ⚙ ein Verdichter mit niedrigem Druckverhältnis, ABB. S 29.

geblichen, ◦◦ gebleicht, von bleichen.

geblieben, von bleiben.

geblümt, österr., **geblümt,** mit Blumenmuster, ABB. M 26: *ein geblümtes Kleid.*

Geblüt [mhd. geblüete, zu Blut] *das, -(e)s,* P Abstammung: *aus fürstlichem G.*

gebogen, 1) von biegen. **2)** *gebogene Linie,* ABB. L 14.

geboren, von gebären, Abk.: geb.: *Frau Müller geb. Meier; sie ist eine geborene Meier,* ihr Mädchenname ist Meier.

geborgen, 1) von bergen. **2)** Ü sicher, wohlbehütet. **Geborgenheit** *die, -,* **Geborgensein** *das.*

geborsten, von bersten.

gebot, von bieten. **Gebot** *das, -(e)s/-e,* **1)** Befehl, moral. Grundsatz: *ein G. der Höflichkeit; ihm steht eine umfangreiche Fachliteratur zu Gebote,* zur Verfügung. **2)** B göttliches Grundsatz: *die Zehn Gebote.* **3)** Preisangebot.

Gebr., Abk. für: Gebrüder.

gebräch, 🪨 vom Schwarzwild aufgewühltes Erdreich.

gebracht, von bringen.

gebrannt, von brennen.

Gebräu [zu brauen] *das, -(e)s/-e,* Zusammengebrautes, schlechtes Getränk.

Gebrauch [mhd. gebruch] *der, -(e)s/¨e,* **1)** ohne Pl., Benutzung: *er hat es in G.; vor G. schütteln!; zum täglichen G.; es kommt außer G.,* veraltet; *Gebrauchsmuster.* **2)** Brauch, Sitte: *alte Gebräuche.* **gebrauchen** [ahd. gebruhhen], *ich gebrauche* (habe gebraucht) *es,* benutze (als Werkzeug), verwende. **gebräuchlich,** üblich, allgemein verbreitet: *gebräuchliche Redensarten.* **Gebräuchlichkeit** *die, -.* **Gebrauchsanmaßung** *die,* 🔒 unberechtigter Gebrauch einer fremden Sache. **Gebrauchsanweisung** *die,* Vorschriften für den Gebrauch (einer Arznei, einer Maschine). **Gebrauchsgraphik** *die,* künstler. Gestaltung von Schrift und Bild für prakt. Zwecke (Werbung, Bücher). **Gebrauchswert** *der,* Wert einer Ware hinsichtlich ihrer Benutzung. **gebraucht, 1)** von brauchen. **2)** schon benutzt, nicht mehr neu. **Gebrauchtwagen** *der,* gebrauchtes, zum Verkauf stehendes Kraftfahrzeug: *Gebrauchtwagenhändler.*

gebrech, 🪨 leicht brechend, mürb. **Gebrech** *das,* **1)** 🪨 Rüssel des Wildschweins. **2)** 🪨 mürbes Gestein. **gebrechen** [mhd. gebrechen ›mangeln‹, eigtl. einen Verlust anzeigend, weil etwas (ab)gebrochen ist], *es gebricht* (gebrach; Perfekt nicht üblich) *ihm an etwas,* ◦◦ fehlt, mangelt. **Gebrechen** [mhd. gebreche ›Mangel‹, ›Krankheit‹] *das, -s/-,* dauernder Schaden, (körperlicher) Fehler. **gebrechlich, 1)** schwach, altersmäßig. **2)** an einem Gebrechen leidend, Ü mangelhaft, unvollkommen. **Gebrechlichkeit** *die, -.* **Gebresten** [mhd. gebrest, zu mhd. bresten ›brechen‹] *das, -s/-,* ◦◦ Gebrechen. **gebrochen, 1)** von brechen. **2)** geknickt (Lichtstrahl, Linie, ABB. L 12, L 14). **3)** unterbrochen (Giebel, ABB. G 25). **4)** unvollkommen: *er spricht nur g. deutsch.* **5)** seelisch schwer erschüttert, niedergedrückt: *eine gebrochene Frau.* **6)** vermengt, minder leuchtend (Farbe, Licht). **7)** ♪ harfenartig nacheinander angeschlagen: *gebrochene Akkorde.*

Gebrüder [ahd. gibruoder ›Mitbruder‹], *Pl.,* Abk.: Gebr., mehrere Brüder in gemeinsamem Auftreten: *Firma Gebr. Meier.*

Gebrüll *das, -(e)s,* **1)** lautes, dumpfes Brüllen, z. B. des Löwen. **2)** anhaltendes lautes Geschrei (von Kindern, zornigen Menschen).

Gebse *die, -/-n, schweiz.:* rundes, hölzernes Milchgefäß.

Gebück [mhd. gebucke ›Heckenschutzwehr‹, zu bücken] *das, -(e)s/-e, rhein.:* Dickicht aus Seitenästen von Hainbuchen, davor ein Graben: *Rheingauer G.,* ehemalige Grenzwehr des Rheingaus.

Gebühr [ahd. giburi] *die, -/-en,* **1)** Zahlung, Abgabe für öffentl. Leistungen: *ich mußte eine G. von einer Mark bezahlen,* entrichten. **2)** Entgelt für geleistete Dienste: *Architektengebühr.* **3)** ohne Pl., Pflicht, Anstand: *ich habe Sie über G. beansprucht,* mehr als sich gehört. **gebühren** [ahd. giburian], *es gebührt* (hat gebührt), **1)** *ihm,* kommt von Rechts wegen oder nach Verdienst zu. **2)** *sich,* gehört sich, ist schicklich. **gebührend,** angemessen, nach Sitte oder Verdienst. **Gebühreneinheit** *die,* die Sprechdauer für eine Ortsgesprächsgebühreneinheit in Sekunden. **gebührenfrei,** kostenlos. **Gebührenfreiheit** *die, -.* **gebührenpflichtig,** nicht kostenlos: *eine gebührenpflichtige Verwarnung.* **gebührlich,** gebührend. **Gebührnis** *die, -/-se,* ◦◦ Gebühr.

Gebund *das, -(e)s/-e,* etwas Zusammengebundenes, Bündel. **gebunden, 1)** von binden. **2)** in einem bestimmten Zusammenhang mit etwas stehend: *sie ist schon g.,* nicht mehr unabhängig, ledig; *gebundener Verkehr,* Verkehr unter Zollüberwachung; *gebundene Preise.* **3)** ♪ lückenlos aufeinanderfolgend (Töne). **4)** in strengere Formen gefügt: *gebundene Rede,* Verse. **5)** ✄ Abk.: geb., mit Einband versehen. **6)** *gebundene Suppe,* mit Mehl gedickte. **Gebundenheit** *die, -.*

Geburt [ahd. giburt, zu gebären] *die, -/-en,* **1)** Ausstoßung der lebensfähigen Leibesfrucht aus dem mütterl. Körper (bei Menschen und höheren Tieren), Entbindung: *Geburtsurkunde; Geburtenziffer; sanfte G.,* Entbindung, bei der der natürliche Geburtsvorgang so wenig wie möglich künstlich beeinflußt wird. **2)** P Entstehen: *G. und Grab,* Werden und Vergehen. **3)** P Erzeugnis: *eine G. seines Geistes.* **4)** Herkunft, Abstammung: *von G. Deutsche; Geburtsort.* **Geburtenbeschränkung, Geburtenkontrolle, Geburtenreg(e)lung** *die,* Beeinflussung der Kinderzahl. **geburtenschwach,** *geburtenschwache Jahrgänge.* **geburtenstark. gebürtig** *aus . . . , in . . .* geboren. **Geburtsadel** *der,* ererbter Adel. **Geburtshelfer** *der,* Arzt, der Geburtshilfe leistet. **Geburtshilfe** *die, -,* ⚕ **1)** praktische ärztl. Hilfe bei der Geburt. **2)** Lehre von der Schwangerschaft und der Geburt. **Geburtstag** *der,* Jahresfest der Geburt: *alles Gute zum G.* **Geburtstagskind** *das,* jemand, der Geburtstag hat.

Gebüsch *das, -es/-e,* Buschholz, ABB. P 3.

geck, *nordwestdt.:* närrisch. **Geck** [mhd. gec(ke) ›Narr‹ *der, -en/-en,* **1)** Stutzer, Modenarr, eitler Mensch. **2)** *niederdt., rhein.:* Narr, Fastnachtsnarr. **3)** ➘ Schornsteinhaube. **4)** ➘ Gabelstange der Pumpe, in der sich der Schwengel bewegt. **5)** *niederdt., rhein.:* Abstellbank. **6)** *niederdt., rhein.:* Meßholz.

Gecke *die, -/-n, ostmitteldt.:* Frosch.

gecken [zu Geck] *ich gecke (habe gegeckt), niederdt., rhein.:* **1)** treibe Possen. **2)** *ihn,* necke. **geckenhaft, 1)** stutzerhaft. **2)** närrisch. **Geckenhaftigkeit** *die, -.*

Gecko [malaiisch gekok, Schallw.] *der, -s/-s,* Echse mit Haftorganen an den Zehen.

gedacht, von denken. **Gedächtnis** [mhd. gedaehtnisse] *das, -ses/-se,* **1)** Fähigkeit zur Erinnerung: *er hat (k)ein gutes G.; Gedächtnishilfe; Gedächtnistraining; Kurzzeitgedächtnis; Langzeitgedächtnis.* **2)** Andenken, Erinnerung: *behaltet mich in gutem G.; Gedächtnisfeier; Totengedächtnis.*

gedackt [zu decken] geckt, oben verschlossen (Orgelpfeife).

Gedanke [ahd. gidanc, zu denken] *der, -ns/-n,* **1)** Vorgang oder Ergebnis des Denkens: *ich kann heute keinen klaren Gedanken fassen; in Gedanken vertieft; er hat das in Gedanken getan,* aus Zerstreutheit, unbeabsichtigt; *Gedankensprünge; Gedankenfreiheit.* **2)** geistige Vorstellung: *ein großer G.; Leitgedanke.* **3)** Plan, Einfall: *wie bist du auf diesen Gedanken gekommen?; ich gehe mit dem Gedanken um, trage mich mit dem Gedanken, abzureisen; du hast du mich auf einen guten Gedanken gebracht.* **4)** Zweifel, Sorge: *ich mache mir Gedanken um ihn.* **5)** *kein G. daran, davon,* U aber nein!, das kommt nicht in Frage. **Gedanken** *der, -s/-,* selten für: Gedanke. **Gedankenaustausch** *der,* Austausch der Meinungen. **Gedankenblitz** *der,* plötzliche Eingebung. **Gedankengang** *der,* auf ein Ziel zustrebende Überlegungen. **Gedankenlesen** *das, -s,* Versuch, fremde Gedanken zu erraten. **gedankenlos,** unbedacht, zerstreut. **Gedankenlosigkeit** *die, -/-en.* **Gedankenstrich** *der,* ÜBERS. S 6. **gedankenverloren,** nachdenklich. **gedanklich,** das Denken betreffend; nur vorgestellt, unwirklich.

Gedärm [mhd. gederme] *das, -(e)s/-e,* Eingeweide.

Gedeck [zu decken] *das, -(e)s/-e,* Eßbesteck und Serviette für eine Person: *wir müssen noch ein G. auflegen.* **2)** feste Speisenfolge, Menü.

Gedeih [mhd. gedihe] *der, -s,* das Gelingen, Gedeihen: *auf G. und Verderb,* für gute und böse Tage, bedingungslos. **gedeihen** [ahd. gedihen] *ich gedeihe (bin gediehen),* **1)** entwickle mich gut: *das Kind gedieh prächtig.* **2)** gelange, komme voran, schreite fort: *wie weit bist du mit der Arbeit gediehen?* **3)** *es gedeiht,* P erwächst: *es gedieh ihm zum Heil.* **Gedeihen** *das, -s.* **gedeihlich,** vorteilhaft, fördernd: *gedeihliche Zusammenarbeit.* **Gedeihlichkeit** *die, -.*

gedenk, *ich bin seiner, dessen g.,* ⚭ eingedenk, denke an ihn, daran. **gedenken** [ahd. githenken] *ich gedenke (habe gedacht),* **1)** *seiner, dessen,* erinnere mich an ihn, daran. **2)** *seiner im Testament,* vererbe ihm etwas. **3)** *das zu tun,* habe die Absicht. **Gedenken** *das, -s,* Erinnerung, Gedächtnis: *Gedenkfeier; seit Menschengedenken,* soweit es sich jetzt noch

Lebende erinnern können, seit sehr langer Zeit. **Gedenkstätte** *die,* Ort zum Andenken an jemanden oder etwas.

gedeucht, ⚭ gedünkt.

Gedicht [mhd. getihte] *das, -(e)s/-e,* Sprachkunstwerk in Versen: *in Gedichtform; Gedichtsammlung; dieser Blumenstrauß ist ein G.,* Ü besonders schön zusammengestellt.

gediegen [mhd. gedigen, zu gedeihen], **1)** rein vorkommend (Metall). **2)** zuverlässig, rechtschaffen: *ein gediegener Charakter; gediegene Kenntnisse.* **Gediegenheit** *die, -.*

gedieh, von gedeihen.

gedient, 1) von dienen. **2)** im Wehrdienst ausgebildet: *ein gedienter Soldat.*

Gedinge [zu dingen ›einen Vertrag abschließen‹ *das, -s/-,* **1)** Akkordlohn im Bergbau. **2)** *alem.:* Feilschen, Handeln.

Gedöns [zu dröhnen] *das, -, niederdt.:* Getue, Aufhebens um nichts: *mach nicht so viel G. darum!*

Gedränge [ahd. githrengi] *das, -s,* **1)** enggepreßte Menschenmasse. **2)** ungeduldiges Vorwärtsschieben. **3)** Ü schwierige Lage, Zeitdruck: *wir sind ins G. gekommen.* **gedrängt, 1)** von drängen. **2)** knapp, auf kleinem Raum zusammengestellt: *eine gedrängte Inhaltsangabe.* **3)** nachdrücklich gebeten oder aufgefordert. **Gedrängtheit** *die, -.*

gedroschen, von dreschen.

gedrückt, 1) von drücken. **2)** Ü niedergeschlagen: *in gedrückter Stimmung.* **Gedrücktheit** *die, -.*

gedrungen, 1) von dringen. **2)** Ü breit und kräftig, untersetzt (Körperbau). **Gedrungenheit** *die, -.*

Geduld [ahd. gidult, zu dulden] *die, -,* Langmut, Nachsicht, unverdrossenes Warten: *habt G. mit mir; sie spannt meine G. auf die Folter,* Ü macht mich neugierig; *Geduldsarbeit.* **gedulden** [ahd. githulten], *ich gedulde mich* (habe mich geduldet), warte ruhig. **geduldig. Geduldsfaden** *der, -: der G. reißt,* Ü die Geduld ist zu Ende. **Geduldsprobe** *die,* große Anforderung an die Geduld. **Geduld(s)spiel** *das,* etwas, das viel Ausdauer verlangt.

gedungen, von dingen.

gedunsen, aufgedunsen.

gedurft, von dürfen.

geeignet [zu eignen], *g. zu etwas,* für ihn, passend, zweckdienlich. **geeignetenorts,** am richtigen Platz.

Geer [niederdt.] *die, -/-en,* **Geerde** *die, -/-n,* ➘ Haltetau an der Gaffel.

Geest [verwandt mit ahd. geisini ›Unfruchtbarkeit‹] *die, -/-en,* im Küstengebiet die höhergelegene, oft sandige Landschaft: *Geestland.*

gef., Abk. für: gefallen.

Gefach *das,* Einteilung in Fächer.

Gefahr [mhd. gevare ›Hinterlist‹, ›Betrug‹] *die, -/-en,* drohendes Unheil: *G. droht; wir konnten die G. noch abwenden; du begibst dich in G.; du läufst G., es zu versäumen; der Kranke ist außer G.; Gefahrenzulage,* Gehaltszulage bei gefährlicher Arbeit; *Überschwemmungsgefahr.* **gefahrbringend,** gefährlich. **gefährden,** *ich gefährde* (habe gefährdet) *ihn,* bringe in Gefahr. **gefährdet,** bedroht, auch gefährdet. **gefahrdrohend. Gefährdung** *die, -/-en.* **Gefahrenherd** *der,* **Gefahrenquelle** *die,* Stelle, von der (immer wieder) Gefahr ausgeht. **gefährlich, 1)** voller Gefahren, unheilvoll, gewagt: *sie könnte mir g. werden,* U ich könnte mich in sie verlieben; *ein gefährliches Unternehmen.* **2)** heimtückisch, bösartig: *das gefährliche Alter,* U die Lebensjahre um 50. **Gefährlichkeit** *die, -.* **gefahrlos,** mit keiner Gefahr verbunden. **Gefahrlosigkeit** *die, -.*

Gefährt *das, -(e)s/-e,* Fuhrwerk. **Gefährte** [ahd. giferto, zu Fahrt] *der, -n/-n,* **Gefährtin** *die, -/-nen,* Kamerad(in), Begleiter(in), Mitarbeiter(in); Partner(in): *Spielgefährte; Lebensgefährte.*

gefahrvoll, sehr gefährlich.

Gefalle *der, -ns/-n,* ⚭ Gefallen.

Gefälle [ahd. gefelli] *das, -s/-,* **1)** Höhenunterschied, Neigung, ABB. G 6; Ü Unterschied im Niveau. **2)** *nur Pl.,* ⚭ Abgabe, Gebühr. **3)** △ Abnahme einer Größe auf einer Einheitsstrecke, Gradient. **4)** *alem.:* Zufall. **5)** *alem.:* stark gedüngte Alpweide (bei der Sennerei). **6)** *alem.:* steiniger Abhang.

gefallen [ahd. gifallan], *ich gefalle* (gefiel, habe gefallen; du gefällst, er gefällt), **1)** *ihm,* scheine ihm anziehend, sage ihm zu: *es gefällt mir gut, schlecht; du gefällst mir nicht,* U siehst krank aus. **2)** *ich lasse mir etwas (von ihm) gefallen,* erdulde, ohne zu murren; *das lasse ich mir nicht länger gefallen!; das laß ich mir gefallen!,* U das ist vortrefflich!

der Deckel · die Schale · die Dose · die Büchse · der Becher · die Schachtel · der Topf · das Seidel · der Humpen · der Henkel · die Kelle (der Stippeimer) · der Deckel · die Tülle, der Ausguß · der Henkel · der Napf · die Urne · der Boden · die Vase · der Eimer · die Flasche · **Gefäße** · die Kanne · die Schüssel · der Fuß · der Krug

---

gefallen, 1) von fallen. **2)** Abk.: gef., als Soldat im Krieg gestorben.

Gefallen, 1) *der, -s/-*, Gefälligkeit: *mir zu G.*, zuliebe; *wenn ich Ihnen damit einen G. tun kann?* **2)** *das, -s*, Freude, Wohlgefallen: *das erregt, findet, hat sein G.*

Gefallene *der, -n/-n, ein -r*, gefallener Soldat.

gefällig, 1) entgegenkommend, hilfsbereit: *er hat sich mir stets g. erwiesen, gezeigt.* **2)** angenehm, erfreulich: *eine gefällige Form.* **3)** erwünscht: *Bier g.?* **4)** ⚮ fällig. **Gefälligkeit** *die, -/-en*, **1)** freundschaftl. Dienst: *ich erweise Ihnen gern diese kleine G.* **2)** ohne Pl., Entgegenkommen, Hilfsbereitschaft. **gefälligst,** verlassen Sie g. mein Haus, ∪ sofort!, das verlange ich energisch. **Gefallsucht** *die, -,* übertriebene Eitelkeit. **gefallsüchtig.**

Gefangene [zu fangen] *der, die, -n/-n, ein -r, eine -,* jemand, der gefangengesetzt ist: *Strafgefangener; Untersuchungsgefangener; Gefangenenbefreiung; Gefangenenunterbringung.* **gefangenhalten,** *ich halte ihn gefangen* (hielt gefangen, habe gefangengehalten), halte in Gefangenschaft fest. **Gefangennahme** *die, -,* **1)** Verhaftung und Festnahme. **2)** ⚮ Entwaffnung und Festnahme. **gefangennehmen,** *ich nehme ihn gefangen* (nahm gefangen, habe gefangengenommen), **1)** mache zum Gefangenen. **2)** Ü richte seine Aufmerksamkeit auf mich: *seine Bilder nahmen mich gefangen.* **Gefangenschaft** *die, -,* Haft, Zustand der Unfreiheit: *im Krieg geriet er in G.* **gefangensetzen,** *ich setze ihn gefangen* (habe gefangengesetzt), sperre ein. **Gefängnis** [mhd. gevancnisse] *das, -ses/-se,* **1)** mittelschwere Freiheitsstrafe: *Gefängnisstrafe; zwei Monate G.* **2)** ohne Pl., Strafvollzugsanstalt. **Gefängniskopf** *der,* spezif. Nutzlast an Degen, Säbel, Abb. D 5.

gefärbt, 1) von färben. **2)** Ü mit Färbung, Tendenz: *ein stark politisch gefärbter Roman.*

Gefasel [zu faseln] *das, -s/-,* das Reden ohne rechten Zusammenhang.

Gefäß [ahd. givazzi ›Ladung‹, zu fassen] *das, -es/-e,* **1)** Gerät zur Aufbewahrung, bes. von Flüssigkeiten, Abb. G 7. ⚕ ⚭ Blut- oder Lymphgefäß: *Gefäßkrankheiten; gefäßerweiternde Mittel.* **3)** ⚘ Leitungsbahn für Wasser und Nährstoffe. **4)** Handschutz an Degen, Säbel, Abb. D 5.

gefaßt, vgl. fassen. **Gefaßtheit** *die, -,* Ü Beherrschtheit, äußere Ruhe.

Gefecht [ahd. gifeht] *das, -(e)s/-e,* Kampf kleinerer feindl. Truppeneinheiten: *er wurde außer G. gesetzt,* kampfunfähig gemacht; *Gefechtspause; gefechtsbereit; in der Hitze des Gefechts,* Ü in der Erregung; *das werde ich ins G. führen,* Ü als Beweismittel benutzen (im Wortstreit). **Gefechtskopf** *der,* spezif. Nutzlast aller Kaliber.

Gefege *das, -s,* ⚘ vom Geweih abgefegter Bast.

gefehlt, von fehlen. **2)** *schweiz.:* unehrlich, liederlich. **3)** *jetzt ist's g., österr.:* falsch, mißglückt.

gefeit [mhd. veinen ›nach Art der Feen schützen‹] *gegen etwas,* geschützt, fest, bewahrt: *gegen diese Verlockung bin ich g.*

Gefieder [mhd. gevidere, zu Feder] *das, -s/-,* Federkleid der Vögel. **gefiedert, 1)** mit Federn versehen (Pfeil, Abb. P 8). **2)** wie eine Feder geformt, fiedrig (Blatt, Abb. B 34).

gefiel, von gefallen.

Gefilde [ahd. gefilde, zu Feld] *das, -s/-,* P Land, Landschaft: *die G. der Seligen,* das Paradies der alten Griechen.

gefinkelt, *österr.:* klug, listig, erfahren.

Gefion [nord. ›die Gebende‹], **1)** nord. Meeresgöttin. **2)** weibl. Vorname.

gefitzt, *schweiz.:* durchtrieben, schalkhaft.

geflammt, flammenförmig gemustert, Abb. M 26.

Geflecht [zu flechten] *das, -(e)s/-e,* Flechtwerk, verschlungene Fäden, Abb. F 24, G 19: *Nervengeflecht.*

gefleckt, fleckig, gepunktet, Abb. M 26: *braungefleckte Kühe;* aber: *die Kuh ist braun g.*

Geflissenheit [zu Fleiß] *die, -,* Beflissenheit. **geflissentlich,** absichtlich: *er übersah mich g.*

geflochten, von flechten.

geflogen, von fliegen.

geflohen, von fliehen.

geflossen, von fließen.

Gefluder [zu fließen, Flut] *das, -s/-,* ✂ Holzrinne zum Ablaufen des Wassers.

Geflügel [spätmhd. gevlügel(e), zu Flügel] *das, -s,* Sammelbez. für Nutzvögel und deren Fleisch: *Geflügelfarm; Geflügelsalat.* **geflügelt, 1)** mit Flügeln versehen. **2)** *ein geflügeltes Wort,* Ü volkstümlich gewordene Redewendung eines Dichters. **3)** ⚘ mit flügelähnlichen Auswüchsen (Früchte, Samen); vgl. Abb. F 36. **4)** ⚔ mit zerschossenem Flügel.

gefochten, von fechten.

Gefolge [ahd. folgare ›Begleiter‹] *das, -s/-,* **1)** Begleitung eines Fürsten, einer Persönlichkeit. **2)** *das hat etwas im G.,* Ü verursacht es, bringt es mit sich. **Gefolgschaft** *die, -/-en,* **1)** Gesamtheit der Anhänger. **2)** ohne Pl., Gehorsamkeit und Treue: *ich muß ihm G. leisten.*

gefragt, 1) von fragen. **2)** 🖅 gut verkäuflich: *ein gefragter Artikel.*

Gefräß [mhd. gevræze ›das Fressen‹] *das, -es,* ⚘ Nahrung des Wildschweins. **gefräßig,** unmäßig im Essen: *er ist dumm und g.* **Gefräßigkeit** *die, -.*

Gefreite [eigtl. ›vom Wachdienst Befreiter‹] *der, -n/-n, ein -r,* ⚔ Dienstgrad.

G(e)frett [zu fretten] *das, -(e)s, oberdt.:* Ärger, Mühe.

gefreut, 1) von freuen. **2)** *schweiz.:* erfreulich, erquickend.

Gefrieranlage oder **Gefrierapparat** *der,* Gerät zum Einfrieren von Lebensmitteln. **gefrieren** [ahd. gefriesen] *es gefriert* (ist gefroren) erstarrt, geht durch Temperatursenkung unter den Gefrierpunkt in den festen Zustand über: *gefrorene Lebensmittel; Gefrierfleisch; Gefrierkost; Gefrierschrank; Gefrierchirurgie.* **gefriergetrocknet. Gefrierpunkt** *der,* Temperatur, bei der ein Stoff, bes. Wasser, vom flüssigen in den festen Aggregatzustand übergeht. **Gefriertrocknung** *die,* schonende Trocknung von Tiefgefrorenem im Vakuum. **gefroren, 1)** von frieren. **2)** von gefrieren. **Gefror(e)ne** *das, -n, ein -s,* Speiseeis.

g(e)fründ [zu Freund], *alem.:* verwandt, befreundet.

Gefüge [mhd. gevüege] *das, -s/-,* (kunstreicher) Aufbau, Schichtung, innere Ordnung, Struktur. **gefügig,** nachgiebig, gehorsam. **Gefügigkeit** *die, -.*

Gefühl [zu fühlen] *das, -(e)s/-e,* **1)** Tastempfindung: *ich habe kein G. mehr im Finger.* **2)** seelische Regung, Stimmung: *ein G. der Liebe, Dankbarkeit, Reue; gefühlsarm; Angstgefühl; Gemeinschaftsgefühl.* **3)** Ahnung: *ein G. drohenden Unheils.* **4)** Empfindsamkeit: *er spielt mit viel G.* **5)** *für etwas,* Sinn, Verständnis: *G. für Musik, Kunst, Anstand.* **gefühllos, 1)** ohne Sinnesempfindung. **2)** seelisch kalt. **Gefühllosigkeit**

---

die, -. **gefühlsbetont,** dem Gefühl vor dem Verstand den Vorrang gebend: *ein gefühlsbetonter Mensch.* **Gefühlsduselej** *die, -,* übertriebene Empfindsamkeit. **Gefühlsleben** *das,* die Gesamtheit des seelischen Empfindens. **gefühlsmäßig,** nach dem Gefühl beurteilt. **Gefühlsmensch** *der,* gefühlsbetonter Mensch. **gefühlvoll,** voll tiefer Empfindung.

geführig, günstig zum Skilaufen (Schnee). **Geführigkeit** *die, -.*

gefüllt, 1) von füllen. **2)** voll, bes. Blüte, deren Blumenblätter stark vermehrt sind, ABB. B 37. **3)** *österr.:* dick.

gefunden, von finden.

gefürstet, im Besitz des Fürstentitels oder fürstl. Rechte.

Gegacker *das, -s,* anhaltendes Gackern: *Hühnergegacker.*

gegangen, von gehen.

gegeben, von geben: *es ist das gegebene,* Ü die beste Lösung; aber: *er war für das Gegebene dankbar.* **Gegebene** *das, -n, ein -s,* Gegebenheit. **gegebenenfalls,** Abk.: ggf., wenn es paßt, möglicherweise. **Gegebenheit** *die, -/-en,* das Wirkliche, Tatsache: *du mußt dich mit den Gegebenheiten abfinden.*

gegen [ahd. gagen] *ihn, etwas,* **1)** feindlich, widerstrebend, entkräftend, verletzend: *g. meine Überzeugung; g. die Regel.* **2)** in Richtung auf, daran: *g. Osten; er lehnt g. die Mauer.* **3)** mit ihm verglichen: *g. ihn bin ich im Anfänger.* **4)** annähernd (als ungefähre Zeit-, Maß- und Ortsbestimmung): *g. Ostern; es waren g. hundert Personen.* **5)** in Beziehung auf, zu: *ihre Abneigung g. ihn.* **gegen. . .,)** als Antwort, als gleichwertige Erwiderung: *Gegengeschenk; Gegenbesuch; Gegengruß; Gegenliebe; Gegenwert.* **2)** das erste entkräftend, bekämpfend, widerrufend: *Gegenangebot; Gegenangriff; Gegenbefehl; Gegenbewegung; Gegenbeweis; Gegendruck; Gegenerklärung; Gegenforderung; Gegengift; Gegengrund; Gegenkaiser; Gegenkandidat; Gegenklage; Gegenmaßnahme; Gegenmittel; Gegenreformation; Gegenschrift; Gegenspieler; Gegenspionage; Gegenstoß; Gegenströmung; Gegenverkehr; Gegenvorschlag.* **3)** Doppelstück zur Kontrolle: *Gegenprobe; Gegenrechnung.* **Gegenbericht** *der, schweiz.:* Stellungnahme.

Gegend [mhd. gegende, zu gegen] *die, -/-en,* **1)** Landschaft, Gebiet: *eine schöne G.* **2)** Umgebung, Bereich: *in der G. um Bonn; in der G. des Herzens.*

gegen|einander [auch g e-], einer gegen den anderen: *sie haben g. gekämpft* (Getrenntschreibung, wenn beide Wörter gleichmäßig stark betont werden); aber: *gegeneinanderprallen; gegeneinanderstellen.* **Gegenfahrbahn** *die,* ABB. S 72. **Gegenfrage** *die,* Frage als Erwiderung auf eine vorangegangene Frage. **Gegenfüßler** *der,* Antipode, vgl. ABB. A 16. **Gegengerade** *die, ✗* gerade Strecke einer Bahn, die der Zielgeraden gegenüberliegt. **Gegengewicht** *das,* **1)** Ausgleich einseitiger Belastung, z. B. ABB. B 52, K 42. **2)** Ü Ausgleich. **gegenläufig,** ⊕ in entgegengesetzter Richtung sich bewegend. **Gegenlicht** *das,* von vorn auf eine Kamera oder einen Maler auftreffendes Licht: *Gegenlichtaufnahme.* **Gegenpartei** *die,* Gegenseite, gegner. Seite. **Gegenpol** *der,* entgegengesetzter Magnetpol. **Gegensatz** *der,* **1)** das einer Aussage Entgegengestellte, z. B. der Gegensatz von Gut und Böse. **2)** Widerspruch, Feindseligkeit. **3)** ♪ erster Kontrapunkt zum Thema der Fuge. **gegensätzlich,** *gegensätzliche Meinungen.* **Gegensätzlichkeit** *die, -.* **Gegenseite** *die,* Ü andere Partei (Feinde, Vertragschließende). **gegenseitig,** wechselseitig, beiderseitig. **Gegenseitigkeit** *die, -: es beruht auf G.,* die andere tut es gleichfalls. **Gegensprechanlage** *die,* Funksprechanlage mit gleichzeitiger Übertragung in beide Richtungen. **Gegenstand** *der,* **1)** Ding, körperl. Sache. **2)** Ü Stoff, Thema: *Gespräch (Dichtung): eine gegenstandsbezogene Diskussion.* **3)** Ü Ziel von Gefühlen: *sie ist der G. seiner Verehrung.* **gegenständig,** ⊕ an demselben Stengelknoten gegenüberstehend (Blatt). **gegenständlich,** *gegenständliches Substantiv,* Konkretum, ÜBERS. S 77, B. **gegenstandslos, 1)** hinfällig, überflüssig. **2)** abstrakt (Kunst). **Gegenstandslosigkeit** *die, -.* **Gegenstimme** *die: bei seiner Wahl gab es nur fünf Gegenstimmen.* **Gegenstrophe** *die,* Antistrophe. **Gegenstück** *das,* **1)** ein dem Gegensatz bildendes Stück. **2)** ähnl. Stück, Pendant: *diese Figur ist das G. zu jener.* **3)** das Umgekehrte, Entgegengesetzte: *ging es gut?, im G., sehr schlecht!* **gegenteilig,** **gegenüber, 1)** auf der anderen Seite: *ich saß ihm g.* **2)** Ü angesichts: *g. dieser Tatsache muß ich meinen Plan ändern.* **gegenüber. . .,** in Verbindung mit Verben trennbar zusammengesetzt: *gegenüberliegen; gegenübersitzen; gegenüberstehen;* vgl. gegenüberstehen. **Gegenüber** *das, -s/-,* jemand oder etwas gegenüber. **gegenüberstehen,** ich stehe *ihm* gegenüber (habe gegenübergestanden), stehe auf der anderen Seite,

habe vor mir: *sie haben sich feindlich gegenübergestanden; wir werden bald neuen Tatsachen gegenüberstehen,* Ü; aber: *sein Haus soll (dort) gegenüber stehen.* **Gegenwart** [ahd. geginwert] *die, -,* **1)** Jetztzeit, unsere Zeit, der Augenblick. **2)** Anwesenheit: *in seiner G. fühle ich mich wohl.* **3)** eine Verbform, Präsens, ÜBERS. V 2. **gegenwärtig. gegenwartsbezogen; gegenwartsnahe,** der Gegenwart entsprechend, aktuell. **Gegenwohner** *der, -s/-,* der Antöke, ABB. A 16. **gegenzeichnen,** ich zeichne es gegen (habe gegengezeichnet). **Gegenzeichnung** *die,* die Mitunterschrift einer zweiten Person.

geglichen, von gleichen.

geglitten, von gleiten.

geglommen, von glimmen.

Gegner [zu gegen] *der, -s/-,* jemand, der die Meinung eines anderen nicht teilt, (sportl.) Konkurrent, Widersacher, Feind: *politische G.; die G. der Schulreform; der G. unserer Fußballmannschaft; Artillerie griff den G. an.* **gegnerisch. Gegnerschaft** *die, -,* **1)** feindl. Gesinnung, Abneigung. **2)** die Gesamtheit der Gegner.

gegolten, von gelten.

gegoren, von gären.

gegossen, von gießen.

gegr., Abk. für: gegründet.

gegriffen, von greifen.

geh., ⊘ Abk. für: geheftet.

gehaben [ahd. gihaben ›behalten‹, ›sich verhalten‹], *ich gehabe mich, nur Präsens üblich,* P benehme, gebärde mich: *gehab dich wohl!,* lebe wohl! (Gruß). **Gehabe(n)** *das, -s,* geziertes Benehmen, Gebaren. **gehäbig,** *schweiz.:* geizig.

Gehackte *das, -n, ohne Artikel: -s,* Hackfleisch.

Gehalt [nhd. zu der Gehalt] *das, -(e)s/"er,* Arbeitsentgelt für Beamte und Angestellte: *Gehaltsempfänger; Gehaltserhöhung; Monatsgehalt.* **Gehalt** [mhd. gehalt] *der, -(e)s/-e,* wertvoller Inhalt (Gedankenreichtum, Nährwert); Anteil von feinem Metall: *Goldgehalt einer Münze; der G. eines Kunstwerks; Vitamingehalt; Sauerstoffgehalt.*

gehalten [mhd. gehalten] **1)** von halten. **2)** *ich bin g., es zu tun,* dazu verpflichtet.

gehaltvoll, *gehaltvolle Nahrungsmittel.*

gehandikapt [-h'ændikæpt, engl., vgl. Handikap], behindert, benachteiligt.

Gehänge [mhd. gehenge, gehenke] *das, -s/-,* **1)** Koppel, Waffengurt. **2)** Behang, z. B. am Altar. **3)** hängender Schmuck: *Ohrgehänge.* **4)** Girlande: *Blumengehänge.* **5)** 🜨 Abhang.

gehangen, von hängen. **Gehängte** *der, die, -n/-n, ein -r, eine -,* jemand, der erhängt wurde.

geharnischt, 1) 🜨 mit einem Harnisch gerüstet. **2)** Ü energisch: *eine geharnischte Beschwerde.*

gehässig [mhd. gehezzec], haßerfüllt, boshaft, schadenfroh: *gehässige Bemerkungen; er ist g.* **Gehässigkeit** *die, -/-en.*

Gehäuse [mhd. gehiuse] *das, -s/-,* **1)** Behältnis, feste Hülle, z. B. der Uhr, des Fernsprechers, ABB. U 1, F 16. **2)** Innerstes beim Kernobst: *Kerngehäuse.* **3)** 🜨 Behausung: *Hieronymus im G.*

geheftet, 1) von heften. **2)** ⊘ Abk.: geh., durch Faden oder Draht miteinander verbunden (geschnittene Bogen).

Gehege [ahd. gahagi ›Einhegung‹] *das, -s/-,* eingezäuntes Gebiet für Wild: *Wildgehege; komm mir nicht ins G.!,* Ü misch dich nicht in meine Angelegenheiten!

geheien, ich geheie (habe geheiet), *oberdt.:* **1)** werfe (hin). **2)** plage. **3)** lärme.

geheim [mhd. gehem ›vertraut‹, zu Heim], **1)** nicht für andere bestimmt: *im geheimen,* heimlich, versteckt; *es soll g. bleiben; Geheimsender; Geheimtür; Geheimwaffe.* **2)** 🜨 Zusatz zu Titeln: *Geheimer Kommerzienrat.* **Geheimbund** *der,* Vereinigung, deren Absichten und Ziele geheim bleiben sollen: *Geheimbündelei.* **Geheimdienst** *der,* geheimer Nachrichtendienst. **geheimhalten,** ich halte es geheim (hielt geheim, habe geheimgehalten), teile nicht mit, bewahre als Geheimnis. **Geheimhaltung** *die, -/-ses/-se,* etwas, das geheimgehalten wird: *ein öffentliches G.,* etwas, das (amtlich) geheimgehalten wird, obgleich es allgemein bekannt ist: *Geheimnisverrat.* **Geheimniskrämer** *der, -s/-,* jemand, der gern geheimnisvoll tut. **Geheimniskrämerej** *die, -.* **Geheimnisträger** *der,* jemand, der im Dienst geheimnisvolle Kenntnisse zum Stillschweigen verpflichtet ist. **Geheimnistuerej** *die, -,* Geheimniskrämerei. **geheimnisvoll,** ein Geheimnis andeutend; unheimlich-rätselhaft. **Geheimpoli-**

zei *die,* politische Polizei. **Geheimrat** *der, -(e)s/-̈e,* früher: ein Titel. **Geheimratsecken,** *Pl.,* Ü zurückweichender Haaransatz über den Schläfen. **Geheimschrift** *die,* verschlüsselte Schrift. **Geheimsprache** *die,* Sondersprache, die nur Eingeweihten verständlich ist.

Geheiß [ahd. giheiz ›Versprechen‹, ›Vorhersage‹] *das, -es,* mündl. Befehl, Anordnung: *auf G. des Vorgesetzten.*

gehen [ahd. gan], *ich gehe* (ging, bin gegangen), **1)** bewege mich im Schritt auf den Füßen: *wir fahren nicht, wir gehen; wir wollen baden, schwimmen gehen; wir sind einen Umweg gegangen; in diesen Schuhen geht es sich gut; er gibt (noch) in die Schule,* Ü ist Schüler. **2)** nehme meinen Weg, reise ab, wandere aus: *er geht nach Amerika, in die Alpen, auf die Jagd, in den Staatsdienst; wann geht der nächste Zug nach München?; sie ist ins Wasser gegangen,* hat sich ertränkt. **3)** verlasse meine Stelle: *der Buchhalter geht zum nächsten Ersten,* am letzten Tag dieses Monats; *er ist gegangen worden,* Ü entlassen worden. **4)** *es geht,* ist in Bewegung, verläuft, nimmt eine bestimmte Richtung: *die Uhr geht; wie geht das Geschäft?; diese Ware geht gut; der Weg geht geradeaus; das Fenster geht nach Süden; sie geht nur nach dem Äußern; er ist von uns gegangen,* P gestorben; in vielen Redewendungen: *das geht zu weit; das geht mir zu Herzen; das geht mir gegen den Strich,* Ü ist mir nicht recht. **5)** *an etwas,* beginne: *wir müssen jetzt an die Arbeit, ans Werk gehen.* **6)** *in mich,* Ü bereue. **7)** *mit ihm,* begleite: *sie geht mit ihm schon 3 Jahre, ist seine Freundin; sie geht mit ihm durch dick und dünn,* Ü steht ihm immer bei. **8)** *es geht über etwas,* ist mehr wert: *nichts geht über die Freundschaft.* **9)** Ü passe: *er, es geht nicht mehr in das Zimmer.* **10)** reiche: *ich g. ihm bis zur Schulter.* **11)** *geh!, ach geh!,* Ausruf bei drängender Bitte oder Spott. **12)** *es geht,* ist möglich, darf oder kann sein: *nur Mut, es wird schon gehen; es geht wie geschmiert,* Ü verläuft rasch und gut. **13)** *es geht mir (gut, schlecht),* ich befinde mich in einer bestimmten Verfassung: *wie geht es Ihnen?* **14)** *es geht darum,* handelt sich darum, kommt darauf an: *es geht ums Ganze, ums Leben.* **15)** *der Hefeteig geht,* treibt auf. **16)** *über etwas,* Ü gehe dazu über: *ich g. demnächst auf einen Kleinwagen.*

Gehenk [mhd. gehenke] *das, -(e)s/-e,* Gehänge, Gürtel für Waffen: **Wehrgehenk.**

Gehenkte [vgl. henken] *der, die, -n/-n, ein -r, eine -,* jemand, der durch den Strang hingerichtet wurde.

gehenlassen, *ich lasse mich gehen* (ließ mich gehen, habe mich gehen[ge]lassen), Ü beherrsche mich nicht, bin nachlässig: *sie hat sich zu sehr gehen(ge)lassen;* aber: *du solltest sie jetzt (nach Hause) gehen lassen.*

Gehenna [hebr. gē (bnē) hinnōm ›Tal (der Söhne) des Hinnom‹] *die, -,* im Neuen Testament: die Hölle.

Geher *der, -s/-,* ⚒ Sportler der Disziplin Gehen.

geheuer [mhd. gehiure] *nur verneinend: das ist mir nicht g.,* ist mir unheimlich.

Geheul *das, -(e)s,* langgezogene, klagende Töne, Jammertöne: *Sirenengeheul; das G. der eingesperrten Hunde.* **Geheule** *das, -s,* andauerndes Heulen oder Weinen.

Gehilfe [ahd. gihelfo] *der, -n/-n,* **1)** Helfer. **2)** Angestellter, Geselle: *Handlungsgehilfe.* **Gehilfin** *die, -/-nen.*

Gehirn [mhd. gehirne, zu Hirn] *das, -(e)s/-e,* ⚕ Hirn, in der Schädelhöhle liegender Teil des Nervensystems, Abb. G 6: *Gehirnchirurgie; Elektronengehirn.* ☺. **Gehirnerschütterung** *die,* ⚕ durch Gewalteinwirkung entstandene vorübergehende Störung der Gehirntätigkeit. **Gehirnwäsche** *die,* Ü Versuch, durch körperl. und seel. Folterung den menschl. Willen zu brechen und die Persönlichkeit zu zerstören.

gehl [mhd. gel ›gelb‹], *niederdt., mitteldt.:* gelb. **Gehlchen** *das, -s/-, mitteldt.:* Pfifferling.

gehoben, **1)** von heben. **2)** bessergestellt, besser: *gehobene Ansprüche; Beamte des gehobenen Dienstes.* **3)** heiter: *in gehobener Stimmung.* **4)** *gehobene Rede,* gewählte Ausdrucksweise.

Gehöft *das, -(e)s/-e,* Bauernhof, Abb. B 14.

geholfen, von helfen.

Gehölz [mhd. gehülze] *das, -es/-e,* **1)** Bäume und Sträucher, Buschwerk. **2)** Wäldchen.

Geholze *das, -s,* Ü rücksichtsloses und schlechtes Spiel.

Gehör [ahd. gihorida] *das, -s,* **1)** Sinn zur Wahrnehmung von Schallempfindungen, ist taub geworden; *ist taub geworden; er findet mit seinen Worten kein G.,* Ü keine Beachtung, wird nicht angehört; *er schenkt ihm G.,* Ü hört ihn an. **2)** ♪ Unterscheidungsvermögen für Tonstufen: *er hat ein gutes G.; sie singt nach G.,* ohne Noten, nach dem Anhören der Melodie. **3)** ⚜ Ohr des Raub- und Schwarzwildes, Abb. R 13.

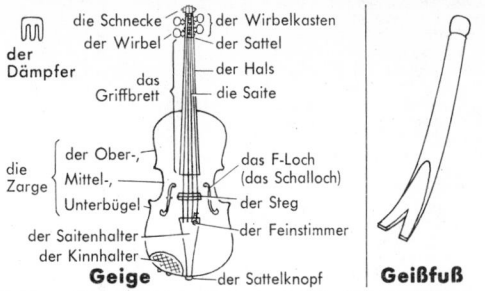

die Schnecke — } der Wirbelkasten
der Wirbel — der Sattel
der Dämpfer — der Hals
das Griffbrett — die Saite
der Ober-, — das F-Loch (das Schalloch)
die Zarge Mittel-, — der Steg
Unterbügel — der Feinstimmer
der Saitenhalter
der Kinnhalter
Geige — der Sattelknopf   **Geißfuß**

G 8

gehorchen [mhd. gehorchen], *ich gehorche* (habe gehorcht) *ihm,* **1)** erfülle seine Wünsche und Befehle: *der Hund gehorcht aufs Wort.* **2)** *es gehorcht,* läßt sich lenken: *das Boot gehorcht dem Steuer.*

gehören [ahd. gihoren], *ich gehöre* (habe gehört) **1)** *ihm,* bin sein Besitz: *das Haus gehört seinen Eltern.* **2)** *dazu,* zähle dazu, bin darunter: *das gehört nur zur Sache,* ist hierbei unwesentlich. **3)** mein Platz ist: *ich g. ins Bett* (weil ich krank bin). **4)** *es gehört sich,* schickt sich, ziemt sich. **gehörig, 1)** *zu etwas,* gehörend, einen Teil davon bildend: *die zu seinem Besitz gehörigen Grundstücke.* **2)** gebührend, verdient: *er bekommt den ihm gehörigen Anteil.* **3)** Ü tüchtig, gründlich: *ich habe ihm g. die Meinung gesagt.*

gehörlos, ohne Gehör, taub: *Gehörlosenschule.*

Gehörn [mhd. gehürne] *das, -(e)s/-e,* **1)** Hörnerpaar der Horntiere (Rinder, Ziegen), Abb. R 13. **2)** ⚜ Geweih des Rehbocks, Abb. G 21. **gehörnt** [mhd. gehorn], mit Hörnern versehen: *der gehörnte Ehemann,* Ü betrogene.

gehorsam [ahd. gihorsam], folgsam. **Gehorsam** *der, -s,* Befolgung von Befehlen: *er muß ihm G. leisten, schuldet ihm G.* **Gehorsamkeit** *die, -,* gehorsames Betragen.

Gehre [ahd. gero] *die, -/-n,* **1)** Gehrung. **2)** Gehren. **3)** *oberdt.:* Fischspieß. **gehren,** *ich gehre* (habe gegehrt) *es,* schneide schräg. **Gehren** *der, -s/-, mitteldt.:* **1)** ✂ Stück Leinwand, das an einem Segel unten verbreitert wird. **2)** Zwickel, spitzes Feldstück, zwickelförmige Querwand am Dach, Bug des Schiffes.

Gehrock [kurz für Ausgehrock] *der,* früher: feierl. knielanger Männerrock, Abb. M 16.

Gehrung *die, -/-en,* Eckverbindung zweier Teile (Bretter, Steine), deren Fuge den Winkel meist halbiert.

gehüftig, *schweiz.:* gefüllt bis zum Rand.

gehupft, *das ist g. wie gesprungen,* Ü gleich, einerlei.

Gehwerk *das,* Uhrwerk.

Gei *die, -,* ↗ Tau zum Geien. **geien,** *ich geie* (habe gegeit) *es, niederdt.:* ziehe die Segel (zum Zusammenschnüren) an den Rahen zusammen.

Geier [ahd. gir, zu giri ›Gier‹] *der, -s/-,* meist aasfressender Greifvogel; Sinnbild der Gier; als Fluch: *hol's der G.!*

Geifer [spätmhd. geifer, verwandt mit gähnen] *der, -s,* über die Lippen tretender Speichel; Sinnbild boshaften Zorns. **Geif(e)rer** *der, -s/-,* geifernder Mensch. **geif(e)rig. geifern,** *ich geif(e)re* (habe geifert), **1)** lasse Speichel ausfließen. **2)** Ü schmähe boshaft, schimpfe wütend.

Geige [spätmhd. giga] *die, -/-n,* Streichinstrument, Violine, Abb. G 8: *Geigenbauer; alle sollen nach seiner G. tanzen,* Ü tun, was er will; *er will stets die erste G. spielen,* Ü am meisten zu sagen haben; *der Himmel hängt ihm voller Geigen,* Ü er ist hoffnungsfreudiger Stimmung. **geigen,** *ich geige* (habe gegeigt), **1)** *(es),* spiele Geige: *ich werde ihm meine Meinung geigen,* Ü ihm derb meine Meinung sagen. **2)** *es geigt, schweiz.:* man lebt einträchtig, harmonisch. **Geiger** *der, -s/-,* **Geigerin** *die, -/-nen,* jemand, der (berufsmäßig) Geige spielt.

Geigerzähler [nach dem dt. Physiker H. Geiger, 1882 bis 1945] *der,* Meßgerät für radioaktive Strahlen.

geil [ahd. geil], **1)** wollüstig, geschlechtlich erregt. **2)** wuchernd (Pflanze). **3)** fett, kräftig (Boden). **4)** Ü aufregend, großartig: *ein geiler Typ; geile Klamotten.* **5)** ⚜ Hoden des Raubwilds und Hundes. **6)** *ohne Pl.,* Geilheit. **geilen** [mhd. geilen], *ich geile* (habe gegeilt), giere, bin geil. **Geilheit** *die, -.*

geimen, geinen, ich geime, geine (habe gegeimet, gegeinet), schweiz.: gähne.
Geisa, Pl. von Geison.
Geisel [ahd. gisal, zu altir. giall] die, -/-n, auch der, -s/-, in Gewahrsam genommene Person, die mit Freiheit oder Leben für die Erfüllung bestimmter Forderungen einstehen muß: Geiseldrama; Geiselnehmer. **Geiselnahme** die, -/-n.
Geiser der, -s/-, eingedeutscht für: Geysir.
Geisha [ge:∫a, japan. >die in den Künsten Bewanderte<] die, -/-s, in Tanz, Gesang und gesellschaftl. Formen berufsmäßig ausgebildete Japanerin.
Geison [grch. >Vorsprung<] das, -s/-s oder . . .sa, ⊓ Kranzgesims, ABB. G 6.
Geiß [ahd. geiz] die, -/-en, 1) oberdt.: Ziege. 2) ⚥ Weibchen von Ziege, Gems-, Stein- und Rehwild. **Geißbart** der, -(e)s, ein Rosengewächs. **Geißblatt** das, -(e)s, eine strauchige Pflanze: Geißblattgewächs.
Geißel [ahd. geis(i)la] die, -/-n, 1) Stab mit Riemen oder Schnur zur Züchtigung oder Kasteiung; Sinnbild für schwere Heimsuchung: der Krebs ist eine G. der Menschheit. 2) Biologie: fadenartiges Fortbewegungsmittel: Geißeltierchen; Geißelzellen. **geißeln,** ich geiß(e)le (habe gegeißelt), 1) ihn, züchtige mit der Geißel. 2) es, Ü stelle öffentlich bloß, prangere an (Mißstände). **Geiß(e)lung** die, -/-en.
Geißfuß der, 1) Werkzeug zum Gehren. 2) Werkzeug zum Ausziehen von Nägeln, ABB. G 8. 3) Spanner für die Armbrust. 4) ohne Pl., Name mehrerer Pflanzen. **Geißklee** der, ein Schmetterlingsblüter. **Geißlein** das, -s/-, junge Geiß.
Geißler [mhd. geiseler, zu Geißel] der, -s/-, Büßer, Flagellant.
Geist [ahd. geis(t)] der, -es/-er, 1) ohne Pl., das denkende und wollende Bewußtsein des Menschen: der G. besiegt die Materie; er gab den G. auf, starb; wir sind im Geiste bei ihm, in Gedanken. 2) ohne Pl., Sinn, Bedeutung, Gehalt, Beschaffenheit: der G. unserer Sprache; der G. der Goethezeit; ich glaube in seinem Geiste zu handeln; jetzt weiß ich, wes Geistes Kind er ist, nun kenne ich seine Gesinnung. 3) ohne Pl., Scharfsinn, Witzigkeit von geschliffener Form, Esprit: er hat G. 4) ohne Pl., Alkohol: Himbeergeist. 5) der Mensch und seine geistigen Fähigkeiten: er gehört zu den großen Geistern unserer Epoche. 6) Spuk, wiedererscheinender Verstorbener: Geisterbeschwörung. 7) übermenschl. Wesen der Sage und des Märchens, Unhold, Dämon: Erdgeister; Geistererscheinung; Geistergeschichte; der böse G., der Teufel; ein dienstbarer G., Ü Dienstmädchen; du bist wohl von allen guten Geistern verlassen!, Ü was dachte du dir eigentlich dabei! 8) der Heilige G., ohne Pl., die dritte Person der Dreieinigkeit. **geistbildend,** ein geistbildendes Erlebnis; aber: den Geist bildend.
Geisterbahn die, Bahn auf Jahrmärkten mit Gruseleffekten. **Geisterfahrer** der, jemand, der auf der Autobahn auf der falschen Seite, entgegen der Fahrtrichtung fährt. **geisterhaft,** gespenstisch. **geistern,** ich geist(e)re (habe gegeistert), 1) spuke. 2) Ü husche. **Geisterstunde** die, Zeit zwischen 12 und 1 Uhr nachts. **Geisterzug** der, Eisenbahnzug ohne Lokomotive, der sich von selbst in Bewegung setzte. **geistesabwesend,** in Gedanken versunken, zerstreut. **Geistesabwesenheit** die, **Geistesarbeiter** der, jemand, der beruflich geistig arbeitet. **Geistesarmut** die, geistige Beschränktheit. **Geistesblitz** der, plötzlicher Einfall. **Geistesgegenwart** die, Besonnenheit und schnelle Entschlußkraft. **geistesgegenwärtig. geistesgestört, geisteskrank,** seelisch krank. **Geisteskranke** die, -/-n, ein -r, eine -. **Geisteskrankheit** die. **Geistesstörung** die, Geisteskrankheit. **geistesverwandt,** ähnlich in Denken. **Geisteswissenschaften,** Pl., die wissenschaftl. Disziplinen, die sich mit den geistig-kulturellen Hervorbringungen des Menschen und der geschichtlichen sowie gegenwärtigen Gegenwart befassen (im Unterschied zu den Naturwissenschaften). **geisteswissenschaftlich. Geisteszustand** der, auf den seel. Gesundheit abhängige Funktionstüchtigkeit der geistigen Kräfte: er wurde auf seinen G. untersucht. **geistig, 1)** den Geist betreffend: geistiges Eigentum, Grundlage des Urheberrechts; geistige Fähigkeiten, Interessen; g. Behinderte; geistige Nahrung, Ü Lernstoff, Wissen. 2) geistige Getränke, alkoholische. **Geistigkeit** die, -, Gedankentiefe. **geistlich,** auf Religion und Kirche bezüglich: geistlicher Beistand. **Geistliche** der, -n/-n, ein -r, Pfarrer, Priester. **Geistlichkeit** die, -, Gesamtheit der Geistlichen, Klerus. **geistlos,** unklug, langweilig. **geistreich,** scharfsinnig, witzig-treffend. **geisttötend,** sehr langweilig. **geistvoll,** geistreich.

Geiz [mhd. git, zu gitesen >habgierig sein<] der, -es/-e, 1) ohne Pl., übertriebene Sparsamkeit. 2) ohne Pl., ⚥ Gier: Ehrgeiz. 3) ⚘ Seitentrieb, Blattachseltrieb. **Geize** die, -/-n, schweiz.: 1) Sterz am Pflug. 2) Gabel am Hinterwagen. 3) Geiztrieb, meist unfruchtbarer Seitentrieb, z. B. der Weinrebe. **geizen,** ich geize (habe gegeizt), 1) mit etwas, spare übertrieben daran. 2) nach etwas, ⚥ strebe heftig danach. **Geizhals** der, Geizkragen. **geizig. Geizkragen** der, geiziger Mensch.
gekannt, von kennen.
geklommen, von klimmen.
geklungen, von klingen.
geknickt, 1) von knicken. 2) Ü sehr traurig, niedergeschlagen: sie sieht ganz g. aus.
gekniffen, von kneifen.
gekommen, von kommen.
gekonnt, 1) von können. 2) mit Fertigkeit und Kunst ausgeführt: eine gekonnte Darstellung; das war g.!
geköpert, in Köperbindung gewebt.
gekoren, von küren.
gekörnt, 1) körnig, zu Körnern zerkleinert. 2) mit körniger Oberfläche. 3) mit einem Körner markiert.
Gekrätz das, -es, Metallabfall.
Gekreuzigte der, -n, Christus am Kreuz, ABB. K 44.
gekrischen, ⚥, noch südwestdt.: gekreischt.
Gekritzel das, -s, Kritzelei, kleine, undeutl. Schrift.
gekrochen, von kriechen.
Gekröpf [zu Kropf] das, -(e)s/-e, ⚘ Nahrung der Greifvögel. **gekröpft, 1)** von kröpfen. 2) hakenförmig gebogen, z. B. ABB. B 30, G 17.
Gekröse [mhd. gekrœse, zu kraus] das, -s/-, 1) Falte des Bauchfells. 2) als Speise: Magen, Netz und krause Gedärme von Schlachttieren.
gekrumpen, von krimpen.
Gel [Kurzw. von Gelatine] das, -s/-e, formbeständiges disperses Stoffsystem.
Gelächter [mhd. gelach] das, -s/-, 1) laute Heiterkeit: wir brachen in schallendes G. aus. 2) Spott: er war dem G. der Menge preisgegeben.
gelackmeiert [zu lackieren], Ü hereingelegt, betrogen. **Gelackmeierte** der, die, -n/-n, ein -r, eine -: ich war der G., Ü.
geladen, 1) von laden. 2) eingeladen, aufgefordert: vor geladenen Gästen. 3) ich bin g. (auf ihn), Ü wütend.
Gelage [mhd. gelæge >Zusammengelegtes<] das, -s/-, Gastmahl mit ausgedehnter Zecherei.
Geläger [vgl. ablagern] das, -s/-, beim Nachgären (von Wein oder Bier) sich noch absetzende Trübstoffe.
gelähmt, 1) von lähmen. 2) von einer Lähmung betroffen. **Gelähmte** der, die, -n/-n, ein -r, eine -.
gelahrt, ⚥ P gelehrt.
Gelände [zu Land] das, -s/-, Landschaft, (unbegrenztes) Stück Land (in bezug auf seine Benutzbarkeit): ebenes, offenes G.; Geländespiele; Geländeübung, ⚥ Geländewagen; Baugelände; Sportgelände. **geländegängig,** ⚥ nicht an Straßen gebunden (z. B. Jeep). **Geländelauf** der, ⚥ Lauf querfeldein.
Geländer [mhd. lander >Stangenzaun<] das, -s/-, Zaun an Balkonen, Treppen usw., ABB. T 17.
gelang, von gelingen.
gelangen [ahd. gilangon], ich gelange (bin gelangt), 1) komme bis zu ihm, erreiche ihn: der Brief ist in seine Hände gelangt; er gelangte zu großem Ansehen, Ü. 2) an ihn, schweiz. auch: frage bei ihm an, stelle ein Ansuchen an ihn.
Gelaß [mhd. gelæze] das, . . .l'asses/. . .l'asse, P kleiner (dunkler) Raum.
gelassen [mhd. gelassen], 1) von lassen. 2) Ü das seelische Gleichgewicht bewahrend, ruhig, beherrscht. **Gelassenheit** die, -, Ü.
Gelatine [ʒe-, lat. gelatus >gefroren<] die, -/-n, farb- und geschmackloser Eiweißstoff aus Kollagen. **gelatinieren** [ʒe-], es gelatiniert (hat gelatiniert), wird zu Gelatine. **gelatinös** [ʒe-], gelatineartig.
Geläuf [zu laufen] das, -(e)s/-e, **Geläufe** das, -s/-, 1) ⚘ Spur (Federwild). 2) Boden der Pferderennbahn. **geläufig, 1)** wohlbekannt, vertraut: dieses Wort ist mir nicht g. 2) fingerfertig: er spielt die Etüde g. 3) Ü fließend: in geläufigem Französisch. **Geläufigkeit** die, -.
gelaunt, in Laune, aufgelegt: der gutgelaunte Vorgesetzte; aber: er ist heute gut g.
Geläut das, -(e)s/-e, 1) das Glockenläuten. 2) Läutewerk. 3) ⚘ das Anschlagen mehrerer jagender Hunde. **Geläute** das, -s/-, Glockengeläut.

das Tresorfach — der Schrank — der Außenmantel / der Innenmantel — der Innenkasten — der Riegeleinschluß — die Tür — der Riegelbolzen (des Zentralriegelwerkes) — der Bolzen — die Verfalzung — das Achsengelenk — das Bolzengelenk — das Gabelgelenk — die Gelenkgabel — das Gelenkkreuz — das Kardangelenk (das Universalgelenk) — die Gabel — die Pfanne — die Kugel — das Kugelgelenk — erhaben — die Kamee — vertieft — das Intaglio

Geldschrank   **Gelenke**   **Gemme**

gelb [ahd. gelo], von gelber Farbe, zwischen orange und grün gefärbt; Sinnbild des Neids: *gelbe Rosen; die gelbe Rasse,* die Mongoliden; *sie wurde g. vor Neid,* Ü; *gelbe Rüben, süddt.:* Mohrrüben. **Gelb** *das, -s,* gelbe Farbe. **Gelberde** *die,* **1)** ockergelbe Anstrichfarbe. **2)** Bodenart subtrop. feuchter Gebiete. **Gelbfieber** *das,* im trop. Amerika und Afrika verbreitete Viruskrankheit. **Gelbfilter** *der,* in der Photographie verwendeter Farbfilter. **Gelbgießer** *der,* Gießer für Messing. **Gelbkörper** *der, $* eine Drüsenbildung im Eierstock: *Gelbkörperhormon.* **Gelbkreuz** *das, -,* Sammelbez. für bestimmte chem. Kampfstoffe (Hautgifte). **gelblich,** ins Gelbe spielend: *gelblichgrün.* **Gelbling** *der, -s/-e,* **1)** Pfifferling. **2)** ein gelber Tagfalter. **Gelbschnabel** *der,* Ü Grünschnabel. **Gelbstern** *der,* lauchähnl. Liliengewächs. **Gelbsucht** *die, $* Gelbfärbung der Haut usw. durch Übertritt von Gallenfarbstoffen in das Blut. **gelbsüchtig.**

Geld [ahd. gelt ›Entgelt‹, ›Lohn‹] *das, -(e)s/-er,* Abk.: G (auf Kurszetteln), **1)** *ohne Pl.,* Zahlungsmittel: *Hartgeld, Münzen,* Abb. M 25; *Papiergeld, Banknoten; Geldanlage; Stabilität des Geldwerts; das läuft ins G., kostet viel; er hat sein G. zum Fenster hinausgeworfen,* Ü leichtsinnig vertan; *er hat viel G. in die Sache gesteckt,* angelegt, investiert; *hier liegt das G. auf der Straße,* hier kann man leicht und gut verdienen; *er hat es für teures G. gekauft,* Ü für viel Geld; *ein schönes Stück G.,* ziemlich viel Geld. **2)** Kapital: *öffentliche, staatliche Gelder.* **Geldautomat** *der,* Automat in Banken), der nach Auswertung einer Scheckkarte, Kreditkarte o. ä. Geld abgibt. **Geldbeutel** *der,* **Geldbörse** *die,* Täschchen zum Aufbewahren von Geld, Portemonnaie, Abb. B 25. **Geldbuße** *die,* Geldstrafe. **Geldgeber** *der,* jemand, der Kapital gibt. **geldlich. Geldmarkt** *der,* Markt für kurzfristigen Kredit. **Geldmittel,** *Pl.,* Kapital, Geld. **Geldschein** *der,* Banknote, einzelnes Stück Papiergeld. **Geldschrank** *der,* Sicherheitsbehältnis für Geld und Wertsachen, Abb. G 9. **Geldstrafe** *die, ҕ* Geldzahlung als Strafe. **Geldstück** *das,* Münze. **Geldverlegenheit** *die,* Ü augenblicklicher Mangel an Bargeld.

G(e)leck *das, -s, schweiz.:* Viehsalz. **geleckt, 1)** von lecken. **2)** Ü peinlich sauber: *er sieht immer aus wie g.*

Gelee [ʒəl'e, frz. geler, zu lat. gelare ›gefrieren‹] *das* oder *der, -s/-s,* gallertartig erstarrter Frucht- oder Fleischsaft; mit Gelatine zubereitete Süßspeise.

Gelege *das, -s/-,* **1)** abgelegte Eier (Vogel), Abb. N 6, Laich (Frosch). **2)** *niederdt.:* Ordnung, Ruhe: *man muß ihn ins G. bringen,* beruhigen.

gelegen [zu liegen], **1)** sich befindend: *ein am Waldrand gelegenes Hotel.* **2)** Ü passend; *das Angebot kam mir sehr g.; zu gelegener Zeit.* **3)** *mir ist viel daran, an ihm g.,* Ü ich möchte es, ihn nicht missen, lege Wert darauf. **Gelegenheit** *die, -/-en,* **1)** günstiger Zeitpunkt: *du mußt die G. beim Schopf fassen; G. macht Diebe; Gelegenheitskauf.* **2)** Anlaß: *bei dieser G.; eine festliche G.* **3)** Platz für eine bestimmte Möglichkeit: *Schlafgelegenheit.* **Gelegenheitsarbeiter** *der,* Arbeiter ohne festes Arbeitsverhältnis. **Gelegenheitsgedicht** *das,* zu bestimmtem Anlaß verfaßtes Gedicht, z. B. zur Hochzeit. **gelegentlich,** bei Gelegenheit. **gelegt, 1)** von legen. **2)** verschnitten (Pferd).

gelehrig [mhd. gelernic], leicht lernend: *ein gelehriger Schüler.* **Gelehrigkeit** *die, -.* **Gelehrsamkeit** *die, -,* Gelehrtheit, reiche wissenschaftliche Kenntnisse. **gelehrt, 1)** von lehren. **2)** gründlich und umfassend wissenschaftlich gebildet. **Gelehrte** *der, die, -n/-n, ein -r, eine -,* Wissenschaftler(in). **Gelehrtheit** *die, -,* Gelehrsamkeit.

Geleise *das, -s/-,* **1)** Gleis. **2)** Ü Lebensgewohnheit, geordnetes Leben: *er ist aus dem G. geraten.*

Geleit [mhd. geleite] *das, -(e)s/-e,* **1)** Begleiten als Schutz oder als Ehrung: *freies, sicheres G., ҕ* Zusicherung unbehelligter Rückkehr an einen Vorgeladenen, Diplomaten u. a. **2)** P Begleitung: *wir werden ihm das G. geben.* **3)** Gefolge, Schutzmannschaft, Eskorte. **geleiten** *ich* geleite (habe geleitet) *ihn,* P begleite schützend. **Geleiter** *der, -s/-,* **Geleitsmann** *der, -(e)s/. . .männer* oder *. . .leute,* schützender Begleiter. **Geleitwort** *das, -s/-e,* Vorwort. **Geleitzug** *der,* durch Kriegsschiffe gesicherter Verband von Transportschiffen.

gelenk, gelenkig. **Gelenk** [mhd. gelenke] *das, -(e)s/-e,* Verbindung zwischen zwei starren Teilen (z. B. Knochen, Maschinenteilen), die deren gegenseitige Bewegung ermöglicht, Abb. G 9: *Gelenkbus; Gelenkrheumatismus; Schultergelenk.* **Gelenkband** *das, -s/̈er,* Scharnierband. **gelenkig,** biegsam, gewandt: *g. durch Gymnastik.* **Gelenkigkeit** *die, -.* **Gelenkwelle** *die,* Kardanwelle.

gelernt, 1) von lernen. **2)** Ü ausgebildet: *ein gelernter Tischler.*

Geleucht *das, -(e)s, ⚒* Grubenlampe, Abb. B 21.

Gelichter [ahd. gilihtiri ›Geschwister‹, zu lehtar ›Gebärmutter‹] *das, -s,* Ü Gesindel.

Geliebte [ahd. liobo ›Geliebter‹] *der, die, -n/-n, ein -r, eine -,* **1)** P geliebter Mensch: *mein Geliebter!* **2)** Liebhaber, Freund(in), Mätresse: *sie ist seine G.*

geliefert, 1) von liefern. **2)** Ü verloren, nicht zu retten: *wenn wir das Darlehen nicht bekommen, sind wir g.*

geliehen, von leihen.

gelieren [ʒe-, zu Gelee], *es* geliert (hat geliert), erstarrt gallertartig (Saft).

gelind(e) [zu lind] mild, weich, sanft: *ein gelindes Lüftchen; g. gesagt,* Ü abgeschwächt, beschönigend.

gelingen [ahd. gilingan], *es* gelingt (gelang, ist gelungen) *mir,* geht, wie es soll, hat Erfolg, glückt. **Gelingen** *das, -s.*

gelitten, von leiden.

gell [Schallw.], hell, durchdringend.

gell? [zu gelten], *oberdt.,* **gelle?,** *mitteldt.:* gelt?, nicht wahr?

gellen [ahd. kellen ›grell tönen‹], *es* gellt (hat gegellt), tönt laut, durchdringend: *der Schrei g. mir in den Ohren; ein gellender Schrei.*

geloben [ahd. gilobon], *ich* gelobe (habe gelobt) *es ihm,* verspreche feierlich: *ich g. Schweigen, Treue; das habe ich mir gelobt,* fest vorgenommen; *das Gelobte Land,* B Palästina. **Gelöbnis** *das, -ses/-se.*

Gelock *das, -(e)s,* Lockenpracht.

gelogen, von lügen.

Gelse [mhd. gelsen ›schreien‹] *die, -/-n, österr.:* Stechmücke.

gelt [mhd. galt], *mitteldt.:* keine Milch gebend, nicht trächtig, unfruchtbar (Tier); vgl. galt.

gelt? [zu gelten], *bes. südwestdt.:* nicht wahr?, stimmt es?

Gelte [ahd. gelitta, zu mlat. galetta] *die, -/-n, oberdt., mitteldt.:* größeres Gefäß, Kübel.

gelten [ahd. geltan ›zahlen‹, ›opfern‹, ›büßen‹], *ich* gelte (galt, habe gegolten; du giltst; er gilt; wenn es gälte, gölte), **1)** *es* gilt, ist gültig, in Kraft: *dieser Paß gilt nicht mehr; nach geltendem Recht; das lasse ich gelten,* erkenne ich an, lasse mir gefallen; *ich mache geltend,* bringe vor. **2)** *es gilt,* kommt darauf an, geht darum: *es gilt einen Versuch.* **3)** *es gilt!,* einverstanden, ich nehme die Wette an. **4)** *als, für etwas,* werde dafür angesehen: *du giltst als Anstifter.* **5)** *es gilt etwas,* ist wert: *was gilt* *die Wette?*, um was wollen wir wetten? **6)** *etwas bei ihm*, habe Einfluß. **7)** *es gilt ihm*, ist für ihn bestimmt: *die Bemerkung galt dir!* **8)** *es gilt von ihm*, man sagt von ihm, es ist auf ihn anwendbar. **Gelten**, *auf G., schweiz.:* im Ernst. **Geltstag** *der, schweiz.:* Bankrott. **Geltung** *die, -,* **1)** Wertschätzung, Wert, Anerkennung, Beachtung: *er verschafft sich G.; auf der hellen Wand kommt das Bild gut zur G.; sie hat ein starkes Geltungsbedürfnis; Geltungsbereich.* **2)** Philosophie: Gültigkeit von Ideen, Urteilen, Werten. **3)** ♐ die Wirksamkeit von Normen sowie deren Verpflichtungskraft: *Rechtsgeltung.*

Geltvieh [mhd. galtvihe, vgl. gelt] *das*, unfruchtbares Vieh.

Gelübde [ahd. gilubida, zu geloben] *das, -s/-*, feierl. Versprechen aus freiem Entschluß: *ein G. abgelegt.*

Gelumpe *das, -s,* **1)** Stoffabfall. **2)** U verächtlich: minderwertige Sachen (Kleidung, Ausrüstung, Möbel).

Gelünge [zu Lunge] *das, -s,* ♔ Geräusch.

gelungen, **1)** von gelingen. **2)** geglückt: *eine gelungene Aufführung dieser Oper; der Scherz war g.*

Gelüst [ahd. gilust] *das, -(e)s/-e*, **Gelüste** *das, -s/-*, nach etwas, plötzlich aufkommender Wunsch, Verlangen, z. B. nach Speisen. **gelüsten**, es gelüstet (hat gelüstet) *ihn nach etwas*, P er will es haben, verlangt danach.

Gelze [ahd. *-/-n*, verschnittene Sau. **gelzen** [mhd. gelzen], *ich gelze (habe gegelzt) es, oberdt., westdt.:* verschneide (Vieh).

Gelzer *der, -s/-*, jemand, der Schweine verschneidet.

GEMA *die, -,* Kurzw. für: Gesellschaft für musikal. Aufführungs- und mechan. Vervielfältigungsrechte.

gemach [ahd. gimah ›gemächlich‹, gemächlich: *nur g.!* **Gemach** *das, -(e)s/"er*, **1)** ohne Pl., ♔ Ruhe, Behaglichkeit. **2)** P Zimmer, Raum: *Schlafgemach.* **gemächlich** [mhd. gemechlich], **1)** bequem, ruhig, langsam: *der gemächliche Alte.* **2)** allmählich: *ganz g.* **Gemächlichkeit** *die, -.*

gemacht, **1)** von machen. **2)** U gekünstelt, unecht: *mit gemachter Freundlichkeit.* **3)** gemacht!, U einverstanden! **4)** er ist jetzt ein gemachter Mann, Ü in gesicherter Position.

Gemächt [ahd. gimahti ›männl. Geschlechtsteil‹, zu Macht] *das, -(e)s/-e*, ♔ männl. Geschlechtsorgan, Zeugungskraft.

Gemahl [ahd. gimahalo] *der, -(e)s/-e, Pl. selten*, Ehemann. **Gemahl** *die, -(e)s/-e*, P, **Gemahlin** *die, -/-nen, Ehefrau: wie geht es Ihrer Frau G.?*

gemahnen [ahd. gemanon], **1)** gemahne (habe gemahnt) *ihn an etwas*, erinnere: *die Ruine gemahnt an den Krieg.*

Gemälde [ahd. gimali] *das, -s/-*, gemaltes Bild, ABB. W 14: *Gemäldeausstellung; Landschaftsgemälde.*

Gemarkung [zu Mark] *die, -/-en,* **1)** Grenze. **2)** Gemeindebezirk.

gemasert, **1)** von masern. **2)** natürlich gemustert (Holz), ABB. M 26.

gemäß [ahd. gemaze], angemessen, entsprechend: *g. Abschnitt 2; dem Befehl g.; ihm g.*, so, wie es ihm zukommt. *. . .gemäß*, nach etwas richtend: *wunschgemäß; zeitgemäß.* **gemäßigt**, ausgeglichen, maßvoll: *gemäßigte Zonen,* ⊕ Gebiete zwischen den Wende- und den Polarkreisen.

Gemäuer [mhd. gemiure] *das, -s/-*, Mauerwerk, Ruine.

gemein [ahd. gimeini ›gemeinsam‹], **1)** gewöhnlich, verbreitet: *die gemeine Stubenfliege; das gemeine Jahr*, Gemeinjahr. **2)** niedrig gesinnt, grob, boshaft: *eine gemeine Tat; ein gemeiner Kerl.* **3)** gemeinsam: *wir haben nichts miteinander g.; er macht sich g. mit ihm*, Ü stellt sich auf die gleiche niedrige Stufe. **Gemeinde** [ahd. gimeinida] *die, -/-n,* **1)** Kommune, die unterste Stufe der öffentl. Verwaltung: *Landgemeinde; Gemeindehaus; Gemeindeordnung; Gemeindeschwester.* **2)** die zu einem Pfarrbezirk gehörenden Personen: *Pfarrgemeinde.* **3)** die in der Kirche Versammelten. **4)** Gruppe von Menschen mit gemeinsamen Interessen: *Theatergemeinde.* **gemeindeutsch**, umgangssprachlich deutsch. **gemeindlich,** kommunal. **Gemeine** *der, -n/-n, ein -r,* ♔ Soldat der untersten Rangstufe. **Gemeine** *die, -/-n,* ♔ Gemeine. **gemeinfaßlich,** für jedermann verständlich. **gemeingefährlich,** eine öffentl. Gefahr bildend. **Gemeingeist** *der, -(e)s,* Sinn für Zusammengehörigkeit in der Gemeinschaft. **Gemeingut** *das,* **1)** öffentlicher oder gemeinschaftl. Besitz. **2)** U allgemeiner geistiger Besitz. **Gemeinheit** *die, -/-en,* **1)** ohne Pl., gemeine Gesinnung, niederträchtiges Wesen. **2)** gemeine Tat, Bemerkung. **gemeinhin,** gewöhnlich, meistens, im allgemeinen. **gemeiniglich,** ♔ gemeinhin. **Gemeinjahr** *das,* Jahr von 365 Tagen (im Gegensatz zum Schaltjahr). **Gemeinkosten,** *Pl., ♙* Kosten, die einem Produkt nicht unmittelbar zurechenbar sind. **Gemeinnutz** *der, -es,* Nutzen für die Gemeinschaft. **gemeinnützig.** **Gemeinplatz** *der,* abgegriffene Redeweise. **gemeinsam, 1)**

mehreren zu eigen: *unser gemeinsamer Besitz; der Gemeinsame Markt der Europäischen Wirtschaftsgemeinschaft.* **2)** zusammen, miteinander: *wir wollen g. beginnen.* **Gemeinsamkeit** *die, -/-en.* **Gemeinschaft** *die, -/-en,* **1)** durch gemeinsames Denken, Fühlen, Wollen miteinander verbundene Gruppe von Menschen: *G. der Christen; Gemeinschaftsantenne; Arbeitsgemeinschaft; Interessengemeinschaft.* **2)** Verbindung, das Zusammensein: *die eheliche G., Ehe; in G.,* gemeinsam. **gemeinschaftlich.** **Gemeinschaftsanschluß** *der,* eine gemeinsame Leitung für mehrere Anschlüsse (Fernsprecher). **Gemeinschaftsschule** *die,* Schule für Schüler verschiedener Bekenntnisse. **Gemeinschuldner** *der,* derjenige, über dessen Vermögen der Konkurs eröffnet ist. **Gemeinsinn** *der,* Gemeingeist, Gemeinwohl. **Gemeinsprache** *die,* allgemeine Umgangssprache. **gemeinverständlich,** allen verständlich. **Gemeinverständlichkeit** *die, -.* **Gemeinwesen** *das,* öffentl.-rechtl. Verband, z. B. Gemeinde, Staat. **Gemeinwohl** *das,* das Wohlergehen der Allgemeinheit.

Gemenge [mhd. gemenge] *das, -s/-*, **1)** Mischung: *Futtergemenge.* **2)** Kampfgewühl: *Handgemenge.* **3)** gleichzeitiger Anbau verschiedener Feldfrüchte auf demselben Acker. **4)** ♐ eine Mischung verschiedener Stoffe ohne deren chem. Veränderung. **Gemengsel** *das, -s/-*, (wertlose) Mischung.

gemessen, 1) von messen. **2)** langsam, ruhig: *gemessenen Schrittes.* **3)** würdig, gesetzt, gelassen: *in gemessenen Worten.* **Gemessenheit** *die, -.*

Gemetzel *das, -s/-*, grausamer Kampf, Massentötung.

gemieden, von meiden.

Geminaten [lat. geminare ›verdoppeln‹], *Pl.,* Doppelkonsonanten, die sich auf zwei Silben verteilen, z. B. Sup-pe. **Gemination** *die, -/-en,* Verdopplung eines Konsonanten, ÜBERS. A 2; auch Wiederholung eines Wortes. **geminieren,** *ich geminiere (habe geminiert),* **1)** *es*, verdopple (einen Konsonanten). **2)** *es geminiert*, bildet Geminaten. **Geminikapsel** *die,* amerikan. Raumkapsel für zwei Astronauten.

Gemisch [ahd. gimisgi] *das, -es/-e,* **1)** Mischung. **2)** ♐ Gemenge. **gemischt, 1)** von mischen. **2)** aus verschiedenen Bestandteilen bestehend: *gemischter Chor,* Ü Chor aus Männer- und Frauenstimmen; *ich sehe die Sache mit gemischten Gefühlen entgegen,* U mir ist dabei unbehaglich; *die gemischtsprachige Region Kärntens.* **Gemischtwarenhandlung** *die,* Lebensmittelladen.

Gemme [ahd. gimma, zu lat. gemma] *die, -/-n,* Edel- oder Halbedelstein mit eingeschnittenem Bild, ABB. G 9.

gemocht, von mögen.

gemögig, *schweiz.:* angenehm, lieb.

gemolken, von melken.

Gemsbart *der,* Gamsbart. **Gemsbock** *der,* männl. Gemse. **Gemse** [vgl. Gams] *die, -/-n,* ziegenähnl. Horntier der Hochgebirge. **Gemslein** *das, -s/-.*

Gemüse [mhd. gemüese, zu Mus] *das, -s/-*, eßbare Pflanzen(teile) und daraus bereitetes Gericht: *Gemüsesuppe; Freilandgemüse; junges G.,* U (unerfahrene) Jugendliche.

gemüßigt, ♔ bemüßigt.

gemußt, von müssen.

. . .gemut [ahd. gimuoto], ♔ gemutet, gestimmt, gelaunt: *frohgemut; wohlgemut;* ♔ wie gemutet. **Gemüt** [ahd. gimuati ›Gnade‹, ›Liebe‹] *das, -(e)s/-er,* **1)** ohne Pl., gefühlsmäßige Anlage des Menschen: *sie hat ein heiteres G.; Gemütsverfassung; ich werde mir deinen Kuchen zu Gemüte führen,* U genußvoll verzehren. **2)** der Mensch hinsichtlich des Gefühlslebens: *der Vorfall hat die Gemüter erregt.* **gemütlich, 1)** behaglich, anheimelnd (Zimmer). **2)** zwanglos, familiär (Beisammensein). **Gemütlichkeit** *die, -.* **gemütlos,** ohne Gefühl, herzlos. **Gemütlosigkeit** *die, -.* **gemütsarm,** wenig Gefühl besitzend. **Gemütsarmut** *die, -.* **gemütskrank,** seelisch krank. **Gemütskranke** *der, -n/-n, ein -r, eine -,* seelisch kranker Mensch. **Gemütskrankheit** *die.* **Gemütsmensch** *der,* U gemütsarmer Mensch. **Gemütsruhe** *die,* Phlegma. **gemütvoll,** empfindungsvoll.

gen, P B gegen: *g. Süden.*

gen., Abk. für: genannt.

Gen *das, -s/-e,* Erbanlage, Erbfaktor: *Genmanipulation; Genmutation. . . .gen* [grch. gennan ›erzeugen‹], *. . .erzeugend, . . .bildend, . . .entstanden, . . .entsprechend: hämatogen; karzinogen.*

genannt, Abk.: gen., von nennen.

genant [ʒaˈnant, frz.], lästig, peinlich: *das ist mir g.*

genas, von genesen.

genäschig, naschhaft.

genau [mhd. genouwe], 1) einem Muster oder Vorbild entsprechend, damit übereinstimmend: *eine genaue Wiedergabe.* 2) sorgfältig abgemessen: *es sind g. 20 Gramm.* 3) pünktlich: *auf die Minute g.* 4) sorgfältig, gewissenhaft, ernst, in allen Einzelheiten: *genaue Angaben; er hat das aufs genaueste berechnet; ich kann es g. erkennen; es war nichts Genaues zu erfahren; er soll es sehr g. nehmen,* aber: *genaugenommen.* 5) gerade, eben: *das ist g. das, was ich brauche; g.!,* U so ist es!, gewiß, jawohl. 6) *ich bin mit genauer Not davongekommen,* gerade noch. **genaugenommen,** wenn man es genau betrachtet, strenggenommen: *g. hat er recht.* **Genauigkeit** *die, -.* **genauso,** ebenso: *ich mache es g.; genausoviel,* aber: *ich habe g. viele wie du bekommen;* vgl. ebenso.
Gendarm [ʒan- oder ʒã-, frz. gendarme, zu gens d'armes ›Bewaffnete‹] *der, -en/-en,* Polizist der Gendarmerie. **Gendarmerie** [ʒan- oder ʒã-] *die, -/. . .ri|en,* Truppe für den ländl. Polizeidienst.
Genealoge *der, -n/-n,* Kenner der Genealogie. **Genealogie** [grch. genealogia] *die, -/. . .gi|en,* Erforschung der Abstammung, Familienkunde. **genealogisch.**
genehm [mhd. genæme, zu nehmen], angenehm, willkommen: *wenn es Ihnen g. ist, . . .* **genehmigen,** *ich genehmige* (habe genehmigt) *es ihm,* erlaube, gebe ihm meine Einwilligung: *der Plan wurde genehmigt; ich g. mir einen,* U trinke einen Schnaps. **Genehmigung** *die, -/-en,* Erlaubnis (einer Behörde), Zustimmung: *Genehmigungspflicht.*
geneigt [mhd. geneiget, zu neigen], 1) *ihm g.,* Ü wohlwollend zugetan, freundlich gesinnt: *das Glück ist ihm g.; der geneigte Leser.* 2) *zu etwas,* Ü gern dazu bereit, willig: *ich bin g. zuzustimmen.* 3) mit einer Neigung versehen, abgedacht. **Geneigtheit** *die, -.*
Genera, *Pl.* von Genus.
General [mhd. general, zu lat. generalis ›allgemein‹] *der, -s/-e* oder *ᵉe,* 1) Angehöriger des höchsten Offiziersranges. 2) oberster Vorsteher einer Klostergenossenschaft. 3) Leiter der Heilsarmee. **General . . .,** Haupt . . ., Gesamt . . ., Allgemein . . .: *Generalagent; Generalfeldmarschall; Generalgouverneur; Generalintendant; Generalstaatsanwalt; Generalstreik; Generalsuperintendent; Generalversammlung.* **Generalbaß** *der,* fortlaufende Instrumentalbaßstimme eines Musikstücks. **Generalbeichte** *die,* Beichte über etwas einen größeren Zeitabschnitt. **Generaldirektor** *der,* oberster Leiter größerer Institutionen. **Generale** *das, -s/. . .li|en,* allgemein Gültiges, allgemeine Angelegenheit. **Generalfragen** *Pl.,* Fragen zur Person (bei Zeugen vor Gericht). **Generalhandel** *der,* Außenhandel einschließlich Durchfuhr. **Generalinspekteur** [-ø:r] *der,* ranghöchster Offizier der Bundeswehr. **Generalisation** *die, -/-en,* Verallgemeinerung. **generalisieren,** *ich* generalisiere (habe generalisiert) *es.* **Generalissimus** *der, -/. . .mi* oder *-se,* Höchstkommandierender. **Generalität** *die, -,* Gesamtheit der Generale. **Generalpause** *die, ♪* gleichzeitige Pause aller Instrumente. **Generalprobe** *die,* letzte Probe vor der Aufführung. **Generalsekretär** *der,* Hauptgeschäftsführer in gewerkschaftl., genossenschaftl., wissenschaftl. und industriellen Verbänden sowie internationalen Vereinigungen. **Generalstab** *der, ⊕* die Gesamtheit besonders ausgebildeter Offiziere zur Unterstützung der höheren Truppenführung. **Generalstäbler** *der, -s/-,* Offizier des Generalstabs. **generalüberholen,** *nur Infinitiv und Partizip üblich: der Wagen muß generalüberholt werden.* **Generalüberholung** *die,* sorgfältige Prüfung sämtlicher Teile.
Generation [lat. generatio ›Zeugung‹] *die, -/-en,* 1) Menschenalter: *es wohnen drei Generationen zusammen, Großeltern, Eltern und Kinder.* 2) einzelnes Glied einer Geschlechterfolge bei Mensch (Eltern, Kinder, Enkel), Tieren und Pflanzen: *Generationsprobleme.* 3) Altersgenossen: *die junge G.* **Generationswechsel,** ⊕ ⊗ Wechsel von Generationen mit verschiedener Fortpflanzungsweise. **generativ,** der Zeugung dienend, mit ihr zusammenhängend: *generative Grammatik,* Darstellung der Sprache als ein System von Regeln, auf Grund derer Sätze erzeugt und verstanden werden können. **Generator** *der, -s/. . .t'oren,* 1) Stromerzeuger. 2) Anlage zur Erzeugung von Generatorgas (durch Vergasen von Holz, Kohle, Koks): *Gasgenerator.* **generell,** allgemein, allgemeingültig, grundsätzlich: *man muß g. Abhilfe schaffen.* **generieren,** *ich* generiere (habe generiert) *es,* erzeuge. **generisch,** das Geschlecht, die Gattung betreffend.
generös [auch ʒe-, frz. généreux, zu lat. generosus ›edel‹], großzügig, edelmütig. **Generosität** *die, -.*
Genese [grch. genesis] *die, -,* Entstehung, Entwicklung.

genesen [ahd. ginesan], *ich* genese (genas, bin genesen) *von einer Krankheit,* werde gesund: *sie genas eines Kindes,* P gebar es. **Genesende** *der, die, -n/-n, ein -r, eine -.*
Genesis [grch.] *die, -,* B Schöpfungsgeschichte (1. Buch Mosis).
Genesung [zu genesen] *die, -,* Gesundung.
Genetik [vgl. Genese] *die, -,* Lehre von der Vererbung. **genetisch,** entstehungsgeschichtlich, erblich bedingt.
Genetiv *der, -s/-e,* Genitiv.
Genever [ʒen'e:vər, frz. genièvre ›Wacholder‹] *der, -s/-,* Getreidebranntwein mit Wacholdergeschmack.
genial [zu Genie], hochbegabt und schöpferisch, hervorragend: *eine geniale Erfindung.* **genialisch,** 1) in der Art eines Genies. 2) Ü das Durchschnittliche übersteigend oder verachtend; überschwenglich. **Genialität** *die, -.*
Genick [mhd. genic] *das, -(e)s/-e,* Nacken, Genack: *das wird ihm noch das G. brechen,* Ü seine Laufbahn verderben; *Genickschuß.* **Genickfänger** *der,* ein feststehendes Jagdmesser. **Genickstarre** *die, -,* epidem. Gehirnhautentzündung.
Genie [ʒen'i:, frz. génie, zu lat. genius ›Schutzgeist‹, ›schöpferischer Geist‹] *das, -s/-s,* 1) ohne Pl., höchste schöpferische Begabung: *ein musikalisches G.; er hat G.* 2) Mensch mit solcher Begabung: *er ist ein G.* **Geniekorps** [ʒen'i:ko:r] *das, ⚬⚬* die technischen Truppen. **Geni|en,** *Pl.* von Genius.
genieren [ʒe-, frz. gêner ›drücken‹, ›quälen‹, eigtl. zum Geständnis foltern, verwandt mit ahd. jehan ›gestehen‹, *ich* geniere (habe geniert) 1) *ihn,* belästige, störe. 2) *mich,* bin befangen, schäme mich. **genierlich** [ʒe-], U genant.
genießbar, 1) so beschaffen, daß man es genießen kann. 2) U gut gelaunt: *der Chef ist heute nicht g.* **Genießbarkeit** *die, -.*
genießen [ahd. giniazan], *ich* genieße (genoß, habe genossen) *es,* 1) koste aus, erlebe mit Freude, habe Freude an etwas: *ich g. meine Freizeit.* 2) *ihn,* esse oder trinke: *dieser Schinken ist nicht mehr zu genießen.* 3) Ü erhalte: *ein genoß allgemeine Achtung.* **Genießer** *der, -s/-,* das Leben bewußt genießender Mensch. **genießerisch.**
Geniestreich [ʒe-] *der,* besondere, einmalige Leistung.
genital, **Genitali|en** [lat. genitalis ›befruchtend‹, *Pl.,* Geschlechtsorgane.
Genitiv [lat. casus genitivus ›Fall, der die Herkunft anzeigt‹] *der, -s/-e,* auch Genitivs, Wesfall, 2. Fall der Deklination, Übers. S 77: *Genitivobjekt.*
Genius [lat.] *der, -/. . .ni|en,* 1) Schutzgeist: *G. loci,* Schutzgeist eines Ortes. 2) Ü das Genie, auch die leitende außergewöhnliche schöpferische Geisteskraft.
Genocid [grch.-lat.] *der,* auch *das,* Genozid.
genommen, von nehmen.
genoß, von genießen.
Genosse [ahd. ginozo] *der, -n/-n,* 1) Kamerad, Gefährte, 2) Anrede der Sozialisten untereinander.
genossen, von genießen.
Genossenschaft *die, -/-en,* Gesellschaft von nicht geschlossener Mitgliederzahl zur Förderung des Erwerbs oder der Wirtschaft ihrer Mitglieder: *Kredit-, Konsum-, Produktions-, Einkaufsgenossenschaft;* vgl. eG, eGmbH, eGmuH. **genossenschaftlich. Genossin** *die, -/-nen,* weibl. Genosse. **Genoßsame** *die, -/-n, schweiz.:* Genossenschaft.
genotypisch. Genotyp(us) [Kw.] *der,* Gesamtheit der Gene.
Genoveva, weibl. Vorname.
Genozid *der,* auch *das, -(e)s/-e* oder *. . .di|en,* auch Genocid, Völkermord.
Genre [ʒãr(ə), frz., zu lat. gignere ›erzeugen‹] *das, -s/-s,* Art; Gattung. **genrehaft** [ʒ'ãr(ə)-], alltäglich (Malerei). **Genremalerei** [ʒ'ãr(ə)-] *die, -,* Bilder aus dem Alltagsleben.
Gent [dʒent, verkürzt aus engl. gentleman *der, -s/-s,* Stutzer, Geck. **Gen|tleman** [dʒ'entlmən, engl., zu frz. gentilhomme ›Edelmann‹] *der, . . .men,* ehrenhafter, vornehmer Mann. **gen|tlemanlike** [-laik], ehrenhaft, vornehm. **Gen|tleman's Agreement** [-əgr'i:mənt, engl.] *das, -/--s,* Vereinbarung auf Treu und Glauben. **Gen|try** [dʒ'entri] *die, -,* der englische niedere Adel.
genug [ahd. ginuogi], 1) ausreichend, befriedigend: *g. für heute!; wir haben g. zum Leben; das Beste ist für sie gerade gut g.,* sie will immer nur das Beste; *er kann g. tun,* aber: *er wird ihm genugtun,* Genugtuung geben. 2) die Grenze des Erlaubten, Ertragbaren erreichend: *jetzt ist es g.!; du hast g. getrunken; g. und übergenug,* viel zuviel; *ich habe g. davon,* Ü ich bin es leid; *laß es g. sein!,* hör auf! **Genüge** *die, -,* ausreichende Menge: *zur G.,* genug, soviel wie nötig: *man muß*

Genus und Artikel

I. Genus der Substantive

Man unterscheidet das **natürliche** Geschlecht (der Vater, der Bote; die Mutter, die Botin) und das **grammatische** Geschlecht (der Baum, die Stufe, das Bild). Der Artikel bezeichnet Genus, Numerus und Kasus des zu ihm gehörenden Substantivs: *der* Kunde, *die* Kunde; *die* Steuer, *das* Steuer; *der* Adler, *die* Adler; *eines* Kollegen, *einem* Kollegen.

1. Regeln für das Genus von deutschen Ableitungen

Maskulina mit den Endungen . . .bold (der Witzbold), . . .er (der Dämpfer), . . .ian (der Grobian), . . .ich (der Rettich), . . .ig (der König), . . .ling (der Feigling), . . .rich (der Fähnrich), . . .s (der Raps);
Feminina mit den Endungen . . .a (Eigennamen: Karla), . . .ei (die Reiterei), . . .heit (die Dummheit), . . .keit (die Heiterkeit), . . .in (die Reiterin), . . .schaft (die Eigenschaft, . . .t (Ableitungen vom Verb: die Flucht, die Fahrt), . . .ung (die Achtung);
Neutra mit den Endungen . . .chen, . . .lein (das Kindchen, Kindlein), . . .tel (das Viertel), . . .tum (das Eigentum; aber: der Irrtum, der Reichtum), ferner die Sammelnamen mit Ge. . . und . . .e (das Getreide) und der substantivierte Infinitiv (das Schreiben);
Feminina oder *Neutra* mit den Endungen . . .nis (die Finsternis, das Verständnis), . . .sal (die Trübsal, das Schicksal).

2. Regeln für das Genus von Fremdwortableitungen

Maskulina mit den Endungen . . .ant (der Fabrikant), . . .är (der Parlamentär), . . .ast (der Gymnasiast), . . .eur, eingedeutscht . . .ör (der Friseur, Frisör), . . .ier [-je oder -i:r] (der Bankier, der Kavalier), . . .ismus (der Realismus), . . .ist (der Humanist), . . .or (der Humor), . . .us (der Habitus);
Feminina mit den Endungen . . .a (die Kamera), . . .ade (die Serenade), . . .age (die Blamage), . . .aise, eingedeutscht . . .äse (die Mayonnaise, Majonäse), . . .anz (die Allianz), . . .elle (die Fontanelle), . . .enz (die Konkurrenz), . . .ette (die Plakette), . . .ie [-i: oder -iə] (die Harmonie, die Linie), . . .ik (die Botanik), . . .ine (die Gardine), . . .ion (die Kommunion), . . .(i)tät (die Pietät, die Brutalität), . . .ur (die Kreatur);
Neutra mit den Endungen . . .ett (das Duett), . . .in [-i:n] (das Lanolin), . . .ol (das Menthol), . . .ma (das Komma), . . .ment (das Fragment), . . .(i)um (das Verbum, das Stadium), . . .tum (das Faktum).

3. Regeln für Namen

Maskulina sind die Namen männl. Personen (der kleine Fritz; unser Müller);
Feminina sind die Namen weibl. Personen (unsere Liese; die kleine Müller) und Schiffsnamen (die Bremen);
Neutra sind Städte- und Ländernamen (das ganze Berlin, das linksrheinische Deutschland). Ausgenommen sind die Namen, die stets mit dem bestimmten Artikel gebraucht werden (die Pfalz, die Schweiz, das Engadin).

II. Artikel (Geschlechtswort)

1. Der bestimmte Artikel

	Maskulinum	Femininum	Neutrum	Plural
Nominativ	der	die	das	die
Genitiv	des	der	des	der
Dativ	dem	der	dem	den
Akkusativ	den	die	das	die

2. Der unbestimmte Artikel

	Maskulinum	Femininum	Neutrum
Nominativ	ein	eine	ein
Genitiv	eines	einer	eines
Dativ	einem	einer	einem
Akkusativ	einen	eine	ein

ihm, seinen Forderungen G. leisten, tun, ihn zufriedenstellen. **genügeln,** *es* genügelt (hat genügelt) *mir, schweiz.:* ich bekomme es satt. **genügen** [ahd. ginuogan], *ich* genüge (habe genügt) *ihm, dafür,* reiche aus, erfülle alle Ansprüche: *es genügt mir; es ist noch genügend da.* **genugsam,** zur Genüge, vollauf. **genügsam,** mit wenig zufrieden, anspruchslos. **Genügsamkeit** *die, -.* **genugtun,** *ich* tue *ihm* genug (tat genug, habe genuggetan), gebe Genugtuung, befriedige: *er hat ihm damit genuggetan;* aber: *damit hast er noch nicht genug getan,* nicht genügend. **Genugtuung** *die, -,* 1) Bußleistung, Wiedergutmachung: *für die Kränkung verlange ich G.* 2) Befriedigung: *ich empfinde darüber G.* **genuin** [lat. genuinus], angeboren, echt. **Genus** [lat.] *das, -/. . .nera,* 1) Gattung. 2) ⑤ Geschlecht, ÜBERS. G 10: *G. verbi,* Aktionsform des Verbs (Aktiv und Passiv), ÜBERS. V 2. **Genuß** [zu genießen] *der, . . .n'usses/. . .n'üsse,* 1) tiefe Befriedigung, inneres Behagen, Vergnügen: *dies Bier ist ein G.; der G. dieses Anblicks.* 2) das Zusichnehmen von Speisen u. a.: *Alkoholgenuß; Fleischgenuß.* 3) Nutzen, Nutznießung: *er kam in den G. der Erbschaft.* **genüßlich,** mit Wohlbehagen genießend, genießerisch. **Genüßling** *der, -s/-e,* **Genußmensch** *der,* nur dem Genuß lebender Mensch. **Genußmittel** *das,* Lebensmittel mit anregender Wirkung, aber ohne nennenswerten Nährwert (Kaffee, Gewürze, alkohol. Getränke). **genußsüchtig. genußvoll,** *g. trank er den Wein.* **geo. . .** [grch. ge ›Erde‹], erd. . . **Geobotanik** *die,* Pflanzengeographie. **Geochemie** *die,* Lehre von der chem. Zusammensetzung und den chem. Veränderungen der Erde. **Geodäsie** [grch. daiein ›teilen‹] *die, -,* Vermessungskunde. **Geodät** *der, -en/-en,* ein Landvermesser. **geodätisch. Geode** *die, -/-n,* Konkretion in Sedimentgesteinen. **Geodynamik** *die,* Lehre von den Bewegungen im Erdinneren und den sie verursachenden Kräften. **Geo|graph** [vgl. . . .graph] *der, -en/-en,* Kenner der Geographie. **Geo|graphie** [vgl. . . .graphie] *die, -,* Erdkunde, Wissenschaft von den Erscheinungen der Erdoberfläche und Erdhülle. **geo|graphisch. Geoid** [vgl. . . .id] *das, -(e)s/-e,* mathematisch vereinfachte Erdfigur ohne Relief; Bezugsfläche der geodät. Höhenmessung. **Geologe** [vgl. . . .loge] *der, -n/-n,* Kenner der Geologie. **Geologie** [vgl. . . .logie] *die, -,* Wissenschaft von Zusammensetzung, Bau und Geschichte der Erde und der sie gestaltenden Kräfte. **geologisch,** *geologische Formation.* **Geomedizin** *die,* Teilbereich der Medizin, der sich mit den Zusammenhängen von Krankheiten und geograph. und klimat. Bedingungen befaßt. **Geometer** *der, -s/-,* Ingenieur für Vermessungswesen oder Vermessungstechnik. **Geome|trie** [vgl. . . .metrie] *die, -,* △ Lehre von den Eigenschaften der Figuren. **geome|trisch,** *geometrisches Mittel,* die Wurzel aus dem Produkt von Zahlen. **Geomorphologie** *die, -. . .morph und . . .logie,* Lehre von den Formen der Erdoberfläche. **Geophysik** *die,* Wissenschaft von den physikalischen Zuständen und Vorgängen der Erde. **geophysikalisch. Geophyt** [grch. phyton ›Pflanze‹] *der, -en/-en,* die Erdpflanze, nur mit unterird. Teilen, z. B. Zwiebeln, überwinternde Pflanze. **Geopolitik** *die,* Wissenschaft vom Einfluß des geograph. Raumes auf polit. Vorgänge. **geopolitisch.**

Georg [grch. georgos ›Landmann‹], männl. Vorname. **Georgette** [ʒɔrʒ'ɛt, frz.] *die, -/-s oder der, -s/-s,* Crêpe Georgette. **Georgia** [auch engl. dʒ'ɔːrdʒə, zu Georg], **Georgine,** weibl. Vornamen. **Georgine** [nach dem Botaniker I. G. Georgi, 1729–1802] *die, -/-n,* eine Dahlie. **Geostatik** *die,* die Wissenschaft vom Gleichgewicht der festen Körper auf der Erde. **geostationär,** bezüglich der Erde feststehend: *geostationärer Satellit.* **Geotechnik** *die,* auf die Geologie bezogener Zweig der Technik. **Geotektonik** *die,* Lehre vom Bau und der strukturellen Entwicklung der Erdkruste. **Geothermik** *die, -,* die Lehre von der Erdwärme und ihrer Nutzung. **geothermisch,** *geothermische Kraftwerke.* **Geo|tropismus** *der,* Schwerkraftwirkung auf pflanzliche Organe. **Geowissenschaften,** *Pl.,* naturwissenschaftl. Fächer, die sich mit der Erforschung und Lehre von der Erde befassen. **geozentrisch,** die Erde als Mittelpunkt betrachtend. **Geozoologie** *die,* Tiergeographie.

Gepäck [mhd. gepac] *das, -(e)s,* **1)** Ausrüstung für Reisende, Wandernde: *Reisegepäck,* ABB. B 4, B 5; *Gepäckannahme; Gepäckausgabe.* **2)** ⚒ feldmarschmäßige Ausrüstung.

Gepard [auch gep´art, frz. guépard] *der, -s/-e,* katzenartiges Raubtier.

gepfeffert, 1) von pfeffern. **2)** Ü derb (Witz). **3)** Ü sehr hoch (Preise).

gepfiffen, von pfeifen.

gepflegt, 1) von pflegen. **2)** sorgsam behandelt: *sie ist gut g.;* aber: *eine gutgepflegte Frau.* **Gepflegtheit** *die, -.*

gepflogen, von pflegen. **Gepflogenheit** *die, -/-en,* Gewohnheit, Brauch.

Geplänkel [zu plänkeln] *das, -s/-,* **1)** leichtes Gefecht. **2)** Ü gegenseitiges Necken, heiteres Wortgefecht.

Geplauder *das, -s,* leichtes Gespräch, Plauderei.

Gepräge *das, -s,* **1)** Prägung (auf Münzen). **2)** Ü Eigenart.

Gepränge [zu Prunk] *das, -s,* großer Aufwand, Prachtentfaltung.

gepriesen, von preisen.

gequollen, von quellen.

Ger [ahd. ger, verwandt mit Geißel] *der, -(e)s/-e,* **1)** german. Wurf- und Stoßwaffe. **2)** ⚒ ein Wurfstab.

gerade [ahd. girat], Ü auch grade, △ *eine g. Zahl,* durch zwei ohne Rest teilbar (2, 4, 6, 8, 10, 12 usw.): *er läßt fünf g. sein,* nimmt es nicht so genau.

gerade [mhd. gerade ›schnell‹, ›sogleich‹; ›gerade‹, ›gleich‹], Ü auch grade, ABB. E 2, **1)** die gleiche Richtung beibehaltend, ohne Krümmung: *eine g. Linie,* ABB. L 14. **2)** ohne Umweg, unmittelbar. **3)** aufrecht (Körperhaltung): *halt dich g.!; du sollst geradesitzen, geradestehen;* aber: *du sollst dich g. hinstellen, hinsetzen; er hat sich g. gesetzt,* soeben. **4)** aufrichtig, zielbewußt, rechtschaffen, beständig (Charakter). **5)** Ü genau: *g. gegenüber.* **6)** ausgerechnet, eben (verstärkend): *warum g. ich?; g. darum!* **7)** soeben: *er ist g. gekommen.* **8)** Ü erst recht: *nun aber g.* **9)** richtig, genau (passend): *ich kam g. rechtzeitig.* **10)** besonders: *er ist nicht g. intelligent.* **11)** Ü zufällig: *vorbei.* **12)** mit Mühe: *sein Lohn reichte g. für den Lebensunterhalt.* **13)** oberdt.: sehr, besonders: *sie g. fein!* **14)** oberdt.: nur. **15)** oberdt.: hurtig. **16)** so g., oberdt.: zufällig. **gerade . . .,** in Verbindung mit Verben trennbar zusammengesetzt: *geradehalten; geradelegen; geradesetzen;* vgl. geradebiegen. **Gerade** *die, -n/-n,* **1)** △ gerade, beidersaits nicht begrenzte Linie. **2)** gerade Teilstrecke einer Rennbahn. **3)** Boxen: mit gerade gestrecktem Arm auftreffender Angriffsstoß. **geradeaus,** ohne die Richtung zu ändern: *Sie müssen diesen Weg immer g. gehen.* **geradebiegen,** *ich biege es* (aber *geradebogen*), **1)** beseitige eine Krümmung durch Biegen. **2)** Ü bringe eine Angelegenheit in Ordnung. **geradeheraus,** seine Meinung ohne Umschweife sagend: *sag es g.!;* aber: *ein harter g. heraus* (aus dem Haus), *ich gerade* (habe gerädet) *es, schweiz.:* mache gerade. **gerade(n)wegs,** ohne Umschweife, direkt: *er steuert g. auf sein Ziel zu,* Ü.

gerädert, 1) von rädern. **2)** Ü erschöpft, überanstrengt.

geradeso, ebenso, genauso: *es ist g. wie gestern; geradesogut, geradesoviel;* vgl. ebenso. **geradestehen,** *ich stehe gerade* (habe geradegestanden), **1)** stehe aufrecht. **2)** *für eine Sache,* stehe gerade ein, übernehme die Verantwortung. **geradewegs,** selten für: geradenwegs. **geradezu** [auch -z´u:], ohne weiteres, durchaus. **Geradflügler** *das,* Insekt (Grille, Schabe, Termite). **Geradheit** *die, -,* **1)** gerade Beschaffenheit. **2)** Ü Aufrichtigkeit, Rechtschaffenheit. **geradlinig,** in gerader Richtung verlaufend. **Geradlinigkeit** *die, -.* **geradsinnig,** aufrichtig, ehrlich.

Gerald [ahd. ger ›Speer‹ und waltan ›walten‹, ›herrschen‹], männl., **Geraldine,** weibl. Vorname.

gerammelt [zu verrammeln], *der Saal war g. voll,* Ü sehr voll.

Gerangel *das, -s,* **1)** das Rangeln. **2)** Ü rücksichtsloses Streben nach etwas: *das G. um die besten Positionen.*

Geranie [-iə, grch. geranion, zu geranos ›Kranich‹] *die,*

-/...ni|en, volkstümlich für Pelargonie. **Geranium** *das, -s/...ni|en,* wissenschaftl. Name der Pflanze Storchschnabel.

gerannt, von rennen.

Gerät [ahd. girati, urspr. ›Beratung‹, zu Rat] *das, -(e)s/-e,* Werkzeuge, Vorrichtungen, Ausrüstungsgegenstände aller Art: *Altargeräte; Gartengeräte; Turngeräte; das Gerät(e)turnen.* **geraten** [ahd. giratan], *ich gerate* (geriet, bin geraten; *du gerätst, er gerät),* **1)** *es gerät, wird gut: der Kuchen ist geraten.* **2)** *nach ihm,* werde ihm ähnlich: *er ist nach dem Vater geraten.* **3)** *es gerät,* entwickelt sich: *es gerät zum Ärgernis.* **4)** *irgendwohin, an jemanden,* komme ohne bestimmte Absicht: *er geriet in eine Sackgasse, in Verlegenheit, an den Falschen.* **5)** *außer mich* (vor Freude, Zorn), bin außer mir.

geraten, 1) von raten. **2)** von geraten. **3)** ratsam: *es scheint mir (nicht) g., so schnell zuzusagen.*

Geratewohl *das: aufs G.,* auf gut Glück, ohne zu überlegen.

Gerätschaften, *Pl.,* (zusammengehörende) Geräte.

geräuchert [zu Rauch] *das, -n, ohne Artikel: -s,* geräuchertes Fleisch, Räucherspeck.

geraum [mhd. gerume, zu Raum], *geraume Weile, Zeit,* eine längere Weile, längere Zeit: *seit, vor geraumer Zeit.* **Geräumde** *das, -s/-,* abgeholztes Waldstück. **geräumig,** groß, viel Platz bietend (Wohnung). **Geräumigkeit** *die, -.*

Geräusch [mhd. ingeriusche, zu mnd. rusch ›Lappen‹, ›Eingeweide‹] *das, -es,* ⚒ Herz, Lunge, Leber und Nieren des Schalenwildes.

Geräusch [mhd. geriusche, zu rauschen] *das, -es/-e,* nichtperiodische Schallschwingungen verschiedenster Frequenzen: *sie ist sehr geräuschempfindlich.* **Geräuschkulisse** *die,* **1)** Untermalung des Geschehens durch Geräusche (Funk, Film, Theater). **2)** Ü ununterbrochene Geräusche gleichbleibender Lautstärke aus dem Hintergrund. **geräuschlos,** lautlos, still. **Geräuschlosigkeit** *die, -.* **geräuschvoll,** laut.

Gerbe [ahd. gerwen] *die, -n, ohne Artikel: -s,* Bierhefe. **gerben** [ahd. garawen, zu gar], *ich gerbe* (habe gegerbt) *es,* **1)** verarbeite (Tierhäute) zu Leder. **2)** *ihm das Fell,* Ü verprügele ihn. **3)** ♣, *noch oberdt.:* bereite, mache fertig. **4)** *oberdt.:* erbreche mich. **Gerber** *der, -s/-,* **1)** Handwerker, der Häute und Felle zu Leder verarbeitet. **2)** 🐞 Käfername.

Gerbera [nach dem dt. Arzt T. Gerber, gestorben 1743] *die, -/-s,* eine Schnittblume.

Gerberei *die, -/-en,* Handwerk und Werkstatt des Gerbers.

Gerbert [ahd. ger ›Speer‹ und beraht ›glänzend‹], **Gerbracht,** männl. Vornamen.

Gerbstoff [zu gerben] *der, meist Pl.,* in Pflanzen verbreitete chem. Verbindung, die meist als Säure wirkt: *Gerbsäure.*

Gerd [Kurzform von Gerhard], männl. Vorname.

Gerda [Kurzform von Gertrud u. a.], weibl. Vorname.

gerecht [ahd. gereht ›gerade‹, ›gewachsen‹], **1)** unparteiisch, rechtlich urteilend: *ein gerechter Mensch, Richter.* **2)** allgemeinen Wertmaßstäben entsprechend, gemäß: *du wirst ihm nicht g.,* beurteilst ihn zu ungünstig. **3)** dem Gesetz entsprechend: *ein gerechtes Urteil.* **4)** gerechtfertigt, wohlbegründet, verdient: *gerechter Lohn, Zorn.* **5)** passend, den Regeln, Gegebenheiten entsprechend: *er ist in allen Sätteln g.,* er kennt sich in vielen Gebieten aus; *ist für alles zu gebrauchen; er konnte dieser Anforderung (nicht) g. werden,* sie (nicht) meistern; *ein gerechter Jäger,* ⚒ weidgerechter, den Regeln des Weidwerks entsprechend. **6)** *bair.:* gerade. **7)** *tirol.:* zurecht: *er kommt damit g.* **Gerechte** *der, die, -n/-n, ein -r, eine -,* gerechter Mensch. **gerechtfertigt, 1)** von rechtfertigen. **2)** zu Recht bestehend, wohlbegründet. **Gerechtigkeit** *die, -,* **1)** gerechtes, gesetzmäßiges Verhalten, gerechte Beschaffenheit, Gesinnung: *die G. Gottes.* **2)** rechtlich begründeter Anspruch: *die G. unserer Forderung.* **3)** wesensmäßig zugehöriges Recht: *man muß ihm G. zuteil werden lassen.* **4)** Berechtigung in einem Gewerbe auszuüben: *Schankgerechtigkeit.* **5)** P Ausübung der Rechtspflege: *der G. soll man nicht in den Arm fallen.* **6)** B Rechtschaffenheit. **Gerechtsame** *die, -,* **Gerechtsamen** *die, -/-n,* ♣ Recht, Gerechtsame. **Gerechtsame** *die, -/-n,* ♣ verbrieftes und veräußerliches Nutzungsrecht, Privileg.

gerecken [mhd. gerechen], *ich gerecke* (habe gereckt) *es, schweiz.:* erreiche.

Gerede [mhd. gerede] *das, -s,* **1)** nichtssagendes Reden, Geschwätz. **2)** Nachrede, Klatsch: *sie ist ins G. gekommen; sie kümmert sich nicht um das G. der Leute.*

gereichen [mhd. gereichen], *ich gereiche* (hat gereicht) *ihm zu etwas,* bringt ihm: *das g. ihm zur Ehre, zum Schaden.*

gereizt, 1) von reizen. **2)** äußerst erregt, nervös. **Gereiztheit** *die, -.*

Gereon [grch. geron ›Greis‹], männl. Vorname.
gereuen [zu Reue], *es gereut (hat gereut) ihn, mich,* reut ihn, mich.
Gerhard [ahd. ger ›Speer‹ und hart ›stark‹, ›tapfer‹], männl., **Gerharde, Gerhardine,** weibl. Vornamen.
Gerhild(e) [ahd. ger ›Speer‹ und hiltja ›Kampf‹], weibl. Vorname.
Geria|trie [grch. geron ›Greis‹ und iatreia ›Heilung‹] *die, -,* Altersheilkunde. **Geria|trikum** *das, -s/. . .ka,* Medikament zur Behandlung von Altersbeschwerden.
Gericht [mhd. geriht(e), zu richten ›anrichten‹] *das, -(e)s/-e,* Speise, Gang einer Speisenfolge: *Fleischgerichte.*
Gericht [ahd. girihti, zu recht, richten] *das, -(e)s/-e,* **1)** für die Rechtsprechung zuständiges Organ: *Amtsgericht; Landgericht.* **2)** Gerichtsgebäude. **3)** Rechtsprechung: *man hält G. über ihn.* **4)** Sinnbild für Strafe: *Gottesgericht; das Jüngste G.,* Weltgericht beim Weltuntergang; *ich bin mit ihm streng ins G. gegangen,* Ü habe ihm ernste Vorhaltungen gemacht. **5)** ⚮ Ort der Rechtsvollstreckung. **gerichtlich. Gerichtsbarkeit** *die, -,* Ausübung der Rechtspflege, insbes. der Rechtsprechung: *Finanzgerichtsbarkeit.* **Gerichtshof** *der,* mit mehreren Mitgliedern besetztes Gericht: *Bundesgerichtshof.* **Gerichtskosten,** *Pl.,* Gebühren für die Inanspruchnahme des Gerichts. **Gerichtsstand** *der, -(e)s,* örtlich zuständiges Gericht. **Gerichtsvollzieher** *der, -s/-,* Zustellungs- und Vollstreckungsbeamter, bes. bei Pfändungen.
gerieben, 1) von reiben. **2)** Ü durchtrieben, schlau: *ein geriebener Kerl.* **Geriebenheit** *die, -,* Ü Verschlagenheit, Schläue.
geriet, von geraten.
gering [mhd. geringe, zu ahd. ringi ›gering‹, ›leicht‹], **1)** klein, knapp, wenig, belanglos, unbedeutend, minderwertig: *eine nicht geringe Aufregung, ziemlich große; er war von geringer Herkunft; geringe Ware; er schätzt mich her g.; bei den geringsten Schwierigkeiten gibt es auf; die Kosten sind dabei meine geringste Sorge; er sollte ein geringstun,* wenig, aber: *das Geringste, was er tun sollte; es besteht nicht der geringste Anlaß, der geringste Unterschied; es fehlt nicht das geringste,* gar nichts, aber: *nicht das Geringste,* auch das Unbedeutendste nicht; *die Kosten haben sich um ein geringes erhöht,* nur wenig, aber: *der Kampf ging nur um ein Geringes, um nichts Unbedeutendes; das stört mich nicht ein geringstes,* gar nicht; *er beachtet auch das Geringste, ihm entgeht auch nicht das Geringste, das Unbedeutendste; wir müssen uns auf ein Geringes beschränken; es ist nichts Geringes, was er fordert; kein Geringerer als . . .; der Geringsten einer,* B ein von der Welt Verachteter; vgl. geringachten, geringschätzen. **2)** 🜨 jung; mager, klein.
geringachten, *ich achte ihn, es gering* (habe geringgeachtet), schätze gering. **geringfügig,** klein, unbedeutend. **Geringfügigkeit** *die, -/-en,* **1)** geringe Bedeutung. **2)** kleine Menge. **geringhaltig,** von geringem Feingehalt (Edelmetall, Münzen). **geringschätzen,** *ich schätze ihn, es gering* (habe geringgeschätzt), achte wenig: *er wird allgemein geringgeschätzt;* aber: *das Haus wurde gering geschätzt,* niedrig veranschlagt. **geringschätzig,** verächtlich. **Geringschätzung** *die, -,* Mißachtung.
gerinnbar, fähig, zu gerinnen. **Gerinnbarkeit** *die, -.* **Gerinne** *das, -s/-,* **1)** kleiner künstlicher Wasserlauf. **2)** Rinnsal. **gerinnen** [ahd. girinnan], *es gerinnt* (gerann, ist geronnen), bildet Flocken: *geronnenes Blut; geronnene Milch.* **Gerinnsel** *das, -s/-,* **1)** Rinnsal. **2)** geronnene Flüssigkeit: *Blutgerinnsel.* **Gerinnung** *die, -.*
Gerippe [zu Rippe] *das, -s/-,* **1)** Knochengerüst, Skelett: *sie ist nur ein G.,* Ü sehr mager. **2)** Gerüst, Gestell. **3)** Ü Grundzüge (einer Abhandlung). **gerippt,** mit Rippen versehen: *geripptes Gewebe.*
gerissen, 1) von reißen. **2)** Ü durchtrieben, schlau: *ein gerissener Geschäftsmann.* **Gerissenheit** *die, -.*
geritten, von reiten.
geritzt [urspr. berliner.], *eine Sache ist g.,* Ü das Problem ist gelöst, es wurde alles besprochen.
Gerlinde, Gerlinde [ahd. ger ›Speer‹ und linta ›Schild (aus Lindenholz)‹], weibl. Vornamen.
Germ [zu gar, Gerbe] *der, -(e)s,* bair., österr., oder *die, -,* nur österr.: Bierhefe.
Germane *der, -n/-n,* Angehöriger einer indogermanischen Völkergruppe. **Germania** *die, -,* Verkörperung Germaniens; Sinnbild Deutschlands. **germanisch,** *germanische Sprachen;* ÜBERS. D 6. **Germanismus** *der, -/. . .men,* fehlerhaft in eine fremde Sprache übertragene Eigentümlichkeit der dt. Sprache.

Germanist *der, -en/-en,* Kenner der Germanistik. **Germanistik** *die, -,* **1)** Wissenschaft von den Germanen. **2)** Lehre von den german. Sprachen und Literaturen. **3)** Lehre von der deutschen Sprache und Literatur. **germanistisch. Germanium** *das, -s,* 🜔 Element, Zeichen: Ge, sprödes Halbmetall.
Germer [ahd. germarrun] *der, -s/-,* ein Liliengewächs.
germinal [lat. germen, Gen. germinis ›Keim‹, ›Sproß‹], Keim oder Geschlecht betreffend. **Germinali|en,** *Pl.,* die inneren keimbereitenden Geschlechtsorgane.
gern(e), lieber, am liebsten [ahd. gerno], **1)** mit Vorliebe, mit Freude: *das tue ich g., von Herzen g.; das kannst du g. tun,* ohne weiteres; *aber g.!* (als Antwort auf eine Bitte); *allzugern; gar zu g.* **2)** *nicht g.,* Ü ohne Absicht: *entschuldige, ich habe es nicht g. getan.* **3)** *ihn habe ihn g., mag ihn g.,* kann ihn gut leiden; *er ist g. gesehen,* aber: *ein gerngesehener Gast; er kann mich g. haben,* Ü ich sei mir gleichgültig. **4)** Ü häufig: *sie kommt g. zu spät.*
Gernegroß *der, -(es)/-e,* jemand, der sich aufspielt, wichtig möchte. **Verneklug** *der, -(e)s/-e,* jemand, der für klug gelten möchte, Besserwisser.
Gernot [ahd. ger ›Speer‹ und not ›Bedrängnis (im Kampf)‹, ›Gefahr‹], männl. Vorname.
Gero [ahd. ger ›Speer‹], männl. Vorname.
gerochen, 1) von riechen. **2)** ⚮ gerächt.
Gerold [vgl. Gerald], männl. Vorname.
Geröll [mhd. gerulle, zu rollen] *das, -(e)s/-e,* **Gerölle** *das, -s/-,* durch Wasser transportierte, abgerundete Gesteinsstücke: *Geröllhalde; Geröllschicht.*
geronnen, 1) von rinnen. **2)** von gerinnen.
Gerontologie [grch. geron ›Greis‹ und vgl. . . .logie] *die, -,* Lehre vom Altern des Menschen.
Gerste [ahd. gersta] *die, -,* eine Getreidepflanze, ABB. G 18. **Gerstel** *das, -s/-(n),* oberdt.: **1)** Graupe. **2)** ohne *Pl.,* Ü Geld. **Gerstenkorn** *das,* **1)** Frucht der Gerste. **2)** Ü eitrige Entzündung einer Talgdrüse am Augenlid. **3)** eine Leinwandbindung: *Gerstenkornhandtücher.* **Gerstensaft** *der,* P Bier.
Gert [Kurzform von Gerhard], männl. Vorname.
Gerte [ahd. gerta] *die, -/-n,* **1)** Rute, biegsamer, blattloser Zweig. **2)** Reitpeitsche: *Reitgerte,* ABB. P 4. **gertenschlank,** sehr schlank.
Gerti, Gertraud [ahd. ger ›Speer‹ und altnord. þrudr ›Kraft‹], **Gertraude, Gertrud, Gertrude,** weibl. Vornamen.
Geruch [mhd. geruch ›Geruch‹, ›Ruf‹] *der, -(e)s/ᵘe,* **1)** Ausdünstung; Duft: *Modergeruch; Geruchsbelästigung; geruchsempfindlich.* **2)** ohne *Pl.,* Fähigkeit, zu riechen: *Geruchsorgan; Geruchssinn.* **3)** ohne *Pl.,* Ü Ruf: *er steht im G. der Heiligkeit.* **geruchlos,** ohne Geruch. **Geruchlosigkeit** *die, -.*
Gerücht [mhd. geruchte, zu rufen] *das, -(e)s/-e,* mündlich weitergegebene unverbürgte Nachricht: *es geht das G., daß . . .; wer hat das G. verbreitet?* **gerüchtweise,** als Gerücht: *g. verlautet, . . .*
Geruchverschluß *der,* ABB. I 3.
geruhen [ahd. giruochan ›sorgen‹, ›bedacht sein‹], *ich geruhe* (habe geruht) *es zu tun,* lasse mich huldvoll dazu herbei, finde mich bereit: *seine Majestät geruhe, . . .* **geruhig,** **geruhsam,** in voller Ruhe, ohne Eile. **Geruhsamkeit** *die, -.*
Gerümpel [mhd. gerümpel ›Lärm‹, ›Gepolter‹] *das, -s,* alte, abgenutzte Gegenstände: *der Boden steht voller G.*
Gerundium [spätlat., zu gerere ›ausführen‹] *das, -s/. . .dien,* latein. Grammatik: Flexionsform des Infinitivs: *die Kunst des Zuhörens.* **Gerundiv** *das, -s/-e,* **Gerundivum** *das, -s/. . .va,* von Infinitiv abgeleitetes Adjektiv mit passiver Bedeutung: *die zu schreibenden Briefe.*
gerungen, von ringen.
Gerüst [ahd. g(ih)rusti, zu rüsten] *das, -(e)s/-e,* **1)** Gefüge aus Holz, Metall u. a., Trag-, Stützgestell, ABB. G 11, B 12: *Gerüstbau.* **2)** Ü Entwurf, entscheidende Grundlagen: *das G. seiner Weltanschauung.*
gerüttelt, 1) von rütteln. **2)** bis zum Rande, bis oben hin: *das Faß ist g. voll; der Boden ist gerüttelt(es) Maß von Unverfrorenheit,* Ü sehr viel.
Gervais [ʒɛrv'ɛ, frz., nach dem Firmengründer Ch. Gervais, 1830–1892] *der, -/-[-v'ɛ],* Handelsname für einen Rahmkäse.
Gerwin [ahd. ger ›Speer‹ und wini ›Freund‹], männl. Vorname.
ges *das, -/-,* ♪ Halbton unter g, ABB. N 9. **Ges,** Zeichen für Ges-Dur.
gesalzen, 1) mit Salz gewürzt. **2)** Ü übertrieben hoch (Preis). **3)** Ü kräftig, derb (Witz). **Gesalzene** *das, -n,* ohne Artikel: *-s,* eingesalzenes Fleisch, Pökelfleisch.

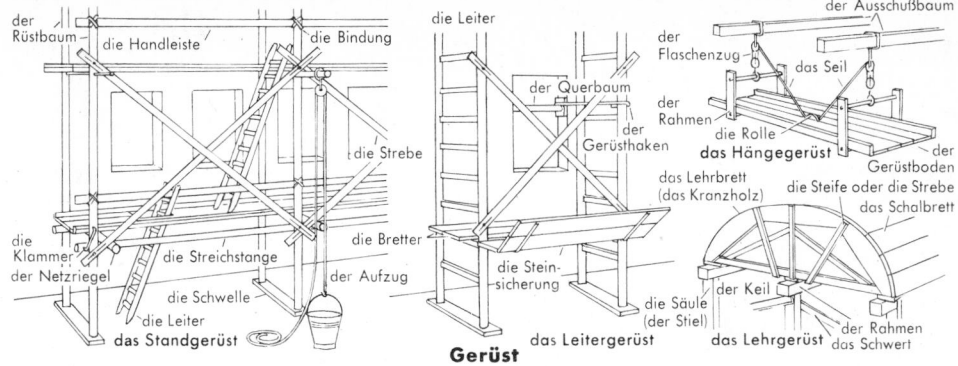

der Rüstbaum · die Handleiste · die Bindung · die Leiter · der Ausschußbaum
der Flaschenzug · das Seil
der Querbaum
der Rahmen
die Strebe · der Gerüsthaken · die Rolle · **das Hängegerüst** · der Gerüstboden
das Lehrbrett (das Kranzholz) · die Steife oder die Strebe · die Steife oder die Strebe
das Schalbrett
die Klammer · die Streichstange · die Bretter · der Aufzug · die Stein-sicherung · der Keil · der Rahmen
der Netzriegel · die Schwelle · die Steinsicherung · die Säule (der Stiel) · der Rahmen · das Schwert
die Leiter · **das Standgerüst** · **das Leitergerüst** · **das Lehrgerüst**

Gerüst

---

gesamt [ahd. gisamanot], ganz, vollständig, alle zusammen: *die gesamten Kosten; eine Gesamtansicht der Burg; eine Gesamtausgabe der Werke des Dichters.* **gesamtdeutsch,** ganz Deutschland betreffend. **Gesamteindruck** *der,* Zusammenfassung einzelner Beobachtungen: *mein G. von ihm ist gut.* **Gesamtgut** *das,* ⚖ Ehemann und Ehefrau gemeinsam gehörendes Vermögen. **gesamthaft,** *schweiz.:* (ins)gesamt. **Gesamthandseigentum** *das,* Eigentum, über das die Beteiligten grundsätzlich nur gemeinsam verfügen können. **Gesamtheit** *die, -,* das Ganze, Gemeinschaft, alles zusammen, Einheit. **Gesamthochschule** *die,* Verbindung je einer höheren Fachschule, einer Fachhochschule mit einer Universität oder Techn. Hochschule. **Gesamtkunstwerk** *das,* die Vereinigung aller Künste in einem Kunstwerk. **Gesamtschule** *die,* Schulzentrum, in dem mehrere herkömml. Schularten (Grundschule, Förderstufe, Realschule, Gymnasium) zusammengefaßt sind. **Gesamtunterricht** *der,* nicht in Fächer aufgegliederter Unterricht.

gesandt, von senden. **Gesandte** *der, -n/-n, ein -r,* diplomatischer Vertreter eines Staates im Ausland. **Gesandtschaft** *die, -/-en,* 1) ständige Vertretung im Ausland (Beamte, Gebäude). 2) Abordnung.

Gesang [mhd. gesanc] *der, -(e)s/-ͤe,* 1) das Singen, Vortrag eines Liedes: *Gesangunterricht.* 2) Tonfolge, Lied: *geistliche Gesänge.* 3) das Tönen, Klingen: *der G. der Geige.* 4) ⚯ Abschnitt eines Versepos: *der erste G. von Hermann und Dorothea.* **Gesangbuch** *das,* Sammlung von (geistl.) Liedern.

Gesäß [ahd. gisazi, zu sitzen] *das, -es/-e,* hintere Beckengegend, ABB. M 12: *Gesäßmuskel; Gesäßtasche.*

gesättigt, 1) von sättigen. 2) ⚗ die Höchstmenge eines Stoffes angebend, die das Lösungsmittel bei bestimmter Temperatur aufnehmen kann.

Gesätz [zu Gesetz, Satz] *das, -es/-e, oberdt.:* Strophe; Abschnitt. **gesätzli,** ⚯ *schweiz.:* gesetzt, bedächtig, streng. **Gesäuge** [zu saugen] *das, -s/-,* ⚘ Gesamtheit der Milchdrüsen, Euter.

gesch., Abk. für: geschieden. **Geschädigte** *der, die, -n/-n, ein -r, eine -,* jemand, der einen Schaden erlitten hat.

Geschäft [mhd. gescheft(e), zu schaffen] *das, -(e)s/-e,* 1) zweckgebundene Tätigkeit, bes. aber finanzielle: *welches G. führt Sie her?; das ist eine solide Geschäftsgrundlage; ich bin hier in Geschäften (in geschäftl. Auftrag).* 2) auch: *geschäftehalber,* wegen Geld- oder Handelsangelegenheiten; *Geschäftsfreund; Geschäftspartner; Geschäftsreise; Geschäftemacher,* U verächtlich. 2) Abschluß, Ergebnis einer mit Geld verbundenen Tätigkeit: *wir haben ein gutes G. abgeschlossen, gemacht.* 3) Gewerbe-, Handelsunternehmen: *Hauptgeschäft; Geschäftsleute; Geschäftsstraße; Geschäftszeit.* 4) Laden, Büro: *mein G. befindet sich in der Hauptstraße; ich gehe ins G., zu meiner Arbeitsstätte.* 5) U (bes. bei Kindern) verhüllende Bez. für die Körperentleerungen: *ein kleines, großes G.* **geschäftig,** regsam, stets beschäftigt, immer tätig: *in der Stadt herrschte geschäftiges Treiben.* **Geschäftigkeit** *die, -.* **G(e)schaftlhuber** *der, -s/-, oberdt.:* geschäftiger Wichtigtuer. **geschäftlich,** *geschäftliche Interessen; er hat g. hier zu tun.* **geschäfts**-

fähig, fähig, mit rechtl. Wirkung Rechtsgeschäfte selbständig vorzunehmen. **Geschäftsfreund** *der,* guter Geschäftspartner. **Geschäftsführer** *der,* 1) jemand, der ein fremdes Geschäft besorgt. 2) der gesetzliche Vertreter einer GmbH. **Geschäftsgang** *der,* Ablauf von Geschäften: *bei ruhigem G.* **Geschäftsmann** *der, -(e)s/. . .leute,* jeder, der sich selbständig am Erwerbsleben beteiligt. **Geschäftsräume,** *Pl.,* ABB. G 12. **Geschäftsstelle** *die,* 1) Ort oder Büro einer Körperschaft für den Verkehr mit Kunden oder Mitgliedern. 2) Organ der Gerichte zur Aufnahme von Klagen. **Geschäftsträger** *der,* unterste Rangstufe des Gesandten. **Geschäftsverkehr** *der,* 1) Wirtschaftsleben, Abwicklung von Geschäften. 2) der mit der Geschäftstätigkeit zusammenhängende Straßenverkehr.

geschah, von geschehen.

g(e)schamig, g(e)schämig [zu Scham], *bair.:* schüchtern, verschämt.

Geschau [zu schauen] *das, -(e)s, oberdt.:* die Augen; das Gesicht.

gescheckt, scheckig, gefleckt: *ein geschecktes Pferd.*

geschehen [ahd. giskehan, zu Geschichte, Geschick], *es geschieht* (geschah, ist geschehen), 1) ereignet sich: *dein Wille geschehe* (Vaterunser); *was auch geschehen mag, . . .* 2) ihm, widerfährt: *das geschieht dir recht,* U *das hast du verdient; ihm kann nichts geschehen,* nichts zustoßen. 3) *es ist um ihn geschehen,* er ist verloren. **Geschehen** *das, -s/-,* **Geschehnis** *das, -ses/-se,* Ereignis, Vorfall.

Gescheide [mhd. gescheiden ›trennen‹] *das, -s/-,* ⚕ Magen und Gedärme.

Gescheine *das, -(e)s/-e,* Blütenstand der Weinreben.

gescheit [mhd. geschide, zu scheiden, unterscheiden], klug, vernünftig, urteilsfähig: *ich habe nichts Gescheites gefunden,* U *nichts Brauchbares.* **Gescheitheit** *die, -.*

Geschenk [mhd. geschenke, urspr. ›zum Trinken Eingeschenktes‹] *das, -(e)s/-e,* Gabe, mit Freude zu bereiten: *kleine Geschenke erhalten die Freundschaft; Geburtstagsgeschenk; Geschenkartikel.* **geschenkweise,** als Geschenk.

g(e)schert [zu scheren, das kurzgeschorene Haar der Leibeigenen], *oberdt.:* dumm, grob. **G(e)scherte** *der, -n/-n, ein -r, oberdt.:* Dummkopf.

gescheut, ⚯ gescheit.

Geschichte [ahd. giscint ›Ereignis‹] *die, -/-n,* 1) *ohne Pl.,* Werdegang, Entwicklung: *Erdgeschichte; Kunstgeschichte.* 2) *ohne Pl.,* Wissenschaft vom zeitl. Ablauf allen Geschehens: *er studiert G.; mit dieser Tat ist er in die G. eingegangen.* 3) *ohne Pl.,* Vergangenheit: *das gehört der G. an.* 4) U Vorfall, Angelegenheit, Ereignis, Sache: *das ist eine dumme G.; sind alte Geschichten, längst geschehene Vorfälle, die vergessen sein sollten; da haben wir die G.,* U die lästige Sache; *mach keine Geschichten!,* U benimm dich ordentlich!; *das sind ja schöne Geschichten,* U das ist allerhand; *er hat eine Herzgeschichte,* U Herzerkrankung. 5) Erzählung, Schilderung: *eine G. aus Tausendundeiner Nacht; erzähl mir keine Geschichten!,* U Lügen; *eine Horrorgeschichte.* **Geschichtenbuch** *das,* eine Sammlung von Erzählungen. **geschichtlich,** 1) die Geschichte betreffend. 2) durch Geschichtsquellen bezeugt. 3) für die

G 12

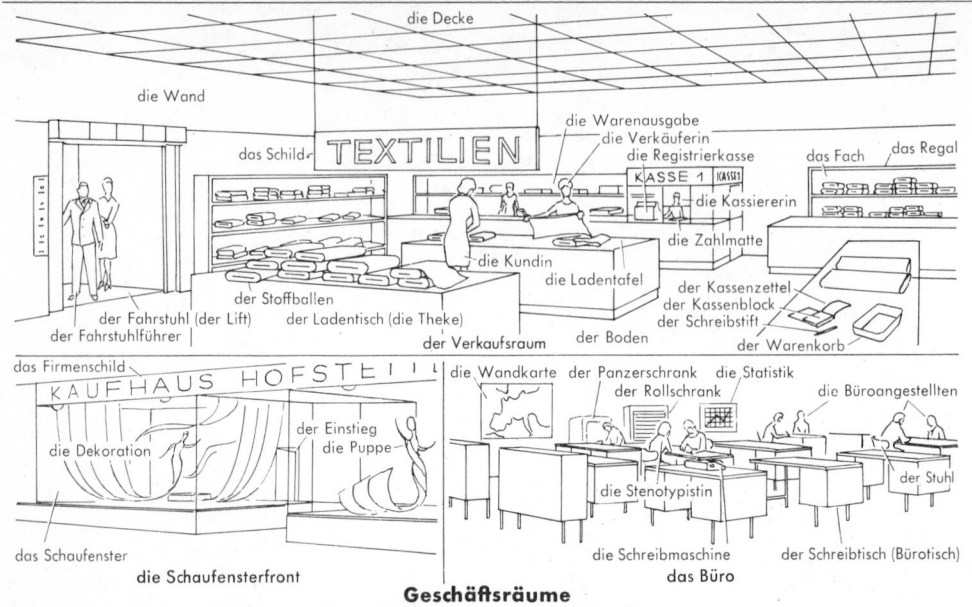

die Decke · die Wand · das Schild · TEXTILIEN · die Warenausgabe · die Verkäuferin · die Registrierkasse · das Fach · das Regal · KASSE 1 · die Kassiererin · die Zahlmatte · der Kassenzettel · der Kassenblock · der Schreibstift · der Warenkorb · der Stoffballen · die Kundin · die Ladentafel · der Fahrstuhl (der Lift) · der Ladentisch (die Theke) · der Fahrstuhlführer · der Verkaufsraum · der Boden · das Firmenschild · die Wandkarte · der Panzerschrank · die Statistik · der Rollschrank · die Büroangestellten · KAUFHAUS HOFSTE... · der Einstieg · die Puppe · die Dekoration · der Stuhl · die Stenotypistin · das Schaufenster · die Schreibmaschine · der Schreibtisch (Bürotisch) · die Schaufensterfront · das Büro

Geschäftsräume

Zukunft von Bedeutung: *eine geschichtliche Tat.* **Geschichtsbuch** *das,* Lehrbuch der Geschichte. **Geschichtsklitterung** *die,* fehlerhafte oder entstellende Geschichtsschreibung. **Geschichtsschreibung** *die,* Aufzeichnung geschichtlicher Begebenheiten. **Geschichtswerk** *das,* umfassendes geschichtliches Buch.

Geschick [mhd. geschicke, zu schicken] *das, -(e)s/-e,* **1)** Schicksal, Verhängnis, Fügung: *er will sein G. selbst in die Hand nehmen.* **2)** *ohne Pl.,* Eignung, Fähigkeit: *er hat G. zu allem; er hat kein G. dazu.* **Geschicklichkeit** *die, -,* Geschicktheit, Fingerfertigkeit, Gewandtheit, Fähigkeit, eine Sache richtig anzufassen: *Geschicklichkeitsübung.* **geschickt, 1)** von schicken. **2)** gewandt, fingerfertig. **3)** Ü umsichtig, schlau. **Geschicktheit** *die, -,* Geschicklichkeit.

Geschiebe *das, -s/-,* ⊕ durch Gletscher oder Inlandeis transportierte und dabei abgeschliffene Gesteinsstücke.

geschieden, 1) von scheiden. **2)** Abk.: gesch., getrennt, bes. durch Ehescheidung.

geschieht, von geschehen.

geschienen, von scheinen.

Geschirr [ahd. giscirri, zu scheren] *das, -(e)s/-e,* **1)** Sammelbez. für verschiedene Haushaltsgeräte: *Eßgeschirr; Kaffeegeschirr; Geschirrschrank.* **2)** Leder- und Riemenzeug der Zugtiere, ABB. G 13: *er sollte sich ordentlich ins G. legen,* Ü kräftig arbeiten. **3)** Schäfte und Aufhängevorrichtung im Webmaschine. **4)** Gerät, Ausrüstung für eine bestimmte Arbeit: *Ladegeschirr.* **Geschirrspülmaschine** *die,* elektrisches Gerät zum Säubern des Geschirrs, ABB. K 50.

geschissen, von scheißen.

geschlagen, 1) von schlagen. **2)** Ü vernichtet, vom Schicksal heimgesucht: *ich bin ein geschlagener Mann.* **3)** ganz (bei Zeitangaben): *ich habe eine geschlagene Stunde gewartet.*

Geschlecht [ahd. gislahti ›Stamm‹, zu slahan ›nacharten‹] *das, -(e)s/-er,* **1)** Einteilung der Lebewesen in männlich und weiblich: *das starke G.,* Ü die Männer; *das schwache, schöne G.,* Ü die Frauen; *Geschlechtsleben; Geschlechtsmerkmale; ge-*

G 13

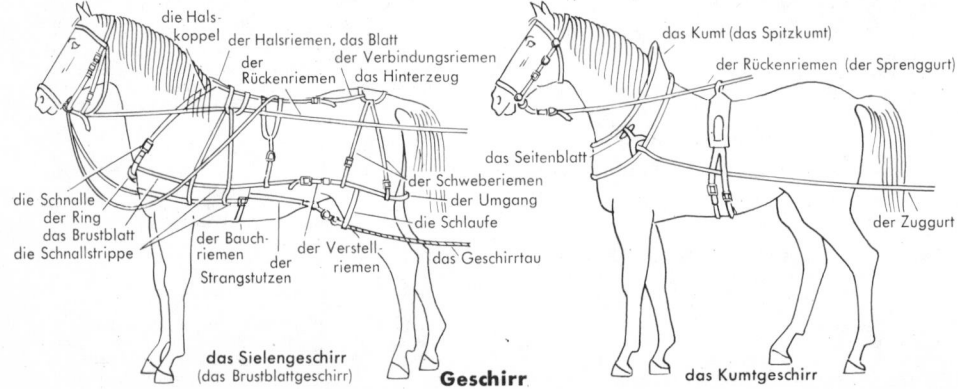

die Halskoppel · der Halsriemen, das Blatt · das Kumt (das Spitzkumt) · der Verbindungsriemen · der Rückenriemen · das Hinterzeug · der Rückenriemen (der Sprenggurt) · das Seitenblatt · die Schnalle · der Ring · das Brustblatt · die Schnallstrippe · der Schweberiemen · der Umgang · die Schlaufe · der Bauchriemen · der Verstellriemen · das Geschirrtau · der Strangstutzen · der Zuggurt

das Sielengeschirr (das Brustblattgeschirr) · **Geschirr** · **das Kumtgeschirr**

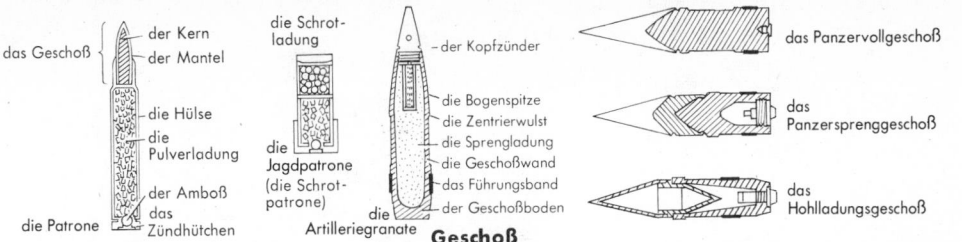

das Geschoß — der Kern — der Mantel / die Hülse / die Pulverladung / der Amboß / das Zündhütchen / die Patrone / die Schrotladung / die Jagdpatrone (die Schrotpatrone) / die Artilleriegranate — der Kopfzünder / die Bogenspitze / die Zentrierwulst / die Sprengladung / die Geschoßwand / das Führungsband / der Geschoßboden / das Panzervollgeschoß / das Panzersprenggeschoß / das Hohlladungsgeschoß

Geschoß

schlechtsspezifisch. 2) Familie: *aus altem G.; Adelsgeschlecht; Bauerngeschlecht.* 3) Nachkommenschaft, Generation: *nach uns kommende Geschlechter.* 4) Ⓢ Genus, ÜBERS. G 10. . . . **geschlechtig,** *getrenntgeschlechtig.* **geschlechtlich,** das Geschlecht betreffend, sexuell: *geschlechtliche Fortpflanzung.* **Geschlechtlichkeit** *die, -.* **Geschlechtsakt** *der,* Geschlechtsverkehr. **Geschlechtskrankheiten,** *Pl.,* vorwiegend durch sexuelle Kontakte übertragene Krankheiten. **geschlechtsneutral,** kein bestimmtes Geschlecht betreffend: *offene Stellen g. vergeben; geschlechtsneutrale Stellenausschreibung.* **Geschlechtsorgane,** *Pl.,* Organe, die der geschlechtlichen Fortpflanzung dienen. **Geschlechtsreife** *die,* Beginn der Fortpflanzungsfähigkeit. **geschlechtsspezifisch,** für ein Geschlecht charakteristisch: *geschlechtsspezifische Merkmale; geschlechtsspezifische Unterschiede im Kaufverhalten.* **Geschlechtsteile,** *Pl.,* Geschlechtsorgane. **Geschlechtstrieb** *der,* Trieb zur geschlechtliche Vereinigung. **Geschlechtsverkehr** *der,* geschlechtliche Vereinigung (von Mann und Frau). **Geschlechtswort** *das, -(e)s/ "er,* Ⓢ Artikel, ÜBERS. G 10.
Geschleck *das, -(e)s,* **Geschlecke** *das, -s, oberdt.:* 1) Leckerei, Süßigkeit. 2) andauerndes Schlecken. **geschleckt,** 1) von schlecken. 2) Ü geleckt, überfein.
Geschleif *das, -(e)s,* **Geschleife** *das, -s,* ⚘ verlorene Grashalme oder Laub vor der Röhre (am Bau).
geschlichen, von schleichen.
geschliffen, 1) von schleifen. 2) gut formuliert (Sprache). 3) scharf gemacht (Messer, Waffe).
Geschlinge [mhd. geslinc, zu Schlund] *das, -s/-,* 1) ⚘ Gescheide. 2) Wirrwarr von Ranken, Schlingen.
geschlissen, von schleißen.
geschlossen, ABB. E 2, 1) von schließen. 2) zugemacht, außer Betrieb, versperrt: *geschlossene Gesellschaft,* ohne Zugang für jeden; *heute g.!* 3) einhellig: *sie stimmten g. gegen den Vorschlag.* 4) Phonetik: mit geringer Mundöffnung gesprochen (Vokal), z. B. [e] neben [ɛ]. **Geschlossenheit** *die, -.*
Geschlücht, Geschluecht *das, -/-e oder -er, schweiz.:* ⚯ Gesindel.
geschlungen, von schlingen.
Geschmack [mhd. gesmac, zu smag] *der, -(e)s/ "e* und Ü *"er,* 1) Fähigkeit zur Wahrnehmung chem. Stoffe in gelöster Form mit Hilfe der Geschmacksorgane und des Geschmackssinnes. 2) Eigenschaft eines Stoffes beim Schmecken: *Essig hat einen sauren G.* 3) Urteilsfähigkeit auf ästhet. und künstler. Gebiet: *er hat guten G., sie ist mit G. gekleidet.* 4) Stil, vorherrschendes Werturteil einer bestimmten Epoche: *nach dem G. des Barock.* 5) Vorliebe, Gefallen: *er fand G. daran; er ist auf, hinter den G. gekommen; das ist nicht mein G.; ich konnte ihm keinen G. abgewinnen; die Geschmäcker sind verschieden,* Ü *über Geschmack läßt sich nicht streiten.* **geschmackbil-**

dend, aber: *den Geschmack bildend.* **geschmäcklerisch,** übertrieben anspruchsvoll in Fragen des Geschmacks. **geschmacklich,** zum Geschmack gehörig. **geschmacklos,** 1) ohne Geschmack. 2) Ü häßlich; taktlos. **Geschmacklosigkeit** *die, -/-en.* **Geschmack(s)sache** *die,* Angelegenheit des Geschmacks, Gefallens: *das ist G.!* **geschmackvoll,** *sie ist g. eingerichtet.*
Geschmeide [ahd. smida, zu schmieden] *das, -s/-,* kostbarer Schmuck. **geschmeidig,** 1) formbar, biegsam. 2) gelenkig, beweglich. 3) Ü gewandt. **Geschmeidigkeit** *die, -.*
Geschmeiß [mhd. gesmeize] *das, -es,* 1) ⚘ Kot der Greifvögel und Reiher. 2) Ungeziefer. 3) Ü derb: Gesindel.
geschmissen, von schmeißen.
geschmolzen, von schmelzen.
Geschnatter *das, -s,* 1) andauerndes Schnattern: *Entengeschnatter.* 2) Ü lautes Durcheinander von Stimmen.
geschniegelt, 1) von schniegeln. 2) Ü übermäßig fein zurechtgemacht: *er ist stets g. und gebügelt.*
geschnitten, von schneiden.
geschnoben, von schnauben.
geschoben, von schieben.
gescholten, von schelten.
Geschöpf [zu schöpfen] *das, -(e)s/-e,* 1) Lebewesen: *wir sind alle Geschöpfe Gottes.* 2) geistiges Erzeugnis: *ein G. seiner Phantasie.* 3) Günstling, von anderen abhängiger Mensch: *sie ist ganz sein G.* 4) Ü (weibl.) Person, Mensch: *das gute G.!*
geschoren, von scheren.
Geschoß [ahd. gescoz] *das, . . . sch'osses/. . . sch'osse,* 1) aus einer Schußwaffe verschossener Körper, der sich ohne Eigenantrieb oder Steuerung auf einer ballist. Flugbahn (Wurfbahn) bewegt, ABB. G 14: *Geschoßbahn;* P Pfeil, Speer. 2) ⊞ Stockwerk, ABB. H 11. **geschossen,** von schießen. **. . . geschossig,** mit einer bestimmten Anzahl von Stockwerken: *ein zweigeschossiges oder 2geschossiges Haus.*
geschraubt, 1) von schrauben. 2) Ü geziert, gekünstelt (Benehmen, Sprache).
Geschrei [ahd. giscreigi] *das, -(e)s,* 1) das Schreien, Lärm. 2) viel Aufhebens, Klatsch: *sie macht viel G. darum.*
Geschreibsel *das, -s,* Ü 1) undeutlich Geschriebenes. 2) minderwertiges literarisches Erzeugnis.
geschrieben, von schreiben.
geschrie(e)n, von schreien.
geschritten, von schreiten.
geschrocken, ⚯ von schrecken.
geschrunden, ⚯ von schrinden.
Geschühe [mhd. geschuohe] *das, -s/-, oberdt.:* Schuhzeug.
geschunden, von schinden.
Geschütz [mhd. geschütze, zu Schuß] *das, -es/-e,* Feuerwaffe für größere Geschosse, ABB. G 15, G 16: *Geschützbedienung; Geschützfeuer; wir mußten grobes (schweres) G. auffahren,* Ü derbe Mittel anwenden.

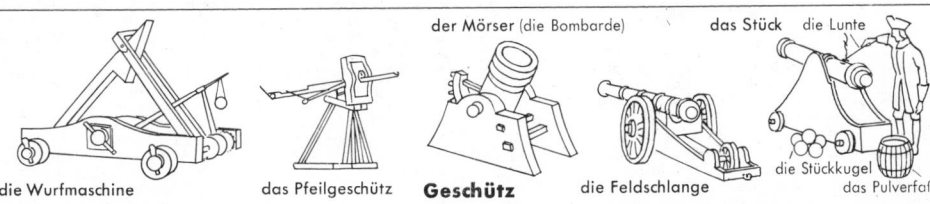

die Wurfmaschine / das Pfeilgeschütz / der Mörser (die Bombarde) / die Feldschlange / das Stück / die Lunte / die Stückkugel / das Pulverfaß

Geschütz

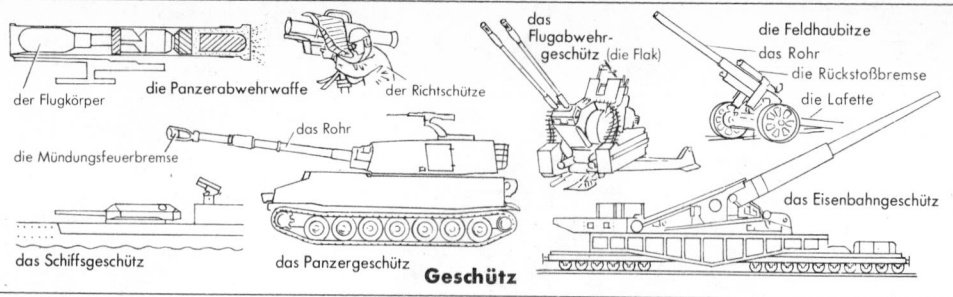

der Flugkörper · die Panzerabwehrwaffe · der Richtschütze · das Flugabwehrgeschütz (die Flak) · die Feldhaubitze · das Rohr · die Rückstoßbremse · die Lafette · das Rohr · die Mündungsfeuerbremse · das Eisenbahngeschütz · das Schiffsgeschütz · das Panzergeschütz · **Geschütz**

Geschwader [spätmhd. swader, zu ital. squadra ›Viereck‹, eigtl. Truppe in quadratischer Formation] *das, -s/-,* **1)** Verband gleichartiger Kriegsschiffe, Flugzeuge: *Bombergeschwader;* *Geschwaderkommandeur.* **2)** ⚔ Reiterhaufe.
Geschwafel [zu schwafeln] *das, -s,* U dummes Gerede.
geschwänzt, 1) von schwänzen. **2)** mit einem Schwanz oder mit Schwänzen versehen.
Geschwätz [mhd. geswetze] *das, -es,* anhaltendes, inhaltloses Gerede. **Geschwatze** *das, -s,* anhaltendes Schwatzen.
geschwätzig, wortreich, alles ausplaudernd. **Geschwätzigkeit** *die, -.*
geschweige *(denn), daß,* noch viel weniger, erst recht nicht: *ich kann kaum den Termin einhalten, g. denn früher fertig werden oder g. denn, daß ich früher fertig werde.*
geschweigen [ahd. giswigen], *(ganz) zu g.,* ⚔ ohne etwas anderes zu erwähnen. **geschwiegen,** von schweigen.
geschwind [mhd. geswinde], schnell, behend. **Geschwindigkeit** *die, -/-en,* **1)** Physik: der bei gleichförmiger Bewegung in der Zeiteinheit zurückgelegte Weg. **2)** Schnelligkeit, Tempo: *mit affenartiger, hoher G.,* U sehr schnell. **Geschwindigkeitsbegrenzung** *die: (keine) G. auf Autobahnen.* **Geschwindigkeitsmesser** *der,* Tachometer.
Geschwister [ahd. giswestar, zu Schwester], **1)** *Pl.,* Brüder und Schwestern: *das Geschwisterpaar,* Bruder und Schwester. **2)** *das, -s,* Biologie, Statistik: ein Geschwisterteil. **Geschwisterkind** *das,* Neffe oder Nichte. **geschwisterlich,** Geschwister betreffend.
geschwollen, 1) von schwellen. **2)** Ü prahlerisch, sich aufspielend: *tu, rede nicht so g.!*
geschwommen, von schwimmen.
geschworen, 1) von schwören. **2)** Ü überzeugt: *er ist ein geschworener Feind der Aufklärung.* **Geschworene** [mhd. gesworne] *der, die, -n/-n, ein -r, eine -,* **1)** früher Laienrichter des Schwurgerichts (jetzt: Schöffe). **2)** ⚒ Bergrevierbeamter. **3)** *niederdt.:* Mitglied des Deichvorstandes.
Geschwulst [ahd. giswulst, zu schwellen] *die, -/̈-e,* ⚕ **1)** allgemein: Schwellung eines Körpergewebes. **2)** krankhafte Gewebeneubildung: *gutartige, bösartige G.*
geschwunden, von schwinden.
geschwungen, 1) von schwingen. **2)** bogig, gekrümmt: *geschwungene Linien.*
Geschwür [ahd. giswer, zu schwären] *das, -(e)s/-e,* ⚕ schlecht heilender Haut- oder Schleimhautdefekt: *Geschwürbildung; ein G. im sozialen Gefüge,* Ü länger andauernder Mißstand. **geschwürig.**
Ges-Dur *das,* Zeichen: Ges, ♪ eine Tonart.
gesegnen [ahd. giseganon], *ich gesegne (habe gesegnet) ihn, es,* ⚔ segne.
Geseire [jidd. die g'séjre, Pl. g'séjress ›böses Verhängnis‹, bes. ›judenfeindl. Gesetz‹, hebr. g'sera] *das, -s,* klagendes Gerede und Gejammer.
geselcht [zu selchen], *oberdt.:* geräuchert und gepökelt. **Geselchte** *das, -n, ohne Artikel: -s,* geräuchertes und gepökeltes Schweinefleisch.
Gesell [ahd. gisell(i)o, eigtl. ›Saalgenosse‹] *der, -en/-en,* ⚔ Geselle: *ein fahrender G.,* P umherziehender Handwerksbursche. **Geselle** *der, -n/-n,* **1)** Handwerker, der die Ausbildungszeit mit der Gesellenprüfung beendet hat. **2)** P Bursche: *ein lustiger, wüster G.* **3)** Gefährte. **gesellen,** *ich geselle (habe gesellt) mich ihm,* P schließe mich ihm an. **Gesellenbrief** *der,* Prüfungsurkunde des Gesellen. **Gesellenstück** *das,* vom

Prüfling bei der Gesellenprüfung herzustellender Gegenstand. **gesellig, 1)** gern unter Menschen, Gesellschaft suchend: *er ist (nicht) sehr g.* **2)** unterhaltsam: *ein geselliger Abend.* **3)** in Herden lebend (Tier). **Geselligkeit** *die, -/-en,* **1)** ohne Pl., Umgang, Verkehr mit anderen Menschen. **2)** geselliges Beisammensein. **Gesellschaft** *die, -/-en,* **1)** ein Zusammenschluß von Menschen, z. B. mit gemeinsamer Kultur und gemeinsamen Zielsetzungen: *Gesellschaftsstrukturen.* **2)** Biologie: Biozönose, Lebensgemeinschaft. **3)** (vertragsmäßige) Vereinigung mehrerer Personen zur Erreichung eines gemeinsamen Zweckes: *G. mit beschränkter Haftung,* Abk.: GmbH, eine Form der Handelsgesellschaft. **4)** ohne Pl., die geselligen Verkehr als maßgebend Geltenden: *er gehört zur G.* **5)** geladener Kreis, Abendzusammenkunft: *wir geben heute eine G.; wir haben uns auf einer G. kennengelernt.* **6)** ohne Pl., Begleitung, Umgang: *ich leiste dir G.; sie ist in schlechter G.* **Gesellschafter** *der, -s/-,* **Gesellschafterin** *die, -/-nen,* **1)** Teilhaber(in). **2)** unterhaltsamer Mensch: *er ist ein guter Gesellschafter.* **3)** ⚔ Reisebegleitung u. a. **gesellschaftlich,** *gesellschaftliche Formen.* **Gesellschaftskritik** *die, -,* krit. Reflexion über Mängel der Rechts- und Sozialordnung. **Gesellschaftslehre** *die,* Soziologie. **Gesellschaftsordnung** *die,* Struktur einer Gesellschaft. **Gesellschaftsreise** *die,* von einem Unternehmen veranstaltete Reise für eine Gruppe von Menschen. **Gesellschaftsspiel** *das,* Unterhaltungsspiel in größerem Kreis. **Gesellschaftstanz** *der,* die Gesamtheit der Tanzformen, die gesellschaftl. Festen getanzt werden. **Gesellschaftswissenschaften,** *Pl.,* Sozialwissenschaften.
Gesenk [zu senken] *das, -(e)s/-e,* **1)** Formwerkzeug mit Hohlform zum Pressen, Schmieden u. a., ABB. G 17. **2)** ⚒ ein von oben nach unten abgeteufter Blindschacht.
gesessen, von sitzen.
Gesetz [ahd. gisezzida, zu (fest)setzen] *das, -es/-e,* **1)** Ordnungsregel, die dem Seienden oder Geschehenden innewohnt oder vorschreibt, was geschehen soll: *das G. des freien Falles; die Gesetze der Poetik.* **2)** ⚖ jede Rechtsnorm: *im Namen des Gesetzes. . .; Gesetzentwurf; Gesetzesinitiative.* **3)** B die zehn Gebote. **Gesetzblatt** *das,* zentrales Amtsblatt zur Veröffentlichung der Gesetze. **Gesetzbuch** *das,* einen Teil des Rechts erschöpfendes Gesetz. **Gesetzeskraft** *die, -,* Verbindlichkeit eines Gesetzes: *der vorgelegte Gesetzentwurf hat G. erlangt.* **gesetzgebend,** Gesetze vorschlagend und erlassend. **Gesetzgeber** *der,* gesetzgebende Gewalt. **Gesetzgebung** *die, -,* das Erlassen von Gesetzen: *der Bundespräsident erklärt den Gesetzgebungsnotstand.* **gesetzlich. gesetzlos,** ohne Gesetz. **Gesetzlosigkeit** *die, -.* **gesetzmäßig, 1)** nach dem Gesetz. **2)** regelmäßig ablaufend: *in gesetzmäßiger Folge.* **Gesetzmäßigkeit** *die, -.* **gesetzt, 1)** von setzen. **2)** U ruhig, besonnen. **3)** *g. daß. . ., g. den Fall. . .,* unter der Annahme, daß . . .; *wenn . . . gesetztenfalls,* angenommen, daß. **Gesetztheit** *die, -,* Ü Besonnenheit, gesetztes Wesen. **gesetzwidrig,** dem Gesetz nicht entsprechend, ungesetzlich: *gesetzwidrige Handlungen.* **Gesetzwidrigkeit** *die, -/-en.*
Gesicht [ahd. gesiht] *das, -(e)s/-er,* **1)** Antlitz, vordere Fläche des Kopfes, begrenzt durch Haaransatzlinie, Schläfen, Ohren und Hals, ABB. M 12, P 9: *ein blasses, hübsches, rundes, verärgertes G.; er hat es mir ins G. gesagt,* ohne Scheu (etwas Unangenehmes); *das schlägt der Wahrheit ins G.,* Ü ist eine offenkundige Lüge; *das steht dir gut zu G., kleidet dich; er hat*

sein wahres G. gezeigt, Ü gezeigt, wie er wirklich ist; sie war ihrem Vater wie aus dem G. geschnitten, sah ihm sehr ähnlich; die Angst stand ihm ins G. geschrieben, man sah ihm an, daß er Angst hatte. 2) Gesichtsausdruck, Grimasse: er schnitt, zog ein G. 3) Aussehen: dadurch bekommt die Sache ein anderes G., Ü; sie hat das G. verloren, Ü an Ansehen eingebüßt; er wollte das G. wahren, Ü den äußeren Schein aufrechterhalten. 4) Gesichtssinn, Sehvermögen: es kommt mir zu G., ich bekomme es zu sehen. 5) Pl. -e, überirdisch wirkende Erscheinung, Vision: sie hat Gesichte, das Zweite G. **Gesichtsfeld** das, der im unbewegtem Auge übersehbare Raum. **Gesichtskreis** der, 1) Horizont. 2) Ü geistige Weite eines Menschen. **Gesichtspunkt** der, Anschauungsweise, Möglichkeit der Betrachtung: es kommt auf den G. an; neue Gesichtspunkte haben sich ergeben. **Gesichtssinn** der, -(e)s, Sehvermögen. **Gesichtswinkel** der, 1) ein Vergleichsmaß in der Anthropologie. 2) der Winkel, unter dem man einen Gegenstand beobachtet.

Gesims [mhd. gesimeze] das, -es/-e, waagerechtes, vorspringendes Bauglied an Wänden, ABB. G 17, S 27, A 9.

Gesinde [ahd. gisindi] das, -s/-, 1) Knechte und Mägde des Bauern. 2) ✥ Dienerschaft. **Gesindel** das, -s, verächtlich für Menschen außerhalb gesellschaftlicher Normen oder Gesetze, Verbrecher: Lumpengesindel.

gesinnt [mhd. gesinnet], eingestellt, mit einer bestimmten Gesinnung: er ist anders g., aber: ein andersgesinnter Mensch, ein Andersgesinnter; er mir übelgesinnter Mensch; sie ist ihm gut, schlecht g. **Gesinnung** die, -/-en, Einstellung, sittliche Grundhaltung des Menschen. **gesinnungslos**, ohne Grundsätze. **Gesinnungslosigkeit** die, -. **Gesinnungslump** der, Ü gesinnungsloser Mensch.

gesittet [mhd. gesitet], gut erzogen, Sitte und Anstand entsprechend, kultiviert, gebildet. **Gesittung** die, -.

Gesocks das, -s, Ü derb: Gesindel.

Gesöff das, -(e)s/-e, Ü (schlecht schmeckendes) Getränk.

gesoffen, von saufen.

gesogen, von saugen.

gesondert, einzeln, für sich: g. verpackt.

gesonnen, 1) von sinnen. 2) ich bin g., es zu tun, beabsichtige es.

gesotten, von sieden.

Gespan [mhd. gespan] der, -(e)s/-e oder -en/-en, ✥ Mitarbeiter, Gefährte.

Gespann [mhd. gespan], 1) zusammengespannte Zugtiere. 2) Fuhrwerk mit Zugtieren. 3) Ü Paar: die beiden geben ein gutes G. ab. 4) altes Feldmaß.

gespannt, 1) von spannen. 2) straff. 3) auf etwas, Ü neugierig. 4) uneinig, feindselig: zwischen ihnen herrschen gespannte Beziehungen. **Gespanntheit** die, -.

g(e)spaßig, oberdt.: lustig, spaßig.

Gespenst [ahd. (gi)spanst ›Verführung‹, zu spanan ›locken‹] das, -es/-er, 1) Spukgestalt, Erscheinung eines Verstorbenen: er sieht aus wie ein G., bleich und hohlwangig. 2) Trugbild: du siehst Gespenster, das bildest du dir nur ein. 3) Ü drohende Gefahr: das G. der Armut, des Hungers; das G. des Krieges geht um. **Gespenstergeschichte** die, Spukgeschichte. **gespensterhaft**, **gespenstern**, es gespenstert (hat gespenstert), spukt. **gespenstig**, **gespenstisch**, gespensterhaft.

Gesperre [mhd. gesperre] das, -s/-, 1) ⊙ Hemmvorrichtung, Sperrwerk. 2) ♈ Henne mit Jungen bei Fasanen, Auer-, Birk- und Haselhühnern.

gespickt, 1) mit Speckstreifen durchzogen: gespickter Hasenbraten. 2) Ü sehr voll (Geldtasche, Brieftasche).

gespie(e)n, von speien.

Gespiele [mhd. gespile] der, -n/-n, **Gespielin** die, -/-nen, Spielgefährte: Jugendgespielin.

Gespinst [mhd. gespunst, zu spinnen] das, -es/-e, etwas Gesponnenes, z. B. Garn, Fadengebilde mancher Spinnen, Tausendfüßer und Insekten: ein G. aus Lügen, Lügengespinst, Ü ein vielen Lügen aufgebaute Darstellung.

gesplissen, von spleißen.

gesponnen, von spinnen.

Gespons [mhd. gespunse, zu lat. sponsus, sponsa ›der, die Verlobte‹], 1) der, -es/-e, P Verlobter, Ehemann: Ehegespons. 2) das, -es/-e, P Verlobte, Ehefrau.

Gespött [mhd. gespötte] das, -(e)s, 1) Spott, Hohn. 2) Gegenstand des Spottes: du machst dich zum G. der Leute, machst dich lächerlich.

Gespräch [ahd. gasprahhi] das, -(e)s/-e, 1) Unterhaltung, längerer Wechsel von Rede und Gegenrede: er brachte das G. auf sie; ich erfuhr es im G.; ein G. unter vier Augen.

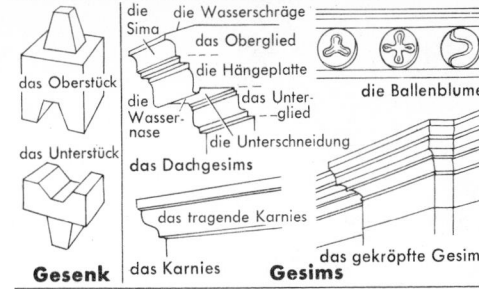

die Sima
die Wasserschräge
das Oberglied
die Hängeplatte
das Oberstück
die Ballenblume
die Wassernase
das Unterglied
das Unterstück
die Unterschneidung
das Dachgesims
das tragende Karnies
Gesenk | das Karnies | **Gesims** das gekröpfte Gesims

2) Gegenstand des öffentl. Geredes: Tagesgespräch. 3) Fernsprechverbindung: ich melde ich G. nach Sydney an; Ferngespräch; Ortsgespräch. **gesprächig**, mitteilsam. **Gesprächigkeit** die, -. **Gesprächspartner** der. **Gesprächsstoff** der, Inhalt eines Gesprächs. **gesprächsweise**, in einem Gespräch. **Gesprächszähler** der, jeder Rufnummer zugeordnete Zähleinrichtung zur Erfassung der Fernsprechgebühren.

gespreizt, 1) von spreizen. 2) Ü unnatürlich, geziert (Benehmen, Rede). **Gespreiztheit** die, -.

Gesprenge das, -s/-, ein Aufbau über spätgot. Altären.

gesprenkelt, mit kleinen Flecken versehen, ABB. M 26.

Gespritzte der, -n, ohne Artikel: -r, österr., süddt.: Wein mit Sodawasser.

gesprochen, von sprechen.

gesprossen, von sprießen.

gesprungen, von springen.

Gespür [mhd. gespür, zu Spur] das, -s, Gefühl: er hat (kein) G. dafür, empfindet das (nicht).

G(e)spusi [vgl. Gespons] das, -s/-, oberdt.: Geliebte(r), Schatz.

Gest [zu gären] der, -(e)s oder die, -, niederdt.: Backhefe.

gest., Abk. für: gestorben.

Gestade [mhd. gestat] das, -s/-, P Küste, Strand, Ufer.

Gestagen [lat. gestare ›tragen‹ und vgl. . . .gen] das, -s/-e, ein Geschlechtshormon.

Gestalt [mhd. gestalt, zu stellen] die, -/-en, 1) ohne Pl., Aussehen, äußere Form, Erscheinung, Körperbeschaffenheit: von großer, hagerer, stattlicher G.; ein Fabelwesen in Menschengestalt; seine Pläne nahmen (feste) G. an, gewannen allmählich G., entwickelten sich. 2) historische oder literarische Persönlichkeit: die G. Wallensteins; die Hauptgestalt seines Romans; Sagengestalt. . . ., **gestalt**, in bestimmter Weise von Natur aus beschaffen: mißgestalt; wohlgestalt. **gestalten**, ich gestalte (habe gestaltet) 1) gebe ihm feste Gestalt, bilde, lege fest: er gestaltet das Programm allein. 2) es gestaltet sich, entwickelt sich, wird: die Sache hat sich äußerst ungünstig gestaltet. **Gestalter** der, **Gestalterin** die, -/-nen, jemand, der etwas gestaltet, einer Sache Form gibt: Raumgestalter, Innenarchitekt. **gestaltlos**, formlos. **Gestaltlosigkeit** die, -. **Gestaltung** die, -/-en, 1) ohne Pl., Formgebung, künstlerisches Schaffen. 2) das Gestaltete.

Gestammel das, -s, anhaltendes Stammeln, stockende Redeweise: aus seinem hilflosen G. wurde ich nicht schlau.

gestanden, 1) von stehen. 2) von gestehen. 3) ein gestandener Mann [mhd. gestanden ›erwachsen‹, ›erfahren‹], Ü reifer, gesetzter Mann. **geständig** dessen, eine Schuld zugebend.

Geständnis das, -ses/-se, Mitteilung einer Schuld, einer Neigung: das G. des Täters; das G. seiner Liebe.

Gestänge das, -s/-, ⊙ Gefüge von Stangen, besonders zur Kraftübertragung, ABB. R 13.

Gestank [mhd. gestanc] der, -(e)s, übler Geruch.

Gestapo [mhd. gestanc] der, -, Abk. für: Geheime Staatspolizei, die polit. Polizei in der Zeit des Nationalsozialismus.

gestatten [ahd. gistaton], ich gestatte (habe gestattet) es ihm, erlaube, bewillige: gestatten Sie? bitte lassen Sie mich bitte vorbeigehen, darf ich es nehmen, sehen (Höflichkeitsformel); hier ist Rauchen nicht gestattet.

Geste [lat. gestus, zu gerere ›ausüben‹] die, -/-n, 1) Bewegung der Arme und Hände: eine pathetische G.; eine gestenreiche Rede. 2) unverbindliche Höflichkeitsform: die Frage war nur eine G. der Höflichkeit.

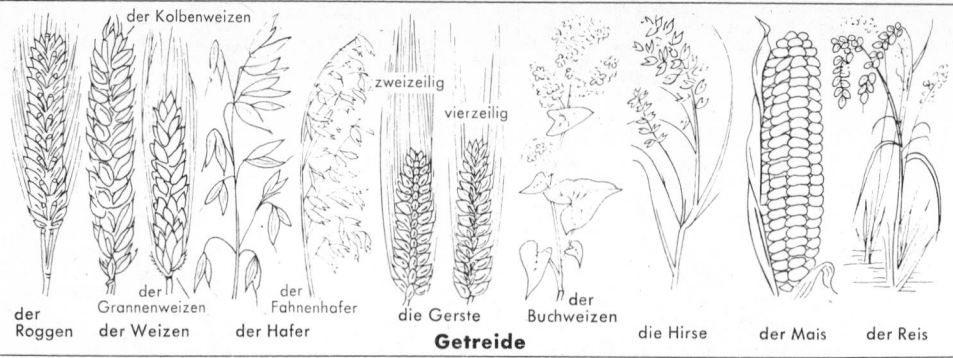

der Kolbenweizen
zweizeilig
vierzeilig
der Grannenweizen · der Fahnenhafer · der Buchweizen
der Roggen · der Weizen · der Hafer · die Gerste · die Hirse · der Mais · der Reis

Getreide

Gesteck das, -(e)s/-e, **1)** Arrangement gesteckter Blumen: *Blumengesteck.* **2)** bes. österr.: Hutschmuck (aus Federn).

gestehen [ahd. gistan, zu stehen], *ich gestehe (habe gestanden) es ihm,* mache ein Geständnis, gebe zu, bekenne (Gefühle, eine Tat, ein Unrecht): *offen gestanden, . . . , ehrlich gesagt, . . .* **Gestehungskosten,** *Pl.,* Kosten der Herstellung.

Gestein [mhd. gesteine] *das, -(e)s/-e,* homogenes Mineralaggregat, das selbständige geolog. Körper bildet: *Gesteinskunde.* **Gesteinsglas** *das,* ein glasiges Gestein, entstanden bei schneller Abkühlung von Lava, z. B. Obsidian.

Gestell [ahd. gistelli, zu stellen] *das, -(e)s/-e,* **1)** Stützungsteile, Unterbau, Rahmen, an dem andere Teile befestigt sind: *Bettgestell; Büchergestell.* **2)** ⚘ Schneise. **3)** ☉ unterer Teil des Hochofens, Abb. H 20. **4)** U (hagerer) Körperbau: *ein langes, dürres G.* **Gestellung** *die, -/-en,* Vorstellung zum Wehrdienst oder zur Zolluntersuchung. **Gestellungsbefehl** *der,* Aufforderung zum Antritt des Wehrdienstes.

gestern [ahd. gesteren], am Tag vor heute: *g. abend, morgen, nacht; er ist nicht von g.,* U er läßt sich nichts vormachen, ist schlau. **Gestern** *das, -,* Vergangenheit.

gestiefelt, mit Stiefeln bekleidet: *g. und gespornt,* U bereit zum Aufbruch; *der Gestiefelte Kater,* eine Märchengestalt.

gestiegen, von steigen.

gestielt, mit Stiel versehen, z. B. Abb. B 34.

Gestik [zu Geste] *die, -,* Gesamtheit der Gesten: *Mimik und G. des Schauspielers.* **Gestikulation** *die, -/-en,* Gebärdenspiel: *eine lebhafte G.* **gestikulieren,** *ich gestikuliere (habe gestikuliert).*

Gestirn [ahd. gistirni, zu Stern] *das, -(e)s/-e,* Himmelskörper, Sonne, Mond oder Stern. **gestirnt,** mit Sternen bedeckt: *der gestirnte Himmel.*

gestoben, von stieben. **Gestöber** *das, -s/-,* Schneefall bei heftigem Wind: *Schneegestöber.*

gestochen, von stechen.

gestockt, oberdt.: sauer, dick: *gestockte Milch.*

gestohlen, von stehlen: *er (das) kann mir g. bleiben,* U ich will nichts von ihm (davon) wissen.

Gestör *das, -(e)s/-e,* Floßholz, Teil des Floßes.

gestorben, Abk.: gest., von sterben.

Gestose [Kurzw. aus Gestationstoxikose zu lat. gestare ›tragen‹ und grch. toxikon ›Pfeilgift‹] *die, -/-n,* ⚕ durch die Schwangerschaft hervorgerufene oder begünstigte Erkrankung bei Schwangeren.

Gestoß *das, -es/-e, schweiz.:* Vorderteil des Pfluges.

gestoßen, von stoßen.

Gesträuch [mhd. gestriuche] *das, -(e)s/-e,* Gebüsch, Strauchwerk, Dickicht.

gestreift, mit Streifen versehen: *das Kleid ist blau g., blau und gelb g.;* aber: *ein blaugestreiftes Kleid.*

gestreng [mhd. gestrenge ›tapfer‹, ›streng‹], ⚭ streng: *die Gestrengen Herren,* die Eisheiligen.

gestrichelt, von stricheln: *gestrichelte Linie,* Abb. L 14.

gestrichen, 1) von streichen. **2)** *g. voll,* bis zum Rand gefüllt.

Gestrick *das, -(e)s/-e,* etwas Gestricktes, Strickware.

gestrig, von gestern: *vom gestrigen Tag.*

gestritten, von streiten.

Gestrüpp [zu struppig, sträuben] *das, -(e)s/-e,* dichtes Buschwerk, Dickicht.

306

Gestüb(b)e [mhd. gestüppe, zu Staub] *das, -s,* Gemisch aus Koksrückstand und Lehm. **Gestüber** *das, -s,* ⚘ Kot und Federn der Hühnervögel (ohne Auerwild).

Gestühl [mhd. gestüele, zu Stuhl] *das, -(e)s/-e,* (in Reihen zusammenhängende) Stühle eines Raumes: *Chorgestühl.*

gestunken, von stinken.

G(e)stürm *das, -(e)s, schweiz.:* aufgeregtes Tun oder Reden, Gedränge.

Gestüt [mhd. stuot ›Pferdeherde‹, zu Stute] *das, -(e)s/-e,* Anstalt zur Pferdezucht.

Gesuch [mhd. gesuoch ›Erwerb‹, ›Gewinn‹, ›Spüren auf Wild‹] *das, -(e)s/-e,* Eingabe an eine Behörde, schriftl. Bitte. **Gesuchsteller** *der, -s/-,* K jemand, der ein Gesuch einreicht. **gesucht, 1)** von suchen. **2)** U geziert, gekünstelt (Vergleich, Redeweise). **3)** U begehrt: *ein gesuchter Arzt.*

gesund, gesünder, am gesündesten; selten: gesunder, am gesundesten [ahd. gisunt], **1)** voll leistungsfähig, frei von Krankheiten (Körper), frisch, wohl: *ein gesundes Aussehen; du mußt g. werden; der Arzt hat mich g. geschrieben; g. und munter.* **2)** förderlich, zuträglich, die Gesundheit verbessernd oder erhaltend (Lebensweise, Nahrung, Klima). **3)** U vernünftig, den menschlichen Erfordernissen angemessen: *sie hat gesunde Ansichten.* **gesundbeten,** *ich bete ihn gesund (habe gesundgebetet).* **Gesundbeter** U jemand, der durch wunderhaft wirkende Mittel Kranke zu heilen vermeint. **Gesundbrunnen** *der,* **1)** Heilquelle. **2)** U Quelle der Kraft, Jugend. **gesunden,** *ich gesunde (bin gesundet),* **1)** gesunde, werde gesund. **2)** *es gesundet,* U erholt sich: *die Wirtschaft muß wieder gesunden.* **Gesundheit** *die, -,* Zustand des Gesundseins: *Rauchen schadet der G.* **gesundheitlich:** *mache mich gesund (habe mich gesundgemacht),* U erlange Vermögen: *er hat sich mit dem Gebrauchtwagenhandel gesundgemacht;* aber: *der Arzt wird ihn gesund machen.* **gesundschrumpfen,** *die Firma schrumpft sich gesund (hat sich gesundgeschrumpft),* sucht durch Verkleinerung des Betriebes wirtschaftlich rentabler zu arbeiten. **gesundstoßen,** *ich stoße mich gesund (stieß mich gesund, habe mich gesundgestoßen),* U erlange Vermögen. **Gesundung** *die, -,* Wiedererlangung der Gesundheit.

gesungen, von singen.

gesunken, von sinken.

get., Abk. für: getauft.

Getäfel [mhd. getevele, zu Tafel] *das, -s,* Täfelung.

getan, von tun.

Getier [mhd. getier] *das, -(e)s,* eine Anzahl von (kleinen) Tieren.

getigert, gestreift wie das Fell des Tigers.

Getöse [mhd. gedœze, zu tosen] *das, -s,* großer Lärm.

getragen, 1) von tragen. **2)** U langsam, ernst (Melodie, Tempo eines musikalischen Vortrags).

Getränk [mhd. getrenke, zu Trank] *das, -(e)s/-e,* Flüssigkeit zum Trinken: *alkoholische Getränke; Fruchtgetränk; Getränkeautomat; Getränkekarte; Getränkesteuer.*

getrauen [ahd. gitruwen], *ich getraue (habe getraut) mich (seltener mir), es zu tun,* wage: *ich g. mich (mir) das nicht; ich g. mich nicht zu ihm.*

Getreide [mhd. getregede ›was der Erdboden trägt‹] *das, -s/-,* Kulturpflanzen mit stärkemehlreichen Kornfrüchten wie

Gerste, Weizen, Roggen, Hafer, ABB. G 18: *Getreideanbau; Getreideernte; Getreidekorn; Getreideprodukte.*

getrennt, nicht zusammen: *das muß man g. schreiben; sie sollen g. leben;* aber: **getrenntgeschlechtig,** ◗ ⊕ aufgeteilt in männl. und weibl. Individuen. **Getrenntschreibung** *die,* ÜBERS. Z 12.

getreu [ahd. gitriuwi], **1)** *ihm g.,* ⚭ zuverlässig treu. **2)** genau, wirklichkeitsgemäß, entsprechend (Bericht, Bild, Vorsatz). **Getreue** *der, die, -n/-n, ein -r, eine -,* getreuer, anhänglicher Mensch, Gefolgsmann. **getreulich,** getreu, treu.

Getriebe *das, -s,* **1)** Ü reges Treiben: *im G. der Großstadt.* **2)** Pl. -, ⊚ mechan. Einrichtungen zur Weiterleitung oder Umformung von Bewegung, ABB. K 40: *Getriebeschaden.*

getrieben, von treiben.

getroffen, 1) von treffen. **2)** von triefen.

getrogen, von trügen.

getrost, zuversichtlich, guten Mutes: *man kann g. behaupten, daß . .* **getrösten** [ahd. gitrosten ›trösten‹], *ich getröste* (habe getröstet) *mich dessen,* ⚭ hoffe, vertraue darauf.

getrunken, von trinken.

Getto *das, -s/-s,* Ghetto.

Getue *das, -s,* **1)** geziertes Benehmen, Wichtigtuerei. **2)** U zweckloses Herumwirtschaften.

Getümmel [mhd. getümele] *das, -s,* sich ungeordnet durcheinander bewegende (lärmende) Menge.

getürkt, U geschickt vorgetäuscht: *das ist doch g.!*

Geübtheit *die, -,* Geschicklichkeit durch Übung.

Geuse [frz. gueux ›die Bettler‹] *der, -n/-n,* niederländ. Freiheitskämpfer gegen die span. Herrschaft.

GeV, Abk. für: Gigaelektronenvolt.

Gevatter [ahd. gifatero, Lü. von kirchenlat. compater ›geistl. Mitvater‹] *der, -s/-n,* **Gevatterin** *die, -/-nen,* ⚭ **1)** Taufpate: *er, sie soll bei uns G. stehen.* **2)** Ü Verwandter, Freund, Nachbar, bes. als Anrede. **Gevatterschaft** *die, -,* **1)** Patenschaft. **2)** Verwandtschaft, Freundeskreis. **3)** Klüngel, Clique.

Gevier *das, -s,* ⚭ stützender Rahmen aus Holz oder Stahl zum Ausbau von Hohlräumen (auch beim Tunnelbau). **geviert,** ⚭ **1)** viereckig, quadratisch. **2)** viergeteilt. **Geviert** *das, -(e)s/-e,* **1)** Viereck, Quadrat. **2)** ✄ beim Handsatz verwendetes quadrat. Ausschlußstück. **geviertteilt,** in vier Teile geteilt (im MA. auch Art eine Hinrichtung). **Geviertmeter** *der,* Quadratmeter. **Geviertschein** *der,* ⚹ Stellung der Sonne zum Mond oder einem Planeten in einem Winkel von 90°, von der Erde aus gesehen, ÜBERS. A 22.

Gewächs [mhd. gewahs] *das, -es/-e,* **1)** Pflanze und pflanzliches Erzeugnis: *Wein ist ein edles G.* **2)** ⚕ krankhafte Gewebeneubildung, Geschwulst. **. . .gewächse,** häufige Bez. einer Pflanzenfamilie: *Rosengewächse.* **gewachsen, 1)** von wachsen. **2)** am Ort entstanden: *gewachsener Boden.* **3)** *ich bin ihm g.,* Ü ein ebenbürtiger Gegner. **Gewächshaus** *das,* Raum zur Anzucht und Pflege von Pflanzen, ABB. G 3.

Gewaff *das, -(e)s,* ⚕ **1)** Eckzähne des Keilers. **2)** Greifvogelkrallen. **Gewaffen** [mhd. gewæfen] *das, -s,* P Gesamtheit der Waffen (des Jägers u. a.).

gewagt, 1) von wagen. **2)** bedenklich, gefährlich: *ein gewagtes Abenteuer, Unternehmen.* **Gewagtheit** *die, -.*

gewählt, 1) von wählen. **2)** sorgfältig formuliert, geziert (Sprache): *er drückt sich g. aus.*

gewahr [ahd. giwar, verwandt mit wahren], *ich werde ihn, es (seiner, dessen) g.,* erblicke, bemerke.

Gewähr [zu gewähren] *die, -,* Bürgschaft, Garantie, Sicherheit: *die Durchsage erfolgt wie immer ohne G.*

gewahren [zu gewahr], *ich gewahre* (habe gewahrt) *ihn,* erblicke, bemerke.

gewähren [ahd. giweren], *ich gewähre* (habe gewährt) *es ihm,* **1)** gestehe zu, bewillige, erlaube: *ich g. ihm Aufschub, eine Bitte, Frist.* **2)** *ich lasse ihn gewähren,* tun, was er will. **gewährleisten,** *ich gewährleiste* (habe gewährleistet) *es,* sichere, bürge dafür: *der Erfolg ist gewährleistet;* aber: *ich leiste dafür Gewähr.* **Gewährleistung** *die, -,* **1)** das Gewährleisten. **2)** Mängelhaftung: *Gewährleistungsanspruch.*

Gewahrsam [mhd. gewarsam] *der, -s/-e,* Verwahrung, Obhut: *ich werde es in G. nehmen.* **2)** *das, -s/-e,* Freiheitsentzug: *er ist in polizeilichem G.*

Gewährsmann *der, -(e)s/-er* oder *. . .leute,* jemand, auf dessen Aussage man sich berufen kann. **Gewährung** *die, -.*

Gewalt [ahd. giwalt, zu waltan ›herrschen‹] *die, -/-en,* **1)** Anwendung von Zwang, auch unrechtmäßiges Vorgehen: *mit G. geht das nicht; er wurde mit sanfter G. hinausbefördert; der Frau wurde G. angetan, sie wurde vergewaltigt; unter dem Diktator mußten viele G. erleiden; Gewaltmaßnahmen.* **2)** Macht(bereich), Macht zu herrschen: *elterliche G.; der Tod hat G. über alle; ich stehe in seiner G.; gesetzgebende G.; sie bekamen das Feuer in ihre G.; er hatte sich nicht in der G., konnte sich nicht beherrschen; er rettete sie nur mit Mühe; ein Fall von höherer G., Ereignis, das eigene Entscheidung ausschaltet; mit aller G., U unbedingt.* **3)** elementare Kraft, Wucht: *der Sturm tobte mit aller G.; die G. des Unwetters.* **Gewaltakt** *der,* Anwendung von Gewalt. **Gewaltenteilung** *die,* der Verfassungsgrundsatz, daß Gesetzgebung, Vollziehung und Rechtsprechung von gegenseitig unabhängigen Staatsorganen durchgeführt werden. **Gewalthaber** *der, -s/-,* Herrscher, Machthaber. **Gewaltherrschaft** *die, -,* schrankenlose Herrschaft eines einzelnen. **Gewaltherrscher** *der,* Tyrann, Despot. **gewaltig,** groß, riesenhaft, mächtig. **gewaltlos,** ohne jede Anwendung von Gewalt, mit friedlichen Mitteln. **Gewaltlosigkeit** *die, -:* G. als Form des politischen Widerstandes. **Gewaltmarsch** *der,* Eilmarsch über große Strecken. **gewaltsam,** mit Gewalt(anwendung): *er starb eines gewaltsamen Todes; er wurde umgebracht.* **gewaltsam vollzogene Tat. gewalttätig. Gewalttätigkeit** *die,* rohes, unrechtmäßiges Handeln. **Gewaltverzicht** *der,* Verzicht auf die Anwendung von Gewalt zur Regelung internationaler Streitfragen.

Gewand [mhd. gewant, eigtl. ›das Gewendete‹] *das, -(e)s/-er* und P *-e,* **1)** Kleid, Festkleid, Ornat: *Meßgewand.* **2)** ⚭ Tuch. **3)** Ü Erscheinung(sform): *im G. des Biedermannes.*

Gewände [zu Wand] *das, -s/-,* seitliche Einfassung von Fenstern und Türen, ABB. F 12.

Gewandhaus [eigtl. ›Tuchhalle‹] *das,* ⚭ Lager- und Messebau der Tuchhändler.

gewandt, 1) von wenden. **2)** beweglich, geschickt: *ein gewandter Tänzer.* **3)** Ü verbindlich, weltmännisch: *er besticht durch sein gewandtes Auftreten.* **Gewandtheit** *die, -.*

gewann, von gewinnen.

Gewann [mhd. gewande, zu wenden, eigtl. Ackerbegrenzung, an der der Pflug gewendet werden muß] *das, -(e)s/-e,* **Gewanne** *das, -s/-,* eine Teil eines Bezirks der Gemarkung, der unter mehrere Besitzer streifenförmig aufgeteilt ist.

gewärtig [mhd. gewertec], *ich bin seiner, dessen g.,* erwarte ihn, bin gefaßt auf etwas. **gewärtigen,** *ich gewärtige* (habe gewärtigt) *es,* rechne damit, bin darauf gefaßt: *da hast du noch einiges zu gewärtigen.*

Gewäsch [zu waschen] *das, -es,* U leeres Geschwätz.

G 19

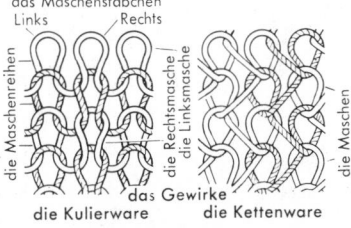
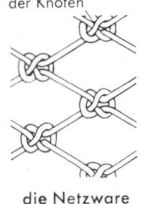
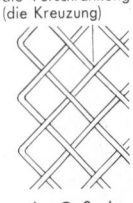

der Kettfaden (die Kette) — der Grundkettfaden (der Grundfaden) — das Maschenstäbchen — Links / Rechts — der Knoten — die Verschränkung (die Kreuzung)

der Drehkettfaden (der Dreherfaden) — die Maschenreihen — die Rechtsmasche / die Linksmasche — die Maschen

der Schußfaden (der Schuß) — der Schußfaden — das Gewirke — die Kulierware — die Kettenware — die Netzware — das Geflecht

das einfache Gewebe — das Drehergewebe

Gewebe und Gewirke (die Textilwaren)

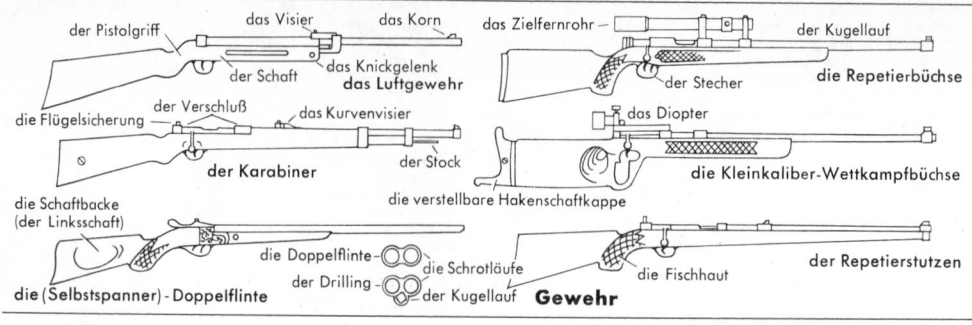

Gewässer [spätmhd. gewezzere] *das, -s/-*, natürl. Ansammlung von Wasser: *fließendes G., Bach, Fluß; stehendes G., Teich, See; Gewässerpflege; Gewässerschutz.*

Gewebe [ahd. giwebi, zu weben] *das, -s/-*, **1)** flächenförmiges Textilzeugnis mit sich kreuzenden Fadensystemen, ABB. G 19. **2)** Biologie: Verband gleichartiger Zellen: *Hautgewebe; Muskelgewebe; Gewebeprobe; Gewebetransplantation; Gewebsflüssigkeit.* **3)** P verflochtenes, schwer durchschaubares Gefüge: *das G. seiner Lügen; Lügengewebe.*

geweckt, 1) von wecken. **2)** Ü geistig rege, klug: *ein gewecktes Kind.* **Geweckheit** *die, -.*

Gewehr [ahd. giwer, zu werian ›wehren‹] *das, -(e)s/-e*, **1)** eine Handfeuerwaffe, ABB. G 20: *Gewehrfeuer; Gewehrkolben*, ABB. K 34. **2)** ⚔ Hauer, Eckzahn im Unterkiefer des Keilers, ABB. S 43.

Geweih [mhd. gewige, verwandt mit Geäst] *das, -(e)s/-e*, knöcherne Stirnwaffen der meisten Hirscharten, ABB. G 21. **geweihti,** von weihen.

Gewende [vgl. Gewann] *das, -s/-*, **1)** Ackergrenze. **2)** Ackerstück (altes Längen-, später auch Flächenmaß).

Gewerbe [mhd. gewerbe, zu werben] *das, -s/-*, **1)** Be- und Verarbeitung von Rohstoffen. **2)** auf Erwerb gerichtete berufsmäßige Tätigkeit: *er betreibt, treibt ein G.; Gewerbeordnung.* **3)** *das, -/-,* schweiz.: Bauernhof. **Gewerbeaufsicht** *die,* Überwachung der gesetzl. Vorschriften über den Arbeitsschutz. **Gewerbefreiheit** *die,* das Recht, jedes Gewerbe oder jeden Beruf zu betreiben, soweit keine gesetzl. Ausnahmen gelten. **Gewerbelehrer** *der,* Lehrer an gewerbl. oder hauswirtschaftl. Berufs- oder Berufsfachschulen. **Gewerbetreibende** *der, die, -n/-n, ein -r, eine -,* jemand, der ein Gewerbe betreibt. **gewerblich. gewerbsmäßig,** als Gewerbe betrieben.

Gewerk [mhd. gewerke] *das, -(e)s/-e,* **1)** Handwerk, Zunft. **2)** P ⚒ Werk. **Gewerke** *der, -n/-n,* Mitglied einer Bergbaugenossenschaft. **Gewerkschaft** *die, -/-en,* **1)** Vereinigung von Arbeitnehmern zur Vertretung ihrer Interessen: *Gewerkschaftsbewegung; Gewerkschaftsbund.* **2)** ein Bergwerksunternehmen. **Gewerkschaft(l)er** *der, -s/-,* Mitglied einer Gewerkschaft. **gewerkschaftlich,** *er ist g. organisiert.*

Gewese *das, -s/-,* niederdt.: **1)** großer Hof. **2)** ohne Pl., U umständliches Getue, Gehabe: *er macht viel G. um sich.*

gewesen, von sein, ÜBERS. S 47.

gewichen, von weichen.

Gewicht [Nebenform von Geweih] *das, -(e)s/-er,* ⚔ Rehgehörn.

Gewicht [mhd. gewihte, zu wägen] *das, -(e)s/-e,* **1)** urspr. auf der Waage bestimmte Masse: *Gewichtsangabe; Gewichtszunahme; Körpergewicht.* **2)** ein Körper, der beim Wiegen als Vergleichsmaß dient; vgl. ABB. M 8. **3)** Physik: die im Schwerefeld der Erde auf einen Körper wirkende Kraft: *Gewichtskraft.* **4)** Ü Wichtigkeit, Bedeutung: *eine Nachricht von G.; das fällt ins G.,* beeinflußt wesentlich eine Entscheidung; *ich lege einer Sache G. bei,* lege Wert darauf, betone es. **5)** Pferdesport: Gewicht von Reiter, Sattel und Decke. **Gewicht(e)l** *das, -s/-,* ⚔ Gehörn des Rehbocks. **gewichten,** *ich gewichte* (habe gewichtet) *es,* berücksichtige Berechnungswerte nach ihrer Bedeutung oder Häufigkeit. **Gewichtheber** *der,* ⚔ Schwerathlet, der schwere Gewichte hebt. **gewichtig,** Ü bedeutend, sehr ernst zu nehmen: *eine gewichtige Entscheidung; gewichtige Worte.* **2)** volles Gewicht auf-

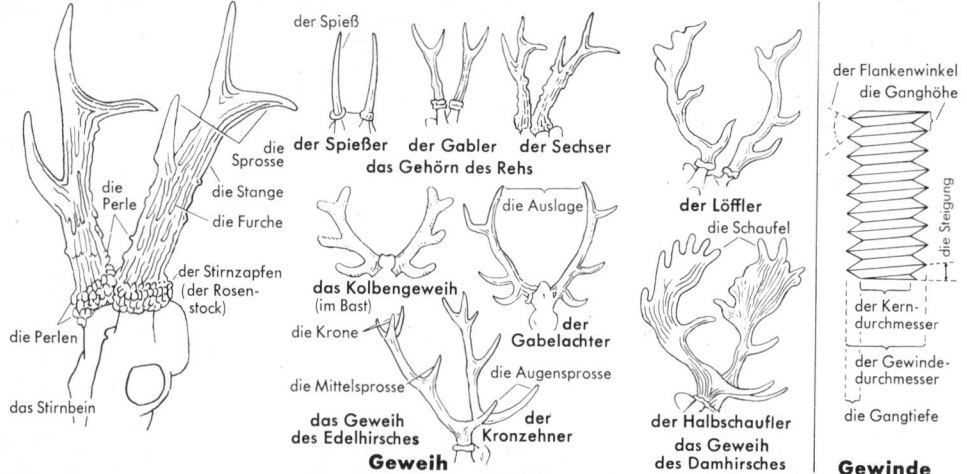

das Tonnengewölbe · das Kappengewölbe · das Muldengewölbe · das Kreuzgewölbe · das Sterngewölbe · der Gurtbogen · der Schlußstein · die Rippe · die Kappe · die Kappe · das Klostergewölbe · der Zwickel · der Kämpfer · der Schildbogen · das Joch · die Wange · das Spiegelgewölbe · die Hängekuppel · der Pfeiler

Gewölbe

weisend (Münze). **Gewichtigkeit** die, -. **Gewichtsklassen,** Pl., ✠ Einteilung der männl. Wettkämpfer nach dem Körpergewicht. **Gewichtung** die, -.

gewieft [vgl. vif], Ü schlau, gerissen.

gewiegt, 1) von wiegen. **2)** Ü erfahren, schlau.

gewiesen, von weisen.

gewillt [mhd. gewillec], ich bin g., es zu tun, willig, bereit.

Gewimmel [mhd. gewimmel] das, -s, Durcheinander vieler Lebewesen, Gewühl: Menschengewimmel.

Gewinde [zu winden] das, -s/-, **1)** eine schraubenlinienförmig geschnittene Kerbe an zylindr. Körpern, ABB. G 21: Schraubengewinde. **2)** Geflecht, Kranz: Blumengewinde.

Gewinn [ahd. giwin] der, -(e)s/-e, **1)** Nutzen, Ausbeute, Ertrag: das Haus wirft keinen G. ab; ich habe das Buch mit G. gelesen; ich ziehe (keinen) G. daraus; das bringt G., aber: gewinnbringend. **2)** ◇ Überschuß des Ertrags über den Aufwand: Gewinn- und Verlustrechnung. **3)** Preis, Treffer (bei einer Ausspielung): Lottogewinn. **Gewinnbeteiligung** die, Anteil der Arbeitnehmer am Gewinn eines Unternehmens. **gewinnen** [ahd. giwinnan], ich gewinne (gewann, habe gewonnen), **1)** an etwas, werde wirkungsvoller, schöner: sie hat in letzter Zeit sehr gewonnen, sich zu ihrem Vorteil verändert; sie gewinnt bei näherer Bekanntschaft; er hat an Ansehen gewonnen. **2)** a, erreiche, erwerbe, bekomme: damit kannst du keine Reichtümer gewinnen; er gewann die Überzeugung, Vorteile, Ü; wie gewonnen, so zerronnen, Ü. **3)** es, baue ab, fördere, erzeuge, stelle her (Bodenschätze, Naturprodukte): hier wird Steinkohle gewonnen; man will verstärkt Sonnenenergie gewinnen. **4)** ein Kampf, siege darin. **5)** ihn für etwas, zu etwas, bringe ihn auf meine Seite, für meine Meinung. **6)** es über mich, tue es trotz innerer Widerstände. **7)** sie hatte bei ihm gewonnenes Spiel, Ü erreichte ihr Ziel. **8)** erziele einen Treffer: sie hat im Lotto gewonnen. **gewinnend,** liebenswürdig. **Gewinner** der, -s/-, Sieger, jemand, der ein Spiel, eine Wette gewinnt, einen Treffer in der Lotterie erzielt hat. **Gewinnspanne** die, Differenz zwischen Kosten und Verkaufserlös einer Periode. **Gewinnsucht** die, rücksichtsloses Streben nach Besitz. **gewinnsüchtig. Gewinnung** die, -: Erdölgewinnung. **gewinnt:** es -es/-e, ⚒ Gewinn.

Gewirk [mhd. gewürke, zu wirken] das, -(e)s/-e, **Gewirke** das, -s/-, durch Maschenbildung entstandenes Textilerzeugnis, ABB. G 19. **gewirkt, 1)** von wirken. **2)** durch Maschenbildung entstanden (Textilerzeugnis).

Gewirr das, -(e)s, **1)** undurchdringliches Knäuel: ein G. von Fäden. **2)** Durcheinander: Stimmengewirr.

gewiß [ahd. giwis], **1)** sicher, unbezweifelbar: der Sieg ist ihm g.; du kommst g. zu spät. **2)** seiner, dessen, fest überzeugt vom Wert und Erfolg. **3)** nicht genau bestimmbar oder (aus Schicklichkeitsgründen) nicht näher bezeichnet: ein gewisser Jemand; ein gewisses Etwas; in gewissen Punkten stimmen wir überein; in gewisser Beziehung hast du recht. **4)** als zustimmende Antwort: ganz g.!, zweifellos, bestimmt! **Gewissen** [ahd. gewizzeni] das, -s, das persönl. Bewußtsein vom sittlichen Wert oder Unwert des eigenen Verhaltens, die Fähigkeit zur moralischen Selbstbeurteilung: mich plagt, mir schlägt das G.; das können Sie mit gutem G. tun, ohne Bedenken; das hat er auf dem G., daran ist er schuld; ich mußte ihm ins G. reden, Vorhaltungen machen; nach bestem Wissen und G., so gut wie irgend möglich; Gewissensentscheidung; Gewissensfreiheit.

gewissenhaft, genau, zuverlässig. **Gewissenhaftigkeit** die, -. **gewissenlos,** verantwortungslos, rücksichtslos. **Gewissenlosigkeit** die, -. **Gewissensbisse,** Pl., Schuldgefühl, Selbstvorwürfe: ich bekomme, fühle, habe G. **Gewissensfrage** die, eine persönl. Stellungnahme verlangende Frage. **Gewissenskonflikt** der, Widerstreit zweier Forderungen des Gewissens. **gewissermaßen,** sozusagen, beinahe. **Gewißheit** die, -, Bewußtsein der Wahrheit, Sicherheit. **gewißlich,** ganz sicher.

Gewitter [ahd. giwitri, zu Wetter] das, -s/-, elektr. Entladungen mit Blitz, Donner und Niederschlägen: ein G. entlud sich über uns; Gewitterregen; Gewitterschwüle; ein eheliches G., Ü eine heftige Auseinandersetzung. **gewitt(e)rig,** gewitterähnlich, gewitterdrohend, schwül. **gewittern,** es gewittert (hat gewittert), ein Gewitter geht nieder.

gewitzigt [zu Witz, Wissen], durch Schaden klug geworden. **gewitzt,** schlau: ein gewitzter Bursche.

gewoben, von weben.

gewogen, 1) von wiegen. **2)** von wägen. **3)** ihm, freundlich gesinnt: er ist mir g. **4)** g. und zu leicht befunden, B den Anforderungen sittlich nicht gewachsen. **Gewogenheit** die, -, wohlwollende Gesinnung.

gewöhnen [ahd. giwennan], ich gewöhne (habe gewöhnt) ihn, mich an etwas, mache es ihm zur Gewohnheit, werde damit vertraut: ich will die Kinder an Pünktlichkeit gewöhnen; man gewöhnt an alles; ich bin an Hitze gewöhnt. **Gewohnheit** [ahd. gewonaheit, zu giwon ›üblich‹] die, -/-en, unbewußte Angewohnheit, Handlung, die einem durch ständige Wiederholung selbstverständlich ist: es ist alles G.; der Mittagsschlaf ist mir zur G. geworden; eine Gewohnheitssache; Gewohnheitsverbrecher, jemand, der immer wieder Verbrechen begeht. **gewohnheitsmäßig,** aus Gewohnheit. **Gewohnheitsmensch** der, nach bestimmten Gewohnheiten handelnder Mensch. **Gewohnheitsrecht** das, aus gewohnheitsmäßiger Übung entstandenes Recht, das nicht schriftlich festgelegt wurde. **Gewohnheitstier** das, Ü Gewohnheitsmensch. **gewöhnlich, 1)** wie in der Regel: (für) g. kommt er pünktlich. **2)** alltäglich, üblich, ohne etwas Hervorstechendes: unsere gewöhnliche Morgengymnastik. **3)** Ü gemein, unfein: ein gewöhnlicher Mensch; etwas g. finden. **gewohnt,** zur Gewohnheit geworden: die gewohnte Arbeit. **Gewöhnung** die, -/-en, Anpassung an bestimmte Bedingungen.

Gewölbe [ahd. giwelbi] das, -s/-, **1)** räumlich gekrümmte Raumüberdeckung, ABB. G 22. **2)** rundliche Überdachung: das G. des Himmels. **3)** Raum mit gewölbter Decke: ein finsteres G. **4)** südostdt.: Kramladen, Warenlager. **5)** ⊕ Sattel.

Gewölk [mhd. gewülke] das, -(e)s, Ansammlung von Wolken: dunkles G. am Himmel.

Gewölle [mhd. gewülle] das, -s/-, von vielen Vögeln ausgewürgte Ballen unverdauter Haare, Federn, Knochen u. a.

gewonnen, von gewinnen.

geworben, von werben.

geworden, von werden.

geworfen, von werfen.

gewrungen, von wringen.

Gewühl das, -(e)s, das Durcheinander, Gewimmel: Verkehrsgewühl.

gewunden, von winden.

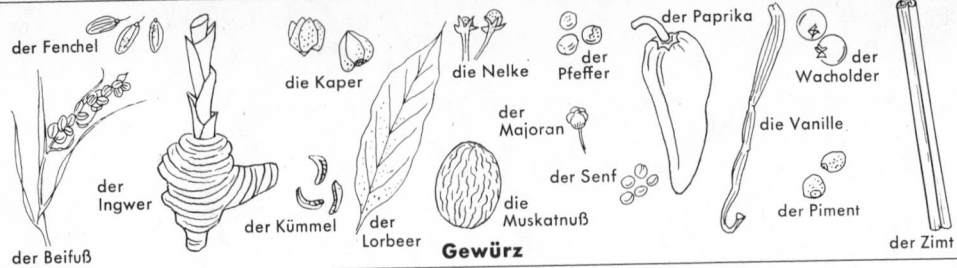

der Fenchel · die Kaper · die Nelke · der Pfeffer · der Paprika · der Wacholder · der Majoran · die Vanille · der Senf · der Ingwer · der Kümmel · der Lorbeer · die Muskatnuß · der Piment · der Beifuß · der Zimt

Gewürz

gewunken, ⚬ von winken.
gewürfelt, 1) von würfeln. **2)** in Vierecke geteilt, kariert, Abb. M 26.
Gewürm [mhd. gewürme, zu Wurm] *das, -(e)s,* eine Menge Würmer, Kriechtiere (Schlangen u. a.).
Gewürz [mhd. gewürze, zu Wurz] *das, -es/-e,* Zusatz, der Speisen und Getränke schmackhafter macht, Abb. G 23: *Gewürzpflanzen,* Abb. G 24; *Salatgewürze.* **gewürzig,** kräftig schmeckend, aromatisch. **Gewürznelke** *die,* getrocknete Blüte des Gewürznelkenbaumes, eines Baumes auf den Molukken. **Gewürztraminer** *der,* eine Rebsorte.
gewußt, von wissen.
Geysir [g'ai-, altisländ., zu geysa ›wild strömen‹] *der, -s/-e,* Geiser, in meist regelmäßigen Zeitabständen springende heiße Quelle.
gez., Abk. für: gezeichnet, eigenhändig unterschrieben.
gezackt, mit Zacken versehen: *eine gezackte Krone.*
Gezähe [mhd. gezawe, gezouwe ›Gerät‹, ›Werkzeug‹] *das, -s/-,* ⚒ Handwerkszeug des Bergmanns.
gezähnelt, gezahnt, gezähnt, mit vielen spitzen Vorsprüngen versehen, Abb. B 34.
Gezänk [mhd. gezenke] *das, -(e)s,* **Gezanke** *das, -s,* anhaltendes Zanken, Streiten.
Gezeiten [mhd. gezit, zu mnd. getide ›Flutzeit‹], *Pl.,* die regelmäßigen Schwankungen des Meeresspiegels (Ebbe und Flut), Abb. G 25. **Gezeitenkraftwerk** *das,* Wasserkraftwerk, das die Energie von Ebbe und Flut ausnutzt.
Gezeter [zu zetern] *das, -s,* Zetergeschrei.
Geziefer [zu Ungeziefer] *das, -s,* **1)** ⚬ Ungeziefer. **2)** *südwestdt.:* Kleinvieh.
geziehen, von ziehen.
gezielt, 1) von zielen. **2)** Ü auf eine Sachlage abgestimmt und einen bestimmten Zweck verfolgend: *eine gezielte Frage.*
geziemen [ahd. gizeman] *ihm* geziemt (hat geziemt), **1)** gebührt, ist gemäß: *ihm g. Nachsicht.* **2)** *es g. sich,* gehört sich, schickt sich: *das g. sich nicht für ein junges Mädchen.*
geziemend, 1) wie es sich gehört, schickt. **2)** nach Verdienst.
geziert, 1) von zieren. **2)** unnatürlich, affektiert. **Ziertheit** *die, -.*
gezinkt, vgl. zinken.
gezogen, 1) von ziehen. **2)** bei Feuerwaffen und Geschützen: im Lauf oder Rohr mit Zügen versehen. **3)** Wechsel: als Zahlungsanweisung ausgestellt. **4)** ⊙ durch Ziehen geformt, z. B. Draht. **Gezücht** [mhd. gezühte, zu Zucht] *das, -(e)s/-e,* Gesindel, Sippschaft.

Gezweig *das, -(e)s,* P die Zweige eines Baumes.
Gezwitscher *das, -s,* das Zwitschern: *Vogelgezwitscher.*
gezwungen, 1) von zwingen. **2)** Ü unnatürlich, gehemmt: *seine Stimme klang g.* **gezwungenermaßen,** *g. gab ich nach.*
Gezwungenheit *die, -:* Ü *die G. ihres Benehmens störte ihn.*
GFK, Abk. für: glasfaserverstärkte Kunststoffe.
Gfrett *das, -(e)s,* Gefrett.
gfreuen, *ich* gfreu *mich* (habe mich gfreut), *bair., österr.:* freue mich: *gfreu dich!,* dir geht es gleich an den Kragen.
Gfrörballen *der, schweiz.:* Frostbeule. **Gfrörni** *die, -, schweiz.:* **1)** das Zufrieren. **2)** Frost(wetter).
gfründ, gefründ.
GG, Abk. für: Grundgesetz.
ggf., Abk. für: gegebenenfalls.
Ghasel *das, -s/-e,* **Ghasele** *die, -/-n,* Gasel.
Ghetto [nach der venezian. Insel] *das, -s/-s,* auch Getto, abgesondertes Viertel; Ü Bezirk einer Stadt, in dem eine rassische, religiöse oder soziale Minderheit lebt.
Ghibelline [mhd. gibelin, zu ital., nach dem stauf. Besitz Waiblingen in Schwaben] *der, -n/-n,* Gibelline, im MA. in Italien: Anhänger der Stauferkaiser, Gegner des Papstes.
Ghostwriter [g'oustrait›, engl. ›Geisterschreiber‹] *der, -s/-,* ungenannter Schriftsteller, der im Auftrag eines anderen Reden, Pressebeiträge oder Bücher verfaßt.
GHz, Abk. für: Gigahertz.
G. I. [dʒi:'ai, engl. Abk. für: Government Issue, eigtl. ›Regierungsausgabe‹] *der, -(s)/-(s),* U der amerikan. Soldat.
Gjaur [türk., zu arab. Kafir] *der, -s/-s,* auch Gjaur, verächtlich für: Ungläubiger, Nichtmuslim.
gib!, von geben.
Gibbon [malaiisch] *der, -s/-s,* langarmiger Affe.
Gibelline *der, -n/-n,* Ghibelline.
Gicht [ahd. gegihte, gigiht ›angezauberte Krankheit‹, als (Zauber)spruch, zu jehan ›aussprechen‹] *die, -,* **1)** ⚕ schmerzhafte Gelenkerkrankung, verursacht durch Ablagerung von harnsauren Salzen in den Gelenken: *Gichtknoten.* **2)** Pflanzenkrankheit, bes. beim Weizen. **3)** *Pl. -en,* Teil des Hochofens oberhalb der Beschickungsöffnung, auch diese selbst, vgl. Abb. H 20. **gichtbrüchig,** ⚬ **gichtig,** ⚬ **gichtisch,** an Gicht erkrankt, von Gicht befallen.
Gickel [Schallw.] *der, -s/-, mitteldt.:* Hahn. **gickeln, gickern,** *ich* gick(e)le, gick(e)re (habe gegickelt, gegickert), U kichere. **Gickgack** *das, -s,* **1)** Schallwort für Gänsegeschnatter. **2)** U dummes Gerede. **gicks,** U Schallwort für ein kurzes schrilles Geräusch: *sie sagte weder g. noch gacks,* gar nichts.

der Dill · der Knoblauch · die Petersilie · der Porree (der Lauch) · der Schnittlauch · der Sellerie

Gewürzpflanzen

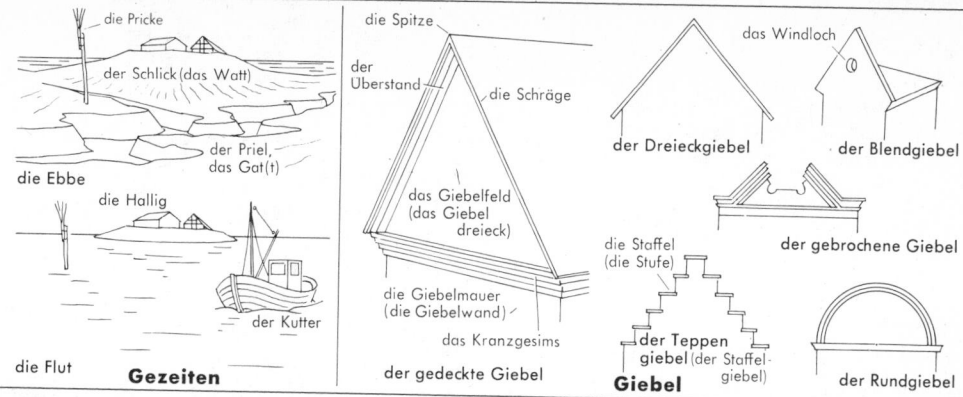

die Pricke — der Schlick (das Watt) — der Priel, das Gat(t) — die Ebbe — die Hallig — der Kutter — die Flut — **Gezeiten**

die Spitze — der Überstand — die Schräge — das Giebelfeld (das Giebeldreieck) — die Giebelmauer (die Giebelwand) — das Kranzgesims — der gedeckte Giebel

das Windloch — der Dreieckgiebel — der Blendgiebel — der gebrochene Giebel — die Staffel (die Stufe) — der Treppengiebel (der Staffelgiebel) — der Rundgiebel — **Giebel**

---

gicksen [mhd. gigzen], *ich* gickse (habe gegickst), kickse, **1)** die Stimme schnappt mir über. **2)** *ihn*, stoße, steche.

Gide|on [hebr. ›der mit verletzter Hand‹], männl. Vorname.

Giebel [ahd. gibil] *der*, -s/-, **1)** senkrechter Seitenabschluß an Dächern, Abb. D 1, G 25, H 11, K 20. **2)** ähnliche Teile an Fenstern und Türen: *Türgiebel*. **3)** U Nase. **gieb(e)lig**, wie einem Giebel, einem Giebel ähnlich.

Giebkbaum *der*, ›❯ unteres Rundholz, an dem das Gieksegel ausgespannt ist. **Gieksegel** *das*, ›❯ dreieckiges, oben spitzes Segel.

gieksen [zu gicksen und pieken], *ich* giekse (habe gegiekst) *in etwas, ihn, mich*, ostmitteldt.: steche.

Giemen [verwandt mit gähnen], **1)** *der*, -s/-, alem.: Gletscherspalte, Erdriß. **2)** *das*, -s, krankhaftes Atmungsgeräusch beim Abhören der Lunge.

Gien [engl. gin, zu frz. engin ›Werkzeug‹, ›Maschine‹] *das*, -s/-e, ›❯ schwerer Flaschenzug. **gienen**, *ich* giene (habe gegient) *es*, schleppe mit dem Gien.

gienen, *ich* giene (habe gegient), oberdt.: gähne.

Gieper *der*, -s, norddt.: Gier, heftiger Appetit. **giep(e)rig**.

giepern, *ich* giep(e)re (habe gegiepert) *nach etwas*, norddt.: habe heftiges Verlangen.

Gier [niederl.] *die*, -, ›❯ das Abweichen des Schiffes vom gesteuerten Kurs.

Gier [ahd. giri] *die*, -, *nach etwas*, maßloses Begehren.

gieren, *ich* giere (habe gegiert) *nach etwas*, begehre heftig.

gieren [niederl.], *ein Schiff* giert (hat gegiert) ›❯ hält nicht geraden Kurs. **Gierfähre** *die*, Seilfähre.

gierig [ahd. girig], unersättlich, hemmungslos.

Giersch [ahd. giers] *der*, -es, Name mehrerer Pflanzen (Pastinak, Geißfuß).

Gießbach *der*, schnellfließender (herabstürzender) Bach.

gießen [ahd. giozan], *ich* gieße (goß, habe gegossen), **1)** *es*, schütte: *sie goß den Kaffee in die Kanne, über ihr Kleid, aus der Kanne in die Tasse.* **2)** *es*, forme durch Guß (Metall, Wachs, Kunststoffe). **3)** *Pflanzen*, U begieße: *sie goß die Blumen.* **4)** *es gießt*, U regnet in Strömen. **Gießer** *der*, -s/-, **1)** Gießereiarbeiter. **2)** U gießendes Gerät. **Gießerei** *die*, -/-en, Erzeugung oder Anlage zur Erzeugung von Metallgußwaren. **Gießkanne** *die*, Gefäß zum Begießen von Pflanzen, Abb. G 2. **Gießkannenprinzip** *das*, -(e)s: *die Gelder werden nach dem G. verteilt*, U gleichmäßig, ohne Rücksicht auf Bedürftigkeit.

giff(e)ln, giffen, *ich* giff(e)le, giffet (hat giff[e]let, giffet), *schweiz.*: birst, klafft auseinander.

Gift [ahd. gift ›Gabe‹, ›Eingebung‹, ›Gift‹] *das*, -(e)s/-e, **1)** Stoff, der Leben zerstört oder die Gesundheit schädigt: *Giftmord; Giftpflanzen; Giftschlangen; Pflanzengift; Schlangengift.* **2)** Sinnbild für um sich greifende Zerstörung: *dies Buch ist G. für dich; darauf kannst du G. nehmen*, U das ist bestimmt so; *das Messer schneidet wie G.*, U ist sehr scharf. **3)** U Zorn, Bosheit: *er speit G. und Galle, tobt vor Wut.* **4)** *die*, ⚭ Gabe: *Mitgift*. **5)** *der*, -(e)s, bes. südtt.: Groll, Wut, Zorn: *er hat einen G. auf mich.* **Giftdrüse** *die*. **giften** [mhd. giften ›schenken‹, ›vergiften‹], *ich* gifte (habe gegiftet), U **1)** *mich, ihn*, ärgere boshaft. **2)** *es giftet mich*, ärgert mich sehr. **giftgrün**, grell, schreiend grün. **giftig, 1)** Gift enthaltend. **2)** U boshaft.

gehässig. **Giftigkeit** *die*, -. **Giftmischer** *der*, -s/-, **Giftmischerin** *die*, -/-nen, **1)** Giftmörder(in). **2)** U Ränkeschmied. **3)** U jemand, der beruflich mit Giften zu tun hat (z. B. Apotheker).

Giftmüll *der: ein neuer Giftmüllskandal.* **Giftnatter** *die*, eine Giftschlange. **Giftnudel** *die*, U **1)** boshafter Mensch. **2)** Zigarre, Zigarette. **Giftpilz** *der*. **Giftschlange** *die*, eine Schlange mit Giftzähnen. **Giftzahn** *der*, Zahn, der in Verbindung mit einer Giftdrüse steht.

Gig [engl.] *die*, -/-s, seltener: *das*, -s/-s, **1)** ›❯ leichtes Schiffsboot. **2)** ⚓ Übungsboot, Abb. B 42. **3)** nur: *das*, -s/-s, leichter zweirädriger, offener Wagen.

Giga. . . [grch. gigas ›Riese‹], Zeichen: G, vor Maßeinheiten: das Milliardenfache, Übers. M 8.

Gigant [ahd. gigant, zu grch. gigas, Gen. gigantos ›Riese‹] *der*, -en/-en, Riese: *Industriegiganten*, Ü. **gigantisch**, gigantische Anstrengungen, Bauten, Erfolge. **Gigantismus** *der*, -, Riesenwuchs. **Gigantomachie** [grch. mache ›Kampf‹] *die*, -, griech. Mythos: Kampf der Giganten gegen die Götter. **Gigantomanie** [vgl. Manie] *die*, -, Bestreben, alles ins Riesenhafte zu übersteigern.

Gigerl [›Hahn‹] *der* oder *das*, -s/-n, österr.: Stutzer, Geck. **gigerlhaft**, österr.: geckenhaft.

Gigolo [ʒ'igolo, frz., wohl zu gigue ›Geige‹] *der*, -s/-s, **1)** Eintänzer. **2)** jüngerer Mann, der sich aushalten läßt.

Gigot [ʒig'o, frz. ›Keule‹] *das*, -s/-s, Keulenärmel, Abb. M 16.

Gigue [ʒig, frz., vgl. Gigolo] *die*, -/-n [-ən], **1)** alter Tanz. **2)** ein Streichinstrument.

gilb, schweiz.: gelb. **gilben** [mhd. gilwen], *es* gilbt (ist gegilbt), P wird gelb, vergilbt.

Gilbert [zu Giselbert], männl., **Gilberta**, weibl. Vorname.

Gilbhard, Gilbhart [eigtl. ›reich an gelben (Blättern)‹] *der*, -s/-e, ✿ Oktober. **Gilbstern** *der*, ✿ Gelbstern.

Gilde [altnord. gjald, ahd. gelt ›Opfer‹, ›Zahlung‹, ›Bruderschaft‹] *die*, -/-n, Berufsvereinigung, Innung, Zunft.

Gilet [ʒil'e:, frz.] *das*, -s/-s, ✿, noch schweiz., österr.: Weste, Westenjacke, Abb. M 16.

Gilling [niederl.] *die*, -/-s, **Gillung** *die*, -/-en, ›❯ **1)** schräge, einwärts gebogene Seite eines Rahsegels. **2)** gewölbter Teil des Hinterschiffs.

giltig, ✿ gültig. **giltst**, von gelten.

Gimmick [engl. ›sinnreiche Einrichtung‹, ›Kniff‹, ›Trick‹] *der* oder *das*, -s/-s, Werbegag, Werbegeschenk.

Gimpe [engl. gimp] *die*, -/-n, umsponnenes Baumwollgarn, z. B. für Kleiderbesatz.

Gimpel [mhd. gümpel, zu gumpen ›hüpfen‹] *der*, -s/-, **1)** ein Singvogel. **2)** U einfältiger Mensch. **Gimpelfang** *der*, -(e)s, U Bauernfängerei: *er geht* (ist) *auf G. aus.*

Gin [dʒin, engl.] *der*, -s/-s, Wacholderbranntwein. **Gin-Fizz** [-fis, engl. to fizz ›zischen‹, ›sprühen‹] *der*, -/-, Getränk aus Gin mit Sodawasser, Zitrone u. a.

ging, von gehen.

Ginger [dʒ'indʒər, engl.] *der*, -s/-, Ingwer. **Ginger-ale** [dʒ'indʒər eil] *das*, -s/-s, Erfrischungsgetränk mit Ingwer.

Ginkgo [chines. kinko, ikgo, japan. gin-kyo ›Goldfruchtbaum‹] *der*, -s/-s, Baum der Nacktsamigen.

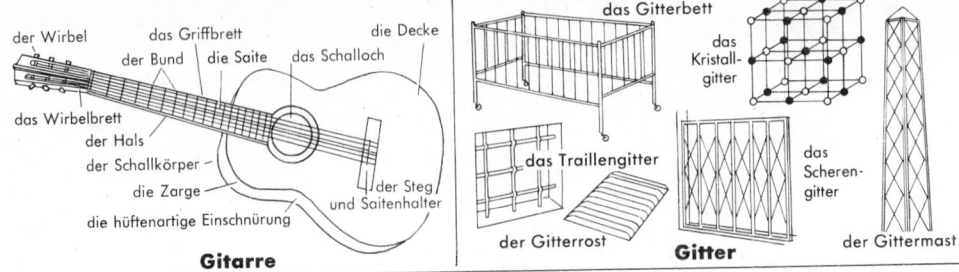

der Wirbel · das Griffbrett · die Decke · das Gitterbett · das Kristall-gitter
der Bund · die Saite · das Schalloch
das Wirbelbrett
der Hals
der Schallkörper · das Traillengitter · das Scheren-gitter
die Zarge · der Steg und Saitenhalter
die hüftenartige Einschnürung · der Gitterrost · der Gittermast

Gitarre   **Gitter**

---

ginnen, ich ginne (habe geginnt) es, auch günne, *schweiz.:* pflücke.

Ginseng [chines. jenshen ›menschen(ähnliche) Wurzel‹] *der, -s/-s,* asiat. Efeugewächs.

Ginster [ahd. geneste, genester, zu lat. genista] *der, -s/-,* strauchiger oder halbstrauchiger Schmetterlingsblüter.

Gipfel [spätmhd. güpfel, wohl zu gupfe ›Kuppe‹] *der, -s/-,* 1) höchste Spitze (eines Berges, Baumes), Abb. B 20. 2) Ü Höhepunkt: *er steht auf dem G. des Ruhmes; das ist der G.!,* U eine Unverschämtheit. 3) U kurz für: Gipfelkonferenz. **gipf(e)lig. Gipfelkonferenz** *die,* Ü Zusammenkunft leitender Staatsmänner. **gipfeln,** es gipfelt (hat gegipfelt) *in etwas,* läuft aus, erreicht seinen Höhepunkt: *seine Rede gipfelte in der Behauptung, daß . . .* **Gipfeltreffen** *das,* Gipfelkonferenz.

Gips [ahd. gips, zu grch. gypsos] *der, -es/-e,* ein Mineral, Calciumsulfat: *das gebrochene Bein muß in G. gelegt werden; Gipsabguß; Gipsverband.* **gipsen,** ich gipse (habe gegipst) *es,* behandle, überziehe mit Gips. **gipsern,** aus Gips.

Giraffe [mhd. giraffe, über ital. aus arab. zarafa] *die, -/-n,* 1) ⚘ ein afrikan. Wiederkäuer. 2) *ohne Pl.,* ✶ ein Sternbild.

Girant [ʒir'ant, zu Giro] *der, -en/-en,* jemand, der einen Wechsel an einen anderen indossiert.

Girardihut [ʒir'ardi-, nach dem Wiener Schauspieler A. Girardi, 1850-1918] *der, österr.:* flacher Strohhut.

Girat [ʒi-] *der, -en/-en,* **Giratar** [ʒi-], Indossatar. **girieren** [ʒi-, ital. girare ›im Kreis bewegen‹, zu Giro], ich giriere (habe giriert) *es,* übertrage durch Giro.

Girl [gəːl, engl. ›Mädchen‹] *das, -s/-s,* Mädchen; Tänzerin in einer Mädchen-Tanztruppe.

Girlande [mhd. girlande aus frz. guirlande, zu ital. ghirlanda] *die, -/-n,* 1) Blätter-, Blumengewinde. 2) Papierkette.

Girlitz [Schallw.] *der, -es/-e,* ein Singvogel.

Giro [ʒ'iːro, ital. ›Kreis‹, ›Kreislauf‹, zu grch. gyros ›Kreis‹] *das, -s/-s, österr. auch . . . ri,* 1) bargeldloser Zahlungsverkehr durch Überweisung von einem Konto auf ein anderes: *Girobank; Girokonto; Giroverkehr; Girozentrale.* 2) Übertragungsvermerk auf einem Wechsel.

Girondist [ʒirɔd'ist, nach dem Dép. Gironde, aus dem der führenden Vertreter stammten] *der, -en/-en,* Vertreter der gemäßigt-republikanischen Richtung in der Französischen Revolution von 1789 bis 1794.

girren [Schallw.], ich girre (habe gegirrt), 1) Ü spreche, lache kokett, werbe schmachtend. 2) Tauben girren, gurren.

gis, ♪ 1) *das, -/-,* Halbton über g, Abb. N 9. 2) Zeichen für: gis-Moll.

gischen [ahd. jesan ›gären‹], *es* gischt (hat gegischt), P schäumt. **Gischt** *der, -(e)s/-e oder die, -/-en, Pl. selten,* Wellenschaum, aufschäumendes Wasser.

Gisela [ahd. gisel ›Geisel‹, ›Kind edler Abkunft‹], weibl., **Giselbert** [ahd. beraht ›glänzend‹], männl. Vorname.

gis-Moll *das,* ♪ Zeichen: gis, eine Tonart.

Gispel *der, -s/-, alem.:* unruhiger Mensch.

Giß *der, G'isses/G'isse,* ✶ ↑ Schätzung. **gissen** [mnd. ›vermuten‹], ich gisse (habe gegißt) *es,* schätze, vermute die Position eines Schiffes oder Flugzeugs.

Gitarre [span. guitarra, zu grch. kithara] *die, -/-n,* ein Zupfinstrument, Abb. G 26. **Gitarrist** *der, -en/-en,* Gitarrenspieler.

Gitta, Gitte [von Brigitte], weibl. Vornamen.

Gitter [verwandt mit Gatter] *das, -s/-,* 1) zaunartige Abgrenzung, Abb. G 26: *Gitterbett; Gitterstab.* 2) Netz aus gekreuzten Linien. 3) ∮ Steuerelektrode bei Elektronen-

röhren. 4) Element der Kristallstrukturlehre: *Kristallgitter,* Abb. G 26.

Gjaur *der, -s/-s,* Giaur.

glabbrig, *ostniederdt.:* klebrig, schleimig.

Glace [frz. ›Eis‹] *die, -/-s,* 1) [glas], Zuckerguß. 2) [glas], Fleischgallert. 3) [gl'asə] *die, -/-n, schweiz.:* Speiseeis. **Glacé** [glas'eː, frz. ›Glanz‹] *der, -(s)/-s,* ein Hochglanzgewebe. **Glacéhandschuh** *der,* Handschuh aus Glacéleder: *man muß ihn mit Glacéhandschuhen anfassen,* Ü er ist überaus empfindlich. **Glacéleder** *das,* sehr weiches, dehnbares Leder aus Lamm- oder Ziegenfellen. **glacieren** [glas'iː-], U glaciere (habe glaciert) *es,* ⚬ lasse gefrieren. **Glacis** [glas'iː] *das, -/-,* ⚔ Vorfeld vor Befestigungsanlagen.

Gladiator [lat., zu gladius ›Schwert‹] *der, -s/. . .t'oren,* Berufsfechter bei altröm. Kampfspielen. **Gladiole** [lat. gladiolus ›kleines Schwert‹] *die, -/-n,* ein Schwertliliengewächs.

glaffen, ich glaffe (habe geglafft), *schweiz.:* glotze.

glagolitische Schrift [slaw. glagol ›Wort‹, zu glagolati ›sprechen‹] *die,* **Glagoliza** *die, -,* eine kirchenslaw. Schrift.

Glamourgirl [gl'æməgəːl, engl. glamour ›Reiz‹, ›Zauber‹ und girl ›Mädchen‹] *das,* Film-, Modeschönheit, Titelblattmodell.

Glandel [lat. glandula ›kleine Eichel‹] *die, -/-n,* ♀ Drüse.

glandern [mhd. glander ›glänzen‹], ich gland(e)re (habe geglandert), *hess.:* schlittere.

Glans [lat. glans ›Eichel‹] *die, -/Gl'andes,* ♀ die Eichel, der vorderste Teil des Penis und des Kitzlers.

Glanz [ahd. glanz ›glänzend‹, ›strahlend‹] *der, -es,* 1) Spiegelung an glatten Flächen oder Geweben: *der G. des Parketts.* 2) das Glänzen, Leuchten: *der G. der Abendsonne.* 3) Ü großartige, weitreichende Wirkung: *Ruhmesglanz.* 4) *Pl. -e,* mehrere schwefelhaltige Mineralien: *Bleiglanz.* **glänzen,** es glänze (habe geglänzt), 1) strahle, spiegele Lichtschein: *die Sterne glänzen; das glänzendschwarze Haar,* aber: *das Haar war glänzend schwarz.* 2) Ü tue mich hervor, falle auf: *er glänzte durch seine Geschichtskenntnisse; er glänzte durch Abwesenheit,* U es fiel auf, daß er nicht da war. **glänzend,** 1) strahlend, leuchtend, lichtwerfend. 2) Ü ausgezeichnet: *mir geht es g.* **Glanzleistung** *die,* hervorragende Leistung. **glanzlos,** nicht glänzend. **Glanznummer** *die,* **Glanzstück** *das,* wirkungsvolle Darbietung, Höhepunkt. **Glanzzeit** *die,* beste Zeit, Blütezeit: *die G. in seinem Schaffen.*

glaren, ich glare (habe geglart), *schweiz.:* 1) glänze. 2) es glart, gefriert, wird steif. **glarig,** *schweiz.:* 1) glänzend; grell. 2) glatt gefroren.

Glarner *der, -s/-,* Einwohner des schweiz. Kantons Glarus.

Glas [ahd. glas, entspr. ›Bernstein‹] *das, -es/ˈˈer, ohne Pl.,* anorgan. Schmelzprodukt, das abgekühlt und erstarrt ist, ohne merklich zu kristallisieren: *Glasdach; Glaskugel; Glasperlen; Glassplitter; Fensterglas.* 2) *ohne Pl.,* Sinnbild der Zerbrechlichkeit: *Glück und G., wie leicht bricht das.* 3) Gerät, Gefäß aus Glas: *Brillenglas; Trinkglas,* vgl. Abb. G 27. 4) Inhalt eines Glases: *er trank ein (drei) G. Wein.* 5) *Pl. -en,* ⚓ halbe Stunde: *es schlägt 8 Glasen, die Wache ist zu Ende.* 6) ⊕ schnell abgekühltes amorphes Ergußgestein. **Glasauge** *das,* künstliches Auge. **Glasbausteine,** *Pl.,* durchscheinende Glaskörper als Bauelement. **Glasbläser** *der,* im Lehrberuf des Glaswerks: *Glasbläserei.* **Glasbruch** *der, -(e)s:* Glasbruchversicherung. **Gläschen** *das, -s/-,* kleines Glas. **Glaselektrode** *die,* zur Messung der Wasserstoffionen-Konzentration von Lösungen. **Glaser** *der, -s/-,* Handwerker, der Gebäude, Fahrzeuge oder Bilder und Möbel verglast. **Glaserei** *die,*

-/-en, Glaserwerkstatt. **gläsern, 1)** aus Glas. **2)** Ü an Glas erinnernd (Klang, Blick). **Glasfaser** die, fadenförmiges Glaserzeugnis: *Glasfaserputz.* **glasfaserverstärkt,** *glasfaserverstärkte Kunststoffe,* Abk.: GFK, mit Glasfasern zur Erhöhung der Festigkeit armierte Kunststoffe. **Glasflügler** der, -s/-, ein Schmetterling mit fast unbeschuppten Flügeln. **Glasharmonika** die, Instrument, bei dem Glasschalen zum Schwingen gebracht werden. **Glashaus** das, Gewächshaus: *wer im G. sitzt, soll nicht mit Steinen werfen,* Ü wenn man selbst nicht schuldlos ist, soll man nicht anderen etwas vorwerfen. **Glashütte** die, industrielle Anlage zur Glasherstellung. **glasieren,** ich glasiere (habe glasiert) es, überziehe mit einer Glasur. **glasig,** an Glas erinnernd; starr: *eine glasige Kartoffel; ein glasiger Blick.* **glasklar,** Ü vollkommen klar. **Glaskopf** der, Mineralaggregat mit glatter, glänzender Oberfläche. **Glaskörper** der, Teil des Augapfels, ABB. A 24: *Glaskörpertrübung.* **Glaskraut** das, Name verschiedener Pflanzen. **Gläslein** das, -s/-, Gläschen. **Glasmalerei** die, die Herstellung farbiger Fenster. **Glaspapier** das, Schleifpapier mit einer aufgeleimten Glaspulverschicht. **Glasschleifer** der, ein Lehrberuf des Handwerks. **Glasschnecke** die, Schnecke mit durchsichtiger Schale. **Glasschneider** der, Werkzeug mit Diamant oder Stahlrädchen zum Zertrennen von Glas.

Glast [mhd. glast ›Glanz‹] der, -(e)s/-e, **Gläste** die, -/-n, schweiz.: **1)** Glanz. **2)** Glasur. **glasten,** es glastet, glästet (hat geglastet, geglästet). **glastig.**

Glasur die, -/-en, **1)** glasartiger Überzug auf keramischen Gegenständen. **2)** Zuckerguß auf Gebäck. **Glaswolle** die, gekräuselte, kurzfädige Glasfasern.

glatt, glatter, am glattesten oder glätter, am glättesten [ahd. glat ›glänzend‹], ABB. E 2, **1)** frei von Unebenheiten: *das Meer war g., ohne Wellen; glatte Haut, faltenlose.* **2)** schlüpfrig: *g. wie Eis; Vorsicht, es ist g.; spiegelglatt.* **3)** Ü mühelos, hindernisfrei: *das geht g.; die Verhandlungen verliefen g.* **4)** eindeutig, offensichtlich: *es wurde mir g. abgeschlagen; eine glatte Lüge; das habe ich g. vergessen.* **5)** Ü schmeichlerisch, allzu gewandt, verbindlich: *ein glatter Höfling; aalglatt.* **6)** wohlgenährt: *glatte Kühe.* **7)** ⚐ ausgeglichen: *mein Konto ist wieder g.,* U. **8)** in rechten Maschen gestrickt: *der Pullover ist g. gestrickt.* **glatt . . .,** in Verbindung mit Verben trennbar zusammengesetzt: *glatthobeln; glattkämmen; glattlegen; glattstreichen; glattziehen;* vgl. glattgehen. **Glätte** die, -/-n. **Glatteis** das, eine Eisablagerung, Eisüberzug. **glätten,** ich glätte (habe geglättet) es, **1)** mache glatt, streiche Falten u. ä. heraus. **2)** U feile stilistisch aus. **3)** Ü beruhige: *die Wogen des Zorns glätteten sich.* **4)** oberdt.: plätte, bügele. **Glätterin** die, -/-nen, schweiz.: Büglerin. **glattgehen,** es geht glatt (ging glatt, ist glattgegangen), U verläuft gut. **Glattheit** die, -. **glattmachen,** ich mache es glatt (habe glattgemacht); gleiche aus, U bezahle: *ich werde die Rechnung glattmachen.* **Glattstellung** die, Ausgleich durch Zahlung, durch An- und Verkauf. **Glättung** die, -. **glattweg,** ohne weiteres: *das habe ich g. abgelehnt.* **glattzüngig,** U zu Gefallen redend, schmeichlerisch.

Glatze [mhd. glaz, früher glatz] die, -/-n, kahle Stelle auf der Kopfhaut, Kahlkopf. **Glatzkopf** der, **1)** Glatze. **2)** Mensch mit Glatze. **glatzköpfig,** kahlköpfig.

glau [ahd. glao ›wachsam‹, ›klug‹], niederdt.: frisch, blank, hell (bes. Auge).

Glaube der, -ns, seltener: Glauben, an ihn, etwas, **1)** innere Gewißheit ohne Rücksicht auf Beweise, gefühlsmäßige Überzeugung: *das ist G., nicht Wissen; blinder G.,* unerschütterliches Vertrauen: *ich tat es in gutem Glauben,* in der Meinung richtig zu handeln. **2)** durch unmittelbare Selbsterfahrung gewonnene innere Gewißheit über das persönl. Verhältnis zu Gott. **3)** Bekenntnis: *der katholische G.* **glauben** [ahd. gilouben, verwandt mit lieben], *ich glaube* (habe geglaubt), **1)** *es, daß es so ist,* halte für richtig, vermute: *ich glaubte ihn schon gerettet; ich g., daß er recht hat; Sie glauben ja nicht . . .,* U Sie halten nicht für möglich . . .; *er will mich glauben machen, daß . . .,* er versucht mir einzureden. **2)** *ihm,* schenke ihm Vertrauen: *warum glaubst du mir nicht?* **3)** *an ihn, etwas,* vertraue ihm, bin davon überzeugt, verlasse mich darauf, halte für wirksam: *ich g. an Gott; er mußte daran glauben,* U mußte die Folgen tragen, ging dabei zugrunde. **Glauben** der, -s, seltener für Glaube. **Glaubensartikel** der, meist Pl., grundlegende Sätze eines bestimmten Glaubens. **Glaubensbekenntnis** das, Zusammenfassung der Glaubensartikel. **Glaubensfreiheit** die, staatlich gewährtes Recht auf freie äußere Wahl der religiösen Glaubens für den einzelnen. **Glaubenssache** die, eine nur auf dem Glauben (nicht auf Beweisen) beruhende Angelegenheit.

Glaubersalz [nach dem dt. Chemiker J. R. Glauber, 1604–1670] das, wasserhaltiges Natriumsulfat.

glaubhaft [zu glauben], so beschaffen, daß man es für wahr oder zuverlässig halten kann. **Glaubhaftigkeit** die, -. **gläubig,** vom Glauben an Gott durchdrungen. **Gläubige** der, die, -n/-n, ein gläubiger Mensch. **Gläubiger** der, -s/-, zu einer Schuldforderung Berechtigter: *Gläubigeranspruch.* **Gläubigkeit** die, -. **glaublich,** glaubhaft (meist verneinend): *das ist kaum g.!* **glaubwürdig,** glaubhaft, zuverlässig, wahrheitsliebend. **Glaubwürdigkeit** die, -.

Glaukom [grch. glaukoma ›bläuliche Haut über der Linse‹] das, -s/-e, ⚕ grüner Star, eine Augenkrankheit. **Glaukonit** [grch. glaukos ›bläulich‹, ›glänzend‹] der, -s/-e, gesteinsbildendes Mineral.

glazial [lat. glacialis ›eisig‹, zu glacies ›Eis‹], **1)** auf Eis, Gletscher bezüglich. **2)** eiszeitlich: *Glazialfauna; Glazialflora.* **Glaziologie** [vgl. . . . logie] die, -, Gletscherkunde.

Gleck das, -s, Geleck.

gleich [ahd. gilih], **1)** in allen oder wesentlichen Merkmalen mit einem anderen übereinstimmend, genauso, soviel wie: *der, die, das gleiche; er will das gleiche tun, dasselbe; für dich gilt das gleiche; er ist ihm an Größe g., mit ihm gleicher Größe, von gleicher Größe wie er, g. groß wie er; wie sie sich gleichsehen!,* einander ähneln; *g. und g. gesellt sich gern; das kommt aufs gleiche hinaus,* dasselbe; *ich werde Gleiches mit Gleichem vergelten,* Böses mit Bösem, Gutes mit Gutem; *vier und drei g. sieben* (geschrieben: 4+3=7); *je einer Adler, wie in Adler; ich will es ins gleiche bringen,* U erledigen, schlichten. **2)** sofort, auf der Stelle, ohne Zeitverlust (in dieser Bedeutung getrennte Schreibung in Verbindung mit Verben): *er wird g. kommen; ob er es g. sieht?; bis g.!* **3)** kurz für: gleichartig, gleichförmig, gleichgültig, gleichmäßig, gleichrangig. **gleich . . .,** in Verbindung mit Verben trennbar zusammengesetzt in übertragener Bedeutung: *gleichlaufen; gleichlauten; gleichordnen; gleichrichten; gleichstimmen;* vgl. gleichbleiben. **gleichalt(e)rig,** von gleichem Alter. **gleichartig,** von gleicher Art. **gleichbedeutend,** von gleicher Bedeutung. **gleichberech-**

die Biergläser — das Pilsglas — der Maßkrug — die Stange — stabil
der Bierbecher — die Tulpe — das Seidel — das Weißbierglas — der Wasserbecher — das Einkochglas — labil
die Weingläser — die Sektschale — der Römer — der Schwenker — der Stamper — indifferent
der Sektspitz — das Weißweinglas — das Rotweinglas — das Süßweinglas — der Whiskybecher — die Likörschale

Glas — **Gleichgewicht**

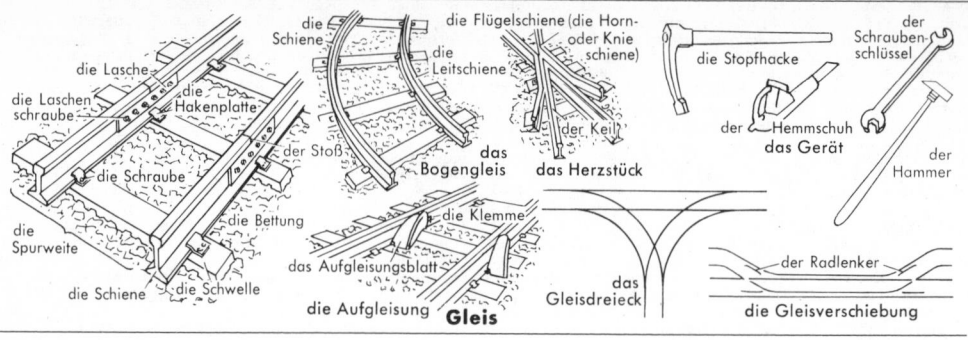

die Schiene · die Flügelschiene (die Horn- oder Knieschiene) · der Schraubenschlüssel · die Lasche · die Leitschiene · die Stopfhacke · die Laschenschraube · die Hakenplatte · der Keil · der Hemmschuh · das Gerät · der Hammer · der Stoß · das Bogengleis · das Herzstück · die Schraube · die Bettung · die Klemme · die Spurweite · das Aufgleisungsblatt · der Radlenker · die Schiene · die Schwelle · die Aufgleisung · das Gleisdreieck · die Gleisverschiebung

Gleis

tigt, mit gleichen Rechten. **Gleichberechtigung** *die, -: die G. von Mann und Frau.* **gleichbleiben,** *ich* bleibe *mir* gleich (bin gleichgeblieben), Ü verändere mich nicht: *er ist sich stets gleichgeblieben; aber: ich will gleich bleiben,* nicht erst weggehen. **gleichbleibend,** unverändert. **Gleiche** *die, -/-n,* 1) das Gleichsein, Gleichgewicht: *Tagundnachtgleiche; ich bringe es in die G.,* Ü in Ordnung, aber: *ins gleiche.* 2) wien.: Richtfest. **gleichen** [ahd. gilihhan], *ich* gleiche (habe geglichen) *ihm,* bin ähnlich, sehe gleich: *er gleicht ihm aufs Haar,* Ü sieht ihm zum Verwechseln ähnlich. . . .**gleichen,** gleichwertig beschaffen: *er hat nicht seinesgleichen; Schönheit ohnegleichen, sondergleichen.* **Gleichenia** *die, -,* ⊕ der Gabelfarn. **gleichermaßen,** auch, ebenso. **gleicherweise,** gleichermaßen. **gleichfalls,** auch, ebenso: *danke, g.!* (Antwort auf gute Wünsche). **gleichfarbig,** von gleicher Farbe. **Gleichflügler** *der, -s/-,* Pflanzensauger. **gleichförmig,** 1) von übereinstimmender Gestalt. 2) gleichbleibend: *gleichförmige Bewegung.* 3) Ü eintönig. **Gleichförmigkeit** *die, -.* **gleichgelagert,** *gleichgelagerte Fälle,* vergleichbare. **gleichgeschlechtlich,** im Geschlecht übereinstimmend, auf das eigene Geschlecht gerichtet: *gleichgeschlechtliche Liebe,* Homosexualität. **gleichgesinnt,** von übereinstimmender Gesinnung. **gleichgestellt,** auf gleicher Stufe stehend. **gleichgestimmt,** 1) ♪ auf die gleiche Tonart gestimmt. 2) Ü gleichgesinnt. **Gleichgewicht** *das,* 1) Mechanik: ein Zustand eines Systems von Massen, in dem die an einer Masse angreifenden Kräfte gegenseitig aufheben, ABB. G 27: *Gleichgewichtsorgane,* Sinnesorgane, die für das Gleichgewicht des Körpers im Raum sorgen; *Gleichgewichtslage; Gleichgewichtsstörung; Stabilität des atomaren Gleichgewichts.* 2) Ü Ausgleich von Mächten, Ausgeglichenheit, innere Harmonie: *das G. der politischen Kräfte.* **gleichgültig,** 1) teilnahmslos, uninteressiert: *er blieb g. gegen jeden Vorschlag.* 2) bedeutungslos, unwichtig: *das ist mir g.* **Gleichgültigkeit** *die, -.* **Gleichheit** *die, -,* 1) das Fehlen von Unterschieden, Übereinstimmung: *G. der Meinungen.* 2) gleiche Rechte: *Gleichheitsgrundsatz.* **Gleichheitszeichen** *das,* △ Zeichen: = ; vgl. ÜBERS. R 11. **Gleichklang** *der,* 1) gleicher Klang, klangl. Übereinstimmung. 2) Ü Übereinstimmung: *sie brachten ihre Auffassungen in G.* **gleichkommen,** *ich* komme *ihm* gleich (kam gleich, bin gleichgekommen), Ü bin ihm an Rang, Leistung ebenbürtig: *er wollte ihm darin gleichkommen;* aber: *er wollte ihm gleich kommen,* sofort. **Gleichlauf** *der,* Übereinstimmung von Bewegungs- oder Schwingungsabläufen getrennter Teile. **gleichlaufend, gleichläufig,** parallel. **gleichlautend,** im Wortlaut übereinstimmend. **gleichmachen,** *ich* mache *es dem Erdboden* gleich (habe gleichgemacht), Ü vernichte völlig: *die Stadt wurde im Krieg dem Erdboden gleichgemacht;* aber: *ich werde es gleich machen,* sofort. **Gleichmacher** *der.* **Gleichmacherei** *die, -,* Ü sinnwidrige Aufhebung bestehende Unterschiede. **gleichmacherisch.** **Gleichmaß** *das, -(e)s,* 1) Ebenmaß. 2) Ü Gleichförmigkeit; Ausgeglichenheit. **gleichmäßig,** *gleichmäßiges Tempo.* **Gleichmäßigkeit** *die, -.* **Gleichmut** *der,* Beherrschtheit, Gelassenheit, Leidenschaftslosigkeit. **gleichmütig.** **Gleichmütigkeit** *die, -.* **gleichnamig,** im Namen übereinstimmend: *gleichnamige Brüche,* △ Brüche mit gleichem Nenner. **Gleichnamigkeit** *die, -.* **Gleichnis** *das, -ses/-se,* sprachl. Ausdrucksform, der ein Vergleich zugrunde liegt: *ein G. des*

Neuen Testaments. **gleichnishaft. gleichrangig,** von gleichem Rang, von gleicher Bedeutung. **Gleichrichter** *der,* ⚡ = Umwandler von Wechsel- in Gleichstrom. **gleichsam,** gewissermaßen, sozusagen. **gleichschalten,** *ich* schalte gleich (habe gleichgeschaltet), 1) *es,* ⚡ schalte auf gleiche Stromart; aber: *man muß gleich schalten,* sofort. 2) *es, ihn,* Ü vereinheitliche organisatorisch und geistig: *der Parteiapparat wurde gleichgeschaltet.* **Gleichschaltung** *die,* Ü organisatorische und geistige Vereinheitlichung in autoritären Staaten. **gleichschenk(e)lig,** △ mit zwei gleich langen Seiten (Dreieck), ABB. D 14. **Gleichschritt** *der,* Marsch mehrerer unter gleichzeitigem Niedersetzen des gleichen Fußes und mit gleicher Schrittlänge: *im G. marsch!* **gleichsehen,** *ich* sehe *ihm* gleich (sah gleich, habe gleichgesehen), sehe ihm ähnlich; aber: *ihr werdet meine Freundin gleich sehen,* sofort. **gleichseitig,** △ von gleichen Seiten begrenzt (Dreieck, Vieleck), ABB. D 14. **Gleichseitigkeit** *die, -.* **gleichsetzen,** *ich* setze *es* gleich (habe gleichgesetzt) *mit ihm,* Ü setze auf die gleiche Stufe, gleiche an: *mein Gehalt kannst du nicht mit deinem gleichsetzen;* aber: *ich muß mich gleich setzen,* sofort. **Gleichsetzung** *die, -/-en.* **gleichstehen,** *sie* stehen gleich (haben gleichgestanden), Ü stehen auf der gleichen Leistungs- oder Rangstufe (bei Wettkämpfen): *nach den Vorläufen sollen beide Läufer gleichstehen;* aber: *ich bleibe gleich stehen,* will mich nicht erst setzen. **Gleichstehende** *der, die, -n/-n, ein -r, eine -,* jemand, der einem anderen rang- oder leistungsmäßig gleichsteht, z. B. bei einem Wettkampf. **gleichstellen,** *ich* stelle *es* gleich (habe gleichgestellt), Ü stelle auf die gleiche Stufe: *unsere Verdienste kannst du nicht gleichstellen;* aber: *ich werde die neuen Möbel gleich stellen,* sofort aufstellen. **Gleichstellung** *die.* **Gleichstrom** *der,* ein zeitlich konstanter, in einer Richtung fließender elektrischer Strom. **Gleichstrommotor** *der,* ein Elektromotor. **gleichtun,** *ich* tue *es ihm* gleich (habe gleichgetan), Ü erreiche ihn in Leistung oder Rang: *du kannst es ihm nicht so schnell gleichtun;* aber: *du solltest die gleich tun,* sofort erledigen. **Gleichung** *die, -/-en,* △ Ausdruck für eine Gleichheitsbeziehung: *eine G. mit zwei Unbekannten.* **gleichviel,** einerlei, gleichgültig, wie dem auch sei: *g., ob du gleich oder nicht;* aber: *wir bekommen alle gleich viel.* **gleichwertig,** 1) von gleichem Wert. 2) ⟲ früher übliche Bez. für gleiche Wertigkeit. **gleichwie,** ebenso wie. **gleichwink(e)lig,** übereinstimmend in den Winkeln (geometr. Figur). **gleichwohl,** dennoch, trotzdem. **gleichzeitig,** zur gleichen Zeit. **Gleichzeitigkeit** *die, -.* **gleichziehen,** *ich* ziehe *mit ihm* gleich (habe gleichgezogen), Ü nähere in gleicher Weise, erreiche seine Leistung: *im Sport kann ich nicht mit ihm gleichziehen;* aber: *man muß den Zahn gleich ziehen,* sofort.

Gleis [mhd. geleis ›betretener Weg‹] *das, -es/-e,* auch Geleise, 1) aus Schienen zusammengesetzte Fahrbahn. ABB. G 28: *Gleisanlagen; er will die Sache aufs tote G. schieben,* Ü zurückstellen, nicht mehr beachten. 2) Ü Lebensgewohnheit: *er ist aufs falsche G. geraten.* . . .**gleisig,** mit . . . Gleisen: *eingleisig; mehrgleisig.* **Gleiskette** *die,* Raupenkette, Kette für die Fahrwerke von geländegängigen Fahrzeugen. **Gleiskettenfahrzeug** *das,* Kettenfahrzeug, Fahrzeug, dessen Räder auf Gleisketten laufen. **Gleisner** [ahd. gilihhison ›sich verstellen‹] *der, -s/-,* P Heuchler. **Gleisnerei** *die, -,* Heuchelei. **gleisnerisch.**

die Wächte · der Firngrat
das Firnfeld · die Schneerinne · der Gletscherbruch
die Gletscherbrücke
die Mittelmoräne · die Längsspalte · die Lawine · der Bergschrund
die Kreuzspalte · die Querspalte · die Gletscherzunge
die Randspalten
die Moräne · das Gletschertor · der Gletscherbach
die Gletscherspalte · der Gletschertisch · die Gletschermühle · die Gletschermilch · das Tor · das Gletschertor

Gletscher

Gleiß [ahd. gliz] *der, -es,* P Glanz, Schein. **Gleiße** *die, -/-n,* ⊕ eine Giftpflanze. **gleißen,** *es* gleißt (hat gegleißt; du gleiß[es]t), P glänzt, schimmert.

Gleitboot *das,* Motorboot für sehr hohe Geschwindigkeit. **gleiten** [ahd. glitan], *ich* gleite (bin geglitten), rutsche, bewege mich ohne eine sichtbare Arbeit oder Hemmung rasch fort: *der Vogel glitt ohne Flügelschlag durch die Luft; gleitender Lohn,* Lohn, der sich nach dem Index der Lebenshaltungskosten ausrichtet; *gleitende Arbeitszeit,* Arbeitszeit mit bewegl. Anfangs- und Endterminen. **Gleiter** *der, -s/-,* einfaches Segelflugzeug. **Gleitflug** *der,* antriebsloser, leicht abwärts geneigter Flug. **Gleithang** *der,* das sanft geneigte Innenufer einer Flußkrümmung. **gleitig,** *gemeinsg., schweiz.:* 1) lenksam. 2) flink. **Gleitschuh** *der,* 1) am Schuh befestigte Metallschiene zum Gleiten auf Schnee und Eis. 2) ⊙ auswechselbare bewegl. Gleitfläche an Maschinen. **Gleitschutz** *der,* Verminderung der Gleitgefahr von Luftreifen, z. B. durch Profil oder Schneeketten. **Gleitzeit** *die,* gleitende Arbeitszeit.

Glencheck [gl'ɛntʃɛk, engl.] *der, -(s)/-s,* eine Musterungsart für Gewebe.

Gletscher [lat. glacies ›Eis‹] *der, -s/-,* Eisstrom im Hochgebirge oder in Polarländern, ABB. G 29. **Gletscherbrand** *der,* Sonnenbrand durch Lichtreflexion auf Gletschern. **Gletscherkunde** *die, -,* Lehre von der Verbreitung und Wirkung des Eises auf der Erde. **Gletschermilch** *die,* Wasser der Gletscherbäche. **Gletschermühle** *die,* **Gletschertopf** *der,* durch Strudelbewegung der Schmelzwässer (mit Hilfe von Steinen) unter dem Gletscher ein kesselförmig ausgehobenes Loch, ABB. G 29. **Gletscherzunge** *die,* der tiefstliegende Teil des Gletschers, meist zungenförmig, ABB. G 29.

Gleve [mhd. glavin, glewe, aus frz. glaive, zu lat. gladius ›Schwert‹] *die, -/-n,* mittelalterliche Waffe.

Gley [russ. glej ›Lehm‹, ›Ton‹] *der, -s,* ⊕ im Grundwassereinfluß liegender Boden.

Glibber *der, -s/-,* *niederdt.:* glatte, klebrige Masse. **glibb(e)rig,** *niederdt.:* glatt, schlüpfrig.

glich, von gleichen.

Glied [ahd. gilid] *das, -(e)s/-er,* 1) einzelner Teil eines Ganzen, einer Gemeinschaft, einer Reihe, einer Kette: *Mitglied; Satzglied.* 2) (bes. beweglicher) Teil des Körpers, (Teil einer) Gliedmaße, ABB. F 20: *der Schreck fuhr mir in alle Glieder.* 3) ♂ männliches G., männl. äußeres Geschlechtsorgan, Penis. 4) ⚔ ⚙ eine Linie Nebeneinanderstehender: *in Reih und G. angetreten!* 5) B Geschlecht, Generation. **Gliederfüß(l)er** *der, -s/-,* Sammelbez. für Krebstiere, Spinnentiere, Asselspin-

nen, Tausendfüßer und Insekten. . . . **glied(e)rig,** aus . . . Gliedern bestehend: *mehrgliederig.* **gliedern,** *ich* glied(e)re (habe gegliedert) *es,* teile ein, ordne. **Gliederpuppe** *die,* Figur aus Holz u. a. mit beweglichen Gliedern. **Gliederreißen** *das,* Rheumatismus. **Gliedertier** *das,* wirbelloses Tier mit Gliederung des Rumpfes. **Gliederung** *die, -/-en,* Einteilung, Unterteilung, Plan, Disposition. **Gliedmaße** *die, -/-n, meist Pl.,* beweglicher, meist aus mehreren Abschnitten bestehende Körperanhang. **Gliedstaat** *der,* Mitgliedstaat eines Bundesstaates oder Staatenbundes. **gliedweise,** Glied für Glied.

glimmen [mhd. glimmen ›glühen‹], *es* glimmt (hat geglommen oder hat geglimmt), brennt ohne Flamme, glüht: *glimmende Kohlen; in seinen Augen glomm Haß,* Ü. **Glimmentladung** *die,* schwach leuchtende Gasentladung, z. B. in Glimmlampen. **Glimmer** *der, -s/-,* 1) *ohne Pl.,* Schimmer, sanfter Glanz. 2) Gruppe wichtiger gesteinsbildender, blättrig-tafeliger Silikate. **glimm(e)rig,** sanft schimmernd. **glimmern,** *es* glimmert (hat geglimmert), schimmert, glüht leicht. **Glimmerschiefer** *der,* kristalliner Schiefer, vorwiegend aus Quarz und Glimmer bestehend. **Glimmlampe** *die,* schwach leuchtende Gasentladungslampe. **Glimmstengel** *der,* U Zigarre, Zigarette.

Glimpf [ahd. gelimf ›Angemessenheit‹, zu gilim(p)fan ›sich gehören‹] *der, -(e)s,* schonende Nachsicht: *mit G.,* glimpflich. **glimpfig,** *oberdt.:* weich, biegsam. **glimpflich,** schonend, rücksichtsvoll: *wir sind g. davongekommen,* ohne großen Schaden. **Glimpflichkeit** *die, -.*

Gliom [grch. glia ›Leim‹] *das, -s/-e,* ⚕ vom Stützgewebe des Zentralnervensystems ausgehende Geschwulst.

Glissade [frz. glisser ›gleiten‹] *die, -/-n,* Schleifschritt beim Tanzen. **glissando** [ital.], ♪ (über mehrere Töne hinweg) gleitend. **Glissando** *das, -s/-s* oder . . .*di,* ♪ gleitende Verbindung von Tönen.

Glitschbahn *die,* Glitsche. **Glitsche** *die, -/-n, oberdt., fränk.:* Schlitterbahn. **glitschen** [mhd. glitsen ›gleiten‹], *ich* glitsche (habe, bin geglitscht), U gleite, rutsche aus. **glitschig,** 1) glatt, schlüpfrig. 2) klebrig: *der Kuchen ist g.,* unausgebacken.

glitt, von gleiten.

glitz(e)rig. **glitzern** [mhd. glitzen], *es* glitzert (hat geglitzert), funkelt: *Sterne glitzern am Himmel.*

global [zu Globus], 1) weltumfassend: *globale Supermacht; Globallösung; globalpolitisch; globalstrategisch.* 2) Ü gesamt: *globale Entscheidungen; globales Wissen.* **Globalgröße** *die,* Gesamtgröße. **Globalsteuerung** *die,* wirtschaftspolit. Beeinflussung der volkswirtschaftl. Globalgrößen wie Preisniveau,

das Gradnetz
die Haube (die Platte) · der Henkel · die Krone · der Obersatz · die Lampenglocke
die Erdkugel · der Längenkreis (der Vollmeridian) · das lange Feld · der Bord · der Klöppel (der Schwengel) · der Schlagring (der Schlag oder der Kranz) · die Haube (der Oberteil) · der Drücker · die Schelle · die Tischglocke · die Käseglocke

Globus · **die Glocke** · **Glocke** die Fahrradglocke (die Klingel)

G 31

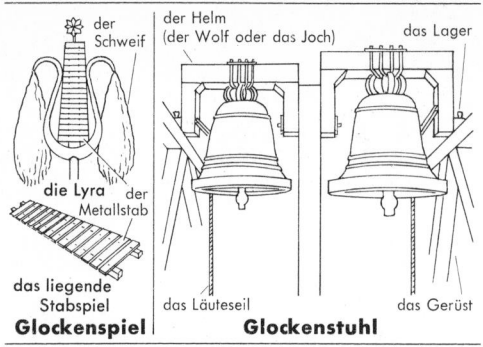

der Schweif | der Helm (der Wolf oder das Joch) | das Lager
die Lyra | der Metallstab
das liegende Stabspiel | das Läuteseil | das Gerüst
Glockenspiel | **Glockenstuhl**

Beschäftigungsrate, Gesamtnachfrage. **Globetrotter** *der,* *-s/-,* Weltenbummler.

Globin [lat. globus ›Kugel‹] *das, -s,* die Eiweißkomponente des Blutfarbstoffes Hämoglobin. **Globuline,** *Pl.,* Gruppe einfacher Eiweißstoffe.

Globus [lat. ›Kugel‹] *der,* - oder *-ses/...ben* oder *-se,* verkleinerte Nachbildung der Erde, eines anderen Weltkörpers oder der scheinbaren Himmelskugel, Авв. G 30.

Glöckchen *das, -s/-.* **Glocke** [ahd. clocca] *die, -/-n,* 1) metallenes Schallgerät, Авв. G 30; Klingel: *Türglocke; Glockengießerei; Glockenturm; man sollte es nicht gleich an die große G. hängen,* Ü Aufhebens davon machen, öffentlich davon reden. 2) ähnlich Gewölbtes, z. B. Blütenform, Авв. B 38: *Käseglocke,* Авв. G 30; *Taucherglocke; Glockenrock.* 3) ⚔ gewölbte Kammer. 4) Fechten: Handgriff oberhalb des Waffengriffes. 5) *Glock 12,* mit dem Glockenschlag 12 Uhr. **Glockenblume** *die,* eine meist blau blühende Pflanze. **Glockenschlag** *der,* Ton der Glocke: *auf den G.,* pünktlich. **Glockenspeise** [mhd. glockenspise] *die,* das flüssige Metall zum Gießen der Glocke. **Glockenspiel** *das,* Musikinstrument aus abgestimmten Glocken oder Metallstäbchen, Авв. G 31. **Glockenstuhl** *der,* Aufhängevorrichtung für Glocken, Авв. G 31. **Glockentierchen** *das, -s/-,* Urtier mit Wimpern und zusammenziehbarem Stiel. **glockig,** wie eine Glocke sich unten erweiternd (Rock). **Glöcklein** *das, -s/-.* **Glöckner** *der, -s/-,* Kirchendiener, der auch die Glocken läutet.

glomm, von glimmen.

Gloria [lat. ›Ruhm‹] *das, -s/-s,* 1) Lobgesang, Teil der katholischen Messe: *G. in excelsis Deo,* Ehre sei Gott in der Höhe. 2) *ohne Pl.,* Ruhm, Ehre: *mit Glanz und G.* (ironisch). **Glorie** [-ia, mhd. glorje] *die, -,* 1) Ruhm. 2) Herrlichkeit des Himmels: *Glorienschein,* Heiligenschein. **Glorifikation,** *die, -/-en,* Verherrlichung. **glorifizieren** [lat. facere ›machen‹, jd] glorifiziere (habe glorifiziert) *ihn, es,* verherrliche. **Gloriole** *die, -/-n,* Glorienschein. **glorios** [lat. gloriosus], **glorreich,** 1) ruhmreich. 2) Ü großartig.

Glose *die, -/-n,* ⚒, *noch oberdt.:* Funken. **glosen** [mhd. glosen], *es* glost (hat geglost), ⚒, *noch oberdt.:* glimmt.

Glossar [lat. glossarium] *das, -s/-e,* Wörterverzeichnis mit Erklärungen. **Glossator** *der, -s/...t'oren,* Erklärer schwieriger Wörter. **Glosse** [grch. glossa ›Zunge‹, ›Sprache‹] *die, -/-n,* 1) erklärende Bemerkung zu einem Wort innerhalb eines Textes. 2) Ü spöttische Randbemerkung; (polemischer) Kurzkommentar: *Zeitungsglosse.* **glossieren,** ich glossiere (habe glossiert) *es: er glossiert mit spitzer Feder die Rede des Bürgermeisters.*

glosten, Nebenform zu glosen.

Glottis [grch. glossa, glotta ›Zunge‹, ›Mundstück der Flöte‹] *die, -/Glott'ides,* Stimmritze im Kehlkopf.

Glotzauge *das,* 1) ⚕ stark hervortretendes Auge. 2) U starrer, aufdringlich staunender Blick. **glotzäugig.** **Glotze** *die, -/-n,* U Fernsehapparat. **glotzen** [mhd. glotzen], *ich* glotze (habe geglotzt), U blicke starr und erstaunt.

Gloxinie [-ia, nach dem Straßburger Botaniker P. B. Gloxin, gestorben 1784] *die, -/...ni|en,* eine Zimmerpflanze.

gluck!, Schallw. für: 1) glucken (Huhn). 2) gluckern (Flüssigkeit): *gluck, gluck!*

Glück [mhd. gelücke] *das, -(e)s,* 1) günstige Fügung, Erfolg: *Hans im G.* (Märchengestalt); *ich will deinem G. nicht im Wege*

stehen; *er hat sein G. gemacht,* es zu etwas gebracht; *in G. und Leid.* 2) einzelner günstiger Zufall: *das war dein G.; da habe ich wieder einmal G. gehabt; auf gut G.,* versuchsweise; *sie kann von G. sagen, daß sie es geschafft hat,* U; *zum G.,* glücklicherweise. 3) Zustand tiefer Befriedigung: *häusliches, irdisches, kurzes, ungetrübtes G.* **Glückab** *das, -s,* Fliegergruß; aber: *Glück ab!* **Glückauf** *das, -s,* Bergmannsgruß; aber: *Glück auf!* **glückbringend,** beglückend: *ein glückbringendes Ereignis;* aber: *ein dir Glück bringender Talisman.*

Glucke *die, -/-n,* 1) brütende Henne, Hühnermutter mit Küken. 2) ein Speisepilz: *Krause G.* 3) ein Nachtfalter. **glucken** [mhd. klucken], *ich* glucke (habe gegluckt), 1) U sitze untätig herum: *er gluckt immer nur zu Hause.* 2) *die Henne gluckt,* stößt ihren Lockruf aus; will brüten.

glücken, *es* glückt (ist geglückt) *mir,* gelingt.

gluckern, *es* gluckert (hat gegluckert), bewegt sich mit ruckartigem, dumpfem Geräusch: *das Wasser g. aus der Flasche.*

glückhaft, P beglückend. **glücklich,** 1) glückbegünstigt, erfolgreich, frei von Störungen: *das geht g. vonstatten.* 2) froh, voll zufriedener Gefühle, beglückt: *das macht mich g.* 3) erfreulich, vorteilhaft: *ein glückliches Ereignis,* Ü Geburt eines Kindes; *ein glücklicher Einfall; eine glückliche Hand,* viel Geschick; *ein glücklicher Zufall.* 4) U zum Glück, endlich: *hast du ihn g. doch noch überredet.* **glücklicherweise,** zum Glück: *g. mach ich noch rechtzeitig.* **glückselig,** tief innerlich glücklich. **Glückseligkeit** *die, -.*

glucksen [Schallw.], *ich* gluckse (habe gegluckst), 1) lache unterdrückt. 2) U *das Wasser gluckst,* gluckert.

Glücksfall *der,* glücklicher Zufall. **Glückskind** *das,* Mensch, dem alles gelingt. **Glücksklee** *der,* vierblättriger Klee. **Glückspfennig** *der,* (gefundener) Pfennig, der Glück bringen soll. **Glückspilz** *der,* Ü Glückskind. **Glücksrad** [mhd. gelückerat] *das,* 1) Rad zum Drehen für Verlosungen. 2) Sinnbild für die Unbeständigkeit des Glücks: *das G. hat sich gedreht,* Ü das Glück hat mich verlassen. **Glücksritter** *der,* jemand, der sich allein auf sein Glück verläßt. **Glück(s)sache** *die,* allein vom Zufall abhängige Angelegenheit. **Glücksspiel** *das,* Spiel, bei dem der Erfolg allein vom Zufall abhängt. **Glückssträhne** *die,* U kurze Zeit, in der einem alles gelingt. **glückstrahlend,** glückselig: *g. sah sie ihn an;* aber: *vor Glück strahlend.* **glückverheißend, glückversprechend,** Glück in Aussicht stellend; aber: *ein großes Glück verheißend, versprechend.* **Glückwunsch** *der,* Ausdruck der Mitfreude oder Wunsch für eine gute Zukunft: *Glückwunschkarte; Geburtstagsglückwunsch.*

Glucose *die, -,* Glukose.

Glufe [mhd. glufe] *die, -/-n, alem.:* Stecknadel.

Glühbirne *die, Ü* Glühlampe. **glühen** [ahd. gluoen], *ich* glühe (habe geglüht), 1) *es,* behandle Werkstücke aus Eisen durch Erhitzen zum Erzielen bestimmter Eigenschaften. 2) *vor Aufregung, Freude,* Ü ein heiß, rot, erregt, begeistert: *er glühte vor Begeisterung; glühendes Verlangen.* 3) *es glüht,* leuchtet durch Erhitzung (feste Körper von etwa 400 °C an): *das Feuer glüht nur noch; das Eisen ist weißglühend.* **Glühkathode** *die,* durch Glühen zum Aussenden von Elektronen veranlaßte Kathode, bes. in Elektronenröhren. **Glühkerze** *die,* Anlaßhilfe bei Dieselmotoren. **Glühlampe** *die,* elektr. Lichtquelle, Авв. E 6, L 10. **Glühstrumpf** *der,* Glühkörper des Gasglühlichts. **Glühwein** *der,* erhitzter, gewürzter Wein. **Glühwürmchen** *das,* der Leuchtkäfer.

Glukose *die, -/-n,* ↻ auch Glucose, Glykose, Traubenzucker.

Glumse [aus poln.] *die, -, nordostdt.:* Sauermilchquark.

glupen, *ich* glupe (habe geglupt), *niederdt.:* blicke finster, übellaunig, lauernd. **glupsch,** lauernd, heimtückisch. **glupschen,** *ich* glupsche (habe geglupscht), *niederdt.:* glupe.

gluschtig, *schweiz.:* 1) U appetitlich. 2) appetitlich.

Glut [ahd. gluot] *die, -/-en,* 1) starke Hitze: *so eine G., Gluthitze!; es ist glutheiß.* 2) glühender Körper, z. B. Schmelzglut, Brennstoff, Авв. R 7: *es ist noch G. im Ofen.* 3) U starkes Gefühl, Liebe, Leidenschaft.

Glutaminsäure [lat. glutinum ›Leim‹ und vgl. Amine] *die,* eine in Eiweißstoffen verbreitete Aminosäure. **Glutin** *das, -s,* ein Eiweißstoff.

Glycerin [grch. glykys ›süß‹] *das, -s,* ↻ Glyzerin, ein dreiwertiger Alkohol. **Glykämie** [grch. haima ›Blut‹] *die, -,* normaler Zuckergehalt des Blutes. **Glykogen** [vgl. ... -gen] *das, -s,* tierische Stärke (Leberstärke). **Glykol** [lat. oleum ›Öl‹] *das, -s/-e,* 1) farblose, süß schmeckende, giftige Flüssigkeit (Gefrierschutzmittel, Glycerinersatz). 2) ein zweiwertiger

Alkohol. **Glykose** *die, -,* ⚶ Glukose. **Glykosid** *das, -(e)s/-e, meist Pl.,* wichtige Zuckermoleküle enthaltende Naturstoffe. **Glykos|urie** [grch. ouron ›Harn‹] *die, -/. . .ur'i|en,* Zuckerausscheidung im Harn.

Glyptik [grch. glyphein ›einschneiden‹] *die, -,* Steinschneidekunst. **Glyptothek** [vgl. Theke] *die, -/-en,* **1)** Sammlung antiker Skulpturen. **2)** Sammlung geschnittener Steine.

Glyzerin *das, -s,* ↻ Glycerin. **Glyzine** [grch. glykys ›süß‹] *die, -/-n,* ⚘ die Wistarie.

GmbH, Abk. für: Gesellschaft mit beschränkter Haftung.

g-Moll *das,* ♪ Zeichen: g, eine Tonart.

Gnade [ahd. ginada] *die, -/-n,* **1)** Barmherzigkeit Gottes: *ich flehe um Gottes G.* **2)** herablassendes Wohlwollen, unverdiente Gunst: *ich bin von seiner G. abhängig; nur aus G. (und Barmherzigkeit); auf G. oder Ungnade,* bedingungslos; *er ließ G. vor, für Recht ergehen,* übte Nachsicht statt gerechter Strafe. **3)** *Euer Gnaden,* ⚶ Anrede. **gnaden** [ahd. ginadon], *ich gnade* (habe gegnadet), *es bin gnädig: g. dir Gott!,* drohend: Gott sei dir gnädig! **Gnadenbild** *das,* an einem Wallfahrtsort verehrtes Christus-, Marien- oder Heiligenbild. **Gnadenbrot** *das, -(e)s,* Ü Versorgung im Alter als Dank für geleistete Dienste: *das alte Pferd bekommt beim Bauern sein G.* **Gnadenfrist** *die,* letzter Aufschub. **Gnadengesuch** *das,* Bittschrift um Begnadigung. **Gnadenort** *der,* Wallfahrtsort. **Gnadenstoß** *der,* Stich, um die Todesqual (eines verwundeten Tieres) abzukürzen. **Gnadentisch** *der,* ⚏ Altar. **gnädig, 1)** Gnade ausübend, barmherzig. **2)** freundlich, gütig, nachsichtig. **3)** herablassend wohlwollend. **4)** U glimpflich, kaum geschädigt: *er ist g. davongekommen.* **5)** *gnädige Frau, gnädiges Fräulein,* höfliche Anrede.

gnappen [mhd. gnappen], *ich gnappe* (habe gnappet), *schweiz.:* wanke, wackele, knicke um.

gnarren [mhd. gnarren ›knurren‹], *ich gnarre* (habe gegnarrt), *niederdt.:* **1)** quengele. **2)** es gnarrt, knarrt (Tür).

Gnatz [mhd. gnaz] *der, -/⸗e, niederdt.:* **1)** Grind. **2)** Ü Übellaunigkeit; übellauniger Mensch. **gnatzen**, *ich gnatze* (habe gegnatzt), *niederdt.:* bin verdrossen, knurre, zanke. **gnätzig,** *niederdt.:* **1)** grindig. **2)** Ü mürrisch, verdrossen.

Gneis [wohl zu ahd. gneista ›Funke‹, wegen des Glanzes] *der, -es/-e,* metamorphes Gestein mit Paralleltextur, in Platten oder Prismen spaltend.

Gnitte *die, -/-n,* **Gnitze** *die, -/-n, niederdt.:* kleine Mücke.

Gnom [frühnhd.] *der, -en/-en,* kleiner Naturgeist, Kobold. **Gnome** [grch.] *die, -/-n,* Sinnspruch. **gnomenhaft,** wie ein Gnom, zwergenhaft. **gnomisch,** in der Art einer Gnome.

Gnomon [grch. ›(Zeiger an der) Sonnenuhr‹] *der, -s/. . .m'one,* älteste Meßeinrichtung zur Messung des Sonnenstandes (Sonnenuhr), Schattenstab.

Gnosis [grch. ›Erkenntnis‹] *die, -,* **1)** im Neuen Testament: die christliche Erkenntnis. **2)** Philosophie: Lehre des Gnostizismus. **Gnostiker** *der, -s/-,* Anhänger der Gnosis. **gnostisch.**

Gnostizismus *der, -,* religiöse Bewegungen in der Zeit des frühen Christentums.

Gnu [Kaffernsprache] *das, -s/-s,* ein Paarhufer.

Go [japan. I-go] *das, -,* japanisches Brettspiel.

Goal [go:l, engl. ›Ziel‹, ›Mal‹] *das, -s/-s, österr., schweiz.:* Treffer, Tor (Fußball).

Gobelin [gobl'ễ, nach der franzöz. Färberfamilie Gobelin] *der, -s/-s,* gewebter Wandteppich.

Go-cart [g'ouka:t, engl.] *der, -(s)/-s,* Go-Kart.

Gockel [Schallw.] *der, -s/-,* Hahn: *Gockelhahn.*

Gode [mhd. gote] *der, -n/-n, oberdt.:* Pate. **Godel** *die, -/-n, oberdt.:* Patin.

Godwin [ahd. got ›Gott‹ und wini ›Freund‹], männl. Vorname.

Gof *der* oder *das, -s/-en, schweiz.:* Kind.

Gögel [mhd. gogel ›Possen‹, ›Scherz‹] *der, -s/-, schweiz.:* Spaßmacher.

Goggs *der, -/⸗e, schweiz.:* runder, steifer Hut.

Go-Go-Girl [g'ogoga:l, engl. to go ›gehen‹ und girl ›Mädchen‹] *das, -s/-s,* Vortänzerin, bes. bei Beatveranstaltungen.

Goi [hebr.] *der, -(s)/G'ojim,* Nichtjude.

Go-in [gou-, engl. to go ›hineingehen‹] *das, -/-,* demonstratives Eindringen in Versammlungen, Vorlesungen u. a. mit der Absicht, eine Diskussion zu erzwingen.

Gojim, *Pl.* von Goi.

Go-Kart [g'ouka:t, engl. go-cart ›Laufställchen‹] *der, -(s)/-s,* auch Go-cart, ein Kleinfahrzeug ohne Karosserie.

gokeln, *sächs.:* kokeln.

Golatsche *die, -/-n,* Kolatsche.

Gold [ahd. gold, verwandt mit gelb] *das, -(e)s,* **1)** ↻ Element, Zeichen: Au, Edelmetall von gelblichem Glanz; gesetzliche Grundlage vieler Währungen: *Goldbarren; Goldbestand; Goldschmuck; sie ist treu wie G.,* Ü. **2)** etwas Kostbares, Reichtum, Geld: *Morgenstunde hat G. im Munde,* Ü am frühen Morgen kann man viel schaffen; *das ist nicht mit G. zu bezahlen!* **Goldafter** *der,* weißer Falter mit brauner Behaarung. **Goldammer** *die,* goldgelber Singvogel. **Goldapfel** *der,* Name verschiedener Pflanzen; auch Frucht eines Baumes. **Goldauge** *das,* **1)** ein Korbblüter. **2)** Insekt mit goldglänzenden Augen und dichtgeäderten Flügeln. **Goldbarsch** *der,* Kaulbarsch, auch Handelsname für Rotbarsch. **goldblond,** *goldblondes Haar.* **Goldbutt** *der,* die Scholle. **Golddeckung** *die,* Deckung von Banknoten durch Gold. **golden, 1)** aus Gold: *ein goldener Armreif; er wollte mir goldene Berge versprechen,* unerhörte Reichtümer; *Handwerk hat einen goldenen Boden,* Ü bringt viel ein; *die Goldene Bulle,* Reichsgesetz von 1356; *das Goldene Kalb,* ein Tiergötze im Alten Testament, Sinnbild der Geldgier; *das Goldene Vlies,* heilbringendes Widderfell der griechischen Sage; österreichischer und spanischer Orden. **2)** goldfarben, metallisch-gelb: *goldene Äpfel; goldenes Haar.* **3)** Ü wie Gold, treu, zuverlässig: *ein goldenes Herz; goldene Worte; die goldene Hochzeit,* fünfzigster Jahrestag der Eheschließung; *die goldene Mitte,* das rechte Maß, weder zuviel noch zuwenig; *der Goldene Schnitt,* △ Teilung einer Strecke, wobei der größere Teil sich zum kleineren so verhält wie die ganze Strecke zum größeren Teil, Abb. G 32; *die goldene Zahl,* Zahl zur Errechnung des Mondzyklus; *das goldene Zeitalter,* sagenhafte glückliche Urzeit. **Golden Delicious** [g'ouldən dil'iʃəs, engl.] *der, - -/- -,* ertragreiche Apfelsorte. **Goldfieber** *das,* U maßlos übersteigertes Verlangen nach Gold. **Goldfisch** *der,* ein Zierfisch. **2)** U reiches Mädchen: *er hat sich einen G. geangelt.* **Goldfüllung** *die,* Zahnfüllung aus Gold. **Goldgehalt** *der, -(e)s,* Anteil an Gold. **goldgelb. Goldglas** *das,* mit Blattgold verziertes Glas. **Goldgräber** *der, -s/-,* Goldsucher. **Goldgrube** *die,* Goldbergwerk. **2)** Ü Quelle großen Reichtums: *dies Geschäft ist eine G.* **goldhaarig,** mit goldblondem Haar. **Goldhähnchen** *das,* ein Singvogel. **goldhaltig. Goldhamster** *der,* leicht züchtbarer Hamster. **Goldhase** *der,* hasenähnl., hochbeiniges Nagetier. **Goldhenne** *die,* der Goldlaufkäfer. **goldig, 1)** goldfarbig. **2)** U niedlich, nett, reizend, lieb, herzensgut: *ein goldiges Kind.* **Goldjunge** *der,* ein Kosewort: *mein G.!* **Goldkäfer** *der,* Name verschiedener goldglänzender Käfer. **Goldkrone** *die,* **1)** Krone aus Gold. **2)** Zahnkrone, Abb. Z 2, aus Gold. **Goldlack** *der, -(e)s,* ein Kreuzblütler. **Goldlaufkäfer** *der,* Goldhenne, Goldschmied, Feuerstehler, ungeflügelter Laufkäfer. **Goldmakrele** *die,* barschartiger Hochseefisch. **Goldmark** *die,* feste Recheneinheit während der Inflation nach dem ersten Weltkrieg. **Goldmull** *der, -s/-e,* maulwurfsähnl. Insektenfresser. **Goldnessel** *die,* Name verschiedener Pflanzen. **Goldparmäne** *die, -/-n,* ertragreiche Apfelsorte. **Goldregen** *der,* baumartiger Strauch mit hängenden Blütentrauben. **Goldrute** *die,* ein Korbblüter, z. T. Bienennährpflanze. **Goldschmied** *der,* **1)** Handwerker, der Gegenstände aus Edelmetall anfertigt oder bearbeitet. **2)** U Goldlaufkäfer. **Goldschnitt** *der,* vergoldete Schnittflächen am Buch. **Goldstern** *der,* ⚘ Gelbstern. **Goldstück** *das,* **1)** Goldmünze. **2)** ein Kosewort: *mein G.!* **Goldwaage** *die,* Feinwaage für Edelmetall: *man will nicht jedes Wort auf die G. legen,* Ü allzu wörtlich nehmen. **Goldwährung** *die,* Währung, die in fester Beziehung zum Goldwert gesetzt ist. **Goldwert** *der, -s,* Wert des reinen Goldgehalts eines Gegenstandes.

Golem [hebr. ›seelenlose Materie‹] *der, -s,* jüdische Sagengestalt.

Golf [ital. golfo, zu grch. kolpos ›Busen‹, ›Bucht‹] *der, -(e)s/-e,* größere Meeresbucht.

Golf [engl., zu schott. gowf ›schlagen‹] *das, -s,* ein Rasenspiel: *Golfball, Golfschläger,* Abb. G 32. **Golfer** *der, -s/-,* Golfspieler.

Golgatha [aramäisch golgotha ›Schädel‹, nach dem Hügel bei Jerusalem, Christi Kreuzigungsstätte] *das, -,* Sinnbild tiefsten Schmerzes.

Goliath, 1) ein Riese im Alten Testament. **2)** Ü riesiger Mensch.

Goller [mhd. goller, vgl. Koller] *der, -s/-,* ⚶, **Göller** *der* oder *das, -s/-, schweiz.:* Frauenkragen, Abb. M 16.

G 32

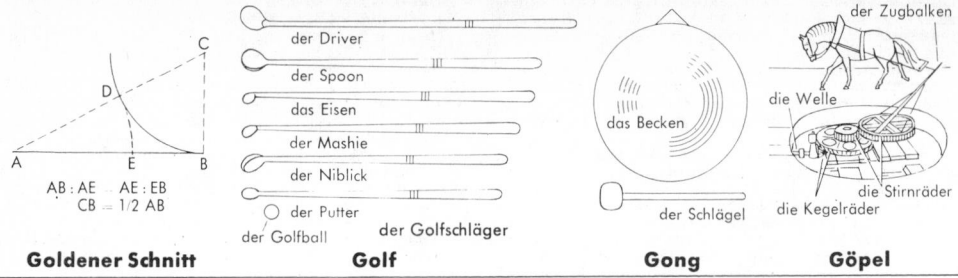

AB : AE   AE : EB
CB = 1/2 AB

der Driver
der Spoon
das Eisen
der Mashie
der Niblick
○ der Putter
der Golfball   der Golfschläger

das Becken
der Schlägel

der Zugbalken
die Welle
die Stirnräder
die Kegelräder

Goldener Schnitt   **Golf**   **Gong**   **Göpel**

Gomor|r(h)a, vgl. Sodom und Gomorr(h)a.
gon, Zeichen für: Gon. **Gon** [grch. gonia ›Winkel‹, ›Ecke‹] *das, -s/-e* und bei Maßangaben -, Zeichen: gon, Einheit des ebenen Winkels, früher Neugrad.
Gon *der, -s/*ˣ, der Gorn.
Gonaden [grch. gone ›Erzeugung‹, ›Samen‹], *Pl.,* Eierstock und Hoden.
Gondel [ital. gondola ›Boot‹, ›Kahn‹] *die, -/-n,* **1)** venezianisches Ruderboot, ABB. B 42. **2)** Korb des Freiballons; am Rumpf des Luftschiffs angebrachte Kammer. **gondeln,** *ich* gond(e)le (bin gegondelt), U fahre gemächlich (Kahn, Auto), reise ohne bestimmtes Ziel: *sie sind den ganzen Sommer durch Italien gegondelt.* **Gondoliere** *der, -/. . .ri,* Gondelführer.
Gong [javan.] *der* oder *das, -s/-s,* indisch-malaiisches Schlaginstrument, ABB. G 32, in Europa auch zum Anzeigen der Zeit oder des angerichteten Essens verwendet: *beim Gongschlag ist es acht Uhr* (Hörfunkansage). **gongen,** *ich* gonge (habe gegongt), **1)** schlage einen Gong an. **2)** *es gongt,* ein Gongschlag ertönt.
Goniometer [grch. gonia ›Winkel‹ und metron ›Maß‹] *das, -s/-,* Winkelmeßgerät, ABB. W 13. **Goniome|trie** *die, -,* Winkelmessung.
gönnen [ahd. (gi)unnan, zu Gunst], *ich* gönne (habe gegönnt) *es ihm,* gestehe neidlos zu, lasse zukommen: *dir g. ich alles Gute; er gönnt sich oft einen Mittagsschlaf.* **Gönner** *der, -s/-,* Förderer. **gönnerhaft,** mit herablassender Freundlichkeit. **Gönnerhaftigkeit** *die, -.* **gönnerisch,** gönnerhaft. **Gönnermiene** *die:* mit G. stimmte *er zu,* mit herablassender Freundlichkeit. **Gönnerschaft** *die, -,* **1)** wohlwollende Unterstützung. **2)** Gesamtheit der Gönner.
Gonokokkus [grch. gone ›Erzeugung‹ und vgl. Kokkus] *der,* Erreger des Trippers. **Gonor|rhö(e)** [-rˈøː, grch. rhein ›fließen‹] *die, -/. . .rh´öen,* Tripper. **gonor|rhoisch.**
good-bye! [gudˈbˈai, engl., aus Gut do be with you ›Gott sei mit Euch!‹], leb(t) wohl!
Goodwill [gudwˈil, engl. ›Wohlwollen‹, ›Gefallen‹] *der, -s,* Wertschätzung (eines Politikers, einer Firma u. a.), freundliche Gesinnung: *Goodwillreise.*
Göpel [mhd. gebel] *der, -s/-,* **Göpelwerk** *das,* Vorrichtung zum Antrieb von Arbeitsmaschinen, ABB. G 32.
gor, von gären.
Gör [niederdt.] *das, -(e)s/-en,* auch die Göre, *norddt.:* **1)** kleines Kind. **2)** nasewe ises Mädchen.
Gording [niederdt. ›Gürtung‹] *die, -/-s,* Tau zum Zusammenschnüren der Segel.
gordisch [nach dem sagenhaften phryg. König Gordios], *ein gordischer Knoten,* U eine unlösbar scheinende Aufgabe; aber: *der Gordische Knoten,* der Knoten, den Alexander der Große mit dem Schwert durchhieb.
Göre *die, -/-n,* das Gör.
Gorgo [grch. gorgos ›fruchtbar‹] *die, -/. . .g´onen,* weibl. Ungeheuer mit schreckenerregendem Aussehen.
Gorgonzola [nach dem Ort in der italien. Provinz Mailand] *der, -s/-s,* eine würzig schmeckender Schimmelkäse.
Gorilla [afrikan.] *der, -s/-s,* **1)** ein Menschenaffe. **2)** U (großer, kräftiger) Leibwächter.
Gorn *der, -s/*ˣ, *alem.:* auch Gon, Kelle; Schöpfeimer.
Gösch [niederl. geus] *die, -/-en,* **1)** kleine, im Hafen am Bug gesetzte Flagge. **2)** Oberecke an Flaggen.
Gosche *die, -/-n, oberdt.:* Mund.
Gose [nach dem Flüßchen Gose bei Goslar] *die, -/-n,* ein obergäriges Weißbier.

Go-show [gouʃˈou, engl. to go ›gehen‹ und to show ›sich zeigen‹] *der, -s/-s,* jemand, der erst kurz vor Abflug am Flughafenschalter versucht, einen Flugplatz zu bekommen.
Go-slow [gouslˈou, engl. slow ›langsam‹] *der* oder *das, -s/-s,* Bummelstreik.
Gospel *das* oder *der, -s/-s,* **Gospelsong** [engl. gospel ›Evangelium‹ und song ›Lied‹] *der,* volkstümlich-religiöser Gesang nordamerikan. Neger.
goß, von gießen. **Gosse** *die, -/-n,* **1)** Rinnstein, ABB. R 23. **2)** U Zustand der äußersten Verkommenheit: *er hat sie aus der G. aufgelesen.* **3)** *er wurde durch die G. gezogen,* U ihm wurde übel nachgeredet.
Gössel *das, -s/-(n), niederdt.:* Gänseküken.
Gote [mhd. gote, wohl zu Gott] *der, -n/-n* und die, -/-n, *oberdt.:* Pate, Patin.
Gote *der, -n/-n,* Angehöriger eines german. Volkes.
goethisch, Goethisch [gˈø-, J. W. v. Goethe, 1749–1832], auf Goethe bezogen: vgl. ÜBERS. A 4, C.
Gotik *die, -,* Stilepoche der mittelalterl. Kunst in Europa, ABB. S 67, 68. **gotisch** [frz. gothique, ital. gotico ›barbarisch‹, ›nicht antik‹], **1)** die Goten betreffend. **2)** im Stil der Gotik.
Gotlandium [nach der schwed. Insel Gotland] *das, -s,* eine geolog. Formation des Paläozoikums.
Gott [ahd. got, zu gotisch guth] *der, -es/*ˣer, **1)** kultisch verehrtes übermenschl. Wesen, Gottheit: *die griechischen Götter; das wissen die Götter,* ich läßt es sehr ungewiß. **2)** ohne Pl., *meist ohne Artikel,* im Christentum der Weltenlenker, das höchste Wesen: *G. der Herr; die Bibel; das Wort Gottes,* Bibel; *bei G.,* Beteuerung; *in Gottes Namen; um Gottes willen!; G. sei Dank; gottlob; mit G.!, G. befohlen!, grüß G.!, G. mit dir!, behüt dich G.!,* Grußformen; *in Frankreich,* U im Überfluß; *sie kennt G. und die Welt,* U alle möglichen Leute. **gottbehüte!, gottbewahre!,** U auf gar keinen Fall!
Gotte [vgl. Gote] *die, -/-n, alem.:* Patin.
Götterdämmerung *die, -,* nord. Mythologie: Ragnarök.
Göttergatte *der: mein G.,* U mein Mann. **gottergeben,** sich demütig dem Schicksal fügend: *ein gottergebener Mensch;* aber: *sie ist ihrem Gott ergeben.* **Götterspeise** *die,* **1)** Ambrosia. **2)** eine Süßspeise. **Gottesacker** *der,* P Friedhof.
Gottesanbeterin *die, -/-nen,* eine Fangheuschrecke. **Gottesbeweis** *der,* Versuch, das Dasein Gottes durch philosoph. Reflexion zu beweisen. **Gottesdienst** *der,* die gemeinschaftl. Gottesverehrung: *Kindergottesdienst.* **Gottesfurcht** *die,* Ehrfurcht vor Gott und seinen Geboten. **gottesfürchtig. Gottesgericht** *das,* Gottesurteil. **Gottesgnade** *die,* Gnade Gottes; *das* in Titeln: *von Gottes Gnaden König. . .* **Gotteshaus** *das,* P Kirche, Tempel. **gotteslästerlich. Gotteslästerung** [ahd. gotscelta] *die,* Blasphemie, Beschimpfung oder Verhöhnung Gottes. **Gottesmutter** *die,* Maria als Mutter Christi. **Gottessohn** *der, -es,* Christus. **Gottesurteil** *das,* im MA.: Urteil über Schuld oder Unschuld durch vermeintl. Hilfe Gottes. **Gottfried** [ahd. fridu ›Friede‹, ›Schutz‹], männl. Vorname. **gottgefällig,** Gottes Geboten folgend: *gottgefällige Werke.* **gottgewollt,** als Wille Gottes aufgefaßt: *die gottgewollte Ordnung.* **Gotthard** [ahd. hart ›tapfer‹], männl. Vorname. **Gottheit** [ahd. got(e)heit] *die, -/-en,* **1)** ohne Pl., Gott, Göttlichkeit. **2)** Götze, Göttergestalt: *eine heidnische G.*
Gotthelf, Gotthold, männl. Vornamen.
Götti [vgl. Gote] *der, -s/-, alem.:* Pate.
Göttin *die, -/-nen,* weibl. Gottheit. **göttlich, 1)** auf Gott bezüglich. **2)** gottähnlich. **3)** U wunderbar, prachtvoll: *einfach g.!* **Göttlichkeit** *die, -.* **Gottlieb** [ahd. leib ›Sohn‹, ›Nachkom-

me‹], **Gottlob**, männl. Vornamen. **gottlos. Gottlose** *der, die, -n/-n, ein -r, eine -,* Atheist, jemand, der Gott leugnet. **Gottlosigkeit** *die, -.* **Gottseibejuns** *der, -,* verhüllend für: Teufel. **gottselig,** selig im Glauben an Gott: *ein gottseliges Leben, Ende.* **gottserbärmlich,** ganz jämmerlich. **Gottvater** *der, -s, meist ohne Artikel,* Gott, Vater Christi und der Menschen. **gottverflucht, 1)** von Gott verstoßen. **2)** U derb: verflucht. **gottverlassen,** U öde, trostlos: *eine gottverlassene Gegend.* **Gottvertrauen** *das.* **gottvoll,** U sehr komisch: *das ist ja g.!* **Gottwald** [ahd. waltan ›walten‹], **Gottwin** [ahd. wini ›Freund‹], männl. Vornamen. **Götz** [Kurzform zu Namen, die mit ahd. got ›Gott‹ zusammengesetzt sind], männl. Vorname. **Götze** [frühnhd. götze ›Heiligenbild‹, jetzige Bedeutung seit Luther] *der, -n/-n,* Abgott, falscher Gott: *Götzenbild; Götzendienst.*

Gou|ache [gu'a:ʃ] *die, -/-n* [-ən], Guasch. **Gouda** [x'ɔuda, nach dem Ort in der niederländ. Provinz Südholland] *der, -s/-s,* **Goudakäse** *der,* ein Schnittkäse. **Gourmand** [gurm'ã, frz.] *der, -s/-s,* Vielesser, Vielfraß, Schlemmer. **Gourmandise** [-d'i:z] *die, -/-n* [-ən], Feinschmeckerei. **Gourmet** [gurm'ɛ] *der, -s/-s,* Weinkenner; Feinschmecker. **Gout** [gu:, frz., zu lat. gustare ›kosten‹] *der, -s/-s,* Geschmack. **goutieren** [gu-], *ich goutiere (habe goutiert) es,* finde Geschmack an etwas, habe gern, genieße. **Gouvernante** [gu-, frz. gouverner ›leiten‹, ›regieren‹] *die, -/-n,* ♀ Hauslehrerin, Erzieherin. **gouvernantenhaft,** altjüngferlich und schulmeisterlich. **Gouvernement** [guvernm'ã] *das, -s/-s,* **1)** Regierung. **2)** Statthalterschaft, Provinz. **Gouverneur** [-n'ø:r] *der, -s/-e,* Statthalter, oberster Beamter eines Gliedstaats, einer Provinz, einer Kolonie.

Grab [ahd. grab] *das, -(e)s/-ˮer,* **1)** Ruheplatz eines Toten, ABB. F 35: *Grabstätte; man hat ihn zu Grabe getragen, beerdigt; still, düster, verschwiegen wie ein G.; er hat das Geheimnis mit ins G. genommen; Grabeskälte,* Ü. **2)** Ü Untergang, Ende: *diese Hoffnung mußten wir zu Grabe tragen, aufgeben; er hat sich sein eigenes G. geschaufelt, sich selbst ruiniert.*

Grabbelei *die, -/-en.* **grabbeln,** *ich grabb(e)le (habe gegrabbelt), norddt.:* berühre tastend. **Grabbeltisch** *der,* Ü Verkaufstisch mit preiswerten Waren.

graben [ahd. graban], *ich grabe (grub, habe gegraben; du gräbst, er gräbt),* **1)** *(es)* mache eine Vertiefung: *er gräbt einen Brunnen.* **2)** *mich in etwas,* dringe bohrend ein: *das Flugzeug grub sich beim Absturz tief in den Sand; das hat sich mir tief ins Gedächtnis gegraben,* Ü eingeprägt. **3)** schürfe, suche unter der Erde: *sie graben nach Erz, Gold, Kohle.* **Graben** [ahd. grabo] *der, -s/-ˮ,* **1)** künstl. Einschnitt in den Boden als Wasserrinne oder Laufgang: *Straßengraben; Burggraben; ein tiefer G. trennt die beiden Staaten,* Ü. **2)** ⊕ abgesunkener Streifen der Erdkruste, z. B. das Oberrheinische Tiefland: *Grabenbruch.* **Grabenkrieg** *der,* eine Form des Stellungskrieges. **Grabesruhe** *die,* **Grabesstille** *die,* Totenstille, ungestörte Ruhe. **Grabesstimme** *die,* Ü sehr tiefe Stimme. **Grablegung** *die, -/-en,* B Begräbnis Christi. **Grabmal** *das, -s/-ˮer* und *-e,* Stein oder Aufbau über einem Grab, ABB. F 35. **Grabrede** *die,* Rede bei einer Bestattung. **Grabschändung** *die,* Zerstörung oder Beschädigung eines Grabes. **Grabscheit** *das, ostdt.:* Spaten. **Grabstein** *der,* ABB. F 35. **Grabstichel** *der,* Werkzeug der

Kupferstecher und Graveure, ABB. H 24. **Grabung** *die, -/-en,* das Graben, die Ausgrabung.

Grachel *die, -/-n, oberdt.:* Granne.
Gracht [niederl.] *die, -/-en,* schiffbarer Kanal in niederländ. Städten.

Graecum [lat. ›das Griechische‹] *das, -s,* Gräkum, eine Prüfung in der altgriech. Sprache.

grad, △ Abk. für: gerade.
grad., Abk. für: graduiert.

Grad [ahd. grad, zu lat. gradus ›Rang‹, ›Stufe‹] *der, -(e)s/-e* und bei Maßangaben -, Zeichen: °, **1)** Abstufung, Stärke, Rang, Meßzahl einer Größe: *Dienstgrad; Schriftgrad; Härtegrad; Vetter zweiten Grades; im höchsten G.,* sehr. **2)** Physik: Maßeinheit der Temperatur, ABB. M 8. **3)** ⊕ Längen- und Breitengrad. **4)** △ Maßeinheit des Winkels (früher Altgrad): *er hat sich um 180 G. gedreht,* Ü nimmt jetzt einen gegensätzlichen Standpunkt ein. **5)** *G. einer Gleichung,* △ höchste darin vorkommende Potenz der Unbekannten. **Gradation** *die, -/-en,* **1)** stufenweise Steigerung. **2)** Abstufung der Helligkeitswerte.

grade, U gerade.
Grad(e)l *der, -s/-, oberdt.:* **1)** festes Gewebe für Schürzen, Matratzen u. a. **2)** Kies, grober Sand.

Gradient *der, -en/-en,* Abk.: grad, △ die Änderung einer Größe längs einer Strecke. **gradieren,** *ich gradiere (habe gradiert) es,* **1)** stufe ab. **2)** erhöhe den Salzgehalt einer Sole im Gradierwerk. **Gradierhaus, Gradierwerk** *das,* ABB. G 33. **. . .gradig, . . .** Grad zeigend: *zweigradig* oder *2gradig.* **Gradmesser** *der,* Maßstab, Grad. **Gradnetz** *das,* ⊕ das Netz der Längen- und Breitenkreise auf dem Globus, ABB. G 30. **graduell,** den Grad, Rang betreffend. **Graduale** *das, -s/. . .li|en,* kath. Kirche: **1)** kurzer Zwischengesang in der Messe. **2)** Meßgesangbuch. **Graduation** *die, -/-en,* Abstufung. **graduell,** nach Graden; stufenweise: *ein gradueller Übergang.* **graduieren,** *ich graduiere (habe graduiert),* **1)** *es,* teile nach Graden ab. **2)** *ihn,* erteile ihm einen Grad einer Fachhochschule: *graduierter Ingenieur,* Abk.: Ing. grad.

Graf [ahd. grafio ›Graf‹, ›Vorsteher‹, ›Statthalter‹] *der, -en/-en,* früher Adelstitel, heute Teil des Familiennamens; im MA. Beamter des Königs mit Sachbereich und Amtsbezirk: *Pfalzgraf, Grafschaft;* später auch genossenschaftl. Beauftragter: *Deichgraf.*

Graffito [ital., zu graffiare ›kratzen‹] *der* oder *das, -(s)/. . .ti, meist Pl.,* in eine Mauer eingekratzte Inschrift oder bildl. Darstellung.

Grafik usw., eingedeutscht für: Graphik usw.
Gräfin [vgl. Graf] *die, -/-nen,* Frau mit Grafentitel. **gräflich,** zu einem Grafen gehörend.

Grahambrot [nach dem amerikan. Arzt S. Graham, 1794–1851] *das,* grobes Weizenschrotbrot.

gräko-lateinisch, griechisch-lateinisch. **Gräkomanie** [vgl. Graecum und Manie] *die, -,* leidenschaftl. Vorliebe für das Griechentum. **Gräkum** *das, -s,* Graecum.

Gral [mhd. gral, zu altfrz. graal/greal, provenzal. grazal] *der, -s,* ein segenbringender Gegenstand der mittelalterl. Dichtung: *der Heilige G.; Gralsritter.* **Gralsburg** *die, -,* Aufbewahrungsort des Grals.

G 33

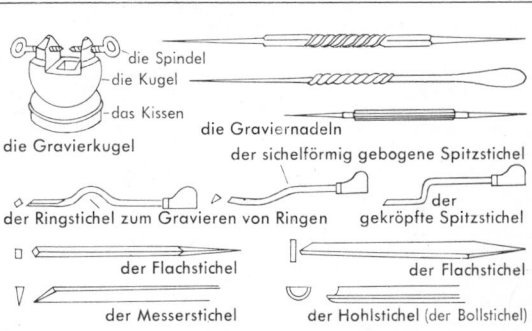

Gradierwerk

das Balkengerüst
das Schutzdach
die Reiserwand
der Fußweg
die Sole
der Behälter

gravieren

die Spindel
die Kugel
das Kissen
die Graviernadeln
die Gravierkugel
der sichelförmig gebogene Spitzstichel
der Ringstichel zum Gravieren von Ringen
der gekröpfte Spitzstichel
der Flachstichel
der Flachstichel
der Messerstichel
der Hohlstichel (der Bollstichel)

Gram

Grammatik (Sprachlehre)
Laut- und Wortlehre

I. Lautlehre. Die Laute trennt man in Vokale und Konsonanten. Die Vokale **u, o, a, e, i, ö, ü** entstehen durch einfaches Strömen des Stimmtones durch den Mundraum bei geöffnetem Munde. Die Laute **u** und **o** sind *Hintergaumenvokale,* **e** und **i** *Vordergaumenvokale,* **ö** und **ü** *Vordergaumenvokale mit Lippenrundung.* Der Laut **a** kommt in der Mitte des Mundraumes zustande; **ä** ist ein sehr breites und offenes **e**. Die *Zwischenstufen* sind zweigeteilt: *o* (geschlossenes o) in *Ton* und *ɔ* (offenes o) in *Tonne, e* (geschlossenes e) in *Reh* und *ε* (offenes e) in *Bett, ø* (geschlossenes ö) in *Töne* und *œ* (offenes ö) in *Götter.* Dazu kommen die Diphthonge *ai* (geschrieben ai, ei) in *Waise, Weise, au* in *Haus, oi* (geschrieben äu, eu) in *Häuser, heute.* Sie sind fallende Doppellaute, weil der zweite Teil nur nachklingt. In unbetonten Silben schwächt sich das **e** häufig zu einem *ə* ab, wie z. B. in *Kante.* Die *Konsonanten* unterscheidet man nach der Stelle und nach der Art ihrer Erzeugung.

Gaumenlaute
Explosivlaute (Sprenglaute) oder Okklusive (Verschlußlaute): *k* (stimmlos) in *kühl* und *g* (stimmhaft) in *gehen;*
Nasale (Nasenlaute): *ŋ* in *singen;*
Frikative, Spiranten (Reibelaute): *x* (stimmlos) in *Kuchen, ç* (stimmlos) in *kriechen, j* (stimmhaft) in *jagen;*
Liquidä (Fließlaute): *Zäpfchen-r,* das heute allgemein gesprochen wird, in *ritt, rar.*

Dentale
Explosivlaute: *t* (stimmlos) in *Tor* und *d* (stimmhaft) in *du;* Nasal: *n* in *nennen;*
Frikative: *z* (stimmhaft) in *Hase, s* (stimmlos) in *Haß, ʃ* in *schaffen;*
Liquidä: *l* in *lassen* und das *Zungenspitzen-r.*

Labiale (Lippenlaute)
Explosivlaute: *p* (stimmlos) in *packen* und *b* (stimmhaft) in *backen;*
Nasal: *m* in *machen;*
Frikative: *f* (geschrieben f und v, stimmlos) in *feiern* und *vor, v* (stimmhaft) in *Wasser.*

Affrikaten (angeriebene Laute) sind die Verbindung eines Verschlußlautes mit dem entsprechenden Reibelaut: *pf* in *Pfanne, ts* (geschrieben z, tz) in *Satz.*

Hauchlaut h in *heilen.*

II. Wortlehre. Sie gliedert sich in die Lehre von der *Wortbildung* und von den *Wortarten* und ihrer *Flexion.*

Wortbildung. Wörter, die aus derselben Wurzel gehören, bilden eine **Wortfamilie,** z. B. *fahren, führen, Fahrt, Gefährt, Gefährte, fertig, Ferge, Furt.* Es gibt *Simplexe,* z. B. *Baum, Komposita,* z. B. *Haustür, gottesfürchtig,* mitunter mehrfach zusammengesetzt, z. B. *Haustürklinke,* und *Ableitungen.* Die *Ableitungen* werden gebildet durch Anfügung von Ableitungssilben, entweder **Präfixe,** z. B. *un*gleich, *er*leben, oder **Suffixe,** z. B. Halt*ung,* fert*ig.* Seltener sind die Bildungen durch Veränderung des Stammes: **Ablaut** *(Band, Bund* von *binden),* Übers. A 2.

Wortarten. Es gibt **flektierbare** und **unflektierbare** Wörter. Zu den flektierbaren gehören Substantive, Adjektive, Verben, Pronomen und Artikel; zu den **unflektierbaren (Partikel)** gehören: Adverbien, Präpositionen und Konjunktionen.
1. Substantive, Übers. S 77.
2. Adjektive, Übers. A 4.
3. Verben, Übers. V 2.
4. Pronomen, Übers. P 24.
5. Artikel, Übers. G 10.
6. Zahlwörter, Übers. Z 1.
7. Adverbien.
Arten: Man unterscheidet *lokale Adverbien,* die auf die Frage *wo?, woher?, wohin?* stehen: **dort, unten; her; hierhin, vorwärts;** *temporale Adverbien* auf die Frage *wann?, wie lange?, wie oft?:* **heute, bald; lange; selten, manchmal, oft;** *modale Adverbien* auf die Frage *wie?:* **sehr, fast, besonders;** dazu gehören auch die unflektierbaren Adjektive, die ein Verb näher bestimmen: *die Rosen blühen* **schön.** Unterscheide: **sicher–sicherlich; getreulich; wahr–wahrlich.** *Adverbien der Bejahung und Verneinung:* **ja, gewiß; kaum; keineswegs.**
Komparation: Außer den als Adverbien gebrauchten Adjektiven, die alle sinngemäß gesteigert werden können: *er singt* **schön, schöner, am schönsten, aufs schönste,** können nur wenige gesteigert werden: **oft, öfter, öfters** (= häufig), **am öftesten;** unregelmäßig: **viel, mehr, am meisten; gern, lieber, am liebsten; bald, eher, am ehesten.**
Das Adverb im Satz: Übers. S 79.
8. Präpositionen, Übers. P 21.
9. Konjunktionen.
Arten: Man unterscheidet *koordinierende* (beiordnende) *Konjunktionen,* die gleichartige Sätze oder Satzteile miteinander verbinden: **und, aber, oder,** denn usw., und *subordinierende* (unterordnende), die Nebensätze einleiten: **als, wenn, daß, dann, weil, obgleich, indem, während, wie** usw. Die *koordinierenden* werden u. a. eingeteilt in *kopulative* (anfügende), z. B. **und, dann, teils – teils;** *adversative* (entgegenstellende), z. B. **aber, doch, hingegen, vielmehr;** *kausale* (begründende), z. B. **denn;** *konsekutive* (folgernde), z. B. **deshalb, mithin, folglich.**
Verwendung im Satz: koordinierende Konjunktionen verknüpfen Wörter und Hauptsätze: *ich suchte das Buch, aber ich fand es nicht;* subordinierende verknüpfen Nebensätze (untergeordnete Sätze) mit Hauptsätzen: *er wurde gelobt, weil er fleißig war;* vgl. Übers. S 79.
10. Interjektionen.
Sie dienen zum unmittelbaren Ausdruck von Gefühlen, z. B. der Freude: **ei!, ah!;** des Schmerzes: **au!, o weh!;** der Angst: **uh!;** des Abscheus: **pfui!, puh!;** der Zustimmung: **ja!;** der Überraschung: **ach!;** der Schadenfreude: **ätsch!;** des Zweifels: **hm?!;** der Aufforderung: **hallo!, he!** Die Mundarten sind reich an eigenen Empfindungswörtern, die lautlich z. T. schwer wiederzugeben sind.

Syntax, Übers. S 79.

---

gram [ahd. gram]: *ich bin ihm g.,* grolle ihm. **Gram** *der, -(e)s,* nagender Kummer, hoffnungslose Trauer: *gramerfüllt;* aber: *von G. erfüllt.* **grämen,** *ich gräme mich* (mache mich *gegrämt) über ihn, etwas,* mache mir bittere Gedanken: *das grämt mich.*
Gram-Färbung [nach dem dän. Pathologen H. Chr. Gram, 1853–1938] *die,* eine Bakterienfärbemethode zur Bestimmung von Krankheitserregern (gramnegativ; grampositiv).
gramgebeugt, voller Gram; aber: *von Gram gebeugt.* **grämlich,** verdrießlich, unfreundlich.
Gramm [frz. gramme] *das, -s/-e* und bei Maßangaben -, Zeichen: g, Maßeinheit der Masse, Übers. M 8. . . . **gramm** [grch. gramma ›Buchstabe‹, ›Schrift‹], . . . schrift, Geschriebenes betreffend: *Autogramm; Monogramm; Psychogramm; Telegramm.* **grammatik** [grch. grammatike ›Buchstabenkunde‹] *die, -/-en,* **1)** ohne Pl., Sprachlehre, Übers. G 34. **2)** Lehrbuch der Sprachlehre. **grammatikalisch,** die Grammatik betreffend. **Grammatiker** *der, -s/-.* **grammatisch,**

grammatikalisch. **Grammatom** *das,* in Gramm ausgedrückte Atommasse.
Grammel *die, -/-n, oberdt.:* Griebe (im Fett).
Grammolekül *das,* Zeichen: Mol, in Gramm ausgedrückte Molekülmasse; vgl. Silbentrennung, Übers. S 50. **Grammophon** [zu grch. gramma ›Schrift‹ und phone ›Stimme‹] *das, -s/-e,* Handelsname für einen Plattenspieler.
Gran, Grän [lat. granum ›Korn‹] *das, -(e)s/-e* und bei Maßangaben -, früheres Apotheker- und Edelmetallgewicht.
Granadille *die, -/-n,* Grenadille.
Granat [lat. granatus ›gekörnt‹] *der, -(e)s/-e,* **1)** Gruppe von Mineralien, z. T. Edelsteine. **2)** eine Garnele. **Granatapfel** [eigtl. ›kernireicher Apfel‹] *der,* Frucht des Granatapfelbaums. **Granatapfelbaum, Granatbaum** *der,* oft dorniger Baum oder Strauch. **Granate** [grch. granata ›ital. granata ›Granatapfel‹] *die, -/-n,* ⚔ Artilleriegeschoß, vgl. Abb. G 14: *Granattrichter; Granatwerfer.* **granatrot,** scharlachrot (wie die Blüten des Granatapfelbaums).

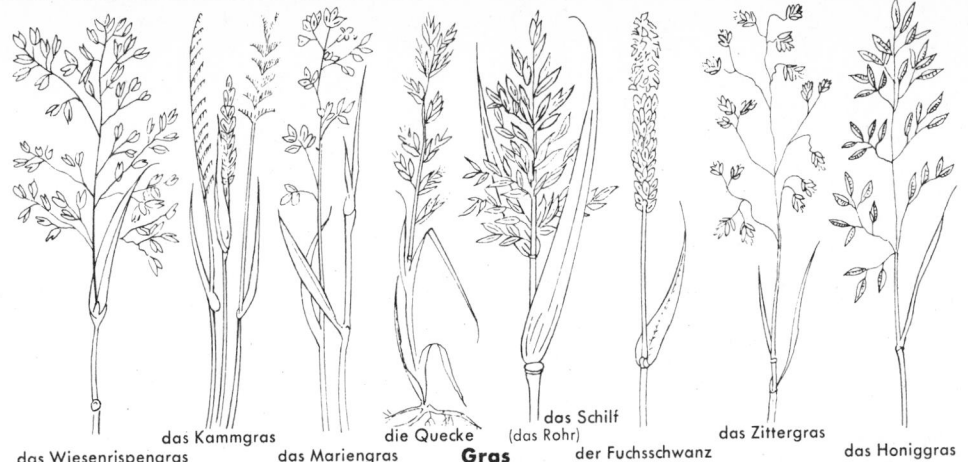

das Kammgras die Quecke das Schilf (das Rohr) das Zittergras

das Wiesenrispengras das Mariengras **Gras** der Fuchsschwanz das Honiggras

Grand [mhd. grant] *der, -(e)s,* **1)** *niederdt.:* grober Kies. **2)** *Pl. -e, oberdt.:* Behälter; Trog.

Grand [grã, frz. grand ›groß‹] *der, -s/-s,* Spiel beim Skat.

Grande [span. grande ›groß‹] *der, -n/-n,* Mitglied des spanischen Hochadels.

Grandel *die, -/-n,* Gräne, ♉ Eckzahn im Oberkiefer des Rotwildes.

Grandeur [grãd'œ:r, frz.] *die, -,* Größe, Großartigkeit.

Grandezza [span. grandeza, zu Grande] *die, -,* Würde; feierlich-gemessenes Benehmen. **Grandhotel** [gr'ã-, frz. grand ›groß‹] *das,* großes, vornehmes Hotel. **grandig** [zu ital. grande ›groß‹], **1)** G groß, gut, schön. **2)** grantig. **grandios** [ital. grandioso], großartig, prächtig. **Grand lit** [grã'i:, frz. lit ›Bett‹] *das, - -/-s -s* [-li:s], breites Bett (oft für zwei Personen). **Grand Old Lady** [grænd ould l'eidi, engl.] *die, - - -/- - Ladies,* große (bedeutende) alte Dame. **Grand Old Man** [-m'æn, engl.] *der, - - -/- - Men,* großer (bedeutender) alter Mann. **Grand ouvert** [grã uv'ɛ:r, frz. ouvert ›geöffnet‹] *der, - -/-s -s* [-'ɛ:rs], höchstes Spiel im Skat. **Grand Prix** [-pr'i] *der, - -,* großer Preis. **Grandseigneur** [-seɲ'œ:r, frz., vgl. Seigneur] *der, -s/-s* oder *-e,* vornehmer, weltgewandter Herr.

Gräne *die, österr.,* ♉ *die, -/-n,* ♉ Grandel.

granieren [zu lat. granum ›Korn‹], *ich graniere* (habe graniert) *es,* zermahle zu Körnern. **Granit** [ital. granito, zu lat. granum] *der, -s/-e,* am weitesten verbreitetes Tiefengestein: *du wirst bei ihm auf G. beißen,* Ü auf unüberwindlichen Widerstand stoßen. **graniten.**

Granitzer *der, -s/-, schweiz.:* Hausierer.

Granne [mhd. gran ›Borste‹] *die, -/-n,* **1)** borstige Spitze an Gräsern. **2)** Oberhaar beim Pelz. **grannig.**

Grans [ahd. granso] *der, -es/-e, Gransen, -s/-, bes. alem.:* Bug oder Heck eines Schiffes.

Grant [mhd. grant ›Zorn‹] *der, -s, bair., österr.:* Übellaunigkeit, Unwille. **grantig,** *bair., österr.:* verdrießlich, mürrisch.

Granulat [lat. granulum ›Körnchen‹] *das, -(e)s/-e,* rieselfähiges Korngemenge; Arzneimittel in Körnchenform. **Granulation** *die, -/-en,* **1)** ☆ feinkörnige Struktur der Sonnenoberfläche. **2)** Goldschmiedekunst: Verzierung von Schmucksachen durch aufgelötete Gold- oder Silberkügelchen. **3)** ♄ Fleischwärzchen: *Granulationsgewebe.* **granulieren,** *ich granuliere* (habe granuliert), **1)** *es,* zermahle zu Körnchen. **2)** *es,* verziere Schmucksachen. **3)** *die Wunde granuliert,* ♄ bildet Fleischwärzchen, vernarbt. **Granulit** *der, -s/-e, meist Pl.,* eine Gesteinsgruppe. **Granulom** *das, -s/-e,* ♄ geschwulstähnliche Bindegewebswucherung. **granulös,** körnig. **Granulose** *die, -/-n,* ♄ das Trachom.

Grapefruit [gr'eipfru:t, engl.] *die, -/-s,* eine Zitrusfrucht.

Graph [grch. graphein ›schreiben‹], **1)** *der, -en/-en,* graphische Darstellung, bes. in Mathematik, Naturwissenschaften. **2)** *das, -s/-e,* ⑤ Schriftzeichen, kleinste, nicht bedeutungsunterscheidende Einheit in Texten. **. . .graph, . . .schrift, . . .(be)**-

schreiber: *Geograph.* **Graphem** *das, -s/-e,* ⑤ kleinste bedeutungsunterscheidende Einheit in einem Schriftsystem, die ein Phonem darstellt.**. . .graphie, . . .**(be)schreibung, . . .kunde: *Geographie.* **Graphik** *die, -s, -/-,* **1)** die Zeichenkunst. **2)** das Verfahren, Originale des Künstlers zu vervielfältigen. **3)** *Pl. -en,* das durch diese Vervielfältigungstechnik entstandene Blatt: *Originalgraphik.* **Graphik-Design** [-diz'ain, engl.] *das,* Gebrauchsgraphik. **Graphiker** *der, -s/-: Gebrauchsgraphiker.* **graphisch. Graphit** *der, -s/-e,* eine kristallisierte Kohlenstoffmodifikation. **Graphologe** [vgl. . . .loge] *der, -n/-n,* Kenner der Graphologie. **Graphologie** *die, -,* die Wissenschaft von der Deutung des Charakters aus der Handschrift. **graphologisch.**

grapschen, grapsen [zu grabbeln], *ich grapsche, grapse* (habe grapscht, gegrapst) *nach etwas,* U greife schnell und begierig danach.

Graptolith [grch. graptos ›geschrieben‹ und vgl. . . .lith] *der, -s/-e,* ausgestorbenes koloniebildendes Meerestier.

Gras [ahd. gras] *das, -es/-⁺e,* **1)** schmalblättrige, (meist) krautige Pflanze, ABB. G 35: *Grasfläche; grasgrün;* Sinnbild von rasch Wachsendem, rasch Welkendem: *es wächst G. darüber,* Ü es wird vergessen; *er hört das G. wachsen,* Ü weiß alles (im voraus); *er beißt ins G.,* U stirbt. **2)** U Marihuana. **grasartig,** wie Gras wirkend. **Grasdecke** *die,* zusammenhängender Grasbewuchs. **grasen** [mhd. grasen], *Vieh grast* (hat gegrast), weidet, frißt Gras. **Graser** *der, -s/-,* ♉ Zunge des wiederkäuenden Schalenwildes. **Graseule** *die,* ein Schmetterling. **Grasfrucht** *die,* Karyopse. **Grashalm** *der,* Stengel des Grases. **Grashüpfer** *der,* U Heuschrecke. **grasig** [ahd. graseg], **1)** mit Gras bewachsen. **2)** wie Gras. **3)** mit dem Geschmack unreifer Äpfel: *der Wein schmeckt g.* **Grasmücke** *die,* ein Singvogel. **Grasnarbe** *die,* vom Gras durchwurzeltes Erdreich.

grassieren [lat. grassari ›einherschreiten‹], *es* grassiert (hat grassiert), geht um, tritt gehäuft auf (Krankheit).

gräßlich [ahd. grisenlih ›furchtbar‹], schrecklich, ekelhaft, grauenhaft: *ein gräßlicher Anblick.* **Gräßlichkeit** *die.*

Grat [ahd. grat ›Rückgrat‹] *der, -(e)s/-e,* **1)** ⊙ scharfer Rand an unfertigen Werkstücken. **2)** 📐 Schnittlinie zweier Dach- oder Gewölbeflächen. **3)** Kammlinie des Berges, ABB. B 20. **Gräte** [mhd. grat] *die, -/-n,* verknöcherte bindegewebige Scheidewand der Knochenfische.

Gratias [-tsia:s, lat. gratia ›Dank‹, ›Gunst‹] *das, -/-,* Dank, Dankgebet. **Gratifikation** [lat. facere ›machen‹] *die, -/-en,* besondere Vergütung neben dem regelmäßigen Gehalt: *Weihnachtsgratifikation.*

grätig [mhd. graetec ›stachelig‹], **1)** grätenreich. **2)** U reizbar, gereizt.

Gräting [engl. grating ›Gitter‹] *die, -/-e* oder *-s,* ⚓ Vergitterung von Öffnungen auf Schiffen.

gratinieren [frz. gratter, verwandt mit dt. ›kratzen‹], *ich* gratiniere (habe gratiniert) *es*, überbacke mit Semmelbrösel oder geriebenem Käse bestreute Speisen.

gratis [lat., zu gratia ›Dank‹], kostenlos, unentgeltlich: *g. und franko*, unentgeltlich und portofrei; *Gratisprobe.*

Grätsche [mhd. greten ›gespreizt gehen‹] *die, -/-n,* ✕ Sprung mit gespreizten Beinen über Bock, Kasten, Pferd, Abb. L 7: *Grätschstellung.* **grätschen**, *ich* grätsche, **1)** (habe gegrätscht) *die Beine*, spreize sie, stelle auseinander. **2)** ✕ (bin gegrätscht), springe mit gespreizten Beinen.

Gratulant [lat. gratulari ›Glück wünschen‹] *der, -en/-en,* Glückwünschender. **Gratulation** *die, -/-en: Gratulationscour.* **gratulieren**, *ich* gratuliere (habe gratuliert) *ihm zu etwas,* beglückwünsche ihn.

grau [ahd. grao], mit der Farbe Grau gefärbt; sinnbildlich für trüb, eintönig (Stimmung): *g. in g.,* trostlos, ohne Abwechslung; *der graue Alltag; das graue Elend; er wird g.,* bekommt graues Haar, altert; *grauhaarig; graumeliert; graubärtig; laß dir keine grauen Haare darüber wachsen,* U mach dir darum keine Sorgen; *in grauer Vorzeit,* in alten Zeiten; *grauer Markt,* Warenverkauf unter Umgehung der Preisbindung der zweiten Hand; *die grauen Zellen,* U Gehirnzellen. **Grau** *das, -s,* Farbe im Spektrum zwischen Schwarz und Weiß. **graublau**, zwischen grau und blau gefärbt. **Graubrot** *das,* aus Roggen- und Weizenmehl gemischtes Brot. **Grauchen** *das, -s/-,* Ü Eselchen. **grauen**, *es* graut (hat gegraut), **1)** wird grau, dämmert: *der Morgen graut.* **2)** *schweiz.:* wird schimmelig.

grauen [mhd. gruwen ›Grausen empfinden‹], *ich* graue *mich* (habe mich gegraut) oder *mir* graut oder *es* graut *mir vor ihm,* ich empfinde Grauen. **Grauen** *das, -s,* lähmende Furcht, Schauder. **grauenhaft, grauenvoll**, furchtbar, entsetzlich.

Graufahrer [zu Schwarzfahrer] *der,* U Benutzer der Eisenbahn, dessen Fahrausweis unkontrolliert, daher nicht entwertet, blieb und der sich deshalb sein Fahrgeld zurückerstatten läßt. **Graugans** *die,* Stammform des Hausgans.

graulen, *ich* graule *mich* (habe mich gegrault) oder *mir* grault oder *es* grault *mir vor ihm,* ich fürchte mich sehr.

graulich, unheimlich, zum Fürchten.

gräulich, ins Graue spielend, ein wenig grau.

Gräupchen *das, -s/-.* **Graupe** [obersorb. krupa] *die, -/-n,* meist *Pl.,* enthülstes und oft zerkleinertes Gersten- oder Weizenkorn: *Graupensuppe.* **Graupel** *die, -/-n,* kleineres Hagelkorn. **graupeln**, *es* graupelt (hat gegraupelt), es fallen Graupeln.

graus, ✂ grauenerregend, schrecklich.

Graus [mhd. gruz] *der, -es,* ✂ Schutt, verwittertes Gestein.

Graus [mhd. grus] *der, -es,* das Grausen. **grausam, 1)** andere quälend, roh: *ein grausamer Herrscher.* **2)** grimmig: *grausame Kälte.* **3)** U sehr: *g. schwer.* **Grausamkeit** *die, -/-en.*

grausen, *ich* grause *mich* (habe mich gegraut) oder *mir* graust *mir vor ihm,* ich fürchte mich. **Grausen** *das, -s,* Graus, Gefühl der Furcht und des Abscheus: *mich faßt ein kaltes G.* **grausig**, Grauen erregend, grauenvoll. **grauslig**, *österr.:* unangenehm, widerwärtig.

Grautier *das,* Ü Esel. **Grauwacke** [vgl. Wacke] *die, -,* ein Sedimentgestein. **Grauwerk** *das, -(e)s,* im MA. Bez. für das Rückenfell des Fehs. **Grauzone** *die,* schwer durchschaubarer Bereich zwischen gesetzlichem und ungesetzlichem Tatbestand.

Gravamen [lat. gravis ›schwer‹, ›drückend‹] *das, -s/ . . . mina,* meist *Pl.,* ✂ Beschwerde.

grave [ital.], ♪ ernst, feierlich, gemessen.

Gravettien [gravɛtj'ɛ̃, nach dem Fundort La Gravette im frz. Dép. Dordogne] *das, -s,* Kulturgruppe der Altsteinzeit.

Graveur [grav'ø:r, frz. graver ›einritzen‹] *der, -s/-e,* Handwerker, der graviert.

gravid [lat. gravidus ›beschwert‹], ✚ schwanger. **Gravidität** *die, -/-en,* ✚ Schwangerschaft.

gravieren [vgl. Graveur], *ich* graviere (habe graviert) *es,* ritze Zeichnungen in Metall, Glas usw., vgl. Abb. G 33.

gravierend [lat. gravis ›schwer‹], erschwerend: *gravierende Umstände.* **Gravimeter** [vgl. . . . metrie] *das, -s,* Geophysik: Schweremesser. **Gravimetrie** [vgl. . . . metrie] *die, -,* **1)** ⟳ Gewichtsanalyse. **2)** Geophysik: Schweremessung. **gravimetrisch. Gravis** *der, -/-,* Akzentzeichen, z. B. à. **Gravität** *die, -,* gemessene Würde, betonte Feierlichkeit. **Gravitation** *die, -,* Abk.: f, Physik: Massenanziehung: *Gravitationskonstante.* **gravitätisch**, gemessen, würdevoll. **gravitieren**, *es* gravitiert (hat gravitiert) *nach etwas,* neigt (infolge der Schwerkraft) dazu hin, wird davon angezogen.

Gravur [vgl. Graveur] *die, -/-en,* das durch Gravieren Entstandene. **Gravüre** *die, -/-n,* eine Tiefdruckform und deren Abdruck, früher: Kupfer- und Stahlstich.

Grazie [-iə, lat. gratia] *die, -/. . . zi|en,* **1)** ohne *Pl.,* Anmut, Liebreiz. **2)** nur *Pl.,* die drei römischen Göttinnen der Anmut. **3)** U anmutige junge Dame.

grazil [lat. gracilis ›schlank‹, ›dünn‹], schlank, zierlich, geschmeidig. **Grazilität** *die, -.*

graziös [frz. gracieux, zu lat. gratiosus], anmutig: *sie hat einen graziösen Gang.* **grazioso** [ital.], ♪ lieblich.

gräzisieren [neulat.], *ich* gräzisiere (habe gräzisiert) *es,* forme nach altgriech. Muster. **Gräzismus** *der, -/ . . . men,* altgriech. Spracheigentümlichkeit in einer nichtgriech. Sprache. **Gräzist** *der, -en/-en,* Kenner des Griechischen.

Greenhorn [gr'i:n, engl., eigtl. ›Tier mit grünem (jungem) Geweih‹] *das, -s/-s,* Grünschnabel, Neuling.

Greenwich [gr'inidʒ], Stadtteil von London, auf dem Nullmeridian gelegen: *Greenwicher Zeit,* westeurop. Zeit.

Grège [grɛ:ʒ, frz. grège ›Rohseide‹, zu ital. greggio ›roh‹] *die, -,* Rohseidenfaden.

Gregor [grch. Gregorios, zu egregoros ›wachsam‹, männl. Vorname. **gregorianisch**, auf einen Papst Gregor bezogen; aber: *der Gregorianische Kalender,* 1582 von Papst Gregor XIII. eingeführter, heute noch gültiger Kalender; *Gregorianischer Gesang,* der liturg. Gesang der lateinisch-röm. Kirche (nach Papst Gregor I.)

Greif [ahd. grif, zu grch. gryps] *der, -(e)s/-e* oder *-en/-en,* ein Fabeltier mit Löwenleib, Adlerkopf, Flügeln und Krallen, häufig Wappentier.

greifbar, 1) zum Greifen nahe. **2)** Ü offenkundig, deutlich: *ein greifbares Ergebnis.* **3)** 🏭 sofort lieferbar. **greifen** [ahd. greifon], *ich* greife (habe gegriffen), **1)** *es,* erfasse, nehme in die Hand, zwischen die Finger oder in ein Greifwerkzeug: *sie greift einen Akkord; ich sah es zum Greifen nahe vor mir,* unmittelbar vor mir, ganz nahe; *die Beschuldigung ist aus der Luft gegriffen,* Ü frei erfunden. **2)** *es greift um sich,* U breitet sich aus. **3)** *es greift,* Ü erreicht, berührt: *sein Unglück greift mir ans Herz,* erweckt mein Mitgefühl; *das greift an meine Ehre,* verletzt sie. **4)** *es greift,* findet Halt: *diese Reifen greifen auch auf Schnee; deine Argumente greifen nicht,* Ü sind wirkungslos. **5)** *ich nehme gefangen: der Dieb wurde gegriffen.* **6)** *nach ihm,* lange hin, strecke die Hand danach aus: *er greift gern nach der Schnapsflasche,* U trinkt häufig. **7)** *ein Pferd greift sich,* berührt beim Gehen den Schritt den Vorder- mit dem Hinterfuß. **Greifer** *der, -s/-,* **1)** Aufnehme- und Tragevorrichtung, z. B. am Kran, Abb. B 3, P 11. **2)** U Polizist. **Greifvogel** *der,* bevorzugte Bez. für Raubvogel, z. B. Adler, Falke, Geier, Habicht. **Greifzirkel** *der,* ein Meßzeug zum Übertragen von Dicken und Abstandsmaßen.

greige [grɛ:ʒ, frz. aus gris ›grau‹ und beige], *nicht flektierbar,* Farbe zwischen grau und beige.

greinen [ahd. grinan, verwandt mit grinsen], *ich* greine (habe gegreint), **1)** weine klagend. **2)** ✂ grinse. **3)** ✂ schelte. **Greiner** *der, -s/-,* ✂ nörgelnder, zankender Mensch.

greis [mhd. gris ›grau‹], P sehr alt, altersgrau: *ein greises Haupt.* **Greis** [mhd. grise] *der, -es/-e,* alter, gebrechlicher Mann: *Tattergreis,* U ungewandtes Greis. **Greisin** *die, -/-nen,* umgewandeltes greis. Gestein. **greisenhaft**, *sie sah schon früh g. aus.* **Greisenhaftigkeit** *die, -/-en.*

Greißler *der, -s/-, österr.:* **1)** Lebensmittelhändler. **2)** Ü Kleinigkeitskrämer.

grell [mhd. grel], **1)** die Sinne schmerzlich berührend, schrill, durchdringend: *eine grelle Stimme.* **2)** auffallend kräftig bunt, blendend hell: *im grellen Licht der Scheinwerfer; grelle Farben; grellrot.* **Grelle** *die, -.*

Gremium [lat. ›Schoß‹, ›Sicherheit bietender Ort‹] *das, -s/ . . . mi|en,* Körperschaft, Ausschuß.

Grempel *der, -s/-, bes. südwestdt.:* Kleinhandel. **Grempler** [mhd. grempler ›Trödler‹] *der, -s/-, bes. südwestdt.:* Kleinhändler.

Grenadier [frz., eigtl. ›Granatenwerfer‹] *der, -s/-e,* Soldat bestimmter Infanterieregimenter: *Panzergrenadier;* früher: Soldat, der Handgranaten schleudert.

Grenadille [frz. ›Passionsblume‹] *die, -/-n,* auch Granadille, die eßbare Frucht von Passionsblumen.

Grenadine [nach dem span. Stadt Granada] *die, -,* durchsichtiges Seidengewebe.

Grendel [mhd. grindel ›Riegel‹] *der, -s/-,* **1)** oberes Schleusentor. **2)** Pflugbalken, Abb. P 11. **3)** Schlagbaum.

Grenze [mhd. greniz, zu poln. granica] *die, -/-n,* **1)** Linie, die zwei Grundstücke, Staaten oder Bereiche voneinander schei-

Das griechische Alphabet

Name	Zeichen		Umschrift	Name	Zeichen		Umschrift
Alpha	A	α	a	Ny	N	ν	n
Beta	B	β	b	Xi	Ξ	ξ	x
Gamma	Γ	γ	g	Omikron	O	o	o
Delta	Δ	δ	d	Pi	Π	π	p
Epsilon	E	ε	e	Rho	P	ϱ	r(h)
Zeta	Z	ζ	z	Sigma	Σ	σ, ς	s
Eta	H	η	ē	Tau	T	τ	t
Theta	Θ	ϑ	th	Ypsilon	Y	υ	y
Iota	I	ι	i	Phi	Φ	φ	ph
Kappa	K	ϰ	k	Chi	X	χ	ch
Lambda	Λ	λ	l	Psi	Ψ	ψ	ps
My	M	μ	m	Omega	Ω	ω	ō

det: *Staatsgrenze; Verwaltungsgrenze; Grenzlinie.* **2)** Ü Schranke, Beschränkung: *er bleibt in seinen* oder *innerhalb seiner Grenzen; die Fröhlichkeit überschritt die Grenzen.* **grenzen,** *es grenzt (hat gegrenzt) an etwas,* stößt mit seiner Grenze an: *der Wald grenzt an die Bundesstraße; das grenzt an Leichtsinn,* Ü ist fast Leichtsinn. **grenzenlos, 1)** nicht begrenzt, unendlich: *das grenzenlose All.* **2)** sehr groß: *mit grenzenloser Geduld.* **Grenzenlosigkeit** *die, -.* **Grenzer** *der, -s/-,* Ü **1)** Grenzlandbewohner. **2)** Grenzwächter, Zollbeamter. **Grenzfall** *der,* Ü zwischen zwei Bereichen liegender Fall. **Grenzgänger** *der, -s/-,* **1)** jemand, der im Grenzgebiet, der im Nachbarland arbeitet. **2)** Ü Schmuggler. **Grenzgebiet, Grenzland** *das,* Gebiet unmittelbar an der Grenze. **Grenzschutz** *der,* Organisation zum Schutz der Grenze: *Bundesgrenzschutz.* **Grenzverkehr** *der,* Verkehr über die Landesgrenzen hinweg. **Grenzwert** *der,* △ Zahlenwert, dem eine unendliche Zahlenfolge hinstrebt. **Grenzzwischenfall** *der,* Verletzung der Staatsgrenze.

Gretchen [zu Margarete], weibl. Vorname. **Gretchenfrage** *die,* Ü Gewissensfrage (nach der Frage Gretchens nach der Religion in Goethes ›Faust‹). **Grete, Gretel,** weibl. Vornamen. **Gretel im Busch, Gretel in der Staude** *die,* ⚘ ein Schwarzkümmel.

Greuel [mhd. griuwel] *der, -s/-,* **1)** Abscheu, Grausen: *das ist mir ein G.* **2)** abscheuliche Tat: *die G. des Krieges.* **Greuelmärchen** *das,* unwahre Nachricht über Greueltaten. **Greuelpropaganda** *die,* publizist. Auswertung von tatsächlichen oder erfundenen Nachrichten über schreckliche Zustände. **greulich,** gräßlich, abscheulich.

Greyerzer [nach der Gemeinde Greyerz, frz. Gruyères, Schweiz] *der, -s/-,* ein Schnittkäse.

Grick *das, -s, schweiz.:* Fleischspeise aus Herz- und Lungenstückchen.

Griebe [ahd. griobo, verwandt mit Grieß] *die, -/-n,* **1)** Rückstand beim Auslassen von Fett: *Griebenfett.* **2)** Fettstücke in der Wurst: *Griebenwurst.*

Griebs [spätmhd. grübiz] *der, -es/-e,* **1)** Kerngehäuse im Obst. **2)** *mitteldt.:* Gurgel.

Grieche *der, -n/-n,* **Griechin** *die, -/-nen,* Bewohner(in) Griechenlands. **griechisch,** *g.-orthodox,* der orthodoxen Ostkirche in Griechenland angehörend; *g.-katholisch,* Abk.: gr.-kath., *g.-uniert,* der mit der römisch-katholischen Kirche unierten Kirche des griech. Ritus angehörend; *die griechische Schrift,* ÜBERS, G 36. **Griechisch** *das, -(s), dem -,* griechische Sprache; vgl. Deutsch.

Griefe *die, -/-n, mitteldt.:* Griebe: *Griefenfett.*

griemeln [zu grienen], ich griem(e)le (habe gegriemelt), *nordwestdt.:* hohnlache.

Grien *das oder der, -s/-e, schweiz.:* Geröllkies.

grienen [mhd. grinen ›den Mund verziehen‹], *ich griene* (habe gegrient), *norddt.:* lächle höhnisch und breit, grinse.

gries [mhd. gris], *niederdt.:* **1)** grau. **2)** greis. **3)** flachsblond. **4)** schimmlig.

grieseln, *es gries(e)le (hat gegrieselt), niederdt.:* erschauere (vor Kälte, Ekel): *mich grieselt.*

Griesgram [ahd. griscramon ›mit den Zähnen knirschen‹] *der, -(e)s/-e,* mürrischer Mensch. **griesgrämig,** seltener **griesgrämisch, griesgrämlich.**

Grieß [ahd. griez ›Sand‹] *der, -es/-,* **1)** grobgemahlene Getreidekörner: *Grießbrei.* **2)** körnige Masse, z. B. Kies,

Ufersand. **3)** ⚕ kleine und kleinste Konkremente im Harn: *Harngrieß.* **grießeln,** *es grießelt (hat gegrießelt),* **1)** wird körnig. **2)** rieselt. **grießig,** körnig wie Grieß.

griff, von greifen. **Griff** [mhd. grif] *der, -(e)s/-e,* **1)** Vorrichtung zum Anfassen, ABB. B 54, G 1, H 5, S 1. **2)** das Zupacken: *mit einem G.; das habe ich im G.,* mache ich routiniert; *das war ein guter G.,* Ü guter Kauf, gute Wahl; *wir müssen das Problem in den G. bekommen,* bewältigen. **3)** ♪ das Anschlagen von Akkorden, Fingersatz: *Grifftabelle.* **4)** ♘ Fuß der Greifvögel. **5)** vorderer Teil des Hufeisens. **6)** ⚒ Handhabung des Gewehrs auf Kommando: *er klopft Griffe,* Ü. **Griffbrett** *das,* ♪ Brett unter den Saiten von Streich- und Zupfinstrumenten, ABB. G 8. **Griffel** *der, -s/-,* **1)** Schreibstift aus Schiefer: *Griffelschiefer.* **2)** ⚘ Träger der Blütennarbe, ABB. B 38. **griffest** [zu greifen], **1)** beim Anfassen: vgl. Silbentrennung, ÜBERS. S 50. **griffig,** **1)** handlich: *eine griffige Parole,* Ü. **2)** nicht gleitend. **3)** fest (Gewebe).

Griffon [grif'ŋ, frz.] *der, -s/-s,* eine Jagdhunderasse.

Grill [engl., zu frz. griller] *der, -s/-s,* **1)** Bratrost, ABB. K 50: *Grillgericht; Grillparty.* **2)** ⟳ kurz für: Kühlergrill.

Grille [ahd. grillo] *die, -/-n,* **1)** zirpendes Insekt. **2)** Ü wunderliche Einbildung, Laune, Schrulle: *er hat Grillen, fängt Grillen, setzt sich Grillen in den Kopf.*

grillen, *ich grille (habe gegrillt) es,* röste auf dem Grill.

grillenhaft [zu Grille], launisch, mürrisch. **Grillenhaftigkeit** *die, -.*

grillieren [frz. griller ›auf dem Rost braten‹], *ich grilliere* (habe grilliert) *es,* grille.

grillig [zu Grille], grillenhaft. **Grilligkeit** *die, -.*

Grillroom [-ru:m, engl.] *der, -s/-s,* **Grillstube** *die,* Gaststätte, in der vorwiegend Grillgerichte angeboten werden.

Grimasse [frz. grimace] *die, -/-n,* Fratze, Verzerrung des Gesichts: *er schneidet Grimassen.* **grimassieren,** *ich grimassiere* (habe grimassiert).

Grimbart [eigtl. ›grimmiger Kerl‹] *der, -s,* in der Tierfabel der Dachs.

grimm [ahd. grimmi ›grausam‹, ›wild‹], ⚘, noch P grimmig. **Grimm** *der, -(e)s,* tiefsitzender, oft verhaltener Zorn. **Grimmdarm** *der,* Teil des Dickdarms. **Grimmen** *das, -s,* Bauchweh. **grimmig, 1)** empört. **2)** schrecklich: *eine grimmige Kälte.* **Grimmigkeit** *die, -.*

Grimmsch [Jacob Grimm, 1785–1863, und Wilhelm Grimm, 1786–1859], von den Brüdern Grimm stammend: *die Grimmschen Märchen; das Grimmsche Wörterbuch.*

Grind [ahd. grint, zu altengl. grindan ›zerreiben‹] *der, -(e)s/-e,* **1)** Schorf. **2)** ♘ Kopf bei Rot- und Gamswild. **3)** ⚕ Borkenflechte, Hautpilzerkrankung der Haustiere. **4)** ⚘ Pflanzenkrankheit. **grindig,** schorfig, rissig (Haut).

Gringo [span.] *der, -s/-s,* verächtlich: Nichtromane (bes. Angelsachse) im spanischen Lateinamerika.

Grinsel *der, -s/-(n), österr.:* Kimme des Visiers.

grinsen [verwandt mit greinen und grienen, urspr. ›weinen‹], *ich grinse* (habe gegrinst), verziehe den Mund zu einem breiten, boshaften oder höhnischen Lächeln.

grippal, der Grippe ähnlich: *grippaler Infekt.* **Grippe** [frz. grippe, zu gripper ›greifen‹] *die, -/-n,* eine mit Fieber verbundene Infektionskrankheit: *Grippewelle.* **grippös,** grippal.

Grips [niederdt., zu greifen] *der, -es,* ∪ Verstand: *sie hat G.*

Groß- und Kleinschreibung

1. Hauptregel. Groß schreibt man den ersten Buchstaben eines Satzes, einer wörtl. Rede, einer Anführung, z. B. eines Buchtitels. Am Anfang und nach einem Punkt, einem Frage- und Ausrufezeichen steht also immer ein großer Buchstabe. **Ausnahmen:** ›Sieh dich vor!‹, rief er; ›Kommst du?‹, fragte sie; 's ist recht.
2. Hauptregel. Groß schreibt man alle Substantive und substantivisch gebrauchten Wörter: der Hund, das Muß, das Gute, etwas Gutes, nichts Gutes, allerlei Gutes, das Singen, viele Wenig geben ein Viel, das Wenn und Aber, das Ja und Nein, das A und O usw. **Ausnahmen:** wir beide, der erste beste, der einzelne, der andere, ein jeder, die vielen, im ganzen, im übrigen, alles übrige, im allgemeinen, jeder beliebige, ein paar Menschen (mehrere); Redewendungen: durch dick und dünn, für alt und jung, groß und klein

(jedermann), Verkauf im großen und kleinen, des längeren, des näheren, den kürzeren, im argen liegen, ins trockene bringen, im reinen sein, auf dem laufenden bleiben, es ist mir ein leichtes, es ist das gegebene. Adjektive und Zahlen bei Namen schreibt man groß, weil sie Teile der Namen sind: Karl der Fünfte, Kieler Neueste Nachrichten. Das gilt auch für Namen im Bereich der Botanik und der Zoologie: das Tränende Herz, der Schwarze Panther. Über Ableitungen von Personennamen und geographischen Namen vgl. ÜBERS. A 4.
3. Hauptregel. Die förmliche Anrede Sie wird stets groß geschrieben, in Briefen auch Du und Ihr mit den deklinierten Formen Dich, Euch usw. sowie Dein, Euer usw.; außerdem schreibt man groß Seine Hoheit sowie die alten Anreden Er, Sie, Ihr.

Grisaille [griz'a:j, frz., zu gris ›grau‹] die, -, **1)** Malerei grau in grau. **2)** Pl. -n [-ən], Kunstwerk in Grisaille-Technik. **3)** ein leichter Kleiderstoff.
Grisette [frz., zu gris ›grau‹, nach der Kleidung der Putzmacherinnen] die, -/-n, **1)** Pariser Putzmacherin. **2)** leichtlebiges Mädchen.
Grislybär der, Grizzlybär.
Grit [engl.] der, -s/-e, ein grobkörniger Sandstein.
Grizzlybär [gr'izli-, engl. grizzly bear ›Graubär‹] der, Grislybär, ein großer Bär Nordamerikas.
gr.-kath., Abk. für: griechisch-katholisch.
grob, gröber, am gröbsten [ahd. g(e)rob], **1)** wenig zerkleinert, in größeren Körnern: grobgemahlener Kaffee; aber: der Kaffee ist zu g. gemahlen. **2)** dick, rauh, plump: grobes Tuch; eine grobe Stimme; grobe Gesichtszüge; grobknochig. **3)** schwer, beschwerlich: grobe Arbeit; ich mußte grobes Geschütz (gegen ihn) auffahren, Ü energische Maßnahmen ergreifen; aber: er ist aus dem Gröbsten heraus. **4)** nicht ins einzelne gehend: er beschreibt die Lage nur in groben Zügen, Umrissen. **5)** Ü unhöflich, derb: ein grober Kerl; grobe Reden. **6)** Ü stark, schlimm: ein grober Fehler; grober Unfug. **7)** ☽ stark bewegt: grobe See. **8)** ♦ Schwarzwild vom siebten Lebensjahr an bezeichnend: grobe Sauen. **Grobheit** die, -/-en, **1)** ohne Pl., grobe Beschaffenheit; Ü grobes Wesen. **2)** Beschimpfung: sie werfen einander Grobheiten an den Kopf. **Grobian** der, -(e)s/-e, grober Mensch. **gröblich,** derb, heftig: er hat das Gebot der Höflichkeit g. verletzt. **grobschlächtig,** derb, plump: ein grobschlächtiger Mensch. **Grobschmied** der, Eisenschmied.
Groden [verwandt mit Gras, grün] der, -s/-, niederdt.: angeschwemmtes Vorland vor dem Deich.
Grog [engl.] der, -s/-s, Getränk aus Rum, heißem Wasser und Zucker. **groggy** [engl. ›benommen‹, ›schwankend‹], **1)** Boxsport: schwer angeschlagen, halb betäubt. **2)** erschöpft, ermüdet.
grölen [mnd. gralen], ich gröle (habe gegrölt), Ü schreie, lärme. **Grölerei** die, -.
Groll [mhd. grolle] der, -(e)s, unterdrückter Ärger, Haß. **grollen,** ich grolle (habe gegrollt), **1)** ihm, hege Groll gegen ihn, zürne ihm. **2)** der Donner grollt, dröhnt.
Groom [gru:m, engl., zu mittelengl. grom(e) ›Bursche‹] der, -s/-s, Reitknecht.
Groppe die, -/-n, ein Fisch.
Gros [gro:, frz. ›dick‹, ›stark‹] das, - [gro:(s)]/- [gro:s], ♦ Hauptmasse: das G. des Heeres. **Gros** [niederl., zu frz. gros] das, -ses/-se und bei Wertangaben -, ein Zählmaß, 12 Dutzend. **Groschen** [mhd. gros(se), zu mlat. denarius grossus ›dicker Pfennig‹] der, -s/-, **1)** früher: eine Münze in zahlreichen Ländern. **2)** Abk.: g, 1/100 österr. Schilling. **3)** U 10 Pfennig: Parkgroschen; Groschenroman, billiger, anspruchsloser Roman. **4)** U Geld, Erspartes: meine paar G.
groß, größer, am größten [ahd. groz], ABB. E 2, **1)** räumlich ausgedehnt, lang, hoch, breit: ein großes Haus; große Anfangsbuchstaben; ein großer Junge; er ist größer als du; er wird g. sein, g. werden; das habe ich doch g. und breit erklärt, ausführlich; er sah mich g. an, Ü erstaunt; das soll man nicht an die große Glocke hängen, nicht überall erzählen. **2)** in Mengen: große Vorräte, Elektroartikel im großen, nicht für Einzelverbraucher; er verkauft im großen und im kleinen; ich habe nur großes Geld, kein Kleingeld; im großen (und) ganzen, ohne Berücksichtigung von

Einzelheiten. **3)** stark, heftig: ich habe großen Hunger; in der größten Kälte. **4)** zeitlich ausgedehnt: die großen Ferien, Sommerferien der Schule; die große Pause (Theater, Schule). **5)** Ü bedeutend: große Männer; große Gedanken; er hat einen Zug ins Große, zum Großen; Friedrich der Große, Abk.: d. Gr.; er leistet etwas, viel, wenig, nichts Großes; er ist im Großen wie im Kleinen treu. **6)** Ü edel, seelisch vornehm: er denkt g. von ihm; das war g. gehandelt. **7)** vornehm: die große Welt, Ü die gesellschaftlich tonangebende Schicht; eine große Dame; er lebt auf großem Fuß, Ü verschwenderisch; er bekam einen großen Bahnhof, Ü einen bes. feierlichen (offiziellen) Empfang. **8)** erwachsen: wenn ich erst g. bin; meine große Schwester; g. und klein, alle Menschen, jedermann; der große Junge und Kleine, die Großen und die Kleinen waren da. **9)** U prahlerisch: sie redet immer so groß daher, aber es steckt nichts dahinter. **10)** U viel, bedeutend: da liegt mir nichts g. dran; ich habe g. verdient; der Umsatz ist um ein großes gestiegen. **groß . . .,** in Verbindung mit Verben trennbar zusammengesetzt, wenn ein neuer Begriff entsteht; vgl. kleinschreiben, großtun. **großangelegt,** großzügig angelegt: ein großangelegter Plan; aber: dieser Plan ist groß angelegt. **großartig,** prachtvoll, herrlich. **Großartigkeit** die, -. **Großaufnahme** die, stark vergrößerte photograph. Aufnahme. **Großbürgertum** das, Teilschicht des Bürgertums (Großkaufleute, Bankiers, Industrielle). **Größe** die, -/-n, **1)** Erwachsene(r). **2)** Ü Mensch von Bedeutung. **Größe** die, -/-n, **1)** Ausdehnung, Rauminhalt, Aufnahmefähigkeit: Körpergröße. **2)** Ü Ausmaß, Bedeutung, Wichtigkeit, sittlicher Wert: er war sich der G. des Ereignisses bewußt. **3)** U jemand, der Bedeutendes leistet, berühmte Persönlichkeit: Filmgröße; eine G. auf seinem Gebiet. **4)** △ Wert, Zahl, Begriff. **Großeltern,** ÜBERS. F 6. **größtenteils** (größer[e]nteils, größtenteils), zum größten Teil, größtenteils, zum großen Teil, zum größten Teil, gewöhnlich. **Größenwahn** der, (krankhafte) übersteigerte Selbstschätzung. **größenwahnsinnig. Großfamilie** [-iə] die, Hausgemeinschaft mehrerer Generationen oder eine Familie mit Verwandten. **Großfürst** der, **1)** altrussischer Herrschertitel. **2)** Titel näherer Verwandter des Zaren. **Großhandel** der, Verkauf von Waren zur Weiterverarbeitung (bei Rohstoffen) oder an Wiederverkäufer: Großhandelspreis, Großeinkaufspreis. **Großhändler** der, **Großherzig,** edeldenkend, freigebig. **Großherzigkeit** die, -. **Großherzog** der, Fürst im Rang zwischen Herzog und König. **Großhirn** das, Teil des Gehirns. **Großhundert** das, ⚬⚬ zehn Dutzend.
Grossist [zu Gros] der, -en/-en, Großhändler.
großjährig, volljährig. **Großjährigkeit** die, -. **Großkind** das, schweiz.: Enkel. **Großkopfete** der, -n/-n, ein -r, U abwertend: Einflußreicher, Hochgestellter. **großkotzig,** U prahlerisch. **Großküche** die, Küche in Hotels, Krankenhäusern, Betrieben u. a. **Großmacht** die, Staat von Weltbedeutung. **großmächtig,** sehr mächtig. **Großmannssucht** die, -, starkes Geltungsbedürfnis. **großmannssüchtig. Großmaul** das, U Großsprecher. **großmäulig,** U. **Großmeister** der, Oberhaupt von Ritterorden. **Großmut** die, -, edle, großzügige Gesinnung: G. gegen die Feinde. **großmütig. Großmutter** die, ÜBERS. F 6. **Großreinemachen** das, -s, U die gründliche Säuberung der Wohnung. **Großschnauze** die, U Großsprecher. **großschnauzig, großschnäuzig. großschreiben,** ich schreibe es groß (habe großgeschrieben), Ü lege besonderen Wert darauf: Bequemlichkeit wird bei ihr großgeschrieben; aber: das Wort wird groß geschrieben, mit

großem Anfangsbuchstaben. **Großschreibung** die, -, Schreibung mit großem Anfangsbuchstaben, Übers. G 37. **Großsprecher** der, Prahler, Wichtigtuer. **großsprecherisch. großspurig,** anmaßend, prahlerisch. **Großspurigkeit** die, -. **Großstadt** die, Stadt mit über 100000 Einwohnern. **Großstädter** der, Einwohner einer Großstadt. **großstädtisch. Großtat** die, bedeutende Handlung. **Großteil** der, -(e)s, bedeutender Anteil. **großtuerisch,** prahlerisch. **großtun,** ich tue (mich) groß (habe großgetan), prahle: er hat (sich) mächtig großgetan; aber: was hat er denn schon groß getan!, was hat er Schlimmes oder Bedeutendes getan. **Großvater** der, Übers. F 6. **Großwetterlage** die, **1)** Grundzüge der Wetterlage in größeren Erdräumen. **2)** Ü allgemeine Stimmungslage. **Großwild** das, größere jagdbare Raubtiere: Großwildjäger. **großziehen,** ich ziehe ihn groß (habe großgezogen), lasse unter meiner Obhut heranwachsen: er ist von seinem Onkel großgezogen worden. **großzügig,** sich über Kleinigkeiten hinwegsetzend, nachsichtig, freigebig: eine großzügige Geste. **Großzügigkeit** die, -.

grotesk [frz. grotesque], komisch verzerrt und übersteigert, wunderlich, närrisch. **Grotesk** die, -, eine Schriftart: GROTESK. **Groteske** die, -/-n, **1)** ein Rankenornament, Abb. S 69. **2)** Dichtung grotesker Art. **Grotte** [ital. grotta, zu grch. krypte ›Gewölbe‹] die, -/-n, natürliche oder künstliche Höhle von geringer Tiefe. **Grotz** der, -(es)/-en, schweiz.: kleine oder gekappte, auch dürre Tanne. **Grotzen** der, -s/-, südwestdt.: **1)** Kerngehäuse. **2)** Ü (naseweises) kleines Kind.

Groupie [gr'u:pi, engl. group ›Gruppe‹] die, -/-s, Ü Mädchen, das mit einem Star, einer Musikgruppe umherzieht.

grub, von graben. **Grubber** [engl. to grub ›graben‹] der, -s/-, Kultivator, Bodenlockerungsgerät. **Grübchen** das, -s/-, kleine Vertiefung in der Wange (beim Lachen) oder am Kinn. **Grube** [ahd. gruoba] die, -/-n, **1)** Aushöhlung, Vertiefung (in der Erde), Abb. F 35: wir müssen alle in die G. fahren, Ü sterben; ausgebautes Loch für Asche, Dünger u. a.: Dunggrube; Abfallgrube; wer andern eine G. gräbt, fällt selbst hinein, Ü. **2)** 𝄪 Abbauanlage unter Tage: Grubenbahn, Abb. T 2; Grubenhund, Förderwagen. **3)** ⚕ Vertiefung am Körper des Menschen: Magengrube.

Grübelei die, -/-en. **grübeln** [ahd. grubilon ›eindringen‹, ›durchforschen‹], ich grüb(e)le (habe gegrübelt) über ihn, etwas, denke ständig ohne Ergebnis nach, quäle mich mit unnützen Gedanken.

Grubenotter die, eine Giftschlange mit wärmeempfindl. Sinnesorgan. **Grubenwetter** das, 𝄪 im Bergwerk auftretendes Gasgemisch.

Grübler der, -s/-, jemand, der viel grübelt, nachdenklicher Mensch. **grüblerisch.**

Grude [mnd. ›heiße Asche‹] die, -/-n, **1)** Braunkohlenkoks: Grudekoks. **2)** schrankartiger Herd: Grudeherd.

Gruft [ahd. cruft, zu graben] die, -/ᵘe, Grabgewölbe, Abb. F 35: Familiengruft.

grummeln [verwandt mit grimm], ich grumm(e)le (habe gegrummelt), niederdt.: **1)** murre. **2)** es grummelt, grollt, donnert leise, fern drohend.

Grummet [mhd. gruonmat ›Mahd des nachgewachsenen Grases‹] das, -s, **Grumt** das, -(e)s, Heu des zweiten Schnitts.

grün [ahd. gruoni], **1)** mit der Farbe Grün gefärbt; vgl. blau; Farbe der Jägerei; Sinnbild der Hoffnung, des Gedeihens: er kommt auf keinen grünen Zweig, hat keinen Erfolg; der grüne Star, eine Augenkrankheit; die grüne Minna, Ü Polizeiauto; wir erwischten die grüne Welle, an mehreren Verkehrsampeln hintereinander grünes Licht zum Durchfahren; aber: die Grüne Insel, Irland. **2)** jung, frisch: grüne Heringe; grüne Klöße; am grünen Holz; die grüne Hochzeit. **3)** Ü unerfahren: der grüne Junge. **4)** Ü wohlgesinnt, gewogen: die beiden sind sich nicht g.; die grüne Seite, Ü linke Seite (wo das Herz sitzt); er hat mich g. und blau geärgert, Ü sehr geärgert. **Grün** das, -s/-, **1)** die im Farbspektrum zwischen blau und gelb gelegene Farbe: bei G. darf man die Straße überqueren; die Verkehrsampel zeigt G.; das ist dasselbe in G., Ü das gleiche äußerlich in wenig abgewandelt. **2)** ohne Artikel, Kartenspiel: eine Farbe (Pik), Abb. S 54. **3)** ohne Pl., frisches Laubwerk, grünende Pflanzen: eine Buche im vollen G. **4)** Golf: mit Rasen bestandener Teil der Spielbahn, in dem sich das Loch befindet. **Grünalge** die, fädige oder blättrige grüne Alge. **Grünanlage** die, parkartig bepflanzte Fläche in der Stadt.

Grund [ahd. grunt ›Grund‹, ›Wurzel‹] der, -(e)s/ᵘe, **1)**

Unterlage, Boden: fester, kiesiger G.; G. und Boden, Landbesitz; er hat alles in G. und Boden verdammt, Ü völlig; die Stadt wurde bis auf den G. zerstört; vgl. zugrunde. **2)** Boden eines Gefäßes, Gewässers: er leerte das Glas bis auf den G.; das Schiff ist auf G. gelaufen, gestrandet; am G. des Meeres liegen manche Wracks; er versuchte, bis zum G. des Sees zu tauchen; vgl. zugrunde. **3)** P Erdvertiefung, Senkung, kleines Tal: in einem kühlen Grunde. **4)** Malerei: der erste, unmittelbar auf die Malfläche gebrachte Anstrich, Grundierung: auf einem fast weißen G. **5)** Ü Innerstes, letzte Tiefe: im Grunde seines Herzens dachte er anders; wir müssen der Sache auf den G. gehen; im Grunde hast du recht; er will alles von G. aus ändern. **6)** Ursache, Anlaß: das ist der G. für mein Handeln; aus diesem Grunde, deshalb; auf G. oder aufgrund dieser Feststellung. **7)** Philosophie: etwas, was im Erkennen oder im Sein die Ursache eines anderen ist. **grund. . .,** ganz: grundanständig; grundehrlich; grundverschieden. **Grund. . ,** **1)** Boden. . , Erd. . .: Grundsteuer; Grundbesitz. **2)** Haupt. . .: Grundübel; Grundregel. **3)** ursprünglich: Grundgebühr. **Grundausbildung** die, erster Abschnitt der Ausbildung des Soldaten. **Grundbirne** die, südwestdt.: Kartoffel. **Grundbuch** das, bei Gericht geführtes Buch zur Eintragung aller Rechtsverhältnisse, die Grundstücke betreffen: Grundbuchamt. **Grundeis** das, an der Oberfläche von Flußsohle gebildeten, durch Auftrieb an die Oberfläche gebrachtes Eis. **Grundel, Gründel** die, -/-n, Name verschiedener Fische. **gründeln,** die Ente gründelt (hat gegründelt), sucht Nahrung unter Wasser. **gründen,** ich gründe (habe gegründet), **1)** es, lege den Grund, rufe ins Leben (ein Unternehmen, einen Verein): Firma Meier & Söhne, gegründet (Abk.: gegr.) 1910; er will eine Familie gründen, heiraten. **2)** es, mich auf ihn, etwas, benutze als Stütze, Beweis, Richtlinie: er gründet seine Forderung auf langjährige Erfahrung; darauf gründet (sich) sein Anspruch. **Gründer** der, -s/-: der G. der Firma; Gründerjahre, Gründerzeit, die Zeit von 1871 bis zum Jahrhundertende (Gründung vieler Unternehmen, rege Bautätigkeit). **Grundfesten,** Pl.: das hat sie in ihren G. erschüttert, Ü hat ihr den inneren Halt genommen. **Grundfläche** die, untere Fläche, Abb. K 14, K 38. **Grundform** die, Nennform, Infinitiv. **Grundgebirge** das, ⊕ der aus älteren umgewandelten Gesteinen gebildete Sockel der Sedimentgesteine. **Grundgesetz** das, **1)** wichtiges, entscheidendes Gesetz, Verfassungsurkunde eines Landes. **2)** das G. für die Bundesrep. Dtl., Abk.: GG, Verfassung. **grundieren,** ich grundiere (habe grundiert) es, schaffe einen Grund; streiche mit Grundfarbe. **Grundierung** die, -/-en. **Grundkapital** das, das in Aktien aufgeteilte Eigenkapital einer Aktiengesellschaft. **Grundkurs** der, in der reformierten gymnasialen Oberstufe Kurs, der Grundkenntnisse in einem Fach vermittelt. **Grundlage** die, Unterlage, Basis; Voraussetzung: Grundlagenforschung. **grundlegend, 1)** als Grundlage, Voraussetzung dienend. **2)** wichtig, entscheidend: ein grundlegender Unterschied. **gründlich, 1)** gewissenhaft. **2)** Ü sehr, stark: das habe ich's g. gegeben. **Gründlichkeit** die, -. **Gründling** der, -s/-e, Grundel. **Gründlinie** die, **1)** Gerade, über der man eine Fläche konstruiert, Abb. D 14. **2)** Tennis: Grenzlinie des Spielfeldes an den Schmalseiten. **grundlos, 1)** unbegründet. **2)** sehr tief, ohne festen Grund. **Grundlosigkeit** die, -. **Grundmauer** die, unter der Erde liegende tragende Mauer eines Gebäudes. **Grundnahrungsmittel** das, einfaches, wichtiges Nahrungsmittel, z. B. Brot, Fleisch, Milch. **Gründonnerstag** [mhd. ›grüene donnerstac‹] der, Donnerstag vor Ostern.

Grundrechnungsart die, Übers. R 11. **Grundrechte,** Pl., unantastbare und unveräußerl. Rechte, die vom Staat zu gewährleisten sind: Grundrechtskatalog. **Grundrente** die, **1)** die Bodenrente, das auf dem Eigentum an Grund und Boden basierende Einkommen. **2)** fester Bestandteil der Kriegsbeschädigten- und Kriegshinterbliebenenrenten. **Grundriß** der, **1)** Darstellung der Grundfläche eines Körpers, Abb. R 24. **2)** kurzgefaßtes Lehrbuch eines Gesamtgebietes: Grundriß der deutschen Grammatik. **Grundsatz** der, **1)** feste Regel, nach der man sein Handeln einrichtet, Leitsatz, Grundsatz, Prinzip: ich habe meine Grundsätze. **2)** Logik: Axiom. **grundsätzlich,** g. hat er recht; seine Pläne bewegen sich nur im Grundsätzlichen. **Grundschuld** die, 𝄚 Grundstücksbelastung, bei der das Grundstück für eine bestimmte Summe haftet. **Grundschule** die, untere vier Klassen der allgemeinbildenden Pflichtschule. **grundständig,** 🜨 dem Boden entspringend (Blatt). **Grundstein** der, **1)** erster Stein bei Beginn eines Baues: feierliche Grundsteinlegung. **2)** Ü Beginn, Anfang. **Grundstock** der,

das Handgeben   das Hutziehen   die Verbeugung   der Handkuß   der militärische
(das Händeschütteln)   Gruß
                                          Gruß

Anfangsbestand (einer Sammlung). **Gründstoff** *der,* **1)** chemisches Element. **2)** Rohstoff (Kohle, Erz) für industrielle Verarbeitung: *Grundstoffindustrie.* **Gründstück** *das,* ein umgrenztes Stück Land. **Gründstufe** *die,* **1)** Anfangsgründe eines Unterrichtsfachs, Lehrbuchs. **2)** das ungesteigerte Adjektiv, Positiv, Übers. A 4. **Gründton** *der,* **1)** ♪ Hauptton eines Akkordes; erster Ton einer Tonleiter. **2)** Farbe eines Untergrunds: *ein G. mit hellbraunem G.* **Gründumsatz** *der,* ⚕ Energiemenge, die vom Körper bei völliger Ruhe verbraucht wird. **Gründung** *die, -/-en,* **1)** Fundament, unterster Teil eines Bauwerkes. **2)** Errichtung, Schaffung (einer Familie, eines Unternehmens). **Gründwasser** *das, -s/-,* das die Hohlräume der Erdkruste zusammenhängend ausfüllende Wasser: *Grundwasserspiegel; Grundwasserstand.* **Gründzahl** *die,* Kardinalzahl, Übers. Z 1. **Gründzug** *der,* kennzeichnendes Merkmal: *ein G. seines Wesens.*

Grüne [ahd. gruoni], **1)** *das, -n,* die freie Natur: *eine Fahrt ins G.* **2)** *der, die, -n/-n, ein -r, eine -,* Angehörige(r) polit. Gruppen, die den Umweltschutz bes. engagiert vertreten. **grünen,** *es grünt* (hat gegrünt), wird grün, beginnt zu sprießen: *wenn alles g. und blüht.* **Grünfink** *der,* ein Singvogel. **Grünfutter** *das,* Gras als Viehfutter. **Grüngürtel** *der,* Grünanlagen rund um den Stadtkern. **Grünhorn** [Lü. von Greenhorn] *das,* Grünschnabel. **Grünkern** *der,* unreife Dinkelkörner (Suppeneinlage). **Grünkohl** *der,* Kohl mit gekrausten Blättern, Abb. K 33. **Grünkreuz** *das, -es,* Sammelbez. für chem. Kampfstoffe (Lungengifte). **Grünland** *das, -es,* Wiesen- und Weideflächen sowie Kleefelder. **grünlich,** ins Grüne spielend: *grünlichgelb.* **Grünling** *der, -s/-e,* **1)** U Grünschnabel. **2)** ein Fink. **3)** ein Speisepilz. **Grünrock** *der,* U Förster, Jäger. **Grünschnabel** *der,* U junger, unerfahrener Mensch, Neuling, Anfänger. **Grünspan** *der, -(e)s,* blaugrüner Überzug, der auf Kupfer und Messing entsteht. **Grünspecht** *der,* grüner Specht mit roter Haube. **Grünstreifen** *der,* Rasenstreifen zwischen zwei Fahrbahnen (der Autobahn), Abb. A 27.

grunzen [mhd. grunzen, Schallw.], *ein Tier grunzt* (hat gegrunzt), stößt raube Kehllaute aus (Schweine, Bären). **Grupp** [frz. group] *der, -s/-s,* versiegelter Geldsack. **Grüppchen** *das,* Diminutiv zu Gruppe. **Grüppe, Grüppe** [zu graben] *die, -/-n, niederdt.:* Wasserrinne, Abzugsgraben.

Gruppe [nhd., frz. groupe, zu ital. gruppo ›Vereinigung‹ *die, -/-n,* **1)** eine Mehrzahl von Menschen oder Dingen, die durch gemeinsame Interessen oder Merkmale miteinander verbunden sind: *eine G. Schaulustiger; Jugendgruppe; diese G. macht deutsche Rockmusik; Wortgruppe.* **2)** △ Menge von Elementen, die bestimmten einfachsten Verknüpfungsregeln gehorchen. **3)** ⚛ kleine Einheit. ♓ ⊕ Zusammenfassung gleicher systemat. Einheiten: *Gattungsgruppe.* **Gruppendynamik** *die,* psycholog. Erforschung der wechselseitigen Beziehungen innerhalb und zwischen kleinen Gruppen. **Gruppensex** *der,* sexuelle Beziehungen mit wechselnden Partnern innerhalb einer Gruppe. **Gruppentherapie** *die,* psychotherapeut. Behandlung innerhalb einer Gruppe. **gruppenweise,** in Gruppen. **gruppieren,** *ich gruppiere* (habe gruppiert) ordne nach bestimmten Gesichtspunkten: *sie gruppierten sich um den Redner.* **Gruppierung** *die, -/-en.*

Grus [mhd. gruz] *der, -es/-e,* **1)** Verwitterungsprodukt

körniger Gesteine. **2)** pulverige Kohle: *Kohlengrus.* **3)** *niederdt.:* Asche und andere Abfälle.

grüscheln, *ich grüsch(e)le* (habe gegrüschelt), *schweiz.:* **1)** durchwühle suchend. **2)** *es grüschelt,* raschelt.

grus(e)lig, unheimlich. **Gruselmärchen** *das.* **gruseln** [mhd. grusen], *ich grus(e)le mich* (habe mich gegruselt) oder *mir gruselt* oder *es gruselt mir,* mir ist unheimlich. **Grusical** [-kəl], angelehnt an Musical] *das, -s/-s,* U scherzhaft: Gruselfilm. **grusig,** wie Grus.

Gruß [mhd. gruoz] *der, -es/-ᵉe,* **1)** Worte und Gebärden, mit denen man Bekannten bei Begegnung oder Abschied bezeigt, Abb. G 38. **2)** Zeichen des Gedenkens, das man brieflich und mündlich ausrichten läßt: *sagen Sie daheim einen G. von mir; mit freundlichen Grüßen . . .* (Briefschluß). **3)** *alem.:* kleines Geschenk, Jahrmarktsmitbringsel. **grüßen** [ahd. gruoz(z)en], *ich grüße* (habe gegrüßt), **1)** *(ihn),* entbiete meinen Gruß: *ich lasse ihn grüßen; grüß dich!,* U grüß Gott! (Grußformeln). **2)** *es grüßt,* wird sichtbar: *schon grüßt die Küste.* **Grußformel** *die,* feststehende Redewendung als Gruß. **Grußfuß** *der: wir stehen auf G.,* auch *Grüßfuß,* grüßen uns, kennen uns aber nicht näher. **grußlos,** *er ging g. an mir vorüber.*

Grützbeutel *der,* ⚕ Balggeschwulst durch Talgdrüsenverstopfung. **Grütze** [ahd. gruzzi] *die, -/-n,* **1)** grob zemahlenes enthülstes Getreidekorn. **2)** damit gekochter Brei: *rote G.,* kalte Süßspeise aus Fruchtsaft. **3)** *ohne Pl.,* U Verstand: *er hat keine G. im Kopf.*

G-Saite *die,* ♪ eine Saite der Saiteninstrumente. **G-Schlüssel** *der,* ♪ Violinschlüssel.

Gschnas *das, -es, wien.:* Nachahmung, Talmi: *das Gschnasfest,* Faschingsfest (Wiener Künstler).

Gspusi *das, -s/-,* Gespusi.

Gstanz(e)l [zu Stanze] *das, -s/-n, bair.:* Schnadahüpfel.

Gstürm *das, -(e)s,* Gestürm.

Guano [Ketschua huanu ›Mist‹] *der, -s,* Vogelmist als Dünger.

Guaraní [-n'i, auch -r'a:ni], **1)** *der, -/-,* Währungseinheit in Paraguay. **2)** *das, -,* eine Indianersprache in Südamerika.

Guardian [ital. guardiano ›Hüter‹] *der, -s/-e,* Klostervorsteher der Franziskaner und Kapuziner.

Guasch [frz. gouache, zu ital. guazzo ›Wasserlache‹] *die, -,* Gouache, **1)** Malerei mit deckenden Wasserfarben: *Guaschmalerei.* **2)** *Pl. -en,* mit Guaschfarben gemaltes Bild.

Guatemalteke *der, -n/-n,* Bewohner des mittelamerikan. Staates Guatemala. **guatemaltekisch.**

Gubernal [lat. gubernaculum ›Steuer‹] *das, -s/-e, österr.:* ⚙ Lenkstange am Fahrrad.

gucken [mhd. gucken], *ich gucke* (habe geguckt), blicke, schaue. **Gucker** *der, -s/-,* U Fernglas: *Operngucker.* **Guckermucken, Guckerschecken,** *Pl., österr.:* Sommersprossen.

Guckfenster *das,* kleines Fenster, z. B. in der Tür. **Gucki** *der, -s/-s,* ein Skatspiel, bei dem der Spieler den Skat aufnimmt. **Guckindieluft** *der, -s: Hans G.,* jemand, der nicht auf den Weg achtet. **Guckkasten** *der,* ⊕ Kästchen mit Vergrößerungslinse zum Betrachten von Bildern. **Guckkastenbühne** *die,* von Zuschauerraum offene, durch Vorhang verschließbare Bühne. **Guckloch** *das,* kleines Loch in Wand oder Tür.

güdern, *ich güd(e)re* (habe gegüdert), *schweiz.:* verursache ein gurgelndes Geräusch, verschütte Flüssigkeit.

Gudrun [ahd. gund ›Kampf‹ und runa ›Geheimnis‹], weibl. Vorname.
Gudula [zu Guda, vermutlich ›die Gute‹], weibl. Vorname.
Guelfe [ital. guelfo, mhd. welf ›Welfe‹] *der, -n/-n,* im MA. in Italien: Anhänger des Papstes.
Guerilla [gɛr'il(j)a, zu span. guerra ›Krieg‹], **1)** *die, -/-s,* Kleinkrieg (gegen Fremd- oder Gewaltherrschaft): *Guerillakrieg; Stadtguerilla.* **2)** *der, -(s)/-s,* Kämpfer im Guerillakrieg.
Guerillero [gerilj'ero] *der, -s/-s,* Guerillakämpfer, Untergrundkämpfer.
Guf(f)er *der, -s/-, schweiz.:* Moräne; Felsschutt.
Guge *die, -n/-n, schweiz.:* Narrenpossen: *Gugemusik,* Spielmannsmusik zur Basler Fastnacht.
Gugel [mhd. gugel, zu lat. cucullus] *die, -/-n,* Kogel, Kapuze mit Schulterkragen, bes. 14.–16. Jahrh., ABB. M 16. **Gugelhopf, Gugelhupf** *der, -(e)s/-e, oberdt.:* eine Art Napfkuchen.
Güggel *der, -s/-, schweiz.:* Gockel, Hahn. **Güggeli** *das, -s/-, schweiz.:* Brathähnchen.
Guido [auch g'ido, roman. Form von ahd. Wido, Veit], männl. Vorname.
Guilloche [gij'oʃ, frz.] *die, -/-en* [-ən], Zierlinie, ABB. G 39. **guillochieren** [-ʃ-], *ich* guillochiere (habe guillochiert) *es.*
Guillotine [gijot'inə, nach dem frz. Arzt J. I. Guillotin, 1738–1814] *die, -/-n,* Fallbeil zur Hinrichtung. **guillotinieren,** *ich* guillotiniere (habe guillotiniert) *ihn.*
Guinea [g'ini, engl., nach der Guinea-Küste, dem Herkunftsgebiet des Goldes] *die, -/-s,* **Guinee** [gin'e:(ə), frz.] *die, -/-n,* frühere englische Münze; frühere Rechnungseinheit (21 Shilling).
Gulasch [ungar. gulyás, Abk. für: gulyás-hús ›Fleisch, wie es die Rinderhirten essen‹] *das* oder *der, -(e)s/-e* oder *-s,* Gericht aus Fleischstücken in scharf gewürzter Soße. **Gulaschkanone** *die,* U Feldküche.
Gulden [mhd. guldin, aus guldin pfenninc, zu golden] *der, -s/-,* **1)** Abk.: hfl, niederländische Währungseinheit. **2)** Abk.: fl., Fl., früher eine Gold- oder Silbermünze in zahlreichen Ländern, **gülden,** P golden. **güldisch,** ⚒ goldhaltig. **Güldischsilber** *das,* goldhaltige Silberlegierung.
Gülle [mhd. ›Lache‹] *die, -/-n, südwestdt.:* Jauche.
Gully [g'uli, engl. g'ʌli, ›Rinnstein‹] *der* oder *das, -s/-s,* Sinkkasten, Einlaufschacht für Straßenabwässer, ABB. S 72.
Gült(e) [mhd. gülte ›Schuld‹, ›Zahlung‹, zu gelten] *die, -/. . .ten,* **1)** *schweiz.:* Grundschuld. **2)** *oberdt.:* Abgabe, Zins. **3)** *österr.:* Bodennutzen. **gültig,** gültig, wirksam: *der Gutschein ist bis zum Jahresende g.; gültige Münzen; rechtsgültig.* **Gültigkeit** *die, -.*
Gummi [mhd. gumin ›Harz‹, zu lat. gummi, aus altägypt. kmj-t ›wohlriechendes Harz‹], **1)** *der, -s/-s,* vulkanisierter Kautschuk: *Gummisohlen; Gummiband; Hartgummi.* **2)** *das, -s/-(s),* wasserlösl. Anteil der in vielen Pflanzen vorkommenden Gummiharze. **3)** *der, -s/-s,* kurz für: Radiergummi.
Gummiarabikum *das, -s,* auch Gummi arabicum, Pflanzenschleim mit stark klebenden Eigenschaften. **gummiartig.**
Gummibaum *der,* Kautschukbaum, Wolfsmilchgewächs, von dem die Hauptmasse des Naturgummis gewonnen wird.
Gummibegriff *der,* U dehnbarer, unterschiedlich auslegbarer Begriff. **gummieren,** *ich* gummiere (habe gummiert) *es,* bestreiche mit einer Kautschukmischung. **Gummierung** *die, -/-en,* ABB. B 49. **Gummigutt** *das, -s,* giftiges Gummiharz.
Gummiharz *das, -es/-e,* Mischung einiger Pflanzen mit gummiartigen Stoffen. **Gummiknüppel** *der,* eine Schlagwaffe. **Gummilinse** *die,* Photographie: Objektiv mit veränderl. Brennweite.
Gummiparagraph *der,* U dehnbare Rechtsvorschrift.
Gumpe [mhd. gumpe] *die, -/-n,* **1)** *oberdt.:* stehendes Wasser, kleiner See; Pfuhl, Kolk. **2)** ⚒ Schlammkasten.
Gumpen *der, -s/-, schweiz.:* Gumpe.
Gundelrebe [ahd. gunderaba ›Erdrebe‹] *die, -,* **Gundermann** *der, -(e)s,* ⚘ ein Lippenblüter.
Gundula [Kurzform der mit ahd. gund ›Kampf‹ zusammengesetzten Namen], weibl. Vorname.
Gunkel *die, -n, oberbair.:* kesselförmige Bodensenke.
Gunnar [nord. Form von Günther], männl. Vorname.
günnen, *ich* günne (habe gegünnt) *es,* ginne.
Günsel [lat. consolida ›heile zusammen‹] *der, -s/-,* ⚘ Name mehrerer Pflanzen.
Gunst [mhd. gunst] *die, -,* **1)** freundliche Gesinnung, Wohlwollen: *er steht bei ihm in G.; man will ihm eine G. erweisen, gewähren; Gunstbeweis; Gunstbezeigung; man muß die G. der Stunde nutzen,* U die sich bietende Gelegenheit. **2)** Vorteil: *zu meinen Gunsten;* aber: *zugunsten, zuungunsten der*

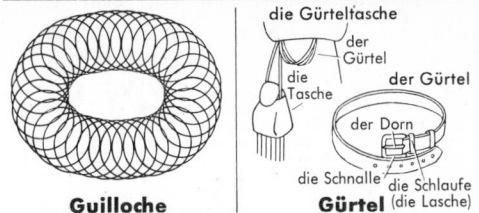

die Gürteltasche
der Gürtel
die Tasche
der Gürtel
der Dorn
die Schnalle   die Schlaufe
Guilloche   **Gürtel** (die Lasche)

Familie. **günstig, 1)** wohlgesinnt, wohlwollend: *ein mir g. gesinnter Vorgesetzter.* **2)** vorteilhaft: *günstige Winde; die Gelegenheit ist g.* **günstigenfalls. Günstling** *der, -s/-e,* in Gunst stehende, bevorzugte Person: *Günstlingswirtschaft.*
Gunt(h)er, Günt(h)er [ahd. gund ›Kampf‹ und hari ›Heer‹], männl. Vornamen. **Guntram** [ahd. hraban ›Rabe‹], männl. Vorname.
Gupf [mhd. gupf] *der, -(e)s/-ᵘe, oberdt.:* Gipfel, Spitze.
Guppy [g'upi, engl. g'ʌpi, nach dem engl.-westind. Naturforscher R. J. L. Guppy] *der, -s/-s,* ein Aquarienfisch.
Gurde [frz. gourde, zu lat. cucurbita ›Kürbis‹] *die, -/-n,* Kürbis-, Pilgerflasche, ABB. P 13.
Gurgel [ahd. gurgula, zu lat. gurgulio ›Luftröhre‹] *die, -/-n,* Kehle: *er will mir an die G.,* mich würgen, U mich geschäftlich ruinieren; *er hat sich die G. geschmiert,* U Alkohol getrunken. **gurgeln,** *ich* gurg(e)le (habe gegurgelt), **1)** spüle die Mundhöhle. **2)** *Wasser gurgelt,* sprudelt mit dumpfem Geräusch, gluckert.
Gürkchen *das, -s/-.* **Gurke** [aus russ. ogurec, zu mittelgrch. aguros ›unreife Frucht‹] *die, -/-n,* **1)** Salat- und Gemüsepflanze. **2)** U große häßliche Nase.
Gurkha *der, -(s)/-(s),* **1)** hinduist. Volk in Nepal. **2)** Bez. für nepales. Soldaten in der brit. Armee.
gurren [Schallw.], *die Taube gurrt* (hat gegurrt), gibt Laut.
Gurt [mhd. gurt] *der, -(e)s/-e,* **1)** kräftiges Band, fester Riemen zum Halten, Ziehen, ABB. R 9: *Haltegurt; Patronengurt; ein Auto mit Automatikgurten; Sicherheitsgurte.* **2)** (breiter) Gürtel. **3)** 🏗 seitl. Begrenzung eines Vollwand- oder Fachwerkträgers: *Gurtstäbe.* **Gurtbogen** *der,* Gewölbeverstärkung oder Mauerbogen, ABB. G 22, S 69. **Gürtel** *der, -s/-,* **1)** Band oder Riemen zum Zusammenhalten der Kleidung in der Hüftgegend, ABB. G 39: *wir müssen den G. enger schnallen,* U uns einschränken. **2)** ein Streifen, eine Zone, die etwas herumführt: *ein Grüngürtel um die Stadt.* **Gürtellinie** *die,* Taille: *beim Boxen sind Schläge unterhalb der G. verboten; das Gespräch bewegte sich unterhalb der G.,* U verstieß gegen den guten Geschmack. **Gürtelreifen** *der,* Kraftfahrzeugreifen mit Verstärkungseinlage, ABB. R 14. **Gürtelrose** *die,* ⚕ eine Viruskrankheit. **Gürteltier** *das,* ein Säugetier. **gurten,** *ich* gurte (habe gegurtet), gurte an: *erst gurten, dann starten!,* U erst Sicherheitsgurte anlegen. **gürten,** *ich* gürte (habe gegürtet) *ihn, es, mich,* P lege einen Gurt, Gürtel um.
Gurtförderer *der,* U eine Förderanlage mit Gummigurt.
Gurtgesims *das,* 🏗 durchlaufendes Gesims zwischen Geschossen. **Gurtmuffel** *der,* U Autofahrer, der sich nicht anschnallt.
Guru [altind. ›ehrwürdiger Lehrer‹] *der, -s/-s,* geistl. Lehrer im Hinduismus.
Gusche *die, -/-n, mitteldt.:* Mund.
Güsel *der, -s, alem.:* Abfall, Kehricht.
Gusla [serb. gusle] *die, -/-s* oder *. . . len,* südslawische Kniegeige. **Guslar** *der, -en/-en,* Spieler der Gusla. **Gusle** *die, -/-s* oder *. . . len,* Gusla. **Gusli** *die, -/-s,* ein russisches Zither.
Guß [ahd. gus(s) ›Fluß‹, ›Guß‹] *der, G'usses/G'üsse,* **1)** Flüssigkeitsmenge, die man gießt: *noch einen G. aus der Gießkanne auf das Beet; ein heftiger G.,* U kurzer, starker Regen. **2)** das Abformen von Metallwaren und Figuren in erhärtender Masse: *das Schauspiel ist wie aus einem G.,* U einheitlich, ohne störende Brüche. **3)** gegossenes Erzeugnis: *Bronzeguß.* **4)** süßer Überzug über Kuchen: *Zuckerguß.* **5)** Gießloch, Schütttrichter, Gußkanal (Gießerei, Mühle, Küche). **Gußeisen** *das,* sprödes kohlenstoffreiches Eisen. **gußeisern. Gußstein** *der,* Ausguß.
güst, *niederdt.:* unbefruchtet, milchlos. **Güst** *die, -/-en, niederdt.:* unfruchtbare Stute, Kuh u. a.
Gustav [altnord. ›Kampfstab‹], männl. Vorname.

Guste [zu August(e)], weibl. Vorname. **Gustel, Gusti,** männl. und weibl. Vornamen.

gustieren [lat. gustare ›kosten‹, ›schmecken‹], *ich gustiere* (habe gustiert) *es,* **1)** ∪ goutiere. **2)** *österr.:* koste, prüfe. **Gusto** *der, -s,* ♋ Geschmack.

gut, besser, am besten [ahd. guot], **1)** die erwünschten, zweckentsprechenden Eigenschaften besitzend, z. B. angenehm: *das schmeckt g.;* ein gutes Leben; angesehen: *aus guter Familie;* einträglich: *gute Geschäfte;* gesund: *eine gute Lunge;* günstig: *gute Reise!; du tust g. daran; das ist noch einmal g. ausgegangen; wir wollen es zum Guten lenken,* aber: *er wollte ihr etwas zugute tun;* nützlich: *wer weiß, wozu das g. ist;* tüchtig: *ein guter Arzt;* wirksam: *ein gutes Mittel;* passend: *der Schuh sitzt g.;* arglos, naiv: *ein guter Kerl; er handelte im guten Glauben; ich will es ihm im guten sagen,* freundschaftlich; beträchtlich; reichlich: *ein guter Teil; du kannst dazu ein g. Teil beitragen; es wird eine gute Stunde dauern, etwas mehr als eine Stunde; g. und gern zwei Stunden,* vollauf, mindestens zwei Stunden; *der Gewinn ist um ein gutes gestiegen;* fröhlich, zuversichtlich: *er hat gute Laune, ist g. gelaunt,* aber: *ein gutgelaunter Zuschauer;* hinreichend: *es ist g., genügt; laß es g. sein,* genug damit. **2)** als Leistungsnote: 2. **3)** nicht für den Alltagsgebrauch bestimmt: *der gute Anzug; die gute Stube.* **4)** *du hast g. reden,* du bist ja nicht betroffen. **5)** *sie ist guter Hoffnung,* schwanger. **6)** sittlich einwandfrei, hilfreich, warmherzig: *ein gutes Herz; jenseits von Gut und Böse; das tust du mir Gutes; du tust des Guten zuviel; das ist vom Guten das Beste.* **7)** ⚄ auf der Habenseite; auch: gewährleistend; vgl. gutbringen, guthaben, gutschreiben. **8)** in Grußformeln: *guten Tag!; guten Morgen!; guten Abend!; gute Nacht!; Gut Holz!* (Keglergruß). **gut. . .,** in Verbindung mit Verben trennbar zusammengesetzt, wenn ein neuer Begriff entsteht; vgl. gutgehen, guthaben, gutschreiben. **Gut** [ahd. guot] *das, -(e)s/⁔er,* **1)** Besitz, Wert: *irdische Güter; Gesundheit ist das höchste G.* **2)** landwirtschaftl. Betrieb: *er hat ein G. in Bayern; Gutshof; Landgut.* **3)** versandfertige Ware: *Frachtgut; Stückgut.* **4)** Material: *Steingut.* **5)** ⚓ alles Tauwerk: *stehendes, laufendes G.* **Gutachten** *das, -s/-,* fachmännische Beurteilung: *ich gebe ein G. über etwas ab, hole ein G. ein.* **Gutachter** *der, -s/-.* **gutachtlich. gutartig,** **1)** leicht lenkbar (Kind). **2)** ungefährlich (Krankheit). **Gutartigkeit** *die, -.* **gutbringen,** *ich bringe es ihm gut* (habe gutgebracht), *⚄ schreibe gut.* **Gutdünken** *das, -s,* Belieben, Ermessen: *er handelt nach G.* **Güte** [ahd. guoti] *die, -,* **1)** Beschaffenheit, Wert, Qualität (einer Ware): *Waren letzter G.,* schlechteste; *die Güteklasse.* **2)** freundliche, hilfreiche Gesinnung; *seine G. kannte keine Grenzen; wir wollen uns in G. einigen; haben Sie die G.!, Gefälligkeit; du meine G.!,* Ausruf der Verwunderung. **Gutedel** *der, -s,* eine Rebsorte. **Güter. . .,** ⚄ Last. . ., Waren. . .: *Güterwagen; Güterzug; Güterbahnhof,* Abb. B 5. **Gütergemeinschaft** *die, ♌♌* vertraglich vereinbarte Zusammenlegung des Vermögens der Ehegatten. **Gütertrennung** *die, ♌♌* vertraglich vereinbarte Trennung des Vermögens der Ehegatten. **Gütezeichen** *das,* Kennzeichen von Waren, die bestimmten Gütevorschriften entsprechen. **gutgehen,** *es geht gut* (ging gut, ist gutgegangen), ist in gutem Zustand, nimmt ein gutes Ende: *und da fragst du, ob es mir gutgeht?; das gibt der gutgehen!; das kann mich gutgehen!; in diesen Schuhen kann ich gut gehen.* **gutgläubig,** ohne Böses zu ahnen. **Gutgläubigkeit** *die, -.* **guthaben,** *ich habe es gut*

(habe gutgehabt), *⚄* habe noch zu fordern: *du sollst bei ihm noch 100 Mark guthaben?;* aber: *du wirst es bei ihm gut haben.* **Guthaben** *das, -s/-,* Summe, auf die man Anspruch hat, die man hinterlegt hat. **gutheißen,** *ich heiße es gut* (hieß gut, habe gutgeheißen), erkläre für richtig, billige: *euern Plan kann ich nichtgutheißen.* **gutherzig,** wohlmeinend, mildtätig. **Gutherzigkeit** *die, -.* **gütig,** freundlich, nachsichtig. **gütlich,** **1)** in Frieden, ohne gerichtl. Urteil: *sie haben sich g. geeinigt.* **2)** *er tut sich g. daran,* genießt es. **gutmachen,** *ich mache es gut* (habe gutgemacht), ersetze: *sie will den Schaden gutmachen;* aber: *er wird seine Sache gut machen,* gut ausführen. **gutmütig,** gutherzig. **Gutmütigkeit** *die, -.* **gutsagen,** *ich sage für ihn gut* (habe gutgesagt), bürge, übernehme Garantie. **Gutschein** *der,* Bescheinigung über ein Guthaben im Kleinhandel. **gutschreiben,** *ich schreibe es ihm gut* (habe gutgeschrieben), *⚄* setze auf seine Habenseite; allgemein: rechne an: *ich werde Ihnen diesen Betrag gutschreiben;* aber: *der Schüler kann noch nicht gut schreiben.* **Gutschrift** *die, ⚄* Buchung auf die Habenseite; Bescheinigung über einen gutgeschriebenen Betrag. **Gutsel** *das, -s/-, süddt.:* Bonbon. **Gutsherr** *der,* Besitzer eines größeren Landgutes. **gutsituiert,** in guten, gesicherten Verhältnissen lebend. **gutsitzend,** passend: *ein gutsitzendes Kleid.* **gutsprechen,** *ich spreche gut* (sprach gut, habe gutgesprochen), ♋ sage gut, bürge: *er hat für ihn gutgesprochen;* aber: *dieser Politiker kann gut sprechen.*

Guttapercha [malaiisch getah ›Pflanzensaft‹ und pertja ›Baum, aus dem dieser Saft gewonnen wird‹] *die, -* oder *das, -(s),* kautschukähnl. Stoff.

Guttempler [engl. ›(International Order of) Good Templars‹] *der, -s/-,* Mitglied einer Gemeinschaft zur Bekämpfung des Alkoholgenusses.

guttun, *es tut gut* (hat gutgetan), tut wohl, taugt etwas, ist angenehm: *das Lob, die Arznei hat mir gutgetan;* aber: *das muß man gut tun,* richtig machen.

guttural [lat. guttur ›Kehle‹], die Kehle betreffend. **Guttural** *der, -s/-e,* ⓢ unzutreffende Bez. der Velar- oder Palatallaute.

gutwillig, ohne Widerstand. **Gutwilligkeit** *die.*

gymnasial, *gymnasiale Oberstufe.* **Gymnasialbildung** *die,* auf einem Gymnasium erworbene Bildung. **Gymnasiast** *der, -en/-en,* **Gymnasiastin** *die, -/-nen,* Schüler(in) eines Gymnasiums. **Gymnasium** [grch. gymnasion, eigtl. ›Platz für Leibesübungen‹, zu gymnos ›nackt‹] *das, -s/. . .sien,* (urspr. altsprachliche) höhere Schule: *Abendgymnasium.* **Gymnastik** *die, -,* Leibesübungen, vgl. Abb. L 6. **Gymnastiker** *der, -s/-,* **Gymnastin** *die, -/-nen,* jemand, der Gymnastik betreibt oder andere darin unterrichtet: *Krankengymnastin.* **gymnastisch,** *gymnastische Übungen.* **Gymnospermen** [vgl. Sperma], *Pl.,* ♃ Nacktsamige.

Gynäkologe [grch. gyne ›Weib‹ und vgl. . . .loge] *der, -n/-n,* Facharzt für Gynäkologie. **Gynäkologie** *die, -,* Lehre von den Frauenkrankheiten. **gynäkologisch.**

Gyn|an|drie [grch. gyne ›Weib‹ und aner, Gen. andros ›Mann‹] *die, -,* das Neben- oder Nacheinander von männl. und weibl. Merkmalen bei Pflanzen, Tieren und Menschen.

Gyro-Antrieb [grch. gyros ›Kreis‹] *der,* ⊛ Fahrzeugantrieb durch Schwungrad: *Gyrobus.* **Gyro|skop** [vgl. . . .skop] *das, -s/-e,* Gerät zur Untersuchung von Kreiselbewegungen unter Einfluß äußerer Kräfte, Abb. K 43.

H

h, H [ha:] *das, -/-,* Hauchlaut, Abb. A 8, Übers. A 26, G 34. **h, 1)** Zeichen für: Stunde: 9ʰ, 9 Uhr [lat. hora]. **2)** Zeichen vor Maßeinheiten für: hekto. . . **3)** Zeichen für: Plancksches Wirkungsquantum. **h** *das, -/-,* ♪ **1)** letzter Ton der C-Dur-Tonleiter, Abb. N 9. **2)** Zeichen für: h-Moll. **H, 1)** ↺ Zeichen für: Wasserstoff [lat. hydrogenium]. **2)** Zeichen für: Henry. **3)** ♪ Zeichen für: H-Dur. **²H,** auch D, ↺ Zeichen für: Deuterium.

ha, Zeichen für: Hektar.

ha!, Ausruf: **1)** des Lachens: *hahaha!* **2)** des Erstaunens, des Triumphes.

Ha, ↺ Zeichen für: Hahnium.

h. a., Abk. für: **1)** hujus anni. **2)** hoc anno.

Haar [ahd. har] *das, -(e)s/-e,* **1)** fadenförmiges, in der äußeren Haut wurzelndes Gebilde aus verhornten Zellen bei Mensch und Tier, Abb. H 1: *er mußte dabei Haare lassen,* Ü kam nicht ohne Schaden davon; *ich könnte mir die Haare raufen,* Ü ärgere mich sehr; *mit Haut und H.,* ganz und gar; *sie liegen sich in den Haaren,* Ü streiten; *er wird immer ein H. in der Suppe finden,* Ü etwas Unangenehmes an einer sonst guten Sache; *man sollte nichts an den Haaren herbeiziehen,* Ü gewaltsam, ohne einen vernünftigen Zusammenhang herstellen; *die Haare sträuben sich mir, stehen mir zu Berge vor Entsetzen,* Ü; *sie hat Haare auf den Zähnen,* Ü ist rechthaberisch, zänkisch. **2)** Sinnbild größter Feinheit und Dünne: *haarfein; Haarriß; das hängt*

die Allonge- die Rokoko- die der Chignon der Tituskopf die Zöpfe
perücke perücke Zopfperücke

der Mittelscheitel die Ponys

die Schnecken der Haarknoten der Pagenkopf der Haarkranz die Schulter-
locken

der Wirbel

die Tonsur das stehende Haar der Scheitel das kurze Haar der Façonschnitt
(die Bürste)

die Haarformen

Haar

straff der Frisierkamm

schlicht der Stielkamm

der Staubkamm

wellig

die Haarbürste

lockig der Zierkamm

die Haarklammer

gekräuselt

die Haarnadel

die Brennschere

der Lockenwickler

die Geräte

---

an einem H., ist unsicher, ist sehr bedroht; *um ein H., bei einem H.,* beinahe, dicht vorbei; *aufs H., auf das H.,* genau, ganz und gar; *kein H.,* gar nichts; *er läßt kein gutes H. an ihm,* sagt nur Schlechtes. **3)** *ohne Pl.,* gesamtes Kopfhaar des Menschen, ABB. M 12: *sie hat schönes H.; sie trägt das H. hochgesteckt.* **4)** ⊕ Oberhautzellengebilde, teils einzellig (Wurzelhaar, Brennhaar), teils vielzellig (Gliederhaare, Schuppen). **Haaransatz** *der,* Beginn des Kopfhaars an der Stirn. **Haarausfall** *der, -s,* (krankhaftes) Ausfallen des Kopfhaars. **Haarbeutel** *der,* Säckchen zum Einbinden des Nackenhaars, bes. im 18. Jahrh., ABB. M 16. **Haarboden** *der,* Kopfhaut. **Haarbreit** *das, -: nicht ein H.,* Ü nicht im geringsten. **Haar der Berenike** *das,* ⭐ ein Sternbild. **haaren,** *es haart (hat gehaart),* **1)** *Pelz haart,* verliert Haare. **2)** *ein Tier haart sich,* wechselt die Haare. **Haarersatz** *der,* Perücke. **Haaresbreite** *die,* Ü geringster Zwischenraum: *um H.,* beinahe. **Haarfestiger** *der, -s/-,* Mittel, um der Frisur Halt zu geben. **Haargarn** *das,* grobes Mischgarn mit eingesponnenen Tierhaaren: *Haargarnteppich.* **Haargefäß** *das,* ⚕ feinste Verzweigung eines Blutgefäßes. **haargenau,** Ü ganz genau: *er hat mir alles h. erzählt.* **haarig, 1)** mit Haaren bewachsen. **2)** Ü schlimm, peinlich, unangenehm (Angelegenheit). **3)** ☽ neblig-schwarz, rauchig. **Haarkleid** *das,* Fell. **haarklein,** Ü in allen Einzelheiten. **Haarnadel** *die,* U-förmig gebogener Draht zum Halten der Haare. **Haarnadelkurve** *die,* spitze Straßenkurve, bes. in den Bergen. **Haarröhrchen** *das,* Kapillare. **haarscharf,** Ü sehr scharf. **Haarschneider** *der,* Friseur. **Haarsieb** *das,* besonders feines Sieb. **Haarspalterei** *die, -/-en,* Ü lächerl. Streit um Nichtigkeiten. **Haarspray** [-sprei] *der oder das,* Haarfestiger in Sprayform. **Haarstern** *der,* 🐚 ein Stachelhäuter. **haarsträubend,** Ü schrecklich, grauenhaft. **Haarstrich** *der,* Ü feiner Strich beim Schreiben. **Haarteil** *das,* teilweiser Haarersatz. **Haarwasser** *das,* Flüssigkeit zur Pflege des Kopfhaars. **Haarwild** *das,* 🦌 jagdbare Säugetiere. **Haarwurzel** *die,* der in einer Hauteinsenkung befindl. Teil des Haars. **Habe** [ahd. haba] *die, -,* Besitz, Vermögen: *mein Hab und Gut; meine ganze H.; er verlor seine wenige H.* **Habeaskorpusakte** [lat. habeas corpus ›Du habest den Körper‹] *die, -,* engl. Grundgesetz von 1679 zur Sicherung der persönlichen Freiheit. **haben** [ahd. haben], *ich habe (hatte, habe gehabt; du hast, er hat, ihr habt; hab[e]!),* **1)** *ihn, es,* besitze, bekomme, erhalte, verspüre, trage: *wir haben ein Haus; er hat nichts und hat nichts, er hat weder einen ordentlichen Beruf noch Besitz; er hat die Grippe; ich h. Hunger, Durst; kann ich bitte das Buch haben?; sie ist noch zu haben,* Ü unverheiratet; *ich h. den Bleistift in der Hand; ich h. es satt,* keine Lust mehr; *das haben wir alles schon gehabt,* Ü kennen wir; *hast du's eilig?; ihr habt's ja!,* Ü ihr könnt

es euch leisten; *da hast du's!,* Ü ich habe ja gewußt, daß es so kommen würde; *was hast du?,* was fehlt dir?; *hab Dank!,* sei bedankt; *Gott hab' ihn selig!* **2)** Hilfsverb: *ich h. (hatte) gelacht,* ÜBERS. V 2; U mit Einsparung des Partizips: *jetzt h. ich es (heraus),* U herausbekommen; *ich h. ihn mit,* U mitgebracht; *das h. ich von ihr,* U sie hat es erzählt. **3)** vor einem Infinitiv mit ›zu‹: *bin verpflichtet, berechtigt: ich h. noch zu arbeiten; er hat nichts zu sagen.* **4)** *etwas gegen ihn,* etwas an ihm auszusetzen. **5)** *etwas mit ihr,* U ein Liebesverhältnis. **6)** *etwas davon,* einen Vorteil, eine Annehmlichkeit. **7)** *das Kind ist gut (schwer) zu haben,* U ist leicht (mühsam) zu erziehen, zu beaufsichtigen. **8)** *es hat,* enthält: *1 kg hat 1 000 g.* **9)** *es gibt: hier hat's viel Mücken.* **10)** *es hat nichts auf sich,* U zu bedeuten. **11)** *es hat etwas für sich,* U allerhand Vorzüge. **12)** *es hat es in sich,* U ist nicht zu unterschätzen. **13)** *mich,* U mache mich wichtig, ziere mich: *hab dich nicht so!* **14)** *es hat sich,* U damit ist Schluß, die Aussichten stehen schlecht. **Haben** *das, -s,* Guthaben, Kreditseite (rechte Seite) des Kontos: *Habenseite; Soll und H.; Habenzinsen.* **Habenichts** *der, -(es)/-e,* völlig mittelloser Mensch.

Haber [mhd. haber ›Hafer‹] *der, -s,* oberdt.: Hafer. **Haberfeldtreiben** *das,* früher: ein Volksgericht in Oberbayern gegen mißliebige Leute. **Habergeiß** [zu lat. caper ›Ziegenbock‹] *die,* bair., österr.: **1)** ein Nachtgespenst. **2)** letzte Garbe auf dem Feld. **3)** Brummkreisel. **Habgier** [nhd.] *die,* rücksichtsloses Streben nach Besitz. **habgierig** *nach etwas.* **habhaft,** *ich werde seiner h. werden,* ihn bekommen, erwischen. **Habicht** [ahd. habuh] *der, -(e)s/-e,* ein Greifvogel. **Habichtskraut** *das,* ⊕ ein Korbblüter. **Habichtsnase** *die,* Ü Hakennase. **habil** [lat. habilis], fähig, gewandt, flink. **Habilitand** *der, -en/-en,* jemand, der die Habilitation anstrebt. **Habilitation** [mlat. habilitare ›geeignet machen‹] *die, -/-en,* Erwerbung der akadem. Lehrberechtigung. **habilitieren,** *ich habilitiere mich* (habe mich habilitiert). **Habit** [frz., zu lat. habitus ›Aussehen‹, ›Tracht‹] *der oder das, -s/-e,* Amtstracht, ABB. A 13, Ordenstracht. **Habit** [h'æbit, engl.] *der, -s/-s,* Psychologie: Gewohnheit, Angelerntes. **Habitué** [abity'e, frz.] *der, -s/-s,* ⚥, noch österr.: Stammgast. **habituell,** gewohnheitsmäßig, ständig. **Habitus** *der, -,* **1)** äußeres Erscheinungsbild von Menschen, Tieren, Pflanzen, auch Kristallen u. a. **2)** ⚕ Körperbeschaffenheit, die auf bestimmte Krankheitsanlagen schließen läßt.

häblich [zu haben], schweiz.: wohlhabend. **Habschaft** *die, -,* Habe. **Habseligkeiten,** *Pl.,* kleiner Besitz, wertlose kleine Sachen. **Habsucht** *die, -,* Habgier. **habsüchtig.**

H 2

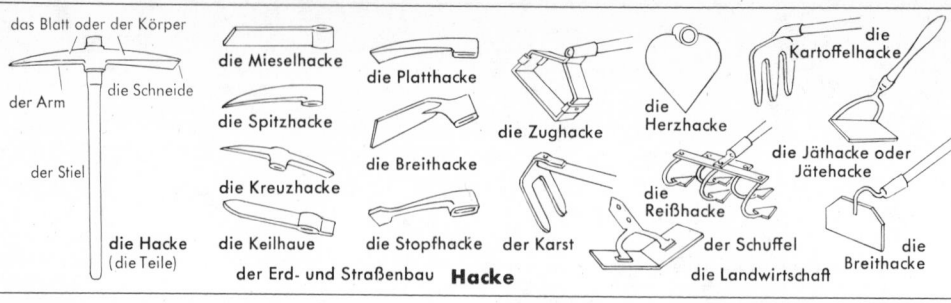

das Blatt oder der Körper — die Mieselhacke — die Platthacke — die Kartoffelhacke

der Arm — die Schneide — die Spitzhacke — die Zughacke — die Herzhacke — die Jäthacke oder Jätehacke

der Stiel — die Kreuzhacke — die Breithacke — die Reißhacke

die Hacke (die Teile) — die Keilhaue — die Stopfhacke — der Karst — der Schuffel — die Breithacke

der Erd- und Straßenbau — **Hacke** — die Landwirtschaft

Haché [-ʃe, frz.] *das, -s/-s,* Haschee.

Hachel [mhd. hachel ›Hechel‹] *die, -/-n* oder *der, -s/-,* österr.: Küchenhobel: *Gurkenhachel.*

Hachse [ahd. hahsa] *die, -/-n,* **1)** Sprunggelenk (Kniebug) der Schlachttiere, Abb. F 25: *Kalbshachse; Schweinshachse.* **2)** süddt.: Bein.

Hack [zu hacken] *das, -s,* kurz für: Hackfleisch: *Schweinehack.* **Hackbank** *die, -/ᵘe,* Holzklotz, auf dem der Metzger Fleisch und Knochen zerhackt, Abb. K 27. **Hackbraten** *der,* Braten aus Hackfleisch. **Hackbrett** *das,* **1)** Brett als Unterlage beim Kleinhacken, Abb. K 50. **2)** zitherähnl. Musikinstrument.

Hacke [mhd., zu Haken] *die, -/-n,* auch Hacken, **1)** Ferse: *ich habe mir die Hacken danach abgelaufen,* Ü mich sehr darum bemüht. **2)** die Ferse bedeckende Teil des Schuhs, Strumpfes, Abb. S 76: *hochhackige Schuhe.* **3)** Körperteil des Pferdes, Abb. P 9.

Hacke [mhd. hacke ›jedes an der Spitze gebogene Ding‹] *die, -/-n,* Werkzeug zur Erdbearbeitung, Abb. H 2. **hacken** [ahd. hacchon], *ich hacke* (habe gehackt), **1)** *es,* zerkleinere mit einem spitzen Werkzeug: *ich muß Holz hacken,* spalten. **2)** *(es),* lockere Erde mit der Hacke. **3)** *der Vogel hackte nach mir, auf den Ast,* pickte kräftig.

Hacken *der, -s/-,* Hacke, Ferse.

Hackepeter *der, -s,* Ü Hackfleisch. **Häckerling** *der, -s,* Häcksel. **Hackfleisch** *das,* kleingehacktes rohes Fleisch.

Hackfrüchte, *Pl.,* Knollen- und Wurzelfrüchte, Tabak, Mais, Gemüse. **Hackordnung** *die,* Rangordnung in Vogelgemeinschaften, auch in Tiergesellschaften überhaupt; Ü Rangverhältnisse in menschl. Gruppen. **Häcksel** *das* oder *der, -s,* kleingeschnittenes Stroh oder Heu. **Häcks(e)ler** *der, -s/-,* Häckselmaschine, Futterschneidemaschine.

Hader [ahd. hadara ›Schafpelz‹, ›Lumpen‹] *der, -s,* **1)** *Pl. -n,* oberdt.: Fetzen, Lumpen. **2)** *Pl. -,* ostmitteldt.: Scheuertuch: *Scheuerhader.*

Hader [mhd. hader] *der, -s,* Zwist, Streit. **Had(e)rer** *der, -s/-,* **1)** Händelsucher; Unzufriedener. **2)** ♉ oberer Eckzahn des Keilers. **had(e)rig,** *oberdt.:* zänkisch.

Haderlump *der, oberdt.:* verkommener Mensch.

hadern, *ich* had(e)re (habe gehadert) *mit ihm,* streite, bin unzufrieden: *er hadert mit seinem Schicksal.*

Hades [grch. Haides], griech. Mythologie: **1)** Gott der Unterwelt. **2)** *der, -,* Unterwelt; Totenreich.

Hafen [nhd.] *der, -s/ᵘ,* **1)** natürl. oder angelegter Liegeplatz für Schiffe, Abb. H 3: *Naturhafen; Containerhafen.* **2)** Ü Geborgenheit: *er will in den H. der Ehe einlaufen,* heiraten. **3)** [ahd. haven ›Gefäß‹], *oberdt.:* Topf (aus Steingut).

Hafer [ahd. habaro] *der, -s/-,* eine Getreideart, Abb. G 18; Futtergetreide: *ihn sticht der H.,* Ü er wird übermütig (wie ein gut gefüttertes Pferd). **Haferflocken,** *Pl.,* enthülste und gepreßte Haferkörner als Nährmittel: *Haferflockensuppe.*

H 3

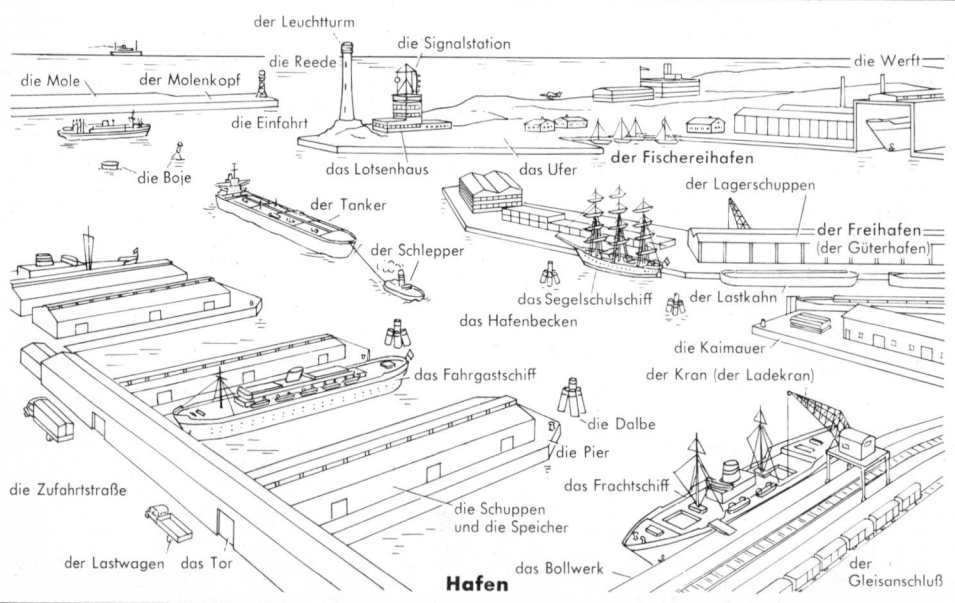

der Leuchtturm — die Signalstation — die Werft

die Reede — die Mole — der Molenkopf — die Einfahrt — das Lotsenhaus — das Ufer — der Fischereihafen — der Lagerschuppen

die Boje — der Tanker — der Schlepper — das Segelschulschiff — der Lastkahn — der Freihafen (der Güterhafen) — das Hafenbecken — die Kaimauer — das Fahrgastschiff — der Kran (der Ladekran) — die Dalbe — die Pier — das Frachtschiff — die Zufahrtstraße — die Schuppen und die Speicher — der Lastwagen — das Tor — das Bollwerk — **Hafen** — der Gleisanschluß

das Gehäuse · die Spindel · das Küken · **der Wasserhahn** · **der Durchgangshahn** · die Klemmbacke · die Zuleitung · der Hahn · die Mischbatterie · **der Quetschhahn** · der Auslauf · **Hahn** · der Hutständer · der Kleiderhaken · der Haken · **der Lasthaken** · die Öse · der Stift · der Bilderhaken · der Karabinerhaken · der Fleischhaken · der Haken und die Öse · **Haken** · der Haken · der Hebebaum · der Ring · der Haken · der Kanthaken · der Haken · **der Federhalter** · **der Büstenhalter** · der Sockenhalter · **Halter**

Haferlschuh der, ABB. S 39.

Haff [mnd. haf ›Meer‹] das, -(e)s/-s oder -e, durch eine Nehrung vom Meer getrennte Küstenbucht, ABB. K 56.

Hafner, Häfner [ahd. hafenare] der, -s/-, oberdt.: Töpfer; Ofensetzer. **Hafnerei** die, -/-en.

Hafnium [von Hafnia, latein. Name von Kopenhagen] das, -s, ◯ Element, Zeichen: Hf, ein Metall.

Haft [ahd. haft] die, -, 1) das Gefangenhalten. 2) ⚏ früher leichteste Freiheitsstrafe: Strafhaft. 3) ⚏ Untersuchungshaft. 4) der, -(e)s/-e oder -en, ⚋ Vorrichtung, die mehrere Dinge zusammenhält. . . .haft, verbunden mit, . . .artig, . . .ähnlich: krampfhaft; krankhaft. **haftbar**, verantwortlich, zu Ersatz verpflichtet: er ist für den Schaden h., wird dafür h. gemacht. **Haftbarkeit** die, -. **Haftbefehl** der, schriftliche richterliche Anordnung zur Verhaftung. **Haftel** das, -s/-, österr.: Öse und Haken. **Haftelmacher** der, österr.: er arbeitet, paßt auf wie ein H., sehr genau. **haften** [ahd. haften], ich hafte (habe gehaftet), 1) für ihn, bürge, stehe ein: dafür h. ich mit meinem Kapital. 2) es haftet, hängt fest, kommt nicht los: der Aufkleber haftet nicht; Staub haftet am Schuh; an ihm haftet ein Makel, Ü. **haftenbleiben**, es bleibt haften (ist haftengeblieben), 1) klebt fest. 2) Ü prägt sich in das Gedächtnis ein. **Häftling** der, -s/-e, jemand, der sich in Haft befindet. **Haftorgan** das, Biologie: Körperteil, mit dem Lebewesen festheften können. **Haftpflicht** die, gesetzliche Schadenersatzpflicht. **haftpflichtig. Haftschalen**, Pl., Kontaktlinsen. **Haftung** die, -, Verpflichtung, für etwas einzustehen. **Haftzeher** der, ⚋ Gecko.

Hag [mhd. hac] der, -(e)s/-e, 1) P Hecke: Rosenhag. 2) umgrenzter Bezirk, Waldgrundstück. **Hagebuche** die, Hainbuche. **Hagebutte** die, -/-n, Frucht wilder Rosen, ABB. F 36. **Hagedorn** der, -s/-e, Weißdorn und Name von Wildrosen.

Hagel [ahd. hagal] der, -s, 1) Niederschlag von Eiskörnern. 2) Ü in großer Menge Niederprasselndes: ein H. von Steinen, Scheltworten. 3) ⚏ grobes Schrot. **Hagelkorn** das, 1) einzelnes Eisstück des Hagels. 2) ✚ Drüsenentzündung am Augenlid. **hageln**, es hagelt (hat gehagelt), es fallen Hagelkörner nieder.

Hagen [ahd. hagan ›Dornbusch‹], männl. Vorname.

hager [mhd. hager], mager, dürr. **Häger** der, -s/-, niederdt.: Sandbank, besonders an Flußmündungen.

Hagerkeit die, -, hagere Beschaffenheit.

Hagestolz [ahd. hagustalt ›Besitzer eines Hages‹] der, -es/-e, älterer Junggeselle.

Hagiographie [grch. hagios ›heilig‹ und vgl. . . .graphie] die, -/. . .phi'ien, Lebensbeschreibung der Heiligen.

haha! [Schallw.], Ausruf des Lachens, auch Spottruf.

Häher [ahd. hehara] der, -s/-, ein Rabenvogel: Eichelhäher.

Hahn [ahd. hano] der, -(e)s/ ⁻e, 1) männl. Huhn, ABB. H 26: hier ist er H. im Korb, Ü einziger Mann unter vielen Frauen; danach kräht kein H., Ü fragt niemand; der rote H., Ü Feuer. 2) männl. Vogel: Auerhahn; Birkhahn. 3) Pl. auch -en, Absperrvorrichtung an Rohrleitungen, ABB. H 4: Wasserhahn; Gashahn. 4) ⚋ Teil der Zündeinrichtung bei Feuerwaffen: er spannte den H.; Abzugshahn. **Hähnchen** das, -s/-. **Hahnenbalken** der, 📐 oberster Querbalken im Dach, ABB. D 1. **Hahnenfuß** der, ⊕ artenreiche Blütenpflanze. **Hahnenkamm** der, 1) Fleischwulst auf dem Kopf des Hahns. 2) ⊕ Zierpflanze. **Hahnenschrei** der, das Krähen des Hahns, bes. am Morgen: beim ersten H. **Hahnentritt** der, 1) ohne Pl., fehlerhafte Gangart des Pferdes. 2) Keimscheibe im Hühnerei.

3) ohne Pl., Gewebemuster mit Karos, die Hahnenkrallen ähneln. **Hahnepot** die, -/-en, niederdt.: Gabelung der Taue.

Hahnium [nach dem dt. Physiker O. Hahn, 1879–1968] das, -s, ◯ Element, Zeichen: Ha.

Hahnrei [mnd. haneri ›verschnittener Hahn‹] der, -(e)s/-e, betrogener Ehemann.

Hai [niederl., zu isländ. hai, altnord. har] der, -(e)s/-e, **Haifisch** der, großer, meist räuberisch lebender Knorpelfisch.

Hain [mitteldt.-mhd. hain, zu ahd. hagan ›Dornbusch‹] der, -(e)s/-e, P lieblicher Wald, Wäldchen. **Hainbuche** die, ein Laubbaum.

Haitianer [hai̯-] der, -s/-, Haitier, Bewohner der westind. Republik Haiti. **haitianisch** [hai̯-], **haitisch.**

Häkchen das, -s/-, 1) kleiner Haken: was ein H. werden will, krümmt sich beizeiten, Ü besondere Veranlagungen kann man schon in der Kindheit erkennen. 2) Auslassungszeichen.

Häkelei die, -/-en, 1) Häkelarbeit. 2) Ü Gestichel und Gespött. **häkeln**, ich häk(e)le (habe gehäkelt), 1) (es), stelle ein Maschengewebe her, ABB. H 7. 2) Ü mich mit ihm, Ü streite spöttelnd, scherzhaft. **Häkelnadel** die, ABB. N 1. **haken**, ich hake (habe gehakt), 1) es, fasse, befestige mit einem Haken. 2) es hakt, hängt fest, ist verklemmt. **Haken** [ahd. ha(c)ko] der, -s/-, 1) winkelig oder rund gebogener Gegenstand, an dem etwas hängenbleiben oder aufgehängt werden kann, ABB. H 4: das Bild, der Hut, der Mantel hängt am H.; Angelhaken, ABB. A 14; der Hase schlägt einen H., Ü ändert im Lauf plötzlich die Richtung. 2) Ü Schwierigkeit, verborgener Nachteil: die Sache hat einen H. 3) Boxen: ein Schlag: Aufwärtshaken. 4) 🏹 GezÄhn der Bache. 5) 🏹 Grandel. **Hakenbüchse** die, Arkebuse. **hakenförmig**, wie ein Haken gebogen. **Hakenkreuz** das, ein Kreuz mit vier gleich langen rechtwinklig oder bogenförmig gestalteten Balken; vom Nationalsozialismus als Symbol übernommen. **Hakennase** die, stark gekrümmte Nase, ABB. N 4. **Hakenwurm** der, ein Darmparasit. **hakig**, hakenförmig.

Halali [frz., wohl aus maurisch] das, -s/-(s), Jagdruf.

halb [ahd. halb], 1) in zwei gleiche Teile geteilt: es ist genau h. soviel, wie wir erhofften; alle halbe(n) Jahre, halbjährlich; h. und h., zu gleichen Teilen; wir wollen halbe-halbe machen, Ü teilen; es ist, schlägt h. acht, 7 Uhr 30; eine halbe Stunde war angesetzt; ein halbes Kilo; ein halbes Dutzend; ein halbes dutzendmal; ein halb(und)einhalb Dutzend, aber: vier und ein halbes Dutzend; anderthalb, eineinhalb; ich trinke ein Halbes (Glas), einen Halben (Schoppen), eine Halbe (südd.-österr.: das Fleisch ist h. gar; die Tür steht h. offen; das Glas ist h. voll. 3) unvollkommen, nicht ganz: ohne ihn ist sie nur ein halber Mensch; er hört nur h. zu. 4) 🧭 seitlich (Wind). **Halbaffe** der, den Affen ähnlichen Säugetier. **halbamtlich**, von einer Behörde herrührend, nicht amtlich: eine halbamtliche Mitteilung; aber: die Veranlassung war halb amtlich, halb privat. **Halbbildung** die, nicht ausreichende, oberflächliche, nicht voll verarbeitete Bildung. **Halbblut** das, 1) Zuchtform des Hauspferdes. 2) bei Menschen ein Mischling. **Halbblütige** der, die, -n/-n, ein -r, eine -, Mischling. **Halbbruder** der, Bruder, mit dem die Geschwister nur einen Elternteil gemein-

Halb

sam haben. **Halbdunkel** das, vermindertes Licht: *wir sitzen im H. . . . halben*, nach Pronomen: . . . *wegen: meinethalben.* **halber**, wegen, um . . . *willen: der schweren Arbeit h. . . . halber*, nach Substantiv: . . . *wegen: krankheitshalber.* **Halbesel** der, ein asiat. Huftier. **Halbfamilie** [-liə] die, Mann oder Frau mit einem oder mehreren Kindern. **halbfett, 1)** 𝄐 etwas stärker als die Textschrift: *halbfette Schrift*, ÜBERS. D 16. **2)** 20–25% Fett enthaltend (Käse). **Halbfinale** das, 𝄐 zweitletzte Runde eines Wettbewerbs, dessen Sieger das Finale bestreiten. **Halbfranzband** der, 𝄐 Bucheinband mit Rücken und Ecken aus Leder. **Halbgefrorene** das, -n, ein -s, leicht gefrorenes sahniges Speiseeis, Parfait. **Halbgott** der, Heros, götterähnl. Held, entstammt meist der Verbindung einer Gottheit mit einem Menschen. **Halbheit** die, -/-en, Unvollkommenes, Unzulängliches: *ich hasse Halbheiten.* **halbherzig**, nicht voll zustimmend, ohne innere Beteiligung, zaghaft: *h. gewährte Unterstützung; eine halbherzige Zusage.* **Halbherzigkeit** die, -. **halbieren**, ich halbiere (habe halbiert) es, teile in zwei Hälften. **Halbierung** die, -/-en. **Halbinsel** die, ins Meer oder in einen See vorspringende Landmasse, ABB. I 2. **Halbjahr** das, ein halbes Jahr, 6 Monate. **halbjährig**, ein halbes Jahr dauernd, alt: *eine halbjährige Trockenzeit.* **halbjährlich**, jedes Halbjahr wiederkehrend: *halbjährliche Zahlweise.* **Halbkreis** der, Hälfte eines Kreises, ABB. K 43: *halbkreisförmig.* **Halbkugel** die, Hälfte einer Kugel. **halblang**, *halblange Haare; nun mach mal h.*, U übertreibe nicht. **halblaut**, nicht mit voller Stimme. **halbleinen.** **Halbleinen** das, Gewebe aus Leinen und Baumwolle. **Halbleiter** der, Festkörper, der hohe spezifische elektrische Widerstände besitzt, die mit steigender Temperatur abnehmen. **Halblinke** der, -n/-n, ein -r, Halblinks. **halblinks. Halblinks** der, -/-, Fußball: im Stürmer, vgl. ABB. F 37. **halbmast**, ABB. F 1: *die Flagge wird zum Zeichen der Trauer h. gesetzt.* **Halbmesser** der, Radius, ABB. K 43, K 52. **Halbmetall** das, meist Pl., eine Gruppe meist harter und spröder chem. Elemente, als Halbleiter verwendet. **Halbmond** der, **1)** Mond zwischen Neu- und Vollmond. **2)** Sinnbild des Islams. **halbmondförmig. halbpart**, zu gleichen Anteilen: *wir wollen h. machen.* **Halbpension** die, Übernachtung, Frühstück und eine weitere Mahlzeit. **Halbrechte** der, -n/-n, ein -r, Halbrechts. **halbrechts. Halbrechts** der, -/-, Fußball: ein Stürmer, vgl. ABB. F 37. **Halbschatten** der, noch z. T. beleuchteter Schatten. **Halbschlaf** der, leichter Schlaf. **Halbschuh** der, ABB. S 39. **halbschürig, 1)** Wolle von zweimal im Jahr geschorenen Schafen betreffend. **2)** unfertig, minderwertig. **Halbschwergewicht** das, -(e)s, Gewichtsklasse beim Boxen: *Halbschwergewichtler.* **Halbschwester** die, Schwester, mit der die Geschwister nur einen Elternteil gemeinsam haben. **Halbseide** die, eine Gewebeart. **halbseiden**, *etwas Halbseidenes*, U zur Halbwelt Gehörendes. **Halbstarke** der, -n/-n, ein -r, jugendlicher Raufbold. **halbstock**, halbmast. **Halbstrauch** der, Pflanze mit verholztem Stengelgrund. **halbstündig**, eine halbe Stunde dauernd. **halbstündlich**, jede halbe Stunde. **Halbtagsarbeit** die, halbtägige Beschäftigung. **Halbton** der, **1)** ♪ kleinstes Intervall im temperierten Tonsystem. **2)** jede Tönung zwischen Licht und Schatten. **Halbwaise** die, Kind, dessen Vater oder Mutter tot ist. **halbwegs, 1)** auf der Mitte des Weges. **2)** U ungefähr, einigermaßen. **Halbwelt** die, äußerlich elegante, im bürgerl. Sinne aber anrüchige Gesellschaftsschicht. **Halbwertszeit** die, Zeit, in der eine wägbare Menge eines radioaktiven Elements zur Hälfte zerfällt. **halbwüchsig**, noch nicht ganz erwachsen (Kind). **Halbwüchsige** der, -n/-n, ein -r, eine -r. **Halbzeit** die, 𝄐 halbe Spielzeit bei Sportkämpfen. **Halbzeug** das, technisches Erzeugnis, das weiterverarbeitet wird (Stangen, Blech, Faserstoffe).

Halde [ahd. halda] die, -/-n, Abhang, Aufschüttung von Abraum, Erzen, Kohlen, Schlacke u. a., ABB. B 20.

half, von helfen.

Hälfte [mhd. helfte] die, -/-n, **1)** der halbe Teil. **2)** U Mitte: *auf der H. des Weges.* **3)** *meine bessere H.*, U Ehefrau, Ehemann. **hälften**, ich hälfte (habe gehälftet) es.

Halfter [mhd. halftra] das oder der, -s/-, ⚘ die, -/-n, Teil des Zaums, ABB. P 9.

Halfter [mhd. hulfter] die, -/-n, auch das, -s/-, Satteltasche für Pistolen.

hälftig, zur Hälfte, zu gleichen Teilen: *eine hälftige Teilung der Erbschaft.*

Hall [mhd. hal] der, -(e)s/-e, Schall, dröhnender Klang.

Halle [ahd. halla, zu Höhle] die, -/-n, großer, hoher Raum, Saal: *Turnhalle*, ABB. T 22; *Bahnhofshalle; Eingangshalle.*

halleluja! [hebr.], auch alleluja!, lobet den Herrn! **Halleluja** das, -s/-s, Jubelruf in der christl. Liturgie.

hallen [zu Hall], *es hallt (hat gehallt),* **1)** tönt laut: *ein Schrei hallte durch die Nacht.* **2)** hallt wider: *die Schritte hallen in den unterirdischen Gängen.*

Hallenbad das, Schwimmbad im Gebäude. **Hallenhandball** der, Handballspiel in der Halle. **Hallenkirche** die, Kirche mit mehreren gleich hohen Schiffen, ABB. K 20.

Hallenser der, -s/-, Einwohner der Stadt Halle (Saale). **hallesch**, hallisch.

Hallig [verwandt mit mnd. holm ›Insel‹] die, -/-en, Marschinsel vor der Westküste von Schleswig-Holstein, ABB. G 25.

Halimasch der, -es/-e, eßbarer Blätterpilz.

hallisch, auch zur Stadt Halle bezogen.

hallo! [auch h'alo:, zu ahd. halon ›holen‹], Anruf, um auf sich aufmerksam zu machen: hier!, komm!, Achtung! **Hallo** das, -s/-s, U Lärm, freudige Aufregung, Stimmengewirr: *wir wurden mit großem H. empfangen.* **Hallodri** der, -s/-(s), bair., österr.: fröhlicher, leichtsinniger Mensch.

Hallore der, -n/-n, Zunftgenosse der Saline zu Halle (Saale).

Hallstattzeit [nach dem Fundort Hallstatt im oberösterr. Salzkammergut] die, -, ältere Eisenzeit.

Halluzination [lat. (h)alucinari ›gedankenlos sein‹, ›träumen‹] die, -/-en, eine Form der Sinnestäuschung. **halluzinieren**, ich halluziniere (habe halluziniert), habe Halluzinationen. **Halluzinogen** [vgl. . . . gen] das, -s/-e, ein chem. Stoff, der Halluzinationen hervorrufen kann.

Halm [ahd. halm] der, -(e)s/-e, Stengel der Gräser: *Grashalm; Strohhalm.*

Halma [grch. halma ›Sprung‹] das, -s, ein Brettspiel. **Hälmchen, Hälmlein** das, -s/-, Diminutive zu Halm.

Halo [grch. halos ›Tenne‹, ›Hof um den Mond‹] der, -(s)/-s oder . . . *l'onen,* **1)** atmosphärisch-opt. Erscheinung. **2)** ringförmige opt. Störung beim Fernsehen.

halogen [grch. hals ›Salz‹ und vgl. . . . gen], salzbildend. **Halogen** das, -s/-e, 🜨 Salzbildner (Fluor, Chlor, Brom, Jod, Astat). **Halogenglühlampe** die, Glühlampe mit Halogenzusatz zur Edelgasfüllung. **Halogenscheinwerfer** der.

Hals [ahd. hals] der, -es/¹⁄ₑ, Verbindungsstück von Kopf und Rumpf bei Mensch und Wirbeltier, ABB. M 12, P 9; Schlund, Kehle: *ihm blieb der Bissen im Halse stecken; ich sah einen langen H. machen,* U neugierig den Kopf recken; *H. über Kopf,* U hastig; *H.- und Beinbruch!,* U abergläubisch-scherzhafter Wunsch für Erfolg; *die Zunge hängt mir zum H. heraus,* U ich bin am Verdursten; *das hängt mir zum H. heraus,* U habe ich satt; *er drehte dem Huhn den H. um,* U tötete es; *das wird ihm den H. brechen,* U (ihn gefährlich) zugrunde richten; *das Wasser steht ihm bis zum H.,* U ihm droht der Ruin; *das hast du in den falschen H. bekommen,* U falsch aufgenommen; *sie hat sich ihm an den H. geworfen,* U sich aufgedrängt; *ich habe viel Besuch, Arbeit am H., auf dem H.,* U bin damit belastet; *das hat er sich geschickt vom H. geschafft,* U ist er losgeworden; *bleib mir vom Halse damit!,* U ich will nichts davon wissen. **2)** Hunde geben H., ☙ schlagen an, bellen. **3)** schmaler Teil an Flaschen, ABB. F 23, Instrumenten, ABB. G 8, G 26, Noten, ABB. N 9, Säulen, Knochen u. a. **4)** Pl. -en, ☙ untere vordere Ecke (ABB. S 45) oder Haltetau des Segels. **Halsabschneider** der, U Wucherer. **Halsband** das, **1)** Riemen um den Hals von Hunden: *Hundehalsband*, ABB. H 27. **2)** Schmuck für den Hals, ABB. S 30. **Halsberge** die, -/-n, Rüstungsteil, ABB. R 33. **halsbrecherisch**, tollkühn. **Hälschen** das, -s/-. **Halseisen** das, eisernes Band am Pfahl oder Gebäude, in dem im MA. Verurteilte eingeschlossen und zur Schau gestellt wurden. **halsen**, ich halse (habe gehalst), ☙ wende vor dem Wind. **halsfern**, nicht eng am Hals anliegend (Kragen). **Halsgericht** das, im MA. Gericht über schwere Verbrechen. **Halskrause** die, gefältelter breiter Kragen, bes. im 15. und 16. Jahrh. **Hals-Nasen-Ohren-Arzt** der, kurz: HNO-Arzt, ein Facharzt. **halsstarrig**, dickköpfig, eigensinnig. **Halsstarrigkeit** die, -. **Halsstück** das, Stück des Jagdhundes. **Halswirbel** der, ABB. M 12: *Halswirbelsyndrom.*

halt [ahd. halt ›mehr‹, ›lieber‹], denn, nun einmal, wohl: *ich kann es h. nicht ändern; so ist das h.*

halt!, steh still!, hör auf! **Halt** der, -(e)s/-e, Pl. selten, **1)** das Anhalten, Stillstand: *der Polizist gebot dem Wagen H.* **2)** Stütze, Rückhalt: *die Pflanze bekam H. durch einen Stock; an ihm haben wir (keinen) H.,* Ü. 3) schwerz.: Umfang: *ein Heimwesen im Halte von 6 Aren.* **haltbar**, widerstandsfähig, dauerhaft, fest: *bei trockener Lagerung unbegrenzt h.* **Haltbarkeit** die, -: Haltbarkeitsdauer. **Haltelinie** die, ABB. S 72. **halten** [ahd.

haltan], *ich halte (hielt, habe gehalten; du hältst, er hält),* **1)** bleibe stehen: *hält der Zug in Rüdesheim?* **2)** *es hält,* ist haltbar: *wird das Tau halten?* **3)** *es, ihn,* habe ergriffen, lasse nicht los, nicht fort: *ich h. es im Arm, den Topf am Henkel.* **4)** *es,* bewahre: *du mußt dein Versprechen halten; er kann den Mund halten,* schweigen. **5)** *es, mich,* behaupte es, mich: *die Truppen konnten die Stadt nicht halten; er wird sich in dieser Position nicht lange halten können; sie hält sich tapfer.* **6)** *es,* befolge, beobachte: *man soll ein Versprechen halten; du mußt besser Takt halten.* **7)** *es,* schaffe mir an und pflege (Haustiere): *wir wollen uns einen Hund halten.* **8)** *es,* trage vor: *er hielt eine Rede.* **9)** *es,* gestalte, lege an: *der Salon war in Blau und Gold gehalten.* **10)** *es, ihn für etwas,* meine, schätze: *ich h. das für Unsinn; ich h. ihn für einen Betrüger; ich h. wenig, nichts von ihm,* habe eine geringe Meinung. **11)** *auf etwas,* liebe, pflege sorgfältig: *er hält sehr auf korrekte Kleidung.* **12)** *es so (mit ihm),* verfahre: *das kannst du halten, wie du willst.* **13)** *an mich,* beherrsche mich: *ich konnte nicht mehr an mich halten und sagte ihm gründlich die Meinung.* **14)** *es mit ihm,* ∪ bin sein Verbündeter, seiner Ansicht. **15)** *Ausschau nach ihm,* erwarte ihn suchend. **16)** *ihn zum besten, zum Narren.* **17)** *mich gut,* habe eine gute Körperhaltung. **18)** *mich nach rechts,* wende mich. **19)** *mich an ihn,* suche bei ihm Hilfe oder Schadensersatz. **20)** *es hält sich,* bleibt in seinem Zustand: *Tiefkühlkost hält sich mehrere Monate; das Wetter hält sich; du hast dich gut gehalten,* bist nicht gealtert. **Halteplatz** *der,* Platz zum Halten von Kraftfahrzeugen, zum Anlegen von Schiffen. **Halter** *der, -s/-,* **1)** Gegenstand, der etwas anderes hält: *Federhalter; Sockenhalter,* ABB. H 4. **2)** Verfügungsberechtigter, Besitzer: *Fahrzeughalter; Kleintierhalter.* **3)** *oberdt.:* Hirt.

Haltere [grch. *halteres* ›Sprunggewicht‹] *die, -/-n, meist Pl.,* **1)** altgriech. hantelförmiges Gewicht zur Verstärkung der Schwungkraft beim Weitsprung. **2)** ⚫ Schwingkölbchen.

haltern [zu halten], *ich halt(e)re (habe gehaltert) es,* mache fest, klemme fest. **hältern,** *ich hältere (habe gehältert) einen Fisch,* halte kurzfristig in einem Behälter mit Wasser. **Halt(e)rung** *die, -/-en,* die Einstigestelle für öffentliche Verkehrsmittel. ABB. S 72. **Halteverbot** *das,* **1)** Verbot jeglichen Anhaltens von Fahrzeugen: *Halteverbotsschild.* **2)** Stelle, an der das Halten verboten ist: *er parkt im H. . . .* **haltig,** etwas enthaltend: *kalkhaltiges Wasser.* **haltlos,** **1)** ohne moralische Festigkeit: *ein haltloser Mensch.* **2)** unbegründet, unhaltbar: *eine haltlose Beschuldigung.* **Haltlosigkeit** *die, -.* **haltmachen,** *ich mache halt (habe haltgemacht),* bleibe stehen, halte an, raste: *er macht vor nichts halt,* ∪ kennt keine Hemmungen. **Haltung** *die, -/-en,* **1)** das Halten (von Tieren): *Geflügelhaltung.* **2)** Körperstellung: *sie hat eine schlechte H.; Haltungsfehler.* **3)** ∪ Benehmen, Verhalten, Gesinnung: *eine vornehme H.; du mußt H. bewahren!* **Haltverbot** *das,* Halteverbot.

Halunke [tschech. *holomek*] *der, -n/-n,* **1)** Schurke, Betrüger. **2)** ∪ scherzhaft: Lausbub.

häm . . . [grch. *haima* ›Blut‹], blut . . .: *Hämophilie.*

Hamamelis [grch.] *die, -,* Zaubernuß, ein Zierstrauch.

Hämatin [vgl. häm . . .] *das, -s,* eisenhaltiger Bestandteil des Hämoglobins. **Hämatit** *der, -s/-e,* Eisenglanz, ein wichtiges Eisenerz. **Hämatologie** [vgl. . . . logie] *die, -,* Lehre vom Blut und den Blutkrankheiten. **Hämatom** *das, -s/-e,* ⚕ Bluterguß.

Hamburger *der, -s/-,* **1)** Einwohner der Stadt Hamburg. **2)** [engl. h'æmbɔ:gə], *Pl.* auch -s, Rinderhacksteak.

Häme [zu hämisch] *die, -,* Gehässigkeit.

Hamen [ahd. *hamo* ›Angelhaken‹, zu lat. *hamus* ›Haken‹] *der, -s/-,* **1)** Angelhaken. **2)** Kescher. **3)** *rheinfränk.:* Kumt.

hämisch [mhd. *hemisch,* zu ahd. *hamo* ›Hülle‹, eigtl. verborgen], hinterhältig, boshaft, schadenfroh.

Hamiten [nach Ham, dem Sohn Noahs], *Pl.,* **1)** im A. T. die Abkömmlinge Hams. **2)** früherer Name einer afrikan. Sprachgruppe. **hamitisch.**

Hämling [mhd. *hemelinc* ›Hammel‹] *der, -s/-e,* ⚫ Kastrat.

Hamme [ahd. *hamma* ›Kniekehle‹] *die, -/-n,* auch den Hammen, *oberdt.:* Hinterkeule, Schinken.

Hammel [ahd. *hamal* ›verstümmelt‹] *der, -s/-* oder *ᵘ,* **1)** kastriertes männl. Schaf: *Hammelherde,* ∪ ungeordneter Haufen; *man muß ihm die Hammelbeine langziehen,* ihn energisch zurechtweisen. **2)** ∪ als Schimpfwort: Dummkopf.

Hammelsprung *der,* ∪ parlamentar. Abstimmungsverfahren: Verlassen des Sitzungssaales und Wiederbetreten durch drei Türen (ja, nein, stimmenthaltend).

Hammen *der, -s/-, oberdt.:* die Hamme.

Hammer [ahd. *hamer] der, -s/ᵘ,* **1)** Stoß- und Schlagwerk-

der Nagelheber der Keil das Ohr / der / die Bahn / der Griff / der Schellhammer / der Kopf / der Vorschlaghammer / die Finne (die Pinne) / der Stiel (der Helm) / das Drahtseil / der Setzhammer / der Pinnhammer / der Schlichthammer / der Polierhammer / der Hammer (der Sporthammer) / der Ballhammer / Holzhammer / der Fausthammer / der Tischlerhammer / die Kugel

Hammer

zeug, ABB. H 5: *H. und Amboß; Hammerklavier; es kommt unter den H.,* wird (zwangs)versteigert. **2)** ∪ Knalleffekt; grober Fehler. **3)** ✂ ein Wurfgerät, ABB. H 5: *das Hammerwerfen.* **4)** ♪ ein Gehörknöchelchen, ABB. O 2. **Hämmerchen** *das, -s/-.* **Hämmerlein** *das, -s/-: Meister H., Hämmerling,* ♣ Henker, Tod, böser Geist, Teufel, Kobold. **hämmern,** *ich hämm(e)re (habe gehämmert),* **1)** schlage mit dem Hammer. **2)** *es,* bearbeite mit dem Hammer. **3)** schlage, klopfe heftig: *er hämmerte an die Tür; das Blut hämmert in den Adern.*

Hammerzehe *die,* Verkrümmung einer Zehe.

Hammondorgel [h'æmənd, nach dem amerikan. Erfinder L. Hammond, 1895–1973] *die,* ein mechanisch-elektr. Musikinstrument.

Hämodialyse [vgl. häm . . . und grch. *dialysis* ›Auflösung‹] *die,* ⚕ Verfahren zum Ersatz der Nierenfunktion mit Hilfe der künstlichen Niere. **Hämoglobin** [lat. *globus* ›Kugel‹] *das, -s,* Zeichen: Hb, Farbstoff der roten Blutkörperchen. **Hämophilie** [vgl. . . . philie] *die, -/. . .i'i[e]n,* Bluterkrankheit, erbl. Neigung zu Blutungen, die nur bei männl. Nachkommen auftritt. **Hämorrhoide** [grch. *rhein* ›fließen‹ und vgl. . . . id] *die, -/-n, meist Pl.,* knotenförmige Erweiterung der Venen am After und im unteren Mastdarm.

Hampelmann *der,* **1)** durch Zug bewegliche Gliederpuppe. **2)** ∪ einfältiger und wankelmütiger Mensch. **hampeln** [niederdt.], *ich hamp(e)le (habe gehampelt),* ∪ zappele hin und her, mache Faxen.

Hampfel *die, -/-,* **Hämpf(e)li** *das, -/-s, alem.:* Handvoll.

Hamster [ahd. *hamustro] der, -s/-,* Nagetier mit Backentaschen; Sinnbild für Zusammentragen und Sammeln: *Hamsterkäufe.* **Hamst(e)rer** *der, -s/-,* jemand, der hamstert (besonders in Notzeiten). **hamstern,** *ich hamst(e)re (habe gehamstert) (es),* häufe Vorräte (Lebensmittel, Geld).

Hand [ahd. *hant] die, -/ᵘe,* **1)** Greifglied von Menschen und Affen, ABB. H 6, M 12: *ich kann es mit der H. fassen, in die H. nehmen; ich wollte ihm die H. bieten, geben, reichen, zum Gruß, zum Bund, zur Versöhnung; sie reichte ihm die H. fürs Leben,* heiratete ihn; *er trägt sie auf Händen,* verwöhnt sie; *Hände weg davon!,* berühre es nicht; *die Arbeit ging ihm von der H.,* sie ist schnell und geschickt; *er hat seine H. im Spiel,* ∪ beeinflußt eine Sache; *ich komme mit leeren Händen,* bringe kein Geschenk mit; *er gab mit vollen Händen,* reichlich; *ich lege für ihn die H. ins Feuer,* ∪ bin von seiner Qualität überzeugt; *er hat sich in der H.,* beherrscht sich; *sie las ihm aus der H.,* sagte wahr; *es hat H. und Fuß,* ∪ ist brauchbar; *er wehrt sich mit Händen und Füßen,* mit aller Kraft; *er nimmt vor der H. in den Mund,* ∪ sorgt nur für die Gegenwart; *es liegt auf der H.,* ∪ ist klar; *unterhand, gelegentlich, im Vertrauen, auf Schleichwegen; vorderhand, vorläufig; er hat die Ware an der H., zur H., zur sofortigen Verfügung; kurzerhand, ohne Besinnen, schnell; das war von langer H. vorbereitet, sorgfältig vorausbedacht, geplant; viele Hände heute alle Hände voll zu tun; viele Hände waren hierbei am Werk; jeder mußte H. anlegen; ich gehe ihm an die H. in H. mit ihm, in Zusammenarbeit; ich muß immer zur H. sein, bereit sein; sie hat zwei linke Hände,* ∪ ist ungeschickt; *das mache ich mit der linken H.,* ∪ nebenbei; *ich schlage die H. ein, auf der linken, rechten Seite; ich habe ihn in der H.,* ∪ kann über ihn bestimmen; *wir stehen in Gottes H.; mit kluger H. lenkte er seine Partei; er hat die H. von ihm abgezogen,* ∪ unterstützt ihn nicht mehr; *ich will in*

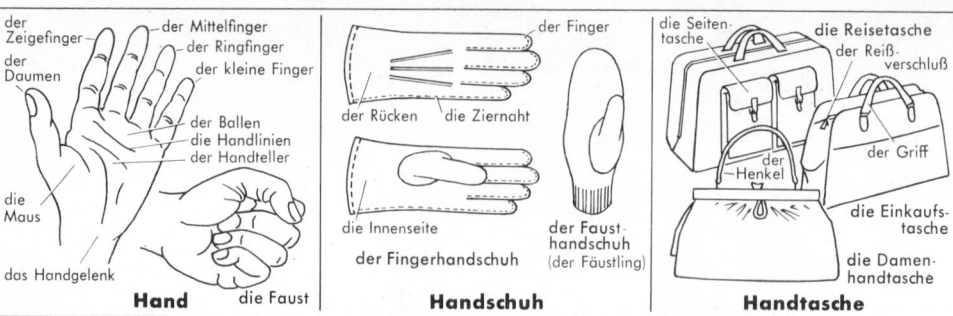

der Zeigefinger · der Mittelfinger · der Ringfinger · der kleine Finger · der Daumen · der Ballen · die Handlinien · der Handteller · die Maus · das Handgelenk

Hand · die Faust

der Rücken · die Ziernaht · die Innenseite · **der Fingerhandschuh** · der Finger · der Fausthandschuh (der Fäustling)

Handschuh

die Seitentasche · die Reisetasche · der Reißverschluß · der Henkel · der Griff · die Einkaufstasche · die Damenhandtasche

Handtasche

dieser Sache freie H. haben, selbständig entscheiden können; *an H. oder anhand des Leitfadens kann ich mich gut orientieren*, mit Hilfe. 2) Ü Person: *das Buch war schon in mehreren Händen; er ist hier in guten Händen*, wird gut versorgt; *es geht von H. zu H.; ein Wagen aus zweiter H.; es ist in festen Händen*, unverkäuflich; *sie ist in festen Händen*, an einen Partner gebunden; *zu Händen oder zuhanden*, Abk.: z. H., *(des, von) Herrn Meyer* (in Briefanschriften); *das habe ich aus erster H.*, ohne Vermittler. 3) ♐ Person, Körperschaft mit Verfügungsrecht: *die öffentliche H.*, der Staat, die Gemeinden; *von privater H.* 4) beim Fußball: Ü Handspiel: *der Schiedsrichter reklamierte H.* 5) Fuß mancher Tiere, z. B. Pferde: *Vorderhand; Hinterhand.* 6) ♐ Falknersprache: Fuß mit Krallen; auch Kralle der Greifvögel. **Hand . . .**, 1) zur Hand gehörig: *Handwurzel.* 2) mit der Hand hergestellt: *Handzeichnung; Handweberei.* 3) zum täglichen Gebrauch: *Handbücherei.* 4) klein, mit der Hand zu benutzen: *Handbeil*, Abb. A 29. **Handarbeit** die, 1) körperl. Arbeit im Unterschied zur Geistesarbeit. 2) handwerklich gearbeitetes Werkstück im Unterschied zur Maschinenarbeit. 3) Nadel- und ähnliche Arbeit, Abb. H 7. **handarbeiten**, *ich handarbeite* (habe gehandarbeitet) *es: ich habe den ganzen Sonntag gehandarbeitet*; aber: *der Stuhl ist handgearbeitet.* **Handball** der, ♐ 1) ein kleiner Lederball zum Handballspielen. 2) ohne *Pl.*, Handballspiel, ein Kampfspiel. **Handballer** der, -s/-, Ü Handballspieler. **handbreit**, so breit wie eine Hand: *ein handbreites Brett*; aber: *es ist eine Hand breit.* **Handbreit** die, -/-, Breite einer Hand: *jede H. Boden.* **Handbuch** das, umfassend belehrendes Buch über ein größeres Wissensgebiet: *Handatlas.* **Handbüchse** die, eine Handfeuerwaffe. **Händchen** das, -s/-. **Handdruck** der, -(e)s/-e, Abdruck eines Holz- oder Linolschnitts ohne Presse. **Händedruck** der, -(e)s/-e, gegenseitiges Reichen der Hände als Gruß.

Handel der, -s, 1) gewerbsmäßiger Ein- und Verkauf von Waren: *Großhandel; Außenhandel; er treibt H.; Handelsschiff; der Warenverkehr mit den Staatshandelsländern.* 2) Geschäft: *wir haben einen H. abgeschlossen.* 3) *Pl.* ⁻, *Sg.* selten, Streit: *er sucht nur Händel mit mir.* **handeln** [ahd. hantalon], *ich hand(e)le* (habe gehandelt), 1) tue etwas, führe einen Entschluß aus: *nicht reden, handeln!; er handelt edel an ihm; das war falsch gehandelt.* 2) *es handelt von etwas*, behandelt: *der Film handelt vom zweiten Weltkrieg.* 3) *es handelt sich um ihn, etwas*, bezieht sich auf ihn, darauf: *es handelt sich um Mord.* 4) *mit etwas*, treibe Handel. 5) *um etwas*, verhandle, feilsche beim Kaufen: *er läßt nicht mit sich handeln.* **Handelsakademie** die, österr.: berufsbildende höhere Schule. **handelseinig, handelseins**, zum Abschluß eines Vertrags bereit: *ich bin h. mit ihm (geworden).* **Handelsembargo** das, Verbot des Handels mit einem bestimmten Land. **Handelsgesellschaft** die, Vereinigung von Personen zum Betrieb eines Handelsgewerbes. **Handelsgesetzbuch** das, Abk.: HGB, Gesetzbuch zur Regelung des Handelsrechts. **Handelskammer** die, Industrie- und Handelskammer. **Handelskette** die, Zusammenschluß von Groß- und Einzelhändlern zur Rationalisierung von Einkauf, Verteilung, Werbung. **Handelsname** der, 1) Firma. 2) Oberbegriff für alle geschäftl. Kennzeichnungen, Warenzeichen. — Abk.: HO, in der Dt. Dem. Rep.: staatl. Einzelhandelsunternehmen. **Handelsregister** das, öffentl. Register der Vollkaufleute und Handelsgesellschaften beim Amtsgericht. **Handelsschule** die, Schule für kaufmänn. Ausbildung: *höhere H.; Handelsschüler.* **Handelsspanne** die, ⚘ Unterschied zwischen Ein- und Verkaufspreis. **Handelssperre** die, Handelsembargo. **handelsüblich**, im Geschäftsverkehr üblich: *handelsübliche Preise.* **Händelsucht** die, -, Streitsucht. **händelsüchtig. handeltreibend**, aber: *einen regen Handel treibend.* **händeringend**, *sie bat mich h. um Hilfe*, Ü verzweifelt, inständig; aber: *die Hände ringend.* **Handfeger** der, Abb. B 23. **Handfertigkeit** die, Geschicklichkeit. **handfest**, kräftig, derb: *eine handfeste Ausrede*, Ü. **Handfeste** [mhd. hantveste] die, ♐ Urkunde. **Handfeuerwaffe** die, tragbare Schußwaffe, die mit der Hand bedient wird. **Handgalopp** der, kurzer, verhaltener Galopp: *im H.* **handgearbeitet**, mit der Hand gefertigt. **Handgebrauch** der: *zum (für den) H.*, zur täglichen und schnellen Benutzung. **Handgeld** das, 1) Draufgeld. 2) ♐ Geld, das einem Spieler beim Vertragsabschluß von seinem neuen Verein gezahlt wird. 3) 15.-18. Jahrh.: dem Landsknecht, später dem Soldaten noch vor der ersten Löhnung gezahltes Geld. **Handgelenk** das, Abb. H 6: *aus dem H.*, Ü mit Leichtigkeit, ohne Vorbereitung. **handgemein**, *sie werden h.*, gehen zu Tätlichkeiten über. **Handgemenge** das, 1) ⚔ Kampf Mann gegen Mann. 2) Handgreiflichkeit, Schlägerei: *es kam zu einem H.* **Handgepäck** das, vom Reisenden mitgeführtes Gepäck. **Handgranate** die, eine Nahkampfwaffe. **handgreiflich**, 1) greifbar: *ein handgreiflicher Erfolg.* 2) *er wird h.*, tätlich, schlägt. **Handgreiflichkeit** die, -/-en. **Handgriff** der, 1) durch Geschicklichkeit erworbene Fertigkeit: *mit ein paar Handgriffen setzte er die Maschine wieder in Gang.* 2) Ü kleine Mühe. 3) Griff, Abb. H 8, K 54. **handgroß**, so groß wie eine Hand: *ein handgroßer Teller*; aber: *es ist zwei Hand groß.* **Handhabe** [ahd. hanthaba] die, -/-n, Ü Veranlassung, Möglichkeit: *zum Eingreifen bot sich ihm keine H.* **handhaben**, *ich handhabe* (habe gehandhabt) *es*, gebrauche, verstehe anzuwen-

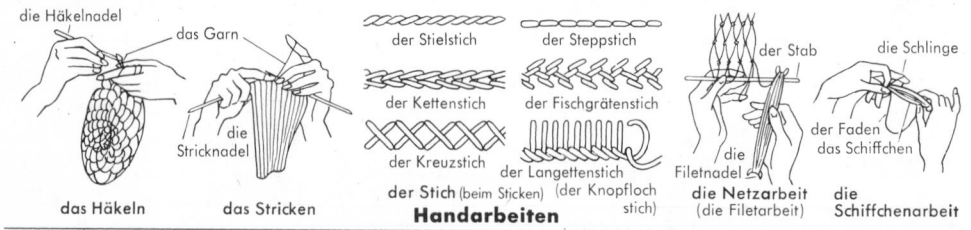

die Häkelnadel · das Garn · die Stricknadel · **das Häkeln** · **das Stricken** · der Stielstich · der Steppstich · der Kettenstich · der Fischgrätenstich · der Kreuzstich · der Langettenstich (der Knopflochstich) · **der Stich** (beim Sticken) · der Stab · die Schlinge · der Faden · das Schiffchen · die Filetnadel · **die Netzarbeit** (die Filetarbeit) · **die Schiffchenarbeit**

Handarbeiten

den: *das Küchengerät ist ganz einfach zu handhaben*. **Handhabung** *die, -/-en.* **Handharmonika** *die,* Ziehharmonika.
. . . **händig,** mit . . . Händen: *wir spielen vierhändig Klavier.*
Handikap [h'ændikæp, engl.] *das, -s/-s,* **1)** 🏇 Vorgabe, Ausgleich bei Wettkämpfen. **2)** sportl. Wettkampf mit Vorgabe: *Handikaprennen,* ein Ausgleichsrennen. **3)** Benachteiligung, Hindernis: *seine Krankheit ist ein großes H. für uns.* **handikapen** [h'ændikæpən] *es* handikapt (hat gehandikapt) *ihn: die Läufer waren durch die nasse Bahn gehandikapt; die nasse Bahn handikapte die Läufer.*
Hand-in-Hand-Arbeiten *das, -s,* sehr gute Zusammenarbeit; aber: *wir arbeiten Hand in Hand.* **händisch,** österr.: manuell. **Handkantenschlag** *der,* kräftiger Schlag mit der Handkante. **Handkehrum,** im *H.,* schweiz.: im Handumdrehen. **Handkuß** *der,* Kuß auf den Handrücken, ABB. G 38: *das nehme ich mit H.,* Ü gern. **Handlanger** *der, -s/-,* **1)** ungelernter Arbeiter, der Hilfstätigkeiten ausführt. **2)** Ü (untergeordneter) Helfer: *er will nicht nur den H. spielen; Handlangerdienste.* Ü leiste Handlangerdienste. **Handlauf** *der,* ABB. T 17.
Händler [mhd. handeler] *der, -s/-,* jemand, der Handel treibt: *Großhändler; Autohändler; fliegende Händler.*
Handlesekunst *die, -,* das Wahrsagen aus Form und Linien der Hand. **handlich, 1)** leicht, bequem zu handhaben: *eine handliche Bohrmaschine.* **2)** oberdt.: tüchtig, behende, gleich bei der Hand. **Handlichkeit** *die, -.*
Handling [h'ændliŋ, engl. to handle ›handhaben‹] *das, -s,* Handhabung: *bei dem neuen Automodell fällt besonders sein ausgezeichnetes H. auf.*
Handlung [mhd. handelunge] *die, -/-en,* **1)** das Handeln, Tat: *bewußte Handlungen; Instinkthandlung; eine strafbare H.* **2)** Geschehen (in einer Dichtung). **3)** kaufmänn. Unternehmen: *Buchhandlung.* **handlungsfähig. Handlungsfähigkeit** *die, -,* **1)** ⚖ Fähigkeit, rechtswirksam zu handeln. **2)** schweiz.: Geschäftsfähigkeit. **Handlungsgehilfe** *der,* kaufmänn. Angestellter. **Handlungsweise** *die,* Art des Tuns.
Handmehr *das, -s,* schweiz.: durch Heben der Hände ermittelte Mehrheit. **Handorgel** *die,* schweiz.: Ziehharmonika.
Handout [h'ændaut, engl. to hand out ›ausgeben‹, ›verteilen‹] *das, -s/-s,* ausgehändigtes Informationsmaterial.
Handpferd, *das,* das rechts des Sattelpferdes gehende Pferd, Beipferd. **Handreichung** *die, -/-en,* Hilfsdienst.
Hands [hændz, engl. hand ›Hand‹] *das, -/-, österr., schweiz.:* 🏃 Hand, Handspiel.
Handsatz *der,* ⚙ manuell hergestellter Satz im Buchdruck.
Handschelle *die,* meist Pl., Fessel für die Hände, ABB. F 18.
Handschlag *der,* Händedruck, bes. bei Geschäftsabschlüssen: *wir besiegelten es mit H.; für dich tue ich keinen H. (mehr),* nicht das geringste. **Handschreiben** *das,* ein handgeschriebenes Schriftstück, bes. von hochgestellten Persönlichkeiten; Empfehlungsbrief. **Handschrift** *die,* **1)** Schriftzüge eines Menschen: *Handschriftendeutung,* Graphologie; *die Mutter hat eine häufige H.,* Ü teilt kräftige Ohrfeigen aus. **2)** Abk.: Hs., Pl. Hss., geschriebenes (nicht gedrucktes) Werk: *unsere Bücherei besitzt zahlreiche Handschriften aus dem Mittelalter.* **handschriftlich. Handschuh** *der,* ein Kleidungsstück, ABB. H 6: *er hat mir den H. hingeworfen,* Ü Fehde angekündigt.
Handschuhfach *das,* ABB. K 40. **Handschuhkasten** *der,* **1)** Handschuhfach. **2)** Kerntechnik: abgedichteter Kasten mit

eingearbeiteten Handschuhen zum gefahrlosen Hantieren mit radioaktiven Stoffen. **Handspiel** *das,* Regelverstoß im Fußball bei Feldspielern. **Handstand** *der,* eine Turnübung. **Handstreich** *der,* ⚔ ein überfallartiger Angriff: *die Festung wurde im H. genommen.* **Handtasche** *die,* ABB. H 6. **Handteller** *der,* ABB. M 12. **Handtuch** *das, -(e)s/ˮer,* Tuch zum Abtrocknen, ABB. B 2: *er hat das H. geworfen,* Ü hat aufgegeben (urspr. beim Boxkampf). **Handumdrehen,** im *H.,* Ü blitzschnell. **Handvoll** *die, -/-,* kleine Menge: *ein paar H. Nüsse;* aber: *das Kind hatte die Hand voll Sand.* **Handwerk** [ahd. hantwerch] *das,* **1)** gewerbliche Tätigkeit, die im wesentlichen mit der Hand und einfacherem Werkzeug ausgeführt wird: *Handwerkszeug,* alle zur Verrichtung einer Arbeit benötigten Geräte; *ich lasse mir nicht ins H. pfuschen,* Ü verbitte mir jede Einmischung; *man muß ihm das H. legen,* Ü ihn an schädlichem Tun hindern. **2)** Berufsstand der Handwerker: *Handwerkskammer.* **Handwerker** *der, -s/-,* jemand, der im Handwerk betreibt. **handwerklich. Handwerksbursche** *der,* früher: wandernder Handwerksgeselle. **Handzeichen** *das,* **1)** mit der Hand gegebenes Zeichen; Form der Abstimmung: *ich bitte um das H.* **2)** Zeichen als Unterschrift (bei Analphabeten). **3)** Hausmarke, Besitzzeichen. **Handzettel** *der,* Werbeschrift, Flugblatt.
hanebüchen [mhd. hagenbüechin ›vom Holz der Hainbuche‹, Ü unerhört, derb, grob: *hanebüchene Lügen.*
Hanf [ahd. hanaf] *der, -(e)s,* eine Faserpflanze: *Hanfgarn; Hanföl.* **hanfen, hänfen. Hänfling** [mhd. henfelinc] *der, -s/-e,* ein Singvogel.
Hang [mhd. hanc, von hängen] *der, -(e)s/ˮe,* **1)** Abhang, Neigungsfläche: *Berghang; Steilhang; Hangwind.* **2)** ohne Pl., Ü Neigung, Veranlagung: *er hat einen H. zum Leichtsinn; Hangtäter.* **3)** ohne Pl., Turnen: Stellung und Griff, wobei der Körper hängt, ABB. L 7.
Hangar [auch h'aŋ-, frz.] *der, -s/-s,* Flugzeughalle.
Hängebank *die, -/ˮe,* 🔨 Plattform in der Schachthalle für den Wagenumlauf, ABB. B 22. **Hängeboden** *der,* Abstellraum unter der Zimmerdecke, ABB. H 8. **Hängebrücke** *die,* ABB. B 51. **Hängegleiter** *der,* ein Gleiter ohne Sitz, dessen Flieger an einem Gestell unter dem drachenartigen Flügel hängt. **hangeln** [zu hangen] *ich* hang(e)le (habe gehangelt), bewege mich im Hang fort durch Weitergreifen der Hände. **Hängematte** [volksetymologisch umgedeutet aus westind. hamaca] *die,* ein hängendes Schlafnetz, ABB. H 8. **hangen,** älter für hängen: *mit Hangen und Bangen,* voller Angst, mit knapper Not. **hängen** [ahd. hahan] *ich* hänge (hing, habe gehangen), **1)** bin in einer Lage befestigt, bei der ich keine Halt von unten habe, ABB. H 8: *die Lampe hing an der Decke; die Tür hängt in den Angeln; der Baum hängt voller Früchte; der Bergsteiger hing über dem Abgrund; am vielen Schuhen klebt Schmutz,* haftet; *damals hat ihr der Himmel voller Geigen gehangen,* Ü war sie glücklich; *er hing an ihren Lippen,* Ü hörte aufmerksam zu; *Hängepflanzen; die Hängenden Gärten der Semiramis,* eines der Sieben Weltwunder. **2)** *an ihm,* Ü liebe ihn, etwas: *die Kinder hingen sehr an ihrer Lehrerin; er hängt an Geld.* **3)** Ü komme nicht weiter: *der Prozeß hängt ins vierte Jahr; mit Hängen und Würgen, er hängt in Mathematik,* ist dort schwach. **4)** *bei ihm,* Ü habe Schulden: *er hing bei ihm mit 50 Mark.* **5)** (hängte, habe gehängt) *es (an etwas),* befestige so, daß es hängt: *ich hängte das Bild an den Haken; sie hat sich gleich an ihn gehängt,* Ü ist nicht von seiner Seite gewichen; *er hängt*

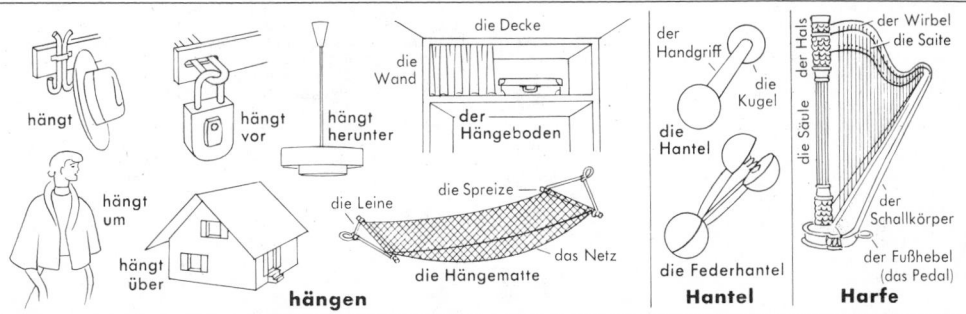

hängt / hängt vor / hängt herunter / hängt um / hängt über / **hängen** — die Decke / die Wand / der Hängeboden / die Leine / die Spreize / das Netz / die Hängematte

Hantel — der Handgriff / die Kugel / die Hantel / die Federhantel

Harfe — der Hals / der Wirbel / die Saite / die Säule / der Schallkörper / der Fußhebel (das Pedal)

Hang

den Kopf, Ü ist bedrückt; *sie hängt viel Geld an ihre Kleidung,* Ü vergeudet. **6)** (hängte, habe gehängt) *ihn,* töte durch den Strang: *man hat die Mörder gehängt.* **hängenbleiben,** *ich* bleibe hängen (bin hängengeblieben), komme nicht weiter, komme nicht los: *ich blieb mit dem Kleid am Zaun hängen; wir sind bei unseren Nachbarn hängengeblieben,* Ü haben uns dort länger aufgehalten; *hoffentlich bleibt von meinen Ermahnungen etwas hängen,* Ü im Gedächtnis; *er ist im letzten Schuljahr hängengeblieben,* Ü nicht versetzt worden; aber: *das Bild soll hier hängen bleiben.* **Hangende** *das, -n, ohne Artikel: -s,* ⚒ über einer Bezugsschicht lagernde Gesteinsschicht. **hängenlassen,** *ich* lasse hängen (ließ hängen, habe hängenlassen; auch hängengelassen), **1)** *es,* halte abwärts geneigt: *die Pflanzen lassen die Blätter hängen; laß den Kopf nicht hängen!,* Ü sei mutlos. *ich habe meinen Mantel im Zug hängenlassen,* aber: *soll ich meinen Mantel hier hängen lassen?; man hat den Verbrecher hängen lassen.* **3)** *mich,* Ü gehe trüben Gedanken nach, vernachlässige mich. **Hängepartie** *die,* Schach: unentschiedene Partie, die zu einem späteren Zeitpunkt fortgeführt wird. **Hänger** *der, -s/-,* **1)** Kleid, Mantel ohne Taillennaht. **2)** ↩ kurz für: Anhänger. **Hangerl** *das, -s/-(n),* österr.: Lätzchen; Wischtuch (des Kellners). **Hängeschloß** *das,* Vorhängeschloß, ABB. S 28. **hängig,** *schweiz.:* noch nicht erledigt. **Hanglage** *die,* Standort an einem Hang: *ein Haus in H.* **Hanke** [verwandt mit ahd. hamma ›Kniekehle‹] *die, -/-n,* Oberschenkelbein des Pferdes.
Hanna [Kurzform von Johanna], weibl. Vorname.
Hannah [hebr. ›die Anmutige‹], weibl. Vorname.
Hannelore [von Johanna und Eleonore], weibl. Vorname.
Hannes [Kurzform von Johannes], männl. Vorname.
Hännesche *das, -(s),* Figur des rhein. Puppenspiels.
Hanno [Kurzform von Johannes], männl. Vorname.
Hannoveraner *der, -s-,* **1)** Einwohner der Stadt Hannover. **2)** eine Pferderasse. **hannover(i)sch, hannöver(i)sch.**
Hans [Kurzform von Johannes], männl. Vorname, beliebt als Tiername und in Redewendungen: *H. im Glück,* Märchengestalt; Ü jemand, der allem zufrieden ist, Glückspilz; *H. Liederlich,* leichtsinniger Mensch; *H. Taps,* Tölpel; *Hansnarr,* Dummkopf; *Prahlhans; der blanke H.,* ꘏ Nordsee bei Sturm; *H. Dampf in allen Gassen;* vgl. Hansdampf.
Hansa [ahd. hansa ›Schar‹] *die, -,* Hanse.
Häns|chen, Koseform von Hans. **Hansdampf** *der, -(e)s/-e: H. in allen Gassen,* jemand, der angeblich überall Bescheid weiß.
Hanse [mhd. zu Hansa] *die, -,* Zusammenschluß von Kaufleuten; alter norddt. Städtebund: *Hansekontore; Hansestadt.*
Hanseat *der, -en/-en,* **1)** Mitglied der Hanse. **2)** Einwohner einer Hansestadt. **hanseatisch.**
Hansel, Hänsel, Koseform von Hans.
Hänselei *die, -/-en.* **hänseln** [mhd. hansen, eigtl. ›zum Hanseaten machen‹, wobei heitere Mutproben verlangt wurden], *ich* häns(e)le (habe gehänselt) *ihn,* verspotte, foppe: *er wurde als Kind viel gehänselt.*
hansisch, hanseatisch, hansestädtisch.
Hansom [ˈhænsəm, nach dem engl. Architekten J. A. Hansom, 1803–1882] *der, -s/-s,* ein leichter zweirädriger Pferdewagen.
Hanswurst [aus Hans Wurst] *der, -(e)s/-e,* Narr, Possenreißer, urspr. Bühnengestalt, ABB. M 6. **Hanswurstiade** *die, -/-n,* Bühnenstück mit Hanswurst; komischer Streich.
Hantel [niederdt. ›Handhabe‹] *die, -/-n,* ✄ ein Handgerät, z. B. zum Konditionstraining, ABB. H 8.
hantieren [mhd. hantieren ›Handel treiben‹], *ich* hantiere (habe hantiert) *mit, an ihm,* beschäftige mich, arbeite damit, handhabe es. **Hantierung** *die, -/-en.*
hantig [ahd. handeg ›schwer‹, ›bitter‹, ›scharf‹], bair., österr.: **1)** derb, bitter. **2)** zänkisch, unwillig.
hap(e)rig. **hapern** [mittelniederl. haperen ›stottern‹], *es* hapert (hat gehapert), Ü **1)** *mit ihm,* will nicht recht weiter, stockt: *mit dem Lesen h. es bei ihm.* **2)** *an ihm,* fehlt an ihm.
ha|ploid [grch. haploús ›einfach‹ und vgl. . . .id], mit einfachem Chromosomensatz (Zellen). **Ha|plologie** [vgl. . . .logie] *die, -/. . .g'i|en,* die nur einmalige Aussprache aufeinanderfolgender gleicher oder ähnl. Lautgruppen, z. B. Zauber(er)er). **Ha|plont** [grch. on, Gen. ontos ›das Seiende‹] *der, -en/-en,* Lebewesen mit haploiden Zellkernen.
Häppchen *das, -s/-.* **Happen** [Schallw.] *der, -s/-,* Bissen; (pikante) Kleinigkeit: *ich esse schnell ein paar H.; das war ein guter H.; er hat seit gestern keinen H. gegessen,* gar nichts.

Happening [ˈhæpəniŋ, engl. to happen ›sich ereignen‹] *das, -s/-s,* eine Veranstaltung von Pop-Künstlern, die die Teilnehmer einbezieht und ihnen ein außergewöhnl. Erlebnis vermitteln will.
happig [zu Happen], **1)** niederdt.: gierig, gefräßig. **2)** Ü sehr stark, übertrieben: *der Preis ist mir zu h.*
happy [ˈhæpi, engl. ›glücklich‹], Ü glücklich, äußerst zufrieden: *er ist ganz h.; das macht ihn h.* **Happy-End** [hˈæpi-, engl. end ›Ende‹], österr. auch: **Happyend** [hæpi-] *das, -(s)/-s,* guter Ausgang (in Romanen, Filmen): *eine Romanze mit H.*
Hapten [grch. haptein ›heften‹, ›(an)knüpfen‹] *das, -s/-e, meist Pl.,* unvollständiges Antigen. **Haptere** *die, -/-n, meist Pl.,* Haftorgan. Haftorgan. **haptisch,** den Tastsinn betreffend.
har! [von her], links! (Ruf an die Pferde).
Harakiri [japan. ›Bauchaufschneiden‹] *das, -(s)/-s,* ritueller Selbstmord in Japan.
Harald [nord. ›der im Heere Herrschende‹], männl. Vorname.
harangieren [frz. haranguer ›feierlich anreden‹, eigtl. ›im Kreis um sich versammeln‹], *ich* harangiere (habe harangiert) *ihn,* ∿ halte ihm eine langweilige Rede; öde ihn an.
Haraß [frz. harasse] *der, . . .rasses/. . .rasse,* Kiste zum Verpacken von Glas und Porzellan.
Härchen *das, -s/-,* Diminutiv zu Haar.
Hard-cover [hˈaːd kˈʌvə, engl. hard ›hart‹ und cover ›Einbanddeckel‹] *das, -s/-,* Buch mit festem Einband im Unterschied zum Paperback. **Hard Drink** [vgl. Drink] *der, - -s/- -s,* Getränk mit hohem Alkoholgehalt.
Harde [mnd. harde, herde, aus altnord.] *die, -/-n,* früher in Schleswig-Holstein: Verwaltungsbezirk von mehreren Höfen oder Dörfern: *Hardesvogt.*
Hard-edge [hˈaːd edʒ, engl. hard ›hart‹ und edge ›Schneide‹, ›Kante‹], Richtung der modernen Kunst. **Hard Rock** [haːd-] *der, - -(s), ♪* sehr rhythmische, extrem laute Richtung der Rockmusik. **Hardtop** [engl. top ›Dach‹] *der oder das, -s/-s,* ↩ festes, abnehmbares Dach oder Verdeck bei Sportwagen; der Wagen selbst. **Hardware** [hˈaːdwɛə, engl. ›Metallwaren‹] *die, -/-s,* Datenverarbeitung: die techn. Einrichtungen einer Rechenanlage im Unterschied zu Software.
Harem [arab. haram ›verboten‹] *der, -s/-s,* die Frauengemächer des mohammedan. Hauses: die Frauen darin: *Haremswächter; er erschien mit seinem ganzen H.*
hären [ahd. harin], ∿ aus Haar, aus groben Fasern: *ein härenes Gewand.*
Häresie [grch. hairesis ›Wahl‹, ›Denkweise‹] *die, -/. . . s'i|en,* kirchl. Irrlehre, Ketzerei. **Häretiker** *der, -s/-.* **häretisch.**
Harfe [ahd. harpha] *die, -/-n,* **1)** ein Saiteninstrument, ABB. H 2. **2)** Gerüst zum Heutrocknen. **harfen,** *ich* harfe (habe geharft), spiele die Harfe. **Harfenist** *der, -en/-en,* **Harfenistin** *die, -/-nen,* Harfenspieler(in). **Harfner** *der, -s/-,* ∿ Harfenspieler.
Harke [mittelniederl. harke] *die, -/-n,* Rechen, ein Gartengerät, ABB. R 10: *ich werde dir zeigen, was eine H. ist,* Ü werde dir meinen Standpunkt nachdrücklich klarmachen. **harken,** *ich* harke (habe geharkt) *es.*
Härlein *das, -s/-,* Diminutiv zu Haar.
Harlekin [ital. arlecchino] *der, -s/-e,* **1)** Hanswurst, Arlecchino, ABB. M 6. **2)** ein Nachtschmetterling. **Harlekinade** *die, -/-n,* Narrenpossen, Schelmenstück. **harlekinisch.**
Harm [ahd. haram ›Leid‹, ›Schmerz‹] *der, -(e)s,* P Gram, Betrübnis. **härmen,** *ich* härme *mich* (habe mich geharmt), gräme, sorge mich: *er härmt sich um seine Mutter.* **harmlos, 1)** ohne Böses zu sinnen, arglos: *eine harmlose Frage.* **2)** ungefährlich: *ein harmloses Geschwür.* **Harmlosigkeit** *die, -.*
Harmonie [grch. harmonia] *die, -/. . . n'i|en,* **1)** Wohlordnung, Ebenmaß, Übereinstimmung, Eintracht: *H. der Seelen, der Farben; sie lebte mit ihm in bester H.* **2)** ♪ auf einen Grundton bezogener geordneter Zusammenklang mehrerer Töne: *Harmonielehre.* **harmonieren,** *ich/*harmoniere (habe harmoniert) *mit ihm:* die beiden harmonieren nicht, vertragen sich nicht. **Harmonika** *die, -/. . . ♪* Lehre von der Klanggestaltung. **Harmonika** *die, -/-s oder . . . ken,* **1)** Musikinstrument: *Mundharmonika,* ABB. M 23; *Ziehharmonika,* ABB. Z 7. **2)** Faltenbalg: *Harmonikatür,* Falttür. **harmonisch, harmonische Klänge;** *eine harmonische Ehe; das Fest verlief sehr h.* **harmonisieren,** *ich* harmonisiere (habe harmonisiert) *es,* bringe in Einklang, gleiche einander an. **Harmonisierung** *die, -/-en.* **Harmonium** *das, -s/. . . ni|en,* orgelartiges Instrument, ABB. H 9.
Harn [ahd. har(a)n] *der, -(e)s,* Urin, flüssige Ausscheidung der Nieren: *Harnröhre; harntreibende Mittel; Harnvergiftung.*

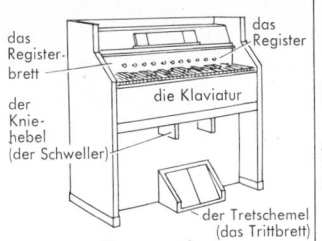

das Register-brett
der Knie-hebel (der Schweller)
das Register
die Klaviatur
der Tretschemel (das Trittbrett)

Harmonium

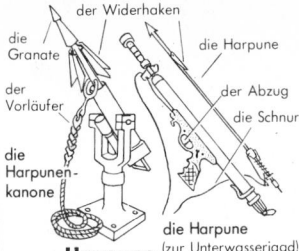

der Widerhaken
die Granate
der Vorläufer
die Harpunen-kanone
die Harpune
die Harpune (zur Unterwasserjagd)
der Abzug
die Schnur

Harpune

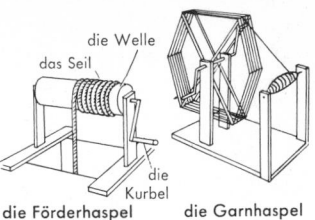

die Welle
das Seil
die Kurbel
die Förderhaspel
die Garnhaspel

Haspel

Harnblase die, Organ zur Ansammlung und Entleerung des Harns, ABB. M 12. **harnen,** ich harne (habe geharnt).
Harnisch [mhd. harnas(ch), zu afrz. harneis, harnois] der, -(e)s/-e, **1)** Rüstung aus beweglich verbundenen Eisenplatten, ABB. R 33: er gerät, kommt leicht in H., Ü wird schnell zornig: ich habe sie in H. gebracht, Ü zornig gemacht. **2)** Weberei: bei Jacquardmaschinen Schnüre, die Litzen mit Platinen verbinden. **3)** ⊕ eine geglättete Verwerfungsfläche.
harnpflichtig, harnpflichtige Stoffwechselprodukte, mit dem Urin auszuscheidende. **Harnruhr** die, ⚕ Diabetes, Ausscheidung großer Mengen von Harn: Zuckerharnruhr, Zuckerkrankheit. **Harnsäure** die, Endprodukt des Eiweißstoffwechsels. **Harnstoff** der, Endprodukt des Eiweißstoffwechsels; Dünger; chem. Rohstoff. **Harnstoffharz** das, meist Pl., aus Harnstoff und Formaldehyd hergestelltes Kunstharz.
Harpune [mittelniederl. harpoen, zu frz. harpon ›Eisenklammer‹] die, -/-n, pfeilartiges Wurfgerät oder Geschoß, z. B. zum Walfang, zur Unterwasserjagd auf Fische, ABB. H 9.
Harpunier der, -s/-e, Harpunierer, Harpunenwerfer. **harpunieren,** ich harpuniere (habe harpuniert) es.
Harpyie [-p'y:jə, grch. Harpyia] die, -/-n, **1)** im griech. Mythos weibl. Unheilsdämon. **2)** südamerikan. Greifvogel.
harren [mhd. harren], ich harre (habe geharrt) auf ihn, seiner, P warte sehnsüchtig oder lange: wir harrten der Dinge, die da kommen sollten.
Harriet [auch h'æriət], weibl., **Harry** [auch h'æri, zu engl. Henry ›Heinrich‹], männl. Vorname.
harsch [mnd. harsk ›hart‹], **1)** mit Eiskruste überzogen (Schnee). **2)** rauh, hart. **Harsch** der, -es, mit Eiskruste überzogener Schnee: Harschschnee. **harschen,** Schnee harscht (hat geharscht). **harschig.**
Harst [mhd. harst] der, -es/-e, schweiz.: Heerhaufe, Kampfgruppe.
hart, härter, am härtesten [ahd. herti, hart] **1)** dem Eindringen eines Körpers widerstehend; fest, nicht weich: Diamant ist härter als Glas; eine harte Nuß, Ü eine schwierige Aufgabe; ein hartgekochtes Ei, aber: das Ei wurde hart gekocht; Hartfaserplatte; Hartholz, z. B. Eiche, Buche; Hartmetalle; Hartspiritus. **2)** widerstandsfähig: wetterhart; dieser Boxer ist sehr h. im Nehmen, Gegenschläge werfen ihn nicht gleich um. **3)** streng (bis zur Grausamkeit): er ist h. gegen sich und andere; sie hat ein hartes Herz, ist ohne Mitgefühl; eine harte Strafe. **4)** stark, anstrengend, verbissen: ein hartes Wort; harter Kampf; es geht h. auf h., keiner will nachgeben; harte Arbeit; harte Getränke, hochprozentige; harte Drogen, bes. Opium, Morphin, Heroin; der harte Kern der Bande; ein harter Winter, sehr kalter; es weht h., ⤳ stark. **5)** schmerzlich, schwer: ein hartes Los; es war h. für mich. **6)** mit starken Gegensätzen, kontrastreich (Farben, Negativ). **7)** unmelodisch, holprig: harte Verse; harter Galopp. **8)** knapp, dicht: h. am Abgrund vorbei; h. Backbord, ⤳ Steuer scharf nach links. **9)** hartes Wasser, Wasser mit einem bestimmten Gehalt an Calcium- und Magnesiumverbindungen. **10)** harte Währung, sichere, stabile. **11)** harte Laute, ⚥, noch österr.: stimmlose. **12)** harte Strahlen, Physik: durchdringende (Röntgenstrahlen, kosm. Strahlen).
härtbar. Härte die, -/-n: die H. des Stahls; Hilfe für Härtefälle; die Härtegrade des Wassers. **härten** [ahd. herten], ich härte (habe gehärtet) es, mache hart (Metalle, Kunststoffe, Fette): schnell härtende Lacke. **Härteparagraph** der, Möglichkeit zum Mildern allgemeiner Vorschriften im Einzelfall, z. B. der Steuerbestimmungen. **Härterei** die, -/-en, Betrieb, in dem Werkstoffe gehärtet werden. **Härteskala** die, Einteilung der

Mineralien in 10 Härtestufen. **Hartgeld** das, -(e)s, Münzen (nicht Scheine). **hartgesotten, 1)** hartgekocht (Ei). **2)** Ü verstockt, unbekehrbar: ein hartgesottener Verbrecher. **hartherzig,** gefühllos, mitleidlos. **Hartherzigkeit** die, -. **harthörig,** schwerhörig. **Harthörigkeit** die, -. **hartleibig. Hartleibigkeit** die, -, Verstopfung des Darms. **Härtling** der, -s/-e, **1)** ⊕ als Erhebung stehengebliebene Lagen harten Gesteins. **2)** ⊙ eine Eisen-Zinn-Legierung. **Hartmann** [ahd. man ›Mann‹, ›Mensch‹], männl. Vorname. **hartmäulig,** unempfindlich gegen Trense und Kandare (Pferd). **Hartmäuligkeit** die, -. **Hartmut** [ahd. muot ›Sinn‹], männl. Vorname. **hartnäckig,** eigensinnig, stur, beharrlich: er weigerte sich h.; ein hartnäckiger Schnupfen. **Hartnäckigkeit** die, -. **Hartriegel** [ahd. hartrugil] der, ⚘ ein Doldenblüter.
Hartschier [ital. arciere ›Bogenschütze‹] der, -s/-e, früher: Leibgardist (in Bayern).
Hartung [ahd. hart ›hart‹, ›tapfer‹, ›streng‹] der, -s/-e, ⚥ Januar. **Härtung** die, -, das Härten (Pferd). **Hartwig** [ahd. wig ›Kampf‹], männl. Vorname.
Haru|spex [lat.] der, -/-e oder . . . spizes, etrusk. Wahrsager, der bes. aus den Eingeweiden der Opfertiere weissagte.
Harz [ahd. harz] das, -es/-e, beim Austreten aus Rinde oder Holz erhärtendes Sekret (Naturharz) oder synthetisch hergestellter harzartiger Stoff (Kunstharz). **harzen,** es harzt (hat geharzt), **1)** schweiz.: geht schwierig vonstatten. **2)** ein Baum harzt, sondert Harz ab.
Harzer [nach dem dt. Mittelgebirge Harz] der, -s/-, **1)** ein Bewohner des Harzes. **2)** eine Käsesorte: H. Käse. **3)** H. Roller, ein Kanarienvogel.
harzig, 1) harzreich. **2)** wie Harz, dick und klebrig. **3)** schweiz.: schwierig, mühsam.
Häs das, -/-, alem.: Narrengewand.
Hasard [mhd. haschart, aus frz., zu arab. jasara ›würfeln‹] das, -s, Glücksspiel: Hasardspiel. **Hasardeur** [-dʾøːr] der, -s/-e, **1)** Glücksspieler. **2)** Ü waghalsiger Mensch, der alles riskiert. **hasardieren,** ich hasardiere (habe hasardiert), **1)** Glücksspiel betreiben. **2)** setze aufs Spiel, wage.
Hasch das, -(s), Ü kurz für: Haschisch.
Haschee [frz. hacher ›zerhacken‹] das, -s/-s, Haché, feingehacktes Fleisch; Gericht daraus: Lungenhaschee.
haschen, ich hasche (habe gehascht), Ü rauche Haschisch. **haschen** [ostmitteld.], ich hasche (habe gehascht), **1)** es, fange: die Kinder wollen Haschen spielen. **2)** nach ihm, greife, fasse: er haschte nach einem Lächeln, Ü.
Häs|chen das, -/-, Diminutiv zu Hase.
Hascher der, -s/-, österr.: Haschi!
Hascher der, -s/-, Ü jemand, der Haschisch zu sich nimmt.
Hascher der, -s/-, ⚥ Büttel, Gerichtsdiener. **2)** ⚥, noch P Verfolger: den Häschern des Diktators entkam niemand.
Hascherl das, -s/-(n), bair., österr.: bedauernswerter Mensch; bedauernswertes Kind: du armes H.!
haschieren, ich haschiere (habe haschiert) es, zerkleinere Fleisch zu Haschee.
Haschisch [arab. hašiš ›Gras‹] das, -, ein Rauschmittel.
Haschmich der: er hat einen H., Ü ist nicht recht bei Verstand.
Hase [ahd. haso, zu hasan ›grau‹] der, -n/-n, fast weltweit verbreitetes Säugetier (Hasenbraten; falscher H., Hackbraten; er ist ein alter H., Ü ein erfahrener Fachmann; da liegt der H. im Pfeffer, Ü darauf kommt es an, das ist die Schwierigkeit; mein Name ist H., Ü ich weiß von nichts; wir werden sehen, wie der H. läuft, Ü wie die Sache sich entwickelt.

der Krüseler die Flinderhaube die Spitzenhaube der Hennin die Riese

haue durch

die Stuarthaube die Fladuse die Negligéhaube die Kalotte

haue ab haue auf

die Fontange die Hörnerhaube

die Riegelhaube

haue um

die Badehaube die Schwesternhaube die Nonnenhaube
(Badekappe)

Haube die Trockenhaube **hauen**

haue aus

Hasel [ahd. hasala] *der, -s/-,* Häsling, ein Karpfenfisch.
Hasel [ahd. hasal] *die, -/-n,* **1)** Haselnuß. **2)** Zauberhasel.
Haselant [vgl. haselieren] *der, -en/-en,* ↫ Narr, Spaßmacher.
Haselhuhn [ahd. hasalhuon] *das,* ein rebhuhngroßes Waldhuhn.
haselieren [mhd. haselieren, wohl zu afrz. harceler ›necken‹, an Hase angeglichen], *ich* haseliere (habe haseliert), ↫ treibe Possen.
Haselmaus [zu Hasel] *die,* ein Nagetier. **Haselnuß** *die,* Hasel, Strauch mit fettreichen Nüssen; Frucht, ABB. F 36, N 11.
Haselwild *das,* Haselhuhn. **Haselwurz** *die, -,* Heil- und Zierpflanze.
Hasenfuß *der,* **Hasenherz** *das,* Ü Feigling. **Hasenjunge** *das, -n, ohne Artikel: -s, österr.,* **Hasenklein** *das, -s,* Hasenpfeffer, Gericht aus Herz, Lunge, Kopf, Hals, Rippen und Flanken vom Hasen. **Hasenpanier** *das: ich ergreife das H.,* Ü fliehe, reiße aus. **Hasenpfeffer** *der,* Hasenklein.
hasenrein, beim Hund: so abgerichtet, daß er Hasen aufstöbert, aber nicht verfolgt: *die Sache erscheint mir nicht ganz h.,* Ü bedenklich, verdächtig. **Hasenscharte** *die,* ♀ angeborene Spaltung der Oberlippe. **Häsin** *die, -/-nen,* Hasenweibchen. **Häslein** *das, -s/-.*
Häsling *der, -s/-e,* der Fisch Hasel.
Haslinger *der, -s/-, österr.:* Stock, Haselgerte.
Haspe [mhd. haspe, zu lat. capere ›fassen‹] *die, -/-n,* Haspen, eine Art Haken, bes. zum Einhängen von Türen und Fenstern.
Haspel [mhd. haspel] *die, -/-n* oder *der, -s/-,* **1)** Förderwinde, ABB. H 9. **2)** Gerberei, Färberei: Trog mit Rührschaufeln. **3)** Garnwinde, ABB. H 9. **4)** altes Garnmaß. **5)** Dreh-, Sperrkreuz, vgl. ABB. D 13. **haspeln,** *ich* hasp(e)le (habe gehaspelt), **1)** *es,* ↬ winde hoch. **2)** *es,* wickele auf (Garn). **3)** *(es),* Ü rede hastig. **Haspen** *der, -s/-,* Haspe.
Haß [ahd. haz] *der, H'asses,* feindl. Gesinnung, heftige, affektstarke Abneigung und Rachsucht: *er ist voller H. auf, gegen ihn; blinder H.; Haßliebe.* **hassen** [ahd. hazzen], *ich* hasse (habe gehaßt) *ihn;* *er ist voller H. gegen sie wie die Pest.*
hassenswert. Hasser *der, -s/-,* jemand, der mit Haß erfüllt ist: *Frauenhasser.* **haß|erfüllt,** aber: *von Haß erfüllt.* **hässig,** *schweiz.:* verdrießlich, übelgelaunt. **häßlich,** *ich* habe gehaßt) *ihn;* abstoßend, garstig: *das häßliche alte Haus; sie hat sich (dir gegenüber) h. benommen.* **Häßlichkeit** *die, -.*
hast, von haben.
Hast [mhd. hast] *die, -,* überstürzte Eile. **hasten,** *ich* haste (bin gehastet): *sie hastet jeden Morgen ins Büro.* **hastig,** *hastige Schritte; h. aß er ein paar Bissen.* **Hastigkeit** *die, -.*
hat, von haben.
Hätsche *die, -/-n, oberdt.:* Pantoffel, Hausschuh. **hät-scheln,** *ich* hätsch(e)le (habe gehätschelt), **1)** *ihn,* liebkose, streichle. **2)** *ihn,* verwöhne: *Hätschelkind.* **3)** *es,* Ü hänge übertrieben an etwas: *er hätschelt seinen Seelenschmerz.*

hatschen, *ich* hatsche (bin gehatscht), *oberdt.:* gehe schlurfend.
hatschi! [auch h'a-, Schallw.], hatzi!, das Niesen nachahmender Ausruf.
hatte, von haben.
Hat|trick, Hat-Trick [h'ætrik, engl. hat ›Hut‹ und trick ›Kunststück‹] *der, -s/-s,* **1)** ✂ dreifacher Sieg, z. B. im Fußball drei Tore hintereinander durch einen Spieler in einer Halbzeit. **2)** Ü dreimaliges Ereignis.
Hatz [zu hetzen] *die, -/-en,* **1)** ☙ Hetzjagd zu Pferd mit Hunden. **2)** *ohne Pl., oberdt.:* Hetze, hastiges Tun.
hatzi! [auch h'a-], hatschi!
Hau [zu hauen] *der, -(e)s/-e,* **1)** ↫ Hieb. **2)** *oberdt.:* Anteil am Gemeindewald. **3)** *oberdt.:* Buschholz. **haubar,** 🌲 zum Fällen geeignet (Bäume): *Haubarkeitsalter.*
Haubarg [niederdt., zu Heu und bergen] *der, -s/-e,* Sonderform des niederdt. Hallenhauses.
Häubchen *das, -s/-.* **Haube** [ahd. huba] *die, -/-n,* **1)** Kopfbedeckung, ABB. H 10, früher bes. für die Ehefrau: *sie ist unter die H. gekommen,* Ü hat geheiratet. **2)** Helm: *Sturmhaube,* ABB. H 14. **3)** rundl. oberer Aufsatz an vielen Geräten und Gegenständen, z. B. ABB. G 30: *Motorhaube,* ABB. K 40; *Trockenhaube,* ABB. H 10. **4)** △ Kugelhaube, vgl. K 52. **5)** 🐦 Federbüschel auf dem Kopf von Vögeln: *Haubenlerche.* **6)** 🐦 Netzmagen. **7)** ☙ sackartiges Fangnetz. **8)** ☙ Lederkappe für Beizvögel.
Haubitze [tschech. houfnice ›Steinschleuder‹] *die, -/-n,* Geschütz, das meist in der mittleren Winkelgruppe (30–60°) schießt, ABB. G 16.
Häublein *das, -s/-,* Diminutiv zu Haube.
Hauch *der, -(e)s/-e, Pl. selten,* **1)** hör- oder fühlbarer Atem, bes. beim Ausatmen durch den Mund. **2)** leises Wehen, leichter Luftzug: *ein H. von Rosenduft.* **3)** etwas kaum Merkliches: *der H. eines Lächelns.* **4)** Stimmung: *ein H. von Nostalgie.* **5)** sichtbare sehr dünne Schicht, z. B. Atem auf kaltem Glas.
hauchdünn, sehr dünn. **hauchen** [mhd. huchen], *ich* hauche (habe gehaucht), **1)** stoße Atem hör- oder sichtbar aus: *er hauchte in die vor Kälte steife Hand.* **2)** *es,* flüstere: *sie haucht ihre Lieder ins Mikrophon.* **hauchfein,** sehr fein: *hauchfeines Gewebe.* **Hauchlaut** *der,* ÜBERS. G 34.
Haudegen *der,* alter Krieger, erprobter Kämpfer.
Hauderer *der, -s/-, oberdt., westdt.:* **1)** Mietkutscher. **2)** jemand, der zögert oder unbesonnen handelt. **haudern** [verwandt mit heuern], *ich* haud(e)re (habe gehaudert).
Haue *die, -/-n,* **1)** *oberdt.:* Hacke, Hackebeil. **2)** [eigtl. Pl. von Hau], *ohne Pl.,* Ü Prügel: *er hat H. gekriegt.* **hauen** [ahd. houwan], *ich* haue (hieb, in der Bedeutung ›prügele‹ nur haute, habe gehauen), ABB. H 10, **1)** *(ihn),* Ü schlage, prügele: *er haut den kleinen Bruder; er hat ihm (ihn) auf die Finger gehauen.* **2)** *es,* schlage, hacke ab, fälle (Bäume): *er hieb Holz.* **3)** *Gras,* mähe. **4)** *es,* schlage mit der breiten Klinge: *das ist nicht gehauen*

und nicht gestochen, Ü besagt gar nichts; *er wollte mich übers Ohr hauen*, Ü betrügen. **5)** *Stein*, bearbeite (künstlerisch). **6)** *es*, erzeuge durch Schlagen: *er haute (hieb) Löcher in die Wand*. **7)** *er haut über die Schnur, die Stränge*, Ü weiß die Grenzen nicht einzuhalten, ist zu übermütig; *er hat alles Geld auf den Kopf gehauen*, Ü leichtsinnig ausgegeben. **8)** *es, mich*, Ü werfe laut, schleudere: *die Skatspieler hauen die Karten auf den Tisch; ich h. mich gleich ins Bett.* **9)** *Erz*, ✕ hacke los. **Hauer** *der, -s/-*, **1)** unterer Eckzahn des Ebers, Abb. S 43. **2)** männl. Hausschwein. **3)** *oberdt., westmitteldt.:* Winzer: *Hauerwein.* **4)** ✕ Häuer, Facharbeiter im Bergbau. **Häuer** *der, -s/-*, ✕ Hauer.

Häufchen *das, -s/-: sie saß da wie ein H. Unglück,* Ü. **Haufe** *der, -ns/-n*, ℗ Haufen. **häufeln**, *ich* häuf(e)le (habe gehäufelt) *es*, schichte zu kleinen Haufen, Wällen, bes. Erde um Pflanzen: *wir müssen die Kartoffeln häufeln.* **Haufen** [ahd. hufo] *der, -s/-*, **1)** das Über- und Nebeneinander von Gegenständen: *ein H. Sand, Blätter; man wird euch über den H. schießen*, Ü erschießen; *er hat mich über den H. gerannt*, Ü unversehens umgestoßen; *er hat alle Pläne über den H. geworfen*, Ü zunichte gemacht; *der Hund hat einen H. vor unsere Tür gesetzt*, Ü Kot. **2)** Ansammlung von Menschen oder Tieren: *ein H. Schaulustiger; sie kamen in (hellen) H.; vgl. zuhauf.* **3)** *ohne Pl.*, Ü viel(e): *er brachte einen H. Geld mit.* **4)** ℗ Einheit (des Landsknechtsheeres): *Heerhaufen.* **häufen**, *ich* häufe (habe gehäuft), **1)** *es*, sammle in Haufen oder Mengen. **2)** *es häuft sich*, nimmt zu: *die Briefe, Beschwerden, Klagen häufen sich.* **Haufendorf** *das*, unregelmäßig angelegtes Dorf. **haufenweise. Haufenwolke** *die*, Kumulus, geballte, scharf begrenzte Wolkenmasse. **häufig**, oft vorkommend, mehrfach wiederholt. **Häufigkeit** *die, -.* **Häuflein** *das, -s/-.* **Häufung** *die, -/-en.* **Haufwerk** *das, -(e)s*, ✕ Hauwerk, losgetrenntes Gestein, körniges Gemenge.

Hauhechel *die*, ⊕ ein Schmetterlingsblütler. **Hauländerei** *die*, Siedlung auf Brachland.

Haupt [ahd. houbit] *das, -(e)s/"er*, **1)** ℗ Kopf: *erhobenen, gesenkten Hauptes; gekrönte Häupter*, regierende Fürsten; *der Konzern ist krank an H. und Gliedern*, in jeder Hinsicht; *zu Häupten*, Ü an der Kopfseite; *der Feind wurde aufs H. geschlagen*, besiegt. **2)** Führer, Leiter: *der Vater ist das H. der Familie.* **3)** *bei Mengenangaben ohne Pl.*, Stück Vieh, bes. Rinder und Pferde. **4)** hervorragender Teil der Landschaft: *Bergeshaupt*. ℗ die sichtbare Seite einer Mauer; *Dammkrone.* **Haupt...**, **1)** Kopf...: *Haupthaar.* **2)** Ü wichtigster oder besonders bedeutender Teil: *Hauptbahnhof*, Abk.: Hbf.; *der Hauptdarsteller, die Hauptrolle dieses Films; Hauptmahlzeit; Hauptverhandlung*, ☍. **hauptamtlich**, *er übt das bisher ehrenamtliche Tätigkeit jetzt h. aus*, gegen Entgelt. **Hauptaugenmerk** *das*, besondere Aufmerksamkeit: *du solltest dein H. darauf richten, daß* . . . **Hauptberuf** *der*, ständig und vorwiegend ausgeübter Beruf eines Menschen. **hauptberuflich. Hauptbuch** *das*, Kontenbuch in der Buchführung. **Häuptel** *das, -s/-(n), süddt., österr.:* Kopf einer Gemüsepflanze (Salat, Kraut): *Häuptelsalat, Kopfsalat.* **Häupteslänge** *die*, *er überragt mich um H.*, um die Höhe eines Kopfes. **Hauptgewicht** *das*, wichtigster Punkt: *sie legt das H. auf ihre Rolle als Mutter.* **hauptig**, *schweiz.:* eigensinnig. **Häuptling** *der, -s/-e*, **1)** Führer eines Stammes (bei Naturvölkern): *Stammeshäuptling; Indianerhäuptling.* **2)** Ü Anführer einer Bande. **häuptlings**, kopfüber, mit dem Kopf voran. **Hauptmann** *der, -(e)s/. . .leute*, ein Offiziersrang. **Hauptnenner** *der*, △ kleinstes gemeinsames Vielfaches der Nenner mehrerer Brüche. **Hauptprobe** *die*, letzte Probe(n) vor der Generalprobe. **Hauptsache** *die*, das Wichtigste: *die H. ist, daß du pünktlich kommst; in der H. waren es Kinder, die ihm zuwinkten*, überwiegend. **hauptsächlich**, wesentlich, in erster Linie, vorzugsweise. **Hauptsaison** *die*, Jahreszeit mit dem größten Betrieb, bes. im Fremdengewerbe. **Hauptsatz** *der*, selbständiger Satz, ÜBERS. S 79. **Hauptschule** *die*, die Oberstufe der öffentl. Pflichtschule: *Grund- und H.* **Hauptschüler** *der.* **Hauptstadt** *die*, Stadt mit Sitz der Regierungsbehörden: *Bundeshauptstadt; Landeshauptstadt.* **hauptstädtisch. Haupt- und Staatsaktion** *die*, historischpolitisches Stück der deutschen Wanderbühne um 1700. **Hauptverlesen** *das, -s/-*, ✗ *schweiz.:* Appell. **Hauptversammlung** *die*, die wichtigste Mitgliederversammlung eines Jahres, bes. bei Aktiengesellschaften. **Hauptwort** *das, -(e)s/"er*, Substantiv, ÜBERS. S 77. **hauptwörtlich.**

hau ruck!, Ausruf beim Anheben schwerer Lasten oder beim Ziehen: *mit einem lauten Hauruck.*

Haus [ahd. hus, eigtl. ›das Bedeckende‹] *das, -es/"er*, **1)** Bauwerk, das dem Menschen bes. als Unterkunft oder

Arbeitsstätte dient, Abb. H 11: *Wohnhaus; Bürohaus; Hausboot; im Haus(e)*, Abk.: i. H.; *außer H., außer (dem) Hause.* **2)** Heim: *ich gehe von Hause weg, nach Haus(e); hier bin ich zu Hause*, heimisch, fühle ich mich wohl oder kenne mich aus, aber: *das Zuhause; von H. aus*, von der Familie her, ererbt, angeboren; *von H. aus ist er Maurer*, er ist gelernter Maurer. **3)** Bewohner eines Gebäudes, einer Wohnung, alle im Saal Anwesenden: *das ganze H.*, die Hausgemeinschaft; *Grüße von H. zu H.*, von uns allen an Euch alle; *das Konzert fand vor vollem H. statt*, vor vollbesetztem Saal. **4)** Haushalt einer Familie: *das H.* verwaltet das H.; *sie führen ein großes H.*, pflegen Gesellschaft; *er will sein H. bestellen*, ⅋ seinen letzten Willen aufsetzen. **5)** Fürstenfamilie, Dynastie; Zweig einer (adligen) Familie: *das H. Habsburg.* **6)** Unternehmen: *Handelshaus.* **7)** Gehäuse, feste Hülle: *Schneckenhaus*, Abb. S 31. **8)** Volksoder Ständevertretung, Parlament: *Abgeordnetenhaus; die beiden Häuser vertagten sich.* **9)** Astrologie: Feld, einer der 12 Teile der Himmelskugel: *der Mond steht im siebten H.* **10)** Ü Mensch: *ein altes, fideles, gelehrtes H.* **Hausangestellte** *die*, Angestellte, die hauswirtschaftl. Arbeiten verrichtet. **Hausapotheke** *die*, Zusammenstellung von Arznei- und Verbandmitteln (in Haushalten, Krankenhäusern). **Hausarbeit** *die*, **1)** im Haushalt zu verrichtende Arbeit: *die H. füllt mich nicht aus.* **2)** schulische Hausaufgabe. **Hausarrest** *der*, als Strafe verhängtes Verbot, das Haus zu verlassen: *er steht unter H.* **Hausarzt** *der*, meist praktischer Arzt, der Patienten für längere Zeit allgemein betreut. **hausbacken**, **1)** ⅋ im Hause (nicht vom Bäcker) hergestellt. **2)** Ü nüchtern, bieder: *ein hausbackenes Mädchen.* **Hausbau** *der, -(e)s/-ten*, Errichtung von Gebäuden. **Hausbesetzung** *die*, Besetzung eines leerstehenden Hauses als Protest gegen Wohnungsnot. **Hausbesorger** *der, -s/-, österr. auch:* Hausmeister. **Häuschen** *das, -s/-*, auch Häuserchen: *ein H. im Grünen; ich bin, gerate ganz aus dem H.*, Ü bin aufgeregt, gerate aus der Fassung (vor Freude). **Hausdame** *die*, Gesellschafterin; angestellte Leiterin eines Haushalts. **Hausdurchsuchung** *die, österr.:* Haussuchung. **Häusel** *das, -s/-(n), oberdt.:* **1)** Diminutiv zu Haus. **2)** Toilette. **hausen**, *ich* hause (habe gehaust), **1)** wohne, bin (unzureichend) untergebracht: *er hauste lange in einem Behelfsheim.* **2)** zerstöre, wüte, schaffe Unordnung: *das Unwetter hat hier schlimm gehaust.* **3)** *schweiz.:* führe den Haushalt gut.

Hausen [ahd. huso] *der, -s/-*, störartiger Fisch. **Häuserblock** *der*, Wohnblock zwischen vier Straßen. **Hauserin, Häuserin** *die, -/-nen, bair., österr.:* Haushälterin. **Häusermeer** *das*, Ü riesige Menge dicht zusammengedrängter Häuser. **Hausflur** *der*, Vorraum im Haus, Abb. H 11. **Hausfrau** *die*, **1)** Frau, die einen Haushalt führt. **2)** *oberdt.:* Hausbesitzerin, Zimmerwirtin. **hausfraulich**, *hausfrauliche Qualitäten.* **Hausfreund** *der*, **1)** häufiger Gast einer Familie. **2)** Liebhaber einer verheirateten Frau. **Hausfriedensbruch** *der*, das Betreten einer Wohnung, eines umfriedeten Besitzes gegen den Willen des Besitzers. **Hausgebrauch** *der: zum H.*, für den H., zur Benutzung, Ausübung im Heim; *das reicht höchstens für den Hausgebrauch*, Ü für geringere Ansprüche. **Hausgehilfin** *die*, eine Hausangestellte. **hausgemacht**, *die Nudeln schmecken wie h.* **Haushalt** *der, -(e)s/-e*, **1)** Bewirtschaftung eines Hauswesens: *ich führe ihm den H.; Haushalt(s)geld.* **2)** die Mitglieder desselben. **3)** die Wirtschaftsführung eines Staates, Landes, einer Gemeinde: *Staatshaushalt; Verteidigungshaushalt; Haushalt(s)jahr; Haushalt(s)plan.* **haushalten**, *ich* halte haus (hielt haus, habe hausgehalten), wirtschafte sparsam, teile gut ein: *sie kann nicht haushalten; du mußt mit deinen Kräften besser haushalten.* **Haushälterin** *die*, Leiterin eines eigenen oder fremden Haushalts. **haushälterisch**, sparsam, wirtschaftlich. **Haushaltung** *die*, **1)** das Haushalten. **2)** Haushalt: *der Haushaltungsvorstand.* **Hausherr** *der*, **1)** Familienhaupt. **2)** *oberdt.:* Hausbesitzer. **haushoch**, **1)** so hoch wie ein Haus: *haushohe Wellen.* **2)** Ü sehr, außerordentlich: *sie ist ihm h. überlegen.* **hausieren**, *ich* hausiere (habe hausiert), biete Waren von Haus zu Haus feil: *er ging mit .. einem Plan hausieren*, Ü erzählte ihn überall. **Hausierer** *der, -s/-*, Wanderhändler. **Häuslein** *das, -s/-.* **Häusler** *der, -s/-*, Dorfbewohner mit sehr kleinem Feldbesitz, der auf Lohnarbeit angewiesen ist. **Hausleute**, *Pl.*, **1)** Hausmeister und Ehefrau. **2)** *schweiz.:* die Mieter eines Hauses. **häuslich**, **1)** im Haus geschehend: *häusliche Pflichten.* **2)** gern zu Hause weilend; in Hauswirtschaft tüchtig: *ein häusliches Mädchen; sie hat sich bei uns h. niedergelassen*, will (wohl) für längere Zeit bleiben. **Häuslichkeit** *die, -.*

Haus

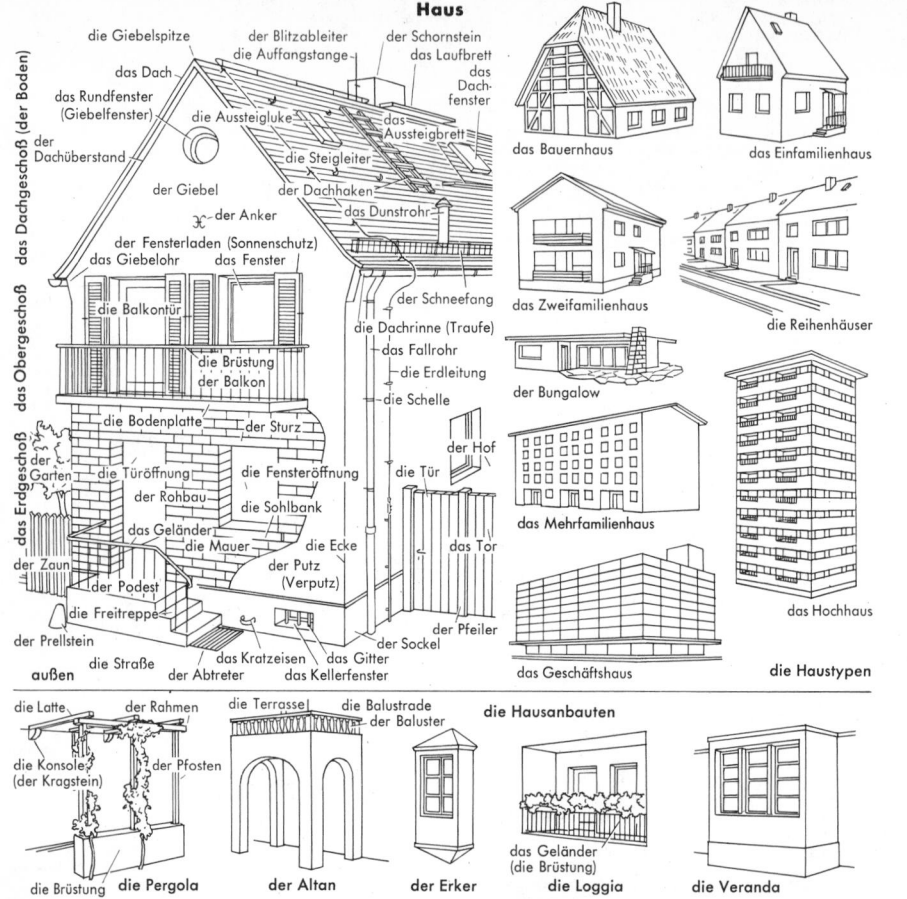

die Giebelspitze · die Auffangstange · der Blitzableiter · der Schornstein · das Laufbrett · das Dachfenster · das Dach · das Rundfenster (Giebelfenster) · die Aussteigluke · das Aussteigbrett · der Dachüberstand · die Steigleiter · der Giebel · der Dachhaken · das Dunstrohr · der Anker · der Fensterladen (Sonnenschutz) · das Giebelohr · das Fenster · der Schneefang · die Balkontür · die Dachrinne (Traufe) · das Fallrohr · die Brüstung · die Erdleitung · der Balkon · die Schelle · die Bodenplatte · der Sturz · der Hof · die Türöffnung · die Fensteröffnung · die Tür · der Garten · der Rohbau · die Sohlbank · das Geländer · die Mauer · die Ecke · der Zaun · der Putz (Verputz) · das Tor · der Podest · die Freitreppe · der Pfeiler · der Prellstein · der Sockel · außen · die Straße · das Kratzeisen · das Gitter · der Abtreter · das Kellerfenster · das dachgeschoß (der Boden) · das Obergeschoß · das Erdgeschoß

das Bauernhaus · das Einfamilienhaus · das Zweifamilienhaus · die Reihenhäuser · der Bungalow · das Mehrfamilienhaus · das Hochhaus · das Geschäftshaus · **die Haustypen**

die Latte · der Rahmen · die Terrasse · die Balustrade · der Baluster · **die Hausanbauten** · die Konsole (der Kragstein) · der Pfosten · das Geländer (die Brüstung) · die Brüstung · **die Pergola** · **der Altan** · **der Erker** · **die Loggia** · **die Veranda**

Hausmacherart *die: Wurst nach H.* **Hausmacht** *die, -,* 1) Territorien im erblichen Besitz eines (regierenden) Fürstengeschlechts. 2) Ü Personenkreis innerhalb einer Institution, auf den sich jemand fest stützen kann. **Hausmädchen** *das,* Hausgehilfin. **Hausmann** *der, -(e)s/⸚er,* 1) Hausmeister. 2) Ü Mann, der den Haushalt führt. **Hausmannskost** *die,* gutbürgerliches, kräftiges Essen. **Hausmarke** *die,* 1) Besitzzeichen von runenähnl. Form. 2) bevorzugt geführtes Erzeugnis einer Firma; Spezialität einer Gaststätte. **Hausmeier** *der,* Meier, Majordomus. **Hausmeister** *der,* 1) jemand, der mit der Überwachung und anderen Diensten im und am Haus beauftragt ist. 2) *schweiz.:* Hausbesitzer. **Hausmittel** *das,* einfach zu handhabendes Heilmittel. **Hausmutter** *die,* Hausfrau, bes. Leiterin des Haushalts in Heimen, Kinderdörfern. **Hausnummer** *die,* Nummer des Hauses im Straßenzug. **Hausrat** *der, -(e)s,* alle in einem Haushalt befindlichen Dinge (Möbel, Geräte usw.): *Hausratversicherung.* **hausschlachten,** *getrennte Formen nicht üblich,* 1) daheim für den eigenen Haushalt schlachten: *wir haben hausgeschlachtet.* 2) *hausschlachtene Wurst,* aus hausgeschlachteten Tieren hergestellte. **Hausschlachtung** *die.* **Hausschuh** *der,* ABB. S 39. **Hausschwamm** *der,* eine Holzpilzart. **Hausse** [(h)o:s, frz.] *die, -/-n [-ən],* 1) Aufschwung der Wirtschaft. 2) das Steigen der Börsenkurse: *à la hausse; er spekuliert auf H.*

Haussegen *der: der H. hängt bei ihm schief,* Ü es gab Streit bei ihm zu Hause. **haußen,** *oberdt., mitteldt.:* hier außen. **Haussier** [(h)o:sjʹeˌ frz.] *der, -s/-s,* jemand, der auf Hausse spekuliert. **haussieren** [(h)o-], *es haussiert (ist haussiert),* steigt im Kurs. **Hausstand** *der, -(e)s,* der Haushalt und seine Mitglieder: *wir wollen einen H. gründen.* **Haussuchung** *die, -/-en,* polizeil. Durchsuchung von Wohnungen. **Haustier** *das,* zahmes, zu Nutzzwecken oder aus Liebhaberei gehaltenes Tier. **Haustorium** [lat. *haurire* ›schöpfen‹, ›ausleeren‹] *das, -s/. . .ri|en,* Saugorgan der Schmarotzerpflanzen. **Haustür** *die,* ABB. H 11. **Hausvater** *der,* der Vorstand des Hauswesens. **Hauswesen** *das, -s,* Gesamtheit von Familie, Wohnung und Bewirtschaftung. **Hauswirt** *der,* Eigentümer eines Miethauses. **Hauswirtschaft** *die,* Bewirtschaftung eines Hauswesens: *Hauswirtschaftsgehilfin,* Hausangestellte.

Haut [ahd. *hut*] *die, -/⸚e,* 1) äußere Bedeckung der Körperoberfläche bei Lebewesen, auch die Überkleidung von Organen, Hohlräumen: *er ist nur H. und Knochen,* sehr mager; *mit H. und Haar,* Ü ganz; *man könnte aus der H. fahren,* Ü das ist höchst ärgerlich; *keiner kann aus seiner H. (heraus),* Ü sich anders verhalten, als es seiner Veranlagung entspricht; *das ging ihm unter die H.,* Ü be-

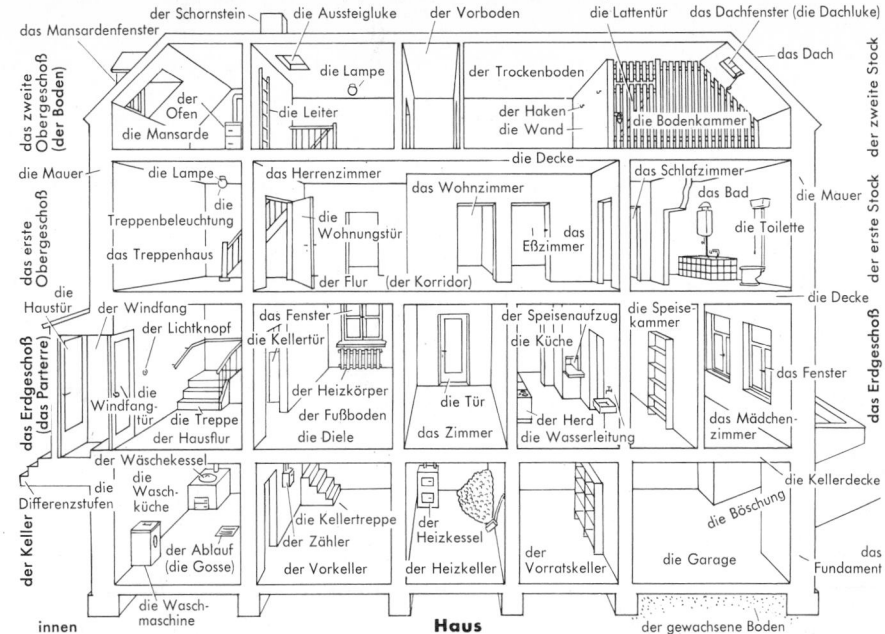

(Bildbeschriftungen:) der Schornstein · die Aussteigluke · der Vorboden · die Lattentür · das Dachfenster (die Dachluke) · das Mansardenfenster · das zweite Obergeschoß (der Boden) · der Ofen · die Mansarde · die Lampe · die Leiter · der Trockenboden · der Haken · die Wand · die Bodenkammer · das Dach · der zweite Stock · die Mauer · das erste Obergeschoß · die Lampe · die Treppenbeleuchtung · das Treppenhaus · das Herrenzimmer · das Wohnzimmer · die Wohnungstür · das Eßzimmer · die Decke · das Schlafzimmer · das Bad · die Toilette · die Mauer · der erste Stock · die Haustür · der Windfang · der Lichtknopf · das Fenster · die Kellertür · der Flur (der Korridor) · der Speisenaufzug · die Speisekammer · die Küche · das Fenster · die Decke · das Erdgeschoß (das Parterre) · die Windfangtür · die Treppe · der Hausflur · der Heizkörper · der Fußboden · die Diele · die Tür · das Zimmer · der Herd · die Wasserleitung · das Mädchenzimmer · der Wäschekessel · die Waschküche · die Differenzstufen · die Kellertreppe · der Zähler · der Heizkessel · der Ablauf (die Gosse) · der Vorkeller · der Heizkeller · der Vorratskeller · die Garage · die Kellerdecke · die Böschung · das Fundament · der Keller · innen · die Waschmaschine · **Haus** · der gewachsene Boden

---

wegte, ergriff ihn; *er wehrt sich seiner H.,* ∪ verteidigt sich; *Hautfarbe; Hautkrankheiten; hautschonend.* **2)** *Pl.,* Tierfelle als Rohstoff für Leder. **3)** ⊕ meist einschichtiges Gewebe. **4)** dünne Oberflächenschicht: *die H. auf der Milch.* **5)** Hülle, bes. Schiffs- oder Flugzeugbeplankung: *Schiffshaut.* **6)** ∪ Mensch: *die gute alte H.* **Häutchen** *das, -s/-.*

Haute Couture [o:tkut′y:r, frz. haute ›hoch‹ und couture ›Schneiderei‹] *die, - -,* Spitzenklasse der Schneiderei. **Haute Couturier** [-ri′e] *der, - -s/- -s,* Modeschöpfer. **Hautefinance** [o:tfin′ãs, frz.] *die, -,* Hochfinanz, Finanzaristokratie. **Hautelissestuhl** [o:tl′is-, frz. lisse, zu lice ›Schaft‹] *der,* Handwebstuhl mit senkrechter Kette (Hochwebstuhl).

häuten [mhd. hiuten, zu Haut] *ich häute (habe gehäutet),* **1)** *ein Tier,* ziehe ihm die Haut, das Fell ab. **2)** *mich,* ∪ stoße Haut ab (bei Sonnenbrand). **3)** *Schlangen häuten sich,* streifen die Haut ab. **hauteng,** ∪ sehr eng: *ein hautenger Pullover.* **Haute volée** [o:tvol′e, frz. haute ›hoch‹ und volée ›Flug‹, ›Rang‹] *die, - -,* vornehme Gesellschaft.

Hautflügler *der, -s/-,* ein Insekt (Biene, Hummel). **Hautgout** [o:g′u, frz. haut ›hoch‹ und goût ›Geschmack‹] *der, -s,* **1)** starker Geruch und Geschmack von nicht mehr frischem Fleisch, bes. von Wild. **2)** ∪ Anrüchigkeit. **häutig,** mit Haut; wie Haut. **hautnah, 1)** § direkt unter der Haut liegend. **2)** ∪ unmittelbar beeindruckend: *eine hautnahe Darstellung des Flüchtlingsproblems.* **Häutung** *die, -/-en,* das Abziehen, Abstoßen der Haut.

Hauwerk *der, -s/-,* ⚒ Haufwerk.

Havanna [nach der kuban. Hauptstadt] *die, -/-s,* eine Zigarre.

Havarie [arab. awar ›Schaden‹] *die, -/. . .r′i‹en,* Schaden eines Schiffes oder seiner Ladung während einer Seereise; auch Flugzeugschaden; *österr. auch:* Kraftfahrzeugschaden. **havarieren,** *es havariert (hat havariert),* kommt durch Unfall zu Schaden: *das havarierte Schiff.* **Havarist** *der, -en/-en,* **1)** havariertes Schiff. **2)** Eigentümer eines havarierten Schiffes.

Havelock [nach dem engl. General H. Havelock, 1795 bis 1857] *der, -s/-s,* Herrenmantel mit Pelerine.

häw(e)lisch, hewelisch. **häweln,** heweln: *der kleine Häwelmann,* Hätschelkind, eine Märchenfigur.

Haxe *die, -/-n,* süddt. *für:* Hachse.

Hazienda [span. hacienda] *die, -/-s,* Farm, Landgut (in Mittel- und Südamerika).

Hb, Zeichen für: Hämoglobin.

Hbf., Abk. für: Hauptbahnhof.

H-Bombe [H, ⚛ Zeichen für: Wasserstoff] *die,* Wasserstoffbombe.

h. c., Abk. für: honoris causa.

H-Dur *das, -,* Zeichen: H, eine Tonart.

he!, Anruf, um bemerkt zu werden.

He, ⚛ Zeichen für: Helium.

h. e., Abk. für: hoc est.

Headhunter [h′edhʌntə, engl. head ›Kopf‹ und hunter ›Jäger‹, eigtl. ›Kopfjäger‹] *der, -s/-,* ⚌ Personalberater, der Headhunting betreibt. **Headhunting** [-tiŋ, engl. ›Kopfjagd‹] *das, -s,* ⚌ das Beschaffen von Führungskräften auf ungesetzl. Weise. **Headline** [-lain, engl. line ›Zeile‹] *die, -/-s,* Schlagzeile, Überschrift, bes. in Tageszeitungen.

Hearing [h′i(ə)riŋ, engl. to hear ›hören‹] *das, -s/-s,* öffentl. Anhörung, Befragung, auch Aussprache.

Hebamme [mhd. hebeamme, umgedeutet aus ahd. hevianna ›heiende Ahnin‹] *die,* Geburtshelferin.

Hebe [grch. hebe ›Jugend‹], griech. Mythologie: Göttin der Jugend; Mundschenkin der Götter.

Hebebaum *der,* Stange zum Anheben von Lasten durch Hebelwirkung, ABB. H 4. **Hebel** [spätmhd. hebel, zu heben] *der, -s/-,* um einen Stützpunkt drehbarer Körper, bes. eine Stange, ABB. H 12, S 28; Griff zum Schalten: *Schalthebel; Hebelarm; Hebelgesetz; ich werde alle H. in Bewegung setzen,* ∪ mit allen Mitteln versuchen; *er sitzt am längeren H.,* ∪ hat die besseren Möglichkeiten. **heben** [ahd. heven] *ich hebe (hob,* ⚬ *hub,* habe gehoben)*,* **1)** *ihn, es,* bewege, bringe in die Höhe (und setze an anderer Stelle nieder): *der Kran hebt 5 000 Kilo auf 6 m Höhe; er hebt mit Leichtigkeit einen Zentner; er hob die Hand zum Schwur; wir müssen die Säcke auf den Wagen heben; du solltest sie nicht so in den Himmel heben,* ∪ übermäßig loben. **2)** *es,* ∪ steigere, bringe zur Entfaltung, Wirkung: *wir wollen die Stimmung heben; das hebt sein Ansehen.* **3)** *es,* fördere zutage (Schätze, gesunkene Schiffe). **4)** *ein Haus,* richte, führe hoch. **5)** *einen,* ∪ trinke Alkoholisches: *er hebt gern einen.* **6)** (habe gehebt) *es, alem.:* halte fest. **7)** *es hebt sich,*

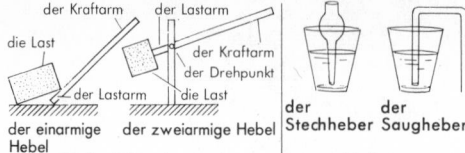

der Kraftarm   der Lastarm
die Last
der Kraftarm
der Drehpunkt
der Lastarm   die Last
der einarmige   der zweiarmige Hebel
Hebel
Hebel (der Lastarm)

der   der
Stechheber   Saugheber
Heber

steigt: *der Wasserspiegel hebt sich; die Stimmung hob sich immer mehr,* Ü; *mein Magen hebt sich, es hebt mich,* Ü mir ist zum Brechen übel. 8) *es hebt sich,* Ü belebt sich, beginnt aufzublühen (Handel, Verkehr).

Hebe|phrenie [grch. hebe ›Jugend‹ und phren ›Geist‹] *die, -/. . .n'i|en,* eine meist in der Jugend beginnende Form der Schizophrenie.

Heber *der, -s/-,* Gerät zum Heben, bes. von Flüssigkeiten durch Luftdruck, Abb. H 12. **Heberolle** *die,* ⚒ Steuerliste.

Hebesatz *der,* von den Gemeinden bei der Grund- und Gewerbesteuer jährlich festzulegender Prozentsatz. **Hebeschmaus** *der,* Richtfest beim Bau. **Hebi** *das,* seltener *die, -/-, schweiz.:* Haltegriff; Festigkeit.

Heb|bräer [grch. hebraios, hebr. ibri, iwri ›Abkomme des Stammvaters Ewer‹, auch ›von jenseits des Flusses‹] *der, -s/-,* Israelit, Jude der alten Zeit. **Heb|braikum** *das, -s,* Prüfung im Hebräischen. **he|bräisch**, *die hebräische Schrift.* **Heb|bräisch** *das, -(s), dem -,* hebräische Sprache; vgl. Deutsch. **Heb|braismus** *der, -/. . .men,* hebräische Spracheigentümlichkeit in einer nichthebräischen Sprache. **Heb|braist** *der, -en/-en,* Kenner der Hebraistik. **Heb|braistik** *die, -,* Wissenschaft von der hebräischen Sprache und Literatur.

Hebung [zu heben] *die, -/-en,* 1) ohne Pl., das Höherbringen. 2) *ohne Pl.,* Ü das Verbessern: *Maßnahmen zur H. des Lebensstandards.* 3) das Zutagebringen, z. B. eines Schatzes eines gesunkenen Schiffes. 4) Vers: betonte Silbe, ÜBERS. M 14. 5) ⊕ die Niveauerhöhung von Erdkrustenteilen gegenüber einer Bezugsfläche.

Hechel [mhd. hachel] *die, -/-n,* Spinnerei: kammartiges Werkzeug zum Reinigen, Trennen und Ordnen der Fasern. **Hechelei** *die, -/-en,* Ü boshaftes Gerede, Klatsch. **hecheln,** *ich hech(e)le* (habe gehechelt), 1) *es,* bearbeite mit der Hechel. 2) Ü bespöttele, rede boshaft: *sie hechelt gern über ihre Nachbarn.*

hecheln [zu nhd. hechen, ⚒ ›keuchen‹], *der Hund hechelt* (hat gehechelt), atmet mit heraushängender Zunge kurz und hörbar.

Hechse *die, -/-n,* Nebenform von Hachse.

hecht, *niederdt.:* dicht. **Hecht** [ahd. hachit, zu hecchen ›stechen‹] *der, -(e)s/-e,* 1) ein Raubfisch: *er ist der H. im Karpfenteich,* Ü ein Lebhafter, der die Trägen antreibt; *hechtgrau.* 2) Ü Bursche: *ein toller H.; ein dürrer H.* 3) Hechtsprung. 4) *ohne Pl.,* Ü dicker Tabakrauch. **hechten,** hechte (bin gehechtet), Ü mache einen Hechtsprung: *er hechtet ins Wasser.* **Hechtrolle** *die,* Bodenturnen: eine Rolle nach vorn. **Hechtsprung** *der,* ✂ Sprung mit gestrecktem Körper, bes. über ein Hindernis, Abb. L 7. 2) Kopfsprung ins Wasser.

Heck [zu Hecke, abgeteilter Platz des Steuermanns] *das, -(e)s/-e oder -s,* 1) hinterer Teil eines Schiffes, Abb. S 16.eines Flugzeugs oder Kraftfahrzeugs: *Heckantrieb; Heckmotor,* ⌂. 2) *Pl. nur -e, niederdt.:* Gattertür; Koppel: *er kommt zu H.,* heim, gelangt ans Ziel. **Hecke** [mhd. hecke, zu Hag und Gehege] *die, -/-n,* Umzäunung aus Büschen, Sträuchern, Abb. P 3, Z 4: *Heckenschere; Ligusterhecke.*

Hecke *die, -/-n,* 1) Brut. 2) Brutzeit. 3) Brutkorb, Nest. **hecken** [mhd. hecken ›sich fortpflanzen‹], *es heckt* (hat geheckt), 1) pflanzt sich fort, bringt Junge zur Welt: *Vögel, Mäuse hecken.* 2) Ü vermehrt sich schnell: *Geld heckt,* Geld kommt zu Geld.

Heckenrose *die,* wilde Rose. **Heckenschütze** *der,* jemand, der aus dem Hinterhalt schießt.

Hecker [mhd. hecken ›stechend verwunden‹] *der, -s/-, schweiz.:* Hautriß an den Händen.

Heckmeck [Schallw.] *der, -s,* Ü Unsinn; viel Umstände: *mach keinen H.!*

Heckpfennig [zu hecken] *der,* Volksglaube: eine Münze, die sich vermehren kann.

Heckschur [zu Heck] *die, niederdt.:* überdachtes Haustor.
heda! [von he], Anruf, um bemerkt zu werden.
Hede [mnd.] *die, -/-n, niederdt.:* Werg. **heden,** *niederdt.:* aus Hede hergestellt.
Hederich [ahd. hederih, zu lat. hederaceus ›efeuartig‹] *der, -s/-e,* ⊕ Name mehrerer Pflanzen.
Hedgegeschäft [h'ed͡ʒ-, engl. to hedge ›einzäunen‹, ›sichern‹] *das,* Börse: Sicherungsgeschäft zur Ausschaltung von Risiken, bes. bei Rohstoffen.
Hedoniker [von grch. hedone ›Lust‹] *der, -s/-,* Hedonist. **Hedonismus** *der, -, philosoph.* Lehre, daß die Lust höchstes Gut und Ziel des Lebens sei. **hedonistisch,** *-en/-en.* **hedonistisch,** *hedonistische Argumente.*
He|dschra [arab.] *die, -,* Hidschra, Mohammeds Auswanderung nach Medina im Jahre 622, Beginn der islam. Zeitrechnung.
Hedwig [ahd. hadu ›Streit‹ und wig ›Kampf‹], weibl. Vorname.
Heer [ahd. heri, zu got. harjis] *das, -(e)s/-e,* 1) Armee, Gesamtheit der Landstreitkräfte eines Staates: *H., Flotte und Luftstreitkräfte; Heeresgruppe; Heerführer.* 2) Ü große Menge: *ein H. von Arbeitern verläßt die Fabrik.* **Heerbann** *der,* im MA.: 1) Recht, zum Heeresdienst aufzurufen. 2) Geldstrafe für Nichtbefolgung dieses Aufgebots. 3) das aufgebotene Heer. **Heerschar** *die,* P große Menge: *die himmlischen Heerscharen,* die Engel; *der Herr der Heerscharen,* B Gott. **Heerschau** *die,* Aufmarsch von Truppen vor einem höheren Befehlshaber. **Heerwurm** *der,* 1) P das Heer auf dem Marsch. 2) meterlanger Wanderzug von Larven der Trauermücke.
Hefe [ahd. hevo, zu heben] *die, -/-n,* 1) bestimmte Pilze als Gärungserreger: *Hefeteig; Backhefe; diese Fünfergruppe ist die H. in der Partei,* Ü die bewegende, vorantreibende Kraft. 2) Ü Bodensatz, Abschaum: *er mußte den Kelch bis auf die H. leeren,* Schlimmes erdulden; *hier trifft sich die H. der Gesellschaft.* **Hefekranz** *der,* Hefekuchen in Kranzform. **Hefestück** *das, -s/-,* 1) Vorteig für Hefegebäck. 2) Gebäck aus Hefeteig. **hefig,** nach Hefe schmeckend, Hefe enthaltend.
Heft [zu heften] *das, -(e)s/-e,* 1) gefaltete und geheftete Blätter oder Bogen Papier, meist in leichtem Umschlag: *Schreibheft,* Abb. H 13; *das neue H. einer Zeitschrift.* 2) Handgriff an Werkzeugen, Abb. H 13, M 13, und Waffen: *sie hat das H. in der Hand,* Ü bestimmt, was zu tun ist. **Heftchen** *das, -s/-,* 1) kleines Heft. 2) Ü meist abwertend: anspruchslose Lektüre wie Comics, Groschenroman usw. **Heftel** [mhd. heftil ›Ding, woran etwas befestigt wird‹] *das, -s/-,* 1) mitteldt.: Haken und Öse; Spange. 2) *oberdt.:* Stecknadel. **Heftelmacher** *der,* ✂ Hersteller von Haken, Ösen, Stecknadeln: *du mußt aufpassen wie ein H.,* Ü sehr genau. **heften,** *ich heft(e)le* (habe geheftelt) *es,* befestige mit Heftel. **heften** [ahd. heften, zu haft ›Band‹, ›Fessel‹], *ich hefte* (habe geheftet), 1) *es,* ⊞ verbinde Blätter oder Bogen durch Fäden, Draht oder Klebstoff: *geheftet,* Abk.: geh. 2) *es,* befestige lose mit weiten Stichen: *sie heftet die Rockbahnen für die Anprobe.* 3) *es* (an etwas), befestige (mit Nadeln, Heftklammern). 4) *die Augen auf ihn,* Ü sehe ihn ständig an. 5) *mich an ihn,* Ü weiche nicht von seiner Seite. **Hefter** *der, -s/-,* 1) Apparat zum Heften. 2) Schnellhefter. **Heftfaden** *der,* minderwertiger Faden zum Heften.
heftig [mhd. heftec, zu Haft], 1) stark, gewaltig: *ein heftiger Wind; heftige Schmerzen.* 2) aufbrausend, jähzornig: *ein heftiger Mensch; er wurde gleich h.* **Heftigkeit** *die, -.*
Heftklammer [zu heften] *die,* Abb. K 22. **Heftlade** *die,* ⊞ Gerät zum Heften. **Heftpflaster** *das,* ⚕ Pflaster für Wunden, Abb. P 10. **Heftstich** *der,* weiter, lockerer Nähstich. **Heftzwecke** *die,* Reißzwecke.
Hege [mhd. hege, zu hegen] *die, -/-n,* 1) ohne Pl., ⚘ alle Maßnahmen zur Erhaltung eines artenreichen, gesunden Wildbestandes: *Wildhege.* 2) Schonung, junger Baumbestand.
Hegelianer *der, -s/-,* Anhänger der Philosophie Hegels, 1770–1831. **hegelianisch, Hegelianisch, hegelsch, Hegelsch,** vgl. ÜBERS. A 4, C.
Hegemeister [zu hegen] *der,* preuß. Ehrentitel, der früher älteren Förstern verliehen wurde.
hegemonial, *hegemoniale Ansprüche; Hegemonialmacht.* **Hegemonie** [grch. hegemonia ›Führung‹] *die, -/. . .n'i|en,* Vorherrschaft, Vormachtstellung. **hegemonisch.**
hegen [ahd. heg(g)an, zu Hag], *ich hege* (habe gehegt), 1) *es,* bewahre, schütze, pflege (Forst, Wild). 2) *ihn, es,* behandle gut, umsorge liebevoll: *er wird das Kind wie sein eigenes hegen und pflegen.* 3) *es,* habe einen Gedanken, Plan: *er hegt (nicht den geringsten) Verdacht.* 4) Gericht hegen, ⚒ abhalten. **Heger** *der,*

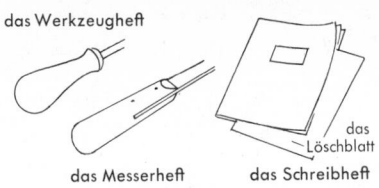

das Werkzeugheft

das Löschblatt

das Messerheft das Schreibheft

Heft

die Scheibe der Kreuznimbus die Aureole
(der Nimbus) die Mandorla

Heiligenschein

-s/-, Waldaufseher: *Wildheger*. **Hegering** der, Jagdreviere mit gemeinsamen Hegemaßnahmen. **Hegeschlag**, **Hegewald** der, geschonter Wald. **Hegezeit** die, Schonzeit.
hehl [mhd. haele ›glatt‹, ›verhohlen‹, ›verborgen‹], 1) oberdt.: schlüpfrig, glatt. 2) niederdt.: dürr. **Hehl** das, auch der, -s: ich mache kein(en) H. daraus, verheimliche es nicht. **hehlen** [ahd. helan ›verstecken‹, ich hehle (habe gehehlt) es, verheimliche, verberge Diebesgut, begünstige meines Vorteils wegen eine Straftat: *Hehlen ist schlimmer als Stehlen*. **Hehler** der, -s/-. **Hehlerei** die, -.
hehr [ahd. her ›ehrwürdig‹, Ü erhaben, ehrfurchtgebietend. **Hehre**, **Hehrheit** die, -.
hei!, Ausruf des Jubels, des Triumphes: *heida!*
heia, *wir wollen jetzt h. machen*, Kindersprache: schlafen. **Heia** die, -, Kindersprache: Bett. **heiapopeia!**, Schallwort, um kleine Kinder in den Schlaf zu wiegen.
Heide [ahd. heidano ›-n/-n, Nichtchrist, Mensch, der keiner monotheistischen Religion angehört.
Heide [Kurzform von Adelheid], weibl. Vorname: *Heidemarie; Heiderose*.
Heide [ahd. heida] die, -/-n, 1) mit Zwergsträuchern, Gras und Kräutern bestandene Landschaft: *die Lüneburger H.* 2) ohne Pl., ⊕ Heidekraut. **Heidekorn** das, -(e)s, der Buchweizen. **Heidekraut** das, -(e)s, Hauptpflanze der nordwestdt. Heide. **Heidelbeere** die, kleinstrauchiges Heidekrautgewächs mit blauschwarzen Beeren, ABB. B 17.
Heiden . . . [zu Heide ›Nichtchrist‹], U gewaltig, riesig: *eine Heidenangst; ein Heidengeld; ein Heidenlärm*. **Heidenchrist** der, im frühen Christentum: Christ nichtjüdischer Herkunft. **heidenmäßig**, U sehr, groß.
Heide(n)rös|chen [zur Pflanze Heide] das, Name verschiedener Wildrosen.
Heidentum das, -s, 1) Zustand des Nichtchristseins. 2) die Gesamtheit der Heiden und ihre Religionen.
heidi!, Ausruf zum Ausdruck schneller, freudiger Bewegungen.
Heidi [zu Adelheid, Heidrun], weibl. Vorname.
Heidin die, -/-nen, weiblicher Heide.
Heidjer der, -s/-, Bewohner der Heide, bes. der Lüneburger Heide.
heidnisch, die Heiden betreffend, nichtchristlich: *heidnische Bräuche*.
Heid|run [ahd. heit ›Wesen‹, ›Gestalt‹ und runa ›Geheimnis‹], weibl. Vorname.
Heidschnucke die, -/-n, Schafrasse der Lüneburger Heide.
Heiduck [magyar. hajdú ›Söldner‹, ›Büttel‹] der, -en/-en, Haiduk, ungar. Söldner, Gerichtsdiener; gegen die Türken kämpfender Freischärler auf dem Balkan.
Heike [fries. Kurzform von Heinrike, zu Henrik], weibl. Vorname.
heikel [Herkunft unklar], 1) schwierig, peinlich: *eine heikle Frage*. 2) wählerisch, schwer zufriedenzustellen: *er ist im Essen h*. **heiklig**, ⚭ heikel.
Heiko [niederdt. von Heinrich], männl. Vorname.
heil [ahd. heil, zu got. hails ›gesund‹], 1) gesund, unverletzt, unbeschädigt: *mein Finger ist wieder h.; er ist noch einmal mit heiler Haut davongekommen, unverletzt, U der Teller ist noch h.*, U nicht kaputt; *die Sehnsucht nach einer heilen Welt*, Ü nach einem als ideal empfundenen Zustand. 2) oberund bes. niederdt.: groß, sehr: *heile Angst*. **Heil** das, -(e)s, 1) Rettung, Hilfe, Nutzen, Besserung: *er suchte sein H. in der Flucht*, floh; *Heilpflanze*. 2) Gnade, die von Gott kommt, Erlösung der Sünde; oft Gott oder Christus selbst: *Heilsbotschaft*. 3) Glück: *nun versuche du einmal dein H.!; Ski H.!*, Skifahrergruß. **Heiland** [ahd. heilant] der, -(e)s/-e, 1)

Heilbringer, Erlöser. 2) ohne Pl., Beiname Christi. **Heilanstalt** die, für längeren Krankenaufenthalt bestimmtes Heim: *Heil- und Pflegeanstalt*. **Heilanzeige** die, ♯ Indikation. **heilbar**, *eine heilbare Krankheit*. **Heilbarkeit** die, -. **heilbringend**, aber: *kein Heil bringend*. **Heilbutt** [niederdt. hilligbutt, als Speise für das ›heiligen‹ Fastenwesen der, ♏ größte europ. Scholle.
heilen [ahd. heilen], 1) *ich heile (habe geheilt) es, ihn (von etwas)*, nehme ihm durch Behandlung eine Krankheit oder etwas Schädliches: *er wurde (als) geheilt aus der Klinik entlassen; den Schaden kannst du schnell wieder heilen, Ü die Sache in Ordnung bringen; ich bin davon geheilt, Ü aus Schaden klug geworden.* 2) *es heilt (ist geheilt), wird gesund: die Wunde heilt schnell*. **Heilfasten** das, -s, Form von strenger Diät. **heilfroh**, U sehr froh. **Heilgehilfe** die, Krankenpfleger in Krankenhäusern. **Heilgymnastik** die, Krankengymnastik. **Heilgymnastin** die, -/nen.
heilig [ahd. heilag ›heilbringend‹, Abk.: hl., Pl. hll., dem Dienst Gottes geweiht, vom Geist Gottes erfüllt: *der heilige Georg; die Heilige Jungfrau*, Jungfrau Maria; *der Heilige Geist*, die dritte Person in Gott; *die heilige Taufe; das heilige Abendmahl; die heilige Stille; die Heiligen Drei Könige; der Heiligedreikönigstag, am Heilige(n)dreikönigstag, (am) 6. Januar; das Heilige Grab, Grabstätte Christi; das Heilige Land*, das bibl. Palästina; *der Heilige Abend, die Heilige Nacht*, Abend, Nacht vor dem ersten Weihnachtstag; *die Heilige Schrift*, Bibel; *der Heilige Stuhl*, Thron und Regierung des Papstes; *der Heilige Vater*, Papst; *das Heilige Jahr* (kath. Kirche); *ihm ist nichts h.; er hat es mir hoch und h. versprochen*, Ü ganz fest. **Heiligabend** der, der Heilige Abend, der 24. Dezember. **Heilige** der, die, -n/-n, ein -r, eine -, von der kath. Kirche heiliggesprochene(r) Verstorbene(r), der verehrt und um Fürbitte bei Gott angerufen werden darf: *ein sonderbarer Heiliger*, U Sonderling. **heiligen**, *ich heilige (habe geheiligt) es, heilige, mache heilig; du sollst den Feiertag heiligen; der Zweck heiligt die Mittel*, U rechtfertigt sie. **Heiligenschein** der, Licht- oder Strahlenkranz um göttliche oder heilige Personen, ABB. H 13. **heilighalten**, *ich halte es heilig* (hielt heilig, habe heiliggehalten), halte hoch in Ehren. **Heiligkeit** die, -: *Seine H.*, Anrede und Titel des Papstes. **heiligsprechen**, *der Papst spricht ihn heilig* (sprach heilig, hat heiliggesprochen), kath. Kirche: kanonisiert, erklärt einen Verstorbenen zum Heiligen: *der Papst hat zwei verstorbene Bischöfe heiliggesprochen*. **Heiligsprechung** die, -/-en. **Heiligtum** das, -s/¨er, heiliger Ort, Kultstätte, Kirche, Tempel; Ü verehrter Gegenstand. **Heiligung** die, -/-en.
heilkräftig [zu heilen, Heil], krankheitsbekämpfend: *heilkräftige Kräuter, Quellen*. **Heilkunde** die: Frauenheilkunde, ♯; *Tierheilkunde*. **heilkundig**, *er ist ein Heilkundiger*. **heilkundlich**, *heilkundliche Kenntnisse*. **heillos**, U sehr schlimm, sehr groß: *hier herrscht ein heilloses Durcheinander; er ist h. verschuldet.* 2) ⚭ nichtswürdig (Mensch). **Heilmittel** das, Mittel zur Besserung und Heilung von Krankheiten, Medikament: *gegen seine Faulheit gibt es kein H.*, U. **Heilpraktiker** der, jemand, der (ohne Approbation) mit behördl. Erlaubnis Heilkunde ausübt. **Heilquelle** die, Quelle mit heilkräftigem Wasser. **heilsam**, von vorteilhaftem Einfluß, nützlich: *das wird ihm eine heilsame Lehre sein*. **Heilsarmee** die, -, eine militärähnlich organisierte christliche Gemeinschaft. **Heilserum** das, ♯ Blutserum von Tieren zur passiven Immunisierung. **Heilsgeschichte** die, -/-n, als Heilsgeschehen verstandene Geschichte, insofern sie von göttl. Wirken bestimmt wird. **Heilung** die, -/-en, das Heilmachen, das Gesundwerden: *Heilungsprozeß*. **Heilverfahren** das, Maßnahmen, die Gesundheit wiederherzustellen.
heim [ahd. heim ›nach Hause‹], nach Hause. **heim . . .**, in

Heim

Verbindung mit Verben trennbar zusammengesetzt: *heimbringen; heimfahren; heimfinden; heimkommen; heimschicken;* vgl. heimbegeben. **Heim** *das, -(e)s/-e,* **1)** Wohnung, Hausstand einer Familie: *ein eigenes, ein gemütliches H.* **2)** Unterkunft für eine bestimmte Personengruppe, oft Einrichtung der Sozialhilfe bes. für jugendliche, kranke und alte Menschen: *Jugendheim; Heimerziehung; Altenwohnheim; Kindererholungsheim; Vereinsheim.* **3)** oberdt.: umzäuntes Hausgrundstück. **Heimarbeit** *die,* **1)** gewerbl. Tätigkeit im Auftrag eines Gewerbetreibenden in der eigenen Wohnung. **2)** Erzeugnis dieser Tätigkeit. **Heimarbeiter** *der.* **Heimat** [ahd. heimuoti] *die, -,* der Ort, an dem man zu Hause ist, Wohnort und Umgebung oder Geburtsort; Ursprungs-, Herkunftsland: *Heimat(s)ort; Heimatland; Heimathafen; Wahlheimat; München ist meine zweite H.,* ich bin dort heimisch geworden; *viele fanden in Amerika eine neue H.; die H. der Schimpansen ist Afrika.* **heimatberechtigt,** *er ist h. in . . .,* schweiz.: Bürger von . . . **Heimatkunst** *die, -,* mit der Landschaft eng verbundene, bodenständige Kunst, z. B. die Bauerndichtung. **heimatlich,** *heimatliche Bräuche, Gefühle.* **heimatlos. Heimatlosigkeit** *die, -.* **heimatvertrieben,** aber: *wir wurden aus der Heimat vertrieben; er ist Heimatvertriebener.* **heimbegeben,** *ich begebe mich heim* (begab mich heim, habe mich heimbegeben), gehe nach Hause. **Heimbürge** *der,* ⚭ Gemeindevorsteher, Dorfrichter, Schöffe. **Heimbürgin** [zu Hein ›Tod‹] *die, mitteldt.:* Leichenfrau. **Heimchen** [zu Heim] *das, -s/-,* eine Grille: *das H. am Herd,* Ü Frau, die nur der Erfüllung ihrer häuslichen Pflichten lebt. **heimelig,** vertraut, anheimelnd, gemütlich. **Heimet** *das, -(s)/-,* schweiz.: Landgut. **Heimfall** *der, -(e)s:* der *H. eines Gutes,* Lehnsrecht, Erbbaurecht: Rückfall an den Eigentümer; *Heimfall(s)recht.* **heimführen,** *ich führe ihn heim* (habe heimgeführt), P heirate sie. **Heimgang** *der, -(e)s,* P Tod. **Heimgarten** *der, -s, oberdt.:* Plauderei außerhalb des Hauses. **Heimgegangene** *der, die, -n/-n, ein -r, eine -,* P Verstorbene(r). **heimgehen,** *ich gehe* (ging heim, bin heimgegangen), gehe nach Hause: *gleich nach Büroschluß ist er heimgegangen; nach langem Leiden ist er heute morgen heimgegangen,* P gestorben. **heimgeigen,** *ich geige ihm heim* (habe heimgegeigt), Ü leuchte ihm heim. **heimholen,** *ich hole ihn heim* (habe heimgeholt), hole zurück nach Hause, in die Heimat: *Gott hat ihn heimgeholt,* P er ist gestorben. **heimisch, 1)** zur Heimat gehörend, ihr angehörend: *heimische Tiere.* **2)** vertraut, gewohnt, wie zu Hause: *wir sind hier noch nicht h. geworden.* **Heimkehr** *die, -,* Rückkehr in die Heimat oder ins eigene Heim. **heimkehren,** *ich kehre heim* (bin heimgekehrt), **1)** komme nach Hause zurück. **2)** P sterbe. **Heimkehrer** *der, -s/-,* zurückgekehrter Kriegsgefangener oder Zivilinternierter: *Spätheimkehrer.* **heimleuchten,** *ich leuchte ihm heim* (habe heimgeleuchtet), Ü weise scharf zurück: *dir werde ich heimleuchten!* **heimlich, 1)** versteckt, verborgen: *eine heimliche Verabredung; er hörte h. mit; du sollst nichts h. tun,* im geheimen tun; vgl. aber: heimlichtun. **2)** süddt.: anheimelnd. **Heimlichkeit** *die, -/-en,* **1)** Verborgenheit, Geheimnis, geheimnisvolles Tun: *die zwei haben Heimlichkeiten miteinander.* **2)** oberdt.: Häuslichkeit. **Heimlichtuer** *der, -s/-,* jemand, der heimlichtut. **Heimlichtuerei** *die, -/-en.* **heimlichtun,** *ich tue heimlich* (habe heimlichgetan), tue geheimnisvoll, verberge deutlich etwas (vor jemandem): *ich kann es nicht leiden, wenn sie so heimlichtut; deine Heimlichtuerei geht mir auf die Nerven!,* U, aber: *ich will nicht, daß sie es heimlich tut,* sie braucht ihr Tun nicht zu verstecken. **heimlifeiß** [aus ›heimlich‹ und ›feist‹], schweiz.: seinen Besitz, sein Können verbergend. **Heimorgel** *die,* elektron. Orgel als Hausinstrument. **Heimreise** *die: unsere H. war beschwerlich; wir treten heute die H. an.* **Heimspiel** *das,* ⚒ Mannschaftsspiel, das während einer Spielrunde auf dem eigenen Platz ausgetragen wird. **Heimstätte** *die,* **1)** Heim, Wohnplatz. **2)** Form des Grundeigentums. **heimsuchen,** *es sucht ihn, es heim* (hat heimgesucht), **1)** plagt, trifft durch Krankheit, Unglück: *das Land wurde von einer Hungersnot heimgesucht.* **2)** *ich suche ihn heim,* U besuche auf lästige Art. **Heimsuchung** *die, -/-en: Mariä H.,* B Besuch Marias bei Elisabeth. **Heimtücke** *die, -,* Hinterlist, bösartige Tücke, Arglist. **heimtückisch,** *eine heimtückische Krankheit,* unberechenbare, bösartige. **heimwärts,** nach Hause. **Heimweg** *der: ein langer H.; er ist schon auf dem H.* **Heimweh** *das, -s,* Sehnsucht nach der Heimat, nach Hause: *heimwehkrank.* **Heimwerker** *der, -s/-,* **1)** jemand, der handwerkl. Arbeiten im eigenen Haushalt selbst ausführt. **2)** Bez. für vielseitig verwendbare elektr. Bohrmaschinen.

Heimwesen *das, schweiz.:* Anwesen, Hausstand. **heimzahlen,** *ich zahle es ihm heim* (habe heimgezahlt), räche mich an ihm, vergelte.

Hein [Kurzform von Heinrich], männl. Vorname: *Freund H.,* P der Tod. **Heiner,** männl. Vorname. **heinesch, Heinesch,** heinisch, Heinisch. **Heini, 1)** Koseform zu Heinrich. **2)** *der, -s/-s,* U dummer Mensch, Schimpfwort: *du blöder H.!* **heinisch, Heinisch,** heinesch, Heinesch, auf den Dichter H. Heine, 1797–1856, bezüglich, vgl. ÜBERS. A 4, C. **Heinrich** [ahd. heim ›Haus‹ und rihhi ›mächtig‹, ›herrlich‹], männl. Vorname. **Heinz** [Kurzform von Heinrich], männl. Vorname. **Heinze** *der, -n/-n oder die, -/-n, oberdt.:* Holzgestell zum Trocknen der Mahd. **Heinzelbank** *die, -/²e, österr.:* Werkbank. **Heinzelmännchen** *das,* geschäftiger Hausgeist. **Heirat** [ahd. hirat, eigtl. ›Obsorge fürs Heim‹] *die, -/-en,* die Verbindung von Mann und Frau zur Ehe: *Heiratsantrag; Liebesheirat.* **heiraten,** *ich heirate* (habe geheiratet) *(ihn, sie),* gehe eine Ehe (mit ihm, ihr) ein: *sie haben jung geheiratet; sie heiratet nach Amerika.* **heiratsfähig,** *ihre Kinder sind schon im heiratsfähigen Alter.* **Heiratsschwindler** *der,* Betrüger, der mit falschen Heiratsversprechen Vorteile erschleicht.

heisa!, heißa!

heischen [ahd. eiscon ›fordern‹, ›fragen‹], *ich heische* (habe geheischt) *es von ihm,* P fordere, verlange; erbitte: *Heischebräuche,* alte Bräuche zum Sammeln von Gaben.

heiser [ahd. heis(r)], rauh, klanglos (Stimme): *er hat sich h. geschrien.* **Heiserkeit** *die, -.*

heiß [ahd. heiz], **1)** von relativ hoher Temperatur, sehr warm: *heißes Wasser; ein heißer Sommer; Heißluft; Heißwasserbereiter; der Boden wird ihm zu h.* (unter den Füßen), Ü die Lage wird für ihn gefährlich; *sie macht ihm die Hölle h.,* Ü bedrängt ihn heftig (mit Forderungen, Wünschen); *damit hat er ein heißes Eisen angefaßt,* Ü ein schwieriges aktuelles Problem berührt; *heißer Draht,* Ü direkte Fernsprech- oder Fernschreibverbindung, bes. zwischen den Amtssitzen von Regierungschefs; *heiße Ware,* Ü gestohlene, geschmuggelte. **2)** U hitzig (Hündin). **3)** Ü heftig, anstrengend: *ein heißer Kampf; ein heißumstrittener Plan,* aber: *der Plan war h. umstritten.* **4)** innig: *ein heißer Wunsch; ein heißes Gebet; die heißersehnte Nachricht,* aber: *ich habe sie h. ersehnt; die heißgeliebte Mutter,* aber: *er hat sie h. geliebt.* **5)** temperamentvoll: *heißes Blut; heiße Musik; ein heißer Ofen,* U schnelles Kraftfahrzeug; bes. Motorrad.

Heiß *das, -es/-e,* ⚓ Kopf eines Segels, einer Flagge. **heißa!** [Schallw.], **heißassa!,** Ausruf der Freude, des Ansporns, der schnellen Bewegung.

heißen [vgl. hissen], *ich heiße* (habe geheißt) *die Flagge, die Segel,* hisse.

heißen [ahd. heiz(z)an], *ich heiße* (hieß, habe geheißen), **1)** habe den Namen: *ich h. Karl; wie heißen Sie?* **2)** ihn, es etwas, nenne, bezeichne als: *er hieß mich einen Dummkopf; das h. ich singen.* **3)** es ihn, fordere ihn dazu auf, befehle: *ich will ihn willkommen heißen; du wirst euch kommen heißen?* **4)** *es heißt,* es wird behauptet, man sagt: *es heißt, er kommt morgen; in dem Vertrag heißt es, daß . . .* **5)** *es heißt,* bedeutet, drückt aus: *da heißt es aufpassen; soll das etwa heißen, daß du nicht kommst?; das heißt,* Abk.: d. h. (oft einschränkend); *was heißt floaten auf (zu) deutsch?*

Heißhunger *der,* übersteigerte Eßlust. **heißhungrig. heißlaufen,** *es läuft heiß* (lief heiß), wird unzulässig heiß: *die Maschine ist heißgelaufen, hat sich heißgelaufen.* **Heißleiter** *der,* ein Halbleiter, dessen Leitfähigkeit bei Erwärmung zunimmt. **Heißmangel** *die,* Gerät zum Glätten von Wäsche. **Heißsporn** *der, -s/-e,* unbesonnener Mensch, Draufgänger. **heißspornig.**

Heister [mhd. heister ›junger Buchenstamm‹] *der, -s/-,* **1)** junger Laubbaum. **2)** ⚭ Buche.

. . . heit [ahd. . . . heit ›Art und Weise‹], eine weibl. Substantive bildende Ableitungssilbe, **1)** an Adjektiven Art und Weise, Beschaffenheit angebend: *Albernheit; Dummheit; Grobheit; Schönheit.* **2)** an Substantiven die umfassende Bezeichnung: *Christenheit; Kindheit; Menschheit.*

heiter [ahd. heitar], **1)** lebensfroh, innerlich ausgeglichen: *heitere Ruhe ging von ihm aus.* **2)** vergnügt, zum Lachen gestimmt: *der Wein machte sie h.; das kann ja h. werden!,* U unangenehm, ärgerlich. **3)** klar, sonnig: *heiteres Wetter; wie ein Blitz aus heiterem Himmel,* Ü plötzlich, ohne Vorbereitung. **Heiterkeit** *die, -: der Witz erregte H.; ein Heiterkeitserfolg.*

Helikon
die Spitze · der Spangen-helm · die Spitze · der Helm · die Kesselhaube · das Visier · der Augen-schlitz · der Eisenhut · der Sturzhelm · das Luftloch · die Barte · der Reiß-haken · der Stechhelm · der Topfhelm · der Schallern · die Sturmhaube · der Kamm · der Schweif · der Stahlhelm · der Schaft · der Schutzhelm · die Raupe · der Raupenhelm · die Pickelhaube · der Tropenhelm · der Turmhelm

Hellebarde · Helm

heizbar. heizen [ahd. heizen, zu heiß], *ich* heize (habe geheizt), 1) *es*, erwärme, führe Wärme zu: *wir heizen (die Wohnung, den Ofen) mit Koks, Öl, Warmluft, elektrisch;* vgl. ABB. O 1. 2) *es heizt,* gibt Hitze ab: *dieser Ofen heizt gut.* Heizer *der, -s/-,* Arbeiter, der Heizungsanlagen bedient. Heizkissen *das,* elektrisch beheiztes Kissen. Heizkörper *der,* ABB. H 11. Heizung *die, -/-en,* 1) ohne Pl., das Heizen. 2) Anlage hierfür: *Zentralheizung; Warmwasserheizung.*
Hekate [grch.], in der Unterwelt hausende Zaubergöttin.
Hekatombe [grch. hekaton ›hundert‹ und bous ›Rind‹] *die, -/-n, meist Pl.,* Ü Massenopfer.
hekt . . ., vor Vokalen für: hekto. . . Hekt|ar [vgl. hekto. . . und Ar] *das* oder *der, -s/-e* und bei Maßangaben -, Zeichen: ha, 100 Ar, ÜBERS. M 8.
Hektik [grch. hektikos ›einen dauernden Zustand habend‹] *die, -: die H. unserer Zeit.* hektisch, fieberhaft erregt, übertrieben geschäftig: *hektische Betriebsamkeit, hektisches Fieber,* langdauerndes (bei Tuberkulose).
hekto. . . [grch. hekaton ›hundert‹], Zeichen: h, vor Maßeinheiten: das Hundertfache des Maßes, ÜBERS. M 8: *Hektogramm,* Zeichen: hg; *Hektoliter,* Zeichen: hl. Hekto|graph [vgl. . . . graph] *der, -en/-en,* ein Gerät zum Vervielfältigen von Schriften u. a.; vgl. ABB. V 5. Hekto|graphie [vgl. . . .graphie] *die, -/. . .ph'i|en,* mit dem Hektographen hergestellte Vervielfältigung. hekto|graphieren, *ich* hektographiere (habe hektographiert) *es.*
Hektor [grch. hekaton ›der Erhalter‹], männl. Vorname.
Hel [got. halja, altnord. hel, eigtl. ›die Bergende‹, zu hehlen], german. Mythologie: 1) *die, -,* Totenwohnstätte. 2) Göttin der Unterwelt.
Helanca [Kw.] *das, -,* Handelsname für eine synthet. Chemiefaser.
helau! [wohl von ›hell auf‹, ⚸ aufmunternder Zuruf], ein Fastnachtsruf.
Held [mhd. helt] *der, -en/-en,* 1) außergewöhnl. Mensch, der bes. Hervorragendes und Tapferes leistet: *Heldentaten; Götter- und Heldensagen; er war der H. des Tages,* Ü stand im Mittelpunkt; *er ist kein H. im Rechnen,* Ü kann nicht gut rechnen; *du bist ein H.!,* Ü ironisch: was du getan hast, ist nicht besonders rühmlich. 2) Hauptgestalt einer Dichtung: *Faust ist der H. vieler Dichtungen.* 3) Rollenfach: *jugendlicher H.*
helden [zu Halde], *ich* helde (habe geheldet) *es,* schweiz.: stelle, halte schief.
heldenhaft [zu Held], *er benahm sich h.* Heldenmut *der,* großer Mut, Unerschrockenheit. heldenmütig. Helden|tenor *der,* 1) ♪ Tenor mit kräftigem Ton. 2) Sänger dieser Stimmlage. Heldentod *der,* Tod auf dem Schlachtfeld. Heldentum *das, -s.*
Helder [niederdt.] *der* oder *das, -s/-,* noch nicht eingedeichter Wattenboden mit Vegetation.

Heldin *die, -/-nen,* weibl. Held. heldisch.
Helena [grch.], Helene, weibl. Vornamen.
Helfe *die, -/-n,* Stützfaden, Draht oder Flachstahl am Webstuhl. helfen [ahd. helfan], *ich* helfe (half, habe geholfen; du hilfst, er hilft; hilf!; wenn er hülfe oder hälfe), 1) *ihm,* leiste Hilfe, tue etwas, was ihn fördert, ihm etwas ermöglicht, ihm nützt: *er half mir, als ich in Not war; wer hilft mir beim Geschirrspülen?; er half ihr in den Mantel; wir haben ihm suchen helfen oder geholfen; das wird dir wieder auf die Beine helfen,* Ü dich kräftigen; *sie weiß sich zu helfen,* kommt gut zurecht; *ihm ist nicht zu helfen,* man kann nichts, alles ist vergebens, man muß sich damit abfinden. Helfer *der, -s/-,* 1) jemand, der anderen Hilfe, Unterstützung leistet: *der H. in der Not.* 2) Gehilfe. Helfers-helfer *der,* Spießgeselle, Mitschuldiger.
Helga, weibl., Helge [altnord. ›die (der) Geweihte, die (der) Hehre‹], männl., auch weibl. Vorname.
Helge *die, -/-n,* Helgen *der, -s/-,* niederdt.: Helling.
Helgen *der, -s/-,* schweiz.: Heiligenbild, Bild.
Helikon [grch. helix ›Windung‹, ›Spirale‹] *das, -s/-s,* ein Blechblasinstrument, ABB. H 14. Helikopter [vgl. Helikon und grch. pteron ›Flügel‹] *der, -s/-,* Hubschrauber.
helio . . . [grch. helios ›Sonne‹, sonnen . . . Heliodor [grch. doron ›Geschenk‹] *der, -s/-e,* grünlichgelber Beryll. Helio-graph [vgl. . . . graph] *der, -en/-en,* 1) Kamera für photograph. Aufnahmen der Sonne. 2) ⚸ Spiegelgerät zur Signalgebung mit Sonnenstrahlen. Helio|graphie [vgl. . . . graphie] *die, -/. . .ph'i|en,* ein Verfahren zur Herstellung von Tiefdruckformen. Helio|gravüre [vgl. Gravur] *die, -/-n,* ohne Pl., ein Verfahren hergestellter Druck. Helios, grich. Mythologie: Sonnengott. Helio|skop [vgl. . . . skop] *das, -s/-e,* Vorrichtung am Fernrohr zur Sonnenbeobachtung. Helio|stat [grch. statos ›feststehend‹] *der, -en/-e* oder *-(e)s/-e,* Spiegelgerät mit Uhrwerk, das die einfallenden Sonnenstrahlen stets in die gleiche Richtung reflektiert. Heliotherapie *die,* ⚕ Behandlung durch Sonnenlicht. Helio|trop [grch. trepein ›wenden‹], 1) *das, -s/-e,* ein Boretschgewächs. 2) *das, -s/-e* oder *-s,* Sonnenspiegel zum Sichtbarmachen entfernter Vermessungspunkte. 3) *der, -s/-e,* grüner, rot getupfter Chalcedon. Helio|tropismus [vgl. . . .ismus] *der, -,* Phototropismus. heliozen|trisch, auf die Sonne als Mittelpunkt bezogen: *das heliozentrische Weltsystem.*
Heliport [zu Helikopter und Airport] *der, -(s)/-s,* Flugplatz für Hubschrauber. Heli-Skiing [engl. skiing ›Skilaufen‹] *das, -(s),* Skilaufen, bei dem der Skiläufer sich mit dem Hubschrauber in sonst schwer zugängliche Gebiete bringen läßt.

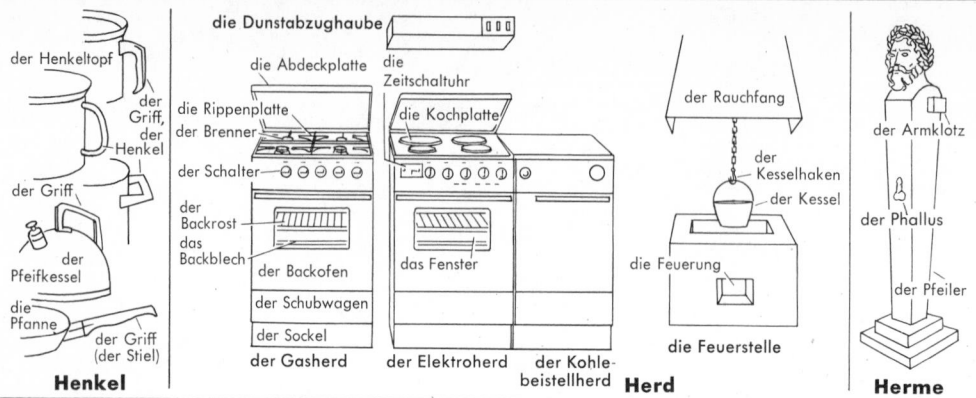

der Henkeltopf
der Griff
der Henkel
die Dunstabzughaube
die Abdeckplatte
die Zeitschaltuhr
die Rippenplatte
der Brenner
die Kochplatte
der Schalter
der Griff
der Backrost
das Backblech
der Backofen
das Fenster
der Schubwagen
der Sockel
der Pfeifkessel
die Pfanne
der Griff (der Stiel)

Henkel

der Gasherd   der Elektroherd   der Kohlebeistellherd

der Rauchfang
der Kesselhaken
der Kessel
die Feuerung
die Feuerstelle

Herd

der Armklotz
der Phallus
der Pfeiler

Herme

Helium [grch. helios ›Sonne‹] *das, -s,* ↻ Element, Zeichen: He, ein Edelgas.

Helix [grch. ›Windung‹, ›Spirale‹] *die, -,* **1)** ♌ wissenschaftl. Gattungsname der Weinbergschnecke. **2)** ♯ umgebogener Rand der Ohrmuschel. **3)** ↻ eine Molekularstruktur in der organ. Chemie; in doppelter Wendelung: *Doppelhelix.*

hell [mhd. hel ›tönend‹, ›laut‹, ›licht‹], **1)** reich an Licht: *es wird schon h.,* der Tag bricht an; *helle Zimmer; helleuchtende Sterne,* aber: *dieser besonders h. leuchtende Stern.* **2)** mit viel Weiß (Farben): *hellblau; ein helles Blau; hellhäutig.* **3)** hoch, klar und frisch (Klänge): *die Trompeten schmettern h.; eine helle Stimme.* **4)** Ü deutlich, klar: *ein heller Kopf,* Mensch mit rascher Auffassungsgabe. **5)** Ü rein, stark: *helle Begeisterung; das ist heller Wahnsinn!; in heller Verzweiflung.*

Hella [von Helene oder Helga], weibl. Vorname.

hell|auf, laut, hell und schallend: *h. lachen;* aber: *hell auflachen,* plötzlich anfangen, hell zu lachen. **hellblond,** *hellblondes Haar.*

Helldriver [-draivɔ, engl. ›Höllenfahrer‹] *der, -(s)/-(s),* **1)** jemand, der berufsmäßig auf akrobatische Weise Auto (Motorrad) zur Schau fährt. **2)** jemand, bes. Jugendlicher, der waghalsig Motorrad fährt.

Helldunkel *das,* Malerei, Graphik: das Zusammenwirken von Licht und Schatten. **helle,** U aufgeweckt: *Mensch, sei h.!*

Helle, 1) *die, -,* Lichtfülle, Helligkeit. **2)** *das, -n/-n, ein -s,* U helles Bier: *Herr Ober, bitte zwei H.!*

Hellebarde [mhd. helmbarte, zu halme ›Handhabe‹, barte ›Axt‹, ›Beil‹] *die, -/-n,* Hieb- und Stoßwaffe, ABB. H 14.

Hell(e)gat(t) [niederdt.] *das,* ⚓ auf Schiffen ein Lagerraum für Geräte.

Hellene [zu Hellas, dem griech. Namen für Griechenland] *der, -n/-n,* **Hellenin** *die, -/-nen,* Grieche, Griechin. **hellenisch. hellenisieren,** *ich* hellenisiere (habe hellenisiert) *es,* forme nach griech. Vorbild. **Hellenismus** *der, -,* das maßklassische Griechentum (von Alexander d. Gr. bis zur Vollendung der röm. Weltherrschaft). **Hellenist** *der, -en/-en,* Kenner der griech. Kultur der nachklass. Zeit. **hellenistisch.**

Heller [nach dem Prägeort Schwäbisch Hall] *der, -s/-,* kleines Geldstück: *auf H. und Pfennig,* ganz genau; *ich gebe keinen (roten) H. für ihn,* ich halte nichts von ihm.

Hellgat(t) *das,* ⚓ Hellegatt.

hellhörig, 1) mit scharfem Gehör (Person). **2)** sehr schalldurchlässig (Türen, Wände). **3)** Ü auch nur Angedeutetes verstehend: *auf dem Gebiet ist er h.; da wurde er h.,* merkte er auf.

hellicht, hell und licht; vgl. Silbentrennung, ÜBERS. S 50: *ein brutaler Überfall am hellichten Tag.*

Helligen, *Pl.* von Helling.

Helligkeit *die, -,* die Stärke einer Lichtempfindung. **Helligkeitsregler** *der,* Dimmer, Schalter zum stufenlosen Regeln der Helligkeit von Glühlampen.

Helling [mnd. helden ›abschüssig sein‹] *die, -/-en* oder *H'elligen, der, -s/-e,* geneigte Ebene, auf der ein Schiff gebaut wird und von der es auf Stapel läuft.

hellsehen [zu hell], *nur im Infinitiv üblich,* Vorgänge sehen oder erahnen, die der Sinneswahrnehmung unzugänglich

scheinen. **Hellseher** *der,* jemand, der die Gabe des Hellsehens besitzt; Wahrsager. **hellseherisch. hellsichtig, 1)** hellsichtig **2)** mit Scharfblick. **Hellsichtigkeit** *die, -.* **hellwach,** völlig wach.

Helm [ahd. helm, zu helan ›verdecken‹] *der, -(e)s/-e,* ABB. H 14, **1)** Kopfschutz: *Schutzhelm; Stahlhelm; Sturzhelm; Helmzier.* **2)** Turmdach.

Helm [mhd. halme ›Handhabe‹] *der, -(e)s/-e,* Stiel von Hammer, ABB. H 5, Beil, Axt, ABB. A 29.

Helma [Kurzform von Namen, die mit ›Helm-‹ oder ›-helma‹ gebildet sind], weibl. Vorname.

Helminthe [grch. helmins ›Wurm‹] *die, -/-n, meist Pl.,* ♌ meist parasitisch lebender Wurm. **Helminthiasis** *die, -/ . . .thi'asen,* **Helminthose** *die, -/-n,* ♯ Erkrankung durch Helminthen.

Helmsturz *der,* Visier am Helm, vgl. ABB. H 14, R 33.

Helmut [ahd. helm ›Helm‹ oder heil ›gesund‹ oder hiltja ›Kampf‹ und muot ›Sinn‹, ›Gemüt‹], männl. Vorname.

Helot [grch. heilos und heilotes ›Leibeigener‹] *der, -en/-en,* **1)** Staatssklave im alten Sparta. **2)** Ü Mensch, der ausgebeutet, unterdrückt wird. **Helotismus** [vgl. . . . ›ismus‹] *der, -,* ♌ ♁ Ernährungssymbiose.

Helvetien, die Schweiz. **Helvetier** [kelt. (H)elu-etii ›die Landreichen‹] *der, -s/-,* Angehöriger eines kelt. Volksstammes. **helvetisch,** die Schweiz betreffend.

He-man [h'i:mæn, engl. he ›er‹ und man ›Mann‹] *der, -(s)/ . . .men,* betont männlich-vital wirkender Mann.

Hemd [ahd. hemide ›Gewand‹] *das, -(e)s/-en,* **1)** auf dem Leib zu tragendes Wäschestück: *Unterhemd; Turnhemd; man hat ihn bis aufs H. ausgezogen,* völlig ausgeplündert. **2)** Oberbekleidungsstück: *Herrenhemd; Oberhemd; Hemd(en)knopf; Hemdblusenkleid.* **Hemdsärmel** *der:* in *Hemdsärmeln,* ohne Jacke. **hemdsärm(e)lig, 1)** ohne Jacke. **2)** Ü betont salopp.

hemi . . . [grch. hemi ›halb‹], halb. . . **Hemi|plegie** [grch. plege ›Schlag‹] *die, -/ . . . g'i'en,* ♯ halbseitige Lähmung. **Hemi|pteren** [grch. pteron ›Flügel‹], *Pl.,* Insekten, z. B. Wanzen. **Hemi|sphäre** *die,* **1)** Halbkugel, Himmelshalbkugel: *nördliche und südliche H.* **2)** ♯ Hälfte des Groß- oder Kleinhirns. **hemi|sphärisch. hemizyklisch** [auch h'e-], **1)** halbkreisförmig. **2)** ⊕ teils quirlig, teils spiralig angeordnet (Blütenblätter).

hemmen [mhd. hemmen, hamen], *ich hemme* (habe gehemmt), **1)** *es,* bremse, verlangsame den Fortgang, hindere die Bewegung: *eine Flaute in einem einzigen Bereich kann sich hemmend auf viele Wirtschaftsbereiche auswirken.* **2)** *es,* Ü verursache Hemmungen: *seine Schüchternheit hemmt ihn; ein gehemmter Mensch.* **Hemmnis** *das, -ses/-se,* Erschwernis, Hindernis. **Hemmschuh** *der,* **1)** einfache Vorrichtung zum Bremsen, ABB. B 47, G 28. **2)** Ü Hemmnis: *man will mir einen H. in den Weg legen.* **Hemmstoff** *der,* Biologie: Substanz, die das Einsetzen oder den Ablauf von Reaktionen unterbindet. **Hemmung** *die, -en,* **1)** Verlangsamung, Blockierung eines Vorgangs: *Wachstumshemmung.* **2)** Behinderung oder Blockierung normaler seelischer oder körperl. Vorgänge durch innere oder äußere Einflüsse. **3)** bei Uhren: Vorrichtung, die

die Energiezufuhr zum Schwinger steuert. **hęmmungslos,** zügellos, leidenschaftlich: *sie begann h. zu schluchzen.* **Hęmmungslosigkeit** *die, -.*

Hẹnd(e)l [zu Henne] *das, -s/-(n),* österr.: junges Huhn: *Backhendel.*

Hendiadyoin [grch. ›eins durch zwei‹] *das, -/-,* Ⓢ Verbindung zweier bedeutungsgleicher Substantive oder Verben zur Ausdruckssteigerung, z. B.: Hilfe und Beistand.

Hengst [ahd. hengist ›Wallach‹] *der, -es/-e,* männl. Tier bei Pferd, Esel, Zebra, Kamel, Dromedar.

Hẹnkel [zu henken] *der, -s/-,* gebogener Griff, ABB. H 15, T 5: *Henkelkorb; Henkelkrug.* **Henkelmann** *der,* Ⓤ Kochgeschirr zum Transportieren warmer Mahlzeiten.

hęnken [mhd. henken ›hängen‹], *ich henke (habe gehenkt) ihn,* hänge auf, richte durch den Strang hin. **Hęnker** *der, -s/-,* Scharfrichter, Vollstrecker einer Todesstrafe: *(scher dich) zum H.!,* Fluch. **Hęnkersmahlzeit** *die,* letzte Mahlzeit des zum Tode Verurteilten; Ⓤ Abschiedsessen.

Hęnna [arab. hinna] *die, -,* 1) ein Weiderichgewächs. 2) rotgelber Farbstoff daraus: *hennarotes Haar.*

Hęnne [ahd. henin, henna, zu Hahn] *die, -/-n,* weibl. Huhn, ABB. H 26, weibl. Fasan.

Hęnnig, Henning.

Hęnnin [ɛnˈɛ̃, frz.] *der, -s/-s,* früher: eine Frauenhaube, ABB. H 10.

Hẹnni(n)g [Kurzform von Johannes und Heinrich], männl. Vorname. **Hẹnny** [engl. Kurzform von Henrietta], **Henriętte** [zu frz. Henri ›Heinrich‹], weibl. Vornamen. **Hẹnrik** [niederdt. und schwed. Form von Heinrich], **Hẹnry** [engl.], männliche Vornamen, Heinrich.

Hẹnry [nach dem amerikan. Physiker J. Henry, 1797 bis 1878] *das, -/-,* Zeichen: H, Einheit der elektromagnet. Induktivität.

Heortologie [grch. heorte ›Fest‹ und vgl. . . .logie] *die, -,* Lehre von den christl. Festen.

hepatisch [grch. hepar, Gen. hepatos ›Leber‹], die Leber betreffend. **Hepatitis** *die, -/. . .ti'iden,* ⚕ Leberentzündung. **Hepatologie** [vgl. . . .logie] *die, -,* die Lehre von der Leber und ihren Krankheiten.

Hephaistos, Hephaestus, griech. Mythologie: Gott des Feuers und der Schmiedekunst.

hept. . ., vor Vokalen, **hepta. . .** [grch. hepta ›sieben‹], sieben. . . **Heptachord** [grch. chorde ›Saite‹] *der* oder *das, -(e)s/-e,* ♪ große Septime. **Hept|ameron** [grch. hemera ›Tag‹] *das, -s,* 1) ♭ Schöpfungswoche. 2) eine Novellensammlung. **Heptameter** [grch. metron ›Maß‹] *der, -s/-,* siebenfüßiger Vers. **Heptane,** *Pl.,* gesättigte Kohlenwasserstoffe; Benzinbestandteile. **Heptatęuch** [grch. teuchos ›Gerät‹, ›Rüstzeug‹] *der, -s,* bibelwissenschaftlich: die Einheit der fünf Bücher Mose und der Bücher Josua und Richter im A. T.

her [ahd. hera], 1) auf den Sprechenden zu, zu ihm hin: *von*

dort h.; hin und h.,* vgl. hin; *h. zu mir!; h. damit!,* gib es mir!; *mit ihm (damit) ist es nicht weit h.,* Ⓤ er (es) ist mittelmäßig, unzulänglich; *die Polizei ist hinter ihm h.,* Ⓤ sucht, verfolgt ihn; *er ist hinter dieser Sache h.,* Ⓤ will sie unbedingt erlangen. 2) zeitlich: *das ist lange h.,* vor langer Zeit geschehen; *von alters h.,* seit langer Zeit. **her . . .,** in Verbindung mit Verben trennbar zusammengesetzt: *herbitten; herbringen; herfinden; herhören; herleiten; herreichen; herschauen;* vgl. herfallen.

Hera, griech. Mythologie: Göttin, Gemahlin des Zeus.

her|ab, von oben nach hier unten. **her|ab. . .,** in Verbindung mit Verben trennbar zusammengesetzt: *herabfallen; herabhängen; herabsteigen; herabstürzen.*

her|ablassen, *ich lasse herab* (ließ herab, habe herabgelassen), 1) *ihn, es, mich,* lasse nach unten gleiten. 2) *mich, es zu tun,* Ⓤ bin so gnädig, leutselig. **her|ablassend,** Ⓤ von oben herab, hochmütig: *mit herablassendem Blick.* **Her|ablassung** *die, -:* *er behandelte sie mit H.*

her|absehen, *ich sehe herab* (sah herab, habe herabgesehen), 1) blicke nach unten: *ich stand unten auf der Straße und merkte, daß er vom Fenster herabsah.* 2) *auf ihn,* Ⓤ behandle ihn herablassend, verachte ihn.

her|absetzen, *ich setze herab* (habe herabgesetzt), 1) *es,* vermindere, senke: *zu herabgesetzten Preisen.* 2) *ihn,* Ⓤ mache verächtlich, behandle geringschätzig. **Her|absetzung** *die, -/-en.*

her|abwürdigen, *ich* würdige *ihn, mich* herab (habe herabgewürdigt). **Her|abwürdigung** *die, -,* Demütigung, kränkende Mißachtung.

hera|kleisch. Hera|kles, griech. Mythologie: ein auch als Gott verehrter Held. **Hera|klide** *der, -n/-n,* Nachkomme des Herakles.

Heraldik [aus mlat. ars heraldica ›Heroldskunst‹, zu afrz. héralt ›Herold‹] *die, -,* Wappenkunde, ABB. H 16. **Herạldiker** *der, -s/-.* **herạldisch,** heraldische Farben.

her|an, auf den Sprechenden zu. **her|an. . .,** in Verbindung mit Verben trennbar zusammengesetzt: *heranbringen; heranfahren; herannahen; heranschaffen; herantasten.*

her|anbilden, *ich* bilde *ihn, mich* heran (habe herangebildet), bilde auf ein bestimmtes Ziel hin aus: *der Verein bildet seine Spieler aus dem Nachwuchs heran.*

her|anmachen, *ich mache ihn* heran (habe sich herangemacht), Ⓤ 1) *an eine Tätigkeit,* beginne. 2) *an ihn,* dränge mich ihm auf, schmeichle mich bei ihm ein, um etwas zu erreichen.

her|anreichen, *ich reiche an etwas heran* (hat herangereicht), 1) erstreckt sich bis dahin. 2) *ich reiche an ihn heran,* Ⓤ bin ihm gleichwertig: *er reicht nicht an den Vorgänger heran.*

her|anreifen, *es* reift heran (ist herangereift), reift: *seine Idee ist zu einem konkreten Plan herangereift,* Ⓤ.

her|antragen, *ich* trage *es* heran (trug heran, habe herangetragen), 1) bringe herbei. 2) *an ihn,* Ⓤ lasse ihn wissen: *an die Geschäftsleitung wurde die Bitte herangetragen, . . .*

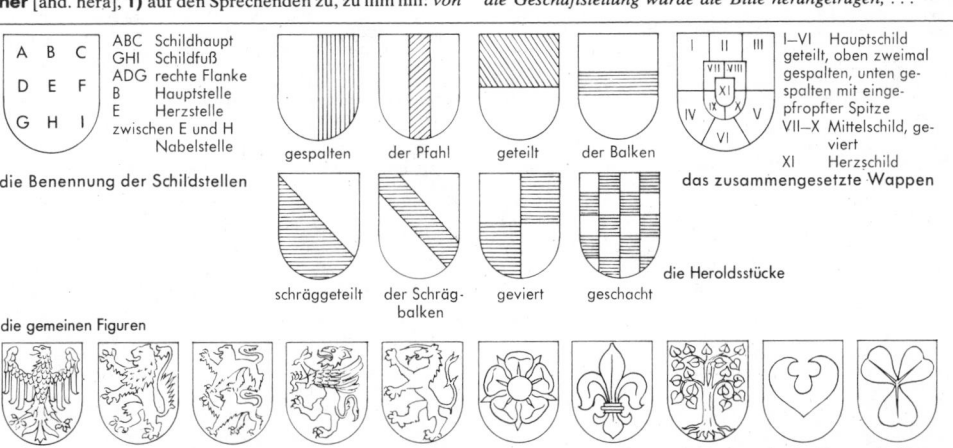

A B C	ABC Schildhaupt	
D E F	GHI Schildfuß	
G H I	ADG rechte Flanke	
	B Hauptstelle	
	E Herzstelle	
	zwischen E und H	
	Nabelstelle	

die Benennung der Schildstellen · gespalten · der Pfahl · geteilt · der Balken

I–VI Hauptschild geteilt, oben zweimal gespalten, unten ge- spalten mit einge- pfropfter Spitze
VII–X Mittelschild, ge- viert
XI Herzschild

das zusammengesetzte Wappen

schräggeteilt · der Schräg- balken · geviert · geschacht

die Heroldsstücke

die gemeinen Figuren

der Adler · der Löwe · Leoparden · der Greif · das Einhorn · die Rose · die Lilie · die Linde · das Seeblatt · das Klee- blatt

Heraldik

H 16

347

her|antreten, *ich* trete heran (trat heran, bin herangetreten), **1)** komme näher. **2)** *an ihn,* Ü wende mich an ihn: *er trat (mit einer Bitte) an ihn heran,* bat um etwas.

her|anwachsen, *ich* wachse heran (wuchs heran, bin herangewachsen), werde allmählich erwachsen: *die heranwachsende Jugend.* **Her|anwachsende** *der, die, -n/-n, ein -, eine -,* Strafrecht: Personen zwischen dem 18. und 21. Lebensjahr.

her|anziehen, *ich* ziehe heran (habe herangezogen), **1)** *zu mir,* ziehe in meine Nähe. **2)** *es,* berücksichtige, ziehe in Betracht: *das kann man nicht zum Vergleich heranziehen.* **3)** *Pflanzen, Tiere,* pflege, ziehe auf. **4)** *ihn zu etwas,* bilde aus. **5)** *ihn zu etwas,* fordere seine Mitwirkung. **6)** *es zieht heran,* kommt näher: *ein Unwetter ist herangezogen.*

her|auf, von unten nach hier oben. **her|auf. . .,** in Verbindung mit Verben trennbar zusammengesetzt: *heraufbringen; heraufholen; heraufklettern; heraufkommen.*

her|aufbeschwören, *ich* beschwöre es herauf (habe heraufbeschworen), **1)** bringe durch Zauber herbei: *man beschwor die Toten herauf.* **2)** rufe ins Gedächtnis: *wir haben gemeinsame Erinnerungen heraufbeschworen.* **3)** Ü verursache (leichtsinnig): *beschwöre keinen Streit herauf!*

her|aus, nach außen, auf den Sprechenden zu: *aus dem Haus h.; h. mit der Sprache!,* Ü sage es ohne Scheu. **her|aus. . .,** in Verbindung mit Verben trennbar zusammengesetzt: *herausbrechen; heraushängen; herauslassen; herausrennen; herausschreiben; heraussuchen; herausziehen.*

her|ausarbeiten, *ich* arbeite heraus (habe herausgearbeitet), **1)** *es,* lasse hervortreten, mache sichtbar, deutlich. **2)** *es,* Ü gewinne durch Überstunden: *ich arbeite den freien Tag wieder heraus.* **3)** *mich,* befreie mich unter Anstrengungen: *ich konnte mich aus dem Schnee herausarbeiten.*

her|ausbekommen, *ich* bekomme es heraus (bekam heraus, habe herausbekommen), **1)** Ü kann entfernen, z. B. einen Fleck. **2)** löse, errate (Rätsel, Geheimnis). **3)** erhalte (Wechselgeld) zurück.

her|ausbringen, *ich* bringe heraus (habe herausgebracht), **1)** *ihn, es,* bringe nach draußen: *bring mir einen Stuhl heraus!; vor Schreck brachte sie kein Wort heraus.* **2)** *es,* veröffentliche, bringe auf den Markt. **3)** *es,* Ü erforsche, enträtsele, löse.

her|ausfahren, *ich* fahre heraus (fuhr heraus, bin herausgefahren), **1)** fahre von drinnen nach draußen: *fahr vorsichtig aus dem Hof heraus!* **2)** *es ist ihm herausgefahren,* Ü er sagte es unbedacht. **3)** (habe herausgefahren) *es, ihn,* bringe den Wagen, mit dem Wagen nach draußen. **4)** (habe herausgefahren) *es,* ✗ erreiche durch gutes Fahren: *er hat einen sicheren Vorsprung herausgefahren.*

her|ausfinden, *ich* finde heraus (fand heraus, habe herausgefunden), **1)** finde den Weg nach hier draußen: *viele konnten nicht mehr aus dem brennenden Gebäude herausfinden.* **2)** *mich,* Ü befreie mich aus einer schwierigen Lage. **3)** *ihn, es,* Ü mache ausfindig.

Her|ausforderer *der, -s/-.* **her|ausfordern,** *ich* ford(e)re heraus (habe herausgefordert), **1)** *ihn,* fordere zum Wettkampf, Zweikampf. **2)** *es,* reize dazu, provoziere: *er hat sein Schicksal mutwillig herausgefordert; seine Antwort forderte Widerspruch heraus; sie sah ihn herausfordernd an.* **Herausforderung** *die.*

Her|ausgabe *die, -: die H. seines neuen Werkes; Herausgabeanspruch,* ⚖. **her|ausgeben,** *ich* gebe es heraus (gab heraus, habe herausgegeben), **1)** reiche von innen nach außen. **2)** (Aufbewahrtes) zurück: *Diebesgut muß man herausgeben.* **3)** gebe Wechselgeld: *können Sie auf 50 Mark herausgeben?* **4)** ⚖ veröffentliche: *herausgegeben von. . .,* ⚖ Abk.: hg. oder hrsg. **Her|ausgeber** *der,* ⚖ Abk.: Hg. oder Hrsg., jemand, der eine Druckschrift veröffentlicht, ohne Verfasser oder alleiniger Verfasser zu sein.

her|ausgehen, *er* geht heraus (ging heraus, ist herausgegangen), **1)** gehe nach hier draußen. **2)** Ü gibt sich unbefangen: *bei einer Flasche Wein ging er aus sich heraus.* **3)** *es* geht heraus, Ü läßt sich entfernen (Fleck).

her|aushaben, *ich* habe es heraus (habe herausgehabt), Ü habe herausbekommen, gelöst: *jetzt habe ich den Bogen heraus,* weiß ich, wie man es macht.

her|aushalten, *ich* halte heraus (hielt heraus, habe herausgehalten), **1)** *es,* halte nach draußen. **2)** *mich,* mische mich nicht ein: *er hält sich aus allem heraus.*

her|aushauen, *ich* haue heraus (haute heraus, habe herausgehauen), **1)** *es,* schlage heraus. **2)** *ihn, mich,* Ü befreie aus bedrängter Lage.

her|auskehren, vgl. hervorkehren.

her|auskommen, *ich* komme heraus (kam heraus, bin herausgekommen), **1)** gehe, komme nach draußen: *er soll endlich herauskommen; wir kamen aus dem Erzählen, Lachen nicht heraus,* Ü erzählten, lachten immerzu. **2)** komme zur Geltung: *die Farben sind auf dem Bild gut herausgekommen; dieser Sänger kam in der letzten Spielzeit ganz groß heraus.* **3)** *es kommt heraus,* wird bekannt, ruchbar. **4)** *es kommt heraus,* kommt neu auf den Markt, z. B. ein Buch. **5)** *es kommt heraus,* ist das Ergebnis (einer Aufgabe): *dabei kommt doch nichts heraus!,* Ü es hat keinen Zweck!

her|auskriegen, *ich* kriege es heraus (habe herausgekriegt), Ü bekomme heraus.

her|auskristallisieren, *es* kristallisiert *sich* heraus (hat sich herauskristallisiert), Ü wird klar, nimmt Form an.

her|ausmachen, *ich* mache heraus (habe herausgemacht), Ü *es,* entferne. **2)** *mich,* bessere mich, werde vollkommener: *das Kind hat sich prächtig herausgemacht,* gut entwickelt.

her|ausnehmen, *ich* nehme heraus (nahm heraus, habe herausgenommen), **1)** *ihn, es,* entferne aus etwas: *man hat ihm die Gallenblase herausgenommen,* operativ entfernt. **2)** *es mir,* Ü erfreche mich, erkühne mich: *es ist unerhört, was er sich da wieder herausgenommen hat!*

her|auspauken, *ich* pauke ihn heraus (habe herausgepaukt), Ü helfe ihm aus einer Verlegenheit.

her|ausplatzen, *ich* platze heraus (bin herausgeplatzt), **1)** *mit einer Sache,* plaudere sie aus. **2)** lache plötzlich los.

her|auspressen, *ich* presse es heraus (habe herausgepreßt), **1)** presse aus etwas: *ich habe den letzten Tropfen herausgepreßt.* **2)** erlange die Herausgabe von etwas durch Erpressen.

her|ausputzen, *ich* putze ihn, mich heraus (habe herausgeputzt), Ü kleide prächtig, auffällig.

her|ausreden, *ich* rede *mich* heraus (habe mich herausgeredet), Ü gebrauche Ausflüchte, Ausreden.

her|ausreißen, *ich* reiße heraus (riß heraus, habe herausgerissen), **1)** *es,* reiße aus. **2)** *ihn,* ändere plötzlich den Zustand, in dem er sich befindet: *er wurde aus seinen Gedanken gerissen.* **3)** *ihn,* Ü rette, befreie aus Schwierigkeiten.

her|ausrücken, *ich* rücke heraus, **1)** (habe herausgerückt) *es,* rücke nach draußen. **2)** (habe herausgerückt) *es,* Ü gebe heraus: *er wollte kein Geld herausrücken.* **3)** (bin herausgerückt) *mit etwas,* Ü sage, verrate es: *er wollte nicht mit der Wahrheit herausrücken.*

her|ausrutschen, *es* rutscht heraus (ist herausgerutscht), **1)** rutscht aus etwas, z. B. das Hemd aus der Hose. **2)** *mir,* Ü sage es unbedacht.

her|ausschauen, *ich* schaue heraus (habe herausgeschaut), **1)** sehe nach außen. **2)** *da(bei)* schaut nichts heraus, Ü das lohnt sich nicht, wirft nichts ab.

her|ausschinden, *ich* schinde *etwas (aus ihm)* heraus (habe herausgeschunden), Ü erlange mit Mühe, mit Geschick: *ich habe eine ganze Woche Urlaub herausgeschunden.*

her|ausschlagen, *ich* schlage es heraus (schlug heraus, habe herausgeschlagen), **1)** treibe heraus: *ich habe den Nagel mit Gewaltsam.* **2)** Ü erreiche, gewinne etwas: *aus diesem Geschäft kannst du mehr herausschlagen.*

her|ausspringen, *ich* springe heraus (sprang heraus, bin herausgesprungen), **1)** springe, laufe nach draußen. **2)** *es* springt etwas dabei heraus, Ü bringt Gewinn.

her|ausstellen, *ich* stelle heraus (habe herausgestellt), **1)** *es,* stelle nach hier draußen. **2)** *ihn, es,* zeige, betone, hebe hervor: *er stellte in seiner Rede die wichtigsten Probleme heraus.* **3)** *es* stellt sich heraus, ergibt sich, zeigt sich: *deine Vermutung hat sich als richtig herausgestellt; es stellte sich heraus, daß . . .*

her|ausstreichen, *ich* streiche heraus (habe herausgestrichen, **1)** *es,* streiche, tilge. **2)** *ihn, es, mich,* lobe sehr.

her|auswachsen, *es* wächst heraus (wuchs heraus, ist herausgewachsen), **1)** kommt (aus der Erde) hervor (Pflanze). **2)** *ich* wachse aus einem Kleidungsstück heraus, Ü es wird mir zu klein.

herb [mhd. har(w)e ›herb‹], **1)** nicht süß, leicht sauer, kräftig im Geschmack: *herber Wein.* **2)** Ü ernst, schmerzlich: *herbes Schicksal.* **3)** Ü unfreundlich, scharf: *herbe Kritik.* **4)** Ü abweisend, verschlossen: *ein herbes Mädchen.*

Herbarium [lat. herba ›Kraut‹, ›Pflanze‹] *das, -s/. . .ri|en,* Sammlung getrockneter Pflanzen.

Herbe [mhd. herbe, herwe] *die, -,* P Herbheit.

herbei, hierher, zum Sprechenden hin: *h., h.!* **herbei. . .,** in Verbindung mit Verben trennbar zusammengesetzt: *herbeieilen; herbeischaffen; herbeiströmen; herbeiwünschen.*

herbeiführen, *ich* führe herbei (habe herbeigeführt), **1)** *ihn, es,* bringe. **2)** *es,* Ü bewirke, verursache: *er hat den Unfall fahrlässig herbeigeführt.*

herbeilassen, *ich* lasse *mich* herbei (ließ mich herbei, habe mich herbeigelassen), *es zu tun,* erkläre mich nur zögernd bereit, bin so gnädig.

Herberge [ahd. heriberga] *die, -/-n,* Unterkunft, Obdach, Heimstätte, Bleibe: *Jugendherberge.* **herbergen** [ahd. heribergon], *ich* herberge (habe geherbergt) *ihn,* ♻ beherberge.

Herbert [ahd. heri ›Schar‹ und beraht ›glänzend‹], männl. Vorname.

Herbheit [vgl. Herbe] *die, -,* herber Geschmack; herbes Wesen.

Herbicid *das,* Herbizid.

Herbivore [lat. herba ›Pflanze‹ und vorare ›fressen‹] *der, -n/-n,* 🐾 Pflanzenfresser. **Herbizid** [lat. caedere ›fällen‹, ›töten‹] *das, -(e)s/-e,* auch Herbicid, Unkrautbekämpfungsmittel.

Herbst [ahd. herbist, eigtl. ›Pflückzeit‹, zu lat. carpere ›pflücken‹] *der, -es/-e,* **1)** eine Jahreszeit, ÜBERS. J 2, Zeit der Ernte und des Welkens: *Herbstanfang; im H. des Lebens,* Ü im Alter. **2)** *oberdt.:* Weinlese: *ein voller H.,* eine gute Traubenernte. **herbsteln,** *es* herbstelt (hat geherbstelt), herbstet. **herbsten,** *ich* herbste (habe geherbstet), **1)** *oberdt.:* halte Traubenlese. **2)** *es herbstet,* herbstelt, wird Herbst. **herbstlich,** *der Wald ist h. gefärbt.* **Herbstling** *der, -s/-e,* 🐾 spätgeborenes Kalb. **Herbst-Tag|undnachtgleiche** *die, -/-n,* 23. September. **Herbstzeitlose** *die,* ein giftiges Liliengewächs.

hercynisch, herzynisch.

Herd [ahd. herd] *der, -(e)s/-e,* **1)** Einrichtung zum Kochen, ABB. H 15; Sinnbild des gemütlichen Heimes: *eigner H. ist Goldes wert.* **2)** Ü Mittelpunkt, Ausgangspunkt, Sitz: *der H. der Unzufriedenheit, einer Krankheit, eines Erdbebens; Unruheherd; Infektionsherd.* **3)** 🦜 Vogelfangplatz: *Vogelherd.* **4)** ⚗ wannenartiger Boden von Hoch- und Schmelzöfen; schwach geneigte Schüttelfläche zur Aufbereitung.

Herdbuch [zu Herde] *das,* Stammbuch für Zuchttiere.

Herde [ahd. herta] *die, -/-n,* **1)** Verband von Haustieren, ABB. H 18, von wilden Tieren: *Büffelherde.* **2)** Ü Menschenmenge (die sich treiben läßt): *eine H. von Touristen.* **3)** P die Schutzbefohlenen, die kirchliche Gemeinde. **Herdenmensch** *der,* unselbständiger Mensch mit Herdentrieb. **Herdentrieb** *der, -(e)s,* Bedürfnis, sich einer Gemeinschaft anzuschließen, um eigenen Entscheidungen zu entgehen.

herder(i)sch, Herder(i)sch, auf den Philosophen und Dichter J. G. Herder, 1744–1803, bezüglich, vgl. ÜBERS. A 4, C.

hereditär [frz., zu lat. hereditas ›Erbschaft‹], **1)** die Erbschaft, Erbfolge betreffend. **2)** erblich. **Heredität** *die, -.*

herein, nach hier drinnen, in den Raum, in dem der Sprechende ist: *er hat eben ›Herein!‹ gerufen.* **herein...,** in Verbindung mit Verben trennbar zusammengesetzt: *hereinbitten; hereinholen; hereinkommen; hereinlassen; hereinplatzen; hereinspazieren.*

hereinbekommen, *ich* bekomme *es* herein (bekam herein, habe hereinbekommen), erhalte neue Ware.

hereinbrechen, *es* bricht herein (brach herein, ist hereingebrochen), **1)** beginnt: *die Nacht brach herein.* **2)** *über ihn,* geschieht ihm plötzlich (Unglück).

hereinfallen, *ich* falle herein (fiel herein, bin hereingefallen), **1)** falle nach hier drinnen. **2)** Ü werde getäuscht, komme durch falsches Vertrauen zu Schaden: *mit meinem Vertrauen bin ich bei ihm hereingefallen; auf diesen Schwindel falle ich nicht herein.*

hereinfliegen, *ich* fliege herein (bin hereingeflogen), **1)** U falle herein. **2)** *der Bienenschwarm flog zu uns ins Zimmer herein,* flog in das Zimmer.

hereinlegen, *ich* lege herein (habe hereingelegt), **1)** *es,* lege nach hier drinnen. **2)** U spiele ihm einen Streich; betrüge ihn: *mich legt man nicht so leicht herein.*

hereinschneien, **1)** *es* schneit (zur Tür) herein (hat hereingeschneit), Schnee kommt hindurch. **2)** *ich* schneie bei *ihm herein* (bin hereingeschneit), U besuche ihn überraschend.

Herero [auch -r'e:-] *der, -(s)/-(s),* Angehöriger eines Bantuvolkes im südwestl. Afrika.

herfallen, *ich* falle her (fiel her, bin hergefallen), **1)** *über ihn, etwas,* greife ihn an; es überraschend und hart an; Ü rede ungünstig über ihn, darüber. **2)** *über etwas,* U esse es hastig, gierig.

herfür, ♻ hervor.

Hergabe [zu hergeben] *die,* Auslieferung, Verzicht.

Hergang [zu hergehen] *der, -(e)s,* Geschehen, Verlauf eines Ereignisses: *er schilderte den H. der Tat.*

hergeben, *ich* gebe her (gab her, habe hergegeben), **1)** *es,* verzichte darauf, schenke, übergebe: *gib die Schlüssel her!* **2)** *mich, es zu (für) etwas,* lasse dazu verwenden: *für dieses Geschäft gebe ich meinen guten Namen nicht her.* **3)** *die Sache gibt nichts her,* Ü ist bedeutungslos, man kann wenig damit anfangen.

hergebracht, herkömmlich, üblich: *althergebracht.*

hergehen, *ich* gehe her (ging her, bin hergegangen), **1)** *hinter ihm,* folge ihm. **2)** *über ihn,* U spreche schlecht von ihm. **3)** *es geht her,* U verläuft, geht vor sich: *auf dem Fest ging es hoch, lustig her; in der Konferenz ist es heiß hergegangen,* es wurde heftig diskutiert.

her   gelaufen, *ein hergelaufener Kerl,* Ü verächtlich: jemand, über dessen Herkunft man nichts weiß.

herhalten, *ich* halte *als, für etwas* her (hielt her, habe hergehalten), Ü werde ausgenutzt, verspottet oder geneckt: *er mußte als Sündenbock herhalten.*

herholen, *ich* hole her (habe hergeholt), **1)** *es,* bringe hierher. **2)** *das ist weit hergeholt,* Ü es gibt dafür keine überzeugende, naheliegende Begründung; aber: *ich habe die Pflanzen von weither geholt.*

Hering [ahd. harinc, zu niederl. haar ›Gräte‹] *der, -s/-e,* **1)** in Schwärmen auftretender Nutzfisch: *Salzheringe; Heringssalat; sie mußten wie die Heringe stehen,* U dicht gedrängt. **2)** Zeltpflock, ABB. Z 7. **3)** U magerer Mensch.

herkommen, *ich* komme her (kam her, bin hergekommen), **1)** komme hierher. **2)** *hinter ihm,* folge ihm. **3)** *von etwas,* stamme von dort. **Herkommen** *das, -s,* **1)** Gewohnheitsrecht, Brauch, Überlieferung. **2)** Abstammung. **herkömmlich,** nach herkömmlicher Methode.

Herkules [lat. Hercules], **1)** Herakles. **2)** *der, -/-se,* Ü sehr starker, großer Mensch: *Herkulesarbeit.* **3)** *der, -,* ☆ ein Sternbild. **herkulisch,** Ü riesenstark (Mensch); übermenschlich (Kräfte).

Herkunft [zu herkommen] *die, -,* Ursprung, Abstammung: *Herkunftsangabe; ein Mann (von) einfacher H.*

Herling [ahd. herling, vermutlich zu Härtling ›hart‹] *der, -s/-e,* unreife Spättraube.

hermachen, *ich* mache her (habe hergemacht), U **1)** *mich über etwas,* falle her; nehme in Angriff. **2)** *das macht etwas, nichts her,* sieht nach etwas, nichts aus.

Hermann [ahd. hari ›Heer‹ und man ›Mann‹], männl. Vorname.

Herm|aphrodit [grch. Hermaphroditos, Sohn der griech. Gottheiten Hermes und Aphrodite] *der, -en/-en,* Zwitter. **herm|aphroditisch. Herm|aphrod(it)ismus** *der, -.*

Herme [grch. Hermes, nach dem Götterboten] *die, -/-n,* Pfeiler mit Bildniskopf und Phallus, ABB. H 15.

Hermelin [Diminutiv zu ahd. harmo ›Wiesel‹] **1)** *das, -s/-e,* 🐾 das Große Wiesel, ein Raubmarder. **2)** *der, -s/-e,* dessen Pelz.

Hermeneutik [grch. hermeneuein ›aussagen‹, ›erklären‹] *die, -,* Verfahren der Auslegung und Deutung, bes. von Schrift-, Musik- und Kunstwerken. **hermeneutisch,** *hermeneutische Methode,* verstehende Deutung.

Hermes, griech. Mythologie: Götterbote, Gott des Handels u. a.

hermetisch [nach dem ägypt. Gott Hermes Trismegistos], **1)** luft- und wasserdicht. **2)** Ü völlig dicht: *das Gebiet wurde von der Polizei h. abgeriegelt.* **3)** geheimnisvoll.

Hermine [zu Hermann] weibl. Vorname.

Hermi(n)one *der, -n/-n,* Angehöriger ein german. Stammesgruppe.

Hermundure *der, -n/-n,* Angehöriger eines german. Stammes.

hernach, nachher, dann.

Hernie [-ia, lat. hernia ›Bruch‹] *die, -/. . .ni|en,* ⚕ Eingeweidebruch. **2)** ✠ eine Pflanzenkrankheit: *Kohlhernie.* **hernieder,** P herab, herunter. **hernieder. . .,** in Verbindung mit Verben trennbar zusammengesetzt: *herniederfallen.*

Herniotomie [lat. hernia ›Bruch‹ und grch. tome ›Schnitt‹] *die, -/. . .m'i|en,* ⚕ Bruchoperation.

Heroe [grch. heros ›Held‹] *der, -n/-n,* Heros, Held, Halbgott: *Heroenkult.* **heroenhaft. Heroin** *die, -n/-n,* Heldin. **Heroin** *das, -s,* ein Rauschgift: *heroinsüchtig.* **Heroine** *die, -/-n,* Bühnenheldin. **Heroismus** *der, -,* Süchtigkeit nach Heroin. **heroisch,** heldenhaft: *ein heroischer Entschluß.* **heroisieren,** *ich* heroisiere (habe heroisiert) *ihn, es,* verherr-

---

liche als heldenhaft. **Heroisierung** *die, -/-en.* **Heroismus** *der, -,* Heldentum, Heldenmut.

Herold [spätmhd. heralt ›Heer-Walter‹, frz. heraut, aus einem vermuteten ahd. heriowaldo ›Heereswalter‹] *der, -(e)s/-e,* **1)** im MA.: fürstl. Diener, Bote, Ausrufer. **2)** Ü Vorläufer, Verkünder. **Heroldskunst** *die, -,* Heraldik. **Heroldsstücke,** *Pl.,* Teilungen des Wappenschildes, ABB. H 16.

Heros *der, -/. . .r̍o̍en,* Heroe.

Hero|strat [nach Herostratos, der aus Ruhmsucht den Artemistempel von Ephesos anzündete] *der, -en/-en,* Verbrecher aus Ruhmsucht. **Hero|stratentum** *das, -s.* **herostratisch.**

Herpes [grch. herpes, zu herpein ›schleichen‹ *der, -,* ♃ verschiedene Formen von Bläschenausschlag. **Herpetologie** [vgl. . . .logie] *die, -,* Lehre von den Lurchen und Kriechtieren.

Herr [ahd. heriro, verwandt mit hehr] *der, -(e)n/-en,* Abk.: Hr., Dativ, Akkusativ: Hrn. (Herrn), **1)** jemand, der anderen zu befehlen hat, Gebieter, Besitzer: *ich bin der H. dieses Hauses; ich bin mein eigener H.; Hausherr; Gutsherr; Landesherr; er ist nicht mehr H. seiner selbst,* Ü er hat die Beherrschung verloren; *aus aller Herren Länder(n),* von überall her. **2)** ohne *Pl.,* Gott: *Gott der H.* **3)** männl. Erwachsener: *ein H. wünscht Sie zu sprechen; wir bitten um den Besuch eines Ihrer Herren; Herrenabend; Herrenausstatter; Herren,* Abk.: H, Aufschrift an Toiletten. **4)** Anrede für Männer: *H. Schnorr, des Herrn Schnorr; H. Professor; meine Damen und Herren!; Ihres Herrn Vaters.* **Herrchen** *das, -s/-,* Ü Besitzer eines Hundes: *wo ist dein H.?* (an den Hund gerichtet). **Herrenhaus** *das,* **1)** Haus des Gutsbesitzers. **2)** bis 1918: Erste Kammer des preuß. Landtags und des österr. Reichsrats. **herrenlos,** ohne Eigentümer (Sache, Tier). **Herrenpilz** *der,* Steinpilz. **Herrensitz** *der,* **1)** vornehmes Landgut. **2)** breitbeiniger Reitsitz. **Herrgott** *der,* Gott. **Herrgottsfrühe** *die: in aller H.,* bei anbrechendem Morgen. **Herrgottsschnitzer** *der,* Holzbildschnitzer, bes. von Kruzifixen. **Herrgottswinkel** *der,* Ecke mit Heiligenbildern, bes. im kath. Bauernhaus.

herrichten, *ich richte es her* (habe hergerichtet), **1)** bereite vor, mache fertig: *ich richte das Gästezimmer her; sie hat sich für den Ball hergerichtet,* Ü. **2)** bessere aus, setze instand: *wir lassen die alte Truhe wieder herrichten.*

Herrin [zu Herr] *die, -/-nen,* Gebieterin, Besitzerin. **herrisch,** gebieterisch, stolz und befehlend. **herrje!, herrjemine!** [aus: Herr Jesu Domine!, Ü Ausruf des Erstaunens oder Schreckens. **herrlich** [ahd. herlih, zu Herr], wunderbar, prächtig: *ein herrlicher Anblick; er lebt h. und in Freuden.* **Herrlichkeit** *die, -/-en,* **1)** ohne *Pl.,* Pracht, Glanz. **2)** Ü herrliche Sache, großartige Speise: *das Schaufenster mit all seinen Herrlichkeiten.* **3)** ⚯ Anrede an vornehme Personen: *Euer H.*

Herrnhuter [nach dem Ort Herrnhut in der Lausitz] *der, -s/-,* Angehöriger der Herrnhuter Brüdergemeine. **herrnhutisch.**

Herrschaft [ahd. herscaft, zu Herr] *die, -/-en,* **1)** ohne *Pl.,* das Recht, die Macht zu herrschen: *unter der H. Friedrichs des Großen; die H. des Geldes; Schreckensherrschaft; Weltherrschaft.* **2)** ohne *Pl.,* Beherrschung: *bei überhöhter Geschwindigkeit verlor er die H. über den Wagen.* **3)** Hausherr und seine Familie (für die Dienstboten). **4)** größerer Landbesitz: *Grundherrschaft.* **5)** nur *Pl.,* Herren und Damen in der Gesellschaft: *treten Sie ein, meine Herrschaften!,* als Anrede; *Herrschaften, so kann es nicht weitergehen!,* Ü mahnend an Untergebene. **herrschaftlich. herrschen,** *ich herrsche* (habe geherrscht), **1)** *über ihn, etwas,* bin Herr, gebiete, regiere. **2)** *es herrscht,* findet sich, ist (überwiegend) vorhanden: *hier herrscht Ordnung; zur Zeit herrscht bei uns die Grippe; die herrschende Meinung.* **Herrscher** *der, -s/-:* Alleinherrscher; Gewaltherrscher; Herrschergeschlecht; Herrscherhaus. **Herrschsucht** *die, -,* das Bestreben, über andere zu herrschen. **herrschsüchtig.**

herrühren, *es rührt von ihm her* (hat hergerührt), stammt davon: *sein Leiden rührt von einem Unfall her.*

hersagen, *ich sage es her* (habe hergesagt), gebe auswendig wieder.

herstellen, *ich stelle es her* (habe hergestellt), **1)** produziere, erzeuge, lasse ein Wirtschaftsgut entstehen: *unser Werk stellt medizinische Geräte her.* **2)** bringe zustande: *ich stelle eine telefonische Verbindung her.* **3)** Ü setze, stelle hierher. **Hersteller** *der, -s/-:* Herstellerfirma. **Herstellung** *die, -:* Herstellungskosten.

Hert(h)a [falsche Lesart des Namens der german. Göttin Nerthus], weibl. Vorname.

Hertz [nach dem Physiker H. R. Hertz, 1857–1894] *das, -,* Zeichen: Hz, Maßeinheit der Frequenz.

her|über [mhd. her über], von drüben auf diese Seite. **her|über. . .,** in Verbindung mit Verben trennbar zusammengesetzt: herüberblicken; herüberfliegen; herüberreichen; herüberspringen; herüberziehen.

her|überkommen, *ich komme herüber* (kam herüber, bin herübergekommen): *kommt doch zu uns herüber!,* U kauft auf unsere Seite, oder: besucht uns!

her|um, rundum: *rings um das Haus h.; im Kreis h.; um München h.,* U in der Umgebung von München; *um 100 Mark h.,* U etwa, ungefähr. **her|um. . .,** in Verbindung mit Verben trennbar zusammengesetzt, **1)** rundum, um einen Mittelpunkt, nach der anderen Seite: herumbinden; herumdrehen; herumstellen; herumwälzen. **2)** umher. . .: herumbummeln; herumfuchteln; herumhumpeln; herumlaufen; herumspionieren; herumstrolchen. **3)** zum Ausdruck einer anhaltenden, nutzlosen Tätigkeit: herumalbern; herumbalgen; herumbrüllen; herumdoktern; herumhantieren; herumsitzen; herumstreiten. **4)** vorbei. . . (zeitlich): herumgehen.

her|umdrücken, *ich drücke herum* (habe herumgedrückt), **1)** *es,* drücke auf die andere Seite. **2)** *mich um etwas,* U suche mich zu entziehen. **3)** *mich,* U treibe mich herum.

her|umhacken, *ich hacke auf ihm herum* (habe herumgehackt), U habe an ihm ständig etwas auszusetzen.

her|umkommen, *ich komme herum* (kam herum, bin herumgekommen), **1)** *um etwas,* bewege mich: *er kam gerade um die Ecke herum; darum wirst du nicht herumkommen,* Ü das wird sich nicht vermeiden lassen. **2)** reise viel: *ich komme viel (in der Welt) herum.*

her|umkriegen, *ich kriege ihn herum* (habe herumgekriegt), U kann ihn überreden.

her|umlungern, *ich lung(e)re herum* (habe herumgelungert), U faulenze, treibe mich herum.

her|umreden, *ich rede um etwas herum* (habe herumgeredet), sage es nicht direkt.

her|umreiten, *ich reite herum,* **1)** (bin herumgeritten) *um etwas,* reite im Kreis. **2)** (bin, habe herumgeritten) *auf etwas,* U lasse nicht ab davon: *er muß immer auf seinen Prinzipien herumreiten.*

her|umschlagen, *ich schlage herum* (schlug herum, habe herumgeschlagen), **1)** *es um etwas,* wickle darin ein. **2)** *mich mit etwas,* U beschäftige mich ständig damit, bes. mit einem lästigen Problem.

her|umsprechen, *es spricht sich herum* (hat sich herumgesprochen), wird durch Weitersagen bekannt.

her|umtreiben, *ich treibe mich herum* (habe mich herumgetrieben), **1)** wandere ziellos umher. **2)** Ü führe ein unsolides, ungeordnetes Leben: *sie trieb sich in schlechten Lokalen herum.*

her|unter [mhd. her under], von oben nach hier unten, herab: *sofort h.!* **her|unter. . .,** in Verbindung mit Verben trennbar zusammengesetzt: herunterfallen; herunterhängen; herunterholen; herunterkrempeln; herunterlaufen; herunterwerfen; herunterwürgen; vgl. herunterhauen.

her|untergekommen, Ü **1)** gesellschaftlich abgesunken, verwahrlost. **2)** wenig ertragreich (Geschäft). **3)** gesundheitlich schwach geworden.

her|unterhauen, *ich haue ihm eine herunter* (habe heruntergehauen), U gebe ihm eine Ohrfeige.

her|unterleiern, *ich lei(e)re herunter* (habe heruntergeleiert), U trage schnell und ausdruckslos vor (Gedicht).

her|untermachen, *ich mache herunter* (habe heruntergemacht), U tadle grob.

her|unterputzen, *ich putze ihn herunter* (habe heruntergeputzt), U schelte derb, tadle grob.

her|untersein, *ich bin herunter* (war herunter, bin heruntergewesen), U bin abgespannt, erschöpft: *sie ist mit den Nerven herunter.*

her|unterspielen, *ich spiele es herunter* (habe heruntergespielt), U **1)** spiele ein Musikstück schnell, ausdruckslos. **2)** lasse eine Sache nicht so wichtig erscheinen: *er versucht, seinen Mißerfolg herunterzuspielen.*

her|unterwirtschaften, *ich wirtschafte es herunter* (habe heruntergewirtschaftet), vermindere seinen Wert durch Mißwirtschaft: *der Hof ist völlig heruntergewirtschaftet.*

hervor [mhd. her vür], nach hier oben, nach hier draußen, aus dem Hintergrund in den Blickpunkt. **hervor. . .,** in Verbindung mit Verben trennbar zusammengesetzt: hervorbrechen; hervorholen; hervorkommen; hervorragen; hervortreten; hervorzaubern.

hervorbringen, ich bringe *es* hervor (habe hervorgebracht), erzeuge, schaffe: *unsere Stadt hat berühmte Maler hervorgebracht; sie brachte keinen Ton hervor.*

hervorgehen, *es* geht *aus etwas* hervor (ging hervor, ist hervorgegangen), entsteht daraus, zeigt sich.

hervorheben, ich hebe *es* hervor (habe hervorgehoben), Ü betone, unterstreiche: *er hob besonders hervor, daß* . . .

hervorkehren, ich kehre *es* hervor (habe hervorgekehrt), Ü mache (aufdringlich) sichtbar: *er hat seinen Reichtum immer zu sehr hervorgekehrt; sie kehrt die feine Dame hervor.*

hervorragend, Ü ausgezeichnet, vortrefflich.

hervorrufen, ich rufe *es* hervor (rief hervor, habe hervorgerufen), verursache: *seine Worte riefen Empörung hervor.*

Herward, Herwart [ahd. heri ›Schar‹ und wart ›Hüter‹], männl. Vornamen.

herwärts, auf dem Weg hierher.

Herz [ahd. herza] *das, -ens/-en,* **1)** Organ, das den Blutkreislauf antreibt, Abb. M 12; Ü Sitz des Gefühls, der Seele: *das H. klopft, schlägt; Herzbeutel; Herzklappen; er drückte sie an sein H.,* umarmte sie; *dieser Verlust brach ihm das H.,* er starb daran; *nimm es dir nicht so zu Herzen!,* Ü nicht so schwer; *er gab es leichten, schweren Herzens,* gern, ungern; *er hat das H. auf der Zunge,* Ü spricht gleich aus, was er fühlt, denkt; *er hat es mir ans H. gelegt,* Ü mich nachdrücklich darum gebeten; *sie hat etwas auf dem Herzen,* Ü ein Anliegen, einen Wunsch; *sie sind ein H. und eine Seele,* Ü sind unzertrennlich, verstehen sich bestens; *es kommt von Herzen,* geschieht aus Zuneigung; *er hat schon viele Herzen gebrochen,* Ü in ihn verliebte Frauen unglücklich gemacht; *er hat sein H. daran gehängt,* liebt es; *ich kann es nicht übers H. bringen,* kann es aus Mitleid nicht tun; *mit H. und Hand,* mit Hingabe, Treue; *Hand aufs H.!,* Ü sag es ehrlich! **2)** das Innerste, der Mittelpunkt: *im Herzen unserer Stadt.* **3)** etwas Herzförmiges: *ein H. aus Lebkuchen.* **4)** ohne Artikel, Kartenspiel: eine Farbe, Abb. S 54: *Herzas.* **herzallerliebst,** besonders lieb und entzückend (Kind). **Herzallerliebste** *der, die,* Geliebte(r). **Herzblatt** *das,* **1)** innerstes, jüngstes Blatt einer Pflanze, z. B. beim Salat. **2)** Ü Liebling: *mein H.!* **3)** ein Steinbrechgewächs. **Herzblume** *die,* zu den Mohngewächsen gehörende Zierpflanze. **Herzblut** *das,* P innerstes Wesen, Leben. **Herzchen** *das, -s/-:* mein H., Kosewort. **Herze** *das, -ns/-n,* P Herz. **Herzeleid** *das,* P tiefes Leid. **herzen** [mhd. herzen ›mit einem Herzen versehen‹], ich herze (habe geherzt) *ihn,* liebkose, umarme. **Herzensbrecher** *der,* Ü Mann, der mit Liebe und Treue sorglos umgeht. **Herzensgut. Herzensgüte** *die,* reine, echte Güte. **Herzenslust** *die: nach H.,* ganz so, wie man gern möchte. **Herzenswunsch** *der,* inniger Wunsch. **herzerquickend,** *ein herzerquickender Anblick;* aber: *das Herz erquickend.* **herzhaft, 1)** kräftig, tüchtig, ordentlich: *er langte beim Essen h. zu.* **2)** würzig im Geschmack.

herziehen, ich ziehe her, **1)** (habe hergezogen) *ihn, es,* ziehe zu mir. **2)** (habe hergezogen) *es hinter mir,* lasse mir folgen. **3)** (bin hergezogen) *über ihn, etwas,* Ü spreche abfällig. **4)** (bin hergezogen), Ü suche hierher, an diesen Ort.

herzig [zu Herz], niedlich, lieblich: *ein herziger Bub.*

Herzinfarkt *der,* ⚕ Absterben eines Gewebebezirks im Herzen nach Unterbrechung der Blutzufuhr. **Herz-Jesu-Bild** *das,* Bild, auf dem Jesus sein Herz sichtbar trägt. **Herzklopfen** *das, -s,* fühlbare Herztätigkeit, z. B. bei Anstrengung, Aufregung, Angst. **herzkrank. Herzkranzgefäße,** *Pl.,* Koronargefäße, die Blutgefäße des Herzens. **herzlich, 1)** aufrichtig, liebevoll: *herzliche Glückwünsche; herzlichen Dank dafür.* **2)** Ü sehr, recht: *das ist h. wenig; ich mußte h. lachen.* **Herzlichkeit** *die, -,* herzlos, ohne jedes Mitgefühl. **Herzlosigkeit** *die, -.*

Herz-Lungen-Maschine *die,* Gerät, das bei Operationen die Arbeit von Herz und Lunge ersetzt.

Herzog [ahd. herizogo] *der, -(e)s/-ᵘe,* **1)** bei den Germanen Heerführer, später Stammesfürst. **2)** Titel des Hochadels: *Herzogswürde.* **Herzogin** *die, -/-nen,* Frau des Herzogs: *Herzoginmutter,* Mutter des regierenden Herzogs. **herzoglich. Herzogtum** *das, -s/-ᵘer,* Gebiet, das von einem Herzog regiert wird.

Herzschlag *der,* **1)** Zusammenziehung des Herzmuskels. **2)** Tod durch Herzversagen. **Herzschrittmacher** *der,* ⚕ **1)** Sinusknoten, Teil des Reizleitungssystems des Herzens. **2)** künstlicher Herzschrittmacher, elektr. Impulsgeber, der in den Körper des Kranken eingepflanzt wird. **Herzstück** *das,* **1)** wichtigster Teil, Kern. **2)** Eisenbahn: Stück der Weiche oder Gleiskreuzung, Abb. W 8. **Herztrieb** *der,* Haupttrieb der Pflanze.

herzu, hierher, zum Sprechenden, zum besprochenen Ereignis hin. **herzu. . .,** in Verbindung mit Verben trennbar zusammengesetzt: *herzukommen.*

herzynisch [nach dem antiken Namen der dt. Mittelgebirge Hercynia silva], auch hercynisch, ⊕ die nordwest-südöstl. Streichrichtung bezeichnend.

herzzerreißend, jämmerlich, mitleiderregend: *das Kind weinte h.*

Hesperiden [grch. Hesperides, zu hesperos ›Abend‹], *Pl.,* griech. Mythologie: Nymphen, die die goldenen Äpfel des Lebens hüten: *Hesperidenäpfel.* **Hesperien,** altgriech. Name des Abendlandes. **Hesperos** *der, -,* griech. Mythologie: Abendstern.

Hesse *der, -n/-n,* **1)** Angehöriger eines dt. Stammes. **2)** Bewohner des Landes Hessen. **hessisch.**

Hestia, griech. Mythologie: Göttin des Herdes.

Hetäre [grch. hetaira ›Gefährtin‹, zu hetairos ›Freund‹] *die,* Prostituierte im alten Griechenland, oft geistreich, gebildet, auch politisch einflußreich. **Hetärie** *die, -/. . .r'i|en,* Freundesbund; polit. Geheimbund.

hetero. . . [grch. heteros ›verschieden‹, ›anders‹], vor Vokalen auch *heter. . .,* fremd . . ., verschieden . . . **heterodox** [grch. doxa ›Meinung‹], andersgläubig, von der offiziellen kirchl. Lehrmeinung abweichend. **heterogen** [vgl. . . .gen], ungleichartig, andersartig. **Heterogenität** *die, -.* **Heterogonie** [grch. gonos ›Nachkommenschaft‹] *die, -,* eine Form des Generationswechsels. **heterolog** [grch. logos ›Wort‹, ›Rede‹], ⚕ abweichend, artfremd. **heteromorph** [vgl. . . .morph], verschieden gestaltet, andersförmig. **heteronom. Heteronomie** [grch. nomos ›Gesetz‹] *die, -,* **1)** Abhängigkeit von fremdem Gesetz. **2)** Ungleichwertigkeit, Ungleichartigkeit. **heteronym. Heteronym** [grch. onyma ›Name‹], *das, -s/-e,* ⓢ **1)** Wort, das bedeutungsmäßig eng zu einem anderen gehört, aber eine andere Wurzel hat, z. B. ›Knabe‹, ›Mädchen‹. **2)** Wort, das mit einem anderen, aus einer anderen Sprache stammenden gleichbedeutend ist, z. B. ›Orange‹, ›Apfelsine‹. **Heterophyllie** [grch. phyllon ›Blatt‹], Verschiedenblättrigkeit bei derselben Pflanze. **Heterosexualität** *die,* die durch die Neigung zum anderen Geschlecht bestimmte Sexualität. **heterosexuell. Heterotransplantation** *die,* heterologe Transplantation, Übertragung von Gewebe zwischen artverschiedenen Individuen, z. B. von Tier auf Mensch. **heterotroph. Heterotrophie** [vgl. . . .troph] *die, -,* Biologie: Ernährung nichtgrüner Pflanzen, der Tiere und Menschen aus organ. Stoffen. **heterozygot** [grch. zygotos ›angespannt‹, ›verbunden‹, zu zygon ›Joch‹], gemischterbig, mit nicht gleichartigen Erbanlagen. **heterozyklisch,** ⚗ aus unterschiedl. Ringverbindungen bestehend.

Hethiter *der, -s/-,* Angehöriger eines indogerman. Volkes im alten Kleinasien. **hethitisch.**

Hetman [slaw., zu dt. Hauptmann] *der, -s/-e,* Oberbefehlshaber, bes. der Kosaken.

Hetschebetsch, Hetschepetsch *die, -/-,* **Hetscherl** *das, -s/-(n), oberdt.:* Hagebutte.

Hetz *die, -,* bair., österr.: lustiges Treiben: *aus H.,* zum Spaß; *hetzhalber.* **Hetze** [zu hetzen] *die, -/-n, Pl. selten,* **1)** gegen ihn, etwas, Verbreitung von Haß oder Verunglimpfung, Aufhetzung: *Kriegshetze; Hetzkampagne; Hetzrede.* **2)** Hetzjagd. **3)** Verfolgung. **4)** große Eile, Hast: *diese ewige H.!* **hetzen** [mhd. hetzen ›antreiben‹, ›jagen‹], ich hetze (habe gehetzt; du hetzt oder hetzest), **1)** *ihn, es,* jage, treibe, verfolge: *die Hunde hetzen den Hasen.* **2)** beeile mich sehr: *ich mußte hetzen, um rechtzeitig fertig zu werden.* **3)** (gegen ihn,) führe Schmähreden, reize zum Haß auf: *er hetzt gegen die Regierung.* **Hetzer** *der, -s/-.* **hetzerisch. Hetzjagd** *die,* Jagdart, bei der das Wild (mit einer Hundemeute oder mit schnellen Fahrzeugen) bis zur Erschöpfung verfolgt wird.

Heu [ahd. houwi, zu hauen] *das, -(e)s,* Trockenfutter aus Wiesengras und Futterpflanzen: *Heuernte;* vgl. Abb. H 17. **Heuboden** *der,* oberer Boden einer Scheune.

Heuchelei *die, -/-en.* **heucheln** [niederdt. hucheln], ich heuch(e)le (habe geheuchelt), **1)** verstelle mich. **2)** täusche vor: *er heuchelte Mitleid.* **Heuchler** *der, -s/-,* **Heuchlerin** *die, -/-nen.* **heuchlerisch,** mit heuchlerischen Worten.

heuen, ich heue (habe geheut), mache Heu.

heuer [mhd. hiure], südd., österr.: in diesem Jahr.

Heuer *der, -s/-,* jemand, der Heu macht.

Heuer [mhd. huren ›mieten‹] *die, -/-n,* Vertrag und Löhnung, bes. der Seeleute. **Heuerbaas** *der,* Stellenvermittler für Seeleute. **heuern,** ich heu(e)re (habe geheuert), **1)** *ihn,* heuere an. **2)** *es,* miete, pachte (Schiff).

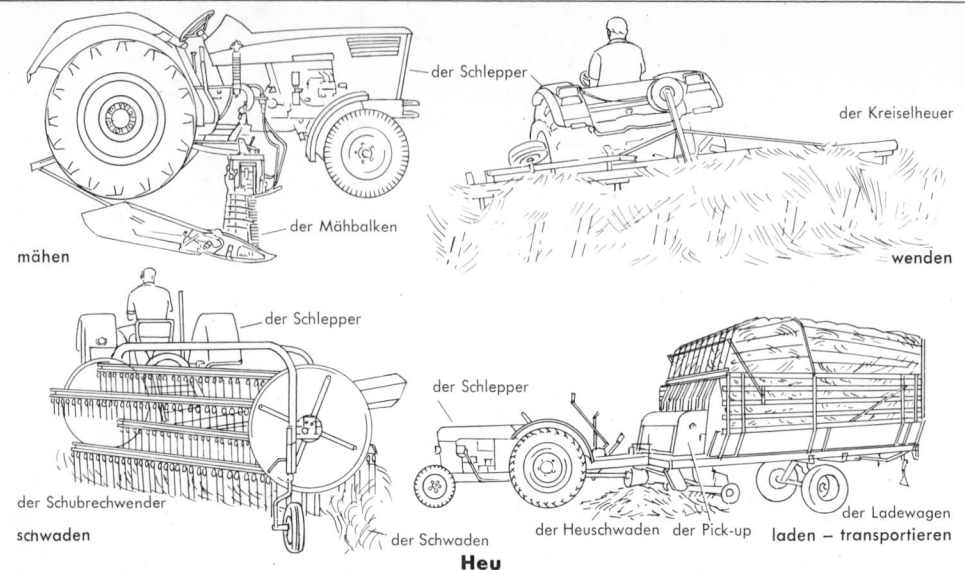

mähen · der Mähbalken · der Schlepper · der Kreiselheuer · wenden

der Schlepper · der Schlepper · der Ladewagen

der Schubrechwender · der Heuschwaden · der Pick-up · laden – transportieren

schwaden · der Schwaden

Heu

Heuert [mhd. houwet] *der, -s/-e,* ⚘ Juli. **Heuet, 1)** *der, -s/-e,* Heuert. **2)** *der, -s* oder *die, -,* oberdt.: Heuernte. **Heufieber** *das,* Heuschnupfen. **Heugabel** *die,* ABB. G 1.

heulen [mhd. hiulen, zu hiuwel ›Eule‹], *ich heule* (habe geheult), **1)** gebe langgezogene, klagende Töne von mir: *der Hund heulte die ganze Nacht; der Sturm heult.* **2)** U weine: *mit Heulen und Zähneklappern,* bangend und zitternd. **Heuler** *der, -s/-,* **1)** kleiner Feuerwerkskörper. **2)** Jungtier von Seehunden. **Heulpeter** *der, -s/-,* **Heulsuse** *die, -/-n,* U Kind, das viel weint.

Heumond [ahd. hewimanoth] *der,* ⚘ Juli. **Heupferd** *das,* eine Laubheuschrecke.

heureka! [grch., zu heuriskein ›finden‹], Ausruf: ich hab's gefunden!

heurig [aus ahd. hiuru, aus hiu jaru ›dieses Jahr‹], süddt., österr.: diesjährig. **Heurige** *der, -n,* ohne Artikel *-r, bes.* österr.: noch nicht ein Jahr alter Wein: *Heurigenschenke.*

Heuristik [grch. heuriskein ›finden‹] *die, -,* Lehre von den Wegen zur Gewinnung neuer wissenschaftl. Erkenntnisse. **heuristisch,** *heuristisches Prinzip,* Arbeitshypothese als wissenschaftliches Hilfsmittel.

Heuschnupfen *der,* durch Pollen, bes. von Gräsern, hervorgerufene allergische Erkrankung. **Heuschreck** *der, bes.* österr., **Heuschrecke** [mhd. höuschrecke, zu schrecken ›springen‹] *die,* ein Geradflügler.

heute [ahd. hiutu], **1)** an diesem Tage: *h. morgen, h. mittag, h. abend, h. nacht; das kann sich von h. auf morgen ändern,* U schnell, plötzlich. **2)** die Zeit, in der wir leben: *die Mode von h.* **Heute** *das, -,* die Gegenwart: *am heutigen Tag; nach den heutigen Erkenntnissen.* **heutigentags, heutzutage,** wie es jetzt ist, gegenwärtig.

hew(e)lisch, *häwelisch,* niederdt.: kindisch, verzogen. **heweln** [niederdt.], *ich hew(e)le* (habe gehewelt), *häwele,* niederdt.: schäkere, tändle, scherze, kose, bes. mit Kindern.

hexa . . . [grch. hex ›sechs‹], sechs. . . **Hexachord** [grch. chorde ›Saite‹] *der* oder *das, -(e)s/-e,* ♪ Aufeinanderfolge von sechs Tönen der diaton. Tonleiter. **Hexaeder** [grch. hedra ›Fläche‹] *das, -s/-,* Sechsflächner, Würfel, ABB. K 38. **hexaedrisch. Hexaemeron** [grch. hemera ›Tag‹] *das, -s,* B Schöpfungswoche außer dem Sabbat. **Hexagon** [grch. gonia ›Winkel‹] *das, -s/-e,* Sechseck. **hexagonal,** *hexagonaler Kristall,* ABB. K 46. **Hexagramm** [vgl. . . .gramm] *das, -(e)s/-e,* ein Sechsstern, Davidsstern. **Hexameter** [grch. metron ›Maß‹] *der, -s/-,* sechsfüßiger Vers, ÜBERS. M 14. **hexametrisch. Hexane,** *Pl.,* gesättigte Kohlenwasserstoffe; Benzinbestand-

teile und Fettlösungsmittel. **Hexateuch** [grch. teuchos ›Gerät‹, ›Rüstzeug‹] *der, -s,* B die fünf Bücher Mose und das Buch Josua im A. T.

Hexe [ahd. hagazussa, eigtl. ›Zaunreiterin‹] *die, -/-n,* im Volksglauben: Zauberin, die mit dem Teufel im Bunde stehen soll: *Hexenprozesse; Hexenjagd,* auch Ü; *eine alte H.,* U bösartige Frau. **hexen,** *ich hexe* (habe gehext; du hext oder hexest), **1)** schaffe etwas auf übernatürl. oder unbegreifl. Weise: *ich kann doch nicht hexen!,* U so schnell ist das nicht zu schaffen. **2)** es, bewirke durch Zaubern. **Hexenbesen** *der,* ⊕ Zweighäufung durch Massenaustreiben schlafender Augen an Bäumen. **Hexenkessel** *der,* **Hexenküche** *die,* U emotional aufgeladenes, lärmendes, bedrohliches Durcheinander. **Hexenmehl** *das,* Einklopfpulver, Sporen vom Bärlapp. **Hexenmeister** *der,* Zauberer. **Hexenmilch** *die,* **1)** Absonderung der Brustdrüsen bei Neugeborenen. **2)** Pflanzennamen. **Hexenring** *der,* Kreis von Pilzen. **Hexenschuß** *der,* ⚕ Schmerz im Bereich der Lendenwirbel. **Hexer** *der, -s/-,* Hexenmeister. **Hexerei** *die, -/-en,* Zauberei: *das ist keine H.,* Ü ist leicht.

Hf, ⚗ Zeichen für: Hafnium.

HF, Abk. für: Hochfrequenz, Wellenbereich der Kurzwellen.

hfl [›holländischer Florin‹], Abk. für: niederländischer Gulden.

hg, Zeichen für: Hektogramm.

Hg [lat. hydrargyrum], ⚗ Zeichen für: Quecksilber.

hg., hrsg., ⊘ Abk. für: herausgegeben. **Hg., Hrsg.,** ⊘ Abk. für: Herausgeber.

HGB, Abk. für: Handelsgesetzbuch.

HHF, Abk. für: Höchstfrequenz.

Hiatus [lat. hiatus ›Öffnung‹, ›Lücke‹] *der, -/-,* **1)** Bruch, Lücke, Spalt. **2)** das Zusammentreffen zweier Vokale, z. B.: The|| ater, ja|| aber.

Hibernakel [lat. hibernare ›überwintern‹] *das, -s/-(n),* Überwinterungsknospe bei Wasserpflanzen. **Hibernation** *die, -,* Überwinterung, Winterschlaf.

Hibiskus [lat. hibiscum, zu grch. ibiskos] *der, -/. . .ken,* auch Hibiscus, ein Malvengewächs.

Hick *der, -s/-e, schweiz.:* Kerbe, Scharte.

hickeln [mhd. hickeln], *ich hick(e)le* (habe gehickelt), hess.: hüpfe auf einem Bein.

Hickhack [Schallw.] *der* oder *das, -s/-s,* U Streiterei.

Hickory [engl., nach der indian. Bez. für ein Getränk aus gestoßenen Pecannüssen] *der, -s/-s,* nordamerikan. Walnußbaumgewächs; dessen Holz: *Hickoryholz.*

Hidalgo [span. hijo de algo ›jemandes Sohn‹] *der, -s/-s,* **1)** früher Bez. des niederen Adels in Spanien. **2)** eine mexikan. Goldmünze.

hi|drotisch [grch. hidros ›Schweiß‹], ⚕ schweißtreibend. **Hi|dschra** *die, -,* Hedschra.

hie [ahd. hie ›hier‹], ⚥, *noch oberdt.:* hier: *h. und da,* ab und zu.

hieb, von hauen. **Hieb** [zu hauen] *der, -(e)s/-e,* **1)** Schlag: *hieb- und stichfest,* Ü unwiderlegbar. **2)** Schlagspur. **3)** Ü Stichelei, boshafte Anspielung: *dieser H. galt dir.* **4)** Ü kleine Verrücktheit: *er hat einen H.* **5)** ⚙ Einschnitte der Feile. **6)** ⚒ Schlag, Abholzung.

Hiefe [mhd. hiefe] *die, -/-n, oberdt.:* Hagebutte. **Hiefhorn** *das,* Hifthorn.

hielt, von halten.

hienieden, P hier unten, auf dieser Erde.

hier [ahd. hier], **1)** an diesem Ort, an dieser Stelle: *h. in Berlin; das Buch ist h. oben; du sollst h. bleiben,* an dieser (der bezeichneten) Stelle, vgl. aber: hierbleiben; *der Weg führt h. entlang; diesen Brauch gibt es h. und da noch,* mancherorts; *er ist nicht von h.,* kein Einheimischer. **2)** in diesem Augenblick: *h. und heute; ich habe h. und da davon gehört,* gelegentlich, hin und wieder. **hier...,** 1) mit Verben trennbar zusammengesetzt: *hierbehalten; hierlassen; hiersein;* vgl. aber: hier. **2)** mit Präpositionen und Adverbien: *hiernach; hierum; hiervor.*

hier... [hie-], vor Vokalen hier...

hier|an [auch -r'an], an diesem, daran.

Hier|archie [hie-, vgl. hiero... und grch. arche ›Herrschaft‹] *die, -/...ch'i|en,* **1)** Rangordnung mit von oben nach unten abnehmender Bedeutung. **2)** *katholische H.,* Gesamtheit des Klerus und dessen Rangordnung. **hier|archisch** [hie-]. **hier|aratisch** [hie-], priesterlich.

hier|auf [auch -r'auf], darauf. **hier|aus** [auch -r'aus], daraus. **hierbei** [auch -b'ai], dabei: *h. fällt mir ein,...,* bei dem Erwähnten. **hierbleiben,** *ich bleibe hier (bin hiergeblieben),* bleibe, gehe nicht weg: *ich will eine Woche hierbleiben;* vgl. aber: hier. **hierdurch** [auch -d'urç], dadurch, hiermit: *h. teilen wir Ihnen mit, daß...* **hierfür** [auch -f'y:r], dafür, für diese Sache. **hiergegen** [auch h'i:r], dagegen, gegen diese Tatsache: *h. spricht, daß...* **hierher** [auch -h'e:r], von dort nach hier, an diese Stelle: *bis h. und nicht weiter!* **hierher...,** mit Verben trennbar zusammengesetzt: *hierherfahren; hierherkommen; hierhertragen;* vgl. hierhergehören. **hierher|auf. hierhergehören,** *ich gehöre hierher (habe hierhergehört),* **1)** bin hier am richtigen Platz, fühle mich hier zu Hause. **2)** *es gehört hierher,* paßt an diesen Platz (die hierhergehörenden, hierhergehörigen Möbel; *diese Bemerkung gehört nicht hierher.* **hierher|um.** **hierhin** [auch -h'in], an diese Stelle: *bald h., bald dorthin.* **hierhin...,** vgl. hierher...: *hierhinlaufen; hierhinaus.* **hier|in** [auch -r'in], darin. **hiermit** [auch -m'it], mit dieser Sache, auf diesem Weg, diese Weise: *h. schloß er seinen Vortrag; Sie erhalten h....*

hiero... [hie-, grch. hieros ›heilig‹], vor Vokalen *hier...,* heilig... **Hierodule** [hie-, grch. doulos ›Sklave‹] *der, -n/-n, die, -/-n,* Tempelsklave, -sklavin. **Hiero|glyphe** [hie-, grch. glyphein ›einmeißeln‹] *die, -/-n,* **1)** Zeichen einer Bilderschrift, bes. der altägyptischen. **2)** U schwer lesbare, unleserliche Schrift. **hiero|glyphisch** [hie-]. **Hiero|kratie** [hie-, grch. kratein ›herrschen‹] *die, -/...t'i|en,* System, in dem die staatl. Herrschaft von kirchl. Machtträgern ausgeübt wird. **Hieromantie** [hie-, grch. mantis ›Seher‹] *die, -,* das Wahrsagen aus Tieropfern. **Hieronymus** [hie-, grch. onyma ›Name‹], männl. Vorname.

hier|orts, K hier. **Hiersein** *das,* Anwesenheit, Aufenthalt. **hier|über** [auch h'i:r-], darüber. **hiervon** [auch -f'ɔn], davon. **hierzu** [auch -ts'u], zu dieser Sache, Gruppe: *h. gehören auch die anderen afrikanischen Staaten.* **hierzulande,** bei uns, in diesem Land.

hiesig [zu hier], von hier, aus diesem Ort, Land stammend, einheimisch: *die hiesige Presse.* **Hiesige** *der, die, -n/-n, ein -r, eine -.*

hieß, von heißen.

hieven [niederdt. ›heben‹], *ich hieve (habe gehievt) es,* ʅ ziehe hoch, hebe Lasten.

Hi-Fi [h'aif'ai oder h'aifi:], Kurzw. für: High-Fidelity: *Hi-Fi-Turm, Hi-Fi-Rack,* übereinander angeordnete Bausteine der Phonotechnik.

Hifthorn [zu ahd. hiufan ›wehklagen‹] *das,* mittelalterl. Horn vom Rind für Jagdsignale, ABB. H 25.

high [hai, engl. high ›hoch‹], U in euphorischem Zustand,

bes. nach dem Genuß von Rauschmitteln: *er ist h.* **High-Fidelity** [hai f(a)id'ɛliti, engl. fidelity ›Genauigkeit‹, zu lat. fides ›Treue‹], Kurzw.: Hi-Fi, Bez. für hohe Übertragungs- und Wiedergabequalität bei Schallplatten, Rundfunkempfängern u. a. elektroakust. Geräten. **Highlife** [h'ailaif, engl. life ›Leben‹] *das, -s,* das Leben der vornehmen, reichen Gesellschaft; aufwendige Lebensführung. **Highlight** [h'ailait, engl. light ›Licht‹] *das, -s/-s,* **1)** Höhepunkt eines Ereignisses. **2)** Lichteffekt, z. B. auf Bildern, in einer Show. **High-Society** [h'ai səs'aiəti, engl. society ›Gesellschaft‹] *die, -,* die (sogenannte) vornehme Gesellschaft. **Highway** [h'aiwei, engl. way ›Weg‹] *der, -s/-s,* im amerikan. Sprachgebrauch: öffentl. Straße, Landstraße.

hihi!, Ausruf bei Schadenfreude und Spott.

Hijacker [h'aidʒækə, amerikan., Herkunft unklar] *der, -s/-,* Entführer, (Luft-)Pirat. **Hijacking** [-kiŋ] *das, -(s),* Luftpiraterie.

Hilda [ahd. hiltja ›Kampf‹], weibl. Vorname. **Hildburg** [ahd. burg ›Burg‹, ›Schutz‹], **Hilde,** weibl. Vornamen. **Hildebrand** [ahd. brant ›Feuer‹, ›Schwert‹], männl. Vorname. **Hildegard** [ahd. gart ›Gehege‹, ›Schutz‹], **Hildegunde** [ahd. gund ›Kampf‹], weibl. Vornamen.

Hilfe [ahd. helfa] *die, -/-n,* **1)** *Pl. selten,* Beistand, Mitwirkung, alles, was fördert, gute Dienste leistet, rettet: *er kam mir zu H.; Erste H.,* sofortiger Beistand bei Verletzungen, Unfällen; *er braucht ärztliche H.; Hilfeleistung bei Unglücksfällen; finanzielle H.; wir starten eine Hilfsaktion; Hilferuf; Hilfsmaßnahmen; Hilfsorganisation; Militärhilfe; Rechtshilfe.* **2)** Person, die hilft: *sie war ihm eine gute H.; Haushaltshilfe.* **3)** Einwirkung des Reiters auf das Pferd. **hilfeflehend,** *h. wandte sie sich an ihn;* aber: *um Hilfe flehend.* **hilflich,** *oberdt.:* **1)** heilsam. **2)** heilbar. **hilflos,** ohne Hilfe, ratlos, unselbständig. **Hilflosigkeit** *die, -.* **hilfreich,** helfend, hilfsbereit. **Hilfsarbeiter** *der,* ungelernter Arbeiter. **hilfsbedürftig. Hilfsbedürftigkeit** *die, -.* **hilfsbereit,** *ein hilfsbereiter Mensch.* **Hilfsbereitschaft** *die, -.* **Hilfsmittel** *das,* **1)** Werkzeug, Gerät. **2)** finanzielle Hilfe, Unterstützung. **Hilfsschule** *die, -,* ⚓ Sonderschule für Lernbehinderte. **Hilfsverb, Hilfszeitwort** *das,* ÜBERS. V 2.

Hili, *Pl.* von Hilus.

Hillbilly [engl. hill ›Hügel‹ und Billy, Koseform von William ›Wilhelm‹] *der, -s/...billies,* in den Verein. Staaten: Hinterwäldler: *Hillbilly-Music,* die volkstüml., ländl. Musik der nordamerikan. Südstaaten sowie der Cowboys.

Hillebille *die, -/-n,* niederdt.: Schlagbrett als Signalgerät.

Hilmar [Kurzform von Hildemar, ahd. hilt ›Kampf‹ und mar ›berühmt‹], männl., **Hil|trud** [ahd. trud ›Kraft‹, ›Stärke‹], weibl. Vorname.

Hilus [lat. hilum ›kleines Ding‹] *der, -/H'ili,* ⚕ Einbuchtung eines Organs, in die Gefäße und Nerven ein- oder austreten.

Himation [grch. himation ›Gewand‹] *das, -(s)/...ti|en,* altgriech. wollener Mantel, ABB. M 16.

Himbeere [ahd. hintberi ›Beere der Hirschkuh‹] *die,* Halbstrauch und Beerenobst, ABB. B 17: *Waldhimbeeren; Himbeermarmelade; Himbeersaft; himbeerfarben.*

Himmel [ahd. himil] *der, -s/-,* **1)** das scheinbare Gewölbe, das sich über der Ebene des Horizontes erhebt: *die Sterne stehen am H.; Himmelskugel; Himmelsgewölbe; Abendhimmel; unter freiem H., ohne Dach; wie vom H. gefallen,* Ü ganz plötzlich. **2)** in vielen Religionen: Sitz der Gottheit, aller Seligen und des Glückes: *gebe es dem H.!,* möge es so kommen; *sie ist im siebten H.,* Ü sie ist überglücklich, glücklich verliebt; *sie hat bei ihm den H. auf Erden,* Ü; *er hob sie in den H.,* Ü lobte sie übermäßig; *das schreit zum H.,* Ü ist unerhört; *um (des) Himmels willen!; ich habe H. und Hölle in Bewegung gesetzt,* Ü alles nur Mögliche versucht. **3)** P Zone, Klima: *unter wärmerem H. gereifte Früchte.* **4)** Baldachin, Trage- oder Schwebezelt. **5)** ✂ First. **himmelan,** zum Himmel empor. **himmel|angst,** *mir ist, wurde h.,* ich bekomme große Furcht. **Himmelbett** *das,* überdachtes Bett, ABB. B 27. **himmelblau. Himmeldonnerwetter!,** U Ausruf des Ärgers, der Ungeduld. **Himmelfahrt** *die, -,* **1)** *ohne Artikel,* H. Christi, leibl. Auffahrt in den Himmel; *die H. Mariä,* leibl. Aufnahme in den Himmel. **2)** *ohne Artikel,* ein kirchl. Fest, ÜBERS. J 2: *Himmelfahrtstag.* **Himmelfahrtskommando** *das,* U lebensgefährlicher Auftrag. **Himmelfahrtsnase** *die,* U aufwärts gebogene Nase. **himmelhoch,** unendlich hoch, sehr hoch: *h. jauchzend,* Ü mit überschwengl. Freude. **himmeln,** *ich himm(e)le (habe gehimmelt),* **1)** blicke verklärt, schwärmerisch. **2)** *Federwild himmelt,* 🦅 steigt, im Flug getroffen, steil in die Luft. **Himmelreich** *das,* Paradies,

Ort der ewigen Seligkeit. **Hịmmels|atlas** der, vollständige Sammlung von Sternkarten. **Hịmmelsbote** der, P Engel. **hịmmelschreiend**, sehr schlimm, empörend: *eine himmelschreiende Ungerechtigkeit;* aber: *zum Himmel schreiend.* **Hịmmelskönigin** die, Maria, die Mutter Jesu. **Hịmmelskörper** der, ☆ die Körper des Sonnensystems (Sonne, Planeten, Monde, Planetoide, Kometen) und die Sterne. **Hịmmelsrichtung** die, Teil des Horizontes (Norden, Osten, Süden, Westen); vgl. Windrose, **Abb.** W 13. **Himmel(s)schlüssel** der, ein Primelgewächs. **Hịmmelsstrich** der, P Gegend. **hịmmel(s)stürmend**, alle Grenzen überschreitend, maßlos. **Hịmmelszelt** das, -(e)s, P Himmelsgewölbe. **hịmmelwärts**. **hịmmelweịt**, U sehr weit: *das ist ein himmelweiter Unterschied.* **hịmmlisch**, 1) den Himmel betreffend, vom Himmel stammend, göttlich: *unser himmlischer Vater,* Gott. 2) herrlich, wunderbar: *hier herrscht eine himmlische Ruhe.* **hin** [ahd. hina], 1) vom Sprechenden weg, meist auf ein bestimmtes Ziel zu: *ich ging zu ihm h.; der Wagen schwankte h. und her,* nach beiden Seiten; *er geht h. und her,* geht ziellos auf und ab; *er grübelt, redet, singt vor sich h.,* tut es, ohne viel dabei nachzudenken. 2) U zerbrochen, verdorben, tot: *alles ist h.!; h. ist h.!* 3) *auf etwas h.,* U auf Grund: *auf diese Zusicherung h. können wir es wagen.* 4) zeitlich: *h. und wieder,* manchmal; *es ist noch eine Weile h.,* U dauert noch eine Weile. 5) *nach langem Hin und Her,* Schwanken, Entschlußlosigkeit. **hin . . .,** in Verbindung mit Verben trennbar zusammengesetzt: *hingehen; hinhören; hinkritzeln; hinlaufen; hinpassen; hinsehen;* vgl. hinarbeiten.

hin|ạb, von hier nach unten. **hin|ạb . . .,** in Verbindung mit Verben trennbar zusammengesetzt: *hinunter: hinabschreiten; hinabsteigen; hinabstürzen; hinabtauchen.*

hin|ạn, P hinauf.

hin|ạrbeiten, *ich arbeite auf etwas hin* (habe hingearbeitet), *bemühe mich, zu erreichen: seit Jahren arbeitet er auf diesen Posten hin.*

hin|ạuf [ahd. hinauf], von hier nach oben. **hin|ạuf . . .,** in Verbindung mit Verben trennbar zusammengesetzt: *hinaufblicken; hinaufklettern; hinaufreichen; hinaufstellen.* **hin|ạuffallen**, *ich falle hinauf* (fiel hinauf, bin hinaufgefallen): *er ist die Treppe hinaufgefallen,* U wurde ohne sein Zutun befördert. **hin|ạufschrauben**, *ich schraube es hinauf* (habe hinaufgeschraubt), 1) schraube höher. 2) Ü erhöhe, steigere (Preise, Erwartungen).

hin|ạus [ahd. hinauz], von hier nach außen. **hin|ạus . . .,** in Verbindung mit Verben trennbar zusammengesetzt: *hinausfahren; hinauslassen; hinauslehnen; hinausragen; hinausrufen; hinausschauen; hinausschütten; hinaustreiben.* **hin|ạusekeln**, *ich ek(e)le ihn hinaus* (habe hinausgeekelt), U vertreibe durch offensichtliche Unfreundlichkeit. **hin|ạusfliegen**, *ich fliege hinaus* (bin hinausgeflogen), 1) werde fortgejagt, weggewiesen. 2) *der Vogel fliegt hinaus,* fliegt weg. **hin|ạusgehen**, *ich gehe hinaus* (ging hinaus, bin hinausgegangen), 1) gehe nach draußen. 2) *über etwas,* Ü übertreffe: *seine Ansprüche gehen über unsere Möglichkeiten hinaus.* **hin|ạuskomplimentieren**, *ich komplimentiere ihn hinaus* (habe hinauskomplimentiert), 1) verabschiede höflich. 2) U werfe hinaus. **hin|ạuslaufen**, *ich laufe hinaus* (lief hinaus, bin hinausgelaufen), 1) eile nach draußen. 2) *es läuft auf etwas hinaus,* Ü endet mit: *es wird auf eine Enttäuschung hinauslaufen.* **hin|ạusscheren**, *nur im Imperativ üblich: scher dich hinaus!,* U mach, daß du fortkommst, verschwinde!; *er soll sich hinausscheren.* **hin|ạusschieben**, *ich schiebe es hinaus* (habe hinausgeschoben), 1) schiebe nach draußen. 2) verschiebe auf später. **hin|ạusschießen**, *ich schieße hinaus* (schoß hinaus), 1) (habe hinausgeschossen) es, schieße nach draußen. 2) (bin hinausgeschossen, U laufe schnell nach draußen. 3) *er ist über das Ziel hinausgeschossen,* U hat zuviel getan, als er tun sollte. **hin|ạusstehlen**, *ich stehle mich hinaus* (stahl mich hinaus, habe mich hinausgestohlen), schleiche hinaus. **hin|ạusstürzen**, *ich stürze hinaus,* 1) (bin hinausgestürzt), eile hinaus. 2) (habe hinausgestürzt) *mich (aus dem Fenster),* lasse mich hinausfallen (um mich zu töten). 3) (habe hinausgestürzt) *ihn,* werfe hinaus. **hin|ạustrompeten**, *ich trompete es hinaus* (habe hinausgetrompetet), U verkünde laut. **hin|ạuswachsen**, *ich wachse hinaus* (wuchs hinaus, bin hinausgewachsen) *über etwas,* 1) werde höher, größer als etwas. 2) Ü werde einer Sache überlegen, entwachse ihr: *über diese Arbeit ist er längst hinausgewachsen.* **hin|ạuswerfen**, *ich werfe hinaus* (warf hinaus, habe hinausgeworfen), 1) *es,* werfe nach draußen. 2) *ihn,* U entlasse; zwinge, einen Raum zu verlassen. **hin|ạuswol-**

len, *ich will hinaus* (habe hinausgewollt), 1) U möchte hinausgehen. 2) *er will hoch hinaus,* Ü erstrebt eine hohe Stellung. 3) *worauf willst du hinaus?,* was willst du damit sagen?, was beabsichtigst du? **hin|ạuszіehen**, *ich ziehe hinaus* (habe hinausgezogen), 1) *ihn, es,* ziehe nach draußen. 2) *es,* Ü verzögere, verlangsame. **hin|ạuszögern**, *ich zögere es hinaus* (habe hinausgezögert), verzögere.

hinbiegen, *ich biege es hin* (habe hingebogen), U erreiche mit Geschick: *wie er das wieder hingebogen hat!*

Hịnblick der: *in* oder *im H. auf seine angegriffene Gesundheit,* unter Berücksichtigung.

Hịnde die, -/-n, Hindin.

hịnderlich, störend, hemmend: *ich will deinem Glück nicht h. sein.* **hịndern** [ahd. hintaron, zu hinter], *ich hind(e)re* (habe gehindert) *ihn an etwas,* mache es ihm schwer, behindere ihn, mache unmöglich, verhindere: *ich h. ihn am Gehen.* **Hịndernis** das, -ses/-se, 1) Sperre: *Drahthindernis; Verkehrshindernis.* 2) Ü Schwierigkeit, Hemmung, Störung: *ein H. für meinen Plan.* 3) ✗ ausgeflaggte Geländeunebenheiten oder aufgebaute Gegenstände, die bei Springprüfungen (Pferdesport) oder Laufwettbewerben (Leichtathletik) übersprungen werden. **Hịndernisfeuer** das, rotes Dauerleuchtfeuer auf Luftfahrthindernissen (z. B. auf Schornsteinen). **Hịndernislauf** der, ✗ Wettlauf über Hindernisse (Hürden, Gräben). **Hịndernisrennen** das, Pferderennen über Hindernisse. **Hịnderung** die, -/-en, Behinderung, Störung, Vereitelung: *Hinderungsgrund.*

hịndeuten, *ich deute auf etwas hin* (habe hingedeutet), zeige darauf: *alle Anzeichen deuten auf eine günstige Entwicklung hin,* Ü zeigen sie an, sprechen dafür.

Hịndi [pers. ›indisch‹] das, -, Amtssprache in Indien.

Hịndin [ahd. hinta, verwandt mit grch. kemas ›Junghirsch‹] die, -/-nen, *auch* Hinde, ✿ Hirschkuh.

Hịndu [vgl. Hindi] der, -(s)/-s, Anhänger des Hinduismus. **Hinduịsmus** der, -, Hauptreligion Indiens. **hinduịstisch**.

hịndurch, durch etwas. **hịndurch . . .,** in Verbindung mit Verben trennbar zusammengesetzt: *hindurchdrängen; hindurchführen; hindurchgehen; hindurchkriechen.*

hin|eịn, von hier nach drinnen. **hin|eịn . . .,** in Verbindung mit Verben trennbar zusammengesetzt: *hineinbeißen; hineinfallen; hineinlocken; hineinmischen; hineinregnen; hineinstopfen.* **hin|eịndeuten**, *ich deute es in etwas hinein* (habe hineingedeutet), glaube (irrtümlich) darin zu erkennen. **hin|eịnfinden**, *ich finde hinein* (fand hinein, habe hineingefunden), 1) finde den Weg nach dort drinnen. 2) *mich,* U gewöhne mich daran; verstehe es. **hin|eịnfressen**, *ich fresse es hinein* (fraß hinein, habe hineingefressen), 1) U esse schnell, schlinge hinunter. 2) *er hat alles in sich hineingefressen,* U hat versucht, mit seinen Problemen allein fertig zu werden. **hin|eịngeheimnissen**, *ich geheimnisse es in etwas hinein* (habe hineingeheimnißt), U sehe verborgenen Sinn, wo keiner ist: *in dieses Buch wird viel hineingeheimnißt.* **hin|eịngehen**, *ich gehe hinein* (ging hinein, bin hineingegangen), U haben Platz. 2) *in diesen Saal gehen 100 Personen hinein,* U haben Platz. **hin|eịnknien** [-kni:ən], *ich knie mich in etwas hinein* (habe mich hineingekniet), U beschäftige mich eingehend damit: *in diese Arbeit muß man sich hineinknien.* **hin|eịnlegen**, *ich lege es hinein* (habe hineingelegt), 1) lege in etwas. 2) Ü deute hinein. **hin|eịnreden**, *ich rede ihm hinein* (habe hineingeredet), mische mich in seine Angelegenheiten: *dabei laß ich mir von keinem hineinreden.* **hin|eịnriechen**, *ich rieche in etwas hinein* (habe hineingerochen), Ü mache mich oberflächlich damit vertraut: *er hat kaum in diese Arbeit hineingerochen, und schon will er mitreden.* **hin|eịnschlittern**, *ich schlitt(e)re in etwas hinein* (bin hineingeschlittert), U gerate unbeabsichtigt hinein. **hin|eịnstecken**, *ich stecke in etwas hinein* (habe hineingesteckt), 1) bringe hinein. 2) U verwende für einen bestimmten Zweck: *er hat viel Geld, Arbeit in den Altbau hineingesteckt.* **hin|eịnstürzen**, *ich stürze hinein,* 1) (bin hineingestürzt), eile hinein (Zimmer), falle hinein (Grube, Loch). 2) (habe hineingestürzt) *ihn, es in etwas,* stoße hinein. 3) (habe hineingestürzt) *mich,* springe hinein: *ich stürze mich ins Vergnügen hinein,* Ü. **hin|eịnversetzen**, *ich versetze mich in etwas hinein* (habe mich hineinversetzt), denke mich hinein. **hin|eịnwachsen**, *ich wachse hinein* (wuchs hinein, bin hineingewachsen), 1) wachse, bis es paßt: *in dieses Kleid mußt du noch hineinwachsen.* 2) *in eine Aufgabe,* Ü werde allmählich mit ihr vertraut. **hin|eịnwürgen**, *ich würge es in etwas hinein* (habe hineingewürgt), zwinge mich zu essen; esse sehr hastig. **hin|eịnziehen**, *ich ziehe hinein* (habe hineingezogen), 1) *ihn, es,* ziehe von draußen nach drinnen. 2) *ihn,* Ü zwinge ihn, sich mit einer Sache zu befassen: *er hat mich in die Sache mit hineingezogen.* **3)** (bin hineingezogen) *in die Stadt,* ziehe (vom Land) dort hin.

hinfahren, ich fahre hin (fuhr hin), **1)** (bin hingefahren), fahre nach einem Ort: *soll ich hinfahren?* **2)** *fahr hin!,* Ü der Verlust ist endgültig. **3)** (habe hingefahren) *es,* bringe mit einem Fahrzeug hin. **Hinfahrt** die, Fahrt zum Ziel: *Hin- und Rückfahrt.*

hinfallen, ich falle hin (fiel hin, bin hingefallen), stürze.

hinfällig, 1) schwach, gebrechlich (Person). **2)** ungültig, überflüssig: *unsere Überlegungen sind h. geworden.*

hinfläzen, vgl. fläzen.

hinflegeln, vgl. flegeln.

hinfliegen, ich fliege hin (bin hingeflogen), **1)** fliege an einen bestimmten Ort: *ich werde am Montag hinfliegen.* **2)** Ü falle hin. **Hinflug** der.

hinfort, ⚭ in Zukunft.

hing, von hängen.

Hingabe die, -, **1)** Opferfreudigkeit bis zur Selbstaufgabe. **2)** starke innere Beteiligung.

Hingang der, -(e)s, ⚤ das Sterben, Tod.

hingeben, ich gebe hin (gab hin, habe hingegeben), **1)** *es,* opfere. **2)** *mich einer Täuschung,* Ü täusche mich. **3)** *sie gibt sich einem Mann hin,* hat Geschlechtsverkehr mit ihm. **hingebend, hingebungsvoll,** voller Hingabe.

hingegen, dagegen, im Gegenteil.

hingegossen, Ü in malerischer Haltung: *sie saß da wie h.*

hingerissen, Ü begeistert.

hinhalten, ich halte hin (hielt hin, habe hingehalten), **1)** *es ihm,* strecke entgegen, biete an: *dafür will ich meinen Kopf nicht hinhalten,* **1)** nicht büßen, mich nicht opfern. **2)** *ihn,* Ü lasse warten, verzögere die Antwort.

hinhauen, ich haue hin (habe hingehauen), ⋃ **1)** *es,* werfe weg, gebe (zornig, entmutigt) auf: *am liebsten möchte ich die Arbeit hinhauen.* **2)** *es,* mache nachlässig: *er hat schnell ein paar Zeilen hingehauen.* **3)** *es haut hin,* trifft zu, gelingt, funktioniert. **4)** *mich,* lege mich schlafen.

hinkauern, ich kauere *mich* hin (habe mich hingekauert), kauere mich.

Hinkel das, -s/-, *oberdt.:* (junges) Huhn.

hinkeln, ich hink(e)le (habe gehinkelt), *rhein., westfäl.:* hüpfe auf einem Bein.

Hinkelstein [wahrscheinlich von ›Hünenstein‹ abgeleitet] der, Menhir.

hinken [ahd. hinkan], ich hinke (habe gehinkt), gehe lahm, das eine Bein schleppend: *der Vergleich hinkt,* Ü paßt nicht ganz.

hinkriegen, ich kriege *es* hin (habe hingekriegt), ⋃ es gelingt mir.

hinlangen, ich lange hin (habe hingelangt), **1)** greife hin. **2)** ⋃ nehme reichlich: *mit der neuen Steuer langt die Stadt tüchtig hin.* **3)** *es langt hin,* Ü reicht. **hinlänglich,** genügend, ausreichend: *das ist h. bekannt.*

hinlegen, ich lege hin (habe hingelegt), **1)** *es,* lege an eine bestimmte Stelle: *ich habe dir deine heutige Post hingelegt.* **2)** *es,* Ü führe (gut) aus: *der Schauspieler hat einen großartigen Faust hingelegt.* **3)** *mich,* nehme eine liegende Stellung ein, bes. zum Ausruhen: *sie hat sich ein Stündchen hingelegt.*

hinlümmeln, vgl. lümmeln.

hinmachen, ich mache hin (habe hingemacht), *ostmitteldt.:* beeile mich: *mach hin!*

hinnehmen, ich nehme *es* hin (nahm hin, habe hingenommen), Ü lasse es mir gefallen, dulde.

hinnen, **1)** *von h.,* weg von hier. **2)** *mitteldt.:* drinnen. **3)** *niederdt.:* hinten.

hinpflanzen, ich pflanze hin (habe hingepflanzt), **1)** *es,* pflanze an einen bestimmten Ort. **2)** *mich,* ⋃ stelle, lege, setze mich breit hin.

hinplauzen, ich plauze hin (bin hingeplauzt), ⋃ schlage der Länge nach hin.

hinreichend, genug, ausreichend: *dafür ist h. gesorgt.*

Hinreise die, Reise zum Ziel: *Hin- und Rückreise.*

hinreißen, ich reiße hin (riß hin, habe hingerissen), **1)** *ihn,* entzücke: *er war von dem Vortrag ganz hingerissen.* **2)** *es reißt ihn hin,* bringt ihn dazu: *die Wut riß ihn zu bösen Worten hin.* **hinreißend,** entzückend, begeisternd: *eine hinreißende Theateraufführung.*

hinrichten, ich richte hin (habe hingerichtet), **1)** *ihn,* vollstrecke das Todesurteil. **2)** *es, schwäb.:* bereite vor, lege bereit. **Hinrichtung** die, Vollstreckung der Todesstrafe.

hinscheiden, er scheidet hin (ist hingeschieden), ⴖ stirbt. **Hinschied** der, -s/-e, *schweiz.:* Ableben, Tod.

hinschlagen, ich schlage hin (schlug hin), **1)** (habe hingeschlagen), schlage an eine bestimmte Stelle. **2)** (bin hingeschlagen), Ü falle hin, stürze.

hinsetzen, ich setze hin (habe hingesetzt), **1)** *es,* stelle hin. **2)** *mich,* nehme einen Sitzplatz ein.

Hinsicht die: *in H. auf etwas.* **hinsichtlich** dessen, seiner, was das betrifft, in dieser Beziehung, unter diesem Gesichtspunkt.

hinstellen, ich stelle hin (habe hingestellt), **1)** *mich, ihn, es,* stelle an einen Platz. **2)** *es als etwas,* bezeichne, bewerte als etwas: *er stellte es als die reine Wahrheit hin.*

hinstürzen, ich stürze hin (bin hingestürzt), **1)** falle zu Boden. **2)** *zu ihm,* eile auf ihn, darauf zu.

hint|ansetzen, ich setze *ihn, es* hintan (habe hintangesetzt), stelle zurück, lasse unberücksichtigt. **Hint|ansetzung** die, -: unter H. aller Bedenken.

hinten [ahd. hintana], auf der jenseitigen oder rückwärtigen Seite, am Ende, an letzter Stelle: *möchten Sie h. oder vorn sitzen?,* neben dem Fahrer oder auf dem Rücksitz (im Auto); *du mußt dich h. anstellen; er sitzt ganz h.,* in der letzten Reihe; *der Hund kam von h.* **hinten|an,** als letzter, ans Ende. **hintenher|um, 1)** um die hintere Seite. **2)** ⋃ heimlich, auf Umwegen: *in Notzeiten kann man manche Waren nur h. bekommen.* **hintennach,** nachträglich. **hinten|über,** rückwärts, nach hinten: *er ist hintenübergefallen.*

hinter [ahd. hintar] *ihm* oder *ihn,* ᴀʙʙ. P 21, auf der, auf die Rückseite von etwas oder jemandem: *sie verhandelten h. verschlossenen Türen; der Schnellzug ließ alle Kraftwagen weit h. sich; h. seinem Rücken,* Ü so, daß er es nicht merkt; *ich habe eine anstrengende Zeit h. mir.*

Hinterbacke die, Teil des Gesäßes.

Hinterbänkler der, -s/-, Ü Abgeordneter, der im Plenum des Parlaments wenig hervortritt.

Hinterbein das, rückwärtiges Bein der Vierfüßer: *sie stellt sich auf die Hinterbeine,* Ü widersetzt sich.

Hinterbliebene der, die, -n/-n, ein -r, eine -, Angehörige(r) eines Verstorbenen: *Hinterbliebenenrente.*

hinterbringen, ich hinterbringe (habe hinterbracht) *es ihm,* Ü teile ihm heimlich mit; aber: *ich bringe es hinter, habe hintergebracht,* ⋃ nach hinten.

hinterdrein, hinterher, nacheilend. **hintere,** -r, -s, rückwärtig, als letztes stehend: *die hinteren Reihen blieben leer.* **Hintere** der, . . . *r(e)n/* . . . *r(e)n,* ⋃ Gesäß. **hinter|ein|ander, 1)** nacheinander, der Reihe nach: *stellt euch h. auf!* **2)** aufeinanderfolgend: *ich habe 12 Stunden h. gearbeitet.* **Hinter|ein|anderschaltung** die, ⚡ Reihenschaltung.

hinterfotzig, ⋃ hinterlistig.

hinterfragen, ich hinterfrage (habe hinterfragt) *es,* frage nach den Hintergründen, decke Zusammenhänge auf.

Hintergedanke der, heimliche Absicht.

hintergehen, ich hintergehe (hinterging, habe hintergangen) *ihn,* Ü betrüge, täusche.

Hintergrund der, **1)** *Pl. selten,* dem Beschauer ferner liegende Teile der Landschaft, der Bühne, des Bildes: *er hält sich im H.,* Ü ist zurückhaltend. **2)** Ü verborgener Zusammenhang, Bedingung für ein Geschehen: *die Hintergründe des Streites waren nicht bekannt; der Roman spielt vor dem H. des Bauernkrieges.* **hintergründig,** schwer durchschaubar. **Hintergrundinformation** die, Information, die den Hintergrund eines Geschehens erhellt.

Hinterhalt [mhd. hinterhalt] der, Falle für den Gegner; Versteck: *sie griffen aus dem H. an.* **hinterhältig,** tückisch, hinterlistig. **Hinterhältigkeit** die, -.

Hinterhand die, -, **1)** bei Tieren, besonders beim Pferd: Hinterbein und Hinterbacke. **2)** Kartenspiel: Spieler, der zuletzt ausspielt.

Hinterhaupt das, ⚕ Teil des knöchernen Schädels: *Hinterhaupt(s)bein,* unpaarer Knochen des Schädels.

Hinterhaus das, Hofgebäude.

hinterher, 1) folgend: *er rannte voraus, sie ihm h.* **2)** nachträglich, später: *erst springen wir, h. laufen wir.* **3)** *du bist sehr h.,* Ü eifrig darauf bedacht. **hinterher . .,** in Verbindung mit Verben trennbar zusammengesetzt: hinter jemandem oder etwas: *hinterherlaufen; hinterherrufen.*

Hinterhof der, von Hinterhäusern umgebener Hof.

Hinterkopf der, Teil des Kopfes, ᴀʙʙ. M 12.

Hinterlader der, -s/-, Feuerwaffe, die vom hinteren Teil des Rohrs oder Laufs geladen wird.

Hinterland *das, -(e)s,* **1)** Einflußgebiet eines zentralen Ortes, auch eines Hafens. **2)** ♦ Gebiet hinter der Front. **3)** von Deichen geschütztes Land.

hinterlassen, *ich* hinterlasse (hinterließ, habe hinterlassen) *es,* **1)** lasse zurück: *sie hat Unordnung, (k)einen guten Eindruck hinterlassen.* **2)** *ihm,* vererbe: *er hinterließ nur Schulden.* **Hinterlassenschaft** *die, -/-en,* Besitz eines Verstorbenen. **Hinterlassung** *die, -/-en: er verschwand unter H. hoher Schulden.*

hinterlastig, hinten stärker belastet als vorn (Flugzeug, Schiff).

hinterlegen, *ich* hinterlege (habe hinterlegt) *es,* lasse verwahren, lasse als Pfand zurück: *ich mußte eine Kaution hinterlegen.* **Hinterlegung** *die, -,* ♦ Übergabe einer Schuld an eine öffentl. Stelle zur Verwahrung für den Gläubiger.

Hinterlist [mhd. hinderlist] *die, -,* Heimtücke. **hinterlistig. Hinterlistigkeit** *die, -.*

Hintermann *der, -(e)s/ᶻer,* **1)** jemand, der hinter einem steht. **2)** *meist Pl.,* Ü im Hintergrund bleibender Urheber, Drahtzieher: *die Hintermänner sind unbekannt.* **3)** ⬛ späterer Wechselinhaber.

Hintern [mhd. hinder] *der, -s/-,* Ü Gesäß.

Hinterrad *das,* hinteres Rad (Fahrzeuge): *Hinterradantrieb; Hinterradaufhängung; Hinterradbremse.*

hinterrücks, von hinten, arglistig, heimtückisch.

Hintersasse [mhd. hindersæze] *der,* ♦ zinspflichtiger Kleinbauer: *Hintersassengut.*

hintersinnen *der, -(e)s,* geheimer Nebensinn, Doppelsinn. **hintersinnen,** *ich* hintersinne *mich* (hintersann mich, habe mich hintersonnen), *südtt., schweiz.:* werde schwermütig, trübsinnig. **hintersinnig,** *hintersinniger* Humor.

Hinterste *der, -n/-n,* Ü Gesäß. **Hinterteil** *das,* **1)** hinterer Teil eines Gegenstandes. **2)** Ü Gesäß.

Hintertreffen *das: ich* komme ins H., gerate in Nachteil.

hintertreiben, *ich* hintertreibe (habe hintertrieben) *es,* mache unmöglich, durchkreuze. **Hintertreibung** *die, -.*

Hintertreppenroman *der,* Ü Schundroman.

Hintertür *die,* **1)** Tür an der Rückseite eines Gebäudes. **2)** Ü Ausweg, Ausflucht: *er hält sich immer eine H. offen.*

Hinterwäldler *der, -s/-,* weltfremder, rückständiger, ungeschliffener Mensch. **hinterwäldlerisch.**

hinterwärts, nach hinten, rückwärts.

hinterziehen, *ich* hinterziehe (habe hinterzogen) *es,* unterschlage. **Hinterziehung** *die,* Betrug, Unterschlagung: *Steuerhinterziehung.* **hinterzogen,** *ostmitteldt.:* von versteckten Wesen.

hin|über [mhd. hinüber], **1)** von dieser Seite auf die andere Seite: *h. und herüber.* **2)** Ü verdorben, vernichtet: tot. **hin|über. . .,** in Verbindung mit Verben trennbar zusammengesetzt: *hinüberbeugen; hinüberführen.*

hin|unter, von hier nach dort unten. **hin|unter. . .,** in Verbindung mit Verben trennbar zusammengesetzt: *hinunterlaufen; hinunterschlucken; hinuntersehen.*

hin|unterstürzen, *ich* stürze hinunter, **1)** (bin hinuntergestürzt), falle hinunter. **2)** (habe hinuntergestürzt) *mich, ihn, es,* werfe in die Tiefe. **3)** (habe hinuntergestürzt) *es,* trinke gierig: *er hat ein Glas Bier hinuntergestürzt.*

hin|unterwürgen, *ich* würge *es* hinunter (habe hinuntergewürgt), schlucke mit Mühe.

hinweg [mhd. hinwec], P fort; weg von hier. **hinweg. . .,** in Verbindung mit Verben trennbar zusammengesetzt, **1)** fort. . ., weg. . .: *hinweggraffen; hinwegsehen.* **2)** ohne es zu berücksichtigen oder zu erkennen: *über etwas hinweggehen, hinwegsehen; sich über etwas hinwegtäuschen.*

Hinweg *der,* Weg zum Ziel: *Hin- und Rückweg.*

hinwegkommen, *ich* komme *über etwas* hinweg (kam hinweg, bin hinweggekommen), überwinde es.

hinwegsetzen, *ich* setze *mich über etwas* hinweg (habe mich hinweggesetzt), übergehe, mißachte es.

Hinweis *der, -es/-e,* Wink, Fingerzeig, Andeutung: *er konnte mir keinen H. geben.* **hinweisen,** *ich* weise *auf ihn, etwas* hin (habe hingewiesen), zeige, zeige es auf, bringe zum Ausdruck: *ich habe schon öfter auf die Gefahren hingewiesen; alle Anzeichen weisen darauf hin, daß . . .* **hinweisendes Fürwort** *das,* Ⓢ Demonstrativpronomen, ÜBERS. P 24.

hinwerfen, *ich* werfe hin (warf hin, habe hingeworfen), **1)** *es, ihn, mich,* werfe zu Boden, bringe zu Fall. **2)** *es,* schleudere verachtungsvoll hin, will nichts mehr davon wissen: *er will die Arbeit hinwerfen.* **3)** *es,* Ü sage nachlässig, bemerke nebenbei. **4)** *es,* Ü lasse fallen: *wirf das Geschirr nicht hin!*

hinwieder, hinwieder|um, ♦ **1)** aufs neue, nochmals. **2)** dagegen, hingegen.

Hinz [niederdt. Kurzform von Heinrich], männl. Vorname: *H. und Kunz,* Ü jedermann.

hinziehen, *ich* ziehe hin (habe hingezogen), **1)** *es,* verzögere. **2)** *es zieht sich hin,* zeitlich: dauert lange. **3)** *es zieht sich hin,* örtlich: erstreckt sich. **4)** *es zieht ihn hin,* Ü lockt an: *sie fühlt sich zu ihm hingezogen.*

hinzu, zu etwas anderem als Vermehrung, Ergänzung. **hinzu. . .,** in Verbindung mit Verben trennbar zusammengesetzt: *hinzukommen; hinzusetzen; hinzuzählen.* **hinzufügen,** *ich* füge *es* hinzu (habe hinzugefügt), sage noch, schreibe als Nachtrag; lege bei. **hinzuziehen,** *ich* ziehe *ihn (zu etwas)* hinzu (habe hinzugezogen), ersuche ihn um ein Gutachten, konsultiere (Arzt, Fachmann, Gutachter).

Hiob [hebr. ›Angreifer (der Feinde) ist Gott‹, B männl. Vorname; ein frommer Dulder. **Hiobsbotschaft, Hiobsnachricht, Hiobspost** *die,* Ü Unglücksnachricht.

Hippe [ahd. happa] *die, -/-n,* **1)** Gärtner-, Winzermesser, ABB. G 2. **2)** ♦ Sense; Sinnbild des Todes.

Hippe *die, -/-n, süddt.:* eine Art Fladenkuchen.

Hippe [zu Habergeiß] *die, -/-n, bes. mitteldt.,* **1)** Ziege. **2)** streitsüchtige Frau.

hipp, hipp, hurra! [engl.], Rudergruß. **Hipphipphurra** *das, -s/-s.*

Hippie [wohl zu amerikan. Slang hip ›eingeweiht sein‹] *der, -s/-s,* Angehöriger jugendl. Gruppen, die sich aus bürgerl. Lebensordnungen gelöst haben und auf friedlich-passive Weise ihre manierten Lebensform verwirklichen wollen.

Hippo|drom [grch. hippos ›Pferd‹ und dromos ›Lauf‹] *der* oder *das, -s/-e,* Reitbahn.

hippo|kratisch, Hippo|kratisch [nach dem griech. Arzt Hippokrates, 460–377 v. Chr.], auf Hippokrates und seine Lehre bezüglich, vgl. ÜBERS. A 4, C: *der hippokratische Eid,* Gelöbnis der Ärzte; *das hippokratische Gesicht,* ⚕ Gesichtsausdruck Sterbender und Schwerkranker.

Hippo|krene [grch. ›Roßquelle‹] *die, -,* griech. Mythologie: Quelle der Musen am Helikon.

Hippologie [grch. hippos ›Pferd‹ und vgl. . . .logie] *die, -,* Lehre vom Pferd. **hippologisch.**

Hipster [vgl. Hippie] *der, -s/-,* Ü **1)** Jazzmusiker, Jazzfan. **2)** jemand, der über alles Moderne Bescheid weiß.

Hirn [ahd. hirni] *das, -(e)s/-e,* Gehirn, ABB. G 6. **Hirngespinst** *das, -(e)s/-e,* gebildete, ertäumte Sache. **Hirnholz** *das,* senkrecht zur Faserrichtung geschnittenes Holz (Hirnschnitt), ABB. H 23. **hirnlos,** Ü dumm. **hirnverbrannt,** Ü verrückt: *eine hirnverbrannte Idee.*

Hirsch [ahd. hirz] *der, -es/-e,* ein Paarhufer, ABB. H 18. **Hirschfänger** *der,* Seitengewehr des Jägers, ABB. J 1. **hirschgerecht,** in der Hirschjagd erfahren. **Hirschgeweihfarn** *der,* ♦ Farn mit geweihförmigen Blättern. **Hirschhals** *der,* stark gewölbter Hals des Pferdes. **Hirschhorn** *das, -(e)s,* Hirschgeweih als Material: *Hirschhornknöpfe.* **Hirschhornsalz** *das,* Handelsname für kohlensaures Ammonium, Backmittel. **Hirschkäfer** *der,* große Käferart. **Hirschkalb** *das,* Junges vom Hirsch. **Hirschkuh** *die,* weibl. Hirsch.

Hirse [ahd. hirsi] *die, -,* kleinkörniges Getreide, ABB. G 18.

Hirt [ahd. hirti] *der, -en/-en,* Viehhüter, Schäfer, ABB. H 18: *Hirtendichtung; Hirtenflöte; Hirtenvolk.* **Hirte** *der, -n/-n,* ♦, noch P Hirt; Sinnbild eines treuen Leiters, Seelsorgers: *der Gute H.,* Christus. **Hirtenamt** *das, -(e)s,* Ü Beruf des Seelsorgers. **Hirtenbrief** *der,* bischöfl. Schreiben an die Diözesanen. **Hirtenhund** *der,* Angehöriger verschiedener Hunderassen: *ungarischer H.* **Hirtenstab** *der,* Bischofsstab, Krummstab. **Hirtentäschel** *das, -s/-,* Hirtentäschelkraut, ein Kreuzblütler. **Hirtin** *die, -/-nen,* weibl. Hirt, Schäferin.

his *das, -/-,* ♪ das um einen Halbton erhöhte h, ABB. N 9.

Hispani|en [lat. Hispania], im Altertum Name der Pyrenäenhalbinsel. **hispanisch.**

hissen [niederdt.], *ich* hisse (habe gehißt; du hißt oder hissest) *es,* auch heiße, ziehe hoch (Flagge, Segel).

Hist|amin [Kurzw. aus Histidin und Amin] *das, -s,* ein Gewebshormon. **Histologe** [vgl. . . .loge] *der, -n/-n.* **Histologie** [vgl. . . .logie] *die, -,* Zellgewebelehre. **histologisch.**

Histörchen *das, -s/-,* Schnurre, scherzhafte kleine Erzählung. **Historie** [-iǝ, grch. historia] *die, -/. . .ri|en,* Geschichte. **Histori|enmalerei** *die,* Malerei, die geschichtl. Ereignisse darstellt. **Historik** *die, -,* Geschichtsforschung. **Historiker** *der, -s/-.* **Historio|graph** [vgl. . . .graph] *der, -en/-en.* **Historio|graphie** [vgl. . . .graphie] *die, -,* Geschichtsschreibung.

das Geweih (die Stangen)
der Lauscher
der Wedel — das Licht
der Äser
die Schale
der Lauf
Hirsch

der Hirtenkarren — der Hirtenstab
die Schafe
die Hürde — der Pferch
das Muttertier
der Pferch
der Hirt (der Schäfer)
das Jungtier
das Leittier
das Leittier
Hirt und Herde
der Schäferhund

historisch, geschichtlich. **historisieren**, *ich* historisiere (habe historisiert) *es*, betone das Geschichtliche. **Historismus** *der*, -, historisierende geistes- und sozialwissenschaftliche Betrachtungsweise. **historistisch.**

Histrione [lat. histrio] *der*, -*n*/-*n*, altröm. Schauspieler.

Hit [engl. ›Treffer‹] *der*, -(*s*)/-*s*, etwas, das bes. erfolgreich ist: *Verkaufshit; Hitparade*, (Vortrag der) Spitzenschlager.

hitchhiken [hˈitʃhaikən, engl. hitch ›das Anhalten‹, ›Festhalten‹ und to hike ›wandern‹], *ich* hitchhike (habe gehitchhikt), trampe, fahre per Anhalter. **Hitchhiker** *der*, -*s*/-.

Hitsche *die*, -/-*n*, ostmitteldt.: 1) Fußbank. 2) kleiner Schlitten.

Hitze [ahd. hizz(e)a, zu heiz ›heiß‹] *die*, -, 1) große Wärme: *Hitzegrad; Tropenhitze.* 2) ⚡ Zorn, Leidenschaft: *in der ersten H. schlug ich zu; in der H. des Gefechts.* 3) ♈ Läufigkeit, Brunstzeit. **hitzebeständig**, widerstandsfähig gegen hohe Temperatur: *hitzebeständiges Glas.* **Hitzebläschen** *das*, durch Hitze hervorgerufener Hautausschlag. **hitzefrei**, schulfrei wegen großer Hitze. **Hitzewelle** *die*, über längere Zeit anhaltendes sehr warmes Wetter. **hitzig**, 1) Ü heftig aufbrausend, jähzornig. 2) 🐕 brünstig, läufig (Hündin). **Hitzkopf** *der*, leicht erregbarer Mensch. **hitzköpfig. Hitzschlag** *der*, ⚕ schwere Gesundheitsstörung durch Wärmestauung.

Hjalmar [jˈalmar, altisländ. hjalmr ›Helm‹ und herr ›Heer‹], männl. Vorname.

hl, Zeichen für: Hektoliter.

hl., *Pl.* hll., Abk. für: heilig(e).

hm!, Geräusch des Räusperns; Ausdruck der Bedenklichkeit, der zögernden Zustimmung.

H-Milch *die*, haltbare Milch.

h-Moll *das*, Zeichen: h, ♪ eine Tonart.

HNO-Arzt *der*, kurz für: Hals-Nasen-Ohren-Arzt.

Ho, ⚛ Zeichen für: Holmium.

HO, Abk. für: Handelsorganisation (Dt. Dem. Rep.): *HO-Geschäft.*

hob, von heben.

Hobbock [engl.] *der*, -*s*/-*s*, Versandgefäß aus Blech, Abb. H 20.

Hobby [engl. hobby-horse] *das*, -*s*/-*s*, Steckenpferd, Liebhaberei: *Hobbyraum; Hobbyurlaub.*

Hobel [mhd. hobel] *der*, -*s*/-, 1) Werkzeug zum spanenden Formen von Flächen (Holz, Metall), Abb. H 19: *Hobelspan;*

Hobelmesser. 2) Küchengerät zum Kleinschneiden: *Gurkenhobel.* **Hobelbank** *die*, Arbeitstisch zum Einspannen von hölzernen Werkstücken, Abb. H 19. **hobeln**, *ich* hob(e)le (habe gehobelt) *es*.

höbeln, *ich* höb(e)le (habe gehöbelt), auch höfele, *schweiz.*: schmeichle, tue wohlgesittet.

hoc anno [lat.], Abk.: h. a., ✂ in diesem Jahr(e).

hoc est [lat.], Abk.: h. e., ✂ das ist.

hoch, höher, am höchsten, dekliniert: hohe, ein hoher [ahd. ho(h)], 1) in der Abmessung nach oben, Abb. E 2: *zwei Meter h.; drei Treppen h.; so ist die Zugspitze; höher als der Turm; ohne Zusatz: von bedeutender Ausdehnung nach oben: ein hoher Turm.* 2) sich in einer bestimmten oder bedeutenden Höhe befindend: *diese Gegend liegt h.; er trägt die Nase sehr h., Ü ist eingebildet; das ist mir zu h., Ü übersteigt mein Fassungsvermögen.* 3) Ü bedeutend, achtunggebietend, edel; in einer Rangleiter oder Abstufung obenstehend: *h. und niedrig, jedermann; ein hoher Beamter; eine hohe Würde; er will h. hinaus, erstrebt eine hohe gesellschaftl. Stellung; ein hohes Fest; hohe Temperaturen; hohes Fieber; hohe Preise; ich habe eine hohe Meinung von ihm; hohe Ideale; die höhere Schule, ✂ zur Hochschulreife führende Schule; die Hohe Schule, vollkommene Dressur des Reitpferdes, Abb. H 22; es geht h. her, wird fröhlich gefeiert.* 4) mengenmäßig ausmachend: *wie h. ist die Summe?; hohe Unkosten; die Zahlen waren zu h. gegriffen; vier Mann h., Ü vier Mann.* 5) von Tönen: von hoher Schwingungszahl: *wie h. ist die Stimmung dieses Tones?* 6) zeitlich weit fortgeschritten; auf dem Höhepunkt stehend: *ein hohes Alter; in der Siebzigern; das hohe Mittelalter.* 7) △ *zwei h. drei* (in Ziffern: 2³), zwei dreimal als Faktor genommen: $2 \times 2 \times 2 = 8$. **hoch!**, Heilruf: *er lebe h.!* **Hoch** *das*, -*s*/-*s*, 1) Hochruf: *wir brachten ein H. auf ihn aus.* 2) Meteorologie: Gebiet hohen Luftdrucks. **hoch...**, 1) oben (gelegen), dann oben: *hochgelegen; hochheben; hochklettern; hochkrempeln; Hochtal.* 2) von relativ großer Höhe: *hochhackige Schuhe; eine hochbeinige Hunderasse.* 3) Ü einen Höhepunkt angebend: *Hochblüte; Hochkultur; Hochmittelalter.* 4) sehr: *hochaktuell; hochanständig; hochbegabt; hochbetagt; hochempfindlich; hocherfreut; hochherrschaftlich; hochinteressant; hochpoetisch; hochpolitisch.*

hochachten, *ich* achte *ihn* hoch (habe hochgeachtet), schätze, achte sehr. **Hochachtung** *die*, ehrfurchtsvolle Wert-

H 19

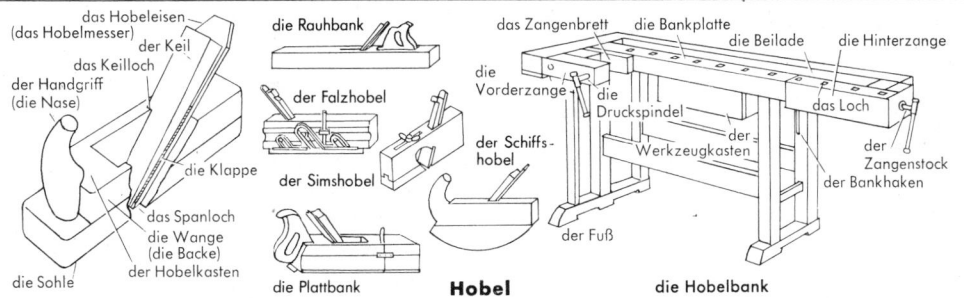

das Hobeleisen (das Hobelmesser)
der Keil
das Keilloch
der Handgriff (die Nase)
die Klappe
das Spanloch
die Wange (die Backe)
der Hobelkasten
die Sohle
die Rauhbank
der Falzhobel
der Schiffshobel
der Simshobel
die Plattbank
Hobel
das Zangenbrett — die Bankplatte
die Beilade
die Hinterzange
die Vorderzange
die Druckspindel
der Werkzeugkasten
der Fuß
das Loch
der Zangenstock
der Bankhaken
die Hobelbank

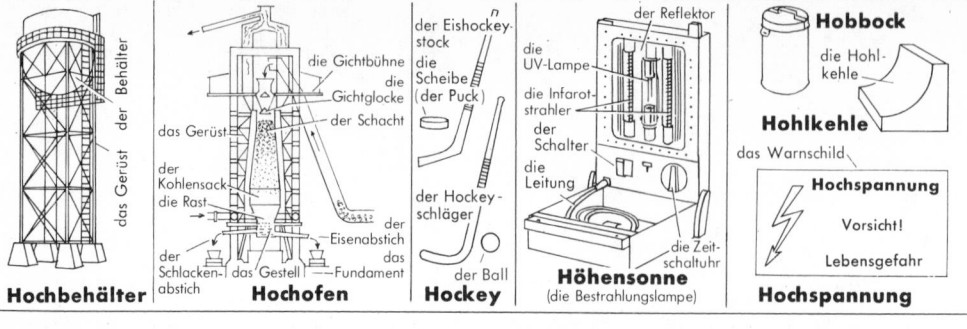

Hochbehälter   **Hochofen**   **Hockey**   **Höhensonne** (die Bestrahlungslampe)   **Hochspannung**

schätzung. **hochachtungsvoll,** Schlußformel für Briefe. **Hochadel** *der,* höchste Stufe des Adels. **Hochaltar** *der,* Hauptaltar, ABB. K 20. **Hochamt** *das,* feierliche kath. Messe. **Hochantenne** *die,* Antenne auf dem Hausdach. **hocharbeiten,** *ich* arbeite *mich* hoch (habe mich hochgearbeitet), Ü erringe durch gutes Arbeiten eine höhere Stellung: *er hat sich zäh und beharrlich hochgearbeitet.*
Hochbahn *die,* auf Brückenkonstruktionen geführte Stadtbahn. **Hochbau** *der,* Bauten über der Erde; Gegensatz: Tiefbau. **Hochbehälter** *der,* hochgelegener Wasserspeicher, ABB. H 20. **Hochbetrieb** *der, -(e)s,* sehr starke Betriebsamkeit: *es herrschte H.* **Hochburg** *die,* **1)** Bollwerk. **2)** Ü Mittelpunkt.
hochdeutsch, 1) ober- und mitteldeutsch, ÜBERS. M 24. **2)** die Hochsprache betreffend. **Hochdeutsch** *das,* hochdeutsche Sprache; vgl. Deutsch. **hochdotiert,** sehr gut bezahlt: *eine hochdotierte Position.* **Hochdruck** *der, -(e)s,* **1)** hoher Luftdruck: *ein Hochdruckgebiet über den Azoren.* **2)** Druck von Gasen oder Dämpfen, der erheblich über dem normalen Luftdruck liegt: *Hochdruckanlage.* **3)** ⚙ ein Druckverfahren, Buchdruck, ABB. D 15. **4)** ⚕ erhöhter Blutdruck: *Hochdruckkrankheit.* **5)** Ü große Eile: *wir arbeiten mit H.*
Hochebene *die,* in größere Höhe über dem Meeresspiegel gelegene Ebene. **hochentwickelt,** auf einer hohen Entwicklungsstufe stehend: *hochentwickelte Kulturen.* **hocherhoben,** *hocherhobenen Hauptes verließ sie den Raum,* Ü stolz.
hochfahren, *ich* fahre hoch (fuhr hoch, bin hochgefahren), **1)** Ü fahre nach oben. **2)** schrecke plötzlich empor: *sie fuhr aus dem Schlaf hoch.* **hochfahrend,** Ü stolz, anmaßend, hoffärtig. **Hochfläche** *die,* hochgelegenes flaches Landstück. **hochfliegend,** Ü nach hohen Zielen strebend, ehrgeizig: *hochfliegende Pläne.* **Hochflut** *die,* **1)** höchster Flutstand. **2)** Ü Überangebot. **Hochform** *die, -: er ist in H.,* ist gut in Form, fit (bes. Sport). **Hochformat** *das,* Format mit geringerer Breite als Höhe: *eine Photographie in H.* **hochfrequent. Hochfrequenz** *die,* Abk.: HF, Frequenzen von 3 kHz bis 300 GHz; Trägerfrequenz für niederfrequente Schwingungen bei der drahtlosen Nachrichtenübertragung.
Hochgebirge *das,* Gebirge über die Baumgrenze hinaus. **Hochgefühl** *das, -(e)s,* stolzes Gefühl innerer Befriedigung. **hochgehen,** *ich* gehe hoch (ging hoch, bin hochgegangen), Ü **1)** gehe nach oben. **2)** werde wütend. **3)** *es geht hoch,* fliegt in die Luft (Ballon), explodiert. **4)** *er ist hochgegangen,* wurde verhaftet. **5)** *die Sache ging hoch,* das geplante Verbrechen wurde von der Polizei aufgedeckt. **hochgemut,** in froher, zuversichtlicher Stimmung. **Hochgenuß** *der,* besonderer Genuß. **Hochgericht** [mhd. hochgerihte] *das,* **1)** Halsgericht. **2)** Richtstätte, Galgen. **hochgeschlossen,** bis zum Hals geschlossen, ohne Ausschnitt (Kleid). **hochgespannt,** *mit hochgespannten Erwartungen,* viel erhoffend. **hochgesteckt,** *hochgesteckte Ziele,* ehrgeizig. **hochgestellt, 1)** nach oben gestellt, gesetzt (Buchstabe, Zahl). **2)** Ü hochstehend. **hochgestochen,** Ü betont geistig anspruchsvoll; eingebildet: *er drückt sich ziemlich h. aus; eine hochgestochene Gesellschaft.* **Hochglanz** *der: ich poliere das Silber auf H.,* poliere, bis es sehr glänzt; *Hochglanzabzug* (Photographie). **hochgradig,** in hohem Grade, sehr: *sie ist h. nervös.*
hochhalten, *ich* halte, *ihn* hoch (hielt hoch, habe hochgehalten), **1)** halte in die Höhe. **2)** Ü halte in Ehren: *wir wollen sein Andenken hochhalten.* **Hochhaus** *das,* Haus mit vielen Stockwerken, ABB. H 11. **hochherzig,** edel, großmütig: *ein hochherziges Angebot.* **Hochherzigkeit** *die, -.*
hochjagen, *ich* jage hoch (habe hochgejagt), Ü **1)** *ihn,* jage nach oben; scheuche auf. **2)** *den Motor,* bringe schnell auf eine hohe Umdrehungszahl. **hochjubeln,** *ich* jub(e)le *ihn, es* hoch (habe hochgejubelt), Ü versuche, durch übertriebenes Lob bekanntzumachen.
hochkant, auf der Schmalseite stehend, ABB. K 7. **hochkantig,** *er ist h. hinausgeflogen,* Ü wurde entlassen, weggeschickt. **hochkarätig, 1)** von hohem Goldgehalt (Legierung). **2)** gewichtig (Edelstein). **3)** Ü bedeutend: *ein hochkarätiger Politiker.* **Hochkirche** [Lü. von engl. High Church] *die,* die von der kath. Tradition in England bestimmte Richtung innerhalb der anglikan. Kirche. **hochklappen,** *ich* klappe *es* hoch (habe hochgeklappt), klappe nach oben (Klappbett). **hochkommen,** *ich* komme hoch (kam hoch, bin hochgekommen), Ü **1)** komme nach oben; tauche aus einer Flüssigkeit auf. **2)** habe in meinen Bestrebungen Erfolg, mache Karriere: *er läßt keinen neben sich hochkommen.* **3)** raffe mich auf, überwinde Not oder Krankheit. **4)** *es kommt mir hoch,* mir wird übel: *das Essen kommt mir hoch,* Ü *sein Benehmen, es widert mich an,* empört mich. **Hochkonjunktur** *die,* Phase der wirtschaftl. Aufschwungs.
Hochland *das,* ausgedehnte Landfläche in größerer Höhe über dem Meeresspiegel. **Hochländer** *der, -s/-,* Bewohner des Hochlandes. **Hochlautung** *die,* ⚬ festgelegte Aussprache der Hochsprache. **hochleben,** *nur Optativ oder in Verbindung mit lassen,* durch Hochrufe gefeiert werden: *er lebe hoch!; wir wollen sie hochleben lassen.* **Hochleistung** *die,* große Leistung: *Hochleistungssport.* **höchlich(st),** ⚬ groß, sehr, in starkem Maße: *wir waren h. erstaunt, verwundert.*
Hochmeister *der,* oberster Leiter eines geistl. Ritterordens. **hochmögend,** ⚬ mächtig. **hochmolekular,** ⚬ makromolekular. **Hochmut** [ahd. hohmuot] *der,* unangebrachter Stolz, Dünkel. **hochmütig. Hochmütigkeit** *die, -.*
hochnäsig, Ü dumm und stolz, dünkelhaft. **hochnehmen,** *ich* nehme *ihn* hoch (nahm hoch, habe hochgenommen), **1)** nehme auf den Arm (Kind). **2)** Ü foppe, necke. **hochnotpeinlich,** *hochnotpeinliches Gericht,* ⚬ Halsgericht.
Hochofen *der,* Schmelzofen zur Gewinnung von Roheisen aus Erzen, ABB. H 20: *Hochofenschlacke.*
hochpäppeln, *ich* päpp(e)le *ihn* hoch (habe hochgepäppelt), Ü päppele auf.
Hochparterre *das,* eine halbe Treppe hoch gelegenes Geschoß. **Hochplateau** [-to] *das,* Hochfläche, die sich mit einer deutlichen Stufe über die Umgebung erhebt. **hochprozentig,** von hohem prozentualem Gehalt: *hochprozentiger Alkohol.*
hochqualifiziert, in hohem Maß befähigt, geeignet: *hochqualifizierte Facharbeiter.*
Hochrad *das,* frühe Form des Fahrrades mit sehr großem Vorderrad. **hochrechnen,** *ich* rechne hoch (habe hochgerechnet). **Hochrechnung** *die,* auf repräsentativen Teilergebnissen beruhende Berechnung eines Gesamtergebnisses, bes. bei Wahlen. **hochrot,** stark gerötet: *mit hochrotem Kopf.* **Hochruf** *der,* begeisterter Zuruf.
Hochrüstung *die,* intensive Rüstung.
Hochsaison *die,* Hauptsaison. **hochschätzen,** *ich* schätze *es, ihn* hoch (habe hochgeschätzt), achte, verehre: *ein hochgeschätzter Wissenschaftler;* aber: *sie hat den Preis zu hoch*

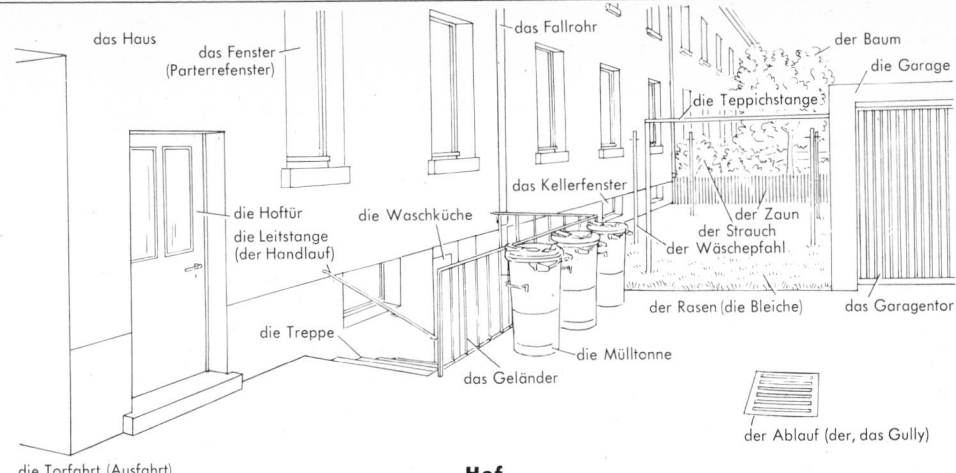

das Haus · das Fenster (Parterrefenster) · das Fallrohr · der Baum · die Garage · die Teppichstange · die Hoftür · die Leitstange (der Handlauf) · die Waschküche · das Kellerfenster · der Zaun · der Strauch · der Wäschepfahl · die Treppe · das Geländer · die Mülltonne · der Rasen (die Bleiche) · das Garagentor · der Ablauf (der, das Gully) · die Torfahrt (Ausfahrt)

Hof

geschätzt. **hochschlagen,** ich schlage es hoch (schlug hoch, habe hochgeschlagen), schlage nach oben (Ärmel, Kragen). **hochschrecken,** vgl. aufschrecken. **Hochschule** die, Einrichtung für wissenschaftl. Forschung, Lehre und Studium: *Hochschuldidaktik; Hochschullehrer; Hochschulreform; Fachhochschule; Gesamthochschule.* **Hochschüler** der, Studierender an einer Hochschule. **Hochschulreife** die, Berechtigung zum Studium an einer Hochschule. **hochschwanger,** schwanger in den letzten Wochen der Schwangerschaft. **Hochsee** die, -, das offene, küstenferne Meer: *Hochseefischerei.* **Hochsitz** der, ⚶ Hochstand. **Hochsommer** der, Höhepunkt des Sommers (etwa August). **Hochspannung** die, 1) ⚡ Spannung von mehr als 1 000 Volt gegen Erde, ABB. H 20. 2) Ü Lage, in der Gegensätze zur Entladung drängen. **hochspielen,** ich spiele es hoch (habe hochgespielt), versuche, etwas ohne Berechtigung in den Mittelpunkt des Interesses zu schieben, bausche auf: *diese Angelegenheit wird (künstlich) hochgespielt.* **Hochsprache** die, besonders reine, Umgangssprache und Mundarten ausschließende Sprache, ÜBERS. A 26, M 24. **Hochsprung** der, -(e)s, leichtathlet. Wettkampfübung, bei der eine Querlatte mit Anlauf übersprungen wird. **höchst,** 1) Superlativ von hoch: *das höchste Gebot.* 2) ganz besonders, sehr: *das war h. unnötig; dieses Angebot ist mir h. willkommen; ich bin auf das höchste erstaunt; es ist (die) höchste Zeit, eilt sehr; aber: er strebt nach dem Höchsten.* **höchst. . .,** in Wortzusammensetzungen: *höchstmöglich; Höchstalter; Höchstgebot; Höchstpreis; Höchststrafe; Höchstwert.* **Hochstand** der, Jagdkanzel, ABB. J 1. **Hochstapelei** die, -/-en, Betrug, bei der Vermögen und eine gehobene gesellschaftl. Stellung vorgetäuscht werden. **hochstapeln,** ich stap(e)le hoch (habe hochgestapelt). **Hochstapler** der, -s/-. **Höchstbelastung** die, größtmögliche Belastbarkeit. **höchstehend,** von hohem Rang, bedeutend: *eine hochstehende Persönlichkeit.* **höchsteigen,** in höchsteigener Person, selbst, persönlich. **höchstens,** im äußersten Fall, sicher nicht mehr als das: *wir bleiben h. drei Wochen.* **Höchstfall** der: im H., höchstens. **Höchstfrequenz** die, Abk.: HHF, Teil der Hochfrequenz über 300 MHz. **Höchstgeschwindigkeit** die: zulässige H. **Hochstimmung** die, gehobene, freudige Stimmung. **Höchstleistung** die: es werden sportliche Höchstleistungen erwartet. **Höchstmaß** das: diese Arbeit verlangt ein H. an Konzentration, ein sehr hohes Maß, bes. viel. **höchstpersönlich,** in eigener Person: *der Bundespräsident war h. zur Einweihung erschienen.* **Höchststand** der, der höchste Stand: *die Arbeitslosigkeit hat ihren H. (noch nicht) erreicht.* **höchstwahrscheinlich,** mit sehr großer Wahrscheinlichkeit: *das ist h. falsch; aber: es ist höchst wahrscheinlich, daß er morgen kommt.* **höchstzulässig,** das höchstzulässige Gesamtgewicht für dieses Fahrzeug beträgt. . ., das größte erlaubte Gewicht.

Hochtour die, 1) Bergtour. 2) *auf Hochtouren,* Ü schnell: *die Produktion läuft auf Hochtouren; man muß ihn auf Hochtouren bringen,* antreiben. **hochtourig,** mit hoher Drehzahl laufend (Motor). **Hochtourist** der. **Hochtouristik** die, Alpinistik. **hochtrabend,** pomphaft, anmaßend (Worte, Stil). **Hochverrat** der, Angriff gegen den Bestand des Staates. **Hochverräter** der. **hochverräterisch. hochverzinslich,** mit hohem Zinsertrag: *hochverzinsliche Wertpapiere.* **Hochwald** der, Wald, der meist im Alter von 80 bis 120 Jahren geschlagen wird. **Hochwasser** das, -s, höchster Wasserstand, Überschwemmung: *er hat H.,* Ü trägt zu kurze Hosen. **hochwertig,** von hohem Wert, gehaltvoll: *hochwertige Nahrungsmittel.* **Hochwild** das, ⚶ Schalenwild außer Rehwild, Auergeflügel, Stein- und Seeadler. **Hochwohlgeboren,** ♂ Titel auf Anschriften. **Hochwürden** [mhd. hochwirdec ›reich an Würde‹], Anrede für Geistliche. **Hochzahl** die, △ Exponent, ÜBERS. R 11. **Hochzeit** [mhd. hochgezit], die, -/-en, 1) [hᵓx-], Vermählungsfeier: *Hochzeitsnacht; Hochzeitsreise; Bauernhochzeit.* 2) [hᵓo:x-], Höhepunkt einer Entwicklung, Glanzzeit. **Hochzeiter** [hᵓox-] der, -s/-, **Hochzeiterin** die, -/-nen, oberdt.: Bräutigam und Braut. **hochzeitlich,** die Vermählung betreffend. **Hochzeitsbitter** der, -s/-, ♂ Überbringer der Einladungen zu einer ländl. Hochzeit. **Hochzeitsflug** der, das Schwärmen vor der oder zur Begattung bei staatenbildenden Insekten. **Hochzeitstag** der, 1) Tag der Hochzeit: *der H. ist noch nicht festgelegt.* 2) Jahrestag der Heirat: *sie feiern bald ihren 20. H.* **Hochzucht** [hᵓo:x-] die, -. **hochzüchten,** getrennte Formen als üblich, neue, hochwertige Tier- und Pflanzenrassen züchten: *eine hochgezüchtete Hunderasse.*

Hock der, -(e)s/ᵘe, alem.: gemütliches Beisammensein, Versammlung. **Hocke** die, -/-n, 1) Pl. selten, Haltung, bei der die Beine stark gebeugt werden. 2) Sprung mit angewinkelten Beinen über ein Gerät. 3) Ringen: Knieliegestütz. 4) zum Trocknen zusammengestellte Getreidegarben. 5) Ecke des Spielbretts, ABB. B 48. **hocken** [mhd. huchen], ich hocke (habe gehockt), 1) kauere. 2) Ü bleibe lange untätig sitzen: *sie hockten bis in die Nacht hinein zusammen.* 3) Getreide, setze in Hocken. **Hocker** der, -s/-, kleiner Stuhl ohne Lehne, ABB. S 75.

Höcker [mhd. hocker] der, -s/-, 1) knöcherner Auswuchs. 2) Fettpolster bei Kamel und Zebu. 3) Rückgratverkrümmung, Buckel. **höck(e)rig.**

Hockey [hᵓki, engl., afrz. hoquet ›Schäferstock‹] das, -s, ✗ ein Rasenkampfspiel, ABB. H 20: *Hockeyschläger.* **Hode** [ahd. hodo] der, -/-n oder der, -n/-n, **Hoden** der, -s/-, ♂ männl. Keimdrüse, ABB. M 12: *Hodensack.*

Hof [ahd. hof] der, -(e)s/ᵘe, 1) unmittelbar zum Haus gehöriger Platz, ABB. H 21. 2) landwirtschaftl. Betrieb: *Bauernhof; Hofhund.* 3) Betriebsgebäude und -gelände:

Bahnhof. **4)** fürstl. Haushalt: *Erzieher bei Hofe, am Hofe des Fürsten; Hofburg; Hofdame; Königshof.* **5)** *er macht ihr den H.,* bewirbt sich um ihre Gunst. **6)** Lichtschein um Sonne oder Mond, Halo. **7)** Eckfeld des Halmabretts. **Höfchen** *das, -s/-.* **höfeln,** *ich höf(e)le (habe gehöfelt), schweiz.:* höbele. **hoffähig,** berechtigt, bei Hofe zu sein. **Hoffähigkeit** *die, -.*

Hoffart [mhd. hochvart] *die, -,* P dreister Stolz, Aufgeblasenheit. **hoffärtig.**

hoffen [mhd. hoffen], *ich hoffe (habe gehofft),* **1)** *es, daß es geschieht,* wünsche und glaube an die Verwirklichung: *hoffen wir das Beste!; das wollen wir nicht hoffen!; er hoffte vergebens; ich h., daß der Regen bald aufhört; er hatte gehofft, sie noch anzutreffen.* **2)** *auf ihn, etwas,* setze meine Hoffnung darauf: *wir hoffen auf seine baldige Genesung.* **hoffentlich,** wie man hofft, wünsch.... **höffig,** ❀ Gewinn an... versprechend: *erdölhöffig.* **höfflich,** ❀ gewinnversprechend. **Hoffnung** *die, -/-en,* Vermutung, Erwartung für die Zukunft, Zuversicht: *Hoffnungsschimmer; Hoffnungsstrahl; du darfst die H. nicht aufgeben; sie ist guter H.,* Ü schwanger. **hoffnungslos,** aussichtslos, verzweifelt. **Hoffnungslosigkeit** *die, -.* **hoffnungsvoll,** zuversichtlich, vielversprechend.

hofhalten, *ich halte hof (hielt hof, habe hofgehalten),* halte mich mit Gefolge auf, residiere (Fürsten). **Hofhaltung** *die.* **hofieren** [mhd. hovieren], *ich hofiere (habe hofiert),* **1)** *ihn,* schmeichle, mache ihm den Hof. **2)** *schweiz.:* verunreinige (mit Kot): *das Kind hat ins Bett hofiert.* **höfisch, 1)** zu einem Fürstenhof gehörend, ihm entsprechend: *höfische Sitten.* **2)** edel im Sinne des mittelalterl. Rittertums: *höfische Literatur.* **höflich** [mhd. hovelîh], im Benehmen und Sprechen rücksichtsvoll, freundlich und von guter Form. **Höflichkeit** *die, -/-en,* **1)** ohne Pl., höfliches Benehmen: *Höflichkeitsbezeigung; Höflichkeitsfloskel.* **2)** freundliche Worte, Kompliment. **Hoflieferant** *der,* Titel für Kaufleute, die Waren an einen Fürstenhof lieferten. **Höfling** *der, -s/-e,* **1)** Inhaber eines Hofamtes. **2)** Hofschranze. **Hofmann** *der, -(e)s/...leute,* Höfling. **Hofmeister** *der,* **1)** Hauslehrer, Erzieher. **2)** Gutsverwalter. **hofmeisterlich. hofmeistern,** *ich hofmeist(e)re (habe gehofmeistert) ihn,* gebe ihm unerwünschte Belehrungen. **Hofnarr** *der,* Spaßmacher eines Fürsten. **Hofrat** *der,* ein Titel. **Hofreite** *die, -/-n, süddt.:* Gutshof. **Hofschranze** *die,* auch *der,* liebedienernder Höfling. **Hofstaat** *der, Pl. selten,* Gefolge und Hofhaltung eines Fürsten. **Hofstatt** [mhd. hofstat] *die, -/-en, schweiz.:* Haus mit Hof, Wiese.

Höft [mnd. hövet] *das, -(e)s/-e, niederdt.:* **1)** Haupt, Spitze, bes. Landzunge. **2)** Buhne. **Höftständer** *der, niederdt.:* Hauptstützbalken, innerer Deckenpfeiler.

Hoger [mhd. hover ›Buckel‹] *der, -s/ˮ, schweiz.:* Hügel, Buckel.

hohe, vgl. hoch. **Höhe** [ahd. hôhî] *die, -/-n,* **1)** Ausdehnung nach oben: *Höhenmessung; ein Berg von 1000 m H.* **2)** Ü Gipfel, Spitze: *er stand auf der H. seines Erfolgs; ich bin heute nicht auf der H.,* nicht voll leistungsfähig; *das ist die H.,* Ü der Gipfel der Frechheit. **3)** ⊕ Landerhebung: *Höhenzug; Höhenkurort; Höhenluft; Höhenstrahlung.* **4)** Ausmaß, Anzahl: *die H. des Beitrags.* **5)** eines Tones, die der Tonfrequenz zugeordnete Empfindung. **6)** △ Abstand eines Eckpunktes von der gegenüberliegenden Seite oder Fläche, ABB. D 14, V 6. **7)** ☆ Elevation, in Graden gemessene Erhebung eines Gestirns über dem Horizont. **8)** *auf der H. von,* ↘ in der Nähe oder auf derselben Breite. **Hoheit** *die, -,* **1)** Erhabenheit, Würde. **2)** Recht der obersten Staatsgewalt: *Finanzhoheit.* **3)** Pl. *-en,* fürstlicher Personen. **hoheitlich. Hoheitsrechte,** *Pl.,* die mit höchster Staatsgewalt verbundenen Rechte. **hoheitsvoll,** voll Würde, Hoheit: *sie sah ihn h. an,* Ü von oben herab. **Hoheitszeichen** *das,* sinnbildl. Zeichen staatlicher Gewalt. **Hohelied** *das, Hohenlied(e)s,* ein Buch des Alten Testaments. **Höhenflosse** *die,* ⤢ der starre Teil des Höhenleitwerks. **Höhenkrankheit** *die,* Krankheitserscheinungen infolge Sauerstoffmangels in großen Höhen. **Höhenleitwerk** *das,* ⤢ Bauteil zum Steuern um die Querachse, z. B. ABB. R 9. **Höhenlinie** *die,* auf Landkarten: Linie, die Punkte gleicher Höhe verbindet. **Höhenrauch** *der,* Lufttrübung durch Abgase und Rauch, z. B. von Waldbränden. **Höhenrausch** *der,* rauschähnlicher Zustand bei Höhenkrankheit. **Höhenruder** *das,* ⤢ der bewegl. Teil des Höhenleitwerks. **Höhensonne** *die,* **1)** ohne Pl., die natürliche Sonne im Hochgebirge. **2)** Handelsname für eine Quarzlampe zum Bestrahlen mit Ultraviolettlicht, ABB. H 20. **Hohenzoller** *der, -/-n,* Angehöriger eines dt. Fürstenhauses. **hohenzollerisch. Hohepriester** *der, Hohenpr'iesters/Hohenpr'iester,* altjüd. Oberpriester. **Höhepunkt** *der,* Ü wichtigster, schönster Augenblick. **höher,** Komparativ von hoch.

hohl [ahd. hol], **1)** im Innern leer, nicht gefüllt, ABB. E 2: *ein hohler Zahn; Hohlraum.* **2)** einwärts gebogen, konkav, ABB. K 38: *h. geschliffen,* ABB. L 14; *hohle Wangen,* eingefallene; *die See geht h.,* ↘ die Wellen sind hoch; *die hohle Hand,*

H 22

die Piaffe
die Schule auf der Erde

der Schulschritt

der spanische Schritt (die Passage)

die Passade

die Pirouette

die Levade

die Pesade

die Kruppade

die Kapriole

die Lançade
die Schule über der Erde

die Ballotade

die Kurbette

Hohe Schule

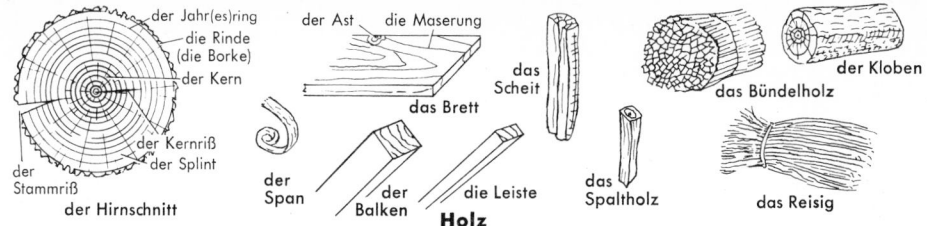

der Jahr(es)ring — die Rinde (die Borke) — der Kern — der Ast — die Maserung — das Scheit — der Kloben — das Bündelholz — der Kernriß — der Splint — der Stammriß — der Hirnschnitt — der Span — der Balken — die Leiste — das Spaltholz — das Reisig

Holz

gekrümmte Handfläche, Sinnbild für Geldnehmen und Bestechlichkeit. **3)** dumpfschallend. **4)** Ü gehaltlos, inhaltsarm: *hohles Gerede.* **Hohlblockstein** *der,* ABB. B 13. **Höhle** *die, -/-n,* **1)** größerer Raum im Gestein: *Tropfsteinhöhle; Höhlenmalerei.* **2)** Vertiefung, Loch: *Mundhöhle; Fensterhöhle.* **3)** Behausung wilder Tiere: *Höhlenbär; er begab sich in die H. des Löwen,* Ü zu seinem persönlichen Feind. **4)** Ü elende Wohnung, Unterschlupf für Diebe. **Hohlheit** *die, -,* hohle Beschaffenheit. **Hohlkehle** *die,* Bauglied von hohlem Profil, ABB. H 20. **Hohlkopf** *der,* Ü dummer Mensch. **Hohlkreuz** *das,* ♯ verstärkte Krümmung nach vorn im Bereich der Lendenwirbelsäule. **Hohlmaß** *das,* Maß für Flüssigkeiten oder schüttbare Güter, ÜBERS. M 8. **Hohlnadel** *die,* ♯ zur Injektion oder Punktion dienende Nadel. **Hohlnaht** *die,* Hohlsaum. **Hohlraumversiegelung** *die,* ⚙ Versiegelung von Hohlräumen in der Karosserie. **Hohlsaum** *der,* durchbrochene Verzierung in Leinengewebe, ABB. N 2. **Hohlspiegel** *der,* flache Kugelschale, deren Innenfläche spiegelt, ABB. S 52. **Hohltier** *das,* Zölenterat, ein wirbelloses mehrzelliges Wassertier. **Höhlung** *die, -/-en,* ausgehöhlte Stelle, Vertiefung. **Hohlweg** *der,* Weg durch einen Geländeeinschnitt. **Hohlziegel** *der,* ABB. B 13: *Hohlziegeldach,* ABB. D 2.

Hohn [ahd. hona] *der, -(e)s,* bitterer Spott, Schadenfreude und Mißachtung: *er wurde mit H. überschüttet; du wirst damit H. und Spott ernten.* **höhnen,** *ich höhne* (habe gehöhnt), **1)** spotte boshaft. **2)** *ihn,* verhöhne, verspotte boshaft.

Hoh|neujahr *das,* Epiphanias.

höhnisch [mhd. hœnisch], spöttisch, boshaft. **hohnlächeln,** *ich hohnläch(e)le* (hohnlächelte oder hohn lachen, habe hohngelächelt), lächle schadenfroh. **hohnsprechen,** *ich spreche ihm hohn* (sprach hohn, habe hohngesprochen), mißachte etwas wie hohn: *das spricht allem Anstand hohn.*

hoho!, Ausruf des Staunens oder des Abwehrens.

höken [wohl zu Hucke], *ich höke* (habe gehökt), hökere. **Höker** [mhd. huckenor, *der, -s/-,* **Hökerin** *die, -/-nen,* ⚙ Kleinhändler(in) mit offenem Stand. **hökern,** *ich hök(e)re* (habe gehökert), treibe kleinen Kramhandel.

hold [ahd. hold] **1)** lieblich, anmutig, beglückend. **2)** *sie ist ihm h.,* günstig gesinnt, gewogen. **Holde** *die, -n/-n,* weibl. Spukgestalt. **Holda,** Hulda.

Holder *der, -s/-, oberdt.:* Holunder.

Holdinggesellschaft [h'ouldiŋ-, engl. to hold ›halten‹] *die,* Gesellschaft, die Anteile anderer Gesellschaften in Besitz hat. **hol|drio!,** Ausruf der Freude. **Hol|drio** *der, -(s)/-(s),* fröhlicher, leichtsinniger Bursche.

holdselig, lieblich, überirdisch. **Holdseligkeit** *die, -.*

Hole [houl, engl.] *das, -s/-s,* Loch (im Golffeld).

holen [ahd. halon], *ich hole* (habe geholt), **1)** *ihn, es, gehe hin, um ihn, es herzubringen: geh in die Küche und hol die Butter!; es mir,* erwerbe: *ich bekam mir Rat bei ihm.* **3)** *es mir,* Ü bekomme, erwische: *du wirst dir einen Schnupfen holen.* **4)** *es,* ⚓ lasse herab; ziehe am Tau.

Holger [altisländ. holmi, holmr ›Insel‹ und geirr ›Speer‹], männl. Vorname.

Holismus [grch. holos ›ganz‹ und vgl. . . .ismus] *der, -,* die Auffassung, daß die Daseinsformen danach streben, ein Ganzes zu sein.

Holk *die* oder *der,* Nebenform von Hulk.

holla! [Ruf an den Fährmann, zu ahd. halon ›holen‹], Ausruf der Überraschung: halt; nicht doch!

Holländer *der, -s/-,* **1)** Ü Niederländer. **2)** Kinderfahrzeug. **3)** Pächter einer Holländerei. **4)** Papierherstellung: Maschine zum Zerkleinern der Faserstoffe. **Holländerei** *die, -/-en,* Milchwirtschaftsbetrieb nach holländ. Vorbild im 17. Jahrh. **holländern,** *ich holländ(e)re* (habe geholländert), **1)** Eislauf: laufe Bogen zu zwei. **2)** *es,* ⚙ hefte mit Klebrücken.

Holle [zu Hülle] *die, -/-n,* **1)** Haarschopf. **2)** Federhaube auf dem Vogelkopf.

Holle [mhd. holde ›Freundin‹, altnord. Huld ›eine Hexe‹, eigtl. ›Verborgene‹, zu hehlen], *Frau H.,* Märchengestalt.

Hölle [ahd. hella] *die, -/-n,* **1)** die Stätte, wo die Verdammten für ihre Sünden büßen; Sinnbild (eines Ortes) der Qual: *er macht ihr das Leben zur H.; man muß ihm die H. heiß machen,* Ü ihn einschüchtern; *dort ist die H. los,* herrscht großes Durcheinander. **2)** *süddt.:* Raum zwischen Ofen und Wand. **Höllen. . .,1)** Teufels. . .: *der Höllenfürst,* Satan; *Höllenbrut.* **2)** Ü Riesen. . .: *Höllenangst; Höllenlärm.* **Höllenmaschine** *die,* ⚙ Sprengkörper und Zeitzünder. **Höllenstein** *der, -(e)s,* salpetersaures Silber, ein Ätzmittel.

Holler *der, -s/-, oberdt.:* Holunder: *Hollerbusch.*

Hollerithmaschine [nach dem amerikan. Ingenieur H. Hollerith, 1860–1929] *die,* eine Lochkartenmaschine.

höllisch [mhd. hellisch], **1)** auf die Hölle bezüglich, teuflisch. **2)** Ü sehr stark, sehr groß: *ich hatte höllische Schmerzen; dabei mußt du h. aufpassen.*

Hollywoodschaukel [h'ɔliwud-, nach der kaliforn. Stadt] *die,* frei aufgehängte Bank als Gartenmöbel.

Holm [eigtl. holben, zu engl. helve ›Werkzeugstiel‹] *der, -(e)s/-e,* **1)** Stiel an Äxten, ABB. A 29. **2)** querliegender, mit den Stützen verzapfter Balken, Kappbaum, ABB. B 13. **3)** ✈ Längsträger im Fachwerk des Rumpfes oder Flügels. **4)** 🤸 Längsstange an Barren und Leitern, ABB. B 11, L 8.

Holm [mnd. holm, verwandt mit lat. culmen ›Anhöhe‹] *der, -(e)s/-e,* **1)** *niederdt.:* kleine Insel oder Halbinsel. **2)** *niederdt.:* Schiffswerft: *Schiffsholm.* **Holmgang** *der,* german. Zweikampf auf einsamer Insel.

Holmium [nach Holmia, latinisiert für Stockholm] *das, -s,* ⚛ Element, Zeichen: Ho.

Holocaust [grch. holos ›ganz‹, ›völlig‹ und kausis ›das Verbrennen‹] *das, -(s)/-s,* **1)** Massenvernichtung (urspr. durch Feuer), Massenmord, bes. der Juden im Dritten Reich. **2)** Brandopfer. **Holo|gramm** [vgl. . . .gramm] *das, -s,* durch Holographie erzielte Bild. **Holo|graphie** [vgl. . . .graphie] *die, -,* ein Verfahren zur dreidimensionalen Abbildung von Objekten. **holo|graphisch, 1)** die Holographie betreffend. **2)** eigenhändig geschrieben. **holo|kristallin** [vgl. Kristall], aus Mineralen aufgebaut (Eruptivgesteine). **Holozän** [grch. kainos ›neu‹] *das, -s,* 🜨 die jüngere Abteilung des Quartärs.

holp(e)rig, 1) uneben, ABB. E 2. **2)** stockend. **Holp(e)rigkeit** *die, -.* **holpern,** *ich holp(e)re* (habe geholpert), **1)** *beim Sprechen, Lesen,* stocke, lese, spreche nicht fließend. **2)** *es holpert,* fährt rüttelnd auf unebenem Weg.

Holschuld *die,* ⚖ Schuld, die bei Fälligkeit vom Gläubiger beim Schuldner einzuziehen (abzuholen) ist.

Holste *der, -n/-n,* ⚙ Holsteiner.

holterdiepolter! (auch zu poltern), Hals über Kopf mit Lärm: *er kam h. die Treppe herunter.*

Holunder [ahd. holantar] *der, -s/-,* 🌿 auch Flieder, ein Geißblattgewächs: *Holunderbeere.*

Holz [ahd. holz] *das, -es/-²er,* **1)** die wesentlichen Hartteile der Pflanzenkörper, ABB. H 23, H 24: *der Baum schießt ins H.,* bekommt viel unfruchtbare Äste. **2)** ⚙, noch 🜨 Wald: *er fährt ins H.* **3)** aus Holz gefertigter Gegenstand: *Streichholz,* ABB. S 74; *Schlagholz,* ABB. K 47; *Nudelholz.* **4)** ohne Pl., ♪ Gesamtheit der Holzblasinstrumente im Orchester. **Holz-**

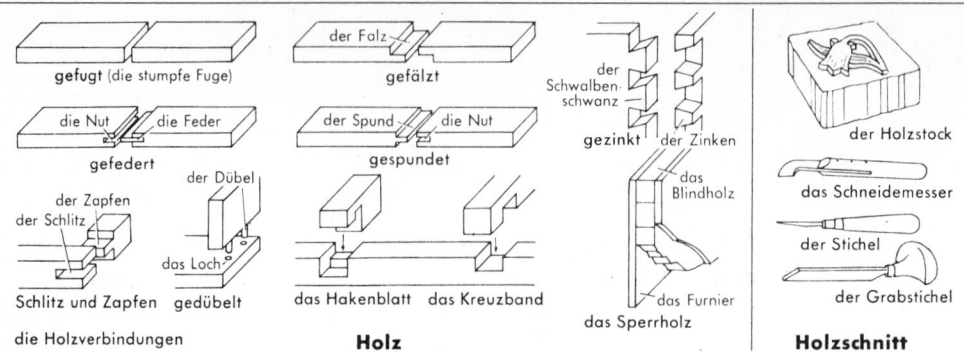

gefugt (die stumpfe Fuge)   gefälzt   der Schwalbenschwanz   der Holzstock

die Nut   die Feder   der Falz   gezinkt   der Zinken   das Schneidemesser

gefedert   der Spund   die Nut   gespundet   das Blindholz

der Dübel   der Stichel

der Zapfen   der Schlitz   das Loch   der Grabstichel

Schlitz und Zapfen   gedübelt   das Hakenblatt   das Kreuzband   das Furnier

das Sperrholz

die Holzverbindungen   **Holz**   **Holzschnitt**

apfel *der*, Wildform des Apfels. **Holzblasinstrumente,** *Pl.*, ABB. B 33. **Holzbock** *der*, eine Zecke. **Holzbrandmalerei** *die*, Brandmalerei. **Hölzchen** *das*, *-s/-*. **holzen** [mhd. holzen], *ich* holze (habe geholzt), 1) *Bäume*, schlage, forste ab. 2) Studentensprache: prügele mich. 3) ✗ ∪ spiele roh und regelwidrig, bes. beim Fußball. 4) *Raubwild holzt*, ☇ klettert auf Bäume. **Holzer** [mhd. holzer] *der*, *-s/-*, 1) ⚭ Waldarbeiter. 2) ∪ roh spielender Fußballspieler. **Holzerei** *die*, *-*, ∪ Prügelei; rohes Fußballspiel. **hölzern,** 1) aus Holz. 2) Ü steif, ungelenk, langweilig. **Holzessig** *der*, *-s*, ⌣ bei der trockenen Destillation von Holz gewonnener Essig. **Holzfäller** *der*, *-s/-*, Waldarbeiter. **Holzgeist** *der*, *-(e)s*, ⌣ ein Destillationsprodukt des rohen Holzessigs. **Holzhammer** *der*, ABB. H 5: *sie bringt es ihm mit dem H. bei*, ∪ grob; *Holzhammermethode*. **holzig,** mit Holzfasern durchzogen: *holziger Spargel*. **Holzknecht** *der*, *österr.:* Holzfäller. **Holzkohle** *die*, aus Holz gebrannte Kohle. **Hölzlein** *das*, *-s/-*. **Holzschliff** *der*, zu kleinen Fasern zerschliffenes Holz. **Holzschneider** *der*, Verfertiger von Holzschnitten. **Holzschnitt** *der*, 1) *ohne Pl.*, die Kunst, eine Zeichnung in eine Holzplatte zu schneiden. 2) der davon auf Papier abgezogene Druck, ABB. H 24. **Holzschuh** *der*, ABB. S 39. **Holzspälten,** *Pl.*, *schweiz.:* meterlange gespaltene Baumstämme. **Holzstich** *der*, Holzschnitt. **Holzstock** *der*, Holzplatte für den Holzschnitt, ABB. H 24. **Holzung** *die*, *-/-en*, ≛ Gehölz, Waldnutzung. **Holzverzuckerung** *die*, *-*, Überführung der Zellulose des Holzes in Zucker. **Holzweg** [mhd. holzwec ›Waldweg zum Fortschaffen des Holzes‹], *da bist du auf dem H.*, du irrst. **Holzwolle** *die*, *-*, gekräuselte Holzspäne. **Holzwurm** *der*, im Holz lebender Käfer oder dessen Larve.

Homburg [nach Bad Homburg, wo der spätere brit. König Eduard VII., 1841–1910, ihn erstmals trug] *der*, *-s/-s*, hoher Herrenhut mit aufwärts gerundeter Krempe.

homerisch, Homerisch, auf den altgriech. Dichter Homer, 8. Jahrh. v. Chr., bezüglich; vgl. ÜBERS. A 4, C: *homerisches Gelächter*, Ü lautes Gelächter.

Home|spun [h'oumspʌn, engl. ›Heimgesponnenes‹] *das*, *-s/-s*, rauhes Wollgewebe.

Homilet *der*, *-en/-en*. **Homiletik** [grch. homilia ›Gespräch‹] *die*, *-*, Lehre von der Predigt. **homiletisch. Homilie** *die*, *-/...i‖en*, Predigt, die einen Bibeltext erläutert.

Hominiden [lat. homo ›Mensch‹ und vgl. ...id], *Pl.*, alle (ausgestorbenen und lebenden) Menschenrassen.

Hommage [ɔm'a:ʒ, frz., zu homme ›Mensch‹] *die*, *-/-n* [-ən], Huldigung, Achtung.

homo... [grch. homos], gleich... **Homo** *der*, *-s/-s*, ∪ Homosexueller. **Homo|chromie** [vgl. ...chrom] *die*, *-/...m'i‖en*, ⚬ allgemeine Farbübereinstimmung mit der Umgebung, z. B. weiße Schutzfarbe des Schneehasen mit dem Schnee. **homogen** [vgl. ...gen], gleichartig, übereinstimmend. **homogenisieren,** *ich* homogenisiere (habe homogenisiert) *es*, vermische gut. **Homogenisierung** *die*, *-*. **Homogenität** *die*, *-*. **homolog** [grch. logos ›Rede‹, ›Bedeutung‹], 1) △ gleichliegend, entsprechend. 2) Biologie: bei Organen übereinstimmend in Lage und Herkunft; bei Chromosomen in der Struktur. **homomorph** [vgl. ...morph], von gleicher Gestalt. **Hom|onym** [grch. onyma ›Name‹] *das*, *-s/-e*, Ⓢ formal gleiches Wort mit verschiedener Bedeutung, z. B. Bauer, ›Landwirt‹ und ›Käfig‹.

homöo... [grch. homoios], ähnlich... **Homöopath** *der*, *-en/-en*, jemand, der die Homöopathie anwendet. **Homöopathie** [grch. pathos ›Leiden‹, ›Schmerz‹] *die*, *-*, ein Heilverfahren, Anwendung sehr kleiner Mengen eines Arzneimittels, das in großen Gaben die zu heilenden Krankheitserscheinungen hervorruft. **homöopathisch. homöotherm** [grch. therme ›Wärme‹], warmblütig, mit konstant bleibender Körpertemperatur (von Säugetieren und Vögeln), vgl. poikilotherm.

homophil [vgl. homo... und grch. philein ›lieben‹], homosexuell. **Homophilie** *die*, *-*. **homophon,** ♪ mit einer führenden Stimme, die von den anderen harmonisch begleitet wird. **Homophonie** [grch. phone ›Stimme‹] *die*, *-*, 1) ♪ harmonisch-akkordl. Satz mit meist melodisch führender Oberstimme. 2) Ⓢ phonetisch identische Form etymologisch, semantisch und orthographisch unterschiedener Wörter, z. B. Rad und Rat.

Homo sapiens [zu lat. homo ›Mensch‹ und sapiens ›vernunftbegabt‹] *der*, *- -*, der jetztzeitliche Menschentyp.

Homosexualität *die*, die durch gleichgeschlechtl. Neigung bestimmte Sexualität. **homosexuell. Homosexuelle** *der*, *-n/-n*, ein *-r*, homosexuell veranlagter Mensch. **Homotransplantation** *die*, homologe Transplantation, Übertragung von Gewebe zwischen artgleichen Individuen. **homozygot** [grch. zygotos ›verbunden‹], Biologie: reinerbig, mit gleichartigen Erbanlagen.

Homunkulus [lat. ›kleiner Mensch‹] *der*, *-/...li*, künstlich erzeugter Mensch (in Goethes ›Faust‹).

Honanseide [nach der chines. Provinz] *die*, handgewebte chines. Bastseide.

Honduraner *der*, *-s/-*, Bewohner des mittelamerikan. Staates Honduras. **honduranisch.**

honen [engl. to hone ›abziehen‹], *ich* hone (habe gehont) *es*, ⚙ schleife Metalloberflächen sehr fein.

honett [frz. honnête ›ehrlich‹], P anständig, ehrenhaft.

Honeymoon [h'ʌnimu:n, engl. ›Honigmond‹] *der*, *-s/-s*, Flitterwochen.

Honig [ahd. honag] *der*, *-s*, von Bienen verarbeiteter Blütensaft: *Honigbiene; Honigschleuder*, ABB. B 29; Sinnbild der Süßigkeit: *man wollte ihm H. um den Mund streichen*, Ü ihm schmeicheln. **Honigkuchen** *der*, Pfefferkuchen. **Honigmond** *der*, P Flitterwochen. **Honigseim** *der*, P Honig. **honigsüß,** 1) sehr süß. 2) Ü übertrieben freundlich: *mit honigsüßen Worten*. **Honigtau** *der*, Ausscheidung, bes. von Blattläusen, auch von Getreideblüten, die vom Mutterkornpilz befallen sind.

Honneurs [ɔn'ø:rs, frz. honneur ›Ehre‹], *Pl.*, Ehrenbezeigungen: *er mußte die H. machen*, (Gäste) empfangen und vorstellen.

honorabel [frz. honorable, zu lat. honor ›Ehre‹], ⚭ ehrenvoll, ehrbar. **Honorar** *das*, *-s/-e*, Entgelt für Leistungen der freien Berufe. **Honorarprofessor** *der*, nebenamtlicher, verdienter Hochschullehrer. **Honoratioren,** *Pl.*, besonders angesehene Ortseinwohner. **honorieren,** *ich* honoriere (habe honoriert), 1) *es ihm*, bezahle ein Honorar. 2) *es ihm*, Ü erkenne an: *diese Mühe wird dir niemand honorieren*. 3) *einen Wechsel*, löse ein. **Honorierung** *die*, *-/-en*. **honorig,** ehrenhaft. **honoris causa,** Abk.: h. c., ehrenhalber.

hopfen, ich hopfe (habe gehopft) es, füge zum Bier Hopfen hinzu. **Hopfen** [mhd. hopfen] der, -s/-, eine Schlingpflanze, Bierwürze. **Hopfenstange** die, **1)** lange Haltestange für Hopfen. **2)** ◡ langer, dünner Mensch.

Hop|lit [grch. hoplites] der, -en/-en, altgriech. schwerbewaffneter Fußsoldat.

hopp!, springe!, los!, flott!: hopphopp! **hoppeln** [mhd. hoppeln], ein Hase hoppelt (ist gehoppelt), springt in ungleichmäßigen Sätzen. **Hoppelpoppel** das, -s/-, **1)** eierpunschähnliches Getränk. **2)** Rührei mit Schinken und Bratkartoffeln. **hoppen,** ich hoppe (bin gehoppt), niederdt.: hüpfe. **hoppla!,** Ausruf beim Stolpern. **hops,** ◡ **1)** springe! **2)** weg, verloren. **Hops** der, -es/-e, Sprung. **hopsen,** ich hopse (bin gehopst), hüpfe. **Hopser** der, -s/-, ◡ **1)** Sprung. **2)** Ecossaise; Galopp (Schnell-Polka). **hopsgehen,** es geht hops (ging hops, ist hopsgegangen), ◡ **1)** geht verloren, entzwei. **2)** ich gehe hops, sterbe. **3)** ich gehe hops, werde verhaftet. **hopsnehmen,** ich nehme ihn hops (nahm hops, habe hopsgenommen), ◡ verhafte.

Hörapparat der, Vorrichtung zum Ausgleichen verminderten Hörvermögens bei Schwerhörigen, vgl. ABB. O 2. **hörbar,** mit dem Gehör wahrnehmbar. **Hörbarkeit** die, -. **Hörbereich** der, Hörgrenze, die Frequenzen der Schallwellen, die von Lebewesen wahrgenommen werden. **horchen** [spätahd. horechen], ich horche (habe gehorcht), **1)** lausche, suche heimlich mitzuhören: er horcht an der Tür. **2)** höre aufmerksam zu: die Menge horchte gespannt, was er zu sagen hatte. **3)** auf ihn, ◡ gehorche. **Horcher** der, -s/-, **Horcherin** die, -/-nen, Lauscher(in), Mithörer(in). **Horchposten** der, ⚔ vorgeschobener Posten.

Horde [türk. ordu ›Heerlager‹] die, -/-n, **1)** Schar, wilde Menge: eine H. von Jugendlichen. **2)** zusammenlebende Gruppe von Angehörigen eines Naturvolkes: Urhorde.

Horde [mhd. horde ›Flechtwerk‹, ›Umzäunung‹] die, -/-n, Lattengestell, Rost zum Lagern oder Dörren von Obst, Gemüse: Kartoffelhorde.

Horen, Pl., **1)** [grch. horai, Pl. von hora ›Jahreszeit‹, ›Stunde‹], griech. Mythologie: Göttinnen der Jahreszeiten. **2)** [lat. hora ›Zeit‹, ›Stunde‹], Teile des Stundengebets.

hören [ahd. horen], ich höre (habe gehört), **1)** bin in der Lage, Schall wahrnehmen, habe Gehör: er hört gut, schlecht; das läßt sich hören, ◡ ist annehmbar. **2)** ihn, es, nehme mit dem Ohr wahr: hörst du ihn rufen?; hörst du, wie er ruft?; er läßt das Gras wachsen, die Flöhe husten, ◡ er bildet sich ein, mehr als andere zu ahnen; laß hören!, sprich!, rede! **3)** es von ihm, über ihn, vernehme, erfahre; i. h. Das Neueste aus dem Betrieb; wir haben lange nichts von ihm gehört; ich h., daß du die Stellung gewechselt hast; von dir hört man schöne Dinge! **4)** auf ihn, beachte seine Worte, befolge seinen Rat, gehorche ihm: hört (nicht) auf ihn!; wer nicht hören will, muß fühlen. **5)** bei einem Hochschullehrer, an einer Universität, besuche seine Vorlesungen. **Hörensagen** das: vom H., gerüchteweise. **Hörer,** -s/-, **1)** Zuhörer: Rundfunkhörer; eine Hörerumfrage des Hessischen Rundfunks ergab, ... **2)** Teilnehmer an Vorlesung, eines Kollegs. **3)** abhebbarer Teil des Fernsprechers, ABB. F 16. **Hörerin** die, -/-nen, weibl. Zuhörer. **Hörerschaft** die, -, alle Zuhörer einer Darbietung. **Hörfehler** der, bei mündl. Weitergabe entstandener Fehler. **Hörfolge** die, ⟨(ᵞ)⟩ unter einem gemeinsamen Thema stehende Folge von Sendungen. **Hörfunk** der, akust. Rundfunk im Unterschied zum Fernsehen. **Hörgerät** das, Hörapparat. **hörig** [mhd. hœrec], **1)** vom Grundherrn abhängig. **2)** ◡ von einem anderen Menschen vollkommen innerlich abhängig: sie ist ihm h. **Hörige** die, der, -n/-n, ein -r, eine -, vom Grundherrn Abhängige(r). **Hörigkeit** die, -.

Horizont [grch. horizein ›begrenzen‹] der, -(e)s/-e, **1)** scheinbare Trennungslinie zwischen Erdoberfläche und Himmel, Gesichtskreis, ABB. P 6. **2)** ◡ Begrenzung des Wissens, der Bildung: er hat einen engen H.; das geht über seinen H., kann er nicht verstehen. **3)** ⊕ durch bestimmte Versteinerungen oder Gesteine gekennzeichnete Schicht. **horizontal,** waagerecht. **Horizontale** die, -n/-n.

Hormon [grch. horman ›anregen‹] das, -s/-e, von Drüsen mit innerer Absonderung gebildeter Wirkstoff: Hormonpräparate; Störungen im Hormonhaushalt; Wachstumshormon. **hormonal, hormonell.**

Horn [ahd. horn ›Horn‹, ›Macht‹] das, -(e)s/-er, **1)** Kopfschmuck und Waffe vieler Wiederkäuer, ABB. H 25: er muß sich noch die Hörner ablaufen, abstoßen, ◡ indem er Jugendtorheiten begeht, durch Schaden besonnener werden; sie hat ihrem

Ehemann Hörner aufgesetzt, ◡ ihn betrogen. **2)** Blasinstrument, ABB. H 25, B 33: er stieß in dasselbe H. wie sie, ◡ unterstützte sie in ihrer Meinung. **3)** altes Trinkgefäß: Trinkhorn, ABB. H 25. **4)** Pl. -e, von den Oberhautzellen gebildeter harter Eiweißstoff, Keratin: Hornstoff. **5)** ◔ Hupe. **6)** hornförmiges Gebilde, z. B. am Amboß, ABB. A 10, am Damensattel, ABB. S 5; Spitze der Mondsichel; hornförmige Felsspitze, ABB. B 20. **7)** oberdt.: Huf. **Hornberger Schießen** das, - -s: es geht aus wie das H. S., ◡ führt zu keinem Ergebnis. **Hornblende** die, meist Pl., Amphibol, ein Mineral. **Hornbrille** die, Brille mit Horneinfassung. **Hörnchen** das, -s/-, **1)** Diminutiv von Horn. **2)** ein Gebäck, ABB. B 50. **3)** ein Nagetier wie Eich-, Flughörnchen. **hörnen,** ◓ hörnern. **hörnen,** ich hörne (habe gehörnt), **1)** ihn, ◡ setze ihm Hörner auf, betrüge. **2)** der Hirsch hörnt, wirft das Geweih ab. **hörnern,** aus Horn bestehend. **Hörnerschlitten** der, ABB. S 26. **Hornhaut** die, ♯ **1)** oberste Hautschicht aus verhornten Zellen. **2)** Hülle des Auges, ABB. A 24: Hornhauttrübung. **3)** verhornte Stelle auf der Haut. **hornig,** verhärtet wie Horn.

Hornisse [ahd. hornaz] die, -/-n, große Faltenwespe. **Hornist** der, -en/-en, Hornbläser. **Hornklee** der, kleinstaudiger Schmetterlingsblütler. **Hornochse** der, ◡ derb: Dummkopf. **Horntiere** Pl., Bez. bes. für Rinder, Schafe, Ziegen, Antilopen, Gazellen.

Hornung [ahd. hornung] der, -s/-e, ◓ Februar.

Hornussen [Schallw., von Hornisse] das, -s, schweiz.: schlagballähnl. Volkssport.

Hornvieh das, **1)** Horntiere. **2)** ◡ derb: Dummkopf. **Hornzie** [-ip, aus slaw.] die, -/...zi|en, sächs.: altes, verwahrlostes Haus.

Horo|skop [grch. hora ›Zeitabschnitt‹, ›Stunde‹ und vgl. ...skop] das, -(e)s/-e, **1)** die auf Ort, Tag und Stunde eines Ereignisses bezogene Stellung der Gestirne, die der Astrologe deutet: ich lasse mir mein H. stellen. **2)** Voraussage auf Grund der Stellung der Gestirne: sie liest regelmäßig ihr H.

horrend [lat. horrendus], ◓ schrecklich, abscheulich: übermäßig: ein horrender Preis. **horribel,** schrecklich, grauenvoll.

horrido! [von ho, Rüd', ho!], Jagdruf; Ausruf der Freude, des Triumphes. **Horrido** das, -s/-s.

Hör|rohr [lat.] der, veraltetes Hörgerät, ABB. O 2. **2)** ♯ Gerät zum Abhorchen, Stethoskop.

Horror [lat.] der, -s/-, Grausen, Abscheu: Horrorfilm. **Horrortrip** der, mit Angstzuständen und grauenhaften Vorstellungen verbundener Zustand nach Genuß von Rauschmitteln. **Horror vacui** [lat. vacuus ›leer‹] der, -, -, nach einer alten Vorstellung die Scheu der Natur vor luftleeren Räumen.

Hörsaal der, großer Unterrichtsraum (in Universitäten). **Hörschwelle** die, geringste Schalleistung, die mit dem Gehör gerade noch wahrgenommen wird: Hörschwellenverschiebung durch andauernde Lärmbelästigung.

Hors|d'œu|vre [ɔːrdˈœːvr, frz.] das, -s [-dˈœːvr]/-s [-dˈœːvr], Vorspeise, Nebengericht.

horsepower [hˈɔspauə, engl.], Abk.: hp, früher: HP, Pferdestärke.

Hörspiel das, dramat. Literaturgattung für den Rundfunk: Kriminalhörspiel; Kurzhörspiel.

Horst [wohl Kurzform von Horstmann, ahd. hurst ›Gebüsch‹], männl. Vorname.

Horst [ahd. hurst ›Gebüsch‹] der, -es/-e, **1)** Nest der Greifvögel u. a. **2)** Strauchwerk, Gehölz; Baumgruppe. **3)** kurz für: Fliegerhorst. **4)** ⊕ Erdkrustenstreifen, der zu den Nachbarschollen herausgehoben erscheint. **horsten,** ein Greifvogel horstet (hat gehorstet), nistet.

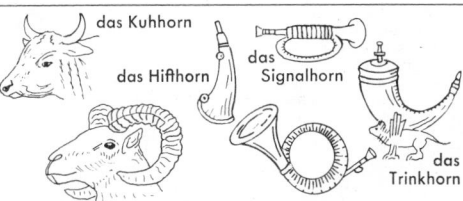

das Kuhhorn
das Hifthorn
das Signalhorn
das Trinkhorn
das Widderhorn (das Bockshorn)   das Waldhorn

Horn

H 25

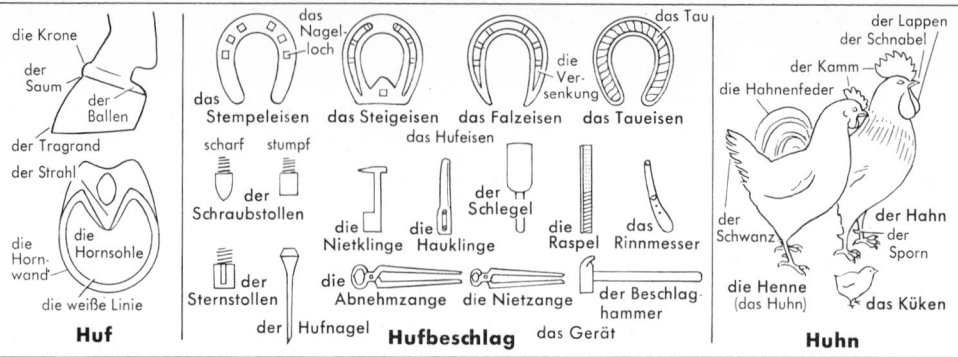

die Krone
der Saum
der Ballen
der Tragrand
der Strahl
die Hornwand
die Hornsohle
die weiße Linie
Huf

das Nagelloch
das Stempeleisen
das Steigeisen
scharf stumpf
das Hufeisen
die Nietklinge die Hauklinge
der Schraubstollen
der Sternstollen
der Hufnagel

das Tau
die Versenkung
das Falzeisen das Taueisen
der Schlegel
die Raspel das Rinnmesser
die Abnehmzange die Nietzange
der Beschlaghammer
Hufbeschlag das Gerät

der Lappen
der Schnabel
der Kamm
die Hahnenfeder
der Schwanz
der Hahn
der Sporn
die Henne
(das Huhn) das Küken
Huhn

Hör|sturz *der*, ♯ plötzlich einsetzende Schwerhörigkeit.
Hort [lat. hortus ›Garten‹] *der*, *-(e)s/-e*, Tagesheim für Kinder: *Kinderhort.*
Hort [ahd. hort ›Schatz‹] *der*, *-(e)s/-e*, **1)** P Schatz: *Nibelungenhort.* **2)** Platz, an dem etwas besonders gepflegt wird: *ein H. des Friedens.* **horten**, *ich horte (habe gehortet) es*, speichere auf, sammle an: *sie hat während des Krieges Zucker gehortet.*
Hortense [ɔrt′äs, frz., zu lat. Hortensia, zu hortus ›Garten‹], weibl. Vorname. **Hortensie** [-iə] *die*, *-/ . . . si|en*, eine großblütige Zierpflanze.
Hortnerin [vgl. Hort] *die*, *-/-nen*, Kindergärtnerin. **Hortung** *die*, *-*, das Horten.
ho ruck!, hau ruck!
Hörweite *die*, Entfernung, in der ein Schall hörbar ist: *in, außer H.*
hosanna, hosianna.
Hös|chen *das*, *-s/-*, **1)** Diminutiv von Hose. **2)** Blütenstaubpäckchen an den Hinterbeinen von Bienen und Hummeln.
Hose [ahd. hosa, urspr. Bezeichnung für Beinlinge] *die*, *-/-n*, **1)** Teil der Kleidung, Abb. K 24, K 25: *kurze, lange Hosen; Damenhose; Reithose; sie hat die Hosen an,* Ü bestimmt im Haus; *ich werde dir die Hosen strammziehen,* Ü dich verhauen; *er hat die Hosen voll,* Ü große Angst; *das Herz fiel ihm in die H.,* Ü er bekam Angst; *das wird in die Hosen gehen,* Ü mißglücken. **2)** starke Schenkelfedern der Vögel. **3)** Schenkelmuskulatur des Pferdes, Abb. P 9. **Hosenanzug** *der*, Abb. K 25. **Hosenboden** *der*, Sitzfläche der Hose: *du mußt dich auf den H. setzen,* Ü fleißig lernen. **Hosenboje** *die*, Rettungsgerät für Schiffbrüchige, Abb. R 20. **Hosenlotter** *der*, *-s, schweiz.:* herabhängende Hosen: *er hat den H.* **Hosenlupf** *der*, *-es/ᵘe, schweiz.:* **1)** Ringkampf. **2)** Ü politische Auseinandersetzung: *er will es auf einen H. ankommen lassen.* **Hosenmatz** *der*, Ü kleines Kind.
Hosenrock *der*, knie- bis wadenlange weite Damenhose. **Hosenrolle** *die*, Männerrolle für eine Schauspielerin. **Hosenträger** *der*, meist Pl., Abb. K 24.
hosi|anna [hebr. hoschiana ›(Gott) hilf doch!‹], Jubelgruß (beim Einzug Jesu in Jerusalem). **Hosi|anna** *das*, *-s/-s.*
Hospital [ahd. hospitalhus, zu spätlat. hospitale ›Gastzimmer‹] *das*, *-(e)s/-e* oder *ᵘer*, ⚕ Krankenhaus, Pflegehaus, Altersheim. **Hospitalismus** [vgl. . . .ismus] *der*, *-*, ♯ **1)** Infektionen von Krankenhauspatienten oder -personal durch resistente Krankenhauskeime. **2)** körperliche und seelische Schäden als Folge längeren Krankenhaus- oder Heimaufenthalts. **Hospitant** *der*, *-en/-en*, Gasthörer (Parlament, Unterricht). **hospitieren** [lat. hospitari ›zu Gast sein‹], *ich hospitiere (habe hospitiert) bei ihm*, höre als Gast zu. **Hospiz** *das*, *-es/-e*, **1)** Pilgerherberge. **2)** evang. Beherbergungsbetrieb.
Hostess, auch **Hosteß** [engl. ›Gastgeberin‹, zu lat. hospes ›Gast‹] *die*, *-/ . . .t′essen*, Betreuerin von Fluggästen u. a., Führerin von Touristen, Auskunftsdame; auch für Politesse.
Hostie [-iə, lat. hostia ›Opfer‹] *die*, *-/ . . .ti|en*, das beim Abendmahl gereichte ungesäuerte Brot in Form einer Oblate.
Hot [engl. hot ›heiß‹, ›scharf‹] *der*, *-s*, rhythmisch stark betonte Jazzmusik. **Hot dog** [engl. dog ›Hund‹] *das*, *- -(s)/- -s*, heißes Würstchen in einem Brötchen.
Hotel [frz. hôtel, vgl. Hospital] *das*, *-s/-s*, Betrieb für

Unterkunft und Verpflegung von Gästen: *Hotelzimmer; Luxushotel.* **Hotel garni** [frz. garnir ›mit etwas versehen‹ *das*, *- -/-s -s* [-t′εl garn′i], Hotel nur für Übernachtung und Frühstück. **Hotelier** [-j′e, frz.] *der*, *-s/-s*, Besitzer, Leiter eines Hotels. **Hotellerie** *die*, *-*, Gaststätten- und Hotelgewerbe.
hott!, Fuhrmannsruf: rechts!
Hotte *die*, *-/-n*, *südwestdt.:* Rückentragkorb.
Hottehü *das*, *-s/-s*, Kindersprache: Pferd.
Hottentotte *der*, *-n/-n*, Angehöriger einer afrikan. Völkerfamilie. **hottentottisch.**
Hotter *der*, *-s/-*, *österr.:* Feldgrenze.
hp, früher **HP**, Abk. für: horsepower.
Hr., Abk. für: Herr. **Hrn.**, Abk. für: Herrn.
hrsg., auch hg., Abk. für: herausgegeben. **Hrsg.**, auch Hg., ⚕ Abk. für: Herausgeber.
Hs., *Pl.* Hss., Abk. für: Handschrift.
HTL, Abk. für: Höhere Technische Lehranstalt.
hu!, Ausruf des Schauderns oder des Frierens.
hü!, Fuhrmannsruf: links! vorwärts!
hub, ⚙ hob, von heben. **Hub** [zu heben] *der*, *-(e)s/ᵘe*, **1)** ⚙ das Heben, Hebstrecke oder Hebebewegung. **2)** Weg des Maschinenkolbens in Hin- und Hergang.
Hube *die*, *-/-n*, *oberdt.:* Hufe.
Hübel [mhd. hübel] *der*, *-s/-*, *oberdt.:* Hügel.
hüben [Kurzw. aus hie ›übén‹], auf dieser Seite: *h. und drüben*, auf beiden Seiten.
Huber *der*, *-s/-*, auch Hübner, *oberdt.:* Hufner.
Hüberli *der*, *-s/-*, *schweiz.:* Schuhflicken.
Hubert [ahd. hugu ›Geist‹ und beraht ›glänzend‹], männl. Vorname. **Hubertus**, Schutzheiliger der Jäger.
Hübner *der*, *-s/-*, Huber, Hufner.
Hubraum *der*, von einem Maschinenkolben bei einem Hub verdrängter Raum.
hübsch [mittelfränk. hövesch ›höfisch‹], **1)** anmutig, gefällig, reizend: *ein hübsches Mädchen; sie ist h. angezogen; das kann ja h. werden,* Ü unangenehm. **2)** Ü ziemlich viel, groß: *eine hübsche Summe; es war ganz h. kalt.* **3)** Ü recht (als Füllwort): *sei nur h. ruhig, artig!* **Hübschheit** *die*, *-*, hübsche Beschaffenheit.
Hubschrauber *der*, *-s/-*, ein Drehflügelflugzeug, Abb. F 31: *Rettungshubschrauber.* **Hubstapler** *der*, *-s/-*, ein Elektrokarren mit besonderer Ladevorrichtung.
huch! [Schallw.], Ausruf leichten Erschreckens.
Huchen [südtl.] *der*, *-s/-*, Donaulachs.
Hucke *die*, *-/-n*, *ostmitteldt., niederdt.:* **1)** auf dem Rücken getragene Last; Kiepe. **2)** Rücken: *er haut ihm, lügt ihm die H. voll,* Ü verprügelt ihn, belügt ihn in krasser Weise. **hucken** [mhd. huchen ›kauern‹], *ich hucke (habe gehuckt), ostmitteldt., niederdt.:* hocke. **huckepack**, auf dem Rücken, Abb. S 53: *das Kind wird h. getragen.* **Huckepackverkehr** *der*, Transport von Lastkraftwagen auf Eisenbahnwagen.
Hude [zu huten] *die*, *-/-n*, *niederdt.:* Viehweide.
Hudel [mhd. hudel ›schlechte Person‹] *der*, *-s/-(n)*, ⚕, *noch oberdt.:* **1)** Lumpen, Lappen. **2)** Lump. **Hudelei** *die*, *-/-en.*
Hud(e)ler *der*, *-s/-*, *oberdt.:* Stümper. **hud(e)lig.**
hudeln, *ich hud(e)le (habe gehudelt)*, **1)** bin unordentlich, arbeite schnell und liederlich. **2)** *ihn*, behandele ihn schlecht, hänsele ihn. **3)** *oberdt.:* handele mit Getreide.

hudern, es hudert (hat gehudert), **1)** nimmt die Küken unter die Flügel (Wildhuhn). **2)** (sich), badet im Sand (Vogel).

Huf [ahd. huof] der, -(e)s/-e, schuh- oder kappenförmiger Hornüberzug des Gliedmaßenendes der Huftiere, ABB. H 26: Hufschlag; Hufschmied; Pferdehuf.

Hufe [ahd. huoba] die, -/-n, **1)** ein altes Ackermaß. **2)** MA.: Anteil der einzelnen Bauernfamilien an der Gemeindeflur: Hufendorf, eine dörfliche Siedlungsform.

Hufeisen das, Beschlag des Pferdehufes, ABB. H 26; Bez. für ähnlich geformte Magneten usw., ABB. M 1; ein Sinnbild des Glücks: Hufeisenklee.

hufen, hüfen [zu huf, hüf], ich hufe, hüfe (habe gehuft, gehüft), oberdt.: gehe zurück; stehe still.

Huflattich [zu Hufe und ahd. lattuh] der, ein Korbblütler.

Hufner, Hüfner [mhd. huober] der, -s/-, MA.: Bauer, der eine Hufe Land besitzt.

Hufschlag der, **1)** das Aufschlagen der Pferdehufe. **2)** Reitsport: Weg des Pferdes in der Reitbahn (entlang der Bande): Hufschlagfigur.

Hüfte [ahd. huf] die, -/-n, die Umgebung des Hüftgelenks, ABB. M 12: Hüftgürtel; Hüftweite; Rinderhüfte.

Hüfthorn das, Volksdeutung von Hifthorn.

Huftier das, Säugetier mit Hufen.

Hügel [ahd. houg] der, -s/-, kleiner Berg, Bodenerhebung. **hüg(e)lig. Hügelland** das, -(e)s/"er, niederes Bergland.

Hugenotte [frz. Huguenot] der, -n/-n, französ. Protestant. **hugenottisch.**

Hugo [ahd. hugu ›Geist‹], männl. Vorname.

Huhn [ahd. huan] das, -(e)s/"er, **1)** Hausgeflügel: Haushuhn, ABB. H 26; oft: Henne: Hühnerbrühe; Suppenhuhn. **2)** Name vieler Vogelarten: Rebhuhn; Birkhuhn. **3)** Ü verdrehte, lustige Person: so ein albernes H.! **Hühnchen** das, -s/-: ich muß mit ihm noch ein H. rupfen, Ü einen Streit austragen.

Hühnerauge das, ⚕ zapfenförmige, schmerzhafte Hornhautverdickung, bes. auf Zehen: jemand ist ihm auf die Hühneraugen getreten, Ü hat ihn gekränkt. **Hühnerbrust** die, U abgeflachter Brustkorb mit vorstehendem Brustbein. **Hühnerhaut** die, -, schweiz.: Gänsehaut (vor Kälte, Grauen). **Hühnerhund** ein Jagdhund, Vorstehhund. **Hühnerleiter, Hühnerstiege** die, Aufgang zum Geflügelstall, ABB. L 8. **Hühnervogel** der, auf dem Boden laufender und scharrender Vogel, kein guter Flieger, z. B. Fasan, Perl- und Truthuhn.

huhu!, Anruf an jemanden in weiter Entfernung; auch Ausruf des Frierens oder des Schauderns.

hui! [mhd. hui, Schallw.], Ausruf lebhafter Bewegung (Freude, Überraschung); Geräusch des Windes: im Hui, in einem Hui, in größter Eile.

hujus anni [lat. huius anni], Abk.: h. a., dieses Jahres.

Huka [hindustan., zu arab. hukka ›Behälter‹] die, -/-s, indische Wasserpfeife.

Huker [niederl. hoeker] der, -s/-, ⚓ Segelschiff für den Hochseefischfang.

Hula die, -/-s oder der, -s/-s, Eingeborenentanz auf den Hawaii-Inseln: Hula-Mädchen.

Huld [ahd. huldi] die, -, ⚐ Geneigtheit, Gnade, Gunst: wir stehen in Gottes H. **Hulda** [ahd. hold ›gnädig‹], auch Holda, weibl. Vorname. **huldigen** [mhd. huldigen] ihm, **1)** erkenne seine Herrschaft feierlich an: das Volk huldigte dem König. **2)** Ü drücke meine Verehrung aus. **3)** bin ergeben, tue es gern, oft: er huldigt der Spielleidenschaft.

Huldigung die, -/-en. **Huldin** die, -/-nen, ⚐ Holde. **huldreich, huldvoll,** gnädig.

hülfe, von helfen. **Hülfe** die, -/-n, ⚐ Hilfe.

Hulk [ahd. holcho, zu grch. holkas ›Lastkahn‹] die, -/-en, auch der, -en/-en oder -(e)s/-e, ⚓ **1)** abgetakeltes Schiff als Wohn- oder Vorratsschiff im Hafen. **2)** MA.: Hochsee-Segelfrachtschiff.

Hülle [ahd. hulla] die, -/-n, **1)** alles, was einen Gegenstand deckend umschließt (Hülse, Schale, Decke, Packung): die sterbliche H., der Leib des Toten; in H. und Fülle, reichlich, im Überfluß Ü um den Blütenstand. **2)** oberdt.: Kopfbedeckung der Frauen. **hüllen,** ich hülle (habe gehüllt) es in etwas, packe darein: er hüllte sich fest in seinen Mantel; er hüllte sich in Schweigen, Ü schwieg beharrlich. **hüllenlos,** nackt: sie zeigte sich in diesem Film h.

hülpen, ich hülpe (habe, bin gehülpt), schweiz.: hinke.

Hülse [ahd. hulsa, zu hehlen] die, -/-n, **1)** steifer Behälter: Geschoßhülse, ABB. G 14. **2)** ⚘ Fruchtform der Hülsenfrüchte (Erbse, Bohne, Linse, Lupine, Erdnuß), ABB. F 36. **3)** Schale um Samen, z. B. Korn. **Hülsenfrüchte,** Pl., fälschlich für die Samen der Hülsenfrüchte; bes. Erbsen, Bohnen, Linsen: Kochrezepte für H. **Hülsenfrücht(l)er,** Pl., Pflanzen mit einer Hülse als Frucht. **Hülsenwurm** der, ⚐ die Finne bestimmter Bandwürmer.

hum, ältere Schreibung für: hm.

human [lat. humanus, zu homo ›Mensch‹], **1)** menschlich, den Menschen betreffend: Humangenetik; Humanmedizin. **2)** menschenfreundlich; eines Menschen würdig: humane Methoden, Verhaltensweisen. **Humaniora,** Pl. ⚘ griechisch-latein. Studien. **Humanismus** [vgl. ...ismus] der, -, **1)** die Würde des Menschen, die Bedeutung der Einzelpersönlichkeit betonende Haltung. **2)** europ. geistige Bewegung, deren Bildungsideal auf der Antike beruht. **Humanist** der, -en/-en, **1)** Anhänger des Humanismus. **2)** Kenner des latein. und der griech. Sprache; Absolvent eines humanist. Gymnasiums. **humanistisch,** das humanistische Gymnasium, höhere Schule mit Unterricht in Latein und Griechisch. **humanitär,** menschenfreundlich: humanitäre Hilfsmaßnahmen. **Humanität** die, -, Mitmenschlichkeit. **human relations** [hjuˈmən riˈleɪʃənz, engl.], Pl., zwischenmenschliche Beziehungen. **Humanwissenschaften,** Pl., die wissenschaftl. Disziplinen, die sich mit dem Menschen beschäftigen.

Humbert [zum ahd. Eigennamen Hun und beraht ›glänzend‹], männl. Vorname.

Humbug [engl.] der, -s, Schwindel; Unsinn: alles H.!

Humerale [lat. humerus ›Schulter‹] das, -s/...li|en, Amikt, Schultertuch der kath. Priester, ABB. A 13.

humid [lat. humidus], feucht: ein humides Klima. **Humidität** die, -.

Humifikation [lat. humus ›Erdboden‹ und facere ›machen‹], **Humifizierung** die, -, Humusbildung.

Hummel [ahd. humbal] die, -/-n, dick behaarte Biene: eine wilde H., Ü ausgelassenes Mädchen.

Hummel, Hummel!, Erkennungsruf der Hamburger Seeleute.

Hummer [altnord. humarr] der, -s/-, ein im Meer lebender Speisekrebs, ABB. H 27: Hummercocktail.

Humor [lat. (h)umor ›Flüssigkeit‹, nach Vorstellung der mittelalterl. Medizin, daß die Stimmung des Menschen von Körperflüssigkeiten bestimmt wird] der, -s, überlegene Heiter-

der Fühler — die Zwickschere
das Kopfbruststück
die Knackschere
das Bein
der Ringel
der Schwanz
Hummer

die Lefzen
das Halsband
der Fang
die Steuermarke
der Vorderlauf
die Leine
die Pfote
der Hinterlauf
die Rute
der Schäferhund

die Flanke (die Weiche)
Hund

die Hundehütte
das Korallenhalsband
der Hundekorb
der Kamm
der Maulkorb
die Hundepflege
die Hundematte
die Bürste
der Striegel

H 27

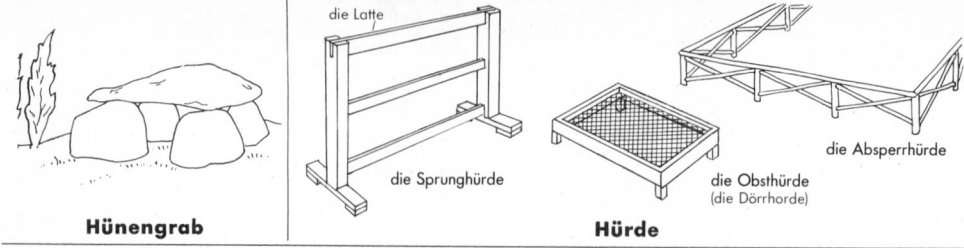

die Latte

die Sprunghürde

die Obsthürde
(die Dörrhorde)

die Absperrhürde

Hünengrab   **Hürde**

keit, heitere Gelassenheit: *er hat keinen Sinn für H.; humorlos; humorvoll.* **humoral,** die Körpersäfte betreffend: *Humoraldiagnostik.* **Humoreske** *die, -/-n,* Erzählung oder Musikstück, kurz und humorvoll. **humorig,** mit Humor. **Humorist** *der, -en/-en,* 1) humorist. Schriftsteller oder Vortragskünstler. 2) *schweiz. auch:* Einfaltspinsel. **humoristisch,** *ein humoristischer Vortrag; eine humoristische Einlage.*
humos, reich an Humus.
Hümpel *der, -s/-, bes. norddt.:* Haufen.
humpeln [niederdt.], *ich* hump(e)le, 1) (habe, bin gehumpelt), gehe hinkend. 2) (habe gehumpelt), ⚬ arbeite liederlich.
Humpen [nhd.] *der, -s/-,* größeres Trinkgefäß, ABB. G 7.
Hümpler [mhd. hümpeler] *der, -s/-,* ⚬ Pfuscher, Stümper.
Humus [lat. ›Erdreich‹] *der, -,* alle abgestorbene organ. Substanz, fruchtbare Moderbestandteile des Bodens.
Hund [ahd. hunt] *der, -(e)s/-e,* 1) Vertreter einer Familie der Landraubtiere: *Wildhund;* auch als Haustier: *Haushund,* ABB. H 27; Sinnbild der Treue: *der Kleine folgt ihm wie ein H.; wie H. und Katze,* Ü unverträglich; *da liegt der H. begraben,* Ü darin liegt die Schwierigkeit; *du H.!,* Ü gemeiner Kerl; *er ist auf den H. gekommen,* Ü gesundheitlich, geschäftlich oder moralisch heruntergekommen; *er wird dabei noch vor die Hunde gehen,* Ü zugrunde gehen; *das ist ein dicker H.,* Ü ein grober Fehler; *er ist mit allen Hunden gehetzt,* Ü schlau, gerissen; *der Fliegende H.,* großes Flattertier; *der laufende H.,* Verzierung in Form eines Wellenbandes; *die weißen Hunde,* ↝ Schaumkronen auf Brandungswellen. 2) ⚒ kleiner Förderwagen: *Grubenhund.* 3) *der Große H., der Kleine H.,* ✶ zwei Sternbilder.
Hündchen *das, -s/-.* **Hunde. . . ,** 1) für Hunde: *Hundefutter; Hundehütte,* ABB. H 27. 2) Ü lästig, schwer, sehr (groß); *Hundearbeit; Hundekälte; Hundeleben; Hundewetter; hundeelend; hundemüde.* **hündeln,** *ich* hünd(e)le (habe gehündelt), *schweiz.:* 1) krieche. 2) pudele (Schwimmart). 3) friere. 4) benehme mich niederträchtig.
hundert (100) [mhd. hundert], römisches Zahlzeichen: C, ÜBERS. Z 1, 1) Kleinschreibung: *h. Menschen; an die h. Menschen; zehn von h. Menschen; der vierte Teil von h.* 2) Großschreibung: *einige, viele Hunderte (von Menschen); ein paar Hundert (Menschen); Hunderte und aber Hunderte; sie kamen zu Hunderten und Tausenden.* 3) in Verbindung mit Zahlwörtern: *einige, mehrere, ein h. Menschen;* aber Zusammenschreibung mit bestimmten Zahlwörtern: *einhundert, hundert(und)eins; das hundertunderste Spiel.* **Hundert** *das, -s/-e:* drei vom H., drei Prozent, Abk.: 3 v. H. oder 3%. **Hundert** *die, -/-en,* die Zahl 100. **Hunderter** *der, -s/-,* 1) drittletzte Ziffer einer mehrstelligen Zahl. 2) Ü Hundertmarkschein. **Hundertjahrfeier** *die,* auch 100-Jahr-Feier, Feier zum hundertjährigen Bestehen. **hundertjährig,** hundert Jahre alt; aber: *der Hundertjährige Kalender,* Kalender zur Wettervoraussage nach Volksüberlieferung. **hundertprozentig,** Ü ausschließlich, ganz, vollzählig. **Hundertsatz** *der,* Prozentsatz. **Hundertschaft** *die, -/-en,* Gliederung der Polizei. **hundertste,** *-r, -s: der H. Teil;* aber: *er kommt vom Hundertsten ins Tausendste,* Ü schweift ab. **hundertstel,** vgl. achtel. **Hundertstel** *das, -s/-,* vgl. Achtel.
Hündin *die,* hundinne [ahd.], *-/-nen,* weibl. Hund. **hündisch,** Ü kriechend, knechtisch: *hündischer Gehorsam.*
Hun|dredweight [hʌndrədweit, engl. hundred ›hundert‹ und weight ›Gewicht‹] *das, -/-s,* Abk.: cwt., engl. Handelsgewicht.
Hunds. . . , vor Pflanzennamen: unecht, unbeliebt; gefährlich: *Hundsbeere; Hundsveilchen.* **Hundsfott** *der, -(e)s/-e* oder *"er,* Ü Schurke. **Hundsfötterei** *die, -/-en.* **hundsföttisch. hundsgemein,** Ü sehr gemein. **hundsmiserabel,** U sehr schlecht. **Hundstage,** *Pl.,* heiße Zeit von Ende Juli bis Ende August. **Hundsveilchen** *das,* wildes Veilchen ohne Duft. **Hundswut** *die,* ⚬ Tollwut. **hundswütig.**
Hüne [mhd. hiune ›Riese‹, auch ›Hunne‹] *der, -n/-n,* großer, starker Mann. **Hünengrab** *das,* vorgeschichtl. Großsteingrab, ABB. H 28. **hünenhaft,** *von hünenhafter Gestalt.*
Hunger [ahd. hungar] *der, -s,* 1) das Verlangen nach Nahrung: *ich habe großen H.; Tausende sind Hungers, vor H. gestorben.* 2) Ü Gier, Bedürfnis, Hang nach etwas: *H. nach Ruhm, Rache.* 3) das Fehlen von Nahrung, Hungersnot: *im Land herrscht H.* **Hungerkünstler** *der,* jemand, der (gegen Entgelt) hungern kann (80 Tage und mehr). **Hungerkur** *die,* Fastenkur, Nahrungsentziehung als Heilverfahren. **Hungerleider** *der, -s/-,* armer Schlucker. **hungern** [ahd. hungaren], *ich* hung(e)re (habe gehungert), 1) habe, leide Hunger: *mich hungert.* 2) *nach ihm,* Ü sehne mich, verlange. **Hunger|ödem** *das,* ⚕ Gewebswassersucht infolge Unterernährung. **Hungersnot** *die,* das Fehlen von Nahrungsmitteln im ganzen Land. **Hungerstreik** *der,* das Verweigern der Nahrungsaufnahme als Mittel gewaltlosen Widerstands. **Hungertuch** *das: er nagt am H.,* Ü leidet Hunger. **hungrig** [ahd. hungarag]: *er muß die hungrigen Mäuler seiner Kinder stopfen,* Ü.
Hunne *der, -n/-n,* Angehöriger eines asiat. Reitervolks, das im 4./5. Jahrh. Europa verheerte; Sinnbild wilden Barbarentums. **hunnisch.**
Hunt *der, -(e)s/-e,* ⚒ ⚬ auch Hund, kleiner Förderwagen.
Hunter [hʌntə, engl. to hunt ›jagen‹] *der, -s/-,* kräftiges Jagdpferd.
hunzen [zu Hund], *ich* hunze (habe gehunzt) *ihn,* ⚬ schimpfe, plage, behandle wie einen Hund.
Hupe [Schallw.] *die, -/-n,* akust. Signalvorrichtung für Fahrzeuge. **hupen,** *ich* hupe (habe gehupt).
Hupf *der, -(e)s/-e,* ⚬, *noch oberd.:* kleiner Sprung. **hupfen** [mhd. hupfen], *ich* hupfe (bin gehupft), *oberdt.:* hüpfe: *das ist gehupft wie gesprungen,* Ü da ist kein Unterschied. **hüpfen,** *ich* hüpfe (bin gehüpft), mache kleine Sprünge: *ihm hüpfte das Herz vor Freude,* Ü er freute sich sehr. **Hüpfer, Hüpfer** *der, -s/-.* **Hüpferling** *der, -s/-e,* 1) ⊕ kleines Springkraut. 2) als Fischnahrung dienender Ruderfußkrebs.
Hüppe [mhd. hippe ›Waffel‹] *die, -/-n, schweiz.:* zigarrenförmiges hohles Gebäck aus süßem Teig.
huppen, *ich* huppe (bin gehuppt), *ostmitteldt.:* hüpfe.
Hürde [mhd. hurt ›Flechtwerk‹] *die, -/-n, alem.:* Lattengestell (im Keller): *Obsthürde.* **Hürde,** *die, -/-n,* ABB. H 28, 1) Lattengestell, Horde, z. B. als Obstständer, Darre. 2) ⚞ Leichtathletik, Pferdesport: Hindernis: *Hürdenlauf; Hürdenrennen.* 3) tragbarer Viehzaun aus Flecht- oder Gitterwerk.
Hure [ahd. huora] *die, -/-n,* V Prostituierte.
huren [mhd. huren], *ich* hure, *alem.:* kauere.
huren [ahd. huoron], *ich* hure (habe gehurt), V habe häufig mit wechselnden Partnern Geschlechtsverkehr. **Hurenhaus,** V Bordell. **Hurenkind** *das,* ⚐ einzelne Ausgangszeile, die noch auf die neue Seite oder Spalte kommt. **Hurenweibel** *der,* Aufseher über den Troß im Landsknechtsheer. **Hurerei** *die, -/-n.* **hurerisch.**
Huri [arab.] *die, -/-s,* Paradiesjungfrau des Islams.
hürnen [mhd. hürnin], ⚬ aus Horn, hörnern.
Hurone [nach ihrer Haartracht, frz. hure ›Wuschelkopf‹] *der, -n/-n,* Angehöriger eines Stammesverbandes nordamerikanischer Indianer. **huronisch.**
hurra! [mhd. hurra, zu hurren ›sich schnell bewegen‹], Ausruf der Begeisterung. **Hurra** *das, -s/-s: ein dreifaches H.!*
Hurrikan [engl. hurricane, zu span. huracán, indian. hurakán] *der, -s/-e,* ein tropischer Wirbelsturm.

hurschig, *schweiz.:* hurtig, schnell. **hurtig** [mhd. hurtec], flink, behende. **Hurtigkeit** *die, -.*

Hus, Hüs *das, -es/H'üser, alem., niederdt.:* Haus.

Husar [ungar. huszár, zu mlat. cursarius ›Seeräuber‹; später an husz ›zwanzig‹ angelehnt (nach dem Gesetz mußten je 20 Grundbesitzer einen Berittenen zum Aufgebot stellen)] *der, -en/-en,* Angehöriger einer leichten Reitertruppe. **Husaren-streich** *der,* **Husarenstück** *das,* Ü tollkühner Handstreich.

husch! [mhd. hutsch, Schallw.], Ausruf bei plötzlichen Bewegungen: *h., war er weg!* **Husch** *der, -es/-e,* Sausen, Eile, schnelle Bewegung: *im H.,* U rasch; *auf einen H.,* U ganz schnell. **Husche** *die, -/-n, ostmitteldt.:* Regenschauer. **husch(e)lig.** **huscheln,** *ich* husch(e)le (habe gehuschelt), U arbeite oberflächlich, pfusche. **huschen,** *ich* husche (bin gehuscht), eile lautlos: *wie ein Schatten huschte sie vorbei; er huscht nur so darüber hin,* U macht es flüchtig.

Hüsing [zu Hus] *die, -/-en, niederdt.:* Heim.

Husky [h'ʌski, engl. ›stämmig‹, ›kräftig‹] *der, -s/ . . . kies,* ein Nordlandhund.

hussa!, Hetzruf an den Hund, auch zum Antreiben des Pferdes.

Hussit *der, -en/-en,* Anhänger des tschech. Reformators Jan Hus (um 1370–1415).

hüst!, *südwestdt.:* Fuhrmannsruf: links!

hüsteln, *ich* hüst(e)le (habe gehüstelt), huste ein wenig, räuspere mich: *sie hüstelte verlegen.* **husten,** *ich* huste (habe gehustet), atme stoßweise und tönend durch die verengte Stimmritze aus: *ich werde dir was husten!,* U von mir hast du nichts zu erwarten; *ich h. darauf,* U will es gar nicht haben. **Husten** [ahd. huasto] *der, -s/-: Hustenanfall; Hustenbonbon; Hustensaft; Raucherhusten; Keuchhusten.* **Hustenreiz** *der, -es,* Drang zum Husten.

Hut [ahd. huota] *die, -,* **1)** Schutz, Obhut: *in guter H.; du mußt auf der H. sein,* dich in acht nehmen. **2)** ⚶, *noch mitteldt.:* Weideland; gehütetes Vieh; Weiderecht.

Hut [ahd. huot ›Hut‹, ›Wache‹, zu hüten] *der, -(e)s/-e,* **1)** eine Kopfbedeckung für Frauen und Männer, ABB. H 29, K 24, K 25: *Hutnadel; Hutständer; Damenhut; Strohhut; er zog den H.,* grüßte, ABB. G 38; *ich muß viele Vorschläge, Wünsche unter einen H. bringen,* Ü berücksichtigen, harmonisch vereinigen; *das ist ein alter H.,* U das ist seit langem bekannt; *das kannst du dir an den H. stecken,* U behalten, weil ich es nicht haben will. **2)** bedeckender runder Teil, z. B. Oberteil des Pilzes, ABB. P 14. **3)** Gebilde von kegelförmiger Gestalt: *Zuckerhut; Fingerhut.* **Hütchen** *das, -s/-.*

Hütejunge *der,* Knabe als Hirt. **hüten** [ahd. huoten], *ich* hüte (habe gehütet), U ihn, es bewache, sorge für sein Wohl, seinen Schutz: *sie hütet die Kinder; der Schäfer hütet die Schafe; der Kranke hütet das Zimmer, das Bett,* U darf es nicht verlassen. **2)** *mich vor ihm,* nehme mich in acht, meide, bin mißtrauisch: *hüte dich vor schlechter Gesellschaft!; ich werde mich hüten!,* U das tue ich ganz bestimmt nicht. **Hüter** *der, -s/-,* Hirt; Wächter. **Hutgerechtigkeit** *die,* ⚶ die Berechtigung zum Weiden.

Hutsche, Hütsche *die, -/-n,* **1)** *norddt.:* Fußbank; Kinderschlitten. **2)** *bair., österr.:* Schaukel. **hutschen** [mhd. hutzen ›sich schwingend bewegen‹], *ich* hutsche (bin, habe gehutscht), *österr.:* **1)** schaukele. **2)** krieche, rutsche.

Hutschnur *die,* Schnur um den Hut: *das geht über die H.,* U zu weit, ist unzumutbar.

Hütte [ahd. hutta] *die, -/-n,* **1)** einfaches kleines Haus: *Bretterhütte; Lehmhütte; Raum ist in der kleinsten H.* **2)** kurz für: Schutzhütte, Sennhütte, Skihütte. **3)** ⚙ Anlage zur Gewinnung von Metall; auch Glas-, Ziegelfabrik: *Hüttenwerk; Eisenhütte; Glashütte.* **4)** 🚢 Wohnaufbau auf dem Hinterschiff. **Hüttenkunde** *die, -,* Zweig der Metallurgie.

Hütung *die, -/-en,* Hutweide. **Hütung** *die, -,* das Hüten, Bewachung. **Hutweide** *die,* minderwertiges Weideland.

Hutze *die, -/-n,* 🚗 Blechabdeckung als Schutz für Teile, die aus der Karosserie herausragen, bes. bei Sportwagen.

Hutzel [mhd. hützel ›getrocknete Birne‹] *die, -/-n, oberdt.:* **1)** Dörrobst. **2)** runzlige alte Frau: *Hutzelweiblein.* **Hutzelbrot** *das, oberdt.:* Brot mit eingebackenem Dörrobst, Früchtebrot. **hutz(e)lig,** runzlig, welk, verhutzelt. **Hutzelmännchen** *das,* Zwerg, Heinzelmännchen. **hutzeln,** *ich* hutz(e)le, *oberdt.:* **1)** (habe gehutzelt) *Obst,* dörre es. **2)** *es hutzelt* (ist gehutzelt), schrumpft ein.

Hutzenstube *die, erzgebir.:* Spinnstube; gemütl. Stube mit Ofenbank.

Huzule *der, -n/-n,* Angehöriger eines ukrain. Volksstammes.

hyal . . . [grch. hyalos ›Glas‹], glas . . . **hyalin,** glasartig. **Hyalit** *der, -s/-e,* ein wasserheller Opal.

Hyäne [grch. hyaina, zu hys ›Schwein‹, wegen der Rückenborsten] *die, -/-n,* **1)** ein Raubtier, Aasfresser: *Tüpfelhyäne.* **2)** U skrupelloser, rücksichtsloser, profitgieriger Mensch: *Hyänen des Schlachtfeldes,* Ü Plünderer von Toten und Verletzten.

Hyazinth [nach dem vorgriech. Fruchtbarkeitsgott Hyakinthos] *der, -(e)s/-e,* roter Edelstein. **Hyazinthe** *die, -/-n,* Zwiebelgewächs mit vielen röhrig-glockenförmigen Blüten.

hybrid [zu Hybris], überheblich, hochmütig, vermessen. **hybrid** [lat. hybrida ›Mischling‹], zwittrig, von zweierlei Herkunft: *Hybridenwein; Hybridrechner; Hybridzüchtung.* **Hybridantrieb** *der,* ein Fahrzeugantrieb mit zwei Antriebsarten, z. B. Verbrennungs- und Elektromotor. **Hybride** *der, -n/-n, auch die, -/-n,* ⚥ Bastard. **Hybridisation** *die, -/-en,* **hybridisch,** ⚥ hybrid. **hybridisieren,** *ich* hybridisiere (habe hybridisiert) *es,* kreuze.

Hybris [grch.] *die, -,* frevelhafter Übermut, Selbstüberhebung.

hydr . . . , vgl. hydro . . . **Hydra** *die, -,* **1)** griech. Mythologie: ein schlangenartiges Ungeheuer. **2)** ✫ das Sternbild Wasserschlange. **3)** *Pl. . . . dren,* 🐚 ein Süßwasserpolyp. **Hydrämie** [grch. haima ›Blut‹] *die, -/ . . . m'i|en,* 💲 erhöhter Wassergehalt des Blutes. **Hydrant** *der, -en/-en,* Wasseranschluß, Wasserzapfstelle, ABB. F 19. **Hydrargyrum** [grch. argyros ›Silber‹] *das, -s,* Quecksilber. **Hydrat** *das, -(e)s/-e,* 🔬 durch Hydratation gebildete Molekülverbindung. **Hydratation, Hydration** *die, -,* 🔬 Anlagerung von Wassermolekülen an Ionen oder Molekülen. **hydratisieren,** *ich* hydratisiere (habe hydratisiert) *es,* lagere Wasser an organ. Verbindungen an. **Hydraulik** [grch. hydraulis ›Wasserorgel‹] *die, -,* die Lehre und techn. Anwendung von Strömungen inkompressibler Flüssigkeiten. **hydraulisch,** auf Flüssigkeits als Kraftquelle bezüglich: *hydraulische Presse,* Druckerzeuger durch Druckfortpflanzungen in Flüssigkeiten, ABB. P 22. **Hydrazin** [frz. azote ›Stickstoff‹] *das, -s,* 🔬 farblose, giftige flüssige Stickstoff-Wasserstoff-Verbindung. **Hydrid** *das, -(e)s/-e,* 🔬 Wasserstoffverbindung mit einem anderen Element. **hydrieren,** *ich*

der Kniff   die Delle

der Rand

das Hutband   die Krempe   die Schleife

der Besitzername   das Schweißleder

das Futter   die Hutmarke

die Einzelteile

15. Jahrhundert   16. Jahrh.   17. Jahrh.   18. Jahrh.   19. Jahrh.

der Bowler (die Melone)   der Strohhut (die Kreissäge)   **Hut**   der Zylinder   Kardinalshut   der Admiralshut   (der Sombrero) der Mexikanerhut

die Hutformen

hydriere (habe hydriert) *es*, ᴖ lagere Wasserstoff an. **Hy|drie̱-rung** *die, -.*

hy|dro... [grch. hydor ›Wasser‹, vor Vokalen *hydr...*, wasser..., flüssigkeits... **Hy|drobiologie̱** *die*, Wissenschaft von den Wasserorganismen. **Hy|drochino̱n** *das, -s*, ᴖ ein Benzolabkömmling, photographischer Entwickler. **Hy|dro-chorie̱** [-k-, grch. chorein ›sich fortbewegen‹ *die, -*, Pflanzenverbreitung durch das Wasser. **Hy|drodyna̱mik** *die*, die Lehre von den Bewegungen der Flüssigkeiten. **Hy|droge̱nium** [vgl. ...gen] *das, -s*, Wasserstoff. **Hy|droge̱nkarbonat** *das*, Metall-Wasserstoff-Salz der Kohlensäure. **Hy|drographie̱** [vgl. ...graphie] *die, -*, Gewässerkunde. **Hy|drokultu̱r** *die*, Hydroponik, erdlose Pflanzenaufzucht in wäßriger Nährlösung. **Hy|drologie̱** [vgl. ...logie] *die, -*, Lehre vom Wasser. **Hy|droly̱se** [grch. lysis ›Lösung‹] *die, -/-n*, ᴖ durch Wasser bewirkte Veränderung, meist Spaltung, von chemischen Verbindungen. **hy|droly̱tisch. Hy|dromecha̱nik** *die*, Lehre von den Gleichgewichtszuständen und Strömungsgesetzen inkompressibler Medien, bes. Flüssigkeiten. **Hy|dromedu̱se** *die*, ⬦ Qualle. **Hy|drome̱ter** *das*, Bez. für verschiedene Wassermeßgeräte. **hy|drophil** [vgl. ...phil], wasserliebend, von Wasser benetzbar. **hy|dropẖob** [vgl. Phobie], wassermeidend, wasserabstoßend, wasserdicht. **Hy|dropo̱nik** [grch. ponos ›Arbeit‹, *die*, Hydrokultur. **Hy|drops** [grch.] *der, -*, **Hy|dropsie̱** *die, -*, ⚕ Wassersucht. **Hy|dro|sphä̱re** *die*, die Wasserhülle der Erde. **Hy|drostatik** *die*, Lehre von den Gleichgewichtszuständen der Flüssigkeiten unter der Einwirkung äußerer Kräfte. **hy|drosta̱tisch**, *der hydrostatische Druck*, Druck in einer ruhenden Flüssigkeit. **Hy|drote̱chnik** *die*, der Wasserbau. **Hy|drotherapie̱** *die, -*, ⚕ Wasserheilkunde, Wasseranwendung zur Behandlung von Krankheiten. **Hy|droxi̱de** [vgl. Oxid], *Pl.*, ᴖ Verbindungen von Elementen mit der OH-Gruppe. **Hy|droxy̱lgruppe** *die*, die einwertige funktionelle OH-Gruppe in chem. Verbindungen. **Hy|droze̱le** [grch. kele ›Bruch‹] *die, -/-n*, ⚕ Wasserbruch, Ansammlung von Gewebswasser zwischen Gewebsschichten. **Hy|droze̱phalus** [vgl. ...kephal] *der, -/...ph'alen* oder ...*li*, ⚕ Wasserkopf. **Hy|drozo̱en** [grch. zoon ›Lebewesen‹], *Pl.*, Hohltiere.

Hyetome̱ter [grch. hyetos ›Regen‹] *das*, Niederschlagsmesser, Regenmesser.

Hygiene̱ [grch. hygieinos ›heilsam‹] *die, -*, Gesundheitslehre; Gesundheitspflege; Sauberkeit: *Händehygiene; Umwelthygiene.* **hygie̱nisch**, *hygienische Verpackung der Lebensmittel; h. einwandfreie Verhältnisse.*

hy|gro... [grch. hygros ›feucht‹], feuchtigkeits... **Hy|grome̱ter** *das*, Meßgerät für Luftfeuchtigkeit. **Hy|grophy̱t** [grch. phyton ›Pflanze‹] *der, -en/-en*, Pflanze luftfeuchten Standorts. **Hy|gro|sko̱p** [vgl. ...skop] *das, -s/-e*, Gerät, das die Luftfeuchtigkeit grob anzeigt. **hy|gro|sko̱pisch**, ᴖ Feuchtigkeit anziehend.

Hy̱le [grch. ›Stoff‹, ›Materie‹] *die, -*, griech. Philosophie: die Materie. **Hylozoi̱smus** [grch. zoon ›Lebewesen‹ und vgl. ...ismus] *der, -*, die philosoph. Lehre, daß auch die anorgan. Materie belebt sei.

Hy̱men [grch. Hymenaios] 1) griech. Mythologie: Hochzeitsgott. 2) *der, -s/-*, antiker Hochzeitsgesang.

Hy̱men [grch. ›Gewebe‹] *das*, auch *der, -s/-*, ⚕ Jungfernhäutchen.

Hy̱mne [grch. hymnos ›Lobgesang‹] *die, -/-n*, feierlicher, bes. religiöser Gesang; Preisgedicht. **hy̱mnisch. Hy̱mnus** *der, -/...nen*, Hymne.

Hyp|algesie̱ [vgl. hypo... und grch. algos ›Schmerz‹] *die, -*, ⚕ herabgesetzte Schmerzempfindlichkeit. **Hyp|äs|thesie̱** [grch. aisthesis ›Sinneswahrnehmung‹] *die, -*, ⚕ verminderte Empfindlichkeit für Sinnesreize.

hyper... [grch. ›über‹, ›übermäßig‹, ›über... hinaus‹], über..., zuviel, übermäßig: *hyperkritisch; hypermodern; hypersensibel.* **Hyper|algesie̱** [grch. algos ›Schmerz‹] *die, -*, ⚕ gesteigerte Schmerzempfindlichkeit. **Hyper|ämie̱** [grch. haima ›Blut‹] *die, -/...m'i|en*, ⚕ örtlich begrenzte Bluterfüllung. **Hyper|äs|thesie̱** [grch. aisthesis ›Sinneswahrnehmung‹] *die, -*, ⚕ übermäßige Empfindlichkeit gegenüber Sinnesreizen, auch gesteigerte Erregbarkeit. **Hyperba̱ton** [grch. hyperbainein ›überschreiten‹] *das, -s/...ta*, eine Stilfigur: das Versetzen von Wörtern aus der üblichen syntaktischen Folge. **Hype̱rbel** [grch. ballein ›werfen‹] *die, -/-n*, 1) △ ein Kegelschnitt, Kurve, die durch den Schnitt eines Doppelkreiskegels mit einer Ebene entsteht, ABB. K 14, K 55. 2) sprachl. Übertreibung, ÜBERS. R 12. **hyperbo̱lisch. Hyperbolo̱id** [vgl. ...id] *das, -(e)s/-e*, △ durch Drehung einer Hyperbel

um ihre Achsen gebildeter Körper, ABB. K 38. **Hyperboreer** [vgl. Boreas] *der, -s/-*, Angehöriger eines sagenhaften Volkes im hohen Norden. **Hyperdakty̱lie** [grch. daktylos ›Finger‹] *die, -/...l'i|en*, ⚕ angeborene vermehrte Finger- oder Zehenzahl. **Hyper|e̱mesis** [grch. emein ›erbrechen‹] *die, -*, ⚕ häufiges starkes Erbrechen. **Hype̱rgol** [grch. ergon ›Arbeit‹ und lat. oleum ›Öl‹] *das, -s/-e*, Stoff, der spontan und unter Flammbildung mit einem zweiten reagiert. **hypergo̱lisch**, *hypergolische Raketentreibstoffe.* **Hyperme-tropie̱** [grch. metron ›Maß‹ und ops ›Gesicht‹, ›Auge‹] *die, -*, ⚕ Weitsichtigkeit. **Hype̱ron** [grch. von Hyper und Proton] *das, -s/...r'onen, meist Pl.*, instabiles Elementarteilchen. **Hyper|plasie̱** [grch. plassein ›bilden‹] *die, -/...s'i|en*, ⚕ Vergrößerung eines Organs durch Vermehrung der Gewebebestandteile. **Hyperscẖall** *der*, über dem Ultraschall liegender Bereich von Schwingungen. **hypersonisch** [lat. sonus ›Klang‹], im Bereich des Hyperschalls liegend. **Hyperto̱nie** [grch. tonos ›das Spannen‹] *die, -/...n'i|en*, ⚕ erhöhter Blutdruck; Spannungszunahme. **hyperto̱nisch. Hype̱r-troph** [vgl. ...troph], *hypertrophes Selbstgefühl*, Ü. **Hyper-trophie̱** *die, -/...ph'i|en*, ⚕ übermäßige Vergrößerung von Gewebe, Organen. 2) Ü Übersteigerung, Übergezeichnetheit.

Hypno̱se [grch. hypnos ›Schlaf‹] *die, -/-n*, durch suggestive Beeinflussung erzeugter schlafähnlicher Zustand, in dem das Bewußtsein eingeengt ist und ein besonderer Kontakt zum Hypnotiseur besteht. **Hypno̱tikum** *das, -s/...ka*, Schlafmittel. **hypno̱tisch. Hypnotiseu̱r** [-z'ø:r] *der, -s/-e*, Mensch mit der Fähigkeit zu hypnotisieren. **hypnotisie̱ren**, *ich hypnotisiere (habe hypnotisiert) ihn*, versetze in Hypnose. **Hypnoti̱smus** *der, -*, Lehre von der Hypnose.

hyp(o)... [grch. hypo ›unter‹, ›darunter‹], unter... **Hypo|chlori̱t** [grch., ᴖ Salz der unterchlorigen Säure. **Hypochoṉ-der** *der, -s/-*, an Hypochondrie Leidender. **Hypochon|drie̱** [zu grch. hypochondrion ›das unter dem Brustknorpel Befindliche‹, nach antiker Vorstellung lag hier der Sitz des Gemütskrankheiten] *die, -*, ⚕ krankhafte Besorgnis um den Gesundheitszustand des eigenen Körpers. **hypochon|drisch. Hypo-ga̱strium** [grch. gaster ›Magen‹, ›Bauch‹] *das, -s/...stri|en*, ⚕ die Unterbauchgegend. **Hypoka̱ust** [grch. kaiein ›brennen‹, ›anzünden‹] *das, -s/-en*, antike Warmluftbeheizung (Bodenheizung) von Räumen. **hypoka̱ustisch. Hypo|krisie̱** [grch. hypokrisis] *die, -*, Heuchelei. **hypo|kri̱tisch. Hypophy̱se** [grch. phyein ›wachsen lassen‹] *die, -/-n*, ⚕ Hirnanhangdrüse. **Hyposta̱se** [grch. stasis ›Stehen‹, ›Feststehen‹] *die, -/-n*, 1) Substanz, Wesen. 2) Verdinglichung oder Personifizierung (von Eigenschaften, Begriffen). 3) Ⓢ Entstehung eines Wortes durch Änderung der syntakt. Funktion, z. B. ›nachts‹ aus dem Gen. von ›Nacht‹. 4) ⚕ schwerebedingte vermehrte Blutfülle in tieferliegenden Körperteilen. **hypostasie̱ren**, *ich hypostasiere (habe hypostasiert) es*, verdingliche, vergegenständliche; unterstelle als vorhanden. **Hyposty̱lon** [grch. stylos ›Säule‹] *das, -s/...la*, **Hyposty̱los** *der, -/...loi*, ⬚ Raum mit von Säulen getragener Decke. **hypota̱ktisch. Hypota̱xe** [grch. tattein ›ordnen‹] *die, -/-n*, Ⓢ Unterordnung im Satzgefüge, ÜBERS. S 79. **Hypotenu̱se** [grch. teinein ›spannen‹] *die, -/-n*, △ Dreiecksseite gegenüber einem rechten Winkel, ABB. D 14. **Hypothe̱k** [grch. hypotheke ›Unterpfand‹] *die, -/-en*, ⚖ Pfandrecht an Grundstücken: *Hypothekenbank; die erste H.*, an erster Stelle eingetragene Hypothek; *er hat eine H. auf sein Haus aufgenommen*, sein Haus mit einer Hypothek belastet. 2) Ü ständige Belastung, negativer Umstand. **hypotheka̱risch. Hypothermie̱** [grch. therme ›Wärme‹] *die, -/...m'i|en*, ⚕ 1) *ohne Pl.*, krankhaft niedrige Körpertemperatur. 2) künstl. Unterkühlung, z. B. zur Operation. **Hypothe̱se** [grch. hypothesis ›Unterstellung‹] *die*, wissenschaftlich fundierte Annahme, deren Erhärtung oder Widerlegung zur wissenschaftl. Klärung eines Sachverhaltes führen soll; Voraussetzung, Annahme. **hypothe̱tisch. Hypotonie̱** [grch. tonos ›das Spannen‹] *die, -/...n'i|en*, ⚕ niedriger Blutdruck. **hypoto̱-nisch. Hypoze̱n|trum** *das*, der Erdbebenherd.

hypso... [grch. hypsos ›Höhe‹, höhen...: *Hypsometrie*, Höhenmessung.

Hysterie̱ [grch. hystera ›Gebärmutter‹] *die, -/...r'i|en*, Sammelbez. für verschiedene neurotische Verhaltensstörungen mit seelischen und organ. Symptomen, für die keine organ. Ursachen nachweisbar sind; starke Erregung, Überspanntheit: *Massenhysterie.* **Hyste̱riker** *der, -s/-*, **Hyste̱rike-rin** *die, -/-nen*, ⚕ hysterischer Mensch. **hyste̱risch.**

Hy̱steron pro̱teron [grch. ›Späteres früher‹] *das, - -/...ra ...ra*, 1) Logik: ein Beweisfehler, die Verwendung des zu

Beweisenden im Beweis. **2)** Rhetorik: die Umkehrung der Wortfolge gegenüber dem natürl. Ablauf der Ereignisse. **Hystero|skopie** [vgl. Hysterie und ...skopie] *die,* -/...*p'i|en,* ⚥ Betrachtung der Gebärmutterhöhle mit einem Endoskop.

Hz, Zeichen für: Hertz.

---

i, I *das,* -/-, Vokal, ABB. A 8, ÜBERS. A 26, G 34: *der I-Punkt; das Tüpfelchen auf dem i,* Ü die letzte Vollendung.
i, △ die Einheit der imaginären Zahlen.
i!, Ausruf der Verwunderung (auch des Ekels): *i bewahre!, i wo!,* Ü keinesfalls.
i., Abk. für: in, im (bei geograph. Angaben): *Freiburg i. Br.,* im Breisgau.
I, römisches Zahlzeichen für 1, ÜBERS. R 27.
Ia, Abk. für: eins a, Ü sehr gut, erster Güte.
i. A., Abk. für: im Auftrag.
...iade [grch.], Ableitungssilbe für weibl. Substantive: *die Olympiade; die Köpenickiade.*
iah, der Eselsruf. **iahen,** *der Esel* iaht (hat iaht).
i. allg., Abk. für: im allgemeinen.
Iambus *der,* -/...*ben,* Jambus.
...ian [lat. ianus], ...jan [niederdt.], Ableitungssilbe für männl. Substantive: *Grobian; Dummerjan.*
...iana, vgl. ...ana. **...ianer,** vgl. ...aner.
ib., ibd., Abk. für: ibidem.
Ibe *die,* -/-n, **Ibenbaum** *der,* Eibe.
Iberer *der,* -s/-, Angehöriger der vor- und frühgeschichtlichen Bevölkerung Spaniens. **iberisch. Iberoamerika,** Lateinamerika. **iberoamerikanisch,** lateinamerikanisch. **ibero-amerikanisch,** auf Spanien und Portugal einerseits und Amerika andrerseits bezüglich.
ibidem [lat.], Abk.: ib., ibd., ebenda, am angeführten Ort.
Ibis [grch. ibis, zu altägypt. hbj] *der,* -ses/-se, storchartiger Schreitvogel, den alten Ägyptern heilig.
Ibn [arab.], vor Namen: Sohn.
IC, Abk. für: Intercity-Zug.
...ich, das männl. Geschlecht bestimmende Endung: *der Rettich; der Teppich.*
ich [ahd. ih], ÜBERS. P 24: *i. spreche für mich.* **Ich** *das,* -(s)/-(s), **1)** die eigene Person: *das liebe I.; mein zweites I.* **2)** Philosophie: Einheit des Selbstbewußtseins. **3)** Psychoanalyse: psychische Instanz, die zwischen Über-Ich und Es und der Außenwelt vermittelt. **ichbezogen,** sich selbst in den Mittelpunkt stellend. **Ichform** *die,* -, Erzählform in der ersten Person.
Ichneumon [grch. ichneuein ›aufspüren‹] *das* oder *der,* -s/-s oder -e, eine Schleichkatze.
Ich-Roman *der,* Roman in Ichform. **Ichsucht** *die,* -, Eigenliebe. **ichsüchtig.**
...icht, 1) eine das sächl. Geschlecht bestimmende Ableitungssilbe: *das Dickicht; das Röhricht.* **2)** Nebenform von ...ig, nur noch in *töricht,* sonst ∞ lockicht.
ich|thy..., ich|thyo... [grch. ichthys ›Fisch‹], fisch... **Ich|thyol** *das,* -s, schwarzbraune, teerig riechende Masse; Handelsname für ein Medikament. **Ich|thyologie** [vgl. ...logie] *die,* -, Fischkunde. **Ich|thyosauri|er** [grch. sauros ›Eidechse‹] *der,* ausgestorbenes fischähnliches Reptil. **Ich|thyosis** *die,* -/...'*osen,* ⚥ Fischschuppenkrankheit, Hautleiden mit übermäßiger Verhornung der Haut.
id., Abk. für: idem.
...id [zu grch. eidos ›Aussehen‹, ›Gestalt‹], ...gleich, bes. zu einer bestimmten Rasse gehörig oder eine chem. Verbindung bestimmend: *europid; mongolid; Chlorid; Sulfid.*
Ida [urspr. Kurzform zu den mit ahd. itis ›Weib‹ gebildeten Namen wie Idaberga], weibl. Vorname.
...ide, Suffix an griech. Vatersnamen: *der Pelide,* Achill, Sohn des Peleus.
ideal [spätlat. idealis, zu grch. idea ›Urbild‹, ›Art und Weise‹], **1)** vollkommen, mustergültig: *die Bedingungen waren i.; ein idealer Ehemann.* **2)** nur gedanklich vorgestellt, ideell: *ein ideales Prinzip.* **Ideal** *das,* -s/-e, **1)** Vollkommenes, Mustergültiges: *Idealfall.* **2)** Vorbild, Wunschbild: *er bleibt seinen Idealen treu; Idealvorstellungen.* **idealisieren,** ich idealisiere (habe idealisiert) *es, ihn,* verkläre, sehe vollkommener, als (er) in Wirklichkeit ist. **Idealisierung** *die,* -/-en. **Idealismus** [vgl. ...ismus] *der,* -/...*men,* **1)** der Glaube an Ideale und die Bereitschaft, für sie Opfer zu bringen. **2)** philosoph. Standpunkt, nach dem die Wirklichkeit auf einem unabhängigen Ideenreich oder auf dem Bewußtsein gründet. **Idealist** *der,* -en/-en. **idealistisch.**

Idealität *die,* -, das Sein als Idee (im Gegensatz zur Realität).
Idealkonkurrenz *die,* 🜨 Tateinheit. **Idee** *die,* -/Id'e|en, **1)** Grundgedanke, Prinzip; reiner Begriff: *die I. der Freiheit.* **2)** Gedanke, Vorstellung: *er hat keine I. davon,* Ü keine Ahnung; *eine fixe I.,* Zwangsvorstellung, verrannter Glaube; *eine gute I.,* Ü ein guter Einfall. **3)** Absicht, Plan: *ich habe die I. wieder aufgegeben.* **4)** Ü Kleinigkeit: *eine I. mehr Zucker; keine I.,* gar nichts. **ideell, 1)** eine Idee betreffend: *der ideelle Gehalt eines Romans.* **2)** nur in der Vorstellung vorhanden. **ideenarm,** *eine ideenarme Abhandlung.* **Ideenassoziation** *die,* unwillkürl. Reihung von Gedanken. **ideenreich,** *ideenreiche Vorschläge.*
idem [lat.], Abk.: id., derselbe, dasselbe.
Iden [lat. idus ›Monatsmitte‹, *Pl.,* im röm. Kalender der 13., im März, Mai, Juli, Oktober der 15. Tag des Monats.
Identifikation [mlat. identitas ›Wesenseinheit‹ und facere ›machen‹] *die,* -/-en, die Feststellung der Identität. **identifizieren,** *ich* identifiziere (habe identifiziert) *ihn, es,* stelle die Identität fest. **2)** *mich mit ihm, mit einer Sache,* trete für ihn, für eine Sache ein, bin der gleichen Auffassung. **Identifizierung** *die,* -/-en: *die I. der Unfallopfer war schwierig.* **identisch,** ein und dasselbe, personengleich, sachengleich: *die Aussagen aller Augenzeugen sind i.* **Identität** *die,* -, völlige Übereinstimmung, Personengleichheit: *die I. des Toten mit dem Vermißten wurde festgestellt.*
Ideo|gramm [grch. idea ›Urbild‹, ›Art und Weise‹ und vgl. ...gramm] *das,* -s/-e, ein Schriftzeichen für ein ganzes Wort (z. B. chines. Schrift). **Ideologe** [vgl. ...loge] *der,* -n/-n, polit. Theoretiker; Anhänger einer Ideologie. **Ideologie** [vgl. ...logie] *die,* -/...'*i|en,* die Gesamtheit der von einer Bewegung oder gesellschaftl. Schicht hervorgebrachten Denksysteme: *die Bürgertums vor dem 1. Weltkrieg.* **ideologisch. ideologisieren,** *ich* ideologisiere (habe ideologisiert) *es,* mache es zur Ideologie. **ideomotorisch,** Psychologie: unbewußt ausgeführt (Bewegung, Handlung).
id est [lat.], Abk.: i. e., das ist, heißt.
Idiola|trie [grch. idios ›eigen‹ und latreia ›Kult‹] *die,* -, Selbstvergötterung. **Idiolekt** [vgl. Dialekt] *der,* -(e)s/-e, Ⓢ das Sprachverhalten eines einzelnen Sprechers. **idiolektal. Idiom** [grch. idioma ›Eigentümlichkeit‹] *das,* -s/-e, **1)** Spracheigentümlichkeit einer Gruppe von Sprachteilnehmern. **2)** Wortverbindung, deren Bedeutung sich nicht aus der Bedeutung ihrer Bestandteile ergibt. **Idiomatik** *die,* -, **1)** die Lehre von den Idiomen. **2)** die Gesamtheit der Idiome einer Sprache. **idiomatisch. idiomorph** [vgl. ...morph], eigengestaltig: *idiomorphe Minerale,* Minerale, die ihre eigene Kristallform ausbilden konnten. **Idiosyn|krasie** [grch. synkrasis ›Mischung‹] *die,* -/...'*s'i|en, gegen etwas,* **1)** ⚥ anlagebedingte Überempfindlichkeit des Körpers gegen bestimmte Stoffe. **2)** Psychologie: heftige, bisweilen krankhafte Abneigung gegen bestimmte Personen oder Sachen. **Idiot** [grch. idiotes ›der Privatlebende‹] *der,* -en/-en, **1)** Schwachsinniger. **2)** Ü Dummkopf: *der Idiotenhügel,* Ü ungefähr. Abfahrt für Anfänger im Skisport. **idiotensicher,** *das ist i.,* Ü dabei kann nichts mißgelingen. **Idiotie** *die,* -, schwerste Form des Schwachsinns. **Idiotikon** *das,* -s/...*ka* oder ...ken, Mundartwörterbuch. **idiotisch, 1)** geistesschwach. **2)** Ü dumm, unsinnig, geisttötend: *ein idiotischer Vorschlag.* **Idiotismus** [vgl. ...ismus] *der,* -/...*men,* **1)** mundartl. Eigentümlichkeit. **2)** ohne *Pl.,* Idiotie.
Idol [grch. eidolon ›Bild‹] *das,* -s/-e, **1)** Gegenstand übermäßiger Verehrung, Abgott. **2)** Götzenbild, Statuette. **Ido(lo)la|trie** [grch. latreia ›Kult‹] *die,* -, Abgötterei, Götzendienst.
Idun, Iduna, altnord. Göttin, Jugendspenderin.
Idyll [grch. eidyllion, Diminutiv zu eidos ›Bild‹, ›Gestalt‹]

Hinweise zur Benutzung am Schluß des Bandes

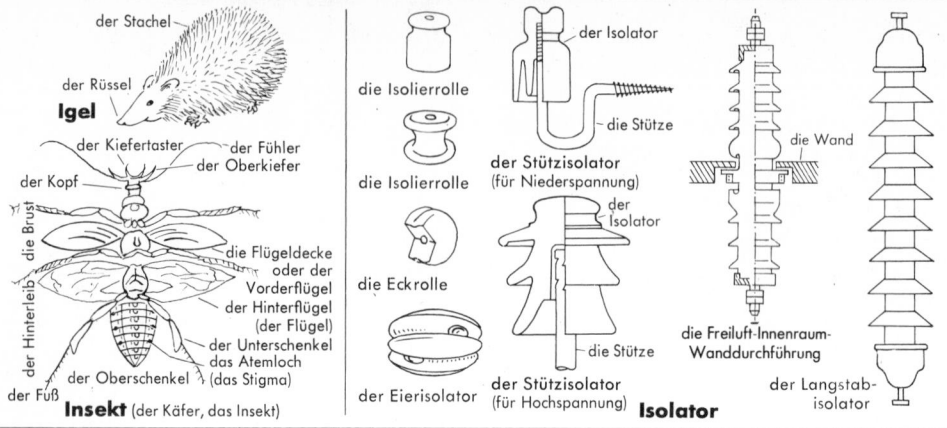

der Stachel
der Rüssel
Igel
der Kiefertaster — der Fühler
der Oberkiefer
der Kopf
die Brust
die Flügeldecke
oder der
Vorderflügel
der Hinterflügel
(der Flügel)
der Hinterleib
der Unterschenkel
das Atemloch
der Oberschenkel (das Stigma)
der Fuß
Insekt (der Käfer, das Insekt)

die Isolierrolle
der Isolator
die Stütze
die Isolierrolle
der Stützisolator
(für Niederspannung)
der Isolator
die Eckrolle
die Wand
die Freiluft-Innenraum-
Wanddurchführung
die Stütze
der Eierisolator
der Stützisolator
(für Hochspannung) **Isolator**
der Langstab-
isolator

das, -s/-e, friedlicher, beglückender Anblick in meist ländl. Umgebung; beschaulich-einfache Lebensweise. **Idylle** *die, -/-n,* **1)** Darstellung eines Idylls in Literatur oder bildender Kunst. **2)** Idyll. **idyllisch.**
ie ['iǝ], *schweiz.:* **1)** hinein. **2)** herein.
. . .ie, das weibl. Geschlecht bestimmende Ableitungssilbe: **1)** [-'iː, frz., zu grch.], *die Infamie; die Phantasie.* **2)** [-iǝ, lat.], *die Kastanie; die Materie.*
i. e., Abk. für: id est.
. . .ier, Ableitungssilbe für männl. Personen: **1)** [-'iːr, frz.], *der Kavalier; der Musketier.* **2)** [-jʹe, frz.], *der Bankier; der Hotelier.*
. . .iere [-jʹɛːrǝ, frz.], Ableitungssilbe für weibl. Substantive: *die Garderobiere.*
i. e. S., Abk. für: im engeren Sinn(e).
i. f., Abk. für: ipse fecit.
. . .ig, 1) Ableitungssilbe für männl. Substantive: *der Honig; der König.* **2)** Ableitungssilbe für Adjektive, bezeichnet Besitz, Eigentümlichkeit, Fähigkeit: *mutig,* Mut besitzend; *steinig,* mit Steinen versehen.
IG, Abk. für: **1)** Industriegewerkschaft. **2)** in Firmennamen: Interessengemeinschaft.
Igel [ahd. igil] *der, -s/-,* **1)** stacheltragendes insektenfressendes Säugetier, ABB. I 1: *er rollte sich wie ein I. zusammen.* **2)** landwirtschaftl. Gerät zur Unkrautbeseitigung. **3)** ⚓ Meeresfisch mit aufrichtbaren Stacheln. **Igelfisch** *der,* trop. Meeresfisch mit aufrichtbaren Stacheln.
Igelit [Kw.] *das, -s/-e,* Handelsname für Folien u. a. aus Weich-PVC.
Igelkaktus *der,* Echinocactus, igel- bis säulenförmiger Kaktus. **Igelkopf** *der,* ⊕ volkstüml. Bez. für bestimmte Fruchtstände.
igitt(igitt) [aus ›o Gott‹], U Ausruf des Ekels und Entsetzens.
Iglu [eskim. igldu ›Schneehaus‹] *der* oder *das, -s/-s,* kuppelförmige Schneehütte der Eskimos.
Ignatius, Ignaz [lat. Egnatius], männl. Vornamen.
Ignorant [lat. ignorare ›nicht wissen‹] *der, -en/-en,* Nichtswisser. **ignorant.** **Ignoranz** *die, -,* Unwissenheit. **ignorieren,** *ich ignoriere* (habe ignoriert) *ihn, es,* beachte absichtlich nicht, tue, als ob ich ihn, es nicht bemerke.
Iguanodon [span. iguana ›Leguan‹ und grch. odous ›Zahn‹] *das, -s/-s* oder *. . .d'onten,* ein Dinosaurier.
i. H., Abk. für: im Haus(e).
IHK, Abk. für: Industrie- und Handelskammer.
Ihle [niederdt.] *der, -n/-n,* Hering nach dem Laichen.
ihm, ihn, ihnen, ihr, ihre, ihrer, Formen des Pronomens der 3. Person, ÜBERS. P 24. **ihrerseits** usw., vgl. dein. **Ihro,** ⚭ Ihre: *I. Gnaden.*
IHS [grch. Ies, volkstümlich gedeutet: Jesus, Heiland, Seligmacher], Abk. für den Namen Jesus.
i. J., Abk. für: im Jahre.
Ikebana [dt. -b'aː-, japan. ›lebendige Blumen‹] *das, -(s),* japan. Kunst, Blumen in Vasen und Schalen anzuordnen.

. . .iker [lat., zu grch.], Ableitungssilbe für männl. Substantive: *der Asthmatiker; der Fanatiker.*
Ikone [grch. eikon ›Bild‹] *die, -/-n,* Kultbild der Ostkirche: *Ikonenmalerei.* **Ikonodulie** [grch. douleia ›Knechtschaft‹] *die,* -, Bilderverehrung. **Ikonographie** [vgl. . . .graphie] *die, -,* wissenschaftl. Bestimmung und Deutung, bes. der christlichen Kunst. **Ikonoklasmus** [grch. klaein ›zerbrechen‹] *der, -/. . .men,* Bilderbekämpfung, bes. der Bilderstreit in der byzantin. Kirche. **Ikonoklast** *der, -en/-en,* Anhänger des Ikonoklasmus. **Ikonoskop** *. . .skop] das, -s/-e,* Bildspeicherröhre, Fernsehaufnahmeröhre: *Superikonoskop.* **Ikonostas** [grch. stasis ›Stehen‹, ›Feststehen‹] *der, -/-e,* **Ikonostase** *die, -/-n,* in der Ostkirche mit Ikonen bedeckte dreitürige Wand zwischen Altarraum und Gemeinderaum.
Ikosaeder [grch. eikosi ›zwanzig‹ und hedra ›Fläche‹] *das, -s/-,* △ Zwanzigflächner.
Ikterus [grch. ikteros] *der, -,* ⚕ Gelbsucht.
Iktus [lat. ictus ›Hieb‹, ›Stoß‹] *der, -/-* oder *. . .ten,* Metrik: die Betonung der Hebung im akzentuierten Vers.
. . .ikus [lat., zu grch.], Ableitungssilbe für männl. Substantive: *der Scholastikus; der Pfiffikus.*
il. . ., Nebenform von **in. . .** vor Wörtern, die mit l beginnen: *illegal; illiquid.*
Ileus [grch. eileos] *der, -/'Ileen,* ⚕ Darmverschluß.
Ilex [lat. ›Steineiche‹] *die, -,* Stechpalme.
. . .ille [frz., zu lat.], Ableitungssilbe für weibl. Substantive: *die Kamille; die Pupille.*
illegal [vgl. il. . . und legal], ungesetzlich, gesetzwidrig. **Illegalität** *die, -.* **illegitim, 1)** unrechtmäßig. **2)** nichtehelich (Kind). **Illegitimität** *die, -.*
illern, *ich ill(e)re* (habe geillert), *sächs.:* spähe.
illiberal [vgl. il. . . und liberal], unduldsam, kleinlich. **Illiberalität** *die, -.*
illimitiert [vgl. il. . . und limitiert], Börse: unbeschränkt.
Illing *der, -s/-e, niederdt.:* **1)** Hamster. **2)** Iltis. **3)** [aus Zwilling, Drilling künstlich gebildet], U Einzelkind.
illiquid [vgl. il. . . und liquid], zahlungsunfähig, ohne Bargeld. **Illiquidität** *die, -.*
illoyal ['ilwajal, vgl. il. . . und loyal], pflichtwidrig, ungesetzlich; übelgesinnt, treulos. **Illoyalität** *die, -.*
Illumination [lat. illuminare ›erleuchten‹] *die, -/-en,* **1)** festliche Beleuchtung. **2)** Ausmalung von Handschriften, Drucken usw. **Illuminator** *der, -s/. . .t'oren.* **illuminieren,** *ich illuminiere* (habe illuminiert) *es,* ⚕ beleuchten, hell erleuchten.
Illusion [lat. illusio ›Verspottung‹, ›Ironie‹] *die, -/-en,* Vorspiegelung, Selbsttäuschung, trügerische Hoffnung: *darüber mache ich mir keine Illusionen.* **illusionär,** auf Illusionen beruhend. **Illusionismus** [vgl. . . .ismus] *der, -,* Philosophie: Lehre von der Unwirklichkeit der Außenwelt. **Illusionist** *der, -en/-en,* **1)** Anhänger des Illusionismus. **2)** Schwärmer. **3)** Zauberkünstler. **illusionistisch,** eingebildet, scheinbar. **illusorisch,** trügerisch, vergeblich.

illuster [lat. illustris ›glanzvoll‹, ›klar‹], strahlend, berühmt, erlaucht: *eine illustre Gesellschaft*. **Illu|stration** *die, -/-en*, Abbildung, Bebilderung. **illu|strativ**, (mit Hilfe von Bildern) veranschaulichend: *seine Berichte sind immer sehr i*. **Illu|strator** *der, -s/ . . . 'oren*, Zeichner von Textbildern. **illu|strieren**, *ich illustriere* (habe illustriert) *es*, **1)** bebildere. **2)** verdeutliche, veranschauliche. **Illu|strierte** *die, -n/-n, eine -*, bebilderte Zeitschrift: *ich lese zwei Illustrierte(n)*. **Illustrierung** *die, -/-en*, das Illustrieren.

Ilmenit [nach dem Erstfund im Ilmengebirge, Ural] *der, -s/-e*, wichtigstes Titanerz.

Ilona [ungar. Form zu Helene], weibl. Vorname.

Ilse [ahd. Ilisa, Name einer Nixe, auch zu Elisabeth], weibl. Vorname.

Iltis [ahd. illitiso] *der, -ses/-se*, ein Raubmarder.

im, zusammengezogen aus: in dem; Abk.: i. (bei Ortsnamen); *im Ruhestand(e)*, Abk.: i. R.; Kleinschreibung: *im allgemeinen*, Abk.: i. allg.; *im besonderen; im einzelnen; im großen (und) ganzen; es liegt im argen; ich bin mir darüber im klaren; ich bezahle im voraus* usw.

im. . ., vgl. in. . .

i. m., Abk. für: intramuskulär.

Image ['imidʒ, engl., zu lat. imago ›Bild‹] *das, -(s)/-s[-dʒiz]*, festumrissenes Bild von einer Person oder Gruppe: *er gibt sich das I. des Snobs; Imagepflege*. **imaginabel**, vorstellbar: *ein imaginables Geschehen*. **imaginär**, unwirklich, eingebildet, nur angenommen: *die imaginären Zahlen*, Quadratwurzeln aus negativen Zahlen. **Imagination** *die, -*, Einbildungskraft. **imaginieren**, *ich imaginiere* (habe imaginiert) *es*, bilde mir ein, denke mir aus. **Imago** *die, -/ . . . gines*, **1)** ⚲ geschlechtsreifes Vollinsekt. **2)** röm. Totenmaske aus Wachs. **3)** Tiefenpsychologie: unbewußtes Leitbild.

Imam [arab. ›Vorsteher‹] *der, -s/-s*, **1)** Islam: Vorbeter in der Moschee. **2)** geistl. Würde des Kalifen. **3)** religiöses Oberhaupt der Schiiten. **4)** Fürstentitel in Südarabien.

imbezil(l) [lat. imbecillus ›schwach‹, ›gebrechlich‹]. **Imbezillität** *die, -*, ⚕ mittelschwerer Grad des angeborenen oder früherworbenen Schwachsinns.

Imbibition [lat. imbibere ›einsaugen‹] *die, -*, das Vermögen von Kolloiden, unter Quellung Flüssigkeit aufzunehmen.

Imbiß [ahd. inbiz] *der, . . . bisses/ . . . bisse*, kleine Mahlzeit: *Schnellimbiß*, Selbstbedienungsgaststätte; *Imbißstube*.

Im|broglio [imbr'ɔʎo, ital. ›Verwirrung‹] *das, -s/ . . . gli oder -s*, ♪ Vermischung verschiedener Taktarten in den einzelnen Stimmen.

Imitat. . ., Kunst. . ., Ersatz. . .: *Imitatseide; Lederimitat*. **Imitation** [lat. imitari ›nachahmen‹] *die, -/-en*, Nachahmung: *das Gemälde ist nur eine schlechte I*. **Imitator** *der, -s/ . . . t'oren*, Nachahmer: *Vogelstimmenimitator*. **imitieren**, *ich imitiere* (habe imitiert) *ihn, es*. **imitiert**, nachahmen.

Imker [zu Imme] *der, -s/-*, Bienenzüchter, Abb. B 29. **Imkerei** *die, -/-en*, **1)** ohne Pl., Bienenzucht. **2)** Betrieb, Anlage zur Bienenhaltung. **imkern**, *ich imk(e)re* (habe geimkert).

immanent [lat. immanere ›innewohnen‹, ›anhaften‹], **1)** innewohnend, angehörend: *ein systemimmanentes Problem*. **2)** Philosophie: innerhalb der Grenzen der Erfahrung eingeschlossen; Gegensatz: transzendent. **Immanenz** *die, -*, **1)** Innewohnen. **2)** Auffassung Gottes als allein im Weltdasein wirkend oder aufgegangen (Pantheismus).

Immanuel [hebr. ›mit uns ist Gott‹], männl. Vorname.

immateriell [vgl. im . . . und materiell], unkörperlich, unstofflich.

Imma|trikulation [lat. in ›hinein‹ und vgl. Matrikel] *die, -/-en*, Einschreibung in die Matrikel der Hochschule. **immatrikulieren**, *die Universität immatrikuliert* (hat immatrikuliert) *die Studenten; ich habe mich in München immatrikulieren lassen*.

Imme [ahd. imbi ›Bienenschwarm‹] *die, -/-n*, alem. und P: Biene.

immediat [lat. immediatus], unmittelbar (dem Staatsoberhaupt, der oberen Behörde unterstehend): *die Immediateingabe; das Immediatgesuch*, Eingabe unmittelbar an die höchste Stelle.

immens [vgl. im . . . und lat. metiri ›messen‹], unermeßlich (groß). **Immensität** *die, -*. **immensurabel**, unmeßbar: *immensurable Größen*. **Immensurabilität** *die, -*.

immer [ahd. iomer], **1)** stets, jederzeit, jedesmal: *sie ist i. guter Dinge; nicht i., mit Unterbrechungen; sie läßt sich i. wieder überreden; er ist i. noch krank*. **2)** dauernd, ewig: *auf i., für i*. **3)** (mit Komparativ) ständig ansteigend: *es wird i. schwieriger; es kommt i. mehr dazu*. **4)** wer auch i., jeder, der; wie auch i., auf welche Weise. **immerdar**, auf ewig. **immerfort**, ununterbrochen. **immergrün**, auch im Winter mit grünen Blättern: *immergrüne Blätter*; aber: *sie bleiben immer grün*. **Immergrün** *das, -s*, meist blau blühende Zierpflanze. **immerhin**, wenigstens, auf jeden Fall: *i. trug die Versicherung den größten Teil des Schadens*.

Immersion [lat. immergere ›eintauchen‹] *die, -/-en*, **1)** das Eintauchen, Untertauchen. **2)** ✴ Eintritt eines Mondes in den Schatten seines Planeten oder der scheinbare Eintritt eines Mondes in die Planetenscheibe. **3)** Optik: das Eintauchen der Frontlinse eines Mikroskop-Objektivs oder Kondensors in die Flüssigkeit zur Erhöhung des Auflösungsvermögens: *Immersionsflüssigkeit*.

immerwährend [mhd. iemerwende], stets, dauernd: *der immerwährende Kalender*, Tabelle, aus der man für jedes Jahr die Wochentage ermitteln kann. **immerzu**, ständig, immerfort: *denk nicht i. daran; aber: nur immer zu!, frisch ans Werk!*

Immi [grch. hemina ›Hälfte‹] *das, -s/-s, schwäb.:* ein früheres Hohlmaß (für Getreide).

Immi|grant [lat. immigrare ›einwandern‹] *der, -en/-en*, Einwanderer. **Immi|gration** *die, -/-en*, Einwanderung. **immi|grieren**, *ich immigriere* (bin immigriert).

imminent [lat. imminere ›drohen‹, ›bevorstehen‹], nahe bevorstehend, drohend.

Immission [lat. immissio] *die, -/-en*, **1)** ♋ Einführung, Amtseinsetzung. **2)** Zuführung und Einwirkung von Luft-, Wasser-, Bodenverunreinigungen, von Lärm, Erschütterungen u. a. auf die Umwelt: *Immissionsschäden*.

immobil [lat. immobilis ›unbeweglich‹], unbeweglich. **Immobiliarversicherung** *die*, Feuerversicherung von Gebäuden. **Immobili|en**, *Pl.*, Liegenschaften, Grundbesitz: *Immobilienhändler*. **Immobilisation**, **Immobilisierung** *die, -*, ⚕ das Ruhigstellen von Gelenken, Gliedern. **Immobilismus** [vgl. . . . ismus] *der, -*, Unbeweglichkeit als geistige Grundhaltung.

immoralisch [vgl. im . . . und moralisch], sittenlos. **Immoralismus** [vgl. . . . ismus] *der, -*, Nichtachtung und Bekämpfung der herrschenden Moral. **Immoralist** *der, -en/-en*. **Immoralität** *die, -*, Unsittlichkeit.

immortell [lat. immortalitas] *die, -*, Unsterblichkeit. **Immortelle** *die, -/-n*, zu Dauersträußen geeignete strohblütige Blume.

immun [lat. immunis ›frei‹, ›unberührt‹], **1)** ⚕ gefeit, unempfänglich gegenüber Krankheitserregern und Giften: *dagegen bin ich i., Ü das kann mich nicht beeinflussen*. **2)** vor Strafverfolgung befreit (Parlamentsmitglieder u. a.). **3)** Kirchenrecht: frei von öffentl. Abgaben, gegen Eingriffe geschützt. **Immungenetik** *die*, Teilgebiet der Genetik zur Erforschung der Antigene und Antikörper. **immunisieren**, *ich immunisiere* (habe immunisiert) *ihn, es*, ⚕ erzeuge eine Immunität. **Immunisierung** *die, -/-en*. **Immunität** *die, -*, das Immunsein. **Immunkörper** *der*, ⚕ Antikörper. **Immunologie** [vgl. . . . logie] *die, -*, ⚕ Fachrichtung zur Erforschung der Immunität.

imp., impr., ✆ Abk. für: imprimatur.

Imp., Abk. für: Imperator.

Impact ['impækt, engl. u. a. ›Einwirkung‹, ›Einfluß‹] *der, -s/-s*, Wirkungsstärke einer Werbemaßnahme.

impair [ɛp'ɛːr, frz. ›ungerade‹], Roulett: die ungeraden Zahlen betreffend, Abk. R 28.

Impala [aus südafrikan. Eingeborenensprache] *die, -/-s*, ⚲ eine Antilopenart.

Impasto [ital. pasta ›Teig‹] *das, -s/-s oder . . . sti*, dickes Auftragen der Farben in der Malerei.

Impbeere *die, -/-n*, Himbeere.

Impeachment [imp'iːtʃmənt, engl. ›Anklage‹] *das, -s/-s*, in den Vereinigten Staaten Amtsenthebungsverfahren gegen hohe Beamte und den Präsidenten vor dem Senat wegen schwerer Vergehen.

Impedanz [lat. impedire ›hindern‹] *die, -/-en*, ⚡ elektr. Scheinwiderstand, der gesamte Wechselstromwiderstand eines Stromkreises.

imperativ [lat. imperare ›befehlen‹], befehlend, zwingend. **Imperativ** *der, -s/-e*, Befehlsform, ein Modus des Verbs: *geh!, geht!*, ÜBERS. V 2. **imperativisch**. **Imperator** *der, -s/ . . . t'oren*, Abk.: Imp., Herrscher mit großer Befehlsgewalt, Kaiser, Feldherr. **imperatorisch**.

Imperfekt [lat. imperfectus ›unvollendet‹] *das, -s/-e*, eine

Vergangenheitsform des Verbs, ÜBERS. V 2. **imperfektiv,** das Imperfekt betreffend; unvollendet.

imperial, auf den Imperator oder das Imperium bezüglich. **Imperialismus** [vgl. ...ismus] *der,* -, das wirtschaftliche, militärische und polit. Herrschafts- und Ausdehnungsstreben einer Großmacht. **imperialistisch. Imperium** [lat. ›Befehl‹, ›Gewalt‹, ›Macht‹, ›Reich‹] *das,* -*s*/...*ri*|*en,* **1)** höchste Befehlsgewalt im alten Rom. **2)** Weltmacht: *aus dem Familienbetrieb entwickelte sich ein weltweites Textilimperium,* Ü.

impermeabel [vgl. im... und lat. permeare ›durchgehen‹], undurchdringlich, undurchlässig: *eine impermeable Schicht.* **Impermeabilität** *die,* -.

Impersonale [vgl. im... und Person] *das,* -*s*/...*li*|*en* oder ...*lia,* unpersönliches Verb.

impertinent [vgl. im... und lat. pertinere ›sich erstrecken‹, ›beziehen‹], frech, ungezogen: *impertinentes Betragen; eine impertinente Person.* **Impertinenz** *die,* -.

Impetigo [lat. impetere ›bedrohen‹] *die,* -, ⚕ Eitergrind, entzündl. Hauterkrankung mit Blasen- und Krustenbildung. **impetuoso** [ital., zu lat. impetus ›Ungestüm‹, ›Angriff‹, ♪ stürmisch, heftig. **Impetus** *der,* -, Anstoß, Trieb, Schwung.

impfen [ahd. imphon ›pfropfen‹], *ich* impfe (habe geimpft), **1)** *ihn, es,* ⚕ nehme eine Impfung vor: *Impfpflicht; Impfschein; Impfschutz.* **2)** *es,* ⚘ pfropfe, veredle. **Impfling** *der,* -*s*/-*e,* jemand, der geimpft wird. **Impfpistole** *die,* Gerät für Massenimpfungen. **Impfstoff** *der,* ⚕ Stoff, der Mensch und Tier zum Erzeugen einer Immunität einverleibt wird. **Impfung** *die,* -/-*en,* ⚕ das Einbringen von Impfstoffen, damit der Körper Schutzstoffe bildet: *Schutzimpfung; Grippeimpfung; Schluckimpfung.* **2)** Landwirtschaft: das Versetzen bakterienarmer Böden mit stickstoffbindenden Bakterien.

Implantat [lat. in ›hinein‹ und plantare ›pflanzen‹] *das,* -(*e*)*s*/-*e,* ⚕ eingepflanztes Gewebestück. **Implantation** *die,* -/-*en,* ⚕ Einpflanzung (von Gewebeteilen). **implantieren,** *ich* implantiere (habe implantiert) *es,* ⚕.

implementieren [engl. to implement ›durchführen‹, ›vollenden‹, zu lat. implere], *ich* implementiere (habe implementiert) *es,* setze in die Tat um, setze durch.

Implikation [lat. implicare ›hineinwickeln‹] *die,* -, das Enthaltensein, Eingeschlossensein in etwas. **implizieren,** *ich* impliziere (habe impliziert) *es,* beziehe mit ein. **implizit, implizite,** mit einbegriffen.

Implosion [lat. in ›innerhalb‹ und Explosion] *die,* -/-*en,* das knallartige Zusammenfallen eines luftleer gepumpten Behälters.

Imponderabilien [vgl. im... und lat. ponderabilis ›wägbar‹], *Pl.,* unberechenbare Umstände.

imponieren [lat. imponere ›auflegen‹, ›aufbinden‹], *ich* imponiere (habe imponiert) *ihm,* beeindrucke ihn: *das hat mir imponiert; eine imponierende Leistung; Imponiergehabe.*

Import [lat. importare ›hineintragen‹] *der,* -(*e*)*s*/-*e,* Einfuhr von Gütern (aus dem Ausland): *Importgeschäft; Rohstoffimporte; Importüberschuß.* **Importe** *die,* -/-*n,* Einfuhrware, bes. Zigarre. **Importeur** [-'tø:r] *der,* -*s*/-*e,* Kaufmann, der Waren importiert. **importieren,** *ich* importiere (habe importiert) *es:* importierte Südfrüchte.

imposant [frz., zu lat. imponere ›auflegen‹, ›aufbinden‹], eindrucksvoll, überwältigend: *ein imposantes Gebäude; ein imposanter Anblick.*

impotent [lat. impotens ›ohne Macht‹], ⚕ beischlaf- oder zeugungsunfähig (Mann). **Impotenz** *die,* -.

impr., imp., Abk. für: imprimatur.

Imprägnation [spätlat. impraegnare ›schwängern‹, ›einprägen‹] *die,* -/-*en,* **1)** ⚒ diffuse Verteilung infiltrierter Stoffe (z. B. Erdöl, Erze) in Gesteinshohlräumen. **2)** Biologie: Befruchtung, Vereinigung von Ei- und Samenzelle. **3)** das Imprägnieren. **imprägnieren,** *ich* imprägniere (habe imprägniert) *es mit etwas,* **1)** tränke feste Stoffe mit Chemikalien als Schutz gegen Fäulnis, Wasserdurchlässigkeit oder Feuer. **2)** presse Kohlensäure in Wein ein. **Imprägnierung** *die,* -/-*en.*

impraktikabel [frz., zu grch. pragma ›Tat‹], unausführbar, nicht anwendbar: *ein impraktikabler Plan.*

Impresario [ital.] *der,* -*s*/-*s* und ...*ri,* Unternehmer von künstler. Veranstaltungen.

Impression [lat. impressio ›Eindruck‹, ›Einfall‹] *die,* -/-*en,* Eindruck; Sinneswahrnehmung. **Impressionismus** [vgl. ...ismus] *der,* -, in der zweiten Hälfte des 19. Jahrh. in Frankreich entstandene Richtung der Malerei; auch auf Musik und Literatur übertragen. **Impressionist** *der,* -*en*/-*en,* Anhänger des Impressionismus. **impressionistisch,** impressio-

nistische Malerei. **Impressum** [lat. imprimere ›eindrücken‹] *das,* -*s*/...*pr'essen,* ⚖ Nennung des verantwortl. Verlegers, Herausgebers, der Redakteure und der Druckerei. **imprimatur,** Abk.: impr. oder imp., ⚖ druckfertig (›es werde gedruckt‹). **Imprimatur** *das,* -*s,* **1)** ⚖ auf dem Korrekturbogen erteilte Druckerlaubnis. **2)** kirchliche Druckerlaubnis. **imprimieren,** *ich* imprimiere (habe imprimiert) *es,* erteile das Imprimatur.

Impromptu [ɛ̃prõt'y, frz., zu lat. in promptu ›zur Hand‹] *das,* -*s*/-*s,* ♪ frei gestaltetes Musikstück.

Improvisation [lat. improvisus ›unvorhergesehen‹] *die,* -/-*en,* unvorbereitetes Handeln; Vortrag aus dem Stegreif. **Improvisator** *der,* -*s*/...*t'oren,* jemand, der sich auf Improvisation versteht, z. B. Stegreifdichter. **improvisieren,** *ich* improvisiere (habe improvisiert) *es: man muß improvisieren können; eine improvisierte Rede.*

Impuls [lat. impulsus ›Anstoß‹] *der,* -*es*/-*e,* **1)** Anstoß, Anregung: *Impulsmodulation; Nervenimpuls.* **2)** Bewegungsgröße: Masse mal Geschwindigkeit. **impulsiv,** triebhaft, leicht erregbar; rasch entschlossen handelnd: *sie reagierte i.; ein impulsiver Mensch.* **Impulsivität** *die,* -.

Imse *die,* -/-*n,* mitteldt.: Ameise.

imstande, *ich* bin i. zu etwas, vermag es, bin fähig dazu, wage oder kann es; auch spöttisch: *er ist zu nichts mehr i.; er ist i. und glaubt an Gespenster,* ist dumm genug dazu.

in [ahd. in] *ihm* oder *ihn,* ÜBERS. V 21, **1)** örtlich: innerhalb, umgeben von etwas: *der Vogel ist im Käfig; er nahm das Buch in die Hand; Darmstadt liegt in Hessen; er reist in die Alpen; sie ist schlecht in Mathematik; er hat sich in ihm getäuscht; das hat's in sich,* U ist schwierig; *er ist in sich gegangen,* Ü hat bereut. **2)** zeitlich: innerhalb von, bis zu: *in zwei Monaten hat er nichts erreicht; in einer Stunde bin ich fertig.* **3)** Ü in einem bestimmten Zustand, auf bestimmte Weise: *ich bin in Sorge, in Verlegenheit, im Bilde darüber.*

in [engl.], *er, es ist in,* U ist dabei, gehört dazu; ist tonangebend, modern: *Miniröcke sind nicht mehr in.*

in... [lat.], vor b, m, p im..., **1)** ein..., hinein..., in...: inszenieren, in Szene setzen; *Impuls.* **2)** un...: *inaktiv; inkorrekt; immateriell.*

...in, Ableitungssilbe für weibl. Personen und Tiere: *die Schneiderin; die Königin; die Hündin;* bis Ende des 18. Jahrh. auch bei Familiennamen üblich: *die Neuberin; Luise Millerin.*

in., Abk. für: Inch.

In, ⚗ Zeichen für: Indium.

Ina [Kurzform von Namen, die auf ...ine oder ...ina enden], weibl. Vorname.

in absentia [lat.], in Abwesenheit: *i. a. des Angeklagten.* **in abstracto** [lat., vgl. abstrakt], ohne Rücksicht auf die tatsächl. Verhältnisse, rein begrifflich.

inadäquat [vgl. in... und adäquat], nicht entsprechend, unangemessen: *eine inadäquate Darstellung der Ereignisse.*

inakkurat [vgl. in... und akkurat], ungenau.

inaktiv [vgl. in... und aktiv], **1)** untätig. **2)** im Ruhestand. **3)** nicht mehr zur Teilnahme an allen Vereinsveranstaltungen verpflichtet (Mitglied). **Inaktivität** *die,* -.

inakzeptabel [vgl. in... und akzeptabel], unannehmbar: *diese Bedingung ist i.; inakzeptable Forderungen.*

Inangriffnahme *die,* -, Beginn, das Einsetzen mit etwas: *die I. des Reformwerkes.*

Inanspruchnahme *die,* -, **1)** Überhäufung mit Arbeit, Beschäftigung mit etwas: *er wird durch die ständige I. nervös.* **2)** das Beanspruchen, das Nutzen: *die I. eines Rechts, eines Vorteils.*

inappellabel [vgl. in... und lat. appellare ›anrufen‹], ♫ endgültig, unanfechtbar.

Inauguraldissertation *die,* Doktorarbeit. **Inauguration** [lat. inaugurare ›einweihen‹] *die,* -/-*en,* feierliche Amtseinsetzung. **inaugurieren,** *ich* inauguriere (habe inauguriert), **1)** *es,* beginne. **2)** *es,* weihe feierlich ein. **3)** *ihn,* setze in ein Amt oder eine Würde ein.

Inbegriff *der,* -(*e*)*s,* **1)** Gesamtheit. **2)** höchste Erscheinungsform, Gipfelleistung: *sie ist der I. der Anmut.* **inbegriffen,** eingerechnet, mitgezählt: *Porto ist nicht i.*

in betreff *dessen,* K betreffs, hinsichtlich; vgl. Betreff.

Inbetriebnahme *die,* -/-*n,* **Inbetriebsetzung** *die,* -/-*en:* bei I., wenn (eine Anlage, Maschine u. a.) in Betrieb genommen, gesetzt wird.

Inbild *das,* Ideal, Inbegriff.

Inbrunst [mhd. inbrunst] *die,* -, ganze Kraft der Seele, innere Leidenschaft. **inbrünstig,** *ein inbrünstiges Gebet.*

Inch [int∫, engl., zu mhd. unce aus lat. uncia] *der, -/-es* ['int∫iz] und bei Maßangaben -, Abk.: in., Zeichen: ", englisches Längenmaß (2,54 cm).

Inchoativum [-ko-, lat. inchoare ›anfangen‹] *das, -s/...va*, Verb, das den Beginn einer Handlung oder das Eintreten eines Zustands ausdrückt.

incipit [lat. ›es beginnt‹], hier beginnt (Vermerk auf alten Handschriften und Büchern).

incl., inkl., Abk. für: inklusive.

in concreto [lat., vgl. konkret], in Wirklichkeit, tatsächlich.

in contumaciam [lat. ›gegen den Widerstand‹]: *er wurde i. c. verurteilt*, ⚕ in Abwesenheit.

in corpore [lat. ›in der Gesamtheit‹], geschlossen, alle zusammen.

Incroyable [ἐkrwaj′a:bl, frz. ›unglaublich‹] *der, -(s)/-s*, ABB. M 16, 1) Stutzer um 1800. 2) dessen zweispitziger Hut.

I. N. D., Abk. für: in nomine Dei; in nomine Domini.

Indanthren [Kurzw. aus Indigo und Anthrazen] *das, -s/-e*, Handelsname für einen licht- und waschechten Farbstoff für Textilien.

indefinit [vgl. in... und lat. definire ›bestimmen‹], unbestimmt. **Indefinitpronomen** *das,* **Indefinitum** *das, -s/...ta*, Ⓢ unbestimmtes Fürwort, ÜBERS. P 24.

indeklinabel [vgl. in... und lat. declinare ›beugen‹], nicht deklinierbar.

indem [mhd. in dem, das], **1)** dadurch, daß: *du vermeidest eine Absage, i. du dich rechtzeitig anmeldest.* **2)** während: *i. er dies sagte;* aber: *das Buch, in dem er las,* in welchem.

Indemnität [lat. indemnatus ›unverurteilt‹] *die, -,* **1)** Straflosigkeit des Abgeordneten für alle Amtshandlungen im Parlament. **2)** nachträgl. Zustimmung des Parlaments für einen Staatsakt.

Independenten [vgl. in... und lat. dependere ›abhängig sein‹], *Pl.*, Anhänger einer im 17. Jahrh. entstandenen englischen puritan. Bewegung. **Independenz** *die, -,* ⚭ Unabhängigkeit.

Inder *der, -s/-,* Bewohner von Indien.

indes [mhd. indes], aber, immerhin, allerdings. **indessen, 1)** indes: *wir wollten ihn unterstützen, er i. lehnte jede Hilfe ab.* **2)** währenddessen, inzwischen.

indeterminabel [vgl. in... und lat. determinare ›bestimmen‹], unbestimmbar: *indeterminable Begriffe.* **indeterminiert,** unbestimmt. **Indeterminismus** [vgl....ismus] *der, -,* **1)** mangelnde Vorausbestimmbarkeit von Vorgängen. **2)** Philosophie: Lehre, daß der Wille frei sei.

Index [lat. ›Anzeiger‹, ›Kennzeichen‹, ›Register‹] *der, -(es)/-e* oder *...dizes,* **1)** Verzeichnis von Namen, Titeln, Sachen (in alphabet. Reihenfolge): *Wortindex.* **2)** Verzeichnis der von der kath. Kirche verbotenen Bücher (Index librorum prohibitorum). **3)** △ angehängtes Unterscheidungszeichen, z. B. 1 in a₁. **4)** Biologie: Verhältnis zweier Maße: *Längen-Breiten-I.* **5)** statist. Zusammenfassung mehrerer gleichartiger Zeitreihen zu einer Reihe: *Indexzahl; Preisindex; der I. der Lebenshaltungskosten.*

indezent [lat. indecens], unschicklich: *sie war i. gekleidet.* **Indezenz** *die, -/-en.*

Indian *der, -s/-s* oder *-e,* wien.: Truthahn.

Indianer [von Kolumbus, der sich in Indien glaubte, so benannt] *der, -s/-,* Ureinwohner von Amerika. **Indianerkrapfen** *der,* wien.: Mohrenkopf (Gebäck). **indianisch.**

indifferent [lat. indifferens], gleichgültig, auf keinen Einfluß ansprechend: *er verhält sich ihr gegenüber i.; indifferentes Gleichgewicht,* Gleichgewichtszustand, der bei Veränderung der Lage des Körpers erhalten bleibt, ABB. G 27. **Indifferentismus** [vgl....ismus] *der, -,* Verzicht auf Meinungsbildung, auf Stellungnahme. **Indifferenz** *die, -,* Gleichgültigkeit, Teilnahmslosigkeit.

indigen [lat. indigena], eingeboren, einheimisch. **Indigenat** *das, -(e)s/-e,* Heimatrecht, Staatsangehörigkeit.

Indigestion [vgl. in... und Digestion] *die, -/-en,* ⚕ Verdauungsstörung.

Indignation [lat. indignari ›sich entrüsten‹] *die, -,* Entrüstung, Unwille. **indigniert. Indignität** [lat. indignitas ›Unwürdigkeit‹] *die, -,* ⚕ Erbunwürdigkeit.

Indigo [zu mlat. indicus ›indisch‹, nach dem ostind. Herkunftsland] *der* oder *das, -s,* dunkelblauer Farbstoff: *Indigoblau.*

Indikation [lat. indicare ›anzeigen‹] *die, -/-en,* Anzeichen; Umstände und Gründe, die ein bestimmtes Heilverfahren erfordern: *Gegenindikation,* die Kontraindikation; *ein*

Schwangerschaftsabbruch aus sozialer I.; Indikationenmodell, ⚕ Modell für den erlaubten Schwangerschaftsabbruch unter bestimmten Voraussetzungen. **Indikativ** *der, -s/-e,* Ⓢ Wirklichkeitsform, ÜBERS. V 2. **indikativisch. Indikator** *der, -s/...t'oren,* **1)** 🜪 Stoff, der die Anwesenheit oder Umsetzung einer chem. Substanz anzeigt. **2)** ⊙ Gerät zum Aufzeichnen eines Druckverlaufs bei Kolbenmaschinen. **Indikatrix** *die, -,* **1)** Kristalloptik: optische Bezugsfläche von Kristallen. **2)** Optik: die Kurve der räuml. Lichtstärkeverteilung einer Lichtquelle oder beleuchteten Fläche.

Indio [span. und portugies. für Indianer] *der, -s/-s,* süd- und mittelamerikanischer Indianer.

indirekt [vgl. in... und direkt], abhängig, mittelbar: *die indirekte Rede,* berichtende, nicht wörtliche Rede, ÜBERS. K 35; *indirekte Steuer; indirekte Wahl; indirekte Beleuchtung; man gab ihm i. zu verstehen, daß...*

indisch, auf Indien bezüglich: *indische Kultur;* aber: *der Indische Ozean.*

indiskret [vgl. in... und diskret], nicht verschwiegen, taktlos: *eine indiskrete Frage.* **Indiskretion** *die, -/-en.*

indiskutabel [vgl. in... und diskutabel], keiner Erörterung wert: *eine indiskutable Angelegenheit.*

indisponibel [vgl. in... und disponibel], nicht verfügbar. **indisponiert,** in schlechter Verfassung, nicht aufgelegt: *der Tenor war i.* **Indisposition** *die.*

indisputabel [vgl. in... und disputabel], unstreitig.

Indium [zu Indien, Herkunftsland des Indigo] *das, -s,* 🜪 Element, Zeichen: In, silberweißes, glänzendes Metall.

individual... [lat. individuus ›unteilbar‹], einzel..., das Individuum betreffend: *Individualpsychologie; Individualversicherung.* **individualisieren,** *ich* individualisiere (habe individualisiert) *es,* arbeite die Individualität heraus, werde dem Einzelwesen gerecht. **Individualismus** [vgl....ismus] *der, -,* Auffassung vom Vorrang des Individuums gegenüber der Gesellschaft. **Individualist** *der, -en/-en,* **individualistisch,** *seine Arbeitsweise ist sehr i.* **Individualität** *die, -/-en,* Persönlichkeit, Charakter; Besonderheit des einzelnen. **Individualverkehr** *der,* der Verkehr mit privaten Kraftwagen im Unterschied zum Verkehr mit öffentl. Verkehrsmitteln. **Individuation** *die, -/-en,* die Sonderung des allgemeinen in einzelnes. **individuell** [frz.], für den einzelnen bestimmt, ihm eigentümlich, ihn kennzeichnend: *individuelle Bedürfnisse; eine individuelle Note; die Reaktion war i. sehr verschieden; individuelle Viehbestände,* im Sprachgebrauch der Dt. Dem. Rep.: privat nutzbare. **Individuum** *das, -s/...du|en,* **1)** Einzelwesen, Persönlichkeit: *Maßnahmen zum Schutz des Individuums.* **2)** ∪ über Mensch: *ein verdächtiges I.* **indivisibel** [vgl. in... und lat. dividere ›teilen‹], unteilbar.

Indiz [lat. indicium, zu indicere ›anzeigen‹] *das, -es/...zi|en,* ⚕ Tatsache, die Rückschlüsse auf andere, nicht beweisbare Tatsachen zuläßt. **Indizes,** *Pl.* von Index. **Indizienbeweis** *der,* ⚕ auf Indizien, nicht Geständnis gegründeter Beweis. **indizieren,** *ich* indiziere (habe indiziert) *es,* **1)** zeige an, weise hin. **2)** 💊 lasse (eine Behandlungsart) als ratsam erscheinen. **3)** setze auf den Index.

Indoeuropäer, *Pl.,* Indogermanen. **indoeuropäisch. Indogermanen,** *Pl.,* Bez. für die Völker mit indogerman. Sprachen. **indogermanisch,** *indogermanische Sprachen,* Gruppe von Sprachen (ursprüngl. Verbreitungsgebiet: Europa bis Südasien), die aus einer gemeinsamen Ursprache entstanden sind. **Indogermanistik** *die,* Erforschung der indogerman. Sprachen.

Indoktrination [vgl. in... und Doktrin] *die, -/-en,* Beeinflussung im Sinne einer bestimmten Lehre. **indoktrinieren,** *ich* indoktriniere (habe indoktriniert) *ihn.*

indolent [vgl. in... und lat. dolere ›Schmerz empfinden‹], gleichgültig, träge; schmerzunempfindlich. **Indolenz** *die, -.*

Indologe [vgl....loge] *der, -n/-n.* **Indologie** [vgl....logie] *die, -,* Wissenschaft von indion. Sprachen und Kulturen.

indossabel [ital. in dosso ›auf dem Rücken‹], übertragbar durch Indossament: *indossable Papiere.* **Indossament** *das, -s/-e,* Übertragungsvermerk auf Wechseln. **Indossant** *das, -en/-en,* jemand, der Rechte aus einem Wechsel überträgt. **Indossatar** [frz.], Girat, jemand, auf den solche Rechte übertragen werden. **indossieren,** *ich* indossiere (habe indossiert) *Wechsel.*

in dubio [lat. dubium ›Zweifel‹], im Zweifelsfall: *i. d. pro reo,* ⚕ im Zweifelsfalle für den Angeklagten.

Induktanz [lat. inducere ›hineinführen‹, ›hineinleiten‹] *die, -/-en,* ⚡ Wechselstromwiderstand der Selbstinduktion (von

Spulen). **Induktion** *die, -/-en,* **1)** Erschließung von allgemeingültigen Sätzen aus Einzelfällen, Erkenntnis aus der Erfahrung: *Induktionsbeweis.* **2)** *vollständige I., △* ein Definitions- und Beweismittel der Mathematik. **3)** ⚡ Erzeugung elektr. Spannungen in einem Leiter bei Änderung des magnet. Flusses: *Induktionsmotor; Induktionsstrom; Selbstinduktion.* **induktiv,** *induktive Zugsicherung,* Abk.: Indusi, elektromagnet. Zugbeeinflussung entsprechend der Signalstellung. **Induktivität** *die, -,* ⚡ Selbstinduktion. **Induktor** *der, -s/...t'oren,* ⚡ Transformator zur Umwandlung von Gleichstrom in hochgespannten Wechselstrom: *Funkeninduktor.*

in dulci iubilo [mlat.], in süßem Jubel (Anfang eines Weihnachtsliedes).

indulgent [lat. indulgere ›nachgeben‹], nachsichtig, milde. **Indulgenz** *die, -/-en,* Nachsicht; Straferlaß; Ablaß. **Indult** *der* oder *das, -(e)s/-e,* Nachsicht, Frist zur Erfüllung einer Verbindlichkeit.

Indusi, Abk. für: induktive Zugsicherung.

industrialisieren [frz., zu lat. industria ›Fleiß‹], *ich industrialisiere* (habe industrialisiert) *es,* baue die Industrie in einem Gebiet auf, entwickle sie dort weiter: *ein hochindustrialisiertes Land.* **Industrialisierung** *die, -: Bestrebungen zur I. unterentwickelter Gebiete.* **Industrie** *die, -/...str'i|en,* **1)** gewerbl. Herstellung von Waren im Großbetrieb: *Industriearbeiter; Industrieprodukt.* **2)** Gesamtheit der Fabrikbetriebe: *Metallindustrie; Schwerindustrie; eisenverarbeitende I.; Industrielandschaft; Industriestaat.* **Industriearchäologie** *die,* Erforschung und Erhaltung technischer Denkmäler. **Industrie-Design** [-diz'ain] *das,* **Industrieform** *die,* optimale Gestaltung von industriellen Erzeugnissen. **Industriegesellschaft** *die,* die Gesellschaft eines hochindustrialisierten Landes. **Industriegewerkschaft** *die,* Abk.: IG, gewerkschaftl. Organisationsform. **industriell,** die Industrie betreffend: *industrielle Anlagen; die industrielle Revolution; die Rohstoffe werden i. verarbeitet.* **Industrielle** *der, -n/-n, ein -r,* Inhaber eines Industrieunternehmens. **Industrieroboter** *der,* programmierbare Handhabungseinrichtungen für die industrielle Produktion. **Industrie- und Handelskammer** *die,* Abk.: IHK, öffentlich-rechtliche Vertretung von Industrie und Handel.

induzieren [lat. inducere ›hineinführen‹], *ich induziere* (habe induziert), **1)** *es,* schließe vom Besonderen auf das Allgemeine. **2)** ⚡ *eine Spannung wird induziert,* durch Induktion gewonnen (Induktionsstrom).

in|effektiv [vgl. in... und effektiv], unwirksam, fruchtlos. **ineffizient** [vgl. in... und effizient], unwirksam; unwirtschaftlich. **Ineffizienz** *die, -/-en,* Unwirksamkeit, Wirkungslosigkeit; Unwirtschaftlichkeit.

in|ein|ander, eins in anderes, in sich gegenseitig: *es greift i.;* Schreibung in Verbindung mit Verben vgl. aneinander.

inert [lat. iners], untätig, unbeteiligt; ⬡ reaktionsträge. **Ines** [span. Form von Agnes], weibl. Vorname.

in|exakt [vgl. in... und exakt], ungenau, nachlässig. **in|explosibel** [vgl. in... und explosibel] nicht explosiv.

in extenso [lat. extendere ›ausdehnen‹], ausführlich: *er ging i. e. auf die politische Situation ein.*

infallibel [vgl. in... und lat. fallere ›täuschen‹], unfehlbar: *infallible päpstliche Entscheidungen.* **Infallibilität** *die, -.*

infam [lat. infamis ›verrufen‹], ehrlos, schändlich: *eine infame Verleumdung.* **Infamie** *die, -/...m'i|en.*

Infant [span. infante, zu lat. infans ›kleines Kind‹] *der, -en/-en,* in Spanien und Portugal: Titel für die Prinzen des Königshauses. **Infanterie** [frz.] *die, -/...r'i|en,* zu Fuß mit dem Gewehr kämpfende Truppengattung. **Infanterist** *der, -en/-en.* **infanteristisch. infantil** [lat. infantilis], zurückgeblieben, unentwickelt; kindisch. **Infantilismus** [vgl....ismus] *der, -,* Verharren auf kindl. Stufe. **Infantilität** *die, -,* das Infantilsein. **Infantin** *die, -/-nen,* weibl. Form von Infant.

Infarkt [lat. infarcire ›hineinstopfen‹] *der, -(e)s/-e,* ✚ Absterben eines Gewebeteils nach Unterbrechung oder Drosselung der Blutzufuhr: *Herzinfarkt; infarktgefährdet.*

Infekt [lat. inficere ›anstecken‹] *der, -(e)s/-e,* ✚ Erkrankung durch Infektion: *ein grippaler I.* **Infektion** *die, -/-en,* ✚ Ansteckung, Übertragung von Krankheitskeimen: *Infektionskrankheiten; Infektionsgefahr; Vireninfektionen.* **infektiös,** ansteckend: *infektiöse Krankheiten; Masern sind stark i.* **Infel** *die, -/-n,* Inful.

inferior [lat. ›niedriger‹, ›geringer‹], **1)** weiter unten gelegen. **2)** Ü minderwertig, untergeordnet. **Inferiorität** *die, -.*

infernal, infernalisch [ital., zu lat. infernum ›Unterwelt‹],

teuflisch, höllisch: *der Lärm war infernalisch.* **Inferno** *das, -s,* **1)** Hölle. **2)** Ü entsetzliches Geschehen, Katastrophe.

infertil [vgl. in... und fertil], ✚ unfruchtbar. **Infertilität** *die, -,* Unfruchtbarkeit, bes. die Unfähigkeit der Frau, Kinder auszutragen.

Infight ['infait, engl. in ›innen‹ und fight ›Kampf‹] *der, -(s)/-s,* **Infighting** ['infaitiŋ] *das, -(s)/-s,* Boxsport: Nahkampf: *der Boxer geht in den Infight.*

Infiltrat [lat. in ›hinein‹ und vgl. Filter] *das, -(e)s/-e,* ✚ in Gewebe gedrungene Zellen oder Flüssigkeit. **Infiltration** *die, -/-en,* **1)** das Einsickern, Einflößen (von Lösungen, Gasen). **2)** ✚ Einlagerung von Flüssigkeit oder Zellen in Gewebe. **3)** Ü das Eindringen, Unterwanderung (auf ideologischem Gebiet). **infiltrieren,** *ich infiltriere* (habe infiltriert), **1)** *es in etwas, es ihm,* flöße ein. **2)** *es,* Ü unterwandere: *die Partei wurde von radikalen Elementen infiltriert.* **3)** *es infiltriert,* dringt ein.

infinit [lat. infinitus], **1)** unbegrenzt, unendlich. **2)** Ⓢ unbestimmt: *infinite Verbformen,* ÜBERS. V 2.

Infinitesimalrechnung [Kurzw.] *die,* Differential- und Integralrechnung.

Infinitiv [lat. modus infinitivus ›unbestimmter, unbegrenzter Modus‹] *der, -s/-e,* Nennform des Verbs, ÜBERS. V 2.

Infirmität [lat. infirmus ›schwach‹] *die, -,* ✚ Gebrechlichkeit, körperliche oder geistige Schwäche.

infizieren [lat. inficere ›anstecken‹], *ich infiziere* (habe infiziert) *ihn,* ✚ stecke an: *ich habe mich bei ihm, er hat mich infiziert; die Wunde hat sich infiziert,* entzündet.

in flagranti [lat. flagrans ›brennend‹], auf frischer Tat: *er wurde i. f. ertappt.*

inflammabel [lat. inflammare ›anzünden‹], entzündbar: *ein inflammabler Stoff.*

Inflation [lat. inflatio ›Aufblähung‹] *die, -/-en,* **1)** Entwertung des Geldes: *Inflationsausgleich; Inflationsbekämpfung; eine Inflationsrate von 5%.* **2)** Ü Überangebot: *eine I. von Freizeitartikeln.* **inflationär, inflationistisch, inflatorisch,** zu einer Inflation führend, mit einer Inflation zusammenhängend: *inflationistische Tendenzen.*

in|flexibel [vgl. in... und flexibel], **1)** unbiegsam. **2)** Ⓢ nicht beugbar. **In|flexibile** *das, -/...b'ilia,* Ⓢ unbeugsares Wort.

In|floreszenz [lat. inflorescere ›erblühen‹, zu flos ›Blume‹] *die, -/-en,* Blütenstand.

In|fluenz [lat. influere ›hineinfließen‹] *die, -/-en,* **1)** elektrische I., Aufladung eines Leiters durch Ladungstrennung in einem elektr. Feld: *Influenzmaschine.* **2)** magnetische I., Magnetisierung eines ferromagnetischen Stoffes in einem Magnetfeld. **In|fluenza** *die, -,* ✚ Grippe.

info..., Ü kurz für: Informations...: *Infomaterial; Infostand; Infothek,* Speicheranlage für (Verkehrs)informationen.

infolge eines Geschehens, vor, unter, wegen die Wirkung, Folgerung davon: *i. des) starken Schneefalls; i. von Massenentlassungen.* **infolgedessen,** deswegen, daher: *es schneite heftig, i. mußte man die Fahrgeschwindigkeit drosseln.*

Informand [lat. informare ›darstellen‹, ›formen‹] *der, -en/-en,* jemand, der informiert wird. **Informant** *der, -en/-en,* jemand, der einen anderen informiert. **Informatik** *die, -,* Wissenschaft von der Informationsverarbeitung (elektron. Datenverarbeitung). **Information** *die, -/-en,* Auskunft, Nachricht, Mitteilung: *Informationsaustausch; Informationsdienst; Informationsgespräche; Informationsquelle; Informationszentrum; Fehlinformation.* **informativ,** Information vermittelnd, belehrend, aufschlußreich: *sein Bericht war (wenig) i.* **informatorisch,** der (vorläufigen) Information dienend: *ich frage rein i.; ein informatorischer Überblick.* **informell,** ohne Formalitäten, nicht förmlich: *ein informeller Besuch.* **informieren,** *ich informiere* (habe informiert) *ihn (über etwas),* erteile Auskunft.

In|fraktion [lat. infringere ›einbrechen‹, ›einknicken‹] *die, -/-en,* ✚ unvollständiger Knochenbruch.

in|frarot. In|frarot [lat. infra ›unten‹, ›unterhalb‹] *das, -s,* unsichtbare Wärmestrahlen unterhalb der roten Strahlen im Spektrum, Ultrarot: *Infrarotheizung; Infrarotkamera; Infrarotphotographie.* **In|fraschall,** der Schwingungen unterhalb der unteren Hörgrenze. **In|frastruktur** *die,* Gesamtheit der Einrichtungen für Daseinsvorsorge und (wirtschaftliche) Entwicklung eines Raumes: *Maßnahme zur Verbesserung der I.* **in|frastrukturell.**

Inful [lat. infula] *die, -/-n,* auch Infel, **1)** altröm. Stirnbinde. **2)** Mitra.

Infus [lat. infundere ›hineingießen‹] *das, -es/-e* oder *-a,* auch Infusum, Aufguß. **Infusion** *die, -/-en,* ✚ Zufuhr verträgl.

Flüssigkeiten (in die Blutbahn, ins Unterhautgewebe, in den Mastdarm). **Infusorium** *das, -s/. . . ri|en, meist Pl.*, Aufgußtierchen. **Infusum** *das, -/. . . sa*, Infus.

. . .ing, die Herkunft einer Person oder die Gattung bezeichnendes Suffix: *Wiking; Messing.*

Ing., Abk. für: Ingenieur.

Inge, Ingeborg [Ingwio, german. Stammesgott, und burg ›Schutz‹], weibl. Vornamen.

in genere [lat. ›in der (ganzen) Gattung‹], im allgemeinen.

Ingenieur [inʒenj'øːr, aus frz., zu lat. ingenium ›Scharfsinn‹, ›sinnreiche Erfindung‹] *der, -s/-e*, Abk.: Ing., Techniker mit Ausbildung an einer Fachhochschule. **Ingenieurbau** [inʒenj'øːr-] *der*, Bau, der bes. durch technisch-konstruktive und statische Gesichtspunkte geprägt wird, z. B. Brücken, Hochbau. **Ingenieurin** [inʒenj'øːr-] *die, -/-nen*, weibl. Ingenieur.

ingeniös, sinnreich, erfinderisch, scharfsinnig. **Ingeniosität** *die, -*. **Ingenium** *das, -s/. . . ni|en*, geistige Fähigkeiten, Erfindungsgabe. **Ingenuität** [lat. ingenuus ›edel‹, ›frei geboren‹] *die, -*, Aufrichtigkeit, Freimut.

Ingesinde [zu Gesinde] *das*, ⅊ Dienerschaft im Hause.

Ingestion [lat. ingerere ›hineintun‹] *die, -*, ⚕ Nahrungsaufnahme.

in|gleichen [zu gleich], ⅊ ebenso.

in globo [lat. globus ›Kugel‹, ›dichte Schar‹], insgesamt.

Ingo [vgl. Inge], männl. Vorname.

In|gredi|ens *das, -/. . .'enzi|en*, **In|gredi|enz** [lat. ingredi ›hineingehen‹] *die, -/-en, meist Pl.*, Zutat, Bestandteil.

In|greß [lat. ingressus ›das Hineingehen‹, ›Eingang‹] *der, . . .gr'esses/. . .gr'esse*, ⅋ Eingang. **In|gression** *die, -*, ⊕ langsames Eindringen des Meeres in Senkungsgebiete.

In|grid [nord. Dienerin des Gottes Ingu], weibl. Vorname.

In|grimm [zu Grimm] *der*, verbissener Zorn, erbitterte Wut.

in|grimmig.

Ingwäone *der, -n/-n*, Angehöriger eines german. Stammes.

ingwäonisch.

Ingwer [mhd. ingeber] *der, -s/-*, 1) *ohne Pl.*, eine Gewürzpflanze, Abb. G 23. 2) Ingwerbranntwein.

Inhaber *der, -s/-*, jmd., jemand, der die tatsächliche Gewalt über eine Sache hat: *Geschäftsinhaber(in).* **Inhaberpapier** *das*, Wertpapier, dessen Inhaber ohne weiteres auch der Berechtigte ist.

inhaftieren, ich inhaftiere (habe inhaftiert) *ihn*, verhafte. **Inhaftierung** *die, -/-en*, **Inhaftnahme** *die, -/-n.*

Inhalation [lat. inhalare ›anhauchen‹] *die, -/-en*, Einatmung eines Heilmittels: *Inhalationsapparat.* **Inhalatorium** *das, -s/. . . ri|en*, Raum zum Inhalieren. **inhalieren**, *ich* inhaliere (habe inhaliert) *es.*

Inhalt [mhd. innehalt] *der, -(e)s/-e*, 1) von einer Form Umschlossenes: *der I. des Pakets, der Flasche.* 2) Ü Mitgeteiltes, Dargebotenes: *der I. des Gesprächs; Inhaltsangabe; inhaltsbezogen.* 3) △ in Flächen- oder Raummaßen ausgedrückte Größe: *Rauminhalt.* 4) *eines Begriffs*, Summe der Merkmale. **inhaltlich. inhalt(s)arm**, *ein inhaltsarmes Fernsehspiel.* **inhalt(s)los**, *sie führt ein inhaltsloses Dasein.* **inhalt(s)reich**, *inhaltsreiche Wochen.* **Inhaltsverzeichnis** *das*, Liste des Inhalts (eines Pakets), Verzeichnis der Kapitel (eines Buches). **inhalt(s)voll**, von wichtigem Inhalt.

inhärent [lat. inhaerere ›anhaften‹], anhaftend, innewohnend. **Inhärenz** *die, -*. **inhärieren**, *es* inhäriert (hat inhäriert).

inhibieren [lat. inhibere ›einhalten‹, ›hemmen‹], verhindere (habe inhibiert) *es*, verbiete, verhindere. **Inhibition** *die, -/-en.* **Inhibitor** *es, -s/. . .t'oren*, ⭘ Substanz, die Reaktionen hemmt oder verhindert, Verzögerer.

inhomogen [vgl. in. . . und homogen], ungleichartig. **Inhomogenität** *die, -*.

in honorem [lat. honor ›Ehre‹], zu Ehren.

inhuman [vgl. in. . . und human], unmenschlich, rücksichtslos. **Inhumanität** *die, -*.

in integrum [lat. integer ›unberührt‹], *ich restituiere es i. i.*, 𝇋 stelle den früheren Rechtsstand davon wieder her.

in|itial. . . [lat. initialis, zu initium ›Anfang‹, Anfang. . . : *Initialbuchstabe.* **In|itial** *das, -s/-e*, meist: **In|itiale** *die, -/-n*, Anfangs- oder Zierbuchstabe. **In|itialzündung** *die*, ⚡ auslösende Zündung. **In|itiand** *der, -en/-en*, jemand, an dem die Initiation vorgenommen wird. **In|itiant** *der, -en/-en*, jemand, der die Initiative ergreift. **In|itiation** *die, -/-en*, der rituelle Eintritt in die Gemeinschaft (bei Naturvölkern), Aufnahme in einen Bund: *Initiationsriten.* **in|itiativ**, die Initiative ergreifend. **In|itiative** *die, -/-n*, 1) Anregung, erster Schritt; Entschlußkraft, Unternehmungslust: *einer muß die I. ergreifen.*

2) 𝄐 das Recht, Gesetzesvorlagen zur Beschlußfassung einzubringen; in der Schweiz auch: Volksbegehren: *Initiativrecht; Gesetzesinitiative.* **In|itiator** *der, -s/. . .t'oren*, Urheber, Anstifter. **in|itiieren**, *ich* initiiere (habe initiiert), 1) *ihn*, weihe ein (in Bund oder Gemeinschaft). 2) *es*, gebe den Anstoß.

Injektion [lat. inicere ›hineinwerfen‹, ›einflößen‹] *die, -/-en*, 1) ⚕ Einspritzung in den Körper: *intravenöse I.; Injektionsnadel; Injektionsspritze.* 2) Bautechnik: das Einbringen von verfestigenden Stoffen in Bauwerke oder in den Baugrund. **injizieren**, *ich* injiziere (habe injiziert) *es.*

Injurie [-iə, lat. iniuria ›Unrecht‹] *die, -/. . . ri|en*, Beleidigung. **injurieren**, *ich* injuriere (habe injuriert) *ihn*, ⚘ beleidige. **injuriös**, beleidigend.

Inka [indian. ›Herr‹] *der, -(s)/-(s)*, Angehöriger eines südamerikan. Indianervolkes vor und zu der Zeit der span. Eroberung; urspr. Titel des Herrschers. **Inkabein** *das*, 𝇋 eine Unregelmäßigkeit der Schädelknochenbildung.

Inkardination [lat. in ›hinein‹ und cardo, Gen. cardinis ›Türangel‹, vgl. Kardinal] *die, -/-en*, Aufnahme eines kath. Geistlichen in eine Diözese.

Inkarnat [ital. incarnato, zu lat. caro, Gen. carnis ›Fleisch‹] *das, -(e)s*, Fleischton (auf Gemälden): *Inkarnatrot.* **Inkarnation** *die, -/-en*, 1) *ohne Pl.*, Menschwerdung (Christi). 2) Verkörperung. **inkarniert**, 1) menschgeworden, fleischgeworden. 2) verkörpert.

Inkarzeration [lat. in ›hinein‹ und carcer ›Kerker‹, ›Umfriedung‹] *die, -/-en*, ⚕ Einklemmung von Eingeweideteilen in einem Bruchsack.

Inkassant *der, -en/-en*, österr.: Kassierer. **Inkasso** [ital. incassare ›einkassieren‹, zu cassa ›Kasten‹] *das, -s/-s oder . . .k'assi*, Einziehung von Außenständen (Rechnungen, Wechsel u. a.): *Inkassovollmacht.*

inkl., Abk. für: inklusive.

In|klination [lat. inclinare ›hineigen‹] *die, -/-en*, 1) Neigung, Zuneigung. 2) Neigung einer frei beweglich hängenden Magnetnadel gegen die Waagerechte. 3) ☆ Winkel zwischen der Ebene einer Planetbahn und der Ebene der Erdbahn. **in|klinieren**, *ich* inkliniere (habe inkliniert), neige dazu.

in|klusive [lat. in ›hinein‹ und claudere ›schließen‹] *dessen*, Abk.: incl., inkl., einschließlich: *i. der Transportkosten.*

inkognito [ital., zu lat. incognitus ›unbekannt‹], unter einem Decknamen: *er reiste u. I. luften, seinen Namen nennen.*

inkohärent [vgl. in. . . und lat. cohaerere ›zusammenhängen‹], unzusammenhängend. **Inkohärenz** *die, -/-en.*

Inkohlung *die, -*, ⊕ natürl. Umwandlung von Pflanzenresten in Kohle.

inkommensurabel [vgl. in. . . und kommensurabel], nicht vergleichbar, nicht mit gleichen Maßen meßbar: *inkommensurable Größen*, △.

inkommodieren [lat. incommodare ›] *ich* inkommodiere (habe inkommodiert) *ihn, mich*, ⚘ bemühe, belästige.

inkomparabel [lat. incomparabilis ›unvergleichbar‹], 1) nicht vergleichbar. 2) ⓢ nicht steigerungsfähig (Adjektiv).

inkompatibel [vgl. in. . . und spätlat. compati ›mitleiden‹], 𝄐 ⚕ unvereinbar, unverträglich. **Inkompatibilität** *die, -*.

inkompetent [vgl. in. . . und kompetent], 1) nicht zuständig, unbefugt. 2) ⊕ plastisch verformbar (Gestein). **Inkompetenz** *die, -/. . . t'enzen.*

inkom|plett [vgl. in. . . und komplett], unvollständig.

inkom|pressibel [vgl. in. . . und kompressibel], Physik: nicht zusammendrückbar.

inkon|gru|ent [vgl. in. . . und kongruent], △ nicht übereinstimmend, sich nicht deckend. **Inkon|gru|enz** *die, -/. . .'enzen.*

inkonsequent [vgl. in. . . und konsequent], nicht folgerichtig; unstetig. **Inkonsequenz** *die, -/. . .qu'enzen.*

inkonsistent [vgl. in. . . und konsistent], unhaltbar, unbeständig. **Inkonsistenz** *die, -.*

inkonstant [lat. inconstans], veränderlich.

Inkontinenz [lat. incontinentia ›Ungenügsamkeit‹] *die, -/. . . n'enzen*, 𝇋 die Unfähigkeit, Harn oder Stuhl zurückzuhalten.

inkonvenient [lat. inconveniens ›nicht übereinstimmend‹], ungelegen, unpassend. **Inkonvenienz** *die, -/. . .'enzen*, Ungelegenheit, Übelstand.

inkonvertibel [vgl. in. . . und lat. convertere ›umdrehen‹, ›verwandeln‹], 1) ⚘ unbekehrbar, unwandelbar. 2) nicht austauschbar: *inkonvertible Währungen.*

Inkorporation [vgl. in... und lat. corpus ›Körper‹] *die,* -/-en, Einverleibung, Aufnahme, Angliederung. **inkorporieren,** *ich* inkorporiere (habe inkorporiert) *es.*

inkorrekt [vgl. in... und korrekt], unrichtig; unzulässig. **Inkorrektheit** *die,* -/-en.

In|kraftsetzung *die,* -/-en. **In|krafttreten** *das,* -s: *bei I. eines Gesetzes,* K wenn ein Gesetz in Kraft tritt.

In|kreis *der,* △ Kreis in einem Vieleck, ABB. D 14, V 6.

In|krement [lat. incrementum ›Wachstum‹] *das,* -(e)s/-e, △ Zuwachs einer Größe. **in|krementieren,** *ich* inkrementiere (habe inkrementiert), Computersprache: zähle um 1 herauf.

In|kret [vgl. in... und lat. cernere ›scheiden‹, ›sondern‹] *das,* -(e)s/-e, Absonderung der Drüsen mit innerer Sekretion, Hormon. **In|kretion** *die,* -, innere Sekretion. **in|kretorisch.**

in|kriminieren [frz., zu lat. crimen ›Anschuldigung‹], *ich* inkriminiere (habe inkriminiert) *ihn,* beschuldige.

Inkrustation [lat. incrustare ›mit einer Kruste überziehen‹] *die,* -/-en, 1) Krustenbildung durch chem. Abscheidungen von Kalk, Brauneisen u. a. 2) ᴔ Einlage von verschiedenfarbigen Steinplatten in Mauern und Fußböden. **in|krustieren,** *ich* inkrustiere (habe inkrustiert) *es,* ᴔ.

Inkubation [lat. incubare ›auf etwas liegen‹, ›brüten‹] *die,* -/-en, 1) ⚕ das Einnisten von Krankheitserregern im Körper. 2) ☽ Bebrütung des Eies, Entwicklungszeit des Keimes. 3) Antike: Tempelschlaf, der göttl. Offenbarung und Heilung von Krankheiten bringen sollte. **Inkubationszeit** *die,* ⚕ Zeit zwischen Ansteckung und ersten Krankheitserscheinungen.

Inkubator *der,* -s/...t'oren, Brutkasten. **Inkubus** *der,* -/...k'uben, 1) Dämon des Angsttraums. 2) im MA.: Buhlteufel von Hexen.

inkulant [vgl. in... und kulant], geschäftlich nicht entgegenkommend. **Inkulanz** *die,* -/...l'anzen.

Inkulpat [lat. inculpare ›anschuldigen‹] *der,* -en/-en, ♂ Ankläger. **Inkulpat** *der,* -en/-en, ♂ Beschuldigter.

Inkunabel [lat. incunabula ›Windeln‹] *die,* -/-n, *meist Pl.,* ⊗ Wiegendruck, Druck vor dem Jahre 1500.

inkurabel [lat. incurabilis], ⚕ unheilbar: *eine inkurable Krankheit.*

Inland *das,* 1) das Staatsgebiet, in dem man sich befindet: *Inlandsmarkt; Inlandspreise; Inlandsprodukte.* 2) Binnenland, Landinneres: *das Klima, die Wetterlage im I.* **Inland|eis** *das,* große geschlossene Eisdecken, bes. in den Polarländern. **Inländer** *der,* -s/-, **Inländerin** *die,* -/-nen, jemand, der im Inland wohnt. **inländisch.**

Inlaut *der,* Laut im Wortinnern. **inlautend.**

Inlay ['inlei, engl. in ›hinein‹ und to lay ›legen‹] *das,* -s/-s, eine gegossene Zahnfüllung.

Inlett [niederdt. inlat, zu inlaten ›(die Federn in die Stoffhülle) einlassen‹] *das,* -(e)s/-e, Bezugsstoff für Federkissen und Federbetten.

inliegend, einliegend, beigelegt, z. B. im Brief.

in maiorem Dei gloriam, ad maiorem Dei gloriam.

in medias res [lat. ›mitten in die Dinge hinein‹], unmittelbar zur Sache: *gehen, kommen wir gleich i. m. r.*

in memoriam [lat. memoria ›Gedächtnis‹], zum Gedächtnis: *ein Konzert i. m. Gustav Mahler.*

inmitten [mhd. enmitten] *dessen,* in der Mitte von, mitten in.

in natura [lat. natura ›Natur‹], 1) leibhaftig: *hast du ihn wirklich i. n. gesehen?* 2) in Waren, nicht in Geld.

inne [ahd. inne], darin, inwendig: *mitteninne.* **inne...,** in Verbindung mit Verben trennbar zusammengesetzt. **innehaben,** *ich* habe *es* inne (habe innegehabt), bekleide (ein Amt, einen Posten): *ich hatte den Vorsitz jahrelang inne.* **innehalten,** *ich* halte inne (hielt inne, habe innegehalten), stocke, höre auf: *er hielt mitten im Gespräch inne.*

innen [ahd. in(n)ana], in einem Raum, im Innern, nicht außen: *Inneneinrichtung; Innenseite; Innentemperatur; von i. nach außen; i. und außen;* überall. **Innenarchitekt** *der,* Architekt, der Innenräume gestaltet. **Innenbahn** *die,* 🏃 vom Innenraum aus gesehen die erste Bahn eines Ovals (Stadion u. a.). **Innendienst** *der,* -(e)s, Tätigkeit innerhalb des Hauses, der Dienststelle. **innenfür,** *schweiz.:* inwendig, im Zimmer. **Innenhaus** *das,* der unmittelbare Wohnbereich im Unterschied zum Außenhaus. **Innenhof** *der,* ein allseits umbauter Hof, Atrium. **Innenleben** *das,* das geistige und seelische Leben des Menschen. **Innenminister** *der,* Minister für die Innenpolitik. **Innenpolitik** *die,* Gestaltung der inneren Angelegenheiten eines Staates: *zeitweise hat die I. Vorrang vor der Außenpolitik.* **innenpolitisch,** auch innerpolitisch: *innenpolitische Aktivitäten.* **Innenreim** *der,* Binnenreim. **Innen-**

schmarotzer *der,* in Pflanzen oder Tieren lebender Schmarotzer. **Innenstadt** *die,* das Zentrum einer Stadt. **Innenwelt** *die,* geistig-seelische Welt eines Menschen. **Innenwinkel** *der,* ABB. D 14.

inner... [ahd. innero], auf der Innenseite liegend, das Innere (einer Sache, einer Person) betreffend: *innerparteilich; Innerasien.* **innerdeutsch,** in der Bundesrep. Dtl. und die Dt. Dem. Rep. betreffend: *innerdeutsche Beziehungen.* **innerdienstlich,** innerhalb des Dienstes; im Innendienst. **innere,** -r, -s, 1) innen befindlich, innen stattfindend: *Facharzt für i. Krankheiten.* 2) Ü geistig, gedanklich, moralisch: *ihm fehlt der i. Halt; i. Führung,* Prinzip der Menschenführung in der Bundeswehr. 3) inländisch: *die inneren Zustände eines Staates;* aber: *die Innere Mission.* **Innere** *das,* ...r(e)n, *ein -s,* 1) umschlossener Raum: *im Innern der Höhle.* 2) Inhalt, Kern; Seele, Geist: *er offenbarte sein tiefstes Inneres.* 3) Inland: *Ministerium des Innern.* **Innerei** *die,* -/-en, *meist Pl.,* eßbare Tiereingeweide. **innerhalb** *dessen,* binnen, davon eingeschlossen: *i. eines Jahres; i. zehn Tagen; i. der Grenzen.* **innerlich,** im Inneren. **Innerlichkeit** *die,* -, Tiefe des Gemüts, Verinnerlichung. **innerörtlich,** innerhalb eines Ortes geltend: *die innerörtliche Geschwindigkeitsbegrenzung.* **innerorts,** bes. *schweiz.:* innerörtlich. **innerpolitisch,** innenpolitisch. **innerste** *das,* -n, *ein -s,* Ü tiefstes Wesen: *sie war bis ins I. gekränkt.* **innert,** *schweiz.:* innen, innerhalb.

Innervation [lat. in ›hinein‹ und vgl. Nerv] *die,* -, 1) Versorgung eines Körperteils mit Nerven. 2) Zuleitung eines Reizes durch die Nerven. **innervieren,** *ich* innerviere (habe innerviert) *es.*

innewerden, *ich* werde *dessen* inne (wurde inne, bin innegeworden), bemerke es, begreife: *er ist sich der Gefahren noch nicht innegeworden.* **innewohnen,** *es* wohnt *ihm* inne (hat innegewohnt), ist darin enthalten: *die Gefahren, die diesem Unternehmen innewohnen.*

innig [mhd. innec, ahd. innig], aus tiefster Seele, herzlich: *eine innige Freundschaft.* **Innigkeit** *die,* -. **inniglich,** innig.

in nomine [lat. nomen ›Name‹], im Namen, Auftrag: *in nomine Dei,* Abk.: I. N. D., im Namen Gottes; *in nomine Domini,* Abk.: I. N. D., im Namen des Herrn.

Innovation [lat. innovatio] *die,* -/-en, Neuerung, die erstmalige Einführung von Neuerungen: *Innovationen auf dem bildungspolitischen Sektor.*

Innozenz [lat. innocens ›unschuldig‹], männl. Vorname.

in nuce [lat. ›in der Nuß(schale)‹], kurz und bündig.

Innung [mhd. innunge, zu ahd. innon ›in einen Verband aufnehmen‹] *die,* -/-en, öffentlich-rechtliche Körperschaft, freiwillige Vereinigung selbständiger Handwerker desselben Fachbereichs: *Bäckerinnung; Innungsversammlung.*

inoffiziell [vgl. in... und offiziell], nicht amtlich; vertraulich: *wie i. verlautet.* **inoffiziös,** nicht offiziös.

inoperabel [frz., vgl. in... und lat. operari ›arbeiten‹], ⚕ durch Operation nicht (mehr) heilbar: *eine inoperable Geschwulst.*

inopportun [vgl. in... und opportun], unangebracht, schlecht passend. **Inopportunität** *die,* -/-en.

in perpetuum [lat. perpetuus ›ununterbrochen‹] für immer.

in persona [lat. persona ›Person‹], selbst, persönlich: *der Botschafter kam i. p.*

in petto [ital. ›in der Brust‹, zu lat. pectus ›Brust‹], *er hat etwas i. p.,* U hat bereit, im Sinn, beabsichtigt.

in pleno [lat. plenus ›voll‹], vollzählig; vor voller Versammlung.

in praxi [lat. ›in der Praxis‹], in Wirklichkeit, nicht in Theorie.

in puncto [lat. punctum ›Punkt‹], hinsichtlich, betreffs.

Input [engl. in ›hinein‹ und to put ›setzen‹, ›legen‹, ›stellen‹] *der* oder *das,* -s/-s, 1) ⚙ von anderen Produktionsstellen bezogene Produktionsmittel in einem Betrieb. 2) die Eingabe bei Rechenanlagen.

inquirieren [lat. inquirere ›untersuchen‹, ›aufspüren‹], *ich* inquiriere (habe inquiriert) *ihn,* es, untersuche gerichtlich, befrage amtlich. **Inquisit** *der,* -en/-en, ♂ Angeklagter. **Inquisition** *die,* -/-en, früher geistl. Gericht der kath. Kirche zur Bekämpfung der Ketzerei. **Inquisitionsprozeß** *der,* ♌ Strafverfahren, bei dem der Richter ohne öffentl. oder private Klage ermittelt. **Inquisitor** *der,* -s/...t'oren, Richter der Inquisition. **inquisitorisch,** scharf ausfragend, untersuchend.

I. N. R. I. [lat.], Abk. für: Iesus Nazarenus Rex Iudaeorum ›Jesus von Nazareth, König der Juden‹, die Kreuzesinschrift.

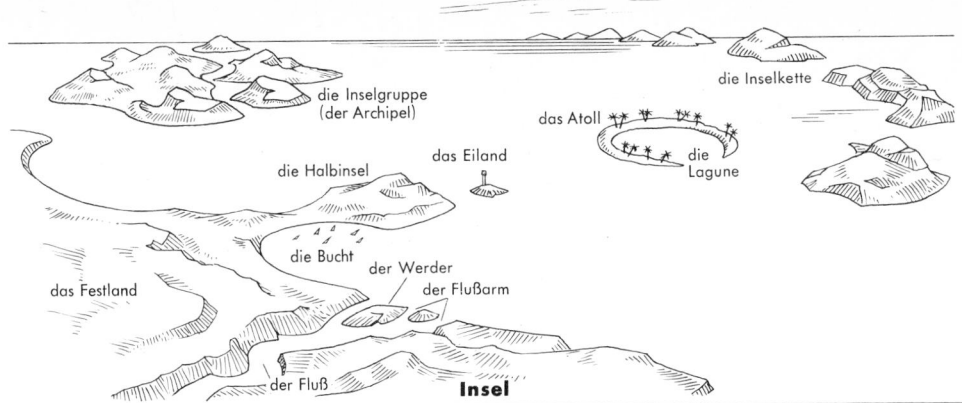

die Inselgruppe (der Archipel) — die Inselkette — das Atoll — die Lagune — das Eiland — die Halbinsel — die Bucht — der Werder — der Flußarm — das Festland — der Fluß — **Insel**

ins, in das, ÜBERS. Z 13: *es geht eins i. andere über.*

Insasse [mhd. insæze, zu sitzen] *der, -n/-n,* **Insassin** *die, -/-nen,* jemand, der sich gemeinsam mit anderen in einem Gebäude, einem Verkehrsmittel aufhält: *Insassenversicherung.*

insbesǫnd(e)re, ganz besonders, vor allem: *i. gilt das für dich; zu seinen Aufgaben zählt i. die Planung.*

Inschrift [spätmhd. inschrift] *die,* **1)** schriftl. Aufzeichnung auf Stein, Metall, Holz, ABB. E 7, M 5: *Grabinschrift; Inschriftenkunde; Inschriftensammlung.* **2)** Aufschrift (auf Bildern u. a.). **inschriftlich.**

Insękt [lat. insecare ›einschneiden‹, eigtl. ›eingeschnittenes Tier‹] *das, -(e)s/-en,* Kerbtier, ABB. I 1: *Insektenstich.* **Insęktenblüt(l)er** *der,* Pflanze, die durch Insekten bestäubt wird. **insęktenfressend,** sich von Insekten ernährend (Pflanze, Tier). **Insęktenpulver** *das,* ein Insektizid. **Insektivǫren** [lat. vorare ›verschlingen‹, *Pl.,* **1)** bes. insektenfressende Säugetiere. **2)** insektenfangende Pflanzen. **Insektizid** [lat. caedere ›töten‹] *das, -(e)s/-e,* insektentötendes Mittel.

Insel [mhd. insel(e), zu lat. insula] *die,* **1)** rings von Wasser umgebenes Landstück (außer den Erdteilen), ABB. I 2: *Inselgruppe; Inselklima.* **2)** Platz für Fußgänger auf der Fahrbahn: *Verkehrsinsel,* ABB. S 72. **3)** innerhalb einer andersartigen Umgebung liegender Raum: *Sprachinsel; eine I. der Ruhe,* Ü. **Inselbahnhof** *der,* ABB. B 5. **Inselberg** *der,* aus einer Ebene der trop. und subtrop. Savannen unvermittelt aufragender Berg, ABB. B 20. **Insel|organ** *das,* ♀ hormonbildende Zellgruppen in der Bauchspeicheldrüse.

Insemination [lat. inseminare ›einsäen‹] *die, -/-en,* ♀ 🐎 die Besamung.

insensibel [vgl. in. . . und sensibel], unempfindlich, nicht empfindsam. **Insensibilität** *die, -.*

Inserat [lat. inserere ›hineinfügen‹] *das, -(e)s/-e,* Anzeige, ABB. Z 6: *der Inseratenteil einer Zeitung.* **Inserent** *der, -en/-en,* Aufgeber einer Anzeige. **inserieren,** *ich* inseriere (habe inseriert) *in einer Zeitung,* gebe ein Inserat auf. **Insertion** *die, -/-en,* **1)** Aufgabe einer Anzeige. **2)** ⊕ 🐎 ♀ Ansatz, z. B. eines Muskels am Knochen, eines Blattes am Sproß.

insgeheim, heimlich. **insgemein,** ⚭ im allgemeinen, meist. **insgesamt,** alle zusammen; zusammengenommen.

Insider [ˈinsaidər, engl. inside ›innen‹] *der, -s/-,* jemand, der die internen Verhältnisse kennt: *Insiderinformation.*

Insiegel [mhd. insigele] *das,* ⚭ P Siegelbild. **2)** ❦ Abdruck der Hufe des Schalenwildes.

Insi|gni|en [lat. insignia], *Pl.,* Abzeichen, bes. des Herrschers. **insi|gni|fikant** [vgl. lat. in. . . und signifikant], bedeutungslos, nicht signifikant.

Insinuation [lat. insinuare ›hineindrängen‹] *die, -/-en,* **1)** Einschmeichelei, Einflüsterung, Unterstellung. **2)** ⚭ Eingabe (eines Schriftstücks). **insinuieren,** *ich* insinuiere (habe insinuiert) *es, mich.*

insipid(e) [lat. insipidus ›unschmackhaft‹], ⚭ albern, fade. **insistieren** [lat. insistere ›eifrig betreiben‹, ›beharren‹], *ich* insistiere (habe insistiert) *auf etwas,* stehe, beharre darauf.

in sįtu [lat. situs ›Lage‹], in natürlicher Lage, z. B. ein Organ im Körper.

in|skribieren [lat. inscribere ›einschreiben‹], *ich* inskribiere (habe inskribiert) *ihn, mich,* schreibe ein (an einer Hochschule). **In|skription** *die, -/-en.*

insofern, 1) wenn, für den Fall: *i. er mir entgegenkommt, werde ich mit ihm verhandeln.* **2)** [-zˈoˑ-], in dieser Hinsicht, was das betrifft: *i. hat er recht; das ist i. unangenehm, als wir heute verreisen wollen.*

Insolation [lat. insolare ›der Sonne aussetzen‹, zu sol Sonne‹] *die, -/-en,* **1)** Meteorologie: Sonneneinstrahlung. **2)** ♀ Sonnenstich.

insolent [lat. insolens ›ungewohnt‹], unverschämt. **Insolenz** *die, -/. . .l'enzen.*

insolvent [lat. in. . . und solvent], zahlungsunfähig. **Insolvenz** *die, -/. . .v'enzen.*

Insomnie [lat. insomnia] *die, -,* ♀ Schlaflosigkeit.

insǫnderheit, K besonders, im besonderen.

insoweit, 1) wenn, in dem Maß wie: *i. es möglich ist.* **2)** [-zˈoˑ-], bis dahin, bis zu diesem Punkt; insofern: *nur i. zu, als meine Interessen nicht berührt werden.*

in spe [lat. spes ›Hoffnung‹], zukünftig: *seine Gattin i. s.*

In|spekteur [-tˈøːr, frz., zu lat. inspicere ›beaufsichtigen‹, ›prüfen‹] *der, -s/-e,* hoher Offiziersrang der Bundeswehr: *Generalinspekteur.* **In|spektion, 1)** prüfende Besichtigung: *Inspektionsfahrt; Betriebsinspektion; das Auto muß zur I.* **2)** dafür zuständige Behörde. **In|spektor** *der, -s/. . .t'oren,* **1)** Beamter im gehobenen Dienst. **2)** Aufsichtsbeamter (in landwirtschaftlichen Großbetrieben).

In|spiration [lat. inspirare ›einhauchen‹] *die, -/-en,* **1)** Ü höhere Eingebung; religiöse Erleuchtung. **2)** ♀ Einatmung. **in|spirativ,** Ü erleuchtend, anregend. **in|spiratǫrisch,** ♀ die Einatmung betreffend. **in|spirieren,** *ich* inspiriere (habe inspiriert) *ihn zu etwas,* Ü rege an: *der Anblick der unberührten Landschaft inspirierte den Maler.*

In|spizient [lat. inspicere ›hineinsehen‹] *der, -en/-en,* **1)** Aufsichtsführender. **2)** für den reibungslosen Ablauf des Spiels verantwortl. Mitarbeiter bei Bühne, Film, Funk, Fernsehen. **in|spizieren,** *ich* inspiziere (habe inspiziert) *ihn, es,* besichtige prüfend, beaufsichtige.

instabil [lat. instabilis], unbeständig, nicht im Gleichgewicht: *ein instabiles Atom.* **Instabilität** *die, -.*

Installateur [-tˈøːr, zu frz. installer ›einrichten‹] *der, -s/-e,* Handwerker für den Einbau technischer Anlagen (Heizung, Wasser, Gas) in Gebäuden. **Installation** *die, -/-en,* **1)** ABB. I 3. **2)** Amtseinweisung von Geistlichen. **installieren,** *ich* installiere (habe installiert) *ihn, es.*

instand [nhd., aus: in (gutem) Stand (erhalten)]: *ich habe es i. gehalten,* in gutem Zustand, ordentlich; *das ist schwer i. zu halten; ich werde es i. setzen,* ausbessern, reparieren; aber: *das Instandhalten, Instandsetzen.* **Instandbesetzung** *die,* U Besetzung eines leerstehenden Hauses, verbunden mit seiner Instandsetzung, als Protest gegen Wohnungsnot. **Instandhaltung** *die, -: Instandhaltungskosten.*

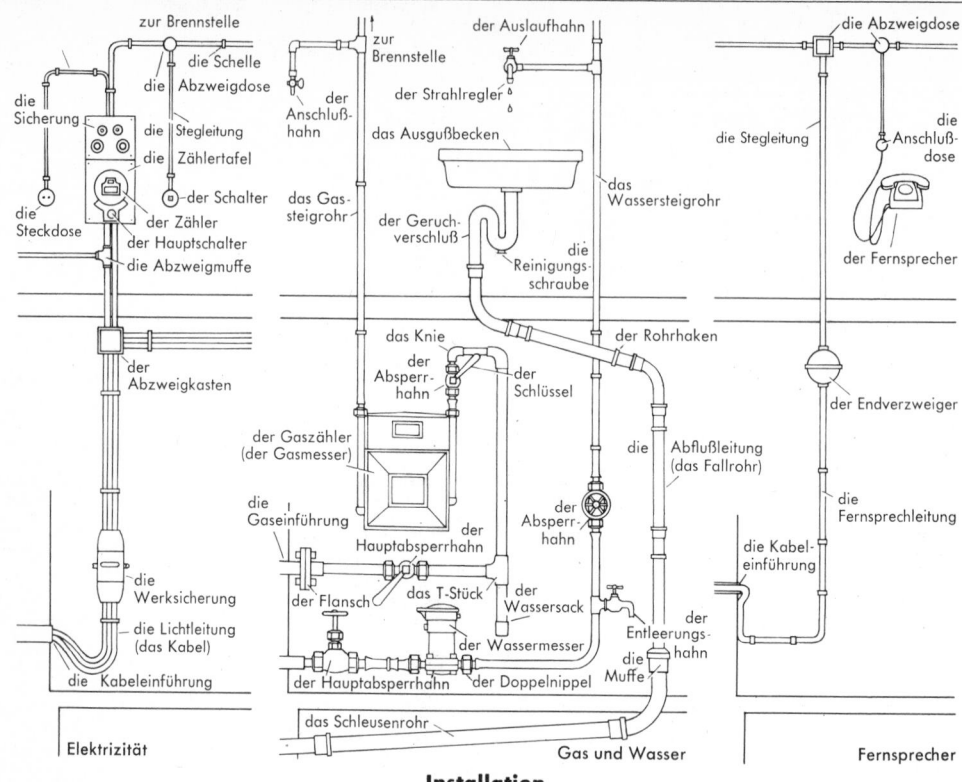

zur Brennstelle
die Schelle
die Abzweigdose
die Sicherung
die Stegleitung
die Zählertafel
die Steckdose
der Schalter
der Zähler
der Hauptschalter
die Abzweigmuffe
der Anschlußhahn
das Gassteigrohr
zur Brennstelle
der Auslaufhahn
der Strahlregler
das Ausgußbecken
der Geruchverschluß
die Reinigungsschraube
das Wassersteigrohr
die Abzweigdose
die Stegleitung
die Anschlußdose
der Fernsprecher
der Abzweigkasten
das Knie
der Absperrhahn
der Schlüssel
der Rohrhaken
der Endverzweiger
die Werksicherung
der Gaszähler (der Gasmesser)
die Gaseinführung
der Hauptabsperrhahn
der Absperrhahn
die Abflußleitung (das Fallrohr)
die Fernsprechleitung
die Lichtleitung (das Kabel)
der Flansch
das T-Stück
der Wassersack
der Wassermesser
der Entleerungshahn
die Muffe
die Kabeleinführung
die Kabeleinführung
der Hauptabsperrhahn
der Doppelnippel
das Schleusenrohr

Elektrizität
Gas und Wasser
Fernsprecher

Installation

instạndig, dringend, flehentlich: *ich bitte i. darum.* Instạndigkeit *die, -.*
Instạndsetzung *die, -,* Ausbesserung, Reparatur: *Instandsetzungsarbeiten.* Instạndstellung *die, -, schweiz.:* Instandsetzung.
Instant... ['instənt, engl. ›im Nu‹], in Zusammensetzungen: sofort verfügbar, vorgefertigt: *Instantkaffee.*
Instạnz [lat. instare ›eine Sache verfolgen‹] *die, -/-en,* 1) ⚖ bestimmte Stufe des gerichtl. Verfahrens: *die Sache wurde in erster, zweiter I. entschieden.* 2) zuständige Behördenstelle: *ich bin nicht die richtige I. für diese Frage,* Ü. Instạnzenweg *der,* vorgeschriebener Lauf behördl. Angelegenheiten.
in stạtu nascendi [-nasǀts'ɛn-, lat.], im Zustand des Entstehens.
Inste [niederdt. von Insasse] *der, -n/-n,* Instmann.
instehend, ⚙ bevorstehend.
Inster [mnd. inster] *der oder das, -s/-, norddt.:* Gekröse, Eingeweide.
Instillatiọn [lat. instillare ›einträufeln‹] *die, -/-en,* ⚕ Einträufelung (von flüssigen Arzneimitteln). instilliẹren, *ich instilliere* (habe instilliert) *es.*
Instịnkt [Lü. von mlat. instinctus ›Anreiz‹, ›Eingebung‹] *der, -(e)s/-e,* 1) allgemein: unreflektiertes, unbewußtes Verhalten in Entscheidungssituationen: *ihr I. ließ sie im richtigen Moment das Richtige tun.* 2) Biologie: angeborene Verhaltensweisen in besonderen Bewegungsfolgen, durch bestimmte Reize ausgelöst: *Instinkthandlungen,* z. B. Nahrungssuche bei Hunger.
instịnktiv, *dem Instinkt folgend: bei Gefahr verhält das Tier sich i. ruhig.* 2) gefühlsmäßig, unwillkürlich: *ich habe eine instinktive Abneigung gegen ihn.* instịnktlos, ohne Instinkt. Instịnktlosigkeit *die, -.* instịnktsicher, *instinktsicheres Verhalten.*

instituiẹren [lat. instituere ›einrichten‹, ›einsetzen‹], *ich instituiere* (habe instituiert) *es, richte ein.* Institụt *das, -(e)s/-e,* (wissenschaftl.) Einrichtung oder Anstalt: *Forschungsinstitut.*
Institutiọn *die, -/-en,* 1) (öffentl.) Einrichtung. 2) ⚙ Einweisung in ein Amt. institutionalisiẹren, *ich institutionalisiere* (habe institutionalisiert) *es,* mache eine feste Institution daraus, bringe in eine feste, gesellschaftlich anerkannte Form: *eine neue Kraft hat sich institutionalisiert.*
Instmann [vgl. Inste] *der, -(e)s/...leute,* auch Inste, niederdt. ⚙: ständig auf dem Gut beschäftigter und da wohnender Landarbeiter.
instruiẹren [lat. instruere ›hineinbauen‹, ›ordnen‹], *ich instruiere* (habe instruiert) *ihn,* unterrichte, gebe ihm Anweisungen, Verhaltensmaßregeln. instruktịv, lehrreich. Instrụktor *der, -s/...t'oren,* ⚙ Lehrer, besonders Prinzenerzieher.
Instrumẹnt [lat. instrumentum ›Gerät‹ *das, -(e)s/-e,* 1) Gerät, Werkzeug: *Meßinstrument; Instrumentenflug,* Blindflug. 2) Musikgerät, z. B. Klavier, Geige. instrumentạl. Instrumentạlbegleitung *die,* Begleitung (von Gesang) durch Musikinstrumente. Instrumentạlmusik *die,* nur mit Instrumenten ausgeführte Musik. Instrumentạr *das, -s/-e,* Instrumentạrium *das, -s/...riǀen,* zusammengehörige Instrumente: *das ärztliche I.* Instrumentatiọn *die, -/-en,* die Zusammenstellung und Mischung der Instrumente gemäß ihrer Eigenschaften zur klangl. Realisation eines Kompositionsentwurfs. instrumentiẹren, *ich instrumentiere* (habe instrumentiert) *eine Melodie.* Instrumentiẹrung *die, -/-en,* Instrumentation.
Insubǀordinatiọn [vgl. in... und Subordination] *die, -/-en,* Ungehorsam gegen die Vorgesetzten.
insuffiziǀent [vgl. in... und suffizient], unzulänglich.

Insuffizi|enz *die, -/. . .zi'enzen,* Unzulänglichkeit, mangelhafte Leistungsfähigkeit: *Herzinsuffizienz.*

Insulaner [lat. insulanus] *der, -s/-,* Inselbewohner. **insular,** auf eine Insel bezüglich.

Insulin [Kw. aus lat. insula ›Insel‹] *das, -s,* Hormon der Bauchspeicheldrüse: *Insulinmangel.*

Insult [lat. insultare ›verspotten‹] *der, -(e)s/-e,* **1)** Beleidigung. **2)** $ Anfall, Schädigung. **Insultation** *die, -/-en,* Beleidigung. **insultieren,** *ich* insultiere (habe insultiert) *ihn,* beleidige.

in summa [lat. summa ›Summe‹], im ganzen, insgesamt: *das läßt sich nicht i. s. verneinen.*

Insurgent [lat. insurgere ›sich erheben‹] *der, -en/-en,* Aufständischer. **insurgieren,** *ich* insurgiere (habe insurgiert) *ihn,* reize zum Aufstand, wiegele auf. **Insurrektion** *die, -/-en,* Aufruhr, Putsch.

in suspenso [lat. suspensus ›zweifelhaft‹], unentschieden.

in|szenatorisch [lat. in ›in‹ und vgl. Szene], die Inszenierung betreffend: *inszenatorische Mängel.* **in|szenieren,** *ich* inszeniere (habe inszeniert) *es,* **1)** bereite zur Aufführung vor (Bühnenstück). **2)** Ü veranstalte: *sie hat einen richtigen Skandal inszeniert.* **In|szenierung** *die, -/-en.*

Intalglio [int'aljo, ital.] *das, -s/. . .glilen,* Gemme mit vertieftem Bild, ABB. G 9.

intakt [lat. intactus], unbeschädigt, unversehrt; funktionsfähig. **Intaktheit** *die, -.*

Intarsia [ital. intarsio, zu arab. tarsi] **Intarsie** [-iə] *die, -/. . .silen, meist Pl.,* Eingelegearbeit in Hölzern, Marketerie.

integer [lat. ›unberührt‹, ›unversehrt‹], rechtschaffen, unbescholten: *ein integrer Charakter.* **integral,** ein Ganzes ausmachend, für sich bestehend. **Intelgral** *das, -s/-e,* △ Grenzwert einer Summe. **Intelgralrechnung** *die,* Teilgebiet der höheren Mathematik zur Berechnung der Inhalte geometr. Gebilde, die von beliebigen Kurven begrenzt werden. **Integration** *die, -/-en,* **1)** Zusammenschluß, Bildung übergeordneter Ganzheiten: *die europäische I.* **2)** Eingliederung in ein größeres Ganzes: *die I. der Gastarbeiter in die hiesige Arbeiterschaft.* **3)** △ Berechnung eines Integrals. **intelgrieren** [lat. integrare ›wiederherstellen‹], *ich* integriere (habe integriert) *es: die integrierte Gesamtschule,* Zusammenschluß der herkömmlichen Schulen zu einer Einheit; *Bemühungen, Strafentlassene wieder in die Gesellschaft zu integrieren.* **intelgrierend,** wesentlich: *ein integrierender Bestandteil.* **Intelgrität** *die, -,* **1)** Vollständigkeit, Unverletztheit. **2)** Unbescholtenheit.

Integument [lat. integumentum ›Decke‹] *das, -s/-e,* **1)** die äußere Haut von Mensch und Tieren. **2)** Hülle der pflanzl. Samenanlage.

Intellekt [lat. intellegere ›wahrnehmen‹] *der, -(e)s,* Verstand, Denkvermögen. **Intellektualismus** [vgl. . . .ismus] *der, -,* Überbetonung des Verstandesmäßigen. **intellektuell,** geistig, verstandesmäßig. **Intellektuelle** *der, die, -n/-n, ein/-, eine -,* **1)** geistig Schaffende(r); Angehörige(r) der Intelligenzschicht. **2)** einseitiger Verstandesmensch. **intelligent,** **1)** klug, geistig begabt. **2)** Computersprache: gewisse Eigenfähigkeiten besitzend (Geräte). **Intelligentsia** [vgl. Intelligenzija] *die, -,* Bez. für die Intellektuellen. **Intelligenz** [vgl. inter . . .] *die, -,* **1)** Komplex geistiger Fähigkeiten wie Klugheit, Auffassungsgabe, Fähigkeit des Begreifens, Urteilens: *Intelligenzquotient,* Abk.: IQ; *Intelligenztest.* **2)** Gesamtheit der Intellektuellen in der Gesellschaftsschicht. **Intelligenzija** [russ.] *die, -,* russ. Bez. für die soziale Gruppe der Gebildeten; in der zarist. Zeit Bez. für die radikalen Revolutionäre. **Intelligenzler** *der, -s/-,* U abschätzig: Intellektueller. **intelligibel,** nur denkbar, nicht anschaubar oder erfahrbar: *die intelligible Welt,* die Ideenwelt.

Intendant [lat. intendere ›seine Aufmerksamkeit auf etwas richten‹] *der, -en/-en,* **1)** Leiter einer Bühne oder eines Rundfunk- und Fernsehsenders. **2)** ⚔ höherer Verwaltungsbeamter. **Intendantur** *die, -/-en,* ⚔ **1)** Amt eines Intendanten. **2)** Wirtschaftsverwaltung eines Heeres. **Intendanz** *die, -/-en,* Amt, Büro eines Intendanten. **intendieren,** *ich* intendiere (habe intendiert) *es,* beabsichtige, strebe an. **Intension** *die, -/-en,* Anspannung, erhöhter Eifer. **Intensität** *die, -,* **1)** Eindringlichkeit, gespannte und gesteigerte Kräfte. **2)** Stärke, Wirkung: *ein Rot von großer I.* **intensiv,** eindringlich, gesteigert, kräftig ausnutzend: *intensive Landwirtschaft. . . .intensiv,* etwas in hohem Maße enthaltend, erfordernd, besonders wirkend: *arbeitsintensiv; kapitalintensiv; lohnintensiv; personalintensiv.* **intensivieren,** *ich* intensiviere (habe intensiviert) *es.* **Intensivkurs** *der,* Kurs, der durch bes. konzentrierten Unterricht Kenntnisse in relativ kurzer Zeit vermittelt.

Intensivschwester *die,* Krankenschwester auf der Intensivstation. **Intensivstation** *die,* Krankenhausstation zur Pflege akut lebensgefährlich erkrankter Personen. **Intention** *die, -/-en,* Absicht, Plan. **intentional,** zweckbestimmt, auf ein Ziel gerichtet. **Intentionalität** *die, -.*

inter. . . [lat. ›zwischen‹, ›unter‹, ›während‹], zwischen. . .: *interalliiert,* zwischen Verbündeten bestehend.

Inter|aktion [vgl. inter. . . und Aktion] *die,* Wechselbeziehung zwischen den Individuen innerhalb der Gesellschaft.

Interceptor *der, -s/. . .t'oren,* Interzeptor.

Intercity-Zug [-s'iti-, vgl. inter. . . und engl. city ›Stadt‹] *der,* Abk.: IC, D-Zug, der mit hohen Geschwindigkeiten Verkehrszentren der Bundesrep. Dtl. verbindet.

interdependent [vgl. inter. . . und lat. dependere ›abhängen‹], voneinander abhängig. **Interdependenz** *die, -.*

Interdikt [lat. interdictum] *das, -(e)s/-e,* Verbot gottesdienstl. Handlungen. **Interdiktion** *die,* ⚹ **1)** Untersagung. **2)** Entmündigung.

interdisziplinär [vgl. inter. . . und Disziplin], zwischen verschiedenen Fachrichtungen bestehend: *ein interdisziplinäres Forschungsprojekt.*

interlessant [frz., zu lat. interesse ›dabeisein‹, ›teilnehmen‹], Teilnahme, Aufmerksamkeit weckend, anziehend, spannend: *dieses Buch ist i.; eine interessante Frau.* **Interlesse** *das, -s/-n,* **1)** Aufmerksamkeit, Anteilnahme, Wißbegierde: *er hat I. für Chemie; ich habe kein I. daran; geistige Interessen.* **2)** Sache, für man eintritt; Belang: *in deinem eigenen I.; die Vertretung der deutschen Interessen im Ausland; Interessenausgleich; Interessengegensätze; Interessengruppen; Elterninteressen.* **3)** ⚖ Wert eines Rechtsguts für den Berechtigten. **4)** ⚹ Nachfrage: *für diesen Artikel besteht wenig I.* **interlesselos,** ohne Anteilnahme. **Interlesselosigkeit** *die, -.* **Interlessengemeinschaft** *die,* Abk.: IG, vertragl. Zusammenschluß (von Unternehmen) zur Wahrung gemeinsamer Interessen. **Interlessensphäre** *die,* durch Verträge geschaffenes Einflußgebiet eines Staates in einem Land. **Interlessent** *der, -en/-en,* Beteiligter, möglicher Abnehmer (einer Ware): *ein großer Interessentenkreis.* **interlessieren,** *ich* interessiere (habe interessiert) *ihn, mich für ihn, für etwas,* wecke seine Aufmerksamkeit darauf, beschäftige mich damit, nehme Anteil an ihm: *das interessiert mich (nicht); ich könnte ihn für meine Arbeit interessieren.* **interlessiert,** Anteil nehmend, Interesse zeigend, aufmerksam: *interessierte Schüler.*

Interferenz [vgl. inter. . . und lat. ferre ›tragen‹] *die, -/-en,* **1)** wechselseitiges Einwirken. **2)** Physik: Überlagerung von Wellen. **Interferometer** *das, -s/-,* optisches oder akust. Gerät, das Interferenzerscheinungen für Messungen ausnützt.

interlfraktionell [vgl. inter. . . und Fraktion], zwischen mehreren Fraktionen im Parlament stattfindend.

intergalaktisch [vgl. inter. . . und Galaxie], zwischen den Sternsystemen: *intergalaktische Materie,* staub- oder gasförmige Materie im Raum zwischen den Sternsystemen.

interlglazial [vgl. inter. . . und glazial], zwischeneiszeitlich. **Interlglazial** *das, -s/-e,* Zwischeneiszeit.

Interhotel [Kurzw. aus international und Hotel] *das,* Dt. Dem. Rep.: für ein internationales Publikum gedachtes Hotel.

Interieur [ɛterj'ø:r, frz., zu lat. interior ›innen befindlich‹] *das, -s/-s oder -e,* Innenraum; dessen Ausstattung; bildliche Darstellung eines Innenraums.

Interim [lat. ›inzwischen‹] *das, -s/-s,* Zwischenzeit; einstweilige Regelung: *Interimsbescheid; Interimsgesetz; Interimsregierung; Interimsvereinbarung.* **interimistisch.**

Interjektion [lat. interiectio ›das Dazwischenwerfen‹] *die, -/-en,* Empfindungswort, Ausrufewort, ÜBERS. G 34.

interkonfessionell [vgl. inter. . . und Konfession], die Beziehungen zwischen verschiedenen Konfessionen betreffend, über den Bereich einer Konfession hinausgehend.

interkontinental [vgl. inter. . . und Kontinent], mehrere Kontinente betreffend, verbindend: *interkontinentale Raketen; Interkontinentalflug.*

interkostal [vgl. inter. . . und lat. costa ›Rippe‹], $ zwischen den Rippen liegend: *Interkostalnerv.*

interkurrent [lat. intercurrere ›dazwischenlaufen‹], $ hinzukommend (eine Krankheit zu einer bereits bestehenden).

interlinear [vgl. inter. . . und lat. linea ›Linie‹], zwischen den Zeilen. **Interlinearversion** *die,* zwischen den Zeilen des Urtextes stehende wörtliche Übersetzung.

Interlinguistik [vgl. inter. . . und Linguistik] *die,* **1)** Bez. für die Wissenschaft von den Welthilfssprachen. **2)** ein Zweig der vergleichenden Sprachwissenschaft.

Interlockware [engl. to interlock ›ineinandergreifen‹] *die,* eine elastische Rundstrickware.

Interludium [vgl. inter... und lat. ludus ›Spiel‹] *das, -s/. . .di|en,* Zwischenspiel.

Interlunium [vgl. inter... und lat. luna ›Mond‹, zu ergänzen: tempus ›Zeit‹] *das, -s/. . .ni|en,* die Zeit des Neumondes.

intermediär [frz., vgl. inter... und lat. medius ›der mittlere‹, dazwischen befindlich, ein Zwischenglied bildend.

Intermezzo [lat. inter... und ital. mezzo ›Mitte‹] *das, -s/-s* oder . . .*m'ezzi,* Zwischenspiel, Zwischenfall.

intermittierend [lat. intermittere ›unterbrechen‹], zeitweilig aussetzend: *intermittierendes Fieber,* ♀.

intern [lat. internus ›im Inneren befindlich‹], **1)** im Innern, innerlich. **2)** vertraulich (Angelegenheit). **3)** im Internat wohnend. **Internat** *das, -(e)s/-e,* einer meist höheren Schule angegliedertes Wohnheim für Schüler: *Internatsschüler.*

international [vgl. inter... und Nation], zwischenstaatlich, überstaatlich: *internationaler Flughafen; internationale Politik; auf internationale Ebene; internationale Vereinigungen; die Hotelküche ist i.* **Internationale** *die, -/-n,* **1)** zwischenstaatl. Vereinigung sozialist. Parteien. **2)** ohne Pl., Kampflied der internationalen sozialist. Arbeiterbewegung. **Internationalisierung** *die, -/-en,* Beschränkung der Gebietshoheit eines Staates (über Flüsse, Meerengen).

Interne [zu intern] *der, -n/-n, ein -r, eine -,* im Internat wohnende(r) Schüler(in). **internieren,** *ich* interniere (habe interniert) *ihn,* nehme in staatlichen Gewahrsam: *er wurde bald nach Beginn des Krieges interniert.* **Internierung** *die, -/-en: Internierungslager.* **Internist** *der, -en/-en,* Facharzt für innere Krankheiten.

Internodium [vgl. inter... und lat. nodus ›Knoten‹] *das, -s/. . .di|en,* ⚕ durch Knoten, an denen Blätter stehen, begrenzter Sproßabschnitt.

Internuntius [lat. ›Unterhändler‹] *der,* Vertreter des Papstes bei einem Staatsoberhaupt im Gesandtenrang.

interparlamentarisch [vgl. inter... und Parlament], die Parlamente mehrerer Staaten oder Länder betreffend.

Interpellant [lat. interpellare ›in die Rede fallen‹] *der, -en/-en,* Anfragender (im Parlament). **Interpellation** *die, -/-en,* Anfrage. **interpellieren,** *ich* interpelliere (habe interpelliert).

inter|planetar(isch) [vgl. inter... und Planet], im Raum zwischen den Planeten: *interplanetarischer Flug.*

Interpol [Kurzw.] *die, -,* internationale kriminalpolizeil. Kommission zur Verfolgung von Verbrechen internationalen Ausmaßes.

Interpolation [lat. interpolare ›neu herrichten‹] *die, -/-en,* **1)** Einschaltung von Wörtern oder Sätzen in einen Originaltext. **2)** △ die Bestimmung von Zwischenwerten bei einer mathematischen oder statist. Beziehung. **interpolieren,** *ich* interpoliere (habe interpoliert).

Inter|pret [lat. interpretari ›auslegen‹] *der, -en/-en,* Ausleger, Erklärer; Darsteller. **Inter|pretation** *die, -/-en,* Auslegung, Erklärung, Deutung, künstler. Wiedergabe (eines Musikstückes). **inter|pretieren,** *ich* interpretiere (habe interpretiert) *es.*

interpungieren, interpunktieren [lat. interpungere ›Punkte zwischen (die Wörter) stechen‹], *ich* interpungiere, interpunktiere (habe interpungiert, interpunktiert) *es.* **Interpunktion** *die,* die Anwendung von Satzzeichen, Zeichensetzung, ÜBERS. S 6: *Interpunktionsregeln; Interpunktionszeichen.*

Interrailkarte ['intəreil-, engl., Kurzw. aus international und engl. railroad ›Eisenbahn‹] *die,* verbilligte Fahrkarte für Jugendliche in Europa und Marokko.

Interre|gnum [lat. ›Zwischenherrschaft‹, zu regere ›herrschen‹] *das, -s/. . .gnen* oder . . .*gna,* Zwischenregierung, vorläufige Regierung, bes. die ›kaiserlose Zeit‹ 1254–73.

interrogativ [lat. interrogare ›fragen‹], fragend. **Interrogativ** *das, -s/-e,* Fragewort, Interrogativpronomen und Interrogativadverb, ÜBERS. P 24. **Interrogativadverb** *das,* fragendes Umstandswort, ÜBERS. P 24. **Interrogativpronomen** *das,* fragendes Fürwort, ÜBERS. P 24. **Interrogativsatz** *der,* Fragesatz, ÜBERS. S 79.

Interruption [lat. interrumpere ›unterbrechen‹] *die, -/-en,* Unterbrechung; Störung.

Intersex [vgl. inter... und lat. sexus ›Geschlecht‹] *der, -es/-e,* Zwischenform zwischen männl. und weibl. Lebewesen. **Intersexualität** *die,* Zwischengeschlechtlichkeit. **intersexuell.**

Intershop ['intərʃɔp, engl., Kurzw. aus international und

Shop] *der,* Dt. Dem. Rep.: Geschäft, das Waren nur gegen frei konvertierbare Währung verkauft.

interstellar [vgl. inter... und lat. stella ›Stern‹], zwischen den Sternen befindlich: *interstellare Materie; interstellarer Flug,* Raumflug bis zu anderen Fixsternen.

interstitiell, *interstitielles Gewebe,* ♀. **Interstitium** [lat.] *das, -s/. . .ti|en,* Zwischenraum.

interterritorial [lat., zu territorium ›Gebiet‹], zwischenstaatlich: *interterritoriale Vereinbarungen.*

Inter|trigo [lat. ›wundgeriebene Stelle‹] *die, -/. . .gines,* ♀ das Wundsein der Haut, Hautwolf.

inter|urban [lat., zu urbs ›Stadt‹], ⚘, *noch österr.:* zwischenstädtisch, fern. . .: *interurbane Telefongespräche.*

Intervall [lat. intervallum ›Zwischenraum‹] *das, -s/-e,* **1)** Zwischenraum, Zwischenzeit: *Intervalltraining.* **2)** ♪ Abstand zwischen zwei Tönen, ABB. N 9.

intervalutarisch [vgl. inter... und Valuta], im Verhältnis zu anderen Währungen: *intervalutarischer Kurs,* Devisenkurs.

Intervenient *der, -en/-en,* jemand, der interveniert. **intervenieren** [lat. intervenire ›dazwischenkommen‹], *ich* interveniere (habe interveniert) *in einer Sache,* schreite ein, vermittle, veranlasse eine Intervention. **Intervention** *die, -/-en,* **1)** Vermittlung, Einmischung, z. B. diplomat. oder gewaltsames Eingreifen eines Staates in die Verhältnisse eines anderen: *Interventionsklausel; Interventionsverbot.* **2)** Prozeßrecht: das Eintreten in einen anhängigen Prozeß; Wechselrecht: Ehreneintritt, Annahme oder Bezahlung eines Wechsels durch einen Dritten: *Interventionsklage.* **Interventionismus** *der, -,* staatl. Eingriffe in den Wirtschaftsablauf.

Interview [-vjuː, auch 'in-, engl. eigtl. ›Zusammenschau‹] *das, -s/-s,* Befragung (durch Reporter): *Befragungsgespräch zur Meinungsforschung: wir bringen ein I. mit dem Nobelpreisträger.* **interviewen** [-vjuːən], *ich* interviewe (habe interviewt) *ihn.* **Interviewer** [-vjuːər] *der, -s/-.*

Intervision [Kurzw. aus international und Television] *die, -,* Zusammenschluß der Rundfunkgesellschaften des Ostblocks zum Austausch von Fernsehprogrammen.

interzedieren [lat. intercedere ›dazwischentreten‹], *ich* interzediere (habe interzediert), **1)** *für ihn, etwas,* springe ein, verbürge mich. **2)** *bei etwas,* vermittle.

Interzeptor [engl. interceptor, zu lat. intercipere ›auffangen‹] *der, -s/. . .t'oren,* ⚘ Abfangjäger.

Interzession [lat. intercessio ›Einsprache‹] *die,* das Interzedieren.

interzonal, zwischen den Zonen bestehend. **Interzonen. . .,** ⚘ nach dem zweiten Weltkrieg zunächst auf die Besatzungszonen, dann auf die Bundesrep. Dtl. und die Dt. Dem. Rep. bezogen: *Interzonenhandel; Interzonenverkehr.*

intestabel [lat. intestabilis ›unfähig, Zeuge vor Gericht zu sein‹], ⚖⚖ unfähig, als Zeuge aufzutreten oder im Testament aufzusetzen. **Intestat|erbfolge** *die,* gesetzl. Erbfolge.

intestinal [lat. intestinus ›innerlich‹], ♀ zum Darm gehörend; die Eingeweide betreffend.

In|thronisation [lat. in ›in‹, ›auf‹ und grch. thronos ›Thron‹] *die, -/-en,* feierl. Einsetzung, Erhebung auf den Thron: *die I. des Papstes.* **in|thronisieren,** *ich* inthronisiere (habe inthronisiert) *ihn.* **In|thronisierung** *die, -/-en.*

intim [lat. intimus ›der innerste‹], **1)** vertraut, eng befreundet: *sie sind intime Freunde.* **2)** vertraulich: *Intimsphäre,* der Bereich persönl. Erlebens, den der Mensch gegenüber der Umwelt abschirmt. **3)** den Sexualbereich betreffend: *sie haben intime Beziehungen; Intimhygiene; Intimspray.* **4)** bis ins Innerste gehend: *die intimsten Sehnsüchte des Menschen; ein intimer Kenner der Verhältnisse des Landes.* **5)** gemütlich, anheimelnd: *intime Beleuchtung.* **Intimität** *die, -/-en,* **1)** Vertraulichkeit: *bitte keine Intimitäten!* **2)** persönl. Angelegenheit, Nichtöffentliches. **Intimus** *der, -/. . .mi,* vertrauter Freund.

intolerant [lat. intolerans], andere Meinungen nicht respektierend, unduldsam. **Intoleranz** *die, -/-en.*

Intonation [lat. intonare ›erschallen‹] *die, -/-en,* Art der Tongebung, des Tonansatzes (beim Singen, Sprechen, Spielen eines Instruments). **intonieren,** *ich* intoniere (habe intoniert) *es,* stimme an.

in toto [lat.], im ganzen.

Intoxikation [lat. in ›in‹ und grch. toxon ›Pfeilgift‹] *die, -/-en,* Vergiftung.

in|tra. . . [lat. ›zwischen‹, ›innen‹, ›innerhalb‹], innerhalb: *intrakardial,* ♀ innerhalb des Herzens, ins Herz hinein. **In|trabilität** [lat. intrabilis ›zugänglich‹] *die, -,* Biologie:

Durchlaßfähigkeit der Zellplasmahaut für Makromoleküle. **In|trade** [ital. entrata ›Eingang‹, zu lat. intrare ›eintreten‹] *die, -/-n,* ♪ Vorspiel, Eröffnungssatz der Suite. **in|trakutan** [lat. cutis ›Haut‹], in der Haut; in die Haut hinein: *intrakutane Injektion.* **in|tra muros** [lat. ›innerhalb der Mauern‹], nicht öffentlich. **in|tramuskulär** [lat. musculus ›Muskel‹], Abk.: i. m., innerhalb oder ins Innere eines Muskels: *intramuskuläre Injektion.*

in|transigent [vgl. in... und lat. transigere ›ausgleichen‹], unzugänglich, unversöhnlich, ohne Kompromißbereitschaft, z. B. bei polit. Verhandlungen. **In|transigenz** *die, -.*

in|transitiv [vgl. in... und lat. transire ›hinübergehen‹], Ⓢ nichtzielend, ohne Akkusativobjekt (Verb), ÜBERS. V 2. **In|transitiv** *das, -s/-e,* intransitives Verb.

in|tra|uterin [vgl. intra... und lat. Uterus], innerhalb der Gebärmutter: *Intrauterinpessar,* ein mechan. Mittel zur Empfängnisverhütung. **in|travenös** [vgl. intra... und lat. vena ›Blutader‹], Abk.: i. v., innerhalb oder ins Innere einer Vene: *intravenöse Injektion.*

in|trigant [frz. intriguer ›hinterlistig‹, zu lat. intricare ›in Verlegenheit bringen‹], ränkesüchtig, hinterlistig. **In|trigant** *der, -en/-en.* **In|trige** *die, -/-n,* hinterlistiger Plan, Ränkespiel: *Intrigenwirtschaft.* **in|trigieren,** ich intrigiere (habe intrigiert) *gegen ihn.*

in|tro... [lat. ›hinein‹, ›ein...‹, ›herein‹, ein..., hinein... **In|troduktion** [lat. ›das Hereinführen‹] *die, -/-en,* ♪ Einleitung, Vorspiel. **In|troitus** [lat. ›Eingang‹] *der, -/-,* 1) Einleitung, Teil der Messe. 2) ♀ Eingang in ein Hohlorgan, z. B. die Scheide. **in|trors** [lat. introrsum ›nach innen‹], ⊕ nach innen gewendet (menschl. Interesse): *ein introvertierter Typ, Mensch.*

In|trusion [frz., zu lat. in ›hinein‹ und trudere ›stoßen‹, ›drängen‹] *die, -/-en,* ⊕ Eindringen von Magma in einen Gesteinsverband. **in|trusiv,** *Intrusivgestein.*

Intubation [lat. in ›in‹ und tubus ›Röhre‹] *die, -/-en,* ♀ das Einlegen einer Röhre: *Intubationsnarkose.* **intubieren,** ich intubiere (habe intubiert) *es.*

Intuition [lat. intueri ›anschauen‹] *die, -/-en,* Eingebung, unmittelbares Erfassen ohne Reflexion. **intuitiv.**

Intumeszenz [lat. intumescere ›anschwellen‹] *die, -/-en,* ♀ Anschwellung, normale Verdickung im Bereich eines Organs.

Inturgeszenz [lat. inturgescere ›aufschwellen‹] *die, -/-en,* ♀ Aufschwellung von Gewebe durch Flüssigkeitsansammlung.

intus [lat. ›innen‹, ›drinnen‹], *ich habe es i.,* ∪ habe es gegessen, getrunken, ∪ begriffen.

Inulin [lat. inula ›Alant‹ (Pflanze)] *das, -s,* pflanzl. Reservestoff, bes. in Korbblütlern.

In|undation [lat. inundatio] *die, -/-en,* Überschwemmung: *Inundationsgebiet.*

In|unktion [lat. in ›in‹ und unguere ›salben‹] *die, -/-en,* ♀ Einreibung.

in usum Delphini [lat.], ad usum Delphini.

Invagination [lat. in ›in‹ und vgl. Vagina] *die, -/-en,* ♀ Einstülpung (des Darms).

invalid(e) [lat. invalidus ›kraftlos‹, ›schwach‹]. **Invalide** *der, -n/-n,* dauernd Arbeits- oder Dienstunfähiger: *Kriegsinvalide; Invalidenversicherung.* **Invalidität** *die, -,* dauernde Erwerbsunfähigkeit.

invariabel [vgl. in... und lat. variabel], unveränderlich: *invariable Größen.* **Invariante** *die, -/-n,* unveränderl. Größe.

Invasion [spätlat. invasio, zu invadere ›feindlich eindringen‹] *die, -/-en,* Einfall, feindl. Eindringen in fremdes Gebiet. **Invasor** *der, -s/...s'oren, meist Pl.,* eindringender Feind.

Invektive [lat. invectio, zu invehere ›hineinbringen‹, ›gegen jemanden losfahren‹] *die, -/-en,* Schmähung.

Inventar [spätlat. inventarium] *das, -s/-e,* Bestand, Bestandsverzeichnis, Einrichtungs-, Vermögensgegenstände eines Unternehmens: *lebendes, totes I.; Inventaraufnahme; Inventarverzeichnis.* **Inventarisation** *die, -/-en.* **inventarisieren,** ich inventarisiere (habe inventarisiert) *es,* nehme in ein Bestandsverzeichnis auf. **Inventarisierung** *die, -/-en.*

Invention [lat. inventio] *die, -/-en,* 1) ♾ Einfall, Erfindung. 2) ♪ Musikstück, in dem nur ein Thema ohne besondere Vorschriften verarbeitet ist.

Inventur [mlat. inventura, zu Inventar] *die, -/-en,* Bestandsaufnahme, Aufnahme des Inventars: *Inventurprüfung.*

Inventurausverkauf *der,* Räumungsausverkauf nicht mehr gängiger Waren.

in verba magi|stri [lat. verbum ›Wort‹ und magister ›Meister‹], auf des Meisters Worte (schwören).

invers, umgekehrt. **Inversion** [lat. inversio] *die, -/-en,* 1) Umkehrung, Umstellung, z. B. der gewöhnl. Wortfolge im Satz, des Drehsinns einer optisch aktiven chem. Verbindung. 2) Meteorologie: Umkehrung der normalen Temperaturschichtung in der Atmosphäre: *Inversionswetterlage.* 3) ♀ Homosexualität. 4) ⊕ Reliefumkehr. 5) ♪ Umkehrung.

Invertase [lat. invertere ›umwandeln‹] *die, -,* ein Enzym der Hefe.

Inverte|brat [lat. in ›in‹ und vertebra ›Wirbelknochen‹] *der, -en/-en, meist Pl.,* Evertebrat.

invertiert [lat. invertere ›umkehren‹], umgekehrt; (krankhaft) verändert; homosexuell. **Invertzucker** *der,* Gemisch von Trauben- und Fruchtzucker.

investieren [ital. investire ›einkleiden‹, zu lat. vestis ›Kleidung‹], *ich investiere* (habe investiert), 1) *ihn,* setze ins Amt ein. 2) *Geld,* lege an: *er hat viel Zeit und Mühe in dieses Unternehmen investiert,* Ü dafür aufgewendet. **Investierung** *die, -/-en.* **Investition** *die, -/-en,* Geldanlage; Verwendung von Kapital zum Kauf von Produktionsmitteln: *Investitionsgüter; Investitionshilfe; Investitionslenkung; Auslandsinvestitionen.* **Investitur** *die, -/-en,* Einweisung in ein (geistliches) Amt. **Investivlohn** *der,* der Teil des Arbeitsentgelts, der auf Grund von Vereinbarungen nicht bar ausgezahlt, sondern investiert wird. **Investment** *das, -s/-s,* Investition, Geldanlage: *Investmentgesellschaft,* Kapitalanlagegesellschaft; *Investmentzertifikat,* Wertpapier, das einen Anteil an einem Wertpapierfonds verbrieft. **Investor** *der, -s/...st'oren,* Kapitalanleger.

in vino veritas [lat. vino ›Wein‹ und veritas ›Wahrheit‹], im Wein ist Wahrheit.

in vitro [lat. vitrum ›Glas‹], im Reagenzglas.

in vivo [lat. vivus ›lebendig‹], im lebenden Organismus.

Invokation [lat. invocatio] *die, -/-en,* Anrufung Gottes. **Invokavit** [lat. invocavit ›Er hat (mich) angerufen‹], 1) evang. Kirche: der 6. Sonntag vor Ostern, ÜBERS. J 2. 2) kath. Kirche: der 1. Fastensonntag.

Involution [lat. involvere ›einwickeln‹] *die, -/-en,* Umkehrung, Rückbildung. **involvieren,** *es* involviert (hat involviert) *es,* schließt ein, begreift in sich, zieht nach sich.

inwärts [mhd. inwertes], nach innen gerichtet. **inwendig** [mhd. inwendic], im Innern (des Körpers) befindlich: *das kenne ich in- und auswendig,* ∪ ganz genau, sehr gründlich.

inwiefern, in welcher Hinsicht, wieso: *i. ist er der Schuldige?*

inwieweit, in welchem Maße: *ich weiß nicht, i. er daran beteiligt ist.*

Inwohner [mhd. inwoner] *der, -s/-,* 1) ✿✿ Bewohner; Einwohner. 2) österr. auch: Mieter.

Inzensation [lat. incendere ›anzünden‹] *die, -/-en,* Beräucherung mit Weihrauch.

Inzest [lat. incestus ›Unzucht‹] *der, -(e)s/-e,* Form der Inzucht zwischen Eltern und Kindern sowie zwischen Geschwistern, Blutschande. **inzestuös.**

Inzision [lat. incisio, zu incidere ›einschneiden‹] *die, -/-en,* Einschnitt. **Inzisivus** *der, -/...vi,* Schneidezahn.

Inzucht [zu Zucht] *die, -,* Fortpflanzung unter nahe verwandten Lebewesen, z. B. unter Blutsverwandten.

inzwischen [zu zwischen], unterdessen, während das geschah: *ich koche noch Tee, i. kannst du den Tisch decken.*

Io, ❍ Zeichen für: Ionium.

I. O. M. [lat.], Abk. für: Iovi optimo maximo ›Jupiter, dem Besten und Mächtigsten‹, Eingangsformel römischer Weihinschriften.

Ion [grch. ion ›gehend‹, zu ienai ›gehen‹] *das, -s/-en,* elektrisch geladenes Atom oder elektrisch geladene Atomgruppe: *Ionenaustauscher; Ionenbindung.*

...ion [frz., aus lat.], Ableitungssilbe für weibl. Substantive: *die Explosion; die Revolution.*

Ioni|er *der, -s/-,* Angehöriger eines altgriech. Volksstammes.

Ionisation *die, -/-en,* Ionisierung, die Ionenbildung durch Abspaltung oder Anlagerung von Elektronen an neutralen Atomen und Molekülen: *Ionisationskammer; Ionisationsenergie; Photoionisation.*

ionisch, 1) die Ionier betreffend. 2) ⊞ zu einer Stilform der griech. Baukunst gehörend: *ionische Säule,* ABB. S 8.

ionisieren [zu Ion], *ich ionisiere* (habe ionisiert) *es:*

ionisierende Strahlen. **Ionisierung** *die, -/-en,* Ionisation.
Ionium *das, -s,* ⊙ Zeichen: Io, nichtsystemat. Bez. für das
Thorium-Isotop 230. **Iono|sphäre** [zu Ion und Sphäre] *die, -,*
hochgelegener, elektrisch leitfähiger Teil der Atmosphäre.
Iota *das, -(s)/-s,* griech. Buchstabe, Übers. G 36; vgl. Jota.
Ipekaku|an|ha [-'aŋa, indian.] *die, -,* ⊕ Brechwurzel.
Iphigenie [-iə, grch. ›die Kraftgeborene‹], weibl. Vorname.
Ipsation [lat. ipse ›selbst‹] *die, -/-en,* Masturbation. **ipse
fecit** [lat. facere ›tun‹, ›machen‹, Abk.: i. f., er hat es selbst
gemacht (Künstlervermerk). **Ipsismus** *der, -/. . .men,* Ipsa-
tion. **ipsissima verba** [lat. verbum ›Wort‹], seine eigenen
Worte. **ipso facto** [lat. factum ›Tat‹], ♐♐ durch die Tat selbst.
ipso iure [lat. ius ›Recht‹], ♐♐ durch das Recht selbst.
i-Punkt *der,* Punkt auf dem i.
IQ [i:k'u: oder aikj'u:], Abk. für: Intelligenzquotient.
ir. . ., vgl. in. . .
Ir, ⊙ Zeichen für: Iridium.
i. R., Abk. für: im Ruhestand(e).
Irade [türk.] *der* oder *das, -s/-n,* früher: Erlaß des Sultans.
Irbis [mongol.] *der, -ses/-se,* ♌ Schneeleopard.
irden [ahd. irden], aus gebrannter Erde: *irdenes Geschirr,*
Tonwaren, Steingut. **irdisch,** auf der Erde wohnend; vergäng-
lich; weltfreudig: *es ging den Weg alles Irdischen; die irdischen
Freuden; die irdische Hülle,* P Leichnam.
Ire *der, -n/-n,* Irländer, Bewohner der Insel Irland.
Irene [grch. eirene ›Friede‹], weibl. Vorname. **Irenik** *die, -,*
Friedensliebe, Friedenslehre. **irenisch.**
irgend [mhd. iergen], **1)** überhaupt nur: *ich komme, wenn
ich i. kann.* **2)** *i. etwas, i. jemand,* gleichgültig oder unbekannt
was, wer. **irgend. .,** bildet unbestimmte Adverbien und
Pronomen: *irgendeinmal; irgendwann; irgendwelche; irgend-
wie; irgendwo (anders); irgendwoher; irgendwohin.* **irgend-
einer,** U irgend jemand. **irgendwas** [ahd. (h)iowiht ›(irgend)
etwas‹] U irgend etwas. **irgendwann,** U irgend jemand.
Iridium [grch. iris ›Regenbogen‹] *das, -s,* ⊙ Element,
Zeichen: Ir. **Iridologie** [vgl. . . .logie] *die, -,* Augendiagnose.
Irin *die, -/-nen,* Irländerin, Bewohnerin Irlands.
Iris [grch. ›Regenbogen‹], **1)** griech. Mythologie: eine
Göttin. **2)** *die, -/-,* ♀ Regenbogenhaut im Auge, Abb. A 24.
3) *die, -/-,* ⊕ Schwertlilie.
irisch, Irland und die Iren betreffend. **Irish-Coffee** ['airiʃ
k'ɔfi, engl.] *der, -(s)/-(s),* heißer Kaffee mit Whisky, Zucker
und Schlagsahne. **Irish-Stew** ['airiʃ stju:, engl. irish ›irisch‹
und to stew ›langsam kochen‹] *das, -(s),* Gericht aus Hammel-
fleisch, Weißkraut und Kartoffeln.
irisieren [zu Iris], *es* irisiert (hat irisiert), schillert in den
Regenbogenfarben. **Iritis** *die, -/. . .t'iden,* ♀ Entzündung der
Regenbogenhaut.
Irma, Irmgard, Irmtraud [zu Irmin, germ. Stammesgott,
ahd. gart ›Schutz‹, vgl. Gertraud], weibl. Vornamen.
Irokese *der, -n/-n,* Angehöriger einer Gruppe sprachver-
wandter Indianerstämme Nordamerikas.
Ironie [grch. eironeia ›Verstellung‹, ›Ironie‹] *die, -/. . .n'i-
en,* unter scheinbarer Anerkennung versteckter Spott: *I. des
Schicksals,* Ü entscheidende Veränderung einer Situation, die
allen Erwartungen hohnspricht. **ironisch,** *eine ironische
Bemerkung.* **ironisieren,** *ich* ironisiere (habe ironisiert), *es.*
irr, vgl. irre.
Irradiation [lat. irradiatio] *die, -/-en,* **1)** Ausstrahlung, z. B.
von Schmerzen. **2)** opt. Täuschung, die sich in der Verschie-
bung der Hell-Dunkel-Grenze zum halben Ich äußert.
irrational [lat. irrationalis ›unvernünftig‹], **1)** nicht durch
Verstandesbegriffe erfaßbar; gefühlsbedingt. **2)** △ durch
keinen Bruch oder period. Dezimalbruch ausdrückbar (Zahl).
Irrationalismus *der, -.*
irre [ahd. irri], auch irr, **1)** unsicher, zweifelnd: *ich bin an
ihm irr(e) geworden, könnte an ihm irr(e) werden;* vgl. aber:
irreführen, irregehen, irreleiten, irremachen, irrereden. **2)** wirr
im Kopf; seelisch gestört: *irre Blicke; er soll irr(e) sein; manisch-
depressives Irr(e)sein.* **3)** U von der Norm abweichend, mit
ausgeprägten Eigenheiten: *ein irrer Typ.* **4)** U sehr: *irr(e)
komisch.* **Irre, 1)** *die, -/-n,* falsche Richtung, unklares Ziel: *ich bin
in die I. gegangen; man hat mich in die I. geführt,* Ü mich
getäuscht. **2)** *der, die, -n/-n, ein i. e,* jemand, der seelisch
krank oder gestört ist: *Irrenanstalt,* ♐♐.
irreal [vgl. in. . .und lat. real], nicht real, unwirklich: *irreale
Vorstellungen.* **Irreal** *der, -/. . .le,* **Irrealis** *der, -/. . .les,*
Ⓢ Modus zur Bez. eines Wunsches oder einer Aussage über
etwas Unwirkliches. **Irrealität** *die, -.*
Irredenta [ital. ›die Unerlöste‹] *die, -/. . .ten,* nationale

Minderheit, die zum Mutterland zurückstrebt. **Irredentis-
mus** *der, -.* **Irredentist** *der, -en/-en.*
irreduzibel [auch -ts'i:-, vgl. in. . .und reduzibel], nicht
zurückführbar, nicht ableitbar.
irreführen, *ich* führe *ihn* irre (habe irregeführt), führe ihn
einen falschen Weg, Ü täusche ihn: *ein irreführender Bericht.*
Irreführung *die.* **irregehen,** *ich* gehe irre (ging irre, bin
irregegangen), komme vom rechten Weg ab.
irregulär [auch -l'ɛ:r, vgl. in. . .und regulär], unregelmäßig,
ungesetzmäßig. **Irregularität** *die, -/-en.*
irreleiten, *ich* leite *ihn* irre (habe irregeleitet), führe auf
einen falschen Weg, leite (erzieherisch) falsch.
irrelevant [auch -v'ant, vgl. in. . .und relevant], unbedeu-
tend, unerheblich. **Irrelevanz** *die, -/-en.*
irreligiös [auch -gi'ø:s, lat. irreligiosus], religionslos, nicht
religiös. **Irreligiosität** *die, -.*
irremachen, *ich* mache *ihn* irre (habe irregemacht), mache
unsicher, zweifelnd: *laß dich nicht irremachen!* **irren** [ahd.
irron], *ich* irre, **1)** (habe geirrt) *mich (in etwas, in ihm),* urteile
falsch, handle wider Willen unrichtig: *Irren ist menschlich; in
diesem Fall hat er sich geirrt; wir haben uns in der Hausnummer
geirrt.* **2)** (bin geirrt), schweife umher, ohne das Ziel zu finden:
sie irrte durch die Straßen.
irreparabel [auch -r'a:-, lat. irreparabilis], nicht wiederher-
stellbar, unersetzlich.
irrereden, *er* redet irre (hat irregeredet), spricht wirr, im
Wahn oder Fieber.
irreversibel [auch -s'i:-, vgl. in. . .und reversibel], nicht
umkehrbar, nicht rückgängig zu machen. **Irreversibilität**
die, -/-en.
Irrfahrt [mhd. irrevart] *die,* Fahrt in die Irre, Suche nach dem
richtigen Weg. **Irrgarten** *der,* Labyrinth, irreführendes Wege-
system, vgl. Abb. L 1. **irrig,** auf einem Irrtum beruhend, falsch:
eine irrige Meinung; irrigerweise.
Irrigation [lat. irrigatio, zu irrigare ›bewässern‹] *die, -/-en,*
1) Bewässerung. **2)** ♀ Darm-, Scheidenspülung. **Irrigator** *der,
-s/. . .t'oren,* ♀ Gefäß, das für Spülungen gebraucht wird.
irritabel [lat. irritabilis], reizbar, erregbar. **Irritabilität**
die, -. **Irritation** *die, -/-en.* **irritieren** [lat. irritare ›reizen‹],
ich irritiere (habe irritiert) *ihn,* störe, errege, reize; mache
unsicher: *das eintönige Geräusch hat mich irritiert; ihre Blicke
irritierten ihn; sie schaute irritiert von ihrer Arbeit auf.*
Irrläufer [zu irre] *der,* falsch beförderter Gegenstand.
Irrlehre *die,* falsche Lehre. **Irrlicht** *das,* eine Lichterscheinung
über Mooren, im Volksglauben als Geister oder brennende
Seelen gedeutet. **irrlichtelieren,** *es* irrlichteliert (hat irrlichte-
liert), P irrlichtern. **Irrnis** *die, -/-se,* P Wirrnis. **Irrsal** *das,
-/-se,* ♐♐, **Irrsal** *das, -(e)s/-e,* P Kette von Irrtümern, Wirrnis,
Unklarheit. **Irrsinn** *der, -(e)s,* **1)** Irresein, Schwachsinn,
seelische Störung. **2)** U Unvernunft. **irrsinnig,** *ich* habe mich i.
gefreut, U sehr. **Irrtum** *der, -s/''er, ein* Urteil, das sich als falsch
erweist: *ein I. ist ein I. unterlaufen, ein Fehler, ein Versehen;
I. vorbehalten,* Klausel, die Berichtigungen vorbehält. **irrtüm-
lich. irrtümlicherweise. Irrung** *die, -/-en,* ♐♐ Irrtum. **Irrweg**
der, Weg in die Irre. **Irrwisch** [ahd. wisc ›leuchtende Fackel‹]
der, **1)** Irrlicht. **2)** U Wildfang, flatterhaftes Geschöpf. **Irrwitz**
der, -es, Widersinn, Absurdität: *der I. des Lebens.* **irrwitzig.**
is. . ., vgl. iso. . .
Isaak [auch 'i:zak, hebr. ›(Gott) möge lächeln, lachen‹],
männl. Vorname.
Isabella [span., vermutlich zu Elisabeth, span. bella
›schön‹], weibl. Vorname. **Isabelle** [nach der Farbe des Hem-
des der Erzherzogin Isabelle, das sie angeblich 1601 bis 1604
getragen hat] *die, -/-n,* graugelbes Pferd mit heller Mähne und
hellem Schweif. **isabellfarben, isabellfarbig,** graugelb.
Is|agoge [grch. eisagoge] *die, -/-n,* Einleitung, Einführung
(in eine Wissenschaft).
Isatin *das, -s,* ⊙ organ. Verbindung; Grundstoff für Indigo-
farbstoffe und Arzneimittel.
. . .isch, Ableitungssilbe für Adjektive, **1)** Herkunft oder
Art bezeichnend: *französisch; kölnisch; modisch.* **2)** bei
Doppelformen bezeichnet . . .lich die Zugehörigkeit, . . .isch
abwertend die Eigenschaft: *kindlich – kindisch.*
Ischämie [isç-, grch. ischein ›zurückhalten‹ und haima
›Blut‹] *die, -/. . .m'i|en,* ♀ Blutleere eines Gewebes oder Organs
infolge aufgehobener Blutzufuhr.
Ischi|algie [grch. algos ›Schmerz‹] *die, -/. . .g'i|en,* **Ischi|as**
[grch., zu ischion ›Hüftbein‹] *die, -,* U *der* oder *das, -,* Hüftweh,
Erkrankung des Hüftnervs; *Ischiasnerv,* Hüftnerv.
Ischtar, Istar, babylon. Mythologie: eine Göttin.

Isch|urie [isç-, grch. ischein ›zurückhalten‹ und ouron ›Harn‹] *die, -/. . .r'i|en,* ♂ Harnverhaltung.

Ise|grim [ahd. Isangrim ›Eisenhelm‹], **1)** der Wolf in der Tierfabel. **2)** *der, -s/-e,* Ü mürrischer Mensch.

Isidor [grch. Isidoros ›der von Isis Geschenkte‹], männl. Vorname.

Isis, altägypt. Mythologie: eine Göttin.

Islam [arab. ›Heilszustand‹, ›Hingabe an Gott‹] *der, -s,* die von dem Propheten Mohammed gestiftete Religion. **isla-misch. islamisieren,** *ich* islamisiere (habe islamisiert) *ihn, es,* bekehre zum Islam. **Islamit** *der, -en/-en,* Muslim. **islami-tisch,** islamisch.

Isma|el [hebr. ›Gott möge hören‹], B männl. Vorname.

Ismaelit [-mae-, nach Ismael, dem Sohn Abrahams und der ägypt. Sklavin Hagar] *der, -en/-en,* Angehöriger einer moham-medan. Sekte.

. . .ismus [nhd., zu lat. . . .ismus, grch. . . .ismos], Ableitungssilbe für männl. Substantive, eine Richtung, ein System, eine Eigentümlichkeit ausdrückend: *der Realismus; der Sozia-lismus; der Organismus.* **Ismus** *der, -/. . .men,* verächtl. Bez. für eine geistige Richtung, für reine Theorie.

iso. . . [grch. isos ›gleich‹, vor Vokalen meist *is. . ., gleich. . .* **Isobar** [grch. baros ›Schwere‹, ›Druck‹, ›Masse‹] *das, -s/-e, meist Pl.,* Kernphysik: Atomkerne mit gleicher Anzahl von Nukleonen, aber unterschiedl. Protonenzahl. **Isobare** *die, -/-n, meist Pl.,* Meteorologie, Ozeanographie: Linien gleichen Drucks. **Iso|chromasie** [grch. chroma ›Farbe‹] *die, -,* gleich-mäßige Lichtempfindlichkeit photograph. Materials. **iso-chromatisch. iso|chron** [grch. chronos ›Zeit‹], von gleicher Zeitdauer; gleichzeitig. **Iso|chrone** *die, -/-n, meist Pl.,* Meteorologie: Linien gleichen zeitl. Eintreffens von Vorgän-gen, z. B. Regen. **Iso|chronismus** [vgl. . . .ismus] *der, -,* gleichmäßige Schwingungsdauer, bes. bei Uhren. **Isogamie** [vgl. . . .gamie] *die, -/. . .m'i|en,* Biologie: Fortpflanzung durch gleichgestaltete Keimzellen. **Isogeotherme** [grch. ge ›Erde‹ und therme ›Wärme‹] *die, -/-n, meist Pl.,* Geophysik: Linien gleicher Erdtemperatur für eine bestimmte, größere Tiefe. **Iso|glosse** [vgl. Glosse] *die,* in einem Sprachatlas Linie, die Orte gleichen Sprachgebrauchs verbindet. **Isogon** [grch. gonia ›Winkel‹] *das, -s/-e,* regelmäßiges Vieleck. **isogonal,** gleich-winklig. **Isohyete** [grch. hyetos ›Regen‹] *die, -/-n, meist Pl.,* Meteorologie: Linien gleicher Niederschlagsmenge (in einem Monat oder Jahr). **Isohypse** [grch. hypsos ›Höhe‹] *die, -/-n, meist Pl.,* Topographie, Kartographie, Meteorologie: Linien gleicher Höhe über einer Bezugsfläche. **Iso|kline** [grch. klinein ›beugen‹] *die, -/-n, meist Pl.,* Geophysik: Linien gleicher erdmagnet. Inklination.

Isolation [frz., zu isolieren] *die, -/-en,* das Isolieren; der durch Isolierung erreichte Zustand; Absonderung, Abkaps-lung, Getrennthaltung. **Isolationismus** [vgl. . . .ismus] *der, -,* Bestrebung in den Vereinigten Staaten, sich weitgehend vom Ausland abzuschließen. **isolationistisch. Isolator** *der, -s/. . .t'oren,* Stoff, Gerät zum Isolieren, ABB. I 1.

Isolde [wohl kelt., ahd. ›die über die Eisenwaffen Walten-de‹], weibl. Vorname.

isolieren [ital. isolare ›abtrennen‹, zu lat. insula ›Insel‹], *ich* isoliere (habe isoliert), **1)** *ihn, mich,* sondere ab, z. B. Häftlinge, Kranke (zum Schutz gegen Ansteckung): *Isolierstation; er lebt völlig isoliert; isolierende Sprachen,* deren Bildung die Wörter nur durch ihre Funktion im Satz verständlich sind. **2)** *es,* verhindere Zutritt oder Abfluß von Wärme, Kälte, Strom, Wasser oder Schall: *Isolierband.* **Isolierung** *die, -/-en.*

isomer. Isomer [vgl. iso. . . und grch. meros ›Teil‹] *das, -s/-e,* **Isomere** *das, -n/-n, ein. meist Pl.,* ○ chemisch und physikalisch verschiedene Stoffe von gleicher Zusammenset-zung und Molekülgröße. **Isomerie** *die, -,* ○. **Isome|trie** [vgl. . . .metrie] *die, -,* Gleichheit der Abmessungen oder des Metrums. **isome|trisch, 1)** maßstabgerecht, längengetreu. **2)** *isometrisches Training,* ein Krafttraining zur Stärkung der Muskeln. **isomorph** [vgl. . . .morph], gleichgestaltig, z. B. von gleicher Kristallform. **Isomorphie** *die, -,* ○. **Iso|pren** *das, -s,* flüssiger Kohlenwasserstoff; Grundstoff des Kautschuks. **Isoseisme, Isoseiste** [grch. seismos ›Erschütterung‹] *die, -/-n, meist Pl.,* Geophysik: **1)** Linien gleicher Erdbebenhäufig-keit. **2)** Linien gleicher Erdbebenintensität. **Iso|spin** [vgl.

Spin] *der,* eine Quantenzahl. **Isostasie** [grch. stasis ›Stehen‹, ›Standort‹] *die, -,* Geophysik: der Gleichgewichtszustand der Erdkrustenschollen. **Isosterie** [vgl. Stereo] *die, -/. . .r'i|en,* ○ gleiche Elektronenzahl, Elektronenkonfiguration und Ge-samtladung bei gleichatomigen Molekülen und Ionen. **Iso-therme** [grch. therme ›Wärme‹] *die, -/-n, meist Pl.,* Physik, Meteorologie, Ozeanographie: Linien gleicher Temperatur. **Iso-top** [grch. topos ›Ort‹] *das, -s/-e,* verschiedene schwere Atom-arten des gleichen chem. Elements. **Isotopenbatterie** *die,* Ge-rät zur Umwandlung der Zerfallsenergie radioaktiver Isotope in elektrische. **Iso|tron** [Isotop und grch. arotron ›Pflug‹] *das, -s/-s* oder . . .*tr'one,* Gerät zur Isotopentrennung. **iso|trop** [grch. trepein ›wenden‹]. **Iso|tropie** *die, -,* Richtungsunabhän-gigkeit des physikal. und chem. Verhaltens eines Stoffes.

Israeli [hebr. ›Gottesstreiter‹] *der, -(s)/-(s),* -/-(s), Bewohner(in) des vorderasiat. Staates Israel. **israelisch. Israelit** [-ae-] *der, -en/-en,* Jude. **Israelitin** *die, -/-nen,* Jüdin. **israelitisch.**

. . .isse [lat.], Ableitungssilbe für weibl. Substantive: *die Diakonisse; die Hornisse.*

. . .issimo [ital.], ♪ steigernd: *pianissimo.*

ißt, von essen.

ist, von sein. **Ist. . .,** tatsächlich vorhanden: *der Istbestand; die Iststärke, Effektivstand; das Istmaß.*

. . .ist [lat.-grch.], Ableitungssilbe für männl. Substantive, Beruf, Tätigkeit oder Überzeugung einer Person ausdrückend: *der Posaunist; der Germanist; der Idealist.*

Istar, Ischtar.

isth|misch, zu einem Isthmus gehörend, aber: *Isthmische Spiele,* antike Festspiele am Isthmus von Korinth. **Isthmus** [grch. isthmos] *der, -/. . .men,* Enge; Landenge.

. . .istik [frz., über lat.-grch.], Ableitungssilbe für weibl. Substantive: *die Belletristik; die Romanistik.*

Istwäone *der, -n/-n,* Angehöriger eines westgerman. Stammes. **istwäonisch.**

it., Abk. für: item.

Itai-Itai-Krankheit [japan. itai ›schmerzhaft‹] *die,* in Japan beobachtete Umweltkrankheit.

Itala *die,* in Italien entstandene älteste latein. Bibelüber-setzung. **Italer, Italiker** *der, -s/-,* indogerman. Bewohner des alten Italiens. **italisch.**

. . .ität [lat.], Ableitungssilbe für weibl. Substantive: *die Kausalität; die Realität.*

Itazismus [grch.], Aussprache der altgriech. Laute ei und langes e als langes i.

item [lat.], Adv.: it., ⚭ ebenso, ferner. **Item** *das, -s/-s,* **1)** noch fragl. Angelegenheit, das Weitere. **2)** [auch 'aitəm, engl.], Einzelangabe; Einzelfaktum. **3)** Psychologie: Einzelaufgabe eines Tests: *Testitem; Itemanalyse.*

Iteration [lat. iteratio, zu iterare ›wiederholen‹] *die, -/-en,* **1)** Wiederholung. **2)** △ Wiederholung einer Rechenoperation auf der Grundlage des zuvor erzielten Resultats. **iterativ. Iterativ** *das, -s/-e,* **Iterativum** *das, -s/. . .va,* Verb, das eine Wieder-holung ausdrückt, z. B. *hüsteln,* oft ein wenig husten.

Itinerar [lat. iter ›Weg‹, ›Gang‹] *das, -s/-e,* **Itinerarium** *das, -s/. . .ri|en,* **1)** Wegebuch der röm. Zeit. **2)** ⊕ Wegebeschrei-bung der Forschungsreisenden in noch nicht vermessenen Gebieten.

. . .itis [grch.], Ableitungssilbe für weibl. Substantive zur Bezeichnung von Entzündungen: *die Bronchitis; die Gastritis.*

I-Tüpfelchen *das,* **1)** U Punkt auf dem i. **2)** Ü letzte Abrundung, Vollendung.

Itzig [zu Isaak] *der, -s/-e,* ⚭ verächtlich: Jude.

itzo, itzt, itzund [alte Nebenformen], ○ jetzt.

. . .ium [lat.], Ableitungssilbe für sächl. Substantive: *das Aquarium; das Stadium.*

i. v., Abk. für: intravenös.

i. V., Abk. für: in Vertretung; in Vollmacht.

. . .ive [frz.-lat.], Ableitungssilbe für weibl. Substantive: *die Defensive; die Offensive.*

Ivo [ahd. iwa ›Eibe‹], männl. Vorname.

Iwan [russ., zu dt. Johannes], **1)** männl. Vorname. **2)** *der, -s/-s,* U der russ. Soldat. **3)** *der, -s,* U die Russen.

Iwrit(h) *das, -(s),* dem -, die neuhebräische Sprache.

i. w. S., Abk. für: im weiteren Sinn(e).

J

j, J [jɔt, österr. je:] *das, -/-*, ein Konsonant, der zehnte Buchstabe, Abb. A 8, Übers. A 26, G 34.
J, 1) ↻ Zeichen für: Jod. **2)** Zeichen für: Joule.
ja [ahd. ja], **1)** zustimmende Antwort: *ich kann ja oder nein sagen; kommst du?, ja!; ist das so?, ja!; ja doch, ja freilich, aber: jawohl; aber ja; ja, ja! oder jaja!; er sagt zu allem ja und amen,* Ü ist stets mit allem einverstanden. **2)** Ausruf mit unbestimmter Bedeutung: *ja, dann muß er eben mehr arbeiten; ja, was mache ich bloß?* **3)** sogar, gewiß: *das versichere, ja schwöre ich.* **4)** doch, bekanntlich: *das ist ja Fritz!; er sieht ja aus wie der Tod.* **5)** stark betont: unbedingt, sicher: *tu das ja nicht!* **Ja** *das, -(s)*, Einwilligung, Zustimmung: *er wurde um sein Ja gebeten; er antwortete mit (einem) Ja; du kannst mit Ja oder (mit) Nein stimmen.*
Jabot [ʒab'o, frz. ›Kropf‹] *das, -s/-s*, Brustkrause (am Herrenhemd, an der Bluse), Abb. M 16.
jach, *oberdt.:* jäh.
jachern, jachtern.
Jacht [niederl., zu jagen] *die, -/-en*, ein leichtes, schnelles Schiff, Abb. S 45: *Motorjacht.*
jachtern [zu jagen], *ich jacht(e)re (habe gejachtert), norddt.:* tolle umher, bin ausgelassen.
Jack [dʒæk, abgeleitet von frz. Jacques, engl., neben John zu Johannes] männl. Vorname.
Jäckchen *das, -s/-,* Abb. K 25. **Jacke** [frz. jaque (de mailles) ›Panzerhemd‹] *die, -/-n,* Kleidungsstück, Abb. K 24, K 25: *Jackenkleid; Strickjacke; ich haue ihm die J. voll,* Ü verprügele ihn; *das ist J. wie Hose,* Ü einerlei (eigentlich von demselben Stoff). **Jacketkrone** [dʒæ'kit-, engl. jacket ›Jacke‹, ›Hülle‹] *die,* eine Zahnkrone. **Jackett** [ʒak'ɛt, frz. jaquette] *das, -s/-s,* Jacke des Herrenanzugs.
Jackpot [dʒ'ækpɔt, engl.] *der, -(s)/-s,* **1)** Einsatz, der in eine gemeinsame Kasse kommt, bes. beim Poker. **2)** Toto, Lotto: bes. hohe Gewinnquote, da es im vorangegangenen Spiel keinen Gewinner im ersten Rang gab und diese Quote dazukam.
Jackstag [dʒ'æk-, engl. zu Jack] *das,* ↻ eine Metallschiene zum Befestigen des Segels an der Rahe.
Jac|quard [ʒak'a:r, nach dem französ. Erfinder J.-M. Jacquard, 1752–1834] *der, -(s)/-s,* Jacquardgewebe, ein großgemustertes Gewebe: *Jacquardmaschine.*
Jacqueline [ʒakl'in, frz.], weibl., **Jacques** [ʒak, zu Jakob], männl. Vorname.
Jade [frz., zu span. piedra ijada (hijada) ›Koliksten‹] *der* oder *die, -,* ein Schmuckstein (Nephrit, Jadeit). **jadegrün,** blaßgrün. **Jade** *der, -s/-e,* ein Mineral.
Jagd [mhd. jagat] *die, -/-en,* **1)** Weidwerk, weidgerechtes Erlegen, Fangen und Hegen des Wildes, Abb. J 1: *er geht auf die J.; die hohe J.,* die Jagd auf Hochwild, *die niedere J.,* auf alle anderen Wildarten; *Jagdhund; Jagdsignal; Fuchsjagd.* **2)** Ü Verfolgung, Wettlauf: *die J. nach dem Glück, auf Verbrecher.* **3)** die Teilnehmer einer Jagd: *Jagdgesellschaft; die Wilde Jagd,* ein Geisterheer. **4)** Jagdrevier, Ort zur Ausübung der Jagd. **jagdbar,** dem Jagdgesetz unterliegend, für Jäger erlegbar: *jagdbare Tiere.* **Jagdbarkeit** *die, -.* **Jagdflugzeug** *das,* ein Kriegsflugzeug. **Jagdgründe,** *Pl.: die ewigen J.,* Ü Totenreich (der Indianer). **Jagdhorn** *das,* Waldhorn. **Jagdhund** *der,* **1)** zur Jagd geeigneter Hund. **2)** *nur Pl.,* ✶ ein Sternbild.
jagdlich. Jagdschein *der,* **1)** Ausweis für die Ausübung der Jagd. **2)** Ü gerichtl. Feststellung der Unzurechnungsfähigkeit.
Jagdspringen *das, -s/-,* Pferdesport: Springreiten, ein Wettbewerb über Hindernisse. **Jagdwurst** *die,* eine Wurstsorte. **Jagdzeug** *das,* Hilfsmittel zum Einschließen des Wildes, Abb. J 1. **jagen** [ahd. jagon], **1)** gehe auf die Jagd, bin Jäger. **2)** *es,* suche als Jäger zu fangen, zu erlegen: *er jagt Rotwild.* **3)** (auch bin gejagt), Ü eile, haste. **4)** *ihn,* Ü treibe, hetze, verfolge: *sie jagten den Einbrecher in die Flucht.* **5)** *nach etwas,* Ü strebe ständig und ruhelos danach: *alles jagt nach Geld.* **Jagen** *das, -s/-,* regelmäßiges Forststück, durch gerade, unbeholzte Geländestriche begrenzt. **Jager** *der, -s/-,* ↻ vorderstes Segel eines Segelschiffs, Abb. K 29. **Jäger** *der, -s/-,* **1)** Weidmann, jemand, der die Jagd rechtmäßig ausübt: *Jägerprüfung; Jägersmann,* P. **2)** Soldat mit Spezialausbildung: *Panzerjäger; Gebirgsjäger.* ↻ Jagdflugzeug: *Düsenjäger.* **Jägerei** *die, -,* das Ausüben der Jagd. **Jägerlatein** *das,* stark übertreibende Erzählungen von Jagderlebnissen.
Jaguar [Tupí jagwara] *der, -s/-e,* größtes katzenartiges Raubtier Amerikas.
jäh [ahd. gahi], **1)** plötzlich, unvermittelt: *ein jäher Tod.* **2)** senkrecht, steil: *der Fels stürzt j. ab.* **Jähe, Jäheit** *die, -.* **jählings, 1)** in jäher Art. **2)** steil, senkrecht.
Jahr [ahd. jar] *das, -(e)s/-e,* Zeitraum eines einmaligen Umlaufs der Erde um die Sonne, beginnend mit dem 1. Januar, als Kirchenjahr mit dem 1. Advent, Übers. J 2: *dieses Jahres, Abk.: d. J.; heute vor einem J.; vor Jahren; in zwei Jahren; zwei Jahre später; alle Jahre; jedes J.; im Jahr(e) 2000 (n. Chr.), Abk.: i. J.; auf J. und Tag, für lange Zeit; nach J. und Tag, nach langer Zeit; Kinder ab 6 Jahre(n); er ist 18 Jahre (alt); ein Mann in jüngeren Jahren; er kommt in die Jahre, wird alt.* **jahraus, j., jahrein,** immer, Jahr für Jahr. **Jährchen** *das, -s/-.* **jahrelang,** mehrere Jahre dauernd: *das Werk entstand in jahrelanger Kleinarbeit; zwei Jahre lang.* **jähren** [mhd. jæren], *es jährt sich (hat sich gejährt),* ist vor einem Jahr geschehen: *unser Hochzeitstag j. sich zum vierten Mal.* **Jahresbericht** *der.* **Jahresfrist** *die, -: innerhalb J.* **Jahr(es)ring** *der,* Ring auf dem Querschnitt von Holzstämmen, Abb. B 15, H 23. **Jahrestag** *der,* Tag, an dem sich ein Ereignis jährt. **Jahreswechsel** *der,* **Jahreswende** *die: die besten Wünsche zum Jahreswechsel, zu beiden neuen Jahr.* **Jahreszahl** *die,* Nummer des Jahres in der Zeitrechnung, z. B. 1945. **Jahreszeit** *die,* einer der vier Abschnitte: Frühling, Sommer, Herbst und Winter, Übers. J 2. **jahreszeitlich.** **Jahrgang** *der, Abk.: Jg., Pl.* Jgg., in einem Jahr Erschienenes, Geborenes oder Geerntetes: *er ist J. 1944; (k)eine Jahrgangsschwelle zum Altensport.*

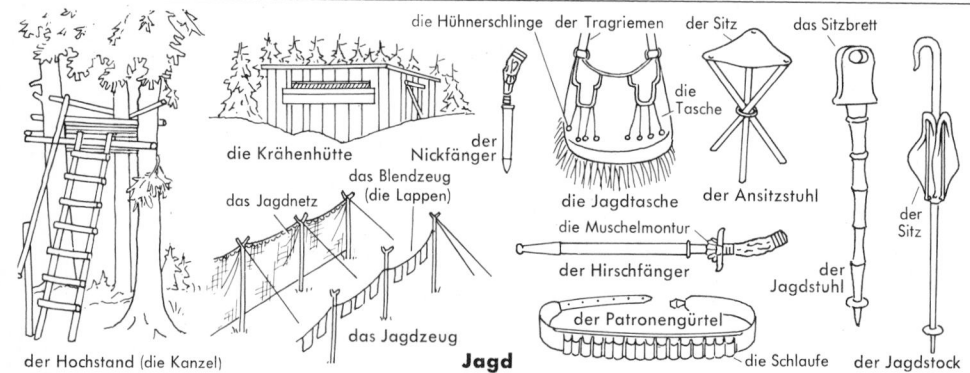

 J 1

die Hühnerschlinge — der Tragriemen — der Sitz — das Sitzbrett
die Tasche
die Krähenhütte — der Nickfänger
das Blendzeug (die Lappen)
das Jagdnetz
die Jagdtasche — der Ansitzstuhl
die Muschelmontur — der Sitz
der Hirschfänger — der Jagdstuhl
der Patronengürtel
der Hochstand (die Kanzel) — **Jagd** — das Jagdzeug — die Schlaufe — der Jagdstock

Jahr

Monate	alte deutsche Monatsnamen	Jahreszeit	Monate	alte deutsche Monatsnamen	Jahreszeit
Januar	Eismond, Hartung	**Winter*** 22. XII.–21. III. (Frühjahrs-Tagundnacht-gleiche)	Juli	Heumond, Heuert	**Sommer*** 22. VI.–23. IX. (Herbst-Tagundnacht-gleiche)
Februar	Hornung		August	Erntemond, Ernting	
März	Lenzmond, Lenzing	**Frühling**** 21. III.–22. VI. (Sommer-sonnenwende)	September	Herbstmond, Scheiding	**Herbst**** 23. IX.–22. XII. (Winter-sonnenwende)
April	Ostermond		Oktober	Weinmond, Gilbhart	
Mai	Wonnemond		November	Wintermond, Nebelung	
Juni	Brachmond, Brachet	auf der Südhalb-kugel *Sommer **Herbst	Dezember	Julmond, Christmond, Heilmond	auf der Südhalb-kugel *Winter **Frühling

Ein Jahr hat 365 (Gemeinjahr) oder 366 (Schaltjahr) Tage.
Eine Woche hat sieben Tage: Montag, Dienstag, Mittwoch, Donnerstag, Freitag, Sonnabend (Samstag), Sonntag. Die Woche beginnt biblisch mit Sonntag, nach DIN-Norm 1355 (seit 1. 1. 1976) mit Montag.

Schreibung des Datums
Sonntag, den 30. Mai 1971, aber: am Sonntag, dem 30. Mai 1971 (30. 5. 71). Im Briefkopf: Berlin, den 30. 5. 1971.

Das Kirchenjahr

kath. Liturgie: Liturgisches Jahr

I. *Das Jahr hindurch:* von Montag nach dem 6. 1. bis Dienstag vor Aschermittwoch und von Montag nach Pfingsten bis Samstag vor dem 1. Adventssonntag: 33 oder 34 Sonntage und Wochen.
II. *Die Osterzeit:*
1. Rüstzeit (österl. Bußzeit): von Aschermittwoch bis Samstag vor Palmsonntag (5 Fastensonntage).
2. Heilige Woche; Osterfeier: Hoher Donnerstag (Gründonnerstag) bis Ostersonntag.
3. Osterzeit: a) Osteroktav. b) Osterzeit bis Pfingsten. Am Donnerstag, der 40. Tag nach Ostern: Himmelfahrt Christi; Sonntag nach Pfingsten: Dreifaltigkeitsfest, Dreifaltigkeitssonntag; am Donnerstag danach Fronleichnamsfest. Letzter Sonntag im Kirchenjahr: Christkönigsfest.
III. *Die Weihnachtszeit:*
1. Advent: 4 Sonntage vor Weihnachten; 24. Dezember: Der Heilige Abend.
2. Weihnachtszeit: vom 25. Dezember bis 6. Januar.
3. 25. Dezember bis 31. Dezember Oktav von Weihnachten.
4. 1. Januar: Maria Gottesmutter, Oktavtag von Weihnachten; 6. Januar: Epiphanie; 13. Januar: Taufe Jesu.
IV. *kath. Heiligenfeste:* Johannistag (24. Juni); Peter und Paul (29. Juni); Mariens Aufnahme in den Himmel (15. August); Michaelstag (29. September); Allerheiligen (1. November).

evang. Kirche

I. *Der Weihnachtsfestkreis* mit 4 Adventssonntagen, dem Weihnachtsfest (25. und 26. Dezember), den Sonntagen nach Weihnachten, dem Epiphaniasfest und den – je nach Osterdatum – bis 6 Sonntagen nach Epiphanias.
II. *Der Osterfestkreis.* Er beginnt am 9. Sonntag vor Ostern, der Vorfastenzeit. Mit Aschermittwoch beginnt die Fasten- oder Passionszeit. Die 6 Sonntage der Fastenzeit heißen Invokavit, Reminiszere, Okuli, Lätare, Judika, Palmarum. Die Woche von Palmarum (auch Palmsonntag) bis Ostern heißt Stille Woche oder Karwoche, ihre letzten drei Tage: Gründonnerstag, Karfreitag, Karsamstag.
Die fünf den Osterfestkreis beschließenden Sonntage heißen: Quasimodogeniti, Misericordias Domini, Jubilate, Kantate, Rogate. Mit dem Himmelfahrtsfest schließt der Osterfestkreis.
III. *Der Pfingstfestkreis,* vorbereitet durch den Sonntag Exaudi: Pfingstfest; Trinitatisfest.
IV. *Die 26 Sonntage bis zum Ende des Kirchenjahres* werden ›nach Trinitatis‹ gezählt. In diese Zeit fallen das Erntedankfest (letzter Sonntag im September oder erster im Oktober), das Reformationsfest (31. Oktober), der Volkstrauertag (vorletzter Sonntag des Kirchenjahres), der Bußtag (Mittwoch vor dem Totensonntag).

Jahrhundert das, Abk.: Jh., Zeitraum von 100 Jahren: *das 19. J.,* Zeit vom 1. 1. 1801 bis zum 31. 12. 1900; *Jahrhundertfeier; Jahrhundertwende.* **jahrhundertealt,** aber: *drei Jahrhunderte alt.* ...**jährig,** ... Jahre alt, dauernd: *zweijährig.* **jährlich,** sich jedes Jahr wiederholend. ...**jährlich,** in Abstand von ... Jahren wiederholend: *alljährlich,* jedes Jahr; *vierteljährlich.* **Jährling** der, *-s/-e,* einjähriges Tier. **Jahrmarkt** der, ein Vergnügungsmarkt, Rummelplatz, ABB. R 31; *Jahrmarktsbuden.* **Jahrring** der, Jahresring. **Jahrtausend** das, Zeitraum von 1000 Jahren; vgl. Jahrhundert. **Jahrzehnt** das, -(e)s/-e, Zeitraum von 10 Jahren. **jahrzehntelang,** aber: *mehrere Jahrzehnte lang.* **Jahrzeit** die, *schweiz.:* **1)** Jahrestag. **2)** Jahreszeit. **3)** Leichenfeier; Totenmesse: *Jahrzeitbuch,* Kalender der für Verstorbene zu lesenden Messen. **Jahve, Jahwe,** Name Gottes bei den Israeliten. **Jähzorn** [zu jäh] der, plötzliche unbeherrschte Wut: *er neigt zu J.* **jähzornig.**
Jak [tibet.] der, *-s/-s,* 🐂 Yak, zentralasiat. Wildrind.
Jakarandaholz [portug. jacaranda, aus Tupí] das, Brasilianisches Rosenholz, ein Edelholz.
Jakob [hebr. ›(Gott) möge schützen‹], männl. Vorname: *das ist nicht der wahre J.,* ∪ nicht der, das Richtige. **Jakobi** das, -, Jakobitag, Jakobstag, 25. Juli.

Jakobiner [nach dem Dominikanerkloster St. Jacob (Jacques) in Paris] der, *-s/-,* ein radikaler Revolutionär der Französ. Revolution: *Jakobinermütze.*
Jakobsleiter die, **1)** Himmelsleiter (B die Erzvater Jakob im Traum sah). **2)** ⛵ eine Außenbordleiter. **Jakobstag** der, Jakobi.
Jalape [span. jalapa], **Jalappe** die, -/-n, ⊕ Purgierwinde, eine trop. Heilpflanze.
Jalon [ʒalõ, frz.], zu jalonner ›abstecken‹] der, *-s/-s,* Pfahl zum Abstecken bei Vermessungen. **jalonieren** [ʒ-], *ich jaloniere* (habe jaloniert) *es.*
Jalousette [ʒalu-] die, -/-n, leichte Jalousie. **Jalousie** [ʒaluzi, frz. ›Eifersucht‹] die, -/...s'i∤en, verstellbarer Verschluß vor Öffnungen, bes. am Fenster, ABB. F 13.
Jam [dʒæm, engl., to jam ›zerdrücken‹] das, -/-s, Marmelade.
Jambe [lat. iambus, zu grch. iambos] die, -/-n, Jambus, ein Versmaß, ÜBERS. M 14. **jambisch.**
Jamboree [dʒæmbər'i:, engl., aus ind.] das, -(s)/-s, **1)** internationales Pfadfindertreffen. **2)** Veranstaltung mit Unterhaltungsprogramm.
Jambus der, -/...ben, Jambe.
James [dʒeimz, engl., zu mlat. Jacomus], männl. Vorname.

Jamm

Jammer [ahd. (j)amar] *der, -s,* **1)** Klagen, lautes Kundtun von Schmerz oder Mitleid. **2)** Not, Kummer, bedauerlicher Zustand: *Jammermiene; ein Bild des Jammers; es ist ein J. um die verlorene Zeit,* U. **Jammergestalt** *die,* traurige Erscheinung. **Jammerlappen** *der,* U feiger Mensch. **jämmerlich,** *sie weinte j.; ein jämmerlicher Feigling.* **Jämmerlichkeit** *die, -.* **Jämmerling** *der, -s/-e,* feiger Mensch. **jammern** [ahd. ameron], *ich* jamm(e)re (habe gejammert), **1)** klage laut. **2)** *um ihn, über etwas,* betraure, beklage (den Verlust). **3)** *nach ihm,* verlange kläglich danach. **4)** *es jammert mich,* tut mir leid, erregt mein Mitleid. **jammerschade,** sehr schade: *es ist j. um ihn.* **Jammertal** *das, -(e)s,* B unsere Erde. **jammervoll.**

Jam Session [dʒæm s'eʃn, engl. to jam ›frei improvisieren‹ und session ›Sitzung‹] *die, - -/- -s,* zwangloses improvisiertes Zusammenwirken von Jazzmusikern.

Jamswurzel *die,* Yamswurzel.

Jan [poln., tschech., niederl., kontrahierte Form zu Johann], männl. Vorname.

Jan., Abk. für: Januar.

Jane [dʒein, engl., zu Johanna, abgeleitet von frz. Jeanne], weibl. Vorname.

Janhagel [auch -h'a-, niederl. ›Hagel‹, Fluchwort] *der, -s,* ಄ Pöbel.

Janitschar [türk. jeni tscheri ›neue Truppe‹] *der, -en/-en,* früher: Soldat einer türk. Truppe: *Janitscharenmusik.*

Janker *der, -s/-, oberdt.:* Trachtenjacke.

Jan Maat, Janmaat [niederdt.,], Scherzname für den Seemann.

Jänner [mhd. jenner] *der, -(s)/-, oberdt., bes. österr.:* Januar.

Jansenismus [nach dem kath. Theologen C. Jansenius (Jansen), 1585–1638] *der, -,* eine Richtung der kath. Theologie (17./18. Jahrh.). **Jansenist** *der, -en/-en.*

Januar [lat. Ianuarius, nach dem röm. Gott Ianus] *der, -(s)/-e,* Abk.: Jan., der erste Monat des Jahres, ÜBERS. J 2; vgl. August. **Januskopf** *der,* Doppelgesicht, ABB. J 3.

jappen, *ich* jappe (habe gejappt), *niederdt.:* japse. **japsen** [zu gaffen], *ich* japse (habe gejapst), U schnappe nach Luft.

Jardiniere [ʒardinj'ɛ:rə, frz., zu jardin ›Garten‹] *die, -/-n,* **1)** bepflanzter Blumenkorb. **2)** Beilage, Suppeneinlage aus frischem Gemüse.

Jargon [ʒarg'ɔ̃, frz. ›Kauderwelsch‹, zu ital. gergo] *der, -s/-s,* Sondersprache eines Gesellschaftskreises oder einer Berufsgruppe: *im J. der Journalisten; Branchenjargon.*

Jarl [altnord., verwandt mit engl. Earl ›Graf‹] *der, -s/-s,* im MA.: hoher königl. Beamter in nord. Reichen.

Jarowisation [russ. jarowyje ›Sommergetreide‹] *die, -/-en,* Verfahren zur Entwicklungsbeschleunigung des Saatgutes. **jarowisieren,** *ich* jarowisiere (habe jarowisiert) *es.*

Jasager [zu ja] *der, -s/-,* U jemand, der leicht zustimmt, der nicht wagt, die eigene Meinung zu vertreten.

jäsen [mhd. jesen ›gären‹], *es* jäst (hat gejäst), *alem.:* gärt.

Jasmin [pers. jasāmīn], **1)** *der, -s/-e,* ein Zierstrauch: *Jasminöl.* **2)** weibl. Vorname.

Jasper [niederdt., zu Kaspar], männl. Vorname.

Jaspis [mhd. jaspis, zu grch. iaspis] *der, -(ses)/-se,* trüber Chalcedon.

Jaß *der, J'asses* oder *-,* ein bes. in der Schweiz verbreitetes Kartenspiel. **jassen,** *ich* jasse (habe gejaßt). **Jasser** *der, -s/-.*

Jast [mhd. jest ›Schaum‹] *der, -es, alem.:* **1)** Gärung, Gischt. **2)** Eifer, Übereile, Fieberhitze. **Jäst** *der, -es/-e, alem.:* Gärschaum; Käseabfall.

J 3

Januskopf

das Stirnjoch
der Holzbügel
der Riemen
das Kissen
das Nackenjoch
das Schulterjoch
(die Dracht)

Joch

Jatagan [türk.] *der, -s/-e,* eine Hiebwaffe.

jäten [ahd. jetan], *ich* jäte (habe gejätet) *es,* entferne Unkraut.

Jauche [mhd. juche, aus slaw.] *die, -/-n,* **1)** flüssiger Stallmist: *Jauchegrube.* **2)** ⚕ faulige Wundabsonderung. **jauchen,** *ich* jauche (habe gejaucht) *es,* dünge mit Jauche. **Jauchert** *der, -s/-e* und bei Mengenangaben -, hochsprachlich für: Juchart. **jauchig,** voller Jauche; wie Jauche.

jauchzen [mhd. juchezen], *ich* jauchze (habe gejauchzt; du jauchzest oder jauchzt), jubele laut. **Jauchzer** *der, -s/-,* Jubelruf.

jaulen [Schallw.], *der Hund* jault (hat gejault), heult.

Jause [mhd. jus, zu slowen. južina ›Mittagessen‹] *die, -/-n, österr.:* Zwischenmahlzeit, Nachmittagskaffee, Vesperbrot: *Jausenbrot.* **jausen,** *ich* jause (habe gejaust), **jausnen,** *ich* jausne (habe gejausnet).

jawohl, verstärkend: ja. **jawoll,** U ja. **Jawort** *das, -(e)s/-e,* zustimmende Antwort auf eine Werbung: *sie gab ihm ihr J.*

Jazz [dʒæz oder dʒæs, auch jats, engl.] *der, -,* eine Musikgattung des 20. Jahrh.: *Jazzband; Jazzfan.* **jazzen** [dʒ'æsən, auch j'atsən], *ich* jazze (habe gejazzt). **Jazzer** [dʒ'æzər, auch j'atsər] *der, -s/-,* Jazzmusiker.

je [ahd. (h)io], **1)** jedesmal: *je zwei und zwei,* immer zu zweien. **2)** bei Komparativen: *je – um so, je – desto,* in demselben Maße wie: *je größer die Not, um so näher die Hilfe; je mehr, desto besser; je länger, je lieber.* **3)** *je nach . . .,* je nachdem, in dem Maße wie, daran gemessen: *je nach Qualität; je nachdem, ob ich gebraucht werde, werde ich hinfahren.* **4)** irgendeinmal, jemals: *hat man so etwas je gehört?* **5)** immer: *seit eh und je; je und je,* ⊕ immer, aber auch: manchmal. **6)** pro, für jeden: *je Kopf der Bevölkerung.*

je! gekürzt aus ›Jesus‹, Ausruf des Schreckens: *ach je!*

Jean, 1) [ʒã, frz., zu Johann], männl. Vorname. **2)** [dʒi:n, engl., zu Johanna], weibl. Vorname. **Jeanne** [ʒan, frz., zu Johanna], **Jeannette** [ʒan'ɛt, frz., Koseform zu Jeanne], weibl. Vornamen.

Jeans [dʒi:nz, engl.], *Pl.,* Hosen aus Baumwollköper: *Blue jeans; Jeansanzug; Jeansbluse; eine J.,* U ein Paar J.

jeck, *rhein.:* närrisch: *du bist j.* **Jeck** *der, -en/-en, rhein.:* Geck; Narr.

jedenfalls, wie vereinbart, wie erwähnt, bestimmt: *ich rufe j. vorher an.* **jeder,** jede, jedes [ahd. iowedar], *dekliniert wie ein Adjektiv, stets klein geschrieben,* ein beliebiger aus bestimmten Art, alle, jedermann, ÜBERS. P 24: *jedes Wort war zu verstehen; jede anwesende Dame; jeder der anwesenden Damen; j. einzelne; am 1. Juli jedes (auch jeden) Jahres; alles und jedes,* ausnahmslos alles. **jederlei,** von allen Arten. **jedermann,** jeder, alle Leute: *das ist nicht jedermanns Sache.* **jederzeit,** immer, in jedem Augenblick: *du bist j. willkommen;* aber: *zu jeder Zeit.* **jedesmal,** jedes einzelne Mal: *er kommt j. zu spät;* aber: *ein jedes Mal.* **jedesmalig. jedoch** [mhd. iedoch], indessen, aber, hingegen. **jedweder** [mhd. ietweder], jeder.

Jeep [dʒi:p, engl., wahrscheinlich von G. P., kurz für: General Purpose Car ›Allzweckwagen‹] *der, -s/-s,* Handelsname für einen geländegängigen Kraftwagen.

jeglicher [ahd. iogilih], jeder: *ein j.; Tiere jeglicher Art.*

jeher, *von j.,* schon immer.

Jehova [jüd. Mischform aus den Konsonanten des Gottesnamens Jahwe (jhwh) und den Vokalen des Appellativums Adonai (a/e-o-a)], B Gott.

jein, U zum Ausdruck der Unentschlossenheit, nicht ja, nicht nein.

Jelängerjelieber [die Rinde schmeckt um so süßer, je länger man sie kaut] *das, -s/-,* ⊕ volkstüml. Bez. für verschiedene Pflanzen.

jemals, irgendwann: *habe ich dich j. enttäuscht?* **jemand** [ahd. ioman], *-(e)s, -em* oder *-,* *-en* oder *-,* irgendeiner: irgend *j.; j. anders,* aber: *j. Fremdes; ein gewisser Jemand; hat j. meine Brille gesehen?; ist j. draußen?; sie schließt sich nur schwer jemandem an.*

Jemenit *der, -en/-en,* Bewohner der beiden arab. Staaten Jemen. **jemenitisch.**

jemine! [-ne, von lat. Jesu domine ›Herr Jesus‹], Ausruf des Staunens: *ojemine!*

Jen *der,* Yen.

Jenenser *der, -s/-,* Jenaer, Einwohner der Stadt Jena.

jener, jene, jenes [ahd. jener], ÜBERS. P 24: *wir besprachen dies und jenes,* mancherlei.

jenisch, G *die Jenischen,* fahrendes Volk mit eigener Gaunersprache; *jenische Sprache.*
Jennifer [dʒˈenifər, engl. Form von Johanna], weibl. Vorname. **Jenny** [engl., zu Jane], weibl. Vorname. **Jens** [dän. Form von Johannes], männl. Vorname.
jenseitig. jenseits [mhd. jensit] *dessen,* auf der anderen Seite: *j. des Flusses.* **Jenseits** *das,* -, in religiöser Vorstellung Bereich Gottes, in den der Mensch nach dem Tod eintritt: *er wurde ins J. befördert,* ∪ getötet.
Jenzer [mlat. gentiana ›Enzian‹] *der,* -s/-, *schweiz.:* Enzianschnaps.
Jeremiade [nach den Klageliedern Jeremiä] *die,* -/-n, Klagelied; Gejammer. **Jeremias,** B männl. Vorname.
Jerichorose [nach der Stadt Jericho in Jordanien] *die,* Name für verschiedene Pflanzen des östl. Mittelmeergebiets.
Jérôme [ʒerˈoːm, frz., zu Hieronymus], männl. Vorname.
Jersey [dʒˈəːzi, engl., nach der brit. Insel Jersey], **1)** *der,* -(s)/-s, eine Wirk- oder Strickware: *Wolljersey; Jerseykleid.* **2)** *das,* -s/-s, Trikot für Sportler.
Jessica, Jessika [engl. dʒˈɛsikə, zu Johanna], weibl. Vorname.
Jesuit [nach der Gesellschaft Jesu, lat. Societas Jesu] *der,* -en/-en, Mitglied des kath. Ordens der Gesellschaft Jesu: *Jesuitenorden.* **jesuitisch.**
Jesus [hebr. Jeschua (Kurzfassung von Josua ›Jahwe hilft‹)], **1)** B männl. Vorname. **2)** Jesus Christus: *Jesuskind.* **Jesus Christus** [der Würdename Christus drückt das Bekenntnis zu Jesus aus], Genitiv *Jesu Christi,* Dativ - oder *Jesu Christo,* Akkusativ - oder *Jesum Christum,* Vokativ - oder *Jesu Christe,* der Gottessohn, Heiland. **Jesus People** [dʒˈiːzəs piːpl, engl. people ›Leute‹, ›Menschen‹], *Pl.,* eine Jugendbewegung: *J.-P.-Bewegung.*
Jet [dʒet, engl. to jet ›ausstrahlen‹, zu lat. iactare ›werfen‹] *der,* -(s)/-s, (Flugzeug mit) Strahltriebwerk: *Jumbo-Jet.*
Jet [dʒet] *der oder das,* -(e)s, Jett.
Jetliner [dʒˈetlainə, engl. jet (Flugzeug) und liner ›Linienflugzeug‹] *der* -s/-, Düsenverkehrsflugzeug.
Jeton [ʒətˈɔ̃, frz., zu lat. iactare ›werfen‹] *der,* -s/-s, Spielpfennig, Spielmarke.
Jet-set [dʒˈetset, engl. set ›Gruppe‹, ›Gesellschaft‹] *der,* -s, wohlhabende internationale Gesellschaftsschicht, die von einem exklusiven Vergnügungsplatz zum anderen jettet.
Jet|stream [dʒˈetstriːm, engl. ›Strahlströmung‹] *der,* -(s)/-s, Zone maximaler Windgeschwindigkeit in 8–12 km Höhe über der Erde.
Jet(t) [dʒet, engl. jet ›Pechkohle‹, zu grch. gagates] *der oder das,* -(e)s, Gagat.
jetten [dʒ-, engl. to jet], *ich jette* (bin gejettet), ∪ fliege mit einem Jet.
jetzig [mhd. iezec], *der jetzige Chefredakteur.* **jet|zo,** ⚯ jetzt.
jetzt [mhd. iezuo], im gegenwärtigen Augenblick, heute: *von j. an; j. oder nie!; hast du j. Zeit?; ich habe bis j. etwas anderes getan; warum erfahre ich erst j. davon?; j. muß er bald hier sein; was ist denn j. schon wieder los?; mußt du mich gerade j. stören?*
Jetzt *das,* ∪ **Jetztzeit** *die,* -, Gegenwart.
Jeu [ʒø, frz. ›Spiel‹, zu lat. iocus] *das,* -s/-s, Glücksspiel, Kartenspiel.
Jeunesse dorée [ʒœnˈɛs dɔrˈe, frz. ›goldene Jugend‹] *die,* - -, ⚯ vergnügungssüchtige reiche Großstadtjugend.
jeweilen, ⚯ jeweils. **jeweilig,** *der jeweiligen Situation angepaßt.* **jeweils,** immer im bestimmten Augenblick, jedesmal: *wir zahlen j. am Ersten des Monats; man trifft j. einen von beiden an,* jeden zu seiner Zeit.
Jg., Abk. für: Jahrgang. **Jgg.,** Abk. für: Jahrgänge.
Jh., Abk. für: Jahrhundert.
jiddisch [nhd., zu mhd. jüdisch]. **Jiddisch** *das,* -(s), *dem* -, Judendeutsch, von semit., german. und slaw. Komponenten bestimmte Sprache; vgl. Deutsch. **Jiddistik** [...], Wissenschaft von der jiddischen Sprache und Literatur.
Jigger [dʒˈigə, engl.] *der,* -s/-, **1)** Handelsname für eine Maschine zum Färben von Gewebebahnen. **2)** ⚓ unterstes Rahsegel am hintersten Mast eines Viermasters.
Jim [dʒim, engl. Kurzform von James], **Jimmy** [dʒˈimi], männl. Vornamen.
Jingo [dʒˈiŋɡou, engl.] *der,* -s/-s, verächtl. Bez. für die brit. Imperialisten und Nationalisten, Chauvinist.
Jitterbug [dʒˈitəbʌɡ, engl. ›Nervenbündel‹, ›Zappelphilipp‹] *der,* -, ein Gesellschaftstanz.
Jiu-Jitsu [dʒiːu dʒˈitsu, japan. jujutsu ›sanfte Kunst‹] *das,* -(s), Kunst der waffenlosen Selbstverteidigung.

Jive [dʒaiv, engl., eigtl. ›dummes Geschwätz‹] *der,* -, eine Disziplin im Tanzsport, vom Boogie-Woogie abgeleitet.
Joachim [auch joˈa-, hebr. Jojakim ›Jahwe richte auf‹], männl. Vorname.
Job [dʒɔb, engl. ›Arbeit‹, ›Aufgabe‹] *der,* -s/-s, Gelegenheit zum Geldverdienen, Stellung: *er hat einen guten J.; Studentenjob; Ferienjob.* **jobben** [dʒ-], *ich jobbe* (habe gejobbt), ∪. **Jobber** [dʒ-] *der,* -s/-, **1)** Börsenspekulant: *Börsenjobber.* **2)** ∪ jemand, der jobbt: *Ferienjobber.* **Job-hopping** [dʒˈɔb hɔpiŋ, engl. to hop ›hüpfen‹] *das,* -s/-s, häufiger Stellenwechsel. **Jobsharing** [dʒˈɔbʃæːriŋ, engl. to share ›teilen‹] *das,* -(s), Form der Teilzeitarbeit, bei der sich zwei Arbeitskräfte einen Arbeitsplatz teilen.
Jobst [Kurzform von Jodokus], männl. Vorname.
Joch [ahd. joh] *das,* -(e)s/-e, **1)** Geschirrteil für Ochsen, Abb. J 3; Sinnbild der Dienstbarkeit, Unterwerfung: *das J. abwerfen, auferlegen, tragen.* **2)** *Pl.* -, ein Gespann Zugtiere. **3)** Schultertrage, Abb. J 3. **4)** 🔲 ✂ Querholz, Stütze (an Holzbrücken, Bogen), Abb. B 51, G 23. **5)** *Pl.* bei Mengenangaben -, altes Feldmaß. **6)** ⊕ Einsattelung in einem Gebirgskamm. **7)** eisernes Verbindungsstück bei Elektromagneten. **Jochbein** *das,* ⚕ Wangenknochen, Abb. S 10, M 12.
Jochen [zu Joachim], männl. Vorname.
Jockei [dʒˈɔke], eingedeutscht für: **Jockey** [dʒˈɔki, engl., Diminutiv zu schott. Jock ›Jack‹] *der,* -s/-s, berufsmäßiger Rennreiter.
Jod [grch. iodes ›veilchenfarbig‹, nach der Farbe des Joddampfes] *das,* -(e)s, ⬩ Zeichen: J, ein Element: *Jodpräparate; Jodquelle.* **Jodat** *das,* -(e)s/-e, Salz der Jodsäure.
Jodel [zu johlen und dudeln] *der,* -s/- oder ", Jodelgesang. **jodeln,** *ich jod(e)le* (habe gejodelt), singe mit schnellem Wechsel von Kopf- und Bruststimme.
jodhaltig. Jodid *das,* -(e)s/-e, ⬩ Verbindung mit elektronegativem Jod. **jodieren,** *ich jodiere* (habe jodiert) *es,* **1)** setze Jod zu: *jodiertes Speisesalz.* **2)** bestreiche mit Jod (zur Desinfektion einer Wunde). **Jodismus** *der,* -, Jodvergiftung.
Jodler [zu Jodel] *der,* -s/-, **1)** Jodelgesang. **2)** jemand, der jodelt.
Jodoform [zu Jod und Formyl, lat. formica ›Ameise‹] *das,* -s, ein keimtötendes Mittel.
Jodome|trie [Jod und vgl. ...metrie] *die,* -, ⬩ Methode der analyt. Chemie. **Jodtinktur** *die,* ein Antiseptikum.
Joe [dʒou, engl. Kurzform von Josef], männl. Vorname.
Joga [altind. yuj ›zusammenbinden‹, ›anspannen‹] *der,* -(s), Yoga, in Indien entwickelte Praxis geistiger Konzentration: *Joga-Übungen.*
joggen [dʒ-], *ich jogge* (bin gejoggt). **Jogger** [dʒˈɔ-] *der,* -s/-. **Jogging** [dʒˈɔ-, engl. to jog ›(dahin)trotten‹] *das,* -(s), ✂ Dauerlauf.
Joghurt [türk. yoghurt] *der oder das,* -s/-s, eine cremeartige Sauermilch: *Fruchtjoghurt.*
Jogi *der,* -s/-s, Yogi, jemand, der Joga ausübt.
Johann [auch -hˈan, zu Johannes], männl., **Johanna,** weibl. Vorname. **johanneisch, johanneisch,** vgl. Übers. A 4, C. **Johannes** [lat.-grch. Joannes, zu hebr. Jochanan ›Gott ist gnädig‹], **1)** männl. Vorname. **2)** Evangelist: *Johannesevangelium; Johannespassion.* **Johanni(s)** *das,* -, Johannistag.
Johannisbeere *die,* Strauch und Beerenobst, Abb. B 17.
Johannisbrot *das,* ✿ Frucht des immergrünen Johannisbrotbaumes. **Johannisfeuer** *das,* Sonnwendfeuer am Vorabend des Johannistages. **Johanniskäfer** *der,* volkstüml. Bez. für verschiedene Käfer. **Johannistag** [nach Johannes dem Täufer] *der,* 24. Juni. **Johannistrieb** *der,* **1)** zweiter Trieb mancher Bäume. **2)** späte Liebesregung. **Johanniter** [nach Johannes dem Täufer] *der,* -s/-, Angehöriger eines geistl. Ritterordens: *Johanniterkreuz,* Abb. K 44.
johlen [mhd. jolen], *ich johle* (habe gejohlt), gröle, schreie.
John [dʒɔn, engl., zu Johannes], männl. Vorname. **John Bull** [zuerst auf Lord Bolingbroke, 1678–1751, angewandt], Spitzname der Engländer.
Joint [dʒɔint, engl.] *der,* -s/-s, ∪ selbstgedrehte Haschischoder Marihuanazigarette.
Jo-Jo [malaiisch] *das,* -s/-s, ein Geschicklichkeitsspiel.
Joker [dʒˈɔukə, engl.] *der,* -s/-, ›Spaßmacher‹, zu lat. iocus ›Spaß‹ *der,* -s/-, Austauschkarte im Rommé u. a. Spielen.
jokos, ⚯ scherzhaft. **Jokus** *der,* -/-se, ∪ Spaß, Scherz.
Jolanthe [spätgrch. ›die Veilchenblüte‹, zu ion ›Veilchen‹], weibl. Vorname.
Jolle [niederl. jol] *die,* -/-n, leichtes Beiboot oder Segelboot, Abb. B 42: *Jollenkreuzer.*

Jom Kippur [hebr. yom ›Tag‹ und kippur ›Buße‹] *der*, - -, Versöhnungstag, jüd. Festtag.
Jonas [hebr. ›Taube‹], B männl. Vorname.
Jonathan [hebr. ›Jahwe hat gegeben‹], männl. Vorname.
Jon|gleur [ʒɔ̃glˈœr, frz., zu lat. ioculator ›Spaßmacher‹] *der*, *-s/-e*, Artist für Geschicklichkeitsübungen. **jon|glieren**, *ich* jongliere (habe jongliert), **1)** werfe und fange artistisch geschickt: *er jongliert mit Tellern*. **2)** Ü verfahre, formuliere geschickt und einfallsreich: *er versteht mit Worten zu jonglieren*.
Jöppchen *das*, *-s/-*. **Joppe** [mhd. joppe, ital. giuppa aus arab.] *die*, *-/-n*, Jacke ohne Taille; auch Hausjacke. **Jöpplein** *das*, *-s/-*.
Jörg [Kurzform von Georg], männl. Vorname.
Josef, Joseph [hebr. ›Gott gebe Vermehrung‹], männl. Vornamen. **Josepha**, Josefa; **Josephine**, Josefine, weibl. Vornamen. **josephinisch, josephinisch**, vgl. ÜBERS. A 4, C: *Josephinisches Zeitalter*, Zeitalter Kaiser Josephs II. (1741–1790).
Jost [Kurzform von Jodokus], männl. Vorname.
Jota [grch. iota, kleinster Buchstabe des Alphabets] *das*, *-(s)/-s*, Iota: *er weicht kein J. davon ab*, Ü nicht die Spur, beharrt darauf.
Joule [dʒuːl, nach dem engl. Physiker J. P. Joule, 1818 bis 1889] *das*, *-(s)/-*, Zeichen: J, Maßeinheit der Arbeit, Energie.
Journaille [ʒurnˈaljə] *die*, *-*, verantwortungslose Sensationspresse. **Journal** [ʒurnˈal, frz., zu jour ›Tag‹] *das*, *-s/-e*, **1)** 🕮 Tagebuch. **2)** Zeitschrift: *Modejournal*. **3)** ⚬⚬ Zeitung.
Journaldienst *am*, österr.: Bereitschaftsdienst. **Journalismus** [vgl. . . .ismus] *der*, *-*, publizistische Arbeit bei Presse, Hörfunk, Film, Fernsehen; der spezifische Stil dieser Arbeit. **Journalist** *der*, *-en/-en*: Fernsehjournalist. **Journalistik** *die*, *-*, Zeitungs-, Publizistikwissenschaft. **journalistisch**.
jovial [spätlat. iovialis ›wie Jupiter‹], leutselig, betont gutmütig, wohlwollend: *seine joviale Art*. **Jovialität** *die*, *-*.
jr., jun., Abk. für: junior.
Juan [xuˈan, span., zu Johannes], männl. Vorname.
Jubel [mhd. jubel, zu spätlat. iubilum] *der*, *-s*, lauter Freudenausbruch: *J., Trubel, Heiterkeit*. **Jubel. . .,** **1)** Freuden. . .: *Jubelruf*. **2)** ein Jubiläum begehend: *Jubelfest*, Jubiläum; *Jubelpaar*, Ehepaar, das die silberne, goldene, diamantene, eiserne oder die Gnadenhochzeit begeht. **Jubeljahr** [mhd. jubeljar, eigtl. Jobeljahr, das alle 50 Jahre wiederkehrende Erlaßjahr der Juden, zu hebr. jobel ›Widderhorn‹, mit dem zu Beginn geblasen wurde, volksetymologisch zu lat. iubilum] *das*, **1)** jedes 50. Jahr bei den Juden. **2)** kath. Kirche: Heiliges Jahr, jedes 25. Jahr: *1975 war ein J.; alle Jubeljahre*, Ü sehr selten. **jubeln** [spätmhd. jubeln, zu lat. iubilare ›jauchzen‹, *ich* jub(e)-le (habe gejubelt). **Jubilar** *der*, *-s/-e*, **Jubilarin** *die*, *-/-nen*, jemand, der ein Jubiläum begeht. **Jubilate** [lat. ›jauchzet‹, ›frohlocket‹], **1)** evang. Kirche: der 3. Sonntag nach Ostern, ÜBERS. J 2. **2)** kath. Kirche: der 4. Sonntag der Osterzeit, Misericordia Domini. **Jubiläum** *das*, *-s/. . . l'ä|en*, Gedenkfeier, bes. 25., 50. oder 100. Jahrestag: *Jubiläumsausgabe*, *&*; *Firmenjubiläum*. **jubilieren** [mhd. jubilieren, lat. iubilare], *ich* jubiliere (habe jubiliert), **1)** jubele. **2)** feiere ein Jubiläum. **3)** *Vögel jubilieren*, singen.
Juchart [spätahd. jiuhart, eigtl. ›Jochland‹] *der*, *-s/-e* und bei Mengenangaben *-*, *südwestdt.*: auch Juchert, altes Feldmaß.
juchen [zum Jubelruf: juch], *ich* juche (habe gejucht), juchze, jauchze. **juchhe!, juchhei!, juchheidi!, juchheirassa(ssa)!, juchheisa!, juchheißa!, juchhu!**, Jubelrufe.
juchten. Juchten [russ. jucht, juft, aus pers.] *das* oder *der*, *-s*, **1)** gegerbtes Rind- oder Kalbleder, mit Birkenteeröl getränkt: *Juchtenleder*. **2)** Bestandteil von Parfümen.
juchzen [mhd. juchezen], *ich* juchze (habe gejuchzt), jauchze. **Juchzer** *der*, *-s/-*.
jucken [ahd. jucchen], *ich* jucke (habe gejuckt), **1)** *ihn, mich*, U reibe, kratze eine juckende Stelle auf der Haut. **2)** *es juckt mich*, ich spüre eine brennende, kribbelnde Empfindung auf der Haut: *es juckt mich am Finger; der Finger juckt mich* oder *mir; mir oder mich juckt der Finger; dich oder dir juckt wohl das Fell?*, U du willst wohl Prügel?; *das juckt mich nicht*, U stört, ärgert mich nicht; *Juckreiz; Hautjucken*.
Jucker [alem. ›Springer‹] *der*, *-s/-*, leichtes Wagenpferd. **Juckerleine** *die*, Wiener Leine, Leine aus vier Zügeln, vgl. ABB. P 9.
Juda, israelit. Volksstamm. **Judaika**, *Pl.*, Literatur über das Judentum. **Judaismus** [vgl. . . .ismus] *der*, *-*, jüd. Religion. **Judaistik** *die*, *-*, die Wissenschaft vom Judentum.

Judas, 1) B männl. Eigenname. **2)** [nach Judas Iskariot] *der*, *-/-se*, Ü Verräter: *Judaskuß*, in verräterischer Absicht erzeigte Freundlichkeit; *Judaslohn*, Bezahlung für Verrat. **Jude** [grch. Ioudaios] *der*, *-n/-n*, Angehöriger **1)** eines semit. Volkes, **2)** des mosaischen Glaubens. **Judenchrist** *der*, im frühen Christentum: Christ jüd. Herkunft. **Judenkirsche** *die*, volkstüml. Bez. verschiedener Pflanzen. **Judentum** *das*, *-s*. **Judenverfolgung** *die*.
Judika, 1) evang. Kirche: der 2. Sonntag vor Ostern, ÜBERS. J 2. **2)** kath. Kirche: der 5. Fastensonntag. **Judikation** [lat. iudicare ›Recht sprechen‹] *die*, *-/-en*, Beurteilung, Verurteilung. **judikatorisch**, richterlich. **Judikative** *die*, *-/-n*, ⚬⚬ rechtsprechende Gewalt. **Judikatur** *die*, *-/-en*, Rechtsprechung.
Jüdin *die*, *-/-nen*. **jüdisch**, die Juden betreffend.
Judith [hebr. ›Frau aus Juda‹], weibl. Vorname.
judizieren [lat. iudicare], *ich* judiziere (habe judiziert), ⚬⚬ urteile, richte.
Judo *der*, *-s/-s*, kurz für: Jungdemokrat, Angehöriger der Nachwuchsorganisation der FDP.
Judo [japan. zu ›sanft nachgeben‹, ›ausweichen‹ und do ›Weg‹, ›Grundsatz‹] *das*, *-(s)*, ein Kampf- und Selbstverteidigungssport, aus dem Jiu-Jitsu entstanden. **Judoka** *der*, *-s/-s*, Judokämpfer.
Jugend [ahd. jugund] *die*, *-*, **1)** Zeit, in der der Mensch wächst und reift: *in früher J.; von J. auf; sie verbrachte ihre J. im Ausland; Jugendarbeitslosigkeit; Jugendbuch; Jugendgruppen; Jugendkriminalität; Jugendkultur; Jugendliebe; Jugendsekten; Jugendzeit; Jugendzentrum*. **2)** Jugend. Wesen: *die reifere J.* **3)** junge Leute: *die J. von heute; Jugendmannschaft*. **4)** *alem.*: Kleinkind; Neugeborenes. **Jugendbewegung** *die*, eine pädagogische, geistig-kulturelle Erneuerungsbewegung zu Beginn des 20. Jahrh. **jugendfrei**, für Jugendliche zugelassen: *der Film ist J*. **jugendgefährdend**, *jugendgefährdende Schriften*; aber: *die Jugend gefährdend*. **Jugendherberge** *die*, Übernachtungsstätte für Jugendliche: *Deutsche J.*, Abk.: DJH. **jugendlich**, auf die Jugend bezogen: *jugendlicher Leichtsinn; eine jugendliche Erscheinung; jugendlicher Liebhaber*, ein Rollenfach. **Jugendliche** *der*, *die*, *-n/-n*, *-r*, *eine* ♂ Person vom 14. bis 18. Lebensjahr. **Jugendlichkeit** *die*, *-*.
Jugendstil *der*, *-s*, eine Stilrichtung um 1900, vgl. ABB. S 68. **Jugendweihe** *die*, eine nicht- oder freireligiöse Feier für Jugendliche (an Stelle der Konfirmation oder Kommunion).
jugieren [ʒyʒˈiːrən, frz. juger, zu lat. iudicare], *ich* jugiere (habe jugiert); *schweiz.*: urteile.
Jugo|slawe *der*, *-n/-n*, Bewohner des südosteuropäischen Staates Jugoslawien. **jugo|slawisch**.
Juice [dʒuːs, engl., zu lat. ius ›Brühe‹] *der* oder *das*, *-/-s* [-siz], Saft.
Ju-Jutsu [dʒuː dʒˈutsu, japan. ju ›sanft nachgeben‹, ›ausweichen‹ und jutsu ›Kunst‹, ›Kunstgriff‹] *das*, *-(s)*, Selbstverteidigungssport, aus dem Jiu-Jitsu entstanden.
Julfest [altnord. jol] *das*, nord. Weihnachtsfest.
Juli [lat. Iulius, nach Julius Cäsar, 100–44 v. Chr.] *der*, *-(s)/-s*, der siebte Monat des Jahres, ÜBERS. J 2; auch August.
Julia [zu Julius], weibl. **Julian** [auch -'an], männl. **Juliane**, weibl. Vorname. **Julianisch, Julianisch**, vgl. ÜBERS. A 4, C: *der Julianische Kalender*; vgl. Kalender.
Julienne [ʒylˈjɛn, frz.], nach dem französ. Vornamen, zu Julius, fadenförmig getrocknetes Gemüse als Suppeneinlage: *Julius*. [nach dem altröm. Geschlecht der Julier], männl. Vorname. **Julius|turm** [nach dem Spandauer Festungsturm, in dem der Reichskriegsschatz aufbewahrt wurde] *der*, *-(e)s*, angesammelte öffentl. Gelder.
Jul|klapp [vgl. Julfest] *der*, *-(s)/-s*, Weihnachtsgeschenk, das durch vermummte Boten ins Zimmer geworfen wird. **Julmond** *der*, Dezember.
Jumbo-Jet [-dʒet, amerikan. jumbo ›Elefant‹, ›riesengroß‹] *der*, *-(s)/-s*, Großraumflugzeug mit Strahlantrieb.
Jumelage [ʒyməlˈaːʒ, frz. jumeler ›zusammenfügen‹, zu lat. gemellus ›Zwillings›. . .‹] *die*, *-/-n* [-ən], Städtepartnerschaft.
jumpen [dʒˈʌmpən, engl. to jump], *ich* jumpe (bin gejumpt), springe.
Jumper [dʒˈʌmpə, engl., vermutlich zu Joppe] *der*, *-s/-*, Strickbluse, U Pullover.
jun., jr., Abk. für: junior.
jung [ahd. jung], **1)** in jugendlichem Alter, jugendlich: *ein junger Mann; ein junges Mädchen; Jungtier; von j. auf; j. und alt*, jedermann, aber: *Junge und Alte; Junge Union*, Nachwuchsorganisation der CDU; *er fühlt sich*

noch *j.*, aber: *er ist nicht mehr der Jüngste.* **2)** frisch, neu: *junge Karotten.* **3)** im Anfangsstadium, erst seit kurzem: *eine junge Ehe; sie sind j.* verheiratet; *das junge Glück; junge Nationen.* **4)** späterer Zeit, der jüngeren Generation angehörig: *Pitt der Jüngere,* Abk.: d. J., aber: *die jüngere meiner Töchter; meine Jüngste,* jüngste Tochter; *nach den jüngsten Vorfällen...; es geschah in jüngster Zeit; die jüngsten Ereignisse,* aber: *das Jüngste Gericht,* Weltgericht, Gericht Gottes am Jüngsten (letzten) Tag. **Jungbrunnen** *der,* P Quelle ewiger Jugend. **Jungbürger** *der, österr.:* Jungwähler. **Jungchen** *das, -s/-,* U. **Junge, 1)** *das, -n/-n, ein -s,* Tierkind. **2)** *der, -n/-n,* U auch *-ns* und *Jungs,* Kind männl. Geschlechts; Lehrling, Handlanger: *Schiffsjunge; Jungenschule; alter J.!,* freundschaftl. Anrede; *die blauen Jungs,* Matrosen. **3)** *der, -n/-n,* Kartenspiel: Bube. **Jüngelchen** *das, -s/-,* oft abschätzig. **jungen,** *ein Tier jungt* (hat gejungt), wirft Junge. **jungenhaft,** unbekümmert oder derb wie ein Junge. **Jungenhaftigkeit** *die, -.* **Jünger** [ahd. jungiro] *der, -s/-,* Schüler eines Meisters, bes. die zwölf Apostel Christi. **Jüngerschaft** *die, -.* **Jungfer** [mhd. juncvrou(we)] *die, -/-n,* **1)** Jungfrau: *eine alte J.,* U ältere unverheiratete (altjüngferliche) Frau. **2)** Zofe, Mädchen: *Kammerjungfer.* **3)** ⚭ Wasserjungfer, Libelle. **4)** 〜 Holzscheibe im Taljereep, ABB. K 31. **Jungfer im Grünen** *die, - - -,* ⚭ Schwarzkümmel. **jungferlich. Jungfernfahrt** *die,* erste Fahrt eines Schiffes. **Jungfernflug** *der,* erster Flug eines Flugzeugs. **Jungfernhäutchen** *das,* ⚥ Hymen, Schleimhautfalte am Scheideneingang. **Jungfernkranz** *der,* ⚭ Brautkranz. **Jungfernrede** *die,* erste öffentl. Rede. **Jungfernschaft** *die, -,* Jungfräulichkeit. **Jungfernzeugung** *die, -,* Parthenogenese. **Jungfrau** *die,* **1)** Mädchen, das noch keinen Geschlechtsverkehr hatte; Sinnbild der Reinheit: *die J. Maria.* **2)** ohne Pl., ⚭ ein Sternbild des Tierkreises, ÜBERS. A 22. **jungfräulich,** unberührt, rein, unverletzt. **Jungfräulichkeit** *die, -.* **Junggeselle** *der,* unverheirateter Mann: *Junggesellenbude.* **Junggesellentum** *das, -s.* **Junggesellin** *die, -/-nen,* unverheiratete Frau. **Jüngling** *der, -s/-e,* junger Mann. **jüngling(s)haft. jüngst, 1)** Superlativ von jung. **2)** letzthin, vor kurzem: *ich traf ihn j. bei Bekannten.* **jüngstens,** jüngsthin, ⚭ jüngst, vor kurzem. **jüngstvergangen,** in *jüngstvergangener Zeit.* **jungverheiratet,** *ein jungverheiratetes Paar;* aber: *sie sind jung verheiratet.* **Jungwähler** *der,* jemand, der zum ersten Mal wählen darf. **Juni** [lat. Iunius, Monat der Göttin Iuno] *der, -(s)/-s,* der sechste Monat des Jahres, ÜBERS. J 2; vgl. August. **Junikäfer** *der,* volkstüml. Bez. für verschiedene Käfer. **junior** [lat. iunior ›jünger‹, Abk.: jr., jun., der Jüngere. **Junior** *der, -s/... 'ren,* **1)** Sohn (im Geschäftshaus): *Juniorchef.* **2)** jugendl. Sportler: *Juniorenklasse.* **Junker** [lat. juncherro] *der, -s/-,* **1)** früher: junger Adliger; adliger Gutsbesitzer. **2)** kurz für: Fahnenjunker. **junkerhaft, junkerlich,** wie ein Junker, herrisch, überheblich. **Junkertum** *das, -s,* Stand und Art des Landadels. **Junkie** [dʒ'ʌŋki, engl. junk ›Abfall‹, ›Schund‹, amerikan. auch ›Rauschgift‹] *der, -s/-s,* U Drogenabhängiger, der Rauschmittel spritzt. **Junktim** [lat. iungere ›verbinden‹] *das, -s/-s,* Verbindung mehrerer Gesetzesvorlagen, im Parlament gemeinsam behandelt werden sollen. **Juno** [lat., zu iuvenis ›Jüngling‹] **1)** die bedeutendste röm. Göttin. **2)** *die, -,* ⚭ ein Planetoid. **junonisch,** stattlich; mit üppigen Formen: *eine junonische Gestalt.* **Junta** [x'unta, span. ›Vereinigung‹, zu lat. iungere ›verbinden‹] *die, -/... ten,* **1)** Regierungs- oder Volksausschuß. **2)** revolutionärer Ausschuß: *Militärjunta.* **Junte** *die, -/-n, schweiz.:* Unterrock. **Jüpchen** *das, -s/-, sächs.:* Säuglingsjäckchen. **Jupe** [zu Joppe] *die, -/-n,* **1)** *südostdt.:* Joppe. **2)** *oberdt.:* ländl. Frauenrock. **3)** [ʒyp, frz.] *die, -/-s, schweiz.:* Damenrock. **Jupiter** [lat. Iuppiter], **1)** höchster röm. Gott. **2)** *der, -s,* ⚭ ein Planet, vgl. ÜBERS. A 22. **Jupiterlampe** *die,* lichtstarke Bogenlampe für Filmaufnahmen.

Jupon [ʒyp'ɔ̃, frz., zu jupe ›Rock‹] *der, -s/-s,* ⚭ Unterrock. **Jupp** [westdt., zu Josef] männl. Vorname. **Jura** [nach dem Juragebirge] *der, -s,* ⊕ geolog. Formation des Mesozoikums: *Juraformation.* **Jura** [Pl. von lat. ius ›Recht‹], *Pl.,* die Rechte: *Jurastudent; er studiert J.* **jurabel,** juristisch erfaßbar. **jurassisch,** auf die geologische Formation Jura bezogen. **Jürgen** [Nebenform von Georg], männl. Vorname. **juridisch** [lat. iuridicialis ›das Recht betreffend‹, zu ius ›Recht‹], ⚭, *noch österr.:* juristisch. **jurieren,** *ich juriere* (habe juriert) *es,* ihn, beurteile als Mitglied einer Jury. **Jurisdiktion** *die, -,* Gerichtsbarkeit. **Jurisprudenz** *die, -,* Rechtswissenschaft. **Jurist** *der, -en/-en:* Juristenverbände; *Verwaltungsjurist.* **Juristerei** *die, -,* U oft verächtlich: Wissenschaft und Tätigkeit des Juristen. **juristisch,** rechtswissenschaftlich: *juristische Person,* rechtsfähige Körperschaft; *formaljuristisch.* **Juror** *der, -s/... r'oren,* Mitglied einer Jury. **Jurte** [türk.] *die, -/-n,* Rundzelt (zentralasiat. Nomaden). **Jury** [ʒyr'i, frz., zu lat. iurare ›schwören‹] *die, -/-s,* Ausschuß von Sachverständigen, Preisrichtern. **Jus** [lat. ius ›Recht‹] *das, -/J'ura,* Recht, Rechtswissenschaft: *J. cogens,* ⚖ zwingendes Recht; *Jusstudent, österr.:* Jurastudent. **Jus** [ʒy, frz., zu lat. ius ›Brühe‹] *die, das* oder *der, -,* eingedickte Fleischbrühe, *schweiz. auch:* Obst-, Gemüsesaft. **Juso** *der, -s/-s,* kurz für: Jungsozialist, Angehöriger einer Nachwuchsorganisation der SPD. **just** [nhd., zu lat. iustus ›gerecht‹], ⚭ gerade, eben. **justament,** ⚭ genau, richtig; nun erst recht. **justieren** [mlat. iustare, zu lat. iustus ›gerecht‹, ›angemessen‹], *ich justiere* (habe justiert) *es,* **1)** ⚙ passe ein, stelle genau ein: *Meßgeräte justieren,* es, **1)** ⚙ passe ein, stelle genau ein. **2)** prüfe das Münzgewicht: *Justierwaage.* **Justierer** *der, -s/-.* **Justierung** *die, -/-en.* **Justifikation** [lat. iustificare ›rechtfertigen‹] *die, -/-en,* Rechtfertigung. **Justifikatur** *die, -/-en,* Prüfung und Genehmigung von Rechnungen. **justifizieren,** *ich justifiziere* (habe justifiziert) *es,* **1)** rechtfertige. **2)** prüfe und genehmige (Rechnungen). **Justitia** [lat.] **1)** röm. Göttin der Gerechtigkeit. **2)** *die, -,* Verkörperung der Gerechtigkeit. **justitiabel,** der Gerichtsbarkeit unterliegend: *nicht justitiable Hoheitsakte.* **Justitiabilität** *die, -.* **Justitiar** [mlat. iustitiarius, zu iustitia ›Gerechtigkeit‹] *der, -s/-e,* mit der Bearbeitung der Rechtsangelegenheiten einer Behörde, eines Verbandes, einer Bank u. a. betrauter Beamter oder Angestellter. **Justitium** [lat., zu ius ›Recht‹ und sistere ›stillstehen‹] *das, -s/... ti|en,* Stillstand der Rechtspflege infolge schwerwiegender Ereignisse. **Justiz** [lat. iustitia ›Gerechtigkeit‹] *die, -,* staatl. Rechtspflege: *Justizangestellter; Justizvollzugsanstalt; Lynchjustiz.* **Justizirrtum** *der,* falsche Entscheidung eines Gerichts. **Justizmord** *der,* Verurteilung eines Unschuldigen zum Tode; im weiteren Sinn jede dem Recht nicht entsprechende schwere Verurteilung. **Justus** [lat. ›der Gerechte‹], männl. Vorname. **Jute** [engl., zu hindustan. jhatta ›Haarstrang‹] *die, -,* Name ostind. Lindengewächse und deren Bastfasern. **Jüte** *die, -/-n,* **1)** Angehöriger eines german. Volksstammes. **2)** Bewohner der Halbinsel Jütland. **jütisch. Jutta** [Nebenform von Judith], weibl. Vorname. **juvenil** [lat. iuvenilis], jugendl.; ursprünglich. **Juwel** [neufrz. joyau, zu afrz. joiel], **1)** *der, -s/-en,* kostbarer Schmuck; geschliffener Edelstein: *Gold und Juwelen.* **2)** *das, -s/-e,* Ü etwas besonders Wertvolles, Kleinod (auch von Personen): *sie ist ein J.; die Kirche ist ein J. romanischer Baukunst.* **Juwelier** *der, -s/-e,* Goldschmied; Schmuckhändler: *Juweliergeschäft; Juwelenwaren.* **Jux** [lat. iocus ›Scherz‹] *der, -es/-e,* U Spaß, Scherz: *er hat es aus J. gemacht.* **juxen,** *ich juxe* (habe gejuxt). **Juxta, Juxte** [lat. iuxta ›daneben‹] *die, -/... ten,* Kontrollstreifen an Lottozetteln, Lotterielosen und manchen kleinen Wertpapieren. **jwd** [jɔtve:d'e, berliner.], U Abk. für: janz (ganz) weit draußen, abgelegen: *das Haus liegt jwd.*

K

k, K [ka] *das, -/-,* ein Konsonant, ABB. A 8, ÜBERS. A 26, G 34.

k, vor Maßeinheiten Zeichen für: Kilo...

K, 1) ⊕ Zeichen für: Kalium. **2)** Zeichen für: Kelvin.

Kaaba [arab. ›Würfel‹] *die, -,* Kaba, Hauptheiligtum der Muslime in Mekka.

Kaag [niederl.] *die, -/-en,* ⚓ einmastiges Küsten- und Flußfahrzeug.

Kaba *die,* Kaaba.

Kabale [frz. cabale, zu Kabbala] *die, -/-n,* ⚙ geheimer Anschlag, Ränke, Intrige.

Kabarett [frz. cabaret ›Schenke‹] *das, -s/-e oder -s,* **1)** Kleinkunstbühne; die dort vorgetragenen Gedichte, Chansons, Sketches u. a. Darbietungen: *politisches K.* **2)** in Fächer unterteilte Speiseplatte. **Kabarettist** *der, -en/-en,* Künstler beim Kabarett. **kabarettistisch,** *kabarettistische Darbietungen.*

Kabäuschen [zu Kabuse] *das, -s/-,* ⋃ kleines Haus oder Zimmer.

Kabbala [hebr. ›Überlieferung‹] *die, -,* jüdische Geheimlehre. **kabbalistisch,** die Kabbala betreffend; geheimnisvoll.

Kabbelei *die, -/-en,* ⋃ lustiger, harmloser Streit. **kabbelig,** ⚓ unruhig, ungleichmäßig (Meer). **kabbeln** [niederdt.], *ich* kabb(e)le (habe gekabbelt), **1)** *mich mit ihm,* ⋃ streite mich in lustiger, harmloser Weise. **2)** *die See kabbelt,* ⚓ ist von verschieden gerichteten Strömungen gekräuselt. **Kabbelung** *die, -/,* ⚓ das Kabbeln der See.

Kabel [mittelniederl. kavale] *das, -/-n, niederdt.:* Anteil, Losgewinn.

Kabel [mhd. kabel, zu lat. capulum ›Seil‹] *das, -s/-,* **1)** (biegsame) isolierte elektr. Leitung, ABB. K 1: *Fernmeldekabel; Kabelnachricht.* **2)** ⚓ starke Trosse. **3)** kräftiges Drahtseil, vgl. ABB. B 51. **4)** ⚙ Telegramm aus (nach) Übersee. **Kabelfernsehen** *das,* leitungsgebundene Übertragung von Fernsehprogrammen. **Kabelgat(t)** *das,* Schiffskammer für Tauwerk, ABB. S 17.

Kabeljau [niederl. kabeljauw, bakeljauw, zu portug. bacalhao ›Stockfisch‹, aus lat. baculum ›Stock‹] *der, -s/-s oder -e,* ein Speisefisch.

Kabellänge *die,* ein Längenmaß der Schiffahrt. **kabeln** [engl. to cable], *ich* kab(e)le (habe gekabelt) *(es),* telegrafiere nach Übersee. **Kabelschuh** *der,* ⚡ Anschlußklemme für elektr. Leitungen, ABB. K 1.

Kabine [frz. cabine, zu lat. capanna ›Hütte‹] *die, -/-n,* **1)** ⚓ Wohn- und Schlafraum an Bord. **2)** kleiner abgeschlossener Raum: *Kabinenbahn; Umkleidekabine; Badekabine,* ABB. B 2. **3)** ✈ Fluggast- und Besatzungsraum: *Druckkabine.*

Kabinett [frz. cabinet, zu ital. gabbia, gabinetto ›Käfig‹] *das, -s/-e,* **1)** kleines Zimmer; Beratungsraum. **2)** Kunstsammlung; Raum, auch Schrank dafür: *Münzkabinett.* **3)** Ministerrat, Gesamtheit der Minister einer Regierung: *das K. tritt zur Beratung zusammen; Kabinettsbeschluß; Kabinettssitzung.*

Kabinettformat *das,* Bildgröße 100 × 140 mm. **Kabinettsfrage** *die,* Vertrauensfrage. **Kabinettsorder** *die,* unmittelbare Anordnung des Herrschers. **Kabinettstück** *das,* **1)** Prachtstück, kostbarer Gegenstand. **2)** Ü geschicktes Verhalten, Meisterstück: *ein K. der Verhandlungsführung; da hast du dir ein K. geleistet,* ⋃ du warst bes. ungeschickt. **Kabinettwein** *der,* ein Qualitätswein mit Prädikat.

Kabis [vgl. Kappes] *der, -/-, oberdt.:* Kraut, Kopfkohl.

Kabotage [-'ta:ʒə, frz. cabotage ›Küstenhandel, -schiffahrt‹] *die, -,* **1)** ⚓ entgeltliche Beförderung innerhalb eines fremden Hoheitsgebietes. **2)** ⚓ Recht des Vorbehalts der Schiffahrt für die eigene Flagge. **kabotieren,** *ich* kabotiere (habe kabotiert).

Kabrio *das, -(s)/-s,* kurz für: **Kabriolett** [frz. cabriolet, zu cabrioler ›Luftsprünge machen‹] *das, -s/-e oder -s,* Cabriolet, **1)** Kraftwagen mit rückklappbarem Verdeck, ABB. K 40. **2)** zweirädriger Einspänner.

Kabuff [zu Kabuse] *das, -s/-s, niederdt.:* kleiner (dunkler) Raum. **Kabuse, Kabüse** [mnd.] *die, -/-n,* **1)** ⚓ Kombüse. **2)** ⋃ lichtloser kleiner Raum.

Kabyle [arab. kabila ›Stamm‹] *der, -n/-n,* Angehöriger eines nordafrikan. Berberstammes. **kabylisch.**

käch, *schweiz.:* kräftig, gesund (Kind, Obst). **kachektisch,** ⚕ an Kachexie leidend, hinfällig.

Kachel [ahd. kachala ›irdenes Gefäß‹, zu grch. kakabos ›dreibeiniger Tiegel‹] *die, -/-n,* Platte aus gebranntem, meist glasiertem Ton, Steingut oder Porzellan: *Kachelofen; Kachelwände.* **kacheln,** *ich* kach(e)le (habe gekachelt) *es,* belege mit Kacheln: *ein gekacheltes Bad.*

Kachexie [grch. kachexia] *die, -/...x'i|en,* ⚕ Kräfteverfall, Abzehrung.

Kacke [lat. cacare, kindl. Lallwort] *die, -,* V Kot. **kacken,** *ich* kacke (habe gekackt), V.

Kadaver [lat. cadaver, zu cadere ›fallen‹] *der, -s/-,* Tierleiche. **Kadavergehorsam** *der,* ⋃ blinder Gehorsam.

Kade [vgl. Kate] *die, -/-n, niederdt.:* hölzerne Konstruktion zur provisorischen Erhöhung eines Deichs.

Kadenz [ital. cadenza, zu lat. cadere ›fallen‹] *die, -/-en,* **1)** Tonfall am Ende eines Satzes. **2)** Art des Versausgangs. **3)** ♪ den Schluß herbeiführende Folge von Tönen und Akkorden. **4)** ♪ ursprünglich improvisierter virtuoser Soloteil im Instrumentalkonzert; *führe meine Kadenz aus.* **kadenzieren,** *ich* kadenziere (habe kadenziert), ♪ führe eine Kadenz aus. **kadenziert,** rhythmisch fallend.

Kader [frz. cadre, zu lat. quadrum ›Rahmen‹] *der, schweiz.: das, -s/-,* **1)** erfahrene Stammannschaft, z. B. einer Truppe, eines Vereins. **2)** im kommunist. Sprachgebrauch: bes. geschulte Gruppe in Partei, Staat und Wirtschaft; auch Angehöriger dieser Gruppe: *Parteikader; Kaderabteilung.*

Kadett [frz. cadet ›der Jüngere‹, Diminutiv zu lat. caput ›Haupt‹, eigtl. ›das kleine, zweite Familienhaupt‹] *der, -en/-en,* **1)** Zögling einer Erziehungsanstalt für Offiziersanwärter: *Kadettenanstalt.* **2)** ⋃ Bursche, Schlingel.

Kadi [türk., zu arab. quadi] *der, -s/-s,* Richter in islam. Ländern: *ich bringe die Sache vor den K.,* ⋃ vor Gericht.

kadmieren, *ich* kadmiere (habe kadmiert) *es,* überziehe mit einer Cadmiumschicht. **Kadmium** *das, -s,* Cadmium.

kaduk [lat. caducus, zu cadere ›fallen‹], ⚕ hinfällig, gebrechlich. **kaduzieren,** *ich* kaduziere (habe kaduziert) *es,* ⚖ schlage nieder, erkläre für ungültig oder verfallen. **Kaduzierung** *die, -/-en.*

Käfer [ahd. chever, verwandt mit Kiefer, eigtl. ›nagendes Tier‹] *der, -s/-,* **1)** Insekt, mit Hautpanzer, ABB. I 1. **2)** ⋃ junges Mädchen: *ein reizender K.*

Kaff [mhd. kaf ›Spreu‹, ›Wertloses‹] *das, -(e)s, niederdt.:* Spreu. **2)** Plunder, wertloser Kram.

Kaff [zigeuner. gaw ›Dorf‹] *das, -s/-s oder -e,* ⋃ abgelegenes, langweiliges Dorf.

Kaffee [auch kaf'e, frz. café, zu arab. qahwa ›Wein‹, ›Kaffee als anregendes Getränk‹] *der, -s/-s,* **1)** geschälter Samen (Bohne) des Kaffeestrauchs: *Kaffeebohne; Kaffee-Extrakt; Pulverkaffee; Kaffee-Ersatz.* **2)** daraus bereitetes Getränk: *Kaffeemaschine,* ABB. K 50; *K. mit sehr viel Milch* (sächs.: *K. verkehrt).* **3)** Morgen- und Nachmittagsmahlzeit: *Kaffeetisch,* vgl. ABB. K 2. **4)** *das, -s/-s,* Café. **Kaffeehaus** *das, bes. österr.:* Café. **Kaffeeklatsch** *der, -es/,* ⋃ Kaffeegesellschaft für Damen. **Kaffeemühle** *die,* ABB. M 22. **Kaffeetante** *die,* ⋃ **1)** Frau, die gern viel Kaffee trinkt. **2)** Frau, die häufig zum Kaffeeklatsch geht.

kaffeln, *ich* kaff(e)le (habe gekaffelet), *schweiz.:* **1)** knabbere, kaue hörbar. **2)** trinke Kaffee (in Gesellschaft).

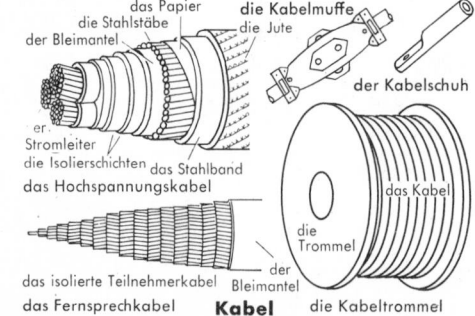

K 1

das Papier · die Stahlstäbe · der Bleimantel · die Kabelmuffe · die Jute · der Kabelschuh · er Stromleiter · die Isolierschichten · das Stahlband · das Hochspannungskabel · das Kabel · die Trommel · das isolierte Teilnehmerkabel · der Bleimantel · das Fernsprechkabel · **Kabel** · die Kabeltrommel

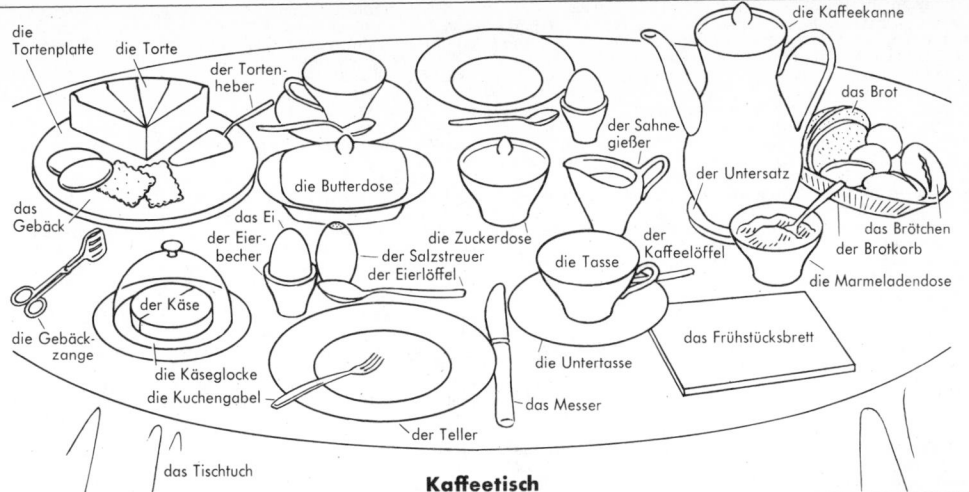

die Tortenplatte — die Torte — der Tortenheber — die Kaffeekanne — der Sahnegießer — das Brot — der Untersatz — das Gebäck — die Butterdose — das Ei — der Eierbecher — die Zuckerdose — der Salzstreuer — der Eierlöffel — die Tasse — der Kaffeelöffel — das Brötchen — der Brotkorb — die Marmeladendose — der Käse — die Gebäckzange — die Käseglocke — die Kuchengabel — das Frühstücksbrett — die Untertasse — das Messer — der Teller — das Tischtuch

Kaffeetisch

Kaffer [arab. kafir ›Ungläubiger‹] *der, -n/-n, meist Pl.*, alte, oft abwertende Bez. für Bantuvölker im südl. Afrika.

Kaffer [neuhebr. kaphri ›Dorfbewohner‹] *der, -n/-n* oder *-s/-*, Ü dummer Kerl.

Käfig [ahd. chevia, zu lat. cavea] *der, -s/-e*, mit Gitter umschlossener Raum für Tiere, ABB. V 7: *Affenkäfig*; Sinnbild der Gefangenschaft: *sie sitzt im goldenen K.*, Ü *läßt sich durch Geld binden*.

Kafiller [von rotwelsch cavall ›Pferd‹ und mhd. villen ›häuten‹] *der, -s/-*, G Abdecker.

Kafir [arab. ›Ungläubiger‹] *der, -s/-n*, Nichtmuslim.

Kaftan [türk., zu pers.-arab. chaftan-kuftan] *der, -s/-e*, langer, mantelartiger Überrock.

Käfter [ahd. chafteri ›Bienenkorb‹, zu mlat. capisterium ›Behälter‹] *der, -s/-*, **Käfterchen** *das, -s/-, mitteldt.*: Kämmerchen.

kahl [ahd. chalo], leer, entblößt: *kahle Wände; eine kahle Stelle im Fell; er ist k.*, hat keine Haare; *die Gegend ist k.*; die Sträucher werden k. sein, k. bleiben. **Kahlfraß** *der, -es.*

kahlfressen, *tierische Schädlinge fressen Bäume kahl* (fraßen kahl, haben kahlgefressen). **Kahlfrost** *der*, Frost ohne Schnee.

Kahlhieb *der*, Kahlschlag. **kahlköpfig**, glatzköpfig. **Kahlscheren**, *ich schere es kahl* (habe kahlgeschoren). **Kahlschlag** *der, ⚘ vollständiges Abholzen*, ABB. F 33. **kahlschlagen**, *ich schlage es kahl* (schlug kahl, habe kahlgeschlagen). **Kahlwild** *das, ⚘ die geweihlosen weibl. Tiere und die Kälber bes. des Rotwilds*.

Kahm [mhd. kam, kan, zu lat. cana ›graue Schicht‹] *der, -(e)s/-e*, feine Haut aus Mikroorganismen auf der Oberfläche von Flüssigkeiten: *Kahmhaut; Kahmpilz*. **kahmen**, *es kahmt* (hat gekahmt). **kahmig**.

Kahn [mnd. kane ›Boot‹, zu altnord. kani ›Schüssel‹] *der, -s/-̈e*, 1) kleines Boot: *wir wollen K. fahren; Kahnfahrt.* 2) Lastschiff auf Flüssen: *Elbkahn; Lastkahn.* 3) Ü Pantoffel; Bett; Gefängnis. **Kahnbein** *das, ⚘ Knochen der Hand- oder Fußwurzel.*

Kai [fries.], Kay, männl. oder weibl. Vorname.

Kai [niederl. kaai, zu frz. quai] *der, -s/-e* oder *-s*, Bollwerk, befestigte steile Anlegestelle für Schiffe am Ufer: *Kaimauer*, ABB. H 3.

Kaib *der, -/-er* oder *-en, alem.*: 1) Aas, Luder. 2) Kalb. 3) Dummkopf. **kaibe**, *alem.*: sehr, riesig. **Kaibel** *das, -s/-, bair.-österr.*: Kalb. **Kaiberei** *die, -/-en, alem.*: Verdruß.

Kaiman [span. caiman, aus indian.] *der, -s/-e, 🐊 eine Panzerechse*.

Kain [hebr. vielleicht ›Schmied‹, gedeutet als ›der Erworbene‹], B männl. Vorname.

Kainit [grch. kainos ›neu‹] *der, -s/-e*, kalihaltiges Mineral.

Kainszeichen [zu Kain] *das*, Ü Zeichen einer bösen Tat am Täter.

Kaiser [ahd. keisur, zu lat. Caesar] *der, -s/-*, höchster Herrschertitel: *Kaiserkrone; Kaiserreich.* **Kaiserin** *die, -/-nen*, Herrscherin in einem Kaiserreich oder Gattin eines Kaisers. **Kaiserinmutter** *die*, Mutter des Kaisers. **kaiserlich**, als Titel: *Kaiserlich.* **Kaiserling** *der, -s/-e, ⚘ ein Speisepilz.* **Kaisermantel** *der*, ein Schmetterling. **Kaiserschmarren** *der*, eine Mehlspeise. **Kaiserschnitt** [nach der Schnittentbindung, durch die Caesar angeblich auf die Welt kam, oder von lat. caedere ›schneiden‹] *der, ⚕ Entbindung durch Bauchschnitt.* **Kaisertum** *das, -s/-̈er*, 1) Kaiserreich. 2) *ohne Pl.*, Kaiserwürde.

Kajak [eskimoisch] *der* oder *das, -s/-s*, ein Kanu, ABB. B 43: *Einerkajak.*

Kaje *die, -/-n, niederdt.*: Uferbefestigung, Kai.

Kajüte [niederdt., zu frz. cahute ›Hütte‹] *die, -/-n*, Wohnraum auf Schiffen, ABB. M 21, S 45.

kak..., vgl. kako...

Kakadu [malaiisch kakatua ›alter Bruder‹] *der, -s/-s*, Papagei mit aufstellbarer Federhaube.

Kakao [auch -k'au, span. cacao, zu altmexikan. kakauatl] *der, -s/-s*, Erzeugnis aus den Früchten des Kakaobaumes; Getränk daraus: *Kakaobohne; Kakaobutter; Kakaopulver; sie hat ihn durch den K. gezogen*, Ü verspottet.

kakeln [zu gackern, schwatzen], *ich kak(e)le* (habe gekakelt), *niederdt.*: 1) gackere (wie ein Huhn). 2) schwatze, unterhalte mich.

Kakemono [japan. ›Hängeding‹] *das, -s/-s*, zum Aufhängen bestimmtes zusammenrollbares Bild.

Kakerlak [niederl., aus ostind.] *der, -s* oder *-en/-en*, 1) Küchenschabe. 2) Albino.

Kaki *der* oder *das*, Khaki.

kako... [grch. kakos ›schlecht‹, vor Vokalen kak...], schlecht..., übel..., miß... **Kakodylverbindung** *die, ⊖ giftige organ. Arsenverbindung.* **Kakophonie** [grch. phone ›Stimme‹] *die, -/...n'i[e]en*, Mißklang. **kakophonisch.**

Kaktee *die, -/...t'e[e]en*, **Kaktus** [grch. kaktos ›stachelige Pflanze‹] *der, -/...t'e[e]en, ⚘ fleischige Pflanze Amerikas mit Wolle, Haaren und meist auch Stacheln: *Korallenkaktus.*

Kala-Azar [Hindi ›schwarze Krankheit‹] *die, -, ⚕ schwere trop. Infektionskrankheit.*

Kalabasse *die*, Kalebasse.

Kalabrese *der, -n/-n*, Kalabrier, Bewohner der süditalien. Region Kalabrien. **Kalabreser** *der, -s/-*, breitkrempiger Filzhut.

Kalamit [grch. kalamos ›Rohr‹, ›Schilf‹] *der, -en/-en*, Calamit, Markhohlraum-Ausfüllung fossiler Schachtelhalmgewächse.

Kalamität [lat. calamitas ›Unglück‹, ›Schaden‹] *die, -/-en*, 1) Not, Schwierigkeit, Klemme. 2) Schädigung an Pflanzen durch starke Schädlingsvermehrung.

Kala

Kalander [frz. calandre, verwandt mit Zylinder] *der, -s/-,* Maschine zum Glätten (von Papier, Gewebe, Kunststoffolien). **kalandern, kalan|drieren,** *ich* kaland(e)re, kalandriere (habe kalandert, kalandriert) *(es).*

Kalauer [frz. calambour(g) ›Wortwitz‹, in Berlin auf die Stadt Kalau bezogen] *der, -s/-,* schlechter, geistloser Witz. **kalauern,** *ich* kalau(e)re (habe gekalauert).

Kalb [ahd. calb] *das, -(e)s/*ˈˈer, **1)** junges Rind im ersten Jahr, ABB. F 25, R 22: *Kalbsbraten;* Sinnbild von Dummheit und kindischer Albernheit. **2)** Junges vieler Huftiere (Giraffe, Elefant). **3)** ♀ Junges vom Rot-, Elch- und Damwild. **4)** ♀ Auflager für die Wanten am Mast. **5)** *das Goldene K.,* B altjüdisches Götzenbild; Sinnbild des Reichtums: *der Tanz um das Goldene K.,* das Streben nach Reichtum. **Kälbchen** *das, -s/-.* **Kalbe** *die, -/-n,* Färse. **kalben,** *es* kalbt (hat gekalbt), **1)** *die Kuh k.,* wirft ein Kalb. **2)** *der Gletscher k.,* ⊕ es brechen Eisberge von ihm ab. **Kalberei** *die, -/-en,* Alberei. **kalb(e)rig. Kälberkropf** *der,* ⊕ ein mittel- und südeurop. Doldenblüter. **kalbern,** *ich* kalb(e)re (habe gekalbert), ∪ benehme mich albern, kichere dumm. **Kälberne** *das, -s, ohne Artikel: -s, südd.:* Kalbfleisch. **Kalbin** *die, -/-nen,* Kalbe. **Kalb(s)fell** *das,* ⊕ ∪ Trommel. **Kalbsmilch** *die,* Thymusdrüse der Kälber. **Kalbsnuß** *die,* Fleisch von der Innenseite der Kalbskeule.

Kaldaunen [mhd. kaldune, zu lat. calduna ›Eingeweide‹], *Pl., norddt., mitteldt.:* gereinigte, gebrühte Vormagen der Wiederkäuer.

Kalebasse [span. calabaza] *die, -/-n,* Kalabasse, Gefäß aus der Frucht des Kalebassenbaums oder Flaschenkürbisses. **Kalebassenbaum** *der,* amerikanische, meist trop. Pflanze mit kürbisgroßen Früchten.

Kaleido|skop [grch. kalos ›schön‹, eidos ›Aussehen‹ und vgl. . . . skop] *das, -s/-e,* fernrohrähnl. Spielzeug, in dem sich Glasstücke durch mehrere Spiegel zu wechselnden Figuren anordnen; Sinnbild ständig wechselnder Eindrücke: *eine Fülle von Eindrücken, bunt wie ein K.* **kaleido|skopisch.**

Kalendarium [mhd. kalendenjare, zu lat. calendarium ›Schuldbuch‹, nach den am Monatsersten fälligen Zahlungen] *das, -s/. . .ri|en,* **1)** Kalender, Terminkalender. **2)** Verzeichnis kirchl. Gedenktage. **Kalenden,** *Pl.,* die Calendae. **Kalender** *der, -s/-,* **1)** Verzeichnis der Tage des Jahres, ABB. K 3: *Abreißkalender; Kalenderspruch.* **2)** Zeitrechnung: *der Julianische K.,* von Caesar eingeführte Zeitrechnung; *der Gregorianische K.;* vgl. gregorianisch. **Kalenderjahr** *das,* Zeitraum vom 1. Januar bis 31. Dezember.

Kalesche [tschech. kolesa ›Räder‹] *die, -/-n,* leichter vierrädriger Einspänner.

Kalfakter [mlat. calefactor ›Heizer‹] *der, -s/-,* **Kalfaktor** *der, -s/. . .t'oren,* **1)** Heizer, Schuldiener, Hausmeister. **2)** Aushorcher, Schwindler, Schmeichler. **kalfatern** [ital. calafatare, zu arab. kafr ›Asphalt‹], *ich* kalfat(e)re (habe kalfatert) *es,* ♀ dichte ab (an Schiffen). **Kalfaterung** *die, -.*

Kali [vgl. Alkali] *das, -s,* **1)** Sammelname für natürl. Kalisalze, Düngemittel. **2)** Abk. für: Kalium in zusammengesetzten Namen: *Kalidünger; Kalilauge; Ätzkali.*

Kaliban [nach Caliban] *der, -s/-e,* ♂ roher Mensch.

Kaliber [lat. calibrum ›Halseisen der Gefangenen‹, zu grch. kalopodion ›Schusterleisten‹] *das, -s/-,* **1)** innere Rohrweite (bes. bei Feuerwaffen); auch Durchmesser des Geschosses. **2)** Zwischenraum zwischen Walzen im Walzwerk. **3)**

K 3

das Schmuckbild / die Lochung / der Bügel / der Block / das Datum / der Block / der Ständer / der Tischkalender / der Abreißkalender / die Rückwand / der Monat / das Jahr / der Tag / das Blatt (die Seite) / der Wandkalender / MAI 1971 3|4|5|6|7|8|9 DIENSTAG / MAI 7 / **Kalender** / der Terminkalender / der Taschenkalender

◎ ♀ Meßwerkzeug, Lehre. **4)** ∪ Art: *das ist einer vom gleichen K.,* ihm ebenbürtig. **kali|brieren,** *ich* kalibriere (habe kalibriert) *es,* bringe auf ein genaues Maß. . . .**kali|brig,** mit . . . Kaliber: *großkalibrig.*

Kalif [mhd. kalif, zu arab. chalifa ›Nachfolger‹] *der, -en/-en,* Titel islam. Herrscher als Nachfolger Mohammeds. **Kalifat** *das, -(e)s/-e,* Würde oder Reich des Kalifen.

Kalifornium *das, -s,* Californium.

Kaliko [nach der ostind. Stadt Calicut] *der, -s/-s,* ein Baumwollgewebe.

Kalisalz *das,* Kali.

Kalium [latinisierende Bildung zu Kali] *das, -s,* ✧ Element, Zeichen: K, ein wachsweiches, silberweißes Metall. **Kaliumpermanganat** *das,* übermangansaures Kalium, starkes Oxidations- und Desinfektionsmittel.

Kalk [ahd. kalk, zu lat. calx] *der, -(e)s/-e,* volkstümliche Bez. einiger Calciumverbindungen: *gebrannter K.,* durch Brennen von Kalkstein hergestelltes Calciumoxid; *Kalkdünger.* **kalken,** *ich* kalke (habe gekalkt) *es,* bestreiche, bemale mit Kalk, tünche (Wände). **kalkig,** kalkhaltig, kalkartig, weiß wie Kalk. **Kalkna|tronfeldspat** *der,* ein gesteinsbildendes Mineral. **Kalkpräparat** *das,* Arzneimittel mit Calciumsalzen. **Kalksandstein** *der,* **1)** Sedimentgestein. **2)** ein Wandbaustein. **Kalkspat** *der,* ein gesteinsbildendes Mineral. **Kalkstein** *der,* ein Sedimentgestein, vorwiegend aus Calciumcarbonat bestehend.

Kalkül [frz. calcul ›das Rechnen‹, zu lat. calculus ›Rechenstein‹] *der, -s/-e,* **1)** Berechnung, Überschlag. **2)** △ System für mathem. oder logische Operationen. **Kalkulation** *die, -/. . .nen,* Berechnung, Vorausberechnung, Kostenrechnung. **Kalkulator** *der, -s/. . .t'oren,* Rechnungsbeamter; Angestellter im betriebl. Rechnungswesen. **kalkulatorisch. kalkulieren,** *ich* kalkuliere (habe kalkuliert) *es,* **1)** berechne: *die Kosten waren knapp kalkuliert.* **2)** meine, erwäge: *eine Absage habe ich nicht kalkuliert.*

Kalla [lat. calla ›Drachenwurz‹] *die, -/-s,* eine Zierpflanze.

Kalle [jidd. kale, zu hebr. kala ›Braut‹] *die, -/-n,* G junge Frau, Geliebte; Braut; Prostituierte.

Kalli|graph [grch. kallos ›Schönheit‹ und vgl. . . . graph] *der, -en/-en,* Schriftkünstler. **Kalli|graphie** *die, -/-n,* Schönschrift, Schönschreibekunst. **kalli|graphisch.**

Kalliope [grch. ›die Schönstimmige‹], Muse des Epos und der Elegie.

kallös [lat. callus ›Schwiele‹, ›Knochengeschwulst‹], **1)** den Kallus betreffend. **2)** schwielig. **Kallus** *der, -/-se,* ♂ ⊕ Gewebsneubildung an Knochenbrüchen und Wundstellen.

Kalmar [lat. calamarius ›zum Schreibrohr gehörig‹, zu calmus] *der, -s/. . .m'are,* ♙ zehnarmiger Kopffüßler. **Kalmäuser** *der, -s/-,* ♂ Stubenhocker, Kleinigkeitskrämer.

Kalme [frz. calme ›Windstille‹] *die, -/-n,* Windstille. **Kalmengürtel** *der,* **Kalmenzone** *die,* Gebiet schwacher, veränderlicher Winde und häufiger Windstillen.

Kalmuck [nach den Kalmücken, einem westmongol. Volk] *der, -(e)s/-e,* dickes, haariges Gewebe. **Kalmuck** *der, -en/-en,* **1)** ♙ Pollack. **2)** Kalmücke. **Kalmücke** *der, -n/-n,* Angehöriger eines westmongol. Volkes.

Kalmus [lat. calamus ›(Schreib)rohr‹] *der, -/-se,* Heil- und Zierpflanze.

Kalo [ital. calo ›Abnahme‹, ›das Sinken‹] *der, -s/-s,* ♂ Gewichtsverlust (von Waren), beim Versand.

Kalokagathie [grch. kalos k(ai)agathos ›schön und gut‹] *die, -,* Vereinigung von Schönem und Gutem, altgriech. Bildungsziel.

Kalorie [lat. calor ›Wärme‹] *die, -/. . .r'i|en,* Zeichen: cal, nicht mehr gesetzliche Maßeinheit der Wärmemenge: *große K.,* Kilokalorie, früher Maß für die wärmebildende Fähigkeit der Nahrungsmittel; *kalorienarme Kost; Kalorientabelle; fettreiche Speisen haben einen hohen Kaloriengehalt.* **Kalorifer** [lat. ferre ›tragen‹] *der, -s/-s* oder *-en,* ♂ Heißluftofen. **Kalorik** *die, -,* die Wärmelehre. **Kalorimeter** *das,* Gerät zum Messen von Wärmemengen. **kalorisieren,** *ich* kalorisiere (habe kalorisiert) *es,* stelle durch pulverförmiges oder geschmolzenes Aluminium eine Schutzschicht auf Metallen her.

Kalotte [frz. calotte ›Käppchen‹] *die, -/-n,* **1)** Kugelhaube, ABB. K 52. **2)** Kopftracht, ABB. H 10. **3)** ♀ Schädeldach.

Kalpak [türk. qalpaq] *der, -s/-s,* auch Kolpak, **1)** asiatische Fellmütze. **2)** Behang der Husarenmütze.

kalt, kälter, am kältesten [ahd. kalt], **1)** fühlbar arm an Wärme: *ein kalter Ostwind; ich habe kalte Füße; die Suppe ist schon k.; kalte Küche,* Speisen, die ungewärmt gegessen

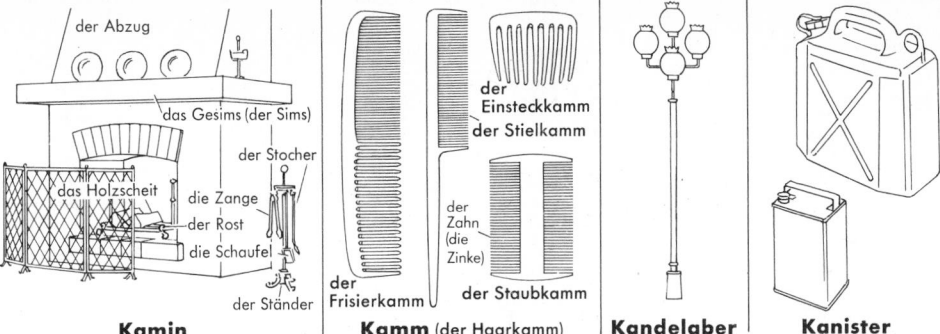

der Abzug

das Gesims (der Sims)

der Stocher

das Holzscheit
die Zange
der Rost
die Schaufel
der Ständer

Kamin

der Frisierkamm

der Einsteckkamm
der Stielkamm
der Zahn (die Zinke)
der Staubkamm

Kamm (der Haarkamm)

Kandelaber

Kanister

werden; *ein kalter Schlag,* Blitz, der nicht zündet; *kalte Ente,* Ü eine Bowle; *kalter Kaffee,* Ü uninteressante, längst bekannte Angelegenheit. **2)** Ü erregungslos, gefühlsarm: *er sagte das ganz k.; hier muß man kaltes Blut bewahren,* ruhig bleiben; *eine kalte Frau,* eine gefühlsarme, frigide. **3)** U derb: tot: *der ist doch schon lange k.!* **4)** *eine kalte Fährte,* ⚘ Fährte, die nicht mehr riecht. **5)** *kalte Farben,* Ü Farben, in denen Blau und Weiß vorherrschen. **6)** *der kalte Krieg,* Ü Feindseligkeiten zwischen Staaten ohne Waffengewalt. **kaltbleiben,** *ich* bleibe kalt (bin kaltgeblieben), Ü bleibe ruhig, gelassen: *dabei kann man nicht kaltbleiben;* aber: *das Wetter soll kalt bleiben.* **Kaltblut** *das, -(e)s,* schweres Arbeitspferd. **Kaltblüter** *der, -s/-,* **1)** Tier, dessen Körperwärme nach der Umgebung schwankt. **2)** Kaltblut. **kaltblütig, 1)** ♨ mit wechselnder Körperwärme. **2)** Ü beherrscht, geistesgegenwärtig; gefühllos. **Kaltblütigkeit** *die, -.* **Kälte** *die, -,* durch Wärmemangel verursachte Empfindung: *vor K.* zittern; *Kälteperiode;* Gefühlskälte, Ü. **kältebeständig,** *kälte- und hitzebeständiges Material.* **Kälteeinbruch** *der,* plötzliches Sinken der Lufttemperatur. **Kältegrad** *der,* Temperatur unter 0 °C. **Kältemaschine** *die,* Einrichtung zur Erzeugung tiefer Temperaturen.

Kalter [mhd. kalter, aus gehalter ›Behälter‹] *der, -s/-, oberdt.:* Behälter; Schrank.

Kältewelle *die,* mehrtägige Periode mit Zufuhr polarer Kaltluft. **Kaltfront** *die,* Kälteeinbruch. **kaltherzig,** Ü gefühllos, ungerührt. **Kaltherzigkeit** *die, -.* **kaltlächelnd,** Ü mitleidslos. **kaltlassen,** *es* läßt *mich, ihn* kalt (ließ kalt, hat kaltgelassen), Ü ist mir, ihm gleichgültig: *seine Absage hat mich kaltgelassen;* aber: *wir haben den Braten kalt gelassen.* **Kaltleiter** *der, ⚡* ein Leiter mit bei Erwärmung zunehmendem Widerstand. **kaltmachen,** *ich* mache *ihn* kalt (habe kaltgemacht), U derb: tot: *die Kerle werden ihn kaltmachen;* aber: *ich werde die Getränke schnell kalt machen,* U abkühlen. **Kaltmamsell** *die,* Anrichterin für kalte Küche in Gastwirtschaften. **Kaltmiete** *die,* die Miete ohne Heizungskosten. **Kaltnadelarbeit** *die,* Radierung mit der ›kalten Nadel‹, ohne Ätzung. **Kaltschale** *die,* kalte Bier- oder Obstsuppe. **kaltschnäuzig,** U gleichgültig, ohne Mitempfinden. **Kaltschnäuzigkeit** *die, -.* **Kaltstart** *der,* Anlassen eines Benzinmotors bei großer Kälte. **kaltstellen,** *ich* stelle *ihn* kalt (habe kaltgestellt), Ü nehme ihm Einfluß und Wirkungsmöglichkeit: *der Diplomat wurde durch seine Versetzung kaltgestellt;* aber: *ich habe den Sekt kalt gestellt.* **Kaltumformung** *die,* ⚙ Kaltformung, die plastische Umformung eines nicht erwärmten Werkstücks oder Werkstoffs, z. B. beim Prägen, Walzen. **kaltwalzen,** *ich* walze *es* kalt (habe kaltgewalzt), walze Bleche oder Bänder in kaltem Zustand: *kaltgewalzte Metallbänder.* **Kaltwelle** *die,* eine Dauerwelle.

Kalumet [auch frz. kalymˈɛ, frz. chalumeau ›Halm‹, spätlat. calamellus, zu grch. kalamiskos ›Röhrchen‹] *das, -s/-s,* Friedenspfeife nordamerikan. Indianer.

Kaluppe [tschech. chalupa] *die, -/-n, österr.:* schlechte Hütte, baufälliges Haus.

Kalvarienberg [›Schädelstätte‹, zu lat. calvaria ›Hirnschale‹, ›Schädel‹] *der,* **1)** Kreuzigungsort Christi. **2)** Anhöhe mit mehreren am Leidensweg Christi darstellenden Andachtsstätten (Stationen).

kalvinisch, Kalvinisch, auf den Reformator Calvin,

1509–1564, bezüglich; vgl. Übers. A 4, C. **Kalvinismus** *der, -,* Lehre Calvins. **Kalvinist** *der, -en/-en,* Anhänger des Kalvinismus. **kalvinistisch.**

Kalypso, 1) [grch. ›die Hüllende‹, ›die Bergerin‹], griech. Mythologie: eine Nymphe. **2)** *der, -(s)/-s,* Calypso.

Kalyptra [grch. ›Deckel‹] *die, -/. . .tren,* ⚘ Wurzelhaube.

Kalzination *die, -.* **kalzinieren** [frz., zu lat. calx, Gen. calcis ›Kalk‹], *ich* kalziniere (habe kalziniert) *es,* treibe Kristallwasser, Kohlendioxid oder andere flüchtige Stoffe (aus festen Stoffen) aus. **Kalzinierung** *die, -.* **Kalzit** *der, -(e)s/-e,* Kalkspat. **Kalzium** *das, -s,* Calcium.

kam, von kommen.

Kamarilla [auch -rˈiʎa, span. ›kleine Kammer‹] *die, -/. . .r'illen* [auch -rˈiʎən], intrigierende Hofpartei.

kambial, 1) 📈 auf Wechsel bezüglich. **2)** ⚘ auf das Kambium bezüglich. **Kambium** [lat. cambiare ›wechseln‹] *das, -s/. . .bi|en,* ⚘ pflanzl. Gewebe.

Kambodschaner *der, -s/-,* Bewohner des südostasiat. Staates Kambodscha. **kambodschanisch.**

kambrisch. Kambrium [kelt. Cambria, Name für Nordwales] *das, -s,* eine geolog. Formation des Paläozoikums.

Kamee [-mˈeː(ə), frz. camée, ital. cameo] *die, -/. . .mˈe|en,* geschnittener Stein mit erhabenem Relief, Abb. G 9.

Kamel [mhd. kamel, grch. kamelos, zu altsemit. gamal] *das, -s/-e,* **1)** ein paarhufiger Wiederkäuer: *Kamelhaar.* **2)** U als Schimpfwort: *du K.!,* Dummkopf!

Kamelie [-iə, nach dem mähr. Jesuiten G. J. Kamel, 1661–1706] *die, -/. . .li|en,* rot-, rosa- oder weißblühender Zierstrauch mit immergrünen, ledrigen Blättern.

Kamellen [niederdt., eigtl. ›Kamillen‹, die zu lange lagerten], *Pl.:* *olle K.,* U Altbekanntes.

Kamelott [frz. camelot, zu chameau ›Kamel‹] *der, -(e)s/-e,* ein Gewebe.

Kamera [kurz für Camera obscura] *die, -/-s,* Gerät zur opt. Abbildung von Gegenständen; vgl. Abb. P 12, F 21: *Fernsehkamera; Kamerafrau; Kameramann,* Abb. F 15.

Kamerad [ital. camerata ›Stubengemeinschaft‹] *der, -en/-en,* **Kameradin** *die, -/-nen,* Gefährte, Gefährtin innerhalb einer Gemeinschaft: *Spielkameradin; ein guter Kamerad.* **Kameradschaft** *die, -/-en,* **1)** gegenseitige Verbundenheit, Hilfsbereitschaft innerhalb einer Gemeinschaft. **2)** die Gemeinschaft selbst. **kameradschaftlich,** hilfsbereit wie ein guter Kamerad. **Kameradschaftlichkeit** *die, -.*

Kameralien [lat. camera, zu grch. kamara ›Gewölbe‹], *Pl.,* Kameralwissenschaft, ⚙ Verwaltungsangelegenheiten; Staatswissenschaft. **Kameralist** *der, -en/-en,* ⚙ **1)** Staatswissenschaftler. **2)** Beamter einer fürstl. Kammer. **Kameralistik** *die, -,* **1)** staatl. Kassen- und Abrechnungswesen. **2)** ⚙ Finanzwissenschaft. **kameralistisch.**

Kamerunnuß [von Kamerun in Westafrika] *die,* Erdnuß.

Kames [auch engl. keimz, irisch], *Pl.,* ⊕ kegelförmige eiszeitlich gebildete Hügel.

Kamikaze [japan. kami ›Gott‹ und kaze ›Wind‹] *der, -/-,* (japan.) Kampfflieger (des 2. Weltkriegs), der sich selbst mit seinem Flugzeug auf den feindl. Gegner stürzt: *Kamikazeflieger; ein Kamikazeunternehmen,* Ü bes. riskantes Unternehmen.

Kamilla [lat. camilla, eigtl. ›Opferdienerin‹, ›Altardienerin‹], weibl. Vorname.

Kamịlle [mhd. camille, lat. camomilla, zu grch. chamaimelon ›niedrig wachsender Apfelbaum‹] *die, -/-n,* Name mehrerer Korbblüter: *Kamillenbad; Kamillentee.*

Kamịllo [lat. camillo, vgl. Kamilla], männl. Vorname.

Kamịn [ahd. kemin, zu grch. kaminos ›Ofen‹] *der, schweiz.* auch *das, -(e)s/-e,* **1)** Schornstein. **2)** offene Feuerstätte mit Rauchfang, Abb. K 4. **3)** schmaler, steiler Felsspalt. **Kamịnfeger, Kamịnkehrer** *der, -s/-,* Schornsteinfeger.

Kamisọl [frz. camisol, zu lat. camisia ›Hemd‹] *das, -(e)s/-e,* ♣ Unterjacke, Wams.

Kamm [ahd. kamp] *der, -(e)s/¨e,* **1)** Gerät zum Ordnen der Haare, Abb. K 4: *K. und Bürste; Toupierkamm; man darf nicht alles über einen K. scheren,* Ü geistlos gleich behandeln. **2)** 🐓 häutiger Auswuchs auf dem Kopf, besonders bei Hühnern, Abb. H 26: *ihm schwillt der K.,* U er wird übermütig (wie der Hahn). **3)** Nackenstück, Vorderrücken des Schlachtviehs, Abb. F 25, und Wildschweins; oberer Teil des Pferdehalses, Abb. P 9. **4)** oberster Teil einer Erhebung, Grat, Krone: *Gebirgskamm,* Abb. B 20; *K. eines Dammes, einer Woge.* **5)** ⛩ eine Balkenfügung. **6)** Weberei: Blatt: *Weberkamm.* **7)** Flachsriffel. **Kämmchen** *das, -s/-.* **kämmeln,** *ich* kämm(e)le (habe gekämmelt) *es,* kämme fein (Wolle). **kämmen,** *ich* kämme (habe gekämmt), **1)** *mich, ihn,* ordne die Haare. **2)** *es,* schlichte, ordne, glätte, besonders Haare, Flachs, Wolle: *Kämmaschine,* eine Spinnereimaschine. **3)** *es,* ⛩ füge zwei Balken senkrecht.

Kạmmer [ahd. chamara, zu grch. kamara ›Gewölbe‹, ›gewölbtes Gemach‹] *die, -/-n,* **1)** kleines (nicht heizbares) Zimmer: *Dachkammer.* **2)** abgeschlossener Raum, z. B. im Bergwerk; Abteilung der Schleuse, Abb. S 25, in Öfen. **3)** Laderaum der Handfeuerwaffen. **4)** ⚕ Hohlraum im Herzen: *Herzkammer.* **5)** ♧ Aufbewahrungsort für Bekleidungs- und Ausrüstungsgegenstände. **6)** Gerichtshof mit mehreren Richtern: *Strafkammer.* **7)** Namensbestandteil vieler Ausschüsse und Behörden: *Ärztekammer; Gewerbekammer.* **8)** Volksvertretung im Parlament: *Abgeordnetenkammer.* **9)** ♣ Behörde eines Fürsten: *Hofkammer.* **Kämmerchen** *das, -s/-.* **Kạmmerdiener** *der,* ♣ Diener für den persönl. Bereich eines Herrn. **Kämmerẹi** *die, -/-en,* Finanzverwaltung einer Gemeinde.

Kämmerẹi [zu Kamm] *die, -/-en,* Wollkämmerei.

Kämmerer [mhd. kamerære] *der, -s/-,* **1)** ein Beamter am Fürstenhof. **2)** Leiter der Finanzverwaltung einer Gemeinde. **Kạmmerflimmern** *das, -s,* ⚕ schwere Rhythmusstörung des Herzens. **Kạmmergut** *das,* früher: land- und forstwirtschaftl. Besitz eines Landesherrn. **Kạmmerjäger** *der,* **1)** früher: Jagdbediensteter eines Jagdherrn. **2)** ♣ jemand, der beruflich Ungeziefer vernichtet; Desinfektor. **Kạmmerjungfer** *die,* ♣ Dienerin einer Dame, Zofe. **Kạmmerjunker** *der,* Hoftitel für jüngere Hofbeamte. **Kạmmerkätzchen** *das,* U Zofe. **Kämmerlein** *das, -s/-.* **Kạmmerling** *der, -s/-e,* 🐓 die Foraminifere. **Kämmerling** *der, -s/-e,* ♣ Kammerdiener. **Kạmmermusik** *die,* für wenige Einzelinstrumente bestimmte Musik. **Kạmmermusiker, Kạmmersänger** *der,* von staatl. und städt. Behörden verliehener Ehrentitel für Musiker, Sänger. **Kạmmersäure** *die,* Schwefelsäure. **Kạmmerspiel** *das,* Bühnenspiel für kleinere Räume. **Kạmmerton** *der,* ♪ der für alle Musikinstrumente gültige Stimmton.

Kạmmgarn *das,* **1)** ein Garn aus gekämmter langer Wolle oder Chemiefasern. **2)** Gewebe daraus. **Kạmmgriff** *der,* ein Griff beim Geräteturnen, Abb. T 21. **Kạmmkeramik** [nach den Gefäßverzierungen durch Kammeindrücke] *die,* Kulturgruppe der Jungsteinzeit und Bronzezeit. **Kämmlein** *das, -s/-.* **Kämmling** *der, -s/-e,* Spinnerei: auf der Kämmaschine ausgekämmte Kurzfasern. **Kạmmuschel** *die,* eine Meeresmuschel; vgl. Silbentrennung, Übers. S 50.

Kamp [niederdt., zu lat. campus ›Feld‹] *der, -(e)s/¨e, niederdt.:* eingezäuntes Land (meist Viehweide). **Kampa|gne** [-p'anjə, frz. campagne] *die, -/-n,* **1)** ♣ Feldzug. **2)** jährliche Betriebszeit bei nicht ständig arbeitenden Unternehmen; Erntearbeit: *Kartoffelkampagne.* **3)** Ü zweckgerichtete Unternehmung: *Wahlkampagne; Werbekampagne.*

Kampanịle *der, -/-,* Campanile.

Kampạnje [niederl., aus frz.] *die, -/-n,* ♣ ⚓ Aufbau auf dem hinteren Schiffsoberdeck.

Kämpe [niederdt. kemper, ahd. kempfo ›Kämpfer‹] *der, -n/-n,* **1)** P Kämpfer, streitbarer Ritter. **2)** *norddt.:* Eber. **Kampelẹi** *die, -/-en, ostmitteldt.* **kạmpeln,** *ich* kamp(e)le *mich* (habe mich gekampelt), *ostmitteldt.:* balge mich, streite.

Kampf [ahd. champf, zu lat. campus ›Schlachtfeld‹] *der, -(e)s/¨e, für, mit, um, gegen etwas* oder *jemanden,* Streit, Ringen, mit dem Ziel, etwas zu erwerben oder zu besiegen: *er ging als Sieger aus diesem K. hervor; der K. für die Freiheit; zwischen den gegnerischen Parteien entbrannte ein erbitterter K.; ein aussichtsloser K.; der K. ums Dasein; die Kampfkraft der Truppe; Kampfabstimmung; Kampfansage; kampffähig; Kampfhandlungen; Machtkampf; Wahlkampf.* **Kạmpfanzug** *der,* ♧ Bekleidung der Soldaten für Ausbildung und Kampfeinsatz. **Kạmpfbahn** *die,* Platz für Wettkämpfe, Stadion. **kämpfen,** *ich* kämpfe (habe gekämpft), **1)** *mit ihm, gegen ihn,* suche ihn, es zu besiegen, zu vernichten: *er kämpfte mit den Tränen,* Ü versuchte sie zurückzuhalten. **2)** *für ihn,* setze mich für ihn ein. **3)** *um etwas,* suche es zu schützen oder zu erwerben.

Kạmpfer [mhd. kampfer, zu span. alcanfor, über arab. aus altind. karpurah] *der, -s,* eine organ. Verbindung, die für techn. Zwecke und als Heilmittel verwendet wird.

Kämpfer [älter Käpfer, zu lat. capreolus ›Strebebalken‹, eigtl. ›Ziegenbock‹] *der, -s/-,* ⛩ Bauglied über einem Kapitell, Abb. B 39, G 22; Querholz am Fenster, Abb. F 12.

Kämpfer [ahd. kempfo] *der, -s/-,* **1)** jemand, der für oder gegen etwas kämpft: *sie ist eine Kämpfernatur.* **2)** Sportler im Wettkampf: *Wettkämpfer.* **kämpferisch,** den Kampf betonend. **Kạmpfgericht** *das,* ⛹ Leitungs- und Aufsichtsbehörde bei Wettkämpfen. **Kạmpfhahn** *der,* U streitsüchtiger Mensch. **kạmpflos. Kạmpflust** *die: der Boxer zeigte große K.* **kạmpflustig. Kạmpfmoral** *die,* Einsatzbereitschaft auch unter schwierigen Bedingungen. **Kạmpfrichter** *der,* ⛹ Richter im Wettkampf, Preisrichter. **Kạmpfstoff** *der,* Mittel zur Bekämpfung eines Gegners: *chemische Kampfstoffe.* **kạmpfunfähig. Kạmpfunfähigkeit** *die, -.*

kampịeren [frz. camper, zu lat. campus ›Feld‹], *ich* kampiere (habe kampiert), lagere im Freien.

Kam|tschadạle *der, -n/-n,* Bewohner der nordostasiat. Halbinsel Kamtschatka.

Kanaa|näer *der, -s/-,* vorisraelit. Bewohner Kanaans. **kanaa|näisch. Kanaa|nịter** *der, -s/-,* Kanaanäer. **kanaa|nịtisch.**

Kanạdi|er *der, -s/-,* **1)** Bewohner des nordamerikan. Staates Kanada. **2)** ein Sportboot. **kanạdisch.**

Kanaille [-n'aljə, auch frz. -n'aj, frz. canaille, zu lat. canis ›Hund‹] *die, -/-n,* Schuft, Schurke; Pöbel, Pack.

Kanạke [hawaiisch kanaka ›Mensch‹] *der, -n/-n,* **1)** Eingeborener der Südseeinseln. **2)** U abwertend: ungebildeter Mensch, lästiger ausländischer Arbeitnehmer.

Kanạl [ahd. kanali, zu lat. canalis ›Wasserröhre‹] *der, -s/¨e,* **1)** künstl. Wasserlauf als Schiffahrtsweg, Abb. K 5, oder zur Be- und Entwässerung. **2)** Rohr, Leitung: *Abwasserkanal; Kanalgebühren; ich habe den K. voll,* U derb: habe es satt. **3)** Meeresstraße: *Ärmelkanal.* **4)** ⚕ Verdauungsweg: *Magen-Darm-K.* **5)** 📡 ein Frequenzbereich: *Fernsehkanal.* **6)** Ü geheime Verbindung: *durch unbekannte Kanäle gelangte das Geheimdokument an die Presse.* **Kanälchen** *das, -s/-.* **Kanạlgas** *das,* übelriechendes Gasgemisch aus Abwässerkanälen oder Senkgruben. **Kanalisatiọn** *die, -/-en,* Anlage zur Ableitung von Abwässern, Regen- und Schmelzwasser, Abb.

K 5

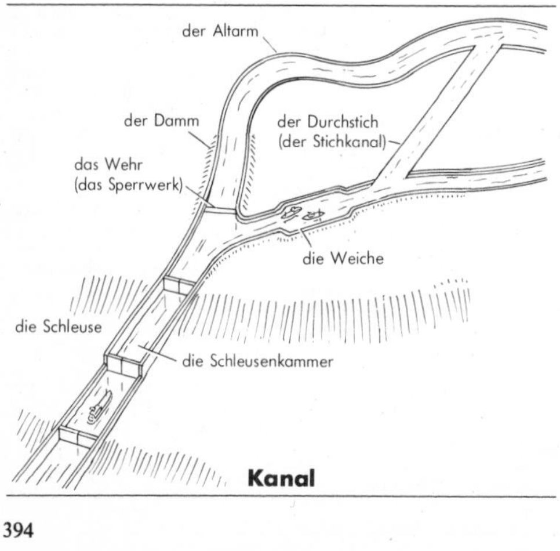
der Altarm
der Damm
der Durchstich
(der Stichkanal)
das Wehr
(das Sperrwerk)
die Weiche
die Schleuse
die Schleusenkammer

Kanal

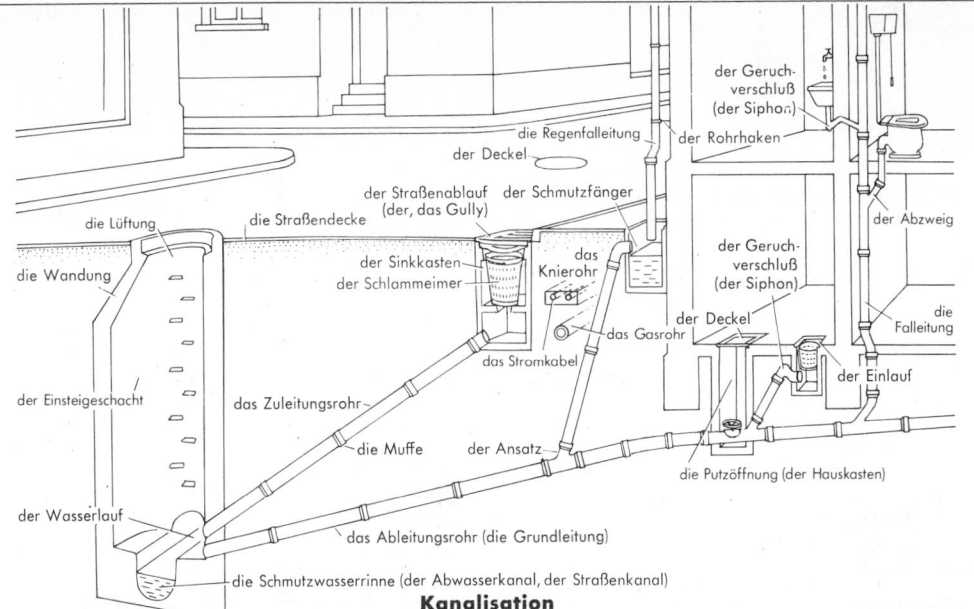

der Geruch-
verschluß
(der Siphon)
der Rohrhaken
die Regenfalleitung
der Deckel
der Abzweig
der Straßenablauf   der Schmutzfänger
(der, das Gully)
die Lüftung   die Straßendecke
der Geruch-
verschluß
(der Siphon)
die Wandung   der Sinkkasten   das
Knierohr   der Deckel   die
der Schlammeimer   Falleitung
der Einsteigeschacht   das Zuleitungsrohr   der Einlauf
das Gasrohr
das Stromkabel
die Muffe   der Ansatz
die Putzöffnung (der Hauskasten)
der Wasserlauf
das Ableitungsrohr (die Grundleitung)
die Schmutzwasserrinne (der Abwasserkanal, der Straßenkanal)

Kanalisation

K 6. **kanalisieren**, *ich* kanalisiere (habe kanalisiert) *es*, **1)** versehe mit einer Kanalisation (Gemeinde). **2)** baue zu Kanälen aus, mache schiffbar (Fluß). **Kanalisierung** *die*, *-/-en*, **1)** das Kanalisieren. **2)** Psychologie: die Umleitung und Begrenzung von Bedürfnissen durch gesellschaftl. Normen. **Kanalwaage** *die*, einfaches Feldmeßgerät.
Kanapee [*-e*:, frz. canapé, zu grch. konopeion ›Lager mit Mückennetz‹] *das*, *-s/-s*, **1)** ♾ Sofa. **2)** Delikatessenschnittchen.
Kanari *der*, *-s/-*, süddt., österr., **Kanarienvogel** *der*, auf den Kanarischen Inseln heimischer Singvogel. **Kanari|er** *der*, *-s/-*, Bewohner der Kanarischen Inseln.
Kanaster *der*, *-s/-*, ♾ Knaster (Tabak).
kand, schweiz.: kant.
Kandare [ungar. kantár ›Zaum‹] *die*, *-/-n*, Teil des Pferdezaums, Abb. P 9: *man muß ihn an die K. nehmen*, Ü streng behandeln.
Kandel [mhd. kan(d)el ›Röhre‹, ›Kanne‹, zu lat. canalis] *die*, *-/-n* oder *der*, *-s/-n*, oberdt.: **1)** Kanne. **2)** Dachrinne.
Kandelaber [frz. candélabre, zu lat. candela ›Kerze‹] *der*, *-s/-*, hoher Leuchter, Abb. K 4.
kandeln [vgl. Kandel], *ich* kand(e)le (habe gekandelt), oberdt.: **1)** *es*, kehle aus. **2)** *es kandelt*, rinnt in Strömen.
Kandelzucker *der*, oberdt.: Kandiszucker.
Kandidat [lat. candidatus ›Amtsbewerber‹, eigtl. ›weißgekleidet‹] *der*, *-en/-en*, **1)** Abk.: cand., Prüfungsanwärter: *K. der Philosophie*, Abk.: cand. phil. **2)** Bewerber: *Kandidatenliste; Wahlkandidat*. **Kandidatur** *die*, *-/-en*. **kandidieren** (habe kandidiert) *für ein Amt*, bewerbe mich darum: *er kandidiert in seinem alten Wahlkreis*.
kandieren [frz. candir, zu arab. qand ›Rohrzucker‹], *ich* kandiere (habe kandiert) *es*, überziehe mit Zucker: *kandierte Früchte*. **Kandis** *der*, *-*, aus großen Kristallen bestehender Zucker: *Kandiszucker*. **Kandisfrucht** *die*, kandierte Frucht. **Kandit**en, *Pl.*, bes. österr.: Kandisfrüchte; Süßwaren: *Kanditengeschäft*.
Kaneel [frz. canelle, zu lat. canella, von canna ›Rohr‹] *der*, *-s/-e*, eine Zimtart. **Kaneelstein** *der*, ein Granat.
Kanevas [lat. cannabis ›Hanf‹] *der*, *-/-*, Gitterleinen.
Känguruh [austral. Eingeborenensprache] *das*, *-s/-s*, ein Beuteltier.
Kanin *das -s/-e*, Kaninchenfell. **Kaninchen** [lat. cuniculus] *das*, *-s/-*, hasenähnl. Tier mit kurzen Hinterbeinen.

Kanisi *der*, *-s/-*, schweiz.: Katechismus.
Kanister [grch. kanistron ›Rohrkorb‹, zu kanna ›Rohr‹] *der*, *-s/-*, ein Behälter für Flüssigkeiten, Versandkanne, Abb. K 4: *Benzinkanister*.
Kanker [mhd. kanker] *der*, *-s/-*, ⚕ Weberknecht.
kan|krös [lat. cancer ›Krebs‹, ⚕ kanzerös.
kann, von können. **Kann-Bestimmung** *die*, nicht bindende Bestimmung.
Kännchen *das*, *-s/-*. **Kanne** [ahd. channa, zu lat. canna ›Röhre‹, eigtl. ›Gefäß mit Ausgußröhre‹] *die*, *-/-n*, **1)** Gefäß für Flüssigkeiten, Abb. G 7. **2)** altes Flüssigkeitsmaß.
Kannegießer [nach einer Lustspielgestalt des Dänen Holberg, 1684–1754] *der*, ♾ Stammtischpolitiker, politischer Schwätzer. **kannegießern**, *ich* kannegieß(e)re (habe kannegießert), ♾ politisiere ohne Sachverstand.
Kännel [vgl. Kandel] *der*, *-s/-*, oberdt.: Dachrinne, Traufe.
kannelieren [frz. canneler, zu lat. canna ›Rohr‹, *ich* kanneliere (habe kanneliert) *es*, versehe mit Rillen (Säule), kehle aus. **Kannelierung** *die*, *-/-en*.
Kännelkohle [engl. candle ›Kerze‹] *die*, Steinkohlenart.
Kannelur [vgl. kannelieren] *die*, *-/-en*, **Kannelüre** *die*, *-/-n*, senkrechte Rille am Säulenschaft, Abb. S 8.
Kannenpflanze *die*, eine trop. tierfangende Pflanze.
Kannibale [span. zu indian. karaib, dem Namen einer Sprach- und Kulturgruppe] *der*, *-n/-n*, **1)** Menschenfresser. **2)** Ü brutaler Mensch. **kannibalisch**, menschenfresserisch; Ü wild und grausam. **Kannibalismus** *der*, *-*, **1)** Menschenfresserei. **2)** ♾ das Auffressen von Artgenossen.
Kannitverstan [Schwankfigur, niederl. ›kann nicht verstehen‹ zu *-s*, kehle aus. **2)** Ü Tölpel.
kannte, von kennen.
Kanon [grch. ›Stab‹, ›Richtschnur‹] *der*, *-s/-s*, **1)** Maßstab, Richtschnur, Regeln, z. B. für die Proportionen des menschl. Körpers, Abb. K 7. **2)** ♪ mehrstimmiges Tonstück, in dem die Stimmen in einem gewissen Abstand nacheinander mit der gleichen Melodie einsetzen. **3)** *ohne Pl.*, die als echt anerkannten Schriften der Bibel. **4)** *Pl.* K'anones, kirchliche Rechtsvorschrift. **5)** Verzeichnis der Heiliggesprochenen. **6)** ein Gebet der kath. Messe. **7)** 🎵 jährl. Geldabgabe; Zins bei der Erbpacht. **8)** *die*, *-/-n* ♾ ein Schriftgrad.
Kanonade *die*, *-/-n*, Geschützfeuer, Beschießung. **Kanone** [ital. cannone, zu lat. canna ›Rohr‹] *die*, *-/-n*, **1)** Flachbahngeschütz; älter: Geschütz überhaupt. **2)** Ü Könner auf einem

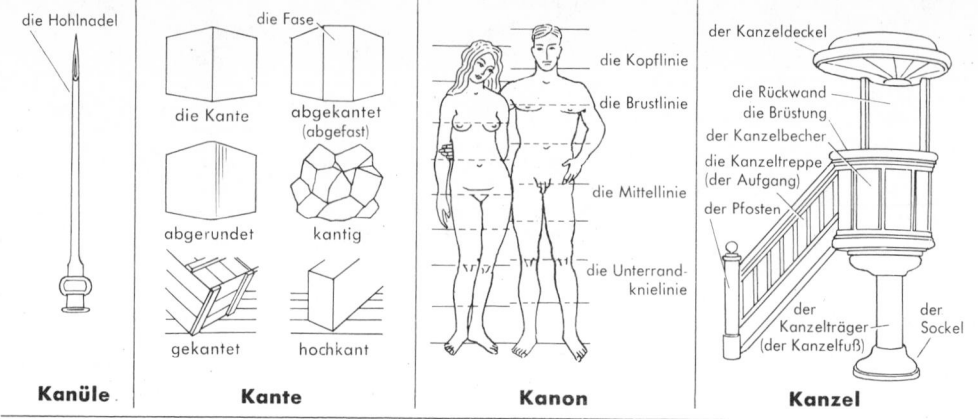

die Hohlnadel — die Kante — abgekantet (abgefast) — abgerundet — kantig — gekantet — hochkant

die Fase

die Kopflinie — die Brustlinie — die Mittellinie — die Unterrand- knielinie

der Kanzeldeckel — die Rückwand — die Brüstung — der Kanzelbecher — die Kanzeltreppe (der Aufgang) — der Pfosten — der Kanzelträger (der Kanzelfuß) — der Sockel

Kanüle · **Kante** · **Kanon** · **Kanzel**

Gebiet: *er ist eine K. in Physik, im Weitsprung.* **3)** *das ist unter aller K.,* U sehr schlecht. **Kanonenboot** *das,* kleineres Kriegsschiff (bes. für Binnengewässer, Küstendienst). **Kanonenfutter** *das,* U Soldaten, die im Krieg ohne jeden Sinn rücksichtslos geopfert werden. **Kanonenofen** *der,* ABB. O 1. **Kanonenschlag** *der,* ein Feuerwerkskörper. **Kanonenstiefel** *der,* ABB. M 16. **Kanonier** *der, -s/-e,* Soldat der Artillerie. **kanonieren,** *ich kanoniere* (habe kanoniert) *es,* **1)** ♂° beschieße mit Kanonen. **2)** Ü gebe einen harten Schuß auf das Tor ab (Fußball). **Kanonikat** [zu Kanon] *das, -(e)s/-e,* Amt eines Kanonikers. **Kanoniker** *der, -s/-,* **Kanonikus** *der, -, . . . ker,* Mitglied eines Dom- oder Stiftskapitels, Chorherr. **Kanonisation** *die, -/-en,* Heiligsprechung. **kanonisch,** **1)** einem Kanon angehörend; maßgebend. **2)** kirchenrechtlich: *kanonisches Recht,* kath. Kirchenrecht; *das kanonische Alter,* für die höheren Weihen gefordertes Mindestalter. **kanonisieren,** *der Papst* kanonisiert (hat kanonisiert) *ihn,* spricht heilig. **Kanonisse** *die, -/-n,* Mitglied eines weltl. Stifts, Chorfrau. **Kanonist** *der, -en/-en,* Lehrer des kanon. Rechts.
Kanope [nach der altägypt. Stadt Kanopos] *die, -/-n,* Urne mit menschen- oder tierkopfförmigem Deckel. **Känophytikum** [grch. kainos ›neu‹ und vgl. . . . phyt] *das, -s,* Neuzeit der Pflanzenentwicklung.
Kanossagang [Canossa, Stadt in Italien, wo Heinrich IV. 1077 vor Papst Gregor VII. Buße tat] *der,* Ü demütigender Bittgang: *das wird ein K. für mich werden.* **Känozoikum** [grch. kainos ›neu‹, ›jung‹ und zoon ›Lebewesen‹] *das, -s,* auch Neozoikum, ein Erdzeitalter. **känozoisch,** auch neozoisch, Ü.
kant, *auch kand, schweiz.:* leicht, mühelos, rechtzeitig. **kantabel** [lat. cantare ›singen‹, ♪] sangbar. **Kantabile** *das, -/-,* ♪ ernstes, gesangartiges Stück. **Kantabilität** *die, -.*
Kantar [arab.] *der* oder *das, -s/-e* und bei Gewichtsangaben *-,* ♂° Handelsgewicht (Italien, östl. Mittelmeer). **Kantate** [lat. cantare ›singen‹, **1)** *die, -/-n,* mehrsätziges Gesangswerk mit Chor, Einzelstimmen und Orchester. **2)** evang. Kirche: der 4. Sonntag nach Ostern, ÜBERS. J 2. **3)** kath. Kirche: der 5. Sonntag der Osterzeit.
Käntchen *das, -s/-.* **Kante** [afrz. cant ›Ecke‹, zu lat. cantus ›eiserner Radreifen‹] *die, -/-n,* **1)** Schnittlinie zweier Flächen, ABB. K 7, K 46: *es steht auf der K.,* im labilen Gleichgewicht, wobei es bald umkippen muß; *sie hat etwas auf die hohe K. gelegt,* U gespart. **2)** Rand, z. B. Besatz an Kleidern: *Webkante.* **Kantel** *der* oder *das, -s/-,* Lineal mit quadratischem Querschnitt. **kanteln,** *ich kant(e)le* (habe gekantelt) *es,* **1)** versäubere mit Schlingenstich (Stoffrand bei Nähten). **2)** stelle auf die Kante. **3)** ziehe Linien mit dem Kantel. **kanten,** *ich kante* (habe gekantet) *es,* **1)** stelle auf die Kante. **2)** versehe mit einer Kante. **3)** kante ab. **4)** ⚓ setze die Segel bei Windwechsel richtig. **Kanten** *der, -s/-,* Anschnitt und Endstück vom Brot, ABB. B 50.
Kanter [k′æntər, engl. canter] *der, -s/-,* Pferdesport: leichter Galopp.

Kanthaken [vgl. Kante] *der,* Werkzeug zum Wenden schwerer Bauhölzer, ABB. H 4.
Kantharide [grch. kantharos ›Käfer‹] *die, -/-n,* Spanische Fliege, ein südeurop. Käfer.
Kantharos [grch.] *der, -/. . . roi,* ein altgriech. Gefäß, ABB. B 16.
Kantholz [vgl. Kante] *das,* Bauholz mit rechteckigem oder quadrat. Querschnitt. **kantig,** mit Kanten versehen: *vierkantig; ein kantiges Gesicht,* Ü.
Kantilene [ital. cantilena, zu cantare ›singen‹] *die, -/-n,* ♪ gesangmäßig gebundene, meist getragene Melodie.
Kantille [auch -t′iĺa, frz. cannetille, zu lat. canna ›Rohr‹] *die, -/-n,* Metalldraht für Stickereien.
Kantine [frz. cantine, zu ital. cantina ›Flaschenkeller‹] *die, -/-n,* Speise- und Verkaufsraum in Kasernen und Betrieben.
Kanton [frz. canton ›Ecke‹, ›Landbezirk‹] *der, -s/-s,* **1)** Gliedstaat der Schweiz. **2)** Verwaltungsbezirk in Frankreich und Belgien. **3)** ♂° Wehrverwaltungsbezirk in Preußen. **kantonal,** ♂° **kantonieren,** *ich kantoniere* (habe kantoniert) *Soldaten,* ♂° lege in Quartier. **Kantonierung** *die, -/-en.* **Kantonist** *der, -en/-en,* ♂° dienstpflichtiger Rekrut. **2)** *er ist ein unsicherer K.,* Ü unzuverlässig (eigtl. Fahnenflüchtiger). **Kantönligeist** *der, -es,* U engstirniger Lokalpatriotismus.
Kantor [lat. cantor ›Sänger‹] *der, -s/. . . t′oren,* Leiter des Kirchenchors und Organist. **Kantorat** *das, -(e)s/-e,* Amt des Kantors. **Kantorei** *die, -/-en,* **1)** Wohnung des Kantors. **2)** Kirchenchor.
Kantschu [russ. kantschuk, zu türk. kamtschy] *der, -s/-s,* kurze, dicke Lederpeitsche.
Kantus [lat. cantus ›Gesang‹] *der, -/-se,* student. Verbindungen: Gesang: *wir lassen einen K. steigen,* singen ein Lied.
Kanu [westind. canoa] *das, -s/-s,* **1)** Einbaum der Naturvölker. **2)** Sportboot mit Paddel, ABB. B 43.
Kanüle [frz. canule, zu lat. canna ›Rohr‹] *die, -/-n,* auch **1)** Hohlnadel für Einspritzungen und zum Entnehmen von Körperflüssigkeiten, ABB. K 7, S 58. **2)** nach Luftröhrenschnitt in die Luftröhre eingesetztes Röhrchen.
Kanute [zu Kanu] *der, -n/-n,* Kanufahrer.
Kanzel [ahd. kancella, zu lat. cancelli ›Schranken‹, ›Gitter‹] *die, -/-n,* **1)** Predigerstuhl in der Kirche, ABB. K 7, A 9. **2)** Lehrstuhl an Hochschulen: *Lehrkanzel.* **3)** ⚹ Hochsitz, ABB. J 1. **4)** ✈ Führerraum im verglasten Rumpfbug eines Flugzeugs. **Kanzellariat** *das, -(e)s/-e,* ♂° **1)** Kanzlerschaft. **2)** Kanzlei. **kanzellieren,** *ich kanzelliere* (habe kanzelliert) *es,* ♂° streiche, um ungültig zu machen.
kanzerogen [lat. cancer ›Krebs‹ und vgl. . . . gen], ⚕ karzinogen. **Kanzerogen** *das, -s/-e,* ⚕ Karzinogen. **Kanzerologie** [vgl. . . . logie] *die, -/,* Krebsforschung. **kanzerös,** krebsartig.
Kanzlei [mhd. kanzelie, zu lat. cancelli ›Schranken‹, damit abgeteilter Raum] *die, -/-en,* Dienstraum; Dienststelle; Ausfertigungsbehörde. **Kanzleiformat** *das,* früher gebräuchl. Papiergröße (33 × 42 cm). **Kanzleisprache** *die,* **Kanzleistil** *der,* Sprachstil der Kanzleien, formelhafte, schwerfällige

Sprache. **Kanzler** [mhd. kanzelære, zu mlat. cancellarius] *der, -s/-,* **1)** leitender Minister: *Bundeskanzler.* **2)** Vorsteher einer Kanzlei, bes. der Staatskanzlei. **3)** leitender Verwaltungsbeamter einer Universität. **Kanzlerschaft** *die, -,* Amt des Kanzlers. **Kanzlist** *der, -en/-en,* Kanzleibeamter.

Kanzone [ital. canzone, zu lat. cantare ›singen‹] *die, -/-n,* **1)** lyrische Gedichtform. **2)** ♪ einfaches Lied mit Instrumentalbegleitung; kleines liedartiges Instrumentalstück. **Kanzonette** *die, -/-n,* ♪ kleine Kanzone.

Kaolin [nach dem chines. Berg Kau-ling] *der* oder *das, -s/-e,* Porzellanerde, ein weißes, erdiges Gestein, aus dem Porzellan und Steingut hergestellt werden.

Kaon [Kw.] *das, -s/Ka'onen,* zu den Mesonen gehörendes Elementarteilchen.

Kap [frz. cap, zu lat. caput ›Haupt‹] *das, -s/-s,* Vorgebirge.

Kap., Abk. für: Kapitel (Abschnitt).

kapabel [frz. capable, zu lat. capere ›fassen‹], ⚥ fähig; geschickt, brauchbar.

Kapaun [mhd. kappun, zu mlat. capo, Gen. caponis] *der, -s/-e,* Kapphahn, kastrierter, gemästeter Hahn. **kapaunen, kapaunisieren,** *ich* kapaune, kapaunisiere (habe kapaunt, kapaunisiert) *den Hahn,* kastriere.

Kapazitanz *die, -/-en,* ⚡ Wechselstromwiderstand der Kapazität (von Kondensatoren). **Kapazität** [lat. capacitas ›Fassungsvermögen‹, zu capere ›erfassen‹] *die, -/-en,* **1)** Aufnahmefähigkeit, Fassungsvermögen, geistige Fassungskraft: *das übersteigt meine K.; Speicherkapazität.* **2)** Dt. Dem. Rep.: Produktionsmittel, Produktionsstätte: *Baukapazität.* **3)** Maß für die Ladung von Kondensatoren und Konduktoren. **4)** hervorragender Fachmann: *eine K. auf dem Gebiet der Physik.*

Kapee [zu kapieren], *er ist (nicht) schwer von K., ∪* (nicht) begriffsstutzig.

Kapelan [frz. capelan] *der, -s/-e,* ein arkt. Meeresfisch.

Kapelle [ahd. kapella, zu mlat. cap(p)ella ›kleines Gotteshaus‹ *die, -/-n,* **1)** kleine Kirche, ABB. F 35. **2)** Nebenraum in Kirchen, ABB. K 20. **3)** Gruppe von Musikern (ursprünglich von Sängern): *Tanzkapelle.* **4)** Kupelle. **Kapellmeister** *der,* Orchesterleiter.

Kaper [grch. kapparis] *die, -/-n,* ein Gewürz, ABB. G 23: *Kapernsoße.*

Kaper [niederl. kaper, verhüllender Ausdruck für Seeräuberei] *der, -s/-,* ⚥ Schiff, das mit staatl. Ermächtigung feindl. Handelsschiffe aufbringt. **Kaperei** *die, -.* **kapern,** *ich* kap(e)re (habe gekapert), **1)** *es,* erbeute (als Kaper) ein Schiff. **2)** *ihn, es,* ∪ eigne mir an, mache zur Beute: *er hat ihn für seine Pläne gekapert.*

Kapffenster [mhd. kapfen ›schauen‹, ›gaffen‹] *das, ostmitteldt.:* vorspringendes Dachfenster.

kapieren [lat. capere ›begreifen‹], *ich* kapiere (habe kapiert) *es, ∪* begreife: *schon kapiert!; hast du das kapiert?*

kapillar [lat. capillaris, zu capillus ›Haar‹], haarfein, haarartig. **Kapillare** *die, -/-n,* **1)** ⚥ feinstes Blutgefäß, Haargefäß: *Kapillargefäß.* **2)** Physik: enges Röhrchen, Haarröhre. **Kapillarität** *die, -,* das Verhalten von Flüssigkeiten in Kapillaren.

kapital [lat. capitalis ›vorzüglich‹, zu caput ›Kopf‹, ›Haupt‹], **1)** hauptsächlich, besonders groß, schwerwiegend: *ein kapitaler Fehler.* **2)** 🦌 groß, stark, mit schönem Geweih: *ein kapitaler*

Hirsch. **Kapital** *das, -s/...li|en* oder *-e,* **1)** jedes ertragbringende Vermögen: *Kapitalanlage; Kapitalausfuhr; Kapitalbewegungen; Kapitalertrag(s)steuer; die Zinsen wurden zum K. geschlagen; er hat sein K. gewinnbringend, sicher, in Wertpapieren angelegt; er will K. daraus schlagen, ∪* Gewinn daraus ziehen. **2)** die in einem Unternehmen investierten Mittel: *Fremdkapital; Gewerbekapital; Kapitalaufnahme.* **3)** Ü Sache von großem Wert: *ihre Schönheit ist ihr ganzes K.; Vertrauenskapital.* **Kapital...,** Haupt...: *Kapitalfehler,* Hauptfehler; *Kapitalverbrechen,* Schwerverbrechen. **Kapital** *das, -s/-e,* seltener für: Kapitell. **Kapitalband** *das, -(e)s/"₋er,* auch Kaptalband, ⚄ gewebtes Schutz- und Zierband mit Wulstkanten am Buchrücken. ABB. B 53. **Kapitalbuchstabe** *der,* Großbuchstabe. **Kapitälchen** *das, -s/-,* ⚄ latein. Großbuchstabe in der Höhe eines kleinen, z. B. TRAUM. **Kapitale** *die, -/-n,* Hauptstadt. **Kapitalflucht** *die,* Verlagerung von Kapital ins Ausland, z. B. aus steuerl. Gründen. **Kapitalgesellschaft** *die,* eine Handelsgesellschaft, die als jurist. Person rechtsfähig ist. **kapitalintensiv,** viel Kapitaleinsatz erfordernd: *ein kapitalintensives Unternehmen.* **Kapitalisation** *die, -/-en,* das Kapitalisieren. **kapitalisieren,** *ich* kapitalisiere (habe kapitalisiert) *es,* berechne auf den Kapitalwert; wandle in Geld um. **Kapitalisierung** *die, -/-en.* **Kapitalismus** *der, -,* ein durch freie Unternehmer und Gewinnstreben gekennzeichnetes Wirtschaftssystem. **Kapitalist** *der, -en/-en,* **1)** jede Person, die Kapital besitzt. **2)** Unternehmer. **kapitalistisch. kapitalkräftig,** zahlungsfähig, vermögend. **Kapitalmarkt** *der,* Markt für langfristige Kredite und Geldanlagen.

Kapitän [lat. capitaneus, zu caput ›Haupt‹] *der, -s/-e,* **1)** ⚓ Führer eines Schiffes: *Schiffskapitän; Kapitänspatent; Kapitäne der Landstraße, ∪* Fahrer von Fernlastwagen. ✈ Führer eines Flugzeugs: *Flugkapitän.* **3)** 🏅 Mannschaftsführer: *der K. der Nationalmannschaft.*

Kapitel [mhd. kapitel, lat. capitulum ›kleiner Kopf‹, ›Abschnitt‹, zu caput ›Haupt‹] *das, -s/-,* **1)** Abk.: Kap., Buchabschnitt, Hauptstück: *er las das erste K. seines Buches; das ist ein K. für sich, ∪* eine besondere Sache; *ein trauriges K., ∪* eine traurige Angelegenheit; *dieses K. können wir jetzt endlich abschließen, ∪* diese Sache. **2)** Zusammenkunft der Klostergeistlichen; die Geistlichen einer größeren Kirche: *Domkapitel.* **3)** Versammlungsraum im Kloster: *Kapitelsaal,* ABB. K 28. **kapitelfest,** ∪ fest im Wissen; bibelfest.

Kapitell [mhd. kapitel, zu lat. capitellum ›Köpfchen‹] *das, -s/-e,* ⛫ oberer Teil von Säulen, Pfeilern, ABB. K 8, T 6.

Kapitulant [zu Kapitulation] *der, -en/-en,* ⚥ Soldat, der freiwillig länger dient. **2)** Ü jemand, der rasch kapituliert, aufgibt, nachgibt.

Kapitular [zu Kapitel] *der, -s/-e,* vollberechtigtes Mitglied eines Kapitels, z. B. Domkapitular.

Kapitulation [frz. capitulation, zu lat. capitulare ›über einen Vertrag verhandeln‹] *die, -/-en,* **1)** ⚥ Übergabe, Ergebung, Unterwerfung: *die bedingungslose K.* **2)** ⚥ freiwillige Weiterverpflichtung beim Heer. **kapitulieren,** *ich* kapituliere (habe kapituliert), **1)** ⚥ ergebe mich. **2)** Ü gebe auf, beende (einen Streit u. ä.): *vor diesen Argumenten mußten wir kapitulieren; angesichts seiner Frechheit habe ich kapituliert.* **3)** ⚥ verpflichte mich freiwillig zu längerem Heeresdienst.

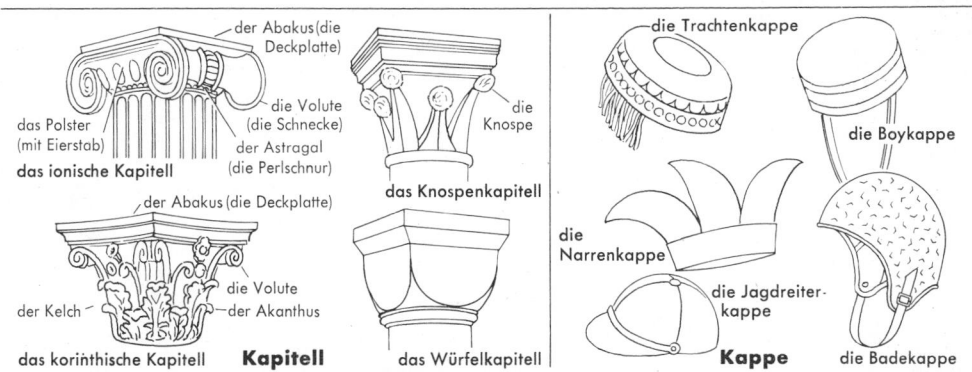

der Abakus (die Deckplatte)
die Volute (die Schnecke)
das Polster (mit Eierstab)
der Astragal (die Perlschnur)
das ionische Kapitell
die Knospe
das Knospenkapitell
die Trachtenkappe
die Boykappe

der Abakus (die Deckplatte)
die Volute
der Kelch
der Akanthus
das korinthische Kapitell   **Kapitell**
das Würfelkapitell
die Narrenkappe
die Jagdreiterkappe
Kappe
die Badekappe

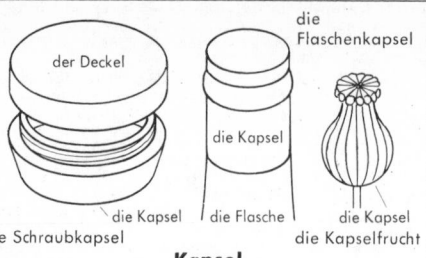

der Deckel

die Kapsel

die Flaschenkapsel

die Kapsel | die Flasche | die Kapsel
die Schraubkapsel | | die Kapselfrucht

Kapsel

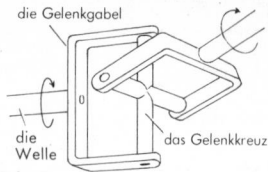

die Gelenkgabel

die Welle | das Gelenkkreuz

die kardanische Aufhängung

Kardangelenk (das Universalgelenk)

Kaplaken [niederl., eigtl. ›Tuch für eine neue Mütze‹] *das,* Sonderlohn für den Schiffskapitän.

Kalplan [mhd. kappelan, zu mlat. capellanus ›der die Kapelle Betreuende‹] *der, -s/²e,* kath. Hilfsgeistlicher.

Kapo [ital. capo, zu lat. caput ›Haupt‹] *der, -s/-s,* U **1)** Unteroffizier. **2)** Aufseher (in Konzentrationslagern).

Kapok [malaiisch] *der, -s,* Pflanzenhaare als Polstermaterial.

kapores [hebr. kapparoth ›Sühneopfer‹, Rotwelsch kapores ›morden‹], *nicht flektierbar,* U verloren, vernichtet: *es ist k., soll k. gehen.*

Kapotte [frz. capote, zu spätlat. cappa ›Mantel mit Kapuze‹] *die, -/-n,* **Kapotthut** *der,* Аbb. M 16.

Kappa *das, -(s)/-s,* griech. Buchstabe, Übers. G 36.

Kappare [ital. caparra] *der, -s/-n* oder *die, -/-n, schweiz.:* Anzahlung; Geld.

Käppchen *das, -s/-.* **Kappe** [ahd. kappa, zu spätlat. cappa, vgl. Kapuze] *die, -/-n,* **1)** enganliegende Mütze, Аbb. K 8: *Narrenkappe; Kappensitzung,* Veranstaltung einer Karnevalsgesellschaft; *das nehme ich auf meine K.,* U dafür übernehme ich die Verantwortung. **2)** deckender Teil, Haube, z. B. ⚔ ein Deckenholz; ⟊ ein Teil des Gewölbes, Аbb. G 22; versteifender Teil vorn und hinten am Schuh, Аbb. S 39. **3)** △ Kugelhaube, Аbb. K 52.

kappen [niederl. kappen], *ich kappe (habe gekappt),* **1)** *es,* verkürze, schneide ab (Ast, Zweig); ⚓ haue ab (Tauwerk, Takelung, Masten). **2)** *ein männliches Tier,* kastriere. **3)** *der Hahn kappt die Henne,* begattet.

Kappes [ahd. kabuz, zu lat. caput ›Kopf‹, ›Spitze‹] *der, -,* Kappus, **1)** *westdt.:* Weißkohl. **2)** U Unsinn.

Kapphahn *der,* Kapaun.

Käppi [zu Kappe] *das, -s/-s,* eine militär. Kopfbedeckung.

Käpplein *das, -s/-,* Diminutiv von Kappe.

Kappnaht [zu kappen] *die,* Doppelnaht mit untergefalteten Stoffkanten, Аbb. N 2.

Kappus *der, -,* Kappes.

Kappzaum [aus ital. cavezzone ›Halfter‹ volksetymologisch angelehnt an Kappe und Zaum] *der,* Zaum zum Abrichten der Pferde, Аbb. P 9.

Kalpriccio [kapr'ittʃo, frz. caprice, zu lat. caper ›Ziegenbock‹] *das, -s/-s, das* Capriccio. **Kalprice** [kapr'i:sə] *die, -/-n,* Laune, Grille. **Kalpriole** [ital. capriola] *die, -/-n,* **1)** Luftsprung. **2)** Ü toller Streich: *du kannst hier keine Kapriolen machen,* schlagen. **3)** Reitkunst: ein Sprung der Hohen Schule, Аbb. H 22. **Kalprize** *die, -/-n, österr.:* Kaprice. **kalprizieren** [zu Kaprice], *ich kapriziere mich (habe mich kapriziert) auf etwas,* beharre, bleibe eigensinnig dabei: *sie hat sich völlig auf diese Reise kapriziert.* **kalpriziös,** launisch, eigensinnig.

Kapsel [lat. capsula, zu ›Kästchen‹] *die, -/-n,* **1)** Gehäuse, Behältnis, Hülle aus einer dünnen, festen Schicht, Аbb. K 9: *Arzneikapsel.* **2)** ⊕ eine Fruchtform, die zur Reifezeit aufspringt: *Kapselfrucht,* Аbb. K 9, F 36. **3)** Raumkapsel.

Kaptalband *das,* ⊘ Kapitalband.

Kaptation [mlat. captatio ›Haschen‹, ›Jagen‹] *die, -/-en,* ⚗ Erschleichung.

Käpten *der, -s/-, niederdt.:* Kapitän.

kaptivieren [zu Kaptation], *ich kaptiviere (habe kaptiviert) ihn,* ⚗ nehme gefangen.

Kaput [frz. capot, vgl. Kapuze] *der, -s/-e, österr., schweiz.:* langer Überrock, Soldatenmantel.

kaputt [frz. capot, zu capoter ›kentern‹, im Kartenspiel: faire capot ›keinen Stich machen‹], **1)** entzwei, zerbrochen: *der*

Teller ist k. **2)** vernichtet: *ein kaputter Typ,* U ein am Leben gescheiterter (junger) Mensch. **3)** U matt, angegriffen. **kaputtgehen,** *es geht kaputt* (ging kaputt, ist kaputtgegangen), **1)** zerbricht, geht entzwei. **2)** U geht ein (Tier, Pflanze). **kaputtlachen,** *ich lache mich kaputt* (habe mich kaputtgelacht), U lache sehr: *das ist ja zum Kaputtlachen.* **kaputtmachen,** *ich mache kaputt* (habe kaputtgemacht), U **1)** *es,* zerbreche, zerschlage, zerstöre: *das Kind hat seine Eisenbahn kaputtgemacht.* **2)** *mich,* reibe mich auf, zerstöre meine Gesundheit: *er macht sich für andere kaputt.*

Kapuze [mhd. kabütze, mlat. caputium, zu spätlat. cappa ›Mantel mit Kopfbedeckung‹] *die, -/-n,* am Kleidungsstück befestigte Haube, Аbb. K 24, K 25. **Kapuzinade** *die, -/-n,* Kapuzinerpredigt. **Kapuziner** *der, -s/-,* Mönch eines Zweiges der Franziskaner. **Kapuzineraffe** *der,* ein Affe mit Greifschwanz. **Kapuzinerfenster** *das,* Dachfenster mit Walmdach. **Kapuzinerkresse** *die,* eine südamerikan. Zierpflanze. **Kapuzinerpilz** *der,* ein Speisepilz. **Kapuzinerpredigt** *die,* Ü volkstümlich-derbe Predigt.

Kar [ahd. kar ›Gefäß‹] *das, -(e)s/-e,* ⊕ durch Gletscherwirkung entstandene Mulde im Gebirge: *der Karsee.*

Karabiner [frz. carabine, zu carabin ›Kavallerist‹] *der, -s/-,* **1)** kurzes leichteres Gewehr (urspr. nur von der Kavallerie benutzt), Аbb. G 20. **2)** kurz für: Karabinerhaken. **Karabinerhaken** *der,* Haken mit federndem Verschluß, Аbb. H 4. **Karabinier** [-binj'e:, frz.] *der, -s/-s, ⚔* berittener bewaffneter Reiter. **Karabiniere** *der, -(s)/. . .ri,* Carabiniere.

Karacho [span. caracho ›Donnerwetter‹, eigtl. ›Penis‹] *das, -(s),* U höchste Eile, große Geschwindigkeit: *er kam mit K. um die Ecke.*

Karaffe [frz. carafe, zu arab. garrafa ›dickbauchige Flasche‹] *die, -/-n,* (geschliffene) Glasflasche mit Glasstöpsel, Аbb. F 23.

Karaibe *der, -n/-n,* auch Karibe, Angehöriger einer indian. Sprach- und Kulturgruppe. **karaibisch,** auch karibisch.

Karakal [türk.] *der, -s/-s,* Wüstenluchs.

Karakulschaf [nach dem See Karakul im Hochland von Pamir] *das,* Schafrasse, von deren Lämmern die Persianerfelle stammen.

Karambolage [-l'a:ʒə] *die, -/-n,* **1)** Zusammenstoß. **2)** Ü Streit. **3)** Billard: das Berühren von Bällen. **Karambole** [frz. carambole, span. carambola] *die, -/-n,* der rote Billardball. **karambolieren,** *ich karamboliere* (bin, habe karamboliert) *mit etwas,* stoße zusammen.

Karamel [frz. caramel, span. caramelo, zu mlat. calamellus ›Röhrchen‹] *der, -s,* braune Masse erhitzten Zuckers. **2)** *das, -s/-e, schweiz.:* die Karamelle. **Karamelbier** *das,* ein obergäriges Bier. **Karamelle** *die, -/-n,* ein Bonbon.

Karat [frz. carat, zu grch. keration ›kleines Horn‹, Schote des Johannisbrotbaums; die Samenkörner wurden zum Wiegen von Gold und Edelsteinen benutzt] *das, -(e)s/-e* und nach Zahlen -, **1)** Zeichen: Kt, Gewichtseinheit im Edelsteinhandel. **2)** Feinheit der Goldmischung nach ¹/24.

Karate [japan., eigtl. ›leere Hand‹] *das, -(s),* japan. Kampfsport und Selbstverteidigung.

. . .karätig, mit . . . Karat: *achtzehnkarätig, 18karätig; vierzehnkarätiges Gold; ein einkarätiger Brillant.*

Karausche [litauisch karosas] *die, -/-n,* karpfenartiger Süßwasserfisch.

Karavelle [ital. aus portug. caravela] *die, -/-n,* ein Segelschiff des 15. und 16. Jahrh.

Karawane [ital. caravana, zu pers. karwan ›Kamelzug‹] *die,*

-/-n, Reisegesellschaft, Kaufmanns- oder Pilgerzug (in Asien, Afrika): *Karawanenstraße; Kamelkarawane.* **Karawanenhandel** *der,* Handel, bei dem die Kaufleute ihre Güter selbst befördern. **Karawanserei** [pers. karwan serai, vgl. Serail] *die, -/-en,* Herberge für Karawanen.

Karbatsche [türk. qyrbatsch] *die, -/-n,* Karwatsche, starke geflochtene Lederpeitsche. **karbatschen,** *ich* karbatsche (habe karbatscht) *ihn,* schlage mit der Karbatsche.

Karbid [vgl. karbo . . . und . . . id] *das, -(e)s/-e,* Kohlenstoffverbindung eines Metalls oder Halbmetalls, bes. des Calciums.

karbo . . . [lat. carbo ›Kohle‹], kohlen . . . **Karbol** *das, -s,* kurz für: Karbolsäure, Phenol. **Karbolineum** *das, -s,* ein Gemisch von Ölen zum Haltbarmachen von Holz. **Karbolmäus|chen** *das,* U scherzhaft: Krankenschwester. **Karbon** *das, -s,* eine geolog. Formation des Paläozoikums. **Karbonade** [frz. carbonnade ›auf Kohlen geröstetes Fleisch‹] *die, -/-n,* Kotelett. **Karbonado** [portug.] *der, -s/-s,* schwarzer Diamant. **Karbonat** *das, -(e)s/-e,* Salz der Kohlensäure. **Karbonisation** *die, -,* das Ankohlen. **karbonisch,** das Karbon betreffend. **karbonisieren,** *ich* karbonisiere (habe karbonisiert) *es,* 1) beseitige Pflanzenreste aus der Wolle. 2) mache Holz durch oberflächliches Anbrennen haltbar. 3) versetze Getränke mit Kohlendioxid. **Karbonsäure** die, organ. Säure. **Karborund** [vgl. Korund] *das, -(e)s,* Handelsname für ein Siliciumkarbid; ein Schleifmittel. **Karbunkel** [lat. carbunculus ›kleine glühende Kohle‹] *der, -s/-,* ʓ Ansammlung mehrerer Furunkel. **karburieren** [frz. carburer ›vergasen‹, ›verbrennen‹], *ich* karburiere (habe karburiert) *es,* erhöhe den Anteil an Kohlenstoff.

Karch [mhd. karrech, karche, zu lat. carruca] *der, -(e)s/-"e,* fränk.: zweirädriger Wagen.

Kardamom [mhd. kardamom, zu grch. kardamomon, aus ind.] *der* oder *das, -s/-e(n),* ein Gewürz.

Kardan|antrieb [nach dem italien. Gelehrten G. Cardano, 1501–1576] *der,* Antrieb über ein Kardangelenk (bei Kraftfahrzeugen). **Kardangelenk** *das,* Gelenk zur Kraftübertragung von einer Welle zur andern unter einem Winkel, ABB. K 9, G 9. **kardanisch,** *kardanische Aufhängung:* Aufhängevorrichtung, die einen Körper vor Schwankungen schützt, ABB. K 9. **Kardankreuz** *das,* zwei Kreise mit Innenberührung. **Kardanwelle** *die,* Gelenkwelle mit Kardangelenk, ABB. K 40.

Kardätsche [frühnhd. cardetzschen, ital. cardeggiare ›hecheln‹, zu lat. carduus ›Distel‹] *die, -/-n,* 1) Pferdebürste, ABB. P 9. 2) Textiltechnik: die Karde. **kardätschen,** *ich* kardätsche (habe kardätscht) *es.* **Karde** [mhd. karde] *die, -/-n,* 1) distelähnl. Pflanze. 2) Textiltechnik: Kardätsche, Krempel, Maschine, die die Fasermasse von Verunreinigungen trennt, Einzelfasern freilegt und ordnet.

Kardeel [zu afrz. cordel] *die, -/-e* oder *das, -s/-e,* ⟋ Einzeltau einer Trosse, ABB. S 46.

karden, *ich* karde (habe gekardet) *es,* kardiere, Textiltechnik: bearbeite mit der Karde.

Kardia [grch. ›Herz‹, ›Magen(eingang)‹] *die, -,* 1) ʓ das Herz. 2) der obere Magenmund. **kardial,** das Herz betreffend. **Kardi|algie** [grch. algos ›Schmerz‹] *die, -/. . .g'i|en,* ʓ 1) Schmerzen in der Herzgegend. 2) Kardiospasmus.

kardieren, *ich* kardiere (habe kardiert) *es,* karde.

Kardinal [mhd. kardenal, spätlat. cardinalis ›vorzüglich‹, zu cardo ›Angelpunkt‹] *der, -s/-"e,* 1) hoher kath. Geistlicher: *Kardinalskongregation.* 2) ein Singvogel. 3) ein Weißweingetränk. **kardinal . . .,** haupt . . ., grund . . .: *Kardinaltugenden, Haupttugenden; Kardinalzahl,* Grundzahl, ÜBERS. Z 1.

Kardio|gramm [vgl. Kardia und vgl. . . .gramm] *das, -s/-e,* graphische Darstellung der Herzbewegungen: *Elektrokardiogramm.* **Kardio|graphie** [vgl. . . .graphie] *die, -,* Sammelbez. für Methoden, die Herzleistung graphisch darzustellen. **Kardiologie** [vgl. . . .logie] *die, -,* Lehre vom Herzen und seinen Erkrankungen. **kardiologisch. Kardiopathie** [grch. pathos ›Leiden‹, vgl. /. . .th'i|en, Herzleiden, Herzerkrankung. **Kardio|spasmus** [vgl. Spasmus] *der,* Krampf der Mageneingangsmuskulatur.

kären [ahd. charen ›trauern‹], *ich* käre (habe käret, gekäret), oberdt.: jammere, keife; *schweiz. auch:* streite.

Karenz [lat. carere ›entbehren‹] *die, -/-en,* Wartezeit, Sperrfrist: *Karenzfrist; Karenzzeit.*

Karessasch [frz. caresser ›liebkosen‹] *die, -/-en,* oberdt.: Liebelei. **Karesse** *die, -/-n,* oberdt.: Werbung. **karessieren,** *ich* karessiere (habe karessiert). *oberdt.:* 1) *ihn,* streichle, schmeichle. 2) *mit ihm,* habe eine Liebschaft.

Karette [frz. caret, zu char, aus lat. carrus ›Wagen‹] *die, -/-n,*

Karettschildkröte *die,* tropische und subtrop. Meeresschildkröte.

Karezza [ital. carezza ›Liebkosung‹] *die, -,* Beischlaf, bei dem der Samenerguß vermieden wird.

Karfiol [ital. cavolfiore, zu lat. caulis ›Kohl‹ und flos, Gen. floris ›Blume‹] *der, -s,* österr.: Blumenkohl.

Karfreitag [ahd. chara ›Trauer‹, ›Buße‹] *der,* Freitag vor Ostern, Tag der Kreuzigung Christi.

Karfunkel [mhd. karfunkel, zu lat. carbunculus ›kleine glühende Kohle‹] *der, -s/-,* ⚙ roter Granat, auch Rubin; Sinnbild strahlender Helle.

karg, karger, am kargsten; selten: kärger, am kärgsten [mhd. karc, zu kargen], spärlich, ärmlich: *die karge Mahlzeit; die Rationen waren k. bemessen.* **kargen,** *ich* karge (habe gekargt) *mit etwas,* gebe ungern davon: *er kargte nicht mit Geschenken,* gab reichlich. **Kargheit** *die, -.* **kärglich,** knapp, dürftig, jämmerlich: *er lebt k.; kärglicher Lohn.*

Kargo [span. cargo ›Ladung‹] *der, -s/-s,* Schiffsladung.

Karibe *der, -n/-n,* Karaibe. **karibisch.**

Karibu [indian.] *der, -s/-s,* nordamerikan. Rentier.

kariert [frz. carrer, zu lat. quadrare ›viereckig machen‹], gewürfelt, gekästelt, ABB. M 26: *ein karierter Rock, Stoff.*

Karies [lat. caries ›Fäulnis‹] *die, -,* ʓ chron. Entzündung mit Zerstörung des Knochengewebes; Zahnfäule.

Karikatur [ital. caricare ›überladen‹] *die, -/-en,* Spottbild, Zerrbild. **Karikaturist** *der, -en/-en,* Karikaturenzeichner. **karikaturistisch. karikieren,** *ich* karikiere (habe karikiert) *ihn, es,* verzerre, stelle ins Lächerliche übertreibend dar: *er kann seine Lehrer gut karikieren.*

Karin [schwed. Kurzform von Katharina], weibl. Vorname.

kariös, ʓ von Karies befallen.

Karitas [lat. caritas] *die, -,* Caritas, Nächstenliebe, Wohltätigkeit. **karitativ,** *sie arbeitet k.*

Karkasse [frz. carcasse, zu lat. carcasium ›ausgeweidetes Tier‹, ›Gerippe‹] *die, -/-n,* 1) ⚙ ⚙ Brandkugel. 2) Gewebeunterbau des Luftreifens, ABB. R 14. 3) Kochkunst: Gerippe vom Geflügel.

Karl [ahd. charal ›Mann‹, ›Ehemann‹], männl. Vorname. **Karla,** weibl. Vorname. **Karlheinz,** männl. Vorname.

karlingisch, karolingisch. **Karlist** [nach Carlos Luis de Borbón, 1816–1861] *der, -en/-en,* Anhänger des span. Thronprätendenten aus der karlist. Linie.

Karma(n) [altind. ›Tat‹] *das, -s,* der Glaube (z. B. im Hinduismus), das Schicksal eines Menschen nach dem Tode hänge von dem Verhalten in einem früheren Dasein ab.

Karmelit [nach dem Berg Karmel in Israel] *der, -en/-en,* **Karmeliter** *der, -s/-,* **Karmelit(er)in** *die, -/-en,* Mönch (Nonne) eines Bettelordens.

Karmesin [frz. carmesino, zu arab. kirmizi aus altind. kirmidscha ›wurmerzeugt‹] *das, -s,* ein natürl. roter Farbstoff. **karmesinrot. Karmin** *das, -s,* aus Koschenillen hergestellter Farbstoff. **karminrot.**

karmoisieren [karmwa-, frz.], **karmosieren,** *ich* karmoisiere, karmosiere (habe karmoisiert, karmosiert) *einen Edelstein,* umrande mit kleinen Steinen.

karmüßeln [zu Kälmäuser], *ich* karmüß(e)le (habe karmüßelt), niederdt.: grübele, fange Grillen.

Karn *der, -(e)s/-e,* niederdt.: Butterfaß, Buttermaschine.

Karnallit [nach R. v. Carnall, 1804–1874] *der, -s,* ein Mineral.

Karneol *der, -s/-e,* Carneol.

Karner *der,* zu mlat. carnarium ›Fleischhaus‹] *der, -s/-,* 1) Beinhaus, Totenkapelle. 2) Räucherkammer.

Karneval [ital. carnevale, aus carne levare ›das Fleisch wegnehmen‹, zu lat. caro, Gen. carnis ›Fleisch‹ und levare ›wegnehmen‹, ›aufheben‹, oder lat. carrus navalis ›festl. Umzug mit Räderschiff zum Wiederbeginn der Schiffahrt im Februar‹] *der, -s/-e* oder *-s,* Fastnacht: *Karnevalsbräuche.* **karnevalistisch.**

Karnickel, *das, -s/-, mitteldt., norddt.:* Kaninchen: *nun soll ich wieder das K. sein,* U der Sündenbock.

Karnies [frz. corniche, zu grch. koronis ›gekrümmt‹] *das, -es/-e,* ⟐ Profil von S-förmigem Querschnitt, ABB. G 17.

Karniese *die, -/-n,* auch Karnische, österr.: Vorhangstange.

karniffeln [vgl. Karnöffel], *ich* karniff(e)le (habe karniffelt) *ihn,* wien.: peinige.

Karnische *die, -/-n,* Karniese.

karnivor. Karnivore [lat. caro, Gen. carnis ›Fleisch‹ und vorare ›verschlingen‹] *der, -n/-n,* 1) 🐾 Fleischfresser. 2) ⚘ tierfangende Pflanze.

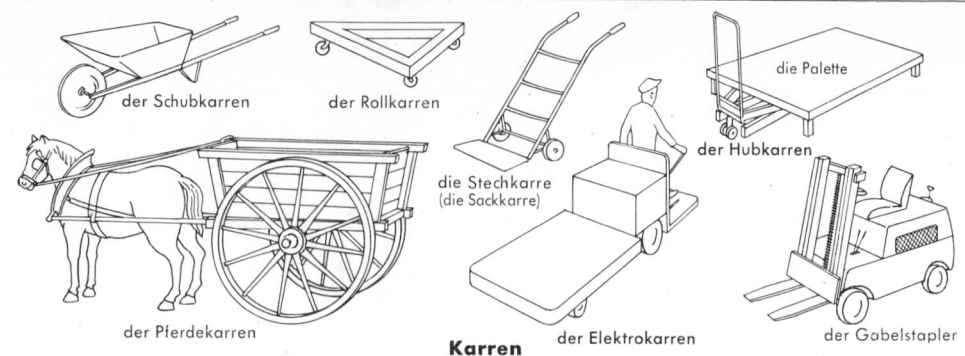

der Schubkarren • der Rollkarren • die Stechkarre (die Sackkarre) • der Hubkarren • die Palette • der Pferdekarren • **Karren** • der Elektrokarren • der Gabelstapler

Karnöffel [mhd. karnöffel ›Kartenspiel‹, eigtl. ›Hodenbruch‹] *der, -s/-*, Karnüffel, **1)** ein Kartenspiel des 15. und 16. Jahrh. **2)** *niederdt.:* Hodenbruch.

Kärntner *der, -s/-*, Kärntener, Bewohner des österreich. Bundeslandes Kärnten. **kärntnerisch.**

Karnüffel *der, -s/-*, Karnöffel.

Karo [frz. carreau, zu lat. quadrum ›Viereck‹] *das, -s/-s*, **1)** Viereck. **2)** Eckstein, Farbe im französ. Kartenspiel, ABB. S 54: *Karo-As.*

Karola, Karoline [zu Karl], weibl. Vornamen.

Karolinger [nach Karl d. Gr., 768–814] *der, -s/-*, Mitglied eines fränk. Herrschergeschlechts des MA. **karolingisch.**

Karosse [frz. carrosse, zu lat. carrus ›Wagen‹] *die, -/-n*, Prachtkutsche: *Staatskarosse.* **Karosserie** *die, -/...ri|en*, ⬙ Aufbau des Kraftwagens über dem Fahrgestell.

Karotin [lat. carota ›Karotte‹] *das, -s*, Carotin, gelbroter pflanzl. Farbstoff.

Karotis [grch.] *die, -/...t'iden*, $ Kurzform für: Arteria carotis, Kopfschlagader, Halsschlagader.

Karotte [lat. carota] *die, -/-n*, Mohrrübe, ABB. R 29.

Karpell [grch. karpos ›Frucht‹] *das, -s/-e* oder *-a*, ⚘ Fruchtblatt.

Karpfen [ahd. charpho] *der, -s/-*, Speisefisch: *Karpfenteich; Karpfenzucht.*

Karre [ahd. karro, zu lat. carrus] *die, -/-n*, auch Karren, kleines, ein- bis vierrädriges Fahrzeug, ABB. K 10, W 2: *er mußte die K. aus dem Dreck ziehen*, ⋃ eine verfahrene Lage in Ordnung bringen; *ich lasse mich nicht vor deine K. spannen*, ⋃ für die Zwecke ausnutzen.

Karree [frz. carré, zu lat. quadratus ›viereckig‹] *das, -s/-s*, **1)** Viereck. **2)** *österr.:* Rippenstück, bes. Kalbsbraten.

karren, *ich karre (habe gekarrt) es*, fahre, bes. im Schubkarren. **Karren** *der, -s/-*, Karre.

Karren [zu Kar], *Pl.*, ⊕ Auslaugungsformen an der Oberfläche von Kalkstein: *Karrenfeld.*

Karrete [ital. carretta, zu lat. carrus ›Wagen‹] *die, -/-n, bes. ostmitteldt.:* schlechter Wagen. **Karrette** *die, -/-n, alem.:* Wagenladung; Schubkarre.

Karriere [frz. carrière, zu lat. carrus ›Wagen‹] *die, -/-n*, **1)** erfolgreiche berufliche Laufbahn: *er will K. machen; Karrierefrau; Filmkarriere.* **2)** schneller Galopp. **Karrierist** [-ε-] *der, -en/-en*, rücksichtsloser Karrieremacher. **karrieristisch** [-ε-], *karrieristisches Streben.*

Karriol [frz. carriole, zu lat. carrus ›Wagen‹] *das, -s/-s*, **Karriole** *die, -/-n*, leichter zweirädriger Botenwagen. **karriolen,** *ich karriole (bin karriolt)*, ⋃ fahre unbesonnen umher.

Kärrner [zu Karre] *der, -s/-*, ⚒ Fuhrmann. **Kärrnerarbeit** *die*, ⋃ schwere, mühsame Arbeit.

Karsamstag [vgl. Karfreitag] *der*, der Tag vor Ostern.

Karst [ahd. karst] *der, -(e)s/-e*, mehrzinkige Hacke mit kurzem Stil, ABB. H 2.

Karst [serbokroat. krš ›Felsen‹] *der, -(e)s*, ⊕ auf der Wasserlöslichkeit besonders von Kalkstein beruhende Oberflächen- und Auslaugungsform: *Karsterscheinungen.*

Karsten [niederdt., zu Christian], männl. Vorname.

Karsumpel *der, -s, schweiz.:* unordentl. Haufen, wertloses Zeug.

kart., ⬙ Abk. für: kartoniert.

Kartätsche [ital. cartaccia, zu carta ›Papier‹] *die, -/-n*, **1)** ⚒ ein Artilleriegeschoß (16.–19. Jahrh.). **2)** ⊞ Brett mit Griff zum Glattreiben des Putzes. **kartätschen,** *ich kartätsche (habe kartätscht)*, schieße mit Kartätschen.

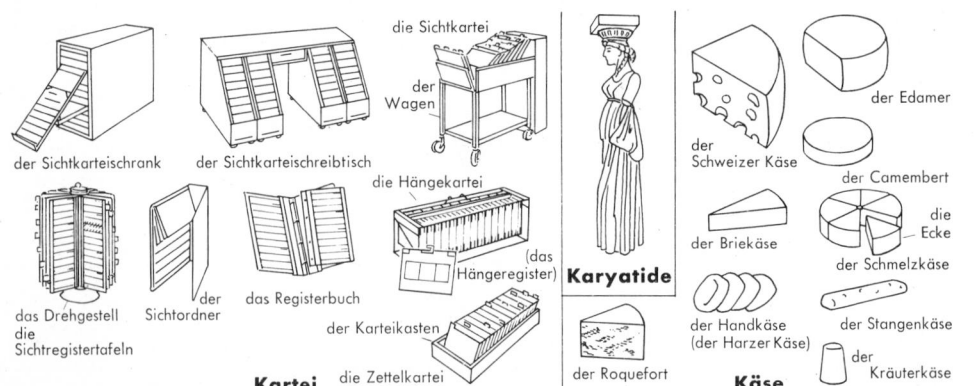

der Sichtkarteischrank • der Sichtkarteischreibtisch • die Sichtkartei • der Wagen • die Hängekartei • der Edamer • der Schweizer Käse • der Camembert • die Ecke • der Briekäse • der Schmelzkäse • das Drehgestell • der Sichtordner • das Registerbuch • die Sichtregistertafeln • der Karteikasten • (das Hängeregister) • **Karyatide** • der Handkäse (der Harzer Käse) • der Stangenkäse • **Kartei** • die Zettelkartei • der Roquefort • **Käse** • der Kräuterkäse

Kasi

Kartaune [älter ital. cortona ›kurze Kanone‹, angelehnt an quartana, eigtl. ›Viertelkanone‹] *die, -/-n,* ein schweres Geschütz (16./17. Jahrh.).
Kartause [Cartusia, latein. Bez. für Cartreuse, das Stammkloster bei Grenoble] *die, -/-n,* Kloster der Kartäuser. Kartäuser *der, -s/-,* 1) Mönch eines Einsiedlerordens. 2) ein Kräuterlikör.
Kärtchen *das, -s/-.* Karte [mhd. karte, zu lat. charta ›Papier‹] *die, -/-n,* ein meist steifes Blatt Papier zu verschiedenen Verwendungen: 1) Postkarte; Ansichtskarte. 2) Landkarte, Planbild, Flächendarstellung. 3) Spielkarte, ABB. S 54: *er will alles auf eine K. setzen,* Ü alles wagen; *er will sich nicht in die Karten sehen lassen,* Ü hält seine Pläne geheim; *er mußte seine Karten aufdecken,* Ü seine versteckten Absichten bekennen; *er spielt immer mit offenen Karten,* Ü ist aufrichtig; *sie legt (schlägt) Karten,* Ü weissagt aus Spielkarten. 4) Besuchskarte, ABB. B 25. 5) Eintrittskarte. 6) Fahrkarte. 7) Speisekarte: *wir wollen nach der K. essen.* Kartei *die, -/-en,* übersichtlich geordnete Sammlung von Aufzeichnungen auf Karten: *Karteikarte; Karteikasten; Kundenkartei,* ABB. K 11.
Kartell [frz. cartell, zu lat. charta ›Papier‹] *das, -s/-e,* 1) vertraglich festgesetzte Zusammenarbeit mehrerer Unternehmungen gleicher Wirtschaftsstufe, die selbständig bleiben: *Kartellbehörde; Kartellverbot; Preiskartell.* 2) Schutzbündnis, Freundschaftsvertrag (student. Verbindungen). 3) ⚔ schriftl. Herausforderung zum Zweikampf. kartellieren, *ich kartelliere* (habe kartelliert) *es,* schließe zu einem Kartell zusammen. Kartellierung *die, -/-en,* Kartellbildung. Kartellträger, *der,* student. Verbindungen: ⚔ Überbringer einer Herausforderung zum Zweikampf.
Kartenhaus *das,* 1) ⚓ auf Schiffen der Raum zum Navigieren, ABB. S 17. 2) Aufbau aus Spielkarten: *sein großer Plan stürzte wie ein K. zusammen,* Ü wurde jäh zerstört.
Kartenkunststück *das,* Geschicklichkeitskunststück mit Spielkarten. Kartenlegerin, *die, -/-nen,* aus Spielkarten weissagende Frau. Kartennetz|entwurf der, Kartenprojektion *die,* die Übertragung von Punkten der Erdoberfläche auf eine Ebene. Kartenschlägerin *die, -/-nen,* Kartenlegerin. Kartenspiel *das,* Spiel mit Spielkarten, z. B. Canasta, Skat, ABB. S 54.
kartesianisch, Kartesianisch [nach Cartesius, latinisiert für den französ. Philosophen R. Descartes, 1596–1650], auf Descartes bezüglich. Kartesianismus *der, -.* kartesisch, kartesianisch; vgl. ÜBERS. A 4, C.
Karthager *der, -s/-,* Einwohner der antiken Stadt Karthago an der Nordküste Afrikas.
kartieren [zu Karte], *ich kartiere* (habe kartiert) *es,* ⊕ nehme kartographisch auf.
Kartoffel [aus ital. tartufolo, zu lat. terrae tufer ›Erdknolle‹] *die, -/-n,* 1) Erdapfel, Erdbirne, ein Knollengewächs, wichtige Nahrungspflanze: *Kartoffelacker; Kartoffelklöße; Kartoffelsalat; Kartoffelsuppe; Bratkartoffeln; Pellkartoffeln; Salzkartoffeln.* 2) Ü derb: dicke Nase; Loch im Strumpf. Kartoffelbrei *der,* Speise aus zerdrückten Kartoffeln. Kartoffelkuchen *der, -s/-.* Kartoffelkäfer *der,* Coloradokäfer, ein Kartoffelschädling. Kartoffelmehl *das,* Stärke aus Kartoffeln. Kartoffelmus *das,* bes. sächs.: Kartoffelbrei. Kartoffelpuffer *der,* aus geriebenen rohen Kartoffeln hergestellter, in Fett gebratener Fladen. Kartoffelpüree *das,* schweiz.: Kartoffelstock *der,* Kartoffelbrei.
Karto|gramm [ital. carta, zu lat. charta ›Papier‹, ›Blatt‹ und vgl. . . . gramm] *das, -s/-e,* Darstellung statist. Zahlenwerte auf Landkarten. Karto|graph [vgl. . . . graph] *der, -en/-en,* Bearbeiter oder Zeichner von Landkarten. Karto|graphie *die, -,* Entwurf und Herstellung von Landkarten. karto|graphisch.
Kartometer *das, -s/-,* Gerät zur Längenmessung von Kurven auf topograph. Karten. Kartome|trie [vgl. . . . metrie] *die, -,* das Messen (von Winkeln, Höhen, Flächen usw.) auf Karten.
Karton [-t'ɔ̃, frz. carton, vgl. Karte] *der, -s/-e* [-t'o:n], 1) steifes, dickes Papier. 2) Schachtel aus Pappe. 3) Malerei: größerer, sorgfältig ausgeführter Entwurf, bes. zu Wandmalereien. 4) ⚙ Ersatzblatt zur Fehlerberichtigung oder Ergänzungsblatt. Kartonage [-n'a:ʒə] *die, -/-n,* feste Verpackung aus Karton oder Pappe: *Kartonagenfabrik.* kartoniert, ⚙ Abk.: kart., in leichtem Pappband.
Kartothek *die, -/-en,* ⚙ Kartei.
Kartusche [frz. cartouche ›Papierhülse‹, zu lat. charta ›Papier‹] *die, -/-n,* 1) ⚙ Pulverladung in Metallhülse für ein Geschütz, vgl. ABB. G 14. 2) ⚙ ⚙ Patronentasche. 3) ein Ornament, ABB. S 69.

Karunkel [lat. caruncula] *die, -/-n,* ⚕ Fleischwärzchen.
Karussell [frz. carrousel] *das, -s/-s oder -e,* 1) eine Rundbahn mit Holzpferden, Fahrsitzen u. ä. auf Rummelplätzen, ABB. R 31: *mit mir kannst du nicht K. fahren,* U ich lasse mich nicht herumkommandieren. 2) ⚙ Reiterspiel.
Karwatsche *die, -/-n,* Karbatsche.
Karwoche [vgl. Karfreitag] *die,* Woche vor Ostern.
Karyatide [grch. karyatides] *die, -/-n,* 🏛 gebälktragende weibl. Gestalt, ABB. K 11.
Karyogamie [grch. karyon ›Nuß‹, ›Kern‹ und vgl. . . . gamie] *die, -/. . .m'i|en,* das Verschmelzen der Zellkerne. Karyokinese [grch. kinesis ›Bewegung‹] *die, -/-n,* Mitose, eine Form der Zellkernteilung. Karyologie [vgl. . . . logie] *die, -,* Zellkernlehre. Karyolymphe *die,* Zellkernsaft. Karyolyse [grch. lysis ›Auflösung‹] *die, -,* Phase der Zellkernteilung. Karyo|plasma *das,* Zellkernplasma. Karyopse [grch. opsis ›Aussehen‹] *die, -/-n,* Grasfrucht.
Karzer [lat. carcer ›Gefängnis‹] *der, -s/-,* früher: Haftraum in höheren Schulen und Hochschulen.
karzinogen [grch. karkinos ›Krebs‹ und vgl. . . . gen], ⚕ kanzerogen, krebserzeugend. Karzinoid [vgl. . . . id] *das, -(e)s/-e,* krebsähnl. Geschwulst. Karzinogen *das, -s/-e,* ⚕ Kanzerogen, krebserzeugende Substanz. Karzinom *das, -s/-e,* ⚕ Krebsgeschwulst. karzinomatös, ein Karzinom betreffend, krebsartig. Karzinophobie [vgl. Phobie] *die, -,* krankhaft gesteigerte Furcht vor einer Krebserkrankung.
Kasack [frz. casaque ›Kosakenrock‹] *der, -s/-s,* dreiviertellanges Frauenobergewand.
Käsbissenturm *der, schweiz.:* treppenförmig sich verjüngender Turm.
kascheln [k'a:ʒəln], *ich kasch(e)le* (bin gekaschelt), *schles.:* schlittere (Kaschelbahn, Rutschbahn (Eis).
Kaschemme [zigeuner. kertsima ›Wirtshaus‹] *die, -/-n,* üble Kneipe, Verbrecherkneipe.
kaschen [nhd.], *ich kasche* (habe gekascht) *ihn,* U fange, erwische, nehme gefangen.
Käscher *der, -s/-,* Kescher.
kaschieren [frz. cacher ›verbergen‹], *ich kaschiere* (habe kaschiert) *es,* 1) bemäntele, verheimliche: *er bemühte sich, seine Betroffenheit zu kaschieren; sie kaschiert diesen Schönheitsfehler sehr geschickt.* 2) beklebe Pappe beiderseits mit buntem Papier; trage Schichten eines Materials (z. B. Gips) auf einen Trägerstoff auf (beim plast. Bühnenbild).
Kaschmir [Gebiet im Himalaya, von der Kaschmirziege] *der, -s/-e,* bes. weiches Gewebe aus Wolle, Seide, Chemieseide.
Kascholong [tatar. kaschalongh ›schöner Stein‹] *der, -s/-s,* weiße Abart des Opals.
Kaschube *der, -n/-n,* Kassube, Angehöriger eines westslaw. Volksstammes. kaschubisch.
Käse [ahd. chasi, zu lat. caseus] *der, -s/-,* 1) aus Milch hergestelltes Nahrungsmittel, ABB. K 11: *Käsegebäck; Käsemesser; Schmelzkäse; Schnittkäse.* 2) der eßbare Teil der Artischocke und des Blumenkohls. 3) *weißer K.,* Weißkäse, Quark; *Käsekuchen, Quarkkuchen.* 4) U Unsinn, dummes Gerede, Bedeutungsloses: *alles K.!; red nicht solchen K.!* Käseblatt *das,* U Zeitung mit geringem Niveau. Käseglocke *die,* ABB. G 30, K 2. Kasein *das, -s,* Casein, Hauptbestandteil der Milcheiweißkörper.
Kasel [mhd. kasel, zu mlat. casula] *die, -/-n,* Meßgewand, ABB. A 13.
Käsemagen *der,* ⚕ Labmagen.
Kasematte [ital. casamatta, zu grch. chasmata ›Erdklüfte‹] *die, -/-n,* 1) ⚙ schußsicherer Raum in Befestigungswerken. 2) ⚓ gepanzerter Geschützstand.
käsen, *die Milch käst* (hat gekäst), wird zu Käse. Käsepappel *die,* eine Malve. Käser *der, -s/-, oberdt.:* Senn. Käserei *die, -/-n* (ohne Pl.), Käsebereitung; ⚙ Betrieb zur Käsebereitung.
Kaserne [frz. caserne, zu provenzal. cazerna ›Wachtlokal‹] *die, -/-n,* Gebäude zur dauernden Unterbringung von Truppen. kasernieren, *ich kaserniere* (habe kaserniert) *Truppen,* bringe in Kasernen unter. Kasernierung *die, -.*
käseweiß, U sehr bleich: *er war k.* käsig, gelblichweiß oder weich wie Käse: *er sieht k. aus,* Ü käsebleich.
Kasimir [poln. Kazimierz ›Friedensstifter‹], männl. Vorname.
Kasino [ital. casino ›Häuschen‹, zu lat. casa ›Haus‹] *das, -s/-s,* 1) Speise- und Aufenthaltsraum für Offiziere, auch in Fabriken, Büros usw.: *Offizierskasino.* 2) Name für Vergnügungsstätten: *Spielkasino.*

SB — 26 :::::   Wörter, die man unter K vermißt, suche man unter C oder Z   401

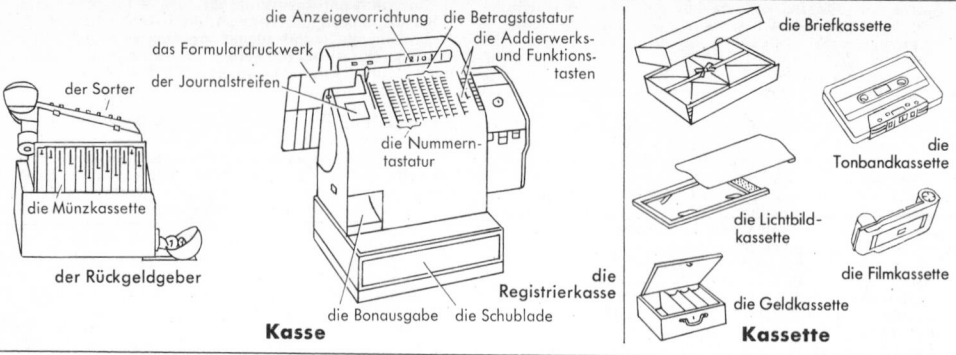

die Anzeigevorrichtung die Betragstastatur
das Formulardruckwerk
die Addierwerks-
und Funktions-
der Sorter
der Journalstreifen
tasten
die Briefkassette
die Nummern-
tastatur
die Münzkassette
die Tonbandkassette
die Lichtbild-
kassette
der Rückgeldgeber
die Filmkassette
die Registrierkasse
die Bonausgabe die Schublade
die Geldkassette

Kasse   **Kassette**

Kaskade [ital. cascata, zu lat. cadere ›fallen‹] *die, -/-n,* **1)** Wasserfall in mehreren Stufen, Abb. W 6. **2)** Zirkuskunst: verwegener Sprung. **3)** chem. Technik: Anordnung hintereinandergeschalteter gleichartiger Gefäße. **Kaskadenschaltung** *die, ∤* eine Art der Reihenschaltung. **Kaskadeur** [-d'ø:r] *der, -s/-e,* Artist, der Kaskaden vorführt; Double für waghalsige Szenen.
Kasko [span. casco ›Schädel‹, ›Rumpf‹] *der, -s/-s,* **1)** Schiffsrumpf; Beförderungsmittel. **2)** Spielart im Lomber. **Kaskoversicherung** *die,* Versicherung gegen Schäden am Beförderungsmittel.
Kaspar [pers. ›Schatzmeister‹], männl. Vorname. **Kasper** *der, -s/-,* **1)** Kasperle. **2)** U alberner Mensch. **Kasperl** *der, -s/-(n),* **Kasperle** *das* oder *der, -s/-,* lustige Gestalt im Puppenspiel. **Kasperletheater, Kasper(l)theater** *das,* Handpuppenbühne, Abb. R 31. **kaspern,** *ich* kasp(e)re (habe gekaspert), U benehme mich albern.
kaspern [vgl. Kassiber], *ich* kasp(e)re (habe gekaspert), G bespreche mich heimlich (im Gefängnis).
Kassa [ital. cassa, zu Kapsel] *die, -/K'assen, ⚭ noch österr.:* Kasse. **Kassageschäft** *das,* Börse: Geschäftsabschluß, bei dem Lieferung und Zahlung sofort oder kurzfristig erfolgen.
Kassandraruf [nach der trojan. Seherin Kassandra] *der,* U unheilverkündende unbeachtete Warnung.
Kassation [spätlat. cassare ›ungültig machen‹] *die, -/-en,* **1)** Kraftloserklärung einer Urkunde. **2)** ⚖ Urteilsaufhebung. **3)** ⚭ Dienstentlassung als Strafe. **kassatorisch.**
Kasse [mhd. casse, ital. cassa, zu Kapsel] *die, -/-n,* **1)** Geldkasten, Abb. K 12: *ich muß noch K. machen,* U abrechnen. **2)** Zahlraum, Zahlschalter: *Abendkasse; Theaterkasse; Kassenraum; Kassenzettel,* Quittung. **3)** ⛀ Bargeld: *gegen K.; er ist gut, schlecht, knapp bei K.,* U hat viel, wenig Geld. **4)** kurz für: Krankenkasse. **5)** kurz für: Sparkasse, Bank: *er hat keinen Pfennig auf der K.,* U.
Kasselaner *der, -s/-,* Kasseler, Kaßler, U auch Kasseleaner, Einwohner der Stadt Kassel. **Kasseler** *das, -s,* auch Kaßler, gepökeltes Schweinefleisch. **Kasseler Rippe(n)speer** *der* oder *das,* Rippe(n)speer.
Kassenarzt, *der,* für Mitglieder der sozialen Krankenversicherung zugelassener Arzt. **Kassenpatient** *der,* U der sozialen Krankenversicherung angehörender Patient. **Kassenscheck** *der,* Barscheck. **Kassenschlager** *der,* Ü ein Verkaufsartikel, der überdurchschnittlichen Umsatz bringt, z. B. ein Film, der viel Geld einspielt. **Kassensturz** *der,* Feststellung des Kassenbestandes: *ich mache K.*
Kasserolle [frz. casserole, zu casse ›Pfanne‹, verwandt mit dt. Kessel] *die, -/-n,* Brat- oder Schmorgefäß, Abb. T 14.
Kassette [frz. cassette, zu lat. caspa ›Kästchen‹] *die, -/-n,* **1)** Kästchen, Abb. K 12: *Schmuckkassette.* **2)** feste Schutzhülle um mehrere zusammengehörige Bücher oder Schallplatten: *vier Bände Heine in K.; Plattenkassetten.* **3)** ⬜ kastenförmig vertieftes Feld in einer Decke: *Kassettendecke,* Abb. D 4. **4)** Photographie: Plattenbehälter, Abb. P 12. **5)** Kapsel für Tonband, Film: *Kassettenfernsehen; Kassettenfilm; Tonbandkassetten.* **Kassettenrecorder** *der,* Tonbandgerät mit einschiebbarer Tonbandkassette, Abb. R 30, T 13.
Kassiber [jidd. kessowim ›Brief‹, hebr. kethab ›Schrift‹] *der, -s/-,* heiml. Briefbotschaft in und aus Gefängnissen.

Kasside [arab. kassida ›Lobgedicht‹] *die, -/-n,* oriental. Gedichtform.
Kassie [-iə, grch. kassia] *die, -/. . .si|en,* trop. Heilpflanze.
Kassier *der, -s/-e, südd.:* Kassierer. **kassieren** [zu Kasse], *ich* kassiere (habe kassiert) *es,* nehme (Geld) ein, nehme ab: *er kassiert die Beiträge; der Whisky wurde an der Grenze kassiert,* U beschlagnahmt; *er wurde sofort nach dem Einbruch kassiert,* U verhaftet.
kassieren [zu Kassation], *ich* kassiere (habe kassiert), **1)** *es,* erkläre für ungültig. **2)** *ihn,* ⚭ entlasse aus dem Dienst.
Kassierer [zu Kasse] *der, -s/-,* **Kassiererin** *die, -/-nen,* jemand, der die Kasse verwaltet.
Kassiopeja [grch.] *die, -,* ⚹ ein Sternbild.
Kaßler *der, -s/-,* **1)** Kasselaner. **2)** Kasseler.
Kassube *der, -n/-n,* Kaschube.
Kastagnette [kastan'ɛtə, span. castañeta, Diminutiv von castaña ›Kastanie‹] *die, -/-n,* Handklapper, ein Rhythmusinstrument. **Kastanie** [-iə, mhd. kestene, kastane, zu grch. castania] *die, -/. . .ni|en,* **1)** Roßkastanie: *ich soll für die anderen die Kastanien aus dem Feuer holen,* Ü für andere etwas Unangenehmes oder Gefährliches tun. **2)** Hornschwiele am Pferdebein, Abb. P 9. **kastani|enbraun,** braun mit rötlichem Schimmer.
Kästchen *das, -s/-,* Diminutiv zu Kasten.
Kaste [frz. caste, portug. casta, zu lat. castus ›sittenrein‹] *die, -/-n,* **1)** Gesellschaftsgruppe, Stand, bes. in Indien: *Bauernkaste.* **2)** Ü eng abgeschlossene Gesellschaftsschicht.
kasteien [ahd. chestigon, zu lat. castigare ›züchtigen‹], *ich* kasteie (habe kasteit) *mich,* lege mir Entbehrungen, Bußübungen auf. **Kasteiung** *die, -/-en.*
Kastell [ahd. kastel ›Stadt‹, ›Ortschaft‹, zu lat. castellum ›kleines Lager‹] *das, -s/-e,* **1)** römische und mittelalterl. kleine Befestigungsanlage; später: Burg. **2)** ⚭ ⚓ Schiffsaufbau. **Kastellan** *der, -s/-e,* Hausmeister, Aufseher (in Schlössern, öffentl. Gebäuden). **Kastellanei** *die, -/-en,* Schloßverwaltung.
kästeln [zu Kasten], *ich* käst(e)le (habe gekästelt) *es,* **1)** teile in Kästchen ein: *gekästelt,* kariert. **2)** umrande. **Kasten** [ahd. chasto], **1)** rechtwinkliger Behälter, Kiste, Truhe: *Briefkasten,* Abb. B 49; *Kastenbrot,* Abb. B 50; *Schubkasten; Sandkasten; er hat nichts auf dem K.,* U ist dumm. **2)** ein Turngerät, Abb. T 22. **3)** Bestandteil des Wagens, Abb. W 2. **4)** U schlechtes, altes Haus, altes Schiff, schlechter Wagen: *die Kaserne ist ein häßlicher K.* **5)** oberdt.: Schrank. **6)** ⚭ Kasse: *gemeiner K.,* Gemeindekasse.
Kastengeist [zu Kaste] *der, -(e)s,* engstirnige, dünkelhafte Abschließung gegen andere Gesellschaftsschichten.
Kästlein *das, -s/-,* Diminutiv zu Kasten. **Kastner, Kästner** [mhd. kastenære] *der, -s/-,* ⚭ Kassenverwalter.
Kastor [grch. kastor ›Biber‹], einer der Dioskuren. **Kastorhut** *der,* Zylinderhut aus Biberhaar, Abb. M 16.
Kastrat [lat. castratus, zu castrare ›entmannen‹] *der, -en/-en,* jemand, der kastriert worden ist; Verschnittener, Eunuch. **Kastration** *die, -/-en,* Ausschaltung der Keimdrüsen, z. B. durch operative Entfernung; Entmannung; Verschneidung (Vieh). **kastrieren,** *ich* kastriere (habe kastriert) *ihn, Tiere.*
Kasuali|en [lat. casus ›Fall‹], *Pl.,* **1)** Zufälligkeiten. **2)** geistl.

Amtshandlungen aus besonderem Anlaß wie Taufe, Trauung; auch Vergütung dafür.

Kasuar [malaiisch] *der, -s/-e,* flugunfähiger straußähnlicher Vogel.

Kasuist [lat. casus ›Fall‹] *der, -en/-en,* 1) Vertreter der Kasuistik. 2) Ü spitzfindiger Mensch, Haarspalter. **Kasuistik** *die, -,* Lehre von den Einzelfällen in Recht und Moraltheologie, bes. bei einem Widerstreit der Pflichten. **kasuistisch,** 1) die Kasuistik betreffend. 2) Ü spitzfindig, haarspalterisch. **Kasus** *der, -/-,* 1) Ⓢ Fall der Deklination, ÜBERS. S 77. 2) Fall, Vorkommnis; vgl. Casus belli.

Kata|chrese, Kata|chresis [-ç-, grch. katachresis ›mißbräuchliche Anwendung‹ *die, -/...sen,* unrichtiger Gebrauch bildl. Wendungen, z. B.: der Zahn der Zeit trocknet alle Tränen. **kata|chrestisch.**

Kata|einheit *die,* raumklimat. Einheit der Abkühlung.

Kata|falk [ital. catafalco, vulgärlat. cata falcium ›Schaugerüst‹] *der, -s/-e,* Gerüst für den Sarg bei Trauerfeierlichkeiten.

Katakaustik [grch. katakaiein ›verbrennen‹ *die, -,* Optik: Kaustik an spiegelnden Flächen. **katakaustisch.**

Kata|klase [grch. kataklein ›zerbrechen‹] *die, -/-n,* ⊕ mechanische tekton. Gesteinszertrümmerung.

Katakombe [aus spätlat. catacumbae, Pl.] *die, -/-n,* meist *Pl.,* unterird. Grabanlage der ersten Christen.

Katalane *der, -n/-n,* Bewohner von Katalonien im nordöstl. Spanien. **katalanisch.**

Katalase [grch. katalysis ›Auflösung‹] *die, -/-n,* ein eisenhaltiges Enzym.

Katalekten [grch. katalegein ›aufhören‹], *Pl.,* Bruchstücke, Fragmente (alter Schriften). **katalektisch,** Metrik: unvollständig, verkürzt: *katalektischer Vers.*

Katalepsie [grch. katalepsis ›das Fassen‹, ›Ergreifen‹] *die, -/...s'i|en,* ⚕ eine Muskelstarre. **kataleptisch.**

Katalog [grch. katalogos] *der, -(e)s/-e,* 1) Verzeichnis, Liste (von Waren, Büchern, Kunstwerken): *Ausstellungskatalog; Katalogpreis.* 2) zusammenfassende Aufzählung: *wirtschaftlicher Maßnahmenkatalog; ein K. von Fragen, Forderungen.* **katalogisieren,** *ich katalogisiere (habe katalogisiert) es,* lege ein Verzeichnis davon an. **Katalogisierung** *die, -/-en.*

Katalysator [zu grch. katalysis ›Auflösung‹] *der, -s/...t'oren,* ⟲ eine Katalyse bewirkender Stoff. **Katalyse** *die, -/-n,* Beschleunigung oder Lenkung einer chem. Reaktion durch bestimmte Stoffe, die dabei selbst keine Änderung erfahren. **katalysieren,** *ich katalysiere (habe katalysiert) es.* **katalytisch.**

Katamaran [aus ind. cattu und maran ›zwei Balken‹] *der,* auch *das, -s/-e,* Segeln: Doppelrumpfboot.

Kata|mnese [grch. kata ›über . . . hin‹ und vgl. Anamnese] *die, -/-n,* ⚕ umfassender Bericht des Arztes über den Verlauf einer Krankheit nach deren Beendigung.

Kata|plasma [grch. kataplasma ›Aufgestrichenes‹] *das,* ⚕ heißer Breiumschlag (zur Schmerzlinderung).

kata|plektisch. Kata|plexie [grch. kataplessein ›niederstrecken‹, *die, -/...x'i|en,* ⚕ Schrecklähmung, plötzl. Muskelstarre bei starker Erregung.

Katapult [lat. catapulta, zu grch. katapeltes] *der* oder *das, -(e)s/-e,* ABB. K 13,1) ein Wurfmaschine bei Belagerungen. 2) Schleuder. 3) Startvorrichtung für Flugzeuge: *Katapultstart.* **katapultieren,** *ich katapultiere (habe katapultiert) es.* **Katapultsitz** *der, -es/-e.*

Katarakt [grch. katarrhaktes ›Wasserfall‹], 1) *der, -(e)s/-e,* Stromschnelle; Wasserfall. 2) *die, -/-e,* ⚕ grauer Star. **Katarakta** *die, -/...ten,* die letzte Form.

Katarrh [grch. katarrhein ›herabfließen‹] *der, -s/-e,* ⚕ Entzündung der Schleimhäute. **katar|rhalisch.**

Kataster [mlat. catastrum, capitastrum ›Kopfliste‹] *der* oder *das, -s/-,* amtl. Verzeichnis der Grundstücke (für Grundsteuer): *Katasteramt.*

kata|strophal, vernichtend, furchtbar, schreckensvoll: *die Folgen waren k.; eine katastrophale Verschlimmerung der Lage.* **Kata|strophe** [grch. katastrophe ›Umwendung‹] *die, -/-n,* schweres Unglück, Zusammenbruch: *Naturkatastrophen; Zivilisationskatastrophe; Katastrophenalarm; Katastropheneinsatz; Katastrophenschutz; die Bevölkerung wurde aus dem Katastrophengebiet evakuiert; eine K. konnte verhindert werden; die K. brach über sie herein; der Bankrott war für ihn eine K.*

Katatonie [grch. katatonos ›heruntergespannt‹] *die, -/...n'i|en,* ⚕ eine Form der Schizophrenie. **Katazone** *die,* Wirkungsbereich der Metamorphose.

Käte [altnord. kot ›Hütte‹] *die, -/-n,* norddt.: Hütte, kleines Haus eines Kleinbauern oder Tagelöhners.

Käte, Nebenform von Käthe.

Katechese [grch. katechein ›mündlich unterrichten‹] *die, -/-n,* religiöse Unterweisung. **Katechet** *der, -en/-en,* **Katechetin** *die, -/-nen,* Religionslehrer(in). **katechetisch. katechisieren,** *ich* katechisiere (habe katechisiert) *ihn,* erteile ihm religiösen Unterricht. **Katechismus** [vgl. . . .ismus] *der, -/. . .men,* kurzes Lehrbuch, Leitfaden in Frage und Antwort, bes. der christl. Religion. **Katechumene** [-ç-, grch. katechumenos] *der, -n/-n,* 1) erwachsener Taufbewerber. 2) Teilnehmer am Konfirmandenunterricht.

kategorial. Kategorie [grch. kategoria, zu kategorein ›anklagen‹, ›aussagen‹] *die, -/. . .r'i|en,* Grundbegriff; Begriffsklasse, allgemeinste Begriffsart. **kategorisch,** behauptend, nicht bedingt, bestimmt: *das lehne ich k. ab,* ohne Vorbehalt; *der kategorische Imperativ,* Philosophie: Sittengesetz vom unbedingten Pflichtgebot. **kategorisieren,** *ich* kategorisiere (habe kategorisiert) *es,* ordne nach Kategorien.

Kater [ahd. kataro] *der, -s/-,* männl. Katze.

Kater [wohl volksetymologisch zu Katarrh] *der, -s,* Ü starkes Unwohlsein nach übermäßigem Alkoholgenuß: *Katerfrühstück.* **Kateridee** *die,* Ü verrückter Einfall.

kat|exochen [-x'e:n, grch. kat exochen, zu exoche ›Vorzug‹], *nicht flektierbar:* schlechthin, im wahrsten Sinne.

Katgut [engl. catgut ›Darmsaite‹] *das, -s,* auch Catgut, ⚕ Faden aus tierischem Darm für Wundnähte.

kath., Abk. für: katholisch.

Katharina [grch. Aikaterine, wohl zu katharos ›rein‹], weibl. Vorname.

Katharsis [grch. katharsis ›Reinigung‹] *die, -,* seel. Läuterung. **kathartisch,** *die katharische Wirkung einer Tragödie.*

Kät(h)e [vgl. Katharina], weibl. Vorname.

Katheder [grch. kathedra ›Sessel‹] *das,* auch *der, -s/-,* Lehrstuhl; Lehrpult, ABB. P 25. **Kathederblüte** *die,* U unfreiwillig komischer Ausspruch eines Lehrenden. **Katheder-weisheit** *die,* U theoret. Aussage ohne prakt. Wert.

Kathe|drale [mlat. ecclesia cathedralis ›zum Bischofssitz gehörende Kirche‹, vgl. Katheder] *die, -/-n,* Bischofskirche, ABB. K 20.

Kathete [grch. kathetos, zu kathienai ›hinablassen‹] *die, -/-n,* △ eine dem rechten Winkel des rechtwinkligen Dreiecks anliegende Seite, ABB. D 14. **Katheter** [grch. katheter] *der, -s/-,* ⚕ Röhre zum Einführen in Körperhöhlen, besonders zur Entleerung der Harnblase. **katheterisieren,** *ich* katheterisiere (habe katheterisiert) *es* ⚕ ein Organ.

Kathode [grch. kata ›abwärts‹, ›gegen‹ und hodos ›Weg‹] *die, -/-n,* Katode, ⚡ negative Elektrode. **Kathodenstrahlen,** *Pl.,* aus der Kathode einer Entladungsröhre austretende Elektronenstrahlen. **Kathodenstrahlröhre** *die,* ⚡ eine mit Kathodenstrahlen (Elektronenstrahlen) arbeitende Elektronenröhre.

Katholik [grch. katholikos ›das Ganze betreffend‹] *der, -en/-en,* Angehöriger der (römisch-)katholischen Kirche. **katholisch,** Abk.: kath. **katholisieren,** *ich* katholisiere (habe katholisiert) *ihn,* möchte ihn zum kath. Glauben. **Katholizismus** *der, -,* Geist und Lehre der unter dem Papst stehenden christl. Kirche. **Katholizität** *die, -,* 1) Rechtgläubigkeit im Sinn der kath. Kirche. 2) eine breite Streuung besitzend: *die K. seiner Kenntnisse, seiner Ansprüche.*

Kathrin [kurz zu Katharina], weibl. Vorname.

Kat|ion [grch. kata ›abwärts‹, ›gegen‹ und Ion] *das, -s/. . .i'onen,* elektrisch positiv geladenes Ion.

Katja [russ. Koseform von Jekaterina, vgl. Katharina], weibl. Vorname.

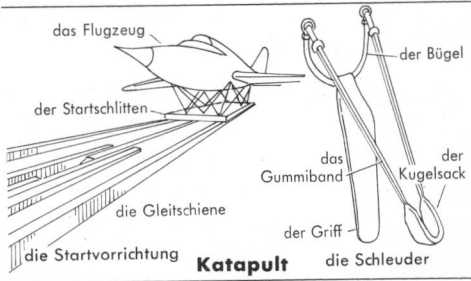

K 13

das Flugzeug — der Bügel — der Startschlitten — das Gummiband — der Kugelsack — die Gleitschiene — der Griff — die Startvorrichtung — **Katapult** — die Schleuder

Kätner [zu Kate] der, -s/-, norddt.: Kleinbauer, Häusler.
Katode die, -/-n, Kathode.
katonisch [nach Cato d. Ä., 234–149 v. Chr.], katonische Strenge, unnachgiebig strafende Härte.
Kat|optrik [grch. katoptron ›Spiegel‹] die, -, Lehre von der Spiegelreflexion.
kätschen [lautmalend], ich kätsche (habe gekätscht), ostmitteldt., schweiz.: kaue mit schmatzendem Geräusch.
Katt die, -/-en, niederdt.: Katze. **Katt|anker** der, Hilfsanker.
Kattblock der, ✠ Block zum Hochhalten des Ankers.
Katt|eiker der, -s/-, niederdt.: Eichhörnchen. **katten**, ich katte (habe gekattet) den Anker, ✠ winde ganz auf.
Kattun [arab. qutun ›Baumwolle‹] der, -s/-e, dünnes Baumwollgewebe in Leinenbindung. **kattunen**.
katzbalgen, ich katzbalge (habe gekatzbalgt) mich, balge mich, necke. **Katzbalgerei** die, -/-en. **katzbuckeln**, ich katzbuck(e)le (habe gekatzbuckelt), bin unterwürfig und schmeichlerisch. **Kätzchen** das, -s/-, 1) kleine Katze. 2) Ü schmeichlerisches Mädchen. 3) ⊕ eine Form des Blütenstandes, ABB. B 38. **Katze** [ahd. kazza] die, -/-n, 1) ein Landraubtier wie Löwe, Tiger; auch ein Haustier: Hauskatze; die K. läßt das Mausen nicht, Ü eine angeborene Eigenschaft verliert sich nicht; falsch wie eine K., Ü; du kannst doch nicht die K. im Sack kaufen, Ü etwas unbesehen erwerben; sie vertragen sich wie Hund und K., Ü schlecht; für die Katz, Ü zwecklos; man will mit ihm Katz und Maus spielen, Ü ihn hinhalten; er hat endlich die K. aus dem Sack gelassen, Ü seine geheimen Absichten verraten. 2) ⚙ Geldbeutel: Geldkatze. 3) Laufkatze, ABB. L 4. 4) alem.: Ramme. 5) ⚙ eine Lederpeitsche: die neunschwänzige K. **Katzelmacher** der, verächtlich: Italiener. **Katzenauge** das, 1) ein Mineralaggregat. 2) Rückstrahler. **Katzenbuckel** der, gekrümmter Rücken, ABB. L 6. **katzenfreundlich**, Ü heuchlerisch freundlich. **Katzengold** das, goldgelb glänzender Glimmer. **Katzenhai** der, kleiner Haifisch. **Katzenjammer** der, Ü Zustand nach einem Rausch; Ernüchterung nach überschwenglicher Freude. **Katzenkopf** der, Ü 1) Schlag mit der flachen Hand auf den Hinterkopf. 2) rundlicher Pflasterstein, Stein im Kopfsteinpflaster. 3) ✠ Block zum Halten des Ankers. 4) eine Birnensorte. **Katzenkraut** das, ⊕ Baldrian, Hauhechel u. a. **Katzenmusik** die, Ü mißtönende Musik. **Katzenpfötchen** das, Name verschiedener Pflanzen. **Katzenpfote** die, ✠ leichte Kräuselung auf glatter See bei aufspringender Brise. **Katzensilber** das, silberweiß glänzender Glimmer. **Katzensprung** der, Ü kleine Entfernung, kurzer Weg: es ist nur ein K. bis zu ihm. **Katzentisch** der, Ü besonderer Eßtisch für Kinder. **Katzenwäsche** die, Ü oberflächliche Körperwäsche: das Kind macht K. **Katzenzunge** die, längl. Schokoladenstückchen. **Kätzlein** das, -s/-, kleine Katze.

Kauder [tschech. koudel] der, -s, Kuder, oberdt.: Werg.
Käuder der, -s/-, schweiz., österr.: Kuder.
Kauderer der, -s/-, ⚙ Flachshändler; Hausierer. **kaudern**, ich kaud(e)re (habe gekaudert), ⚙ 1) Ü schwatze. 2) noch schweiz.: murre. 3) noch oberdt.: treibe (mit Wucher) Zwischenhandel. 4) der Truthahn kaudert, kollert. **kauderwelsch** [vgl. Kauder, ›Sprache der Kauderer‹] das, -(s), dem -, schwerverständl. Gerede, unverständliche Sprache: du redest K. **kauderwelschen**, ich kauderwelsche (habe gekauderwelscht).
Kaue [mhd. kouwe, zu lat. cavea ›Gehege‹] die, -/-n, ⚒ Gebäude über einer Schachtmündung; Wasch- und Umkleideraum der Bergleute: Waschkaue.
kauen [ahd. kiuwan], ich kaue (habe gekaut) es, zerkleinere mit den Zähnen; nage daran: feste Speisen muß man gut kauen; er kaut Nägel, er kaut an den Nägeln.
kauern [mnd. kuren ›lauern‹], ich kau(e)re (habe gekauert), 1) sitze zusammengekrümmt. 2) mich, nehme eine kauernde Stellung ein.
Kauf [ahd. kouf] der, -(e)s/-ᵉe, Erwerb einer Sache gegen Zahlung von Geld: Kaufanreiz; Kaufladen; Kaufpreis; Kaufvertrag; Ratenkauf; Gelegenheitskauf; er hat einen guten, schlechten K. gemacht; da bist du guten, leichten Kaufs davongekommen, Ü ohne größeren Schaden; das muß ich in K. nehmen, Ü als unvermeidlich hinnehmen. **kaufen** [ahd. koufen], ich kaufe (habe gekauft), 1) s, erwerbe durch Kauf: ich k. es auf Raten; dafür kannst du dir nichts kaufen, Ü das nützt dir nichts. 2) ihn, ihn bestechen. 3) den Kerl will ich mir kaufen!, Ü zur Rede stellen. **Käufer** der, -s/-, jemand, der Waren sucht und kauft: welche Käuferschicht soll durch diese Werbung angesprochen werden?; wir suchen einen

K. für unser Haus. **Kauffahrer** der, ⚓ Handelsschiff. **Kauffahrtei** die, -, ⚓ Seehandel: Kauffahrteischiff. **Kaufhaus** das, 1) Handelshaus, geschäftl. Großunternehmen des Einzelhandels. 2) Warenhaus. **Kaufkraft** die, -: die K. des Geldes, Geldwert, gemessen an der Warenmenge, die man dafür bekommt. **kaufkräftig**, zahlungsfähig, wohlhabend. **käuflich**, 1) für Geld, Geldeswert, durch Kauf zu erwerben. 2) Ü bestechlich. **Käuflichkeit** die, -, Ü Bestechlichkeit. **Kauflust** die, -, Neigung, etwas zu kaufen: man muß die K. anreizen. **kauflustig**. **Kaufmann** der, -s/... leute, 1) mit Warenvertrieb Beschäftigter, Handeltreibender. 2) ⚙ jemand, der ein Handelsgewerbe selbständig betreibt. 3) bes. ostmitteldt.: Kolonialwarenhändler. **kaufmännisch**, 1) dem Handel oder Kaufmannsstand angehörig: kaufmännische Lehre. 2) geschäftstüchtig: kaufmännisches Denken. **Kaufmannschaft** die, -, Gesamtheit der Kaufleute. **Kaufmannsdeutsch** das, -(s), dem -, trockener kaufmännischer Stil. **Kaufzwang** der, -(e)s, Verpflichtung zum Kauf bei Besichtigung: es besteht kein K.
Kaugummi der, knetbare Masse mit Geschmackszusätzen zum Kauen.
Kaulbarsch [mhd. kule, Nebenform von kugele, kugel ›Kugel‹; wegen des großen Kopfs] der, ein Nutzfisch. **Käulchen** das, -s/-, ostmitteldt.: Keulchen. **Kaule** die, -/-n, mitteldt.: kleine Kugel.
Kaule [mhd. kule ›Grube‹] die, -/-n, ostniederdt.: Kuhle, großes Loch.
Kaulkopf [zu Kaule ›Kugel‹] der, Süßwasserfisch. **Kaulquappe** die, Larve der Froschlurche.
kaum [ahd. kumo], 1) nur mit Mühe, fast nicht, nur wenig: ich kann es k. glauben, erwarten; er rührte sich k.; er ist k. größer als ich. 2) schwerlich, wahrscheinlich nicht: kommt ihr?, wohl k. 3) zeitlich: eben, gerade; k. saßen wir, (da) begann die Musik. 4) zeitlich: etwas weniger als: es dauerte k. fünf Minuten.
Kaup [wohl zu kaufen] der, -(e)s, ostmitteldt.: Tauschhandel. **kaupeln**, ich kaup(e)le (habe gekaupelt).
Kauri [hindustan.] der, -s/-s oder die, -/-s, **Kaurischnecke** die, Schnecke der Indischen Ozeans.
kausal [lat. causalis, zu causa ›Ursache‹], ursächlich, zusammenhängend; begründend. **Kausalgesetz** das, der Grundsatz, daß jeder Sachverhalt, jedes Ding seine Ursache haben muß. **Kausalis** die, -, ⚙ Kasus, der den Grund einer Handlung angibt oder der ausdrückt, für wen sie geschieht. **Kausalität** die, -, der Zusammenhang von Ursache und Wirkung. **Kausalnexus** der, Verknüpfung von Ursache und Wirkung. **Kausalprinzip** das, Kausalgesetz. **Kausalsatz** der, ⚙ Umstandssatz des Grundes, ÜBERS. S 79. **Kausalzusammenhang** der, Kausalnexus. **Kausativ** das, -s/-ᵉe und, **Kausativum** das, -s/... va, ⚙ bewirkendes Verb, ÜBERS. V 2, A.
Kausche die, -/-s, ⚙ Kause, zu frz. cosse] die, -/-n, ⚙ metallene Öse im Ende eines Taues oder Drahtseils, ABB. K 31.
Kaustik [grch. kausis ›Brand‹, zu kauein ›brennen‹] die, -, 1) ⚕ Kauterisation. 2) Optik: Brennfläche. **kaustisch**, 1) ⚙ Kaustik bezüglich. 2) ätzend; Ü beißend-spöttisch. **Kaustobiolith** [vgl. bio. ... und ... lith] der, -s/-e, meist Pl., fester, aus Organismen gebildeter Brennstoff (Kohle, Torf).
Kautabak der, nur zum Kauen bestimmtes, stark sauciertes Tabakerzeugnis.
Kautel [lat. cautus ›vorsichtig‹] die, -/-en, 1) ♊ Vorbehalt, Sicherheitsklausel. 2) nur Pl., ⚕ Vorsichtsmaßregeln.
Kauterisation [vgl. Kaustik] die, -/-en, ⚕ Zerstörung von Gewebe durch Brenn- oder Ätzmittel. **kauterisieren**, ich kauterisiere (habe kauterisiert).
Kaution [lat. cautio, Gen. cautionis ›Vorsicht‹] die, -/-en, ♊ Sicherheitsleistung: gegen Hinterlegung einer K. wurde der Untersuchungsgefangene auf freien Fuß gesetzt.
Kautsch die, -/-s oder -en, eingedeutscht für: Couch.
Kautschuk [Tupí cahuchu ›trändener Baum‹] der, -s, eingedickter Milchsaft einiger trop. Gewächse, Rohstoff für Gummi. **Kautschukparagraph** der, Ü eine sehr abstrakt formulierte Rechtsbestimmung, die dem Auslegenden großen Spielraum läßt. **kautschutieren**, ich kautschutiere (habe kautschutiert), 1) überziehe mit Kautschuk. 2) stelle aus Kautschuk her.
Kauz [mhd. kuz] der, -es/-ᵉe, 1) kleinere Eule: Waldkauz; Steinkauz. 2) Ü wunderlicher Mensch, Sonderling. 3) in Haarknoten. **Käuzchen** das, -s/-. **kauzig**, schrullig, sonderlich (Mensch, Benehmen).
Kaval [ital. cavallo ›Roß‹] der, -s/-s, Reiter, eine Spielkarte beim Tarock.
Kavalier [frz. cavalier, zu lat. caballus ›Pferd‹] der, -s/-e, 1)

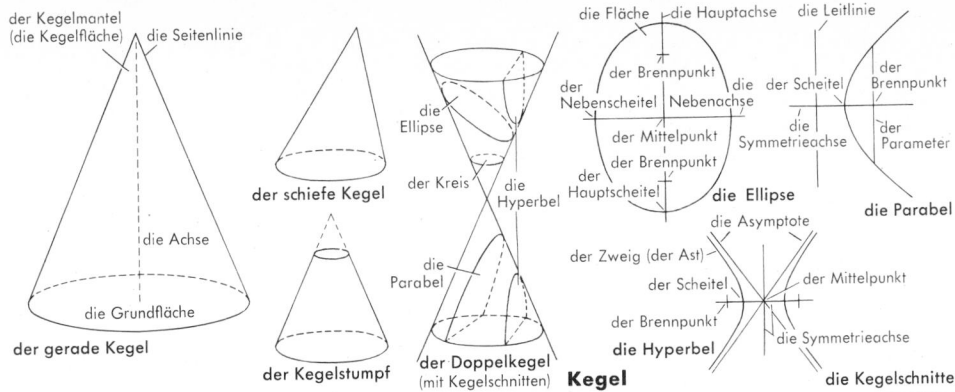

der Kegelmantel (die Kegelfläche) · die Seitenlinie · der schiefe Kegel · der Kreis · die Ellipse · die Achse · die Grundfläche · der gerade Kegel · der Kegelstumpf · der Doppelkegel (mit Kegelschnitten) · die Parabel · die Hyperbel · der Hauptscheitel · die Fläche · die Hauptachse · die Leitlinie · der Brennpunkt · der Nebenscheitel · Nebenachse · die Symmetrieachse · der Scheitel · der Brennpunkt · der Mittelpunkt · der Brennpunkt · die Ellipse · der Parameter · die Parabel · die Asymptote · der Zweig (der Ast) · der Scheitel · der Mittelpunkt · der Brennpunkt · die Hyperbel · die Symmetrieachse · **Kegel** · die Kegelschnitte

ritterlicher Mann, Begleiter einer Dame: *ein K. alter Schule.* **2)** ♂ Hofmann, Adliger. **Kavaliersdelikt** *das,* ein strafrechtl. Tatbestand, der innerhalb bestimmter Gesellschaftsschichten oder Gruppen nicht als ehrenrührig angesehen wird. **Kavaliersstart** *der,* U schnelles Anfahren mit Auto, Motorrad; frühzeitiges, riskantes Abheben eines startenden Flugzeugs. **Kavalkade** *die, -/-n,* Reitertrupp, Reiterzug. **Kavallerie** *die, -/. . .r'i|en,* ⚔ berittene Truppe, Reiterei. **Kavallerist** *der, -en/-en,* Angehöriger der Kavallerie.

Kavatine [ital. cavare ›herausholen‹] *die, -/-n,* ♩ Einzelgesangsstück in der Oper; liedartiges Instrumentalstück.

Kaveling [niederl. ›Los‹, ›Anteil‹] *die, -/-en,* die für Käufer auf Auktionen verbindl. Mindestmenge einer Ware, z. B. ein Stück Wein, ein Ballen Wolle.

Kaventsmann [lat. cavere ›Beistand leisten‹, ›bürgen‹] *der,* **1)** U Mordskerl, Prachtkerl, jemand, der alles kann. **2)** ⚓ besonders hoher Wellenberg.

Kaverne [lat. caverna ›Höhle‹] *die, -/-n,* **1)** Höhle. **2)** ⚕ krankhafte Höhlung. **kavernös.**

Kaviar [türk. havyar, eigtl. ›Eiträger‹] *der, -s,* mit Salz konservierter Rogen des Störs.

Kaviller [wohl zu lat. caballus ›Pferd‹] *der, -s/-,* G Abdecker, Schinder.

Kavitation [lat. cavus ›hohl‹] *die, -/-en,* Hohlraumbildung in schnellströmenden Flüssigkeiten.

Kay [vgl. Kai], männl., auch weibl. Vorname.

Kazike [span. cacique ausch.indian.] *der, -n/-n,* Stammes- oder Dorfhäuptling süd- und mittelamerikan. Indianer.

kcal, Zeichen für: Kilokalorie.

Kčs [katʃɛ'es], Abk. für: tschechoslowakische Krone (Währungseinheit).

Kebab [türk. kebap] *der, -(s),* auch Kebob, am Spieß gebratene Hammelfleischstückchen.

kebbeln [zu keppeln], *ich kebb(e)le mich* (habe mich gekebbelt) mit mir, wien.: zanke, kabbele mich.

Kebob *der, -(s),* Kebab.

Kebse [ahd. kebisa ›Magd‹] *die, -/-n,* **Kebsweib** *das,* Nebenfrau.

keck [ahd. quek ›lebendig‹, ›munter‹], munter, vorwitzig, etwas dreist und ungestüm: *er fragte k. danach; eine kecke Bemerkung; ein kecker Bursche.*

keckern [Schallw.], *ein Tier keckert* (hat gekeckert), äußert seinen Zorn (Fuchs, Marder und Iltis).

Keckheit [zu keck] *die, -,* keckes Verhalten und Wesen.

Keder [mhd. querder ›Flickleder aus Leder, aus Tuch‹, ›Köder‹] *der, -s/-,* ein Leder- oder Kunststoffstreifen zur Randverstärkung von Schuhsohlen.

Keep [niederl.] *die, -/-en,* ⚓ Rille, Kerbe.

Keep-smiling [ki:p sm'ailiŋ, engl. to keep ›halten‹ und to smile ›lächeln‹] *das, -(s),* zur Schau getragener Optimismus.

Kees [ahd. ches ›Eis‹] *das, -es/-e,* bair.-österr.: Gletscher: *Keeswasser,* Gletscherbach.

Kefe [ze h, alem.: Zuckererbse.

Kefir [türk.] *der, -s,* ein Sauermilchgetränk.

Kegel [ahd. kegil] *der, -s/-,* **1)** Figur des Kegelspiels, ABB.

K 15: *Kegelbahn.* **2)** △ ein Körper, ABB. K 14, K 38: *Kegelmantel; Kegelschnitt; Kegelstumpf.* **3)** kegelförmiges Gebilde, z. B. Berg, ABB. B 20, Baum, ABB. B 15. **4)** ✑ Größe der Drucktype einer Letter, ABB. L 9. **5)** ♂ nichteheliches Kind: *mit Kind und K.,* U mit der ganzen Familie. **6)** *der Hase macht K.,* stellt sich aufrecht. **7)** *oberdt.:* Wirtshausschild. **8)** *oberdt.:* Gelenkknochen. **9)** *schweiz.:* Exkrement. **kegelförmig, keg(e)lig,** in der Form eines Kegels. **kegeln,** *ich keg(e)le,* **1)** (habe gekegelt), spiele, schiebe Kegel, ABB. K 15. **2)** (bin gekegelt), U falle um, überschlage mich. **Kegelrad** *das,* kegelförmiges Rad. **Kegelreis** *der, -, schweiz.:* alle neune (beim Kegeln). **Kegelscheiben** *das, -s, bair., österr.,* **Kegelschieben** *das, -s,* Kegelspiel. **Kegler** *der, -s/-,* Kegelspieler. **Keglete** *die, -/-n, schweiz.:* Kegelspiel.

Kehle [ahd. chela ›Rachen‹, ›Kehle‹] *die, -/-n,* **1)** vorderer Teil des Halses, ABB. M 12, P 9: *ihm reicht das Wasser bis an die K.,* U er ist in großer Bedrängnis; *man will ihm das Messer an die K. setzen,* U ihn durch Drohung zu etwas zwingen. **2)** Luft- oder Speiseröhre: *aus voller K.,* U mit lauter Stimme; *eine durstige K.,* U; *das ist ihr in die falsche K. geraten,* in die Luft- statt die Speiseröhre, Ü diese Worte hat sie übelgenommen. **3)** einspringende Rundung; röhrenförmige Vertiefung: *Hohlkehle,* ABB. H 20; *Kehlstein,* ABB. K 16. **kehlig,** in der Kehle gesprochen: *eine kehlige Stimme.* **Kehlkopf** *der,* ⚕ knorpeliges Organ der Stimmbildung: *Kehlkopfkatarrh; Kehlkopfspiegel.* **Kehllaut** *der,* Hintergaumenlaut, Velar. **Kehlung** *die, -/-en,* Hohlkehle. **Kehlverschlußlaut** *der,* Knacklaut.

Kehr [zu (aus)kehren] *der, -(e)s, schweiz.:* die tägliche Arbeit des Aufräumens der Hausfrau: *ich mache den K.*

Kehr [zu Kehre] *die, -/-en, oberdt.:* Kehre.

Kehraus *der, -,* Schlußtanz eines Festes.

Kehre [ahd. cher ›Wendung‹] *die, -/-n,* **1)** Windung, Wegbiegung. **2)** Turnen: Sprung oder Abschwung mit dem Rücken zum Gerät, ABB. L 7. **3)** auch Kehr, *oberdt.:* Gang, Runde beim Tanz, Spiel: *ich bin an der K., habe die K., bin an der Reihe.* **4)** *die erste K.,* niederdt.: das erstemal. **5)** *schweiz.:* Bummel, kleiner Spaziergang. **kehren** [ahd. keren], *ich kehre* (habe gekehrt), **1)** *es,* wende, richte: *sie kehrten ihre Augen zum Himmel; ich k. ihm den Rücken,* wende mich von ihm ab. **2)** *es,* ackere zum zweitenmal. **3)** *das Heu zum erstenmal.* **4)** *mich (nicht) an etwas,* U beachte es, kümmere mich (nicht) darum: *kehr dich nicht an dem Gerede!* **5)** (bin gekehrt), wende, drehe mich: *er ist in sich gekehrt,* versonnen mit sich selbst beschäftigt.

kehren [ahd. cheren ›kehren‹, ›richten‹, ›schieben‹], *ich kehre* (habe gekehrt) *es,* fege, reinige mit dem Besen: *Kehrbesen; die Treppe muß wöchentlich gekehrt werden; jeder kehre vor seiner Tür!,* Ü kümmere sich um seine eigenen Angelegenheiten. **Kehricht** *der, das, -(e)s,* zusammengefegter Abfall: *das geht dich einen feuchten K. an,* U das geht dich nichts.

Kehrplatz *der, schweiz.:* Stelle zum Wenden des Kraftfahrzeugs. **Kehrreim** *der,* Refrain, ÜBERS. M 14. **Kehrseite** *die,* **1)** Rückseite. **2)** Ü der unangenehme Teil einer Sache: *das ist die K. der Medaille,* U scherzhaft: der Nachteil bei dieser Sache.

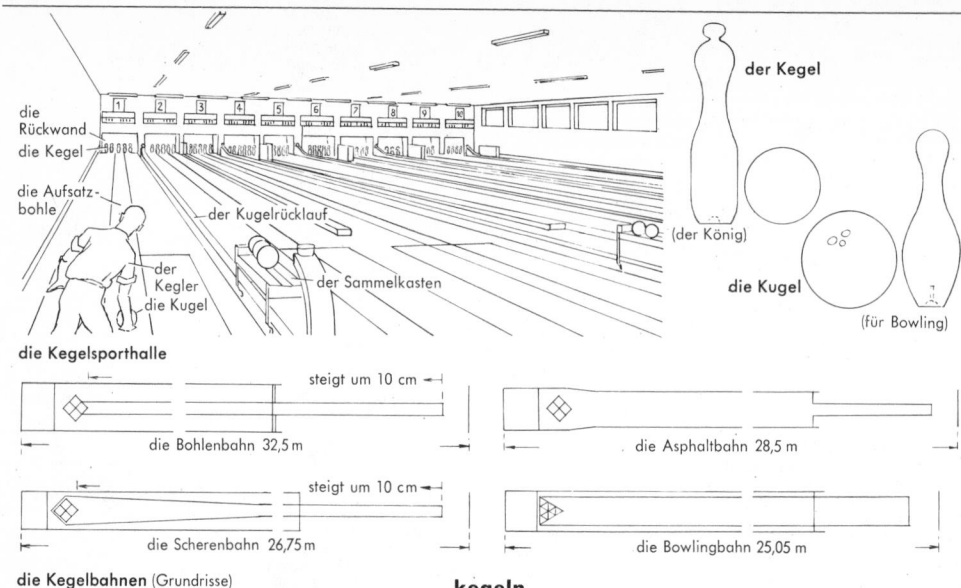

die Rückwand
die Kegel
die Aufsatzbohle
der Kugelrücklauf
der Kegler
die Kugel
der Sammelkasten

die Kegelsporthalle

der Kegel
(der König)
die Kugel
(für Bowling)

steigt um 10 cm

die Bohlenbahn 32,5 m

die Asphaltbahn 28,5 m

steigt um 10 cm

die Scherenbahn 26,75 m

die Bowlingbahn 25,05 m

die Kegelbahnen (Grundrisse)

kegeln

kehrtmachen, *ich mache kehrt (habe kehrtgemacht)*, mache eine halbe Wendung, kehre um. **Kehrtwendung** *die.* **Kehrwert** *der,* △ reziproker Wert.
Keib [mhd. keibe ›Leichnam‹, ›Viehseuche‹] *der, -en/-en,* schweiz.: Lump, Aas (grobes Scheltwort).
Keiche [mhd. kiche ›Ort, der einem den Atem hemmt‹: Gefängnis] *die, -/-n,* bair.: Loch, Kerker.
Keichel *das, -s/-,* Keuchel.
keien, *ich keie (habe gekeit),* alem.: 1) falle. 2) lärme.
keifen [mnd. kiven], *ich keife (habe gekeift),* schelte, schimpfe gehässig und schrill. **Keiferei** *die, -.*
Keil [ahd. kil] *der, -(e)s/-e,* 1) ein prismat. Körper zum Spalten oder als Hemmvorrichtung, Abb. K 16: *keilförmig; auf einen groben Klotz gehört ein grober K., Ü grober Widerstand verlangt derbe Mittel; die Mutter will einen K. zwischen das junge Paar treiben,* Ü sucht die Verbindung zu stören. 2) ⚙ Verbindungsteil zum Befestigen (Verkeilen) von Rädern, Riemenscheiben auf Wellen. 3) bei Kleidung: eingesetzter spitzwinkliger Stoffteil. **Keilbein** *das,* ⚕ ein Schädelknochen.
Keile *die, -,* Ü Prügel: *du wirst K. beziehen.* **keilen** [mhd. kilen ›in die Klemme bringen‹], *ich keile (habe gekeilt), es,* spalte mit einem Keil. 2) *ihn,* Ü werbe für seinen Beitritt. 3) *mich mit ihm,* Ü prügele. **Keiler** *der, -s/-,* ausgewachsener Wildeber,

Abb. S 43. **Keilerei** *die, -/-en,* U Schlägerei, Raufhandel. **Keilhose** *die,* Abb. K 25. **Keilkissen** *das,* Abb. B 27. **Keilrahmen** *der,* durch Keile verstellbarer Rahmen, Abb. R 3. **Keilriemen** *der,* Riemen mit trapezförmigem Querschnitt, Abb. M 20. **Keilschrift** *die,* Schriftart im antiken Vorderasien, Abb. S 38.
Keim [ahd. chimo] *der, -(e)s/-e,* 1) einfaches Ausgangsgebilde eines Lebewesens: *Keimdrüsen; Keimschädigung; Pflanzenkeim.* 2) Ü erstes Anzeichen, Ausgangspunkt, Ursprung: *K. der Hoffnung, des Todes; der Aufstand wurde bereits im Keim(e) erstickt,* Ü im Entstehen unterdrückt. 3) Krankheitserreger: *resistente Keime; keimtötend; Keimträger.* **Keimblatt** *das,* 1) ⚘ erstes Blattgebilde. 2) ⚕ die Entwicklung bestimmende Zellgewebelagen beim Embryo. **keimen,** *es keimt (hat gekeimt),* beginnt zu wachsen: *keimendes Leben.* **keimfrei,** ohne Krankheitserreger, steril, aseptisch. **Keimling** *der, -s/-e,* Embryo, bes. der Pflanze. **Keimplasma** *das,* Zytoplasma der Keimzellen. **Keimung** *die, -.* **Keimzelle** *die,* 1) Biologie: Geschlechtszelle (Ei- oder Samenzelle). 2) Ü Ursprung.
kein [mhd. kein, zusammengezogen aus dehein ›irgendeiner‹ und nehein ›nicht einer‹, *flektiert wie:* ein, Übers. G 10, 1) nicht ein, alles ausschließend: *auf keinen Fall!; dazu habe ich keine Lust; er hatte keine Ahnung; sie trinkt keinen Alkohol; ich habe*

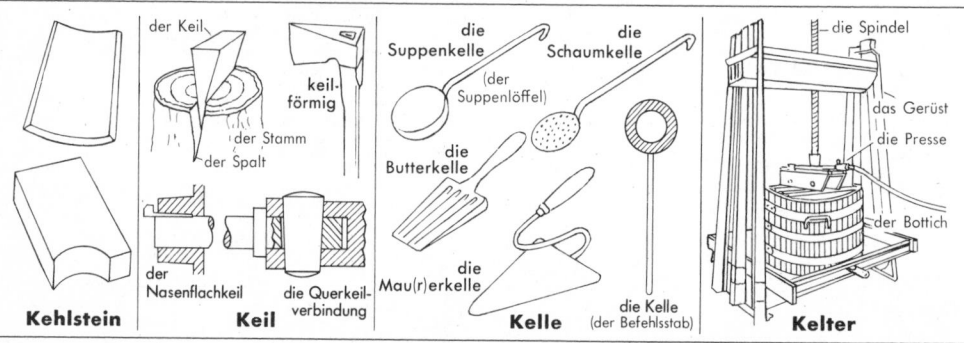

der Keil
keilförmig
der Stamm
der Spalt
der Nasenflachkeil
die Querkeilverbindung
Kehlstein
Keil

die Suppenkelle
die Schaumkelle
(der Suppenlöffel)
die Butterkelle
die Mau(r)erkelle
die Kelle
(der Befehlsstab)
Kelle

die Spindel
das Gerüst
die Presse
der Bottich
Kelter

keine Zeit; sie ist in keiner guten Verfassung; keine Ursache!, bitte, gern geschehen; ich verstehe k. Wort, Ü gar nichts; es hat k. bißchen weh getan, überhaupt nicht; das weiß k. Mensch, Ü niemand. **2)** alleinstehend: keiner, keine, kein(e)s, niemand: keiner kümmert sich um uns; es war keiner zu Hause, Ü. **keinerlei,** nicht flektierbar, von keiner Art, nicht das geringste: k. Gewaltanwendung; das hat k. Bedeutung. **keinerseits,** von keiner Seite. **keinesfalls,** sicher nicht, auf keinen Fall: das darfst du k. vergessen. **keineswegs,** unmöglich, nicht. **keinmal,** nie: einmal ist k.

Keist der, -es, alem.: Keim; Same.

keit, niederdt.: flink, keck.

. . . keit [jüngere Nebenform von . . . heit], Ableitungssilbe für weibl. Substantive aus Adjektiven: die Bitterkeit; die Fruchtbarkeit; die Heiterkeit; die Lieblichkeit.

Keitel der, -s/-, ostniederdt.: Schleppnetz.

Keks [zu engl. cake ›Kuchen‹] der oder das, -es/-e oder -/-, kleines, trockenes Feingebäck, ABB. K 51: Butterkeks; Keksdose.

Kelch [ahd. kelih, zu lat. calix, Gen. calicis ›Trinkbecher‹] der, -(e)s/-e, **1)** Trinkbecher mit Fuß: Abendmahlskelch, ABB. A 9; sie muß den K. des Leidens bis zur Neige leeren, P ein schweres Schicksal bis zu Ende ertragen. **2)** ⊕ Teil der Blüte: Kelchblätter, ABB. B 38.

Kelek [türk.] das, -s/-s, Floß aus aufgeblasenen Tierhäuten im Vorderen Orient, ABB. F 28.

Kelim [türk. gilim ›Teppich‹] der, -(s)/-(s), ein gewebter Wandbehang oder Teppich in oriental. Musterung. **Kelimstich** der, schräger Flachstich der Teppichstickerei auf zählbarem Grund. **Kelimtechnik** die, eine Webtechnik, bei der das Muster beidseitig erscheint.

Kelle [ahd. kella] die, -/-n, ABB. K 16, **1)** Schöpflöffel, Schöpfgefäß: Schöpfkelle. **2)** Maurergerät, ABB. B 12: Maurerkelle. **3)** Eisenbahn: Befehlsstab, ABB. B 4. **4)** Schwanz des Bibers.

Keller [ahd. chellari, zu lat. cella ›Zelle‹, ›Kammer‹] der, -s/-, unterirdischer Aufbewahrungsraum, unterstes Geschoß im Haus, ABB. H 11; oft: Weinlager, Gaststätte: Kellertreppe; Kellertür; Ratskeller; Vorratskeller; Weinkeller. **Kellerassel** die, ein Krebstier (Ungeziefer). **Kellerei** die, -/-en, Betriebs- und Lagerräume einer Weinhandlung oder eines Weingutes: Weinkellerei. **Kellerhals** die, **1)** -es/-e, ⊕ Seidelbast. **2)** -es/²e, 𝄐 überbauter Kelleraufgang. **Kellermeister** der, Verwalter eines Weinkellers. **Kellerwechsel** der, ⚖ Wechsel auf erfundenen Namen. **Kellner** [ahd. kelnari, zu mlat. cellenarius, eigtl. ›Kellermeister‹] der, -s/-, **Kellnerin** die, -/-nen, Angestellte(r) in Gaststätten zum Bedienen.

Kelt [vgl. Kilt] der, -(e)s/-e, grobes, dunkel gefärbtes schottisches Wollgewebe.

Kelte der, -n/-n, Angehöriger einer indogerman. Völkergruppe.

Kelter [mhd. kelter, ahd. calcture, lat. calcatura, zu calcare ›treten‹] die, -/-n, Fruchtpresse, bes. für Weintrauben, ABB. K 16. **keltern,** ich kelt(e)re (habe gekeltert) Obst.

keltisch, die Kelten betreffend.

Kelvin [nach dem engl. Physiker Lord W. Thomson, Lord Kelvin of Largs, 1824–1907] das, -s, Zeichen: K, Maßeinheit der absoluten Temperaturskala: Kelvinskala; 0 °K, −273,15 °C.

Kemenate [ahd. chemenata, zu caminus ›Ofen‹] die, -/-n, heizbares Zimmer in einer Burg; Frauengemach, ABB. B 56.

. . . ken, . . . chen: das Männeken.

Kendo [japan. ›Weg des Schwertes‹] das, -(s), japan. Kampfsport (mit Bambusschwertern). **Kendoka** der, -s/-s, Kendokämpfer.

Kenianer der, -s/-, Bewohner des ostafrikan. Staates Kenia. **kenianisch.**

Kennel [engl., zu lat. canis ›Hund‹] der, -s/-, Hundezwinger.

kennen [ahd. chennan], ich kenne (habe gekannt) ihn, es, viel es mir bekannt, ich weiß davon: wir kennen uns flüchtig; ich k. ihn seit langem; ich k. das Buch, habe es gelesen; das k. ich nicht an ihm, sonst reagiert er anders; er kennt keine Rücksicht, ist rücksichtslos; er kennt nur seinen Beruf, Ü hat keine anderen Interessen. **kennenlernen,** ich lerne ihn, es kennen (habe kennengelernt), mache seine Bekanntschaft, erfahre zum erstenmal: ich wollte ihn schon lange kennenlernen; der soll mich kennenlernen!, Ü um mit ihm schonungslos meine Meinung sagen. **Kenner** der, -s/-, erfahrener Fachmann: mit Kennerblick, Kennermiene; Antiquitätenkenner. **kennerisch.**

Kenning [altnord. ›Kennzeichnung‹] die, -/-ar, bildl. Aus-

drucksweise in der altnord. Skaldendichtung. **Kennkarte** die, Ausweis, Personalausweis. **kenntlich,** leicht erkennbar: ich mache es k. **Kenntlichmachung** die, -. **Kennlinie** die, graph. Darstellung eines Zusammenhanges zweier Größen. **Kenntnis** die, -/-se, Wissen und Erfahrung: er besitzt reiche Kenntnisse auf diesem Gebiet; kenntnisreich: Englischkenntnisse; er hat es zur K. genommen, davon erfahren; wir mußten ihn davon in K. setzen, es ihm mitteilen. **Kenntnisnahme** die, -: zur K. **Kennung** die, -/-en, Merkmal; ⛴ ✈ ein Signal zum Anzeigen der Identität des Kennunggebenden, Landmarke. **Kennwort** das, Wort als Kennzeichen; Losungswort. **Kennzahl** die, **1)** Zahl als Kennzeichen. **2)** 📞 Vorwählnummer im Selbstwählferndienst. **Kennzeichen** das, Merkmal, Unterscheidungszeichen. **kennzeichnen,** ich kennzeichne (habe gekennzeichnet) es, ihn, bezeichne treffend, charakterisiere: kennzeichnender Unterschied. **Kennziffer** die, Kennzahl.

Kenotaph [grch. kenos ›leer‹ und taphos ›Grab‹] das, -s/-e, Zenotaph, leeres Grab mit Grabmal für einen Toten, der nicht dort bestattet wurde.

Kentaur [grch. kentauros] der, -en/-en, Zentaur.

kentern [niederdt., zu Kante], ich kent(e)re (bin gekentert), schlage mit einem Wasserfahrzeug um, kippe um: das Boot kenterte.

Kentumsprachen [lat. centum ›hundert‹], Pl., indogerman. Sprachen, deren palatale Verschlußlaute nicht zu Zischlauten weitergebildet wurden; vgl. Satemsprachen.

. . . kephal [grch. kephale ›Kopf‹], auch . . . zephal, . . . köpfig, den Kopf betreffend: akrokephal. **. . . kephalie,** auch . . . zephalie, . . . köpfigkeit: Akrokephalie. **Kephalopode** [vgl. . . . pode] der, -n/-n, 🐚 Kopffüßer.

keppeln [mhd. kibelen ›zanken‹], ich kepp(e)le (habe gekeppelt), oberdt.: zanke, keife.

Keramik [grch. keramos ›Töpferton‹] die, -/-en, **1)** ohne Pl., Sammelwort für Tonwaren. **2)** ohne Pl., die Technik der Keramikherstellung. **3)** einzelner keramischer Gegenstand. **Keramiker** der, -s/-. **keramisch.**

Keratin [grch. keras, Gen. keratos ›Horn‹] das, -s/-e, Horn, Hornstoff, Gerüsteiweiß. **Keratitis** die, -/. . . tit'iden, ⚕ Entzündung der Hornhaut des Auges. **Keratom** das, -s/-e, ⚕ geschwulstartige Wucherung der Hornschicht der Oberhaut.

Kerb [zu Kirmes] die, -/-en, hess., pfälz.: Kirchweih.

Kerbe [mhd. kerbe] die, -/-n, Einschnitt, ABB. K 38: er haut in die gleiche K., Ü verfolgt das gleiche Ziel.

Kerbel [ahd. kervola, zu grch. chaire phyllon, zu chairein ›freuen‹ und phyllon ›Blatt‹] der, -s, Gewürzpflanze und Name verschiedener Pflanzen.

kerben, ich kerbe (habe gekerbt) es, versehe mit Kerben. **Kerbholz** das, im MA.: Stab, in dem man Merkmale, bes. über Schulden, einkerbte: er hat etwas auf dem K., Ü hat etwas Unrechtes getan. **Kerbschnitt** der, -(e)s, Holzverzierung, ABB. K 17. **Kerbtier** das, Insekt, Tier mit Einkerbungen zwischen Kopf, Brust und Hinterleib, vgl. ABB. I 1. **Kerbung** die, -/-en. **Kerf** der, -(e)s/-e, Kerbtier, Insekt.

Kerker [ahd. karkari, zu lat. carcer] der, -s/-, **1)** ⚭ P Gefängnis. **2)** früher in Österreich: schwerste Form der Freiheitsstrafe.

Kerl [ahd. karl ›Mann‹] der, -(e)s/-e, Ü auch -s, **1)** Mann, Junge; Mensch: ein tüchtiger K.; ein schlechter K. **2)** oberdt., niederdt.: Ehemann, Geliebter. **Kerlchen** das, -s/-, ein Kosewort: ein kleines, niedliches K.

Kermes [arab., verwandt mit Karmesin] der, -, roter Farbstoff einer Schildlaus. **Kermesbeere** die, roten Farbstoff liefernde Pflanze. **Kermesschildlaus** die, auf Eichen lebende Schildlaus.

kern. . . , bis ins Tiefste, durch und durch: kerngesund; Kernpunkt, Hauptpunkt. **Kern** [ahd. cherno] der, -(e)s/-e, **1)** das Innere, z. B. festes Holz im Stamminneren (Bohrkern), ABB. H 23; ☄ dichtester Teil eines Kometen; kurz für: Zellkern; Atomkern: das ist der K. der Sache, Ü das Wesentliche; in ihm steckt ein guter K., verborgene gute Eigenschaften. **2)** innerer Teil der Steinfrucht, ABB. F 36: Kirschkern. **3)** 🐦 der vom Balg befreite Körper des Haarraubwilds. **Kernbeißer** der, -s/-, ein Finkenvogel. **Kernbrennstoff** der, Kernreaktorbestandteil, der die energieliefernden, spaltbaren Atome enthält. **Kernenergie** die, -, die innere Energie der Atomkerne: Kernenergieantrieb.

Kerner der, -s/-, seltener für Karner, Beinhaus.

Kernexplosion die, **1)** Zertrümmerung eines Atomkerns. **2)** Explosion eines Kernsprengstoffs. **Kernforschung** die,

K 17

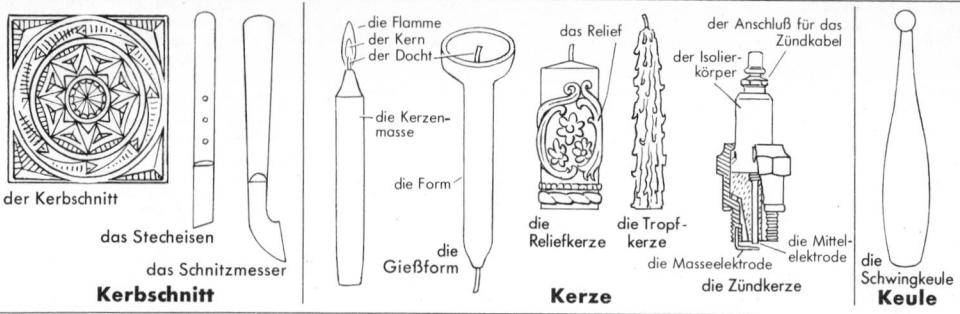

der Kerbschnitt

das Stecheisen

das Schnitzmesser

Kerbschnitt

die Flamme
der Kern
der Docht

die Kerzen-
masse

die Form

die Gießform

das Relief

die
Reliefkerze

die Tropf-
kerze

Kerze

der Anschluß für das
Zündkabel

der Isolier-
körper

die Masseelektrode

die Mittel-
elektrode

die Zündkerze

die
Schwingkeule

Keule

kernphysikalische Forschung. **Kernfusion** die, Kernverschmelzung. **Kerngehäuse, Kernhaus** das, Inneres beim Kernobst, Abb. F 36. **kernig, 1)** reich an kräftigem Gehalt, markig. 2) körnig. **Kernkraftwerk** das, Abk.: KKW, ein mit Kernenergie betriebenes Wärmekraftwerk. **Kernleder** das, Leder vom Kernstück, bes. Rücken. **Kernling** der, -s/-e, aus Samen gezogener Baum. **Kernobst** das, Äpfel, Birnen, Quitten u. a. **Kernphysik** die, Physik der Atomkerne. **kernphysikalisch. Kernreaktion** die, Umwandlung eines Atomkerns. **Kernreaktor** der, Anlage zur großtechn. Nutzung der Kernenergie. **Kernseife** die, eine harte Natronseife. **Kernspaltung** die, Zerfall schwerer Atomkerne in zwei oder mehr Bruchstücke unter Energiefreisetzung. **Kernspruch** der, ausdrucksvoller Spruch über einen Sachverhalt. **Kernstück** das, Haut vom Rücken und Schild bei Rind, Schwein, Ziege, Schaf. **Kerntechnik** die, -, Zweig der Technik zur Nutzbarmachung der Kernenergie. **Kernverschmelzung** die, 1) Vereinigung zweier Zellkerne. 2) Vereinigung leichterer Atomkerne zu schwereren. **Kernwaffen,** Pl., Kriegskampfmittel, deren Wirkung durch Kernenergie verursacht wird. **Kernzeit** die, festgesetzte Zeitspanne, in der bei gleitender Arbeitszeit Anwesenheitspflicht für alle Arbeitnehmer besteht.

Kerosin [grch. keros ›Wachs‹] das, -s, ein natürl. Brenn- und Kraftstoff.

Kerstin [schwed. Nebenform zu Kristina], weibl. Vorname.

Kerygma [grch. kerygma] das, -s, Verkündigung, bes. des Evangeliums. **kerygmatisch.**

Kerze [ahd. cherza] die, -/-n, 1) Beleuchtungskörper aus Stearin, Talg, Paraffin u. a. mit Docht, Abb. K 17: bei Kerzenlicht, Kerzenschein; Adventskerze; Bienenwachskerze. 2) Turnübung, Abb. L 6. 3) Steilschuß beim Fußball. 4) Optik: die Einheit der Lichtstärke. 5) kurz für: Zündkerze. 6) ⚘ trauben

förmiger Blütenstand, z. B. der Roßkastanie. **kerzengerade,** steif, aufrecht: sie saß k. da.

Kescher [engl. to catch ›fangen‹, zu lat. capitare ›greifen‹] der, -s/-, auch Käscher, Fischfangnetz an einem Bügel mit Griff, Abb. A 14.

keß, kesser, am kessesten [nach dem Anfangsbuchstaben chess zu jidd. chochom ›Weiser‹], U dreist, vorlaut, flott: ein kesses Mädchen; sie hat ein kesses Mundwerk.

Kessel [ahd. chezzil] der, -s/-, 1) weitbauchiges Metallgefäß zum Erhitzen oder Verdampfen von Flüssigkeiten, Abb. K 18: Dampfkessel; Wasserkessel. 2) walzenförmiger Behälter für Flüssigkeiten, z. B. auf Eisenbahnwagengestellen: Kesselwagen. 3) rings von Bergen umschlossener Talgrund: Talkessel. 4) ⚘ Mittelpunkt einer Treibjagd. 5) ⚘ Lager von Wildschweinen; erweiterter Raum im Dachs- und Fuchsbau. **Kesselmundstück** das, bei Trompeteninstrumenten der Teil, der die vibrierenden Lippen stützt. **kesseln,** ich kessele, auch keßle (habe gekesselt), 1) schweiz.: klirre; lärme. 2) Wildschweine kesseln, ⚘ wühlen ein Lager. **Kesselpauke** die, Schlaginstrument, Abb. S 22. **Kesselstein** der, steiniger Kalkniederschlag in Kesseln, Töpfen durch Erhitzen harten Wassers. **Kesseltreiben** das, -s/-, 1) ⚘ Treibjagd auf einen Mittelpunkt zu. 2) Ü Einkreisung zur Vernichtung.

Keste die, -/-n, süddt.: Edelkastanie.

Ketchup [kˈɛtʃəp, engl., zu malaiisch kechap] der oder das, -(s)/-s, auch Catchup, pikante Würztunke: Tomatenketchup.

Keten [Kw.] das, -s/-e, meist Pl., eine Gruppe ungesättigter, sehr reaktionsfähiger organischer Verbindungen. **Keton** [Kw., zu Aceton] das, -s/-e, meist Pl., eine Gruppe organischer Verbindungen (Aceton, Riechstoffe).

Ketsch [engl.] die, -/-en, ein Segelboot mit zwei Masten: Ketschtakelung; vgl. Abb. S 45.

Ketscher der, -s/-, Nebenform von Kescher.

K 18

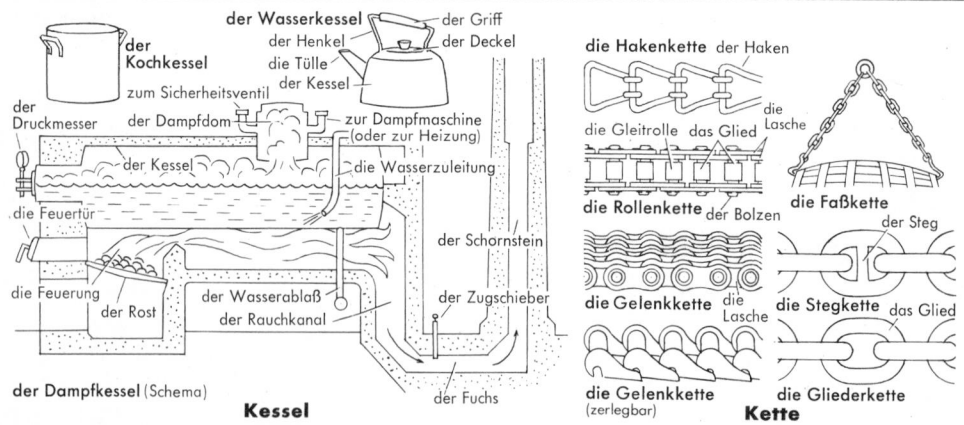

der
Kochkessel

der Wasserkessel
der Henkel
die Tülle
der Kessel

der Griff
der Deckel

zum Sicherheitsventil

der
Druckmesser

der Dampfdom

zur Dampfmaschine
(oder zur Heizung)

der Kessel

die Wasserzuleitung

die Feuertür

die Feuerung

der Rost

der Wasserablaß

der Rauchkanal

der Schornstein

der Zugschieber

der Dampfkessel (Schema)

der Fuchs

Kessel

die Hakenkette   der Haken

die Gleitrolle   das Glied

die
Lasche

die Rollenkette   der Bolzen

die Faßkette

der Steg

die Gelenkkette

die
Lasche

die Stegkette   das Glied

die Gelenkkette
(zerlegbar)

die Gliederkette

Kette

Ketschua *das, -,* auch Quechua, eine Indianersprache in Südamerika.

Kettchen *das, -s/-.* **Kette** [ahd. ketina, zu lat. catena ›Kette‹] *die, -/-n,* **1)** zusammenhängende bewegliche Glieder (für Zug oder Antrieb), ABB. K 18: *Fahrradkette,* ABB. F 3; als Schmuck, ABB. S 30: *Perlenkette;* als Fessel: *Kettenhund; das Volk zerbrach seine Ketten,* Ü befreite sich von der Knechtschaft. **2)** geschlossene Reihe: *Bergkette,* ABB. B 20; *die K. von Ursachen und Wirkungen,* Ü; *eine K. von Posten bewachte das Haus.* **3)** zu einem Unternehmen gehörende einzelne Betriebe: *Hotelkette.* **4)** ♈ eine Familie von wilden Hühnern, Enten, Gänsen, meist Rebhuhneltern mit Jungen. **5)** Flugformation von drei Flugzeugen. **6)** Weberei: die Längsfäden eines Gewebes, ABB. G 19. **Kettel** *der, -s/-* oder *die, -/-n, oberdt., mitteldt.:* **1)** Diminutiv zu Kette. **2)** eisernes Verbindungsband an Beschlägen. **ketteln,** *ich* kett(e)le (habe gekettelt) *es,* verbinde kettenartig. **ketten,** *ich* kette (habe gekettet), **1)** *ihn, es an etwas,* befestige mit einer Kette. **2)** *ihn an mich,* Ü gebe ihn mir nicht mehr frei. **Kettenbrief** *der,* Brief, der mehrfach abgeschrieben und verschickt werden soll. **Kettenbruch** *der,* △ kontinuierlicher Bruch, ein Bruch, der sich dadurch kettenartig fortsetzt, daß sein Nenner in einer Summe einen Bruch mit der gleichen Eigenschaft enthält. **Kettenbrücke** *die,* Hängebrücke an Ketten. **Kett(en)faden,** *der,* Kettengarn, Garn für die Kette eines Webstuhls, ABB. G 19, W 7. **Kettenfahrzeug** *das,* Gleiskettenfahrzeug. **Kett(en)garn** *das,* Kettenfaden. **Kettengebirge** *das,* langgestrecktes Gebirge in kettenförmiger Anordnung der Hauptkämme. **Kettenhandel** *der,* preistreibende Einschaltung mehrerer Zwischenhändler. **Kettenlinie** *die,* △ parabelähnliche Kurve. **Kettenpanzer** *der,* aus Eisenringen geschmiedetes Panzerhemd. **kettenrauchen,** *nur Infinitiv üblich,* ununterbrochen rauchen. **Kettenraucher** *der.* **Kettenreaktion** *die,* physikalischer, chemischer Vorgang, der von selbst weiter um sich greift; auch Ü. **Kettenreim** *der,* dreizeiliger Strophen (aba, bcb, cdc). **Kettensatz** *der,* △ aus drei Sätzen bestehendes Rechenschema. **Kettenschluß** *der,* Logik: eine Folge von Schlüssen, bei denen die Konklusion eines vorausgehenden Schlusses eine Prämisse des folgenden bildet. **Kettenstich** *der,* Stich, bei dem Ein- und Ausstich innerhalb einer Schlinge geschehen, ABB. H 7. **Kettfaden** *der.* **Kettgarn** *das,* Kettenfaden, Kettengarn.

Ketzer [mhd. ketzer, mlat. catharus, zu grch. katharos ›rein‹] *der, -s/-,* **1)** kath. Kirche: Leugner eines Glaubenssatzes. **2)** Ü Aufrührer gegen geltende Meinungen. **Ketzerei** *die, -.* **ketzerisch,** *er ist der ketzerischen Meinung, daß* . . .

Keuchel *das, -s/-,* auch Keichel, *ostniederdt.:* Küchlein.

keuchen [mhd. kuchen ›stark hauchen‹], *ich* keuche (habe gekeucht), atme hörbar und mit Mühe: *er keuchte beim Treppensteigen.* **Keuchhusten** *der,* ♨ eine ansteckende Kinderkrankheit.

Keulchen [zu Käulchen] *das, -s/-,* flaches, in der Pfanne gebackenes Klößchen: *Quarkkeulchen.*

Keule [mhd. kiule] *die, -/-n,* **1)** hammerartiges Werkzeug mit Schaftverdickung; Schlag- und Wurfwaffe fast aller Naturvölker. **2)** hinterer Oberschenkel des Schlachtviehs und Haarwildes, ABB. F 25, P 9: *Hasenkeule.* **3)** Turngerät zum Schwingen, ABB. K 17, T 22: *Keulenschwingen.*

Keuper [fränk. ›Kipper‹, ›Keiper‹, bröckliges Gestein] *der, -s,* ⊕ Abteilung der geolog. Formation Trias.

keusch [ahd. chusci, zu lat. conscius ›bewußt‹], rein, unberührt, jungfräulich, enthaltsam.

Keusche [slowen. koča ›Hütte‹] *die, -/-n, österr.:* Bauernhäuschen in den Alpen.

Keuschheit *die, -,* gleichentl. Enthaltsamkeit. **Keuschheitsgelübde.** **Keuschheitsgürtel** *der,* MA.: um den Unterleib getragener Metallgürtel mit Schloß, der während der Abwesenheit des Ehemannes die Keuschheit der Frau sichern sollte.

Keutel *der, -s/-,* Keitel, Kahn.

Keyboard [k'i:bɔːd, engl., zu key ›Schlüssel‹ und board ›Brett‹] *das, -s/-s, ♪* **1)** Klaviatur. **2)** bei Saiteninstrumenten das Griffbrett mit Bünden. **3)** Tasteninstrument: *on K.* . . . , am Klavier, an der elektron. Orgel u. a. . . .

Kfz, Abk. für: Kraftfahrzeug.

kg, Zeichen für: Kilogramm.

KG, Abk. für: Kommanditgesellschaft.

Kgl., Abk. für: Königlich (in Titeln).

K-Gruppe [k'a:] *die, meist Pl.,* Ü kurz für: (antisowjetische) kommunistische Organisation.

Khaki [engl., zu pers. ›staubfarben‹, ›erdfarben‹], **1)** *der, -,*

erdbrauner Baumwollstoff für Tropenuniformen: *Khakihemd.* **2)** *das, -,* erdbraune Farbe. **khakifarben.**

Khan [türk.] *der, -s/-e,* türkisch-tatar. Herrschertitel. **Khanat** *das, -(e)s/-e,* Amt, Herrschaftsbereich eines Khans.

Khedive [türk.] *der, -n/-n,* früher: Titel des Vizekönigs von Ägypten.

kHz, Zeichen für: Kilohertz.

Kib *der, -s/-e, alem.:* Zorn. **kibbeln** [zu keppeln], *ich* kibb(e)le (habe gekibbel[e]t).

Kibbuz [hebr. ›Sammlung‹] *der, -/. . . buz'im,* freiwillige landwirtschaftl. Kollektiv in Israel.

kibeln, kiben [zu Kib], *ich* kib(e)le, kibe (habe gekibel[e]t, gekibt), *alem.:* bin zornig. **kibig.**

Kibitka [russ.] *die, -/-s,* **1)** Filzzelt asiat. Nomaden. **2)** überdachter russ. Schlitten oder Wagen.

Kichererbse [ahd. chihhira, zu lat. cicer] *die,* **Kicherling** *der, -s/-e,* eine Futter- und Samenpflanze.

kichern [ahd. kikazzen, Schallw.], *ich* kich(e)re (habe gekichert), lache leise mit hoher Stimme: *die Mädchen kicherten hinter dem Rücken des Lehrers.*

Kick [engl. to kick ›treten‹] *der, -(s)/-s,* Ü Stoß (Fußball). **Kick-down** [-d'aun, engl. down ›hinunter‹] *der, -s/-s,* das Durchtreten des Gaspedals zum Herunterschalten eines automat. Pkw-Getriebes. **kicken,** *ich* kicke (habe gekickt) *ihn, es,* Ü stoße, trete, bes. den Ball beim Fußballspiel. **Kicker** *der, -s/-.* Ü Fußballspieler. **Kick-off** [engl. off ›weg‹] *der, -s/-s, schweiz.:* Anstoß beim Fußballspiel. **Kicks** *der, -es/-e,* Kickser. **kicksen,** *ich* kickse (habe gekickst), **1)** stoße daneben. **2)** gickse. **Kickser** *der, -s/-,* Fehlstoß. **Kickstarter** *der,* Trittanlasser an Motorrädern, ABB. K 39.

Kid [engl. ›Zicklein‹, Ü ›Kind‹] *das, -s,* Fell nordchinesischer und mandschurischer Ziegenlämmer: *Kidfelle.*

Kide [mhd. kide] *die, -/-n, schweiz.:* Schößling, Sproß.

kidnappen [-næp-, vgl. Kid und engl. to nap ›ergreifen‹], *ich* kidnappe (habe gekidnappt) *ihn,* entführe (bes. ein Kind). **Kidnapper** [-næpər, engl.] *der, -s/-,* Kindesentführer, Menschenräuber. **Kidnapping** [-næpiŋ, engl.] *das, -s/-s,* Entführung eines Menschen.

kiebig [mhd. kibic], Ü **1)** schlechtgelaunt, zänkisch. **2)** frech, selbstbewußt.

Kiebitz [mhd. gibitze, Schallw.] *der, -es/-e,* ein Sumpf- und Ackervogel.

Kiebitz [Rotwelsch auch Kiwisch, Kiwesch ›Untersuchungsrichter‹] *der, -es/-e,* Ü Zuschauer beim Kartenspiel, der unerwünschte Ratschläge gibt. **kiebitzen,** *ich* kiebitze (habe gekiebitzt).

kiefeln [mhd. kifelen] *ich* kief(e)le (habe gekiefel[e]t) *es, oberdt.:* nage daran. **Kiefer** [mhd. kiuwe] *der, -s/-, ♨* Teil des Schädels, ABB. G 6, S 10: *Ober- und Unterkiefer; Kieferhöhle; Kieferanomalie, ♨* Fehlbildung der Kieferform.

Kiefer [ahd. kienforha ›Kienföhre‹] *die, -/-n,* ein Nadelbaum: *Kiefernholz; Kiefernadelöl; Zirbelkiefer,* **kiefern,** aus Kiefernholz. **Kiefern|eule** *die,* **Kiefernschwärmer,** **Kiefernspanner, Kiefernspinner** *der,* mehrere Schmetterlinge, Forstschädlinge.

Kiek *die, -/-en,* **Kieke** *die, -/-n, niederdt.:* Blechgefäß mit Kohlenbecken zum Wärmen.

kieken [mnd. kiken], *ich* kieke (habe gekiekt), *niederdt.:* sehe, schaue, gucke. **Kieker** *der, -s/-, ♈* und Ü **1)** Ausguck. **2)** Fernglas: *er hat mich auf dem K.,* Ü beobachtet mich scharf; *kann mich nicht leiden.*

Kiel [mhd. kil ›Federkiel‹] *der, -(e)s/-e,* **1)** Achse der Vogelfeder, ABB. F 10; früher als Schreibgerät: *Federkiel.* **2)** ⊕ Blütenteil der Schmetterlingsblüter.

Kiel [mhd. kiel ›größeres Schiff‹] *der, -(e)s/-e, ♙* unterster Längsträger des Schiffes, ABB. B 42. **Kielbogen** *der,* 🜨 geschweifter Spitzbogen, ABB. B 39. **Kielboot** *das,* verbreitetste Bootsform, ABB. B 42. **Kielgang** *der, ♙* Planken oder Platten unmittelbar am Kiel. **kielholen,** *ich* kielhole (habe gekielholt), **1)** *ein Schiff,* lege es zum Ausbessern auf die Seite. **2)** *ihn,* ziehe an einem Tau unter dem Schiff durchs Wasser, früher als Strafe. **Kielkropf** *der,* Ü Wechselbalg, Mißgeburt. **Kiellinie** *die,* Fahrtordnung von Schiffen hintereinander. **kieloben,** mit dem Kiel nach oben. **Kielschwein** *das, ♙* auf Boden und Spanten gelegter Längsbalken zur Verstärkung. **Kielwasser** *das, -s,* Wasserspur hinter einem fahrenden Schiff: *unser Boot schaukelte im K. des Dampfers; er segelt im K. seines Vorgängers,* Ü in der geistigen Nachfolge.

Kieme [niederdt., zu Kimme] *die, -/-n,* Atmungsorgan der Wassertiere, ABB. F 22: *Kiemenatmung.*

das Korn · das Vollkorn · das Feinkorn · die Kimme · das gestrichene Korn · **Kimme und Korn** · der Wandfries · die Puppe · der Baukasten · das Dreirad · die Babywaage · die Wickelkommode · das Schaukelpferd · der Sportwagen · das Kinderbett · der Laufstall · **Kind** · der Stubenwagen · der Kinderwagen

Kien [ahd. kien, zu altengl. cinan ›spalten‹] *der, -(e)s,* harzdurchtränktes Kiefernholz: *ich bin auf dem K.,* U bin wachsam, passe gut auf. **Kienapfel** *der,* Kiefern-, Tannenzapfen. **Kienbaum** *der,* **Kienföhre** *die, oberdt.:* Kiefer. **kienig,** harzreich. **Kienöl** *das,* Holzteeröl. **Kienspan** *der,* Fackel aus Kienholz.

kienzeln, *ich kienz(e)le (habe gekienzel[e]t), alem.:* schmeichele.

Kiepe [mnd. kipe, zu altengl. cypa ›Korb‹] *die, -/-n,* Rückentragkorb. **Kiepenhut** *der,* Schute, haubenförmiger Frauenhut, ABB. M 16.

Kies [mhd. kis ›steiniger Sand‹] *der, -es/-e,* **1)** Lockersediment aus abgerundeten Gesteinstrümmern: *Kiesgrube; Kiesweg.* **2)** metallisch glänzendes sulfidisches Erz: *Schwefelkies,* Pyrit. **3)** *ohne Pl.,* G Geld. **Kiesel** [ahd. kisil] *der, -s/-,* **1)** abgerundeter kleiner Stein: *Kieselstein.* **2)** *norddt.:* Kreisel. **Kieselalge** *die,* Diatomee, meist gelbbraune Alge. **Kieselerde** *die,* **Kieselgur** *die, -,* Süßwassersediment aus Diatomeenskelettresten. **kieseln,** *ich kies(e)le (habe gekieselt),* **1)** *norddt.:* spiele mit dem Kreisel. **2)** *es kieselt, südwestdt.:* hagelt. **Kieselsäure** *die, -,* eine wichtige gesteinsbildende Siliciumverbindung. **Kieselschiefer** *der,* Lydit, Probierstein, schwarzes, hartes, aus den Kieselskeletten von Mikroorganismen bestehendes Gestein.

kiesen [ahd. kiosan], *ich kiese (habe gekoren) es, ihn,* ♐ P wähle, erwähle.

Kieserit [nach dem Arzt D. G. Kieser, 1779–1862] *der, -s,* ein Mineral.

Kies(er)ling [zu Kies] *der, -s/-e, niederdt.:* Feldstein.

kiesig, 1) stark zertrümmert (Gestein). **2)** mit Kies bestreut (Weg).

kietern, *ich kiet(e)re (habe gekietert), ostniederdt.:* verschütte Flüssigkeit.

Kie(t)z [altslaw. chyzu ›Haus‹] *der, -es/-e,* **1)** *ostniederdt., wendisch:* Fischersiedlung; entlegene Vorstadt. **2)** *berliner.:* Stadtviertel. **3)** U Straße mit Prostitution, Strich.

kifeln [mhd. kifelen, kifeln ›nagen‹], *ich kif(e)le (habe gekifel[e]t), schweiz.:* **1)** zanke ›necke ‹. **2)** kiefele.

kiffen [aus arab. kef ›Genuß‹, ›Vergnügen‹], *ich kiffe (habe gekifft),* U rauche Haschisch. **Kiffer** *der, -s/-,* U.

kikeriki! Kikeriki [Schallw.], **1)** *das, -s/-s,* der Hahnenschrei. **2)** *der, -s/-s,* Kindersprache: Hahn.

Kilbe, Kilbi [mhd. kil-wihe, kirchwihe] *die, -/. . .benen, alem.:* Kirchweih.

Kilche [mhd. kilche, kirche] *die, -/-n, schweiz.:* Kirche.

Kilian [vermutlich keltisch], männl. Vorname.

killekille!, neckender Zuruf beim Streicheln: *ich mache k.,* U streichle, kitzle (unterm Kinn).

killen [niederl. ›beben vor Kälte‹, *ein Segel* killt (hat gekillt), ✎ flattert im Wind.

killen [engl. to kill], *ich kille (habe gekillt) ihn,* U töte. **Killer** *der, -s/-,* U (gedungener) Mörder. **Killer. . .,** Ü Bez. für etwas Schädliches, Gefährliches, Zerstörerisches: *Killerbakterien,* bes. gefährliche Bakterien; *Killersatellit,* Satellit, der gegnerische Satelliten zerstören kann.

Kilo *das, -s/-s* und bei Mengenangaben *-,* U Kurzw. für: Kilogramm. **Kilo. . .** [grch. chilioi ›tausend‹], Zeichen: k, vor Maßeinheiten: das Tausendfache, ÜBERS. M 8: *Kilogramm,* Zeichen: kg, 1 000 g; *Kilohertz,* Zeichen: kHz, 1 000 Hertz; *Kilojoule,* Zeichen: kJ, 1 000 Joule; *Kilokalorie,* Zeichen: kcal, 1 000 Kalorien; *Kilometer,* Zeichen: km, 1 000 m; *Kilopond,* Zeichen: kp, 1 000 Pond; *Kilovolt,* Zeichen: kV, 1 000 Volt; *Kilowatt,* Zeichen: kW, 1 000 Watt. **Kilometerfresser** *der,* U jemand, der mit dem Auto lange Strecken schnell zurücklegt. **Kilometerzähler** *der,* Gerät zum Anzeigen der zurückgelegten Wegstrecke in Fahrzeugen. **kilometrieren,** *ich kilometriere (habe kilometriert) es,* bezeichne die Kilometer bei Wegen, Flüssen. **Kilowattstunde** *die,* Zeichen: kWh, die von einem Kilowatt in einer Stunde umgesetzte Energie.

Kilt [engl. to kilt ›aufschürzen‹, ›in Falten legen‹] *der, -s/-s,* der karierte Rock der schott. Männertracht, ABB. S 33.

Kilt [ahd. chwilti ›Abend‹, ›Nacht‹] *der, -(e)s/-e, alem.:* das Fensterln, Nachtbesuch beim Mädchen: *Kiltgang.* **Kilte** *die, -/-n,* ✿ Nachtviole.

Kimber *der, -s/-n,* auch Zimber, Angehöriger eines nordgerman. Volkes.

Kimm [zu Kerbe] *die, -,* ✎ **1)** *Pl. -e,* natürlicher Meereshorizont. **2)** *Pl. -en,* Übergang vom flachen Schiffsboden zur senkrechten Schiffswand. **Kimme** *die, -/-n,* **1)** Kerbe, Falz. **2)** Einschnitt im Visier, ABB. K 19. **Kimmkiel** *der,* ✎ Seitenkiel. **Kimmung** *die, -/-en,* ✎ Kimm, Meereshorizont. **2)** ✎ Luftspiegelung. **3)** *niederdt.:* Falz, Fuge.

Kimono [auch k'i-, auch ki-, -s/-s, japan. Kleidungsstück mit weiten Ärmeln. **Kimonoärmel** [auch k'i-] *der,* angeschnittener, weiter Ärmel.

Kind [ahd. kind] *das, -(e)s/-er,* **1)** der Mensch von der Geburt bis zum Eintritt der geschlechtl. Reife, Sammelbez. für Junge und Mädchen: *Kinderbuch; Kinderfunk; Kinderkleidung,* ABB. K 25; *im Kindesalter; Kindfrau,* frühreifes Mädchen. **2)** leiblicher Nachkomme, Sammelbez. für Sohn und Tochter: *das Ehepaar hat drei Kinder; sie erwartet ein K., ist schwanger; wir werden das K. schon schaukeln,* U die Sache wird uns gelingen; *ein K. des Todes,* U dem Tod verfallen; *er ist ein K. seiner Zeit,* Ü trägt ihre Merkmale; *er nennt das K. beim (richtigen) Namen,* Ü sagt unverblümt die Wahrheit; *sie wollte sich lieb K. bei ihm machen,* Ü sich bei ihm einschmeicheln. **Kindbett** *das, -(e)s,* Wochenbett, Zeit nach der Geburt: *Kindbettfieber.* **Kindbetterin** *die, -/-nen,* ♐ Wöchnerin. **Kindchen** *das, -s/-* oder *K'inderchen* *die, -s/-,* ✿ Taufe, Taufschmaus. **Kindelmutter** *die, oberdt.:* Hebamme. **Kinderdorf** *das,* Erziehungssiedlung für eltern- und heimatlose Kinder. **Kinderei** *die, -/-en,* unreifer Streich: *das sind doch Kindereien!* **kinderfeindlich,** *kinderfeindliches Verhalten.* **kinderfreundlich,** *ein kinderfreundliches Hotel; eine kinderfreundliche Umwelt.* **Kindergarten** *der,* Einrichtung zur Betreuung und zur Förderung der Entwicklung von Kleinkindern. **Kindergärtnerin** *die,* Erzieherin für Kinder im Vorschulalter. **Kindergeld** *das,* für Kinder gewährter staatl. Unterhaltszuschuß. **kindergesichert,** *kindergesicherte Verpackungen, Verschlüsse.* **Kinderheim** *das,* ein Erholungs- oder Betreuungsheim für Kinder. **Kinderhort** *der,* Kindertagesstätte. **Kinderkrankheit** *die,* **1)** ☿ eine vor allem im Kindesalter auftretende Krankheit. **2)** *meist Pl.,* Ü in den Entwicklungsstadien eines Neubeginns auftretende Schwierigkeiten: *das neue Automodell hat noch zu viele Kinderkrankheiten.* **Kinderkrippe** *die,* Kindertagesstätte für Kleinstkinder. **Kinderla-**

die Außenansicht · die Kathedrale · die Innenansicht

Labels (die Außenansicht): die Wetterfahne · der Turmhelm · der Turm · der Dachreiter · die Attika · die Vierung · das Läutwerk · die Krabbe · die Kreuzblume · der Strebebogen (der Schwibbogen) · der Giebel · das Mittelschiff · die Fiale · der Helm · der Leib · der Chor · das Querschiff · das Schallfenster · das Maßwerk · der Maueranker · das Seitenschiff · der Blendbogen · die Blende · der Chorumgang · das Fenster · der Stab · der Okulus · der Sockel · die Krypta · der Strebepfeiler · die Baunaht · der Entlastungsbogen · die Kapelle (die Marienkapelle) · das Paradies

Labels (die Innenansicht): die Skulptur (das Heiligenbild) · das Gewölbe · der Lichtgaden · das Kapitell · das Fenster · die Bogenstellung (die Arkade) · der Pfeiler · der Dienst · der Binnenchor (der hohe Chor) · das Tabernakel · der Vierungspfeiler · die Kanzel · der Hochaltar · der Wandarm (die Leuchte) · das Kruzifix · die Nummerntafel · das Taufbecken · das Epitaph · das Chorgitter · das Mittelschiff · der Opferstock · das Gestühl · das Seitenschiff

der Wasserspeier · der Eckturm (das Tabernakel) · die Apsis · die Basilika · die Hallenkirche · die Galerie · das Gesims · die Fensterrose · der Wimperg · der Zentralbau · die Pfarrkirche · das Gewände · das Portal · das Westwerk

Kirche

den *der*, Kindergarten, der eine antiautoritäre Erziehung verwirklichen möchte. **Kinderlähmung** *die*, spinale Kinderlähmung, die Poliomyelitis epidemica. **kinderleicht**, Ü sehr leicht. **kinderlieb**, verständnisvoll, liebevoll gegenüber Kindern. **kinderlos**, ohne Kinder (Ehepaar). **Kinderlosigkeit** *die*, -. **Kindermädchen** *das*, Angestellte für die Pflege der Kinder (in einer Familie). **Kindermund** *der*, Ü kindl. Ausdrucksweise. **kinderreich**, eine kinderreiche Familie, mit mehreren Kindern. **Kinderreichtum** *der*. **Kinderschuhe**, *Pl.*: er hat die K. ausgezogen, Ü ist nun erwachsen; *dieses Unternehmen steckt noch in den Kinderschuhen*, Ü steht erst am Anfang der Entwicklung. **Kindersendung** *die*, Sendung des Hörfunks oder des Fernsehens speziell für Kinder. **kindersicher**, kindergesichert. **Kinderspiel** *das*, **1)** Spiel für Kinder; vgl. ABB. S 53, S 55: *Kinderspielzeug*, vgl. ABB. K 19. **2)** *das ist*

für ihn ein K., Ü fällt ihm sehr leicht. **Kinderstube** *die: er hat eine gute K.* (genossen), Ü ist gut erzogen. **Kindertagesstätte** *die*, Einrichtung zur ganztägigen Betreuung von Kindern. **Kinderwagen** *der*, ABB. K 19. **Kinderzimmer** *das*, vgl. ABB. K 19. **Kindesbeine**, *Pl.*: *von Kindesbeinen an*, U seit früher Kindheit. **Kindeskind** *das*, Enkel. **kindgemäß**, für Kinder geeignet: *kindgemäßes Spielzeug*. **kindhaft**, kindlich. **Kindheit** *die*, -, Kinderzeit: *Kindheitserinnerungen; eine glückliche K.; sie hat ihre ganze K. in diesem Dorf verbracht*. **kindisch**, albern, unreif. **Kindlein** *das*, -*s/*- oder K'*inderlein*. **kindlich**, wie ein Kind, unbefangen, naiv. **Kindlichkeit** *die*, -. **Kindschaft** *die*, -, Verhältnis der Kinder zu den Eltern. **Kindskopf** *der*, U kindischer Mensch. **Kinds|pech** *das*, erster, schwärzl. Stuhlgang der Neugeborenen vor Nahrungsaufnahme. **Kindtaufe** *die*.

Kinemathek [grch. kinein ›bewegen‹ und Theke] *die, -/-en,* Filmarchiv. **Kinematik** *die, -,* Teil der Mechanik, Bewegungslehre. **Kinemato|graph** *der, -en/-en,* ⚙ Lichtspielgerät. **Kinemato|graphie** [vgl. . . . graphie] *die, -,* Filmwissenschaft, Filmtechnik. **kinemato|graphisch. Kinesik** *die, -,* Deutung von Mimik und Gestik auf den Ausdrucksgehalt hin. **Kinetik** *die, -,* Kinematik. **kinetisch,** *kinetische Energie; kinetische Plastik.* **Kinetose** *die, -/-en,* ⚕ Bewegungskrankheit, Gleichgewichtsstörung, hervorgerufen durch Schaukel- oder Drehbewegungen, z. B. Reisekrankheit, Luftkrankheit, Seekrankheit, Auto- und Eisenbahnkrankheit.

Kink [mnd. kinke ›Schneckenhaus‹] *das, der, -s/-en* oder *die, -/-en,* ⚓ Verschlingung eines Taus.

Kinkerlitzchen [nhd., zu frz. quincaille ›Flitter‹], *Pl.,* U Kleinigkeiten; Unfug, Albernheiten.

Kinn [ahd. chinne, zu lat. gena ›Wange‹] *das, -(e)s/-e,* Vorsprung des Unterkiefers, ABB. M 12. **Kinnbacke** *die,* **Kinnbacken** *der,* Kinnlade, Ober- und Unterkiefer. **Kinnhaken** *der,* Schlag gegen die Kinnspitze (Boxen). **Kinnkette** *die,* ABB. P 9. **Kinnlade** *die,* Kinnbacke.

Kino [grch. kinsma ›Bewegung‹] *das, schweiz.* auch *der, -s/-s,* Lichtspielhaus: *Kinokarte; Vorstadtkino.* **Kinofilm** *der,* speziell fürs Kino produzierter Film. **Kintopp** *der, das, -s/-s* oder *. . .töppe,* U 1) kleines Kino. 2) schlechter Film: *Opas K.*

Kiosk [türk. köşk ›Gartenpavillon‹] *der, -(e)s/-e,* Verkaufshäuschen, Zeitungsstand, ABB. B 4: *Zeitungskiosk.*

Kipf [ahd. kipfa, zu lat. cippus ›Pfahl‹] *der, -(e)s/-e, oberdt.:* 1) Runge. 2) Kipfel. 3) Scheltwort. **Kipfel** *der, -s/-, oberdt.:* längliches Gebäck.

Kippe [niederdt.-mitteldt., eigtl. ›Ecke‹, ›Spitze‹] *die, -/-n,* 1) *es steht auf der K.,* droht nach einer oder anderen Seite zu fallen, U es gefährdet. 2) Turnen: Aufstemmen aus dem Hang in den Stütz, ABB. L 7. 3) Fläche zur Ablagerung von Aushubmaterialien. 4) U Zigarettenstummel. **kipp(e)lig,** wackelig: *der Schüler steht k. in Mathematik,* Ü. **kippeln,** *ich* kipp(e)le (habe gekippelt), 1) *mit dem Stuhl,* schaukele auf zwei Stuhlbeinen. 2) *es kippelt,* wackelt. **kippen,** *ich* kippe, 1) (bin gekippt), bekomme Übergewicht, stürze um: *vor Überraschung wäre ich fast aus den Pantinen gekippt,* U. 2) (habe gekippt), stürze über eine Kante; bringe in eine schräge Lage: *er kippte ein Gläschen,* U trank in einem Zug leer. 3) (habe gekippt) *es, schweiz.:* stehle. **Kipper** *der, -s/-,* 1) Lastwagen, dessen Ladefläche gekippt werden kann, ABB. K 40. 2) Anlage zum Kippen von Eisenbahnwagen. **Kippfenster** *das,* Fenster zum Kippen, ABB. F 12. **Kippflügelflugzeug** *das,* ein Senkrechtstarter. **Kipplage** *die,* ABB. L 7. **Kippmoment** *das,* ein Element der Standsicherheit. **Kippregel** *die,* ⊕ Meßtischaufsatz für Winkelmessungen im Gelände. **Kippschalter** *der,* ⚡ ein Schalter, ABB. E 6. **Kippschwingung** *die,* ⚡ periodische elektr. Schwingung.

Kirbe [mhd. kirbe] *die, -/-n, bair.:* Kirchweih.

Kirche [ahd. kirihha, zu grch. kyriake (oikia) ›dem Herrn gehörendes (Haus)‹] *die, -/-n,* 1) christl. Gotteshaus, ABB. K 20: *Kirchenschiff; Kirchturm; Hallenkirche; Wehrkirche.* 2) Glaubensgemeinschaft: *die lutherische, die katholische K.; Kirchenchor; Kirchensteuer.* 3) Gottesdienst: *wir gehen zur K.; Kirchgänger.* **Kirchenbann** *der,* die Exkommunikation. **Kirchenbuch** *das,* Verzeichnis der Taufen, Eheschließungen u.a. **Kirchenjahr** *das,* Liturgisches Jahr, die Abfolge der christlichen Feste eines Jahres, ÜBERS. J 2. **Kirchenlicht** *das: er ist kein großes K.,* U ist nicht sehr klug. **Kirchenmaus** *die: er ist arm wie eine K.,* U sehr arm. **Kirchenstaat** *der,* früher: das Staatsgebiet unter päpstl. Oberhoheit in Mittelitalien, heute:

die Vatikanstadt. **Kirchhof** *der,* Friedhof. **Kirchlein** *das, -s/-.* **kirchlich. Kirchlichkeit** *die, -.* **Kirchspiel** *das,* Pfarrbezirk, Kirchengemeinde. **Kirchturmdenken** *das, -s,* **Kirchturmpolitik** *die,* Ü engstirniges Denken und Handeln. **Kirchweih** *die, -/-en,* Jahresfeier der Einweihung einer Kirche, meist Volksfest.

Kirgise *der, -n/-n,* Angehöriger eines mittelasiat. Volkes. **kirgisisch.**

Kirke [grch., nach Homer], Zauberin aus der Odyssee.

kirmeln, kirmen, *ich* kirm(e)le, kirme (habe kirmel[e]t, gekirmet), *schweiz.:* lalle.

Kirmes [verkürzt aus mhd. kirchwihmesse] *die, -/-sen,* **Kirmse** *die, -/-n, mitteldt.:* Kirchweih.

Kirne [engl. churn ›buttern‹, zu Kern] *die, -/-n, rhein.:* Butterfaß. **kirnen,** *ich* kirne (habe gekirnt), *rhein.:* buttere.

kirre [mhd. kürre ›zahm‹, ›milde‹, U zutraulich, zahm: *er will ihn k. machen, hat ihn k. gekriegt,* U gefügig. **kirren,** *ich* kirre (habe gekirrt) *ihn,* locke durch Futter. **Kirrung** *die, -/-en,* 🌱 Lockfutter.

Kirsch *der, -(e)s/-,* Kurzw. für: Kirschwasser. **Kirsche** [ahd. kirsa, zu grch. kerasion] *die, -/-n,* ein Steinobst: *Kirschbaum; Kirschsaft; Süßkirsche; mit ihm ist nicht gut Kirschen essen,* Ü man kommt nicht gut mit ihm aus. **Kirschwasser** *das,* wasserheller Branntwein aus Kirschen.

Kirtag *der,* **Kirwe** *die, -/-n, bair.:* Kirchweih.

Kismet [türk., zu arab. Kisma ›Los‹] *das, -s,* im Islam: unabwendbares Schicksal.

Kißchen *das, -s/-.* **Kissen** [ahd. kussin, zu mlat. cussinus] *das, -s/-,* Polster, Beutel mit weicher Füllung als Sitz- oder Liegeunterlage, ABB. B 27: *Federkissen; Sofakissen; Kissenbezug; Kissenfüllung; Kissenschlacht,* U scherzhafte Balgerei, bei der man sich mit Kissen bewirft. **Kißlein** *das, -s/-,* P.

Kiste [ahd. kista, zu lat. cista ›Kasten‹] *die, -/-n,* 1) rechteckiger Holzbehälter, ABB. K 21: *Kistendeckel; Holzkiste.* 2) U alter Kraftwagen, altes Schiff oder Flugzeug: *fährt die alte K. noch?* 3) U Sache, Angelegenheit: *fertig ist die K.; eine faule K.,* eine bedenkliche, fragwürdige Angelegenheit.

Kitchenette [kitʃənˈɛt, engl. kitchen ›Küche‹] *die, -/-n [-ən],* kleine Küche, Kochnische.

Kithara [grch.] *die, -/-s und . . .th'aren,* altgriech. Saiteninstrument.

Kitsch [nhd.] *der, -es,* als geschmacklos geltende Erzeugnisse einer Scheinkunst, die mit primitiven Mitteln Illusionen und Rührung erwecken will. **kitschig.**

Kitt [ahd. quiti ›Leim‹] *der, -(e)s/-e,* 1) teigartiges Klebe- und Dichtungsmittel: *Fensterkitt.* 2) *der ganze K.,* Ü alles.

Kittchen [G Kittke, Kütte, Kaute ›Haus‹, verwandt mit Kajüte] *das, -s/-,* U Gefängnis: *er wird noch ins K. kommen, wandern!,* U eine Freiheitsstrafe verbüßen müssen.

Kittel [mhd. kit(t)el] *der, -s/-,* 1) hemdartiges Obergewand, Arbeitsmantel, ABB. K 25: *Arztkittel; Kittelschürze.* 2) *südwestdt.:* Herrensakko.

kitten, *ich* kitte (habe gekittet) *es,* klebe mit Kitt zusammen, fest: *ihre Freundschaft, Ehe läßt sich nicht mehr kitten,* Ü.

Kitty [engl., zu Katharina], weibl. Vorname.

Kitz [ahd. chizzi] *das, -es/-e,* Junges von Reh, Gemse oder Steinwild: *Bockkitz,* männl. Kitz; *Geißkitz,* weibl. Kitz; *Rehkitz.* **Kitzchen** *das, -s/-.* **Kitze** *die, -/-n,* Kitz.

Kitzel *der, -s/-,* 1) durch leichte Berührung der Haut ausgelöster Juckreiz. 2) *nach etwas,* Ü Lust, Reiz: *Nervenkitzel.* **kitz(e)lig,** 1) empfindlich gegen das Kitzeln. 2) Ü heikel, bedenklich: *eine kitzlige Angelegenheit.* **kitzeln** [ahd. kizzilon], *ich* kitz(e)le (habe gekitzelt) *ihn,* errege Kitzel, bes. durch leichte Berührung mit den Fingern: *das kitzelt seine Eitelkeit,* Ü schmeichelt ihm; *es kitzelt mich, das zu tun,* Ü reizt mich.

Kitzlein *das, -s/-,* Diminutiv zu Kitz. **Kitzler** *der, -s/-,* ⚕ äußeres weibl. Geschlechtsorgan, Klitoris. **Kiwi** [Maori, Schallw.] *der, -s/-s,* ein neuseeländ. Vogel. **Kiwi** [engl. kiwi] *die, -/-s,* eine asiat. Nutzpflanze und deren eßbare Frucht: *Kiwitorte.*

Kiwitt [Schallw.] *der, -(e)s/-e, niederdt.:* Kiebitz.

kJ, Zeichen für: Kilojoule.

k. J., Abk. für: künftigen Jahres.

k. k., Abk. für: kaiserlich-königlich; vgl. k. u. k.

KKW, Abk. für: Kernkraftwerk.

klabastern [ital. calpestare ›mit Füßen treten‹], *ich* klabast(e)re, *niederdt.:* 1) (bin klabastert), laufe polternd hinterdrein. 2) (habe klabastert) *ihn,* prügele.

Klabautermann [niederdt., zu kalfatern] *der,* ein Schiffskobold.

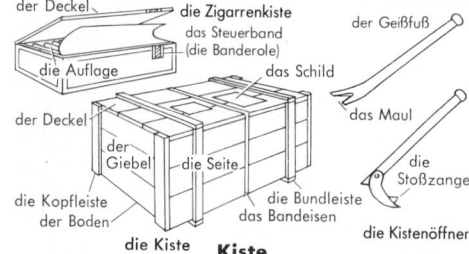

K 21

der Deckel · die Zigarrenkiste · das Steuerband (die Banderole) · die Auflage · das Schild · der Geißfuß · der Deckel · das Maul · der Giebel · die Seite · die Stoßzange · die Kopfleiste · die Bundleiste · der Boden · das Bandeisen · die Kistenöffner · **die Kiste** · **Kiste**

rund:) eckig:] geschwungen:} auf:(zu:)
die Klammer als Schriftzeichen

die Wäscheklammer   die Hosenklammer   die Büroklammer

die Heftklammer·   die Bauklammer

das Seil
die Klampe

der Klappsitz
der Klappstuhl

die Klappe

die Kinderklapper

Klammer   **Klampe**   **Klappe**   **Klapper**

Klaberjaß, Kla|brias *das, -,* ein Kartenspiel.
klack! [mhd. klac ›Riß‹, ›Knall‹, ›Fleck‹], Ausruf, wenn etwas fällt, bes. etwas Breiiges mit klatschendem Geräusch. **Klack** *der, -s/ᵘe, oberdt.:* Hautriß, aufgesprungene Stelle. **klacken,** *es* klackt (hat geklackt), fällt, tropft klatschend zu Boden. **Klacken** *der, -s/-, niederdt.:* **1)** Haufen. **2)** Fleck. **3)** Stück, Bißchen. **klackern, 1)** *es klackert* (hat geklackert), tropft klatschend. **2)** *ich klack(e)re* (habe geklackert), kleckse, mache Flecke. **klacks!,** klack! **Klacks** *der, -es/-e,* **1)** U klatschendes Geräusch. **2)** U kleine Menge: *ein K. Kartoffelbrei.*
Kladde [mittelniederl. kladde ›Schmutzfleck‹] *die, -/-n,* erste Niederschrift; Buch für erste Eintragungen.
kladderadatsch! [Schallw.], Ausruf bei einem klatschenden Fall. **Kladderadatsch** *der, -es/-e,* U **1)** Fall, bei dem es Scherben gibt. **2)** U Skandal, Krach, Aufregung.
klaff!, lautmalend für: kläffen. **Klaff** *der, -(e)s,* kläffender Laut: *mit Kliff und K.* **klaffen** [ahd. chlafon ›krachen‹, urspr. Schallw.], *es* klafft (hat geklafft), bildet einen Spalt, eine Lücke: *eine klaffende Wunde; hier klafft ein Widerspruch,* Ü. **kläffen,** *ein Hund* klafft (hat gekläfft), bellt anhaltend und durchdringend. **Kläffer** *der, -s/-,* oft kläffender Hund.
Klafter [ahd. klaftra ›Maß der ausgebreiteten Arme‹, engl. clip ›umarmen‹] *der oder das, -s/-, auch die, -/-n,* **1)** altes Längenmaß, ABB. M 7. **2)** Raummaß für Holz. **klaftern,** *ich* klaft(e)re (habe geklaftert), **1)** *Holz,* schichte in Klaftern. **2)** *ein Vogel klaftert . . .,* hat eine Flügelspannweite von . . . **3)** ⚓ Faden, Leine.
klagbar, ⚖ so beschaffen, daß es vor Gericht geltend gemacht werden kann (Anspruch). **Klagbarkeit** *die, -.* **Klage** [ahd. klaga] *die, -/-n,* **1)** *um ihn,* Äußerung von Schmerz, Trauer, Jammern: *Klagelied; Totenklage; Wehklagen.* **2)** *über ihn, etwas,* Beschwerde: *es gingen mehrere Klagen wegen Ruhestörung ein.* **3)** ⚖ Geltendmachung eines Anspruches vor Gericht: *Klageschrift; dagegen werde ich K. erheben; K. wurde abgewiesen; auf dem Klageweg.* **klagen** [ahd. klagon], *ich* klage (habe geklagt), **1)** *über, um ihn, etwas,* äußere Schmerz oder Unzufriedenheit: *dein Lehrer klagt über dich, über deine Unaufmerksamkeit; Wild klagt,* schreit vor Schmerz oder Angst. **2)** *ihm,* stelle mitleidrregend dar: *er klagte ihr sein Leid.* **3)** *gegen ihn,* ⚖ mache einen Anspruch vor Gericht geltend. **Kläger** *der, -s/-,* **Klägerin** *die, -/-nen,* jemand, der eine Klage bei Gericht eingereicht hat: *Nebenkläger.* **klägerisch. Klageweib** *die,* Frau, die berufsmäßig die Toten beweint. **kläglich, 1)** jammernd, klagend: *ein kläglliches Geschrei; das Kind weinte k.* **2)** erbärmlich, minderwertig, gering: *er hat k. versagt; die Sache nahm ein klägliches Ende.* **Kläglichkeit** *die, -.* **klaglos, 1)** ohne zu klagen. **2)** *wir müssen ihn k. stellen,* ⚖ ihm seinen Anspruch erfüllen.
Klamauk [Schallw.] *der, -s,* U Geschrei, lärmende Veranstaltung.
klamm [mhd. klam ›eng‹, ›dicht‹, zu klemmen], **1)** steif vor Kälte: *meine Hände sind k.* **2)** feucht und kalt (Wäsche). **3)** *ich bin heute ziemlich k.,* U habe wenig Geld. **Klamm** *die, -/-en,* schmale Felsschlucht mit Wildwasser. **Klammer** *die, -/-n,* **1)** Gerät zur Herstellung einer jederzeit lösbaren Verbindung, ABB. K 22: *Wundklammer; Klammerbeutel.* **2)** Schriftzeichen verschiedener Form zum Kennzeichnen von Einschüben im fortlaufenden Text, ABB. K 22. **3)** Boxen, Ringen: ein Griff. **4)** △ Zeichen dafür, daß die in der Klammer stehende Rechnung vor den anderen ausgeführt werden soll. **Klammeraffe** *der,* ein Affe mit Greifschwanz, ABB. V 7. **Klammerfuß** *der,* ABB. V 7.
klammern, *ich* klamm(e)re (habe geklammert), **1)** *es,* ⚕ verschließe mit Klammern (Wunde). **2)** *es an etwas,* befestige mit Klammern. **3)** *mich an etwas, an ihn,* suche mich festzuhalten,

lasse nicht los. **4)** *mich an etwas, an ihn,* Ü bestehe darauf, suche Unterstützung, setze meine Hoffnung darauf: *er klammerte sich an diese letzte Hoffnung.* **5)** umfasse den Gegner mit den Armen (Boxen, Ringen). **klammheimlich,** U ganz heimlich.
Klamotte [G, eigtl. ›Ziegelbruchstück‹] *die, -/-n,* **1)** Gesteinsbrocken. **2)** U Theaterstück, Film mit primitiver Situationskomik. **3)** *nur Pl.,* U Kleidung, schäbiger Hausrat, wertloser Kram.
Klampe [mnd. klampe ›Haken‹, ›Klammer‹] *die, -/-n,* ⚓ Vorrichtung zum Festlegen von Tauen, Trossen, ABB. K 22.
Klampfe *die, -/-n,* **1)** Zupfgeige, Gitarre. **2)** österr. auch: Eisenklammer zum Zusammenhalten von Hölzern.
klamüsern [zu Kalmäuser], *ich* klamüs(e)re (habe klamüsert) *es, norddt.:* tüftle aus.
Klan *der, -s,* eingedeutscht für: Clan.
klang, von klingen. **Klang** [ahd. chlanch, zu klingen] *der, -(e)s/ᵘe,* Schall, Ton; Zusammenklingen mehrerer einfacher Töne: *Klangbild; Klangfülle; klanggetreue Wiedergabe; mit Sang und K., Kling und K.; es hat einen guten K.,* wird gern gehört, Ü ist angesehen. **Klangfarbe** *die,* durch die verschieden gestaltete Obertonreihe bedingte Eigentümlichkeit eines Tones. **klanglich. klanglos,** sang- und k., Ü unfeierlich. **klangvoll,** *ein* klangvoller Chor.
Kläpe *die, -/-n, schweiz.:* Vetter.
Klapf [mhd. klapf, klaf ›Knall‹, ›Spalte‹] *der, -s/ᵘe, oberdt.:* Knall, Sprengung; Schlag, Krach; Ohrfeige. **kläpfen,** *ich* käpfe (habe gekläpft).
klapp! [Schallw.], Ausruf, wenn etwas zusammenschlägt oder fällt. **Klappe** *die, -/-n,* **1)** Verschlußvorrichtung, bei der sich ein Deckel auf etwas legt, ABB. B 49, R 3: *Herzklappe.* **2)** U derb: Mund: *halt die K.!* **3)** U Bett. **klappen,** *ich* klappe (habe geklappt), **1)** *es,* schlage um: *Klappbett; ich k. den Deckel in die Höhe.* **2)** *es klappt,* gibt ein kurzes hartes Geräusch. **3)** *es klappt,* U gelingt, geht, wie es soll. **Klappentext** *der,* Werbetext auf Buchschutzumschlägen. **Klapper** *die, -/-n,* Rhythmusmusikinstrument (als Kinderspielzeug, ABB. K 22, Jagdgerät, Vogelscheuche). **klapperdürr,** ganz dürr. **klapp(e)rig,** gebrechlich, alt (Sache, Person). **klappern** [mhd. klappen], *es* klappert (hat geklappert), erzeugt ein Geräusch, das dem schnellen Aneinanderschlagen von zwei harten Gegenständen ähnelt: *der Storch k. mit dem Schnabel; seine Zähne klapperten vor Kälte; Klappern gehört zum Handwerk,* Ü man muß sein Können anzupreisen wissen. **Klappernuß** *die,* Pimpernuß.
Klapperschlange *die,* sehr giftige Grubenotter mit rasselnden Hornringen am Schwanzende. **Klapperstorch** *der,* U Storch (der die Neugeborenen bringt). **Klappertopf** *der,* 🌱 ein Wurzelschmarotzer, Wiesenunkraut. **Klappsitz** *der,* ABB. K 22. **Klaps** *der, -es,* **1)** Pl. -e, leichter Schlag: *sie gab dem Kind einen K. auf den Mund.* **2)** U Verrücktheit: *du hast wohl einen K.?* **klapsen,** *ich* klapse (habe geklapst) *ihn,* schlage mit flacher Hand. **klapsig,** U verrückt. **Klapsmühle** *die,* U derb: Nervenheilanstalt: *diese Fragerei bringt mich noch in die K.*
klar [mhd. klar, zu lat. clarus ›hell‹], **1)** hell, durchsichtig, ungetrübt: *klarer Himmel; klares Wasser; das Wetter soll k. werden;* vgl. aber: klarwerden. **2)** Ü deutlich, leicht zu sehen, unverkennbar, unmißverständlich: *er hat klare Vorstellungen; darüber bin ich mir noch nicht k. im klaren, ins klare gekommen; ich habe es ihm klipp und k. gesagt; ein klarer Fall!,* U. **3)** Ü nüchtern, scharf denkend: *ein klarer Kopf, Geist; bei klarem Verstand; klarblickend; klardenkend.* **4)** fein gemahlen: *klarer Zucker.* **5)** Farben: frei von Grau. **6)** bereit; fertig: *k. Schiff!; k. zum Start.* **7)** U ja, gewiß: *na k.!* **8)** mit Verben trennbar zusammengesetzt, wenn ein neuer Begriff entsteht,

vgl. klargehen, klarkommen, klarlegen, klarmachen, klarsehen, klarstellen, klarwerden. **Klar** *das, -s/-e, österr.:* das Weiße im Ei.

Klara [lat. clarus ›hell‹], weibl. Vorname.

Kläranlage [zu klären] *die,* Anlage zur Abwasserreinigung. **Kläre** *der, -n/-n, ein -r,* U farbloser Trinkbranntwein. **Kläre** [mhd. klære] *die, -/-n,* **1)** P Klarheit. **2)** *schweiz.:* Stärkemehl. **Kläre** [zu Klara], weibl. Vorname.

klären [mhd. klæren, zu klar], *ich kläre (habe geklärt) es,* **1)** reinige, mache durchsichtig (Flüssigkeit): *Klärgrube.* **2)** Ü beseitige Mißverständnisse, Unwissen. **Klarett** [mhd. klaret] *der, -s/-s* oder *-e,* Weißherbst, ein roséfarbener Wein aus blauen Trauben. **klargehen,** *es* geht klar (ging klar, ist klargegangen), U verläuft richtig, klappt. **Klarheit** *die, -,* **1)** Helligkeit, Durchsichtigkeit. **2)** Ü Deutlichkeit, Anschaulichkeit: *in dieser Angelegenheit muß ich mir noch K. verschaffen.* **klarieren** [lat. clarare], *ich klariere (habe klariert) ein Schiff,* mache zollfertig bei Aus- oder Einfahrt.

Klarinette [ital. clarino, zu lat. clarus ›hell‹] *die, -/-n,* Holzblasinstrument, ABB. B 33. **Klarinettist** *der, -en/-en,* Klarinettenspieler.

Klarissa [zu Klara], weibl. Vorname. **Klarissin** *die, -/-nen,* Nonne des weibl. Zweiges der Franziskaner.

klarkommen, *ich komme klar (kam klar, bin klargekommen) mit etwas,* U verstehe, bewältige: *damit werden wir schon klarkommen.* **klarlegen,** *ich lege es klar (habe klargelegt),* mache es deutlich. **klarmachen,** *ich mache es klar (habe klargemacht),* **1)** mache deutlich, bewußt, erkläre: *er hat mir den Unterschied klargemacht; machen Sie ihm klar, daß er sich nicht richtig verhält.* **2)** mache bereit (Schiff, Geschütz). **Klarschlag** *der,* kleingeschlagene Steine. **Klärschlamm** *der,* der in Kläranlagen bei der Abwasserreinigung zurückbleibende Schlamm. **Klarschreiber** *der,* Gerät, das einen Text in Klarschrift liefert zur Kontrolle des entsprechenden Lochstreifens. **Klarschriftleser** *der,* Zeichenleser. **klarsehen,** *ich* sehe klar (sah klar, habe klargesehen), habe etwas verstanden, durchschaut. **Klarsichtpackung** *die,* Warenverpackung aus durchsichtigem Material. **klarstellen,** *ich* stelle *es* klar (habe klargestellt), beseitige durch Erklären eine falsche Vorstellung: *dieses Mißverständnis muß klargestellt werden.* **Klarstellung** *die.* **Klartext** *der,* nicht chiffrierter Text. **Klärung** *die, -/-en,* das Klären. **klarwerden,** *ich* werde *mir* klar (bin mir klargeworden) *über etwas,* Ü beginne zu verstehen: *inzwischen ist ihm vieles klargeworden.*

Klas [niederdt., zu Klaus], männl. Vorname.

klasse, nicht flektierbar, U großartig, prächtig: *eine k. Idee; die Musik ist k.* **Klasse** [lat. classis ›Abteilung‹] *die, -/-n,* **1)** Abteilung, Qualitätsstufe im Dienstleistungsbereich: *die erste K. auf dem Schiff; ein Abteil zweiter K.* **2)** durch gemeinsame Eigenschaften verbundene Gruppe von Gegenständen, Begriffen, Lebewesen: *Gewichtsklasse des Boxers; Altersklasse.* **3)** Wertbezeichnung: *ein Spieler von K.; das ist (große) K.,* U großartig. **4)** Abteilung in der Schule; Schüler, die gemeinsam unterrichtet werden: *er geht in die dritte K., mußte eine K. wiederholen; Klassenzimmer,* ABB. S 40; *Klassenkamerad; Klassentreffen; Abiturklasse.* **5)** Gesellschaftsschicht: *Arbeiterklasse; Klassenbewußtsein; Klassengesellschaft; Klassenhaß; Klassenunterschiede.* **6)** Ü Einheit in der Systematik, ÜBERS. N 5. **Klasse..,** U von hervorragender, Bewunderung hervorrufender Qualität: *Klassefußballer; Klasseweib.* **Klassement** [-m´ã, frz.] *das, -s/-s,* **1)** Einteilung, Ordnung. **2)** Rangliste. **Klassenkampf** *der,* im Marxismus: Kampf der besitzlosen gegen die besitzenden Klassen. **Klassenlehrer** *der,* eine bestimmte Schulklasse betreuender Lehrer. **klassenlos,** *die klassenlose Gesellschaft; ein klassenloses Krankenhaus.* **Klassenlotterie** *die,* in Zeitabschnitten (Klassen) gezogene Lotterie. **klassieren,** *ich* klassiere (habe klassiert) *es,* trenne nach Korngröße (Kohlen). **Klassifikation** *die, -.* **klassifizieren** [lat. facere ›machen‹, *ich* klassifiziere (habe klassifiziert) *ihn, es,* ordne den Wert oder der Art nach ein, teile ein, gliedere. **Klassifizierung** *die, -. . . . klassig,* zu einer Klasse gehörend; in einem bestimmte Zahl von Klassen eingeteilt: *ein erstklassiges Restaurant; eine sechsklassige Schule.*

Klassik [frz. classique ›mustergültig‹, lat. classicus ›ersten Ranges‹] *die, -,* eine als Höhepunkt geltende Periode in der Geschichte der bildenden Künste, der Literatur und der Musik eines Kulturbereiches. **Klassiker** *der, -s/-,* **1)** Vertreter der Klassik. **2)** Ü über seine Zeit hinaus wirkender Künstler. **klassisch, 1)** griechisch-römisch: *das klassische Altertum; die*

klassischen Sprachen. **2)** einer Zeitepoche angehörend, die den Stil der griech. Klassik zum Maßstab nimmt: *das klassische Zeitalter der dt. Literatur, Zeit zwischen Sturm und Drang und Romantik.* **3)** Ü von überragendem, zeitlos bedeutendem Wert. **4)** Ü vorbildlich, typisch: *ein klassisches Beispiel.* **Klassizismus** *der, -,* die schulmäßige Nachahmung klassischer Formen und Regeln; verschiedene Stilepochen, ABB. S 67. **klassizistisch. Klassizität** *die, -,* Formvollendung im Sinne des klass. Altertums.

klastisch [grch. klan ›brechen‹], ⊕ durch Zertrümmerung entstanden (Gestein).

Klater [zu Kladde] *der, -s, niederdt.:* **1)** Schmutz, Unrat. **2)** *Pl. -n,* Lumpen. **klat(e)rig,** *niederdt.:* **1)** schmutzig. **2)** zerlumpt. **3)** Ü schlimm, elend, kläglich. **klaternaß,** triefnaß.

klatsch! [Schallw.], Ausruf beim Geräusch eines Schlages, Falles. **Klatsch** *der, -es/-e,* **1)** Geräusch beim Niederfallen von etwas Nassem oder Breiigem, beim Aufschlagen auf eine Flüssigkeit, beim Schlag mit der flachen Hand oder mit einem flachen Gegenstand. **2)** *ohne Pl.,* U Rederei über Personen oder Ereignisse, Geschwätz. **Klatschbase** *die,* geschwätzige Frau. **Klatsche** *die, -/-n,* **1)** Klatschbase. **2)** Mitschüler verpetzendes Kind. **3)** heimlich in der Schule benutztes Hilfsmittel, z. B. Übersetzung fremdsprachiger Texte. **4)** flaches Gerät zum Klatschen. **klatschen,** *ich* klatsche (habe geklatscht) **1)** *(in die Hände),* schlage die Hände zusammen, bes. als Zeichen des Beifalls: *die Zuschauer klatschten minutenlang.* **2)** *über ihn, etwas,* rede über persönliche Angelegenheiten anderer, trage Redereien weiter. **3)** *es klatscht,* schlägt mit einem Klatsch auf, prallt gegen. **4)** *es klatscht,* U gibt Ohrfeigen: *Ruhe, sonst klatsch's!* **5)** *es (ihm),* U plaudere aus, hinterbringe Gerüchte, petze. **6)** *(ihm) Beifall,* schlage applaudierend in die Hände: *alle Anwesenden klatschten dem Redner Beifall.* **Klatscherei** *die, -/-en,* boshaftes Geschwätz. **Klatschmaul** *das,* U boshafte Klatschbase. **Klatschmohn** *der,* ein Unkraut im Getreide. **klatschnaß,** triefend naß. **Klatschsucht** *die,* Freude am Klatsch. **klatschsüchtig.**

Klau [zu Klaue] *die, -/-en,* ⤵ gabelförmiges Ende des Gaffelsegels.

klauben [ahd. clubon], *ich* klaube (habe geklaubt) *es,* **1)** suche mühsam einzeln zusammen, lese mit der Hand aus: *er sollte nicht so Worte klauben,* U an ihnen kleinlich deuteln. **2)** *österr.:* sammle, pflücke (Beeren, Holz). **Klauber** *der, -s/-,* kleinlicher Mäkler. **Klauberei** *die, -:* Wortklauberei.

Klaudia, eingedeutscht für: Claudia.

Klaue [ahd. chlawa] *die, -/-n,* **1)** 🐾 hornige Zehenbekleidung der Paarhufer; Zehe des Dachses: *Maul- und Klauenseuche.* **2)** U Hand, Handschrift: *du schreibst eine schreckliche K.* **3)** ⊕ Bärenklau; Klauenschote. **4)** ⫿ eine Holzverbindung. **5)** ⊙ Haken, Greifer. **klauen,** *ich* klaue (habe geklaut), **1)** *es,* U stehle. **2)** *niederdt.:* kratze; klettere; wühle, krame.

Klaus [Kurzform von Nikolaus], männl. Vorname.

Klause [ahd. klusa, mlat. clusa, zu lat. claudere ›(ver)schließen‹] *die, -/-n,* **1)** Zelle, Einsiedelei. **2)** ⊕ Talenge, Engpaß (in den Alpen). **3)** *oberdt.:* Schleuse. **4)** ⊕ Spaltfrucht der Lippenblüter und Boretschgewächse. **Klausel** [lat clausula ›Schluß‹] *die, -/-n,* **1** 🎵 jede im Rahmen eines Vertrages getroffene besondere Vereinbarung. **2)** Schlußformel (in der antiken Rhetorik; in der Musik des MA.). **Klausner** *der, -s/-,* Einsiedler. **Klaustrophobie** [lat. claustrum ›Verschluß und Phobie] *die,* krankhafte Angst vor dem Aufenthalt in geschlossenen Räumen, Raumangst. **Klausur** [lat. clausura ›Einschließung‹] *die, -/-en,* **1)** Abgeschiedenheit, Zurückgezogenheit: *Klausurtagung.* **2)** *ohne Pl.,* Abgeschiedenheit des Klosters, dem Betreten Fremden verboten ist. **2)** Prüfungsarbeit unter Aufsicht: *Klausurarbeit.*

Klaviatur [mlat. clavis ›Taste‹] *die, -/-en,* Tastatur, Tasten der Tasteninstrumente, ABB. H 9, K 23. **Klavichord** [-chorde ›Saite‹] *das, -(e)s/-e,* ältere Form des Klaviers, ABB. K 23. **Klavier** *das, -s/-e,* Tasteninstrument mit Metallsaiten, ABB. K 23: *sie kann K. spielen; Hammerklavier; Klavierkonzert; Klavierspieler; Klavierstunde.* **klavieristisch,** *klavieristisches Können.* **Klavizimbel** *das, -s/-,* Cembalo, vgl. ABB. K 23.

Klebefolie [-iə] *die,* aus Kunstharzen bestehende oder mit Kunstharzen getränkte, klebende Folie.

Kleblen [zu Klaue], *Pl., bair., österr.:* Finger.

kleben [ahd. kleben], *ich* klebe (habe geklebt), **1)** *es an, auf etwas,* mache haften, befestige (mit Klebstoff u. a.): *ich k. eine Briefmarke auf den Brief; diesen Riß kann man kleben.* U kaufe Marken für die Altersversicherung: *er hat 40 Jahre lang geklebt.* **3)** *ihm eine,* U gebe eine Ohrfeige. **4)** *es klebt,* haftet; ist

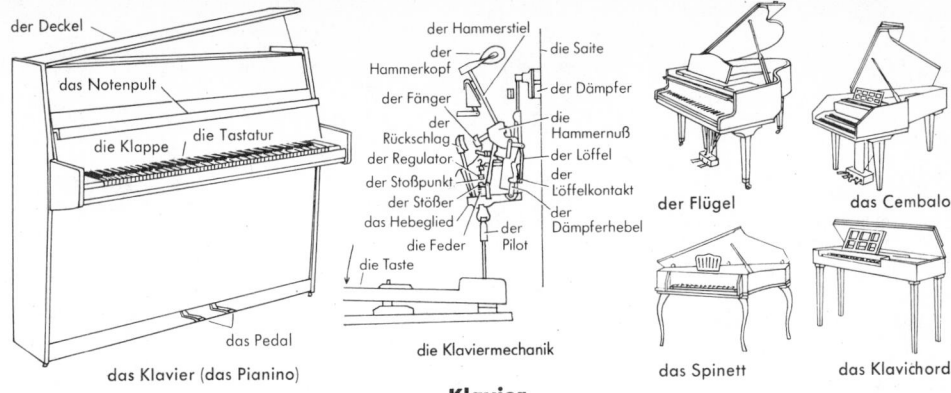

der Deckel

das Notenpult

die Klappe / die Tastatur

der Hammerstiel

der Hammerkopf

der Fänger

der Rückschlag

der Regulator

der Stoßpunkt

der Stößer

das Hebeglied

die Feder

die Taste

der Pilot

die Saite

der Dämpfer

die Hammernuß

der Löffel

der Löffelkontakt

der Dämpferhebel

das Pedal

das Klavier (das Pianino)

die Klaviermechanik

Klavier

der Flügel

das Cembalo

das Spinett

das Klavichord

klebrig, schmierig: *Fischleim klebt gut; die Kleider klebten ihm am Körper; der Tisch klebt vor Schmutz; der Minister klebt an seinem Posten,* Ü will nicht zurücktreten. **klebenbleiben,** ich bleibe kleben (bin klebengeblieben), 1) bleibe haften. 2) Ü halte mich lange auf: *er ist wieder am Stammtisch klebengeblieben.* 3) Schülersprache: werde nicht in die nächste Klasse versetzt: *er ist schon zum zweiten Mal klebengeblieben.* **Kleber** *der, -s/-,* 1) Gemisch von wasserunlöslichen Eiweißstoffen im Getreidekorn. 2) Klebstoff. 3) *alem.:* Klette. 4) *alem.:* Kleiber. **Klebere** *die, -/-n,* **Kleberich** *der, -s/-e, alem.:* Klette. **klebrig,** 1) klebend, haftenbleibend. 2) Ü abstoßend, schmierig: *ein klebriger Mensch.* **Klebrigkeit** *die, -.* **Klebstoff** *der,* Leim, Kitt, Kleister u. a. Bindemittel.

klecken [ahd. klecken ›einen Fleck, Knall machen‹, zu klack], *ich* klecke (habe gekleckt), 1) klecke. 2) kleckere. 3) *es kleckt,* geht gut voran; hilft; reicht aus. **kleckern,** *ich* kleck(e)re (habe gekleckert), Ü 1) beschmutze, mache fleckig: *wer hat hier gekleckert?* 2) *es aus etwas,* verschütte tropfenweise: *ich habe mir Suppe aufs Kleid gekleckert.* 3) *es kleckert,* Ü geht so hin, langsam vorwärts. **kleckerweise,** Ü in kleinen Mengen: *die Beiträge kamen k. herein.* **Klecks** *der, -es/-e,* Fleck: *Tintenklecks; Farbklecks.* **klecksen,** *ich* kleckse (habe gekleckst), 1) (*es* aus etwas), mache Kleckse. 2) Ü male, schreibe schlecht. 3) *es kleckst,* verursacht Kleckse: *die Feder kleckst.*

Kledage [-d'a:ʒə], **Kledasche** [scherzhaft französisierend zu Kleid] *die, -/-n,* Ü Kleidung.

Klee [ahd. kleo] *der, -s,* eine Futterpflanze: *die Klee-Ernte; Futterklee; Wiesenklee; er wurde über den grünen K. gelobt,* Ü außerordentlich. **Kleeblatt** *das,* Blatt des Klees; Sinnbild unzertrennlicher Dreiheit, z. B. Freundschaft zu dritt. **Kleesalz** *das,* Salz der Oxalsäure, Fleckenmittel (Kleesäure).

klefeln [mhd. kleffe, klaffe ›Geschwätz‹, *ich* klef(e)le (habe geklefel[e]t), *schweiz.:* plaudere, klatsche.

Klei [mnd. klei, engl. clay ›Ton‹, zu klegen] *der, -(e)s, norddt.:* fette, tonreiche Bodenart, Marschboden: *Kleiboden.* **kleiben,** *ich* kleibe (habe gekleibt, seltener: habe geklieben), *oberdt.:* klebe. **Kleiber** *der, -s/-,* ein Singvogel.

Kleid [mhd. kleit] *das, -es/-er,* 1) oft *Pl.,* Kleidung; Hülle: *Kleiderbügel; Kleidermotte; Kleiderschrank; Kleider machen Leute.* 2) Frauenoberbekleidung, ABB. K 25: *Abendkleid; Sommerkleid; Strickkleid; Wollkleid; ein langes, elegantes K.; das neue K. steht dir gut.* 3) *schweiz. auch:* Herrenkleidung. 4) ›› Bahn, Streifen des Segels. 5) Gefieder der Vögel: *Federkleid.* **Kleidchen** *das, -s/-.* **kleiden,** *ich* kleide (habe gekleidet), 1) *ihn, mich,* sorge für seine, meine Bekleidung. 2) *ihn, mich,* bekleide: *ich k. mich gern salopp.* 3) *es in etwas,* Ü gebe ihm Form: *er versuchte, seine Gedanken in Worte zu kleiden.* 4) *es,* ›› umwickle (Taue mit Schiemannsgarn u. a.). 5) *es kleidet ihn,* steht ihm gut, er wirkt vorteilhaft damit: *Blau kleidet dich gut.* **Kleiderbad** *das, chem.* Reinigung nur leicht verschmutzter Kleidungsstücke. **kleidsam,** vorteilhaft wirkend: *die neue Mode ist sehr k.* **Kleidsamkeit** *die, -.* **Kleidung** *die, -,* die Gesamtheit der Kleidungsstücke, ABB. K 24, K 25, vgl. M 16:

Kinderkleidung. **Kleidungsstück** *das,* einzelnes Teil der Kleidung, z. B. Rock, Hose.

Kleie [ahd. kli(w)a, zu kleben] *die, -/-n,* Abfallprodukt beim Mahlen der Getreidekörner. **kleien,** *ich* kleie (habe gekleit) *es, norddt.:* 1) grabe (um). 2) kratze. 3) hebe Gräben aus, reinige sie. **kleiig,** 1) wie Kleie. 2) wie Klei.

klein [ahd. kleini ›klein‹, ›fein‹, ›kostbar‹], 1) von geringem Ausmaß, von geringer Größe, ABB. E 2: *Kleinbetrieb; Kleinfamilie; Kleinkredit; Kleinmöbel; er ist k. (von Wuchs); bis ins kleinste,* bis in die Einzelheiten; *Verkauf im kleinen,* aber: *er ist im Kleinen (wie im Großen) genau; kleine Fahrt,* ›› langsame Fahrt oder Fahrt auf der Ost- und Nordsee. 2) nicht lange: *eine kleine Weile; über ein kleines,* bald. 3) jung: *ein kleines Kind; von k. auf,* von Kindheit an; *k. und groß,* jedermann; aber: *Kleine und Große; die Kleinen müssen jetzt ins Bett.* 4) Ü unbedeutend, geringfügig: *Kleinaktionär; eine kleine Mühe; das sind kleine Fische,* Ü das ist nicht schwer, nichts von Bedeutung. 5) Ü geistig eng: *ein kleiner Geist; das ist k. gedacht,* kleinlich. 6) Ü gefügig, schwach: *er hat k. beigegeben; er wurde ganz k. (und häßlich),* Ü kleinlaut. 7) gering am Wert: *kleines Geld,* Kleingeld. 8) als Adverb: *ein k. wenig,* ganz wenig. **Klein** *das, -s,* 1) Kochkunst: Teile von Herz, Magen, Flügel, Füße von Geflügel, Hasen u. a.: *Hühnerklein.* 2) ✂ Bruch, zerschlagenes Gestein. **Kleinarbeit** *die, -,* mühsame Arbeit mit vielen Einzelheiten: *die Dokumentation entstand in jahrelanger K.* **Kleinbahn** *die,* Eisenbahn von geringerer Spurweite; Nebenbahn. **Kleinbildkamera** *die, photograph.* Kamera für Kleinbildfilm (35 mm). **Kleinbürger** *der, -s/-,* 1) Angehöriger des unteren Mittelstandes. 2) Ü Spießer. **kleinbürgerlich.** **Kleinbürgertum** *das, -s,* Gesamtheit der Kleinbürger. **Kleinchen** *das, -s/-, Pl. selten,* kleines Kind (Kosewort). **Kleine** *das, -n/-n, ein -s,* Baby, Kleinkind. **Kleine** *der, -n/-n, ein -r, eine -,* kleiner Junge, kleines Mädchen. **Kleingarten** *der,* Schrebergarten. **Kleingedruckte** *das, -n, etwas -s:* bei Verträgen sollte man das K. immer genau durchlesen. **Kleingeld** *das, -es,* kleines Geld, geringwertige Münzen. **kleingläubig,** zweifelnd, nicht fest glaubend. **Kleingläubigkeit** *die, -.* **Kleinhandel** *der,* Verkauf direkt an den Verbraucher. **Kleinheit** *die, -,* geringes Ausmaß. **Kleinhirn** *das, ⚕* ein Teil des Gehirns. **Kleinholz** *das, -es,* kleingehacktes Holz: *sie haben K. aus der Einrichtung gemacht,* Ü sie völlig zerstört; *er wird K. aus dir machen,* Ü dich verprügeln. **Kleinigkeit** *die, -/-n,* 1) Angelegenheit, die nicht viel Mühe macht: *das ist doch eine K. für dich; es war für ihn keine K., diese Unternehmung zu planen.* 2) Unbedeutendes, Wertloses: *wir wollen noch eine K. essen; ich möchte noch eine K. mitbringen,* ein kleines Geschenk; *wir dürfen uns jetzt nicht mit Kleinigkeiten aufhalten; sie wird bei jeder K. gleich wütend; das ist die reinste K.,* das ist ganz leicht, viel. **Kleinigkeitskrämer** *der,* Ü jemand, der Kleinigkeiten übertriebene Bedeutung beimißt. **Kleinkaliberschießen** *das, -s, sportl.* Schießen mit einer Kleinkaliberbüchse. **kleinkalibrig.** **kleinkariert,** 1) mit kleinem Karomuster (Stoff). 2) Ü engstirnig, spießig: *kleinkariertes Denken.* **Kleinkariertheit** *die, -.* **Kleinkind** *das,* Kind vom zweiten bis

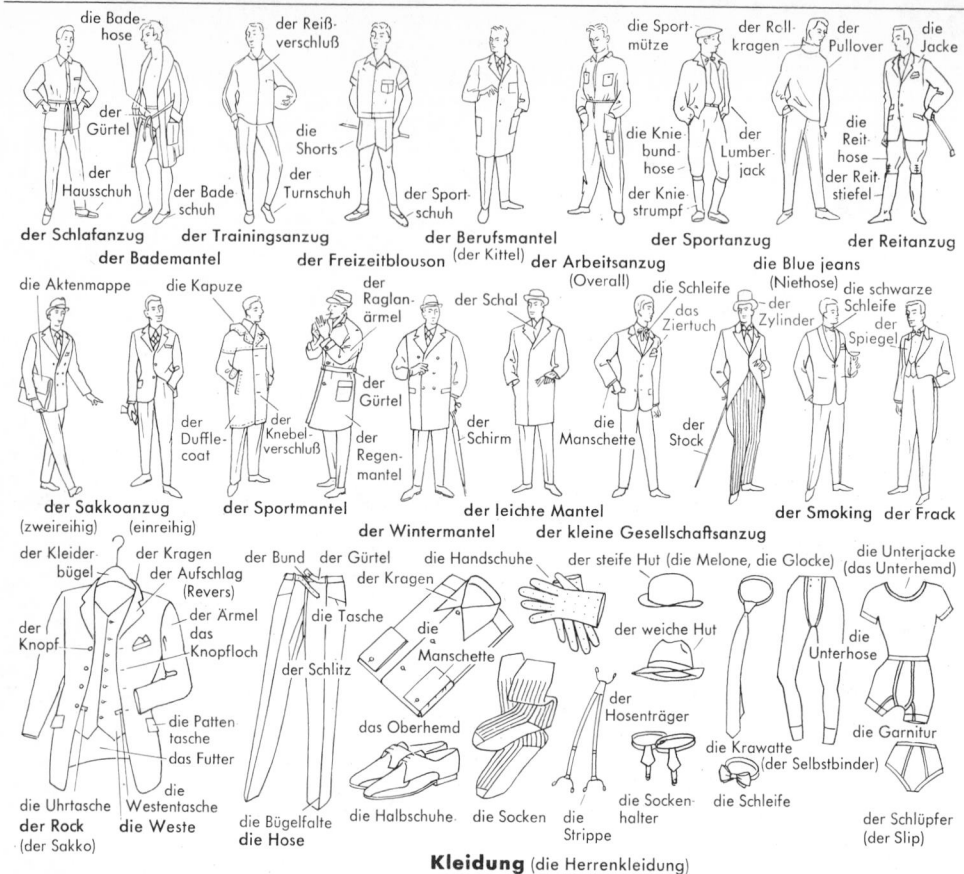

der Schlafanzug — der Trainingsanzug — der Berufsmantel (der Kittel) — der Sportanzug — der Reitanzug
der Bademantel — der Freizeitblouson — der Arbeitsanzug (Overall) — die Blue jeans (Niethose)

der Sakkoanzug (zweireihig) (einreihig) — der Sportmantel — der leichte Mantel — der Smoking — der Frack
der Wintermantel — der kleine Gesellschaftsanzug

die Uhrtasche — der Rock (der Sakko) — die Weste — die Hose — die Halbschuhe — die Socken — die Strippe — die Sockenhalter — die Schleife — der Schlüpfer (der Slip)

Kleidung (die Herrenkleidung)

---

sechsten Lebensjahr. **Kleinkram** *der,* 1) kleine, wertlose Dinge. 2) unwichtige, kleine Arbeiten: *wir mußten heute wieder viel K. erledigen.* **Kleinkrieg** *der,* Guerillakrieg, krieger. Unternehmungen kleiner Abteilungen, bes. im Rücken des Gegners. **kleinkriegen,** *ich kriege klein (habe kleingekriegt),* Ü 1) *es,* mache kaputt: *das Kind hat seine Eisenbahn schnell kleingekriegt.* 2) *ihn,* mache gefügig: *wir dürfen uns nicht kleinkriegen lassen.* **Kleinkunst** *die,* -, 1) Kunstgewerbearbeiten kleinen Formats. 2) kabarettist. Darbietungen: *Kleinkunstbühne.* **kleinlaut,** verlegen (nach vorangegangener Prahlerei). **kleinlich,** an unwesentlichen Dingen hängend, pedantisch, engstirnig, knauserig, nicht großzügig. **Kleinlichkeit** *die,* -. **Kleinmut** *der,* Verzagtheit, Mangel an Entschlußkraft. **kleinmütig. Kleinod** [ahd. od ›Besitz‹] *das,* -(e)s, 1) *Pl.* . . .*odi|en,* Schmuckstück, Juwel. 2) *Pl.* -e, Ü etwas, das einem bes. wertvoll ist. **kleinschneiden,** *ich schneide es klein (habe kleingeschnitten),* schneide in kleine Stücke, zerkleinere. **kleinschreiben,** *ich schreibe es klein (habe kleingeschrieben),* Ü lege keinen Wert darauf, nehme nicht wichtig: *Sorgfalt wird bei ihm kleingeschrieben; aber: dieses Wort wird klein geschrieben,* mit kleinem Anfangsbuchstaben. **Kleinschreibung** *die,* Schreibung mit kleinem Anfangsbuchstaben. **Kleinstaat** *der,* Staat von geringem Ausmaß, der nicht zu den weltpolitisch führenden Staaten zählt. **Kleinstaaterei** *die,* -, Aufspaltung eines Gebietes in viele Kleinstaaten. **Kleinstadt** *die,* Stadt mit weniger als 20000 Einwohnern. **kleinstädtisch. Kleinvieh** *das,* Sammelbez. für Geflügel, Kaninchen,

Ziegen u. a. kleinere Nutztiere: *K. macht auch Mist,* Ü auch Kleinigkeiten können größere Wirkung haben. **Kleinwagen** *der,* kleiner Kraftwagen.

Kleister [mhd. klister, zu ahd. klenan ›kleben‹] *der,* -s/-, Klebstoff aus Stärke, Mehl oder wasserlösl. Zellulose. **kleist(e)rig,** klebrig-verschmiert. **kleistern,** *ich kleist(e)re (habe gekleistert) es,* klebe mit Kleister.

Kleistogamie [grch. kleistos ›verschlossen‹ und vgl. . . . -gamie] *die,* -/. . .*m'i|en,* Bestäubung in geschlossener Blüte.

Klematis [auch kl'e:-, grch. klematis ›Zweig‹, ›Rebe‹] *die,* -/-, ein rankender Blütenstrauch.

Klemens, Clemens. **Klementine,** Clementine.

Klementine [nach dem Züchter Père Clément] *die,* -/-n, kernlose Mandarinensorte.

Klemme *die,* -/-n, 1) Werkzeug zum Klemmen: *Haarklemme; Nasenklemme für störrische Pferde; ich bin in der K.,* Ü in bedrängter Lage. 2) Hülse mit Innengewinde zum Verbinden von elektr. Leitungsdrähten. **klemmen** [mhd. klemmen] *ich klemme (habe geklemmt),* 1) *es,* drücke ein, drücke fest an: *ich k. die Mappe unter den Arm; ich habe mich geklemmt,* mir eine kleine Quetschung zugezogen. 2) *es,* U stehle. 3) *mich hinter ihn, etwas,* U mache mich daran, eifrig: *dich hinter deine Bücher klemmen,* eifrig lernen. 4) *es klemmt,* hängt fest: *die Tür klemmt,* läßt sich schwer bewegen. **Klemmer** *der,* -s/-, Kneifer. **klemmig,** ⚒ fest (Gestein). **Klemmschraube** *die,* ABB. K 26.

Klempner [zu Klampe] *der,* -s/-, Handwerker für Wasser-

der Kragen · der Aufschlag (Revers) · die Jacke · das Häubchen · das Oberteil · die Tasche · die Schürze · die Handtasche · der Ärmel · der Rock · die Hose · das Servierkleid

das Kleid · das Kostüm · das lange Abendkleid · der Hosenanzug

das Komplet · das Gesellschaftskleid · die Kleiderschürze (der Kittel) · das Trachtenkleid · der Morgenrock

die Kapuze · der Anorak · die Mütze · das Pelzbarett · die Fäustlinge · der Schal · die Tasche · der Muff · der Besatz · die Keilhose · der Skistiefel · der Schirm

der Skianzug · der Mantel · der Unterrock · der Shorty · der Bikini

der Regenumhang · der Regenmantel (tailliert) · der Pelzmantel · der Schlafanzug · das Nachthemd · die Söckchen

die Bluse · der Träger · der Büstenhalter · die Bluse · die Schleife · die Kappe · der Strampelanzug · der Spielanzug · der Träger · der Mantel · das Jäckchen · das Babyschuh · die Miederhose · der Rock · der Kniestrumpf · das Jäckchen · der Rock · der Pumps · die Schürze · das Söckchen · das Häubchen · der Schuh · der Hut · die Handschuhe · die Strumpfhose · der Halbschuh · das Hemdchen · das Lätzchen · die Windel · der Strumpf · die Sandale · das Häubchen

die Kinderkleidung

die Babykleidung

Kleidung (die Damenkleidung)

und Gasinstallationen, für Herstellung und Reparatur metallener Gebrauchsgegenstände. **Klempnerei** *die, -/-en,* 1) *ohne Pl.,* Klempnerhandwerk. 2) Klempnerwerkstatt. **klempnern,** *ich klempnere (habe geklempnert), mitteldt., niederdt.:* arbeite als Klempner.
Klen [mhd. klener] *der, -s/-e, schweiz.:* Kleiber.
Klenganstalt [mhd. klenge(l)n ›läuten‹, zu klengel ›etwas Baumelndes‹] *die,* Darre zum Entsamen von Nadelholzzapfen. **klengen,** *ich klenge (habe geklengt)* Nadelholzzapfen, öffne durch Wärme zum Entsamen.
Klepper [mhd. klepfern ›klappern‹], 1) *der, -s/-,* U minderwertiges, verbrauchtes Pferd. 2) *die, -/-n, niederdt.:* Klapper.
Kleptomane *der, -n/-n, ein -r,* jemand, der an Kleptomanie leidet. **Kleptomanie** [grch. kleptein ›stehlen‹ und Manie] *die, -,* krankhafter Trieb zum Stehlen. **Kleptomanin** *die, -/-nen.* **kleptoman(isch).**
klerikal [kirchenlat. clericalis ›priesterlich‹, zu grch. kleros ›Los‹, ›Anteil‹], 1) auf den Klerus bezüglich. 2) streng kirchlich gesinnt. **Klerikalismus** *der, -,* Bestreben, der kath. Kirche, bes. dem Klerus, öffentlichen Einfluß zu sichern. **Kleriker** *der, -s/-,* kath. Geistlicher. **Klerisei** *die, -, ⊕⊕* Klerus. **Klerus** *der, -/,* kath. Geistlichkeit.
Klette [ahd. cletha, zu klenan ›kleben‹] *die, -/-n, ⊕* Korbblütler mit widerhakigem Hüllkelch: *er hängt an mir wie eine K.,* Ü weicht nicht von meiner Seite.
Kletterei *die, -/-en.* **Klett(e)rer** *der, -s/-:* Fassadenkletterer. **klettern** [spätmhd., zu Klette], *ich klett(e)re (bin geklettert)*

auf etwas, steige hoch (an einem Baum, auf einen Berg), klimme (an einer Stange, einem Tau), Abb. K 26: *Kletterpflanze; Klettermax(e); er kann klettern wie ein Affe;* Pflanzen klettern, ranken oder winden sich nach oben; *es ist, um auf die Bäume zu klettern,* Ü nicht mehr zum Aushalten; *das Barometer klettert,* U seine Flüssigkeitssäule steigt. **Kletterstange** *die,* Turnen: Stange für Kletterübungen, Abb. T 22. **Klettertau** *das,* Turnen: herabhängendes Tau für Kletterübungen.
Kletze [mhd. kloz-bire, zu klœzen ›spalten‹] *die, -/-n, österr.:* Dörrbirne. **kletzeln,** *ich kletz(e)le (habe gekletzelt), österr.:* löse etwas Festes stückchenweise ab. **Kletzenbrot** *das, österr.:* Früchtebrot.
klicken [Schallw.], *es klickt (hat geklickt),* klingt metallisch hell und kurz. **Klicker** *der, -s/-,* U Murmel. **klickern,** *ich klikk(e)re (habe geklickert),* U spiele mit Klickern.
klieben [ahd. klioban], *ich kliebe (habe gekloben oder gekliebt) es, oberdt.:* spalte. **kliebig,** *oberdt.:* spaltbar.
Klient [lat. cliens, Gen. clientis ›wer Anlehnung gefunden hat‹, ›der Schutzbefohlene‹] *der, -en/-en,* Auftraggeber eines Rechtsanwalts, Mandant: *der Klientenkreis eines Anwalts.* **Klientel** *die, -/-en,* 1) Kreis der Klienten. 2) früher: Kreis der Schutzbefohlenen eines Schutzherrn. **Klientin** *die, -/-nen.*
klieren, *ich kliere (habe gekliert),* U schreibe schlecht.
Klieter [zu Klut] *der, -s/-, niederdt.:* 1) Stück feuchte Erde. 2) Klößchen. **klietern,** *ich kliet(e)re (habe gekliert), niederdt.:* werfe mit Erde.

die Klemm-
schraube

an der
Leiter

am Tau

die Strom-
ader

der Kontaktstift

**Klemm-
schraube**

am Felsen

klettern (steigen)

Klietsch *der, -es, norddt.:* Klitsch. **klietschig,** *norddt.:* klitschig.

Kliff [engl. cliff] *das, -(e)s/-e,* von der Brandung unterspülter Steilabfall einer Küste, Abb. K 56.

Klima [grch. klima ›Neigung (zum Äquator)‹] *das, -s/-s* oder ...m'ate, **1)** die Witterungsverhältnisse einer Gegend in ihrem durchschnittlichen jahreszeitl. Verlauf: *gemäßigtes, heilwirksames, tropisches K.; Klimaänderung; Klimabeeinflussung; Klimafaktoren; Klimageographie; Klimakarte; Klimaschwankungen; Klimawechsel; Hochgebirgsklima; Seeklima.* **2)** Ü Atmosphäre: *Arbeitsklima; Betriebsklima.* **Klimaanlage** *die,* Anlage zur Klimatisierung von Räumen. **Klimakammer** *die,* Raum mit einem bestimmten künstlich erzeugten Klima für Versuchszwecke.

klimakterisch. Klimakterium [grch. klimakter ›Stufenleiter‹] *das, -s,* Wechseljahre.

Klimatechnik *die,* Teilgebiet der Technik, befaßt sich mit Herstellung und Aufrechterhaltung eines bestimmten Luftzustands in Räumen. **klimatisch,** das Klima betreffend: *heilklimatische Kurorte.* **klimatisieren,** *ich* klimatisiere (habe klimatisiert) *es,* schaffe in einem Raum künstlich eine bestimmte Temperatur, Feuchte, Reinheit und Bewegung der Luft: *klimatisierte Reisebusse.* **Klimatisierung** *die, -.* **Klimatologie** [vgl. ...logie] *die, -,* Klimakunde.

Klimax [grch. klimax ›Leiter‹] *die,* **1)** -/-e, Stilistik: Steigerung, Höhepunkt. **2)** -/...mazes, $ kritischer Zeitpunkt (im menschl. Leben).

Klimbim [Schallw.] *der, -s,* U unnützes Beiwerk, Getue, lautstarker Aufwand: *er macht zuviel K. um die Sache.*

klimmen [ahd. chlimban], *ich klomm (bin geklommen) auf etwas,* klettere, wobei ich mich mit den Armen hochziehe. **Klimmzug** *der,* Turnübung: das Hochziehen am Gerät.

Klimperkasten *der,* U (schlechtes) Klavier. **klimperklein,** *westdt.:* ganz klein. **klimpern** [Schallw.], *ich* klimp(e)re (habe geklimpert), U **1)** spiele gedankenlos oder schlecht auf einem Tasten- oder Zupfinstrument. **2)** lasse einen metallischen Klang erklingen: *er klimperte mit dem Geld in seiner Tasche.*

Klimse *die, -/-n, schweiz.:* Klinse.

Klinge [mhd. klinge, zu klingen] *die, -/-n,* **1)** der scharfe Teil an Schneidwerkzeugen, Waffen, Abb. D 5, M 13, S 1, S 42: *eine blanke, scharfe, schartige, stumpfe K.; Dolchklinge; Klingenführung; man will ihn über die K. springen lassen,* Ü töten, vernichten; *er schlägt eine gute K.,* ficht gut; *er führt eine scharfe K.,* Ü weiß sich gut zu wehren. **2)** ⊕ kurze, steile Talrinne oder Gehängekerbe.

Klingel *die, -/-n,* Gerät zum Läuten, elektroakust. Signalanlage, kleine Glocke, Abb. F 3: *Klingelknopf; Klingelzeichen.* **Klingelbeutel** *der,* Beutel für Geldsammlungen in Kirchen, Abb. B 25. **kling(e)ling!,** Schallwort für einen Klingelton. **klingeln** [mhd. klingilon], *ich* kling(e)le (habe geklingelt), gebe ein Klingelzeichen, läute: *ich k. an der Wohnungstür; ich k. ihm, nach ihm,* läute, damit er kommt. **klingen** [ahd. klingan], *es* klingt (klang, hat geklungen), **1)** tönt hell in reinen Tönen, gibt Klang: *er zahlte mit klingender Münze,* P bar; *mit klingendem Spiel; ihm klingt jetzt die Ohren klingen; er müßte fühlen, daß wir von ihm sprechen (obwohl er nicht anwesend ist); das k. mir noch in den Ohren,* ich erinnere mich genau an den Klang; *laßt die Gläser klingen!,* wir wollen anstoßen. **2)** *klingender Reim,* zweisilbiger, Übers. R 15. **3)** Ü hört sich an, scheint: *vorher klang das ganz anders; das k. nicht gut.* **kling, klang!,** Schallwort für ein helles Klingen, z. B. von Gläsern. **Klingklang** *der, -(e)s.* **Klingstein** *der,* ⊕ Phonolith, ein Ergußgestein.

Klinik [zu grch. kline ›Bett‹] *die, -/-en,* **1)** Krankenhaus: *Klinikneubau; Frauenklinik.* **2)** *ohne Pl.,* Unterricht der Medizinstudenten am Krankenbett. **Kliniker** *der, -s/-,* **1)** in einer Klinik tätiger und lehrender Arzt. **2)** Student in der klinischen Ausbildung. **Klinikum** *das, -s/...ka* oder ...ken, **1)** Zusammenschluß mehrerer Fachkliniken. **2)** *ohne Pl.,* die praktische ärztl. Ausbildung im Krankenhaus. **klinisch.**

Klinke [mhd. klinke] *die, -/-n,* **1)** Griff zum Öffnen und Schließen einer Tür, Abb. K 27, T 19: *Türklinke; Klinkenputzer,* U Bettler. **2)** Fernsprechwesen: Verbindungsstöpsel. **3)** ⚙ Sperr- oder Schalthebel, Abb. K 27. **klinken,** *ich klinke (habe geklinkt),* betätige eine Klinke.

Klinker [zu klingen, wegen des hellen Klanges] *der, -s/-,* besonders harter Ziegel. **Klinkerbau** *der,* **1)** aus Klinkern ausgeführtes Bauwerk. **2)** eine Bauweise für Holzboote: *Klinkerboot.* **klinkergebaut.**

Klinometer [grch. klinein ›neigen‹, ›beugen‹ und vgl. ...metrie] *das, -s/-,* ein Neigungsmesser.

Klinomobil [zu Klinik und Automobil] *das, -s/-e,* Handelsname für einen Kraftwagen mit klinischer Ausrüstung, Notarztwagen.

Klinse, Klinze *die, -/-n, mitteldt.:* schmale (Fels)spalte.

Klio [grch. kleio ›die Rühmende‹], Muse der Geschichtsschreibung.

klipp, Schallwort für ein helles Geräusch: *k., klapp!; k. und klar,* bestimmt und deutlich.

klipp, *niederdt.:* klein: *Klippkram,* ⚭ Kleinkram.

Klipp *der, -s/-s,* eingedeutscht für: Clip.

Klippe [mittelniederl. klippe] *die, -/-n,* **1)** Felsen an der Meeresoberfläche, Abb. K 56: *das Schiff strandete an einer K.* **2)** Ü Hindernis, Schwierigkeit: *an dieser K. scheiterte er,* z. B. an einer Prüfung; *er umschiffte im Gespräch geschickt alle Klippen.* **Klipper** *der, -s/-,* **1)** schnelles Segelschiff. **2)** Clipper. **Klippfisch** *der,* getrockneter und gesalzener Kabeljau.

Klippschule [zu klipp] *die, norddt.,* meist verächtlich: Anfängerschule: *er ist wohl in die K. gegangen!,* U es fehlt ihm am notwendigsten Wissen.

Klips *der, -es/-e,* eingedeutscht für: Clips.

klirren [Schallw.], *es* klirrt (hat geklirrt), gibt ein helles, metallisches Geräusch: *die Gläser klirrten; klirrende Kälte,* Ü große Kälte. **Klirrfaktor** *der,* Maß für Verzerrungen bei der Wiedergabe von Klängen durch Mikrophon, Verstärker, Lautsprecher u. a.

Klischee [frz. cliché] *das, -s/-s,* **1)** ⊘ Druckstock für Hochdruck. **2)** Ü abgegriffene Redewendung, Abklatsch: *Klischeevorstellungen; Klischeewort.* **klischieren,** *ich* klischiere (habe klischiert) *es,* ⊘ übertrage ein Bild auf den Druckstock.

Kliste *die, -/-n, alem.:* Kleinteil, Abb. F 28.

Klistier [mhd. klister, zu grch. klyzein ›ausspülen‹] *das, -s/-e,* $ Einlauf: *Klistierspritze.*

Klitoris [grch. kleitoris ›kleiner Hügel‹] *die, -/-,* $ Kitzler.

klitsch! [Schallw.], Ausruf, wenn etwas klatschend niederfällt. **Klitsch** *der, -es, mitteldt.:* **1)** breiige Masse, Geschmier. **2)** nicht aufgegangenes Gebäck. **3)** leichter Schlag mit der flachen Hand.

Klitsche [poln. kleć ›Lehmhütte‹] *die, -/-n,* U kleines, dürftiges Landgut.

klitschen, *ich* klitsche (habe geklitscht) *ihn, mitteldt.:* schlage klatschend mit der flachen Hand. **klitschig,** U **1)** lehmig, breiig. **2)** nicht durchgebacken. **klitschnaß,** U völlig durchnäßt.

Klitter [zu Klater] *der, -s/-,* ⚭ **1)** Klecks. **2)** Splitter. **klittern,** *ich* klitt(e)re (habe geklittert) *es,* ⚭ **1)** schmiere. **2)** spalte auf, z. B. erzähle in allen Einzelheiten. **3)** verbinde (willkürlich) Nichtzusammenhängendes. **Klitt(e)rung** *die, -/-en: Geschichtsklitterung.*

klitzeklein, U sehr klein, winzig.

Klivie [-viə] *die, -/...vi[en,* eingedeutscht für: Clivia.

Klo *das, -s/-s,* U kurz für: Klosett.

Kloake [lat. cloaca, zu cluere ›reinigen‹, ›spülen‹] *die, -/-n,* **1)** Abwasserschleuse. **2)** ⚕ gemeinsame Mündung für Darm, Harnblase und Geschlechtsorgane. **Kloakentier** *das,* urtüml. Säugetier wie Ameisenigel und Schnabeltier.

Klobasse [slaw., slowen. klobasa] *die, -/-n, österr.:* Wurstsorte.

Kloben *der,* kloben, zu klieben ›spalten‹ *der, -s/-,* Abb. K 27, **1)** Rundholz von einem Meter Länge und mehr als 14 cm Durchmesser. **2)** Zapfen, in den man etwas Drehendes einhängt, z. B. Türen. **3)** Vorrichtung zum Einspannen eines

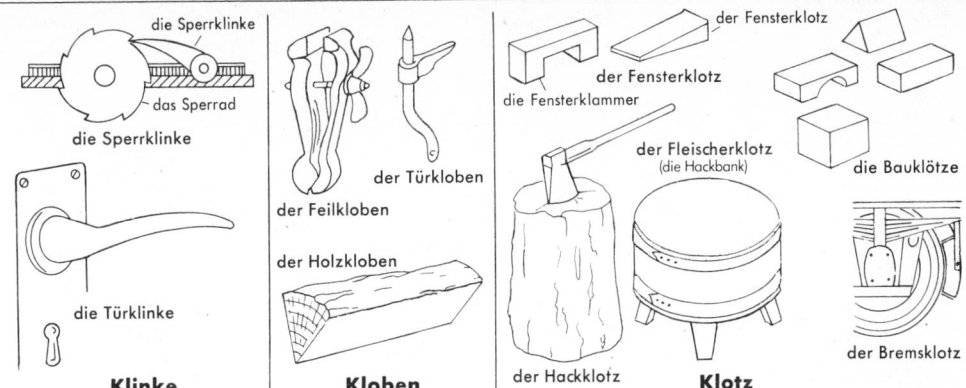

die Sperrklinke

das Sperrad

die Sperrklinke

der Fensterklotz

der Fensterklotz

die Fensterklammer

der Türkloben

der Feilkloben

der Holzkloben

der Fleischerklotz
(die Hackbank)

die Bauklötze

die Türklinke

der Hackklotz

der Bremsklotz

Klinke   **Kloben**   **Klotz**

Werkstücks: *Feilkloben*. **Klöben** *der, -s/-, niederdt.:* ein Hefegebäck, Hörnchen. **klobig,** klotzig, massig; grob, plump.

klomm, von klimmen.

Klon [engl. clon, grch. klon ›Zweig‹, ›Schloß‹] *der, -s/-e,* Genetik: Gesamtheit aller erbgleichen Einzelwesen, die sich ungeschlechtlich aus einem Individuum vermehrt haben. **klonen,** *ich klone* (habe geklont) *es, ⊕* lese die aus ungeschlechtlicher Vermehrung hervorgegangene Nachkommenschaft aus.

klönen [niederdt.], *ich klöne* (habe geklönt), *norddt.:* plaudere gemütlich.

klonieren, *ich kloniere* (habe kloniert) *es, klone.*

klonisch [vgl. Klonus], *⚡ krampfartig.*

Klönschnack [vgl. klönen] *der, norddt.:* Geplauder.

Klonus [grch. klonos ›Krampf‹] *der, -/. . . ni, ⚡ krampfartige* Zuckungen.

Kloot [zu Kloß] *der, -(e)s/-en, niederdt.:* Kloß, Kugel. **Klootschießen** *das, -s,* Eisschießen, ein fries. Eisspiel.

Klöpfel *der, -s/-,* Holzhammer, ABB. S 63. **klopfen** [ahd. clopfon], *ich klopfe* (habe geklopft), **1)** *es,* schlage zum Reinigen, Mürbemachen (Teppiche, Fleisch): *Klopfstaubsauger,* ABB. S 60. **2)** *an, auf etwas,* schlage (mehrmals) daran, darauf: *Klopfmassage; ich k. an die Tür; man muß ihm auf die Finger klopfen,* Ü ihn scharf zurechtweisen. **3)** *es klopft,* pocht, schlägt ständig: *das Herz klopft; der Motor klopft,* läuft infolge von Unregelmäßigkeiten bei der Kraftstoffverbrennung ein hämmerndes Geräusch von sich. **Klopfer** *der, -s/-,* Gerät zum Ausklopfen oder Anklopfen: *Teppichklopfer; Türklopfer.* **Klopffechter** *der, ⚬ 1)* gewerbsmäßiger Fechter. **2)** Raufbold, streitsüchtiger Schriftsteller. **klopffest,** *klopffestes Benzin.* **Klopffestigkeit** *die,* Maß für die Eignung eines Kraftstoffes, ohne Klopfen zu verbrennen. **Klopfzeichen** *das,* Verständigung durch Klopfen: *die eingeschlossenen Bergleute gaben K.*

Kloppe *die, -, niederdt., mitteldt.:* Prügel. **Klöppel** *der, -s/-,* **1)** Knüppel, z. B. am Dreschflegel, ABB. F 23. **2)** Glockenschwengel, ABB. G 30. **3)** Holzspule zum Klöppeln. **klöppeln,** *ich klöpp(e)le* (habe geklöppelt) *(es),* fertige eine besondere Spitze an: *Klöppelspitze.* **kloppen,** *ich kloppe* (habe gekloppt) *(es), niederdt., mitteldt.:* klopfe: *ich k. einen Skat,* Ü. **Klops** *der, -es/-e,* Fleischklößchen: ›*Königsberger Klopse; Klopsbraten.*

Klosett [engl. closet ›abgeschlossener Raum‹] *das, -s/-s* und *-e,* Toilette: *Klosettbürste.*

Kloß [ahd. kloz] *der, -es/-e oder "e,* **1)** kugelförmige Speise: *Kartoffelkloß; Fleischkloß.* **2)** Scholle, Klumpen: *Erdkloß.* **Kloßbrühe** *die: das ist klar wie K.,* Ü völlig klar. **Klößchen,** **Klößlein** *das, -s/-.*

Kloster [ahd. klostar, zu lat. claustrum ›abgeschlossener Raum‹] *das, -s/"er,* abgesonderte Gemeinschaft von Mönchen oder Nonnen; Bauten hierfür, ABB. K 28: *Klosterbruder; Klosterfrau; Klosterschule; Klosterzelle; Höhlenkloster.* **klösterlich, 1)** das Kloster betreffend. **2)** Ü abgeschlossen, still: *in klösterlicher Abgeschiedenheit.*

Klotz [mhd. kloz] *der, -es/"e,* Ü auch *"er,* **1)** grobes Stück Holz, oft Stück eines Baumstammes, ABB. K 27: *damit hat er sich einen K. ans Bein gebunden,* Ü sich selbst belastet. **2)** Ü unbeholfener oder grober Mensch. **Klotzbeute** *die,* ausge-

höhlter Baumstamm als Bienenwohnung. **Klötzchen** *das, -s/-.* **Klotze** *die, -/-n, niederdt.:* Holzschuh. **klotzen,** *ich klotze* (habe geklotzt), **1)** *es,* färbe oder imprägniere Stoff auf dem Foulard. **2)** Ü trete großspurig auf. **3)** Ü arbeite hart. **4)** *nicht kleckern, sondern klotzen!,* Ü hier sollte großzügig geholfen werden. **klotzig, 1)** wuchtig, massig-plump: *klotzige Möbelstücke.* **2)** Ü ungeheuer viel, sehr: *er ist k. reich.*

Klub [engl. club, zu altisländ. klubba ›Keule‹, die zum Zeichen der Einladung zu einer Versammlung herumgeschickt wurde] *der, -s/-s,* **1)** freiwillige Vereinigung mit fester Mitgliedschaft zur Pflege bestimmter Interessen; dazugehörige Räume: *Klubraum; Kegelklub; ich gehe in den K.* **2)** *österr.:* die Fraktion. **Klubjacke** *die,* bequeme sportl. Jacke. **Klubsessel** *der,* Polstersessel, ABB. S 75.

Kluckere [vgl. Klicker] *die, -/-n, schweiz.:* Murmel, Spielkugel. **kluckern,** *ich kluck(e)re* (habe gekluckert), **1)** *schweiz.:* spiele mit Murmeln. **2)** *es kluckert,* gluckert.

kludern, *ich klud(e)re* (bin gekludert), *schweiz.:* erschauere, kauere mich zusammen (vor Kälte).

Klufe *die, -/-n, oberdt.:* Stecknadel.

Kluft [hebr. qilluph ›Schale‹] *die, -/-en,* Ü Kleidung, Uniform: *Einheitskluft.*

Kluft [ahd. kluft] *die, -/-"e,* **1)** ⊕ Spalte im Gestein. **2)** Ü scharfe Trennung: *die K. zwischen Regierung und Opposition.* **3)** *norddt.:* abgespaltenes Stück Holz. **4)** ⚬ Zange. **klüften,** *ich klüfte* (habe geklüftet) *es, norddt.:* spalte. **klüftig, 1)** ⚬ zerklüftet. **2)** *norddt.:* gespalten.

klug, klüger, am klügsten [mhd. kluoc], verständig, gescheit, die Lage richtig beurteilend und danach handelnd: *ein kluger Kopf; es ist das klügste, nachzugeben; der Klügere gibt nach; daraus kann niemand k. werden.* **Klügelei** *die, -/-en,* Spitzfindigkeit. **klügeln,** *ich klüg(e)le* (habe geklügelt), grüble, denke scharf nach. **klugerweise,** *k. hält er sich zurück;* aber: *in kluger Weise.* **Klugheit** *die, -/-.* **Klügler** *der, -s/-,* klügelnde Person. **klüglich,** ⚬ vernünftig, einsichtsvoll. **klugreden,** *ich rede klug* (habe kluggeredet), will alles besser wissen, tue sachverständig: *er hat lange genug kluggeredet;* aber: *er hat in dieser Sache klug geredet.* **Klugredner** *der,* **Klugscheißer** *der, -s/-,* **Klugschnacker** *der, -s/-,* **Klugschwätzer** *der,* Ü Besserwisser.

Klump *der, -(e)s/-e oder "e, niederdt.:* Klumpen. **Klumpatsch** *der, -(e)s,* Ü ungeordneter Haufen. **Klümpchen** *das, -s/-:* im *Pudding sind K.* **klumpen,** *es klumpt* (hat geklumpt), ballt sich, bildet Klumpen. **Klumpen** [spätmhd. klumpe] *der, -s/-,* geballte Masse, Haufen, z. B. größere Erdscholle: *Lehmklumpen.* **klump(e)rig. Klumpfuß** *der, ⚡ Mißbildung* des Fußes. **klumpfüßig. klumpig.**

Klüngel [ahd. klunga ›Knäuel‹] *der, -s/-,* Ü Gruppe von Menschen, die einander fördern und andere fernhalten.

Kluniazenser [nach der Stadt Cluny im französ. Dép. Saône-et-Loire] *der, -s/-,* Mönch der Benediktiner-Kongregation von Cluny. **kluniazensisch.**

Klunker [mhd. glunke] *die, -/-n oder der, -s/-,* **1)** Quaste, Troddel. **2)** Klümpchen, Kugel. **klunk(e)rig. Klunkermus** *das, ostniederdt.:* Milchsuppe mit Klößchen.

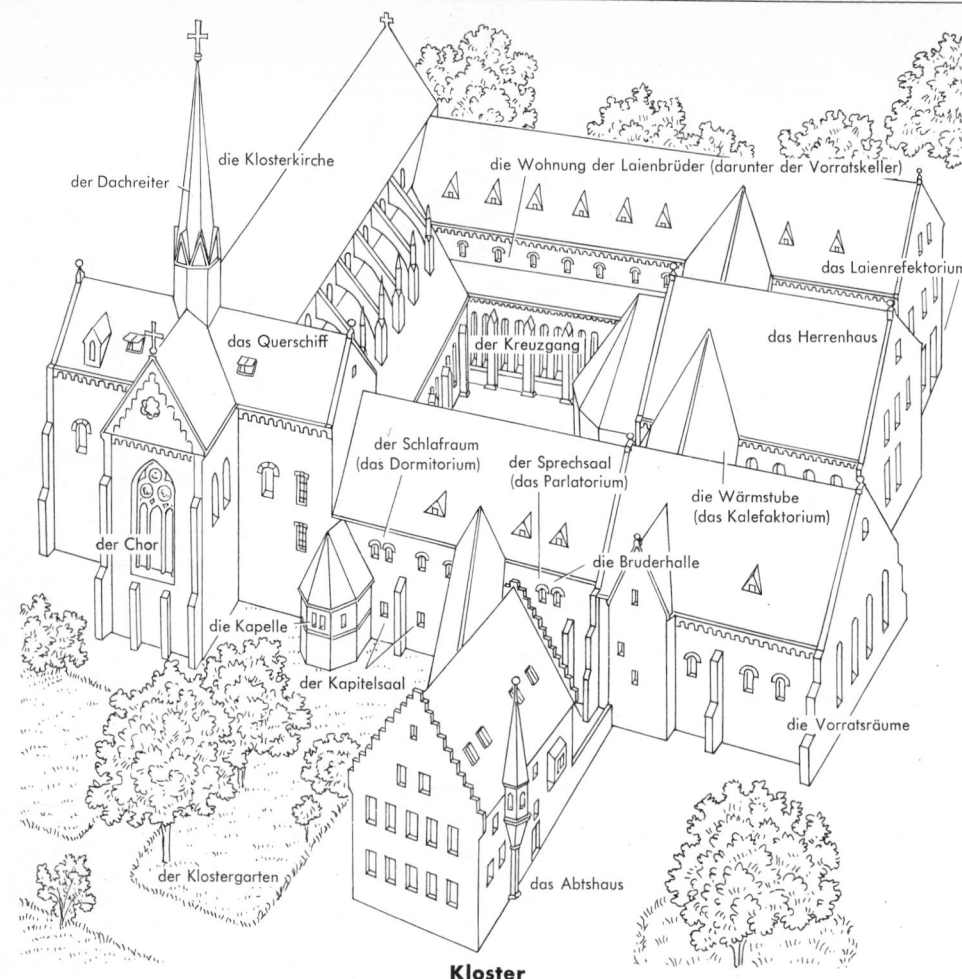

der Dachreiter — die Klosterkirche — die Wohnung der Laienbrüder (darunter der Vorratskeller)

das Laienrefektorium

das Querschiff — der Kreuzgang — das Herrenhaus

der Schlafraum (das Dormitorium) — der Sprechsaal (das Parlatorium) — die Wärmstube (das Kalefaktorium)

der Chor

die Bruderhalle

die Kapelle

der Kapitelsaal

die Vorratsräume

der Klostergarten — das Abtshaus

Kloster

Klunsch *der, -(e)s, ostmitteldt.:* unausgebackenes Gebäck. **klunschig.**
Klunse [mhd. klunse, zu Klinse] *die, -/-n, oberdt.:* Spalt.
Kluppe [mhd. kluppe ›Zange‹; ›abgespaltenes Stück (Holz)‹] *die, -/-n,* **1)** ein Meßgerät (für Holz), eine Art Schublehre, ABB. K 29. **2)** Gewindeschneidwerkzeug, ABB. K 29. **3)** Klemme, Zange zum Einspannen von Werkzeugen: *Spannkluppe.* **4)** *österr.:* Wäscheklammer. **kluppen,** *ich kluppe (habe gekluppt) es,* ⚭ spanne ein (Werkzeug).
Klus [mhd. klus ›Felsspalt‹] *die, -/-en, alem.:* Schlucht.
Klüse [mhd. kluse, zu lat. clusa ›Engpaß‹] *die, -/-n,* ⚓ Öffnung in der Schiffswand für die Ankerkette, ABB. S 16.
Klut [mnd. klute ›Kugel‹, zu Kloß] *der, -s/-en oder die, -/-en, niederdt.:* **1)** Klumpen; Scholle. **2)** Ballen (Papier). **3)** Flegel. **Klutenpedder** *der, -s/-, niederdt.:* Landwirt (eigtl. Schollentreter). **klütern,** *ich klüt(e)re (habe geklütert) an etwas, niederdt.:* arbeite mühsam an Kleinigkeiten, bastele. **klüttern,** *ich klütt(e)re (habe geklüttert) an etwas, schweiz.:* arbeite mühsam.
Klüver [niederl. kluif ›Klaue‹] *der, -s/-,* dreieckiges Segel am

Klüverbaum, auch am Flügel der Windmühle, ABB. K 29.
Klüverbaum *der,* ABB. K 29.
km, Zeichen für: Kilometer. **km²,** Zeichen für: Quadratkilometer. **km³,** Zeichen für: Kubikkilometer.
k. M., Abk. für: künftigen Monats.
km/h, km/st, Abk. für: Kilometer je Stunde.
kn, ⟋ Zeichen für: Knoten.
knabbern [niederdt., Schallw.], *ich knabb(e)re (habe geknabbert),* auch knappere, **1)** *an etwas,* nage, beiße hörbar: *das Kaninchen knabbert an einer Mohrrübe; Knabbergebäck; etwas zum Knabbern,* Gebäck, Nüsse u. a.; *daran wirst du noch lange zu knabbern haben,* Ü das wird dir noch lange Sorgen bereiten. **2)** *es,* U esse: *wir knabberten Salzmandeln.*
Knabe [ahd. knabo] *der, -n/-n,* Junge, Bub: *Knabenchor; alter K.,* scherzhafte Anrede. **knabenhaft,** schlank und schmal. **Knabenhaftigkeit** *die, -.* **Knabenkraut** *das,* Name verschiedener Orchideen. **Knabenliebe** *die,* Päderastie. **Knäblein** *das, -s/-,* P.
knack!, knacks! **Knack** *der, -(e)s/-e,* einmaliges Knacken, kurzes, helles Geräusch. **Knäckebrot** [schwed. knäcka ›knak-

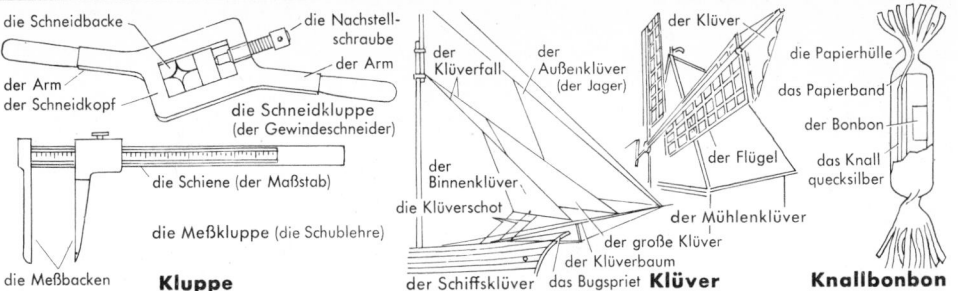

die Schneidbacke — die Nachstell-schraube — der Arm — der Arm — der Schneidkopf — die Schneidkluppe (der Gewindeschneider) — die Schiene (der Maßstab) — die Meßkluppe (die Schublehre) — die Meßbacken — **Kluppe**

der Klüverfall — der Außenklüver (der Jager) — der Klüver — der Binnenklüver — die Klüverschot — der große Klüver — der Klüverbaum — der Schiffsklüver — das Bugspriet — der Mühlenklüver — der Flügel — **Klüver**

die Papierhülle — das Papierband — der Bonbon — das Knall-quecksilber — **Knallbonbon**

---

ken‹ *das,* ein sehr knuspriges Vollkornbrot. **knacken** [mhd. knacken], *ich* knacke (habe geknackt) *es,* **1)** öffne mit kurzem, hellem Geräusch (Nüsse). **2)** U breche gewaltsam auf (Geldschrank, Auto). **3)** Ü löse: *da habt ihr eine harte Nuß zu knacken,* ein schwieriges Problem zu lösen. **4)** *es knackt,* gibt ein kurzes, helles Geräusch von sich. **Knacker** *der, -s/-,* U **1)** jemand, der etwas knackt: *Autoknacker; Geldschrankknacker; Nußknacker.* **2)** (komischer oder geiziger) alter Mann. **Knacki** [zu verknacken] *der, -s/-s,* U jemand, der eine Freiheitsstrafe verbüßt (hat). **knackig,** U fest und prall, knusprig: *knackige Brötchen; das Brot ist k. frisch,* U sehr frisch. **2)** Ü fest und wohlgeformt: *ihr knackiger Körper.* **Knacklaut** *der,* Kehlverschlußlaut, harter Stimmeinsatz bei Vokalen und am Wortanfang. **Knackmandel** *die,* getrocknete Mandel in der Schale. **knacks!,** auch knack!, Ausruf beim Geräusch des Zerbrechens. **Knacks** *der, -es/-e,* **1)** U kurzes, helles Geräusch. **2)** U Bruch, Riß: *die Tasse hat einen K. bekommen.* **3)** ohne Pl., Ü körperl. oder seel. Schaden: *er hat einen K. weg.* **knacksen,** *es* knackst (hat geknackst), knackt. **Knackwurst** *die,* eine scharf geräucherte Wurst.

Knagge [niederdt., eigtl. Knorren] *die, -/-n,* **Knaggen** *der, -s/-,* **1)** ⬜ Verbindungs- und Stützteil im Holzbau, ABB. B 7. **2)** ⚙ Spannbacken an den Planscheiben der Drehbänke. **3)** *niederdt.:* Brotknust.

Knall *der, -(e)s/-e,* **1)** intensiver, kurzdauernder Schallstoß. **2)** *ohne Pl.,* U Verrücktheit: *der hat ja einen K.!* **3)** U plötzlich, sehr schnell, unerwartet. **Knallbonbon** *das,* eine Scherzpackung, ABB. K 29. **Knalleffekt** *der,* U verblüffende Wirkung, überraschende Höhepunkt. **knallen** [mhd. knallen], *ich* knalle (habe geknallt), **1)** erzeuge Knalle: *ich k. mit der Peitsche; ein Schuß knallt.* **2)** *es,* U werfe, schieße: *er hat ihm eine geknallt, eine Ohrfeige gegeben; sie knallte den Telefonhörer auf die Gabel; er knallte den Ball gegen die Latte.* **Knallerbse** *die,* mit Zündsatz gefülltes Papierbeutelchen, ABB. E 7. **Knallfrosch** *der,* kleiner Feuerwerkskörper. **Knallgas** *das,* Wasserstoff-Sauerstoff-Gemisch, das beim Erhitzen heftig explodiert. **knallhart,** U unerbittlich (hart), rücksichtslos, schonungslos: *in dieser Branche geht es k. zu; ich habe es ihm k. gesagt.* **knallig,** U **1)** grell (Farben). **2)** verblüffend (Wirkung). **Knallkopf** *der,* **Knallkopp** *der, -s/ⁿe,* U verrückter Kerl. **knallrot,** grellrot.

knapp [nhd., aus niederl., urspr. ›sauber‹, ›nett‹, ›flink‹], **1)** eng, dicht anliegend: *ein k. sitzendes Kleid.* **2)** beschränkt, dürftig, wenig; gering, gerade noch ausreichend: *die Lebensmittel wurden k.; mit knapper Not konnte er ausweichen; in einer knappen Woche; eine knappe Mehrheit; er ist k. bei Kasse,* U hat wenig Geld; *meine Zeit ist k. bemessen.* **3)** kurz gefaßt, gedrängt (Ausdrucksweise, Stil). **Knappe** [ahd. chnappo] *der, -n/-n,* **1)** im MA.: junger Mann, der zum Ritter ausgebildet wurde: *Schildknappe.* **2)** Bergmann: *Bergknappe.* **knappemang,** *niederdt., fränk.:* knapp; kaum. **knappern,** seltener für: knabbern. **knapphalten,** *ich* halte *ihn* knapp (hielt knapp, habe knappgehalten), U gebe ihm wenig: *er wurde von seinen Eltern sehr knappgehalten,* bekam wenig Geld. **Knappheit** *die, -,* das Knappsein: *Ölknappheit; Rohstoffknappheit.* **Knappkuchen** [niederl. knappen ›essen‹, ›hurtig zugreifen‹] *der, niederrhein.:* Hartgebäck. **Knappsack** *der,* ⚭ Reisetasche, Brotbeutel.

Knappschaft [zu Knappe] *die, -/-en,* zunftmäßiger Zusammenschluß der Bergleute: *Knappschaftskasse.* **knaps!,** Ausruf beim Abknipsen: *knips, k.!* **knapsen** [zu knapp], *ich* knapse (habe geknapst), U bin geizig, knausere. **knarfeln** [mhd. knarpeln ›mit den Zähnen knirschen‹], *ich* knarf(e)le (habe geknarfelt), **knarpeln,** *ich* knarp(e)le (habe geknarpelt), *rhein.:* knabbere, nage. **Knarre** *die, -/-n,* **1)** Kinderspielzeug, Rassel. **2)** ein Bohrgerät: *Bohrknarre,* ABB. B 40. **3)** U Gewehr. **knarren** [mhd. gnarren], *es* knarrt (hat geknarrt), gibt schnarrende Geräusche von sich: *die Tür, die Diele k.* **Knast** [nhd.] *der, -(e)s/-e,* **1)** *niederdt.:* Knorren, Ast. **2)** *niederdt.:* Kerl, alter Mann: *ein reicher K.* **Knast** [neuhebr. kanas ›Geldbuße‹] *der, -(e)s,* G Gefängnis, Strafe: *er muß K. schieben,* eine Freiheitsstrafe verbüßen; *Knastbruder,* Strafgefangener. **Knaster** [niederl., zu span. canastro ›Rohrkorb‹, in dem edle Tabake versandt wurden] *der, -s/-,* **1)** ein Pfeifentabak im Krüllschnitt. **2)** U schlechter Tabak. **Knaster** [zu nhd. Knast] *der, -s/-,* **Knasterbart** *der, niederdt.:* brummiger, mürrischer (alter) Mann. **knastern,** *ich* knast(e)re (habe geknastert), brumme verdrießlich. **Knatsch** *der, -(e)s, mitteldt.:* Aufregung, Auseinandersetzung; Tratsch. **knatschen** [zu knutschen] *(habe geknatscht), mitteldt.:* **1)** *es,* knete, drücke (eine weiche Masse). **2)** sei mürrisch, weinerlich. **3)** kaue laut. **knattern** [Schallw.], *es* knattert (hat geknattert), knallt schnell hintereinander (Maschinengewehr). **Knäuel** [ahd. kliuwa ›Kugel‹] *der oder das, -s/-,* **1)** gewickelte Garnkugel, ABB. K 30: *Wollknäuel.* **2)** Ü Durcheinander, ungeordnete Masse: *Menschenknäuel.* **3)** ⚘ Name eines Nelkengewächses und eines Futtergrases. **Knäuelgras** *das,* auch Knaulgras, ein Futtergras. **knäueln,** *ich* knäu(e)le (habe geknäuelt) *es,* wickle zu einem Knäuel. **Knauf** [mhd. knouf, zu Knopf] *der, -(e)s/ⁿe,* **1)** kugel- oder knopfartiger Griff oder Zierstück, z. B. ABB. D 9, S 1, S 42: *Schwertknauf; Stockknauf.* **2)** Säulenkopf, Kapitell: *Säulenknauf.* **Knäufchen, Knäuflein** *das, -s/-.* **Knaul** *das, -s/ⁿe oder -e, norddt., mitteldt.:* Knäuel. **Knäulchen** *das, -s/-,* Diminutiv zu Knäuel. **Knaulgras** *das,* Knäuelgras. **knaup(e)lig** [zu klauben] *mitteldt.:* mühsame Kleinarbeit verlangend: *knaupelige Arbeit.* **knaupeln,** *ich* knaup(e)le (habe geknaupelt), **1)** *mitteldt.:* versuche mühsam mit den Fingern zu lösen; Ü mühe mich mit schwieriger Arbeit ab. **2)** *ostmitteldt.:* nage, knabbere (an einem Knochen, an Fingernägeln). **Knauser** [mhd. knuz ›keck‹, ›vermessen‹] *der, -s/-,* U übertrieben sparsamer Mensch, Geizhals. **Knauserei** *die, -.* **knaus(e)rig, Knaus(e)rigkeit** *die, -.* **knausern,** *ich* knaus(e)re (habe geknausert), **1)** *mit etwas,* U spare bis zum Äußersten. **2)** *oberdt.:* knabbere, nage. **Knaus-Ogino-Methode** [nach dem österr. Gynäkologen H. H. Knaus, 1892–1970, und dem japan. Gynäkologen K. Ogino, 1882–1975] *die, -,* eine Methode der Geburtenregelung. **knautschen** [zu knutschen], *ich* knautsche (habe geknautscht), U **1)** *es,* zerdrücke, zerknittere, zerknülle: *der Stoff knautscht,* knittert, bildet Druckfalten. **2)** knatsche. **knautschig. Knautschzone** *die,* 🚗 verformbare Teile an Bug und Heck zur Minderung eines Aufprallstoßes.

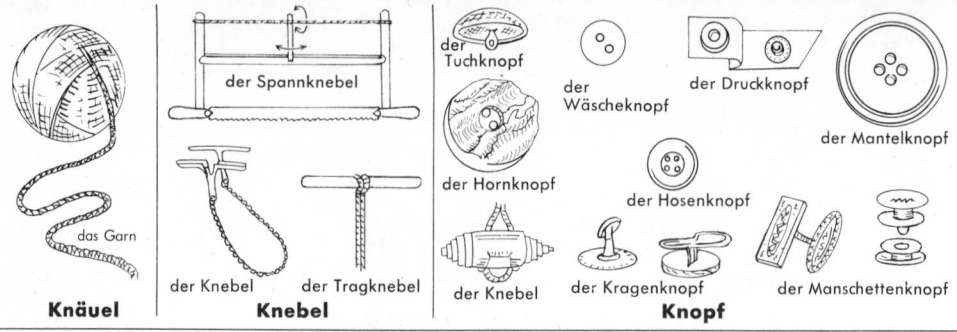

das Garn

Knäuel

der Spannknebel

der Knebel · der Tragknebel

Knebel

der Tuchknopf

der Wäscheknopf

der Druckknopf

der Mantelknopf

der Hornknopf

der Hosenknopf

der Knebel · der Kragenknopf · der Manschettenknopf

Knopf

Knebel [ahd. chnebil] *der, -s/-,* **1)** Stoffballen oder fester runder Gegenstand, der einem Überfallenen in den Mund gesteckt wird, um ihn am Schreien zu hindern: *Knebeltuch.* **2)** ⊚ Teil zum Spannen von Sägen, ABB. K 30, Seilen. **3)** Hölzchen zum Tragen verschnürter Pakete, ABB. K 30. **4)** ein länglicher Verschluß, als Knopf, ABB. K 30. **Knebelbart** *der,* ABB. B 11. **knebeln,** *ich* kneb(e)le (habe geknebelt), **1)** *ihn,* verstopfe ihm den Mund. **2)** *ihn, es,* Ü behindere gewaltsam. **Kneb(e)lung** *die, -.*

Knecht [ahd. kneht] *der, -(e)s/-e,* ⚹ Gehilfe in landwirtschaftl. Betrieb: *Stallknecht.* **2)** früher: Geselle, Diener, Soldat; Gerichtsdiener u. a.: *Reitknecht; K. Ruprecht,* Volksbrauch: Begleiter des hl. Nikolaus. **3)** Name verschiedener Hilfsgeräte: *Stiefelknecht,* ABB. S 39; *Schraubknecht,* ABB. T 11. **knechten,** *ich* knechte (habe geknechtet) *ihn,* halte in dienender Stellung, erniedrige, unterdrücke. **knechtisch,** unterwürfig. **Knechtschaft** *die, -,* Unfreiheit, demütigende Abhängigkeit. **Knechtung** *die, -.*

Kneif [mhd. knif, verwandt mit engl. knife ›Messer‹ *der, -(e)s/-e,* auch Kneip, Kneipe, ein Messer (für Sattler, Schuhmacher). **kneifen,** *ich* kneife (habe gekniffen), **1)** *(ihn, es),* zwicke, klemme zwischen den Fingern oder einer Zange ein. **2)** student. Verbindungen: weiche einer Forderung aus; reagiere während einer Mensur durch Zucken oder Wegziehen des Kopfes auf eine gegner. Hieb. **3)** Ü drücke mich, weiche aus. **4)** ⚓ bringe ein beim Wind segelndes Schiff hart an den Wind. **Kneifer** *der, -s/-,* eine Brillenform, ABB. B 50. **Kneifzange** *die,* ABB. Z 3.

Kneip *der, -(e)s/-e,* Kneif. **Kneipe** *die, -/-n,* **1)** Ü einfaches Wirtshaus, Schenke: *Hafenkneipe.* **2)** student. Verbindungen: geselliger Trinkabend: *Semesterabschlußkneipe; Kneipabend.* **3)** Kneif, Kneip. **kneipen,** *ich* kneipe (habe gekneipt), **1)** Ü zeche. **2)** (auch habe gekippen) *(ihn, es), mitteldt.:* kneife. **Kneiperei** *die, -/-en,* Ü Trinkgelage.

kneippen [nach Pfarrer S. Kneipp, 1821–1897], *ich* kneippe (habe gekneippt), Ü mache eine Kneippkur (Kaltwasserkur).

knellen [mhd. knellen], *ich* knelle (habe knellt) *es, schweiz.:* breche, sprenge auf.

Knesset(h) [hebr. ›Versammlung‹] *die, -,* das Parlament im Staat Israel.

knetbar, zum Kneten geeignet. **Knete** *die, -/-n,* Ü knetbare Masse zum Formen von Figuren (für Kinder). **kneten** [ahd. knetan], *ich* knete (habe geknetet) *es, ihn,* bearbeite eine weiche Masse drückend mit den Händen: *ich k. den Teig.*

Knibbel *der, -s/-, ostniederdt.:* **1)** kleinstes Bernsteinstück. **2)** Kniebel.

knibbern [zu knabbern], *ich* knibb(e)re (habe geknibbert), **1)** *ostniederdt.:* knaupele, breche mit den Nägeln kleine Stückchen ab. **2)** *mitteldt.:* stoppele zusammen, knüpfe oder löse mühsam (verworrene Fäden).

Knick *der, -(e)s/-e,* **1)** scharfe Biegung, Kurve. **2)** Kniff, Riß. **3)** *Pl. -s, norddt.:* mit Gebüsch bepflanzter Erdwall als Einfriedigung oder als Hindernis bei Geländeritten. **Knickebein** *das, -s,* ein alkohol. Mischgetränk, oft Pralinenfüllung. **Knickei** *das,* angestoßenes Ei. **knicken** [mhd.: niederdt. knikken ›bersten‹, ›spalten‹], *ich* knicke, **1)** (habe geknickt) *es,* breche, biege an einer Stelle um (Papier, Zweig). **2)** *es knickt* (ist geknickt), bekommt einen Riß, Sprung (Ei). **3)**

ich bin geknickt, Ü niedergeschlagen, mutlos: *sie macht einen geknickten Eindruck.*

Knicker [vgl. knickern] *der, -s/-,* **1)** Ü Geizhals. **2)** Klappmesser. **3)** *niederdt.:* Klicker, Murmel.

Knickerbocker [n'ikər-, engl. nach dem Spitznamen der holländ. Siedler in New York mit ihrer Kniehosentracht], *Pl.,* bauschende Kniebundhose.

knick(e)rig, geizig. Knick(e)rigkeit *die, -.* **knickern** [mhd. knicken ›knappen‹, zu knicken], *ich* knick(e)re (habe geknickert), **1)** Ü geize, knausere. **2)** *norddt.:* spiele mit Murmeln. **Knickfuß** *der,* ⚕ erworbene Fußdeformität mit Abknickung der Ferse nach außen. **Knicks** *der, -es/-e,* Beugung des Knies zum Gruß: *Hofknicks.* **knicksen,** *ich* knickse (habe geknickst) *vor ihm,* begrüße ihn mit einem Knicks. **Knickung** *die, -/-en,* scharfe Biegung, umgeknickte Stelle.

Knie [ahd. knio] *das, -s/- [kn'i:ə],* **1)** das Gelenk zwischen Ober- und Unterschenkel, ABB. B 18, M 12: *Kniegelenk; er geht in die K.,* Ü gibt nach; *mir schlotterten die K. vor Angst, vor Aufregung,* Ü; *man soll nichts übers K. brechen,* Ü überstürzen; *man sollte ihn übers K. legen,* verhauen. **2)** Teil des Hosenbeins am Knie: *eine Hose mit ausgebeulten Knien.* **3)** Krümmung, gebogener Teil, z. B. eines Flusses: *krummes, gebogenes Verbindungsstück eines Rohrs,* ABB. I 3. **Knieaufschwung** *der,* Turnen: eine Grundübung am Reck.

Kniebel [mhd. knübel ›Knöchel‹] *der, -s/-, niederdt.:* **1)** Knöchel. **2)** Stück Brot. **kniebeln,** *ich* knieb(e)le (habe gekniebelt), *niederdt.:* **1)** schneide ungeschickt; pfusche. **2)** knaupele, fingere.

Kniebeuge [zu Knie] *die,* ABB. L 6. **Kniebundhose** *die,* ABB. K 24.

Knief [mhd. knif ›Messer‹] *der, -(e)s/-e, nordostdt.:* Taschenmesser.

Kniefall [zu Knie] *der,* das Niederfallen auf die Knie (als Zeichen der Ehrerbietung). **kniefällig,** *ich bitte k. um etwas.*

kniefrei, das Knie nicht bedeckend: *ein kniefreier Rock.* **Kniegeige** *die,* Gambe, Violoncello. **Knieheben** *das, -s,* ABB. L 6. **Knieholz** *das,* niedriges Gehölz. **Kniehose** *die,* ABB. M 16. **Kniekehle** *die,* ABB. M 12. **knien** [kn'i:ən, kni:n], *ich* knie (habe gekniet), **1)** *vor ihm, auf etwas,* ruhe auf den Knien. **2)** *vor ihm,* Ü flehe demütig. **3)** *mich (auf etwas),* lasse mich auf die Knie nieder. **4)** *mich in etwas,* Ü beschäftige mich intensiv damit: *er hat sich in die Akten gekniet.*

Kniep [zu Kneif, kneifen] *der, -/-e, schweiz.:* Kneif des Schuhmachers. **Kniepaugen,** *Pl., niederdt.:* kleine lebhafte Augen. **kniepen,** *ich* kniepe (habe gekniept) *(ihn, es), niederdt.:* kneife. **kniepig,** *niederdt.:* geizig.

Knieriemen *der,* Spannriemen der Schuhmacher: *Meister Knieriem,* ⚹ Schuhmacher.

Knies *der, -, niederdt.:* **1)** Schmutz. **2)** Zank, Streit: *ich habe K. mit ihm,* Ü. **Kniesbock** *der,* Ü Geizhals.

Kniescheibe [mhd. knieschibe] *die,* ⚕ platter, rundlicher Knochen auf dem Kniegelenk, ABB. M 12; beim Pferd, vgl. ABB. P 9. **Kniestock** *der,* 🏠 Drempel, ABB. D 1. **Kniestrumpf** *der,* Strumpf, der nur bis zum Knie reicht, ABB. K 25, S 76. **knietief,** *wir sanken k. im Schnee ein.*

knietschen [mhd. knitschen], *ich* knietsche (habe geknietscht) *ihn, es, sächs.:* drücke, presse.

Knieumschwung *der,* eine Leibesübung, ABB. L 7.

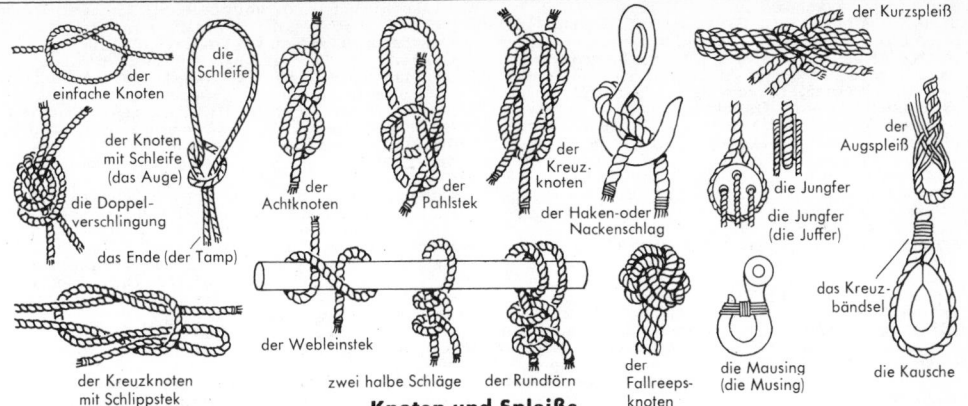

der Kurzspleiß

der einfache Knoten

die Schleife

der Knoten mit Schleife (das Auge)

die Doppel-verschlingung

der Achtknoten

der Pahlstek

der Kreuz-knoten

der Haken- oder Nackenschlag

der Augspleiß

die Jungfer

die Jungfer (die Juffer)

das Ende (der Tamp)

der Webleinstek

zwei halbe Schläge

der Rundtörn

der Fallreeps-knoten

die Mausing (die Musing)

das Kreuz-bändsel

die Kausche

der Kreuzknoten mit Schlippstek

Knoten und Spleiße

Kniewel *der, -s/-, niederdt.:* Kniebel. **kniewein,** *ich kniew(e)le (habe gekniewelt), niederdt.:* kniebele.

kniff, von kneifen. **Kniff** *der, -(e)s/-e,* **1)** Falte, umgebogene Stelle, Abb. H 29. **2)** Ü schlauer Kunstgriff, Trick.

kniff(e)lig [zu niederdt. knüffeln ›mühselige Arbeit verrichten‹], heikel, schwierig: *eine knifflige Rechenaufgabe.* **Kniff(e)ligkeit** *die, -.*

Knigge [nach A. Freiherr v. Knigge, 1751–1796] *der, -(s)/-,* Buch über Umgangsformen.

Knilch *der, -(e)s/-e,* Knülch.

knippen, *ich knippe (habe geknippt) es, niederdt.:* **1)** schnelle weg, schnipse. **2)** kneife. **3)** schneide ab. **4)** knüpfe, binde. **knips!,** Schallwort für das Geräusch des Knipsens.

knipsen, *ich knipse (habe geknipst), U* **1)** schnipse, schnalze mit den Fingern. **2)** *es,* loche (Fahrkarten). **3)** *es, ihn,* photographiere. **4)** *es,* schnelle weg.

Knirps [nhd., verwandt mit Knorpel] *der, -es/-e,* **1)** kleiner Junge. **2)** Handelsname für einen zusammenlegbaren Schirm.

knirpsig.

knirschen [mnd. knirsen], *ich knirsche (habe geknirscht),* **1)** *vor Wut,* mit den Zähnen, reibe die Zähne aneinander (Zeichen großer Wut). **2)** *es knirscht,* gibt harte, reibende Geräusche von sich: *der Schnee knirscht.*

Knistergold *das,* Rauschgold. **knistern** [Schallw.], *ich knistert (hat geknistert),* gibt leise knackende, raschelnde Geräusche von sich (Feuer, Seide, Papier): *bei dem Stück knisterte der Saal vor Spannung,* Ü; *es k. im Gebälk,* Ü Gefahr droht.

knitschen, *ich knitsche (habe geknitscht),* knietsche.

Knittel *der, -s/-,* Knüttel. **Knittelvers** *der,* Knüttelvers, Übers. M 14.

knitterarm, wenig knitternd. **knitterfrei,** nicht knitternd (Stoff). **knitt(e)rig,** U leicht knitternd; zerknittert. **knittern** [Schallw., vgl. knattern], *ich knitt(e)re (habe geknittert),* **1)** *es,* zerdrücke. **2)** *es knittert,* zerdrückt sich leicht, bildet Druckfalten: *das Kleid knittert (nicht).*

Knobel [mhd. knübel ›Knöchel‹] *der, -s/-,* **1)** *mitteldt., oberdt.:* Knöchel. **Knobelbecher** *der,* **1)** Becher zum Würfeln. **2)** U Schaftstiefel der Soldaten. **knobeln,** *ich knob(e)le (habe geknobelt),* **1)** *mit ihm um etwas,* lose durch ein Spiel aus, würfele darum. **2)** *an etwas,* U denke darüber nach, grübele.

Knoblauch [ahd. chlobilouh, eigtl. ›gespalteter Lauch‹] *der, -(e)s,* lauchartige Gewürzpflanze, Abb. G 24: *Knoblauchsalz; Knoblauchwurst; Knoblauchzehe,* Teil der Knoblauchzwiebel; *Knoblauchgeruch; mit K. gewürzte Speisen.*

Knöchel [ahd. chnodo] *der, -s/-,* **1)** äußeres unteres Ende des Wadenbeins, inneres unteres Ende des Schienbeins, Abb. M 12. **2)** ♂♀ Würfel. **Knöchelchen** *das, -s/-,* Diminutiv zu Knochen. **knöcheln,** *ich knöch(e)le (habe geknöchelt) mit ihm,* ♂♀ würfele. **Knochen** *der, -s/-* [mhd. knoche ›Astknorren‹, ›Knochen‹] *der, -s/-,* hartes Stützgewebe, Teil des Skeletts des Menschen- und Wirbeltierkörpers: *Knochengerüst,* Abb. M 12; *Knochenbruch; Röhrenknochen; der Schreck sitzt mir noch in*

den K., U. **knochen...,** ... wie Knochen: *knochendürr; knochenhart; knochentrocken.* **Knochenbank** *die, -/-en,* Tiefkühlschrank zur Aufbewahrung menschlicher Knochen für Transplantationen. **Knochenbau** *der, -(e)s,* Beschaffenheit des Skeletts. **Knochenfisch** *der,* Fisch mit knöchernem Skelett und knöchernen Schuppen. **Knochenhauer** *der, norddt.* ♂♀: Fleischer. **Knochenhaut** *die,* die den Knochen umgebende Haut: *Knochenhautentzündung.* **Knochenmann** *der,* P Tod. **Knochenmark** *das,* Inneres des Knochens. **Knochenmühle** *die,* **1)** Anlage zur Erzeugung von Knochenmehl. **2)** U anstrengende Arbeitsstätte. **Knochentransplantation** *die,* Verpflanzung von Knochengewebe. **knöch(e)rig, knöchern,** aus Knochen bestehend: *knöcherne Substanz.*

knochig, mit starken oder stark hervortretenden Knochen: *von knochigem Körperbau; grobknochig.* **Knöchlein** *das, -s/-.*

Knocke *die, -/-n,* **Knocken** *der, -s/-, meist Pl., niederdt.:* zusammengedrehtes Bund (Flachs, Wolle).

knock|out [nɔk'aut, engl. to knock out ›kampfunfähig machen‹], Abk.: k. o., Boxspr.: kampfunfähig: *er schlug den Gegner in der 10. Runde k.* **Knock|out** *der, -(s)/-s,* Abk.: K. o., Niederschlag: *der Boxkampf endete mit einem K.; Knockoutschlag,* Abk.: K.-o.-Schlag.

Knode [zu Knöchel, Knochel] *der, -n/-n, schweiz.:* Gelenk, Knöchel.

Knödel [mhd. knode ›Knoten‹] *der, -s/-,* **1)** *oberdt., niederfränk.:* Kloß: *Leberknödel.* **2)** *westpreuß.:* Kletze, getrocknete Birne. **3)** *schles.:* Kartoffel. **knödeln,** *ich knöd(e)le (habe geknödelt), U* spreche oder singe mit kehligem, gequetschtem Ton: *der Tenor knödelt.*

Knöllchen *das, -s/-,* [mhd. knolle, niederdt.:] **2)** ♀ fleischig verdickter, stärkereicher Pflanzenteil, meist unterirdisch. **Knollen** *der, -s/-,* **1)** Knolle. **2)** Klumpen. **3)** U dicke Nase: *Knollennase.* **4)** U gebührenpflichtige Verwarnung. **Knollenblätterpilz** *der,* ein sehr giftiger Pilz. **Knollen-Platterbse** *die,* ♀ ein Schmetterlingsblüter. **knollig,** **1)** mit Knollen. **2)** wie eine Knolle.

Knopf [ahd. knopf] *der, -es/ᵘe,* meist rundliches Verschlußstück an Kleidung, Abb. K 30: *Lederknopf; Mantelknopf.* **2)** (runde) Vorrichtung zum Drücken: *Klingelknopf; Schaltknopf,* Abb. E 6. **3)** Knauf, Griff: *Türknopf.* **4)** kugelförmige Spitze, z. B. Turmspitze, Kugel am Stocksdegen, Abb. D 5. **5)** *oberdt.:* Knospe. **6)** *oberdt.:* Knoten. **7)** U kleiner Mensch, Kerl; vgl. Knopp. **Knöpfchen** *das, -s/-.* **knöpfen,** *ich knöpfe (habe geknöpft) es,* **1)** schließe mit Knöpfen. **2)** *oberdt.:* knote. **Knöpflein** *das, -s/-.* **Knopfloch** *das,* Loch im Stoff zum Knöpfen, Abb. K 24. **Knopp** *der, -(e)s/ᵘe, niederdt.:* Knopf. **2)** U scherzhaft (komisch) kleiner Mensch.

Knopper [zu Knopf] *die, -/-n,* **1)** Knorren, Knoten. **2)** eine Pflanzengalle.

knorke [nhd.], *nicht flektierbar,* U tadellos, ausgezeichnet: *der Plan ist k.*

Knorpel [mhd. knorpel, zu Knorren] *der, -s/-,* ⚕ 🔬 Bestandteil des Stützgewebes. **Knorpelfisch** *der,* Fisch mit Knorpelskelett. **knorp(e)lig.**

Knọrren [mhd. knorre] *der, -s/-,* **1)** Baumstammteil mit vielen Ästen. **2)** rauher Klotz. **3)** Baumstumpf. **knọrrig, 1)** mit vielen Ästen; unbehauen. **2)** Ü derb, dickköpfig: *ein knorriger Alter.* **Knorz** *der, -es/-e, süddt.:* Knorren. **knọrzen** [mhd. knorzen ›kneten‹], *ich knorze* (habe geknorzt), U mühe mich ab; knausere. **Knọrzig,** U knauserig, geizig; unleidlich. **Knọ̈spchen** *das, -s/-.* **Knọspe** [spätmhd. knospe ›Knorren‹, zu Knopf] *die, -/-n,* **1)** Blüte oder Sproßende vor der Entfaltung, ABB. P 10; Sinnbild des zarten, werdenden Lebens, des Unerwachsenseins: *Blütenknospe; die K. der Jugend,* P; *die zarte K. einer jungen Liebe,* P. **2)** ⫼ Säulenschmuck, ABB. K 8. **knọspen,** *ich* knospt (hat geknospt), treibt Knospen, beginnt zu wachsen. **knọspig. Knọspung** *die, -,* **1)** das Knospen. **2)** eine ungeschlechtl. Vermehrung bei niederen Lebewesen.

Knọ̈tchen *das, -s/-,* Diminutiv zu Knoten: *knötchenbildende Hautkrankheiten.*

Knọte [niederdt. gnote ›Genosse‹] *der, -n/-n,* **1)** ⚒ Handwerksbursche. **2)** *nordostdt.:* grober Mann.

knọ̈teln, *ich* knöt(e)le (habe knötelt), sticke kleine Knoten. **knọten,** *ich* knote (habe knotet) *es,* **1)** schlinge zu einem Knoten. **2)** *an etwas,* befestige mit einem Knoten. **Knọten** [ahd. chnodo ›Knöchel‹] *der, -s/-,* **1)** Verschlingung von Schnüren, Tauwerk u. a. zum Zweck des Befestigens, ABB. K 31: *ich binde, knüpfe, mache, löse einen K.; ich muß mir einen K. ins Taschentuch machen, damit ich es nicht vergesse,* Ü; *ist bei ihm endlich der K. gerissen!,* Ü hat er endlich begriffen, was das Leben ihm abverlangt. **2)** eine weibl. Haartracht. **3)** ⊕ Verdickung des Stengels am Blattansatz, ABB. P 10; auch kurz für: Fruchtknoten. **4)** ⚕ (krankhafte) Verdickung, Erweiterung, z. B. Ablagerung von harnsauren Salzen in Gelenksnähe bei Gicht. **5)** Physik: ruhende Stelle einer stehenden Welle. **6)** ⤳ Zeichen: kn, Einheit für die Geschwindigkeit eines Schiffs: 1 Seemeile je Stunde. **7)** ✵ beide Schnittpunkte der Bahn eines Himmelskörpers mit einer anderen Ebene. **8)** Ü Konflikt, Verwicklung (im Drama): *die Schürzung des Knotens erfolgt im 2. Akt.* **Knọtenpunkt** *der,* Vereinigung mehrerer Linien: *Verkehrsknotenpunkt.* **Knọ̈terich** *der, -s/-e,* Name verschiedener Heil- und Zierpflanzen. **knọtig,** an einer Stelle verdickt, knotenartig: *knotige Verhärtungen von Gewebe.*

knọtig [zu Knote], derb, ungebildet.

Knọtenǀerz [zu Knoten] *das,* knötchenförmig in Sandsteinen vorkommender Bleiglanz.

knọtzen, *ich* knotze (habe geknotzt), *bair., österr.:* dämmere untätig hin.

Know-how [nouh'au, engl. to know ›wissen‹ und how ›wie‹] *das, -(s),* besondere Kenntnisse oder Erfahrungen bei Herstellung oder Vertrieb von Waren.

Knụbbe [zu Knorren] *die, -/-n, niederdt.,* **Knụbben** *der, -s/-, süddt.:* Astknoten, Knorren; Knospe; Geschwür.

Knụbel [vgl. Knobel] *der, -s/-, schweiz.:* Knorren; Knolle; Huckel. **knụbeln,** *ich* knüb(e)le (habe knübelt), *schweiz.:* kneife; klaube; geize.

Knụff [niederdt.] *der, -(e)s/ᵘe,* U Stoß mit der Faust. **knụffen** [zu Knuff], *ich* knuffe (habe knufft) *ihn,* U gebe ihm (heimlich) einen Stoß.

Knụ̈lch [zu knollig, früher auch ›bäuerisch‹] *der, -(e)s/-e,* auch Knilch, U unangenehmer Mensch, Kerl.

knụ̈ll(e) [berliner. knille], U betrunken.

knụ̈llen [mhd. knüllen ›stoßen‹, ›schlagen‹], *ich* knülle (habe geknüllt), **1)** *es,* U drücke mit der Hand zusammen, zerknittere, knautsche (Papier). **2)** *es, schweiz.:* schlage. **3)** *es knüllt,* knittert, zerdrückt sich (Gewebe).

Knụ̈ller [jidd. knellen ›schlagen‹] *der, -s/-,* U Knalleffekt, einschlagender Erfolg (Buch, Film): *das Stück war ein K.; Kassenknüller.*

Knụpf *der, -(e)s/ᵘe, wien.:* Knoten, Schlinge. **knụ̈pfen** [ahd. chnupfen], *ich* knüpfe (habe knüpft) *es (an etwas),* **1)** verschlinge Fäden miteinander, binde zusammen, befestige mit Knoten oder Schlinge: *ein handgeknüpfter Teppich.* **2)** Ü stelle eine enge Beziehung her: *er knüpfte daran die Bedingung, daß . . .; er hatte große Hoffnungen daran geknüpft.*

Knụ̈ppel [mhd. knüppel] *der, -s/-,* dicker Stock, Prügel: *Gummiknüppel; man will ihm einen K. zwischen die Beine werfen,* Ü Schwierigkeiten machen. **2)** armstarkes, auf eine bestimmte Länge geschnittenes Rundholz. **3)** vorgewalzter Metallstab. **4)** ✈ Steuerhebel: *Steuerknüppel.* **5)** ein Schlagwerkzeug des Bildhauers. **6)** ⬡ am Boden befindlicher Hebel zur Gangschaltung: *Knüppelschaltung.* **7)** eine Brötchenform, ABB. B 50. **Knụ̈ppelǀausdemǀsack** *der, -,* Wunderknüppel im Märchen. **Knụ̈ppeldamm** *der,* mit Holzknüppeln belegter

Weg durch Sumpfland. **knụ̈ppeldick, 1)** dick wie ein Knüppel. **2)** Ü gehäuft: *das Unglück kam k.*

knụppern, Nebenform von knabbern.

knụrren [Schallw., vgl. knarren], *ich* knurre (habe geknurrt), brumme bedrohlich: *der Hund knurrt,* stößt drohende Kehllaute aus; *mir knurrt der Magen,* Ü ich bin hungrig. **Knụrrhahn** *der,* **1)** ein Meeresfisch. **2)** U brummiger Mensch. **knụrrig,** verdrießlich, mürrisch. **Knụrrigkeit** *die, -.*

Knụrz [zu Knorren] *der, -es/-e, wien.:* untersetzter, stämmiger Kerl. **Knụs** *der, -/ᵘ, alem.:* Knorren.

knụ̈selig. knụ̈seln [vgl. knutschen], *ich* knüs(e)le (habe geknüselt) *es, bes. alem., mittelfränk.:* knutsche, zerknittere.

Knụsperchen *das, -s/-, meist Pl.,* Teegebäck, Keks. **Knụsperhäuschen** *das,* Pfefferkuchenhaus im Märchen. **knụsp(e)rig, 1)** angenehm kräftig gebacken: *frische Brötchen sind k.* **2)** Ü frisch, jung, ansehnlich (Mädchen). **knụspern** [Schallw.], *ich* knusp(e)re (habe knuspert) *es, an etwas,* knabbere (hartes Gebäck).

Knust [mnd. knust] *der, -(e)s/-e* oder ᵘe, *norddt.:* **1)** Brotkanten, ABB. B 50. **2)** Knorren, derbes Stück. **3)** Kernhaus (Apfel).

Knut [nord., zu mhd. knuz ›waghalsig‹], männl. Vorname. **Knụte** [russ. knut, verwandt mit Knoten] *die, -/-n,* Lederpeitsche; Sinnbild grausamer Willkürherrschaft.

knụtschen [mhd. knütze, knüsten ›quetschen‹], *ich* knutsche (habe geknutscht), U **1)** es, knülle, zerdrücke. **2)** *ihn,* drücke zärtlich, liebkose, küsse anhaltend ab. **Knụtschfleck** *der,* U Druckstelle auf der Haut als Spur heftiger Liebkosung.

Knụ̈ttel [mhd. knütel] *der, -s/-,* Knüppel, Prügel. **knụ̈tt(e)lig,** derb, ungehobelt. **Knụ̈ttelvers** *der,* Knittelvers, ÜBERS. M 14.

ko. . . [lat. con. . . ›mit‹], Nebenform von *kon. . .* vor Wörtern, die mit Vokal oder h beginnen: *Koedukation; Kohäsion.*

k. o., Abk. für: knockout. **K. o.,** Abk. für: Knockout.

Koǀadjutor [lat. coadiutor ›Mitgehilfe‹] *der, -s/. . .t'oren,* Amtsgehilfe eines Geistlichen, bes. eines Bischofs.

Koagulans *das, -/. . .l'antia,* die Blutgerinnung förderndes Mittel. **Koagulat** *das, -(e)s/-e,* aus einer kolloiden Lösung ausgeflockter Stoff. **Koǀagulation** [lat. coagulare ›gerinnen‹] *die, -,* das Gerinnen, Ausflocken. **koǀagulieren,** es koaguliert (hat koaguliert). **Koagulum** *das, -s/. . .la,* ⚕ Blutgerinnsel.

koǀalieren, koǀalisieren, *sie* koalieren, koalisieren (haben koaliert, koalisiert) miteinander, bilden eine Koalition. **Koalition** [mlat. coalitio ›Vereinigung‹] *die, -/-en,* Bündnis, Verbindung zu gemeinsamem Handeln: *Koalitionsbildung; koalitionsfähig; Koalitionsfreiheit; Koalitionspartei; Koalitionsregierung,* Regierung aus Vertretern mehrerer Parteien; *Koalitionsverhandlungen; Koalitionszwang.*

koǀaxial [vgl. ko. . . und axial], mit gemeinsamer Achse.

Kob *der, -s/-s,* U kurz für: Kontaktbereichsbeamter.

Kobalt [eigtl. ›vom Kobold verzaubertes Erz‹] *das, -(e)s,* ⊖ Element, Zeichen: Co, Metall. **Kobaltblau,** leuchtendes, mittelblaues Blau. **Kobaltbombe** die, eine Kernwaffe. **Kobaltglanz** *der,* silberweißes bis graues Mineral. **Kobaltkanone** *die,* ⚕ Gerät zur Bestrahlung mit radioaktivem Kobalt.

Kobel *der, -s/-, oberdt.:* Koben. **Koben** [mhd. kobel] *der, -s/-, Stall;* Verschlag; Käfig: *Schweinekoben.*

Kober [spätmhd. kober] *der, -s/-, ostmitteldt., niederdt.:* länglicher Rückenkorb, Tragekorb.

Kobold [mhd. kobolt, wohl zu altengl. cofa ›Gemach‹ und -walt, eigtl. ›Hauswalter‹] *der, -(e)s/-e,* Hausgeist des dt. Volksglaubens. **kobolthaft. Kobolz,** *ich* schieße K., schlage einen Purzelbaum.

Koǀbra [portug. cobra ›Schlange‹] *die, -/-s,* eine Giftnatter.

Koch [ahd. choch, zu lat. coquus] *der, -(e)s/ᵘe,* jemand, der (berufsmäßig) Speisen bereitet, ABB. G 5: *Hotelkoch; Diätkoch; mein Mann ist ein guter K.; Hunger ist der beste K.,* U dem Hungrigen schmeckt jedes Essen; *viele Köche verderben den Brei,* U manches läßt sich nur von einem allein erledigen.

Koch *das, -(e)s/-e, österr.:* Auflauf; Brei. **Kochbuch** *das,* Lehrbuch der Speisenzubereitung. **kochecht,** auch kochfest, durch Kochen unzerstörbar (Farben, Gewebe): *kochechte Bettwäsche; diese Gewebe sind (nicht) k.*

Köchelverzeichnis [nach L. Ritter v. Köchel, 1800–1877] *das, -ses,* Abk.: KV, Verzeichnis der Werke W. A. Mozarts. **kochen** [ahd. chochon], *ich* koche (habe gekocht), **1)** bereite Speisen: *Kochkunst; Kochrezept; sie kocht gut.* **2)** *es,* bereite (als Speise) in oder mit siedendem Wasser, mache damit gar oder verwendbar: *man kann Suppe, Eier, Leim kochen;*

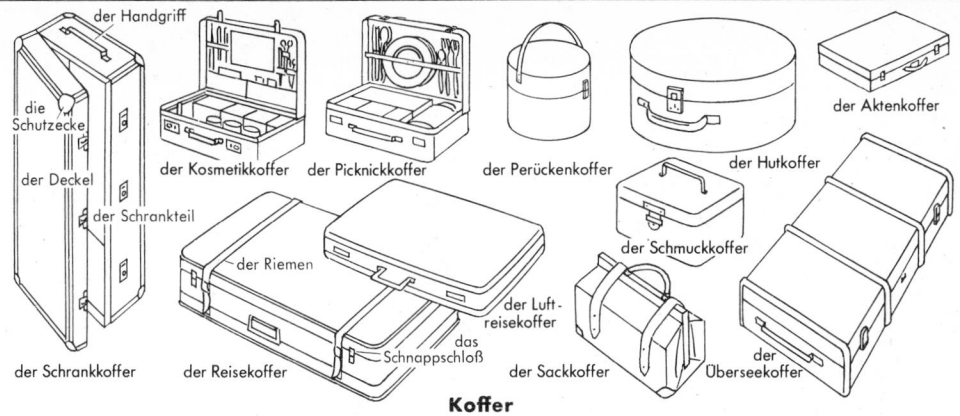

der Handgriff

die Schutzecke

der Deckel

der Kosmetikkoffer · der Picknickkoffer

der Schrankteil

der Perückenkoffer

der Hutkoffer

der Aktenkoffer

der Schmuckkoffer

der Riemen

der Luft-reisekoffer

das Schnappschloß

der Schrankkoffer · der Reisekoffer · der Sackkoffer

der Überseekoffer

Koffer

gekochtes oder gebratenes Fleisch. **3)** *vor Zorn, Wut,* Ü bin erregt. **4)** *es kocht,* siedet: *das Wasser, die Milch kocht; Eier sollen vier Minuten kochen.* **5)** *Wäsche,* U reinige sie in kochendem Wasser: *Kochwäsche; Buntwäsche darf nicht gekocht werden.* **Kocher** *der, -s/-,* kleines Gerät zum Kochen: *Spirituskocher.*

Köcher [ahd. chohher] *der, -s/-,* Pfeilbehälter, ABB. B 39; köcherförmiger Behälter, z. B. für Golfschläger. **Köcherfliege** *die,* ein mottenähnliches Insekt.

köcherln [zu kochen], *ich köcherle* (habe [ge]köcherlet), *schweiz.:* **1)** koche (meist Kindersprache). **2)** *es köcherlet,* siedet auf kleiner Flamme. **kochfertig,** bereit zum Kochen: *kochfertige Suppen.* **kochfest,** kochecht. **Kochgeschirr** *das,* ⚒ Blechnapf mit Deckel. **Köchin** *die, -/-nen,* weibl. Koch.

Kochkiste *die,* ausgepolstertes Behältnis, in dem kochend eingesetzte Speisen gar werden und warm bleiben. **Kochlöffel** *der,* beim Kochen verwendeter Rührlöffel, ABB. L 15. **Kochnische** *die,* Nische mit Herd und Spüle statt Küche in Kleinwohnungen. **Kochplatte** *die,* ABB. K 50. **Kochsalz** *das,* Steinsalz, Meersalz als Gewürz. **Kochtopf** *der,* ABB. T 14.

Kocke *der, -s/-n,* die Kogge.

Kockelskörner, *Pl.,* Kokkelskörner.

Kockpit *das, -s/-s,* Cockpit.

Koda [ital. coda ›Schwanz‹] *die, -/-s,* eingedeutscht für: Coda.

kodd(e)rig, *niederdt.:* **1)** abgerissen, schäbig. **2)** frech. **3)** übel: *mir ist ganz k.*

Kode usw., vgl. Code usw.

Kodein [grch. kodeia ›Mohnkopf‹] *das, -s,* auch Codein, Alkaloid des Opiums; hustenstillendes Mittel.

Koder [zu kodern] *der, -s,* alem.: Auswurf.

Köder [ahd. querdar] *der, -s/-,* **1)** Lockspeise zum Fang von Tieren, ABB. A 14. **2)** *schweiz.:* Speichel, Geifer.

kodern [mhd. kodern ›Schleim auswerfen‹], *ich kod(e)re* (habe gekodert), *alem.:* spucke.

ködern, *ich köd(e)re* (habe geködert), **1)** *ein Tier,* locke mit Köder. **2)** *ihn (mit etwas),* Ü locke durch Versprechungen.

Kodex [lat. codex ›Verzeichnis‹] *der, -es/-e oder -/. . .dizes,* **1)** alte Handschrift. **2)** Gesetzbuch, Gesetzessammlung. **3)** Ü die in einer Gesellschaft üblichen Regeln über Verhaltensweisen: *Ehrenkodex; Sittenkodex.* **kodieren** usw., vgl. codieren usw. **Kodifikation** *die, -/-en,* Zusammenfassung eines Rechtsgebietes in einem einheitl. Gesetzbuch. **kodifizieren** [lat. facere ›machen‹], *ich kodifiziere* (habe kodifiziert) *es.* **Kodifizierung** *die, -/-en,* Kodifikation. **Kodizill** [lat. codicillus ›kleine Handschrift‹] *das, -s/-e,* Zusatz (zu einem Testament).

Koedukation [vgl. ko . . . und Edukation] *die, -,* gemeinschaftl. Erziehung von Jungen und Mädchen.

Koeffizient [vgl. ko . . . und lat. efficere ›bewirken‹] *der, -en/-en,* △ Zahl, mit der eine unbekannte oder veränderliche Größe multipliziert wird.

Koerzitivkraft [lat. coercere ›bändigen‹] *die,* die magnet. Feldstärke, die zur Aufhebung der Remanenz erforderlich ist.

Koexistenz [auch k'o-, vgl. ko . . . und Existenz] *die, -,* das Nebeneinander unterschiedl. geistiger, ökonomischer, politischer und gesellschaftlicher Systeme. **koexistieren,** *es* koexistiert (hat koexistiert).

Kofel *der, -s/-,* bair., südostdt.: Kogel.

Kofen *der, -s/-,* niederdt.: Koben.

Koffein [engl. coffee ›Kaffee‹] *das, -s,* auch Coffein, in Kaffeebohnen, Tee und Kolanüssen enthaltenes belebendes Alkaloid. **koffeinfrei,** ohne Koffein: *koffeinfreier Kaffee.*

Koffer [mhd. koffer, zu grch. kophinos ›Korb‹] *der, -s/-,* abschließbares Behältnis, bes. für die Reise, ABB. K 32: *Handkoffer; Lederkoffer; Kofferdeckel.*

Koffer [engl. to coffer ›abdichten‹] *der, -s/-,* mit Packlage gefüllter Bodenaushub beim Straßenbau.

Köfferchen *das, -s/-.* **Kofferfisch** *der,* trop. Fisch, bes. der Korallenriffe. **Koffergerät** *das,* tragbares, meist batteriebetriebenes elektr. Gerät: *Koffer-Plattenspieler; Kofferradio.* **Kofferkleid** *das,* Kleid aus leichtem, knitterfreiem und pflegeleichtem Material. **Kofferkuli,** ABB. B 4. **Kofferraum** *der,* Gepäckraum in Kraftfahrzeugen, ABB. K 40.

Kog *der, -(e)s/"e,* Koog.

Kog [mhd. koge] *der, -/-er oder -en, schweiz.:* **1)** Aas, Luder. **2)** Dummkopf. **koge,** *schweiz.:* sehr, arg: *es ist k. kalt.*

Kogel, **1)** [wegen der kapuzenähnlichen Form] *der, -s/-, südostdt.:* kegel- oder haubenförmige Bergspitze, ABB. B 20. **2)** [mhd. gugel] *die, -/-n,* Gugel.

kögeln [zu Kog], *ich kög(e)le* (habe gekögel[e]t), *schweiz.:* reize absichtlich zum Zorn, bin dickköpfig.

Kogge [ahd. coccho, hericocho ›Schnellsegler‹] *die, -/-n,* hochbordiges Segelschiff der Hanse.

Kognak [k'ɔnjak] *der, -s/-s,* U Weinbrand; vgl. Cognac.

Kognat [lat. cognatus ›blutsverwandt‹] *der, -en/-en,* Blutsverwandter durch deinselbe Frau or Voreltern.

kognitiv [lat. cognoscere ›erkennen‹, ›kennenlernen‹], die Erkenntnis betreffend, erkenntnismäßig.

Kohabitation [vgl. ko . . . und lat. habitare ›wohnen‹] *die, -/-en,* ⚡ Beischlaf.

kohärent [lat. cohaerere ›zusammenhängen‹], zusammenhängend. **Kohärenz** *die, -,* **1)** Zusammenhang. **2)** Eigenschaft elektromagnet. Wellen, durch die Interferenz eintritt. **kohärieren,** *es* kohäriert (hat kohäriert). **Kohäsion** *die,* die durch die gegenseitige Anziehungskraft der Moleküle bewirkte innere Zusammenhalt von Stoffen. **kohäsiv.**

Kohl [ahd. kol, zu lat. caulis] *der, -(e)s/-e,* Gemüsepflanze, ABB. K 33: *Grünkohl; Rotkohl; Kohlroulade; Kohlsuppe.*

Kohl [hebr. kol ›Stimme‹, ›Gerücht‹] *der, -(e)s/-e,* U unsinniges Geschwätz. **Kohldampf** [Rotwelsch] *der, -(e)s,* U Hunger: *wir mußten K. schieben,* hungern.

Kohle [ahd. kolo, urspr. nur Holzkohle] *die, -/-n,* **1)** ein fossiler Brennstoff: *Kohleherd; Kohlenhalde; Kohlenschaufel; Kohlenstaub; Steinkohle; sie sitze auf glühenden Kohlen,* Ü bin sehr ungeduldig, muß in einer peinlichen Lage ausharren; *sie sammelten feurige Kohlen auf sein Haupt,* Ü vergalten Böses mit Gutem, um ihn zu beschämen. **2)** verkohlte Stoffe, bes. Holz-

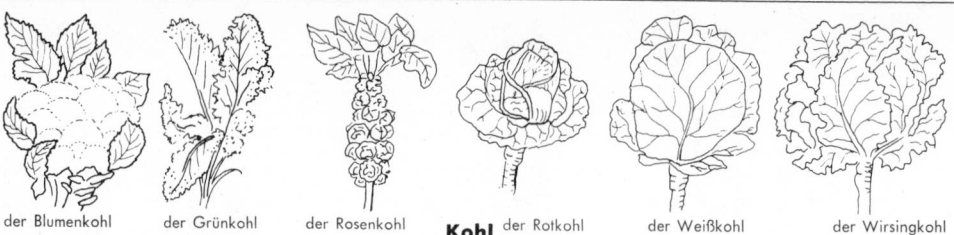

der Blumenkohl · der Grünkohl · der Rosenkohl · **Kohl** der Rotkohl · der Weißkohl · der Wirsingkohl

kohle und Knochenkohle: *medizinische K.; Zeichenkohle; Kohlestift*. **Kohlechemie** die, Sammelbez. für chem. Prozesse zur Kohleveredlung. **Kohlehy|drierung** die, Kohleverflüssigung. **kohlen** [hebr. kol ›Stimme‹, ›Gerüchte‹], *ich kohle* (habe gekohlt), U schwindele, rede Unsinn. **Kohlendioxid** das, ein farb- und geruchloses, nicht brennbares Gas. **Kohle(n)hy|drat** das, ⟳ organ. Verbindung von Kohlenstoff, Wasserstoff, Sauerstoff, z. B. Zucker, Stärke, Zellulose. **Kohlenkalk** der, -(e)s, ⊕ Kulm. **Kohlenmonoxid** das, farb- und geruchloses, sehr giftiges Gas. **kohlensauer**, Kohlensäure enthaltend. **Kohlensäure** die, -, wäßrige Lösung des Kohlendioxids. **Kohlenstoff** der, -(e)s, ⟳ Zeichen: C, Element, Nichtmetall (Diamant, Graphit): *Kohlenstoffverbindungen*. **Kohlenstoff-Fasern**, *Pl.*, auch Carbonfasern, feste leichte Fasern zur Verstärkung von Werkstoffen. **Kohlenstoffring** der, ringförmig verkettetes Kohlenstoffgerüst organ. Stoffe. **Kohlenwasserstoff** der, meist Pl., ⟳ organ. Verbindung aus Kohlenstoff und Wasserstoff. **Kohlenwertstoff** der, Nebenprodukt der Kohleveredlung. **Kohlepapier** das, Papier mit einseitiger Farbschicht zum Durchschreiben. **Köhler** der, -s/-, 1) Erzeuger von Holzkohlen. 2) Seelachs. **Köhlerei** die, -/-en, Holzkohlenbrennerei im Meiler. **Kohleverflüssigung** die, auch Kohlehydrierung, Anlagerung von Wasserstoff an Kohle zum Gewinnen von Kohlenwasserstoffen, bes. Benzin, Öle. **Kohlezeichnung** die, mit Hilfe von Holzkohle, schwarzer Kreide oder Steinkreide hergestellte Zeichnung. **Kohlkopf** der, kopfförmige Wuchsform des Kohls. **Kohlmeise** [mhd. kolemeise] die, ein Singvogel. **Kohlrabe** der, U Kolkrabe. **kohl(raben)schwarz**, tiefschwarz. **Kohlrabi** [mlat. caulorapa ›Kohlrübe‹] der, -(s)/-(s), ein Stengelgemüse. **Kohlrübe** die, 1) eine Rübe, ABB. R 29. 2) wien.: Kohlrabi. **Kohlsaat** die, der Raps. **Kohlweißling** der, ein Tagschmetterling. **Kohorte** [lat. cohors ›Schar‹, ›Gefolge‹] die, -/-n, altröm. Truppeneinheit: 10. Teil einer Legion. **Koine** [kɔin'e:, grch. eigtl. koine dialektos ›gemeinsame Sprache‹] die, -, 1) die griech. Sprache im Zeitalter des Hellenismus. 2) Pl. ...n'ai, andere durch Einebnung von Dialektunterschieden entstandene Sprachen. **ko|inzident. Ko|inzidenz** die, -/-en, Zusammentreffen (zweier Ereignisse). **ko|inzidieren** [vgl. ko... und lat. incidere ›sich ereignen‹], *es koinzidiert* (hat koinzidiert) *mit einem Ereignis*. **ko|itieren**, *ich koitiere* (habe koitiert). **Ko|itus** [lat. coitus ›Vereinigung‹] der, -/-, Beischlaf. **Koje** [mnd. koye, zu lat. cavea ›Käfig‹] die, -/-n, 1) eingebaute Bettstelle auf Schiffen. 2) kleiner abgetrennter Raum, z. B. Ausstellungsstand. **Kojote** [mexikan.-span. coyote, aus aztek.] der, -n/-n, auch Coyote, 1) Präriewolf. 2) U verächtlich: Mischling, Farbiger. **Koka** [span. coca] die, -/-, auch Coca, ein südamerikan. Strauch. **Kokain** der, -s, auch Cocain, Alkaloid der Kokablätter, Mittel zur örtl. Betäubung und Rauschgift. **Kokarde** [frz. cocarde, zu coq ›Hahn‹, da urspr. aus Hahnenfedern] die, -/-n, rosettenförmiges Abzeichen an Helm oder Mütze, ein Nationalzeichen. **Kokarzinogen** das, ⚕ krebsfördernde Substanz. **kokeln** [zu gaukeln], *ich kok(e)le* (habe gekokelt), *niederdt.*: spiele mit Feuer: *Kinder kokeln gern*. **koken** [engl. to coke ›verkoken‹], *ich koke* (habe gekokt), erzeuge Koks. **Koker** der, -s/-, Koksarbeiter. **Koker** [niederdt. zu Köcher] der, -s/-, ⚓ Öffnung für den Ruderschaft im Schiffsheck: *Ruderkoker*.

Kokerei die, -/-en, Betrieb zur Gewinnung von Koks und Gas: *Kokereigas*. **kokett** [frz. coquet, zu coq ›Hahn‹], gefallsüchtig. **Kokette** die, -/-n, kokette Frau. **Koketterie** die, -/...ri'en. **kokettieren**, *ich kokettiere* (habe kokettiert) *(mit ihm)*, benehme mich kokett. **Kokille** [frz. coquille ›Muschel‹] die, -/-n, ☺ gußeiserne oder stählerne Gußform für Metallblöcke: *Kokillenguß*. **Kokke** die, -/-n, der Kokkus. **Kokkelskörner** [mlat. cocculae orientales, zu grch. kokkos ›Kern‹, ›Korn‹], Pl., asiat. Früchte, Giftköder für Fische. **Kokkus** der, -/K'okken, Kugelbakterium. **Kokolores** der, -, U überflüssige Umstände; Unsinn: *das ist doch alles K.* **Kokon** [kok'ɔ̃, frz. cocon, zu coque ›Eierschale‹] der, -s/-s, Gespinsthülle der Puppe vieler Insektenlarven, z. B. der Seidenraupe, ABB. A 10: *Kokonfaser; Puppenkokon*. **Kokosfaser** die, Fruchtfaser der Kokosnuß. **Kokosfett** das, aus der Kokosnuß gewonnenes Fett. **Kokosnuß** [span. coco] die, Frucht der Kokospalme, ABB. N 11. **Kokospalme** die, trop. Fiederpalme. **Kokotte** [frz. cocotte, zu kokett] die, -/-n, Halbweltdame, Prostituierte. **Koks** [engl. coke] der, -es/-e, durch Schwelung oder Verkokung von Steinkohle gewonnener Brennstoff: *Koksheizung*. **Koks** der, -es, U Kokain. **koksen**, *ich kokse* (habe gekokst), U 1) nehme Kokain. 2) G schlafe. **Kokser** der, -s/-, U Kokainsüchtiger. **kol...** [lat. col...], Nebenform von kon... vor Wörtern, die mit l beginnen: *Kollege*. **Kola** [westafrikan.] die, -, westafrikan. Baum: *Kolanuß*. **Kola**, Pl. von Kolon. **Kolatsche** [tschech. koláč] die, -/-n, österr.: kleiner quadratischer, gefüllter Blätterteigkuchen. **Kolbe** die, -/-n, männl. Haartracht der Renaissance. **Kolben** [ahd. kolbo] der, -s/-, ABB. K 34, 1) dickes Ende an rundlichem Stiel, z. B. ABB. F 10. 2) ☺ Maschinenteil in einem Zylinder zur Aufnahme und Übertragung einer treibenden Kraft, ABB. D 3, M 5, P 25: *Kolbenring*. 3) ⊕ eine Form des Blüten- und Fruchtstands, ABB. B 38, F 36: *Maiskolben; Kolbenblüter*. 4) ⟳ flaschen- oder birnenförmiges Gefäß: *Stehkolben*. 5) Schaftende der Handfeuerwaffen und der Armbrust, ABB. A 21. 6) ♼ Stangen und Enden am unteren Geweih; vgl. ABB. G 21: *Kolbenhirsch*. 7) kurz für: Streitkolben: *Kolbenhieb*. **Kolbenstange** die, ☺ Stange, die den Kolben führt und seine Bewegung überträgt, ABB. D 3. **kolbig**, am Ende keulenartig verdickt. **Kölch** [lat. col?] der, -(e)s, österr.: Wirsing. **Kolchos** [russ. kolchos, Abk. von kollektivnoe chozjajstvo ›Kollektivwirtschaft‹] der oder das, -/...ch'ose, **Kolchose** die, -/-n, landwirtsch. Produktionsgenossenschaft in der Sowjetunion: *Kolchosbauer; Kolchoshöfe; Großkolchose*. **Kolder** [zu Koller ›Wutanfall‹] der, -s, alem.: Reizbarkeit, Hypochondrie. **koldern**, *ich kold(e)re* (habe gekoldert), *alem.*: poltere, schelte. **Koli** [zu Kohle] der, -s/-s, schweiz.: 1) Rappe. 2) das Schwarze (Zielscheibe). 3) Kaffee mit Branntwein. **Kolibakteri|en** [grch. kolon ›Darm‹], Pl., im Dickdarm lebende Bakterien. **Koli|bri** [karib. ›leuchtende Fläche‹] der, -s/-s, kleiner amerikan. Vogel. **Kolik** [grch. kolike ›Darmleiden‹, zu kolon ›Darm‹] die, -/-en, ⚕ Krampf eines Hohlorgans mit heftigen Leibschmerzen: *Darmkolik; Gallenkolik; kolikartige Schmerzen*.

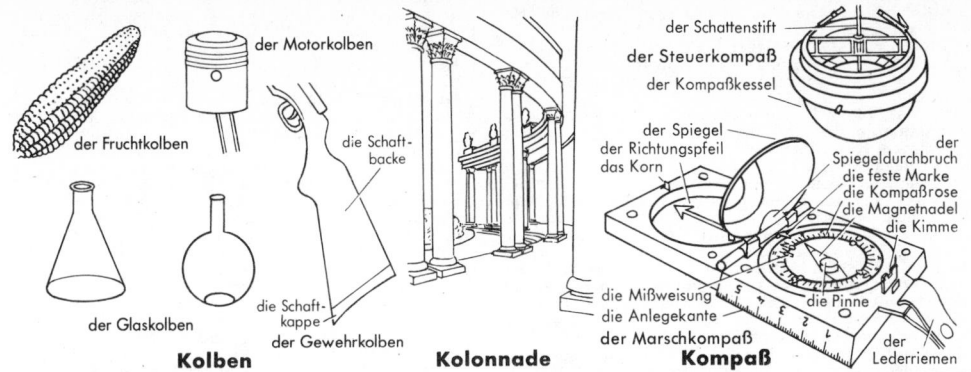

der Motorkolben

der Fruchtkolben

die Schaft-
backe

der Schattenstift
der Steuerkompaß
der Kompaßkessel

der Spiegel
der Richtungspfeil
das Korn

der
Spiegeldurchbruch
die feste Marke
die Kompaßrose
die Magnetnadel
die Kimme

der Glaskolben

die Schaft-
kappe
der Gewehrkolben

Kolben

Kolonnade

die Mißweisung
die Anlegekante
der Marschkompaß

Kompaß

die Pinne

der
Lederriemen

Kolk [mnd. kolk ›Vertiefung‹, verwandt mit Kehle] *der,*
-(e)s/-e, durch Wasserwirbel oder -strömung im Flußbett
entstandene Vertiefung; Wasserloch, ABB. D 5.

kolken [Schallw.], *ich* kolke (habe gekolkt), *niederdt.:* 1)
gebe einen gurgelnden Laut von mir, rülpse. 2) erbreche mich.
Kolkrabe *der,* ein Rabenvogel.

kollabieren [vgl. Kollaps], *ich* kollabiere (bin, habe
kollabiert), ⚕ erleide einen Kollaps.

Kollaborateur [-t'ø:r, frz. collaborateur, vgl. kol... und
lat. laborare ›arbeiten‹ *der, -s/-e,* jemand, der mit dem Feind,
der Besatzungsmacht zusammenarbeitet. **Kollaboration** *die,*
-. **Kollaborator** *der, -s/...t'oren,* ⚭ Hilfslehrer, -geistlicher.
kollaborieren, *ich* kollaboriere (habe kollaboriert) *mit ihm.*

Kollagen [grch. kolla ›Leim‹ und vgl. ...gen] *das, -s/-e,*
stark quellendes Eiweiß. **Kollagenose** *die, -/-n,* ⚕ eine der
Krankheiten mit Veränderung des kollagenhaltigen Gewebes.

Kollaps [lat. collapsus, zu collabi ›niedersinken‹ *der,*
-es/-e, ⚕ Zusammensinken eines Organs, z. B. der Lunge;
Zusammenbruch des Blutkreislaufs: *Kreislaufkollaps.*

kollateral [vgl. kol... und lateral], auf der gleichen
Körperseite; benachbart.

Kollation [lat. collatio ›Zusammentragung‹ *die, -/-en,* 1)
⚭ Imbiß (eigtl. neben der Hauptmahlzeit erlaubte kleine
Stärkung an Fastentagen). 2) Verleihung eines kirchl. Benefi-
ziums. 3) ♫ Ausgleich zwischen Erben. 4) das Vergleichen,
Nachprüfen, z. B. einer Abschrift mit der Urschrift. **kollatio-
nieren,** *ich* kollationiere (habe kollationiert) *es.*

Kölle [mhd. kölle, -/-n, niederdt.] 1) Bohnenkraut. 2) ein Thymian.

Kolleg [lat. collegium ›Amtsgenossenschaft‹ *das, -s/-s oder*
...gi|en, 1) Vorlesung (an Hochschulen): *Kolleggeld; Kolleg-
heft.* 2) kath. Studienanstalt: *Jesuitenkolleg.* **Kollege** *der,*
-n/-n, Mitarbeiter, Arbeitsgefährte: *Arbeitskollege.* **Kolle-
genschaft** *die, -/,* Gesamtheit der Kollegen. **kollegial,** 1) die
Kollegen, ein Kollegium betreffend. 2) wie unter Kollegen
üblich, hilfsbereit. **Kollegialität** *die, -/-en,* **Kollegin** *die, -/-nen,*
weibl. Kollege. **Kollegium** *das, -s/...gi|en,* Körperschaft von
Personen gleichen Amts, Berufs: *Lehrerkollegium.*

Kollektaneen [lat. collectanea ›das Angesammelte‹, zu
colligere ›sammeln‹, Pl., Lesefrüchte, gesammelte Auszüge
aus Büchern. **Kollekte** *die, -/-n,* 1) kirchl. Geldsammlung zu
wohltätigem Zweck. 2) kurzes Gebet im Gottesdienst. **Kollek-
teur** [-t'ø:r] *der, -s/-e,* ⚭ Verkäufer von Lotterielosen.
Kollektion *die, -/-en,* 1) Sammlung. 2) Auswahl von Waren
gleicher oder verwandter Art: *Musterkollektion.* **kollektiv,** 1)
gemeinschaftlich, gruppenweise, geschlossen: *kollektives Han-
deln.* 2) umfassend: *kollektive Sicherheitsvorkehrungen.* **Kol-
lektiv** *das, -s/-e,* Gruppe, Arbeitsgemeinschaft: *Kollektiv-
bewußtsein; Kollektiveigentum; Kollektivschuld; Kollektiv-
vertrag; Kollektivwirtschaft.* **kollektivieren,** *ich* kollektiviere
(habe kollektiviert) *es,* bilde Kollektive; wandle in Kollektiv-
eigentum um: *Zwangskollektivierung.* **Kollektivierung.** **Kol-
lektivismus** *der, -,* eine Gesellschaftsordnung, die die
Gesamtheit den einzelnen unbedingt überordnet. **kollektivi-
stisch. Kollektivum** *das, -s/...va oder ...ven,* Ⓢ Sammel-
bez. für ein singular. Substantiv, das mehrere gleichartige
Gegenstände als geschlossene Gruppe umfaßt, z. B. Volk,

Vieh, Obst; vgl. auch die Ableitungssilben ge..., ...heit,
...schaft. **Kollektivzahlwort** *das,* Zahlwort der Gruppe, z. B.
beide, Dutzend. **Kollektor** *der, -s/...t'oren,* 1) ⚡ Stromände-
rer in manchen elektr. Maschinen. 2) Sammellinse für
Mikroskopbeleuchtung.

Koller [mhd. koll(i)er, goll(i)er, zu lat. collum ›Hals‹] *das,*
-s/-, breiter Kragen; Wams; lose aufliegende Schulterpasse.

Koller [ahd. kolero, zu cholera ›Gallenbrechruhr‹] *der, -s/-,*
1) U Wutanfall. 2) Dummkoller.

Kollergang [zu mitteldt. Koller ›Kugel‹] *der,* ⚙ Zerkleine-
rungsmaschine.

kollerig [zu Koller ›Wutanfall‹], 1) U leicht erregbar. 2)
kollerkrank.

kollern [Schallw.], *es* kollert (hat gekollert), gibt ein
glucksendes Geräusch von sich: *es k. in den Eingeweiden; der
Birkhahn k.,* balzt.

kollern [Nebenform zu kullern, zu mitteldt. Koller ›Kugel‹],
ich koll(e)re (bin gekollert), rolle polternd herunter.

Kollett [frz. collet, zu lat. collum ›Hals‹] *das, -s/-e,* kurzes
Wams.

Kolli, *Pl.* von Kollo.

kollidieren [lat. collidere ›zusammenstoßen‹, *ich* kollidiere
(bin, habe kollidiert), 1) *mit ihm,* stoße zusammen: *zwei Autos
kollidierten; unsere Meinungen kollidierten miteinander,* Ü.
2) *es kollidiert,* überschneidet, kreuzt sich: *unsere Termine
kollidieren.*

Kollier [kɔlj'e, frz. collier, zu lat. collum ›Hals‹] *das, -s/-s,*
auch Collier, Halsschmuck, ABB. S 30: *Diamantkollier.*

Kollimation [lat. collineare ›geradeaus richten‹, zu linea
›Linie‹ *die, -/-en,* die Erzeugung paralleler Licht- oder
Teilchenstrahlung. **Kollimator** *der, -s/...t'oren,* Optik, Kern-
physik: eine Vorrichtung zur Erzeugung paralleler Strahlen.

Kollision [lat. collisio] *die, -/-en,* 1) Zusammenstoß:
Schiffskollision. 2) Ü Widerstreit, z. B. zwischen verschiedenen
Rechtsvorschriften in räumlicher oder zeitl. Hinsicht, zwischen
unterschiedl. Interessen, Pflichten: *Interessenkollision; Pflich-
tenkollision.*

Kollo [ital. collo] *das, -s/-s oder ...li,* Frachtstück.

Kollodium [grch. kolla ›Leim‹] *das, -s,* Lösung von
Dinitrozellulose in Äther und Alkohol, bes. als Wundver-
schluß. **kolloid. Kolloid** *das, -(e)s/-e, meist Pl.,* ᗡ feinverteilte
Stoffe mit Teilchengrößen zwischen tausendstel und millionstel
Millimeter. **kolloidal.**

Kollokation [lat. collocatio ›Stellung‹, ›Anordnung‹ *die,*
-/-en, Ordnung nach bestimmter Reihenfolge. **Kolloka-
tionsplan** *der, schweiz.:* Vermögensaufstellung bei Konkurs.

Kolloquium [lat. colloquium ›Gespräch‹ *das, -s/...qui|en,*
wissenschaftl. Gespräch: *Doktorandenkolloquium.*

kolludieren [lat. colludere ›im geheimen Einverständnis
sein‹, *ich* kolludiere (habe kolludiert) *um ihn.* **Kollusion** *die,*
-/-en, rechtswidriges Einverständnis. **kollusiv.**

kolmatieren [ital. colmare ›füllen‹, *es* kolmatiert (hat
kolmatiert), bildet Kolmationen. **Kolmation** *die, -/-en,*
Auflandung.

Kölnischwasser, Kölnisch Wasser [zur dt. Stadt Köln]
das, auch Eau de Cologne, ein erfrischendes Duftwasser.

Kolombine (ital. colombina, zu columba ›Taube‹) *die, -/-n,* auch Kolumbine, weibl. Hauptfigur der Commedia dell'arte: *Harlekin und K.*

Kolon [grch. ›(Körper)glied‹] *das, -s/-s* oder *K'ola,* **1)** Doppelpunkt, ÜBERS. S 6. **2)** ♄ Grimmdarm.

Kolonel [ital. colonna ›Säule‹, ›Kolumne‹] *die, -, ⊘* ein Schriftgrad.

kolonial, die Kolonien betreffend: *Kolonialherrschaft.* **Kolonialismus** *der, -,* das Bestreben eines Staates, Kolonien zu gewinnen. **Kolonialwaren,** *Pl., ⚬⚬* Erzeugnisse überseeischer Länder (Kaffee, Tee, Kakao, Reis, Gewürze). **Kolonie** [lat. colonia, zu colonus ›Feldbauer‹] *die, -/. . . n'i|en,* **1)** am gleichen Ort im Ausland lebende Gruppe von Personen gleicher Nationalität: *die russische K. in Paris.* **2)** auswärtige, in der Regel überseeische Besitzung eines Staates: *Handelskolonie; Strafkolonie.* **3)** ein Tier- oder Pflanzenverband: *Brutkolonie.* **Kolonisation** *die, -.* **Kolonisator** *der, -s/. . . t'oren.* **kolonisatorisch. kolonisieren,** *ich kolonisiere* (habe kolonisiert) *ein Land,* **1)** besiedle und erschließe wirtschaftlich. **2)** erwerbe als Kolonie. **Kolonisierung** *die, -.* **Kolonist** *der, -en/-en,* Ansiedler, Bewohner einer Kolonie.

Kolonnade [frz. colonnade, zu lat. columna ›Säule‹] *die, -/-n,* Säulengang, ABB. K 34. **Kolonne** *die, -/-n,* **1)** Form in geschlossener Ordnung: *Marschkolonne; Autokolonne; wir mußten K. fahren.* **2)** Transporttruppe, Arbeitsgruppe: *Sanitätskolonne; Arbeitskolonne.* **3)** ⊘ Spalte einer Liste; Druckspalte. **4)** ⚗ Betriebsturm für stetigen Durchsatz bei der Destillation, Absorption u. a.

Kolophon [grch. ›Spitze‹, ›Ende‹] *der, -s/-e,* Vermerk am Ende alter Handschriften oder Frühdrucke über Verfasser, Schreiber, Druckort und -zeit. **Kolophonium** [nach der altgriech. Stadt Kolophon] *das, -s,* ein Terpentinharz.

Koloquinte [grch. kolokynthe ›Kürbis‹] *die, -/-n,* ⚘ eine Kürbisgewächsfrucht.

Koloradokäfer *der,* auch Coloradokäfer, Kartoffelkäfer.

Koloratur [ital. coloratura, zu lat. colorare ›färben‹] *die, -/-en,* virtuose Verzierung des Gesangs durch Triller, Läufe u. a.: *Koloraturarie; Koloratursopran.* **kolorieren,** *ich koloriere* (habe koloriert) *es,* male farbig aus. **Kolorierung** *die, -.* **Kolorimeter** [lat. color ›Farbe‹ und vgl. . . . metrie] *das, -s/-,* ⚗ Meßgerät zur Kolorimetrie. **Kolorimetrie** *die, -,* Verfahren zur Konzentrationsbestimmung farbiger Lösungen. **kolorimetrisch. Kolorist** *der, -en/-en,* Maler, bei dem reiche Farbgebung vorherrscht. **2)** jemand, der graph. Drucke koloriert. **Kolorit** *das, -(e)s/-e,* **1)** Farb(en)gebung, Farbwirkung. **2)** ♪ Klangfarbe. **3)** Ü Atmosphäre, z. B. in einer literar. Schilderung: *Lokalkolorit; Zeitkolorit.*

Koloß [grch. kolossos] *der, . . . l'osses/. . . l'osse,* etwas Riesengroßes, bes. Riesenstandbild: *Koloß von Rhodos.* **kolossal,** **1)** gewaltig, riesig: *Kolossalgemälde.* **2)** Ü sehr, ungeheuer: *er ist k. fleißig.* **kolossalisch,** P ⚬⚬ kolossal.

Kolosser *der, -s/-,* Einwohner der phrygischen Stadt Kolossä: *Kolosserbrief,* B Brief des Apostels Paulus an die K.

Kolo|stralmilch *die,* **Kolo|strum** [lat. colostrum ›Biestmilch‹, erste Milch nach dem Kalben] *das, -s,* ♄ von den Brustdrüsen vor und unmittelbar nach der Geburt abgesonderte, milchähnl. Flüssigkeit.

Kolpak *der, -s/-s,* Kalpak.

Kolportage [-ʒə, frz. colportage ›Hausierhandel‹] *die, -,* **1)** ⚬⚬ Wanderbuchhandel. **2)** minderwertige Schrift: *Kolportageroman.* **3)** Verbreitung von Gerüchten. **Kolporteur** [-t'ø:r] *der, -s/-e.* **kolportieren,** *ich kolportiere* (habe kolportiert) *es,* **1)** ⚬⚬ vertreibe Druckschriften durch Kolportage. **2)** verbreite Gerüchte.

Kolpo|skop [grch. kolpos ›Busen‹ und vgl. . . . skop] *das, -s/-e,* Lupengerät zur Untersuchung von Scheide und Muttermund bei der Frau: *Kolposkopie.*

kölsch [mhd. kölsch, afrz. coilte, zu lat. culcita ›Kissen‹, ›Federbett‹] *schweiz.:* blau und weiß gestreift oder gewürfelt. **Kölsch** [aus kölnisch] *das, -(e)s,* obergäriges kohlensäurearmes Kölner Weißbier.

Kölsch [zu kölnisch] *der, -(e)s, schweiz.:* Barchent. **kölschblau,** *schweiz.:* ganz blau. **kölschen,** *schweiz.:* kölsch.

Kolter [mhd. kulter, afrz. coultre, zu lat. culcita ›Federbett‹] *der, -s/-, die, -/-n, südwestdt.:* Wolldecke.

Kolter [mhd. kolter, afrz. coltre, zu lat. culter ›Messer‹] *das, -s/-, norddt.:* Pflugmesser.

Kolumbarium [lat. columbarium, urspr. ›Nische eines Taubenschlags‹] *das, -s/. . . ri|en,* **1)** altröm. Grabkammer mit Urnennischen. **2)** Urnenhalle eines Krematoriums.

Kolumbianer *der, -s/-,* **Kolumbianerin** *die, -/-nen,* Kolumbier, Kolumbierin, Bewohner(in) des südamerikan. Staates Kolumbien. **kolumbianisch,** kolumbisch.

Kolumbine *die, -/-n,* Kolombine.

Kolumne [lat. columna ›Säule‹] *die, -/-n,* **1)** Säule. **2)** ⊘ Druckspalte, Drucksatz in Höhe einer Seite: *Kolumnenschnur,* ABB. S 7. **3)** Publizistik: regelmäßig erscheinender Meinungsartikel vom Umfang einer Spalte. **Kolumnentitel** *der, ⊘* Seitentitel. **Kolumnist** *der, -en/-en,* **Kolumnistin** *die, -/-nen,* Publizistik: jemand, der Kolumnen schreibt.

kom. . . [lat. com. . .], Nebenform von *kon. . .* vor Wörtern, die mit b, p oder m beginnen: *Kommentar.*

Köm *der, -s/-s, niederdt.:* Kümmelschnaps.

Koma [grch. ›tiefer Schlaf‹] *das, -s/-s* oder *-ta,* ♄ tiefe Bewußtlosigkeit: *er liegt im K.*

Komantsche *der, -/-n,* auch Comanche, Angehöriger eines nordamerikan. Indianerstammes.

komatös, ♄ im Koma befindlich.

Kombi [lat. combinare ›verbinden‹] *der, -s/-s,* ∪ Kombiwagen. **Kombinat** *das, -(e)s/-e,* in sozialist. Ländern: Zusammenschluß industrieller Erzeugungsstätten und ihrer Nebenindustrien. **Kombination** *die, -/-en,* **1)** Verknüpfung, Zusammenfügung: *Kombinationsschloß,* ein Sicherheitsschloß. **2)** ∪ das Erkennen gedanklicher Zusammenhänge: *Kombinationsgabe.* **3)** ⚗ planvolles Zusammenspiel. **4)** Skisport: alpine K., Slalom, Riesenslalom und Abfahrtslauf; *nordische K.,* 15-km-Langlauf und Skispringen. **5)** Reitsport: unmittelbar aufeinanderfolgende Hindernisse bei Springprüfungen. **6)** einteiliger Schutzanzug, z. B. der Piloten. **7)** bestimmte aufeinander abgestimmte Kleidungsstücke: *eine dreiteilige Strickkombination.* **Kombinatorik** *die, -,* Zweig der Mathematik, der die Möglichkeiten der Anordnung von Elementen untersucht. **kombinatorisch,** das Kombinieren oder die Kombinatorik betreffend. **Kombine** [auch engl. -b'ain] *die, -/-s,* Maschine, die mehrere Arbeitsgänge gleichzeitig durchführen kann, bes. Mähdrescher: *Kombinefahrer.* **kombinieren,** *ich kombiniere* (habe kombiniert) *es,* stelle zusammen (Garderobe, Farben); stelle eine gedankliche Verbindung her. **Kombiwagen,** Personenkraftwagen, der auch zur Güterbeförderung geeignet ist, ABB. K 40.

Kombüse [niederdt., zu mnd. kabuse ›Bretterverschlag‹] *die, -/-n,* ⚓ Schiffsküche.

Komedo [lat. comedo ›Fresser‹, ›Schlemmer‹] *der, -s/. . . d'onen, meist Pl.,* ♄ Mitesser.

Komet [mhd. komete, grch. kometes, eigtl. ›die Behaarten‹, zu kome ›Haar‹] *der, -en/-en,* ✴ nicht scharf begrenzter Himmelskörper: *Kometenbahn.* **kometenhaft,** Ü eine schnelle, glanzvolle (Künstler)karriere.

Komfort [-f'o:r, frz., engl. comfort, zu mlat. confortare ›stärken‹, ›trösten‹] *der, -s,* Annehmlichkeit, Bequemlichkeit durch Nutzung der technisierten Zivilisation: *Wohnkomfort.* **komfortabel,** *eine komfortable Einbauküche.*

Komik [frz. comique, grch. komikos zur Komödie gehörend‹, zu komos ›lustiger Umzug‹] *die, -,* etwas, das erheiternd, lachenerregend wirkt; die Kunst, etwas belustigend darzustellen: *Situationskomik.* **Komiker** *der, -s/-,* **1)** Darsteller komischer Rollen. **2)** Vortragskünstler belustigender Darstellungen. **komisch,** **1)** erheiternd, lächerlich: *die komische Alte, ein Rollenfach; die Situation war k.* **2)** ∪ sonderbar: *er hat sich heute sehr k. benommen; ein komischer Kauz.*

Komitat [lat. comitatus ›Begleitung‹] *das, -(e)s/-e,* **1)** ⚬⚬ feierl. Geleit. **2)** früher: ungar. Verwaltungsbezirk.

Komitee [frz. comité, zu lat. comitare ›begleiten‹] *das, -s/-s,* (leitender) Ausschuß: *Festkomitee.*

Komma [grch. ›Abschnitt‹] *das, -s/-s* oder *-ta,* **1)** Beistrich, ein Satzzeichen, ÜBERS. S 6. **2)** △ Zeichen, das bei Dezimalbrüchen die ganzen Zahlen von den Bruchzahlen trennt; vgl. ÜBERS. Z I. **3)** ♪ kleinster Tonabstand. **Kommabazillus** *der,* Erreger der Cholera.

Kommandant [frz. commandant, zu lat. commandare ›empfehlen‹, ›anvertrauen‹] *der, -en/-en,* ⚔ Befehlshaber eines Schiffes, Flugplatzes, einer Festung u. a.: *Stadtkommandant.* **Kommandantur** *die, -/-en,* ⚔ Behörde, Dienstgebäude eines Kommandanten. **Kommandeur** [-d'ø:r] *der, -s/-e,* ⚔ Befehlshaber eines Truppenverbandes: *Bataillonskommandeur.* **kommandieren,** *ich kommandiere* (habe kommandiert), **1)** gebe Kommandos, erteile Befehle, habe die Befehlsgewalt: *der Kommandierende General eines Armeekorps.* **2)** *ihn, es,*

befehlige. **3)** ihn, versetze: *er wurde zu einer anderen Einheit kommandiert.* **Kommandierung** *die, -.*
Kommanditär [frz. commanditaire] *der, -s/-e, schweiz.:* Kommanditist. **Kommanditgesellschaft** *die,* Abk.: KG, eine Form der Handelsgesellschaft. **Kommanditist** *der, -en/-en,* nur in Höhe seines Kapitalanteils haftender Gesellschafter einer Kommanditgesellschaft.
Kommando [ital. commando, zu lat. commendare ›empfehlen‹, ›anvertrauen‹] *das, -s/-s,* ⚓ **1)** Befehlsgewalt: *er hat, übernimmt das K. über die Division.* **2)** vorgeschriebenes Befehlswort. **3)** begrenzter Sonderauftrag: *Wachkommando.* **4)** höhere Befehlsstelle: *Generalkommando.* **Kommandobrücke** *die,* Befehlsstand der Schiffsführung. **Kommandogerät** *das,* Datenverarbeitungsgerät in Waffenleitsystemen.
Kommassation [vgl. kom... und lat. massa ›Masse‹] *die, -/-en,* Zusammenlegung von Grundstücken. **kommassieren,** *ich kommassiere* (habe kommassiert) *es.*
Kommemoration [vgl. kom... und lat. memoria ›Gedächtnis‹] *die, -/-en,* ⚓ Gedächtnis, Andenken. **kommemorieren,** *ich kommemoriere* (habe kommemoriert) *es,* ⚓.
kommen [ahd. koman, queman], *ich komme* (kam, bin gekommen), **1)** *irgendwohin, begebe mich, gelange mit Absicht oder gerate zufällig hin; nähere mich: morgen kommt er* (zu Besuch*); wenn er so weitermacht, wird er nicht weit kommen,* Ü *sie kommt nächstes Jahr in die Schule,* Ü wird eingeschult; *paß auf, da kommt ein Auto!; ›kommt ein Vogel geflogen‹* (Volkslied); *die Jahre kommen und gehen; ich k. in Stimmung, in Schwung,* Ü; *ich bin tagelang nicht aus dem Haus gekommen; dieses Buch werde ich mir kommen lassen, schicken lassen; das wird schnell aus der Mode kommen; bei diesem Tempo bin ich völlig außer Atem gekommen; es war ein ständiges Kommen und Gehen; das habe ich kommen sehen,* Ü geahnt; *am kommenden Freitag; das ist im Kommen,* Ü hat Zukunft; *der kommende Mann.* **2)** *irgendwoher, begebe mich von einem anderen Ort hierher: wann kommst du aus der Schule?, wann hast du* (heute) *Schulschluß?,* Ü *wann ist deine Schulzeit beendet?; er kommt aus Berlin,* war gerade dort, Ü stammt von dort. **3)** Ü *bin an der Reihe: ich k. vor ihm, nach ihm, zuerst, als dritter.* **4)** *er kam mir frech; wie bist du so frech gegen mich; so darfst du mir nicht kommen!* **5)** *auf etwas, es fällt mir ein: ich k. nicht auf den Namen; wie bist du darauf gekommen?* **6)** *hinter etwas,* Ü *verliere es: bei diesem Unfall kamen drei Menschen ums Leben; durch diese Spekulation ist er um sein ganzes Geld gekommen.* **8)** *zu etwas,* Ü *gewinne, erwerbe es: wie k. ich dazu?, was geht mich das an?; bei deiner Faulheit wirst du zu nichts kommen; ich bin nicht dazu gekommen, es zu tun,* hatte keine Zeit; *wie bist du zu dem Geld gekommen?, woher hast du es?; er ist zu sich gekommen,* hat das Bewußtsein wiedererlangt, Ü ist vernünftig geworden; *ich muß erst wieder zu mir kommen,* Ruhe finden. **9)** *es kommt* (zu etwas), Ü trifft ein, ereignet sich, wird Wirklichkeit: *plötzlich kam ein Gewitter; wie es auch kommen mag; wie kam denn das?; die Erbsen kommen schon,* beginnen zu keimen; *wegen der Erbschaft kam es zu Unstimmigkeiten.* **10)** *es kommt irgendwohin,* Ü *gehört dorthin: Wein kommt in den Keller.* **11)** *es kommt,* Ü kostet: *das kommt an die drei Mark; sein Leichtsinn kam ihn teuer zu stehen.* **12)** *mir kommt der Gedanke,* mir fällt ein. **13)** *er läßt nichts auf ihn kommen,* Ü nimmt ihn stets in Schutz. **14)** *es kommt von ihm,* Ü rührt daher, ist die Ursache: *das kommt davon!,* das ist die Quittung für ein solches Verhalten.
Kommende [lat. commendare ›anvertrauen‹] *die, -/-n,* **1)** kirchl. Pfründe ohne Amtspflichten. **2)** Komturei.
kommensurabel [lat. commensurabilis ›gleichmäßig‹, zu mensura ›Maß‹], △ maßverwandt, in endlichem Verhältnis stehend: *kommensurable Größen, Zahlen.* **Kommensurabilität** *die, -.*
Komment [kɔmˈã, frz. comment? ›wie?‹, eigtl. ›Art und Weise‹] *der, -s/-s,* student. Verbindungen: Brauch, Sitte: *kommentgemäß; kommentwidrig.*
Kommentar [lat. commentarius ›Notizbuch‹, zu commentari ›überdenken‹] *der, -s/-e,* **1)** Erläuterung; Auslegung von Gesetzen, Büchern, Zeitereignissen u. a. **2)** Ü nähere Erklärung: *K. überflüssig!,* das spricht für sich selbst. **kommentarlos.** **Kommentator** *der, -s/...t'oren,* **1)** Verfasser eines Kommentars. **2)** Fernseh- oder Rundfunkpublizist, der zu Zeitereignissen Stellung nimmt: *Fernsehkommentator; Rundfunkkommentator.* **kommentieren,** *ich kommentiere* (habe kommentiert) *es.*
Kommers [lat. commercium ›Verkehr‹] *der, -es/-e,* **1)**

student. Verbindungen: festl. Zusammenkunft zum Zechen und Trinken. **2)** festl. Veranstaltung: *Festkommers.* **3)** *schweiz.:* Streit. **Kommersbuch** *das,* Liederbuch in student. Verbindungen.
Kommerz [frz. commerce, zu lat. commercium ›Handel‹, ›Verkehr‹] *der, -es,* ⚓, noch abwertend: Handel, Verkehr: *Kunst und K.* **kommerzialisieren,** *ich kommerzialisiere* (habe kommerzialisiert) *es,* **1)** wandle öffentliche in privatwirtschaftl. Schulden um. **2)** nutze es kommerziell aus: *altes Brauchtum ist heute oft kommerzialisiert.* **Kommerzialisierung** *die, -.* **Kommerzialrat** *der, österr.:* Kommerzienrat.
kommerziell, **1)** den Handel, das Gewerbe betreffend. **2)** die Interessen des Handels betonend, gewinnorientiert: *kommerzielles Denken.* **Kommerzienrat** *der,* ein Berufs- und Ehrentitel.
Kommilitone [lat. commilito, Gen. commilitonis ›Kamerad‹] *der, -n/-n,* **Kommilitonin** *die, -/-nen,* Mitstudent(in).
Kommis [kɔmˈi, frz. commis] *der, - [-mˈiː(s)]/- [-mˈiːs],* Commis, ⚓ Handlungsgehilfe.
Kommiß [lat. commissum, urspr. ›anvertrautes Gut‹] *der, ...mˈisses,* ⚓ Heer, Heeresdienst: *Kommißstiefel.*
Kommissar [mlat. commissarius, zu committere ›zusammenbringen‹] *der, -s/-e, oberdt.:* **Kommissär** *der, -s/-e,* **1)** staatl. Beauftragter. **2)** Amtsbezeichnung: *Polizeikommissar.*
Kommissariat *das, -(e)s/-e,* **1)** Stellung, Dienststelle eines Kommissars. **2)** *oberdt.:* Polizeiamt. **kommissarisch,** durch Beauftragte vorübergehend ausgeführt.
Kommißbrot *das,* rechteckiges grobes Vollkornbrot, uspr. Soldatenbrot.
Kommission [lat. commissio ›Vereinigung‹, zu committere ›zusammenbringen‹] *die, -/-en,* **1)** ⚓ Auftrag: *Kommissionsbuch,* Bestellbuch; *ich nehme eine Ware in K.,* verkaufe sie im eigenen Namen für fremde Rechnung. **2)** Ausschuß: *Ärztekommission; Prüfungskommission.* **3)** *schweiz.* auch: Besorgung, Einkauf. **Kommissionär** *der, -s/-e,* jemand, der im eigenen Namen für fremde Rechnung Handel treibt. **Kommissionsbuchhandel** *der,* Zwischenbuchhandel. **Kommittent** *der, -en/-en,* Auftraggeber des Kommissionärs.
kommlich, kömmlich, *südwestdt.:* bequem. **kommod,** ⚓, noch *österr.:* bequem, angenehm. **Kommode** [frz. commode, zu lat. commodus ›bequem‹] *die, -/-n,* Kastenmöbel mit Schubfächern: *Kommodenschublade;* ⚓ *Wäschekommode.*
Kommodität *die, -/-en,* ⚓ Bequemlichkeit.
Kommodore [engl. commodore, zu ital. commandatore ›Befehlshaber‹] *der, -s/-s oder -n,* **1)** Kriegsmarine: Kapitän in Admiralstellung. **2)** Handelsmarine: Ehrentitel verdienter Kapitäne. **3)** Luftwaffe: Kommandeur eines Geschwaders.
Kommotio, Kommotion [lat. commovere ›erschüttern‹] *die, -/...ti'onen,* ⚕ Erschütterung, nach kurz für: Gehirnerschütterung.
kommun [lat. communis ›gemeinsam‹], **1)** gemeinsam. **2)** gewöhnlich, gemein. **kommunal,** auf die Gemeinde bezüglich: *Kommunalbeamte; kommunale Betriebe; kommunales Kino.* **kommunalisieren,** *ich kommunalisiere* (habe kommunalisiert) *es,* überführe in Verwaltung oder Eigentum einer Gemeinde. **Kommunalisierung** *die, -.* **Kommunarde** *der, -n/-n,* Angehöriger einer (studentischen) Kommune. **Kommune** *die, -/-n,* **1)** im MA.: Stadtstaat in Italien mit republikan. Verfassung, ⚓ auch Plr.: *Pariser K.,* revolutionäre Sonderregierung in Paris 1871. **3)** Gemeinde. **4)** Zusammenschluß von Personen, die neue Formen des Zusammenlebens suchen.
Kommunikant *der, -en/-en,* Teilnehmer an der Kommunion. **Kommunikation** *die, -/-en,* **1)** Verbindung, Zusammenhang. **2)** Mitteilung, Verständigung: *Kommunikationshilfen; Kommunikationsschwierigkeiten.* **Kommunikationsmittel** *das,* Mittel der Verständigung wie Sprache, Schrift, Funk, Film, Fernsehen. **kommunikativ,** gestörtes kommunikatives Verhalten. **Kommunion** *die, -/-en,* kath. Kirche: Empfang des Altarsakraments. **Kommuniqué** [-mynikˈe, auch -munikˈe] *das, -s/-s,* Communiqué, amtl. Verlautbarung. **Kommunismus** *der, -,* eine polit. Bewegung oder Gesellschaftsordnung, die auf einer radikalen Gesellschaftstheorie beruht. **Kommunist** *der, -en/-en.* **kommunistisch,** das Kommunistische Manifest; die Kommunistische Partei Polens, aber: *die kommunistischen Parteien Westeuropas.* **kommunizieren,** *ich kommuniziere* (habe kommuniziert) *es,* **1)** empfange die Kommunion. **2)** *mit ihm,* stehe in Verbindung: *kommunizierende Röhren,* miteinander verbundene Röhren.
Kommutation [lat. commutatio ›Veränderung‹] *die, -/-en,*

Vertauschung. **kommutativ,** vertauschbar. **Kommutator** *der, -s/...t'oren, ⚡ Kollektor.* **kommutieren,** *ich kommutiere (habe kommutiert) es,* **1)** vertausche. **2)** ⚡ wende die Stromrichtung. **Kommutierung** *die, -, ⚡.*

Komödiant [grch. komodia, zu komos ›lustiger Umzug‹ und ode ›Lied‹] *der, -en/-en,* **1)** ♂%, oft verächtlich: Berufsschauspieler. **2)** Ü unaufrichtiger Mensch, Heuchler. **Komödiantentum** *das, -s.* **komödiantisch. Komödie** [-iə] *die, -/...dien,* **1)** Lustspiel. **2)** Theater, das nur Lustspiele spielt. **3)** Ü Verstellung, Täuschung: *sie spielt bloß K.*

Komp., Abk. für: Kompanie (Gesellschaft). **Kompalgnon** [-ŋ'ɔ̃, frz. compagnon, spätlat. companio, vgl. kom... und panis ›Brot‹, eigtl. ›jemand, mit dem man sein Brot teilt‹] *der, -s/-s, ⚓* Gesellschafter.

kompakt [lat. compactus], gedrungen, massig, dicht: *eine kompakte Gestalt; Kompaktauto, Kraftwagen, der auf engem Raum möglichst viel Nutzfläche bietet; Hi-Fi-Kompaktanlagen.* **Kompaktheit** *die, -.* **Kompaktplatte** *die,* auch Compact Disc, neuartige Schallplatte, deren digitale Toninformationen von einem Laserstrahl abgetastet werden.

Kompanie [mhd. kompanie, zu frz. compagnie ›Gesellschaft‹, vgl. Kompagnon] *die, -/...n'ien,* **1)** ♂% Grundeinheit der Truppe, 100 bis 250 Mann stark: *Kompaniechef; Kompaniefeldwebel.* **2)** Abk.: Komp., in Firmennamen meist: Co., ♂%: Cie., Handelsgesellschaft: *Handelskompanie.*

komparabel [lat. comparabilis, zu comparare ›vergleichen‹], vergleichbar: *komparable Größen.* **Komparation** *die, -/-en,* Ⓢ Steigerung, ÜBERS. A 4. **Komparatistik** *die, -,* vergleichende Sprach- und Literaturwissenschaft. **komparativ,** vergleichend: *komparative Linguistik.* **Komparativ** *der, -s/-e,* Ⓢ Steigerungsstufe, ÜBERS. A 4. **Komparativsatz** *der,* Ⓢ Vergleichssatz, ÜBERS. S 79. **Komparator** *der, -s/...t'oren,* ein optisches Längen-Feinmeßgerät.

Komparse [ital. comparsa ›Erscheinung‹] *der, -n/-n,* Darsteller kleiner, meist stummer Rollen (bei Bühne, Film, Fernsehen). **Komparserie** *die, -/...r'ien,* Gesamtheit der Komparsen. **Komparsin** *die, -/-nen,* weibl. Komparse.

Kompaß [ital. compassare ›abschreiten‹] *der, ...passes/ ...passe,* Gerät zum Bestimmen der Himmelsrichtung, ABB. K 34: *Kompaßnadel; Kreiselkompaß; Marschkompaß.*

kompatibel [frz. compatible], vereinbar, verträglich, zusammenpassend. **Kompatibilität** *die, -.*

Kompaltriot *der, ♂% Landsmann.

kompendiös, ♂% kurzgefaßt, gedrängt. **Kompendium** [lat. compendium ›Ersparnis‹, ›Vorteil‹] *das, -s/...dien,* Handbuch, kurzes Lehrbuch, Abriß.

Kompensation [lat. compensatio, zu compensare ›ausgleichen‹] *die, -/-en,* Ausgleichung, Aufhebung der Wirkungen einander entgegenstehender Ursachen: *Kompensationsgeschäft, Warenaustausch; Kompensationsfarbe.* **Kompensator** *der, -s/...t'oren,* **1)** elektr. Meßgerät zur Spannungsbestimmung. **2)** Vorrichtung für kristallopt. und polarisationsopt. Aufgabe. **kompensatorisch,** ausgleichend: *kompensatorische Erziehung, kompensatorischer Sprachunterricht, vorschulische und schulbegleitende Hilfen bei Erziehung und Spracherziehung zur Vermeidung und zum Ausgleich bes. sozio-kulturell bedingter Lerndefizite.* **kompensieren,** *ich kompensiere (habe kompensiert) es: er kompensiert mangelndes Selbstbewußtsein mit überhebilichem Verhalten.*

kompetent [lat. competens, Gen. competentis, zu competere ›entsprechen‹], **1)** zuständig, maßgeblich, befugt. **2)** sachverständig, befähigt: *zur Abgabe eines Gutachtens in dieser Angelegenheit fühle ich mich nicht k.* **Kompetenz** *die, -/-en,* **1)** Zuständigkeit, Bereich der sachlichen und fachl. Verantwortung: *Theoriekompetenz; Kompetenzstreitigkeiten; mit dieser Entscheidung würde ich meine Kompetenzen überschreiten.* **2)** ohne Pl., Ⓢ Fähigkeit eines Sprechers, über die Sprachrichtigkeit in seiner Muttersprache zu entscheiden.

Kompilation [lat. compilatio, zu compilare ›plündern‹] *die, -/-en,* aus Ausschnitten anderer Bücher zusammengestelltes Werk ohne wissenschaftl. Wert. **Kompilator** *der, -s/...t'oren,* Verfertiger einer Kompilation. **kompilatorisch. kompilieren,** *ich kompiliere (habe kompiliert) es.*

Komplement [lat. complementum ›Ergänzung‹] *das, -(e)s/-e,* Ergänzung, Ergänzungsstück. **kom|plementär.** **Kom|plementär** *der, -s/-e,* persönlich mit seinem ganzen Vermögen haftender Gesellschafter einer Kommanditgesellschaft. **Kom|plementärfarbe** *die,* Farbe, die eine gegebene zu Weiß ergänzt. **kom|plementieren,** *ich komplementiere (habe komplementiert) es,* ergänze, vervollständige. **Kom|ple-**

mentwinkel *der,* △ Winkel, der einen gegebenen zu 90° ergänzt. **Kom|plet, 1)** [mhd. complet] *die, -/-e,* kirchliches Nachtgebet. **2)** [kɔpl'e:, frz. complet ›vollständig‹] *das, -s/-s,* Kleid und Jacke (oder Mantel) aus gleichem Stoff. **kom|plett, 1)** vollzählig: *sind wir jetzt k.?* **2)** vollständig: *eine komplette Skiausrüstung.* **3)** Ü völlig: *du bist ja k. verrückt.* **kom|plettieren,** *ich komplettiere (habe komplettiert) es.* **Kom|plettierung** *die, -.*

kom|plex [lat. complexus ›das Umfassen‹, ›die Verknüpfung‹], zusammengesetzt, vielschichtig, verwickelt. **Kom|plex** *der, -es/-e,* **1)** Gesamtumfang, Gesamtheit (von etwas, das aus vielen zusammengehörigen Einzelteilen besteht). **2)** Gruppe, Gebiet, Block: *Gebäudekomplex.* **3)** neurotische Verdichtung von Vorstellungen, die seelische Störungen hervorrufen: *Minderwertigkeitskomplex.* **4)** ⚛ Verbindung höherer Ordnung. **Kom|plexion** *die, -/-en,* **1)** Zusammenhang. **2)** zusammenfassender Begriff für Augen-, Haar- und Hautfarbe. **Kom|plexität** *die, -,* Vielschichtigkeit: *die K. eines Problems.* **Kom|plice** *der, -n/-n,* älter für: Komplize. **Kom|plikation** [lat. complicatio] *die, -/-en,* **1)** Verwicklung, Schwierigkeit: *es gab Komplikationen.* **2)** ⚕ die Heilung erschwerende zusätzliche Erkrankung. Beeinträchtigung, z. B. Mittelohrentzündung im Verlauf eines Scharlachs: *die Krankheit verlief ohne Komplikationen, komplikationslos.*

Kom|pliment [frz. compliment, zu lat. complere ›anfüllen‹] *das, -(e)s/-e,* Artigkeit, Höflichkeitsbezeigung, liebenswürdige Schmeichelei. **kom|plimentieren,** *ich komplimentiere (habe komplimentiert) ihn,* ♂% mache ihm Komplimente.

Kom|plize [frz. complice, zu lat. complicare ›zusammenfalten‹, ›zusammenlegen‹] *der, -n/-n,* Mitschuldiger, Mittäter. **kom|plizieren,** *ich kompliziere (habe kompliziert) es,* verwickle, verwirre, erschwere: *wir sollten versuchen, die Sache nicht unnötig zu komplizieren; eine komplizierte Angelegenheit.* **kom|pliziert,** *eine komplizierter Knöchelbruch.*

Kom|plott [frz. complot] *das, -(e)s/-e,* Verschwörung: *ich schmiede ein K.* **kom|plottieren,** *ich komplottiere (habe komplottiert) gegen ihn.*

Komponente [lat. componere ›zusammensetzen‹] *die, -/-n,* Bestandteil, Bildungselement: *eine K. einer Legierung, einer chemischen Verbindung; Wachstumskomponente; die musische K. seiner Ausbildung.* **komponieren,** *ich komponiere (habe komponiert) es,* **1)** setze zusammen, forme; ordne kunstvoll an. **2)** ♪ schaffe ein Musikstück. **Komponist** *der, -en/-en,* Schöpfer von Musikstücken, Tondichter. **Komposite** *die, -/-n, meist Pl.,* ⚘ Korbblütler. **Komposition** *die, -/-en,* **1)** Musikstück: *Kompositionslehre, Musiklehre.* **2)** wohldurchdachte Anordnung. **kompositorisch. Kompositum** *das, -s/...ta,* Ⓢ zusammengesetztes Wort. **Kompost** [frz. compost] *der, -(e)s/-e,* natürl. Mischdünger, ABB. G 3: *Komposthaufen.* **kompostieren,** *ich kompostiere (habe kompostiert) es, gewinne Kompost daraus.* **Kompott** *das, -(e)s/-e,* mit Zucker gekochtes Obst: *Kompottschale; Erdbeerkompott.*

kom|preß [lat. compressum ›zusammengedrückt‹], zu comprimere ›zusammendrücken‹], **1)** eng, dicht, gedrängt. **2)** ⊡ ohne Abstand zwischen den Zeilen. **Kom|presse** *die, -/-n,* $ mehrfach zusammengelegter Mull zu Verbänden, feuchter Umschlag. **kom|pressibel,** zusammendrückbar. **Kom|pressibilität** *die, -.* **Kom|pression** *die, -/-en,* Verdichtung, bes. von Gasen: *Kompressionskühlschrank.* **Kom|pressor** *der, -s/...s'oren,* Arbeitsmaschine zum Verdichten von Gasen und Dämpfen. **kom|primieren,** *ich komprimiere (habe komprimiert) es,* **1)** verdichte: *komprimiert Luft, Druckluft, Preßluft.* **2)** Ü fasse zusammen, gebe nur das wichtigste wieder: *die komprimierte Darstellung eines Themas.*

Kom|promiß [lat. compromissum, zu compromittere ›übereinkommen‹] *der, auch das, ...m'isses/...m'isse,* Vergleich, Übereinkunft durch gegenseitige Zugeständnisse: *Kompromißbereitschaft; Kompromißlösung; wir konnten einen K. schließen.* **Kom|promißler** *der, -s/-,* U jemand, der schnell Kompromisse schließt, den eigenen Standpunkt nicht genügend vertritt. **kom|promißlerisch,** U. **kom|promißlos. kom|promittieren,** frz. compromettre ›bloßstellen‹, *ich kompromittiere (habe kompromittiert) ihn, stelle bloß, bringe in Verlegenheit: durch diese Äußerung hat er sich (selbst) kompromittiert.* **Kom|promittierung** *die, -/-en.*

Komptabilität [frz. comptabilité ›Rechnungspflicht‹] *die, -,* Verantwortlichkeit für die Rechnungsführung im Staat und in anderen öffentl. Gemeinwesen.

Komsomol [Abk. für: Kommunistićeskij sojuz molodëži, russ. ›Kommunist. Jugendverband‹] *der, -,* Kurzwort für die

Konjunktiv

Zur Bildung des Konjunktivs vgl. Übers. V 2

Im Hauptsatz

1) bei Wunschformen im Präsens: *Gott sei mit euch!; möge es ihm gutgehen!;* im Präteritum zum Ausdruck eines unerfüllten oder unerfüllbaren Wunsches: *wollte der Himmel!; hätte ich doch mehr Zeit!; käme er doch endlich!*
2) bei Aufforderungen, Befehlen: wer dagegen ist, *der trete vor!*
3) bei Unbestimmtheit, Zweifel, Unwirklichkeit: *das könnte ich nicht sagen; was hätte ich davon?; ich wäre glücklich,* wenn er käme (kommen könnte).

Im Nebensatz

1) nach *als daß* nach vorausgegangenem zu mit Adjektiv: sein Vergehen ist zu groß, *als daß ihm vergeben werden könnte* (immer Präteritum).

2) in unwirklichen Konditionalsätzen: ich würde kommen, *wenn ich Zeit hätte* (immer Präteritum).
3) in Vergleichssätzen mit *als ob, als (wie) wenn,* wenn Nichttatsächliches zum Vergleich herangezogen wird: er tat, *als ob er alle Macht hätte;* er beträgt sich, *als wenn er zu Hause wäre* (immer Präteritum).
4) oft bei Wunsch, Absicht mit *daß* und *damit:* ich tue es, *damit er daraus lerne;* wolle Gott, *daß er Glück habe.*
5) nach verneintem Hauptsatz zur Bez. für etwas Nichtwirkliches: ich wüßte nicht, *daß ich das Buch von dir erhalten hätte;* ich kenne niemand, *der besser Englisch spräche* (immer Präteritum).
6) überwiegend in der indirekten Rede: er sagte, *er könne nicht kommen;* mein Vater wünscht dich zu sehen, *weil er (wie er behauptet) dir etwas Wichtiges mitzuteilen habe.*

Oft wird der Konjunktiv durch den Indikativ ersetzt, besonders da, wo der entsprechende Konjunktiv veraltet ist oder zu gewählt klingt. Statt: ich möchte gern, *daß es so sei,* sagt man z. B.: . . . *daß es so ist.* In anderen Fällen umschreibt man mit einem modalen Hilfsverb, z. B. statt: ich wäre dir dankbar, *wenn du es mir gäbest,* sagt man: . . . *wenn du es mir geben könntest.*
Eine strenge **Zeitenfolge** (consecutio temporum) gibt es im Deutschen nicht. In der Schriftsprache steht (unabhängig von der Zeitform im Hauptsatz) im Nebensatz der Konjunktiv im Präsens, im Perfekt und im Futur: *er sagt (sagte), daß er komme, gekommen sei, kommen werde.* Fällt der Konjunktiv mit dem Indikativ zusammen, so verwendet man zur größeren Deutlichkeit das Präteritum: *er sagt (sagte), ich täte es, hätte es getan, würde es tun.* Die mundartliche Umgangssprache bevorzugt im Süden den Konjunktiv im Präsens, im Norden den Konjunktiv im Präteritum. In der Umgangssprache nehmen Formen zu wie *wenn ich es tun würde, wenn er leben würde* statt *wenn ich es täte, wenn er lebte.*

Jugendorganisation in der Sowjetunion. **Komsomolze** *der, -n/-n,* **Komsomolzin** *die, -/-nen,* Mitglied des Komsomol.
Komteß, Komtesse [frz. comtesse] *die, -/. . .t'essen,* unverheiratete Tochter eines Grafen.
Komtur [mhd. comtiur, zu lat. commendator] *der, -s/-e,* 1) Verwalter oder Amtsträger eines Ritterordens. 2) Inhaber einer höheren Ordensstufe. **Komturei** *die, -/-en,* Verwaltungsbezirk eines Ritterordens.
kon. . . [lat. con. . .], mit. . .: *das Kondominat; vgl. ko. . ., kol. . ., kom. . ., kor. . .*
Koncha *die, -/-s* oder *. . .chen,* **Konche** [lat. concha, zu grch. konche ›Muschel‹] *die, -/-n,* ⑪ die Halbkuppel der Apsis, auch diese selbst. **Konchifere** [lat. ferre ›tragen‹] *die, -/-n, meist Pl.,* Weichtier m. Kalkschale.
Kondensat [lat. condensare ›verdichten‹] *das, -(e)s/-e,* das Kondenswasser. **Kondensation** *die, -/-en,* Übergang von Dämpfen und Gasen in den flüssigen oder festen Zustand durch Abkühlung. **Kondensator** *der, -s/. . .t'oren,* Abb. K 36, 1) ⊙ Vorrichtung bei Dampfmaschinen und Dampfturbinen, die den Abdampf zu Wasser niederschlägt. 2) ϟ Gerät zur Speicherung elektr. Ladung. **kondensieren,** *ich* kondensiere (habe kondensiert) *1) es,* verdichte; verflüssige. *2) es* kondensiert, verdichtet sich; verflüssigt sich. **Kondensmilch** *die,* kondensierte Milch, durch Wasserentzug haltbar gemachte Milch. **Kondensor** *der, -s/. . .s'oren,* Linse in Projektoren und Mikroskopen zum Konzentrieren der Lichtstrahlen, Abb. M 15. **Kondensstreifen** *der,* durch Flugzeugabgase am Himmel entstehender heller Streifen aus Eiskristallen. **Kondenswasser** *das,* aus Dampf niedergeschlagenes Wasser.
konditern [zu Konditor] *ich* kondit(e)re (habe konditert), U 1) stelle feine Backwaren her. 2) kehre in einer Konditorei ein.
Kondition [lat. condicio, zu condicere ›festsetzen‹] *die, -/-en,* 1) *meist Pl.,* Bedingung; Lieferungs- und Zahlungsbedingung. 2) körperl. Zustand: *der Sportler ist in guter K.,* treibt *Konditionstraining; Konditionsschwäche.* **konditional,** bedingt, bedingend. **Konditionalismus** *der, -,* die Lehre von der Bedingtheit aller Vorgänge und Zustände. **Konditionalsatz** *der,* Bedingungssatz, Nebensatz, der eine Bedingung enthält, meist mit *wenn* eingeleitet, Übers. S 79; vgl. Übers. K35.
konditionieren, *ich* konditioniere (habe konditioniert), 1) ⚙ diene, bin angestellt. 2) *es,* ermittle und reguliere den Feuchtigkeitsgehalt von Textilien, Getreide u. a. **Konditionierung** *die, -.* **Konditionismus** *der, -,* Konditionalismus.
Konditor [lat. conditor, zu condire ›würzen‹] *der, -s/. . .t'o-*

ren, Bäcker feiner Backwaren. **Konditorei** *die, -/-en,* Feinbäckerei, Kaffeehaus.
Kondolenz [lat. condolere ›Schmerz empfinden‹ *die, -/-en,* Beileid, Beileidsbezeigung: *Kondolenzbesuch.* **kondolieren,** *ich* kondoliere (habe kondoliert) *ihm.*
Kondom [nach einem engl. Arzt Condom oder Conton, 18. Jahrh.] *der* oder *das, -s/-e,* auch *-s,* Präservativ.
Kondominat [vgl. kon. . . und lat. dominatus ›Herrschaft‹] *das* oder *das, -(e)s/-e,* **Kondominium** *das, -s/. . .ni]en,* die gemeinsame Herrschaft mehrerer Staaten über ein Territorium. **Kondominiumwohnung** *die, schweiz.:* Eigentumswohnung.
Kondor [span. condor, zu Ketschua cuntur] *der, -s/-e,* größter Geiervogel.
Kondottiere *der, -s/. . .ri,* Condottiere.
Konduite [kõdu'it, frz. conduite, zu conduire ›lenken‹, ›führen‹] *die, -,* ⚮ Betragen, Verhalten.
Kondukt [lat. conducere ›zusammenführen‹] *der, -(e)s/-e,* 1) feierl. Geleit, Leichenzug. 2) in der Orgel: Windzuleitungsröhre. **Konduktanz** *die, -,* Wirkleitwert, Kehrwert der Resistanz. **Kondukteur** [-t'ø:r] *der, -s/-e,* ⚮, noch schweiz.: Schaffner. **Konduktor** *der, -s/. . .t'oren,* 1) ϟ Metallkugel als Kondensator. 2) Genetik: Überträger einer Erbkrankheit, die sich bei ihm selbst nicht ausprägt.
Konfekt [mhd. confect, zu lat. conficere ›zubereiten‹] *das, -(e)s/-e,* Zuckerwerk, Gebäck: *Konfektdose.* **Konfektion** *die, -/-en,* 1) serienmäßig hergestellte Kleidung, Fertigkleidung: *Konfektionsanzug; Damen- und Herrenkonfektion.* 2) Bekleidungsindustrie. **Konfektionär** *der,* und **Konfektioneur** [-n'ø:sa] *die, -/-n,* jemand, der in einem Konfektionsbetrieb eine führende Stellung hat. **konfektionieren,** *ich* konfektioniere (habe konfektioniert) *es,* stelle fabrikmäßig her.
Konferenz [mlat. conferentia, zu lat. conferre ›zusammentragen‹, ›sich besprechen‹] *die, -/-en,* Sitzung, Beratung, Tagung; auch die Teilnehmer daran: *Lehrerkonferenz; Konferenzbeschluß; am Konferenztisch.* **Konferenzschaltung** *die,* ⸨ᵥ⸩ Zusammenschaltung mehrerer Teilnehmer eines Fernmeldedienstes derart, daß jeder mit jedem gleichzeitig verbunden ist. **Konferenzsendung** *die,* Rundfunk- oder Fernsehsendung mit Teilnehmern an verschiedenen Orten, die durch Konferenzschaltung verbunden sind. **konferieren,** *ich* konferiere (habe konferiert), 1) *mit ihm,* bespreche mich. 2) spreche als Conférencier.
Konfession [lat. confessio ›Geständnis‹, ›Bekenntnis‹] *die, -/-en,* 1) religiöses Bekenntnis: *Konfessionsverschiedenheit;*

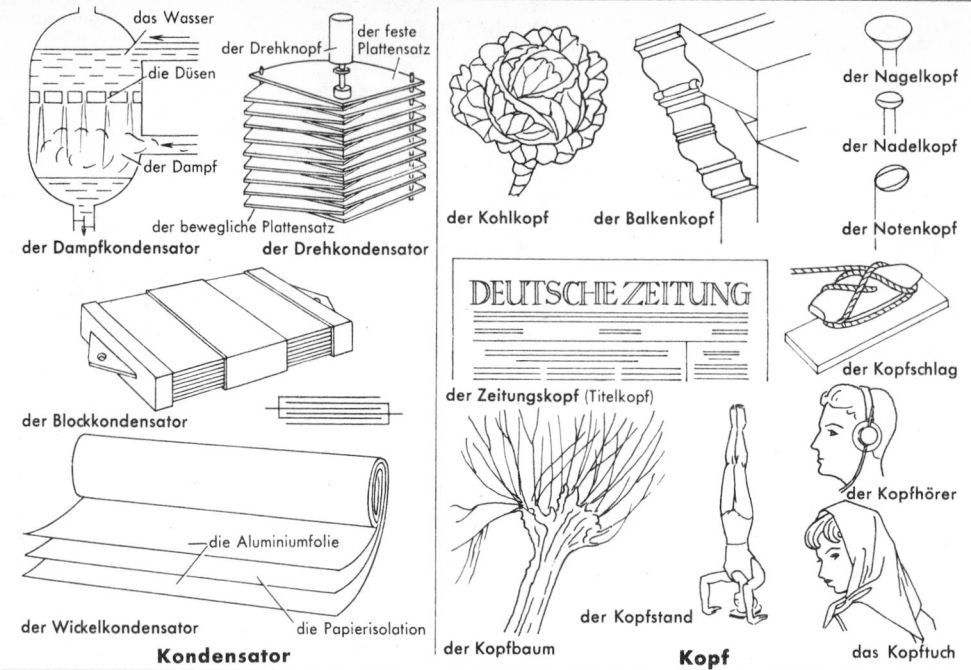

das Wasser
der Drehknopf
der feste Plattensatz
die Düsen
der Dampf
der bewegliche Plattensatz
der Dampfkondensator
der Drehkondensator
der Kohlkopf
der Balkenkopf
der Nagelkopf
der Nadelkopf
der Notenkopf
der Blockkondensator
DEUTSCHE ZEITUNG
der Zeitungskopf (Titelkopf)
der Kopfschlag
die Aluminiumfolie
der Wickelkondensator
die Papierisolation
Kondensator
der Kopfbaum
der Kopfstand
Kopf
der Kopfhörer
das Kopftuch

Konfessionswechsel. **2)** Bekenntnisschrift. **3)** Gemeinschaft der in einem Bekenntnis Verbundenen. **Konfessionalismus** *der, -,* strenge Bekenntnistreue. **konfessionell,** *er ist k. (nicht) gebunden; konfessionelle Bindungen.* **konfessionslos. Konfessionsschule** *die,* Bekenntnisschule.

Konfetti [ital. confetti, zu lat. conficere ›zubereiten‹] *das, -(s), eigtl. Pl.,* bunte Papierblättchen zum Werfen (an Fasching, zu Silvester).

Konfident [frz. confident, zu lat. confidere ›vertrauen‹] *der, -en/-en,* ⚬ **1)** Vertrauter. **2)** Spitzel. **konfidentiell,** ⚬ vertraulich.

Konfiguration [lat. configuratio, zu figura ›Gestalt‹] *die, -/-en,* **1)** Gestaltung, Anordnung. **2)** ↻ räumliche Anordnung der Atome. **3)** ✸ bestimmte Stellung der Planeten.

Konfirmand [lat. confirmandus, zu confirmare ›bestätigen‹, ›befestigen‹] *der, -en/-en,* **Konfirmandin** *die, -/-nen,* jemand, der konfirmiert wird. **Konfirmation** *die, -/-en,* evang. Kirche: feierl. Aufnahme junger Christen in die Gemeinde. **konfirmieren,** *ich konfirmiere* (habe konfirmiert) *ihn: er wird Sonntag konfirmiert.*

Konfiserie [kɔ̃-, frz. confiserie] *die, -/. . .r'i|en, schweiz.:* Konditorei. **Konfiseur** [kɔ̃fizˈœːr] *der, -s/-e, schweiz.:* Konditor.

Konfiskation [lat. confiscare, eigtl. ›für den Fiskus einziehen‹] *die, -/-en,* Beschlagnahme, Einziehung. **konfiszieren,** *ich konfisziere* (habe konfisziert) *es.*

Konfitent [lat. confitens ›bekennend‹] *der, -en/-en,* ⚬ Beichtender.

Konfitüre [frz. confiture, zu lat. conficere ›zubereiten‹] *die, -/-n,* Marmelade mit Fruchtstücken: *Aprikosenkonfitüre.*

Konflikt [lat. conflictio ›Zusammenstoß‹] *der, -(e)s/-e,* Streit, Zwiespalt: *er ist mit dem Gesetz in K. geraten,* ∪ hat es übertreten; *Konfliktsituation; Konfliktstoff; Rassenkonflikt; Generationskonflikte.* **kon|fliktär,** Konfliktstoff enthaltend: *eine konfliktäre Situation.* **Kon|fliktforschung** *die,* im Rahmen der Friedensforschung die wissenschaftl. Erforschung der Möglichkeiten friedlicher Konfliktlösung im nationalen und internationalen Bereich. **kon|fliktgeladen,** *eine konfliktgeladene Beziehung.* **kon|fliktlos.**

Konföderation [kirchenlat. confoederatio ›Bündnis‹] *die, -/-en,* Staatenbund. **konföderieren,** *sie konföderieren sich* (haben sich konföderiert), verbünden sich, schließen sich zusammen. **Konföderierte** *der, die, -n/-n, ein -r, eine -,* Verbündete(r).

konform [spätlat. conformis, vgl. kon. . . und lat. forma ›Form‹], übereinstimmend, gleichförmig, einiggehend: *mit dieser Meinung gehe ich (nicht) k.* **Konformismus** *der, -,* Anpassungsbereitschaft an die vorherrschende Meinung. **Konformist** *der, -en/-en,* **1)** Anhänger der anglikan. Kirche. **2)** jemand, der sich willig anpaßt. **konformistisch. Konformität** *die, -,* Übereinstimmung.

Kon|frater [vgl. kon. . . und lat. frater ›Bruder‹] *der,* Mitbruder, kirchl. Amtsbruder.

Kon|frontation [mlat. confrontatio, zu confrontare ›gegenüberstellen‹] *die, -/-en,* Gegenüberstellung von unterschiedl. oder widersprechenden Vorstellungen, Sachverhalten, von Personen, bes. vor Gericht: *die K. der Zeugen mit dem Beschuldigten; es kam zur K. der Polizisten mit den Demonstranten.* **kon|frontieren,** *ich konfrontiere* (habe konfrontiert) *ihn mit ihm, mit etwas: er wurde mit ihren Aggressionen konfrontiert.*

konfus [lat. confusus, zu confundere ›zusammenschütten‹], wirr, verwirrt, unklar: *die vielen Fragen haben mich völlig k. gemacht; konfuses Gerede.* **Konfusion** *die, -/-en.*

konfuzianisch, Konfuzianisch, auf den chines. Philosophen Konfuzius, um 551 bis um 479 v. Chr., bezogen; vgl. ÜBERS. A 4, C.

kongenial [vgl. kon. . . und genial], geistesverwandt; geistig ebenbürtig: *kongeniale Partner.* **Kongenialität** *die, -.*

kongenital [vgl. kon. . . und lat. gignere ›zeugen‹], ⚕ angeboren: *kongenitale Mißbildungen.*

Kongestion [lat. congerere ›zusammentragen‹] *die, -/-en,* ⚕ Blutandrang. **kongestiv.**

Kon|glomerat [frz. conglomérat, zu lat. glomus ›Knäuel‹] *das, -(e)s/-e,* **1)** ein grobkörniges Sedimentgestein. **2)** ∪ ungegliederte Masse.

Kongolese *der, -n/-n,* Bewohner der Volksrep. Kongo. **kongolesisch.**

Kon|gregatiọn [lat. congregatio ›geselliges Zusammenleben‹] *die, -/-en,* kath. Kirche: **1)** eine Verbindung von mehreren Klöstern derselben Regel. **2)** eine Klostergenossenschaft mit einfachen Gelübden oder Vereinigung ohne Gelübde. **3)** Vereinigung, Versammlung: *Kardinalskongregation,* ständiger Ausschuß des Kardinalskollegiums. **Kon|greß** [lat. congressus ›Zusammenkunft‹] *der, . . . gr'esses/. . . gr'esse,* **1)** Tagung: *Kongreßteilnehmer; Ärztekongreß.* **2)** Vereinigung der beiden Volksvertretungskammern in den Vereinigten Staaten von Amerika: *Kongreßabgeordneter.* **kon|gruẹnt** [lat. congruens ›übereinstimmend‹], sich deckend, genau gleich. **Kon|gruẹnz** *die, -,* **1)** Geometrie: Deckungsgleichheit; Algebra: Eigenschaft ganzer Zahlen. **2)** ⑤ Übereinstimmung zusammengehöriger Satzteile in Genus, Numerus und Kasus, z. B. von Singular oder Plural bei Subjekt und Prädikat. **kon|gruịeren,** *es* kongruiert (hat kongruiert) *mit etwas.* **Konifẹre** [lat. conus ›Zapfen‹ und ferre ›tragen‹] *die, -/-n, meist Pl.,* Nadelholzpflanze.

König [ahd. kuning, zu kunni ›Geschlecht‹] *der, -(e)s/-e,* **1)** Träger der höchsten Herrscherwürde nach dem Kaiser: *Königreich; der K. der Könige,* Ü Christus; *des Königs Rock,* ♂° die Militäruniform; *unter Blinden ist der Einäugige K.,* P; *der K. der Wüste, der Tiere,* P Löwe; *Schützenkönig,* Sieger im Preisschießen. **2)** eine hohe Spielkarte, Abb. S 54. **3)** in der Mitte stehender Kegel, Abb. K 15. **4)** Hauptfigur im Schachspiel, Abb. S 9. **Königin** *die, -/-nen,* **1)** Herrscherin in einem Königreich oder Gattin eines Königs. **2)** Ü Herrscherin: *du bist die K. meiner Gedanken,* P; *K. der Nacht,* ein Kaktus. **3)** Karten- und Schachspiel: Dame. **4)** das fruchtbare Weibchen staatenbildender Insekten, Abb. B 29. **Königinmutter** *die,* die Mutter des herrschenden Königs oder der herrschenden Königin. **königlich,** **1)** auf den König bezüglich; in Titeln: *Königlich,* Abk.: Kgl. **2)** Ü hoheitsvoll wie ein König. **3)** Ü prachtvoll, großartig: *wir haben uns k. unterhalten.* **Königskerze** *die,* eine Gartenzierpflanze. **Königskuchen** *der,* Abb. K 51. **königstreu** **Königswasser** *das,* Mischung aus konzentrierter Salz- und Salpetersäure, Lösemittel für Gold. **Königtum** *das, -s/ᵘer,* **1)** ohne Pl., Stand und Würde eines Königs. **2)** von einem König regiertes Land, Königreich.

kọnisch [grch. konikos], wie ein Konus, kegelförmig. **Konjektur** [lat. coniectura, zu conicere ›vermuten‹] *die, -/-en,* Vermutung, bes. die vermutlich richtige Lesart von schlecht überlieferten Schriften. **konjektural. konjizịeren,** *ich* konjiziere (habe konjiziert). **konjugal** [lat. coniugialis], ♂° ehelich. **Konjugatiọn** [lat. coniugare ›beugen‹] *die, -/-en,* ⑤ Flexion des Verbs, Übers. V 2. **konjugịeren,** *ich* konjugiere (habe konjugiert) *ein Verb.* **Konjunktiọn** [lat. coniunctio ›Verbindung‹] *die, -/-en,* **1)** ⑤ Bindewort, Übers. G 34. **2)** ☆ scheinbare Nachbarschaft zweier Gestirne am Himmel, Übers. A 22. **konjunktional,** ⑤ das Bindewort betreffend. **Konjunktiọnalsatz** *der,* Umstandssatz, Übers. S 79.

konjunktịv, verbindend, abhängend. **Konjunktịv** [lat. (modus) coniunctivus ›der Satzverbindung dienender Modus‹] *der, -s/-e,* ⑤ Möglichkeitsform, eine Aussageweise des Verbs, Übers. K 35. **konjunktịvisch,** *konjunktivische Verbformen.* **Konjunktur** [mlat. coniunctura, vgl. Konjunktion] *die, -/-en,* Gesamtlage der Wirtschaft: *Hochkonjunktur; Konjunkturbremse,* U; *Konjunkturrückgang; Konjunkturspritze,* U; *Konjunkturzuschlag.* **Konjunkturbarometer** *das, -s,* statist. Berechnungsverfahren, die eine Konjunkturprognose ermöglichen sollen. **konjunkturbedingt,** *konjunkturbedingte Arbeitslosigkeit.* **konjunkturẹll. Konjunkturpolitik,** staatl. Maßnahmen zur Vermeidung übermäßiger Konjunkturschwankungen.

konkạv [lat. concavus, zu cavus ›hohl‹], nach innen gewölbt, Abb. L 14: *Konkavlinse.* **Konkavität** *die, -.* **Kon|klạve** [lat. conclave ›verschließbarer Raum‹, zu clavis ›Schlüssel‹] *das, -s/-n,* **1)** Ort der Papstwahl. **2)** Versammlung der Kardinäle zur Papstwahl.

kon|kludẹnt [lat. concludere ›abschließen‹], eine Schlußfolgerung zulassend, schlüssig. **kon|kludịeren,** *ich* konkludiere (habe konkludiert). **Kon|klusiọn** *die, -/-en,* Schlußfolgerung. **kon|klusịv,** schließend, folgernd.

konkordạnt [lat. concordare ›einig sein‹], übereinstimmend. **Konkordạnz** [lat. concordantia] *die, -/-en,* **1)** alphabet. Verzeichnis aller in einer Schrift vorkommenden Wörter und Sachen mit Stellenangabe. **2)** ⊕ gleichförmige Lagerung von Schichten. **3)**

⊘ typograph. Längenmaß. **Konkordạt** *das, -(e)s/-e,* Vertrag zwischen einem Staat und dem Heiligen Stuhl. **Konkordịenbuch** *das,* Sammlung der luther. Bekenntnisschriften.

Kon|kremẹnt [lat. concrementum ›Anhäufung‹] *das, -(e)s/-e,* ♄ fester oder halbfester Körper, der in Körperflüssigkeiten oder Ausscheidungsprodukten entsteht (Gallen-, Harnsteine, Harngrieß).

kon|krẹt [lat. concretus, zu concrescere ›zusammenwachsen‹], **1)** in der Realität vorhanden, gegenständlich, wirklich: *es geht um konkrete Dinge,* nichts Abstraktes; *konkrete Musik,* aus alltägl. Geräuschen elektronisch montierte Komposition. **2)** sachlich, anschaulich fest umrissen, genau: *er hat konkrete Pläne.* **Kon|kretiọn** *die, -/-en,* ⊕ in anderem Gestein eingeschlossene Mineralmasse. **kon|kretisịeren,** *ich* konkretisiere (habe konkretisiert) *es,* mache konkret, veranschauliche. **Kon|kretisịerung** *die, -/-en.* **Kon|krẹtum** *das, -s/. . . ta,* ⑤ Substantiv, das etwas real Gegebenes bezeichnet, Übers. S 77, B.

Konkubinạt [lat. concumbere ›den Beischlaf ausüben‹] *das, -(e)s/-e,* ♂° eheähnliche Gemeinschaft. **Konkubịne** *die, -/-n,* im Konkubinat lebende Frau.

Konkupiszẹnz [lat. concupiscentia] *die, -,* sinnliche Begierde, Begehrlichkeit, Verlangen.

Konkurrẹnt [lat. concurrere ›zusammenlaufen‹] *der, -en/-en,* (wirtschaftlicher oder sportl.) Gegner; Rivale, Mitbewerber. **Konkurrẹnz** *die, -/-en,* **1)** (wirtschaftlicher) Wettstreit, Wettbewerb: *er macht mir K.; Konkurrenzkampf; Konkurrenzunternehmen.* **2)** ⚖ Gesamtheit der Konkurrenten: *sonst gehe ich zur K.* **konkurrẹnzfähig,** *konkurrenzfähige Geschäftspartner.* **konkurrẹnzlos,** *damit stehen wir k. da.* **konkurrịeren,** *ich* konkurriere (habe konkurriert) *mit ihm.*

Konkụrs [lat. concursus, zu concurrere ›zusammenlaufen‹] *der, -es/-e,* Zahlungsunfähigkeit eines wirtschaftlich zusammengebrochenen Schuldners; gesetzl. Verfahren zur gemeinschaftlichen Befriedigung aller Konkursgläubiger: *Konkursmasse; Konkursverfahren; Konkursverwalter; er eröffnet den K.* **Konkursịt** *der, -en/-en, schweiz.:* in Konkurs geratener Zahlungsunfähiger.

kọnnen [ahd. kunnan], *ich kann* (habe gekonnt) *wir können, ihr könnt, sie können; ich k., es etwas tun, bin imstande, es ist mir möglich: das k. ich mir (nicht) vorstellen; kannst du mich verstehen?; das k. ich (leider) nicht ändern; sie können sich nicht leiden, mögen sich nicht; ich werde tun, was k.; das k. ich nicht vergessen können; ich k. nicht mehr, bin am Ende meiner Leistungsfähigkeit.* **2)** verstehe, beherrsche: *er kann Russisch; was können Sie?; sie kann das Gedicht auswendig.* **3)** darf: *du kannst doch nicht einfach weglaufen; du kannst hereinkommen.* **4)** *es kann sein, es ist möglich, daß . . .: der Brief kann verlorengegangen sein; das kann, könnte er veranlaßt haben.* **5)** *für etwas, dafür, bin schuld: dafür k. ich nichts.* **6)** *es mit ihm,* U komme gut mit ihm aus. **Kọnnen** *das, -s,* Fähigkeit, Kunstfertigkeit, Leistungsfähigkeit: *fahrerisches K.* **Kọnner** *der, -s/-: er ist ein K. auf diesem Gebiet.* **Kọnnerschaft** *die, -.*

Konnẹx [lat. conexio] *der, -es/-e,* **1)** Zusammenhang, Verbindung. **2)** Kontakt, Bekanntschaft: *ich habe mit ihm (keinen) guten K.* **Konnexiọn** *die, -/-en,* (einflußreiche) Verbindung, Beziehung: *er hat Konnexionen.* **konnivẹnt** [lat. conivere ›die Augen schließen‹, ♂° nachsichtig, duldsam. **Konnivẹnz** *die, -.* **konnivịeren,** *ich* konniviere (habe konniviert) *es,* ♂° übe Nachsicht damit.

Konnossemẹnt [frz. connaissement, zu lat. cognoscere ›anerkennen‹] *das, -(e)s/-e,* Seefrachtbrief.

kọnnte, kọnnte, von können.

konnubial, ♂° ehelich. **Konnubium** [lat. conubium ›Ehe‹] *das, -s/. . . bịen,* Ehe.

Konquistador [konkis-, span. conquistador] *der, -s/-e* oder *-en/-en,* Eroberer, bes. spanischer Eroberer von Amerika. **Kọnrad** [ahd. kuoni ›kühn‹ und rat ›Rat‹], männl. Vorname. **Konrẹktor** [vgl. kon. . . und Rektor] *der, -s/. . . t'oren,* Vertreter des Rektors.

Konse|kratiọn [lat. consecratio, zu consecrare ›weihen‹] *die, -/-en,* **1)** Weihung, Einsegnung. **2)** Wandlung von Brot und Wein in der kath. Messe. **konse|krịeren,** *ich* konsekriere (habe konsekriert) *ihn, es.*

konsekutịv [lat. consequi ›nachfolgen‹], abgeleitet, folgernd. **Konsekutịvsatz** *der,* Folgesatz, Übers. S 79.

Konsẹns [lat. consensus, zu consentire ›übereinstimmen‹] *der, -es/-e,* **1)** Einwilligung, Zustimmung. **2)** Übereinstimmung, Einigkeit der Meinungen. **konsentịeren,** *ich* konsentiere (habe konsentiert), **1)** *es,* genehmige. **2)** *sie konsentieren,* stimmen überein, sind sich einig.

konsequent [lat. consequens], **1)** folgerichtig, logisch zwingend: *er handelt (nicht) k.; konsequenterweise.* **2)** beharrlich, zielbewußt: *ein konsequenter Vertreter dieser Politik.* **Konsequenz** *die, -,* **1)** Folgerichtigkeit. **2)** *Pl. -en,* Folge, Folgerung: *er sollte daraus die Konsequenzen ziehen.* **3)** Beharrlichkeit: *sie verfolgt ihr Ziel mit größter K.* **Konservatismus** [lat. conservare ›bewahren‹ und vgl. ...ismus] *der, -,* Konservativismus. **konservativ,** erhaltend, das Hergebrachte bejahend: *er ist k. eingestellt; konservatives Denken; eine streng konservative Haltung.* **Konservative** *der, die, -n/-n, ein -r, eine -,* Mitglied einer konservativen Partei. **Konservat(iv)ismus** *der, -,* geistige, soziale und polit. Haltung, die die überkommene Ordnung und ihre Ideen grundsätzlich zu wahren sucht. **Konservator** *der, -s/...t'oren,* Beamter für die Instandhaltung und Pflege von Kunstwerken. **konservatorisch, 1)** pfleglich, durch einen Konservator. **2)** auf das Konservatorium bezüglich: *k. gebildete Klavierlehrerin.* **Konservatorist** *der, -en/-en,* **Konservatoristin** *die, -/-nen,* Student(in) eines Konservatoriums. **Konservatorium** *das, -s/...ri|en,* Musik(hoch)schule. **Konserve** *die, -/-n,* **1)** haltbar gemachtes Nahrungsmittel, meist in Dosen oder Gläsern: *Obstkonserven; Konservendosen.* **2)** U auf Film oder Tonband gespeichertes Material: *Fernsehsendungen aus der K.* **3)** ⚕ kurz für: Blutkonserve. **konservieren,** *ich konserviere (habe konserviert) es,* **1)** mache als Konserve haltbar. **2)** erhalte, bewahre auf, pflege (Gemälde, Kunstgegenstände): *sie hat sich gut konserviert,* U sieht noch jugendlich aus. **Konservierung** *die, -.*

Konsi|gnant *der, -en/-en,* Auftraggeber eines Kommissionsgeschäfts im Überseehandel. **Konsi|gnatar** *der, -s/-e,* Kommissionär im Überseehandel. **Konsi|gnation** *die, -/-en,* eine Art des Kommissionsgeschäfts im Überseehandel. **konsi|gnieren** [lat. consignare ›besiegeln‹, ›mit einem Zeichen versehen‹], *ich konsigniere (habe konsigniert) es,* **1)** beglaubige, lege urkundlich nieder. **2)** *es,* lege nieder zur Aufbewahrung oder zum Verkauf, bes. Waren nach Übersee. **3)** *Truppen,* ⚓ halte in Kasernen bereit. **4)** *ihn, schweiz.:* gebe ihm Hausarrest.

Konsiliarius *der, -/...rii,* zur Beratung hinzugezogener Arzt. **Konsilium** [lat. consilium, zu consulere ›sich beraten‹] *das, -s/...li|en,* **1)** Ratsversammlung, Rat, Gruppe von Beratenden; vgl. Consilium abeundi. **2)** Beratung mehrerer Ärzte über einen Krankheitsfall.

konsistent [lat. consistere ›bestehen‹], dicht, fest, haltbar. **Konsistenz** *die, -,* Dichte, Festigkeit, Beschaffenheit. **konsistorial,** [kirchenlat. consistorium, zu lat. consistere ›sich niederlassen‹] *das, -s/...ri|en,* **1)** kath. Kirche: Kardinalsversammlung unter Vorsitz des Papstes. **2)** evang. Kirchen: Verwaltungsbehörde.

kon|skribieren [lat. conscribere ›in Listen eintragen‹], *ich konskribiere (habe konskribiert) ihn.* **Kon|skription** *die, -/-en,* früher: Aushebung für den Kriegsdienst, wobei noch Loskauf oder Stellvertretung zugelassen waren. **Konsole** [frz. console, zu consolider ›befestigen‹] *die, -/-n,* **1)** 🔲 Vorsprung, der Stein- oder Holzkonstruktionen trägt, ABB. H 11, Pfeilertischchen, vgl. ABB. S 68, Wandbrett. **Konsolidation** *die, -/-en.* **konsolidieren** [frz. consolider ›befestigen‹, zu lat. solidus ›fest‹], *ich konsolidiere (habe konsolidiert) es,* sichere, festige; vereinige, z. B. mehrere Staatsanleihen zu einer einheitlichen. **Konsolidierung** *die, -/-en.*

Konsommé [kõsɔm'e:] *die, -/-s* oder *das,* Consommé. **konsonant** [lat. consonare ›mitklingen‹], zusammenklingend, harmonisch. **Konsonant** *der, -en/-en,* Mitlaut, ÜBERS. G 34. **konsonantisch. Konsonantismus** *der, -,* die Entwicklung der Konsonanten und ihre Häufigkeit in einer Sprache, vgl. ÜBERS. M 24. **Konsonanz** *die, -/-en,* **1)** ♪ Zusammenklang von einfachen Tönen. **2)** Ⓢ eine Konsonantenverbindung.

Konsorten [lat. consors ›Teilnehmer‹], *Pl.,* verächtlich: Mittäter, Spießgesellen, Genossen. **Konsortium** *das, -s/...ti|en,* vorübergehende Vereinigung von Banken zur gemeinsamen Durchführung eines größeren Geschäfts unter Verteilung des Risikos: *Bankenkonsortium.*

Kon|spekt [lat. conspectus ›Betrachtung, zu conspicere ›betrachten‹] *der, -(e)s/-e,* Dt. Dem. Rep.: schriftliche gegliederte Inhaltsangabe, Übersicht, Verzeichnis. **kon|spektieren,** *ich konspektiere (habe konspektiert).* **Kon|spiration** [lat. conspirare ›sich verschwören‹] *die, -/-en,* Verschwörung. **kon|spirativ,** verschwörerisch, einer Verschwörung dienend: *eine konspirative Versammlung, Woh-*

nung. **kon|spirieren,** *ich konspiriere (habe konspiriert) mit ihm.*

Konsta|bler [mhd. constabel ›Anführer‹, ›Befehlshaber‹, zu mlat. constabularius] *der, -s/-,* **1)** ⚓ ♻ Büchsenmeister, Geschützmeister. **2)** in Großbritannien und den Vereinigten Staaten: Polizist. **konstant** [lat. constans, Gen. constantis], **1)** beständig, fest, unveränderlich: *konstante Größen,* △. **2)** beharrlich, ständig: *er hat sich k. geweigert; eine konstante Bedrohung.* **Konstantan** *das, -s,* eine temperaturunabhängige Legierung. **Konstante** *die, -/-n,* △ Größe, deren Wert sich nicht ändert. **Konstantin** [lat. constans ›beständig‹], männl. Vorname. **Konstantinopolitaner** *der, -s/-,* Konstantinop(e)ler, Einwohner der Stadt Konstantinopel, heute Istanbul. **konstantinopolitanisch,** konstantinopelsch. **Konstanz** [lat. constantia] *die, -,* Unveränderlichkeit, Beständigkeit. **Konstanze,** weibl. Vorname. **konstatieren** [frz. constater, vgl. konstant], *ich konstatiere (habe konstatiert) es,* stelle fest. **Konstatierung** *die, -.*

Konstellation [spätlat. constellatio, zu lat. stare ›stehen‹] *die, -/-en,* **1)** ✷ Stellung der Himmelskörper zueinander, von der Erde aus gesehen. **2)** Lage, Zusammentreffen von Umständen: *eine denkbar (un)günstige politische K.* **Konsternation** [lat. consternatio, zu consternare ›scheu machen‹] *die, -,* Bestürzung. **konsternieren,** *es konsterniert (hat konsterniert) ihn,* ⚕. **konsterniert,** bestürzt, betroffen: *er war völlig k. über ihre heftige Reaktion.*

Konstipation [lat. constipare ›zusammenstopfen‹] *die, -/-en,* ⚕ Verstopfung.

konstituieren [lat. constituere ›einrichten‹], *ich konstituiere (habe konstituiert) es,* erhebe zur Einrichtung; gründe: *konstituierende Versammlung,* verfassunggebende Versammlung. **Konstituierung** *die, -/-en.* **Konstitution** *die, -/-en,* **1)** Zusammensetzung, Anordnung. **2)** ⚕ angeborene Körperbeschaffenheit: *Konstitutionstyp.* **3)** 🝆 Anordnung der Atome im Molekül. **4)** 🝆 Satzung, Rechtsbestimmung; Verfassung; Verfassungsurkunde. **Konstitutionalismus** *der, -,* Staatsform, in der die monarch. Herrschaft durch eine Verfassung eingeschränkt ist. **konstitutionell, 1)** verfassungsmäßig: *konstitutionelle Monarchie,* durch eine Verfassung gebundene Monarchie. **2)** ⚕ auf die Körperbeschaffenheit bezüglich: *konstitutionelle Krankheiten.* **konstitutiv, 1)** aufbauend, grundlegend. **2)** 🝆 rechtsbegründend.

Kon|striktion [lat. constringere ›zusammenschnüren‹] *die, -/-en,* ⚕ Zusammenziehung, Zusammenschnürung. **Kon|striktor** *der, -s/...t'oren,* ⚕ Schließmuskel. **kon|stringieren,** *ein Muskel konstringiert (hat konstringiert).*

kon|struieren [lat. construere ›erbauen‹], *ich konstruiere (habe konstruiert) es,* **1)** ⊙ baue, entwerfe, berechne einen Plan. **2)** △ zeichne Figuren aus gegebenen Stücken: *ich k. ein Dreieck aus gegebenen Seiten und Winkeln.* **3)** Ⓢ zergliedere den Satzbau; füge Sätze nach grammatikal. Regeln zusammen. **4)** U stelle schematisch, künstlich dar, erfinde: *dieses Beispiel wirkt sehr konstruiert.* **Kon|strukt** *das, -(e)s/-e* oder *-s,* gedankliche Hilfskonstruktion im Rahmen wissenschaftl. Theorien. **Kon|strukteur** [-t'ø:r] *der, -s/-e,* ⊙ jemand, der etwas entwirft, zeichnet, berechnet. **Kon|struktion** *die, -/-en:* Konstruktionsbüro; Konstruktionsfehler; Satzkonstruktion. **kon|struktiv,** die Konstruktion betreffend: **1)** Ü aufbauend: *ein konstruktiver Beitrag, Vorschlag.* **Kon|struktivismus** *der, -,* eine auf geometr. Formen aufbauende Richtung der bildenden Kunst. **kon|struktivistisch.**

Konsul [lat. consul, zu consulere ›beraten‹] *der, -s/-n,* **1)** Titel der beiden höchsten Jahresbeamten der röm. Republik. **2)** ständiger, nicht diplomat. Vertreter eines Staates in einem anderen Staat: *Konsularagent; Generalkonsul.* **konsularisch,** den Konsul oder das Konsulat betreffend: *konsularische Vertretung.* **Konsulat** *das, -(e)s/-e,* Amt, Amtszeit und Amtsgebäude eines Konsuls. **Konsulent** *der, -en/-en,* ♻ Berater. **Konsultation** [lat. consultatio ›Beratschlagung‹] *die, -/-en,* Beratung, Befragung (eines Arztes, Rechtsanwaltes). **konsultativ,** beratend. **konsultieren,** *ich konsultiere (habe konsultiert) ihn,* ziehe zu Rate (Arzt, Rechtsanwalt). **Konsum** [lat. consumere ›verbrauchen‹] *der, -s,* **1)** Verbrauch: *Alkoholkonsum; Konsumbeschränkung; Konsumgesellschaft; verändertes Konsumverhalten; Konsumverzicht.* **2)** [k'ɔn-], *Pl. -s,* U Verkaufsstelle eines Konsumvereins. **Konsumation** [frz. consommation] *die, -/-en,* österr., schweiz.: Verzehr, Zeche: *Konsumationszwang in der Gaststätte.* **Konsument** *der, -en/-en,* Verbraucher. **Konsumerismus** *der, -,* organisierte Bemühungen der Verbraucher zur Vertretung ihrer Interessen. **Konsumgüter,** *Pl.,* Verbrauchsgüter. **konsumieren,** *ich* konsumiere (habe konsumiert) *es,* verbrauche, verzehre: *konsumierende Krankheit,* ∮ auszehrende. **Konsumierung, Konsumtion** *die, -.* **konsumtiv,** für den Verbrauch bestimmt. **Konsumverein** *der,* genossenschaftl. Vereinigung von Verbrauchern.

Kontagion [lat. contagio ›Berührung‹] *die, -/-en,* ∮ Ansteckung. **kontagiös,** ∮ ansteckend. **Kontagiosität** *die, -.*

Kontakt [lat. contactus] *der, -(e)s/-e,* **1)** Berührung, Fühlungnahme: *Kontaktgespräch; wir stehen in K. miteinander; ich habe den K. mit ihm verloren; körperlicher, seelischer K.* **2)** ∮ die Berührung zweier Stromleiter: *Steckkontakt.* **3)** ⊃ fester Katalysator. **kontaktarm,** Ü verschlossen gegenüber anderen Menschen. **Kontaktarmut** *die.* **Kontakt(bereichs)beamte** *der,* U kurz: Kob, Polizist, der bei seinen tägl. Gängen durch sein Revier Kontakte zu den Bürgern pflegt. **Kontakter** *der, -s/-,* Werbefachmann für die Öffentlichkeitsarbeit, Kundenberater. **kontaktfreudig,** Ü sich leicht anderen Menschen anschließend. **Kontaktgift** *das,* bei Berührung wirkendes Gift. **Kontakthof** *der,* **1)** ⊕ Wirkungsbereich aufsteigenden heißen Magmas. **2)** U Stätte der Kontaktaufnahme in Bordellen. **kontaktieren,** *ich* kontaktiere (habe kontaktiert) *ihn,* nehme Kontakt auf. **Kontaktlinse, Kontaktschale** *die,* dünne, auf der Hornhaut des Auges schwimmende Schale aus Kunststoff oder Glas als Sehhilfe. **Kontaktsperre** *die,* die völlige Unterbrechung der Verbindung von Gefangenen untereinander oder zur Außenwelt: *Kontaktsperregesetz.* **Kontaktstudium** *das,* berufl. Weiterbildung für Hochschulabsolventen.

Kontamination [lat. contaminare ›verderben‹, ›entweihen‹ *die, -/-en,* **1)** Ⓢ Verschmelzung von zwei bedeutungsverwandten Wörtern, Formen oder Ausdrücken. **2)** Verunreinigung, z. B. durch radioaktive Stoffe. **kontaminieren,** Wörter kontaminieren (haben kontaminiert).

kontant [ital. contante], bar: *Kontantgeschäft.* **Kontanten,** *Pl.,* Bargeld, bes. ausländ. Münzen im Überseeverkehr.

Kontemplation [lat. contemplatio, zu contemplari ›betrachten‹ *die, -,* gedankl. Betrachtung; Beschaulichkeit. **kontemplativ.**

kontemporär [vgl. kon... und lat. tempus ›Zeit‹], zeitgenössisch, gleichzeitig.

Konten, *Pl.* von Konto.

Kontenance [kõtə'ãs, frz. contenance] *die, -,* auch Contenance, ⚶ Fassung, Haltung: *sie verliert (nicht) leicht die K.*

konter... [frz. contre, zu lat. contra], gegen... : *Konterrevolution.* **Konteradmiral** *der,* ein Dienstgrad der Admirale. **Konterbande** *die, -,* Schmuggelware, Bannware.

Konterfei [frz. contrefait ›nachgemacht‹] *das, -s/-s,* ⚶ Abbild, Bildnis. **konterfeien,** *ich* konterfeie (habe konterfeit) *ihn,* ⚶ male sein Bildnis.

kontern, *ich* kont(e)re (habe gekontert), **1)** *es,* verkehre die Seiten einer Photographie oder eines Druckbilds. **2)** ✗ versetze einen Gegenschlag (Boxen); fange den gegner. Angriff ab und gehe zum Gegenangriff über (Mannschaftssportarten). **3)** Ü wehre ab (eine Beschuldigung).

kontestabel [lat. contestari ›als Zeugen anrufen‹], ⚶ anfechtbar. **Kontestation** *die, -/-en.* **kontestieren,** *ich* kontestiere (habe kontestiert) *es.*

Kontext [auch -'tɛkst, lat. contextus ›Verknüpfung‹] *der,* Zusammenhang, z. B. die sprachliche Umgebung eines Wortes oder Satzes (sprachl. Kontext).

Konti *Pl.* von Konto. **kontieren,** *ich* kontiere (habe kontiert) *es,* führe ein Konto auf einem Konto.

Kontiguität [lat. contiguus ›angrenzend‹ *die, -,* **1)** Angrenzung, Berührung. **2)** Psychologie: räumlich-zeitliche Aufeinanderfolge von Reizen oder Reiz und Reaktion.

Kontinent [lat. continens ›zusammenhängend‹] *der, -(e)s/-e,* **1)** ohne *Pl.,* Festland, z. B. das europäische Festland im Unterschied zu England. **2)** Erdteil: *der Schwarze K.,* Afrika. **kontinental,** *Kontinentalblock; Kontinentaleuropa; Kontinentalklima.*

kontingent [frz. contingent, zu lat. continens, Gen. contingentis ›zusammenhängend‹ möglich, nicht notwendig, zufällig. **Kontingent** *das, -(e)s/-e,* **1)** festgesetzter Anteil, z. B. eines Unternehmens am Absatz. **2)** Höchstmenge, die aus einem anderen Land eingeführt werden darf. **3)** ∮ Truppenbeitrag: *Truppenkontingent.* **kontingentieren,** *ich* kontingentiere (habe kontingentiert) *es.* **Kontingentierung** *die, -/-en,* das Festsetzen eines Kontingents, beschränkende Zutei-

lung von Waren. *K. von Benzin.* **Kontingenz** *die, -,* **1)** Philosophie: die Zufälligkeit im Sinne der Möglichkeit des Seins und Nichtseins. **2)** Statistik: die Verbundenheit zwischen zwei kategorialen Merkmalen einer statist. Masse.

Kontinuation [lat. continuatio, zu continuare ›fortsetzen‹ *die, -/-en,* Fortdauer, Folge. **kontinuierlich,** unterbrochen, stetig, zusammenhängend: *kontinuierliche Entwicklungen.* **Kontinuität** *die, -.* **Kontinuum** *das, -s/...nuen* und ...nua, das Stetige, lückenlos Zusammenhängende.

Konto [ital. conto ›Rechnung‹, zu lat. computare ›berechnen‹ *das, -s/...ten, ...ti* oder -s, zweiseitige Verrechnungsform der Buchführung zur Erfassung von Geschäftsvorfällen: *Kontoauszug; Kontonummer; Bankkonto; Girokonto.* **Kontokorrent** [ital. conto corrente ›laufende Rechnung‹ *das, -(e)s/-e,* eine Geschäftsverbindung, bei der gegenseitige Ansprüche und Verbindlichkeiten aufgerechnet werden. **Kontor** [frz. comptoir] *das, -s/-e,* **1)** Büro. **2)** Handelsniederlassung, Reederei. **Kontorist** *der, -en/-en,* **Kontoristin** *die, -/-nen,* Büroangestellte(r): *Stenokontoristin.*

Kontorsion [lat. contorquere ›herumdrehen‹ *die, -/-en,* ∮ Verdrehung, Verzerrung (Gelenk).

kontra [lat. contra ›gegen‹], auch *contra,* gegen, wider. **Kontra** *das, -s/-s,* das Wider; vgl. Pro; Kartenspiel: Gegenansage eines Gegenspielers (Skat): *er gab ihm K.,* Ü äußerte energisch seine Meinung. **Kontrabaß** *der,* größtes und tiefstes Streichinstrument. **Kontradiktion** [lat. dicere ›sagen‹ *die, -/-en,* Widerspruch, Gegensatz. **kontradiktorisch,** widersprechend, einander ausschließend: *kontradiktorisches Urteil,* ⚖ Urteil, das auf Grund widerstreitender Anträge der Parteien ergeht. **Kontrafaktur** [lat. factura ›Anlage‹, ›Aufbau‹ *die, -/-en,* geistl. Neuschöpfung eines weltl. Liedes.

Kontrahage [-h'a:ʒə, lat. contrahere ›zusammenziehen‹ *die, -/-n,* student. Verbindungswesen: Forderung zum Zweikampf. **Kontrahent** *der, -en/-en,* **1)** Vertragspartner. **2)** student. Verbindungswesen: Gegner (beim Zweikampf). **kontrahieren,** *ich* kontrahiere (habe kontrahiert), **1)** ziehe zusammen, lasse auflaufen (Schulden). **2)** *es,* vereinbare. **3)** *mit ihm,* student. Verbindungswesen: fordere ihn zum Zweikampf. **4)** *ein Muskel kontrahiert (sich),* zieht sich zusammen. **Kontraindikation** *die,* ∮ Gegenanzeige, Gegenindikation, Umstand, der die sonst zweckmäßige Behandlungsweise einer Krankheit verbietet. **kontraindiziert.**

Kontrakt [lat. contractus, zu contrahere ›zusammenziehen‹ *der, -(e)s/-e,* Vertrag. **kontraktil,** ∮ zusammenziehbar. **Kontraktilität** *die, -,* ∮ Fähigkeit, sich zusammenzuziehen (Muskel). **Kontraktion** *die, -/-en,* Zusammenziehung, Schrumpfung. **Kontraktur** *die, -/-en,* ∮ krankhafte Verkürzung und Schrumpfung von Körpergewebe, bleibende Fehlstellung eines Gelenks.

Kontrapost [ital. contraposto ›Gegensatz‹, vgl. kontra und lat. ponere ›setzen‹, ›stellen‹ *der, -(e)s/-e,* bildende Kunst: Ausgleich, bes. Wechsel von Stand- und Spielbein. **Kontrapunkt** [lat. punctum contra punctum ›Punkt gegen Punkt‹, also ›Note gegen Note‹ *der, -(e)s,* ♪ die Kunst, mehrere Stimmen eines Musikstücks selbständig nebeneinander zu führen. **kontrapunktisch,** *ein Thema, k. verarbeiten,* ♪.

konträr [frz. contraire, vgl. kontra], entgegengesetzt, gegenteilig, widrig, z. B. *gut* und *böse; konträre Standpunkte.*

Kontrast [ital. contrasto, vgl. kontra und lat. stare ›stehen‹ *der, -(e)s/-e,* Gegensatz, auffallender Unterschied: *Kontrastfarbe; kontrastreich.* **kontrastieren,** *die* kontrastieren (haben kontrastiert) *miteinander,* unterscheiden sich scharf. **Kontrastmittel** *das, -s/-,* ∮ Zusatz oder flüssige Stoffe zur Kontraststeigerung bei Röntgenuntersuchungen. **Kontrastprogramm** *das,* bei mehreren gleichzeitig verbreiteten Fernseh- oder Hörfunkprogrammen innerhalb eines Rundfunksystems das sich vom jeweiligen parallellaufenden Programm in Grundstimmung oder Anspruch unterscheidende Programm. **Kontrastregler** *der,* Fernsehen: ein Bedienungsorgan am Fernsehempfänger, mit dem man das Verhältnis der Leuchtdichten verändern kann.

Kontrazeption [vgl. kontra und lat. concipere ›aufnehmen‹ *die, -,* ∮ Empfängnisverhütung. **kontrazeptiv. Kontrazeptivum** *das, -s/...va,* empfängnisverhütendes Mittel.

Kontribuent [lat. contribuere ›beitragen‹ *der, -en/-en,* ⚶ Steuerpflichtiger. **kontribuieren,** *ich* kontribuiere (habe kontribuiert) *es,* ⚶ steuere bei, zahle (Steuern). **Kontribution** *die, -/-en,* **1)** gemeinschaftl. Beitrag. **2)** Zwangsauflage,

Zwangserhebung von Geld während des Krieges. **3)** alte Form der Grundsteuer.
Kon|trition [lat. conterere ›zerreiben‹] *die, -,* kath. Kirche: vollkommene Reue.
Kon|trollbüro *das, schweiz.:* Einwohnermeldeamt. **Kontrolle** [frz. contrôle ›Gegenbuch‹, ›Aufsicht‹] *die, -/-n,* Überwachung, Aufsicht: *er verlor die K. über den Wagen,* die Herrschaft darüber; *Zollkontrolle; Kontrollinstanz; Kontrolllampe,* vgl. Silbentrennung, ÜBERS. S 50; *Kontrollturm; Kontrolluntersuchung.* **Kon|troller** [engl. controller] *der, -s/-,* Schaltwalze am Fahrerstand eines elektrisch betriebenen Fahrzeugs. **Kon|trolleur** [-l'ø:r] *der, -s/-e,* Prüfer, Aufsichtsbeamter. **kon|trollierbar. kon|trollieren,** *ich* kontrolliere (habe kontrolliert) *ihn, es.* **Kon|trollorgan** *das,* Institution mit einer bestimmten Kontrollfunktion. **Kon|trolluhr** *die,* Gerät zur Anzeige oder Aufzeichnung von Zeitpunkten und Zeitdauern, bes. bei Arbeitsvorgängen: *Arbeitszeitkontrolluhr.*
kon|trovers [lat. controversus], gegeneinander gerichtet, strittig: *kontroverse Meinungen.* **Kon|troverse** *die, -/-n,* Streit, Meinungsverschiedenheit; wissenschaftl. Streitgespräch: *Kontroverstheologie,* die Abgrenzung der theolog. Grundlehren der einzelnen christl. Kirchen.
Kontumaz [lat. contumacia ›Trotz‹] *die, -,* **1)** ⚖ Fernbleiben Geladener von einer Gerichtsverhandlung: *Kontumazialverfahren.* **2)** österr.: Quarantäne: *Hundekontumaz.*
Kontur [frz. contour] *die, -/-en,* Umriß, Umrißlinie: *ich konnte nur seine Konturen erkennen; Konturenstift.* **Konturenflug** *der,* ⚓ Flug mit geringem, konstantem Bodenabstand.
konturieren, *ich* konturiere (habe konturiert) *es.*
Kontusion [lat. contundere ›zerquetschen‹] *die, -/-en,* ⚕ Quetschung.
Konus [lat. conus, zu grch. konos ›Kegel‹] *der, -/-se,* **1)** Kegel. **2)** *Pl.* auch ...*nen,* ⚙ kegelförmiger Maschinenteil.
Konvaleszenz [lat. convalescentia, zu valere ›sich geltend machen‹] *die, -/-en,* ⚕ das Gültigwerden von unwirksamen Rechtsgeschäften durch Wegfall eines der Gültigkeit entgegenstehenden Hindernisses.
Konvektion [lat. convectio ›das Zusammenbringen‹] *die, -/-en,* **1)** Übertragung von Energie, z. B. Wärme, durch Teilchen einer Strömung: *Konvektionsheizung.* **2)** Meteorologie: vorwiegend vertikale Luftbewegung: *Konvektionswolke.*
konvektiv. Konvektor *der, -s/...'oren,* Heizkörper aus Rippenrohren mit vorderer Verkleidung (die eine Konvektionsströmung bewirkt).
Konvenienz [lat. conveniens ›einig‹, zu convenire ›zusammenkommen‹, ›passen‹] *die, -/-en,* ⚭ Herkommen, Schicklichkeit; das Zuträgliche, Bequeme. **konvenieren,** *ich* konveniere (habe konveniert), ⚭ **1)** *mit ihm,* verabrede mich, treffe eine Übereinkunft. **2)** *es konveniert, noch österr.:* paßt, ist angenehm: *konveniert Ihnen dieser Termin?*
Konvent [lat. conventus ›Zusammenkunft‹, zu convenire ›zusammenkommen‹] *der, -(e)s/-e,* **1)** Versammlung, bes. von Klostergeistlichen. **2)** Kloster, Stift. **3)** student. Verband.
Konventikel *das, -s/-,* außerkirchl. religiöse Zusammenkunft. **Konvention** *die, -/-en,* **1)** Überlieferung, Brauch. **2)** (zwischenstaatliche) Vereinbarung. **konventional. Konventionalstrafe** *die,* Vertragsstrafe. **konventionell, 1)** herkömmlich: *konventionelle Waffen,* keine nuklearen, biolog. oder chem. Waffen. **2)** förmlich: *eine konventionelle Redensart.*
konvergent [spätlat. convergere ›sich hinneigen‹], zusammenstrebend, aufeinander zulaufend (Linien). **Konvergenz** *die, -/-en.* **konvergieren,** *es* konvergiert (hat konvergiert).
Konversation [lat. conversatio ›Umgang‹] *die, -/-en,* gepflegte gesellige Unterhaltung: *die K.; Konversationskurse in Fremdsprachen.* **Konversationslexikon** *das,* ⚭ Enzyklopädie. **konversieren,** *ich* konversiere (habe konversiert) *mit ihm,* ⚭ mache Konversation.
Konversion [lat. conversio, zu convertere ›umwenden‹] *die, -/-en.* **1)** Umkehrung. **2)** Glaubenswechsel. **3)** Konvertierung.
Konverter *der, -s/-,* **1)** ein Stahlbehälter zur Stahlerzeugung. **2)** ein Reaktortyp. **konvertibel. Konvertibilität** *die, -,* Konvertierbarkeit, Austauschbarkeit der Währungen verschiedener Länder. **konvertieren,** *ich* konvertiere, **1)** (bin konvertiert), trete über: *sie ist zum katholischen Glauben konvertiert.* **2)** (habe konvertiert) *es,* wandle um: *eine Anleihe wird konvertiert,* in eine andere mit niedrigerem Zinsfuß umgewandelt. **Konvertierung** *die, -/-en,* die Umwandlung einer Anleihe in eine neue mit anderen Verzinsungs- und Tilgungsbedingungen. **Konvertit** *der, -en/-en,* (zu einem anderen Glauben) Übergetretener.

konvex [lat. convexus], nach außen gewölbt, ABB. L 14: *Konvexlinse.* **Konvexivität** *die, -.*
Konvikt [lat. convictus ›das Zusammenleben‹] *das, -(e)s/-e,* Internat für Studenten oder Schüler (der Theologie).
Konvoi [auch -v'ɔi, frz. convoi, vgl. kon... und lat. via ›Weg‹] *der, -s/-s,* Schutzgeleit, Geleitzug: *Schiffe im K.*
Konvolut [lat. convolvere ›zusammenrollen‹] *das, -(e)s/-e,* Bündel von Schriftstücken oder Drucksachen. **2)** ⚇ Sammelband.
Konvulsion [lat. convellere ›niederreißen‹] *die, -/-en,* ⚕ Schüttelkrampf. **konvulsiv(isch),** ⚕ krampfartig zuckend.
konzedieren [lat. concedere ›weichen‹, ›gestatten‹], *ich* konzediere (habe konzediert) *es ihm,* gestehe zu, räume ein.
Konzelebration [vgl. kon... und Zelebration] *die,* gemeinsame Zelebration, bes. der Messe, durch mehrere Geistliche. **konzele|brieren,** *ich* konzelebriere (habe konzelebriert) *die Messe mit ihnen.*
Konzentrat [frz. concentrer ›verdichten‹, zu lat. centrum ›Zentrum‹] *das, -(e)s/-e,* ⌀ hochprozentige Lösung. **Konzentration** *die, -/-en,* **1)** Zusammenballung: *Truppenkonzentration; Unternehmenskonzentration.* **2)** ⌀ Anteil einer Komponente in einem festen, flüssigen oder gasförmigen Gemisch: *Wasserstoffionenkonzentration,* der pH-Wert. **3)** *ohne Pl.,* Ü geistige Anspannung, Sammlung; aktive, interessenbedingte Aufmerksamkeit: *Konzentrationsschwäche; Konzentrationstraining.* **Konzentrationsfähigkeit** *die,* Ü Fähigkeit, seine Gedanken zu konzentrieren. **Konzentrationslager** [engl. concentration camp ›Sammellager‹ der Briten im Burenkrieg, 1901] *das,* **1)** Internierungslager. **2)** Abk.: KZ, Massenvernichtungslager totalitärer Staaten, bes. der Nationalsozialisten. **konzen|trieren,** *ich* konzentriere (habe konzentriert) **1)** *ihn, es,* sammle, ziehe zusammen, z. B. Truppen. **2)** *es,* ⌀ verdichte, sättige: *eine konzentrierte Salzlösung.* **3)** *mich (auf etwas, ihn),* Ü sammle mich geistig: *er hörte konzentriert,* mit konzentrierter Aufmerksamkeit zu; *bei dieser Arbeit muß man sich sehr konzentrieren; sie konzentriert sich ganz auf ihre Kinder,* widmet ihnen ihre ganze Aufmerksamkeit. **konzen|trisch,** mit gemeinsamem Mittelpunkt, umfassend: *konzentrische Anordnung, Kreise.* **Konzentrizität** *die, -.*
Konzept [lat. conceptio ›das Zusammenfassen‹, zu concipere ›zusammenfassen‹, ›empfangen‹] *das, -(e)s/-e,* **1)** Entwurf, erste Niederschrift: *die Rede ist im K. fertig.* **2)** Ü Plan: *das paßt nicht in mein K.; sie arbeitet ohne K.; das hat mir das K. verdorben; laß dich nicht aus dem K. bringen!,* Ü verwirren. **Konzeption** *die, -/-en,* **1)** schöpferischer Einfall, Entwurf, Grundvorstellung: *er will völlig neue K. erarbeiten.* **2)** *ohne Pl.,* das Begreifen. **3)** ⚕ Empfängnis. **konzeptionell,** den konzeptionellen Vorstellungen der Opposition. **konzeptionslos. Konzeptpapier** *das,* minderwertiges Papier (für Entwürfe).
Konzern [engl. concern, zu lat. concernere ›mitkämpfen‹, ›mitbeschließen‹] *der, -s/-e,* ⚖ mehrere rechtlich selbständige Unternehmen unter einheitl. Leitung.: *Konzernentflechtung; Konzernspitze.* **Konzernierung** *die, -,* die Bildung von Konzernen.
Konzert [concertare, lat. ›wetteifern‹, ital. ›zusammenfügen‹] *das, -(e)s/-e,* **1)** Musikaufführung: *wir gehen ins K.; Konzertabend; Konzertsaal; Rundfunkkonzert; Sinfoniekonzert; Unterhaltungskonzert.* **2)** Musikstück für Soloinstrument und Orchester: *Klavierkonzert.* **3)** Ü Übereinstimmung: *das K. der Mächte.* **konzertant,** konzertartig: *die konzertante Aufführung einer Oper.* **konzertieren,** *ich* konzertiere (habe konzertiert); musiziere in einem öffentl. Konzert. **konzertiert,** verabredet, gemeinsam: *konzertierte Aktion.* **Konzertmeister** *der,* der führende Orchestermusiker in der Streichergruppe.
Konzession [lat. concessio, zu concedere ›sich fügen‹] *die, -/-en,* **1)** Zugeständnis: *Konzessionsbereitschaft; er will keine Konzessionen machen.* **2)** gewerbepolizei. Erlaubnis zum Betrieb eines nicht jedem zugängl. Gewerbes: *Schankkonzession; dem Gastwirt wurde die K. entzogen.* **Konzessionär** *der, -s/-e,* Inhaber einer Konzession. **konzessionieren,** *ich* konzessioniere (habe konzessioniert) *es,* genehmige behördl. **konzessiv,** einräumend. **Konzessivsatz** *der,* ⓈEinräumungssatz, Nebensatz, der den Vorbehalt zu einem gedachten kausalen Verbindung enthält, ÜBERS. S 79.
Konzil [mhd. concilie, zu lat. concilium ›Zusammenkunft‹] *das, -s/-e oder ...li|en,* **1)** Versammlung kirchl. Würdenträger. **2)** Beratungs- und Beschlußgremium an Hochschulen. **konziliant,** versöhnlich, verbindlich, umgänglich: *konziliantes Ver-*

halten; *er war mir gegenüber wenig k.* **Konzilianz** *die, -.*
konziliarisch, ein Konzil betreffend. **Konziliarismus** [vgl.
. . .ismus] *der, -,* kath. Kirchenrecht: Auffassung, daß das
Konzil für die Rechtmäßigkeit seiner Beschlüsse nicht an die
Zustimmung des Papstes gebunden sei.

   konzinn [lat. concinnus ›kunstgerecht zusammengefügt‹],
Stilistik: syntaktisch gleichgebaut.

   konzipieren [lat. concipere, vgl. Konzept], *ich konzipiere*
(habe konzipiert), **1)** *es,* entwerfe, plane (Schriftstück, Dich-
tung). **2)** *eine Frau konzipiert, ♀* wird schwanger.

   konzis [lat. concisus ›abgebrochen‹], bündig, kurz.

   Koofmich *der, -s/-e* oder *-s,* Ü verächtlich: Kaufmann,
Händler.

   Koog [mnd. koch] *der, -(e)s/K'öge,* auch Kog, *niederdt.:*
eingedeichtes Marschland, ABB. K 56.

   Ko|operation [lat. cooperari ›mitwirken‹] *die, -/-en,* Zu-
sammenarbeit, genossenschaftl. Mitwirkung. **ko|operativ,**
kooperatives Verhalten. **Ko|operative** *die, -/-n,* Dt. Dem.
Rep.: Genossenschaft, Arbeitsgemeinschaft: *eine landwirt-*
schaftliche K. **Ko|operator** *der, -s/. . .t'oren,* kath. Hilfsgeist-
licher. **ko|operieren,** *sie kooperieren (haben kooperiert),*
arbeiten, wirken zusammen.

   Ko|optation *die, -/-en.* **ko|optieren** [lat. cooptare ›hinzu-
wählen‹], *eine Gruppe* kooptiert *sich* (hat sich kooptiert),
ergänzt oder verstärkt sich durch Ergänzungswahl.

   Ko|ordinaten [mlat. coordinare ›zuordnen‹], *Pl.,* △ zahlen-
mäßig gegebene Größen (Strecken, Winkel), durch die die
Lage eines Punktes, einer Geraden usw. in einem Koordina-
tensystem festgelegt wird, ABB. K 37. **Ko|ordination** *die, -,* das
Koordinieren; Zuordnung, Beiordnung. **Ko|ordinator** *der,*
-s/. . .t'oren, jemand, der etwas koordiniert, spec. die Pro-
gramme verschiedener Rundfunk- und Fernsehanstalten.
ko|ordinieren, *ich koordiniere (habe koordiniert) es,* **1)**
stimme aufeinander ab. **2)** Ⓢ ordne bei: *koordinierende*
Konjunktion. **Ko|ordinierung** *die, -.*

   Kop., Abk. für: Kopeke.

   Kopaivabalsam [portug. copaiba] *der, -s,* harzige Flüssig-
keit aus dem Holz des Kopaivabaums, u. a. als Lackbeigabe.

   Kopal [mexikan. Indianersprache copalli ›Harz‹] *der, -s/-e,*
bernsteinähnl. Harz.

   Kopeke [russ. kopejka, zu kop'e ›Spieß‹] *die, -/-n,* Abk.:
Kop., kleinste russ. Münzeinheit.

   Köpenickiade [nach dem Berliner Stadtteil Köpenick, wo
1906 ein Schuhmacher die Behörden als falscher Hauptmann
zum Narren hielt] *die, -/-n,* tolldreistes Gaunerstück.

   Köper [niederl. keper ›Balken‹] *der, -s/-,* Gewebe in
Köperbindung. **Köperbindung** *die,* textile Bindung, die im
Gewebe Diagonalstreifen bewirkt.

   kopernikanisch, kopernikanisch [nach dem Astrono-
men N. Kopernikus, 1473–1543], Kopernikus oder seine
Lehre betreffend, vgl. ÜBERS. A 4, C: *kopernikanisches*
Weltsystem, System, in dem die Sonne als Weltmittelpunkt gilt.

   Kopf [ahd. chopf ›Becher‹] *der, -s/ᵘe,* **1)** Körperteil, Sitz des
Gehirns, ABB. M 12: *ist einen K. größer als ich; von K. bis Fuß,*
von oben bis unten; *U* völlig; *er ist mir über den K. gewachsen,*
überragt mich, *Ü ist mir überlegen geworden; die Sache ist ihm*
über den Kopf gewachsen, *Ü er kann sie nicht mehr bewältigen;*
er schüttelte den K., Zeichen der Verneinung oder Mißbilli-
gung; *er nickt mit dem K.,* Zeichen der Zustimmung; *sie standen*
K. an K., gedrängt; *ich habe es ihm auf den K. zugesagt,* direkt,
ohne ihm Gelegenheit zum Leugnen zu geben; *auf den K. der*
Bevölkerung entfallen 12 Mark, Ü auf jeden einzelnen; *es geht*
um K. und Kragen, Ü ums Leben; *ein heller, kluger, schlauer K.,*
Ü intelligenter Mensch; *die Kinder müssen das Gedicht aus dem*
K. aufsagen, Ü aus dem Gedächtnis; *das will mir nicht aus dem*
K., es geht mir im K. herum, Ü ich muß immer daran denken; *ich*
will es mir durch den K. gehen lassen, überlegen; *er hat sich in*
den K. gesetzt, Ü ist nicht davon abzubringen; *er ist nicht auf den*
K. gefallen, Ü ist schlau; *du mußt einen klaren K. behalten, du*
darfst nicht den K. verlieren, Ü die Geistesgegenwart; *laß nicht*
den K. hängen, behalte den K. oben, Ü sei nicht mutlos; *er hat ihr*
den K. verdreht, Ü sie verliebt in sich gemacht; *man muß ihm den*
K. waschen, zurechtsetzen, Ü ihn schelten; *du darfst ihn nicht vor*
den K. stoßen, Ü beleidigen; *der Erfolg ist ihm zu K. gestiegen,*
Ü er ist überheblich geworden; *der Alkohol steigt ihm in den K.,*
Ü beginnt zu wirken; *alles muß immer nach ihrem K. gehen,* Ü sie setzt immer
ihren Willen durch; *er hat seinen K. für ihn hingehalten,* Ü er ist
für ihn vor den K. geschlagen, Ü kann es
nicht fassen; *schlag dir das aus dem K.!,* Ü gib diesen Plan auf!;
zerbrich dir darüber nicht den K.!, Ü grüble nicht darüber nach!;

das ganze Haus war auf den K. gestellt, Ü in Unordnung; *er hat*
die Tatsache auf den K. gestellt, verdreht; *und wenn du dich auf*
den K. stellst, es bleibt dabei!, Ü; *er hat ihm allerhand an den K.*
geworfen, Ü ihn beleidigt. **2)** oberes (verdicktes) Ende, ABB.
K 36. **3)** kugelig geschlossene Salat-, Kraut- oder Kohlpflanze,
ABB. 36. **4)** Titel der Zeitung, K 36; oberer Teil des Briefbogens:
Briefkopf. **Kopfarbeit** *die,* Geistesarbeit. **Kopfbahnhof** *der,*
ABB. B 5. **Kopfball** *der,* das Weitergeben des Balles mit dem
Kopf. **Kopfbedeckung** *die,* Hut, Mütze u. a. **Köpfchen** *das,*
-s/-: er hat K., U ist gescheit, hat Verstand. **köpfeln,** *ich (köp-
f(e)le (habe geköpfelt), schweiz., österr.:* stoße den Ball mit dem
Kopf. **köpfen,** *ich kopfe (habe gekopft), schweiz.:* tue belei-
digt, bin dickköpfig. **köpfen** [spätmhd. köpfen ›enthaupten‹],
ich köpfe (habe geköpft), **1)** *ihn,* schlage ihm den Kopf ab, ent-
haupte ihn. **2)** *es,* schneide ab: *ich k. eine Flasche,* Ü entkorke
sie. **3)** *den Ball,* stoße mit dem Kopf. **4)** *Salat* köpft, bekommt
Köpfe. **Kopfende** *das,* oberes Ende (des Bettes). **Kopffüß-
(l)er** *der, -s/-,* meeresbewohnendes Weichtier. **kopfhänge-
risch,** U mutlos. **Kopfhörer** *der,* elektroakust. Schallgerät,
das muschelartig die Ohren bedeckt, ABB. K 36. **köpfig,**
schweiz.: eigensinnig, dickköpfig. **Kopfkissen** *das,* ABB. B 27.
Kopfkohl *der,* Weißkohl, Rotkohl, vgl. ABB. K 33. **kopfla-
stig,** ⚓ vorn zu stark belastet. **Kopflastigkeit** *die, -.* **köpf-
lings,** mit dem Kopf voran. **kopflos,** Ü überstürzt, unüber-
legt. **Kopflosigkeit** *die, -.* **Kopfnuß** *die,* Ü Schlag mit dem
Fingerknöchel gegen den Kopf. **kopfrechnen,** *nur im Infinitiv,*
rechnen ohne Niederschrift. **Kopfrechnen** *das, -s: im K. bin*
ich schwach, stark. **Kopfsalat** *der,* eine Salatpflanze, ABB. S 3.
kopfscheu, U gehemmt, ängstlich: *laß mich nicht k. machen!*
Kopfschlag *der,* ⚓ Knoten, mit dem ein Tauende befestigt
wird, ABB. K 36. **Kopfschmerz** *der, meist Pl.: sie leidet an*
Kopfschmerzen; mach dir darüber keine Kopfschmerzen!,
Ü Sorgen. **Kopfschütteln** *das, -s,* das Hin- und Herbewegen
des Kopfes zur Verneinung, Ablehnung. **kopfschüttelnd,** *er*
stand k. davor, wunderte sich, staunte. **Kopfsprung** *der,*
Sprung (ins Wasser) mit dem Kopf voran. **Kopfstand** *der,*
Turnübung, ABB. K 36. **kopfstehen,** *ich* stehe kopf (habe
kopfgestanden), **1)** stehe auf dem Kopf. **2)** U bin außer mir: *das*
Publikum stand kopf vor Begeisterung. **Kopfsteinpflaster**
das, unebenes Pflaster, ABB. P 10. **Kopfsteuer** *die,* für jeder-
mann gleich hohe Steuer. **Kopfstimme** *die,* ohne Erschütte-
rung des Brustraums entstehende hohe Stimme. **Kopfstoß** *der,*
Billard: Stoß von oben her auf den Ball. **Kopftuch** *das,* ABB.
K 36. **kopfüber,** mit dem Kopf voran. **Kopfweh** *das,* Ü Kopf-
schmerz. **Kopfzerbrechen** *das, -s,* Ü mühsames Nachdenken:
das hat mir viel K. gemacht, verursacht.

   Kophta [zu Kopte] *der, -s/-s,* geheimnisvoller ägypt.
Magier. **kophtisch.**

   Kopie [lat. copia ›Menge‹, ›Vorrat‹] *die, -/. . .p'i|en,* **1)**
Vervielfältigung, Abschrift. **2)** Nachbildung (eines Kunstwer-
kes oder Werkstückes). **3)** Abzug vom Negativ (Film).
Kopier|apparat *der,* **1)** Photographie: Gerät zur Herstellung
eines Positivs durch Belichten eines Negativs, **2)** Bürotechnik:
Gerät zur Herstellung einer Papierkopie nach einer Vorlage.
kopieren [mlat. copiare ›abschreiben‹], *ich kopiere (habe*
kopiert), **1)** *es,* fertige eine Kopie an: *Elektrokopiergeräte.* **2)**
ihn, U stelle nach: *ich kopiert seine Ausdrucksweise.* **Kopierer**
der, -s/-, Kopierapparat: *Fernkopierer.* **Kopierstift** *der,*
Bleistift, dessen Mine wasserlösl. Teerfarbstoffe enthält.

   Kopilot [engl. copilot, vgl. K . . . und Pilot] *der,* zweiter
Flugzeugführer.

   kopiös [frz. copieux ›reichlich‹, zu lat. copia ›Menge‹],
reichlich, zahlreich.

   Kopist [zu Kopie] *der, -en/-en,* jemand, der etwas kopiert;
Abschreiber; Nachbildner.

   Koppe [zu Kuppe] *die, -/-n,* **1)** Bergkuppe. **2)** ein Fisch.

   Koppel [mhd. kopel, zu lat. copula ›Band‹, ›Verbindung‹]
die, -/-n, **1)** eingezäuntes Land, Weidestück: *Pferdekoppel.* **2)**
🔧 Glied eines Kurbeltriebes. **3)** Gruppe zusammengebunde-
ner Hunde oder Pferde: *Jagdhunde.* **4)** ♪ Kopplung. **5)**
das, -s/-, Leibriemen, Degengehenk. **koppelgängig,** 🐾 in der
Koppel gehend (Hund). **koppeln,** *ich kopp(e)le (habe*
gekoppelt), **1)** *es,* verbinde. **2)** *Wörter,* Ⓢ verbinde sie durch
Bindestrich: *gekoppelte Wörter, Koppelwörter.* **Kopp(e)lung**
die, -/-en, Kopplungsmanöver, das
Koppeln zweier Raumfahrzeuge. **2)** wechselseitige Beeinflus-
sung zweier physikal. Systeme, z. B. zweier elektr. Schwin-
gungskreise. **3)** ♪ Registerzug, der die Tasten verbindet.

   koppen, *das Pferd* koppt (hat gekoppt), schluckt Luft.
Kopper *der, -s/-.*

der Reisekorb der Wäschekorb der Rundkorb der Spankorb der Handarbeitskorb der Kork(en)zieher

die Ordinatenachse
(die y-Achse)

die Abszissenachse
(die x-Achse)

rechtwinklige | Koordinaten

Koordinaten

der Korbsessel der Henkelkorb der Papierkorb der Säbelkorb

Korb

der Flaschenkork(en)

der Sektkork(en)

der Kronkork(en)

Kork(en)

kopphejster [zu Kopf], *niederdt.:* kopfüber: *er schießt k.,* schlägt einen Purzelbaum.
Kopplung *die,* Koppelung.
Ko|pra [hindustani khopra] *die,* -, zerkleinerte und getrocknete Kokosnußkerne.
Ko|produktion *die,* Gemeinschaftsherstellung (z. B. eines Films): *eine deutsch-französische K.*
Kops [engl. cop ›Garnwickel‹] *der, -es/-e,* Spinnerei: auf eine Spule oder Spindel aufgewickelter Garnkörper.
Kopte [arab. qibti, grch. Aigyptios ›Ägypter‹] *der, -n/-n,* christl. Nachkomme der alten Ägypter. **koptisch.**
Kopula [lat. copula ›Band‹, ›Verbindung‹] *die,* -/-s oder . . . *lae,* Ⓢ die das Subjekt mit dem Prädikatsnomen verbindende Verbform (meist Hilfsverb). **Kopulation** *die,* -/-en, 1) Verschmelzung der Geschlechtszellen; Begattung. 2) eine Pflanzenveredlung. **kopulativ,** verbindend, anreihend. **kopulieren,** *ich kopuliere (habe kopuliert),* **1)** *es,* verbinde. **2)** *Pflanzen,* veredle. **3)** *Insekten kopulieren,* paaren sich.
kor, 1) von kiesen. **2)** von küren.
kor . . . [lat. cor . . .], Nebenform von *kon . . .* vor Wörtern, die mit r beginnen: *Korrespondent.*
Kora [grch. kore ›Mädchen‹, ›Jungfrau‹], weibl. Vorname.
Korach, Korah [Eigenname im A. T.], *eine Rotte K.,* Ʊ zügellose Horde.
Koralle [mhd. koralle, aus lat. corallium, zu grch. korallion] *die,* -/-n, **1)** meerbewohnendes Hohltier mit Kalk- oder Hornskelett. **2)** das Kalkskelett selbst: *Koralleninsel; Riffkorallen.* **3)** Schmuckstein daraus. **4)** kleine Holzkugel mit vorstehenden Eisenstiften am Abrichtungshalsband für Hunde, Abb. H 27. **Korallenfisch** *der,* Name verschiedener Fische an Korallenriffen. **Korallenpilz** *der,* Abb. P 14. **Korallentier** *das,* Blumentier, meerbewohnendes Hohltier.
koram [lat. coram], ♐ öffentlich; vgl. coram publico.
koramieren, *ich koramiere (habe koramiert) ihn,* ♐ stelle zur Rede.
Koran [auch k'o-, arab. al-Qur'an, zu qur'an ›Lesung‹] *der, -s/-e,* das heilige Buch des Islams.
Korb [ahd. korb, zu lat. corbis ›Korb‹] *der, -(e)s/⁻e,* **1)** geflochtenes Behältnis als Einkaufsbehälter, Fischereigerät u. a., Abb. K 37: *Bienenkorb,* Abb. B 29; *Bastkorb; Korbflechterei.* **2)** Handschutz am Säbel, Abb. S 1. **3)** Ü Abweisung: *sie hat ihm einen K. gegeben; er hat einen K. bekommen; ich möchte mir keinen K. holen.* **Korbball** *der, -(e)s,* Ʊ ein Bewegungsspiel. **Korbblüt(l)er** *der, -s/-,* eine Pflanzenfamilie. **Korbbogen** *der,* ⟅ eine Bogenform, Abb. B 39. **Körbchen** *das, -s/-,* **1)** kleiner Korb. **2)** Blütenstand der Korbblüter, Abb. B 38. **3)** Sammelorgan der Arbeitsbiene. **körbeln,** *ich körb(e)le (habe gekörbelt), schweiz.:* erbreche mich. **Korbflasche** *die,* Abb. B 8. **Korbsessel** *der,* Abb. K 37. **Korbweide** *die,* eine Weide, deren Ruten in der Korbflechterei verwendet werden.
Kord [engl. cord ›Schnur‹] *der, -(e)s/-e,* auch Cord, gerippter Stoff, meist aus Baumwolle: *Kordhose; Kordsamt.* **Korde, Kordel** [mhd. korde, frz. corde, lat. chorda, zu grch. chorde ›Darmsaite‹] *die,* -/-n, *südwestdt.:* Schnur, Bindfaden.
Kordelia [zu Cordula], weibl. Vorname.
kordial [frz. cordial, zu lat. cor ›Herz‹], herzlich vertraut.
kordieren [zu Kordel], *ich kordiere (habe kordiert) es.* **Kordierung** *die,* -, eine Art des Rändelns.

Kordon [kɔrd'ɔ̃, frz. cordon ›Kordel‹, ›Schnur‹, vgl. Kordel] *der, -s/-s,* **1)** ⚭ Postenkette, Absperrung. **2)** Ordensband. **3)** ⚘ Wuchsform am Spalier. **Kordonettseide** [frz. cordonnet ›dünne Schnur‹] *die,* Schnurseide, aus mehreren Fäden gedrehtes Seidengarn. **Kordonettstich** *der,* Stickerei: Stich, der einen Faden umschnürt.
Korduan [mhd. kurdewan, afrz. cordouan, nach der span. Stadt Córdoba] *das, -s,* feines Ziegen- oder Schafleder: *Korduanleder.*
Kordula [vgl. Cordula], weibl. Vorname.
Kore [grch. ›Mädchen‹, ›Jungfrau‹] *die,* -/-n, **1)** ⟅ gebälktragende weibl. Gestalt, Karyatide. **2)** altgriech. bekleidete Mädchenfigur.
Koreaner *der, -s/-,* Bewohner der ostasiat. Halbinsel Korea. **koreanisch.**
kören [niederdt. für küren, mhd. koren ›wählen‹, ›kosten‹], *ich köre (habe gekört) ein Tier,* 🐂 wähle für die Zucht aus.
Korfiot *der, -en/-en,* Bewohner der griech. Insel Korfu. **korfiotisch.**
Koriander [ahd. kullantar, grch. koriandron, zu koris ›Wanze‹, wegen des Geruches] *der, -s/-,* eine doldenblütige Gewürzpflanze und deren als Gewürz verwendeter Samen.
Korinna [grch. kore ›Jungfrau‹, ›Mädchen‹], weibl. Vorname.
Korinthe [nach ihrem grch. Hauptausfuhrhafen Korinth] *die,* -/-n, kleine schwarze Rosine. **Korinthenkacker** *der, -s/-,* Ʊ derb: Kleinigkeitskrämer. **korinthisch, 1)** auf die griech. Stadt Korinth bezüglich. **2)** ⟅ zu einer Stilform der griech. Baukunst gehörend: *korinthische Säule,* Abb. S 8.
Kork [span. corcho, zu lat. cortex ›Rinde‹] *der, -(e)s/-e,* **1)** ⚘ pflanzl. Abschlußgewebe um Stämme, Wurzeln, Knollen. **2)** Kork. **Korkeiche** *die,* immergrüner Baum mit korkiger Rinde. **korken,** aus Kork. **Korken** *der, -s/-,* Flaschenpfropfen aus Kork, Abb. K 37. **Kork(en)zieher** *der,* Gerät zum Entkorken einer Flasche, Abb. K 37.
Kormoran [frz. cormoran, zu lat. corvus marinus ›Seerabe‹] *der, -s/-e,* ein Schwimm- und Tauchvogel.
Korn [ahd. korn, verwandt mit Kern] *das, -(e)s/⁻er,* **1)** Samen oder eine samenähnliche Hartfrucht, Abb. F 36. 2) *ohne Pl.,* das landesübliche wichtigste Brotgetreide, bes. Roggen. **3)** kleines Stückchen, Krümchen: *Sandkorn; Salzkorn; Schrotkorn;* kleines Stück gediegenen Metalls; Photographie: kleinste Silberteilchen, aus denen ein Bild aufgebaut ist; ✎ druckendes Pünktchen auf einer Druckplatte. **4)** *ohne Pl.,* Narbe des Papiers: *feines, grobes K.* **5)** *ohne Pl.,* an Schußwaffen der hintere Teil der Visiereinrichtung, Abb. K 19: *ich nehme ihn, es aufs K.,* sie darauf, Ü beobachte scharf. **6)** *der, -(e)s,* Ʊ Kornbranntwein. **Kornblume** *die,* 1) ein Ackerunkraut. 2) die Kornrade, der Klatschmohn u. a. Getreideunkräuter: *Kornblumenblau.* **Kornblumenblau** *das, -s/-:* darin steckt ein K. Wahrheit.
Kornea *die,* -, Cornea.
Kornelia [nach dem röm. Geschlecht Cornelia], weibl. Vorname. **Kornelius,** männl. Vorname.
Kornelkirsche *die,* **Kornelle** [ahd. churnilboum, cornulboum] *die,* -/-n, ein Zier- und Heckenstrauch.
körnen [mhd. körnen ›mit Körnern locken‹, ›Körner bilden‹], *ich körne (habe gekörnt) es,* **1)** zerkleinere (Metalle, Schlacken) zu Körnern. **2)** forme körnig, rauhe an. **3)** schlage

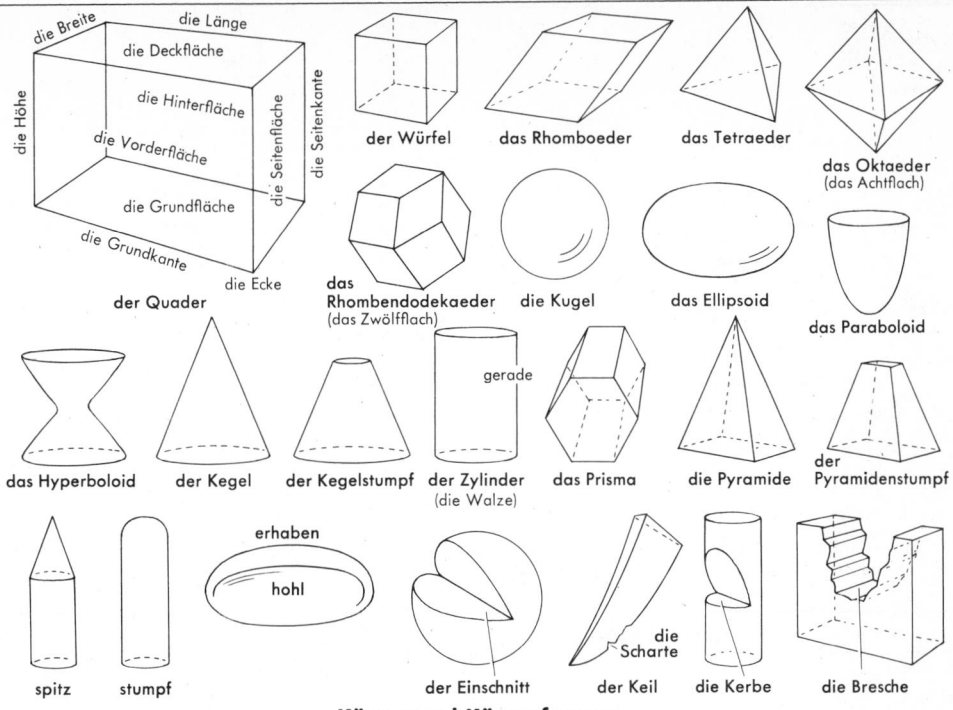

die Breite, die Länge, die Deckfläche, die Höhe, die Hinterfläche, die Seitenfläche, die Seitenkante, die Vorderfläche, die Grundfläche, die Grundkante, die Ecke, der Quader

der Würfel   das Rhomboeder   das Tetraeder

das Oktaeder (das Achtflach)

das Rhombendodekaeder (das Zwölfflach)   die Kugel   das Ellipsoid

das Paraboloid

gerade

das Hyperboloid   der Kegel   der Kegelstumpf   der Zylinder (die Walze)   das Prisma   die Pyramide   der Pyramidenstumpf

erhaben   hohl

spitz   stumpf   der Einschnitt   der Keil   die Kerbe   die Bresche   die Scharte

Körper und Körperformen

mit einem Körner kleine kegelige Vertiefungen in ein Werkstück ein, vgl. ABB. R 2.
Korner *der, -s/-,* Corner.
Körner *der, -s/-,* Werkzeug mit gehärteter Stahlspitze zum Körnen.
Kornett [ital. cornetto, zu lat. cornu ›Horn‹, **1)** *das, -(e)s/-e* oder *-s,* ein Blechblasinstrument, ABB. B 33. **2)** [frz. cornette, ›Reiterfahne‹, ›Standarte‹, ›Fahnenträger‹] *der, -(e)s/-e* oder *-s,* früher: Reiterfähnrich.
körnig, gekörnt, mit kleinen Körnern, mit rundlichen Oberflächenerhebungen, angerauht.
kornisch, die engl. Landschaft Cornwall betreffend. **Kornisch** *das, -(s), dem -,* kornische Sprache; vgl. Deutsch.
Kornkäfer *der,* ein Rüsselkäfer, Getreideschädling. **Körnlein** *das, -s/-,* Diminutiv zu Korn. **Kornrade** *die,* ⚘ ein Nelkengewächs, Getreideunkraut. **Körnung** *die, -,* bei Schleifwerkzeugen: Maß für die mittlere Größe der Schleifkörner.
Korolla [lat. corolla ›Kränzchen‹, zu corona ›Kranz‹] *die, -/...r'ollen,* ⚘ Korolle, Blumenkrone. **Korollar** *das, -s/-e,* **1)** Zugabe, Ergänzung. **2)** Logik: Satz, der sich aus einem bewiesenen Satz folgerichtig ergibt. **Korolle** *die, -/-n,* Korolla.
Korona [lat. corona ›Kranz‹] *die, -/...nen,* **1)** ☆ Strahlenkranz der Sonne. **2)** ⚡ schwach leuchtende Glimmentladung in Hochspannungsanlagen. **3)** U Freundeskreis, fröhliche Gesellschaft. **koronar,** ♥ die Koronargefäße betreffend: *Koronarsklerose.* **Koronargefäße,** *Pl.,* ♥ Herzkranzgefäße. **Koronograph** [vgl. . . . graph] *der, -s/-en,* ein Instrument zur Sonnenbeobachtung.
Körper [mhd. körper, zu lat. corpus, Gen. corporis] *der, -s/-,* **1)** △ von Flächen begrenzter Raumteil, ABB. K 38. **2)** Organismus, Leib der Lebewesen: *der menschliche K.; Körperbau; Körpergewicht; Körpergröße; Körperkraft.* **3)** Rumpf, Hauptmasse, massiger Teil; vgl. ABB. A 29, B 23, S 35: *Schiffskörper.* **4)** Physik: Materie, Stoff: *feste, flüssige K.* **5)** Körperschaft: *der gesetzgebende K.; Lehrkörper.* **körperbe-**

hindert, mit einer körperl. Behinderung. **Körperbehinderte** *der, die, -n/-n, ein -r, eine -.* **Körperkultur** *die, -,* in den sozialist. Ländern gebräuchliche Bez. für Leibesübungen. **Körperkulturistik** *die, -,* Bodybuilding. **körperlich, 1)** stofflich, raumfüllend. **2)** leiblich. **Körperlichkeit** *die, -.* **Körperschaft** *die, -/-en,* **1)** Gemeinschaft, Gruppe, Vereinigung. **2)** ⚖ Vereinigung von Personen mit den Rechten einer jurist. Person: *Körperschaftsteuer.* **körperschaftlich. Körperschluß** *der,* fehlerhafte elektrisch leitende Verbindung zwischen einem spannungführenden Geräteteil und dem betriebsmäßig dagegen isolierten Geräteteil. **Körpersprache** *die,* Gesamtheit der nichtverbalen Verhaltensweisen (Mimik, Gestik u. a.). **Körperverletzung** *die,* ⚖ Schädigung der körperl. Unversehrtheit: *fahrlässige K.*
Korporal [frz. corporal, zu ital. capo ›Haupt‹, aus lat. caput] *der, -s/-e* oder *-e,* früher: Unteroffizier; Führer einer Korporalschaft.
Korporale [mlat. corporalis ›dem Leib zugehörig‹, zu lat. corpus ›Leib‹] *das, -s/...li|en,* lat. Liturgie: Kelch- und Hostientuch in der Messe.
Korporalschaft [vgl. Korporal] *die, -/-en,* früher: kleinste Abteilung der Kompanie im inneren Dienst.
Korporation [frz. corporation, zu lat. corpus ›Körper‹, ›Gesamtheit‹] *die, -/-en,* **1)** Körperschaft. **2)** student. Verbindung. **korporativ,** körperschaftlich, geschlossen. **korporiert,** einer student. Verbindung angehörend. **Korps** [ko:r, frz.| corps, zu lat. corpus ›Körper‹] *das, - [ko:rs]/- [ko:rs],* **1)** ⚔ Truppenverband aus mehreren Waffengattungen: *Armeekorps.* **2)** Gemeinschaft von Personen gleichen Standes: *Offizierkorps.* **3)** student. Verbindung: *Korpsstudent;* vgl. Corps. **Korpsgeist** *der, -(e)s,* **1)** Standesbewußtsein. **2)** Dünkelhaftigkeit. **korpulent** [lat. corpulentus], beleibt, dick. **Korpulenz** *die, -.* **Korpus, 1)** *der, -/-se,* ∪ Körper; vgl. corpus delicti. **2)** *der, -/-se, schweiz.:* Ladentisch. **3)** *die, -,* ⚐ Garmond, ein Schriftgrad, ÜBERS. D 16. **Korpuskel** *das, -s/-n* oder *die, -/-n,* kleinstes Masseteilchen.

Wörter, die man unter K vermißt, suche man unter C oder Z

Korr

Korral [span. corral] *der, -s/-e,* Gehege zum Fang von Wildtieren (Elefanten).

Korrasion [mlat. corrasio ›das Abkratzen‹, ›Abschleifen‹] *die, -/-en,* ⊕ Abschleifung von Gestein durch sandführenden Wind.

Korreferat [auch k′or-, vgl. kor... und Referat] *das,* ergänzender Nebenbericht, auch gleichrangiger Zweitbericht. **Korreferent** [auch k′or-] *der,* zweiter Berichterstatter, Nebenreferent. **korreferieren** [auch k′or-], *ich korreferiere* (habe korreferiert).

korrekt [lat. correctus, zu corrigere ›verbessern‹], fehlerlos, richtig, einwandfrei: *korrektes Benehmen; k. gekleidet.* **Korrektheit** *die, -.* **Korrektion** [lat. corretio] *die,* Verbesserung, Berichtigung. **korrektiv,** berichtigend, verbessernd. **Korrektiv** *das, -s/-e,* Besserungsmittel. **Korrektor** *der,* ⌀ Druckereiangestellter, der den Schriftsatz auf Satzfehler prüft. **Korrektur** *die, -/-en,* Verbesserung; Berichtigung (des Schriftsatzes), ÜBERS. K 41: *Korrekturabzug; Korrekturfahne; Korrekturzeichen; Hauskorrektur,* vom Korrektor in der Druckerei gelesener Schriftsatz.

korrelat [vgl. kor... und relativ], korrelativ, wechselseitig. **Korrelat** *das, -(e)s/-e,* Gegenstand oder Begriff einer Wechselbeziehung. **Korrelation** *die,* Wechselbeziehung. **korrelativ,** korrelat.

korrepetieren [vgl. kor... und repetieren], *ich korrepetiere* (habe korrepetiert) *es mit ihm.* **Korrepetitor** *der,* Musiker, der mit Opernsängern und Tänzern die Rollen am Klavier einübt.

korre|spektiv [vgl. kor... und respektiv], gemeinschaftlich: *ein korrespektives Testament.* **Korre|spektivität** *die, -.*

Korre|spondent [vgl. kor... und lat. responder ›antworten‹] *der, -en/-en,* 1) kaufmänn. Angestellter für den Briefverkehr. 2) Geschäftsfreund. 3) auswärtiger Berichterstatter (einer Zeitung): *Sonderkorrespondent.* **Korrespondentin** *die, -/-nen.* **Korre|spondenz** *die, -/-en,* 1) Briefwechsel, Briefverkehr. 2) Nachrichtenmaterial für die Presse: *Korrespondenzbüro,* seltener für: Nachrichtenagentur, Pressedienst. **korre|spondieren,** *ich korrespondiere* (habe korrespondiert), 1) *mit ihm (über etwas),* stehe in schriftl. Verbindung. 2) *zwei Dinge korrespondieren miteinander,* entsprechen sich, stimmen überein.

Korridor [ital. corridore, zu lat. currere ›laufen‹] *der, -s/-e,* 1) Gang, Flur, ABB. H 11. 2) ein Gebietsstreifen, der durch fremdes Staatsgebiet führt: *Luftkorridor.*

Korrigenda, *Pl.,* Corrigenda. **Korrigens** *das, -/...g′entia* oder ...g′enzi|en, Corrigens. **korrigieren** [lat. corrigere ›geraderichten‹, ›verbessern‹], *ich korrigiere* (habe korrigiert) *es, ihn,* verbessere, berichtige; lese Korrektur.

korrodieren [lat. corrodere ›zernagen‹], *ein Metall korrodiert* (hat korrodiert), unterliegt der Korrosion. **Korrosion** *die, -/-en,* Zernagung, Zerstörung eines Gesteins oder eines Werkstoffes an der Oberfläche durch chemische oder elektrochem. Vorgänge: *Korrosionsschutz.*

korrumpieren [lat. corrumpere ›verderben‹, ›vernichten‹], *ich korrumpiere* (habe korrumpiert) *ihn,* besteche, verderbe moralisch: *sein Streben nach Reichtum hat ihn völlig korrumpiert.* **korrupt,** bestechlich: *eine korrupte Staatsverwaltung.* **Korruption** *die, -/-en.*

Korsage [-ʒə, frz. corsage, zu lat. corpus ›Körper‹] *die, -/-n,* versteiftes trägerloses Miederoberteil.

Korsar [ital. corsaro, zu lat. cursus ›Ausfahrt zur See‹] *der, -en/-en,* 1) Seeräuber, Freibeuter. 2) Seeräuberschiff. 3) leichte Segelbootsklasse.

Korse *der, -n/-n,* Bewohner der französ. Insel Korsika. **Korselett** [frz. corselet, zu lat. corpus ›Körper‹] *das, -(e)s/-e* oder *-s,* leichteres Korsett. **Korsett** *das, -(e)s/-e* oder *-s,* Mieder, Schnürleib.

korsisch, die französ. Insel Korsika betreffend. **Korso** [ital. corso ›Lauf‹, ›Umlauf‹, zu lat. cursus] *der, -s/-s,* 1) Festzug geschmückter Wagen: *Blumenkorso.* 2) Prachtstraße. 3) ⚘ Wettrennen reiterloser Pferde.

Kortege [kɔrt′ɛːʒ, frz. cortège, zu ital. corte ›Hof‹] *das, -s/-s,* ⚘ Ehrengeleit.

Kortex [lat. cortex ›Rinde‹, ›Schale‹] *der, -/-e* oder ...*tizes,* ☧ 1) äußere Schicht eines Organs. 2) Großhirnrinde. **kortikal,** die Großhirnrinde betreffend. **Kortison** [Kw. zu Kortex] *das, -s,* auch Cortison, ein Hormon der Nebennierenrinde.

Korund [ind. kauruntaka, eine gelbl. Farbschattierung] *der, -(e)s/-e,* ein sehr hartes Mineral: *blauer K.,* Saphir; *roter K.,* Rubin.

Körung *die, -/-en,* das Kören.

Korvette [frz. corvette ›Schnellsegler‹, aus niederl. corver ›Kaperschiff‹] *die, -/-n,* ⚓ kleineres Kriegsschiff. **Korvettenkapitän** *der,* Marineoffizier im Majorsrang.

Korybant [grch. Korybas] *der, -en/-en,* Begleiter, auch Priester der phryg. Göttin Kybele. **korybantisch,** besessen.

Koryphäe [grch. koryphaios ›der an der Spitze Stehende‹, zu koryphe ›Spitze‹, ›Gipfel‹], 1) *der, -n/-n,* Chorführer im altgriech. Drama. 2) *die, -/-n,* hervorragender Fachmann: *er ist eine K. auf dem Gebiet der Mathematik.*

Kosak [turktatar. kazak ›freier Krieger‹, ›Abenteurer‹] *der, -en/-en,* Angehöriger von slaw. Gemeinschaften freier Reiterverbände.

Koschenille [kɔʃən′iljə, frz. cochenille, zu grch. kokkos ›Scharlach‹] *die, -/-n,* 1) Name verschiedener Schildläuse mit rotem Farbstoff. 2) *ohne Pl.,* dieser rote Farbstoff.

koscher [jidd., zu hebr. kaschejr], nach den jüd. Speisegesetzen erlaubt, rein: *die Sache scheint mir nicht ganz k.,* Ü sie ist mir bedenklich.

Koseform [zu kosen] *die,* Diminutiv eines Eigen- oder Gattungsnamens als gefühlvolle Anrede, z. B. Ingelein.

Kosekans [aus neulat. complementi secans ›Sekante des Ergänzungswinkels‹] *der, -/-,* Zeichen: cosec, eine Winkelfunktion, ABB. W 13.

Kösel *die, -/-n,* alem.: weibl. Zuchtschwein.

kos(e)lig, *schweiz.:* unwirtschaftlich, unreinlich. **koseln,** *ich kos(e)le* (habe gekoselt), *schweiz.:* 1) pansche, sudele. 2) *es koselt,* ist schlechtes Wetter.

kosen [ahd. kosōn ›sagen‹, ›plaudern‹, ›erörtern‹, zu kosa ›Streitsache‹, lat. causa ›Gerichtsverhandlung‹], *ich kose* (habe gekost) *mit ihm,* 1) führe ein Liebesgespräch, tausche Zärtlichkeiten. 2) ⚘ plaudere gemütlich. **Kosename** *der,* vgl. Koseform. **kosig,** ⚘ traulich.

Kosinus [aus neulat. complementi sinus ›Sinus der Ergänzungswinkels‹] *der, -/-* oder *-se,* Zeichen: cos, eine Winkelfunktion, ABB. K 55, W 13.

Kosmetik [frz. cosmétique, zu grch. kosmetikos ›schmückend‹] *die, -,* Schönheitspflege. **Kosmetikerin** *die, -/-nen,* in der Kosmetik ausgebildete weibl. Person. **Kosmetikum** *das, -s/...ka,* Schönheits- und Körperpflegemittel. **kosmetisch,** *kosmetische Operationen; kosmetische Maßnahmen des Wirtschaftsministers,* Ü nur oberflächliche, ohne tiefgreifende Mißstände zu berücksichtigen.

kosmisch [grch. kosmos ›Ordnung‹, ›Weltall‹], zum Weltall gehörig. **kosmo...,** welt..., weltraum... **Kosmobiologie** *die,* Astrobiologie. **Kosmodrom** [grch. dromos ›Rennbahn‹] *der oder das, -s/-e,* sowjet. Startplatz für Großraketen. **Kosmogonie** [grch. gone ›Erzeugung‹] *die, -/...n′i|en,* Lehre von der Entstehung und Entwicklung des Weltalls. **Kosmo|graphie** [vgl. ...graphie] *die, -/...ph′i|en,* Weltbeschreibung. **Kosmologie** [vgl. ...logie] *die, -/...g′i|en,* Lehre von der physikalisch-mathemat. Struktur des Weltalls. **Kosmonaut** [grch. nautes ›Schiffer‹] *der, -en/-en,* (sowjet.) Raumfahrer, Astronaut. **Kosmonautik** *die, -,* (sowjet.) Raumfahrt, Astronautik. **kosmonautisch. Kosmopolit** [grch. kosmopolites] *der, -en/-en,* Weltbürger. **kosmopolitisch. Kosmopolitismus** *der, -,* Weltbürgertum. **Kosmos** *der, -,* Weltall, Weltordnung. **Kosmo|tron** [auch -tr′o:n] *das, -s/-s* oder *-tr′one,* auch Cosmotron, Kernphysik: ein Teilchenbeschleuniger.

Kossat *der, -en/-en* und **Kossäte** [vgl. Kotsasse] *der, -n/-n,* niederd.: Hintersasse, Kätner.

Kost [mhd. kost(e)] *die, -,* Ernährung, Essen: *K. und Logis,* Unterkunft und Verpflegung; *er hat bei seiner Tante freie K.; das neue Theaterstück war leichte, schwere K.,* Ü geistig anspruchslos, anspruchsvoll; *geistige K.,* Ü.

kostal [lat. costa ›Rippe‹], ☧ die Rippen betreffend.

Kostarikaner *der, -s/-,* **kostarikanisch,** eingedeutscht für: Costaricaner, costaricanisch.

kostbar [mhd. kost(e)bar], von hohem Wert, wertvoll, teuer: *dieses Porzellan ist zu k. für den täglichen Gebrauch.* **Kostbarkeit** *die, -/-en,* 1) Wertstück. 2) *ohne Pl.,* großer Wert.

kosten [ahd. koston ›versuchen‹, ›prüfen‹, *ich koste* (habe gekostet) *es,* 1) prüfe den Geschmack: *ich k. das Essen,* den Wein. 2) empfinde, erfahre, wie es wirkt: *er hat Macht und Ruhm gekostet,* Ü.

kosten [mhd. kosten, zu lat. constare ›zu stehen kommen‹], 1) *eine Summe,* hat einen Preis von...: *dieses Kleid k. 180 Mark.* 2) *mich etwas,* verursacht mir Kosten, Ausgaben, macht nötig: *die Reise k. mich viel Geld; seine*

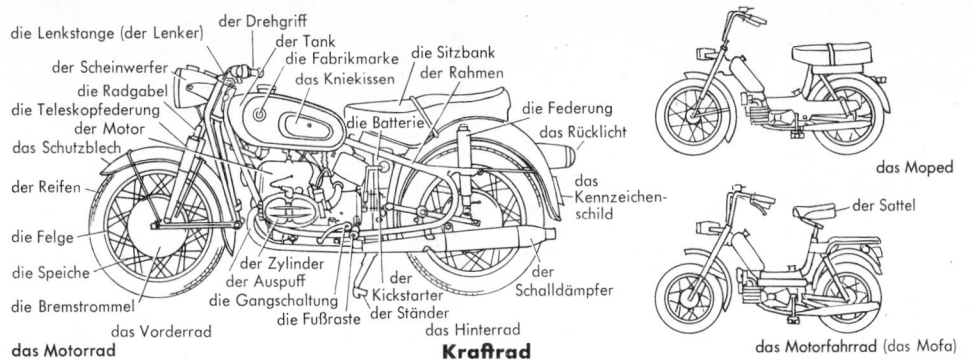

die Lenkstange (der Lenker) · der Drehgriff · der Tank · die Fabrikmarke · die Sitzbank · der Scheinwerfer · das Kniekissen · der Rahmen · die Radgabel · die Teleskopfederung · die Batterie · die Federung · der Motor · das Rücklicht · das Schutzblech · der Reifen · das Kennzeichenschild · die Felge · die Speiche · der Zylinder · der Auspuff · der Kickstarter · der Schalldämpfer · die Bremstrommel · die Gangschaltung · der Ständer · die Fußraste · das Vorderrad · die Fußraste · das Hinterrad · das Motorrad · **Kraftrad** · das Moped · der Sattel · das Motorfahrrad (das Mofa)

Waghalsigkeit kostete ihn das Leben, Ü; *diese Tat k. mich große Überwindung*, Ü. **Kosten**, *Pl.*, Aufwand an Geld, Gebühren: *Gerichtskosten; Kostenanstieg; Kostendämpfung; Kostendruck; Kostensenkung; das geht auf meine K., die K. trage ich, das zahle ich; sie lebt gern auf K. anderer; er wird auf seine K. kommen*, Ü *zufriedengestellt werden; zuviel Alkohol geht auf K. deiner Gesundheit*, Ü *schadet*. **kostendeckend**, *kostendeckende Mieten; Preise, Verkehrstarife*. **Kostenexplosion** *die*, Ü *sprunghaftes Ansteigen der Kosten*, z. B. *für einen Produktionsbereich*. **kostenfrei**, *er wohnt k.* **kostenintensiv**, *bes. hohe Kosten verursachend: ein kostenintensives Unternehmen*. **kostenlos**, *kostenloser Eintritt*. **Kostenpunkt** *der*, Ü *die Höhe des Preises: und wie steht es mit dem K.?* **Kostenrechnung** *die*, ⌂ Kalkulation. **Kostenvoranschlag** *der*, Vorausberechnung der Kosten: *der K. konnte wegen steigender Preise nicht eingehalten werden*.
kostfrei [zu Kost], 1) bei freier Verpflegung. 2) *niederdt.:* freigebig. **Kostgänger** *der*, *-s/-*, regelmäßiger, zahlender Essensgast. **Kostgeld** *das*, Bezahlung für Verpflegung. **Kostgeschäft** [zu Kosten ›Gebühren‹] *das*, Börse: Report(geschäft).
köstlich, 1) wohlschmeckend. 2) herrlich, prächtig. 3) *schweiz. auch:* kostspielig. **Köstlichkeit** *die*, *-/-en*. **Kostprobe** *die*, 1) kleines Stück zum Kosten. 2) Ü Beispiel: *diese Skizze ist nur eine K. seines Könnens*.
kostspielig, teuer: *ein kostspieliges Hobby*. **Kostspieligkeit** *die*, *-*.
Kostüm [frz. costume über ital. zu lat. consuetudo ›Sitte‹, ›Gewohnheit‹] *das*, *-s/-e*, 1) Tracht, Kleidung, ABB. M 16. 2) Damenkleidung aus Rock und Jacke, ABB. K 25. 3) Bühnenkleidung: *Kostümprobe*. 4) Verkleidung: *Karnevalskostüm; Kostümfest*. **kostümieren**, *ich kostümiere* (habe kostümiert) *ihn, mich*, verkleide mit einem Maskenkostüm.
Kostverächter *der: er ist kein K.*, ist ein Feinschmecker, Ü Lebensgenießer.
Kot [ahd. quat ›Dung‹] *der*, *-(e)s*, 1) Schmutz, aufgeweichte Erde; Sinnbild des Gemeinen. 2) Darmausscheidung, Exkremente.
Kotangens [aus neulat. complementi tangens ›Tangente des Ergänzungswinkels‹] *der*, *-/-*, Zeichen: cot, cotg, ctg, eine Winkelfunktion, ABB. K 55, W 13.
Kotau [chines. k'ou-t'ou] *der*, *-s/-s*, 1) früher in China: tiefe Verbeugung. 2) Ü Demütigung: *er macht (seinen) K. vor dem Chef*, verhält sich unterwürfig.
Kote [älter: das Kot ›Hütte‹, worin das Salz gesotten wird] *die*, *-/-n*, *niederdt.:* Kate, kleines Bauernhaus.
Kote [frz. cote ›Ziffer‹] *die*, *-/-n*, ⊕ Höhe eines Geländepunktes über einer Bezugsfläche: *Höhenkote; Kotentafel*.
Köte [mhd. kœte ›Knöchel‹] *die*, *-/-n*, Fesselgelenk der Huftiere: *Kötengelenk*, ABB. P 9.
Kotelett [frz. côtelette ›Rippchen‹, zu côte ›Rippe‹] *das*, *-(e)s/-s*, Rippenstück (von Kalb, Hammel, Schwein oder Wild), Karbonade. **Koteletts**, *Pl.*, Backenbart, ABB. B 11.
Köter [›Kläffer‹, zu mnd. kuten ›schwatzen‹] *der*, *-s/-*, verächtlich für: Hund.
Köter [mhd. koter ›Häusler‹] *der*, *-s/-*, *niederdt.:* Kätner.
Köterei *die*, *-/-en*, *niederdt.:* kleines Landgut.

Koterie [frz. coterie, zu cote, eigtl. ›Gesellschaft, die mit einer personellen Kopfsteuer belegt ist‹] *die*, *-/...r'i|en*, Klüngel, Sippschaft.
Kotflügel [zu Kot] *der*, ⌂ Schutzblech, ABB. K 39, K 40.
Kothurn [grch. kothornos] *der*, *-s/-e*, Bühnenschuh des Altertums, der den Darsteller größer machte; Sinnbild erhabenen, steifen Stils.
kotieren [frz. coter ›den Kurswert angeben‹, vgl. Kote, ⊕], *ich kotiere* (habe kotiert) *ein Wertpapier*, ⌂ lasse es an der Börse zu.
kotig [zu Kot], schmutzig, kotbedeckt.
Kotillon [kɔti'jɔ̃, auch k'ɔ-, frz. cotillon, eigtl. ›Unterrock‹] *der*, *-s/-s*, Gesellschaftsspiel in Tanzform, oft als Abschluß des Balles.
Kötner [zu Kote ›Hütte‹] *der*, *-s/-*, *niederdt.:* Kätner.
kotonisieren [frz. coton ›Baumwolle‹, *ich kotonisiere* (habe kotonisiert) *es*, Spinnerei: stelle aus Flachs, Hanf u. a. baumwollähnl. Fasern her.
Kotsasse [zu Kote ›Hütte‹] *der*, *-n/-n*, *niederdt.:* Kätner.
Kotten *der*, *-s/-*, Nebenform von: Kote, Kate.
kötten, *ich kötte* (habe gekötet) *ein Tier*, *schweiz.:* locke.
Kotter *der*, *-s/-*, *österr.:* Arrest, Gefängnis.
Kött(n)er *der*, *-s/-*, Kätner.
Kotyledone [grch. kotyledon ›Saugwarze‹, ›Keimblatt‹] *die*, *-/-n*, ⊕ Keimblatt.
Kotze [ahd. kozzo, vgl. Kutte] *die*, *-/-n*, auch Kotzen, *oberdt.:* 1) grober Wollstoff, Wolldecke. 2) Wetterüberwurf, bes. der Alpenbewohner.
Kotze [zu kotzen] *die*, *-*, V Erbrochenes.
Kötze [mhd. kœtze] *die*, *-/-n*, *mitteldt.:* Rückentragkorb.
kotzen [mhd. kotzen], *ich kotze* (habe gekotzt) V *erbreche mich: das ist zum Kotzen*, V ekelhaft; Ü langweilig.
Kotzen *der*, *-s/-*, Kotze.
kp, Zeichen für: Kilopond.
KPD, Abk. für: Kommunistische Partei Deutschlands.
Kr, ⚗ Zeichen für: Krypton.
Kraal *der* oder *das*, *-s/-e*, Kral.
Krabbe [mhd. krabbe; mndl. ›krabbendes Tier‹] *die*, *-/-n*, 1) zehnfüßiges Krebstier: *Krabbencocktail; Krabbenfang*. 2) U Kind, junges Mädchen. 3) 🏵 Kriechblume, ABB. K 20, S 69.
krabb(e)lig, U kitzlig. **krabbeln** [mhd. krabbeln, krappeln], *ich krabb(e)le*, 1) (bin gekrabbelt) U klettere, krieche (Kind, Insekt): *unser Kind ist jetzt im Krabbelalter*. 2) (habe gekrabbelt) *ihn*, U kitzle, kraule: *es krabbelt, juckt*. 3) (habe gekrabbelt) *es*, *alem.*, *niederdt.:* kritzle, schreibe schnell hin.
krach!, Ausruf bei polterndem Lärm. **Krach** [ahd. krach, Schallw.] *der*, *-(e)s/-e* oder *-s*, U auch *⁻e*, 1) (polternder) Lärm: *die Schüler machen in der Pause K.* 2) U Streit, Schelte: *ist das K. gegeben; der Vorstand hat K. geschlagen*, seine Mißbilligung geäußert; *ich habe mit ihr K. bekommen*, wir haben uns gestritten. 3) *oberdt.:* Bruch, Sprung: *die Schüssel hat einen K.* 4) U Wirtschaftskrise, Bankrott: *Börsenkrach*. **kräch(e)lig**, *schweiz.:* altersschwach. **krachen** [ahd. krahhon], *ich krache* (habe gekracht), 1) *mich an*, U streite, überwerfe mich. 2) *es kracht* (hat gekracht), knackt, macht plötzlich Lärm: *es kracht im Gebälk*, Ü Veränderungen im bestehenden Ordnung kündigen sich an. 3) *es kracht* (ist gekracht), U zerbricht: *das Eis*

krachte. **Krachen** *der, -s/-, schweiz.:* abgelegener Ort, Dorf im hintersten Tal. **Kracher** *der, -s/-,* U **1)** alter, schwacher Mann. **2)** kleiner Feuerwerkskörper. **Kracherl** *das, -s/-n, österr.:* Brauselimonade. **Krachlederne** *die, -n/-n, bair.:* (kurze) Lederhose. **Krachmandel** *die, oberdt.:* Knackmandel. **Krachsalat** *der,* Eissalat.

krächzen [ahd. crozzizan, zu krachen] *ich krächze* (habe gekrächzt), spreche heiser, rauh: *er ist so erkältet, daß er nur noch krächzen kann; die Raben krächzen,* schreien.

Kracke [wohl zu niederl. kraken ›zusammenkrachen‹] *die, -/-n,* altersschwaches Pferd.

kracken [auch kr'æk-, engl. to crack ›zerbrechen‹, ›spalten‹] *ich kracke* (habe gekrackt) *es,* ⊕ spalte hochsiedende Kohlenwasserstoffe des Erdöls in niedriger siedende (z. B. Benzin).

Krad *das, -(e)s/¨er,* kurz für: Kraftrad.

kraft, *k. seiner,* auf Grund, durch: *k. seines Wissens.* **Kraft** [ahd. kraft] *die, -/¨e,* **1)** Fähigkeit, etwas zu bewirken, Stärke: *Geisteskraft; Körperkräfte; Willenskraft; mit aller K., voller K.; die Reform wird nur noch mit halber K. betrieben; das hat er alles aus eigener K. geschafft,* allein, selbständig; *sie ist schon immer die treibende K. in der Familie gewesen,* Ü; *er ist wieder bei Kräften,* gesund und stark; *er ist von Kräften gekommen,* körperlich geschwächt. **2)** Physik: Größe, die den Bewegungszustand eines Körpers nach Betrag und/oder Richtung ändert: *Wasserkraft; Gleichgewicht der Kräfte.* **3)** Gültigkeit: *ein Gesetz, eine Verordnung tritt in K., ist in K., wird außer K. gesetzt; Gesetzeskraft.* **4)** Arbeitskraft, Mitarbeiter: *Aushilfskraft gesucht; er ist für die Firma eine wertvolle K.* **Kraftakt** *der,* große Anstrengung: *mit einem gewaltigen K. konnte er die Maschine beiseite schieben.* **Kraftarm** *der,* Physik: Teil des Hebels, auf den die Kraft wirkt, ABB. H 12. **Kraftausdruck** *der,* derber, vulgärer Ausdruck. **Kraftbrühe** *die,* gehaltvolle Fleischbrühe. **Kraftdroschke** *die,* ⚙ Taxi. **Kräfteverfall** *der,* das Nachlassen körperl. oder geistiger Kräfte. **Kraftfahrer** *der,* jemand, der einen Kraftwagen steuert. **Kraftfahrzeug** *das,* Abk.: Kfz, das Kfz, ein durch Maschinenkraft bewegtes, nicht an Gleise gebundenes Landfahrzeug. **Kraftfeld** *das,* Physik: ein kräftevermittelndes Feld. **Kraftfutter** *das,* eiweißreiches Viehfutter. **kräftig, 1)** viel Kraft besitzend, stark: *ein kräftiger junger Mann; kräftige Pflanzen.* **2)** stark ausgeprägt, heftig; sehr: *ein kräftiges Sturmtief; es regnet k.* **3)** gehaltvoll (an Nährstoffen): *eine kräftige Mahlzeit.* **4)** derb, grob: *eine kräftige Verwünschung.* **kräftigen,** *ich kräftige* (habe gekräftigt) *ihn,* mache kräftig: *Fleischbrühe kräftigt; er hat sich im letzten Jahr sehr gekräftigt,* ist widerstandsfähiger als zuvor geworden. **Kräftig-**

-keit *die, -.* **Kräftigung** *die, -/-en.* **kraftlos, 1)** schwach. **2)** ⚖ ungültig: *Kraftloserklärung.* **Kraftlosigkeit** *die, -.* **Kraftmaschine** *die,* Maschine, die vorhandene Energie (z. B. Wärme, Wasser, Elektrizität) in mechan. Energie umwandelt. **Kraftmeier** *der, -s/-,* U jemand, der mit seiner Stärke prahlt. **Kraftmeierei** *die, -/-,* U. **Kraftmesser** *der,* Dynamometer. **Kraftprobe** *die,* Probe zum Messen der Stärke: *ich lasse es auf (k)eine K. ankommen.* **Kraftrad** *das,* kurz: Krad, Motorrad, ABB. K 39. **Kraftstoff** *der,* Antriebsmittel für Verbrennungsmotoren. **kraftstrotzend,** voller sichtbarer Stärke; aber: *vor Kraft strotzend,* gesund und stark. **kraftvoll,** kräftig. **Kraftwagen** *der,* Kraftfahrzeug mit mehr als zwei Rädern, ABB. K 40. **Kraftwerk** *das,* Anlage zur Erzeugung elektr. Energie. **Kraftwort** *das, -(e)s/-e* oder ¨er, Kraftausdruck.

Krage *die, -/-n,* Konsole. **Krägelchen, Kräg(e)lein** *das, -s/-,* Diminutive von Kragen. **Kragen** [mhd. krage ›Hals von Mensch und Tier‹, ›Bekleidung des Halses‹] *der, -s/-, süddt.:* ¨, **1)** Halsteil an der Kleidung, ABB. K 24, K 25, M 16: *da platzte mir der K.,* Ü war es mit meiner Geduld zu Ende, wurde ich zornig. **2)** Ü Hals, Leben: *es geht um Kopf und K.* **3)** ⚘ auffällige Federn oder Pelz am Hals. **Kragenweite** *die,* Weite des Hemdenkragens: *er ist nicht meine K.,* Ü paßt nicht zu mir, ist mir nicht sympathisch. **Kragstein** *der,* auskragender Tragstein, Konsole, ABB. H 11.

Krähe [ahd. kraja, Schallw.] *die, -/-n,* ein Rabenvogel: *eine K. hackt der anderen kein Auge aus,* Ü Menschen gleichen (Berufs)standes halten zusammen bei Angriffen von außen. **krähen** [ahd. craen] *der Hahn kräht* (hat gekräht), schreit laut, helltönend und grell: *bis die Hähne krähen,* Ü bis Tagesanbruch; *der kleine Kerl krähte vergnügt,* Ü; *kein Hahn kräht danach,* Ü niemand beachtet es. **Krähenfuß** *der,* **1)** Name einiger Pflanzen. **2)** *nur Pl.,* Ü Fältchen in den äußeren Augenwinkeln. **3)** *nur Pl.,* U schlechte Schrift. **Krähennest** *das,* ⚓ Ausguck am vordersten Mast. **Krähwinkel,** Sinnbild einer spießbürgerl. Kleinstadt.

Krail *der, -(e)s/-e, oberdt.:* ein Gartengerät.

Krakauer [nach der Stadt Krakau] *die, -/-,* eine Wurstsorte.

Krake [norweg. krakje] *der, -n/-n,* **1)** ein Kopffüßer, ABB. P 19. **2)** P Seeungeheuer.

Krakeel [mnd. krakele, wohl zu ital. gargagliare ›gurgeln‹, ›strudeln‹] *der, -s,* U zänkischer Lärm. **krakeelen,** *ich krakeele* (habe krakeelt), U streite laut, lärme. **Krakeeler** *der, -s/-,* U Streitsucher, Lärmender.

Krakel [zu krakeln] *der, -s/-,* U schwer leserliches Schriftzeichen.

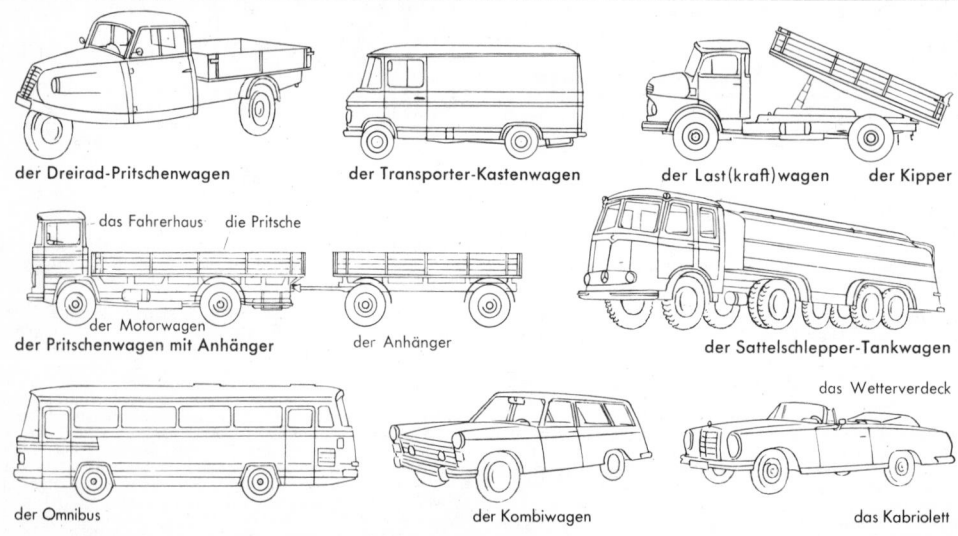

K 40

der Dreirad-Pritschenwagen   der Transporter-Kastenwagen   der Last(kraft)wagen   der Kipper

das Fahrerhaus   die Pritsche

der Motorwagen

der Pritschenwagen mit Anhänger   der Anhänger   der Sattelschlepper-Tankwagen

das Wetterverdeck

der Omnibus   der Kombiwagen   das Kabriolett

Kraftwagen

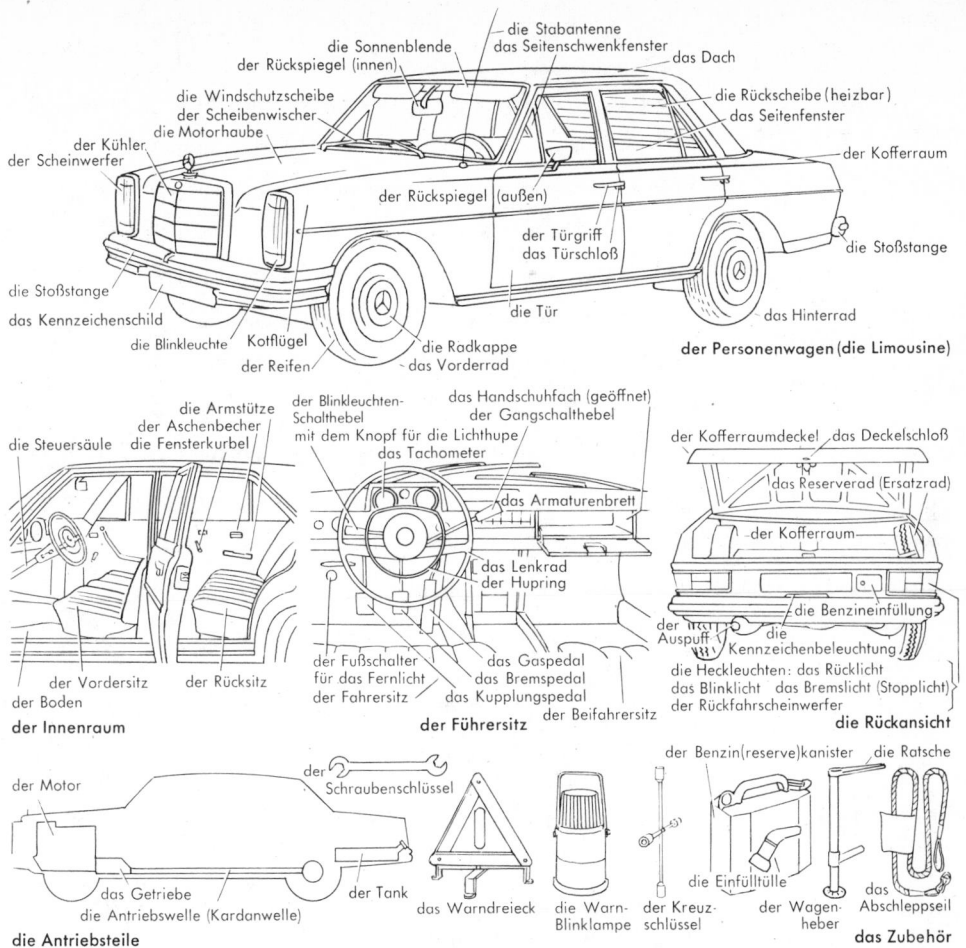

die Sonnenblende — die Stabantenne — das Seitenschwenkfenster — das Dach
der Rückspiegel (innen)
die Windschutzscheibe — die Rückscheibe (heizbar)
der Scheibenwischer — das Seitenfenster
die Motorhaube
der Kühler — der Kofferraum
der Scheinwerfer
der Rückspiegel (außen)
der Türgriff
das Türschloß — die Stoßstange
die Stoßstange
das Kennzeichenschild — die Tür — das Hinterrad
die Blinkleuchte — Kotflügel
der Reifen — die Radkappe — **der Personenwagen (die Limousine)**
das Vorderrad

die Armstütze — der Blinkleuchten-Schalthebel — das Handschuhfach (geöffnet) — der Gangschalthebel
der Aschenbecher — mit dem Knopf für die Lichthupe — der Kofferraumdeckel — das Deckelschloß
die Steuersäule — die Fensterkurbel — das Tachometer
das Reserverad (Ersatzrad)
das Armaturenbrett
der Kofferraum
das Lenkrad
der Hupring
die Benzineinfüllung
der Auspuff — die Kennzeichenbeleuchtung
der Fußschalter — das Gaspedal — die Heckleuchten: das Rücklicht
für das Fernlicht — das Bremspedal — das Blinklicht — das Bremslicht (Stopplicht)
der Vordersitz — der Rücksitz — der Fahrersitz — das Kupplungspedal — der Rückfahrscheinwerfer
der Boden — der Beifahrersitz
der Innenraum — **der Führersitz** — **die Rückansicht**

der Benzin(reserve)kanister — die Ratsche
der Motor — der Schraubenschlüssel
die Einfülltülle
das Abschleppseil
das Getriebe — der Tank — das Warndreieck — die Warn-Blinklampe — der Kreuzschlüssel — der Wagenheber
die Antriebswelle (Kardanwelle)
die Antriebsteile — **das Zubehör**

Kraftwagen

Krakelee das, -s/-s, eingedeutscht für: Craquelé.
Krakelfuß der, meist Pl., Ü Krakel. **krak(e)lig. krakeln,** ich krak(e)le (habe gekrakelt), Ü schreibe schlecht, unleserlich.
Krakowiak [nach der Stadt Krakau] der, -s/-s, poln. Nationaltanz im Zweivierteltakt.
Kral [afrikaans, zu portug. corrál ›eingefriedeter Platz‹] der oder das, -s/-e, Kraal, kreisförmiges Dorf afrikan. Völker.
krall, niederdt.: scharf, schneidend, lebhaft, grell: krallrot.
Kralle [mhd. krellen ›kratzen‹] die, -/-n, **1)** gebogene, scharfe Hornbildung an den Zehen vieler Reptilien, Vögel und Säuger, ABB. V 7: sie zeigt ihre Krallen, Ü zeigt, daß sie gefährlich, böse werden kann. **2)** niederdt., oberdt.: Koralle, Perle. **krallen,** ich kralle (habe gekrallt), **1)** mich an etwas, halte krampfhaft fest. **2)** es, niederdt.: stehle. **krallig,** mit Krallen; wie Krallen.
Kram [ahd. cram ›Marktbude‹] der, -(e)s, **1)** Habseligkeiten, Siebensachen, Plunder. **2)** Ü Umstände, Angelegenheit: du solltest dich um deinen eigenen K. kümmern; es paßt mir nicht in den K., stört meine Pläne. **3)** schweiz.: Jahrmarkt; Jahrmarktsgeschenk. **4)** Eingeweide des Schlachtviehs.

Krambambuli [eigtl. ›Wacholderschnaps‹, vgl. Krammet] der, -(s)/-(s), Studentensprache: alkohol. Getränk.
Krämchen das, -s/-: nimm dein K. und geh!, Ü. **kramen** [mhd. kramen ›Kramhandel treiben‹], ich krame (habe gekramt), **1)** in etwas, Ü suche darin, durchwühle es: ich k. in einem Schubfach. **2)** schweiz.: kaufe ein Jahrmarktsgeschenk. **Krämer** der, -s/-, **1)** Kleinhändler. **2)** Ü kleinlicher, engstirniger Mensch: Krämergeist; Krämerseele; Kleinigkeitskrämer.
Kramladen der, abschätzig: kleiner Laden.
Kramme die, -/-n, niederdt.: Krampe.
kram(m)en, ich kram(m)e (habe gekram[m]t), alem., fränk.: es kram(m)t sich, krümmt sich.
Krammet [ahd. kranawitu ›Wacholder‹] der, -s/-s, **Krammetsbeere,** oberdt.: eine Ebersche, im Wacholder.
Krammetsvogel der, österr.: Wacholderdrossel.
Krampe [mnd. krampe ›Haken‹] die, -/-n, **1)** U-förmig gebogener Haken, ABB. A 15, N 1, R 16. **2)** Spitzhacke.
krampen, ich krampe (habe gekrampt) es an etwas, befestige mit einer Krampe. **Krampen** der, -s/-, die Krampe. **Kramperl** das, -s/-(n), österr.: Finger; Haken.

Benennung der Fehler	Korrigierter Text	Korrekturzeichen
Falscher Buchstabe und falsches Wort	Nun muß wenipstens noch ein /Ausgang/ gemacht wer-	*lg* H Abzug
Buchstaben aus anderer Schrift	den, um vergleichen zu köpnen, ob der Setzer beim	*lg* ⌐n̲ L̲S
Fehlende Buchstaben (oder Zeichen)	Korrigieren des Satz/s nichts übfgangen ha/, oder nicht	/e ⌐er ⌐t
Überflüssiges Wort (Hochzeit) und Schriftzeichen	neue Fehler entstanden/entstanden/sind. Diese ⫫Prüfung	⊢⫯ ⫯
Auf dem Kopf stehender Buchstabe (Fliegenkopf)	heißt die ⊡evision. Sie wird meistens mit einer zweiten	⌐R
Ausgelassene Wörter (Leiche)	aufmerksamen⌐Ganzen verbunden, da einmalige Lesung	⌐ *Lesung des*
Unrichtige Folge der Wörter	²genug ¹nicht Sicherheit̲, daß ³gibt̲ alle Fehler entdeckt	123 ⌐⌐⌐⌐
In die Höhe gekommene Ausschlußstücke, Spieße	werden. Alles▪Neugefundene▪und Stehengebliebene hat	#
Beschädigte und unreine Buchstaben	der Setzer n/n ebenfalls zu berichtigen und den zweiten	/u̲ ⌐d̲
Verkehrt stehende Buchstaben und verkehrt stehendes Wort	⫰orrekturbogen in Begleitung /souja/ neu gemachten	/𝒦 ⌐t ⤳eines ⌐m
Zusammenrücken und weiter auseinander zu setzen	Probedruckes wieder abzuliefern. Inzwⁱschenhaⁱauch	⌢⌣
In gerade Linie zu bringen	der Verfasser in der Regel einen Probedruck zu erhalten,	—
Ein Wort durch andere Schrift auszeichnen und Absatz (Alinea)	und dieser kommt nicht selten voller Änderungen wieder.⌐Endlich aber muß die Form doch zum Ein-⌐	—— *fett!* ⌐
Kein Absatz (anhängen)	⌐heben in die Presse oder Maschine fertig wer-	⌐
Zu sperren	den. Von hier aus geht noch ein sauberer Abdruck an	—— *sperren*
Nicht zu sperren	den Faktor, der nur das äußere/Ansehen des Druckes	⌐ *nicht sperren*
Durchschuß fehlt	noch zu mustern und etwaige kleine Schönheitsmängel vorzupehmen/ hat. — Die ausgedruckten und durch	
	Waschen mit Lauge von Schwärze gereinigten Formen	⊢ *merken*
Durchschuß fällt weg	gehen in die Setzerei zurück und werden hier in dem	⌐
Die Zeile ausrücken	⊢——Maße, wie die Schrift anderweitig gebraucht wird,	⊢——
Die Zeile einrücken	⌐abgelegt, d. h. wieder in ihre Kästen gelegt.	⌐⌐

Beispiel einer Korrektur

Krampf [ahd. krampho, zu krimphan ›krümmen‹] *der,* -(e)s/"e, **1)** unwillkürliche starke Muskelzusammenziehung: *Magenkrampf; Wadenkrampf.* **2)** ohne Pl., Ü übertriebenes Getue; lächerlicher Eifer; Unsinn: *das ist doch K.!* **3)** schweiz.: Arbeit, Mühe: *ich habe einen K.,* überaus viele Pflichten zu erfüllen. **4)** *ich reiße einen K.,* schweiz.: tue etwas Unerlaubtes. **Krampfader** *die,* ⚤ krankhaft erweiterte Blutader. **krampfen,** *ich krampfe* (habe gekrampft), **1)** *die Finger um etwas,* klammere mich krampfhaft fest. **2)** schweiz.: arbeite eifrig. **krampfhaft, 1)** zusammenpressend wie im Krampf. **2)** Ü hef-

tig, angestrengt: *er mußte krampfhafte Anstrengungen, Versuche machen.* **krampfig,** verkrampft. **krampflösend,** *ein krampflösendes Mittel;* aber: *den Krampf lösen.*
Krämpling *der, -s/-e,* ⚕ Krempling.
Krampus [latinisiert zu dt. Krampf] *der, -/. . .pi,* ⚤ Muskelkrampf.
Krampus [mit Kramperln ›Klauen‹ versehen; latinisiert] *der, -(ses)/-se,* österr.: Begleiter des heiligen Nikolaus in Gestalt eines Teufels.
Kramuri *die, -,* österr.: Ü Kram, Gerümpel.

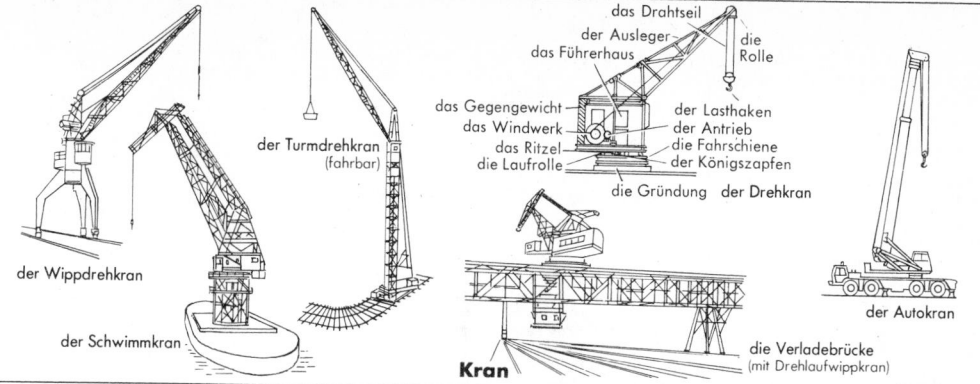

der Turmdrehkran (fahrbar)

das Drahtseil
der Ausleger
das Führerhaus
die Rolle

das Gegengewicht
das Windwerk
das Ritzel
die Laufrolle
der Lasthaken
der Antrieb
die Fahrschiene
der Königszapfen
die Gründung   der Drehkran

der Wippdrehkran

der Autokran

der Schwimmkran

die Verladebrücke
(mit Drehlaufwippkran)

Kran

Kran [mhd. krane, von Kranich] *der, -(e)s/⸌e* oder *-e,* **1)** Maschine zum Versetzen von Lasten, ABB. K 42: *Kranführer.* **2)** *niederdt.:* Hahn, Zapfen: *Wasserkran,* ABB. B 5. **Kranabit, Kranawett** [ahd. kranawitu ›Wacholder‹] *der, -(e)s,* auch Kranewit, *bair.:* Wacholder. **Kränbeere** [eigtl. ›Kranichbeere‹] *die, niederdt.:* Kronsbeere, Preiselbeere. **Kranewit** *der, -(e)s,* Kranabit. **Kranewitter** *der, -s/-, bair.:* Wacholderbranntwein. **Krangel** [mhd. krangel ›Kranz‹, ›Kreis‹] *der, -s/-n, schweiz.:* Verschlingung. **krängen** [niederdt., niederl. krengen], *ein Schiff* krängt (hat gekrängt), ⚓ neigt sich auf die Seite. **Krängung** *die, -.* **kranial** [grch. kranion ›Schädel‹], $ zum Schädel gehörend, schädelwärts gelegen. **Kranich** [ahd. chranuh] *der, -s/-e,* ein langbeiniger Zugvogel. **Kraniologie** [grch. kranion ›Schädel‹ und vgl. . . .logie] *die, -,* Schädellehre. **kraniologisch. Kraniometrie** [vgl. . . .metrie] *die, -,* Schädelmessung. **kraniometrisch. Kraniotomie** [grch. tome ›Schnitt‹] *die, -/. . .'mi|en,* $ Schädelöffnung.

krank, kränker, am kränksten [mhd. kranc ›schwach‹, ›schmal‹, ›schlecht‹], **1)** körperlich, geistig oder seelisch nicht gesund, gesundheitlich beeinträchtigt: *magenkrank; gemütskrank; k. vor Sehnsucht,* Ü; *er hat sich k. gefühlt, k. gemeldet; er stellt sich k.,* gibt vor, krank zu sein. **2)** ⚔ angeschossen, verwundet. **Kranke** *der, die, das, -n/-n, ein -r, eine -, ein -s,* kranke Person, kranker Zustand. **Kränke** *die, -,* **1)** *oberdt.:* Krämpfe. **2)** Ü als Verwünschung: *daß dich die K.!* **kränkeln,** *ich* kränk(e)le (habe gekränkelt), bin nie völlig gesund, ständig ein wenig krank. **kranken,** *ich* kranke (habe gekrankt) *an etwas,* bin erkrankt; Ü leide: *er krankt an übergroßem Mißtrauen.* **kränken,** *ich* kränke (habe gekränkt), **1)** *ihn,* verletze seine Gefühle, beleidige ihn. **2)** *mich,* härme mich, bin beleidigt. **kränkend,** beleidigend, verletzend. **Krankengeschichte** *die,* Aufzeichnungen des Arztes über den Verlauf einer Krankheit. **Krankengymnast** *der, -en/-en,* Fachkraft für Krankengymnastik. **Krankengymnastik** *die,* Heilgymnastik, planmäßige körperl. Bewegung als Heilmittel. **Krankengymnastin** *die.* **Krankenhaus** *das,* Gebäude zur Aufnahme und ärztl. Betreuung von Kranken. **Krankenkasse** *die,* Träger der gesetzl. und privaten Krankenversicherung. **Krankenpflege** *die,* Betreuung, Versorgung von Kranken. **Krankenpfleger** *der,* **Krankenpflegerin** *die,* jemand, der beruflich Kranke pflegt. **Krankenschwester** *die,* Krankenpflegerin. **krankfeiern,** *ich* fei(e)re krank (habe krankgefeiert), Ü gehe vor, krank zu sein und arbeite nicht. **krankhaft,** ungesund, durch Krankheit verursacht: *sein Ehrgeiz ist schon k.* **Krankhaftigkeit** *die, -.* **Krankheit** *die, -/-en,* Störung der normalen Lebensvorgänge: *unheilbare K.; Hautkrankheit; Krankheitsdauer; Krankheitserreger; im Krankheitsfall.* **Krankheitsbild** *das,* Symptome, Verlauf einer Krankheit. **krankheitshalber,** wegen Krankheit. **Krankheitszeichen** *das,* Symptom für eine Krankheit. **krankklachen,** *ich* lache *mich* krank (habe mich krankgelacht), Ü lache heftig, anhaltend. **kränklich,** kränkelnd, schwächlich. **krankmachen,** *ich*

mache krank (habe krankgemacht), U feiere krank; aber: *das hat mich ganz krank gemacht,* U nervös, verrückt; deprimiert. **krankschießen,** *ich* schieße *es* krank (schoß krank, habe krankgeschossen), ⚔ schieße an, verwunde. **krankschreiben,** *der Arzt* schreibt *ihn* krank (hat krankgeschrieben), bestätigt die Arbeitsunfähigkeit. **Kränkung** *die, -/-en,* das Kränken: *man hat ihm eine schwere K. zugefügt; diese K. kann ich nicht ohne weiteres hinnehmen.*

Kranz [ahd. kranz] *der, -es/⸌e,* **1)** Gewinde aus Blumen oder Laub, z. B. als Siegerpreis: *Lorbeerkranz;* als Kopfschmuck: *Brautkranz,* ABB. B 46; als Grabschmuck, ABB. F 35; als Wirtshausschild: *wir winden Kränze; er ist in die Kränze gekommen, schweiz.:* hat einen guten Platz im Turn- oder Schießwettbewerb erreicht; *das kommt nicht in Betracht, schweiz.:* kommt nicht in Betracht. **2)** etwas kreisförmig Umgebendes: *Strahlenkranz; Haarkranz,* ABB. H 1; *Radkranz,* ABB. R 1; *Zinnenkranz,* ABB. B 56; Rand am Becher, an der Glocke, ABB. G 30, u. a. **3)** kranzförmiger Kuchen, ABB. K 51. **Kränzchen** *das, -s/-,* **1)** Diminutiv von Kranz. **2)** regelmäßige Zusammenkunft eines geselligen Kreises (Damen): *Kaffeekränzchen.* **kränzen,** *ich* kränze (habe gekränzt), **1)** *ihn,* P bekränze. **2)** *es,* 🌳 schäle einen Ring aus der Rinde heraus. **Kranzgeld** *das,* ⚖ Entschädigungsanspruch der unbescholtenen Braut für Lösung des Verlöbnisses, falls sie defloriert wurde. **Kranzgesims** *das,* 🏛 das einen Bau am Dachansatz abschließende Gesims. **Kranzjungfer** *die,* Brautjungfer. **Kränzlein** *das, -s/-.* **Kranznaht** *die,* Schädelnaht, ABB. S 10. **Kräpfel** *der, -s/-, oberdt.:* Krapfen. **Krapfen** [ahd. krapho ›Haken‹] *der, -s/-,* in Fett gebackener (gefüllter) Kuchenteigballen, Berliner Pfannkuchen, ABB. K 51. **Krapp** [mittelniederl. crappe, zu Krapfen, nach den hakenförmigen Stacheln der Pflanze] *der, -(e)s,* Farbstoff aus der Wurzel der Färberröte: *das Krapprot,* Alizarin. **Kräppel** *der, -s/-, mitteldt.,* **Kräppelchen** *das, -s/-, ostmitteldt.:* Krapfen, ABB. K 51. **krasmen** [mhd. kresen ›kriechen‹], *ich* krasme (bin gekrasmet), *schweiz.:* krieche, klettere. **kraß,** krasser, am krassesten [nhd., zu lat. crassus ›derb‹, ›dick‹], unerhört, in hohem Grade: *eine krasse Lüge, Gemeinheit; ein krasser Gegensatz, Widerspruch.* **Kraßheit** *die, -.* **Krater** [lat. crater, zu grch. krater ›Mischkrug‹] *der, -s/-,* **1)** Vulkantrichter, ABB. B 20. **2)** trichterförmige Aushöhlung: *Mondkrater.* **3)** [-'t'e:r] *der, -s/-e,* altgriech. Gefäß zum Mischen von Wein mit Wasser. **Kraton** [grch. krataios ›stark‹, ›gewaltig‹] *der, -s/. . .t'one,* 🌐 verfestigter Erdkrustenteil. **Kratt** *das, -s/-e, niederdt.:* Gestrüpp, besonders von Eiche: *Krattbusch,* Krüppelholz. **Kratte** *der, -s/-,* **Krattel** *der, -s, mittelfränk.:* Dünkel. **Kratten** [ahd. chratto] *der, -s/-,* auch Kratte, *südwestdt.:* Korb, bes. tiefer, enger Beerenkorb; Rückenkorb. **Kratzbürste** *die,* **1)** Drahtbürste, harte Bürste. **2)** Ü widerspenstige Person. **kratzbürstig,** Ü widerspenstig, unliebenswürdig. **Kratzbürstigkeit** *die, -.* **Kratze** [mhd. kratze, zu kratzen] *die, -/-n,* Werkzeug zum Scharren, Kratzen, ABB.

B 21. **Krätze** [mhd. kratz, kretze] *die, -,* 1) ⚕ durch Milben hervorgerufene Hautkrankheit. 2) ✚ eine Pflanzenkrankheit. 3) ◎ metallhaltiger Abfall. **Krätze** [mhd. kretze, vgl. Kratten] *die, -/-n, süddt.:* Korb. **Kratzeisen** *das,* 1) Schuhreiniger, ABB. H 11. 2) ein Maurergerät. **kratzeln,** *ich* kratz(e)le (habe gekratzelt), *schweiz.:* kritzele. **kratzen** [ahd. chrazzon], *ich* kratze (habe gekratzt), 1) *mich, ihn, es; auf, an, in etwas,* schabe mit einem rauhen oder spitzen Gerät oder mit den Fingernägeln, ritze leicht, reibe: *er kratzte sich hinterm Ohr* (eine Bewegung, wenn man verlegen oder bedenklich ist oder etwas vergessen hat); *schlechte Wolle kratzt auf der Haut.* 2) erzeuge Geräusche wie ein kratzender Gegenstand: *die Feder kratzt,* gleitet nicht, reibt hörbar. 3) *das kratzt mich nicht,* U ärgert mich nicht, stört mich nicht. **Kratzer** *der, -s/-,* 1) Kratzspur, Schramme: *sein gutes Image hat einen ersten K. bekommen,* U Makel. 2) Name von löffelartigen Geräten. 3) ◎ eine Förderanlage. 4) ein Wurm. **Krätzer** *der, -s/-,* 1) saurer Wein. 2) junger, süßer Tiroler Rotwein. **Kratzfuß** *der,* U übertrieben höfl. Verbeugung. **kratzig,** U rauh, widerhaarig. **krätzig,** krätzekrank. **Kratzmalerei** *die,* **Kratzputz** *der,* Sgraffito.

krauchen, *ich* krauche (bin gekraucht), *mitteldt.:* krieche. **Kräuel** [ahd. chrawil] *der, -s/-,* Hackgabel mit Kratzzinken. **krauen** [mhd. kröuwel], *ich* kraue (habe gekraut) *ihn, es,* liebkose durch leichtes Kratzen mit gekrümmten Fingern. **kraul** [wohl zu kratzen], ⤳ glatt. **Kraul** [engl. to crawl, eigtl. ›kriechen‹, ›krabbeln‹] *das, -(s),* schnelle Schwimmart: *Kraulstil; Kraulschwimmen.* **kraulen,** *ich* kraule (bin, habe gekrault). **kraulen,** *ich* kraule (habe gekrault) *ihn, es,* kraue. **kraus** [mhd. krus], 1) kurz geringelt, wollig, lockig (Haar) 2) gerunzelt (Stirn). 3) U wirr, ungeordnet, absonderlich: *krause Gedanken.* 4) Stricken: links (Maschenbild). **Krause** *die, -/-n,* 1) gefältelter Kragen, Falbel: *Halskrause.* 2) (künstliche) Kräuselung des Haares, Dauerwelle: *Dauerkrause.* **kräuseln,** *ich* kräus(e)le (habe gekräuselt), es zeige in feine Falten oder Wellen: *sie läßt sich das Haar kräuseln; die vom Wind gekräuselte Oberfläche des Sees.* **Kräus(e)lung** *die, -.* **krausen,** *ich* krause (habe gekraut) *es,* mache kraus: *mit gekrauster Stirn.* **Krauskohl** *der,* Grünkohl. **Krauskopf** *der,* 1) U Person mit krausem Haar. 2) ein Bohrer, ABB. H 40, T 11. **Kraut** [niederdt., verwandt mit Krabbe] *der, -(e)s/-,* niederdt.: eine Garnele: *Krautfischer.*

Kraut [ahd. c(h)rut] *das, -(e)s/¨er,* 1) Gewächs mit nicht verholzendem Stengel; allgemein: Blätter, grüne Pflanze, z. B. Suppenkraut: *eine Pflanze schießt ins K.,* treibt zuviel Blätter; *hier sieht es aus wie K. und Rüben,* U unordentlich. 2) *ohne Pl.,* Kopfkohl: *Weißkraut; Krautroulade.* 3) kurz für: Heilkraut: *Kräutertee; gegen den Tod ist kein K. gewachsen.* 4) *meist Pl.,* kurz für: Gewürzkraut: *Kräuterkäse; Kräuterlikör.* 5) *ohne Pl., rhein.:* dick eingekochter Saft: *Apfelkraut.* 6) *ohne Pl., oberdt.:* Sauerkraut; Spinat; Mangold. 7) U (schlechter) Tabak. **Kräutchen** *das, -s/-.* **Krauter** *der, -s/-,* U alter Sonderling. **Kraut(er)er** *der, -s/-, alem.:* Pfuscher. **Kräutergewölbe** *das, ostmitteldt.* ⚕: Drogerie. **Kräuticht** *das, -s,* ⚕ Krautblätter. **krautig,** krautartig. **Krautjunker** *der,* früher verächtlich: Großgrundbesitzer. **Kräutlein** *das, -s/-.* **Kräutler** *der, -s/-, wien.:* Gemüsehändler.

Krawall [frühnhd. crawallen ›Krach machen‹, mlat. charavallium ›Katzenmusik‹, ›Straßenlärm‹] *der, -s/-e,* Aufruhr, Unruhe, Lärm, Streit: *Krawallmacher.* **Krawat** *der, -s/-e, österr.:* Kroate. **Krawatte** [frz. cravate, eigtl. ›Halstuch der Kroaten‹] *die, -/-n,* 1) Schlips, Halstuch, Selbstbinder, ABB. K 24. 2) (unerlaubter) Ringergriff. **Krawattennadel** *die,* ABB. N 1. **Kraweel** [zu Karavelle] *die, -/-en,* auch Krawel, ⚓ großes Lastschiff. **Kraweelbau** *der,* ⚓ eine Bauweise für Holzboote. **kraweelgebaut. Krawel** *die, -/-en,* Kraweel. **Kraxe** [mhd. krechse] *die, -/-n, bair./österr.:* Rückentrage, Traggestell. **Kraxelei** *die, -/-en,* U. **kraxeln,** *ich* krax(e)le (habe, bin gekraxelt), U klettere. **Kraxler** *der, -s/-,* U. **Krayon** [krɛˈjõː, frz. crayon ›Blei-, Farb-, Zeichenstift‹, zu craie ›Kreide‹] *der, -s/-s,* ⚕ 1) Bleistift. 2) Kreide. **Krayonmanier** [krɛˈjõː-] *die, -,* ein Kupferstichverfahren, dessen Ergebnis einer getuschten Kreidezeichnung ähnelt. **Kräze** [zu Krätze] *die, -/-n, schweiz.:* Rückentragkorb. **Kreas** [span. crea ›Leinen‹] *das, -,* ungebleichtes Leinen. **Kreation** [frz. création, zu lat. creatio ›Schöpfung‹] *die, -/-en,* 1) Schöpfung. 2) Gestaltung (einer Rolle, eines modischen Kleidungsstückes): *der Couturier stellt seine neuen*

Kreationen vor. **kreativ,** schöpferisch: *kreative Begabung.* **Kreativität** *die, -: Kreativitätstest.* **Kreatur** [mhd. creatiur] *die, -/-en,* 1) Geschöpf, Lebewesen, bes. der Mensch gegenüber Gott. 2) Günstling. 3) verachtenswerter, willenloser Mensch. **kreatürlich,** dem lebendigen Geschöpf gemäß, naturhaft.

Krebs [ahd. krebiz, krebazo, verwandt mit Krabbe und krabbeln] *der, -es/-e,* 1) Krustentier, ein Gliederfüßer; Sinnbild des Rückschritts, da sich Krebse bisweilen rückwärts bewegen: *krebsrot,* leuchtend rot (vor Hitze). 2) *ohne Pl.,* ⚕ eine bösartige Geschwulst: *Brustkrebs; krebsartig; Krebsbekämpfung; Krebsfrüherkennung; Krebsgeschwulst; krebskrank.* 3) *ohne Pl.,* ☆ ein Sternbild des Tierkreises, ÜBERS. A 22. 4) Teil der Rüstung, ABB. R 33. 5) *ohne Pl.,* ♪ kompositor. Technik, bei der eine Melodie rückwärts gelesen wird. **krebsen,** *ich* krebse (habe gekrebst; du krebs[es]t), 1) fange Krebse. 2) U klettere mühsam; rackere mich ab. 3) *schweiz.:* weiche zurück. **krebserregend,** ⚕ *krebserregende* Substanzen. **Krebsgang** *der, -(e)s,* U das Rückwärtsgehen. **Krebsschaden** *der,* U schlimmes, eingewurzeltes Übel: *ein K. unserer Gesellschaft.* **Krebsschere** *die,* eine Süßwasserpflanze. **Krebsvorsorge** *die:* ⚕ *Krebsvorsorgeuntersuchung.*

Kredenz *die, -/-en,* Anrichte. **kredenzen** [mhd. credenzan ›vorkosten‹, um die Unschädlichkeit von Speisen und Getränken zu beweisen, zu lat. credere ›vertrauen auf‹, ›glauben‹], *ich* kredenze (habe kredenzt) *ihm einen Trunk,* ⸸ bringe dar. **Kredit** [ital. credito, zu lat. creditum ›das Geglaubte‹, ›Anvertraute‹] *der, -(e)s/-e,* 1) Vertrauenswürdigkeit eines Schuldners: *er genießt bei mir K.; er ist kreditwürdig.* 2) Darlehen: *Kreditanstalt; Kreditbank; er mußte einen K. aufnehmen.* 3) *schweiz.:* Bewilligung an eine Behörde, Geld für einen bestimmten Zweck auszugeben: *Straßenkredit.* 4) [kr'eː-] *das, -s/-s,* Überschrift der Habenseite in Geschäftsbüchern. **kreditieren,** *ich* kreditiere (habe kreditiert), 1) *ihm,* gebe Kredit. 2) *es ihm,* schreibe es ihm gut. **Kreditiv** *das, -s/-e,* Beglaubigungsschreiben, Vollmacht. **Kreditor** *der, -s/.. t'oren,* Gläubiger. **Kredo** *das, -/-,* eingedeutscht für: Credo.

Kreet [mhd. krete, krote ›Kröte‹ als Schimpfwort] *der* oder *das, -s/-* oder *die, -/-, niederdt.:* Schimpfwort (eigtl. Kröte). **kreeten,** *ich* kreete (habe gekreetet), *niederdt.:* suche Streit. **kreetsch,** *niederdt.:* abscheulich. **kregel** [zu Krieg], *niederdt., mitteldt.:* munter, rüstig. **Krehm** *das, -/-e, mittelfränk.:* Mutterschwein. **Kreide** [spätahd. krida, wohl zu lat. terra creta ›gesiebte Erde‹] *die, -/-n,* 1) feinkörniger, weiß färbender Kalkstein: *Kreideküste; Schreibkreide; ich stehe bei ihm tief in der K.,* U habe hohe Schulden. 2) ✚ eine geolog. Formation des Mesozoikums: *Kreidezeit.* 3) *ostniederdt.:* Mus; Schlacke. **kreidebleich,** sehr bleich, totenblaß. **Kreidemanier** *die, -,* Krayonmanier. **kreideweiß,** kreidebleich. **Kreidezeichnung** *die,* Zeichnung mit schwarzer oder farbiger Kreide. **kreidig,** 1) weiß wie Kreide. 2) mit Kreide beschmiert.

kreieren [frz. créer, zu lat. creare ›schaffen‹, ›erwählen‹], *ich* kreiere (habe kreiert), 1) *es,* erschaffe, bringe in Mode (einen Kunststil, eine neue Damenmode). 2) eine Rolle, Theater: spiele sie als erster. 3) *ihn,* kath. Kirche: ernenne zum Kardinal.

Kreis [spätahd. kreiz, zu krizzon ›einritzen‹] *der, -es/-e,* 1) △ geschlossene ebene Kurve, deren Punkte alle den gleichen Abstand von einem festen Punkt, dem Mittelpunkt, haben, ABB. K 43: *jeder Schnitt durch eine Kugel ist ein K.* 2) geschlossene rundliche Linie: *wir sitzen im K.; seine Gedanken drehen sich immer im K.,* U kamen immer zu demselben Schluß; *der Skandal zog rasch weite Kreise,* U breitete sich aus. 3) Bezirk, Bezirk: *Wirkungskreis.* 4) kleinster Verwaltungsbezirk über den Gemeinden: *Landkreis; Kreisarzt.* 5) Gruppe von etwas lose Zusammenhängendem: *Sagenkreis.* 6) Gruppe von Menschen mit gemeinsamen Interessen: *Freundeskreis; Bastelkreis; in Regierungskreisen; wie aus Oppositionskreisen verlautet; in regierenden besseren Kreise; er verkehrt in Ganovenkreisen.* 7) ⚛ systemat. Einheit. **Kreisbahn** *die,* kreisförmige Umlaufbahn (eines Satelliten um die Erde). **Kreisbogen** *der,* ABB. K 43.

kreischen [mhd. krischen], *ich* kreische (habe kreischt; ⚕, *noch südwestdt.:* habe gekrischen), gebe schrille, gellende, quietschende Laute von mir: *die Kinder kreischen auf der Achterbahn; die Tür kreischt in den Angeln.*

Kreisel [mhd. kriusel] *der, -s/-,* 1) um eine Achse drehbarer, meist symmetr. Körper, Spielzeug oder techn. Vorrichtung, ABB. K 43. 2) U kreisförmig geregelter Verkehr: *Verkehrskreisel.* **Kreiselkompaß** *der,* ein Kompaß, der unabhängig von

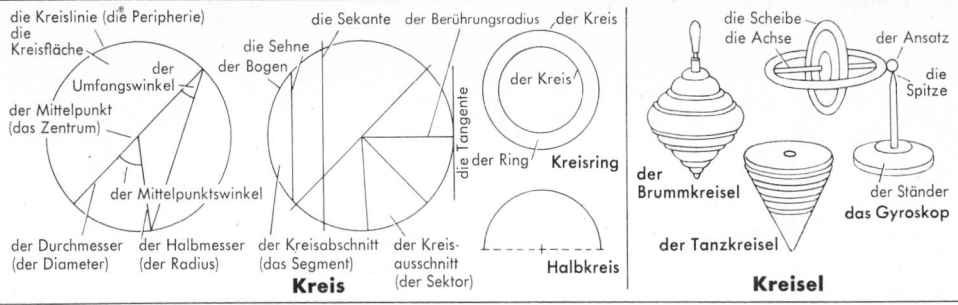

die Kreislinie (die Peripherie) · die Kreisfläche · der Umfangswinkel · der Mittelpunkt (das Zentrum) · der Mittelpunktswinkel · die Sehne · der Bogen · die Sekante · der Berührungsradius · der Kreis · der Kreis · die Tangente · der Ring · **Kreisring** · der Durchmesser (der Diameter) · der Halbmesser (der Radius) · der Kreisabschnitt (das Segment) · der Kreisausschnitt (der Sektor) · **Kreis** · Halbkreis · die Scheibe · die Achse · der Ansatz · die Spitze · der **Brummkreisel** · der Ständer · **das Gyroskop** · der **Tanzkreisel** · **Kreisel**

Erd- und Schiffsmagnetismus arbeitet. **kreiseln,** *ich* kreis(e)le (habe gekreiselt), **1)** spiele mit einem Kreisel, Abb. S 53. **2)** *es kreiselt,* dreht sich ständig um sich selbst. **kreisen,** *es* kreist (hat, ist gekreist) *um etwas,* bewegt sich im Kreis: *Raubvögel kreisen auf der Suche nach Beute über den Feldern; ihre Gedanken kreisen nur um ihn,* Ü. **Kreiser** *der, -s/-,* ⚔ Jäger, der bei frisch gefallenem Schnee Wild aufspürt. **kreisförmig,** einem Kreis ähnlich. **kreisfrei,** auf eine größere Stadt bezüglich, die keinem Landkreis angehört: *kreisfreie Städte.* **Kreiskolbenmotor** *der,* ein Verbrennungsmotor, dessen Kolben eine kreisende Bewegung ausführt. **Kreislauf** *der,* **1)** Geschehniskette, die dort endet, wo sie angefangen hatte: *der K. des Wassers.* **2)** ⚕ Blutkreislauf: *Kreislaufkollaps; Kreislaufstörungen.* **Kreisprozeß** *der,* eine Folge von Zustandsänderungen, bei denen der Endzustand dem Anfangszustand entspricht. **kreisrund,** rund wie ein Kreis. **Kreissäge** *die,* **1)** scheibenförmiges Sägeblatt; damit ausgestattete Maschine, Abb. S 1. **2)** U Strohhut, Abb. H 29. **kreißen** [mhd. krizen ›schreien‹, ›stöhnen‹], *eine Frau* kreißt (hat gekreißt), liegt in den Wehen: *die Kreißende.* **Kreißsaal** *der,* Entbindungsraum in Krankenhäusern. **Kreisstadt** *die,* Sitz des Landratsamts. **Kreistag** *der,* Volksvertretung eines Landkreises. **Kreistraining** [-trei-, auch -tre-] *das,* Circuit training. **Kreisverkehr** *der,* eine Art der Verkehrsführung an platzartigen Verkehrspunkten. **Krekel** *die, -/-n, ostniederdt.:* wilde Pflaume. **krellen,** *ich* krelle (habe gekrellt), *niederdt.:* **1)** *es,* drehe, drehe auf. **2)** *mich,* ziere mich. **Krellschuß** *der,* ⚔ Streifschuß, der nur für Augenblicke lähmt. **Krem** *die, -/-s,* U auch *der, -s/-e,* eingedeutscht für: Creme. **Kremation** [lat. cremare ›verbrennen‹] *die, -/-en,* ∞ noch *schweiz.:* Einäscherung. **Krematorium** *das, -s/. . .ri|en,* Feuerbestattungsanlage, Abb. F 35. **Krempe** [niederdt. krempe, verwandt mit krumm] *die, -/-n,* **1)** Hutrand, Abb. H 29. **2)** *oberdt.:* Krampe. **Krempel** [mhd. grempeln ›Kleinhandel treiben‹, zu ital. comprare, lat. comparare ›kaufen‹] *der, -s,* U Trödel, Kram. **Krempel** [mhd. krempel ›Häkchen‹] *die, -/-n,* Spinnerei: Karde. **krempeln,** *ich* kremp(e)le (habe gekrempelt) *es,* bearbeite auf der Krempel. **krempeln** [zu Krempe], *ich* kremp(e)le (habe gekrempelt) *es,* krempele auf, schlage um: *Krempelärmel.* **Krempler** [mhd. grempler, vgl. Krempel ›Kram‹] *der, -s/-, oberdt.:* Kleinhändler. **Krempling** [zu Krempe] *der, -s/-e* ⚘ Krämpling, ein Blätterpilz mit umgebogenem Hutrand. **Krempziegel** *der,* eine Art Dachziegel, Abb. D 2. **Kremser** [nach einem Berliner Fuhrunternehmer] *der, -s/-,* früher: vielsitziger, offener, von Pferden gezogener Mietwagen mit Verdeck. **Kremser Weiß** [nach der Stadt Krems in Niederösterreich] *das,* Bleiweiß. **Kren** [mhd. kren, altslaw. chrěnu] *der, -(e)s, österr.:* Meerrettich: *er muß seinen K. dazugeben,* Ü ungefragt seine unwichtige Meinung äußern. **Krengel** [mhd. krengel, kringel] *der, -s/-,* Nebenform von Kringel. **krengeln,** *ich* kreng(e)le *mich* (habe mich gekrengelt), winde mich, drücke mich herum, schlendere umher. **krengen,** krängen. **Kreole** [frz. créole, span. criollo, zu lat. creare ›erzeugen‹] *der, -n/-n, meist Pl.,* bes. Bez. für in Lateinamerika (außerdem in Louisiana) geborene Nachkommen von spanischen, portugiesischen und französischen Einwanderern.

Kreophage [grch. kreas ›Fleisch‹ und phagein ›fressen‹] *der, -n/-n,* fleischfressende Pflanze. **Kreosot** [grch. sozein ›bewahren‹] *das, -(e)s,* ölige, stark riechende Flüssigkeit aus Buchenholzteer mit antiseptischer Wirkung. **krepieren** [ital. crepare ›zerbersten‹, zu lat. crepare ›knattern‹, ›knarren‹], *ich* krepiere (bin krepiert), **1)** V sterbe, verende, verrecke (Mensch, Tier). **2)** *ein Geschoß krepiert,* platzt, birst. **Krepierl** *das, -s/-n, österr.:* magerer Mensch. **Krepis** [grch. krepis ›Schuh‹, ›Grundlage‹] *die, -,* Abb. S 8, T 6, Stufenunterbau von Säulen. **Krepitation** [lat. crepitare ›knistern‹, ›knarren‹] *die, -/-en,* ⚕ knirschendes Reiben, z. B. von Bruchstückenden eines Knochens. **Krepon** [-p'ɔ̃] *der, -s/-s,* ein Kreppgewebe. **Krepp** [frz. crêpe, zu lat. crispus ›kraus‹] *der, -s/-s* oder *-e,* ein Gewebe von körniger, gekräuselter Oberfläche: *Kreppgarn;* vgl. Crêpe. **Kreppapier** *das,* Papier mit welliger Oberfläche; vgl. Silbentrennung, Übers. S 3. **Kreppel** *der, -s/-,* Nebenform von Kräppel. **kreppen,** *ich* kreppe (habe gekreppt) *es,* kräusele kreppartig. **Kreppsohle** *die,* dicke Gummisohle. **Krescendo** [krɛ'ʃɛndo] *das, -s/-s* oder *. . .di,* eingedeutscht für: Crescendo. **kresmen,** *ich* kresme (bin kresmet), *alem.:* krieche; klettere. **Kresol** [vgl. Kreosot und lat. oleum ›Öl‹] *das, -s,* aus Holz- und Steinkohlenteer gewonnenes Desinfektionsmittel. **kreß** [nach der Farbe der Kapuzinerkresse], orangefarben. **Kreß** *das, -,* das Orange. **Kresse** [ahd. kresso, zu grch. grastis ›Grünfutter‹] *die, -/-n,* **Kreßling** *der, -s/-e,* Name verschiedener Pflanzen mit pfefferigem Geschmack, Abb. S 3. **Kreszentia** [lat. crescere ›wachsen‹], weibl. Vorname. **Kreszenz** *die, -/-en,* Wachstum, Herkunft (Wein). **kretazeisch, kretazisch** [lat. creta ›Kreide‹] ⊕ zur Kreideformation gehörend: *kretazische Formation.* **Krete** [zu Grat] *die, -/-n, schweiz.:* Gipfelkammlinie. **Kreter** *der, -s/-,* Bewohner der griech. Insel Kreta. **Krethi und Plethi** [Kreter und Philister in König Davids Leibwache], U verächtlich: gemischte Gesellschaft. **Kretin** [-t'ɛ̃, frz. crétin, zu chrétien ›christlich‹ im Sinn von ›unschuldig‹] *der, -s/-s,* **1)** ⚕ mißgestalteter Schwachsinniger. **2)** U Schwachkopf, Trottel. **Kretinismus** *der, -.* **kretinoïd** [vgl. . . .id], ⚕ kretinähnlich. **kretisch,** auf die griech. Insel Kreta bezüglich. **Kreton** *der, -s/-e, österr.:* Cretonne. **Kretonne** [kret'ɔn, frz.] *der* oder *die, -/-s,* Cretonne. **Kret|scham, Kret|schem** [mhd. kretscheme, obersorb. korčma] *der, -s/-e, ostmitteldt.:* Wirtshaus. **Kretschmar, Kretschmer** *der, -s/-, ostmitteldt.:* Wirt. **kreuchen,** *es* kreucht, alte Nebenform von kriecht: *alles, was da k. und fleugt,* alle Lebewesen. **kreuz. . .,** U verstärkend: *kreuzbrav; kreuzdumm; kreuzelend; kreuzfidel.* **Kreuz** [ahd. kruzi, zu lat. crux, Gen. crucis] *das, -es/-e,* **1)** zwei sich rechtwinklig, seltener schräg schneidende Balken und das entsprechende Zeichen, Abb. K 44: *Fensterkreuz; über K.,* sich überschneidend; durch Christi Kreuzestod Sinnbild der christl. Glaubens: *er schlägt das K.,* macht mit der Hand das Zeichen des Kreuzes, bekreuzigt sich; verbreitete Form des Grabmals, daher Zeichen für: gestorben

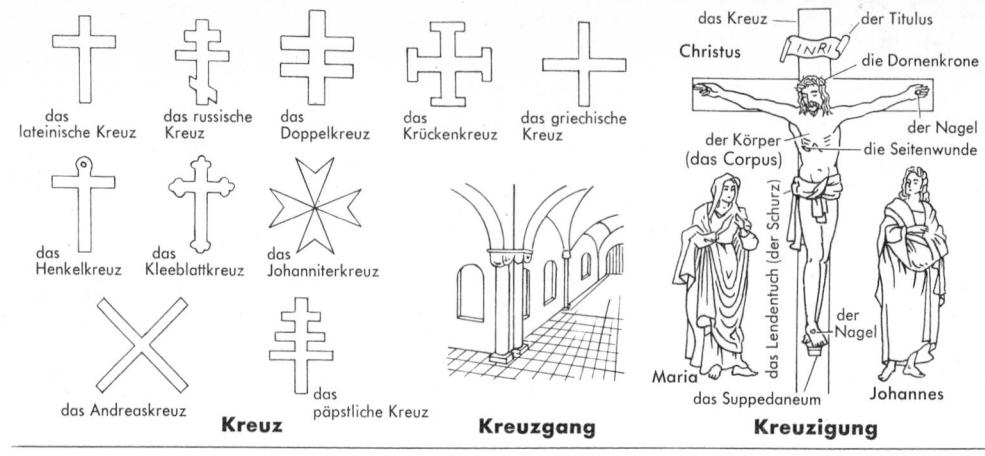

das lateinische Kreuz

das russische Kreuz

das Doppelkreuz

das Krückenkreuz

das griechische Kreuz

das Henkelkreuz

das Kleeblattkreuz

das Johanniterkreuz

das Andreaskreuz

das päpstliche Kreuz

Kreuz

Kreuzgang

Kreuzigung

das Kreuz — der Titulus

Christus · INRI · die Dornenkrone

der Körper (das Corpus) · der Nagel · die Seitenwunde

das Lendentuch (der Schurz)

Maria · der Nagel · Johannes

das Suppedaneum

---

oder: veraltet; Abzeichen vieler gemeinnütziger Einrichtungen: *das Rote K.; das Blaue K.;* Zeichen vieler Orden und Auszeichnungen: *das Eiserne K.; das K. des Südens,* ✠ ein Sternbild der südlichen Halbkugel; Unterschrift der Schreibunkundigen: *er setzte drei Kreuze unter das Schriftstück; ich mache drei Kreuze hinter ihm,* Ü bin froh, ihn losgeworden zu sein; *er ist zu Kreuze gekrochen,* Ü hat nachgegeben, sich gefügt. **2)** Autobahnkreuz: *Frankfurter K.* **3)** altes Hinrichtungsgerät in Kreuzesform: *Christus wurde ans K. geschlagen.* **4)** der hinteren Kreuzbeinhöhe entsprechende Körpergegend, ABB. M 12, P 9: *sie hat es im K.,* Ü Kreuzschmerzen. **5)** Ü Kummer, Leid, Mühsal: *er nimmt sein K. auf sich,* erträgt sein schweres Schicksal geduldig; *es ist ein K. mit ihm,* Ü schwierig, lästig, ärgerlich. **6)** ♪ Erhöhungszeichen, ABB. N 9. **7)** Kartenfarbe, Treff, ABB. S 54. **8)** ein Mauerverband, ABB. B 13. **Kreuzbein** *das,* Teil der Wirbelsäule, der die hintere Wand des Beckens bildet, ABB. M 12. **Kreuzblume** *die,* **1)** Name einiger Pflanzen. **2)** ⊓ steinerne Bekrönung von Turmspitzen u. a. Baugliedern im got. Stil, ABB. K 20. **Kreuzblüt(l)er** *der, -s/-,* Kruzifere, eine Pflanzenfamilie, vgl. ABB. B 38, F 36. **Kreuzdorn** *der, -(e)s/-e,* eine meist dornige Pflanze. **kreuzen,** *ich* kreuze (habe gekreuzt), **1)** es, lege über Kreuz: *er kreuzte die Arme; sie werden die Degen kreuzen,* fechten. **2)** *zwei Züge kreuzen sich,* fahren in entgegengesetzter Richtung aneinander vorbei. **3)** *sie kreuzen sich,* überschneiden, durchschneiden sich (Straßen, Bahnlinien): *unsere Briefe haben sich gekreuzt,* wir haben zur gleichen Zeit geschrieben. **4)** *sie,* ♌ ⊕ bringe Keimzellen genetisch verschiedener Tiere oder Pflanzen miteinander zur Befruchtung. **5)** (bin gekreuzt), ⤳ segele im Zickzack gegen den Wind; fahre hin und her: *die Flotte kreuzte vor Helgoland.* **Kreuzer** *der, -s/-,* **1)** schnelles, gepanzertes Kriegsschiff, ABB. K 45. **2)** seefähiges Sportfahrzeug, ABB. S 45. **3)** ehemalige Münze. **Kreuzeszeichen** *das,* Kreuzzeichen. **Kreuzfahrer** *der,* Teilnehmer an einem Kreuzzug. **Kreuzfahrt** *die,* **1)** Kreuzzug. **2)** Urlaubsreise mit Schiff: *Mittelmeerkreuzfahrt.* **Kreuzfeuer** *das,* Beschießung von mehreren Seiten: *er steht im K. der Kritik,* Ü wird von allen Seiten kritisiert. **Kreuzgang** *der,* **1)** ABB. K 28, K 44. **2)** Ü Bittgang. **Kreuzgewölbe** *das,* ABB. G 22. **kreuzigen** [ahd. chriuzegon], *ich* kreuzige (habe gekreuzigt) *ihn,* schlage ans Kreuz. **Kreuzigung** *die, -/-en,* ABB. K 44. **Kreuzknoten** *der,* ein (Seemanns)knoten, ABB. K 31. **Kreuzkopf** *der,* Gelenk zur Geradeführung von Kolben und Kolbenstange, ABB. D 3. **Kreuzköpfel** *das, -s/-, österr.:* gescheiter Mensch. **Kreuzotter** *die,* eine Giftschlange. **Kreuzritter** *der,* an einem Kreuzzug teilnehmender Ritter. **Kreuzschnabel** *der,* ein Fink mit starkem Schnabel. **Kreuzspinne** *die,* große Radnetzspinne. **Kreuzstich** *der,* ABB. H 7. **kreuz und quer,** planlos hin und her, völlig durcheinander: *hier liegt alles k. u. q.; wir sind k. u. q. durch die ganze Stadt gelaufen;* aber: *in die Kreuz und Quere.* **Kreuzundquerfahrt** *die.* **Kreuzung** *die, -/-en,* **1)** Überschneidung zweier Geraden: *Straßenkreuzung,* ABB. S 72. **2)** Vermischung

erbverschiedener Individuen. **Kreuzverhör** *das,* Vernehmung von Zeugen durch Staatsanwalt und Verteidiger. **Kreuzweg** *der,* **1)** Kreuzungsstelle von Wegen: *er steht am K.,* Ü vor einer schicksalhaften Entscheidung. **2)** ß Christi Leidensweg vom Palast des Pilatus bis Golgatha. **Kreuzweg|andacht** *die,* eine Andachtsform. **kreuzweise,** über Kreuz, gekreuzt. **Kreuzworträtsel** *das,* ÜBERS. R 6. **Kreuzzeichen** *das,* auch Kreuzeszeichen, das mit der (rechten) Hand gemachte Zeichen des Kreuzes. **Kreuzzug** *der,* im MA.: Kriegszug zur Ausbreitung des kath. Glaubens und bes. zur Eroberung des Heiligen Landes.

Krevette [frz. crevette ›Krabbe‹ *die, -/-n,* eine Garnelenart. **Kribbe** *die, -/-n, niederdt.:* Buhne. **kribb(e)lig,** Ü ungeduldig, gereizt: *ich bin heute k.; das lange Warten macht mich k.* **Kribbelkrankheit** *die,* Kriebelkrankheit. **Kribbelmücke** *die,* Kriebelmücke. **kribbeln** [mhd. kribeln], *es* kribbelt (hat gekribbelt), **1)** juckt, prickelt: *es k. mir in der Nase,* gleich muß ich niesen; *mein Fuß k.,* er ist mir eingeschlafen. **2)** wimmelt: *es k. von Ameisen.* **Kribel** *der, -s/-, schweiz.:* Ritzer; Gekritzel. **Kribs|krabs** [wohl zu krabbeln] *der oder das, -,* Kauderwelsch; Durcheinander. **Krickel** [zu Krücke] *das, -s/-(n),* Hörner der Gemse. **Krickelei** *die, -/-en.* **krick(e)lig. Krickelkrakel** *das, -s/-,* Ü schlechte Schrift, unleserlich Geschriebenes. **krickeln,** *ich* krick(e)le (habe krickelt), Ü **1)** schreibe schlecht, kritzele. **2)** streite, bin zänkisch. **Krickente** [nach ihrem Ruf krilik, niederdt.] *die,* auch Krickente, eine kleine Ente. **Kricket** [engl. cricket] *das, -s/-s,* ✗ engl. Schlagballspiel, vgl. ABB. K 47. **Krida** [mlat. crida ›öffentl. Ausruf‹] *die, -/...den,* in Österreich: Konkursverbrechen, Konkursvergehen. **Kridar** *der, -s/-e,* Konkursschuldner. **Kriebelkrankheit** *die,* ♰ Ergotismus, Vergiftung durch Mutterkorn. **Kriebelmücke** *die,* fliegenähnl. Zweiflügler. **kriebeln,** *es* kriebelt (hat gekriebelt), kribbelt. **Krieche** [mhd. krieche] *die, -/-n,* eine Pflaumensorte. **kriechen** [ahd. kriochan], *ich* krieche (bin gekrochen), **1)** bewege mich dicht am Boden, auf dem Bauch liegend: *Schlangen, Würmer kriechen.* **2)** Ü schmeichle unterwürfig: *er kriecht vor allen Einflußreichen; er kriecht zu Kreuze,* unterwirft sich. **3)** *es kriecht,* verformt sich plastisch unter einer mechanischen Belastung (Werkstoff). **Kriecher** *der, -s/-,* Ü unterwürfiger Schmeichler. **kriecherisch. Kriechspur** *die,* zusätzl. Fahrbahn für langsame Fahrzeuge. **Kriechstrom** *der,* ⚡ unbeabsichtigter Stromübergang auf die Isolierung. **Kriechtier** *das,* Reptil, ein Wirbeltier wie Schildkröte, Krokodil, Schlange. **Krieg** [ahd. chreg ›Hartnäckigkeit‹] *der, -(e)s/-e,* bewaffnete Auseinandersetzung (zwischen zwei Staaten): *die Regierung erklärte dem Nachbarstaat den K.; psychologische Kriegs-*

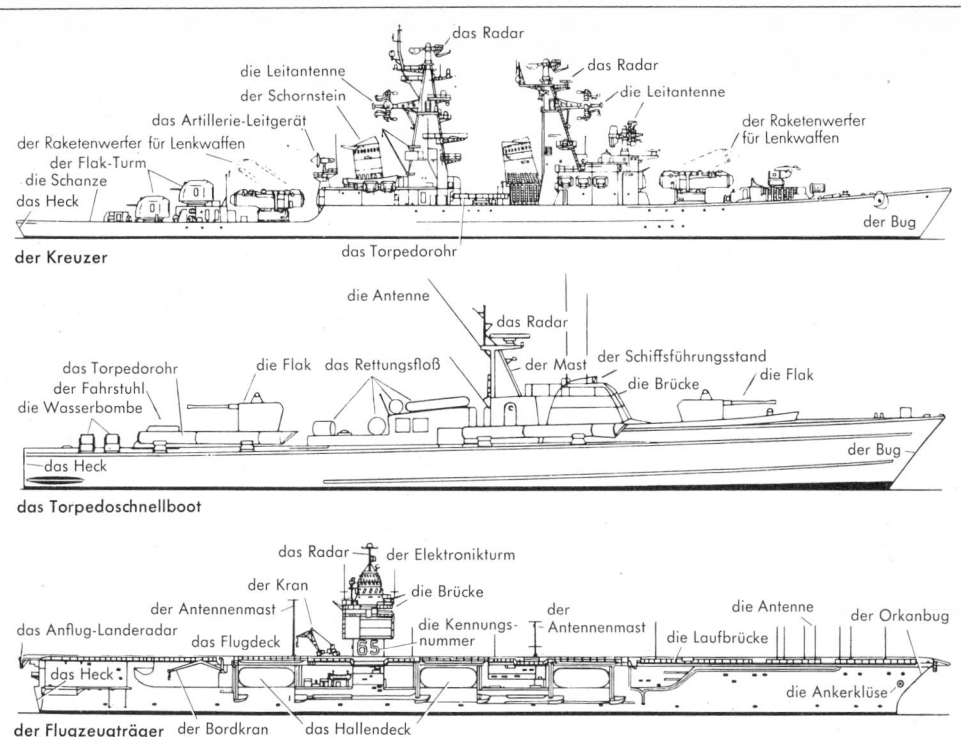

das Radar
die Leitantenne
der Schornstein
das Artillerie-Leitgerät
der Raketenwerfer für Lenkwaffen
der Flak-Turm
die Schanze
das Heck
der Kreuzer
das Torpedorohr
das Radar
die Leitantenne
der Raketenwerfer für Lenkwaffen
der Bug

die Antenne
das Radar
das Torpedorohr
der Fahrstuhl
die Wasserbombe
die Flak
das Rettungsfloß
der Mast
der Schiffsführungsstand
die Brücke
die Flak
das Heck
der Bug
das Torpedoschnellboot

das Radar
der Elektronikturm
der Kran
die Brücke
der Antennenmast
die Antenne
der Orkanbug
das Anflug-Landeradar
das Flugdeck
die Kennungs-nummer
der Antennenmast
die Laufbrücke
das Heck
die Ankerklüse
der Flugzeugträger der Bordkran das Hallendeck

Kriegsschiff

vorbereitung; Kriegserklärung; Zweifrontenkrieg. **2)** Ü zäher Kampf, andauernde Feindseligkeit; *schweiz.:* Rechtsstreit. **kriegen** [mhd. krigen ›anstrengen‹, ›streben‹], *ich* kriege (habe gekriegt), Ü **1)** *es, ihn,* bekomme, erhalte: *ich habe heute Post gekriegt; sie kriegt ein Kind; das Kind kriegt Vorwürfe; sie haben sich gekriegt,* geheiratet. **2)** *ihn,* erwische: *du darfst dich nicht kriegen lassen!* **3)** ⚔ führe Krieg. **Krieger** *der, -s/-,* Soldat, Kämpfer. **kriegerisch, 1)** streitlustig, streitbar. **2)** auf den Krieg bezüglich: *kriegerische Verwicklungen.* **kriegführend,** *die kriegführenden Staaten;* aber: *einen langen Krieg führend.* **Kriegführung** *die,* Strategie und Taktik eines Krieges. **Kriegsbeil** *das: wir wollen das K. begraben,* Ü uns versöhnen. **Kriegsbemalung** *die,* Körperbemalung bei Naturvölkern vor Kämpfen: *sie erschien in voller K.,* Ü scherzhaft: auffällig geschminkt. **Kriegsdienstverweigerung** *die,* die Weigerung, Kriegsdienst mit der Waffe zu leisten. **Kriegsflagge** *die,* das staatliche Hoheitszeichen auf Kriegsschiffen. **Kriegsfuß,** *wir leben auf K. miteinander,* Ü in ständigem Zwist. **Kriegsgefangene** *der, ein -r,* während des Krieges in Feindeshand geratener Soldat. **Kriegsgewinnler** *der, -s/-,* Ü jemand, der aus einem Krieg großen finanziellen Nutzen zu ziehen versteht. **Kriegsrat** *der,* über die Kriegführung beratender Personenkreis: *die Familie hält K.,* Ü berät und plant gemeinsam. **Kriegsschauplatz** *der,* das Kampfgebiet. **Kriegsschiff** *das,* bewaffnetes Schiff der Seestreitkräfte, ABB. K 45. **Kriegsverbrecher** *der: Kriegsverbrecherprozeß.* **Kriegsversehrte** *der, ein -r,* jemand, der im Kriegsdienst eine dauernde Gesundheit. Schädigung erlitten hat. **kriegsverwendungsfähig,** Abk.: k. v. **kriegswichtig,** *kriegswichtige Industrie.* **Kriegszustand** *der: zwei Staaten befinden sich im K.*

Krieke *die, -/-n,* **Kriek|ente** *die,* Krickente.

Kriemhild [ahd. hiltja ›Kampf‹, altnord. grima ›Helm‹, ›Maske‹, an ahd. grim ›grimmig‹ angelehnt], weibl. Vorname.

Kri(e)s *das, -es, alem.:* Reiser vom Nadelholz.

krieschen [mhd. krischen], *ich* kriesche (habe gekriescht), *norddt.:* kreische.

kries(e)lig, *ostniederdt.:* schwindlig. **Krieselwind** *der,* Wasserhose auf der Ostsee.

Kriesi [mhd. kriese, kerse, zu lat. cerasus] *das, -s/-, alem.* (wilde) Kirsche. **Kriesileich** *der, -(s), alem.:* Kirschernte.

krieslig, krieselig.

krietschen [vgl. kreischen], *ich* krietsche (habe gekrietscht), *mitteldt.:* kreische.

Kriewatsch [slaw. krivy ›krumm‹] *der, -(s)/-e, ostmitteldt.:* kleiner Krüppel, mißgestalteter kleiner Kerl.

Krill [norweg.] *der, -s,* Krebse im Plankton (Fischnahrung).

Krimi *der, -s/-s,* Ü Kriminalfilm, Kriminalroman, Kriminalstück. **kriminal** [lat. criminalis, zu crimen ›Verbrechen‹], strafrechtlich. **Kriminal** *das, -s/-e,* österr.: Strafvollzugsanstalt. **Kriminalbeamte** *der,* nicht uniformierter Polizeibeamter zur Aufklärung von Straftaten. **Kriminale** *der, -n/-n, ein -r,* Ü Kriminalbeamter. **Kriminalfilm** *der,* Film um ein Verbrechen und seine Aufklärung. **kriminalisiere,** *ich* kriminalisiere (habe kriminalisiert) *ihn,* mache kriminell, stelle als kriminell dar: *die Gruppe wurde durch neue Mitglieder allmählich kriminalisiert.* **Kriminalisierung** *die, -/-en: die K. der Demonstranten.* **Kriminalist** *der, -en/-en,* **1)** Kriminalbeamter. **2)** Strafrechtslehrer. **Kriminalistik** *die, -,* Lehre vom Verbrechen und den Mitteln zu seiner Bekämpfung und Verhütung. **kriminalistisch. Kriminalität** *die, -,* Art und Häufigkeit von Straftaten in bezug auf eine Gruppe, ein Volk u. a.: *Jugendkriminalität; Wirtschaftskriminalität.* **Kriminalpolizei** *die,* Ü kurz: Kripo, Teil der Polizei zur Aufklärung und Verhinderung von Straftaten. **Kriminalprozeß** *der,* ⚔ Strafprozeß. **Kriminalroman** *der,* Roman um ein Verbrechen und seine Aufklärung. **Kriminalstück** *das,* Schauspiel, Fernsehspiel um ein Verbrechen und seine Aufklärung. **kriminell,**

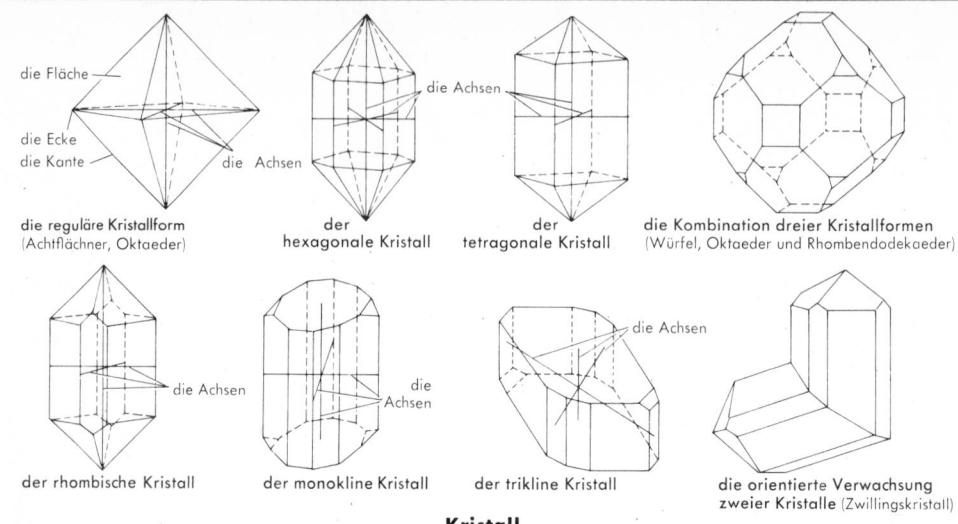

die Fläche — die Ecke — die Kante — die Achsen

die reguläre Kristallform
(Achtflächner, Oktaeder)

die Achsen

der hexagonale Kristall

die Achsen

der tetragonale Kristall

die Kombination dreier Kristallformen
(Würfel, Oktaeder und Rhombendodekaeder)

die Achsen

der rhombische Kristall

die Achsen

der monokline Kristall

die Achsen

der trikline Kristall

**die orientierte Verwachsung
zweier Kristalle** (Zwillingskristall)

Kristall

strafbar, verbrecherisch. **Kriminelle** der, die, -n/-n, ein -r, eine -, Ü Verbrecher(in). **kriminogen,** zu Verbrechen führend, sie begünstigend. **Kriminologe** der, -n/-n, Erforscher und Kenner der Kriminologie. **Kriminologie** [vgl. . . .logie] die, -, Wissenschaft vom Verbrechen. **kriminologisch,** kriminologische Fachliteratur.

krimmeln, es krimmelt (hat gekrimmelt), nordd.: kribbelt: es k. und wimmelt.

Krimmer [nach der Halbinsel Krim] der, -s/-, 1) Fell des Fettschwanzschafes der Krim, der Ukraine und Bessarabiens. 2) dessen Imitation, ein Wollgewebe.

Krimpe die, -, niederdt.: Schrumpfung. **krimpen** [mhd. krimpfen], ich krimpe (habe gekrimpt oder gekrumpen), niederdt.: 1) es, lasse einschrumpfen. 2) Tuch krimpt, schrumpft. 3) Wind krimpt, dreht von West nach Ost.

Krimskrams [niederdt. von Kribskrabs] der, -, Ü Plunder, wertlose Kleinigkeiten, Gerümpel, Durcheinander.

Kringel [mhd. kringel ›Kreis‹, ›Bretzel‹] der, -s/-, 1) Ü kleine gewundene Linie, Kreis. 2) ringförmiges Gebäck: Zuckerkringel. 3) Verwerfung in zu fest gedrehten Tauen. **kring(e)lig,** Ü in der Form eines Kringels: ich habe mich k. gelacht, Ü sehr gelacht. **kringeln,** ich kring(e)le mich (habe mich gekringelt), 1) Ü biege mich vor Lachen. 2) Haar kringelt sich, kräuselt sich.

Krink [mhd. krinc] der, -s/-e, niederdt.: Kreis, Ring.

Krinoide [lat. crinis ›Haar‹ und vgl. . . .id] der, -n/-n, ✝ der Haarstern.

Krinoline [frz. crinoline, zu lat. crinis ›Haar‹ und linum ›Leinen‹] die, -/-n, Reifrock, ABB. M 16.

Kripo die, -, Ü kurz für: Kriminalpolizei.

Krippe [ahd. krippa] die, -/-n, 1) Futtertrog, ABB. K 47. 2) Darstellung von Christi Geburt im Stall, ABB. K 47. 3) Tagesheim für kleinste Kinder: Kinderkrippe. **krippen,** ich krippe (habe gekrippt) den Deich, ⚒ sichere mit Flechtwerk. **Krippenspiel** das, weihnachtl. Spiel von Christi Geburt.

Krips der: ich werde dich am K. kriegen, nehmen, oberdt., mitteldt.: am Hals packen.

Kris [malaiisch] der, -es/-e, Dolch der Indonesier, ABB. D 9.

Kris das, -es, alem.: Kries.

krisch, von kreischen.

Krise [grch. krisis ›Entscheidung‹] die, -/-n, 1) bedenkliche, schwierige Lage: Ehekrise; Regierungskrise; das Land taumelt von einer K. in die andere. 2) Störung, Zusammenbruch (einer Hochkonjunktur): Wirtschaftskrise; Krisenmanagement; Krisenzeiten. 3) Krisis, ✝ entscheidender Höhepunkt, Wendepunkt einer Krankheit. **kriseln,** es kriselt (hat gekriselt), eine Krise droht. **krisenanfällig. krisenfest,** von Krisen ungefährdet: ein krisenfester Produktionszweig. **Krisenherd** der,

Gebiet, das politisch nicht stabil ist. **Krisenstab** der, Gremium, das zur Überwindung einer (politischen) Krise gebildet wird. **Krisis** die, -/. . .sen, ✝ Krise.

krispeln [mhd. krispeln], ich krisp(e)le (habe gekrispelt) Leder, mache geschmeidig.

Krisperl das, -s/-n, oberdt.: Schwächling.

Kristall [ahd. cristalla, zu grch. krystallos ›Eis‹], 1) der, -s/-e, von ebenen Flächen regelmäßig begrenzter Körper, dessen Bauelemente periodisch streng regelmäßig angeordnet sind, ABB. K 46: Kristallgitter, ABB. G 26; Sinnbild der Klarheit: kristallklar. 2) das, -s, gut geläutertes Glas mit hoher Lichtbrechung: Kristallglas; Kristallwaren. **Kristalldetektor** der, nicht mehr üblicher Gleichrichter, mit einem Kristall arbeitend. **kristallen,** 1) glasklar wie ein Kristall. 2) aus Kristallglas bestehend. **kristallin, kristallinisch,** Petrographie: aus kristallisierter Materie bestehend. **Kristallinse** die, vgl. Silbentrennung, ÜBERS. S 50. **Kristallisation** die, -/-en, das Kristallisieren. **kristallisch, kristallen. kristallisieren,** es kristallisiert (hat kristallisiert), bildet Kristalle. **Kristallit** der, -s/-e, mikroskopisch kleiner Kristall. **Kristallkeller** der, schweiz.: Höhle mit Kristallen. **Kristallnacht** die, das Pogrom der Nationalsozialisten vom 9./10. November 1938 gegen die Juden in Dtl. **Kristallographie** [vgl. . . .graphie] die, -, Kristallkunde. **Kristallzähler** der, Gerät zur Teilchenzählung.

Kristiania [Name für Oslo 1624–1924] der, -s/-s, eine nicht mehr angewandte Technik beim Skilauf.

Kristina [schwed. Form von Christina], weibl. Vorname.

Kriterium [grch. kriterion] das, -s/. . .ri|en, 1) Unterscheidungsmerkmal, Kennzeichen. 2) Radsport: Straßenrennen auf einem Rundkurs. **Kritik** [grch. kritike] die, -/-en, 1) ohne Pl., Unterscheidungsvermögen, Urteilsfähigkeit. 2) Beurteilung, Prüfung, wertender Bericht: Buch-, Film-, Theaterkritik; der Schauspieler bekam gute Kritiken; unter aller K., Ü ganz schlecht. 3) ungünstiges Urteil: sie verträgt keine K. **Kritikaster** der, -s/-, Nörgler, Kritteler. **Kritiker** der, -s/-, 1) jemand, der beruflich Kritiken schreibt. 2) Tadler. **kritiklos,** ohne eigenes Urteil: er nimmt alles k. hin. **Kritiklosigkeit** die, -. **kritisch,** 1) prüfend, richtend, wählend: ein kritischer Kopf, er stehe seinen Äußerungen k. gegenüber; ein kritische Apparat, wissenschaftl. Anmerkungen zu einem Text. 2) entscheidend, bedrohlich: der kritische Punkt; die Lage ist k.; ein Reaktor wird k., Physik: eine Kettenreaktion kommt in Gang. **kritisieren,** ich kritisiere (habe kritisiert) es, ihn, 1) beurteile prüfend. 2) bemängele, tadele. **Kritizismus** [vgl. . . .ismus] der, -, 1) philosoph. Verfahren, das vor allen Fragen die Grenzen menschl. Erkenntnis untersucht. 2) Ü stark ausgeprägte krit. Einstellung.

das Krickettor — das Gloria — der Stern von Bethlehem

der Stall

das Tor

der Esel — Joseph — Maria — die Kugel (die Holzkugel)

der Hammer

die Hirten — der Ochs

der Ball

das Schlagholz — die Futterkrippen — die Herde — das Jesuskind — die Krippe — die Heiligen Drei Könige — (der Schläger)

Kricket | **Krippe** | **Krocket**

Krittelej *die, -/-en.* **Kritt(e)ler** *der, -s/-,* jemand, der krittelt. **kritt(e)lig,** unzufrieden, tadelsüchtig. **kritteln** [niederdt., zu Kritik], *ich* kritt(e)le (habe gekrittelt) *an ihm,* nörgele, übe kleinlich Kritik: *er hat ständig etwas an seinen Mitmenschen zu kritteln.*

Kritz [mhd. kriz] *der, -es/-e,* oberdt.: Ritzer; Strich. **Kritzelej** *die, -/-en.* **kritz(e)lig. kritzeln** [mhd. krizen], *ich* kritz(e)le (habe gekritzelt), mache wahllos Striche; schreibe schlecht, unleserlich.

Kroate *der, -n/-n,* Angehöriger eines südslaw. Volkes. **kroatisch.**

Kroatzbeere [zu kratzen] *die,* ostmitteldt.: Brombeere.

kroch, von kriechen.

Krocket [engl. croquet] *das, -s, ✕* ein Rasenspiel, ABB. K 47. **krockieren,** *ich* krockiere (habe krockiert) *die Kugel des Gegners,* treibe sie aus der Bahn.

Krokant [frz. croquante, zu croquer ›knabbern‹, ›knacken‹] *der, -s,* Erzeugnis aus Mandeln oder Nüssen mit geröstetem Zucker. **Krokette** *die, -/-n,* in Fett gebackenes, paniertes Klößchen: *Kartoffelkroketten.*

Kroki [frz. croquis ›Skizze‹, ›Entwurf‹] *das, -s/-s,* mit einfachen Hilfsmitteln hergestellte Geländeskizze. **krokieren,** *ich* krokiere (habe krokiert) *es.*

Krokodil [mhd. kokodrille, lat. crocodilus, zu grch. kokodeilos] *das, -s/-e,* ein Reptil: *Krokodilleder.* **Krokodilstränen,** *Pl.,* Ü erheuchelte Tränen (da das Krokodil nach alter Sage durch Jammern seine Opfer anlockt).

Krokus [ahd. kruogo ›Safran‹, zu grch. krokos ›Safran‹] *der, -/-* oder *-se,* eine Knollenpflanze.

kroll, kröll [mhd. krol ›lockig‹], *rheinfränk.:* kraus. **Krolle** *die, -/-n, rheinfränk.:* Locke. **krollen, kröllen,** *ich* krolle, krölle (habe gekrollt, gekröllt) *es, rheinfränk.:* kräusele, rolle. **Krollerbse** *die, rheinfränk.:* unzerkleinerte gelbe Erbse. **Krollhaar** *das, rheinfränk.:* Krüllhaar. **kröllig,** *rheinfränk.:* kraus.

krömeln, *ich* kröm(e)le (habe geröm[e]let) *es, schweiz.:* kaufe ein.

Krönchen *das, -s/-.* **Krone** [ahd. und lat. corona ›Kranz‹, zu grch. koronos ›krumm‹] *die, -/-n,* **1)** Zeichen fürstl. Würde, urspr. nur ein Stirnreif, ABB. K 48: *dabei wird dir kein Stein aus der K. fallen, kein Zacken aus der K. brechen,* Ü du vergibst dir nichts dabei; *das setzt aber allem die K. auf,* Ü das ist empörend; ein hoher Kopfschmuck, Kranz der Braut; Sinnbild des Höchsten und Besten: *die K. der Schöpfung.* **2)** Wipfel des Baumes: *Baumkrone,* ABB. B 15. **3)** die nichtgrünen Blütenblätter: *Blumenkrone.* **4)** oberer oder aufgesetzter Teil, z. B. ABB. A 6, B 19, M 13, U 1, an Brillanten, am Zahn, ABB. Z 2, an Bauteilen, ABB. D 5, E 4, G 30; Schaumkrone der Wellen. **5)** Name verschiedener Münzen und Währungseinheiten. **6)** ⚕ Teil eines Geweihs, ABB. G 21; Rehgehörn. **7)** bei Huftieren: Teil des Fußes über dem Huf, ABB. H 26. **8)** Kronleuchter, ABB. L 10. **9)** Ü Herrscher, Herrscherhaus: *die verfassungsmäßigen Rechte der K.* **10)** *Nördliche K., Südliche K., ✧* Sternbilder. **11)** U Kopf: *was ist dir in die K. gefahren?,* weshalb bist du so verstimmt?; *er hat einen in der K.,* ist betrunken. **Krönel** *das, -s/-,* **Kröneleisen** *das,* **Krönelhammer** *der,* Werkzeug des Steinmetzen, ABB. S 63. **krönen,** *ich* krön(e)le (habe gekrönelt) *es,* bearbeite die Oberfläche weicher Natursteine mit dem Krönel. **krönen,** *ich* kröne (habe gekrönt), **1)** *ihn,* setze ihm die Krone auf, mache zum Herrscher: *Napoleon krönte sich selbst.* **2)** *es,* schließe nach oben ab: *der Turm krönt die Stadtmauer.* **3)** *es,* Ü beende erfolgreich: *alle seine Versuche waren von Erfolg gekrönt.* **Kronendach** *das,* ABB. D 2. **Kronenmutter** *die,* an der Oberseite geschlitzte Schraubenmutter. **Kronfleisch** *das, österr.:* Zwerchfell beim Rind. **Kronglas** *das,* ein optisches Glas.

Kronide [zu Kronos und vgl. . . .id] *der, -n,* **Kronion,** Beiname des Zeus.

Kronjuwelenhochzeit *die,* 75. Jahrestag der Hochzeit. **Kronkolonie** *die,* von der brit. Krone durch einen Gouverneur verwaltete Besitzung. **Kronkorken** *der,* ein Flaschenverschluß, ABB. F 23. **Krönlein** *das, -s/-,* Diminutiv von Krone. **Kronleuchter** *der,* mehrarmiger, von der Decke hängender Leuchter, Lüster.

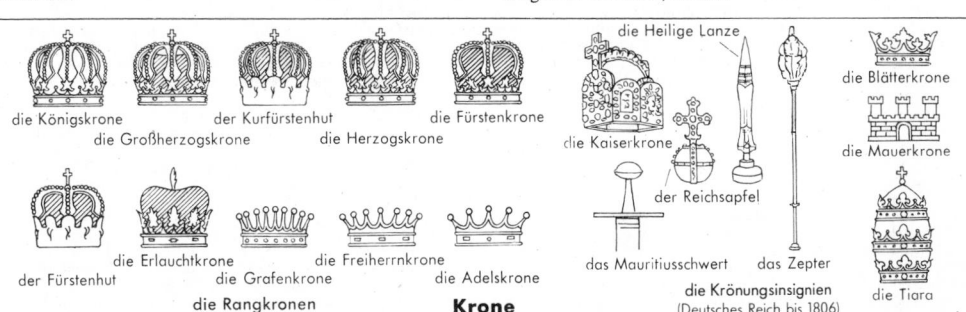

die Heilige Lanze

die Blätterkrone

die Königskrone — der Kurfürstenhut — die Fürstenkrone

die Großherzogskrone — die Herzogskrone

die Kaiserkrone

die Mauerkrone

der Reichsapfel

der Fürstenhut — die Erlauchtkrone — die Grafenkrone — die Freiherrnkrone — die Adelskrone

das Mauritiusschwert — das Zepter

die Rangkronen — **Krone** — die Krönungsinsignien (Deutsches Reich bis 1806) — die Tiara

Wörter, die man unter K vermißt, suche man unter C oder Z

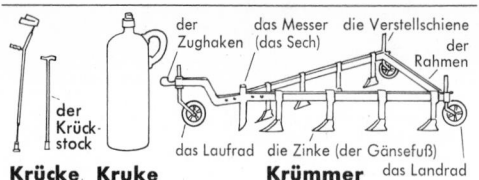

der Zughaken | das Messer (das Sech) | die Verstellschiene | der Rahmen

der Krückstock

das Laufrad | die Zinke (der Gänsefuß) | das Landrad

Krücke Kruke Krümmer

Kronos, griech. Gottheit, Vater des Zeus.
Kronprinz der, Thronerbe, Thronfolger. **Kronprinzessin**
die.
Kronsbeere [eigtl. ›Kranichbeere‹] die, niederdt.: Preiselbeere.
Kronschnepfe die, der Große Brachvogel. **Krontaube**
die, blaugraue Taube mit Federfächer auf dem Kopf. **Krönung**
die, -/-en, **1)** das Krönen eines Fürsten. **2)** Ü Höhepunkt,
erfolgreicher Abschluß: die Ernennung zum Konsul war die K.
seiner Laufbahn. **Krönungsinsi|gni|en,** Pl., ABB. K 48.
Kronwicke die, ⊕ ein Schmetterlingsblüter. **Kronzeuge** der,
𝄢 Hauptzeuge; im angloamerikan. Recht: Mittäter, der gegen
Zusicherung von Straflosigkeit als Belastungszeuge auftritt.
Kröpel [mhd. kropel] der, -s/-, niederdt.: Krüppel; auch
grobes Scheltwort. **kröpeln,** ich kröp(e)le (bin gekröpelt),
niederdt.: krieche mühsam.
Kropf [ahd. kropf] der, -es/-ᵘe, **1)** ♃ Struma, Anschwellung
des Halses durch eine Vergrößerung der Schilddrüse. **2)**
⅏ Erweiterung der Speiseröhre bei manchen Vögeln zur
Vorverdauung, Speicherung oder zum Transport der Nahrung.
3) ⊕ Name von Pflanzenkrankheiten. **4)** recht- oder stumpf-
winklig geknickter Abschnitt der Windwege in der Orgel.
Kröpfchen das, -s/-. **kröpfen,** ich kröpfe (habe gekröpft), **1)**
Stabeisen, Achsen, biege, schmiede um, so daß der abgewinkel-
te Teil in der ursprüngl. Richtung verläuft. **2)** Holzleisten, lasse
an den Ecken von Möbeln u. a. auf Gehrung zusammenstoßen.
3) ein Gesims, führe um einen Mauervorsprung oder einen
Pfeiler herum, ABB. G 17. **4)** Greifvögel kröpfen, ⚤ fressen.
Kröpfer der, -s/-, Kropftaube. **kröpfig, 1)** mit Kropf. **2)** ⊕ im
Wuchs zurückgeblieben; verkrüppelt. **Kröpflein** das, -s/-.
Kropfstorch der, Marabu. **Kropftaube** die, Kröpfer, eine
Haustaubenrasse. **Kröpfung** die, -/-en, **1)** gekröpfter Teil
eines Werkstückes. **2)** Nahrungsaufnahme eines Greifvogels.
Kropp [mnd. krop ›Kleinvieh‹, wohl zu krupen ›kriechen‹]
das, -(e)s, **Kroppzeug** das, niederdt.: Pack, Gesindel.
Krös [mhd. krœs, krœse] das, -es/-e, alem.: Gekröse,
Eingeweide.
krösch, niederdt.: kroß, knusperig.
Kröse [zu kraus] die, -/-n, **1)** ⚤ Halskrause, ABB. M 16.
2) niederdt.: Nut der Faßdauben; überstehender Rand der
Faßdauben. **kröseln,** ich krös(e)le (habe gekröselt) es,
niederdt.: schneide eine Nut ein; schneide Glas.
Kröspel [mhd. krospel] der, -s/-, alem.: Knorpel, Brotrinde.
krösp(e)lig, alem.: knusperig, kroß.
kroß, krosser, am krossesten, norddt.: knusprig.
Krossen der, -s/-, schweiz.: Gurgel, Kehle.
Krösus [Krösus, König von Lydien, 6. Jahrh. v. Chr.] der,
-/-se, Ü sehr reicher Mann.
Kröte [ahd. krota] die, -/-n, **1)** zahnloser Froschlurch mit
giftigem Hautsekret. **2)** Ü freches kleines Mädchen: diese kleine
K.! **3)** nur Pl., U Geld: meine paar Kröten. **Krötenechse** die,
ein stachliger Leguan. **Krötenfrosch** der, Froschlurch mit
Zähnen. **Krötenkopf** der, eine asiat. Agame. **Krötentest** der,
♃ früher ein Schwangerschaftsnachweis. **krötig,** U widerspen-
stig, eigensinnig, boshaft.
Kroton [grch.] der, -s/-e, ⊕ Wolfsmilchgewächs: Krotonöl.
Krucke die, -/-n, Horn der Gemse. **Krücke** [ahd. krucka]
die, -/-n, **1)** Stock zum Stützen für Gehbehinderte, ABB. K 49:
Krückstock. **2)** U unsportlicher Mensch: so eine lahme K.!
3) ein Werkzeug, ABB. B 1; Griff an Stock, Schirm, ABB. S 19.
Kruckenkreuz, österr., **Krückenkreuz** das, ABB. K 44.
krud [lat. crudus], ⚤ roh, unverdaulich. **Krudität** die, -/-en,
⚤ **1)** roher Zustand (Speisen), Unverdaulichkeit. **2)** Roheit
(Verhalten).
Krug [ahd. kruog] der, -(e)s/-ᵘe, **1)** kannenartiges Gefäß,
ABB. G 7; großes Trinkgefäß mit Henkel: Bierkrug; Milchkrug.
2) Form der Blumenkrone, ABB. B 38.

Krug [mnd. kruch, kroch, wohl zu kragen] der, -(e)s/-ᵘe,
niederdt.: Wirtshaus: Dorfkrug.
Krugel die, -/-n, Krungel, schweiz.: **1)** Kugel, Knäuel. **2)**
verwachsener Mensch.
Krügel, österr., **Krügelchen** das, -s/-, Diminutiv zu Krug
(Gefäß).
Krüger der, -s/-, niederdt.: Schankwirt.
Krüglein das, -s/-, Diminutiv zu Krug (Gefäß).
Kruke [zu mhd. kruche ›krugartiges Gefäß‹] die, -/-n,
niederdt.: irdener Krug, Tonflasche, ABB. K 49: eine komische
K., U Sonderling.
Krulle [zu mhd. krollen ›kräuseln‹] die, -/-n, breiter,
gesteifter Halskragen mit Spitzenbesatz (17. Jahrh.). **krüllen,**
ich krülle (habe gekrüllt) Erbsen, niederdt.: entschote. **Krüll-
haar** das, gekräuseltes Roßhaar als Polstereinlage. **Krüll-
schnitt, Krülltabak** der, mittelfeiner Tabak, ABB. T 1.
Krümchen das, -s/-. **Krume** [mhd. krume] die, -/-n, **1)**
Krümel, abgebröckeltes kleines Stück, besonders vom Brot.
2) das weiche Innere des Brotes. **3)** die oberste Schicht des
Ackerbodens: Ackerkrume. **Krümel** der, -s/-, kleine Krume,
besonders von Brot, Gebäck: Brotkrümel. **Krümelchen** das,
-s/-. **krüm(e)lig,** aus Krümeln bestehend; leicht in Krümel
zerfallend. **krümeln,** ich krüm(e)le (habe gekrümelt), **1)** es,
zerreibe, zerteile zu Krümeln. **2)** es krümelt, zerfällt in Krümel.
Krümlein das, -s/-.
krumm [ahd. krumb], **1)** gebogen, gebeugt, nicht gerade,
ABB. E 2: krumme Beine; krummbeinig; eine krumme Nase;
eine krumme Linie, ABB. L 14; ein krummer Rücken, Buckel,
Ü demütige Haltung. **2)** Ü unehrlich, unehrenhaft: er geht
krumme Wege, betrügerische; das hat sie auf die krumme Tour
gemacht, Ü auf unehrliche Art. **Krummdarm** der, Teil des
Dünndarms. **Krumme** die, -n/-n, ein -r, **1)** Buckliger. **2)**
⚤ scherzhaft für Hase. **Krümme** die, -/-n, ⚥ Krümmung,
Wegbiegung.
Krummen der, -s/-, schweiz.: Verschlag für Kleinvieh.
krümmen [ahd. chrumben], ich krümme (habe gekrümmt),
1) es, biege, mache krumm: ich werde dir kein Haar krümmen,
Ü dir nicht das geringste zuleide tun. **2)** mich, winde mich: sie
krümmte sich vor Schmerzen; der Wurm krümmt sich.
Krümmer der, -s/-, **1)** Gerät zur Bodenbearbeitung, ABB.
K 49. **2)** rechtwinklig gebogenes Rohrstück, ABB. O 1:
Rohrkrümmer, ABB. R 25. **Krummholz** das, Knieholz:
Krummholzkiefer. **Krummhorn** das, ein Blasinstrument
(etwa 13.–17. Jahrh.). **krummlachen,** ich lache mich krumm
(habe mich krummgelacht), U lache heftig und lange. **krumm-
legen,** ich lege mich krumm (habe mich krummgelegt),
U schränke mich sehr ein: damals mußten wir uns ganz krumm
krummlegen. **Krümmling** der, -s/-, gebogenes Stück des
Treppengeländers, ABB. T 17. **krummnehmen,** ich nehme es
krumm (nahm krumm, habe krummgenommen), U nehme
übel: nimm es mir bitte nicht krumm. **Krummstab** der, Bi-
schofsstab, ABB. A 13. **Krümmung** die, -/-en, der Grad der
Abweichung einer Kurve von einer Geraden; gewölbte Fläche:
die K. der Erdoberfläche.
Krumpel, Krümpel [mhd. krump] der, -s/-, U Knitterfalte.
krump(e)lig, U runzelig, zerknittert. **krumpeln, krümpeln,**
ich krump(e)le, krüm(e)le (habe gekrumpelt, gekrümpelt),
U zerknittere.
Krümper [zu krumm] der, -s/-, **1)** ostmitteldt., oberdt.:
Krüppel. **2)** 1808–12: Reservist in der preußischen Armee:
Krümpersystem. **Krümperpferd** das, ⚥ überzähliges Pferd.
Krümperwagen der, Kutschwagen einer Truppe.
krumpf|echt, nicht einlaufend (Textilien). **krumpfen** [zu
krumm, krimpfen], es krumpft (ist gekrumpft), läuft ein,
schrumpft (Textilien). **Krumpfmaß** das, Schwundverlust bei
Textilien, beim Speichern von Getreide u. a.
krumplig, krumpelig.
Krungel die, -/-n, schweiz.: Krugel.
Krupp [engl. croup, eigtl. ›heiseres Sprechen‹] der, -s, **1)**
♃ Diphtherie der Kehlkopfes. **2)** ⚥ fieberhafte, meist tödl.
Erkrankung des Rinds.
Kruppade [frz. croupade, zu croupe ›Kruppe‹] die, -/-n,
Sprung der Hohen Schule, ABB. H 22. **Kruppe** die, -/-n, das
Kreuz des Pferdes, ABB. P 9.
Krüppel [mhd. krüpel] der, -s/-, ⚥, noch abwer-
tend: Körperbehinderter, Mensch mit schwerer Beeinträchti-
gung der Bewegungsmöglichkeit oder Körperhaltung. **krüp-
pelhaft, krüpp(e)lig. krüppeln,** ich krüpp(e)le (habe

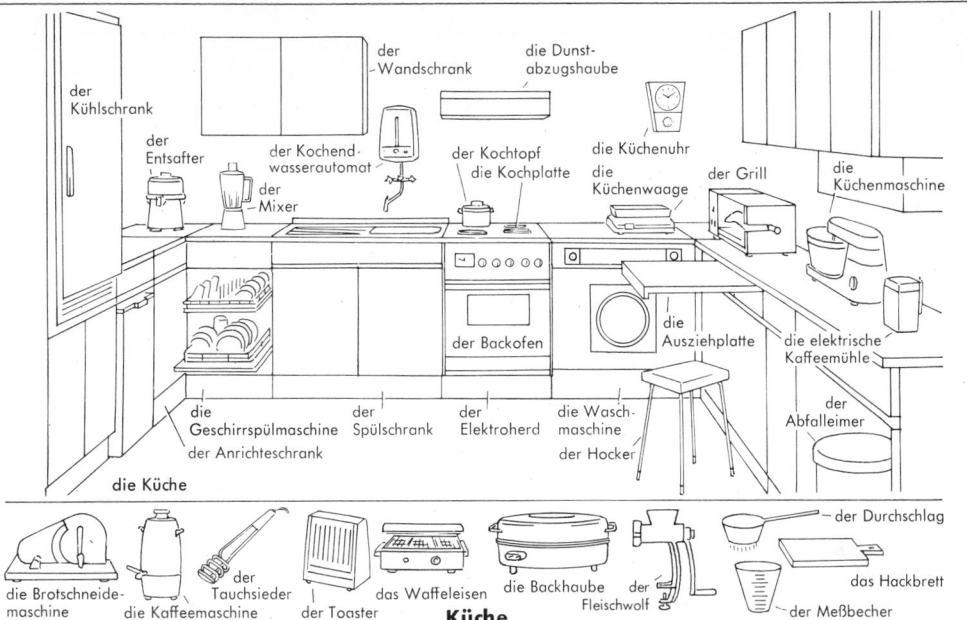

der Kühlschrank

der Wandschrank

die Dunstabzugshaube

der Entsafter

der Kochendwasserautomat

der Mixer

der Kochtopf
die Kochplatte

die Küchenuhr

die Küchenwaage

der Grill

die Küchenmaschine

der Backofen

die Ausziehplatte

die elektrische Kaffeemühle

die Geschirrspülmaschine

der Spülschrank

der Elektroherd

die Waschmaschine

der Hocker

der Abfalleimer

der Anrichteschrank

die Küche

die Brotschneidemaschine

die Kaffeemaschine

der Tauchsieder

der Toaster

das Waffeleisen

die Backhaube

der Fleischwolf

der Durchschlag

das Hackbrett

der Meßbecher

Küche

---

gekrüppelt), **1)** ⚓ schleppe mich mühsam wie ein Krüppel hin. **2)** *schweiz.:* arbeite hart.

kruppös [zu Krupp], ⚕ auf dem Krupp beruhend.

krural [lat. cruralis, zu crus ›Schenkel‹], ⚕ den Schenkel betreffend, Schenkel...

krüsch, *niederdt.:* wählerisch.

Krüsch *das, -s, selten die, -, alem.:* Kleie.

Krüseler [zu kraus] *der, -s/-,* spätmittelalterliche Haube, Abb. H 10.

Krustazee [lat. crusta ›Rinde‹, ›Kruste‹] *die, -/...z'e|en,* Krebstier. **Krüstchen** *das, -s/-.* **Kruste** [ahd. krusti, zu lat. crusta] *die, -/-n,* harter Überzug über etwas Weichem: *Brotkruste; Zuckerkruste; Schmutzkruste.* **Krustenechse** *die,* bunte Echse mit höckerigen, z. T. verknöcherten Schup, **Krustentier** *das,* Krebstier. **krustig,** mit einer Kruste. **Krüstlein** *das, -s/-.*

Krutze *die, -/-n, schweiz.:* Schachtel, Kasten.

Krux *die, -,* Crux. **Kruzifere** [lat. crux ›Kreuz‹ und ferre ›tragen‹] *die, -/-n,* ⚘ Kreuzblüter. **Kruzifix** *das, -es/-e,* plastische Darstellung Christi am Kreuz, Abb. A 9. **Kruzifixus** *der, -/,* der gekreuzigte Christus. **Kruzitürken!,** U ein Fluch.

kryo... [grch. kryos ›Frost‹], eis..., kälte... **Kryogenik** [vgl. ...gen] *die, -,* Erzeugung und Anwendung tiefer Temperaturen. **Kryolith** [vgl. ...lith] *der, -s/-e oder -en/-en,* ein Mineral. **Kryopumpe** *die,* Einrichtung zur Vakuumerzeugung, z. B. für Weltraumsimulatoren. **Kryoskopie** [vgl. ...skopie] *die, -,* Bestimmung des Molekulargewichts durch Messung der Gefrierpunktserniedrigung. **Kryotechnik** *die,* Tieftemperaturtechnik, Teilgebiet der Kältetechnik. **Kryoturbation** [lat. turbatio ›Störung‹] *die, -/-en,* Verfaltung und Verknetung oberflächennaher Bodenschichten im Dauerfrostbereich.

Krypta [lat. crypta, zu grch. krypte ›Gewölbe‹] *die, -/...ten,* Gruft, unterirdischer Kirchenraum, Abb. K 20. **krypto...** [grch. kryptos], geheim..., verborgen... **Kryptogame** [grch. gamos ›Ehe‹] *die, -/-n,* ⚘ Sporenpflanze. **kryptogen** [vgl. ...gen], **kryptogenetisch,** unbekannten Ursprungs (Krankheit). **Kryptogramm** [vgl. ...gramm] *das, -s/-e,* ein Text, aus dessen Worten sich durch bes. Lesen eine weitere Bedeutung ergibt, z. B. das Akrostichon. **Kryptographie** [vgl. ...graphie] *die, -/...ph'i|en,* **1)** ⚓ eine Geheimschrift. **2)** Psychologie: ohne

Absicht entstandene Kritzelei, z. B. beim Telefonieren. **Kryptologie** [vgl. ...logie] *die, -,* die Lehre von den Geheimschriften. **Krypton** *das, -s,* ⚗ Element, Zeichen: Kr, ein Edelgas. **Kryptorchismus** [grch. orchis ›Hoden‹ und vgl. ...ismus] *der, -/...men,* ⚕ das Zurückbleiben des Hodens im Leistenkanal oder in der Bauchhöhle.

Kt, Zeichen für: Karat (Edelsteingewicht).

ktenoid [grch. kteis, Gen. ktenos ›Kamm‹ und vgl....id], kammartig. **Ktenoidschuppe** *die,* kammförmige Schuppe bei Fischen. **Ktenophore** [grch. pherein ›tragen‹] *die, -/-n,* Rippenqualle.

Kubaner *der, -s/-,* Bewohner der Insel Kuba. **kubanisch.**

Kubatur *die, -/-en,* das Kubieren.

Kubba [arab.] *die, -/-s oder ...ben,* islam. Baukunst: Kuppel, Gewölbe; von einer Kuppel überwölbter Grabbau.

Kübbung *die, -/-en, niederdt.:* Seitenteil des niedersächs. Bauernhauses.

Kübel [ahd. kubil, zu lat. cupellus ›kleines Trinkgefäß‹] *der, -s/-,* größeres, eimerähnliches Gefäß, Abb. B 37, L 17. **Küb(e)ler** *der, -s/-, südwestdt.:* Böttcher. **Kübelmann** *der, -(e)s/-en, schweiz.:* Angestellter der Müllabfuhr, der Mülltonnen leert. **Kübelwagen** *der,* **1)** Eisenbahngüterwagen mit Kübeln. **2)** geländegängiger offener Personenkraftwagen. **3)** Lastkraftwagen zum Transport von (Abfall-)Kübeln.

kubieren [zu Kubus], *ich kubiere* (habe kubiert) *es,* **1)** △ erhebe in die dritte Potenz. **2)** berechne den Rauminhalt eines Körpers, z. B. den Festgehalt von Baumstämmen und Abschnitten. **kubik...,** **1)** raum...: *Kubikdezimeter,* Zeichen: dm³, ⚓ cdm; *Kubikkilometer,* Zeichen: km³, ⚓ cbm; *Kubikmeter,* Zeichen: m³, ⚓ cbm; *Kubikmillimeter,* Zeichen: mm³, ⚓ cmm; *Kubikzentimeter,* Zeichen: cm³, ⚓ ccm, Übers. M 8. **2)** die dritte Potenz bezeichnend: *Kubikzahlen,* z. B. 8 = 2³; *Kubikwurzel,* die dritte Wurzel. **3)** würfel... **kubisch, 1)** in der dritten Potenz. **2)** würfelförmig; räumlich. **3)** die Eigenschaft eines Kristallsystems bezeichnend. **Kubismus** *der, -,* eine Kunstrichtung, die Gegenständliches in kubischgeometrischen Formen darstellt. **Kubist** *der, -en/-en,* Anhänger des Kubismus. **kubistisch,** im Sinne des Kubismus.

Kübler *der, -s/-,* Kübeler.

Kubus [lat. cubus, zu grch. kybos ›Würfel‹] *der, -/...ben,* **1)** Würfel. **2)** die dritte Potenz.

Küche [ahd. chuhchina, zu spätlat. coquina ›Kochraum‹]

der Napfkuchen
(der Topfkuchen)

der Königskuchen

das Törtchen

der Plattenkuchen
(der Blechkuchen)

die Springform

die Kastenform

der Kuchenpinsel

das Kuchenrad

die Rührschüssel

der Berliner
Pfannkuchen (der Krapfen,
der Kräppel)

der
Baumkuchen

die Stolle
(der Stollen)

die Torte

das
Kuchenblech

der Teigschaber

das Plätzchen

der Windbeutel

der Mohrenkopf

der Kranzkuchen

der
Schaumschläger

die
Napfkuchenform

der Lebkuchen
(der Pfefferkuchen)

der Keks

der Rührlöffel

die Pfeffernuß

das Baiser
(die Meringe)

das Biskuit

die Sahnerolle

die Ausstechformen

das Nudelholz

die Makrone

Kuchen

das Backgerät

die, -/-n, **1)** Raum für Nahrungsbereitung, Abb. K 50: *der Küchenchef; die Küchenfee,* Ü Köchin; *Küchenmöbel; Einbauküche; du wirst noch in (des) Teufels K. kommen,* U in eine schlimme Lage geraten. **2)** Kochkunst: *die französische, österreichische K.,* die Art, wie man dort kocht. **3)** Speise, Nahrung, Ernährung: *kalte K.,* Speisen, die man ungewärmt genießt; *Hotel mit guter K.* **Küchel** *der,* -/-n, *wien.:* Küche.

Küchel *das,* -s/-(n), *süddt.:* Küken.

Küchel *das,* -s/-(n), *süddt.:* kleiner in Fett gebackener Kuchen. **Küchelchen** *das,* -s/-, Diminutiv zu Kuchen.
kücheln, *ich küch(e)le (habe geküchelt), süddt.:* backe Küchel. **Kuchen** *[ahd. kuocho,* verwandt mit engl. cake, nicht zu Küche und kochen] *der,* -s/-, **1)** größeres Gebäck, Abb. K 51: *Hefekuchen; Obstkuchen; Kuchenteig.* **2)** teigige Masse; geronnenes Blut; ausgepreßter Leinsamen; Erz; Harz.
Kuchen *[zu Kufe] der,* -s/-, *bair.:* Schlittenkufe.
Kuchenblech *das,* **Kuchenform** *die,* Abb. K 51. **Kuchengabel** *die,* Abb. K 2.

Küchengarten *der,* kleiner Garten für Gemüse und bes. Kräuter. **Küchenlatein** *das,* U schlechtes Latein. **Küchenmaschine** *die,* Abb. K 52. **Küchenpersonal** *das,* die Angestellten für Küchenarbeiten.

Küchenrad *das,* Abb. K 51.

Küchenschabe *die,* der Kakerlak, ein schädl. Insekt.

Küchenschelle *[eigtl. ›Küchenglocke‹] die,* ⊕ giftiges Hahnenfußgewächs.

Küchenzettel *der,* Zusammenstellung dessen, was gekocht werden soll.

Küchlein *das,* -s/-, Küchelchen.

Küchlein *das,* -s/-, *ostmitteldt.:* Küken.

Küchli *der,* -s/-, *schweiz.:* Dummerchen.

kucken *[zu kieken], ich kucke (habe gekuckt), norddt.:* gucke.

Kücken *das,* -s/-, Nebenform von Küken.

kuckuck!, 1) Ruf des Kuckucks. **2)** Ruf beim Versteckspiel.

Kuckuck *[mhd. kukuk] der,* -s/-e, **1)** ein Zugvogel, der seine Eier in fremde Nester legt. **2)** U Teufel: *hol dich der K.!; weiß der K.!* **3)** U Siegel des Gerichtsvollziehers. **Kuckucksblume** *die,* Sumpfdotterblume, Waldhyazinthe u. a. Pflanzen. **Kuckuckslei** *das,* Ü etwas Untergeschobenes; zweifelhaftes Geschenk. **Kuckucks|uhr** *die,* Uhr mit Kuckucksruf, Abb. U 1.

Kuddelmuddel *[Schallw.] der oder das,* -s/-, -s, U das Durcheinander, Wirrwarr. **kuddeln,** auskuddeln.

Kud(e)lkraut *das, österr.:* Thymian, Quendel.

Kuder *[zu kudern] der,* -s/-, *niederd.:* männl. Wildkatze.

Kuder *der,* -s/-, *oberdt.:* Kauder.

kudern *[vgl. kaudern], der Birkhahn kudert (hat gekudert),* 🦃 kollert, balzt.

Kudrun, Nebenform von Gudrun.

Kufe *[älter Kuche] die,* -/-n, Laufschiene des Schlittens, Abb. S 26.

Kufe *[ahd. kuofa, zu lat. cupa ›Tonne‹, ›Faß‹] die,* -/-n, **1)** Kübel, Gefäß. **2)** altes Biermaß. **Küfer** *der,* -s/-, **1)** Kelleraufseher. **2)** *fränk., alem.:* Böttcher.

Kuff *[niederdt. koff, Kurzwort für kopfardie ›Kauffahrteischiff‹] die,* -/-e, ⚓ ein flachgehendes Küstenfrachtsegelschiff.

Kugel *[mhd. kugel(e), zu Kogel] die,* -/-n, **1)** runder Körper, dessen Oberflächenpunkte von dem Mittelpunkt sämtlich die gleiche Entfernung haben, Abb. K 38, K 52. **2)** Ü rundlicher Körper: *Erdkugel.* **3)** Sportgerät zum Stoßen, Abb. K 15, T 22: *er schiebt eine ruhige K.,* U strengt sich bei der Arbeit nicht an. **4)** Geschoß der Handfeuerwaffen, ⚔ der Geschütze. **5)** Nebenform von Gugel. **6)** runder Gelenkkopf, Abb. G 9, z. B. am Oberschenkelknochen. **7)** Fleischteil am Rind, Abb. F 25. **Kugelbakterium** *das,* mit sporenbildendes, meist unbewegliches kugelförmiges Bakterium. **Kugelblitz** *der,* leuchtende ionisierte Gasmasse von kugelähnl. Form bei Gewittern. **Kugelblume** *die,* röhrenblütige Staude. **Kügelchen** *das,* -s/-. **Kugeldistel** *die,* distelförmiger Korbblüter. **Küg(e)lein** *das,* -s/-. **Kugelfang** *der,* Erdwall z. B. Schutzeinrichtungen hinter Schießscheiben zum Auffangen der Geschosse. **Kugelfisch** *der,* Fisch mit kugelförmig ausdehnbarem Magensack, Aquarienfisch. **Kugelgelenk** *das,* ⊚ ein Gelenk, dessen einer Teil mit kugeligem Ende in die hohlkugelförmige Pfanne des anderen Teils eingreift. **Kugelhagel** *der,* Kugelregen. **Kugelhaube** *die,* △ auch Kalotte, einen Kugelabschnitt begrenzende Oberfläche, Abb. K 52. **kug(e)lig,** kugelförmig. **Kugelkappe** *die,* Kugelhaube. **Kugelkopf** *der,* bei elektr. Schreibmaschinen eine entlang der Schreibwalze bewegl. Kugel, die die Schreibzeichen trägt. **Kugellager** *das,* ⊚ Abb. L 1. **Kugelmühle** *die,* Maschine zur Zerkleinerung fester Stoffe. **kugeln** *[mhd. kugeln], ich kug(e)le (habe gekugelt),* **1)** *es, ihn,* wälze, rolle. **2)** *mich,* U lache unmäßig: *es ist zum Kugeln.* **3)** (bin gekugelt), U rolle, wälze mich. **Kugelregen** *der,* U pausenloses starkes Gewehr- oder Geschützfeuer: *er floh im K.* **kugelrund, 1)** kugelförmig. **2)** U sehr dick. **Kugelschreiber** *der,* ein Schreibgerät mit einer Kugel als Schreibspitze, Abb. B 57. **kugelsicher,** undurchdringlich für Geschosse aus Hand- oder Faustfeuerwaffen: *kugelsicheres Glas.* **Kugelstoßen** *das,* -s, eine Sportart.

Kuh *[ahd. chuo] die,* -/-"e, **1)** weibl. Rind, Abb. R 22, auch kurz für: Elefantenkuh, Hirschkuh u. a. **2)** Schimpfwort für eine weibl. Person: *dumme, blöde K.* **Kuhdorf** *das,* U kleines, abgelegenes Dorf. **Küher** *der,* -s/-, *schweiz.:* **1)** Alpenhirt. **2)** Kuhstallmeister. **Kuhfladen** *der,* Kot vom Rind. **Kuhfuß** *der,* eine Brechstange, Abb. Z 9. **Kuhhandel** *der,* U übler

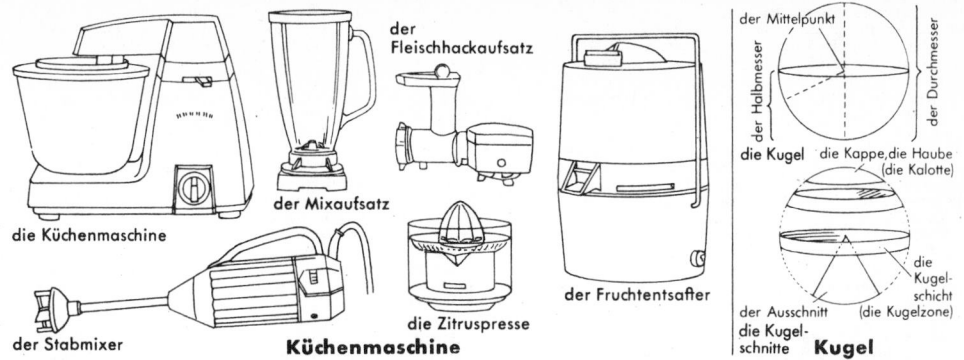

der Fleischhackaufsatz

der Mixaufsatz

die Küchenmaschine

der Stabmixer

die Zitruspresse

der Fruchtentsafter

Küchenmaschine

der Mittelpunkt

der Halbmesser

der Durchmesser

die Kugel die Kappe, die Haube (die Kalotte)

die Kugelschicht

der Ausschnitt (die Kugelzone)

die Kugelschnitte **Kugel**

Tauschhandel, unsauberes Geschäft. **Kuhhaut** *die: das geht auf keine K.,* Ü übersteigt alles Maß, ist unerhört. **kuhhessig,** 🐎 mit X-förmiger Stellung der Hinterfüße, ABB. P 9. **Kuhkaff** *das,* Ü Kuhdorf.
   kühl [ahd. kuoli], **1)** ziemlich kalt, frisch: *im Schatten ist es k.; ich habe Getränke k. gestellt.* **2)** Ü gefühlsarm, lebhafter Gefühle unfähig: *du mußt jetzt einen kühlen Kopf behalten,* besonnen bleiben, nüchtern überlegen. **3)** Ü unfreundlich, steif: *sie bereitete ihm einen kühlen Empfang.*
   Kuhle [niederdt.] *die, -/-n,* Loch, Grube.
   Kühle [ahd. chuoli] *die, -/-n,* **1)** *ohne Pl.,* das Kühlsein: *die K. des Morgens.* **2)** Kühlbottich der Brauer. **3)** ⚓ Kühlte. **kühlen,** *ich kühle* (habe gekühlt) *es,* mache kühl. **Kühler** *der, -s/-,* Kühlgerät bei der Destillation, ABB. C 1, bei Motoren, ABB. K 40: *Kühlerhaube.* **Kühlkette** *die,* eine Folge von Kühleinrichtungen für Transport und Lagerung verderbl. Lebensmittel. **Kühlschlange** *die,* ⊚ gewundenes Rohr, das durch Wärmeaufnahme seine Umgebung abkühlt. **Kühlschrank** *der,* gegen Wärme isolierter Schrank mit einer Kältemaschine, besonders für Lebensmittel, ABB. K 50. **Kühlte** *die, -/-n,* ⚓ schwacher bis mittelstarker Wind. **Kühltruhe** *die,* Tiefkühltruhe. **Kühlturm** *der,* turmartige Konstruktion zum Kühlen von Warmwasser (z. B. beim Kernreaktor). **Kühlung** *die, -/-en,* das Kühlen, die Kühle. **Kühlwagen** *der.* **Kühlwasser** *das,* Wasser zum Kühlen von Verbrennungsmotoren.
   kühn [ahd. kuoni], wagemutig, beherzt, verwegen: *er kämpfte k.; ein kühner Sprung; eine kühne Behauptung.*
   Kuhnagel *der, -s,* schweiz.: Kälteschmerz an Fingern und Zehen.
   Kuhne *die, -/-n,* niederdt.: Truthenne. **Kuhnhahn** *der,* niederdt.: Truthahn.
   Kühnheit [mhd. kuonheit] *die, -/-en,* **1)** *ohne Pl.,* kühne Art, kühnes Wesen. **2)** kühne Tat.
   Kuhpocken, *Pl.,* eine Rinderkrankheit. **Kuhreigen, Kuhreihen** *der,* alte Volksweise der Hirten in den Alpen. **Kuhschelle** *die,* Name verschiedener Pflanzen. **kuhwarm,** *kuhwarme Milch,* frisch gemolkene Milch.
   Kujon [frz. couillon ›Memme‹, zu lat. coleus ›Sack‹] *der, -s/-e,* ⚓ Schuft, Kerl. **kujonieren,** *ich kujoniere* (habe kujoniert) *ihn,* schikaniere.
   k. u. k., Abk. für: kaiserlich und königlich, die Monarchie Österreich-Ungarn (1867–1918) betreffend.
   Küken [niederdt.] *das, -s/-,* **1)** das Junge des Huhns, Küchlein, ABB. H 26. **2)** kegeliger, drehbarer Teil eines Hahns, z. B. des Wasserhahns, ABB. H 4.
   Ku-Klux-Klan [engl. kjuːˈklʌkskˈlæn, engl., zu grch. kyklos ›Kreis‹ und vgl. Clan] *der, -(s),* Geheimbund in den Vereinigten Staaten.
   Kukumer [lat. cucumis ›Gurke‹] *die, -/-n,* südwestdt.: Gurke.
   Kukuruz [türk.] *der, -(es),* österr., ostmitteldt.: Mais.
   Kül [niederl. køːl] *das, -s/-s,* niederdt.: großes sack- oder beutelförmiges Fischernetz, ABB. F 22.
   Kulak [russ. ›Faust‹] *der, -en/-en,* im sowjet. Sprachgebrauch Bez. für einen Bauern, der familienfremde Arbeitskräfte beschäftigt.
   Kulan [türk.] *der, -s/-e,* der Mongolische Halbesel.

kulant [frz. coulant, zu couler ›fließen‹], entgegenkommend (im Geschäftsverkehr): *kulante Zahlungsbedingungen.* **Kulanz** *die, -: die Reparatur geht auf K.*
   Kule *die, -/-n,* ältere Schreibung für Kuhle.
   Kuli [hindustan.] *der, -s/-s,* **1)** ostasiat. Lastträger, Tagelöhner. **2)** Ü ausgebeuteter Arbeiter: *er schuftet wie ein K.,* Ü arbeitet sehr schwer.
   Kuli *der, -s/-s,* U kurz für: Kugelschreiber.
   Kulierware [frz. couler ›fließen‹, zu lat. colare ›durchseihen‹] *die,* elast. Textilgewirke, das durch Maschenbildung aus in Querrichtung verlaufenden Fäden hergestellt wird.
   kulinarisch [lat. culina ›Küche‹], auf die Kochkunst bezüglich, feinschmeckerisch: *kulinarische Genüsse.*
   Kulisse [frz. coulisse ›Rinne‹, ›Fuge‹, zu couler ›fließen‹] *die, -/-n,* **1)** großes Versatzstück, Dekorationsstück, ABB. B 55: *Theaterkulissen; in dieser Sache würde ich gern hinter die Kulissen schauen,* Ü die Hintergründe kennenlernen; *da spielt sich viel hinter den Kulissen ab,* Ü im geheimen. **2)** ⊚ Börse: freier Markt mit amtlich nicht zugelassenen Wertpapieren: *Kulissenpapier.* **3)** ⊚ Steuerorgan für Kolbendampfmaschinen, ⚒ Bühnenarbeiter.
   Kuller [zu Kugel] *die, -/-n,* niederdt., mitteldt.: Kugel. **Kulleraugen,** *Pl.,* Ü erstaunte, große Augen. **kullern,** *ich kull(e)re,* Ü **1)** (habe gekullert) *mich,* es, rolle. **2)** *es kullert* (ist gekullert), rollt.
   Kulm [altslaw. chlumu ›Hügel‹, ›Höhe‹] *der, -s/-e,* Berg, Kuppe, Hügel.
   Kulm [engl. culm ›Kohlengrus‹] *der, -s/-e,* ⊕ Kohlenkalk, Abteilung des Karbons.
   Kulmination [frz. culmination, zu lat. culmen ›höchster Punkt‹] *die, -/-en,* **1)** ⚹ Durchgang eines Gestirns durch den Meridian des Beobachtungsortes im höchsten oder tiefsten Punkt seiner Bahn: *Kulminationspunkt.* **2)** Ü Höhepunkt einer Entwicklung. **kulminieren,** *es* kulminiert (hat kulminiert).
   Kult [lat. cultus ›Verehrung‹] *der, -(e)s/-e,* **1)** Form der öffentl. Gottesverehrung, kirchl. Handlung. **2)** übertriebene Verehrung, Überbetonung: *sie treiben K. damit; Personenkult.* **kultisch,** *kultische Handlungen.*
   Kultivator [mlat. cultivare ›(Land) bebauen‹, zu Kultus] *der, -s/. . .t'oren,* der Grubber. **kultivieren,** *ich kultiviere* (habe kultiviert) *es,* **1)** mache urbar, bearbeite (Boden). **2)** Ü verfeinere, veredele. **kultiviert,** sehr gepflegt, gebildet: *eine kultivierte Sprache.* **Kultivierung** *die, -,* das Kultivieren.
   Kultur [lat. cultura ›Landbau‹, ›Bearbeitung‹] *die, -/-en,* **1)** Gesamtheit der typischen Lebensformen einer Bevölkerung: *Kulturdenkmal; Kulturgeschichte; Kulturgüter; Kulturpolitik; Kulturrevolution.* **2)** Urbarmachung des Bodens, Anbau und Pflege von Nutzpflanzen: *Obstkultur.* **3)** 🌿 künstliche Gründung eines Waldbestandes durch Saat oder Pflanzung. **4)** auf geeigneten Nährböden gezüchtete Bakterien oder Zellarten: *Bakterienkultur.* **5)** *ohne Pl.,* verfeinerte Lebensart: *ein Mensch von K.; Wohnkultur.* **Kulturboden** *der,* **1)** vom Menschen veränderter Boden, z. B. Ackerland. **2)** Landschaft mit Zeugnissen menschl. Kultur: *wir stehen hier auf altem K.* **kulturell,** die Kultur betreffend: *das kulturelle Zentrum eines Landes.* **Kulturfilm** *der,* Dokumentarfilm. **Kulturflüchter,** *Pl.,* Tiere und Pflanzen, die in Kulturlandschaften aussterben.

Kulturfolger, *Pl.,* Tiere und Pflanzen, die sich in Kulturlandschaften ausbreiten. **Kulturkreis** *der,* Ethnologie: Gebiet, in dem bestimmte Elemente der materiellen und geistigen Kultur übereinstimmen. **Kulturlandschaft** *die,* die durch den Menschen veränderte und geprägte Landschaft. **Kultursteppe** *die,* ausgedehntes, baumloses Ackerland mit Getreideanbau.

Kultus [lat. cultus, zu colere ›bebauen‹, ›pflegen‹, ›verehren‹] *der, -/. . .te,* 1) Kult. 2) *ohne Pl.,* für: Kultur: *Kultusministerium.*

Kumarin [indian.] *das, -s,* auch Cumarin, ein Riechstoff (in Waldmeister u. a. enthalten).

Kumaron *das, -s,* auch Cumaron, Bestandteil des Steinkohlenteers: *Kumaronharz.*

Kumm *der, -(e)s/-e,* **Kumme** [vgl. Kump] *die, -/-n, niederdt.:* Holztrog; tiefe Schüssel.

Kümmel [ahd. kumin, grch. kyminon, zu assyr. kamunu] *der, -s/-,* 1) eine Gewürzpflanze, vgl. Abb. G 23. 2) mit Kümmelsamen oder -öl versetzter Branntwein: *Kümmelschnaps.* **kümmeln,** *ich* kümm(e)le (habe gekümmelt), 1) *es,* würze mit Kümmel. 2) U trinke Schnaps. **Kümmeltürke** *der,* U 1) Spießbürger. 2) ⚭ Prahlhans, Großsprecher.

Kummer [mhd. kumber, kummer ›Schutt‹, ›Mühsal‹, ›Not‹] *der, -s,* Gram, Sorge, Seelenschmerz: *er bereitet (macht) seinen Eltern viel K.; wir sind K. gewöhnt!,* U das kommt bei uns öfter vor, ist nicht schlimm; *Kummerspeck,* U Fettansatz durch Kummer. **Kümmerer** *der, -s/-,* 🦌 zurückgebliebenes Tier. **kümmerlich,** jämmerlich, unansehnlich, zurückgeblieben: *eine kümmerliche Ernte; dein Einkommen ist ja wirklich k.* **Kümmerling** *der, -s/-e,* zurückgebliebenes Lebewesen. **kümmern,** *ich* kümm(e)re (habe gekümmert), *oberdt.:* gräme mich. **kümmern,** *ich* kümm(e)re (habe gekümmert), 1) *mich um ihn, etwas,* sorge für ihn, dafür, sehe nach ihm, berücksichtige es. 2) *es kümmert mich,* geht mich etwas an: *das kümmert mich nicht, darüber mache ich mir keine Gedanken.* 3) *ein Tier, eine Pflanze kümmert,* gedeiht spärlich, bleibt in der Entwicklung zurück. **Kümmernis** *die, -/-se,* Kummer, Sorge. **kummervoll,** betrübt.

Kummet *das, -s/-e,* Nebenform von Kumt.

Kump [mhd. kumpf] *der, -s/* ̈ *e oder -e, niederdt.:* Trog, runde Schüssel; Wassernapf für den Wetzstein.

Kumpan [mhd. kumpan, zu mlat. companius ›Brotgenosse‹] *der, -s/-e,* oft verächtlich: Geselle, Genosse, Helfershelfer. **Kumpanei** *die, -,* Gruppe Gleichgesinnter, Bande. **Kumpel** *der, -s/-* und U *-s,* Arbeitskamerad, Bergmann.

kümpeln [zu Kump], *ich* kümp(e)le (habe gekümpelt) *es,* bördle. **Kumpf** *der, -(e)s/* ̈ *e oder -e, oberdt.:* Schüssel, Gefäß.

Kumst [mhd. kumpost ›Eingemachtes, bes. Sauerkraut‹, zu lat. compositum] *der, -es, ostmitteldt.:* ungeschnittener eingesäuerter Kopfkohl.

Kumt [mhd. komat, kamat, zu poln. chomato] *das, -(e)s/-e,* um den Hals gelegter Geschirrteil, Abb. G 13.

Kumulation [lat. cumulare ›anhäufen‹, zu cumulus ›Haufen‹] *die, -/-en,* Anhäufung, Anreicherung. **kumulativ.** **kumulieren,** *ich* kumuliere (habe kumuliert) 1) *es,* im Wahlrecht: häufe Stimmen auf einen Kandidaten. 2) *es* kumuliert, häuft sich an. **Kumulierung** *die, -/-en.* **Kumulonimbus** [lat. nimbus ›Wolke‹] *der,* Gewitterwolke. **Kumulus** *der, -/. . .li,* Haufenwolke.

Kumys, Kumyß [türk.] *der, -,* gegorene Stutenmilch als Getränk.

kund [ahd. kund], *es ist, wird k.,* bekannt. **kundbar,** *niederdt.:* bekannt. **kündbar,** der Kündigung unterliegend. **Kündbarkeit** *die, -.* **Kunde** *der, -n/-n,* 1) Abnehmer einer Ware, (ständiger) Käufer: *Stammkunde; Kundenberatung.* 2) G wandernder Handwerksbursche, Landstreicher: *Kundensprache.* 3) U Person, Kerl. **Kunde** *die, -/-n,* 1) P Nachricht, Kenntnis. 2) beim Pferd: Bohne. . . .**kunde,** Wissenschaft von etwas: *Erdkunde.* **künden,** *ich* künde (habe gekündet), 1) P verkündige. 2) *schweiz.:* kündige. **Kundendienst** *der,* Betreuung techn. Geräte durch Hersteller oder Verkäufer. **Künder** *der, -s/-,* P jemand, der etwas verkündet: *der K. einer besseren Welt.* **kundgeben,** *ich* gebe *es ihm* kund (gab kund, habe kundgegeben), teile mit, mache bekannt. **Kundgebung** *die, -/-en,* öffentliche, meist polit. Meinungsäußerung: *Massenkundgebung; Gegenkundgebung.* **kundig,** erfahren, sachverständig: *ortskundig; sachkundig.* **kündigen,** *ich* kündige (habe gekündigt), 1) *es,* löse einen Vertrag: *die Wohnung soll zum 31. März gekündigt werden.* 2) *(ihm),* löse das Dienstverhältnis: *ich k. ihm (ihr Freundschaft),* U. **Kündigung** *die, -/-en,* 1) die einseitige Erklärung, ein Vertragsverhältnis lösen zu wollen: *Kündigungsfrist; Kündigungsschreiben.* 2) oft kurz für:

Kündigungsfrist: *eine Wohnung mit vierteljähriger K.,* drei Monate vor dem Auszug. **Kundin** *die, -/-nen,* (ständige) Käuferin. **kundmachen,** *ich* mache *es ihm* kund (habe kundgemacht); gebe kund. **Kundmachung** *die, -/-en, schweiz.:* behördl. Bekanntmachung. **Kundsame** *die, -/-n, schweiz.:* 1) Kundenkreis. 2) ⚭ Kenntnis. **Kundschaft** *die, -/-en,* 1) Käuferschaft, Kundenkreis: *Stammkundschaft.* 2) Erkundung. 3) ⚭ Nachricht. **Kundschafter** *der, -s/-,* jemand, der etwas erkundet. **kundtun,** *ich* tue *es ihm* kund (habe kundgetan), gebe kund: *er tut kund zu wissen,* P gibt bekannt. **kundwerden,** *es* wird kund (wurde kund, ist kundgeworden), wird bekannt.

Künette [frz. cunette, zu ital. cunetta ›Querrinne‹] *die, -/-n,* Wasserbau: ausgekleideter Grabeneinschnitt, auch die schalenförmige Auskleidung selbst.

künftig [ahd. kumpftig, zu kumpft ›das Kommen‹], in Zukunft (eintretend, kommend), von jetzt an: *k. melde ich mich an; künftigen Jahres,* Abk.: k. J.; *künftigen Monats,* Abk.: k. M. **künftighin,** in Zukunft, von jetzt an.

kungeln, kunkeln.

Kunibert [ahd. kunni ›Geschlecht‹ und beraht ›glänzend‹], männl. Vorname. **Kunigunde** [ahd. gund ›Kampf‹], weibl. Vorname.

Kunkel [mhd. kunkel, zu mlat. conucula von colus ›Spinnrocken‹] *die, -/-n, südwestdt.:* Spinnrocken; früher: Sinnbild des weibl. Geschlechts. **Kunkelei** *die, -,* das Kunkeln. **Kunkellehen** *das,* im alten deutschen Recht: auch auf Frauen vererbbares Lehen. **Kunkelmage** *der,* früher: Verwandter von der Mutterseite. **kunkeln,** *ich* kunk(e)le (habe gekunkelt), *norddt.:* schmiede Ränke; treibe heimlich Tauschhandel; mache ungeschnittene Geschäfte.

Kunnilingus *der,* Cunnilingus.

Kuno [Kurzform von Konrad], männl. Vorname.

Kunst [ahd. kunst ›Wissen‹, ›Fähigkeit‹, zu können] *die, -/* ̈ *e,* 1) die gestaltende Tätigkeit des schöpferischen Menschengeistes in Bauwerken, Bildhauerei, Malerei, Dichtung, Musik u. a.: *Kunstgegenstand; Kunstsammlung; die bildende K.,* Malerei, Baukunst, Bildhauerkunst, Graphik. 2) jedes zur Meisterschaft entwickelte Können: *die K. des Druckens; die ärztliche K.; die Schwarze K.,* Ü Buchdruckerkunst; *das ist keine K.,* U nicht schwer; *ich bin mit meiner K. am Ende,* Ü weiß nicht, wie ich weiter tun könnte. 3) ⚭ Maschine: *Wasserkunst.* 4) *alem.:* Herd, Kachelofen mit Bänken. **Kunst. . .,** 1) zur Kunst gehörig, die Kunst betreffend: *Kunstgeschichte,* Darstellung der geschichtl. Entwicklung der bildenden Kunst; *Kunsthistoriker.* 2) künstlich hergestellt: *Kunstdünger; Kunstharz; Kunsthonig; Kunstleder; Kunstlicht; Kunstrasen; Kunstschnee; Kunstseide.* 3) Geschicklichkeit und Schönheit vereinend: *das Kunstspringen, Kunstreiten, Kunstturnen; Kunstschmiedearbeit.* **Kunstbauten,** *Pl.,* im Straßen- und Eisenbahnbau Bez. für Bauwerke zur Aufnahme kreuzender Verkehrswege, z. B. Brücken, Tunnel. **Kunstdruck** *der, -(e)s,* Reproduktion eines Gemäldes, Stiches u. a.: *Kunstdruckpapier.* **Kunsteis** *das,* künstlich erzeugtes Eis: *Kunsteisbahn.* **Kunsteis|ei** *das,* künstliches Wesen. **künsteln,** *ich* künst(e)le (habe gekünstelt), 1) benehme mich unnatürlich, geziert: *ein gekünsteltes Benehmen.* 2) *es,* täusche vor: *sie versuchte, Unbefangenheit zu künsteln.* **Kunsterziehung** *die,* ein Lehrfach an Schulen. **Kunstfasern,** *Pl.,* Chemiefasern. **Kunstfehler** *der,* Verstoß gegen die Regeln der ärztl. Wissenschaft. **kunstfertig,** geschickt. **Kunstfertigkeit** *die, -.* **Kunstflug** *der,* die Ausführung schwieriger Flugbewegungen und -figuren, bes. bei Schauflügen. **Kunstgenuß** *der:* *das war ein (kein) K.!,* ein (kein) besonderes künstlerisches Erlebnis. **kunstgerecht,** den künstlerischen oder handwerkl. Regeln: *ein k. zusammengebauter Schrank.* **Kunstgewerbe** *das,* Kunsthandwerk. **kunstgewerblich,** *kunstgewerbliche Gegenstände.* **Kunstglied** *das,* Prothese. **Kunstgriff** *der,* Handgriff, den nicht jeder kann, Trick. **Kunsthandel** *der,* Handel mit Werken der bildenden Kunst. **Kunsthandwerk** *das,* Kunstgewerbe, Entwurf und Herstellung künstlerisch gestalteter Gebrauchs- und Schmuckgegenstände. **Kunstkind** *das,* Retortenbaby. **Kunstkopf** *der,* stereophon. Aufnahmegerät in Kopfform mit Mikrophonen in Höhe der Ohren: *Kunstkopfstereophonie.* **Künstler** *der, -s/-,* **Künstlerin** *die, -/-nen,* 1) Schöpfer(in) eines Kunstwerkes. 2) Interpret(in) eines musikalischen oder literar. Kunstwerks (Sänger, Schauspieler u. a.). **künstlerisch,** den Forderungen der Kunst entsprechend: *das Buch ist ohne künstlerischen Wert.* **Künstlername** *der,* Pseudonym, Deckname. **Künstlerpech** *das:* *dein Mißgeschick war eben*

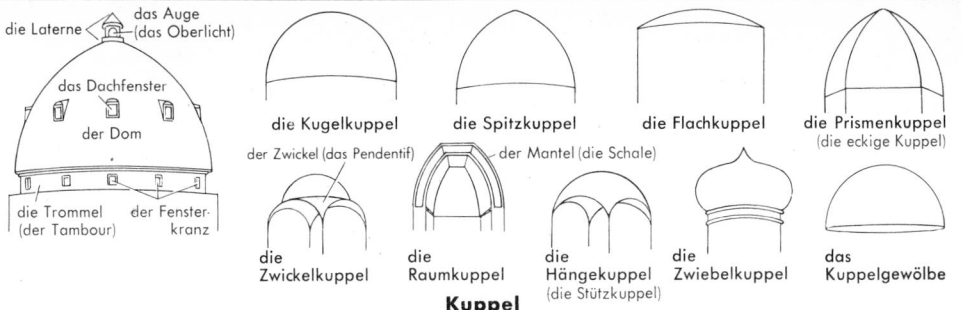

die Laterne — das Auge (das Oberlicht)

das Dachfenster
der Dom

die Trommel (der Tambour) — der Fensterkranz

die Kugelkuppel | die Spitzkuppel | die Flachkuppel | die Prismenkuppel (die eckige Kuppel)

der Zwickel (das Pendentif) — der Mantel (die Schale)

die Zwickelkuppel | die Raumkuppel | die Hängekuppel (die Stützkuppel) | die Zwiebelkuppel | das Kuppelgewölbe

Kuppel

K.!, Ü das kann jedem passieren. **künstlich, 1)** nicht natürlich, von Menschen gemacht, beabsichtigt: *künstliche Atmung; künstliche Befruchtung; künstlicher Horizont; künstliches Licht.* **2)** ⚕ künstlerisch. **Künstlichkeit** *die, -.* **kunstlos, 1)** schlicht, einfach. **2)** unkünstlerisch. **Kunstlosigkeit** *die, -.* **Kunstpause** *die,* beabsichtigte wirkungsvolle Stille. **Kunstprodukt** *das,* künstlerisches, bes. kunstgewerbl. Erzeugnis. **Kunstsprache** *die,* Welthilfssprache, z. B. Esperanto. **Kunststoff** *der,* synthetisch, aus einfachen Grundbausteinen hergestellter organisch-chemischer Stoff. **Kunststück** *das,* Leistung, zu der besonderes Können gehört: *Zauberkunststück.* **kunstvoll,** mit großer Kunst hergestellt: *eine kunstvolle Goldschmiedearbeit.* **Kunstwerk** *das,* Erzeugnis künstler. Schaffens (Dichtung, Gemälde, Musikstück). **Kunstwort** *das,* künstlich geschaffener Ausdruck.
kunterbunt [spätmhd. contrabunt ›durcheinander‹, ›verworren‹, später an ›bunt‹ angelehnt], sehr bunt, durcheinander, gemischt. **Kunterbunt** *das, -s.*
Kunz [Kurzform zu Konrad], männl. Vorname; vgl. Hinz.
Küpe [niederdt. kupe, küpe, zu lat. cupa ›Faß‹] *die, -/-n,* **1)** *niederdt.:* großes Gefäß, Färberbottich. **2)** zum Färben dienende Lösung.
Kupee *das, -s/-s,* eingedeutscht für: Coupé, ABB. W 2.
Kupelle [lat. cupella ›kleines Gefäß‹] *die, -/-n,* auch Kapelle, flacher, poröser Tiegel für Metalluntersuchungen.
Küpenfarbstoff [zu Küpe] *der,* ein wasch- und lichtechter Farbstoff.
Küper [zu Küfer, vgl. Kufe] *der, -s/-,* **1)** *niederdt.:* Böttcher. **2)** *niederdt.:* Kellermeister. **3)** ein Warenkontrolleur in Häfen.
Kupfer [ahd. kuphar, zu spätlat.: cuprum, älter aes cyprium ›cyprisches Erz‹] *das, -s,* **1)** 🜚 Element, Zeichen: Cu, rötliches Metall. **2)** Kupfergeld. **3)** *Pl. -,* ⚕ Kupferstich: *ein Buch mit vielen Kupfern.* **Kupferblüte** *die,* ein Mineral. **Kupferdruck** *der,* Druck von Kupferstichen, Radierungen u. a. mit Kupferplatten. **Kupferglanz** *der,* ein Kupfererz. **Kupferglucke** *die,* ein Schmetterling. **kupf(e)rig,** kupferähnlich; kupferhaltig. **Kupferkies** *der,* Chalkopyrit, das verbreitetste Kupfererz. **Kupferkopf** *der,* rotköpfige Grubenotter. **kupfern,** aus Kupfer: *kupferne Kanne; kupferne Hochzeit,* der 7. Jahrestag der Eheschließung. **Kupferrose** *die,* ♨ eine chron. Erkrankung der Gesichtshaut. **kupferrot,** braunrot. **Kupferschiefer** *der,* metallreicher, bituminöser Mergel des Zechsteins.

Kupferschmied *der,* Handwerker, der Gebrauchsgegenstände aus Kupfer, auch Messing, Bronze, Aluminium u. a. herstellt. **Kupferstecher** *der,* jemand, der Kupferstiche herstellt. **Kupferstich** *der,* in eine Kupferplatte eingegrabene Zeichnung; Abdruck davon, ABB. R 2: *Kupferstichkabinett,* Aufbewahrungsort für Handzeichnungen und Druckgraphik.
kupieren [frz. couper ›abschneiden‹, *ich kupiere* (habe kupiert), **1)** *Hunde, Pferde,* stutze Schwanz oder Ohren. **2)** *eine Krankheit,* unterdrücke im Entstehen. **3)** *Weinreben,* verschneide. **4)** *eine Fahrkarte,* ⚕ loche, knipse.
Kupol|ofen [ital. cupola, spätlat. cupula ›kleine Kuppel‹] *der,* auch Kuppelofen, ⚒ ein schachtförmiger Umschmelzofen für Gußeisen.
Kupon [kup'ɔ̃, frz.] *der, -s/-s,* eingedeutscht für: Coupon.
Kuppe [mhd. kuppe, kupfe, zu lat. cuppa ›Becher‹ *die, -/-n,* **1)** rundl. Berggipfel: *Bergkuppe,* ABB. B 20. **2)** rundl. Ende: *Fingerkuppe,* ABB. F 20; an Schrauben, ABB. S 35. **3)** rundl. Kopf an Nägeln, Nadeln, Streichhölzern, ABB. S 74: *Stecknadelkuppe.* **Kuppel** *die, -/-n,* ⚒ Wölbung über einem Raum, ABB. K 53, M 19, S 67: *Kuppelgrab.*
Kuppelei [eigtl. ›durch eine Koppel verbinden‹, mhd. koppel, kuppel ›Band‹] *die, -/-en,* gewohnheitsmäßige oder eigennützige Begünstigung von Prostitution. **kuppeln** [mhd. kuppeln], *ich kupp(e)le* (habe gekuppelt), **1)** *zwei Dinge,* koppele, verbinde. **2)** treibe Kuppelei. **3)** betätige Kupplung.
Kuppel|ofen *der,* Kupolofen.
Kuppelpelz *der: sie will sich einen K. verdienen,* ∪ eine Heirat zustande bringen.
kuppen, *ich kuppe* (habe gekuppt) *es,* schlage die Kuppe ab, kappe: *Bäume, Sträucher müssen gekuppt werden.*
Kuppler *der, -s/-,* **Kupplerin** *die, -/-nen,* jemand, der Kuppelei treibt. **kupplerisch. Kupplung** *die, -/-en,* eine meist lösbare Verbindung zwischen Maschinenteilen, Fahrzeugen, Wellen, Versorgungsleitungen, ABB. E 5, K 54.
Kur [lat. cura ›Sorge‹, ›Pflege‹] *die, -/-en,* **1)** Heilverfahren mit planmäßiger Anwendung besonders zusammenwirkender Heilmittel: *sie muß zur K. ins Bad reisen; Kurarzt; Badekur.* **2)** *er nimmt ihn in die K., oberdt.:* behandelt ihn streng.
Kur *die, -/-en,* ⚕ Nebenform von Kür; vgl. Kurfürst. **Kür** [mhd. kür ›Prüfung‹, ›Wahl‹, zu küren] *die, -/-en,* **1)** P Wahl. **2)** 🏅 frei gewählte Übung: *die K. der Eiskunstläufer; Kürlauf.*

K 54

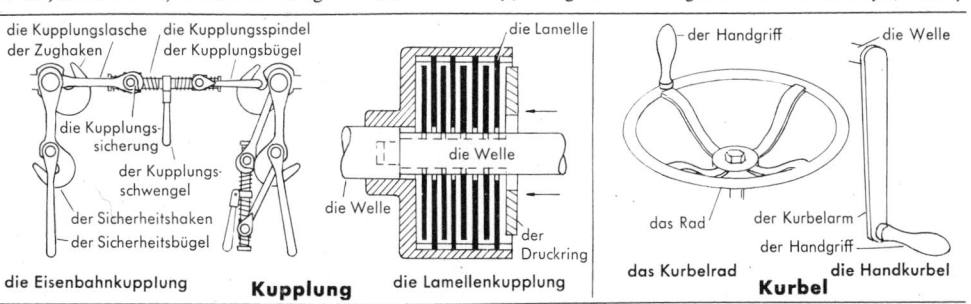

die Kupplungslasche — die Kupplungsspindel
der Zughaken — der Kupplungsbügel
die Kupplungssicherung
der Kupplungsschwengel
der Sicherheitshaken
der Sicherheitsbügel

die Eisenbahnkupplung

Kupplung

die Lamelle
die Welle
die Welle
der Druckring

die Lamellenkupplung

der Handgriff — die Welle
das Rad — der Kurbelarm
der Handgriff
das Kurbelrad | **die Handkurbel**

Kurbel

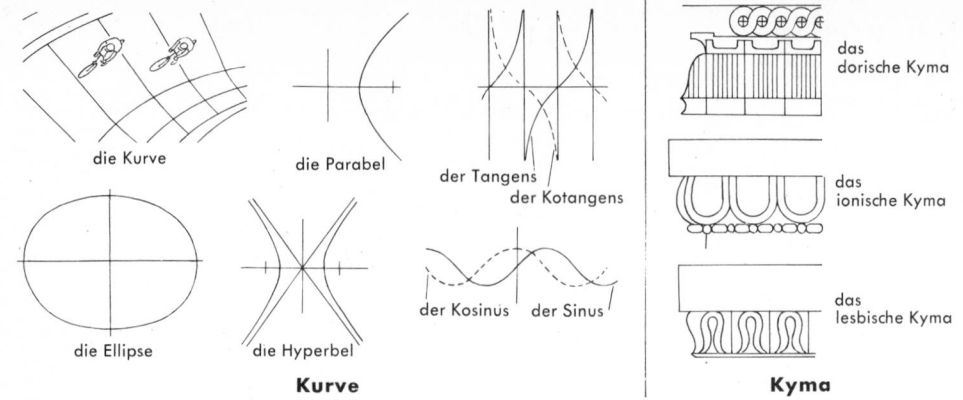

die Kurve   die Parabel   der Tangens / der Kotangens

das dorische Kyma

das ionische Kyma

der Kosinus   der Sinus

das lesbische Kyma

die Ellipse   die Hyperbel

Kurve   **Kyma**

---

kurabel [lat. curabilis, zu curare ›sorgen‹, ›behandeln‹] heilbar: *eine kurable Krankheit.*

kurant [frz. courant ›laufend‹, zu lat. currere ›laufen‹], ⚬⟋⚬ gängig, umlaufend. **Kurant** *das, -(e)s/-e,* Münze, die ihren Wert ganz im Material trägt: *Kurantgeld.*

Kurant *der, -en/-en, schweiz.:* Kurgast.

kuranzen [mlat. carentia ›klösterliche Bußübung‹], *ich kuranze* (habe kuranzt) *ihn,* ⚬⟋⚬ prügle, schelte, plage.

Kurare [indian.] *das, -(s),* auch Curare, ein südamerikanisches Pfeilgift.

Küraß [mhd. küriz, aus frz. cuirasse, zu cuir ›Leder‹] *der, . . .rasses/. . .rasse,* Brustharnisch, Abb. R 33. **Kürassier** [mhd. kürizzer] *der, -s/-e,* ⚬⟋⚬ Angehöriger der schweren Reiterei.

Kurat [ital. curato, zu lat. cura ›Sorge‹, ›Pflege‹] *der, -en/-en,* kath. Geistlicher mit einer dem Pfarrer ähnl. Stellung und eigenem Seelsorgebezirk. **Kuratel** *die, -/-en,* Pflegschaft, Vormundschaft: *er wurde unter K. gestellt.* **Kuratie** *die, -/. . .t'i|en,* Amt und Seelsorgebezirk eines Kuraten. **Kurator** *der, -s/. . .t'oren,* 1) Pfleger, Vormund. 2) Aufsichtsbeamter des Staates in der Hochschulverwaltung. 3) Verwalter einer Stiftung. **Kuratorium** *das, -s/. . .ri|en,* Aufsichtsbehörde, beratende Behörde oder Kollegium.

Kurbel [ahd. churba, zu lat. curvus ›gekrümmt‹] *die, -/-n,* Hebel zur Drehung einer Welle, Abb. K 54: *Kurbelgetriebe; Kurbelwelle.* **kurbeln,** *ich kurb(e)le* (habe gekurbelt), 1) drehe an einer Kurbel. 2) *(einen Film),* ∪ nehme mit der Kamera auf: *wir mußten diese Szene mehrfach kurbeln.* **Kurbelstange** *die,* der Pleuel.

Kurbette [frz. courbette, zu courber ›krümmen‹] *die, -/-n,* eine Galoppübung der Hohen Schule, Abb. H 22. **kurbettieren,** *ein Pferd* kurbettiert (ist kurbettiert).

Kürbis [ahd. kurbiz, zu lat. cucurbita] *der, -ses/-se,* eine Gemüse-, Futter- und Zierpflanze und deren Frucht: *Kürbiskern.* **Kürbisbaum** *der,* Kalebassenbaum. **Kürbisflasche** *die,* Kalebasse.

Kurde *der, -n/-n,* Angehöriger eines Volkes mit iran. Sprache in Vorderasien. **kurdisch.**

kuren, *ich kure* (habe gekurt), ∪ mache eine Kur.

küren [zu Kür], *ich küre* (kürte, habe gekürt; oder kor, habe gekoren) *ihn, es,* ℗ wähle, erwähle, wähle aus.

Kürettage [-t'a:ʒə, frz. curettage, zu curer ›reinigen‹] *die, -/-n,* ⚕ Ausschabung. **Kürette** *die, -/-n,* ⚕ Gerät zur Ausschabung. **kürettieren,** *ich* kürettiere (habe kürettiert) *es,* ⚕ schabe aus.

Kurfürst [zu Kür] *der, -en/-en,* im Dt. Reich bis 1806: ein zur Königswahl berechtigter Fürst. **Kurfürstentum** *das.* **kurfürstlich,** *kurfürstliche Tracht;* aber im Titel: *Kurfürstlich.*

Kurgast *der,* jemand, der als Gast in einem Kurort weilt. **Kurhaus** *das,* gesellschaftl. Mittelpunkt eines Kurortes, teilweise auch mit Kureinrichtungen.

kurial [lat. curialis, zu curia ›Kurie‹], die Kurie betreffend, zur Kurie gehörend. **Kuriale, 1)** *der, -n/-n,* päpstl. Hofbeamter. 2) *die, -,* Schrift der älteren Papsturkunden. **Kurialstil** *der,*

⚬⟋⚬ Kanzleistil. **Kurie** [-iə] *die, -/. . .ri|en,* 1) die zentrale Verwaltungsbehörde des Papstes und des Bischofs: *Römische K.; Kurienkardinal.* 2) ⚬⟋⚬ Gerichtshof; Behörde, Rathaus. 3) altröm. Geschlechterverband und dessen Versammlungsort.

Kurier [mhd. kurrier, aus frz. courrier, zu lat. currere ›laufen‹] *der, -s/-e,* 1) Eilbote. 2) Überbringer wichtiger Schriftstücke im diplomat. Dienst.

kurieren [lat. curare ›Sorge tragen‹, ›pflegen‹], *ich kuriere* (habe kuriert) *ihn von etwas,* heile, behandle ärztlich: *ich bin kuriert,* ∪ will nichts mehr davon wissen.

kurios [lat. curiosus ›sorgfältig‹, ›neugierig‹, zu curare ›sorgen‹, ›pflegen‹], seltsam, absonderlich, merkwürdig. **Kuriosität** *die, -/-en.* **Kuriosum** *das, -s/. . .sa,* seltsamer Vorfall; seltenes Stück.

Kurkumapapier [nach dem Kurkumin, einem aus der Kurkumawurzel gewonnenen Farbstoff, zu arab. kurkum ›Safran‹] *das,* ein Laugenindikator.

Kurlaub [aus Kur und Urlaub] *der, -s/-e,* ∪ Urlaub in Verbindung mit einer Kur.

kurlich, kurlig, *alem.:* sonderbar, seltsam.

Kurmel *der, -s/-, schweiz.:* durcheinanderredende Menge. **kürmen,** *ich* kürme (habe gekürmt), *schweiz.:* 1) lalle. 2) *es kürmt,* man raunt.

Kurmittelhaus *das,* Haus mit den für eine Kur notwendigen Einrichtungen. **Kurort** *der,* durch sein Klima oder durch Heilquellen für Kuren geeigneter Ort. **Kurpfuscher** *der,* Laie, der Kranke unsachgemäß behandelt.

Kurre *die, -/-n,* 1) *niederdt., alem.:* Truthenne, Birkhenne. 2) ein Schleppnetz der Seefischerei. **kurren** [mhd. kurren ›grunzen‹, ›schnarren‹, Schallw.], *ich kurre* (habe gekurrt), *niederdt., alem.:* 1) knurre. 2) *Tauben kurren,* gurren.

Kurrendaner [lat. currere ›laufen‹ und mlat. corradere ›zusammenkratzen‹, ›erbetteln‹] *der, -s/-,* Kurrendesänger. **Kurrende** *die, -/-n,* 1) kirchl. Knabenchor. 2) ⚬⟋⚬ Umlaufschreiben.

kurrent [lat. currens, zu currere ›laufen‹], laufend, ständig. **Kurrentschrift** *die,* Schreibschrift.

Kurrhahn [vgl. kurren] *der, niederdt., alem.:* Truthahn.

kurrig, *niederdt., alem.:* reizbar, streitlustig, launisch, wunderlich, mürrisch.

Kurrikulum *das, -s/. . .la,* Curriculum.

Kurs [mhd. curs ›Reihe vorgeschriebener Gebete‹, zu lat. cursus ›Lauf‹, ›Fahrt‹] *der, -es/-e,* 1) Fahrt-, Flugrichtung: *das Flugzeug ist vom K. abgekommen; Kurskorrektur; die neue Regierung hat einen harten K. eingeschlagen,* Ü. 2) Börse: Handelspreis von Wertpapieren, ausländischen Währungen: *Wechselkurs; Kursstützung; Kurszerfall; die Kurse sind gefallen; diese Münze ist jetzt außer K.,* Ü nicht mehr gültig; *er steht bei ihm hoch im K.,* Ü ist sehr angesehen. 3) Kursus, Lehrgang, Reihe von Vorträgen: *Nähkurs; Sprachkurs; Kurssystem; Kursteilnehmer.* **Kursbuch** *das,* Zusammenstellung der Fahrpläne (Eisenbahn).

Kürsch [ahd. kursina, aus altslaw. kurzno ›Mantel‹, ›Umhang‹] *das, -es,* ⛊ Pelzwerk.

Kur|schatten der, U scherzhaft: Bekannte(r) während eines Kuraufenthalts: *sie hatte sich schnell einen K. angelacht.* **Kürschner** [mhd. kürsenære, zu ahd. kursina ›Pelzrock‹, vgl. Kürsch] der, -s/-, Pelzbearbeiter. **Kürschnerei** die, -, Werkstatt, Handwerk des Kürschners.

kursieren [lat. cursare ›umherlaufen‹], *es kursiert (ist, hat kursiert), ist in Umlauf: Falschgeld k.; Gerüchte kursieren,* Ü. **kursiv,** schräg (Druckschrift). **Kursive** die, -/-n, Kursivschrift, schräge Druckschrift, ÜBERS. D 16. **kursorisch,** fortlaufend, ununterbrochen: *kursorische Lektüre,* auf Einzelheiten nicht eingehend. **Kursus** der, -/K'urse, Kurs, Lehrgang. **Kurswagen** der, Eisenbahn: durchgehender Wagen, der an verschiedene Züge angehängt wird. **Kurswert** der, der nach dem Kurs berechnete Wert eines Wertpapiers; Gegensatz: Nennwert, Nominalwert. **Kurszettel** der, Verzeichnis der Börsenkurse eines bestimmten Tages.

Kurt [zu Konrad], männl. Vorname.

Kurtage [kurt'a:ʒə] die, -/-n, eingedeutscht für: Courtage. **Kurtaxe** die, Aufenthaltsgebühr für Gäste in Kurorten.

Kurtine [frz. courtine, zu lat. curvus ›gekrümmt‹] die, -/-n, **1)** ⚓ Zwischenvorhang (einer Bühne). **2)** ⚓ Verbindungswall zwischen zwei Bastionen einer Festung.

Kurtisan [frz. courtisan ›Höfling‹, zu cour ›Hof‹, ›Fürstenhof‹] der, -s/-e, ⚓ Höfling. **Kurtisane** die, -/-n, vornehme Geliebte (eines Fürsten).

kurulisch [lat. sella curulis ›Wagensstuhl‹], *der kurulische Stuhl,* tragbarer Klappstuhl, Ehrensessel der hohen Staatsbeamten im alten Rom.

Kurvatur [lat. curvatura, zu curvus ›gekrümmt‹] die, -/-en, **1)** ⚕ Krümmung, z. B. des Magens. **2)** ⊓ leichte Aufkrümmung an Stufen, Mauern u. a. in griech. Tempeln. **Kurve** [lat. curva (linea) ›gebogene (Linie)‹] die, -/-n, **1)** Krümmung, Biegung, z. B. einer Fahrbahn, ABB. S 72: *Haarnadelkurve.* **2)** △ jede, auch die gerade Linie, ABB. K 55. **Kurven,** *ich kurve* (bin gekurvt), Ü fahre, fliege in Kurven. **Kurvenlineal** das, Zeichengerät für Kurven. **Kurvenmesser** der, Gerät zur Längenmessung von Kurven, z. B. in Landkarten. **kurvenreich, 1)** zahlreiche Kurven aufweisend: *eine kurvenreiche Paßstraße.* **2)** U ausgeprägte weibl. Formen besitzend. **kurvig,** U kurvenreich. **Kurvimeter** das, -s/-, der Kurvenmesser. **kurvisch,** △ wie eine Kurve beschaffen; gekrümmt.

kurz, am kürzesten [ahd. kurz, zu lat. curtus ›verkürzt‹], **1)** räumlich: von geringer Längenausdehnung, ABB. E 2: *kurze Haare, Beine; ein kurzer Rock,* über dem Knie endend; *ich muß den Rock kürzer machen; du sollst nicht zu k. kommen,* U benachteiligt werden; *er wird den kürzeren ziehen,* Ü leer ausgehen, benachteiligt werden (eigtl. beim Losen den kürzesten Halm erwischen). **2)** zeitlich: eine geringe Zeitspanne einnehmend: *er war nur k. hier; nach kurzer Zeit; es ist k. nach 10 Uhr,* wenige Minuten danach; *vor kurzem,* vor wenigen Tagen; *k. vor dem Unglück; über k. oder lang,* U bald: *auf das kürzeste; er hat einen kurzen Atem,* U hält nicht lange aus. **3)** Ü knapp, bündig, auf das Wesentliche beschränkt: *k. und bündig; k. und gut; mit kurzen Worten; er hat sich k. gefaßt; in k. entschlossener Käufer; ich will es k. machen; er ist k. angebunden,* barsch, kühl.

kurz . . . , in Verbindung mit Verben trennbar zusammengesetzt, wenn ein neuer Begriff entsteht, z. B. kurzhalten; kurzschließen; kurztreten. **Kurzarbeit** die, verkürzte Arbeitszeit unter Kürzung des Arbeitslohns. **kurzarbeiten,** *ich arbeite kurz* (habe kurzgearbeitet), leiste Kurzarbeit: *man hat in diesem Betrieb für einige Monate kurzgearbeitet;* aber: *in dieser Sache habe ich nur kurz gearbeitet,* nur kurze Zeit. **kurzärm(e)lig,** mit kurzen Ärmeln. **kurzatmig,** an Atemnot leidend. **Kurzatmigkeit** die, -. **Kurze** der, -n/-n, *ein -r,* U **1)** kleines Glas Branntwein. **2)** kurzer Kurzschluß. **Kürze** die, -, räumlich oder zeitlich kleine Ausdehnung. **Kürzel** das, -s/-, Sigel, Kürzungszeichen in der Kurzschrift. **kürzen,** *ich kürze* (habe gekürzt), **1)** *es,* verkürze, verkleinere (Arbeitszeit, Lohn, Rock). **2)** △ *einen Bruch,* bringe durch Division des Nenners und Zählers auf die gleiche Zahl auf den kleinstmögl. Nenner, z. B. ³/₉ zu ¹/₃. **kurzerhand,** ohne Umschweife. **Kurzfilm** der, Film mit einer Spieldauer bis etwa 60 Minuten (Dokumentarfilm, Experimentalfilm). **Kurzflügler,** Raubkäfer. **kurzfristig,** nicht lange dauernd; bald. **kurzgebraten,** *kurzgebratenes Fleisch;* aber: *das Fleisch wurde nur kurz gebraten.* **Kurzgeschichte** die, Prosaerzählung, zwischen Novelle und Anekdote oder Skizze stehend. **kurzhalten,** *ich halte ihn kurz* (hielt kurz, habe kurzgehalten), U gebe ihm wenig (Geld, Essen), beschränke ihn in seiner Bewegungsfreiheit: *er wird von seinen Eltern kurzgehalten;*

aber: *wir haben an der Raststätte kurz gehalten,* kurze Zeit. **kurzlebig,** von kurzer Dauer: *eine kurzlebige Mode.* **Kurzlebigkeit** die, -. **kürzlich,** vor kurzem, neulich. **kurzschließen,** *ich schließe einen Stromkreis kurz* (schloß kurz, habe kurzgeschlossen), verursache einen Kurzschluß, mache stromlos; aber: *er hat das Geschäft kurz geschlossen,* für kurze Zeit. **Kurzschluß** der, ⚡ Unterbrechung der Stromversorgung durch ungewollte leitende Verbindung von unter Spannung stehenden Netz- oder Geräteteilen. **Kurzschlußhandlung** die, völlig unüberlegte Handlung, meist in Ausnahmesituationen. **Kurzschrift** die, Schnellschrift, eine Kunstschrift mit besonderen Zeichen, Stenographie, ABB. S 38. **kurzschriftlich. kurzsichtig, 1)** entfernte Gegenstände nur unscharf erkennend. **2)** U nicht vorausschauend, beschränkt. **Kurzsichtigkeit** die, -. **Kurzstartflugzeug** das, STOL-Flugzeug, Flugzeug, das kurze Start- und Landestrecken benötigt. **Kurzstreckenflug** der, Flug über Strecken von nicht mehr als wenigen hundert Kilometern. **Kurzstreckenlauf** der, ⚔ Lauf über eine Strecke bis zu 400 m. **kurztreten,** *ich trete kurz* (trat kurz, habe kurzgetreten), Ü halte mich zurück, gehe sparsam mit meinen Kräften um: *nach deiner Krankheit mußt du erst einmal kurztreten;* aber: *gib acht, daß du bei der Stufe nicht zu kurz trittst,* zu knapp. **kurzum,** mit einem Wort. **Kürzung** die, -/-en, das Kürzen. **Kurzwaren,** Pl., kleine Gegenstände als Nähzubehör, wie Knöpfe, Garne, Bänder. **kurzweg,** rasch entschlossen. **Kurzweil** die, -, Zeitvertreib, Unterhaltung. **kurzweilig. Kurzwellen,** Pl., ⟨⟨γ⟩⟩ elektromagnet. Wellen von 10 bis 100 m Länge: *Kurzwellentherapie,* ⚡. **Kurzwort** das, stark verkürztes Wortgebilde, z. B. Lkw für Kraftrad.

kusch! [vgl. kuscheln], Zuruf an den Hund: nieder! **Kuschel** die, -/-n, auch Kussel, *norddt.:* niedrige, buschähnliche Kiefer.

kusch(e)lig, zum Kuscheln geeignet. **kuscheln** [nhd., zu frz. coucher ›niederlegen‹], *ich kusch(e)le* (habe mich gekuschelt) *an ihn, in etwas,* schmiege mich an: *ich k. mich in die weichen Kissen.* **kuschen,** *ich kusche* (habe gekuscht) *vor ihm,* Ü füge mich, gebe nach, schweige (aus Furcht).

Kusine die, -/-n, eingedeutscht für: Cousine.

Kuß [ahd. kus, zu küssen] der, Kusses/K'üsse, das Berühren mit den Lippen als Ehrfurchts-, Liebes- oder Freundschaftsbezeigung, auch als gesellschaftl. Sitte. **Küßchen** das, -s/-. **kußecht,** nicht abfärbend (Lippenstift).

Kussel die, -/-n, Kuschel.

küssen [ahd. kussen ›küssen‹, ›sich berühren‹], *ich küsse* (habe geküßt) *ihn, es,* gebe einen Kuß, gebe Küsse: *küß die Hand,* Grußformel in Österreich. **kußfest,** kußecht. **Kußhand** die, mit der Hand zugewinkter Kuß: *ich K., U sehr gern.* **Küßlein** das, -s/-. **küßlich,** ⚓ zum Küssen einladend.

Kust [mhd. kust ›Prüfung‹, ›Art und Weise, wie etwas erscheint‹] die, -, *schweiz.:* Geschmack.

Küste [niederl. kust, aus afrz. coste ›Rippe‹, ›Seite‹, zu lat. costa ›Rippe‹] die, -/-n, Gestade, Meeresufer, ABB. K 56: *Küstenfischerei; Küstenstrich; Steilküste.*

Kustel die, -/-n, *oberdt.:* Tannenzapfen.

Küster [spätahd. kustor, zu lat. custos ›Wächter‹] der, -s/-, Angestellter für die einfachen Kirchendienste.

küstig [von Kust], *schweiz.:* schmackhaft (bes. vom Brot).

Kustode die, -n/-n, Kustos. **Kustos** [lat. custos ›Wächter‹, ›Hüter‹] der, -/. . .t'oden, **1)** wissenschaftl. Betreuer einer Sammlung in Museen oder Büchereien. **2)** Dompfarrer; Domherr: *Domkustos.* **3)** Vorsteher mehrerer Franziskanerklöster. **4)** ⚒ früher die am Schluß einer Seite gesetzte Anfangssilbe der nächsten Seite.

kutan [lat. cutis ›Haut‹], die Haut betreffend. **Kutikula** die, -/-s oder . . .lä, ⚛ die Haut abgeschiedene stellfreie Außenschicht.

Kutschbock der, Lenkersitz einer Kutsche. **Kutsche** [nach dem ungar. Ort Kocs bei Raab] die, -/-n, gefederter Personen-Pferdewagen mit Verdeck, auf ABB. W 2. **kutschen,** *ich kutsche* (bin gekutscht), U fahre umher: *er kutscht den ganzen Tag durch die Gegend.* **Kutscher** der, -s/-, Lenker eines Pferdewagens. **kutschieren,** *ich kutschiere* (habe kutschiert), **1)** *(es),* lenke ein Gespann. **2)** *ihn,* fahre (in der Kutsche). **3)** (bin kutschiert), U fahre umher.

Kutte [mhd. kutte, zu lat. cotta] die, -/-n, langer, weiter Überrock der Mönche, ABB. A 13.

Kydonia auf Kreta] die, -/-n, *alem.:* Quitte. [mhd. quiten, küten, zu griech. kydonion, nach der Stadt

Kuttel [mhd. kutel] die, -/-n, *meist Pl., süddt.:* Kaldaunen. **Kuttelflecke,** *Pl., süddt.:* Gericht aus Kaldaunen.

die Schäre — die Schärenküste — das Kliff — das Riff — die Klippe — Abrasion — die Steilküste — das Vorgebirge — die Nehrung — die Landenge — das Haff — die Dünen — das Seezeichen — das Fahrwasser — der Leuchtturm — die Sandbank — die Insel — die Flußmündung — die Bucht — der Strand — der Priel — die Wattenküste — das Watt — der Koog — das Mündungsdelta — das Schwemmland — die Landzunge — der Deich — die Marsch — der Strom

Küste

kutten, ich kutte (habe gekuttet) es, ⚓ sondere aus.
Kutter [engl. cutter, zu to cut ›schneiden‹, eigtl. ›Wellendurchschneider‹] der, -s/-, ⚓ **1)** Einmaster mit reicher, wendiger Takelung, ABB. S 45. **2)** größeres Fischerboot mit Motor und Hilfssegel: *Fischkutter.* **3)** motorgetriebenes, meist zweimastiges Rettungsboot der Kriegsschiffe.
Kuwasz [-vas, ungar. -vɔs] der, -/-, ein ungar. Hirtenhund.
Küvelage [-l'aːʒ(ə), frz. cuvelage, zu lat. cupa›Kufe‹,›Faß‹] die, -/-n, ⚓ wasserdichter Schachtausbau mit gußeisernen Ringen. **küvelieren,** ich küveliere (habe küveliert) es.
Küvelierung die, -/-en, Küvelage.
Kuverdeich der, ringförmiger, landeinwärts liegender Hilfsdeich, ABB. D 5.
Kuvert [-v'ert, frz. couvert, zu couvrir ›bedecken‹] das, -(e)s/-e oder [-v'ɛːr], -s/-s, **1)** Briefumschlag. **2)** Gedeck für eine Person. **3)** Überschlaglaken. **kuvertieren,** ich kuvertiere (habe kuvertiert) *Briefe,* stecke in einen Umschlag. **Kuvertüre** die, -/-n, Schokoladenüberzug.
Küvette [frz. cuvette, zu cuve, aus lat. cupa›Kufe‹,›Faß‹] die, -/-n, ⚪ **1)** kleines, quaderförmiges Glasbecken. **2)** Innendeckel in Taschenuhren.
kuvrieren [frz. couvrir ›bedecken‹], ich kuvriere (habe kuvriert) es, ihn, ⚪ verberge.
Kux [tschech. kusek ›kleiner Anteil‹] der, -es/-e, Anteil an einer bergrechtl. Gewerkschaft.
kV, Zeichen für: Kilovolt.
KV, Abk. für: Köchelverzeichnis.
k. v., Abk. für: kriegsverwendungsfähig.
kW, Zeichen für: Kilowatt.
Kwaß [altslaw. kvas] der, - oder *Kw'asses,* ein schwach alkoholhaltiges, bierähnl. Getränk.
kWh, Zeichen für: Kilowattstunde.
Kyanisation [nach dem engl. Erfinder J. H. Kyan,

1774–1850] die, -, Holzimprägnierung mit Quecksilberchlorid. **kyanisieren,** ich kyanisiere (habe kyanisiert) es.
Kybele [-le:, auch k'ybe:le:], kleinasiat. Göttin.
Kybernetik [grch. kybernetes ›Steuermann‹] die, -, unterschiedl. Wissenschaftsgebiete verbindende Forschungsrichtung, die die Steuerungs- und Regelungsvorgänge untersucht (in Technik, Biologie, Psychologie). **kybernetisch.**
Kylklop der, -en/-en, Zyklop.
Kyma [grch. kyma ›Welle‹] das -s/-s, **Kymation** das, -s/-s oder . . .ti|en, Zierleiste an griech. Tempeln, ABB. K 55.
Kymolgramm [vgl. . . . gramm] das, -s/-e, ⚕ bei der Kymographie entstandenes Bild. **Kymolgraph** [vgl. . . .graph] der, -en/-en, ⚕ Gerät zum Aufzeichnen von Bewegungsabläufen, z. B. des Herzmuskels. **Kymolgraphie** die, -, ⚕ Röntgenverfahren zur Darstellung von Bewegungsabläufen in Organen.
Kymre der, -n/-n, kelt. Bewohner von Wales. **kymrisch.**
Kyniker [nach ihrem Versammlungsort, dem Gymnasium Kynosarges] der, -s/-, Angehöriger einer griech. Philosophenschule; vgl. Zyniker.
Kynologe [grch. kyon, Gen. kynos›Hund‹ und vgl. . . . loge] der, -n/-n, jemand, der sich mit Zucht, Dressur und Krankheiten der Hunde befaßt. **Kynologie** die, -, Hundekunde, Hundezucht.
Kyphose [grch. kyphos ›gekrümmt‹] die, -/-n, ⚕ Verbiegung der Wirbelsäule nach hinten, Buckel.
Kyra [zu Kyrill], weibl. Vorname.
Kyrie [-ia] das, -s/-s, **Kyrileleis** das, -/-, Kurzformen von **Kyrie eleison** [auch -el'ai-, grch. ›Herr, erbarme dich‹] das, - -s/- -s, christl. Bittruf.
Kyrill [grch. kyrillos, zu kyrios ›Herr‹], männl. Vorname.
kyrillisch [Kyrillos, Slawenapostel, 826/27–869]. **Kyrilliza** die, -/-en, kyrillische Schrift, slawische Schrift, ABB. S 38.
KZ, Abk. für: Konzentrationslager (der Nationalsozialisten).

L

l, L [ɛl] das, -/-, Konsonant, ABB. A 8, ÜBERS. A 26, G 34.
l, Zeichen für: Liter.
l., Abk. für: **1)** lies! **2)** links.
L, röm. Zahlzeichen für 50, ÜBERS. R 27.
L., Abk. für: Lira.
£ [frz. livre, zu lat. libra ›Pfund‹], Zeichen für: Pfund (Sterling).
l. a., auf Rezepten Abk. für: lege artis, nach den Regeln der Kunst, vorschriftsmäßig.
La, ⚗ Zeichen für: Lanthan.
Lab [mhd. lap ›Gerinnungsmittel‹] das, -(e)s/-e, **1)** Labferment, ein Enzym des Labmagens der Saugkälber, das das Kasein der Frischmilch zum Gerinnen bringt. **2)** *schweiz.:* Lauge: *Seifenlab.*
Laban [hebr.], B Schwiegervater Jakobs: *ein langer L.,* U sehr großer Mensch.
labb(e)rig, U **1)** weichlich, unangenehm breiig. **2)** geschmacklos, fade. **labbern** [niederdt., zu niederl. labberen

›sich hin und her bewegen‹, ›schlapp werden‹], ich labb(e)re (habe gelabbert), **1)** U schlürfe, schlecke. **2)** U beschmutze mich. **3)** *Segel labbern,* ⚓ hängen schlaff.
Labe [ahd. laba] die, -, P Labsal, Labung.
Label [leibl, engl., verwandt mit ›Lappen‹] das, -s/-s, Anhängezettel, Etikett (auf Waren, Schallplatten).
laben [ahd. labon], ich labe (habe gelabt) **1)** ihn, gebe ihm etwas Erfrischendes, erquicke ihn. **2)** mich an etwas, erfreue mich.
Laberdan [niederl.] der, -s/-e, gesalzener Kabeljau.
labern [vgl. labbern], ich lab(e)re (habe gelabert), U rede oberflächlich, schwatze.
Labferment das, Lab.
labial [lat. labium ›Lippe‹], die Lippen betreffend. **Labial** der, -s/-e, **Labiallaut** der, Lippenlaut, ÜBERS. G 34.
läbig, *schweiz.:* lebig.
labil [lat. labi ›gleiten‹], schwankend, veränderlich, leicht störbar: *labiles Gleichgewicht,* ABB. G 27; *labile Gesundheit; ein labiler Charakter,* Ü. **Labilität** die, -.
Labkraut [zu Lab] das, ein Rötegewächs. **Labmagen** der, Teil des Magens der Wiederkäuer, ABB. M 1.
Labor [lat. laborare ›arbeiten‹] das, -s/-s oder -e, kurz für: Laboratorium: *Laborarbeiten; Laborexperiment; Versuchslabor.* **Laborant** der, -en/-en, **Laborantin** die, -/-nen, ein Lehrberuf der Industrie. **Laboratorium** das, -s/. . .ri|en, Arbeits- oder Versuchsraum bes. für chem., physikal., techn.,

Labyrinth **Laden** der Fensterladen (Klappladen) **Lager**

der Außenring
der Kugelkäfig
die Kugel
der Innenring
das Kugellager

medizin. Arbeiten. **laborieren,** *ich* laboriere (habe laboriert) *an etwas,* Ü leide daran, mühe mich damit ab: *er laborierte lange an einer Erkältung.*

La|brador [nach der kanad. Halbinsel Labrador] *der, -s/-e,* ein Mineral.

Labsal [mhd. labesal, zu laben] *das, -(e)s/-e, österr.* auch *die, -/-e,* Labe, Labung.

labsalben [niederl. lapzalven ›mit Lappen einschmieren‹], *ich* labsalbe (habe gelabsalbt) *es,* ⚓ teere Tauwerk wetterfest.

Labs|kaus [engl. lobscou(r)se] *das, -,* seemänn. Gericht aus Fleisch, Fisch, Kartoffeln u. a.

Labung [zu laben] *die, -/-en,* Erfrischung, Belebung; seelischer Trost.

Labyrinth [grch. labyrinthos] *das, -(e)s/-e,* **1)** Irrgarten, ABB. L 1. **2)** Ü Wirrwarr, Durcheinander. **3)** ⚕ das innere Ohr. **labyrinthisch,** unentwirrbar.

Lachbaum [zu Lache, Lachte] *der,* ⚘ **1)** Grenzbaum mit Merkzeichen. **2)** zum Fällen angemerkter Baum.

Lache [l'a:-, ahd. lahha] *die, -/-n,* Pfütze, kleinere Ansammlung von Flüssigkeit: *Blutlache.*

Lache [mhd. lache, lachene] *die, -/-n,* auch Lachte, ⚘ Merkzeichen oder Harzriß an einem Baum.

Lache [zu lachen] *die, -,* Ü Gelächter: *eine gellende L.* **lächeln** [mhd. lecheln], *ich* läch(e)le (habe gelächelt), lache lautlos, verziehe die Lippen freundlich oder spöttisch. **lachen** [ahd. lahhan], *ich* lache (habe gelacht), **1)** *über ihn, etwas,* zeige Freude oder Spott bei raschem, stoßweisem Ausatmen unter Verziehen des Gesichts: *er lachte Tränen; du hast gut lachen!,* Ü du bist – im Unterschied zu mir – von dieser unangenehmen Sache nicht betroffen; *er hat bei ihr nichts zu lachen,* Ü sie behandelt ihn streng; *alles brüllte vor Lachen; ich lachte mir ins Fäustchen,* Ü freute mich schadenfroh; *das Glück lacht uns,* Ü ist uns freundlich gesinnt; *die Sonne lacht,* P scheint strahlend hell. **2)** *seiner,* spotte seiner, mißachte ihn. **Lacher** *der, -s/-,* jemand, der über etwas lacht: *er hat die L. auf seiner Seite,* Ü nimmt durch einen Scherz bei einer Auseinandersetzung für sich ein. **lächerlich,** zum spöttischen Lachen reizend, töricht: *er macht sich l.; er zieht alles ins Lächerliche.* **lächerlicherweise.** **Lächerlichkeit** *die, -: man gab ihn der L. preis.* **Lachgas** *das,* Distickstoffmonoxid, ein Narkosemittel. **lachhaft,** Ü lächerlich: *das ist ja l.!* **Lachhaftigkeit** *die, -.* **Lachkrampf** *der,* (grundloses) schwer unterdrückbares Lachen.

Lachs [ahd. lahs] *der, -es/-e,* Salm, ein Meeresfisch, der zum Laichen flußauf wandert. **lachsfarben,** orangerosa wie geräuchertes Lachsfleisch. **Lachsschinken,** mild gepökeltes, wenig geräuchertes Rückenfleisch des Schweins.

Lachtaube die, Taube mit dem Lachen ähnelndem Ruf.

Lachte *die, -/-n,* ⚘ Lache, Harzriß.

Lachter [mhd. lahter, lafter, zu Klafter] *die, -/-n* oder *das, -s/-,* ⚒ früheres dt. Längenmaß.

Lack [altind. laksa] *der, -(e)s/-e,* **1)** Anstrichmittel, das dünn auf Gegenstände aufgebracht wird und dort einen haftenden, festen Film bildet: *Lackfarbe; lackglänzend; Lackleder; Lackschuh.* **2)** kurz für: Siegellack. **3)** ⚘ kurz für: Goldlack.

Lackaffe *der, -n/-n, oberdt.:* zurechtgemachter Mann.

Lack(e)l *der, -s/-(n), oberdt.:* Flegel, alberner Mensch.

lacken [zu Lack], *ich* lacke (habe gelackt) *es,* Ü lackiere. **Läckerli** *das, -s/-,* Leckerli.

lackieren [ital. laccare], *ich* lackiere (habe lackiert), **1)** *es,* überziehe mit Lack: *lackierte Fingernägel.* **2)** *ihn,* Ü betrüge: *du bist der Lackierte!* **Lackierer** *der, -s/-,* Handwerker, der Gegenstände lackiert: *Autolackierer.* **Lackierung** *die, -/-en,* das Aufbringen eines Lacks.

Lackmus [niederl.] *das, -,* ein Farbstoff aus Flechten, Indikator für Säuren (Rotfärbung) und Basen (Blaufärbung) und die elektr. Polarität: *Lackmuspapier.*

La|crimae Christi [-mæ:-, lat. ›Tränen Christi‹], *Pl.,* Wein vom Vesuv und seiner Umgebung.

Lactase *die,* Laktase.

Lädchen *das, -s/-,* Diminutiv zu Lade und zu Laden. **Lade** [mhd. lade] *die, -/-n,* **1)** rechteckiger hölzerner Behälter, Kasten, Truhe; ⚰ Sarg. **2)** kurz für: Schublade. **3)** Lücke zwischen Backen- und Vorderzähnen des Pferdes. **4)** Orgel: Windlade, ABB. O 3. **5)** *märk.:* Fensterladen. **Ladegeschirr** *das,* ⚓ Einrichtung zum Be- und Entladen eines Schiffes. **Ladegewicht** *das,* Höchstgewicht, mit dem ein Transportmittel beladen werden darf. **ladeln,** *ich* läd(e)le (habe gelädelt), *schweiz.:* mache einen Schaufensterbummel. **Lademaß** *das,* ABB. B 5. **laden** [ahd. ladan ›laden‹, ›beladen‹], *ich* lade (lud, habe geladen; du lädst, er lädt), **1)** *es, in, auf etwas, es mit etwas,* frachte, fülle (eine Ware, Fördergut): *ich muß es in den Karren laden und dann damit laden; er hat schwer geladen,* Ü ist betrunken. **2)** *es auf mich, ihn,* Ü wälze auf mich, ihn, belaste damit (Verantwortung, Schuld). **3)** *eine Waffe,* führe das Geschoß ein: *das Gewehr ist (nicht) geladen; ich bin geladen (auf ihn),* Ü wütend. **4)** *es,* ⚡ versehe mit Spannung (Akkumulator): *ich muß den Akku meines Blitzgerätes laden; sie ist mit (neuer) Energie geladen,* Ü (wieder) tatkräftig, energisch. **5)** *schweiz.:* laste.

laden [ahd. ladon], *ich* lade (lud, habe geladen; du lädst, er lädt; auch: du ladest, er ladet) *ihn,* **1)** lade ein, bitte zu kommen: *geladene Gäste.* ⚖ fordere zum Erscheinen zu einem bestimmten Zeitpunkt auf: *das Gericht wird ihn als Zeugen laden.*

Laden *der, -s/-ː,* **1)** Geschäftsraum, Verkaufsgeschäft, ABB. F 26: *Gemüseladen; Ladenkette.* **2)** Verschluß vor Fenstern, Türen: *Fensterladen, Rolladen,* ABB. F 13, L 1, 3), *oberdt.:* Brett, Bohle. **4)** *oberdt.:* Latz: *Hosenladen.* **Ladenhüter** *der,* Ü schwer verkäufliche Ware. **Ladenpreis** *der,* Einzelhandelsverkaufspreis. **Ladenschwengel** *der,* Ü verächtlich: junger, geschniegelter Verkäufer. **Ladenstraße** *die,* Verkaufsstraße, die für den öffentl. Verkehr gesperrt ist. **Ladentochter** *die, schweiz.:* Verkäuferin.

Laderampe *die,* Verladefläche, ABB. B 5.

lädieren [lat. laedere ›verletzen‹], *ich* lädiere (habe lädiert) *es, ihn,* beschädige, verwunde. **Lädierung** *die, -/-en.*

Ladiner *der, -s/-,* rätoroman. Bewohner Südtirols. **ladinisch.**

Ladnerin *die, -/-nen, oberdt.:* Verkäuferin.

La|drett *der* oder *das, -s, schweiz.:* Zapfenstreich.

Ladung [zu laden ›frachten‹] *die, -/-en,* **1)** Fracht, Last. **2)** Feuerwaffen: Menge geladenen Pulvers. **3)** ⚡ auf einem Körper befindliche Elektrizitätsmenge: *elektrische L.*

Ladung [ahd. ›Einladung‹, ›Ruf‹] *die, -/-en,* Aufforderung, vor einer Behörde, bes. vor einem Gericht zu einem bestimmten Zeitpunkt zu erscheinen: *eine gerichtliche L.* **Ladungsfrist** *die,* ⚖ Frist zwischen der Zustellung der Ladung und dem Gerichtstermin.

Lady [l'eidi, zu altengl. hlaefdige, eigtl. ›Brotkneterin‹] *die, -/. . .dies,* **1)** engl. Adelstitel für Frauen. **2)** Dame von kultivierter Lebensart. **. . .lady** [-leidi], Ü weibl. Person, die aus einem von Männern beherrschten Gebiet hervorragt hat: *Banklady,* Frau, die eine Bank (mit) überfallen hat; *Rocklady,* Interpretin von Rockmusik. **ladylike** [l'eidilaik], damenhaft, vornehm: *ihr Benehmen ist (nicht) l.*

lafeln, lafern [zu schwafeln], *ich laf(e)le, laf(e)re* (habe gelafelt, gelafert), *schweiz.:* rede oberflächlich, schwatze.

Lafette [frz. l'affût ›Geschützlade‹] *die, -/-n,* Schießgestell, meist auch das Fahrgestell des Geschützes, ABB. G 16.

Laffe [zu mhd. laffen›lecken‹, ›schlürfen‹] *die, -/-n,* **1)** *fränk.:* unterer Teil des Löffels, ABB. L 15. **2)** *schweiz.:* Fleischstück von der Schulter. **3)** *schwäb.:* Ausguß. **4)** *der, -n/-n,* Ü Prahler, Geck.

lag, von liegen.

LAG, Abk. für: Lastenausgleichsgesetz.

Lage [ahd. laga] *die, -/-n,* **1)** *ohne Pl.,* räumliches Verhältnis, Stellung, Anordnung: *das Haus hat eine schöne L.; eine unbequeme L.* **2)** *ohne Pl.,* die augenblicklichen Verhältnisse, Zustand: *er befindet sich in einer schwierigen L.; die L. bessert sich, ist gespannt; ich bin dazu (nicht) in der L.,* ich kann es (nicht); *Lagebeurteilung,* ⚓ Feststellung und Beurteilung der jeweiligen Verhältnisse für den Einsatz; *Wirtschaftslage.* **3)** Schicht: *immer abwechselnd eine L. Papier und eine L. Pappe.* **4)** ♪ Tonhöhe: *hohe, mittlere, tiefe L.;* Stellung der Töne eines Akkords zueinander: *weite, enge L.* **5)** Artillerie: einmaliges Durchfeuern einer Anzahl von Geschützen. **6)** Weinbau: bestimmte Rebfläche: *Weinlage.* **7)** U eine Runde, ein Glas für jeden: *eine L. Bier.* **8)** *ostmitteldt.:* Stubendecke.

Lägel [mhd. lagel, lægel, lat. lagoena] *das* oder *der, -s/-,* auch Legel, **1)** Faß mit ovalem Boden zur Beförderung auf Lasttieren. **2)** Trinkgefäß der Erntearbeiter. **3)** altes Stahlgewicht. **4)** altes schweiz. Flüssigkeitsmaß.

lagenweise, geschichtet. **Lageplan** *der,* Plan der räuml. Lage einer Stadt, eines Geländes, Gebäudes, Raumes.

Lager [ahd. legar, zu liegen] *das, -s/-,* **1)** Übernachtungs-, Aufenthaltsort im Freien oder in Zelten, Hütten: *Ferienlager; Zeltlager.* **2)** behelfsmäßige Unterkunft für eine größere Anzahl von Menschen: *Flüchtlingslager.* **3)** Bett, Schlafstätte: *Krankenlager; Nachtlager; Strohlager.* **4)** Ü Partei, Gruppe Gleichgesinnter: *er steht in unserem L.* **5)** ⚒ und *süddt. Pl. auch* ″er, Speicher, Vorratsraum, Magazin, Raum, wo Waren geordnet und greifbar liegen; auch die gelagerten Waren: *Warenlager; wir haben die Ware (nicht) auf L.,* (nicht) vorrätig. **6)** Ruheplatz des niederen Wildes, des Alpviehs auf der Sennhütte. **7)** ⊕ ✶ plattenförmige Gesteins- oder Mineralschicht in einer Schichtenfolge. **8)** ⬚⬚ Verbindungsteil zum Stützen von Tragwerken, z. B. Auflager, Widerlager, ABB. B 39, B 51, G 31. **9)** ⊚ Stütz- und Gleitvorrichtung für Wellen, ABB. L 1. **Läger** *das, -s/-, schweiz.:* Strohlager des Viehs. **Lagerbier** *das,* untergäriges Bier. **lagerfest,** *lagerfeste Obstsorten.* **Lagerfeuer** *das,* offenes Feuer an einem Lagerplatz im Freien. **Lagergeld** *das,* Gebühr für die Einlagerung von Gütern. **Lagerhaus** *das,* Gebäude zum Einlagern von Waren. **Lagerist** *der, -en/-en,* Lagerverwalter. **lagern** [mhd. legeren], *ich lag(e)re* (habe gelagert), **1)** raste im Freien. **2)** *mich,* schlage mein Lager auf; lege mich hin. **3)** *Getreide lagert sich,* sinkt um (durch Nässe, Sturm). **4)** *es,* bewahre es längere Zeit auf. **5)** *ihn, es,* lege bequem hin, bette: *der verletzte Fuß muß hoch gelagert werden.* **6)** *Ware lagert,* ist vorrätig, wird auf Lager gehalten, aufbewahrt. **Lagerpflanze** *die,* ⊕ Thallophyt. **Lagerstatt** *die, -/″en,* Lager, Bett. **Lagerstätte** *die,* **1)** Lagerplatz. **2)** natürl. Vorkommen nutzbarer Bodenschätze. **Lagerung** *die, -/-en,* **1)** Aufbewahrung. **2)** ⊕ die natürl. räuml. Anordnung von Gesteinen.

la|grimoso [ital. lagrima ›Träne‹] ♪ klagend, traurig.

Lagune [ital., zu lat. lacuna ›Lache‹] *die, -/-n,* **1)** Haff. **2)** von Korallenriffen geschützte Wasserfläche im Inneren eines Atolls.

lahm [ahd. lam], **1)** bewegungsunfähig, gelähmt; unfähig zu gehen: *von Geburt l.; eine lahme Hand.* **2)** Ü schlapp, erschöpft: *ich bin ganz l.; lahme Entschuldigungen,* U mangelhafte, unzulängliche. **3)** U langweilig: *das Fernsehspiel war l.* **lähmen** [mhd. lamen], *ich lahme* (habe gelahmt), hinke: *das Pferd lahmt.* **lähmen** [ahd. lemjan], *es lähmt* (hat gelähmt) *ihn, mich,* nimmt ihm, mir die Bewegungskraft: *sie ist halbseitig gelähmt; dieser Anblick lähmte mich,* Ü. **Lähmheit** *die, -.* **lahmlegen,** *ich lege ihn lahm* (habe lahmgelegt), verhindere die Ausübung einer Tätigkeit: *Glatteis hat den Verkehr stellenweise völlig lahmgelegt.* **Lähmung** *die, -/-en.*

Lahn [frz. lame, zu lat. lamina ›dünnes Metallblech‹] *der, -s/-e,* zu Bändchen ausgewalzter Zierdraht.

Lahne, Lähne [mhd. lene] *die, -/-n, schweiz., österr., bair.:* Lawine. **lahnig,** *oberdt.:* lawinengefährlich.

Lahnung [niederdt.] *die, -/-en,* niedriger Dammbau an Meeresküsten zur Landgewinnung.

Laib [ahd. leib ›Brot‹] *der, -(e)s/-e,* abgerundete feste Masse: *ein L. Brot; Brotlaib,* ABB. B 50. **Laibung** *die, -/-en,* auch ⬚⬚ innere Mauerfläche in Maueröffnungen, ABB. B 39, F 12.

Laich [spätmhd. leich, eigtl. ›Liebesspiel‹] *der, -(e)s/-e,* in Klumpen, Schnüren oder einzeln abgelegte, mit Gallerte umgebene Eier von Fischen, Lurchen, Insekten, Weichtieren: *Froschlaich.* **laichen,** *ein Frosch laicht* (hat gelaicht): *Laichplatz; Laichzeit.* **Laichkraut** *das,* eine Wasserpflanze.

Laie [ahd. leigo, zu grch. laikos ›zum Volke gehörig‹] *der, -n/-n,* **1)** Nichtfachmann. **2)** kath. Kirche: Nichtgeistlicher: *Laienstand.* **Laienapostolat** *das,* kath. Kirche: Mitarbeit von Laien an der Ausbreitung der kath. Lehre und Lebensführung. **Laienbruder** *der,* Ordensmitglied ohne Weihen. **laienhaft,** unfachmännisch, unsachgemäß. **Laienrichter** *der,* ⚖ nicht rechtsgelehrter Richter. **Laienschaft** *die,* Klosterschwester ohne Weihen. **Laienspiel** *das,* Theaterspiel nicht berufsmäßiger Schauspieler. **laisieren** [la:i-], der *Heilige Stuhl laisiert* (hat laisiert) *einen Kleriker.* **Laisierung** [la:i-] *die, -/-en,* Rückversetzung eines kath. Priesters in den Laienstand.

Laissez-faire [lɛsɛ'f:r, frz., ›laßt sie machen‹ aus›, Ungezwungenheit, das Sichgehenlassen. **laissez faire, laissez aller** [-lɛsɛzal'e, frz., ›laßt sie gehen‹], auch laissez passer, Schlagwort des Wirtschaftsliberalismus: die Wirtschaft gedeihe am besten, wenn der Staat sich nicht in sie einmische.

Laizismus [la:i-, vgl. Laie und . . .ismus] *der, -,* die Bestrebungen nach Ausschluß der Geistlichen von nichtkirchl. Angelegenheiten. **laizistisch** [la:i-].

Lakai [frz. laquais, zu türk. ulak ›Eilbote‹] *der, -en/-en,* **1)** herrschaftl. Diener. **2)** Ü unterwürfiger Mensch. **lakaienhaft,** unterwürfig.

Lake [mnd., vgl. Lache] *die, -/-n,* Salzlösung zum Einsalzen von Fisch, Fleisch u. a.

Laken [mnd. laken ›Gewebestück abgepaßter Größe‹] *das, -s/-,* Bettuch, großes Tuch: *Badelaken; Bettlaken,* ABB. B 27.

lakonisch [nach dem griech. Landschaft Lakonien], wortkarg, kurz und treffend: *eine lakonische Antwort.* **Lakonismus** *der, -/. . .men,* kurze Ausdrucksweise.

Lakritze [mhd. lakerize, mlat. liquiritia, zu grch. glykyrrhiza ›Süßwurz‹] *die, -/-n,* eingedickter Saft der Süßholzwurzel.

lakt. . . [lat. lac ›Milch‹], milch. . . **Laktase** *die, -/-n,* auch Lactase, ein Ferment. **Laktation** *die, -,* Milchabsonderung bei Mensch und Tier; Stillzeit. **laktieren,** sie laktiert (hat laktiert), säugt. **Lakto(densi)meter** [lat. densus ›dicht‹] *das, -s/-,* Meßgerät zur Bestimmung des spezif. Gewichts der Milch. **Laktose** *die, -,* Milchzucker. **Laktos|urie** [grch. ouron ›Harn‹] *die, -/. . .ur'i|en,* ⚕ das Auftreten von Milchzucker im Harn bei Wöchnerinnen.

lakunär, schwammartig, aushöhlend, Ausbuchtungen bildend, höhlenartig. **Lakune** [lat. lacuna ›Lache‹, ›Vertiefung‹] *die, -/-n,* **1)** Lücke (in einem Text). **2)** ⚕ ⚒ Spalte, Hohlraum (in Geweben). **3)** Wassergrube.

laku|strisch [lat. lacus ›See‹], die Seen betreffend, seeartig.

lala [Schallw.], *es geht mir so l.,* U mittelmäßig.

Lälle, Lalle [mhd. lallen, Schallw.], *ich lalle* (habe gelallt) *(-e), schweiz.:* Zunge. **lallen** [mhd. lallen, Schallw.], *ich lalle* (habe gelallt) *(-e),* spreche mit gehemmter Zunge, unartikuliert. **lällen,** *es lällt* (hat gelällt), *schweiz.:* züngelt, lodert. **Lalli** *der, -s/-, alem.:* Narr, Dummkopf. **Lallwort** *das,* gelalltes Kinderwort.

Lama [Ketschua llama ›Vieh‹] *das, -s/-s,* **1)** Haustierform des Guanakos. **2)** flanellähnliches, weiches Gewebe.

Lama [tibet. ›Lehrer‹, ›Lenker‹] *der, -(s)/-s,* buddhistischer tibet. Priester. **Lamaismus** *der, -,* tibet. Form des Buddhismus. **Lamaist** *der, -en/-en,* Anhänger des Lamaismus. **lamaistisch.**

Lambda *das, -(s)/-s,* griech. Buchstabe, ÜBERS. G 36. **Lambda-Teilchen** *das,* zu den Baryonen gehörendes Elementarteilchen.

Lambert [zu Lamprecht], männl. Vorname.

Lam|brequin [lãbrək'ɛ̃, frz., aus fläm., zu dt. Lumpen] *der, -s/-s,* **1)** mit Quasten versehener Behang über Türen, Fenstern. **2)** U Helmdecke.

Lam|bris [lãbr'i, frz., zu lat. lambrusca ›wilde Rebe‹ und lamina ›dünne Platte‹] *der, -/- [-s], österr.: die, -/. . .br'i|en,* unterer Teil einer Wandbekleidung aus Marmor, Holz, Stuck.

Lamb|skin [l'æmskin, engl. ›Lammfell‹] *das, -(s)/-s,* mit Lammfellimitation. **Lambs|wool** [l'æmzwu:l, engl.] *die, -,* zarte Lamm-, Schafwolle: *Lambswoolpullover.*

lamé [-m'e:, frz., vgl. Lahn], *nicht flektierbar,* mit Lamé durchwirkt. **Lamé** der, -s/-s, mit Metallfäden gemustertes Gewebe: ein Abendkleid aus Goldlamé. **Lamelle** [lat. lamella, vgl. Lahn] die, -/-n, dünnes Blättchen, Scheibe, z. B. unter dem Hut von Blätterpilzen, Abb. P 14: Lamellenkupplung, Abb. K 54.

Lamentation [lat. lamentari ›jammern‹] die, -/-en, Jammern, Wehklagen. **lamentieren**, ich lamentiere (habe lamentiert), U jammern, wehklage. **Lamento** das, -s/-s, 1) U Wehklage. 2) ♪ Klagegesang. **lamentoso**, ♪ klagend, traurig.

Lametta [ital., verwandt mit Lahn, Lamelle] das, -s oder die, -, 1) papierdünne Metallfäden aus Zinn oder Aluminium als Christbaumschmuck. 2) U (viele) Orden.

laminar, schichtig. **laminieren** [lat. lamina ›Platte‹, ›Scheibe‹, ›Blatt‹], ich laminiere (habe laminiert) es, 1) Spinnerei: strecke Fasern. 2) überziehe einen Bucheinband mit Glanzfolie, kaschiere.

Lamm [ahd. lamb] das, -(e)s/ ⁿer, 1) junges Schaf oder junge Ziege: Lammfellmütze; Lammkotelett. 2) Sinnbild der Unschuld und Geduld: das L. Gottes, Sinnbild Christi. **Lämmchen** das, -s/-. **lammen**, ein Schaf lammt (hat gelammt), wirft ein Junges. **Lamm(e)sgeduld** die, U große Geduld. **lammfromm**, U sehr geduldig. **Lämmlein** das, -s/-.

Lämpchen das, -s/-. **Lampe** [mhd. lampe, lampade, zu grch. lampas ›Fackel‹] die, -/-n, Gerät zur Erzeugung von Licht: Glühlampe; manchmal direkt mit Vorrichtungen zur Verteilung des Lichts (vgl. Abb. L 10) verbunden: Petroleumlampe.

Lampe, Meister L., Name des Hasen in der Tierfabel.

Lämpe der, -ns/-, schweiz.: Doppelkinn. **lampen** [mhd. lampen ›niederhängen‹], es lampt (hat gelampt), schweiz.: hängt schlaff.

Lampenfieber das, Aufregung vor dem öffentl. Auftreten: der Schauspieler hat L.

lämpig [zu lampen], schweiz.: schlaff.

Lampion [lampi'õ, frz.] der oder das, -s/-s, Papierlaterne, Abb. L 10.

Lamprecht [ahd. lant ›Land‹, und berät ›glänzend‹], männl. Vorname.

Lamprete [mlat. lampreta] die, -/-n, das Meeresneunauge.

Lançade [lãs'ad, frz. lancer ›stoßen‹, ›schleudern‹ die, -/-n [-ən], Bogensprung der Hohen Schule, Abb. H 22. **Lancier** [lãsj'e, frz.] der, -s/-s,] Lanzenreiter, Ulan. 2) ein Kontertanz.

lancieren [lãs'i:rən, frz.], ich lanciere (habe lanciert), 1) es, bringe in Umlauf, in Mode: er hat die Nachricht in die Presse lanciert. 2) ihn, bringe geschickt in eine vorteilhafte Stellung, verhelfe zu Ruhm, z. B. einem Künstler.

Land [ahd. lant] das, -es, 1) Erdboden, Grundstück: das L. muß bebaut werden; ich besitze ein großes Stück L.; Ackerland; Landbebauung. 2) Festland im Gegensatz zum Wasser: zu Wasser und zu Lande; die Schiffspassagiere gingen an L.; L. in Sicht!; ich sehe L., Ü bin am Ziel nahe. 3) naturnahe, dörfl. Gegend im Gegensatz zur Stadt: wir wohnen auf dem Lande. 4) Pl. ⁿer, abgegrenztes Gebiet, Staat, Gliedstaat: er ging außer Landes; die Regierungen der Länder; bei uns zulande, hierzulande, in dieser Gegend; das Heilige L., B Palästina. **land|ab**, l., landauf, im Lande umher, überall. **Land|ammann** der, Regierungsvorsitzende in einigen schweizerischen Kantonen.

Landauer [nach der Stadt Landau in der Pfalz] der, -s/-, vierrädriger und viersitziger Kutschwagen mit zusammenklappbarem Verdeck. **Landaulett** das, -s/-e, Landauer mit verkürztem Vordersitz.

land|aus, l., landein, durch viele Länder. **Landbevölkerung** die, die Bewohner ländlicher Gemeinden. **Ländchen** das, -s/-. **Lande**, Pl., 1) P Gegend, Landschaft: die Glocken tönen in die L. 2) ⚭ Gebiet eines Herrschers: die österreichischen Erblande. **Lände** die, -/-n, Landungsplatz: Schiffslände. **Landebahn** die, der zum Landen von Flugzeugen bestimmte Teil eines Flugplatzes. **Landefähre** die, Mondlandefähre. **land|einwärts**, in das Land hinein. **Landekorridor** der, schlauchförmige Zone, in der ein aus dem Weltraum zurückkehrendes Raumfahrzeug eintreten muß. **landen** [mhd. lenden], ich lande (bin gelandet), 1) komme an Land (vom Wasser aus), setze am Erdboden (vom Luft aus) an: Kolumbus landete 1492 auf der Insel Guanahani; die Maschine ist soeben planmäßig auf dem Rhein-Main-Flughafen gelandet; Landeanflug; Landeerlaubnis; Landeplatz; Landeverbot. 2) irgendwo, U gerate hin, komme hin: er landete im Wirtshaus; sein Wagen landete am Baum. 3) (habe gelandet) Truppen, bringe von Schiffen oder Flugzeugen an Land. 4) (habe gelandet) einen Schlag, U bringe an. **länden**, ich lände (habe gelandet) eine Leiche, bes. südwestdt., oberdt.: berge aus

dem Wasser ans Land. **Land|enge** die, schmale Landverbindung zwischen zwei Landmassen, Abb. K 56. **Länderei** die, -/-en, meist Pl., großer Grundbesitz. **Länderkampf** der, ✠ Wettkampf zweier oder mehrerer Nationalmannschaften. **Länderkunde** die, Erdkunde der einzelnen Länder. **länderkundlich. Länderspiel** das, Länderkampf. **Land|erziehungsheim** das, Heimschule auf dem Land. **Landesangehörigkeit** die, Staatsangehörigkeit. **Landesaufnahme** die, planmäßige Vermessung eines Landes. **Landesbischof** der, der leitende Geistliche in einigen evang. Landeskirchen. **Landesfarben**, Pl., Nationalfarben: die Trikots der Sportler zeigten die L. **Landeshauptmann** der, in den österreich. Bundesländern der Vorsitzende der Landesregierung. **Landeshoheit** die, die Gesamtheit von Hoheitsrechten. **Landeskirche** die, Gliedkirche der Evangelischen Kirche in Deutschland. **Landeskunde** die, Betrachtung eines Landes und einer Bevölkerung hinsichtlich der räuml. Erscheinung oder des historischen Geschehens in diesem Raum. **landeskundig**, das Land kennend. **landeskundlich**, die Landeskunde betreffend. **Landesmeisterschaft** die, ✠ Wettkampf um den höchsten nationalen Meistertitel eines Landes. **Landesmutter** die, **Landesvater** der, P Herrscher(in), Fürst(in) eines Landes. **Landesverrat** der, gegen die äußere Sicherheit eines Staates gerichtete Straftat. **Landesverräter** der, jemand, der Landesverrat begeht. **Landfahrer** der, Person ohne festen Aufenthaltsort, z. B. Zigeuner. **Landfall** der, ⚓ zuerst gesichteter Küstenpunkt. **Landflucht** die, -, Abwanderung ländlicher Arbeitskräfte in industrielle Berufe. **Landfriedensbruch** der, Gewalttätigkeit an Personen oder Sachen durch eine zusammengerottete Menschenmenge. **Landgericht** das, Gericht erster und zweiter Instanz. **Landgewinnung** die, Gewinnung von Neuland, bes. aus dem Wattenmeer. **Landheim** das, Erholungsstätte für Kinder auf dem Land: Schullandheim. **Landjäger** der, 1) Gendarm. 2) flache, hart geräucherte Wurst, Abb. F 26. **Landkarte** die, verkleinerte Darstellung der Erdoberfläche oder ihrer Teile in einer Ebene. **Landkreis** der, unterer staatl. Verwaltungsbezirk. **landläufig**, üblich, allbekannt. **Ländler** der, -s/-, Volkstanz im ³/₄- oder ³/₈-Takt. **ländlich**, auf das freie Land bezüglich, auf dem Land üblich: in ländlicher Umgebung; ländliche Bräuche. **Landmann** der, -(e)s/. . .leute, Bauer. **Landmarke** die, weithin sichtbarer Geländepunkt, z. B. Berg. **Landmaschine** die, techn. Hilfsmittel der Landwirtschaft. **Landmesser** der, Feldmesser, Geometer. **Landnahme** die, -, Besitzergreifung eines Landes. **Landpfleger** der, B Statthalter. **Landplage** die, Bedrängnis, die ein ganzes Land betrifft, z. B. Seuche. **Landpomeranze** die, U unbeholfenes Mädchen vom Lande. **Landrat** der, oberster Verwaltungsbeamter eines Landkreises. **Landratte** die, U Nichtseemann. **Landregen** der, Dauerregen. **Landrücken** der, langgestrecktes Hügelland mit gerundeten Bergformen. **landsch., ostniederdt.**: ländlich. **Landschaft** die, -/-en, Gebiet mit einem charakteristischen Gepräge: Gebirgslandschaft; Industrielandschaft. **landschaftlich. Landschreiber** der, schweiz.: Amtsschreiber, Notar. **Landser** der, -s/-, U Soldat. **Landsgemeinde** die, Volksversammlung in manchen schweizer. Kantonen. **Landsknecht** der, zu Fuß kämpfender Söldner (15./16. Jahrh.). **Landsmål** [-mo:l] das, -s, älterer Name für Nynorsk. **Landsmann** der, -(e)s/. . .leute, **Landsmännin** die, -/-nen, jemand, der aus derselben Gegend stammt. **Landsmannschaft** die, Vereinigung zur Heimatpflege. **Landstör(t)zer** der, -s/-, ⚭ Landstreicher. **Landstraße** die, Überlandweg mit befestigter Fahrbahn, Abb. S 72. **Landstreicher** der, Person ohne festen Wohnsitz, meist Bettler. **Landstrich** der, schmaler Teil einer Landschaft, kleines Gebiet. **Landsturm** der, urspr. das Aufgebot aller Waffenfähigen, später das der älteren Jahrgänge. **Landtag** der, Volksvertretung der meisten dt. Bundesländer. **Landtechnik** die, 1) die Methoden der Bodennutzung. 2) die Mechanisierung der Arbeiten in der Landwirtschaft. **Landung** die, -/-en, das Landen von Schiffen und Flugzeugen: das Flugzeug hat zur L. angesetzt. **Landwehr** die, 1) ältere Jahrgänge des Heeres. 2) U mann alter Grenzbefestigungen. **Landwirt** der, Eigentümer, Pächter eines landwirtschaftl. Betriebes. **Landwirtschaft** die, Nutzung den Bodenkräfte zur Erzeugung pflanzl. und tierischer Rohstoffe. **landwirtschaftlich**, landwirtschaftliche Betriebe, Nutzungsflächen; Landwirtschaftliche Produktionsgenossenschaft (Dt. Dem. Rep.), Abk.: LPG. **Landzunge** die, lange, schmale Halbinsel, Abb. K 56.

lang, länger, am längsten [ahd. lang], 1) bei Maßangaben:

Lang

die Ausdehnung in einer Richtung bezeichnend: *der Weg ist 2 km l.* **2)** von beachtlicher Ausdehnung in einer Richtung, Abb. E 2: *ein langer Pfahl; lange Haare, Hosen; er hat lange Finger gemacht,* U gestohlen; *sie macht ein langes Gesicht,* U ist enttäuscht; *der Junge macht ihm eine lange Nase,* U verspottet ihn; *das solltest du nicht auf die lange Bank schieben,* U hinauszögern; *er hat eine lange Leitung,* U begreift langsam. **3)** viel Zeit beanspruchend: *ein langer Aufenthalt; nach langer Zeit; eine lange Rede; er wird wieder l. und breit darüber reden; er hat sich des langen und breiten darüber geäußert; über kurz oder l., bald; seit langem.* **4)** *nicht flektierbar,* nach Zeitangaben u. a.: währenddessen: *5 Jahre l.,* aber: *jahrelang; sein Leben l.; 20 Minuten l.,* aber: *tagelang, stundenlang, meterlang; der Brief ist vier Seiten l.,* aber: *seitenlang.* **5)** *nicht flektierbar,* U entlang: *den Bach l.* **6)** U lange. **langärm(e)lig,** mit langen Ärmeln. **langatmig,** U weitschweifig, zu ausführlich. **Langbaum** *der,* Abb. W 2. **Langbein** *das: Meister L.,* P Storch. **langbeinig,** *eine langbeinige Hunderasse.* **lange** [ahd. lango], U auch lang, **1)** lange Zeit, seit langem: *wie l. wollen Sie bleiben?; das dauert nicht mehr l.; ein lang gehegter Plan; es hat l. nicht geregnet; ich mußte l. warten; da kann er l. warten!,* U vergeblich. **2)** U bei weitem: *heute ist das Wetter l. nicht so schön wie gestern.* **Länge** [ahd. lengi] *die, -/-n,* **1)** räumliche Ausdehnung in einer Richtung, Abb. K 38: *eine Latte von 5 m L.* **2)** *ohne Pl.,* zeitliche Ausdehnung, Dauer: *die Verhandlung zog sich in die L.* **3)** zu breit Ausgeführtes, langweilige Stelle: *dieser Film hat Längen.* **4)** Metrik: lange Silbe: *der griechische Vers ist auf der Unterscheidung von Längen und Kürzen aufgebaut.* **5)** ⊕ der in Winkelgraden gemessene Bogen (Längengrad) zwischen dem Meridian (Längenkreis) eines Ortes und dem Nullmeridian von Greenwich, Abb. E 8, G 30. **6)** ☆ der Bogen der Ekliptik zwischen dem Frühlingspunkt und dem Schnittpunkt des Breitenkreises eines Gestirns, vom Frühlingspunkt aus in östlicher Richtung gezählt. **langegal,** U der Länge nach: *das Kind fiel l. hin.* **langen** [ahd. langen ›verlangen‹], *ich lange* (habe gelangt), U **1)** nach etw, danach, es mir, greife danach: *er langte über den Tisch nach dem Brot; den will ich mir langen,* U ihm Vorhaltungen machen. **2)** *bis zu ihm,* kann es erreichen: *das Kind langt schon bis zur Türklinke.* **3)** *es langt bis zu ihm,* reicht bis dahin: *der Rock langt mir bis zum Knöchel.* **4)** damit, U komme aus: *wir langen mit dem Geld bis morgen.* **5)** *es ihm,* reiche zu: *er hat ihm eine gelangt,* U eine Ohrfeige gegeben. **6)** *es langt,* reicht aus: *es l. bis morgen; jetzt langt's mir aber!,* U meine Geduld ist zu Ende. **längen** [zu lang], *ich länge* (habe gelängt) *es,* **1)** verlängere, mache länger. **2)** gieße Wasser dazu, verdünne (Suppe, Soße). **Längenmaß** *das,* Übers. M 8. **Langette** [frz. languette, eigtl. ›Zünglein‹] *die, -/-n,* in Schlingstich ausgeführte Befestigung von Stoffrändern, Abb. H 7. **Lang(e)weile** *die, -* oder *L'angenweile,* Eintönigkeit, Mangel an Abwechslung: *aus L. oder Langerweile.* **Langfinger** *der,* U Taschendieb. **langfing(e)rig,** **1)** mit langen Fingern. **2)** U diebisch. **langfristig,** über eine lange Frist: *langfristige Planung.* **langhaarig,** *langhaarige Hunderassen.* **Langhaus** *das,* ⛪ das längsgestreckte Mittelteil einer Kirche. **langjährig,** über viele Jahre hin: *langjährige Freundschaft.* **Langlauf** *der,* Skilanglauf. **langlebig,** von langer Dauer. **langlegen,** *ich lege mich lang* (habe mich langgelegt), U lege mich nieder, ruhe. **länglich,** in einer Richtung ausgedehnter als in der anderen, in die Länge gezogen. **Langmut** *die, -,* Geduld, Nachsicht. **langmütig. Langmütigkeit** *die, -.*

Langobarde *der, -n/-n,* Angehöriger eines german. Volkes. **langobardisch.** **Langohr** *das,* **1)** *Meister L.,* P Hase, Esel. **2)** eine Fledermaus. **längs, 1)** entlang: *l. des Meeres,* am Ufer hin. **2)** die Länge durch, in der Längenachse. **langsam,** Bewegung oder Fortgang verzögernd, lange Zeit brauchend, gemächlich: *er arbeitet, fährt, geht l.; langsame Bewegungen; ein langsamer Mensch.* **Langsamkeit** *die, -.* **Langschläfer** *der,* jemand, der morgens gern lange schläft. **längsgestreift,** Abb. M 26. **Langspielplatte** *die,* Abk.: LP, Schallplatte mit langer Spieldauer. **Längsschnitt** *der,* zeichner. Darstellung des Durchschnitts eines Körpers in der Längsrichtung. **längsseits** dessen, der langen Seite entlang. **längst, 1)** seit langer Zeit: *ich habe es l. gewußt.* **2)** bei weitem: *du weißt l. noch nicht alles.* **Längstal** *das,* ⊕ ein parallel mit den Gebirgsketten verlaufendes Tal. **längstens,** nicht länger als, spätestens: *in l. drei Tagen.* **langstielig, 1)** mit langem Stiel. **2)** U langweilig, weitschweifig (Rede). **Langstreckenlauf** *der,* ⚔ Lauf über Strecken von 3 000 und mehr Metern. **Languste** [frz. langouste, zu lat. locusta] *die, -/-n,* Panzerkrebs, scherenloser, nicht schwimmender Krebs. **langweilen,** *ich langweile* (habe gelangweilt), **1)** *ihn,* verursache Langeweile: *sie langweilte ihn mit ihrem Bericht.* **2)** *mich,* habe Langeweile. **Langweiler** *der, -s/-,* langweiliger Mensch. **langweilig,** eintönig, öde, wenig abwechslungsreich. **Langwellen,** (꿰) elektromagnet. Wellen mit einer Länge von 1 000 bis 10 000 m. **langwierig,** viel Zeit beanspruchend, lange während: *nach langwierigen Verhandlungen.* **Langwierigkeit** *die, -.* **Langzeitauto** *das,* viele Jahre fahrbereites Auto. **Langzeitprogramm** *das: eine Versuchsreihe mit L.* **langziehen,** *ich ziehe ihm die Hammelbeine (Ohren) lang* (habe langgezogen), U weise ihn energisch zurecht. **Lanolin** [lat. lana ›Wolle‹ und oleum ›Öl‹] *das, -s,* Salbengrundlage aus Wollfett, Paraffin und Wasser. **Lanthan** [grch. lanthanein ›versteckt sein‹] *das, -s,* ⊙ Element, Zeichen: La, sprödes, zinnfarbenes Metall. **Lanthanid** *das, -s/-e, meist Pl.,* ⊙ für: **Lanthanoid** [vgl. . . . id] *das, -s/-e, meist Pl.,* eine Gruppe chemisch verwandter Elemente. **Lanugo** [lat. lanugo ›Flaum‹, zu lana ›Wolle‹] *die, -/. . .gines,* Wollhaar des Fetus und der Säugetiere. **Lanze** [mhd. lanze, zu lat. lancea] *die, -/-n,* Speer, Spieß, Abb. L 2; ritterliche Waffe: *er bricht eine L. für ihn,* U tritt für ihn ein. **Lanzette** *die, -/-n,* kleines, zweischneidiges Operationsmesser, Abb. L 2. **Lanzettfischchen** *das,* schädelloses, im Meer lebendes Chordatier. **lanzettförmig,** Abb. B 34. **lanzinierend** [lat. lancinare ›zerreißen‹], *lanzinierende Schmerzen,* ⚕ blitzartig auftretende, stechende Schmerzen. **Laote** *der, -n/-n,* Bewohner von Laos in Hinterindien. **laotisch.** **Laparo|skop** [grch. lapare ›die Weichen‹ und vgl. . . . skop] *das, -s/-e,* ⚕ Endoskop. **Laparo|skopie** *die, -/. . .p'i|en,* **Laparotomie** [grch. tome ›Schnitt‹] *die, -/. . .m'i|en,* ⚕ Bauchschnitt, das operative Öffnen der Bauchhöhle. **lapidar** [lat. lapidarius ›zu den Steinen gehörig‹], kurz und bündig, dabei wirkungsvoll, treffend: *eine lapidare Feststellung; in lapidarer Kürze.* **Lapidarium** *das, -s, . . . ri|en,* Sammlung von Steindenkmälern. **Lapis** [lat.] *der, -/. . . pides,* Stein; Höllenstein. **Lapislazuli** [zu Lapis und arab. lazaward ›blaue Farbe‹] *der, -,* blauer Halbedelstein. **Lappalie** [-iə, zu Lappen und lat. Endung] *die, -/. . . li|en,* lächerliche Kleinigkeit. **Läppchen** *das, -s/-,* Diminutiv zu Lappen: *Ohrläppchen,* Abb. O 2. **Lappe** *der, -n/-n,* Lappländer, Bewohner Lapplands. **Lappen** [ahd. lappo ›niederhängendes Stück Tuch‹] *der, -s/-,* **1)** ein Stück Tuch, bes. zum Reinigen, Säubern: *Putzlappen; Waschlappen.* **2)** *nur Pl.,* ⚘ Tücher zum Umstellen des Wildes, Abb. J 1: *er soll mir nicht durch die L. gehen,* U entkommen. **3)** weicher oder schlaff hängender Körperauswuchs: *Kammlappen,* Abb. H 26. **4)** breiter Beschlag, Abb. B 9. **5)** U Geldschein: *ein blauer L.,* 100 Mark. **läppen,** *ich läppe* (habe geläppt) *es,* bearbeite metallische Werkstücke durch feinstes Spanen. **läppern** [mhd. lappen, laffen ›schlürfen‹], *ich läpp(e)re* (habe geläppert), **1)** niederdt.: trinke, schlürfe. **2)** *es läppert sich,* U kommt in kleinen Teilen zusammen: *im letzten Monat haben sich die unvorhergesehenen Ausgaben ziemlich geläppert.* **lappig** [zu Lappen], U wie ein Lappen, schlaff. **lappisch,** lappländisch. **läppisch** [mhd. leppisch], lächerlich, töricht, kindisch: *eine läppische Begründung, Entschuldigung; dieses Getue ist l.*

die Stoßklinge — der Schaft — der Schuh — **Lanze**
die umsteckbare Lanzette — die feste Lanzette — die Kugel — **Lanzette**
die Schlinge — der Lasso — das Seil — die Bola — **Lasso**

L 2

Lapsus [lat. lapsus ›Gleiten‹, ›Fallen‹] der, -/-, geringfügiger Fehler: *L. calami,* Schreibfehler; *L. linguae,* Sprechfehler; *L. memoriae,* Gedächtnisfehler; *mir ist da ein kleiner L. unterlaufen, passiert.*

Lärche [mhd. larche, zu lat. larix] die, -/-n, sommergrüner Nadelbaum.

Laren [lat. lares], Pl., altröm. Schutzgottheiten.

lar|ghetto [ital. ›etwas breit‹, zu largo ›breit‹, ›gedehnt‹, ›langsam‹], ♪ etwas breit, mäßig langsam. **Lar|ghetto** das, -s/-s oder . . . gh'etti, mäßig langsames Musikstück. **largo,** ♪ sehr langsam, sehr breit. **Largo** das, -s/-s oder . . . ghi, sehr langsames Musikstück.

larifari! [nach den ital. Tonsilben la, re, fa, re], U Unsinn! **Larifari** das, -s, U Geschwätz, leeres Gerede, Unsinn.

Lärm [mhd. lerman ›Lärm‹, zu frz. alarme, eigtl. ›zu den Waffen‹] der, -(e)s, 1) lästiges Geräusch, Krach: *die Kinder machen L.; Straßenlärm; Verkehrslärm; Lärmbekämpfung; Lärmbelästigung; lärmempfindlich; lärmkrank; Lärmquelle.* Ü. 2) Alarm: *er hat L. geschlagen.* **lärmen,** *ich lärme* (habe gelärmt), mache Lärm, schreie, poltere, zanke laut. **Lärmer** der, -s/-, Ruhestörer. **lärmig,** ஃ, noch schweiz.: laut, voller Lärm: *ein lärmiges Fest.*

larmoy|ant [larmwaj'ā, frz., zu larme ›Träne‹], ஃ weinerlich, rührselig. **Larmoy|anz** die, -.

Lärmschutz der, technische, organisatorische und gesetzgeberische Maßnahmen zum Schutz gegen Lärm: *Lärmschutzbestimmungen; Lärmschutzwall.*

Lars [nord., zu Laurentius], männl. Vorname.

L'art pour l'art [la:rpurl'a:r, frz.] ›Die Kunst um der Kunst willen‹], Schlagwort für die ästhet. Eigengesetzlichkeit der Kunst.

larval, die Larve betreffend. **Lärvchen** das, -s/-, U hübsches, nichtssagendes Gesicht. **Larve** [lat. larva ›Maske‹, ›Gespenst‹, ›Larve‹] die, -/-n, 1) Gesichtsmaske, Abb. M 6. 2) P Schreckgespenst. 3) Jugendform von Tieren, die eine Verwandlung durchmachen, z. B. Kaulquappe, Raupe, Abb. A 10, R 10: *Käferlarve.*

laryngeal [grch. larynx ›Kehlkopf‹], auf den Kehlkopf bezüglich. **Laryngitis** die, -/. . . t'iden, Kehlkopfkatarrh. **Laryngologie** [vgl. . . . logie] die, -, Lehre vom Kehlkopf und seinen Krankheiten. **Laryngo|skop** [vgl. . . . skop] das, -s/-e, Kehlkopfspiegel. **Larynx** der, -/. . . r'yngen, Kehlkopf.

las, von lesen.

lasch [mhd. ›müde‹], U schlaff, träge; fade, ungewürzt.

Lasche [mhd. lasche ›Lappen‹, ›Fetzen‹] die, -/-n, 1) ⊙ Verbindungsstück zweier stumpf aneinanderstoßender Teile, Abb. G 28; Kettenverbindung, Abb. K 18. 2) Gürtelschlaufe, Abb. G 39. 3) Zunge am Schnürschuh, Abb. S 26. **Laschheit** [zu lasch] die, -, U lasches Verhalten, Trägheit. **Laschung** die, -, Verbindung durch eine Lasche.

Lase [mnd. lase] die, -/-n, mitteld.: Henkelkrug mit Ausguß.

Laser [l'eizə, engl. Kurzw. aus: light amplification by stimulated emission of radiation] der, -s/-, Lichtverstärkung durch Emissionsanregung von Strahlung: *Laserstrahlen.*

Lash [læʃ, Abb. für engl. lighter aboard ship] das, -, Transport von Binnenschiffs-Leichtern im Huckepackverkehr durch Seeschiffe.

lasieren [mhd. lasiuren, zu Lasur], *ich lasiere* (habe lasiert) *es,* trage Farbe oder Lack so dünn auf, daß der Untergrund durchscheint.

Läsion [lat. laedere ›verletzen‹] die, -/-en, $ Verletzung; Störung eines Körperorgans.

laß, lasser, am lassesten [ahd. laz ›träge‹, engl. late ›spät‹, verwandt mit lassen], ஃ schlaff, kraftlos, nachlässig.

lassen [ahd. lazzan], *ich lasse* (ließ, habe gelassen; du läßt, er läßt), 1) *ihn, es (geschehen),* mache, daß etwas geschieht, veranlasse, bewirke: *er hat die Mitarbeiter kommen lassen, sie rufen lassen; er ließ einen Pfiff hören; laß hören!, erzähle!; lassen Sie von sich hören, geben Sie Nachricht; lassen Sie sich gut schmecken; ich l. es mich etwas kosten,* wende viel Geld oder Mühe daran. 2) *es, ihn, mich,* tue nichts, um zu hindern, lasse zu, dulde, ermögliche: *das l. ich mir nicht gefallen, nicht bieten; das läßt sich hören,* U ist annehmbar; *es läßt sich aushalten,* man kann es ertragen; *das kann sich sehen lassen, ich laß mich mitgehen!; laß dir das gesagt sein!,* nimm die Worte zu Herzen, *laß dir raten!* 3) *es,* behalte nicht bei mir, gebe weg: *der Kranke muß Wasser lassen; er mußte Haare lassen,* U Verluste erleiden. 4) *es ihm,* belasse, überlasse, nehme etwas nicht weg, störe Besitz oder Besitzergreifung nicht: *laß ihm doch den Spaß; das muß man ihm lassen,* U das kann man ihm nicht abstreiten; *wie teuer las-*

sen Sie mir die Ware bei Barzahlung?, verkaufen Sie mir? *ich l. Ihnen die Uhr zum, als Pfand.* 5) *es,* unterlasse, höre damit auf: *er kann das Rauchen nicht lassen; tu, was du nicht lassen kannst!; laß die ständigen Ermahnungen!* 6) *es, ihn,* verändere die Lage nicht, tue nichts daran, nehme nicht mit: *lassen Sie an Unfallort alles so, wie Sie es vorgefunden haben; laß nur!; ich habe meinen Hut zu Hause gelassen; ach lassen Sie doch!,* U bemühen Sie sich nicht!; *laß mich!,* dringe nicht mehr in mich, belästige mich nicht. 7) *von ihm, davon,* P verzichte, lasse ab: *er kann von ihr nicht lassen.* 8) Schreibung in Verbindung mit Verben vgl. bleiben-, fahren-, fallen-, gehen-, hängen-, liegen-, sitzen-, stecken-, stehenlassen. **Laßgut** das, oberdt.: Pacht- oder Zinsgut.

Laßheit [zu laß] die, -, ஃ lasses Wesen, Verhalten.

lässig [zu lassen], nachlässig, nicht sorgfältig, salopp.

Lässigkeit die, -. **läßlich** [mhd. læzlich], geringfügig, so daß es Vergebung oder Erlaß finden kann: *läßliche Sünde.*

Lasso [span. lazo ›Schlinge‹] der oder das, -s/-s, Wurfriemen oder -strick mit leicht zusammenziehbarer Schlinge, Abb. L 2.

Last [ahd. last] die, -/-en, 1) Gewicht, Gewichtsdruck: *die Brücke trägt eine L. von 10 000 Tonnen; Lastenaufzug.* 2) Ü ohne Pl., etwas Belastendes, Bedrückendes, Bürde: *mir ist eine L. von der Seele genommen; die L. der Verantwortung;* *damit man seine L.,* viel Sorge und Arbeit; *ich falle Ihnen doch nicht zur L.?,* bin lästig; *das kann man ihm nicht zur Last legen,* ihn dafür nicht verantwortlich machen. 3) Frachtgut, zu befördernde Güter: *ein Schiff führt L.; Wagenlast; Traglast.* 4) ein Schiffsfrachtgewicht (Schiffslast), in Deutschland 2 000 kg. 5) Frachtraum; Raum für Vorräte: *Proviantlast; Segellast.* 6) ஃ Hohlmaß für Trockenkörper. 7) meist Pl., Leistung, die aus einer Sache zu entrichten ist und deren Nutzwert mindert, z. B. Grundsteuern, Hypothekenzinsen: *unser Haus ist frei von Lasten; die Beförderungskosten gehen zu Lasten des Käufers,* werden vom Käufer bezahlt; *Lastschrift,* Buchung einer Forderung zu Lasten des Schuldners. **La|stadie** [auch -st'a:diə, aus älter Lastagie, zu russ. lat. Endung] die, -/. . . d'i|en, Schiffsverladeplatz. **Last|arm** der, Teil des Hebels, Abb. H 12. **Last|auto** das, Lastkraftwagen.

last (but) not least [l'a:st (bʌt) nɔt l'i:st, engl.], als letztes in der Reihenfolge, aber nicht in der Wertschätzung.

lasten [mhd. lesten], es lastet (hat gelastet) *auf ihm,* ruht darauf, drückt: *auf diesem Grundstück lastet eine Hypothek; lastende Schulden, Sorgen, Stille.* **Lastenausgleich** der, Vermögensausgleich in der Bundesrep. Dtl. nach dem zweiten Weltkrieg: *Lastenausgleichsgesetz,* Abk.: LAG. **lastenfrei,** ohne Schulden (Grundstück). **Lastensegler** der, Segelflugzeug zur Beförderung von Truppen und Lasten. **Laster** der, -s/-, U Lastkraftwagen.

Laster [ahd. lastar ›Lästerung‹, ›Makel‹] das, -s/-, 1) schlechte Angewohnheit, zur Gewohnheit gewordene Untugend: *Lasterhöhle,* U; *er frönt diesem L.,* ist ihm verfallen. 2) *ein langes L.,* U sehr großer Mensch. **Lästerer** der, -s/-, jemand, der lästert. **lästerhaft. lästerlich,** ஃ; *er führte lästerliche Reden.* **Lästermaul** das, U Lästerzunge. **lästern,** *ich läst(e)re* (habe gelästert), 1) Gott, den Glauben, verletze mit Worten (das Gefühl der Gläubigen). 2) wider, gegen ihn, fluche ihm, schmähe ihn. 3) über ihn, U klatsche, rede Nachteiliges. **Lästerung** die, -/-en. **Lästerzunge,** U jemand, der Laster und Nachteiliges spricht.

Lastex [Kw. aus elastisch und Latex] das, -, elastisches Gewebe aus umsponnenem Gummifäden: *Lastexhose.*

lästig [mhd. lestec, zu Last], beschwerlich, unangenehm, störend. **Lästigkeit** die, -, Gewicht der Ladung, das ein Schiff tragen kann. 2) lästige Beschaffenheit. **Lastkraftwagen** der, Abk.: Lkw, auch Lastwagen, Abb. K 40.

Lasur [mhd. lasur, zu arab. lazaward ›blaue Farbe‹] die, -/-en, glänzender Überzug mit durchsichtiger Farbe: *Lasurfarbe; Lasurlack.* **Lasurstein** der, Lapislazuli.

lasziv [lat. lascivus ›lustig‹, ›zügellos‹], zügellos, wollüstig, unanständig; schlüpfrig (Bemerkung). **Laszivität** die, -/-en.

Lätare [lat. laetare ›freue dich‹, U laetare, 1) evang. Kirche: der 3. Sonntag vor Ostern, Übers. J 2. 2) kath. Kirche: der 4. Fastensonntag.

Latein [mhd. latine, zu lat. latinus ›zu(r italien. Landschaft) Latium gehörig] das, -s, die Sprache der alten Römer: *er ist mit seinem L. am, zu Ende,* U weiß nicht mehr weiter. **Lateinamerika,** Iberoamerika, die aus dem roman. (latein.) Nationen der Iberischen Halbinsel kolonisierte Süd- und Mittelamerika. **Lateinamerikaner** der. **lateinamerikanisch. Lateiner** der, -s/-, jemand, der Latein lernt oder kann. **lateinisch.**

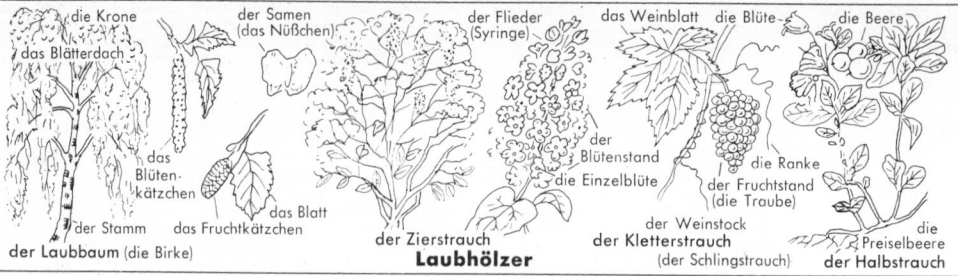

die Krone — das Blätterdach — der Samen (das Nüßchen) — das Blüten-kätzchen — der Stamm — das Fruchtkätzchen — das Blatt — **der Laubbaum (die Birke)** — der Flieder (Syringe) — der Zierstrauch — **Laubhölzer** — der Blütenstand — die Einzelblüte — das Weinblatt — die Blüte — die Ranke — der Fruchtstand (die Traube) — der Weinstock — der Kletterstrauch (der Schlingstrauch) — die Beere — Preiselbeere — die Halbstrauch

das Latein bezüglich: *lateinische Schrift*, Antiqua, ÜBERS. A 8; Schreibschrift, ABB. S 37. **Lateinisch** *das*, *-(s)*, *dem -*, lateinische Sprache; vgl. Deutsch. **Lateinschule** *die*, Vorgängerin des Gymnasiums im MA. **Lateinsegel** *das*, ʾʾ dreieckiges Segel kleinerer Schiffe, ABB. S 45. **Latènezeit** [lat'ɛn-, nach dem Fundort La Tène am Neuenburger See in der Schweiz] *die*, der zweite Abschnitt der europ. Eisenzeit. **latènezeitlich**. **latent** [lat. latere ›verborgen sein‹], verborgen vorhanden, nicht direkt hervortretend: *latente Gefahr, Infektion, Wärme*. **Latenz** *die*, -. **Latenzperiode** *die*, Physiologie: die Zeit, die zwischen Reiz und Reaktion liegt. **Latenzphase** *die*, Psychologie: die Zeit zwischen dem sechsten und zehnten Lebensjahr, die durch eine sexuell wenig betonte, stetige seelische Entwicklung gekennzeichnet ist. **lateral** [lat. latus ›Seite‹], ♩ seitwärts, seitlich gelegen. **Lateran** [nach der röm. Familie Laterani] *der*, -s, päpstl. Palast in Rom. **Laterit** [lat. later ›Ziegelstein‹] *der*, *-s/-e*, roter Verwitterungsboden der Tropen. **Laterna magica** [lat. ›Zauberlaterne‹] *die*, - -/...nae...cae, im 17. Jahrh. erfundener einfacher Projektionsapparat. **Laterne** [mhd. laterne, zu lat. lanterna] *die*, *-/-n*, 1) Lampe mit Regen- und Windschutz, ABB. L 10: *Laternenpfahl; Straßenlaterne*. 2) ▥ Kuppelaufsatz mit Fenstern, ABB. K 53. 3) Abzeichen am Pferdekopf, ABB. ↑. **Latex** [lat. ›Flüssigkeit‹] *der*, *-/. . .tizes*, 1) milchähnlicher Saft der Kautschuk liefernden Pflanzen. 2) Emulsion von natürlichem und synthetischem Kautschuk. 3) Binde- und Sättigungsmittel: *Latexfarben*. **Latierbaum** *der*, Trennstange zwischen Pferdeständen, ABB. S 59. **Latifundium** [lat. latus ›ausgedehnt‹ und fundus ›Grundstück‹] *das*, *-s/. . .dien*, Großgrundbesitz. **Latiner** *der*, *-s/-*, Ureinwohner von Latium. **latinisch**. **latinisieren**, *ich latinisiere (habe latinisiert) es*, bringe in latein. Sprachform. **Latinismus** *der*, *-/. . .men*, in eine nichtlatein. Sprache übertragene Spracheigentümlichkeit des Lateins. **Latinist** *der*, *-en/-en*, Kenner und Erforscher des Lateins. **Latinität** *die*, -, klassische latein. Ausdrucksweise: *goldene L.*, Latein aus der Zeit Ciceros. **Latinum** *das*, *-s*, Prüfung im Lateinischen: *großes L.; kleines L.* **Latitüde** [frz., zu lat. latitudo ›Breite‹] *die*, *-/-n*, 1) geographische Breite. 2) ♦ Weite, Spielraum. **latitudinal**, auf die geographische Breite bezüglich. **Latrine** [lat. latrina ›Abort‹] *die*, *-/-n*, Soldatensprache: Toilette: *Latrinengerücht, ↑; Latrinenparole, ↑*. **Latsch** *der*, *-es/-e*, 1) ∪ Latsche, Pantoffel. 2) Standfläche des Luftreifens. **Lätsch** *der*, *-(e)s/-e* oder *-/-en*, *schweiz.*: Letsch. **Latsche** *die*, *-/-n*, 1) ∪ Pantoffel, Hausschuh, abgetragener Schuh. 2) Krumm-, Knieholz, eine Kiefernart: *Latschenkiefer*. **latschen**, *ich latsche*, ∪ 1) (bin gelatscht), gehe schleppend, schlürfend. 2) (habe gelatscht) *ihm eine*, ohrfeige ihn. **lätschen**, *ich lätsche (habe gelätscht) es*, *schweiz.*: letsche. **Lätschen** *der*, *-s/-*, ∪ Latsche, Pantoffel. **Lätschi** *der*, *-(s)/-(s)*, *schweiz.*: dummer, ungeschickter Mensch; Tagedieb. **latschig**, ∪ nachlässig in Gang und Benehmen. **Latte** [mhd. latte, verwandt mit Laden] *die*, *-/-n*, 1) schwaches, im Querschnitt meist rechteckiges Bauholz für Dachdeckungen, Zäune u. a., ABB. Z 4: *Zaunlatte; Lattenzaun*. 2) ⚔ Leiste beim Hochsprung, ABB. S 57. 3) ⚓ gerader Schößling. 4) ∪ langer, dünner Mensch: *diese lange L.!*

466

Lattich [ahd. lattuh, lat lactuca, zu lac ›Milch‹] *der*, *-s/-e*, meist milchsafthaltiger Korbblüter; auch ein Laichkrautgewächs: *Froschlattich*. **Latwerge** [mhd. latwarje, zu grch. ekleikton ›durch Einkochen dicker Saft‹] *die*, *-/-n*, 1) ♣ breiförmige Arznei. 2) *mitteldt.*: Pflaumenmus. **Latz** [mhd. laz ›Band‹, ›Fessel‹, ›Hosenlatz‹, zu lat. laqueus ›Strick‹] *der*, *-es/″e*, *österr. Pl. auch -e*, 1) Bruststück an Kleid, Schürze und Hose. 2) Lätzchen. 3) herunterklappbarer Vorderteil mancher Trachtenhosen. 4) *ohne Pl.*, *schweiz.*: vorlautes Mundwerk. **lätz** *alem.*: letz. **Lätzchen** *das*, Kindermundtuch, ABB. K 25. **Lätze** *der* oder *die*, *-n/-n*, *schweiz.*: Letze. **lau** [ahd. lao], 1) zwischen warm und kalt, mild, nicht heiß: *die lauen Frühlingswinde; die Suppe ist nur l.* 2) Ü unentschlossen, nicht sehr begeistert: *laue Teilnahme*. **laub**, *schweiz.*: sanft, nachgiebig. **Laub** [ahd. loub] *das*, *-(e)s*, 1) alle Blätter einer Pflanze: *der Baum steht im dritten L.*, im dritten Jahr; *die üppiges L. tragenden Bäume*; aber: *laubtragende Bäume*. 2) abgefallene, trockene Blätter. 3) Kartenspiel: eine Farbe (Grün), ABB. S 54. **Laubbaum** *der*, beblätterter Baum, ABB. L 3. **Laube** *die*, *-/-n*, 1) Gartenhaus, ABB. G 3. 2) ▥ Bogengang, ABB. M 4. 3) Theater: Loge. 4) Turnen: Liegestütz rücklings. **Laubenkolonie** *die*, Gelände mit Kleingärten. **Laubfrosch** *der*, ein meist auf Bäumen wohnender Frosch. **Laubheuschrecke** *die*, Geradflügler mit kräftigen Sprungbeinen. **Laubhölzer**, *Pl.*, die bedecktsamigen, ein- und zweikeimblättrigen Bäume, Sträucher und Halbsträucher, ABB. L 3. **Laubhüttenfest** *das*, jüdisches Erntedankfest. **Laubsäge** *die*, ABB. L 4. **Laubwald** *der*, aus Laubbäumen bestehender Wald, ABB. F 33. **Laubwerk** *das*, *-(e)s*, ▥ Blattornamente, ABB. A 9, O 3. **Lauch** [ahd. louh] *der*, *-(e)s/-e*, meist Nutzpflanze, z. B. Porree, Schnittlauch, Knoblauch, Zwiebel, ABB. G 24. **laudabel** [lat. laudare ›loben‹], ♦ löblich, lobenswert. **Laudanum** [mlat., zu grch. ladanon, aus arab. ladan ›süß von Geruch‹] *das*, *-s*, im MA. jedes Beruhigungs- und Einschläferungsmittel. **Laudatio** *die*, *-/. . .ti'ones*, Lobrede (auf Preisträger, Jubilare). **Laudes** [lat. laus ›Lob‹], *Pl.*, Lobgesänge, Morgengebet des kath. Breviers. **Laue(ne)** *die*, *-/-n*, *oberdt.*: Lawine. **Lauer** *der*, *-s/-*, Leier, Tresterwein. **Lauer** [mhd. lure] *die*, *-/-n*, Lauschen, Hinterhalt: *er liegt, ist auf der L.; er legt sich auf die L.* **lauern**, *ich lau(e)re (habe gelauert)*, 1) *auf ihn*, liege im Hinterhalt, warte im Versteck. 2) *auf ihn, etwas*, ∪ erwarte sehnlich. 3) *Gefahren lauern*, Ü drohen. **Lauf** [ahd. louf] *der*, *-(e)s/″e*, 1) das Laufen, schnelle Gangart: *in vollem L.*, schnell laufend; auch als sportl. Wettkampf: *Eislauf; Langstreckenlauf; Laufübungen; 1 000-m-Lauf.* 2) *ohne Pl.*, Ü das Vorwärtsdringen, Verlauf, Entwicklung; Gang (Maschine): *man sollte den Dingen freien L. lassen*, das Geschehen nicht beeinflussen; *das ist der L. der Dinge*, so geht es zu; *im L. der Zeit*, allmählich; *im L. des Gesprächs*, während des Gesprächs. 3) Bahn, Weg, Strecke, bes. von Flüssen: *der Oberlauf des Rheins; der L. einer Bahnstrecke.* 4) Rohr von Handfeuerwaffen und Maschinengewehren, ABB. G 20, M 5. 5) ♪ schnelle Tonfolge. 6) ♦ Bein der jagdbaren Säugetiere (ohne Bär, Dachs, Marder), Hunde und Kaninchen, ABB. H 18, H 27, R 13: *Vorderlauf; Hinterlauf.* 7) unterer Teil des Vogelbeins. **Laufachse** *die*, eine nicht angetriebene, nur tragende Achse bei Schienenfahrzeugen. **Laufbahn** die, berufl. Werdegang, Karriere. **Laufbursche** der, Jugendlicher für Botengänge. **Läufchen** das, -s/-, kleiner Lauf vom Wild (als Speise).

Läufel [mhd. loufel] die, -/-, oberdt.: Schale, bes. die grüne Schale der Walnuß.

laufen [ahd. loufan], ich laufe (lief, bin gelaufen; du läufst, er läuft), **1)** renne, bewege mich rasch vorwärts mit Abschnellen der Füße: der Sportler ist in diesem Jahr hervorragend gelaufen; lauf doch! **2)** U er könnt fahren, aber wir wollen laufen; das Kind kann schon laufen. **3)** (bin, selten: habe gelaufen) es, übe eine bestimmte Sportart aus: ich l. Rollschuh, Ski; er läuft 100 m in 11 Sekunden. **4)** (habe gelaufen) es, ⚒ schaffe mit einem Schubkarren fort. **5)** (habe gelaufen) es mir, U füge mir durch Laufen ungewollt zu: ich habe mir eine Blase, mir die Füße wund gelaufen. **6)** es läuft, ist in Bewegung, zieht sich in einer Richtung hin: die Maschine läuft; ich lasse den Motor laufen; ein Schauer ist mir über den Rücken gelaufen. **7)** es läuft, dauert, geht weiter: das Stück ist zwei Jahre am Broadway gelaufen; welcher Film läuft zur Zeit in diesem Kino?; wie lange läuft der Vertrag?; die Sache ist gelaufen, U beendet, erledigt. **8)** es läuft, tropft, fließt, rinnt: das Faß, die Kerze, die Nase läuft; ihm laufen die Tränen über die Backen. **9)** es läuft sich gut auf dieser Bahn, U man kann gut darauf laufen.

Laufen der, -s/-, schweiz.: Stromschnelle.

laufend, Abk.: lfd., **1)** gegenwärtig: laufenden Jahres, Abk.: lfd. J.; laufenden Monats, Abk.: lfd. M. **2)** ständig, wiederholt, immer wiederkehrend: laufenden Meters, Abk.: lfd. m; laufender Nummer, Abk.: lfd. Nr.; laufende Ausgaben. **3)** ⚓ nur an einem Ende fest (Tau): das laufende Gut, Taue zum Bewegen der Rahen und Segel. **4)** ich bin mit meiner Arbeit auf dem laufenden, U nicht im Rückstand; sie ist stets auf dem laufenden, weiß Bescheid; wir sollen sie auf dem laufenden halten, ihn ständig über die Lage unterrichten; am laufenden Band, am Fließband, U ohne Unterbrechung, pausenlos. **laufenlassen**, ich lasse ihn laufen (ließ laufen, habe laufen[ge]lassen), U gebe frei: man hat den Dieb laufenlassen; aber: ich soll das Wasser noch laufen lassen. **Läufer** [ahd. loufari] der, -s/-, **1)** jemand, der läuft, bes. wenn er den Lauf als Sport betreibt: er ist ein guter L. **2)** Fußball, Handball, Hockey: Verbindungsspieler zwischen Stürmern und Verteidigern, vgl. ABB. F 37; Rugby: einer der vier hinter den Stürmern kämpfenden Spieler (Dreiviertelspieler). **3)** ⚙ umlaufender Teil bei Maschinen, z. B. Elektromotoren, Generatoren, Turbinen. **4)** langer, schmaler Teppich (für Gänge, Treppen). **5)** [nhd.], eine Schachfigur, ABB. S 9. **6)** ▥ mit seiner Langseite der Mauerflucht gleichlaufend verlegter Ziegel, ABB. B 13. **7)** ⚒ Karrenschieber. **8)** Marine: Meldegänger, Ordonnanz. **9)** ⚓ loses Ende eines Taues. **10)** junges Schwein von der 15.–26. Woche. **Lauferei** die, -/-en, U unnütze Hetze, ärgerliche Wege. **Läuferin** die, -/-nen, **1)** Sportlerin des Laufsports: Kurzstreckenläuferin. **2)** schweiz.: Kokette, die den Männern nachläuft. **Lauffeuer** das, Bodenfeuer, das sich auf dürrem Gras, Heide u. a. rasch ausbreitet: die Nachricht verbreitete sich wie ein L., U sehr schnell. **Laufgewicht** das, ABB. W 1. **Laufgraben** der, ⚔ Graben zur gedeckten Annäherung an die feindl. Stellung. **läufig**, brünstig (Hündin). **Läufigkeit** die, -. **Laufkäfer** der, meist räuberischer Käfer. **Laufkarren** der, Schubkarren. **Laufkatze** die, auf einem Kran, Drahtseil oder Träger fahrender Wagen mit Aufzugswinde, ABB. L 4. **Laufkund-**

schaft die, nicht regelmäßig kaufende Kundschaft, im Unterschied zur Stammkundschaft. **Laufmasche** die, gelöste, gleitende Masche, bes. an Strümpfen. **Laufpaß** der, ⚯ Entlassungsbescheinigung: man hat ihm den L. gegeben, U ihn entlassen. **Laufrad** das, ⚙ **1)** das rotierende Rad in Strömungsmaschinen. **2)** bei Fahrzeugen die nicht zum Antrieb bestimmten Räder. **Laufschrift** die, elektrische Leuchtschrift, die auf einer mit Lampen besetzten Tafel fortlaufend erscheint. **Laufschritt** der: im L. erreichte er den Bus. **Laufstall** der, Stall, in dem sich Tiere frei bewegen können. **2)** ABB. K 19. **Laufsteg** der, erhöhter Steg für Modevorführungen. **Laufvogel** der, flugunfähiger Vogel wie Strauß u. a. **Laufzeit** die, **1)** Umlaufzeit, z. B. eines Wechsels bis zum Verfalltag. **2)** Brunstzeit der Hündin. **3)** ✕ für eine bestimmte Strecke gebrauchte Zeit. **Laufzettel** der, **1)** Begleitschreiben für Bahnsendungen. **2)** Umlaufschreiben zur Ermittlung verlorengegangener Sachen. **3)** Werbeumlauf. **4)** Zettel an Werkstücken, auf dem jeder Arbeitsgang eingetragen wird.

Lauge [ahd. louga] die, -/-n, **1)** Salzlösung. **2)** ⚗ Lösung einer starken Base in Wasser: Alkalilauge; Ätzlauge; Seifenlauge; Laugenbrezel. **laugen**, ich lauge (habe gelaugt) es, behandle mit Lauge.

Lauheit die, -, laue Beschaffenheit.

Laune [mhd. lune, zu lat. luna ›Mond‹, da man annahm, der Mond wirke auf die menschl. Stimmung] die, -/-n, **1)** augenblickliche Stimmung: er hat heute gute L., morgen schlechte; es geschah aus einer L. heraus; das war wieder eine ihrer Launen, ein plötzlicher Einfall aus einer Stimmung heraus. **2)** Mißgestimmtheit: sie hat heute wieder Launen. **3)** Vergnügtheit, Unterhaltsamkeit: er ist bei L., gut aufgelegt, spaßig. **launenhaft**, oft grundlos die Stimmung wechselnd. **Launenhaftigkeit** die, -. **launig**, unterhaltsam, witzig: eine launige Rede. **launisch**, launenhaft: ein launischer Charakter.

Laura [lat. laurus ›Lorbeer‹], weibl. Vorname.

Laureat [lat. poeata laureatus, zu laurus ›Lorbeer‹] der, -en/-en, ein mit Lorbeer bekränzter Dichter.

Laurentia [zu Laurentius], weibl. Vorname.

Laurentium [nach dem amerikan. Physiker E. O. Lawrence, 1901–1958] das, -s, ⚗ Element, Zeichen: Lr, zu den Transuranen gehörendes radioaktives Element.

Laurentius [lat. ›der aus Laurentum (bei Rom) Stammende‹], männl. Vorname.

Laus [ahd. lus], -/-L'äuse, kleines Insekt, Blutsauger auf Mensch und Säugetieren: man wollte mir eine L. in den Pelz setzen, U mir Schwierigkeiten bereiten; ihm ist eine L. über die Leber gelaufen, U er ist verärgert, hat schlechte Laune. **Lausbub** der, süddt.: frecher kleiner Junge. **Lausbüberei** die, -/-en, Lausbubenstreich.

Lauschaktion die, **Lauschangriff** der, Ü Überwachung eines Verdächtigen durch eine heimlich angebrachte Abhöranlage. **lauschen** [mhd. luschen], ich lausche (habe gelauscht), **1)** horche, höre unbemerkt zu. **2)** ihm, höre aufmerksam zu. **3)** oberdt.: liege zwischen Wachen und Schlafen. **Läus|chen** das, -s/-, **1)** Diminutiv zu Laus. **2)** niederdt.: Anekdote, meist in Versen.

Lauscher [mhd. luscher] der, -s/-, **1)** heimlicher Zuhörer. **2)** ⚘ Ohr des wiederkäuenden Schalenwildes. **lauschig**, still und gemütlich: ein lauschiges Eckchen.

Lausebengel, **Lausejunge** der, U frecher kleiner Junge, vorwitziger Bursche. **Läusekraut** das, ⚘ ein Rachenblüter,

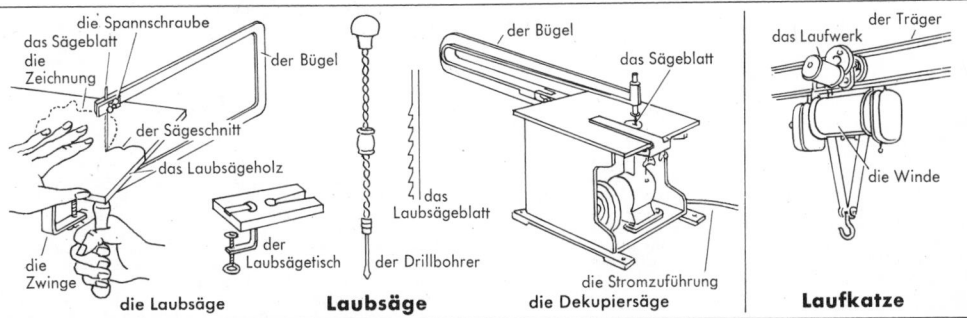

die Laubsäge — **Laubsäge** — die Dekupiersäge — **Laufkatze**

die Spannschraube / das Sägeblatt / die Zeichnung / der Bügel / der Sägeschnitt / das Laubsägeholz / der Laubsägetisch / die Zwinge / das Laubsägeblatt / der Drillbohrer / der Bügel / das Sägeblatt / die Stromzuführung / das Laufwerk / der Träger / die Winde

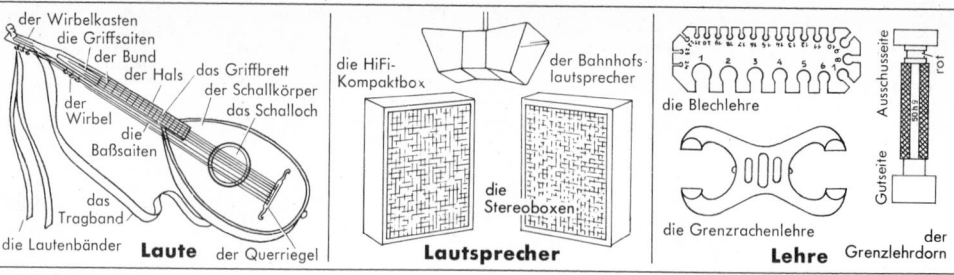

die Lautenbänder **Laute** der Querriegel | **Lautsprecher** | **Lehre** Grenzlehrdorn

Halbschmarotzer meist an Graswurzeln; auch Name z. B. für Porst, Seidelbast. **lausen** [mhd. lusen], *ich* lause (habe gelaust) *ihn,* suche ihm die Läuse ab: *ich denke, mich laust der Affe!,* Ü Ausruf des Erstaunens. **Lauser** *der, -s/-,* Ü Lausejunge. **Lauserei** *die, -/-en,* lästige Kleinigkeit. **lausig,** Ü 1) schlecht, schäbig: *das waren lausige Zeiten.* 2) sehr (groß): *es ist l. kalt; eine lausige Kälte.*

laut [ahd. (h)lut], 1) weithin hörbar, schallkräftig: *seid nicht so l.,* macht noch so viel Lärm. 2) bekannt: *diese Tatsache darf auf keinen Fall l. werden.* 3) ⚓ windstill, so daß man jedes Geräusch weithin hört. 4) *seiner, dessen oder seinem, nicht flektiert, gemäß dem Wortlaut, auf Grund von: l. Rechnung; l. ärztlichen Befundes oder ärztlichem Befund.* **Laut** *der, -(e)s/-e,* 1) Ton, Klang, irgend etwas Hörbares: *der Hund gibt L.,* ⚓ schlägt an; *Laute des Schmerzes, der Wut.* 2) Phonetik: bei einer bestimmten Stellung oder Bewegung der Sprechwerkzeuge hervorgebrachter Schall, ÜBERS. A 26. **Lautarchiv** *das,* Sammlung von Sprechtexten (Tonbänder, Schallplatten, Tonfilme) in verschiedenen Sprachen und Mundarten. **lautbar,** bekannt: *es wurde l., daß . . .* **Lautbildung** *die,* Artikulation.
Laute [mhd. lute, zu arab. al'ud, urspr. ›das Holz‹] *die, -/-n,* ein Zupfinstrument, ABB. L 5.
lauten [ahd. luten ›ertönen‹, ›erschallen‹], *es* lautet (hat gelautet), 1) klingt, hört sich an: *nun l. es ganz anders!* 2) besagt, hat den Wortlaut: *wie l. das fünfte Gebot?; das Urteil l. auf fünf Jahre Freiheitsstrafe.* **läuten,** *ich* läute (habe geläutet), 1) (es), lasse die Glocken ertönen: *der Küster läutet die Glocken.* 2) *oberdt.:* klingle: *es läut ihm.* 3) ertönt, klingt: *Glocken läuten; er hat etwas läuten hören,* Ü gerüchtweise vernommen.
Lautenist *der, -en/-en,* ⚘ Lautenspieler.
lauter [ahd. lut(t)ar], 1) *nicht flektiert,* nur, nichts als: *l. Worte, keine Taten!; l. dummes Zeug.* 2) rein, unvermischt, ungetrübt: *lauteres Gold; der Wein ist l. und klar.* 3) ehrlich: *er hatte die lautersten Absichten; ein lauterer Charakter.* **Lauterkeit** *die, -.* **läutern,** *ich* läut(e)re (habe geläutert), 1) (es), kläre, befreie von Fremdkörpern oder Verunreinigungen. 2) *ihn,* veranlasse zum Ablegen von Schwächen und Fehlern. **Läuterung** *die, -.*
Läut(e)werk *das,* Signalvorrichtung.
Lautgesetz *das,* Regel des Lautwandels. **lautgetreu,** den Lauten entsprechend, den Lauten gemäß. **lauthals,** aus voller Kehle, laut. **Lautheit** *die, -,* 1) Lautstärke, Klangstärke. 2) Lärm. **lautieren,** *ich* lautiere (habe lautiert) (es), spreche ein Wort Laut für Laut. **Lautlehre** *die,* Phonetik, Phonologie und Lautgeschichte. **lautlich,** die Sprachlaute betreffend. **lautlos,** still, unhörbar: *lautlose Stille; die Katze schlich sich l. an.* **Lautlosigkeit** *die, -.* **lautmalend,** mit Sprachlauten Naturlaute nachbildend. **Lautmalerei** *die, -.*
Läutsch *der, die, -, schweiz.:* grobes Scheltwort (Gauner, Dirne).
Lautschrift *die,* die möglichst getreue Wiedergabe eines Wortklangs durch eine eigene phonet. Schrift, ÜBERS. A 26. **Lautsprecher** *der,* elektroakust. Gerät zur Wiedergabe von Sprache, Geräuschen, Musik, ABB. L 5, R 30. **lautstark,** sehr laut, geräuschvoll: *er verkündete l. . . .; man hörte ein lautstarkes Niesen.* **Lautstärke** *die,* Maß für die Stärke der Schallempfindung: *das Radio läuft in voller L.* **Lautung** *die, -/-en,* Art und Weise, die Laute zu sprechen. **Lautverschiebung** *die,* ÜBERS. M 24. **Lautwandel** *der,* jede sprachgeschichtl. Lautveränderung. **Lautwechsel** *der,* ÜBERS. A 2.
lauwarm, lau, mäßig warm.

Lava [ital.] *die, -/. . .ven,* bei Vulkanausbrüchen aus dem Erdinnern austretendes geschmolzenes Gestein: *Lavastrom.*
Lavabel [frz. ›waschbar‹] *der, -s,* ein taftbindiges Gewebe aus Kreppgarnen und Chemieseide. **Lavabo** [lat. ›ich werde waschen‹, zu lavare ›waschen‹] *das, -(s)/-s,* 1) sinnbildl. Handwaschung des Priesters in der kath. Messe. 2) die Gefäße dazu. 3) [auch -vab'o], *schweiz.:* Waschbecken.
Lavendel [mhd. lavendele, lat. lavendula] *der, -s/-,* duftreicher Lippenblüter: *Lavendelwasser,* ein Duftwasser. **Lavendelöl** *das,* aus den Blüten des Lavendels gewonnenes Öl.
lavieren [mittelniederl. loveren, zu Luv], *ich* laviere (habe laviert), 1) ⚓ kreuze gegen den Wind. 2) Ü weiche geschickt und vorsichtig Schwierigkeiten aus.
lavieren [frz. laver, zu lat. lavare ›waschen‹], *ich* laviere (habe laviert) *aufgetragene Farben,* Malerei: verwische sie mit Wasser: *lavierte Zeichnungen.* **Lavoir** [lavw'a:r, frz.] *das, -s/-s,* **Lavor** *das, -s/-e,* 1) *süddt.:* Waschbecken. 2) ⚒ Ständer mit Waschschüssel und Wasserkanne: *Waschlavor.*
Lawine [mlat. labina ›Erdfall‹, zu lat. labi ›gleiten‹] *die, -/-n,* 1) große herabstürzende Schnee-, Eis- und Felsmassen im Hochgebirge: *Lawinengefahr; Lawinenschutz; lawinensicher.* 2) Ü riesige Menge: *eine L. von Zuschriften.*
Lawn-Tennis [l'ɔ:n-, engl.] *das,* Rasentennis.
Lawrencium [lɔr-] *das, -s,* 🜛 Zeichen: Lw, früher für Laurentium.
lax [lat. laxus ›schlaff‹, zu laxare ›lösen‹], nachlässig, ohne feste Grundsätze. **Laxans** *das, -/. . .x'anti|en oder . . .x'antia,* **Laxativ** *das, -s/-e,* **Laxativum** *das, -s/. . .va,* 💊 Abführmittel. **Laxheit** *die, -,* laxe Beschaffenheit. **laxieren,** *ich* laxiere (habe laxiert), 💊 führe ab: *laxierende Mittel.* **Laxismus** [vgl. . . .ismus] *der, -,* ein kath. Moralsystem.
Layout [lei'aut, engl. ›Anlage‹, ›Entwurf‹, ›Aufmachung‹] *das, -s/-s,* ✆ Entwurf für Text- und Bildgestaltung. **Layouter** [lei'autər] *der, -s/-,* Graphiker, der Layouts herstellt.
Lazarett [ital. lazzaretto, aus Lazarus und Nazareth] *das, -(e)s/-e,* Militärkrankenhaus: *Lazarettschiff; Lazarettzug.* **Lazarist** [nach dem Mutterhaus St.-Lazare in Paris] *der, -en/-en,* Angehöriger einer Priestergenossenschaft. **Lazarus** [hebr. Eleazar ›Gott hilft‹], 1) B männl. Eigenname. 2) *der, -/-se,* Ü armer, geplagter Kranker.
Lazeration [lat. lacerare ›zerreißen‹] *die, -/-en,* 💊 Einriß, Zerreißung (von Gewebe). **lazerieren,** *es* lazeriert (ist lazeriert).
Lazulith [arab. lazaward ›blaue Farbe‹ und vgl. . . .lith] *der, -s/-e,* blaues, glänzendes Mineral.
Lazzarone [ital. lazzarino] *der, -/. . .ni,* Gelegenheitsarbeiter, Bettler in Neapel.
lb. [lat. libra ›Pfund‹], Abk. für das engl. Pfund (Gewicht).
l. c., Abk. für: loco citato.
Leader [l'i:də, engl.] *der, -s/-,* Leiter: *Bandleader.*
leasen [l'i:sən, engl. to lease], *ich* lease (habe geleast) *es.* **Leasing** [l'i:siŋ, engl.] *das, -s,* Vermietung von Industrieanlagen, Investitions- und Konsumgütern.
Lebehoch *das, -s/-s,* Hochruf: *wir wollen noch ein L. rufen;* aber: *er rief: ›Lebe hoch!‹* **Lebemann** *der,* ein Mann, der in großzügigster Weise das Leben genießt. **lebemännisch.**
leben [ahd. leben], *ich* lebe (habe gelebt), 1) bin am Leben: *mein Vater lebt noch; so wahr ich l.!,* Beteuerung; *lebende Bilder,* von Personen gestellte; *eine lebende Sprache,* eine noch heute gesprochene; *lebendes Inventar,* Zug- und Nutzvieh eines landwirtschaftl. Betriebes. 2) verbringe, führe mein Leben: *hier lebt es sich gut, läßt es sich (gut) leben; er lebte als Einsiedler; sie lebt in einer Wohngemeinschaft; Wölfe leben in Rudeln; er*

lebte herrlich und in Freuden; er lebt in gesicherten Verhältnissen; er lebt von der Hand in den Mund, Ü verbraucht das verdiente Geld sofort zum Lebensunterhalt; *er lebt in dem Glauben, daß seine Familie seine Pläne billigen würde,* war darin befangen, glaubte es die ganze Zeit. **3)** wohne: *er lebte viele Jahre in Rom; sie lebt auf dem Lande.* **4)** ernähre mich (von etwas): *ich l. fleischlos; sie lebt von Obst und Gemüse; sie lebt von der Luft,* Ü ißt sehr wenig. **5)** widme mich ganz: *er lebt nur seinem Beruf, für seine Familie.* **6)** bestehe fort, bleibe unvergessen: *sein Andenken lebt in unseren Herzen; seine Gedichte werden ewig leben.* **7)** *er soll leben!,* Heil- und Ehrenruf; aber: *laßt ihn hochleben!* **Leben** *das, -s/-,* **1)** Daseinsform der Menschen, Tiere, Pflanzen: *es ist noch am L.; er kam bei einem Verkehrsunfall ums L.; sie will sich das L. nehmen; hier geht es auf L. und Tod; man hat ihn ums L. gebracht, ermordet.* **2)** Ablauf des Daseins eines Lebewesens: *das ganze L. war Arbeit für ihn; sein L. lang; er hat ein reiches L. gehabt.* **3)** Wirken, Treiben, Regsamkeit: *das geistige, künstlerische L. einer Stadt; in ihm ist viel L.,* er sprüht vor Unternehmungslust; *sie bringt L. in die Bude,* Ü bringt Stimmung; *das L. und Treiben in den Straßen,* lebhafter Verkehr. **4)** Lebensweise, Verhaltensweise: *Landleben; das L. in der Kleinstadt; er wollte ein neues L. beginnen; alternative Lebensformen.* **5)** Wirklichkeit: *dem L. abgelauscht; nach dem L. gezeichnet, geschildert.* **lebendgebärend,** 🐾 lebendige Junge zur Welt bringend. **Lebendgewicht** *das,* das Gewicht des lebenden Tieres im Unterschied zum Schlachtgewicht. **lebendig, 1)** am Leben befindlich: *er verbrannte bei lebendigem Leibe.* **2)** Ü wirkend, fortwirkend: *lebendiger Glaube; lebendige Erinnerung.* **3)** lebhaft: *ein lebendiges Kind.* **Lebendigkeit** *die, -.* **Lebensabend** *der,* Alter: *sie verbringt ihren L. bei ihrer Tochter.* **Lebensalter** *das,* Zeitspanne von der Geburt bis zum Tod. **Lebensangst** *die,* Angst vor den Anforderungen des Lebens. **Lebensart** *die,* **1)** gutes Benehmen. **2)** Art der Lebensführung. **Lebensbaum** *der,* **1)** Nadelholzgewächs. **2)** ein Lebenssymbol. **lebensbejahend,** zufrieden mit dem Leben, optimistisch. **Lebensbejahung** *die.* **Lebensbeschreibung** *die,* Darstellung der äußeren Lebensumstände sowie der geistigen und seel. Entwicklung eines Menschen, Biographie. **lebensecht,** der Wirklichkeit entsprechend. **Lebensende** *das,* Tod. **Lebenserinnerungen,** *Pl.,* Autobiographie, Memoiren. **Lebenserwartung** *die,* die durchschnittl. Zahl von Jahren, die ein Mensch voraussichtlich lebt. **Lebensfaden** *der: der L. reißt ab,* P der Tod tritt ein (nach der griech. Sage von den Parzen). **lebensfähig,** imstande zu leben: *das Neugeborene war noch nicht l.* **Lebensfähigkeit** *die, -.* **lebensfremd,** den Anforderungen des tägl. Lebens nicht entsprechend. **Lebensfreude** *die,* Freude am Dasein. **lebensfroh.** **Lebensgefahr** *die, Todesgefahr: der Kranke schwebt in L.* **lebensgefährlich.** **Lebensgefährte** *der,* **Lebensgefährtin** *die,* **1)** Ehemann, Ehefrau. **2)** Partner(in) in einer nicht legalisierten eheähnlichen Gemeinschaft. **Lebensgefühl** *das,* Grundstimmung (Daseinsfreude, Traurigkeit). **Lebensgeister,** *Pl.,* Ü Lebendigkeit, Munterkeit: *das weckt meine L.* **Lebensgemeinschaft** *die,* eheliche oder eheähnl. Gemeinschaft von Mann und Frau. **lebensgroß,** in natürlicher Größe. **Lebensgröße** *die: ein Denkmal, Portrait, in L.* **Lebenshaltung** *die,* wirtschaftl. Gestaltung des Lebens: *Lebenshaltungskosten.* **Lebensjahr** *das,* ein Jahr vom Geburtstag an gerechnet: *sie ist im 20. L.,* zwischen dem 19. und 20. Geburtstag. **Lebenskünstler** *der,* im Mensch, der geschickt die Schwierigkeiten seines Lebens meistert. **lebenslänglich,** bis zum Tode: *zu lebenslänglicher Freiheitsstrafe verurteilt.* **Lebenslauf** *der,* kurze Lebensbeschreibung, Schilderung des Werde- und Bildungsganges: *ein handgeschriebener L.* **Lebenslicht** *das: das L. erlischt,* P der Tod tritt ein. **Lebenslinie** *die, -[ə]* Chirologie: Linie um den Daumenballen der Innenhand. **lebenslustig,** fröhlich das Leben genießend. **Lebensmittel,** *Pl.,* Nahrungs- und Genußmittel: *Lebensmittelvergiftung; Lebensmittelverknappung.* **lebensmüde,** den Tod herbeisehnend. **lebensnah,** wirklichkeitsnah. **Lebensnähe** *die.* **lebensnotwendig,** *lebensnotwendige Vitamine.* **Lebensnotwendigkeit** *die.* **Lebensqualität** *die,* Schlagwort für die Summe der nicht in Geld faßbaren Faktoren (z. B. günstige Umweltbedingungen), die die Lebensumstände verbessern. **Lebensraum** *der,* von Lebewesen besiedelte oder besiedelbare Raum. **Lebensschutz** *der,* auch Biophylaxe, Bioprotektion, zusammenfassende Bez. für Gesundheits-, Pflanzen-, Tier- und Naturschutz. **Lebensstandard** *der, das*

Niveau der Lebenshaltung: *ein hoher, niedriger L.* **Lebensstellung** *die,* berufl. Stellung auf Lebenszeit; gesicherte Anstellung. **Lebensunterhalt** *der,* alles, was zur Erhaltung des Lebens nötig ist: *er mußte sich schon früh seinen L. verdienen.* **Lebensversicherung** *die,* Personenversicherung. **Lebenswandel** *der,* Lebensführung in sittl. Hinsicht. **Lebensweg** *der,* P Leben. **Lebensweise** *die,* Art, wie jemand lebt, bes. in Gesundheits- und Nahrungsfragen: *eine (un)gesunde L.* **lebenswichtig,** dieses Medikament ist für ihn l. **Lebenszeichen** *das,* Merkmal für vorhandenes Leben, z. B. Herzschlag, Atem: *ich gebe dir ein L.,* Ü sende eine Nachricht. **lebenzerstörend,** *lebenzerstörende Chemikalien;* aber: *ein Leben zerstörend.*

Leber [ahd. lebera] *die, -/-n,* **1)** das zentrale Stoffwechselorgan und die größte Drüse des menschl. und tierischen Körpers, ABB. M 12, sondert die Galle ab: *ihm ist eine Laus über die L. gelaufen,* Ü er ärgert sich; *du kannst frei von der L. weg reden,* Ü offen sprechen. **2)** aus Tierleber bereitete Speise: *gebratene Kalbsleber; Leberknödel; Leberkäse; Leberwurst.* **3)** schweiz.: Mergel. **Leberblümchen** *das,* Name verschiedener Pflanzen.

Leb(e)recht [pietistische Neubildung, eigtl. ›lebe richtig‹, alter Name ›Liutbert‹], männl. Vorname.

Leberlegel *der,* schmarotzender Saugwurm in der Leber von Menschen und Tieren. **Leberfleck** *der,* gelblich-brauner Hautfleck, Muttermal. **Lebertran** *der,* aus der Leber des Kabeljaus und Schellfisches gewonnenes Öl. **Leberwurstbaum** *der,* Elefantenbaum.

Lebewelt *die,* oberflächlich und luxuriös lebende Gesellschaftsschicht. **Lebewesen** *das,* Organismus. **Lebewohl** *das, -(e)s/-e* oder *-s,* Abschiedsgruß; aber: *er rief: ›Leb(e) wohl!‹* **lebhaft,** rege, munter, beweglich: *lebhafte Kinder; lebhafter Straßenverkehr; lebhafte Farben; das kann ich mir l. vorstellen,* deutlich; *ich erinnere mich noch in lebhafter Erinnerung,* ich erinnere mich genau daran. **Lebhaftigkeit** *die, -.* **lebig,** auch *läbig, schweiz.:* **1)** lebendig; lebhaft. **2)** beweglich, nur schwer zusammenhaltend (Geröll, Einzelbuchstabensatz).

Lebkuchen [mhd. lebekuoche, zu Laib] *der,* bes. süddt. und westdt.: Pfefferkuchen, ABB. K 51: *Lebkuchenherz.*

leblos, ohne Lebenszeichen: **Leblosigkeit** *die, -.* **Lebtag** *der,* süddt.: *all mein L.* nicht, nie solange ich lebe. **Lebtig** *der, -s/-e, schweiz.:* Schicksal; Lebensweise. **Lebzeiten,** *Pl.: zu L. des Dichters, zu seinen L.,* während er lebte. **Lebzelten** [mhd. lebe-zelten, zu Laib] *der, -s/-, österr.:* Pfefferkuchen. **Lebzelter** *der, -s/-, österr.:* Pfefferkuchenbäcker.

lech [mhd. lechen ›austrocknen; verwandt mit leck], *westdt., oberdt.:* **1)** leck. **2)** ausgetrocknet und rissig. **lechen,** *es lecht* (hat gelecht). **lechzen** [mhd. lechezen], *ich lechze* (habe gelecht) *nach ihm,* etwas schmachte danach, bin begierig darauf: *wir lechzten nach einem Trunk Wasser; er lechzt nach Ruhm, Rache,* Ü.

Lecithin *das, -s/-e,* Lezithin.

leck [vgl. lech], 🐾 undicht, wasserdurchlässig: *das Schiff ist l., leckgeschlagen; der Eimer ist l.* **Leck** *das, -(e)s/-e* **Leckage** [lɛkˈaʒə] *die, -/-n,* **1)** Frachtverkehr: Verlust an flüssigen Waren durch Auslaufen oder Verdunsten. **2)** Kerntechnik: aus einem Reaktor ungenutzt entweichende Neutronen.

Lecke *die, -/-n,* 🐾 Stelle zum Salzlecken für Vieh und Wild. **lecken** [zu leck], *das Schiff, der Kessel leckt* (hat geleckt), läßt Wasser durch.

lecken [ahd. leckon], *ich lecke* (habe geleckt), **1)** *es, mich, daran, fahre mit der Zunge darüber: leck lieber nicht an der Briefmarke!; er wird sich die Finger danach lecken,* Ü es sehr gern haben wollen; *die Katze leckt Milch,* nimmt mit der Zunge auf; *die Katze leckt sich,* putzt sich mit der Zunge; *er sieht wie geleckt aus,* sehr sauber, fein zurechtgemacht. **2)** *die Flamme leckt, züngelt, lodert auf.* **lecker** [mhd. lecker], **1)** wohlschmeckend: *ein leckerer Salat.* **2)** Ü reizvoll, anziehend: *ein leckeres Mädchen,* Ü. **Lecker** *der, -s/-,* **1)** 🐾 Zunge des wiederkäuenden Schalenwildes. **2)** *schweiz.:* Lausbub. **3)** 🐾 Feinschmecker. **Leckerbissen** *der,* etwas Gutes zu essen. **Leckerei** *die, -/-en,* etwas Wohlschmeckendes, bes. Süßigkeit. **Leck(e)rig** *die,* naschhaft. **Leckerli** *das, -s/-,* auch *Läckerli, schweiz.:* ›kleiner Honig‹gebäck. **Leckermaul** *das,* Ü jemand, der gern Süßes ißt. **leckern** [mhd. leckern], **1)** nasche, genieße einen Leckerbissen: *sie leckert gern.* **2)** *mich leckert danach,* ich habe Appetit darauf.

Leder [ahd. leder] *das, -s/-,* **1)** enthaarte und gegerbte Tierhaut: *Schweinsleder; Lederhandtasche; Lederjacke; Le-*

dersohle; *das Fleisch ist zäh wie L.*, sehr zäh; *man will ihm das L. gerben*, ∪ ihn prügeln; *er zog vom L.*, ∪ begann einen Streit. **2)** Lappen aus Leder: *Fensterleder.* **3)** vorn und hinten getragener Lederschurz bestimmter Handwerker: *Arschleder*, ✂. **4)** ✂ Fußball. **Lederer** *der, -s/-, oberdt.:* Gerber. **Lederhaut** *die,* Abb. A 24. **led(e)rig,** wie Leder. **ledern,** *ich led(e)re (habe geledert),* **1)** *es,* versehe mit Leder. **ledern, 2)** *ihn,* ∪ prügele. **ledern, 1)** aus Leder. **2)** Ü zäh wie Leder. **3)** Ü geistlos, langweilig. **lederverarbeitend,** *lederverarbeitende Industrie.*

Ledi *die, -/-nen, schweiz.:* Ladung: *Ledischiff,* Lastkahn. **ledig** [mhd. ledec], **1)** Abk.: led., unverheiratet: *drei ledige Töchter; sie ist (noch) l.* **2)** ℀ P frei, ungebunden: *dieser Sorge bin ich l.,* von ihr befreit; *ein lediges Roß,* ohne Reiter. **3)** *mitteldt.:* leer, ungebraucht: *ein Acker liegt l.,* brach; *lediges Gestein,* taubes, gehaltarmes. **4)** *oberdt.:* nichtehelich: *ein lediges Kind.* **5)** *oberdt.:* müßig, unbeschäftigt: *ich bin gerade l.* **6)** ⚓ unbefrachtet. **7)** *die ledige Schicht,* ✂ Überstunden. **Ledige** *der, die, -n/-n, ein -r, eine -,* Unverheiratete(r). **lediglich,** nur, sonst nichts: *das ist l. eine Dummheit, keine Bosheit.*

Lee [altnord. hle ›Schutz‹] *die, -,* ⚓ die dem Wind abgekehrte Seite des Schiffes, Windschatten: *Luv und L.*

leeg [zu liegen], *niederdt.:* **1)** niedrig, flach (Wasserstand). **2)** schlecht, falsch. **3)** krank, elend. **4)** leer, ohne Ladung.

leer [ahd. lare], **1)** nichts enthaltend, geleert: *ein leeres Glas; ich kam mit leeren Händen,* Ü ohne Geschenke, ohne Geld; *er ist bei der Erbschaft l. ausgegangen,* Ü hat nichts bekommen. **2)** frei, unbesetzt: *der Saal war l.; menschenleer.* **3)** Ü gehaltlos, ohne rechten Inhalt: *das sind nur leere Worte; er drischt gern leeres Stroh,* redet Überflüssiges; *die Maschine ist l. gelaufen,* ohne Nutzbarkeit zu leisten; vgl. aber: *leerlaufen.* **Leere** *die, -: eine gähnende L.; er griff in s L.; sie spürte eine innere L.* **leeren,** *ich leere (habe geleert),* **1)** *es,* nehme den Inhalt, die Füllung heraus, schütte es aus: *er mußte den bittern Kelch bis zur Neige leeren,* Ü das Unglück bis zuletzt ertragen. **2)** *es leert sich,* wird leer: *der Saal leert sich.* **Leergewicht** *das,* Gewicht eines Fahrzeugs ohne Ladung. **Leergut** *das,* leere Behälter, z. B. Flaschen, Kisten. **Leerlauf** *der,* **1)** Lauf einer Maschine ohne Arbeitsleistung. **2)** Ü nutzlose Bemühungen: *wenn diese Arbeit besser organisiert wäre, könnte man viel L. vermeiden.* **leerlaufen,** *es* läuft leer (ist leergelaufen), wird leer von Flüssigkeit, die ausfließt. **leerstehend,** unbewohnt: *ein leerstehendes Haus; das Haus soll schon länger leer stehen.* **Leertaste** *die,* Taste auf der Schreibmaschine für den Zwischenraum. **Leerung** *die, -,* das Leeren: *Briefkastenleerung.* **Leerzimmer** *das,* Raum, in dem Einrichtungsgegenstände vermietet wird.

leewärts [vgl. Lee], ⚓ dem Wind abgekehrt. **Lefze** [ahd. lefs ›Lippe‹] *die, -/-n,* der äußere Maulwinkel bei Haustieren, Abb. H 27.

leg., Abk. für: legato.

legal [lat. legalis, zu lex ›Gesetz‹], dem Gesetz entsprechend, gesetzlich. **Legalisation** *die, -/-en,* Beglaubigung amtl. Urkunden. **legalisieren,** *ich legalisiere (habe legalisiert) es,* mache gesetzlich, beglaubige amtlich. **Legalisierung** *die, -/-en.* **Legalität** *die, -,* Gesetzmäßigkeit.

Legasthenie [lat. legere ›lesen‹ und Asthenie] *die, -/...n'i[e]n,* $ eine Lese-Rechtschreibschwäche bei sonst normaler Intelligenz. **Legastheniker** *der, -s/-, $* jemand, der an Legasthenie leidet. **legasthenisch.**

Legat [lat. legere, eigtl. ›ein gesetzliches Verfügung treffen‹] *der, -en/-en,* päpstl. Gesandter: *Apostolischer L.* **2)** altröm. hoher Offizier oder Gesandter. **3)** *das, -(e)s/-e,* Vermächtnis, Zuwendung durch Testament. **Legatar** *der, -s/-e,* jemand, dem ein Vermächtnis zufällt. **Legation** *die, -/-en,* Gesandtschaft: *Legationsrat.*

legato [ital. legare ›binden‹, Abk.: leg., ♪ gebunden, Abb. N 10. **Legato** *das, -s/-s oder . . .ti,* ♪ gebundenes Spiel.

Legegeld [mhd. legegelt] *das,* ⚓ Eintrittsgeld.

Legel *der, -s/-,* **1)** ⚓ Tauring am Segel. **2)** auch *das,* Lägel.

legen [ahd. legen], *ich lege (habe gelegt),* **1)** *ihn, es,* bringe zum Liegen: *ich l. das Kind ins Bett; er legte ihm den Arm um die Schulter; der Ringer legte seinen Gegner in der dritten Runde auf die Matte; leg das Buch auf den Schreibtisch!; er hat Feuer gelegt; ich l. den Hund an die Kette; sie versuchte, Hand an sich zu legen,* Selbstmord zu begehen; *aus Karten legen, aus Karten wahrsagen; es werden neue Rohre, Kabel gelegt; er hat den Grund für die weitere Forschung gelegt,* Ü die Voraussetzungen dafür geschaffen; *man legte ihm die Worte in den Mund,* brachte

ihn dazu, sie zu sagen, oder: *behauptete, daß er sie gesagt hätte; ich l. Wert auf die Feststellung, daß . . .,* Ü. **2)** *ein Vogel, ein Huhn legt Eier; die Hühner legen im Augenblick gut.* **3)** *es ihm,* mache unmöglich: *man muß ihm das Handwerk legen,* Ü ihn an weiterem schädlichem Tun hindern. **4)** *mich,* nehme eine liegende Stellung ein: *ich soll dich schlafen!; ich l. mich in die Sonne, auf die Couch; er hat sich dafür ins Zeug gelegt,* Ü sehr bemüht. **5)** *es legt sich,* läßt nach, hört auf: *der Wind hat sich gelegt.*

legendar, ℀, **legendär,** sagenhaft; unglaubhaft, unwahrscheinlich. **Legendar** *das, -s/-e,* **Legendarium** *das, -s/ . . . ria,* Sammlung von Heiligenerzählungen. **Legende** [mhd. legende, mlat. legenda, zu lat. legere ›lesen‹] *die, -/-n,* **1)** unverbürgte Erzählung, bes. aus dem Leben der Heiligen. **2)** *das ist (eine) L.!,* Ü entspricht nicht den Tatsachen. **3)** Zeichenerklärung auf Landkarten u. a. **4)** Text auf Münzen und Siegeln. **5)** Text auf Spruchbändern der bildenden Kunst. **6)** Bildunterschrift.

leger [leʒ'εːr, frz. léger, zu lat. levis ›leicht‹], ungezwungen, formlos: *legeres Benehmen; sie kleidet sich l.*

Leger [zu legen] *der, -s/-,* gute Legehenne.

Leges, *Pl.* von Lex.

Legföhre *die,* Wachsform der Kiefer.

leggiero [leddʒ'ero, ital.], ♪ leicht, ungezwungen.

legieren [ital. legare, lat. ligare ›verbinden‹], *ich legiere (habe legiert) es,* **1)** stelle eine Legierung her. **2)** binde Suppen und Soßen mit Mehl, Sahne oder Eigelb. **Legierung** *die, -/-en,* meist durch Zusammenschmelzen erzeugte Vereinigung eines Metalls mit einem oder mehreren anderen Metallen oder Nichtmetallen: *Goldlegierung.*

legiferieren [lat. legem ferre ›ein Gesetz einbringen‹], *ich legiferiere (habe legiferiert), schweiz., österr.:* wirke bei der Gesetzgebung mit. **Legiferierung** *die, -, schweiz., österr.:* Gesetzgebung.

Legion [lat. legio ›auserlesene Mannschaft‹] *die, -/-en,* **1)** altröm. Heereseinheit. **2)** Truppenverband aus Freiwilligen oder Söldnern: *Fremdenlegion.* **3)** Ü Menge, Masse: *ihre Zahl ist L.* **legionär. Legionär** *der, -s/-e,* **1)** Soldat einer Legion. **2)** Ritter der französ. Ehrenlegion.

legislativ [lat. lex ›Gesetz‹ und lator ›Antragsteller‹], gesetzgebend. **Legislative** *die, -/-n,* gesetzgebende Gewalt. **legislatorisch,** gesetzgeberisch. **Legislatur** *die, -/-en,* Gesetzgebung. **Legislaturperiode** *die,* Zeitraum, für den eine Volksvertretung gewählt ist.

legitim [lat. legitimus, zu lex ›Gesetz‹], **1)** gesetzmäßig, rechtmäßig: *legitime Ansprüche; das ist durchaus l.,* Ü gerechtfertigt. **2)** ehelich. **Legitimation** *die, -/-en,* **1)** Ausweis; Beglaubigung. **2)** ⚖ Ehelichkeitserklärung. **legitimieren** *(habe legitimiert),* **1)** *ihn, es,* erkläre für rechtmäßig. **2)** *mich,* weise mich aus. **Legitimierung** *die, -.* **Legitimist** *der, -en/-en,* Anhänger der Legitimität, bes. eines gestürzten Herrscherhauses. **Legitimität** *die, -,* Rechtmäßigkeit, bes. einer Regierung oder eines Herrscherhauses.

Legpfennig [von legen] *der, ℀* Rechenpfennig.

Leguan [span. iguana] *der, -s/-e,* eine Echse.

Leguminose [lat. legumen ›Hülsenfrucht‹] *die, -/-n,* der Hülsenfrüchter.

Lehde [verwandt mit liegen] *die, -/-n, niederdt.:* verwildertes Nutzland / Ödland. **Lehdling** *der, -s/-e, niederdt.:* Champignon.

Lehen [ahd. lehan ›geliehenes Gut‹] *das, -s/-,* im MA.: verliehenes erbliches Nutzungsrecht an einem Landgut, dessen Empfang zu ritterl. Kriegsdienst und Treue verpflichtete.

Lehm [ahd. leim] *der, -(e)s/-e,* durch chem. Verwitterung entstandenes, gelbes bis braunes toniges Lockergestein: *Lehmboden.* **Lehmbau** *der,* Hausbau aus Lehm. **lehmig.**

Lehn *das, -s/-,* **1)** Lehen. **2)** *süddt.:* Borg. **Lehndiener** *der,* Lohndiener.

Lehne [ahd. lina] *die, -/-n,* **1)** Stütze, bes. Arm- oder Rückenstütze an Sitzen, Abb. B 10, S 75. **2)** *oberdt.:* Abhang, flache Böschung: *in der L.,* geneigt. **lehnen,** *ich lehne (habe gelehnt),* **1)** *ihn, es an ihn,* stelle so, daß es vom anderen gestützt wird: *ich l. den Spaten an den Baum.* **2)** *an ihm,* stehe an etwas gestützt: *sie lehnte an ihm; das Rad lehnt am Zaun.* **3)** *mich,* stütze mit dem Körper: *sie lehnte sich an ihn; lehnt euch nicht zu weit über das Geländer!*

lehnen [ahd. lehanon ›leihen‹], *ich lehne (habe gelehnt) es, oberdt.:* borge mir, leihe aus. **Lehner** *der, -s/-, oberdt.:* **1)** Pächter. **2)** Lehnsmann. **Lehnsherr** *der,* im MA.: Besitzer eines Lehens, das er vergeben kann. **Lehnsmann** *der,* Vasall, jemand, der vom Lehnsherrn ein Lehen hat.

Lehnstuhl [zu Lehne] der, bequemer Sessel.
Lehnübersetzung [zu entlehnen] die, wörtl. Übersetzung eines fremdsprachl. Wortes nach seinen Bestandteilen, z. B. Freidenker für englisch free-thinker. **Lehnwort** das, aus einer fremden Sprache aufgenommenes Wort, das sich lautlich der einheim. Sprache angepaßt hat, z. B. Mauer aus latein. murus, ÜBERS. W 15.
Lehr [ahd. lera] das, -(e)s/-e, ⊙ Lehre, ein Meßgerät.
Lehramtsanwärter der, Lehrer im Vorbereitungsdienst.
Lehrauftrag der, Verpflichtung, an einer Hochschule Vorlesungen und Übungen abzuhalten. **Lehrberuf** der, Beruf, der eine Lehrzeit verlangt. **Lehrbogen** der, Lehrgerüst. **Lehrbrief** der, Unterrichtsmittel für den Fernunterricht. **Lehrbuch** das, Schulbuch. **Lehre** die, -/-n, 1) ⚒ die Tätigkeit des Lehrens: Lehramt; Lehrtätigkeit; Forschung und L. 2) Regel, Ratschlag: er wollte mir kluge Lehren geben. 3) aus Erfahrung gezogene Schlußfolgerung: dieser Vorfall sollte dir eine L. sein; ich werde daraus meine L. ziehen. 4) Lehrmeinung, wissenschaftl. System: die L. der katholischen Kirche; die L. Kants; die L. von der Unsterblichkeit der Seele. 5) Lehrzeit, Ausbildungsverhältnis: Lehrjahre; Lehrwerkstatt; er ist in der L.; er beendet seine L. in diesem Jahr. 6) auch Lehr, ⊙ Gerät zur Nachprüfung der Werkstückabmessungen, ABB. L 5, M 15. **lehren** [ahd. leren], ich lehre (habe gelehrt), 1) (es), unterrichte in bestimmtes Fach, halte Vorlesungen: er lehrt Psychologie in Mainz; er lehrt an der Universität. 2) es ihn, ihn es tun, bringe ihm bei, bringe ihn dazu, vermittle die Kenntnis oder das Können: er lehrt die Kinder schwimmen; ich will dich lehren!, U dir Gehorsam beibringen. 3) (es), zeige: die Zukunft wird es lehren, daß . . .; die Zukunft wird es lehren. **Lehrer** der, -s/-, **Lehrerin** die, -/-nen, jemand, der beruflich unterrichtet: Lehrerausbildung; Lehrerkollegium; Lehrerzimmer; Mathematiklehrer. **Lehrerschaft** die, -, alle Lehrer einer Schule oder eines Bezirkes. **Lehrfach** das, Fachgebiet, das unterrichtet wird. **Lehrfilm** der, für den Unterricht bestimmter Film. **Lehrgang** der, zeitlich begrenzte schulmäßige Ausbildung in einem Fach: L. für Säuglingspflege; Lehrgangsteilnehmer. **Lehrgebäude** das, U systematische Darstellung einer Lehre, System. **Lehrgeld** das, früher: Entgelt, das man dem Lehrherrn für die Ausbildung zahlen mußte: jeder muß einmal L. zahlen, U Erfahrungen durch Enttäuschung erkaufen. **Lehrgerüst** das, Baugerüst für Bogen und Gewölbe, ABB. G 11. **lehrhaft**, belehrend; schulmeisterlich. **Lehrherr** der, früher: (Meister als) Ausbilder eines Lehrlings. **Lehrjunge** der, ⚓ Lehrling. **Lehrkanzel** die, österr.: Lehrstuhl. **Lehrkörper** der, die Lehrerschaft. **Lehrkraft** die, Lehrer(in). **Lehrling** der, -s/-e, früher für: Auszubildender, jemand, der in einem handwerklichen, kaufmännischen u. a. Beruf ausgebildet wird. **Lehrmädchen** das, früher für: die Auszubildende. **Lehrmeister** der, 1) Lehrherr. 2) U Sache, aus der man eine Erfahrung gewonnen hat: der Mißerfolg war mir ein guter L. **Lehrmittel** das, Hilfsmittel für den Unterricht. **Lehrplan** der, Unterrichtsplan, Verteilung des Unterrichtsstoffs auf die Jahrgänge. **Lehrprobe** die, Unterrichtsstunde im Rahmen der Lehrerbildung. **lehrreich**, das Wissen vermehrend, die Erfahrung bereichernd: der Vortrag war l. für mich; ein lehrreicher Film. **Lehrsatz** der, wichtiger Satz einer wissenschaftl. Lehre. **Lehrstand** der, ⚓ Lehrer und Geistliche. **Lehrstoff** der, das, was gelehrt wird: der L. für dieses Schuljahr. **Lehrstuhl** der, planmäßige Stelle eines Hochschullehrers, Professur: der L. für Philosophie ist unbesetzt. **Lehrvertrag** der, Vertrag über die berufl. Ausbildung des Lehrlings. **Lehrzeit** die, Ausbildungszeit.
. . . lei [mhd. lei(e) ›Art und Weise‹, zu lat. lex ›Gesetz‹], an Zahlwörtern und Mengenbestimmungen: von dieser Art: mancherlei; vielerlei; zweierlei; das Allerlei.
Lei [mhd. leie ›Fels‹, ›Schiefer‹] die, -/-en, niederrhein.: Fels, Schiefer: Lorelei.
Lei, Pl. von Leu.
Leib [ahd. lib] der, -(e)s/-er, 1) Körper der Lebewesen, bes. der menschl. Körper: L. und Seele; er ist mit L. und Seele bei dieser Sache, U setzt sich ganz dafür ein; der L. des Herrn, das Abendmahlsbrot, Hostie; den will ich mir vom L. halten, U ich will ihn nicht in meiner Nähe haben; bleib mir drei Schritt vom Leibe!; diese Rolle ist dem Schauspieler auf den L. geschrieben, U ganz auf seine Persönlichkeit abgestimmt. 2) Bauch, Magen: ich habe nichts im Leibe, bin hungrig; gesegneten Leibes, P schwanger. 3) ohne Pl., ⚓ Leben: er setzte L. und Gut aufs Spiel; L. und Leben, alte Rechtsformel: Leben. 4) ⛪ der unterste Teil der got. Fiale. **Leibarzt** der, Arzt einer hochgestellten

Persönlichkeit. **Leibchen** das, -s/-, 1) Mieder. 2) österr.: Herrenunterhemd; Sporttrikot. **leibeigen**. **Leibeigene** der, die, -n/-n, ein -r, eine -, MA.: persönlich und wirtschaftlich Unfreier. **Leibeigenschaft** die, -. **Leiberserbe** der, Abkömmling des Erblassers. **Leiberserziehung** die, schulische und außerschulische Sportausbildung, pädagog. Sportausbildung. **Leibesfrucht** die, das Kind im Mutterleib. **Leibeskraft** die: er schrie aus Leibeskräften, U sehr laut. **Leibesübung** die, -/-en, meist Pl., Sammelbez. für Gymnastik, Turnen, Sport und Spiele. **Leibesvisitation** die, körperl. Durchsuchung: es wurde eine L. vorgenommen. **Leibgarde** die, Truppe zum persönlichen Schutz (eines Monarchen). **Leibgedinge** das, -s/-, 1) im älteren dt. Recht das zu lebenslängl. Nutzung überlassene Gut oder dessen Ertrag. 2) Altenteil. **Leibgericht** das, Lieblingsessen. **leibhaftig**, in eigener Person, selbst, wirklich und wahrhaftig: plötzlich stand er l. vor mir. **Leibhaftige** der, -n, ⚓ Teufel. **Leibhaftigkeit** die, -. **leibig**, oberdt.: dick. **. . . leibig**, den Leib betreffend: dickleibig. **leiblich**, 1) körperlich: sie sorgt für sein leibliches Wohl. 2) blutsverwandt: leibliche Kinder; die leibliche Mutter. **Leibrente** die, Geldrente auf Lebenszeit. **Leibrock** der, ⚓ Frack, Gehrock. **Leibschmerz** der, -es/-en, meist Pl., **Leibschneiden** das, -s, Bauchweh, Kolik. **leibt**, wie er l. und lebt, lebt (alte Redensart). **Leibung** [zu Laib] die, -/-en, Laibung. **Leibwache** die, Leibgarde. **Leibwächter** der, jemand, der zum Schutz einer Person bestellt ist. **Leibwäsche** die, Unterwäsche.
Leich [ahd. leih ›Melodie‹, ›Gesang‹] der, -(e)s/-e, mittelhochdeutsche Liedform.
Leichdorn [ahd. lichdorn] der, -(e)s/-e oder ⁓er, mitteldt.: Hühnerauge. **Leiche** [ahd. lih ›Körper‹, ›Leib‹, ›Leichnam‹] die, -/-n, 1) der tote menschl. oder tierische Körper: er sieht aus wie eine wandelnde L., U sehr bleich und krank; er geht über Leichen, U ist brutal und rücksichtslos; Leichenschändung; Leichenverbrennung. 2) oberdt.: Bestattung, Begräbnisfeier: es war eine schöne Leich(e). 3) ⚒ vom Setzer vergessene Wörter oder Sätze. **Leichenacker** der, oberdt.: Friedhof. **Leichenbegängnis** das, Bestattung. **Leichenbitter** der, -s/-, jemand, der bei Todesfall im Dorf zur Beerdigung einlädt: mit einer Leichenbittermiene, U einem sehr traurigen Gesicht. **leichenblaß**, sehr blaß. **Leichenfledderer** der, jemand, der Tote (auch Bewußtlose) bestiehlt. **Leichengift** das, Ptomain. **Leichenöffnung** die, Sektion. **Leichenschau** die, Feststellung der Todesursache. **Leichenschmaus** der, Festmahl nach einem Begräbnis. **Leichenstarre** die, Totenstarre. **Leichnam** der, -(e)s/-e, Leiche.
leicht [ahd. liehti], 1) von geringem Gewicht, nicht beschwerend, ABB. E 2: l. wie eine Feder; leichte Truppen, bewegliche mit leichterer Ausrüstung; leichtbewaffnete Soldaten; leichte Sommerkleidung; leichten Herzens, U ohne Bedenken; mir ist heute so l. zumute, U unbeschwert, heiter. 2) U unbedeutend, wenig, geringfügig: leichtes Fieber; er wurde l. verletzt, aber: vgl. leichtverletzt; da wirst du nicht leichten Kaufes davonkommen, ohne größeren Schaden; leichter Wein, mit wenig Alkohol; leichte, leichtverdauliche Speisen, Speisen, die den Magen nicht beschweren, aber: diese Speisen sind l. verdaulich; leichtentzündlicher Brennstoff, aber: der Brennstoff ist l. entzündlich; leichter Boden, sandiger Boden. 3) U mühelos, gut zu leisten oder zu lernen: leichte Arbeit; er nimmt alles auf die leichte Achsel; mit ihm hat man leichtes Spiel, er ist schnell zu beeinflussen; sie hat eine leichte Hand, U ist geschickt, arbeitet wie spielend; aber: nichts Leichtes, es ist schwer. 4) U oberflächlich, nicht tiefgehend, beschwerend: das ist l. gearbeitet, die leichte Muse; leichte Musik, Unterhaltungsmusik. 5) U locker, leichtsinnig, leichtfertig: ein leichtes Mädchen. 6) nicht flektiert, oft, unbeabsichtigt, unvermutet, schnell: es kann l. geschehen; an dieser Kreuzung kommt es l. zu Unfällen; das kommt so l. nicht zweimal vor. 7) ⚓ **Leichtathlet** der, Sportler der Leichtathletik. **Leichtathletik** die, Sammelbez. für die Sportarten Gehen, Laufen, Springen, Werfen, Stoßen. **leichtathletisch**. **Leichtbau** der, Bauweise mit bes. leichten Baustoffen: Leichtbaustoffe. **leichtblütig**, von heiterer Gemütsart. **Leichte** die, -/-n, ⚓ Schulterriemen am Schubkarren. **Leichter** der, -s/-, ⛵ kleines flachgebautes Wasserfahrzeug zum Entladen von tiefgehenden Schiffen. **leichtern**, ich leicht(e)re (habe geleichtert), ⛵ entlade mit Leichtern. **leichtfallen**, es fällt mir leicht (fiel leicht, ist leichtgefallen), U macht mir keine Mühe: Mathematik ist ihm immer leichtgefallen; aber: er ist nur leicht gefallen, hat sich nicht ernstlich

die Kerze
(der Nackenstand)
der Strecksitz   der Hürdensitz   der Schwebestütz   der Hockstand   die Brücke   die Wippe
(die Doppelwippe)

das Wiegemesser
(die Wiege)   der Katzenbuckel   die Holzhackübung   das Raddrehen   das Hüftkreisen   das Hammerschwingen

das Arm-
beugen
das Armbeugen
zum Unterarmschlag   das Vorbeugen   das Strecken   das
beugen   (das Rückbeugen)   Linksbeugen   das Kniebeugen   das Kniebeugen tief   das Linksdrehen
drehen

das Knieheben   das Fersenheben   das Seitheben   das Vorheben
heben   das Seithochheben   das Vorspreizen   das Rückspreizen
spreizen

der
Ausfall   die
Auslage   die
Seitgrätschstellung
die
Grundstellung
die Stellungen   der Liegestütz   der Schiebkarren   die Standwaage
die Figuren

Leibesübungen

verletzt. **leichtfertig,** oberflächlich, leichtsinnig: *sie hat l. gehandelt; er hat sein Leben l. aufs Spiel gesetzt.* **Leichtfertigkeit** *die,* -. **leichtflüssig,** bei niedriger Temperatur schmelzend. **Leichtfuß** *der: Bruder L.,* Ü leichtsinniger Mensch. **leichtfüßig,** Ü flink, behende. **Leichtfüßigkeit** *die,* -. **Leichtgewicht** *das,* eine Gewichtsklasse der Schwerathletik. **leichtgläubig,** unkritisch, leicht zu betrügen. **Leichtgläubigkeit** *die,* -. **Leichtgut** *das,* auf Seeschiffen leichte Ladung. **Leichtheit** *die,* -, geringes Gewicht. **leichtherzig,** Ü unbeschwert, oberflächlich. **Leichtherzigkeit** *die,* -. **leichthin,** ohne nachzudenken: *er hat es l. gesagt.* **Leichtigkeit** *die,* -, Ü Mühelosigkeit, Oberflächlichkeit: *er wird es mit L. schaffen,* mühelos. **Leichtindustrie** *die,* Bez. für nichtmetallverarbeitende Industriezweige. **Leichtlohngruppe** *die,* unterste Tarifgruppe. **leichtmachen,** *ich* mache *es mir* leicht (habe leichtgemacht), Ü gebe mir wenig Mühe: *ich habe mir diese Arbeit (nicht) leichtgemacht; man hat es mir leichtgemacht, man*

hat mir geholfen, ist mir entgegengekommen; aber: *wenn du dich nicht leicht machst, kann ich dich nicht tragen; das läßt sich nicht leicht machen.* **Leichtmatrose** *der,* Matrose im Rang zwischen Jungmann und Vollmatrose. **Leichtmetall** *das,* Metall mit einer Dichte unter etwa 4,5 kg/dm³, z. B. Aluminium, Magnesium. **leichtnehmen,** *ich* nehme *es* leicht (nahm leicht, habe leichtgenommen), Ü verwende wenig Mühe und Sorge daran: *er hat seine Pflichten leichtgenommen,* aber: *zu leicht genommen.* **Leichtöl** *das,* leichtflüssiges Heizöl. **Leichtsinn** *der,* -(e)s, Unvorsichtigkeit, Sorglosigkeit, Fahrlässigkeit: *jugendlicher, sträflicher, unverzeihlicher L.; er mußte schwer für seinen L. büßen.* **leichtsinnig,** *leichtsinniges Verhalten; er handelt sehr l.* **leichttun,** *ich* tue *mich* leicht (habe mich leichtgetan) *dabei, damit,* bewältige es ohne Mühe. **leichtverletzt,** *ein leichtverletzter Mann,* aber: *er wurde bei dem Unfall nur leicht verletzt; zwei Leichtverletzte.*

leid [ahd. leid], **1)** in Redeweisen: *es ist mir l. geworden, ich* bin dessen überdrüssig, habe es satt; *das tut mir l.*, ich bedauere, es getan zu haben; *er tut mir l., es tut mir l. um ihn*, ich bedauere ihn. **2)** *schweiz.:* schlecht; mürrisch, böse. **3)** ⚹ leidig: *ein leider Bote; noch oberdt.: leides Wetter.* **Leid** *das, -(e)s*, **1)** Kummer, Schmerz, Schaden: *er mußte ihr sein L. klagen; ich habe dir nie ein L. (*⚹ *Leids) getan; sie wird sich doch nicht ein L. antun?*, Selbstmord begehen?; *in tiefem L.*, Trauer; *sie trägt ihr L. gefaßt;* aber: *sie tat es ihm zuleide.* **2)** *schweiz.:* Leichenbegängnis. **3)** *schweiz.:* Trauerkleider. **4)** *schweiz.:* die Anverwandten eines Verstorbenen im Trauerzug. **5)** [von leiten], *schweiz.:* Zügel. **Leidbank** *die, schweiz.:* Sitzbank für die Angehörigen bei den Beerdigungsfeierlichkeiten. **Leideform** *die*, Handlungsart des Verbs, Passiv, ÜBERS. V 2. **leiden** [ahd. lidan], *ich leide (habe gelitten)*, **1)** erdulde Leid, erlebe Schmerzliches, werde geschädigt: *sie hat in ihrem Leben viel gelitten; sie ist leidend*, kränklich; *sie leidet unter der Trennung; die Saat hat durch den Frost gelitten.* **2)** *es*, erdulde, habe auszustehen: *der Kranke mußte große Schmerzen leiden; er litt Hunger, Mangel.* **3)** *es, ihn*, dulde, lasse zu: *das l. ich nicht; das leidet keinen Aufschub; es litt ihn hier nicht länger, er hielt es nicht mehr aus; ich kann ihn, es gut leiden*, mag ihn, es gern; *das kann ich nicht leiden.* **4)** *er hat ausgelitten*, ist tot. **Leiden** *das, -s/-*, **1)** Schmerzen, Qual: *er starb nach langem L.; das L. Christi.* **2)** anhaltende Krankheit: *Herzleiden.* **Leidende** *der, die, -n/-n*,

der Rückschwung

das Waageknien

der Schraubensitz

das Waageliegen

der Liegestütz (Seitliegestütz vorlings)

der Oberarmstand

die Rolle

der Oberarmhang

der Nesthang

die Wende

der Aufschwung (Scheraufschwung)

der Querstreckstütz

der Beugestütz

die Kipplage

der Quersitz

der Überschlag

der Schulterstand

das Turnen am Barren

die Kehre

der Mühlumschwung

der freie Stütz

der Sturzhang

der Beugestütz (einarmig rücklings)

die Wende

der Beugehang

der Knieaufschwung

die Ristwelle

der Hang rücklings

der Felgumschwung

die Riesenfelge

der Unterschwung

die Hangwaage rücklings

der Kreuzaufschwung

die Kippe

die Flanke

Leibesübungen (am Gerät)

der Seitstütz vorlings · der Felgaufschwung · das Spreizabsitzen

das Turnen am Reck · der Hechtsprung · der Bärensprung · die Grätsche

die Kehre · die Spreize rechts · das Aufhocken · die Bücke · der Schafsprung · der Wolfsprung

das Turnen am Pferd

Leibesübungen (am Gerät)

ein -r, eine -. **Leidenschaft** die, -/-en, Gefühlsdrang, durch Vernunft schwer bezwingbare Neigung. **leidenschaftlich,** er ist ein leidenschaftlicher Briefmarkensammler; sie reitet l. gern. **Leidenschaftlichkeit** die, -, leidenschaftliches Wesen. **leidenschaftslos,** beherrscht, vernunftbestimmt. **Leidenschaftslosigkeit** die, -. **Leidensgefährte** der, **Leidensgenosse** der, jemand, der dasselbe Leid trägt. **Leidensgeschichte** die: L. Christi. **leider** [ahd. leidor], bedauerlicherweise, unglücklicherweise: das ist l. wahr; verstärkt: l. Gottes, U. **leidig,** 1) verdrießlich, lästig: die leidige Rechtschreibung. 2) niederdt.: närrisch, sonderbar. **Leidkarte** die, schweiz.: Todesanzeige; Beileidsschreiben. **leidlich,** erträglich, mäßig gut: er ist ein leidlicher Schüler; uns geht es l. **leidsam,** oberdt.: 1) geduldig. 2) erträglich. **leidtragend,** trauernd: die Leidtragenden versammelten sich im Trauerhaus. **leidwerchen,** ich leidwerche (habe leidgewerch[e]t) ihm, auch zleidwerke, schweiz.: mache Schwierigkeiten. **Leidwesen** das, Bedauern: zu meinem L. kann ich nicht kommen.

Lejendecker [vgl. die Lei] der, niederrhein.: Dachdecker.

Leier [ahd. lura, zu lat. lora ›mit Wasser aufgegossener Wein‹] der, -s/-, Tresterwein.

Leier [ahd. lira, zu grch. lyra] die, -/-n, 1) altgriech. Musikinstrument, die Lyra; Sinnbild lyrischer Dichtung: der Dichter schlägt die L. 2) Ü ständig sich Wiederholendes: immer die alte L., U ein und dasselbe, schon oft Gehörtes. 3) Kurbel, Gerät mit Kurbel, Drehorgel. 4) ♈ Schwanz der Sau. 5) ☆ ein Sternbild; Beileidsschreiben. **Leierkasten** der, Drehorgel. **Leier(kasten)mann** der, Hof- und Straßenmusiker mit Drehorgel, ABB. O 3. **leiern,** ich lei(e)re (habe geleiert) (es), 1) drehe eine Kurbel, Drehorgel. 2) U drehe anhaltend. 3) U rede eintönig, trage ohne Ausdruck vor. **Leierschwanz** der, australischer Singvogel.

Leihbibliothek, **Leihbücherei** die, gewerblich betriebene Bücherei, die Bücher befristet gegen Entgelt ausleiht. **Leihe** die, -, ⚄ unentgeltliche Überlassung einer Sache gegen die Verpflichtung zur Rückgabe: Leihgebühr; Pfandleihe. **leihen** [ahd. lihan], ich leihe (habe geliehen), 1) es ihm, überlasse vorübergehend, stelle zur Verfügung, verleihe: ich habe ihm das Buch geliehen; leih mir bitte fünf Mark; er leiht ihr sein Ohr, P hört ihr zu. 2) es mir von ihm, erbitte, erhalte zu zeitweiligem Gebrauch, entleihe: ich werde mir die Skier von ihr leihen; das ist nicht mein Auto, es ist nur geliehen. 3) es, gebe, stelle zur Verfügung: bei der Synchronisation eines Films leiht ein Schauspieler seine Stimme den Darsteller seine Stimme. **Leihhaus** das, Anstalt, die gegen Pfand Geldsummen auf kurze Zeit ausleiht. **leihweise,** zur vorübergehenden Nutzung.

Leikauf [mhd. litkouf, zu ahd. lid ›Obst-, Gewürzwein‹] der, auch Leitkauf, südostd.: Kauf mit Gelöbnistrunk beim Handelsabschluß.

Leilach [ahd. linlahhan ›Leintuch‹] das, -(e)s/-e oder -en, **Leilachen,** **Leilaken** das, -s/-, niederdt.: Leintuch, Bettuch.

Leim [ahd. lim, verwandt mit Lehm] der, -(e)s/-e, kolloider wasserlösl. Klebstoff: Tischlerleim; es geht aus dem L., U löst sich in seine Teile auf; er wird ihm (nicht) auf den L. gehen, Ü (nicht) in die Falle gehen, sich (nicht) überlisten lassen (mit Bezug auf die Leimrute). **leimen,** ich leime (habe geleimt), 1) es, klebe oder tränke (steife) mit Leim: ich werde das zerbrochene Spielzeug wieder leimen. 2) ihn, U betrüge, bes. im Spiel: da hast du dich ganz schön leimen lassen. **Leimfarbe** die, mit Leimwasser angerührte Malerfarbe für den Innenanstrich. **leimig,** voller Leim, klebrig. **Leimkraut** das, ein Nelkengewächs. **Leimring** der, mit Leim bestrichener Pergament- oder Baumwollstreifen an Obstbaumstämmen gegen Schädlinge. **Leimrute** die, früher der mit Leim bestrichene Zweig zum Vogelfang. **Leimsieder** der, 1) ⚙ Hersteller von Leim. 2) U langweiliger Mensch.

...lein [ahd. ...ilin], das Neutrum bestimmende Verkleinerungssilbe, bes. in Oberdeutschland, ÜBERS. S 77.

Lein [ahd. lin, zu lat. linum] der, -(e)s/-e, Flachs. **Leine** [ahd. lina] die, -/-n, 1) Schnur zu verschiedener Dicke: Wäscheleine; Wurfleine; Hundeleine; Hunde sind an der L. zu führen; er will L. ziehen, U ausreißen, entfliehen. 2) Gefüge zum Lenken der Zugtiere, ABB. P 9. **leinen,** aus Leinen bestehend. **Leinen** das, -s/-, Gewebe in Leinwandbindung. **Leinenband** der, Buch mit Einband aus Leinen. **Leinenfischerei** die, Angelfischerei. **Lein(e)weber** der, Weber von Leinwand. **Leinkraut** das, Pflanze mit löwenmaulähnl., gespornten Blüten. **Leinkuchen** der, Preßrückstände der Leinsamen. **Leinöl** das, aus Leinsamen gepreßtes goldgelbes Öl. **Leinpfad** der, Treidelpfad. **Leinsamen** der, stark ölhaltiger, quellfähiger Samen des Flachses. **Leintuch** das, Bettlaken. **Leinwand** die, 1) Gewebe in Leinwandbindung aus Flachs, auch Baumwolle. 2) Bildwand: wir haben ihn auf der L. gesehen, im Kino. **Leinwandbindung** die, einfachste Bindung beim Weben.

Leipziger Allerlei das, ein Gericht mit jungem Gemüse.

Leis [mhd. leis(e), verkürzt aus: Kyrie eleison] der, -/-e oder -es/-en, geistl. Lied des MA.

leise [ahd. liso], 1) kaum hörbar, nicht laut: sie sprachen l.; sie hat einen leisen Schlaf, durch kleine Geräusche störbar. 2) schwach, gering, leicht, wenig: l. gesalzen; ein leiser Wind; ein leiser Verdacht; ich habe nicht die leiseste Ahnung, weiß gar nichts davon. **Leisetreter** der, -s/-, Ü Schleicher, Schmeichler. **leisetreterisch.**

Leist [zu Leisten] der, -(e)s/-e, 1) ohne Pl., Knochenauftreibung an der Krone des Pferdefußes. 2) oberdt.: Leisten.

Leiste [ahd. lista] die, -/-n, 1) schmaler Holz-, Metall- oder Kunststoffstab zur Einfassung und Zierde, ABB. L 9, Z 8. 2) $ der unterste, dicht über dem Schenkel liegende Bauchteil, ABB. M 12.

leisten [ahd. leisten], ich leiste (habe geleistet), 1) (es), schaffe, vollbringe: er leistet viel; du könntest bessere Arbeit leisten. 2) es ihm, biete, gewähre: er muß ihm Gehorsam leisten,

die Wange
die Stufe
der Holm
die Sprosse
die Schenkelbreite
der Stützschenkel
die Stufenstehleiter (die Treppenleiter)
der Leiterhocker
die Stehleiter
die Anlegeleiter
die Steckleiter
die Dachdeckerleiter
die Hakenleiter
die Hühnerleiter
die Stufenanlegeleiter
die Apothekenleiter
die Strickleiter
die Zweiradleiter (die Schiebeleiter auf Rädern)

Leiter

gehorchen; *wir mußten einen Eid leisten,* schwören; *er wird dir Hilfe leisten,* helfen; *ich l. dafür Gewähr,* auch *ich gewährleiste es,* bürge dafür; *ich werde dir etwas Gesellschaft leisten.* **3)** *es mir,* gönne mir finanziell, lasse mir zukommen: *das kann ich mir bei meinem Einkommen nicht leisten; er leistet sich viel, wenig; da hast du dir aber etwas geleistet!,* U wie konntest du einen solchen Fehler begehen?

Leisten [ahd. leist] *der, -s/-,* Holz- oder Metallform zum Spannen von Schuhen, ABB. S 39: *Schuster, bleib bei deinem L.!,* Ü man soll nur das tun, was man gelernt hat; *man darf nicht alles über einen L. schlagen,* unterschiedslos behandeln.

Leistenbruch [zu Leiste] *der,* ♯ ein Bruch der Eingeweide.

Leistung [mhd. leistunge] *die, -/-en,* **1)** in bestimmter Zeit und (oder) gut ausgeführte Tat oder Arbeit: *Gedächtnisleistung; Leistungsdruck; schulische Leistungen; Leistungskraft; Leistungskurs; leistungsorientiert; leistungsstark.* **2)** Physik: die in der Zeiteinheit geleistete Arbeit: *Leistungsmaße,* ÜBERS. M 8. **3)** ♊ Gegenstand einer Schuldverpflichtung, bes. die Zahlung. **leistungsfähig,** zu guten Leistungen fähig. **Leistungsfähigkeit** *die, -.* **Leistungsgesellschaft** *die,* z. T. kritisch akzentuierte Kennzeichnung der am Prinzip der Leistung orientierten Industriegesellschaft. **Leistungsklasse** *die,* ✗ Einteilung von Wettkämpfen und Mannschaften nach ihrem Können. **Leistungskurs** *der,* in der reformierten gymnasialen Oberstufe Kurs, der vertiefte Kenntnisse in einem Fach vermittelt. **Leistungssport** *der,* sportl. Beteiligung mit stärkerer Betonung der Leistung.

Leitartikel [zu leiten] *der,* größerer (politischer) Zeitungsaufsatz an bevorzugter Stelle mit meinungsbildender Absicht. **Leitbild** *das,* Vorbild, Wunschvorstellung einer Zeit, einer Menschengruppe: *die Leitbilder der Jugend.* **leiten** [ahd. leiten], *ich leite* (habe geleitet), **1)** *ihn, es,* führe, bestimme seinen Weg, gebe die Richtung: *Gas, Wasser wird durch Rohre geleitet; wir haben dafür alles in die Wege geleitet,* Ü vorbereitet; *wir haben uns bei unserem Entschluß von dem Gedanken leiten lassen, daß . . .* **2)** *ihn, es,* lenke, führe als Vorgesetzter: *sie hat eine Schule in Berlin geleitet; leitende Angestellte.* **3)** *es leitet,* läßt durch (Wärme, Schall, elektr. Ströme): *dieses Material leitet Elektrizität gut (schlecht).*

Leiter [ahd. leitera] *die, -/-n,* Steiggerät mit Sprossen, ABB. L 8: *Feuerwehrleiter; er will auf der L. des Erfolges immer höher hinaufsteigen,* Ü immer mehr Erfolg haben.

Leiter [ahd. leittari, zu leiten] *der, -s/-,* **1)** verantwortlicher Vorgesetzter: *Betriebsleiter; Diskussionsleiter.* **2)** Stoff, der Wärme oder elektr. Strom leitet: *elektrischer L.; Wärmeleiter.* **Leiterin** *die, -/-nen,* weibl. Vorgesetzte: *Schulleiterin.*

Leiterwagen *der,* ABB. W 2.

Leitfaden *der,* Ü Lehrbuch: *L. der Tierkunde.* **Leitfähigkeit** *die,* Fähigkeit eines Stoffes, elektr. Strom oder Wärme zu leiten. **Leitfeuer** *das,* Leuchtfeuer. **Leitfisch** *der,* Lotsenfisch. **Leitfossil** *das,* eine bestimmte geologische Schicht kennzeichnende Tier- oder Pflanzenversteinerung.

Leitgeb [mhd. litgebe, zu ahd. lid ›Obst-, Gewürzwein‹] *der, -en/-en,* **Leitgeber,** *-s/-,* südostdt.: Wirt.

Leitgedanke *der,* Gedanke, der ein größeres Werk durchzieht. **Leithammel** *der,* **1)** Hammel, der die Herde führt. **2)** U Anführer, dem eine Gruppe Menschen gedankenlos folgt.

Leitkauf *der,* Leikauf.

Leitlinie *die,* **1)** Richtschnur. **2)** weiße Fahrbahnmarkierung zur Bezeichnung der Grenze zwischen zwei benachbarten Fahrspuren. **Leitmotiv** *das,* ♪ oft wiederkehrende Tonfolge; auch auf Dichtung übertragen. **Leitpflanze** *die,* Pflanze, die die Bodenbeschaffenheit anzeigt. **Leitplanke** *die,* ABB. A 27.

Leitsatz *der,* die These. **Leitstern** *der,* Ü etwas, wonach man sich richtet, Vorbild. **Leittier** *das,* einem Wildrudel vorausziehende Alttier. **Leitton** *der,* ♪ Ton, der stark zum Weiterschreiten von einen Halbtonschritt nach oben (oder unten) drängt. **Leitung** *die, -/-en,* **1)** Führung, Führerschaft: *die Expedition stand unter seiner L.; Organisationsleitung; Unternehmensleitung.* **2)** Einrichtung zum Fortleiten von Stoffen oder Energien: *Freileitung; Gasleitung; Wasserleitung,* ABB. L 9; *er hat eine lange L.,* U begreift sehr langsam.

Leitwährung *die,* Währung, in der ein großer Teil des Welthandels fakturiert wird und die in der internationalen Währungsordnung vorherrscht. **Leitwerk** *das,* ♁ **1)** die zur Steuerung dienenden Flossen und Ruder. **2)** dammartiges Bauwerk an Flüssen, das deren Fließrichtung beeinflussen soll. **Leitzahl** *die,* Photographie: zum Blitzlichtgerät gehörende Hilfszahl.

Lek [Abk. von Alexander, nach dem Münzbild (Kopf des Skanderbeg) genannt] *der, -/-,* alban. Währungseinheit.

Lektion [ahd. lekza, lat. lectio, zu legere ›lesen‹] *die, -/-en,* **1)** Lehrstunde, Vorlesung. **2)** Abschnitt im Lehrbuch. **3)** kath. Liturgie: die in der Messe vorgetragenen Lesestücke. **4)** U Zurechtweisung: *ich werde ihm eine L. erteilen!* **Lektor** *der, -s/. . .t'oren,* **1)** Hochschullehrer für Einführungskurse und Übungen. **2)** Verlagsangestellter, der angebotene Manuskripte prüft. **3)** evang. Kirche: ehrenamtl. Stellvertreter des Pfarrers. **Lektorat** *das, -(e)s/-e,* **1)** Amt eines Lektors. **2)** Abteilung eines Verlags. **lektorieren,** *ich lektoriere* (habe lektoriert) *(es),* prüfe ein Manuskript. **Lektorin** *die, -/-nen,* weibl. Lektor. **Lektüre** *die, -,* Lesestoff; das Lesen.

Lekythos [grch. ›Ölflasche‹] *die, -/. . .k'ythen,* altgriech. Tongefäß für Öl.

Lemma [grch. ›Einnahme‹, ›Gewinn‹, zu lambanein ›nehmen‹] *das, -s/-ta,* **1)** ⚙ Überschrift, Motto. **2)** Hilfssatz bei mathemat. und logischen Beweisen; in der klass. Logik auch Prämisse. **3)** Stichwort. **lemmatisieren,** *ich lemmatisiere* (habe lemmatisiert) *es,* versehe mit Stichwort.

Lemming [dän.] *der, -s/-e,* bodenbewohnendes Nagetier.

Lemur [lat. lemures ›Geister der Verstorbenen‹] *der, -en/-en,* **Lemure** *der, -n/-n,* **1)** altröm. Mythos: Geist eines Verstorbenen. **2)** Maki, Halbaffe. **lemurenhaft,** gespenstisch: *eine lemurenhafte Erscheinung.*

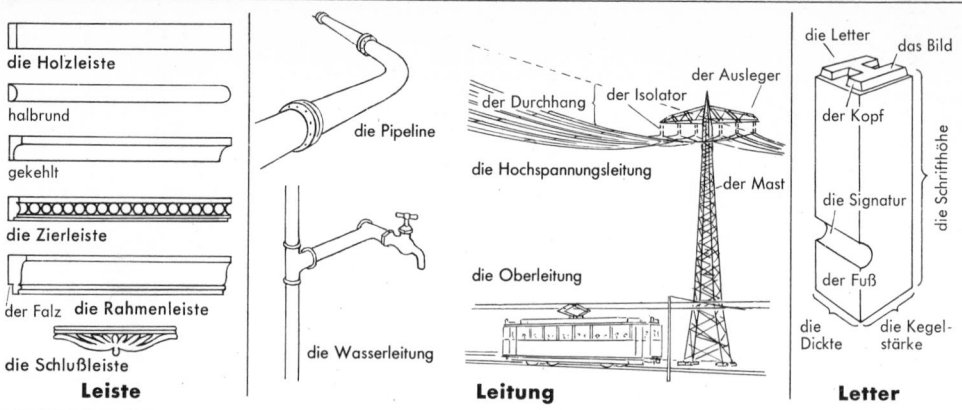

die Holzleiste

halbrund

gekehlt

die Zierleiste

der Falz   die Rahmenleiste

die Schlußleiste

Leiste

die Pipeline

die Wasserleitung

der Durchhang   der Isolator   der Ausleger

die Hochspannungsleitung

der Mast

die Oberleitung

Leitung

die Letter   das Bild

der Kopf

die Signatur   die Schrifthöhe

der Fuß

die   die Kegel-
Dickte   stärke

Letter

Lena [Kurzform zu Helene und Magdalene], weibl. Vorname.

Lende [ahd. lenti(n) ›Lende‹, ›Niere‹, ›Hüfte‹] *die, -/-n,* **1)** die hintere und seitliche Gegend der Bauchwand, ABB. M 12; B Sitz der Zeugungskraft. **2)** das unterhalb des Rückgrats liegende Stück Fleisch bei Schlachttieren: *Lendenbraten; Rinderlende.* **lendenlahm, 1)** kreuzlahm. **2)** Ü schwach. **Lendenschurz** *der,* Kleidungsstück vieler Naturvölker. **Lendenwirbel** *der,* ABB. M 12.

Lene, Leni [vgl. Lena], weibl. Vornamen.

Leninismus *der, -,* die Weiterführung der marxist. Lehre durch Lenin (1870–1924). **Leninist** *der, -en/-en.*

Lenk|achse *die,* beweglich gelagerte Achse an Schienenfahrzeugen. **lenkbar,** *ein leicht lenkbares Fahrzeug; er ist leicht l.,* Ü leicht zu erziehen, zu beeinflussen. **Lenkbarkeit** *die, -.*

lenken [mhd. lenken], *ich lenke (habe gelenkt) es,* leite, steuere, richte: *er lenkte seine Schritte auf unser Haus zu; er lenkte den Wagen nach links; sie lenkt alle Blicke auf sich,* erregt Aufmerksamkeit. **Lenker** *der, -s/-,* **1)** jemand, der lenkt, steuert, führt. **2)** U Lenkstange. **3)** Bauteil am Kraftwagen (Längslenker, Querlenker). **Lenkrad** *das,* bei Räderfahrzeugen ein Handrad, durch dessen Drehung über ein Getriebe die Räder eingeschlagen werden. **lenksam,** Ü leicht zu lenken. **Lenkstange** *die,* ABB. F 3, K 39. **Lenkung** *die, -/-n,* **1)** ohne *Pl.,* das Lenken. **2)** bei Straßenfahrzeugen oder Flugkörpern Vorrichtung zur Richtungsänderung.

Lenore [zu Eleonore], weibl. Vorname.

lento [ital.], *♩* langsam. **Lento** *das, -s/-s* oder *...ti,* Musikstück in diesem Zeitmaß.

lenz [niederdt.], *♫* leer, trocken.

Lenz [ahd. lenzo, zu lang, nach den länger werdenden Tagen] *der, -es/-e,* P Frühling: *sie zählt erst 17 Lenze,* U ist 17 Jahre alt; *er macht sich einen schönen L.,* Ü ist faul. **lenzen,** *es lenzt,* P wird Frühling.

lenzen [vgl. lenz], *ich lenze (habe gelenzt), ♫* **1)** *es,* pumpe Wasser aus dem Schiffsraum. **2)** laufe mit wenig oder keiner Segelfläche vor dem Sturm.

Lenzing *der, -s/-e, ⚭* März. **lenzlich,** P wie im Lenz. **Lenzmonat** *der, ⚭* März.

Leo [lat. ›Löwe‹], männl. Vorname. **Leonhard** [ahd. lewo ›Löwe‹ und hart ›tapfer‹, ›stark‹], männl. Vorname.

Leoniden [lat.], *Pl., ☆* im November auftretender Sternschnuppenschwarm.

Leonie [zu Leo], weibl. Vorname.

leonisch [nach der frz. Stadt Lyon], *leonische Waren,* aus Metalldrähten oder -gespinsten hergestellte Posamenten und Stickereien.

Leonore [zu Eleonore], weibl. Vorname.

Leopard [lat. leo ›Löwe‹ und Pardel] *der, -en/-en,* Panther, ein katzenähnl. Raubtier.

Leopold [in den Vornamenbestandteil ›Leo‹ angeglichene Form von Luitpold], männl., **Leopoldine,** weibl. Vornamen.

Leporello [nach dem Verzeichnis der Geliebten Don Juans (in Mozarts ›Don Giovanni‹), das dessen Diener Leporello angelegt hatte] *das, -s/-s,* eine in Buchform harmonikaartig zusammenfaltbare Reihe von Bildern.

Le|pra [grch. lepra, zu lepis ›Schuppe‹] *die, -, ⚕* Aussatz. **le|prös, le|prös.**

lepto... [grch. leptos], zart..., schmal..., dünn..., fein..., klein... **Lepton** [vgl. lepto...] *das, -s/...t'a,* griech. Münze. **Lepton** [Kw.] *das, -s/...t'onen,* leichtes Elementarteilchen.

leptosom [vgl. lepto... und grch. soma ›Körper‹], schmalwüchsig einen Körperbautypus betreffend. **Leptosome** *der, die, -n/-n, ein -r, eine -,* Mensch mit leptosomem Körperbau.

Lerche [ahd. lerahha] *die, -/-n,* ein Singvogel. **Lerchensporn** *der, ⚘* niedrige Staude in Laubwäldern.

Lernbehinderte, *Pl.,* Schwachbegabte, die in Sonderschulen unterrichtet werden. **lernen** [ahd. lernen], *ich lerne (habe gelernt) (es),* eigne mir geistig an, erwerbe Fähigkeiten, Kenntnisse, Fertigkeiten, bin in der Lehre, Schule: *er will Englisch, lesen, schwimmen, Gitarre spielen lernen;* vgl. aber: *kennenlernen, liebenlernen, schätzenlernen; von ihm kannst du viel lernen; lerne dich unter(zu)ordnen!; dieser Text lernt sich leicht; Lerndefizit; Lernerfolge; Lernprozeß.* **Lernmittel** *das,* Hilfsmittel für den Lernenden. **Lernmittelfreiheit** *die,* unentgeltl. Überlassung von Lernmitteln.

Les|art [zu lesen], vom ursprünglichen Text abweichende Fassung. **lesbar,** so beschaffen, daß man es lesen kann: *eine gut, schlecht lesbare Schrift.* **Lesbarkeit** *die, -.*

Lesbe *die, -/-n,* U Lesbierin. **Lesbi|erin** [nach der griech. Dichterin Sappho von der Insel Lesbos] *die, -/-nen,* gleichgeschlechtlich empfindende Frau. **lesbisch,** gleichgeschlechtlich empfindend (auf Frauen bezogen): *lesbische Liebe.*

Lese *die, -/-n,* Traubenernte: *Weinlese.* **Leseblatt** *das,* Weberei: Blatt zum Kreuzen der Kettfäden. **Lesebuch** *das,* Auswahlband lesenswerter Stücke, bes. für den Unterricht.

Lesefrüchte, *Pl.,* P aus Büchern erworbene Kenntnisse und Einsichten. **Lesemaschine** *die,* Gerät zur Erkennung von Zeichen auf Schriftstücken. **lesen** [ahd. lesan, eigtl. ›Runenstäbe auflesen‹], *ich lese (las, habe gelesen; du lies[es]t, er liest; wenn er läse; lies!)* es, **1)** erfasse den Sinn geschriebener oder gedruckter Zeichen: *das Kind lernt lesen; er las oft ganze Nächte durch; ich l. gern Kriminalromane; ich habe von diesem Vorfall gelesen.* **2)** halte eine Lesung: *der Schriftsteller las aus seinem demnächst erscheinenden Buch; der Priester liest die Messe.* **3)** halte Vorlesungen an einer Hochschule: *diesen Winter liest Professor N. N. Länderkunde oder über Länderkunde.* **4)** erkenne: *in seinem Auge war ein Entschluß zu lesen.* **5)** sammle oder suche aus: *wir mußten Ähren lesen,* auf dem Feld zurückgebliebene Ähren zusammensuchen; *ich l. Trauben,* ernte. **Leseprobe** *die,* **1)** erfasse eine Probe zum Bühnenstückes. **2)** Ausschnitt aus einem neuen Buch zur Werbung. **Lesepult** *das,* Aufsatz zum Auflegen eines Buches, ABB. A 9. **Leser** *der, -s/-,* **1)** jemand, der etwas liest: *Romanleser; Zeitungsleser; Leserbrief.* **2)** jemand, der etwas sammelt: *Ährenleser.* **3)** Datenverarbeitung: Zeichenleser. **Leseratte** *die,* U jemand, der gern und viel liest. **Leserei** *die, -,* U übermäßiges, planloses

Lesen. **Leserin** *die, -/-nen*, weibl. Leser. **leserlich**, leicht zu lesen (für die Augen): *eine leserliche Handschrift*. **Leserlichkeit** *die, -.* **Leserschaft** *die, -*, die Gesamtheit der Leser (eines Buches, einer Zeitung). **Lesestoff** *der*, alles zum Lesen: *L. für die Sexta*. **Lesezeichen** *das*, Merkzeichen zum Einlegen in ein Buch, Buchzeichen. **Lesezirkel** *der*, gewerbl. Leihverkehr mit regelmäßig umlaufenden Zeitschriften, Büchern. **Lesung** *die, -/-en*, 1) öffentl. Lesen eines Textes: *L. aus der Bibel; Dichterlesung*. 2) ♋ Beratung einer Gesetzesvorlage oder eines Antrags im Parlament: *der Gesetzentwurf wurde in dritter L. verabschiedet.*

letal [lat. letalis, zu letum ›Tod‹], ♀ tödlich.

Lethargie [grch. lethargia ›Schlafsucht‹] *die, -*, 1) ♀ krankhafte Schlafsucht. 2) Ü Teilnahmslosigkeit, Gleichgültigkeit. **lethargisch.**

Lethe [grch. ›das Vergessen‹] *die, -*, griech. Mythologie: 1) Strom in der Unterwelt, aus dem die Toten Vergessenheit tranken. 2) Ü Vergessenheit.

Letsch *der, -(e)s/-e* oder *-/-en*, auch **Lätsch**, *schweiz.:* 1) Schleife, Masche. 2) Schmollmund. **Letsche** *die, -/-n*, *westdt.:* Rutsche. **letschen**, *ich letsche* (bin geletscht), *westdt.:* rutsche. **letschen**, *ich letsche* (habe geletscht), auch **lätsche**, *es, schweiz.:* fange mit Schlingen; verschlinge.

Lette *der, -n/-n*, Angehöriger eines baltischen Volkes.

letten, aus Letten bestehend. **Letten** [ahd. letto] *der, -s/-*, bunter Schieferton, z. B. des Keupers.

Letter [mhd. litter, zu lat. littera] *die, -/-n*, 1) Buchstabe. 2) Drucktype, Abb. L 9, S 7. **Letterset** [vgl. Set] *das, -s*, eine Art Offsetdruck, jedoch ohne Feuchtung, Trockenoffset.

lettig [zu Letten], tonhaltig, lehmhaltig.

lettisch, zu Lettland gehörig.

Lettner [mhd. lettener, lecter, zu lat. lectorium ›Lesepult‹] *der, -s/-*, Scheidewand zwischen Chor und Mittelschiff in mittelalterl. Kirchen.

letz [ahd. lezze], auch **lätz**, *alem.:* verkehrt (herum), umgewendet (Strumpf): *die letze Hand*, linke. **Letze** *der, die, -n/-n, ein -r, eine -*, auch **Lätze**, *schweiz.:* der, die Unrechte. **letzen** [ahd. lezzen, zu laß], *ich letze* (habe geletzt), 1) *ihn, mich*, *alem.:* gebe den Abschiedsschmaus, die Letzi. **Letzhander, Letzhänder** *der, -s/-, alem.:* Linkshänder. **Letzi** *die, -/. . .zenen* oder *. . .zinen*, *alem.:* 1) Grenzbefestigung. 2) Abschied, Abschiedsgeschenk, -schmaus. 3) bleibender Schaden (nach Krankheit). 4) Lektion, Belehrung.

letzte [ahd. lezist], *-r, -s/, 1)* eine Reihe beschließend: *bis zum letzten*, bis zuletzt, bis zum Schluß; *zum letzten Male;* aber: *zum letztenmal; er ist der Letzte seiner Familie*, mit ihm stirbt sie aus; *du bist der letzte, den das angeht*, am wenigsten von allen geht es dich an; *der erste und der letzte* (der Reihe nach); *das Erste und das Letzte*, Anfang und Ende; *der Letzte, den Schlußtag des Monats; man trug ihn zur letzten Ruhe*, sein Begräbnis fand statt; *die Letzte Ölung*, kath. Kirche: Salbung des Todkranken mit geweihtem Öl; *der Letzte Wille*, Testament; *zu guter Letzt*, zum Schluß. 2) schlechteste Qualität bezeichnend: *er ist der Letzte der Klasse*, der schlechteste Schüler; *die Ersten werden die Letzten sein* (Bibel); *das ist von letzter Güte; das ist das Letzte!* 3) das Höchste, Tiefste, Verborgenste: *bis in letzte Tiefen forschend; er gab sein Letztes*, alle Kräfte. 4) vorig, vergangen: *letzten Sonntag; unsere letzte Begegnung.* **letztens,**

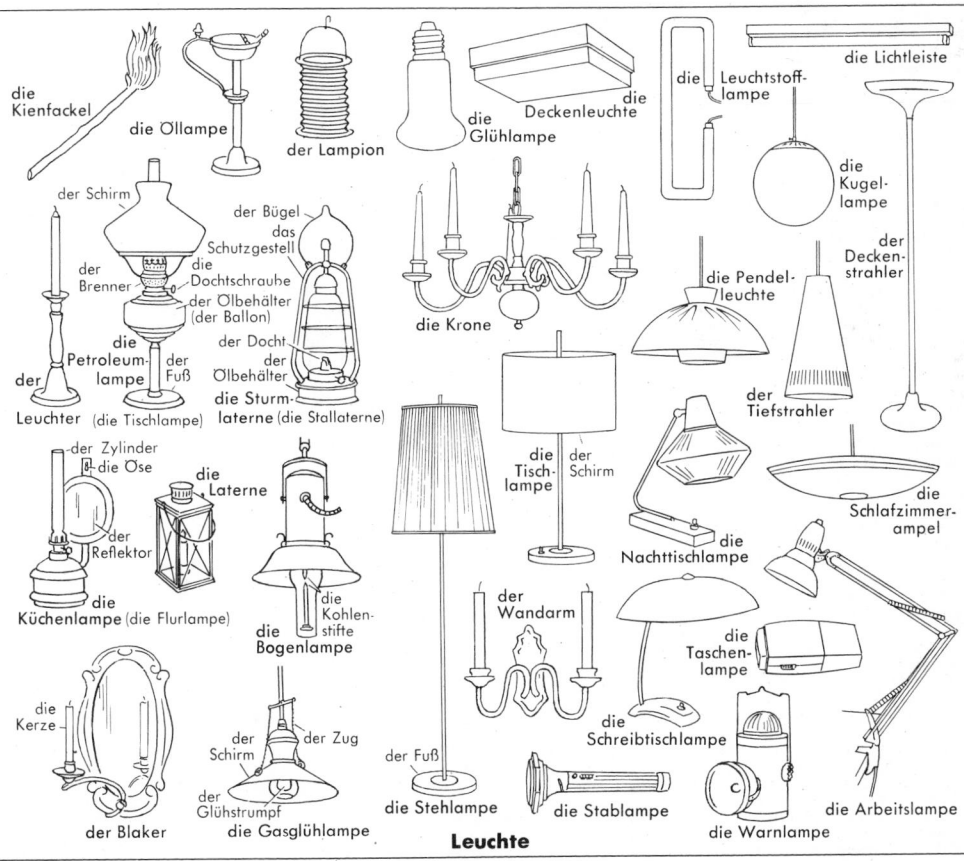

L 10

die Kienfackel — die Öllampe — der Lampion — die Glühlampe — die Deckenleuchte — die Leuchtstofflampe — die Lichtleiste

der Schirm — der Bügel — das Schutzgestell — die Krone — die Pendelleuchte — die Kugellampe — der Deckenstrahler

der Brenner — die Dochtschraube — der Ölbehälter (der Ballon) — der Docht — der Ölbehälter — der Tiefstrahler

die Petroleumlampe — der Fuß — Leuchter (die Tischlampe) — die Sturmlaterne (die Stallaterne)

der Zylinder — die Öse — die Laterne — die Tischlampe — der Schirm — die Schlafzimmerampel

der Reflektor — die Küchenlampe (die Flurlampe) — die Kohlenstifte — die Bogenlampe — die Nachttischlampe — der Wandarm — die Taschenlampe

die Kerze — der Schirm — der Zug — der Fuß — die Stehlampe — die Schreibtischlampe — die Stablampe — die Warnlampe — die Arbeitslampe

der Blaker — der Glühstrumpf — die Gasglühlampe

Leuchte

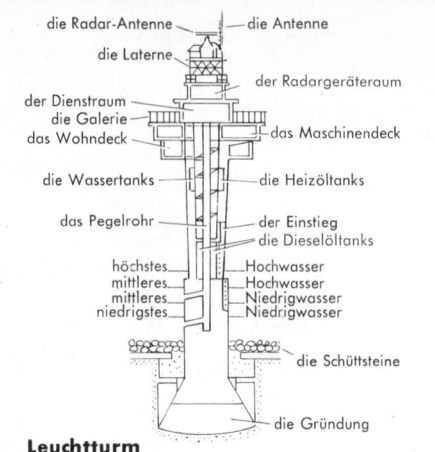

die Radar-Antenne — die Antenne
die Laterne
der Radargeräteraum
der Dienstraum
die Galerie
das Wohndeck — das Maschinendeck
die Wassertanks — die Heizöltanks
das Pegelrohr — der Einstieg
die Dieselöltanks
höchstes — Hochwasser
mittleres — Hochwasser
mittleres — Niedrigwasser
niedrigstes — Niedrigwasser
die Schüttsteine
die Gründung

Leuchtturm

an letzter Stelle: *erstens, zweitens . . . letztens.* **lẹtztere** *der, die, das, der, die, das* zuletzt Genannte. **lẹtztgenannt,** zuletzt genannt. **Lẹtztgenannte** *der, die, das, -n/-n.* **lẹtzthin, 1)** unlängst, in der unmittelbar zurückliegenden Zeit: *er ist l. gestorben.* **2)** letztlich. **lẹtztlich,** schließlich, im tiefsten Sinne: *l. könnte man auch ganz verzichten.* **lẹtztmöglich,** *die letztmögliche Frist.* **lẹtztwillig,** testamentarisch: *seine letztwillige Verfügung.*
Leu [mhd. leu, lewe, zu lat. leo] *der,* **1)** *-en/-en,* P Löwe. **2)** [l'e:u] *der, -/Lei* [l'e:i], rumän. Währungseinheit.
Lẹuchte *die, -/-n,* **1)** Vorrichtung zur Lenkung und Verteilung eines von einer künstl. Lichtquelle erzeugten Lichtstroms; ungenau auch: Lampe, ABB. L 10. **2)** U berühmter Fachmann, kluger Mensch: *eine L. der Wissenschaft; eine L. ist sie nicht,* U nicht sehr intelligent. **lẹuchten** [ahd. liuhten], *ich leuchte (habe geleuchtet),* **1)** *ihm,* erhelle, gebe Licht: *er leuchtete mir ins Gesicht.* **2)** *es leuchtet,* sendet Licht aus: *die Lampen, die Gestirne leuchten; ein leuchtendes Vorbild,* Ü. **3)** *es leuchtet aus ihm,* ist klar erkennbar, tritt deutlich hervor: *Glück leuchtete aus ihren Augen.* **Lẹuchter** *der, -s/-,* Halter für Kerzen oder Glühbirnen. **Lẹuchtfarben,** *Pl.,* Leuchtstoffe. **Lẹuchtfeuer** [Leucht- u. Feuer] *das, -s/-,* Lichtzeichen der See- und Luftfahrt z. B. auf Baken, Bojen, Leuchttürmen. **Lẹuchtgas** *das,* ♻ Stadtgas. **Lẹuchtkäfer** *der,* gelbgrün, selten rötlich leuchtender Käfer. **Lẹuchtkraft** *die, -,* die Strahlungsleistung eines Sterns. **Lẹuchtkugel** *die,* im Gelände aufleuchtende Munition. **Lẹuchtmassen,** *Pl.,* Leuchtstoffe. **Lẹuchtpistole** *die, -,* Pistole für Leucht-, Signalmunition. **Lẹuchtröhre** *die,* Gasentladungsröhre, Leuchtstofflampe. **Lẹuchtschirm** *der,* bes. vorbereitete Fläche zum Sichtbarmachen von Elektronen-, Röntgen- und ultravioletten Strahlen, ABB. F 15. **Lẹuchtstoffe,** *Pl.,* meist pigmentartige Stoffe, die der Fluoreszenz und Phosphoreszenz fähig sind. **Lẹuchtstofflampe,** röhrenförmige Gasentladungslampe, deren Innenwände mit Leuchtstoff belegt sind, ABB. L 10. **Lẹuchtturm** *der,* ein weithin sichtbares Seezeichen mit Leuchtfeuer, ABB. K 56, L 11, S 44. **Lẹuchtwerbung** *die,* Lichtreklame. **Lẹuchtziffer** *die: eine Uhr mit Leuchtziffern; Leuchtzifferblatt.*
Lẹuer *der, -s/-,* **1)** *alem.:* kastrierter Eber. **2)** *oberd.:* Tresterwein.
lẹugnen [ahd. lougnen], *ich leugne (habe geleugnet) es,* bestreite, erkläre für falsch: *er leugnet die Tat; wir leugnen, dabeigewesen zu sein.* **Lẹugner** *der, -s/-,* jemand, der etwas leugnet. **Lẹugnung** *die, -/-en,* das Leugnen.
Leuk|ämie [grch. leukos ›weiß‹ und haima ›Blut‹] *die, -/. . .m'i|en,* ⚕ krankhafte Vermehrung der weißen Blutkörperchen. **leuk|ämisch. Leuko|plast** [grch. plassein ›bilden‹], **1)** *der, -en/-en,* ⚕ Bestandteil der Zelle. **2)** *das,* Handelsname für ein Heftpflaster. **Leukozyten** [grch. kytos ›Hohlraum‹, ›Zelle‹], *Pl.,* weiße Blutkörperchen.
Lẹumund [ahd. liumunt ›Gerücht‹, ›Kunde‹] *der, -(e)s,* Ruf:

er hat (k)einen guten L. **Lẹumundszeugnis** *das,* polizeil. Zeugnis über den Ruf eines Bewerbers oder Beklagten.
Lẹute [ahd. liut], *Pl.,* **1)** Menschen, Öffentlichkeit, Menge, Volk, Gruppe: *es kommt unter die L.,* wird bekannt; *meine L.,* U Angehörige, Familie oder Gesinnungsfreunde. **2)** ♻ Untergebene, z. B. Soldaten, Gesinde: *der Besitzer verteilt die Arbeit auf die L.* **. . .leute,** *häufiger Pl.* zu *. . .mann: Kaufleute.*
Leute. . ., 1) Menschen. . .: *der Leuteschinder,* ♻. **2)** Gesinde. . .: *die Leutestube,* ♻.
Lẹutnant [frz. lieutenant, zu mlat. locumtenens ›Stellvertreter‹] *der, -s/-s* oder *-e,* Abk.: Lt., unterste Rangstufe der Offiziere.
Lẹutpriester *der,* ♻ Weltgeistlicher. **lẹutselig** [mhd. liutsælic, zu Leute], freundlich, herablassend ohne Hochmut. **Lẹutseligkeit** *die, -.*
Levade [frz. lever ›emporheben‹] *die, -/-n,* Übung der Hohen Schule, ABB. H 22.
Levantiner [ital. levante ›Osten‹, ›Morgenland‹] *der, -s/-,* **1)** Bewohner der Levante, der Länder am östl. Mittelmeer. **2)** U gerissener Händler. **levantinisch.**
Levée [ləv'e, frz.] *die, -/-s,* ♻ Aushebung von Rekruten, Werbung, Aufgebot. **Lever** [ləv'e, frz. ›das Aufstehen‹] *das, -s/-s,* ♻ Morgenempfang bei einem Fürsten.
Leviathan [hebr. liwjathan, eigtl. ›gewundenes Tier‹] *der, -s,* B, P Ungeheuer, Krokodil.
Lẹvin [zu Lewin], männl. Vorname.
Levit [nach dem 3. Buch Mose ›liber leviticus‹] *der, -en/-en,* **1)** Angehöriger eines israelit. Priesterstammes. **2)** kath. Kirche: Diakon und Subdiakon beim Hochamt: *Levitenamt.* **3)** *man muß ihm die Leviten lesen,* U ihn energisch tadeln.
Levkoje [grch. leukos ›weiß‹ und ion ›Veilchen‹] *die, -/-n,* ⊕ vielfarbiger Kreuzblütler.
Lew [lef, zu lat. leo ›Löwe‹] *der, -(s)/Lewa* [l'εva], bulgar. Währungseinheit.
Lẹwin [ahd. Leobwin, aus liob ›lieb‹ oder liut ›Volk‹ und wini ›Freunde‹, angelehnt an ›jüdisch Levi], männl. Vorname.
Lex [lat.] *die, -/L'eges,* ♻♻ Gesetz.
Lexẹm *das, -s/-e,* Ⓢ Träger der lexikal. Bedeutung (Begriffsbedeutung). **Lexik** *die, -,* Wortschatz einer (Fach)sprache. **lexikalisch,** das Lexikon betreffend. **Lexiko|graph** [vgl. . . .graph] *der, -en/-en,* Bearbeiter von Artikeln eines Lexikons, eines Wörterbuchs. **Lexiko|graphie** [vgl. . . .graphie] *die, -.* **lexiko|graphisch. Lexiko|logie** [vgl. . . .logie] *die, -,* Wortschatzforschung. **Lexikon** [grch. lexikon, zu lexis ›Stil‹, ›Redeweise‹] *das, -s/. . .ka,* **1)** alphabetisch geordnetes Nachschlagewerk zur Vermittlung von Sachwissen. **2)** Wörterbuch. **lexisch,** Ⓢ die Lexik betreffend.
Lezithin [grch. lekithos ›Eigelb‹] *das, -s,* auch Lecithin, phosphorhaltige Substanz, bes. in Gehirn, Nerven, Eidotter.
lfd., Abk. für: laufend. **lfd. J.,** laufenden Jahres. **lfd. m,** laufenden Meters. **lfd. M.,** laufenden Monats. **lfd. Nr.,** laufender Nummer.
lg, Zeichen für: Logarithmus (auf der Basis 10).
LG, Abk. für: Landgericht.
L'hom|bre [l'ɔbr, frz., zu span. el hombre ›der Mensch‹, der Hauptfigur des Spiels] *das, -s,* das Lomber.
Li, ⚗ Zeichen für: Lithium.
Liaison [ljɛz'ɔ, frz. ›Bindung‹] *die, -/-s,* Liebesverhältnis.
Liane [frz., zu lier ›binden‹] *die, -/-n,* Kletterpflanze, Schlingpflanze.
Liane [zu Juliane], weibl. Vorname.
Lias [zu liais ›harter, feinkörniger Kalkstein‹] *die* oder *der, -,* ⊕ Schwarzer Jura, eine geolog. Abteilung des Jura.
Libanese *der, -n/-n,* Bewohner des arab. Staates Libanon. **libanesisch.**
Libation [lat. libare ›opfern‹, ›weihen‹] *die, -/-en,* Trankopfer im alten Rom.
Libẹll [lat. libellus ›Büchlein‹] *das, -s/-e,* Klage-, Schmähschrift.
Libẹlle [lat. libella ›kleine Waage‹] *die, -/-n,* **1)** ein Insekt. **2)** Wasserwaage, ABB. W 7.
Libellist [zu Libell] *der, -en/-en,* der Verfasser einer Schmähschrift.
liberal [lat. liberalis, zu liber ›frei‹], freiheitlich, vorurteilsfrei, den Liberalismus vertretend: *er ist l. gesinnt; liberale Bestrebungen innerhalb der Partei.* **Liberale** *der, die, -n/-n, -n* *-r, eine,* ›Anhänger(in) einer liberalen Partei. **liberalisieren,** *ich* liberalisiere (habe liberalisiert) *es,* gestalte freier, großzügiger: *der Handel wurde liberalisiert.* **Liberalisierung** *die, -.* **Liberalismus** [vgl. . . .ismus] *der, -,* polit. und geistige

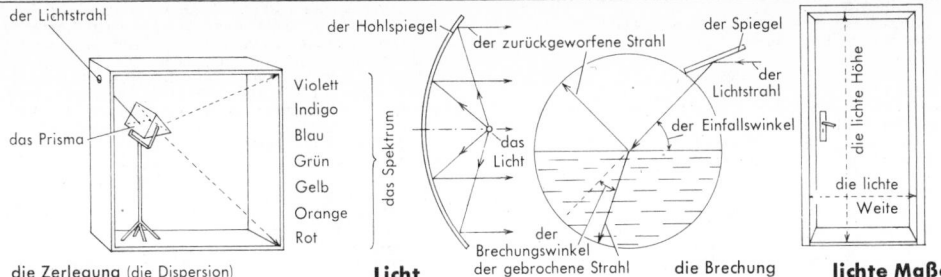

der Lichtstrahl · der Hohlspiegel · der zurückgeworfene Strahl · der Spiegel · der Lichtstrahl · der Einfallswinkel · die lichte Höhe

Violett Indigo Blau Grün Gelb Orange Rot · das Spektrum · das Licht · die lichte Weite

das Prisma

der Brechungswinkel · der gebrochene Strahl

die Zerlegung (die Dispersion) **Licht** die Brechung **lichte Maße**

Bewegung, die größtmögliche Freiheit für das Individuum in Staat, Wirtschaft und Gesellschaft erstrebt. **liberalistisch. Liberalität** die, -, Freisinnigkeit, Vorurteilslosigkeit. **Liberianer** der, -s/-, Bewohner des westafrikan. Staates Liberia. **liberianisch. Liberi|er** der, -s/-, der Liberianer. **liberisch.**
Libero [ital. ›freier Mann‹] der, -s/-s, ✗ Fußball: Abwehrspieler ohne direkten Gegenspieler, der sich auch offensiv ins Angriffsspiel einschalten kann. **Libertät** [lat. libertas, zu liber ›frei‹] die, -, ständische Freiheit, Vorrecht. **Libertin** [-t'ἐ] der, -s/-s, 1) zügelloser Mensch. 2) Freigeist. **Libertinage** [-tin'aːʒə] die, -, Zügellosigkeit. **Libertiner** der, -s/-, ⚥ Freigeist.
libidinös, die Libido betreffend. **Libido** [auch l'i-, lat. ›Begierde‹, ›Lust‹] die, -, Geschlechtstrieb.
Liborius [wohl nach lat. liberius ›der Bereitwillige‹], männl. Vorname.
Li|bration [lat. libratio ›Schwankung‹] die, -/-en, scheinbares Pendeln des Mondes.
Li|brettist der, -en/-en, Verfasser von Librettos. **Li|bretto** [ital. ›Büchlein‹, zu lat. liber ›Buch‹] das, -s/-s oder . . . br'etti, Textbuch für Opern, Operetten.
lic., Abk. für: Lizentiat.
licet [lat.], es steht frei, ist erlaubt.
. . .lich [zu ahd. lîh ›Körper‹, ›Leiche‹], Ableitungssilbe für Adjektive, die eine wesensgemäße Eigenschaft oder einen Besitz bezeichnet: *persönlich; das elterliche Haus; königlich; menschlich;* vgl. *. . .isch.*
licht [ahd. lioht], **1)** hell, leuchtend, strahlend: *der lichte Morgen; lichte Augen; es wird l. im Osten,* der Tag bricht an. **2)** hell, nach Weiß zu: *lichtes Blau; lichtes Haar,* weißblondes. **3)** undicht, mit Zwischenräumen: *der Wald wurde lichter; lichte Höhe,* ᵰ lotrechter Abstand zwischen zwei Begrenzungen, ᴀʙʙ. ʟ 12; *lichte Weite,* innerer, meist horizontaler Abstand zwischen zwei Begrenzungen, ᴀʙʙ. ʟ 12. **4)** niederdt.: leicht.
Licht das, -(e)s/-er, vgl. ᴀʙʙ. ʟ 12, **1)** *ohne Pl.,* die durch das Auge und andere Lichtsinnesorgane vermittelte Empfindung der Helligkeit; im gewöhnl. Sprachgebrauch: Helligkeit, Beleuchtung: *Mondlicht; Sonnenlicht; bei Tageslicht; Lichteffekte; Lichtschein; sie hat sich bei ihrem Chef ins rechte L. gesetzt,* Ü sich vorteilhaft dargestellt; *bei L. besehen, ist dein Vorschlag gar nicht so schlecht,* Ü wenn man ihn gründlich überdenkt; *künstliches L.,* Lampen-, Kerzenlicht; *sein Stammhalter hat das L. der Welt erblickt,* wurde geboren; *dreh das L. an!,* schalte die elektrische Beleuchtung ein!; *das werde ich ans L. bringen,* Ü klären, entdecken, enträtseln; *das wirft ein ganz neues L. auf ihn,* Ü zeigt einen neuen Aspekt; *er hat endlich L. in die Sache gebracht,* Ü sie aufgeklärt; *er scheut das L.,* Ü will nicht gesehen werden, hat etwas zu verbergen; *sie hat mich ganz schön hinters L. geführt,* Ü getäuscht, überlistet; *mir geht ein L. auf,* Ü jetzt verstehe, durchschaue ich die Sache!; *geh mir aus dem L.!,* tritt beiseite!; *er geriet dadurch in ein schiefes L.,* Ü wurde ungünstig beurteilt; *dem Vorhaben wurde grünes L. gegeben,* Ü freier Lauf gelassen. **2)** norddt.: *Pl. -e,* Kerze, Lichtquelle: *am Weihnachtsbaum brennen die Lichter; dir werden wir ein L. aufstecken!,* Ü den Standpunkt klarmachen; *du brauchst dein L. nicht unter den Scheffel zu stellen,* Ü deine Vorzüge zu verbergen; *er ließ sein L. leuchten,* Ü breitete sein Wissen aus; *er ist kein großes (Kirchen-) L.,* Ü nicht sehr intelligent. **3)** Malerei: hellste Stelle: *der Maler muß noch einige Lichter aufsetzen,* die hellsten Stellen eines Bildes durch entsprechende Farbe (Weiß) herausholen. **4)** ⚸ Schiffslaterne. **5)** *nur Pl.,* ♃ Augen des Schalenwildes, ᴀʙʙ. ʜ 18, ʀ 13. **6)** *alem.:* Öffnung, Fenster: *zu L.,* auf Abendbesuch, zum Fensterln. **Lichtanlage** die, alle zur elektr. Beleuchtung erforderl., fest verlegten Vorrichtungen. **Lichtbehandlung** die, ⚕ ein Teilgebiet der Strahlenbehandlung. **lichtbeständig,** lichtecht. **Lichtbild** das, ⚥ durch Photographie hergestelltes Bild: *Lichtbildervortrag.* **Lichtbildner** der, ⚥ Photograph. **Lichtblick** der, Ü Trost, Hoffnung: *ein L. für die Zukunft.* **Lichtbogen** der, stromstarke Gasentladung, meist in freier Luft unter Atmosphärendruck, ᴀʙʙ. ʙ 39. **Lichtbündel** das, die räuml. Gesamtheit des durch Blenden begrenzten, von einem Punkt ausgehenden oder in einem Punkt zusammenlaufenden Lichts. **Lichtchen** das, -s/- oder *L'ichterchen.* **Lichtdruck** der, ein Flachdruckverfahren. **lichtdurchlässig,** lichtdurchlässige Vorhänge. **Lichte** die, -, lichte Weite oder Höhe. **lichtecht,** farblich unempfindlich gegen Licht. **lichtelek|trisch,** lichtelektrischer Effekt, Photoeffekt. **lichtempfindlich,** lichtempfindliches Photomaterial; *sie ist sehr l.* **lichten,** *ich lichte* (habe gelichtet) *es,* **1)** mache undicht durch Herausnehmen: *stark gelichteter Wald; unsere Reihen sind gelichtet,* Ü wir sind weniger geworden. **2)** ⚥ erhelle: *das Dunkel um dieses Verbrechen lichtet sich,* Ü es wird aufgeklärt. **3)** ⚓ hebe hoch: *das Schiff lichtet den Anker,* windet sie empor, fährt ab. **Lichterbaum** der, Weihnachtsbaum. **lichterloh** [vgl. Lohe], mit heller Flamme: *es brannte l.* **Lichtermeer** das, Ü Fülle von Lichtern: *das L. der nächtlichen Großstadt.* **lichtern,** leichtern. **Lichtgaden** der, ᵰ von Fenstern durchbrochener Oberteil der Mittelschiffwand einer Basilika, ᴀʙʙ. ᴋ 20. **Lichtgeschwindigkeit** die, die Ausbreitungsgeschwindigkeit des Lichts und aller elektromagnet. Wellen. **Lichthof** der, **1)** erweiterter Lichtschacht. **2)** kreisförmige überbelichtete Stelle auf Photographien. **Lichtholz** das, jede bes. lichtbedürftige Holzart. **Lichthupe** die, das Blinken mit aufgeblendetem Scheinwerferlicht als opt. Signal. **Lichtjahr** das, ✦ Einheit für astronom. Entfernungsmessungen. **Lichtkegel** der, sich kegelförmig erweiterndes Lichtbündel. **Lichtlein** das, -s/- oder *L'ichterlein.* **Lichtmaschine** die, bei Fahrzeugen ein Generator. **Lichtmeß,** ein katholisches Fest (2. Februar): *Mariä L.* **Lichtnelke** die, Name verschiedener Nelkengewächse. **Lichtorgel** die, eine Effektbeleuchtungsanlage, bei der verschiedenfarbige Lampen im Takt von Lautsprechermusik selbsttätig gesteuert werden. **Lichtpause** die, die Kopie einer Vorlage auf mit lichtempfindl. Stoffen getränktem Papiere. **Lichtquant** das, Photon, masseloses Elementarteilchen. **Lichtreklame** die, Verwendung von Licht für Werbezwecke. **Lichtschacht** der, Schacht zum Einlassen von Tageslicht in Gebäude. **lichtscheu, 1)** überempfindlich gegen Licht: *der Uhu ist l.* **2)** Ü unehrenhaft, unehrlich, kriminell: *lichtscheues Gesindel.* **Lichtschranke** die, auf ein photoelektr. Bauelement fallender Lichtstrahl, der bei Unterbrechung den Signalstrom ändert, worauf bestimmte Geräte ansprechen. **Lichtschutz** der: *die Hecke bietet Licht- und Sichtschutz; Lichtschutzmittel mit Lichtschutzfaktor 3,* Sonnenschutzmittel. **Lichtsinn** der, die Fähigkeit von Organismen, auf Lichtreize zu reagieren. **Lichtspiel** das, Vorführung von Filmaufnahmen. **Lichtspielhaus** das, Filmtheater, Kino. **Lichtstärke** die, **1)** ein Maß für den von einer Lichtquelle abgestrahlten Lichtstrom. **2)** das Öffnungsverhältnis eines Objektivs. **Lichtstock** der, lange, schnurartige Kerze, Wachsstock. **Lichtstrom** der, die Strahlungsleistung einer Lichtquelle. **Lichttonverfahren** das, beim Tonfilm Aufzeichnungsverfahren des Tons. **lichtundurchlässig,** *lichtundurchlässige Jalou-*

sien. Lichtung die, -/-en, ausgeholzte Stelle im Wald. **Lichtverstärker** der, Laser. **lichtvoll,** Ü klar, einleuchtend. **Lichtwert** der, Photographie: eine Hilfszahl für Zeit-Blenden-Paarungen.

Lid [ahd. (h)lit ›Deckel‹] das, -(e)s/-er, **1)** Hautfalte zum Schließen der Augen, ABB. A 24: *Augenlid; Lidreflex; Lidschatten; die Lider waren ihm schwer,* P er war schläfrig. **2)** *alem.:* Deckel. **3)** *niederdt.:* Glied. **Liderung** die, -, ⊙ Dichtung, bes. zwischen Geschützrohr und Verschluß.

Lido [ital., zu lat. litus ›Ufer‹] der, -s/-s oder *L'idi,* Nehrung: *am L. von Venedig.*

lieb [ahd. liob], **1)** geliebt, teuer, wert, Zuneigung für etwas oder jemanden ausdrückend: *lieber Vater* (auch als Briefanfang); *das ist mir l.; es ist ihm l. geworden,* aber: *ein liebgewordener Brauch; Zu Unsrer Lieben Frau,* Maria gewidmete Kirche; *oft sehr allgemein: liebe Leute!; das liebe Leben;* ironisch: *die lieben Nachbarn;* drohend: *lieber Freund!* **2)** angenehm, willkommen: *es ist mir das liebste, am liebsten, wenn . . .* **3)** brav, artig, gehorsam: *seid l., Kinder!; sie will sich l. Kind bei ihm machen,* einschmeicheln. **4)** freundlich: *seien Sie so l. und helfen Sie mir!* **5)** Ü süß, herzig: *sie sieht l. aus; so ein liebes Ding.* **Lieb** das, -s, P die Liebste. **liebäugeln,** ich liebäug(e)le (habe geliebäugelt) *mit etwas,* spiele mit dem Gedanken, möchte es gern haben, tun. **liebbehalten,** ich behalte *ihn* lieb (behielt lieb, habe liebbehalten), bewahre ihm meine Zuneigung. **Liebchen** das, -s/-, geliebtes Mädchen, Schatz, Geliebte. **Liebden,** Euer L., ⚭ ehrenvolle Anrede.

Liebe die, -, **1)** eine opferbereite Gefühlsbindung, Zuneigung; im engeren Sinn: geschlechtsgebundene Gefühlsbeziehung: *die L. der Eltern zu den Kindern; Elternliebe; Kindesliebe; Jugendliebe; freie L.,* außereheliches Verhältnis; *Liebesabenteuer; Liebeserklärung; Liebesleben.* **2)** Erbarmen, Mildtätigkeit: *Nächstenliebe; Werke der L.; wir wollen es mit dem Mantel der L. zudecken,* Ü etwas Schimpfliches vergessen sein lassen. **3)** U Freundlichkeit: *tun Sie mir die L.* (aber: *es mir zuliebe) und kommen Sie mit; Liebesdienst.* **4)** Pl. -n, U geliebter Mensch: *meine erste L.; eine alte L. von mir.* **Liebediener** der, unterwürfiger Schmeichler. **Liebedienerei** die, -. **liebedienern,** ich liebedien(er)e (habe liebedienert), schmeichle unterwürfig. **Liebelei** die, -/-en, flüchtiges Liebesabenteuer. **liebeln,** ich lieb(e)le (habe geliebelt), spiele mit der Liebe, flirte. **lieben** [ahd. lioben], ich liebe (habe geliebt) *ihn, es,* fühle innige Zuneigung, habe gern, tue es gern: *ich liebe dich, habe dich immer geliebt; er liebt es, nach dem Essen zu schlafen; diese Pflanze liebt die Sonne,* verlangt zum Gedeihen Sonnenlicht. **liebenswert,** anziehend, gewinnend. **liebenswürdig,** freundlich, gefällig. **liebenswürdigerweise. Liebenswürdigkeit** die, -/-en: *hätten Sie die L., mir zu helfen?; er sagte ihr Liebenswürdigkeiten.* **lieber, 1)** Komparativ von lieb und gern: *er trinkt l. Tee als Kaffee.* **2)** besser, vernünftigerweise: *l. heute als morgen; l. nicht!; ich hätte l. nicht kommen sollen.* **Liebesapfel** der, P die Tomate. **Liebesdienerin** die, -/-nen, Prostituierte. **Liebesgabe** die, Geschenk an Notleidende. **Liebesmüh(e)** die: *das ist doch verlorene L.!, das hat keinen Zweck!* **Liebesspiel** das, alle geschlechtlich erregenden Handlungen vor und während des Beischlafs. **Liebfrauenmilch** die, Phantasiename rheinhessischer und Pfälzer Weine. **liebgewinnen,** ich gewinne *ihn* lieb (gewann lieb, habe liebgewonnen), er wird mir lieb: *ich habe sie liebgewonnen.* **liebhaben,** ich habe *ihn* lieb (habe liebgehabt), habe sehr gern, liebe. **Liebhaber** der, -s/-, **1)** Verehrer, Geliebter. **2)** Amateur: *Musikliebhaber.* **3)** Sammler, Kenner, Kunstfreund: *Antiquitätenliebhaber; Liebhaberpreis.* **4)** ein Rollenfach beim Theater: *jugendlicher L.* **Liebhaberei** die, -/-en, Lieblingsbeschäftigung. **Liebhaberwert** der, Wert eines Kunstwerks für den Sammler. **liebkosen,** ich liebkose (habe liebkost) *ihn, es,* zeige Liebe durch Zärtlichkeiten; streichele. **Liebkosung** die, -/-en. **lieblich,** reizvoll, entzückend, anmutig: *ein lieblicher Anblick.* **Lieblichkeit** die, -. **Liebling** der, -s/-e, Geliebte(r), Schatz; bevorzugtes Wesen, Günstling: *sie war ihr besonderer L.; er ist aller L.,* alle mögen ihn gern. **Lieblings-** in Zus.: Bevorzugtes: *Lieblingsschüler(in); meine Lieblingsbeschäftigung.* **lieblos,** ohne Liebe, unfreundlich. **Lieblosigkeit** die, -/-en. **liebreich,** liebevoll. **Liebreiz** der, Anmut, Charme. **liebreizend. Liebschaft** die, -/-en, Liebesverhältnis. **Liebste** der, die, -n/-n, ein -r, eine -, Geliebte(r). **Liebstöckel** das oder der, -s/-, ⚘ Würz- und Arzneipflanze.

Lied [ahd. liod] das, -(e)s/-er, **1)** sangbares vertontes Gedicht: *Kinderlied; Volkslied; Liederabend; immer das alte L.,* U dieselbe Klage; *das ist das Ende vom Lied,* Ü so hat die

Angelegenheit geendet. **2)** erzählende Dichtung: *das Nibelungenlied.* **3)** Melodie, Weise: *das L. der Lerche,* P. **Liedchen** das, -s/-: *davon könnte ich ein L. singen,* Ü damit habe ich meine (unangenehmen) Erfahrungen gemacht. **Liederjan** [liederlich und Jan, Kurzform zu Johann] der, -(e)s/-e, auch Liedrian, U liederlicher Mensch. **liederlich** [mhd. liederlich ›leicht‹, ›leichtfertig‹, ›liederlich‹], **1)** unordentlich, nachlässig. **2)** moralisch nicht einwandfrei. **3)** *südwestdt.:* gering, elend. **Liederlichkeit** die, -. **Liedermacher** der, jemand, der Lieder aktuellen Inhalts textet und komponiert, meist auch selbst vorträgt. **liedhaft,** in der Art eines Liedes. **Liedlein** das, -s/-, P Diminutiv zu Lied. **Liedrian** der, -(e)s/-e, Liederjan.

lief, von laufen. **Lieferant** der, -en/-en, jemand, der Waren liefert. **lieferbar,** vorrätig (Ware). **Lieferfrist** die: *Waren mit kurzer, langer L.* **liefern** [mittelniederl. leveren, zu lat. liberare ›entledigen‹, ›freimachen‹], ich lief(e)re (habe geliefert), **1)** *es ihm,* sende zu, verkaufe: *die Ware wird Ihnen bis morgen mittag ins Haus geliefert; Lieferkontingente.* **2)** *es ihm,* gebe an, erbringe: *dafür mußt du mir erst den Beweis liefern; sie lieferte viel Gesprächsstoff.* **3)** *ihn ans Messer,* richte zugrunde, töte: *er ist geliefert,* U verloren. **Lieferung** die, -/-en, **1)** geschäftl. Sendung, Zustellung gekaufter Waren an den Käufer: *Lieferungsbedingungen.* **2)** einzelner Posten einer größeren Menge; Teil eines Buches, das nach und nach ausgegeben wird: *das Buch erscheint in monatlichen Lieferungen.* **Lieferwagen** der, kleiner Lastkraftwagen.

Liege die, -/-n, ein Ruhebett, Liegesofa. **Liegekur** die, Ruhebehandlung durch Liegen, bes. im Freien. **liegen** [ahd. lig(g)en], ich liege (lag, habe gelegen; *oberdt.:* bin gelegen), **1)** bin der Länge nach ausgestreckt: *ich l. im Bett, auf der Couch, in der Sonne, am Strand.* **2)** *es liegt,* Ü befindet sich, erstreckt sich, ist vorhanden: *im Schiff liegt vor Anker; Stuttgart liegt am Neckar; dieses Dorf liegt 1 200 m ü. M.; da liegt der wahre Grund; diese Sorge liegt mir noch auf der Seele, bedrückt mich; das Auto liegt gut auf der Straße,* hat eine gute Straßenlage. **3)** *es liegt mir,* Ü entspricht meinen Fähigkeiten, gefällt mir: *Mathematik hat mir nie gelegen; dieser Umgangston liegt mir nicht.* **4)** *es liegt mir an ihm, daran;* auch: *mir ist an ihm, daran gelegen,* ich schätze ihn, es, lege Wert darauf: *mir liegt viel an seiner Zustimmung.* **5)** *es liegt an, bei ihm,* hängt von ihm ab: *es liegt an ihm, ob es stattfindet, wenn es mißlingt.* **6)** *es liegt in ihm,* ist seine Eigenart: *dieser Widerspruchsgeist liegt in ihm.* **7)** *es liegt so, gut, schlecht,* die Verhältnisse sind so: *wie liegt die Sache?,* wie ist sie, steht sie? **liegenbleiben,** ich bleibe liegen (bin liegengeblieben), **1)** stehe nicht auf: *sie blieb im Bett liegen.* **2)** *es bleibt liegen,* bleibt zurück: *der Schirm ist liegengeblieben,* wurde vergessen; *die Arbeit bleibt liegen,* wird nicht erledigt. **Liegende** das, -n, ohne Artikel: -s, ⚒ das eine Bezugsschicht unterlagernde Gestein. **liegenlassen,** ich lasse *es* liegen (ließ liegen, habe liegen[ge]lassen), vergesse mitzunehmen: *sie ließ ihre Tasche liegenlassen.* **Liegenschaft** die, -/-en, meist Pl.: Grundstück. **Lieger** der, -s/-, **1)** Schiffswächter. **2)** Schiff außer Dienst. **3)** großes Wasserfaß als Notvorrat. **Liegerstatt** die, -/-en, *oberdt.:* Bett. **Liegesitz** der, im Kraftwagen und Eisenbahnabteil klappbarer oder verschiebbarer Sitz, der ein Liegen ermöglicht. **Liegestuhl** der, ein (zusammenklappbares) Liege- und Sitzmöbel, ABB. S 75. **Liegestütz** der, Turnen: ABB. L 7. **Liegetag** der, *norddt.:* Rasttag. **Liegewagen** der, ein einfacher Schlafwagen, der tagsüber in einen Reisezugwagen verwandelt werden kann. **Liegezeit** die, ⚓ Zeit, die ein Schiff im Hafen liegt.

lieh, von leihen. **Liek** [niederdt.] das, -(e)s/-en, ⚓ Tauwerk zur Besäumung der Segelkanten.

Liele die, -/-n, auch Niele(n), *alem.:* Waldrebe. **Lienhard** [oberdt. für Leonhard], männl. Vorname. **lies!,** Abk.: l., Befehlsform von lesen. **Liesch** [ahd. lisca, zu grch. leimon ›Wiese‹] das, -es, Name verschiedener schilfförmiger Pflanzen. **Liese** [Kurzform zu Elisabeth], **1)** weibl. Vorname. **2)** L. Müller, U Verkörperung des anspruchslosen Durchschnittsverbrauchers. **3)** das Fleißige L., eine Zierpflanze. **Liese** die, -/-n, *⚒* enge Kluft. **Liese** [Kurzform zu Elisabeth], **Lies(e)l,** weibl. Vornamen. **Lieselotte** [Kurzform zu Elisabeth und Charlotte], weibl. Vorname.

Liesen, Pl., *norddt.:* rohes Schweinefett. **ließ,** von lassen.

liest, von lesen.

Lift [engl. to lift ›in die Höhe heben‹] *der, -(e)s/-s* oder *-e,* **1)** Aufzug, Fahrstuhl. **2)** kurz für: Skilift. **Liftboy** [-bɔi] *der,* Fahrstuhlführer. **liften,** *ich* lift(e)le (bin geliftelt), U benutze den Skilift. **liften,** *ich* lifte (habe geliftet), **1)** *es,* stemme, hebe. **2)** *ihn, sie,* führe ein Facelifting an ihm, ihr aus: *sie hat sich liften lassen.* **Lifting** [engl.] *das, -s/-s,* Facelifting. **Liftkurs** *der,* Kurs zur Förderung leistungsschwacher Schüler.

Liga [span., zu lat. ligare ›verbinden‹] *die, -/...gen,* **1)** Bund, Bündnis. **2)** Vereinigung, Gesellschaft: *L. für Menschenrechte.* **3)** ✕ Spitzenklasse: *Bundesliga* (Fußball). **Ligade** *die, -/-n,* Fechten: Binden der gegner. Klinge. **Ligament** [lat. ligamentum] *das, -s/-e,* ✝ Band. **Ligatur** [spätlat. ligatura, zu ligare ›binden‹] *die, -/-en,* **1)** Vereinigung zweier Buchstaben, z. B. œ; Æ zusammengegossene Buchstabentypen, z. B. ff. **2)** ♪ Zusammenziehung von zwei Noten gleicher Tonhöhe zu einem Ton. **3)** ✝ Unterbindung von Blutgefäßen.

Light-Show [lʹaitʃəu, engl. light ›Licht‹] *die,* musikal. Show mit besonderen Beleuchtungseffekten.

Ligist *der, -en/-en,* Angehöriger einer Liga: *Bundesligist.*

Lignin [lat. lignum ›Holz‹] *das, -s/-e,* harzartiger Stoff, Holzbestandteil. **Lignit** *der, -s/-e,* ⚒ Xylit.

Ligurer *der, -s/-,* Angehöriger eines im Altertum urspr. in Südgallien und Norditalien seßhaften Volkes. **ligurisch,** heute: zur italien. Region Liguria gehörig; aber: *das Ligurische Meer.*

Liguster [lat. ligustrum] *der, -s/-,* Rainweide, ein Ölbaumgewächs.

liieren [frz. lier ›binden‹, ›vereinigen‹], *ich* liiere (habe liiert) *mich mit ihm,* verbinde mich, tue mich zusammen: *sie ist mit ihm liiert,* hat eine Liaison.

Likör [frz. liqueur, zu lat. liquor ›Flüssigkeit‹] *der, -s/-e,* **1)** süßer Branntwein: *Kirschlikör.* **2)** Zusatz zu Schaumwein.

Liktor [lat. lictor] *der, -s/...t'oren,* Amtsdiener der höheren Beamten und Priester im alten Rom. **Liktorenbündel** *das,* Rutenbündel, Faszes, ABB. R 32.

lila [frz. lilas ›Flieder(farbe)‹], *nicht flektierbar,* hellviolett, fliederblau. **Lila** *das, -s.*

Lilian [engl., wohl zu Lilly], weibl. Vorname.

Lilie [-iə, ahd. lilia, lat. lilium] *die, -/...li|en,* Zwiebelpflanze mit großen Blüten; Sinnbild der Unschuld und Reinheit.

Liliput [aus ›Gullivers Reisen‹ von J. Swift, 1667–1745], ein Märchenland mit nur daumengroßen Bewohnern. **Liliputaner,** *der, -s/-,* Bewohner von Liliput. **2)** Zwerg. **liliputanisch.**

Lilli, engl. Form: **Lilly** [Kurzform zu Elisabeth], weibl. Vornamen.

Lilo [Kurzform für Lieselotte], weibl. Vorname.

lim, ⚒ Zeichen für: Limes, Grenzwert.

Limbus [lat. ›Rand‹, ›Saum‹, ›Grenze‹] *der, -/...bi,* **1)** ohne *Pl.,* kath. Dogmatik: Vorhölle. **2)** der Teil von Meßinstrumenten, auf dem der Hauptmaßstab angebracht ist. **3)** ⚛ Saum, oberer, nicht verwachsener Teil einer Blüte; ⚕ flossenartiger Rand am Körper im Wasser lebender Tiere.

Limerick [nach der irischen Grafschaft und Stadt L.] *der, -s/-s,* engl. fünfzeilige Strophenform.

Limes [lat. ›Grenze‹] *der, -,* **1)** röm. Grenzwall. **2)** *Pl. -,* Zeichen: lim, ⚒ Grenzwert.

Limit [engl., zu lat. limes ›Grenze‹] *das, -s/-s,* **1)** Grenze. **2)** ⚗ Preisgrenze. **Limitation** *die, -/-en,* Begrenzung. **limitieren,** *ich* limitiere (habe limitiert) *es.*

limnisch [grch. limne ›Teich‹], in Süßwasserseen gebildet, lebend. **Limnologie** [vgl. ...logie] *die, -,* die Wissenschaft von den Binnengewässern. **limnologisch.**

Limo *die, -/-s,* U kurz für: Limonade. **Limonade** [frz.] *die, -/-n,* alkoholfreies Erfrischungsgetränk. **Limone** [ital., zu pers. limun] *die, -/-n,* Zitrusgewächs; dessen Frucht.

Limonit [grch. leimon ›Wiese‹] *der, -s/-e,* Brauneisenstein.

Limousine [limuzʹi:nə, frz., nach der Landschaft Limousin] *die, -/-n,* geschlossener Personenkraftwagen, ABB. K 40.

limpid [lat. limpidus], klar, hell, durchsichtig.

lind [ahd. lindi], **1)** weich, mild, sanft; wohltuend: *linde Frühlingslüfte.* **2)** *alem.:* gargekocht; frischbacken.

Linda [zu Rosalinde u. a.], weibl. Vorname.

Linde [ahd. linta] *die, -/-n,* ein Laubbaum: *Lindenblütentee.*

linden, aus Lindenholz.

lindern [spätmhd., zu lind], *ich* lind(e)re (habe gelindert) *es,* besänftige, mildere, verringere (Schmerzen, Klagen, Beschwerden). **Linderung** *die, -/-en:* Schmerzlinderung. **lindgrün,** zartgrün. **Lindheit** *die, -,* Milde, Zartheit.

Lindwurm [mhd. lintwurm, ahd. lint ›Schlange‹, ›Drache‹] *der,* Ungeheuer der german. Sage, Drache ohne Flügel.

Lineal [lat. linea ›Richtschnur‹, ›Linie‹] *das, -s/-e,* Hilfswerkzeug zum Zeichnen, ABB. L 13. **linear, 1)** geradlinig; durch Linien darstellbar: *die Tarifsätze werden l. erhöht; Linearzeichnung,* Umrißzeichnung. **2)** △ von erster Ordnung. **Linearbeschleuniger** *der,* ein Teilchenbeschleuniger.

...ling [zu ...ing], Ableitungssilbe für männliche Substantive, **1)** Werkzeuge, Tiere, Menschen bestimmter Eigenart bezeichnend: *der Feustling; der Stichling; der Wüstling.* **2)** Spottwörter bildend: *der Dichterling; der Schreiberling.*

Linge [lɛ̃ʒ, frz. ›Wäsche‹] *die, -, schweiz.* ⚬⚬: Wäsche. **Lingerie** [lɛ̃ʒrʹi, frz.] *die, -,* Wäschekammer (im Hotelgewerbe).

...lings [zu lenken], Ableitungssilbe, oft für Bewegungen: *köpflings,* mit dem Kopf voran; seltener für Vorgänge: *meuchlings,* auf meuchlerische Art.

lingual [lat. lingua ›Zunge‹, ›Sprache‹], Zungen... **lingual** *der, -s/-e,* Zungenlaut. **Linguist** *der, -en/-en,* Sprachwissenschaftler. **Linguistik** *die, -,* Sprachwissenschaft. **linguistisch,** *linguistica Studien.*

Linie [-iə, mhd. linie, zu lat. linea ›Richtschnur‹, ›Linie‹] *die, -/...ni|en,* **1)** Strich, △ Gerade, Kurve, ABB. L 14; U ein bedeutsamer Strich wie Grenzführung (Zollgrenze), Grenze im Spielfeld, Umrißzeichnung: *die Linien des Gesichts,* die Züge, die dem Gesicht sein Gepräge geben: *die schlanke L.,* U schlanke Körperformen; *die Parteilinie,* U die Richtung der Partei; *er verfolgt eine klare L.,* einem klaren Kurs; *in erster L.,* U an erster Stelle, besonders; *in letzter L.,* U zuletzt; *das steht auf gleicher L.,* U wird gleich bewertet; *es empfiehlt sich, eine mittlere L. einzuhalten,* einen gemäßigten Standpunkt einzunehmen; *er hat auf der ganzen L. versagt,* U überall. **2)** Aufstellung nebeneinander, Reihe: *alle Turner stehen in einer L.* **3)** Verkehrsstrecke: *L. 25 der Straßenbahn; Eisenbahnlinie; Liniendampfer.* **4)** ⚓ Stellung, Front: *in vorderster L.* **5)** ⚓ früher: aktive Truppenteile im Unterschied zu Reserve, Landwehr, Landsturm. **6)** ⚥ Abstammungsreihe, Familienzweig: *er stammt in gerader L. von ihm ab; eine jüngere L.,* Nachkommenschaft eines jüngeren (nicht erbenden) Sohnes. **7)** *ohne Pl.,* ➸ Äquator: *Linientaufe,* Äquatortaufe. **8)** altes Längenmaß: $^1/_{10}$–$^1/_{12}$ Zoll. **Linienblatt** *das,* Linienaufdruck zum Unterlegen unter das Schreibblatt. **Liniendienst** *der,* fahrplanmäßige Bedienung im Schiffs- und Luftverkehr: *Linienschiffahrt; Linienflug.* **Linienführung** *die,* **1)** Kunst des Striches: *Dürers L.* **2)** Verlauf eines Verkehrsweges. **Linienrichter** *der,* Helfer des Schiedsrichters zum Überwachen der Seitenlinien. **linientreu,** streng einer Parteirichtung folgend. **Linier** *der, -s/-e, schweiz.:* Lineal. **lin(i)ieren,** *ich* lin(i)iere (habe lin[i]iert) *es,* ziehe Linien: *lin(i)iertes Papier.* **Lin(i)ierung** *die, -.*

Liniment [lat. linimentum, zu linire ›bestreichen‹] *das, -(e)s/-e,* ✝ weiche, fast flüssige Salbe zum Einreiben.

link [mhd. linc ›linkisch‹, ›unwissend‹], *-e, -er, -es,* **1)** auf der Körperseite, wo die Herzspitze liegt (vom Menschen selbst aus gesehen): *der Herr geht auf der linken Seite der Dame; das linke Flußufer,* die Seite, die man zur linken Hand, ⚓ eine stromabwärts blickt; *eine Ehe zur linken Hand,* ⚥ eine unstandesgemäße. **2)** *die linke Seite,* die innere (verkehrte) Seite bei Kleidern, Strümpfen. **3)** *eine linke Masche,* eine Maschenart beim Stricken, ABB. G 19. **4)** ⚬⚬ linkisch. **Linke** [ahd. lenka ›linke Hand‹] *die, -/-n,* **1)** linke Hand, linke Seite: *zur Linken,* links. **2)** *ohne Pl.,* Gesamtheit der sozialist. Gruppen (nach der Sitzordnung im Parlament): *die äußerste L.;*

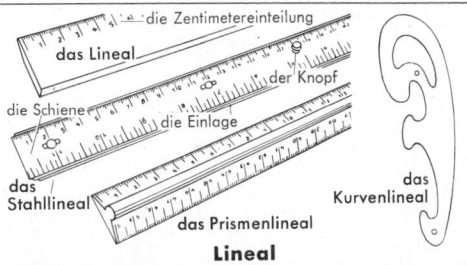

das Lineal — die Zentimetereinteilung — der Knopf — die Schiene — die Einlage — das Stahllineal — das Prismenlineal — das Kurvenlineal

Lineal

L 13

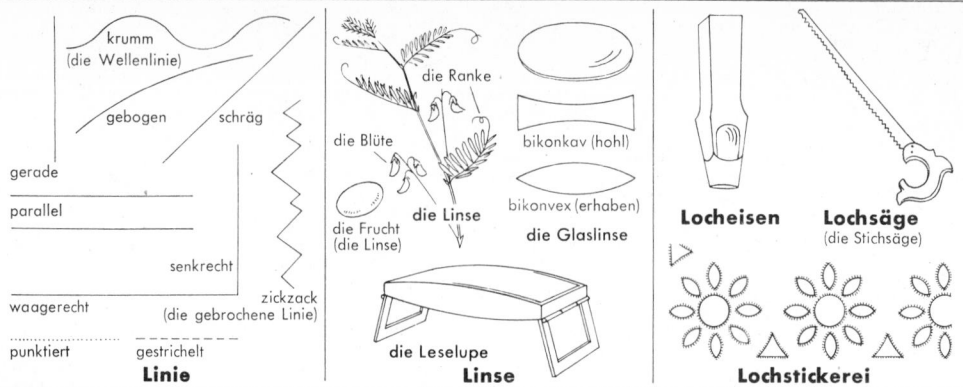

krumm
(die Wellenlinie)

gebogen · schräg

gerade

parallel

senkrecht

zickzack
(die gebrochene Linie)

waagerecht

punktiert · gestrichelt

Linie

die Ranke

die Blüte

bikonkav (hohl)

die Frucht
(die Linse) · die Linse

bikonvex (erhaben)

die Glaslinse

die Leselupe

Linse

Locheisen · **Lochsäge**
(die Stichsäge)

Lochstickerei

---

eine dem Sozialismus näherstehende Gruppe innerhalb einer Partei. **3)** ✗ Boxen: Schlag mit der linken Faust. **linken,** ich linke (habe gelinkt) *ihn,* U täusche, lege herein. **linkerseits. linkisch,** ungeschickt, unbeholfen.
Lin|krusta [Kw. zu Linoleum und lat. crusta ›Überzug‹] *die, -,* eine abwaschbare Tapete.
links [spätmhd. lincks, zu link], Abk.: l., *nicht flektierbar,* auf der linken Seite: *l. von dir; von l. nach rechts; er steht l.,* U gehört politisch der Linken an; *man sollte sie einfach l. liegenlassen;* U nicht beachten; *Linksabbieger; Linkskurve.* **Linksaußen** *der, -/-,* ✗ Stürmer auf dem linken Flügel, z. B. beim Fußball, Abb. F 37. **Linksdrall** *der,* **1)** durch die Züge den Geschossen verliehene Drehbewegung um ihre Längsachse nach links. **2)** U Hinneigung zu sozialist. Ideen. **linksdrehend,** *ein linksdrehendes Gewinde;* aber: *nach links drehend.* **Linkser** *der, -s/-,* U Linkshänder. **Linkshänder** *der, -s/-,* jemand, der mit der linken Hand geschickter ist als mit der rechten. **linkshändig. Linkshändigkeit** *die, -.* **linksherum,** nach links drehend. **linksseitig,** auf der linken Seite. **Linksverkehr** *der,* das Benutzen der linken Fahrbahnseite als Verkehrsspur in manchen Ländern.
linnen, aus Linnen. **Linnen** [niederdt.] *das, -s/-,* ⚭, *noch* P, Leinen.
Lin|ole|um [österr. -l'eum, lat. linum ›Lein‹, ›Flachs‹ und oleum ›Öl‹] *das, -s,* ein Belag für Fußböden, Tischplatten usw.
Lin|olschnitt *der,* ein Bilddruckverfahren.
Linon [lin'ɔ̃, frz., zu lat. linum ›Lein‹, ›Flachs‹] *der, -(s)/-s,* feinfädiges, leinwandbindiges Baumwollgewebe.
Linotype [l'ainotaip, engl. line ›Zeile‹ und Type] *die, -/-s,* Handelsname für eine Zeilenguß-Setzmaschine.
Linse [ahd. linsin] *die, -/-n,* **1)** ⊕ ein Schmetterlingsblüter; dessen Hülsenfrucht, Abb. L 14. **2)** Teil des Auges, Abb. A 24. **3)** ein Körper aus durchsichtigem, brechendem Stoff, z. B. Glas, Abb. L 14. **linsen,** *ich* linse (habe gelinst), U schaue scharf, blinzle. **Linsenfehler** *der,* Abbildungsfehler. **Linsenfleck** *der,* Leberfleck. **Linsengericht** *das,* U Wertloses, wofür man Wertvolles preisgibt [? nach der Schüssel Linsen, für die Esau dem Jakob sein Erbrecht verkaufte].
Linus [grch. Linos], männl. Vorname.
Lionel [l'aiənl, engl. Koseform zu lion ›Löwe‹], männl. Vorname.
Lipämie [grch. lipos ›Fett‹ und haima ›Blut‹] *die, -,* Fettanreicherung im Blut. **lip|ämisch.**
Liparit [nach dem Fundort auf den Liparischen Inseln] *der, -s/-e,* helles Ergußgestein.
Lipase [grch. lipos ›Fett‹ und diastasis ›Spaltung‹] *die, -/-n,* fettspaltendes Enzym.
Lipizzaner [nach dem Gestütsort Lipizza bei Triest] *der, -s/-,* eine Warmblutpferderasse, meist Schimmel.
Lipoid [grch. lipos ›Fett‹ und -id . . . id] *das, -s/-e, meist Pl.,* im Tier- und Pflanzenkörper fettähnl. Substanz.
Lippe [urspr. niederdt., verwandt mit Lefze] *die, -/-n,* **1)** fleischiger Rand der (menschl.) Mundes, Abb. M 23: *sie wirft die Lippen verächtlich auf; er beißt sich auf die Lippen vor Zorn, vor Lachen; bei ihm kann man eine L. riskieren,* U Widerspruch wagen. **2)** ⚕ paarige Schleimhautfalte: *Schamlippen.* **3)** ⊕ Blü-

tenteil, Abb. B 38. **Lippenbekenntnis** *das,* ein ohne innere Überzeugung abgelegtes Bekenntnis. **Lippenblüt(l)er** *der, -s/-,* Pflanze mit meist zweilippigem Saum der röhrigen Blumenkrone, vgl. Abb. B 38. **Lippenlaut** *der,* mit den Lippen gebildeter Laut, Übers. G 34. **Lippenpflock** *der,* Schmuckstück mancher Naturvölker in durchbohrten oder erweiterten Lippen. **Lippenstift** *der,* Schminkstift zum Färben der Lippen.
. . .lippig, mit . . . Lippen: *mehrlippig.*
Liptauer [nach der slowak. Stadt Liptau] *der, -s/-,* ein Schafmilch-Weichkäse.
Liq., Abk. für: Liquor (auf Rezepten). **Liquefaktion** [lat. liquor ›Flüssigkeit‹ und facere ›machen‹] *die, -/-en,* Verflüssigung, Schmelzung. **Liquida** [lat. liquidus ›flüssig‹] *die, -/. . .dae oder . . .qu'iden,* die Laute r und l, Übers. G 34.
Liquidation *die, -/-en,* **1)** Kostenberechnung, z. B. eines Arztes, Rechtsanwalts. **2)** Abwicklung der Aufgabe eines Geschäfts. **3)** Auflösung (eines Unternehmens). **Liquidator** *der, -s/. . .t'oren,* Vermittler bei Geschäftsauflösungen. **liquid(e),** 🚗 flüssig, zahlungsfähig, verfügbar: *liquide Gelder.* **liquidieren,** *ich* liquidiere (habe liquidiert), **1)** *es,* berechne, stelle eine Geldforderung. **2)** *ein Geschäft,* löse auf. **3)** *einen Konflikt,* lege bei. **4)** *ihn,* lasse umbringen (polit.) Gegner töten. **Liquidierung** *die, -/-en.* **Liquidität** *die, -/-en,* das Flüssigsein; Zahlungsfähigkeit. **Liquor** *der, -s/. . .qu'ores,* ⚕ **1)** Abk.: Liq., flüssige Arznei. **2)** *L. cerebrospinalis,* Gehirn-Rückenmarksflüssigkeit.
Lira [ital., zu lat. libra ›Pfund‹] *die, -/. . .re,* Abk.: L., italien. Währungseinheit.
Lisa, Lisabeth, Lisbeth [zu Elisabeth], weibl. Vornamen.
lischt, von löschen.
Lise, Liselotte [zu Elisabeth, Charlotte], weibl. Vornamen.
Lisene *die, -/-n,* ⏛ schwach vortretender Wandstreifen.
Lisière [lizj'ɛːr, frz. ›Randstreifen‹, ›Saum‹] *die, -/-n* [-ən], ⚭ Saum, Kante, Waldrand, Feldrain.
lismen, *ich* lisme (habe gelismet), *schweiz.:* stricke. **Lismer** *der, -s/-, schweiz.:* Strickweste. **Lismete** *die, -/-n, schweiz.:* Strickzeug.
lispeln [frühmhd., zu ahd. lispen] *ich* lisp(e)le (habe gelispelt), **1)** spreche die S-Laute zwischen den Zähnen, stoße mit der Zunge an. **2)** ⚭, *noch* P, flüstere, wispere: *Blätter lispeln im Wind,* U.
Lisse [frz. lice ›Geländer‹] *die, -/-n, rhein.:* Stemmleiste an Leiterwagen, Abb. W 2.
List [ahd. list] *die, -/-en,* Kniff, geschickte Täuschung: *mit L. und Tücke,* U auf raffinierte Weise; *Kriegslist.*
Liste [ahd. lista, zu Leiste] *die, -/-n,* Verzeichnis: *Preisliste; Warenliste; Wahlliste; Listenpreis.*
listenreich, listig, voller List: *der listenreiche Odysseus.*
Listenwahl [zu Liste] *die,* Wahlverfahren, bei dem mehrere Abgeordnete zugleich nach einer Liste gewählt werden.
listig [ahd. listig, zu List] **1)** schlau, verschlagen (Person). **2)** geschickt täuschend (Plan). **listigerweise.**
Lit., Abk. für: Litera.
Litanei [mhd. letanie, zu grch. litaneia ›das Flehen‹] *die, -/-en,* **1)** Wechselgebet zwischen Vorbeter und Gemeinde. **2)** U eintönig hergebetetes Gerede.

Litauer *der, -s/-,* Bewohner von Litauen. **litauisch.**
Litauisch *das, -(s), dem -,* litauische Sprache; vgl. Deutsch.
Liter [frz. litre, zu grch. litra ›Gewicht von 12 Unzen‹] *das*
oder *der, -s/-,* Zeichen: l, ein Hohlmaß, Abb. M 7, Übers. M 8.
Litera [lat. littera ›Buchstabe‹] *die, -/-s* oder . . . *rä,* Abk.:
Lit., K Buchstabe. **Literarhistoriker** *der,* Erforscher der
Literaturgeschichte. **literarhistorisch,** literaturgeschicht-
lich. **literarisch,** auf die Literatur bezüglich, schriftstellerisch:
er ist l. tätig. **Literat** *der, -en/-en,* Schriftsteller (auch
verächtlich). **Literatur** *die, -/-en,* die Gesamtheit aller schrift-
lich niedergelegten sprachlichen Zeugnisse, bes. die Dichtung:
Literaturgeschichte; Literaturkritik; schöngeistige L.; wissen-
schaftliche L.; Unterhaltungsliteratur.
literweise, in Litern.
Litewka [poln., eigtl. ›litauische (Jacke)‹] *die, -/. . .ken,*
blusenartiger Uniformrock.
Litfaßsäule [nach dem dt. Drucker E. Litfaß, 1816–1874]
die, Anschlagsäule, Abb. M 4.
. . .lith [grch. lithos ›Stein‹], . . .stein. **Lithiasis** *die,*
-/. . .'asen, ℥ Steinkrankheit, Steinbildung in einem Hohlorgan
oder in Gewebe. **Lithium** *das, -s,* ꝺ Element, Zeichen: Li,
hellglänzendes Alkalimetall. **lith(o). . .,** stein . . . **Litho** *das,*
-s/-s, U kurz für: Lithographie. **lithogen** [vgl. . . .gen],
steinbildend. **Lithogenese** *die, -,* Lehre von der Entstehung
der Gesteine. **Litho|graph** [vgl. . . .graph] *der, -en/-en,*
Fachmann für Herstellung von Offsetreproduktionen. **Litho-**
graphie [vgl. . . .graphie] *die, -/. . .ph'i|en,* Steindruck, auch
Reproduktion und Anfertigungsweise von Offsetdruckplat-
ten. **litho|graphisch.** **Lithologe** [vgl. . . .loge] *der, -n/-n.*
Lithologie [vgl. . . .logie] *die, -,* ein Spezialgebiet der
Pathologie, das sich mit der Bildung und den Eigenschaften
von Konkrementen befaßt. **Litholyse** [grch. lysis ›Auflösung‹]
die, -/-n, therapeut. Auflösung von Konkrementen, bes. von
Harnsteinen. **Lithopone** *die, -,* gut deckendes weißes Pig-
ment. **Litho|sphäre** *die, -,* die Gesteinskruste der Erde.
Lithotomie [grch. temnein ›schneiden‹] *die, -/. . .m'i|en,*
operative Entfernung von Harnsteinen. **Lith|urgik** [grch.
ergon ›Werk‹, ›Arbeit‹] *die, -,* Gesteinsverarbeitungskunde.
litoral [lat. litus, Gen. litoris ›Ufer‹, ›Küste‹], Küste, Ufer,
Strand betreffend oder dazu gehörend. **Litoral** *das, -s/-e,*
Uferzone: *Litoralfauna.* **Litorale** *das, -s/-s,* Küstenland.
Litotes [grch. litotes ›Schlichtheit‹] *die, -,* eine Redefigur,
Übers. R 12.
litt, von leiden.
Liturgie [grch. leitourgia ›Dienst am Volke‹] *die,*
-/. . .g'i|en, 1) Ordnung des Gottesdienstes. 2) Wechselgesang
zwischen Geistlichem und Gemeinde. **Liturgik** *die, -,* Lehre
von den Formen des Gottesdienstes. **liturgisch.**
Litz *der, -es/-e, alem.:* Knick; Einschnitt. **Litze** [mhd. litze, zu
lat. licium ›Faden‹, ›Band‹] *die, -/-n,* 1) schmales Geflecht,
Besatzschnur, Tresse. 2) ⚡ biegsame Leitung aus mehreren
dünnen Drähten. 3) Weberei: Draht zur Führung der Kettfä-
den an der Jacquardmaschine. 4) *niederdt.:* Packschnur. **litzen,**
ich litze (habe gelitzt), *alem.:* 1) ichs, knüpfe, falte, stülpe. 2) *ihn,*
überwältige: *es litzt mich ins Bett, ich muß krank ins Bett; es hat*
ihn gelitzt, er ist krank geworden oder überstürzt (Sportler).
Litzenbruder *der, alem.:* Ballenbinder, Ablader.
Live *der, -n/-n,* Angehöriger eines ostseefinnischen Volks-
stammes.
live [laif, engl. alive ›lebendig‹], ((ᵧ)) direkt, unmittelbar: *das*
Fußballspiel wird l. übertragen (Rundfunk, Fernsehen). **Live-**
Sendung [laif-] *die,* ((ᵧ)) Direktübertragung.
Li|vree [frz. livrée, mhd. liberie, eigtl. ›Geliefertes‹, die vom
Herrn gestellte Dienstkleidung] *die, -/. . .vr'e|en,* uniformarti-
ge Dienertracht. **li|vriert,** in Livree gekleidet.
Lizentiat [mlat. licentiatus ›mit Erlaubnis versehen‹] 1) *das,*
-(e)s/-e, Abk.: Lic., (theolog.) Hochschulgrad. 2) *der, -en/-en,*
Inhaber eines Lizentiats. **Lizenz** [lat. licentia ›Erlaubnis‹] *die,*
-/-en, Befugnis, Erlaubnis zur Ausübung eines Gewerbes, zur
Ausnutzung eines Patents, zur Herausgabe eines Buches.
Lizenzausgabe *die, ⬧* Sonderausgabe eines Buches durch
einen Verlag, der von ihm zunächst berechtigten Verlag
hierfür eine Lizenz erhalten hat. **Lizenzgebühr** *die.* **lizen-**
zieren, ich lizenziere (habe lizenziert), gebe dazu die Lizenz.
Lizenzspieler *der, ⚽* bei einem Verein fest angestellter
Berufssportler, vornehmlich Fußballspieler.
Lizitant [lat. licitari ›auf etwas bieten‹] *der, -en/-en,* Bieter
bei einer Versteigerung. **Lizitation** *die, -/-en,* 1) ⬧ öffentl.
Versteigerung. 2) Bridge: der Bietprozeß. **lizitieren,** ich
lizitiere (habe lizitiert) es.

Lizzy [-si, engl. Koseform zu Elisabeth], weibl. Vorname.
Lkw, LKW *der, -(s)/-(s),* kurz für: Lastkraftwagen.
Lloyd [ɔid, nach dem engl. Kaffeehausbesitzer E. Lloyd]
der, -(s)/-s, Name von Schiffahrts- und Versicherungsgesell-
schaften.
lm, Zeichen für: Lumen.
ln, Abk. für: natürl. Logarithmus.
Lob [ahd. lob] *das, -(e)s,* öffentlich ausgesprochenes
günstiges Urteil, Anerkennung: *ich erteile, spende, zolle ihm L.;*
Lobrede; Lobeshymne.
Lobby [engl. ›Vorraum‹, ›Wandelhalle‹] *die* oder *der, -/-s*
oder *L'obbies,* 1) Wandelhalle im Parlament. 2) Gesamtheit
der Lobbyisten. **Lobbying** *das, -s/-s,* **Lobbyismus** *der, -,* die
Beeinflussung von Politikern durch Vertreter von Interessen-
gruppen. **Lobbyist** *der, -en/-en,* jemand, der versucht,
Abgeordnete für die Interessen seiner Gruppe zu gewinnen.
Lobe *die, -/-n, schweiz.:* Kuh.
Lobelie [-iə, nach dem niederländ. Botaniker M. Lobelius,
1538–1616] *die, -/. . .li|en,* Pflanze mit rachenförmigen
Blüten.
loben [ahd. lobon, zu lieb], *ich lobe* (habe gelobt), 1) *ihn, es,*
sage ihm ein Lob. 2) *das lobe ich mir!,* das schätze ich, so habe
ich es gern. **lobenswert,** ein Lob verdienend. **lobesam,**
P verdienstvoll, tüchtig. **Lobhudelei** *die, -/-en.* **lobhudeln,**
ich lobhud(e)le (habe gelobhudelt) *ihm,* schmeichle übertrie-
ben. **löblich,** anerkennenswert. **lobpreisen,** *ich lobpreise*
(habe gelobpreist oder lobgepriesen) *ihn,* lobe sehr, rühme.
lobsingen, *ich lobsinge* (habe lobgesungen) *Gott,* B juble zu.
Loch [ahd. loh] *das, -(e)s/-'er,* 1) Vertiefung, Öffnung,
Lücke, Riß, Spalte: *Knopfloch; man kann ein L. bohren, reißen,*
schlagen, stemmen; ein L. im Strumpf, im Öltank; es säuft wie ein
L., U sehr viel; in Notzeiten müssen wir den Gürtel ein L. enger
schnallen, Ü Hunger leiden; *er pfeift auf dem letzten L.,* U jetzt
ist es bald (finanziell) vorbei mit ihm; *jetzt pfeift der Wind aus*
einem anderen L., U jetzt wird strenger durchgegriffen; *der*
Junge fragt mir ein L. in den Bauch, U fragt unaufhörlich; *das*
neue Kleid riß mir ein großes L. in den Beutel, U hat mich viel
gekostet; *er reißt ein L. in die Luft,* U starrt vor sich hin, ist
untätig. 2) Tierbau, Tierhöhle: *Mauseloch; einmal muß der*
Fuchs aus dem L., U muß einer sich offenbaren. 3) U dunkler,
enger Raum, baufällige Wohnung: *in diesem L. kann man doch*
nicht wohnen! 4) U Gefängnis: *er sitzt im L.* 5) Fehlstoß beim
Kegeln: *er schiebt ein L.* 6) Golf: Ziel am Ende jedes
Spielfeldes. 7) Malerei: zu dunkle Stelle. **Locheisen** *das,*
Schneidewerkzeug, mit dem man Löcher herstellt, z. B. in
Blech, Leder, Pappe, Abb. L 14. **lochen,** *ich loche* (habe gelocht)
es, versehe mit einem Loch
oder mit Löchern, perforiere: *die Fahrkarte wird zum Entwer-*
ten gelocht. **Locher** *der, -s/-,* Gerät zum Lochen von
Schriftstücken, Abb. B 57. **löch(e)rig,** durchlöchert, porös.
löchern, *ich löch(e)re* (habe gelöchert) *ihn,* U bin lästig
durch ständiges Bitten oder Ausfragen. **Lochkamera** *die,* ein-
fachste photographische Kamera, Camera obscura, Abb. P 12.
Lochkarte *die,* 1) ⬧ Bürohilfsmittel zur Datenverarbeitung.
Hilfsmittel zur mechan., elektromagnet. oder elektron. Steue-
rung von Maschinen. **Lochkartenmaschine** *die.* **Lochlein**
das, -s/- oder *L'öchelchen.* **Lochsäge** *die,* Abb. L 14. **Loch-**
stickerei *die,* Abb. L 14. **Lochstreifen** *der,* ein gelochtes
Band zum Steuern besonders von Rechengeräten, Telegra-
phenapparaten, Werkzeugmaschinen. **Lochträger** *der,* die
Foraminifere. **Lochung** *die, -/-en,* das Lochen, auch das
dadurch entstandene Loch. **Lochzange** *die,* Zange, mit der
Löcher in Fahrkarten u. a. drückt, Abb. Z 3.
Löckchen *das, -s/-* oder **Locke** [ahd. loc] *die, -/-n,* geringelte
Haarsträhne, auch Haarbüschel, Wollflocke: *Lockenkopf.*
Locke [zu locken] *die, -/-n,* ⚒ Gerät zum Anlocken des
Wildes durch Nachahmen von Rufen, Lauten.
locken [zu Locke], *ich locke* (habe gelockt) *ihm das Haar,*
lege in Locken: *das Haar lockt sich; gelocktes Haar.*
locken [ahd. lokon], *ich locke* (habe gelockt), 1) *ihn mit*
etwas, suche durch Rufen, Gebärden u. a. zum Näherkommen
zu bewegen: *ich lockte ihn aus seinem Versteck; ich l. das Eich-*
hörnchen mit Erdnüssen; die Henne lockt ihre Jungen. 2) *es lockt*
mich, U bringt mich in Versuchung, *reizt mich: diese Aufgabe*
lockt mich sehr. **Locken** *das, -s,* ⚒ Signal vor dem Zapfen-
streich.
löcken [mhd. lecken ›mit den Füßen ausschlagen‹], *ich löcke*
(habe gelöckt), 1) *wider den Stachel,* P versuche mich zu
widersetzen. 2) *das Pferd löckt,* ⚒ schlägt aus, springt.
locker [mhd. locker, verwandt mit Lücke und Loch], 1)

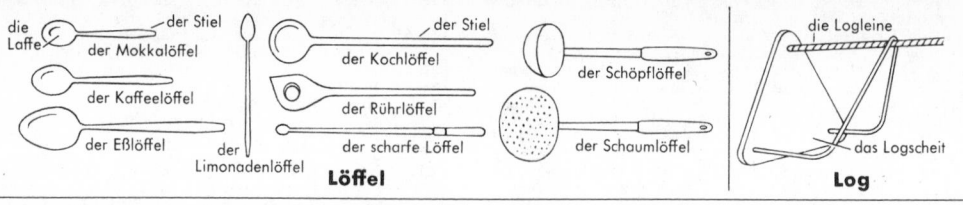

die Laffe · der Stiel · der Mokkalöffel · der Kaffeelöffel · der Eßlöffel · der Limonadenlöffel **Löffel**

der Stiel · der Kochlöffel · der Rührlöffel · der scharfe Löffel

der Schöpflöffel · der Schaumlöffel

die Logleine · das Logscheit **Log**

mangelhaft befestigt, wacklig: *es ist nur l. befestigt; du mußt das Seil l. lassen,* vgl. aber: lockerlassen; *der Zahn, die Schraube ist l.; er hat eine lockere Hand,* Ü neigt zum Prügeln. **2)** lose, nicht festgeballt: *lockerer Boden.* **3)** Ü ungebunden, leichtfertig: *er hat l. gelebt, hat lockere Grundsätze; lockere Sitten.* **Lockerheit** *die, -.* **lockerlassen,** *ich* lasse locker (ließ locker, habe lockergelassen), Ü gebe nach: *sie ließ nicht locker, bis sie ihr Ziel durchgesetzt hatte.* **lockermachen,** *ich* mache Geld locker (habe lockergemacht), Ü gebe aus, beschaffe mir: *ich mußte eine Menge Geld lockermachen.* **lockern,** *ich* lock(e)re (habe gelockert), **1)** *es,* mache weniger straff: *ich muß den Schnürsenkel etwas lockern; die strengen Bestimmungen wurden gelockert,* Ü. **2)** *es lockert sich,* beginnt sich zu lösen: *die Schraube hat sich gelockert.* **Lockerung** *die, -,* das Lockern: *Lockerungsübung.*
lockig [zu Locke], Abb. H 1. **Löcklein** *das, -s/-.*
Lockspitzel [nach dem ›Lockspitzellied‹ des dt. Lyrikers K. Henckell, 1864–1929] *der,* jemand, der im Auftrag eines anderen zu strafbaren Taten anstiftet.
Lockung [zu Locken] *die, -/-en,* Reiz, Versuchung. **Lockvogel** *der,* **1)** gefangener Vogel, der andere Vögel zum Jäger lockt. **2)** Ü Mädchen als Lockspitzel.
loco [lat. ›am Ort‹], *am Orte; greifbar, vorrätig.* **loco citato,** Abk.: l. c., *am angeführten Ort.*
Loddel *der, -s/-,* Ü Zuhälter.
lodd(e)rig [zu lotterig], Ü unordentlich.
Lode *die, -/-n,* Laubholzpflanze bis 1½ m Höhe. **loden** [ahd. liotan ›wachsen‹, *es* lodet (ist gelodet), *niederdt.:* sprießt, wächst hoch.
loden, *lodene Bekleidung.* **Loden** [ahd. lodon ›Zottiges‹] *der, -s/-,* Tuch aus grober Wolle: *Lodenmantel.*
lodern [mitteldt., urspr. ›emporgewachsen‹, zu Lohe], *es* lodert (hat gelodert), brennt mit großer, heller Flamme.
Löffel [ahd. leffil, verwandt mit ›lecken‹] *der, -s/-,* **1)** Eß- und Schöpfgerät, Abb. L 15, in Sonderformen zu medizin. oder techn. Zwecken: *Messer, Gabel, L.; Suppenlöffel; der hat die Weisheit mit Löffeln gefressen,* Ü ist alles andere als intelligent; *man will dich über den L. balbieren,* Ü betrügen. **2)** Ohr der Hasen und Kaninchen; Ü Ohr: *schreib dir's hinter die L.!,* Ü merk dir's! **löffeln,** *ich* löff(e)le (habe gelöffelt), **1)** *es,* schöpfe oder esse mit dem Löffel. **2)** *es,* Ü begreife, verstehe. **3)** *ihn, schweiz.:* halte zum Narren. **4)** *schweiz.:* benehme mich närrisch. **5)** *ein Schuh löffelt, schweiz.:* ist zu groß. **6)** schaffe Bohrmehl heraus. **löffelweise,** mit Löffeln. **Löffler** *der, -s/-,* **1)** junger Damhirsch noch ohne Schaufeln; vgl. Abb. G 21. **2)** Vogel mit löffelförmigem Schnabel.
log, Zeichen für: Logarithmus.
log, von lügen.
Log [engl. ›Klotz‹] *das, -s/-e,* auch Logge, Gerät zum Messen der Schiffsgeschwindigkeit, Abb. L 15.
Logarithmentafel *die,* Liste mit Logarithmen. **logarithmieren,** *ich* logarithmiere (habe logarithmiert) *(es),* stelle den Logarithmus (davon) fest. **Logarithmus** [neulat. aus grch. logos ›Wort‹, ›Verhältnis‹ und arithmos ›Zahl‹] *der, -/. . .men,* Zeichen: log, lg, *einer Zahl,* der Exponent von 10, der diese Zahl als Potenz ergibt, Übers. R 11.
Logbuch [zu Log] *das,* gesetzlich vorgeschriebenes Schiffstagebuch.
. . .loge [vgl. . . .logie], . . .kenner, . . .erforscher: *Ethnologe,* Völkerkundler.
Loge [l'o:ʒə, frz. ›Hütte‹, verwandt mit dt. Laube und ital. Loggia] *die, -/-n,* **1)** Theater: kleiner, teilweise abgeschlossener Raum mit wenigen Zuschauerplätzen, Abb. T 8: *Theaterloge; Logenplatz.* **2)** Bund und Versammlungsort der Freimaurer. **3)** Raum für Pförtner: *Portierloge.*
Logel, Lögel [lat. lagoena ›Flasche‹] *der, -s/-, pfälz., alem.:* auch Lägel, Holzfaß, Flasche, Trinkkübel.

Logenbruder [zu Loge] *der,* Freimaurer. **Logenschließer** *der,* Türschließer im Theater.
Loggast [zu Log] *der, -es/-en,* Matrose, der das Log bedient. **Logge** *die, -/-n,* Log. **loggen,** *ich* logge (habe geloggt) *es,* messe die Schiffsgeschwindigkeit. **Logger** [niederl., zu engl. lugger] *der, -s/-,* kleines Küstenfahrzeug mit Motor und Hilfssegel.
Loggia [l'ɔdʒa, ital. zu Loge] *die, -/L'oggi|en,* **1)** Halle in Lauben-, Bogengang. **2)** nicht vor die Mauerflucht vorspringender Balkon, Abb. H 11.
. . .logie [grch. logos ›Wort‹, ›Rede‹, zu legein ›sagen‹, ›meinen‹], . . .lehre, . . .kunde: *Ethnologie,* Völkerkunde.
logieren [loʒ'i:rən, frz. loger ›wohnen‹], *ich* logiere (habe logiert), wohne vorübergehend, als Gast. **Logierzimmer** [-ʒ'i:r-] *das,* Gästezimmer.
Logik [grch. logikos ›vernünftig‹, zu Logos] *die, -,* **1)** Lehre von den formalen Regeln folgerichtigen Denkens. **2)** Folgerichtigkeit. **Logiker** *der, -s/-,* Lehrer der Logik; klarer Denker.
Logis [loʒ'i:, frz., zu loger ›wohnen‹, vgl. Loge] *das, -/-* [-ʒ'i:s], **1)** Unterkunft, Wohnung: *Kost und L.* **2)** Wohn- und Schlafraum der Matrosen an Bord.
logisch [zu Logik], *man kann logische Schlüsse ziehen.* **logischerweise. Logismus** [vgl. . . .ismus] *der, -/. . .men,* Vernunftschluß. **Logistik** *die, -,* **1)** mathemat. Logik. **2)** Nachschubwesen. **logistisch. logo,** Ü logisch: *noch ein Bier? – l.!,* aber selbstverständlich! **Logo|griph** [grch. logos ›Wort‹ und griphos ›Netz‹, ›Rätsel‹] *der, -s/-e* oder *-en/-en,* **1)** Buchstaben- oder Worträtsel. **2)** Kryptogramm. **Logopäde** *der, -n/-n,* für Logopädie Ausgebildeter. **Logopädie** [grch. paideia ›Erziehung‹] *die, -,* Heilerziehung von Sprachkranken, Sprachgestörten. **Logos** *der, -,* **1)** Wort, Rede. **2)** Gedanke, Begriff. **3)** Vernunft und Sinn des Menschen, der Welt, Gottes.
Loh, [ahd. loh] *das oder der, -(e)s/-e, bair., hess.:* Hain, Wald.
Loh [ahd. Luoh] *die, -/-n, bair.:* Sumpfwiese.
Lohe [ahd. lo ›zum Gerben abgelöste Rinde‹] *die, -/-n,* gemahlene Rinde junger Eichen u. a. Bäume zum Gerben.
Lohe [ahd. loug ›Flamme‹] *die, -/-n,* lichte Glut, flackernde Flamme. **lohen** [mhd. lohen ›flammen‹], *ich* lohe (habe geloht), **1)** *es,* gerbe mit Lohe. **2)** *es loht,* brennt hell.
lohgar [zu Lohe zum Gerben], mit Lohe gegerbt. **Lohgerber** [zu Lohe zum Gerben], Hersteller kräftiger Ledersorten (im Unterschied zum Weißgerber).
Lohn [ahd. lon] *der, -(e)s/-e,* **1)** Entgelt für Arbeitsleistung: *Arbeitslohn; Monatslohn; Wochenlohn; Tagelohn; Stundenlohn; Tariflohn; Lohnabzüge; Lohnausfall; Lohnauszahlung; Lohnbüro; Lohnempfänger; Lohnerhöhung; Lohnforderungen; Lohnfortzahlung; Lohngruppen; Lohntag.* **2)** Ü Vergeltung, Gegenwert, Belohnung oder Strafe: *er bekommt schon noch seinen L.; um Gottes L.,* umsonst; *soll das der L. für alle meine Opfer sein?* **Lohndiener** *der,* stundenweise bezahlter Diener. **lohnen,** *ich* lohne (habe gelohnt), **1)** *es ihm,* vergelte, danke: *du lohnst mir meine Freundschaft übel,* vergiltst mit Undank. **2)** *ihn für etwas,* bezahle seinen Arbeitslohn, belohne. **3)** *es lohnt (sich),* ist der Mühe wert, lohnend ist es: *es lohnt (sich) nicht, darüber zu reden; das lohnt die oder der Mühe nicht.* **löhnen,** *ich* löhne (habe gelöhnt) *ihn,* zahle ihm Lohn. **lohnintensiv,** *ein lohnintensiver Produktionszweig,* mit hohem Anteil der Lohnkosten an den Gesamtkosten. **Lohnpause** *die,* Aussetzen einer Lohnerhöhung. **Lohn-Preis-Spirale** *die,* das Anziehen der Löhne als Folge von Preissteigerungen und das Steigen der Preise als Folge von Lohnerhöhungen. **Lohnsteuer** *die,* Einkommensteuer für Einkünfte aus nichtselbständiger Arbeit: *Lohnsteuerjahresausgleich; Lohnsteuerkarte.* **Lohnstopp** *der,* Lohnpause. **Lohnstreifen** *der,* auch Lohnzettel, Beleg über den Lohn. **Lohntüte** *die,* Tüte mit bar ausgezahltem Lohn oder Gehalt. **Löhnung** *die, -/-en,* Sold. **Lohnzettel** *der,* Lohnstreifen.

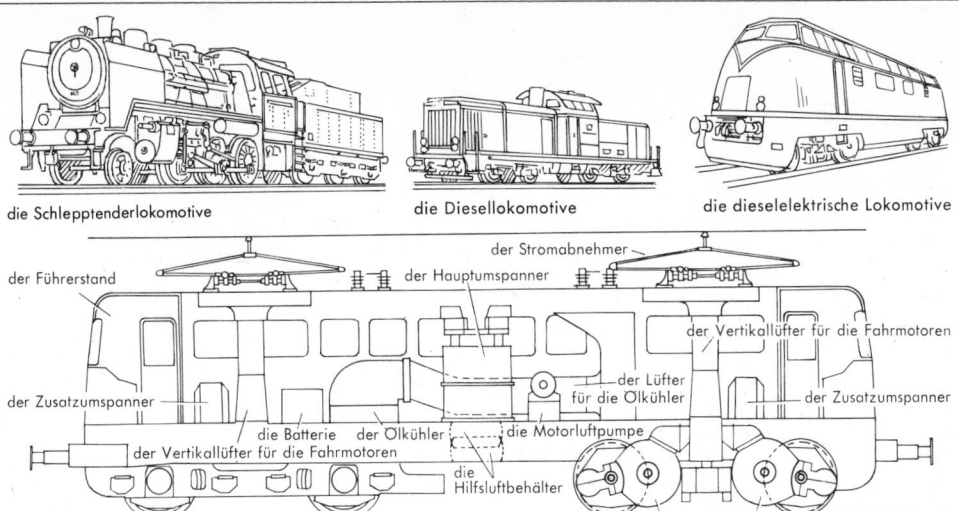

die Schlepptenderlokomotive   die Diesellokomotive   die dieselelektrische Lokomotive

der Stromabnehmer

der Führerstand   der Hauptumspanner

der Vertikallüfter für die Fahrmotoren

der Lüfter für die Ölkühler

der Zusatzumspanner   der Zusatzumspanner

die Batterie   der Ölkühler   die Motorluftpumpe
der Vertikallüfter für die Fahrmotoren

die Hilfsluftbehälter

die elektrische Lokomotive   die Fahrmotoren

Lokomotive

Loipe [norweg.] *die, -/-n,* Skilanglauf: Bahn, Spur.
Loisl [zu Alois], männl. Vorname.
Lok *die, -/-s,* Kurzw. für: Lokomotive: *Dampflok.*
lokal [lat. locus ›Ort‹], örtlich, räumlich, auf einen Ort beschränkt: *lokale Nachrichten; Lokalberichterstatter.* **Lokal** *das, -(e)s/-e,* **1)** Wirtschaft, Gaststätte. **2)** Örtlichkeit, Raum: *Wahllokal.* **Lokal‖anäs‖thesie** *die,* ⚕ örtliche Betäubung.
Lokalderby *das,* Zusammenkunft zwischen zwei Sportmannschaften des gleichen Ortes. **Lokalisation** *die, -/-en,* Lokalisierung. **lokalisieren** [frz. localiser], *ich lokalisiere (habe lokalisiert) es,* **1)** beschränke, begrenze, z. B. einen Brand auf ein Haus. **2)** stelle den Ort fest, z. B. eines Vorfalls: *der Schmerz läßt sich nicht genau lokalisieren.* **Lokalisierung** *die, -,* **1)** örtl. Begrenzung, Beschränkung auf einen Ort. **2)** Ortsbestimmung, -zuordnung. **Lokalität** *die, -/-en,* Örtlichkeit, Raum. **Lokalkolorit** *das,* anschaul. Schilderung des Milieus einer bestimmten Landschaft in einem literar. Werk. **Lokalmatador** *der,* U lokale Berühmtheit, bes. Sportler. **Lokalnachrichten,** *Pl.,* publizierte Meldungen aus dem örtl. Bereich. **Lokalsatz** *der,* ein Adverbialsatz, ÜBERS. S 79. **Lokaltermin** *der,* ⚖ Termin außerhalb des Gerichts zur Augenscheinseinnahme oder Zeugenvernehmung.
Lokativ [lat. locus ›Ort‹], *der, -s/-e,* Ⓢ den Ort bestimmender Kasus auf die Frage: wo?
Loki, nord. Gott des Feuers.
Lokomobile [lat. locus ›Ort‹ und mobilis ›beweglich‹] *die, -/-n,* beweg. Dampfmaschine. **Lokomotion** [lat. motio ›Bewegung‹] *die, -/-en,* Ortsveränderung, Fortbewegung. **Lokomotive** [lat. movere ›bewegen‹] *die, -/-n,* Kurzw.: Lok, Zugmaschine der Eisenbahn, ABB. L 16: *Lokomotivführer.* **lokomotorisch, 1)** nicht ortsfest, beweglich. **2)** der Fortbewegung dienend.
Lokus [lat. locus ›Ort‹] *der, -/-se,* U Abort, Klosett.
Lola [Koseform von Dolores], weibl. Vorname.
Lolch [mhd. lullich, zu lat. lolium], *der, -(e)s/-e,* ein Gras.
Lolo [zu Charlotte oder Dolores], weibl. Vorname.
Lombard [auch -b'ard, frz., eigtl. ›maison de Lombard‹, nach den lombardischen Kaufleuten, die im MA. als Pfandleiher auftraten] *der oder das, -(e)s/-e,* Beleihung (von Wertpapieren): *Lombardgeschäft; Lombardkredit; Lombardsatz; Lombardzinsfuß.* **lombardieren,** *ich lombardiere (habe lombardiert) es,* **1)** verpfände. **2)** beleihe.
Lomber [vgl. L'hombre] *das, -s,* ein Kartenspiel.
Longdrink [engl.] *der,* mit Mineralwasser, Eiswürfeln u. a. verlängerter Drink: *Longdrinkgläser.*

Longe [l'ɔ̃ʒə, frz. ›Leine‹] *die, -/-n,* **1)** Laufleine für Pferde bei der Dressur. **2)** Hilfsleine der Springkünstler beim Lernen. **3)** Leine, an der man schwimmen lernt. **longieren** [lɔ̃ʒ'iːrən], *ich longiere (habe longiert) ein Pferd,* lasse an der Laufleine laufen.
longitudinal [lat. longitudo ›Länge‹], **1)** längs verlaufend: *longitudinale Wellen.* **2)** der Länge nach, auf den Längengrad bezüglich.
Longseller [anglisierend zu Bestseller] *der, -s/-,* Bestseller über einen langen Zeitraum.
Loni, Lonny [Kurzform zu Apollonia, Leonie oder Eleonore], weibl. Vornamen.
Look [luk, engl.] *der, -s/-s,* Aussehen, Modestil: *im Astronautenlook; im Afrolook,* mit stark gekraustem Haar.
Looping [l'uːpiŋ, engl. loop ›Schleife‹] *der oder das, -s/-s,* senkrecht stehender Kreis beim Kunstfliegen.
Lorbaß [der, . . .basses/. . .basse, ostniederdt.: Lümmel.
Lorbeer [ahd. lorberi, zu lat. laurus ›Lorbeerbaum‹ und beri ›Beere‹] *der, -s/-en,* ein immergrüner Baum, dessen Blätter als Küchengewürz dienen, ABB. G 23; Sinnbild des Ruhmes, da aus ihm Siegerkränze geflochten wurden: *damit kannst du keine Lorbeeren ernten,* U *das verspricht keinen Erfolg; er ruht sich auf seinen Lorbeeren aus,* U *wird nach ersten Erfolgen träge; Lorbeerkranz.*
Lorch [zu Lurch] *der, -(e)s/-e,* **Lorche** *die, -/-n, mitteldt.:* Kröte.
Lorchel [zu Morchel] *die, -/-n,* ein Schlauchpilz.
Lord [lɔːd, engl.] *der, -s/-s,* altengl. hlaford ›Brotherr‹] *der, -s/-s,* engl. Adelstitel, auch in Anrede und Umgangssprache. **Lord-Mayor** [lɔːdm'ɛə] *der, -s/-s,* Titel des Oberbürgermeisters von London u. a. engl. Städten.
Lordose [grch. lordos ›vorwärts gekrümmt‹] *die, -/-n,* Krümmung der Wirbelsäule nach vorn. **lordotisch.**
Lore [zu Leonore], weibl. Vorname.
Lore [engl. lorry] *die, -/-n,* oft kippbarer Transportwagen von Feld- und Grubenbahnen in Steinbrüchen, Bergwerken u. a., ABB. L 17.
Lorenz [zu Laurentius], männl. Vorname.
Lor‖gnette [lɔrɲ'ɛt, frz., zu lorgner ›äugeln‹, ›verstohlen betrachten‹] *die, -/-n* [-ən], **Lor‖gnon** [lɔrɲ'ɔ̃] *das, -s/-s,* Stielbrille, ABB. B 50.
Lori [engl. lory, zu malaiisch luri] *der, -s/-s,* ein Papagei.
Lori [engl. loris, zu niederl. lorrias] *der, -s/-s,* ein schwanzloser Halbaffe.
Lorke *die, -, mitteldt.:* Brühe; dünner Kaffee.

Los

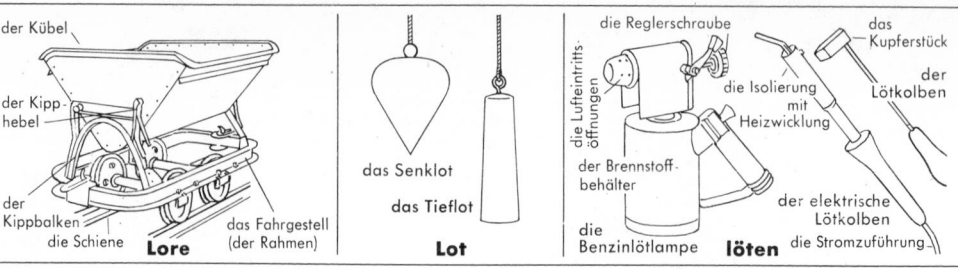

der Kübel
der Kipp-hebel
der Kippbalken
die Schiene **Lore** das Fahrgestell (der Rahmen)

das Senklot
das Tieflot
Lot

die Reglerschraube
die Lufteintritts-öffnungen
das Kupferstück
die Isolierung mit Heizwicklung
der Lötkolben
der Brennstoff-behälter
die Benzinlötlampe **löten** der elektrische Lötkolben die Stromzuführung

---

los [ahd. los ›frei‹, ›ledig‹, zu verlieren], **1)** nicht fest, nicht angebunden: *der Hund ist l.*, nicht mehr an der Leine; *da ist der Teufel l.*, Ü es geht drunter und drüber; *was ist da l.?*, was geschieht da?; *mit ihm ist etwas l.*, U nicht in Ordnung; *hier ist eine Schraube l.*, sie ist locker oder fehlt; *bei ihm ist eine Schraube l.!*, U was er tut (sagt), ist völlig unvernünftig; *auf die Plätze, fertig, l.!*, ⚡ Startkommando. **2)** frei, befreit (von etwas): *den bin ich l.; meine Erkältung bin ich noch nicht l.; diese Sorge wirst du bald l. sein; bist du deine Schulden l.?* **3)** er hat etwas l., U besitzt Geschick, Klugheit, Wissen: *in Mathematik soll er viel l. haben.* **los...**, in Verbindung mit Verben trennbar zusammengesetzt: von etwas weg, sich von etwas befreiend, etwas (heftig) beginnend: *losbinden; losfahren; loskommen; loslösen; losmachen; losschimpfen; losschicken;* vgl. loseisen; aber Getrenntschreibung in Verbindung mit haben und sein; vgl. los. **...los**, Suffix für Adjektive, die einen Mangel, das Fehlen von etwas bezeichnen: *arbeitslos; der, die Arbeitslose; kinderlos; obdachlos; sorglos.*

Los [ahd. loz] *das, -es/-e*, **1)** Geschick, Schicksal: *ein trauriges L. war ihm beschieden.* **2)** Mittel der Schicksalsbefragung, z. B. durch Ziehen von Halmen: *das L. soll entscheiden; ich werde das L. befragen.* **3)** Anteilschein in der Lotterie: 1/8 *L. kostet fünf Mark; jedes zweite L. gewinnt; er hat das Große L. gezogen*, das Hauptgewinn bekommen, Ü großes Glück gehabt. **4)** Anteil, z. B. Mengeneinheit bei Versteigerungen, Stückzahl eines in Serie hergestellten Produkts; Warenposten: *kleines Landstück, Parzelle; Abschnitt, z. B. beim Straßenbau: Baulos.*

lösbar, *meist* Ü, so beschaffen, daß man es lösen kann: *die Aufgabe ist leicht l.*, Ü. **Lösbarkeit** *die, -*.

löschbar, so beschaffen, daß man es löschen kann. **Löschblatt** *das*, aus Löschpapier, sehr saugfähiges Papier zum Trocknen von Tintenschrift. **löschen** [nhd., zu los ›frei‹], *ich lösche (habe gelöscht) es*, **1)** tilge, streiche: *die Eintragung im Strafregister wird gelöscht; ich l. eine Tonbandaufnahme.* **2)** 🚢 lade aus.

löschen [ahd. lescan ›auslöschen‹], *ich lösche (habe gelöscht) es*, **1)** bekämpfe oder ersticke Feuer, Glut: *er löschte das Feuer; ich l. das Licht*, Ü schalte es aus. **2)** befriedige (Durst, Sehnsucht). **3)** Kalk, übergieße mit Wasser. **4)** *es lischt* (ist geloschen), P hört zu brennen auf (Feuer, Licht). **Löscher** *der, -s/-*, **1)** Person oder Gerät zum Löschen. **2)** Tintentrockner, ABB. S 36. **Löschpapier** *das*, Löschblatt.

Löschung [ahd. ›auslade‹ ›tilgen‹, ›ausladen‹] *die, -/-en*, **1)** 🚢 das Ausladen der Fracht aus einem Schiff. **2)** 🖊 Streichung von Eintragungen in öffentlichen Registern, z. B. im Grundbuch, Handels- oder Strafregister.

Löschzug [zu löschen ›auslöschen‹] *der*, Feuerwehrabteilung.

lose [zu los], **1)** locker, einzeln, nicht gebunden oder verpackt: *loser Tee; l. Blätter.* **2)** Ü mutwillig, neckisch, anzüglich, leichtfertig: *l. Reden; l. Streiche; sie führt ein loses Mundwerk; ein loses Mädchen.*

Lose *die, -n/-n*, 🚢 schlaffer Teil eines Taues.

Lösegeld *das*, Geldsumme, mit der ein Gefangener freigekauft wird.

los|eisen, *ich eise ihn los* (habe ihn losgeeist), U mache frei, bekomme fort: *ich konnte mich vor Schluß der Besprechung loseisen.*

losen [ahd. liozan], *ich lose* (habe gelost), lasse das Los entscheiden: *um die besten Plätze wurde gelost.*

losen [ahd. (h)losen], *ich lose* (habe gelost), *oberd.:* höre, lausche, horche.

lösen [ahd. losen], *ich löse* (habe gelöst) *es*, **1)** mache locker oder ganz los, lockere, binde los, lasse frei, entferne: *die Stimmung war gelöst*, entspannt; *die Verlobung, der Vertrag wurde gelöst*, für nichtig erklärt; *plötzlich löste sich ein Schuß*, ging unbeabsichtigt los; *das löste ihr die Zunge*, brachte sie zum Sprechen. **2)** Ü kläre, entwirre, enträtsele, beantworte, überwinde eine Schwierigkeit: *das Rätsel, diese Frage, dieses Problem ist schwer zu lösen.* **3)** Fahrkarten, kaufe. **4)** ⚗ bringe einen Stoff in Lösung. **5)** *Wasser*, ⚒ leite ab.

Loser [zu ahd. (h)losen ›hören‹] *der, -s/-*, auch Luser, 🦌 Lauscher, Ohr.

Löser *der, -s/-*, 🐄 der Blättermagen.

losgehen, *ich gehe los* (ging los, bin losgegangen), U losgehe auf: **1)** *in einer Stunde müssen wir losgehen.* **2)** *auf ihn*, greife ihn an: *der Hund ging auf mich los.* **3)** *auf etwas*, U gehe darauf zu, nehme zum Ziel: *er ging auf das Gebäude los.* **4)** *es geht los*, U beginnt: *wann geht die Feier los?; gleich kann's losgehen.* **5)** *es geht los*, U löst sich: *der Knopf geht los.* **6)** *das Gewehr geht los*, entlädt sich.

loskaufen, *ich kaufe ihn los* (habe losgekauft), befreie durch Zahlung von Lösegeld.

loslassen, *ich lasse los* (ließ los, habe losgelassen), *ihn, es*, halte nicht mehr fest, halte nicht mehr zurück: *er läßt das Lenkrad los; lassen Sie meinen Arm los; das Problem läßt ihn nicht mehr los*, U beschäftigte ihn immer wieder; *wie losgelassen*, übermütig; *diesen Lehrer sollte man nicht auf die Kinder loslassen*, U.

loslegen, *ich lege los* (habe losgelegt), U beginne temperamentvoll zu reden oder zu arbeiten.

löslich, so beschaffen, daß man es auflösen kann: *ein in Wasser lösliches Pulver.* **Löslichkeit** *die, -*.

Löß [alem. Löß ›lose‹, ›locker‹] *der, L'össes/L'össe*, auch *-es/-e*, gelbl., poröses, weiches, vom Wind abgelagertes Sedimentgestein.

lossagen, *ich sage mich von ihm los* (habe mich losgesagt), erkläre, daß ich nichts mehr mit ihm zu tun haben will, trenne mich: *er hat sich von seiner Familie losgesagt.*

lößig, aus Löß bestehend: *lößiger Boden.*

lossprechen, *ich spreche ihn von etwas los* (sprach los, habe losgesprochen), **1)** erkläre, daß seine Sünden vergeben sind (Beichtvater). **2)** spreche frei (Schuld, Verpflichtung).

Los|tage, *Pl.*, Volksglauben: für den Witterungsverlauf bedeutsame Tage, z. B. Lichtmeß, Siebenschläfertag.

Losung [mhd. losunge, zu Los] *die, -/-en*, **1)** als Erkennungszeichen dienendes Wort: *Losungswort.* **2)** Wahlspruch, Leitwort: *politische Losungen.*

Losung [zu Losung] *die, -/-en*, 🦌 Kot von Wild und Hund. **2)** *südwestdt.:* Erlös, Tageseinnahme.

Lösung *die, -/-en*, **1)** ⚗ homogene Verteilung eines Stoffes in einem anderen, bes. von Flüssigkeiten und festen Stoffen in Flüssigkeiten (Lösungsmitteln). **2)** Ü alles, was eine Schwierigkeit oder einen Zweifel beendet: *das wäre die beste L. unseres Problems; die L. der Aufgabe, des Rätsels, des Geheimnisses.* **Lösungsmittel** *das*, Flüssigkeit zum Lösen eines Stoffes.

loswerden, *ich werde es, ihn los* (wurde los, bin losgeworden), werde von etwas oder jemand (Lästigem) befreit: *ich möchte die Verantwortung loswerden; es war schwer, das alte Haus loszuwerden*, U zu verkaufen; *er ist beim Spiel sein ganzes Geld losgeworden*, hat es verloren.

losziehen, *ich ziehe los* (zog los, bin losgezogen), U gehe weg: *er ist ohne Abschied losgezogen; er ist gegen ihn losgezogen*, U hat ihn beschimpft.

Lot [lɔt, engl.] *das, -(s)/-s*, Warenposten.

Lot [lo:t, mhd. lot ›Blei‹] *das, -(e)s/-e,* **1)** △ gerade Linie, die auf einer anderen Geraden senkrecht steht: *fälle das L. von Punkt C auf die Gerade AB.* **2)** Gerät zur Messung der Wassertiefe: *Tiefenlot,* ABB. L 17. **3)** Gerät zur Bestimmung der Senkrechten: *Senklot,* ABB. L 17; *es ist nicht ganz im L.,* U nicht in Ordnung; *ich bringe das wieder ins L.,* U in Ordnung. **4)** Metallegierung zum Löten. **5)** ⚬⚬ Blei zum Schießen. **6)** *Pl. -,* früher: ein kleines Gewicht ($^1/_{30}$, $^1/_{32}$ Pfund): *ihrer gehen hundert auf ein L.,* sie sind sehr leicht, U nicht viel wert. **loten,** *ich lote (habe gelotet) es,* messe mit einem Lot.

löten [mhd. lœten], *ich löte (habe gelötet) es (an etwas),* verbinde metall. Werkstoffe mit Hilfe eines leichter schmelzenden metall. Bindemittels, ABB. L 17.

Lothar [ahd. hlut ›bekannt‹ und hari ›Heer‹], männl. Vorname.

. . . lötig [mhd. lœtec ›das rechte Gewicht edlen Metalls enthaltend‹], ⚬⚬ eine bestimmte Menge Silber enthaltend: *sechzehnlötiges Silber,* reines.

Lotion [auch engl. l'ouʃən, frz. ›Waschung‹, zu lat. lavare ›waschen‹] *die, -/-en* oder engl. *-s,* wässerig-alkohol. Flüssigkeit zur Gesichts- und Körperpflege.

Lötkolben [zu löten] *der,* ABB. L 17.

Lotos [grch. lotos, Bez. verschiedener Pflanzen, wohl aus ägypt.] *der, -/-,* **Lotosblume** *die,* ein Seerosengewächs, in Ägypten und Indien heilige Pflanze.

lotrecht [zu Lot], senkrecht.

Lötrohr *das,* Gerät zur qualitativen Erzanalyse.

Lotse [engl. loadsman ›Geleitsmann‹] *der, -n/-n,* Seemann, der Schiffe durch schwieriges Fahrwasser leitet. **lotsen,** *ich lotse (habe gelotst),* **1)** *ein Schiff,* ›y führe durch schwieriges Fahrwasser, leite in den Hafen. **2)** *ihn irgendwohin,* U führe, nehme mit: *ich l. ihn (mit dem Auto) aus der Stadt bis zur Autobahnauffahrt; sie hat sich von ihm ins Kino lotsen lassen.*

Lotsenfisch *der,* auch Leitfisch, Begleitfisch großer Fische.

Lotte [zu Charlotte], weibl. Vorname.

Lotterbett [mhd. loterbett] *das,* Faulenzerbett: *er liegt auf dem L.,* U faulenzt. **Lotterei** *die, -,* das Lottern.

Lotterie [niederl. loterije, zu Los] *die, -/. . .r'i|en,* Auslosung von Gewinnen: *man kann in der L. setzen, spielen; Lotterielos; Lotteriespiel,* auch Ü: gewagtes Unternehmen.

lott(e)rig [zu lottern] U unordentlich, faul. **Lott(e)rigkeit** *die, -.*

lötterlen, *ich lötterle (habe gelötterlet), schweiz.:* spiele in der Lotterie.

lottern [ahd. loter ›leer‹, ›nichtig‹], *ich lott(e)re (habe gelottert),* lebe liederlich, treibe mich herum: *Lotterbube,* ⚬⚬.

Lotto [ital., zu Los] *das, -s/-s,* **1)** Zahlenlotterie. **2)** ein Gesellschaftsspiel: *Bilderlotto.*

Lötung [zu löten] *die, -/-en,* das Löten.

Louis [lwi, frz. ›Ludwig‹], **1)** männl. Vorname. **2)** [l'u:i] *der, -/- [-s],* U Zuhälter. **Louisdor** [lwid'ɔ:r] *der, -s/-e* und bei Wertangaben *-,* französische Goldmünze. **Louis-quatorze** [lwikat'ɔrz] *das, -,* klassisch gemäßigter französischer Barockstil unter Ludwig XIV. **Louis-quinze** [lwik'ɛ:z] *das, -,* französisches Rokoko unter Ludwig XV. **Louis-seize** [lwis'ɛ:z] *das, -,* französischer Stil der Übergangszeit vom Rokoko zum Klassizismus unter Ludwig XVI.; vgl. ABB. S 68.

Lounge [laundʒ, engl.] *die, -/-s* [-dʒiz], Aufenthaltsraum (Hotel), Warteraum (Flugplatz): *Transitlounge.*

Löwe [ahd. le(w)o, zu lat. leo] *der, -n/-n,* **1)** große Raubkatze; im Märchen König der Tiere; Sinnbild der Tapferkeit und des Heldentums: *er kämpfte wie ein L.; er geht in die Höhle des Löwen,* U zu jemandem, vor sich er fürchtet; *Gesellschaftslöwe, Partylöwe,* Ü beherrschende Gestalt auf Parties. **2)** *ohne Pl.,* ☆ Sternbild des Tierkreises, ÜBERS. A 22. **3)** *Kleiner Löwe,* ☆ ein Sternbild. **Löwenanteil** *der,* Ü Hauptanteil. **Löwenmaul** *das,* Name verschiedener Pflanzen. **Löwenmut** *der,* Ü großer Mut. **Löwenzahn** *der, -(e)s,* ein Korbblüter. **Löwin** *die, -/-nen,* weibl. Löwe.

loyal [lwaj'a:l, frz., zu lat. legalis ›gesetzlich‹], **1)** gesetzlich, gesetzestreu. **2)** redlich, ehrlich: *von loyaler Gesinnung.* **Loyalität** *die, -/-en,* das der Regierung schon häufig seine L. bewiesen; *Loyalitätsbeweis; Loyalitätserklärung.*

LP, Abk. für: Langspielplatte.

LPG, Abk. für: Landwirtschaftliche Produktionsgenossenschaft (Dt. Dem. Rep.).

Lr, ⚛ Zeichen für: Laurentium.

LSD, Abk. für: Lysergsäurediäthylamid.

Lt., Abk. für: Leutnant.

Lu, ⚛ Zeichen für: Lutetium.

Luch [lu:x, sorb. ruh] *die, -/* **Lüche** [l'y:çə] oder *das, -(e)s/-e, brandenburg.:* Bruch, Sumpfwiese.

Luchs [ahd. luhs, verwandt mit leuchten, eigtl. ›der mit den leuchtenden Augen‹] *der, -es/-e,* **1)** ein katzenartiges Raubtier: *er paßt auf wie ein L.,* U scharf, aufmerksam. **2)** *ohne Pl.,* ☆ ein Sternbild. **luchsen,** *ich luchse (habe geluchst),* U schaue, blicke scharf, lauere.

Lucht [mnd. lucht ›Luft‹] *die, -/-en, niederdt.:* oberes Stockwerk, Dachboden.

Lücht *die, -/-en, niederdt.:* Leuchte, Laterne. **lüchten,** *ich lüchte (habe lücht), niederdt.:* leuchte. **Lüchten** *das, -/-, niederdt.:* Blitz.

luchtig, lüchtig, *niederdt.:* kalt, luftig.

Lucia, Lucie [lat. lux ›Licht‹], weibl. Vorname. **Lucius,** männl. Vorname.

Lücke [ahd. lucka] *die, -/-n,* Loch, Leere, fehlendes Stück: *Parklücke; Versorgungslücke; Zahnlücke; Lücken im Wissen.* **Lückenbüßer** *der,* U jemand oder etwas zum Ausfüllen einer Lücke, Aushilfe, Ersatz. **lückenhaft,** mangelhaft, unvollkommen, unterbrochen. **Lückenhaftigkeit** *die, -.* **lückenlos,** geschlossen, vollständig: *eine lückenlose Beweiskette.* **Lückenlosigkeit** *die, -.* **lückig,** ☆ großporig (Gestein).

lud, von laden.

Lude [zu Ludwig] *der, -n/-n,* G Zuhälter.

Luder [mhd. luoder ›Lockspeise‹] *das, -s/-,* **1)** ⚥ Aas als Köder. **2)** grobes Schimpfwort: Weibsbild, gerissener Kerl; abgeschwächt in: *armes L.* **Luderer** *der, -s/-,* ⚬⚬ Lump. **luderhaft,** ⚬⚬ liederlich, verlottert. **Luderjan** *der, -(e)s/-e,* Liederjan. **ludern,** *ich lud(e)re (habe geludert),* **1)** lebe liederlich: *Luderleben.* **2)** *Raubtiere, Hunde ludern,* fressen Aas. **Luderplatz** *der,* Köderplatz für Raubwild.

Ludmilla [russ. ljud ›Volk‹ und milyj ›lieb‹, ›angenehm‹], weibl. Vorname.

Ludolf [ahd. hlut ›bekannt‹ oder liut ›Volk‹ und wolf ›Wolf‹], männl. Vorname.

Ludothek [lat. ludus ›Spiel‹ (Zeitvertreib) und vgl. Theke] *die, -/-en,* Einrichtung zum Ausleihen von Spielzeug.

Ludwig [ahd. hlut ›bekannt‹ und wig ›Kampf‹], männl. Vorname.

luegen, *ich luege (habe gelueg[e]t), alem.:* luge.

Lues [lat. ›Seuche‹] *die, -,* ♀ Syphilis. **luetisch,** luisch.

Luft [ahd. luft] *die, -/ ²e, Pl. selten,* **1)** die Atmosphäre der Erde bildende Gasgemisch: *wir gehen an die L., sitzen gern in der frischen L.; ich bekomme keine L.,* kann nicht atmen; *die Lerche steigt in die Lüfte,* P; *man sollte ihn an die L. setzen,* U ihn hinauswerfen, ihm kündigen; *er ist L. für mich,* U beachte ihn nicht; *der Mensch kann nicht von der L. leben; das ist aus der L. gegriffen,* Ü frei erfunden; *die Brücke wurde in die L. gesprengt, durch die Sprengung zerstört; es wird gleich in die L. fliegen,* explodieren; *es liegt in der L.,* Ü droht; *reine L.,* U keine Gefahr; *dicke L.,* U große Gefahr, drohende Stimmung; *er gibt immer gleich in die L.,* Ü wird schnell wütend. **2)** freier Raum, Abstand: *macht L.!,* U Platz; *seine Wut machte sich in heftigen Beschuldigungen L.; das gibt uns L.,* U Freiheit oder die Möglichkeit, zu verschnaufen. **Luftabwehr** *die,* ⚔ Abwehr feindlicher Flugzeuge. **Luftangriff** *der,* Angriff durch Flugzeuge, Luftlandetruppen oder Flugkörper. **Luftballon** *der,* mit Gas gefüllter Ballon, ABB. B 8. **Luftbild** *das,* von Luft- oder Raumfahrzeug aus aufgenommenes Lichtbild. **Luft-Boden-Rakete** *die,* ⚔ Rakete, die vom Flugzeug aus gegen Ziele auf der Erdoberfläche eingesetzt wird. **Luftbrücke** *die,* Versorgung abgeschnittener Gebiete durch Flugzeuge. **Lüftchen** *das, -s/-.* **luftdicht,** undurchlässig für Luft. **Luftdichte** *die.* **Luftdruck** *der, -(e)s,* Druck der atmosphär. Luft auf ihre Unterlage, vgl. ABB. L 18. **Luftelektrizität** *die,* elektr. Vorgänge in den unteren Schichten der Atmosphäre. **luften,** *ins* luftet (hat geluftet), *schweiz.:* der Wind weht. **lüften,** *ich lüfte (habe gelüftet) es,* **1)** lasse Luft in geschlossene Räume: *die Zimmer müssen gelüftet werden.* **2)** hebe ein wenig: *er lüftete den Hut,* grüßte. **3)** Ü decke auf: *das Geheimnis wurde gelüftet.* **Lüfter** *der, -s/-,* Vorrichtung zum Lüften von Räumen. **Lufterhitzer** *der,* ⚙ Wärmeaustauscher, z. B. für Raumheizung und Klimaanlagen. **Luftfahrt** *die, -,* das gesamte Flugwesen. **Luftfahrzeug** *das,* Sammelbez. für alle Fluggeräte. **Luftfeuchtigkeit** *die,* der in der Luft enthaltene Wasserdampf. **Luftgewehr** *das,* Sportgewehr, dessen Geschoß durch Druckluft beschleunigt wird, ABB. G 20. **Lufthammer** *der,* mit Druckluft betriebener Maschinenhammer. **Lufthoheit** *die,* Hoheitsrecht eines Staates in dem über ihm liegenden Luftraum. **luftig, 1)** leicht, dünn: *luftige Gewänder.* **2)** hell: *ein*

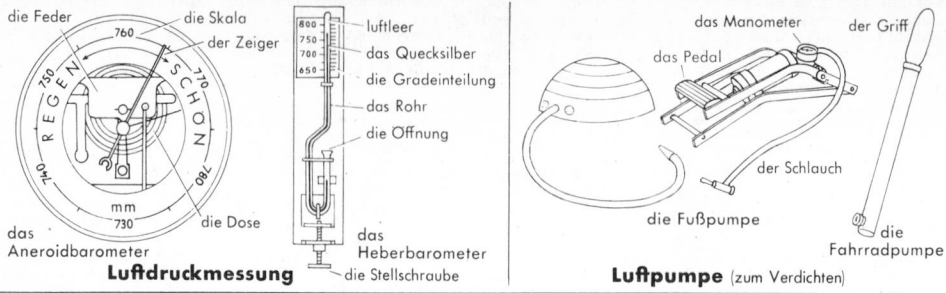

Luftdruckmessung

- die Feder
- die Skala
- der Zeiger
- 760
- die Dose
- das Aneroidbarometer
- mm
- 730

- luftleer
- das Quecksilber
- die Gradeinteilung
- das Rohr
- die Öffnung
- das Heberbarometer
- die Stellschraube

Luftpumpe (zum Verdichten)

- das Manometer
- der Griff
- das Pedal
- der Schlauch
- die Fußpumpe
- die Fahrradpumpe

---

luftiges Zimmer. **3)** in freier Luft, dem Wind frei ausgesetzt: *in luftiger Höhe.* **Luftikus** *der, -/-se,* Ʊ leichtsinniger Mensch. **Luftkissen** *das,* aufblasbares Kissen. **Luftkissenfahrzeug** *das,* Bodeneffekt-Fluggerät, ein Fahrzeug, das sich auf einem Luftpolster dicht über dem Erdboden oder Wasser bewegt. **Luftkissenverband** *der,* ⚕ aufblasbarer Verband für gebrochene Glieder. **Luftkorridor** *der,* eine festgelegte Einflugstrecke durch fremdes Hoheitsgebiet. **Luftkurort** *der,* Erholungsort mit Heilklima. **Luftlandetruppe** *die,* Streitkräfte, die aus Luftfahrzeugen abgesetzt werden. **luftleer,** nicht von Luft erfüllt. **Lüftlein** *das, -s/-.* **Luftlinie** [-iǝ] *die,* kürzeste Entfernung zwischen zwei Punkten der Erdoberfläche. **Lüftlmalerei** *die,* alpenländ. Fassadenmalerei. **Luftloch** *das,* **1)** Öffnung für Luftzufuhr. **2)** ✈ im Luftverkehr laienhaft für ein begrenztes Abwindgebiet, das ein Absacken eines Flugzeugs bewirkt. **Luft-Luft-Rakete** *die,* ⚙ Rakete, die vom Flugzeug aus gegen fliegende Ziele eingesetzt wird. **Luftmasche** *die,* Masche beim Häkeln. **Luftmatratze** *die,* aufblasbare Matratze. **Luftpiraterie** *die,* Hijacking, Flugzeugentführung. **Luftpistole** *die,* Sportpistole, deren Geschoß durch Druckluft aus dem Lauf getrieben wird. **Luftpost** *die,* mit Flugzeug beförderte Post. **Luftpumpe** *die,* **1)** Gerät zum Aufpumpen von Reifen u. a., ABB. L 18. **2)** Gerät zum Erzeugen eines Vakuums. **Luftraum** *der: der L. über Frankfurt soll entlastet werden,* ✈; *Proteste gegen die wiederholte Verletzung des Luftraums* (der zum staatl. Hoheitsgebiet gehört). **Luftreifen** *der,* mit Luft gefüllter Radreifen, Pneumatik, ABB. R 1, R 14. **Luftröhre** *die,* Hohlorgan, das Kehlkopf und Lungen verbindet. **Luftsack** *der,* **1)** eine Luftansammlung in Rohrleitungen. **2)** automatisch mit Druckgas sich füllende Rückhaltevorrichtung zum Schutz von Kraftwageninsassen bei Unfällen. **Luftschiff** *das,* ein gasgefülltes lenkbares Luftfahrzeug. **Luftschleuse** *die,* ⚙ Kammer mit zwei Türen zur Überwindung von Druckunterschieden zwischen zwei Räumen, z. B. in Raumfahrzeugen. **Luftschloß** *das,* Ʊ Traumgebilde, Wunschvorstellung. **Luftschraube** *die,* ein Vortriebsmittel der Luftfahrzeuge, Propeller. **Luftschutz** *der,* Schutz gegen Luftangriffe. **Luftspieg(e)lung** *die,* Fata Morgana, täuschende Erscheinung eines Gegenstandes in der Luft. **Lufttaxi** *das,* kleines Flugzeug, das gemietet werden kann. **Lüftung** *die, -/-en,* Zuführung von frischer Luft und die Beseitigung von verbrauchter Luft. **Luftverkehr** *der,* Beförderung von Personen, Post, Fracht auf dem Luftweg: *Luftverkehrsgesellschaft.* **Luftverschmutzung** *die: Gesetze zum Eindämmen der L.* **Luftwaffe** *die,* ein Teil der Streitkräfte. **Luftwege,** *Pl.,* ⚕ Zu- und Ableitungswege der Atemluft. **Luftwiderstand** *der,* der Widerstand, den der bewegte Körper durch die Reibungskraft und den Strömungswiderstand der Luft erfährt. **Luftwurzel** *die,* ⚘ oberirdische Wurzel. **Luftziegel** *der,* ungebrannter, an der Luft getrockneter Lehmziegel. **Luftzug** *der,* kurze Luftbewegung mit ausgeprägter Richtung.

Lug *der, -(e)s,* Lüge; nur in: *L. und Trug.* **Lüge** [ahd. lugi] *die, -/-n,* bewußt falsche oder täuschende Aussage: *er verstrickte sich immer mehr in Lügen; Lügen haben kurze Beine,* Ʊ *werden schnell als Lügen erkannt; ich habe ihn Lügen gestraft, beweise, daß er gelogen hat.*

lugen [ahd. luagen], *ich luge* (habe gelugt), *oberdt.:* **1)** sehe, schaue. **2)** *das Hemd lugt aus der Hose,* guckt hervor.

lügen [ahd. liogan], *ich lüge* (habe gelogen), sage bewußt Unwahres: *er lügt, daß sich die Balken biegen* oder *das Blaue vom Himmel herunter* oder *wie gedruckt,* Ʊ lügt unverschämt.

Lügendetektor *der,* Gerät, das Erregungsschwankungen sichtbar macht, z. B. bei falschen Aussagen. **lügenhaft,** verlogen, unwahr. **Lügenhaftigkeit** *die, -.* **Lügenmaul** *das,* Ʊ lügnerischer Mensch.

Lugger *der, -s/-,* ⛵ Nebenform von Logger.

Luglinsland [zu lugen] *der, -(e)s/-e,* ⚜ Wartturm. **Lügner** [ahd. luginari] *der, -s/-,* **Lügnerin** *die, -/-nen,* jemand, der lügt. **lügnerisch.**

luisch, ⚕, auch luetisch, die Lues betreffend.

Luise [eingedeutscht für Louise, zu Louis], weibl. Vorname.

Luitpold [ahd. luit ›Volk‹ und bald ›kühn‹], männl. Vorname.

Luk *das, -(e)s/-e,* ⛵ Luke.

Lukarne [frz. lucarne, zu dt. Luke] *die, -/-n, niederdt.:* Dachfenster.

Lukas [lat., von Lucanus ›der aus Lukien Stammende‹], **1)** männl. Vorname: *Evangelium Lucä,* des Evangelisten Lukas. **2)** *der, -/-se,* Kraftspiel auf Jahrmärkten: *hau den L.!*

Luke [mnd. luke, zu Lücke] *die, -/-n,* **1)** sehr kleines Fenster: *Dachluke,* ABB. H 11. **2)** auch Luk, ⛵ wasserdicht verschließbare Öffnung im Schiffsdeck zum Ein- und Ausladen: *Ladeluke.* **3)** *niederdt.:* Falltür; Fensterladen.

lukrativ [lat. lucrativus, zu lucrum ›Gewinn‹], gewinnbringend, vorteilhaft: *ein lukrativer Nebenerwerb.*

Lukretia, Lukrezia [lat.], weibl. Vornamen.

lukullisch [nach dem röm. Feldherrn Lucullus, 117–57 v. Chr.], üppig, erlesen: *ein lukullisches Mahl.*

Lulatsch *der, -(e)s/-e,* Ʊ langer Kerl: *ein langer L.*

lullen [Schallw.], *ich lulle* (habe gelullt), **1)** *(es),* singe eintönig: *ich l. ein Kind in den Schlaf.* **2)** *oberdt.:* sauge. **Luller** *der, -s/-, oberdt.:* Schnuller.

Lulu [Kurzform zu Ludmilla, Luise u. a.], weibl. Vorname.

Lumbago [lat., zu lumbus ›Lende‹] *die, -,* ⚕ Lendenschmerz, Hexenschuß. **lumbal,** die Lenden betreffend: *Lumbalanästhesie; Lumbalpunktion.*

lumbecken [nach E. Lumbeck, 1886–1979], *ich lumbecke* (habe gelumbeckt) *es.* **Lumbeckverfahren** *das,* ⚙ fadenlose Klebeheftung für Broschüren, Taschenbücher u. a.

Lumberjack [l'ʌmbǝdʒæk, engl., eigtl. scherzhafte Bez. für Holzfäller, zu lumber ›Bauholz‹, ›Nutzholz‹] *der, -s/-s,* blusenartige kurze Jacke, ABB. K 24.

Lumen [lat. ›Licht‹, ›Leuchte‹] *das, -s/-* oder *. . .mina,* **1)** Ʊ hervorragende Persönlichkeit, Könner. **2)** -/-, Zeichen: lm, Maßeinheit für den Lichtstrom. **3)** Biologie: Hohlraum, lichte Weite: *Darmlumen.* **Lumineszenz** *die, -/-en,* Leuchten von Stoffen bei normaler Temperatur (›kaltes Leuchten‹). **lumineszieren,** *es* luminesziert (hat luminesziert). **luminös,** lichtvoll.

Lumme [dän. lom] *die, -/-n,* ein Meeresvogel.

Lummel [ahd. lumbal, zu lat. lumbulus ›Lendchen‹] *der, -s/-, oberdt.:* Lendenbraten.

Lümmel [vermutl. zu ahd. luomi ›sanft‹, ›schlapp‹] *der, -s/-,* Flegel, frecher Mensch. **Lümmelei** *die, -/-en,* Flegelei, freches Betragen. **lümmelhaft,** wie ein Lümmel. **lümmeln,** *ich lümm(e)le mich* (habe mich gelümmelt) *(auf etwas),* stelle oder setze mich in nachlässiger Haltung hin.

Lump [spätmhd., eigtl. ›Mann in Lumpen‹] *der, -en/-en,* **1)** nichtswürdiger Kerl, verkommener oder gesinnungsloser Mensch. **2)** Seehase, ein Fisch. **Lumpazi** *der, -(s)/-(s), oberdt.:* Lump. **Lumpazius** *der, -/-se,* Ʊ Lump. **Lumpazivagabundus** [nach der Posse von J. Nestroy, 1801–1862] *der, -/-se* und

...di, Landstreicher. **lumpen,** ich lumpe (habe gelumpt), Ü **1)** lebe liederlich, trinke viel Alkohol: *heute nacht haben wir gelumpt.* **2)** *ich lasse mich nicht lumpen* (d. h. für einen Lumpen ansehen), spare nicht, gebe reichlich, bin großzügig. **Lumpen** der, -s/-, **1)** zerfetztes, zerrissenes Stück Stoff, Fetzen: *er geht in L.,* ärmlich, abgerissen gekleidet. **2)** *oberdt.:* Lappen: *Putzlumpen.* **3)** *schweiz.:* Schnupftuch: *Schnuderlumpen.* **Lumpengesindel, Lumpenpack** *das,* ehrloses Volk. **Lumpenproletariat** *das,* -s, nach K. Marx die unter dem Proletariat stehenden asozialen Elemente der Großstädte ohne Klassenbewußtsein. **Lumpensammler** der, **1)** jemand, der gewerbsmäßig Lumpen sammelt. **2)** Ü letzte nächtl. Fahrgelegenheit bei Bus, Straßenbahn, Vorortbahn. **Lumperei** die, -/-en, **1)** Äußerung niedriger Gesinnung, Erbärmlichkeit. **2)** lächerliche Kleinigkeit. **lumpig, 1)** gemein, niedrig. **2)** nebensächlich, geringfügig: *er feilsche um lumpige fünf Mark.*

Luna [lat. luna ›Mond‹], **1)** Mond. **2)** röm. Mythologie: Mondgöttin. **lunar, lunarisch,** auf den Mond bezüglich. **lunatisch,** ♄ mondsüchtig. **Lunatismus** der, -.

Lunch [lʌntʃ, engl.] der, -/-s oder -es/-e, kleine Mittagsmahlzeit (in England). **lunchen** [ˈlʌntʃən], ich lunche (habe geluncht).

Lund [nord.] der, -(e)s/-e, Papageitaucher, ein Meeresvogel.

Lünette [frz. ›Möndchen‹, zu lat. luna ›Mond‹] die, -/-n, **1)** 🏛 Halbkreisfeld an der Wand über Türen, Fenstern usw. **2)** ⚙ Grundrißform bei Festungen. **3)** ⚙ Vorrichtung zum Stützen langer Arbeitsstücke auf der Drehbank.

Lunge [ahd. lunga] die, -/-n, Atmungsorgan der Menschen (ABB. M 12) und der luftatmenden Wirbeltiere: *sie schrie aus voller L.; er hat eine gute L.,* kann gut schreien, laufen; *er hat es auf der L.,* ist lungenkrank; *er raucht auf L.,* inhaliert den Rauch; *die grüne L. der Stadt,* Ü Grünanlagen. **Lungenfisch** der, Lurchfisch, ein Knochenfisch mit Kiemen- und Lungenatmung. **Lungenflügel** der, eine Hälfte der Lunge. **lungenkrank,** an der Lunge erkrankt, schwindsüchtig.

Lungerer [ahd. lungar ›rasch‹, ›munter‹] der, -s/-, jemand, der herumlungert.

Lüning, Lünk der, -s/-e, niederdt.: Sperling.

Lunker der, -s/-, ⚙ Hohlraum, der sich in Metallgußstücken beim Erstarren bildet.

Lünse [mnd. lunse] die, -/-n, Achsnagel vor dem Rad.

Lünt der, -, niederdt.: Nierenfett vom Schwein.

Lunte [niederdt. slunte ›Fetzen‹] die, -/-n, **1)** Zündmittel, Zündschnur: *er hat L. gerochen,* Ü einen geheimen Sachverhalt entdeckt, eine Gefahr bemerkt. **2)** 🦊 Schwanz des Fuchses und Marders. **3)** Spinnerei: Vorgarn von geringer Drehung und Festigkeit.

Lunze die, -/-n, 🦌 Eingeweide des Wilds.

lunzen [mhd. lunzen ›schlummern‹], ich lunze (habe gelunzt), mitteldt., oberdt.: spähe durch halbgeschlossene Augen.

Lupanar [lat., zu lupa ›Wölfin‹, ›Dirne‹] das, -s/-e, altröm. Bordell.

Lupe [frz. loupe ›Wolfsgeschwulst‹, ›Linse‹, zu lat. lupa ›Wölfin‹] die, -/-n, Vergrößerungsglas, Sammellinse von geringer Brennweite, ABB. L 14: *das muß ich unter die L. nehmen,* Ü genau betrachten, prüfen. **lupenrein,** *der Edelstein ist l.,* ist ohne Mängel; *diese Sache scheint mir nicht l.,* Ü nicht in Ordnung, nicht ehrlich.

Lupf der, -es/-e, Pl. selten, schweiz.: das Heben einer schweren Last, auch die Last selbst. **lupfen, lüpfen** [mhd. lupfen], ich lupfe, lüpfe (habe gelupft, gelüpft), oberdt.: **1)** es, hebe ein wenig an. **2)** *ihn,* Ü prahle vor ihm; narre ihn. **3)** *mich,* stehe auf. **4)** es lüpft mich, schweiz.: es lüpft mich, rührt mich, schüttelt mich vor Schluchzen.

Lupine [ahd. luvina, zu lat. lupus ›Wolf‹], Schmetterlingsblüter; Gründüngungs-, Futter- und Zierpflanze.

Lüppe die, -/-n, ein teigig gewonnener Stahl. **luppen,** ich luppe (habe geluppt) es, ⚙ lasse gerinnen.

Lupus [lat. ›Wolf‹] der, -, **1)** 🐺 Wolf: *L. in fabula,* ›der Wolf in der Fabel‹, Ü jemand, der im Augenblick kommt, da man von ihm spricht. **2)** Pl. - oder -se, 🩺 tuberkulöse Hautflechte.

Lurch [in niederdt. luren ›lauern‹] der, -(e)s/-e, Amphibie. **Lurchfisch** der, Lungenfisch.

Lure [altnord. ›Blashorn‹] die, -/-n, Blasinstrument aus der nord. Bronzezeit.

Lurex [Kw.] der oder das, -, Handelsname für mit Metallfäden gemustertes Gewebe oder Gewirke.

Lus, Lüs die, -/-e, niederdt., alem.: Laus.

Lusche [zu slaw. luža] die, -/-n, **1)** niederdt.: Pfütze. **2)** ostmitteldt.: Spielkarte ohne Zählwert. **3)** norddt.: liederlicher Mensch: *eine richtige L.,* Schlampe. **luschig,** norddt.: liederlich, flüchtig (in der Arbeit).

Luser der, -s/-, 🦌 Loser.

Lust [ahd. lust, zu los ›frei‹] die, -, **1)** an etwas, Freude, Gefallen, Beglückung, Genuß: *es ist eine L., hier zuzusehen; Lustgarten; Baulust.* **2)** *zu etwas,* Wunsch, es zu tun: *ich habe keine L.* **3)** Pl. ²e, Begierde, geschlechtl. Empfinden: *Wollust; Lustgewinn.* **Lustbarkeit** die, -/-en, Vergnügen, öffentl. Veranstaltung zur Unterhaltung.

Lüster [frz. lustre, zu lat. lustrare ›erhellen‹] der, -s/-, **1)** Kronleuchter. **2)** glänzendes Halbwollgewebe. **3)** schillernder Überzug auf Glas, Tonwaren und Porzellan.

lüstern [ahd. luston, zu Lust], geschlechtlich erregt, geil. **lüste(r)n,** *mich* lüste(r)t (hat gelüste[r]t) *nach ihm,* ⚭ gelüstet. **Lüsternheit** die, -.

lustig [mhd. lustec, zu Lust], **1)** fröhlich, vergnügt: *eine lustige Gesellschaft; hier geht's l. zu.* **2)** spaßig, zum Lachen reizend: *eine lustige Geschichte; er hatte etwas sehr Lustiges gesehen; sie macht sich über ihn l.,* lacht ihn aus, spottet. **Lustigkeit** die, -. **Lüstling** der, -s/-e, lüsterner Mann.

lustlos, 1) unlustig, gleichgültig. **2)** ⚘ ohne Kauflust (Börse).

Lustmolch der, Ü lüsterner Mann. **Lustmord** der, die vorsätzliche Tötung eines Menschen aus Geschlechtslust. **Lustobjekt** das: *die Frau als L.*

Lustration [lat. lustratio, zu lustrare ›reinigen‹, ›erhellen‹] die, altröm. Religion der kult. Reinigung. **lustrieren,** ich lustriere (habe lustriert) *es, ihn, mich,* ⚭ **1)** prüfe, mustere, sehe nach. **2)** reinige, läutere, weihe. **lüstrieren,** ich lüstriere (habe lüstriert) *es,* mache fest und glänzend (Baumwoll- und Leinengarne). **Lustrum** [lat. ›Reinigungs-, Sühneopfer‹] das, -s/... stren oder ...stra, **1)** altröm., alle fünf Jahre wiederkehrendes Sühneopfer. **2)** Jahrfünft, Zeitraum von fünf Jahren.

Lustschloß das, fürstl. Landhaus, Sommerschloß. **Lustseuche** die, ⚘ Geschlechtskrankheit, bes. Syphilis. **Lustspiel** das, heiteres Bühnenstück, Komödie. **lustwandeln,** ich lustwand(e)le (bin gelustwandelt), gehe spazieren.

Lutein [lat. luteus ›goldgelb‹] das, -s, Pflanzenfarbstoff. **luter,** niederdt., alem.: lauter, rein.

Lutetium [nach Lutetia, dem latein. Namen von Paris] das, -s, ⚗ Element, Zeichen: Lu.

Lutheraner [nach M. Luther, 1483–1546] der, -s/-, Anhänger des Luthertums. **lutherisch, Lutherisch,** ÜBERS. A 4, C. **Luthertum** das, -s, die auf Luther zurückgehende Form des Protestantismus.

lutschen [Schallw.], ich lutsche (habe gelutscht), **1)** es, lasse im Mund zergehen: *Bonbons soll man lutschen, nicht kauen.* **2)** *an etwas,* stecke in den Mund und sauge daran: *das Kind lutscht (am) Daumen.* **Lutscher** der, -s/-, Bonbon am Stiel: *Dauerlutscher.*

lütt [zu lützel], niederdt.: klein: *l. Abendbrot,* Vesperbrot; *l. Middag,* Frühstück.

Lutte die, -/-n, 🔩 Rohrleitung zur Frischluftzufuhr.

Lütte [vgl. lütt] der, die, das, -n/-n, ein -r, eine -, ein -s, niederdt.: etwas Kleines; kleines Kind.

Lutter [zu lauter] der, -s/-, erster dünner Abzug beim Branntweinbrennen. **luttern,** ich lutt(e)re (habe geluttert) es.

Lutz [Kurzform von Ludwig], männl. Vorname.

Lutz [nach dem österr. Kunstläufer A. Lutz, 1899–1918] der, -/-, ⛸ Kürsprung im Eis- und Rollschuhkunstlauf.

lützel [niederl. lütze], alem.: klein, wenig.

Luv [zu niederl. ›Ruder‹, eigtl. ›Ruderseite‹] die, auch das, -, ⚓ dem Wind zugekehrte Seite des Schiffes: *L. und Lee; Luvseite.* **luven,** ich luve (habe geluvt), ⚓ drehe das Schiff gegen den Wind, nach Luv. **luvwärts,** ⚓.

Lux [lat. ›Licht‹] das, -/-, Abk.: lx, Einheit der Beleuchtungsstärke.

Luxation [lat., zu luxare ›verrenken‹] die, -/-en, 🩺 Verrenkung. **luxieren,** ich luxiere (habe luxiert) ein Gelenk.

luxurieren [lat. luxuriare ›üppig sein‹], es luxuriert (hat, ist luxuriert), Genetik: zeigt ein Erbmerkmal in stärkerer Ausprägung als die Eltern. **luxuriös** [lat. luxuriosus, zu luxus ›Üppigkeit‹], prunkvoll, verschwenderisch ausgestattet. **Luxus** der, -, Aufwand über den durchschnittl. Lebensstandard hinaus, Prunk, Schwelgerei, Verschwendung: *Luxusartikel; Luxusdampfer; Luxushotel; sie treibt mit ihrer Garderobe L.*

Luzerne [frz., zu lat. lucere ›leuchten‹] die, -/-n, ein Schmetterlingsblüter, Futterpflanze.

luzid [lat. lucidus], ♂ **1)** hell, licht. **2)** Ü klar, scharf umrissen. **Luzidität** die, -.

Luzie [zu Lucia], weibl. Vorname.

Luzifer [lat. lucifer ›Lichtbringer‹], **1)** Name des Teufels. **2)** der, -s, ✶ der Morgenstern. **Luziferin** das, -s, tierischer Leuchtstoff. **luziferisch,** teuflisch.

Lw, ⊕ früher Zeichen für: Lawrencium.

lx, Zeichen für: Lux.

Lyder der, -s/-, Lydier, Bewohner der antiken Landschaft Lydien. **Lydia** [lat. ›die Lyderin‹], weibl. Vorname. **lydisch,** Lydien betreffend. **Lydit** [nach Lydien] der, -s, ⊕ Kieselschiefer.

lymphatisch, auf die Lymphe bezüglich: *lymphatisches Gewebe.* **Lymphe** [lat. lympha ›Wasser‹] die, -/-n, **1)** Gewebsflüssigkeit: *Lymphgefäße; Lymphknoten.* **2)** Impfstoff gegen Pocken. **Lymphozyten** [grch. kytos ›Hohlraum‹, ›Zelle‹, *Pl.,* weiße Blutkörperchen.

lynchen [engl., wohl nach dem amerikan. Friedensrichter Ch. Lynch, 1736–1796], *ich lynche* (habe gelyncht) *ihn.* **Lynchjustiz** die, das gesetzlose Töten von Menschen durch gewalttätige Gruppen.

Lyra [grch. ›Leier‹] die, -/. . .ren, **1)** altgriech. Zupfinstrument, Leier. **2)** Glockenspiel der Militärmusik, ABB. G 31.

Lyrik [frz. (poésie) lyrique, zu grch. lyrikos ›von der Lyra begleitet‹] die, -, Dichtung subjektiver Gefühle und Gedanken, rhythmisch gegliedert, oft mit Reim und in Strophenform: *Gedankenlyrik; Naturlyrik; eine Anthologie moderner L.; L. und Prosa.* **Lyriker** der, -s/-, Dichter von Lyrik. **lyrisch, 1)** auf die Lyrik bezüglich, nach Art von Lyrik: *lyrische Dichtung.* **2)** Ü stimmungsvoll, gefühlserfüllt: *die lyrischen Passagen liegen dem Orchester am meisten.* **3)** ♪ stimmungsvoll, weich (Gesangsstimmen): *ein lyrischer Tenor.*

Lyse die, -/-n, Lysis.

Lysergsäurediäthylamid [Kw.] das, Abk.: LSD, eine synthetisch gewonnene Verbindung, Rauschmittel mit starker Wirkung auf das Zentralnervensystem.

Lysis [grch. ›Auflösung‹] die, -/. . .sen, 💲 auch Lyse, allmählicher Abfall des Fiebers.

Lysoform, Lysol [grch. lysis ›Auflösung‹ und lat. formica ›Ameise‹] das, -s, Handelsnamen zweier Desinfektionsmittel.

Lyzeum [grch. lykeion] das, -s/. . .z'e|en, ♂ höhere Mädchenschule.

M

m, M [εm] das, -/-, Nasallaut mit bilabialem Verschluß, ABB. A 8, ÜBERS. A 26, G 34.

m, Zeichen für: **1)** Milli. . . **2)** Meter. **m²,** Zeichen für: Quadratmeter. **m³,** Zeichen für: Kubikmeter.

m (hochgestellt), Zeichen für: Minute: 8ᵐ.

μ [my, grch. Buchstabe ›m‹], Zeichen für: **1)** Mikro. . . **2)** Mikron. **3)** ⊙ Meta. . .

M, 1) Zeichen für: Mega. . . **2)** röm. Zahlzeichen für: 1 000 (Mille). **3)** Abk. für: Mach-Zahl.

M., Abk. für: Monsieur.

mA, Abk. für: Milliampere (¹/₁₀₀₀ Ampere).

MA., Abk. für: Mittelalter.

M. A., Abk. für: **1)** Magister Artium, akadem. Grad einer philosoph. Fakultät. **2)** Master of Arts.

Mäander [nach dem windungsreichen Fluß in Kleinasien, grch. Maiandros] der, -s/-, **1)** Flußwindung. **2)** Zierband, ABB. S 69. **mäandrisch.**

Maar [mlat. mara ›See‹, lat. mare ›Meer‹] das, -(e)s/-e, kraterartige Hohlform der Erdoberfläche, durch vulkan. Gasexplosion entstanden, oft mit See: *Maarsee.*

Maat [niederl. maat ›Kamerad‹, eigtl. ›Tischgenosse‹] der, -(e)s/-e oder -en, **1)** 🚢 Kamerad, Gehilfe. **2)** Marineunteroffizier: *Bootsmannsmaat.*

Mabel [meibl, engl. Kurzform von Amabel, zu lat. amabilis ›liebenswürdig‹], weibl. Vorname.

Macchie [m'akiə, kors. mucchio ›Zistrose‹] die, -/. . .chi|en, Gebüschformation des Mittelmeergebiets.

Mach das, -(s)/-, kurz für: Mach-Zahl.

Machandel der, -s/-, niederdt.: Wacholder.

Mach|art [zu machen] die, die Art der Herstellung, Schnitt. **machbar,** zu verwirklichen. **Machbarkeit** die, -. **Mache** die, -, Ü Vortäuschen von etwas Bedeutendem durch Wichtigtuerei: *das alles nur M.!*

Mächeler der, -s/-, auch Mecheler, schweiz.: Mechaniker.

machen [ahd. mahhon], *ich mache* (habe gemacht), **1)** *es, tue, treibe, bin beschäftigt: was machst du da?; was machen die Geschäfte?; du wirst Augen machen,* Ü staunen; *er macht's nicht mehr lange,* U muß bald sterben. **2)** *es, stelle her, bereite: ich m. uns einen Kaffee; keiner kann Gold machen; damit kann man viel Geld machen,* U verdienen; *er macht ein dummes Gesicht; ich m. mir einen Spaß daraus; ich m. mir nichts daraus,* Ü es ist mir gleichgültig; *macht nicht soviel Krach!; er macht große Anstrengungen, Eindruck, Fortschritte, eine Pause, Pläne, Witze.* **3)** *es, bewirke, daß etwas ist, geschieht: er macht mit seiner Drohung Ernst; der Humor macht das Leben leicht; das macht uns zu schaffen, Freude, Kummer, Schwierigkeiten; es macht, daß du fortkommst!; Kleider machen Leute,* U bewirken,

daß Leute etwas gelten; *er hat ihn zu seinem Nachfolger gemacht.* **4)** *es, erreiche, richte aus, bringe fertig: da ist nichts mehr zu machen!; mach, mach!,* U beeile dich!; *er macht das Rennen,* U gewinnt; vgl. gemacht. **5)** *es macht fünf Mark, ergibt, beträgt, kostet: wieviel macht es zusammen?* **6)** *etwas aus ihm, verhelfe ihm zu etwas, erhebe zu etwas: sein Vater, seine Erziehung hat einen verantwortungsbewußten Menschen aus ihm gemacht; die Leute machen aus ihm einen Halbgott.* **7)** *es,* U ordne, räume auf: *du mußt noch das Bett, die Haare, das Zimmer machen.* **8)** verhüllend: verrichte meine Notdurft: *das Kind macht ins Bett, in die Hosen.* **9)** *in etwas,* U handele geschäftsmäßig, handele damit: *er macht in Schrott.* **10)** sächs.: gehe, reise, fahre usw.: *jetzt machen wir nach Pirna.* **11)** *mich an etwas, beginne damit.* **12)** *mich auf den Weg, die Beine, breche auf, gehe fort.* **13)** *mich aus dem Staub,* U fliehe. **14)** *er macht sich,* U wächst, gedeiht körperlich und geistig. **15)** *die Geschäfte machen sich; der Schmuck macht sich auf der Bluse.* **Machenschaften,** *Pl.,* Ränke, geheime Abmachung, Quertreiberei: *üble M.* **Macher** der, -s/-, U dynamischer, sachlicher Mensch. **. . .macher,** Hersteller und Ausbesserer: *Filmemacher; Liedermacher; Schuhmacher; Uhrmacher.* **Macherlohn** der, -s, Arbeitslohn.

Machete [auch matʃ'etə, span.] die, -/-n, südamerikan. Buschmesser, Haumesser.

Machiavellismus [-kia-, nach dem italien. Staatsmann N. Machiavelli, 1469–1527, und vgl. . . .ismus] der, -, polit. Skrupellosigkeit. **machiavellistisch.**

Machination [max-, lat. machinatio] die, -/-en, P tückischer Anschlag, Umtriebe, Ränke.

Machismo [matʃ'ismo, span., von macho ›männlich‹] der, -(s), mit Geringschätzung der Frau verbundenes, übersteigertes Männlichkeitsgefühl (bes. in Lateinamerika).

Machorka [russ.] der, -s/-s, grob geschnittener russ. Tabak.

Macht [ahd. maht] die, -/¨e (nur Pl., selten), **1)** ohne Pl., Kraft, Gewalt, Stärke, Wirkungsmöglichkeit, Befehlsrecht: *Machtausübung; Machtstreben; mit aller M.; aus eigener M.; er macht die M.; übt (die) M. aus; es steht, liegt in seiner M.; eine Partei kommt an die M.; die M. der Gewohnheit.* **2)** ♂ Heer, Truppen: *die gegnerische Streitmacht.* **3)** (einflußreicher) Staat: *Atommacht; Besatzungsmacht; Großmacht; Weltmacht; eine Konferenz der Siegermächte.* **4)** außerirdische Kraft: *die himmlischen Mächte.* **Machtbefugnis** die: *er hat seine Machtbefugnisse überschritten.* **Machtbereich** der: *die Insel gehörte zum M. Athens.* **Machtergreifung** die: *nach der M. Hitlers.* **Machthaber** der, -s/-, jemand, der Macht (diktatorisch) ausübt. **Machthunger** der, starkes Bedürfnis nach Macht. **mächtig, 1)** kraftvoll, gewaltig, einflußreich, wirksam: *ein mächtiger Herrscher; mächtiger Einfluß; das ist ein mächtiges Bauwerk.* **2)** *seiner, es beherrschend: er war seiner Sinne kaum m.; ich bin der englischen Sprache nicht m.,* kann kein Englisch sprechen. **3)** U dick (Schicht); breit (Gang). **4)** U groß, sehr: *ich m. mich m.* gefreut; *er hat einen mächtigen Hunger.* **5)** niederrhein.: fett (Speise). **Mächtigkeit** die, -, ✕ Dicke einer Gesteinsschicht. **Machtkampf** der: *Machtkämpfe in der Führungsspitze.* **machtlos,** ohne Macht. **Machtlosigkeit** die, -. **Machtpoli-**

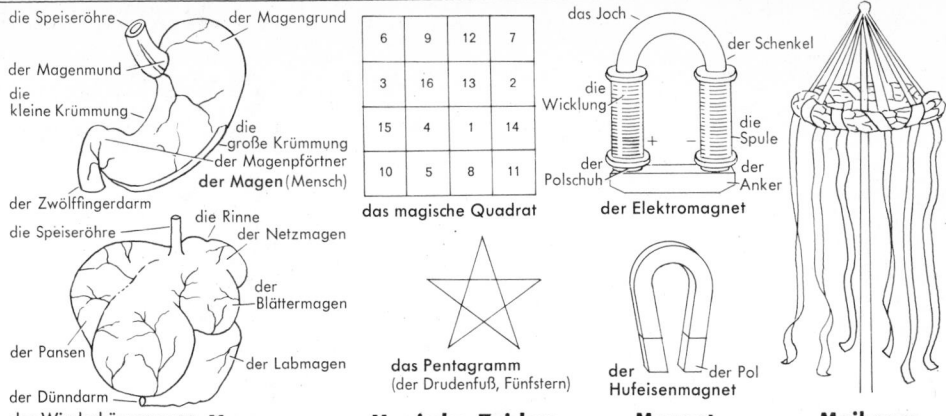

die Speiseröhre · der Magenmund · die kleine Krümmung · die große Krümmung · der Magenpförtner · der Magen (Mensch) · der Zwölffingerdarm · der Magengrund

die Speiseröhre · die Rinne · der Netzmagen · der Blättermagen · der Pansen · der Labmagen · der Dünndarm · der Wiederkäuermagen

Magen

das magische Quadrat

6	9	12	7
3	16	13	2
15	4	1	14
10	5	8	11

das Pentagramm (der Drudenfuß, Fünfstern)

Magische Zeichen

das Joch · der Schenkel · die Wicklung · die Spule · der Polschuh · der Anker · der Elektromagnet

der Pol · der Hufeisenmagnet

Magnet

Maibaum

---

tik *die*, Politik, die sich nur von den Machtbelangen des eigenen Staates leiten läßt. **Machtspruch** *der*, Machtwort. **Machtverhältnisse**, *Pl.: die M. innerhalb der Partei.* **machtvoll**, kraftvoll, einflußreich. **Machtvollkommenheit** *die*, -, uneingeschränkte Berechtigung, Macht auszuüben. **Machtwort** *das*, *-s/-e*, Befehl oder Entscheidung, die keinen Widerspruch duldet: *in dieser Sache muß jemand ein M. sprechen.*

machulle [jidd. mechulle ›krank‹], U bankrott.

Machwerk [zu machen] *das*, Pfuscherei, schlechtes Erzeugnis, Schund: *ein elendes M.*

Mach-Zahl [nach dem österr. Physiker E. Mach, 1838 bis 1916] *die*, -, auch das Mach, Zeichen: M, Maßeinheit für das Verhältnis der Geschwindigkeit eines Körpers in einem Medium zur Schallgeschwindigkeit im Medium.

mack, *niederdt.:* zahm.

Macke [jidd. make, zu hebr. maka ›Hieb‹, ›Wunde‹, Ü ›Elend‹] *die*, *-/-n*, U 1) Fehler, Schaden: *der Motor hat Macken.* 2) wunderliche Eigenart: *der hat wohl eine M.!*

Macker *der*, *-s/-*, 1) *niederdt.:* Teilhaber, Kamerad. 2) U abschätzig: Anführer, Leiter; Freund eines Mädchens.

macklich, 1) *niederdt.:* bequem, ruhig. 2) ⚓ wenig schlingernd (Schiff).

Madagasse *der*, *-n/-n*, Bewohner der Insel Madagaskar. **madagassisch.**

Madam [frz. madame, zu afrz. ma dame ›meine Herrin‹] *die*, -, U 1) Hausherrin. 2) behäbige Frau.

Mädchen [zu Magd] *das*, *-s/-*, 1) Kind, Jugendliche: *ein kleines M. und ein kleiner Junge; ein junges M. und ein junger Mann.* 2) Angestellte für Hausarbeit: *Dienstmädchen; Zimmermädchen.* 3) P Jungfrau. 4) *sein M.*, U seine Freundin. **mädchenhaft**, jugendlich-anmutig. **Mädchenhaftigkeit** *die*, -. **Mädchenname** *der*, 1) weibl. Vorname. 2) Familienname der Frau (vor ihrer Ehe): *das Ehepaar wählte den Mädchennamen der Frau als Familiennamen.*

Made [ahd. mado] *die*, *-/-n*, wurmartige Insektenlarve.

made in [meid in, engl.], hergestellt in . . .: *made in Germany, deutsches Erzeugnis.*

Madeira [mad'e:ra, nach der portugies. Insel Madeira] *der*, *-s/-s*, ein Süßwein.

Mädel *das*, *-s/-n*, auch Mäderl, *süddt.:* Mädchen. **Mädel** *-s/-* oder U *-s*, Mädchen.

Madeleine [madl'ε:n, frz. ›Magdalene‹], weibl. Vorname.

Mäderl *das*, *-s/-*, *süddt.:* Mädchen.

madig, 1) voll Maden: *madiger Käse; man wollte es mir m. machen*, U verleiden. 2) *wien.:* träge.

Madjar *der*, *-en/-en*, Magyar, Ungar.

Madonna [ital. ›meine Herrin‹, zu lat. mea domina] *die*, *-/. . .d'onnen*, 1) ohne Pl., Maria, Mutter Jesu. 2) künstler. Darstellung der Muttergottes: *Madonnenbild.*

Madras [nach der Stadt in Vorderindien] *der*, -, grobfädiges, buntes Gewebe für Gardinen.

Madrepore [ital., span., zu lat. mater ›Mutter‹ und grch. poros ›Öffnung‹] *die*, *-/-n*, riffbildende Koralle.

Madrigal [ital. madrigale] *das*, *-s/-e*, 1) mehrstimmiges Chorlied mit oder ohne Instrumentalbegleitung: *Madrigalchor.* 2) kurze Gedichtform.

maestoso [maε-, ital.], ♪ feierlich, majestätisch. **Maestoso** *das*, *-s/-s* oder . . . si, feierliches Musikstück.

Maestro [ital., zu lat. magister ›Meister‹] *der*, *-s/-s* oder . . . stri, Meister, bes. Anrede für berühmte Musiker.

Mäeutik [grch. maieuein ›entbinden‹] *die*, -, das von Sokrates geübte Verfahren, durch Fragen den Schüler zur richtigen Erkenntnis zu führen. **mäeutisch.**

Maffia, Mafia [ital., zu sizilian.] *die*, -, Geheimbund in Sizilien. **Mafioso** *der*, *-(s)/. . .si*, Mitglied der Mafia.

mag, von mögen.

Magazin [ital. magazzino, zu arab. machasin ›Vorratshäuser‹] *das*, *-s/-e*, 1) Lagerhaus, Vorratsraum. 2) unterhaltende oder politische Zeitschrift; Sendung des Hörfunks oder Fernsehens: *Magazinsendung; politisches M.* 3) P Patronenkammer in Mehrladewaffen, ABB. M 5, P 15. **magazinieren**, ich magaziniere (habe magaziniert) es, speichere, lagere.

Magd [ahd. magad ›Mädchen‹, ›Jungfrau‹] *die*, *-/ː e*, 1) ⚘ Landarbeiterin, Landwirtschaftsgehilfin; auch Hausmädchen für grobe Arbeiten: *Küchenmagd.* 2) P Jungfrau: *Maria, die reine M.*

Magda, Magdalena, Magdalene [grch., zu hebr. migdol ›Turm‹], weibl. Vornamen.

Magdalénien [-leni'ε̃, nach der Fundstätte La Madeleine bei Tursac im französ. Dép. Dordogne] *das*, *-(s)*, letzte Kulturstufe der Altsteinzeit.

Mägd(e)lein [zu Magd] *das*, *-s/-*, P zartes Mädchen.

Magdtum *das*, *-s*, ⚘ Jungfernschaft.

Mage [ahd. mag] *der*, *-n/-n*, im alten dt. Recht der Blutsverwandte: *Magschaft; Muttermage.*

Magen [ahd. mago, urspr. ›Beutel‹] *der*, *-s/-* oder ː, sackförmiges Organ zwischen Speiseröhre und Dünndarm, das die Nahrung aufnimmt und verdaut, ABB. M 1: *Magendrücken; Magenmund; das Blättermagen; Labmagen; die Angelegenheit liegt mir schwer im, auf dem M.,* Ü bedrückt mich; *der Schreck ist mir auf den M. geschlagen; ich habe nichts im M.,* Ü bin hungrig. **Magenbitter** *der*, *-s/-*, Kräuterlikör mit beruhigender Wirkung auf den Magen. **Magen-Darm-Katarrh** *der*, Brechdurchfall. **Magenknurren** *das*, *-s*, durch Hunger entstehende Luftbewegung im Magen, die Geräusch verursacht.

mager [ahd. mager], 1) arm an Fett: *ein magerer Mensch; mageres Fleisch; Magermilch*, entrahmte Milch. 2) Ü dürftig, kärglich: *ein mageres Einkommen; ein mageres Ergebnis.* 3) arm an Nährstoffen (Boden). 4) ⎇ eine Schriftstärke, ÜBERS. D 16. **Magerkeit** *die*, -.

Magie [lat. magia, zu grch. mageia] *die*, -, Beschwörung von geheimnisvollen Kräften, Zauberei: *Schwarze (Weiße) M.*, Beschwörung böser (guter) Geister. **Magier** [grch. magos, zu altpers. magusch] *der*, *-s/-*, Zauberkünstler. **magisch**, die Magie betreffend, geheimnisvoll: *das magische Quadrat*, ABB.

491

M 1 (die Summe in jeder waagerechten und senkrechten Reihe sowie in den beiden Diagonalen ergibt immer die gleiche Zahl); *magisches Auge,* eine Abstimm-Anzeigeröhre in Rundfunkempfängern; *eine magische Anziehungskraft.*

Magister [ahd. magister, aus lat.] *der, -s/-,* ∞ Lehrer. **Magister Artium** *der,* Abk.: M. A., akadem. Grad. **Magistrale** *die, -/-n,* Hauptverkehrsstraße. **Magistrat** [lat. magistratus] *der, -(e)s/-e,* **1)** in alten Rom: hoher Beamter, auch dessen Amt. **2)** leitende städtische Behörde: *Magistratsbeschluß.*

Magma [grch. magma ›geknetete Masse‹] *das, -s/...men,* ⊕ glutflüssige Gesteinsschmelze im Erdinneren. **magmatisch. Magmatit** *der, -s/-e,* Erstarrungsgestein.

Magna Charta [-k'arta, lat.] *die, - -,* das altengl. Grundgesetz (1215).

magna cum laude [lat. ›mit großem Lob‹], ein Prädikat bei Doktorprüfungen.

Magnat [mlat. magnates, zu lat. magnus ›groß‹] *der, -en/-en,* **1)** Großgrundbesitzer, Großindustrieller: *Industriemagnat.* **2)** früher: Adliger, bes. in Polen und Ungarn.

Magnesia *die, -,* Magnesiumoxid. **Magnesit** *der, -s/-e,* Bitterspat, das Mineral Magnesiumkarbonat. **Magnesium** *das, -s,* ⊖ Element, Zeichen: Mg, silberweißes Leichtmetall. **Magnet** [mhd. magnet, zu grch. lithos Magnetes ›Stein aus Magnesia‹] *der, -en/-en oder -(e)s/-e,* **1)** Körper, der Quelle eines Magnetfeldes ist, ABB. M 1: *Magnetkompaß; Magnetpol; Elektromagnet; Hufeisenmagnet.* **2)** Ü etwas sehr Anziehendes. **Magnetband** *das,* Band für magnet. Ton- oder Bildaufzeichnung: *Magnetbandgerät.* **Magneteisenerz** *das,* **Magneteisenstein** *der,* Magnetit. **Magnetfeld** *das,* Kraftfeld in der Umgebung eines Magneten. **magnetisch,** *magnetisches Eisen,* die Ausstellung zog die Menschen magnetisch an. **magnetisieren,** *ich magnetisiere* (habe magnetisiert), **1)** es, mache magnetisch. **2)** *ihn,* behandle mit Magnetismus. **Magnetismus** [vgl. ...ismus] *der, -,* **1)** die Lehre vom magnet. Feld und vom Verhalten der Materie in ihm. **2)** angeblich vom Menschen ausstrahlende Kräfte, Mesmerismus. **Magnetit** *der, -s/-e,* Magneteisenstein, ein stark magnet. Eisenerz. **Magnetnadel** *die,* Kompaßnadel, ABB. K 34. **Magnetometer** *das, -s/-,* Gerät zum Messen von Magnetfeldern. **Magneton** *das, -s/-(s),* Elementarquantum des magnet. Moments. **Magnetooptik** *die,* die Ausstellung vom Einfluß magnet. Felder auf optische Erscheinungen. **Magnetophon** [grch. phone ›Klang‹] *das, -s/-e,* Handelsname für ein Tonbandgerät. **Magnetron** *das, -s/-s oder . . . tr'one,* Magnetfeldröhre, Elektronenröhre der Höchstfrequenztechnik. **Magnetscheider** *der, -s/-,* Gerät zur magnet. Trennung von aufzubereitenden Stoffen (Mineralien, Chemikalien). **Magnettonverfahren** *das,* ein Schallaufzeichnungsverfahren. **Magnetwerkstoffe,** *Pl.,* überwiegend Eisenwerkstoffe mit magnet. Eigenschaften.

magnifik [ma'nif'ik, frz. magnifique, zu magnifier ›rühmen‹, aus lat. magnus ›groß‹ und facere ›machen‹], ∞ prächtig, herrlich. **Magnifikat** [lat. nach den Anfangsworten: Magnificat anima mea Dominum ›Hoch preiset meine Seele den Herrn‹] *das, -s,* Lobgesang der Jungfrau Maria (in der kath. Vesper). **Magnifikus** *der, -/. . .fizi,* ∞ Hochschulrektor. **Magnifizenz** [lat. magnificentia ›Erhabenheit‹] *die, -/-en,* Titel und Anrede der Hochschulrektoren, der evang. Landesbischöfe, früher auch der regierenden Bürgermeister der Hansestädte: *Euer, Eure M.!* **Magnitude** *die, -/-n,* ein Maß für die Erdbebenstärke.

Magnolie [-iə, nach dem französ. Botaniker P. Magnol, 1638–1715] *die, -/. . .lien,* ein Zierbaum.

Magnus [lat. ›der Große‹], männl. Vorname.

Magyar [madj'a:r, magyar., wohl aus Megyer: Name eines Stammes der Magyaren] *der, -en/-en,* Madjar, Ungar. **magyarisch.**

mäh [Schallw.], Nachahmung des Geblöks von Schafen und des Meckerns von Ziegen.

Mahagoni [indian.] *das, -s,* Name mehrerer Edelhölzer.

Maharadscha [ind. maharaja ›Großkönig‹] *der, -s/-s,* indischer Herrschertitel. **Maharani** *die, -/-s,* Frau eines Maharadschas.

Mahatma [Sanskrit mahatman ›große Seele‹] *der, -s/-s,* Ehrentitel in Indien für geistig hochstehende Persönlichkeiten.

Mähbinder *der,* Getreidemähmaschine, die zugleich die Garben bindet.

Mahd [mhd. mat, zu mähen] *die, -/-en,* Heu-, Getreideschnitt. **Mähder** *der, -s/-,* Mäher.

Mahdi [m'axdi, arab.] *der, -(s)/-s,* von den Muslimen für das Ende der Zeit erwarteter Erlöser.

Mähdrescher *der,* Kombination von Mäh- und Dreschmaschine, ABB. E 9. **mähen** [ahd. maen], *ich mähe* (habe gemäht) *es,* schneide mit Sense, Sichel oder Mähmaschine (Gras, Getreide u. a.). **Mäher** [ahd. madare] *der, -s/-,* **1)** Schnitter (mit der Sense). **2)** Mähmaschine.

Mahl [ahd. mal ›Zeitpunkt‹, ›zu festgesetzter Stunde‹] *das, -(e)s/-e oder -er,* Essen: *Gastmahl; Mittagsmahl.*

Mahl [ahd. mahal] *das, -(e)s/-e,* german. Gerichtsverhandlung: *Mahlstatt,* german. Gerichtsplatz.

mahlen [ahd. malan], *ich mahle* (habe gemahlen) *es,* zerkleinere, zerstäube, zerreibe (Getreide, Kaffee): *wer zuerst kommt, mahlt zuerst,* Ü hat den Vortritt, wird bevorzugt. **Mahlgang** *der,* Maschine in den älteren Wind- und Wassermühlen zum Zerreiben.

mählich, ∞ allmählich.

Mahlzeit [mhd. malzit, zu Mahl] *die,* Essen: *wir haben drei Mahlzeiten täglich,* Frühstück, Mittagessen und Abendessen; *gesegnete M.!; (prost) M.!,* U Ausruf der Verärgerung.

Mähmaschine *die,* Maschine zum Mähen von Getreide, Gras u. a., ABB. E 9.

Mahnbescheid *der,* ⚖ vom Amtsgericht erlassene schriftliche Aufforderung an den Schuldner, den Anspruch des Gläubigers zu befriedigen oder Widerspruch zu erheben.

Mähne [ahd. mana, zu lat. monile ›Halsband‹] *die, -/-n,* **1)** langer Haarwuchs bei Tieren an Kopf und Hals, ABB. P 9. **2)** scherzhaft, meist ungepflegtes Haar.

mahnen [ahd. manon], *ich mahne* (habe gemahnt) **1)** *ihn an etwas, wegen etwas, es zu tun,* erinnere, meist mit dem Sinne des Tadelns oder Forderns: *säumige Schuldner werden gemahnt; laß dich nicht so oft mahnen!; ein mahnender Blick.* **2)** ♀ weibliches Rotwild mahnt, lockt oder warnt; stößt einen Brunftlaut aus. **Mahner** *der, -s/-,* jemand, der mahnt, warnt. **Mahnmal** *das,* an etwas mahnendes Denkmal. **Mahnung** *die, -/-en,* **1)** Aufforderung an Säumige: *die zweite und letzte M.* **2)** Warnung.

Mahonie [-iə, nach dem amerikan. Botaniker B. McMahon, 1775–1816] *die, -/. . .nien,* ein Berberitzengewächs, Zierstrauch.

Mahr [ahd. mara] *der, -(e)s/-e,* Nachtgespenst, Alp: *Nachtmahr.*

Mähre [ahd. meriha ›Stute‹] *die, -/-n,* altes, elendes Pferd. **mähren,** *ich mähre* (habe gemährt), märe.

Mai [ahd. meio, zu lat. Maius] *der, -(e)s oder -, P auch -en/-e,* der fünfte Monat des Jahres, ÜBERS. J 2; vgl. August: *des Lebens M.,* P die Zeit der Jugend; *der Erste Mai (1. Mai),* Arbeiterfeiertag; *Maikundgebung.* **Maibaum** *der,* Birke u. a. als Schmuck, ABB. M 1. **Maibowle** [-bo:lə] *die,* mit Waldmeister gewürzte Bowle. **Maibutter** *die,* oberdt.: Schlagsahne.

Maid [mhd. meit, zu Magd] *die, -/-en,* P, U auch spöttisch: Mädchen: *eine kesse M.*

Maiden [m'eidn, engl. ›Jungfer‹] *das, -(s)/-,* Pferd, das noch kein Rennen gewonnen hat: *Maidenrennen.*

Maiden *der, -s/-,* schweiz., wien.: Zuchthengst.

Maie [zu Mai] *die, -/-n,* junge Birke als Festschmuck. **maien,** *ich maie* (habe gemait), schweiz.: mähe.

Maien *der, -s/-,* **1)** der Maibaum. **2)** Laubgrün als Festschmuck (zum 1. Mai, zu Pfingsten). **3)** oberdt.: Birke. **4)** schweiz.: Strauß (Blumen), Buschen (an der Weinschenke). **Maiensäß, Maiensüß** *das, -es/-, ...e, schweiz.:* Frühlingsbergweide. **Maifeld** *das,* **1)** Bodenstreifen, auf dem im Deich steht, ABB. D 2. **2)** hochliegendes Wattenland. **3)** Märzfeld. **Maiglöckchen** *das,* ein Liliengewächs. **Maikäfer** *der,* Blatthornkäfer. **Maikraut** *das,* Name mehrerer Frühjahrspflanzen.

Maire [mɛ:r, frz., zu lat. maior ›größer‹] *der, -s/-s,* Bürgermeister in Frankreich. **Mairie** [mɛ:r'i] *die, -/. . .r'ien,* Gemeindeamt.

Mais [span. maiz, aus indian.] *der, -es/-e,* ein Getreidegras, ABB. G 18: *Maiskolben; Maismehl; Futtermais; Puffmais.*

Maisch [mhd. meisch] *der, -es/-e,* **Maische** *die, -/-n,* **1)** Weinkellerei: zerdrückte Traubenmasse. **2)** Bierbrauerei: mit Wasser angesetztes zerkleinertes Darrmalz. **3)** Branntweinherstellung: aufgeschlossener Rohstoff mit Malz und Wasser gemischt. **maischen,** *ich maische* (habe gemaischt) *es,* stelle Maische her.

Maison(n)ette [mɛzɔn'ɛt, frz. ›Häuschen‹] *die, -/-s,* Wohnung mit zwei Etagen innerhalb eines größeren Hauses: *Maison(n)ettewohnung.*

Maiß *der, -es/-e oder die, -/-en,* bair., österr.: Holzschlag; Jungwald.

Mai|tre de plaisir [mɛːtr də plɛz'iːr, frz. maître ›Meister‹ und plaisir ›Vergnügen‹] *der,* - - -/-s [-tr] - -, früher: Festordner.

Maja [Sanskrit Maya], weibl. Vorname.

Maje|stät [mhd. majestat, zu lat. maiestas ›Größe‹, ›Würde‹] *die,* -/-en, **1)** *ohne Pl.,* Hoheit, Erhabenheit. **2)** Titel und Anrede für Kaiser oder Könige: *Eure M.,* Abk.: Ew. M.; *Majestätsbeleidigung.* **maje|stätisch,** erhaben, hoheitsvoll: *eine majestätische Körperhaltung.*

Majolika [ital. maiolica, nach der Insel Mallorca] *die,* -/. . .ken und -s, bunt bemalte und glasierte Tonware.

Majonäse *die,* -/-n, eingedeutscht für: Mayonnaise.

Major [frz., zu lat. maior ›größer‹] *der,* -s/-e, unterster Dienstgrad der Stabsoffiziere.

Majoran [auch m'a-, spätahd. maiolan, zu mlat. majorana] *der,* -s/-e, eine Gewürzpflanze, usw., ABB. G 23.

Majorat [mlat. maioratus, zu lat. maior ›größer‹, ›älter‹] *das,* -(e)s/-e, **1)** Erbfolgeordnung, die dem ältesten Sohn das Vorzugsrecht auf das Erbgut gewährt. **2)** dieses Erbgut selbst: *Majoratsgut.*

Majordomus [mlat. maior domus] *der,* -/-, Hausmeier, bei den Merowingern Vorstand der königl. Hofhaltung und Führer des krieger. Gefolges.

majorenn [mlat. majorennus, zu lat. maior ›älter‹ und annus ›Jahr‹], volljährig, mündig. **Majorennität** *die,* -. **Majorette** [-r'ɛt, frz.] *die,* -/-s [-r'et] und -n [-tən], uniformiertes Mädchen bei Umzügen. **majorisieren,** *ich* majorisiere (habe majorisiert) *ihn,* zwinge, beherrsche durch Stimmenmehrheit. **Majorität** *die,* -/-en, Mehrheit: *Majoritätswahl; Majoritätsbeschluß.* **Majorz** *der,* -es, schweiz.: Majorität: *Majorzwahl.*

Majuskel [lat. maiusculus ›etwas größer‹] *die,* -/-n, Großbuchstabe.

makaber [frz. macabre], totenähnlich, düster, grausig: *eine makabre Geschichte; ein makabrer Scherz.*

Makadam [nach dem schott. Straßenbauer J. L. MacAdam, 1757–1836] *der* oder *das,* -s/-e, eine Straßendecke. **makadamisieren,** *ich* makadamisiere (habe makadamisiert) *es.*

Makak [portug. macaco ›Affe‹, aus afrikan.] *der,* -s und . . .k'aken/. . .k'aken, eine Meerkatze.

Makame [arab. maqama ›Unterhaltung einer Gesellschaft‹] *die,* -/-n, eine arab. Dichtungsform.

Makartstrauß [nach dem österr. Maler H. Makart, 1840–1884] *der,* Strauß aus getrockneten Blumen.

Makedonier *der,* -s/-, auch Mazedonier, Bewohner der historischen Landschaft Makedonien auf der Balkanhalbinsel. **makedonisch,** auch mazedonisch.

Makel [mhd. makel, zu lat. macula ›(Schand)fleck‹] *der,* -s/-, Fehler, Verunstaltung; etwas, das man als Schmach empfindet: *er ist mit einem M. behaftet; ein M. liegt auf ihm.* **Mäkelei** [zu mäkeln] *die,* -/-en, Nörgelei, kleinliches Tadeln. **makelhaft** [zu Makel], fehlerhaft. **mäk(e)lig** [zu mäkeln], wählerisch, oft mäkelnd. **makellos** [zu Makel], ohne Fehler. **Makellosigkeit** *die,* -. **makeln,** *ich* mak(e)le (habe gemakelt), bin als Makler tätig. **mäkeln** [niederdt. ›Geschäfte vermitteln (betreiben)‹, verwandt mit Makler, der als Zwischenhändler die Ware beanstandete], *ich* mak(e)le (habe gemäkelt) *an ihm,* tadele kleinlich, nörgle, bin nicht zufrieden: *er mäkelt am Essen.*

Make-up [meik'ʌp, engl. to make up ›herrichten‹] *das,* -s/-s, Verschönerung, bes. des Gesichts, mit kosmet. Mitteln; auch das Mittel selbst.

Maki [frz., zu Malagasy (Sprache der Madegassen) maky] *der,* -s/-s, 🐒 Lemure.

Makimono [japan. ›Rollding‹] *das,* -s/-s, querformatige Bildrolle in der ostasiat. Kunst.

Makkabäer [nach Judas Makkabi] *der,* -s/-, Angehöriger eines jüd. Geschlechts. **makkabäisch.**

Makkaroni [ital. maccaroni, zu spätgrch. makaria ›Glückseligkeit‹], *Pl.,* röhrenförmige Nudeln.

Makler [zu mhd. mäkeln] *der,* -s/-, Unterhändler, der gewerbsmäßig Geschäfte nachweist, Abschlüsse vermittelt: *Börsenmakler; Grundstücksmakler; Maklergebühr.* **Mäkler** *der,* -s/-, **1)** jemand, der viel mäkelt. **2)** Makler. **mäklig,** mäkelig.

Mako [nach dem ägypt. Gouverneur Mako Bey, um 1820] *der* oder *das,* -(s) und -/-s, -/-s, ägypt. Baumwollsorte.

Makoré [-re, frz. aus afrikan.] *das,* -(s), ein trop. Hartholz.

Makramee [ital. makramè, zu arab. migramah ›bestickter Schleier‹] *das,* -(s)/-s, eine Knüpfarbeit.

Makrele [mhd. macrel, zu mlat. macarellus, urspr. ›Kuppler‹, verwandt mit Makler] *die,* -/-n, ein Speisefisch.

makro . . . [grch. makros, groß . . ., lang . . .: *Makroplank-*

---

ton; Makrofauna. **ma|krokephal** usw., makrozephal usw. **Ma|krokosmos** *der,* -, das Weltall. **Ma|kromolekül** *das,* sehr großes, meist organ. Molekül. **ma|kromolekular,** aus Makromolekülen bestehend.

Makrone [frz. macaron, zu spätgrch. makaria ›Glückseligkeit‹] *die,* -/-n, ein Kleingebäck, ABB. K 51.

Makroökonomik *die,* der Teil der Volkswirtschaftslehre, der das Zusammenwirken der volkswirtschaftl. Gesamtgrößen, z. B. Produktion, Investition, untersucht. **Ma|krophotographie** *die,* das Photographieren im Nahbereich. **Ma|kropode** [vgl. . . . pode] *der,* -n/-n, ein Zierfisch. **ma|kro|skopisch** [vgl. . . . skop], mit bloßen Augen sichtbar. **Ma|krosoziologie** *die,* Teilbereich der Soziologie, der umfangreiche soziale Gebilde oder Prozesse untersucht. **ma|krozephal. Ma|krozephale** *der, die,* -n/-n, ein/-r, eine -. **Ma|krozephalie** [grch. kephale ›Kopf‹] *die,* -/. . .l'i|en, ⚕ abnorme Vergrößerung des Schädels. **Ma|krozyt** [grch. kytos ›Hohlraum‹, ›Zelle‹] *der,* -en/-en, meist Pl., große Form der roten Blutkörperchen.

Makulatur [lat. maculare ›beflecken‹] *die,* -/-en, unbrauchbar gewordene Drucke; Altpapier: *er redet M.,* ∪ Unsinn. **makulieren,** *ich* makuliere (habe makuliert) *es,* stampfe ein (Druckpapier).

mal, 1) vervielfältigt mit: *zwei m. zwei ist vier,* ÜBERS. R 11. **2)** ∪ einmal: *komm m. her!* **Mal** [ahd. mal ›Zeitpunkt‹, ›Zeit‹] *das,* -(e)s/-e, Zeitpunkt (unter mehreren): *dieses M.,* aber: *diesmal; zum, beim zweiten Mal(e)* oder *zum zweitenmal; das wievielte M.?,* aber: *wievielmal?; ein ums andere M.; voriges M.; zum ersten und zum letzten Mal(e)* oder *zum ersten- und zum letztenmal; mit einem M.; etliche Male; zu wiederholten Malen. . . . mal,* an Zahlen: Zeichen der Vervielfältigung, des öfteren Geschehens, ÜBERS. Z 1: *ich habe schon zweimal* (aber: *zum zweiten Male*) *gefragt; hundertmal; ein paarmal; das erstemal, letztemal; ein dutzendmal.*

Mal [ahd. meil ›Fleck‹, ›Schande‹] *das,* -(e)s/-e oder -̈er, **1)** Denkmal, Mahnmal. **2)** 🏈 Markierung innerhalb eines Spielfeldes; beim Rugby: Tor. **3)** ∪ Zeichen, Fleck: *Muttermal; Schandmal.*

Malachit [grch. malache ›Malve‹] *der,* -s/-e, grünes Kupfermineral: *malachitgrün.*

malad(e) [frz. malade, zu lat. male ›schlecht‹, ∪ krank, unpäßlich.

mala fide [lat. malus ›böse‹ und fides ›Glauben‹], 🖐 wider besseres Wissen.

Malaga [nach der span. Provinz Málaga] *der,* -s/-s, ein Süßwein.

Malaie *der,* -n/-n, **Malajin** *die,* -/-nen, Angehörige(r) einer Völkergruppe in Südostasien. **malaiisch.**

Malaise [mal'ɛːz(ə), frz. ›Unbehagen‹] *die,* -/-n, schweiz. meist -s/-s, Mißstimmung, Unbehagen; unerfreuliche Situation, Misere.

Malakologie [grch. malakos ›weich‹ und vgl. . . . logie] *die,* -, Lehre von den Weichtierschalen.

Malaria [zu ital. mala aria ›schlechte Luft‹] *die,* -, Sumpffieber, Wechselfieber, eine Infektionskrankheit: *Malariaanfall; Malariamücke.* **malariakrank.**

Malaxt [zu Mal ›Zeichen‹] *die,* Axt zum Bezeichnen der zu fällenden Bäume.

Malaysier *der,* -s/-, Bewohner der südostasiat. Föderation Malaysia. **malaysisch.**

Malbaum [zu Mal ›Zeichen‹] *der,* **1)** Grenzbaum. **2)** 🦌 Baum, an dem sich Schwarzwild reibt. **3)** niederdt.: Pegel.

Malediktion [lat. maledicere ›schmähen‹] *die,* -/-en, Verwünschung.

Malefikant [lat. maleficus ›Übeltäter‹, zu male ›übel‹, ›schlecht‹ und facere ›machen‹] *der,* -en/-en, Malefikus, ⚥ Übeltäter. **Malefikus** *der,* -/. . .fizi, **1)** Malefikant. **2)** Astrologie: unheilbringender Planet. **Malefiz** *das,* -es/-e, ⚥ Missetat, Verbrechen: *Malefizgericht.* **Malefizkerl** *der, oberdt.:* rücksichtsloser Draufgänger.

malen [ahd. malen], *ich* male (habe gemalt) *es,* **1)** färbe mit dem Pinsel; stelle mit Pinsel und Farbe künstlerisch dar, vgl. ABB. M 2: *ich m. ein Bild, ein Haus; wie gemalt, zum Malen,* ∪ wunderschön; *mal den Teufel nicht an die Wand!,* ∪ beschwöre kein Unheil herauf! **2)** ∪ schildere, stelle dar: *er hatte uns den Urlaubsort in den leuchtendsten Farben gemalt.* **3)** schreibe übermäßig sorgfältig: *er malt seine Buchstaben.* **4)** *es malt sich,* ∪ zeigt sich: *auf seinem Gesicht malte sich Freude, Erstaunen.*

Malepartus [lat. ›zu Unrecht erworben‹] *der,* -, in der Tierfabel des Fuchses Höhle.

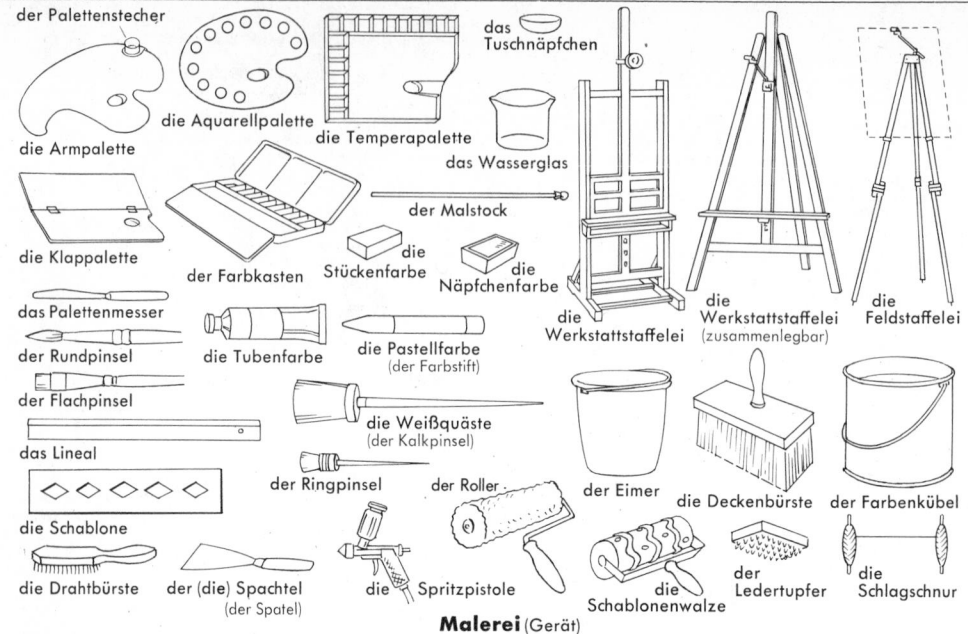

der Palettenstecher
die Aquarellpalette
die Armpalette
die Temperapalette
das Tuschnäpfchen
das Wasserglas
die Klappalette
der Farbkasten
die Stückenfarbe
die Näpfchenfarbe
der Malstock
die Werkstattstaffelei
die Werkstattstaffelei (zusammenlegbar)
die Feldstaffelei
das Palettenmesser
der Rundpinsel
die Tubenfarbe
die Pastellfarbe (der Farbstift)
der Flachpinsel
die Weißquäste (der Kalkpinsel)
das Lineal
der Ringpinsel
der Roller
der Eimer
die Deckenbürste
der Farbenkübel
die Schablone
die Drahtbürste
der (die) Spachtel (der Spatel)
die Spritzpistole
die Schablonenwalze
der Ledertupfer
die Schlagschnur

Malerei (Gerät)

Maler [ahd. malari] *der, -s/-,* **1)** Kunstmaler. **2)** Anstreicher, Weißbinder, Tüncher: *Malermeister.* **Malerei** *die, -/-en,* **1)** *ohne Pl.,* die künstlerische Flächengestaltung mit Farbe: *Wandmalerei; Glasmalerei; Landschaftsmalerei; M. der Renaissance.* **2)** *meist Pl.,* einzelnes gemaltes Werk, Gemälde. **Malerin** *die, -/-nen,* Kunstmalerin. **malerisch, 1)** auf die Malerei bezüglich. **2)** die Farbe betonend: *ein malerischer Stil.* **3)** Ü stimmungsvoll, malenswert, farbig: *eine malerische Landschaft.* **Malesche** [wohl von frz. malaise] *die, -/-n, norddt.:* Umstände, Ungelegenheit. **Mal|heur** [mal'øːr, frz. malheur, zu mal ›schlecht‹ und heure ›Stunde‹] *das, -s/-e* oder *-s,* Unglück, peinliches Mißgeschick: *das ist doch kein M., war so schlimm.* **mal|honett** [frz. malhonnête], ⚭ unfein, unredlich. **Malice** [mal'is(ə), frz., zu lat. malus ›schlecht‹] *die, -/-n,* ⚭ Bosheit, boshafte, maliziöse Bemerkung. **...malig** [zu Mal ›Zeitpunkt‹], **1)** eine Vervielfältigung betreffend: *das zweimalige Fragen.* **2)** einen Zeitraum betreffend: *die damalige Mode.* **mali|gne** [lat. malignus], ⚕ bösartig. **Mali|gnität** *die, -.* **maliziös** [frz. malicieux, vgl. Malice], boshaft, hämisch: *sie lächelte m.* **malkontent** [frz. malcontent, zu lat. male ›schlecht‹ und contentus ›zufrieden‹], ⚭ unzufrieden. **mall** [mnd. mal ›verrückt‹], **1)** ⚓ gedreht (vom Wind). **2)** *niederdt.:* Ü von Sinnen, töricht, verrückt. **Mall** [niederl. mal ›Schablone‹] *das, -(e)s/-e,* ⚓ Modell für Schiffsteile. **mallen,** *ich* malle (habe gemallt), **1)** *es,* ⚓ arbeite nach Modell. **2)** *es,* ⚓ messe. **mallen** [zu mall], *der Wind* mallt (hat gemallt), ⚓ springt unstet hin und her, wechselt ständig. **Mallung** *die, -/-en,* ⚓ das Umspringen des Windes. **Malm** [ahd. melm »Staub‹] *der, -(e)s,* **1)** zerstäubtes Gestein. **2)** ⊕ Weißer Jura, eine geolog. Abteilung des Jura. **malmen** [verwandt mit mahlen], *ich* malme (habe gemalmt) *es,* ⚭ zermahle, zerreibe. **malmig,** ⚭. **malnehmen** [zu mal], *ich* nehme *es* mal (nahm mal, habe malgenommen), multipliziere, vervielfältige. **Maloche** *die,* Meloche. **malochen,** *ich* maloche (habe malocht), meloche.

Malossol [russ. malosolnyj ›wenig gesalzen‹] *der, -s,* wenig gesalzener Kaviar. **mall|proper** [frz. malpropre, zu lat. male ›schlecht‹ und vgl. proper], ⚭ unsauber. **Maltase** [vgl. Malz und Diastase] *die, -,* die Maltose spaltendes Enzym. **Malte** [nord.], männl. Vorname. **Malter** [ahd. maltar ›auf einmal Gemahlenes‹] *der* oder *das, -s/-,* **1)** altes Getreide- und Kartoffelmaß; auch Lohn fürs Getreidemahlen. **2)** *hess.:* Holzstoß, Klafterholz. **3)** *wien.:* Mörtel. **maltern,** *ich* malt(e)re (habe gemaltert) *es, niederrhein.:* **1)** mahle um Lohn. **2)** messe mit geeichten Maßen. **3)** schichte Holz. **Malteser** *der, -s/-,* **1)** Bewohner der Mittelmeerinsel Malta. **2)** Angehöriger des Malteser-Ritterordens des Malteser-Hilfsdienstes e. V. **3)** kleinwüchsiger Haushund. **Malteserkreuz** *das,* **1)** Johanniterkreuz, ABB. K 44. **2)** Schaltvorrichtung, die ruckweise weiterschaltet, z. B. bei Filmprojektoren. **Maltose** [vgl. Malz] *die, -,* Malzzucker in der Bier- und Branntweinmaische. **mall|trätieren** [frz. maltraiter ›mißhandeln‹, zu lat. male ›schlecht‹, ›übel‹ und tractare ›behandeln‹], *ich* maltrátiere (habe maltrátiert) *ihn,* behandle schlecht, quäle: *er maltrátiert seinen kleinen Bruder.* **Mall|trätierung** *die, -.* **Malune** *die, -/-n, schweiz.:* Kürbis, Melone. **Malus** [lat. ›schlecht‹] *der, -/-* oder *-ses/-se,* Abzug (von Punkten); Zuschlag zu Versicherungsprämien. **Malvasier** [-v-, mhd. malmasier, nach Malvasia, dem italien. Namen der griech. Stadt Monemvasia] *der, -s,* eine weiße Rebsorte: *Malvasierwein.* **Malve** [-və, ital. malva, zu lat. malva] *die, -/-n,* eine Gartenzierpflanze; auch wildwachsend. **malvenfarbig,** lila. **Malwine** [ahd. ma(tha)l ›Gerichtsstätte‹ und win ›Freund‹], weibl. Vorname. **Malz** [ahd. malz, verwandt mit schmelzen] *das, -es,* angekeimtes und dann getrocknetes Getreide zur Bereitung von Bier, Branntwein, Kaffee-Ersatz u. a.: *Malzbonbon; Malzkaffee; an dir ist Hopfen und M. verloren,* Ü alles verschwendet. **Malzbier** *das,* viel Malz enthaltendes, dunkles, süßlich schmeckendes Bier. **mälzen** [mhd. malzen], *ich* mälze (habe gemälzt) *es,* bereite Malz. **Mälzer** *der, -s/-,* Brauer. **Mälzerei**

die, -/-*en,* Abteilung der Brauerei, in der Malz bereitet wird.
Malzzucker *der,* Maltose.

Mama [Kindersprache und U auch m'ama, Schallwort] *die,*
-/-*s,* Mutter. **Mamachen** *das,* -*s*/-.

Mamba [Zulu] *die,* -/-*s,* eine afrikan. Giftnatter.

Mambo [wohl Haiti-Kreolisch] *der,* -*(s)*/-*s,* auch *die,* -/-*s,* ein
Gesellschaftstanz.

Mameluck [arab. mamluk ›in Besitz genommen‹, ›Sklave‹]
der, -*en*/-*en,* Angehöriger einer ägypt. Truppe aus türk. Skla-
ven, die zur Herrscherschicht in Ägypten wurde (1250–1517).

Mami [zu Mama] *die,* -/-*s,* Kindersprache: Mutter.

Mammalia [lat. mamma ›Brust‹, ›Zitze‹], *Pl.,* Säugetiere.

Mammeli *das,* -*s*/-, *schweiz.:* Trinkflasche für Säuglinge.

mammeln, *ich* mamm(e)le (habe gemammelt), *schweiz.:*
trinke (Säugling; Alkoholiker): *er mammelet,* ist ein Trinker.

Mämmi *die,* - oder *das,* -*s, schweiz.:* Milch oder anderes
Getränk.

Mammon [aramäisch mamona ›Besitz‹] *der,* -*s,* Reichtum,
Geld: *der schnöde M.; er dient dem M.*

Mammut [estn. maa ›Erde‹ und mutt ›Maulwurf‹] *das,* -*s*/-*e*
oder -*s,* ausgestorbene Elefantenart; Sinnbild der Riesenhaf-
tigkeit: *Mammutunternehmen; Mammutprogramm; Mam-
mutfilm,* Film mit Überlänge.

mampfen [Schallw.], *ich* mampfe (habe gemampft), U esse
mit vollen Backen.

Mamsell [verkürzt aus frz. Mademoiselle] *die,* -/-*en* oder -*s,*
1) ⚥ Fräulein. 2) ⚥ Wirtschafterin. 3) *kalte M.,* Kaltmamsell.

man [mhd. niuwan ›ausgenommen‹, *norddt.:* nur, aber,
immerhin, einmal: *m. los!; laß m. gut sein!*

man [ahd. man, zu Mann], ÜBERS. P 24: die Menschen,
manche Leute: *m. sagt, daß. . .,* es ist die allgemeine Meinung,
daß. . .; *hier kann m. ja sein eigenes Wort nicht verstehen; m.
wende sich an den Pförtner; m. kann das so machen; so etwas tut
m. nicht!; m. nehme . . .* (in Kochbüchern).

m. A. n., Abk. für: meiner Ansicht nach.

Mänade [grch. mainas ›die Rasende‹] *die,* -/-*n,* ekstat. Frau
im Gefolge des Dionysos.

Management [m'ænidʒmənt, engl. to manage ›bewerkstel-
ligen‹, zu lat. manus ›Hand‹] *das,* -*s*/-*s,* Unternehmensführung.

managen [m'ænidʒn], *ich* manage (habe gemanagt), 1) *es,*
U leite, unternehme, bewerkstellige. 2) *ihn,* vermittle ihm
Gastspiele, Sportkämpfe u. a. **Manager** [m'ænidʒə] *der,* -*s*/-,
Leiter, Geschäftsführer, Veranstalter, Vermittler (für Künst-
ler). **Managerkrankheit** *die,* U Erkrankung von Herz und
Kreislauf bei dauernder Überbeanspruchung in verantwort-
licher Position.

manch [ahd. manag], -*er,* -*e,* -*es,* vgl. ÜBERS. P 24: der, die,
das eine oder andere, nicht wenige; beachtlich viele; manche
nur einzelne: *er hat mir so manches erzählt; manche gingen bald;
mancher gute Redner, m. guter Redner, m. ein guter Redner;
mancher von uns; manches Gute; manches hat er falsch
gemacht; in manchem hat er recht.* **manchenorts,** mancher-
orts. **mancherlei,** einiges, allerlei. **mancherorten,** auch:
manchenorts, **mancherorts,** öfter, an mehr als einem Platz.

Manchester [m'æntʃistə, auch dt. manʃ'ɛstər, nach der
engl. Stadt Manchester] *der,* -*s,* ein Gewebe, breitrippiger
Cord: *Manchesterhose.* **Manchestertum** [m'æntʃistə-] *das,*
-*s,* (alt)liberale wirtschaftspolitische Richtung.

manchmal, öfter, nicht selten, manches Mal: *ich treffe ihn
m. im Omnibus; er versteht m. überhaupt keinen Spaß.*

Mandala [altind. ›Kreis‹] *das,* -*(s)*/-*s,* in ind. Religionen ein
Meditationsbild in geometr. Formen.

Mandant [lat. mandare ›übergeben‹, ›anvertrauen‹] *der,*
-*en*/-*en,* **Mandantin** *die,* -/-*nen,* jemand, der ein Mandat
erteilt, Auftraggeber (eines Rechtsanwalts).

Mandarin [portug. mandarim, zu altind. mantrin ›Ratge-
ber‹] *der,* -*s*/-*e,* hoher chines. Beamter der Kaiserzeit. **Manda-
rine** [frz., zu span. (naranja) mandarina ›Mandarin-Orange‹]
die, -/-*n,* eine Zitrusfrucht.

Mandat [lat. mandatum ›Auftrag‹, zu mandare ›anvertrau-
en‹] *das,* -*(e)s*/-*e,* 1) Auftrag, Vollmacht, bes. die durch Wahl
begründete Amt des Abgeordneten im Parlament: *Mandats-
verlust; Doppelmandat.* 2) Völkerrecht: Territorium, das von
einem Staat treuhänderisch verwaltet wird: *Mandatsgebiet.*
Mandatar *der,* -*s*/-*e,* jemand, der ein Mandat erhalten hat,
Beauftragter, Bevollmächtigter: *Mandatarstaat,* Staat, der den
Auftrag zur Verwaltung eines anderen erhalten hat.

Mande [mnd. mande ›Korb‹] *die,* -/-*n,* niederrhein., hess.:
1) großer Korb ohne Henkel. 2) Wäschemangel.

Mandel [ahd. mandala, lat. amygdala, zu grch. amygdale]
die, -/-*n,* 1) Frucht des Mandelbaums: *Mandelblüte; Mandel-
kleie; Bittermandelöl.* 2) Drüse am Eingang der Luft- und der
Rachenhöhle: *Mandelentzündung.* 3) ⊕ kleine Geode.

Mandel [spätmhd. mandel, zu mlat. mandala ›Bündel‹] *die,*
-/-*(n),* Zählmaß: 15 Stück; Getreidepuppe aus etwa 15
Garben.

Mandelbaum *der,* ein Steinobstgewächs. **Mandelstein**
der, ⊕ blasenreiches Ergußgestein.

Mandibel [lat. mandere ›kauen‹] *die,* -/-*n,* 1) Oberkiefer bei
Gliedertieren. 2) Unterkiefer bei Wirbeltieren.

Mandl [zu Mann] *das,* -*s*/-*n,* oberdt.: 1) Männchen,
Männlein. 2) Vogelscheuche.

Mandola [ital., aus mlat. pandura, zu arab. tanbur ›Zither‹]
die, -/. . .*len,* lautenähnl. Zupfinstrument. **Mandoline** [ital.
mandolino ›kleine Mandola‹] *die,* -/-*n,* ein Zupfinstrument,
ABB. M 3.

Mandorla [ital. ›Mandel‹] *die,* -/. . .*len,* mandelförmiger
Heiligenschein, ABB. H 13.

Man|dragora, Man|dragore [lat. mandragoras, zu iran.
›Zauber wirkend‹] *die,* -/. . .*g'oren,* ein Nachtschattengewächs
mit Alraunwurzel, ABB. A 6.

Man|drill [afrikan.] *der,* -*s*/-*e,* waldbewohnender, bunter
Pavian.

Man|drit [grch.] *der,* -*en*/-*en,* Klausner, Mönch einer Ostkirche.
Man|dschu [nach der Mandschurei in nordöstl. China] *der,*
-*(s)*/-, Angehöriger eines Volkes in Ostasien. **man|dschu-
risch.**

Manege [man'e:ʒə, frz., zu ital. maneggio] *die,* -/-*n,*

das Wirbelbrett
die Schraubenmechanik
der Hals
das Spiel-
blättchen
das Griffbrett
der Schallkörper
der Bund
das Blatt
der Steg
die Saite
das Schalloch
die Einhängevorrichtung

Mandoline

der Griff
der Druck-
knopf
das Schloß
die Aktenmappe
das Fach
das Löschblatt
die Schreibmappe
die Mappe

Mappe

die Zahnung
das Bild
die Wert-
angabe
20
die Briefmarke
61
die Nummer
die Garderobenmarke

Marke

M 3

Reitbahn in einer Halle, einem Zirkus, ABB. Z 10: *Zirkusmanege; Manegenzauber,* artist. Vorführung in der Manege.

Manen [lat. manes], *Pl.,* die Seelen der Verstorbenen bei den alten Römern.

Man|fred [zu älterem Manfried, ahd. man ›Mann‹ und fridu ›Schutz‹, ›Frieden‹], männl. Vorname.

mang [mnd. mang, manc], *norddt.:* unter, dazwischen: *was ist denn da m.?; m. uns,* unter uns; *mittenmang.*

mäng, mängein, *alem.:* mancher.

Mang *der, -(e)s,* **1)** *norddt.:* Gemisch. **2)** *schweiz.:* Geschmack.

Mangabe [nach der Landschaft Mangaby auf Madagaskar] *die, -/-n,* ein meerkatzenähnl. Affe.

Mangan [zu Magnet] *das, -s,* ⚛ Element, Zeichen: Mn, ein stahlgraues bis helles Metall. **Manganit** *der, -s/-e,* schwarzbraunes Mineral.

Mange [mhd. mange ›Glättrolle‹] *die, -/-n, oberdt.:* Mangel.

mängein, *alem.:* mancher.

Mangel [mhd. mange ›Kriegsmaschine zum Steineschleudern‹, ›Glättrolle‹, zu grch. manganon ›Schleudermaschine‹] *die, -/-n,* Maschine zum Glätten von Wäsche: *Mangelwäsche; Heißmangel; Wäschemangel; wir müssen ihn in die M. nehmen,* U in die Enge treiben, hart anpacken.

Mangel *der, -s,* **1)** Not, Entbehrung: *wir litten bitteren M.* **2)** *an etwas,* das Fehlen von etwas, Knappheit an etwas: *M. an Lebensmitteln; ein M. an Schamgefühl, an Takt; Lehrermangel; Mangelberuf; Mangelerscheinung; Mangelware.* **3)** *Pl.* ⸗, Unvollkommenheit, Fehler: *die Arbeit hat Mängel.* **mangelhaft, 1)** unvollkommen, unvollständig. **2)** als Leistungsnote: 5.

Mangelhaftigkeit *die, -.* **Mangelhaftung** *die, ⚖* Verpflichtung eines Vertragsteils, dem andern Teil für Fehler der geschuldeten Leistung einzustehen. **Mangelkrankheit** *die,* durch einseitige Ernährung entstandene Krankheit. **mangeln** [ahd. mangolon ›Mangel leiden‹], *es* mangelt (hat gemangelt) *mir,* fehlt: *es m. ihm an Einsicht.*

mangeln [mhd. mangen], *ich* mang(e)le (habe gemangelt) *Wäsche,* mache glatt.

Mängelrüge [zu Mangel ›Not‹] *die,* ⚖ Klage über mangelhafte Ware. **mangels** *dessen,* aus Mangel an etwas.

mangen [zu Mange], *ich* mange (habe gemangt) *Wäsche, oberdt.:* mangele.

mängertwäge [zu mäng], *alem.:* aus vielen Gründen.

mängisch, *alem.:* manchmal.

Mango [portugies. manga, aus Tamil: mankay] *die, -/...g'onen* oder *-s,* eine tropische Frucht: *Mangobaum.*

Mangold [ahd. managwalt ›vielwaltend‹], männl. Vorname.

Mangold [mhd. mangolt] *der, -(e)s/-e, Pl. selten,* eine Gemüsepflanze.

Man|grove [-və, engl., zu span. mangle ›Manglebaum‹ und engl. grove ›Gebüsch‹] *die, -/-n,* immergrüner Wald an trop. Flachküsten: *Mangrovebäume.*

mangs [zu mäng], *alem.:* viel.

Manguste [aus Tamil] *die, -/-n,* eine Schleichkatze.

Manichäer [nach dem pers. Religionsstifter Mani, um 216–276] *der, -s/-,* **1)** Anhänger des Manichäismus. **2)** ⚙ lästiger Gläubiger. **Manichäismus** *der, ...ismus] der,* von Mani begründete gnost. Weltreligion (Spätantike und frühes MA.).

Manie [grch. mania ›Leidenschaft‹, ›Raserei‹] *die, -/...n'i]en,* **1)** Besessenheit; Sucht, Leidenschaft: *das kann zur M. werden; diese Putzerei ist eine M. von ihr.* **2)** ♂ die Phase einer seel. Krankheit mit gehobenem Selbstgefühl, Größenwahn u. a.

Manier [mhd. maniere, aus (a)frz. manière, zu mlat. manuarius ›handlich‹] *die, -/-en,* **1)** *ohne Pl.,* Eigenart, persönliches Verfahren; Stil eines Künstlers, Kunstrichtung: *in Rembrandts M.* **2)** *meist Pl.,* Lebensart, Benehmen: *gute, schlechte Manieren; ihm muß man erst noch Manieren beibringen; er hat keine Manieren.* **3)** ♪ Verzierung. **maniert,** gekünstelt, übertrieben, unnatürlich. **Maniertheit** *die, -.* **Manierismus** [vgl. ...ismus] *der, -,* Stilrichtung zwischen Renaissance und Barock, etwa 1520 beginnend; gekünstelter Stil. **Manierist** *der, -en/-en,* Vertreter des Manierismus. **manieristisch,** auf den Manierismus bezüglich. **man|erlich,** artig, ordentlich, wohlerzogen: *benimm dich bitte etwas manierlicher!; das Kind ißt schon ganz m.* **Manierlichkeit** *die, -.*

manifest [lat. manifestus, zu manifestare ›offenbaren‹, ›deutlich zeigen‹], deutlich erkennbar, offenbar. **Manifest** *das, -es/-e,* **1)** öffentl. Grundsatzerklärung (einer Regierung): *das*

Kommunistische M. **2)** ⚓ Verzeichnis der Ladung eines Schiffes. **Manifestant** *der, -en/-en.* **Manifestation** *die, -/-en.* **manifestieren,** *ich* manifestiere (habe manifestiert), **1)** *es,* zeige, offenbare, gebe kund; leiste den Offenbarungseid. **2)** *schweiz.:* demonstriere. **3)** *es manifestiert sich,* wird sichtbar, offenbar.

Maniküre [frz. manicure, zu lat. manus ›Hand‹ und cura ›Pflege‹] *die, -/-n,* **1)** *ohne Pl.,* Handpflege, besonders Pflege der Fingernägel. **2)** Handpflegerin. **maniküren,** *ich* maniküre (habe maniküirt) *die Fingernägel.*

Maniok [aus Tupi] *der, -s,* ein trop. Wolfsmilchgewächs.

Manipel, 1) [lat. manipularis, zu manipulus ›Armvoll‹, ›Handvoll‹, ›Schar‹] *der, -s/-,* Abteilung der römischen Legion. **2)** [ital. manipolo ›Armbinde‹] *die, -/-n,* Band über dem Unterarm des Priesters bei der Messe, ABB. A 13. **Manipulation** *die, -/-en,* **1)** Handgriff, Handhabung. **2)** Kniff; Machenschaft. **3)** geschickte Beeinflussung: *die M. der Massen durch moderne Publikationsmittel.* **Manipulator** *der, -s/...'oren,* **1)** jemand, der manipuliert. **2)** ⚙ Gerät, das die Bewegungen der menschl. Hand auf nicht zugängl. Gegenstände überträgt: *Telemanipulator.* **manipulieren,** *ich* manipuliere (habe manipuliert) *ihn, es,* handhabe, steure, beeinflusse geschickt: *er läßt sich (nicht) manipulieren; manipulierte Währung,* durch staatl. Maßnahmen geregelte Währung. **Manipulierung** *die, -/-en: die M. des Käufers durch die Werbung.*

manisch, an Manie leidend: *manisch-depressiv.*

Manismus [lat. manes ›Seelen der Verstorbenen‹ und vgl. ...ismus] *der, -,* Verehrung der Manen.

Manitu [aus Algonkin] *der, -s,* die allen Dingen und Naturerscheinungen innewohnende unpersönl. Macht im Glauben nordamerikan. Indianer.

mankieren [frz. manquer], *es* mankiert (hat mankiert) *mir,* ⚙ fehlt. **Manko** [ital. manco, zu lat. mancus ›unvollständig‹] *das, -s/-s,* Fehler, Mangel; Fehlmenge, Gewichtseinbuße, Fehlbetrag: *Unpünktlichkeit ist ihr großes M.,* U; *dieses M. kann man ihr nicht anlasten,* U.

Mann [ahd. man ›Mann‹, ›Mensch‹] *der, -(e)s/"er,* **1)** erwachsener Mensch männl. Geschlechts: *Männerchor; Männerfreundschaft; das ist Männersache; ein M. von 40 Jahren; er fühlt sich Manns genug dazu,* U er traut es sich zu; *er hat seinen M. gestanden,* U sich bewährt; *ihr M. der Tat; er spielt den wilden M.,* U tobt; *der schwarze M.,* ein Schreckgespenst für Kinder; *der blasse M.,* ⚗ Gehilfe des Steuermanns. **2)** eine beliebige Person: *der M. auf der Straße,* U Durchschnittsbürger; *er will die Ware an den M. bringen,* verkaufen; *mit M. und Maus,* mit allem, was ist; *wir stunden M. an M.,* dicht gedrängt. **3)** Ehegatte: *mein M.* **4)** *Pl. -en,* P Lehnsmann, Dienstmann: *seine Mannen,* sein Gefolge.

Manna [hebr., vermutlich mit arab. mann ›Geschenk‹ verwandt] *das, -s* oder *die, -,* **1)** Himmelsbrot (mit dem Gott die Juden in der Wüste speiste): *das ist M.,* U etwas Köstliches. **2)** verschiedene eßbare süße Pflanzenstoffe. **Mannaflechte** *die,* eßbare Flechte.

mannbar [mhd. manbære], zeugungsfähig (junger Mann), heiratsfähig (junges Mädchen). **Mannbarkeit** *die, -: Mannbarkeitsriten.* **Männchen** *das, -s/-, Pl. auch Männerchen,* Spottform für Mann. **2)** ♫ das männliche Tier. **3)** *der Hase, der Hund macht M.,* sitzt aufrecht auf den Hinterpfoten. **Manndeckung** *die,* ⚽ Deckungsspiel Mann gegen Mann (Fußball). **Männe,** Koseform zu Mann. **mannen,** *ich* manne (habe gemann[e]t) *ihn,* ahem.: heirate (von Frauen). **2)** *sie* gebe von Mann zu Mann weiter (Stückgut). **Mannequin** [-k'ɛ̃, frz., zu niederl. manneken ›Männchen‹] *das* oder *der, -s/-s,* **1)** Vorführdame für Modeschauen. **2)** ⚙ Gliederpuppe.

Männertreu *die, -/-,* Name für verschiedene Pflanzen. **Mannesalter** *das: er ist im besten M.* **Mannesstamm** *der,* männl. Linie in der Geschlechterfolge: *das Geschlecht starb im 17. Jahrh. im M. aus.* **Manneswort** *das, -(e)s/-e,* unverbrüchliche Zusage. **mannhaft,** mutig, tapfer: *ein mannhafter Entschluß.* **Mannhaftigkeit** *die, -.* **Mannheit** *die, -,* ⚙ **1)** Männlichkeit. **2)** Zeugungskraft.

mannigfach [mhd. manecvach], **mannigfaltig** [ahd. manigfalte], verschiedenartig, abwechslungsreich, vielgestaltig. **Mannigfaltigkeit** *die, -.*

männlich [ahd. manno gilih ›der Menschen jeder‹], ⚙ wegen Männin. **Männin** *die, -/-nen,* B Frau.

Mannit [zu Manna] *der, -s,* süßschmeckender Alkohol, Bestandteil vieler Pflanzen.

Männlein *das, -s/-.* **männlich, 1)** dem zeugenden Geschlecht angehörig (bei Menschen, Tieren und Pflanzen): *das* *männliche Geschlecht; männliche Blüten,* nur Staubgefäße tragende Blüten; *männliche Nachkommen.* **2)** typisch, charakteristisch für einen Mann; zu einem Mann passend: *er sieht sehr m. aus; männliche Vornamen.* **3)** Ⓢ mit dem Artikel ›der‹ (Substantiv), ÜBERS. G 10. **4)** *männliche Reime,* mit einer betonten Silbe endend, ÜBERS. R 15. **Männlichkeit** *die, -:* *Männlichkeitswahn.* **Mannloch** *das,* Einsteigeöffnung in Kesseln u. a. **Mannsbild** *das,* ∪ (oft verächtlich) Mann. **Mannschaft** *die, -/-en,* **1)** Bemannung, Besatzung, Belegschaft: *Schiffsmannschaft.* **2)** *nur Pl.,* ⚔ die Soldaten ohne Offiziere und Unteroffiziere: *Mannschaftsdienstgrad; Wach(t)mannschaft.* **3)** ⚔ zusammengehörige Gruppe von Wettkämpfern: *Fußballmannschaft; Mannschaftskapitän.* **mannshoch,** so hoch wie ein Mann: *ein mannshoher Zaun.* **Mannsleute,** *Pl.,* ∪ Männer. **manns|toll,** liebegierig (von Frauen), nymphoman. **Manns|tollheit** *die, -.* **Manns|treu** *die, -/-,* ein Doldenblüter. **Mannweib** *das,* ∪ verächtlich: betont männlich auftretende Frau.

Manometer [grch. manos ›dünn‹ und metron ›Maß‹] *das, -s/-,* Druckmesser für Gase und Flüssigkeiten, ABB. M 7. **manometrisch.**

Manöver [frz. manœuvre ›Handhabung‹, zu lat. manus ›Hand‹ und opus ›Werk‹] *das, -s/-,* **1)** ⚔ größere Truppen- und Flottenübung: *Manövergelände; Natomanöver; das Bataillon geht, zieht morgen ins M.; ein riskantes Überholmanöver,* ∪. **2)** Ü Kunstgriff, Versuch der Ablenkung oder Verdrehung: *durch geschickte M. konnte er seinen Plan doch noch verwirklichen.* **3)** ↘ Bewegung von Schiffen. **manö|vrieren,** *ich* manövriere (habe manövriert), **1)** ⚔ mache eine taktische Bewegung. **2)** ↘ schwenke, wende. **3)** Ü gehe geschickt vor: *du mußt sehr geschickt manövrieren, wenn du dein Ziel noch erreichen willst.* **manö|vrier(un)fähig,** *das Schiff trieb manövrierunfähig auf hoher See,* ↘.

manque [mãk, frz. ›Mangel‹, zu lat. mancus ›unvollständig‹], Roulett: die Ziffern 1–18 betreffend, ABB. R 28.

Mansarde [nach dem frz. Baumeister J. Hardouin-Mansart, 1646–1708] *die, -/-n,* bewohnbar ausgebautes Dachgeschoß, Dachzimmer, ABB. H 11: *Mansardendach; Mansardenwohnung; Mansardenzimmer.*

Mansch [Schallw., zu matschen] *der, -es,* auch Mantsch, ∪ dicker Brei, Gemisch; tauender Schnee; wässeriges Essen. **manschen,** *ich* mansche (habe gemanscht), auch mantsche, ∪ es, mische, vermenge zu Brei. **2)** wühle in etwas Breiigem: *die Kinder manschen im Schlamm.* **Mantscherei** *die, -,* auch Mantscherei, ∪.

Manschette [frz. manchette, zu manche ›Ärmel‹] *die, -/-n,* **1)** Ärmelabschluß, ABB. K 24: *Manschettenknopf.* **2)** Zierumschlag für Blumentöpfe und -sträuße, ABB. B 37. **3)** Ⓖ Handfessel: *er hat Manschetten vor ihm,* ∪ Furcht. **4)** Maschinenbau: Dichtung aus elast. Material.

manschig [zu Mansch], mantschig, ∪ weich wie Brei.

Mantel [ahd. mantel, zu lat. mantellum ›Hülle‹, ›Decke‹] *der, -s/˝,* **1)** Übergewand, bes. zum Schutz gegen Regen und Kälte, ABB. K 24, K 25: *Bademantel; Regenmantel; Übergangsmantel; Wintermantel; Mantelstoff; er versuchte, es mit dem M. der Nächstenliebe zu bedecken,* Ü liebevoll zu verhüllen; *er hängt seinen M. nach dem Winde,* ∪ paßt sich gesinnungslos den Zeitumständen an. **2)** Ⓣ Hülle von Hohlkörpern: *M. für B. Rohren, Kesseln, Zylindern, Reifen.* **3)** äußere Umhüllung eines Geschosses, ABB. G 14. **4)** ⚖ die eigtl. Urkunde einer Aktie. **5)** Rechtsform, in der eine Handelsgesellschaft noch gültig in Erscheinung tritt (AG, GmbH). **6)** △ Oberflächenteile, die nicht zu Grund- und Deckfläche gehören: *Kegelmantel; Zylindermantel.* **7)** 🐚 Hautfalte bei Weichtieren, Scheide bei Manteltieren. **Mäntelchen, Mäntelein** *das, -s/-.* **Mantelgesetz** *das,* Rahmengesetz. **Mantelsack** *der, -(e)s/˝ schweiz.:* Manteltasche. **2)** ⚔ länglicher Reisesack. **Manteltarif** *der,* Tarifvertrag, der für längere Zeiträume die Arbeitsbedingungen regelt, die keiner häufigen Änderung unterliegen. **Manteltier** *das,* ein Meerestier.

Mantik [grch. mantis ›Seher‹, ›Wahrsager‹] *die, -,* Wahrsagekunst.

Mantille [mant'iʎe, span. mantilla ›Mäntelchen‹] *die, -/-n,* spanischer Kopf- und Schulterschleier für Frauen.

Mantisse [lat. mantissa ›Zugabe‹] *die, -/-n,* die hinter dem Komma stehenden Zahlen eines Logarithmus.

Mantsch *der, -es,* Mansch.

Manual [lat. manus ›Hand‹] *das, -s/-e,* **Manuale** *das, -(s)/-(n),* **1)** Handbuch, früher auch kaufmänn. Tagebuch. **2)** ♪ Tastenreihe der Orgel, des Cembalos, Harmoniums, ABB. O 3.

Manuel [span., zu Immanuel], männl., **Manuela,** weibl. Vorname.

manuell [frz. manuel, zu lat. manualis], mit der Hand . . ., von Hand gearbeitet: *manuelle Geschicklichkeit; die Artikel wurden m. angefertigt.* **Manufaktur** [lat. manu facere ›mit der Hand machen‹] *die, -/-en,* **1)** Anfertigung mit der Hand. **2)** mit der Hand angefertigter Gegenstand. **3)** Betrieb mit Handanfertigung: *Porzellanmanufaktur.* **manufakturieren,** *ich* manufakturiere (habe manufakturiert) *es,* ∞ fertige mit der Hand an.

Manuldruck [nach Max Ullmann, 1865–1941] *der, -(e)s,* Druckverfahren zur direkten photograph. Übertragung auf eine Druckplatte.

manu pro|pria [lat.], Abk.: m. p., eigenhändig. **Manuskript** [lat. manu scriptum ›mit der Hand Geschriebenes‹] *das, -(e)s/-e,* Abk.: Ms. oder Mskr. Sg.: Ms. oder Mskr., *Pl.:* Mss. oder Mskr., ✑ mit der Hand oder der Schreibmaschine geschriebene Satzvorlage: *ein handgeschriebenes M.; die wissenschaftliche Abhandlung liegt schon in M. vor.*

Manzanilla [manθan'iʎa, span. ›Kamille‹] *der, -s,* sehr herber Sherry.

Maoismus [nach Mao Tse-tung, 1893–1976] *der, -,* eine Form des Marxismus-Leninismus.

Maori [polynes. ›Gewöhnliche‹, später ›Einheimische‹], **1)** *der, -(s)/-(s),* Naturvolk Neuseelands. **2)** *das, -(s),* dem -, Sprache der Maori.

Mäppchen *das, -s/-.* **Mappe** [lat. mappa ›Tuch‹] *die, -/-n,* ABB. M 3, **1)** größere flache Tasche: *Schulmappe.* **2)** Aktendeckel zur Aufbewahrung loser Papierblätter: *Schreibmappe; Zeichenmappe.*

Maquette [mak'ɛt(ə), frz. ›Skizze‹] *die, -/-n,* Entwurf für ein Kunstwerk.

Maquillage [makij'a:ʒ(ə), frz.] *die, -,* Schminke. **2)** tastbare Kenntlichmachung der Spielkarten durch Falschspieler.

Maquis [mak'i:, frz., vgl. Macchie] *der, - [-k'i:(s)],* **1)** Gebüschformation des Mittelmeergebiets. **2)** die französ. Widerstandsgruppen im zweiten Weltkrieg.

Mär [ahd. mari ›Erzählung‹, zu mari ›berühmt‹] *die, -/-en,* auch Märe, ∞, *noch scherzhaft:* Kunde, Erzählung, Sage.

Marabu [arab. murabit ›Einsiedler‹] *der, -s/-s,* Kropfstorch, ein storchähnl. Vogel.

Maräne [kaschub. moranka, slaw. morje ›Meer‹] *die, -/-n,* Name einiger Felchen.

marantisch, ♀ am Marasmus leidend.

Maras|chino [-k'i:no, ital. marasca ›dalmatinische Sauerkirsche‹] *der, -s/-s,* ein Kirschlikör.

Marasmus [grch. marasmos ›Schwachwerden‹] *der, -,* ♀ Kräfteverfall. **marastisch,** marantisch.

Marathon. [grch.] seit uralter lange Dauerndes: *Marathondebatte; Marathonverhandlung.* **Marathonlauf** [nach der Strecke Marathon–Athen] *der,* Langstreckenwettlauf über 42,195 km.

Marbel [alte dt. Form für Marmor, vgl. engl. marble, frz. marbre], **1)** *das* oder *der, -s/-,* Formgerät der Glasbläser. **2)** *das, der, -s/-* oder *-/-n, alem.:* Marmor. **3)** *die, -/-n,* Name verschiedener Simsen. **4)** *die, -/-n,* Märbel. **Märbel** *die, -/-n, mitteldt.:* Murmel.

marcato [ital.], ♪ betont, hervorgehoben.

Marcel [mars'el, frz., zu Marcellus], männl. Vorname.

Märchen [zu Mär] *das, -s/-,* **1)** phantasievoll ausgeschmückte Prosaerzählung mit wunderbaren Erlebnissen: *Märchenbuch; Märchenforschung; Märchenprinz; Märchenwelt; Tiermärchen; es ist wie im M.,* Ü wunderschön. **2)** Ü Lügengeschichte: *erzähl mir keine M.!* **märchenhaft,** wunderbar, kaum glaublich: *der Sonnenuntergang war m. schön; eine märchenhafte Summe,* Ü eine sehr hohe.

Marchese [mark'e:ze, ital., zu marca ›Mark‹, ›Grenze‹] *der, -/-ni,* italien. Adelstitel.

Marchzins [zu Mark ›Grenze‹] *der, schweiz.:* Zwischenzins.

Marco [ital., zu Markus] *der,* männl. Vorname.

Märde [zu mären] *die, -, ostmitteldt.:* Bummelei.

Marder [ahd. mardar, urverwandt mit litauisch marti ›Braut‹, Tabuname] *der, -s/-,* ein Raubtier.

Mare [lat. ›Meer‹] *das, -/-* oder . . .ria, jeder dunkler Teil der Oberflächen von Mond und Mars.

Märe *die, -/-n,* Mär.

mären [mhd. mern ›mischen‹], *ich* märe (habe gemärt), mähre, *ostmitteldt.:* **1)** arbeite langsam, bin träge, bummle. **2)** wühle in etwas, mische. **3)** fasele.

Marende [ital. merenda] *die, -/-n, bair.-österr.:* Vesperbrot.

Mare

Marengo [nach der ital. Stadt Marengo] *der, -s,* ein Streichgarngewebe.

Märerei [zu mären] *die, -/-en, ostmitteldt.:* **1)** Bummelei. **2)** Wühlerei. **3)** Faselei.

Marga, Margareta, Margarete [lat. margarita ›Perle‹], weibl. Vornamen.

Margarine [frz., zu grch. margaron ›Perle‹] *die, -,* ein streichfähiges Speisefett.

Marge [mar3(ə), frz., zu lat. margo ›Rand‹] *die, -/-n,* **1)** Abstand, Unterschied, Spielraum. **2)** *⊿* Preisdifferenz, Handelsspanne.

Margerite [frz. marguerite, zu lat. margarita ›Perle‹] *die, -/-n,* ein Korbblüter, beliebte Zierpflanze.

marginal [lat. marginalis, zu margo ›Rand‹], auf dem Rand stehend. **Marginale** *das, -(s)/... li|en,* **Marginalie** [-iə] *die, -/... li|en,* Randbemerkung (Handschriften, Akten).

Margit, Margot, Margret, Margrit [zu Margarete], weibl. Vornamen.

Maria [hebr. Mirjam], **1)** die Mutter Jesu. **2)** weibl. Vorname, nach kath. Brauch auch in Verbindung mit männl. Vornamen.

Mariage [mari'a:3, frz. ›Ehe‹] *die, -/-n* [-ən], Kartenspiel: König und Dame gleicher Farbe in einer Hand.

marianisch [zu Maria], der Marienverehrung dienend: *marianische Symbole;* aber: *die Marianische Kongregation.*

Marianne [frz., zu Maria und Anna], **1)** weibl. Vorname. **2)** *die, -,* Ü scherzhafte Bez. der Französ. Republik.

Mariatheresilentaler [nach der österr. Kaiserin Maria Theresia, 1717–1780] *der,* frühere österr. Silbermünze.

Marie [zu Maria], **1)** weibl. Vorname. **2)** *die, -,* G Geld.

Marienfaden *der,* Altweibersommer. **Marienglas** *das,* durchsichtige Gipstafel. **Marienkäfer** *der,* ein Käfer, oft mit gepunkteten Flügeldecken.

Marihuana [auch -x-, span. ›Maria-Johanna‹, Deckname] *das, -s,* das getrocknete Kraut von Blättern und Blüten des ind. Hanfs, ein Rauschmittel.

Marika [magyar., zu Maria], weibl. Vorname.

Marille [ital. armellino, zu lat. armeniacum (pomum) ›armenischer (Apfel)‹] *die, -/-n,* auch Marelle, *bair., österr.:* Aprikose: *Marillenknödel.*

Marimba [span., wohl aus der Shona-Sprache] *die, -/-s,* xylophonartiges Schlaginstrument. **Marimbaphon** [grch. phone ›Klang‹] *das, -s/-e,* ein Schlaginstrument mit klangverstärkenden Röhren.

marin [lat. marinus], zum Meer gehörig, im Meer gebildet: *mariner Erzbergbau.*

Marina [ital., zu Maria], weibl. Vorname.

Marinade [frz. mariner ›einmachen‹] *die, -/-n,* **1)** saure gewürzte Flüssigkeit (Beize). **2)** eingelegte Lebensmittel (Fisch).

Marine [frz., zu lat. res marina ›Seewesen‹] *die, -/-n,* Gesamtheit der Seeschiffe und deren Besatzungen: *Kriegsmarine; Handelsmarine; Marinestützpunkt; Marineuniform.* **marineblau,** dunkelblau. **Marineblau** *das, -s,* dunkelblaue Farbe. **Mariner** *der, -s/-,* Ü Matrose.

marinieren [frz. mariner, zu Marinade], *ich* mariniere (habe mariniert) *es: marinierter Hering.*

Mario [ital., zu lat. Marius, altröm. Geschlechtername], männl. Vorname.

Mariologie [zu Maria und vgl. ...logie] *die, -,* die kath. Lehre von Maria, Mutter Jesu. **mariologisch.**

Marion [frz., zu Maria], weibl. Vorname.

Marionette [frz. Koseform für Maria ›Mariechen‹] *die, -/-n,* **1)** an Fäden oder Drähten geleitete Puppe, ABB. P 26: *Marionettentheater.* **2)** Ü unselbständiger, von einem anderen geleiteter Mensch. **marionettenhaft.**

maritim [lat. maritimus], Meer und Schiffahrt betreffend, unter dem Einfluß des Meeres: *maritimes Klima.*

Marjell [litauisch mergele ›Magd‹] *die, -/-en,* **Marjellchen** *das, -s/-, ostpreuß.:* Mädchen.

Mark [zu Markus], männl. Vorname.

Mark [ahd. marg ›Gehirn‹] *das, -(e)s,* **1)** bei Tieren und Menschen: inneres Gewebe mancher Organe (z. B. Niere) oder eine weiche Masse im Innern von Kanälen und Höhlen: *Rückenmark; Knochenmark; Markknochen,* Knochen mit Mark zum Kochen; Sinnbild der Kraft: *er hat kein M. in den Knochen,* er ist kraftlos, feige. **2)** Ü das Innerste: *man hat ihn bis ins M. getroffen; ein Schrei, der durch M. und Bein ging.* **3)** ⊕ Achsengewebe in Sproß und Wurzel, ABB. B 15. **4)** zu Brei verarbeitetes Fruchtmark: *Tomatenmark.*

Mark [mhd. marc, marke] *die, -/-,* deutsche Währungseinheit: *Markstücke; Deutsche Mark,* Abk.: DM; *es kostet fünf M., 5,00 DM* oder *5,– DM.*

Mark [ahd. marca, verwandt mit lat. margo ›Rand‹] *die, -/-en,* **1)** Markung, ⧉ Grenze. **2)** Gemarkung, umgrenztes Land, Dorfflur: *Dorfmark.* **3)** Markgrafschaft, Grenzland, Grenzbezirk unter einem Markgrafen: *M. Brandenburg.* **4)** kurz für: Mark Brandenburg. **5)** Rugby: an die Längsseite des eigtl. Spielfeldes angrenzender Teil.

markant [frz. marquant, zu markieren], hervorstechend, ausgeprägt, bezeichnend: *markante Gesichtszüge; eine markante Erscheinung.*

Markasit [mlat. marcasita, zu arab. margashita ›Schwefelkies‹] *der, -s/-e,* ein messinggelbes Mineral.

Marke [frz. marque ›Zeichen‹] *die, -/-n,* **1)** Zeichen, Erkennungsmittel oder Ausweis: *Hundemarke.* **2)** ☋ Orientierungspunkt der Tiere. **3)** Herkunftszeichen, Herkunftsangabe an einer Ware oder ihrer Verpackung, als Warenzeichen oft rechtlich geschützt: *Markenfabrikat; Markenware; Automarke; Zigarettenmarke.* **4)** Postwertzeichen, ABB. M 3: *Briefmarke.* **5)** Anrechtsschein oder -münze, ABB. M 3: *Garderobenmarke; Spielmarke; Rabattmarke.* **6)** ⚒ Kennzeichnung des Ergebnisses eines Sportwettbewerbs: *Hochsprungmarke; der Speerwerfer erreichte die 90-m-M.* **7)** U ulkiger Kerl: *eine tolle M.; das ist vielleicht eine M.* **Märke** *die, -/-n, österr.:* Namenszeichen. **märken,** *ich* märke (habe gemärkt) *es, österr.:* versehe mit einer Marke. **Markenartikel** *der,* Ware mit Herkunftsbezeichnung und einheitl. Preis.

Märker *der, -s/-,* Bewohner der Mark Brandenburg.

markerschütternd [zu: das Mark], *ein markerschütternder Schrei,* durchdringender.

Marketender [ital. mercatante ›Kaufmann‹] *der, -s/-,* früher: Händler mit Lebensmitteln u. a. die der Truppen im Feld: *Marketenderwagen; Marketenderwaren.* **Marketenderei** *die, -/-en.* **Marketenderin** *die, -/-nen.*

Marketerie [frz. marqueterie, zu: Marke] *die, -/-r'i|en,* eine Intarsia.

Marketing [engl. market ›Markt‹] *das, -(s),* ⊿ marktgerichtete und marktgerechte Unternehmenspolitik: *Marketing-Manager; Marketing-Research,* Untersuchung des Warenabsatzes; *Marketing-Researcher.*

Markgraf [mhd. marcgrave] *der,* **1)** eigtl.: Verwalter einer Mark. **2)** später: deutscher Fürstentitel. **Markgräfin** *die.* **Markgräfler** *der, -s/-,* ein südbad. Wein. **markgräflich.** **Markgrafschaft** *die, -/-en,* Mark, Grenzbezirk.

markieren [frz. marquer], *ich* markiere (habe markiert) *es,* **1)** kennzeichne, bezeichne: *ich habe die Textstelle durch ein Zeichen am Rand markiert; gut markierte Wanderwege.* **2)** betone, hebe hervor. **3)** deute an: *bei der Probe markierte der Schauspieler seine Rolle nur.* **4)** U täusche vor, heuchle: *er markierte den Dummen, den starken Mann.* **Markierung** *die, -/-en,* Kennzeichnung: *Markierungslinie.*

markig [zu: das Mark], kräftig, kernig.

märkisch, auf die Mark Brandenburg bezüglich.

Markise [frz. marquise ›Überzelt‹, eigtl. ›über dem Zelt eines Marquis‹] *die, -/-n,* **1)** Sonnenschutz an Fenstern, Balkonen, ABB. F 13. **2)** länglicher Edelsteinschliff. **Markisette** [-z'εt] *der, -s/-s* oder *die, -/-s,* Marquisette.

Markka [vgl. Mark] *die, -/M'arkkaa,* die Finnmark.

Markomanne *der, -n/-n,* Angehöriger eines german. Stammes.

Markör [zu markieren] *der, -s/-e, österr.:* Kellner.

Markscheide [mhd. marcscheide, zu: die Mark] *die,* Grenze, Mark, bes. die Grenzlinie des verliehenen Grubenfeldes: *Markscheidekunde; Markscheidekunst.* **Markscheider** *der, -s/-,* ⚒ Ingenieur für bergbauliche Vermessungsarbeiten.

Markstein *der,* Grenzstein: *ein M. in der Geschichte dieses Landes, der Raumfahrt,* Ü entscheidender Augenblick.

Markt [ahd. markat, zu lat. mercatus] *der, -(e)s/ᵉᵉe,* **1)** Veranstaltung, zu der an bestimmten Tagen und Orten Käufer und Verkäufer zusammentreffen: *Jahrmarkt; Viehmarkt; Wochenmarkt; Markttag; Marktbude; bei uns ist mittwochs M.; du solltest nicht deine Haut zu Markte tragen,* Ü dein Leben gefährden. **2)** Marktplatz, ABB. M 4. **3)** Wirtschaftslage, Warenverkehr, Angebot und Nachfrage auf einem bestimmten Wirtschaftsgebiet; Geschäft, Absatz: *Marktlücke; Arbeitsmarkt; Weltmarkt; auf dem Weltmarkt; er will den M. drücken,* viel und billig verkaufen; *wir werden diesen Artikel im nächsten Jahr auf den M. bringen; für dieses Produkt muß der M. erst noch erschlossen werden.* **4)** Marktflecken. **5)** *oberdt.:* Mitgebrachtes vom Jahrmarkt. **Marktanalyse** *die,* Marktforschung zu einem bestimmten Zeitpunkt. **Marktanteil** *der*, Anteil eines Unternehmens oder einer Gruppe am Gesamtangebot. **marktbeherrschend**, im Übergewicht auf einer Marktseite (Angebot oder Nachfrage) befindlich: *die Firma konnte ihre marktbeherrschende Stellung behaupten*. **markten**, *ich* markte (habe gemarktet), 1) *mit ihm*, feilsche, handle um den Preis. 2) *oberdt.*: verkaufe, handle auf dem Markt. **Marktflecken** *der*, größere ländliche Siedlung. **Marktforschung** *die*, Erforschung der Absatz- und Beschaffungsmöglichkeiten eines Unternehmens oder Wirtschaftszweiges. **Marktfrau**, Händlerin auf dem Wochenmarkt. **marktgängig**, gut verkäuflich. **Markthalle** *die*, große Halle mit Einzelständen, besonders für Lebensmittel. **Marktlage** *die*: *eine angespannte M.* **Marktrecht, Marktregal** *das*, im MA.: die Befugnis zur Anlage eines Marktes. **Marktschreier** *der*, Verkäufer, der seine Waren aufdringlich anpreist. **marktschreierisch**. **Marktwirtschaft** *die*, Wirtschaftsordnung, in der Gütererzeugung und -verbrauch durch den auf dem Markt frei gebildeten Preis bestimmt werden: *freie, soziale M.*

Markung [ahd. marchunga] *die*, *-/-en*, ⚘ die Mark, Grenze. **Markus** [aus röm. Marcus, abgeleitet von Mars, dem Namen des röm. Kriegsgottes], 1) männl. Vorname. 2) Evangelist: *Markusevangelium.*

Markward [ahd. marca ›Grenze‹ und wart ›Hüter‹], männl. Vorname.

marlen [niederl.], *ich* marle (habe gemarlt) *das Segel*, ⚓ befestige es am Mast.

Marlene [Kurzform zu Maria Magdalene], weibl. Vorname.

Marlies, Marlis [auch m'ar-, zu Maria und Elisabeth], weibl. Vorname.

Marmel [ahd. marmul], 1) *der*, *-s*, ⚘ Marmor. 2) *die*, *-/-n*, *oberdt.*: Murmel. **Märmel** *die*, *-/-n*, *oberdt.*: Murmel.

Marmelade [portug. marmelada, zu marmelo ›Quitte‹] *die*, *-/-n*, durch Einkochen von Früchten hergestelltes Fruchtmus: *Marmeladenglas; Erdbeermarmelade.*

marmeln [zu Marmel], *ich* marm(e)le (habe gemarmelt), *oberdt.*: spiele mit Murmeln. **Marmelstein** *der*, P Marmor.

Marmor [lat., zu grch. marmaros ›glänzend‹] *der*, kristalliner, polierfähiger Kalkstein: *Marmortreppe; Marmorstatue;* Sinnbild für Kälte und blendendes Weiß: *kalt wie M.* **marmoriert**, geädert wie Marmor, ABB. M 26. **Marmorkuchen** *der*, Napfkuchen, der durch Zusatz von Schokoladenpulver marmoriert aussieht. **marmorn**, *eine marmorne Büste; ein Gesicht von marmorner Blässe*, Ü.

Marmotte [frz.] *die*, *-/-n*, Murmeltier.

Marocain [-k'ɛ̃, frz. ›marokkanisch‹] *der* oder *das*, *-s/-s*, leinwandbindiges Kreppgewebe.

marod, *österr.*: leicht krank. **marode** [frz. maraud ›Lump‹], ⚘ 1) ⚘ marschunfähig. 2) müde, matt. 3) moralisch verdorben. **Marodeur** [-d'œ:r] *der*, *-s/-e*, plündernder Nachzügler einer Truppe. **marodieren** [frz.], *ich* marodiere (habe marodiert).

Marokkaner *der*, *-s/-*, Bewohner des nordwestafrikan. Staates Marokko. **marokkanisch.**

Marone [ital. marrone, zu spätgrch. maraon] *die*, *-/-n*, Frucht der Edelkastanie. **Maronenpilz** *der*, ein eßbarer Röhrenpilz.

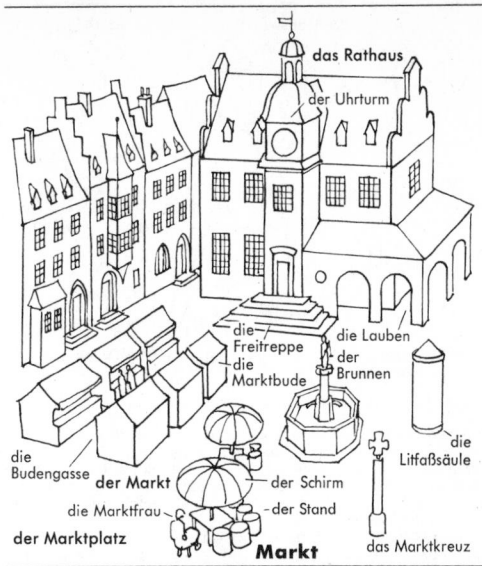

das Rathaus
der Uhrturm
die Freitreppe
die Marktbude
die Lauben
der Brunnen
die Litfaßsäule
die Budengasse
der Markt
die Marktfrau
der Schirm
der Stand
der Marktplatz
das Marktkreuz
Markt

Maroquin [-k'ɛ̃, frz., nach Marokko, wo man zuerst dieses Leder bereitete] *der*, auch *das*, *-s*, feines weiches Hammel- oder Ziegenleder aus Nordafrika.

Marotte [frz. ›Narrenkappe mit Schellen und Puppenkopf‹, zu Marie] *die*, *-/-n*, Schrulle, wunderliche Angewohnheit, Spleen: *es ist eine M. von ihm, nie ohne Hut auszugehen.*

Marquis [-k'i, mhd. markis, frz. marquis, vgl. Markgraf] *der*, *- [-k'i(s)]/- [-k'is]*, **Marquise** [-k'i:z] *die*, *-/-n [-ən]*, französ. Adelstitel.

Marquisette [markiz'ɛt, vgl. Markise] *der*, *-s* oder *die*, *-*, Markisette, Gitterstoff: *M. für Gardinen.*

Marroni, *Pl.*, *schweiz.*, *österr.*: Maronen.

Mars [lat.], 1) röm. Mythologie: der Kriegsgott. 2) *der*, *-*, ☆ ein Planet: *Marssonde.*

Mars [mittelniederl. merse ›Waren(korb)‹] *die*, *-/-en* oder *der*, *-/-e*, ⚓ Plattform im Topp des Untermastes, ABB. M 5.

Marsala [nach der sizilian. Stadt] *der*, *-s/-s*, ein Süßwein.

marsch! [frz. marche, zu marschieren], vorwärts!, weg!: *im Gleichschritt m.!; kehrt m.!; ohne Tritt m.!* **Marsch** *der*, *-es/ᵉe*, 1) Bewegungen geschlossener Truppenabteilungen, Gangart (einer Truppe) zu Fuß: *Exerziermarsch; Marschbefehl; Marschkolonne; die Abteilung setzte sich in M.* 2) anhaltendes

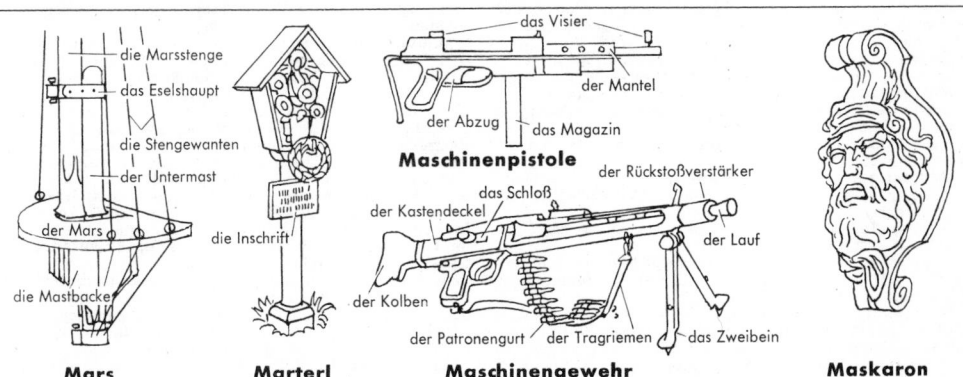

die Marssstenge
das Eselshaupt
die Stengewanten
der Untermast
der Mars
die Mastbacke
die Inschrift
Mars

Marterl

das Visier
der Mantel
der Abzug
das Magazin
Maschinenpistole
der Rückstoßverstärker
das Schloß
der Kastendeckel
der Lauf
der Kolben
der Patronengurt
der Tragriemen
das Zweibein
Maschinengewehr

Maskaron

der Hanswurst — die Pritsche — die Halskrause — der Clown — die Nase — der Bart — die Larve — die Fechtmaske — die Narkosemaske — die Calotte — der Harlekin — der Pompon — der Pierrot — die Pierrette — der Domino — die Gesichtsmaske — die Kopfmaske — der Schwellkopp

Maske

Gehen über größere Strecken: *Marschverpflegung; Nachtmarsch; Protestmarsch; Schweigemarsch; ein langer, beschwerlicher M.; ein M. von 70 km.* **3)** Musikstück im Rhythmus des Marschierens: *Marschmusik; Reitermarsch; Trauermarsch; ich werde ihm den M. blasen,* Ü ihn zur Ordnung rufen, meinen Unwillen fühlen lassen.

Marsch [mnd. marsch, mersch] *die, -/-en,* fruchtbares Schwemmland der Flußtäler und Küsten im nordwestl. Dtl., Abb. K 56: *Marschboden; Marschland.*

Marschall [ahd. marahscalc, zu marah ›Pferd‹ und scalc ›Knecht‹] *der, -s/ᵘe,* **1)** hoher Hofbeamter: *Hofmarschall.* **2)** höchster Generalstitel: *Generalfeldmarschall.* **Marschall(s)stab** [ahd., Abzeichen der Würde eines Marschalls: *er trägt den M. im Tornister,* Ü ihm steht eine bedeutende militärische Karriere bevor.

marschbereit, zum Aufbruch, zum Abmarsch gerüstet. **Marschbereitschaft** *die, -.* **Marschflugkörper** *der,* Abk.: MFK, das Cruise Missile. **marschieren** [frz. marcher], *ich marschiere (bin marschiert),* gehe über längere Strecken (in geschlossenen Reihen): *die Soldaten marschierten durch die Stadt; wir sind heute tüchtig marschiert,* Ü gewandert. **Marschroute** [-ru:tə] *die,* vorgeschriebener Marschweg.

Marseillaise [marsɛj'ɛ:z, frz., nach der französ. Stadt Marseille] *die, -,* französ. Nationalhymne.

Marstall [ahd. marstal, zu marah ›Pferd‹] *der, -(e)s/ᵘe,* Gesamtheit der Pferde sowie Gebäude für Pferde und Wagen einer fürstl. Hofhaltung.

Märte [mhd. mern ›mischen‹, ›eintunken‹] *die, -/-n, norddt.:* eine Art Kaltschale.

Märte [nach dem heiligen Martin] *der, -n/-n,* **Märtel** *der, -s/-, oberdt.:* vermummte Gestalt am Martinstag, ein Volksbrauch.

Marter [ahd. martara, zu grch. martyrion] *die, -/-n,* Qual, Folter, bes. absichtlich zugefügte Peinigung: *Marterpfahl; Marterqualen.* **Marterl** *das, -s/-(n), oberdt.:* Gedenkbild am Ort eines Unglücks mit dem Bildnis Christi, Abb. M 5. **martern,** *ich mart(e)re (habe gemartert) ihn, mich,* quäle, peinige. **Marterung** *die, -/-en.* **Marterwoche** *die,* Karwoche.

Martha [aramäisch ›die Herrin‹], weibl. Vorname.

martialisch [zum röm. Kriegsgott Mars], kriegerisch; wild dreinschauend, grob auftretend.

Martin [lat. Martinus, eine Ableitung von Mars], männl. **Martina,** weibl. Vorname.

Martingal [frz. martingale, nach dem frz. Ort Martigues] *der, -s/-s,* ein Hilfszügel zwischen den Vorderbeinen des Pferdes.

Martini [Tag des hl. Martin] *das, -,* Martinstag. **Martinsgans** *die,* Festbraten am Martinstag.

Martinshorn [nach der Herstellerfirma Martin in Philippsburg] *das,* Handelsname für eine akust. Signaleinrichtung in Kraftfahrzeugen.

Martinstag *der,* Martini, Tag des hl. Martin, 11. November.

Märtyrer [ahd. martirere, zu grch. martyrion ›Blutzeugnis‹] *der, -s/-,* **Märtyrerin** *die, -/-nen,* **1)** Christ, der bei Verfolgungen um seines Glaubens willen getötet wird: *Märtyrertod.* **2)** Ü jeder, der um seiner Überzeugung willen leiden muß.

Martyrium *das, -s/...ri|en,* **1)** Leiden und Opfertod für den Glauben. **2)** schweres Leiden, Qual. **3)** Kirche über dem Grab oder der Marterstätte eines Märtyrers. **Martyrologium** *das, -s/...gi|en,* Verzeichnis der Märtyrer.

Marunke [aus slaw.] *die, -/-n, schles.:* eine Pflaume.

Marxismus [nach Karl Marx, 1818–1883] *der, -,* von Karl Marx und Friedrich Engels begründete Lehre des ›wissenschaftl. Sozialismus‹. **Marxismus-Leninismus** [nach Lenin, 1870–1924] *der, -,* von Lenin weitergeführter Marxismus. **Marxist** *der, -en/-en.* **marxistisch.**

Mary [m'ɛəri, engl., zu Maria], weibl. Vorname.

März [ahd. marzeo, zu lat. mensis Martius ›Marsmonat‹] *der, -(es),* P auch *-en/-e,* der dritte Monat des Jahres, Übers. J 2; vgl. August. **Märzbecher** *der,* Name verschiedener Pflanzen. **März(en)bier** *das,* starkes, ursprünglich im März gebrautes Bier. **Märzenflecken,** *Pl., schweiz.:* Sommersprossen. **Märzfeld** *das,* Maifeld, alljährl. Versammlung der Großen des Fränk. Reiches.

Marzipan [auch m'ar-, ital. marzapane, zu arab. mautaban ›Schachtel‹] *das,* selten *der, -s/-e,* Konfekt aus Mandeln und Zucker.

märzlich, leicht warm und windig wie im März.

Masai *der, -/-,* auch Massai, Angehöriger eines ostafrikan. Hirtenvolkes.

Masche [ahd. masca] *die, -/-n,* **1)** Fadenschleife bei Gewirken, Gestricken, Häkelarbeiten, Abb. G 19, bei Netzen, Abb. N 7, in Drahtgeflechten: *Maschendraht; Maschenzaun; bei dir läuft eine M.* (im Strumpf); *der Dieb ist der Polizei durch die Maschen gegangen,* Ü entwischt. **2)** *österr.:* Schleife. **3)** Ü erfolgversprechender Kunstgriff, Trick: *das ist seine neueste M.* **Mäschel** *der, -s/-, schweiz.:* Teil eines Fischernetzes. **maschenfest,** so gewirkt, daß keine Maschen laufen können: *maschenfeste Strümpfe.* **...maschig,** aus ... Maschen bestehend: *engmaschig; grobmaschig.*

Maschine [frz. machine, zu grch. mechane ›Werkzeug‹] *die, -/-n,* **1)** jede Einrichtung zur Erzeugung oder Übertragung von Kräften: *Betonmischmaschine; Mähmaschine; Rechenmaschine; Maschinenfabrik; Maschinenschlosser; Maschinen-Traktoren-Station,* Abk.: MTS; *Maschinenwaffen; er arbeitet wie eine M.,* Ü pausenlos, aber auch: unselbständig. **2)** kurz für: Flugzeug, Motorrad, Nähmaschine, Schreibmaschine u. a.: *Transportmaschine; Verkehrsmaschine; ich fliege mit der nächsten M. nach Berlin.* **maschinell,** wir stellen dieses Produkt m. her. **Maschinengewehr** *das,* kurz: MG, **Maschinenpistole** *die,* kurz: MP, automat. Schußwaffen, Abb. M 5. **Maschinensatz** *der,* ⊘ auf Setzmaschinen hergestellter Satz, im Unterschied zum Handsatz. **Maschinenzeitalter** *das,* Epoche der Industrialisierung. **Maschinerie** *die, -/...ri|en,* maschinelle Einrichtung, Getriebe. **maschineschreiben,** *ich schreibe Maschine* (habe maschinegeschrieben), schreibe auf der Schreibmaschine: *ein maschinegeschriebener Brief.* **maschinieren,** *ich maschiniere* (habe maschiniert) *es,* entferne bei der Rauchwarenveredlung die Grannenhaare mancher Pelzfelle. **Maschinist** *der, -en/-en,* jemand, der eine Maschine bedient.

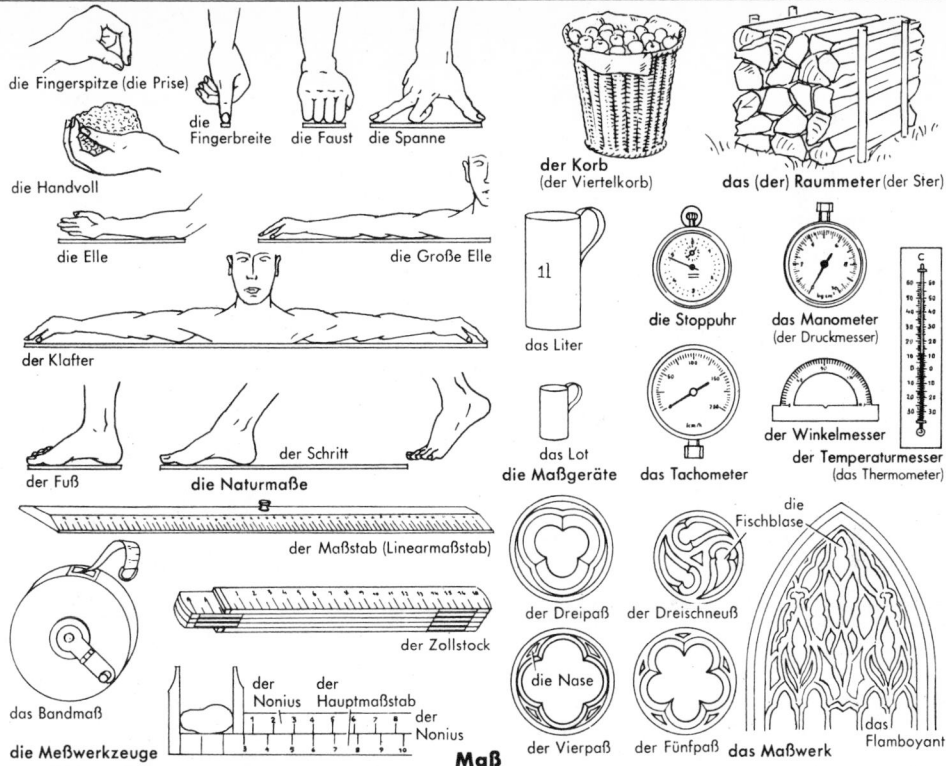

die Fingerspitze (die Prise)
die Fingerbreite   die Faust   die Spanne
die Handvoll
die Elle   die Große Elle
der Klafter
der Fuß   die Naturmaße   der Schritt
der Maßstab (Linearmaßstab)
der Zollstock
das Bandmaß
der Nonius   der Hauptmaßstab   der Nonius
die Meßwerkzeuge   **Maß**

der Korb
(der Viertelkorb)   das (der) Raummeter (der Ster)
das Liter   1l
die Stoppuhr   das Manometer
(der Druckmesser)
das Lot   der Winkelmesser
die Maßgeräte   das Tachometer   der Temperaturmesser
(das Thermometer)
der Dreipaß   der Dreischneuß
die Nase   die Fischblase
der Vierpaß   der Fünfpaß   das Maßwerk   das Flamboyant

Maser [ahd. masar] *die, -/-n,* wellige Zeichnung im Holz. **maserig,** gemasert, mit Masermuster. **masern,** *ich* mas(e)re (habe gemasert), **1)** *es,* versehe mit Masern. **2)** *es masert,* bildet Masern.

Masern [mnd. masele, verwandt mit Maser], *Pl.,* fieberhafte ansteckende Kinderkrankheit mit Ausschlag.

Maserung [zu Maser] *die, -/-en,* Musterung des Holzes, ABB. H 23.

Maskarill [span. mascarilla] *der, -(s)/-e,* spanische Lustspielgestalt.

Maskaron [frz. mascaron] *der, -s/-e,* fratzenhafte Maske als Bauplastik, ABB. M 5.

Maske [frz. masque, lat. masca, zu arab. mashara ›Posse‹] *die, -/-n,* ABB. M 6, **1)** Larve, künstliches hohles Gesicht zum Verbergen des eigenen, auch die verkleidete Person selbst: *Faschingsmaske; Maskenball; die schönste M. wird prämiiert.* **2)** Sinnbild für trügerischen Schein: *er hat die M. fallenlassen,* Ü er zeigt sein wahres Gesicht; *seine Bescheidenheit war nur M.; unter der M. der Freundlichkeit.* **3)** Aufmachung eines Schauspielers: *er zeigt sich in der M. des Mephisto;* auch die Figur, die er darstellt, z. B. Pierrot; Sinnbild der Bühnenkunst. **4)** Gipsabguß eines Gesichts: *Totenmaske.* **5)** Photographie: Schablone (aus Papier, Folie) zum Abdecken bestimmter Teile eines Negativs. **6)** Schutzhaube für Kopf und Gesicht (beim Fechten, bei Gaseinwirkung): *Gasmaske.* **7)** ⚕ mit Mull überzogenes Drahtgeflecht über dem Gesicht bei Allgemeinbetäubung: *Narkosemaske.* **Maskenbildner** *der,* Gestalter von Bühnenmasken. **Maskerade** *die, -/-n,* Verkleidung, z. B. für einen Maskenball; Mummenschanz; Maskenfest. **maskieren,** *ich* maskiere (habe maskiert), **1)** *mich, ihn,* verhülle das Gesicht mit einer Maske; verkleide, vermumme, kostümiere: *die Bankräuber waren maskiert.* **2)** *es,* Ü tarne, bemäntle. **Maskierung** *die, -/-en.*

Maskottchen [frz. mascotte ›Hexen‹] *das, -s/-,* **Maskotte** *die, -/-n,* Glücksbringer, Amulett.

maskulin [lat. masculinus], männlich: *sie hat ziemlich maskuline Züge; das Substantiv ist m.,* ⑤. **Maskulinum** *das, -s/. . .na,* ⑤ männl. Geschlecht, männl. Substantiv, ÜBERS. G 10.

Masochismus [-x-, nach dem österr. Schriftsteller L. v. Sacher-Masoch, 1836–1895] *der, -,* eine sexuelle Haltung, die in lustvollem Erleiden von Mißhandlungen besteht. **Masochist** *der, -en/-en.* **masochistisch.**

maß, [mhd. maze] *das, -es/-e,* **1)** jede Vergleichsgröße oder Größenvorschrift zur Ermittlung anderer Größen oder Abweichungen davon, ÜBERS. M 8, ABB. M 7: *Metermaß; der Schneider nimmt M.; ein Anzug nach M., Maßanzug; Maßschneider; in solchem Maße habe ich das noch nicht erlebt, in diesem Ausmaß, so; in reichem Maße, reichlich; das M. ist voll,* Ü meine Geduld ist zu Ende; *er mißt mit zweierlei M.,* Ü ist ungerecht. **2)** Mitte zwischen zuviel und zuwenig, gerade die rechte Größe oder Menge: *alles mit M.; man muß das rechte M. halten,* aber: *maßhalten; ohne M.* oder *Maßen,* unbeschränkt, hemmungslos; *er kennt nicht M. noch Ziel,* achtet die nötigen Beschränkungen nicht. **Maß** *die, -/-e* und bei Mengenangaben *-, oberdt.:* altes Flüssigkeitsmaß, 1–2 *l: zwei M. Bier; Maßkrug.*

Massage [-ʒə, frz., zu massieren] *die, -/-n,* ⚕ Behandlung des Körpers durch planmäßiges Kneten, Streichen, Reiben, Klopfen mit der Hand oder mit Geräten: *Klopfmassage; Unterwassermassage; Massagesalon.*

Massai *der, -s/-,* Massai.

Massaker [frz. massacre] *das, -s/-,* Blutbad, Gemetzel. **massakrieren,** *ich* massakriere (habe massakriert) *ihn,* bringe grausam um. **Massakrierung** *die, -/-en.*

Maßanalyse *die,* quantitatives chem. Analyseverfahren.

Maße und Gewichte (metrisches System)

Gewichte

1 Gramm (g) = 1 000 Milligramm (mg)
1 Dekagramm (dag) = 10 g
1 Kilogramm (kg) = 100 dag
= 1 000 g
1 Doppelzentner (dz) = 100 kg
1 Tonne = 10 dz = 1 000 kg

Flächenmaße

1 Quadratmeter (m², qm)
= 100 dm² = 10 000 cm²
= 1 000 000 mm²
1 Ar (a) = 100 m²
1 Hektar (ha) = 100 a
1 Quadratkilometer (km², qkm)
= 100 ha = 1 000 000 m²

Längenmaße

1 Meter (m) = 10 dm
1 Dezimeter (dm) = 10 cm
1 Zentimeter (cm) = 10 mm
1 Kilometer (km) = 1 000 m

Raum- und Hohlmaße

1 Kubikmeter (m³, cbm)
= 1 000 dm³ = 1 000 000 cm³
= 1 000 000 000 mm³
1 Liter (l) = 1 dm³
1 Hektoliter (hl) = 100 l

Vorsätze zur dezimalen Vervielfachung und Teilung metrischer Maßeinheiten

T	Tera-	=	10^{12}	=	1 000 000 000 000
G	Giga-	=	10^{9}	=	1 000 000 000
M	Mega-	=	10^{6}	=	1 000 000
k	Kilo-	=	10^{3}	=	1 000
h	Hekto-	=	10^{2}	=	100
da	Deka-	=	10^{1}	=	10
d	Dezi-	=	10^{-1}	=	0,1
c	Zenti-	=	10^{-2}	=	0,01
m	Milli-	=	10^{-3}	=	0,001
μ	Mikro-	=	10^{-6}	=	0,000 001
n	Nano-	=	10^{-9}	=	0,000 000 001
p	Pico-	=	10^{-12}	=	0,000 000 000 001
f	Femto-	=	10^{-15}	=	0,000 000 000 000 001
a	Atto-	=	10^{-18}	=	0,000 000 000 000 000 001

Temperaturmaße

Grad Celsius (°C), Grad Réaumur (°R), Grad Fahrenheit (°F).
Umrechnung: 0 °C = 0 °R = 32 °F; 20 °C = 16 °R = 68 °F; 100 °C = 80 °R = 212 °F
Kelvin (K); 0 K = −273,15 °C

Druckmaße

Millibar (mbar), Millimeter Quecksilbersäule (mm Hg, Torr); 1 000 mbar = 750 mm Hg. 1 Bar (bar) = 1 000 mbar = 100 000 Pascal (Pa)

Leistungsmaße

1 Kilowatt (kW) = 1 000 Watt (W), 1 Megawatt (MW) = 1 000 kW; Pferdestärke (PS); 1 PS = 735,5 W

Maße für Elektrizität

Stromstärke: 1 Ampere (A) = 1 000 Milliampere
Spannung: 1 Volt (V) = 1 000 Millivolt
Widerstand: 1 Ohm (Ω) = 1 000 Milliohm
Elektr. Ladung: 1 Coulomb (C) = 1 000 Millicoulomb = 1 Amperesekunde

---

Maßarbeit die, einzelne Anfertigung nach Maß (Kleider, Schuhe). **Mäßchen** das, -s/-, früheres dt. Trockenmaß. **Maße** die, -/-n, ↺ rechtes Maß, Mäßigkeit: er war über die Maßen froh; über alle Maßen, sehr, unsagbar.
Masse [ahd. massa, zu lat. massa ›Teig‹, ›Klumpen‹] die, -/-n, **1)** Vielzahl von Menschen, die überwiegend durch die gleiche Aufmerksamkeitsrichtung verbunden ist: sie kamen in Massen; Massenarbeitslosigkeit; Massenkundgebung; Menschenmassen. **2)** große Menge, Vielzahl von Einzeldingen, Häufung: Massenproduktion; Wassermassen; er hat eine M. Geld, U. **3)** Physik: Eigenschaft der Materie, die ihr Verhalten bei Beschleunigungen und in Gravitationsfeldern kennzeichnet. **4)** ⚡ als Rückleiter für einen Stromverbraucher dienende Teile eines Geräts; die chem. Verbindungen, aus denen die Elektroden von Akkumulatoren bestehen: aktive M. **5)** ungeformter dickflüssiger, meist erhärtender Stoff: Gußmasse; Isoliermasse. **6)** 🜨 Vermögen eines Erblassers oder eines Schuldners, das der Zwangsversteigerung unterliegt: Konkursmasse. **7)** Statistik: die vollständige Menge von statist. Einheiten mit gleichartigen Merkmalen. ✦ hammerartiger Billardstab.
Maßeinheiten, Pl., vereinbarte Vergleichsgrößen zur Bestimmung des Zahlenwertes einer physikal. Größe gleicher Art, ÜBERS. M 8.
Massel [ital. mazzello] die, -/-n, in Sandformen oder Kokillen gegossener Roheisenbarren.
Massel [jidd. massel, zu hebr. mazzal ›Gestirn‹, ›Glücksstern‹] der, -s, U (unverdientes) Glück.
maßen [mhd. in der Maze daz], ↺ weil. ...**maßen**, bekanntermaßen; folgendermaßen; verdientermaßen.
Massenanziehung die, Gravitation, Anziehung, die zwei Massen aufeinander ausüben. **Massenaufgebot** das, Menschenmenge für einen bestimmten Einsatz, z. B. Polizei.
Massen(bedarfs)artikel der, viel verlangtes und verkauftes Gebrauchsgut. **Massenfabrikation, Massenfertigung** die, industrielle Herstellung großer Mengen gleicher Waren.
massenhaft, in Massen, sehr viel: dieses Jahr gibt es M. Pflaumen; das massenhafte Auftreten von Kartoffelkäfern.
Massenmedien, Pl., Sammelbez. für Presse, Film, Funk, Fernsehen. **Massenmord** der, Ermordung vieler Menschen.

Massenmörder der. **Massenorganisation** die, Organisation, die weite Bevölkerungskreise vertritt. **Massenpsychose** die, in einer Menschenmenge rasch um sich greifende Erregung. **Massenspektroskopie** die, ein Verfahren zur quantitativen Analyse von Ionenstrahlen. **Massenzahl** die, Anzahl der Nukleonen, aus denen ein Atomkern aufgebaut ist.
Masseur [mas'ø:r, frz., zu massieren] der, -s/-e, **Masseurin** [-s'ø:r-] die, -/-nen, jemand, der berufsmäßig Massagen ausführt. **Masseuse** [mas'ø:zə] die, -/-n, Masseurin.
Maßgabe [zu Maß] die, -: nach M. dessen, K wenn man sich danach richtet; nach M. dieser Bestimmung. **maßgebend, maßgeblich**, eine Sache bestimmend: das maßgebende Urteil der Fachgelehrten in dieser Streitfrage; für mich ist sein Urteil, seine Meinung (nicht) m.; er war m. an der Planung des neuen Werkes beteiligt; ich habe es von maßgeblicher Seite erfahren.
maßhalten, ich halte maß (hielt maß, habe maßgehalten), mäßige mich: du solltest im Essen maßhalten; aber: man muß das rechte Maß halten. **maßhaltig**, ⊙ nach Maßangabe, innerhalb der Toleranzen.
Maßholder der, ahd. mazzaltra] der, -s/-, Feldahorn.
massieren [frz. masser, wohl zu arab. massa ›berühren‹], ich massiere (habe massiert) ihn, es, behandle mit Massagen.
massieren [frz. masser, zu lat. massa ›Masse‹], ich massiere (habe massiert) Truppen, ziehe sie an einer Stelle zusammen: ein massierter Angriff, im Angriff unter Zusammenfassung aller Kräfte. **Massierung** die, -/-en.
massig [zu Masse], **1)** wuchtig, gewichtig: die Möbel wirken zu m. **2)** U massenhaft: er hatte m. Schulden.
mäßig [ahd. mazzig], **1)** das rechte Maß nie überschreitend: m. im Genuß. **2)** nicht sehr groß: ein mäßiger Preis; seine Ansprüche, Forderungen sind m.; er fährt in mäßigem Tempo. **3)** ziemlich wertlos, beinahe schlecht: ein mäßiger Schüler; mäßige Qualität, Ware. ...**mäßig, 1)** in der Art von, ein bestimmtes Maß haltend: behelfsmäßig; gleichmäßig; regelmäßig; verhältnismäßig. **2)** U ...gemäß, einer Sache entsprechend: auftragsmäßig, ordnungsmäßig, vertragsmäßig, zahlenmäßig, U für auftragsgemäß usw. **mäßigen** [mhd. mæzigen], ich mäßige (habe gemäßigt), **1)** ihn, es, mildere (Ansprüche, Tempo): mäßige deinen Zorn!; vgl. gemäßigt. **2)** mich, suche

mich zu beherrschen: *mäßige dich!* **Mäßigkeit** *die*, -, das Maßhalten, Enthaltsamkeit.

Massigkeit [zu Masse] *die*, -, großer Umfang und große Schwere.

Mäßigung *die*, -, Zurückhaltung, Beherrschtheit.

massiv [frz. massif ›massig‹, ›plump‹, zu Masse], **1)** ohne Zwischenräume, ohne Hohlräume, geschlossen, massig: *ein Armband aus massivem Gold; das Haus ist sehr m. gebaut.* **2)** Ü stark, grob, nachdrücklich: *eine massive Drohung, Beleidigung; er wurde ziemlich m.,* Ü beleidigend, ausfallend. **Massiv** *das*, -*s*/-*e*, wenig gegliederte Gebirgsmasse: *Gebirgsmassiv; Zentralmassiv; in der Ferne wurde das M. der Pyrenäen sichtbar.* **Massivbau** *der*, -(*e*)*s*/-*ten*, **1)** Bauwerk in Massivbauweise. **2)** *ohne Pl.*, Massivbauweise. **Massivbauweise** *die*, -, Bauweise, bei der die Tragwerke aus Natur- oder Kunststein oder aus Beton hergestellt sind.

maßleidig, bair., alem.: unlustig, verdrossen. **Maßlieb** *das*, -(*e*)*s*/-*e*, **Maßliebchen** *das*, -*s*/-, Gänseblümchen. **maßlos**, unbeherrscht, unbeschränkt: *er ist m. in seinen Ansprüchen; maßlose Eifersucht; das ist m.* Ü übertrieben, eine *maßlose Übertreibung.* **Maßlosigkeit** *die*, -. **Maßnahme** *die*, -/-*n*, eine Vorkehrung, Anordnung: *wir haben schon vorsorgliche Maßnahmen getroffen; ich kann dieser M. nicht zustimmen; durchgreifende Maßnahmen zum Schutz der Umwelt.* **Maßregel** *die*, geordnetes Handeln zu einem bestimmten Zweck: *Maßregeln zur Bekämpfung dieser Unsitte.* **maßregeln**, *ich* maßreg(e)le (habe gemaßregelt) *ihn*, strafe (dienstlich) durch bestimmte Handlungen (z. B. Versetzung, Degradierung). **Maßreg(e)lung** *die*. **Maßstab** *der*, **1)** ein Längenmeßzeug aus Holz, Metall u. a., Abb. M 7. **2)** Größenverhältnis von Abmessungen auf Zeichnungen oder Karten gegenüber ihrer wirklichen Abmessung: *M. 1:100000; maßstabsgerecht.* **3)** Ü Richtlinie: *diesen Satz habe ich zum M. meines Handelns gemacht; bei ihm muß man strengere Maßstäbe anlegen.* **maßvoll**, gemäßigt, beherrscht. **Maßwerk** *das*, ⊞ gotische Schmuckform zum Füllen von Bogen und Fenstern, Abb. K 20, M 7.

mast, mastig, alem.: **1)** fett. **2)** vollgefressen. **3)** ansehnlich, groß. **Mast** [ahd. mast, zu altind. medas ›Fett‹] *die*, -/-*en*, **1)** Fruchtansatz der Eichen und Buchen, früher das wichtigste Mastfutter für Wildschweine. **2)** Mästung, Mastung, Fütterungsverfahren zur Steigerung der Fett- und Fleischmasse beim Schlachtvieh: *Mastfutter; Mastgans; Schweinemast.*

Mast [ahd. mast, urspr. ›Stange‹] *der*, -*es*/-*en* oder -*e*, **1)** Mastbaum, ↘ senkrecht stehendes Rundholz oder Stahlrohr als Träger der Rahen und Segel, Abb. S 45; bei Schiffen mit maschinellem Antrieb: turm- oder stangenartiger Aufbau für Antennen, Ausguck u. a., Abb. **2)** Träger für Fernmelde- und Hochspannungsleitungen, Sendeantennen, Fahnen u. a., Abb. M 10: *Telegraphenmast.* **Mastbaum** *der*, ↘ Mast.

Mastdarm [spätmhd. masdarm, zu mhd. maz ›Speise‹] *der*, ⚕ unterstes Stück des Darms, Abb. M 12.

Mastel [aus lat. masculin ›männlich‹, weil von kräftigerer Gestalt als die männl. Pflanze] *die*, -/-*n*, die weibl. Hanfpflanze.

mästen [ahd. mesten], *ich* mäste (habe gemästet) *ein Tier*, gebe ihm Mastfutter: *ein gut gemästetes Schwein; willst du mich mästen?*, Ü.

Master [m'a:stə, engl., zu lat. magister] *der*, -*s*/-, **1)** engl. Anrede: junger Herr. **2)** Hochschulgrad, in Großbritannien, Nordamerika und anderen englischsprachigen Ländern: *M. of Arts*, Abk.: M. A.; *M. of Science*, Abk.: M. S. **3)** Leiter einer Parforcejagd.

Mastfleck [zu mästen] *der*, zu stark gedüngte Stelle im Boden. **mastig**, mast.

Mastikator [lat. masticare ›kauen‹] *der*, -*s*/. . .*t'oren*, eine Knetmaschine.

Mastitis [grch. mastos ›Brust‹] *die*, -/. . .*stit'iden*, ⚕ Brustdrüsenentzündung.

Mastix [lat., zu grch. mastiche] *der*, -(*es*), ein Harz. **Mastixstrauch** *der*, Macchiagewächs, aus dem Mastix gewonnen wird.

Mastkorb *der*, unseemännisch für: Mars.

Mastkur [zu mästen] *die*, Behandlung gegen krankhafte Magerkeit.

Mast|odon [grch. mastos ›Brust‹ und odous ›Zahn‹] *das*, -*s*/. . .*od'onten*, ein ausgestorbenes Rüsseltier.

Mastung, Mästung *die*, -/-*en*, das Mästen, die Mast.

Masturbation [spätlat. masturbari] *die*, -/-*en*, **1)** Onanie, sexuelle Selbstbefriedigung. **2)** sexuelle Befriedigung eines anderen durch manuelle Reizung der Geschlechtsorgane. **masturbatorisch. masturbieren**, *ich* masturbiere (habe masturbiert) *(ihn).*

Masure *der*, -*n*/-*n*, Bewohner Masurens, einer Landschaft im S Ostpreußens. **masurisch. Masurium** *das*, -*s*, ↻ Zeichen: Ma; früher Bez. für das chem. Element Technetium.

Masurka *die*, -/-*s*, Mazurka.

Masut [türk. mazot, russ. mazut] *das*, -*s*, Destillationsrückstand des russ. Erdöls.

Mat [zu messen] *das* oder *die*, -/-*en*, niederdt.: Maß.

Matador [span. matar ›töten‹] *der*, -*s*/-*e*, **1)** Stierkämpfer, der dem Stier den Todesstoß gibt. **2)** Ü Hauptperson, hervorragender Mann, Berühmtheit, Sieger. **3)** Kartenspiel: der höchste Trumpf.

Match [mætʃ, engl. to match ›gleichkommen‹, ›passend machen‹] *das* oder *(schweiz. nur) der*, -(*e*)*s*/-*s* [m'ætʃiz] oder -*e*, Wettkampf, Wettspiel: *Matchball.*

Mate [indian. ›Kürbis‹] *der*, -(*s*), Tee aus Blättern des Matestrauchs: *Matetee.*

Mater [lat. ›Mutter‹] *die*, -/-*n*, Matrize.

Mater dolorosa [lat. mater ›Mutter‹ und dolor ›Schmerz‹] *die*, -, die Schmerzensmutter Maria.

material [lat. materia ›Stoff, aus dem etwas gebildet wird‹, zu mater ›Mutter‹], stofflich, sachlich: *materiale Bestandteile.* **Material** *das*, -*s*/. . .*li|en*, **1)** Roh-, Bau-, Werkstoff: *Baumaterial; Materialprüfung.* **2)** Hilfsmittel: *Büromaterial.* **3)** Unterlagen, Beweismittel: *M. für die Anklage; Aktenmaterial.* **Materialfehler** *der*, Defekt im Rohmaterial. **Materialisation** *die*, -/-*en*, **1)** Verstofflichung, Verkörperlichung. **2)** Okkultismus: angebliche stoffl. Hervorbringung durch Medien; Erscheinungen durch Medien. **materialisieren**, *ich* materialisiere (habe materialisiert) *es: der Geist des Toten materialisiere sich.* **Materialismus** *der*, -, **1)** die philosoph. Lehre, daß das Stoffliche die Grundlage der Welt sei: *der historische M.; der dialektische M.* **2)** Lebenseinstellung: das Materielle dem Geistigen vorordnet. **Materialist** *der*, -*en*/-*en*, **1)** Anhänger des philosoph. Materialismus. **2)** jemand, der die materiellen

Mathematische Zeichen

+	und (plus)	‖ parallel	>	größer als	∝ unendlich
−	weniger (minus)	⊥ senkrecht	<	kleiner als	d totales Differential
×	*oder* · mal	⊰ Winkel	() *oder* [] *oder* {} für		∂ partielles Differential
:	geteilt durch	= gleich		zusammengehörigen	Σ Summe
△	Dreieck	≠ nicht gleich		Rechenausdruck	△ Differenz
~	ähnlich	≡ identisch	√	Wurzel aus	∫ Integral
≋	kongruent	≙ entspricht	2³	2 hoch 3 (3. Potenz von 2)	∏ Produkt

kgV (4, 6) das kleinste gemeinsame Vielfache von 4 und 6
ggT (4, 6) der größte gemeinsame Teiler von 4 und 6

Mengenlehre

a ∈ A   a ist Element von A
a ∉ A   a ist nicht Element von A
{. . .|. . .} Menge aller . . ., für die gilt . . .

Ā   Ergänzungsmenge von A bezüglich einer Grundmenge
A ∩ B A geschnitten mit B (Schnittmenge von A und B)
A ∪ B A vereinigt mit B (Vereinigungsmenge von A und B)
A\B   A gerestet mit B (Restmenge von A und B)
A × B A kreuz B (Kartesisches Produkt oder Produktmenge von A und B)
P(A)   Potenzmenge von A (Menge aller Teilmengen von A)
{} = ∅ leere Menge

Mate

M 10

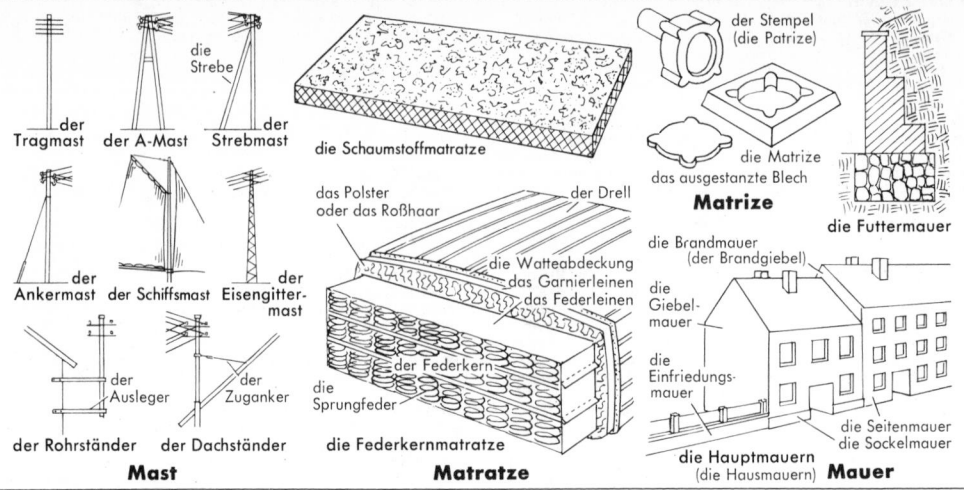

der Tragmast   der A-Mast   der Strebmast   die Strebe

die Schaumstoffmatratze

der Ankermast   der Schiffsmast   der Eisengittermast

der Ausleger   der Zuganker

der Rohrständer   der Dachständer

Mast

das Polster oder das Roßhaar   der Drell

die Watteabdeckung   das Garnierleinen   das Federleinen

der Federkern   die Sprungfeder

die Federkernmatratze

Matratze

der Stempel (die Patrize)

die Matrize   das ausgestanzte Blech

Matrize

die Futtermauer

die Brandmauer (der Brandgiebel)   die Giebelmauer   die Einfriedungsmauer

die Seitenmauer   die Sockelmauer

die Hauptmauern (die Hausmauern)   **Mauer**

Werte gegenüber den geistigen bevorzugt. **3)** *wien.:* Kolonialwarenhändler. **materialistisch, 1)** den Materialismus betreffend. **2)** vom Stofflichen ausgehend. **Materialschlacht** *die,* ⚔ Schlacht, in der die Entscheidung durch starken Einsatz schwerer Waffen gesucht wird. **Materie** [-iə] *die, -/. . . ri|en,* **1)** *ohne Pl.,* Philosophie: das formbare Prinzip des Stofflichen, die körperlich ausgedehnte Substanz: *Trennung von Geist und M.* **2)** Stoff, Sache, Angelegenheit, Inhalt: *mit dieser M. muß ich mich erst einmal vertraut machen; er beherrscht die M.* **materiell, 1)** stofflich, körperlich. **2)** wirtschaftlich: *materielle Sorgen; er ist m. gesichert; sie ist immer auf materielle Vorteile bedacht; ein großer materieller Wert.* **3)** ungeistig: *er ist m. eingestellt.*
matern [zu Mater], *ich mat(e)re (habe gematert),* stelle Matrizen her.
matern [lat. maternus], ♀ mütterlich. **Maternität** *die, -,* ♀ Mutterschaft.
Matestrauch [zu Mate] *der,* eine südamerikan. Stechpalme.
Mathe *die, -,* Schülersprache: Mathematik. **Mathematik** [grch. mathema ›Wissenschaft‹] *die, -,* Wissenschaft von den Zahlen und Figuren. **Mathematiker** *der, -s/-.* **mathematisch,** *mathematische Zeichen,* ÜBERS. M 9.
Mat|hilde [ahd. maht, math ›Macht‹, ›Stärke‹ und hiltja ›Kampf‹], weibl. Vorname.
Matinee [frz. ›Vormittag‹, zu lat. matutinus ›morgendlich‹] *die, -/. . . n'e|en,* künstler. Veranstaltung am Vormittag: *Filmmatinee; Matineevorstellung.*
Matjeshering [niederl., eigtl. ›Mädchenhering‹] *der,* noch nicht laichreifer junger Hering.
Ma|tratze [spätmhd. matraz, zu arab. matrah ›Kissen‹] *die, -/-n,* **1)** Polster im Bett, ABB. M 10; aufblasbares Liegepolster: *Luftmatratze.* **2)** Weidengeflecht zur Uferabdeckung.
Mä|tresse [frz. maîtresse ›Herrin‹, zu lat. magister ›Herr‹] *die, -/-n,* (ausgehaltene) Geliebte; früher: Geliebte eines Fürsten: *Mätressenwirtschaft.*
ma|triarchalisch [lat. mater ›Mutter‹ und grch. arche ›Herrschaft‹], *eine matriarchalische Gesellschaftsordnung.* **Matriarchat** *das, -(e)s/-e,* Mutter- oder Frauenherrschaft.
Ma|trikel [lat. matricula] *die, -/-n,* Stammliste, Verzeichnis von Personen oder Einkünften, bes. das Verzeichnis der immatrikulierten Studenten: *Universitätsmatrikel.*
ma|trimonial [lat. matrimonium ›Ehe‹], ⚭ die Ehe betreffend, ehelich.
Ma|trix [lat. mater ›Mutter‹] *die, -/. . . tr'izen,* **1)** Biologie: Bildungsschicht, Mutterboden eines Organs. **2)** △ algebraisches Rechenschema. **3)** Grundmasse der magmatischen Gesteine. **Ma|trize** *die, -/-n,* **1)** Mater, Gußform aus Metall oder Papier zum Abguß von Druckbuchstaben oder Druckplatten. **2)** Form aus Wachs, Weichblech oder Kunststoff für Galvanos. **3)** ⊙ Hohl- oder Negativform als Gegenstück zur

Patrize, ABB. M 10, P 22. **4)** Folie aus Wachspapier, Metall u. a. zur Herstellung von Vervielfältigungen.
Ma|trone [lat. matrona ›verheiratete Frau‹] *die, -/-n,* ältere (behäbige) Frau. **ma|tronenhaft.**
Ma|trose [niederl. matros, zu frz. matelot] *der, -n/-n,* seemännisch ausgebildeter Angehöriger der Schiffsbesatzung.
matsch [ital. marcio], U **1)** verdorben, faulig (Obst). **2)** schlapp. **3)** besiegt im Kartenspiel, im Sport. **Matsch** *der, -es/-e,* Kartenspiel: völliger Verlust eines Spiels.
Matsch *der, -es,* U schmierige Masse, Schmutzbrei: *Matschwetter; Schneematsch.* **matschen,** *ich matsche (habe gematscht),* U spiele mit Wasser und Sand. **matschig,** U weich, breiig.
Matschker *der, -s/-,* auch Motschker, *wien.:* Tabaksaft; Zigarrenstumpf.
matt [mhd. mat, zu pers.-arab. schah mat ›der König ist tot‹], **1)** schwach, erschöpft, lustlos, kraftlos. **2)** ohne Glanz, nicht spiegelnd (Lack, Metall), wenig leuchtend, stumpf (Farbe), ohne Schmelz (Klang). **3)** besiegt im Schachspiel: *A setzte B in fünf Zügen m.; er hat seinen Gegner m. gesetzt,* U kampfunfähig gemacht. **Matt** *das, -s/-s,* Schlußstellung im Schach.
Matte [ahd. matta, zu spätlat. matta] *die, -/-n,* **1)** geflochtener oder gewebter (kleiner) Bodenbelag: *Fußmatte;* ✂ Aufprall- oder Körperschutz: *Turnmatte,* ABB. T 22: *er legte seinen Gegner auf die M.,* besiegte ihn beim Ringkampf, auch Ü. **2)** *mitteldt.:* Quark.
Matte [zu mähen] *die, -/-n,* P, *noch schweiz.:* Gebirgswiese.
Mattgold [zu matt] *das,* stumpfes Gold. **mattgolden.**
Mat|thäus [hellenisiert aus Matthias], **1)** männl. Vorname. **2)** Apostel und Evangelist: *Matthäusevangelium, Evangelium Matthäi; bei mir ist Matthäi am letzten,* U ich bin am Ende, habe kein Geld mehr (nach dem Schluß des Matthäusevangeliums: ›bis an der Welt Ende‹).
Mattheit [zu matt] *die, -,* Glanzlosigkeit; Mattigkeit.
Mat|thias [hebr. Mattanja ›Geschenk Gottes‹], männl. Vorname.
mattieren [zu matt], *ich mattiere (habe mattiert) es,* mache matt, beseitige den Glanz der Oberfläche (Holz, Metall, Glas, Textilien). **Mattigkeit** *die, -,* Müdigkeit, Erschöpfung: *er sinkt vor M. in den Sessel.* **Mattscheibe** *die,* **1)** durchsichtige, auf einer Seite mattierte Glasplatte zum Sichtbarmachen opt. Bilder in photograph. Kameras, ABB. P 12. **2)** Bildschirm des Fernsehapparates. **3)** *ich habe heute M.,* U bin benommen, begriffsstutzig.
Matur [lat. maturus ›reif‹] *das, -s,* **Matura** *die, -, schweiz., österr.:* Reifeprüfung. **Maturand** *der, -en/-en,* ♀ Reifeprüfling. **Maturant** *der, -en/-en, österr.:* Reifeprüfling. **maturieren,** *ich maturiere (habe maturiert),* ♀ *noch österr.:* lege die Reifeprüfung ab. **Maturitas praecox** [lat. maturitas ›Reife‹ und praecox ›frühreif‹] *die, - -,* ♀ Frühreife bei

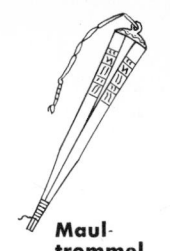

**Maul-
trommel**

die Schlagfalle

die Käfigfalle

Mausefalle

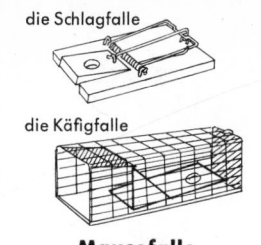

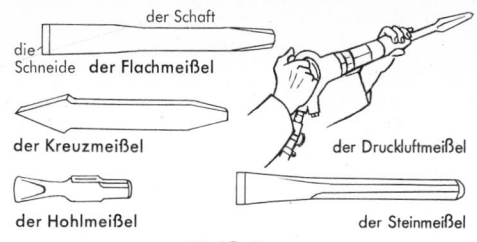

der Schaft

die
Schneide der Flachmeißel

der Kreuzmeißel

der Druckluftmeißel

der Hohlmeißel

der Steinmeißel

Meißel

Jugendlichen. **Maturität** *die, -,* ♂ Reife; *noch schweiz.:* Hochschulreife: *Maturitätsprüfung.* **Maturum** *das, -,* Matur. **Matutin** [lat. matutinus ›morgendlich‹] *die, -/-e(n),* **Matutina** *die, -/. . .nae,* Teil des Stundengebetes.
Matz [zu Matthias und Matthäus] *der, -es/-e* oder *ᵘe,* kleiner Kerl: *Hosenmatz; Piepmatz,* kleiner Vogel. **Mätzchen** *das, -s/-, meist Pl.,* Ü Unfug, Ausflüchte: *mach keine M.!*
Matze [mhd. matze ›ungesäuertes Brot‹] *die, -/-n,* **Matzen** *der, -s/-,* Mazza.
mau [zu mauen, miauen], Ü schlecht, flau: *es geht m.; mir ist m.,* unwohl; *das ist m.,* Ü dürftig, mittelmäßig.
Mau [mhd. mouwe ›Ärmel‹] *die, -/-en* oder *-gen, niederdt.:* Ärmel: *er will mir etwas auf die M. binden,* Ü vorlügen.
Mauchen *das, -s/-, niederdt.:* Pulswärmer.
Maud [mɔːd, engl., zu Mathilde], weibl. Vorname.
Mauder, Mäuder, Mäudi *der, -s/-, alem.:* Kater. **mauen** [mhd. mauen], *eine Katze* maut (hat gemaut), *alem.:* miaut.
Mauer [ahd. mura, zu lat. murus] *die, -/-n,* 1) Wand aus übereinandergreifenden Steinen, Umgrenzung, ABB. B 56, H 11, M 10: *Mauerverband,* ABB. B 13; *Friedhofsmauer; Stadtmauer.* 2) Sinnbild geschlossener Festigkeit: *die Menschen standen wie eine M.* **Mauerassel** *die,* ein landbewohnendes Krebstier. **Mauerblümchen** *das,* Ü Mädchen, das auf einem Ball wenig oder nicht zum Tanz aufgefordert wird. **Mauerei** *die, -,* Maurerei. **Mauerfraß** *der,* krustenartige Auskristallisierung auf feuchtem Mauerwerk und Putz. **Mauerhaken** *der,* von Bergsteigern benutzter Haken. **Mauerkelle** *die,* Maurerkelle. **Mauerkrone** *die,* 1) oberster Teil einer Mauer. 2) ◡ Kronenform im Stadtwappen, ABB. K 48. **Mauerläufer** *der,* ein Singvogel in den Alpen. **mauern,** *ich* mau(e)re (habe gemauert), 1) *Wand* aus Steinen mit Mörtel zusammen. 2) Kartenspiel: spiele zurückhaltend, wage nichts. 3) *die Fußballmannschaft mauert,* Ü verteidigt das eigene Tor mit allen Spielern. **Mauerpfeffer** *der,* eine Steingartenpflanze. **Mauerraute** *die,* eine Farnpflanze. **Mauersegler** *der,* ein schwalbenähnl. Vogel. **Mauerwerk** *das, -(e)s,* 1) Gefüge aus Stein und Mörtel, Gemäuer. 2) Gesamtheit der Mauern, die einen Bau bilden.
Mauke *die, -, sächs.:* Lust: *ich habe keine M.*
Mauke [mhd. muche, zu got. muka ›weich‹] *die, -/-n,* Hautentzündung am Fuß der Pferde.
Mauke [tschech. mouka ›Mehl‹] *die, -/-n, ostmitteldt.:* Brei.
Mauke [mhd. muchen ›verstecken‹] *die, -/-n, mitteldt., schwäb.:* Versteck (von Kindern) für Obst, Geld.
Maul [ahd. mula] *das, -(e)s/ᵘer,* 1) Mund der Tiere (mit Ausnahme z. B. der Vögel); auch Ü derb: *der verdammte Mund.* 2) maulartige Öffnung bei Werkzeugen, z. B. ABB. K 21, Z 3. **Maulaffen,** *Pl.: er steht da und hält M. feil,* Ü gafft.
Maulbeerbaum [ahd. murboum, zu lat. morum ›Brombeere‹] *der,* ein Holzgewächs, dessen Blätter den Seidenraupen als Nahrung dienen.
Mäulchen *das, -s/-* oder *M'äulerchen.* **maulen,** *ich* maule (habe gemault), Ü äußere mürrisch meine Ünzufriedenheit.
Maulesel [ahd. mul, zu lat. mulus] *der,* Kreuzung aus Pferdehengst und Eselstute.
maulfaul, Ü einsilbig, zu träge, um etwas zu sagen.
Maulheld *der,* Ü Wichtigtuer. **Maulkorb** *der,* Beißschutz für Hunde, ABB. H 27; Ü Verbot der freien Meinungsäußerung: *man legte ihm einen M. an; Maulkorbgesetz.* **Maulschelle** *die,* Ü Ohrfeige. **Maultaschen,** *Pl.,* fleischgefüllte Teigwaren.
Maultier [vgl. Maulesel] *das,* Kreuzung aus Eselhengst und Pferdestute.
Maultrommel *die,* ein Musikinstrument, Brummeisen,

ABB. M 11. **Maul- und Klauenseuche** *die,* ansteckende Infektionskrankheit des Klauenviehs.
Maulwurf [ahd. muwerf, eigtl. ›Haufenaufwerfer‹] *der, -(e)s/ᵘe,* ein Insektenfresser: *Maulwurfshaufen; Maulwurfshügel.* **Maulwurfsgrille** *die,* ein Insekt mit schaufelartigen Vorderbeinen.
maunzen [Schallw.], *ich* maunze (habe gemaunzt), *schwäb.:* winsle; bin weinerlich (Kind).
Maure [grch. amauros ›finster‹, ›dunkel‹] *der, -n/-n,* 1) arabisch-berber. Bewohner Nordwestafrikas. 2) Araber in Spanien zur Zeit der muslim. (maur.) Herrschaft.
Maurer [ahd. murari, zu Mauer] *der, -s/-,* ein Bauhandwerker: *Mau(r)ermeister; Maurerpolier.* **Maurerei** *die, -,* Maurerei, das Mauern. **Mau(r)erkelle** *die,* Gerät zum Auftragen des Mörtels, ABB. K 16.
Maureske [frz. mauresque ›maurisch‹, zu Maure] *die, -/-n,* ein aus der Arabeske entwickeltes Flächenornament.
Maurice [mor'is, frz., zu Moritz], männl. Vorname.
maurisch, auf die Mauren bezüglich: *maurischer Stil.*
Maus [ahd. mus, zu lat. mus] *die, -/M'äuse,* 1) ein Nagetier: *mausgrau; meine kleine M.!* (Kosewort); *mit Speck fängt man Mäuse,* Ü mit einem verlockenden Angebot kann man etwas erreichen; *da beißt die M. keinen Faden ab,* Ü davon läßt sich nichts abhandeln, das steht ganz fest; *weiße Mäuse,* Ü Polizisten (in weißen Mänteln); *mit Mann und M.,* vgl. Mann; *mausetot,* Ü verstärkend: tot. 2) *wien.:* Eierteig im Salbei oder Holunderblätter. 3) Handballen, ABB. H 6. 4) *nur Pl.,* Ü Geld.
Mauschel [zu Moses] *der, -s/-,* Spottname der Juden.
Mauschelei *die, -/-en.* **mauscheln,** *ich* mausch(e)le (habe gemauschelt), 1) spreche jiddisch, Ü unverständlich. 2) spiele Mauscheln. 3) betrüge, bes. beim Kartenspiel. **Mauscheln** *das, -s,* ein Kartenglücksspiel.
Mäus|chen *das, -s/-,* 1) Diminutiv zu Maus. 2) Musikantenknochen, Stelle an der Streckseite des Ellbogengelenks, wo der Ellenverv dicht unter der Haut verläuft. **mäus|chenstill,** Ü ganz still. **Mäusebussard** *der,* ein Greifvogel. **Mausefalle, Mäusefalle** *die,* ABB. M 11. **Mäus(e)l** *das, -s/-,* Diminutiv zu Maus. **mauseln, mäuseln,** *ich* maus(e)le, mäus(e)le (habe gemauselt, gemäuselt), ♀ mache den pfeifenden Laut der Mäuse nach. **Mauseloch** *das,* Bau der Maus: *am liebsten würde ich mich (vor Verlegenheit) in ein M. verkriechen,* Ü bin sehr verlegen. **mausen** [mhd. musen], *ich* mause (habe gemaust), 1) *es,* Ü stehle. 2) *die Katze maust,* ♂ fängt Mäuse: *die Katze läßt das Mausen nicht,* Ü tief eingewurzelte Angewohnheit kann man keinem abgewöhnen.
Mauser [zu mausern] *der, -s,* Mauserung, Federwechsel der Vögel, meist zweimal im Jahr: *Frühjahrsmauser; Herbstmauser; Mauserzeit; unser Kanarienvogel ist in der M.* **Mauserei** [mhd. mausen ›Mäuse fangen‹, ›stehlen‹] *die, -/-en,* Ü das Stehlen. **Mäuserich** *der, -s/-e,* Ü männl. Maus.
mausern [ahd. muzon, zu lat. mutare ›wechseln‹], *ein Vogel* mausert *sich* (hat sich gemausert), wechselt die Federn: *der junge Mann hat sich gemausert,* Ü zu seinem Vorteil verändert. **Mauserung** *die, -,* die Mauser. **mausig** [mhd. muzec], 1) jagdtüchtig (von einem Jagdvogel nach der ersten Mauser). 2) *sich mausig m.,* ist vorlaut, frech.
Mausing [niederdt., zu Maus] *die, -/-en,* Musing, ♀ eine Bindung, ABB. K 31. **Mäuslein** *das, -s/-,* Diminutiv zu Maus.
Mausoleum [lat., zu grch. Mausoleion, nach dem Grabmal des Königs und pers. Satrapen Mausolos von Karien, gestorben 353 v. Chr., in Halikarnassos] *das, -s/. . .l'e|en,* monumentaler Grabbau.
Maut [mhd. mute, got. mota, zu mlat. muta ›Wechsel‹, ›Zoll‹]

die, -/-en, bair., österr.: ⚭ Zoll- und Wegegeld; heute nur für Straßengebühr: *Mautstraße.* **Mautner** *der, -s/-,* ⚭ Zollbeamter.

mauve [mo:v, frz., zu lat. malva ›Malve‹], *nicht flektierbar,* malvenfarbig, violett.

mauzen [Schallw.], *ich mauze* (habe gemauzt), maunze.

m. a. W., Abk. für: mit anderen Worten.

Max [zu Maximilian], männl. Vorname.

maxi . . . [engl., zu lat. maximus ›der größte‹], bes. groß, bes. lang; Mode: knöchellang: *Maximantel.*

Maxille [lat. maxilla ›Kinnlade‹] *die, -/-n,* 1) knöcherner Oberkiefer bei Mensch und Wirbeltier. 2) Mundwerkzeugteil einiger Gliederfüßer.

Maxima, *Pl.* von Maximum. **maximal, 1)** größtmöglich: *Maximalforderung; Maximalstrafe; Maximalwert; der maximale Verbrauch an Heizöl.* 2) höchstens: *ich schätze die Entfernung auf 10 km; dafür gebe ich m. zehn Mark aus.* **Maxime** [mlat. maxima regula ›oberste Norm‹] *die, -/-n,* Grundsatz, Prinzip; Denkspruch; Lebensregel: *seine Lebensmaxime ist* . . . **maximieren,** *ich maximiere* (habe maximiert) *es,* steigere zum Maximum.

Maximilian [lat. Maximinianus ›der aus dem Geschlecht Maximinus‹, männl., **Maximiliane,** weibl. Vorname.

Maximum [lat. ›das größte‹] *das, -s/* . . . *ma,* Höchststand, größter Wert: *ein M. an Sicherheit.*

Maya *der, -(s)/-(s),* Angehöriger sprachverwandter mittelamerikan. Indianerstämme: *Mayakultur.*

Mayday [m'eidei, engl., von frz. m'aidez ›helft mir‹], Notruf im internationalen bewegl. Funksprechverkehr.

Mayonnaise [majon'ε:zə, frz., nach der Stadt Mahón auf Menorca] *die, -/-n,* auch Majonäse, kalte Soße aus Eidotter und Öl.

Mazedonier *der, -s/-,* Makedonier. **mazedonisch,** makedonisch.

Mäzen [nach dem Römer Maecenas, gestorben 8 v. Chr.] *der, -s/-e,* Förderer (Kunst, Kultur, Sport). **Mäzenatentum** *das, -s,* Förderung durch einen Mäzen.

Mazeration [lat. macerare ›einweichen‹, ›mürbe machen‹] *die, -/-en,* 1) Erweichung oder Auflösung von organischem Gewebe in Flüssigkeiten. 2) chem. Extraktion von Stoffen aus Drogen mit Wasser. **mazerieren,** *ich mazeriere* (habe mazeriert) *es.*

Mazis [lat.] *der, -,* pulverisierte Muskatblüte, ein Gewürz.

Mazurka [-z-, poln. ›masurischer Tanz‹] *die, -/-s,* auch Masurka, polnischer Nationaltanz.

Mazza [jidd. maze, zu hebr. maza] *die, -/M'azzoth,* **Mazze** *die, -/-n,* die Matze, der Matzen, das ungesäuerte Brot oder der Osterkuchen der Juden.

mbar, Zeichen für: Millibar.

Md, ⚭ Zeichen für: Mendelevium.

Md., auch Mrd., Abk. für: Milliarde.

MdB, Abk. für: Mitglied des Bundestags.

MdE, Abk. für: Minderung der Erwerbsfähigkeit, im Sozialrecht der amtsärztlich festgestellte Grad der Verringerung der persönl. Leistungsfähigkeit.

MdL, Abk. für: Mitglied des Landtags.

MdR, Abk. für: Mitglied des Reichstags.

m. E., Abk. für: meines Erachtens.

mea culpa [lat.], (durch) meine Schuld.

Mechanik [grch. mechanike techne ›Maschinenkunst‹] *die, -/-en,* 1) ohne *Pl.,* die Lehre von den Bewegungen und den sie bewirkenden Kräften. 2) die bewegl. Teile eines Räderwerks, Getriebes oder von Musikinstrumenten. **Mechaniker** *der, -s/-,* Handwerker oder Facharbeiter für Maschinen, technische und physikal. Geräte: *Feinmechaniker; Kraftfahrzeugmechaniker.* **mechanisch, 1)** auf Mechanik beruhend. **2)** Ü zwangsläufig, ohne bewußte Steuerung, gedankenlos: *eine mechanische Reaktion; diese Arbeit führe ich rein m. aus.* **mechanisieren,** *ich mechanisiere* (habe mechanisiert) *es,* unterstütze oder ersetze die menschl. Arbeitskraft durch mechan. Arbeitsgeräte. **Mechanisierung** *die, -/-en: Teilmechanisierung.* **Mechanismus** [vgl. . . . ›ismus‹] *der, -/* . . . *men,* 1) Triebwerk, das Zusammenwirken der mechan. Teile einer Maschine. 2) Ü selbsttätiger, zwangsläufiger Ablauf: *Abwehrmechanismen; Lernmechanismen.* **mechanistisch,** alles mit ausschließlich mechanischen Ursachen begründend: *eine mechanistische Weltanschauung.* **Mecheler** *der, -s/-,* auch Mächeler, *schweiz.:* Mechaniker.

Mechthild [alte Form von Mathilde], weibl. Vorname.

mechulle [-x-, jidd. ›krank‹], machulle.

meckeln, *es* meckelet (hat gemeckelet), *schweiz.:* stinkt (von Schafen, Ziegen); riecht dumpf (in ungelüfteten Zimmern). **Meckerei** *die, -/-en.* **Meck(e)rer** *der, -s/-,* U Nörgler.

meckern [mhd. mechzen, zu mecke ›Ziegenbock‹, Schallw.] *ich meck(e)re* (habe gemeckert), 1) U lache in hellen kurzen Tönen: *er stieß ein meckerndes Lachen aus.* 2) Ü habe an allem etwas auszusetzen, nörgele. 3) *eine Ziege meckert,* stößt Laute aus. **meckmeck,** Ziegengeschrei.

Medaille [med'aljə, frz. médaille, zu lat. metallum ›Metall‹] *die, -/-n,* Schau- oder Gedenkmünze: *das ist die Kehrseite der M.,* Ü der nicht sofort erkennbare Nachteil der Angelegenheit.

Medaillon [medalj'ɔ̃] *das, -s/-s,* 1) runde oder ovale Ornament- und Rahmenform. 2) flache Kapsel für ein Bildchen als Anhänger, ABB. S 30. 3) Kochkunst: kleine runde oder ovale Fleischscheibe: *Kalbsmedaillon.*

Meder *der, -s/-,* Bewohner von Medien, einer Landschaft des Iran im Altertum.

Media [lat. medius ›mitten‹], 1) *die, -/* . . . *diä* oder . . . *di|en,* stimmhafter Verschlußlaut. 2) [auch engl. m'i:diə], *Pl.* von Medium, Werbeträger. **medial, 1)** die Mitte bildend. 2) die Eigenschaften eines Mediums besitzend. **median, 1)** die Mitte betreffend. 2) ⚕ auf der Mittellinie (des Körpers) gelegen. **Mediante** *die, -/-n,* ♪ der Mittelton des Dreiklangs und der darauf bezogene Dreiklang. **mediat** [frz. médiat], ⚭ mittelbar. **Mediation** *die, -/-en,* Vermittlung, bes. eines Staates im Streit zwischen anderen Staaten. **mediatisieren,** *ich* mediatisiere (habe mediatisiert) *es,* hebe die Landeshoheit kleinerer Reichsstände zugunsten größerer auf. **Mediatisierung** *die, -/-en.*

mediäval [lat. medius ›mitten‹ und aevum ›Zeitepoche‹], mittelalterlich. **Mediäval** *die, -,* ⍟ eine Druckschrift, Art der Antiqua. **Mediävist** *der, -en/-en,* Kenner, Erforscher des Mittelalters. **Mediävistik** *die, -.*

Mediceer [-ts'e:ər] *der, -s/-,* Medici. **mediceisch** [-ts'e:iʃ] **Medici** [m'editʃi] *die, -/-,* Angehöriger der Familie Medici in Florenz.

Medien, *Pl.* von Media. 2) Medium. **medienspezifisch,** *die medienspezifische Bearbeitung eines Themas.* **Medienverbund** *der,* 1) Zusammenfassung mehrerer Kommunikationsmittel in einer Organisation. 2) Pädagogik: Verbindung zweier oder mehrerer Kommunikationsmedien zur Erreichung von Lernzielen.

Medikament [lat. medicamentum] *das, -(e)s/-e,* Arzneimittel. **medikamentös,** *die medikamentöse Behandlung einer Krankheit.* **Medikaster** [frz. médicastre, zu lat. medicus ›Arzt‹] *der, -s/-,* Quacksalber. **Medikation** *die, -/-en,* Verordnung, Verabreichung eines Medikaments. **Medikus** *der, -/M'edizi,* scherzhaft für Arzt.

medio, Medio [lat.], (in der) Mitte. **medioker** [lat. mediocris], mittelmäßig: *mediokre Arbeit.* **Mediokrität** *die, -.*

Mediothek [vgl. Medium und Theke] *die, -/-en,* moderne Form der Bibliothek, die auch über audiovisuelle Medien verfügt.

Medisance [mediz'ãs, frz., zu médire ›Böses reden‹] *die, -/-n* [-ən], ⚭ üble Nachrede, Klatsch. **medisant,** ⚭ klatschsüchtig.

medisch, die Meder und die Landschaft Medien betreffend.

Meditation [lat. meditatio, zu meditari ›nachsinnen‹] *die, -/-en,* Nachdenken, Betrachtung, Versenkung: *religiöse M.; Meditationsübung.* **meditativ.**

mediterran [lat. mediterraneus, zu medius ›mitten‹ und terra ›Land‹], mittelmeer(länd)isch: *mediterranes Klima.*

meditieren [vgl. Meditation], *ich meditiere* (habe meditiert) *über etwas,* denke darüber nach, betrachte es sinnend.

Medium [lat. medius ›mitten‹, ›dazwischen‹] *das, -s/* . . . *di|en,* 1) Mittel, Mittler. 2) Parapsychologie: Mensch mit der Fähigkeit zu außersinnl. Wahrnehmung oder unerklärbarer Wirkungsmöglichkeit auf Gegenstände. 3) Spiritismus: Mittelsperson zwischen den Geistern Verstorbener und den Lebenden. 4) Versuchsperson bei der Hypnose: *sie ist ein geeignetes M.* 5) Stoff als Träger von physikalischem und chem. Wirkungen: *Wasser ist ein gutes M. für Schallwellen.* 6) eine Handlungsart des Verbs in indogerman. Sprachen (im Deutschen z. T. reflexiv wiedergegeben). 7) *Pl.* auch Media [auch engl. m'i:diə], Träger publizist. Wirkungen, Werbeträger: *das M. Fernsehen; die modernen Massenmedien; Medienpolitik; Media-Abteilung; Media-Planer,* Streuplaner einer Werbeagentur.

Medizi, *Pl.* von Medikus. **Medizin** [lat. ars medicina ›ärztliche Kunst‹] *die, -,* 1) Wissenschaft vom gesunden und kranken Lebewesen und dessen Heilung: *Medizinstudium; Gerichtsmedizin; Humanmedizin; er studiert M.* **2)** *Pl. -en,* Ü Arznei: *hast du deine M. genommen?; dieser Tadel war für ihn eine heilsame M.,* Ü. **Medizinalassistent** *der,* angehender Arzt während seiner prakt. Krankenhaustätigkeit vor der Approbation. **Medizinball** *der,* Vollball (bis 3 kg). **Mediziner** *der, -s/-,* Arzt, auch Student der Medizin. **medizinisch,** *das Gericht forderte ein medizinisches Gutachten an; medizinisch-technische Assistentin,* Abk.: MTA. **Medizinmann** *der,* Gesundzauberer, Priester bei Naturvölkern.

Medley [m'edli, engl. ›Gemisch‹] *das, -s/-s,* ♪ Aneinanderreihung verschiedener Musikstücke: *ein M. aus Schlagern der dreißiger Jahre.*

Medres(s)e [arab. madrasa] *die, -/-n,* islam. Hochschule, auch Koranschule für Kinder.

Medusa, auch Meduse, griech. Mythologie: weibl. Ungeheuer, dessen Blick den Betrachter versteinerte: *Medusenblick; Medusenhaupt.* **Meduse** *die, -/-n,* Qualle.

Meer [ahd. meri, verwandt mit lat. mare] *das, -(e)s/-e,* U die zusammenhängende Wassermasse der Erde: *Meeresbiologie; Meeresströmung; Meerbusen; Meerwasser; Mittelmeer.* **2)** große Wasserfläche: *Binnenmeer.* **3)** Ü gewaltige Masse: *Häusermeer der Großstadt; ein M. von Tränen, von Trümmern.* **Meerdrachen** *der,* ein Rochen mit breiten Brustflossen. **Meerenge** *die,* auch Meeresstraße, eine Verengung des Meeres zwischen Festlandsvorsprüngen oder Inseln. **Meeresgrund** *der,* Boden des Meeres. **Meeresspiegel** *der,* mittlerer Wasserstand des Meeres als Grundlage für Höhenmessungen: *800 m über dem M.,* Abk.: ü. d. M., ü. M.; *unter dem M.,* Abk.: u. d. M., u. M. **Meeresstraße** *die,* Meerenge. **meergrün,** hellgrün. **Meerjungfrau** *die,* ein Fabelwesen, halb Frau, halb Fisch. **Meerkatze** [ahd. merikazza] *die,* ein afrikan. Affe in Wäldern und Baumsavannen.

Meerrettich [ahd. mer-ratik ›größerer Rettich‹] *der,* Pflanze mit scharf schmeckender Wurzel: *Meerrettichsoße.*

Meersalz *das,* aus Meerwasser gewonnenes Salz. **Meerschaum** *der, -(e)s,* weiches, poröses Mineral: *Meerschaumpfeife.* **Meerschweinchen** *das,* ein südamerikan. Nagetier.

Meeting [m'i:tiŋ, engl.] *das, -s/-s,* Treffen, öffentl. Versammlung.

mega... [grch. megas ›groß‹], groß..., riesen...; vgl. Maßeinheiten: *das Millionenfache der Basiseinheit;* vgl. ÜBERS. M 8: *Megahertz,* Zeichen: MHz; *Meg(a)ohm,* Zeichen: MΩ; *Megawatt,* Zeichen: MW; *Megapond,* Zeichen: Mp. **Megalith** [vgl. ...lith] *der, -(e)s/-e* oder *-en/-en,* großer Steinblock: *Megalithgrab,* Hünengrab. **megalithisch,** aus großen Steinen bestehend. **Megalithkultur** *die, -,* jungsteinzeitl. Kultur. **Megalomanie** *die,* Größenwahn. **Megaphon** [grch. phone ›Stimme‹] *das, -s/-e,* Sprachrohr.

Megäre [grch. Megaira ›die Neidische‹] *die, -/-n,* böses Weib.

Mehl [ahd. melo] *das, -(e)s/-e,* 1) staubartig zerkleinerter Stoff: *Holzmehl; Knochenmehl,* ein Dünger. **2)** gemahlenes Getreide, Grundstoff der Bäckerei: *Weizenmehl; Mehlsieb.* **Mehlbeere** *die,* 1) eine Eberesche. **2)** Frucht des Weißdorns. **mehlig,** 1) Mehl enthaltend; mit Mehl bestäubt. **2)** nicht saftig (Obst). **Mehlkäfer** *der,* ein Vorratsschädling. **Mehlpilz** *der,* Speisepilz mit Mehlgeruch. **Mehlschwitze** *die,* in Fett gebräuntes Mehl, mit Flüssigkeit angerührt. **Mehlspeise** *der,* 1) Gerichte mit Mehl oder anderen stärkereichen Stoffen als Hauptbestandteil. **2)** *österr.:* Süßspeise, Kuchen. **Mehltau** *der,* mehlstabähnliches Pilzmycel; aber: vgl. Meltau. **Mehltype** *die,* Klassifizierung der Mehlsorten nach ihrem Mineralstoffgehalt. **Mehlwurm** *der,* die Mehlkäferlarve.

mehr [ahd. mero], Komparativ von viel und sehr: **1)** in höherem Grade, in größerer Menge, etwas übersteigend: *Mehrarbeit; Mehrertrag; er hat m. Geld als du; er kam m. tot als lebendig heraus; m. dumm als frech; das ist eine m. rechtliche Frage; in der neuen Firma verdient er 200 Mark m. (als vorher); das hat viel m. gekostet, als wir dachten,* aber: *es trifft vielmehr zu, daß...,* im Gegenteil; *ich bitte um etwas m. Ruhe; sie verspricht oft m., als sie halten kann; ich habe m. als das Doppelte davon; der Preis ist um m. als das Doppelte gestiegen; es kommt nicht darauf an, ob es ein paar m. oder weniger sind; m. daß du nicht zu sagen; immer m., m. und m.,* in steigendem Maße, unaufhörlich. **2)** mit einer Verneinung: über eine Zeitspanne hinausgehend, in der etwas möglich war: *ich möchte nicht m. darüber reden; dazu ist nichts m. zu sagen; ich habe keine Lust, Zeit m.; daran will sich niemand m. erinnern; er will nie (mals) m.*

dorthin zurückkehren; ich kann nicht m., Ü bin erschöpft, kann nicht mehr essen; *ich weiß es nicht m.; es war niemand m. da; er ist nicht m.,* P ist gestorben. **3)** *nur m.,* Ü nur noch: *wir haben nur m. fünf Stück übrig.* **mehr...,** mehrere ... umfassend: *mehrseitig; mehrsilbig; mehrstöckig; mehrtägig; mehrteilig; mehrzellig.* **Mehr** *das, -(s),* **1)** Überschuß, Überlegenheit, Gewinn: *das M. dieses Geschäftsjahres; er rechnet mit einem M. an Kosten in Höhe von 5 000 Mark.* **2)** *schweiz.:* Mehrheit: *das absolute M. beträgt eine Stimme mehr als die Hälfte aller Stimmen; kein Gegenmehr,* ohne Gegenstimme; *das größere und das kleinere M.* **Mehrausgabe** *die,* zusätzliche Ausgabe über die geplante hinaus. **Mehrbedarf** *der,* über das berechnete Maß hinausgehender Bedarf. **mehrdeutig,** unterschiedlich auslegbar; mißverständlich: *mehrdeutige Äußerungen.* **Mehrdeutigkeit** *die, -.* **mehrdimensional,** *ein mehrdimensionaler Raum,* △ ein abstrakter Raum mit mehr als drei Dimensionen. **Mehrdimensionalität** *die, -.* **Mehreinnahme** *die,* Überschuß über die erwartete Einnahme hinaus. **mehren,** *ich mehre (habe gemehrt),* 1) vergrößere, verhelfe zu Gedeihen und Wachstum: *er ist immer darauf bedacht, seinen Besitz, sein Vermögen zu mehren.* **2)** *es mehrt sich,* wird mehr, vermehrt sich. **mehrere** *der, -s/-,* **mehrere,** nicht nur ein oder zwei, sondern eine ganze Anzahl, einige: *er hat m. Geschwister; das liegt schon m. Jahre zurück; ich habe noch mehreres zu tun, allerlei, verschiedenes.* **mehrerlei,** *nicht flektierbar,* verschiedene(s): *es waren m. Berufe vertreten.* **mehrfach,** 1) wiederholt, öfters, häufig: *in mehrfachen Versuchen.* **2)** aus mehr als zwei Teilen bestehend: *ein Schriftstück in mehrfacher Ausfertigung.* **Mehrfamilienhaus** *das,* Haus mit mehreren Wohnungen, ABB. H 11. **Mehrfarbendruck** *der,* Druck in mehreren Farben. **mehrfarbig. Mehrheit** *die, -/-en,* der größere Teil, die größere Anzahl aus einer Gesamtheit: *Mehrheitsbeschluß; Stimmenmehrheit; die M. der Angestellten; eine Partei errang die (absolute) M.; die Regierung stützt sich auf wechselnde Mehrheiten.* **mehrheitlich,** der Mehrheit entsprechend. **Mehrheitswahl** *die,* Wahlsystem, bei dem die absolute oder relative Mehrheit der Stimmen entscheidet: *Mehrheitswahlrecht.* **Mehrkosten,** *Pl.,* Mehrausgabe. **Mehrling** *der, -s/-e,* Sammelwort für Zwilling, Drilling usw. **mehrmalig,** *ich konnte es erst nach mehrmaligem Hinsehen erkennen.* **mehrmals,** öfter, nicht selten: *ich habe dich gestern m. vergeblich angerufen; wie schon m. betont ...; wir haben m. darauf hingewiesen.* **Mehrparteiensystem** *das,* die Teilhabe mehrerer Parteien an der politischen Willensbildung. **mehrsprachig,** 1) mehr als eine Sprache sprechend: *er ist m. aufgewachsen.* **2)** in mehreren Sprachen abgefaßt (Wörterbuch, Schriftstück). **Mehrsprachigkeit** *die, -.* **mehrstimmig,** mit mehr als ein oder zwei Stimmen (Lied). **Mehrstimmigkeit** *die, -.* **Mehrstufe** *die,* Komparativ, ÜBERS. A 4. **Mehrung** *die, -,* das Mehren. **Mehrwert** *der,* Marxismus: Differenz zwischen der Arbeitsleistung und dem dafür gezahlten Lohn. **Mehrwertsteuer** *die,* eine Umsatzsteuer. **Mehrzahl** *die, -,* 1) Mehrheit. **2)** Ⓢ Plural, eine Form des Substantivs und des Pronomens sowie die dazugehörigen Formen von Adjektiv und Verb, ÜBERS. A 4, P 24, S 77, V 2. **Mehrzweck...,** für mehrere Zwecke verwendbar: *Mehrzweckgerät; Mehrzweckhalle; Mehrzweckmöbel.*

meiden [ahd. midan], *ich meide (habe gemieden)es, ihn,* halte mich von ihm fern: *seit diesem unangenehmen Vorfall m. ich ihn; er meidet den Alkohol; sie wurde von allen Kollegen gemieden.*

Meier [ahd. meiur, mhiur, zu mlat. maior domus ›Vorsteher der Dienerschaft‹, aus lat. maior ›der Größere‹ *der, -s/-,* ♂ Pächter, Gutsverwalter: *Hausmeier,* Majordomus. **Meierei** *die, -/-en,* 1) Pachthof. **2)** Milchwirtschaft, Molkerei. **Meierhof** *der,* Meierei.

Meile [ahd. mila, zu lat. milia passuum ›tausend (Doppel-) Schritt‹] *die, -/-n,* ein Längenmaß: *englische M., 1 609,344 m; Seemeile,* 1 852 m; *meilenlang; meilenweit,* aber: *drei Meilen lang, weit.* **Meilenstein** *der,* 1) Stein zur Kennzeichnung von Wegstrecken. **2)** Ü hervorragendes Ereignis: *diese Erfindung ist ein M. in der Geschichte der Medizin.*

Meiler [mhd. miler, zu lat. miliarium ›tausend Stück‹] *der, -s/-,* mit Erde bedeckter, schwelender Holzhaufen für die Köhlerei.

mein [ahd. min], 1) Possessivpronomen, ÜBERS. P 24: mir gehörig, von mir ausgehend: *m. Buch; meine Mutter; meiner Ansicht nach,* Abk.: m. A. n.; *meines Erachtens,* Abk.: m. E.; *meines Wissens,* Abk.: m. W.; *sie können m. und dein nicht unterscheiden, verwechseln m. und dein,* Ü sie stehlen, aber: *das*

Mein und das Dein. **2)** auch meiner, ⚭ Genitiv von ich: *er denkt mein(er).* **meine** *der, die, das,* meinige. **Mein|eid** [ahd. meineid, zu mein ›falsch‹] *der,* falscher Eid. **mein|eidig,** *er ist m.* geworden.

meinen [ahd. meinan], *ich meine (habe gemeint),* **1)** *es,* denke bei mir, bin der Ansicht: *ich m., wir sollten ihm helfen; was meinen Sie dazu?,* sagen Sie uns Ihre Ansicht. **2)** *ihn, es,* bezeichne, habe im Sinn, spreche davon: *du bist gemeint, dich betrifft es; ich m. es gut mit dir,* will dein Bestes; *das ist ja gut gemeint,* aber: *eine gutgemeinte Warnung.* **3)** sage: ›Komm doch mit!‹ meinte er. **4)** *mich,* alem.: prahle, bilde mir etwas ein. **meinerseits,** von mir aus. **meinesgleichen,** mir im Rang gleichstehend. **meines|teils,** was mich betrifft. **meinethalben, meinetwegen, 1)** für mich, um meinetwillen. **2)** *m.!,* U ich habe nichts dagegen. **meinetwillen,** *um m.,* für mich, mir zuliebe.

Meinhard [ahd. magan ›Kraft‹, ›Stärke‹ und hard ›tapfer‹, ›stark‹], männl. Vorname.

mein(ig)e *der, die, das, nur prädikativ,* mein: *wessen Arbeit ist das?, die m.!;* aber: *die Mein(ig)en,* meine Angehörigen. **Meinrad** [ahd. magan ›Kraft‹, ›Stärke‹ und rat ›Rat‹], männl. Vorname.

Meinung [ahd. meinunga ›Beweggrund‹, ›Ursache‹, zu meinen] *die, -/-en,* Ansicht, Urteil, wertende Anschauung: *Meinungsfreiheit; Meinungsumfrage; Meinungsverschiedenheit; ich habe keine gute M. von ihm; die öffentliche M.,* die Ansicht der Allgemeinheit; *er verfocht seine M. mit Zähigkeit; sie hat ihm (gehörig) die M. gesagt,* U ihm ihr Mißfallen ausgedrückt. **Meinungsaustausch** *der,* gegenseitige Mitteilung der Meinung. **meinungsbildend. Meinungsbildung** *die.* **Meinungsforschung** *die,* die planmäßige Erkundung der öffentlichen Meinung, Demoskopie.

Meiose [grch. meiosis ›Verminderung‹] *die, -/-n,* Biologie: Reifeteilung.

Meise [ahd. meisa] *die, -/-n,* ein Singvogel: *du hast wohl 'ne M.,* U bist närrisch.

meisen, *ich meise (habe gemeis[e]t),* schweiz.: lärme, streite.

Meißel [ahd. meizil, zu meizan ›(ab)schneiden‹] *der, -/-,* keilförmig zugeschärftes Werkzeug, ABB. M 11. **meißeln,** *ich meiß(e)le (habe gemeißelt) (es),* arbeite, bearbeite mit einem Meißel.

meist [ahd. meist], **1)** meistens. **2)** Superlativ von viel: *der, die, das meiste; am meisten; die meisten Leute, die meisten,* alle mit wenig Ausnahmen; *wer bietet das meiste oder am meisten?* **meist...,** am meisten: *meistgefragt; meistgekauft; meistgelesen; meistgenannt.* **meistbietend,** *das Bild wird m.* versteigert, gegen das höchste Gebot. **Meistbietende** *der, die, das, -n/-n, ein -r, eine -,* jemand, der bei Versteigerung das höchste Gebot macht. **meistenorts,** fast überall. **meistens, meistenteils,** im allgemeinen, fast immer.

Meister [ahd. meistar, zu lat. magister] *der, -s/-,* **1)** großer Könner, Künstler, Führer, Lehrer, Vorbild: *Lehrmeister; Altmeister; Meisterschuß; ein M. der Landschaftsbeschreibung,* des Gesanges; *die großen M. der klassischen Musik.* **2)** Herr, Beherrscher, Überwinder: *ich werde seiner noch M. werden; er soll in mir seinen M. finden; ich werde ihm M., ich mag ihm M.,* schweiz.: ich besiege ihn, setze ihm gegenüber meinen Willen durch. **3)** Handwerker nach bestandener Meisterprüfung: *Schreinermeister;* ✗ jemand, der eine (anerkannte) Höchstleistung vollbringt: *deutscher M. im Kugelstoßen; Europa-, Weltmeister.* **5)** Vorsteher eines Ritterordens: *Hochmeister.* **6)** *M. vom Stuhl,* Vorsteher einer Freimaurerloge. **Meisterbrief** *der,* Urkunde über die bestandene Meisterprüfung. **Meistergesang** *der,* Meistersang. **meisterhaft,** vortrefflich, vollkommen, vorbildlich, ungewöhnlich gut. **Meisterhand** *die,* von *M. geschaffen,* von einem Meister (Künstler). **Meisterin** *die, -/-nen,* **1)** weibl. Meister. **2)** ✗ Ehefrau eines Meisters. **meisterlich,** meisterhaft. **meisterlos,** schweiz.: ohne Beherrschung. **meistern** [ahd. meist(a)ron], *ich meist(e)re (habe gemeistert),* **1)** *es,* bezwinge, überwinde, beherrsche: *sie konnte die Schwierigkeiten meistern.* **2)** *ihn,* U tadle ständig. **Meisterprüfung** *die,* Abschluß der dreistufigen Berufsausbildung in Handwerk und Industrie. **Meistersang** *der, -(e)s,* bürgerl. Lieddichtung des 14.–16. Jahrh. **Meistersänger** *der,* Meistersinger. **Meisterschaft** *die, -/-en,* **1)** großes Beherrschen; großes Können: *sie ist im Tanzen zu großer M. gebracht.* **2)** sportl. Höchstleistung, Sieg im Wettkampf: *Meisterschaftsspiel; Weltmeisterschaft.* **Meistersinger** *der,* jemand, der den Meistersang ausübte. **Meisterstreich** *der,*

besonders geschickter Streich. **Meisterstück** *das,* **1)** Arbeit eines Gesellen zur Meisterprüfung. **2)** U besonders gute Arbeit; besonders geschickte Tat. **Meisterwerk** *das,* großes Kunstwerk, große Leistung.

Meiststufe *die,* Superlativ, ÜBERS. A 4.

Meitli, Meitschi *das, -s/-,* alem.: Mädchen; Magd.

Mekka [nach der Stadt in Saudi-Arabien, dem wichtigsten Wallfahrtsort des Islam] *das, -s,* Ü Ort mit bes. Anziehungskraft: *das Korallenriff ist ein M. der Sporttaucher.*

Melancholie [-ko-, grch. melancholia ›Schwarzgalligkeit‹] *die, -/. . .l'i|en,* Schwermut, Niedergeschlagenheit. **Melancholiker** *der, -s/-.* **melancholisch.**

Melange [mel'ãʒ, frz. mélange, zu mêler ›mischen‹] *die, -/-n [-ʒən],* **1)** Mischung, z. B. von Kaffeesorten. **2)** österr.: Milchkaffee.

Melanie [frz., zu grch. melas ›schwarz‹], weibl. Vorname. **Melanin** [grch. melas ›schwarz‹] *das, -s/-e, meist Pl., ein dunkles Pigment.* **Melanismus** [vgl. . . .ismus] *der, -, ⚕* Melanose. **Melanit** *das, -s/-e,* schwarzer Granat. **Melanose** *die, -/-n, ⚕* Hautkrankheit mit verbreiteten dunkelpigmentierten Flecken. **Melaphyr** [vgl. Porphyr] *der, -s/-e,* dem Basalt entsprechendes, altes Ergußgestein.

Melasse [frz. mélasse, span. melaza, zu lat. mel ›Honig‹] *die, -/-n,* dicker, dunkler Sirup, Rückstand bei der Zuckergewinnung.

Melber [mhd. melwære] *der, -s/-,* bair.: **1)** Mehlhändler. **2)** Mehlmaß. **melbig,** bair.: mehlig.

Melcher [ahd. melchan ›melken‹] *der, -s/-,* oberdt.: Melker. **Melchior** [hebr. ›König des Lichts‹], männl. Vorname. **Melchter** [ahd. melchan ›melken‹] *die, -/-n, schweiz.:* Milchgeschirr.

Melde [ahd. melta, multa] *die, -/-n,* ein Unkraut: *Gartenmelde,* eine Gemüsepflanze.

melden [ahd. meldon ›anzeigen‹, ›verraten‹], *ich melde (habe gemeldet),* **1)** *es (ihm),* teile (dienstlich) mit, tue kund: *er meldete mir schriftlich seine Ankunft; die Zeitung meldet ein Bergunglück; du hast mir nichts zu melden,* U nichts zu sagen. **2)** *ihn,* zeige an: *laß den Unfug, oder ich melde dich melden.* **3)** *mich,* erkläre mich bereit, stelle mich zur Verfügung: *er meldete sich pünktlich (freiwillig) zum Dienst.* **4)** *mich,* lasse mich sehen, von mir hören: *Sie sollen sich beim Chef melden; ich werde mich mit einer Karte aus dem Urlaub melden; unter dieser Telefonnummer meldet sich niemand; das Baby meldet sich,* macht (durch Schreien) auf sich aufmerksam. **5)** *mich (zum Wort),* bitte ums Wort (durch m.). **6)** *der Hund meldet,* gibt Laut. **7)** *der Hirsch meldet,* 🦌 stößt Brunftlaute aus. **Meldepflicht** *die, -, 1)* Verpflichtung des Bürgers zur Meldung auf dem Einwohnermeldeamt der Polizei. **2)** Verpflichtung des Arztes, das Auftreten bestimmter Krankheiten der Gesundheitsbehörde zu melden. **meldepflichtig,** *meldepflichtige Krankheit.* **Melder** *der, -s/-,* Überbringer oder Gerät zum Übermitteln von Nachrichten: *Feuermelder,* ABB. F 19. **Meldung** *die, -/-en,* dienstl. Mitteilung; Nachricht: *die letzten Meldungen; eine wichtige, aktuelle, streng vertrauliche M.; wir müssen (eine) M. machen.*

melieren [frz. mêler, zu lat. miscere], *ich meliere (habe meliert) es,* ⚭ mische. **meliert,** *sein Haar ist grau m.;* aber: *graumeliertes Haar.*

Melioration [lat. melior ›besser‹] *die, -/-en,* Verbesserung des Bodens, z. B. Ur- und Entwässerung. **meliorieren,** *ich meloriere (habe melioriert) es.* **Meliorierung** *die, -/-en.*

Melis [wohl zu grch. meli ›Honig‹] *der, -,* Handelsname für gemahlene weiße Zuckersorten unterschiedl. Qualität.

melisch [grch. melos ›Lied‹, ›Gesang‹], liedhaft: *melische Dichtkunst,* die Lyrik. **Melisma** *das, -s/. . .men, ♪* melodische Verzierung; Koloratur. **melismatisch.**

Melisse [grch. melissa ›Biene‹] *die, -/-n, ✿* ein Lippenblüter, Heilpflanze. **Melitta** [nhd.], weibl. Vorname.

melk, ⚭ milchgebend. **melken** [ahd. melchan], *ich melke (molk, habe gemolken, auch melkte, habe gemelkt),* **1)** *ein Tier,* entziehe dem Euter die Milch: *die Kühe werden gemolken; frisch gemolkene Milch; Melkschemel; Melkmaschine.* **2)** *ihn,* U beute aus, nehme ihm Geld ab. **Melker** *der,* das Melken und die Pflege der Kühe besorgt. **Melkerei** *die, -/-en, oberdt.:* Molkerei, Almwirtschaft.

Meloche [jidd., zu hebr. m'lach'a ›Handwerk‹, ›Kunststück‹] *die, -, auch* Maloche, G Arbeit. **melochen,** *ich meloche (habe melocht), auch* maloche, arbeite schwer.

Melodie [mhd. melodie, zu grch. melodia von melos ›Lied‹ und ode ›Gesang‹] *die, -/. . .d'i|en,* eine in sich geschlossene sangbare Tonfolge: *er summte eine alte, heitere, schwermütige M. vor sich hin.* **Melọdik** *die, -,* **1)** Merkmal einer Melodie. **2)** Lehre von der Gestaltung einer Melodie. **melodiọs,** wohlklingend, sehr melodisch. **melọdisch,** eine Melodie betreffend; gut sangbar. **Melo|drạm** *das, -s/-e(n),* **1)** ♪ Verbindung von Sprechen und Musik. **2)** Melodrama. **Melo|drạma** *das,* **1)** Schauspiel mit untermalender Musik. **2)** Schauer-, Rührstück; Ü gefühlsbetonte Auseinandersetzung. **melo|dramạtisch.**

Melọne [mhd. melone, zu grch. melon ›Apfel‹] *die, -/-n,* **1)** ein Kürbisgewächs als spätere Frucht: *Melonenkern; Wassermelone.* **2)** U Bowler, ABB. H 29.

Mẹlos [grch. ›Lied‹] *das, -,* Melodie.

Melpọmene [grch.], Muse des Trauerspiels.

Mẹltau [ahd. militou] *der, -(e)s,* zuckerhaltige Abscheidung der Blattläuse; vgl. aber: Mehltau.

Melusịne, Meerfee der altfranzös. Sage.

Mem|brạn [mhd. membrane, zu mlat. membrana, aus lat. membrum ›Teil‹, ›(Körper)glied‹] *die, -/-en,* **Mem|brạne** *die, -/-n,* **1)** Biologie: dünnes Häutchen, z. B. das Trommelfell des Ohres, auch ⊙ flächenhafter Körper zur Druckfortpflanzung oder Schwingungserregung: *die M. des Fernsprechers wird ausgewechselt.* **3)** ⌁ Filterhäutchen.

Memẹnto [lat. ›gedenke!‹] *das, -s/-s,* Mahnung, Erinnerung. **memẹnto mọri,** gedenke des Todes.

Mẹmme [mhd. memme, mamme, urspr. ›Mutterbrust‹] *die, -/-n,* U Feigling. **mẹmmenhaft.**

Memoire [memw'ar, frz. mémoire, zu lat. memoria ›Erinnerung‹] *das, -s/-s,* Memorandum. **Memoiren** [memw'arən], *Pl.,* Denkwürdigkeiten, Lebenserinnerungen. **Memorabịlien,** *Pl.,* Denkwürdigkeiten. **Memorạndum** *das, -s/. . . den* und *. . . da,* **1)** Denkschrift (im diplomat. Verkehr). **2)** Merkbuch. **Memorịal** *das,* **1)** *-s/-e* oder *. . . lịen,* ⚹ Merkbuch, Tagebuch. **2)** [engl. mem'ɔ:riəl], *-s/-s,* ✗ Veranstaltung, die dem Gedenken an einen berühmten Sportler gewidmet ist. **memorịeren,** *ich* memoriere (habe memoriert) *es,* lerne auswendig: *Memorierstoff.*

Menạge [men'a:ʒə, frz. ménage ›Haushalt‹, ›Wirtschaft‹, zu lat. mansio ›das Verbleiben‹] *die, -/-n,* **1)** Tischgestell für Öl, Essig, Pfeffer und Salz. **2)** ⚹ österr.: Truppenverpflegung. **3)** ⚹ Haushalt. **Menagerie** [-ʒər'i] *die, -/. . . r'ịen,* **1)** Tierschau. **2)** ⚹ Tiergarten. **menagieren** [-ʒ'i-], *ich* menagiere (habe menagiert), **1)** ⚹ österr.: fasse Essen. **2)** *es,* ⚹ behandle schonend; spare. **3)** *es,* ⚹ ordne an. **4)** *mich,* ⚹ mäßige mich. **5)** *mich,* ⚹ verpflege mich selbst.

Men|ạrche [grch. men ›Monat‹ und arche ›Anfang‹] *die, -,* ♀ das erste Auftreten der Menstruation.

Mendelevium [nach dem russ. Chemiker D. Mendelejew, 1834–1907] *das, -s,* ⌁ Zeichen: Md; künstliches radioaktives Element.

Mendelịsmus [nach dem Botaniker und Vererbungsforscher G. J. Mendel, 1822–1884] *der, -,* eine Richtung der Vererbungslehre. **mẹndeln,** eine Art mendelt (hat gemendelt), folgt den Mendelschen Gesetzen der Vererbung.

Mendikạnt [lat. mendicare ›betteln‹] *der, -en/-en,* Bettelmönch.

Menetẹkel [aramäisch meneh tekel u pharsin, eigtl. ›gezählt, gewogen, zerteilt‹, Daniel 5, 25–28] *das, -s/-,* Warnungszeichen.

Mẹnge [ahd. managi] *die, -/-n,* **1)** Anzahl, Masse: *Stoffmenge; Mengenangabe; Mengenrabatt.* **2)** eine große Zahl, viel, ungeordneter Haufen: *Menschenmenge; ich mußte mich durch die M. zwängen; die aufgebrachte M. drängte sich vor dem Rathaus; du mußt noch eine M. lernen,* U viel; *wir haben eine M. Arbeit,* U; *dieses Jahr gibt es Äpfel in rauhen Mengen,* U sehr viel. **3)** △ Zusammenfassung von Dingen, die voneinander unterscheidbar sind.

mẹngen [ahd. mengan], *ich* menge (habe gemengt), **1)** *es,* mische, vereinige Getrenntes zu einem Stoff. **2)** *mich in etwas,* U mische mich ein.

Mẹngenlehre *die, -,* Teilgebiet der Mathematik. **mẹngenmäßig,** der Menge nach, quantitativ.

Mẹngsel [zu mengen] *das, -s/-,* Gemisch.

Mẹnhir [kelt. ›langer Stein‹] *der, -s/-e,* Hünenstein, vorgeschichtl. Steinsäule von Kelten.

Meningịtis [grch. meninx ›Haut‹, ›Hirnhaut‹] *die, -/. . . t'iden,* ♀ Gehirnhautentzündung.

Menịskus [grch. meniskos ›Möndchen‹, zu men ›Mond‹] *der, -/. . . ken,* **1)** ♀ Zwischenknorpel im Kniegelenk: *Meniskusriß.* **2)** gewölbte Flüssigkeitsoberfläche in engen Röhren. **3)** einseitig gekrümmte optische Linse.

Menkẹnke [zu mengen] *die, -,* mitteldt.: Schwierigkeiten, Umstände, Durcheinander: *mach doch keine M.!*

Mẹnnige [spätahd. minig, zu lat. minium ›Zinnober‹] *die, -,* rote Bleiverbindung, Rostschutzmittel. **mẹnnigrot,** rot wie Mennige.

Mennonịt [nach ihrem Führer Menno Simons, 1496–1561] *der, -en/-en,* Anhänger einer Gemeinschaft der Wiedertäufer. **mennonịtisch.**

Menopause [grch. men ›Monat‹, pauein ›aufhören lassen‹] *die,* ♀ das Aufhören der Menstruation im Klimakterium. **Menor|rhagie** [grch. rhegnynai ›zerreißen‹] *die, -/. . . g'ịen,* ♀ zu starke Menstruation. **Menor|rhö(e)** [-r'ø:, grch. rhoe ›Fluß‹] *die, -/. . . rh'ọen,* Menstruation. **menor|rhọisch.**

Mẹnsa [lat. ›Tisch‹] *die, -/-s* oder *. . . sen,* **1)** Altarplatte, ABB. A 9. **2)** Studentenspeiseraum: *M. academica.*

Mẹnsch [ahd. mannisco, eigtl. ›männlich‹, zu Mann] **1)** *der, -en/-en,* das höchstentwickelte Lebewesen, ABB. M 12: *Menschengewühl; Menschenmenge; Menschenrasse; Eiszeitmensch; er ist auch nur ein M.,* ist nicht ohne Fehler; *er ist nur noch ein halber M.,* ist im Vollbesitz seiner Kräfte; *er ist eine Seele von M.,* Ü herzensgut; U als Ausruf (des Staunens): *M., laß mich in Ruh!* **2)** *das, -es/-er,* U verächtlich: Schimpfwort für eine weibliche Person. **Mẹnschenaffe** *der,* Sammelzeichnung für Schimpanse, Gorilla, Orang-Utan. **mẹnschenähnlich,** Affen verhalten sich oft m. **Mẹnschenalter** *das,* durchschnittl. Lebensdauer eines Menschen. **mẹnschenarm,** *eine menschenarme Gegend.* **Mẹnschenfeind** *der,* Misanthrop, jemand, der die Gesellschaft scheut und die Menschen verachtet. **mẹnschenfeindlich. Mẹnschenfresser** *der,* **1)** Märchenfigur. **2)** bei Naturvölkern jemand, der Menschenfleisch verzehrt, Kannibale. **Mẹnschenfresserei** *die, -.* **Mẹnschenfreund** *der,* Philanthrop, Freund und Wohltäter der Menschen. **mẹnschenfreundlich. Mẹnschenführung** *die, -,* das planmäßige Lenken von Personen und Gruppen in Pädagogik, Berufsleben und Fürsorge. **Mẹnschengedenken** *das, -,* soweit die Überlieferung zurückreicht. **Mẹnschengeschlecht** *das, -(e)s,* die Menschen in ihrer Gesamtheit. **Mẹnschengestalt** *die: ein Teufel in M.,* ein böser Mensch. **Mẹnschenhand** *die: von M. geschaffen,* Ü irdisch; *das liegt nicht in M.,* Ü ist durch Menschen nicht beeinflußbar. **Mẹnschenhandel** *der.* **Mẹnschenkenner** *der.* **Mẹnschenkenntnis** *die, -,* Fähigkeit, Menschen richtig zu beurteilen. **Mẹnschenkind** *das: ein kleines, unschuldiges M.* **Mẹnschenleben** *das: ein M. lang; der Unfall kostete ein M.* **mẹnschenleer,** *nachts sind die Straßen m.* **mẹnschenmöglich,** was man irgend leisten kann: *wir versuchten alles, was m. war.* **Mẹnschenopfer** *das,* **1)** früher: den Brauch, Göttern oder Toten Menschen als Opfer darzubringen. **2)** Verlust an Menschenleben: *das Erdbeben forderte zahlreiche M.* **Mẹnschenraub** *der.* **Mẹnschenrechte,** *Pl.,* die angeborenen, unveräußerlichen Rechte des einzelnen gegenüber dem Staat: *Menschenrechtskonvention; Menschenrechtsverletzung.* **mẹnschenscheu,** die Gesellschaft anderer Menschen meidend, fürchtend; kontaktarm. **Mẹnschenscheu** *die.* **Mẹnschenschlag** *der,* durch gemeinsame Merkmale (Rasse, Landschaft) geprägte Gruppe: *ein schwerfälliger M.* **Mẹnschenseele** *die: es kam, war keine M. mehr da,* U niemand. **Mẹnschenskind!,** U erstaunte oder vorwurfsvolle Anrede. **Mẹnschensohn** *der,* B Christus. **mẹnschenunwürdig,** *menschenunwürdige Unterkünfte, Verhältnisse.* **Mẹnschenverstand** *der: ein gesunder M.; für den M. ist das unfaßbar.* **Mẹnschenwürde** *die, -,* der Anspruch des Menschen, als Träger geistig-sittl. Werte geachtet zu werden. **mẹnschenwürdig. Mẹnschheit** *die, -,* alle Menschen, die menschl. Gesellschaft der ganzen Erde: *die Entwicklung, Geschichte der M.; eine Gefahr für die M.; zum Wohle der ganzen M.; der Abschaum der M.,* Ü besonders verkommene Menschen. **mẹnschlich,** **1)** zum Menschen gehörig: *die menschliche Gestalt, Natur; der menschliche Körper.* **2)** von Menschenart, im Wesen des Menschen begründet: *Irren ist m.; der Unfall wurde durch menschliches Versagen herbeigeführt; nach menschlichem Ermessen hätte dies nicht passieren dürfen.* **3)** gut, hilfsbereit, verständnisvoll: *menschliche Behandlung der Gefangenen.* **4)** schwach: *Menschliches, Allzumenschliches.* **Mẹnschlichkeit** *die, -,* menschl. Anstand, Nächstenliebe: *ein Gebot der M.*

Mẹnsel [vgl. Mensa] *die, -/-n,* auch Mensul, Meßtisch.

Mẹnses [lat. mensis ›Monat‹], *Pl.,* ♀ Menstruation. **menstrual. Men|struation** *die, -/-en,* die bei der geschlechtsreifen Frau in etwa 28tägigen Abständen erfolgende Blutung aus der

Mens

Gebärmutter. **menstruieren,** *eine Frau* menstruiert (hat menstruiert). **mensual,** ♐ monatlich.
Mensul *die, -/-n,* Mensel.
Mensur [lat. mensura ›das Messen‹, ›Maß‹, zu metiri ›messen‹] *die, -/-en,* **1)** Studentensprache: Zweikampf mit blanker Waffe. **2)** Abstand zwischen den beiden Fechtenden. **3)** ♪ Maß, das die Geltung der einzelnen Notenwerte in der Mensuralnotation bestimmt. **4)** ♪ Verhältnis des Querschnitts zur Länge der Pfeifen (Orgel, Blasinstrumente); Abstände der einzelnen Abgreifpunkte (Saiteninstrumente). **5)** ↻ Meßzylinder, Abb. P 12. **mensurabel,** meßbar: *mensurable Größen.*
Mensurabilität *die, -.* **Mensuralnotation** *die,* ♪ eine Notenschrift des 13.–16. Jahrh., die die Tondauer angibt.
. . . ment [lat. . . . mentum], Ableitungssilbe sächlicher Substantive: **1)** *das Dokument; das Experiment;* aber: *der Zement.* **2)** [. . . m'ã, frz.], *das Abonnement; das Engagement.*
mental [mlat. mentalis, zu lat. mens ›Denken‹, ›Verstand‹], den Geist angehend, gedanklich. **Mentalität** *die, -/-en,* Geistes-, Anschauungs-, Denkungsart: *die M. eines Volkes; er hat die gleiche M. wie sein Vater.* **Mentalreservation** *die,* geheimer Vorbehalt (bei einer rechtl. Erklärung).
Menthol [lat. ment(h)a ›Minze‹ und oleum ›Öl‹] *das, -s,* alkohol. Bestandteil des Pfefferminzöls.
Mentor [nach dem Lehrer des Telemach in der Odyssee] *der, -s/. . .t'oren,* Lehrer, Berater, Führer.
Menü [frz. menu, eigtl. ›in kleinen Stücken‹, zu lat. minus ›kleiner‹] *das, -s/-s,* **1)** Speisenfolge. **2)** ♐ Speisekarte.
Menuett [frz. ›Kleinschrittanz‹] *das, -(e)s/-e,* **1)** anmutiger französ. Hoftanz. **2)** Satz einer Sonate oder Sinfonie.
Mephisto, Mephistopheles [vermutlich auf hebr. mephir ›Zerstörer‹, ›Verderber‹ und tophel ›Lügner‹ oder Mephostophiel ›Zerstörer des Guten‹ zurückzuführen], der Teufel in der Volkssage und in Goethes ›Faust‹. **mephistophelisch,** böse, teuflisch.
Mercedes [span. merced ›Lohn‹, Gnade‹; Beiname für Maria], weibl. Vorname.

Mercerie [mhd. merzerie ›Ware‹, zu lat. merx] *die, -/. . .r'i|en, schweiz.:* Kurzware; Kurzwarenhandlung.
mercerisieren, merzerisieren.
Merchandising [m'ə:tʃəndaizin, engl., zu merchant ›Großkaufmann‹] *das, -s,* ⬛ Bez. für absatzfördernde Unternehmertätigkeiten.
merci [mers'i, frz., zu lat. merces ›Lohn‹], danke, Dank!
Merend [ital. merenda] *die, -/-e, bair.:* Vesperbrot.
Mergel [ahd. mergil, zu lat. marga, aus kelt.] *der, -s/-,* Sedimentgestein aus Kalk und Ton. **merg(e)lig.**
Meridian [lat. circulus meridianus ›Mittagskreis‹] *der, -s/-e,* **1)** ☆ Mittagskreis, größter Kreis am Himmel durch Zenit und Pol. **2)** ⊕ über die Pole führender Längenkreis, der den Erdäquator rechtwinklig schneidet, Abb. E 8: *Nullmeridian.* **meridional.**
Meringe [frz. meringue, nach Meiringen in der Schweiz, dem ersten Herstellungsort] *die, -/-n,* **Meringel** *das, -s/-, schweiz.:* **Meringue** [mər'ɛg, frz.] *die, -/-s* [-r'ɛg], Baiser, Abb. K 51.
Merino [span., nach dem Berberstamm der Beni Merin] *der, -s/-s,* **1)** Schaf mit sehr feiner Wolle: *Merinoschaf.* **2)** Stoff aus Merinowolle.
Merito|kratie [lat. merere ›verdienen‹ und grch. kratein ›herrschen‹] *die, -/. . .t'i|en,* Vorherrschaft einer Gesellschaftsschicht auf Grund von Leistung und Verdienst. **merito|kratisch. meritorisch,** ♐ verdienstlich. **Meritum** [lat.] *das, -s/. . .r'iten, meist Pl., Verdienst, gutes Werk: das muß man ihm lassen, er hat seine Meriten.*
Merk *das, -s/-e,* ♐ Merkzeichen, Anhaltspunkt.
Merk [zu Möhre] *der, -s/-e,* ⊕ ein Doldenblüter.
merkantil [frz. mercantile, zu lat. mercari ›Handel treiben‹], auf den Handel bezüglich, kaufmännisch, geschäftlich. **Merkantilismus** *der, -,* im 16.–18. Jahrh. wirtschaftspolit. System des Absolutismus. **merkantilistisch.**
merkbar, 1) merklich. **2)** so beschaffen, daß man es im Gedächtnis behalten kann. **Merkblatt** *das,* mit Erläuterungen (zu einer Verordnung u. a.) bedrucktes Blatt. **merken** [ahd.

M 12

Mensch

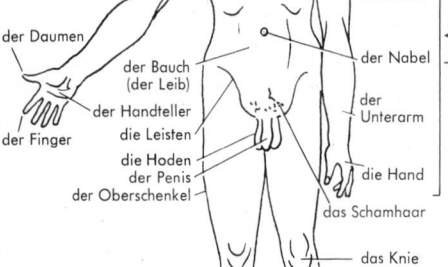

Vorderansicht (linke Figur):
das Haar – die Braue – die Stirn – das Auge – das Ohr – die Nase – der Bart – die Wange – der Mund – das Kinn – die Kehle – der Adamsapfel — das Gesicht
die Schulter (Achsel) – die Achselhöhle – die Brustwarze – die Brust – der Oberarm — der Arm
der Daumen – der Bauch (der Leib) – der Handteller – der Nabel – die Leisten – der Unterarm – die Hoden – der Penis – die Hand – der Oberschenkel – das Schamhaar – das Knie – der Unterschenkel – das Schienbein – der Knöchel – der Rist (der Spann) – die Zehe
der Finger
die Vorderansicht

Rückansicht (rechte Figur):
das Haupthaar – der Scheitel – der Wirbel – der Hinterkopf — der Kopf
der Hals – der Nacken (das Genick)
der Rücken – das Schulterblatt – das Achselhaar – der Ellbogen — der Rumpf
das Kreuz – die Taille – die Lende – der Steiß – die Hüfte – das Gesäß – der Handrücken
der Handteller – die Kniekehle – die Wade — das Bein
die Sohle – die Ferse – der Fuß
die Rückenansicht

510

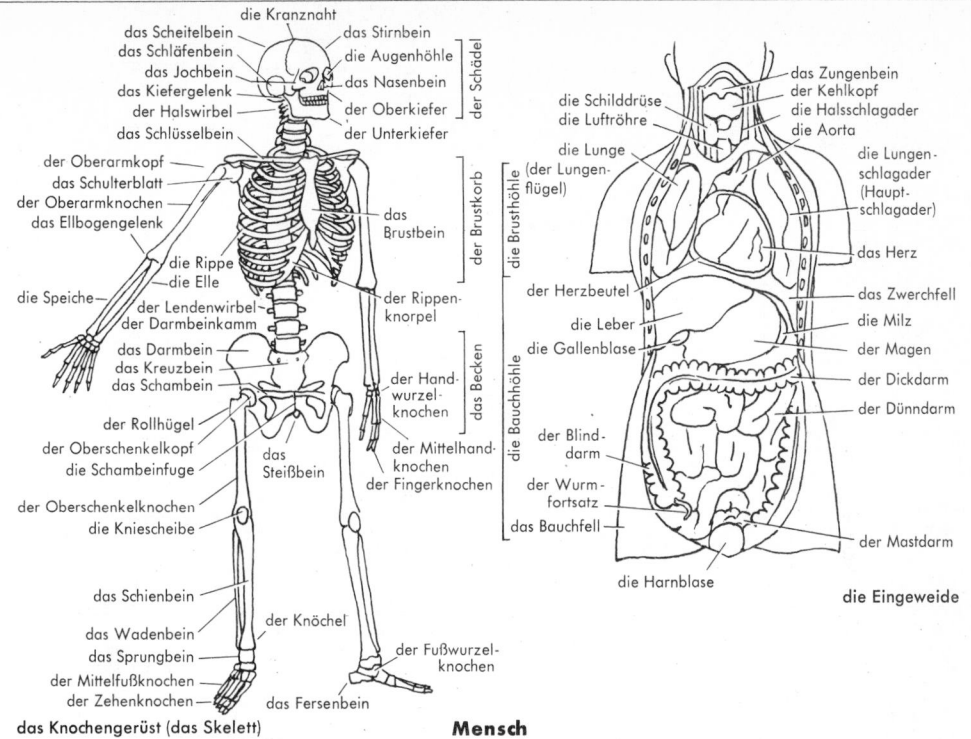

die Kranznaht
das Scheitelbein
das Schläfenbein
das Jochbein
das Kiefergelenk
der Halswirbel
das Schlüsselbein
das Stirnbein
die Augenhöhle
das Nasenbein
der Oberkiefer
der Unterkiefer
der Schädel

der Oberarmkopf
das Schulterblatt
der Oberarmknochen
das Ellbogengelenk
der Brustkorb
das Brustbein
die Rippe
die Elle
die Speiche
der Lendenwirbel
der Darmbeinkamm
der Rippenknorpel
das Darmbein
das Kreuzbein
das Schambein
der Rollhügel
der Oberschenkelkopf
die Schambeinfuge
das Steißbein
das Becken
der Handwurzelknochen
der Mittelhandknochen
der Fingerknochen
der Oberschenkelknochen
die Kniescheibe
das Schienbein
das Wadenbein
das Sprungbein
der Mittelfußknochen
der Zehenknochen
der Knöchel
der Fußwurzelknochen
das Fersenbein

das Knochengerüst (das Skelett)

Mensch

die Schilddrüse
die Luftröhre
die Lunge (der Lungenflügel)
die Brusthöhle
der Herzbeutel
die Leber
die Gallenblase
die Bauchhöhle
der Blinddarm
der Wurmfortsatz
das Bauchfell
die Harnblase

das Zungenbein
der Kehlkopf
die Halsschlagader
die Aorta
die Lungenschlagader (Hauptschlagader)
das Herz
das Zwerchfell
die Milz
der Magen
der Dickdarm
der Dünndarm
der Mastdarm

die Eingeweide

merchen], *ich* merke (habe gemerkt), **1)** *es*, nehme wahr, werde mir bewußt, spüre, bemerke: *jetzt erst m. ich deine Absicht; er ließ mich seine üble Laune merken; vor lauter Arbeit habe ich nicht gemerkt, wie die Zeit verging; er ließ sich nichts merken,* anmerken; *von Spannungen war nichts zu merken,* zu spüren. **2)** *es mir,* behalte im Gedächtnis: *ich kann mir keine Namen merken; diese Zahlen sind leicht, schwer zu merken; ich habe mir seine Adresse gemerkt; merk dir das für die Zukunft!* **3)** *auf etwas,* ♙ passe auf, höre hin. **Merker** *der, -s/-,* **1)** im Minnesang: der den Liebenden feindl. Aufpasser. **2)** im Meistersang: Richter über die Kunstregeln.

merklich, spürbar, fühlbar, nicht ganz klein: *eine merkliche Besserung; eine merkliche Zunahme.* **Merkmal** *das,* Kennzeichen, kennzeichnende Eigenschaft: *hat er besondere Merkmale?* **Merks** *der, -es, ostmitteldt.:* Gedächtnis.

Merkur [lat. Mercurius, zu mercari ›Handel treiben‹, **1)** röm. Mythologie: Götterbote, Gott des Handels und der Diebe: *Merkurstab,* Sinnbild des Handels. **2)** *der, -s,* ☿ ein Planet. **3)** *der* oder *das, -s,* Alchimie: Quecksilber.

Merkwort *das,* Stichwort, bes. als Zeichen zum Einsatz.

merkwürdig, eigenartig, auffällig, verwunderlich: *ein merkwürdiger Zufall; er benimmt sich manchmal sehr m.; das kommt mir recht m. vor.* **merkwürdigerweise. Merkwürdigkeit** *die, -/-en,* **1)** ohne Pl., sonderbare, auffallende Eigenschaft. **2)** eigenartige Angelegenheit.

Merlan [frz., zu lat. merula] *der, -s/-e,* Wittling, ein Dorsch. **Merle** *die, -/-n, bair., rhein., mitteldt.:* Amsel.

Merlin [engl., aus afrz. esmerillon] *der, -s/-e,* kleinster Falke.

Merowinger *der, -s/-,* Angehöriger des ersten fränkischen Königshauses (5.–8. Jahrh.). **merowingisch.**

Merveilleuse [mɛrvɛj'ø:z, frz. merveille ›wunderbar‹, zu lat. mirabilis] *die, -/-s [-j'ø:z],* während der französ. Direktionszeit Name für eine Frau, die durch Übertreibung der Mode auffiel.

Merzerisation *die, -/-en.* **merzerisieren** [nach dem engl. Erfinder J. Mercer, 1791–1866], *ich* merzerisiere (habe merzerisiert) *Baumwollstoffe,* auch mercerisiere, mache fest und glänzend durch Laugenbehandlung.

Merzschaf [zu ausmerzen] *das.* **Merzvieh** *das,* minderwertiges Vieh, das aus der Herde entfernt wird.

Mes|alliance [mezalj'ãs, frz. mésalliance, zu Allianz] *die, -/-n [-ən],* Mißheirat, nicht standesgemäße Heirat.

Mescalin *das, -s,* Meskalin.

Mesch *das, -, alem.:* Mösch.

meschant [frz. méchant], ♙ boshaft, garstig.

Meschores [jidd. m'schoress, zu hebr. m'scharejt ›Diener‹] *der, -/-,* U Knecht; Taugenichts.

meschugge [jidd. m'schuge, zu hebr. m'schuga], U verrückt, überspannt.

Mes|enchym [-ç'y:m, vgl. meso... und grch. enchyma ›Aufguß‹] *das, -s/-e,* embryonales Gewebe.

Meskal [mexikan.] *der, -s,* ein Branntwein aus Agavenarten Mexikos. **Meskalin** *das, -s,* ein Rauschmittel.

Mesmer *der, -s/-, bair., schweiz.:* Mesner.

Mesmerismus [nach dem Arzt F. A. Mesmer, 1734–1815] *der, -,* Lehre vom animalen Magnetismus.

Mesner [spätahd. mesinari, zu mlat. mansionarius, von lat. mansio ›Haus‹] *der, -s/-,* Küster, Kirchendiener.

meso... [grch.], mittel..., zwischen... . **Mesoderm** [grch. derma ›Haut‹] *das, -s/-e,* das mittlere Keimblatt. **Mesokarp** [grch. karpos ›Frucht‹] *das, -s/-e,* fleischiges Gewebe der Steinfrüchte. **mesokephal,** mesozephal. **Mesolithikum** [grch. lithos ›Stein‹] *das, -s,* Mittelsteinzeit. **mesolithisch. Mesomerie** [grch. meros ›Teil‹] *die, -,* Resonanz, ein nicht eindeutig zu formulierender Bindungszustand bei organ. Molekülen. **Meson** *das, -s/...s'onen, meist Pl.,* ein mittelschweres Elementarteilchen. **Mesophyt** [vgl. phyto...] *der, -en/-en,* Pflanze, die mittlere Feuchtigkeit bevorzugt. **Meso-**

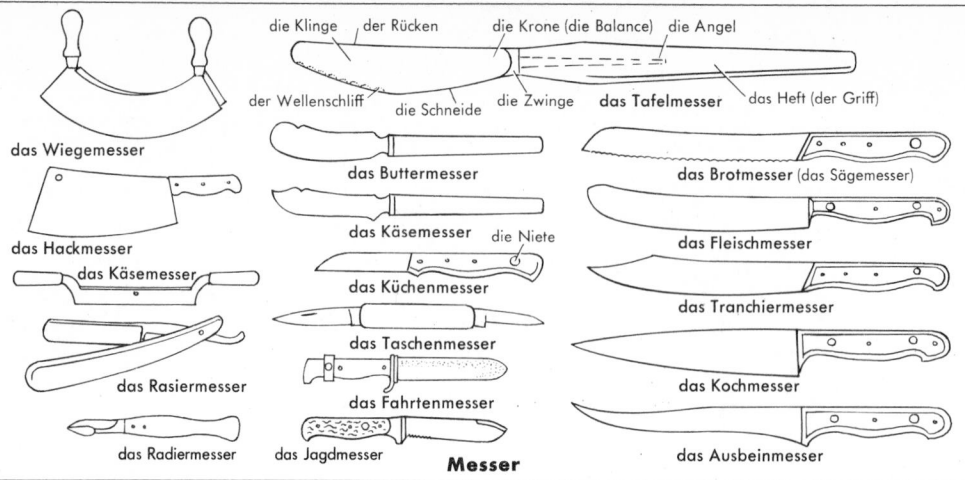

die Klinge · der Rücken · die Krone (die Balance) · die Angel
der Wellenschliff · die Schneide · die Zwinge · **das Tafelmesser** · das Heft (der Griff)

das Wiegemesser

das Buttermesser

das Brotmesser (das Sägemesser)

das Hackmesser

das Käsemesser · die Niete

das Fleischmesser

das Käsemesser

das Küchenmesser

das Tranchiermesser

das Taschenmesser

das Rasiermesser

das Fahrtenmesser

das Kochmesser

das Radiermesser · das Jagdmesser · **Messer**

das Ausbeinmesser

---

potami|er [grch. Mesopotamia ›Zwischenstromland‹, zu potamos ›Fluß‹] *der, -s/-,* Bewohner der vorderasiat. Landschaft zwischen Euphrat und Tigris. **mesopotamisch. Meso|sphäre** *die,* Schicht der Atmosphäre. **Mesothorium** *das, -s,* Abk.: MsTh, zwei radioaktive Isotope der Thorium-Zerfallsreihe (MsTh I, MsTh II). **mesozephal. Mesozephale** *der, die, -n/-n, ein -r, eine -,* jemand mit mittelgroßer Kopfform. **Mesozephalie** [grch. kephale ›Kopf‹] *die, -/. . .'i|en,* mittelgroße Kopfform. **Mesozoikum** [grch. zoon ›Lebewesen‹] *das, -s,* ⊕ ein Erdzeitalter. **mesozoisch.**

Messalina [nach der röm. Kaiserin, 25–48] *die, -/. . .nen,* Ü ⚸ sittenlose, ausschweifend lebende Frau.

meßbar, so beschaffen, daß es gemessen werden kann: *meßbare Werte.* **Meßbarkeit** *die, -.*

Meßbuch *das,* Buch mit Gebeten, Lesungen, Liedern für die Messe. **Meßdiener** *der,* Helfer des Priesters bei der Messe, Ministrant. **Messe** [ahd. missa, lat. missa, zu missio ›Entlassung‹] *die, -/-n,* **1)** kath. Gottesdienst mit der Feier des Abendmahls: *Meßopfer; Frühmesse; der Gläubige geht zur M.; der Priester hält, liest die M.; die heilige M.* **2)** Handelsmesse, allgemeiner Markt mit großer Schaustellung von Waren: *Buchmesse; Frühjahrsmesse; Herbstmesse; Messeaussteller; Messebesucher; Messeschlager; Messestand.* **3)** bes. oberdt., mitteldt.: *Jahrmarkt: Kleinmesse.*

Messe [engl. mess ›Gericht‹, ›Speise‹, zu lat. missum ›das Geschickte‹] *die, -/-n,* auf größeren Schiffen, **1)** Aufenthalts- und Speiseraum: *Offiziersmesse; Mannschaftsmesse.* **2)** die Tischgesellschaft selbst.

messen [ahd. mezzan] *ich* messe (maß, habe gemessen; du mißt, er mißt; miß!), **1)** *es, ihn,* bestimme seine Größe, Länge, Breite, seinen Rauminhalt, auch das Gewicht (dafür meist: wiege): *Meßband; Meßbecher; Meßgerät; Meßlatte; Meßtechnik; Meßziffer; Meßzylinder; wir messen nach Metern; ich m. das Fieber des Kranken.* **2)** *es an ihm,* setze eine Größe in ein Verhältnis zu einer anderen: *an ihm gemessen bist du klein.* **3)** *es mißt,* hat eine bestimmte Größe: *das Fenster mißt einen Meter in der Höhe und zwei in der Breite.* **4)** *ihn mit einem Blick,* Ü betrachte prüfend von oben bis unten. **5)** *mich mit ihm,* Ü wetteifere: *er kann sich mit ihm messen,* ist ihm ebenbürtig. **Messer** *der, -s/-,* Meßgerät: *Entfernungsmesser; Belichtungsmesser.*

Messer [ahd. mezzirahs, zu maz ›Speise‹] *das, -s/-,* Schneidewerkzeug mit Klinge und Griff, Авв. M 13: *Brotmesser; Messerspitze; ein Kampf bis aufs M.,* Ü ohne jede Rücksicht; *das M. sitzt ihm an der Kehle,* Ü er ist in einer bösen Zwangslage; *das steht auf (des) Messers Schneide,* Ü der Ausgang ist ganz ungewiß; *er hat ihm ans M. geliefert,* Ü ihn (der Polizei) ausgeliefert, verraten; *mir ging das M. in der Tasche auf,* Ü ich geriet in Wut. **Messerheld** *der.* **Messerstecher. Messerkopf** *der,* ein Stirnfräser, Авв. F 34. **messerscharf,** scharf wie ein Messer: *ein messerscharfer Verstand,* Ü. **Messerspitze**

die: zu diesem Gericht gehört eine M. Paprika, so viel, wie auf der Spitze des Messers Platz hat. **Messerstecher** *der,* Streitsüchtiger, der bei Schlägereien zum Messer greift. **Messerstecherei** *die, -/-en:* er war in eine M. verwickelt. **Messerwerfer** *der,* Artist, der mit Messern wirft. **Meßfühler** *der,* Sensor. **Meßgeber** *der,* Geber.

Meßgewand *das,* die Kleidung des kath. Geistlichen während der Messe, Авв. A 13.

Messiade *die, -/-n,* Dichtung über den Messias. **messianisch,** den Messias oder den Messianismus betreffend. **Messianismus** *der, -,* Erlöserglaube. **Messias** *der, -,* der Gesalbte; Erlöser; Heiland.

Messing [mhd. messinc] *das, -s,* Legierung aus Kupfer und Zink: *Messingdraht.* **messingen.**

Meßtisch *der,* auf einem Stativ befestigte Zeichenplatte für Geländeaufnahmen. **Meßtischblatt** *das,* ⚖ topographische Karte (Maßstab 1:25 000). **Messung** *die, -/-en,* das Messen.

Meste [mhd. meste] *die, -/-n, mitteldt., westfäl.:* **1)** Holzgefäß: *Salzmeste.* **2)** Hohlmaß.

Mestize [span. mestizo, zu lat. mixtus ›vermischt‹] *der, -n/-n,* Mischling zwischen Weißen und Indianern.

Met [ahd. metu, grch. methy ›Wein‹, verwandt mit altind. madhu ›süß‹, ›Honig‹, ›süßer Trank‹] *der, -(e)s,* weinähnl. Getränk aus vergorenem Honig und Wasser.

Meta... [Kurzform zu Margareta], weibl. Vorname.

meta... [grch.], mit...., nachher..., zwischen... (im Sinne einer Verwandlung), jenseits, darüber (hinaus). **metabol,** metabolisch. **Metabolie** [grch. metabole ›Veränderung‹] *die, -/. . .'i|en,* Biologie: **1)** Formveränderung (Einzeller). **2)** Gestaltveränderung (Insekt). **3)** Veränderung auf Grund des Stoffwechsels. **metabolisch,** veränderlich.

Metageschäft [ital. metà ›Hälfte‹] *das, ⚖* Geschäft, bei dem sich beide Partner Verlust und Gewinn teilen.

Metall [mhd. metalle, zu grch. metallon ›Grube‹, ›Stollen‹] *das, -s/-e,* Gruppe der Elemente; meist glänzende, die Elektrizität und Wärme gut leitende feste Körper: *Leichtmetall; Edelmetall; Metallarbeiter; metallverarbeitende Industrie.* **metallen,** aus Metall. **Metallisation** *die, -,* Metallisierung. **metallisch,** dem Metall ähnlich: *ein metallischer Glanz; ihre Stimme klingt m.,* hell, durchdringend. **metallisieren,** metallisiere (habe metallisiert) *es.* **Metallisierung** *die, -,* das Überziehen eines Gegenstandes mit einer Metallschicht. **Metallismus** *der, -, ⚖* frühere Geldwertlehre, die die Deckung der Gelder durch ein Edelmetall forderte. **Metallogenese** *die, -, ⊕* die Bildung von Erzlagerstätten in Abhängigkeit von geolog. Faktoren. **Metallo|graphie** [vgl. . . . .graphie] *die, -,* Teilgebiet der Metallkunde. **metallo|graphisch. Metall|urgie** [grch. ergein ›wirken‹] *die, -,* Hüttenkunde, Lehre von der Erzeugung metall. Stoffe. **metall|urgisch. metamorph(isch). Metamorphose** [vgl. meta... und ...morph] *die, -/-n,* Umwandlung, Gestaltwandel; ⊕ Um-

Metrik

In der deutschen Dichtung fällt die Versbetonung in der Regel mit der Wort- und Satzbetonung zusammen. Der **Vers** ist ein durch den Rhythmus gegliedertes Gebilde. Der **Rhythmus** entsteht durch Wechsel betonter Silben, **Hebungen,** und unbetonter, **Senkungen.** Die kleinste rhythmische Einheit des Verses ist der **Versfuß.** Es gibt zwei Arten von Versfüßen: steigende und fallende. Ein steigender Versfuß mit einer Senkung heißt **Jambus:** ∪⊥ (∪ = unbetonte, ⊥ = betonte Silbe), z. B. *Verbot,* mit zwei Senkungen **Anapäst:** ∪∪⊥, z. B. *in das Haus.* Ein fallender Versfuß mit einer Senkung heißt **Trochäus:** ⊥∪, z. B. *Vater,* mit zwei Senkungen **Daktylus:** ⊥∪∪, z. B. *Heilungen.* Dementsprechend gibt es Verse mit **steigendem,** mit **fallendem,** auch mit **wechselndem Rhythmus.** Zum Vers kann der **Reim** in verschiedenen Stellungen und der Stabreim (Alliteration) kommen. Das Übergreifen des Satzes über das Versende zum nächsten Vers nennt man **Enjambement** (Versbrechung). Oft steht ein unbetontes Wort, **Auftakt** genannt, am Versanfang.

In unterirdischer Kammer: ∪⊥∪⊥∪∪⊥∪.

Versarten. Die Versarten werden unterschieden durch die Zahl und die Art der Versfüße.

Verse mit steigendem Rhythmus (am häufigsten in der deutschen Dichtung):

1. Der **Alexandriner,** aus der französischen Dichtung übernommen, im 17. und 18. Jahrh. auch oft im deutschen Drama benutzt, besteht aus sechs Jamben mit paarweise gebundenem Reim:
   ∪⊥∪⊥∪⊥∪⊥∪⊥∪⊥(∪), z. B.
   ›Nun danket alle Gott mit Herzen, Mund und Händen‹.
2. Der **jambische Fünffüßer:**
   ∪⊥∪⊥∪⊥∪⊥∪⊥(∪). Ist er reimlos, so heißt er **Blankvers.** Ihn verwendeten besonders Shakespeare und das klassische deutsche Drama, z. B. ›Ans Vaterland, ans teure, schließ dich an‹ (Schiller, ›Wilhelm Tell‹).
3. Der **jambische vierfüßer:**
   ∪⊥∪⊥∪⊥∪⊥(∪). Dieser Versart bediente sich besonders Schiller in seinen Balladen, z. B. ›Zum Kampf der Wagen und Gesänge‹ (›Die Kraniche des Ibykus‹). Oft werden Vierfüßer mit **Dreifüßern** zusammengestellt, z. B.
   ›Im Nebel ruht noch die Welt,
   noch träumen Wald und Wiesen‹ (Mörike, ›Septembermorgen‹).

Verse mit fallendem Rhythmus:

1. Der **trochäische Vierfüßer:**
   ⊥∪⊥∪⊥∪⊥∪(∪), z. B.
   ›Heros und Leanders Herzen‹ (Schiller, ›Hero und Leander‹).
2. Der **trochäische Fünffüßer:**
   ⊥∪⊥∪⊥∪⊥∪⊥∪, z. B.
   ›Will sich Hektor ewig von mir wenden‹ (Schiller, ›Hektors Abschied‹).
3. Der **Hexameter,** mit sechs Daktylen:
   ⊥∪∪⊥∪∪⊥∪∪⊥∪∪⊥∪∪⊥∪
   oder ⊥⊥⊥⊥⊥⊥⊥⊥⊥∪∪⊥∪, z. B.
   ›Pfingsten, das liebliche Fest, war gekommen; es grünten und blühten‹ (Goethe, ›Reineke Fuchs‹).

   Nur mit dem Hexameter zusammen (vgl. Distichon) kommt vor
4. der **Pentameter:**
   ⊥∪∪⊥∪∪//⊥∪∪⊥∪∪⊥
   oder ⊥⊥⊥⊥⊥//⊥∪∪⊥∪∪⊥.
   // bedeutet Einschnitt oder Zäsur.

Altdeutsche Verse:
Der **Alliterationsvers,** ursprünglich eine achthebige Langzeile aus zwei vierhebigen Kurzzeilen, durch Alliteration gebunden.
Der **Nibelungenvers** (vgl. Nibelungenstrophe) ist strophisch gegliedert; gereimt sind nur die Langzeilen.
Knittelverse sind paarweise reimende vierhebige Verse mit freien unregelmäßigen Senkungen, besonders von Hans Sachs gebraucht. Schiller hat sie in ›Wallensteins Lager‹ verwendet.
Freie **Rhythmen,** von Klopstock eingeführt, sind ungereimte, rhythmisch stark bewegte Verse mit wechselnden Hebungen, oft ohne strophische Gliederung.
Regelmäßig wiederholte Versfolgen nennt man eine **Strophe.** Die Strophenformen unterscheiden sich durch die Zahl und Art der Verse, besonders durch die Reimstellung. Es gibt zahlreiche verschiedene Strophen, denn schon viele der Minnesänge dichteten. So gibt es Strophen mit zwei Versen; vgl. Uhland, ›Die Rache‹, und Mörike, ›Ritterliche Werbung‹. Es gibt Strophen, die in ungleiche Teile zerlegt werden können, oft Liedstrophen, etwa mit Reimordnung *ab ab cc* (vgl. Storm, ›Abseits‹), mit dem **Aufgesang:** *ab ab,* und dem **Abgesang:** *cc.* An den Strophenenden wiederkehrende gleichlautende Verse oder Versteile heißen **Kehrreim** (Refrain), vgl. Goethe, ›Heidenröslein‹.
Strophenformen. Die jüngere **Nibelungenstrophe,** von Uhland verwendet (›Des Sängers Fluch‹): Im Unterschied zur alten hat der 8. Halbvers nur drei (statt vier) Hebungen. Die ersten Halbverse (= Zeilen) gehen immer weiblich aus; der Reim ist männlich (vgl. ÜBERS. R 15).
∪⊥∪⊥∪⊥∪/∪⊥∪⊥∪⊥a
∪⊥∪⊥∪⊥∪/∪⊥∪⊥∪⊥a
∪⊥∪⊥∪⊥∪/∪⊥∪⊥∪b
∪⊥∪⊥∪⊥∪/∪⊥∪⊥∪b
In der deutschen Dichtung werden auch fremde Strophenformen verwendet: romanische (italien., span., franzö.), klassische (griech., latein.) und orientalische (pers.).

Die wichtigsten romanischen Strophen:

1. Das **Sonett** besteht aus fünffüßigen (zuweilen sechsfüßigen) steigenden Jamben, die zu vier Strophen von je vier und zu zwei Strophen von je drei Zeilen zusammengefaßt werden. Reimstellung: *abba abba cde;* vgl. Uhland, ›Vermächtnis‹. In der 3. und 4. Strophe können auch andere Reimstellungen vorkommen, z. B. *cdc dcd.* Das Sonett kann auch als eine einzige Strophe aufgefaßt werden mit Aufgesang *(abba abba)* und Abgesang *(cde cde).*
2. Die **Terzine,** die Strophenform von Dantes ›Göttlicher Komödie‹, besteht aus zehn- und elfsilbigen Jamben, die durch fortlaufende Reimordnung gebunden sind: *aba bcb cbc... xyz yzyz;* vgl. Chamisso, ›Die Ruine‹.
3. Die **Oktave** oder **Stanze** hat acht fünffüßige Jamben mit Reimordnung: *ab ab ab cc;* vgl. Goethe, ›Zueignung‹.

Die wichtigsten klassischen (reimlosen) Strophen:

1. Das **Distichon,** bestehend aus einem Hexameter und einem Pentameter:
   Im Hexameter steigt des Springquells flüssige Säule;
   Im Pentameter drauf fällt sie melodisch herab. (Schiller)
2. Die **Sapphische Strophe,** genannt nach der griechischen Dichterin Sappho:
   ⊥∪⊥∪/⊥∪∪⊥∪⊥∪
   ⊥∪⊥∪/⊥∪∪⊥∪⊥∪
   ⊥∪⊥∪/⊥∪∪⊥∪⊥∪
   ⊥∪∪⊥∪,
   vgl. Platen, ›Der bessere Teil‹.
3. Die ähnlich gebaute **Alkäische Strophe,** genannt nach dem griech. Dichter Alkaios; vgl. Klopstock, ›An Fanny‹.

wandlung eines Gesteins infolge Temperatur- und Druckänderung. **Metapher** [grch. metaphora ›Übertragung‹] *die, -/-n,* bildhafter Ausdruck, ÜBERS. R 12. **Metaphorik** *die, -,* die Kunst, Metaphern zu bilden. **metaphorisch,** bildlich, übertragen. **Meta|phrase** [grch. phrasis ›Ausdruck‹] *die,* Umschreibung: Übertragung einer Versdichtung in Prosa. **metaphrastisch. Metaphysik** [grch. physis ›Natur‹] *die,* philosoph. Lehre von den jenseits der Erfahrung liegenden Gründen der Dinge. **metaphysisch. Metasomatose** [grch. soma ›Körper‹] *die, -/-n,* chem. Verdrängung von Mineralen durch aktive Lösungen unter Bildung von anderen Mineralen. **Metasprache** *die*, **1)** Sprachebene, die die Beschreibung der natürl. Sprache ermöglicht. **2)** eine Formelsprache. **metastabil**, in einem labilen Gleichgewicht befindlich. **Metastase** [grch. stasis ›Stehen‹, ›Standort‹] *die, -/-n,* ♱ Tochtergeschwulst. **Metathese, Metathesis** [grch. thesis ›Stellung‹, ›Behauptung‹] *die,-/. . . th'esen,* Lautumstellung: *Bernstein* statt *Brennstein.* **Metazoon** [grch. zoon ›Lebewesen‹] *das, -s/. . . z'o|en, meist Pl.,* vielzelliges Tier. **Met|em|psychose** [grch. psyche ›Seele‹] *die,* Seelenwanderung.

Meteor [grch. meteoron ›Himmels-, Lufterscheinung‹] *der,* selten *das, -s/-e,* ✧ Leuchtspur am Nachthimmel, verursacht durch Meteorite in der Erdatmosphäre: *ein M. am Theaterhimmel,* Ü plötzlich berühmte(r) Schauspieler(in). **meteorisch. Meteorit** *der, -s/-e,* außerirdisches Gesteins- oder Mineralbruchstück, das die Erdoberfläche erreichte. **meteoritisch. Meteorologe** [vgl. . . .loge] *der, -n/-n.* **Meteorologie** [vgl. . . .logie] *die,* Wetterkunde. **meteorologisch. meteoro|trop** [grch. trepein ›wenden‹], vom Wetter, vom Klima abhängig. **Meteoro|tropie** *die, -,* Wetterfühligkeit.

Meter [frz. mètre, zu grch. metron ›Maß‹] *das,* U *der, -s/-,* Zeichen: m, Längeneinheit, ÜBERS. M 8: *Metermaß; Meterware; das Wasser stand zwei M. hoch,* aber: *meterhohe Wellen; der Stoffrest ist drei M. lang,* aber: *ein meterlanges Stück; laufendes M.* oder *laufenden Meters,* Abk.: lfd. m; *von 100 Meter(n) an;* 100-Meter-Lauf; . . .*Meter/Sekunde, Metersekunde,* Zeichen: m/s, Meter je Sekunde; *Meterkilogramm,* Zeichen: mkg; *Meterkilopond,* Zeichen: mkp.

Methan [zu Methyl] *das, -s,* farb- und geruchloses, brennbares Kohlenwasserstoffgas: *Methangas.* **Methanol** *das, -s,* auch Methylalkohol, der einfachste Alkohol.

Methode [grch. methodos ›das (einer Sache) Nachgehende‹, vgl. meta. . . und hodos ›Weg‹] *die, -/-n,* planmäßiges Verfahren, Vorgehen, Lehrverfahren, Forschungsweg: *Arbeitsmethode; Lehrmethode; er hat seine eigene M.; diese M. ist völlig veraltet.* **Methodik** *die, -,* **1)** Lehre von den wissenschaftl. Methoden. **2)** methodisches Vorgehen. **methodisch,** planmäßig, zielstrebig: *er ist sehr m.* vorgegangen; *vor Beginn der Arbeit müssen noch methodische Überlegungen angestellt werden.* **methodisieren,** nach einer Methode (wie methodisiert) *es.* **Methodismus** [vgl. . . .ismus] *der, -,* aus der anglikan. Kirche hervorgegangene Erweckungsbewegung. **Methodist** *der, -en/-en.* **methodistisch.**

Methusalem [hebr. Methuschelach, bibl. Urvater, der 969 Jahre alt geworden sein soll] *der, -(s)/-s,* U uralter Mann. **Methyl** [grch. methy ›Wein‹ und vgl. . . .yl] *das, -s,* ⤾ eine Atomgruppe. **Methyl|alkohol** *der, -s/,* Methanol. **Methylamin** *das, -s/-e,* die einfachste organ. Base. **Methylenblau** *das, -s,* künstl. Farbstoff.

Metier [metj'e:, frz. métier, zu lat. ministerium ›Dienst‹, ›Amt‹] *das, -s/-s,* Handwerk, Gewerbe: *er beherrscht sein M.* **Metist** *der, -en/-en,* ⤢ Partner in einem Metageschäft. **Met|öke** [grch. metoikos ›Mitbewohner‹] *der, -n/-n,* ortsansässiger Fremder im alten Griechenland.

Met|onymie [vgl. meta. . . und grch. onoma ›Name‹] *die, -/. . .m'i|en,* Rhetorik: Vertauschung der Benennung, ÜBERS. R 12. **met|onymisch.**

Met|ope [vgl. meta. . . und grch. ope ›Loch‹, ›Öffnung‹] *die, -/-n,* Schmuckfeld im griech. Tempelgebälk, ABB. G 6, T 6.

Me|tra, Me|tren, *Pl.* von Metrum. . . . **me|trie** [grch. metron ›Maß‹], . . .messung: *die Trigonometrie,* Dreieckmessung. **Me|trik** [grch. metrike techne] *die, -,* **1)** Verslehre, ÜBERS. M 14. **2)** *Pl. -en,* die Verslehre darstellendes Werk. **3)** ♪ Taktlehre. **me|trisch, 1)** die Metrik, das Metrum betreffend; in einem Metrum abgefaßt. **2)** auf das Meter bezüglich.

Me|tro [grch. meter u. frz. chemin de fer métropolitain ›hauptstädtische Eisenbahn‹] *die, -/-s,* Untergrundbahn, bes. in Paris und Moskau.

Me|trologie [grch. metron ›Maß‹ und vgl. . . .logie] *die, -,* die Wissenschaft vom Messen. **me|trologisch. Me|tronom** [grch. nomos ›Gesetz‹] *das,* Taktmesser zur Messung des musikal. Zeitmaßes, ABB. M 15.

Metronymikon [grch. meter ›Mutter‹ und onoma ›Name‹] *das, -s/. . .ka,* vom Namen der Mutter abgeleiteter Name.

Me|tropole [grch. metropolis, zu polis ›Stadt‹] *die, -/-n,* Hauptstadt, Mittelpunkt. **Me|tropolit** *der, -en/-en,* Erzbischof. **Me|tropolitankirche** *die,* Hauptkirche eines Metropoliten.

Me|trum [lat., zu grch. metron ›Maß‹] *das, -s/. . .tren* oder . . .*tra,* **1)** Versmaß. **2)** ♪ Taktmaß.

Mett [mnd. met, vgl. mhd. maz ›Speise‹] *das, -(e)s, niederdt.:* gehacktes mageres Schweinefleisch.

Mette [ahd. metina, zu lat. matutinus ›morgendlich‹] *die, -/-n,* Früh- oder Nachtgottesdienst: *Christmette.*

Metteur [-t'ø:r, frz., zu mettre ›setzen‹] *der, -s/-e,* Schriftsetzer, der den Schriftsatz zu Seiten ordnet (umbricht).

Mettwurst [zu Mett] *die,* Wurst aus Hackfleisch.

Metz [mhd. metze] *das, -es/-er, niederdt.:* Messer.

Metze [ahd. mezzo, zu messen] *die, -/-n,* altes Trockenmaß.

Metze [mhd. metze, urspr. Koseform von Mechthild] *die, -/-n,* ⚥ Dirne.

Metzelei *die, -/-n,* Massenmord, Gemetzel. **metzeln** [mhd. metzeln, zu mlat. macellare], *ich metz(e)le* (habe gemetzelt) *es,* ⚥ schlachte. **Metzelsuppe** *die, süddt.:* Wurstsuppe. **Metzeltag** *der, süddt.:* Schlachtfest. **metzen,** *ich* metze (habe gemetzt) *es, süddt.:* **1)** schlachte. **2)** haue in Stein aus. **3)** ⚥ messe mit Metzen. **Metzer** *der, -s/-, rhein.:* ⚥ Metzger. **Metzg** *die, -/M'etzgen, schweiz.:* **1)** Metzgerei. **2)** Metzge. **Metzge** *die, -/-n, süddt.:* Schlachthaus, Fleischbank. **metzgen,** *ich* metze (habe gemetzgt) *es, süddt.:* schlachte. **Metzger** *der, -s/-, süddt., westdt.:* Fleischer. **Metzgerei** [-ein . . . *süddt., westdt.:* Fleischerladen. **metzgern,** *ich* metzg(e)re (habe gemetzgert) *es,* metzge. **Metzger(s)gang** *der, bes. süddt.:* vergeblicher Weg. **Metzgete** *die, -/-n, schweiz.:* das Schlachten, Schlachtfest. **Metzig** *die, -/-en,* Metzge. **Metzler** [mhd. metzeler, zu mlat. macellarius] *der, -s/-,* ⚥ Metzger.

Meublement [mœbləm'ã, frz. meuble ›Möbel‹, zu lat. mobilis ›beweglich‹] *das, -s/-s,* ⚥ Möbel, Einrichtung eines Zimmers, einer Wohnung.

Meuchelmord *der,* heimtückischer Mord. **Meuchelmörder** *der.* **meucheln,** *ich* meuch(e)le (habe gemeuchelt) *ihn,* ermorde heimtückisch. **Meuchler** [ahd. muhhilari, zu muchil ›heimlich‹] *der, -s/-,* heimtückischer Mörder. **meuchlerisch, meuchlings,** hinterrücks, heimtückisch.

Meusel [zu Maus] *der, -s/-,* die Armkachel, Schutzplatte am Ellbogen der Ritterrüstung, ABB. R 33.

Meute [frz. meute, zu mlat. movita ›Bewegung‹] *die, -/-n,* **1)** ☙ Hundeschar zur Hetzjagd. **2)** U größere Anzahl von Menschen. **Meuterei** *die, -/-n,* Aufstand mehrerer Personen gegen Vorgesetzte: *auf dem Schiff brach eine M. aus.* **Meuterer** *der, -s/-.* **meuterisch. meutern,** *ich* meut(e)re (habe gemeutert), **1)** lehne mich auf, verweigere den Gehorsam. **2)** U murre, mache nicht mehr mit.

Mexikaner *der, -s/-,* **Mexikanerin** *die, -/-en,* Bewohner(in) des mittelamerikan. Staates Mexiko. **mexikanisch.**

MEZ, Abk. für: mitteleuropäische Zeit.

mezza. . . [ital.], weibliche Form von mezzo. . . **Mezzanin** [ital. mezzanino] *das, -s/-e,* 🞃 Halbgeschoß, Zwischengeschoß. **mezza voce** [-v'o:tʃə, ital. voce ›Stimme‹, ♪ Abk.: m. v., mit halber Stimme. **mezzo. . . , -,** halb. . . , mittel. . . **mezzoforte,** Abk.: mf, ♪ halbstark. **Mezzogiorno** [-dʒ'orno, ital. ›Mittag‹, ›Süden‹] *der, -,* der Süden Italiens. **mezzopiano,** Abk.: mp, ♪ ziemlich leise. **Mezzoso|pran** *der,* mittlere Frauenstimmlage. **Mezzotinto** [ital. mezzatinta, zu tinta ›Farbe‹] *das, -(s)/-s* oder . . . *ti,* **1)** *ohne Pl.,* Schabkunst. **2)** Erzeugnis der Schabkunst.

mf, Abk. für: mezzoforte.

MFK, Abk. für: Marschflugkörper.

mg, Abk. für: Milligramm.

Mg, ⤾ Zeichen für: Magnesium.

MG, kurz für: Maschinengewehr.

Mgr., Abk. für: Monseigneur. **2)** auch Msgr., Abk. für: Monsignore.

mhd., Abk. für: mittelhochdeutsch.

MHz, Zeichen für: Megahertz.

Mia [Kurzform zu Maria], weibl. Vorname.

Miasma [grch. ›Verunreinigung‹] *das, -s/. . .men,* ⚥ angeblich krankmachende Bodenausdünstung. **miasmatisch.**

miau, Miau [Schallw.] *das, -s/-s,* Katzenschrei. **miauen,** *eine Katze* miaut (hat miaut). ☙

Micellen, *Pl.,* ⤾ Mizellen.

mich, Akkusativ von ich, ÜBERS. P 24.

Michael [-ça-, hebr. ›wer ist wie Gott?‹], männl., **Michaela,** weibl. Vorname. **Michaeli(s),** *ohne Artikel,* **Michaelstag** *der,* der 29. September. **Michel, 1)** kurz für: Michael. **2)** *der, -s/-,* Spottname für den Deutschen als Inbegriff der Einfalt und gutmütigen Schwerfälligkeit: *der deutsche M.*

Micke [vielleicht zu lat. mica ›Krume‹] *die, -/-n, norddt.:* **1)** Brocken, Klotz; Bremsklotz. **2)** Astgabel. **3)** Gestell aus schräg

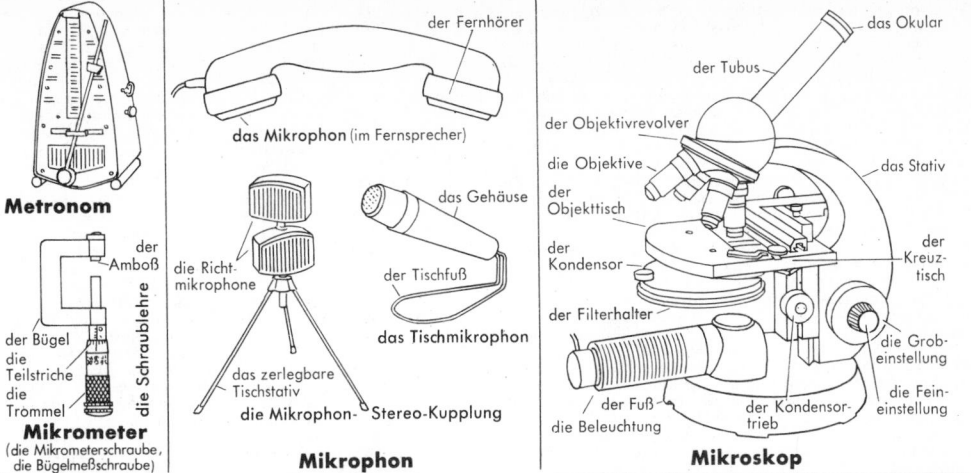

Metronom — der Fernhörer — das Mikrophon (im Fernsprecher) — das Okular — der Tubus — der Objektivrevolver — die Objektive — der Objekttisch — der Kondensor — der Filterhalter — das Stativ — der Kreuztisch — die Grobeinstellung — die Feineinstellung — der Amboß — der Bügel — die Teilstriche — die Trommel — **Mikrometer** (die Mikrometerschraube, die Bügelmeßschraube) — die Schraublehre — die Richtmikrophone — das Gehäuse — der Tischfuß — das zerlegbare Tischstativ — die Mikrophon-Stereo-Kupplung — das Tischmikrophon — **Mikrophon** — der Kondensortrieb — der Fuß — die Beleuchtung — **Mikroskop**

gegeneinander gestellten Hölzern. **mick(e)rig,** U 1) kränklich, schwach. 2) geizig, kleinlich. **Mick(e)rigkeit** die, -.

Mickymaus [engl. Mickey-mouse, von Walt Disney, 1901–1966, geschaffen] die, -, eine Trickfilmgestalt.

Micoquien [mikɔkjˈɛ̃, nach der Fundstätte La Micoque in franzöz. Dép. Dordogne] das, -(s), ⊕ Formengruppe der Altsteinzeit.

Midas|ohren [nach König Midas aus der griech. Mythologie], Pl., Eselsohren.

Midder [wohl zu mnd. middere ›Zwerchfell‹] das, -s, nordwestdt.: Kalbsmilch.

Midgard [altnord. ›der die Welt umgebende Wall‹] der, -(s), nord. Mythologie: der Sitz der Menschen, die Erde. **Midgardschlange** die, Seeungeheuer.

midi. . . [engl. mid ›mitten‹, in Analogie zu mini. . . und maxi. . .], Mode: wadenlang: Midimode; Midirock.

Midi [frz. ›Mittag‹, ›Süden‹] der, -, der Süden Frankreichs, bes. das Mittelmeergebiet: Midiweine.

Midinette [zu Midi, eigtl. Arbeiterin, die mittags aus den Werkstätten kommt] die, -/-n, Pariser Modistin.

Midlife crisis [mˈidlaif krˈaisis, engl.] die, - -, Krise um die Mitte des Lebens.

mied, von meiden.

Mieder [mhd. muoder ›Leib‹, zu ahd. muodar ›Bauch‹] das, -s/-, 1) den Oberkörper eng umschließender Teil von Trachtenkleidern, Leibchen. 2) die Figur formendes Unterbekleidungsstück für Damen: Miederhose, Unterhose aus elastischem Gewebe; Miederwaren.

Mief [zu muffig] der, -(e)s, 1) U verbrauchte Luft. 2) Ü enge, erdrückende Atmosphäre: er versuchte, dem kleinbürgerlichen M. seines Elternhauses zu entfliehen. **miefen,** es mieft (hat gemieft), U riecht schlecht. **miefig.**

Mieke, niederdt.: Mariechen.

Miene [frz. mine, zu breton. min ›Schnauze‹, ›Mund‹] die, -/-n, 1) Gesichtsausdruck: Trauermiene; mit finsterer M.; er macht gute M. zum bösen Spiel, Ü läßt etwas gelassen, aber widerwillig geschehen. 2) er macht M., etwas zu tun, schickt sich dazu an: er machte (keine) M. zu gehen. **Mienenspiel** das, -(e)s, Ausdruck von wechselnden seelischen Vorgängen im Gesicht: ihr ausdrucksvolles M.

Miere die, -/-n, 1) ⊕ Name mehrerer Nelkengewächse. 2) ♌ niederdt.: Ameise.

mierig, norddt.: 1) madig. 2) schäbig.

mies [jidd. mis(er)], U schlecht, wertlos, gemein: ein mieser Typ; mieses Verhalten.

Mies [ahd. mios] das, -es/-e, oberdt.: 1) Moos. 2) Moor.

Miese [zu mies], Pl., U Minuspunkte (Kartenspiel): ich bin ganz schön in den Miesen, habe ein Minus auf dem Bankkonto. **Miesepeter** der, -s/-, U ständig übellauniger Mensch. **miese-**

pet(e)rig. **miesmachen,** ich mache ihn, es mies (habe miesgemacht), U mache schlecht. **Miesmacher** der, U Schwarzseher, Nörgler. **Miesmacherei** die, -/-en.

Miesmuschel [ahd. mios ›Moos‹, ›Moor‹] die, eine eßbare Meeresmuschel, ABB. M 27.

Miete [mnd. mite, zu mlat. meta ›Heuschober‹, ›Pyramide‹] die, -/-n, frostsichere Grube oder Aufbewahrungsstapel für Feldfrüchte im Freien.

Miete [ahd. miza ›Mücke‹] die, -/-n, niederdt.: Milbe.

Miete [ahd. miata ›Lohn‹, ›Geschenk‹, ›Bestechung‹] die, -/-n, 1) zeitweilige Überlassung gegen Entgelt; das Entgelt selbst: Mietshaus; Mietwagen; Mietwohnung; Mietwucher; Mietzuschuß; Monatsmiete; Wohnungsmiete; wir wohnen zur M.; unsere M. beträgt monatlich 500 Mark; das ist ja schon die halbe M., Ü die größte Schwierigkeit ist bewältigt. 2) Theaterabonnement. **mieten,** ich miete (habe gemietet) es, erwerbe ein Nutzungsrecht für bestimmte Zeit oder auf Kündigung gegen eine bestimmte Zahlung: ich m. eine Wohnung, einen Kraftwagen. **Mieter** der, -s/-, **Mieterin** die, -/-nen, jemand, der zur Miete wohnt: Mieterschutz; Mieterversammlung; Untermieter. **Mietkauf** der, das Mieten einer Sache mit dem Recht, sie später unter Anrechnung der Mietzahlungen zu kaufen. **Mietskaserne** die, U großes Mietshaus mit vielen unzulänglich ausgestatteten Wohnungen. **Mietverhältnis** das, Vereinbarungen zwischen Mieter und Vermieter. **Mietvertrag** der, Vertrag über ein Mietverhältnis. **mietweise,** zur Miete. **Mietzins** der, oberdt.: Miete, Entgelt.

Miez(e) die, -/. . . zen, 1) Koseform für Katze: Miezekatze. 2) U verächtlich: Mädchen.

Mignon [mɪɲˈɔ̃, mˈɪɲɔ̃, frz. mignon ›niedlich‹] 1) weibl. Vorname. 2) der, -s/-s, ⚭ Liebling, Günstling.

Migräne [frz. migraine, grch. hemikrania, vgl. hemi. . . und kranion ›Schädel‹] die, -, ♄ heftiger, meist halbseitiger Kopfschmerz.

Migration [lat. migratio] die, -/-en, 1) 🜨 Wanderung, z. B. der Zugvögel. 2) ⊕ Wanderung flüssiger oder gasförmiger Stoffe in der Erdkruste.

Miguel [mig'ɛl, span.-portugies.], Michael.

Mijnheer [mənˈeːr, niederl. ›mein Herr‹] der, -s/-s, niederländ. Anrede; Scherzname für den Niederländer.

Mikado [japan. ›Erlauchtes Tor‹], 1) der, -s/-s, ⚭, meist P Kaiser von Japan. 2) das, -s/-s, ein Geschicklichkeitsspiel mit Stäbchen. 3) der, -s/-s, das Hauptstäbchen beim Mikadospiel.

Mike [maik, engl. Kurzform von Michael], männl. Vorname.

Miko der, -/-s, U Abk. für: Minderwertigkeitskomplex.

mikro. . . [grch. mikrós, klein. . ., gering. . ., fein. . .]: Mikroareal; Mikrochemie; Mikrodokumentation; Mikrofauna; Mikrophysik; Mikrowaage. **Mikro. . .,** Zeichen: µ, vor Maßeinheiten: ein Millionstel. ÜBERS. M 8: Mikrofarad, Zeichen: µF. **Mikroanalyse** die, ⟲ chem. Analyse mit kleinen

Substanzmengen. **Mi|krobe** [grch. bios ›Leben‹] *die, -/-n*, der Mikroorganismus. **mi|krobiell**, durch Mikroben hervorgerufen, Mikroben betreffend. **Mi|krobiologie** *die*, Lehre von den Mikroben. **mi|krobizid** [lat. caedere ›töten‹], entkeimend, mikrobenvernichtend. **Mi|krobizid** *das, -s/-e*. **Mi|krofiche** [-fiʃ, frz. fiche ›Zettel‹] *das* oder *der, -s/-s*, Mikrofilm im Postkartenformat mit zeilenweise angeordneten Mikrokopien. **Mi|krofilm** *der*, Film mit Mikrokopien. **mi|krokephal** usw., mikrozephal usw. **Mi|kro|klima** *das*, das Klima in Kleinbereichen, bes. in bodennahen Luftschichten. **Mi|krokopie** *die, -/. . .p'i|en*, Mikrophotokopie, stark verkleinerte photograph. Wiedergabe von Druckschriften. **Mi|krokosmos** *der*, Kleinwelt, Welt der Einzelwesen (Mensch, Tier, Pflanze). **Mi|krometer** *das, -s/-*, 1) Mikrometerschraube, Bügelmeßschraube, Gerät für feine Messungen, ABB. M 15. 2) Zeichen: µm, $^1/_{1000}$ Millimeter. **Mi|kron** *das, -s/-*, Zeichen: µ, ⚹ Mikrometer. **Mi|kro|ökonomik** *die*, ⚛ Teil der Volkswirtschaftslehre, der das Zusammenwirken der Einzelwirtschafter (Erzeuger, Verbraucher) untersucht. **Mi|kro|organismus** *der, meist Pl.*, Mikrobe, mikroskopisch kleines Lebewesen. **Mi|krophon** [grch. phone ›Stimme‹] *das, -s/-e*, Gerät zur Umwandlung von Schall- in elektrische Stromschwingungen, ABB. M 15, T 13. **Mi|krophoto|graphie** *die*, die Photographie mit Hilfe des Mikroskops. **Mi|kroseismik** *die*, nur durch Geräte registrierbare schwache Bodenbewegungen. **mi|kroseismisch**, mikroseismische Bodenunruhe. **Mi|kro|skop** [vgl. . . .skop] *das, -s/-e*, optisches Instrument zum Betrachten oder Abbilden mikroskopisch kleiner Gegenstände, ABB. M 15. **Mi|kroskopie** *die, -*, das Beobachten und Arbeiten mit Hilfe von Mikroskopen. **mi|kroskopieren**, ich mikroskopiere (habe mikroskopiert) *es*. **mi|kroskopisch**, nicht mit dem bloßen Auge, nur durch starke Vergrößerung sichtbar: *m. klein*; *mikroskopisches Besteck*, ABB. B 24. **Mi|krosoziologie** *die*, Teilbereich der Soziologie, der die kleinsten Einheiten sozialer Gefüge und Beziehung untersucht. **Mi|krotechnik** *die, -*, Herstellung und Verwendung kleinster (mikrominiaturisierter) Bauelemente für möglichst kleine Geräte. **Mi|krotom** [grch. tome ›Schnitt‹] *das* oder *der, -s/-e*, ein Gerät zur Herstellung feinster Schnitte. **Mi|krotron** *das, -s/-s* oder *. . .tr'one*, ein Elektronenbeschleuniger. **Mi|krowellen**, *Pl.*, elektromagnet. Wellen im Dezimeter-, Zentimeter- und Millimeterbereich. **Mi|krozensus** *der*, Statistik: Befragung eines geringen Anteils der Bevölkerung. **mi|krozephal** [grch. kephale ›Kopf‹], kleinköpfig. **Mi|krozephale** *der, die, -n/-n, ein r, eine -*, jemand, der an Mikrozephalie leidet. **Mi|krozephalie** *die, -/. . .l'i|en*, ♨ abnorme Kleinheit des Kopfes. **Mi|krozirkulation** *die*, ♨ die Durchblutung im Bereich der Kapillaren des menschl. Blutkreislaufs.

Milan [frz., zu lat. miluus ›Gabelweihe‹] *der, -s/-e*, ♫ ein Greifvogel.

Milbe [ahd. mil(i)wa, zu mahlen] *die, -/-n*, ♫ ein Spinnentier, meist Schmarotzer. **milbig**, von Milben befallen.

Milch [ahd. miluh] *die, -/-*, 1) Ausscheidung der Milchdrüsen von Mensch und Säugetier: *Kuhmilch*; *Milchbrötchen*; *Milcheiweiß*; *Milchkaffee*; *sie sieht aus wie M. und Blut*, Ü *gesund, frisch, rosig*; *ein Land, in dem M. und Honig fließen*, Ü *Schlaraffenland*; *die M. der frommen Denkart*, Ü *Sanftheit*. 2) Samenflüssigkeit der männl. Fische. 3) milchähnlicher Pflanzensaft, z. B. bei Wolfsmilch. 4) milchige Flüssigkeit zur Körperpflege: *Mandelmilch*. **Milchbar** *die*, Gaststätte, in der bes. Milchmixgetränke ausgeschenkt werden. **Milchbart** *der*, Ü unreifer Jüngling. **Milchbruder** *der*, ⚹ jemand, der mit einem anderen zur gleichen Zeit von derselben Amme gesäugt wurde. **Milchdrüse** *die*, Brustdrüse. **milchen**, aus Milch. **Milcher** *der, -s/-*, 1) Milchner. 2) Melker. **Milchgebiß** *das*, die ersten Zähne des Kindes. **Milchgesicht** *das*, Milchbart. **Milchglas** *das*, ein getrübtes, lichtdurchlässiges Glas. **milchig**, weißlich trübe, nur durchscheinend. **Milchkuh** *die*, 1) milchgebende Kuh. 2) Ü jemand, der sich ausbeuten läßt. **Milchling** *der, -s/-e*, ⚘ Reizker. **Milchmädchenrechnung** *die*, Ü eine auf Trugschlüsse gestützte Erwartung. **Milchner** *der, -s/-*, der männl. Fisch. **Milchpulver** *das*, Trockenmilch. **Milchsäure** *die*, Flüssigkeit, die u. a. bei der bakteriellen Milchsäuregärung von Zuckerarten (Milch-, Traubenzucker) entsteht. **Milchstraße** *die*, ☆ ein Sternsystem, das durch den vereinigten Glanz vieler Sterne ein breites Lichtband am Himmel bildet. **Milchzahn** *der*, Zahn im Milchgebiß. **Milchzucker** *der*, Laktose, Bestandteil der menschlichen und tier. Milch.

mild(e) [ahd. milti], 1) sanft, weich (Wesen). 2) gütig, nachsichtig, nicht streng: *er straf te m.*; *eine milde Beurteilung*. 3) lau, mäßig warm (Wetter). 4) wenig gewürzt (Speisen). 5) ⚹ aus Mitleid, Barmherzigkeit: *milde Gaben*. **Milde** *die, -*, 1) Sanftheit, Güte, Lindheit. 2) ⚹ Freigebigkeit. **mildern**, *ich mild(e)re* (habe gemildert) *es*, nehme ihm Schärfe, mäßige, lindere: *mildernde Umstände*, ♃ die besonderen Verhältnisse eines Straffalls, die die ordnungsgemäße Strafe als zu streng erscheinen lassen. **Milderung** *die, -: Strafmilderung*. **mildherzig**, wohltätig, freigebig. **Mildherzigkeit** *die, -*. **mildtätig**, mildherzig. **Mildtätigkeit** *die, -*.

Milesier *der, -s/-*, Bewohner der im Altertum mächtigen Stadt Milet in Kleinasien.

Miliartuberkulose [lat. milium ›Hirse‹] *die*, ♨ eine über den ganzen Körper verbreitete Form von Tuberkulose.

Milieu [milj'ø, frz. ›Mitte‹, zu lat. medius ›mittlerer‹ und locus ›Ort‹] *das, -s/-s*, 1) Umwelt, Lebenskreis: *man merkt ihm sein M. noch an*; *Milieuschilderung*. 2) österr.: Zierdeckchen. **milieugeschädigt** [-j'ø-], durch nachteilige Umweltbedingungen psychisch geschädigt. **Milieuschädigung** [-j'ø-] *die*.

militant, kämpferisch. **Militär** [frz., zu lat. militaris, von miles ›Soldat‹], 1) *das*, ⚹ Sammelbegriff für Soldaten, Wehrmacht, Streitkräfte: *Militärattaché*; *Militärbasen*; *Militärdienst*; *Militärdiktatur*; *Militärflughafen*; *Militärjunta*. 2) *der, -s/-e*, Berufssoldat, Offizier. **Militaria**, *Pl.*, ⚏ Bücher zum Militärwesen. **militärisch**. **militarisieren**, *ich militarisiere* (habe militarisiert) *es*, 1) statte mit militärischen Einrichtungen aus. 2) fördere eine militär. Gesinnung: *der Unterricht wurde militarisiert*. **Militarisierung** *die, -*. **Militarismus** [vgl. . . .ismus] *der, -*, das Vorherrschen militär. Gesinnung in Staat und Gesellschaft; starker polit. Einfluß des Militärs. **Militarist** *der, -en/-en*. **militaristisch**. **Militärkopf** *der, schweiz.*: Militarist. **Military** [m'ilitəri, engl.] *die, -/-s*, Reitsport: Vielseitigkeitsprüfung. **Miliz** [lat. militia ›Truppe‹] *die, -/-en*, kurz ausgebildete, nicht ständige Truppe; militärisch geschulte Polizei: *Volksmiliz*. **Milizionär** *der, -s/-e*, Angehöriger der Miliz.

Milk-shake [-ʃeik, engl. milk ›Milch‹ und to shake ›schütteln‹] *der, -s/-s*, Milchmixgetränk.

Mill., auch Mio. Abk. für: Million(en). **Mille** [lat. mille ›tausend‹] *das, -/-s*, röm. Zahlzeichen: M, das Tausend: *es kostet drei M.*, U dreitausend Mark. **Millefioriglas** [ital. mille ›tausend‹, fiori ›Blumen‹ und Glas] *das*, Mosaikglas, ein Kunstglas. **Millennium** [vgl. Milli. . . und lat. annus ›Jahr‹] *das, -s/. . .ni|en*, Jahrtausend. **Milli. . .** [lat. mille ›tausend‹, ›unzählige‹, ›sehr viele‹], tausendstel *: Milliampere*, Zeichen: mA; *Millibar*, Zeichen: mbar; *Milligramm*, Zeichen: mg; *Milliliter*, Zeichen: ml; *Millimeter*, Zeichen: mm; *Millipond*, Zeichen: mp; ÜBERS. M 8. **Milliardär** *der, -s/-e*, jemand mit einem Vermögen von mindestens einer Milliarde (Mark). **Milliarde** [frz. milliard] *die, -/-n*, Abk.: Md. oder Mrd., tausend Millionen, ÜBERS. Z 1. **Million** [ital. milione] *die, -/-en*, Abk.: Mill. oder Mio., tausend mal tausend, ÜBERS. Z 1: *es entstand ein Millionenschaden*. **Millionär** *der, -s/-e*, jemand mit einem Vermögen von mindestens einer Million (Mark): *Millionärsvilla*.

Milly [engl. zu Emilie], weibl. Vorname.

Milz [ahd. milzi] *die, -/-en*, Bauchorgan, das weiße Blutkörperchen bildet, ABB. M 12. **Milzbrand** *der, -(e)s*, ♨ auf Menschen übertragbare Infektionskrankheit der Tiere.

Mime, eingedeutscht für: Mimir.

Mime [lat. mimus, zu grch. mimos] *der, -n/-n*, 1) ⚹, heute meist scherzhaft: Schauspieler. 2) kurz für: Pantomime. **mimen**, *ich mime* (habe gemimt) *es*, 1) spiele, stelle dar, ahme nach. 2) U täusche vor: *sie mimte Trauer*; *er mimt den armen Mann*. **Mimese** [grch. mimesis ›Nachahmung‹] *die, -/-n*, Form der Tiertarnung. **Mimesis** *die, -/. . .m'esen*, Nachahmung. **mimetisch**. **Mimik** [lat. ars mimica ›Gebärdenkunde‹], Ausdrucksgeschehen und -formen des Gesichts, bes. beim Schauspieler. **Mimikry** [engl. mimicry ›Nachahmung‹] *die, -*, Form der Tiertarnung.

Mimir, Dämon in der nord. Mythologie.

mimisch [vgl. Mime], die Mimik betreffend: *mimische Künste*, Ballett, Pantomime, Schauspielkunst. **Mimose** [neulat. mimosa] *die, -/-n*, 1) ⚘ ein Hülsenfrüchter, dessen Blätter bei Berührung einklappen; Sinnbild für übertriebene Empfindlichkeit. 2) U übertrieben empfindlicher Mensch: *er wirkt so robust, ist aber die reinste M.* **mimosenhaft**, U überzart, überempfindlich. **Mimus** [lat. mimus ›Possenspiel‹, zu grch. mimos ›Schauspieler‹] *der, -/. . .men*, 1) im Altertum und im MA.: derbkomische Kurzszene. 2) Darsteller derselben.

min, auch **Min.**, Abk. für: Minute (Zeitmaß).

Minarętt [arab. minara, eigtl. manara ›Leuchtturm‹] *das, -(e)s/-e,* Turm einer Moschee, **ABB.** M 19.

mịnder [ahd. minniro], **1)** weniger gut: *mindere Ware.* **2)** *nicht flektierbar,* weniger: *auf Zubereitung wird nicht m. Wert gelegt als auf Auswahl; mehr oder m. wichtig.* **mịnderbegabt,** unter Durchschnitt begabt. **Mịnderbegabte** *der, die, -n/-n, ein -r, eine -.* **mịnderbemittelt, 1)** über wenig Geld verfügend. **2)** U minderbegabt, dumm. **Mịnderbemittelte** *der, die, -n/-n, ein -r, eine -:* eine finanzielle Unterstützung für M. **Minderheit** *die, -/-en),* **1)** ohne *Pl.,* zahlenmäßige Unterlegenheit: *die Gegner waren in der M.* **2)** eine an Zahl den übrigen unterlegene Gruppe: *Minderheitsregierung; Minderheitenschutz; nationale M.* **mịnderjährig,** noch nicht volljährig. **Mịnderjährige** *der, die, -n/-n, ein -r, eine -.* **Mịnderjährigkeit** *die, -.* **mịndern** [ahd. minniron], *ich* mind(e)re (habe gemindert) *es,* vermindere, setze herab: *durch das Medikament sollen die Schmerzen gemindert werden.* **Mịnderung** *die, -/-en,* **1)** ohne *Pl.,* Mindern, Verringerung. **2)** ♂ Herabsetzung des Preises wegen des Mangels einer Ware bei Kauf- und Werkvertrag. *Wertminderung.* **mịnderwertig,** schlecht, von geringer Qualität. **Mịnderwertigkeit** *die, -.* **Mịnderwertigkeitsgefühl** *das,* Gefühl der Unterlegenheit gegenüber Leistungen und Wert der Mitmenschen. **Mịnderwertigkeitskomplex** *der,* Gesamtheit der zur Überwindung des Minderwertigkeitsgefühls entwickelten neurotischen Verhaltensweisen. **Mịnderzahl** *die, -,* zahlenmäßige Unterlegenheit. **mịndest,** am wenigsten: *es besteht nicht die mindeste Gefahr,* gar keine. **mindest. . .,** wenigst. . ., niedrigst. . .: *Mindestforderung; Mindestgebot; Mindestpreis; Mindeststrafe; Mindestzahl; Mindestzeit.* **mịndeste** *die, das,* geringste, wenigste: *davon verstehe ich nicht das m.,* gar nichts; *das ist das m., was du leisten mußt;* zum mindesten, mindestens; *nicht im mindesten,* gar nicht. **mindestens,** zumindest, wenigstens: *er hätte m. danken sollen.* **Mịndestgeschwindigkeit** *die,* oder *die vorgeschriebene M. auf Autobahnen ist 60 km/h.* **Mịndestlohn** *der,* niedrigster zu zahlender Lohn. **Mịndestmaß** *das,* das geringste Maß: *ein M. an Höflichkeit.* **Mịndestumtausch** *der,* Zwangsumtausch.

Mịne [frz., aus kelt.] *die, -/-n,* **1)** Sprengladung: *Minensuchgerät; Landmine; wir ließen alle Minen springen lassen,* Ü alle Mittel versuchen. **2)** Bergwerk, bes. Erzgrube: *Goldmine; Minenarbeiter.* **3)** Einlage in Bleistiften und Kugelschreibern.

Minerạl [mhd. miniere, zu mlat. aes minerale ›Erzgestein‹] *das, -s/-e* oder *. . .li|en,* alle als Bestandteile der Erdrinde vorkommenden einheitl. Körper, soweit sie nicht von Lebewesen herrühren: *Mineralböden; Mineralsalze; Mineraliensammlung.* **mineralisch. Mineraloge** [vgl. . . .loge] *der, -n/-n.* **Mineralogie** [vgl. . . .logie] *die, -,* Wissenschaft von den Mineralien. **mineralogisch. Mineralöl** *das,* Bez. für natürliche und techn. Öle, die vorwiegend aus Kohlenwasserstoffen bestehen: *Mineralölsteuer.* **Mineralwasser** *das,* Wasser aus einer mineralhaltigen Heilquelle.

Minẹrva, altitalische Schutzgöttin des Handwerks.

Mịne|strạ [ital.] *die, -/. . .stren,* **Mine|strọne** *die, -/. . .ni,* italien. Gemüsesuppe mit Reis oder Teigwaren als Einlage, bestreut mit Parmesankäse.

Minẹtte [frz. ›kleines Bergwerk‹, zu Mine] *die, -,* **1)** dunkelgraues Ganggestein. **2)** Brauneisenerz Luxemburgs, Lothringens. **Mineur** [min'ø:r, frz. ›Bergmann‹] *der, -s/-e,* **1)** ♂ früher ein Pionier für den Bau von Minengängen. **2)** Sprengmeister, der Sprengarbeiten beim Bau von Stollen, Schächten und Tunneln ausführt.

mini. . . [lat. minor, gekürzt aus miniature], **1)** klein. . ., kleinst. . .: *Minibikini; Minipille,* U Antibabypille ohne Östrogen. **2)** Mode: sehr kurz, über dem Knie endend: *Minimode; Minirock.* **Miniatụr** [mlat. miniatura ›mit Mennige gemaltes Bild‹, Bedeutungswandel unter Einfluß von lat. minor ›kleiner‹] *die, -/-en,* **1)** gemaltes Bildnis in kleinem Format: *Miniaturmalerei.* **2)** großer Anfangsbuchstabe in der Buchmalerei. **miniatur. . .,** klein. . .: *Miniaturausgabe.* **Miniaturisierung** *die, -/-en,* weitgehende Verkleinerung, z. B. von elektron. Bauelementen und Geräten. **Mini-Disk** [engl. disc ›Schallplatte‹] *die, -/-s,* kleine Schallplatte mit digitaler Tonaufzeichnung.

minịeren [frz. miner, zu Mine], *ich* miniere (habe miniert) *es,* ⚒ unterhöhle, grabe unterirdische Gänge.

Mịnigolf *der,* Kleingolf, ein vom Golf abgeleitetes Zielspiel mit verkleinerten Geräten und Bahnen. **mịnim,** *schweiz.:* minimal. **Mịnima, 1)** *Pl.* von Minimum. **2)** *der, -/. . .mae* oder *. . .men,* in der Mensuralnotation der heutigen halben Note entsprechende Note. **minimal,** kleinstmöglich: *Minimalbetrag; Minimalforderung; die Verluste waren m.; minimale Beträge.* **minimịeren,** *ich* minimiere (habe minimiert) *es,* setze auf ein Minimum herab. **Mịnimum** [engl., zu lat. minimus ›der Kleinste‹, ›der Geringste‹] *das, -s/. . .ma,* **1)** Kleinstwert: *Existenzminimum; mit einem M. an Aufwand; die Ausgaben müssen auf ein M. reduziert werden.* **2)** niedrigster Stand (des Luftdrucks).

Minịster [frz. ministre, zu lat. minister ›Diener‹] *der, -s/-,* Mitglied einer Regierung, Leiter eines Ministeriums: *Außenminister; Ministerkonferenz; Ministerrat.* **ministerial. . .,** einem Ministerium angehörend: *Ministerialbeamter.* **Ministeriale** *der, -n/-n, ein -r,* im MA.: Angehöriger einer urspr. unfreien Schicht von Hofdienern, die später zum Kern des niedrigen Adels wurden. **ministeriẹll,** einen Minister oder ein Ministerium betreffend. **Ministerium** *das, -s/. . .ri|en,* oberste Behörde eines Staates: *Verwaltungszweig: Innenministerium.* **Ministerpräsident** *der,* Leiter der Regierung eines Staates oder Bundeslandes. **mini|strabel** [vgl. . . .abel], für fähig gehalten, ein Ministeramt zu bekleiden. **Mini|strạnt** [lat. ministrare ›bedienen‹] *der, -en/-en,* Meßdiener. **mini|strịeren,** *ich* ministriere (habe ministriert), leiste Dienst bei der Messe.

Mink [engl.] *der, -s/-e,* **1)** amerikan. Raubmarderart, ein Pelztier. **2)** sein Fell.

Minna [Kurzform von Wilhelmine], **1)** weibl. Vorname. **2)** *die, -s:* grüne M., U Polizeiwagen.

Mịnne [ahd. minna, urspr. ›Gedenken‹] *die, -,* **1)** im MA.: ritterliche Liebe: *Minnedienst.* **2)** P Liebe. **mịnnen,** *ich* minne (habe geminnt) *sie,* P Liebe. **Mịnnesang** *der, -(e)s,* im MA.: ritterlich-höfische Liebeslyrik. **Mịnnesänger** *der,* **Mịnnesinger** *der,* im MA.: Träger des Minnesangs. **mịnniglich,** P **1)** lieblich. **2)** liebend.

minọisch [nach dem König Minos von Kreta, griech. Mythologie], kretisch-mykenische Kultur: *minoische Kultur.* **Minọrat** [lat. minor ›kleiner‹] *das, -s/-e,* Vorrecht des Jüngsten in der Erbfolge. **minorẹnn** [lat. annus ›Jahr‹], ♂ minderjährig. **Minorennität** *die, -,* ♂ kath. Geistlicher mit niederen Weihen. **Minorịt** *der, -en/-en,* Angehöriger eines Zweiges des Franziskanerordens. **Minorität** *die, -/-en,* Minderheit.

Minotaurus [grch. meion ›weniger‹ und kainos ›jung‹, ›neu‹] *das, -s,* ▲ eine geolog. Abteilung des Tertiärs.

Mịn|strel [engl., zu Ministeriale] *der, -s/-s,* in England (13.–16. Jahrh.): Sänger, Spielmann in adligem Dienst.

Minuẹnd [lat. minuere ›verringern‹] *der, -en/-en,* die Zahl, von der abgezogen wird, **ÜBERS.** R 11. **minus** [lat. ›weniger‹], Zeichen: −, **1)** △ weniger, abzügl. **2)** △ Vorzeichen der negativen Zahlen. **3)** unter dem Gefrierpunkt: *m. 10 °C.* **4)** ⚡ negativ: *Minuspol.* **Mịnus** *das, -/-,* **1)** Fehlbetrag, Verlust: *eine Abrechnung mit einem M. von . . .* **2)** U Nachteil: *das ist (k)ein M. für ihn.* **Mịnuskel** [lat. minusculus ›etwas kleiner‹] *die, -/-n,* kleiner Buchstabe. **Mịnuspunkt** *der,* negative Bewertung: *dafür gibt es Minuspunkte,* U.

Minụte [lat. minutum ›zerkleinert‹, zu minuere ›verringern‹] *die, -/-n,* **1)** Abk.: min, Min., Zeichen: ′, 60. Teil einer Stunde, **ABB.** Z 5: *10 Minuten Pause.* **2)** △ der 60. Teil eines Grades: *Bogenminute.* **minutenlang,** minutenlanger Beifall; aber: *einige Minuten lang. . . .* **minutig, . . . minütig, . . .** Minuten dauernd: *eine fünfminutige, fünfminütige oder 5minutige Pause.* **minutiös,** minuziös. **minütlich,** jede Minute. **. . .minütlich,** nach . . . Minuten wiederkehrend: *der Bus verkehrt in fünfminütlichem oder 5minütlichem Abstand.* **Minuzi|en,** *Pl.,* ♂ Kleinigkeiten. **minuziös, 1)** ♂ kleinlich. **2)** sorgsam, peinlich genau: *sie ordnete die Papiere mit minuziöser Sorgfalt; er hat es m. geschildert.*

Mịnze [ahd. minza, zu grch. minthe] *die, -/-n,* Pfefferminze.

Mio., auch Mill., Abk. für: Million(en).

Miozän [grch. meion ›weniger‹ und kainos ›jung‹, ›neu‹] *das, -s,* ▲ eine geolog. Abteilung des Tertiärs.

Mipolam *das, -s/-e,* Handelsname für Erzeugnisse aus Weich-PVC.

mir, Dativ von ich, **ÜBERS.** P 24.

Mir [russ. ›Welt‹, ›Gemeinde‹] *der, -s,* früher russ. Dorfgemeinde.

Mịra [lat. mirus ›auffallend‹, ›wunderbar‹] *die, -,* ✦ ein Stern.

Mirabẹlle [frz.] *die, -/-n,* ein Steinobstgewächs mit gelben, pflaumenartigen Früchten: *Mirabellenbranntwein.*

Mirage [mir'a:ʒ, frz. zu mirer ›spiegeln‹, aus lat. mirari ›sich wundern‹, ›bewundern‹] *die, -/-n* [-ən], **1)** Luftspiegelung. **2)**

Ü ⚙ Täuschung, Wahn. **Mirakel** [mhd. mirakel, zu lat. miraculum] *das, -s/-*, Wunder; Wundertat. **mirakulös.**

Miriam, Mirjam [hebr. Mirjam, vgl. Maria], weibl. Vornamen.

Mirl, Mirzl, tirol.: Mariechen.

mis..., Nebenform von: miso...

Mis|an|throp [grch. misanthropos, zu misein ›hassen‹ und anthropos ›Mensch‹] *der, -en/-en*, Menschenfeind. **Mis|an|thropie** *die, -*, Menschenscheu, Menschenhaß. **mis|an|thropisch.**

Mischehe *die,* Heirat zwischen Angehörigen verschiedener Rassen oder Konfessionen. **mischen** [ahd. misgen, zu lat. miscere], *ich* mische (habe gemischt), **1)** *zwei oder mehr Dinge, eins ins (unters) andere,* verteile ungleichartige Stoffe gleichmäßig ineinander, bereite aus mehreren Stoffen: *Mischbrot; Mischfarbe; Mischfutter; ich m. Wasser und Wein* oder *Wasser in den Wein; ich m. die Karten zum Kartenspiel,* bringe in eine nur durch den Zufall bestimmte Reihenfolge; vgl. gemischt. **2)** *mich unter die Leute,* begebe mich unter sie. **3)** *mich in etwas,* menge mich ein. **Mischer** *der, -s/-*, **1)** Gerät zum Mischen: *Betonmischer.* **2)** jemand, der (beruflich) etwas mischt. **Mischkristall** *der, meist Pl.*, Kristalle gleicher Struktur, aber kontinuierlicher Änderung der chem. Zusammensetzung. **Mischkultur** *die,* **1)** eine aus mehreren Volks- oder Rassenbestandteilen zusammengesetzte Kultur. **2)** der Anbau mehrerer Kulturpflanzen nebeneinander. **Mischling** *der, -s/-e*, **1)** Mensch, der von Eltern verschiedener Rassen stammt. **2)** 🐾 ⚕ Kreuzungsprodukt zweier Lebewesen verschiedener Rasse, Art oder Gattung; Bastard. **Mischmasch** *der, -es*, U Familie. **Mischpoche, Mischpoke** [jidd., zu hebr. mischpacha] *die, -*, (Familie, (unliebsame) Verwandtschaft; Gesindel. **Mischpult** *das,* Gerät, bei dem einzelne Ton- oder Bildaufzeichnungen auf einem Magnetband vereinigt werden (Film, Funk, Fernsehen). **Mischung** *die, -/-en*, **1)** *ohne Pl.,* das Mischen. **2)** das, was gemischt wurde, Gemenge, Gemengsel: *Mischungsverhältnis.* **Mischwald** *der,* Forst aus zwei oder mehr Holzarten. ABB. F 33.

Mise [mi:z, frz. ›Einlage‹, zu mettre ›setzen‹, ›hineintun‹] *die, -/-n [-ən],* **1)** Einsatz beim Glücksspiel. **2)** Lebensversicherung: Einmalprämie.

Misel [eigtl. elsäss. ›Mäuschen‹] *das, -s/-(s)*, ⚙ *junges* Mädchen. **miseln,** *ich* mis(e)le (habe gemiselt), ⚙ liebele.

Miselsucht [ahd. misel, zu lat. misellus ›elend‹] *die, -*, ✚ Aussatz, Lepra. **miselsüchtig.**

miserabel [frz. misérable, zu lat. miserari ›beklagen‹], U erbärmlich, sehr schlecht: *es geht ihr m.; er ist ein miserabler Tennisspieler.* **Misere** *die, -/-n*, Elend, Notlage. **Miserere** [lat. ›Erbarme dich‹] *das, -(s)*, **1)** ein Bußpsalm. **2)** ✚ Koterbrechen bei Darmverschluß.

Misericordia(s) Domini [lat. ›durch die Barmherzigkeit des Herrn‹], **1)** evang. Kirche: der 2. Sonntag nach Ostern, ÜBERS. J 2. **2)** kath. Kirche: der 3. Sonntag der Osterzeit, Jubilate. **Miserikordie** [-iə, lat. misericordia ›Barmherzigkeit‹] *die, -/...di|en*, Stütze im Chorstuhl, ABB. C 8.

mis(o)... [grch. misos], Haß, Verachtung. **Misogyn** [grch. gyne ›Frau‹] *der, -s/-e* oder *-en/-en*, Weiberfeind. **Misogynie** *die, -.*

Mispel [ahd. mespila, zu grch. mespilon] *die, -/-n*, ⚕ ein Kernobstgewächs und dessen Frucht.

miß!, 1) von messen. **2)** von missen.

Miss, eingedeutscht **Miß** [engl. verkürzt aus Mistress] *die, -/M'isses* [m'isiz], Fräulein: *M. Germany,* dt. Schönheitskönigin; *Mißwahl.*

miß... [ahd. missa..., missi...], schlecht, verfehlt, fehl...: *mißfarben; mißgewachsen; Mißjahr.* **mißachten,** *ich* mißachte (habe mißachtet) *ihn, es,* **1)** verachte, achte für schlecht. **2)** beachte bewußt nicht: *er hat die Verkehrsvorschriften, meinen Rat mißachtet.* **Mißachtung** *die.*

Missal [lat. missa ›Messe‹] *das, -s/-e*, **Missale** *das, -s/-n* oder *...li|en*, Meßbuch.

mißarten, *es* mißartet (ist mißartet), gerät nicht, entwickelt sich falsch. **Mißartung** *die.*

Missa solemnis [lat. ›feierliche Messe‹] *die, - -/M'issae ...nes*, feierliches Hochamt.

mißbehagen, *es* mißbehagt (hat mißbehagt) *mir,* behagt mir nicht. **Mißbehagen** *das.*

Mißbildung *die,* von der Norm abweichende Bildung: *körperliche M.*

mißbilligen, *ich* mißbillige (habe mißbilligt) *es,* tadele,

lehne ab: *ich m. diesen Plan, sein Verhalten; sie blickte ihn mißbilligend an.* **Mißbilligung** *die.*

Mißbrauch [mhd. missebruch] *der, -(e)s*, unerlaubter oder übertriebener Gebrauch, unrechte Verwendung: *Drogenmißbrauch; mit Nahrungsmitteln sollte kein M. getrieben werden.* **mißbrauchen,** *ich* mißbrauche (habe mißbraucht), **1)** *es, ihn,* gebrauche auf unrechte Weise, nutze unfair aus: *er mißbraucht seine Macht; sie hat mein Vertrauen mißbraucht.* **2)** *sie,* vergewaltige. **mißbräuchlich,** *bei mißbräuchlicher Verwendung des Gerätes verfällt die Garantieanspruch,* K.

mißdeuten, *ich* mißdeute (habe mißdeutet) *es,* lege es falsch aus. **Mißdeutung** *die.*

missen [ahd. missan, zu miß], *ich* misse (habe gemißt; du mißt; misse! oder miß!) *es, ihn,* vermisse, entbehre: *ich möchte diese Erfahrung nicht missen.*

Mißerfolg *der,* fehlgeschlagene Unternehmung, ungünstiges Ergebnis: *die Aufführung wurde ein M.*

Mißernte *die,* schlechte Ernte.

Missetat [ahd. missitat] *die,* P Verbrechen, Sünde, Verstoß. **Missetäter** *der,* P.

mißfallen [mhd. missevallen], *es* mißfällt (mißfiel, hat mißfallen) *mir,* gefällt mir nicht, sagt mir nicht zu: *mir mißfiel sein Ton.* **Mißfallen** *das, -s*: *dieser Brief hat sein M. erregt; ich habe ihm mein M. darüber geäußert.* **mißfällig,** ungünstig, abfällig: *eine mißfällige Äußerung.*

mißgebildet, vom Normalen abweichend, schlecht gebildet: *ein mißgebildeter Rücken.*

Mißgeburt *die,* mit starken Mißbildungen zur Welt gekommenes Kind oder Tier.

mißgelaunt, schlecht gelaunt, verdrießlich: *sie machte einen mißgelaunten Eindruck, sah m. aus.*

Mißgeschick [ahd. missesciht] *das,* ärgerliches Unglück, Pech: *ihm ist ein M. passiert.*

mißgestalt, selten für: mißgestaltet. **Mißgestalt** *die,* mißgebildete oder häßliche Gestalt. **mißgestaltet.**

mißgestimmt, übellaunig.

mißglücken, *es* mißglückt (ist mißglückt) *(mir),* gelingt nicht: *dieser Versuch ist (ihm) leider mißglückt.*

mißgönnen, *ich* mißgönne (habe mißgönnt) *es ihm,* gönne ihm nicht, beneide ihn darum: *sie mißgönnt ihm seinen Erfolg.*

Mißgriff *der,* Fehlgriff, falsches Handeln, Fehler, Irrtum: *mit diesem Kauf habe ich einen M. getan.*

Mißgunst *die,* **1)** Neid. **2)** selten: Ungunst: *die M. des Augenblicks.* **mißgünstig,** *ein mißgünstiger Charakter.*

mißhandeln [mhd. missehandeln], *ich* mißhand(e)le (habe mißhandelt) *ihn,* behandle ihn schlecht, füge ihm Körperverletzungen, Schmerzen zu. **Mißhandlung** *die: Kindesmißhandlung.*

Mißheirat *die,* ⚙ Heirat unter dem Stande, Mesalliance.

Mißhelligkeit [mhd. missehellec ›uneins‹ *die, -/-en, meist Pl.,* Unstimmigkeit: *zwischen ihnen kam es zu Mißhelligkeiten.*

missingsch [›Meißnisch‹, angelehnt an: Messing]. **Missingsch** *das, -(s), dem -, niederdt.:* Gemisch aus Hochdeutsch und Niederdeutsch; vgl. Deutsch.

Mission [lat. missio, zu mittere ›senden‹] *die, -/-en,* **1)** Sendung, Vollmacht, Auftrag: *meine M. ist beendet; er hat eine wichtige M. zu erfüllen.* **2)** eine Personengruppe, die zur Erledigung besonderer Aufgaben ins Ausland entsandt wird: *Handelsmission.* **3)** diplomatische Vertretung eines Staates im Ausland und deren Sitz. **4)** *ohne Pl.: Äußere M.,* Verbreitung des Christentums unter nichtchristlichen Völkern: *Missionsschule; Missionsschwester; Innere M.,* evang. Kirche: Einrichtungen der allgemeinen Wohlfahrtspflege u. a. **5)** U Wohn- und Arbeitsgebäude eines Missionars. **Missionar,** österr.: **Missionär** *der, -s/-e*, Geistlicher, der in der Äußeren Mission tätig ist. **missionarisch,** *mit missionarischem Eifer,* Ü. **missionieren,** *ich* missioniere (habe missioniert) *(ihn).*

Mißklang *der,* Mißton.

Mißkredit *der, -(e)s*, übler Leumund: *er wollte mich in M. bringen; er ist in M. geraten.*

mißlaunig, übellaunig.

mißleiten, *ich* mißleite (habe mißleitet) *ihn,* verführe, leite falsch. **Mißleitung** *die.*

mißlich [ahd. missilih ›verschieden‹, ›ungleich‹], unangenehm: *er ist in einer mißlichen Lage.* **Mißlichkeit** *die, -/-en, er muß sich mit allerlei Mißlichkeiten herumschlagen.*

mißliebig, unbeliebt, verhaßt: *sie hat sich bei uns m. gemacht; ein mißliebiger Vorgesetzter.* **Mißliebigkeit** *die, -.*

mißlingen [mhd. misselingen], *es* mißlingt (mißlang, ist mißlungen) *(mir),* gelingt nicht: *ein mißlungener Abend; sein*

Plan mißlang; dieser Kuchen ist mir mißlungen. **Mißlingen** *das, -s: für das M. des Planes bin ich nicht verantwortlich.*
Mißmut *der,* Verdrießlichkeit. **mißmutig.**
Mißpickel *der, -s,* Arsenkies.
mißraten [mhd. misseraten, zu raten], *es* mißrät (mißriet, ist mißraten) *(mir),* gelingt nicht: *ein mißratener Braten.*
Mißstand *der,* übler Zustand, Quelle von stetem Ärger: *die Mißstände an den Schulen müssen beseitigt werden.*
Mißstimmung *die,* Verstimmung; drohender Streit: *gegen Ende der Besprechung kam eine leichte M. auf.*
mißt, 1) von messen. **2)** von missen.
Mißton *der, -(e)s/-*̈*e,* **1)** häßlicher Klang, Dissonanz. **2)** *ohne Pl.,* Ü Mißstimmung. **mißtönend, mißtönig.**
mißtrauen [mhd. missetriuwen], *ich* mißtraue (habe mißtraut) *ihm,* traue ihm nicht, hege Argwohn gegen ihn: *ich m. diesem Gesinnungswandel, ihren Worten.* **Mißtrauen** *das, -s: das weckte mein M.; sie ist voller M.; mein M. war unbegründet.*
Mißtrauensantrag *der: die Opposition brachte einen M. ein.*
Mißtrauensvotum *das,* ein Mehrheitsbeschluß im Parlament, der (einem Mitglied) der Regierung das Vertrauen entzieht und damit den Rücktritt erzwingt. **mißtrauisch,** *ein mißtrauischer Mensch; das hat mich m. gemacht.*
Mißvergnügen *das, -s,* Verdruß, Unzufriedenheit: *das hörte man mit zunehmendem M.* **mißvergnügt,** unzufrieden, schlecht gelaunt.
Mißverhältnis *das,* unpassendes Verhältnis, störende Ungleichheit: *seine Forderungen stehen im groben M. zu seinen Leistungen.*
mißverständlich, mehrdeutig, unklar: *eine mißverständliche Formulierung.* **Mißverständnis** *das, -ses/-se,* ungewollt falsches Deuten einer Handlung oder Aussage: *die Anschuldigung beruhte auf einem M.; durch eine Aussprache sollen alle Mißverständnisse beseitigt, geklärt werden.* **mißverstehen,** *ich* mißverstehe (habe mißverstanden) *es, ihn,* verstehe falsch: *da mißverstehst du mich!; sie fühlt sich mißverstanden.*
Mißweisung *die,* Abweichung der Magnetnadel von der Nordrichtung.
Mißwirtschaft *die,* unordentliche Geschäftsführung oder Verwaltung.
Mißwuchs *der,* Mißbildung an Pflanzen.
Mist [engl.] *der, -es,* ❧ leichter Nebel.
Mist [ahd. mist] *der, -es,* **1)** Exkremente pflanzenfressender Tiere, mit Stroh, Torfmull u. a. als Dünger: *das ist nicht auf seinem M. gewachsen,* Ü nicht sein eigenes Gedankengut. **2)** Ü wertloses Zeug, Schund: *er hat wieder viel M. gebaut,* Unsinn geredet, geschrieben, etwas Dummes getan; *so ein M.!, so ein Pech!, wie ärgerlich!; er macht M.,* schweiz.: streitet. **Mist...,** als Schimpfwort: *Mistfink, Miststück, Mistvieh.*
Mistbeet *das,* Frühbeet.
Mistel [ahd. mistil] *die, -/-n,* ein auf Bäumen schmarotzender Strauch: *Mistelzweig.*
misten [ahd. miston], *ich* miste (habe gemistet) *es,* **1)** reinige von Mist (Stall). **2)** dünge mit Mist (Acker).
misten [engl. to mist ›vernebeln‹], *es* mistet (hat gemistet), ❧ nebelt leicht.
Mister [m'istə, engl., zu master ›Meister‹, ›Lehrer‹, aus lat. magister], Abk.: Mr., Herr, Anrede in Verbindung mit dem Namen.
Mistfink *der,* Ü derb: schmutziger Kerl. **Mistgabel** *die,* ABB. S 59. **Misthaufen** *der,* ABB. B 14. **mistig, 1)** voller Mist, sehr schmutzig. **2)** Ü gemein, schlecht, verdrießlich.
mistig [engl. misty], ❧ nebelig.
Mistkäfer *der,* Ü Käfer mit schaufelartigen Vorderbeinen.
Mistral [frz., aus provenzal., zu lat. magister ›Meister‹] *der, -s,* kalter, trockener Nordwind in Südfrankreich.
Mistress [engl., vgl. Mister], **1)** [m'istris] *die, -/-es* [-trisiz], Herrin, Meisterin, Lehrerin; Mätresse. **2)** Abk.: Mrs. [m'isiz], Frau, Anrede in Verbindung mit dem Namen.
Miszellaneen, Miszellen [lat. miscellanea, zu miscere ›mischen‹], *Pl.,* Vermischtes, Aufsätze vermischten Inhalts.
mit [ahd. mit(i), urverwandt mit grch. meta. . .] **1)** in seiner Begleitung (mit Verben der Bewegung): *ich möchte m. dir tanzen; du darfst nur m. Erwachsenen über die Straße gehen.* **2)** Ü kurz für: mitgehen, mitkommen: *ich möchte mit; soll ich nicht mit?* **3)** in enger Verbundenheit, in Wechselbeziehung stehend, etwas betreffend: *m. dir kann ich es wagen,* als dein Freund oder Genosse; *er kämpfte m. ihm,* sie kämpften miteinander; *es geschah m. Absicht; das ist im M. gesuchte Lösung,* Ü eine der besten Lösung. **4)** durch seine Hilfe, als Mittel dienend: *er schaffte es nur m. Hilfe guter Freunde von guten*

Freunden; *öffne m. dem Schlüssel!; er kam m. dem Frühzug.* **5)** zeitlich zusammenfallend: *m. dem heutigen Tag tritt die Verfügung in Kraft; m. diesem Streit begann eine Feindschaft.*
mit. . ., 1) in Verbindung mit Verben trennbar zusammengesetzt: zusammen mit, in Wechselbeziehung stehend: *mitbieten; mitdenken; mitempfinden; mitessen; mitlesen; mitreiten; mitsingen; mitstenographieren.* **2)** in Verbindung mit Substantiven: zusammen mit anderen, einen Teil zu etwas beitragend: *Mitangeklagter; Mitbewohner; Mitbesitzer; Mitbürger; Miteigentümer; Miterbe; Mitherausgeber; Mitinhaber; Mitkläger; Mitschüler; Mitstreiter; Mittäter.*
Mitarbeit *die, -: wir sind auf seine M. angewiesen.* **mitarbeiten,** *ich* arbeite *an etwas* mit (habe mitgearbeitet), mache einen Teil der Arbeit, arbeite mit anderen an einem Werk: *der Schüler arbeitet gut mit,* beteiligt sich am Unterricht. **Mitarbeiter** *der:* Mitarbeiterstab.
mitbekommen, *ich* bekomme *es* mit (bekam mit, habe mitbekommen), Ü **1)** erhalte zum Mitnehmen, als Ausrüstung: *was hast du heute zum Frühstück mitbekommen?; sie bekam eine ansehnliche Aussteuer mit.* **2)** verstehe: *er hat von dem Vortrag kaum etwas mitbekommen.* **3)** bin anwesend, habe teil: *ich war in Urlaub und habe nichts von allem hier mitbekommen.*
mitbenutzen, *ich* benutze *es* mit (habe mitbenutzt), benutze zusammen mit anderen. **Mitbenutzung** *die:* Mitbenutzungsrecht.
mitbestimmen, *ich* bestimme *(es)* mit (habe mitbestimmt), entscheide, bestimme zusammen mit anderen: *die Schüler wollen bei der Aufstellung der Lehrpläne mitbestimmen.*
Mitbestimmung *die:* das Mitbestimmungsrecht von Arbeitnehmern; paritätische M., Vertretung von Arbeitgebern und Arbeitnehmern in gleicher Stärke.
Mitbewerber *der,* Konkurrent bei einer Bewerbung.
mitbringen, *ich* bringe *ihn, es* mit (habe mitgebracht), bringe, wenn ich komme: *er hat ein Geschenk, einen Gast mitgebracht; er bringt für diese Aufgabe (nicht) die nötigen Voraussetzungen mit,* Ü ist (nicht) dazu fähig, geeignet. **Mitbringsel** *das, -s/-,* Ü kleines Geschenk: *Reisemitbringsel.*
mitdürfen, Ü kurz für: mitkommen dürfen.
miteinander [auch m'it-], einer mit dem anderen, gemeinsam oder gegeneinander: *sie sollen m. sprechen; sie haben m. gekämpft.*
miteins, schweiz.: unvermittelt, plötzlich.
miterleben, *ich* erlebe *es* mit (habe miterlebt), bin dabei (und nehme Anteil daran): *schade, daß ich das nicht miterleben konnte.*
Mitesser *der,* ✚ kleiner Pfropf auf einem verstopften Ausführungsgang einer Hauttalgdrüse.
mitfahren, *ich* fahre *mit* (fuhr mit, bin mitgefahren), fahre mit jemandem (in dessen Auto): *du kannst bis nach Frankfurt mitfahren.* **Mitfahrer** *der:* Mitfahrerzentrale.
mitfühlen, *ich* fühle *mit ihm* (habe mitgefühlt): *ein mitfühlender Mensch,* ein verständnisvoller.
mitführen, *ich* führe *es* mit (habe mitgeführt), habe bei mir: *führen Sie zollpflichtige Waren mit?; das Mitführen von Blindenhunden ist gestattet.*
mitgeben, *ich* gebe *es ihm* mit (gab mit, habe mitgegeben): *können Sie mir Proviant für die Wanderung mitgeben?; die Eltern haben ihren Kindern eine gute Erziehung mitgegeben,* Ü.
Mitgefühl *das, -(e)s,* Teilnahme an fremdem Leid.
mitgehen, *ich* gehe *mit* (ging mit, bin mitgegangen), **1)** *mit ihm,* begleite ihn; halte Schritt. **2)** Ü nehme regen Anteil: *die Zuschauer gingen begeistert mit.* **3)** ich lasse es mitgehen, Ü stehle es: *jemand hat meine Handschuhe mitgehen lassen.*
mitgenommen, Ü vgl. mitnehmen.
Mitgift [spätmhd. mitegift, zu ahd. gift ›Gabe‹] *die, -/-en,* Heiratsgut der Frau, Aussteuer: *Mitgiftjäger.*
Mitglied *das,* Angehöriger einer Partei, eines Vereins: *M. des Bundestags,* Abk.: MdB; *M. des Landtags,* Abk.: MdL; *Mitgliederversammlung; Mitgliedsausweis; Mitgliedsbeitrag; Vereinsmitglied.* **Mitgliedschaft** *die, -,* Eigenschaft als Mitglied: *die M. wurde ihm aberkannt; Doppelmitgliedschaft.*
Mitglied(s)staat *der: die Mitgliedstaaten der NATO.*
mithaben, Ü kurz für: mitgenommen haben.
mithalten, *ich* halte mit (hielt mit, habe mitgehalten), **1)** Ü beteilige mich: *wir wurden aufgefordert, kräftig mitzuhalten,* mitzuessen. **2)** da können wir nicht mehr mithalten, Ü es übersteigt unsere Möglichkeiten (geistig, körperlich, finanziell).
mithelfen, *ich* helfe mit (half mit, habe mitgeholfen): *alle müssen mithelfen, die Folgen des Unwetters zu beseitigen.*

Mithilfe *die: diese Wohnung wird nur bei M. im Haushalt vermietet;* aber: *man kommt nur mit Hilfe einer Leiter dahin.*

mithin, also, folglich.

mithören, *ich höre (es)* mit (habe mitgehört), **1)** höre gleichzeitig: *euer Streit war so laut, man konnte ihn nebenan mithören.* **2)** höre im geheimen, belausche: *wir hatten nicht gemerkt, daß jemand mithörte.*

Mithra(s), altiranischer Lichtgott.

mitkämpfen, *ich kämpfe* mit (habe mitgekämpft), kämpfe zusammen mit anderen. **Mitkämpfer** *der.*

mitkommen, *ich komme* mit (kam mit, bin mitgekommen), **1)** gehe (als Begleiter) mit: *kommst du mit ins Kino?* **2)** Ü kann geistig folgen: *Ihr Sohn kommt leider beim Unterricht nicht mit.* **3)** *mit dem vorigen Bus, Zug bin ich nicht mehr mitgekommen,* U er war überfüllt.

mitkönnen, *ich kann* mit (habe mitgekonnt), U **1)** kurz für: kann, darf mitkommen. **2)** *da kann ich nicht mehr mit,* ich verstehe es nicht, es übersteigt meine Mittel, Kräfte.

mitkriegen, *ich kriege es* mit (habe mitgekriegt), U bekomme es mit.

mitlaufen, *ich laufe* mit (lief mit, bin mitgelaufen), **1)** laufe zusammen mit anderen. **2)** *es läuft mit,* U wird nebenher erledigt (Arbeit). **Mitläufer** *der,* jemand, der (ohne innere Überzeugung) einer Bewegung angehört, sich wie die Mehrheit verhält; Opportunist.

Mitlaut *der,* Konsonant, ÜBERS. G 34.

Mitleid [mhd. miteliden] *das,* Teilnahme an fremdem Schmerz: *ich habe M. mit ihm; er tat es aus M.; das erregte unser M.* **Mitleidenschaft** *die, -: das wird ihn, es in M. ziehen,* beeinträchtigen, beschädigen. **mitleidig,** *ein mitleidiges Lächeln.* **mitleid(s)los. mitleid(s)voll.**

mitmachen, *ich mache (es)* mit (habe mitgemacht), **1)** beteilige mich: *ich werde einen Sprachkurs mitmachen; diesen Unsinn mache ich nicht mit; wer macht mit?; das Wetter macht mit,* ist so, wie wir es brauchen. **2)** Ü erleide, mache durch: *er hat während seiner Krankheit viel mitgemacht.*

Mitmensch *der,* jeder andere Mensch, der Nächste.

mitmischen, *ich* mische mit (habe mitgemischt), U beteilige mich daran: *er möchte überall mitmischen.*

mitmüssen, U kurz für: mitkommen müssen.

Mitnahme *die, -.* **mitnehmen,** *ich* nehme mit (nahm mit, habe mitgenommen), **1)** *ihn,* erlaube ihm mitzugehen, mitzufahren: *diesen Spielverderber nehmen wir nicht mehr mit; ich kann Sie bis zum Bahnhof (in meinem Auto) mitnehmen.* **2)** *es,* trage fort, behalte bei mir: *ich werde zwei Kleider und ein Kostüm auf die Reise mitnehmen.* **3)** *es nimmt mich mit,* Ü beansprucht mich seelisch, erschöpft mich: *der Todesfall nimmt ihn doch sehr mit; sie sieht noch sehr mitgenommen aus.*

mitnichten, K keinesfalls, sicher nicht.

Mitose [grch. mitos ›Faden‹, ›Schlinge‹] *die, -/-n,* Karyokinese, indirekte Zellkernteilung.

Mitra [grch. ›Binde‹, ›Diadem‹] *die, -/. . .tren,* Bischofsmütze, ABB. A 13.

mitreden, *ich* rede mit (habe mitgeredet), nehme an einer Beratung teil, nehme Einfluß, entscheide mit: *da habe ich auch ein Wörtchen mitzureden,* U; *hier kann ich nicht mitreden,* Ü ich verstehe nichts davon.

mitreisen, *ich* reise mit (bin mitgereist), reise zusammen mit jemandem. **Mitreisende** *der, die: er fand schnell Kontakt zu seinen Mitreisenden.*

mitreißen, *ich* reiße *ihn* mit (riß mit, habe mitgerissen), **1)** reiße mit mir fort: *er riß sie beim Fallen mit.* **2)** Ü stecke mit meiner Begeisterung an: *eine mitreißende Aufführung.*

mitsammen, ⚬ gemeinsam, ausnahmslos.

mitsamt mit, K mit, nebst.

mitschleifen, *ich* schleife mit (habe mitgeschleift), **1)** *ihn, es,* ziehe, schleppe mit: *er wurde noch 30 m vom Auto mitgeschleift.* **2)** *ihn,* U nehme trotz seines Widerstrebens mit.

mitschleppen, *ich* schleppe mit (habe mitgeschleppt), **1)** *es,* trage etwas Schweres mit mir. **2)** *ihn,* U schleife mit.

mitschneiden, *ich* schneide *es* mit (habe mitgeschnitten), nehme auf Band auf (Rundfunk, Fernsehen). **Mitschnitt** *der.*

mitschreiben, *ich* schreibe *es* mit (habe mitgeschrieben): *ich habe den ganzen Vortrag mitgeschrieben.*

Mitschuld *die, -,* Anteil an einer Schuld: *ihn traf keine M.* **mitschuldig. Mitschuldige** *der, die, -n/-n, ein -r, eine -.*

mitschwingen, *es* schwingt mit (schwang mit, hat mitgeschwungen), *in seiner Rede schwang ein Ton der Verachtung mit,* Ü wurde fühlbar.

mitspielen [mhd. mitspiln], *ich* spiele mit (habe mitge-

spielt), **1)** spiele zusammen mit jemandem: *wer hat in diesem Film mitgespielt?; unter diesen Umständen spiele ich nicht mehr mit,* U beteilige mich nicht mehr. **2)** *es spielt mit,* verursacht unter anderem: *bei diesem Konkurs haben mehrere Faktoren mitgespielt.* **3)** *man spielt ihm übel mit,* behandelt ihn schlecht, fügt ihm Schaden zu. **Mitspieler** *der.*

Mitsprache *die, -.* **Mitspracherecht** *das,* Recht zur Mitwirkung bei einer Entscheidung: *die Studenten fordern M.* **mitsprechen,** *ich* spreche mit (sprach mit, habe mitgesprochen), **1)** *es,* spreche zusammen mit anderen: *ich habe das Gebet mitgesprochen.* **2)** entscheide mit: *bei dieser Sache möchte ich mitsprechen.* **3)** *es spielt mit,* U kommt mit in Betracht, spielt mit: *hier sprechen verschiedene Gründe mit.*

mitst, auch zmitst, *schweiz.:* mitten darin.

Mitt. . ., in Verbindung mit Zehnerzahlen: *die mittzwanziger Jahre; der Mittzwanziger,* jemand von etwa 25 Jahren.

Mittag [ahd. mittitag, zu Mitte] *der, -(e)s/-e,* **1)** 12 Uhr, der Zeitpunkt des Höchststandes der Sonne: *Mittagessen; Mittagspause; Mittagsschlaf; Mittagssonne; im M. seines Lebens,* Ü auf der Höhe; *wir treffen heute gegen M. ein,* aber: *heute mittag; vgl. Dienstag.* **2)** *westdt.:* Nachmittag. **3)** *ohne Pl.,* ⚬ Süden: *die Sonne steht gen M.* **4)** *ohne Pl.,* U Mittagspause; Mittagessen: *wir machen M.; wir essen zu M.* **mittägig,** am Mittag. **mittäglich,** jeden Mittag. **mittagmahlen,** *ich* mittagmahle (habe mittagmahlt), *österr.:* esse zu Mittag. **mittags,** um die Mittagszeit. **Mittagsblume** *die,* Pflanze mit fleischigen Blättern. **Mittagskreis** *der,* Meridian. **Mittagstisch** *der: ein festlich gedeckter M.; die Firma bietet einen preiswerten M.*

Mitte [ahd. mitti] *die, -/-n, Pl. selten,* **1)** etwas, das an der Hälfte liegt, gleich weit von den Enden oder Seiten: *die M. des Weges; sie ist M. (der) Zwanzig oder der Zwanziger; die goldene M.,* Ü nicht zuviel und nicht zuwenig; *das Reich der M.,* China. **2)** *aus unserer M.,* Ü von uns: *das kann nur einer aus unserer M. recht verstehen,* jemand, der zu uns gehört. **3)** P Taille: *er faßte sie um die M.* **4)** Politik: *die gemäßigten Kräfte innerhalb eines Parteienspektrums: die linke M.*

mitteilen [mhd. miteilen], *ich* teile mit (habe mitgeteilt), **1)** *es* ihm, lasse ihn wissen: *bitte teilen Sie uns ihre Ankunft rechtzeitig mit; ich muß Ihnen leider mitteilen, daß. . .* **2)** *mich ihm,* ziehe ins Vertrauen. **3)** *es teilt sich mit,* P überträgt sich: *sein Kummer teilte sich allen mit.* **mitteilsam,** leicht bereit, sich mitzuteilen, aufgeschlossen: *ein mitteilsamer Mensch; sie war gern besonders im.* **Mitteilsamkeit** *die, -.* **Mitteilung** *die,* Nachricht, Bekanntgabe: *Mitteilungsbedürfnis; eine vertrauliche M.; sie erhielten die M., daß. . .; wir konnten ihnen die überraschende M. machen, daß. . .*

mittel [ahd. mittil], U (nur adverbial) durchschnittlich, weder besonders gut noch schlecht: *mir geht's m.; wie hat es euch gefallen?, m.!; vgl. mittlere.*

Mittel [mhd. mittel, zu Mitte] *das, -s/-,* **1)** alles, was zu einem Ziel führt: *Hilfsmittel; Nahrungsmittel; Verkehrsmittel; ich habe nun alle M. und Wege versucht; jedes M. war ihm recht; er legte sich dafür ins M.,* setzte sich dafür ein. **2)** Mittelwert, Durchschnitt: *im M. dauert der Krankenhausaufenthalt drei Wochen; das Jahresmittel liegt hier bei 8°C.* **3)** Physik: Medium. **4)** Arznei: *Heilmittel; ein M. gegen Grippe.* **5)** *nur Pl.,* Geld, Kapital: *er ist nicht ohne M.; mir fehlen die M. zum Bauen.* *nur Pl.,* Ausstattung, Fähigkeit, Möglichkeit: *die Stimmittel, stimmlichen M. eines Sängers.*

mittel. . ., zwischen zwei extremen Möglichkeiten, in der Mitte liegend: *mittelfein; mittelgroß; mittelschwer; Mitteleuropa; Mittelfrequenz; Mittelstück.*

Mittelalter *das, -s,* Abk.: MA., geschichtl. Zeitraum etwa vom Ende des Weström. Reiches (476) bis zum Beginn der Reformation (1517). **mittelalterlich.**

mittelbar, durch Zwischenglieder, Mittelsleute bewirkt, nicht direkt: *wir sind durch diese Entscheidung nur m. betroffen.* **Mittelbarkeit** *die, -.*

Mittelbau *der, -(e)s,* **1)** mittlerer Bau eines Gebäudes mit Seitengebäuden: *der Konzertsaal liegt im M. des Schlosses.* **2)** das wissenschaftl. Personal einer Hochschule außer den Ordinarien.

Mittelchen *das, -s/-,* U abwertend: wirkungsloses (Arznei)mittel: *alle M. helfen nichts.*

mitteldeutsch, Mitteldeutschland betreffend. **Mitteldeutsch** *das, -(s), der -en,* mitteldeutsche Mundarten, ÜBERS. M 24; vgl. Deutsch. **Mittelding** *das, -(e)s,* U ein neuer Begriff, der Elemente zweier anderer in sich vereinigt: *ein Moped ist ein M. zwischen einem Fahrrad und einem Motorrad.* **mitteleuropäisch,** Mitteleuropa betreffend: *mitteleuropäische Zeit,* Abk.:

MEZ. **Mittelfeld** das, ✂ 1) mittlerer Teil eines Spielfelds: *Mittelfeldspieler* (Fußball, vgl. ABB. F 37). **2)** mittlere Gruppe von Sportlern bei Wettkämpfen: *der deutsche Läufer hat sich vom M. gelöst.* **Mittelfinger** der, ABB. H 6. **mittelfristig,** auf eine mittlere Zeitspanne bezüglich: *mittelfristige Kredite; mittelfristige Finanzplanung.* **Mittelgebirge** das, Gebirge bis etwa 2 000 m. **Mittelgewicht** das, eine Gewichtsklasse der Schwerathletik. **Mittelhand** die, -, 1) beim Pferd: Widerrist, Rücken und Bauch. 2) Teil der Hand. **mittelhochdeutsch,** Abk.: mhd., die hochdt. Sprache des 12.–15. Jahrh. **Mittelhochdeutsch** das, -(s), dem -, mittelhochdt. Sprache, ÜBERS. D 6; vgl. Deutsch. **Mittelklasse** die, Klasse mittlerer Qualität, Größe, Leistung: *Mittelklassewagen.* **Mittellinie** [-iə] die, ✂ die ein Spielfeld halbierende Querlinie. **mittellos,** ohne Geldmittel. **Mittellosigkeit** die, -. **Mittelmaß** [mhd. mittelmaz] das, Durchschnitt. **mittelmäßig,** *seine Leistungen sind nur m., von mittelmäßiger Qualität.* **Mittelmäßigkeit** die, -. **mittelniederdeutsch,** Abk.: mnd., die niederdeutsche Sprache von 1200 bis 1650 betreffend. **Mittelniederdeutsch** das, -(s), dem -, mittelniederdeutsche Sprache, ÜBERS. D 6; vgl. Deutsch. **Mittelohr** das, -(e)s, ⚕ Raum zwischen Trommelfell und Labyrinth: *Mittelohrvereiterung, Mittelohrentzündung, Ohrenkrankheiten.* **mittelprächtig,** U scherzhaft: mittelmäßig: *wie geht es Ihnen?, m.* **Mittelpunkt** der, 1) bei Kreis oder Kugel der Punkt, von dem alle Punkte des Umfangs oder der Oberfläche gleich weit entfernt sind, ABB. K 14, K 43, K 52. 2) Ü Mensch oder Gegenstand, auf den sich alles konzentriert: *Mittelpunktschule; diese Stadt ist kulturell M. eines großen Gebietes; er stand im M. des Interesses; sie will immer M. sein.* **mittels,** *m. seiner,* mit, mit Hilfe von, durch. **Mittelscheitel** der, ABB. H 1. **Mittelschicht** die, mittlere soziale Schicht. **Mittelschiff** das, das mittlere Schiff (bei mehrschiffigen Kirchen), ABB. K 20. **Mittelschule** die, früher: Bez. für die Realschule; in der jetzigen, engeren Sinn auch Oberstufe des Gymnasiums, der Handelsschule oder eines Lehrerseminars (höhere Mittelschule). **Mittelsmann** [mhd. mittelman ›Schiedsmann‹] der, -(e)s/... *leute* oder *"er,* Unterhändler, Vermittler: *der Kontakt zwischen den beiden Gruppen wurde durch einen M. hergestellt.* **Mittelsperson** die, Mittelsmann. **Mittelstadt** die, Stadt, deren Einwohnerzahl zwischen 20 000 und 100 000 liegt. **Mittelstand** der, sozial uneinheitl. Gruppe zwischen der gesellschaftl. Ober- und der Unterschicht mit spezifischer Denk- und Werthaltung. **mittelständig,** 🌼 eine Form des Blütenstandes bezeichnend. **mittelständisch,** den Mittelstand betreffend, ihm angehörend. **Mittelständler** der, -s/-. **Mittelsteinzeit** die, Mesolithikum, Übergangszeit zwischen Alt- und Jungsteinzeit. **mittelsteinzeitlich. Mittelstreckenlauf** der, ✂ Lauf über Strecken von 800 m bis 3 000 m. **Mittelstreckenläufer** der. **Mittelstreifen** der, Grünstreifen. **Mittelstufe** die, die vierte bis sechste Klasse an Gymnasien (achtes bis zehntes Schuljahr). **Mittelstürmer** der, bei Mannschaftssportarten der in der Mitte der Angriffsreihe spielende Stürmer. **Mittelweg** der, Ü Versuch einer Einigung zwischen zwei Standpunkten: *der goldene M.* **Mittelwellen,** Pl., (⦿) elektromagnet. Wellen mit einer Wellenlänge von 100 bis 1 000 m. **Mittelwert** der, nach bestimmten Regeln ermittelter Durchschnittswert von Massen oder Zahlen. **Mittelwort** das, Partizip, ÜBERS. V 2.

mitten [ahd. mitti], 1) in der Mitte, in die Mitte: *m. in der Stadt, auf der Straße; ich habe m. durch die Scheibe geschossen.* 2) *m. unter ihnen (sie),* in ihrem (ihren) Kreis: *der Professor war m. unter seinen Studenten; er trat m. unter sie.* 3) zeitlich: *m. in der Nacht; er platzte m. in eine Besprechung hinein,* U. **mittendrin,** U mitten darin. **mittendrunter,** U mitten darunter. **mittendurch,** U mitten hindurch: *der Stab brach m.;* aber: *er ging mitten durch den Wald.* **mittenmang,** norddt.: mitten unter ihnen: *er stand m. der Leute.*

Mitternacht [mhd. mitternaht, zu Mitte] die, 1) 24 (0) Uhr, ABB. Z 5: *um M.* 2) 🧭 Norden: *gen M.* **mitternächtlich,** selten für: **mitternächtlich. mitternachts,** um Mitternacht. **Mitternachtssonne** die, -, die Erscheinung, daß die Sonne in den Polargebieten im Sommer auch um Mitternacht über dem Horizont bleibt.

Mittfasten die, die ungefähre Mitte der Fastenzeit, Sonntag Lätare und die ihm vorausgehende Woche.

Mittler [mhd. mitteler] der, -s/-, Vermittler, Mittelsperson: *Christus als M. zwischen Gott und den Menschen; Mittlerrolle.* **mittlere,** -r, -s, Komparativ von mittel, in der

Mitte steht; etwas, das in der Mitte liegt: *das m. Afrika;* aber: *der Mittlere Osten,* Iran, Afghanistan und Vorderindien. **2)** zwischen zwei Gegensätzen liegend, durchschnittlich: *er ist von mittlerer Größe; ein mittlerer Beamter; er fuhr mit mittlerem Tempo; die m. Reife,* U der Bildungsstand bei Absolvierung der Realschule, auch mancher Fachschulen oder bei Versetzung in die 11. Klasse eines Gymnasiums.

mittlerweile, unterdessen, währenddessen.

mittschiffs, ⚓ in der Mitte der Längen- oder Breitenausdehnung eines Schiffes.

Mittsommer [mhd. mittesumer] der, Sommersonnenwende: *Mittsommerfest,* das Johannisfest.

mittun, *ich tue mit* (habe mitgetan), mache mit, beteilige mich.

Mittwoch [spätahd. mittawehha] der, -(e)s/-e, der alttestamentar. vierte, nach DIN-Norm dritte Tag der Woche; vgl. Dienstag.

mitunter, manchmal.

mitverantwortlich. Mitverantwortung die, Verantwortung, die man mit anderen zusammen trägt: *Schülermitverantwortung.*

mitverdienen, *ich verdiene mit* (habe mitverdient): *seine Frau wird mitverdienen.*

Mitverfasser der, einer der Verfasser (eines Werkes). **Mitverschulden** das: *bei diesem Unfall hat er kein M.* **Mitwelt** die, -, die Zeitgenossen.

mitwirken, *ich wirke mit* (habe mitgewirkt), 1) *an, bei etwas,* arbeite mit, helfe: *er hat bei der Planung des Unternehmens mitgewirkt.* 2) *bei einer Veranstaltung, Sendung, in einem Film,* biete etwas dar, spiele eine Rolle. **Mitwirkende** der, die, -n/-n, *ein -r, eine -.* **Mitwirkung** die, -.

Mitwisser der, -s/-, jemand, der ein Geheimnis mit einem teilt oder Kenntnis von einem Verbrechen hat. **Mitwisserschaft** die, -.

mitwollen, U kurz für: mitkommen wollen.

mitzählen, *ich zähle mit* (habe mitgezählt), 1) *es,* zähle zusammen mit anderen. 2) *ihn, es,* Ü berücksichtige, lasse gelten: *Kinder werden nicht mitgezählt; das zählt nicht.*

Mitzi, auch Mizzi, österreich. Koseform von Maria.

Mixbecher der, fest zu verschließender Becher zum Mischen von Getränken. **Mixed Media** [m'ikst m'i:diə, engl.], *Pl.,* Multimedia. **Mixed Pickles** [m'ikst p'iklz, engl. pickles ›Eingelegtes‹], *Pl.,* verschiedene, in Essig eingelegte Gemüsesorten. **mixen** [engl. to mix ›(ver-)mischen‹], *ich mixe* (habe gemixt) *es,* mische, bes. Getränke: *Mixgetränk.* **Mixer** der, -s/-, 1) jemand, der Getränke mixt: *Barmixer.* 2) Gerät zum Mixen, ABB. K 50. **Mixpickles** [-piklz], *Pl.,* Mixed Pickles. **Mixtum compositum** [lat. miscere ›mischen‹ und componere ›zusammensetzen‹] das, - -/... *ta ... ta,* Mischmasch. **Mixtur** [mhd. mixture] die, -/-en, 1) Gemisch; Arzneimischung. 2) Orgel: gemischte Stimme.

Mizellen [neulat. micella, zu lat. mica ›Körnchen‹], *Pl.,* ⬡ Bereiche besonderer physikalisch-chemischer Beschaffenheit in kolloidalen Lösungen.

Mizzi, Mitzi.

mkg, Zeichen für: Meterkilogramm.

mkp, Zeichen für: Meterkilopond.

ml, Zeichen für: Milliliter.

µm, Zeichen für: Mikrometer.

mm, Zeichen für: Millimeter. **mm²,** Zeichen für: Quadratmillimeter. **mm³,** Zeichen für: Kubikmillimeter.

MM., Abk. für: Messieurs.

Mn, ⚗ Zeichen für: Mangan.

mnd., Abk. für: mittelniederdeutsch.

Mneme [grch.] die, -, das Gedächtnis, Erinnerung. **Mnemonik** die, -, Mnemotechnik. **mnemonisch. Mnemotechnik** die, -, Gedächtniskunst. **mnemotechnisch.**

Mo, ⚗ Zeichen für: Molybdän.

Moa [Maori] der, -(s)/-s, ausgestorbener Riesenvogel Neuseelands.

Mob [engl., zu lat. mobile vulgus ›wankelmütige Masse‹] der, -s, Pöbel, Gesindel.

Möbel [frz. meuble, zu mobil] das, -s/-, meist Pl., bewegliches Einrichtungsstück eines Zimmers: *Einbaumöbel; Küchenmöbel; Möbelpolitur; Möbelstück.* **Möbelwagen** der, Lastwagen zum Transportieren von Möbeln. **mobil** [lat. mobilis, zu lat. movere ›bewegen‹] 1) U beweglich, behende; munter, frisch: *ein erfrischendes Bad wird dich wieder m. machen.* 2) ⚔ einsatzbereit, kriegsbereit. **Mobile** das, -s/-s, ein Zimmerschmuck, bei dem sich an dünnen Trägern aufgehängte

Mobi

Gegenstände durch Luftströmung bewegen. **Mobiliar** *das, -s,* die bewegliche Einrichtung, Gesamtheit der Möbel. **Mobilien,** *Pl.,* bewegliche Güter. **Mobilisation** *die, -,* Mobilmachung. **mobilisieren,** *ich* mobilisiere (habe mobilisiert), **1)** *das Heer,* ⚔ versetze in Kriegszustand. **2)** *es,* mache Geldmittel flüssig. **3)** *ihn,* U veranlasse einzugreifen, zu handeln: *um den Ausbau der Straße zu verhindern, müssen alle Anwohner mobilisiert werden.* **Mobilisierung** *die, -.* **Mobilität** *die, -,* Beweglichkeit: *es fehlt ihm an geistiger M.* **mobilmachen,** *ein* ⚔ Überführung der Wehrmacht, der Staatsverwaltung und der Wirtschaft in den Kriegszustand: *Mobilmachungsbefehl; Teilmobilmachung.* **mö|blieren,** *ich* möbliere (habe möbliert) *es,* richte ein, versehe mit Möbeln: *er wohnt möbliert,* U als Untermieter (in einem möblierten Zimmer). **Mö|blierung** *die, -.*

möchte, von mögen. **Möchtegern** *der, -s/-e,* U jemand, der mehr sein möchte, als er ist: *Möchtegernkünstler.*

Mocke [mhd. mocke] *die, -/-n, fränk.:* Zuchtschwein. **Mocken** [mhd. mocke] *der, -s/-, oberdt.:* großer Brocken. **Mockturtlesuppe** [mˈɔktə:tl-, engl. mock ›falsch‹ und turtle ›Schildkröte‹] *die,* falsche Schildkrötensuppe. **mod.,** ♪ Abk. für: moderato.

modal, den Modus betreffend. **Modalität** *die, -/-en,* **1)** *meist Pl.,* Art und Weise, Art der Durchführung, des Geschehens: *die Modalitäten des Vertrages müssen noch geklärt werden.* **2)** Philosophie: mögliche, wirkliche oder notwendige Seinsweise, Urteilsweise. **Modalpartikel** *die,* Ⓢ Füllwort, Partikel zum Ausdruck der Modalität, z. B. vielleicht, doch, durchaus, eben. **Modalsatz** *der,* Ⓢ Adverbialsatz der Art und Weise, ÜBERS. S 79. **Modalverb** *das,* Ⓢ Hilfsverb der Aussageweise, ÜBERS. V 2.

Modder [mhd. moder] *der, -s, niederdt.:* Sumpf, Schlamm; Schmutz. **modd(e)rig.**

Mode [frz., zu lat. modus ›rechtes Maß‹] *die, -/-n,* **1)** Zeitsitte, Brauch, Geschmack der Zeit: *Modekrankheit;*

Griechen: der Petasos · die Chlamys · die Tunika · Diploidion · der Chiton · die Sandale

Römer: der Sinus · die Stola · die Palla · die Jacke · der Armreif (die Bauge) · die Toga (Himation) · der Peplos · der Calceus · die Tunika · die Quaste

Germanen um 1000: das Haarnetz · Schulterbänder · der Wickelkittel · der Mantel · die Gürtelschließe · der Mantelumwurf · der Rock · der Bundschuh · der Kittel (Tunika) · der Stiefel

14. Jahrhundert: das Gebende · der Schapel · der Tasselmantel · die Tassel · die Suckenie · der Surcot · die Tasche · die Tunika · die Gugel · die Heuke · der Sendelbinde · die Wulsthaube · die Schecke · die Strumpfhose (der Beinling)

15. Jahrhundert Burgunder Mode: der Hennin · der Schapel · die Hornfessel · die Schelle · der Tappert · Zatteln · Schellentracht · der Schnabelschuh · die Schecke · das Obergewand · das Untergewand · der Schleier · die Schleppe · **Zatteltracht**

16. Jahrhundert: das Wams · das Barett · die Haube · die Harzkappe (Gestaltrock) · das Barett · der Pelzbesatz · der Goller · die Kalotte · die Schaube · die Robe · die Schürze · die Schlitzhose · die Pluderhose · das Schäublein · die Halskrause · der Mantel · der Gänsebauch · die Toque · die Kröse · der Latz · die Schneppentaille · die Pluderhose (Pumphose) · die Spanische Mantel · **Spanische Mode**

17. Jahrhundert: der Federhut · die Kuhmäuler · das Strumpfband · der Spitzenkragen · das Bandelier · die Manschette · die Spitzenhaube · der Mühlsteinkragen · das Leibchen · die Locken · die Gollila · die Robe · der Filzhut · der Pourpoint · der Justaucorps · die Robe · die Kanonenstiefel · die Sporen · die Kniehose · die Rosette · die Rheingrafenhose (Rockhose) · das Unterkleid · der Dreispitz · die Fontange · die Allonge-Perücke · der Cul · der Muff · die Falbala (Volants) · **Alamode-Tracht** · Sporenleder

Mode

die Contouche · die Puderperücke mit Haarbeutel · der Herisson (Igelfrisur) · à la Polonaise-Tracht · der Kastorhut · der Zweispitz · der Reifrock · die Schnürbrust · der Fächer · das Oberkleid (Manteau) · die Follette, (der Fichu) · der Caraco · das Jabot · der Reifrock · der Cul · der Frack · das Gilet · der Degen · der Schnallenschuh · die Culotte · **18. Jahrhundert**

die Halsbinde · der Zweispitz · der Kiepenhut · der Vatermörder · der Zylinder · der Schulterkragen · der Aufschlag · die Schute · der Keulenärmel (Gigot) · die Kapotte · das Umschlagtuch · der Zylinder · das Plastron · die Turnüre (der Cul) · die Patte · der Garrick (Mantel) · der Stoffriegel · der Gehrock · die Tunika · der Schal · die Stiefel · **Mode** · der Krinoline · die Pantalons · der Steg · Incroyable · Merveilleuse · **19. Jahrhundert**

Modewort; dieser Schriftsteller ist jetzt sehr in M. gekommen; das Grillen ist augenblicklich große M., groß in M. **2)** die vorherrschende Art, sich zu kleiden, ABB. M 16: *Bademoden; Damenmode; Modefarbe; Modejournal; Modeschöpfer; sie kleidet sich stets nach der neuesten M., macht jede M. mit.*

Model [ahd. modul, zu lat. modulus ›Maß‹, ›Maßstab‹] *der, -s/-,* **1)** Holz- oder Tonform für Knet- oder Gußerzeugnisse, z. B. Gebäck, Butter, Wachs. **2)** Holzstempel für den Stoff- und Tapetendruck, auch für Stick- und Webvorlagen: *Modeldruck; Modelbücher.* **Modell** [ital. modello] *das, -s/-e,* **1)** Vorbild, (vereinfachtes) Muster; verkleinerte Nachbildung von Gegenständen: *Modelleisenbahn; Modelltischler; Modellversuch; Verhaltensmodell.* **2)** der Aufbau, die Form, nach der das eigentliche Werk geschaffen wird, z. B. Gipsmodell zu Standbildern, Holzmodell zu Gußstücken. **3)** Vorbild für Künstler, Photographen: *Malermodell; Photomodell.* **4)** ein nach Entwurf angefertigtes Kleid für die Serienfertigung oder als Einzelstück: *Modellkleid.* **Modelleur** [-l′ør, frz.] *der, -s/-e.* **modellieren,** *ich* modelliere (habe modelliert) *es,* bilde, fertige ein Muster an: *Modellierholz; Modelliermasse.* **modeln,** *ich* mod(e)le (habe gemodelt) *es,* gebe ihm eine Form, gestalte. **mödeln,** *ich* möd(e)le (habe gemödelt) *es, alem.:* mache kunstgerecht; teile genau ein.

Modem [Abk. für: Modulator-Demodulator] *der, -s/-s,* Gerät für die Datenübertragung auf Fernsprechleitungen. **Moder** [mhd. moder] *der, -s,* Faulendes, Verwesendes: *Moderfäule; Modergeruch; Moderpflanzen.*
moderat, gemäßigt, maßvoll, zurückhaltend. **Moderation** [lat. moderatio, zu moderari ›mäßigen‹, ›lenken‹] *die, -,* **1)** ⚮ Mäßigung, Gleichmut. **2)** die Tätigkeit des Moderators. **moderato,** Abk.: mod., ♪ gemäßigt. **Moderator** *der, -s/...t′oren,* **1)** Bremssubstanz eines Kernreaktors. **2)** jemand, der auf das Wesentliche hinlenken soll, z. B. Diskussionsleiter bei Fernsehsendungen: *er ist der M. des politischen Magazins.* **moderieren,** *ich* moderiere (habe moderiert) *es,* **1)** ⚮ mäßige. **2)** wirke bei einer Fernsehsendung als Moderator.
mod(e)rig [zu Moder] faulig, sumpfig. **modern,** *es* modert (hat gemodert), verfault, verwest.
modern [frz. moderne, zu lat. modo ›jetzt‹, ›soeben‹], neuzeitlich, zeitgemäß, heutig: *moderne Unterrichtsmethoden; ein moderner Mensch; er denkt sehr m.; eine m. eingerichtete Wohnung; sie kleidet sich sehr m.; moderner Fünfkampf; eine sportl. Vielseitigkeitsprüfung.* **Moderne** *die, -,* **1)** Literaturgeschichte: ältere Bez. für Naturalismus. **2)** die moderne Zeit. **modernisieren,** *ich* modernisiere (habe modernisiert) *es, ihn,* erneuere, passe der Gegenwart an: *der Betrieb wurde modernisiert.* **Modernismus** [vgl. ...ismus] *der, -/...men,*

1) ohne Pl., Bejahung des Modernen. **2)** modernes Stilelement (Kunst, Literatur). **3)** unterschiedl. Bestrebungen, einen Ausgleich zwischen kath. Glauben und modernem Denken herzustellen. **Modernität** *die, -.*
modest [lat. modestus], ⚮ bescheiden, maßvoll; sittsam.
Modi, *Pl.* von der Modus. **Modifikation** [lat. modificare ›gehörig abmessen‹] *die, -/-en,* **1)** Abänderung, Umstellung. **2)** Einschränkung, Mäßigung. **3)** Biologie: nichterbl. Abänderung einzelner Lebewesen unter äußeren Einflüssen. **4)** ⚗ die Eigenschaft chem. Grundstoffe, in verschiedenen Abarten aufzutreten. **modifizieren,** *ich* modifiziere (habe modifiziert) *es.*
modisch, der Mode entsprechend: *m. gekleidet; modisches Beiwerk.* **Modistin** *die, -/-nen,* Putzmacherin, Hutmacherin. **Modul** [ahd., vgl. Model] *der, -s/-n,* ⊓ relative Maßeinheit zur Bestimmung der Proportionen eines Baus, bes. von Säulen und Fassaden. **2)** ⚙ Verhältnis des Teilkreisdurchmessers zur Zähnezahl eines Zahnrades. **3)** zu einer Gruppe eng zusammengefaßte elektronische Bauelemente: *Modultechnik.* **4)** eine Materialkonstante: *Elastizitätsmodul.* **5)** △ Verhältnis von dekadischem zu einem anderen Logarithmus; Divisor kongruenter Zahlen; Konstante einer komplexen Zahl oder einer analytischen Funktion; linearer Raum mit einem Ring (R) entnommener Operatoren: *R-Modul.*
Modulation [lat. modulari ›rhythmisch abmessen‹] *die, -/-en,* **1)** ♪ Übergang von einer Tonart in eine andere. **2)** (●) Veränderung einer Schwingung durch eine zweite. **Modulator** *der, -s/...t′oren,* Gerät zur Modulation. **modulieren,** *ich* moduliere (habe moduliert) *es.*
Modus [lat.] *der, -/...di,* **1)** Art und Weise, Maß, Regel. **2)** Ⓢ Aussageweise des Verbs (Indikativ, Konjunktiv, Imperativ), ÜBERS. V 2. **Modus operandi** [lat. operari ›arbeiten‹] *der, - -/...di -,* Arbeitsweise. **Modus procedendi** [lat. procedere ›vorgehen‹] *der, - -/...di -,* Verfahrensweise. **Modus vivendi** [lat. vivere ›leben‹] *der, - -/...di -,* Form verträglichen Zusammenlebens, einstweilige Abmachung.
Mofa *das, -s/-s,* Kurzw. für: Motorfahrrad, ABB. K 39.
Mofette [ital. mofeta] *die, -/-n,* kalte, Kohlendioxid fördernde Gasquelle vulkanischen Ursprungs.
Mogelei *die, -/-en.* **mogeln** [berliner.], *ich* mog(e)le (habe gemogelt), ∪ betrüge (ein wenig) beim Spiel: *du mogelst!* **Mogelpackung** *die,* Packung, die mehr Inhalt vortäuscht, als sie enthält.
mögen [ahd. mugan], *ich* mag (mochte, habe gemocht; wir mögen, ihr mögt; sie mögen; wenn er möchte), ÜBERS. K 35, **1)** *ihn, es, sie tun,* habe gern, will gern haben, will gern tun: *ich mag ihn, es (nicht), ich kann ihn, es (nicht) leiden; möchtest du Zucker in den Tee?, willst du haben?; ich mag (keinen) süßen*

Tee, trinke ihn (nicht) gern; er möchte mitspielen; sie möchte noch nicht darüber sprechen; ich habe ihn noch nie gemacht. **2)** bin, habe, tue möglicherweise, vielleicht: *ich mag unrecht haben; das mag sein, wie es will; wie mag es ihm gehen?; es mag eine Woche her sein; was auch immer geschehen mag.* . . **3)** bei höflicher Aufforderung: *sagen Sie ihm, er möge sich beeilen;* als Wunsch: *das möge der Himmel verhüten!* **4)** bes. *alem.:* o *lieb, solang du lieben magst!; es mochte nichts helfen.* **5)** *alem.:* bin stark, stärker: *er mag noch gut, ist noch rüstig; ich mag nimmer, habe keine Kraft mehr.*

Mogler *der, -s/-,* ∪ jemand, der mogelt.

möglich [mhd. mügelich, zu mögen], **1)** so beschaffen, daß es unter bestimmten Bedingungen geschehen oder sein kann: *so bald wie nur irgend m.; soviel als m.* oder *wie m.; so gut als m.* oder *wie m.; das ist doch nicht m.!; man muß alle nur möglichen Umstände bedenken.* **2)** ausführbar, zu verwirklichen: *er hat schon alles mögliche versucht, viel; du hast dein möglichstes getan; er hat diese Ausstellung m. gemacht,* ermöglicht; *er tut das mögliche;* aber: *im Rahmen des Möglichen; er verlangt Mögliches und Unmögliches; du mußt alles Mögliche genau bedenken,* alle Möglichkeiten. **möglicherweise,** vielleicht, unter Umständen. **Möglichkeit** *die, -/-en,* **1)** das Vorhandensein von Möglichem, möglicher Fall: *ist es die M.!,* ∪ Ausruf des Erstaunens; *es gibt zwei Möglichkeiten,* man kann das auf zweierlei Weise machen; *es besteht die M., daß wir noch bleiben; nach M. sage ich morgen Bescheid; man muß alle Möglichkeiten in Betracht ziehen.* **2)** günstige Aussicht, etwas zu verwirklichen: *ich sehe keine M., dir zu helfen; im Augenblick besteht keine M.* **Möglichkeitsform** *die,* Ⓢ Konjunktiv, ÜBERS. K 35, V 2. **möglichst,** so . . . wie es sein kann: *in m. kurzer Zeit; m. bald,* auch *baldmöglichst.*

Mogul [pers. mughul ›Mongole‹] *der, -s/-n,* muslim. Herrscherhaus in Indien.

Mohair [-'hɛːr, frz., zu arab. muchajjar] *der, -s/-s* oder *-e,* eingedeutscht: Mohär, **1)** die Haare der Angora(-) Ziege: *Mohairwolle.* **2)** ein aus Angorawolle und Schaf- oder Baumwolle gewebter Stoff: *Mohairmantel.*

Mohammed [auch moh'a-, arab. ›der Gepriesene‹], Prophet Allahs, Stifter des Islams. **Mohammedaner** *der, -s/-,* Muslim, abendländ. Bez. für Anhänger der Lehre Mohammeds. **Mohammedanerin** *die, -/-nen,* Muslime. **mohammedanisch.**

Mohär *der, -s/-s* oder *-e,* eingedeutscht für: Mohair.

Mohikaner *der, -s/-,* Angehöriger eines ausgestorbenen nordamerikan. Indianerstamms: *der letzte der M.,* ∪ der Letzte (nach dem Roman von J. F. Cooper).

mohl [vgl. Moll], bes. *norddt.:* weich, überreif (Obst).

Mohn [ahd. maho] *der, -(e)s/-e,* milchsafthaltige Pflanze und deren ölreicher Same, ABB. F 36: *Mohnbrötchen; Mohnkuchen; Mohnöl; Klatschmohn.*

Mohr [ahd. mor, zu lat. Maurus ›der Maure‹] *der, -en/-en,* ஃ Neger.

Möhre [ahd. mor(a)ha] *die, -/-n,* Mohrrübe.

Mohrenkopf *der,* **1)** rundes Gebäck mit Schokoladenguß, ABB. K 51. **2)** hellfarbener Turmalin mit dunkler bis schwarzer Spitze. **Mohrenwäsche** *die,* ∪ Versuch, einen Schuldigen zu entlasten. **Mohrin** *die, -/-nen,* ஃ Negerin.

Mohrrübe *die,* Gemüse- und Futterpflanze, ABB. R 29.

Moira [grch. ›Anteil‹, ›Los‹, ›Schicksal‹] *die, -/. . .ren,* griech. Mythologie: Schicksalsgöttin.

Moiré [mwar'e, frz., zu moirer ›wässern‹, ›flammen‹] *das, -s/-s,* **1)** auch *der,* ein Gewebe mit schillernder Oberfläche. **2)** Reproduktionstechnik: störendes Muster durch falsche Rasterwinkelung. **3)** Fernsehen: Bildstörung in Form eines Strichmusters. **moirieren** [mwa-], *ich moiriere* (habe moiriert) *es,* versehe mit Moirémuster, flamme.

mokant [frz. moquer ›sich über etwas lustig machen‹], spöttisch: *ein mokantes Lächeln.*

Mokassin *der,* ஃ Mokkasin.

Mokett [frz. moquette] *der, -s,* auch Moquette, Plüschgewebe für Dekoration, Möbelbezüge, Hausschuhe.

Mokick [zu Motor und Kickstarter] *das, -s/-s,* ein Kleinkraftrad.

mokieren [frz. moquer], *ich mokiere mich* (habe mich mokiert) *über ihn, etwas,* mache mich lustig.

Mokka [nach dem Hafen Mokka im Jemen] *der, -s/-s,* **1)** eine Kaffeesorte. **2)** ∪ sehr starker Kaffee: *Mokkatasse.*

Mokkasin [auch mɔkas'in, indian.] *der, -s/-s* oder . . . *s'ine,* früher: Mokassin, ein weicher Lederschuh (der Indianer), ABB. M 17.

Mol [Kurzw. aus Molekül] *das, -s/-e,* Zeichen: mol, Grammmolekül, die Basiseinheit für Stoffmenge. **molar.**

Molar [lat. mola ›Mühle‹] *der, -s/-en,* Mahlzahn, ABB. G 6: *Molarzahn.*

Molarität *die, -,* ↺ eine Konzentrationsangabe: Mol durch Kubikdezimeter.

Molasse [schweiz.] *die, -,* ⊕ tertiäre Ablagerungen am Nordrand der Alpen.

Molch [ahd. mol ›Salamander‹, ›Eidechse‹] *der, -(e)s/-e,* ein Lurch.

Mold [mhd. molte, molt] *der, -(e)s, niederdt.:* Erde; Mull.

Mole [ital. molte, zu lat. moles ›Steindamm‹] *die, -/-n,* Damm, der einen Hafen gegen das offene Meer abgrenzt, ABB. H 3: *Hafenmole; Molenkopf.*

Möle [lat. mola ›Mühlstein‹] *die, -/-n,* ♀ Windei.

Molekül [frz. molécule, zu lat. molecula ›kleine Masse‹] *das, -s/-e,* aus mehreren Atomen bestehender kleinster Teil einer chemisch einheitl. Substanz: *Molekülgitter; Molekülmasse; Molekülmodell.* **molekular,** Molekulargenetik; Molekulargewicht; Molekularstrahlen.

Mole|skin [m'oulskin, engl. ›Maulwurfsfell‹, zu mole ›Maulwurf‹ und skin ›Haut‹, ›Fell‹] *der* oder *das, -s/-s,* dichtes Baumwollgewebe mit samtartiger Oberfläche.

molesten [lat. molestia, zu molestus ›beschwerlich‹], *Pl.,* ஃ Belästigungen, Beschwerden. **molestieren,** *ich* molestiere (habe molestiert) *ihn.*

Molette [frz. ›Krausrad‹, zu lat. mola ›Mühlstein‹] *die, -/-n,* Reliefrad als Druckform für den Textildruck. **molettieren,** *ich* molettiere (habe molettiert) *es.*

molk, von melken. **Molke** [mhd. molken ›Milch und was aus der Milch bereitet wird‹, ›Käsewasser‹] *die, -/-n,* **Molken** *der, -s/-,* Käsewasser: *Molkenkur.* **Molkerei** *die, -/-en,* Milchwirtschaft; Betrieb für die Verarbeitung von Milch und Milcherzeugnissen: *Molkereibutter.* **molkig.**

moll [vgl. Moll], *süddt.:* weich, überreif (Obst).

Moll [lat. mollis ›weich‹, ›sanft‹] *das, -/,* ♪ jede Tonart mit kleiner Terz im Dreiklang der Tonika: *a-Moll;* aber: *A-Dur; der Mollakkord; alles in M.,* ∪ wehmütig.

Moll *der, -(e)s* und *-e,* Molton.

Molla [arab. maula ›Herr‹] *der, -s/-s,* auch Mulla, Mullah, Titel islam. Geistlicher.

Molle [zu Mulde] *die, -/-n,* **1)** *norddt.:* Backtrog, Mulde. **2)** *berliner.:* Glas Bier, Bierglas. **3)** *obersächs.:* Bett; Kahn.

Möller [vielleicht zu Molle ›Mulde‹] *der, -s,* Erzgemisch mit Zuschlag. **möllern,** *ich* möll(e)re (habe gemöllert) *es,* **1)** mische Erz. **2)** beschicke Hochöfen. **Möllerung** *die, -.*

mollig [frühnhd. mollicht, in Anlehnung an lat. mollis ›weich‹, ›sanft‹], ∪ **1)** warm, heimelig, traulich, bequem: *m. warm.* **2)** rundlich, dick: *ein molliges Mädchen.*

mollochen, *ich* molloche (habe mollocht) *ein Pferd,* G beseitige Altersspuren der Zähne, um es als jung zu verkaufen.

Molluske [ital. mollusco, zu lat. mollis ›weich‹] *die, -/-n,* ⊗ das Weichtier.

Molly [engl., zu Maria], weibl. Vorname.

Molo *der, -s/. . . li, österr.:* Damm, Mole.

Moloch [grch. moloch, hebr. molek], **1)** semit. Gott, dem man Menschenopfer brachte. **2)** *der, -s/-e,* Sinnbild für das Unersättliche, Götze.

Molotow-Cocktail [-k'ɔkteil, engl., nach dem ehemaligen sowjet. Außenminister Molotow, * 1890] *der,* Brandflasche mit Benzin-Phosphor-Füllung.

molsch [wohl zu moll], **1)** *ostniederdt.:* morsch; faulig. **2)** *ostniederdt.:* Ü faul, träge. **3)** *norddt.:* weich, überreif (Obst). **molschen,** *ich* molsche (habe gemolscht), *ostniederdt.:* Ü faulenze, räkele mich. **2)** *Obst molscht,* fault.

molto [ital.], ♪ sehr: *m. allegro,* sehr schnell; *m. vivace,* sehr lebhaft.

Molton [frz. molleton, zu frz. moment, zu lat. mollis ›weich‹] *der, -s/-s,* beidseitig angerauhtes Baumwollgewebe.

Molto|pren *das, -s,* Handelsname für einen Schaumstoff aus Polyurethan.

Molybdän [grch. molybdos ›Blei‹] *das, -s,* ↺ Element, Zeichen: Mo, seltenes Metall. **Molybdänglanz** *der,* wichtigstes Molybdänerz.

Moment [mhd. momente, zu frz. moment, zu lat. momentum ›Zeitpunkt‹, ›Beweggrund‹] *das, -(e)s/-e,* **1)** wichtiger oder entscheidender Umstand, Beweggrund. **2)** Merkmal. **3)** Kraftwirkung: *Trägheitsmoment; Drehmoment.* **4)** *der, -(e)s/-e,* Augenblick; kürzeste Zeit; Zeitpunkt: *Momentaufnahme; Schnappschuß; er hat den richtigen M. verpaßt; im M. habe ich*

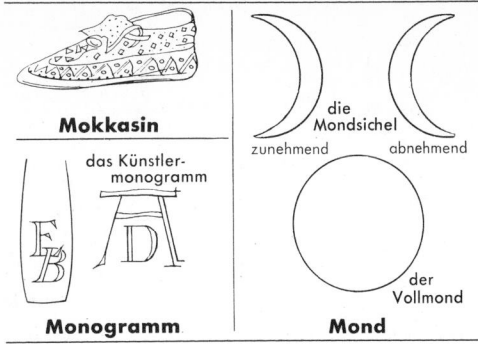

Mokkasin

das Künstler-
monogramm

die
Mondsichel

zunehmend   abnehmend

der
Vollmond

Monogramm   **Mond**

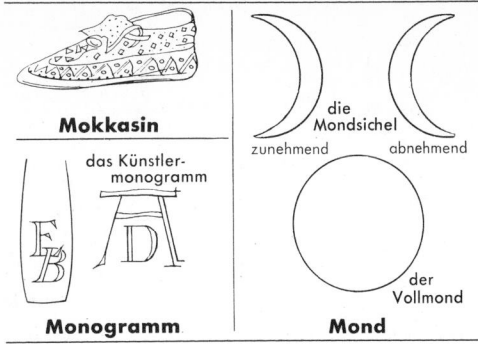

Mono

verehrung‹] *die, -,* die Verehrung einer unter mehreren Göttern bevorzugten Gottheit.

monolith, monolithisch. **Monolith** [vgl. mono... und ...lith] *der, -(e)s/-e* oder *-en/-en,* **1)** einzelner Steinblock. **2)** kunstvoll bearbeiteter Steinblock. **monolithisch.**

Monolog [vgl. mono... und grch. logos ›Wort‹, ›Rede‹] *der, -s/-e,* Selbstgespräch: *innerer M.* **monologisch.** **monologisieren,** ich monologisiere (habe monologisiert).

Monom [vgl. mono... und grch. nomos ›Gesetz‹] *das, -s/-e,* auch Mononom, △ Zahlengröße mit nur einem Glied.

monoman, monomanisch. **Monomane** *der, die, -n/-n,* ein -r, eine -, jemand, der an Manomanie leidet. **Monomanie** [vgl. mono... und Manie] *die,* aus der zwanghaften Steigerung einer Idee bestehende geistige Störung. **monomanisch.**

monomer [vgl. mono... und grch. meros ›Teil‹], aus Einzelmolekülen bestehend. **Monomer** *das, -s/-e,* **Monomere** *das, -n/-n, meist Pl.,* Bez. für eine Substanz, deren Moleküle sich zu hochpolymeren Stoffen vereinen können. **Monomerie** *die, -,* Ausprägung eines Erbmerkmals durch nur ein Gen.

monomisch [vgl. Monom], mononomisch, △ eingliedrig. **Mononom** *das, -s/-e,* Monom. **mononomisch,** monomisch.

Monophthong [vgl. mono... und grch. phthongos ›Ton‹, ›Klang‹] *der, -(e)s/-e,* einfacher Vokal. **monophthongieren,** ich monophthongiere (habe monophthongiert) *einen Diphthong.* **Monophthongierung** *die, -,* Umbildung eines Diphthongs zum Monophthong, ÜBERS. M 24.

monophyletisch [vgl. mono... und grch. phyle ›Stamm‹], ♭ ⊕ einstämmig, aus einem Ursprung.

Monophysit *der, -en/-en.* **monophysitisch.** **Monophysitismus** [vgl. mono..., Physis und ...ismus] *der, -,* die Lehre von der allein göttlichen Natur Christi.

Monoplegie [vgl. mono... und grch. plege ›Schlag‹] *die, -/...g'i|en,* $ die Lähmung eines einzelnen Gliedes.

Monopol [grch. monopolion ›Alleinverkauf‹, zu pole ›Verkauf‹] *das, -s/-e,* **1)** alleiniges Vorrecht. **2)** Produktions- oder Marktbeherrschung: *Monopolstellung; Tabakmonopol.* **monopolisieren,** ich monopolisiere (habe monopolisiert) *es.* **Monopolist** *der, -en/-en,* Inhaber eines Monopols. **monopolistisch.** **Monopolkapitalismus** *der,* im Marxismus-Leninismus Bezeichnung für die kapitalist. Wirtschaftsordnung in ihrem höchsten Stadium ihrer Entwicklung.

Monopteros [vgl. mono... und grch. pteron ›Flügel‹] *der, -/...pt'eren, auch...pt'era,* ⊓ ein offener Rundtempel, dessen Dach von Säulen getragen wird.

monosyllabisch [vgl. mono... und grch. syllabe ›Silbe‹], Ⓢ einsilbig (Wörter); aus vorwiegend einsilbigen Wörtern bestehend (Sprache).

Monotheismus [vgl. mono... und Theismus] *der, -,* Glaube an einen einzigen Gott. **Monotheist** *der, -en/-en.* **monotheistisch.**

Monothelet [vgl. mono... und grch. (e)thelein ›wollen‹, ›wünschen‹] *der, -en/-en.* **Monotheletismus** [vgl. ...ismus] *der, -,* die Lehre, daß in Christus zwei Naturen (göttlich und menschlich) seien, aber nur ein Wille.

monoton [vgl. mono... und grch. tonos ›Ton‹, zu teinein ›spannen‹], eintönig: *ein monotones Geräusch.* **Monotonie** *die, -/...n'i|en:* die *M. des Alltags.*

Monotype [-taip, engl., zu mono... und Type] *die, -/-s,* Handelsname einer Gieß- und Setzmaschine für Einzelbuchstaben.

Monoxid [vgl. mono... und Oxid] *das,* Oxid mit nur einem Sauerstoffatom.

Monözie [vgl. mono... und grch. oikos ›Haus‹] *die, -,* ⊕ Einhäusigkeit, das Vorhandensein von männl. und weibl. Blüten auf derselben Pflanze. **monözisch.**

Monozyten [vgl. mono... und grch. kytos ›Hohlraum‹, ›Zelle‹], *Pl.,* große weiße Blutkörperchen.

Monseigneur [mõsɛnj'œːr, frz. ›mein gnädiger Herr‹, zu seigneur ›Landesherr‹, ›Herr‹] *der, -(s)/-e* oder *-s,* Abk.: Mgr., in Frankreich Titel fürstl. Personen und hoher Geistlicher.

Monsieur [msjø, frz. ›mein Herr‹] *der, -(s)/Messieurs* [mɛsj'ø], Abk.: M., Herr. **Monsignore** [mɔnsiɲ'orə, ital. ›mein Herr‹] *der, -(s)/...ri,* Abk.: Mgr. oder Msgr., Titel hoher kath. Geistlicher.

Monster [engl., frz. monstre, zu lat. monstrum] *das, -s/-,* Ungeheuer, Scheusal. **Monster...,** Ⓤ sehr groß: *Monsterfilm; Monsterprozeß.* **Monstera** *die, -/...rae,* ein Aronstabgewächs.

Monstranz [lat. monstrare ›zeigen‹] *die, -/-en,* kath. Kirche: Gefäß zum Zeigen der geweihten Hostie, ABB. A 9.

monströs, ungeheuerlich, mißgestaltet. **Monstrosität** *die, -/-en,* **1)** Mißbildung. **2)** Ungeheuerlichkeit. **Monstrum** [lat. ›Ungeheuer‹, ›Wahrzeichen‹, ›Wunder‹] *das, -s/...stren* oder ...*stra,* Ungeheuer, Scheusal.

Monsun [arab. mausim ›Jahreszeit‹] *der, -s/-e,* halbjährlich die Richtung wechselnder Wind, bes. in Asien: *die heißen Monsunwinde.*

Montag [ahd. manetag, eigtl. ›Tag des Mondes‹, zu lat. dies lunae] *der, -(e)s/-e,* der alttestamentarisch zweite, nach DIN-Norm erste Tag der Woche; vgl. Dienstag: *Montagsauto,* Ⓤ Auto, das schon bald nach dem Kauf viele Mängel aufweist; *der blaue M.,* Ⓤ Montag, an dem man blaumacht.

Montage [mɔnt'a:ʒǝ, frz. monter ›zusammenstellen‹, ›aufbauen‹] *die, -/-n,* **1)** Aufbau, Zusammenstellung einer Maschine oder techn. Anlage: *Montagebau; Montagehalle; er ist auf M.,* Ⓤ auswärts bei Montagearbeiten. **2)** künstler. Zusammensetzung verschiedener Teile: *Photomontage; Filmmontage.*

montan [lat. montanus, zu mons ›Berg‹, ›Gebirge‹], bergbaulich, bergwerks...: *Montanindustrie; Montanunion,* Europäische Gemeinschaft für Kohle und Stahl, Abk.: EGKS.

Montanismus [nach Montanus, 2. Jahrh. n. Chr., aus Ardabau in Mysien und vgl....ismus] *der, -,* eine frühchristl. apokalypt. Bewegung.

Montbretie [-br'eːtsiǝ, nach dem französ. Forscher C. de Montbret, 1805–1837] *die, -/-n,* eine Gartenpflanze.

Montenegriner [ital. monte negro ›schwarzer Berg‹] *der, -s/-,* Bewohner von Montenegro, Jugoslawien. **montenegrinisch.**

Monteur [-t'øːr, frz.] *der, -s/-e,* Facharbeiter für Montagen: *Fernmeldemonteur.*

Montgolfiere [mõgɔlfj'eːr(ǝ), frz., nach den Brüdern J.-E., 1745–1799, und J.-M. Montgolfier, 1740–1810] *die, -/-n,* der Heißluftballon.

montieren [frz. monter], ich montiere (habe montiert) *es,* stelle zusammen, baue auf. **Montierung** *die, -/-en.*

Montur [frz. monture ›Ausrüstung‹] *die, -/-en,* **1)** ⊗ Dienstkleidung, Uniform. **2)** Ⓤ (Arbeits)kleidung.

Monument [lat. monumentum, zu monere ›mahnen‹] *das, -(e)s/-e,* Denkmal. **monumental,** gewaltig, bedeutend, großartig. **Monumentalität** *die, -.*

Moor [mnd. mor ›Sumpf‹, verwandt mit Meer] *das, -(e)s/-e,* schlammiger Boden aus unvollständig zersetzten Pflanzenresten, mit Pflanzendecke aus Hartgräsern, Moosen u. a.: *Moorboden; Moorkolonie; Hochmoor; Torfmoor.* **Moorbad** *das,* Heilbad in Moor und Wasser. **moorbaden,** nur im Infinitiv üblich. **moorig. Moorleiche** *die,* im Moor gefundene Leiche, meist aus vorgeschichtl. Zeit.

Moos [jidd., zu hebr. ma'oth ›Pfennige‹] *das, -es,* Ⓤ Geld. **Moos** [ahd. mos, verwandt mit Moder] *das, -es/-e,* **1)** eine grüne, polsterbildende Sporenpflanze: *moosartig; Moosbeere; moosgrün; Laubmoos; er wird noch M. ansetzen,* Ⓤ es alt werden. **2)** alem., bair. ›Moor‹. **moosig, 1)** moosbewachsen. **2)** alem., bair. ›morastig. **Moostierchen** *das,* millimetergroßes, festsitzendes Wassertier.

Mop [engl.] *der, -s/-s,* ein Staubbesen, ABB. B 23.

Moped [Kurzw. aus Motorrad und Velociped] *das, -s/-s,* ein Motorfahrrad: *Mopedfahrer.*

Moppel [vgl. Mops] *der, -s/-,* Ⓤ kleiner, dicker Mensch.

moppen [zu Mop], ich moppe (habe gemoppt) *es,* säubere mit dem Mop.

Mops [niederdt. mopen ›das Maul verziehen‹, niederl. moppen ›mürrisch sein‹] *der, -es/*²*e,* eine Haushunderasse; Sinnbild der Verdrießlichkeit. **mopsen,** ich mopse (habe gemopst), Ⓤ **1)** es ihm, stehle. **2)** mich, langweile mich. **mopsfidel,** Ⓤ sehr vergnügt. **mopsig,** Ⓤ **1)** klein und dick. **2)** langweilig. **3)** frech, unangenehm: *er macht sich m.*

Moquette [mɔk'ɛt, frz.] *die, -s,* Mokett.

Moral [frz. morale, zu lat. mos ›Sitte‹, ›Brauch‹, moralis ›die Sitten betreffend‹] *die, -,* **1)** Sittenlehre: *Moralphilosophie; Moraltheologie.* **2)** Lehre, Nutzanwendung: *die M. von der Geschicht'.* **3)** Sittlichkeit, sittliches Verhalten, Pflichtbewußtsein: *Moralbegriffe; Arbeitsmoral.* **Moral,** Ⓤ Sittlichkeitsheuchelei. **Moral insanity** [m'ɔrəl ins'æniti, engl.] moral. Irresein] *die, - -,* ♀ $ das Fehlen sittlicher Gefühle und Begriffe bei normaler Intelligenz. **moralsauer,** Ⓤ scheinheilig, übertrieben moralisch. **moralisch,** man will moralischen Druck auf ihn ausüben; eine moralische Ohrfeige, Ⓤ eine scharfe Zurechtweisung. **moralisieren,** ich moralisiere (habe moralisiert), predige Moral. **Moralismus** [vgl. ...ismus] *der, -,* einseitige Betonung der Bedeutung der Sittlichkeit. **Moralist**

Morsealphabet

a · —	ë · · — · ·	l · — · ·	q — — · —	w · — —	3 · · · — —
ä · — · —	f · · — ·	m — —	r · — ·	x — · · —	4 · · · · —
á, å · — — · —	g — — ·	n — ·	s · · ·	y — · — —	5 · · · · ·
b — · · ·	h · · · ·	ñ — — · — —	t —	z — — · ·	6 — · · · ·
c — · — ·	i · ·	o — — —	u · · —	0 — — — — —	7 — — · · ·
d — · ·	j · — — —	ö — — — ·	ü · · — —	1 · — — — —	8 — — — · ·
e ·	k — · —	p · — — ·	v · · · —	2 · · — — —	9 — — — — ·

Notruf: SOS = · · · — — — · · ·

der, -en/-en, Sittenlehrer, Moralphilosoph; Moralprediger. **Moralität** die, -/-en, **1)** ohne Pl., Sittlichkeit. **2)** meist Pl., im MA.: geistl. Schauspiel. **Moralpredigt** die, ∪ Ermahnung, Strafrede.

Moräne [frz. moraine] die, -/-n, ⊕ von Gletschern verfrachteter und abgelagerter Gesteinsschutt, ABB. G 29: Moränenlandschaft; Moränenstreu; Endmoräne; Vorstoßmoräne.

Morast [mittelniederl. maras(ch), zu frz. marais] der, -es/-e oder ͞e, Sumpfland, Schlammboden; Sinnbild für moralischen Schmutz. **morastig**, morastige Wege.

Moratorium [lat. mora ›Aufschub‹] das, -s/. . .ri|en, befristete Stundung von Schulden.

morbid [lat. morbidus], krankhaft, angekränkelt; morsch. **Morbidität** die, -, **1)** krankhaftes Verhalten. **2)** morsche Beschaffenheit. **3)** Statistik: die Häufigkeit der Erkrankungen innerhalb einer Bevölkerung.

Morchel [ahd. morhila ›Möhrchen‹] die, -/-n, ein eßbarer Schlauchpilz, ABB. P 14.

Mord [ahd. mord, urspr. ›Tod‹, verwandt mit lat. mors] der, -(e)s/-e, vorsätzliche Tötung eines Menschen aus niedrigen Beweggründen: Mordprozeß; Mordverdacht; Mordwaffe; Raubmord; er hat einen M. begangen; M. und Totschlag, ∪ entfesselte Roheit. **Mordanschlag** der, (Plan für einen) Mord. **Mordbrenner** der, Mörder und Brandstifter. **Mordbube** der, ⚥ P Mörder. **morden**, ich morde (habe gemordet), **1)** begehe einen Mord. **2)** ihn, P ermorde.

Mordent [ital. mordente ›beizend‹, ›scharf‹] der, -(e)s/-e, ♪ ein Triller.

Mörder [ahd. murdreo] der, -s/-, jemand, der einen Mord begangen hat. **Mördergrube** die, B Schlupfwinkel für Mörder: man soll aus seinem Herzen keine M. machen, ∪ überflüssig reden. **Mörderin** die, -/-nen. **mörderisch**, **1)** ⚥ das Leben bedrohend. **2)** Ü furchtbar, schwer zu ertragen: ein mörderisches Klima. **Mordgier** die, Drang zum Morden. **mordgierig. mordio!**, Hilferuf: Hilfe!, Mord! **Mordkommission** die, Kommission der Kriminalpolizei zur Aufklärung von Morden. **mords. . .**, ∪ riesen. . ., sehr: Mordsarbeit; Mordsglück; Mordshitze; Mordshunger; Mordsschreck; Mordsspaß; Mordswut. **mordsmäßig**, ∪ sehr, gewaltig: ich habe mich m. geärgert, einen mordsmäßigen Schrecken gehabt. **Mord|spinne** die, eine in Erdröhren lebende Spinne.

More [mhd. More ›Zuchtsau‹, eigtl. ›schwarze Sau‹] die, -/-n, alem.: Mutterschwein.

Morelle [vgl. Amarelle] die, -/-n, Sauerkirsche.

morendo [ital. ›sterbend‹], ♪ immer leiser werdend, ersterbend. **Morendo** das, -s/-s oder . . .di, ♪.

Mores [lat. mos ›Sitte‹, Pl. mores] Pl., Anstand, gute Sitten: ich werd' ihn M. lehren!, ∪ streng zurechtweisen.

morganatisch [mlat. matrimonium ad morganaticam ›Ehe auf bloße Morgengabe‹], eine morganatische Ehe, zur linken Hand (getraut), standesungleiche Ehe (Hochadel).

morgen [ahd. morgane], **1)** früh am Tag, zu Tagesanbruch, vormittags: heute m.; gestern m.; Freitag m. **2)** am Tag nach heute: m. früh; m. abend; vgl. Abend. **Morgen** [ahd. morgan] der, -s/-, **1)** Tagesanfang: Morgendämmerung; Morgengymnastik; Morgenzeitung; der M. bricht an; es wird M.; guten M.!; gegen M., vor Tagesbeginn, am frühen M.! **2)** ∪ Vormittag. **3)** ein altes Ackermaß. **4)** ⚥ Osten: gen M. **5)** das, -, der Tag nach heute; ∪ Zukunft. **morgend**, eig. **morgendlich**, am Morgen geschehend. **Morgengabe** [ahd. morgangeba] die, im älteren deutschen Recht: Geschenk des Ehemanns an die Frau am Morgen nach der Hochzeit. **Morgengrauen** das, anbrechender Tag. **Morgenland** das, -(e)s, ⚥ Orient. **Morgenländer** der, -s/-, ⚥ Orient. **morgenländisch. Morgenluft** die, **1)** frische Luft am Morgen. **2)** Ü Anzeichen einer neuen Entwicklung, günstige Voraussetzungen: er wittert M. **Morgenrock** der, ein bequemes mantelartiges Kleidungsstück, das man nach dem Aufstehen rasch überzieht, ABB. K 25.

Morgenrot das, Rötung des östl. Himmels bei Sonnenaufgang. **Morgenröte** die, **1)** P Morgenrot. **2)** Ü Anbruch einer neuen Zeit. **morgens, 1)** früh am Tage: frühmorgens; aber: des Morgens. **2)** ∪ vormittags. **Morgenstern** der, **1)** die Venus am Morgenhimmel. **2)** eine mittelalterl. Schlagwaffe, ABB. F 23. **morgig**, morgen stattfindend: der morgige Tag.

Morgue [morg, frz. morguer ›genau betrachten‹] die, -/-n [-gən], Leichenschauhaus.

moribund [lat. moribundus], ✝ im Sterben liegend.

Morinell [aus lat.] der, -s/-e, ⚥ Mornell, ein Regenpfeifer.

Moriske [span. Morisco] der, -n/-n, im mittelalterl. Spanien nach Vernichtung der maur. Herrschaft zurückgebliebener Maure.

Moritat [mlat. moritas ›Moralpredigt‹ oder Rotwelsch moores, jidd. mora ›Lärm‹, ›Schrecken‹ oder aus ›Mordtat‹] die, -/-en, Abbildung und Bänkelsängerlied von Bluttaten, Unglücksfällen u. a.: Moritatenlied; Moritatensänger.

Moritz [lat. Mauritius ›Mauretanier‹], männl. Vorname: das versteht sogar der kleine M., ∪ das ist für jeden leicht verständlich.

Mormone [nach dem Buch ›Mormon‹ des Sektengründers Joseph Smith, 1803–1844] der, -n/-n, Mitglied der ›Kirche Jesu Christi der Heiligen der Letzten Tage‹, einer nordamerikan. Sekte. **Mormonentum** das, -s. **mormonisch.**

morndrig, auch mondrig, alem.: morgig. **morndrigs**, auch mondrigs, alem.: morgen.

Mornell der, -s/-e, Morinell.

moros [lat. morosus], ⚥ mürrisch, verdrießlich. **Morosität** die, -, ⚥.

morph. . ., Nebenform von morpho. . . . . . **morph** [grch. morphe ›Gestalt‹, ›Form‹], die Gestalt betreffend. **Morphem** das, -s/-e, Ⓢ die kleinste sprachliche Einheit, die eine grammat. Funktion hat.

Morpheus, griech. Gott des Schlafes, Traumes: er liegt in M.' Armen, schläft. **Morphin** [nach Morpheus] das, -s, aus Opium gewonnenes Arznei- und Rauschmittel. **Morphinismus** [vgl. . . .ismus] der, -/-, Morphinsucht. **Morphinist** der, -en/-en. **Morphium** das, -s, ⚥ Morphin.

morpho. . . [vgl. . . .morph], die Gestalt betreffend. **Morphogenese** [grch. genesis ›Entstehung‹], **Morphogenesis** die, -/. . .n'esen, **Morphogenie** die, -/. . .n'i|en, die Entwicklung der Gestalt eines Lebewesens. **Morphologie** [vgl. . . .logie] die, -, **1)** Formen- und Gestaltlehre: Biomorphologie; Geomorphologie. **2)** Ⓢ die Lehre von den Veränderungen der Wörter durch die Morpheme und den dadurch bewirkten inhaltl. Unterscheidungen. **morphologisch.**

morsch [frühnhd., zu spätmhd. mürsen, aus mhd. murz ›Stummel‹], mürbe, brüchig, bes. Holz bei Trockenfäule. **morschen**, es morscht (hat gemorscht), wird morsch, brüchig. **Morschheit** die, -.

Morsealphabet [nach dem amerikan. Erfinder S. Morse, 1791–1872] das, ein codiertes Telegrafenalphabet, ÜBERS. M 18.

Mörsel der, -s/-, ⚥ Mörser. **mörseln**, ich mörs(e)le (habe gemörselt) es, ⚥ mörsere.

morsen, ich morse (habe gemorst), übermittle in Morsezeichen: Morseapparat.

Mörser [ahd. morsari, zu mlat. mortarium ›Mörtelpfanne‹] der, -s/-, **1)** Gefäß zum Zerreiben und Zerstoßen harter Stoffe, ABB. M 19. **2)** ⚥ ein Steilfeuergeschütz, ABB. G 15. **mörsern**, ich mörs(e)re (habe gemörsert) es, zerstoße mit dem Mörser.

Mortadella [ital.] die, -/-s, eine Wurstsorte.

Mortalität [lat. mortalitas] die, -, Sterblichkeit(sziffer).

Mörtel [mhd. mortel, zu mlat. mortarium, vgl. Mörser] der, -s/-, Bindemittel für Bausteine: Mörtelkelle; Lehmmörtel. **mörteln**, ich mört(e)le (habe gemörtelt) es, verbinde mit Mörtel.

Mortifikation [lat. mortificare ›töten‹, ›abtöten‹] die, -/-en,

der Stößel (das Pistill)   das Minarett   die Kuppel

Mörser   **Moschee**

1) Abtötung, Kasteiung. 2) Tilgung. 3) Ungültigkeitserklärung. 4) ⚘ Kränkung, Beleidigung, Demütigung. 5) ⚕ Brand, Gewebstod. **mortifizieren,** ich mortifiziere (habe mortifiziert) es, tilge, erkläre für ungültig.
Morula [lat. morum ›Maulbeere‹] die, -, frühe Entwicklungsstufe des Embryos bei Mensch und Tier.
Mosaik [frz. mosaique, ital. mosaico, zu grch. mousa ›Muse‹] das, -s/-en, auch -e, Flächenverzierung aus bunten Steinchen; Sinnbild für abwechslungsreiches Gefüge: das M. des Lebens, Ü; Mosaikarbeit; Mosaikfußboden; Wandmosaik.
mosaisch [zu Moses], 1) jüdisch. 2) nach Moses benannt.
Mosaisch, von Moses herrührend: die Mosaischen Bücher.
Mosaismus der, -, ⚘ Judentum.
Mosch [moːʃ] der, -(e)s, ostmitteldt.: Abfall, Ausschuß.
Mösch [lat. massa ›Masse‹, ›glühende Eisenmasse‹] das, -, auch Mesch, alem.: Messing.
Moschee [ital. moschea, zu arab. masdjid ›Anbetungsort‹] die, -/...sche'en, islam. Gotteshaus, ABB. M 19.
moschen [mʼoː, zu Mosch], ich mosche (habe gemoscht) (mit etwas), ostmitteldt.: gehe verschwenderisch mit etwas um.
möschig [zu Mösch], alem.: aus Messing.
Moschus [grch. moschos, pers. muśk, zu altind. mushkas ›Hode‹] der, -, 1) Bisam, Drüsenausscheidung des Moschushirsches. 2) künstl. Riechstoff von moschusartigem Geruch.
Moschusbock der, ein Käfer. **Moschusochse** der, ein Horntier. **Moschustier** das, der Moschushirsch, ein geweihloser Hirsch.
Mose [verwandt mit Maser] die, -/-n, die Mosen.
Möse [mhd. mutz] die, -/-n, V Vulva.
Mosel [ahd. Muosela, zu lat. Mosella, linker Nebenfluß des Rheins] der, -s/-, Ü Moselwein: ein leichter M.

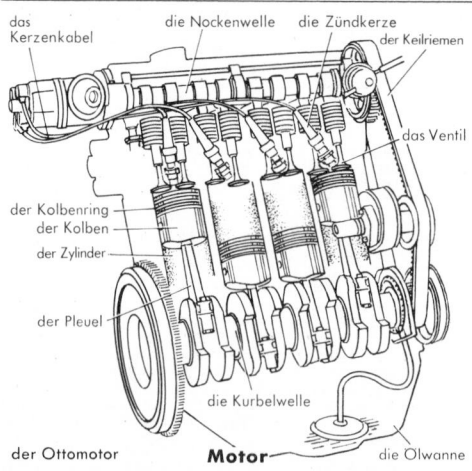

das Kerzenkabel   die Nockenwelle   die Zündkerze   der Keilriemen

das Ventil

der Kolbenring
der Kolben
der Zylinder

der Pleuel

die Kurbelwelle

der Ottomotor   **Motor**   die Ölwanne

Mosen der, -s/¨, Mose, alem.: 1) Flecken. 2) blauer Fleck.
mosern [jidd. moser ›Verräter‹, ›Schwätzer‹, ich mos(e)re (habe gemosert), Ü nörgele, meckere.
Moses [hebr. Moscheh, aus ägypt. ›(Gott ist es), der ihn geboren hat‹, 1) Stifter der jüd. Religion: das 2. Buch Mosis oder Mose. 2) der, -/-, ⚓ kleines Beiboot. 3) der, -/-, Schiffsjunge, jüngster Angehöriger einer Schiffsbesatzung.
Moskito [span. mosquito ›Mücke‹] der, -s/-s, eine Stechmücke: Moskitonetz.
Moskowiter der, -s/-, Moskauer, Einwohner von Moskau. **moskowitisch,** moskauisch.
Moslem [engl., vgl. Muslim] der, -s/-s, Muslim. **moslemisch, moslemisch,** die, -/-n, Muslime.
Most [ahd. most, zu lat. (vinum) mustum ›junger (Wein)‹] der, -es/-e, 1) unausgegorener Traubensaft: Traubenmost; Mostpresse; Sinnbild ungestüm drängender Jugend. 2) oberdt.: Obstwein: Apfelmost. **mosten,** ich moste (habe gemostet), stelle Most her. **Mosterei** die, -/-en, 1) (Betrieb für) Mostherstellung. 2) schweiz.: Gedränge. **Mostert** der, -s, nordwestdt., **Mostrich** der, -(e)s, nordostdt.: Senf.
Motel [auch -t'el, engl. Kurzw. aus Motor und Hotel] das, -s/-s, Hotel (an Fernstraßen) für Reisende mit Kraftfahrzeugen.
Motette [ital. mot(t)etto, mlat. motetus, wohl latinisiert aus afrz. mot, motet ›Vers‹, ›Strophe‹] die, -/-n, mehrstimmige Vertonung eines geistl. Textes für Singstimmen.
Motilität [lat. motus ›Bewegung‹, zu movere ›bewegen‹] die, -, Beweglichkeit (Muskeln). **Motion** [lat. motio] die, -/-en, 1) Bewegung. 2) in der Schweiz: Antrag im Parlament. **Motiv** [mlat. motivum] das, -s/-e, 1) Beweggrund: für dieses Verbrechen scheint es kein M. zu geben; Motivforschung. 2) kennzeichnender Bestandteil eines Kunstwerkes: Kernmotiv; Randmotiv. 3) die kleinste selbständige melodische Einheit, die für ein Musikstück charakteristisch ist: Leitmotiv. **Motivation** die, -/-en, die das individuelle Verhalten bestimmenden Motive. **motivieren,** ich motiviere (habe motiviert), 1) es mit etwas, begründe. 2) ihn, rege an: er hat seine Mitarbeiter geschickt (zu besseren Leistungen) motiviert. **Motivierung** die, -/-en. **Motivik** die, -, ♪ die Kunst der Motivverarbeitung.
Motoball [zu Motorrad und Ball] der, -(e)s, ⚡ ein Mannschaftsspiel auf Motorrädern nach Fußballregeln. **Moto-Cross** [engl. to cross ›durchqueren‹] das, -/-e, sportl. Geländefahrt für Motorräder. **Moto|drom** [zu Motorrad ›Rennbahn‹] das, -s/-e, Motorsport: Rennstrecke. **Moto|graphie** [vgl. ...graphie, eigtl. ›Bewegungsbeschreibung‹] die, -/...phi'en, 1) ohne Pl., Verfahren zur bildl. Aufzeichnung von Bewegungen mit Hilfe von Strahlungsspuren. 2) das damit hergestellte Lichtbild. **Motor** [lat. Beweger] der, -s/... t'oren, auch [mot'oːr] -s/-e, 1) eine Maschine, die Energie in mechanische Bewegung umwandelt, ABB. M 20: Heckmotor; Verbrennungsmotor; Motorenlärm; Motorschaden. 2) Ü Triebkraft: er ist der M. bei unserer Unternehmung.
Motorboot [auch mot'oːr-] das, -s/-. **Motorfahrrad** das, Kurzw.: Mofa, ABB. K 39. **Motorfahrzeugsteuer** die, schweiz.: Kraftfahrzeugsteuer. **Motorhaube** die, ABB. K 40. **...motorig,** mit einer bestimmten Anzahl von Motoren versehen: ein dreimotoriges Flugzeug. **Motorik** die, -, 1) Gesamtheit der willkürlichen Bewegungen bei Mensch und Tier. 2) die Lehre von den Bewegungen. **Motoriker** der, -s/-, auch motorischer Typ, Persönlichkeitstyp, bei dem das Bewegungsleben überwiegt. **motorisch,** 1) maschinengetrieben. 2) bewegend, treibend: motorische Nerven, Bewegungsnerven. **motorisieren,** ich motorisiere (habe motorisiert), 1) es, statte mit Kraftfahrzeugen aus. 2) ich bin motorisiert, Ü besitze ein Kraftfahrzeug. **Motorisierung** die, -. **Motorrad** [auch mot'oːr-] das, Kraftrad, ABB. K 39. **Motorroller** der, ABB. K 39. **Motorschiff** das, Abk.: MS. **Motorsport** der, die sportl. Wettbewerbe für motorisierte Fahrzeuge. **Motorwagen** der, bei Lastzügen der Wagen, in dem sich der Motor befindet, ABB. K 40.
Motschker der, -s/-, Matschker.
Motte [spätmhd. motte] die, -/-n, kleiner Schmetterling, Vorratsschädling: Mottenpulver; Mottenschutz; mottensichere Aufbewahrung; Kleidermotte; Kornmotte; Tapetenmotte; du kriegst die Motten!, Ü Ausruf des Erstaunens.
motten, es mottet (hat gemottet), schweiz.: glimmt, schwelt (Feuer, Krankheit).
mottenfest, widerstandsfähig gegen Motten. **Mottenkiste** die: aus der M., Ü alt, unmodern.
Motto [ital. ›Leitspruch‹] das, -s/-s, 1) Leitspruch, Wahlspruch: er handelt nach dem M. .... 2) Kennwort.

Motu|pro|prio [lat. ›aus eigenem Willen‹] *das, -s/-s,* kath. Kirchenrecht: päpstl. Erlaß.

Motze [volkslat. muttus ›kurz‹] *die, -/-n,* Formgerät der Glasbläser.

motzen, *ich* motze (habe gemotzt), **1)** *rhein.:* schmolle. **2)** *oberdt.:* zögere. **3)** *an etwas, norddt.:* fingere, pfusche.

mouillieren [muj'i:-, frz. mouiller ›erweichen‹] *ich* mouilliere (habe mouilliert) *einen Laut,* erweiche ihn, indem ich ihn am Vordergaumen ausspreche, z. B. ›ll‹ in ›mouillieren‹. **Mouillierung** [muj'i:-] *die, -/-en.*

Moulage [mul'a:ʒ, frz., zu moule ›Gußform‹, aus lat. modulus ›Maß‹] *der, -/-s,* auch *die, -/-n*[-ən], Abdruck, Abguß, bes. farbiges, anatom. Wachspräparat.

Mouliné [mulin'e, frz. ›gezwirnt‹] *der, -s/-s,* **1)** glatter Zwirn aus zwei verschiedenfarbigen Einzelgarnen: *Moulinégarn.* **2)** Gewebe aus Moulinégarnen. **moulinieren** [mu-], *ich* mouliniere (habe mouliniert) *Seidenfäden,* verzwirne sie.

Mousseux [mus'ø:, frz. ›schäumend‹, zu mousse ›Schaum‹, verwandt mit dt. Moos] *der, -/-,* ⚭ Schaumwein: *Vin M.* [vɛ̃-], gesetzliche Bez. für alle franzöns. Schaumweine und die sich nicht Champagner nennen dürfen. **moussieren** [mu-, frz. mousser], *ein Getränk* moussiert (hat moussiert), schäumt, perlt.

Moustérien [musterj'ɛ̃, nach dem Fundort Le Moustier im französ. Dép. Dordogne] *das, -(s),* eine Kulturstufe der Altsteinzeit.

Movens [lat. movere ›bewegen‹] *das, -,* Bewegrund.

Möwe [niederdt. Mewe, wohl lautmalend] *die, -/-n,* ein an Gewässern lebender Vogel: *Möwenschrei.*

Möz *die, -/-en, schweiz.:* Prostituierte.

Moz|araber [arab. musta'rib ›arabisiert‹] *der, -s/-,* im maur. Spanien ein Christ, der sich dem islam. Lebensweise angepaßt, aber seinen Glauben bewahrt hatte. **moz|arabisch.**

Mozartzopf [nach W. A. Mozart, 1756–1791] *der,* kurzer Zopf mit Schleife am Hinterkopf.

mp, Abk. für: **1)** ♪ mezzopiano. **2)** Millipond.

m. p., Abk. für: manu propria.

Mp, Zeichen für: Megapond.

MP, MPi [emp'i:], *die, -/-s,* Kurzw. für: Maschinenpistole.

Mr., Abk. für: Mister.

Mrd., auch Md., Abk. für: Milliarde(n).

Mrs. [m'isiz, engl.], Abk. für: Mistress.

m/s, Zeichen für: Meter je Sekunde.

Ms., auch Mskr., Abk. für: Manuskript.

MS, Abk. für: Motorschiff.

M. Sc., Abk. für: Master of Science, vgl. Magister.

Msgr., auch Mgr., Abk. für: Monsignore.

Mskr., auch Mss., Abk. für: Manuskript(e).

M + S-Reifen *der,* M-und-S-Reifen.

Mss., auch Mskr., Abk. für: Manuskripte.

MsTh, Abk. für: Mesothorium.

MTA, Abk. für: medizinisch-technische Assistentin.

MTS, in der Dt. Dem. Rep. Abk. für: Maschinen-Traktoren-Station.

Much [Nebenform von Muff, muffig] *der, -(e)s/-e, norddt., mittteldt.:* Schimmelpilz. **mucheln, mücheln,** *es* muchelt, müchelt (hat gemuchelt, gemüchelt), *norddt., mittteldt.:* verdirbt, riecht schimmlig. **muchlig,** *norddt., mittteldt.:* muffig, verdorben.

Muchtar [arab.] *der, -s/-s,* türk. Dorfschulze.

Muck *der, -(e)s/-e,* ⋃ Mucks, unterdrückter Laut, unterdrückte Bewegung, schwaches Aufbegehren: *keinen M.!; er tut keinen Muck(s),* rührt sich nicht.

Mucke *die, -/-n,* **1)** *oberdt.:* Mücke: *mit Geduld und Spucke fängt man eine M.,* ⋃. **2)** *nur Pl.,* ⋃ Launen, Grillen, kauzige Eigenheiten: *er hat seine Mucken.* **3)** *südwestdt.:* Fliege.

Mücke [ahd. mucka] *die, -/-n,* **1)** ein stechend-saugendes Insekt: *Mückenstich; Stechmücke; sie macht aus einer M. einen Elefanten,* ⋃ übertreibt stark. **2)** *südwestdt.:* Fliege.

Muckefuck [arab.] *der, -s/-,* dünner Kaffee, Ersatzkaffee.

mucken [Schallw.], *ich* mucke (habe gemuckt), auch muckse, **1)** *bewege mich ganz leise.* **2)** lasse einen leisen Laut hören. **3)** empöre mich, murre, begehre auf: *keiner wagte zu mucken.* **4)** schmolle, trotze, bin verdrießlich. **Mucker** *der, -s/-,* **1)** mürrischer Mensch, Duckmäuser. **2)** heuchlerischer Mensch, Frömmler. **muckerisch. Muckertum** *das, -s.* **Mucks** *der, -es/-e,* Muckser, ⋃ Nebenform von Muck. **mucksch,** *ostmittteldt.:* verdrossen schweigend, trotzend. **mucksen,** *ich* muckse (habe gemuckst), ⋃ Nebenform von mucken: *er hat (sich) nicht gemuckst,* war ganz ruhig. **Muckser** *der, -s/-,* Mucks. **mucksmäuschenstill,** ⋃ ganz still.

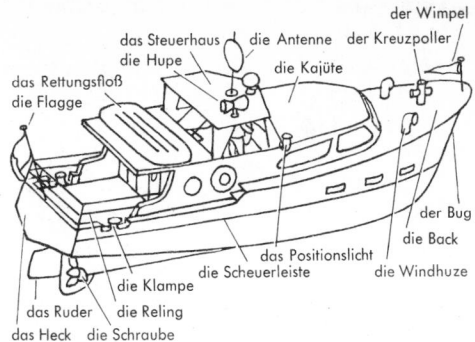

der Wimpel

das Steuerhaus · die Antenne · der Kreuzpoller
die Hupe · die Kajüte
das Rettungsfloß
die Flagge

der Bug
die Back

das Positionslicht
die Scheuerleiste · die Windhuze
die Klampe

das Ruder · die Reling
das Heck · die Schraube

die Motorjacht

Motorboot

Mud(d) [Nebenform von Moder] *der, -s, niederdt.:* Morast, Sumpfgrund, Schlamm. **Mudde** *die, -,* organ. Sediment, das einem Fäulnisprozeß unterliegt. **Muddel** *der, -s, niederdt., mitteldt.:* **1)** Trübes in Flüssigkeiten. **2)** liederliche Arbeit. **Muddelei** *die, niederdt.:* **muddeln,** *ich* mudd(e)le (habe gemuddelt), *niederdt., mitteldt.:* **1)** schmiere. **2)** arbeite planlos und liederlich. **muddig,** *niederdt.:* schlammig, trüb.

müde [ahd. muodi], **1)** durch Mangel an Ruhe, durch zu lange Tätigkeit angegriffen, ermattet, erschöpft, schlafbedürftig: *ich bin m. und gehe schlafen; ich habe mich m. gelaufen.* **2)** *einer Sache, ihrer überdrüssig: ich bin des Wartens m.; er wird nicht m., seine Erlebnisse zu schildern; amtsmüde; schreibmüde; theatermüde.* **3)** ⋃ wenig, schwach: *müder Beifall; ein müdes Lächeln.*

Mudéjar [-d'exar, span. aus arab. mudayyan ›einer, der wohnen bleibt‹] *der, -s/-es,* [-x'arən], im mittelalterl. Spanien ein Muslim, der unter christl. Herrschaft seinen Glauben bewahrte.

mud(e)rig, *alem.:* eßunlustig, verstimmt. **mudern,** *ich* mud(e)re (habe gemudert), *alem.:* **1)** kränkele. **2)** *es mudert,* ist trübe.

Müdigkeit [mhd. müedecheit, zu müde] *die, -: nur keine M. vorschützen!,* ⋃ voran!

Mudir [arab. ›Leiter‹, ›Verwalter‹] *der, -s/-e,* früher der Gouverneur einer Provinz in Ägypten. **Mudirije** *die, -/-n* oder *-s,* Verwaltungsbezirk eines Mudirs.

Muezzin [arab. mu'addhin] *der, -s/-s,* islam. Gebetsrufer.

Muff [niederl. ›Schimmelig‹] *der, -(e)s, niederdt.:* Schimmel, Moder, faulige Luft.

Muff [mlat. muffula, aus fränk.] *der, -(e)s/-e,* Kleidungsstück zum Händewärmen, **ABB.** K 25. **Müffchen** *das, -s/-,* **1)** Diminutiv zu Muff. **2)** Pulswärmer. **Muffe** *die, -/-n,* **1)** Verbindungsstück über Röhren, **ABB.** R 25. **2)** *niederdt.:* Muff (Handwärmer). **Muffel** [frz. moufle] *die, -/-n,* feuerfestes Schutzgefäß zum Brennen von Porzellan u. a.

Muffel *der, -s/-,* *südwestdt.:* Mufflon: *Muffelwild.*

Muffel [mhd. mupf, muff ›Verziehung des Mundes‹, ›Hängemaul‹] *der, -s/-,* **1)** Maul, Teil um die Nasenlöcher bei Ziegen, Schafen u. a. **2)** ⋃ mürrischer, wortkarger, Neuerungen nicht aufgeschlossener Mensch: *Morgenmuffel.*

Muffelfarbe [zu Muffel ›feuerfestes Gefäß‹] *die,* Aufglasurfarbe für keram. Erzeugnisse und Gläser.

muff(e)lig, ⋃ mürrisch, verdrießlich. **muffeln** [mhd. muffen, muffen], *ich* muff(e)le (habe gemuffelt), ⋃ **1)** kaue ständig. **2)** bin mürrisch.

muffeln [mhd. müffeln], *es* muffelt (hat gemuffelt), ⋃ riecht muffig.

Muffelofen [zu Muffel ›feuerfestes Gefäß‹] *der,* beheizbarer Reaktionsapparat der keramischen Industrie, Metallurgie und im Labor.

muffig [zu Muff ›Schimmel‹], dumpfriechend, faulig, moderig, verschimmelt.

muffig, muffelig.

Mufflon [frz. mouflon, zu korsisch-sardisch muvrone] *der, -s/-s,* ein Wildschaf.

der Windmühlenflügel — die Pfeffermühle — der Trichter — das Gehäuse — die Kurbel — der Kasten — die Kaffeemühle — das Mühlenhaus — der Stert — die Mokka-mühle — das Bockgerüst — die Windmühle (Bockmühle) — die elektrische Kaffeemühle — das Schlag-messer — **Mühle** — der Schalter

Mufti [arab.] *der, -s/-s,* islam. Rechtsgelehrter.
Mugel [spätmhd. mugel ›Rundliches‹] *der, -s/-(n), österr.:* Hügel. **mug(e)lig, 1)** *österr.:* hügelig, gewellt. **2)** mit nach oben gewölbter Oberfläche geschliffen (Edelstein).
mugg(e)lich, *westdt.:* **1)** zart. **2)** behaglich. **3)** fleischig.
muh! [Schallw.], das Gebrüll der Rinder.
Mühe [ahd. muohi] *die, -/-n,* **1)** Anstrengung, Plage, Arbeit, Sorgfalt, Beanspruchung der Kräfte: *ich werde mir die M. machen, es zu tun; gib dir mehr M.!; das macht viel M.; er hat es nur mit M. geschafft; es hat viel M. gekostet; spar dir die M.!; das ist verlorene M., es hat keinen Zweck; ohne M.,* leicht, spielend; *das lohnt die M., ist der M. wert; mit Müh und Not,* knapp, gerade noch. **2)** ⚭ Sorge, Gram; Not. **mühelos,** *siegewann m.*
Mühelosigkeit *die, -.*
muhen [Schallw.], *eine Kuh muht* (hat gemuht), brüllt.
mühen [ahd. muoen], *ich mühe mich* (habe mich gemüht), strenge mich an, plage mich. **mühevoll,** anstrengend, Mühe erfordernd. **Mühewaltung** *die, -/-en,* K Mühe, freundlicher Dienst (bes. in Geschäftsbriefen).
Mühle [ahd. muli(n), spätlat. molina] *die, -/-n,* **1)** Gerät oder Anlage zum Zerkleinern von Feststoffen, bes. zum Zermahlen von Getreide bis zur Mehlfeinheit, ABB. M 22: *Kaffeemühle; Papiermühle; Sägemühle; Mühlbach; Mühlgraben; das ist Wasser auf seine M.,* Ü bestärkt ihn in seiner Meinung. **2)** *ohne Pl., ohne Artikel,* ein Brettspiel, ABB. B 48: *Mühlespiel.* **3)** ⚔ Ringergriff. **Mühl(en)rad** *das,* das Wasser- oder Windrad der Mühle. **Mühl(en)stein** *der,* Stein zum Getreidemahlen.
Mühlsteinkragen *der,* Halskrause, ABB. A 13, M 16.
Muhme [ahd. muoma, eigtl. ›Schwester der Mutter‹] *die, -/-n,* ⚭ **1)** Tante; ältere weibl. Verwandte. **2)** ältere Frau, Gevatterin, Kinderfrau. **3)** *schweiz.:* Hexe, Kobold, Nixe, leichtsinniges Mädchen.
Mühsal [mhd. müe(je)sal] *die, -/-e,* Plage, Not, Beschwerde.
mühsam, beschwerlich, mühevoll, anstrengend: *ein mühsamer Weg; es war ziemlich m., den ganzen Garten umzugraben.*
mühselig, anstrengend, viel Mühe erfordernd, strapaziös: *eine mühselige Arbeit.* **Mühseligkeit** *die, -.*
mukös [lat. mucosus, zu mucus ›Schleim‹], ⚕ schleimig.
Mulatte *der, -n/-n,* **Mulattin** [zu span. mulo ›Maulesel‹] *die, -/-nen,* Mischling von Weißen und Negern.
Mulch [engl. mulch, verwandt mit mulsch, molsch] *der, -(e)s/-e,* organ. Deckschicht des Bodens, z. B. Stroh, Torf.
Mulche [mhd. mulchen, vgl. Molke] *die, -,* alem.: Milch für die Käserei.
mulchen [vgl. Mulch], *ich mulche* (habe gemulcht) *es,* bedecke mit Mulch.
Mulchen [vgl. Mulche] *das, -s,* alem.: Käseerzeugung im Halbjahr.
Muldbrett [mhd. moltbrett] *das,* Erdschaufel, Gerät zum Ebnen von Bodenflächen.
Mulde [ahd. muoltera, zu lat. mulctra ›Melkkübel‹] *die, -/-n,* **1)** längliches, abgerundetes Gefäß, meist ausgehöhltes Holz, ABB. B 1. **2)** Talsenkung, flaches Tal. **3)** ⊕ Faltungssenke in Schichtgesteinen.
Muli [lat. mulus], **1)** *das, -s/-(s), österr.:* Maultier. **2)** *Pl.* von Mulus.

Mull [engl. (mul)mull, zu Hindi malmal] *der, -s,* dünnes Baumwollgewebe: *Verbandmull,* ABB. V 3; *Mullbinde; Mullgardine; Mullwindel.*
Mull [mnd. mul] *der, -s,* niederdt.: Erde, Humus: *Torfmull.*
Müll [mhd. gemülle, zu mhd. müllen ›zerstoßen‹, ›zermalmen‹] *der, -s,* Kehricht; feste Abfallstoffe: *Müllabfuhr; Müllbeutel; Mülldeponie; Mülleimer; Müllkippe; Müllwagen; Atommüll; Haushaltsmüll; Industriemüll.*
Mulla(h) *der, -s/-s,* Molla.
Müller [ahd. mulinari, zu spätlat. molinarius] *der, -s/-,* **1)** Handwerker im Mühlengewerbe; früher Besitzer einer Mühle. **2)** Mehlkäfer. **Müllerei** *die, -,* Mühlengewerbe. **Müllerin** *die, -/-nen,* ℗ Frau eines Müllers.
Müllschlucker *der,* Schachtanlage in Hochhäusern, durch die der Müll unmittelbar in einen großen Sammelbehälter geworfen wird. **Mülltonne** *die,* ABB. H 21.
Mulm [zu mahlen, malmen] *der, -(e)s,* zerbröckelndes, verwesendes Holz, verwittertes Gestein. **mulmen,** es mulmt (hat gemulmt), zerfällt zu Mulm. **mulmig, 1)** vermodert, mehlig, morsch. **2)** ⋃ bedenklich, unsicher, gefährlich: *die Sache ist mir zu m.; ihm wurde plötzlich m.,* unbehaglich.
mulsch [vgl. molsch], nordd.: weich, faul.
multi... [lat. multus], viel..., vielfach... **Multi** *der, -(s)/-s,* ⋃ kurz für: multinationaler Konzern. **multilateral** [lat. latus ›Seite‹], mehrseitig, mehrere Personen oder Staaten betreffend: *multilaterale Verträge.* **Multimedia,** *Pl.,* Zusammenfassung oder Wirkungsintegration mehrerer Medien, bes. auf dem Gebiet der Information und der Kunst: *Multimediasystem,* Unterrichtssystem, das mehrere Medien verwendet (z. B. Fernsehsendung und Lehrbuch). **multimedial. Multimillionär** *der,* vielfacher Millionär. **multinational,** aus vielen Nationen bestehend, in vielen Staaten vorhanden: *multinationaler Konzern.* **multipel** [lat. multiplex], mehrfach, vielfältig: *multiple Sklerose,* Krankheit des Gehirns und Rückenmarks. **Multiplier** [-plaiə, engl.] *der, -s/-,* Gerät, in dem ein schwacher Elektronenstrom verstärkt wird. **Multiplikand** [lat. multiplicare ›vervielfältigen‹] *der, -en/-en,* die zu vervielfältigende Zahl, ÜBERS. R 11. **Multiplikation** *die, -/-en,* Vervielfältigung, das Malnehmen, eine Grundrechnungsart, ÜBERS. R 11.
Multiplikator *der, -s/...t'oren,* die Zahl, mit der vervielfältigt wird, ÜBERS. R 11. **multiplizieren** (habe multipliziert) *eine Zahl.* **Multiplizität** *die, -/-en,* mehrfaches Vorhandensein. **multivalent** [lat. valere ›stark, wert sein‹], mehrwertig, verschieden auslegbar (Tests). **Multivalenz** [Sozialpsychologie]: **1)** die Vielheit der normativen Verhaltensmuster in einer Gesellschaft. **2)** die Fähigkeit einer Person, sich diesen Mustern anzupassen.
multum, non multa [lat. ›viel, nicht vielerlei‹], lieber eine Sache gründlich als viele Dinge nur teilweise.
Mulus [lat. ›Maulesel‹] *der, -/...li,* ⚭ angehender Student zwischen Abitur und Studienbeginn.
Mumie [-miə, arab. mumiya, zu pers. mum ›Wachs‹] *die, -/...miən,* durch Austrocknung oder Zubereitung vor Verwesung geschützte Leiche: *Mumiensarg.* **Mumifikation** *die, -.* **mumifizieren** [lat. facere ›machen‹], *ich mumifiziere* (habe mumifiziert), **1)** *eine Leiche,* behandle sie zum Schutz vor Verwesung. **2)** *Gewebe mumifiziert* (ist mumifiziert), stirbt ab, wird trocken, ledern. **Mumifizierung** *die, -.*
Mumm [wohl zu lat. animus, Akk. animum ›Wille‹, ›Vorsatz‹] *der, -s,* ⋃ Mut, Unternehmungsgeist: *er hat keinen M. in den Knochen.*
Mumme [angeblich nach dem Brauer Chr. Mumme, Ende des 15. Jahrh.] *die, -,* **1)** unvergorener Malzextrakt: *Braunschweiger M.* **2)** ein Malzbier.
Mumme [dazu vermummen] *die, -/-n,* ⚭ Maske.
Mummel *der, -s/-,* Teichrose.
Mummel, Mümmel [zu Mumme ›Maske‹] *der, -/-n,* niederdt.: Vermummter.
Mummelgreis *der,* ⋃ (zahnloser) Greis. **Mümmelmann** *der, -(e)s,* niederdt.: Hase. **mummeln** [mnd. mummelen], *ich mumm(e)le* (habe gemummelt), ⋃ spreche undeutlich, murmele; schimpfe halblaut zwischen den Zähnen. **mümmeln,** *ich mümm(e)le* (habe gemümmelt), **1)** ⋃ kaue wie zahnlose Leute. **2)** *ein Hase, Kaninchen mümmelt,* äst.
Mummenschanz [zu Mumme ›Maske‹ und mhd. schanze ›Glückswurf‹, eigtl. ›Glücksspiel zur Fastnacht‹] *der, -es,* Maskenfest, Maskenscherz.
Mumpf *der, -es, schweiz.:* Mumps.
Mumpfel *der, -s/⁼, oberdt.:* Mundvoll; Imbiß; Brotkrume.
Mümpf(e)li *das, -s, schweiz.:* Mumpfel: *Bettmümpfeli,* Süßig-

keit vor dem Schlafengehen. **mumpfeln, mümpfeln,** *ich* mumpf(e)le, mümpf(e)le (habe gemumpfelt, gemümpfelt), *oberdt.:* kaue wie zahnlose Leute.

Mumpitz [eigtl. ›vermummter Kobold‹, zu Mumme ›Maske‹] *der, -es,* U dummes Gerede, Unsinn; Unfug; Schwindel.

Mumps [engl., Pl. zu älterem mump ›Grimasse‹] *der,* U auch *die, -,* $ Ziegenpeter, Entzündung der Ohrspeicheldrüse.

Münchhausen [nach K. F. H. Frh. v. Münchhausen, 1720 bis 1797] *der, -s/-,* Aufschneider. **Münchhaus(en)iade** *die, -/-n,* aufschneiderische Lügengeschichte. **münchhausisch, Münchhausisch,** vgl. ÜBERS. A 4, C.

Mund *die, -,* Munt.

Mund [ahd. mund ›Mund‹, ›Maul‹, ›Rede‹] *der, -(e)s/"er,* **1)** die Queröffnung des menschl. Gesichts zwischen Nase und Kinn, zur Aufnahme der Nahrung, zur Lautbildung, auch zur Atmung, ABB. M 12, M 23: *Mundpflege; er hat einen großen M.,* Ü redet viel, schneidet auf; *sie ist nicht auf den M. gefallen,* Ü ist schlagfertig; *du hast mir das Wort aus dem M. genommen,* Ü hast ausgesprochen, was ich auch sagen wollte; *er hat mir die Antwort (fast) in den M. gelegt,* Ü hat mir durch die Art der Fragestellung die Antwort leichtgemacht; *er lebt von der Hand in den M.,* Ü hat nur das Lebensnotwendigste; *sie hörte es mit offenem Munde,* staunend; *es ist in aller Munde,* Ü es wird viel darüber geredet; *halt den M.!,* U sei still!; *sie redet ihm oft nach dem M.,* Ü wie er es zu hören liebt; *sie nimmt kein Blatt vor den M.,* Ü redet freiheraus; *er hat sich den M. verbrannt,* Ü durch eine unbedachte Äußerung geschadet; *ich lasse mir nicht den M. verbieten,* Ü ich werde meine Meinung äußern, auch wenn man mich daran hindern will; *du darfst ihm nicht so über den M. fahren,* Ü ihn grob unterbrechen. **2)** Ü Öffnung: *der M. des Schachtes.* **Mundart** *die,* örtlich bedingte Sprachform innerhalb einer Sprachgemeinschaft, Dialekt, ÜBERS. M 24: *Mundartdichtung; Mundartenforschung.* **mundartlich. Mündchen** *das, -s/-,* **1)** kleiner Mund. **2)** *oberdt.:* Kuß. **Munddusche** *die,* Gerät, das Wasser unter Druck in die Mundhöhle einspritzt.

Mündel [mhd. mundeline, zu ahd. munt ›Schutz‹, ›Vormundschaft‹] *das,* unter Vormundschaft stehende(r) Minderjährige(r). **Mündelgeld** *das,* vom Vormund verwaltetes Kapitalvermögen des Mündels. **mündelsicher,** gesetzlich zugelassen für die Anlage von Mündelgeldern: *mündelsichere Wertpapiere.* **Mündelsicherheit** *die, -.*

munden [zu Mund], *es* mundet (hat gemundet) *mir,* P schmeckt. **münden,** *es* mündet (hat gemündet) *in, auf etwas,* **1)** fließt hinein, nimmt sein Ende: *viele Flüsse münden ins Meer; diese Straße m. auf den Markt.* **2)** Ü läuft darauf hinaus: *unser Gespräch mündete schließlich in einer heftigen Auseinandersetzung.* **mundfaul,** Ü träge in der Unterhaltung, schweigsam. **Mundfäule** *die,* $ geschwürige Entzündung der Mundschleimhaut. **mundgerecht,** bequem (zum Essen): *Fleisch in mundgerechten Stücken; das Thema wurde m. serviert,* Ü. **Mundharmonika** *die,* ABB. M 23.

mündig [mhd. mündec], volljährig; zu eigenem Urteil befähigt: *mündige Bürger.* **Mündigkeit** *die, -.* **mündigsprechen,** *ich* spreche *ihn* mündig (sprach mündig, habe mündiggesprochen), erkläre für mündig. **Mündigsprechung** *die, -.*

Mundium [latinisiert zu Mund, vgl. Vormund] *das, -s/. . .di\|en,* Munt.

mündlich, gesprochen, nur besprochen, nicht schriftlich: *mündliche Zusage; mündliche Prüfung.* **Mundloch** *das,* ⚒ die Übertageöffnung eines Stollens. **Mundraub** *der, -(e)s,* ⚖ Entwendung von Nahrungsmitteln in geringer Menge zum sofortigen Verbrauch. **Mundschenk** *der,* im MA. für die Getränke zuständiger Hofbeamter.

M-und-S-Reifen [Abk. für engl. mud and snow ›Matsch und Schnee‹, der, M+S-Reifen, Kraftfahrzeugreifen mit Profilen für winterliche Fahrbedingungen.

Mundstück *das,* Teil eines Gerätes, der für den Mund bestimmt ist, z. B. die Trompete, Tabakspfeife, ABB. T 1. **mundtot,** zum Schweigen gebracht: *man hat ihn m. gemacht.* **Mundtuch** *das,* Serviette, ABB. E 10. **Mündung** *die, -/-en,* **1)** Stelle, an der ein Fluß in einen anderen oder ins Meer fließt, ABB. F 32: *Mündungsbecken; Deltamündung; die M. der Elbe ins Meer.* **2)** vordere Öffnung eines Rohres: *Kanonenmündung; Mündungsfeuer.* **Mundvoll** *der, -/-,* die Menge, die in den Mund geht: *er nahm einige M. Suppe;* aber: *er nimmt den Mund voll,* nimmt viel auf einmal in den Mund, Ü ist großsprecherisch, prahlt. **Mundvorrat** *der,* mitgeführte Lebensmittel bei kurzen Reisen. **Mundwasser** *das, -s/",* desodorierende und desinfizierende Flüssigkeit zur Mundpfle-

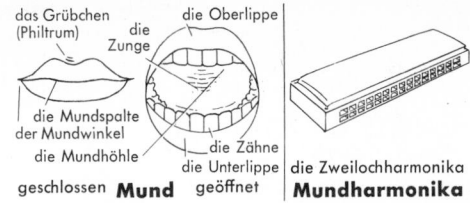

das Grübchen (Philtrum) · die Zunge · die Oberlippe

die Mundspalte · der Mundwinkel · die Mundhöhle · die Zähne · die Unterlippe

geschlossen **Mund** geöffnet · **Mundharmonika** · die Zweilochharmonika

ge. **Mundwerk** *das, -,* U Redegabe, Redefluß: *sie hat ein gutes M., ist schlagfertig.* **Mundwinkel** *der, meist Pl.: ein Lächeln huschte um ihre M.; ihre M. zuckten,* sie unterdrückte ein Lachen oder Weinen. **Mund-zu-Mund-Beatmung** *die,* $ Verfahren der künstlichen Beatmung.

Mungo [engl. mongoose, zu Tamil manguso] *der, -s/-s,* eine indische Schleichkatze.

Mungo [engl.] *der, -(s)/-s,* Garn aus Reißwolle.

Muni [›Brummer‹] *der, -s/-, schweiz.:* Stier.

Munition [frz., zu lat. munitio ›Verschanzung‹] *die, -,* Schießbedarf für Feuerwaffen: *Munitionslager.*

munizipal [lat. municipalis], ⚑ städtisch, die Stadtverwaltung betreffend. **Munizipium** [lat. municipium] *das, -s/. . .pi\|en,* **1)** altröm. Landstadt. **2)** ⚑ Stadtverwaltung.

Munk *der, -s/-,* Murmeltier.

munkeln [mhd. munkel] *die, -/-en.* **munkeln,** *ich* munk(e)le (habe gemunkelt), rede heimlich, raune, verbreite Gerüchte: *man munkelt, das Gerücht läuft um; ich habe davon munkeln hören; im Dunkeln ist gut munkeln.*

Münster [mhd. münster, zu lat. monasterium] *das, -s/-,* Stiftskirche, Dom.

Munt [ahd. munt ›Schutz‹] *die, -,* auch Mund, Mundium, im german. Recht ein personenrechtl. Schutz- und Vertretungsverhältnis: *Muntschaft; Muntgewalt.*

munter [ahd. munder], **1)** wach: *ich werde am Morgen schwer m.; Tee macht, hält mich m.* **2)** lebhaft, frisch, heiter: *ein munteres Kind; sie plauderte m. drauflos, lebhaft und unbekümmert; nur m.!,* los, vorwärts! **Munterkeit** *die, -.*

Münz\|automat *der,* Automat, der durch Einwurf von Münzen bedient wird. **Münze** [ahd. munizza, zu lat. moneta] *die, -/-n,* **1)** mit Bild- und Schriftprägung versehenes Metallgeldstück, ABB. M 25: *Münzautomat; Münz(en)sammlung; Münzkunde; Kupfermünze; ich habe Münzen und Scheine; das darfst du nicht für bare M. nehmen,* Ü blind glauben; *ich werde ihm mit gleicher M. heimzahlen,* Ü auf gleiche Weise vergelten. **2)** Medaille, ABB. M 25: *Gedenkmünze.* **3)** ⚑ Münzstätte. **münzen,** *ich* münze (habe gemünzt), **1)** präge Münzen. **2)** *es,* mache zu Münzen. **3)** *es auf ihn,* U ziele auf ihn: *diese Bemerkung war auf dich gemünzt,* galt dir. **Münzfernsprecher** *der,* ABB. F 16.

Münzfuß *der,* gesetzlich festgelegte Zahl von Münzen, die aus der Gewichtseinheit des Münzmetalls zu prägen sind. **Münz(n)er** *der, -s/-,* ⚑ Münzenhersteller. **Münzstätte** *die,* Ort, an dem Münzen geprägt werden. **Münztank** *der,* Zapfstelle für Benzinentnahme nach Münzeinwurf, ABB. T 4: *Münztankstelle.* **Münzzeichen** *das,* Zeichen der jeweiligen Münzstätte auf Münzen, ABB. M 25.

Muon [Kurzw. aus μ ›Mikro‹ und Meson] *das, -s/. . .'onen,* ⟲ instabiles, geladenes Elementarteilchen.

Mur [vgl. Moräne] *der, -s, alem.:* Morast, Schlamm.

Muräne [lat. muraena] *die, -/-n,* ein aalartiger Fisch.

mürb(e) [ahd. muruwi ›zart‹], **1)** leicht auseinanderfallend, brüchig, locker, weich: *mürbes Gebäck; Achtung, die Planken sind schon m.* **2)** Ü widerstandsfähig, zermürbt (Mensch): *man wird ihn schon m. machen,* seinen Widerstand brechen. **Mürbe** *die, -.* **Mürbebraten** *der, norddt.:* Lendenbraten, Filet. **Mürb(e)teig** *der,* Backmasse, die mürbes Gebäck ergibt. **Mürbheit,** ⚑ **Mürbigkeit** *die, -.*

Murbruch *der,* **Mure** [verwandt mit Moräne] *die, -/-n,* auch Murgang, Schlamm- oder Gesteinsstrom im Gebirge: *Murverbauung,* Bauten zum Aufhalten von Muren.

muren [engl. to moor ›verankern‹, ›vertäuen‹], *ich* mure (habe gemurt) *es,* ⚓ verankere mit einer Muring.

Murgang *der,* Murbruch, Mure.

muriatisch [lat. muria ›Salzlake‹], salzhaltig: *muriatische Heilquellen.*

murig [zu Mure], *muriges Gelände.*

I. Gliederung des deutschen Sprachgebiets

Der kontinental-westgermanische Sprachraum gliedert sich in ein Gebiet mit niederländischer und in ein Gebiet mit deutscher Hochsprache. Das zusammenhängende deutsche Sprachgebiet besteht im Kern aus der Bundesrepublik Deutschland, der Deutschen Demokratischen Republik, Österreich, Liechtenstein, der deutschsprachigen Schweiz und dem zweisprachigen Luxemburg, dazu mit unterschiedl. Kulturautonomie und Mehrsprachigkeit aus Teilen von Italien (Südtirol), Frankreich (Elsaß/Lothringen), Belgien (Eupen/Malmedy) und Dänemark (deutsche Minderheit in Südjütland). Zum niederfränkischen (niederländischen) Dialektgebiet gehört ein Teil der niederrheinischen Mundarten in Deutschland, zum niedersächsischen (niederdeutschen) Dialektgebiet gehören die Mundarten im Nordosten der Niederlande. Ferner existieren deutsche Minderheiten gegenwärtig in Europa unter anderem in Polen (Ostpreußen, Pommern, Oberschlesien), in der Tschechoslowakei, in Rumänien (Siebenbürgen) und in der Sowjetunion, in Übersee in Kanada und in den Vereinigten Staaten.

Die drei großen Mundartgruppen des Kontinental-Westgermanischen sind nicht von den heutigen Staatsgrenzen bestimmt.

1. Niederdeutsch	Niederfränkisch	[mit niederländischer Hochsprache]
	Westniederdeutsch	Nordniedersächsisch
		Westfälisch
		Ostfälisch
	Ostniederdeutsch	Mecklenburgisch-Vorpommerisch
		Märkisch
		* Ostpommerisch
		* Niederpreußisch
2. Mitteldeutsch	Westmitteldeutsch	Ripuarisch
		Moselfränkisch
		Rheinpfälzisch
		Ostfränkisch
		Hessisch
	Ostmitteldeutsch	Thüringisch
		Obersächsisch
		* Schlesisch
		* Hochpreußisch
3. Oberdeutsch	Alemannisch	Oberrheinisch-Nordalemannisch
		Schwäbisch
		Hochalemannisch
	Bairisch	Nordbairisch
		Mittelbairisch
		Südbairisch

Mitteldeutsche und oberdeutsche Mundarten bilden zusammen das Gebiet der hochdeutschen Mundarten, auf deren Grundlage die hochdeutsche Schrift- und Umgangssprache beruht. Zwischen beiden Hauptgruppen des Hochdeutschen nimmt das Ostfränkische eine Mittelstellung ein: Es gehört dem Vokalismus nach zum Mitteldeutschen, dem Konsonantismus nach zum Oberdeutschen. Die mit * gekennzeichneten Mundarten gehören in Gebiete östlich von Oder und Neiße.

II. Unterschiede im Vokalismus und Konsonantismus der deutschen Mundarten
(in Beispielen)

Aus den in den lokalen Dialekten häufig von Ort zu Ort verschiedenen Mundarten können hier nur einige charakteristische Unterschiede des Tonsilbenvokalismus und des Konsonantismus aufgeführt werden.

1. Vokalismus

a) Diphthongierung der mhd. î *(i:),* û *(u:),* iu *(y:)* in den hochdeutschen Mundarten

Die Diphthongierung der mhd. î und û (z. B. mhd. *îs* > nhd. *Eis;* mhd. *hûs* > nhd. *Haus*) ist in den zentralen hochdeutschen Mundarten durchgeführt. Nicht diphthongiert wird im allgemeinen in den südwestlichen Mundarten des Elsaß und der Schweiz sowie in einem dem Niederdeutschen benachbarten Streifen mitteldeutschen Gebiets. Mhd. iu *(y:)* (z. B. mhd. *miuze* > nhd. *Mäuse,* mhd. *vriunt* > nhd. *Freund*) bleibt erhalten im größten Teil der schweizerischen Mundarten und im Ripuarischen. Es wird ferner nicht diphthongiert, aber zu i entrundet in Niederhessen, Westthüringen, im Elsaß und einem Teil der schweizerdeutschen Mundarten. Im Moselfränkischen wird es zu ei, ei̯, in den rheinfränkischen und ostmitteldeutschen Diphthongierungsmundarten zu äi, au, im Schwäbischen zu ǝi, im Ostfränkischen zu aü, im Oberhessischen und Niederschlesischen zu ǫi. Die niederdeutschen Mundarten, die im Vokalismus schon in altsächsischer Zeit eigene Wege gehen, nehmen an der Diphthongierung nicht teil.

b) Monophthongierung der mhd. ie, uo, üe in den hochdeutschen Mundarten

Die mhd. Diphthonge ie, uo, üe werden in der Hochsprache und in den ostmitteldeutschen, teilweise auch westmitteldeutschen Mundarten zu ī, ū, ǖ (in den Mundarten über Entrundung des üe zu ie zu ī geworden) monophthongiert: tief *(t'iǝf)* > tief *(ti:f),* bruoder > Bruder, füeze > Füße (mundartlich über fieze > fis). Diese Monophthongierung hat im Alemannischen, Bairischen und in einem Teil des ostfränkischen nicht stattgefunden. Dort heißt es ti̯ef, brueder, fi̯es. Den mhd. ie, uo, üe entsprechen mnd. ē, ō, ȫ, z. B. vlēgen, brōder, fȫt. Diese drei langen Vokale sind in den niederdeutschen Mundarten teilweise wieder diphthongiert worden.

2. Konsonantismus

a) Lautverschiebung

Die Ergebnisse der hochdeutschen Lautverschiebung (germ. p, t, k > ahd. ff (f), zz [ss] *(z),* hh (h) nach Vokalen [Vereinfachung nach langem Vokal und im Auslaut]; > pf, z, ch [im Wortanlaut, in der Doppelung und nach Konsonanten]) trennen das Niederdeutsche vom Hochdeutschen.

niederdt. t – hochdt. s: niederdt. e*t*en – hochdt. e*ss*en, niederdt. da*t* – hochdt. da*s*
niederdt. p – hochdt. f: niederdt. sla*p*en – hochdt. schla*f*en, niederdt. u*p* – hochdt. au*f*
niederdt. k – hochdt. ch: niederdt. bre*k*en – hochdt. bre*ch*en, niederdt. i*k* – hochdt. i*ch*
niederdt. t – hochdt. z: niederdt. *t*we – hochdt. *z*wei, niederdt. se*t*en – hochdt. se*tz*en
niederdt. p – hochdt. pf: niederdt. *p*unt – hochdt. *pf*unt, niederdt. a*pp*el – hochdt. a*pf*el, niederdt. ko*p* – hochdt. ko*pf*.

Der Übergang von p zu pf ist vollständig nur in den oberdeutschen Mundarten durchgeführt. Das Mitteldeutsche bewahrt p in der Doppelung (a*pp*el), der westliche Teil des Westmitteldeutschen p auch im Auslaut (ko*p*). Im Anlaut hat das Westmitteldeutsche p (*p*und), das Ostmitteldeutsche f (*f*und).

Die Verschiebung von k > kch gibt es nur im südlichen Teil des Bairischen und Alemannischen; im Schweizerischen ist kch zu ch geworden: schweiz. *ch*int ›Kind‹.

b) Binnendeutsche Konsonantenschwächung

In einem großen Teil der hochdeutschen Mundarten, der aus dem Mitteldeutschen, Oberfränkischen, Schwäbischen und Oberrheinisch-Nordalemannischen besteht, sind p, t, k zu b, d, g geworden. Dadurch werden Wörter wie lei*d*en – lei*t*en, En*d*e – En*t*e, wer*d*en – wer*t*en, *g*leiten – *k*leiden, *B*latt – *p*latt, *T*ritte – *d*ritte, *T*ier – *d*ir in gleicher Weise ausgesprochen.

III. Geographische Unterschiede im deutschen Wortschatz
(in Beispielen)

Im Wortschatz gibt es in den deutschen Mundarten teilweise keine Unterschiede (der Nebel wird fast überall mit dem gleichen Wort bezeichnet), teilweise aber auch bedeutende Differenzierungen: Für die Libelle gibt es etwa 300 Wörter (mit sämtlichen Lautvarianten etwa 4000). Die folgende Übersicht kann nur einige der Unterschiede deutlich machen und muß dabei auf mundartliche Lautformen weitgehend verzichten. Die hier genannten Typen werden jedoch in den einzelnen Orts- und Flächenmundarten nach dem jeweiligen Lautsystem ausgesprochen.

1. Norddeutsch-süddeutsche Unterschiede

Norddeutsch	Süddeutsch
Augenlid	Augendeckel
Motte	Schabe
Mücke	Schnake/Sta(u)nze/Gö(l)sse
Pilz	Schwamm
Schnupfen	Katarrh/Strauka
Streichholz	Zündholz
Beerdigung/Begräbnis	Leich(e)
Pogge/Padde	Frosch
Junge	Bub
Hahn	Gockel
Sonnabend	Samstag
Ziege	Geiß
trecken	ziehen
Glucke	Brüthenne

2. Norddeutsch/westdeutsch-süddeutsch/ostdeutsche Unterschiede

Norddeutsch/Westdeutsch	Süddeutsch/Ostdeutsch
ledig	leer
Spree	Star

3. Norddeutsch/süddeutsch-mitteldeutsche Unterschiede

Norddeutsch/Süddeutsch	Mitteldeutsch (Ost-West-Erstreckung)
Roggen	Korn
Deern/Dirndl	Mädchen
Enkel	Knöchel
Rahm	Schmand/Sahne
Heu kehren	Heu wenden

4. Wortschatzunterschiede in drei Gruppen

Norddeutsch	Südwestdeutsch	Südostdeutsch
Mütze	Kappe	Haube
Alltag	Werktag	Wochentag

Süddeutsch/Westdeutsch	Nordwestdeutsch	Norddeutsch/Ostdeutsch
Geißel	S(ch)wep	Peitsche
Seil	Reep	Strick

5. Wortschatzunterschiede in sechs Gruppen

NW	NO	W	O	SW	SO
Küp(p)er	Böttcher	Faßbinder, Küfer	Büttner, Böttcher	Küfer	Schäffler, Fasser, Binder
Klempner, Blick(en)-s(ch)läger	Klemp(t)ner	Blechschläger, -schmied, Klempner, Spengler	Klempner	Blechschmied, Blechner, Flaschner	Spengler, Spangler
S(ch)lachter	Schlächter, Fleischer	Metzger	Fleischer	Metzger	Fleischhacker
tomaken	sich sputen	sich eilen	federn	pressieren	sich schicken, sich tummeln
riesen	enken/anken, proppen, veredeln	posten, possen	(p)fropfen	zweigen, emden	pelzen

6. Sonderentwicklungen

Überall heißt es Fliege, aber im SW Muck(e); überall Kartoffel, aber Grundbirne im SW, Erdapfel im SO; überall Tomate, aber im SO Paradeiser; im NO, W, O und SO Möhre oder Mohrrübe, aber Wurzel im NW und gelbe Rübe im SW.

M 25

der Nennwert — die Umschrift (die Legende) oder die Aufschrift — der Rand — das Bild

die Jahreszahl — das Münzzeichen

die Rückseite (der Revers) — die Vorderseite (der Avers)

Münze

Muring [engl., zu muren] *die, -/-e,* ⌐ Vorrichtung zum Auswerfen zweier Anker.

Murkel [verwandt mit mürbe] *der, -s/-, norddt.:* **1)** Wickelkind; kleines Kind. **2)** mißratene Frucht.

murken [Schallw.], *die Schnepfe* murkt (hat gemurkt), quorrt, balzt.

Murks [verwandt mit Murkel, mürbe] *der, -es,* U schlechte Arbeit, Pfuscherei; Unangenehmes: *so ein M.!* **murksen,** *ich* murkse (habe gemurkst), U arbeite schlecht, unlustig, pfusche.
Murkser *der, -s/-.*

Murmel [zu Marmor] *die, -/-n,* Marmel, kleine (bunte) Kugel, ein Kinderspielzeug, Abb. S 53.

murmeln [ahd. murmuron], *ich* murm(e)le (habe gemurmelt), **1)** *(es),* spreche mit leiser Stimme: *was murmelst du da vor dich hin?; er murmelte etwas zwischen den Zähnen, in seinen Bart,* U. **2)** *es murmelt,* plätschert oder rollt leise, wie fernes Sprechen: *der murmelnde Bach,* P.

Murmeltier [ahd. murmenti, murmunto, zu lat. mus (Gen. muris) montis ›Bergmaus‹ *das,* ein Gebirgsnagetier: *er schläft wie ein M.,* Ü lange und fest.

Murner *der, -s,* Name des Katers in der Tierfabel. **murren** [ahd. murmulon], *ich* murre (habe gemurrt) *über, gegen ihn, etwas,* bin unzufrieden, äußere mein Mißfallen: *er nahm es ohne Murren hin,* widerspruchslos. **mürrisch,** verdrießlich, übellaunig, brummig: *mit mürrischer Miene; er sagte es m.*
Mürrischkeit *die, -.* **Murrkopf** *der,* ⌐ mürrischer Mensch.
murrköpfig, ⌐, **murrköpfisch,** ⌐.

Mus [ahd. muos ›Speise‹, ›Mahl‹] *das, -es/-e,* dickgekochter Brei: *Kartoffelmus; Pflaumenmus.*

Musaget [grch. musagetes] *der, -en/-en,* **1)** *ohne Pl.,* Musenführer, Beiname des Gottes Apollo. **2)** ⌐ Musenfreund.

Musber [zu Muus ›Maus‹ und Ber ›Birne‹] *die, -/-n, niederdt.:* mit Stiel getrocknete Birne.

Muschel [ahd. muscula, zu lat. musculus ›Mäuschen‹ *die, -/-n,* **1)** Weichtier und seine harten Kalkschalen, Abb. M 27: *Muschelgeld; Muscheltierchen; Muschelzucht; Herzmuschel;*

eßbare Muscheln; Perlmuscheln. **2)** muschelförmiger Organ- oder Geräteteil: *Ohrmuschel,* Abb. O 2; *Hörmuschel, Sprechmuschel,* Abb. F 16. **Muschelbank** *die,* Ansammlung von Muschelschalen am Ufer. **Müschelchen** *das, -s/-.*
Muschelei *die, -/-en, mitteldt.:* Heimlichtuerei; Betrügerei.
musch(e)lig [zu Muschel], **1)** mit Strahlen im Halbkreis. **2)** unregelmäßig gewellt (Bruchfläche). **Muschelkalk** *der, -(e)s,* ⊕ eine geolog. Abteilung der Trias.

muscheln, *ich* musch(e)le (habe gemuschelt), *mitteldt.:* **1)** tue etwas heimlich. **2)** betrüge, mogele.

Muschik [deutsch auch m′u-, russ. mužik] *der, -s/-s,* ⌐ russischer Bauer.

Muschkote [zu Musketier] *der, -n/-n,* U Fußsoldat.
muschlig, muschelig.

Muse [grch. mousa] *die, -/-n,* Göttin der schönen Künste und der Wissenschaften: *die neun Musen; Musenalmanach; Musentempel,* U Theater. **museal, 1)** zum Museum gehörig. **2)** U alt, veraltet.

Muselman *der, -en/-en,* ⌐, **Muselmann** *der, -s/ᵘen,* ⌐ Muslim.

Musensohn *der,* ⌐ P **1)** Hochschüler. **2)** Dichter.

Musette [myz′ɛt, frz., zu Muse] *die, -/-s* oder *-n* [-tən], **1)** eine Abart des Dudelsacks. **2)** ♪ französ. Tanz: *Musettewalzer.* **3)** ♪ Satz der Suite. **4)** Schwebetonstimmung des Akkordeons.

Museum [grch. mouseion ›Musensitz‹] *das, -s/. . . s′een,* allgemein zugängliche Sammlung künstlerischen oder wissenschaftl. Inhalts; Gebäude dafür, Abb. M 28: *Museumskatalog; Museumsstück; Kunstmuseen; Völkerkundemuseum.* **museumsreif,** U alt, veraltet, unmodern.

Musical [mjʼu:zikǝl, engl.], verkürzt aus musical comedy ›musikalische Komödie‹ *das, -s/-s,* singspielartiges Bühnenstück mit lockerer, revuehafter Handlungsfolge. **Musicbox** [mjʼu:zik-, engl.] *die,* Musikbox.

musiert, musivisch.

Musik [ahd. musica, zu grch. mousike (techne) ›Kunst der Musen‹] *die, -,* **1)** die Tonkunst: *Musikinstrument; Musikkritik; Musikstück; Musiktheater; Musikübertragung,* mechan. oder elektrische Übertragung von Musik über Mikrophon und Lautsprecher; *Musikwissenschaft; Musikzeitschriften; Kammermusik; Klaviermusik; Radiomusik; M. vom Band; das ist M. in meinen Ohren,* Ü ist mir höchst erfreulich, was du da sagst; *der Ton macht die M.,* Üeskommt darauf an, wie etwas gesagt wird. **2)** Kapelle, bes. Militärkapelle: *die M. kommt.* **Musikalien,** *Pl.,* in Notenschrift vervielfältigte Musikwerke: *Musikalienhandlung.* **musikalisch, 1)** Musik betreffend: *ein musikalischer Vortrag.* **2)** begabt und empfänglich für Musik: *musikalische Kinder.* **3)** Ü klangvoll wie Musik (Verse). **Musikalität** *die, -,* **1)** Begabung für Musik. **2)** Klangfülle.

Musikant *der, -en/-en,* P oder verächtlich: Musiker; auch anerkennend: *der geborene M.* **Musikantenknochen** *der,* U Mäuschen am Ellbogen. **musikantisch,** von ursprünglicher

M 26

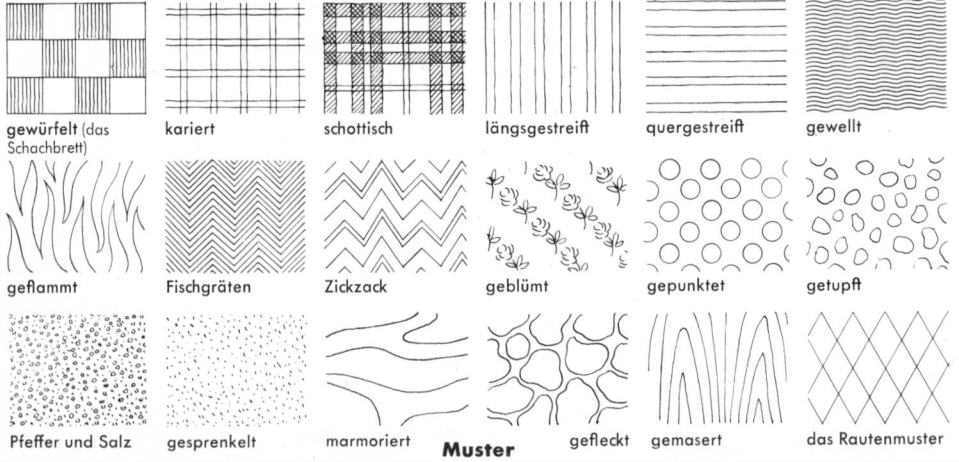

gewürfelt (das Schachbrett) | kariert | schottisch | längsgestreift | quergestreift | gewellt

geflammt | Fischgräten | Zickzack | geblümt | gepunktet | getupft

Pfeffer und Salz | gesprenkelt | marmoriert | **Muster** | gefleckt | gemasert | das Rautenmuster

Musizierfreudigkeit. **musikbegeistert. Musikbox** die, Musikautomat mit Schallplatten, ABB. G 5. **Musiker** der, -s/-, jemand, der berufsmäßig auf dem Gebiet der Musik tätig ist; im engeren Sinne: Orchestermitglied. **musikliebend,** aber: gute Musik liebend. **Musikologe** der, -n/-n. **Musikologie** die, -, Musikwissenschaft. **musikologisch. Musikus** der, -/. . .sizi oder U -se, altertümelnd für Musiker. **musikverständig.**

Musing die, -/-en, ✫ Mausing, ABB. K 31.

musisch [zu Muse], die Kunst betreffend, künstlerisch; kunstempfänglich: die musischen Fächer; er ist m. begabt.

Musivarbeit [lat. musivum, zu grch. museios ›den Musen geweiht‹] die, Einlegearbeit. **Musivgold** das, goldfarbenes Zinnsulfid. **musivisch,** auch musiert, mosaikartig.

musizieren, ich musiziere (habe musiziert), mache Musik. **musizierfreudig,** eine musizierfreudige Familie.

Muskarin [lat. musca ›Fliege‹] das, -s, Gift des Fliegenpilzes.

Muskat [mhd. muscat, zu mlat. muscatum ›Moschusduft‹] der, -(e)s/-e, Muskatnuß. **Muskatblüte** die, getrockneter Samenmantel der Muskatnuß. **Muskate** die, -/-n, ⚘ Muskatnuß. **Muskateller** der, -s/-, Rebsorte mit Muskatgeschmack. **Muskatnuß** die, der Samen des Muskatnußbaumes, ein Gewürz, ABB. G 23. **Muskatwein** der, Muskateller.

Muskel [lat. musculus ›das Mäuschen‹] der, -s/-n, aus Faserbündeln bestehendes Organgewebe des menschl. und tierischen Körpers, das durch Zusammenziehung die Bewegungen des Körpers oder seiner Teile bewirkt: Muskelfaser; Muskelkrampf; Muskelriß; Muskelzittern; Abziehmuskel; Rollmuskel. **Muskelkater** der, -s, Muskelschmerzen nach ungewohnten körperlichen Anstrengungen.

Muskete [frz. mousquet, zu mlat. muschetta, eigtl. ›zur Beize dienender Sperber‹] die, -/-n, alte Handfeuerwaffe mit Luntenschloß. **Musketier** der, -s/-e, ⚘ Infanterist.

muskulär, die Muskeln betreffend: intramuskulär. **Muskulatur** die, -/-en, Gesamtheit der Muskeln: Herzmuskulatur. **muskulös,** muskelstark, kräftig: von muskulöser Gestalt.

Müsli [zu Mus] das, -s/-s, eine Rohkostspeise.

Muslim [arab. ›der in den Stand des Heils Eintretende‹, ›der sich an Gott Hingebende‹] der, -/-e, Moslem, Mohammedaner, Anhänger des Islam. **Muslime** die, -/-n. **muslimisch.**

muß, von müssen. **Muß** das, -, unabweisbarer Zwang, Erfordernis: ein Muß entsteht, geht vieles. **Muß...,** gezwungen zu etwas: Mußehe, U wegen einer Schwangerschaft geschlossene Ehe.

Muße [ahd. muoza] die, -, Freizeit, beschauliche Zeit: dazu brauche ich M.; mit M. betrachtet; mir fehlt die M. dazu.

Musselin [frz. mousseline, nach der Stadt Mosul im Irak] der, -s/-e, zarter, leichter Blusen- und Sommerkleiderstoff.

müssen [ahd. muozan], ich muß (habe gemußt); du mußt, er muß, wir müssen, ihr müßt, sie müssen; wenn er müßte), **1)** sehe mich gezwungen, bin verpflichtet, kann nicht anders als: ich m. morgen früh aufstehen; das muß man gesehen haben, man würde etwas verpassen, wenn man es nicht sähe; du mußt kommen; kein Mensch muß müssen, U es gibt keinen unausweichlichen Zwang; das müßte immer so sein, es wäre schön, wenn es immer so wäre; das m. ich sagen!, ich kann die Bemerkung nicht unterdrücken; ich habe es tun müssen; das mußt du nicht tun, U darfst du nicht tun; das mußte nicht so

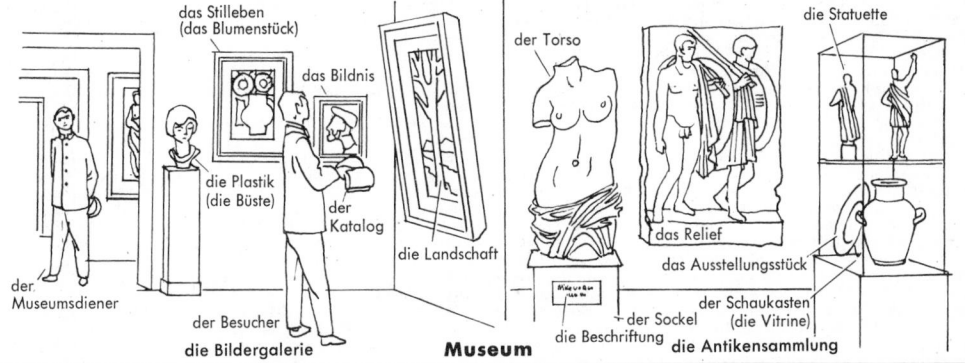

die Auster
die Miesmuschel
die Bohrmuschel
die Herzmuschel
die Messerscheide
Muschel

der Kopf   der Deckel
die Kokarde
das Band
der Riemen
der Schirm   die Schirmmütze
die Matrosenmütze
die Baskenmütze   die Kochmütze
die Reisemütze   die Skimütze
Mütze

kommen, U hätte verhindert werden können; ich m. mal, Kindersprache: auf die Toilette gehen; morgen m. ich in die Stadt, U in die Stadt gehen. **2)** es muß so sein, es ist wahrscheinlich, anzunehmen, daß. . .: er muß es wissen; er muß unsere Verabredung vergessen haben, anders kann ich mir sein Fernbleiben nicht erklären.

Mußestunde die, beschauliche Stunde, Zeit zum Ausruhen. **müßig, 1)** untätig, arbeitsfrei: sie standen m. herum; man sieht ihn niemals m.; er soll viel m. gehen, nichts tun oder: nichts zu tun haben. **2)** zwecklos, sinnlos: es ist m., darüber zu sprechen; eine müßige Frage; das sind müßige Reden. **müßigen,** ⚘ zwingen; nur noch: ich fühle, sehe mich gemüßigt, etwas zu tun, sehe mich dazu veranlaßt. **Müßiggang** der, -(e)s, Nichtstun, Faulheit: M. ist aller Laster Anfang (Sprichwort). **Müßiggänger** der, -s/-, Faulenzer.

Musspritze die, U scherzhaft: Regenschirm.

Mustang [engl., zu span. mesteño] der, -s/-s, Präriepferd.

Musteil [mhd. mousteile, eigtl. ›Vostteilung‹] das, älteres dt. Recht: Anspruch der Witwe auf die Hälfte der Speisevorräte beim Tod des Mannes.

Muster [mhd. muster, zu ital. monstra, aus lat. monstrare ›zeigen‹] das, -s/-, **1)** Vorbild, Vorlage, Modell: Schnittmuster (zum Schneiden); Verhaltensmuster; das ist mein M., dient mir als M., zum M. **2)** Zeichnung, Figur, regelmäßig auf einer Fläche wiederkehrende Verzierung, ABB. M 26: Blumenmuster; das M. der Tapete gefällt mir. **3)** Warenprobe, Ansichtsstück: Musterkollektion; Mustermesse; Stoffmuster; Warenmuster. **4)** Ü Beispiel, Vorbild: Musterbeispiel; Musterexemplar; Mustergatte, U; Musterknabe, U; Musterschüler; er ist ein M. an Fleiß. **Musterbild** das, Vorbild. **Musterbuch** das, eine Sammlung von Vorlagen eines Künstlers, bes. im MA. **mustergültig,** vorbildlich, einwandfrei, nachahmenswert: ein mustergültiger Schüler. **Mustergültigkeit** die, -. **musterhaft,** vorbildlich, tadellos, gut. **Musterhaftigkeit** die, -. **mustern,** ich must(e)re (habe gemustert), **1)** es, versehe mit einem Muster: der Teppich ist reich gemustert. **2)** ihn, es, besehe prüfend, betrachte genau: er musterte mich von oben bis unten.

das Stilleben (das Blumenstück)
das Bildnis
die Plastik (die Büste)
der Katalog
die Landschaft
der Museumsdiener
der Besucher
die Bildergalerie
Museum
der Torso
das Relief
der Sockel
die Beschriftung
das Ausstellungsstück
die Statuette
der Schaukasten (die Vitrine)
die Antikensammlung

Must

3) *ihn,* ♣ untersuche auf Wehrdiensttauglichkeit hin: *ein Jahrgang wird gemustert.* **4)** *Truppen,* ♣ besichtige. **Musterrolle** *die,* ˢ∕ Verzeichnis der angemusterten Schiffsmannschaft. **Musterschutz** *der,* gesetzl. Schutz von Vorlagen, Modellen für Gebrauchsgegenstände. **Musterung** *die, -∕-en,* **1)** ♣ Prüfung auf Tauglichkeit für den Wehrdienst: *Musterungsbescheid.* **2)** ˢ∕ Abschluß eines Arbeitsvertrages für Angehörige der Schiffsbesatzung. **3)** Art der Zeichnung, Figurenschmuck, Ornamentik. **Musterzeichner** *der,* Zeichner für Entwürfe von Mustern.

Mut [ahd. muot ›Seele‹, ›Gefühl‹, ›Verstand‹, ›Mut‹] *der, -(e)s,* **1)** Tapferkeit, Unerschrockenheit, Überwindung von Angst: *Mutprobe; Heldenmut; Lebensmut; Todesmut; Wagemut; nur M.!; laßt den M. nicht sinken!; nur den M. nicht verlieren!; das macht mir neuen M.* **2)** P ♣ Stimmung, Sinnesart: *seid guten Mutes;* aber: *mir ist gut, schlecht zumute.*

Muta [lat. ›die Stumme‹, zu mutus ›stumm‹] *die, -∕...tä,* ♣ Explosivlaut, Verschlußlaut.

mutabel [lat. mutabilis, zu mutare ›wechseln‹, ›verändern‹], veränderlich. **Mutabilität** *die, -.* **Mutation** *die, -∕-en,* **1)** Biologie: meist sprunghaft auftretende Änderung eines erbl. Merkmals. **2)** ♪ Stimmwechsel. **mutatis mutandis** [lat.], nach Vornahme der erforderl. Änderungen.

Mütchen [zu Mut] *das: er will sein M. an ihm kühlen,* U seinen Zorn an ihm auslassen.

muten [ahd. muoton ›etwas verlangen‹, ›begehren‹], *ich mute* (habe gemutet) *es,* **1)** ♣ begehre, beantrage. **2)** ⚒ beantrage Abbaugenehmigung. **3)** ⚒ Handwerk: mache das Meisterstück. **Muter** [mhd. muoter] *der, -s∕-,* **1)** ⚒ jemand, der eine Abbaugenehmigung beantragt. **2)** ⚒ Handwerker, der das Meisterstück macht.

mutieren [lat. mutare ›wechseln‹, ›verändern‹], *ich mutiere* (habe mutiert), **1)** befinde mich im Stimmbruch. **2)** *es mutiert,* entwickelt eine Mutation.

mutig [zu Mut], tapfer, frei von Furcht: *eine mutige Tat.*

Mutismus [lat. mutus ›stumm‹ und vgl. . . . ismus] *der, -,* durch seelische Erkrankung oder Störung verursachte Stummheit bei vorhandener Sprachfähigkeit.

Mutjahr [zu muten] *das,* ♣ Zeit zur Herstellung des Meisterstücks, auch allgemein: Wanderzeit.

mutlos [zu Mut], voller Furcht, eingeschüchtert, niedergeschlagen. **Mutlosigkeit** *die, -.*

mutmaßen [mhd. muotmazen], *ich mutmaße* (habe gemutmaßt) *etwas,* vermute. **mutmaßlich,** vermutlich, wohl: *es liegt m. keine Absicht vor; der mutmaßliche Täter.* **Mutmaßung** *die, -∕-en.*

mutsch [vgl. mutz], *schweiz.:* stumpf, ungehörnt; mürbe. **mutsch(e)lig,** *oberdt.:* weich, matschig, faulig. **Mutschelmehl** *das, oberdt.:* geriebene Semmel.

mutschen, *ich mutsche* (habe gemutscht), *oberdt.:* **1)** es, menge, verfälsche. **2)** *ihn,* besteche.

mutschig, mutschelig.

mutt, mutsch.

Muttchen *das, -s∕-,* **1)** Koseform von Mutter. **2)** U ältere einfache Frau. **Mutter** [ahd. muoter, zu altind. matar] *die,* **1)** -⁄ᶻ, Frau, die Kinder geboren hat; Frau, von ihren Kindern aus gesehen, ABB. A 7, ÜBERS. F 6: *sie fühlt sich M., sieht Mutterfreuden entgegen,* ist schwanger; *Mütterberatungsstelle;* Sinnbild zärtl. Fürsorge: *sein großer Bruder war ihm M.,* betreute ihn als Kind; *wie bei Muttern,* U wie zu Hause; *Ehrwürdige M.,* Anrede für Äbtissinnen; *die weise M.,* Hebamme; *M. Natur,* P; *Vorsicht ist die M. aller Weisheit,* Ü. **2)** -∕-n, ⊚ mit Innengewinde auf einer Schraube drehbarer Befestigungskörper: *Schraubenmutter,* ABB. S 35. **Mutter . . . , 1)** weibl. Tier: *Muttertier.* **2)** Erzeugerin: *Mutterpflanze,* von der die ›Tochterpflanzen abstammen; *Mutterland.* **3)** Gebärmutter. . . : *Mutterband,* Halteband der Gebärmutter; *Muttertrompete,* Eileiter. **Mutterbindung** *die,* Psychologie: starke, gefühlsbetonte Bindung (bes. des Sohnes) an die Mutter. **Mutterboden** *der,* Muttererde. **Mütterchen** *das, -s∕-,* **1)** Koseform von Mutter. **2)** U alte Frau. **Muttererde** *die,* Mutterboden, humushaltige, fruchtbare Bodendecke (Kulturfläche). **Muttergottes** *die, -,* auch Mutter Gottes, Jungfrau Maria: *Muttergottesbild.* **Mutterkorn** *das,* ein schwarzer, giftiger Getreidepilz; Ausgangsdroge für Arzneimittel. **Mutterkuchen** *der,* Plazenta, ein Organ zur Ernährung und Atmung des Embryos, das sich während der Schwangerschaft in der Gebärmutter bildet. **Mutterland** *das,* **1)** ein kolonisierender Staat im Verhältnis zur Kolonie. **2)** Ursprungs-, Herkunftsland von Produkten. **Mutterlau-**

ge *die,* Restflüssigkeit nach Auskristallisieren einer chem. Verbindung. **Mütterlein** *das, -s∕-,* P Koseform von Mutter. **mütterlich, 1)** auf die Mutter bezüglich, von ihr stammend: *das mütterliche Erbe.* **2)** Ü fürsorglich, liebevoll, in der Art einer Mutter: *seine mütterliche Freundin.* **mütterlicherseits,** *mein Großvater m.* **Mütterlichkeit** *die, -.* **Muttermal** *das,* verschiedene örtlich begrenzte Veränderungen der Haut (Blutmal, Pigmentmal). **Muttermilch** *die,* Frauenmilch, von den Brustdrüsen der stillenden Mutter abgesonderte Milch. **Muttermund** *der,* ♪ Teil der Gebärmutter. **Mutterrecht** *das, -(e)s,* Erbfolge- und Rechtsform bei manchen Naturvölkern, in der die mütterl. Abstammungslinie bevorzugt wird. **Mutterrolle** *die,* das Eigentümern geordnete Grundstücksverzeichnis einer Gemeinde. **Mutterschaft** *die, -,* Existenz als Mutter: *Mutterschaftsgeld; Mutterschaftsurlaub.* **Mutterschoß** *der: wie im M.,* wohlbehütet, wie vor der Geburt. **Mutterschutz** *der,* der arbeitsrechtl. Schutz der Frau vor und nach der Niederkunft: *Mutterschutzgesetz.* **mutterseelenallein,** ganz allein, verlassen: *sie saß m. in einer Ecke.* **Muttersöhnchen** *das,* U verwöhnter, unselbständiger Mensch. **Muttersprache** *die,* Sprache, die man von Kind auf spricht. **Mutterstelle** *die: sie vertrat M. bei ihm,* sorgte wie eine Mutter für ihn. **Muttertag** *der,* öffentl. Ehrentag der Mütter. **Mutterwitz** *der, -(e)s,* U angeborener Witz, gesundes Urteil. **Mutti** *die, -∕-s,* U Koseform von Mutter.

mutual [lat. mutuus ›wechselseitig‹], auch mutuell, wechselseitig. **Mutualismus** [vgl. . . . ismus] *der, -,* **1)** einräumende Gegenseitigkeit, gegenseitige Duldung. **2)** ⚘ ⚕ Lebensgemeinschaft mit gegenseitigem Nutzen. **Mutualität** *die, -,* Wechselseitigkeit. **mutuell,** mutual.

Mutung [mhd. moutunge, zu muten] *die, -∕-en,* **1)** ⚒ Antrag auf Verleihung der Bergwerkeigentums. **2)** ⚒ Zulassung zur Meisterprüfung.

Mutwille [ahd. muotwillo ›Wille‹, ›Begierde‹] *der,* (böse) Absicht, Laune: *es war purer M.; das hat er aus Mutwillen getan.* **mutwillig,** mutwillige Zerstörungen; *es wurde m. zerstört.*

mutz [zu frz. mousse ›stumpf‹], *oberdt.:* **1)** gestutzt. **2)** enganliegend. **3)** wortkarg. **Mutz** *der, -es∕-e, oberdt.:* **1)** Tier mit gestutztem Schwanz, z. B. der Bär. **2)** abgebrochenes Werkzeug. **3)** kurze Pfeife.

Mutz *die, -∕-e, bair.:* **1)** Katze. **2)** Liebling. **Mützchen** *das, -s∕-,* Diminutiv von Mütze. **Mütze** *die, -∕-n,* ein rhein. Fastnachtsgebäck. **Mütze** [mhd. almuz, zu mlat. almutia ›Chorkappe‹] *die, -∕-n,* **1)** Kopfbedeckung ohne Krempe, ABB. M 27. **2)** wärmende Bedeckung, Haube: *Kaffeemütze.* **3)** köln.: Narrenkappe. **mutzen** [verwandt mit mucksen], *ich mutze* (hat gemutzt), *oberdt.:* **1)** es, stutze. **2)** brumme, bin übellaunig. **Mutzen** *der, -s∕-, oberdt.:* eine Art Spenzer. **Mutzerl** *das, -s∕-, bair.:* Prise. **Mützlein** *das, -s∕-,* Diminutiv von Mütze.

m. v., ♪ Abk. für: mezza voce.

m. W., Abk. für: meines Wissens.

MW, Zeichen für: Megawatt.

MwSt., Abk. für: Mehrwertsteuer.

My *das, -(s)∕-s,* griech. Buchstabe, ÜBERS. G 36.

Myalgie [grch. mys ›Maus‹, ›Muskel‹ und algos ›Schmerz‹] *die, -∕. . . g i'len,* ♪ Muskelschmerz.

Myelitis [grch. myelos ›Mark‹] *die, -∕. . . t'iden,* ♪ Rückenmarksentzündung. **myeloisch,** ♪ das Knochenmark betreffend.

mykenisch, die alte griech. Kultur von Mykene betreffend.

Mykologie [grch. mykes ›Pilz‹ und vgl. . . . logie] *die, -,* Pilzkunde. **Mykose** *die, -∕-n,* durch Pilze verursachte Krankheit.

Mylady [mi'eidi, engl.], **Mylord** [mi'ɔ:d, engl.], zeremonielle Anrede an eine Lady, einen Lord.

Mynheer [mən'e:r] *der, -s∕-s,* seltener für Mijnheer.

Myoglobin [grch. mys ›Maus‹, ›Muskel‹ und Globin] *das,* Proteid, das den Sauerstofftransport in der Muskulatur regelt. **Myokard** [grch. kardia ›Herz‹, ›Muskel‹] *das,* ♪ Herzmuskel: *Myokardinfarkt.* **Myokarditis** *die, -∕. . . t'iden,* ♪ Herzmuskelentzündung. **Myom** *das, -s∕-e,* ♪ gutartige Geschwulst aus Muskelfasern: *Myome der Gebärmutter.* **Myopie** [grch. myops ›kurzsichtig‹] *die, -,* ♪ Kurzsichtigkeit. **myop(isch).**

Myosin [grch. mys ›Maus‹, ›Muskel‹] *das, -s,* ein Protein der Muskeln. **Myositis** *die, -∕. . . t'iden,* ♪ Muskelentzündung. **Myotonie** [grch. tonos ›Anspannung‹] *die, -∕. . . n'i en,* ♪ Muskelkrampf.

myria... [grch. myrias], 10 000fach... **Myriade** *die, -/-n,* 1) Anzahl von Zehntausend. 2) *nur Pl.,* Ü Unzahl. **Myriapode, Myriopode** [vgl. . . . pode] *der, -n/-n,* Tausendfüßer.

Myrmekochorie [grch. myrmex, Gen. myrmekos ›Ameise‹ und chorein ›stattgeben‹] *die, -,* Samenverbreitung durch Ameisen. **Myrmekologie** [vgl. . . . logie] *die, -,* Ameisenkunde. **Myrmekophage** [grch. phagein ›fressen‹] *der, -n/-n,* Tier, das sich von Ameisen ernährt. **Myrmekophilie** [vgl. . . . philie] *die, -,* Lebensgemeinschaft anderer Tiere mit Ameisen und (oder) Nutzung deren Bauten.

Myr|rhe [ahd. mirra, grch. myrrha, aus semit., verwandt mit arab. murr ›bitter‹] *die, -/-n,* Harz verschiedener Balsambaumgewächse: *die Heiligen Drei Könige brachten Weihrauch, M. und Gold.*

Myrte [mhd.mirtelboum, zu grch. myrtos, verwandt mit Myrrhe] *die, -/-n,* immergrüner Strauch, Brautschmuck: *Myrtenkranz; Myrtenstrauß.*

Myst|agoge [grch. mystagogein ›in die Mysterien einführen‹] *der, -n/-n,* Verkünder einer Geheimlehre. **Myst|agogie** *die, -/. . . g'i|en,* Geheimlehre. **Mysteri|enspiel** [im MA.: dramat. Aufführung eines religiösen Stoffes. **mysteriös** [frz. mystérieux], seltsam, unerklärlich; geheimnisvoll: *er verschwand unter mysteriösen Umständen.* **Mysterium** [grch. mysterion] *das, -s/. . . ri|en,* 1) Geheimnis, Geheimlehre. 2) *nur Pl.,* geheime religiöse Feiern (bes. in der Antike). **Mystifi-**

kation *die, -/-en,* Täuschung, Irreführung. **mystifizieren** [lat. facere ›machen‹], *ich* mystifiziere (habe mystifiziert), 1) *es,* mache mystisch, umgebe mit einem geheimnisvollen Gepräge. 2) *ihn,* täusche, mißbrauche seine Leichtgläubigkeit. **Mystik** *die, -,* eine Grundform religiösen Erlebens. **Mystiker** *der, -s/-,* Anhänger der Mystik. **mystisch. Mystizismus** [vgl. . . . .ismus] *der, -,* intuitivirrationale Geisteshaltung.

Mythe *die, -/-n,* eingedeutscht für: Mythos. **mythisch,** einen Mythos betreffend, sagenhaft. **Mythologie** [vgl. . . . .logie] *die, -/. . . g'i|en,* 1) Gesamtheit der Mythen eines Volkes: *altägyptische M.* 2) *ohne Pl.,* Wissenschaft von den Mythen. **mythologisch. mythologisieren,** *ich* mythologisiere (habe mythologisiert) *es,* stelle dar oder erkläre als Mythos. **Mythologisierung** *die, -.* **Mythos, Mythus** [grch. ›Wort‹, ›Rede‹, ›Fabel‹] *der, -/. . .then,* 1) in früheren Kulturen Deutungen der Welt und des Lebens, in der Form erzählerisch, in der Bedeutung religiös. 2) legendäres Bild einer Persönlichkeit oder Begebenheit von welthistor. Bedeutung.

Myx|ödem [grch. myxa ›Schleim‹ und Ödem] *das,* ⚕ Krankheitsbild infolge Mangels an Schilddrüsenhormon. **Myxom** *das, -s/-e,* ⚕ gutartige Geschwulst aus schleimbildendem Gewebe. **Myxomyzet** [grch. mykes ›Pilz‹] *der, -en/-en,* Schleimpilz.

Myzel, Myzelium [grch. mykes ›Pilz‹] *das, -s/. . .li|en,* Gesamtheit der Pilzfäden, ABB. P 14.

N

n, N [ɛn] *das, -/-,* Dental, ABB. A 8, UBERS. A 26, G 34.

n, 1) Zeichen für: Nano. . . 2) Kernphysik: Zeichen für: Neutron.

N, 1) Abk. für: Nord(en). 2) ⚛ Zeichen für: Stickstoff (Nitrogenium). 3) Zeichen für: Newton. 4) auch Np, Zeichen für: Neper.

na! [ahd. na ›nicht‹, ›etwa nicht‹, ›ja nicht‹, ›doch nicht‹], U Ausruf der Ungeduld: *na wird's bald?;* der Erleichterung: *na, da wären wir!;* halb widerwilligen Zugestehens: *na, da hast du's!;* bei Fragen: *na, wie wär's?;* bei Entschlüssen: *na, da gehen wir;* Beschwichtigung: *na, na!*

Na, ⚛ Zeichen für: Natrium.

Nabe [mhd. nabe, zu Nabel] *die, -/-n,* Teil des Rades, mit dem es auf der Welle oder dem Zapfen sitzt, ABB. R 1.

näbe, *schweiz.:* irgendwann.

Nabel [ahd. nabalo] *der, -s/-,* 1) Vertiefung am Bauch bei Mensch (ABB. M 12) und Säugetier: *Nabelbruch.* 2) ⊕ Abbruchnarbe des Samens am Samenstiel. 3) Ü Mittelpunkt: *am N. der Welt.* **Nabelschau** *die: er hält fortgesetzt N.,* Ü beschäftigt sich ausschließlich mit sich selbst, konzentriert sich auf die eigenen Probleme. **Nabelschnur** *die,* Verbindung zwischen Mutterkuchen und Embryo.

Naber, Näber [aus Nabe und Ger] *der, -s/-, oberdt.:* Bohrer.

näbe(r)t, *schweiz.:* irgend jemand. **näbis,** *schweiz.:* etwas.

Nabob [engl., zu ind. naw(ab)ab, arab. nuwwab, Pl. von na'ib, eigtl. ›Statthalter‹] *der, -s/-s,* Ü sehr reicher Mann.

nach [ahd. nah] *ihm,* 1) zeitlich später, hinterher, ihm folgend, nachträglich: *n. zwei Minuten,* als zwei Minuten vergangen waren oder: wenn zwei Minuten vergangen sind; *zwei Stunden n. seiner Abreise; n. und n.,* allmählich; *n. wie vor,* unverändert, wie vorher. 2) örtlich auf etwas zu, in einer Richtung, zu einem Ziel: *n. Hause; wir fahren n. Frankfurt, n. Deutschland; die Jagd n. dem Glück,* Ü; *die Suche n. den Vermißten; ihm n.!,* hinter ihm her! 3) erst an zweiter Stelle, tiefer im Rang: *der Oberleutnant kommt n. dem Hauptmann.* 4) gemäß, entsprechend, einem Vorbild folgend: *n. dem Gesetz ist er (un)schuldig; n. meiner Meinung oder meiner Meinung n.; Sie erhalten alles ganz n. Wunsch; wir spielen n. Noten; es ist n. der Natur gemalt; frei n. Schiller,* Schiller als Muster benutzend; *dem Anschein n., allem Anschein n.,* anscheinend, offenbar; *ich urteile n. meinem Gefühl.* **nach . . .,** in Verbindung mit Verben trennbar zusammengesetzt: *nachdrängen; nacheilen; nachfeilen; nachfüllen; nachglühen; nachplappern; nachprägen; nachschauen; nachschleichen; nachwerfen; nachwiegen;* vgl. nachholen.

nachäffen [zu Affe] *ich* äffe *ihn* nach (habe nachgeäfft), ahme karikierend nach. **Nachäfferei** *die, -/-en.*

nachahmen [frühnhd., zu mhd. amen ›messen‹, eigtl. ›nachmessen‹], *ich* ahme nach (habe nachgeahmt), 1) *ihn,* mache nach, imitiere, kopiere. 2) *es ihm,* schaue ab, handle nach seinem Vorbild. **nachahmenswert. Nachahmer** *der, -s/-,*

jemand, der etwas nachahmt. **Nachahmung** *die, -/-en,* 1) *ohne Pl.,* Wiederholen fremden Verhaltens, Handeln nach einem Vorbild: *Nachahmungstrieb.* 2) nachgeahmter Gegenstand, Imitation. 3) ♪ Wiederholung einer Tonfolge.

nacharbeiten, *ich* arbeite nach (habe nachgearbeitet), 1) mache die vorgeschriebene Arbeit später. 2) verbessere, verfeinere eine Bearbeitung.

nacharten, *ich* arte *ihm* nach (bin nachgeartet), werde ähnlich: *er ist seinem Vater nachgeartet.*

Nachbar [ahd. nahgiburo, eigtl. ›nächster Bauer‹] *der, -s* oder *-n/-n,* jemand, der in unmittelbarer Nähe wohnt oder sich zeitweise befindet: *Gartennachbar; Tischnachbar;* auch allgemein: Nahewohnender: *Nachbarsleute.* **Nachbar. .,** in der Nähe liegend, . . angrenzend. . .: *Nachbargrundstück; Nachbarland; Nachbarstadt.* **nachbarlich,** gut nachbarliche Beziehungen: *gute nachbarliche Beziehungen.* **Nachbarschaft** *die, -,* 1) räumliche Nähe: *in unserer unmittelbaren N.* 2) Gesamtheit der Nachbarn: *Nachbarschaftshilfe.* 3) das Verhältnis zu Nachbarn: *auf gute N.!*

nachbehandeln, *ich* behand(e)le *ihn, es* nach (habe nachbehandelt), behandle nochmals (bereits bearbeitete Gegenstände), behandle danach (z. B. nach Entlassung aus dem Krankenhaus). **Nachbehandlung** *die.*

nachbereiten, *ich* bereite *es* nach (habe nachbereitet), Ü arbeite (Unterrichtsstoff) noch einmal durch. **Nachbereitung** *die.*

nachbestellen, *ich* bestelle *es* nach (habe nachbestellt), bestelle noch einmal von der gleichen Art. **Nachbestellung** *die: ich gebe eine N. auf.*

nachbeten, *ich* bete *es* nach (habe nachgebetet), 1) wiederhole das vorgesprochene Gebet. 2) Ü wiederhole kritiklos. **Nachbeter** *der,* Ü jemand, der Meinungen anderer kritiklos übernimmt.

Nachbild *das,* 1) Abklatsch, Nachbildung. 2) ein Bild, das man noch sieht, der betrachtete Gegenstand nicht mehr auf das Auge einwirkt. **nachbilden** [mhd. nachbilden], *ich* bilde *es* nach (habe nachgebildet), gestalte nach einem Vorbild. **Nachbildung** *die,* 1) *ohne Pl.,* das Nachbilden. 2) nachgebildeter Gegenstand, Imitation, Kopie, Reproduktion.

nachblättern, *ich* blätt(e)re *in einem Buch* nach (habe nachgeblättert), schlage flüchtig einzelne Seiten auf.

nachbohren, *ich* bohre nach (habe nachgebohrt), 1) *ein Loch,* bohre noch einmal, gründlicher. 2) Ü stelle eindringlich Fragen: *in diesem Punkt werde ich bei ihm nachbohren.*

Nachbörse *die*, Börsengeschäft nach der amtlich dafür festgesetzten Zeit. **nachbörslich**, *nachbörslicher Kurs.*

nachchristlich, nach Christi Geburt: *in nachchristlicher Zeit.*

nachdatieren, *ich* datiere *es* nach (habe nachdatiert), datiere zurück, postdatiere, versehe ein Schriftstück mit einem zurückliegenden Datum.

nachdem [spätmhd. gekürzt aus ›nach dem, daz‹], **1)** später als: *n. er angekommen war, begann es zu regnen,* nach seiner Ankunft. **2)** *oberdt.: da, weil: n. das einmal so ist.* **3)** *je n.,* entsprechend den Verhältnissen, einer kommenden Entscheidung oder Klärung gemäß: *die Sache hat auch ihr Gutes, je n., wie man sie betrachtet.*

nachdenken, *ich* denke *(über ihn, etwas)* nach (habe nachgedacht), mache mir Gedanken: *er entschied sich nach kurzem Nachdenken dafür.* **nachdenklich, 1)** in Gedanken versunken, zu Überlegungen neigend. **2)** ⚛ zum Nachdenken anregend. **Nachdenklichkeit** *die*, -.

nachdichten, *ich* dichte *es* nach (habe nachgedichtet). **Nachdichtung** *die*, freie Übersetzung oder Bearbeitung eines literar. Werkes.

nachdieseln, dieseln.

Nachdruck *der*, -(e)s/-e, **1)** *ohne Pl.,* Hervorhebung, Betonung: *ich möchte mit N. darauf hinweisen, daß . . .* **2)** ♫ unberechtigte Vervielfältigung eines urheberrechtlich geschützten Werkes. **3)** ⬧ unveränderter Abdruck: *Nachdruckverfahren.* **nachdrucken**, *ich* drucke *es* nach (habe nachgedruckt), ⬧ drucke unverändert oder unberechtigt ab. **nachdrücklich**, mit Kraft oder Betonung, energisch, eindringlich: *ich habe ihn n. gewarnt; nachdrückliche Ermahnungen.* **Nachdrücklichkeit** *die*, -.

Nacheif(e)rer *der*, jemand, der ein Vorbild zu erreichen sucht. **nacheifern**, *ich* eif(e)re *ihm* nach (habe nacheifert), nehme ihn mir zum Vorbild. **Nacheif(e)rung** *die*, -.

nacheinander, einer nach dem anderen, nicht gleichzeitig; in Verbindung mit Verben Getrenntschreibung: *wir werden n. gehen, kommen, starten.*

nachempfinden, *ich* empfinde *es* ihm nach (empfand nach, habe nachempfunden), empfinde ebenso wie ein anderer vor mir: *seine Gedichte sind dem Sturm und Drang nachempfunden; der Natur nachempfundene Farben.*

Nachen [ahd. nacho] *der*, -s/-, P Boot, Fischerkahn.

Nacherbe [mhd. nacherbe] *der*, ⚖ Erbe, der aus testamentarisch festgelegten Gründen nach einem anderen Erbe wird: *die Kinder sind im Falle einer Wiederverheiratung der Ehefrau als Nacherben eingesetzt.*

nacherzählen, *ich* erzähle *es* nach (habe nacherzählt), gebe eine gehörte oder gelesene Erzählung mit eigenen Worten wieder. **Nacherzählung** *die*.

Nachf., Abk. für: Nachfolger(in).

Nachfahr [mhd. nachvar] *der*, -s oder -en/-en, **Nachfahre** *der*, -n/-n, P Nachkomme.

Nachfeier *die*, der eigtl. Feier folgendes Zusammensein, nachträgl. Feier. **nachfeiern**, *ich* fei(e)re *es* nach (habe nachgefeiert): *wann feierst du deinen Geburtstag nach?*

Nachfolge [mhd. nachvolge] *die*, -/n, **1)** Übernahme eines Amtes, einer Würde, eines Erbes von einem andern: *er trat die N. des verstorbenen Geschäftsinhabers an.* **2)** Gefolgschaft, treue Jüngerschaft: *die N. Christi.* **nachfolgen**, *ich* folge *ihm* nach (bin nachgefolgt), **1)** folge ihm, komme später als er: *er ist mir nachgefolgt.* **2)** *im Amt,* übernehme sein Amt. **nachfolgend**, K später zu erwartend, folgend: *nachfolgendes, im nachfolgenden,* weiter unten stehend; aber: *das Nachfolgende.* **Nachfolger** *der*, -s/-, Abk.: Nachf., jemand, der eine Nachfolge übernimmt und weiterführt: *die N. Karls d. Gr.; Julius Bauer Nachf.* (Firmenschild), das Geschäft weiterführender neuer Inhaber. **Nachfolgerin** *die*, -/-nen, Abk.: Nachf. **Nachfolgerschaft** *die*, -, **1)** Gesamtheit der Nachfolger. **2)** *die N. ist noch nicht gesichert,* der endgültige Nachfolger steht noch nicht fest.

nachfordern, *ich* ford(e)re *es* nach (habe nachgefordert), erbitte oder verlange Nachlieferung. **Nachford(e)rung** *die*.

nachformen, *ich* forme *es* nach (habe nachgeformt), bilde nach, kopiere (ein Werkstück).

nachforschen, *ich* forsche nach (habe nachgeforscht), suche zu ermitteln, zu ergründen. **Nachforschung** *die*: *die N. nach dem verlorengegangenen Paket blieb ohne Ergebnis.*

Nachfrage *die*, **1)** ⚗ die Gesamtheit der Kaufwünsche: *Angebot und N.; die N. nach diesem Artikel ist groß.* **2)** Erkundigung: *danke der N.,* U danke, daß Sie sich (nach meinem Befinden) erkundigen. **nachfragen** [spätmhd. nachvragen], *ich* frage *bei ihm, nach etwas* nach (habe nachgefragt), erkundige mich: *fragen Sie in acht Tagen wieder nach.*

nachfühlen, *ich* fühle *es* ihm nach (habe nachgefühlt), kann seine Gefühle verstehen.

nachgären, *es* gärt nach (hat, ist nachgegoren, auch nachgegärt). **Nachgärung** *die*, Reifung von Bier oder Wein auf Faß oder Flasche nach der Hauptgärung.

nachgeben, *ich* gebe *ihm* nach (gab nach, habe nachgegeben), **1)** *es gibt nach,* wird locker, sinkt ein (Seil, Boden). **2)** lasse mich von ihm überreden; verzichte auf Widerstand: *du darfst nicht nachgeben!* **3)** *ihm nichts nach,* Ü komme ihm gleich, bin nicht weniger als er.

nachgeboren [mhd. nachgeborn ›nahe verwandt‹], **1)** viel später geboren als die Geschwister. **2)** postum.

Nachgebühr *die*, nachträglich erhobene Postgebühr für ungenügend freigemachte Sendungen.

Nachgeburt *die*, ⚕ Ausstoßung der Eihäute mit dem Mutterkuchen nach der Geburt des Kindes.

Nachgefühl *das*, Gefühl, das von einem vorangegangenen Eindruck noch wirkt.

nachgehen [mhd. nachgan], *ich* gehe nach (ging nach, bin nachgegangen), **1)** *ihm,* folge. **2)** *ihm,* U suche zu ergründen: *wir müssen diesem Verdacht nachgehen.* **3)** *es geht mir nach,* U rührt mein Herz, will mir nicht aus dem Sinn; *schweiz.:* ist meine Art, mein Schicksal. **4)** *die Uhr geht nach,* zeigt eine frühere als die tatsächliche Zeit an.

nachgeordnet, K im Rang folgend: *nachgeordnete Dienststellen.*

nachgerade, allmählich, langsam; geradezu, durchaus: *es wird n. Zeit, daß er kommt; das ist n. zuviel.*

nachgeraten, *ich* gerate *ihm* nach (geriet nach, bin nachgeraten), arte ihm nach, entwickle mich wie er: *der Sohn ist ganz dem Vater nachgeraten.*

Nachgeschmack [mhd. nachsmac] *der*, **1)** Geschmack, der im Munde bleibt oder erst später empfunden wird: *der Wein hat einen vollen N.* **2)** unangenehme Erinnerung: *ihr blieb ein bitterer N. an dieses Erlebnis.*

nachgestalten, *ich* gestalte *es* ihm nach (habe nachgestaltet), bilde nach.

nachgewiesenermaßen, K wie nachgewiesen ist.

nachgiebig [zu nachgeben], **1)** U anderen den Willen lassend, fügsam, versöhnlich: *nachgiebige Eltern.* **2)** nachgebend, weich (Boden). **Nachgiebigkeit** *die*, -.

nachgießen, *ich* gieße *es* nach (habe nachgegossen), gieße in ein zum Teil geleertes Gefäß: *darf ich (Wein) nachgießen?*

nachgrübeln, grübeln.

Nachhall *der*, **1)** Weiterklingen nach Beendigung der Schallerzeugung. **2)** mehrfaches Echo. **3)** Ü starke Wirkung. **nachhallen**, *es* hallt nach (hat nachgehallt).

nachhaltig, nachwirkend, dauernd: *das Stück hat einen nachhaltigen Eindruck hinterlassen.* **Nachhaltigkeit** *die*, -.

Nachhand *die*, -, 🐎 die Hinterbeine und der Hinterkörper von Tieren.

nachhängen, *ich* hänge nach (hing nach, habe nachgehangen), **1)** 🐕 folge mit dem Hund der Fährte. **2)** *ihm,* U beschäftige mich damit: *er hängt seinen Erinnerungen nach.*

Nachhauseweg *der*, Rückweg zu meiner Wohnung.

nachhelfen, *ich* helfe nach (half nach, habe nachgeholfen), beschleunige den Gang einer Sache durch meine Mithilfe: *wird's bald oder muß ich nachhelfen?*

nachher [auch -h´e:r, vgl. hernach], später, wenn es vorbei ist: *entscheide dich jetzt, n. ist es zu spät.*

Nachhilfe *die*, zusätzl. Hilfe, Unterstützung. **Nachhilfestunde** *die*, zusätzl. Privatunterricht. **Nachhilfeunterricht** *der*, zusätzl. Privatunterricht für Schüler mit Lernschwierigkeiten.

nachhinein, *im n.:* nachträglich, hinterher.

Nachholbedarf *der*, Bedürfnis nach etwas, das man (teilweise) versäumt hat: *ein N. an Sommersonne.* **nachholen**, *ich* hole *es* nach (habe nachgeholt), arbeite nachträglich nach: *er mußte zwei Jahre Englischunterricht nachholen.*

Nachhut [mhd. nachhuote] *die*, -/-en, ⚔ Sicherungsverband zurückliegender Truppen.

Nachimpfung *die*, zusätzliche, wiederholte Impfung.

nachjagen, *ich* jage *ihm* nach (bin nachgejagt), **1)** verfolge ihn, es. **2)** U versuche, es zu gewinnen: *er jagt dem Geld, dem Glück, dem Erfolg nach.*

Nachjahr [mhd. nachjar ›das darauffolgende Jahr‹] *das*, **1)** *oberdt.:* Herbst. **2)** kath. Kirche: ⚛ Ablaßjahr, Jubeljahr.

Nachklang [mhd. nachklanc] *der,* **1)** Weiterklingen nach Aufhören der Schallerzeugung. **2)** Ü starke Erinnerung. **nachklingen,** *es* klingt nach (klang nach, hat nachgeklungen).
Nachkomme [mhd. nachkome] *der, -n/-n,* Verwandter in absteigender gerader Linie, z. B. Kind, Enkel: *er verstarb ohne männliche Nachkommen.* **nachkommen,** *ich* komme nach (kam nach, bin nachgekommen), **1)** komme später. **2)** *er kommt mit seiner Arbeit nicht nach,* überschreitet die dafür vorgesehene Zeit. **3)** erfülle, führe aus: *ich werde allen Verpflichtungen nachkommen.* **Nachkommenschaft** *die, -,* Gesamtheit der Nachkommen, vgl. Übers. F 6. **Nachkömmling** *der, -s/-e,* nachgeborenes Kind.
Nachkriegsgeneration *die,* die unmittelbar nach einem Krieg aufgewachsene Generation. **Nachkriegszeit** *die: der* Aufbau zerstörter Städte in der N.
Nachkur *die,* ⚕ zusätzl. Erholung nach einem Kuraufenthalt.
Nachlaß *der, . . . lasses/ . . . lasse* oder *. . . lässe,* **1)** Erbschaft, Hinterlassenschaft: *ein seltenen N. gefundene Papiere; Briefe aus seinem N.; Nachlaßsteuer; Nachlaßverwaltung.* **2)** Preisherabsetzung: *Preisnachlaß.* **3)** Verzicht auf einen Teil der Schuld.
nachlassen [mhd. nachlazen ›aufgeben‹], *ich* lasse nach (ließ nach, habe nachgelassen), **1)** *es,* lockere die Spannung: *du mußt die Schrauben nachlassen.* **2)** der Preis, setze herab: *er wollte uns drei Mark nachlassen.* **3)** Ü werde schlechter: *er ließ in seinen Leistungen fühlbar nach.* **4)** Ü gebe Ruhe, höre auf, gebe nach: *er ließ nicht eher nach, bis er sein Ziel erreicht hatte; der Regen hat nachgelassen.* **5)** nachgelassene Schriften, hinterlassene. **Nachlassen** *das, -s: ein deutliches N. seiner Kräfte; das N. des Sturmes.* **Nachlassenschaft** *die, -/-en,* Hinterlassenschaft, Erbschaft. **Nachlasser** *der, -s/-,* ⚬ Erblasser. **nachlässig,** unsorgfältig, unachtsam, ungenau; gleichgültig: *er hat n. gearbeitet; nachlässige Kleidung.* **nachlässigerweise. Nachlässigkeit** *die, -/-en.*
Nachlauf *der,* **1)** ⊙ der Abstand des Bodenberührungspunktes eines gelenkten Rades vom Schnittpunkt der vertikal gedachten Schwenkachse mit der Fahrbahn. **2)** ⊤⊙ der Anteil eines Destillats, der erst dann übergeht, wenn die Hauptmenge abdestilliert ist. **nachlaufen** [mhd. nachloufen], *ich* laufe *ihm* nach (lief nach, bin nachgelaufen), **1)** folge ihm, verfolge ihn: *das Nachlaufen, ein Kinderspiel.* **2)** Ü bemühe mich übertrieben eifrig um ihn, ihn. **Nachläufer** *der,* Billard: der dem angespielten Ball nachrollende Spielball.
nachlegen, *ich lege (es)* nach (habe nachgelegt), gebe noch Brennmaterial in den brennenden Ofen: *ich lege Holz, Briketts, eine Schaufel Koks nach.*
Nachlese *die,* **1)** zweite Ernte nach der Haupternte, bes. von Ähren, Trauben. **2)** Ü Sammlung von Dingen, die bei der ersten Sammlung übergangen wurden: *eine N. Goethescher Gedichte.* **nachlesen,** *ich* lese *(in etwas)* nach (habe nachgelesen), lese eine bestimmte Stelle in einem Buch: *darüber* oder *das mußt du im Lexikon nachlesen.*
nachliefern, *ich* lief(e)re *es* nach (habe nachgeliefert), liefere (Fehlendes) später, ergänze durch eine zweite Lieferung. **Nachlieferung** *die.*
nachlösen, *ich* löse nach (habe nachgelöst), **1)** *eine Fahrkarte,* kaufe nachträglich (im Zug, beim Umsteigen): *Nachlösewagen; Nachlöseschalter.* **2)** *es,* zahle nachträglich einen Zuschlag: *ich möchte 1. Klasse nachlösen.* **Nachlösung** *die.*
nachm., Abk. für: nachmittags.
nachmachen [mhd. nachmachen], *ich* mache nach (habe nachgemacht), U **1)** *es,* hole nach, erledige nachträglich. **2)** *ihn,* ahme (verspottend) nach: *er macht seinen Lehrer nach.* **3)** *es ihm,* folge seinem Vorbild.
Nachmahd *die,* Grummet.
nachmalig, ⚬ später: *der nachmalige Präsident.* **nachmals,** *er* wurde *n.* ermordet, ⚬.
nachmessen, *ich* messe *es* nach (maß nach, habe nachgemessen), prüfe Maße nachträglich, überzeuge mich, ob eine Messung stimmt. **Nachmessung.** **2)** *die: bei der N. ergaben sich abweichende Werte.*
Nachmieter *der,* Ersatzmieter, der vom Mieter im Falle seines Auszugs gestellte neue Mieter, der einen Mietvertrag zu gleichen oder ähnl. Bedingungen abschließt: *N. gesucht.*
Nachmittag *der,* Zeitraum von Mittag bis Abend: *Nachmittagsschlaf; Nachmittagsvorstellung; am späten N.; am Montagnachmittag;* aber: *heute nachmittag.* **nachmittägig,** am Nachmittag stattfindend: *ein nachmittägiges Seminar.* **nachmittäglich,** jeden Nachmittag stattfindend. **nachmittags,** Abk.: nachm., am Nachmittag: *er kommt n.*
Nachmolke *die, oberdt.:* Quark.

Nachnahme *die, -/-n,* Einziehung des Rechnungsbetrages durch die Post bei Aushändigung der Sendung: *Zahlung per N.; Nachnahmegebühr; Nachnahmesendung.*
Nachname [mhd. nachname] *der, -n/-n,* Familienname, Übers. N 3.
Nachporto *das,* Nachgebühr.
nachprüfbar. nachprüfen, *ich* prüfe *es* nach (habe nachgeprüft), prüfe noch einmal, überprüfe. **Nachprüfung** *die,* **1)** Überprüfung. **2)** nochmalige Prüfung, Ergänzungsprüfung.
Nachraum *der, -(e)s,* ⚒ Ausschuß; das, was auf dem Holzplatz bleibt.
nachrechnen, *ich* rechne *es* nach (habe nachgerechnet), überprüfe die Rechnung: *es stimmt, ich habe nachgerechnet.*
Nachrede [mhd. nachrede] *die, -/-n,* **1)** Nachwort, Epilog. **2)** Verleumdung: *üble N.,* ⚖ Behauptung oder Verbreitung ehrenrühriger, nicht erweislich wahrer Tatsachen. **nachreden,** *ich* rede *es ihm* nach (habe nachgeredet), **1)** wiederhole seine Reden, lausche *es* ihm ab. **2)** *ihm wurde Übles nachgeredet,* über ihn gesagt, er wurde verleumdet.
Nachreife *die,* Reife (von Obst) nach der Ernte. **nachreifen,** *es* reift nach (ist nachgereift).
Nachricht *die, -/-en,* **1)** Meldung, Mitteilung einer Neuigkeit; Übermittlung von Informationen: *gestern erreichte uns die N. von seinem Tode; sie hinterließ keine N.* **2)** nur *Pl.,* aktuelle Meldungen im Rundfunk: *ich höre täglich die Nachrichten; Nachrichtensendung; Nachrichtensprecher.* **Nachrichtenagentur,** **Nachrichtenbüro** *das,* gewerbl. Unternehmen zur Beschaffung und Vermittlung von aktuellen Meldungen. **Nachrichtendienst** *der,* **1)** regelmäßige Verbreitung von Nachrichten. **2)** Nachrichtenagentur. **3)** Spionagedienst. **Nachrichtensatellit** *der,* künstlicher Satellit für den interkontinentalen Nachrichtenverkehr. **Nachrichtensperre** *die,* Verbot, über eine bestimmte Sache Nachrichten zu verbreiten: *über das Krisengebiet wurde eine totale N. verhängt.* **Nachrichtentechnik** *die,* Übertragung, Verarbeitung und Vermittlung von Nachrichten mit techn. Mitteln.
Nachrichter [mhd. nachrihter] *der,* ⚬ Scharfrichter, Henker.
nachrichtlich, Nachrichten betreffend.
nachrücken, *ich* rücke nach (bin nachgerückt), rücke weiter, folge nach: *die Truppe rückte dem Feind nach,* ⚔; *er ist auf die Stelle des pensionierten Kollegen nachgerückt.*
Nachruf *der,* Gedenkrede, Würdigung eines Verstorbenen: *ihm wurde ein N. gehalten.* **nachrufen,** *ich* rufe *ihm* nach (rief nach, habe nachgerufen), spreche hinter ihm her: *ihm wurden Beschimpfungen nachgerufen.*
Nachruhm *der,* Ruhm, der den Tod überdauert.
nachrühmen, *ich* rühme *es ihm* nach (habe nachgerühmt), sage Gutes über ihn.
nachrüsten, *ich* rüste nach (habe nachgerüstet), **1)** *es,* ⊙ versehe nachträglich mit einer zusätzlichen Einrichtung: *das Fernsehgerät kann für Videoempfang nachgerüstet werden.* **2)** *ein Staat rüstet nach,* ⚔ rüstet auf (nach der Aufrüstung eines anderen Staates). **Nachrüstung** *die.*
nachsagen, *ich* sage nach (habe nachgesagt), **1)** *es,* wiederhole Vorgesprochenes. **2)** *es ihm,* behaupte etwas von ihm; klatsche über ihn: *ihm wird nur Schlechtes nachgesagt.*
Nachsaison [-sɛzɔ̃, frz.] *die,* Zeit nach der Hauptsaison.
Nachsatz *der,* **1)** Nachtrag. **2)** in einer Satzverbindung der nachgestellte Satz.
nachschaffen, *ich* schaffe *es* nach (schuf nach, habe nachgeschaffen), gestalte nach einem Vorbild: *das Gedicht war Goethes Alterslyrik nachgeschaffen.*
nachschicken, nachsenden.
Nachschlag *der,* **1)** ♪ Verzierung am Ende eines Trillers. **2)** U etwas, das zusätzlich gegeben wird, bes. Essensportion: *Lohnnachschlag,* Ü. **nachschlagen,** *ich* schlage nach (schlug nach, habe nachgeschlagen), **1)** *es,* suche eine bestimmte Sache in einem Buch: *ich habe es im Lexikon nachgeschlagen.* **2)** *ihm,* gerate nach ihm: *sie ist der Mutter nachgeschlagen.* **Nachschlagewerk** *das,* ein meist alphabetisch angeordnetes (Sach)wörterbuch.
nachschleifen, *ich* schleife *es* nach, **1)** (habe nachgeschleift), ziehe hinter mir her. **2)** (habe nachgeschliffen), schleife nachträglich, schleife fein.
Nachschlüssel [mhd. nachslüzzel] *der,* widerrechtlich nachgeformter Schlüssel: *der Dieb kam mit N. ins Haus.*
Nachschrift *die,* **1)** Niederschrift nach Ansage, Diktat. **2)** Abk.: NS, Zusatz (im Brief).
Nachschub *der,* ⚔ Versorgung der Kampftruppe: *die*

Truppe war vom N. abgeschnitten; N. an Munition und Proviant; Nachschubtruppe; Nachschubwege.

Nachschuß der, 1) ⚖ Einzahlung der Gesellschafter einer GmbH zusätzlich zur Stammeinlage: Nachschußpflicht. 2) Fußball: Schuß auf das Tor mit einem bereits abgewehrten oder zurückprallenden Ball.

nachsehen [mhd. nachsehen], ich sehe nach (sah nach, habe nachgesehen), 1) ihm, verfolge ihn, es mit den Augen. 2) es, prüfe, überwache, z. B. Hausaufgaben. 3) es, schlage im Buch nach. 4) es ihm, Ü verzeihe. **Nachsehen** das, -s: er hat das N., bekommt nichts mehr, hat den Nachteil.

nachsenden [mhd. nachsenden], ich sende es (ihm) nach (habe nachgesandt, selten: nachgesendet), sende hinterher: ich lasse die Zeitung an meinen Urlaubsort nachsenden. **Nachsendung** die: Antrag auf N.

nachsetzen [mhd. nachsetzen], ich setze ihm nach (habe nachgesetzt), verfolge ihn, folge ihm.

Nachsicht [zu nachsehen] die, -, Milde, Schonung, Geduld, Verzeihung: man soll N. üben mit den Fehlern anderer; ich muß um N. bitten. **nachsichtig** die, -. **Nachsichtigkeit** die, -. **Nachsichtwechsel** der, ⚖ an einem bestimmten Tag nach Sicht (nach Präsentation) fälliger Wechsel.

Nachsilbe die, Suffix, nachgestellte Ableitungssilbe, ÜBERS. G 34.

nachsinnen [mhd. nachsinnen], ich sinne über etwas nach (sann nach, habe nachgesonnen), überdenke es: sie sann noch über seine letzten Worte nach.

nachsitzen, ich sitze nach (saß nach, habe nachgesessen), muß bei Schulschluß strafweise länger dableiben.

Nachsommer der, sommerliche Herbsttage.

Nachsorge [zu Vorsorge gebildet] die, -, Behandlung und Fürsorge im Anschluß an einen Krankenhausaufenthalt: Nachsorgeklinik; Krebsnachsorge; psychiatrische N.

Nachspann [zu Vorspann gebildet] der, Film, Fernsehen: Titel und Angaben über Darsteller, Hersteller, Verleihfirma u. a. am Ende eines Films.

Nachspeise die, Nachtisch, Dessert.

Nachspiel das, 1) kurzes Stück (Musik, eine Szene) als Ausklang einer Aufführung. 2) Ü Folgen, spätere Wirkungen: der Streit hatte ein N. vor Gericht. **nachspielen**, ich spiele nach (habe nachgespielt), 1) es, wiederhole ein Spiel: nach der Uraufführung wurde das Stück von vielen Provinztheatern nachgespielt. 2) der Schiedsrichter läßt nachspielen, ✕ verlängert das Spiel, um einen Zeitverlust während der regulären Spielzeit auszugleichen. 3) Kartenspiel: spiele eine Farbe noch einmal aus.

nachspionieren, ich spioniere ihm nach (habe nachspioniert), Ü versuche, heimlich etwas über ihn in Erfahrung zu bringen: sie spioniert ihrem Mann nach.

nachsprechen [mhd. nachsprechen ›hinterherrufen‹], ich spreche es ihm nach (sprach nach, habe nachgesprochen), wiederhole etwas Gesprochenes: das Kind spricht meine Worte nach.

nachspüren, ich spüre ihm nach (habe nachgespürt), forsche heimlich nach, suche auf die Spur zu kommen.

nächst [zu nahe] ihm, als erstes nach ihm, neben: n. meiner Mutter liebe ich dich am meisten, Mutter hat den ersten Platz, dann kommst gleich du. **nächste**, -er, -e, -es, 1) Superlativ von nahe: der nächste Weg, kürzeste. 2) örtlich oder zeitlich folgend: die nächste Seite; die nächste Zahl; die nächste Strophe; die nächste Straße links, die als erste von hier aus links abgehende; am nächsten Morgen, am Morgen nach diesem Tag; nächsten Jahres, Abk.: n. J.; nächsten Monats, Abk.: n. M. 3) oft kurz für: nächstbeste, nächstliegende: fürs nächste, zunächst, vorläufig. 4) Kleinschreibung: der nächste bitte! (beim Arzt); als nächstes, daraufhin. 5) Großschreibung: den Nächsten, der Nächste, Mitmensch; als Nächstes erhalten Sie . . ., als nächste Sendung. **nächst . . .**, ganz nahe, so daß man es als erstes ergreift: der, die, das Nächstbeste; nächstdem, demnächst, bald; die nächsthöhere Rangstufe; das Nächstliegende, das, was als das gegebene erscheint.

nachstarren, ich starre ihm nach (habe nachgestarrt), blicke unverwandt hinter ihm her.

nachstehen, ich stehe ihm nach (habe nachgestanden), stehe hinter ihm zurück, werde von ihm übertroffen: ich stehe ihm in nichts nach, bin ebenbürtig. **nachstehend**, ich möchte Ihnen nachstehendes mitteilen, folgendes; im nachstehenden, weiter unten (im Schreiben); aber: das Nachstehende soll geprüft werden; vgl. folgend.

nachsteigen, ich steige ihr nach (bin nachgestiegen),

Ü laufe nach: er steigt allen Mädchen nach, versucht in aufdringlicher Weise ihre Bekanntschaft zu machen.

nachstellen, ich stelle nach (habe nachgestellt), 1) ihm, verfolge ihn. 2) es, stelle nochmals ein, ziehe an (Schraube). 3) ein Wort, stelle hinter ein anderes: ein nachgestelltes Attribut, hinter dem Substantiv stehendes. 4) eine Uhr, stelle den Zeiger zurück. **Nachstellung** die, -/-en, 1) vom Pl., das Nachstellen. 2) meist Pl., Verfolgung: sie war seinen Nachstellungen ausgesetzt, konnte sich ihnen kaum entziehen.

Nächstenliebe die, tätige Verbundenheit mit den Mitmenschen. **nächstens**, bald einmal, in Kürze.

nachsuchen, ich suche nach (habe nachgesucht), 1) es, sehe, schlage nach. 2) bei ihm um etwas, bitte förmlich darum.

Nacht [ahd. naht] die, -/⁼e, 1) die Zeit von Abend bis Morgen: bei N., des Nachts, während der N., im Laufe der N.; in dunkler N.; Dienstagnacht; vor N., ehe es dunkel; eines Nachts; die ganze N.; aber: heute, gestern nacht; unsere Gäste bleiben über N.; der Streik kam über N., Ü überraschend; er ist bei N. und Nebel verschwunden, Ü heimlich, unbemerkt; gute N.!, Gruß beim Zubettgehen und Abschiedsgruß; gute N., Ruhm!, Ü Hoffnung auf Ruhm ist geschwunden; Nachtarbeit; Nachttarif. 2) Sinnbild der Dunkelheit, des tiefen Friedens, der langen Ruhe, des Todes, auch: der Häßlichkeit: schwarz, häßlich wie die N.; das ist wie Tag und N., grundverschieden; ihm wurde es N. vor den Augen, er verlor das Bewußtsein; die N. des Kerkers, Dunkelheit; die N. des Wahnsinns umfing ihn, P er wurde wahnsinnig. 3) süddt.: Abend: wir essen zu N. **nacht|aktiv**, 🦉 in Bewegung während am Tage ruhend: nachtaktive Vögel. **nachtblau**, tief dunkelblau. **nachtblind**. **Nachtblindheit** die, Unfähigkeit der Augen, sich der Dunkelheit anzupassen. **Nachtbogen** der, ☆ der unter dem Horizont liegende Teil der scheinbaren Bahn eines Gestirns. **Nachtdienst** der, Dienst während der Nacht, z. B. von Ärzten.

nächt(e), nächten(s), ⚭ P: 1) vorige Nacht. 2) gestern abend.

Nachteil [nhd., vgl. Vorteil] der, -s/-e, 1) schlechte Eigenschaft: dieses Material hat große Nachteile gegenüber anderen. 2) Schaden, Verlust: ich habe nur Nachteile davon; das wird dir zum N. gereichen. **nachteilig**, das kann sich n. für ihn auswirken; nachteilige Folgen; er hat sich n. über sie geäußert; aber: ich weiß nichts Nachteiliges über ihn.

nächtelang, mehrere Nächte lang: er hat n. daran gearbeitet; aber: zwei Nächte lang. **nachten**, es nachtet (hat genachtet), ⚭ P wird Nacht. **nächten**, ich habe genächtet), selten für: nächtige. **nächtens**, 1) nächte. 2) P nachts. **Nachtessen** das, süddt.: Abendessen. **Nachteule** die, 1) jemand, der gern spät zu Bett geht. **Nachtfalter** der, erst bei Dämmerung fliegender Schmetterling. **Nachtflug** der, ✈ Flug während der Nacht. **Nachtfrost** der, Frost in klaren, windstillen Nächten: Nachtfrostgefahr. **Nachthemd** das, ABB. K 25. **nächti(g)**, schweiz.: gestern. **nächtig**, dämmerig, dunkel, nächtlich. **Nachtigall** [ahd. nahtagala, zu galan ›gellen‹, ›singen‹] die, -/-en, Singvogel mit bes. schönem Gesang. **nächtigen**, ich nächtige (habe genächtigt), übernachte, schlafe: wir nächtigten unter freiem Himmel.

Nachtisch der, -es, letzter Gang beim Essen, Dessert.

Nachtkerze die, eine gelbblühende, hohe, krautige Pflanze, deren Blüten sich erst abends öffnen. **Nachtleben** das, nächtlicher Vergnügungsbetrieb. **nächtlich**, zur Nachtzeit, während der Nacht geschehend: nächtliche Ruhestörung. **nächtlicherweile**. **Nachtlokal** das, bis in die frühen Morgenstunden geöffnete Bar. **Nachtmahl** das, österr.: Abendessen. **nachtmahlen**, ich nachtmahle (habe genachtmahlt), österr.: esse zu Abend. **Nachtmahr** der, Nachtgespenst, Alpdrücken. **Nachtmütze** die, ⚭ Kopfbedeckung im Bett. 2) Ü schläfriger Mensch. **Nachtquartier** das, Unterkunft für die Nacht.

Nachtrab der, -(e)s/-e, ⚭ ⚭ Nachhut. **Nachtrag** der, -(e)s/⁼e, Ergänzung oder Berichtigung einer Rede oder Schrift. **nachtragen**, ich trage es nach (trug nach, habe nachgetragen), 1) trage nachträglich ein, füge hinzu, ergänze. 2) ihm, trage, bringe hinterher. 3) ihm, Ü kann nicht verzeihen, grolle ihm deswegen: du solltest ihr das nicht ewig nachtragen. **nachtragend**, **nachträgerisch**, übelnehmend, Unrecht nicht vergessend. **nachträglich**, später, hinterher, als Nachtrag. **Nachtragshaushalt** der, nachträgl. Ergänzung zum Haushaltsplan (wenn die Ausgaben höher als veranschlagt waren).

nachtrauern, ich trau(e)re ihm nach (habe nachgetrauert), wünsche mir Vergangenes zurück.

Nacht|ruhe die, Schlaf. **nachts** [ahd. nahtes], in der Nacht, bei Nacht: *bis drei Uhr n.;* aber: *des Nachts.* **Nachtschatten,** *Pl.,* ⚘ Kräuter oder Holzgewächse, z. T. Nutzpflanzen (Kartoffel, Tomate). **nachtschlafend,** *zu nachtschlafender Zeit,* Ü nachts oder sehr früh morgens. **Nachtschwärmer** der, **1)** Nachtfalter. **2)** Ü jemand, der nächtlichen Vergnügungen nachgeht. **Nachtschweiß** der, ♥ starkes nächtl. Schwitzen. **Nachtschwester** die, Krankenschwester, die nachts im Krankenhaus Dienst tut. **Nachtseite** die, Ü dunkle Seite, Schattenseite: *auf der N. des Lebens.* **Nachtstrom** der, *während der Nacht verbilligter elektr. Strom.* **nachtsüber,** während der Nacht; aber: *die Nacht über.* **Nachttier** das, Tier, das nachts Nahrung sucht und tags schläft. **Nachttisch** der, kleines Schränkchen oder Tischchen neben dem Bett, ABB. S 20. **Nachttopf** der, Gefäß zum Verrichten der Notdurft. **Nacht-und-Nebel-Aktion** die, plötzliche, in aller Heimlichkeit durchgeführte (polizeil.) Maßnahme, meist unter Umgehung von Vorschriften. **Nachtviole** die, Pflanze mit rotvioletten Blüten. **Nachtwache** die, **1)** das Wachen bei Nacht. **2)** Polizeistreife. **3)** ♂ Ablösungsstunde der Posten. **Nachtwächter** der, **1)** jemand, der nachts in einem Geschäft oder Betrieb Wache hält. **2)** früher eine von der Gemeinde bestellte Person zur Überwachung der Sicherheit in der Nacht. **3)** Ü verschlafener, langsam reagierender Mensch. **nachtwandeln,** *ich* nachtwand(e)le (bin, habe genachtwandelt), gehe schlafend umher, schlafwandele. **Nachtwandeln** das, *-s.* **Nachtwandler** der, *-s/-,* **Nachtwandlerin** die, *-/-nen,* jemand, der nachtwandelt. **nachtwandlerisch,** *er fand im Weg mit nachtwandlerischer Sicherheit.* **Nachtzug** der, ein nachts verkehrender Zug.

nachvollziehen, *ich* vollziehe *es* nach (habe nachvollzogen), versetze mich in die Denkweise eines anderen: *deinen Gedankengang kann ich leider nicht nachvollziehen.*

nachwachsen, *es* wächst nach (wuchs nach, ist nachgewachsen), wächst neu nach Schnitt, Verlust: *ein abgebrochener Eidechsenschwanz wächst nach; die Haare wachsen nach.*

Nachwahl die, Wahl, die nachträglich stattfindet, z. B., wenn die Hauptwahl nicht durchgeführt worden ist.

Nachwährschaft die, *-, schweiz.:* Gewähr für Ersatz nachträglich auftretender Mängel.

nachwärtig, *oberdt.:* nachmalig, später. **nachwärts.**

Nachwehen, *Pl.,* **1)** ♥ schmerzhafte Zusammenziehungen der Gebärmutter nach der Geburt. **2)** Ü unangenehme Folgen.

Nachwein der, Wein aus Rückständen.

nachweinen, *ich* weine *es* nach (habe nachgeweint), trauere nach: *dem Diktator weinte niemand eine Träne nach.*

Nachweis der, *-es/-e,* **1)** Beweis, Daseinsbeweis: *dafür mußt du den N. erbringen,* besser: *das mußt du nachweisen.* **2)** Auskunfts-, Vermittlungsstelle: *Wohnungsnachweis.* **nachweisen,** *man kann ihm keine Schuld nachweisen).* **1)** beweise: *man kann ihm keine Schuld nachweisen.* **2)** nenne die Stelle, wo er es finden kann. **nachweislich,** beweisbar; bewiesen: *er hat n. gelogen; eine nachweisliche Lüge.*

Nachwelt die, spätere Geschlechter.

Nachwinter der, Kälterückfall im Frühjahr.

nachwirken, *es* wirkt nach (hat nachgewirkt). **Nachwirkung** die, Wirkung, die nachwirkt, auch wenn die Ursache nicht mehr lebendig ist: *ich spüre noch die N. dieses Medikaments.*

Nachwort das, *-(e)s/-e,* Schlußwort, erläuternder Anhang.

Nachwuchs der, *-es/-e,* **1)** junge Menschen in der Ausbildung: *der N. unserer Wissenschaft; Nachwuchskräfte; Nachwuchsschauspieler.* **2)** Ü Kind(er): *sie haben N. bekommen.*

nachzahlen, *ich* zahle *es* nach (habe nachgezahlt), **1)** zahle nachträglich, verspätet. **2)** zahle zusätzlich, z. B. den Zuschlag für die erste Klasse in der Eisenbahn. **nachzählen,** *ich* zähle *es* nach (habe nachgezählt), prüfe durch Zählen. **Nachzahlung** die, das (ergänzende) Zahlen: *Steuernachzahlung.* **Nachzählung** die, nochmalige Zählung zur Prüfung.

nachziehen [mhd. nachziehen], *ich* ziehe nach (habe nachgezogen), **1)** *es,* ziehe hinter mir her: *er zieht den einen Fuß nach,* hinkt. **2)** *es,* spanne, ziehe an (Seil, Schraube). **3)** *es,* verstärke, schminke (Lippen, Augenbrauen). **4)** *Pflanzen,* züchte erneut. **5)** *ihm,* Ü folge nach: *sie ist ihm an seinen neuen Wohnort nachgezogen.*

Nachzug der, *-(e)s/-e,* ♂ Nachhut. **2)** dem fahrplanmäßigen Zug in kurzem Abstand folgender Entlastungszug. **Nachzügler** der, *-s/-,* verspätet Kommender.

Nackedei der, *-s/-e oder -s,* Ü nacktes Kind.

Nacken [ahd. (h)nach] der, *-s/-,* die hintere Halsgegend, ABB. M 12: *er hat einen steifen N.,* kann den Kopf nicht bewegen, z. B. bei Erkältung, Ü *er ist trotzig, unbeugsam, starr;*

man muß ihm den *N.* steifen, Ü ihn zum Widerstand aufmuntern; *man will ihm den N. beugen,* Ü ihn demütigen; *der Feind saß uns im N.,* Ü verfolgte uns; *er hat den Schelm im N.,* Ü neigt zu Späßen.

nackend, ♂ nackt.

Nackenhebel der, Ringen: Nelson. **Nackenpolster** das, **Nackenrolle** die, länglich-rundes Kissen, das unter den Nacken gelegt wird. **Nackenschlag** der, Ü schwerer Schicksalsschlag, Demütigung.

nacket, nackicht, nackig, *oberdt., mitteldt.:* nackt. **nackt** [ahd. na(c)kot, nachot], hüllenlos, unverhüllt, unbekleidet; ⚘ ohne Blütenhülle (Blüte); Ü ohne Einrichtung (Wohnung) usw.: *sie trat im Film n. auf; ein nackter Körper; mit nackten Armen; sie badeten n.; Nacktbadestrand; sie saß ihm n. Modell; sie schliefen auf der nackten Erde,* ohne Unterlage; *er konnte nur das nackte Leben retten,* Ü nur das Leben, keinen Besitz; *mit nackten Worten,* Ü ohne Beschönigung; *nackte Tatsachen,* Ü; *die nackte Angst stand ihm im Gesicht,* Ü. **Nack(t)frosch** der, Ü Nackedei. **Nacktheit** die, -. **Nackthund** der, eine Haushunderasse. **Nacktkultur** die, der Naturismus. **Nacktsamige,** *Pl.,* ⚘ Nacktsamer, Gymnospermen, Holzgewächse, deren Samenanlagen frei auf den Samenblättern liegen, z. B. bei Tannen, Lärchen, Zedern, ABB. B 38. **Nacktschnecke** die, gehäuselose Schnecke, ABB. S 31.

Nadel [ahd. nalda] die, *-/-n,* **1)** spitzes Werkzeug, ABB. N 1, A 6: *Nähnadel; Magnetnadel,* ABB. K 34; *Krawattennadel; Nadelkissen,* ABB. N 2; *wir standen so dicht gedrängt, daß keine N. zu Boden fallen konnte; wir saßen wie auf Nadeln,* Ü das Warten fiel uns schwer. **2)** Sinnbild der Kleinheit: *nicht größer als ein Stecknadelkopf,* winzig; *wir mußten es wie eine N. suchen,* außerordentlich mühsam. **3)** nadelförmiges Blattorn: *Tannennadel.* **4)** eine Felsform. **5)** eine Kristallform. **Nadelarbeit** die, mit Nadel und Faden ausgeführte Handarbeit. **Nadelbaum** der, ein zu den Nadelhölzern gehörender Baum. **Nädelchen** das, *-s/-.* **nadelförmig. Nadelgeld** das, im älteren dt. Recht: Geldzuwendungen des Ehemannes an die Ehefrau zu ihrer freien Verfügung. **Nadelhölzer,** *Pl.,* Koniferen, Zapfenträger wie Tannen, Fichten, Zypressen. **Nadelmalerei** die, eine Buntstickerei mit Bildwirkung. **nadeln,** *ein Baum* nadelt (hat genadelt), verliert Nadeln. **Nadelöhr** das, **1)** ABB. N 1. **2)** Ü Engpaß (Straße). **Nadelstich** der, **1)** einzelner Stich beim Nähen. **2)** Ü boshafte Stichelei: *sie versetzte mir einen N.* **Nadelstreifen** der, feiner Streifen in Kleiderstoffen. **Nadelwald** der, aus Nadelbäumen bestehende Wald, ABB. F 33.

Nad(e)rer der, *-s/-,* österr.: Polizeispitzel.

Nadine [nad'i:n(ə), franzöz. Weiterbildung zu Nadja], weibl. Vorname.

Nadir [auch n'a-, arab. ›gegenüberliegend‹] der, *-s,* ☆ Fußpunkt, der Gegenpunkt des Zenits.

Nadja [Kurzform von Nadeschda, russ. ›die Hoffnung‹], weibl. Vorname.

naffezen [ahd. naffezen ›schläfrig werden‹, vgl. engl. to nap], *ich* naffeze (habe genaffezet), auch napfeze, *südostdt.:* bin schläfrig; nicke ein (über der Arbeit).

Nagajka [nach dem kaukas. Volksstamm der Nogaier] die, *-/-s,* Kosakenpeitsche aus Lederriemen.

Nagel [ahd. nagal] der, *-s/-[2],* **1)** hölzerner oder metallener Stift zur Befestigung, ABB. N 1: *er kann nicht einmal einen N. in die Wand schlagen,* ist ungeschickt; *er will seinen Beruf an den N. hängen,* ihn aufgeben; *du triffst den N. auf den Kopf,* Ü beurteilst die Sache richtig; *du bist ein N. zu meinem Sarg,* Ü bereitest mir viel Ärger, Sorgen. **2)** Hornplatte auf Finger und Zehe, ABB. F 20: *Fingernägel; abgebrochener, eingewachsener N.; mit spitzen, stumpfen Nägeln; das Nägelkauen; es brennt mir auf den Nägeln,* Ü ich habe große Eile; *wo hast du dir das unter den N. gerissen?,* Ü angeeignet. **3)** ⚘ stieliger Fußteil freier Blumenblätter, z. B. der Nelken. **Nagelbett** das, ♥ Stelle, auf der der Nagel aufliegt. **Nagelbürste** die, ABB. B 58. **Nägelchen** das, *-s/-.* **Näg(e)lein** das, **1)** Diminutiv von Nagel. **2)** ♂ Nelke: *mit Näglein besteckt,* ♂ mit Nelken geschmückt. **Nagelfeile** die, ABB. N 2. **nagelfest,** fest verbunden: *was nicht niet- und n. ist.* **Nagelfluh** die, ♦ alpines Konglomerat. **Nagellack** der, Lack für Finger- und Zehennägel, ABB. N 2: *Nagellackentferner.* **nageln** [ahd. nagalen] *ich* nag(e)le (habe genagelt), *es,* versehe, befestige mit Nägeln: *genagelte Schuhe.* **nagelneu,** ganz neu. **Nagelpflege** die, alle für Gesundheit und Schönheit der Nägel dienenden Tätigkeiten, ABB. N 2. **Nagelprobe** die, Nachweis, daß nichts mehr im Trinkglas ist. **Nagelschere** die, ABB. N 2. **Nag(e)lung** die, *-/-en,* das Nageln, Verbindung durch Nägel.

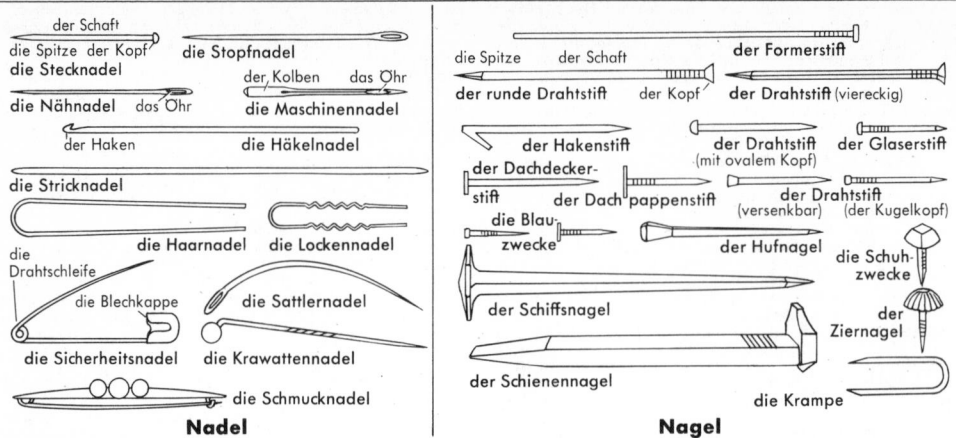

der Schaft
die Spitze der Kopf
die Stecknadel — **die Stopfnadel**
der Kolben das Ohr
die Nähnadel das Ohr — **die Maschinennadel**
der Haken — **die Häkelnadel**
die Stricknadel
die Haarnadel — **die Lockennadel**
die Drahtschleife
die Blechkappe — **die Sattlernadel**
die Sicherheitsnadel — **die Krawattennadel**
— **die Schmucknadel**

die Spitze der Schaft — **der Formerstift**
der runde Drahtstift der Kopf — **der Drahtstift** (viereckig)
der Hakenstift — **der Drahtstift** (mit ovalem Kopf) — **der Glaserstift**
der Dachdecker-stift — **der Dachpappenstift** — **der Drahtstift** (versenkbar) (der Kugelkopf)
die Blauzwecke — **der Hufnagel** — **die Schuhzwecke**
der Schiffsnagel — **der Ziernagel**
der Schienennagel — **die Krampe**

Nadel — **Nagel**

nagen [ahd. nagan, gnagan], *ich nage (habe genagt) an etwas,* **1)** beiße daran, so daß kleine Stücke abgelöst werden: *die Maus nagt am Holz, der Hund am Knochen; wir müssen noch nicht am Hungertuch nagen,* Ü darben. **2)** *es nagt,* bohrt anhaltend, zerstört langsam: *das Meer nagt am Damm; nagende Zweifel,* quälende. **Nager** *der, -s/-,* **Nagetier** *das,* Säugetier mit Nagezähnen (außer den Hasen). **Nagezähne,** *Pl.,* mächtige mittlere Schneidezähne bei Hasen, Mäusen, Hamstern, Meerschweinchen u. a.

Nagler, Nägler *der, -s/-, ⚒* Nagelschmied.
Nahaufnahme *die,* Photographie aus geringer Entfernung.
Nahdienst *der,* Abwicklung des Nahgesprächsverkehrs im öffentl. Fernsprechdienst. **nah(e),** näher, am nächsten [ahd. naho], in geringer Entfernung, nicht weit, benachbart, leicht zu erreichen, bald zu erwarten, in enger Verbindung: *die nahe*

Stadt; *dorthin ist es n.; nun ist der Frühling n.; der nahe Abschied; aus nah und fern,* von überallher; *von nahem; nahe Verwandtschaft,* Eltern und Kinder, Geschwister; *der Nahe Osten,* die außereuropäischen Länder am östl. Mittelmeer. **nahe,** *nicht flektierbar: n. ihm, n. an, bei etwas,* nicht weit, dicht dabei: *wir wohnen n. (an) dem Wald; eine Geschwindigkeit n. (an) der Schallgrenze.* **nahe. . .,** in Verbindung mit Verben trennbar zusammengesetzt in übertragener Bedeutung; vgl. nahebringen. **Nähe** *die, -,* Nachbarschaft, geringe Entfernung: *in deiner N. fühle ich mich wohl; er wohnt ganz in deiner N.* **nahebei,** ganz in der Nähe. **nahebringen,** *ich bringe es ihm nahe (habe nahegebracht),* mache ihn damit vertraut, wecke sein Interesse, Verständnis: *das gemeinsame Erlebnis hat uns einander nahegebracht.* **nahegehen,** *es geht mir nahe (ging nahe, ist nahegegangen),* Ü rührt mich, weckt mein

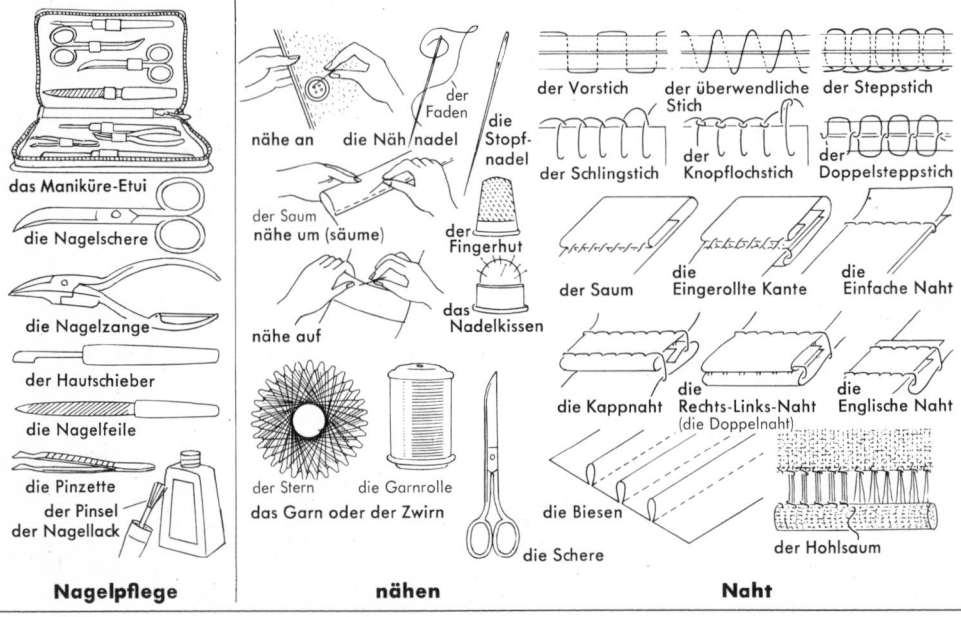

das Maniküre-Etui
die Nagelschere
die Nagelzange
der Hautschieber
die Nagelfeile
die Pinzette
der Pinsel
der Nagellack

der Faden
nähe an — **die Näh**/nadel — die Stopfnadel
der Saum
nähe um (säume) — der Fingerhut
nähe auf — das Nadelkissen
der Stern — die Garnrolle
das Garn oder der Zwirn — **die Schere**

der Vorstich — **der überwendliche Stich** — **der Steppstich**
der Schlingstich — **der Knopflochstich** — **der Doppelsteppstich**
der Saum — **die Eingerollte Kante** — **die Einfache Naht**
die Kappnaht — **die Rechts-Links-Naht** (die Doppelnaht) — **die Englische Naht**
die Biesen — **der Hohlsaum**

Nagelpflege — **nähen** — **Naht**

Mitgefühl: *sein Tod ist ihr sehr nahegegangen;* aber: *er ist ganz nahe gegangen,* in der Nähe. **nahekommen,** *ich komme ihm nahe* (kam nahe, bin nahegekommen), Ü *werde vertraut, gleiche beinahe: das wird wohl der Wahrheit nahekommen; wir sind uns nahegekommen;* aber: *er soll mir nicht zu nahe kommen,* in die Nähe. **nahelegen,** *ich lege es ihm nahe* (habe nahegelegt), Ü *schlage vor, empfehle: ich habe ihm nahegelegt abzureisen;* aber: *eine Sache nahe legen,* in die Nähe. **naheliegen,** *es liegt nahe* (lag nahe, hat nahegelegen), Ü *ist zu vermuten, ist leicht verständlich: aus naheliegenden Gründen werde ich morgen nicht kommen;* aber: *unser altes Haus hat dem Bahnhof nahe gelegen.* **nahen** [ahd. nahen], *ich nahe* (bin genaht) *ihm,* P *komme nahe, nähere mich: der Sommer naht.*

nähen [ahd. nawen], *ich nähe* (habe genäht) *es, verbinde durch Fadenstiche,* ABB. N 2, *stelle eine Arbeit mit Nadel und Faden her: Näharbeiten; ich n. ein Kleid, einen Saum; der Arzt näht die Wunde.*

näher, 1) Komparativ zu nahe: *kommt n. heran!; treten Sie n.!* 2) *genauer, ausführlicher, reich an Einzelheiten: ich möchte gern seine nähere Bekanntschaft machen; kennst du ihn n.?; nähere Auskünfte, Erkundigungen, Umstände; weißt du nähere Einzelheiten?; darauf kann ich nicht n. eingehen; ich werde es dir des näheren auseinandersetzen, genauer erzählen; ich kann mich des Näheren nicht entsinnen, der besonderen Umstände; das Nähere, alles Nähere darüber findest du in diesem Buch; Näheres kann ich nicht sagen.* **Näherei** die, -/-en, das Nähen, Näharbeit.

Nah|erholungsgebiet das, Erholungsbereich in Stadtnähe.

Näherin die, -/-nen, berufsmäßige Herstellerin bes. von Wäsche: *Weißnäherin.*

näherkommen, *ich komme ihm näher* (kam näher, bin nähergekommen), Ü *werde vertrauter: die verhandelnden Politiker sind einander nähergekommen,* haben ihre Ansichten einander angenähert; aber: *das Schiff ist langsam näher gekommen.* **nähern** [mhd. næhern], *ich nähere* (habe genähert), 1) *es ihm, bringe näher heran, bringe in die Nachbarschaft, halte dicht heran.* 2) *mich ihm, rücke auf ihn zu, komme in seine Nähe,* Ü *werde sein Freund, suche seine Bekanntschaft zu machen: wir näherten uns dem Bahnhof; er versuchte vergeblich, sich ihr zu nähern.* **Näherung** die, -/-en, △ *angenäherte Berechnung oder Konstruktion einer unbekannten Größe: Näherungswert.* **nahestehen,** *ich stehe ihm nahe* (habe nahegestanden), Ü *bin befreundet, vertraut mit ihm: der Verstorbene hat ihr nahegestanden; der Regierung nahestehende Wirtschaftskreise;* aber: *das hat zu nahe gestanden,* in der Nähe. **nahetreten,** *ich trete ihm nahe* (trat nahe, bin nahegetreten), Ü *lerne ihn kennen: in den letzten Tagen ist mir sehr nahegetreten;* aber: *Vorsicht, nicht zu nahe treten!,* zu dicht heran; *ich will dir nicht zu nahe treten,* Ü *dich nicht verletzen, beleidigen.*

nahezu, beinahe, fast.

Nähgarn das, ABB. G 2.

nähig [mhd. næhig ›nahe‹, ›sich nähernd‹], auch **näig,** *schweiz.: der Niederkunft nahe.*

Nahkampf der, 1) ⚔ Kampf Mann gegen Mann: *Nahkampfwaffe.* 2) Boxen: Kampf auf kurze Distanz.

nahm, von nehmen.

Nähmaschine die, ABB. N 4. **Nähnadel** die, ABB. N 1, N 2. **Nah|ost,** der Nahe Osten: *eine neue Fluglinie nach N.* **nah|östlich.**

Nährboden der, 1) Acker; künstl. Boden zur Züchtung von Bakterien, Pilzen u. a. 2) Ü Voraussetzung für eine Entwicklung: *eine Wirtschaftskrise ist häufig der N. für revolutionäre Ideen.* **Nährcreme** die, Creme zur Hautpflege. **nähren** [ahd. nerian], *ich nähre* (habe genährt), 1) *ihn, es, mich, gebe, nehme Nahrung: die Mutter nährt ihr Kind selbst, stillt es;* ein *wohlgenährtes Kind; Handwerk nährt seinen Mann,* Ü *bringt reichliches Lebensunterhalt ein; dieser Vorfall hat seinen Argwohn, Haß, Verdacht noch genährt,* Ü *verstärkt.* 2) *mich von etwas, mit etwas, lebe davon: er nährt sich nur von pflanzlicher Kost; er nährt sich lieber von Fleisch. 2) eine Speise nährt,* ist nahrhaft. **nahrhaft,** 1) reich an Aufbaustoffen für den Körper. 2) Ü fördernd, gewinnbringend.

nährig, auch nährlich, norddt.: sparsam (von Personen).

nährlich [mhd. nærlich ›wenig‹, ›spärlich‹, ›gering‹], norddt.: 1) nährig. 2) spärlich, knapp (von Kosten).

Nährmittel, Pl., die aus Getreide hergestellten Roherzeugnisse außer Mehl, z. B. Grieß. **Nährmutter** die, ⚇ Pflegemutter. **Nährpräparat** das, konzentriertes Nahrungsmittel, z. B. für Genesende. **Nährstand** der, ⚇ Bauernstand (neben Lehrstand und Wehrstand). **Nährstoffe,** Pl., die in der Nahrung enthalten, für den Stoffwechsel benötigten Stoffe: *nährstoffarme, nährstoffreiche Kost.* **Nahrung** [mhd. narunge] die, -, 1) alles, was man ißt, Speise und Trank, Lebensmittel: *vitaminreiche N.; Bücher sind N. für den Geist,* Ü. 2) Ü Lebensunterhalt, Broterwerb, Gewerbe. 3) Ü Arbeitsmaterial, Brennstoff: *dieser Ofen braucht viel N.* **Nahrungsaufnahme** die: *die Inhaftierten verweigerten die N.* **Nahrungsmittel,** Pl., Lebensmittel: *Nahrungsmittelindustrie.* **Nahrungssuche** die: *Igel gehen nachts auf N.* **Nährvater** der, ⚇ Pflegevater. **Nährwert** der, Gehalt an verwertbaren Nährstoffen.

Nähseide die, Nähgarn aus Seide. **Naht** [ahd. nat] die, -/-e, 1) genähte Verbindung, ABB. N 2: *hier mußte ich eine doppelte N. steppen; Ziernaht; er platzt bald aus den Nähten,* Ü ist sehr dick. 2) ⚙ Fuge, Linie, an der Teile miteinander verbunden sind: *Schweißnaht.* 3) feste Knochenverbindung am Schädel, vgl. ABB. S 10. 4) ⚕ künstl. Vereinigung durchtrennter Gewebe: *Operationsnaht.* 5) ⚕ Verwachsungslinie, ABB. F 36. **Nähterin** die, -/-nen, ⚇, noch süddt.: Näherin. **nahtlos,** nahtlose *Strümpfe; nahtloser Übergang,* Ü; *der Neubau fügt sich n. in das alte Stadtbild ein,* Ü harmonisch.

Nahverkehr der, Verkehr im Umkreis von rund 50 km vom Standort aus gemessen.

Nähzeug das, alles, was man zum Nähen braucht (Nadel, Faden, Schere u. a.).

näig, nähig.

naiv [frz. naif, zu lat. nativus ›ursprünglich‹, ›natürlich‹], kindlich-unbefangen, harmlos, treuherzig, einfältig: *sie ist noch ganz n.; ein naives Mädchen; naive Malerei,* eine Laienkunst. **Naive** die, -n/-n, einfl. e im weibl. Bühnenfach. **Naivität** die, -, naive Art. **Naivling** der, -s/-e, U naiver Mensch.

Najade [grch. naias, Gen. naiados] die, -/-n, 1) griech. Mythologie: Wassernymphe. 2) ⚲ Fluß- und Teichmuschel.

Name [ahd. namo, zu lat. nomen, grch. onoma] der, -ns/-n, 1) Bezeichnung eines Einzelwesens oder jedes Angehörigen einer Gattung, ÜBERS. N 3: *Eigenname; Gattungsname; Namensgedächtnis; Namensverwechslung; wie war doch Ihr N.?; er reist unter falschem Namen; kennst du den Namen dieser Singvogelart?; wir wollen die Dinge oder das Kind beim rechten Namen nennen,* Ü offen darüber sprechen; *das Kind muß einen Namen haben,* Ü man muß ihm eine Benennung für eine Sache finden; *ich kenne ihn nur dem Namen nach,* nicht näher; *er ist nur dem Namen nach der Vorsitzende,* nicht in der Tat, nur dem Titel nach. 2) Ruf, Ruhm: *er hat sich einen großen Namen gemacht.* 3) *in meinem Namen,* in meinem Auftrag, für mich mit meiner Zustimmung: *ich wünsche zugleich im Namen meiner Frau viel Glück!; Sie können in meinem Namen handeln; im Namen des Volkes, im Auftrag* (Gerichtsformel); *in Gottes Namen,* Ü meinetwegen. 4) *auf meinen Namen,* meine Rechnung: *das Geschäft geht auf den Namen der Ehefrau,* sie ist die Inhaberin. **Namen** der, -s/-, selten für Name. **Namenbuch** das, Verzeichnis von Eigennamen und ihren Deutungen. **Namen-Jesu-Fest** das, kath. Kirche ⚇: Fest zu Ehren des Namens Jesu (14. Januar). **namenlos,** 1) ohne Namen, unbekannt: *ein namenloser Verfasser.* 2) Ü groß, unsagbar: *namenloses Elend.* **Namenlose** der, die, -n/-n, ein-r, eine -. **Namenlosigkeit** die, -, **namens,** 1) mit Namen: *ein Junge n. Fritz.* 2) im Namen, im Auftrag von: *ich frage n. der Behörde.* **Namenspapier** das, ein Wertpapier, das auf den Namen einer bestimmten Person lautet. **Namenstag** der, Tag des Heiligen, dessen Namen jemand führt. **Namensvetter** der, den gleichen Namen tragende, jedoch nicht verwandte Person. **Namenszug** der, 1) eigenhändige Unterschrift. 2) verschlungene Anfangsbuchstaben, Monogramm. **namentlich,** 1) mit Nennung des Namens: *mit namentlicher Abstimmung.* 2) besonders, in erster Linie, vor allem: *Enten, n. Krickenten, werden leicht zahm.* **namhaft,** 1) berühmt, angesehen: *namhafte Vertreter der Wissenschaft.* 2) bedeutend, groß: *namhafte Spenden sind nötig.* 3) *jemanden n. machen,* seinen Namen erfahren oder mitteilen. **Namhaftmachung** die, -. . . . **namig,** gleichnamig; vielnamig. **nämlich,** 1) wie nun genauer folgt, ich meine damit: *das ist n. so. . .* 2) denn: *er verstand nicht, er war n. taub.* **nämliche** die, -n, dasselbe, personengleiche: *es ist der n. wie gestern.*

Nandu [nach dem Ruf] der, -s/-s, ☒ Pampasstrauß, südamerikan. Strauß.

Nänie [-iə, lat. naenia] die, -/. . .ni|en, Totenklage.

Nanking [nach der chines. Stadt Nanking] der, -s/-s oder -e, ein Baumwollgewebe.

Namen

Eigennamen

Unter einem Namen versteht man genauer einen **Eigennamen** (nomen proprium) im Gegensatz zum **Gattungsnamen** (nomen appellativum). Der Eigenname oder einfach der **Name** ist ein Substantiv zur Bezeichnung 1. eines bestimmten lebenden oder als lebend gedachten Einzelwesens *(Karl, Alfred, Johann Sebastian Bach,* die *Duse; Freyja* für eine Göttin, *Halla* für ein Pferd); 2. einer bestimmten Örtlichkeit im weitesten Sinne *(Europa, Deutschland, Berlin, Kurfürstendamm,* [Café] *Kranzler, Harz, Brocken, Elbe, Lechfeld, Bodensee, Skagerrak;* auch *Saturn, Sirius* als Himmelskörper); 3. einer bestimmten gegenständlichen Sache *(Hanseatic* für ein Schiff, *Dompfeil* für einen Schnellzug, *Balmung* für das Schwert Siegfrieds, *Mater Gloriosa* für eine Glocke); 4. einer bestimmten menschl. Einrichtung *(Eisenhütte Merkur,* Bergwerk *Silbernagel,* Versicherungsgesellschaft *Fortuna);* 5. eines bestimmten literarischen, musikalischen, wirtschaftlichen, militärischen Werkes oder Planes *(Der Hauptmann von Köpenick, Der Rosenkavalier, Marshall-Plan, Fall Barbarossa).* Der Name bezeichnet stets eine einmalige Erscheinung ohne Rücksicht auf ihre Zugehörigkeit zu einer Gattung. Demgegenüber benennt der Gattungsname oder einfach das **Wort** einen einzelnen Vertreter einer umfassenden Gattung von Einzelwesen, Dingen und Begriffen *(Pferd, Tisch, Buch).* Ursprünglich gab es in der Sprache diese Scheidung von Eigennamen und Gattungsnamen nicht. Es wird angenommen, daß zunächst alle Hauptwörter Namen, d. h. Eigennamen waren, aus denen sich die Gattungsbezeichnungen entwickelten. Danach wurden die Eigennamen, wie sie uns heute erscheinen, aus dem Bestand der Gattungsnamen gebildet. Deshalb sind auch die Grenzen zwischen Name und Wort häufig unscharf und fließend. So bezeichnet ein Vorname wie *Friedrich,* ein Familienname wie *Schneider* oder ein Ortsname wie *Neustadt* viele Einzelwesen und Örtlichkeiten. Damit ist der Eigenname also keineswegs einmalig. Andererseits gibt es Gattungsnamen, die – zumindest in der Alltagssprache – lediglich Einzelerscheinungen benennen (die *Sonne,* der *Mond,* der *Himmel).* Es ist auch möglich, daß Eigennamen wieder zu Gattungsnamen werden, z. B. *Diesel, Guillotine,* Havanna [Zigarre], *Kognak, Krösus, Quisling* [Verräter], *Schrapnell, Zeppelin;* auch *morsen, röntgen* als Verben. Es kann gesagt werden, daß der Name **identifiziert,** während das Wort **charakterisiert.** –Nicht zu den Eigennamen sind im Deutschen zu zählen: die sogenannten Tier- und Pflanzennamen (Eichelhäher: *Nußhäher, Nußhacker, Markolf, Holzschreier);* Schlüsselblume: *Himmel(s)schlüssel, Primel, Osterblume, Matenke, Hühnerblind),* die Handwerkernamen (Stellmacher: *Rademacher, Bogner, Wagenbauer, Wagner),* die Krankheitsnamen *(Ziegenpeter),* die Verwandtschaftsnamen *(Eidam, Schnur* ›Schwiegertochter‹) sowie die Wochentags- und Monatsnamen.

Personennamen

Die beiden weitaus stärksten Gruppen des Namenschatzes bilden die Personennamen und Ortsnamen im weitesten Sinne. – Die **Personennamen** entstehen in älterer Zeit als Rufnamen, die etwa den heutigen Vornamen entsprechen. Die **Bildung**sweise des größten Teils dieser Namen ist in fast allen indogerman. Sprachen gleich und somit sehr alt. Es handelt sich um Zusammensetzungen aus zwei Gliedern, für die fast ausschließlich Substantive und Adjektive verwendet werden *(Sieg-fried* ›Sieg + Friede‹; *Ger-hard* ›Speer + hart‹; griech. *Timo-theus* ›ehren + Gott‹). Daneben gibt es aber seit alter Zeit auch einstämmige Namen, jedoch in weitaus geringerer Anzahl *(Karl, Bruno, Ernst).* Die zweigliedrigen Rufnamen konnten schon früh gekürzt werden, so daß heute neben den **Vollformen** viele **Kurzformen** vorkommen *(Bernd* aus Bernhard). – Die Namengebung war ursprünglich ein Akt, verbunden mit einem ›Heilwunsch‹: ein *Eberhard* sollte ›so stark wie ein Eber‹ werden. Deshalb läßt sich die Bedeutung der heimischen Rufnamen auf ganz bestimmte Gruppen zurückführen: Kampf und Krieg *(Wiegand* ›Kämpfer‹, *Hedwig* ›Streit + Kampf‹); Ruhm, Sieg und Friede *(Rudolf* ›Ruhm + Wolf‹, *Siegfried);* Waffen und Ausrüstung *(Brünhild* ›Brünne + Kampf‹); Kraft und Tüchtigkeit, Berühmtheit *(Dietmar* ›Volk + berühmt‹, *Ludwig* ›berühmt + Kampf‹); Volk und Land *(Dietrich* ›Volk + Herrscher‹); Liebe und Freundschaft *(Gertrud* ›Speer + lieb‹). Neben diesen germanisch-deutschen Rufnamen stehen solche aus fremden Sprachen. Seit dem 8. Jahrh. werden ins Deutsche christl. Personennamen übernommen, bei denen zuerst die Namen aus dem Alten Testament, also hebräischer Abkunft, überwiegen, z. B. *Adam* ›Erdgeborener, Mensch‹, *Johannes* ›Gott ist gnädig‹. Danach treten auch Namen des Neuen Testaments, also griechische *(Andreas* ›der Mannhafte‹, *Petrus,* Peter ›Fels‹), und der klösterl. Kultur lateinische auf *(Benedikus* ›der Gesegnete‹, *Clemens* ›der Milde‹). Eine weite Verbreitung finden diese Namen seit dem 12. Jahrh. mit der gesteigerten Heiligenverehrung *(Nikolaus, Christoph, Sebastian; Elisabeth, Anna, Katharina, Margarete, Maria).* Die heimischen Rufnamen werden in den folgenden Jahrhunderten von diesen kirchlichen Namen stark zurückgedrängt. Eine Gegenbewegung beginnt in der Zeit des Humanismus und der Reformation. Einerseits werden die Namen des Alten Testaments wieder bevorzugt *(David, Tobias, Isaak, Samuel),* andererseits neue christliche Namen in deutscher Sprache gebildet *(Gotthold, Gottlieb, Gotthelf, Fürchtegott, Traugott, Leberecht).* Auch kulturelle Einflüsse aus Frankreich *(Annette, Babette, Claire, Charlotte, Louise,* also besonders weibl. Vornamen, neben *Jean* und *Louis)* und England *(Daisy, Harriet, Fanny; Harry, Eduard, Edwin)* machen sich bemerkbar. Aus slawischen Sprachen sind entlehnt: *Olga, Feodora, Vera, Wanda, Wenzel;* aus den nordischen Sprachen: *Sigrid, Ingrid, Knut.*

Familiennamen

Während die Rufnamengebung so alt wie die Menschen und die menschliche Sprache selbst sein dürfte, sind die **Familiennamen** erheblich jünger und im Deutschen noch keine 1 000 Jahre alt. Die Familiennamen sind heute noch nicht in allen Ländern üblich. In der Türkei z. B. wurden sie erst 1934 (durch ein Gesetz Kemal Atatürks) eingeführt, und Ägypten hat sie etwa 1955 als erstes arabisches Land gesetzlich vorgeschrieben. Bis dahin genügten der Rufname und der Vatersname. – Die Entstehung der Familiennamen ist an eine ganze Reihe von Ursachen geknüpft. So reichte seit dem 12. Jahrh. die Zahl der zur Verfügung stehenden Rufnamen nicht mehr aus. Immer mehr Menschen trugen den gleichen Namen. Ein Name allein konnte eine bestimmte Person nicht mehr identifizieren. Die Konzentration größerer Mengen von Menschen in den mittelalterl. Städten machte aber eine Unterscheidung der Personen in Verwaltung, Verkehr, Handel erforderlich. Dafür wurden zuerst sogenannte Beinamen gebildet: *Johannes dictus Magnus, Cunrat geheizen der Rouber.* Daraus gingen die Familiennamen hervor. Die Entwicklung begann in Deutschland in den großen Städten (damals etwa 10 000–15 000 Einwohner) am Rhein (Straßburg, Speyer, Mainz, besonders aber Köln). Der Prozeß im gesamten Sprachgebiet war zu Anfang des 15. Jahrh. abgeschlossen. In einzelnen Reliktgebieten haben sie sich erst im 19. Jahrh. durchgesetzt. Die Familiennamen konnten gebildet werden: 1. nach Rufnamen (am geläufigsten ist zuerst der Typ *Matthias Heinrichs,* d. h. ›Matthias, der Sohn Heinrichs‹; dann *Andersen* nach Andreas; *Dietze* zu Dietrich); 2. nach der Herkunft *(Bayer, Schwab, Schlesier* [Schlesien], *Böhme; Adenauer* [Adenau in der Eifel], *Furtwängler* [Furtwangen]); 3. nach der Wohnstätte *(Imhof* zu ›im Hof‹, *Amend* zu ›am Ende [des Ortes]‹, *Bachmann* ›am Bache wohnend‹; 4. nach dem Beruf *(Bäcker, Fischer, Bauer, Schneider, Müller, Böttcher, Zimmermann);* 5. nach besonderen körperlichen und geistigen Eigenschaften, oft in derbem Spott (sogenannte Übernamen, d. h. Spitznamen: *Rauchfuß* ›rauher behaarter Fuß‹, *Gernreich, Dickkopf, Langbein, Lachnit* ›lache nicht‹). Mit der Erblichkeit und dem Festwerden der Familiennamen war eine Entwicklung vollzogen, nach der ein *Friedrich Schneider* von Beruf Schmied sein oder ein *Johann Brückemann* nicht an der Brücke, sondern auf dem Markt wohnen konnte.

Die Familiennamen haben die zahlreichen, heute nicht mehr üblichen Handwerkerbezeichnungen in ihrer landschaftlichen Verschiedenheit erhalten: Böttcher, Büttner, Binder, Faßbinder, Faßner, Schäffler, Küfer, Küper, Kufner, Tünker, Reifbinder. Sie zeigen auch die frühere Arbeitsteilung des Handwerks: Hufschmied, Blechschmied, Pfannenschmidt, Nagelschmidt, Spengler, Sporer, Nadler, Plattner, Schwertfeger. Sie werden damit zu einer wichtigen kulturgeschichtlichen Quelle.

Ortsnamen

Zu den **Ortsnamen** im weitesten Sinne gehören Namen von Erdteilen, Ländern, Meeren, Flüssen, Bergen, Tälern, Seen, Wäldern, Fluren, Straßen und Häusern, im engeren Sinne sind die Namen der bewohnten Siedlungen gemeint. Die Ortsnamen entstanden aus dem Bedürfnis, eine bestimmte Örtlichkeit näher zu bezeichnen. Solche Örtlichkeiten sind wohl zuerst bestimmte geographische Gegebenheiten (Fluren, Flüsse, Gewässer, Moore) in der Umgebung des Menschen und erst dann menschliche Siedlungen gewesen. – Die ältesten Namen auf deutschem Boden sind Flußnamen. Ihre Herkunft wird als ›alteuropäisch‹ bezeichnet, d. h. diese Namen müssen entstanden sein, bevor sich die indogerman. Sprachgemeinschaft in Europa in ihre Einzelsprachen (Keltisch, Germanisch, Slawisch usw.) aufspaltete. Die Bildungsweise dieser Namen ist so einheitlich, daß keines der späteren Völker als Namengeber in Betracht kommen kann. Hierzu gehören die Namen der großen Flüsse wie *Rhein, Main, Elbe, Saale, Oder,* aber auch kleinere wie *Lahn, Sieg, Ilm* oder *Innerste* (Harz). Für die ältesten Siedlungsnamen im deutschen Raum ist ligurische, illyrische und venetische Herkunft angenommen worden. Jedoch ist es bisher nicht überzeugend gelungen, Ortsnamen dieser frühen Schicht (*Peine, Telgte* b. Münster/Westf., *Segeste,* Kr. Alfeld) und die zahllosen Gewässernamen auf *-apa* (heute auf *-pe, -p, -phe, -fe, -f* usw. ausgehend, z. B. *Aschaffenburg, Laasphe, Honnef, Lennep*) einem dieser Namengut zuzuweisen. – Dagegen sind keltische Namen leichter zu erkennen. Bildungswörter dafür sind *-magos* ›Ebene, Feld, Marktflecken‹ (*Remagen, Neumagen*), *-dunum* ›Berg, Burg, hochgelegene Befestigung‹ (*Kempten*), *-durum* ›Tor, Tür, Durchgang‹ (*Solothurn, Winterthur*). Keltische Flußnamen sind *Inn, Enns, Tauber* u. a. Aus der Römerzeit stammen viele Ortsnamen erhalten: *Koblenz* (aus lat. *Confluentes* ›Zusammenfluß‹ [von Rhein und Mosel]), *Trier, Köln, Zabern, Bernkastel.* – Die ältesten german. Ortsnamen sind abgeleitete Flur- oder Stellenbezeichnungen auf *-idi* (*Minden, Sömmerda, Lengede*), *-ahi* (*Haslach, Eichach*), *-ing/-ung* (*Solingen, Salzungen*) und sogenannter Insassennamen, d. h. Ortsnamen, die aus dem Personennamen des Sippenoberhauptes gebildet wurden, indem man *-ing* an dessen Namen anhängte (*Sigmaringen* bedeutet ›[Ort] bei den Leuten des Siegmar‹). Aus diesen einfachen und abgeleiteten erscheinen auch zusammengesetzte Ortsnamen: *-lar* ›Viehweide‹ (*Goslar*), *-mar* ›Quelle, Sumpf‹ (*Weimar*), *-loh* ›Wald, Gebüsch‹ (*Gütersloh*), *-aha* ›Wasser‹ (*Eisenach*). In der Epoche der Völkerwanderungszeit traten neue Grundwörter auf: *-heim, -dorf, -hausen, -leben, -hofen, -feld, -rode, -weiler;* später kommen *-stadt, -burg, -berg, -stein, -born, -brunn, -bach, -hain, -reut, -grün, -tal, -walde, -büttel* u. a. hinzu. Vor diesen Grundwörtern steht als Bestimmungswort häufig ein Personenname (Hermsdorf aus *Hermannsdorf*), ein Substantiv (*Eschefeld*) oder Adjektiv (*Altenburg*). – Wie im Westen Deutschlands romanische Ortsnamen erhalten blieben (*Köln, Trier*), sind im Osten jenseits von Elbe und Saale zahllose Ortsnamen aus der slawischen Siedelzeit überliefert (*Dresden* ›[Ort der] Waldbewohner‹, *Leipzig* ›Lindenort‹, *Görlitz* ›Brandrodung‹, *Cottbus* ›Ort eines [Mannes namens] Chotebud‹, *Rostock* ›Auseinanderfluß [der Warnow]‹, *Schwerin* ›Ort mit wilden Tieren‹, *Lübeck* ›[Ort der] Leute eines [Mannes namens] Lub‹). Jüngste Bildungen in deutschen Ortsnamen sind *Charlottenburg, Moritzburg, Wilhelmshöhe, Ludwigslust, Friedrichshafen, Ludwigshafen, Karlsruhe* oder *Leverkusen* (gegr. 1862, benannt nach dem Erfinder des Ultramarins *Karl Leverkus*) und *Neu-Gablonz* (nach 1945 entstanden, bei Kaufbeuren).

Die lautliche und formale Entwicklung der Ortsnamen und ihre Bildungsweise sind äußerst vielfältig. – Abgesehen von den neueren Bildungen stellen die Ortsnamen eine Art von Sprachaltertümern dar, aus denen wesentliche Aufschlüsse zur Sprach-, Siedlungs- und Kulturgeschichte gewonnen werden können, wenn die Namenforschung als strenge sprachwissenschaftl. Disziplin aufgefaßt wird.

Ableitungen, Flexion, Plural

Personennamen (Familiennamen und Vornamen) werden im Singular stark flektiert. Betroffen davon wird nur der Genitiv, der auf *-s* endet (Karl*s* Buch). Bei mehreren Namen erhält nur der letzte die Endung (die Fugen Johann Sebastian Bach*s*). Die schwache Deklination ist veraltet, sie hat sich in scherzhaft verwendeter gehobener Sprache und in den Mundarten gehalten (einen Brief an Goethe*n* schreiben; zu Karle*n* gehen). – Wenn dem Personennamen ein Artikel, ein Adjektiv oder ein Pronomen vorangeht, bleibt er meist ungebeugt (die Opern des jungen Mozart). Enden Personennamen auf *-s, ß, x, chs, z, tz,* wird der Genitiv verschieden gebildet: 1. durch Apostroph (Max' Buch), 2. durch ›von‹ (die Bücher *von* Max), 3. durch vorangesetzten Artikel (das Ei *des* Columbus), 4. altertümlich mit der Endung *-ens* (Leibniz*ens* Philosophie). – Steht vor dem Eigennamen eine Gattungsbezeichnung (Substantiv), so wird der Name nur flektiert, wenn kein Artikel vorausgeht (die Erfolge Kaiser Karl*s*; aber: die Bulle *des* Papstes Gregor). Bei Namen mit *von* wird der Familienname nur dann nicht flektiert, wenn dieser noch deutlich als Ortsname zu erkennen ist; dafür erhält aber der Vorname die Endung, so bei Herkunftsnamen von Fürsten oder mittelalterlichen Dichtern (der Berater Adalbert*s* von Bremen; die Epen Wolfram*s* von Eschenbach, aber auch: Wolfram von Eschenbach*s* ›Parzival‹). – Den **Plural** bilden weibl. Vornamen auf *-e* mit *-n* (drei Hilde*n*), alle anderen hängen *-s* an (zwei Anna*s*); männl. Vornamen auf Vokal fügen ebenfalls *-s* an (die Hugo*s*), solche auf *-chen, -el, -er* und Satznamen (*Fürchtegott*) bleiben ohne Pluralendung (die Hänschen), alle anderen gehen auf *-e* aus (sechs Heinrich*e*). Familiennamen bilden den Plural meist auf *-s* (die Grimm*s*, die Buddenbrook*s*) oder sie stehen ohne Endung, bes. die auf *-el, -er, -en* (die beiden Schlegel). Familiennamen auf *-s, ß, x, chs, z, tz* erhalten im Plural *-ens* (die Götz*ens*, die Laux*ens*). **Ortsnamen** kommen naturgemäß nur im Singular vor. Auch sie erhalten nur im Genitiv die Endung *-s* (München*s* U-Bahn). Wenn ein Ortsname auf *s, ß, x, chs, z, tz* ausgeht, werden die bei den Personennamen genannten Regeln angewandt. Schwankend ist der Gebrauch, wenn vor dem Ortsnamen ein Artikel mit Adjektiv steht (der Wiederaufbau *des* zerstörten Deutschland oder Deutschland*s*). Das *-s* gilt gegenwärtig noch als korrekt, doch dringt die endungslose Form immer mehr durch. – Von Ortsnamen wird den meisten Ländernamen und der Einwohnername auf *-er* gebildet (Berlin: der *Berliner,* des *Berliners;* die *Berlinerin* – Belgien: der *Belgier,* des *Belgiers;* die *Belgierin* – Andorra: der *Andorraner,* des *Andorraners;* die *Andorranerin*). Es treten auch Doppelformen auf (*Jenaer – Jenenser; Badener – Badenser),* wobei die zweite Form jeweils nach lateinischem Vorbild geschaffen wurde und oft auch altertümlich wirkt. Größere Unregelmäßigkeiten zeigen Namenpaare wie *Portugal – Portugiese; Normandie – Normanne; Bretagne – Bretone; Flandern – Flame; Monaco – Monegasse; Guatemala – Guatemalteke.* Deutsche und fremde Endungen gehen hier oftmals durcheinander. – Vom Einwohnernamen wird auch das Adjektiv gebildet, das die Zugehörigkeit bezeichnet (Berliner Pflanze, Münchner Bier). Daneben stehen seit frühester Zeit aber auch Bildungen mit *-isch* (*Kölnisches* Wasser, *Badischer* Wein; Lessing: *Hamburgische* Dramaturgie), unregelmäßig: *lübisch* (Lübeck; z. B. *lübisches* Recht). – Von Ortsnamen können auch Verben gebildet werden (*berlinern, sächseln, schwäbeln,* ›wie ein Berliner, Sachse, Schwabe reden‹). Wohl einmalig ist die Bildung *verberlinern* ›ganz und gar berlinerisches Wesen annehmen‹.

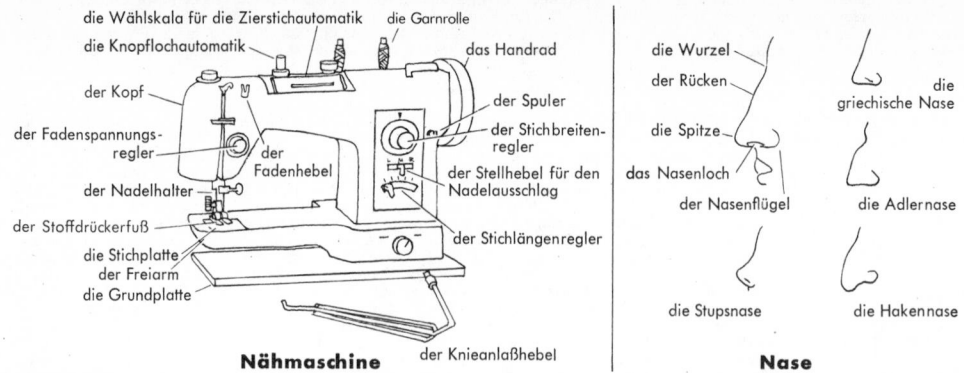

Nähmaschine: die Wählskala für die Zierstichautomatik; die Knopflochautomatik; der Kopf; der Fadenspannungsregler; der Fadenhebel; der Nadelhalter; der Stoffdrückerfuß; die Stichplatte; der Freiarm; die Grundplatte; die Garnrolle; das Handrad; der Spuler; der Stichbreitenregler; der Stellhebel für den Nadelausschlag; der Stichlängenregler; der Knieanlaßhebel

Nähmaschine

Nase: die Wurzel; der Rücken; die Spitze; das Nasenloch; der Nasenflügel; die griechische Nase; die Adlernase; die Stupsnase; die Hakennase

Nase

Nannerl, Nannette, Nanni, weibl. Vornamen.
nannte, von nennen.
Nano... [lat. nanus ›Zwerg‹], Zeichen: n, vor Maßeinheiten: ein Milliardstel, ÜBERS. M 8.
nanu!, U Ausruf des Erstaunens.
Napalm [Kw.] *das, -s,* gelartige, beim Aufschlag zündende Masse aus Naphtensäuren und Palmitinsäure: *Napalmbombe.*
Napf [ahd. (h)napf] *der, -(e)s/⁺e,* kleine Schüssel, ABB. G 7: *Futternapf.* **Näpfchen** *das, -s/-.*
napfezen, *ich* napfeze (habe genapfezet), naffeze.
Napfkuchen *der,* ABB. G 7.
Naph|tha [grch. naphtha ›Bergöl‹] *das, -s* oder *die, -,* **1)** früher für Erdöl; heute noch in einigen slaw. Sprachen. **2)** Bez. für bestimmte Erdölanteile und -destillate. **Naph|thalin** *das, -s,* festes Destillationsprodukt des Erdöls und der Steinkohle; Mottengift. **Naph|thole,** *Pl.,* zwei isomere chem. Verbindungen, Grundstoffe zur Farbenherstellung.
Napoleondor [nach Napoleon I., 1769–1821, Napoleon III., 1808–1873, frz. or ›Gold‹] *der, -s/-e* und nach Wertangaben -, unter Napoleon I. und III. geprägte Goldmünze. **napoleonisch, Napoleonisch,** auf den französ. Kaiser Napoleon I. bezogen; vgl. ÜBERS. A 4, C.
Napolitain [-tἒ, nach der Stadt Neapel] *das, -s/-s,* kleines Schokoladentäfelchen. **Napolitaine** [-t'ε:n] *die, -,* feines, weiches Wollgewebe.
Nappa [nach der kaliforn. Stadt Napa] *das, -(s),* **Nappaleder** *die,* Schaf- oder Ziegenleder: *Nappahandschuhe.*
Narbe [mhd. narwe, zu engl. narrow ›eng‹] *die, -/-n,* **1)** Gewebe, das sich bei der Heilung von Wunden neu bildet: *Pockennarben; Wundnarben; Narbengewebe.* **2)** ⊕ oberer Teil des Fruchtknotens zum Auffangen des Blütenstaubes, ABB. B 38, F 36. **3)** Gerberei: der Narben. **4)** Grasdecke der Erde: *Grasnarbe.* **narben,** *ich* narbe (habe genarbt), **1)** *Felle,* enthaare. **2)** *Leder,* versehe mit Narben: *genarbtes Leder.* **Narben** *der, -s/-,* Gerberei: oberste Schicht, Haarseite der Lederhaut. **narbig,** mit Narben bedeckt: *pockennarbig.*
Narde [ahd. narda, zu grch. nardos] *die, -/-n,* Name wohlriechender Pflanzen; das daraus hergestellte Öl.
Nargile [auch -g'i:le, pers. nargil ›Kokosnuß‹] *die, -/-(s)* oder *das, -s/-s,* orientalische Wasserpfeife.
Narko|analyse [Kurzw. aus Narkose und Analyse] *die,* ⸸ psychoanalyt. Befragung während oder nach einer Kurznarkose. **Narkomanie** [vgl. Manie] *die, -,* Sucht nach Narkotika. **Narkose** [grch. narkosis ›Erstarrung‹] *die, -/-n,* ⸸ allgemeine Betäubung, bes. Schmerzausschaltung: *Narkosearzt; Inhalationsnarkose.* **Narkotikum** *das, -s/...ka,* betäubendes Mittel. **narkotisch. narkotisieren,** *ich* narkotisiere (habe narkotisiert) *ihn,* versetze in Narkose, betäube.
Narr [ahd. narro] *der, -en/-en,* **1)** komische Gestalt, Spaßmacher, Possenreißer: *Hofnarr; Faschingsnarr; Narrenkostüm.* **2)** einfältiger Mensch, Tölpel: *man wollte ihn zum Narren halten; ihn necken, verspotten.* **3)** *sie hat einen Narren an ihm, daran gefressen,* Ü liebt ihn, ist unsinnig. **Närrchen** *das, -s/-.* **narren,** *ich* narre (habe genarrt) *ihn,* halte zum Narren, täusche, spiele ihm einen Streich. **Narrenfreiheit** *die,* Ü gewisse Sonderrechte, die man jemandem zubilligt, den man

nicht ernst nimmt: *er genießt bei uns N.* **Narrenhaus** *das: hier geht's zu wie im N.,* U. **Narrenkappe** *die,* Kopfbedeckung des Narren, ABB. K 8. **Narren(s)possen,** *Pl.,* törichte Streiche. **Narrenstreich** *der,* **1)** Schelmenstück. **2)** Ü große Torheit. **Narrenteiding** *der, -s/-e,* ⁎ **Narretei** *die, -/-en,* Narrentreiben, Torheit, Tollheit. **Narrheit** *die, -/-en,* **1)** dummer oder lustiger Streich. **2)** närrische Veranlagung. **Närrin** *die, -/-nen,* weibl. Narr. **närrisch, 1)** durch Dummheit, Lächerlichkeit, Schalkheit gekennzeichnet: *ein närrischer Kerl, Einfall; närrisches Faschingstreiben.* **2)** gewaltig: *eine närrische Freude.*
Narwal [dän. narhval] *der,* ein Zahnwal.
Narziß [nach Narkissos, Gestalt des griech. Mythos, nach seinem Tod in eine Narzisse verwandelt] *der, -* oder *...z'isses/ ...z'isse,* eitler oder krankhafter Selbstbewunderer. **Narzisse** [grch. narkissos, zu narkosis ›Lähmung‹] *die, -/-n,* ein Zwiebelgewächs. **Narzißmus** [vgl. ...ismus] *der, -,* Selbstliebe. **Narzißt** *der, -en/-en,* Narziß. **narzißtisch.**
nasal [lat. nasus ›Nase‹], **1)** ⸸ auf die Nase bezüglich. **2)** durch die Nase gesprochen. **Nasal** *der, -s/-e,* ⑤ Nasenlaut, ÜBERS. G 34. **nasalieren,** *ich* nasaliere (habe nasaliert) *es,* spreche durch die Nase aus: *nasalierte Vokale,* ã, ἒ, õ usw. **Nasalierung** *die, -/-en.*
naschen [ahd. nascon], *ich* nasche (habe genascht) *es,* esse heimlich, in kleinen Mengen, besonders Süßes: *das Kind nascht Schokolade.*
Näs|chen *das, -s/-,* Diminutiv von Nase.
Nascher, Näscher [mhd. nascher] *der, -s/-,* jemand, der gern nascht. **Näscherei** *die, -/-en,* Leckerei, Süßigkeit. **Nascherin, Näscherin** *die, -/-nen.* **naschhaft,** gern naschend. **Naschhaftigkeit** *die, -.* **Naschkatze** *die,* U Näscherin. **Naschsucht** *die.* **Naschwerk** *das, -(e)s,* Süßigkeiten.
Nase [ahd. nasa, zu lat. nasus] *die, -/-n,* **1)** Geruchsorgan bei Mensch und Tier, ABB. N 4, M 12, P 9: *Nasenhöhle; Nasen-Rachen-Raum; Nasenschleimhaut; Nasenwurzel; ich muß mir die N. putzen, schneuzen; das geht in die N.,* riecht stark, unangenehm; *man soll nicht die N. über andere rümpfen,* Ü sie verächtlich machen; *sie trägt die N. hoch,* Ü ist hochmütig; *er zog mit langer N. ab,* U niedergeschlagen, erfolglos, entmutigt; *das Kind macht ihm eine lange N.,* dreht ihm eine N.*,* U verspottet ihn; *faß dich an deine N.!,* kümmere dich um deine eigenen Angelegenheiten; *ich habe die N. voll,* U bin es leid; *du wirst bald auf der N. liegen,* U krank, erschöpft sein; *einen jüngeren Mann wollte er sich nicht vor die N. setzen lassen,* U als Vorgesetzten bekommen; *man muß ihn mit der N. darauf stoßen,* U deutlich darauf aufmerksam machen, denn *er ist begriffsstutzig; ich lasse mich nicht an der N. herumführen,* Ü foppen; *er sollte nicht seine N. in alles stecken,* U so neugierig sein; *das werde ich ihr nicht auf die N. binden,* U verraten; *man muß ihm alles aus der N. ziehen,* U sagt nur etwas, wenn man geschickt danach fragt; *er hat die N. ins Glas gesteckt,* U ist betrunken; *das hat eine N., schweiz.:* ist von Bedeutung; *Hunde haben eine feine N.,* U guten Geruchssinn; *sie hat eine N. fürs Geschäft,* U Spürsinn. **2)** Felsvorsprung; Halbinsel. **3)** ⊚ hakenförmiger Ansatz, Handgriff, ABB. H 19. **4)** ⣿ Schmuckform im gotischen Maßwerk, ABB. M 7. **5)** Näsling, karpfenartiger Süßwasserfisch. **näseln,** *ich* näs(e)le (habe genäselt),

spreche durch die Nase, nasal. **Nasenaffe** der, ein Affe mit großer Nase. **Nasenbär** der, ein Bär mit rüsselartig verlängerter Nase. **Nasenbluten** das, -s, Blutung aus der Nase. **Nasenbremsen**, Pl., Fliegen, deren Larven im Nasen-Rachen-Raum der Säugetiere leben. **nase(n)lang**, alle n., U sehr häufig, immer wieder. **Nasenlänge** die, Pferdekopflänge beim Rennsport: er ist immer um eine N. voraus, Ü hat einen kleinen, aber entscheidenden Vorsprung. **Nasenlaut** der, Nasal. **Nasenspitze** die, vorderes Ende der Nase: das sieht man dir an der N. an, Ü sofort, auf den ersten Blick. **Nasenstüber** der, leichter Stoß gegen die Nase. **naseweis** [mhd. nasewise], vorlaut, vorwitzig. **nasführen**, ich nasführe (habe genasführt) ihn, foppe, halte zum Narren: da hat man dich ganz schön genasführt! **Nashorn** das, ein dickhäutiges Huftier mit einem Horn oder zwei hintereinanderstehenden Hörnern. **Näsling** der, -s/-e, die Nase (Fisch).

naß, nasser, am nassesten oder nässer, am nässesten [ahd. naz], getränkt mit Feuchtigkeit, vollgesogen mit Wasser; feucht: der Schwamm ist n.; das ist ein nasses Jahr, ein regenreiches. **Naß** das, N'asses, P Flüssigkeit; Getränk; Regen. **Nassauer** [vielleicht von rotwelsch nassen ›schenken‹] der, -s/-, U jemand, der sich einen Genuß auf Kosten anderer verschafft. **nassauern**, ich nassau(e)re (habe genassauert). **Nässe** [mhd. nezze] die, -, starke Feuchtigkeit. **nässen**, ich nässe (habe genäßt), U mache naß: Tau näßt das Gras, P. **2)** es näßt, sondert Feuchtigkeit ab: die Wunde näßt; Wild näßt, ♀ läßt Harn. **naßfest**, in nassem Zustand belastbar (Fasern). **naßforsch**, U dreist, unverfroren. **naßkalt**, naß, feuchtkalt und kalt. **näßlich**, ein wenig feucht. **Naßrasierer** der, jemand, der sich mit Wasser, Seife und Rasierklinge rasiert. **Naßrasur** die. **Naßraum** der, Bad und WC.

Nastie [grch. nastos ›gekettet‹] die, -, Krümmungsbewegung eines Pflanzenorgans.

Nas|tuch das, -(e)s/-″er, oberdt.: Taschentuch.

naszierend [lat. nasci ›geboren werden‹], im Zustand des Entstehens (z. B. Wasserstoff).

Natalia, Natalie [-lia, auch n'atali, frz. natal'i.; zu lat. dies natalis Christi ›Geburtstag Christi‹], weibl. Vornamen. **Natalität** [frz. natalité, zu lat. natus ›Geburt‹] die, -, Statistik: Geburtshäufigkeit.

Nathan [hebr. ›(Gott hat) gegeben‹], männl. Vorname.

Nation [lat. natio ›Geburt‹, ›Volksstamm‹, zu nasci ›geboren werden‹] die, -/-en, **1)** durch Einheit der Sprache und Kulturüberlieferung bestimmte Gemeinschaft: Kulturnation. **2)** durch gemeinsame staatlich-polit. Entwicklung geformte Gemeinschaft: Staatsnation; die Vollversammlung der Vereinten Nationen. **national, 1)** die Nation betreffend: nationale Interessen; Nationalbibliothek; Nationaltheater. **2)** die Nation betonend, patriotisch: Nationalbewußtsein; Nationalgefühl. **3)** auf die Nation beschränkt, innerstaatlich: eine nationale Lösung des Problems. **Nationale** das, -s/-, österr.: Personalangaben (Name, Alter, Beruf, Geschlecht u. a.). **National|elf** die, Nationalmannschaft (beim Fußball). **Nationalfarben**, Pl., die Farben eines Staates in Nationalflaggen, auf Kokarden, Orden u. a. **Nationalgericht** das, eine für eine Nation typische Speise. **Nationalhymne** die, bei Anlässen als Ausdruck des Nationalbewußtseins vorgetragenes Lied. **nationalisieren**, ich nationalisiere (habe nationalisiert), **1)** ihn, bürgere ein, naturalisiere. **2)** es, erkläre für Staatseigentum. **Nationalisierung** die, -/-en. **Nationalismus** der, -/. . . men, Ideologie, die den Gedanken der Nation und des auf ihm beruhenden Staates militant nach innen und außen vertritt. **Nationalist** der, -en/-en. **nationalistisch. Nationalität** die, -/-en, **1)**

Zugehörigkeit zu einer Nation. **2)** Volksgruppe in einem fremden Staat (nationale Minderheit): Nationalitätenproblem. **Nationalmannschaft** die, ✕ Auswahl von Spitzensportlern eines Staates für internationale Wettbewerbe. **National|ökonom** der, Volkswirtschaftler. **National|ökonomie** die, Volkswirtschaftslehre. **Nationalrat** der, in Österreich und der Schweiz eine der beiden gesetzgebenden Körperschaften. **Nationalsozialismus** der, völkisch-antisemitisch-nationalrevolutionäre Bewegung, die 1933 in Dtl. ein totalitäres Herrschaftssystem errichtete. **nationalsozialistisch. Nationalspieler** der, ✕ Spieler in einer Nationalmannschaft. **Nationalstraße** die, Bez. für Fernstraße in der Schweiz u. a. Ländern. **Nationalversammlung** die, Volksvertretung, bes. zur Ausarbeitung einer neuen Verfassung.

nativ [lat. nativus], angeboren, natürlich entstanden. **Nativismus** [vgl. . . .ismus] der, -, **1)** Theorie, nach der psych. Eigenschaften angeboren sind. **2)** Begriff für die Bestrebungen ethnischer Gruppen, eigenständige Werte zu betonen und zu fördern. **Nativität** die, -/-en, Astrologie: Stellung der Gestirne bei der Geburt.

NATO, Abk. für: North Atlantic Treaty Organization, vgl. Nordatlantikpakt.

Na|trium das, -, ⚛ Element, Zeichen: Na, ein sehr weiches, silberweißes Metall: Natriumdampflampe; Natriumlicht. **Natron** [arab. natrun, zu altägypt. neter ›Soda‹ das, -s, U **1)** Natriumhydrogenkarbonat; früher auch für Soda. **2)** ⚭ ungenaue Bez. für Natrium in Verbindungen: Natronlauge.

nätschen, ich nätsche (habe genätscht), schweiz.: plaudere, klatsche.

Natté [nat'e, frz. natte ›Flechtwerk‹, ›Matte‹] das, -(s)/-s, ein panamaähnl. Gewebe.

Natter [ahd. natara, zu lat. natrix ›Wasserschlange‹] die, -/-n, eine Schlange; P Giftschlange: Natternbiß. **Natterbrut** die, eine Schlange; P unehrliche, falsche Menschen. **Natternhemd** das, die abgestreifte Haut einer Schlange. **Natternkopf** der, ein Boretschgewächs mit stark behaarten Blättern. **Natter(n)zunge** die, ein Farn.

Natur [ahd. natura, zu lat. natura ›Geburt‹, ›Natur‹, ›Charakter‹] die, -, **1)** Kosmos, die unabhängig von der menschl. Tätigkeit ums umgebende Welt: Mutter N.; das Walten, die Kräfte der N. **2)** Pl. -en, Beschaffenheit, Wesen, Anlage: das liegt in seiner N.; er kann seine N. nicht verleugnen; er ist eine Spielernatur; die Stimme der N., die triebhafte innere Stimme; solch ängstliche Naturen sollten dies nicht wagen. **3)** das freie Land, Wald und Feld, möglichst unberührte Landschaft: hinaus in die N.!; Naturbeschreibung; naturverbunden. **4)** Selbstgewachsenes, Eigengesetzliches, Unverfälschtes: naturfarbene Seide; Naturhafen, Hafen ohne Kunstbauten; Naturlandschaft; zurück zur N.!, weg von unserem überzivilisierten Leben; nach der N. gemalt, nach dem wirklichen Gegenstand (nicht nach Erinnerung oder Vorlage); ein Baum, wie er von N. gewachsen ist. **5)** oberdt.: Geschlechtsorgane: er muß seine N. erleichtern, harnen. **Naturalgeld** das, als Tauschmittel verwendete Gegenstände (bei weniger entwickelten Völkern). **Naturali|en**, Pl., **1)** Bodenerzeugnisse, Lebensmittel und Rohstoffe: ich lasse mir meine Arbeit in N. vergüten. **2)** Schaustücke in naturkundl. Sammlungen: Naturalienkabinett. **Naturalisation** die, -/-en, **1)** Einbürgerung. **2)** das Ausstopfen von Tierkörpern und Präparieren von Tierköpfen an Fellen. **naturalisieren**, ich naturalisiere (habe naturalisiert) ihn. **Naturalisierung** die, -/-en. **Naturalismus** [vgl. . . .ismus] der, -, **1)** Kunstrichtung, die nach naturgetreuer Abbildung der Wirklichkeit strebt. **2)** Philosophie: Erklärung

---

Naturkunde

Belebte Natur					Unbelebte Natur
(Biologie)					Mineralien, Gesteine, Fossilien

Pflanzen (Botanik)			Tiere (Zoologie)		
Abteilung:	z. B. Samenpflanzen		Stamm:	z. B. Chordatiere	Paläontologie
Unterabteilung:	Bedecktsamer		Unterstamm:	Wirbeltiere	Geologie
Klasse:	Einkeimblättrige		Klasse:	Säugetiere	Petrographie
Ordnung:	Lilienartige		Ordnung:	Raubtiere	Mineralogie
Familie:	Liliengewächse		Familie:	Katzen	Bodenkunde
Gattung:	Lilie		Gattung:	Großkatzen	
Art:	Waldlilie		Art:	Löwe	

der Wirklichkeit allein aus der Natur. **Naturalist** *der, -en/-en,* Vertreter des Naturalismus. **naturalistisch,** *naturalistisches Theater.* **Naturalwirtschaft** *die,* Wirtschaftsform, in der die Güter ohne Vermittlung von Geld getauscht werden. **naturbelassen,** *naturbelassene Fette.* **Naturbursche** *der,* urwüchsiger Mensch, der sich in seinem Benehmen keinen Zwang auferlegt. **Naturdenkmal** *das,* unter Naturschutz stehendes Naturgebilde (Höhlen, Quellen u. a.). **nature** [nat'y:r, frz.], *nicht flektierbar,* rein, unvermengt (von Speisen): *Schnitzel n.,* unpaniert. **naturell,** *nicht flektierbar,* natürlich, unbearbeitet, ungefärbt. **Naturell** *das, -s/-e,* Gemütsart. **Naturerscheinung** *die,* ein Vorgang in der Natur, z. B. Alpenglühen, Fata Morgana. **Naturfarbstoff** *der,* pflanzlicher und tierischer Farbstoff, z. B. Cochenillerot, Indigo. **Naturfaser** *die,* Faser tierischer oder pflanzl. Herkunft. **Naturgas** *das,* Erdgas. **naturgemäß,** *naturgemäße Heilverfahren; Qualitätsware ist n. etwas teurer,* Ü. **Naturgeschichte** *die,* Naturkunde. **Naturgesetz** *das,* feste Regel, nach der erfahrungsgemäß ein Naturgeschehen verläuft. **naturgetreu,** der Natur genau entsprechend: *eine naturgetreue Nachbildung.* **Naturheilkunde** *die,* Heilkunde mit dem Bestreben, die dem Menschen innewohnenden natürl. Heilkräfte zu steigern: *Naturheilverfahren.* **Naturismus** [vgl. . . . ismus] *der, -,* Freiluftleben ohne Bekleidung, Freikörperkultur, Nacktkultur, Nudismus. **Naturkatastrophe** *die,* Naturereignis mit schwerwiegenden Auswirkungen, z. B. Erdbeben. **Naturkonstanten,** *Pl.,* in den physikal. Gesetzen vorkommende Konstanten wie Lichtgeschwindigkeit, Ladung des Elektrons, Gravitationskonstante. **Naturkunde** *die,* Lehre von den belebten und unbelebten Natur, ÜBERS. N 5. **natürlich,** 1) auf die Natur bezüglich, der Natur gemäß: *er starb eines natürlichen Todes,* nicht gewaltsam. 2) einfach, ungekünstelt, offen: *sie hat ein natürliches Wesen.* 3) *nicht flektierbar,* U gewiß, selbstverständlich: *n. bleibe ich.* 4) *natürliche Kinder,* ♂♀ eheliche, leibliche, nicht adoptierte; beim dt. Adel auch: *uneheliche.* 5) *natürliche Zahl,* △ ganze positive Zahl. **natürlicherweise. Natürlichkeit** *die, -.* **Naturmensch** *der,* 1) U die Natur liebender Mensch. 2) Naturbursche. **naturnotwendig,** für die natürliche Entwicklung notwendig. **Naturnotwendigkeit** *die, -.* **Naturpark** *der,* großräumiges Landschaftsschutzgebiet. **Naturrecht** *das,* das in der vernunftbegabten Natur des Menschen begründete Recht. **Naturreligion** *die,* göttl. Verehrung der Naturkräfte. **Naturschutz** *der,* Maßnahmen zur Erhaltung urspr. Landschaft mit Tier- und Pflanzenwelt. **Naturspiel** *das,* (von der Regel abweichende) Erscheinungsform in der Natur. **Naturstoff** *der,* Rohstoff des Pflanzen-, Tier- und Mineralreiches. **Naturvolk** *das,* Bez. für eine Menschengruppe abseits der Hochkulturen mit traditioneller Lebensweise und starker Abhängigkeit von der natürl. Umwelt. **naturverbunden,** *naturverbundene Lebensweise.* **naturwidrig,** gegen die Natur, unnatürlich. **Naturwissenschaften,** *Pl.,* alle Wissenschaften, die sich mit den Naturerscheinungen und Naturgesetzen befassen, z. B. Physik, Chemie, Astronomie, Biologie (im Unterschied zu den Geisteswissenschaften). **naturwissenschaftlich. naturwüchsig,** frei wachsend. **Naturwüchsigkeit** *die, -.* **Naturwunder** *das,* außergewöhnliche Naturerscheinung. **Naturzustand** *der, -(e)s,* Unberührtheit durch Menschenhand.

natzen [mhd. natzen, vgl. naffezen], *ich natze (habe genatzt),* *bair.:* bin schläfrig; nicke ein.

Naue [mhd. nawe, wohl zu lat. navis] *die, -/-n,* **Nauen** *der, -s/-, oberdt.:* kleines Lastschiff, Fährboot.

Nauke *der, -s/-s, norddt.:* dummer Kerl.

Nausea [grch. nausia ›Seekrankheit‹] *die, -,* ⚕ Übelkeit.

Naute [jidd.] *die, -/-n,* Gebäck aus Mohn, Sirup.

Nautik [grch. nautike (techne) ›Schiffahrtskunde‹, zu naus ›Schiff‹] *die, -,* Schiffahrtskunde, Steuermannskunst. **Nautiker** *der, -s/-,* Kenner der Nautik. **Nautilus** *der, -/- oder -se,* 𝕊 ein Kopffüßer. **nautisch,** auf das Seewesen bezüglich.

Navarrese *der, -n/-n,* Bewohner der nordspan. Provinz Navarra. **navarresisch.**

Navigation [lat. navigatio, zu navigare ›zur See fahren‹, von navis ›Schiff‹] *die, -,* Standort- und Kursbestimmung von Schiffen, Luft- und Raumfahrzeugen: *Funknavigation; Navigationsinstrumente.* **Navigator** *der, -s/. . . t'oren,* für die Navigation zuständiges Mitglied der Flugzeugbesatzung. **navigieren,** *ich navigiere (habe navigiert).*

Nazaräer [nach der Stadt Nazareth] *der, -s/-,* 1) *ohne Pl.,* Beiname Jesu. 2) Bez. für die ersten Christen, später die syr. Judenchristen. **Nazarener** *der, -s/-,* 1) Nazaräer. 2) Angehöri-

ger mehrerer Sekten. 3) 19. Jahrh.: Angehöriger einer Gruppe deutscher Maler.

Nazi *der, -s/-s,* U Nationalsozialist: *Nazizeit.* **Nazismus** *der, -,* U Nationalsozialismus. **nazistisch,** U.

Nb, ⊕ Zeichen für: Niob(ium).

NB, Abk. für: notabene!

n. Br., nördl. Br., Abk. für: nördlicher Breite.

n. Chr., Abk. für: nach Christus, nach Christo. **n. Chr. G.,** Abk. für: nach Christi Geburt.

Nd, ⊕ Zeichen für: Neodym.

ne! [ne:], auch nee!, U nein!

Ne, ⊕ Zeichen für: Neon.

'ne [nə], U eine, vgl. ÜBERS. A 19.

Neandertaler [nach dem Fundort Neandertal bei Düsseldorf] *der, -s/-,* Angehöriger einer altsteinzeitl. Menschenrasse.

Neapolitaner *der, -s/-,* Neap(e)ler, Einwohner der süditalien. Stadt Neapel. **neapolitanisch.**

nebbich [jidd.], 1) G schade; leider. 2) U nun, wenn schon. **Nebbich** *der, -s/-s, österr.:* unbedeutender Mensch.

Nebel [ahd. nebul, zu lat. nebula, grch. nephele] *der, -s/-,* 1) Trübung der Luft durch sehr kleine Wassertröpfchen: *Morgennebel; Nebelschwaden; N. mit Sichtweiten unter 50 Meter; Nebelscheinwerfer;* Sinnbild für Verschleierung, Unklarheit: *bei Nacht und N.,* heimlich. 2) ♂♀ künstlich erzeugte Lufttrübung zur Deckung gegen Sicht. 3) ✧ schwach leuchtendes, flächenhaftes Gebilde am Himmel; sehr weit entfernter Sternhaufe: *Nebelfleck; Spiralnebel.* **nebelhaft,** Ü verschwommen, unklar. **Nebelhaftigkeit** *die, -.* **Nebelhorn** *das,* ⚓ ein Gerät zur Signalgebung bei Fahrt im Nebel. **neb(e)lig,** durch Nebel getrübt: *in nebliger Ferne,* in weiter Ferne. **Nebelkappe** [mhd. nebelkappe] *die,* Tarnkappe. **Nebelmonat, Nebelmond** *der, -s/-,* November. **nebeln,** *es nebelt (hat genebelt),* wird, ist nebelig. **Neb(e)lung** *der, -s/-s,* November. **Nebelwald** *der,* immergrüner, oft nebelreicher trop. Regenwald.

Nebelwerfer [nach dem dt. Raketenpionier R. Nebel, 1894–1976] *der,* ♂♀ ein Raketengeschütz.

neben [ahd. neban], 1) *ihm* (die Lage bestimmend) oder *ihn* (die Richtung bestimmend), an seine(r) Seite, in seine(r) Nachbarschaft, ÜBERS. P 21: *wir wohnen n. der Schule; n. dem Fluß läuft ein Kanal; er traf n. das Ziel,* U nicht hinein, daran vorbei; *ich stelle es n. die Tür,* aber: *es steht n. der Tür; in der Auseinandersetzung stand nur meine Mutter n. mir,* U sie allein unterstützte mich. 2) *ihm,* außer, zugleich mit: *n. dem Schaden hat er auch noch den Spott.* 3) *ihm,* mit ihm verglichen: *n. ihm bin ich ein Stümper!* **neben. . .,** 1) benachbart, daneben befindlich: *Nebenhaus; Nebenzimmer; nebenstehend.* 2) weniger wichtig: *Nebenlinie; Nebenperson; Nebenrolle; Nebenstraße.* 3) an zweiter Stelle stehend, nicht gleichberechtigt: *eine Nebenfrau des Sultans.* 4) zusätzlich: *Nebenanschluß* (Fernsprecher); *Nebenausgaben; Nebenkosten; Nebenverdienst; Nebenwohnung.* **nebenan,** benachbart: *im Zimmer n.* **nebenbei,** 1) gleichzeitig mit etwas anderem: *n. hilft sie im Büro.* 2) ohne ihm Bedeutung beizumessen: *das hat er mir so n. erzählt.* **Nebenberuf** *der,* nicht hauptberufliche Tätigkeit. **nebenberuflich. Nebenbuhler** *der, -s/-,* **Nebenbuhlerin** *die, -/-nen,* Mitbewerber(in), Konkurrent(in) (bei der Bewerbung um ein Amt, beim Werben um eine Person). **Nebenbuhlerschaft** *die, -.* **nebeneinander,** 1) einer neben dem anderen. 2) gleichzeitig: *zwei Arbeitsvorgänge n.* **Nebeneinander** *das, -s,* gleichzeitiges oder nahe benachbartes Bestehen. **Nebeneinanderschaltung** *die,* ⚡ Parallelschaltung. **Nebengedanke** *der, -s/-,* zusätzliche, heimliche Absicht. **nebengeordnet,** parataktisch. **nebenher,** 1) nebenbei. 2) begleitend, daneben.

Nebenhöhle *die,* ⚕ mit der Nasenhöhle in Verbindung stehender, mit Schleimhaut ausgekleideter Hohlraum. **Nebenklage** *die,* ⚖ im Strafprozeß der Anschluß des durch eine Straftat Verletzten an die vom Staatsanwalt erhobene öffentl. Klage. **Nebenlinie** [-iə] *die,* 1) Abkömmlinge eines jüngeren Sohnes. 2) Zweigbahn, Verkehrslinie von geringerer Bedeutung als die Hauptstrecke. **Nebenmann** *der, -(e)s/"er,* jemand, der neben mir wohnt, sitzt oder steht. **Nebenprodukt** *das,* zusätzlich entstandenes Produkt, Abfallprodukt. **Nebensache** *die,* weniger wichtige Angelegenheit: *das ist N.!* **nebensächlich. Nebensächlichkeit** *die, -/-en.* **Nebensatz** *der,* ⓢ von einem Hauptsatz abhängiger Satz, ÜBERS. S 79. **Nebenschluß** *der,* ⚡ ein Zweig einer Parallelschaltung von Stromverbrauchern: *Nebenschlußwicklung.* **Nebenschlußmotor** *der,* ein Elektromotor. **Nebensinn** *der,* Doppelsinn. **Nebenwirkung** *die,* zusätzl. Wirkung: *das Schlafmittel hat unangenehme Nebenwirkungen.*

nebetsi, *schweiz.:* seitwärts.

neblig, nebelig. **Neblung** *der, -s/-e,* Nebelung.

nebst [zu neben] *ihm,* samt, zusammen mit: *er kam n. Frau und Kindern.* **nebstbei,** *österr.:* nebenbei.

nebulos, nebulös [frz. nébuleux, zu lat. nebula ›Nebel‹], Ü nebelhaft, unklar, verschwommen.

Necessaire [neses'ɛ:r, frz. nécessaire ›notwendig‹] *das, -s/-s,* Behälter für Toilettengegenstände oder Nähzeug.

Neck [schwed. näck] *der, -en/-en,* Wassergeist.

necken [mhd. necken ›beunruhigen‹, ›plagen‹], *ich necke* (*habe geneckt*) *ihn, mich mit ihm,* foppe, ziehe ihn auf, halte ihn zum besten: *sie neckt dich bloß.* **Neckerei** *die, -/-ei.* **neckisch, 1)** voll Neckereien, drollig, übermütig. **2)** auf übertriebene Weise niedlich oder kokett.

nee!, ne!, Ü nein!

Neer *die, -/-en, niederdt.:* Wasserstrudel.

Neffe [ahd. nevo, verwandt mit lat. nepos] *der, -n/-n,* Sohn der Schwester oder des Bruders, ÜBERS. F 6.

Negation [lat. negatio, zu negare ›nein sagen‹] *die, -/-en,* Verneinung, Ablehnung. **negativ, 1)** ungünstig, nachteilig: *negative Folgen.* **2)** verneinend, ablehnend: *er äußert eine negative Einstellung zum Leben; eine negative Antwort.* **3)** △ kleiner als 0 (Zahl), Zeichen: –. **5)** ⚡ Eigenschaft einer der beiden elektr. Ladungsarten und magnet. Pole: *negative Ladung.* **6)** ⚕ ohne Hinweis auf das Bestehen einer Krankheit: *ein negativer Befund.* **Negativ** *das, -s/-e,* photographisch erzeugtes Bild, bei dem helle Bildteile dunkel und dunkle hell wiedergegeben werden (im Unterschied zum Positiv). **Negativ. . .,** bezeichnet etwas als ungünstig, anders als zu erwarten wäre, ins Gegenteil verkehrt: *Negativbilanz; Negativimage; Negativliste von Arzneimitteln; Negativrekord.* **Negativdruck** *der, & ⊕* Verfahren, bei dem Schrift oder Bild in der Farbe des Papiers erscheinen und die Umgebung bedruckt wird. **Negativum** *das, -s/. . .va,* etwas Negatives, Ungünstiges.

Neger [frz. nègre zu lat. niger ›schwarz‹] *der, -s/-,* Angehöriger der negriden Rasse. **Negerhirse** *die,* ein Getreide. **Negerin** *die, -/-en,* weibl. Neger. **Negerkuß** *der,* süße Schaummasse mit Schokoladenüberzug.

negieren [lat. negare], *ich negiere* (*habe negiert*) *es,* verneine; lehne ab. **Negierung** *die, -/-en.*

Ne|gligé [negliʒ'e:, frz., zu négliger ›vernachlässigen‹] *das, -s/-s,* Morgenkleid, Morgenrock. **ne|gligeant** [-ʒ'ant], ✂ nachlässig.

Negotium [lat. ›Beschäftigung‹, ›Geschäft‹] *das, -s/. . .ti|en,* ✂ Geschäft. **negoziabel,** ✂ handelsfähig. **Negoziant** [lat. negotiari ›Handel treiben‹] *der, -en/-en,* ✂ **1)** Geschäftsmann. **2)** Unterhändler. **negozieren** [lat. negotiare (habe negoziiert), ✂ **1)** treibe Handel; schließe ein Geschäft ab. **2)** *es,* vermittle, leite in die Wege. **3)** *einen Wechsel,* gebe weiter.

ne|grid. Ne|gride [Neger und vgl. . . .id] *der, -n/-n, ein -r, eine -,* anthropologische Bez. für Angehörige der in Afrika (südlich der Sahara) beheimateten Menschenrassen, der schwarzen Rasse. **Ne|grito** [Diminutiv zu span. negro ›Neger‹] *der, -(s)/-(s),* Angehöriger der Zwergstämme in Südostasien und Melanesien. **Ne|groid. Ne|groide** *der, die, -n/-n, ein -r, eine -,* Mensch mit ähnlichen Rassenmerkmalen wie die Negriden.

Negus [äthiop. negusa nagast ›König der Könige‹] *der, -/-* oder *-se,* früher: äthiopischer Königstitel.

nehmen [ahd. neman], *ich nehme, habe genommen;* du nimmst; er nimmt; nimm!), **1)** *es,* erhalte, ergreife, packe, lasse mir geben, bringe in meinen Besitz: *er nahm meine Hand; nimm, was man dir gibt!; er nahm seinen Hut und ging; er nimmt (kein) Trinkgeld; ich will mich n. vorsichtig sein; ich n. Abschied, einen Anlauf, Rache, Rücksicht, Schaden,* Ü; *woher nehmen und nicht stehlen?,* Ü wie soll ich es bezahlen?; *du mußt deine Arznei nehmen; ich soll die Angelegenheit in die Hand nehmen,* Ü die Leitung übernehmen; *er nahm keine Notiz von ihr,* beachtete sie nicht. **2)** verwende für einen bestimmten Zweck: *ich n. Öl zum Braten; nimm Packpapier zum Einpacken!* **3)** *es ihm,* entziehe, beraube ihn dessen: *er ließ es sich nicht nehmen, zu kommen,* legte Wert darauf n. trotz Behinderungen; *nimm mir nicht die Freude daran!* **4)** *es, ihn (mir),* bediene mich seiner: *du solltest (dir) einen Anwalt nehmen; er nahm das nächste Flugzeug nach Berlin; nimmst du die Straßenbahn oder den Bus?* **5)** *es, ihn,* wähle für meine Zwecke aus, entscheide mich: *wir nehmen diese Wohnung; man hat ihn (für die offenstehende Position) nicht genommen.* **6)** *es,* überwinde: *er nahm alle Schwierigkeiten mit Leichtigkeit,* Ü; *der Läufer nahm*

die dritte Hürde, übersprang sie. **7)** *es,* verlange (Honorar, Preis): *wieviel nehmen Sie für eine Konsultation?; wieviel nimmt er für den Korb?,* was kostet er?; *er ist vom Stamme Nimm,* Ü unbescheiden. **8)** *ihn,* Ü behandle auf eine bestimmte Art: *du nimmst ihn (nicht) richtig; er nimmt sich selbst zu wichtig.* **9)** *es,* Ü fasse auf: *nimm das nicht zu tragisch!; das darfst du nicht ernst nehmen; wie man's nimmt!,* Ü man kann es auf verschiedene Weisen auffassen. **10)** *ihn,* Ü heirate: *ob sie ihn wohl nimmt?* **11)** *es an mich,* eigne mir (zur Verwahrung) an; begehe Diebstahl. **12)** *es auf mich,* übernehme; rechne zu meinen Pflichten; lasse mir die Schuld zuschreiben: *er nahm die Verantwortung auf sich.* **13)** *es von ihm,* befreie ihn davon: *man hat die Verantwortung von mir genommen.* **14)** *ihn zu mir,* lasse bei mir wohnen: *sie hat ihre Mutter zu sich genommen.* **15)** *es zu mir,* genieße, esse: *wir nahmen ein vorzügliches Menü zu uns.* **16)** in verschiedener Bedeutung: *ich n. meinen Abschied, meinen Rücktritt; er nahm Einblick, Einfluß, Rücksicht; ich n. ein Gerät in Betrieb, in Benutzung, in Gebrauch.*

Nehrung [verwandt mit engl. narrow ›eng‹, vgl. Narbe] *die, -/-en,* langer, schmaler Landstreifen zwischen Meer und Haff, ABB. K 56.

Neid [ahd. nid ›Haß‹, ›Feindschaft‹, ›Neid‹] *der, -(e)s,* Mißgunst, feindseliges, hämisches Gefühl gegen einen anderen wegen eines Wertes, dessen Besitz einem selbst nicht gegeben ist: *das erregt seinen N.; neiderfüllt; das muß ihm der N. lassen,* muß auch der Übelwollende anerkennen. **neiden,** *ich neide* (*habe geneidet*) *es ihm,* beneide ihn darum, hätte es gern, mißgönne es ihm. **Neider** *der, -s/-,* neidischer Mensch. **neidig,** ✂, noch südostdt.: neidisch: *er ist mir n.* **neidisch** *auf ihn neigen, auf etwas,* von Neid erfüllt, mißgünstig. **neidlos,** ohne Neid: *seine Leistung muß ich n. anerkennen.* **Neidlosigkeit** *die, -.*

Neidnagel *der,* Niednagel.

Neige [mhd. neige ›Neigung‹, ›Tiefe‹] *die, -,* **1)** letzter Rest, Ende: *der Tag geht zur, selten auf die N.,* Sonnenuntergang; *ein Getränk geht zur N.; er muß den Kelch bis zur N. leeren,* Ü das Leid bis zum Ende durchstehen. **2)** Abhang, Senke. **neigen** [ahd. (h)neigan], *ich neige* (*habe geneigt*), **1)** *es, mich,* stelle schräg, beuge herab: *er neigte sein Haupt zum Gruß; ich neige ihm mein Ohr,* Ü höre ihn wohlwollend an; *die Waagschale neigt sich; hier neigt sich das Gelände,* ist abschüssig. **2)** *zu etwas,* Ü nähere mich einer Sache, wende mich ihr zu: *ich neige zu dieser Ansicht; er neigt zum Leichtsinn; ich n. zu dieser Ansicht,* Ü komme ihr nahe; vgl. geneigt. **Neigung** *die, -,* **1)** Abfall, Schräge, Schrägheit, Schräglage, Schrägstellung, ABB. B 44: *Neigungswinkel.* **2)** ✶ die Inklination. **3)** *zu etwas, zu jemandem, etwas zu tun,* Ü Vorliebe, Hang; Talent: *er tut es zu n.,* weil es ihm Freude macht. **4)** Ü *zu jemandem,* innere Verbundenheit; Liebe, warme Zuneigung; *Neigungsehe.*

nein [ahd. nein, ›nicht‹, ›nicht‹, ›keineswegs‹], **1)** abschlägige, ablehnende oder widersprechende Antwort: *kommst du mit? ja oder n.?; n., ich komme nicht mit; n., n. und nochmals n.!; sag nicht n.!* **2)** berichtigend die Steigerungen: *Hunderte, n. Tausende waren dabei.* **3)** als Füllwort: *ach n., wie nett.* **4)** Ausruf der Überraschung: *aber n.!; n., nicht möglich! Nein* *das, -s,* Ablehnung: *er antwortete mir (einem) N.; ich bleibe bei meinem N.!; Neinstimme.* **Neinsager** *der, -s/-,* Ü jemand, der (häufig) etwas ablehnt.

ne|kro. . . [grch. nekros ›Leichnam‹], tot. . ., todes. . . **Ne|krobiose** [vgl. bio. . .] *die, -,* ⚕ Stoffwechselstörung, die zum Absterben von Gewebe führt. **Ne|krolog** [grch. logos ›Wort‹, ›Rede‹] *der, -(e)s/-e,* Nachruf, Lebensbeschreibung eines Verstorbenen. **Ne|kromantie** [grch. manteia ›Wahrsagung‹] *die, -,* Weissagung durch Totenbeschwörung. **Ne|krophilie** [vgl. . . .philie] *die, -,* die Neigung, sexuelle Handlungen an Leichen zu begehen. **Ne|kropole, Ne|kropolis** [grch. polis ›Stadt‹] *die, -/. . .p'olen,* Gräberstätte aus Vorgeschichte oder Altertum. **Ne|kropsie** [grch. opsis ›das Sehen‹] *die, -/. . .s'i|en,* Leichenschau. **Ne|krose** *die, -/-n,* ⚕ Brand, Gewebetod. **ne|krotisch.**

Nektar [grch.] *der, -s,* **1)** griech. Mythologie: der Trank der Götter. **2)** ⊕ zuckerhaltiger Pflanzensaft. **nektarisch,** nektarn, **1)** wie Nektar. **2)** Ü göttlich. **Nektarium** *das, -s/. . .ri|en,* ⊕ Nektardrüse der Blüte. **nektarn,** nektarisch.

Nelke [mhd. negelkin, eigtl. ›kleiner Nagel‹] *die, -/-n,* **1)** Blütenpflanze, häufig Zierpflanze, ABB. G 23. **2)** Gewürznelke, ABB. **Nelkenwurz** *die,* ein Rosengewächs.

Nell [das, -n, schweiz.:] Kartenspiel: Trumpf, Neun.

Nelli, Nelly [engl., zu Helene], weibl. Vornamen.

Nelson [engl. nelsn] *der, -(s)/-(s),* Ringen: Nackenhebel.

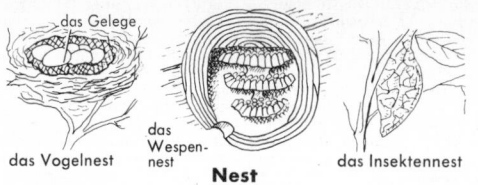

das Gelege · das Wespennest · das Vogelnest · das Insektennest

Nest

Nematode [grch. nema, Gen. nematos ›Faden‹ und eidos ›Gestalt‹] *der, -n/-n,* der Fadenwurm.
Nemesis [grch. nemesis ›Unwille‹, ›Tadel‹], **1)** griech. Mythologie: Göttin der Vergeltung. **2)** *die, -,* Ü strafende Gerechtigkeit.
NE-Metall [εn′e:-] *das,* Abk. für: Nichteisenmetall.
nemtig, *schweiz.:* neulich.
'nen, Ü einen.
nennen [ahd. nemnen], *ich* nenne (habe genannt), **1)** *ihn, es,* erwähne mit Namen, zähle auf: *kannst du mir zwei Beispiele nennen?; nennen Sie mir die drei längsten Flüsse der Erde!; er soll endlich das Kind beim Namen nennen,* Ü ohne Beschönigung über die Sache sprechen; *ein vielgenannter Künstler.* **2)** *ihn etwas,* gebe ihm einen Namen oder eine bestimmte Bezeichnung: *wir wollen ihn Hans nennen; ich n. jeden, der das behauptet, einen Lügner.* **3)** *ihn nach etwas, nach jemandem,* gebe ihm dessen Namen: *vielfach nennt man Kinder nach den Paten.* **4)** *mich,* heiße; lege mir den Namen zu: *der Betrüger nennt sich jetzt Schneider.* **5)** teile mit, sage: *du mußt mir schon deine Gründe nennen; er nannte den Preis; kannst du mir hier ein gutes Restaurant, einen guten Anwalt nennen?* **nennenswert,** so wichtig, daß es genannt zu werden verdient. **Nenner** *der, -s/-,* △ die Zahl unter dem Bruchstrich, ÜBERS. R 11: *ich bringe mehrere Brüche auf den gleichen N.,* verwandle sie so, daß alle den gleichen N. haben; *wir wollen versuchen, unsere verschiedenen Vorschläge auf einen N. zu bringen,* Ü das Gemeinsame herausfinden, um alles gleichmäßig zu behandeln. **Nennfall** *der,* Ⓢ Werfall, Nominativ, ÜBERS. S 77. **Nennform** *die,* Ⓢ Grundform des Verbs, Infinitiv, ÜBERS. V 2. **Nennmaß** *das,* Sollmaß, das vorgeschriebene Maß. **Nennonkel** *der,* **Nenntante** *die,* Freunde (der Eltern), die man mit ›Onkel‹, ›Tante‹ anspricht, ohne mit ihnen verwandt zu sein. **Nennung** *die, -/-en,* **1)** Aussprechen eines Namens. **2)** 🏇 Aufnahme in die Teilnehmerliste eines Wettbewerbs. **Nennwert** *der,* einer Münze oder einem Wertpapier aufgedruckter Wert. **Nennwort** *das,* Nomen.
neo... [grch. neos], neu. . . , jung. . . , erneuert: *Neofaschismus; Neokolonialismus; Neomarxismus; Neorealismus.* **Neodym** [grch. didymos ›doppelt‹] *das, -s,* Ⓣ Element, Zeichen: Nd, ein seltenes, unedles Metall (Lanthanoid). **Neolithikum** [grch. lithos ›Stein‹] *das, -s,* die jüngere Steinzeit. **neolithisch.** **Neologismus** [grch. logos ›Wort‹ und vgl. . . . ismus] *der, -/. . . men,* neue Wortbildung. **Neomycin** [grch. mykes ›Pilz‹] *das, -s,* ein Antibiotikum. **Neon** *das, -s,* Ⓣ Element, Zeichen: Ne, ein Edelgas. **Neonröhre** *die,* mit Neon gefüllte Leuchtröhre. **Neophyt** [grch. phyton ›Geschöpf‹, ›Pflanze‹] *der, -en/-en,* in Mysterien, Geheimbünde oder, durch Taufe, in die frühchristl. Kirche neu Aufgenommener. **Neo|plasma** [vgl. Plasma] *das,* 🩺 krankhafte Neubildung von Gewebe. **Neo|pren** *das, -s,* synthet. Kautschuk. **Neozoikum** [grch. zoon ›Lebewesen‹] *das, -s,* 🌐 Känozoikum, ein Erdzeitalter. **neozoisch,** auch känozoisch.
Nepalese *der, -n/-n,* Nepaler, Bewohner des Himalayastaates Nepal. **nepalesisch,** nepalisch.
Neper [nach dem engl. Mathematiker J. Napier, 1550 bis 1617] *das, -s/-,* Zeichen: Np, auch N, ein Dämpfungsmaß für Schalldrücke oder elektr. Größen.
Nephelin [grch. nephele ›Wolke‹] *der, -s/-e,* ein Foid.
Nephelome|trie [vgl. . . . metrie] *die, -,* Trübungsmessung zur Bestimmung des Feststoffanteils in Suspensionen, Aerosolen und trüben Dispersionen.
Ne|phrit *der, -s/-e,* ein grünes, zähes Mineral. **Ne|phritis** [grch., zu nephros ›Niere‹] *die, -/. . . t′iden,* Nierenentzündung. **Ne|phrose** *die, -/-n,* 🩺 chronische, degenerative Nierenerkrankung.
Nepotismus [lat. nepos ›Enkel‹, ›Nachkomme‹ und vgl. . . . ismus] *der, -,* Vetternwirtschaft.

Nepp [jidd. neppen ›Unzucht treiben‹] *der, -s,* Ü Preisüberhöhung, Übervorteilung: *das ist reiner N.!* **neppen,** *ich* neppe (habe geneppt) *ihn,* Ü übervorteile, nehme zu hohe Preise. **Nepper** *der, -s/-,* Ü jemand, der andere übervorteilt. **Nepper** [mhd. neper, vgl. Naber] *der, -s/-, alem.:* Bohrer. **Nepplokal** [zu Nepp] *das,* Ü Gastwirtschaft mit überhöhten Preisen.
Neptun [lat. Neptunus], **1)** röm. Mythologie: Meeresgott. **2)** *der, -s,* ☆ ein Planet. **Neptunium** *das, -s,* Ⓣ Element, Zeichen: Np, ein Transuran.
Nereide [grch. Nereis, zum griech. Meeresgott Nereus] *die, -/-n,* **1)** *meist Pl.,* griech. Mythologie: Meeresnymphe. **2)** 🐚 ein im Wasser lebender Wurm.
nergeln, *ich* nerg(e)le (habe genergelt), ⚙ nörgele.
Nernstlampe [nach dem dt. Physiker W. Nernst, 1864 bis 1941] *die,* eine elektr. Lichtquelle mit fast weißem Licht.
Nerv [lat. nervus ›Sehne‹, ›Saite‹, zu grch. neuron] *der, -s/-en,* **1)** ⚡ 🐚 Bündel von Nervenzellfortsätzen zur Reizleitung, z. B. ABB. A 24, O 2: *Nervenarzt; Nervenklinik; Nervensystem; Nervenzellen; er hat Nerven wie Drahtseile, keine Nerven,* Ü starke Nerven, ist schwer zu reizen; *er fällt, geht mir auf die Nerven,* Ü stört, reizt, ermüdet mich; *du darfst die Nerven nicht verlieren,* Ü mußt ruhig, gelassen bleiben. **2)** ⊕ Rippe oder Ader des Blattes. **3)** ⚙ Sehne. **nerven,** *ich* nerve (habe genervt) *ihn,* Ü entnerve, mache nervös: *das nervt mich.* **nervenaufreibend,** die Nerven äußerst beanspruchend. **Nervenbündel** *das,* Ü nervöser Mensch. **Nervenkitzel** *der,* Ü Zustand starker Spannung, z. B. im Kriminalfilm. **Nervenkrieg** *der,* Ü der Versuch, den Gegner nervlich zu zermürben. **Nervensäge** *die,* Ü jemand, der anderen ständig auf die Nerven fällt, z. B. durch vieles Reden. **Nervenzusammenbruch** *der,* Ü allgemeines Versagen des Nervensystems. **nervig,** kraftvoll, muskelstark. **nervlich,** auf die Nerven bezüglich: *die nervliche Belastung war zu groß für ihn.* **nervös,** **1)** ⚡ auf die Nerven bezüglich. **2)** nervenschwach, reizbar. **Nervosität** *die, -,* **1)** leichte Reizbarkeit, Nervenschwäche. **nervtötend,** Ü nervenaufreibend. **Nervus rerum** [lat., eigtl. ›Nerv der Dinge‹] *der, -, -,* **1)** Hauptsache, Triebfeder. **2)** Ü Geld.
Nerz [spätmhd. nerz, aus ukrain. noryca, eigtl. ›Taucher‹] *der, -es/-e,* **1)** im Raubmarder, Pelztier. **2)** dessen Fell. **3)** Ü kurz für: Nerzmantel.
Nessel [ahd. nezzila], **1)** *die, -/-n,* eine Pflanze mit Brennhaaren: *Brennessel; er hat sich in die Nesseln gesetzt,* Ü sich Unannehmlichkeiten zugezogen. **2)** *der, -s,* ein Baumwollgewebe in Leinenbindung: *Nesseltuch.* **Nesselausschlag** *der,* **Nesselfieber** *das,* **Nesselsucht** *die,* Urticaria, 🩺 allergische Hautkrankheit mit stark juckenden Anschwellungen. **Nesseltier** *das,* Hohltier mit Nesselzellen, z. B. Qualle. **Nesselzelle** *die,* Biologie: eine Zelle zum Beutefang.
Nessusgewand *das,* **1)** griech. Mythologie: das vergiftete Kleid des Zentauren Nessus, den Herakles umkam. **2)** Ü verderbenbringendes Geschenk.
Nest [ahd. nest, zu lat. nidus, altind. nida] *das, -(e)s/-er,* **1)** von Tieren angelegte Wohn- oder Brutstätte, ABB. N 6: *Vogelnest; Wespennest; Nestbau.* **2)** Ü Heimat, Elternhaus: *er beschmutzt sein eigenes N.,* spricht von den Seinen schlecht; *Nestbeschmutzer.* **3)** Ü Bett: *ich gehe ins N.* **4)** Ü verächtlich: Kleinstadt, Dorf u. a.: *ein langweiliges N.* **5)** Schlupfwinkel, versteckter Aufenthaltsort: *Diebesnest; die Polizei fand ein leeres N.,* die Verbrecher waren geflüchtet. **6)** *süddt.:* Haarknoten. **7)** 🏋 kleines Erzlager. **8)** Turnen: Hang an Händen und Füßen mit hohlem Rücken: *Nesthang,* ABB. L 7. **nestblutt,** *oberdt.:* ungefiedert. **Nestblutter** *der, -s/-, oberdt.:* nacktes Vogeljunges. **Nestchen** *das, -s/-* und *N′esterchen.*
Nestel [ahd. nestila] *die, -/-n,* ⚙ Band mit Knopf oder Haken, Schnürung. **nesteln,** *ich* nest(e)le (habe genestelt), **1)** *es,* ⚙ knüpfe, binde, hake. **2)** *an etwas,* fingere herum, versuche ungeschickt, etwas zu öffnen oder zu schließen.
nesten, *ich* neste (habe genestet), *schweiz.:* wälze mich im Bett. **Nestflüchter** *der, -s/-,* Tier, das sehr bald nach der Geburt das Nest verläßt. **Nesthäkchen** *das, -s/-,* **1)** Vogel im Nest, der zuletzt flügge wird. **2)** Ü Jüngstes einer Familie. **Nesthocker** *der,* Tier, das nach der Geburt längere Zeit im Nest bleibt.
Nestler *der, -s/-,* ⚙ Nestelmacher.
Nestling *der, -s/-e,* **1)** Vogel, der noch nicht flügge ist. **2)** Ü kleines Kind.
Nestor [nach dem greisen König Nestor von Pylos in der Odyssee] *der, -s/. . . st′oren,* alter, weiser Ratgeber; älterer Vertreter eines wissenschaftl. Fachgebietes.

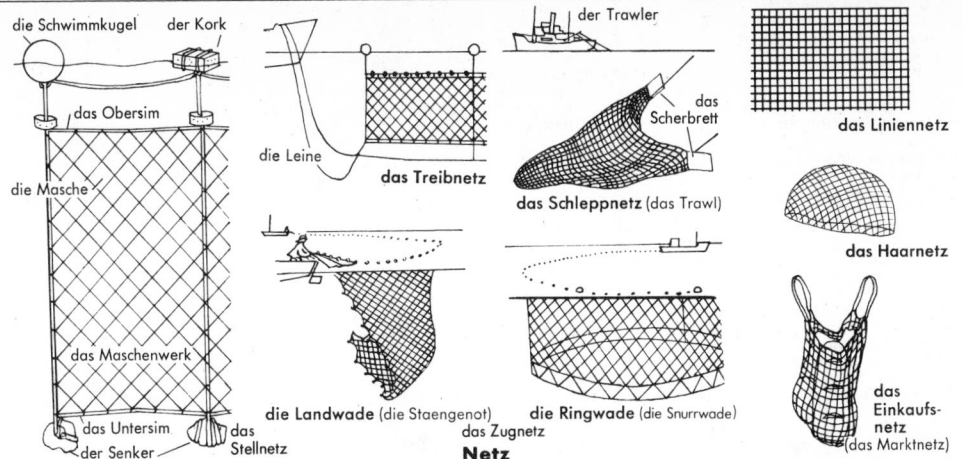

die Schwimmkugel — der Kork — das Obersim — die Leine — die Masche — die Masche — das Maschenwerk — das Untersim — der Senker — das Stellnetz — das Treibnetz — die Landwade (die Staengenot) — das Zugnetz — der Trawler — das Scherbrett — das Schleppnetz (das Trawl) — die Ringwade (die Snurrwade) — das Liniennetz — das Haarnetz — das Einkaufsnetz (das Marktnetz) — **Netz**

---

nẹstwarm, *nestwarme Eier.* **Nẹstwärme** *die,* U Geborgenheit in der Familie: *diesem Kind fehlt die N.*

nett [frz. net ›sauber‹, ›reinlich‹, zu lat. nitidus ›glänzend‹], **1)** gefällig, freundlich, entgegenkommend: *seien Sie so n.!,* Bitte um eine Gefälligkeit; *das ist n. von dir; ein netter Mensch.* **2)** hübsch, sauber, gepflegt: *ein nettes Häuschen.* **3)** angenehm, gemütlich: *es war n. bei euch.* **4)** U beträchtlich: *ein nettes Sümmchen!* **5)** U unangenehm: *ein nettes Früchtchen,* Taugenichts. **Nẹttigkeit** *die, -/-en.*

nẹtto [ital. netto ›rein‹, zu lat. nitidus, vgl. nett], nach Abzug (Gehälter): *Nettoverdienst; Nettogewicht; Gegensatz: brutto.* **Nẹttoeinkommen** *das,* **Nẹttolohn** *der,* Einkommen, Lohn nach Abzug der Steuern und Versicherungsbeiträge. **Nẹttopreis** *der,* Preis, von dem kein Abzug gewährt wird. **Nẹttoregistertonne** *die,* Abk.: NRT, Maßeinheit für den Nutzraum eines Schiffes.

Nẹtz [ahd. nezza, zu lat. nassa ›Reuse‹] *das, -es/-e,* **1)** aus Fäden geknüpftes oder luftig gewirktes Maschenwerk, ABB. N 7: *Treibnetz,* ABB. F 22; *Haarnetz; Fangnetz,* ABB. F 7; *Spinnennetz; Tennisnetz,* ABB. T 6; *er ging ihm ins N.,* U wurde überlistet; *das N. der sozialen Sicherung,* Ü. **2)** verzweigte Anlage: *das N. der Bundesbahn, einer Lichtanlage; Straßennetz; Anschluß ans N.,* an die elektr. Leitung. **3)** regelmäßiges Liniennwerk, z. B. das N. der Erde, die Linien im Linienpapier, ABB. N 7. **4)** $ Teil des Bauchfells. **5)** △ die in eine Ebene ausgebreitete Oberfläche eines Körpers. **6)** ☆ Sternbild des Südhimmels. **Nẹtzarbeit** *die,* eine Handarbeit, Filetarbeit, ABB. H 7. **Nẹtzätzung** *die,* ⊘ Autotypie. **Nẹtzauge** *das,* zusammengesetztes Auge der Insekten, Facettenauge, ABB. A 24. **Nẹtzball** *der,* Tennis, Tischtennis, Volleyball: Ball, der das Netz berührt.

nẹtzen ahd. nez(z)en], *ich netze* (habe genetzt; du netz[es]t) *ihn, es,* mache naß, befeuchte: *Netzmittel,* waschaktive Substanz.

Nẹtzflügler, *Pl.,* Insekten mit netzartig geäderten Flügeln. **Nẹtzgewölbe** *das,* ⊓ Gewölbeform der Gotik. **Nẹtzhaut** *die,* lichtempfindliche Schicht des Augapfels, ABB. A 24: *Netzhautablösung,* $. **Nẹtzkarte** *die,* Zeitfahrkarte zu beliebig vielen Fahrten innerhalb eines bestimmten Gebietes. **Nẹtzmagen** *der,* Haube, Teil des Wiederkäuermagens, ABB. M 1. **Nẹtzplan** *der,* graphisch dargestelltes Ablaufschema für techn. und industrielle Projekte: *Netzplantechnik.* **Nẹtzwerk** *das,* netzartiges Gefüge aus Fäden, Draht, Linien u. a.

neu [ahd. niuwi, zu lat. novus, grch. neos], **1)** erst seit kurzem vorhanden, unlängst geschehen, zeitlich später als etwas anderes: *diese Siedlung ist n. entstanden,* aber: *neuentstandene Siedlungen; drei Schüler sind n. hinzugekommen,* aber: *drei neuhinzugekommene Schüler; das Café ist ganz n. eröffnet,* aber: *das neueröffnete Café; das Buch wurde n. bearbeitet,* aber: *das neubearbeitete Buch; die neueren Sprachen,* in der Neuzeit gesprochene Sprachen; *die neuere Forschung auf diesem*

Gebiet; die neuesten Nachrichten. **2)** etwas früher Vorhandenes fortsetzend oder wiederholend, erneut auftretend: *aufs neue, von neuem,* nochmals. **3)** frisch, nicht gebraucht, aufgefrischt: *mein neues Auto, Kleid; neue Kartoffeln,* von der letzten Ernte; *du mußt neuen Mut schöpfen; viel Glück zum neuen Jahr.* **4)** bisher unbekannt: *das ist mir n.; er sieht das unter einem ganz neuen Aspekt; die Neue Welt,* das dem MA. noch unbekannte Amerika. **5)** U unerfahren: *darin bin ich n.* **6)** Großschreibung: *etwas, nichts, allerlei Neues; was gibt es Neues?; das Alte und das Neue; er ist auf das Neue erpicht,* auf Neuerungen. **neuartig,** von bisher unbekannter Art. **Neuauflage** *die,* von diesem *Buch wird eine N. vorbereitet.* **Neubau** *der,* im Bau befindl. oder nach dem 20. 6. 1948 bezugsfertig gewordenes Haus: *Neubaugebiet.* **Neubildung** *die,* **1)** Umbildung, Erneuerung: *die N. von Gewebe, des Kabinetts.* **2)** Neologismus. **Neubruch** [spätmhd. neupruch] *der, -(e)s,* zum ersten Mal gepflügtes Ackerland. **neuerdings,** in letzter Zeit. **Neuerer** *der, -s/-,* jemand, der Neuerungen entwickelt oder einführt. **neuerlich, 1)** aufs neue. **neuer Stil,** Abk.: n. St., die Zeitrechnung nach dem Gregorianischen Kalender. **Neuerung** *die, -/-en,* Umgestaltung, Änderung, Reform. **neue(r)stens,** neuerdings. **Neue Testament** *das,* Abk.: N. T., der Teil der Bibel, der seine Entstehung der Wirkung des Lebens und der Lehre Jesu auf die Welt verdankt. **Neufundländer** *der, -s/-,* eine Hunderasse. **neugeboren** [mhd. niuweborn], *eben zur Welt gekommen: ich fühle mich wie n.,* U erfrischt. **Neugeborene** *das, -n/-n, ein -s.* **Neugier(de)** *die, -,* der Drang, Neuigkeiten zu erfahren: *seine N. ist kaum zu stillen.* **neugierig** *der,* Gon, der 400. Teil des Kreises. **Neuheit** *die, -/-en,* **1)** *ohne Pl.,* Zustand des Neuseins. **2)** neuartige Ware, Kleidung: *letzte Neuheiten der Mode.* **neuhochdeutsch,** Abk.: nhd., den jüngsten Zeitabschnitt der hochdeutschen Sprache betreffend, etwa ab 1500. **Neuhochdeutsch** *das, -(s), dem -,* neuhochdeutsche Sprache, ÜBERS. D 6; vgl. Deutsch. **Neuigkeit** *die, -/-en,* neue Nachricht, noch nie Gehörtes. **Neujahr** [auch -'ja:r] *das, der* erste Tag des Jahres, 1. Januar: *Prost N.!* **Neuland** *das, -(e)s,* **1)** Neubruch. **2)** Ü noch unerforschtes Gebiet: *wissenschaftliches N.* **neulich,** jüngst vergangen, kürzlich: *ich traf ihn n. im Konzert; n. abends; erst n., als ich ihn besuchte; du mußt dich an unsere Abmachung von n. halten!* **Neuling** *der, -s/-e,* jemand, der irgendwo neu eingetreten ist, Anfänger, Unerfahrener: *er ist noch ein N. auf diesem Gebiet.*

neume, *alem.:* irgendwo.

Neume [mlat. neuma, zu grch. neuma ›Wink‹] *die, -/-n,* mittelalterl. Notenzeichen.

neumer, *alem.:* irgend jemand. **neum(i)s,** *alem.:* irgend, irgendwas.

neumodisch, 1) nach neuster Mode: *n. gekleidet.* **2)** jüngst eingeführt, bisher nicht üblich: *neumodische Sitten.* **Neumond** *der,* Zeit, in der Mond nicht sichtbar ist.

neun (9) [ahd. niun, zu lat. novem], ÜBERS. Z 1; vgl. acht: *alle neune!*, alle Kegel wurden beim Spiel zu Fall gebracht; *wir sind zu neunen* oder *zu neunt*. **Neun** *die, -/-en,* die Zahl 9; vgl. Acht. **Neunauge** *das,* Bricke, ein fischähnliches Wirbeltier. **neunhundert** (900), vgl. hundert. **neunmalklug,** U besserwisserisch, überklug: *Herr Neunmalklug.* **neuntausend** (9 000), vgl. tausend. **Neuntöter** *der, -s/-,* **1)** ein Singvogel. **2)** die Hornisse. **neunzehn** (19), vgl. achtzehn. **neunzig** (90), vgl. achtzig.

Neuordnung *die,* **Neuorganisation** *die,* Organisation nach neuen Gesichtspunkten. **Neuphilologe** [vgl. ... loge] *der,* Sprach- und Literaturwissenschaftler für neuere Sprachen. **neuphilologisch.**

neur... [grch. neuron ›Nerv‹], auch *neuro...,* nerven... **Neuralgie** [grch. algos ›Schmerz‹] *die, -/...g'i|en,* ⚕ anfallsweise auftretender Nervenschmerz. **neuralgisch, 1)** die Neuralgie betreffend. **2)** Ü anfällig für Spannungen, Schwierigkeiten: *der neuralgische Punkt,* ein kritisches Moment. **Neurasthenie** *die, -/...n'i|en,* ⚕ nervöse Erschöpfung. **Neurastheniker** *der, -s/-,* an Neurasthenie leidender Mensch. **neurasthenisch.**

neureich, erst kürzlich und sehr schnell reich geworden. **Neureiche** *der, die, -n/-n, ein -r, eine -,* Emporkömmling. **Neurektomie** [vgl. neur... und grch. ektemnein ›herausschneiden‹] *die, -/...m'i|en,* ⚕ operative Entfernung von Nerven. **Neurin** *das, -s,* bei der Fäulnis von Fleisch entstehendes Gift; Leichengift. **Neuritis** *die, -/...t'iden,* Nervenentzündung. **neuro...,** nerven...: *Neurochirurgie; Neuropathologie.* **Neurologe** [vgl. ... loge] *der, -n/-n,* Facharzt für Nervenkrankheiten. **Neurologie** [vgl. ... logie] *die, -,* Wissenschaft von den Nerven und ihren Krankheiten. **neurologisch. Neurom** *das, -s/-e,* ⚕ Geschwulst des Nervengewebes. **Neuron** *das, -s/...r'onen* oder *N'euren,* Nervenzelle mit ihren Fortsätzen. **Neurose** *die, -/-n,* seelische Störung. **Neurotiker** *der, -s/-,* neurot. Mensch. **neurotisch. Neurotomie** [grch. tome ›Schnitt‹] *die, -/...m'i|en,* ⚕ operative Durchtrennung von Nerven.

Neuschnee *der,* frisch gefallener Schnee. **Neusilber** *das,* Legierung aus Kupfer, Nickel, Zink. **neusilbern. Neusprachler** *der, -s/-,* Neuphilologe. **neusprachlich,** *das neusprachliche Gymnasium.* **neustens,** neuestens.

neu|tral [frz., zu lat. neuter ›keiner von beiden‹], **1)** parteilos, unparteiisch: *eine neutrale Entscheidung.* **2)** ⚗ weder sauer noch basisch reagierend. **3)** U farblos, blaß, unauffällig. **Neu|trale** *der, -n/-n, ein -r,* U Schiedsrichter. **Neu|tralisation** *die, -.* **neu|tralisieren,** ich neutralisiere (habe neutralisiert) *es,* **1)** mache unwirksam, gleiche aus: *zwei Vorgänge neutralisieren sich oder einander,* heben sich auf. **2)** ⚗ mische Säure und Base so, daß weder saure noch basische Reaktion entsteht. **3)** ✂ unterbreche zeitlich einen Wettbewerb ohne Veränderung des jeweiligen Standes der Placierung. **4)** ein Gebiet, nehme von den Kriegshandlungen aus: *eine neutralisierte Zone.* **Neu|tralisierung** *die, -.* **Neu|tralismus** [vgl. ...ismus] *der, -,* (politische) Grundsatz der Nichteinmischung. **Neu|tralität** *die, -,* Unbeteiligtsein, Nichteinmischung, unparteiisches Verhalten: *Neutralitätsabkommen; Neutralitätsverletzung.* **Neutrino** *das, -s/-s,* masseloses ungeladenes Elementarteilchen. **Neu|tron** *das, -s/...tr'onen,* ungeladenes Elementarteilchen, mit dem Proton Baustein aller Atomkerne: *Neutronenbombe; Neutronenwaffe.* **Neu|trum** *das, -s/...tra* oder *...tren,* Ⓢ sächl. Geschlecht, sächl. Substantiv, ÜBERS. G 10.

neuvermählt, soeben vermählt; aber: *er hat sich neu vermählt,* erneut geheiratet. **Neuvermählte** *der, die, -n/-n, ein -r, eine -.* **neuweltlich,** aus der Neuen Welt, aus Amerika. **Neuwert** *der,* Wert eines neuen, nicht gebrauchten Gegenstandes. **neuwertig,** *verkaufe Fahrrad, fast n.* (Anzeige). **Neuzeit** *die,* die Zeit von etwa 1500 bis zur Gegenwart. **neuzeitlich.**

Newcomer [nj'u:kʌmə, engl. new ›neu‹ und comer ›Ankommender‹] *der, -s/-,* Neuling. **New Look** [nju: luk, engl. look ›Anblick‹] *der, - -,* neuer Stil, bes. in der Mode. **Newton** [nju:tn, nach dem engl. Physiker und Mathematiker I. Newton, 1643–1727] *das, -(s)/-,* Zeichen: N, SI-Einheit der Kraft. **Newtonmeter** [nj'u:tn-] *das, -/-,* Maßeinheit der Arbeit, entspricht dem Joule. **Newtonsche Ringe** [nj'u:tn-], *Pl.,* eine Interferenzerscheinung zwischen zwei durchsichtigen Platten.

Nexus [lat.] *der, -/-,* Verbindung, Zusammenhang. **N. F.,** Abk. für: Neue Folge (von Zeitschriften). **nhd.,** Abk. für: neuhochdeutsch.

Ni, ⚛ Zeichen für: Nickel.

nibeln [mhd. nibelen], *es nibelt* (hat genibelt), *oberdt.:* regnet fein, nebelt.

Nibelungenhort [Nibelungen, german. Name, verwandt mit Nebel] *der, -(e)s,* sagenhafter Goldschatz.

Nicaraguaner *der, -s/-,* Bewohner des mittelamerikan. Staates Nicaragua. **nicaraguanisch.**

nicht [ahd. niowih(t)], **1)** Verneinung, die das ihr folgende Wort ausschließt: *ich meine n. dich, ich meine einen anderen; ich lache n. über dich,* wenn ich lache, gilt es einem anderen als dir; *das ist n. schlecht,* ganz gut; *dein Vorhaben ist n. ungefährlich,* ziemlich gefährlich; am Schluß des Satzes oder vor den satzschließenden Satzteilen verneint es den ganzen Satz: *ich lache n.; ärgere dich n.!; er kam n. nur zu spät, sondern auch noch unvorbereitet zur Schule.* **2)** nein, laß das!: *bitte n.!; ach n. doch!* **3)** in rhetor. Fragen und Ausrufen: gewiß, sicher: *ist das n. großartig!; war das n. der Bürgermeister?; n. wahr?,* es ist doch so?; *warum n.?* **4)** verstärkend: *ganz und gar n.; absolut n.; ja n.; bloß n.* **nicht...,** Verneinung des folgenden Wortes, oft ⚠: *die Nichtbeachtung, Nichtbefolgung einer Vorschrift; bei Nichteinhaltung des Termins; der völkerrechtliche Grundsatz der Nichteinmischung; bei Nichterfüllung des Solls; bei Nichtgefallen.* **Nichtangriffspakt** *der.* **nichtberufstätig,** *nichtberufstätige Frauen;* aber: *Frauen, die nicht berufstätig sind.* **Nichte** [mnd. nichte] *die, -/-n,* Tochter des Bruders oder der Schwester, ÜBERS. F 6.

nichtehelich, *nichteheliche Kinder,* Kinder, die keinen ehelichen Vater haben, außereheliche Kinder. **Nichteisenmetall** *das,* Abk.: NE-Metall, Bez. für jedes technisch genutzte Metall außer Eisen. **nichtig** [nhd.], **1)** ungültig, unwirksam: *damit wird unsere Abmachung n.; null und n.* **2)** unbedeutend: *nichtige Dinge.* **Nichtigkeit** *die, -/-en,* **1)** ohne *Pl.,* Unwirksamkeit, Ungültigkeit: *Nichtigkeitserklärung,* ⚖. **2)** ohne *Pl.,* Wertlosigkeit. **3)** wertlose Sache, Tand: *Du verschwendest deine Zeit für Nichtigkeiten!* **Nichtleiter** *der,* Isolator, Isolierstoff. **Nichtmetall** *das,* gasförmiges oder festes nichtmetallisches chem. Element. **Nichtraucher** *der,* Nichtraucherabteil (Eisenbahn). **nichtrostend,** rostfrei: *nichtrostender Stahl.* **nichts** [mhd. nihtes], *nicht flektierbar,* auch nicht das mindeste, keine Spur: *ich höre, sehe n.; hast du n. vergessen?; um n. und wieder n.,* vollkommen sinnlos; *n. Gutes; n. von Bedeutung; n. anderes als dies; mir n., dir n.,* U ohne weiteres; *n. als Ärger!; es gibt n., was ich lieber täte!* (auch ironisch). **Nichts** *das, -,* **1)** Fehlen alles Seins, Leere: *im Anfang war das N.* **2)** Fehlen jeder Zukunftshoffnung (nach einem Ruin, Zusammenbruch): *der Geschäftsmann steht vor dem N.* **3)** etwas Wertloses, Kleinigkeit: *Streit um ein N.* **nichtsahnend,** *n. kam er herein.* **Nichtschwimmer** *der,* jemand, der nicht schwimmen kann: *Nichtschwimmerbecken; für N. verboten!* **nichtsdestominder, nichtsdestotrotz, nichtsdestoweniger,** K trotzdem, und doch. **Nichtsnutz** *der, -es/-e,* jemand, der zu nichts zu gebrauchen ist, Tunichtgut. **nichtsnutzig. nichtssagend,** unbedeutend, farblos, belanglos: *eine nichtssagende Antwort.* **Nichtstuer** *der, -s/-,* fauler Mensch, Müßiggänger. **Nichtstun** *das,* Muße, Faulheit. **nichtswürdig,** gemein, verächtlich. **Nichtswürdigkeit** *die, -/-en.* **nichtzutreffend,** *Nichtzutreffendes bitte streichen* (auf einem Formular).

Nickel [gekürzt aus Kupfernickel, vgl. Kobalt] *das, -s,* ⚛ Element, Zeichen: Ni, silberähnliches, weitgehend korrosionsfestes Metall.

Nickel [Scheltname für Nikolaus] *der, -s/-,* **1)** Nickelmann. **2)** U eigensinniges Kind. **3)** *oberdt.:* schlechtes kleines Pferd. **Nickelmann** *der, -(e)s/ᵘer,* Nix, Wassergeist.

nicken [mhd. nicken], *ich nicke* (habe genickt), senke und hebe den Kopf (als Bejahung, Gruß, Zeichen): *er nickte zustimmend.* **2)** ein Kraftfahrzeug oder Luftfahrzeug nickt, bewegt sich um die Querachse: *Nickmoment.* **Nicker** *der, -s/-,* **Nickerchen** *das, -s/-,* U Schläfchen. **Nickfänger** *der,* ein Jagdmesser, Abb. J 1. **Nickhaut** *die,* ein bes. bei Vögeln gut ausgebildetes drittes Augenlid.

Nicki *der, -s/-s,* Pullover aus samtartigem Baumwoll- oder Chemiefasergewirke.

Nicole [nik'ɔl, frz., zu Nikolaus], weibl. Vorname. **Nicotin** *das, -s,* Nikotin.

nid, *alem.:* unter, unten an: *n. dem Berg.* **Nidel** *der, -s,* **Nidle** *die, -,* *schweiz.:* süßer Rahm, Sahne. **nidsi** [zu nieder, nieden], auch nitsi, *alem.:* abwärts. **nidsigend,** *alem.:* abnehmend (Mond).

nie [ahd. nio], zu keinem Zeitpunkt, nicht ein einziges Mal: *das habe ich noch n. gehört, gesehen; das wird n. wieder so sein;*

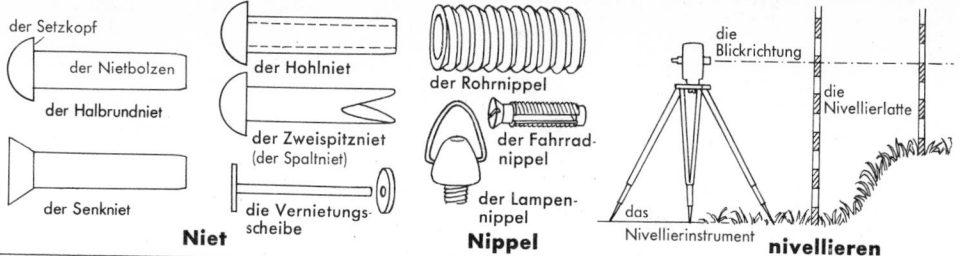

der Setzkopf / der Nietbolzen / der Halbrundniet / der Hohlniet / der Zweispitzniet (der Spaltniet) / der Senkniet / die Vernietungsscheibe — **Niet**

der Rohrnippel / der Fahrradnippel / der Lampennippel — **Nippel**

die Blickrichtung / die Nivellierlatte / das Nivellierinstrument — **nivellieren**

ich will es n. mehr tun; warum kommst du n.?; n. und nimmer!, verstärkte Verneinung.

niechteln, *es* niechtel(e)t (hat geniechtel[e]t), *österr.:* riecht, schmeckt schimmelig.

nieden [ahd. nidana], P hienieden, auf dieser Erde.

nieder [ahd. nidar], **1)** hinunter, abwärts, zu Boden: *auf und n., auf und ab; n. mit dem Krieg!* (Aufruf.) **2)** in einer Rangordnung unten stehend: *niedere Arbeiten; niederer Adel.* **3)** von geringer Höhe: *eine niedere Mauer.* **nieder...,** **1)** in Verbindung mit Verben trennbar zusammengesetzt: *niederbrennen; niederfallen; niederkämpfen; niederkauern; niederknien; niedermetzeln; niederstürzen;* vgl. *niederdrücken.* **2)** bei Ortsbez.: *unter..., tief...: Niederrhein; Niederlausitz.*

niederdeutsch. Niederdeutsch *das, -(s), dem -,* die niederdeutschen Mundarten, ÜBERS. M 24; vgl. Deutsch.

Niederdruck *der,* geringer Druck. **niederdrücken,** *ich* drücke nieder (habe niedergedrückt), **1)** *ihn, es,* drücke nach unten, zu Boden. **2)** *es drückt mich nieder,* Ü bedrückt, entmutigt mich: *die Sorge um das kranke Kind drückt mich nieder;* vgl. niedergedrückt. **Niederflurwagen** *der,* Straßenbahnwagen, der unmittelbar von ebener Erde besteigbar ist.

niederfrequent. Niederfrequenz *die,* Frequenzbereich von 0 Hz bis 300 Hz (Wellenlänge über 1 000 m), auch Tonfrequenzen von 16 Hz bis 20 kHz. **Niedergang** *der,* **1)** ohne Pl., Untergang, Verfall: *der N. der Kultur.* **2)** Treppe.

niedergedrückt, Ü mutlos, lustlos, ohne Lebensgefühl.

Niedergeschlagenheit *die, -.* **niedergeschlagen,** niedergedrückt. **Niedergeschlagenheit** *die, -.* **niederholen,** *ich* hole *es* nieder (habe niedergeholt), hole herunter, ziehe ein (Flagge, Segel). **niederkommen,** *eine Frau* kommt nieder (kam nieder, ist niedergekommen), gebiert, wird entbunden. **Niederkunft** *die, -, ⌀* Entbindung. **Niederlage** *die,* **1)** das Unterliegen im Kampf, im Wettkampf oder im Wettbewerb. **2)** ein Aufbewahrungsort für Waren. **3)** Zweiggeschäft, Filiale.

niederlassen, *ich* lasse nieder (ließ nieder, habe niedergelassen), **1)** *es,* lasse herab, nach unten (Vorhänge, Segel). **2)** *mich,* setze mich: *der Vogel ließ sich auf einem Ast nieder; er ließ sich nieder,* Ü nahm Platz. **3)** *mich,* nehme meinen Wohnsitz: *bei uns hat sich ein neuer Arzt niedergelassen.* **Niederlassung** *die, -/-en,* **1)** Gründung eines Wohnsitzes oder einer Praxis; Ansiedlung. **2)** Filiale, Zweiggeschäft. **niederlegen,** *ich* lege nieder (habe niedergelegt), **1)** *es, ihn,* lege auf den Boden. **2)** *mich,* lege mich zum Ruhen oder Schlafen hin. **3)** *ein Amt,* gebe auf. **4)** *die Waffen,* höre zu kämpfen auf, ergebe mich. **5)** *die Arbeit,* höre (vorläufig) auf zu arbeiten, streike. **6)** *es,* Ü halte schriftlich fest or hat seine Vorschläge schriftlich niedergelegt. **niedermachen,** *ich* mache *ihn* nieder (habe ihn niedergemacht), Ü töte. **niederreißen,** *ich* reiße *es* nieder (riß nieder, habe niedergerissen), reiße ab, zerstöre völlig (Gebäude): *dieser Altbau wird niedergerissen.* **Niedersachse** *der,* Bewohner des Landes Niedersachsen. **niederschauen,** *ich* schaue nieder (habe niedergeschaut), schaue nach unten, auf den Boden. **Niederschlag** *der,* **1)** Schlag abwärts. **2)** Boxhieb, durch den der Gegner zu Fall kommt. **3)** *meist Pl.,* Verdichtung des Wasserdampfes der Luft zu Tau, Regen, Schnee, Hagel u. a.: *vereinzelte Niederschläge;* niederschlagsarme Gebiete; Wettervorhersage: *niederschlagsfrei.* **4)** Ü der aus einer Lösung ausgefällte Stoff. **5)** Ü sichtbarer Ausdruck einer Begebenheit: *Jugenderlebnisse fanden ihren N. in seinem neuen Roman.* **niederschlagen,** *ich* schlage nieder (schlug nieder, habe niedergeschlagen), **1)** *ihn, es,* schlage auf grobe Weise nieder: *der Aufstand wurde rasch niedergeschlagen,* unterdrückt; *er hat alle meine Zweifel niedergeschla-*

gen, Ü. **2)** *es,* ♂♀ stelle das Verfahren ein. **3)** *es,* senke: *sie schlug die Augen nieder,* senkte den Blick. **4)** *es,* ♂ fälle aus, lasse als Bodensatz ausslinken. **5)** *es* schlägt sich nieder, sinkt als Flüssigkeit zu Boden (Nebel, Feuchtigkeit). **Niederschlagung** *die, -,* **1)** das Niederschlagen. **2)** ♂♀ Einstellung eines Verfahrens. **niederschmettern,** *ich* schmett(e)re nieder (habe niedergeschmettert), **1)** *ihn, es,* schlage heftig zu Boden. **2)** *es* schmettert mich nieder, Ü erschüttert, entmutigt mich: *diese Nachricht hat ihn niedergeschmettert.* **niederschreiben,** *ich* schreibe nieder (habe niedergeschrieben), halte schriftlich fest. **niederschreien,** *ich* schreie *ihn* nieder (habe niedergeschrien), schreie so, daß der andere nichts mehr sagen kann: *der Redner wurde von der Menge niedergeschrien.* **Niederschrift** *die,* schriftliches Festhalten. **niedersetzen,** *ich* setze nieder (habe niedergesetzt), **1)** *es,* setze hin (auf die Erde, Bank). **2)** *es,* setze zu Boden (Korb). **niedersitzen,** *ich* sitze nieder (saß nieder, bin niedergesessen), *süddt.:* setze nieder. **Niederspannung** *die,* elektr. Spannung unter 1 000 Volt. **niederstoßen,** *ich* stoße nieder (stieß nieder, habe niedergestoßen), **1)** *ihn, es,* werfe mit einem Stoß zu Boden, steche nieder. **2)** *Raubvögel stoßen nieder* (sind niedergestoßen), kommen herab, um ihre Beute zu packen. **Niedertracht** *die, -,* gemeine Bosheit, berechnete Tücke. **niederträchtig** *die, -.* **Niederträchtigkeit** *die, -.* **Niederung** *die, -/-en,* **1)** tiefliegendes Land, Ebene: *Küstenniederung; Niederungsmoor.* **2)** *meist Pl.,* Ü niedriges moralisches oder soziales Niveau: *als Sozialarbeiterin kennt man die Niederungen des Lebens.* **Niederwald** *der,* Laubwald, der durch regelmäßiges Abholzen niedrig gehalten wird, ABB. F 33. **niederwerfen,** *ich* werfe nieder (warf nieder, habe niedergeworfen), **1)** *ihn, es,* gebe ihm einen Stoß, daß er zu Boden stürzt: *der Aufstand wurde niedergeworfen,* Ü unterdrückt. **2)** *mich,* falle auf die Knie (vor jemandem). **3)** *die Krankheit warf ihn nieder,* Ü machte ihn bettlägerig. **Niederwild** *das,* kleines Wild, z. B. Reh, Hase, Fuchs, Dachs.

niedlich [mhd. nietliche, zu ahd. niot ›Eifer‹, ›Verlangen‹], hübsch, nett, zierlich, ansprechend: *ein niedliches Gesicht; das Kätzchen ist n.* **Niedlichkeit** *die, -.*

Niednagel [Lü. von niederl. nijdnagel, zu niederl. nijpen ›kneifen‹] *der,* auch Neidnagel, eingewachsener Finger- oder Zehennagel.

niedrig [zu nieder], **1)** nicht hoch, klein, ABB. E 2: *Schuhe mit niedrigen Absätzen; dieses Haus ist n.; niedrige Zahlen.* **2)** gesellschaftlich gering geachtet: *hoch und n., jedermann.* **3)** Ü gemein: *niedrige Gesinnung.* **Niedrigkeit** *die, -.* **Niedriglohn** *der:* Niedriglohn-Länder. **Niedrigwasser** *das,* Abk.: NW, Tiefstand von Gewässern innerhalb eines bestimmten Zeitraumes, vgl. ABB. L 11.

Niele *die, -/-n,* **Nielen** *der, -s/-,* Liele.

Niello [ital., zu lat. nigellus ›schwärzlich‹] *das, -(s)/-s,* auch ...len oder ...lli, Verzierung metallener Gegenstände mit schwärzlicher Silberlegierung, mit der eine eingeritzte Zeichnung ausgefüllt wird.

niemalen, ⌀, **niemals,** nie.

niemand [ahd. nioman], *-(e)s, -em oder -, -en oder -,* kein einziger, kein Mensch: *n. anders als er; es war n. zu Hause.* **Niemand** *der, -(e)s:* der böse N., Teufel. **Niemandsland** *das, -(e)s,* **1)** Gebietsstreifen zwischen zwei Fronten. **2)** unbesiedelter Grenzstreifen. **3)** Ü unerforschtes Gebiet. **niemer,** **niemes,** *alem.:* niemand. **niene,** *alem.:* nirgends.

Niere [ahd. nioro, zu grch. nephros] *die, -/-n,* das paarige Organ der Harnabsonderung: *Nierentransplantation; das geht mir an die Nieren,* Ü trifft mich schwer. **Nierenbaum** *der,*

Acajoubaum. **Nierenentzündung** die, Nephritis, Entzündung des Nierengewebes. **nierenförmig,** ungleichmäßig oval. **Nierenstein** der, aus Niederschlägen von Harnbestandteilen gebildeter Stein. **Nierentisch** der, nierenförmiger Tisch. **Nierndl** das, -s/-n, österr.: Niere (als Gericht).

nieseln, es nieselt (hat genieselt), regnet fein: Nieselregen.

Nieselpriem der, U mürrischer Mensch.

niesen [ahd. niosan], ich niese (habe geniest), 1) stoße bei Reizung der Nasenschleimhaut die Luft krampfhaft und ruckartig aus Mund und Nase aus. 2) ihm eins, U ich denke nicht daran, zu tun, was er will. **Niespulver** das, Pulver zum künstl. Hervorrufen des Niesreizes.

Nießbrauch [zu genießen] der, -(e)s, ⚭ das einer bestimmten Person zustehende Recht, aus einem fremden Gegenstand sämtliche Nutzungen zu ziehen. **nießen** [mhd. niezen ›benutzen‹, ›genießen‹], ich nieße (noß, habe genossen), alem.: habe den Nießbrauch.

Nieswurz [mhd. nies(e) wurz] die, -, giftiges Hahnenfußgewächs.

Niet [-fe] das, -(e)s/-e, Salz der Salpetersäure. **Niet** [mhd. niet(e) ›breit geschlagener Nagel‹] der, -(e)s/-e, auch Niete, ⊙ zunächst einköpfiger Verbindungsbolzen aus Metall, dessen Schaft zu einem zweiten Kopf geschlagen wird, ABB. N 8.

Niete [niederl. niet ›nichts‹] die, -/-n, 1) Los, das nicht gewinnt. 2) Ü Fehlschlag, Versager: er ist eine N.

Niete die, -/-n, der Niet.

nieten [mhd. nieten ›den Nagel um- oder breitschlagen‹], ich niete (habe genietet) es, verbinde mit Nieten. **Niet(en)hose** die, Hose aus Baumwolle mit Nieten an den Nähten. **Nietnagel** der, 1) Nagel zum Nieten. 2) Bergsteigernagel, ABB. B 21.

niet- und nagelfest, U unzertrennbar fest: sie nahmen alles mit, was nicht n.- u. n. war.

Nife [-fe] das, -, Kurzw. für die Materie des Erdkerns, für die eine Zusammensetzung aus Nickel (Ni) und Eisen (Fe) angenommen wird: Nifekern.

niffeln, ich niff(e)le (habe genieffelt), alem.: durchstöbere; knausere; zanke kleinlich.

niffen, ich niffe (habe genieft), schweiz.: verziehe das Gesicht; verbeiße einen Schmerz.

niffig, alem.: übergenau.

Niflheim [altnord. ›Nebelwelt‹] das, nordgerman. Mythologie: die Unterwelt.

Nigerianer der, -s/-, Bewohner des westafrikan. Staates Nigeria. **nigerianisch.**

Nigger [engl.] der, -s/-, U verächtlich für Neger.

Nigrer der, -s/-, Bewohner des westafrikan. Staates Niger. **nigrisch.**

Nigrosin [lat. niger ›schwarz‹] das, -s/-e, schwarzer Teerfarbstoff.

Nihilismus [lat. nihil ›nichts‹ und vgl. . . . ismus] der, -, grundsätzl. Leugnung gültiger Erkenntnisse und allgemeinverbindlicher Werte. **Nihilist** der, -en/-en. **nihilistisch.**

Nike [grch. nike ›Sieg‹], griech. Göttin des Sieges.

Niklas, Nikolai, Nikolaus [grch. Nikolaos, zu nike ›Sieg‹ und laos ›Volk‹], männl. Vornamen. **Nikolaus** der, -/-e oder U . . . läuse, als heiliger Nikolaus verkleidete Person, die den Kindern am 6. Dezember Geschenke bringt: Nikolaustag, am 6. Dezember. **Nikolo** der, -s/-s, österr.: der heilige Nikolaus.

Nikotin [frz. nicotin, nach dem franzö. Gesandten in Portugal J. Nicot, 1530–1600] das, -s, Nicotin, giftiges Alkaloid der Tabakpflanze: Nikotinvergiftung. **nikotinarm, nikotinarme** Zigaretten. **nikotinfrei. nikotinhaltig.**

Nilpferd das, ein Flußpferd.

Nils [nord., zu Nikolaus], männl. Vorname.

Nimbus [lat. ›Regenwolke‹] der, -/-se, 1) Heiligenschein, ABB. H 13. 2) Ü Ansehen, Glanz, der eine Person oder Sache umgibt. 3) Regenwolke.

nimm!, von nehmen.

nimmer [mhd. niomer], 1) nie, niemals (urspr. nur auf die Zukunft bezüglich): nie und n., zu keiner Zeit. 2) oberdt.: nicht länger, nicht mehr. **Nimmerleinstag** der: am N., U niemals. **nimmermehr,** nie wieder. **Nimmersatt** der, - oder -(e)s/-e, U jemand, der nie genug zu essen bekommen kann. **Nimmerwiedersehen** das: er verschwand auf N., U für immer.

Nimrod [nach dem A. T. ein Städteerbauer, hebr. ›großer Jäger (vor dem Herrn)‹] der, leidenschaftl., eifriger Jäger.

Nina [russ. Koseform zu Antonina], weibl. Vorname.

Nino [ital., Kurzform von Giovanni oder Namen auf -(n)ino], männl. Vorname.

Ninon [nin'ɔ̃, frz., zu Anna], weibl. Vorname.

Niob, Niobium [nach Niobe, Gestalt des grch. Mythos] das, -s, ⟳ Element, Zeichen: Nb, seltenes, hartes Metall.

nipfen [mhd. nipfen], ich nipfe (habe genipf[e]t), schweiz.: nicke ein, schlummere.

Nippel [niederdt., zu napp ›Napf‹] der, -s/-, ⊙ kurzes Rohrstück mit Gewinde zur Befestigung oder Verbindung von Teilen, ABB. N 8, R 1.

nippen [mhd. nipen ›kneifen‹] ich nippe (habe genippt) an etwas, trinke einen kleinen Schluck, genieße kostend: ich habe am Weinglas nur genippt.

Nippes [frz. nippe(s) ›weibl. Putz‹, aus guenipe ›Fetzen‹], Pl., kleine Zierfigürchen oder Vasen aus Porzellan.

Nippflut [zu nippen] die, flache Flut.

Nippsachen, Pl., Nippes.

Nipptide [nd. niederdt.: Nippflut.

nirgend [mhd. niergen, Verneinung von irgend], **nirgends,** auch nirgendswo, an keinem Ort: ich kann es n. finden. **nirgend(s)her,** auch nirgendswoher, von keinem Ort her, aus keiner Richtung. **nirgend(s)hin,** auch nirgendswohin, an keinen Ort, in keine Richtung. **nirgend(s)wo,** nirgends. **nirgend(s)woher,** nirgendsher. **nirgend(s)wohin,** nirgendshin.

Nirosta, Handelsname für einen nichtrostenden Stahl.

Nirwana [altind. nirvana ›das Erlöschen‹] das, -(s), 1) Buddhismus: das Erlöschen des Ichs und seiner Begierden, die Loslösung aus dem Geburtenkreislauf. 2) Hinduismus: das Aufgehen der Einzelseele im Absoluten: ins N. eingehen.

Nische [frz. niche, zu lat. nidus ›Nest‹] die, -/-n, ⊓ Vertiefung in der Mauer: Fensternische; Wandnische.

Nischel der, -s/-, mitteldt.: Stirn, Kopf.

Niß [ahd. (h)niz] die, -/N'isse, auch **Nisse** die, -/-n, Ei der Laus.

Nissenhütte [nach dem engl. Erfinder P. N. Nissen, † 1930] die, Wellblechbaracke im zweiten Weltkrieg.

nissig [zu Nisse] mit Nissen behaftet, verschmutzt.

Nistel die, -/-n, schweiz.: Nestel.

nisteln, ich nist(e)le (habe genistelt), schweiz.: durchwühle.

nisten [ahd. nisten], ein Vogel nistet (hat genistet), baut ein Nest: unterm Dach nisten Schwalben; Nistzeit.

nit, oberdt.: nicht.

Nitrat [grch. nitron ›Natron‹] das, -(e)s/-e, Salz der Salpetersäure. **Nitrid** das, -(e)s/-e, Verbindung des Stickstoffs mit Metallen. **nitrieren,** ich nitriere (habe nitriert) es, behandle mit Salpetersäure. **Nitrit** das, -s/-e, Salz der salpetrigen Säure. **Nitrobenzol** das, organ. Verbindung zur Anilin- und Sprengstoffherstellung. **Nitrocellulose** die, Salpetersäureester der Cellulose, Sprengstoff. **Nitrofarbstoff** der, meist Pl., Gruppe gelber und orangefarbener Farbstoffe. **Nitrogenium** [vgl. . . . gen] das, -s, ⟳ Zeichen: N, Stickstoff. **Nitroglycerin** das, Glycerintrinitrat, Sprengstoff; gefäßerweiterndes Medikament. **Nitrophosphat** das, ein Düngemittel.

nitschewo [russ.], U macht nichts.

nitsi, nichts.

nival [lat. nivalis, zu nix, Gen. nivis ›Schnee‹], den Schnee betreffend: nivales Klima. **Nivalorganismen,** Pl., Pflanzen und Tiere, die auf Dauerschnee und -eis leben.

Niveau [niv'o:, frz. ›Wasserwaage‹, afrz. nivel, zu lat. libella] das, -s/-s, 1) waagerechte, ebene Fläche. 2) gleiche Höhe, Höhenlage: Niveaulinien, Höhenlinien. 3) Ü Stufe, Rang, Bildungsstand: von hohem künstlerischem N. 4) Wasserstand. **niveaufrei** [niv'o:-], auch niveauverschieden, sich nicht auf gleicher Höhe befindend: niveaufreie Kreuzungen. **niveaugleich** [niv'o:-], niveaugleiche Kreuzungen. **niveaulos** [niv'o:-], Ü ohne geistiges Niveau. **niveauverschieden** [niv'o:-], niveaufrei. **Nivellement** [nivɛlm'ã, frz.] das, -s/-s, das Nivellieren, ebene, verflache, mache gleich: nivellierte Bildungsunterschiede. **nivellieren,** ich nivelliere (habe nivelliert), 1) ebne, verflache, mache gleich: nivellierte Bildungsunterschiede, Ü. 2) messe Höhenunterschiede, ABB. N 8. **Nivellierung** die, -/-en.

nix, U nichts.

Nix [ahd. ni(c)chus, ni(c)chessa, zu grch. nizein ›waschen‹] der, -es/-e, männl. Wassergeist. **Nixe** die, -/-n, weibl. Wassergeist.

n. J., Abk. für: nächsten Jahres.

nkr, Abk. für: norwegische Krone.

nm, Abk. für: Nanometer.

n. M., Abk. für: nächsten Monats.

Nm, Zeichen für: Newtonmeter.

NN, Abk. für: Normal Null.

N. N. [lat. nomen nescio ›den Namen weiß ich nicht‹], irgend jemand: *Herr N. N. hat gesagt,* jemand, den ich nicht nennen will oder kann.

NNO, Abk. für: Nordnordost(en), Abb. W 13. **NNW,** Abk. für: Nordnordwest(en), Abb. W 13.

No, ♉ Zeichen für: Nobelium.

No., N°, ℀ Abk. für: Numero.

NO, Abk. für: Nordost(en), Abb. W 13.

Noah [hebr. ›der Mann der Ruhe‹], B Stammvater, der die Sintflut in der Arche überstand: *Arche Noah(s)* oder *Noä.*

nobel [frz. noble, zu lat. nobilis], adlig, vornehm; edel, freigebig. **Nobel** der, -s, Name des Löwen in der Tierfabel.

Nobelherberge die, U exklusives Hotel.

Nobelium [nach A. Nobel, 1833–1896] *das, -s,* ♉ Element, Zeichen: No, radioaktiv, künstlich hergestellt. **Nobelpreis** der, jährlich verliehener internationaler Preis: *Nobelpreisträger.* **Nobelstiftung** die, Fonds, dessen jährl. Zinsen als Nobelpreise verliehen werden.

Nobilität die, -, Adel, bes. der röm. Amtsadel. **nobilitieren** [mlat. nobilitare ›berühmt, bekannt machen‹], *ich nobilitiere* (habe nobilitiert) *ihn,* ℀ erhebe in den Adelsstand. **Nobilitierung** die, -/-en. **Nobility** [noub'iliti, engl.] die, -, der brit. hohe Adel. **No|blesse** [frz.] die, -, ℀ Adel, Vornehmheit, ritterl. Gesinnung; Freigebigkeit. **no|blesse oblige** [nɔbl'ɛs ɔbl'i:ʒ, frz.], Adel verpflichtet (edel zu handeln).

noch [ahd. noh], 1) außerdem, weiter, zusätzlich: *was gibt's sonst n.?; was hast du n. zu erwarten?; wir wollen es n. einmal,* U *n. mal versuchen; n. einmal so groß; bitte n. zwei Bier; n. und n.,* U sehr viel. 2) bis jetzt, gegenwärtig fortdauernd: *er studiert immer n.; ich bin n. nicht fertig; wir kamen gerade n. rechtzeitig; sie ist n. im Kommen,* U ledig, ungebunden; *ich tue es n.* heute. 3) irgendwann: *er wird schon n. kommen.* 4) *nicht . . . n.; weder . . . n.,* und nicht, auch nicht, keines von beiden: *das hat nicht Sinn n. Verstand; weder Geld n. Gut.* **Nochgeschäft** das, ein Prämiengeschäft an der Börse. **nochmalig,** *eine nochmalige Überprüfung.* **nochmals,** zum zweiten Mal, aufs neue: *der Versuch muß n. wiederholt werden.*

Nock das, -(e)s/-e oder die, -/-en, ⚓ äußerstes Ende einer Rahe oder Spiere an Bord eines Schiffes. **Nock** der, -s/-e, bair., österr.: Felskopf. **Nocken** der, -s/-, ⚙ kurvenförmiger Vorsprung an einer Welle oder Scheibe: *Nockenwelle,* Abb. W 10. **Nockerl** das, -s/-(n), österr.: feines Teigklößchen: *Nockerlsuppe; Salzburger Nockerln.*

Nocturne [nɔkt'yrn, frz. ›nächtlich‹, zu lat. nox ›Nacht‹] *das, -s/-s oder die, -/-s,* auch Notturno, Nachtstück; Klavierstück träumerischer Art.

No|em [grch. noema ›Gedanke‹, ›Sinn‹] *das, -s/-e,* Ⓢ kleinster sprachl. Bestandteil einer semantischen Einheit. **No|etik** [grch. noetikos ›das Denken betreffend‹] die, -, Lehre vom Denken, Begreifen und Erkennen. **no|etisch.**

no iron [nou 'aiən, engl. ›kein Bügeln‹], auch non iron, bügelfrei: *No-iron-Hemden.*

Nokt|ambulismus [lat. nox ›Nacht‹, ambulare ›wandeln‹ und vgl. . . .ismus] das, -, das Nachtwandeln.

nölen, *ich nöle* (habe genölt), *norddt.:* rede oder arbeite langsam und schläfrig; bin langsam, zögere mit allem.

nolens volens [lat. ›nicht wollen‹ oder ›wollend‹], wohl oder übel, gutwillig oder gezwungenermaßen.

Nolimetangere [lat. ›rühr mich nicht an‹] *das, -/-,* ⚘ 1) eine Mimose. 2) ein Springkraut.

Nollen der, -s/-, *schweiz.:* Bergkopf.

Nölpeter der, -s/-. **Nölsuse** die, -/-n, *norddt.:* jemand, der nölt.

Nomade [grch. nomas, zu nemein ›weiden‹] der, -n/-n, Angehöriger eines wandernden Hirtenvolkes: *Nomadenleben.* **nomadenhaft, nomadisch. nomadisieren,** *ich nomadisiere* (habe nomadisiert), 1) lebe als Nomade. 2) Ü verweile oft den Wohnsitz.

Nomen [lat. ›Name‹, ›Benennung‹] *das, -s/. . .mina,* Ⓢ Adjektiv, Pronomen, Substantiv. **nomen est omen** [lat. omen ›Vorbedeutung‹], der Name hat Vorbedeutung. **Nomenklatur** [lat. nomenclatura] die, -/-en, Namengebung, Verzeichnis von Fachausdrücken eines Wissensgebietes. **Nomen pro|prium** das, -/-. . .mina . . .pria, Eigenname. **nominal,** 1) das Nomen betreffend. 2) nominell. **nominal.., nenn.., nennwert. . . Nominalismus** [vgl. . . .ismus] der, -, philosoph. Ansicht, daß die Gattungsbegriffe nicht Wirklichkeit, sondern nur Namen sind. **Nominallohn** der, Geldwert des Lohns ohne Berücksichtigung der Kaufkraft. **Nominalwert** der, ◿ Nennwert; Gegensatz: Kurswert. **Nomination** [lat. nominare ›(be)nennen‹] die, -/-en, 1) Nennung, Benennung. 2)

Ernennung für ein Amt. **Nominativ** [lat. casus nominativus ›Nennfall‹] der, -s/-e, Ⓢ 1. Fall der Deklination, Übers. S 77. **nominell,** dem Namen nach; vorgeblich. **nominieren,** *ich nominiere* (habe nominiert) *ihn,* nenne, benenne; bezeichne, bestimme: *der Parteivorstand nominierte seine Kandidaten für die Vorstandswahl; die Wettkampfteilnehmer wurden nominiert.* **Nominierung** die, -/-en.

Nomo|gramm [grch. nomos ›Gesetz‹ und vgl. . . .gramm] das, -s/-e, Netz- oder Fluchtlinientafel zum zeichnerischen Rechnen. **Nomo|graphie** [vgl. . . .graphie] die, -, zeichnerische Lösung schwieriger rechnerischer Aufgaben. **nomo|graphisch,** die nomographische Lösung einer Gleichung.

Nomos [grch.] der, -/. . .moi, 1) Gesetz. 2) [-m'ɔs] der, -/-. . .m'oi, Verwaltungsbezirk in Griechenland.

Non [lat. nona (hora) ›die neunte (Stunde)‹] die, -, die zwischen 14 und 16.30 Uhr angesetzte Gebetsstunde des kath. Breviers. **Nonagon** [grch. gonia ›Ecke‹] das, -s/-e, Neuneck.

No-name-Produkt [n'ɔuneim-, engl. no name ›kein Name‹] das, neutral verpackte Ware ohne Markenzeichen.

Non-book [n'ɔn buk, engl. non ›nicht‹ und book ›Buch‹] das, -s/-s, Artikel des Buchhandels, der kein Buch ist: *Non-book-Abteilung; Non-book-Artikel.*

Nonchalance [nɔʃal'ãs, frz., zu non ›nicht‹ und afrz. chaloir, lat. calere ›sich erwärmen für‹] die, -, Lässigkeit, Unbekümmertheit, Ungezwungenheit. **nonchalant** [-l'ã].

None [lat. nona, zu novem ›neun‹] die, -/-n, 1) ♪ die neunte Stufe der diaton. Tonleiter, Abb. N 9. 2) Non. **Nonett** das, -(e)s/-e, Musikstück für neun Instrumente; auch die neun Ausführenden.

Non-fiction [nɔn f'ikʃən, engl. non ›nicht‹ und fiction ›Dichtung, zu lat. fingere ›bilden‹, ›formen‹] das, -s/-s, Fach- oder Sachbuch: *Belletristik und Non-fictions.*

Non-foods [n'ɔnfu:dz], Pl., **Non-food-Artikel** [n'ɔnfu:d-, engl. non ›nicht‹ und food ›Nahrungsmittel‹], Pl., Einzelhandel: Waren, die keine Lebensmittel sind.

non iron [nɔn 'aiən, engl.], no iron.

Nonius [fälschlich nach dem Portugiesen P. Nuñez, 1492 bis 1577, benannt] der, -/. . .ien, verschiebbarer Hilfsmaßstab zum Messen von Zehnteln der Einheiten des Hauptmaßstabes, Abb. M 7.

Nonkonformismus [engl. nonconformism, zu non ›nicht‹ und Konformismus] der, -, das aktiv bekundete Abweichen von einer herrschenden religiösen, weltanschaulichen oder gesellschaftlich-politischen Einstellung. **Nonkonformist** der, -en/-en, 1) jemand, der sich der engl. Staatskirche nicht unterwirft. 2) jemand, der sich der herrschenden Ansichten nicht anpaßt. **nonkonformistisch.**

non liquet [lat. non ›nicht‹ und liquere ›klar sein‹], es läßt sich nicht entscheiden.

Nönnchen [ahd. nunna, zu spätlat. nonna ›ehrwürdige Frau‹] die, -/-n, 1) Angehörige eines weibl. Ordens, Klosterfrau, vgl. Abb. A 13; Sinnbild der Entsagung, Keuschheit. 2) ein Schmetterling, Forstschädling. 3) ein Singvogel. 4) *oberdt.:* kastriertes weibl. Tier. 5) ▥ Dachziegel, Abb. D 2.

non olet [lat. non ›nicht‹ und olere ›riechen‹], es (Geld) stinkt nicht.

Nonpareille [nɔ̃par'ɛj, frz. ›nicht gleich‹, ›ungleich‹] die, -, Schriftgrad von 6 typograph. Punkten, Übers. D 16.

Non|plus|ultra [lat. non ›nicht‹, plus ›mehr‹ und ultra ›darüber hinaus‹] das, -, das Unübertreffliche.

Non|proliferation [nɔnproulifər'eiʃn, engl. non ›nicht‹ und proliferation ›Wucherung‹, zu lat. proles ›Nachkommenschaft‹ und ferre ›bringen‹] die, -, Nichtweiterverbreitung von Atomwaffen.

non scholae, sed vitae discimus [lat.], wir lernen nicht für die Schule, sondern fürs Leben.

Nonsens [engl. nonsense, zu lat. non ›nicht‹ und sensus ›Sinn‹] der, -, Unsinn, törichtes Gerede: *Nonsensverse.*

Nonstop. . . [engl. non ›nicht‹ und stop ›Unterbrechung‹], ohne Unterbrechung, Pause: *Nonstopflug; Nonstopvorstellung.*

Nonvalenz [lat. non ›nicht‹ und Valenz] die, -, Zahlungsunfähigkeit.

Nonvaleur [nɔval'œ:r, frz. ›Wertloses‹] der, -s/-s, 1) entwertetes Wertpapier. 2) unverkäufliche Ware.

Noologie [noo-, grch. noein ›denken‹ und vgl. . . .logie] die, -, philosoph. Richtung, die ein (von materiellen und psycholog. Momenten) unabhängiges Geistesleben annimmt.

Noor [dän.] das, -(e)s/-e, niederdt.: Haff.

Noppe [spätmhd. noppe] die, -/-n, 1) Knoten oder Schlinge

das Auflösungszeichen

das Fähnchen
der Hals (der Stiel)
der Kopf

c cis cisis d dis disis e eis f fis fisis g gis gisis a ais aisis h his c

c ces h b heses a as asas g ges geses f fes e es eses d des deses c

Noten mit Erhöhungs- und Erniedrigungszeichen (das Kreuz, das B)

doppelganze ganze 1/2 1/4 1/8 1/16

erste (Prime) zweite (Sekunde) dritte (Terz) vierte (Quarte) fünfte (Quinte)

1/32 1/8 1/16

1/64 1/32 1/64

sechste (Sexte) siebente (Septime) achte (Oktave) neunte (None) zehnte (Dezime)

die Note: rhythmische Werte   die Tonstufe (das Intervall)   **Noten**

im Gewebe: *Noppengewebe*. **2)** Nuppe. **noppen,** *ich* noppe (habe genoppt) *es,* **1)** webe mit Knotenmuster: *genopptes Gewebe.* **2)** entferne Noppen.
Nora [Kurzform zu Eleonora], weibl. Vorname.
Norbert [ahd. nord ›Norden‹ und beraht ›glänzend‹], männl. Vorname.
Nörchen *das, -s/-,* nordwestdt.: Schläfchen.
Nord [ahd. nord], **1)** Abk.: N, P sowie in geograph. und postal. Angaben für Norden: *aus N. und Süd; Nord-Süd-Dialog,* Versuch, Probleme des Nord-Süd-Konflikts zu mildern; *Nord-Süd-Konflikt,* Interessengegensatz zwischen den nördl. industriell hoch- und den südl. industriell unterentwickelten Staaten. **2)** *der, -s,* die Himmelsgegend des tiefsten Sonnenstandes: *der kalte N.; im höchsten N.; der N. Deutschlands.*
Nordflüs *das, -es/-e,* niederdt.: Nordlicht. **nordisch,** zum Norden gehörig: *nordische Rasse; nordische Sprachen;* aber: *die Nordische Kombination,* Ski-Wettkampf aus 15-km-Langlauf und Springen. **Nordist** *der, -en/-en.* **Nordistik** *die, -,* ♣ Wissenschaft über die nordischen Sprachen und Kulturen.
Nordkap *das,* nördlichster Punkt Europas. **Nordlandhunde,** *Pl.,* Haushund-Rassengruppe mit Chow-Chow, Husky, Samojedenhund und Schlittenhund. **nördlich,** in Richtung nach Norden: *nördlicher Breite,* Abk.: n(ördl). Br., geograph. Breite nördlich des Äquators. **Nordlicht** *das, -(e)s,* nördliches Polarlicht. **Nordnordost(en),** Abk.: NNO, **Nordnordwest(en),** Abk.: NNW, **Nordost(en),** Abk.: NO, Himmelsrichtungen, ABB. W 13. **Nordpol** *der, -(e)s,* ⊕ der nördl. Schnittpunkt der Umdrehungsachse eines Himmelskörpers mit seiner Oberfläche, ABB. E 8. **Nordpolargebiet** *das,* die Arktis. **Nordpunkt** *der,* der in der Nordrichtung liegende Punkt des Horizonts. **Nordung** *die, -,* Ausrichtung nach Norden. **nordwärts,** nach Norden zu, in nördl. Richtung. **Nordwest(en),** Abk.: NW, Himmelsrichtung, ABB. W 13.
Norfolktanne [nˈɔːfək-] *die,* ⊕ Araukarie.
Nörgelei [Schallw.] *die, -/-en.* **nörg(e)lig.** **nörgeln,** *ich* nörg(e)le (habe genörgelt), **1)** *an ihm,* tadle kleinlich, mäkle. **2)** bin mit allem unzufrieden. **Nörgler** *der, -s/-,* jemand, der mit allem unzufrieden ist.
Noriker *der, -s/-,* Angehöriger eines illyrisch-keltischen Stammes in der röm. Provinz Noricum. **norisch.**
Norit *das, -s/-e,* ein gabbroartiges Gestein.
Norm [lat. norma ›Winkelmaß‹, ›Richtschnur‹, ›Regel‹] *die, -/-en,* **1)** Richtschnur, Regel, Einheitsmuster, Größenvorschrift, Standardmaß. **2)** ⚓ gekürzte Titel- und Verfasserangabe am Fuß der ersten Seite jedes Bogens. **3)** vorgeschriebene Arbeitsleistung: *Arbeitsnorm.* **normal,** **1)** der Norm entsprechend; gewöhnlich. **2)** ∪ bei gesundem Verstand: *er ist nicht (ganz) n.* **Normale** *die, -(n)/-n,* △ Lot zur Tangente. **normalerweise,** üblicherweise, für gewöhnlich. **normali-**

sieren, *ich* normalisiere (habe normalisiert) *es,* gestalte normal, vereinheitliche: *die Lage hat sich (noch nicht) wieder normalisiert.* **Normalisierung** *die, -.* **Normalmaß** *das,* Mustermaß. **Normal Null** *das, - -s,* Abk.: NN, Bezugspunkt für Höhenmessungen auf der Erdoberfläche. **normalsichtig,** weder kurz- noch weitsichtig. **Normalsichtigkeit** *die, -.* **Normalspur** *die,* Spurweite der Eisenbahnschienen von 1,435 m. **Normalton** *der,* **1)** Akustik: Ton der Frequenz 1000 Hz. **2)** ♪ Kammerton. **Normaluhr** *die,* Uhr, die die Normalzeit anzeigt. **Normalverbraucher** *der,* ∪ scherzhaft: Durchschnittsmensch. **Normalzeit** *die,* für ein größeres Gebiet festgelegte Zeit.
Normanne [ahd. northman] *der, -n/-n,* Wikinger, Angehöriger eines nordgerman. Seefahrervolkes. **normannisch.**
normativ [zu Norm], als Regel, Richtschnur geltend, maßgebend. **Normativ** *das,* quantitativ festgelegte bindende Richtgröße in Planwirtschaften Osteuropas und der Dt. Dem. Rep.: *Kostennormativ.* **Normative** *die, -/-n,* grundlegende Bestimmung. **normen,** *ich* norme (habe genormt) *es,* setze nach einer Norm einheitlich fest. **Normenkon|trolle** *die,* die gerichtl. Prüfung der Vereinbarkeit einer Rechtsnorm mit einer Norm höheren Ranges. **normieren,** *ich* normiere (habe normiert) *es,* ♣ norme. **Normierung** *die, -/-en.* **Normung** *die, -/-en,* vereinheitlichende Feststellung von Begriffen, Erzeugnissen, Verfahren im Bereich der Wissenschaft, Technik, Wirtschaft, Verwaltung. **normwidrig,** gegen die Norm.
Norne [altnord. norn ›die Raunende‹] *die, -/-n,* jede der drei nordischen Schicksalsgöttinnen.
Norweger *der, -s/-,* Bewohner des nordeurop. Staates Norwegen. **norwegisch.**
Noso|graphie [grch. nosos ›Krankheit‹ und vgl. . . . .graphie] *die, -,* Krankheitsbeschreibung. **Nosologie** [vgl. . . . .logie] *die, -,* Krankheitslehre. **nosologisch.**
No-Spiel [japan.] *das,* das lyrische japan. Drama.
Nößel [mhd. nœzzelin] *der* oder *das, -s/-,* ♣ kleines Hohlmaß.
Nost|algie [grch. nostos ›Heimkehr‹ und algos ›Schmerz‹] *die, -,* Heimweh; Sehnsucht nach Vergangenem, Rückwendung auf Vergangenes. **nost|algisch,** nostalgische Mode.
No|strifikation [lat. noster ›unser‹ und facere ›machen‹] *die, -/-en,* Nostrifizierung. **no|strifizieren,** *ich* nostrifiziere (habe nostrifiziert), **1)** *es,* erkenne einen ausländ. Diplom- oder Doktorgrad an. **2)** *ihn,* bürgere ein. **No|strifizierung** *die, -/-en.* **No|strokonto** [ital. ›unser Konto‹] *das,* Konto, das eine Bank bei einer anderen unterhält.
Not [ahd. not] *die, -,* **1)** Armut, Elend: *diese Familie lebt in N., leidet bittere N.* **2)** Mangel, Knappheit: *Geldnot; Zeitnot.* **3)** *Pl.* ᵘe, Bedrängnis, schlimme Lage, Schwierigkeit, Hilflosigkeit: *die Nöte der Jugend; mit dir hat man seine (liebe) N.,* ∪ Ärger, Mühe; *er hat es mit Müh und N. geschafft,* gerade noch; *ich habe meine N. damit,* finde es schwierig; *er hat aus der N. eine Tugend gemacht,* das Beste aus einer unangenehmen Sache. **4)** Zwang, Notwendigkeit: *man kann es ohne N. tun,* ohne Notwendigkeit; *wenn N. am Mann ist,* wenn Hilfe dringend gebraucht wird; *bei ihm ist Holland in N.,* ∪ Hilfe

dringend nötig; *zur N.*, mit Mühe, wenn es unbedingt notwendig ist; aber: *das tut not, wird not tun, ist vonnöten.*

Nota [lat. ›Merkmal‹, ›Kennzeichen‹] *die, -/-s,* **1)** kurze Aufzeichnung, Anmerkung. **2)** Rechnung. **3)** Auftrag. **Notabeln** [frz. notable ›bemerkenswert‹, zu lat. notabilis], *Pl.,* ⚭ Angehörige einer maßgebenden bürgerl. Oberschicht.

notabene [lat. ›merke gut‹, zu notare ›bezeichnen‹, ›merken‹ und bene ›gut‹], Abk.: NB, beachte!; übrigens. **Notabene** *das, -(s)/-(s),* Merkzeichen, Denkzettel. **Notabilität** *die, -,* ⚭ Vornehmheit, Berühmtheit.

Not|anker *der,* **1)** ⚓ zweiter Anker zur Reserve. **2)** Ü letztes Rettungsmittel.

Notar [ahd. notari, zu lat. notarius, urspr. ›Geschwindschreiber‹] *der, -s/-e,* ⚖ Jurist mit Befugnis zu Beurkundungen, Beglaubigungen u. a. **Notariat** *das, -(e)s/-e,* Amt, Büro eines Notars. **notariell,** *der Vertrag ist n. beglaubigt; notarielle Beurkundung.*

Notation [zu notieren] *die, -/-en,* **1)** systemat. Aufzeichnung einer Schachpartie. **2)** ♪ Aufzeichnung in Notenschrift.

Notausgang *der,* baurechtlich vorgeschriebener zusätzlicher Ausgang in Gebäuden oder Räumen, die von vielen Menschen benutzt werden. **Notbehelf** *der,* unzulängliches Ersatzmittel. **Notbremse** *die,* Bremse für Eisenbahnreisende bei Gefahr, ABB. B 47, E 5. **Notdurft** [ahd. notduruft] *die, -,* Entleerung des Darms, der Blase: *er verrichtet seine N.* **notdürftig** [mhd. notdürftic] mangelhaft befriedigend, nur im dringenden Fall ausreichend: *die Flüchtlinge konnten nur n. untergebracht werden; ein notdürftiger Ersatz.*

Note [mhd. note, zu lat. nota ›Merkmal‹] *die, -/-n,* **1)** musikal. Schriftzeichen (Tonzeichen), ABB. N 9, N 10: *Notenblatt; Notenständer; ich singe, spiele nach Noten.* **2)** förmliche schriftl. Mitteilung einer Regierung an eine andere: *diplomatischer Notenwechsel.* **3)** Papiergeld: *Banknote.* **4)** Anmerkung, Bemerkung: *Fußnote.* **5)** Beurteilung: *er hat gute Noten im Schulzeugnis; die N. ›befriedigend‹,* aber: *die N. Drei.* **6)** ♪ erreichte Punktzahl. **7)** Ausprägung, Eigenart: *sein Buch trägt eine besondere N.* **Notenschlüssel** *der,* ♪ Zeichen am Anfang der Notenlinien, das die Tonhöhe festlegt. **Notenumlauf** *der,* die im Umlauf befindlichen Banknoten.

Notfall *der,* bei Not, wenn es erforderlich ist: *im N.; er hat für den N. vorgesorgt.* **notfalls. notgedrungen,** weil es nicht anders geht: *n. gab er schließlich seine Einwilligung.* **Notgeld** *das,* vorübergehend in Umlauf gesetztes Geld. **Notgesetz** *das,* Gesetz zur Bekämpfung oder Behebung einer Notlage. **Notgroschen** *der,* Spargut für Notzeiten. **Nothelfer** *der,* Helfer: *die Vierzehn N.,* kath. Heilige. **Nothilfe** *die,* Hilfeleistung bei Unglücksfällen.

notieren [lat. notare ›kennzeichnen‹, ›aufschreiben‹], *ich notiere (habe notiert) es,* **1)** schreibe auf, merke vor: *ich habe mir ihre Telefonnummer, diesen Termin notiert.* **2)** setze den Kurs eines Wertpapiers oder den Preis einer Ware fest: *es notiert, hat einen bestimmten Kurs.* **Notierung** *die, -/-en,* **1)** Aufzeichnung, Vormerkung. **2)** börsenmäßige Feststellung, Veröffentlichung von Warenpreisen, Kursen. **3)** ♪ Notation. **Notifikation** [lat. notus ›bekannt‹ und facere ›machen‹] *die, -/-en,* **1)** Benachrichtigung. **2)** Übermittlung der diplomat. Note. **notifizieren** [lat. facere ›machen‹], *ich notifiziere (habe notifiziert) es,* benachrichtige, zeige an.

notig, oberdt.: arm, knauserig. **nötig** [ahd. notag, zu Not], erforderlich, unentbehrlich, notwendig, sehr wünschenswert: *es ist n., sich darum zu kümmern; er hat die Erholung dringend n.; hattest du das n.?; mußtest du das tun?; ich hab's nicht n., mich von dir anschreien zu lassen.* **nötigen** [ahd. notegon], *ich nötige (habe genötigt) ihn zu etwas,* **1)** zwinge; bringe mit

Gewalt oder Drohung dazu: *ich sehe mich genötigt durchzugreifen.* **2)** fordere auf, dränge, bitte dringend: *laß dich nicht nötigen, greif zu!* **3)** ⚭ notzüchtige. **nötigenfalls,** wenn es nötig sein sollte: *n. kann ich auch etwas früher kommen.* **Nötigung** *die, -/-en,* ⚖ die rechtswidrige Bestimmung eines anderen durch Drohung oder Gewalt zu einer Handlung, Duldung oder Unterlassung.

Notiz [lat. notitia ›Kenntnis‹] *die, -/-en,* **1)** meist Pl., Vermerk, kurze Aufzeichnung: *ich habe mir während des Vortrags Notizen gemacht; Notizzettel.* **2)** meist Sg., kurze Nachricht, Mitteilung: *Zeitungsnotiz.* **3)** *ich nehme N. von etwas,* beachte es, nehme zur Kenntnis. **Notizbuch** *das,* Merkbuch.

Notlage *die,* Zustand der Bedrängnis: *eine vorübergehende finanzielle N.* **notlanden,** *ich notlande (bin notgelandet), nur Infinitiv und Partizip üblich.* **Notlandung** *die,* ✈ durch eine Notlage erzwungene unvorhergesehene Landung. **notleidend,** in Armut lebend. **Notleidende** *der, die, -n/-n, ein -r, eine -,* jemand, der Not leidet. **Notlösung** *die,* behelfsmäßige Lösung. **Notlüge** *die,* Lüge aus Höflichkeit oder um einer ungünstigen Lage zu entgehen. **Notnagel** *der,* Ü Aushilfe, Ersatz.

notorisch [spätlat. notorius, zu noscere ›kennenlernen‹], offenkundig, allbekannt; gewohnheitsmäßig: *er ist ein notorischer Säufer, Lügner.*

Notpfennig *der,* Notgroschen. **notreif,** vorzeitig reif, ohne ausgewachsen zu sein. **Notreife** *die, -.* **Notruf** *der,* vereinfachter Anruf bei Polizei und Feuerwehr bei Gefahr: *Notrufsäule.* **Notrutsche** *die,* ✈ Gleitbrett, auf dem Fluggäste im Notfall (bei Notlandung) ins Freie rutschen können. **notschlachten,** *ich notschlachte (habe notgeschlachtet) es,* schlachte ein Tier, das sonst sterben würde. **Notschlachtung** *die.* **Notsignal** *das,* international gültiges Zeichen zur Anforderung von Hilfe. **Notstand** *der,* ⚖ Zwangslage, bei der Eingriffe in fremde Rechte erlaubt sind, wenn durch sie Gefahr droht: *Notstandsgebiet; Notstandsgesetz.* **Notstrom** *der, -(e)s,* von einem Aggregat erzeugter Strom bei Ausfall der allgemeinen elektr. Energieversorgung: *Notstromversorgung für Krankenhäuser.* **Nottaufe** *die,* Taufe, die bei Todesgefahr von Laien erteilt werden kann. **nottaufen,** *ich nottaufe (habe notgetauft) ihn.*

Notturno [ital. notte ›Nacht‹] *das, -s/-s* oder *...ni,* Nocturne.

notwassern, *ich notwassere, notwaßre (bin notgewassert), nur Infinitiv und Partizip üblich.* **Notwasserung** *die,* ✈ durch eine Notlage erzwungene unvorhergesehene Wasserung. **Notwehr** *die, -,* ⚖ Abwehr eines rechtswidrigen Angriffs von sich oder einem anderen: *er hat es in, aus N. getan.* **notwendig,** **1)** unvermeidlich, zwangsläufig: *ein notwendiges Übel.* **2)** unentbehrlich, unbedingt erforderlich: *diese Reparatur war dringend n.; ich brauche es n.; ist schon alles Notwendige veranlaßt?* **notwendigenfalls. notwendigerweise. Notwendigkeit** *die, -/-en.* **Notzucht** [mhd. notzogen ›notzüchtigen‹] *die,* Vergewaltigung einer Frau: *Notzuchtverbrechen.* **notzüchtigen,** *ich notzüchtige (habe genotzüchtigt) sie.*

Nougat [n'u:gat, frz., zu lat. nux ›Nuß‹] *der* oder *das, -s/-s,* eingedeutscht: Nugat, Nuß- oder Mandelkonfekt.

Nouveauté [nuvot'e:, frz., zu nouveau ›neu‹] *die, -/-s,* Neuheit, bes. in der Mode. **Nouvelle cuisine** [nuv'ɛl kyis'i:n, frz. ›neue Küche‹] *die, - -,* moderne Kochkunst.

Nov., Abk. für: November.

Nova, 1) [lat. (stella) nova ›neuer (Stern)‹] *die, -/...vae, meist Pl.,* durch Helligkeitsausbruch gekennzeichnete meist lichtschwache, veränderliche Sterne. **2)** Pl. von Novum.

Novation [lat. novatio ›Erneuerung‹] *die, -/-en,* **1)** Erneuerung. **2)** ⚖ Schuldumwandlung. **Novelle** [ital. novella ›Neuig-

Noten (der Anfang einer Sonate)

keit‹] *die, -/-n,* **1)** kleinere Erzählung, die sich auf eine einzelne bedeutungsvolle Begebenheit beschränkt. **2)** ⚔ Abänderung einzelner Gesetzesbestimmungen, Nachtragsgesetz. **Novellette** *die, -/-n,* kleines Musikstück. **novellieren,** *ich* novelliere (habe novelliert) *es,* versehe ein Gesetzbuch mit Novellen. **Novellist** *der, -en/-en,* Novellenschreiber. **novellistisch.**

November [mhd. november, zu lat. novem ›neun‹ *der, -(s)/-,* Abk.: Nov., der elfte Monat des Jahres, ÜBERS. J 2; vgl. August.

Novene *die, -/-n,* kath. Kirche: neuntägige Andacht.

Novität [lat. novitas, zu novus ›neu‹ *die, -/-en,* Neuheit, Neuerscheinung. **Novize** [mhd. novize, zu mlat. novicius] *der, -n/-n, die, -/-n,* Mönch oder Nonne während der Probezeit vor Ablegung der Gelübde. **Noviziat** *das, -(e)s/-e,* Probezeit im Kloster. **Novizin** *die, -/-nen,* die Novize. **Novum** *das, -s/. . . va,* etwas Neues; neuer Gesichtspunkt.

Noxe [lat. noxa] *die, -/-n,* **1)** Schädlichkeit. **2)** ⚕ Krankheitsursache.

Np, 1) auch N, Zeichen für: Neper. **2)** ⚛ Zeichen für: Neptunium.

NPD, Abk. für: Nationaldemokratische Partei Deutschlands.

Nr., Abk. für: Nummer.

NRT, Abk. für: Nettoregistertonne.

NS, Abk. für: **1)** nach Sicht (auf Wechseln). **2)** Nachschrift. **3)** ∪ Nationalsozialismus: *NS-Zeit.*

NSDAP, Abk. für: Nationalsozialistische Deutsche Arbeiterpartei.

n. St., Abk. für: neuen Stils, die Zeitrechnung nach dem Gregorianischen Kalender.

N. T., Abk. für: Neues Testament.

NTSC, Abk. für engl. National Television System Committee, **1)** ein Normenausschuß der amerikan. Rundfunkwirtschaft. **2)** das von diesem empfohlene amerikan. Farbfernsehsystem.

nu [mhd. nu, zu nun], *mitteldt.:* nun. **Nu,** *im N., in einem N.,* blitzschnell.

Nuance [ny′ãs, frz., zu nue, von lat. nubes ›Wolke‹, ›Gewölk‹] *die, -/-n* [-ən], **1)** Abtönung, Abstufung: *dieses Blau ist eine N. heller als jenes.* **2)** ein bißchen, Kleinigkeit: *die Suppe ist um eine N. zu salzig.* In fein gestaltete Einzelheit: *stilistische Nuancen.* **nuancenreich** [ny′ãsən-]. **nuancieren,** [nyãs-], *ich* nunaciere (habe nuanciert) *es.*

′**nüber,** ∪ hinüber.

Nubuk [engl.] *das, -,* Kalbleder mit samtartiger Oberfläche.

nüchteln, *es* nücht(e)let (hat genüchtel[e]t), *schweiz.:* riecht, schmeckt schimmelig.

nüchtern [ahd. nuohtarnin, zu lat. nocturnus ›nächtlich‹, eigtl. ›vor dem Frühgottesdienst noch nichts gegessen habend‹], **1)** ohne gegessen zu haben, mit leerem Magen: *die Arznei muß morgens n. eingenommen werden.* **2)** nicht betrunken: *man sah ihn selten n.* **3)** ∪ besonnen, die Wirklichkeit klar sehend: *eine nüchterne Beurteilung der Lage.* **4)** ∪ ohne Einbildungskraft, trocken, phantasielos: *ein nüchterner Tatsachenbericht.* **5)** ∪ schmucklos, reizlos, kahl: *sein Zimmer war n. eingerichtet.* **Nüchternheit** *die, -.*

Nucke, Nücke [mhd. nücken ›stutzen (vom Pferd)‹ *die, -/-n, niederdt.:* Eigensinnigkeit, Schrulle, Laune: *das Pferd hat Nücken,* ist störrisch.

Nuckel *der, -s/-, mitteldt.:* Schnuller. **nuckeln,** *ich* nuck(e)le (habe genuckelt), ∪ **1)** sauge. **2)** bewege mich gemächlich (mit dem Auto): *wir nuckelten langsam durch die Gegend.* **Nuckelpinne** *die,* ∪ langsames, kleines Auto.

nuckisch [zu Nucke], *niederdt.:* eigensinnig, schrullig, launisch.

Nukleinsäure *die,* Nukleinsäure, Pl., Nukleoproteide. **Nukleus** *der, -/. . . clei,* Nukleus.

Nudel [Herkunft unsicher] *die, -/-n,* **1)** Eierteigware: *Fadennudeln; Nudelsuppe.* **2)** Teigstück zum Mästen von Geflügel. **3)** ∪ lustiger, unterhaltsamer Mensch: *eine ulkige N.* **Nudelbrett** *das,* Brett zum Ausrollen von Teig. **Nudelholz** *das,* Gerät zum Ausrollen von Teig, ABB. K 51. **nudeln,** *ich* nud(e)le (habe genudelt), **1)** *Gänse,* mäste. **2)** *ihn,* ∪ stopfe voll, überfüttere: *ich bin voll genudelt, niederdt.:* schniefe.

Nudismus [lat. nudus ›nackt‹, ›bloß‹ und vgl. . . . ismus] *der, -,* Freikörperkultur. **Nudist** *der, -en/-en.* **Nudität** *die, -/-en,* **1)** ohne Pl., Nacktheit. **2)** *meist Pl.,* Schlüpfrigkeiten.

nufer, nüfer, *alem.:* munter, frisch, stark.

Nüff *die, -/-en, niederdt.:* Nase, Stupsnase. **nüffen,** *ich* nüffe (habe genüfft), *niederdt.:* schniefe.

Nugat *der* oder *das, -s/-s,* eingedeutscht für: Nougat.

nuggeln, *ich* nugg(e)le (habe genuggel[e]t), *schweiz.:* sauge.

Nugget [n′ʌgit, engl. ›(Gold-)Klumpen‹] *das, -(s)/-s,* natürliches, reines Metallkorn, bes. Gold.

Nuggi *der, -s/-, schweiz.:* Schnuller.

nuklear [lat. nucleus ›Kern‹], den Atomkern betreffend, auf Kernenergie beruhend: *nukleare Waffen; Nuklearmächte.* **Nuklearmedizin** *die,* alle aus der Verwendung von Kernenergie sich ergebenden ärztl. Aufgaben. **Nuklearphysik** *die,* Kernphysik. **Nuklearstrategie** *die,* nukleare Strategie. **nuklearstrategisch,** nuklearstrategische Auseinandersetzung. **Nukleinsäure** *die,* auch Nucleinsäure, hochmolekulare, z. B. in den Zellkernen vorkommende Verbindung. **Nukleon** *das, -s/. . . kle′onen,* zusammenfassende Bez. für Neutron und Proton, die Bausteine der Atomkerne. **Nukleoproteide,** *Pl.,* auch Nucleoproteide, zusammengesetzte Eiweißkörper. **Nukleus** *der, -/. . . kle|i,* auch Nucleus, der Zellkern. **Nuklid** *das, -s/-e,* eine Atomkernart mit bestimmter Ordnungs- und Massezahl.

null (0) [lat. nullus ›keiner‹, ›niemand‹], Zahlwort, ÜBERS. Z 1; vgl. acht: *das Spiel endete eins zu n. (1:0); der Vertrag ist n. und nichtig,* ∪ ungültig; *n. Bock auf etwas haben,* ∪ keine Lust; *das Thermometer steht auf n. Grad,* zeigt weder Plus- noch Minusgrade an; *Ankunft des Zuges n. Uhr zehn (0.10 Uhr),* 10 Minuten nach Mitternacht. **Null** *die, -/-en,* **1)** die Zahl 0; vgl. acht: *das Thermometer steht auf n., sinkt unter N.* **2)** ∪ Nichtigkeit, Bedeutungslosigkeit, unbedeutender Mensch: *er ist eine N.; die Wirkung ist gleich N.,* so gut wie keine. **3)** *der* oder *das, -(s)/-s,* Nullspiel. **Nullachtfünfzehn** [nach dem dt. Maschinengewehr], in Ziffern: 08/15, ∪ wie üblich, durchschnittlich. **Nulldiät** *die,* Fastenkur für Fettleibige, bei der nur Flüssigkeit, Spurenelemente und Vitamine verabreicht werden. **Nulleiter,** *⚡* der stromlose (geerdete) Mittelpunktsleiter in Dreileiter-Gleichstromnetzen und Vierleiter-Drehstromnetzen; vgl. Silbentrennung, ÜBERS. S 50. **Nullifikation** [lat. facere ›machen‹] *die, -/-en,* Ungültigmachung. **nullifizieren,** *ich* nullifiziere (habe nullifiziert) *es,* erkläre für ungültig. **Nullmeridian** *der,* ⊕ der Meridian, von dem aus die geograph. Länge gerechnet wird. **Null ouvert** [-uv′ɛːr, frz. ouvert ›offen‹] *das oder -, - -/- -s,* Skatspiel, bei dem der Spieler seine Karten aufdeckt und keinen Stich bekommen darf. **Nullpunkt** *der,* Anfangspunkt einer Skala. **Nullspiel** *das,* Skatspiel, bei dem der Spieler keinen Stich bekommen darf. **Nulltarif** *der,* kostenloser Tarif (für öffentl. Verkehrsmittel). **Nullung** *die, -/-en, ⚡* die Verbindung der Gehäuse elektrischer Geräte mit dem Nulleiter. **Nullwachstum** *das,* die Begrenzung des Bevölkerungs- und Wirtschaftswachstums auf Null.

Nulpe [zu Null] *die, -/-n,* ∪ unbedeutender Mensch.

Numen [lat., zu lat. nuere sich neigen‹, ›nicken‹] *das, -s,* göttlicher Wille, göttliches Walten, die Gottheit.

Numerale [spätlat., zu numerus ›Zahl‹, ›Anzahl‹, ›Teil‹] *das, -s/. . . lia* oder *. . . li|en,* Zahlwort, Zahlwort. **Numerieren** (habe numeriert) *es,* beziffere. **Numerierung** *die, -/-en.* **numerisch,** zahlenmäßig: *numerische Maschinensteuerung.* **Numero** *das, -s/-s,* Abk.: No., N°, ♩ Zahl. **Numerus** *der, -/. . . ri,* **1)** Zahl, Ziffer: N. clausus, zahlenmäßige Beschränkung der Zulassung, z. B. zum Hochschulstudium. **2)** Ⓢ Zahlform zur Bez. von Singular und Plural. **3)** △ Zahl, bes. (gegebene oder gesuchte) Zahl, deren Logarithmus bekannt ist, ÜBERS. R 11.

numinos [vgl. Numen], göttlich, heilig.

Numismatik [frz. numismatique, zu grch. nomisma ›Münze‹] *die, -,* Münzkunde. **Numismatiker** *der, -s/-,* Kenner, Sammler von Münzen. **numismatisch.**

Nummer [lat. numerus ›Zahl‹] *die, -/-n,* **1)** Abk.: Nr., Zahl, Kennzahl: *laufende N.,* Abk.: lfd. Nr., Zahl in der durchgezählten Reihe; *Hausnummer; Telefonnummer; er hat bei seinem Chef eine gute N.,* ∪ wird von ihm geschätzt; *der Verbrecher sitzt auf N. Sicher,* ∪ im Gefängnis. **2)** Größe: *Schuhnummer.* **3)** Einzeldarbietung innerhalb einer Folge: *die Clownnummer im Zirkus.* **4)** ∪ durch eine kennzeichnender Mensch: *eine ulkige N.; eine üble N.* **nummerisch,** numerische. **nummern,** *ich* numm(e)re (habe genummert) *es,* numeriere. **Nummernkonto** *das,* ein Konto, bei dem der Name des Gläubigers durch Nummer oder Kennwort ersetzt wird. **Nummernschild** *das,* Schild mit Nummer (an Kraftwagen, ABB. S 18, Straßenbahnen, ABB. S 73).

nun [mhd. nun, ahd. nu], **1)** jetzt, zum gegenwärtigen Zeitpunkt: *n. geht's los!; n. ist es soweit; n. und nimmer,* zu keiner Zeit. **2)** mittlerweile, inzwischen: *die Sache ist n.*

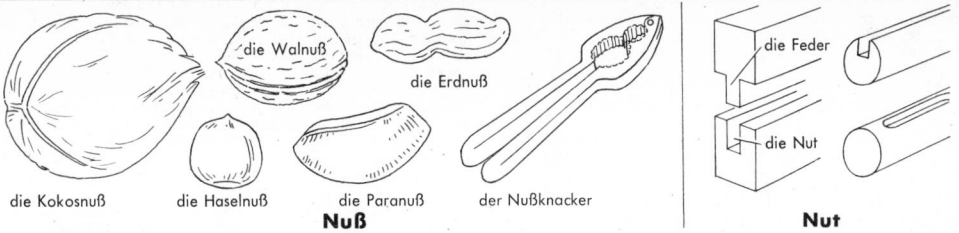

die Walnuß · die Erdnuß · die Feder · die Nut · die Kokosnuß · die Haselnuß · die Paranuß · der Nußknacker
Nuß · **Nut**

entschieden. **3)** unter den gegebenen Umständen: *da läßt sich n. nichts machen; was n.?; was sollen wir n. machen?* **4)** als Partikel in verschiedener Bedeutung: *n., n.!,* aber, aber!, so schlimm kann es doch gar nicht sein!; *diese Frage war n. wirklich überflüssig; n., lassen wir das; n. denn!; n. ja.* **5)** ⚬⚬, noch P, da, weil: *n. er sich endlich entschieden hat. . .*

Nunatak [eskimoisch] *der, -s/-s* oder *-(e)r,* aus Gletschern oder Inlandeis herausragender Berg.

nunmehr, jetzt, von jetzt an: *die Sache muß n. ein Ende haben.* **nunmehrig, nunmehro,** K nunmehr.

Nuntiatur *die, -/-en,* Amt und Sitz eines Nuntius. **Nuntius** [lat. ›Bote‹] *der, -/. . . ti|en,* ständiger Vertreter des Papstes bei einem Staatsoberhaupt. **Nunziatur** *die, -/-en, österr.:* Nuntiatur. **Nunzius** *der, -/. . . zi|en, österr.:* Nuntius.

Nuppe *die, -/-n,* auch: Noppe, Glastropfen oder -warze als Muster auf Trinkgläsern: *Nuppenbecher.*

Nuppel *der, -s/-, mitteldt.:* Nuckel, Schnuller. **nuppeln,** ich nupp(e)le (habe genuppelt), *mitteldt.:* sauge.

nuptial [lat. nuptialis, zu nuptiae ›Hochzeit‹], ⚬⚬ hochzeitlich, ehelich.

nur [ahd. niwari ›wäre nicht, es wäre denn‹], **1)** nicht mehr als: *er blieb n. zehn Minuten; ich habe n. noch zwei Mark.* **2)** nichts anderes als: *ich bin n. Gast hier; ich kann n. Gutes berichten.* **3)** nichts weiter als, lediglich: *er war n. noch ein Schatten seiner selbst.* **4)** verstärkend, bes. bei Fragen, Aufforderungen, Wünschen: *was hast du nur n. dabei gedacht!; n. Mut!; wenn er n. käme!; das Kind bekommt alles, was es n. will.* **5)** allerdings, jedoch: *sie arbeitet gewissenhaft, n. müßte es etwas schneller gehen.* **6)** n. mehr, österr.: nur noch.

Nurse [nɔːs, engl., zu lat. nutrix ›Amme‹] *die, -/-s* [nʼɔːsiz], Kinderpflegerin.

nusch(e)lig [wohl zu Nase], *mitteldt.:* zerzaust, unordentlich. **nuscheln,** ich nusch(e)le (habe genuschelt), U spreche undeutlich.

Nuß [ahd. (h)nuz, urspr. ›Haselnuß‹] *die, -/N'üsse,* **1)** einsamige Schließfrucht, Abb. N 11: *Walnuß; Kokosnuß; Nußtorte; eine harte N.,* Ü schwere Aufgabe, schwieriges Rätsel. **2)** nußförmiges Stück: *Nußkohle.* **3)** zarter Teil der Keule (beim Kalb, Rind). **4)** ⚙ Teil, der sich ein wenig drehen kann, z. B. beim Schloß oder bei Kipplaufgewehren, Abb. S 28. **5)** Ü derb: Mensch: *die doofe N.!* **6)** Ü derb: Kopf: *er kriegte eins auf die N.* **7)** ⚥ auch Schnalle, äußere Geschlechtsteile von Füchsin, Wölfin u. a. weibl. Raubtieren. **Nußbaum** *der,* der Walnußbaum und dessen Holz: *ein Schrank aus N.* **Nüßchen** *das, -s/-.* **Nußknacker** *der,* Gerät zum Öffnen der Nuß, Abb. N 11. **Nußschale** *die,* **1)** Schale der Nuß. **2)** U kleines Schiff.

Nüster [mnd. nuster, verwandt mit Nase] *die, -/-n, meist Pl.,* Nasenloch, bes. beim Pferd, Abb. P 9.

Nut [ahd. nuot] *die, -/-en,* auch Nute, ⚙ Fuge, längliche Vertiefung an Wellen, Zapfen, Brettern u. a. zur Befestigung oder Führung anderer Teile, Abb. N 11, H 24.

Nutation [lat. nutatio, zu nutare ›nicken‹, ›schwanken‹] *die, -/-en,* **1)** Schwankung. **2)** ⊕ Krümmungsbewegung eines Pflanzenteils. **3)** ⚹ durch die Sonnenanziehung erzwungene

period. Verlagerung der Erdachse. **4)** Physik: die Pendelbewegung der Achse eines Kreisels.

Nute *die, -/-n,* Nut. **nuten** [ahd. nuoen ›glätten‹, ›genau zusammenfügen‹], *ich nute (habe genutet) es,* versehe mit einer Nut.

Nutria [span., zu lat. lutra] *die, -/-s,* Biberratte, ein Pelztier.

Nutriment [lat. nutrire ›ernähren‹] *das, -(e)s/-e,* 🜨 Nahrung.

Nutrition *die, -,* 🜨 Ernährung. **nutritiv,** 🜨 nahrhaft.

Nutsch [nuːtʃ] *der, -(e)s/-e, mitteldt.:* Schnuller. **Nutsche** *die, -/-n,* Porzellantrichter mit Siebboden für Filterpapier, Abb. F 20. **nutschen,** ich nutsche (habe genutscht), **1)** *mitteldt.:* sauge. **2)** *es,* filtriere mit der Nutsche.

Nutte [zu Nut] *die, -/-n,* U derb: Prostituierte. **nuttig,** eine *nuttige Aufmachung.*

nutz [mhd. nuz], *oberdt.:* nütze. **Nutz,** *zu N. und Frommen,* P zum Nutzen. **nutzbar,** verwendbar, zu benutzen. **Nutzbarkeit** *die, -.* **nutzbringend,** Gewinn einbringend: *er hat sein Kapital n. angelegt.* **nütze,** *das ist zu nichts n.,* nicht zu gebrauchen. **nutzen, nützen,** ich nutze, nütze (habe genutzt, genützt), **1)** *ihm (bei etwas),* diene zur Erreichung des Zieles, helfe, bringe Vorteil. **2)** *es,* nütze aus, ziehe meinen Vorteil daraus. **3)** *es nutzt, nützt etwas (nichts),* hat (k)einen Zweck. **Nutzen** [ahd. nuz] *der, -s,* Vorteil, Gewinn, Ertrag: *er versteht es, N. daraus zu ziehen; davon verspreche ich mir keinen N.* **Nutzfläche** *die,* nutzbare Bodenfläche: *die landwirtschaftliche N.; die N. der Lagerhalle.* **Nutzholz** *das,* Bauholz, Arbeitsholz. **Nutzlast** *die,* **1)** die Verkehrsbelastung von Bauwerken. **2)** bei Land-, Luft- und Raumfahrzeugen die Zuladung ohne Betriebsstoffe. **Nutzleistung** *die,* die von einer Maschine abgegebene ausnutzbare Leistung. **nützlich,** gewinnbringend, ertragreich, förderlich: *das ist ihm, für ihn n.* **Nützlichkeit** *die, -: Nützlichkeitsdenken.* **Nützling** *der, -s/-e,* Tier, das schädliche Tiere oder Pflanzen vernichtet. **nutzlos,** ohne Nutzen. **Nutzlosigkeit** *die, -.* **nutznießen,** ich nutznieße *von etwas, nur im Präsens üblich,* ziehe einen Nutzen daraus. **Nutznießer** *der, -s/-,* jemand, der den Vorteil von etwas hat. **nutznießerisch. Nutznießung** *die, -,* 🝔 Nießbrauch. **Nutzpflanze** *die,* zur mensch. und tierischen Ernährung sowie für techn. Zwecke angebaute Kulturpflanze. **Nutzung** *die, -,* das Nutzen, Benutzen, Ausnutzen: *Nutzungsrecht; die friedliche Nutzung der Kernenergie.* **Nutzwild** *das,* alle jagdbaren Tiere, deren Fleisch eßbar ist.

NW, 1) Abk. für: Nordwest(en), Abb. W 13. **2)** Abk. für: Niedrigwasser.

Ny *das, -(s)/-s,* griech. Buchstabe, Übers. G 36.

Nylon [nʼailɔn, engl.] *das, -s,* Handelsname für eine synthet. Chemiefaser: *Nylons,* U Nylonstrümpfe.

Nymphe [grch. urspr. ›Braut‹, ›Jungfrau‹] *die, -/-n,* **1)** weibl. Naturgottheit. **2)** 🝐 Entwicklungsstadium mancher Insekten. **nymphoman,** an Nymphomanie leidend. **Nymphomanie** [vgl. Manie] *die, -,* krankhaft gesteigerter Geschlechtstrieb der Frau. **Nymphomanin** *die, -/-nen.*

Nynorsk [norweg. ›Neunorwegisch‹] *das, -,* eine norweg. Landessprache.

O

o, O *das, -/-,* ein Vokal, ABB. A 8, ÜBERS. A 26, G 34.
o, gefühlsbetonter Ausruf: *o diese Dummheit!; o nein!; o ja!; o laß doch!; o weh!; o welche Freude!;* vgl. oh!
O, 1) Abk. für: Ost(en). **2)** ⟲ Zeichen für: Sauerstoff (latein. Oxygenium).
Ω, 1) griech. Buchstabe Omega. **2)** Zeichen für: Ohm.
ö, Ö *das, -/-,* Umlaut des O, ÜBERS. A 2, A 26.
Oase [grch. oasis, aus ägypt.] *die, -/-n,* **1)** fruchtbare Stelle in der Wüste. **2)** Ü Ort inmitten einer anders gearteten Umgebung: *eine O. der Ruhe, des Friedens.*
ob [ahd. obe], **1)** einleitend für indirekte Fragesätze, Sätze, die Ungewißheit, Zweifel ausdrücken: *ob er wohl heute kommt?; ich weiß nicht, ob er heute noch kommt; mir kamen starke Zweifel, ob das richtig war.* **2)** ⚭ wenn (auch). **3)** als ob, wie, wenn. **4)** *und ob,* U und wie, gewiß: *hat es geregnet? – und ob!*
ob [ahd. ob(a)] *ihm,* **1)** ⚭ über, oberhalb: *Rothenburg ob der Tauber.* **2)** auch *seiner,* ⚭, noch P, wegen: *ob dieses Ausspruchs* oder *diesem Ausspruch.*
o. B., ⚕ Abk. für: ohne Befund.
OB, Abk. für: Oberbürgermeister.
Ob|acht [zu ob ›auf‹, ›über‹, ›oben‹ und vgl. Acht] *die, -,* Aufmerksamkeit, Beachtung: *gib O. auf alles, was geschieht!,* beobachte, beachte. **Obdach** [ahd. obedach ›Überdach‹] *das, -(e)s,* Unterkunft, Heim, Wohnung: *er gewährte ihm (ein) O.*
obdachlos, ohne Obdach. **Obdachlose** *der, die, -n/-n, ein -r, eine -,* obdachloser Mensch, Landstreicher(in): *Obdachlosenfürsorge.* **Obdachlosigkeit** *die, -.*
Obduktion [lat. obducere ›verhüllen‹ *die, -/-en,* Leichenöffnung: *Obduktionsbefund.* **obduzieren,** *ich obduziere (habe obduziert) ihn.*
Obedienz [lat. oboedire ›gehorchen‹ *die, -,* auch Oboedienz, kirchl. Gehorsam der Geistlichen gegen ihre Oberen.
O-Beine, *Pl.,* Verbiegung der Beine in O-Form. **O-beinig.**
Obelisk [grch. obeliskos ›kleiner Bratspieß‹] *der, -en/-en,* hoher, vierkantiger, sich nach oben verjüngender Steinpfeiler.
oben [ahd. obana], **1)** in der Höhe, in der Lage über uns, auf der Oberfläche, ABB. E 2: *es muß o. sein, bleiben, liegen, stehen,* aber: *obenstehend; wir wohnen o.,* in einem höheren Stockwerk; *nun sind wir o.,* in einem höheren Stockwerk oder dem Berg; *die Schublade links o.; nach o.,* aufwärts; *Befehl von o.,* Ü von vorgesetzter Stelle; *von o. bis unten,* ganz durch, ganz und gar; *mir steht die Lernerei bis hier o.,* U ich habe sie gründlich satt; *von o. herab,* Ü hochmütig, herablassend; *o. ohne,* U barbusig. **2)** bei Tisch: *am weitesten von der Tür weg* (als bester Platz). **3)** früher, an einer früheren Stelle der Schrift: *wie o. gesagt; die Obengenannten; die obenstehende Bemerkung; das Obenstehende; siehe o.* **4)** ist höher, oberhalb.
obenan, ganz vorn, in erster Reihe; am Tisch: am weitesten von der Tür weg. **obenauf, 1)** ganz oben: *das liegt o. im Stapel.* **2)** Ü munter, gesund: *jetzt ist er wieder o.* **obendrauf,** U zuoberst. **obendrein,** dazu, außerdem, überdies: *ich hatte den Schaden und o. noch den Spott.* **obenhin,** oberflächlich, leichtfertig: *er sagte das so o.;* aber: *nach oben hin.* **obenhinaus,** *er will o.,* Ü ist sehr ehrgeizig; aber: *er kletterte oben hinaus.*
ober *ihm, oberdt.:* oberhalb, über.
ober... [ahd. obaro], **1)** Bezeichnung einer höheren Rangstufe: *Oberarzt; Oberbürgermeister; Oberstudienrat.* **2)** anderem übergeordnet: *Oberaufsicht; Oberkommando.* **3)** höherer Teil: *Oberarm, Oberschenkel,* ABB. M 12. **4)** höher gelegen (bei geograph. Namen): *Oberbayern.* **Ober** *der,* **1)** Oberkellner, Kellner. **2)** dt. Spielkarte, ABB. S 54. **Oberbau** *der,* **1)** die Straßen die auf den Unterbau aufgebrachten Tragschichten und Decke. **2)** Eisenbahn: Schienen, Schwellen, Bettung, ABB. E 4. **Oberbegriff** *der,* übergeordneter, umfassender Begriff. **Oberbekleidung** *die,* über der Unterwäsche getragene Kleidung. **oberdeutsch,** zum Oberdeutsch gehörig. **Oberdeutsch** *das, -(s), dem -,* oberdeutsche Mundarten, ÜBERS. M 24; vgl. Deutsch. **obere,** *-r, -s,* höher, darüberstehend: *im oberen Fach; die oberen Klassen; die oberen Zehntausend.* **Obere, 1)** *der, -n/-n, ein -r,* Vorgesetzter. **2)** *das, -n,* Höheres. **Oberfläche** *die,* **1)** △ Gesamtheit aller Flächen,

die einen Körper begrenzen: *die O. des Würfels wird von sechs Quadraten gebildet; Erdoberfläche.* **2)** obere Begrenzungsfläche einer Flüssigkeit: *Fett schwimmt auf der O.; er plätschert an der O.,* Ü bleibt bei Äußerlichkeiten. **oberflächenaktiv,** Eigenschaft chemischer Stoffe, die die Oberflächenspannung des Wassers herabsetzen. **Oberflächengrammatik** *die,* Ⓢ grammat. Lehre, die auf der Analyse jener grammat. Teilbestände Aussage aufbaut, die aus der formalen Analyse der Lautreihe unmittelbar hervorgehen. **Oberflächenschutz** *der,* Überzug auf metall. Oberfläche. **Oberflächenspannung** *die,* als Grenzflächenspannung an Flüssigkeitsoberflächen auftretende Erscheinung. **oberflächlich, 1)** nicht tief eindringend (Wunde). **2)** Ü flüchtig, nachlässig, nicht gründlich: *eine oberflächliche Arbeit.* **Oberflächlichkeit** *die, -/-en.* **obergärig,** *obergäriges Bier.* **Obergärung** *die,* Gärung, bei der die Hefe obenauf schwimmt. **oberhalb** *seiner,* über ihm, höher als er, von ihm aus gesehen oben. **Oberhand** *die,* -: *ich habe, behalte, gewinne die O. (über ihn),* bin, bleibe, werde siegreich, übermächtig; *habe, behalte, gewinne der Vorrang.* **Oberhaupt** *das,* ranghöchste Person, Leiter: *Staatsoberhaupt; O. der Familie.* **Oberhaus** *das,* die Kammer eines Parlaments, die nicht oder nur teilweise aus allgemeinen Wahlen hervorgeht, z. B. in Großbritannien das House of Lords. **Oberhemd** *das,* Tageshemd für Herren, ABB. K 24. **Oberin** *die, -/-nen,* Vorsteherin der Schwesternschaft eines Krankenhauses oder Klosters. **oberirdisch,** über der Erdoberfläche. **oberkant,** 🔲 mit der oberen Kante bündig. **Oberkellner** *der,* Kellner für die Abrechnung mit den Gästen, Zahlkellner. **Oberlandesgericht** *das,* Abk.: OLG, in der Bundesrep. Dtl. die höheren Gerichte der Länder, in West-Berlin das Kammergericht. **oberlastig,** ⚓ so hoch geladen, so daß der Schwerpunkt zu hoch liegt. **Oberlauf** *der,* der obere Teil eines Flusses, ABB. F 32. **Oberleder** *das,* der obere weiche Lederteil am Schuh. **Oberleitung** *die,* **1)** Gesamtleitung. **2)** ⚡ über der Fahrbahn aufgehängter Fahrdraht, ABB. S 73: *Oberleitungsomnibus,* Kurzw. Obus. **Oberlicht** *das, -(e)s/-er* oder *-e,* **1)** von oben einfallendes Tageslicht. **2)** oberer, getrennt zu öffnender Teil eines Fensters, ABB. F 12.
Oberon [afrz. Auberon, zu Alberon, Nebenform von Alberich], Elfenkönig.
Obers *das, -, bair., österr.:* süße Sahne, Rahm. **Obersatz** *der,* Logik: im Syllogismus die erste Prämisse. **Oberschicht** *die,* obere soziale Schicht. **oberschlächtig,** durch Wasser von oben betrieben (Wasserrad), ABB. W 6. **Oberst** *der, -en/-en* oder *-s/-e,* ⚭ höchste Rangstufe der Stabsoffiziere bei Heer und Luftwaffe. **oberständig,** ⚘ bei Fruchtknoten zuoberst an der Blütenachse stehend, ABB. B 38. **Oberstdivisionär** *der, schweiz.:* Divisionskommandeur. **oberste,** *-r, -s,* am höchsten gelegen, den höchsten Rang einnehmend: *oberste Etage;* aber: *er kehrt das Oberste zuunterst,* Ü bringt alles durcheinander; *sein oberstes Prinzip,* wichtigstes. **Oberstimme** *die,* ♪ im mehrstimmigen Satz die höchste Stimme. **Oberstübchen** *das,* U Kopf: *er ist nicht ganz richtig im O.* **Oberstufe** *die,* die drei letzten Klassen der weiterführenden Schule (Gymnasium). **Obertöne,** *Pl.,* ♪ beim Grundton mitschwingende höhere Töne. **Oberwasser** *das,* oberhalb einer Gefällstufe anstehende Wasser: *er hat mal wieder O.,* U ist im Vorteil. **Oberweite** *die,* Brustumfang. **obgleich,** wenn auch, wenn schon: *er ging hin, o. ihm alle abrieten;* ⚭ auch getrennt: *ob ich gleich krank bin.* **obhanden,** oberdt.: vorhanden. **Obhut** [nhd., zu ob ›auf‹ und Hut] *die, -,* Schutz, fürsorgliche Aufsicht: *ich nehme das Kind in meine O.* **obig,** oberstehend: *obige Bemerkung; im obigen.* **Obige** *der, die, -n/-n,* Abk.: d. O., der, die weiter oben Genannte.
Objekt [lat. obiectum, zu obicere ›entgegenhalten‹ *das, -(e)s/-e,* **1)** Gegenstand, Sache: *Verhandlungsobjekt.* **2)** Ⓢ Satzergänzung, ÜBERS. S 79. **objektiv, 1)** wirklich vorhanden, sachlich, allgemeingültig. **2)** unvoreingenommen, ohne persönliche Rücksichtnahme: *ein objektives Urteil.* **Objektiv** *das, -s/-e,* Optik: die dem Gegenstand zugewandte Linse oder Linsengruppe, ABB. F 14, M 15, P 12. **Objektivation** *die, -,* Objektivierung. **objektivieren,** *ich objektiviere (habe objektiviert) es,* mache zum Objekt, vergegenständliche. **Objektivierung** *die, -.* **Objektivität** *die, -.* **Objektkunst** *die, -,* Sammelbez. für zeitgenöss. Stilrichtungen, in denen der Gegenstand nicht dargestellt, sondern selbst ausgestellt wird. **Objektsprache** *die,* eine Sprache, die Gegenstand einer Untersuchung in einer anderen Sprache (Metasprache) ist.
Oblast [russ.] *die, -/-e,* Bezirk, in der Sowjetunion Einheit der Verwaltungsgliederung.

Oblate [lat. oblatus ›der Dargebrachte‹] *die, -/-n*, **1)** dünne Scheibe aus Mehl und Wasser als Abendmahlsbrot. **2)** waffelartiges Gebäck; Gebäckunterlage. **3)** *der, -n/-n*, durch ein Gehorsamsversprechen an eine kath. Ordensgenossenschaft gebundener Laie; Klosterzögling, Laienbruder. **Oblation** *die, -/-en*, kath. Kirche: **1)** Opferung (von Brot und Wein). **2)** von den Gläubigen gegebene Spende.

obliegen [auch -l'i:-, ahd. oba ligan, zu ob ›über‹ und liegen], *es obliegt* (oblag, hat obgelegen) *mir*, auch: *es liegt mir ob*, ist meine Aufgabe, meine Pflicht: *mir o. es, die Aufgaben der Kinder zu überprüfen.* **Obliegenheit** *die, -/-en*, Pflicht, Verrichtung: *das gehört zu meinen Obliegenheiten.*

obligat [lat. obligare ›binden‹, ›verpflichten‹], **1)** unerläßlich, verbindlich; U scherzhaft: üblich: *sie brachte den Kindern die obligate Tafel Schokolade mit.* **2)** ♪ selbständig geführt, unbedingt erforderlich (Begleitstimme): *mit obligater Klarinette.* **Obligation** *die, -/-en*, **1)** Haftung, Verbindlichkeit. **2)** 🏦 Schuldverschreibung. **obligatorisch**, verbindlich, vorgeschrieben: *die Teilnahme am Kurs ist o.* **Obligo** [ital.] *das, -s/-s*, 🏦 Verbindlichkeit einem anderen gegenüber, Haftung: *ohne Obligo,* Abk.: o. O.

oblique [-l'i:k, frz., zu lat. obliquus ›seitlich‹, ›schräg‹], ∞ abhängig. **Obliquität** *die, -.*

Obliteration [lat. oblitterare ›ausstreichen‹] *die, -/-en,* **1)** Tilgung, Löschung. **2)** ♀ Verödung von Hohlräumen, meist infolge einer Entzündung.

oblong [lat. oblongus], ∞ länglich; rechteckig.

Obmacht [zu ob ›über‹ und Macht] *die, -,* ∞ Befehlsgewalt, Übermacht. **Obmann** *der, -(e)s/²er* oder . . . *leute,* **1)** Vorsteher, Leiter, Sprecher einer Gruppe. **2)** ✂ Schiedsrichter. **Obmännin** *die, -/-nen.*

Oboe [frz. hautbois, aus bois à son haut ›Holz mit hohem Ton‹] *die, -/-n,* Holzblasinstrument, Abb. B 33.

Ob|oedienz [lat.] *die, -/-en,* Obedienz.

Oboist [zu Oboe] *der, -en/-en,* Spieler der Oboe.

Obolus [lat., zu grch. obolos] *der, -/. . . li* oder *-se,* **1)** im alten Griechenland: kleine Silber-, später Kupfermünze. **2)** Ü kleiner Betrag, Spende: *er hat bereits seinen O. entrichtet.*

Obrigkeit [mhd. oberecheit] *die, -/-en,* die Träger der staatl. Gewalt: *Obrigkeitsdenken; Obrigkeitsstaat; obrigkeitshörig.* **obrigkeitlich.**

Obrist *der, -en/-en,* **1)** ∞ Oberst. **2)** meist *Pl.,* im polit. Sprachgebrauch: höhere Militärs: *Obristenregime.*

obschon, obgleich.

Observant [lat. observare ›beobachten‹] *der, -en/-en,* Vertreter der strengeren von zwei Richtungen, z. B. im Mönchsleben. **Observanz** *die, -/-en,* Recht aufgrund von Regeln und Herkommen; Gewohnheitsrecht; im kath. Sinne: Ritus. **Observation** *die, -/-en,* (wissenschaftl.) Beobachtung, Erfahrung. **Observator** *der, -s/. . . t'oren,* Beobachter an einem Observatorium. **Observatorium** *das, -s/. . . ri|en,* Gebäude für wissenschaftl. Außenbeobachtungen, z. B. Stern-, Wetterkarte, vgl. ABB. S 65. **observieren,** *ich observiere* (habe observiert) *es,* ihn, beobachte genau.

Obsession [lat. obsidere ›belagern‹, ›bedrängen‹] *die, -/-en,* Zwangsvorstellung, Zwangshandlung.

Obsidian [urspr. obsianus, nach dem röm. Entdecker Obsius, später durch Lesefehler obsidianus] *der, -s/-e,* vulkanisches, glasiges, meist schwarzes Ergußgestein.

obsiegen [auch -s'i:-], *ich obsiege* (habe ob[ge]siegt) *ihm,* auch *ich siege ihm ob,* ∞ besiege ihn.

obsiegend, alem.: zunehmend (Mond).

ob|skur [lat. obscurus] **1)** dunkel, unklar, verdächtig. **2)** unbekannt. **Ob|skurität** *die, -.*

obsolet [lat. obsoletus ›abgenutzt‹], veraltet, unüblich geworden.

Obsorge [zu ob ›über‹ und Sorge] *die, -,* ∞ sorgende Aufsicht.

Obst [ahd. obaz, eigtl. ›Zukost‹, zu ob ›über‹ und az ›Nahrung‹] *das, -es,* Früchte als Nahrung: *Obstbau; Obst(baum)blüte; Obstgarten; Obstmesser; Spalierobst; Tafelobst.* **Obste|trik** [lat. obstetrix ›Hebamme‹] *die, -/-en,* die Geburtshilfe.

obstinat [lat. obstinatus], starrköpfig, widerspenstig.

Obstipation [lat. obstipare ›verstopfen‹] *die, -/-en,* ♀ Verstopfung.

Obstler, Obstler, *der, -s/-,* oberdt.: **1)** Obsthändler. **2)** Pächter, Käufer von Obstbäumen. **3)** Obstbranntwein.

ob|struieren [lat. obstruere ›entgegenbauen‹, ›vorbauen‹, ›versperren‹], *ich obstruiere* (habe obstruiert) *es,* verhindere,

verzögere. **Ob|struktion** *die, -/-en,* Verhinderung, Verzögerung von parlamentarischen Beschlüssen. **ob|struktiv.**

ob|szön [lat. obscenus], unanständig, anstößig, schamlos. **Ob|szönität** *die, -/-en.*

Obus *der, Kurzw.* für: Oberleitungsomnibus.

obwaltend [zu ob ›über‹ und walten], wirkend, herrschend: *unter den obwaltenden Umständen,* K.

obwohl, obzwar, obgleich.

och!, U Ausruf, **1)** oft wie: ach! **2)** Ausdruck der Unbekümmertheit: *och, mir geschieht nichts!*

Ochlo|kratie [grch. ochlos ›Masse‹, ›Pöbel‹ und kratein ›herrschen‹] *die, -/. . . t'i|en,* Herrschaft des Pöbels. **ochlokratisch.**

Ochs *der, -en/-en,* U und *oberdt.:* Ochse. **Ochs|chen** *das, -s/-.* **Ochse** [ahd. ohso] *der, -n/-n,* **1)** kastriertes männliches Rind: *Ochsengespann; Ochsenkarren; Zugochse.* **2)** U Schimpfwort: Dummkopf: *er steht da wie der O. vorm Berg.* **ochsen,** *ich ochse* (habe geochst), U lerne angestrengt, arbeite verbissen. **Ochsenauge** *das,* **1)** Auge des Ochsen. **2)** 🪟 rundes oder ovales Dachfenster, ABB. F 12. **3)** ein Kuchenstück. **4)** 🌼 Name verschiedener Korbblüter. **5)** ein Schmetterling. **6)** 🌿 Bullauge. **7)** U Spiegelei. **Ochsenherz** *das,* ♥ stark vergrößertes Herz. **Ochsenmaulsalat** *der,* Salat aus gepökeltem und gekochtem Ochsenmaul. **Ochsenschwanzsuppe** *die,* Suppe aus dem dünnen Ende eines Ochsenschwanzes. **Ochsentour** [-tu:r] *die, -,* U **1)** anstrengende Arbeit. **2)** langsamer berufl. Aufstieg, Beamtenlaufbahn: *er versucht auf die O. nach oben zu kommen.* **Ochsenziemer** *der,* ein Prügelgerät. **Ochsenzunge** *die,* **1)** 🐂 Zunge des Ochsen. **2)** 🌿 Name verschiedener Pflanzen.

Öchsle [nach F. Öchsle, 1774–1852] *das, -s/-,* **Öchslegrad** *der,* Maßeinheit für das spezif. Gewicht des Mostes. **Öchslein** *das, -s/-,* Diminutiv zu Ochse.

Ocker [mhd. ogger, zu grch. ochra ›Berggelb‹] *der* oder *das, -s/-,* gelbes bis rotes Mineralgemenge, meist aus Eisenoxid und Ton; gelbbraune Malerfarbe. **ockergelb,** gelbbraun.

Octan *das,* Oktan.

öd, öde [ahd. odi], auch öd, *die, -/-n,* eine Gedichtform.

Öde [ahd. odi], auch öd, U leer, einsam: *öd(e) und leer.* **2)** Ü eintönig, geistlos: *ein ödes Buch.* **3)** *schweiz.:* verschüchtert. **4)** *schweiz.:* frech, leichtfertig, boshaft. **Öde** *die, -/-n,* **1)** Einöde, Wüstenei. **2)** Ü innere Leere, Eintönigkeit.

Ödem [Nebenform von Atem] *der, -s,* P Atem. **Ödem** [grch. oidema ›Geschwulst‹] *das, -s/-e,* ♀ Flüssigkeitsansammlung im Gewebe: *Hungerödem.* **ödematös.**

öden, *ich öde* (habe geödet) *es,* oberdt.: **1)** veröde. **2)** rode.

Odeon [grch. odeion] *das, -s/. . . d'e|en,* auch Odeum, häufig Name von Musiksälen u. a.

oder [ahd. odar], die Wahl zwischen zwei (mehreren) offenlassend: *man weiß nicht, es ist grün o. braun; das ist falsch o. vielmehr erlogen; willst du Bier o. Wein?; (entweder) alles o. nichts; heute o. morgen; ja o. nein; entweder er o. du.*

Odermennig [spätahd. avermonia, zu lat. agrimonia] *der, -(e)s/-e,* ein Rosengewächs.

Odeum *das, -s/. . . d'e|en,* Odeon.

Odeur [od'œ:r, frz., zu lat. odor] *das, -s/-s* oder *-e,* Duft, Wohlgeruch.

Odin, nordische Form von Wodan.

odios [lat. odiosus], **odiös,** verhaßt, unausstehlich.

ödipal, zum Ödipuskomplex bezüglich: *die ödipale Phase.* **Ödipus** [grch. Oidipus ›Schwellfuß‹], König von Theben, der seinen Vater tötete und seine Mutter zur Frau nahm. **Ödipuskomplex** *der, -es,* libidinöse Bindung des Sohnes an die Mutter, auch der Tochter an den Vater.

Odium [lat.] *das, -s,* Haß, Abneigung, Makel.

Ödland [zu öde] *das,* land- und forstwirtschaftlich ungenutztes, brachliegendes Land.

Odonto|blasten [grch. odous, Gen. odontos ›Zahn‹ und blaste ›Keim‹], *Pl.,* zahnbeinbildende Zellen. **Odontologe** [vgl. . . . loge] *der, -n/-n,* Facharzt für Odontologie. **Odontologie** *die, -,* Zahnheilkunde. **odontologisch.**

Odyssee [grch. Odysseia] *die, -/. . . s'e|en,* ohne *Pl.,* Homers Epos von den Irrfahrten und der Heimkehr des Odysseus. **2)** Ü Irrfahrt. **odysseisch. Odysseus,** griech.

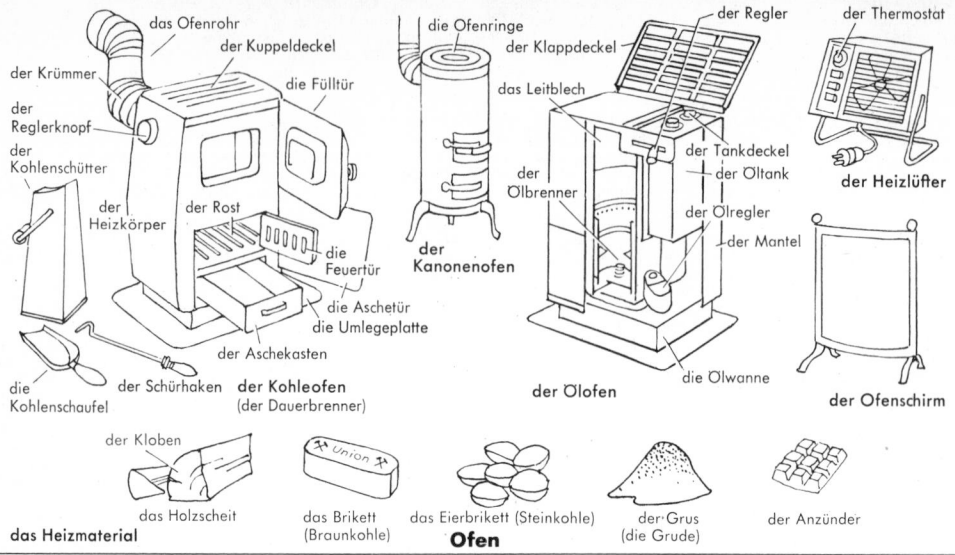

das Ofenrohr
der Kuppeldeckel
der Krümmer
die Fülltür
der Reglerknopf
der Kohlenschütter
der Heizkörper
der Rost
die Feuertür
die Aschetür
die Umlegeplatte
der Aschekasten
die Kohlenschaufel
der Schürhaken
der Kohleofen
(der Dauerbrenner)

die Ofenringe
der Klappdeckel
das Leitblech
der Ölbrenner
der Ölregler
der Kanonenofen

der Regler
der Thermostat
der Tankdeckel
der Öltank
der Heizlüfter
der Mantel
der Ölofen
die Ölwanne
der Ofenschirm

der Kloben
das Heizmaterial
das Holzscheit
das Brikett (Braunkohle)
das Eierbrikett (Steinkohle)
der·Grus (die Grude)
der Anzünder
Ofen

Mythologie: König von Ithaka, der ›listenreiche‹ Held vor Troja.
Oe, Abk. für: Oersted.
OECD, Abk. für: Organization for Economic Cooperation and Development, Organisation für wirtschaftliche Zusammenarbeit und Entwicklung.
OEEC, Abk. für: Organization for European Economic Cooperation, Organisation für europäische wirtschaftliche Zusammenarbeit.
Œuvre [œ:vr, frz., zu lat. opera] *das, -/-s* [œ:vr], Werk; Lebenswerk (eines Künstlers).
OEZ, Abk. für: Osteuropäische Zeit.
Öfchen *das, -s/-.* **Ofen** [ahd. ovan] *der, -s/*[̈],**1)** Vorrichtung zum Heizen, Kochen, Backen, Abb. B 1, O 1: *Ofenheizung; Ölofen; Backofen; jetzt ist der O. aus,* Ü es ist vorbei, man kann nichts mehr ändern; *damit kann man keinen Hund hinterm O. hervorlocken,* Ü nichts erreichen; *er hockt den ganzen Tag hinter dem O.,* Ü ist zu viel zu Hause; *ein heißer O.,* Ü schnelles Fahrzeug, bes. Motorrad. **2)** Industrieanlage zum Schmelzen, Glühen, Brennen, Trocknen u. a.: *Hochofen,* Abb. H 20. **3)** *oberdt.:* [̈] sehr niedrige und schmale Strecke. **Ofenbank** *die,* Sitzplatz am Ofen. **ofenfrisch,** frisch aus dem Backofen. **Ofenröhre** *die,* **1)** Raum im Ofen, worin man Speisen warmt. **2)** Backofen. **Ofensau** *die,* Schlacke und Ruß in Ofen und Schornstein. **Ofensetzer** *der,* Handwerker, der Öfen baut.
Off [engl. off ›fort‹, ›weg‹] *das, -,* Fernsehen, Film: das Unsichtbarbleiben des Sprechenden: *der Kommentar aus dem O.*
offen [ahd. of(f)an], **1)** ungehinderten Zutritt von außen bietend, Abb. E 2: *die Tür ist o.,* ist nicht verriegelt, nicht verschlossen; *Tag der offenen Tür,* zwangloser Zutritt, bes. zu kommunalen Einrichtungen; *eine offene Wunde,* von keiner heilenden Schicht bedeckte, Ü eine problematische und schmerzliche Angelegenheit; *offener Ausblick,* durch keine Hindernisse beschränkt; *das offene Feld,* freies Feld; *die offene See,* freies Meer; *ein offener Wagen,* ohne Verdeck; *sie halten ein offenes Haus,* haben oft Gäste; *er hat eine offene Hand,* Ü ist freigebig; *dieser Wettbewerb steht allen o.,* alle können sich beteiligen; *es gab Beifall auf offener Szene,* mitten im Spiel; *offener Wein,* vom Faß abgezapfter; aber: *Offene Handelsgesellschaft,* Abk.: OHG. **2)** unerledigt, noch nicht abgeschlossen: *offene Fragen,* ungeklärte; *eine offene Rechnung,* unbezahlte; *eine offene Stelle ist o.,* frei. **3)** Ü ehrlich, gerade, unverhüllt, ohne Hinterhalt: *ein offenes Bekenntnis; o. gestanden; ein offenes Gesicht; das liegt o.,* ist klar; *er spielt mit offenen Karten,* Ü handelt ohne Hintergedanken. **4)** Ü empfänglich: *o. für Eindrücke; ein offenes Wesen; er geht mit offenen Augen durch*

die Welt, Ü ist ein aufmerksamer Beobachter; *bei ihr findet man immer ein offenes Ohr,* Ü sie hat für alles Verständnis. **5)** locker: *offene Bauweise,* frei stehende Einzelhäuser. **6)** ⑤ mit größerer Mundöffnung und schwächerer Spannung gesprochen: *offenes oder geschlossenes O.* **7)** öffentlich: *ein offener Brief,* ein publizierter; *das ist ein offenes Geheimnis,* alle wissen es; *offene Fürsorge,* außerhalb der Anstalt. **offen. . .,** in Verbindung mit Verben trennbar zusammengesetzt; vgl. offenbleiben. **offenbar** [ahd. offanbar], deutlich erkennbar, sichtlich, anscheinend: *er hat sich o. geirrt; ein offenbarer Erfolg.* **offenbaren,** *ich offenbare* (habe offenbart, ⅋ geoffenbart), **1)** *es (ihm),* enthülle, tue kund. **2)** *mich,* lasse erkennen: *er offenbarte sich als guter Kamerad.* **3)** *mich ihm,* vertraue an. **Offenbarung** *die, -/-en,* **1)** Kundgebung des göttl. Willens: *die O. des Johannes,* ein Buch des Neuen Testaments. **2)** vertrauliche Mitteilung. **3)** plötzliche Erkenntnis, Eingebung. **Offenbarungseid** *der,* die eidliche Versicherung eines erfolglos gepfändeten Schuldners, daß er sein Vermögen genau angegeben hat; durch eidesstattliche Versicherung ersetzt. **offenbleiben,** *es* bleibt offen (ist offengeblieben), **1)** wird nicht geschlossen (Fenster, Tür). **2)** Ü wird nicht geklärt, ist unentschieden: *diese Fragen müssen offenbleiben;* aber: *du sollst mir gegenüber offen bleiben,* ehrlich. **offenhalten,** *ich* halte *es* offen (hielt offen, habe offengehalten), **1)** lasse geöffnet (Tür, Fenster): *du sollst Augen und Ohren offenhalten,* Ü gut aufpassen; *er hält dauernd die Hand offen,* Ü nimmt gerne Geld an. **2)** Ü lasse frei, unbesetzt (Stelle, Amt): *wir müssen uns eine Möglichkeit offenhalten,* vorbehalten. **Offenheit** *die, -,* offenes Wesen, Ehrlichkeit. **offenherzig,** **1)** ehrlich, mitteilsam. **2)** Ü scherzhaft: tief ausgeschnitten (Kleid). **Offenherzigkeit** *die, -.* **offenkundig,** deutlich, klar, allgemein bekannt. **offenlassen,** *ich* lasse *es* offen (ließ offen, habe offengelassen), **1)** halte geöffnet, schließe nicht (Tür, Geschäft). **2)** Ü lasse unberücksichtigt, ungeklärt: *wir müssen die Frage offenlassen.* **offensichtlich,** offenbar, offenkundig: *er hat o. gelogen; eine offensichtliche Lüge.*
offensiv [lat. offendere ›anstoßen‹, ›beleidigen‹], **1)** angreifend; angriffslustig: *Offensivkrieg.* **2)** verletzend, beleidigend. **Offensive** *die, -/-n,* Angriff, Vorstoß, Angriffsschlacht: *sie gingen in die O.*
offenstehen, *es* steht offen (hat offengestanden), **1)** ist geöffnet (Tür, Fenster): *die Welt steht ihm offen,* Ü er hat unbegrenzte Möglichkeiten. **2)** nicht besetzt, frei: *die offenstehenden Stellen nehmen zu.* **3)** nicht bezahlt, nicht beglichen: *auf seinem Konto steht noch ein Betrag offen.* **öffentlich** [ahd. offanlih], **1)** der Gemeinde gehörend, auf die Behörde

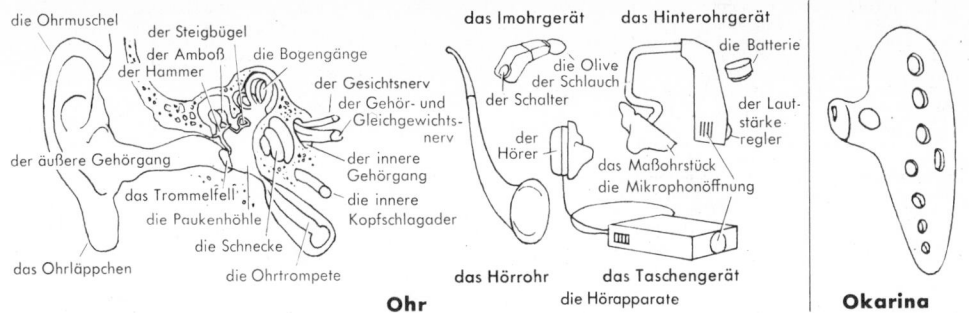

die Ohrmuschel
der Steigbügel
der Amboß
der Hammer
die Bogengänge
der Gesichtsnerv
der Gehör- und Gleichgewichtsnerv
der innere Gehörgang
die innere Kopfschlagader
der äußere Gehörgang
das Trommelfell
die Paukenhöhle
die Schnecke
das Ohrläppchen
die Ohrtrompete

das Imohrgerät
die Olive
der Schlauch
der Schalter
der Hörer
das Maßohrstück
die Mikrophonöffnung

das Hinterohrgerät
die Batterie
der Lautstärkeregler

das Hörrohr
das Taschengerät
die Hörapparate

Ohr

Okarina

bezüglich, städtisch, staatlich: *die öffentliche Hand,* der Staat und die Gemeinden als Unternehmer; *das öffentliche Recht,* der Teil der staatl. Rechtsordnung, der durch das Wirken hoheitl. Gewalt bestimmt ist, z. B. Verfassungs- und Verwaltungsrecht; *öffentlich-rechtliche Anstalten.* **2)** jedermann bekannt, alle angehend: *das öffentliche Leben im Unterschied zum Privatleben; der öffentlichen Schande, Verachtung preisgegeben; die öffentliche Meinung; ein öffentliches Geheimnis,* etwas allgemein Bekanntes; *ein öffentliches Ärgernis.* **3)** allen zugänglich: *eine öffentliche Verhandlung, ♂♀; ein öffentliches Haus,* U Bordell. **Öffentlichkeit** *die, -:* Öffentlichkeitsarbeit; *eine Verhandlung unter Ausschluß der Ö.; es ist an die Ö. gedrungen,* wurde allgemein bekannt; *er tat es in aller Ö.*

offerieren [frz. offrir, zu lat. offerre ›entgegenbringen‹], *ich offeriere (habe offeriert) es ihm,* biete an. **Offert** [frz.] *das, -(e)s/-e,* österr., **Offerte** *die, -/-n,* Angebot; Antrag. **Offertorium** [lat.] *das, -s/. . .ri|en,* kath. Kirche: Opferung, Teil der Messe.

Office [engl. ʾɔfis, frz. ʾɔfisiz, frz. ɔfˈis], Büro, Amt. **Offizial** [mlat. officialis ›zur Dienstleistung gehörig‹] *der, -s/-e,* Vorsitzender des Offizialats. **offizial. . .,** amts. . .: *Offizialbetrieb,* Betreibung eines Prozesses von Amts wegen; *Offizialverteidiger,* Pflichtverteidiger. **Offizialat** *das, -(e)s/-e,* bischöfl. Gerichtsbehörde. **offiziell, 1)** amtlich: *die Meldung wurde von offizieller Seite bestätigt; ist diese Nachricht o.?; es wurde o. bekanntgegeben.* **2)** feierlich, förmlich: *eine offizielle Einladung; ein offizieller Empfang.*

Offizier [frz. officier, mlat. officiarius ›Bediensteter‹] *der, -s/-e,* Vorgesetzter bei Militär und Organisationen nach militärischem Vorbild: *Offiziersanwärter; Offizierskasino.*

Offizin [lat. officina ›Werkstätte‹] *die, -/-en,* ♂ **1)** Apotheke. **2)** Buchdruckerei. **offizinal, offizinell,** im Arzneibuch als Heilmittel aufgeführt.

offiziös [frz. officieux, zu lat. officium ›Pflicht‹, ›Amt‹], halbamtlich. **Offizium** *das, -s/. . .zi|en,* **1)** ♂ Amtspflicht, Dienstpflicht. **2)** das kath. Kirchenamt.

Offlete *die, -/-n,* schweiz.: Oblate.

off limits! [engl. off ›weg von‹ und limit ›Grenze‹], Zutritt (für Soldaten) verboten.

öffnen [ahd. of(f)anon], *ich öffne (habe geöffnet) es,* mache auf, zugänglich: *ich ö. das Fenster; die Bibliothek ist 22 Uhr geöffnet; eine Blüte öffnet sich; dieser Vorfall hat allen Leuten die Augen geöffnet,* U ihnen die Wahrheit zum Bewußtsein gebracht. **Öffner** *der, -s/-,* Gerät zum Öffnen: *Büchsenöffner.* **Öffnung** *die, -/-en,* **1)** Lücke, Mündung, Aussparung in einer Fläche: *Trichteröffnung,* Ein- und Auslauf. **2)** *ohne Pl.,* das Öffnen: *Leichenöffnung,* Obduktion.

Offsetdruck [engl. offset ›Versatz‹] *der, -(e)s,* ein Flachdruckverfahren, ABB. D 15.

Ofner [mhd. ovenære] *der, -s/-,* süddt., südostdt.: Ofensetzer.

O-förmig, oval geformt.

oft, öfter, am öftesten [ahd. oft(o)], häufig, mehrfach, viele Male: *ich bin o. in München; wie o.?, wievielmal?; ich habe es dir schon o. (genug) gesagt!* **öfter,** manchmal, ziemlich oft: *früher kam so etwas ö. mal vor, des öfteren vor; ich treffe sie ö. in der Stadt.* **öfters,** U öfter. **oftmalig, oftmals,** wiederholt, zum wiederholten Male.

Oger [frz. ogre, ital. orco, zu lat. orcus ›Unterwelt‹] *der, -s/-,* menschenfressendes Ungeheuer in franzōs. Märchen.

oh!, gefühlsbetonter Ausruf (nur alleinstehend): *oh, wie schade!;* vgl. o.

Oheim [ahd. oheim, urspr. ›Mutterbruder‹] *der, -s/-e,* ♂ Onkel.

OHG, Abk. für: Offene Handelsgesellschaft.

Ohi [zu Oheim] *der, -(s)/-s, schweiz.:* greiser Verwandter, Großvater, Urgroßvater.

Ohl *das, -(s)/-e, westfäl.:* Tal.

Ohm [zu Oheim] *der, -(e)s/-e,* P Onkel.

Ohm [ahd. ama, zu mlat. ama ›Gefäß‹, vgl. Ahming] *das, -(e)s/-e,* früheres Flüssigkeitsmaß.

Ohm [nach dem dt. Physiker G. S. Ohm, 1789–1854] *das, -(s)/-,* Zeichen: Ω, SI-Einheit des elektrischen Widerstands, ÜBERS. M 8: *Ohmscher Widerstand; Ohmsches Gesetz.*

Ohm [zu Oheim] *der, -(e)s/-e, südwestdt.:* Onkel.

Ohmd, Öhmd [mhd. amat] *das, -(e)s, oberdt.:* Grummet.

ohmen [zu Ohm, ahd. ama], *ich ohme (habe geohmt) ein Gefäß, schwäb.:* eiche.

öhmen [zu Ohmd, Öhmd], *ich öhme (habe geöhmt) es, oberdt.:* mähe nach.

ohne [ahd. anu] *ihn, es,* **1)** Präposition: frei von, unter Weglassung von, ausgenommen: *das ist o. Bedeutung; o. etwas davon zu erwähnen; o. etwas mitzubringen; o. Hoffnung; geht doch o. mich!; o. ihn wäre ich verloren; das geht o. weiteres,* macht keine Umstände; *das ist gar nicht o.,* U hat etwas für sich; *die Sache ist nicht (ganz) o.,* U nicht so harmlos, wie sie aussieht; *ohne Befund, $ Abk.:* o. B.; *ohne Jahr, & Abk.:* o. J., *ohne Angabe des Erscheinungsjahres; ohne Ort, & Abk.:* o. O., *ohne Angabe des Erscheinungsortes; ohne Ort und Jahr, & Abk.:* o. O. u. J.; *ohne Obligo, ⚖ Abk.:* o. O. **2)** Konjunktion: bezeichnet, daß etwas nicht geschieht oder nicht geschehen ist: *er ging, o. zu grüßen, o. gegrüßt zu haben.* **ohnedem, ♂, ohnedies,** ohnehin. **ohneeinander,** *sie kommen o. nicht aus,* sie brauchen sich gegenseitig. **ohnegleichen,** einzig dastehend, unvergleichlich. **ohnehin,** sowieso, auf alle Fälle. **ohngefähr,** *von o., ♂♀* von ungefähr, zufällig. **Ohnmacht** [mhd. amaht] *die, -/-en,* **1)** Bewußtlosigkeit: *sie fiel in O.* **2)** *ohne Pl.,* U Machtlosigkeit. **ohnmächtig.**

oho!, Ausruf des Staunens oder Unwillens, auch der Bewunderung: *klein, aber o.!,* U zwar klein, aber trotzdem sehr beachtenswert.

Ohr [ahd. (h)ora, urverwandt mit lat. auris] *das, -(e)s/-en,* **1)** Sitz des Gehörs, ABB. O 2, M 12: *er hat feine Ohren,* hört gut, merkt alles; *unsere Bitte traf auf taube Ohren,* U fand kein Gehör; *mir ist zu Ohren gekommen,* ich habe gehört; *er sitzt auf seinen Ohren,* U hört nicht; *er ist ganz O.,* U hört aufmerksam zu; *sie liegt ihm in den Ohren damit,* U belästigt ihn mit ständigen Bitten, redet immerfort auf ihn ein; *es wird irgendwo von mir geredet; er ist bis über beide Ohren verliebt, verschuldet,* U heftig, sehr stark; *du mußt die Ohren spitzen,* U scharf zuhören; *er ist noch nicht trocken hinter den Ohren,* U unreif; *er hat sich eine Nacht um die Ohren geschlagen,* U nicht geschlafen; *das ist gar nichts hinter die Ohren!,* U durchtrieben; *du hast wohl einen kleinen Mann im O.!,* U bist wohl nicht gescheit; *er hat's faustdick hinter den Ohren,* U ist durchtrieben; *ich lege mich aufs O.,* U schlafe; *man wollte ihn übers O. hauen,* U ihn betrügen. **2)** Seitenstück, z. B. am Giebel, ABB. H 11. **3)**

seitliche Kopfstütze am Lehnstuhl: *Ohrenstuhl.* **4)** umgeknickte Ecke am Buch: *Eselsohr.* **Öhr** [ahd. ori] *das, -(e)s/-e,* **1)** kleines Loch, z. B. in Nadeln, ABB. N 1, Hämmern, ABB. H 5, Äxten, ABB. A 29. **2)** *niederdt.:* Öse, Heftel. **3)** *niederdt.:* Henkel. **Öhrchen** *das, -s/-,* Diminutiv zu Ohr und Öhr. **Ohrenbeichte** *die,* geheime Beichte (im Beichtstuhl). **ohrenbetäubend,** sehr laut (Lärm). **Ohrenheilkunde** *die.* **Ohrenkriecher** *der,* Ohrwurm. **Ohrensausen** *das, -s,* sausendes Geräusch bei Ohrerkrankungen. **Ohrenschmalz** *das,* gelbliche Absonderung im äußeren Gehörgang. **Ohrenschmaus** *der: das Konzert war ein O.,* U machte Freude beim Zuhören. **Ohrenschützer,** *Pl.,* zwei miteinander verbundene Stoffstücke zum Schutz der Ohren gegen Kälte. **Ohrentasse** *die,* Tasse mit zwei Henkelgriffen. **Ohrenzeuge** *der,* jemand, der etwas bezeugt, was er gehört hat. **Ohrfeige** *die,* Schlag auf die Backe. **ohrfeigen,** *ich ohrfeige (habe geohrfeigt) ihn.* **Ohrfeigengesicht** *das,* U freches Gesicht. **Ohrläppchen** *das,* ABB. O 2. **Ohrmuschel** *die,* **1)** Teil des äußeren Ohres, ABB. O 2. **2)** Ornamentform im 17. Jahrh., ABB. S 69. **Ohrring** *der,* ABB. S 30. **Ohrwaschel** *das, -s/-n, bair., österr.:* Ohrmuschel. **Ohrwurm** *der,* **1)** ein Insekt. **2)** U eingängige Melodie, die sich leicht einprägt.

. . .oid [vgl. . . .id], . . . ähnlich, in der Form oder Eigenschaft von: *faschistoid; mongoloid; das Metalloid.* **Oie** ['ɔyə, ostnd. oʏ] *die, -/-n, pommer.:* kleine Insel, Eiland. **o. J.,** ℬ Abk. für: ohne Jahr. **oje!, ojemine!, ojerum!** [aus: o Jesu domine], Schreckensruf oder Stoßseufzer.

o. k., O. K., Abk. für: okay. **Okapi** [afrikan.] *das, -s/-s,* kurzhalsige Giraffe. **Okarina** [ital. ocarina, zu oca ›Gans‹] *die, -/-s* oder . . .*nen,* flötenartiges Musikinstrument aus Ton, ABB. O 2. **okay** [ouk'ei, amerikan.], Abk.: o. k., O. K., U in Ordnung: *er, die Sache ist o.; o., dann hole ich dich nachher ab,* einverstanden, abgemacht; *er hat sein Okay dazu gegeben,* seine Zustimmung. **Oke** *die, -/-n, niederdt.:* Winkel zwischen Dach und Fußboden. **Okel** *die, -/-n, niederdt.:* Dachsparren. **Okelname** [eigtl. ›Übername‹] *der, niederdt.:* Spitzname. **Okkasion** [lat. occasio ›günstige Gelegenheit‹] *die, -/-en,* **1)** ℀ Gelegenheit, Anlaß. **2)** *bes. schweiz.:* Gelegenheitskauf, günstiges Angebot. **Okkasionalismus** [vgl. . . .ismus] *der, -,* philosoph. Lehre, wonach das Zusammenspiel zwischen Leib und Seele nicht durch Wechselwirkung, sondern durch göttliches Eingreifen zu erklären ist. **okkasionell,** ℀ gelegentlich. **okkludieren** [lat. occludere], *ich okkludiere (habe okkludiert) es,* ℀ schließe ab, versperre, hemme. **Okklusion** *die, -/-en,* **1)** ℥ krankhafter Verschluß, z. B. des Darms. **2)** Meteorologie: Zusammentreffen von Warm- und Kaltfront. **okklusiv.** **Okklusivlaut** *der,* Verschlußlaut, ÜBERS. G 34. **okkult** [lat. occultus ›verborgen‹], verborgen, geheim, geheimnisvoll. **Okkultismus** [vgl. . . .ismus] *der, -,* U Beschäftigung mit außer- und übersinnl. Wahrnehmungen; auch Sammelbegriff für alle ›Geheimwissenschaften‹ wie Magie und Kabbalistik. **Okkultist** *der, -en/-en.* **okkultistisch,** *okkultistische Sitzung.* **Okkupant** [lat. occupare ›einnehmen‹, ›besetzen‹] *der, -en/-en,* jemand, der etwas okkupiert. **Okkupation** *die, -/-en,* **1)** ℬ Besetzung eines feindl. Landes. **2)** ℥℥ Aneignung von herrenlosem Gut. **okkupieren,** *ich okkupiere (habe okkupiert) es.*

öko . . . [. . . grch. oikos ›Haus‹], kurz für: Ökologie: *Ökoinstitut.* **Ökoladen** *der,* Bioladen. **Ökologie** [vgl. . . .logie] *die, -,* Lehre von den Beziehungen der Lebewesen zu ihrer Umwelt. **ökologisch.** **Ökonom** [grch. oikonomos ›Hausverwalter‹] *der, -en/-en,* ℀ Landwirt, Gutsverwalter; Hausverwalter. **2)** Wirtschaftswissenschaftler. **Ökonomie** *die, -/-n,* **1)** Wirtschaftswissenschaft: *Nationalökonomie.* **2)** Wirtschaftlichkeit, Sparsamkeit. **3)** *Pl.* . . .*m'i|en,* ℀ Landwirtschaft(sbetrieb). **Ökonomik** *die, -,* **1)** Haushaltungs-, Wirtschaftskunde. **2)** Wirtschaftswissenschaft. **ökonomisch,** wirtschaftlich, sparsam. **Ökosystem** *das,* Biozönose und Biotop als ökolog. Einheit. **Ökotop** *das,* [grch. topos ›Ort‹, ›Raum‹] *der* oder *das, -s/-e,* kleinste ökolog. Einheit innerhalb einer Landschaft. **Öko|trophologie** [grch. trophe ›Nahrung‹] *die, -,* Haushalts- und Ernährungswissenschaft.

Okt., Abk. für: Oktober.

Oktaeder [grch. okto ›acht‹ und hedra ›Sitz‹, ›Fläche‹] *das, -s/-,* von acht gleichseitigen Dreiecken begrenzter, regelmäßi-

ger Körper, ABB. K 38. **oktaedrisch.** **Oktagon** [grch. gonia ›Winkel‹] *das, -s/-e,* Oktogon. **oktagonal,** oktogonal. **Oktan** *das, -s/-e,* auch Octan, gesättigter Kohlenwasserstoff. **Oktant** [lat. octans ›Achtelkreis‹, zu octo ›acht‹] *der, -en/-en,* **1)** Achtelkreis. **2)** ›ʏ ein Winkelmeßgerät. **3)** ✬ ein Sternbild. **Oktanzahl** *die,* Abk.: OZ, Kennzahl für die Klopffestigkeit eines Kraftstoffs.

Oktav [lat. octavus ›der Achte‹], **1)** *das, -s,* ⊿ Zeichen: 8°, Buchformat in der Größe eines Achtelbogens: *Oktavformat.* **2)** *die, -/-en,* kath. Kirche: Nachfeier eines hohen Festes bis zum achten Tag und dieser Schlußtag selbst. **Oktave** *die, -/-n,* **1)** ♪ die achte Stufe der diaton. Tonleiter, ABB. N 9. **2)** ♪ Intervall von acht Tonstufen. **3)** eine Strophenform, ÜBERS. M 14. **oktavieren,** *ein Ton oktaviert (hat oktaviert),* bei Blasinstrumenten: schlägt durch zu starkes Blasen in die nächsthöhere Oktave. **Oktett** *das, -s/-e,* Musikstück für acht selbständig geführte Instrumente oder Singstimmen; auch die acht Ausführenden.

Oktober [mhd. october, aus lat. october, zu octo ›acht‹] *der, -(s)/-,* Abk.: Okt., der zehnte Monat des Jahres, ÜBERS. J 2; früher August. **Oktoberfest** *das,* Münchner Volksfest. **Oktoberrevolution** *die,* die russ. bolschewist. Revolution 1917.

Oktogon [grch. ›acht‹ und gonia ›Winkel‹] *das, -s/-e,* auch Oktagon, **1)** Achteck. **2)** Gebäude mit achteckigem Grundriß. **oktogonal,** auch oktagonal. **Oktopode** [vgl. . . .pode] *der, -n/-n,* achtarmiger Kopffüßer, Krake. **ok|troy|ieren** [-trwaj'i:rən, frz. octroyer ›bewilligen‹, zu lat. auctor ›Urheber‹], *ich oktroyiere (habe oktroyiert) es,* **1)** ℀ verleihe. **2)** ordne an. **3)** zwinge auf, oktroyiere auf.

okular [lat. oculus ›Auge‹], mit dem Auge, das Auge betreffend. **Okular** *das, -s/-e,* die dem Auge zugewandte Linse an optischen Geräten, ABB. F 14, M 15. **Okulation** *die, -/-en,* das Okulieren. **Okuli,** *o. D.,* kath. Kirche: der vierte Sonntag vor Ostern, ÜBERS. J 2. **2)** kath. Kirche: der dritte Fastensonntag. **okulieren,** *ich okuliere (habe okuliert) Bäume, Sträucher,* veredele sie durch Einfügen einer Knospe, eines ›Auges‹. **Okulierung** *die, -/-en.*

Ökumene [grch. oikumene, zu oikein ›bewohnen‹] *die, -/-en,* die bewohnte Erde. **2)** Gesamtheit der Christen. **ökumenisch,** *die Ökumenische Bewegung,* alle christl., bes. evang. Einigungsbestrebungen; *das Ökumenische Konzil,* kath. Kirche und Ostkirche: Versammlung der kirchl. Hierarchie, deren Beschlüsse für die ganze Kirche bindend sind. **Ökumenismus** [vgl. . . .ismus] *der, -,* die kath. Bestrebungen zur religiösen Einigung aller Christen.

Okzident [mhd. occident(e), zu lat. occidere ›untergehen‹] *der, -s,* der Westen, das Abendland. **okzidental(isch).** **ö. L.,** Abk. für: östlicher Länge.

Öl [ahd. oli, zu lat. oleum ›Öl‹], **1)** flüssige, organ. Verbindung, die leichter als Wasser und in diesem unlöslich ist: *Mineralöl; Heizöl; Ölbohrung; Ölkrise; Ölquelle; sie versuchte Öl auf die Wellen (Wogen) zu gießen,* U den Streit zu schlichten; *er sollte nicht noch Öl ins Feuer gießen,* U die Streitenden zusätzlich erregen. **2)** im engeren Sinn: Pflanzenöl: *Ölmühle; Olivenöl; Salat mit Essig und Öl.* **Olaf** [nord., eigtl. ›Nachkomme der Urahns‹], männl. Vorname. **Ölbaum** *der,* Olivenbaum. **Ölbild** *das,* Ölgemälde. **Oldbuter** *der, -s/-, niederdt.:* Flickschuster. **Oldenburger** *der, -s/-,* **1)** Bewohner Oldenburgs. **2)** eine Pferderasse. **Oldie** ['ouldi, engl. old ›alt‹] *der, -s/-s,* U **1)** immer noch oder erneut beliebter älterer Schlager. **2)** scherzhaft: der älteren Generation angehörender Mensch. **Öldruck** *der, -(e)s,* **1)** Pl. *-e,* ein Reproduktionsverfahren zur Vortäuschung eines Ölgemäldes. **2)** Pl. . . .*dr'ücke,* der in der Schmierölleitung herrschende Druck. **Oldtimer** ['ouldtaimɐ, engl. old ›alt‹ und time ›Zeit‹] *der, -s/-,* U **1)** Kraftfahrzeug, Flugzeug u. a. alten Typs. **2)** scherzhaft: langjähriges Mitglied einer Mannschaft. **Oleander** [ital. oleandro] *der, -s/-,* immergrüner Strauch. **Olefin** [lat. oleum ›Öl‹] *das, -s/-e, meist Pl.,* aliphatischer ungesättigter Kohlenwasserstoff. **Olein** *das, -s/-e,* Ölsäure. **ölen** [mhd. ölen], *ich öle (habe geölt),* **1)** *es,* schmiere mit Öl, Maschinenöl ein: *es geht wie geölt,* U schnell. **2)** *ihn,* salbe. **Oleum** [-eu-] *das, -s/Olea,* **1)** Öl. **2)** ℧ rauchende Schwefelsäure. **Ölfarbe** *die,* Farbe, die mit trocknendem Öl angerührt wird. **Ölfeuerung** *die,* mit Öl als Brennstoff betriebene Feuerung.

OLG, Abk. für: Oberlandesgericht.

Olga [russ. Form von Helga], weibl. Vorname.
Ölgemälde *das*, Ölbild, mit Ölfarben gemaltes Bild. **Öl-götze** *der; er sitzt da wie ein Ö.*, U steif und stumm. **Ölheizung** *die*, mit Öl als Brennstoff betriebene Heizung. **ölig, 1)** Öl enthaltend. **2)** fettig, schmierig. **3)** Ü abwertend: salbungsvoll.
olig... [grch. oligos], auch *oligo...*, gering, wenig. **Oligarchie** [grch. arche ›Herrschaft‹] *die, -/...ch'i|en*, Herrschaft einer kleinen Gruppe. **olig|archisch. oligo...**, olig...
Oligo|klas [grch. klasis ›das Brechen‹] *der, -(es)/-e*, ein Feldspat. **Oligopol** [grch. polein ›Handel treiben‹, ›verkaufen‹] *das, -(e)s/-e*, Beherrschung des Marktes durch wenige Anbieter: *Oligopolunternehmen.* **oligozän** [grch. kainos ›neu‹, ›jung‹], aus dem Oligozän stammend. **Oligozän** *das, -s,* ⊕ eine geolog. Abteilung des Tertiärs.
olim [lat.], ehemals, einst: *seit, zu Olims Zeiten,* U seit, vor undenklichen Zeiten.
oliv, *nicht flektierbar,* olivenfarbig. **Olive** [mhd. olive, zu lat. oliva ›Ölbaum‹] *die, -/-n,* **1)** Frucht des Ölivenbaumes. **2)** eiförmiger Drehgriff an Türen oder Fenstern. **Olivenbaum** *der,* Ölbaum, immergrüner Baum mit ölhaltigen Früchten. **olivenfarbig,** von der Farbe einer Olive, graugrün. **Olivenöl** *das,* aus den Früchten des Olivenbaums gewonnenes Öl.
Oliver [engl., frz. Olivier, vielleicht von lat. olivarius ›Ölbaumpflanzer‹], männl. Vorname.
olivgrün, olivenfarbig.
Olivia [lat. oliva ›Ölbaum‹], weibl. Vorname.
Olivin [zu Olive] *der, -s/-e,* ein olivgrünes Mineral.
Ölkuchen *der,* Preßrückstände bei der Ölgewinnung; Viehfutter.
oll, öller, öllst, *norddt.:* **1)** alt: *olle Kamellen,* alte Geschichten. **2)** böse, häßlich. **Olle** *der, die, -n/-n, mein -r, meine -,* U, *bes. norddt.:* der, mein Ehemann, die, meine Ehefrau.
Olm *der, -(e)s/-e,* **1)** ein Schwanzlurch: *Grottenolm.* **2)** *niederdt.:* Mulm, Moder. **olmig,** *niederdt.:* faulig, modernd.
Ölpapier *das,* mit Öl getränktes, wasserdichtes Papier.
olpern, *ich olp(e)re* (habe geolpert), *norddt.:* klappere (mit Holzschuhen).
Ölpest *die,* Verschmutzung küstennaher Meeresgebiete und der Küste durch ins Meer gelangtes Öl aus Schiffen.
Ölsand *der,* Kohlenwasserstoffe führender Sand. **Ölsäure** *die,* eine ungesättigte organ. Säure. **Ölscheich** *der,* U durch Erdölfunde auf seinem Herrschaftsgebiet reich gewordener Scheich. **Ölschiefer** *der,* aus verfestigtem Faulschlamm gebildetes bituminöses Gestein. **Ölsüß** *das, -es,* ⊶ Glycerin. **Ölung** *die, -/-en,* das Ölen: *die Letzte Ö.,* kath. Kirche: Krankensalbung, Sakrament, das Schwerkranken gespendet wird. **Ölwechsel** *der,* ⟳ das Auswechseln des gebrauchten Motorenöls.
Olymp [grch. Olympos, Gebirge in Griechenland] *der, -s,* **1)** Wohnsitz der griech. Götter. **2)** U oberster Rang im Theater.
Olympia *das, -s),* Olympische Spiele: *Olympiajahr; Olympiamedaille; Olympiasieger; Olympiateilnehmer.* **Olympiade** [grch. olympias] *die, -/-n,* **1)** bei den alten Griechen: der Zeitraum von vier Jahren zwischen den Olymp. Spielen. **2)** heute: die Olympischen Spiele selbst. **Olympi|er** *der, -s/-,* **1)** *ohne Pl.,* Beiname des Zeus. **2)** Ü Mann von erhabener Ruhe und mit königlicher Gebärde. **Olympi|onike** [grch. nikan ›siegen‹] *der, -n/-n,* **Olympi|onikin** *die, -/-nen,* Sieger(in); fälschlich: Teilnehmer(in) der Olympischen Spiele. **olympisch** [grch. olympikos], **1)** den Olymp oder die Olympischen Spiele betreffend. **2)** Ü erhaben-ruhig, königlich. **Olympische Spiele,** *Pl.,* **1)** Wettkämpfe der alten Griechen an der Kultstätte Olympia, Peloponnes. **2)** alle vier Jahre stattfindende internationale Sportkämpfe.
Ölzeug *das,* wasserdichter Seemannsanzug. **Ölzweig** *der,* Zweig vom Ölbaum; Sinnbild des Friedens.
Oma *die, -/-s,* Kindersprache: Großmutter.
Omar, islamischer männl. Vorname.
Om|bro|graph [grch. ombros ›Regen‹ und vgl. ...graph] *der, -en/-en,* Niederschlagsschreiber.
Ombudsmann [schwed. ›Schiedsmann‹] *der,* eine Vertrauensperson, die ohne unmittelbare Eingriffsmöglichkeiten den Rechtsschutz des einzelnen überwacht.
Omega *das, -(s)/-s,* griech. Buchstabe, ÜBERS. G 36; vgl. Alpha.
Omelett [ɔml'et, frz. omelette, zu lat. lamella ›Metallblättchen‹] *das, -(s)/-s* oder *-e,* **Omelette** *die, -/-n,* Eierkuchen.
Omen [lat.] *das, -s/-* oder *'Omina,* Anzeichen, Vorbedeutung: *ein gutes, böses O.*
Omi|kron *das, -(s)/-s,* griech. Buchstabe, ÜBERS. G 36.

ominös [zu Omen], von schlimmer Vorbedeutung; bedenklich, verdächtig.
Omission [lat. omittere ›unterlassen‹] *die, -/-en,* ⚬ Aus-, Unterlassung. **Omissivdelikt** *das,* 𝅘𝅥 Unterlassungsstraftat.
Omnibus [lat. omnibus ›für alle‹, zu omnis ›jeder‹] *der,* Kurzw.: Bus, Kraftfahrzeug zur Beförderung vieler Personen, allmächtig. **Omnipotenz** *die, -,* Allmacht. **omnipräsent** [vgl. präsent], allgegenwärtig. **Omni|präsenz** *die, -.* **Omnium** *das, -s/...ni|en,* ⚘ aus verschiedenartigen Wettkämpfen bestehender radsportl. Wettbewerb. **Omnivore** [lat. vorare ›verschlingen‹] *der, -n/-n,* 🐾 Allesfresser. **Omnizid** [lat. caedere ›töten‹] *der* oder *das, -(e)s,* die Selbstvernichtung der Menschheit: *der nukleare O.*
Omphalitis [grch. omphalos ›Nabel‹] *die, -/...t'iden,* ☥ Nabelentzündung.
On [engl. on ›auf‹, ›an‹] *das, -,* Fernsehen, Film: das Sichtbarsein des Sprechenden.
Onager [lat. zu grch. onagros ›Wildesel‹] *der, -s/-,* **1)** ein Halbesel. **2)** altröm. Wurfmaschine.
Onanie [engl., fälschlich nach Onan, einer Gestalt des A. T., gebildet] *die, -,* sexuelle Selbstbefriedigung. **onanieren,** *ich onaniere* (habe onaniert). **Onanist** *der, -en/-en.*
Ondit [ɔ̃d'i:, frz. on dit ›man sagt‹] *das, -/-s,* Gerede, Gerücht: *einem O. zufolge.*
Ondulation [frz., zu lat. unda ›Welle‹] *die -/-en,* das Wellen des Haares mit einer Brennschere. **ondulieren,** *ich onduliere* (habe onduliert) *(ihr) das Haar.*
Onestep [w'ʌn, engl. eigtl. ›Einschritt‹] *der, -s/-s,* schneller Gesellschaftstanz.
Onkel [frz. oncle, zu lat. avunculus] *der, -s/-,* U auch *-s,* **1)** Bruder der Mutter oder des Vaters, ÜBERS. F 6: *Patenonkel.* **2)** Anrede von Kindern für (befreundete) ältere Erwachsene. **3)** *ich gehe über den (großen) O.,* U mit einwärts gerichteten Füßen. **Onkelehe** *die,* U Zusammenleben einer Witwe und ihrer Kinder mit einem Mann, den sie nicht heiratet, um die Witwenrente nicht zu verlieren. **onkelhaft,** gutmütig, gönnerhaft. **onkeln,** *ich onk(e)le* (habe geonkelt), U gehe über den (großen) Onkel.
onkogen [grch. onkos ›Masse‹ und vgl. ...gen], ⚕ geschwulstbildend: *onkogene Viren,* Tumorviren. **Onkologie** [vgl. ...logie] *die, -,* ☥ die Lehre von den Geschwülsten.
ONO, Abk. für: Ostnordost(en), ABB. W 13.
Önologie [grch. oinos ›Wein‹ und vgl. ...logie] *die, -en/-en.* **Önologie** [vgl. ...logie] *die, -,* Wein- und Weinbaukunde. **önologisch.**
Onomasiologie [grch. onoma ›Name‹, ›Benennung‹ und vgl. ...logie] *die, -,* ⓢ Benennungslehre, untersucht die verschiedenen Benennungen eines Begriffes. **Onomastik** *die, -,* Namenkunde, Namenforschung. **Onomastikon** *das, -s/...ken* oder *...ka,* Namenverzeichnis. **Onomatologie** [vgl. ...logie] *die, -,* Onomastik. **onomatopoetisch** [grch. poiein ›machen‹], lautnachahmend. **Onomatopöie** *die, -/...pö'i|en,* Lautmalerei.
Önometer [grch. oinos ›Wein‹ und metron ›Maß‹] *das,* Gerät zum Messen des Alkoholgehalts im Wein.
on parle français [5parlfrās'ε, frz.], man spricht (hier) französisch (Aufschrift an Geschäften).
ontisch [grch. to on, Gen. ontos ›das Seiende‹], Philosophie: seiend, dem Sein entsprechend, gemäß. **Ontogenese** [vgl. Genese] *die,* Ontogenie. **ontogenetisch. Ontogenie** *die, -,* Entwicklungsgeschichte der einzelnen Lebewesen. **Ontologie** [vgl. ...logie] *die, -,* philosoph. Lehre von den Arten und Eigenschaften des Seins. **ontologisch.**
Onyx [grch. eigtl. ›Nagel‹, ›Kralle‹, ›Huf‹] *der, -(es)/-e,* ein Chalzedon.
o. O., Abk. für: **1)** ⚘ ohne Ort. **2)** 🖼 ohne Obligo.
Oogenese [oo-, grch. oon ›Ei‹ und Genese] *die,* die Entwicklung der Eizelle. **oogenetisch. Ooid** [vgl. ...id] *das, -(e)s/-e,* konzentrisch-schaliger, bis 1 mm großer kugelförmiger Gesteinskörper um einen Kristallisationskern. **Oolith** [vgl. ...lith] *das, -en/-en* oder *-(e)s/-e,* aus Ooiden zusammengesetztes Sedimentgestein.
o. O. u. J., ⚘ Abk. für: ohne Ort und Jahr.
op., 𝅘𝅥 Abk. für: Opus.
o. P., Abk. für: ordentlicher Professor.
OP, Abk. für: Operation(ssaal): *OP-Schwester.*
Opa *der, -s/-s,* Kindersprache: Großvater.
opak [lat. opacus ›schattig‹, ›dunkel‹], undurchsichtig: *opakes Glas; Opakglas.*

Opal [grch. opallios, zu altind. upala ›Stein‹] *der, -s/-e,* **1)** ein bunt schillerndes Mineral, Schmuckstein. **2)** *-(s),* ein Baumwollbatist. **opalen. Opaleszenz** *die, -,* das Schillern wie Opal. **opalisieren,** *es* opalesziert (hat opalesziert). **Opalglas** *das,* lichtdurchlässiges Trübglas. **opalisieren,** *es* opalisiert (hat opalisiert), opalesziert.

Opanke [serb. opanka] *die, -/-n,* südslaw. absatzloser Schuh, ABB. S 39.

Op-art [ˈɔp aːt, Kurzw. zu engl. optical ›optisch‹ und art ›Kunst‹] *die, -,* moderne Kunstrichtung, die sich mit optischen Effekten einschließlich opt. Täuschungen beschäftigt.

OPEC, Abk. für Organization of Petroleum Exporting Countries, Zusammenschluß Erdöl exportierender Länder.

Open-air-Festival [ˈoupən ˈεə-, engl. open ›offen‹, ›frei‹, air ›Luft‹] *die,* künstler. Großveranstaltung im Freien. **Openend-Diskussion** [ˈoupən end-, engl. end ›Ende‹] *die,* nicht zu einem vorher festgelegten Zeitpunkt endende Diskussion, bes. im Fernsehen.

Oper [ital. opera ›Werk‹] *die, -/-n,* **1)** musikalisch gestaltetes Bühnenstück: *Opernarie; Opernsänger.* **2)** Gebäude zur Aufführung solcher Stücke: *Opernball; Opernhaus.* **Opera,** ♪ Abk.: opp., *Pl.* von Opus: *Opera omnia,* sämtliche Werke. **Opera buffa** [ital. buffo ›spaßig‹] *die, - -/. . .re bˈuffe,* komische Oper. **Opera seria** [ital. serio ›ernsthaft‹] *die, - -/. . .re . . . rie* [-ie], ernste Oper.

Operateur [opɛratˈøːr, frz. opérateur, zu lat. operari ›arbeiten‹] *der, -s/-e,* **1)** Arzt, der Operationen vornimmt, Chirurg. **2)** Filmvorführer. **3)** Kameramann. **Operation** *die, -/-en,* **1)** ⚕ mit Gewebsdurchtrennung verbundener (chirurgischer) Eingriff: *Operationssaal,* Abk.: OP; *Operationsschwester; Operationstisch; Magenoperation.* **2)** ⚇ in sich abgeschlossene Kampfhandlung: *Operationsbasis; Operationsplan.* **3)** △ Rechenvorgang. **4)** ⚙ Arbeitsvorgang. **Operations Research** [ɔpərˈeiʃnz risˈɔːtʃ, engl.] *die, - -,* Unternehmensforschung, die Anwendung mathemat. Methoden und Modelle zur Vorbereitung optimaler Entscheidungen, bes. auf betriebswirtschaftl. und techn. Gebiet. **operativ, 1)** ⚕ auf chirurgischem Wege. **2)** ⚇ strategisch. **3)** planvoll tätig, konkret wirkend. **Operator** [lat.] *der, -s/. . .ˈtˈoren,* **1)** Bedienungsperson einer elektron. Rechenanlage. **2)** mathemat. Grundbegriff. **3)** mathemat. Symbol.

Operette [ital. operetta, Diminutiv zu Oper] *die, -/-n,* heiteres musikal. Bühnenstück mit gesprochenem Dialog.

operieren [lat. operari ›verrichten‹, ›arbeiten‹] *ich* operiere (habe operiert), **1)** *ihn,* ⚕ nehme einen chirurg. Eingriff an ihm vor. **2)** handle, wirke.

Operment [frz. orpiment, zu lat. auri pigmentum ›Gold-Pigment‹] *das, -(e)s/-e,* gelbes Schwefelarsen.

Opernglas *das,* kleines Fernglas (für die Oper), ABB. F 14.

Opfer [ahd. opfar, zu lat. operari ›verrichten‹, ›Opfer bringen‹] *das, -s/-,* **1)** Gabe an eine Gottheit: *Opferlamm; Opferstätte; Tieropfer.* **2)** Spende, Hingabe von etwas, das man schmerzlich entbehrt: *mit dem Verzicht auf diese Reise bringe ich dir ein großes O.; für seine Kinder scheut er kein O.; Opfergeist; Opfermut.* **3)** Mensch, den ein Übel erdulden muß: *vier O. eines Verkehrsunfalls,* vier Menschen, die dabei verletzt oder getötet wurden; *ein O. menschlichen Versagens; er wurde ein O. seiner eigenen Nachlässigkeit; er fiel einem Attentat zum O.* **opferbereit,** uneigennützig, selbstlos. **Opferbereitschaft** *die.* **opfern,** *ich* opf(e)re (habe geopfert), **1)** *mich, ihn, es,* bringe einer Gottheit dar. **2)** *mich, es ihm, es für etwas,* gebe hin, verzichte um einer besseren Sache willen, spende: *er hat seine Gesundheit, sein Leben für ihn geopfert; ich o. dir gern meine Zeit.* **Opferstock** *der,* Behälter für Geldspenden in Kirchen, ABB. K 20. **Opferung** *die, -/-en,* das Opfern.

Ophelia [grch. opheleia ›Hilfe‹], weibl. Vorname.

Oph|thalmologe [grch. ophthalmos ›Auge‹ und vgl. . . . loge] *der, -n/-n,* ⚕ Facharzt für Augenheilkunde. **Ophthalmologie** [vgl. . . . logie] *die, -,* ⚕ Augenheilkunde. **Oph|thalmoskop** [vgl. . . . skop] *das, -s/-e,* ⚕ Augenspiegel.

Opiat *das, -(e)s/-e,* Opium oder Alkaloide des Opiums enthaltendes Arzneimittel. **Opium** [lat., zu grch. opion, aus opos ›Saft‹] *das, -s,* der eingetrocknete Milchsaft des Schlafmohns, ein Arznei- und Rauschmittel: *Opiumpfeife; Opiumraucher.* **Opiumsucht** *die, -,* krankhafte Sucht nach Opium. **opiumsüchtig.**

Opopanax [grch.] *der, -(es),* das Öl des Doldenblüters Opopanax chironicum, in der Parfümerie verwendet.

Opossum [indian.] *das, -s/-s,* **1)** eine Beutelratte. **2)** Handelsname für Fuchskusufelle: *Australisches O.*

opp., ♪ Abk. für: Opera; vgl. Opus.

Opponent [lat. opponere ›entgegenstellen‹] *der, -en/-en,* jemand, der opponiert, eine gegenteilige Meinung vertritt, Gegenredner. **opponieren,** *ich* opponiere (habe opponiert) *gegen ihn, etwas,* widersetze mich, widerstrebe.

opportun [lat. opportunus ›günstig‹], passend, bequem, gelegen, nützlich. **Opportunismus** [vgl. . . . ismus] *der, -,* das Handeln nicht nach Grundsätzen, sondern nach den gegebenen Verhältnissen, auf Vorteile achtend. **Opportunist** *der, -en/-en.* **opportunistisch. Opportunität** *die, -.*

Opposition [zu opponieren] *die, -/-en,* **1)** Gegensatz; Widerstand. **2)** Minderheit im Parlament, die der Regierungsmehrheit gegenübersteht: *Oppositionsführer; Oppositionspartei; die außerparlamentarische O.,* Abk.: APO. **3)** ☆ Gegenschein, die Stellung zweier Gestirne, deren Längenunterschied 180° beträgt, ÜBERS. A 22. **oppositionell.**

Op|pression [lat. oppressio] *die, -/-en,* **1)** ⚇ Unterdrückung. **2)** ⚕ Beklemmung.

Optant [lat. optare ›wünschen‹, ›wählen‹] *der, -en/-en,* jemand, der optiert. **Optativ** [lat. (modus) optativus] *der, -s/-e,* eine Wunschform des Verbs. **optieren,** *ich* optiere (habe optiert) *für etwas,* treffe eine Wahl, entscheide mich (bes. für eine Staatsangehörigkeit).

Optik [grch. optike (techne) ›Lehre vom Sehen‹] *die, -,* **1)** Lehre vom sichtbaren Licht, vgl. ABB. L 12. **2)** *Pl. -en,* Linsensystem. **3)** ⋃ äußere Wirkung: *der besseren O. halber.* **Optiker** *der, -s/-,* Fachmann für optische Geräte.

Optima, *Pl.* von Optimum. **optimal** [lat. optimus ›bester‹, ›der Beste‹], bestmöglich, günstigst: *optimale Bedingungen, Voraussetzungen; der optimale Ertrag; das Vorhandene muß o. genutzt werden.* **Optimat** [lat. optimates ›zu den Besten gehörig‹] *der, -en/-en,* Angehöriger des senator. Adels im alten Rom. **optimieren,** *ich* optimiere (habe optimiert) *es,* **1)** gestalte so günstig wie möglich. **2)** △ suche den kleinsten oder größten Wert einer Funktion auf. **Optimierung** *die, -/-en.* **Optimismus** [vgl. . . . ismus] *der, -,* günstigste Auffassung der Dinge, Zuversicht, Lebensbejahung: *es gibt keinen Grund zum O.; Zweckoptimismus.* **Optimist** *der, -en/-en,* ein unverbesserlicher O. **optimistisch,** *er beurteilt die Lage o.; eine optimistische Prognose.* **Optimum** *das, -s/. . .ma,* Bestwert, beste Leistung; beste Bedingung: *ein O. an Demokratie.*

Option [lat. optio ›Wunsch‹, ›Wahl‹] *die, -/-en,* **1)** die freie Wahl der Staatsangehörigkeit. **2)** ⚖ Anwartschaft auf Erwerb eines Rechtes oder einer Sache: *Optionshandel; Optionspapiere.*

optisch, zur Optik gehörend; das Sehen betreffend: *optische Geräte; optische Täuschung,* Augentäuschung.

opulent [lat. opulentus], reich, üppig: *ein opulentes Mahl.* **Opulenz** *die, -.*

Opuntie [-tsiə, nach der altgriech. Stadt Opus, Gen. Opuntos] *die, -/. . .ti|en,* ein Kaktus.

Opus [lat. ›Arbeit‹, ›Werk‹] *das, -/ˈOpera,* **1)** Werk, Kunstwerk. **2)** ♪ Abk. Sg. op., *Pl.* opp., Einzelwerk. **Opusculum** [lat.] *das, -s/. . . la,* kleines Opus. **. . . o-** [lat.], Ableitungssilbe für männl. Substantive: *der Moderator; der Rektor.*

ora et labora! [lat.], bete und arbeite!

Orakel [lat. oraculum ›Orakelspruch‹, zu orare ›reden‹] *das, -s/-,* **1)** im Altertum: ›Ort, an dem eine Gottheit durch Priester Weissagungen erteilte. **2)** die Weissagung selbst: *Orakelspruch.* **3)** ⋃ rätselhafter Ausspruch. **orakelhaft,** rätselhaft. **orakeln,** *ich* orak(e)le (habe orakelt), ⋃ rede in geheimnisvollen Andeutungen: *der Regierungssprecher orakelte etwas von einer günstigen Wende.*

oral [lat. os, Gen. oris ›Mund‹], **1)** ⚕ zum Mund gehörend, durch den Mund (einzunehmen): *orale Verhütungsmittel; Oralimpfung,* Schluckimpfung. **2)** ⓢ mündlich (überliefert).

orange [ɔrˈãʒ], nicht flektierbar, wie eine Orange gefärbt, rötlichgelb. **Orange, 1)** [ɔrˈãʒə, frz. pomme d'orange, zu span. naranja, aus pers.-arab.] *die, -/-n,* Apfelsine: *Orangensaft.* **2)** [ɔrˈãʒ] *das, -s/-,* orange Farbe. **Orangeade** [ɔrãˈʒaːt] *das, -s/-e,* kandierte Orangenschale. **Orangerie** [ɔrãʒˈiː] *die, -/. . .rˈi|en,* Gewächshausanlage zum Überwintern südl. Pflanzen (im Barock).

Orang-Utan [malaiisch ›Waldmensch‹] *der, -s/-s,* ein Menschenaffe.

ora pro nobis! [lat.], bitte für uns!

Oratio ob|liqua [lat. oratio ›Rede‹ und obliquus ›verblümt‹] *die, - -,* indirekte Rede. **Oratio recta** [lat. rectus ›gerade‹] *die,*

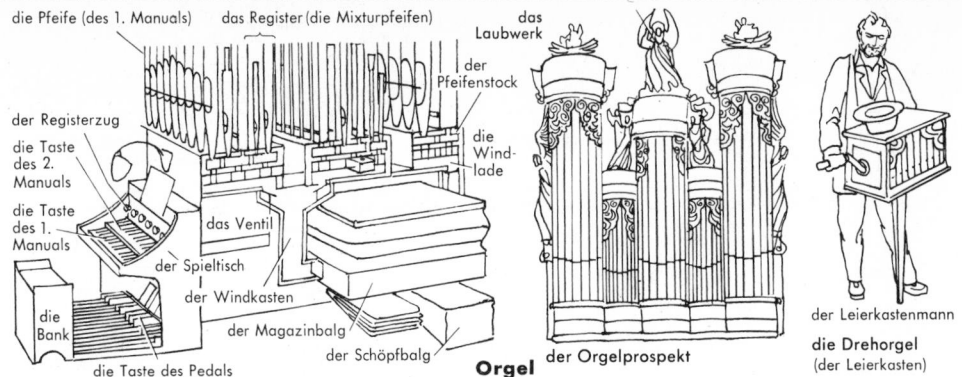

die Pfeife (des 1. Manuals) das Register (die Mixturpfeifen) das Laubwerk

der Pfeifenstock

der Registerzug
die Taste des 2. Manuals
die Taste des 1. Manuals

das Ventil

die Windlade

der Spieltisch
der Windkasten
die Bank
der Magazinbalg
der Schöpfbalg **Orgel** der Orgelprospekt

die Taste des Pedals

der Leierkastenmann

die Drehorgel
(der Leierkasten)

- -, direkte Rede. **oratọrisch,** rednerisch. **Oratọrium** [ital. oratorio ›Betsaal‹, zu lat. orare ›reden‹, ›bitten‹, ›beten‹] *das, -s/. . .ri|en,* **1)** ♪ mehrteiliges Chorwerk mit Einzelstimmen und Orchester. **2)** Betraum, Hauskapelle.

Ọrbis [lat. ›Kreis‹, ›Erdkreis‹] *der, -,* Kreis: *O. pictus,* ›gemalte Welt‹, ein Lehrbuch des Comenius (1592–1670); *O. terrarum,* Erdkreis, bewohnte Erde. **Orbit** [ˈɔːbit, engl.] *der, -(s)/-s,* Umlaufbahn. **orbitạl,** *Orbitalbahn,* Orbit; *Orbitalrakete; Orbitalstation.*

Orchẹster [-kˈɛ-, vgl. Orchestra] *das, -s/-,* **1)** Musikkapelle: *Orchesterbegleitung; Rundfunkorchester; Sinfonieorchester.* **2)** Raum für die Musiker vor der Bühne: *Orchestergraben; Orchestersitz,* Sitz der vordersten Stuhlreihe(n) vor dem Orchester. **Orchẹ|stra** [grch.] *die, -/. . .stren,* Platz des Chors im antiken Theater. **orchẹ|strạl,** *orchestrale Musik.* **orchẹ|striẹren** (habe orchestriert) ein *Musikstück,* instrumentiere. **Orchẹ|striẹrung** *die, -/-en.* **Orchẹstrion** *das, -s/. . .stri|en,* mechan. Musikinstrument.

Orchidẹe [-çidˈeː-, frz. orchidée, zu grch. orchis ›Hode‹] *die, -/-n,* einkeimblättrige Pflanze, häufige Zierpflanze.

Ordạl [mlat. ordalium, aus altsächs.] *das, -s/. . .li|en,* im MA.: Gottesurteil.

Ọrden [ahd. ordena, zu lat. ordo ›Reihe‹, ›Ordnung‹] *der, -s/-,* **1)** nach Regeln lebende kirchliche oder weltliche Gemeinschaft, Klostergemeinschaft: *Mönchsorden; Ritterorden; Ordensgelübde; Ordenskleid,* vgl. ABB. O 4; *Ordensregel.* **2)** Verdienstauszeichnung, Ehrenzeichen: *Verdienstorden; Ordensverleihung.* **Ọrdensband** *das, -(e)s/ᵘer,* **1)** Band zum Tragen eines Ordens. **2)** ein Schmetterling. **Ọrdensburg** *die,* Burg eines Ritterordens.

ọrdentlich [ahd. ordenlihho, zu ordnen], **1)** ordnungsliebend: *ein ordentlicher Schüler.* **2)** wohlgeordnet, aufgeräumt, alles sauber am rechten Platz: *im Zimmer war es sehr o.* **3)** regelrecht, planmäßig vorgesehen: *die Sache geht ihren ordentlichen Gang,* den vorgeschriebenen; *ordentlicher Professor,* Abk.: o. P., planmäßig angestellter, beamteter Hochschullehrer; *eine ordentliche Gericht, zuständiges.* **4)** tüchtig, kräftig, gehörig, (ganz) gut: *eine ordentliche Arbeit; greift o. zu!,* U eßt tüchtig; *es hat ganz o. geschmeckt; endlich wieder einmal ein ordentliches Fest!,* wie man es sich wünscht. **5)** U geradezu, regelrecht: *ich fuhr o. zurück bei dem Anblick.* **ọrdentlicherweise,** *Ordentlichkeit die, -.*

Ọrder [frz. ordre, vgl. Orden] *die, -/-n,* **1)** Befehl, Verfügung: *er parierte O.,* führte einen Befehl aus, U gehorchte. **2)** ⚓ Bestellung, Auftrag: *Orderbuch.* **ọrdern,** *ich ord(e)re* (habe geordert) *es,* ⚓.

Ordinạle [vgl. Orden] *das, -(s)/. . .lia,* **Ordinạlzahl** *die,* Ordnungszahl.

ordinär [frz. ordinaire, zu lat. ordinarius ›ordentlich‹, ›regelmäßig‹, ordinare ›ordnen‹], **1)** ⚓ gewöhnlich, alltäglich. **2)** gemein, unfein, unanständig: *eine ordinäre Person; ein ordinärer Witz.* **Ordinariạt** [lat. ordinare ›ordnen‹] *das, -(e)s/-e,* **1)** ordentl. Lehrstuhl an einer Hochschule. **2)** Verwaltungsbehörde des Bischofs. **Ordinạrius** *der, -/. . .ri|en,* **1)** ordentl. Professor an einer Hochschule. **2)** Träger ordentl. kirchlicher Jurisdiktion. **Ordinạte** *die, -/-n,* **Ordinạtenachse** *die,* △ die

senkrechte (y-)Achse im Koordinatensystem, ABB. K 37. **Ordinạtion** *die, -/-en,* **1)** Amtseinsetzung, Weihe zum geistl. Amt. **2)** ⚕ ärztliche Verordnung; Sprechstunde: *Ordinationszimmer,* Sprechzimmer. **ordiniẹren,** *ich ordiniere* (habe ordiniert), **1)** *ihn,* setze in ein geistliches Amt ein. **2)** *es,* verordne ärztlich. **3)** halte Sprechstunde.

ọrdnen [ahd. ordinon, zu lat. ordinare], *ich ordne* (habe geordnet) *es,* tue jedes an seinen Platz, bringe in die richtige Reihenfolge: *ich muß erst meine Gedanken ordnen,* Ü; *sie lebt in geordneten Verhältnissen,* Ü ihr Leben ist wohlgeordnet, übersichtlich; *alles ist geordnet,* an seinen gehörigen Platz gebracht, Ü geklärt, geschlichtet; *die Aufzeichnungen sind alphabetisch, nach Sachgebieten geordnet.* **Ọrdner** *der, -s/-,* **1)** jemand, der bei einer Veranstaltung für Ordnung sorgt: *Saalordner.* **2)** Vorrichtung zum Einordnen: *Briefordner,* ABB. B 57. **Ọrdnung** *die, -/-en,* **1)** ohne Pl., die Tätigkeit des Ordnens: *Ordnungsliebe; ich muß O. machen.* **2)** ohne Pl., der geregelte Zustand: *hier herrscht O.,* hier ist alles, wo und wie es sein soll; *alles ist in O.!,* wird gemacht; *Ruhe und O. sind wiederhergestellt; Ordnungshüter,* scherzhaft oder ironisch: Polizist. **3)** Regel, Vorschrift, durch die ein bestimmter Zustand hergestellt und erhalten werden soll: *Gesellschaftsordnung; Hausordnung.* **4)** ♫ das ein Sachgebiet umfassende Gesetz: *Prozeßordnung; Städteordnung; Straßenverkehrsordnung.* **5)** ⚘ ⊕ Einheit in der Systematik, ÜBERS. N 5. **6)** Rang, Grad: *Kurven erster O.* **ọrdnungsgemäß,** den Vorschriften entsprechend: *ordnungsgemäße Anmeldung.* **Ọrdnungshaft** *die,* ♫ auch Beugehaft, Mittel vor allem zur Erzwingung unvertretbarer Handlungen, z. B. Zeugenaussage. **Ọrdnungsmittel** *das,* ♫ zur Aufrechterhaltung der Ordnung getroffene Maßnahme. **Ọrdnungsruf** *der,* Zurechtweisung eines Versammlungsmitgliedes durch den Vorsitzenden. **Ọrdnungsstrafe** *die,* früher für: Ordnungsmittel. **ọrdnungswidrig,** gegen die Vorschriften verstoßend. **Ọrdnungswidrigkeit** *die,* ♫ die Zahlenreihe, z. B. der erste, zweite, ÜBERS. Z 1. **2)** ⚛ Stellenzahl eines chem. Elements im period. System.

Ordonnạnz [frz. ordonnance, vgl. Order] *die, -/-en,* **1)** ⚔ ein Soldat, der zum Überbringen von Befehlen verwendet wird. **2)** ⚔ Erlaß. **Ordonnạnzoffizier** *der,* einem Stab zugeteilter Offizier.

ordovịzisch, Ordovịzium [-vi-, nach dem kelt. Volksstamm der Ordovizier in N-Wales] *das, -s,* ⊕ eine geolog. Formation des Paläozoikums.

Ọr|dre [frz.] *die, -/-s,* Order.

Ọre [schwed., zu lat. aurum ›Gold‹] *das, -s/-,* auch *die, -/-,* Münzeinheit in Dänemark, Norwegen und Schweden.

Oreạde [grch., zu oros ›Berg‹] *die, -/-n,* Bergnymphe.

Orẹgano *der, -s/-,* Origano.

orẹmus! [lat.], wir wollen beten, lasset uns beten!

ORF, Abk. für: Österreichischer Rundfunk GmbH.

Ọrfe [lat. orphus] *der, -/-n,* ein karpfenartiger Fisch.

Organ [grch. organon ›Werkzeug‹] *das, -s/-e,* **1)** Biologie: Körperteil, der einer bestimmten Leistung dient, z. B. die Lunge, Wurzel: *Organdiagnostik; Organsystem; Organspende; Organspender; Organtransplantation; Riechorgan; Sinnes-*

567

der Benediktiner — der Schulterkragen (weiß), das Brustkreuz, der Chormantel (die Kukulle) (schwarz)

der Zisterzienser — die Kapuze (braun), der Chormantel (weiß)

der Franziskaner — der Mantel (schwarz), der Strickgürtel (weiß), die Kutte (braun), die Sandale

der Dominikaner — der Chormantel (weiß), das Skapulier (weiß) (braun), das Habit (weiß)

der Karmeliter — die Kapuze (braun), das Skapulier (weiß), das Habit (braun) (weiß), die Sandale

der Kartäuser

der Augustiner — der Schulterkragen (schwarz), der Ledergürtel (das Zingulum), das Habit (schwarz), die Sandale

Orden

der Kapuziner — der Mantel (braun), der Strickgürtel (weiß), die Kutte (braun)

der Barmherzige Bruder — der Schulterumhang (schwarz), der Gürtel, der Rosenkranz, der Talar (das Habit) (schwarz)

die Barmherzige Schwester — das Stirnband (weiß), die Haube (weiß), das Halstuch (weiß), das Kleid (das Habit) (schwarz), der Rosenkranz, die Schürze (blaugrau)

die Benediktinerin — der Schleier (schwarz), das Stirnband (weiß), das Brusttuch (weiß), der Chormantel (schwarz)

organ; Tastorgan. **2)** U Stimme: *er hat ein lautes O.* **3)** Kommunikationsmittel einer Persönlichkeit, Gruppe oder Institution: *das offizielle Parteiorgan; Presseorgan.* **4)** Mittel, Werkzeug, Beauftragter, ausführende Institution: *er ist nur das ausführende O.; rechtsprechende, beratende Organe; Selbstverwaltungsorgane; Organgesellschaft.*

Organdy [-di, engl.-frz.] *der, -s,* ein transparenter Batist. **Organell** [vgl. Organ] *das, -s/-en,* **Organelle** *die, -/-en,* Biologie: Zellteil mit Organfunktion (bei Einzellern).

Organisation [frz., vgl. Organ] *die, -/-en,* **1)** *ohne Pl.,* planmäßiger Aufbau, Gliederung, Ordnung: *Organisationsfehler; Organisationsplan; Organisationstalent.* **2)** zweckbestimmter Zusammenschluß einer Partei, eines Unternehmens u. a.: *Jugendorganisation.* **Organisator** *der, -s/...t'oren,* jemand, der etwas organisiert, z. B. eine Veranstaltung. **organisatorisch,** *er besitzt keine organisatorischen Fähigkeiten; organisatorische Veränderungen im Betrieb.*

organisch [zu Organ], **1)** ⚕ ein Organ betreffend: *er hat ein organisches Leiden.* **2)** naturgemäß mit einem größeren Ganzen verbunden, einheitlich geordnet: *diese organische Entwicklung sollte nicht unterbrochen werden.* **3)** aus der lebenden Natur stammend: *organische Chemie; organische Verbindungen,* ⌁ die Verbindungen des Kohlenstoffs (ohne Kohlenstoffoxide und Metallkarbide).

organisieren [frz. organiser, zu Organ], *ich organisiere* (habe organisiert), **1)** *es,* richte ein, baue auf, plane den Ablauf: *die Veranstaltung war gut organisiert; der Arbeitsablauf muß neu organisiert werden.* **2)** *es,* U verschaffe, besorge (auf nicht ganz einwandfreie Weise). **3)** *sie organisieren sich,* schließen sich zu einer Organisation zusammen: *er ist organisiert, gehört einer gewerkschaftl. oder polit. Organisation an.* **Organisierung** *die, -.*

Organismus [vgl. Organ und ...ismus] *der, -/...men,* **1)** Lebewesen: ein- oder mehrzellig belebter Naturkörper. **2)** Ü zweckmäßig, sinnvoll gegliedertes Ganzes. **Organist** [mhd. organiste, vgl. Orgel] *der, -en/-en,* Orgelspieler, Kirchenmusiker.

organogen [vgl. Organ und ...gen], organ. Ursprungs, von Organen oder Organismen erzeugt; auch: Organe bildend. **Organon** [grch. ›Werkzeug‹] *das, -s,* Logik als Hilfsmittel der Erkenntnis.

Organschaft *die, -/-en,* steuerrechtlich die Behandlung von bürgerlich-rechtlich selbständigen Handelsgesellschaften als einheitliches Rechtssubjekt.

Organsin [frz., aus ital.] *das* oder *der, -s,* ein Seidenzwirn. **Organza** *der, -s,* ein sehr feines Seidengewebe.

Orgasmus [grch. orgasmos, zu organ ›schwellen‹, ›heftig verlangen‹] *der, -/...men,* Höhepunkt der geschlechtl. Erregung. **orgastisch.**

Orgel [ahd. orgela, zu spätlat. organum ›Orgel‹, aus grch. organon ›Werkzeug‹] *die, -/-n,* Tasteninstrument mit Pfeifen,

die durch einen Luftstrom zum Erklingen gebracht werden, Abb. O 3: *Orgelbauer; Orgelkonzert; Orgelprospekt.* **orgeln,** *ich org(e)le* (habe georgelt), **1)** ⚭ spiele Orgel. **2)** *der Hirsch orgelt,* ⚭ schreit brünstig, röhrt. **Orgelpfeife** *die,* im Orgelbau verwendete Pfeife: *die Kinder standen da wie die Orgelpfeifen,* Ü der Größe nach.

orgiastisch, ausgelassen, zügellos. **Orgie** [-iə, grch. orgia ›heilige Handlung‹] *die, -/...gi|en,* Ausschweifung, zügelloses Gelage.

Orient [auch -'ɛnt, mhd. orient, zu lat. oriens ›Osten‹, ›Morgen‹] *der, -s,* das Morgenland, Vorderasien und Ägypten: *Orientteppich.* **Orientale** *der, -n/-n,* Bewohner des Orients. **orientalisch. Orientalist** *der, -en/-en.* **Orientalistik** *die, -,* Wissenschaft von den oriental. Sprachen und Kulturen.

orientieren [frz. (s')orienter, zu Orient], *ich orientiere* (habe orientiert), **1)** *mich, es,* bestimme meinen Standpunkt, richte nach der Himmelsrichtung ein (z. B. Karten): *wir konnten uns nach dem Stand der Sonne orientieren.* **2)** *mich, es* (an etwas), stimme darauf ab, richte nach: *wir haben uns bei der Planung an den Testergebnissen orientiert; die Lohnforderungen sollten sich an der Wirtschaftslage orientieren; eine stabilitätsorientierte Politik; die leistungsorientierte Gesellschaft.* **3)** *mich, ihn* (über etwas), setze in Kenntnis, informiere: *die Mitarbeiter waren gut (schlecht) über die innerbetrieblichen Verhältnisse orientiert; ich habe mich gründlich orientiert; wir mußten uns erst über die Lage orientieren.* **Orientierung** *die, -: Orientierungsdaten; Orientierungshilfe; Orientierungsphase; Orientierungssinn; Geländeorientierung.* **Orientierungsstufe** *die,* auch Erprobungsstufe, die beiden ersten Klassen der Sekundarstufe (5. und 6. Schuljahr).

Oriflamme [lat. Auriflamma ›Goldflamme‹, ›Goldwimpel‹] *die, -,* im MA.: Kriegsfahne der französ. Könige.

Origano [ital.] *der, -,* auch Oregano, Gewürz aus Blättern des Origanum. **Origanum** *das, -(s),* majoranähnliche Gewürzpflanze, Dost.

original [lat. origo ›Ursprung‹, ›Herkunft‹], ursprünglich, echt, urschriftlich, eigen. **Original** *das, -s/-e,* **1)** Urbild, bes. Urfassung, Urschrift: *Originalausgabe; Originalfassung.* **2)** Ü Kauz, Sonderling. **originalgetreu. Originalität** *die, -,* Ursprünglichkeit; Besonderheit. **originär,** ursprünglich. **originell** [frz.], **1)** neuartig, schöpferisch, einmalig. **2)** eigenartig; merkwürdig, komisch.

Orion [grch.] *der, -(s),* ✴ ein Sternbild.

Orkan [niederl. orkaan, zu span. huracán, aus indian.] *der, -(e)s/-e,* höchster Stärkegrad des Windes: *der Sturm erreichte Orkanstärke.* **orkanartig,** ein orkanartiger Sturm.

Orkus [lat. Orcus] *der, -,* das Totenreich, die Unterwelt. **Orlon** [engl. Kw.] *das, -s,* Handelsname für eine synthet. Chemiefaser.

Orlopdeck [niederl.] *das,* ⚓ ein Zwischendeck in größeren Räumen.

Ornament [lat. ornamentum, zu ornare ›schmücken‹] *das,* *-(e)s/-e,* Schmuckwerk, Verzierung, ABB. S 69, vgl. Z 8. **ornamental.** **ornamentieren,** *ich* ornamentiere (habe ornamentiert) *es,* verziere mit Ornamenten. **Ornamentik** *die,* -, Gesamtheit der Ornamente; Kunst der Verzierung. **Ornat** [mhd. ornat, vgl. Ornament] *der, -(e)s/-e,* feierliche Amtstracht, ABB. A 13.

Ornis [grch. ornis, Gen. ornithos ›Vogel‹] *die,* -, Vogelwelt einer Landschaft. **Ornithologe** [vgl. . . .loge] *der, -n/-n.* **Ornithologie** [vgl. . . . .logie] *die,* -, die Wissenschaft von den Vögeln, Vogelkunde. **ornithologisch. Ornithophilie** [vgl. . . .philie] *die,* -, Blütenbestäubung durch Vögel.

oro. . . [grch. oros ›Berg‹, ›Gebirge‹], berg. . ., gebirgs. . . **orogen** [vgl. . . .gen], gebirgsbildend: *Orogenzeiten.* **Orogenese** [vgl. Genese] *die,* Gebirgsbildung. **Oro|graphie** [vgl. . . .graphie] *die,* -, Beschreibung der Gebirgsformen. **oro|graphisch.**

Orpheus [-fɔis], griech. Mythos: ein Sänger und Leierspieler. **Orphiker** *der, -s/-,* Anhänger einer altgriech. religiösen Geheimlehre. **orphisch,** geheimnisvoll.

Or|plid [von E. Mörike, 1804–1875, erfundener Name] *das,* *-s,* eine Wunsch-, Trauminsel.

orrig, *niederdt.:* artig.

Orseille [ɔrsˈɛj, frz., zu katalan. orxella, aus arab.] *das,* -, violettfärbender Pflanzenfarbstoff.

Oersted [ˈørstet, nach dem dän. Physiker H. Chr. Ørsted, 1777–1851] *das, -(s)/-,* Abk.: Oe, Maßeinheit für magnet. Feldstärke.

orswarts, *niederdt.:* rückwärts.

Ort [ahd. ort ›Spitze‹, ›Endpunkt‹] *der, -(e)s/-e,* **1)** Stelle, Platz, Punkt: *darüber müßte höheren Orts entschieden werden; hier ist (nicht) der richtige O., darüber zu sprechen,* (nicht) die passende Gelegenheit; *ein O. des Schreckens; am falschen O.; an O. und Stelle,* dort, wo es hingehört; *am angegebenen oder angeführten Ort,* Abk.: a. a. O., in einem schon genannten Abschnitt oder Buch; *der geometrische O.,* △ die Gesamtheit aller Punkte, die ein und dieselbe geometr. Eigenschaft besitzen. **2)** Gemeinde, Ortschaft: *Aufenthaltsort; Kurort; Ortsverein* (einer Partei); *hier am, im O.* **3)** ¹*das, -(e)s/ ⁿer,* das Ende einer Strecke: *Örterbau; er arbeitet vor O.,* treibt die Strecke vor; *das sollte vor O. geklärt werden,* Ü direkt an Ort und Stelle. **4)** ⚒ Ecke. **5)** *schweiz.:* Kanton: *die acht alten Orte,* die ›Urkantone‹ der Schweiz. **6)** *auch das, -(e)s/-e, oberdt.:* Ahle. **7)** *oberdt.:* Seitenbrett am Bett. **8)** *Pl. ⁿer, alem.:* Kirchenstuhl: *Kirchenörter.* **Örtchen** *das, -s/-,* Ü Toilette. **orten,** *ich* orte (habe geortet) *es,* bestimme den Standort (bes. eines Flugzeuges, Schiffes). **Orter** *der, -s/-,* Beauftragter für die Ortung. **örtern,** *ich* ört(e)re (habe geörtert) **1)** *es, oberdt.:* schräge ab. **2)** *zwei Strecken örtern,* ✗ treffen sich.

ORTF, Abk. für: Office de Radiodiffusion-Télévision Française, französ. Rundfunkanstalt.

Orthese [vgl. ortho. . .] *die, -/-n,* $ neue Bez. für orthopäd. Prothese. **Orthetik** *die,* -, neue Bez. für orthopäd. Prothetik. **orthetisch,** die Orthetik betreffend. **Orthikon** [grch. eikon ›Bild‹] *das, -s/. . .k'one,* auch *-s,* Bildspeicherröhre, Fernsehaufnahmeröhre, meist verwendet als Superorthikon. **ortho. . .** [grch. orthos], recht. . ., gerade. . ., richtig. . . **orthodox** [grch. doxa ›Meinung‹, ›Glaube‹], **1)** rechtgläubig: *die (griechisch-)orthodoxe Kirche,* christl. Ostkirche. **2)** Ü streng an einer (politischen) Lehrmeinung festhaltend: *er vertritt die orthodoxe Richtung der Partei.* **3)** unnachgiebig, engstirnig: *seine Ansichten sind sehr o.* **Orthodoxie** *die, -.* **Ortho|epie** [grch. orthoepeia] *die,* -, Ⓢ Lehre von der richtigen Aussprache. **Orthogestein** [grch. ⊕aus Magmagestein hervorgegangenes metamorphes Gestein. **Orthogon** [grch. gonia ›Winkel‹] *das, -s/-e,* Rechteck. **orthogonal,** rechtwinklig, rechteckig. **Ortho|graphie** [vgl. . . .graphie] *die, -/. . .ph'i|en,* Rechtschreibung: *die Regeln der deutschen O.* **ortho|graphisch,** nach den Regeln der Rechtschreibung: *orthographische Fehler,* Rechtschreibfehler. **Ortho|klas** [grch. klasis ›Bruch‹] *der, -es/-e,* Kalifeldspat, wichtiges gesteinsbildendes Mineral. **Orthopäde** [grch. paideia ›Erziehung‹] *der, -n/-n,* $ Facharzt für Orthopädie. **Orthopädie** [grch. paideia ›Erziehung‹] *die,* -, $ medizin. Fachgebiet, das sich mit den Störungen der menschl. Bewegungsorgane (Knochen, Gelenke, Muskeln) befaßt. **orthopädisch,** *orthopädische Einlagen, Schuhe; orthopädisches Turnen.* **Orth|optist** [vgl. Optik] *der, -en/-en,* **Orth|optistin** *die, -/-nen,* Helfer(in) des Augenarztes.

örtlich, einen Ort, eine Stelle betreffend: *unsere Maßnahmen müssen den örtlichen Verhältnissen angepaßt werden; das*

muß die örtliche Verwaltung entscheiden; das ist ö. verschieden; örtliche Betäubung, ⚕. **Örtlichkeit** *die, -/-en,* **1)** Ort, Gelände. **2)** *meist Pl.,* Ü Toilette.

Ortlieb [ahd. ort ›Spitze (der Waffe)‹ und liob ›lieb‹ oder leiba ›Erbe‹], männl. Vorname.

Ortmal *das, -(e)s/-e* oder *ⁿer,* ⚒ Grenzzeichen.

Or|trud, Or|trun [ahd. ort ›Spitze (der Waffe)‹ und trud, vgl. Gertraud], weibl. Vorname.

orts|ansässig, *die ortsansässige Bevölkerung.* **Orts|ausgang** *der: Ortstafeln stehen am Ortseingang und O.* **Ortschaft** *die, -/-en,* Gemeinde, Siedlung: *Geschwindigkeitsbegrenzung in geschlossenen Ortschaften.* **Ortscheit** *das,* Schwengel an Fuhrwerken zur Befestigung der Zugstränge. **Ortseingang** *der: am O. muß die Geschwindigkeit herabgesetzt werden.* **ortsfremd,** *ich bin hier o.,* kenne mich hier nicht aus. **Ortsgespräch** *das,* Telefongespräch im Ortsnetz. **ortskundig,** mit dem Ort, den örtlichen Wegen vertraut. **Ortsname** *der,* ÜBERS. N 3. **Ortsnetz** *das,* Telefonnetz innerhalb eines Ortes (und der näheren Umgebung). **Ortssinn** *der, -(e)s: er verfügt über einen ausgezeichneten O.,* findet sich gut und schnell in einem (fremden) Ort zurecht. **Orts|tafel** *die,* den Ortseingang (-ausgang) kennzeichnende Tafel an Straßen. **Ort|stein** *der,* **1)** verhärtete Schicht im Unterboden sauren Milieus. **2)** Eckstein. **3)** *oberdt.:* Grenzstein. **ortsüblich,** am Ort gebräuchlich. **Ortsverkehr** *der,* Straßenverkehr innerhalb der Ortschaften. **Ortswehr** *die, schweiz.:* örtlicher Selbstschutzverband in Kriegszeiten. **Ortszeit** *die,* die für alle Orte auf gleichem Längengrad geltende Zeit. **Ortszuschlag** *der,* Teil der Beamtenbesoldung. **Ortung** *die, -/-en,* das Orten, Bestimmung des Standortes: *Ortungskarte.*

Ortwin [ahd. ort ›Spitze (der Waffe)‹ und wini ›Freund‹], männl. Vorname.

Ortziegel *der,* schmaler Ziegel.

Os, ⚛ Zeichen für: Osmium.

Os [schwed. ås] *der* oder *das, -/-er,* Sand- und Kieswall eiszeitlichen Ursprungs.

Oscar *der, -s/-,* ein als Statuette jährlich verliehener amerikan. Filmpreis.

Öse [mhd. ose] *die, -/-n,* Schlinge, Schleife, kleiner Metallring, ABB. H 4, U 1.

ösen [niederdt.], *ich* öse (habe geöst) *ein Boot,* ⚓ schöpfe es aus. **Ösgat** *das,* ⚓ ein kleines Fach im Boden des Bootes, worin sich eingedrungenes Wasser sammelt.

Osiris, ägyptischer Gott.

Oskar [angelsächs. Osgar, zu Ansgar], männl. Vorname: *frech wie O.,* Ü sehr frech. **Osker** *der, -s/-,* Angehöriger eines altitalischen Volksstammes. **oskisch.**

Osmane [nach Sultan Osman I., 1259–1326, dem Gründer des Osmanischen Reiches] *der, -n/-n,* Türke. **osmanisch.**

Osmium [grch. osme ›Geruch‹] *das, -s,* ⚛ Element, Zeichen: Os, ein Platinmetall.

Osmose [grch. osmos ›Stoß‹] *die, -/-n,* Durchtritt von Flüssigkeiten durch halbdurchlässige Scheidewände. **osmotisch,** *osmotischer Druck.*

OSO, Abk. für: Ostsüdost(en), ABB. W 13.

Ösophagus [grch. oisein ›tragen‹ und phagema ›Essen‹] *der, -/. . .gi,* die Speiseröhre.

Oss(u)arium [lat. ossa ›Gebeine‹] *das, -s/. . .ri|en,* antike Urne für Gebeine; Beinhaus auf Friedhöfen.

Ost, 1) Abk.: O., in geograph. und postal. Angaben und P für: Osten: *aus O. und West; Ostwestrichtung; Ost-West-Konflikt.* **2)** *der, -(e)s/-e, Pl. selten,* P Ostwind. **Ostblock** *der, -(e)s,* die Sowjetunion und die untereinander beherrschenden Einfluß stehenden Länder Europas: *Ostblockstaaten.* **ostdeutsch,** den Osten Deutschlands betreffend. **Ostdeutsch** *das, -(s),* dem -, die ostdeutschen Mundarten, ÜBERS. M 24; vgl. Deutsch. **osten,** *ich* oste (habe geostet) *eine Kirche,* richte ihren Chor nach Osten aus. **Osten** [ahd. ostan], **1)** Abk.: O, Himmelsrichtung, ABB. W 13. **2)** *der, -s,* die in Richtung auf den Sonnenaufgang liegende Gegend: *der Ferne O.; der Nahe O.* **ostensibel** [frz. ostensible, zu lat. ostendere ›den Blicken zeigen‹], ⚒ offensichtlich, augenscheinlich. **ostentativ** [lat. ostentare ›(prahlerisch) zeigen‹], **1)** augenfällig: *sie kehrte ihm o. den Rücken zu.* **2)** herausfordernd, prahlerisch.

Osteologie [grch. osteon ›Knochen‹ und vgl. . . .logie] *die,* -, Knochenkunde. **osteologisch. Osteomalazie** [grch. malakos ›weich‹] *die, -/. . .z'i|en,* $ Knochenerweichung.

Osterblume *die,* um Ostern blühende Pflanze. **Oster|ei** *das,* zum Osterfest bunt gefärbtes Ei. **Osterglocke** *die,*

🔹 Kuhschelle, Gelbe Narzisse. **Osterhase** *der,* Hase, der den Kindern die Ostereier bringt (Kinderglaube seit Ende des 17. Jahrh.). **Osteria** [ital.] *die, -/...r'i|en,* Wirtshaus, Schenke. **Osterlamm** *das,* nach jüd. Sitte zum Passah geschlachtetes Lamm. **österlich,** *österliche Festtagsbräuche.* **Osterluzei** [ahd. ostirlucie, zu mlat. aristolocia aus grch. aristolocheia ›bestes Gebären‹] *die, -/-en,* Pflanze mit röhrigen, aasartig riechenden Blüten. **Ostermonat** *der,* ♿, noch P: **Ostermond** *der,* April. **Ostern** [ahd. ostarum] *das, -, auch als Pl.,* das Osterfest, das Fest der Auferstehung Christi: *O. ist dieses Jahr sehr spät; nach O.; Osterbräuche; Osterspaziergang; Fröhliche O.!* **österreichisch,** *bairisch-österreichische Mundart,* die Mundart des bair. Stammes (in Bayern und Österreich). **osteuropäisch,** Osteuropa betreffend: *osteuropäische Zeit,* Abk.: OEZ. **Ostfale** *der, -n/-n,* **Ostfälin** *die, -/-nen,* Angehörige(r) eines altsächs. Volksstammes. **ostfälisch.** **Ostgote** *der,* Angehöriger eines der zwei großen Stämme der Goten. **ostinato** [ital. ›hartnäckig‹], ♪ fortgesetzt ein Thema wiederholend. **ostisch,** alpin: *die ostische Rasse.* **Ostitis** [grch. osteon ›Knochen‹] *die, -/ Ostit'iden,* ✚ Knochenentzündung. **Ostkirche** *die,* die christl. Kirchen des Ostens. **östlich,** in Richtung nach Osten: *östlicher Länge,* Abk.: ö. L., geograph. Länge östlich des Nullmeridians, Abk.: ONÖ, Himmelsrichtung, ABB. W 13. **Ostnordost(en),** Abk.: ONO, Himmelsrichtung, ABB. W 13. **Ostpreuße** *der,* Angehöriger eines dt. Volksstammes. **Ostpunkt** *der,* der östl. Schnittpunkt zwischen Äquator und Horizont. **Ostrazismus** [grch. ostrakon ›Scherbe‹ und vgl. ...ismus] *der, -,* auch Ostrakismus, Scherbengericht. **Östrogen** [grch. oistros ›Stachel‹, ›Leidenschaft‹ und vgl. ...gen] *das, -s/-e,* weibl. Geschlechtshormon. **Ostsüdost(en),** Abk.: OSO, Himmelsrichtung, ABB. W 13. **Ostung** *die, -,* Ausrichtung nach Osten (bei Kirchenbauten). **ostwärts,** nach Osten zu, in östl. Richtung. **Oswald** [altengl. os ›Gott‹ und weald ›walten‹], **Oswin** [wini ›Freund‹], männl. Vornamen. **Oszillation** [lat. oscillare ›schaukeln‹, ›schwingen‹] *die, -/-en,* Schwingung. **oszillieren,** *es* oszilliert (hat oszilliert). **Oszillo|gramm** [vgl. ...gramm] *das, -s/-e,* das vom Oszillographen aufgezeichnete Schwingungsbild. **Oszillo|graph** [vgl. ...graph] *der, -en/-en.* **öte,** *niederdt.:* geziert. **Otfried** [ahd. ot ›Besitz‹, ›Reichtum‹ und fridu ›Schutz‹, ›Friede‹], **Othmar** [ahd. mari ›berühmt‹], männl. Vornamen. **Ot|iater** [grch. ous, Gen. otos ›Ohr‹ und iatros ›Arzt‹] *der, -s/-,* Facharzt für Ohrenheilkunde. **Ot|ia|trie** *die, -,* Ohrenheilkunde. **Otitis** [vgl. ...itis] *die, -/ Otit'iden,* Ohrenentzündung. **Otologe** [vgl. ...loge] *der, -n/-n,* Otiater. **Otologie** [vgl. ...logie] *die, -,* Otiatrie. **Otter** [ahd. ottar, zu Wasser] *der, -s/-,* im Wasser lebender Marder: *Fischotter.* **Otter** [zu Natter] *die, -/-n,* **1)** eine Viper: *Kreuzotter.* **2)** seltener für: der Otter. **Otterngezücht** *das,* ♿ hinterhältige Menschen. **Ottilie** [-iə, zu Otto], weibl. Vorname. **Otto** [urspr. Kurzform zu den mit ahd. ot ›Besitz‹, ›Reichtum‹ gebildeten Namen], **Ottokar** [ahd. ger ›Speer‹], männl. Vornamen. **Ottoman** *der, -s/-e,* ein Gewebe mit starken Querrippen. **Ottomane** [frz. ottoman, vgl. Osmane], **1)** *der, -n/-n,* Türke. **2)** *die, -/-n,* ♿ sofaähnl. Sitzbank mit halbrunden Armlehnen. **ottomanisch,** türkisch. **Ottomotor** [nach N. A. Otto, 1832–1891] *der,* ein Verbrennungsmotor.

Ottone *der, -n/-n,* König und Kaiser aus dem sächs. Herrscherhaus (10. Jahrh.). **ottonisch.** **out** [aut, engl. ›aus‹], Ü nicht mehr modern, uninteressant geworden. **Outcast** ['autkɑ:st, engl. to cast ›werfen‹] *der, -s/-s,* von der Gesellschaft ausgestoßener, geächteter Mensch. **Outfit** ['autfit, engl.] *das, -(s)/-s,* Ausrüstung, Ausstattung. **Outlaw** ['autlɔ:, engl. law ›Gesetz‹, ›Recht‹] *der, -s/-s,* Verfemter, Verbrecher. **Output** ['autput, engl. to put ›stellen‹, ›stoßen‹] *der, -s/-s,* **1)** ⚙ Produktionsausstoß. **2)** die Ausgabe von Daten bei Rechenanlagen. **ou|triert** [u-, frz. outré, zu lat. ultra ›darüber hinaus‹], übertrieben. **Outsider** ['autsaidə, engl.] *der, -s/-,* Außenseiter. **Ouvertüre** [uvɛrt'y:rə, frz. ouverture, zu ouvrir ›öffnen‹] *die, -/-n,* **1)** musikal. Vorspiel. **2)** Ü Auftakt, Einleitung. **Ouzo** ['uzɔ] *der, -(s)/-s,* 🍸 griech. Anisbranntwein. **oval,** eiförmig, länglichrund. **Oval** [lat. ovum ›Ei‹] *das, -s/-e,* länglichrunde Form. **Ovar** *das, -s/-e,* Ovarium. **ovarial,** ✚ den Eierstock betreffend: *Ovarialhormone.* **Ovarium** [neulat.] *das, -s/...ri|en,* ✚ Eierstock. **Ovation** [lat. ovatio ›kleiner Triumph‹] *die, -/-en,* Huldigung, Beifallssturm. **Over|all** ['ouvərɔ:l, engl. over ›über‹ und all ›alles‹] *der, -s/-s,* einteiliger Arbeitsanzug, Schutzanzug, ABB. K 24; auch modischer Damenanzug. **Over|drive** ['ouvədraiv, engl. to drive ›fahren‹] *der, -(s)/-s,* ⚙ Schongang, ein Schnellgang-Zusatzgetriebe. **Overkill** ['ouvə-, engl. to kill ›töten‹] *das, -(s),* ⚙ die Menge an Kern- und konventionellen Waffen, die über das zur Vernichtung des Gegners nötige Potential hinausgeht. **Ovulation** [lat. ovum ›Ei‹] *die, -/-en,* ✚ Eisprung, Follikelsprung, Ausstoßung der reifen Eizelle aus dem Eierstock: *Ovulationshemmer,* Empfängnisverhütungsmittel. **Oxalsäure** [grch. oxalis ›Sauerklee‹] *die,* Kleesäure, eine giftige organ. Säure. **Oxer** [engl., zu ox ›Ochse‹, ›Rind‹] *der, -s/-,* **1)** Pferdesport: ein Hindernis bei Springprüfungen. **2)** Absperrung zwischen Viehweiden. **Oxhoft** [niederdt. oxhofd ›Ochsenhaupt‹, umgedeutet aus engl. hogshead ›Schweinskopf‹] *das, -(e)s/-e,* früheres dt. Flüssigkeitsmaß. **Oxid** [grch. oxys ›scharf‹, ›sauer‹] *das, -(e)s/-e,* 🜍 Verbindung eines Elements mit Sauerstoff. **Oxidase** *die, -/-n, meist Pl.,* sauerstoffübertragende, oxidierende Enzyme. **Oxidation** *die, -/-en,* **1)** Vereinigung eines Stoffs mit Sauerstoff. **2)** chem. Reaktion, die zum Entzug von Wasserstoffatomen aus Verbindungen führt. **oxidieren,** *es* oxidiert (hat, ist oxidiert). **Oxidime|trie** [vgl. ...metrie] *die, -,* 🜍 Methode der Maßanalyse. **Oxidul** *das, -s/-e, meist Pl.,* ♿ Oxide niedriger Wertigkeit. **Oxyd** *das,* **Oxydation** *die,* **oxydieren,** ältere Schreibung für Oxid, Oxidation, oxidieren. **Oxygenium** [vgl. ...gen] *das, -s,* 🜍 Zeichen: O, Sauerstoff. **Oxymoron** [grch. moros ›töricht‹] *das, -s/...ra,* Verbindung zweier Begriffe, die sich dem Wortsinn nach widersprechen, z. B. beredtes Schweigen. **Oxytonese** [grch. oxytonos ›gellend‹] *die, -,* Ⓢ die Betonung mit dem Akut. **Oxytonon** *das, -s/...na,* Ⓢ auf der letzten Silbe betontes Wort (griech. Sprache). **OZ,** Abk. für: Oktanzahl. **Ozean** [lat. Oceanus, zu grch. Okeanos] *der, -s/-e,* das Meer. **ozeanisch. Ozeano|graphie** [vgl. ...graphie] *die, -,* Meereskunde. **ozeano|graphisch. Ozeano|logie** [vgl. ...logie] *die, -,* Wissenschaft vom Meer. **Ozeanriese** *der,* Ü großer Überseedampfer. **Ozelot** [mexikan. ocelot] *der, -s/-e,* die Pardelkatze, ein Pelztier und dessen Fell: *Ozelotmantel.* **Ozokerit** [grch. ozein ›riechen‹, ›duften‹ und keros ›Wachs‹] *der, -s,* natürliches, festes Mineralwachs. **Ozon** *das,* Ü auch *der, -s,* 🜍 dreiatomiger Sauerstoff. **ozonreich.**

p, P [pe:] *das, -/-,* Konsonant, stimmloser bilabialer Verschlußlaut, ABB. A 8, ÜBERS. A 26, G 34.

p, Abk. für: **1)** ♪ piano. **2)** ⊘ Punkt. **3)** Para. **4)** Penni. **5)** Penny, Pence. **6)** Zeichen für: Pond. **7)** Zeichen für: Piko.

p., 1) auch pag., ⊘ Abk. für: Pagina. **2)** auf Wechseln Abk. für: protestiert. **3)** auch pinx., Abk. für: pinxit.

π, griech. Buchstabe, vgl. Pi.

P, 1) ↻ Zeichen für: Phosphor. **2)** Physik: Zeichen für: Poise.

P., Abk. für: **1)** Pastor. **2)** Pater.

Pa, 1) ↻ Zeichen für: Protactinium. **2)** Zeichen für: Pascal.

p. a., Abk. für: pro anno.

p. A., auf Briefen Abk. für: per Adresse.

Pään [grch. paian] *der, -s/-e,* altgriechischer feierl. Gesang.

paar [ahd. par, zu lat. par ›gleich‹, ›gleich groß‹], **1)** nicht flektiert als unbestimmtes Zahlwort: einige, wenige, ABB. P 1: *gib mir ein p. Kirschen; mit ein p. Worten; ein p. Tage;* vgl. aber: Paar, paarmal. **2)** selten für: paarig, gepaart: *paare Flossen,* solche mit Gegenstück; *paare Zahlen,* ⚭ gerade Zahlen; *p. und unpaar,* ⚭. **Paar** *das, -(e)s/-e,* zwei zusammengehörige oder eng verbundene Menschen, Tiere, Dinge, ABB. P 1: *Brautpaar; Ehepaar; Freundespaar; ein P. Schuhe, Strümpfe,* ein linker und ein rechter; *ein P. Ochsen,* zum Ziehen zusammengespannte Ochsen; *P. und P., zu Paaren,* zu zweien. **paaren,** *ich paare* (habe gepaart), **1)** *sie,* stelle zu Paaren zusammen (zur Zucht): *der Züchter paart Tiere.* **2)** *Tiere paaren sich,* begatten sich. **3)** *es paart sich,* Ü kommt zusammen: *bei ihm paaren sich Geist und Bosheit, Geist mit Bosheit;* es ist geistreich und boshaft zugleich; *Schönheit, gepaart mit Intelligenz.* **Paarerzeugung** *die,* Kernphysik: Paarbildung, paarweise Bildung eines Elektrons mit seinem Positron aus Zusammenstoß eines Photons mit Elektronen. **Paarhufer** *der, -s/-,* Paarzeher, ein Säugetier. **paarig,** paarweise, doppelt vorhanden, in zwei Stücken einander zugeordnet: *paarige Organe,* solche mit einem Gegenstück, wie Ohren, Augen, Hände. **Paarlauf** *der,* ⚔ Rollschuh- oder Eiskunstlauf ein Paar. **paarmal,** *ein p.,* einige Male; aber: *ein paar Male.* **Paarung** *die, -/-en,* **1)** Zusammenführung, Bildung oder Vereinigung von zwei Individuen, Organen, Gegenständen oder Elementen: *sexuelle P.,* geschlechtl. Vereinigung (von Tieren). **2)** ⚔ die beiden Gegner (auch Mannschaften) in einem Wettkampf. **Paarvernichtung** *die,* Kernphysik: Zerstrahlung, Vernichtung eines Elektrons und eines Positrons. **paarweise,** in Paaren, zu zweit.

Paarzeher *der, -s/-,* Paarhufer.

Pa|blatsche [aus tschech.] *die, -/-n,* österr.: **1)** baufällige Hütte. **2)** Gerüst.

Pace [peis, engl. ›Schritt‹] *die, -,* **1)** Gangart des Pferdes, Schritt. **2)** Renngeschwindigkeit eines Pferderennens. **Pacer** [p'eisə] *der, -s/-,* Pferderennen: Traber, der Paßgänger ist.

Pacht [ahd. pfahta, zu lat. pactum ›Vertrag‹] *die, -/-en,* **1)** Nutzung gegen Entgelt: *er nahm ein Gut in P.; Pachthof; Pachtzins.* **2)** Abgaben dafür: *er zahlt (die) P.* **pachten,** *ich pachte* (habe gepachtet) *es,* nehme in Pacht. **Pächter** *der, -s/-,* **Pächterin** *die, -/-nen,* jemand, der ein Gut, einen Gastwirtschaft u. a. gepachtet hat. **Pachtung** *die,* ⚓ **pachtweise,** *das Grundstück wird ihm p. überlassen.*

Pachulke [aus westslaw.] *der, -n/-n,* ostmitteldt.: ungehobelter Mensch.

Pack [mnd. packe, pak ›Ballen‹, ›Bündel‹], **1)** *der, -(e)s/-e* oder *"e, Pl. selten,* auch Packen, Bündel, Paket: *ein P. Bücher.* **2)** *das, -(e)s,* Ü Gesindel, Pöbel. **Package Tour** [p'ækidʒ tu:r, engl.] *die, - -/- -s,* Pauschalreise im eigenen Auto. **Päckchen** *das, -s/-,* kleiner Pack: *jeder hat sein P. zu tragen,* Ü muß die Schwierigkeiten des Lebens meistern. **2)** eine Postsendung (bis 2 kg). **Packeis** *das,* übereinandergeschobene Eisschollen. **Packelei** *die, -/-en,* österr.: *die P. zwischen Regierung und gewissen Wirtschaftskreisen.* **packeln** [zu Pakt], *ich pack(e)le* (habe gepackelt), österr.: **1)** komme heimlich überein. **2)** schließe Kompromisse.

packen [zu Pack], *ich packe* (habe gepackt), **1)** *ihn, es,* ergreife, fasse (derb): *er packte ihn am Arm; da packte uns das Grauen,* Ü **2)** Ü mache raschen Eindruck, erregte: *mit dieser Schilderung packte er seine Zuhörer; ein packender Bericht.* **3)** *es (etwas),* ordne zum Versand, zur Beförderung: *er packte die Kleider in den Koffer; ich muß noch meinen Koffer packen,* hineintun, was bei der Reise mitgenommen werden soll. **4)** *es,* bewältige, bringe zustande; erreiche rechtzeitig: *das werden wir schon packen; ich habe den Bus gerade noch gepackt.* **5)** *mich,* Ü mache mich schnell davon: *packt euch!* **Packen** *der, -s/-,* der Pack. **Packer** *der, -s/-,* **1)** Lagerarbeiter, der Waren versandfertig macht; Möbeltransporteur, der

Hausrat verpackt. **2)** ⚘ Hetzhund für Saujagden. **Packesel** *der,* Tragtier; Ü schwer beladener Mensch. **Packlage** *die,* Unterbau oder Tragkonstruktion aus Steinen für Straßenoberbau. **Packpapier** *das,* grobes Papier zum Verpacken. **Packsattel** *der,* Tragsattel. **Packträger** *der,* norddt.: Dienstmann. **Packung** *die, -/-en,* **1)** bestimmte Warenmenge in einer Umhüllung, ABB. R 7: *Geschenkpackung; Zehnerpackung.* **2)** Hülle, Umhüllung: *Klarsichtpackung.* **3)** Steinschicht, z. B. als Böschungsschutz, ABB. B 44. **4)** ⚕ Umhüllung des Körpers oder eines Körperteils mit nassen oder trocknen Tüchern. **5)** ⊙ Dichtung. **Packzettel** *der,* **1)** Aufstellung, die einem Paket oder einer Kiste über die enthaltenen Waren beigelegt wird. **2)** Kontrollschein für Markenartikelpackungen.

Pädagoge [grch. paidagogos, zu pais ›Kind‹, ›Knabe‹ und agein ›führen‹] *der, -n/-n,* Erzieher, Lehrer. **Pädagogik** *die, -,* Erziehungswissenschaft: *Heilpädagogik; Sozialpädagogik.* **päd|agogisch,** *pädagogisches Geschick.*

Padde *die, -/-n,* niederdt.: **1)** Frosch, Kröte, Kaulquappe. **2)** Trommelsucht des Rindes.

Paddel [engl. paddle] *das, -s/-,* Ruder, das frei (ohne Dolle) gehandhabt wird, ABB. P 2, B 43, F 5: *Paddelboot; Doppelpaddel; Stechpaddel.* **paddeln,** *ich padd(e)le* (habe, bin gepaddelt), **1)** rudere mit Paddeln, fahre mit dem Paddelboot. **2)** Ü schwimme nach Art eines Hundes.

Padden, *Pl.,* niederdt.: Pfoten, Füße.

Paddock [p'ædɔk, engl.] *der, -s/-s,* kleiner Laufhof für Pferde am Einzelstall.

Paddy [p'ædi, engl., zu Patrick, dem Schutzheiligen der Iren] *der, -s/-s* oder *P'addies,* Scherzname für Ire.

Päd|erast [grch. paiderastes, zu pais ›Knabe‹ und erastes ›Liebhaber‹] *der, -en/-en,* Erwachsener, der die erotisch-sexuelle Beziehung zu männl. Jugendlichen hat. **Päd|erastie** *die, -,* sexuelle oder erotische Neigung Erwachsener zu männl. Jugendlichen. **Päd|iater** [grch. iatros ›Arzt‹] *der, -s/-,* Facharzt für Pädiatrie. **Päd|ia|trie** *die, -,* Kinderheilkunde. **päd|ia|trisch.**

Padischah [pers. Pahlawi patichschah, eigtl. ›Beschützer-König‹] *der, -s/-s,* früherer islam. Fürstentitel.

Pädogenese [grch. pais ›Kind‹ und vgl. ›Genese] *die,* **1)** 🐛 Fortpflanzung in Larven aus unbefruchteten Eiern. **2)** 🌱 das Blühen bei Keim- und Jungpflanzen. **pädophil. Pädophilie** [grch. philein ›lieben‹] *die, -,* sexuelle oder erotische Neigung Erwachsener zu Kindern und Jugendlichen beiderlei Geschlechts.

Pa|ella [pa'eʎa, span.] *die, -/-s,* span. Reisgericht mit Fleisch, Fisch, Muscheln, Gemüse u. a.

Pafese *die, -/-n,* österr.: Pofese.

paff!, Schallwort für knallartige Geräusche: *piff, p.!* **paffen** [Schallw.], *ich paffe* (habe gepafft), Ü rauche.

pag., auch *p.,* ⊘ Abk. für: Pagina.

Paganismus [mlat. paganus ›heidnisch‹ und vgl. . . . . ›ismus] *der, -/. . . -men,* **1)** ohne *Pl.,* Heidentum. **2)** heidn. Brauch im Christentum.

Pagat [ital. bagatella ›Kleinigkeit‹] *der, -(e)s/-e,* Trumpfkarte im Tarock.

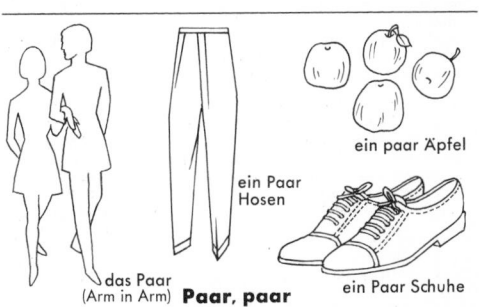

ein Paar Äpfel

ein Paar Hosen

das Paar (Arm in Arm) **Paar, paar** ein Paar Schuhe

P 1

571

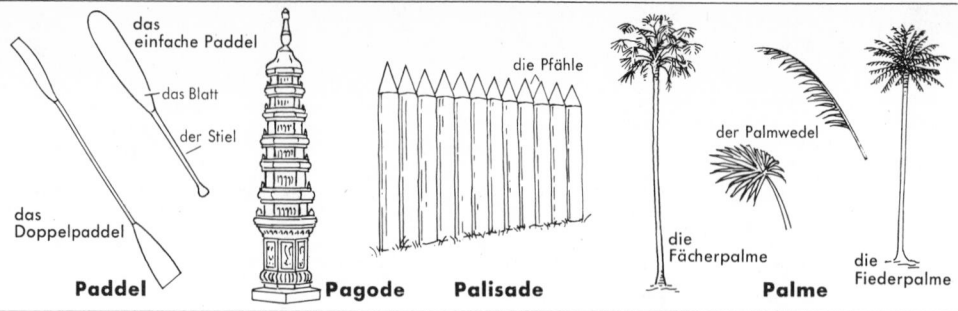

das einfache Paddel

das Blatt

der Stiel

die Pfähle

der Palmwedel

das Doppelpaddel

die Fächerpalme

die Fiederpalme

Paddel   **Pagode**   **Palisade**   **Palme**

Page [p′a:ʒə, frz., aus ital. paggio, zu grch. paidion ›Knäblein‹] *der, -n/-n,* **1)** früher: junger Adliger im Fürstendienst: *Pagendienst.* **2)** heute: junger Bote, Hotelbursche. **Pagenkopf** [p′a:ʒ-] *der,* eine Haartracht, ABB. H 1.

Pagina [lat. ›Blatt‹, ›Seite‹] *die, -/-s,* ⌀ Abk.: p. oder pag., Buchseite; Seitenzahl, ABB. B 53. **paginieren,** *ich* paginiere (habe paginiert) *es,* ⌀ versehe mit Seitenzahlen. **Paginierung** *die, -/-en.*

Pagode [altind. bhagavati ›göttlich‹] *die, -/-n,* **1)** indischer oder chines. Tempelturm, ABB. P 2. **2)** auch *der, -n/-n,* kleine chines. Porzellanfigur mit nickendem Kopf.

pah!, Ausruf der Ablehnung oder Verachtung.

Pahlawi [p′ax-] *das, -,* Pehlewi.

Pahlstek [niederdt. Pahl ›Pfahl‹] *der,* auch Palstek, ⌀ ein Knoten, ABB. K 31.

paille [p′ajə, frz. ›Stroh‹, zu lat. palea ›Spreu‹], ⌀ strohfarben. **Paillette** [paj′ɛtə, frz.] *die, -/-n,* meist Pl., glitzerndes Metallplättchen zum Aufnähen, Flitter.

pair [pɛːr, frz., zu lat. par ›gleich‹], Roulett: die geraden Zahlen betreffend, ABB. R 28. **Pair** [pɛːr] *der, -s/-s,* Angehöriger des hohen Adels im alten Frankreich: *Pairswürde.*

Pak *die, -/-(s),* ⌀ Kurzw. für: Panzerabwehrkanone, ABB. G 16.

Päk [zu pökeln] *die,ʽ-,* niederdt.: Salzlake.

Paket [frz. paquet, vgl. Pack] *das, -(e)s/-e,* **1)** verschnürter oder zugeklebter Packen, bes. das Postpaket: *Paketadresse; Paketschalter; Aktenpaket.* **2)** Ü Gesamtheit miteinander verknüpfter Dinge, Vorschläge, Forderungen (Wirtschaft, Politik): *Aktienpaket; Sozialpaket.* **Paketboot** *das,* ein Schiff, das neben Passagieren und Ladung Post befördert. **paketieren,** *ich* paketiere (habe paketiert) *es,* mache zu einem Paket, verpacke: *Paketiermaschine.* **Paketkarte** *die,* Begleitadresse zum Postpaket.

Pakistani *der, -(s)/-(s)* und *die, -/-(s),* Pakistaner(in), Bewohner(in) des asiat. Staates Pakistan. **pakistanisch.**

Pakt [lat. pactum] *der, -(e)s/-e,* Vertrag, Bündnis: *Nichtangriffspakt.* **paktieren,** *ich* paktiere (habe paktiert) *mit ihm,* **1)** schließe einen Vertrag. **2)** Ü mache gemeinsame Sache: *er paktierte mit der Opposition.*

PAL [Abk. für: phase alternation line, engl. ›zeilenweise Phasenänderung‹], *P.A.L-System,* das in Dtl. und den westeuropäischen Staaten (außer Frankreich) eingeführte Farbfernsehsystem.

Paladin [frz., zu lat. palatinus ›zum röm. Berg Palatin und damit zum kaiserl. Palast gehörig‹] *der, -s/-e,* **1)** eigtl. jeder der zwölf Helden um Karl d. Gr. **2)** Ritter, Gefolgsmann; Ü abwertend: Anhänger: *der Diktator im Kreise seiner Paladine.*

Palais [pal′ɛ, frz., mlat. palatium] *das, -* [pal′ɛ(s)]/- [pal′ɛs], Palast, Schloß.

paläo... [grch. palaios, alt..., ur... **Paläobiologie** *die,* die Wissenschaft vom Leben der Organismen der erdgeschichtl. Vergangenheit. **Paläogeographie** *die,* ein Zweig der Geologie zur Erforschung der geograph. Verhältnisse der geolog. Vorzeit. **Paläograph** *der, -en/-en.* **Paläographie** [vgl. ...graphie] *die, -,* Lehre von den Schriftarten des Altertums und Mittelalters. **paläographisch. Paläolithikum** [grch. lithos ›Stein‹] *das, -s,* Altsteinzeit. **paläolithisch. Paläontologie** [grch. on ›seiend‹ und vgl. ...logie] *die, -,* Wissenschaft von der fossilen Tier- und Pflanzenwelt. **paläontologisch. Paläozän** [grch. kainos ›neu‹, ›jung‹] *das, -s,* auch Paleozän, ⊕ eine geolog. Abteilung des Tertiärs. **Paläozoikum** [grch. zoon ›Lebewesen‹] *das, -s,* ein Erdzeitalter. **paläozoisch.**

Palas [mhd. palas, palast, vgl. Palais] *der, -/-se,* Hauptgebäude der Burg, ABB. B 56. **Palast** *der, -(e)s/ⁱ⁻e,* schloßartiges Bauwerk.

Palästra [grch. palaistra, zu palaiein ›kämpfen‹] *die, -/...stren,* Ringerschule im alten Griechenland.

Palastrevolution *die,* eine Empörung des Hofes gegen einen Herrscher oder Staatsmann; Ü heftiger Widerstand gegen einen Vorgesetzten aus den eigenen Reihen.

palatal, ♀ den Gaumen betreffend. **Palatal** [lat. palatum ›Gaumen‹] *der, -s/-e,* Vordergaumenlaut, z. B. j: *Palatallaut.* **palatalisieren,** *ich* palatalisiere (habe palatalisiert) *einen Laut,* mouilliere. **Palatalisierung** *die, -/-en.*

Palatin [mhd. palatin, vgl. Paladin] *der, -s/-e,* im MA.: Pfalzgraf. **Palatine** [nach Prinzessin Liselotte von der Pfalz (lat. Palatinatus)] *die, -/-n,* breiter, Hals und Schultern bedeckender Kragen (17.–19. Jahrh.).

Palatschinke [magyar., zu rumän. placinta] *die, -/-n,* österr.: gefüllter Eierkuchen.

Palaver [portug. palavra ›Unterredung‹, ›Erzählung‹, zu lat. parabola ›Gleichnis‹] *das, -s/-,* Ü weitschweifiges Gerede (eigtl. Unterhandlung zwischen Weißen und Eingeborenen). **palavern,** *ich* palav(e)re (habe palavert) *mit ihm.*

Palazzo [ital., zu mlat. palatium] *der, -s/...l′azzi,* Palast.

Pale *die, -/-n,* niederdt.: Schote. **palen** [zu pulen] *ich* pale (habe gepalt) *Erbsen,* entschote.

palleozän. Palleozän *das, -s,* Paläozän.

Paletot [p′aləto, frz., zu mittelengl. paltok] *der, -s/-s,* ⌀ Überzieher, Herrenmantel.

Palette [frz., zu lat. pala ›Schaufel‹, ›Spaten‹] *die, -/-n,* **1)** Malerscheibe, Abb. M 2; in bunter P. von Darbietungen, Ü. **2)** Transportplatte für Stapelgüter, ABB. K 10.

palim..., Nebenform von *palin...* vor Lippenlauten und n. **Palimpsest** [grch. psestos ›abgekratzt‹] *das* oder *der, -(e)s/-e,* Handschrift auf Pergament, bei der sich unter der Schrift noch eine ältere findet. **palin...** [grch.], wieder..., erneut: *palingenetisch.* **Palindrom** [grch. dromos ›Lauf‹, also], Lautreihe, die, vor- und rückwärts gelesen, einen Sinn ergibt, z. B. Otto, Regen, Reliefpfeiler. **Palingenese** [grch. genesis ›Entstehung‹] *die, -/-n,* **1)** Wiedergeburt der Seele. **2)** Biologie: Wiederholung von stammesgeschichtlich älteren Formen in der Keimesentwicklung. **3)** Wiederaufschmelzung von Gesteinen und Neubildung eines Magmas. **Palinodie** [grch. ode ›Gesang‹] *die, -/...d′i|en,* dichterischer Widerruf unter Verwendung der gleichen Vers- und Reimform.

Palisade [frz. palissade, zu lat. palus ›Pfahl‹] *die, -/-n,* Reihe zugespitzter Schanzpfähle, ABB. P 2.

Palisander [indian.] *der, -s/-,* **Palisanderholz** *das,* hartes Edelholz aus Ostindien und Südamerika. **palisandern.**

pall, niederdt.: dicht. **Pall** *der, -(e)s/-en,* ⌀ Sperrklinke an Drehwerken.

Palladium [zu Pallas] *das, -s/...di|en,* **1)** im Altertum: geschnitztes Bild der Pallas Athene zum Schutz einer Stadt. **2)** Schutzbild, Hort. **3)** *ohne Pl.,* ⚗ Element, Zeichen: Pd, ein Platinmetall.

Pallas [grch.], Beiname der Göttin Athene.

Pallasch [magyar. pallos, zu türk. pala ›Krummsäbel‹] *der, -(e)s/-e,* ein langer, schwerer Säbel.

Pallawatsch *der, -s,* Ballawatsch.
palliativ [lat. palliare ›bedecken‹], ⚕ die Beschwerden einer Krankheit lindernd: *palliative Medikamente.* **Palliativum** *das, -s/. . .va,* ⚕ ein palliativ wirkendes Mittel.
Pallium [lat. ›griech. Mantel‹] *das, -s/. . .li|en,* **1)** päpstl. und erzbischöfl. Amtszeichen, auch der Metropoliten. **2)** im MA.: kaiserl. Krönungsmantel. **3)** altröm. mantelähnl. Umhang.
Palm *der, -s/-e* und bei Maßangaben *-,* altes Maß für Rundhölzer. **Palmarum** [lat. ›(Tag) der Palmen‹], bes. in der evang. Kirche der letzte Sonntag vor Ostern (allgemein auch Palmsonntag), ÜBERS. J 2. **Palme** [ahd. palma, von lat. palma, eigtl. ›Handfläche‹] *die, -/-n,* **1)** meist trop. Holzgewächs mit bis 10 m langen Blättern, ABB. P 2: *Palm(en)blatt; Palmenhain; Palmenhaus; Kokospalme; Dattelpalme; Königspalme; er bringt mich auf die P.,* Ü macht mich wütend. **2)** kurz für: Palmwedel, Sinnbild des Sieges: *er errang die P.* **Palmette** [frz.] *die, -/-n,* **1)** ein fächerförmiges Blattornament, ABB. S 63. **2)** fächerförmig gezogener Obstbaum. **Palmitin** [frz. palmite ›Palmenmark‹] *das, -s,* Hauptbestandteil vieler Fette. **Palmitinsäure** *die,* eine Fettsäure. **Palmkätzchen** *das, oberdt.:* Weidenkätzchen. **Palmöl** *das,* Fett aus dem Fruchtfleisch der Ölpalme. **Palmsonntag** *der,* Palmarum. **Palmwedel** *der,* Wedelblatt der Palme, ABB. P 2.
palpabel [lat. palpare ›tasten‹], ⚕ tastbar. **Palpation** *die, -/-en,* ⚕ das Abtasten als ärztl. Untersuchungsweise. **palpieren,** *ich* palpiere (habe palpiert) *es.*
Palpitation [lat. palpitare ›zucken‹] *die, -/-en,* ⚕ Herzklopfen. **palpitieren,** *das Herz* palpitiert (hat palpitiert).
Palstek [niederdt.] *der,* Pahlstek.
PAL-System *das,* PAL.
Pampa [Ketschua ›Ebene‹] *die, -/-s, meist Pl.,* argentin. Großlandschaft: *Pampasgras.*
Pampe *die, -, ostmitteldt.:* **1)** dicker Brei. **2)** breiige Masse, Schmutz, Schlamm.
Pampelmuse [niederl. pompelmoes, zu tamil. bambolmas] *die, -/-n,* Grapefruit, Riesenorange, eine Zitrusfrucht.
pampen, *ich* pampe (habe gepampt), *ostmitteldt.:* esse unmäßig, stopfe zuviel in den Mund.
Pampf *der, -(e)s, süddt.:* Pampe. **pampfen,** *ich* pampfe (habe gepampft), *süddt.:* pampe.
Pam|phlet [nach dem mlat. Liebesgedicht Pamphilus de amore] *das, -(e)s/-e,* Schmähschrift, Kampfschrift. **Pam|phletist** *der, -en/-en,* Verfasser eines Pamphlets.
pampig, Ü **1)** breiig. **2)** frech, patzig: *nun werde nicht p.!*
Pamps *der, -es,* Ü Pampe.
Pampusche [vgl. Babusche] *die, -/-n, norddt.:* Pantoffel.
Pan, griechischer Hirtengott.
Pan [poln.] *der, -(s)/-s,* Herr.
pan. . . [grch.], ganz. . ., all. . .: *paneuropäisch,* ein vereinigtes Europa anstrebend, ganz Europa umfassend.
Panade [frz., zu lat. panis ›Brot‹] *die, -/-n,* Semmelbrei (für feine Farcen). **Panadel** *die, -/-n, österr.:* Panade: *Panadelsuppe,* Brotsuppe.
Panama [nach der mittelamerikan. Stadt Panama] *der, -s/-s,* **1)** Gewebe, Kett- und Schußfäden, die sich würfelförmig kreuzen. **2)** dichtgeflochtener, lichter Strohhut mit breiter Krempe: *Panamahut.*
Panaritium [lat.] *das, -s/. . .ti|en,* ⚕ Fingerentzündung.
Panasch [frz. panache, zu lat. penna ›Feder‹] *der, -(e)s/-e,* Federschmuck am Helm. **Panaschee** [frz. panacher ›buntstreifig verzieren‹] *das, -s/-s,* ⚘ buntgestreiftes Speiseeis. **2)** Panaschierung. **panaschieren,** *ich* panaschiere (habe panaschiert), **1)** *es,* ⚘ mustere streifig. **2)** Verhältniswahl: stelle auf meinem Stimmzettel Kandidaten von verschiedenen Listen zusammen. **Panaschierung** *die, -,* ⊕ weiße oder bunte Fleckung des Laubes.
pan|chromatisch [vgl. pan. . . und . . .chrom], für alle Farben empfindlich (photograph. Papiere, Filme, Platten)].
Panda [Nepali] *der, -s/-s,* ein Bär.
Pandämonium [vgl. pan. . . und Dämon] *das, -s/. . .ni|en,* Versammlung(sort) aller bösen Geister, Hölle.
Pandekten [grch. pandektes ›alles enthaltend‹], *Pl.,* die Sammlung des alten Juristenrechtes im Corpus juris.
Pandemie [vgl. pan. . . und grch. demos ›Volk‹] *die, -/. . .m'i|en,* eine sich über große Gebiete ausbreitende Epidemie. **pandemisch.**
Pandit [altind. ›klug‹, ›gelehrt‹], **1)** *der, -s/-e,* indischer Gelehrter. **2)** dessen Titel.
Pandora, die Unheilbringerin der griech. Sage: *die Büchse der P.,* Quell allen Unheils.

Pandur [magyar.] *der, -en/-en,* im 17./18. Jahrh.: Soldat einer österreich. Truppe in Südungarn.
Paneel [niederl., frz. panneau ›Füllung‹, ›Fläche‹, zu lat. pannus ›Lappen‹] *das, -s/-e,* **1)** vertieftes Feld einer Holztäfelung. **2)** Wandbekleidung mit Holztäfelung. **paneelieren,** *ich* paneeliere (habe paneeliert) *es.*
Pan|egyriker *der, -s/-,* Lobredner. **Pan|egyrikus** [grch. panegyrikos] *der, -/. . .ken,* Lobrede. **pan|egyrisch.**
Panel [pænl, engl. ›Tafel‹, ›Feld‹] *das, -s/-s,* Meinungsforschung: Gruppe befragter Personen.
panem et circenses [lat.], Brot und (Zirkus)spiele.
Panflöte [zu Pan] *die,* Hirtenflöte der Antike.
päng! [Schallw.], Ausruf als Nachahmung eines Schusses, Knalls.
Panhas [niederdt., eigtl. ›Pfannenhase‹] *der, -,* niederrheinisch-westfäl. Gericht aus Buchweizenmehl und Wurstbrühe, in Scheiben geschnitten und gebraten.
Pan|ier [mhd. panier, paner, vgl. Banner] *das, -s/-e,* **1)** ⚔ Banner, Feldzeichen. **2)** Ü Wahlspruch, Motto.
panieren *der, -e, österr.:* Panade. **panieren** [frz. paner, zu pain ›Brot‹, zu lat. panis], *ich* paniere (habe paniert) *es,* wende (ein Bratenstück) in Eigelb und geriebener Semmel (Panade): *Paniermehl.*
Panik [frz. panique, zu grch. panikos, nach dem Hirtengott Pan] *die, -/-en, Pl. selten,* plötzlich ausbrechende Angst, sinnlose Verwirrung in Menschenansammlungen: *Panikstimmung.* **Panikmache** *die, -: diese Meldung war reine P.,* Ü sollte Unruhe stiften. **panisch,** *von panischer Angst ergriffen.*
Panje [zu poln. pan ›Herr‹] *der, -s/-s,* scherzhaft für: poln., russ. Bauer. **Panjepferd** *das,* kleines russ. Pferd.
Pankarditis [vgl. pan. . . und grch. kardia ›Herz‹] *die, -/. . .t'iden,* ⚕ Entzündung aller Herzwandschichten.
Pan|kratius [vgl. pan. . . und grch. kratos ›Kraft‹, ›Macht‹] *der,* männl. Vornamen.
Pan|kreas [vgl. pan. . . und grch. kreas ›Fleisch‹] *das, -/. . .kre'aten,* ⚕ Bauchspeicheldrüse.
Panlogismus [vgl. pan. . ., Logos und . . .ismus] *der, -,* philosoph. Lehre, nach der die Vernunft als das eigentliche Wirkliche angesehen wird und die Welt als deren Verwirklichung.
Panne [frz., eigtl. ›Stellung der Segel, bei der sie keinen Wind bekommen‹] *die, -/-n,* **1)** Fahrzeugschaden: *Pannenhilfe; Pannenkurs; Autopanne; Reifenpanne.* **2)** Betriebsstörung. **3)** Ü Fehler, Mißgeschick: *eine P. in der Koordination.*
pännen, *ich* pänne (habe pännt) *es, niederdt.:* pfände.
Pänner *der, -s/-, niederdt.:* Pfänder; Flurschütz.
Pannonier *der, -s/-,* Bewohner der altröm. Provinz Pannonien an der mittleren Donau. **pannonisch.**
Pan|optikum [vgl. pan. . . und grch. optikos ›zum Sehen gehörend‹] *das, -s/. . .ken,* Wachsfigurensammlung; Schau von Kuriositäten.
Pan|orama [vgl. pan. . . und grch. horama ›Anblick‹] *das, -s/. . .men,* **1)** Rundsicht, den Berggipfel aus bot sich uns ein herrliches P. **2)** Rundbild. **Pan|oramagerät** *das,* Radar-Rundsuchgerät zur landkartenähnlichen Schirmbilddarstellung. **Pan|oramaspiegel** *der,* ⟳ Rückspiegel, der einen größeren Überblick ermöglicht.
Pan|plegie [vgl. pan. . . und grch. plege ›Schlag‹] *die, -/. . .g'ien,* ⚕ allgemeine Lähmung.
Pan|psychismus [vgl. pan. . ., Psyche und . . .ismus] *der, -,* Philosophie: Allbeseeltungslehre.
panschen [Schallw.], *ich* pansche (habe gepanscht), auch pantsche, Ü **1)** *es,* verfälsche mit Wasser (Wein, Milch). **2)** plansche im Wasser. **Panscher** *der, -s/-,* auch Pantscher, Ü jemand, der panscht.
Pansen [mhd. Panze, zu lat. pantex ›Wanst‹] *der, -s/-,* **1)** Wanst, Teil des Wiederkäuermagens, ABB. M 1. **2)** *niederdt.:* Magen: *er schlägt sich den P. voll,* Ü ißt sich satt.
Pantalone [ital.] *der, -/-s, in* Venedig verehrten hl. Pantaleon *der, -s/-s* . . .*ni,* Gestalt der Commedia dell'arte. **Pantalons** [pätal'⁵s, frz.], *Pl.,* lange Hose, ABB. M 16.
panta rhei [-rei, grch. ›alles fließt‹], dem Heraklit zugeschriebener Satz, der bedeuten soll, daß es kein bleibendes Sein gibt.
Pantheismus [vgl. pan. . . grch. theos ›Gott‹ und vgl. . . .ismus] *der,* Weltanschauung, die völlige Einheit von Gott und Welt annimmt. **Pantheist** *der, -en/-en.* **pantheistisch.**
Pantheon *das, -s/-s,* **1)** Tempel für alle Götter. **2)** Ü Ehrentempel.

Panther [spätahd. pantera, zu grch. panther] *der, -s/-,* Leopard.

Pantine [niederdt., zu frz. patin ›Schuh mit Holzsohle‹] *die, -/-n, norddt.:* Pantoffel: *Holzpantinen.*

Pantoffel [frz. pantoufle] *der, -s/-n,* Hausschuh ohne Fersenteil, Abb. S 39: *sie hat ihren Mann unter dem P.,* Ü beherrscht ihn. **Pantoffelblume** *die,* eine Zierpflanze. **Pantöffelchen** *das, -s/-.* **Pantoffelheld** *der,* Ü Ehemann, der sich von seiner Frau beherrschen läßt. **Pantoffelkino** *das,* Ü scherzhaft: das Fernsehen. **Pantoffeltierchen** *das, -s/-,* ein Wimpertierchen.

Panto|graph [vgl. pan... und ...graph] *der, -en/-en,* Storchschnabel, ein Zeichengerät, Abb. S 70.

Pantolette [Kurzw. aus Pantoffel und Sandalette] *die, -/-n,* leichter Sommerschuh ohne Fersenteil, Abb. S 39.

Pantomime [grch. pantomimos ›alles nachahmend‹], **1)** *die, -/-n,* stummes Gebärdenspiel; Tanzspiel: *Pantomimentheater.* **2)** *der, -n/-n,* Darsteller einer Pantomime. **Pantomimik** *die,* Ausdrucksbewegungen des ganzen Körpers. **pantomimisch.**

Pan|try [p'entri, engl., zu lat. panis ›Brot‹] *die, -/-s,* Anrichte an Bord von Schiffen und Flugzeugen.

pantschen [Schallw.], *ich* pantsche (habe gepantscht), pansche. **Pantscher** *der, -s/-,* Panscher.

Panzen *der, -s/-, oberdt.:* Pansen; Wanst, Schmerbauch.

Panzer [mhd. panzier, panzer, vgl. Pansen] *der, -s/-,* **1)** mittelalterl. Rüstung: *Schuppenpanzer; Panzerhemd.* **2)** schützende Stahlhülle, z. B. Stahlmantel von Geldschränken: *Panzerschrank.* **3)** 🐢 verfestigte Körperoberfläche, z. B. bei Käfern, Krebsen, Schildkröten. **4)** 🦋 Kampfwagen mit Panzerplatten und Gleisketten: *Panzerfahrzeuge; Panzersperre; Sturmpanzer.* **Panzerabwehrkanone** *die,* Kurzw.: Pak, Abb. G 16. **Panzerechse** *die,* Krokodil. **Panzerfaust** *die,* ein Panzernahbekämpfungsmittel. **Panzerfische,** *Pl.,* Plakodermen, ausgestorbene Fische. **Panzerglas** *das,* mehrschichtiges Verbundglas. **Panzerhemd** *das,* Kettenpanzer, Abb. R 33. **Panzerkrebs** *der,* Languste. **Panzerkreuzer** *der,* gepanzerter, schwerer Kreuzer. **panzern,** *ich* panz(e)re (habe gepanzert) *es, ihn, mich,* schütze durch einen Panzer; umgebe mit einer Hülle: *gegen P. Bosheit gepanzert,* Ü unempfindlich. **Panzerplatte** *die,* Stahlblech für die Bewehrung von Kriegsschiffen, Geschütztürmen u. a. **Panzerschiff** *das,* gepanzertes Kriegsschiff. **Panzerung** *die, -/-en.*

Päonie [iə, grch. paionia] *die, -/...ni|en,* Pfingstrose.

papa!, *österr.:* weg!; lebwohl.

Papa [U auch p'apa, Kinderwort] *der, -s/-s,* Vater. **Papachen** *das, -s/-.*

Papagallo [ital. ›Papagei‹] *der, -(s)/-s* oder ...g'alli, Bez. für einen (jungen) Italiener, der gegenüber ausländ. Touristinnen zudringlich ist.

Papagei [mhd. papegan, papigan, afrz. papegay, arab. babagha, zu westafrikan. pampakei] *der, -(e)s/-e* oder *-en/-en,* trop. oder subtrop., meist farbenprächtiger Vogel. **papagejenhaft,** wie ein Papagei: *er plappert alles p. nach,* Ü gedankenlos. **Papageienkrankheit** *die,* eine Infektionskrankheit. **Papageitaucher** *der,* 🐦 Lund.

papal [lat. papa ›Papst‹], päpstlich. **Papat** *der* oder *das, -(e)s,* das Papsttum, die Papstwürde.

Pape *der, -n/-n, niederdt.:* **1)** Pfaffe. **2)** 🔺 Böschungskegel aus Erde. **3)** Dompfaff.

Papel [lat. papula ›Bläschen‹] *die, -/-n,* ⚕ entzündliche Hauterhebung.

Paper [p'eipə, engl. ›Papier‹] *das, -s/-s,* Schriftstück, schriftl. Unterlage. **Paperback** [p'eipəbæk, engl. back ›Rücken‹] *das, -s/-s,* Buch mit Kartonumschlag.

Paperdatschen *die, -/-, wien.:* Schnecke (Gebäck).

Papeterie [frz., zu Papier] *die, -/...ri|en, schweiz.:* **1)** Schreibwarenhandlung. **2)** Schreibpapiergarnitur.

Papi [zu Papa] *der, -s/-s,* Kindersprache: Vater.

Papier [mhd. papier, zu grch. papyros ›Papyrusstrauch‹] *das, -s/-e,*] ohne *Pl.,* ein durch Verfilzung von Fasern entstandenes blattartiges Gebilde: *Papierfabrik; Papierkorb; Papierserviette; Packpapier; wir schreiben auf P.; sie wickelt das Brot in P.; er will es zu P. bringen,* aufzeichnen; *das steht nur auf dem P.,* ist verzeichnet oder verordnet, ohne wirklich Geltung zu haben. **2)** Schriftstück, Aufzeichnung: *Verhandlungspapiere.* **3)** *meist Pl.,* Ausweis: *wo haben Sie Ihre Papiere?* **4)** Aktie, Pfandbrief: *Wertpapier; festverzinsliche Papiere.* **Papierdeutsch** *das, -(s), dem -,* trockenes, umständliches Deutsch. **papieren, 1)** aus Papier. **2)** Ü lebensfern, nüchtern, phantasielos. **Pa-**

piergeld *das,* Zahlungsmittel aus Papier, Banknoten. **Papierkrieg** *der,* bürokrat. Erledigung amtl. Angelegenheiten durch viele Formulare u. a. **papierlen,** *ich* papierle (habe papierlt) *ihn, wien.:* ärgere, necke, halte zum besten. **Papiermaché** [papjemaʃ'e, frz.] *das, -s/-s,* Pappmaché. **Papiertiger** *der,* Ü Person, Sache oder Macht, die nach außen stark erscheint, in Wirklichkeit aber schwach ist.

papillar, warzenförmig. **Papillargeschwulst** *die,* Papillom. **Papille** [lat. papilla ›Brustwarze‹] *die, -/-n,* Wärzchen. **Papillom** *das, -s/-e,* warzige oder stark zerklüftete Geschwulst.

Papillote [papij'otə, frz.] *die, -/-n,* Lockenwickel aus Papier.

Papirossa [russ.] *die, -/...r'ossy,* Zigarette mit langem Pappmundstück.

Papismus [vgl. Papst und ...ismus] *der, -,* abwertend: Papsttum; Papsttümelei. **Papist** *der, -en/-en,* abwertend: päpstlich Gesinnter. **papistisch.**

papp, *ich* konnte nicht mehr *p.* sagen, Ü war sehr satt. **Papp** [mhd. pap, Schallw.] *der, -s/-e,* Ü 1) Kleister. **Pappe** *die, -/-n,* **1)** festes Material aus Papiermasse oder -bogen: *Pappdeckel; das ist nicht von P.,* Ü das ist nicht schlecht, hat etwas zu bedeuten. **2)** *oberdt.:* Brei; Klebemasse.

Pappel [ahd. papil(boum), zu lat. populus] *die, -/-n,* ein Laubbaum: *Pappelallee.*

päppeln [zu Papp], *ich* päpp(e)le *ihn,* Ü umsorge, pfläple auf; Ü umwerbe ihn, schmeichle ihm. **pappen,** *ich* pappe (habe gepappt), Ü 1) es auf etwas, klebe. 2) es pappt, klebt, ballt sich zusammen.

Pappenheimer [Zitat aus Schillers ›Wallenstein‹] *der, -s/-,* Angehöriger eines Regimentes im 30jährigen Krieg: *ich kenne* (eigtl.: *daran erkenn ich) meine P.,* Ü ich kenne diese Leute.

Pappenstiel [Stiel des Löwenzahns, niederdt. papenblome] *der,* Ü etwas Wertloses: *das ist keinen P. wert.*

papperlapapp! [Schallw.], ach Unsinn, schweig doch!

pappig [zu Papp], Ü 1) klebrig. 2) sich zusammenballend. **Pappkamerad** *der,* Ü Pappfigur für Schießübungen; Ü jemand, der alles hinnimmt, ohne sich zu wehren. **Pappmaché** [-ʃ'e:, zu mâcher ›kauen‹] *das, -s/-s,* auch Papiermaché, formbarer Papierbrei, der getrocknet hart wird: *Köpfe von Kasperlepuppen aus P.* **Pappschnee** *der,* klebender, an Skiern sich ballender Schnee.

Pappus [grch. pappos ›Großvater‹, auch grch.-lat. in der Bedeutung ›Federkrone (der Pflanzen)‹] *der, -/-se,* auch *P'appi,* 🌼 weißliche Haarkrone vieler Früchte, z. B. Abb. F 36.

Paprika [serb. paprika, zu papar ›Pfeffer‹] *der, -s/-s,* eine Gewürz- und Gemüsepflanze und deren Frucht, Abb. G 23.

Papst [spätahd. babes, lat. papa, zu grch. pappas ›Vater‹] *der, -es/"e,* Oberhaupt der römisch-kath. Kirche. **päpstlich,** den Papst oder das Papsttum betreffend: *päpstliche Orden; das: die Päpstliche Ehrengarde.* **Papsttum** *das, -s,* Herrschaft und Würde des Papstes.

Papua [auch p'apua, malaiisch] *der, -(s)/-(s),* Angehöriger einer einheimischen Bevölkerungsgruppe Neuguineas: *Papuasprachen.* **papuanisch.**

Papyrologie [vgl. ...logie] *die, -,* Wissenschaft von den Papyri. **Papyrus** [lat., zu grch. papyros] *der, -/...ri,* **1)** ein afrikan. Schilfgewächs: *Papyrusstaude.* **2)** ein papierähnl. Schreibmaterial. **3)** beschriebenes Blatt aus Papyrus: *Papyrusrolle; Papyrustext.*

para... [grch.], **1)** neben ..., bei ...: *das Paraszenium,* Nebenbühne. **2)** entgegen ..., falsch ...: *paradox.*

Para [türk.] *der, -(s)/-,* Abk.: p, jugoslawische und türkische Münzeinheit.

Parabase [grch. parabasis ›Abschweifen‹] *die, -/-n,* Einlage in der altgriech. Komödie.

Parabel [lat. parabola, zu grch. parabole, eigtl. ›vergleichendes Nebeneinanderstellen‹] *die, -/-n,* **1)** lehrhaftes Gleichnis in Erzählform. **2)** △ ein Kegelschnitt, Abb. K 14. **parabolisch.**

Paraboloid [vgl. ...id] *das, -(e)s/-e,* gekrümmte Fläche, Abb. K 38. **Parabolspiegel** *der,* Spiegel mit parabol. Querschnitt.

Parade [frz., zu span. parar ›zieren‹] *die, -/-n,* **1)** Truppenschau; Vorbeimarsch: *Paradeuniform.* **2)** 🤺 Abwehr eines Hiebes (beim Fechten, Boxen), eines Schusses aufs Tor (Ballspiele): *eine glänzende P. des Torwarts.* **3)** Anhalten des Pferdes im Gang oder Verkürzen des Tempos.

Paradeis [ahd. paradis, aus grch. paradeisos, zu awest. pairidaeza ›Umzäunung‹, ›Garten‹] *das, -es,* Nebenform von Paradies. **Paradeisapfel** *der,* **Paradeiser** *der, -s/-s, österr.:* Tomate.

Parademarsch *der*, ♑ Vorbeimarsch im Paradeschritt.
Paradentose *die*, *-/-n*, ♑ Parodontose.
Paradeschritt *der*, *-(e)s*, ♑ Stechschritt, Schritt, bei dem die gestreckten Beine nach vorn gerissen werden. **Paradestück** *das*, etwas besonders Gelungenes, Beispielhaftes, Beeindruckendes. **paradieren**, *ich* paradiere (habe paradiert), **1)** marschiere vorbei. **2)** Ü prunke mit etwas, suche Eindruck zu machen.
Paradies [vgl. Paradeis] *das*, *-es/-e*, **1)** *ohne Pl.*, Name des Gartens Eden; Ort der Freude und Glückseligkeit: *sie werden dereinst ins P. eingehen; das P. auf Erden.* **2)** Vorhalle frühchristl. Basiliken, Abb. K 20. **Paradiesapfel** *der*, *oberdt.:* Tomate. **paradiesisch**, himmlisch; herrlich: *ein paradiesischer Zustand.* **Paradiesvogel** *der*, ein Singvogel.
Paradigma [grch. paradeigma ›Vorbild‹] *das*, *-s/...men* oder *...mata*, Beispiel, Flexionsmuster in der Grammatik. **paradigmatisch**.
paradox [grch. paradoxos, vgl. para... und grch. doxa ›Meinung‹], widersinnig; im Widerspruch zu etwas stehend, dem Erwarteten zuwiderlaufend: *eine paradoxe Behauptung; nach seinen bisherigen Plänen erscheint seine letzte Entscheidung p.* **Paradox** *das*, *-es/-e*, Philosophie: scheinbar widersinnige Aussage, die eine Wahrheit enthält. **Paradoxie** *die*, *-/...x'i|en*, Widersinnigkeit. **Paradoxon** *das*, *-s/...xa*, Paradox.
Paraffin [lat. parum affinis ›wenig verwandt‹] *das*, *-s/-e*, **1)** *meist Pl.*, die gesättigten Kohlenwasserstoffe. **2)** Gemisch fester Kohlenwasserstoffe. **paraffinieren**, *ich* paraffiniere (habe paraffiniert) *es*, behandle mit Paraffin.
Paragestein [vgl. para...] *das*, ⊕ aus Sedimenten entstandenes metamorphes Gestein.
Paragraph [mhd. paragraf, vgl. para... und ...graph] *der*, *-en/-en*, Zeichen: *Sg.* §, *Pl.* §§, kleiner Abschnitt in einem Schriftwerk, Einzelvorschrift eines Gesetzes, einer Verordnung. **Paragraphenreiter** *der*, U jemand, der sich mit pedant. Genauigkeit an Vorschriften hält. **Paragraphie** [vgl. ...graphie] *die*, *-*, ♃ eine Störung des Schreibvermögens.
Paraklase [vgl. para... und grch. klasis ›Bruch‹] *die*, *-/-n*, ⊕ durch Verschiebung entstandene Gesteinsspalte.
Paraklet [grch. parakletos, vgl. para..., *-(e)s/-e* oder *-en/-en*, **1)** Fürsprecher, Helfer. **2)** *ohne Pl.*, der Heilige Geist.
Paralipomena [grch. paraleipein ›übergehen‹], *Pl.*, Ergänzungen, Nachträge. **Paralipse** *die*, *-/-n*, ♃ Präteritio, eine rhetor. Figur, bei der man etwas dadurch hervorhebt, daß man erklärt, es übergehen zu wollen.
parallaktisch. **Parallaxe** [grch. parallaxis ›Abweichung‹] *die*, *-/-n*, der Winkel zwischen zwei Geraden, die von verschiedenen Standpunkten aus nach dem gleichen Punkt gerichtet sind: *Parallaxenausgleich.*
parallel [grch. parallelos, vgl. para... und grch. allelon ›einander‹], **1)** gleichlaufend, gleichgerichtet, Abb. L 14: *die Straßen werden p. laufen; aber: parallellaufende Straßen.* **2)** Ü vergleichbar: *die beiden Fälle sind p. gelagert; Parallelfälle.*
Parallele *die*, *-/-n*, **1)** mit einer anderen Geraden in bestimmtem Abstand gleichlaufende und sich mit ihr nirgends im Endlichen schneidende Gerade. **2)** Ü Vergleich, Gegenüberstellung, ähnlicher, vergleichbarer Fall: *zu diesen Vorfällen gibt es keine P.* **Parallelepiped** [grch. epi ›auf‹ und pedion ›Ebene‹] *das*, *-(e)s/-e*, ein Sechsflächner mit paarweise parallelen gegenüberliegenden Flächen. **Parallelflach** *das*, ein von drei Paaren paralleler Ebenen begrenzter Körper. **Parallelismus** *der*, *-/...men*, **1)** gleicher Verlauf; Nebeneinander ähnlicher Vorgänge. **2)** Rhetorik und Stilistik: formale und inhaltliche Übereinstimmung zwischen zwei oder mehreren aufeinanderfolgenden Satzgliedern oder Sätzen. **Parallelität** *die*, *-*, parallele Beschaffenheit. **Parallelkreis** *der*, ⊕ Breitenkreis. **Parallelogramm** [vgl. ...gramm] *das*, *-s/-e*, ein Viereck mit paarweise parallelen Seiten, Abb. V 6. **paralleleckschalten**, *ich* schalte *es* parallel (habe parallelgeschaltet), ♃ stelle eine Parallelschaltung her. **Parallelschaltung** *die*, ♃ eine Schaltung, bei der alle Stromerzeuger oder verbraucher nebeneinander an die gleiche Spannung angeschlossen sind. **Parallelschwung** *der*, Skisport: ein mit parallelen Skiern gefahrener Schwung, Abb. S 51. **Parallelslalom** *der*, Skisport: Wettbewerb, bei dem zwei Läufer nebeneinander einen Slalom bestreiten.
Paralogie *die*, *-/...g'i|en*, Vernunftwidrigkeit. **Paralogismus** [vgl. para..., grch. logos ›Wort‹, ›Vernunft‹ und vgl. ...ismus] *der*, *-/...men*, Fehlschluß.
Paralyse [mhd. paralis, zu grch. paralysis] *die*, *-/-n*,

♃ vollständige Lähmung. **paralysieren**, *ich* paralysiere (habe paralysiert) *ihn*, *es*, **1)** lähme. **2)** Ü mache unwirksam. **Paralytiker** *der*, *-s/-*, an Paralyse Erkrankter. **paralytisch**.
Paramagnetismus [vgl. para... und Magnetismus] *der*, die Erscheinung, daß Stoffe in einem äußeren Magnetfeld eine Magnetisierung in Richtung dieses Feldes erfahren.
Paramente [mlat., zu parare ›bereiten‹], *Pl.*, kath. Kirche: liturg. Gewänder und Geräte, Altarbekleidung: *Paramentensticker.*
Parameter [vgl. para... und grch. metron ›Maß‹] *der*, *-s/-*, **1)** △ veränderliche oder konstante Hilfsgröße, Abb. K 14. **2)** charakteristischer Zahlenwert (Statistik, Technik).
paramilitärisch, **1)** halbmilitärisch, militärähnlich; nebenmilitärisch, z. B. Gendarmerie, Grenzschutz. **2)** vormilitärisch (die Ausbildung von Jugendlichen der vor eigtl. Wehrdienst betreffend).
Paränese [grch. parainesis] *die*, *-/-n*, Ermahnung, Ermunterung. **paränetisch**.
Paranoia [grch. ›Torheit‹, ›Wahnsinn‹] *die*, *-*, ♃ eine Sonderform der Schizophrenie. **paranoid**. **Paranoiker** *der*, *-s/-*, an Paranoia Leidender. **paranoisch**.
Paranuß [nach dem Staat Pará in N-Brasilien] *die*, öl- und eiweißreicher Samen des Paranußbaums, Abb. N 11.
Paraphe [frz., vgl. Paragraph] *die*, *-/-n*, Namenszug, bes. der abgekürzte. **paraphieren**, *ich* paraphiere (habe paraphiert) *es*, unterzeichne. **Paraphierung** *die*, *-/-en*, bei diplomat. Verhandlungen die vorläufige Unterzeichnung einer Vereinbarung ohne Rechtsverbindlichkeit.
Paraphrase [grch. paraphrasis ›Umschreibung‹] *die*, **1)** verdeutlichende Umschreibung, freie Wiedergabe eines Textes. **2)** ♪ freie Bearbeitung eines Musikstückes. **paraphrasieren**, *ich* paraphrasiere (habe paraphrasiert) *es*.
Paraplegie [vgl. para... und grch. plege ›Schlag‹] *die*, *-/...g'i|en*, ♃ doppelseitige Lähmung.
Paraplü, eingedeutscht für: **Parapluie** [-pl'yi, frz. zu parer ›abwehren‹ und pluie ›Regen‹] *der* oder *das*, *-s/-s*, ♑ Regenschirm.
Parapsychologie [vgl. para... und Psychologie] *die*, Wissenschaft von den außersinnl. Wahrnehmungen.
Parasit [grch. parasitos, vgl. para... und grch. sitos ›Speise‹] *der*, *-en/-en*, Schmarotzer: *Parasitentum.* **parasitär, parasitisch**. **Parasitismus** *der*, *-*, Schmarotzertum.
Parasol [frz., aus ital. parasole, zu parare ›abwehren‹ und sole ›Sonne‹] *der*, *-s/-s*, **1)** auch das, ♑ Sonnenschirm. **2)** Parasolpilz. **Parasolpilz** *der*, sonnenschirmförmiger Speisepilz.
Parästhesie [vgl. para... und grch. aisthesis ›Sinneswahrnehmung‹] *die*, *-/...s'i|en*, ♃ Mißempfindung, z. B. beim Einschlafen der Glieder.
Parasympathikus [vgl. para... und Sympathikus] *der*, ♃ Teil des vegetativen Nervensystems.
parat [lat. paratus, zu parare ›bereiten‹, ›rüsten‹], bereit, gebrauchsfertig: *er hat immer eine Ausrede p.*
parataktisch. **Parataxe** [vgl. para... und grch. taxis ›Ordnung‹] *die*, *-/-n*, Ⓢ die Beiordnung von Sätzen in einer Verbindung mehrerer Hauptsätze, Übers. S 79. **Parataxie** *die*, *-/...x'i|en*, Psychologie: eine Gestörtheit des zwischenmenschlichen Verhaltens.
Paratyphus [vgl. para... und Typhus] *der*, typhusähnl. Infektionskrankheit.
Paravent [parav'ã, frz. zu parer ›abwehren‹, vent ›Wind‹] *der* oder *das*, *-s/-s*, Windschirm, span. Wand, Abb. W 4.
par avion [-avj'ɔ̃, frz. avion ›Flugzeug‹], durch Luftpost.
Parcham [zu pferchen] *der*, *-s/-e*, Zwinger (bes. der ostdt. Ordensburgen).
Pärchen *das*, *-s/-*, junges Paar, Liebespaar.
Parcours [park'u:r, frz. ›durchlaufene Strecke‹, zu cours ›Strecke‹, ›Lauf‹] *der*, *-* [-k'u:r(s)]/- [-k'u:rs], Pferdesport: Hindernisbahn für Springprüfungen.
Pard *der*, *-en/-en*, Parder.
pardauz! [Schallw.] auch bardauz!, Ausruf, wenn etwas hinfällt.
Pardel *der*, *-s/-*, Parder. **Pardelkatze** *die*, der Ozelot.
Parder [ahd. pardo, zu grch. pardos, pardalis] *der*, *-s/-*, Leopard.
pardon! [-d'ɔ̃, frz. pardonner ›vergeben‹], Verzeihung!, entschuldigen Sie bitte! **Pardon** *der*, *-s*, Verzeihung, Gnade, Nachsicht: *ich muß um P. bitten; dafür gibt es keinen P.*

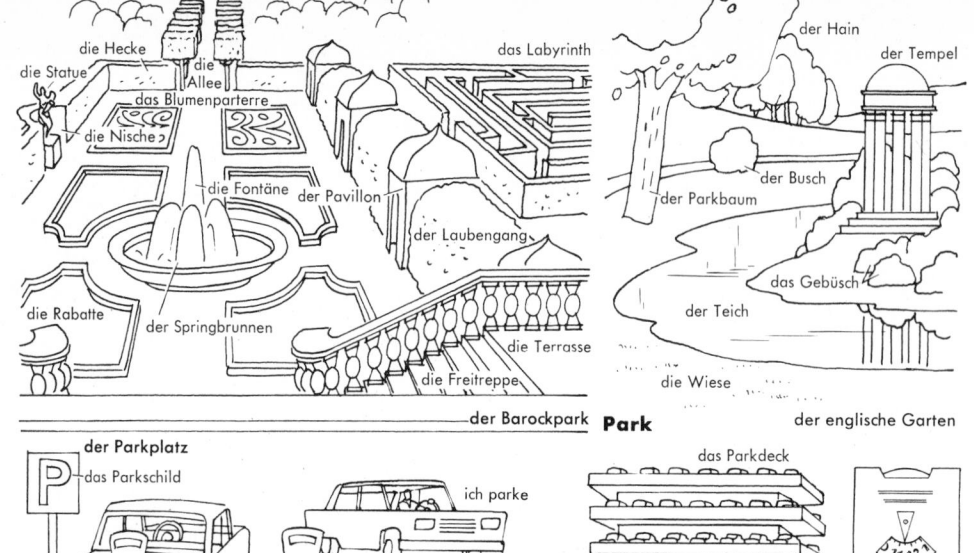

der Barockpark **Park** der englische Garten

parken das Parkhochhaus die Parkscheibe

Pardun [niederl.] *das, -(e)s/-s*, **Pardune** *die, -/-n*, ⚓ starkes Drahttau zur Abstützung des Mastes.

Par|enchym [-ç-, vgl. para... und grch. enchyma ›das Dazwischengegossene‹] *das, -s/-e*, meist großzelliges Gewebe in Pflanze, Tier und Mensch.

parental, ⊕ ⚕ elterlich: *Parentalgeneration*, Eltern- oder Ausgangsgeneration einer Kreuzung. **Parentel** [lat. parentela, zu parentes ›Eltern‹] *die, -/-en*, ⚕ die Gesamtheit der Abkömmlinge eines gemeinsamen Stammvaters.

par|enteral [vgl. para... und grch. enteron ›Darm‹], ⚕ unter Umgehung des Magen-Darm-Kanals, z. B. von Medikamenten, die injiziert werden.

Par|enthese [grch. parenthesis, vgl. para... und grch. enthesis ›Hineinsetzung‹] *die, -/-n*, Einschub in einen Satz, Klammer: *in P.*, nebenbei. **par|enthetisch**, beiläufig.

Par|ergon [vgl. para... und grch. ergon ›Werk‹] *das, -s/...ga, meist Pl.*, Anhang, Sammlung kleinerer Schriften eines Verfassers.

Parese [grch. paresis ›Erschlaffung‹] *die, -/-n*, ⚕ unvollständige Lähmung. **paretisch.**

par excellence [-ɛksəl'ā:s, frz. ›Vortrefflichkeit‹] vorzugsweise, schlechthin.

Parfait [-f'ɛ, frz. ›vollkommen‹] *das, -s/-s*, **1)** das Halbgefrorene. **2)** Nahrungsmittel höchster Qualität: *Gänseleberparfait.* **3)** ein Gewürzlikör.

par force [-f'ɔrs, frz. ›Gewalt‹], mit Gewalt, heftig; unbedingt. **Parforcejagd** [-f'ɔrs-] *die*, Hetzjagd zu Pferde.

Parfum [parf'œ̃, frz. ›Wohlgeruch‹] *das, -s/-s*, **Parfüm** *das, -s/-e* oder *-s*, meist alkohol. Lösung von natürl. und synthet. Riechstoffen. **Parfümerie** *die, -/...r'i|en*, Geschäft zum Verkauf von Parfums, Seifen und Kosmetika: *Parfümeriewaren.* **parfümieren** [frz. parfumer ›durchduften‹, zu lat. per ›durch‹ und fumare ›rauchen‹, ›dampfen‹], *ich parfümiere* (habe parfümiert) *mich*, mache wohlriechend.

pari [ital. pari al pari ›gleich gegen gleich‹], 🌀 im Nennwert stehend; vgl. al pari: *die Kurse stehen unter (über) p.* **Pari** *das, -s*, Nennwert; vgl. *Parikurs; Pariwert.*

Paria [engl. pariah ›Rechtloser‹, aus Tamil paraiyan

›Trommler‹, ›Ausgestoßener‹] *der, -s/-s*, **1)** Angehöriger einer niedrigen Kaste in S-Indien. **2)** Ü Angehöriger einer unterprivilegierten gesellschaftl. Gruppe; Ausgestoßener.

parieren [frz. parer, zu lat. parare ›Vorkehrungen treffen‹], *ich pariere* (habe pariert), **1)** *einen Hieb, Angriff*, wehre ab. **2)** *ein Pferd*, bringe zum Stehen. **parieren** [lat. parere ›gehorchen‹], *ich pariere* (habe pariert), Ü gehorche.

parietal [-iə-, lat. paries ›Wand‹], **1)** ⊕ wandständig. **2)** ⚕ seitlich; dem Scheitelbein zugehörig.

parisyllabisch [lat. par ›gleich‹ und syllaba ›Silbe‹, Ⓢ mit gleicher Silbenzahl in allen Kasus (Substantiv). **Parisyllabum** *das, -s/...ba*, parisyllabisches Substantiv.

Parität [lat. paritas ›Gleichheit‹] *die, -/-en*, **1)** Gleichberechtigung, Gleichstellung. **2)** das Austauschverhältnis einer Währung zum Gold oder zu einer anderen Währung: *Goldparität; Dollarparität.* **paritätisch**, gleichwertig, aus verschiedenen Parteien gleichmäßig zusammengesetzt: *paritätische Mitbestimmung*, vgl. Mitbestimmung.

Park [engl. park, zu mlat. parricus ›Gehege‹] *der, -s/-s -e, schweiz. selten auch ²e*, **1)** großer Garten, Gartenanlage, ABB. P 3: *Schloßpark; Stadtpark; Wildpark; Parkanlagen.* **2)** Gesamtheit der Fahrzeuge eines Unternehmens: *Fuhrpark; Maschinenpark; Wagenpark.*

Parka [engl., zu samojed. parka ›Schaf-, Rentier- oder Hundefell‹] *der, -(s)/-s* oder *die, -/-s*, anorakähnliches, knielanges Bekleidungsstück.

Park-and-ride-System [pa:k ənd r'aid -, engl. ›parken und fahren‹] *das*, Verkehrslösung, bei der Personenkraftwagen an der Peripherie von Ballungsräumen abgestellt werden und die Pendler mit öffentl. Verkehrsmitteln zur Innenstadt fahren.

Parkbahn *die*, Umlaufbahn, aus der ein Raumflugkörper, um er zu weiteren Zielen startet. **Parkdeck** *das*, ABB. P 3. **parken** [engl. to park], *ich parke* (habe geparkt), **1)** *ein Kraftfahrzeug*, stelle es vorübergehend (auf einem Parkplatz) ab. **2)** *ein Kraftfahrzeug parkt*, ist abgestellt: *parkende Autos am Straßenrand.* **Parker** *der, -s/-*: *Kurzparker.*

Parkett [frz. parquet, vgl. Park] *das, -(e)s/-e*, **1)** mit Holz getäfelter Fußboden, ABB. F 38. **2)** vordere Reihen im Zuschauerraum eines Theaters, ABB. T 8: *Parkettsitz.* **parkettieren,** *ich* parkettiere (habe parkettiert) *es,* **1)** lege den Fußboden mit Parkett aus. **2)** restauriere gefährdete Holztafelbilder durch Versteifen der Rückseite.

Park(hoch)haus *das,* ABB. P 3. **parkieren,** *ich* parkiere (habe parkiert), *schweiz.:* parke.

Parkinsonismus [nach dem engl. Arzt J. Parkinson, 1755–1824, und vgl. . . .ismus] *der, -/. . .men,* unterschiedl. Erkrankungen, die der Parkinsonschen Krankheit ähneln.

Parkinsonsche Krankheit die, Schüttellähmung, Erkrankung im Zentralnervensystem mit Muskelstarre, Zittern u. a.

Parkleuchte *die,* an Personenkraftwagen eine weiße Leuchte nach vorne und eine rote nach hinten zum Parken in geschlossenen Ortschaften. **Parklücke** *die,* Platz zum Parken eines Kraftfahrzeugs zwischen bereits parkenden Kraftfahrzeugen. **Parkometer** *das, -s/-,* Parkuhr. **Parkplatz** *der,* ABB. P 3. **Parkscheibe** *die,* Pappscheibe zur Kontrolle kurzfristigen kostenlosen Parkens vor allem in Stadtzentren, ABB. P 3. **Parkstudent** *der,* U Student, der bis zur Zulassung zu seinem gewünschten Studium ein anderes Fach studiert. **Parkstudium** *das, -s.* **Parkuhr, Parkzeituhr** *die,* Parkometer, durch Einwurf von Münzen zu bedienende Kontrolluhr für zeitlich begrenztes Parken, ABB. P 3.

Parlament [mhd. parlament, zu (a)frz. parler ›sprechen‹] *das, -(e)s/-e,* Volksvertretung aus einer oder zwei Kammern: *Parlamentsbeschluß; Parlamentsmitglied.* **Parlamentär** *der, -s/-e,* ⚓ Unterhändler zwischen kriegführenden Streitkräften. **Parlamentarier** *der, -s/-,* Abgeordneter des Parlaments. **parlamentarisch. Parlamentarismus** [vgl. . . .ismus] *der, -,* Regierungsform, in der die Regierung vom Parlament abhängig ist. **parlamentieren,** *ich* parlamentiere (habe parlamentiert), **1)** ⚓ unterhandle. **2)** U rede hin und her.

parlando [ital. ›sprechend‹], ♪ mehr gesprochen als gesungen. **Parlando** *das, -s/-s* oder . . .*di,* Sprechgesang. **parlieren** [mhd. parlieren, zu frz. parler], *ich* parliere (habe parliert), ⚓ rede, plaudere.

Parmesan [nach der italien. Stadt Parma] *der, -(s),* halbfetter, bes. zum Reiben geeigneter Käse: *Parmesankäse.*

Parnaß [grch. Parnassos] *der, . . . n'asses,* griech. Gebirge, Sitz des Apoll und der Musen; Sinnbild der Dichtkunst.

par|ochial [-x-, grch. paroikia ›Wohnen an fremden Orten‹], zum Kirchspiel gehörig. **Par|ochie** *die, -/. . .och'i|en,* Kirchengemeinde, Kirchspiel, Pfarrei.

Par|odie [grch. parodia ›Neben- oder Gegengesang‹] *die, -/. . .od'i|en,* komisch-satirische Umbildung eines ernsten Stoffes (Dichtung). **par|odieren,** *ich* parodiere (habe parodiert) *ihn, es.* **Par|odist** *der, -en/-en,* jemand, der etwas oder jemanden parodiert. **par|odistisch.**

Par|odontitis [vgl. para. . . und grch. odous, Gen. odontos ›Zahn‹] *die, -/. . .tit'iden,* entzündliche Veränderung im Zahnbett. **Par|odontose** *die, -/-n,* Zahnbettschwund.

Parole [mhd. parol, zu frz. parole ›Wort‹, ›Spruch‹] *die, -/-n,* **1)** ⚓ Kennwort, Losung. **2)** Schlagwort; Wahlspruch: *Wahlparole.* **Parole d'honneur** [par'ɔl dɔn'œ:r, frz.] *das, - -,* Ehrenwort. **Paroli** [eigtl. p'aroli, zu ital. paro und li ›ihm gleich‹] *das, -s/-s,* Verdoppelung des Einsatzes beim Pharaospiel: *ich biete ihm P.,* setze meine Karten gegen ihn, Ü setze ihm Widerstand entgegen, zahle mit gleicher Münze heim.

Par|ömie [grch. paroimia] *die, -/. . .öm'i|en,* Sprichwort. **Par|ömiologie** [vgl. . . .logie] *die, -,* Sprichwortkunde.

Par|otis [vgl. para. . . und grch. ous, Gen. otis ›Ohr‹] *die, -/. . .ot'iden,* ⚕ kurz für Glandula parotis, Ohrspeicheldrüse.

Par|otitis [. . .ot'it'iden] *die,* ⚕ Ohrspeicheldrüsenentzündung: *P. epidemica,* Mumps.

Par|oxysmus [grch. paroxysmos ›Verschärfung‹] *der, -/. . .men,* ⚕ Höhepunkt von Krankheitserscheinungen; Anfall. **2)** ⊕ tekton. Geschehen, verstärkte Vulkantätigkeit. **Par|oxytonon** [vgl. para. . . und Oxytonon] *das,* griech. Sprache: Wort, das auf der vorletzten Silbe betont wird.

Parse [›Perser‹] *der, -n/-n,* Anhänger des Parsismus.

Parsec, Parsek [Kurzw. aus Parallaxe und Sekunde] *das, -/-,* Kurzw. für, astronom. Längeneinheit, 1 pc = 3,26 Lichtjahre = 3,0856·10^18 km.

parsisch [vgl. Parse]. **Parsismus** *der, -,* die nach dem Untergang des Sassanidenreiches den Parsen in Iran und Indien entwickelte Form der Lehre Zarathustras.

Pars pro toto [lat. ›ein Teil für das Ganze‹] *das, - - -,* eine Redefigur, ein Teilbegriff an Stelle eines Gesamtbegriffs, z. B. ein Dorf mit 200 Seelen, ÜBERS. R 12.

---

part., Part., Abk. für: parterre, Parterre.

Part [mhd. part, zu (a)frz. part, aus lat. pars ›Teil‹] *der, -(e)s/-e,* **1)** Anteil, Teil: *ich für meinen P.; Schiffspart,* Eigentumsanteil eines Reeders am Schiff. **2)** ♪ Stimme, Partie.

Parte [ital. partecipazione ›Anzeige‹, ›Beteiligung‹] *die, -/-n,* österr.: Todesanzeige: *Partezettel.*

Partei [mhd. partie, aus frz. parti, zu lat. pars ›Teil‹] *die, -/-en,* **1)** organisierte Gruppe von Gleichgesinnten, bes. im staatl. Leben: *politische Parteien; parteipolitisch; Parteitag; Parteienlandschaft,* Spektrum der polit. Parteien (eines Landes); *sie ergriff für ihn P.,* Ü unterstützte seine Argumente. **2)** ♂♂ Kläger oder Beklagte im Zivilprozeß. **3)** Mieter: *ein Haus mit zwölf Parteien; Mietpartei.* **Parteichinesisch** *das, -(s), dem -,* U scherzhaft: unverständlicher politischer Jargon. **Parteigänger** *der, -s/-,* Angehöriger einer Partei. **parteiisch,** befangen, voreingenommen. **parteilich, 1)** parteiisch. **2)** zu einer Partei gehörig. **parteilos,** zu keiner Partei gehörend. **Parteiung** *die, -/-en,* Bildung feindlicher Gruppen.

parterre [-t'er, frz., zu lat. terra ›Erde‹], Abk.: part., zu ebener Erde: *wir wohnen p.,* im Erdgeschoß. **Parterre** *das, -s/-s,* **1)** Abk.: Part., Erdgeschoß, ABB. H 11: *Parterrewohnung.* **2)** Theater: die Saalplätze hinter dem Parkett, ABB. T 8. **Parterre|akrobatik** *die,* ⚔ Akrobatik auf dem Boden.

Parthenogenese [grch. parthenos ›Jungfrau‹ und Genese] *die,* Biologie: Jungfernzeugung, Fortpflanzung ohne Befruchtung. **parthenogenetisch.**

Parther *der, -s/-,* im Altertum: Angehöriger eines iran. Stammes. **parthisch.**

partial [lat. pars ›Teil‹], ⚙ partiell. **partial. . .,** teil. . .: *Partialobligation,* ⚘; *Partialtöne,* ♪.

Partie [frz., vgl. Partei] *die, -/. . .t'i|en,* **1)** Ausflug, kleine Reise: *Landpartie; ich bin mit von der P.,* U komme mit, bin dabei. **2)** Spiel: *eine P. Schach.* **3)** Teil, Abschnitt: *die schönste P. des Höllentals.* **4)** U Heirat: *sie hat eine gute P. gemacht,* einen wohlhabenden Mann geheiratet. **5)** Warenposten: *eine P. Badeanzüge billig abzugeben.* **6)** auch Part, ♪ Stimme (Noten für ein Musikinstrument, Rolle eines Sängers): *Gesangspartie.* **7)** schweiz.: Mietgemeinschaft, Familie.

partiell [frz. partiel, zu lat. pars ›Teil‹], teilweise, nur einen Teil erfassend; einseitig: *eine partielle Lähmung.*

Partikel [lat. particula ›Teilchen‹] *die, -/-n,* **1)** Teilchen, Stückchen. **2)** Ⓢ nicht flektierbares Wort (z. B. Präposition, Konjunktion, Adverb). **partikular, 1)** einen Teil betreffend. **2)** einzeln, besonders einzelstaatlich. **Partikularismus** *der, -,* das Streben eines Teilgebietes eines Einheits- oder Bundesstaates nach möglichst großer Selbständigkeit. **partikularistisch. Partikülier** *der, -s/-e,* Schiffseigner der Binnenschiffahrt, der mit seinem Schiff selbst fährt. **Partikülier** [-lj'e:] *der, -s/-s,* ⚓ Privatmann; Rentner.

Partisan [frz. von ital. partigiano ›Parteigänger‹] *der, -s* oder *-en/-en,* bewaffneter Widerstandskämpfer im feindl. Hinterland: *Partisanenkrieg.* **Partisane** [frz. pertuisane ›Lanze‹, älter partisan] *die, -/-n,* alte Stoßwaffe.

Partita [ital.] *die, -/. . .ten,* ♪ die Suite.

Partition [lat. partitio ›Einteilung‹, zu partiri ›teilen‹] *die, -/-en,* **1)** Einteilung. **2)** Logik: Zerlegung des Begriffsinhaltes in seine Merkmale. **partitiv,** Ⓢ teilend; die Teilung bezeichnend. **Partitur** [ital. partitura] *die, -/-en,* ♪ die Aufzeichnung aller Stimmen eines Tonstückes auf übereinanderliegenden Liniensystemen.

Partizip [lat. participare ›teilnehmen‹] *das, -s/. . .pi|en,* Mittelwort, ÜBERS. V 2. **Partizipation** *die, -/-en,* Teilnahme. **partizipial,** Partizipialsatz. **partizipieren,** *ich* partizipiere (habe partizipiert) *(an ihm),* beteilige mich, nehme teil. **Partizipium** *das, -/. . .pia,* Partizip.

Partner [engl. partner, zu lat. partiri ›teilen‹] *der, -s/-,* Teilhaber, Teilnehmer; Mitspieler: *Geschäftspartner; Ehepartner; Tennispartner; Partnertausch.* **Partnerrente** *die,* auf Anwartschaften eigener Beiträge und denen des Ehepartners beruhende Rente. **Partnerschaft** *die,* Zusammenarbeit zwischen Partnern: *Städtepartnerschaft.* **partnerschaftlich,** *partnerschaftliches Denken, Verhalten; partnerschaftliche Zusammenarbeit.* **Partnerstädte,** *Pl.,* durch Städtepartnerschaft verbundene Städte.

partout [-t'u:, frz. ›überall‹, zu lat. totus ›ganz‹], unbedingt, durchaus: *er wollte p. nicht nach Hause gehen.*

Party [p'a:ti, engl., vgl. Partie] *die, -/-s* oder . . .*ties,* zwanglose Geselligkeit: *Cocktailparty; Partygirl.*

Par|usie [grch. parusia ›Gegenwart‹, ›Ankunft‹] *die, -,* Christi Wiederkehr am Jüngsten Tag.

Parvenü [frz. parvenu, zu lat. pervenire ›hinkommen‹] *der, -s/-s,* Emporkömmling, Neureicher.

Parze [lat. Parca, zu parere ›gebären‹] *die, -/-n,* röm. Mythologie: jede der drei Schicksalsgöttinnen.

Parzelle [frz. parcelle, zu lat. pars ›Teil‹] *die, -/-n,* kleines Grundstück. **parzellieren,** *ich* parzelliere (habe parzelliert) *es,* teile auf, zerlege in Parzellen. **Parzellierung** *die, -/-en.*

Parzival, mittelalterlicher Sagenheld.

Pas [pa, frz., zu lat. passus ›Schritt‹] *der, -/- [pas],* Tanzschritt.

Pascal [nach dem französ. Mathematiker und Physiker B. Pascal, 1623–1662] *das, -s,* Zeichen: Pa, SI-Einheit des Druckes.

Pasch [aus frz. passe-dix ›überschreite zehn‹] *der, -(e)s/-e* oder *⁻e,* Wurf mit gleicher Augenzahl auf mehreren Würfeln, Abb. W 16; beim Domino Abb. D 9.

Pascha [türk.] *der, -s/-s,* **1)** früher: hoher türkischer Titel. **2)** Ü anspruchsvoller, herrischer Mann, der sich von Frauen bedienen läßt.

paschen [zu Pasch], *ich* pasche (habe gepascht), **1)** würfle einen Pasch. **2)** bair., österr.: klatsche (in die Hände).

paschen, *ich* pasche (habe gepascht), G schmuggle, hehle.

Pascher [zigeunerisch pasch ›Teil‹] *der, -s/-,* G Schmuggler, Hehler. **Pascherei** *die, -,* G Schmuggelei.

Pas de deux [padad'ø:, frz. ›Schritt zu zweit‹] *der, - - -/- - -,* Tanz oder Ballett für zwei.

Paslack *der, -s/-e, ostniederdt.:* Diener; Tölpel.

Paso doble [span. ›Doppelschritt‹] *der, - -/- - -,* ein Gesellschaftstanz.

Paspel [frz. passepoil, zu passer ›durchziehen‹ und poil ›Haar‹] *der, -s/-* oder *die, -/-n,* Zierstreifen in Nähten oder an Kanten von Uniformen und Kleidungsstücken. **paspelieren,** *ich* paspeliere (habe paspeliert) *es,* versehe mit einem Zierstreifen. **paspeln,** *ich* pasp(e)le (habe gepaspelt) *es,* paspeliere.

Pasquill [ital., zu Pasquino, Name einer röm. Statue, an die satir. Epigramme gehefet wurden] *das, -s/-e,* Schmähschrift. **Pasquillant** *der, -en/-en,* Verfasser eines Pasquills.

Paß [frz. pas, zu passer ›durch-, überschreiten‹] *der, P'asses/ P'ässe,* **1)** Ausweis einer Person für Reisen ins Ausland: *Paßbild; Paßkontrolle; Reisepaß.* **2)** Gebirgsübergang: *Paßstraße; Alpenpaß; Engpaß,* auch Ü. **3)** ⚘ Wechsel des kleinen Haarwildes. **4)** *Pl. P'ässe,* 🁢 got. Maßwerkfigur, Abb. M 7. **5)** 🕸 das Zuspielen des Balles, bes. im Fußball: *Querpaß; Doppelpaß.* **6)** aber: vgl. zupaß, zupasse.

passabel [frz. passable ›gangbar‹, zu passer], leidlich, erträglich: *eine passable Lösung des Problems.*

Passacaglia [-k'aʎa, ital., zu span. pasar ›vorbeigehen‹ und calle ›Straße‹, /-. . .glien [-k'aʎən], **1)** alter italienischer Tanz. **2)** ♪ Variationen über gleichbleibende Baßmelodie in der Instrumentalmusik.

Passade [frz., zu passer ›vorübergehen‹] *die, -/-n,* Übung der Hohen Schule, Abb. H 22.

Passage [pas'a:ʒǝ, mhd. passasche, zu frz. passer ›durch-, überschreiten‹] *die, -/-n,* **1)** Durchgang, Durchfahrt: *die nordöstliche P.,* Seefahrt nördlich um Asien; *die nordwestliche P.,* nördlich um Amerika. **2)** Schiffs- oder Flugreise. **3)** überdachte Ladenstraße. **4)** ♪ schnelle Tonfolge. **5)** Übung der Hohen Schule, Abb. H 22. **6)** längerer, fortlaufender Textabschnitt. **Passagier** [pasaʒ'i:r] *der, -s/-e,* Fahrgast, Fluggast, Reisender: *Passagierdampfer; Flugzeugpassagiere.*

Passah [hebr. Pessach, nach 2. Moses 12, 13 ›schonendes Vorübergehen‹] *das, -s,* jüdisches Fest.

Passant [frz., zu passer ›vorübergehen‹] *der, -en/-en,* Vorübergehender; Fußgänger (im Straßenverkehr).

Passat [niederl. passaat, zu span. pasar ›vorbeigehen‹] *der, -(e)s/-e,* in weiten Teilen der Tropen regelmäßig vorherrschender Ostwind: *Passatwind.*

passe [pas, frz. passer ›überschreiten‹], Roulett: die Zahlen 19–36 betreffend, Abb. R 28.

passé [pas'e, frz. ›vorbeigegangen‹], Ü überholt, vergangen, vorbei: *diese Mode ist längst p.*

Passe [frz. passe] *die, -/-n,* angesetztes glattes Teil an Schulter oder Hüfte bei Kleidungsstücken, Abb. A 13.

passen [mhd. passen, zu frz. passer ›(vorüber)gehen‹], *ich* passe (habe gepaßt), **1)** *zu ihm, in etwas:* eigne mich dafür, bin ihm angemessen: *er paßt nicht in diese Familie, diese Stellung; die Farbe der Bluse paßt (nicht) zum Rock; ich suche eine passende Jacke zu diesem Kleid; die beiden passen gut zueinander.* **2)** *ein Kleid paßt,* sitzt gut; *passend für große Weiten.* **3)** *es paßt mir,* U kommt gelegen, gefällt: *die Fahrt am*

Sonntag paßt mir gut; ihr Benehmen paßt mir ganz und gar nicht. **4)** *es in etwas,* füge genau ein: *er paßt die Tischbeine in die Platte.* **5)** Kartenspiel: verzichte, mache kein Spiel: *hier muß ich passen,* Ü weiß keine Antwort. **6)** 🕸 Fußball u. a.: spiele den Ball (flach) zu. **7)** *auf etwas,* ⚙ warte ungeduldig, lauere.

Passepartout [paspart'u, frz. passe partout ›geht überall‹] *das* oder *der, -s/-s,* **1)** Umrahmung aus Karton für Bilder. **2)** ⚙ Hauptschlüssel. **3)** ⚙ dauernd gültige Eintrittskarte.

Passepoil [paspw'al, frz., vgl. Paspel] *der, -s/-s, österr.:* Paspel.

Passer [zu passen] *der, -s/-,* beim Mehrfarbendruck das genaue Übereinanderpassen der Druckelemente.

Passerelle [pasǝr'ɛl, frz. ›Steg‹, ›kleiner Viadukt‹] *die, -/-n* [-ǝn], *schweiz.:* Bahnübergang.

Paßgang [zu lat. passus ›Schritt‹] *der, -(e)s,* Gangart bei Vierfüßern, bei der beide Beine einer Seite fast gleichzeitig vorgesetzt werden. **Paßgänger** *der, -s/-,* Tier, das im Paßgang geht.

passieren [mhd. passieren, zu frz. passer ›vorübergehen‹, ›geschehen‹], *ich* passiere (habe passiert), **1)** *es,* gehe oder fahre durch (hinüber), überschreite, werde durchgelassen: *wir passierten die Grenze; Passierschein.* **2)** *es,* presse durch ein Sieb (Speisen). **3)** *es passiert,* geschieht. **4)** *es passiert ihm,* widerfährt: *mir ist etwas Dummes passiert.* **Passiergewicht** *das, gesetzl. Mindestgewicht umlaufender Münzen.*

passim [lat.], allenthalben; hier und da.

Passion [mhd. passion, zu spätlat. passio ›Leiden‹] *die, -/-en,* **1)** Leidenschaft; Vorliebe, Liebhaberei. **2)** Leidensgeschichte (Christi); auch Darstellung oder Vertonung der Leidensgeschichte. **passionato,** ♪ leidenschaftlich. **passionieren** [frz. passionner], *ich* passioniere (habe passioniert) *mich, ihn für etwas,* ⚙, noch *schweiz.:* begeistere. **passioniert,** leidenschaftlich (eingenommen für etwas), begeistert: *er ist passionierter Angler.* **Passionsblume** die, lianenartige Kletterpflanze. **Passionsspiel** *das,* geistl. Schauspiel über die Leidensgeschichte Christi. **Passionswoche** *die,* Karwoche, Übers. J 2.

passiv [auch p'a-, lat. passivus ›duldend‹], **1)** untätig, teilnahmslos, leidend; willensträge: *passiver Widerstand,* eine Form der Auflehnung, die auf Gewaltmaßnahmen verzichtet; *passives Wahlrecht,* das Recht, gewählt zu werden; *er ist passives Mitglied,* unterstützt die Ziele seines Vereins nur durch Beitragszahlung. **2)** 🜨 belastend, Schulden verursachend: *passive Handelsbilanz,* Überwiegen der Einfuhr. **3)** passivisch. **Passiv** *das, -s/-e, selten:* Passivum, ⓢ Leideform des Verbs, Übers. V 2. **Passiva, Passiven,** *Pl.,* 🜨 Schulden, Verbindlichkeiten. **passivieren,** *ich* passiviere (habe passiviert) *es,* 🜨 setze auf die Passivseite der Bilanz. **Passivierung** *die, -/-en,* **1)** das Einsetzen eines Postens auf der Passivseite der Bilanz. **2)** elektrochem. Bildung einer korrosionsfesten Metalloberfläche. **passivisch,** auch passiv, im Passiv stehend (Verb). **Passivität** *die, -,* passives Verhalten, Teilnahmslosigkeit. **Passivmasse** *die,* 🜨 Schuldenmasse. **Passivum** *das, -s/. . .va,* selten für: Passiv.

paßlich [zu passen], ⚙ angemessen, bequem. **Passung** *die, -/-en,* ⚙ Maßbeziehung zwischen gepaarten Maschinenteilen, z. B. Welle und Lager.

Passus [lat. ›Schritt‹] *der, -/-,* Abschnitt, Stelle in einer Schrift.

Paßwort *das, -(e)s/⁻er,* Losung, Kennwort.

Pasta *die, -/. . .sten,* Paste. **Pasta asciutta** [-aʃ'uta, ital. asciutto ›trocken‹] *die, - -,* italien. Spaghettigericht. **Paste** [ital. pasta ›Teig‹, ›Brei‹] *die, -/-n,* Paste, streichbare Masse, knetbarer Teig: *Zahnpaste; Sardellenpaste.*

Pastell [ital. pastello ›Farbstift‹] *das, -s/-e,* Bild in Pastellfarben. **Pastellfarbe** *die,* **1)** Paste aus Farbpulver, in Stiftform gepreßt. **2)** zarter, heller Farbton. **pastellfarben.**

Pastetchen *das, -s/-,* Pastete. **Pastete** [mhd. pastete, zu mlat. pasta ›Teig‹, ›Brei‹] *die, -/-n,* **1)** in Blätterteig gehüllte Fleisch-, Fischoder ähnliche Masse. **2)** in einer Form gebackene Speise aus feingehacktem Fleisch: *Leberpastete.*

Pasteurisation [-œ-], nach dem französ. Chemiker L. Pasteur, 1822–1895] *die, -,* das Pasteurisieren. **pasteurisieren** [-œ-], *ich* pasteurisiere (habe pasteurisiert) *es,* mache durch Erhitzen haltbar (Lebensmittel, Getränke): *pasteurisierte Milch.* **Pasteurisierung** *die, -/-en,* Pasteurisation.

Pasticcio [-tʃo, ital. ›Pastete‹] *das, -s/-s* oder *. . .cci* [-tʃi], **1)** in der Manier eines Künstlers (betrügerisch) nachgeahmtes Bild. **2)** ♪ aus Stücken verschiedener Komponisten zusammengestelltes Opernwerk.

Pastille [lat. pastillus] *die, -/-n,* Arzneiform: Tabletten, Täfelchen u. a.

Pastinak [mhd. pasternac] *der, -(e)s/-e,* **Pastinake** *die, -/-n,* Wiesenpflanze, Wurzelgemüse.

Pastmilch *die, schweiz.:* pasteurisierte Milch.

Pastor [auch -t'or, mhd. pastor, zu lat. ›Hirt‹] *der, -s/. . .st'oren,* Abk.: P., Pfarrer, bes. protestant. Geistlicher. **pastoral,** 1) pfarramtlich, seelsorgerisch. 2) Ü feierlich, würdig. **Pastorale** *das, -s/-s* oder *die, -/-n,* 1) Schäferspiel. 2) Malerei: Darstellung des Hirtenlebens. 3) ♪ ländlich-idyllisches Musikstück. **Pastoraltheologie** *die,* Lehre von der Seelsorge. **Pastorat** *das, -(e)s/-e,* Pfarramt, Pfarrwohnung. **pastos** [ital. pastoso ›teigig‹, vgl. Pasta], Malerei: mit dickem Farbauftrag. **pastös,** ⚕ gedunsen, aufgeschwemmt.

Patchen [vgl. Pate] *das, -s/-,* Ü Patenkind.

Patchwork [p'æt∫wə:k, engl. patch ›Flicken‹ und work ›Arbeit‹] *das, -s,* 1) das Aneinandersetzen von bunten Textil- oder Lederflicken. 2) *Pl. -s,* in dieser Technik hergestellte Kleider, Decken u. a.

Pate [mhd. pade, zu lat. pater ›Vater‹] *der, -n/-n,* Taufzeuge, Firmzeuge: *Patenonkel; Patentante; Taufpate.*

Patella [lat. ›flache Schale‹] *die, -/. . .len,* ⚕ Kniescheibe. **patellar,** *Patellar(sehnen)reflex.*

Patene [mhd. patene, zu grch. patane ›flache Schüssel‹] *die, -/-n,* Hostienschale.

Patenkind [vgl. Pate] *das,* Täufling, Firmling. **Patenschaft** *die, -/-en: er übernahm die P. für seinen Neffen.*

patent [lat. patens ›offen‹, ›frei‹], Ü tüchtig, geschickt: *ein patentes Mädchen.* **Patent** [lat. littera patens ›offener Brief‹] *das, -(e)s/-e,* 1) Urkunde, durch die für neue Erfindungen ein Schutzrecht erteilt wird, auch das Schutzrecht selbst: *Patentamt; Patentanwalt; Patentingenieur; Patentrecht; Patentschutz.* 2) ⚓ Bestallungsurkunde für Beamte, Offiziere: *Offizierspatent; Kapitänspatent.* 3) Ü geschickte Lösung einer Sache: *Patentrezept.* 4) *schweiz.:* Erlaubnis zur Ausübung bestimmter Berufe: *Fischerpatent; Musizierpatent.* **patentieren,** *ich* patentiere (habe patentiert) *es,* 1) sichere durch Patent. 2) ⊙ vergüte Stahldraht oder Stahlband.

Pater [lat. ›Vater‹] *der, -s/-* oder *. . .tres,* Abk.: Sg. P., Pl. PP., Mönch, der der Priesterweihen erhalten hat. **Paterfamilias** *der, -/-,* altröm. Bez. für den Familienvater. **Paternität** *die, -,* ⚥ Vaterschaft. **Paternoster,** [lat. ›Vaterunser‹] *der, -s/-,* das Vaterunser. 2) *der, -s/-,* ein Personenaufzug mit ständig umlaufenden offenen Kabinen: *Paternosteraufzug,* Abb. A 23. **pater, peccavi,** Vater, ich habe gesündigt. **Paterpeccavi** *das, -/-,* reuiges Geständnis.

pathetisch, (übertrieben) erhaben, feierlich, schwülstig. **patho. . .** [grch. pathos ›Leiden‹, ›Leidenschaft‹], krankheits. . . **pathogen** [vgl. . . .gen], krankheitserregend. **Pathogenese** *die, -/-n,* Krankheitsentstehung. **Pathologe** *der, -n/-n.***Pathologie** [vgl. . . .logie] *die, -,* Krankheitslehre. **pathologisch,** 1) auf die Pathologie bezüglich. 2) krankhaft: *ihre Eifersucht grenzt ans Pathologische.* **Pathos** *das, -,* Feierlichkeit, Leidenschaftlichkeit, übertriebener, schwülstiger Gefühlsausdruck.

Patience [pasj'ãs, frz., zu lat. patiens ›geduldig‹, ›erduldend‹] *die, -/-n* [-ən], Geduldspiel, Kartenspiel für eine Person: *ich lege Patiencen.* **Patient** [lat. patj'ent] *der, -en/-en,* **Patientin** *die, -/-nen,* Kranke(r) in ärztlicher Behandlung.

Patin [zu Pate] *die, -/-nen,* Taufzeugin, Firmzeugin.

Patina [ital. patinare ›überziehen‹] *die, -,* 1) grünliche, braune oder schwarze Oberflächenschicht auf Metallen. 2) Altersspuren an antiken Objekten: *seine Schriften setzen P. an,* Ü beginnen zu veralten. **patinieren,** *ich* patiniere (habe patiniert) *es,* versehe mit künstl. Patina.

Patio [span.] *der, -s/-s,* Innenhof span. Häuser.

Pâtisserie [frz., zu pâtisser ›kneten‹, vgl. Paste] *die, -/. . .r'ien,* ⚥, *noch schweiz.:* Feinbäckerei; Teegebäck. **Pâtissier** [patisj'e] *der, -s/-s, schweiz.:* Konditor.

Patois [patw'a, frz.] *das, -,* französ. Bez. für mundartl. Ausdruck, landschaftl. Spracheigentümlichkeit.

Patres, *Pl.* von Pater, Abk.: PP.

Patriarch [grch. patriarches, aus patria ›Abstammung‹ und archein ›beginnen‹, ›herrschen‹] *der, -en/-en,* 1) Bisraelitischer Erzvater. 2) Titel eines Bischofs mehrerer Kirchenprovinzen. 3) Ü der alte, den Familienbereich beherrschende Mann. **patriarchalisch,** 1) nach Sitte und Weise der Vorfahren, altehrwürdig. 2) vaterrechtlich. **Patriarchat** *das, -(e)s/-e,* 1) Amt und Amtsbereich eines Patriarchen. 2) *ohne Pl.,* Vaterherrschaft.

Patrick [engl. p'ætrik, zu lat. Patricius ›der Patrizier‹], männl. Vorname.

patrimonial [lat., zu pater ›Vater‹], das Patrimonium betreffend; väterlich ererbt. **Patrimonium** *das, -s/. . .ni|en,* im röm. Recht das väterliche Erbgut, vgl. Matrimonium: *das P.* *Petri,* Erbe des Apostels Petrus, der Kirchenstaat.

Patriot [grch. patriotes ›Landsmann‹] *der, -en/-en,* jemand, der sich (begeistert) für sein Vaterland einsetzt, Vaterlandsfreund. **patriotisch,** vaterländisch. **Patriotismus** *der, -,* Vaterlandsliebe.

Patristik [frz. patristique, zu lat. pater ›Vater‹] *die, -,* Patrologie, Wissenschaft von den Schriften und Lehren der Kirchenväter. **Patristiker** *der, -s/-,* Patrologe, Kenner der Patristik. **patristisch.**

Patrize [lat. pater ›Vater‹] *die, -/-n,* Vaterform, ein Stempel mit positivem Bild zur Herstellung der Matrize, Abb. M 10, S 64.

Patrizia [lat. patricia ›die Patrizierin‹], weibl. Vorname. **Patrizier** [lat. patricius] *der, -s/-,* 1) Angehöriger des altröm. Adels. 2) im MA.: Angehöriger der städt. Oberschicht: *Patriziergeschlecht; Patrizierhaus.* **patrizisch.**

Patrologe [lat. pater ›Vater‹ und vgl. . . .loge] *der, -n/-n,* Patristiker. **Patrologie** *die, -,* Patristik.

Patron [lat. patronus ›Schutzherr‹] *der, -s/-e,* 1) Schutzheiliger: *Schutzpatron.* 2) Schutzherr, Förderer, Gönner. 3) Inhaber eines kirchl. Patronats. 4) Ü Kerl, unliebsamer Mensch. **Patronage** [-n'a:ʒə, frz. ›Schutzrecht‹] *die, -,* Günstlingswirtschaft: *Ämterpatronage.* **Patronanz** *die, -,* ⚥ Patronage. 2) *österr.:* Patronat. **Patronat** *das, -(e)s/-e,* 1) Würde oder Amt des Schutzherrn. 2) das Rechtsverhältnis eines Stifters zu einer Kirche.

Patrone [frz. patron, zu mlat. patronus ›Musterform‹] *die, -/-n,* 1) Munition der Faust-, Handfeuer- und Maschinenwaffen, Abb. G 14. 2) Weberei: Zeichnung auf karierten Karten zur Maschinensteuerung. 3) Hülse für Kleinbildfilme.

Patronin [lat. patrona] *die, -/-nen,* Schutzherrin, -heilige.

Patronymikon [grch. pater ›Vater‹ und onyma ›Name‹] *das, -s/. . .ka,* vom Namen des Vaters abgeleiteter Personenname.

Patrouille [-tr'uljə, frz., zu patrouiller, eigtl. im Schmutz patschen‹, von patte ›Pfote‹] *die, -/-n,* Spähtrupp; Streife; Erkundung: *Patrouillengang.* **patrouillieren,** *ich* patrouilliere (habe, bin patrouilliert), gehe auf Patrouille.

Patrozinium [lat. patrocinium ›Schutz‹] *das, -s/. . .ni|en,* 1) der Heilige oder das Glaubensgeheimnis, dem eine Kirche geweiht ist. 2) das Fest des Schutzheiligen. 3) im röm. Recht: Vertretung vor Gericht durch einen Patron. 4) im MA.: Schutzverhältnis, Rechtsschutz.

patsch! [Schallw.], Ausruf für etwas Niederklatschendes. **Patsch** *der, -es/-e,* 1) klatschender Schlag. 2) Ü Ohrfeige. **Patsche** *die, -/-n,* 1) Hand, Händchen. 2) *ohne Pl.,* Straßenschlamm, Schneematsch: *er steckt in der P.,* Ü ist in Bedrängnis, in einer unangenehmen Lage. 3) Pritsche zum Schlagen. **Pätsche** *die, -/-n,* Steuerruder am Floß, Abb. F 28. **patschen,** *ich* patsche (habe gepatscht), 1) *auf etwas,* schlage mit klatschendem Geräusch darauf, bes. auf, in flaches Wasser. 2) *es patscht, oberdt.:* trocknet, wird rissig. **Patschen** *der, -s/-, österr.,* 1) Hausschuh. 2) Reifendefekt. **Patscherl** *das, -s/-, oberdt.:* Kindchen, Kerlchen. **Patschhand,** Ü Hand von Kindern. **patschig, mitteldt.:* ungeschickt. **patschnaß,** Ü völlig durchnäßt, triefend naß.

Patschuli [Hindustani] *das, -s/-s,* südasiat. Lippenblüter, Riechmittel: *Patschuliöl.*

patt [frz. pat, vermutlich über ital. zu lat. pactum ›Übereinkunft‹], Schachspiel: bewegungsunfähig. **Patt** *das, -s/-s,* Schachspiel: bewegungsunfähige Stellung; Ü unentschiedener Zustand: *parlamentarisches P.; nukleares P.*

Patte [frz. patte ›Pfote‹, ›Raster‹, ›Aufschlag‹, ›Klappe‹] *die, -/-n,* Klappe an Taschen oder Umschlägen, Abb. K 24, M 16, Ärmelaufschlag.

Pattern [p'ætən, engl. ›Muster‹] *das, -s/-s,* 1) Muster. 2) Soziologie, Psychologie: Verhaltens- oder Denkmodell.

patzen [zu Batzen], *ich* patze (habe gepatzt), U 1) verderbe etwas, bin ungeschickt; kleckse. 2) ♪ spiele falsch, komme aus dem Takt. **Patzen** *der, -s/-, oberdt.:* Klecks, Batzen. **Patzer** *der, -s/-,* U Ungeschicklichkeit, verpatzte Stelle. **patzig,** U 1) schroff abweisend, frech. 2) *oberdt.:* klebrig, schleimig.

Paukant *der, -en/-en,* student. Verbindungen: Fechter bei einer Mensur. **Paukboden** *der, -s/-,* student. Verbindungen: Fechtboden. **Pauke** [mhd. puke] *die, -/-n,* Kesselpauke, Schlaginstrument, Abb. S 22: *Paukenschlag; Paukenwirbel; er ist mit Pauken und Trompeten durchs Examen gefallen,* U sein Versagen bei der Prüfung war katastrophal. **pauken,** *ich*

pauke (habe gepaukt), **1)** schlage die Pauke, trommle, schlage auf etwas. **2)** *(es)*, Ü lerne angestrengt: *ich muß noch ein Gedicht, muß noch für die Mathematikarbeit pauken.* **3)** student. Verbindungen: fechte. **Paukenhöhle** *die,* Tympanum, Teil des Mittelohrs, ABB. O 2. **Pauker** *der, -s/-,* **1)** Paukenschläger. **2)** Schülersprache: Lehrer. **Paukerei** *die, -,* Ü angestrengtes Pauken.

Paul [vgl. Paulus], männl. Vorname. **Paula, Pauline,** weibl. Vornamen. **paulinisch, Paulinisch,** auf den Apostel Paulus bezüglich: *paulinischer Lehrbegriff;* aber: *Paulinische Schriften;* vgl. ÜBERS. A 4, C.

Paulownie [-iə, nach der russ. Großfürstin Anna Paulowna, 1795–1865] *die, -/. . .ni|en,* ostasiat. Baum.

Paulus [möglicherweise zu lat. paulus ›klein‹, ›gering‹], ein Apostel: *Pauli Bekehrung.*

pauperieren [lat. pauper ›arm‹], *es* pauperiert (hat, ist pauperiert), zeigt ein Erbmerkmal in geringerer Ausprägung als die Eltern (bei Bastarden).

Pausback [zu mhd. phusen ›sich aufblähen‹] *der, -(e)s/-e,* Mensch, bes. Kind mit runden, vollen Backen. **Pausbacken,** *Pl.,* runde, volle Backen. **pausbackig, pausbäckig.**

pauschal [Nebenform von Bausch], in Bausch und Bogen, alles zusammen, zum Sammelpreis. **Pauschale** *die, -/-n,* ♾ *das, -s/. . .li|en,* Pauschalsumme. **pauschalieren,** *ich* pauschaliere (habe pauschaliert) *es,* ⬚ fasse zu einer Pauschale zusammen. **Pauschalierung** *die, -/-en.* **pauschalisieren,** *ich* pauschalisiere (habe pauschalisiert) *es,* behandle pauschal, verallgemeinere stark. **Pauschalisierung** *die, -/-en.* **Pauschalreise** *die,* von einem Reisebüro zusammengestellte Reise, deren Preis sämtliche Leistungen einschließt. **Pauschalsumme** *die,* Gesamtbetrag, Abfindungssumme (statt Einzelzahlungen): *Pauschalpreis.* **Pauschbetrag** *der,* durchschnittlich festgesetzter Steuerbetrag.

Pausche [vgl. Bausch] *die, -/-n,* **1)** Wulst am Sattel, ABB. S 5. **2)** ✂ Bügel am Turnpferd, ABB. P 8: *Pauschpferd.*

Pause [mhd. puse, zu lat. pausa, aus grch. pauein ›aufhören machen‹, ›beenden‹] *die, -/-n,* **1)** Unterbrechung, kurze Rast; Zwischenzeit zwischen Schulstunden oder Arbeiten: *Lohnpause.* **2)** ♪ Pausenzeichen, vgl. ABB. N 10.

Pause *die, -/-n,* **1)** Durchzeichnung, -schrift, ABB. V 5. **2)** Kopie einer Vorlage auf lichtempfindl. Material: *Lichtpause.*

pausen [frz. ébaucher ›entwerfen‹ und poncer ›durchpausen‹], *ich* pause (habe gepaust) *es,* zeichne durch, stelle eine Pause her.

pausenlos. Pausenzeichen [zu Pause] *das,* ♪ Zeichen in der Notenschrift, vgl. ABB. N 10. **2)** Rundfunk, Fernsehen: akust. oder opt. Signal zur Kennzeichnung des Senders und der Pause. **pausieren,** *ich* pausiere (habe pausiert), halte inne, unterbreche.

Pauspapier [zu pausen] *das,* Blaupapier, Kohlepapier, Papier zum Pausen.

Pauxerl *das, -s/-n,* Bauxerl.

Pavian [niederl., zu frz. babouin, von baboue ›Maul‹] *der, -s/-e,* Affe, dessen Schnauze der von Hunden ähnelt.

Pavillon [pavilj'5, mhd. pavelun ›Zelt‹, über frz. aus lat. papilio ›Schmetterling‹] *der, -s/-s,* **1)** kleiner Bau, Gartenhäuschen: *Gartenpavillon.* **2)** Ausstellungsgebäude: *Messepavillon.*

Pax [lat.] *die, -,* Frieden, Friedensgruß: *Pax vobiscum,* ›Friede sei mit euch‹, liturgischer Gruß des Bischofs.

Paying guest [p'eiiŋgest, engl. to pay ›bezahlen‹ und guest ›Gast‹] *der, - -/- -s,* für Unterkunft und Verpflegung zahlender Gast in einem Privathaus.

Pazifikation [lat. pacificatio, zu pax ›Frieden‹ und facere ›machen‹] *die, -,* Pazifizierung, ♾ Befriedung. **Pazifismus** [vgl. . . .ismus] *der, -,* Friedensbewegung, die Krieg aus ethischen Gründen verwirft. **Pazifist** *der, -en/-en,* Anhänger des Pazifismus. **pazifistisch. Pazifizierung** *die, -,* Pazifikation.

Pb, ⬤ Zeichen für: Blei.

pc, Abk. für: Parsec, Parsek.

p. c., Abk. für: pro centum; vgl. Prozent.

p. Chr. (n.), Abk. für: post Christum (natum).

Pd, ⬤ Zeichen für: Palladium.

PE, Abk. für: Polyäthylen (engl. polyethylene).

Pech [ahd. peh, beh, zu lat. pix] *das, -(e)s/-e,* **1)** zähflüssiger bis fester Rückstand der Teerdestillation: *das klebt wie P.; schwarz wie P.; sie halten zusammen wie P. und Schwefel,* Ü fest. **2)** ohne *Pl.,* Ü Unglück, Mißgeschick: *ich habe P. bei, in, mit etwas.* **Pechblende** *die, -,* Uranpecherz. **Pechdraht** *der,* ein mit Pech getränktes Hanfgarn. **pechig,** schwarz und klebrig wie Pech. **Pechkohle** *die,* steinkohlenartig aussehende Braunkohle. **Pechnase** *die,* unten offener Vorbau an der Burgmauer zum Herabgießen von siedendem Pech, ABB. B 56. **Pechnelke** *die,* klebriges Nelkengewächs. **pechrabenschwarz, pechschwarz,** Ü völlig schwarz, sehr dunkel. **Pechstein** *der,* dunkles vulkan. Gesteinsglas. **Pechsträhne** *die,* Ü eine Reihe von Mißerfolge: *ich habe eine P.* **Pechvogel** *der,* Ü jemand, der häufig Pech hat.

pecken, *ich* pecke (habe gepeckt), *österr.:* picke.

Pedal [zu lat. pes, Gen. pedis ›Fuß‹] *das, -s/-e,* Fußhebel, z. B. ABB. H 8, K 23; Tretkurbel, z. B. ABB. F 3.

Pedant [ital. pedante ›Lehrmeister‹, wohl zu grch. paideuein ›unterrichten‹, ›erziehen‹] *der, -en/-en,* Kleinigkeitskrämer, kleinlicher Mensch. **Pedanterie** *die, -/. . .ri|en,* kleinliches Verhalten, übertriebene Genauigkeit. **pedantisch.**

pedden, *ich* pedde (pedd, habe pedt), *niederdt.:* trete.

Peddigrohr [niederdt.] *das,* die dünnen Stämme der Schilf- oder Rohrpalme, auch ein Flechtmaterial daraus.

Pede *die, -,* *niederdt.:* Quecke.

Pedell [mlat. bedellus, zu bitil ›Büttel‹] *der, -s/-e,* österr.: *-en/-en,* Hausmeister in Schulen, Hochschulen und Gerichten.

Pedigree [p'edigri:, engl., zu frz. pied de grue ›Kranichfuß‹, nach der Form von herald. Stammbäumen] *der, -s/-s,* ♾ Stammbaum von Tieren, bes. Pferden.

Pediküre [frz. pédicure, zu lat. pes, Gen. pedis ›Fuß‹ und cura ›Pflege‹] *die, -/-n,* **1)** ohne *Pl.,* Fußpflege. **2)** Fußpflegerin. **pediküren,** *ich* pediküre (habe pedikürt) *ihn, mich.* **Pediment** *das, -s/-e,* eingeebnete Fläche am Fuß arider Gebirge.

Pedologie [grch. pedon ›Boden‹ und vgl. . . .logie] *die, -,* die Bodenkunde.

Peeling [p'i:liŋ, engl. to peel ›schälen‹] *das, -s/-s,* Kosmetik: Schälung der Gesichtshaut.

Peep-Show [p'i:pʃou, engl. to peep ›spähen‹ und Show] *die,* sexuell stimulierende Darbietung, die durch Fensterchen von Kabinen aus beobachtet werden kann.

Peer [piə, engl., zu frz. Pair, von lat. pares ›die Gleichen‹] *der, -s/-s,* Mitglied des engl. Hochadels; Mitglied des engl. Oberhauses. **Peerage** [p'iəridʒ] *die, -,* **1)** die (erbl.) Würde eines Peers. **2)** Gesamtheit der Peers.

Pegasus [grch. Pegasos] *der, -,* **1)** geflügeltes Pferd der griech. Sage, Sinnbild der Dichtkunst: *er will den P. besteigen, den P. reiten,* P dichten. **2)** ✦ ein Sternbild des nördl. Himmels.

Pegel [mnd. pegel, zu lat. pagella ›Spalte‹, mlat. ›Maßstab‹] *der, -s/-,* **1)** Wasserstandsmesser: *ich messe den Pegelstand,* ABB. P 4. **2)** der Logarithmus eines Verhältnisses elektr. oder akust. Größen: *Schalldruckpegel.*

pegern [zu jidd. pegira ›Leiche‹], *ich* peg(e)re (habe gepegert) *den Hund,* auch peig(e)re, G vergifte ihn (um einbrechen zu können).

Pegmatit [grch. pegma ›Gerüst‹, zu pegnymi ›verhärten‹] *der, -s/-e,* ⊕ grobkörniges helles Ganggestein.

Pehlewi [p'εx-, eigtl. ›Parthisch‹, das die Bedeutung ›alt‹, ›heldisch‹ angenommen hatte] *das, -,* auch Pahlawi, mittelpers. Sprache.

Pejes [jidd., zu hebr. pe'ôt ›Ecken‹], *Pl.,* Schläfenlocken der orthodoxen Juden.

peigern, *ich* peig(e)re (habe gepeigert) *den Hund,* pegere (s.d.).

peilen [zu Pegel], *ich* peile (habe gepeilt) *es,* **1)** bestimme Richtung und Standort von Schiffen, Flugzeugen u. a.: *Peilantenne.* **2)** lese den Pegel ab, bestimme Wassertiefe oder Tiefe. **3)** Ü erkunde; schätze: *über den Daumen gepeilt.* **Peiler** *der, -s/-,* **1)** Peilgerät. **2)** jemand, der die Peilungen durchführt. **Peilung** *die, -/-en,* das Peilen.

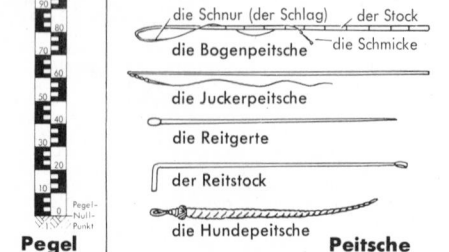

die Schnur (der Schlag) / der Stock
die Bogenpeitsche / die Schmicke
die Juckerpeitsche
die Reitgerte
der Reitstock
die Hundepeitsche

Pegel **Peitsche**

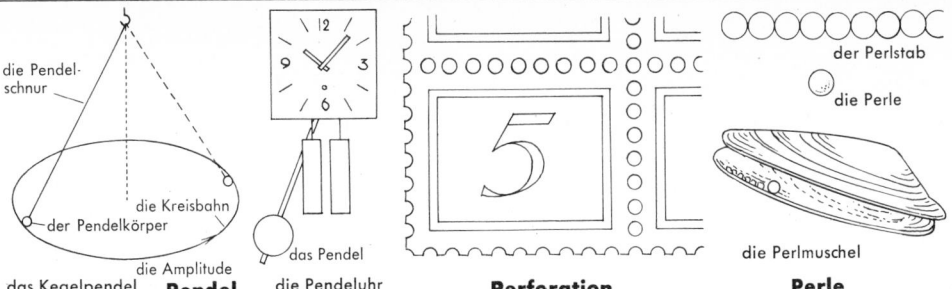

das Kegelpendel **Pendel** die Pendeluhr | **Perforation** | **Perle**

die Pendelschnur · die Kreisbahn · der Pendelkörper · die Amplitude · das Pendel · der Perlstab · die Perle · die Perlmuschel

Pein [ahd. pina, zu lat. poena ›Buße‹, aus grch. poine] *die, -,*
1) Qual, Schmerz: *das bereitet, verursacht ihm große P.;
körperliche, seelische P.* 2) ⚙ Strafe. **peinigen,** *ich* peinige
(habe gepeinigt) *ihn,* quäle: *von anhaltenden Schmerzen, von
seinem Gewissen gepeinigt; mich peinigt die Vorstellung, ihm
könne etwas zugestoßen sein.* **Peiniger** *der, -s/-,* jemand, der
einen anderen peinigt. **Peinigung** *die, -,* Mißhandlung,
Marter. **peinlich,** 1) ein beklemmendes Gefühl erregend,
unangenehm, beschämend: *mein Mißgeschick war mir sehr p.*
2) übergenau, fast übertrieben ordentlich und sorgfältig: *mit
peinlicher Sorgfalt; p. genau.* 3) ⚔ im MA.: Leib und Leben
betreffend: *peinliche Befragung,* Hauptvernehmung des Ange-
schuldigten, letzte Frage an ihn, auch Befragung während der
Folter. **Peinlichkeit** *die, -/-en.*
Peiser [hebr., zu Beisel] *der, -s/-,* ⚙ Herbergsvater, Wirt.
Peitsche [spätmhd. pitsche, aus westslaw.] *die, -/-n,*
Schlaggerät, bes. der Fuhrleute, ABB. P 4: *Kreisel treibt man mit
der P.; Peitschenknall; Peitschenhieb; mit Zuckerbrot und P.,*
Ü mit Milde und Strenge. **peitschen,** *ich* peitsche (habe ge-
peitscht), 1) *ihn, es,* schlage mit der Peitsche. 2) *es peitscht,*
Ü schlägt heftig: *der Sturm peitscht das Meer.* **Peitschen-
leuchte** *die,* Straßenleuchte mit gebogenem Mast.
pejorativ [lat. peior ›schlechter‹], die Bedeutung eines
Wortes verschlechternd. **Pejorativum** *das, -s/. . .va,* Deterio-
rativum, in verschlechterndem Sinn umgedeutetes Wort, z. B.
Unmensch für böser Mensch.
Pekari [karib.] *das, -s/-s,* Nabelschwein, Paarhufer Ameri-
kas.
Pekesche [aus poln.] *die, -/-n,* Jacke mit Schnüren.
Pekinese, Pekingese [nach der chines. Stadt Peking] *der,
-n/-n,* ein Zwerghund.
Pektin [grch. pektos ›steif‹, ›geronnen‹] *das, -s/-e,* Pflanzen-
stoff, der das Gelieren von Obstsäften bewirkt.
pektoral [lat. pectus, Gen. pectoris ›Brust‹], die Brust
betreffend. **Pektorale** *das, -(s)/-s oder . . .lilen,* 1) Brust-
schmuck. 2) Brustkreuz hoher kath. Geistlicher, ABB. A 13.
pekuniär [lat. pecunia ›Vermögen‹, zu pecus ›das Vieh‹],
geldlich, finanziell: *pekuniäre Schwierigkeiten.*
pekzieren [lat. peccare ›sündigen‹], *ich* pekziere (habe
pekziert) *etwas,* Ü stelle etwas an, begehe einen Fehler.
pelagial, pelagisch. **Pelagial** [grch. pelagos ›Meer‹] *das,
-s,* Zone der schwimmenden Meeres- und Seeorganismen.
pelagisch, schwimmend in Meer und See lebend.
Pelargonie [grch., zu grch. pelargos ›Storch‹] *die, -/. . .nilen,*
volkstümlich auch Geranie, beliebte Zierpflanze.
Pelasger [nach der nordthessal. Landschaft Pelasgiotis]
der, -s/-, Angehöriger der vorindogerman. Bevölkerung
Griechenlands. **pelasgisch.**
pêle-mêle [pelm′εl, frz., zu mêler ›mischen‹], bunt durch-
einander. **Pelemele** [pεlm′εl] *die, -,* 1) Mischmasch. 2) Süß-
speise.
Pelerine [frz., zu pèlerin ›Pilger‹] *die, -/-n,* ärmelloser
Umhang, ABB. A 13.
Pelikan [mhd. pillecan, zu grch. pelekan] *der, -s/-e,* großer
Schwimmvogel.
Pelit [grch. pelos ›Ton‹] *der, -s/-e,* ⊕ feinkörniges Sediment-
gestein.
Pellagra [auch -l′agra, ital., zu lat. pellis, grch. pella ›Haut‹,
›Fell‹ und grch. agra ›das Fangen‹, auch ›Gicht‹] *das, -,* eine
Vitaminmangelkrankheit.
Pelle *die, -/-n, norddt.:* Haut, Schale, z. B. von Wurst: *er liegt*

mir auf der P., Ü ist mir durch seine Aufdringlichkeit lästig.
pellen, *ich* pelle (habe gepellt), 1) *es, norddt.:* schäle. 2) *er ist
wie aus dem Ei gepellt,* Ü sorgfältig gekleidet. **Pellkartoffel** *die,*
mit der Schale gekochte Kartoffel.
pelluzid. Pelluzidität [lat. perlucere ›durchscheinen‹] *die,
-,* Lichtdurchlässigkeit von Mineralien.
Pelorie [-ia, grch. pelorios ›riesengroß‹] *die, -/. . .rilen,*
Blüte mit von den übrigen Blüten derselben Pflanze abwei-
chendem Bau.
Pelota [span. ›Ball‹, zu lat. pila] *die, -,* baskisches Ballspiel.
Peloton [polot′ɔ̃, frz. ›Knäuel‹, zu lat. pila] *das, -s/-s,* 1)
⚙ Unterabteilung des Bataillons im 18. Jahrh. 2) Radsport:
das geschlossene fahrende Feld in Straßenrennen. **Pelotte** [frz.
pelote ›Ball‹, ›Knäuel‹, zu lat. pila] *die, -/-n,* ⚕ Druckpolster,
ABB. B 9.
Pelseide [ital. pelo ›Haar‹] *die, -,* minderwertiges Seiden-
garn.
Peltast [grch. peltastes, zu pelte ›Schild‹] *der, -en/-en,* leicht
bewaffneter altgriech. Söldner.
Peluschke [tschech. peluška] *die, -/-n, ostdt.:* Felderbse.
Pelz [ahd. pelliz, zu lat. pellis ›Haut‹, ›Fell‹] *der, -es/-e,* 1)
Tierfell. 2) kurz für: Pelzmantel, Pelzkragen u. a., ABB. K 25:
pelzverbrämt. 3) Ü Haut: *er rückt mir auf den P.,* bedrängt mich
mit etwas, belästigt mich; *ich lasse mir die Sonne auf den P.
brennen,* sonne mich. 4) der in der Spinnerei in Schichten
übereinandergelegte Faserflor. **pelzen,** *ich* pelze (habe ge-
pelzt), 1) *Pflanzen,* pfropfe, veredle. 2) *ein Tier,* ziehe das Fell
ab. 3) U faulenze. 4) *es, schweiz.:* esse mit Stumpf und Stiel auf.
5) *ihn, schweiz.:* verprügele, bewerfe mit Steinen oder
Schneebällen. 6) *ihn, schweiz.:* schmähe. 7) *es, schweiz.:*
schlage darauf (Nagel). **pelzig,** 1) haarig, filzig. 2) mit rauhes
Gefühl gebend (Zunge). 3) faserig, trocken (Obst). **Pelznik-
kel** *der, oberdt.:* Weihnachtsmann. **Pelztier** *das,* Tier, dessen
Fell zu Pelz verarbeitet wird: **Pelzzucht; Pelzzierfarm.**
Pemmerl *das, -s/-, bair., österr.:* 1) Kügelchen. 2) Reh-,
Ziegenlosung.
Pemmikan [Cree-Sprache] *der, -s,* haltbar gemachtes
Fleisch bei nordamerikanischen Indianern; heute: Konserve
aus Fleischpulver und Fett.
Pemphigus [grch. pemphix ›Blase‹] *der, -,* ⚕ Hautkrankheit
mit Blasen an Haut und Schleimhäuten.
Penalty [p′εnəlti, engl. ›Strafe‹] *der, -/. . .ties,* ⚒ Strafschuß
(Eishockey), österr. auch: Strafstoß (Fußball).
Penaten [lat. penates], altrömische Hausgötter: *er ist zu
den P. zurückgekehrt,* Ü heimgekommen.
Pence [pens, engl.], *Pl.* von Penny.
PEN-Club [engl.], *der,* Kurzw. für: Poets, Essayists, Novelists,
eine internationale Schriftstellervereinigung.
Pendant [pãd′ã, frz., zu lat. pendere ›hängen‹] *das,
-s/-s,* 1) Gegenstück. 2) ⚙ Ohrgehänge. **Pendel** [lat.
pendulus ›(herab)hängend‹] *das, -s/-,* frei drehbarer Körper,
der um einen Aufhängepunkt hin- und herschwingt, ABB. P 5:
Pendelausschlag. **pendeln,** 1) *es pendelt* (hat, ist gependelt),
schwingt hin und her. 2) *ich pendele* (bin gependelt),
Ü bewege mich ständig zwischen zwei Orten hin und her, z. B.
zwischen Wohnort und Ort der Arbeitsstätte. **Pendeltür** *die,*
ABB. T 19. **Pendeluhr** *die,* Uhr, die durch ein Pendel
angetrieben wird, ABB. U 1, P 5. **Pendelverkehr** *der,* die
Verbindung zweier Orte durch hin- und herfahrende Ver-
kehrsmittel. **pendent,** *schweiz.:* unerledigt. **Pendentif** [pãdã-
t′if, frz.] *das, -s/-s,* ⬚ Zwickel bei einer Kuppel über einem

quadrat. oder polygonalen Raum, ABB. K 53. **Pendenz** *die, -/-en, schweiz.:* unerledigte Angelegenheit. **Pendler** *der, -s/-,* jemand, der zwischen seinem Wohnort und der in einem anderen Ort gelegenen Arbeitsstätte pendelt. **Pendule** [pädʸ'yːlə, frz.], **Pendüle** *die, -/-n,* ♣ Tischuhr mit Pendel.

penetrant [frz., zu lat. penetrare ›durchdringen‹, **1)** durchdringend scharf, beißend: *ein penetranter Geruch.* **2)** ∪ aufdringlich: *eine penetrante Person.* **Penetranz** *die, -.* **Penetration** *die, -,* Durchdringung; das Eindringen. **penetrieren,** *es* penetriert (hat penetriert) *etwas.*

peng! [Schallw.], **päng!**

penibel [frz. pénible ›mühsam‹], peinlich genau, äußerst sorgfältig, gewissenhaft: *eine penible Arbeit; sie ist sehr p.* **Penibilität** *die, -.*

Penicillin [lat. penicillum ›Pinsel‹] *das, -s/-e,* Penizillin, ein Antibiotikum aus dem Pinselschimmel Penicillium.

Peninsula [lat. paeninsula, zu paene ›beinahe‹ und insula ›Insel‹] *die, -/. . .suln,* Halbinsel. **peninsular(isch).**

Penis [lat. ›Schwanz‹, ›Rute‹] *der, -/-se* oder . . . *nes,* das männl. Glied.

Penizillin *das, -s/-e,* Penicillin.

Pennal [lat. penna ›Feder‹] *das, -s/-e,* ♣ **1)** Federkasten. **2)** Oberschule. **Pennäler** *der, -s/-,* ∪ Schüler, der die Oberschule besucht: *Pennälersprache.*

Pennbruder *der,* Penner, ∪ Landstreicher. **Penne** [Rotwelsch, zu jidd. binjan ›Gebäude‹] *die, -/-n,* ⅁ schlechte Herberge, Kneipe.

Penne [vgl. Pennal] *die, -/-n,* ∪ Oberschule.

pennen [jidd. pannai ›müßig‹], *ich penne* (habe gepennt), ∪ schlafe. **Penner** *der, -s/-,* ∪ **1)** Pennbruder. **2)** verschlafener Mensch.

Penni [finn.] *der, -(s)/. . .niä,* Abk.: p, finn. Münzeinheit.

Penny [engl., verwandt mit dt. Pfennig] *der, -s/Pennies* [p'eniz] als Stückzahl und **Pence** [pens] als Wertangabe, Abk.: p, kleinste engl. Münzeinheit.

Pensée [pãs'e, frz.] *das, -s/-s,* Gartenstiefmütterchen.

Pension [pãsj'oːn, oberdt. auch: pen-, frz., zu lat. pensio ›Zahlung‹] *die, -/-en,* **1)** Ruhegehalt; Witwen- und Waisengeld: *Pensionsanspruch; Pensionsrückstellungen.* **2)** *ohne Pl.,* Ruhestand. **3)** Unterkunft und Verpflegung für Gäste; Haus dafür: *Pensionsgäste; Pensionspreis; Vollpension; Halbpension.* **Pensionär** *der, -s/-e,* **Pensionärin** *die, -/-nen,* **1)** jemand, der Pension bezieht (Beamter). **2)** ♣ Gast in einer Pension. **Pensionat** *das, -(e)s/-e,* privates Erziehungsinstitut für junge Mädchen. **pensionieren** [*ich* pensioniere (habe pensioniert) *ihn,* versetze ihn in den Ruhestand: *er will sich vor Erreichung der Altersgrenze pensionieren lassen.* **Pensionierung** *die, -/-en:* vorzeitige P. **Pensionist** [pen-] *der, -en/-en, österr.:* Ruheständler.

Pensum [lat. ›zugewogene Tagesarbeit‹, zu pendere ›wiegen‹] *das, -s/. . .sen* oder . . . *sa,* Aufgabe, Lehrstoff, Arbeit für eine bestimmte Zeit: *Tagespensum; Arbeitspensum.*

pent. . ., penta. . . [grch. pente ›fünf‹], fünf. . . **Pentade** *die, -/-n,* Zeitraum von fünf Tagen. **Pentagon** [grch. gonia ›Ecke‹, ›Winkel‹] *das, -s/-e,* **1)** Fünfeck. **2)** [p'entəgɔn, engl.], *ohne Pl.,* das amerikan. Verteidigungsministerium in Washington (nach dem fünfeckigen Grundriß). **Pentagramm** [vgl. . . . gramm] *das, -s/-e,* Drudenfuß, ABB. D 17, M 1. **Pentameter** [grch. metron ›Maß‹] *der, -s/-,* fünffüßiger Vers, ÜBERS. M 14. **Pentan** *das, -s/-e,* ein Kohlenwasserstoff. **Pentateuch** [grch. teuchos ›Gerät‹, ›Rüstzeug‹] *der, -s,* die fünf Bücher Mose. **Pentathlon** [grch. athlos ›Wettkampf‹] *das, -s,* Fünfkampf. **Pentere** [grch. penteres ›Fünfruderer‹] *die, -/-n,* ein Kriegsschiff des Altertums.

Penthouse [p'ɛnthaus, engl., zu mittelengl. pentis, wohl zu mlat. appenticium ›Anhang‹] *das, -/-es [-siz],* bungalowartige Komfortwohnung auf dem Flachdach eines mehrstöckigen Wohnhauses.

Pentode [vgl. pent. . . und grch. hodos ›Weg‹] *die, -/-n,* Elektronenröhre mit fünf Elektroden.

Penunzen [poln. pieniądze], *Pl.,* ∪ Geld.

penzen, *ich penze* (habe gepenzt) *ihn,* auch benze, *österr.:* bitte beharrlich, aufdringlich: *das Kind penzte so lange, bis die Mutter nachgab.*

Pep [engl., verkürzt aus pepper ›Pfeffer‹] *der, -(s),* ∪ Elan, Schwung: *sie hat viel P.*

Peperoni [ital.], *Pl.,* Pfefferschoten.

Pepi, *oberdt.:* Diminutiv von Josef, Josefine.

Pepita [nach einer span. Tänzerin], **1)** *das, -s/-s,* kleines Hahnentrittmuster. **2)** *der, -s/-s,* Stoff mit diesem Muster.

Peplos [grch.] *der, -/-* oder . . . *plen,* ärmelloses altgriech. Frauengewand, ABB. M 16.

Pepo *der, -s/-s, mitteldt.:* Kleinkind, Kind.

Pepsin [grch. pepsis ›Verdauung‹] *das, -s/-e,* eiweißabbauendes Enzym des Magensaftes. **Peptid** [vgl. . . . id] *das, -(e)s/-e,* organ. Verbindung aus Aminosäuren, z. B. Hormone, Toxine, Antibiotika. **Peptisation** *die, -,* ⊃ die Wiederauflösung eines ausgeflockten Kolloids. **peptisch,** verdauungsfördernd. **Pepton** *das, -s/-e,* ♣ kolloidales Gemisch bestimmter Produkte des enzymat. Eiweißabbaus.

per [lat.], **1)** durch, für, mit: *Beförderung p. Bahn, p. Flugzeug, p. Schiff; p. Adresse,* Abk.: p. A., (wohnhaft) bei; *p. cassa,* gegen Barzahlung (auf Rechnungen). **2)** zeitlich: bis, am: *p. 1. Juli, p. ultimo* (Lieferung, Zahlung). **per. . .,** ⊃ vollständig, extrem: *p. vollständig.*

per aspera ad astra [lat. ›über rauhe (Wege) zu den Sternen‹], durch Nacht zum Licht.

Perborat [vgl. Borax] *das, -(e)s/-e,* als Wasch- und Bleichmittel verwendete Verbindung aus Wasserstoffperoxid und Boraten.

Perche [perʃ, frz. ›Stange‹] *die, -/-n [-ən],* Artistik: elastische Bambusstange: *Percheakte.*

Perchte *die, -, oberdt.:* Frau Perchta, Mythengestalt bes. des Alpenraums, wirkt helfend oder Schaden stiftend. **Perchten,** *Pl., oberdt.:* die Frau Perchta begleitenden Geister (25. 12. bis 6. 1.): *Perchtentanz; Perchtennacht.*

perdendosi [ital.], ♪ sich verlierend.

perdolich, *niederdt.:* unbeholfen, dumm.

perdu [perd'y, frz., zu perdre ›verlieren‹], ∪ verloren, entzwei, auf und davon.

pereat! [lat. perire ›umkommen‹], Studentensprache: nieder mit ihnen! **pereat!,** nieder mit ihm! **Pereat** *das, -s/-s: man bringt ihm ein P.,* zeigt ihm schweres Mißfallen.

perem(p)torisch [lat. perimere ›töten‹, ›vernichten‹], ♣♣ zwingend, vernichtend, aufhebend.

perennierend [lat. perennis ›dauernd‹, zu per und annus ›Jahr‹], ♣ ausdauernd, überwinternd; mehrjährig (Stauden).

perfekt [lat. perfectus, zu perficere ›vollenden‹], **1)** vollendet, vollkommen (ausgebildet): *eine perfekte Köchin; eine perfekte Sekretärin; sie spricht p. Englisch und Französisch.* **2)** gültig, abgeschlossen: *der Vertrag ist p.* **Perfekt** *das, -(e)s/-e,* ⑤ Vollendung in der Gegenwart, eine Zeitform des Verbs, ÜBERS. V 2. **perfektibel,** vervollkommnungsfähig. **Perfektibilität** *die, -,* Vollendung, Vollkommenheit: *handwerkliche, künstlerische, technische P.* **perfektionieren,** *ich* perfektioniere (habe perfektioniert) *es,* vollende. **Perfektionismus** *der, -,* Streben nach äußerster Perfektion. **Perfektionist** *der, -en/-en.* **perfektionistisch,** perfektiv(isch), ⑤ die Vollendung anzeigend.

perfid [lat., zu lat. perfidus], heimtückisch, hinterlistig, treulos. **Perfidie** *die, -/. . .d'iʲen.*

Perforation [lat. perforare ›durchbohren‹] *die, -/-en,* ABB. P 5. **Perforator** *der, -s/-,'t'oren,* schreibmaschinenartiges Gerät zum Stanzen von Lochkombinationen in Lochstreifen für Rechenanlagen, Setzmaschinen u. a. **perforieren,** *ich* perforiere (habe perforiert) *es,* loche, durchbohre: *Perforiermaschine.* **Perforierung** *die, -/-en.*

pergamenisch [nach der Stadt Pergamon in Kleinasien], Pergamon betreffend. **Pergament** [mhd. pergamen, zu mlat. pergamen(t)um] *das, -(e)s/-e,* **1)** Schreibmaterial aus enthaarter, geglätteter und getrockneter Tierhaut, heute nur noch für besondere Schriftstücke, Bucheinbände, Trommeln. **2)** Handschrift auf Pergament. **pergamenten. Pergamentpapier** *das,* haltbares, durchschlässiges Papier.

Pergel *das, -s/-, bair.,* **Pergola** [ital., zu lat. pergula ›Vorbau‹] *die, -/. . .len,* Laubengang, ABB. H 11.

perhorreszieren [lat. perhorrescere ›durch und durch heftig schaudern‹], *ich* perhorresziere (habe perhorresziert) *ihn,* ♣♣ verabscheue.

peri. . . [grch.], um. . . herum, über. . . hin.

Periastron [vgl. peri. . . und grch. astron ›Sternbild‹] *das, -s,* ☆ die Sternnähe.

periculum in mora [lat.], Gefahr im Verzug.

Periderm [vgl. peri. . . und grch. derma ›Haut‹] *das, -s/-e,* Biologie: Abschlußgewebe; Schutzschicht.

Peridot [frz., vgl. peri. . . und grch. didonai ›schenken‹] *der, -s,* Handelsname der Edelsteinqualität des Olivins. **Peridotit** *der, -s/-e,* ⊕ ein Tiefengestein.

Perigäum [vgl. peri... und grch. ge ›Erde‹] *das, -s/* ...*g'ä*|*en*, ✭ erdnächster Punkt der Bahn des Mondes oder eines künstl. Erdsatelliten.
Perigon [vgl. peri... und grch. gone ›Zeugung‹] *das, -s/-e,* ⊕ einfache Blütenhülle.
Peri|**graph** [vgl. peri... und ...graph] *der, -en/-en,* Diagraph.
Perihel [vgl. peri... und grch. helios ›Sonne‹] *das, -s/-e,* **Perihelium** *das, -s/*...*li*|*en,* ✭ sonnennächster Punkt der Bahn eines Planeten, Kometen, einer Raumsonde, ABB. A 16.
Perikard [vgl. peri... und grch. kardia ›Herz‹] *das, -(e)s/-e,* ♥ Herzbeutel. **Perikarditis** *die, -/*...*dit'iden,* ♥ Herzbeutelentzündung.
Perikarp [vgl. peri... und grch. karpos ›Frucht‹] *das, -(e)s/-e,* ⊕ Fruchtgehäuse.
peri|**kleisch, Peri**|**kleisch,** auf den altgriechischen Staatsmann Perikles bezüglich, vgl. ÜBERS. A 4, C.
Perikope [grch. ›Abschnitt‹] *die, -/-n,* Bibelabschnitt zum Vorlesen und als Unterlage der Predigt.
Perimeter [vgl. peri... und grch. metron ›Maß‹] *das, -s/-,* Gerät zum Messen des Gesichtsfeldes.
perinatal [vgl. peri... und lat. natus ›Geburt‹], ♥ um die Zeit der Geburt herum: *perinatale Medizin.*
Peri|**ode** [grch. periodos, vgl. peri... und grch. hodos ›Weg‹] *die, -/-n,* **1)** regelmäßige Wiederkehr einer Erscheinung, z. B. Umläufe von Gestirnen, Ziffernfolge. **2)** Zeitraum, Zeitabschnitt, z. B. der Geschichte oder Erdgeschichte. **3)** ♥ Menstruation. **4)** Ⓢ Hypotaxe und Parataxe, ein wohlgefügter langer Satz. **5)** ♪ in sich geschlossener Satz aus meist acht Takten. **Peri**|**odensystem** *das,* ⟲ systemat. Anordnung der Elemente in einer Tabelle. **Peri**|**odika,** *Pl.,* in regelmäßigen Abständen erscheinende Veröffentlichungen. **peri**|**odisch,** regelmäßig wiederkehrend. **peri**|**odisieren,** *ich periodisiere (habe periodisiert) es,* teile in Zeitabschnitte ein. **Peri**|**odisierung** *die, -/-en.* **Peri**|**odizität** *die, -.*
Peri|**öke** [grch. perioikos ›Umwohner‹] *der, -n/-n,* **1)** der persönlich freie, aber politisch rechtlose Einwohner des antiken Sparta. **2)** Einwohner eines Ortes auf gleichem Breitengrad, aber entgegengesetztem Längengrad, ABB. A 16.
Peri|**ost** [vgl. peri... und grch. osteon ›Knochen‹] *das, -(e)s/-e,* ♥ Knochenhaut. **Peri**|**ostitis** *die, -/*...*ostit'iden,* Knochenhautentzündung.
Peripatetiker [nach grch. peripatos ›Wandelgang‹, in dem die Vorträge gehalten wurden] *der, -s/-,* Aristoteles und jeder seiner Schüler. **peripatetisch.**
Peripetie [grch. peripeteia ›Wendepunkt‹] *die, -/*...*t'i*|*en,* entscheidende Wende, Schicksalsumschwung bes. im Drama.
peripher [grch. peripherein ›herumtragen‹], am Rande liegend; ⊕ nebensächlich: *peripheres Nervensystem; ein peripheres Problem.* **Peripherie** *die, -/*...*r'i*|*en,* **1)** △ der Umfang von Flächen, z. B. des Kreises, ABB. K 43. **2)** U Rand, Außenseite: *er wohnt an der P.,* am Stadtrand. **peripherisch,** peripher.
Peri|**phrase** [vgl. peri... und Phrase] *die,* bildhafte Umschreibung eines Begriffs, ÜBERS. R 12. **peri**|**phrasieren,** *ich* periphrasiere (habe periphrasiert) *es.* **peri**|**phrastisch.**
Peri|**pteros** [vgl. peri... und grch. pteron ›Flügel‹] *der, -/-* oder ...*pt'eren,* antiker Tempel mit umlaufender Säulenreihe.
Peri|**skop** [vgl. peri... und ...skop] *das, -s/-e,* Sehrohr des U-Bootes. **peri**|**skopisch,** in der Art eines Periskops; konvex-konkav (nach derselben Seite gekrümmt, Linsenflächen mit verschiedenen Radien, z. B. Brillen).
Peristaltik [grch. peristaltikos ›umfassend‹, ›zusammendrückend‹] *die, -,* ♥ ⌾ wellenförmige Zusammenziehung von Muskeln bei Hohlorganen: *Darmperistaltik.* **peristaltisch.**
Peristase [grch. peristasis ›(äußerer) Umstand‹] *die, -/-n,* Umwelteinfluß auf die Entwicklung eines Lebewesens. **peristatisch.**
Peristyl [vgl. peri... und grch. stylos ›Säule‹] *das, -s/-e,* ein von Säulen umgebener Raum, bes. der Säulenhof des griech. und röm. Hauses.
Peritonaeum *das, -s/*...*n'ae*|*en,* **Peritoneum** [grch. peritonaion] *das, -s/*...*n'e*|*en,* ♥ Peritonäum, Bauchfell. **Peritonitis** *die, -/*...*t'iden,* ♥ Bauchfellentzündung.
Perkal [pers.] *der, -s/-e,* feinfädiges Baumwollgewebe.
Perkolat [lat. percolare ›durchseihen‹] *das, -(e)s/-e,* durch Filtern gewonner Pflanzenextrakt. **Perkolation** *die, -/-en,* **1)** das Filtern pflanzlicher Extrakte. **2)** Sickern von Wasser durch den Boden. **Perkolator** *der, -s/*...*t'oren,* Filtergerät.

Perkussion [lat. percutere ›heftig schlagen‹] *die, -/-en,* **1)** Erschütterung, Stoß, Schlag: *Perkussionsinstrumente,* ♪ Schlaginstrumente. **2)** ♥ das Beklopfen der Körperoberfläche zur Untersuchung innerer Organe. **Perkussionsgewehr** *das,* Gewehr mit Zündung durch Schlag oder Stoß. **perkussorisch,** die Perkussion betreffend, ♥ durch Perkussion nachweisbar.
perkutan [vgl. per und lat. cutis ›Haut‹], ♥ durch die Haut hindurch.
perkutieren [vgl. Perkussion], *ich perkutiere (habe perkutiert) ihn,* ♥ beklopfe zur Untersuchung.
perl..., **1)** getupft: *Perleule,* getupfte Schleiereule. **2)** tropfig: *Perlkies,* feiner Kies; *Perlgerste,* feinkörnige Graupen. **Perl** *die, -,* ⌂ ein Schriftgrad, ÜBERS. D 16. **Perle** [ahd. perala, zu lat. perna ›Art Muschel‹ und sphaerula ›kleine Kugel‹] *die, -/-n,* **1)** bes. in Perlmuscheln gebildete Wucherung um Fremdkörper, ABB. P 5, als Schmuck, ABB. S 30. **2)** Sinnbild hohen Wertes: *das Höllental, die P. des Schwarzwaldes,* ein Glanzstück; *Hilde ist eine P.,* U eine tüchtige, zuverlässige Hilfe, bes. Hausangestellte; *er wirft Perlen vor die Säue,* U gibt etwas an jemanden, der es nicht würdigen kann. **3)** perlenähnliches Gebilde: *unechte Perlen; Glasperlen; Schweißperlen,* Schweißtropfen. **4)** ♉ rundliche Erhebung am Geweih, ABB. G 21. **5)** niederdt.: Gerstenkorn am Auge. **perlen,** *es* perlt (hat geperlt), **1)** tropft: *der Schweiß perlte ihm von der Stirn.* U fällt eins nach dem andern, wie Perlen von der Perlenkette: *ihr perlendes Lachen,* Ü. **3)** wirft kleine perlenähnl. Bläschen: *der Sekt p. im Glase.* **Perlhuhn** *das,* ein afrikan. Hühnervogel. **perlig,** perlartig, tropfig, mattglänzend. **Perlit** *der, -(e)s/-e,* **1)** ein Gesteinsglas. **2)** Gefügebestandteil des kohlenstoffhaltigen Stahls und Gußeisens. **Perlmuschel** *die,* Muschel, die bes. stark zur Bildung von Perlen neigt. **Perlmutt** [mhd. berlin muoter] *das, -s,* **Perlmutter** *die, -/-n,* harte, körnige, schillernde Schicht vieler Muscheln: *Perlmutt(er)knöpfe.* **perlmuttern.**
Perlon [Kw.] *das, -s,* Handelsname für eine synthet. Chemiefaser: *Perlonstrümpfe.*
Perlstab [zu Perle] *der,* architekton. Schmuckform, ABB. Z 8, P 5. **Perlstich** *der,* ein Zierstich.
Perlustration [lat. perlustrare ›durchmustern‹, ›besichtigen‹] *die, -/-en,* ⊘, *noch österr.:* Durchsicht, Untersuchung eines Verdächtigen. **perlustrieren,** *ich perlustriere (habe perlustriert) ihn.*
Perlzwiebel [zu Perle] *die,* eiförmige bis kugelige Zwiebel.
Perm [nach dem früheren russ. Gouvernement Perm] *das, -s,* ⊿ eine geolog. Formation des Paläozoikums.
permanent [lat. permanere ›verbleiben‹, ›verharren‹], ständig, fortdauernd, ununterbrochen. **Permanenz** *die, -,* Beharrlichkeit, unterbrochene Dauer: *in P.,* dauernd.
Permanganat *das, -(e)s/-e,* Salz der Übermangansäure.
permeabel [lat. permeare ›durchgehen‹], ♥ durchlässig, durchdringend. **Permeabilität** *die, -.*
permisch, auf das Perm bezüglich.
Permiß [lat. permissio, zu permittere ›erlauben‹] *der,* ...*m'isses/*...*m'isse,* ⊘ Erlaubnis. **Permission** *die, -/-en,* ⊘ Erlaubnis: *mit P.,* mit Verlaub. **permissiv,** *permissive Gesellschaft,* Bez. für eine Gesellschaft, die weitgehende Duldung auch gegenüber Tendenzen übt, die in Frage stellt. **permittieren,** *ich permittiere (habe permittiert) es,* ⊘.
permutabel [lat. permutare ›verändern‹, ›vertauschen‹], vertauschbar, auswechselbar. **Permutation** *die, -/-en,* Vertauschung. **permutieren,** *ich permutiere (habe permutiert) es.* **Permutit** *das, -s,* Mineral oder kristallisierter synthetischer anorganischer Ionenaustauscher.
Pernambuc *das, -(s),* **Pernambukholz** [nach dem brasilian. Staat Pernambuco] *das,* Brasilholz.
perniziös [frz. pernicieux, zu lat. pernicies ›Verderben‹], bösartig (Krankheit): *perniziöse Anämie.*
peroral [per und oral], ♥ durch den Mund.
Peroxid, Peroxyd *das, -(e)s/-e,* Abkömmling des Wasserstoffperoxids.
per pedes [vgl. per und lat. pes ›Fuß‹, U zu Fuß: *p. p. apostulorum,* zu Fuß wie die Apostel (wanderten).
Perpendikel [lat. perpendiculum ›Bleilot‹] *das oder der, -s/-,* **1)** Pendel. **2)** Lot. **perpendikular, perpendikulär,** lotrecht.
perpetuell [frz. perpétuel, zu lat. perpetuare ›ununterbrochen fortdauern lassen‹] ⊘, unaufhörlich.
Perpetuum mobile [vgl. mobil] *das, - -(s)/- -(s)* oder ...*tua...b'ilia,* utopische Maschine, die ohne Energiezufuhr läuft.

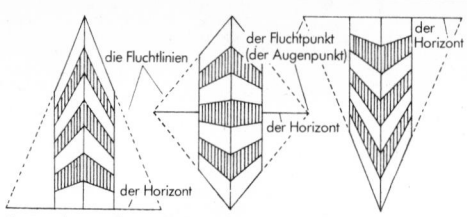

die Fluchtlinien — der Fluchtpunkt (der Augenpunkt) — der Horizont

der Horizont

der Horizont

die Froschperspektive   die Zentralperspektive   die Vogelperspektive

Perspektive

per|plex [lat. perplexus ›verworren‹, ›undeutlich‹], verdutzt, bestürzt, verwirrt: *sie war völlig p., als sie es erfuhr.* **Per|plexität** *die, -.*

per procura [vgl. per und Prokura], Abk.: pp. oder ppa., in Vollmacht, Zusatz zur Firma bei Zeichnung durch einen Prokuristen.

Perron [pɛr'ɔ̃, frz., zu pierre ›Stein‹] *der, -s/-s,* ⚭, noch *schweiz.:* Bahnsteig. 2) ⚭ Plattform (Straßenbahn).

per se [vgl. per und lat. se ›sich‹], von selbst: *das versteht sich per se.*

Persei|den, *Pl.,* ✭ ein Sternschnuppenschwarm.

Persenning [niederl., zu lat. praecingere ›gürten‹] *die, -/-e(n)* oder *-s,* starkfädiges, wasserdichtes Segeltuch.

Persephone [grch.], Gattin des Unterweltsgottes Pluton.

Perser *der, -s/-,* **1)** Bewohner Persiens (Irans). **2)** kurz für: Perserteppich, aus dem Orient stammender Teppich.

Perseus [nach der Gestalt des griech. Mythos] *der, -,* ✭ ein Sternbild.

Perseveranz [lat. perseverare ›beharren‹] *die, -,* ⚭ Beharrlichkeit, Ausdauer. **Perseveration** *die, -,* Psychologie: das Haftenbleiben, Nachwirken, Wiederkehren von Gedanken und Erlebnissen.

Persianer [nach den urspr. aus dem alten Persien stammenden Lämmern] *der, -s/-,* **1)** Fell von kurz nach der Geburt getöteten Lämmern des Karakulschafes. **2)** Mantel aus diesem Fell: *Persianermantel.*

Persi|flage [pɛrsif'a:ʒə, frz., zu persifler, aus siffler ›pfeifen‹, ›zischen‹] *die, -/-n,* geistvolle (literarische) Verspottung. **persi|flieren,** *ich* persifliere (habe persifliert) *es.*

Persilschein [nach dem Waschmittel Persil] *der,* ∪ entlastende behördl. Bescheinigung.

Persipan [zu lat. persicus ›Pfirsich‹ und Marzipan] *das, -s/-e,* ein Marzipanersatz.

persisch, auf das vorderasiat. Kaiserreich Persien, den heutigen Iran, bezüglich. **Persisch** *das, -(s), dem -,* persische Sprache; vgl. Deutsch.

persistent [lat. persistere ›verharren‹], beharrend, beharrlich. **Persistenz** *die, -.*

Person [mhd. persone, zu lat. persona, eigtl. ›Maske (des Schauspielers)‹] *die, -/-en,* **1)** der Mensch als Lebewesen im Unterschied zur Sache: *Personenaufzug: das Schiff faßt 1000 Personen; ein Menü für vier Personen; der Kraftwagen ist für fünf Personen zugelassen; ich für meine P. teile diese Ansicht nicht; bei dem Unfall entstand kein Personenschaden; der Eintritt kostet drei Mark pro P.; er urteilt ohne Ansehen der P.,* nur um die Sache bemüht. **2)** der Mensch in seiner Eigenart: *eine angesehene P.; unscheinbar von P.,* äußerlich unscheinbar; *sie ist die Geduld in P.,* äußerst geduldig. **3)** ∪ weibl. Wesen, oft verächtlich: *ich kann diese P. nicht leiden; eine unmögliche P.* **4)** Träger einer Handlung, Gestalt eines Schauspiels: *die Personen in Schillers ›Tell‹.* **5)** ♊♋ jemand, der Träger von Rechten und Pflichten sein kann: *natürliche, juristische P.* **6)** Ⓢ Träger der Handlung des Verbs, ÜBERS. P 24. **Persona grata** [lat. gratus ›angenehm‹] *die, - -,* beliebter, in Gunst stehender Mensch (bes. Diplomat). **Persona in|grata** *die, - -,* auch Persona non grata, unbeliebter, in Ungnade stehender Mensch (bes. Diplomat). **personal,** personell. **Personal** *das, -s,* Gesamtheit der Belegschaft, Dienerschaft, Angestellten- oder Arbeiterschaft eines Betriebes: *Personalabteilung; fliegendes P., Bodenpersonal* (Luftfahrt). **Personalakte** *die,* Schriftstück über die dienstl. und persönl. Verhältnisse von Beamten, Richtern, Soldaten. **Personalausweis** *der,* Inlandsausweis für jeden Staatsbürger. **Personalgesellschaft** *die,* ♊♋ Handelsgesellschaft, deren Teilhaber persönlich haften. **Personali|en,** *nur Pl.,* Angaben über Name, Geburtstag, Beruf u. a. eines Menschen. **personal|intensiv,** vorwiegend auf (der Arbeit von) Personal beruhend (statt Maschinen). **personalisieren,** *ich* personalisiere (habe personalisiert) *es,* **1)** gestalte personalintensiv: *dieses Arbeitsgebiet sollte man mehr personalisieren.* **2)** richte auf eine bestimmte Person aus: *ich will diese Kritik nicht personalisieren.* **Personalität** *die, -,* Persönlichkeit. **personaliter,** ⚭ in Person, selbst. **Personality-Show** [pə:sən'æliti ʃou, engl. personality ›Persönlichkeit‹ und Show] *die,* Fernsehshow, die einen Künstler in den Mittelpunkt stellt. **Personalpronomen** *das,* Ⓢ persönl. Fürwort, ÜBERS. P 24. **Personalrat** *der,* Personalvertretung. **Personalunion** *die,* eine durch die Person des Herrschers hergestellte Verbundenheit von sonst selbständigen Staaten. **Personalvertretung** *die,* Vertretung der Beamten, Angestellten und Arbeiter des öffentl. Dienstes. **Persona non grata** *die, - - -,* Persona ingrata. **Persönchen** *das, -,* kleine weibl. Person: *ein zierliches P.* **personell,** personal, die Person oder das Personal betreffend, persönlich. **Personenkraftwagen** *der,* Abk.: Pkw oder PKW, ABB. K 40. **Personenname** *der,* Familien- oder Vorname, ÜBERS. N 3. **Personenstand** *der,* Familienstand. **Personenverkehr** *der,* Beförderung von Personen durch Verkehrsmittel. **Personenzug** *der,* Zug, der auf allen Bahnhöfen der von ihm befahrenen Strecke hält. **Personifikation** [lat. facere ›machen‹] *die, -/-en,* Verkörperung, Darstellung als Person. **personifizieren,** *ich* personifiziere (habe personifiziert) *ihn,* es. **Personifizierung** *die, -/-en.*

persönlich, **1)** zu einer Person gehörig, auf sie bezüglich: *mein persönlicher Besitz; das mußt du nicht p. nehmen; du kannst dich p. davon überzeugen;* er hat persönliche Gründe für sein Fernbleiben; er handelt (nicht) aus persönlichem Interesse. **2)** in eigener Person (verstärkend): *er kam p.,* selber. **3)** *er wurde p.,* ∪ beleidigend, unsachlich. **4)** *das persönliche Fürwort,* Personalpronomen, ÜBERS. P 24. **Persönlichkeit** *die, -/-en,* **1)** ohne Pl., Wesenskern, Gesamtheit der Charaktereigenschaften: *trotz seiner Jugend ist er eine P.* **2)** bedeutender Mensch (Rang, Stellung): *bekannte Persönlichkeiten nahmen an der Veranstaltung teil.*

Perspektiv [lat. perspicere ›hindurchsehen‹] *das, -s/-e,* kleines Fernrohr. **Perspektive** *die, -/-n,* **1)** scheinbare Verkürzung entfernter Strecken und scheinbares Zusammentreffen paralleler Geraden in einem Fluchtpunkt. **2)** die Umsetzung dieser Raumverhältnisse auf eine Bildfläche, ABB. P 6. **3)** Ausblick, weit reichender Durchblick. **4)** Ⓤ Zukunftsaussicht, Gesichtspunkt: *es ergeben sich ganz neue Perspektiven; Perspektivplanung.* **perspektiv(isch).**

Persuasion [lat. persuasio, zu persuadere ›überreden‹, ›überzeugen‹] *die, -/-en,* **1)** Überredung. **2)** eine Methode der stützenden Psychotherapie, die eine suggestive und rationale Beeinflussung des Patienten anstrebt.

Peruaner *der, -s/-,* Bewohner des südamerikan. Staates Peru. **peruanisch.**

Perücke [frz. perruque, zu ital. perruca] *die, -/-n,* Haarersatz, künstl. Haaraufsatz, ABB. H 1: *handgeknüpfte, maschinell gefertigte Perücken; Echthaarperücke.*

pervers [lat. perversus, zu pervertere ›umstürzen‹], verkehrt, widernatürlich: *perverse Neigungen.* **Perversion** *die, -/-en,* Umkehrung; Abweichen vom Normalen (Sexualverhalten). **Perversität** *die, -/-en,* abnorme Form geschlechtl. Befriedigung. **pervertieren,** *es* pervertiert (ist pervertiert), verkehrt sich ins Widernatürliche.

Perzent [ital. per cento ›für hundert‹] *das, -(e)s/-e* und nach Zahlen, österr. auch für: Prozent. **perzentuell** österr. auch für: prozentual.

perzeptibel [lat. percipere ›wahrnehmen‹], wahrnehmbar. **Perzeption** *die, -/-en,* sinnl. Wahrnehmung. **perzeptorisch. perzipieren,** *ich* perzipiere (habe perzipiert) *es,* nehme wahr.

Pesade [frz., zu ital. posarsi ›anhalten‹] *die, -/-n,* eine Figur der Hohen Schule, ABB. H 22.

pesante [ital.], ♪ schwer, wuchtig.

Pesel [mnd. pesel, zu mlat. pisale ›heizbares Gemach‹] *der, -s/-,* Prachtstube im holstein. Bauernhaus.

pesen [Schülerwort zu lat. pes ›Fuß‹], *ich* pese (bin gepest), ∪ sehr schnell, haste.

Peseta [span. ›kleiner Peso‹] *die, -/-s* oder . . .ten und bei Wertangaben auch -, span. Währungseinheit. **Peso** [span. ›Gewicht‹] *der, -(s)/-s* und bei Wertangaben auch -, Währungseinheit in mehreren Ländern Lateinamerikas.

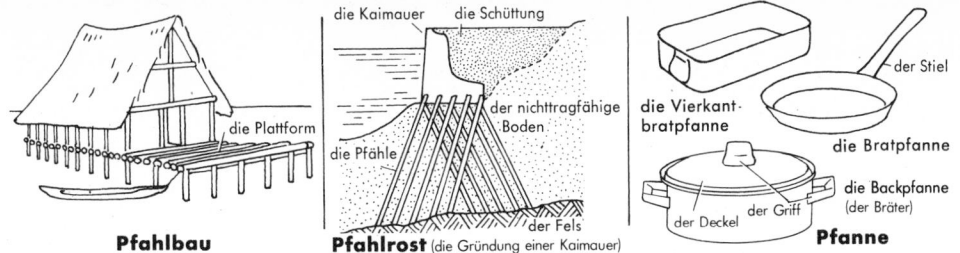

Pfahlbau **Pfahlrost** (die Gründung einer Kaimauer) **Pfanne**

die Kaimauer die Schüttung — die Plattform — die Pfähle — der nichttragfähige Boden — der Fels — die Vierkant-bratpfanne — der Stiel — die Bratpfanne — der Deckel — der Griff — die Backpfanne (der Bräter)

Pessar [grch. pessos, eigtl. ›länglich-runder Stein im Brettspiel‹] *das, -s/-e,* ⚕ verschiedene Arten von Einlagen in Scheide oder Gebärmutter: *Intrauterinpessar.*
Pessimismus [lat. pessimus ›der schlechteste‹, ›sehr schlecht‹ und vgl. . . . .ismus] *der, -,* durch Anlage oder persönl. Erfahrung bedingte Lebenshaltung, die zu einer Überbetonung der negativen Daseinsaspekte tendiert. **Pessimist** *der, -en/-en,* zum Pessimismus neigender Mensch. **pessimistisch. Pessimum** *das, -s/. . .ma,* Ökologie: geringe Eignung eines Lebensraumes für eine Art.
Pest [lat. pestis ›Seuche‹, ›Unglück‹] *die, -,* auch Pestilenz, **1)** eine schwere Infektionskrankheit. **2)** Ü jede bösartige Seuche. **Pestbeule** *die,* Lymphdrüsenschwellung bei Pest. **Pestilenz** *die, -,* Pest. **pestilenzialisch,** *ein pestilenzialischer Geruch.*
Pestizid [lat. caedere ›töten‹] *das, -s/-e,* Schädlingsbekämpfungsmittel. **Pestwurz** *die,* sehr großblättriger Korbblüter.
Petarde [frz. pétard, zu péter ›knallen‹] *die, -/-n,* ⚙ Sprengladung.
Petent [lat. petere ›bitten‹] *der, -en/-en,* ⚙ Bittsteller.
Peter [grch. petros, zu petra ›Fels‹] **1)** männl. Vorname: *P. und Paul,* ein kath. Fest, der 29. Juni. **2)** *der, -s/-,* U Kerl: *ein langweiliger P.* **3)** *der Schwarze P.,* ein Kartenspiel: *man will mir den Schwarzen P. zuschieben,* Ü mich für die Schwierigkeiten verantwortlich machen. **Petermännchen** *das,* Fisch mit giftiger Rückenflosse. **Petersilie** [-iə, mhd. petersilje, zu mlat. petrosilium, aus grch. petroselinon ›Felseneppich‹] *die, -,* Gewürz- und Gemüsepflanze, ABB. G 24: *ihm ist die P. verhagelt,* U es ist ihm etwas mißglückt. **Petersspfennig** *der,* Gabe der Katholiken an den Papst. **Peterwagen** *der,* U Funkstreifenwagen.
Petit [pti, frz. ›klein‹] *die, -,* ÜBERS. D 16. **Petitesse** *die, -/-n,* Kleinigkeit, unwichtige Sache.
Petition [lat. petitio, zu petere ›bitten‹] *die, -/-en,* Bittsuch, bes. an Staatsoberhaupt, Volksvertretung oder Behörden: *ich reiche eine P. ein; Petitionsausschuß; Petitionsrecht; Kollektivpetition.* **petitionieren,** ich petitioniere (habe petitioniert) *um etwas.*
Petit point [ptipwˈ̄ɛ, frz. petit ›klein‹ und point ›Stich‹, ›Punkt‹] *das* oder *der, - -,* Nadelarbeit mit Perlstich: *Petitpoint-Tasche.* **Petits fours** [ptifˈuːr, frz., zu four ›Backofen‹] *Pl.,* kleine Gebäckstücke.
Petra [grch. ›Fels‹], weibl. Vorname.
Petrefakt [grch. petra ›Fels‹ und lat. facere ›machen‹] *das, -(e)s/-e* oder *-en,* ⚒ Versteinerung von Tieren, Pflanzen. **Petrefaktenkunde** *die,* ⚒ Paläontologie. **Petrifikation** *die, -/-en,* Prozeß der Versteinerung. **petrifiziert.**
petrinisch, Petrinisch, auf den Apostel Petrus bezüglich: *petrinischer Lehrbegriff;* aber: *Petrinische Briefe;* vgl. ÜBERS. A 4, C.
Petrochemie [vgl. Petroleum und Chemie] *die,* Petrolchemie, Erdölchemie, Zweig der chem. Technik, der Erdöl und Erdgas zu chem. Ausgangsstoffen verarbeitet. **Petrodollars,** *Pl.,* Schlagwort für die Reichtümer der Erdöl fördernden Staaten. **Petrographie** [vgl. . . . .graphie] *die, -,* ein Zweig der Gesteinskunde. **Petrographisch. Petrolchemie,** Petrochemie. **Petroleum** [grch. petra ›Fels‹ und lat. oleum ›Öl‹] *das, -s,* ein Destillationsprodukt des Erdöls: *Petroleumlampe.* **Petrologie** [vgl. . . . .logie] *die, -,* Gesteinskunde.
Petrus, ein Apostel: *Petri Heil!,* Anglergruß.
Petschaft [mhd. petschat, zu tschech. peczet ›Siegel‹] *das, -s/-e,* ein Gerät zum Siegeln mit der Hand, ABB. S 49. **petschieren,** ich petschiere (habe petschiert) *etwas.*

Petticoat [-kout, engl. petty coat ›kleiner Rock‹] *der, -s/-s,* steifer Halbunterrock.
Petting [engl. to pet ›liebkosen‹] *das, -s,* sexuell erregende Berührungen ohne Geschlechtsverkehr.
Petunie [-iə, Tupísprache petyn ›Tabak‹] *die, -/. . .ni|en,* trichterblütige Zierpflanze.
Petz [wohl urspr. Koseform zu Bernhard] *der, -es/-e,* der Bär (in der Fabel): *Meister P.*
Petze *die, -/-n,* Hündin, Füchsin.
Petze *die, -/-n,* Schülersprache: Angeber(in), Verräter(in).
petzen [hebr. pazah ›den Mund auftun‹], ich petze (habe gepetzt) *(es),* Schülersprache: gebe an, verrate (den Mitschüler).
petzen [mhd. phetzen], ich petze (habe gepetzt) *ihn,* mitteld.: kneife.
peu à peu [pøapˈø, frz. peu ›wenig‹], nach und nach.
Pf, Abk. für: Pfennig.
Pfad [ahd. pfad] *der, -(e)s/-e,* schmaler Weg. **Pfädchen** *das, -s/-.* **Pfader** *der, -s/-,* schweiz.: Pfadfinder. **Pfadfinder** *der,* Mitglied einer Jugendbewegung.
Pfaffe [ahd. pfaffo, zu grch. papas ›niederer Geistlicher‹] *der, -n/-n,* urspr. ehrendes eines Geistlichen, heute verächtlich. **Pfaffenhütchen** *das,* Spindelbaum, Holzgewächs mit barettförmigen Früchten.
Pfahl [ahd. pfal, zu lat. palus] *der, -(e)s/ˮe,* **1)** unten zugespitzter Stab oder Balken, z. B. als Stütze an Zäunen, Obstbäumen, auch als Grenzzeichen und zur Gründung von Bauwerken: *Pfahlrost,* ABB. P 7; *in meinen vier Pfählen,* Ü bei mir zu Hause; *ein P. im Fleische,* Ü etwas, das einen ständig beunruhigt, belästigt. **2)** ∇ senkrecht über die Mitte des Schildes gezogener Streifen, ABB. H 16. **Pfahlbau** *der, -(e)s/-ten,* auf Pfählen ruhender Bau, ABB. P 7. **Pfahlbauer** *der,* Bewohner von Pfahlbauten. **Pfahlbürger** *der,* **1)** im MA. außerhalb der Grenzpfähle einer Stadt ansässiger Landbewohner mit Bürgerrecht der Stadt. **2)** ⚔ Ü Spießbürger. **pfählen,** ich pfähle (habe gepfählt), **1)** *einen Baum,* binde ihn an die Stütze. **2)** *ihn,* ⚔ richte hin; spieße auf einen Pfahl auf. **Pfahlmuschel** *die,* Miesmuschel.
Pfaid [ahd. pfeit ›Rock‹, ›Hemd‹, zu grch. baite ›Hirtenrock aus Fellen‹] *die, -/-en,* österr. ⚔: Hemd. **Pfaidler** *der, -s/-,* österr. ⚔: Wäschehändler.
Pfalz [ahd. phalanza, zu lat. palatium] *die, -/-en,* **1)** im MA. Wohnsitz der dt. Könige und Kaiser. **2)** mittelrhein. Landschaft. **Pfälzer** *die, -/-,* Bewohner der Pfalz. **2)** Wein aus der Pfalz. **Pfalzgraf** [mhd. pfalenzgrave], urspr. kaiserlicher Beamter, später Vertreter der königl. Rechte: *der P. bei Rhein,* der Pfälzer Kurfürst. **pfälzisch.**
Pfand [ahd. pfant, zu lat. pondus ›Gewicht‹] *das, -(e)s/ˮe,* **1)** für eine Forderung haftender Gegenstand: *Faustpfand; Flaschenpfand; Pfandleihe; für die Bierflaschen mußte ich P. zahlen; ich lasse, biete meine Uhr als P.; heute löse ich mein P. im Leihhaus ein; ich gebe mein Wort zum P.,* verbürge mich dafür; *Deichanteil.* **pfändbar. Pfandbrief** *der,* durch Hypotheken gedeckte Schuldverschreibung. **pfänden,** ich pfände (habe gepfändet) *ihn, es ihm,* beschlagnahme von seinem Eigentum zur Befriedigung einer Schuld. **Pfänder** *der, -s/-,* oberdt.: Gerichtsvollzieher. **Pfänderspiel** *das,* ein Gesellschaftsspiel. **Pfandhaus** *das,* Leihhaus. **Pfandleihe** *die, -,* das gewerbsmäßige Ausleihen von Geld gegen Pfänder. **Pfandrecht** *das, -(e)s,* das einem Gläubiger, eine fremde Sache oder ein fremdes Recht zur Befriedigung seines Anspruchs zu verwerten. **Pfändung** *die, -/-en.*
Pfännchen *das, -s/-.* **Pfanne** [ahd. phanna, zu grch. patane ›Schüssel‹] *die, -/-n,* **1)** flaches Gefäß zum Braten, Backen,

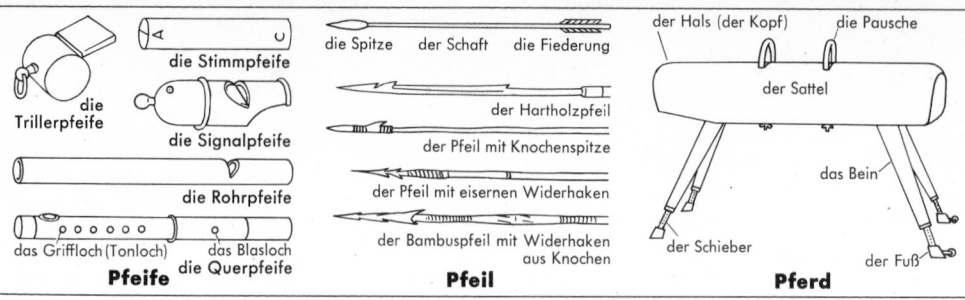

die Stimmpfeife
die Trillerpfeife
die Signalpfeife
die Rohrpfeife
das Griffloch (Tonloch)   das Blasloch
die Querpfeife
Pfeife

die Spitze   der Schaft   die Fiederung
der Hartholzpfeil
der Pfeil mit Knochenspitze
der Pfeil mit eisernen Widerhaken
der Bambuspfeil mit Widerhaken aus Knochen
Pfeil

der Hals (der Kopf)   die Pausche
der Sattel
das Bein
der Schieber   der Fuß
Pferd

Schmelzen, Abb. P 7: *ich brate Schnitzel in der P.; ich schlage Eier in die P.; ich habe ihn in die P. gehauen,* U ihn gedemütigt. **2)** feuerfest ausgekleidetes Gefäß für flüssiges Metall: *Gießpfanne.* **3)** ⚓ konkav geformtes Gelenkende: *Gelenkpfanne.* **4)** flache Hohlmulde in Trockengebieten: *Salzpfanne.* **5)** Zündpfanne am Steinschloßgewehr. **6)** Dachziegel, Abb. D 2. **Pfänner** *der, -s/-,* ⚒ Besitzer eines Anteils an einem Salzbergwerk: *Pfännerschaft.* **Pfannkuchen** *der,* **1)** süddt.: Eierkuchen. **2)** norddt.: in Fett gebackener Kuchenteig (mit Füllung): *Berliner P.,* Abb. K 51. **Pfanzel** *das, -s/-,* Pflanzel.

Pfarre [ahd. pfarra, zu grch. paroikia] *die, -/-n,* norddt., **Pfarrei** *die, -/-en,* Kirchspiel, Pfarramt; Pfarrhaus. **Pfarrer** *der, -s/-,* **Pfarrerin** *die, -/-nen,* Geistliche(r), Seelsorger(in) einer Gemeinde. **Pfarrfrau** *die,* Frau eines (evang.) Pfarrers. **Pfarrkind** *das,* Angehörige(r) einer Pfarrei.

Pfau [ahd. pfawo, zu lat. pavo] *der, -(e)s/-en,* ein Fasanenvogel; Sinnbild der Eitelkeit: *er ist eitel wie ein P.* **Pfauen|auge** *das,* ein Schmetterling.

Pfd., Abk. für: Pfund.

Pfeffer [ahd. pfeffar, zu grch. peperi] *der, -s/-,* **1)** eine Pflanze und deren Früchte (Gewürz), Abb. G 23; Sinnbild für Schärfe: *P. und Salz; weißer, schwarzer P.; Pfefferstreuer; geh hin, wo der P. wächst!,* U recht weit von hier; *da liegt der Hase im P.!,* U das ist die Wurzel des Übels. **2)** ⚒ Soldatensprache: Schießpulver. **pfeff(e)rig,** stark mit Pfeffer gewürzt. **Pfefferkraut** *das,* Gewürzpflanze, Bohnenkraut. **Pfefferkuchen** *der,* stark gewürzter Honig- oder Lebkuchen, Abb. K 51: *Pfefferkuchenhaus.* **Pfefferminz, 1)** *der, -es/-e,* ein Likör. **2)** *das, -es/-e,* ein Bonbon. **Pfefferminze** *die,* ⚕ Gewürz, eine Arzneipflanze: *Pfefferminztee.* **pfeffern,** *ich pfeff(e)re (habe gepfeffert) es,* **1)** würze mit Pfeffer; vgl. gepfeffert. **2)** U werfe, schieße: *er hat das Buch vor Wut an die Wand gepfeffert.* **Pfeffernuß** *die,* kleiner runder Pfefferkuchen, Abb. K 51. **Pfeffersack** *der,* U reicher Kaufmann. **Pfeffer-und-Salz-Muster** *das,* U schwarzweißes Muster, Abb. M 26.

Pfeifchen *das, -s/-.* **Pfeife** [ahd. pfifa ›Flöte‹, zu lat. pipare ›piepen‹] *die, -/-n,* **1)** Rohr, in dem durch Luftschwingungen Töne erzeugt werden, Abb. P 8, B 33, D 17: *Orgelpfeife; Trillerpfeife; alle tanzen nach seiner P.,* U gehorchen ihm widerspruchslos. **2)** Rauchgerät, Abb. R 7, T 1: *er raucht P.; man muß die P. stopfen, anzünden, ausklopfen.* **3)** röhrenförmiges Gerät mit breiter Mündung, z. B. die Glasbläserpfeife. **3)** U ungeschickter Mensch, Tölpel. **pfeifen,** *ich pfeife (habe gepfiffen),* **1)** *(eine Melodie),* bringe mit gespitztem Mund Töne hervor: *er pfiff den neuesten Schlager vor sich hin; er pfiff (nach) seinem Hund; ich p. darauf,* U lege keinen Wert darauf, verzichte; *ich pfeif dir was,* U tue nicht das, was du willst; *er pfeift auf dem letzten Loch,* U ist am Ende; *ein Vogel pfeift,* singt sein Lied; *Tiere pfeifen* (Fischotter, Murmeltier, Gemse), 🐦 warnen. **2)** blase mit der Pfeife: *er pfeift dieses Spiel,* U ist Schiedsrichter (Fußball u. a.). **3)** *der Wind pfeift,* heult. **Pfeifenkopf** *der,* Abb. T 1. **Pfeifenstrauch** *der,* **1)** Falscher Jasmin, ein Steinbrechgewächs mit stark duftenden Blüten. **2)** ein Osterluzeigewächs. **Pfeifer** *der, -s/-,* **1)** jemand, der pfeift. **2)** im MA. Spieler von Blasinstrumenten, später freie Musikanten, Spielleute: *Stadtpfeifer.* **Pfeifkonzert** *das,* Pfeifen des Publikums bei einer Veranstaltung (als Zeichen der Ablehnung, auch der Begeisterung).

Pfeil [ahd. pfil, zu lat. pilum] *der, -(e)s/-e,* **1)** Geschoß des Bogens, Abb. P 8; Sinnbild der Schnelligkeit: *mit P. und Bogen; er schoß davon wie ein P.,* sehr schnell; *er ist von Amors P. getroffen,* P verliebt; *er hatte seine Pfeile abgeschossen,* Ü spitze

Bemerkungen angebracht; *sie hat alle Pfeile verschossen,* Ü schon alle Argumente vorgebracht. **2)** Richtungsanzeiger in Form eines Pfeils. **3)** *ohne Pl.,* ☆ ein Sternbild.

Pfeiler [ahd. philari, zu lat. pila] *der, -s/-,* **1)** Stütze zum Tragen von Decken, Trägern, Gewölben u. a.: *Wandpfeiler; Brückenpfeiler; Pfeilerbasilika;* Abb. B 51, G 22, S 67, V 5; *dieser Stand war ein P. der Gesellschaft,* Ü. **2)** ⚒ für den Pfeilerbau vorgerichtetes Abbaustück im Bergbau. **Pfeilerbau** *der,* ⚒ ein Abbauverfahren.

Pfeilflügel [zu Pfeil], *Pl.,* im Verhältnis zum Flugzeugrumpf pfeilförmig nach hinten (positive Pfeilung) oder vorn (negative Pfeilung) angewinkelte Tragflügelhälften. **pfeilgeschwind,** Ü sehr rasch. **Pfeilhöhe** *die,* größter Abstand des Bogens von der Bogensehne, Abb. B 39. **Pfeilkraut** *das,* eine Sumpfpflanze. **Pfeilnaht** *die,* ⚕ Naht zwischen den beiden Scheitelbeinen am Schädel. **pfeilschnell,** Ü sehr schnell. **Pfeilwurzelmehl** *das,* das Arrowroot.

Pfennig [ahd. pfenni(n)g, wohl zu lat. pondus ›Gewicht‹] *der, -(e)s/-e* bei Wertangaben auch -, deutsche Münzeinheit, 1/100 Mark: *das kostet fünf Pfennig(e); hier sind fünf neue blanke Pfennige; ein Fünfpfennigstück; ich sitze ohne einen P.,* U habe augenblicklich gar kein Geld; *er dreht den P. dreimal um,* Ü ist sehr sparsam; *das ist keinen P. wert,* Ü nichts; *ich habe nicht für fünf P. Lust zu dieser Arbeit,* U gar keine. **Pfennigabsatz** *der,* sehr dünner Absatz an Damenschuh. **Pfennigfuchser** *der, -s/-,* U Geizhals. **Pfennigfuchserei** *die,* - **Pfennigkraut** *das,* Name verschiedener Pflanzen. **pfennigweise,** in Pfennigen: *zehnpfennigweise; er zählte den Betrag p. auf den Tisch; bei ihm fällt der Groschen p.,* U er begreift langsam.

Pferch [ahd. pferrih] *der, -(e)s/-e,* mit Horden eng umzäuntes Feldstück, z. B. zur Einschließung von Schafen, Abb. H 18. **pferchen,** *ich pferche (habe gepfercht) ihn, es,* dränge zusammen.

Pferd [ahd. pfärfrit, zu mlat. paraveredus ›Postpferd auf Nebenlinien‹] *das, -(e)s/-e,* **1)** Reit- und Zugtier, Abb. P 9, vgl. Abb. R 18: *der Reiter sitzt zu Pferde; Pferdegespann; Pferdegeschirr; Pferdekoppel; Reitpferd; Zugpferd; er arbeitet wie ein P.,* U sehr hart; *er ist das beste P. im Stall,* U der beste Mitarbeiter; *mit ihm kann man Pferde stehlen,* U er ist bereit zu allem; *mach mir die Pferde nicht scheu!,* U verbreitet keine unnötige Aufregung!; *er hat aufs falsche P. gesetzt,* er hat die Lage falsch beurteilt und entsprechend gehandelt. **2)** *nur Pl.,* Einhufer, Sammelbez. für Esel, Halbesel, Zebra und Wildpferd. **3)** Turngerät für Spring- und Schwungübungen, Abb. P 8, L 7, S 57, T 22. **4)** Schachspiel: Springer. **5)** Halteau für das Segel. **Pferdchen** *das, -s/-,* **1)** kleines Pferd. **2)** U Prostituierte, die für einen Zuhälter arbeitet. **Pferdeapfel** *der,* Kot des Pferdes. **Pferdebahn** *die,* früher: von Pferden gezogene Straßenbahn. **Pferdefuß** *der,* **1)** Abzeichen des Teufels. **2)** Ü verborgener Nachteil: *da sieht der P. hervor.* **Pferdekur** *die,* U sehr anstrengendes (Heil)verfahren. **Pferdelänge** *die: er liegt mit einer P. in Führung* (Pferderennen). **Pferdeschwanz** *der,* **1)** Schwanz des Pferdes. **2)** U eine Mädchenfrisur. **Pferdesport** *der,* Sammelbez. für alle Sportarten, bei denen Pferde verwendet werden. **Pferdestärke** *die,* Abk.: PS, nicht gesetzl. Maßeinheit der Leistung, Übers. M 8.

Pfette [spätmhd. pfette, zu spätlat. patena ›Firstbaum‹] *die, -/-n,* **1)** Dachstuhlbalken, auf dem die Sparren aufliegen, Abb. D 1: *Pfettendach.* **2)** oberdt., fränk.: Dachrinne.

pfetzen [mhd. phetzen], *ich pfetze (habe gepfetzt) ihn, oberdt.:* kneife, zwicke.

586

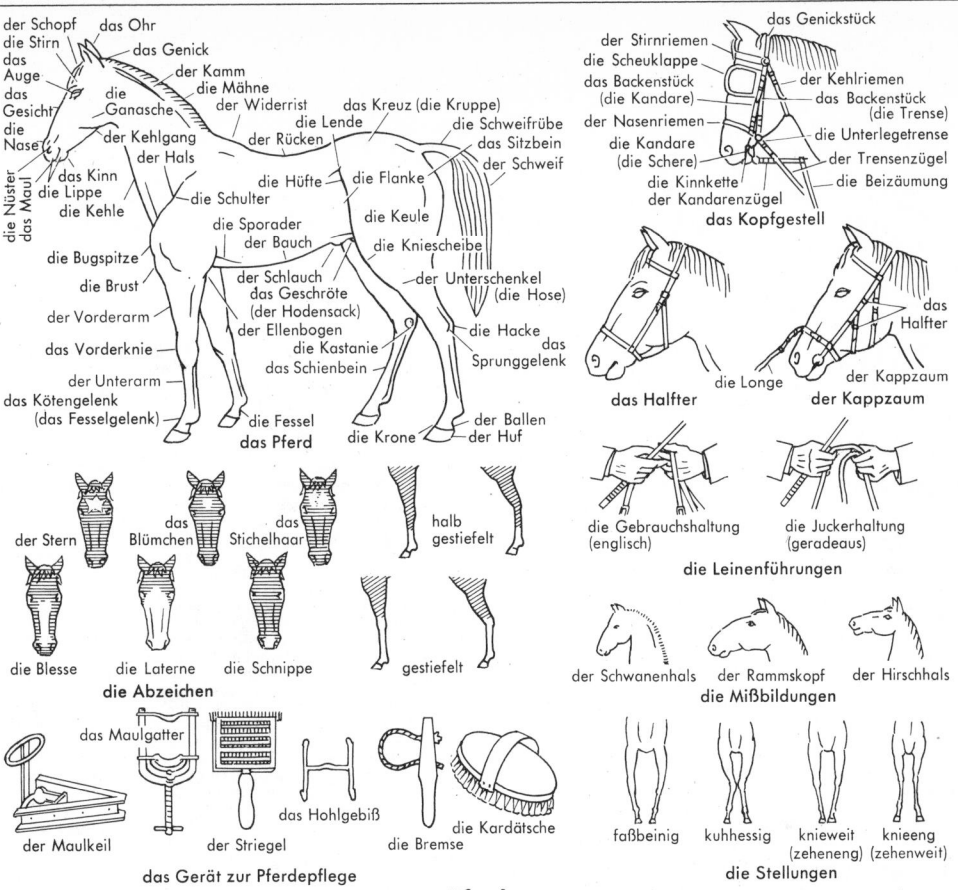

das Pferd · Pferd

Pfiesel [mhd. pfiesel, vgl. Pesel] *der, -s/-,* oberdt.: **1)** heizbare Bauernstube. **2)** Trockenraum in Salzwerken.

pfiff, von pfeifen. **Pfiff** [zu pfeifen] *der, -(e)s/-e,* **1)** schriller Ton, wie er beim Pfeifen erzeugt wird. **2)** Ü Kniff, Trick; Reiz einer Sache: *ein Kleid mit P.* **3)** ⚥ kleines Flüssigkeitsmaß in Österreich.

Pfifferling [ahd. phifera, zu Pfeffer] *der, -s/-e,* ein Speisepilz; Sinnbild des Wertlosen: *dafür gebe ich keinen P.; das ist keinen P. wert,* Ü gar nichts.

pfiffig [zu Pfiff], listig, schlau, verschlagen: *ein pfiffiger Bursche; das war p. von ihm.* **Pfiffigkeit** *die, -.* **Pfiffikus** *der, -(ses)/-se,* Ü Schlaukopf.

Pfingsten [mhd. pfingesten, zu grch. pentekoste (hemera) ›der fünfzigste Tag nach Ostern‹ *das, -,* auch *nur Pl.,* das Fest der Ausgießung des Hl. Geistes. **pfingstlich. Pfingst|ochse** *der,* zu Pfingsten geschmückter Stier. **Pfingst|rose** *die,* Päonie, Zierpflanze mit farbenprächtigen Blüten.

Pfinztag [mhd. pfinztag, Pfinz zu grch. pempte ›der fünfte Tag‹ *der,* südostd.: Donnerstag.

Pfirre [mhd. phurren ›sich schnell bewegen‹ *die, -/-n,* auch Pfurre, *schweiz.:* **1)** Kreisel. **2)** liederliche Frau. **3)** munterer Mensch. **4)** schnarrendes Blasinstrument.

Pfirsich [mhd. pfersich, zu lat. malum persicum ›Persischer Apfel‹ *der, -(e)s/-e,* ein Steinobst: *Pfirsichbaum; Pfirsichbowle; Haut wie ein P.,* Ü samtweiche Haut.

Pfister [ahd. pfistur, zu lat. pistor] *der, -s/-,* ⚥ oberdt.: Bäcker.

Pflanz *der, -,* österr.: Beschönigung, Vorspiegelung. **Pflänzchen** *das, -s/-.* **Pflanze** [ahd. phlanza, zu lat. planta] *die, -/-n,* **1)** Lebewesen, das aus anorgan. Stoffen körpereigene bildet, meist beblättert; auch Bakterie und Pilz, ABB. P 10, vgl. ÜBERS. N 5; Sinnbild für etwas Wachsendes: *eine blühende, immergrüne, kleinwüchsige, genügsame P.; Pflanzenkost; Pflanzenkrankheiten; Pflanzenzüchtung; Topfpflanze; Zierpflanze; Zimmerpflanze.* **2)** Ü freche, leichtlebige Person: *das ist eine P.!*

Pf(l)anzel [zu Pfanne] *das, -s/-,* bair.: Pfannengericht: *Fleischpf(l)anzel,* Frikadelle.

pflanzen [ahd. phlanzon], *ich pflanze (habe gepflanzt),* **1)** *es,* setze zum Wachsen in die Erde, ABB. P 10: *wir pflanzen Erdbeerstecklinge; sie hat dem Kind die Nächstenliebe ins Herz gepflanzt,* P schon früh darauf hingewirkt. **2)** *es,* stelle fest hin: *er pflanzte die Fahne auf den Wall.* **3)** *mich,* Ü setze mich breit und lässig hin: *er pflanzte sich mitten aufs Sofa.* **4)** *es,* oberdt.: pfropfe, veredle. **5)** *ihn,* österr.: ärgere, necke, halte zum besten. **Pflanzformation** *die,* Pflanzengesellschaft, die durch Klima und Bodenbeschaffenheit geprägt ist. **Pflanzenfresser** *der,* Phytophage, Tier, das sich vor allem von Pflanzen ernährt. **Pflanzengeographie** *die,* Phytogeographie, Verteilung der Pflanzen auf der Erde. **Pflanzenheilkunde** *die,*

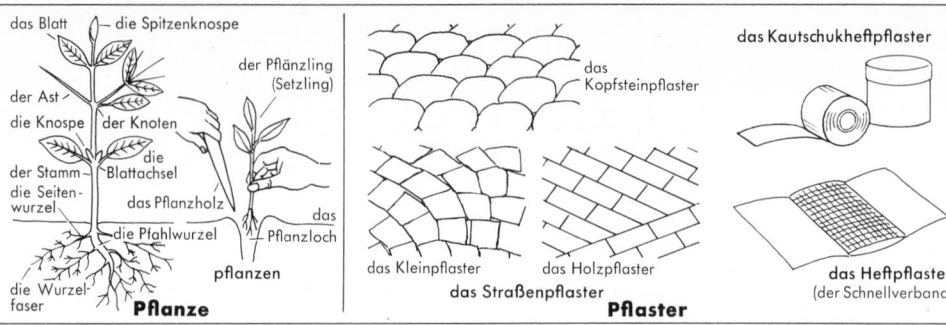

das Blatt — die Spitzenknospe
der Pflänzling (Setzling)
der Ast
die Knospe   der Knoten
der Stamm   die Blattachsel
die Seitenwurzel   das Pflanzholz
die Pfahlwurzel   das Pflanzloch
pflanzen
die Wurzelfaser
Pflanze

das Kopfsteinpflaster
das Kautschukheftpflaster

das Kleinpflaster   das Holzpflaster
das Straßenpflaster
Pflaster

das Heftpflaster (der Schnellverband)

Phytotherapie, Lehre von der Krankenbehandlung mit Arzneipflanzen oder mit Drogen, die aus Pflanzen gewonnen werden. **Pflanzenpathologie** die, Phytopathologie, die Lehre von den Pflanzenkrankheiten. **Pflanzensauger** der, Pflanzensäfte saugendes Insekt. **Pflanzenschutz** der, Schutz der Kultur- und Nutzpflanzen gegen Krankheiten und Schädlinge: Pflanzenschutzmittel. **Pflanzer** der, -s/-, 1) jemand, der pflanzt. 2) Ansiedler in Übersee, Plantagenbesitzer. **Pflanzholz** das, Abb. P 10. **Pflänzlein** das, -s/-. **pflanzlich**, auf Pflanzen bezüglich: er ernährt sich rein p.; pflanzliche Ernährung; pflanzliche Fette; Tapeten mit pflanzlichen Motiven. **Pflänzling** der, -s/-e, zum Auspflanzen bestimmte junge Pflanze. **Pflanzung** die, -/-en, 1) ohne Pl., das Pflanzen. 2) (größeres) mit Nutzgewächsen bepflanztes Stück Land, Plantage. 3) ✠ Waldstück mit Baumschößlingen.
Pflaster [ahd. pflastar, zu grch. emplassein ›aufstreichen‹] das, -s/-, 1) Straßenbelag aus dichtgefügten Steinen oder Holz, auch aus Gummi, Abb. P 10, vgl. Abb. B 44: ein holpriges P.; diese Stadt ist ein teures P., Ü das Leben ist hier kostspielig; hier wird mir das P. zu heiß, U wird es für mich gefährlich. 2) Mittel zum Versorgen von Wunden und zum Befestigen von Verbänden, Abb. P 10; Ü Trost, Linderungsmittel: ich klebe ein P. über die Wunde; Wundpflaster; Trostpflaster, Ü. **Pflästerchen** das, -s/-. **Pflasterer** der, -s/-, Steinsetzer, Straßenbauer. **Pflastermaler** der, jemand, der (mit Kreide) auf die Straße malt (und damit um Spenden bittet). **pflastermüde**, U großstadtmüde. **pflastern**, ich pflast(e)re (habe gepflastert) es, belege mit Pflaster: der Weg zur Hölle ist mit guten Vorsätzen gepflastert, Ü voll davon. **Pflasterstein** der, 1) großer Steinwürfel für Straßenpflaster. 2) runder, derber Pfefferkuchen. **Pflasterung** die, -.
Pflatsch [zu platschen] der, -es/-e, der Pflatschen. **pflatschen**, ich pflatsche (habe gepflatscht), mitteldt.: 1) es, tränke ein Gewebe mittels Walzen mit Farbstoff. 2) es pflatscht, schlägt klatschend auf. **Pflatschen** der, -s/-, mitteldt.: verschüttete Flüssigkeit, Regenguß.
Pflaum der, -(e)s, oberdt.: Flaum.
Pfläumchen das, -s/-. **Pflaume** [ahd. pfruma, zu lat. prunum] die, -/-n, 1) ein Steinobst. 2) U ein Mensch, der nicht ernst genommen wird, der Unfug redet. 3) V äußeres weibl.

Geschlechtsorgan. **pflaumen**, ich pflaume (habe gepflaumt), U mache spöttische Bemerkungen. **pflaumenweich**, oberdt.: flaumweich. **Pfläumlein** das, -s/-.
Pflege [spätahd. pflega] die, -, 1) Obhut, Fürsorge, Instandhaltung: das Kind ist bei uns in P.; P. des Gartens, des Hauses, der Wohnung, des Körpers; Blumenpflege; Krankenpflege; Zahnpflege. 2) Pl. -n, ⚹ Amt und Bezirk eines Pflegers. **Pflegebefohlene** der, die, -n/-n, ein -r, eine -, Pflegekind, Pflegling. **Pflegeeltern**, Pl., Ehepaar, das ein Kind in Pflege genommen hat: Pflegevater; Pflegemutter. **Pflegefall** der, kranker, meist alter Mensch, der nur mit pflegerischer Betreuung leben kann. **Pflegekind** das, bei Pflegeeltern lebendes Kind (Pflegesohn, Pflegetochter). **pflegeleicht**, bügelfrei oder nur leicht zu bügeln. **pflegen** [ahd. plegan], ich pflege (habe gepflegt), 1) ihn, es, sorge für sein Wohl, seine Instandhaltung: die Schwester pflegt den Kranken; ein gepflegter Garten, Rasen; in dieser Familie wird gute Musik gepflegt, Ü fleißig und liebevoll ausgeübt; ein gepflegtes Äußeres, sorgsam gehaltenes. 2) es zu tun, habe die Gewohnheit: ich p. spät ins Bett zu gehen. 3) (auch: habe gepflogen) seiner, P beschäftige mich damit, tue es: nun wollen wir der Ruhe pflegen, Rats pflegen. **Pfleger** der, -s/-, 1) Krankenpfleger. 2) gerichtlich bestellter Fürsorger oder Vermögensverwalter. ⚹ Verwalter eines Amts, Vorsteher eines Bezirks: Landpfleger. **Pflegerin** die, -/-nen, Krankenschwester, Kinderschwester: Kinderpflegerin. **pflegerisch**. **Pflegesatz** der, Richtsatz für die Kosten (Unterbringung, Behandlung) in Krankenanstalten. **pfleglich**, sorgsam, fürsorglich. **Pflegling** der, -s/-e, Schutz- oder Pflegebefohlener. **Pflegschaft** die, -/-en, ⚖ Fürsorge für eine rechtl. Hinsicht hilfsbedürftige Person oder ein Vermögen, Kuratel.
Pflicht [ahd. pfliht, zu pflegen] die, -/-en, 1) etwas, das man tun soll, sittliche oder dienstliche Anforderung, Obliegenheit: das ist deine P. und Schuldigkeit; du brauchst dich nicht zu bedanken, ich habe nur meine P. getan; eheliche Pflichten; Pflichtfach; Pflichtunterricht; Schulpflicht; die Treuepflicht der Beamten. 2) oberdt.: Plicht. 3) ⛸ Pflichtübung, festgelegte Übung (Kunstturnen, Eiskunstlauf u. a.). **pflichtbewußt**, gewissenhaft. **Pflichtbewußtsein** das. **Pflichteifer** der, Eifer in der Erfüllung der Pflicht. **pflichteifrig. Pflicht-**

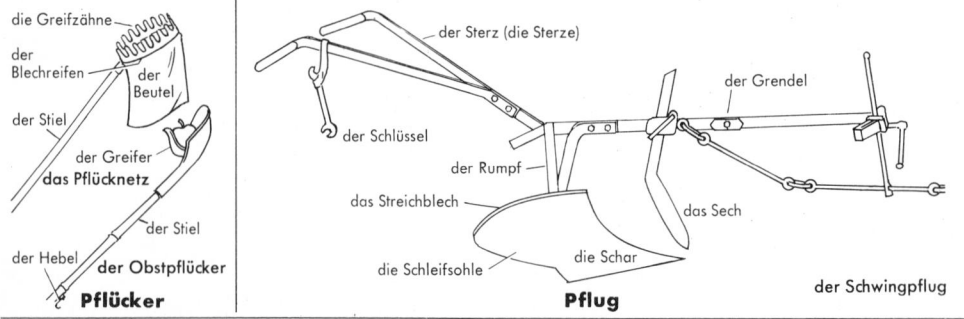

die Greifzähne
der Blechreifen   der Beutel
der Stiel
der Greifer   **das Pflücknetz**
der Stiel
der Hebel   **der Obstpflücker**
Pflücker

der Sterz (die Sterze)
der Grendel
der Schlüssel
der Rumpf
das Streichblech   das Sech
die Schleifsohle   die Schar
Pflug
der Schwingpflug

exemplar *das,* ein Exemplar von allen Druckerzeugnissen, das ein Verleger an den Staat, öffentl. Bibliotheken oder Sammlungen liefert. **Pflichtgefühl** *das,* Pflichtbewußtsein. **pflichtgemäß,** den Pflichten entsprechend. **. . . pflichtig,** *anzeigepflichtig; schulpflichtig; steuerpflichtig; zollpflichtig.* **pflichtschuldigst,** wie es die Pflicht gebietet, wie es sich gehört. **Pflichtstück** *das,* Pflichtexemplar. **Pflichtteil** *der* oder *das, -s,* der Anteil am Wert eines gesetzl. Erbteils, der den Angehörigen nicht entzogen werden kann. **Pflichtübung** *die,* ✕ Pflicht. **pflichtvergessen,** an seine Pflicht nicht denkend. **Pflichtvergessenheit** *die.* **Pflichtversicherung** *die,* Zwangsversicherung, Versicherung, die auf Grund gesetzl. Verpflichtung zustande kommt. **Pflichtverteidiger** *der,* gerichtlich bestellter Verteidiger, vorgeschrieben bei notwendiger Verteidigung. **pflichtwidrig,** den Pflichten nicht nachkommend: *pflichtwidriges Verhalten.*

Pflock [mhd. phloc] *der, -(e)s/"e,* Stab, Pfahl: *er mußte einen P. zurückstecken,* Ü seine Ansprüche mäßigen. **pflöcken,** anpflöcken.

pflog, P von pflegen.

pflotschen, *ich* pflotsche (habe gepflotscht), auch flotsche, *schweiz.:* plansche, vergieße.

Pflücke *die, -, schwäb.:* Obst- oder Hopfenernte. **pflücken** [mhd. phlücken], *ich* pflücke (habe gepflückt), **1)** *es (von etwas),* breche ab, nehme (von einer Pflanze) ab: *ich p. Äpfel vom Baum; die Kinder pflückten einen Blumenstrauß.* **2)** *Vögel,* ⚓ rupfe ihnen die Federn aus. **Pflücker** *der, -s/-,* **1)** jemand, der etwas pflückt: *Baumwollpflücker.* **2)** Gerät zum Pflücken, ABB. P 11. **Pflücksel** *das, -s/-,* Faserzeug, Zerruptes.

Pflüder *der, -s, schweiz.:* Matsch.

Pflüderi *der, -(s)/-(s), schweiz.:* Knirps.

Pflug [ahd. phluog] *der, -(e)s/"e,* Ackergerät zum Bodenlockern und -wenden, ABB. P 11. **pflügen,** *ich* pflüge (habe gepflügt) *(es),* (be)arbeite mit dem Pflug: *der Bauer pflügt; das Schiff pflügt die Wellen,* Ü durchfurcht sie. **Pflugschar** *die, -/-en* oder *das, -(e)s/-e,* der schneidende Teil am Pflug.

Pflüngel *der, -(s)/-, schweiz.:* **1)** dicker, schwerfälliger Mensch. **1)** schlecht zubereitete Mehlspeise.

pfnausen [mhd. phnusen], *ich* pfnause (habe gepfnaust), *oberdt.:* schnaufe. **Pfnüsel** *der, -s, alem.:* Schnupfen.

Pfortader [lat. vena portae] *die,* eine Vene, die das Blut aus Magen, Darm, Milz u. a. Organen der Leber zuführt. **Pförtchen** *das, -s.* **Pforte** [ahd. p(h)orta, zu lat. porta] *die, -/-n,* **1)** kleine Tür: *Gartenpforte.* **2)** von einem Pförtner bewachter Eingang (in Heimen, Krankenhäusern u. a.). **3)** ⊕ Durchgänge zwischen Gebirgen: *die Burgundische P.,* Senke zwischen Jura und Vogesen. **Pförtner** *der, -s/-,* **1)** Angestellter, der einen Gebäudeeingang bewacht: *Pförtnerloge.* **2)** ⚕ Magenausgang, ABB. M 1.

Pföstchen *das, -s/-.* **Pfosten** [ahd. pfosto, zu lat. postis ›Torpfosten‹] *der, -s/-,* **1)** Stützpfeiler: *Türpfosten,* ABB. B 27; *Bettpfosten,* ABB. B 13, Z 4. **2)** *schweiz.:* Posten, Stellung.

Pfötchen *das, -s/-.* **Pfote** [mnd. pote] *die, -/-n,* **1)** Hand und Fuß bei Katzen, Hunden, Hasen u. a. Tieren, ABB. H 27, F 25: *Hundepfote.* **2)** U derb: Hand: *wasch dir die Pfoten!* **3)** *ohne Pl.,* U schlechte Handschrift.

Pfragner *der, -s,* Nebenform von Fragner.

Pframpf *der, -(e)s/-e, oberdt.:* Mehlbrei, Mastfutter.

Pfriem [mhd. pfrieme] *der, -(e)s/-e,* Pfriemen, Ahle, ABB. S 32: *Meister P., Hans P.,* Scherzname des Schusters. **pfriemen,** *ich* pfrieme (habe gepfriemt) *es,* bohre mit dem Pfriem. **Pfriemen** *der, -s/-,* Pfriem. **Pfriemengras** *das,* bes. in Trockengebieten verbreitetes Gras.

Pfrille [mhd. phrille] *die, -/-n, oberdt.:* Elritze.

Pfropf *der, -(e)s/-e,* Pfropfen.

Pfropfbastard *der,* ⊕ durch Pfropfen entstandener Bastard. **pfropfen** [mhd. phrophen, zu lat. propagare ›ausdehnen‹, ›fortpflanzen‹], *ich* pfropfe (habe gepfropft) *eine Pflanze,* veredle durch ein Reis.

pfropfen, *ich* pfropfe (habe gepfropft) *es in etwas,* U presse, stopfe (gewaltsam) hinein. **Pfropfen** [Schallw.] *der, -s/-,* auch Pfropf, **1)** Kork, Stöpsel, Zapfen. **2)** kleine geballte Masse, z. B. Blutgerinnsel.

Pfröpfling *der, -s/-e.* **Pfropfreis** [mhd. phrophœre] *das,* ⊕ Veredelungsreis.

Pfründe [ahd. pfruonta, zu mlat. provenda, praebenda ›Unterhalt‹] *die, -/-n,* **1)** Einkommen aus einem Kirchenamt. **2)** Kirchenamt. **3)** U müheloses Einkommen. **Pfründner** *der, -s/-,* Geistlicher im Besitz einer Pfründe.

pfüat di Gott!, pfüat Gott!, *bair./österr.:* behüt' dich Gott!

Pfuhl [ahd. pfuol] *der, -(e)s/-e,* **1)** Lache, sumpfiger See, große Pfütze: *Entenpfuhl;* Sinnbild des Schmutzes und der Sünde: *Sündenpfuhl.* **2)** *fränk.:* Jauche.

Pfühl [ahd. phulawi, zu lat. pulvinus] *der* oder *das, -(e)s/-e,* P weiches Lager, Bett, Sofa; großes Kissen.

pfui [mhd. phiu], Ausruf der Mißbilligung oder des Ekels. **Pfui** *das, -s/-s.*

Pfülbe, Pfülme *die, -/-n, schweiz.:* Pfühl. **Pfulmen** *der, -(s)/-, schweiz.:* großes Kopfkissen.

Pfund [ahd. pfunt, zu lat. pondo ›ein Pfund an Gewicht‹] *das, -(e)s/-e* und bei Maß- und Wertangaben *-,* **1)** Abk.: Pfd., Zeichen: ℔, Gewichtseinheit, 500 g, 1/2 kg. **2)** Währungseinheit vieler Staaten: *das P. Sterling,* Zeichen: £, brit. Währungseinheit; *man soll mit seinem P. wuchern,* B seinen Besitz, seine Fähigkeiten wohl nutzen. **. . . pfünder,** Gegenstand oder Tier mit einem bestimmten Gewicht: *ein Zehnpfünder.* **. . . pfündig,** *zehnpfündig, 10pfündig.* **pfundig,** U großartig. **Pfundskerl** *der,* U tüchtiger Mensch. **pfundweise,** nach Pfunden.

Pfurre [mhd. phurren ›sich schnell bewegen‹] *die, -/-n, schweiz.:* Pfirre. **pfurren,** *ich* pfurre (bin gepfurrt), *schweiz.:* laufe wie der Wind, rase.

Pfusch *der, -(e)s,* Pfuscherei. **pfuschen** [Schallw.], *ich* pfusche (habe gepfuscht), U **1)** arbeite schlecht, flüchtig, unfachmännisch: *ich lasse mir nicht ins Handwerk pfuschen,* Ü verbitte mir fremde Einmischung in meine eigenen Angelegenheiten. **2)** pflüge die Stoppeln unter. **Pfuscher** *der, -s/-,* U jemand, der pfuscht. **Pfuscherei** *die, -,* U. **pfuscherhaft,** U.

Pfütze [ahd. pfuzza ›Brunnen‹, zu lat. puteus] *die, -/-n,* kleine Flüssigkeitsansammlung: *Wasserpfütze.*

ph, der Laut f in Fremdwörtern aus dem Griechischen.

ph, Zeichen für: Phot.

pH, der pH-Wert.

PH, Abk. für: Pädagogische Hochschule.

Phäake [grch. Phaiax] *der, -n/-n,* Angehöriger eines genußfrohen Volkes der grich. Sage.

Phaethon [grch., zu phaeinos ›leuchtend‹], Sohn des Sonnengottes, der mit dem Sonnenwagen die Erde in Brand setzte. **Phaeton** *der, -s/-s,* leichte, offene Kutsche.

Phage [grch. phagein ›fressen‹] *der, -n/-n,* **1)** Bakteriophage. **2)** Phagozyte. **Phagozyte** [grch. kytos ›Höhlung‹, ›Zelle‹] *die, -/-n, meist Pl.,* Freßzelle, die Fremdkörper unschädlich macht.

Phalanx [grch., eigtl. ›Baumstamm‹] *die, -/. . . l'angen,* **1)** tiefe Schlachtreihe der alten Griechen; Sinnbild einmütigen Widerstandes. **2)** ⚕ Finger-, Zehenknochen.

phallisch, den Phallus betreffend. **Phallo|kratie** [grch. kratein ›herrschen‹] *die, -,* Schlagwort für die gesellschaftl. Unterdrückung der Frau durch den Mann. **Phallus** [grch. phallos] *der, -/. . . lli, . . . llen* oder *-se,* das (erigierte) männl. Glied; urtkultisches Sinnbild der Zeugungskraft: *Phalluskult.*

Phanerogame [grch. phaneros ›sichtbar‹ und vgl. . . . gamie] *die, -/-n,* Samenpflanze. **Phänologie** [vgl. . . . logie] *die, -,* Wissenschaft von der jahreszeitl. Wirkung auf Pflanzen und Tiere.

Phänomen [grch. phainomenon ›das Erscheinende‹] *das, -s/-e,* **1)** Erscheinung: *Naturphänomen.* **2)** U Wunder(kind), Mensch mit ungewöhnl. Fähigkeiten: *er ist ein P.* **phänomenal, 1)** zur Welt der Erscheinungen gehörig. **2)** U fabelhaft: *eine phänomenale Leistung.* **Phänomenalismus** [vgl. . . . ismus] *der, -,* philosoph. Lehre, daß nicht die Dinge an sich, sondern nur ihre Erscheinungsformen erkennbar seien. **Phänomenologie** [vgl. . . . logie] *die, -,* **1)** systemat. Beschreibung der Gegenstände eines Wissenschaftsbereichs. **2)** philosoph. Lehre vom Werden und Auftreten der Erscheinungen im Bewußtsein. **phänomenologisch.** **Phänotypus** *der,* Genetik: das Erscheinungsbild eines Lebewesens.

Phantasie [mhd. fantasīe, zu grch. phantasia ›Vorstellung‹, ›Erscheinung‹, ›Anblick‹] *die, -/. . . s'i|en,* **1)** ohne *Pl.,* Einbildungskraft, schöpferischer Geist, Erfindungsgabe: *dichterische, schöpferische P.; ihm mangelt an P.* **2)** Trugbild, Wahngebilde, Träumerei: *Fieberphantasien.* **3)** ♪ Fantasie. **phantasie. . . ,** frei erfunden: *Phantasiegebilde.* **phantasiearm. phantasielos. phantasiereich. phantasieren,** *ich* phantasiere (habe phantasiert), **1)** träume, überlasse mich dem Wechsel lebhafter Vorstellungen. **2)** rede im Fieber, rede irre. **3)** ♪ spiele aus dem Stegreif, nach freier Eingebung oder Erinnerung. **phantasievoll,** voller Phantasie, einfallsreich.

Phantasma [grch. ›Erscheinung‹] *das, -/. . . men,* Sinnestäuschung, Trugbild. **Phantasmagorie** *die, -/. . . r'i|en,*

Phan

1) Wahngebilde. 2) Gespenstererscheinung auf der Bühne. **Phantast** *der, -en/-en,* Schwärmer, Träumer, überspannter Mensch. **Phantasterei** *die, -/-en,* wirklichkeitsfremde Idee. **phantastisch, 1)** traumhaft, unwirklich, kühn erfunden. **2)** U großartig, sehr schön. **Phantom** [frz. fantôme] *das, -s/-e,* **1)** Trugbild, Hirngespinst. **2)** $ zu Lehrzwecken nachgebildeter Körperteil: *Übung am P.* **Phantombild** *das,* Kriminalistik: Bild eines Gesuchten, das nur nach Zeugenaussagen hergestellt wird. **Phantomschmerz** *der,* $ Schmerz, der in einer nicht mehr vorhandenen, amputierten Gliedmaße gespürt wird.

Pharao [ägypt. Per'o ›großes Haus‹], **1)** *der, -s/. . .ra'onen,* Titel der altägypt. Könige: *Pharaonenreich.* **2)** *das, -s,* Pharo, ein Kartenglücksspiel. **pharaonisch,** auf die Pharaonen bezüglich.

Pharisäer [ahd. phariseri, zu hebr. peruschim ›Abgesonderte‹] *der, -s/-,* **1)** Angehöriger einer religiös-polit. jüd. Partei zur Zeit Christi. **2)** Ü hochmütiger Heuchler. **pharisäerhaft. pharisäisch.**

Pharmakognosie [grch. pharmakon ›Heilmittel‹ und gnosis ›Erkennen‹] *die, -,* Drogenkunde. **Pharmakologe** [vgl. . . .loge] *der, -n/-n.* **Pharmakologie** [vgl. . . .logie] *die, -,* Wissenschaft von Wirkung und Anwendung der Arzneimittel. **pharmakologisch. Pharmakon** *das, -s/. . .ka,* Arzneimittel. **Pharmakopöe** [grch. poiein ›machen‹] *die, -/-n,* Arzneibuch, Verzeichnis der offizinellen Mittel. **Pharmazeut** [grch. pharmakeus ›Giftmischer‹] *der, -en/-en,* Kenner der Pharmazie; Apotheker. **Pharmazeutik** *die, -,* Pharmazie. **pharmazeutisch,** *pharmazeutische Industrie; pharmazeutisch-technische Assistentin,* Abk.: PTA. **Pharmazie** *die, -,* Arzneimittelkunde, Wissenschaft von der Zubereitung der Arzneimittel.

Pharo *das, -s,* das Pharao.

Pharyngitis [grch. pharynx ›Kehle‹] *die, -/. . .t'iden,* $ Rachenentzündung. **Pharyngoskop** [vgl. ...skop] *das, -s/-e,* Instrument zur Rachenuntersuchung. **Pharyngoskopie** *die, -/. . .p'i|en,* Rachenuntersuchung mit einem Pharyngoskop. **Pharynx** *die* oder *der, -/. . .r'yngen,* der Schlund.

Phase [grch. phasis ›Erscheinung‹] *die, -/-n,* **1)** Entwicklungsstufe, Erscheinungsform, Zustand: *die einzelnen Phasen einer Entwicklung, einer Krankheit; Endphase.* **2)** ⚥ die wechselnden Lichtgestalten des Mondes, ÜBERS. A 22, und der Planeten. **3)** Wellenlehre: der augenblickl. Schwingungsstand einer Welle. **. . .phasig,** mit einer bestimmten Anzahl von Phasen versehen: *dreiphasig; mehrphasig.* **phasisch,** in bestimmten Phasen regelmäßig wechselnd.

Phenacetin *das, -s,* ein Schmerz- und Fiebermittel. **Phen|an|thren** *das, -s,* ein im Steinkohlenteer auftretender kristallisierter, aromatischer Kohlenwasserstoff. **Phenol** [frz. phénol, zu grch. phainein ›zeigen‹ und lat. oleum ›Öl‹] *das, -s/-e,* **1)** Karbolsäure, von Benzol abgeleitete Verbindung. **2)** *meist Pl.,* eine Gruppe aromatischer Verbindungen. **Phenolharz** *das, meist Pl.,* Phenoplast, Kunstharze aus Phenol. **Phenolphthalein** *das, -s,* organ. Verbindung; Indikator. **Phenoplast** [grch. plassein ›bilden‹] *der, -(e)s/-e, meist Pl.,* die Phenolharze. **Phenyl** [vgl. . . .yl] *das, -s,* einwertige, vom Benzol abgeleitete Atomgruppe.

Phi *das, -(s)/-s,* griech. Buchstabe, ÜBERS. G 36.

Phiale [grch.] *die, -/-n,* Opferschale, flache Schale.

phil. . ., vgl. philo . . .

. . .phil [grch. philos ›Freund‹], . . .liebend, . . .freundlich: *anglophil.*

Phil|an|throp [vgl. phil. . . und grch. anthropos ›Mensch‹] *der, -en/-en,* Menschenfreund. **Phil|an|thropie** *die, -,* Menschenliebe. **phil|an|thropisch.**

P 12

Photogeräte

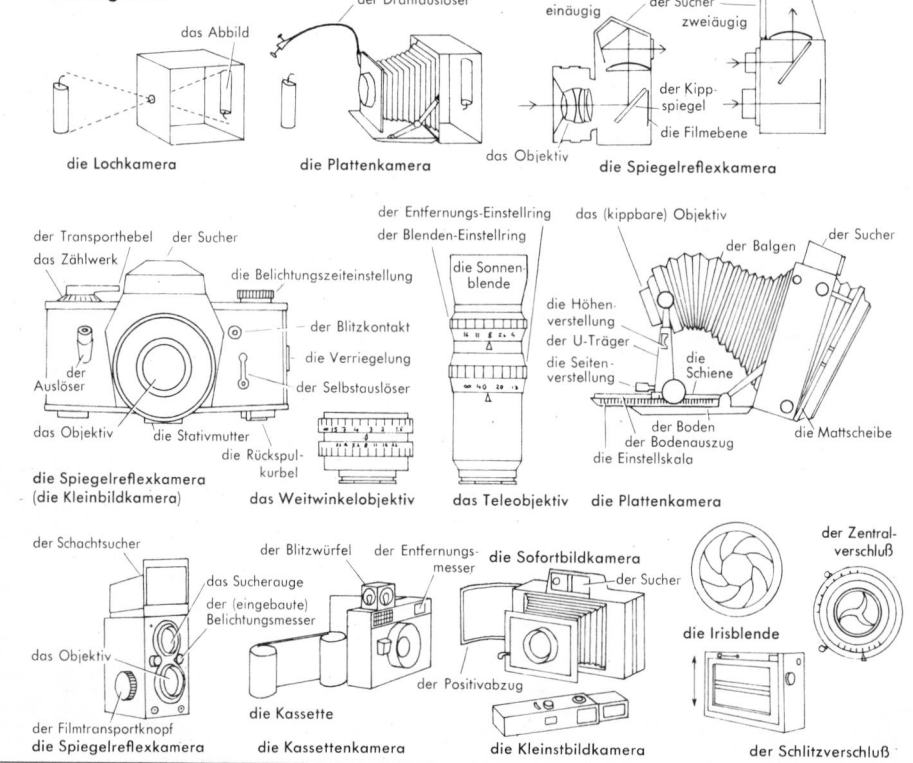

der Drahtauslöser — das Abbild — einäugig — zweiäugig — der Sucher — der Kippspiegel — die Filmebene — das Objektiv
die Lochkamera — die Plattenkamera — die Spiegelreflexkamera

der Transporthebel — der Sucher — der Entfernungs-Einstellring — das (kippbare) Objektiv — der Balgen — der Sucher
das Zählwerk — die Belichtungszeiteinstellung — der Blenden-Einstellring — die Sonnenblende — die Höhenverstellung — der U-Träger — die Seitenverstellung — die Schiene
der Blitzkontakt — die Verriegelung — der Selbstauslöser
der Auslöser — das Objektiv — die Stativmutter — die Rückspulkurbel — der Boden — der Bodenauszug — die Einstellskala — die Mattscheibe
die Spiegelreflexkamera (die Kleinbildkamera) — das Weitwinkelobjektiv — das Teleobjektiv — die Plattenkamera

der Schachtsucher — der Blitzwürfel — der Entfernungsmesser — die Sofortbildkamera — der Sucher — der Zentralverschluß
das Sucherauge — der (eingebaute) Belichtungsmesser — die Irisblende
das Objektiv — der Positivabzug
der Filmtransportknopf — die Kassette — die Kleinstbildkamera — der Schlitzverschluß
die Spiegelreflexkamera — die Kassettenkamera

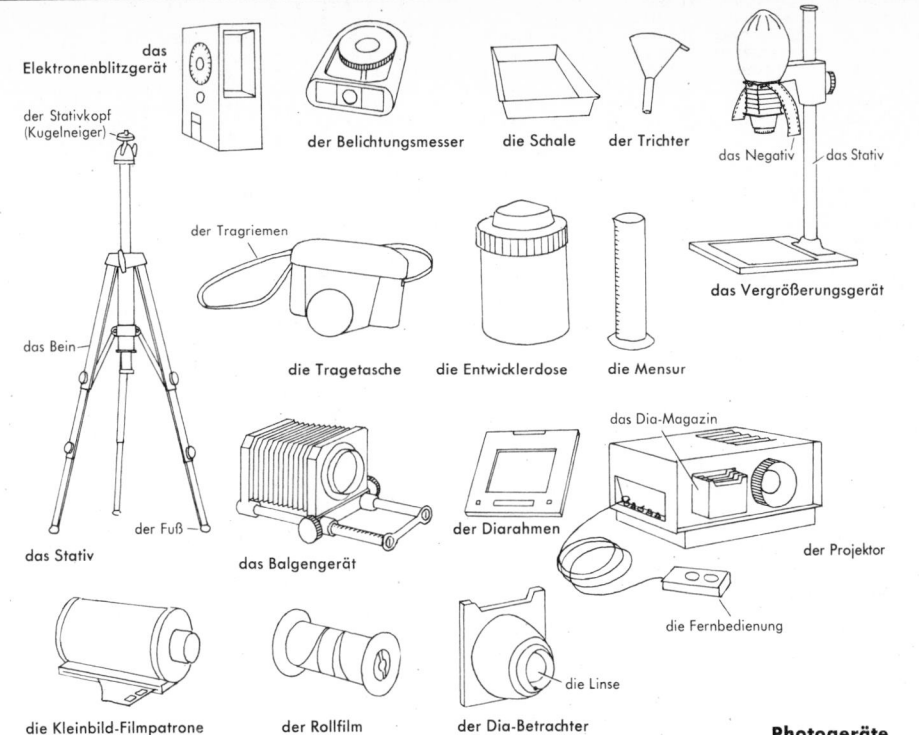

das Elektronenblitzgerät

der Stativkopf (Kugelneiger)

der Belichtungsmesser   die Schale   der Trichter

das Negativ   das Stativ

der Tragriemen

das Vergrößerungsgerät

das Bein

die Tragetasche   die Entwicklerdose   die Mensur

das Dia-Magazin

der Diarahmen

der Projektor

der Fuß

das Stativ   das Balgengerät

die Fernbedienung

die Linse

die Kleinbild-Filmpatrone   der Rollfilm   der Dia-Betrachter

Photogeräte

Phil|atelie [vgl. phil... und grch. ateleia ›Abgabefreiheit‹] *die, -,* Briefmarkenkunde. **Phil|atelist** *der, -en/-en,* Briefmarkensammler. **phil|atelistisch.**

Philharmonie [vgl. phil... und Harmonie] *die, -/...n'i|en,* Name vieler Orchester, Konzertsäle, musikal. Gesellschaften. **Philharmoniker** *der, -s/-,* Musiker eines philharmon. Orchesters. **philharmonisch,** *philharmonisches Orchester.*

Philhellene [vgl. phil... und Hellene] *der,* Griechenfreund; Anhänger des Philhellenismus. **Philhellenismus** [vgl....ismus] *der, -,* im 19. Jahrh. eine internat. Bewegung zur Unterstützung der Griechen im Freiheitskampf gegen die Türken.

...philie [grch. philos ›Freund‹],...liebe,...freundschaft: *Anglophilie.*

Phil|ipp [zu Philipp], männl. Vorname.

Phil|ipperbrief *der,* Brief des gefangenen Apostels Paulus an die Gemeinde der Stadt Philippi in Thrakien.

Phil|ippika [nach den Reden des Demosthenes gegen Philipp von Makedonien] *die, -/...ken,* Straf-, Haßrede.

Phil|ippine [zu Philipp], weibl. Vorname.

Philister [hebr. Pelischtim] *der, -s/-,* **1)** Angehöriger des nichtsemit. Nachbarvolkes der alten Israeliten. **2)** Ü Spießbürger, engherziger Mensch. **3)** student. Verbindungen: der ›Alte Herr‹. **philisterhaft,** engstirnig, spießbürgerlich. **Philistertum** *das, -s,* Spießbürgertum. **phili|strös,** philisterhaft.

philo... [grch. philos ›Freund‹], vor Vokalen und h phil..., ...freund: *Philologe.*

Philoden|dron [vgl. philo... und grch. dendron ›Baum‹] *das,* auch *der, -s/...dren,* ein trop., meist mittels Haftwurzeln kletterndes Gewächs, auch Zierpflanze.

Philologe [vgl. philo... und ...loge] *der, -n/-n.* **Philologie** [vgl....logie] *die, -/...g'i|en,* Sprach- und Literaturwissenschaft. **philologisch.**

Philomela, Philomele [grch. philomela, nach der athen.

Königstochter Philomele, die in der Sage in eine Nachtigall verwandelt wird] *die, -/...len,* P Nachtigall.

Philosemit [vgl. philo... und Semit] *der,* Judenfreund.

Philosoph [vgl. philo... und grch. sophia ›Weisheit‹] *der, -en/-en,* Forscher, Lehrer der Philosophie. **Philosophem** [grch. pheme ›Rede‹] *das, -s/-e,* philosoph. Lehrsatz. **Philosophie** *die, -/...ph'i|en,* wissenschaftl. Erforschung des Seins und Erkennens; U persönliche Anschauung vom Sinn des Lebens. **philosophieren,** *ich* philosophiere (habe philosophiert) *über etwas,* denke über philosoph. Probleme nach, suche (im Gespräch) das Wesen einer Sache zu erkennen. **Philosophikum** *das, -s,* Prüfung als Abschluß eines philosoph. oder pädagog. Begleitstudiums. **philosophisch.**

Phimose [grch. phimosis ›das Verschließen‹] *die, -/-n,* ⚕ Verengung der Vorhaut des Penis.

Phiole [ahd. fiala, vgl. Phiale] *die, -/-n,* birnenförmiges Glasgefäß mit langem, engem Hals.

Phlebitis [grch. phleps ›Blutader‹] *die, -/...t'iden,* ⚕ Venenentzündung.

Phlegma [grch. ›Brand‹, ›(entzündlicher) Schleim‹, zu phlegein ›brennen‹, ›entzünden‹] *das, -s,* Trägheit, Mangel an Erregbarkeit. **Phlegmatiker** *der, -s/-,* träger, schwerfälliger Mensch. **phlegmatisch. Phlegmone** [grch. ›Entzündung‹] *die, -/-n,* ⚕ Zellgewebsentzündung.

Phlox [grch. ›Flamme‹] *der, -es/-e* oder *die, -/-e,* Flammenblume, eine Zierpflanze.

Phöbe [grch. Phoibe ›die Leuchtende‹], griech. Mythologie: Mondgöttin.

Phobie [grch. phobos ›Furcht‹] *die, -/...b'i|en,* durch bestimmte Objekte oder Situationen ausgelöste neurot. Angst, z. B. Agoraphobie, Klaustrophobie.

Phöbus [grch. Phoibos ›der Leuchtende‹], Beiname Apolls.

Phon [grch. phone ›Stimme‹, ›Laut‹] *das, -s/-s* und bei Maßangaben -, Kurzzeichen: phon, Maßeinheit für die Laut-

591

stärke: *phonstark; Phonzahl.* **Phonem** *das, -s/-e,* Ⓢ elementare lautl. Einheit. **Phonemanalyse. Phonematik, Phonemik** *die, -,* Phonologie. **Phonetik** *die, -,* Lautbildungslehre. **Phonetiker** *der, -s/-.* **phonetisch,** *phonetische Umschrift.* **Phöniker** [grch. phoinix ›Purpur‹] *der, -s/-,* Phönizier, Angehöriger eines alten Seefahrervolkes an der syr. Küste. **phönikisch,** phönizisch. **phonisch** [grch. phone ›Stimme‹, ›Laut‹], auf die Stimme, den Laut bezüglich. **Phönix** [grch. phoinix ›Purpur‹] *der, -/-e, Pl.* selten, sagenhafter Vogel, der sich selbst verbrennt und aus der Asche verjüngt emporsteigt; Sinnbild der Unsterblichkeit. **Phönizi|er** *der, -s/-,* Phöniker. **phönizisch. phono...** [grch. phone ›Stimme‹, ›Laut‹], schall..., laut..., ton...: *Phonogerät; Phonotechnik.* **Phono|graphie** [vgl. ...graphie] *die, -/...ph'i|en,* Schallaufzeichnung. **phono|graphisch. Phonolith** [vgl. ...lith] *der, -(e)s/-e* oder *-en/-en,* ⊕ ein Ergußgestein, dessen Platten beim Anschlagen klingen. **Phonologie** [vgl. ...logie] *die, -,* Phonematik, Phonemik, Theorie und Praxis der Analyse von Phonemen. **phonologisch. Phonothek** [vgl. Theke] *die, -/-en,* Sammlung von Tonträgern (Schallplatten, Walzen, Tonbänder u. a.). **Phonotypistin** *die, -/-nen,* nach Diktiergeräten arbeitende weibl. Schreibkraft. **Phosgen** [grch. phos ›Licht‹ und vgl. ...gen] *das, -s,* ein Giftgas. **Phosphan** *das, -s/-e, meist Pl.,* früher Phosphin, Phosphor-Wasserstoff-Verbindung. **Phosphat** *das, -(e)s/-e,* Salz der Phosphorsäure. **Phosphid** *das, -(e)s/-e,* Phosphorverbindung mit Metallen. **Phosphin** *das, -s/-e,* **1)** sehr giftiges Gas. **2)** *meist Pl.,* früher für Phosphan. **Phosphit** *das, -s/-e, meist Pl.,* Salze und Ester der phosphorigen Säure. **Phosphor** [grch. phosphoros ›Licht tragend‹] *der, -s,* ✪ Element, Zeichen: P, Nichtmetall. **Phosphoreszenz** *die, -,* Eigenschaft mancher Stoffe, nach Bestrahlung nachzuleuchten. **phosphoreszieren,** *es* phosphoresziert (hat phosphoresziert). **phosphorig,** *phosphorige Säure.* **Phosphorit** *der, -(e)s/-e,* feinkristalliner Apatit. **Phosphorsäure** *die,* wäßrige Lösung vom Phosphorpentoxid. **Phot** [grch. phos, Gen. photos ›Licht‹] *das, -s/-,* Zeichen: ph, Maßeinheit der spezif. Lichtausstrahlung. **photo...,** eingedeutscht: foto..., licht... **Photo** *das, -s/-s, schweiz.: die, -/-s,* Photographie, Lichtbild. **Photoapparat** *der,* Gerät zum Photographieren, Kamera, ABB. P 13. **Photochemie** *die,* Chemie der durch Licht ausgelösten chem. Reaktionen. **Photo|effekt** *der,* das Freisetzen von Elektronen aus ihrem Bindungszustand durch Lichteinwirkung. **Photo|element** *das,* Halbleiterelement zur Umwandlung von Licht in elektr. Ströme oder Spannungen. **Photofinish** [-ʃ] *das,* ✗ Zieleinlauf, bei dem wegen des geringen Abstands zwischen den Wettbewerbsteilnehmern nur eine Photographie den Sieger ermitteln kann. **photogen** [vgl. ...gen], als photograph. Objekt geeignet: *ein photogenes Gesicht.* **Photo|gramm** [vgl. ...gramm] *das, -s/-e,* photographisch oder elektronisch gewonnenes Bild für Meßzwecke. **Photo|grammetrie** [vgl. ...metrie] *die, -,* Aufnahme und Auswertung von Photogrammen. **Photo|graph** [vgl. ...graph] *der, -en/-en,* jemand, der (gewerbsmäßig) photographiert. **Photo|graphie** [vgl. ...graphie] *die, -/...ph'i|en, 1)* ohne *Pl.,* Erzeugung dauerhafter Abbildungen durch Strahlungen. **2)** das dadurch hergestellte Lichtbild. **photo|graphieren,** *ich* photographiere (habe photographiert) *ihn, es,* mache eine Lichtbildaufnahme. **photo|graphisch. Photo|gravüre** *die,* Heliogravüre. **Photokopie** *die,* photograph. Wiedergabe von Schriftstücken oder Bildern. **photokopieren,** *ich* photokopiere (habe photokopiert) *es.* **Photome|trie** [vgl. ...metrie] *die, -,* die Lehre von den Maßeinheiten und der Meßtechnik für Licht. **Photomodell** *das,* Modell stehende Person für Photos und Werbespots. **Photomontage** [-ʒə] *die,* die Photographie eines Klebbildes aus ausgeschnittenen Teilen verschiedener Aufnahmen. **Photon** *das, -s/...t'onen,* Lichtquant. **Photosatz** *der,* photomechan. Herstellung von Schriftsatz auf Photosetzmaschinen, die den Text auf belichteten Filmen liefern. **Photo|sphäre** *die,* die strahlende Oberflächenschicht der Sonne. **Photosynthese** *die,* Aufbau chem. Verbindungen durch Einwirkung von Licht. **Phototaxis** *die, -,* Orientierung frei beweglicher Lebewesen durch Lichtreiz. **Photo|tropismus** *der, -,* Heliotropismus, Krümmungsbewegung von Pflanzen oder deren Organen zum Licht (Sonne) hin. **Photozelle** *die,* evakuiertes Gefäß mit lichtempfindl. Schicht zur Umwandlung von Licht in elektr. Ströme oder Spannungen.

Phrase [grch. phrasis, Gen. phraseos ›Ausdruck(sweise)‹] *die, -/-n, 1)* Satz, Redewendung. **2)** Gerede, Wortschwall, leere Rede, abgegriffener Satz: *er soll nicht so viele Phrasen dreschen,* U. **3)** ♪ in sich geschlossene Motivfolge. **phrasenhaft,** hohl, leer, nur Gerede. **Phraseologie** [vgl. ...logie] *die, -/...g'i|en,* Lehre oder Sammlung von den einer Sprache eigentüml. Redewendungen. **phraseologisch. phrasieren,** *ich* phrasiere (habe phrasiert) *es,* ♪ gliedere ein Musikstück beim Vortrag sinngemäß. **Phrasierung** *die, -/-en,* ♪ **1)** das Phrasieren. **2)** die Gliederung kennzeichnendes Vortragszeichen. **Phrenesie** [grch. phren ›Zwerchfell‹, ›Seele‹, ›Verstand‹] *die, -,* ⚕ ♋ Geistesstörung mit Irrereden und Tobsucht. **phrenetisch,** vgl. aber: frenetisch. **Phryger, Phrygi|er** *der, -s/-,* Angehöriger eines indogerman. Volkes in der kleinasiat. Landschaft Phrygien. **phrygisch,** *die phrygische Mütze,* in der Französ. Revolution als Jakobinermütze getragen, Symbol der Freiheit, ABB. P 13. **Phthalsäure** *die,* eine zweibasige organ. Säure, wichtiger Ausgangsstoff für Kunststoffe und Weichmacher. **Phthisiker** *der, -s/-,* ⚕ Schwindsüchtiger. **Phthisis** [grch., zu phthinein ›hinschwinden‹] *die, -/...sen,* ⚕ Schwindsucht. **pH-Wert** [Abk. für lat. potentia hydrogenii ›Wirksamkeit des Wasserstoffs‹] *der,* Maß für die Wasserstoffionenkonzentration einer wäßrigen Lösung. **Phyle** [grch. ›Volksstamm‹] *die, -/-n,* Unterabteilung altgriech. Stämme und Staaten. **Phyllis** [grch. ›die Blühende‹, zu phyllon ›Blatt‹], häufiger Name von Schäferinnen in Hirtengedichten. **Phyllit** [grch. ›Blatt‹ und vgl. ...lith] *der, -s/-e,* schieferiges, grünlichgraues Gestein. **phyllo...,** blatt..., blattartig: *der Phyllokaktus,* Blattkaktus. **Phyllodium** *das, -s/...di|en,* blattartig verbreiterter Blattstiel. **Phyllokladium** [grch. klados ›Sprößling‹] *das, -s/...di|en,* blattartig verbreiterte Sproßachse. **Phyllomanie** *die, -,* Blattsucht, Vergrünen und Umwandeln von Blüten oder Blütenteilen. **Phyllophage** [grch. phagein ›fressen‹] *der, -n/-n, meist Pl.,* Blätterfresser. **Phyllotaxis** *die, -/...xen,* Blattstellung, die durch äußere Einflüsse hervorgerufen wird. **Phylogenese** [grch. phylon ›Stamm‹ und Genese] *die, -/-n,* Stammesgeschichte der Lebewesen. **Phylogenetik** *die,* die Lehre von der Phylogenese. **phylogenetisch. Phylogenie** [vgl. ...n'i|en], Phylogenese. **Phylum** *das, -s/...la,* 🝔 ⊕ Stamm. **Physi|atrie** [grch. physis ›Natur‹ und iatreia ›Heilung‹] *die, -,* Naturheilkunde. **Physik** *die, -,* Lehre von den Naturvorgängen, die sich experimentell erforschen, messen und mathematisch darstellen lassen. **physikalisch. Physiker** *der, -s/-,* Wissenschaftler auf dem Gebiet der Physik. **Physikochemie** *die,* physikal. Chemie, Grenzgebiet zwischen Chemie und Physik. **Physikum** *das, -s,* ärztl. Vorprüfung. **Physikus** *der, -/-se,* ♋ Kreisarzt, beamteter Arzt. **Physiognomie** [grch. gnome ›Erkenntnis‹] *die, -/...m'i|en,* die äußere Erscheinung eines Menschen; bes. sein Gesichtsausdruck als Abbild seiner Wesensart. **Physiognomik** *die, -,* die Deutung der Wesensart eines Menschen aus seiner Physiognomie. **physiognomisch. Physio|krat** [grch. kratein ›herrschen‹] *der, -en/-en,* Anhänger des Physiokratismus. **physiokratisch. Physio|kratismus** [vgl. ...ismus] *der, -,* eine volkswirtschaftl. Lehre im 18. Jahrh. **Physiologe** [vgl. ...loge] *der, -n/-n.* **Physiologie** [vgl. ...logie] *die, -,* Wissenschaft von den Tätigkeiten und Reaktionen der Zellen, Gewebe und Organe der Lebewesen. **physiologisch. Physiotherapeut** *der.* **Physiotherapie** *die, -,* Heilbehandlung mit physikal. Mitteln (Wasser, Wärme u. a.). **Physis** *die, -,* Natur-, Körperbeschaffenheit. **physisch,** **1)** auf die Natur bezüglich. **2)** körperlich: *sein physisches Befinden.* **phyto...** [grch. phyton ›Pflanze‹], pflanzen... **phytogen** [vgl. ...gen], aus Pflanzen entstanden, z. B. Kohlen. **Phytogeo|graphie** *die,* Pflanzengeographie. **Phytologie** [vgl. ...logie] *die, -,* Pflanzenkunde, Botanik. **Phytopathologie** *die,* Pflanzenpathologie. **phytophag** [grch. phagein ›fressen‹], pflanzenfressend. **Phytophage** *der, -n/-n, meist Pl.,* Pflanzenfresser. **Phytosynthese** *die,* Erzeugung z. B. von Wirkstoffen im pflanzl. Stoffwechsel. **Phytotherapie** *die,* Pflanzenheilkunde. **Phytozoon** [grch. zoon ›Lebewesen‹] *das, -s/...z'o|en,* ♋ pflanzenähnl. Tier. **Pi** *das, -(s)/-s,* **1)** griech. Buchstabe, ÜBERS. G 36. **2)** ohne *Pl.,* △ die Zahl 3,141593, die das Verhältnis des Kreisumfangs zum Durchmesser angibt.

Pia [lat. ›die Fromme‹], weibl. Vorname.
Piaffe [frz.] *die, -/-n*, Pferdesport: Trab auf der Stelle, ABB. H 22.
Pianino [ital.] *das, -s/-s*, kleines Klavier. **pianissimo**, Abk.: pp, ♪ sehr leise. **Pianist** *der, -en/-en*, Klavierspieler. **pianistisch. piano**, Abk.: p, ♪ leise. **Piano, Pianoforte** [ital. ›leise-laut‹] *das, -s/-s*, Klavier. **Pianola** *das, -s/-s*, halbautomatisches Klavierspielgerät.
Piarist *der, -en/-en*, Mönch eines Schulordens.
Piassava [portug. aus Tupi] *die, -/. . .ven*, **Piassave** *die, -/-n*, Blattfaser verschiedener Palmen: *Piassavabesen.*
Piaster [ital. piastra ›Metallplatte‹] *der, -s/-*, Währungs- oder Münzeinheit verschiedener Länder.
Piazza [ital.] *die, -/. . .ze*, Platz, Marktplatz. **Piazzetta** *die, -/. . .te*, kleine Piazza.
Picador *der, -s/-es*, Pikador.
Piccolo *der, -s/-s*, Pikkolo.
Pichelei [zu Pegel, Eichmarke am Trinkgefäß] *die, -/-en.* **Pich(e)ler** *der, -s/-*. **picheln**, *ich* pich(e)le (habe gepichelt), U trinke, zeche.
Pichelsteiner Fleisch [wohl nach Büchelstein im Bayer. Wald] *das*, ein Eintopfgericht.
pichen [zu Pech], *ich* piche (habe gepicht) *es*, überziehe mit Pech. **Pichholz** *das*, Glättholz der Schuhmacher.
Pick *der, -s/-e*, das Zuhacken, Stoß. **Picke** *die, -/-n*, Spitzhacke. **Pickel** [mhd. bickel] *der, -s/-*, Hacke, Stock mit Spitze: *Eispickel*, ABB. B 21.
Pickel [zu Pocke] *der, -s/-*, kleine Hauterhebung.
Pickelhaube [mhd. beckelhube, angelehnt an Pickel ›Hacke‹] *die*, ein Helm mit Metallspitze, ABB. H 14.
Pickelhering *der*, Hanswurst des älteren Lustspiels (eigtl. Pökelhering).
pick(e)lig, voller Pickel (Gesichtshaut).
picken [mhd. bicken ›stechen‹], *ich* picke (habe gepickt), **1)** *Vögel picken es, nach etwas*, hacken mit dem Schnabel danach: *ein Vogel pickt ans Fenster; das Huhn pickt sein Futter*, nimmt es mit dem Schnabel auf. **2)** *es*, bair., österr.: klebe: *es pickt*, klebt, bleibt haften.
Pickles [piklz], *Pl.*, kurz für: Mixed Pickles.
Picknick [aus frz. pique-nique] *das, -s/-s* oder *-e*, Mahlzeit im Freien. **picknicken**, *ich* picknicke (habe gepicknickt).
Pick-up [pik'ʌp, engl. to pick up ›aufnehmen‹] *der, -s/-s*, Tonabnehmer des Plattenspielers.
picobello [niederl. puik ›auserlesen‹ und ital. bello ›schön‹], U besonders fein, schön; tadellos.
Pictogramm *das*, Piktogramm.
Pidgin-English [pɪˈdʒɪn ˈɪŋglɪʃ, aus engl. business ›Geschäft‹] *das, -(s)*, englisch-chines. Mischsprache in Ostasien.
Piedestal [pjedɛsˈtal, frz.] *das, -s/-e*, Sockel, Fußgestell, ABB. Z 10.
Piefke *der, -s/-s*, Kleinbürger; österr. verächtlich: Preuße.
Piek [engl. peak] *die, -/-en*, ♱ **1)** Spitze, Ende einer Gaffel, ABB. S 45. **2)** unterster Raum im Schiff ganz vorn und hinten.

pieken [vgl. pikant], *ich* pieke (habe gepiekt) *ihn, norddt.:* steche.
piekfein [vgl. picobello], U ganz besonders fein. **pieksauber**, U ganz besonders sauber.
pieksen [vgl. pikant], *ich* piekse (habe gepiekst) *ihn*, U steche.
Piemontese [pie-] *der, -n/-n*, Bewohner der oberitalien. Landschaft Piemont. **piemontesisch**, piemontisch.
piep! [Schallw.], Nachahmung des Vogelrufes. **Piep** *der, -(e)s/-e*, dünner hoher Ton, wie ihn Vögel hören lassen: *er hat keinen P. gesagt*, U keinen Ton; *du hast einen P.*, U bist verrückt.
piepe, U gleichgültig: *das ist mir völlig p.* **Piepe** *die, -/-n*, norddt.: Pfeife. **piepen**, *ich* piepe (habe gepiept), bringe Pieptöne hervor: *die Maus piept*; *bei dir piept's wohl?*, U du bist wohl verrückt?; *es ist zum Piepen*, U zum Totlachen. **Piepen**, *Pl.*, U Geld. **Pieper** *der, -s/-*, ein lerchenähnl. Singvogel. **Piephacke** *die*, harmlose Anschwellung am Pferdefuß. **Piepmatz** *der*, **1)** Kindersprache: Vogel. **2)** U Verrücktheit. **Pieps** *der, -es/-e*, U Piepton. **piepsen**, *ich* piepse (habe gepiepst), U piepe. **Piepser** *der, -s/-*, U Piepton. **piepsig, 1)** U hoch und schwächlich klingend. **2)** U schwach, kränklich.
Pier [engl., zu mlat. pera ›Uferbefestigung‹] *die, -/-s* oder *der, -s/-e* oder *-s*, ♱ Anlegestelle für Schiffe, ABB. H 3.
Pierrette [pjɛrˈɛtə, frz., zu Pierre ›Peter‹] *die, -/-n*, **Pierrot** [pjɛˈro:] *der, -s/-s*, weißgeschminkte weibl. und männl. Maskengestalt, ABB. M 6.
piesacken [niederdt.], *ich* piesacke (habe gepiesackt) *ihn*, U quäle, peinige, belästige.
Piesepampel [norddt.] *der, -s/-*, U alberner, dummer Mensch.
Pieta, Pietà [piɛˈta, lat. pietas ›Frömmigkeit‹] *die, -/-s*, Vesperbild, Darstellung der trauernden Maria mit dem Leichnam Christi. **Pietät** [-iɛ-] *die, -*, Achtung, Ehrfurcht, Frömmigkeit.
pietätlos [-iɛ-]. **Pietismus** [-iɛ-, vgl. . . .ismus] *der, -*, eine evangelische religiöse Reformbewegung. **Pietist** [-iɛ-] *der, -en/-en*, Anhänger des Pietismus, auch schwärmerisch-frommer Mensch. **pietistisch** [-iɛ-].
Pietsch [sorb. pić ›trinken‹] *der, -es/-e*, westdt., mitteldt.: Trinker; Kraftmensch. **pietschen**, *ich* pietsche (habe gepietscht), mitteldt.: trinke, zeche.
Piezo|elek|trizität [grch. piezein ›drücken‹] *die*, elektr. Ladungen, die an bestimmten Kristallen durch Druckeinwirkung entstehen. **Piezometer** [pie-, grch. metron ›Maß‹] *das, -s/-*, Gerät zum Messen der Zusammendrückbarkeit von Flüssigkeiten.
piff, paff!, Schallw. für den Büchsenknall.
Pigment [lat. pigmentum ›Farbstoff‹] *das, -(e)s/-e*, **1)** Stoff mit Eigenfarbe in Zellen der Organismen: *Pigmentfleck.* **2)** farbgebender Stoff, der von Bindemitteln nicht gelöst wird. **Pigmentation** *die, -*, Färbung durch Pigmente. **Pigmentdruck** *der*, ein Verfahren zum Bedrucken von Gewebe. **pigmentieren**, *ich* pigmentiere (habe pigmentiert), **1)** *Farbstoffe*, zerteile in kleinste Teilchen. **2)** *es pigmentiert*, färbt sich

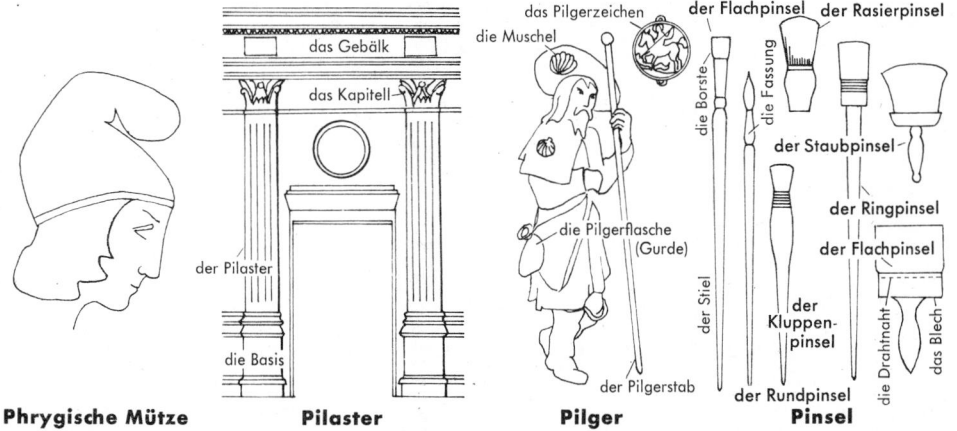

Phrygische Mütze   **Pilaster**   **Pilger**   **Pinsel**

das Gebälk
das Kapitell
der Pilaster
die Basis

das Pilgerzeichen
die Muschel
die Pilgerflasche (Gurde)
der Pilgerstab

der Flachpinsel
der Rasierpinsel
die Borste
die Fassung
der Staubpinsel
der Ringpinsel
der Flachpinsel
der Stiel
der Kluppenpinsel
die Drahtnaht
das Blech
der Rundpinsel

P 13

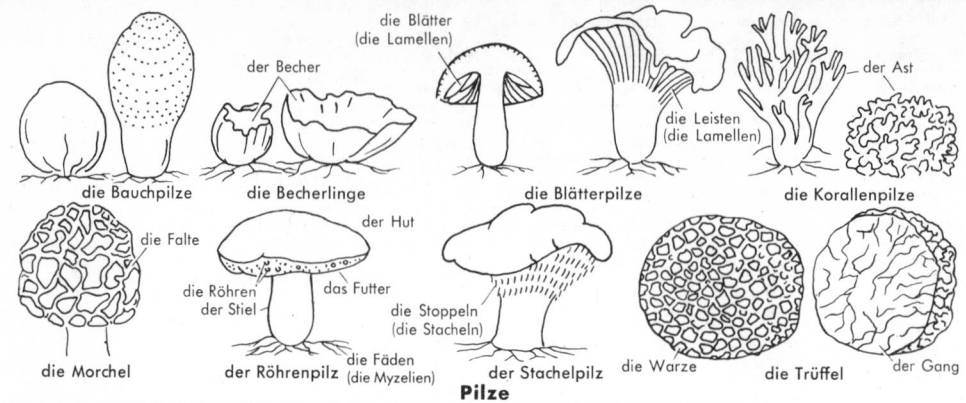

die Blätter
(die Lamellen)

der Becher

der Ast

die Leisten
(die Lamellen)

die Bauchpilze   die Becherlinge   die Blätterpilze   die Korallenpilze

die Falte

der Hut

die Röhren
der Stiel   das Futter

die Stoppeln
(die Stacheln)

die Morchel   der Röhrenpilz
(die Myzelien)
die Fäden   der Stachelpilz   die Warze   die Trüffel   der Gang

Pilze

durch Pigmente ein: *eine dunkel pigmentierte Haut*. **Pigmentierung** *die, -*. **Pigmentmal** *das*, ein Muttermal.

Pijacke [engl. pea jacket] *die, niederdt.:* blaue Seemannsjacke.

Pik [frz. pic] *der, -s/-e*, Piz.

Pik [vgl. pikant], **1)** *das, -s/-s*, Pique, Schippen, Farbe im Kartenspiel, ABB. S 54: *Pikas; er steht da wie Piksieben*, U überrascht und verblüfft. **2)** *der, -s*, U heimlicher Groll: *ich habe einen P. auf ihn.*

Pikador [span. picador, zu pica ›Spitze‹] *der, -s/-es*, eingedeutscht für: Picador, berittener Stierkämpfer mit Lanze.

pikant [frz. piquant, von piquer ›stechen‹], **1)** stark gewürzt. **2)** Ü prickelnd; anzüglich; schlüpfrig. **Pikanterie** *die, -/...r'i'en*, pikante Bemerkung, Anzüglichkeit. **Pike** [frz.] *die, -/-n*, Langspieß, Hauptwaffe des Fußvolks im späten MA.: *er hat von der P. auf gedient, gelernt*, Ü auf der niedrigsten Stufe (eigtl. als Landsknecht) begonnen. **Pikee** *der oder das , -s/-s*, Piqué, Baumwollgewebe mit Reliefmuster. **piken**, *ich pike (habe gepikt) ihn*, U steche. **Pikenier** *der, -s/-e*, mit einer Pike Bewaffneter. **Pikett** *das, -(e)s/-e*, **1)** ⚔, *noch schweiz.:* Truppenabteilung, Feuerwehrmannschaft. **2)** ein Kartenspiel zu zweit. **pikieren**, *ich pikiere (habe pikiert) junge Pflanzen*, verpflanze sie (aus dem Saatbeet). **pikiert**, Ü gekränkt, verletzt, peinlich berührt.

Pikkolo [ital. piccolo ›klein‹] *der, -s/-s*, **1)** Kellnerlehrling. **2)** kleine Flasche Sekt. **Pikkoloflöte** *die*, kleine Flöte. **Piko. . .**, Zeichen: p, Vorsatz vor Maßeinheiten: ein Billionstel, ÜBERS. M 8.

Pikör [frz. piqueur ›Jagdgehilfe‹] *der, -s/-e*, Piqueur, reitender Jäger, der bei der Jagd die Hunde führt.

Pi|krinsäure [grch. pikros ›bitter‹] *die*, in gelben Blättchen kristallisierende, bitter schmeckende, explosive Verbindung. **piksen** [vgl. pikant], *ich pikse (habe gepikst) ihn*, U pike.

Pikte *der, -n/-n*, Angehöriger eines kelt. Volksstammes in Schottland.

Pikto|gramm [lat. pictum ›Gemaltes‹ und vgl. . . . .gramm] *das, -s/-e*, verständl. Bildsymbol, z. B. Totenkopf (Gift).

Pilar [lat. pila ›Pfeiler‹] *der, -en/-en*, Pfosten als Hilfsmittel bei der Pferdedressur. **Pilaster** *der, -s/-*, ⊓ Wandpfeiler, ABB. P 13.

Pilatus, vgl. Pontius Pilatus.

Pile [pail, engl., eigtl. ›Haufen‹] *das, -s/-s*, engl. Bez. für: Kernreaktor.

Pilger [ahd. piligrim, zu lat. peregrinus ›Fremder‹] *der, -s/-*, **1)** Wallfahrer nach heiligen Orten, vgl. ABB. P 13: *Pilgerfahrt*. **2)** Ü Wanderer nach fernen Zielen. **pilgern**, *ich pilg(e)re (bin gepilgert) zu ihm*. **Pil|grim** *der, -s/-s*, ⊕ P Pilger.

pilieren [lat. pila ›Mörser‹], *ich piliere (habe piliert) es*, mische gehobelte Rohseife mit Riech- und Farbstoffen.

Pille [spätmhd. pillule, zu lat. pilula ›Kügelchen‹] *die, -/-n*, **1)** Kügelchen, Arznei in Form von erbsengroßen Kügelchen, ABB. P 15. **2)** Ü etwas Unangenehmes : *sie mußte die bittere P. schlucken*, die unangenehme Sache auf sich nehmen. **3)** U kurz für: Antibabypille. **Pillendreher** *der*, ein Käfer. **Pillenknick** *der*, U Geburtenrückgang infolge der Antibabypille.

pillingfrei [engl. to pill ›Pillen drehen‹], Strickwaren: glatt bleibend, ohne daß sich Knötchen ablösen.

Pilot [frz. pilote, zu ital. pilota, aus grch. pedon ›Steuerruder‹] *der, -en/-en*, **1)** Flugzeugführer, ABB. F 4. **2)** ↯ Hochseesteuermann; Lotse. **3)** schweres Baumwollgewebe. **4)** der Lotsenfisch. **Pilotanlage** *die*, eine Versuchsanlage. **Pilotballon** *der*, Wetterballon.

Pilote [frz. pilot, aus lat. pila ›Pfeiler‹] *die, -/-n*, Rammpfahl.

Pilotfilm [zu Pilot] *der*, beim Fernsehen: erster Film einer geplanten Serie, mit dem die Aufnahme bei den Zuschauern getestet werden soll.

pilotieren, *ich pilotiere (habe pilotiert)*, ramme Piloten ein.

Pilotstudie [-iə, zu Pilot] *die*, Voruntersuchung kleineren Maßstabs zu einem bestimmten Projekt.

Pils [nach der tschech. Stadt Pilsen] *das, -/-*, U kurz für: **Pils(e)ner** *das, -s/-*, ein helles Bier.

Pilz [ahd. buliz, zu grch. bolites] *der, -es/-e*, auch Schwamm, eine Sporenpflanze, ABB. P 14: *eßbarer P.; Giftpilz; wir gehen in die Pilze, U suchen Pilze; neue Häuser schossen wie Pilze aus dem Boden*, Ü sehr schnell. **Pilzvergiftung** *die*.

Piment [span. pimienta] *der oder das , -(e)s/-e*, Nelkenpfeffer, ein Gewürz, ABB. G 23.

Pimmel [niederdt. Pümpel ›Stößel‹ (im Mörser)] *der, -s/-*, V männl. Glied.

pimpe, *das ist mir p.*, norddt.: gleichgültig.

Pimpel *der, -s/-*, U verweichlichter, verzärtelter Mensch, weinerliches Kind: *Pimpelliese*. **pimp(e)lig. pimpeln**, *ich pimp(e)le (habe gepimpelt)*, U bin kränklich, weinerlich.

pimpern, *ich pimp(e)re (habe gepimpert)*, **1)** niederdt.: pümpeln ›stoßen‹ *(sie)*, V habe Geschlechtsverkehr (mit ihr). **2)** *oberdt.:* klimpere, klappere.

Pimpernell [lat. piperinus ›pfefferkornartig‹] *der, -s/-e*, ⊕ Pimpinelle, Bibernelle, ein würziger Doldenblüter.

Pimpernuß [zu pimpern ›klappern‹] *die*, ⊕ **1)** Blasen-, Klappernuß, ein Strauch. **2)** Pistaziensamen.

Pimpf [Nebenform von Pumpf ›Furz‹, vgl. Pumpernickel] *der, -(e)s/-e*, **1)** U kleiner Junge, Knirps. **2)** Nationalsozialismus: Mitglied des Jungvolks.

Pimpinelle *die, -/-n*, ⊕ Pimpernell.

Pinakothek [grch. pinax ›Tafel‹ und vgl. Theke] *die, -/-en*, Gemäldesammlung.

Pinasse [frz., zu lat. pinacea ›aus Fichtenholz‹, zu pinus ›Fichte‹] *die, -/-n*, Beiboot auf Kriegsschiffen.

Pincenez [pɛ̃sˈneː, frz. pincer ›kneifen‹ und nez ›Nase‹] *das, - [-n'es]/- [-n'es]*, ⊕ Kneifer.

Pinen [lat. pinus ›Kiefer‹, ›Fichte‹, ›Pinie‹] *das, -s/-e, meist Pl.*, zu den Terpenen gehörende Kohlenwasserstoffe.

Pinge *die, -/-n*, ⚒ Binge.

ping(e)lig, rhein.: pedantisch, kleinlich.

Pingpong [engl., Schallw.] *das, -s*, Tischtennis.

Pinguin [engl. penguin, aus kelt. pen gwyn ›weißer Kopf‹] *der, -s/-e*, flugunfähiger Meeresvogel der südl. Erdhalbkugel.

Pinie [-iə, zu lat. pinus ›Kiefer‹, ›Fichte‹] *die, -/. . .ni|en*, eine Kiefer mit schirmförmiger Krone.

pink!, Schallw. für: Finkenruf.

594

pink [engl.], *nicht flektierbar:* hellrosa. **Pink** *das, -s/-s.*
Pink [niederl.] *die, -/-en,* ⚓ ein dreimastiges Segelschiff.
Pinke [Rotwelsch Penunge, Schallw.] *die, -,* ⋃ Geld: *Pinkepinke.*
Pinkel [jidd. piggul ›Greuel‹] *der, -s/-,* ⋃ Geck: *ein feiner P.*
Pinkel [ostfries. ›Mastdarm‹] *die, -/-n,* eine Wurstsorte, die zusammen mit Grünkohl gegessen wird.
pinkeln, *ich* pink(e)le (habe gepinkelt), ⋃ derb: uriniere.
pinken [Schallw.], *ich* pinke (habe gepinkt), ⚒ hämmere auf dem Amboß, schlage harte Gegenstände aufeinander, schlage Feuer.
Pinne [ahd. pfinn, zu lat. penna ›Feder‹, ›Pfeil‹] *die, -/-n,* 1) kleiner, spitzer Nagel; Zwecke. 2) ⌁ Hebelarm des Steuerruders, Abb. S 45. 3) Finne, Teil des Hammers, Abb. H 5. 4) Stift des Kompasses, auf dem die Magnetnadel ruht, Abb. K 34.
pinnen, *ich* pinne (habe gepinnt) *es (an etwas),* ⋃ hefte mit Stecknadeln oder Reißzwecken an.
Pinole [ital. pinolo ›Pinienzapfen‹] *die, -/-n,* verschiebbares zylindr. Maschinenteil, z. B. bei einer Drehbank.
Pinscher [engl. to pinch ›kneifen‹] *der, -s/-,* 1) Hunderasse. 2) ⋃ unbedeutender Mensch.
Pinsel [mhd. pinsel, zu lat. penicillus, von Penis] *der, -s/-,* 1) Werkzeug aus einem Holzgriff mit eingesetzten Borsten zum Auftragen von Farbe u. a. oder zum Reinigen, Abb. P 13; Sinnbild der Malerei. 2) ⚘ Haarbüschel, z. B. an den Ohren des Luchses. 3) ⋃ einfältiger Mensch: *Einfaltspinsel.* 4) V männl. Glied. **Pinselei** *die, -/-en,* schlechte Malerei. **Pinsler** *der, -s/-,* ⋃ schlechter Maler. **pinseln,** *ich* pins(e)le (habe gepinselt), 1) male schlecht. 2) schreibe sorgfältig. 3) bemale (mit Farbe), bestreiche (mit Arznei). 4) *mitteldt.:* ⚓ winsle, greine. 5) V habe Geschlechtsverkehr.
Pint [paint, engl., zu frz. pinte, von lat. pingere ›(das Eichzeichen auf das Glas) malen‹] *das, -s/-s,* engl. und amerikan. Hohlmaß für Flüssigkeiten. **Pinte** [mhd. pinte] *die, -/-n,* 1) *niederdt.:* Steinzeugkrug. 2) ein altes Flüssigkeitsmaß. 3) ⋃ Wirtshaus, Kneipe: *Pintenkehr, schweiz.:* das Umherziehen von einer Pinte zu der andere.
Pin-up-girl [pin ʌp gə:l, engl. to pin up ›anheften‹ und girl ›Mädchen‹] *das, -s/-s,* aus Illustrierten ausgeschnittenes, an die Wand geheftetes Bild eines jungen Mädchens.
pinxit [lat. ›hat gemalt‹, zu pingere ›malen‹], Abk.: p. oder pinx., oft auf Gemälden, Stichen u. a. neben dem Künstlernamen.
Pinzette [frz. pincette, zu pincer ›kneifen‹] *die, -/-n,* zangenartiges Gerät mit zwei federnden Armen, Abb. P 15, N 2.
Pion [Kurzw. aus grch. pi und Meson] *das, -s/* Pi'onen, zu den Mesonen gehörendes Elementarteilchen.
Pionier [frz. pionnier, zu pion ›Fußsoldat‹, aus lat. pes ›Fuß‹] *der, -s/-e,* 1) Soldat der techn. Truppe (für Brückenbau, Sprengungen u. a.). 2) Ü Wegbereiter, Vorkämpfer. 3) Angehöriger einer Jugendorganisation in der Dt. Dem. Rep.: *die Jungen Pioniere; Pionierlager.*
Pip [pi:p] *die, -s/-,* niederdt.: Pfeife. **Pipe** *die, -/-n,* 1) *niederdt.:* Pfeife. 2) *österr.:* Faßhahn.
Pipapo *das, -s,* ⋃ das ganze (überflüssige) Zubehör: *eine Villa mit Swimming-pool, Sauna und allem P.*
Pipeline [p'aiplain, engl. pipe ›Rohr‹ und line ›Leitung‹] *die, -/-s,* Rohrleitung für Erdöl, Erdgas u. a., Abb. L 9. **Pipelining** [p'aiplainiŋ] *das, -s,* Fließbandverarbeitung, gleichzeitige, überlappende Arbeitsvorgänge in der Datenverarbeitung.
Piperidin [lat. piper ›Pfeffer‹ und vgl. ...id] *das, -s,* eine giftige organ. Base. **Piperin** *das, -s,* ein in Pfefferarten vorkommendes Alkaloid.
Pipette [frz. ›Pfeifchen‹] *die, -/-n,* Stechheber, Saugröhrchen zum Abmessen von Flüssigkeit, Abb. C 1.
Pipi [auch p'ipi, zu pissen] *das, -s,* Kindersprache: Urin.
Pippau *der, -s/-s,* ⚘ ein Korbblütler.
Pips [ahd. fiffiz, zu lat. pituita ›Verschleimung‹] *der, -es,* Bez. für Erkrankungen der Luftwege des Geflügels. **pipsig.**
Pique [pi:k, frz.] *das, -s,* das Pik.
Piqué [pik'e, frz.] *der* oder *das, -s,* Pikee.
Piqueur [pik'œ:r, frz.] *der, -s/-e,* Pikör.
Piranha [-ɲa, portug., aus Tupí] *der, -(s)/-s,* auch Piranja, Piraya, ein südamerikan. Raubfisch.
Pirat [mhd. pirate, von lat. pirata, zu grch. peirates] *der, -en/-en,* Seeräuber. **Piratensender** *der,* private Gesellschaft, die von hoheitsfreiem Gebiet (Schiff, künstl. Insel) ohne Lizenz Rundfunk- oder Fernsehsendungen ausstrahlt. **Piraterie** *die, -/...r'i|en,* Seeräuberei; heute auch Ü, vgl. Luftpiraterie.
Piraya *die, -/-s,* ⌁ Piranha.

Piroge [span. piragua, aus karaib.] *die, -/-n,* Plankenboot, verbesserter Einbaum.
Pirogge [russ. pirog] *die, -/-n;* eine Pastetenart.
Pirol [mhd. piro] *der, -s/-e,* ein Singvogel.
Pirouette [-u-, frz. ›Drehrädchen‹] *die, -/-n,* kreiselartige Drehung (Tanz, Eiskunstlauf, Hohe Schule, Abb. H 22).
Pirsch *die, -,* vorsichtiges Begehen des Jagdreviers, um sich dem Wild jagdgerecht zu nähern: *Pirschgang; er geht auf die P.*
pirschen [mhd. birsen, zu afrz. berser ›jagen‹], *ich* pirsche (habe, bin gepirscht), jage, bin auf der Pirsch.
Pisang [malaiisch] *der, -s/-e,* die Banane.
pispeln, pispern [Schallw.], *ich* pisp(e)le, pisp(e)re (habe gepispelt, gepispert), ⋃ flüstere.
Pisse [niederdt., zu frz. pisser], *ich* pisse (habe gepißt), V uriniere. **Pissoir** [pisw'a:r] *das, -s/-e* oder *-s,* Bedürfnisanstalt für Männer.
Pistazie [-ɪə, grch. pistake, zu pers. pistah] *die, -/...zi|en,* Strauch oder Baum mit eßbaren Samen: *Pistaziennuß.*
Piste [frz., zu lat. pinsere ›stampfen‹] *die, -/-n,* 1) nicht ausgebauter Verkehrsweg. 2) ⛷ Skirennstrecke, Rodelbahn, Rennbahn (Rad-, Motorsport). 3) rund um die Manege im Zirkus, Abb. Z 10. 4) ✈ Start- und Landebahn.
Pistill [lat. pistillum] *das, -s/-e,* 1) ♀ Stempel. 2) Mörserkeule, Stampfer, Abb. C 1.
Pistol [tschech. pištal ›Pfeife‹, Schallw.] *das, -s/-e,* ⚓ Handfeuerwaffe, Pistole. **Pistole** *die, -/-n,* 1) ein- oder mehrschüssige Faustfeuerwaffe mit Stangenmagazin, Abb. P 15: *man will ihm die P. auf die Brust setzen,* Ü ihn zwingen; *die Antwort kam wie aus der P. geschossen,* plötzlich und schnell. 2) Name pistolenförmiger Geräte, Abb. M 2, T 4. 3) früher: Name verschiedener Goldmünzen.
Piston [pist'ő, frz.] *das, -s/-s,* 1) Pumpventil bei Blasinstrumenten. 2) ein Kornett: *Pistonkornett,* Abb. B 33. 3) bei Perkussionswaffen durchbohrter Stahlkegel, der das Zündhütchen trägt.
Pithek|an|thropus [grch. pithekos ›Affe‹ und anthropos ›Mensch‹] *der, -/. . .pi,* Frühmensch, Übergangsform zwischen Menschenaffe und Mensch. **pithekoid** [vgl. . . .id], affenähnlich.
pitsch!, Schallw. für klatschende Geräusche: *pitsch, patsch!*
pitsch(e)naß, pitschepatschenaß, ⋃ sehr naß (daß es hörbar klatscht).
pittoresk [ital. pittoresco, zu pittore ›Maler‹, zu lat. pingere ›malen‹], malerisch.
più [pju:, ital.], ♪ mehr: *p. forte,* stärker!
Pius [lat. pius ›fromm‹, ›treu‹], männl. Vorname.
Pivot [piv'o, frz.] ›Angel‹, ›Zapfen‹] *der* oder *das, -s/-s,* Drehzapfen oder Drehsäule (Geschütz, Kran).
Piz [ladin. pits, aus kelt.] *der, -es/-e,* Bergspitze.
pizz., Abk. für: pizzicato.
Pizza [ital.] *die, -/-s* oder P'izzen, italien. Hefeteiggericht. **Pizzeria** *die, -/-s . . .ri|en,* Pizzalokal.
pizzicato [ital.], Abk.: pizz, ♪ mit den Fingern gezupft (bei Streichinstrumenten). **Pizzikato** *das, -s/-s* oder *. . .ti.*
Pkt., Abk. für: Punkt.
Pkw, PKW *der, -(s)/-(s),* Abk. für: Personenkraftwagen.
pK-Wert *der,* ⚗ Maß zur Kennzeichnung der Stärke schwacher Basen und Säuren.
pl., Pl., Abk. für: Plural.
Placebo [lat. ›ich werde gefallen‹] *das, -s/-s,* ⚕ Präparat ohne arzneiliche Wirksamkeit: *Placebo-Effekt.*
Placement [plasm'ã, frz.] *das, -s/-s,* Placierung.
plachandern, *ich* plachand(e)re (habe plachandert), *ostniederdt.:* schwatze; klatsche.

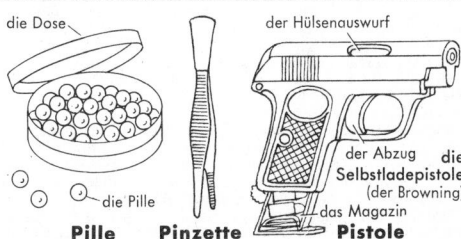

die Dose — der Hülsenauswurf — die Pille — der Abzug — **die Selbstladepistole** (der Browning) — das Magazin

Pille   **Pinzette**   **Pistole**

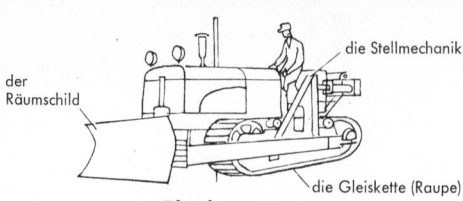

der Räumschild

die Stellmechanik

die Gleiskette (Raupe)

Planierraupe

Plache [ahd. blaha] *die, -/-n,* Wagenplane.
placieren [auch -s′i:-, frz. placer ›stellen‹, ›unterbringen‹], *ich* placiere (habe placiert), **1)** *ihn, es,* stelle an einen Platz. **2)** *Kapital,* lege an. **3)** *Waren,* setze ab. **4)** *einen Ball, einen Hieb,* ✕ spiele, schlage gezielt. **5)** *mich,* ✕ erringe einen vorderen Platz. **Placierung** [auch -s′i:-] *die, -/-en.*
placken [zu plagen], *ich* placke *mich* (habe mich geplackt), U quäle, mühe mich.
placken [mhd. placken ›flicken‹], *ich* placke (habe geplackt) *es,* norddt.: flicke, setze Flecke darauf. **Placken** [mhd. placke ›Flicklappen‹, zu lat. plaga ›Netz‹, ›flach Hingebreitetes‹, aus placere ›eben sein‹] *der, -s/-, norddt.:* **1)** Flecken; Flicken. **2)** Fläche.
Placken [zu placken, ›plagen‹] *der, -s/-, norddt.:* Plage, Mühe, Last. **Placker** *der, -s/-, norddt.:* Schinder, Quälgeist.
Plackerei *die, -/-en,* U Schinderei, schwere Arbeit, Schererei.
pladdern [Schallw.], *ich* pladd(e)re (habe gepladdert), *norddt.:* **1)** plätschere, wate. **2)** *es pladdert,* regnet stark.
plädieren [frz. plaider, zu lat. placere ›gefallen‹, ›für gut befinden‹], *ich* plädiere (habe plädiert) *für etwas,* **1)** ♊ halte ein Plädoyer: *der Verteidiger plädierte für Freispruch.* **2)** befürworte, stimme dafür, trete dafür ein: *wir haben für die Verwirklichung dieser Pläne plädiert.* **Plädoyer** [pledwaj′e] *das, -s/-s,* **1)** ♊ Schlußausführungen des Staatsanwalts und des Verteidigers im Strafprozeß. **2)** Ü Rede, in der jemand sich entschieden für etwas einsetzt.
Plafond [plaf′ɔ̃, frz., zu plat ›flach‹ und fond ›Grund‹] *der, -s/-s,* **1)** Zimmerdecke. **2)** Höchstbetrag der Kreditgewährung.
Plage [spätahd. plaga, zu lat. plaga ›Wunde‹, ›Schlag‹, aus plangere ›schlagen‹] *die, -/-n,* **1)** mühsame Arbeit, Belästigung, Mühe: *es ist eine P. mit euch!,* U. **2)** B göttl. Heimsuchung, Not.
Plagegeist *der,* U jemand, der andere plagt. **plagen,** *ich* plage (habe geplagt) *ihn, mich (mit etwas), für ihn,* mühe, quäle oder zwinge zu harter Arbeit: *er hat sich mit dieser Arbeit sehr geplagt; sie wird von Rückenschmerzen geplagt.*
Plagge [verwandt mit Placken] *die, -/-n, niederdt.:* abgestochenes Rasen- oder Heidestück.
Plagiat [frz., zu lat. plagium ›Menschenraub‹] *das, -(e)s/-e,* Diebstahl geistigen Eigentums: *er hat ein P. begangen; das Buch, das Opernthema ist ein P.* **plagii̯eren,** *ich* plagiiere (habe plagiiert). **Plagii̯ator** *der, -s/...t′oren,* jemand, der ein Plagiat begeht. **plagii̯eren,** *ich* plagiiere (habe plagiiert) *ihn.*
Plagioklas [grch. plagios ›quer‹, ›schief‹ und klasis ›das Abbrechen‹] *der, -es/-e,* ein häufiges Mineral.
Plaid [pleid, engl.] *das, -s/-s,* **1)** Reisedecke mit Schottenmuster. **2)** schottischer Umhang aus kariertem Wollstoff, ABB. S 33.
Plakat [niederl. plakkaat, zu frz. placard, von plaquer ›bekleiden‹, ›belegen‹, verwandt mit placken ›flicken‹] *das, -(e)s/-e,* öffentlich angeschlagene Bekanntmachung, Werbung in Schrift und Bild: *Plakatsäule.* **plakatieren,** *ich* plakatiere (habe plakatiert) *es,* **1)** hänge aus, schlage an. **2)** Ü stelle auffällig heraus. **plakativ, 1)** in der Art eines Plakats. **2)** auffällig; dekorativ, werbewirksam. **Plakette** [frz. plaquette] *die, -/-n,* Preß- oder Gußtäfelchen als Abzeichen oder zur Erinnerung.
Plakodermen [grch. plax, Gen. plakos ›Platte‹ und derma ›Haut‹], *Pl.,* Panzerfische.
plan [lat. planus], eben, flach, glatt. **Plan** [mhd. plan] *der, -(e)s/″e,* ♊ **1)** eben Fläche, freier Platz, Rasenplatz: *sogleich trat die Opposition auf den P.,* Ü trat in Erscheinung. **2)** ♈ Kampfplatz oder Brunftplatz der Hirsche. **3)** Fläche, die zum Bemalen dient: *der vordere P. des Bildes.*
Plan [frz. plan] *der, -(e)s/″e,* **1)** Absicht, Vorhaben: *was sind Ihre Pläne für den Herbst?; wir wollen Pläne schmieden,* Ü. **2)** Grundriß, Karte eines kleinen Gebiets in großem Maßstab:

Stadtplan; der P. der neuen Parkanlage. **3)** Entwurf, Skizze: *der Architekt hat seine Pläne eingesandt.* **4)** Regelung, Einteilung: *Arbeitsplan; Zeitplan; Haushaltsplan.*
Planarie [-iə, zu lat. planus ›flach‹, ›eben‹] *die, -/...riǀen,* ein Strudelwurm.
Planchette [plãʃ′et(ə), frz. ›Brettchen‹] *die, -/-n,* mit einem Bleistift versehenes Brettchen zum selbsttätigen Schreiben bei spiritistischen Sitzungen.
Plane [ahd. blaha] *die, -/-n,* wasserdichte Schutzdecke, Wagenbespannung.
Pläne [frz. plaine, zu plan] *die, -/-n,* ♐ Nebenform zu: Plan, ebene Fläche.
planen [zu Plan], *ich* plane (habe geplant) *es,* habe einen Plan, beabsichtige, entwerfe: *die geplante Veranstaltung wurde abgesagt; der Überfall war sorgfältig geplant; die Behörde muß langfristig planen.* **Planer** *der, -s/-,* Entwerfer: *Städteplaner.*
Pläner [zu plan] *der, -s,* dichter, plattiger Kreidekalkstein.
planerisch, den Plan, die Planung betreffend: *planerische Maßnahmen; die planerische Vorbereitung des Projekts.*
Planet [mhd. planet, zu grch. planetes ›umherirrend‹] *der, -en/-en,* Himmelskörper, der sich um die Sonne bewegt, ♐ Wandelstern: *Planetenbahn.* **planetarisch. Planetarium** *das, -s/...riǀen,* **1)** Gerät zur Darstellung des Sternenhimmels. **2)** Kuppelbau für diesen Zweck. **Planetengetriebe** *das, -s/-,* Umlaufrädergetriebe. **Planetoid** [vgl. ...id] *der, -en/-en,* kleiner Planet.
Planfeststellung [zu Plan] *die,* bei Enteignungen die verbindl. Feststellung des zu enteignenden Geländes: *Planfeststellungsverfahren.* **plangemäß,** wie geplant, planmäßig.
planieren [frz. planer ›ebnen‹, zu plan] *ich* planiere (habe planiert) *es,* ebne, glätte. **Planierraupe** *die,* Raupenfahrzeug zur Beseitigung von Bodenunebenheiten, ABB. P 16.
Planifikation [frz., zu Plan und lat. facere ›machen‹] *die, -/-en,* eine Form der volkswirtschaftl. Gesamtplanung (bes. in Frankreich).
Planiglob [zu plan und lat. globus ›Kugel‹] *das, -s/-e,* kartograph. Wiedergabe der Erdoberfläche in zwei Halbkugeln. **Planimeter** [grch. metron ›Maß‹] *das, -s/-,* Gerät zum Messen des Flächeninhalts ebener Figuren. **Planimetrie** [vgl. ...metrie] *die, -,* Geometrie der Ebene.
Planke [mhd. planke, zu spätlat. planca, aus grch. plax ›Platte‹] *die, -/-n,* Brett, Bohle, bes. zum Schiffsbau und für Bretterwände, ABB. B 12.
Plänkelei *die, -/-en,* **1)** unbedeutende Schießerei, Kleingefecht. **2)** Ü neckender Streit. **plänkeln** [mhd. blenkeln ›hin und her bewegen‹], *ich* plänk(e)le (habe geplänkelt), **1)** mit dem Feind, liefere ihm kleine Gefechte. **2)** *mit ihm,* Ü streite mich neckend. **3)** ♐ pendle, schwinge. **Plänkler** *der, -s/-, ♐* früher: Einzelschütze im zerstreuten Gefecht.
plankonkav [zu plan und vgl. konkav], mit einer flachen und einer hohlen Seite. **plankonvex** [vgl. konvex], mit einer flachen und einer gewölbten Seite.
Plankter *der, -s/-,* einzelnes Lebewesen im Plankton. **Plankton** [grch. plankton ›umhergetrieben‹] *das, -s,* Lebensgemeinschaft im Wasser frei schwebender Tiere und Pflanzen, einschließlich Mikroorganismen. **planktonisch.**
planlos, undurchdacht, ohne Plan, ungeordnet. **Planlosigkeit** *die, -.* **planmäßig,** nach einem Plan, wie verabredet: *die Arbeiten verliefen p.; der planmäßige Ausbau des Autobahnnetzes.* **Planmäßigkeit** *die, -.*
plano [lat. planus], glatt, ungefalzt (Druckbogen, Landkarten).
planparallel, *planparallele Platte,* von zwei parallelen Ebenen begrenzte Platte. **Planquadrat** *das,* durch parallele Längs- und Querlinien begrenztes Quadrat auf Landkarten.
Planschbecken *das,* seichtes Wasserbecken für Kinder. **planschen** [Schallw.], *ich* plansche (habe geplanscht), tummle mich im Wasser, spritze mit Wasser: *bei der Hitze konnten die Kinder stundenlang im Wasser planschen.* **Plansterei** *die, -.*
Planspiel [zu Plan] *das,* **1)** Ausbildungsmethode im Lehrsaal mit Plänen. **2)** Unternehmensspiel. **Planstelle** *die,* im Haushaltsplan vorgesehene Stelle.
Plantage [plant′aʒə, frz., zu planter ›pflanzen‹] *die, -/-n,* Pflanzung, landwirtschaftl. Großbetrieb: *Baumwollplantage; Zuckerrohrplantage; Plantagenwirtschaft.*
plantar [lat. planta ›Fußsohle‹], ♀ die Fußsohle betreffend.
plantschen, *ich* plantsche (habe geplantscht), plansche.
Planum *das,* ⚒ Oberfläche eines Baugrundstücks oder des Erdbodens zur Aufnahme des Straßen- und Eisenbahnoberbaues, ABB. E 4.

Planung [zu Plan] *die, -/-en,* durchdachte Vorbereitung: *Wirtschaftsplanung; Fehlplanung.* **planvoll,** wohldurchdacht, nach genauem Plan.

Planwagen [zu Plane] *der,* Wagen mit Plane.

Planwirtschaft [zu Plan] *die,* eine Wirtschaftsform, bei der der gesamte Wirtschaftsablauf von einer zentralen Stelle aus gelenkt wird.

Plapperei [Schallw.] *die, -,* Ü das Plappern, Geschwätz. **Plapp(e)rer** *der, -s/-,* Ü jemand, der unaufhörlich plappert. **plapperhaft,** Ü geschwätzig. **Plappermaul** *das,* Ü verächtlich: Plapperer. **plappern,** *ich* plapp(e)re (habe geplappert), Ü schwatze, rede schnell, viel und geistlos: *sie plapperte munter drauflos; sie plappert lauter Unsinn.* **Plappertasche** *die,* Ü verächtlich: Plapperer.

plärren [mhd. blerren], *ich* plärre (habe geplärrt), Ü **1)** schreie, weine laut und ungezogen (bes. von Kindern). **2)** *(es),* singe laut und falsch.

Pläsanterie [frz. plaisanterie] *die, -/. . .r'i|en,* ♾ Scherz, Spaß. **Pläsier** [frz. plaisir] *das, -s/-e, österr.: -s/-s,* ♾ Vergnügen. **pläsierlich.**

Plasma [grch. zu plassein ›bilden‹, ›formen‹] *das, -s/ . . .men,* **1)** gerinnbare Flüssigkeit (des Blutes, der Milch). **2)** Grundbestandteil der lebenden Zelle: *Zellplasma; Zytoplasma.* **3)** ionisiertes Gas aus Ionen, Elektronen und neutralen Teilen. **4)** grasgrüner Jaspis. **plasmatisch. Plasmodium** [grch. eidos ›Form‹, ›Aussehen‹] *das, -s/. . .di|en,* **1)** Zellplasma mit vielen Kernen. **2)** ein Sporentierchen, das im Blut einiger Wirbeltiere schmarotzt.

Plast *der, -es/-e,* in der Dt. Dem. Rep. Bez. für Kunststoff: *Plastmöbel.* **Plaste** *die, -/-n,* Ü Plast.

Plastiden, *Pl.,* Bestandteile pflanzlicher Zellen.

Plastik [frz. plastique, zu grch. plassein ›bilden‹, ›formen‹] *die, -/-en,* **1)** ohne *Pl.,* Bildhauerkunst. **2)** Bildwerk, vgl. Abb. B 30. **3)** ohne *Pl.,* Ü körperhafte Ausprägung, Anschaulichkeit. **4)** Chirurgie: Ersatz zerstörter Organ- und Gewebeteile: *Nasenplastik.* **5)** *das, -s/-s,* Kunststoff: *Plastikfolie.* **Plastikbombe** *die,* eine Bombe mit knetbarer Sprengstoffmasse. **Plastilin** *das, -s,* **Plastilina** *die, -,* Knetmasse. **plastisch, 1)** körperhaft. **2)** Ü anschaulich, bildhaft: *er kann sehr p. erzählen.* **3)** geschmeidig; verformbar: *plastische Operation,* ⚕ Operation, durch die zerstörte Organ- und Gewebeteile wiederhergestellt werden. **Plastizität** *die, -,* **1)** Bildhaftigkeit, Anschaulichkeit. **2)** ⊙ Verformbarkeit von Körpern durch äußere Kraft, die eine nach Aufhören der Beanspruchung fortdauernde Verformung ergibt. **Plastomere** [grch. meros ›Teil‹], *Pl.,* Thermoplaste.

Plastron [plastr'ɔ̃, frz. ›Brustharnisch‹] *der* oder *das, -s/-s,* **1)** im MA.: Brustharnisch. **2)** Schutzpolster beim Fechten. **3)** breiter Schlips.

Platane [grch. platanos, zu platys ›breit‹, ›flach‹] *die, -/-n,* Laubbaum mit ahornähnl. Blättern und borstigen Nüßchen.

Plateau [plat'o:, frz., vgl. platt] *das, -s/-s,* Hochebene.

plateresk [span. plateresco, zu platero ›Silberschmied‹], wunderlich verziert. **Platereskenstil** *der,* ein Stil der span. Kunst seit Ende des 15. Jahrh.

Platin [span. platina ›Silberkörnchen‹, zu plata ›Silber‹] *das, -s,* 🜍 Element, Zeichen: Pt, hellgraues, silberglänzendes Metall. **platinblond,** weißblond.

Platine [frz., zu plat ›flach‹] *die, -/-n,* **1)** ein Halbzeug bei der Walzstahlherstellung. **2)** an der Nadel- oder Fadenführung beteiligte Teile in Web- und Wirkmaschinen.

platinieren [frz. platiner], *ich* platiniere (habe platiniert) *es,* überziehe mit Platin.

Platitüde [frz. platitude, zu plat ›flach‹, vgl. platt] *die, -/-n,* Plattheit, nichtssagende Redensart.

platonisch [nach dem griech. Philosophen Platon, 427–347 v. Chr.], auf Platon bezüglich: *die platonische Liebe,* Ü nicht sinnliche, rein seelische; aber: *Platonische Schriften,* vgl. Übers. A 4, C.

platsch!, Schallwort für klatschendes Hinfallen. **platschen,** *ich* platsche, Ü **1)** (es), schlage *land, die Ebene; p. auf dem Bauche liegend; p. vor dem Winde,* breit hin, schlage auf dem Wasser auf. **2)** *es* platscht (hat geplatscht), regnet heftig. **plätschern,** *ich* plätsch(e)re (habe geplätschert), Ü **1)** in etwas, plansche, schwimme spritzend. **2)** *es* plätschert (hat, ist geplätschert), murmelt leise: *der Brunnen plätschert; die Rede plätschert,* Ü fließt leicht, eintönig dahin. **platschnaß,** Ü sehr naß.

platt [niederdt. aus frz. plat, zu grch. platys ›breit‹, ›flach‹] **1)** flach, eben, ohne Erhöhung oder auf dem Teig p. aus; *platte* 🜍 mit genauem Rückenwind; *ich habe einen Platten,* Ü keine Luft im Reifen. **2)** Ü abgeschmackt, geistlos, plump, alltäglich: *platte Scherze; eine platte Schmeichelei; platte Dichtung.* **3)** Ü verblüfft, vgl.: *da bist du p.* Ü kurz für: plattdeutsch; Ü auch: mundartlich. **Platt** *das, -(s),* dem -, kurz für: Plattdeutsch: *wir sprechen P.;* Ü auch: Mundart. **Plättbrett** *das, norddt., mitteldt.:* Bügelbrett. **Plättchen** *die, -s/-,* Diminutiv von Platte. **plattdeutsch,** niederdeutsch. **Plattdeutsch** *das, -(s), dem -,* niederdeutsche Sprache; vgl. Deutsch. **Platte** [mhd. plate, blate, aus mlat. platta ›Metallplatte‹] *die, -/-n,* **1)** flächiges Gebilde aus festem Material zur Verkleidung, Bedeckung: *Tischplatte; Marmorplatte; Kochplatte,* Abb. H 15. **2)** eine Glasscheibe mit lichtempfindlichem Belag für photographische Aufnahmen: *ich habe es auf die P. gebannt,* photographiert. **3)** 🖋 Teil einer Druckform: *Druckplatte,* Abb. D 15; *es wird auf die P. geätzt.* **4)** sehr flache Schüssel zum Anrichten von Speisen: *Bratenplatte,* Abb. E 10; *kalte P., Aufschnitt.* **5)** ⊕ ebene Landoberfläche, oft mit Seen erfüllt: *Seenplatte.* **6)** ⊕ Fläche eines Tafelberges, Abb. B 20. **7)** kurz für: Schallplatte: *sie legt immer die gleiche P. auf,* Ü redet ständig über dasselbe; *die P. kenne ich,* Ü das habe ich schon oft von ihm, ihr gehört. **8)** Ü Glatze. **9)** Gaunerbande: *Plattenbruder.* **10)** *das kommt nicht auf die P.,* Ü nicht in Frage. **Plätte** *die, -/-n,* mitteldt.: Bügeleisen. **2)** süddt.: Schiff mit flachem Boden (zum Übersetzen). **Plätteisen** *das, norddt., mitteldt.:* Bügeleisen.

platteln, *ich* platt(e)le (habe geplattelt), *bair.:* **1)** schnelle Steinchen über das Wasser. **2)** tanze Schuhplattler.

plätten [zu platt], *ich* plätte (habe geplättet), **1)** Wäsche, *norddt., mitteldt.:* bügele, glätte. **2)** es, ebne, drücke breit.

P 17

der Tonabnehmer · der Tonarm · der Wechselarm · der Plattenwechsler · die Wechselautomatik · der Plattenteller · die Lautsprecherbox · der Lautsprecher · die Tonarmauflage · der Balanceregler · der Drehzahlregler · die Tonblende · der Lautstärkeregler · der Plattenwechsler (Stereo-Wechsler) · der Trichter · die Schalldose · der Tragegriff · der Phonokoffer · die Tasche · die Kurbel · die Tasche · die Plattenhülle · die Schallplatte · die Platte · der Plattenständer · der Federwerkspieler · das Plattenalbum

Plattenspieler

Plat

Plattenleger [zu Platte] *der,* ein Handwerker, der Kacheln, Fliesen u. a. verlegt. **Plattenspieler** *der,* Abb. P 17, R 30. **Platt|erbse** *die,* eine Kultur- und Zierpflanze. **platterdings,** geradezu, schlechterdings: *das ist p. unmöglich.* **Plätterin** *die, -/-nen, norddt., mitteldt.:* Büglerin. **Plattfisch** *der,* ein Fisch mit unsymmetr., flachem Körperbau. **Plattform** *die,* **1)** Vorbau an Eisen- und Straßenbahnwagen. **2)** erhöhter Platz, z. B. Rednerbühne. **3)** Ü (programmat.) Basis: *Wahlplattform; die Parteien der Mitte einigten sich auf eine gemeinsame P.* **Plattfuß** *der,* **1)** ⚕ Senkung des Fußgewölbes. **2)** U Reifen ohne Luft. **Plattheit** *die, -/-en,* **1)** *ohne Pl.,* das Plattsein. **2)** Platitüde. **plattieren,** *ich plattiere* (habe plattiert) *es,* **1)** überziehe ein Metall mit einer anderen Metallschicht. **2)** überdecke das Fadensystem einer Maschenware mit einem anderen: *plattierte Ware.*
Platting *die, -/-e,* ⚓ Tauwerk aus Kabelgarn.
Plattler [zu platteln] *der, -s/-,* Schuhplattler.
Plattstich *der,* Nadelarbeit: eine Stichart, bei der die Fäden parallel gelegt werden. **Plattstichstickerei** *die.*
Platz [mhd. pla(t)z, zu lat. platea ›breite Straße‹, aus grch. platys ›breit‹] *der, -es/¨e,* **1)** Stelle für einen bestimmten Zweck: *Arbeitsplatz; hier ist mein P.!,* an diese Stelle gehöre ich; *solche Scherze sind hier nicht am P.,* unangebracht. **2)** Ortschaft, Stadt, Geschäftsort: *das einzige Kaufhaus am P.,* in dieser Stadt; *Handelsplatz.* **3)** begrenztes Gelände für bestimmte Zwecke: *Marktplatz; Bauplatz; Spielplatz; Sportplatz; unser Fußballverein hat einen neuen P.* **4)** *ohne Pl.,* verfügbarer Raum: *der Kofferraum bietet P. für viel Gepäck; ist hier noch P.?; P. da!,* gebt Raum!; *ich habe noch P. gelassen,* etwas nicht ganz ausgefüllt; *bitte P. machen!,* freien Raum geben, beiseite rücken; *platzsparende Möbel.* **5)** Sitzgelegenheit, Sitzplatz: *das neue Theater hat 1 000 Plätze; ist hier noch ein P. frei?; der P. ist belegt, besetzt; ich habe gute Plätze genommen,* teure Karten gekauft [für Theater, Kino u. a.]; *bitte nehmen Sie P.!,* setzen Sie sich; *bitte behalten Sie P.!,* bleiben Sie sitzen. **6)** ⚭ Anstellung: *er sucht einen P. in Wien; jeder an seinem P.,* auf dem für ihn passenden Posten. **7)** ⚘ Waldblöße, auf der Hirsche kämpfen. **8)** Pferderennsport: auf den Sieger folgende Rangstellen: *ich wette auf P., nicht auf Sieg; Platzquote; Platzwette.* **9)** *oberdt.:* Plätzchen (Gebäck). **Platzangst** *die, -,* ⚕ Agoraphobie, Angst beim Überschreiten eines freien Platzes. **Platzanweiserin** *die, -/-nen,* Angestellte, die Besucher [im Kino] zu ihren Plätzen führt. **Plätzchen** *das, -s/-,* **1)** Diminutiv zu Platz. **2)** kleines Gebäck, kleine Süßigkeit, Abb. K 51.
Platze *die: da könnte man die P. kriegen,* U vor Ärger oder Ungeduld zerbersten. **platzen** [mhd. platzen, Schallw.], *es platzt* (ist geplatzt), **1)** zerbirst, zerspringt: *die Granate platzt,* explodiert; *ein Wechsel p.,* U wird nicht eingelöst; *unser Urlaub ist geplatzt,* U kam nicht zustande; *ich platze vor Neugierde, Zorn,* U bin sehr neugierig, zornig. **2)** fährt ungestüm hinein: *die Nachricht platzte in unser Gespräch.* **plätzen,** *ich plätze* (habe geplätzt), **1)** *mitteldt.:* schlage, daß es knallt. **2)** *es, mitteldt.:* setze Flicken auf. **3)** *der Hirsch plätzt,* ⚘ kratzt den Boden auf.
Platzhirsch [zu Platz] *der,* stärkster Hirsch auf dem Brunftplatz. **Platzkarte** *die,* im Eisenbahnverkehr Anrechtskarte auf einen bestimmten Sitzplatz. **Platzkonzert** *das,* Konzert auf einem Platz im Freien. **Plätzli** *das, -(s)/-(s), schweiz.:* Blätzli. **Platzmangel** *der,* fehlender Raum: *aus P.* **Platzpa|trone** [zu platzen] *die,* Knallpatrone ohne Geschoß. **Platzregen** *der,* plötzlicher heftiger Regen. **Platzverweis** [zu Platz] *der,* ⚔ Ausschluß vom Wettbewerb wegen Regelverstoßes. **Platzwart** *der,* Verwalter eines Sportplatzes. **Platzwechsel** *der,* **1)** das Vertauschen der (Sitz)plätzen, bei Ballspielen auch der Positionen von Spielern. **2)** 🖅 am Ausstellungsort zahlbarer Wechsel. **Platzwunde** [zu platzen] *die,* Wunde mit aufgesprungener Haut durch Aufprall oder Schlag.
Plauderei *die, -/-en,* **1)** leichte, zwanglose Unterhaltung. **2)** über etwas, kurzweiliger Vortrag oder Zeitungsaufsatz: *eine P. über Blumenpflege.* **Plaud(e)rer** *der, -s/-,* jemand, der plaudert. **plaudern** [spätmhd. pludern, Schallw.], *ich plaud(e)re* (habe geplaudert), spreche, unterhalte mich zwanglos: *wir plauderten miteinander.* **Plauderstündchen** *das.* **Plaudertasche** *die,* U Schwätzerin, Klatschbase.
Plausch [verwandt mit plaudern] *der, -es/-e,* U gemütliche Unterhaltung, kleiner Schwatz. **plauschen,** *ich plausche* (habe geplauscht), U plaudere, unterhalte mich gemütlich.
plausibel [frz. plausible ›glaubhaft‹, zu lat. plaudere ›Beifall klatschen‹], einleuchtend, glaubhaft: *ein plausibler Grund; ich habe es ihm p. gemacht.* **Plausibilität** *die, -.*

plaustern, *ich plaust(e)re* (habe plaustert) *es, mich, oberdt.:* plustere.
plauz!, Schallwort für einen Fall: *p., da lag das Kind!* **Plauz** *der, -es/-e,* U Fall, Sturz; Geräusch dabei.
Plauze [poln. płuca ›Lunge‹] *die, -/-n, ostmitteldt.:* **1)** Lunge: *er hat es auf der P.,* hat schweren Husten. **2)** Bauch. **3)** Bett: *er liegt auf der P.,* krank im Bett.
plauzen [zu plauz], *ich plauze,* U **1)** (habe geplauzt) *(es),* schlage krachend zu (Tür). **2)** (bin geplauzt), falle hin.
Play-back [pleib'æk, engl. to play ›spielen‹ und back ›zurück‹] *das, -,* bei Schallplatten-, Tonband-, Film-, Hörfunkoder Fernsehaufnahmen das Rückspielen bereits aufgezeichneter Sprach- oder Musikdarbietungen zum Abstimmen, Unterlegen u. a. **Playboy** [pl'eiboi, engl. boy ›junger Mann‹] *der, -s/-s,* vermögender, modisch bewußter, vor allem seinem Vergnügen lebender Mann. **Playgirl** [pl'eigə:l, engl. girl ›junges Mädchen‹] *das, -s/-s* mondänes Mädchen, seinem Vergnügen lebend, meist in Gesellschaft reicher Männer.
plazen [tschech. plakati ›weinen‹], *ich plaze* (habe geplazt), *wien.:* weine, schluchze.
Plazenta [lat. placenta, zu grch. plakous ›flacher Kuchen‹] *die, -/-s oder . . . ten,* ⚕ Mutterkuchen. **plazental, plazentar.**
Plazet [lat. placet ›es gefällt‹, zu placere ›gefallen‹] *das, -s/-s,* Zustimmung, Genehmigung: *hierzu gebe (verweigere) ich mein P.; ich muß zuerst sein P. einholen.*
plazieren, eingedeutscht für: placieren.
Plebejer [lat. plebeius] *der,* **1)** Angehöriger der altröm. Plebs. **2)** U verächtlich: gewöhnlicher Mensch. **plebejisch.**
Plebiszit [lat. plebis scitum] *das, -(e)s/-e,* Volksbeschluß; Volksabstimmung. **plebiszitär,** *eine plebiszitäre Demokratie.*
Plebs, 1) *die, -,* das niedere Volk im alten Rom. **2)** *der, -es,* U verächtlich: Pöbel, breite Masse.
Plein|air [plen'ɛ:r, frz. plein ›voll‹, ›angefüllt‹ und air ›Luft‹] *das, -s,* Freilichtmalerei: *Pleinairmalerei.* **Pleinpouvoir** [plɛpuvw'ar, frz. pouvoir ›Macht‹, volle Macht und Gewalt, freie Hand.
pleistozän [grch. pleiston ›am meisten‹ und kainos ›neu‹, ›jung‹] *das, -s,* ⚭ Diluvium, ⊕ eine geolog. Abteilung des Quartärs.
pleite [jidd. plejte, zu hebr. peleta ›Flucht‹, U zahlungsunfähig: *ich bin p.; sein Geschäft ist p. gegangen.* **Pleite,** *die, -/-n,* U **1)** Zahlungseinstellung, Bankrott: *er macht P.* **2)** Mißerfolg: *das war eine totale P.!* **Pleitegeier** [eigtl. Pleitegeher] *der,* Sinnbild der Pleite.
Plejaden [grch. Pleiades, zu plein ›fahren‹, ›segeln‹; nach den von Zeus an den Himmel versetzten sieben Töchtern des Atlas und der Pleïone], *Pl.,* ✧ Siebengestirn, Sternhaufen im Sternbild des Stiers.
Plek|tron [grch. plektron, zu plessein ›schlagen‹] *das, -s/. . . tren oder . . . tra,* Stäbchen oder Plättchen zum Anreißen der Saiten von Zupfinstrumenten.
Plempe [zu plampen ›baumeln‹] *die, -/-n,* U **1)** ⚮ scherzhaft: Seitengewehr, Säbel. **2)** U dünnes Getränk. **plempern,** *ich plemp(e)re* (habe geplempert), **1)** U plansche, spritze. **2)** *(es),* U Gieße, wässere. **3)** *mitteldt.:* gehe müßig.
plem|plem, U verrückt: *du bist p.!*
Plenarsitzung *die,* Plenum.
plentern [Blender, ⚘ lichtraubender Baum‹], *ich plent(e)re* (habe geplentert) *den Wald,* ⚘ lichte aus, haue aus. **Plenterwald** *der,* Blenderwald, Femelwald, Wald mit Bäumen verschiedener Altersstufen.
Plenum [lat. plenus ›voll‹] *das, -s,* Plenarsitzung, Vollversammlung eines Kollegiums.
pleo. . . [grch. pleon ›mehr‹], mehrfach. **Pleo|chroismus** [grch. chroma ›Farbe‹ und ›ji. . . ismus‹] *der, -,* Mehrfarbigkeit, die Eigenschaft gewisser Kristalle, in verschiedener Richtung verschiedenfarbiges Licht durchzulassen. **Pleomorphie** [vgl. . . .morph] *die, -,* Polymorphie. **Pleomorphismus** *der,* Polymorphie, Polymorphismus. **Pleonasmus** *der, -/. . .men,* überflüssige Häufung sinnverwandter Wörter, z. B.: ich pflege das gewöhnlich so zu tun. **pleonastisch,** gehäuft, überladen.
Plesiosaurus [grch. plesios ›nahe‹ und sauros ›Eidechse‹] *der, -/. . .rier,* ausgestorbener Saurier.
Plethi, vgl. Krethi.
Plethora [grch. plethore ›Fülle‹] *die, -/. . .ren,* ⚕ vermehrte Gesamtblutmenge im Körper.
Pleuel [zu bleuen ›schlagen‹] *der, -s/-,* **Pleuelstange** *die,* Kurbelstange, Schubstange, ein Maschinenteil, das hin- und hergehende Bewegung in rotierende umwandelt und umgekehrt, Abb. D 3, M 20.

Pleura [grch. ›Rippe‹] *die, -/. . . ren, ⚕* Brustfell.

Pleureuse [plør'ø:zə, frz., zu pleurer ›weinen‹, ›trauern‹] *die, -/-n,* **1)** ⚶ Trauerbesatz; Trauerrand am Briefpapier. **2)** Straußenfeder als Hutschmuck (seit 1900).

Pleuritis [vgl. Pleura] *die, -/. . . t'iden, ⚕* Brust-, Rippenfellentzündung. **Pleuro|pneumonie** *die, ⚕* Rippenfell- und Lungenentzündung.

Plexiglas *das, -es,* Handelsname für einen glasartigen, nichtsplitternden Kunststoff.

Plexus [lat., zu plectere ›flechten‹] *der, -, ⚕* netzartige Verbindung von Nerven oder Blutgefäßen.

Pli [frz. ›Falte‹] *der, -s, westdt.:* Gewandtheit, feines Benehmen.

Plicht [ahd. plihta ›Vorschiff‹, zu lat. plecta ›Flechtwerk‹] *die, -/-en,* Cockpit, ⚓ offener, vertiefter Sitzraum im Segel- und Motorboot, ABB. S 45.

plieren, *ich* pliere (habe gepliert), *norddt.:* **1)** *auf ihn,* starre. **2) bin** naß, schmutzig. **plierig,** *norddt.:* triefäugig; schmutzig.

pliesern, *ich* plies(e)re (habe gepliesert), *ostdt.:* zupfe.

Plink *die, -/-e, niederdt.:* Augenlid. **plinken,** *ich* plinke (habe geplinkt), *niederdt.:* blinzle (ihm zu). **Plinken,** *Pl., niederdt.:* Wimpern. **plinkern,** *ich* plink(e)re (habe geplinkert), *niederdt.:* blinzle (ihm zu).

Plinse [sorb. blinc] *die, -/-n,* auch Plinze, *ostmitteldt.:* **1)** Eierkuchen. **2)** Kartoffelpuffer.

plinsen, *ich* plinse (habe geplinst), *norddt.:* weine.

Plinthe [grch. plinthos ›Ziegel‹, ›Platte‹] *die, -/-n,* Sockelplatte unter Säulenbasen oder Fußprofilen von Monumenten, Standbildern u. a., ABB. B 11, B 30, S 8.

Plinze *die, -/-n,* Nebenform von Plinse.

pliozän, auf das Pliozän bezüglich. **Pliozän** [vgl. pleo. . . und lat. kainos ›neu‹, ›jung‹] *das, -s,* ⊕ eine geolog. Abteilung des Tertiärs.

Plissee [frz., zu plisser ›fälteln‹] *das, -s/-s,* schmale gepreßte Falten in Geweben: *Plisseerock.* **plissieren,** *ich* plissiere (habe plissiert) *es: ein plissierter Stoff.*

plitz, platz!, Schallwort für: unerwartet schnell, plötzlich: *das geht nicht so plitz, platz!*

Plockwurst [zu Pflock, wegen der geraden Form] *die, westdt.:* eine Dauerwurst.

plodern, *es* plodert (hat geplodert), *oberdt.:* **1)** pludert, bauscht sich. **2)** siedet, wirft Blasen (Wasser).

Plombe [frz. plomb ›Blei‹, zu lat. plumbum] *die, -/-n,* **1)** Bleisiegel; Bleiverschluß, ABB. B 47. **2)** Zahnfüllung. **plombieren,** *ich* plombiere (habe plombiert) *es.*

Plot [engl. to plot ›ausdenken‹, ›entwerfen‹] *der* oder *das, -s/-s,* die Handlung in einer Werken. **Plotter** *der, -s/-,* **1)** Gerät zum automat. Schreiben von Kurven, Schriften usw. **2)** Datenverarbeitung: Aggregat zur Ausgabe von Zeichnungen.

Plotz *der, -es/-e,* ⚶ Schallw. für eine schnelle (schallende) Bewegung: *auf den P.,* plötzlich.

Plötze [poln. płoć] *die, -/-n,* 🐟 Rotauge, Schwal, mitteleurop. Weißfisch.

plötzlich [spätmhd., zu Plotz] **1)** unerwartet, blitzartig eintretend: *ein plötzlicher Entschluß; p. fiel es ihm ein.* **2)** U sofort, schnell: *aber nun etwas p.!* **Plötzlichkeit** *die, -.*

Pluderhose *die,* kurze, sich bauschende Männerhose, ABB. M 16. **plud(e)rig,** aufgeplustert. **pludern** [mhd. blodern ›rauschen‹, ›flattern‹], *es* pludert (hat gepludert), bauscht sich, ist zu weit.

Plumbicon *das, -s/-s,* (ᴡ) Bildspeicherröhre, Fernsehaufnahmeröhre.

Plumeau [plym'o:, frz., zu plume ›Feder‹] *das, -s/-s,* Federdeckbett, ABB. B 27.

plump [mhd. plump ›roh‹, ›stumpf‹], **1)** unförmig, von groben Formen: *plumpe Füße.* **2)** schwerfällig, derb: *ein plumper Gang.* **3)** U nicht fein, nicht förmlich, taktlos, ungeschickt: *plumper konnte sie es nicht sagen; plumpe Witze; plump-vertraulich.* **Plump** *der, -es/-e,* U Fall, Plumps.

Plumpe *die, -/-n, mitteldt.:* Pumpe. **plumpen,** *ich* plumpe (habe geplumpt) *(es), mitteldt.:* pumpe.

Plumpheit *die, -/-en,* **1)** ohne *Pl.,* Unförmigkeit, Derbheit. **2)** U Taktlosigkeit. **plumps!** [Schallw.], Ausruf bei einem Fall, bei einem schweren Schlag oder Tritt. **Plumps** *der, -es/-e,* U Fall, Sturz; polternder Schlag. **Plumpsack** *der,* **1)** U plumper Mensch. **2)** Kinderspiel, bei dem ein Säckchen oder Tuch mit Knoten gesucht werden muß. **plumpsen** [mhd. plumpsen], *ich* plumpse (bin geplumpst), U stürze, falle mit einem Plumps. **Plumpser** *der, -s/-,* U Fall, Plumps. **Plumps|klo** *das,* U Toilette ohne Wasserspülung.

Plumpudding [pl'ʌm-, engl., zu plum ›Rosine‹] *der,* Rosinenpudding, der mit Rum übergossen und angezündet aufgetragen wird, engl. Weihnachtsspeise.

Plunder [mhd. plunder ›gebrauchter Hausrat‹] *der, -s,* altes Zeug, Trödel, wertlose Kleinigkeiten. **Plünd(e)rer** *der, -s/-,* jemand, der (im Krieg) plündert. **Plundergebäck** *das,* ein Gebäck aus blätterigem Hefeteig.

Plundermilch [eigtl. ›Plumpermilch‹, zu plump ›dick‹] *die, niederdt.:* Dickmilch.

plündern [mhd. plundern, eigtl. ›Plunder nehmen‹], *ich* plünd(e)re (habe geplündert) *es,* raube aus, nehme alles weg: *die Geschäfte wurden geplündert; Söldner zogen plündernd durchs Land; man hat die Obstbäume geplündert,* die Früchte abgenommen, gestohlen. **Plünd(e)rung** *die, -/-en.*

Plunger [engl. pl'ʌndʒə(r)] *der, -s/-,* Tauchkolben mit langem Kolbenkörper in Hochdruckpumpen.

Plunze [aus slaw.] *die, -/-n, südostdt.:* Blutwurst.

Plural [lat. numerus pluralis, zu plus ›mehr‹] *der, -s/-e,* Abk.: Pl., pl. oder Plur., ⑤ Mehrzahl, ÜBERS. A 4, P 24, S 77, V 2.

Pluraletantum [lat. tantum ›nur‹] *das, -s/-s* oder *Pluralia-t'antum,* nur im Plural vorkommendes Wort, z. B. Leute. **pluralis. Pluralis maiestatis** [lat. ›Plural der Majestät‹] *der, - -/. . .les -,* auch Plural majestatis, Plural (wir) als Bezeichnung der eigenen Person. **Pluralismus** [vgl. . . . -ismus] *der, -,* **1)** philosoph. Lehre, die eine Vielheit von Prinzipien, Elementen oder Bereichen der Wirklichkeit annimmt. **2)** Koexistenz und freie Entfaltung einer großen Zahl von Gruppen als tragendes Element demokrat. Ordnung. **pluralistisch,** *eine pluralistische Gesellschaft.* **Pluralität** *die, -/-en,* Mehrheit.

Plurre *die, -/-n, norddt.:* dünnes Getränk.

plus [lat. ›mehr‹, Zeichen: +, **1)** Symbol für die Verknüpfung zweier Zahlen zu einer Summe. **2)** △ Vorzeichen der positiven Zahlen. **3)** bei Temperaturmessungen: *p. 5 °C,* fünf Grad Celsius über Null. **Plus** *das, -/-,* **1)** Mehrbetrag: *ein P. von 150 Mark.* **2)** U Vorteil, Gewinn: *Pluspunkt.*

Plüsch [frz. peluche ›Wollsamt‹, zu lat. pilus ›Haar‹] *der, -es/-e,* **1)** ein Florgewebe, bes. für Möbelstoffe: *Plüschsofa; Plüschtier;* Symbol für kleinbürgerl. Geschmack. **2)** ein Wirkoder Strickware, deren lange Maschen stehenbleiben oder geschoren werden. **plüschen.**

plusen, *ich* pluse (habe geplust) *es, niederdt.:* **1)** zause. **2)** plustere auf. **plusig,** *niederdt.:* zerzaust, unordentlich.

Plusquamperfekt [lat. plus quam perfectum ›mehr als vollendet‹] *das, -s/-s,* ⑤ Vorvergangenheit, vollendete Vergangenheit, ÜBERS. V 2.

plustern [mnd. plustern], *ein Vogel* plustert (hat geplustert) *die Federn, sich,* sträubt die Federn.

Pluto, 1) lat. Form von Pluton. **2)** *der, -,* ✵ ein Planet. **Pluto|krat** [grch. ploutos ›Reichtum und kratein ›herrschen‹] *der, -en/-en,* Träger der Macht in der Plutokratie. **Pluto|kratie** *die, -/. . . t'i|en,* Geldherrschaft. **pluto|kratisch. Pluton** [eigtl. ›der Reiche‹, **1)** griech. Mythologie: auch Hades, der Gott der Unterwelt. **2)** [-t'o:n] *der, -s/-e,* ⊕ ein Tiefengesteinskörper. **plutonisch,** der Tiefe angehörig: *plutonische Gesteine,* Tiefengesteine. **Plutonismus** [vgl. . . . ismus] *der, -,* Tiefenvulkanismus. **Plutonium** *das, -s,* ⚛ Element, chem. Zeichen Pu, ein radioaktives metall. Element. **Plutos,** griech. Mythologie: Gott des Getreidevorrats, später des Reichtums.

Plutzer *der, -s/-e, österr.:* **1)** Kürbis. **2)** Steingutbehälter.

Pluviale [mlat., zu pluvia ›Regen‹, -i-, liturg. Obergewand kath. Geistlicher, ABB. A 13. **Pluvialzeit** *die,* einer Eiszeit entsprechendes Regenzeitalter wärmerer Länder. **Pluvio|graph** [vgl. . . . graph] *der, -en/-en,* selbstschreibender Niederschlagsmesser. **Pluvius,** Beiname für Jupiter, den Regenspender.

Pm, ⚛ Zeichen für: Promethium.

p. m., Abk. für: **1)** post meridiem. **2)** pro mille. **3)** pro memoria. **4)** post mortem.

Pneu *der, -s/-s,* kurz für: **1)** Pneumothorax. **2)** Luftreifen, ABB. R 14. **Pneuma** [grch.] *das, -s,* Hauch, Atem; der Heilige Geist. **Pneumatik, 1)** *die,* ⚙ die Anwendung von Gasen, bes. Luft, als Energieträger. **2)** *der, -s/-s, österr.:* ein Reifen, noch *österr., schweiz.:* Luftreifen. **pneumatisch,** das Pneuma oder die Pneumatik betreffend: *pneumatische Baukonstruktion.* **Pneumo|graph** [vgl. . . . graph] *der, -en/-en,* Gerät zum Aufzeichnen der Atembewegungen. **Pneumokokkus** *der,* Erreger der Lungenentzündung u. a. Krankheiten. **Pneumonie,** *die, -/. . . n'i|en,* Lungenentzündung. **Pneumothorax** *der, ⚕* Luftansammlung in der Brustfellhöhle.

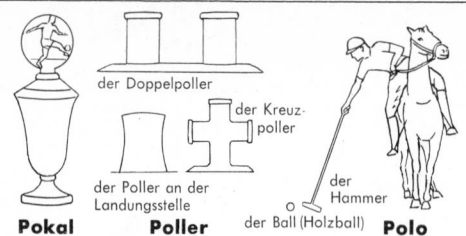

der Doppelpoller

der Kreuz-poller

der Poller an der Landungsstelle

der Hammer

der Ball (Holzball)

Pokal   **Poller**   **Polo**

Po, ⟁ Zeichen für: Polonium.

Po [zu Podex] *der, -s/-s,* U Gesäß.

Pöbel [mhd. bovel, zu lat. populus ›Volk‹] *der, -s,* gemeines, rohes Volk, Mob. **Pöbelei** *die, -/-en,* gemeine, anzügl. Bemerkung. **pöbelhaft,** gemein, frech. **Pöbelhaftigkeit** *die, -.* **Pöbelherrschaft** *die,* Ochlokratie. **pöbeln,** *ich* pöb(e)le (habe gepöbelt), benehme mich flegelhaft.

Poch *das* oder *der, -(e)s,* ein Kartenglücksspiel: *Pochbrett; Pochspiel.* **pochen** [mhd. bochen], *ich* poche (habe gepocht), **1)** *an, gegen etwas,* klopfe: *wer pocht an die Tür, gegen das Fenster?* **2)** *Erz,* zerklopfe. **3)** *das Herz pocht,* schlägt. **4)** *auf etwas,* Ü bestehe darauf, rühme mich seiner trotzig: *poch nicht zu sehr auf dein Geld!; er pocht auf sein Recht.* **5)** spiele Poch.

pochieren [-ʃ-, frz. pocher], *ich* pochiere (habe pochiert) *Eier,* schlage sie in siedendes Wasser.

Pochwerk [zu pochen] *das,* Maschine zum Zerkleinern von Erzen.

Pocke [mnd. pocke, verwandt mit Beutel] *die, -/-n,* **1)** Pustel, Impfpustel. **2)** *nur Pl.,* Blattern, eine fiebrige Infektionskrankheit, die Narben hinterläßt: *Pockenimpfung.* **pockennarbig,** mit Narben von Pocken bedeckt.

Pocketbook [p'ɔkitbuk] *das, -s/-s,* Taschenbuch.

Pocketkamera [p'ɔkit-] *die,* Taschenkamera.

pockig [zu Pocke], pockennarbig.

poco [ital.], ♪ ein wenig, etwas: *p. allegro.*

Podagra [mhd. podagra, zu grch. pous, Gen. podos ›Fuß‹ und agra ›Fangen‹] *das, -s,* ♀ Fußgicht, Zipperlein. **podagrisch.**

. . .pode [grch. pous, Gen. podos ›Fuß‹], . . .füßer.

Podest [mlat. pedesticum] *das* oder *der, -es/-e,* **1)** Treppenabsatz, ABB. T 17. **2)** Bühne, erhöhter Tritt.

Podex [lat. ›Hintern‹] *der, -(es)/-e,* U Gesäß.

Podium [lat., aus grch. podion, zu grch. pous, Gen. podos ›Fuß‹] *das, -s/. . .di|en,* Bühne, erhöhte Fläche für Redner, Schauspieler u. a.: *Podiumsdiskussion, Podiumsgespräch,* Diskussion vor Zuhörern über ein aktuelles Thema.

Podsol [russ. ›unter der Asche‹] *der, -s/-e,* Bleicherde, ein nährstoffarmer Bodentyp.

Poem [grch. poiema ›Gedicht‹, zu poiein ›schaffen‹] *das, -s/-e,* größere Verdsdichtung; auch abwertend: Gedicht. **Poesie** [poe-, frz.] *die, -/. . .s'i|en,* **1)** Dichtung, Dichtkunst. *ohne Pl.,* Ü Stimmungsgehalt. **Poesiealbum** *das,* Buch, in das Freunde Sprüche und Gedichte schreiben. **poesielos,** ohne Stimmungsgehalt. **Poesielosigkeit** *die, -.* **Poet** [mhd. poete, zu grch. poietes] *der, -en/-en,* noch ironisch: Dichter. **Poeta laureatus** [lat.] *der, - -/. . .tae. . .ti,* mit Lorbeer geschmückter Dichter. **Poetaster** *der, -s/-,* verächtlich: schlechter Dichter. **Poetik** [grch. poietike] *die, -/-en,* **1)** *ohne Pl.,* Lehre von der Dichtkunst. **2)** Lehrbuch, Regelbuch der Dichtkunst. **poetisch, 1)** die Poesie, Poetik, den Poeten betreffend; dichterisch: *eine große poetische Begabung.* **2)** Ü stimmungsvoll: *poetische Filme.*

Pofel [zu Bafel] *der, -s, oberdt.:* Schund, Auswurf.

pofen, *ich* pofe (habe gepoft), *ostmitteldt.:* schlafe.

Pofese [aus ital. pavese, nach der ital. Stadt Pavia] *die, -/-n,* auch Pafese, *wien.:* gefüllte Semmelschnitte.

Pogatsche [ungar. pogácsa] *die, -/-n, bair., österr.:* rund ausgestochenes, gebackenes Teiggericht: *Griebenpogatsche.*

Pogge [zu Pocke] *die, -/-n, niederdt.:* Frosch, Kröte.

Pogrom [russ.] *der,* auch *das, -s/-e,* Hetze mit Gewalttaten gegen eine Bevölkerungsgruppe: *Judenpogrom.*

poikilotherm [grch. poikilos ›bunt‹, ›mannigfaltig‹ und thermos ›warm‹], wechselwarm.

Poilu [pwal'y, frz. ›behaart‹, zu poil ›Haar‹] *der, -(s)/-s,* Spottname für den französischen Frontsoldaten.

Poinsettie [-iə, nach I. R. Poinsett, 1779–1851] *die, -/. . .ti|en,* Weihnachtsstern, eine Zierpflanze.

Point [pwɛ̃, frz., zu lat. punctum] *der, -s/-s,* **1)** Punkt, Spitze. **2)** Stich (im Kartenspiel). **3)** Auge (im Würfelspiel). **4)** [pɔint, engl.], 🕮 Notierungseinheit von Warenpreisen. **Pointe** [pw'ɛ̃tə, frz.] *die, -/-n,* Hauptpunkt, Überraschungseffekt, Schlußwirkung: *Schlußpointe; er hat die P. des Witzes nicht verstanden.* **Pointer** [p'ɔintə(r), engl., zu to point ›hinweisen‹, ›aufzeigen‹] *der, -s/-,* Vorstehhund, ein Jagdhund. **pointieren** [pwɛ̃-, frz. pointer ›auf etwas zielen‹, vgl. Point], *ich* pointiere (habe pointiert) *es,* betone nachdrücklich, hebe hervor. **pointiert** [pwɛ̃-], zugespitzt, gezielt. **Pointillismus** [pwɛ̃-, vgl. Point und . . .ismus] *der, -,* Malerei: Richtung des Impressionismus. **Pointillist** [pwɛ̃-] *der, -en/-en,* Vertreter des Pointillismus. **pointillistisch** [pwɛ̃-].

Poise [pwaz, frz., nach dem franzöz. Arzt J. L. M. Poiseuille, 1799–1869] *das, -/-,* Zeichen: P, Physik: Einheit der dynam. Viskosität.

Pojaz [zu Bajazzo] *der, -es/-e,* **Pojazer** *der, -s/-, bair.:* Hanswurst, Hampelmann.

Pokal [ital. boccale, zu grch. baukalis ›Gefäß‹] *der, -s/-e,* kelchartiges Gefäß, ein Hauptpreis im Sport oft Siegespreis, ABB. P 18: *Pokalspiel; Wanderpokal.* **Pokalsystem** *das,* ✗ eine Wettkampfart, bei der Verlierer einer Begegnung ausscheidet.

Pökel [mnd. pekel ›Salzlake‹] *der, -s,* Lake, Salz- oder Salpeterlösung zum Einpökeln: *Pökelfleisch; Pökelhering.* **pökeln,** *ich* pök(e)le (habe gepökelt) *es,* lege in den Pökel.

Poker [engl., zu to poke ›schlagen‹, ›stechen‹, verwandt mit pochen] *das, -s,* ein Kartenglücksspiel. **Pokerface** [-feis, engl. face ›Gesicht‹] *das, -/-[-siz],* **1)** *ohne Pl.,* unbewegter Gesichtsausdruck. **2)** Mensch, der sich keine Gefühlsregungen anmerken läßt. **pokern,** *ich* pok(e)re (habe gepokert), **1)** spiele Poker. **2)** Ü verhandele gewagt, ohne meine Absichten erkennen zu lassen.

pokulieren [lat. poculum ›Becher‹], *ich* pokuliere (habe pokuliert), 🍸 zeche.

Pol [lat. polus, zu grch. polos ›Achse‹, ›Drehpunkt‹] *der, -s/-e,* **1)** einer der beiden Endpunkte der Umdrehungsachse eines sich drehenden Körpers; im besonderen: ⊕ ☆ Endpunkte der Erd- und Himmelsachse: *Nord- und Südpol,* ABB. E 8. **2)** ⚡ Endklemme einer Stromquelle: *Plus- und Minuspol.* **3)** das Ende eines Magneten, ABB. M 1: *Magnetpol.* **4)** *der ruhende P.,* Ü jemand, der inmitten von Unruhe stets Ruhe ausstrahlt; Ort der Geborgenheit.

Polack *der, -s/-s,* ⚓ Pollack.

Polacke [poln. polak ›Pole‹] *der, -n/-n,* verächtlich: Pole.

polar [zu Pol], **1)** auf den Pol, besonders die Erdpole bezüglich. **2)** entgegengesetzt wirkend. **Polarachse** *die,* Umdrehungsachse der Erde. **Polare** *die, -/-n,* **1)** Flugmechanik: eine graph. Kurve zum Ablesen des Zusammenhangs zwischen Auftrieb und Widerstand. **2)** △ die Verbindungsgerade der Berührungspunkte zweier von einem Pol an einen Kegelschnitt gelegter Tangenten. **Polarfront** *die,* Front zwischen polarer Kaltluft und tropisch-subtrop. Warmluft. **Polarfuchs** *der, -/-,* **1)** Sammelname für Blau- und Weißfuchs. **2)** ein arktisches Wildhund. **Polarhund** *der,* Schlittenhund, eine Haushunderasse. **Polarimeter** [grch. metron ›Maß‹] *das, -s/-,* Gerät zur Bestimmung des Drehvermögens optisch aktiver Flüssigkeiten. **Polarisation** *die, -/-en,* **1)** Veränderung der Spannung bei der Elektrolyse durch die stoffl. Veränderungen bei Stromfluß. **2)** Physik: die Beschränkung des Lichtes und aller elektromagnet. Wellen auf eine Schwingungsebene senkrecht zur Ausbreitungsrichtung. **Polarisator** *die, -/-oren,* Körper, durch den das Licht polarisiert wird. **polarisieren,** *ich* polarisiere (habe polarisiert), **1)** *Licht,* unterwerfe es der Polarisation. **2)** *es,* Ü lasse zwei gegensätzliche Auffassungen immer stärker hervortreten. **Polarisierung** *die, -,* **1)** Polarisation. **2)** Bez. für die Verhärtung der Gegensätze innerhalb einer Gesellschaft. **Polarität** *die, -/-en,* Gegensätzlichkeit. **Polarkreis** *der,* Breitenkreis von 66°33′ nördl. und von 66°33′ südl. Breite. **Polarlicht** *das, -(e)s,* eine Lichterscheinung der hohen Atmosphäre in Polargebieten. **Polarnacht** *die,* die Zeit, während der die Sonne für die Gebiete zwischen den Polarkreisen und den Polen länger als 24 Stunden nicht aufgeht. **Polarographie** [vgl. . . .graphie] *die, -/. . .ph'i|en,* ein chem. Analyseverfahren. **Polarstern** *der, -s/-e,* ein nördl. Himmelspol sehr naher Stern. **Polartag** *der,* die Zeit, während der die Sonne für die Gebiete zwischen den Polarkreisen und den Polen länger als 24 Stunden nicht untergeht.

Polder [aus niederl.] *der, -s/-*, eingedeichtes Land, ABB. D 5.
Poldi, *oberdt.*: Leopoldine. **Poldl**, *oberdt.*: Leopold.
Pole *der, -n/-n*, Angehöriger eines westslaw. Volkes.
Polei [ahd. polaia, zu lat. pule(g)ium ›Flohkraut‹, an lat. pulex ›Floh‹ angelehnt] *der, -(e)s/-e*, Name verschiedener Pflanzen.
Polemik [grch. polemos ›Krieg‹] *die, -/-en*, Streit, publizist. Fehde. **polemisch. polemisieren**, *ich polemisiere* (habe polemisiert) *gegen ihn, gegen etwas*, bekämpfe (scharf, häufig unsachlich) seine Ansichten, eine Sache.
polen [zu Pol], *ich pole* (habe gepolt) *es*, **1)** ⚡ stelle den Plus- oder Minuspol fest, schließe an einen Pol an. **2)** entferne Gase und Oxide aus der Metallschmelze.
Polenta [ital., zu lat. ›Gerstengraupen‹] *die, -/-s* oder . . . *ten*, Maisbrei.
Polente [jidd. paltin ›Burg‹, ›Palast‹] *die, -*, G Polizei.
Polhöhe *die*, die in Graden gemessene Höhe des Himmelspols über dem Nordhorizont; der geograph. Breite gleich.
Police [pol'i:sə, frz., zu mlat. apodixa, aus grch. apodeixis ›Nachweis‹] *die, -/-n*, Versicherungsschein.
Polier [zu frz. parler ›sprechen‹, eigtl. ›Wortführer‹] *der, -s/-e*, Vorarbeiter der Maurer und Zimmerleute.
polieren [mhd. polieren, zu lat. polire ›glätten‹], *ich poliere* (habe poliert) *es*, verleihe einer Oberfläche Glätte und Glanz: *polierte Möbel*.
Poli|klinik [eigtl. Stadtklinik, zu grch. polis ›Stadt‹] *die*, Krankenhaus zur ambulanten Behandlung.
Polin *die, -/-nen*, Angehörige eines westslaw. Volkes.
Polio *die, -*, kurz für: **Poliomyelitis epidemica** [grch. polios ›grau‹ und myelos ›Mark‹] *die, - -*, ⚕ spinale Kinderlähmung, eine Infektionskrankheit, die zu schweren Lähmungen führen kann.
Politbüro *das*, kurz für: Politisches Büro, das Führungsgremium einer kommunist. Partei.
Politesse [frz.] *die, -*, ♂ Höflichkeit.
Politesse [zu Polizei und Hostess] *die, -/-n*, Hilfspolizistin für bestimmte Aufgaben.
Politik [frz. politique, zu grch. politike (techne) ›Kunst der Staatsverwaltung‹, zu polis ›Stadt‹, ›Staat‹] *die, -*, **1)** die auf den Staat bezogene Streben und Handeln: *Innenpolitik; Außenpolitik; eine P. der Entspannung, der Stärke; Persönlichkeiten aus P. und Wirtschaft.* **2)** zielbewußtes Handeln im innerstaatl. Bereich: *Unternehmenspolitik; Personalpolitik.* **3)** Ü berechnendes Verhalten: *der Geschäftsmann verfolgt eine schlaue P.; er betreibt eine P. des Abwartens.* **Politikaster** *der, -s/-*, Ü abwertend: jemand, der wenig von Politik versteht, aber viel darüber redet. **Politiker** *der, -s/-*, **1)** jemand, der in der Politik tätig ist: *Berufspolitiker; Wirtschaftspolitiker.* **2)** Ü jemand, der seine Ziele bes. geschickt verfolgt. **Politikum** *das, -s/ . . . ka*, ins Politische gezogene Angelegenheit. **Politikus** *der, -*, U Schlaukopf. **politisch**, die Politik betreffend; staatsmännisch: *politische Ökonomie*, Volkswirtschaftslehre. **politisieren**, *ich politisiere* (habe politisiert), **1)** rede über Politik. **2)** *es*, mache zum Politikum. **Politologe** [vgl. . . . loge] *der, -n/-n*.
Politologie [vgl. . . . logie] *die, -*, Wissenschaft von der Politik. **politologisch.**
Politur [lat. politura] *die, -/-en*, **1)** Glanz durch Polieren. **2)** Mittel zum Polieren: *Möbelpolitur.*
Polizei [mlat. policia, aus grch. politeia ›Bürgerrecht‹, ›Staatsverfassung‹] *die, -*, Behörde zur Aufrechterhaltung der öffentlichen Ordnung, Ruhe und Sicherheit; Gebäude dafür; die Gesamtheit der Polizeibeamten: *Polizeihund; Polizeikommissar; Polizeirevier; Bereitschaftspolizei; Kriminalpolizei; er ist dümmer, als die P. erlaubt*, U sehr dumm. **Polizeiaufsicht** *die*, ⚖ Führungsaufsicht. **Polizeibeamter** *der*, im Polizeidienst stehende Person mit Beamteneigenschaft. **polizeilich**, auf die Polizei bezüglich: *polizeiliche An- und Abmeldung; Rauchen ist hier p. verboten.* **Polizeistaat** *der*, **1)** der Staat des Absolutismus. **2)** Staatsform mit weitgehender polizeil. Bevormundung. **Polizeistunde** *die*, Sperrstunde, vorgeschriebene Zeit zur Schließung der Vergnügungsstätten. **polizeiwidrig**, entgegen der polizeil. Anordnung: *so viel Dummheit ist ja p.!*, Ü. **Polizist** *der, -en/-en*, ein nicht im Offiziersrang stehender Polizeibeamter für den äußeren Dienst: *Verkehrspolizist.* **Polizistin** *die, -/-nen*.
Polizze *die, -/-n*, österr.: Police.
Polk *der*, Pulk.
Pölk [niederdt.] *das, -(e)s/-e*, kastriertes Ferkel.
Polka [tschech. ›Polin‹] *die, -/-s*, böhm. Rundtanz im ²/₄-Takt.

polken, *ich polke* (habe gepolkt), *norddt.:* bohre, stochere, klaube.
Pollack [engl.] *der, -s/-s*, auch Pollak, Polack, Kalmück, ein kabeljauähnlicher Seefisch.
Pollen [lat. ›Staubmehl‹] *der, -s/-*, Blütenstaub. **Pollenanalyse** *die*, Untersuchung und Bestimmung fossiler Pollen. **Pollenblume** *die*, Blüte, die den Insekten Pollen statt Nektar als Nahrung bietet.
Poller [niederdt. bolder, boller] *der, -s/-*, ⚓ Klotz zum Festmachen von Tauen, Trossen, ABB. P 18, W 11.
Pollution [zu lat. polluere ›verunreinigen‹] *die, -/-en*, **1)** Verschmutzung der Umwelt. **2)** ⚕ unwillkürlicher Samenerguß, meist im Schlaf.
Pollux [lat., zu grch. Polydeukes], **1)** griech. Mythologie: einer der Dioskuren: *Kastor und P.* **2)** *der, -*, ✶ ein Stern.
polnisch, auf Polen bezüglich. **Polnisch** *das, -(s), dem -*, polnische Sprache; vgl. Deutsch.
Polo [nordind.] *das, -s*, hockeyähnl. Ballspiel vom Pferd, Rad oder Kanu aus, vgl. ABB. P 18. **Polobluse** *die*, kurzärmelige Bluse. **Polohemd** *das*, kurzärmeliges Trikotoberhemd.
Polonaise [polɔnˈɛːz, frz., zu polonais ›polnisch‹] *die, -/-n*, [-ən], eingedeutscht: **Polonäse** *die, -/-n*, Schrittanz, oft als Balleröffnung.
Polonium [nach Polonia, neulat. Name von Polen] *das, -s*, ⟁ Element, Zeichen: Po, kurzlebiger, radioaktiver Grundstoff, der überwiegend Metallcharakter zeigt.
Polschuh [zu Pol] *der*, Stahlstück von dem Kern von Elektromagneten. **Polstärke** *die*, Stärke eines Magnetpols.
Polster [ahd. polstar] *das, -s/-*, festes Kissen, weich gefüllter Überzug, ABB. P 19: *Polstermöbel.* **2)** weiche Unterlage. **3)** U Fettansammlung: *Fettpolster.* **Polst(e)rer** *der, -s/-*, Handwerker, der Möbel polstert. **polstern**, *ich pols(e)re* (habe gepolstert) *es*, fülle weich aus, bedecke mit Polstern. **Polst(e)rung** *die, -/-en*, **1)** ohne *Pl.*, das Polstern. **2)** Polster.
Polterabend [zu poltern] *der*, Vorabend der Hochzeit, an dem nach einem Brauch vor dem Hochzeitshaus Geschirr u. a. zerschlagen wird. **Polt(e)rer** *der, -s/-*, jemand, der gern schimpft (oft gutmütig). **Poltergeist** *der*, Klopfgeist, ein Hauskobold. **polt(e)rig. Polterkammer** *die*, Rumpelkammer. **poltern** [spätmhd. boldern], *ich polt(e)re* (habe gepoltert), **1)** verursache durch Bewegung einen dumpf dröhnenden Lärm: *ein Wagen poltert über die Brücke; die Bande polterte ins Haus*, stürzte geräuschvoll hinein. **2)** schelte mit rauher Stimme (oft gutmütig). **3)** feiere den Polterabend. **Polterwagen** *der*, großer Planwagen.
Pol|tron [-trˈɔ̃, frz., zu ital. poltrone] *der, -s/-s*, ♂ Feigling, Maulheld.
poly . . . [grch. polys], viel. **Poly|acrylharz** *das, meist Pl.*, durch Polymerisation gewonnene Kunststoffe. **Poly|amid** [vgl. Amid] *das, meist Pl.*, hochmolekulare Kunststoffe, bes. zur Herstellung von Fasern, z. B. Nylon, Perlon. **Poly|an|drie** [grch. aner ›Mann‹] *die, -*, die Ehegemeinschaft einer Frau mit mehreren Männern. **Poly|ar|thritis** *die*, Entzündung mehrerer Gelenke. **Poly|äthylen** *das, -s/-e*, Abk.: PE, durch Polymerisation von Äthylen hergestellter thermoplast. Kunststoff. **poly|chrom** [vgl. . . . chrom], vielfarbig, bunt. **Polychromie** *die, -*. **Poly|eder** [grch. hedra ›Fläche‹] *der, -s/-*, △ Vielflächner. **poly|edrisch. Poly|ester** *der, meist Pl.*, hochmolekulare Kunststoffe für Folien, Fasern (Diolen, Trevira), Lackharze und GFK. **polyfunktionell**, *polyfunktionelle Verbindungen*, chem. Verbindungen, die mehrere reaktionsfähige Gruppen im Molekül aufweisen.
polygam. Polygamie [vgl. . . . gamie] *die, -*, Vielehe, Zusammenleben eines Partners mit mehreren Partnern des anderen Geschlechts. **Polygenese**, **Polygenie** [grch. genea ›Herkunft‹] *die, -/ . . . n'i|en*, das Einwirken vieler Gene auf ein Merkmal. **poly|glott** [grch. glotta ›Zunge‹], vielsprachig, in mehreren Sprachen abgefaßt oder viele Sprachen sprechend. **Polyglotte, 1)** *der, die, -n/-n, ein -r, eine -*, vielsprachiger Mensch. **2)** *die, -/-n*, mehrsprachiges Druckwerk, bes. der Übersetzungen meist neben dem Originaltext angeordnet sind. **Polygon** [grch. gonia ›Winkel‹, ›Ecke‹] *das, -s/-e*, Vieleck. **polygonal. Poly|graph** [vgl. . . . graph] *der, -en/-en*, Gerät zur gleichzeitigen Registrierung mehrerer Vorgänge, z. B. in der Elektrokardiographie. **Polygynie** [grch. gyne ›Frau‹] *die, -*, die Ehegemeinschaft eines Mannes mit mehreren Frauen. **Polyhistor** [grch. histor ›kundig‹] *der, -s/ . . . st'oren*, Gelehrter, der in vielen Wissenschaften bewandert ist. **polyhy|brid** [lat. hybrida ›Mischling‹]. **Polyhy|bride** *der, -n/-n*, Mischling, dessen Eltern sich in

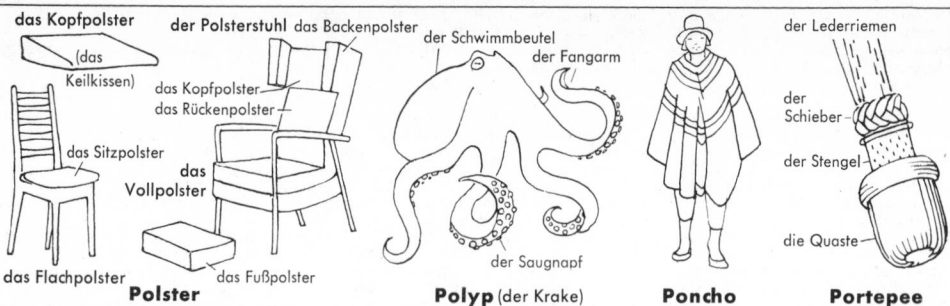

das Kopfpolster · (das Keilkissen) · der Polsterstuhl · das Backenpolster · der Schwimmbeutel · der Fangarm · der Lederriemen · das Kopfpolster · das Rückenpolster · der Schieber · das Sitzpolster · das Vollpolster · der Stengel · die Quaste · das Flachpolster · das Fußpolster · der Saugnapf

Polster   **Polyp** (der Krake)   **Poncho**   **Portepee**

mehreren Merkmalen unterscheiden. **Polyhymnia** [zu grch. hymnos ›Gesang‹, Muse des ernsten Gesanges.

polymer [grch. meros ›Teil‹]. **Polymerie** *die, -/. . .r'i|en,* **1)** ⌐○ die Erscheinungen, daß manche chem. Verbindungen (Polymerisate) aus dem Vielfachen eines Grundmoleküls bestehen. **2)** Genetik: additives Zusammenwirken mehrerer Erbfaktoren. **Polymerisation** *die, -,* ⌐○ Verfahren zur kontinuierl. Bildung von Makromolekülen, die ein Vielfaches der eingesetzten gleichen oder gleichartigen Grundmoleküle darstellen, bes. zum Aufbau von Kunststoffen. **polymerisieren,** *ich polymerisiere (habe polymerisiert) es.* **polymorph** [vgl. . . .morph], vielgestaltig. **Polymorphismus** [vgl. . . .ismus] *der,* die Ausbildung verschiedenartiger Formen in einer Organismenart. **Polyneuritis** [grch. neuron ›Sehne‹, ›Nerv‹] *die,* ♀ Nervenentzündung, die mehrere Nerven befällt. **Polynom** [grch. nomos ›Gesetz‹] *das, -s/-e,* △ algebraische Größe aus mehr als zwei durch + oder − verbundenen Gliedern, z. B.: a+b+c. **polynomisch. Polyp** [grch. polypous ›Vielfüßer‹ *der, -en/-en,* **1)** ♌ festsitzende Form der Hohltiere und Scheibenquallen: *Süßwasserpolyp.* **2)** ♋ Kopffüßer, ABB. P 19. **3)** ♀ (gestielte) Schleimhautgeschwulst. **4)** ∪ Polizist. **polypenartig. Polyphage** [grch. phagein ›fressen‹ *der, -n/-n, meist Pl.,* Tier mit verschiedenartiger Ernährungsweise. **Polyphagie** *die, -/. . .g'i|en,* **1)** *ohne Pl.,* Ernährungsweise eines Polyphagen. **2)** ♀ krankhaft gesteigerter Appetit.

Polyphem [grch. Polyphemos, eigtl. ›vielredend‹, ›lauttönend‹], griech. Mythologie: menschenfressender, einäugiger Zyklop. **polyphon** [grch. phone ›Stimme‹], ♪ mit mehreren selbständigen Stimmen: *ein polyphoner Satz.* **Polyphonie** *die, -.* **Poly|rhythmik** *die,* ♪ das Auftreten verschiedener Rhythmen in den gleichzeitig erklingenden Stimmen. **poly|rhythmisch. Polysac|charid** [-sax-, grch. sakcharon ›Zucker‹] *das, -(e)s/-e,* Stoff, der durch Verknüpfung von Zuckermolekülen entsteht. **Polysäure** *die,* ⌐○ Sauerstoffsäure, die Radikale von Säuren an Stelle von Sauerstoffatomen hat. **Polysemie** [grch. sema ›Zeichen‹] *die, -,* Mehr- oder Vieldeutigkeit von Wörtern. **Polystyrol** [grch. styrax ›Styraxbaum‹] *das, -s/-e,* durch Polymerisation hergestellter Kunststoff. **polysyndetisch. Polysyndeton** [grch. syndetos ›zusammengebunden‹] *das, -s/. . .ta,* eine Redefigur, ÜBERS. R 12. **polysynthetisch,** vielfach zusammengesetzt. **Polytechnikum** *das,* früher: höhere techn. Fachschule. **polytechnisch,** *polytechnische Bildung,* umfassende naturwissenschaftlichtechn. Ausbildung im Rahmen der allgemeinen und berufl. Bildung. **Polytheismus** *der,* Vielgötterei. **polytheistisch. polytonal** [lat. tonus ›Ton‹], ♪ Melodien und Klangfolgen verschiedener Tonarten gleichzeitig verwendend. **Poly|urethan** [grch. ouron ›Harn‹ und vgl. Äthan] *das, -s/-e, meist Pl.,* vielseitig verwendbare Kunststoffe. **Polyvinylchlorid** [vgl. Vinyl und Chlorid] *das,* Abk.: PVC, durch Polymerisation hergestellter thermoplast. Kunststoff.

pölzen, *ich pölze (habe gepölzt) es, österr.:* stütze ab.

Pomade [ital. pomata, zu ital. pomo ›Apfel‹, mit Äpfeln parfümiert] *die, -/-n,* wohlriechende Haarsalbe. **pomadig,** ∪ langsam, schwerfällig, stumpf: *seine pomadige Art regt mich auf.* **pomadisieren,** *ich pomadisiere (habe pomadisiert) das Haar,* bestreiche mit Pomade.

Pomeranze [frühital. pommarancia, zu ital. pomo ›Apfel‹ und arancia ›bittere Apfelsine‹ *die, -/-n,* Bitterorange, eine Zitrusfrucht und deren Baum.

Pommer *der, -n/-n,* Bewohner von Pommern. **pommer(i)sch.**

Pommes frites [pɔmfr'it, frz., pomme de terre ›Kartoffel‹ und frire ›braten‹], *Pl.,* in flüssigem Fett gebackene Kartoffelstäbchen.

Pomologe [lat. pomum ›Obst‹ und vgl. . . .loge] *der, -n/-n.* **Pomologie** [vgl. . . .logie] *die, -,* Obstsortenkunde. **pomologisch. Pomona,** röm. Göttin der Baumfrüchte.

Pomp [mhd. pomp(e), zu grch. pompe ›Festzug‹] *der, -(e)s,* Gepränge, (übertrieben) Pracht, feierl. Aufwand.

Pompadour [-du:r, auch pɔ̃pad'u:r, nach der Marquise de Pompadour, 1721–1764] *der, -s/-e oder -s,* ♿ beutelförmige Damentasche aus Stoff.

Pompejaner *der, -s/-,* Bewohner der 79 n. Chr. vom Vesuv verschütteten Stadt Pompeji. **pompejanisch. Pompejer** *der, -s/-,* Pompejaner. **pompejisch.**

pomphaft, mit Pomp.

Pompon [pɔ̃p'ɔ̃, frz., zu Pomp] *der, -s/-s,* Wollknopf, Troddel, ABB. M 6, S 39.

pompös, mit viel Pomp, prunkvoll.

Pomuchel [-x-, aus kaschub.] *der, -s/-, ostniederdt.:* Dorsch. **Pomuchelskopp** *der, -s/⁀e, ostniederdt.:* dummer, plumper Bursche.

Pön [lat. poena ›Strafe‹, ›Rache‹, zu grch. poine] *die, -/-en,* im älteren Recht: Strafe, bes. Geldstrafe, Buße. **pönal. Pönale** *das, -s/. . .li|en, österr.:* ♿, *noch österr.:* Strafe, Buße.

Pönalität *die, -/-en,* Rennsport: Gewichts- oder Entfernungszulage für Pferde.

ponceau [pɔ̃s'o, frz. ›Klatschmohn‹], hochrot. **Ponceau** *das, -s,* ein leuchtender Farbstoff.

Poncho [p'ɔntʃo, span.] *der, -s/-s,* ein mantelartiger Überwurf, ABB. P 19.

Pond [lat. pondus ›Gewicht‹] *das, -s/-,* Zeichen: p, Krafteinheit, die Kraft, die der Masse von 1 Gramm die Normalfallbeschleunigung erteilt. **ponderabel,** ♿ wägbar: *ponderable Angelegenheiten.* **Ponderabilien,** *Pl.,* faß- und wägbare Dinge. **Ponderation** *die, -/-en,* Bildhauerkunst: Ausgleich der Gewichtsverhältnisse des Körpers.

Pönitent [lat. poenitere ›bereuen‹] *der, -en/-en,* Büßender, Beichtender. **Pönitentiar** *der, -s/-e,* Beichtvater. **Pönitenz** [lat. poenitentia] *die, -/-en,* Beichte, Buße, Bußwerk.

Ponte [lat. pons ›Brücke‹] *die, -/-n, niederrhein.:* Fähre. **Ponticello** [-tʃ-, ital. ›Brückchen‹] *der, -s/-s oder . . .li,* Steg der Streichinstrumente.

Pontifex [lat.] *der, -/. . .t'ifizes,* altröm. Oberpriester: *P. maximus,* der Papst. **pontifikal, 1)** priesterlich. **2)** päpstlich, bischöflich. **Pontifikalamt** *das,* von einem Bischof oder gleichgestellten Prälaten gehaltene Messe. **Pontifikale** *das, -(s)/. . .li|en,* kath. Kirche: **1)** ein Buch mit den Texten der Amtshandlungen residierender Bischöfe. **2)** *nur Pl.,* Amtstracht oder Amtshandlungen der Bischöfe und gleichgestellter Prälaten. **Pontifikat** *das oder der, -(e)s/-e,* Amt, Amtszeit oder Würde des Papstes oder eines Bischofs.

pontisch [grch. pontos ›Meer‹, bes. ›Schwarzes Meer‹] 🌐 ⊕ aus südost- und osteurop. Steppenzonen stammend.

Pontius Pilatus [röm. Prokurator von Judäa von 26 bis 36 n. Chr.], *ich mußte von Pontius zu Pilatus laufen,* ∪ mit einem Anliegen von einer Stelle zur anderen gehen.

Ponton [pɔ̃t'ɔ̃, auch pɔnt'ɔ̃, frz. ›Brückenboot‹, zu lat. ponto] *der, -s/-s,* Kahn oder kastenförmiger Schwimmkörper als Teil einer schwimmenden Brücke: *Pontonbrücke,* ABB.

B 51; Schwimmkörper von Docks, Schwimmkränen u. a., ABB. D 8. **Pontonform** [pɔt'ɔ̃-] *die,* Karosserieform beim Pkw mit kastenförmigem Oberteil des Fahrgastraums.

Pony [engl.] **1)** *das, -s/-s,* eine kleine Pferderasse. **2)** *der, -s/-s,* in die Stirn gekämmtes Haar, ABB. H 1.

Pool [pu:l, engl.] *der, -s/-s,* **1)** Einsatz (beim Spiel). **2)** Geschäftsgemeinschaft, Interessengemeinschaft mit gemeinsamer Gewinnverteilung: *Aktienpool.* **3)** (früher mit Einsatz gespielte) Art des Billards: *Poolbillard.*

Poop [pu:p, engl., aus frz. poupe zu lat. puppis ›Hinterdeck‹] *die, -/-s,* ✠ Aufbau am Heck eines Handelsschiffes.

pop... [Kurzw. für engl. popular ›volkstümlich‹], **1)** wie in der Pop-art, grell, auffallend: *Popfarben.* **2)** die Popmusik betreffend: *Popkonzert; Popsong; Popstar; Popszene.*

Popanz [wohl aus westslaw.] *der, -es/-e,* **1)** Schreckgespenst. **2)** U willenloser Mensch.

Pop-art [-a:t, vgl. pop... und engl. art ›Kunst‹] *die, -,* eine moderne Kunstrichtung, die alltägl. Objekte bes. des Massenkonsums darstellt.

Popcorn [engl. pop ›Knall‹ und corn ›Mais‹, ›Korn‹] *das, -s,* Puffmais, geröstete Maiskörner.

Pope [russ. pop, zu grch. papas] *der, -n/-n,* ostkirchl. Priester; U verächtlich auch für andere Geistliche.

Popel *der, -s/-,* **1)** U verhärteter Nasenschleim. **2)** *mitteldt., fränk.:* kleines Kerlchen. **3)** U abschätzig: unbedeutender Mensch.

pop(e)lig [zu Pöbel, U **1)** gewöhnlich, armselig. **2)** knauserig, geizig.

Popelin *der, -s/-e,* **Popeline** [frz., von papal ›päpstlich‹, nach der päpstl. Residenz in Avignon, wo dieser Stoff hergestellt wurde] *die, -/-,* ein feingeripptes, leinwandbindiges Gewebe.

popeln [zu Popel], *ich* pop(e)le (habe gepopelt), U bohre in der Nase.

poplig, popelig.

Popmusik [vgl. pop...] *die,* eine Form der Unterhaltungsmusik.

Popo [auch p'o-, vgl. Po] *der, -s/-s,* U Gesäß.

Popper, *Pl.,* Bez. für Jugendliche, die auf manierierte Weise gepflegtes Äußeres zur Schau stellen und gesellschaftlich angepaßtes Verhalten demonstrieren.

poppig, wie in der Pop-art, mit Popfarben.

populär [lat. popularis, zu populus ›Volk‹], **1)** volkstümlich, allgemein bekannt, beliebt: *ein populärer Künstler, Politiker.* **2)** gemeinverständlich: *populärwissenschaftlich.* **popularisieren,** *ich* popularisiere (habe popularisiert), **1)** mache gemeinverständlich. **2)** bringe in die Öffentlichkeit. **Popularisierung** *die, -.* **Popularität** *die, -,* Volkstümlichkeit, Beliebtheit. **Population** *die, -,* **1)** Bevölkerung. **2)** Biologie: alle Individuen einer Art in einem bestimmten Gebiet. **3)** ✩ Gruppe von Sternen mit bestimmten gemeinsamen Eigenschaften: *Sterne der P. I und der P. II.* **Populismus** *der, -,* **1)** eine franz. literarische Bewegung im 20. Jahrh. **2)** volksnahe, häufig demagog. Politik, die Emotionen nutzt, um (bei Wahlen) Stimmen zu gewinnen. **populistisch.**

Pore [grch. poros ›Durchgang‹] *die, -/-n,* feinster Zwischenraum, kleine Öffnung, bes. des Ausführungsganges einer Schweißdrüse. **porig. ...porig,** mit ...Poren: *großporige Haut.*

Pörkölt [ungar. ›geschmort‹] *das, -s,* ein gulaschähnl. Gericht.

Porno *der, -s/-s,* kurz für: pornographischer Film, Roman. **porno...,** kurz für: pornographisch: *Pornofilm; Pornozeitschrift.* **Pornographie** [grch. porne ›Hure‹ und vgl. ...graphie] *die, -,* das Obszöne betonende Darstellung geschlechtl. Vorgänge in Wort und Bild: *harte P.,* U bes. extreme Form der Pornographie. **pornographisch.**

porös [frz. poreux, vgl. Pore], mit Poren versehen, durchlässig: *poröses Gestein.* **Porosität** *die, -.*

Porphyr [auch -f'y:r, grch. porphyreos ›purpurfarbig‹] *der, -s/-e,* Ergußgestein mit größeren Mineraleinsprenglingen in feinkristalliner Grundmasse. **Porphyrie** *die, -/...ri|en,* ♀ Porphyrinkrankheit, krankhaft gesteigerte Bildung und Ausscheidung von Porphyrinen in Harn und Stuhl. **Porphyrin** *das, -s/-e,* biologisch wichtige Farbstoffgruppe, z. B. im Blattgrün und Blutfarbstoff. **porphyrisch. Porphyrit** *der, -s/-e,* dunkelfarbiges Ergußgestein.

Porree [frz., zu lat. porrum] *der, -s/-s,* eine Lauchart, Gemüsepflanze, ABB. G 24.

Porridge [p'ɔridʒ, engl.] *das* oder *der, -s,* Haferbrei.

Porst [mnd. pors] *der, -es/-e,* ein Heidekrautgewächs.

Port [mhd. port, zu lat. portus] *der, -(e)s/-e,* P Hafen.

Portable [p'ɔ:təbl, engl. ›tragbar‹] *das, -s/-s,* tragbarer Fernsehapparat.

Portal [lat. porta ›Tor‹] *das, -s/-e,* 🚪 Haupteingang, prächtiges Tor, ABB. K 20. **Portalkran,** ein Drehkran auf einem torähnlichen Gerüst auf Schienen.

Portament *das, -(e)s/-e,* **Portamento** [ital., zu lat. portare ›tragen‹] *das, -s/-s* oder *...ti,* ♪ das Hinüberschleifen von einem Ton zum andern. **Portatile** [lat. ›tragbar‹] *das, -(s)/...t'ili|en,* kath. Kirche: Tragaltar, eine kleine, meist quadratförmige Steinplatte mit eingelassenem Reliquiar. **Portativ** [frz. portatif ›leicht zu tragen‹] *das, -s/-e,* kleine tragbare Orgel. **portato** [ital.], ♪ getragen, aber nicht gebunden zu spielen.

Portechaise [portʃ'ɛ:z, frz. porter ›tragen‹, chaise ›Stuhl‹] *die, -/-n[-ən],* ⚬ Sänfte, Tragsessel. **Portefeuille** [portf'øj, frz. feuille ›Blatt‹] *das, -s/-s,* **1)** ⚬ Brieftasche, Aktenmappe. **2)** Geschäftsbereich eines Ministers: *Minister ohne P.* **3)** ⚏ Bestand an Wertpapieren. **Portemonnaie** [portmon'e, frz. monnaie ›Kleingeld‹] *das, -s/-s,* Geldbörse. **Portepee** [frz. épée ›Degen‹] *das, -s/-s,* Faustriemen mit Quaste an der Seitenwaffe, ABB. P 19.

Porter [engl., zu porter ›Lastträger‹, da bes. von diesen gern getrunken] *der, auch das, -s/-,* schweres dunkles Bier.

Porti, *Pl.* von Porto.

Portier [portj'e, frz., zu porte ›Tür‹] *der, -s/-s,* Pförtner: *er ist P. in einem Hotel; Nachtportier; Portiersfrau; Portier(s)loge.* **Portiere** [portj'ɛ:rə] *die, -/-n,* Türvorhang. **portieren** [frz. porter], *ich* portiere (habe portiert) *ihn, schweiz.:* stelle als Kandidaten auf.

Portikus [lat. porticus] *der, -/-,* Säulenhalle, ABB. S 67.

Portion [lat. portio ›Anteil‹] *die, -/-en,* **1)** zugemessene Menge, bes. Essen: *sie ist nur eine halbe P.,* U klein, schwächlich. **2)** Anteil, Maß: *dazu gehört eine tüchtige P. Frechheit.* **portionieren,** *ich* portioniere (habe portioniert) *es.* **portionsweise.**

Porto [ital., zu lat. portare ›tragen‹] *das, -s/-s* oder *...ti,* Gebühr für die Beförderung von Postsendungen. **portofrei. portopflichtig.**

Portrait [-tr'ɛ, frz., zu lat. protrahere ›hervorziehen‹], ⚬, **Porträt** [-tr'ɛ] *das, -s/-s,* **1)** Bildnis, vgl. ABB. B 30. **2)** Charakterbild, Beschreibung einer Persönlichkeit. **porträtieren,** *ich* porträtiere (habe porträtiert) *ihn.* **Porträtist** *der, -en/-en,* Maler von Porträts.

Portugiese *der, -n/-n,* Bewohner des westeuropäischen Staates Portugal. **Portugieser** *der, -s/-,* eine Weintraubensorte. **portugiesisch. Portugiesisch** *das, -(s),* dem dt. wie roman. Sprache; vgl. Deutsch.

Portulak [lat. portula ›Pförtchen‹] *der, -s/-e* oder *-s,* Name verschiedener Pflanzen.

Portwein [nach der portugies. Stadt Porto] *der,* roter oder weißer portugies. Wein.

Porzellan [nach ital. porcellana ›Porzellanschnecke‹] *das, -s/-e,* das feinste keramische Erzeugnis; Sinnbild der Zerbrechlichkeit: *Porzellanfigur; Porzellanmanufaktur; er hat schon genug P. zerschlagen,* U durch plumpes Vorgehen Schaden angerichtet. **porzellanen. Porzellanerde** *die,* Kaolin.

Pos., Abk. für: Position (Einzelposten).

Posament [frz. passement, zu passer ›entlanggehen‹] *das, -(e)s/-en, meist Pl.,* Sammelname für Besatzwaren: Borten, Tressen, Litzen, Fransen u. a. **Posamenterie** *die, -/...r'i|en,* Posamentenherstellung; Geschäft, das Posamenten verkauft. **Posamentier** [aus frz. passementier] *der, -s/-e,* **Posamentierer** *der, -s/-,* Posamentenmacher, -verkäufer.

Posaune [mhd. busune, zu lat. bucina ›Blashorn‹] *die, -/-n,* ein Blechblasinstrument, ABB. B 33: *Posaunenchor; Posaunenengel,* auch U scherzhaft: kleines, pausbäckiges Kind. **posaunen,** *ich* posaune (habe posaunt), **1)** spiele die Posaune. **2)** auch U scherzh., aus verkünde überall. **Posaunist** *der, -en/-en,* Posaunenbläser.

Pösche *die, -/-n, schweiz.:* **1)** Haufen. **2)** Strauch.

Pose [frz., zu poser ›stellen‹, ›legen‹, aus lat. pausare ›ruhen‹] *die, -/-n,* Stellung, Gebärde, auf Wirkung berechnete Haltung: *an ihr ist alles P.,* ist alles gespielt.

Pose [ahd. phoso] *die, -/-n,* **1)** *niederdt.:* Feder, bes. Federkiel. **2)** ein Schwimmer als Angelzubehör, ABB. A 14.

Poseidon, grch. Mythologie: Gott des Meeres.

Posemuckel, Posemukel [norddt.], U Kleinstadt, völlig unbedeutender Ort.

Poseur [-z'ø:r, zu Pose] *der, -s/-e,* Wichtigtuer. **posieren,**

ich posiere (habe posiert), nehme eine Pose ein, schauspielere: sie posierte für die Kamera.

Position [lat. positio, zu ponere ›stellen‹, ›legen‹] *die, -/-en,* **1)** Stellung, Lage, z. B. eines Schiffes. **2)** Ü Standpunkt, bes. ideologisch, politisch: *er vertritt eine liberale P.* **3)** berufl. Stellung: *er hat sich eine gute P. erarbeitet.* **4)** Abk.: Pos., Einzelposten, z. B. einer Warenliste, eines Haushaltplans. **positionell,** die Position betreffend. **Positionslampe** *die,* **Positionslicht** *das,* vorgeschriebene (Nacht)beleuchtung für Schiffe, Abb. M 21, Flugzeuge, feste Stationen.

positiv [frz. positif, zu spätlat. positivus ›gegeben‹, aus lat. ponere ›stellen‹, ›legen‹], **1)** feststehend, tatsächlich: *ich weiß es p., sicher.* **2)** bejahend, zustimmend, günstig: *eine positive Einstellung zum Leben; eine positive Antwort, Eigenschaft; er äußerte sich p. zu meinem Vorschlag; diese Entwicklung hat ihre positiven und negativen Seiten.* **3)** △ bei Drehungen gegen die Uhrzeigerrichtung laufend. **4)** △ größer als 0 (Zahl), Zeichen: +. **5)** ⚡ Eigenschaft einer der beiden elektr. Ladungsarten eines magnet. Pole: *positive Ladung.* **6)** ⚡ auf das Bestehen einer Krankheit hindeutend: *ein positiver Befund.* **Positiv, 1)** *das, -s/-e,* ein photograph. Bild, das den Gegenstand helligkeitsgetreu wiedergibt. **2)** *das, -s/-e,* eine kleine Orgel. **3)** *der, -s/-e,* Ⓖ Grundstufe, ungesteigerte Form des Adjektivs, Übers. A 4. **Positivismus** [vgl. . . . ismus] *der, -,* philosoph. Richtung, die nur in dem Erfahrungswissen eine sichere Erkenntnisgrundlage sieht. **Positivist** *der, -en/-en.* **positivistisch. Positivum** *das, -s/. . . va,* etwas Positives, Günstiges. **Positron** [zu positiv und Elektron] *das, -s/. . . tr'onen,* das dem Elektron entsprechende Elementarteilchen, jedoch mit positiver Ladung.

Positur [lat. positura, zu ponere ›stellen‹, ›legen‹] *die, -/-en,* Stellung, herausfordernde Haltung: *sie setzte sich in P.*

Posse [spätmhd. posse ›Scherzfigur‹, aus frz. bosse ›erhabene Arbeit‹] *die, -/-n,* Schwank, kurzes, derb-komisches Bühnenstück; vgl. Possen.

Possekel *der, -s/-, niederdt.:* schwerer Schmiedehammer.

Possen [vgl. Posse] *der, -s/-, meist Pl.,* derber Streich, Unfug, Schabernack: *dem müssen wir einen P. spielen!; er sollte nicht so viele P. reißen.* **possenhaft. Possenreißer** *der,* derber Spaßmacher.

possessiv [auch p'ɔs-, lat. possidere ›besitzen‹], **1)** Ⓖ besitzanzeigend. **2)** besitzergreifend: *possessives Verhalten.* **Possessivpronomen** *das,* besitzanzeigendes Fürwort, Übers. P 24. **possessorisch,** ⚖ den Besitz betreffend: *possessorische Klage.*

Possibilität [frz. possibilité, zu lat. posse ›können‹] *die, -/-en,* ⚘ Möglichkeit.

possierlich [zu Posse], niedlich und drollig, spaßig. **Possierlichkeit** *die, -.*

post, post. . . [lat.], nach, hinter.

Post [ital. posta, vgl. Posten] *die, -,* **1)** staatl. Einrichtung zur Übermittlung von Nachrichten (Briefe, Telegramme u. a.), zur Beförderung von Personen und kleineren Gütern sowie zur Abwicklung von Geldverkehr; Gebäude dafür: *Postamt; Postgebühren; Postbeamte; Postgeheimnis; Paketpost; das wollen wir mit der P. schicken, auf die P. geben; ich gehe auf die P., zur P.* **2)** eingelaufene Postsendungen: *wir haben heute viel (keine) P. bekommen.* **3)** früher: Personenverkehr mit der Postkutsche, auch diese selbst. **4)** *dicke P., schweiz.:* Unverschämtheit, Zumutung. **postalisch.**

Postament [frühnhd.] *das, -(e)s/-e,* Sockel, Untergestell.

Postanweisung *die,* postalische Geldüberweisung; Formular dafür. **Postbote** *der,* Briefträger.

Pöstchen *das, -s/-,* Diminutiv zu Posten (berufliche Stellung).

post Christum (natum) [lat.], Abk.: p. Chr. (n.), nach Christi Geburt, nach Christus.

postdatieren [vgl. post. . . und datieren], *ich postdatiere (habe postdatiert) es, ⚘ datiere nach.*

Posted price [p'oustəd prais, engl.] *der, - -,* von den Erdöl produzierenden Ländern festgesetzter Rohölpreis als Berechnungsgrundlage für die Abgaben der Förderungsgesellschaften.

posten, *ich poste (habe gepostet) es, schweiz.:* kaufe ein; mache Botengänge. **Posten** [ital. posto, aus lat. ›bestimmt‹, ›festgesetzt‹, eigtl. ›Standort‹] *der, -s/-,* **1)** Stelle, die jemandem angewiesen wird, Amt, berufl. Stellung: *er darf seinen P. nicht verlassen; jeder war auf seinem P.; er kämpft auf verlorenem P.; ich habe meinen guten P. verloren; er ist nicht auf dem P.,* Ü nicht ganz gesund, kränkelt. **2)** Aufstellungsort einer Wache und diese selbst: *er muß P. stehen,* ∪ schieben; *die P.*

werden abgelöst. **3)** Teil einer Rechnung, einer Warenliste: *hier stehen noch mehrere unbezahlte P.* **4)** △ Summand. **5)** Warenmenge: *wir haben einen P. Hemden bekommen.* **6)** ⚑ gröbster Schrot (6–8 mm): *Rehposten; Sauposten.* **Postenjäger** *der,* Ü verächtlich: jemand, der ständig um einen besseren Posten bemüht ist.

Poster [p'ou-, engl. ›Plakat‹] *das,* auch *der, -s/-(s),* dekoratives Plakat: *P. als Wandschmuck.*

poste restante [post rɛst'ãt, frz.], postlagernd.

Posteriorität [lat. posterior ›der spätere‹] *die, -,* ⚘ dem Rang nach oder zeitliches Zurückstehen. **Posterität** [lat. posteritas ›Zukunft‹, ›Nachwelt‹] *die, -,* ⚘ Nachwelt, Nachkommenschaft.

Postfach *das,* Postschließfach, Schließfach, über das Postsendungen beim Postamt abgeholt werden können.

post festum [lat. ›nach dem Fest‹], hinterher, zu spät.

postfrisch [zu Post], unbenutzt und unbeschädigt (Briefmarke).

postglazial [vgl. post. . . und glazial], ⊕ nacheiszeitlich.

Posthalter *der,* **1)** früher: jemand, der die Pferde für den Postverkehr stellte. **2)** Beamter der Post im Nebenamt. **Posthalterei** *die, -/-en,* früher: Stelle für Pferdewechsel und Umladungen. **Posthorn** *das,* **1)** Signalhorn des Postillions. **2)** 𝄞 ein zehnarmiger Kopffüßer: *Posthörnchen.* **3)** 𝄞 eine im Wasser lebende Schnecke: *Posthornschnecke,* Abb. P 20.

posthum, fälschlich für: postum.

Posticheur [posti∫'øːr, frz., zu postiche ›unecht‹, ›Perücke‹] *der, -s/-e,* männl. **Posticheuse** [-∫'øːzə] *die, -/-n,* weibl. Fachkraft für Perücken und Haarteile.

postieren, [frz. poster], *ich postiere (habe postiert) ihn, mich an einer Stelle,* stelle dort auf: *vor dem Gebäude war eine Wache postiert.*

Postille [mlat. post illa (verba textus) ›nach diesen Schriftworten‹] *die, -/-n,* Andachtsbuch, Sammlung von Predigten.

Postillon [frz. postillon, zu ital. postiglione ›Postknecht‹] *der, -s/-e,* Postkutscher. **Postillon d'amour** [postij'õ dam'uːr, frz. amour ›Liebe‹] *der, -s/-s* [-j'õ], scherzhaft: Liebesbote.

Postkarte *die,* offen versendbare Karte, Abb. P 20. **Postkasten** *der,* Briefkasten, den die Post leert. **Postkutsche** *die,* früher: Kutsche zum Befördern von Personen und Post. **postlagernd,** vom Empfänger auf dem Postamt abzuholen. **Postleitzahl** *die,* Ortskennziffer auf Postsendungen. **Postler** *der, -s/-,* ∪ Postbeamter, Postbediensteter.

post meridiem [vgl. post. . . und lat. meridies ›Mittag‹], Abk.: p. m., nachmittags. **postmortal** [lat. mors, Gen. mortis ›Tod‹], ⚕ nach dem Tod (auftretend). **post mortem,** Abk.: p. m., nach dem Tode. **postnatal** [lat. natus ›Geburt‹], ⚕ nach der Geburt. **postnumerando** [lat. numerare ›zählen‹, ›auszahlen‹], nachträglich zahlbar oder gezahlt. **Postnumeration** *die, -/-en,* Nachzahlung.

Posto [ital. ›Stand‹, ›Posten‹], *die Polizisten faßten P.,* ⚘ stellten sich auf.

postoperativ [vgl. post. . . und Operation], ⚕ auf eine Operation folgend: *postoperative Komplikationen.*

Postschaffner [zu Post] *der,* Dienstbez. für Postbeamte der unteren Besoldungsgruppe. **Postscheck** *der,* Geldanweisung im bargeldlosen Zahlungsverkehr der Post: *Postscheckamt,* Abk.: PSchA; *Postscheckkonto.* **Postschließfach** *das,* Postfach.

Postskript *das, -(e)s/-e,* **Postskriptum** [vgl. post. . . und lat. scribere ›schreiben‹] *das, -s/. . . ta,* Abk.: PS, Nachschrift (zu einem Brief).

Postsparkasse *die,* von der Post betriebene Sparkasse. **Poststempel** *der,* Stempel mit Orts- und Zeitangabe zum Entwerten von Briefmarken.

posttraumatisch [vgl. post. . . und traumatisch], ⚕ nach einem Trauma, einer Verletzung auftretend.

Postulant [lat. postulare ›fordern‹] *der, -en/-en,* **1)** ⚘ Bewerber. **2)** kath. Kirche: Bewerber um Aufnahme in eine Klostergenossenschaft. **Postulat** *das, -(e)s/-e,* **1)** Forderung. **2)** unbeweisbare, aber unentbehrliche Annahme: *ich stelle ein P. auf.* **3)** kath. Kirche: Vorbereitungszeit eines Klosterkandidaten. **postulieren,** *ich postuliere (habe postuliert) es,* fordere, stelle zur Bedingung, setze als glaubhaft voraus.

postum [lat. postumus], **1)** nachgeboren, nach dem Tode des Vaters geboren. **2)** nach dem Tode des Verfassers veröffentlicht. **Postumus** *der, -/. . . mi,* Nachgeborener.

Postur [vgl. Positur] *die, -/-en, schweiz.:* Figur, Statur: *eine athletische, grazile P.*

post urbem conditam [lat.], Abk.: p. u. c., seit Gründung der Stadt (Rom, 753 v. Chr.).

postwendend, sofort, sofortig. **Postwertzeichen** *das,* Briefmarke oder aufgedruckter Wertstempel.

Pot [engl. ›Topf‹] *das, -(s),* U Marihuana.

Potage [pɔt'a:ʒ(ə), frz., zu pot ›Topf‹] *die, -/-n,* Suppe.

Potamologie [grch. potamos ›Fluß‹ und vgl. . . .logie] *die, -,* Teilgebiet der Limnologie, das sich mit den fließenden Gewässern befaßt.

Pot|au|feu [pɔtof'ø, frz., eigtl. ›Feuertopf‹] *der* oder *das, -(s)/-s,* französ. Suppentopf aus Fleisch und Gemüse.

Potemkinsche Dörfer [auch patj'ɔm-, nach dem Fürsten Potemkin, 1739–1791, der durch aus Hausattrappen bestehende und zum Schein bevölkerte Dörfer Landeswohlstand vorgetäuscht haben soll], *Pl.,* Blendwerk, leerer Schein.

potent [lat. potens ›mächtig‹], 1) mächtig, einflußreich; zahlungskräftig, vermögend: *ein potenter Kunde.* 2) $ beischlafsfähig, zeugungsfähig (vom Mann). **Potentat** *der, -en/-en,* Machthaber; Herrscher. **potential,** möglich, als Möglichkeit vorhanden: *die potentiale Reaktorleistung.* **Potential** *das, -s/-e,* 1) Leistungsfähigkeit, Gesamtstärke der für einen Zweck einsetzbaren Mittel: *Kriegspotential; Wählerpotential.* 2) Physik: kennzeichnende Größe eines Kraft- oder Geschwindigkeitsfeldes: *Potentialdifferenz.* 3) Elektrochemie: die bei fließendem Gleichstrom zwischen den Elektroden auftretende Spannung. **Potentialis** *der, -/. . .les,* Ⓢ Modus, der die Möglichkeit ausdrückt. **potentiell,** möglich, denkbar: *eine potentielle Gefahr; auch Kinder werden als potentielle Kunden angesprochen.* **Potentiometer** [grch. metron ›Maß‹] *das, -s/-,* ⚡ ein Spannungsteiler. **Potentiome|trie** [vgl. . . .metrie] *die, -,* Maßanalyse unter Benutzung des elektrochem. Potentials. **potentiometrisch,** ⚡ die Potentiometrie betreffend. **Potenz** [lat. potentia ›Macht‹] *die, -/-en,* 1) Kraft, Leistungsfähigkeit. 2) *ohne Pl.,* $ Beischlafs-, Zeugungsfähigkeit des Mannes. 3) △ das Produkt einer Anzahl gleicher Faktoren: $2^3 = 2 \cdot 2 \cdot 2$ (*dritte P. von 2*); ÜBERS. R 11. 4) Verdünnungsgrad bei homöopath. Mitteln. **potenzieren,** 1) ein potenziere (habe potenziert), es, steigere, verstärke. 2) *eine Zahl,* △ erhebe zur Potenz, ÜBERS. R 11.

Potpourri [p'ɔtpuri, frz., zu span. potrida ›Ragout aus Fleischresten‹] *das, -s/-s,* Allerlei, bes. aus verschiedene Musikstücken zusammengestelltes Stück: *Operettenpotpourri.*

Pott *der, -(e)s/-ᵉe, niederdt.:* 1) Topf. 2) Schiff. **Pott|asche** *die,* Kaliumkarbonat. **potthäßlich,** U sehr häßlich. **Pottwal** *der,* ein Meeressäugetier.

potz!, potz Blitz!, potztausend! [spätmhd., potz entstellt aus ›Gottes‹], Fluchwörter.

Poularde [pu–, frz., zu poule ›Huhn‹] *die, -/-n,* gemästetes männl. oder weibl., noch nicht geschlechtsreifes Huhn. **Poule** [pu:l, frz.] *die, -/-n,* Spieleinsatz. **Poulet** [pul'ɛ, frz.] *das, -s/-s,* junges Masthuhn oder -hähnchen.

Pour le mérite [purləmer'it, frz. ›für das Verdienst‹] *der, - - -,* hoher preuß. Verdienstorden; die Friedensklasse des Ordens wird seit 1952 in der Bundesrep. Dtl. verliehen.

Poussade [pus'adə], **Poussage** [pus'a:ʒə] *die, -/-n,* ⚥ 1) Liebelei. 2) Geliebte. **poussieren** [pus-, frz. pousser ›drücken‹, ›stoßen‹], *ich poussiere* (habe poussiert), ⚥ 1) *mir ihr,* habe eine Liebelei. 2) *ihn,* umschmeichle ihn (um etwas zu erreichen): *er poussiert seinen Vorgesetzten.*

power [mhd. pover, aus frz. pauvre, zu lat. pauper], U dürftig, armselig.

Power [p'auə, engl.] *die, -,* U Kraft, Stärke, Leistung. **Power|play** [p'auəplei, engl. play ›Spiel‹] *das, -(s),* Eishockey: Serie von Angriffen einer Mannschaft. **Power|slide** [p'auəslaid, engl. to slide ›rutschen‹] *das, -(s),* Motorsport: Kurventechnik im Rennsport.

Powidl [tschech. povidla ›Obstmus‹] *der, -s,* österr.: Pflaumenmus.

pp, ♩ Abk. für: pianissimo.

pp., 1) ppa., Abk. für: per procura. 2) Abk. für: perge, perge [lat. ›fahre fort‹], und so weiter: *etc. pp.* (verstärkend).

PP., Abk. für: Patres.

P. P., Abk. für: praemissis praemittendis.

ppa., pp., Abk. für: per procura.

Pr, 🝕 Zeichen für: Praseodym.

PR, Abk. für: Public Relations: *PR-Arbeit.*

prä- . . . [lat. prae. . .], vor. . ., voran. . ., voraus. . . **Prä** *das, -: sie hat das P.,* U den Vorrang; *er hat ein P. ihm gegenüber,* U einen Vorteil.

Präambel [vgl. prä. . . und lat. ambulare ›gehen‹] *die, -/-n,* Einleitung zu einer Urkunde, z. B. einem Staatsvertrag.

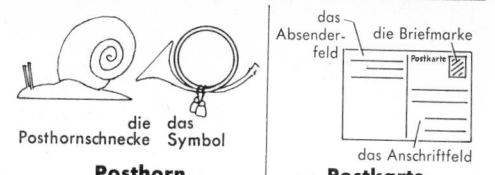

das Absender-feld · die Briefmarke · Postkarte

die das
Posthornschnecke Symbol

Posthorn

das Anschriftfeld

Postkarte

Präbende [lat. praebere ›darreichen‹] *die, -/-n,* kirchl. Pfründe.

Pracher [über slaw. prochati, zu lat. precari ›bitten‹] *der, -s/-, ostniederdt., obersächs.:* zudringlicher Bettler. **prachern,** *ich prach(e)re* (habe geprachert).

Pracht [ahd. praht] *die, -,* etwas, was durch Glanz, Aufwand, auffällige Schönheit u. Kraft beeindruckt: *bei diesem Fest wurde verschwenderische P. entfaltet; es ist eine* (*wahre*) *P., wie der Junge gedeiht,* U eine Freude; *Prachtausgabe, ✦; Prachtfassade.* **prächteln,** *ich prächt(e)le* (habe geprächtelt), *oberdt.:* verschwende, treibe Aufwand. **prachten,** *ich prachte* (habe geprachtet), *oberdt.:* prahle, tue groß. **Prachtexemplar** *das,* hervorragendes Beispiel seiner Gattung: *das P. einer Hortensie; du bist ein P.!,* U. **Prachtfink** *der,* ein Webervogel. **Prachthans** *der, -es/-ᵉe, fränk.:* Prahler. **prächtig,** prachtvoll: *prächtige Gewänder; ein prächtiges Mädchen; das hast du p. gemacht,* U. **Prächtigkeit** *die, -.* **Prachtkerl, Prachtmensch** *der,* U jemand, an dem man seine Freude hat. **Prachtstück** *das,* Prachtexemplar. **prachtvoll,** prachtvolle Mosaike, Fresken.

praecox [lat.], $ frühzeitig, vorzeitig.

Prädestination [lat. praedestinare ›im voraus bestimmen‹] *die, -,* Vorherbestimmung, z. B. die der Seligkeit oder Verdammnis: *Prädestinationslehre.* **prädestinieren,** *es* prädestiniert (hat prädestiniert) *ihn für, zu etwas: seine Begabung prädestiniert ihn für diesen Beruf.* **prädestiniert** *für, zu etwas,* vorherbestimmt, dafür geschaffen, besonders geeignet: *er ist für diese Aufgabe geradezu prädestiniert.*

Prädetermination [vgl. prä. . . und Determination] *die, -,* Genetik: das Vorherbestimmtsein der Keimesentwicklung (durch Erb- oder Umweltfaktoren). **prädeterminiert.**

Prädikant [lat. praedicare ›öffentlich aussagen‹, ›bekanntmachen‹] *der, -en/-en,* Prediger. **Prädikat** [lat. praedicatum ›das Ausgesagte‹] *das, -(e)s/-e,* 1) Ⓢ Satzaussage, ÜBERS. S 79. 2) Zensur, Note, Bewertung: *der Film erhielt das P. ›besonders wertvoll‹; ein Prädikatswein.* 3) Titel, Rangbezeichnung: *Adelsprädikat.* 4) Logik: Prädikator. **prädikatieren, prädikatisieren,** *ich* prädikatiere, prädikatisiere (habe prädikatiert, prädikatisiert) *es.* **prädikativ,** Ⓢ das Prädikat betreffend, zum Prädikat gehörend. **Prädikativ** *das, -s/-e.* **Prädikator** *der, -s/. . .t'oren,* auch Prädikat, Logik: Ausdruck, der einem Gegenstand eine Beschaffenheit zuordnet (Begriffswort). **Prädikatsatz** *der,* ÜBERS. A 4, S 77. **Prädikatsnomen** *das,* Ⓢ Teil des Prädikats, ÜBERS. A 4, S 77.

prädisponiert [vgl. prä. . . und disponieren] *die, -,* 1) vorausbestimmt, verfügt. 2) $ empfänglich, anfällig (für bestimmte Krankheiten). **Prädisposition** *die.*

prädizieren [lat. praedicare ›verkünden‹, ›vorausbestimmen‹], *ich* prädiziere (habe prädiziert) *es,* lege einem Ding eine Eigenschaft bei, bestimme durch ein Prädikat.

Prädominieren [vgl. prä. . . und dominieren] *es* prädominiert (hat prädominiert), herrscht vor, überwiegt.

Präexistenz [vgl. prä. . . und Existenz] *die, -,* früheres Dasein, z. B. der menschl. Seele vor Zeugung des Körpers.

Präfation [lat. praefatio ›Eingangsformel‹] *die, -/-en,* lat. Liturgie: veränderl. Teil des eucharist. Hochgebets.

Präfekt [lat. praefectus ›Vorgesetzter‹] *der, -en/-en,* 1) Titel hoher Beamter im alten Rom. 2) oberster Verwaltungsbeamter eines Departements (in Frankreich) oder einer Provinz (in Italien). 3) älterer Schüler mit Aufsichtspflicht über jüngere (Internat). 4) kath. Geistlicher in leitenden Ämtern. **Präfektur** *die, -/-en,* Amt und Sitz eines Präfekten.

Präferenz [lat. praeferre ›vorziehen‹] *die, -/-en,* 1) Vorzug, Vergünstigung, Vorrang: *Präferenzzoll.* 2) Kartenspiel: Trumpffarbe.

Präfix [lat. praefigere ›vorn anheften‹] *das, -es/-e,* Vorsilbe, ÜBERS. G 34, V 2.

Präformation [lat. praeformatio ›Vorherbildung‹] *die,* ⚤ bereits im Ei vorgebildetes Lebewesen.

Präge *die, -/-n,* Münzanstalt: *Prägestätte.* **prägen** [ahd. prahhen, zu brechen], *ich präge (habe geprägt),* **1)** *es,* stelle profilierte Oberflächen durch Kaltumformung her, ABB. P 22: *Münzen, Medaillen werden geprägt; geprägtes Leder; Prägedruck; Prägestempel; dieses Erlebnis hat sich mir tief ins Gedächtnis geprägt,* Ü. **2)** *es, ihn,* Ü forme, bilde, beeinflusse nachhaltig: *viele neue Wörter wurden von Schriftstellern geprägt; er wurde durch sein musisches Elternhaus geprägt.*

präglazial [vgl. prä... und glazial], voreiszeitlich.

Pragmalinguistik *die,* Ⓢ Pragmatik. **Pragmatik** [grch. pragma ›Handlung‹, ›Tat‹] *die, -/-en,* **1)** *ohne Pl.,* Sachbezogenheit, Sinn für prakt. Nutzen und Tatsachen. **2)** Geschäftsordnung im Staatsdienst: *Dienstpragmatik.* **3)** *ohne Pl.,* Ⓢ Teilbereich der sprachl. Zeichenlehre, der die Beziehung der Zeichen zum interpretierenden Menschen untersucht. **Pragmatiker** *der, -s/-.* **pragmatisch, 1)** sach- oder handlungsbezogen, auf Tatsachen, Erfahrungen beruhend: *er handelt rein p.; pragmatische Geschichtsschreibung.* **2)** den Pragmatismus betreffend. **pragmatisieren,** *ich* pragmatisiere (habe pragmatisiert) *ihn, österr.:* stelle fest (auf Lebenszeit) an: *pragmatisierte Bundesbedienstete.* **Pragmatismus** [vgl. ...ismus] *der, -,* **1)** philosoph. Richtung, die alles theoret. Erkennen nach prakt. Konsequenzen wertet. **2)** pragmatische Denk- und Handlungsweise. **Pragmatist** *der, -en/-en.*

prägnant [lat. praegnans ›schwanger‹, ›voll‹], treffend, genau im Ausdruck: *er hat es klar und p. formuliert; eine prägnante Ausdrucksweise.* **Prägnanz** *die, -.*

Prägung *die, -/-en,* Formgebung durch Prägen.

Prähistorie [-riə, auch pr´ɛ:-, vgl. prä... und Historie] *die, -,* Vorgeschichte. **prähistorisch** [auch -st´o-].

prahlen [mhd. pralen ›lärmen‹, ›großtun‹], *ich* prahle (habe geprahlt) *mit etwas,* rühme mich, tue groß, mache mich wichtig: *sie prahlt mit ihren Kenntnissen.* **Prahler** *der, -s/-,* jemand, der prahlt. **Prahlerei** *die, -/-en: mit seiner P. hat er sich unbeliebt gemacht.* **prahlerisch. Prahlhans** *der, -es/¨e,* Ü Prahler.

Prahm [tschech. prám ›Fähre‹, ›Floß‹] *der, -(e)s/-e* oder *¨e,* **1)** kastenförmiger Lastkahn. **2)** *niederdt.:* Seilfähre.

Prähomininen [vgl. prä... und lat. homo, Gen. hominis ›Mensch‹], *Pl.,* Fossilformen des Menschen.

Präjudiz [lat. praeiudicare ›im voraus urteilen‹] *das, -es/-e,* **1)** Vorentscheidung, vorgefaßte Meinung. **2)** ⚖ Gerichtsentscheidung, die für künftige gleichartige Fälle richtungweisend ist. **präjudizial, präjudiziell,** ⚖ maßgeblich, bindend für andere Entscheidungen. **präjudizieren,** *ich* präjudiziere (habe präjudiziert) *es,* nehme vorweg, greife einer Entscheidung vor. **präjudiziert,** nicht ordnungsgemäß protestiert (Wechsel).

präkambrisch. Präkambrium [vgl. prä... und Kambrium] *das,* 🜨 Sammelbez. für die geolog. Formationen vor dem Paläozoikum.

präkanzerös [vgl. prä... und lat. cancer ›Krebs‹]. **Präkanzerose** *die, -/-n,* ⚕ Vorstadium eines Krebses.

präkludieren [lat. praecludere ›verschließen‹, *ich* präkludiere (habe präkludiert) *ihn, es.* **Präklusion** *die, -/-en,* **1)** Ausschließung. **2)** ⚖ die bei Versäumnis einer befristeten Rechtshandlung eintretende Rechtsverwirkung. **präklusiv,** *Präklusivfrist.*

Präkognition [lat. praecognoscere ›vorher erfahren‹] *die, -/-en,* Parapsychologie: Form der außersinnl. Wahrnehmung, Vorausblick in die Zukunft.

Präkonisation [lat. praeco, Gen. praeconis ›Herold‹] *die, -/-en,* päpstl. Bestätigung eines neuen Bischofs.

Praktik [grch. praktike (techne) ›Lehre vom aktiven Handeln‹] *die, -/-en,* **1)** Ausübung einer Tätigkeit, Handhabung. **2)** *meist Pl.,* (nicht korrekte) Methode, Kniff, Kunstgriff: *dunkle Praktiken.* **3)** ⚤ Bauernkalender. **praktikabel, 1)** zweckdienlich, brauchbar, durchführbar. **2)** Theater: begehbar, echt (nicht gemalt oder markiert): *eine praktikable Tür, Treppe.* **Praktikant** *der, -en/-en,* jemand, der in der praktischen Ausbildung, im Praktikum steht. **Praktikantin** *die, -/-nen.* **Praktiker** *der, -s/-,* **1)** jemand mit praktischer Erfahrung. **2)** ⚕ praktischer Arzt. **Praktikum** *das, -s/..ka* oder *...ken,* praktische Tätigkeit als Teil der Gesamtausbildung. **Praktikus** *der, -/-se,* Ü praktischer Mensch. **praktisch, 1)** auf die Praxis bezüglich, das tägl. Leben, die Wirklichkeit, das Berufsleben betreffend: *mit praktischer Erfahrung.* **2)** zweckentsprechend, für das tätige Leben nützlich: *die Küche ist sehr p. eingerichtet; ich schenke ihr etwas Praktisches.* **3)** geschickt,

findig: *ein praktischer Mensch.* **4)** *praktischer Arzt,* Abk.: prakt. Arzt, nicht spezialisierter Arzt im Unterschied zum Facharzt. **5)** Ü eigentlich, beinahe: *ich bin mit der Arbeit p. fertig.*

praktizieren, *ich* praktiziere (habe praktiziert), **1)** übe (eine Tätigkeit) aus: *ein praktizierender Arzt, Katholik.* **2)** *es,* setze in die Praxis um, führe aus, durch: *sie praktizieren die gleiche Methode.* **3)** *es* ungewohnt, Ü bringe unbemerkt hin: *sie hatte den Brief geschickt in ihre Tasche praktiziert.*

Prälat [mhd. prelate, zu mlat. praelatus ›vorgezogen‹] *der, -en/-en,* höherer kirchl. Würdenträger. **Prälatur** *die, -/-en,* Amt, Amtsräume eines Prälaten.

Präliminarfriede(n) [vgl. prä... und lat. limen, Gen. liminis ›Schwelle‹] *der,* Vorfrieden. **Präliminarien,** *Pl.,* Vorverhandlungen, vorläufige Abmachungen; Einleitung(ssätze).

Praline *die, -/-n,* älter: **Praliné** [-n´e], **Pralinee** [frz. praline ›gebrannte Mandel‹] *das, -s/-s,* mit Schokolade überzogene Süßigkeit.

prall, 1) straff gespannt, voll, stramm: *ein praller Busen; pralle Segel; der Sack ist p. gefüllt, prallvoll.* **2)** stark darauf scheinend: *in der prallen Sonne.* **Prall** *der, -(e)s/-e,* kräftiger Stoß, Aufprall. **prallen** [mhd. prellen], *ich* pralle (bin geprallt) *an, gegen etwas,* stoße heftig dagegen: *er prallte mit dem Kopf gegen die Windschutzscheibe.* **Pralltriller** *der,* ♪ Verzierung eines Tones durch einmaliges schnelles Berühren des oberen Nachbartones, ABB. N 10.

präludieren [vgl. prä... und lat. ludere ›spielen‹], *ich* präludiere (habe präludiert) ein einleitendes Vorspiel. **Präludium** *das, -s/...dien,* auch Prélude, ♪ einleitendes Vorspiel.

Prämaturität [lat. praematurus ›frühreif‹] *die, -,* ⚕ Frühreife, vorzeitige Pubertät.

Prämie [-iə, lat. praemium ›Vorrecht‹, ›Gewinn‹, ›Preis‹] *die, -/...mien,* **1)** Belohnung, Preis für besondere Leistung, Sonderzahlung: *Prämienlohn; Torprämie,* ✂; *Treueprämie.* **2)** (staatl.) Zuschuß: *Ausfuhrprämie,* 🚂; *Sparprämie; Wohnungsbauprämie; Prämienzuteilung.* **3)** der regelmäßige, vom Versicherten zu zahlende Beitrag für eine Versicherung: *Versicherungsprämie.* **4)** Lotterie: Zusatzgewinn. **5)** Börse: Reugeld beim Prämiengeschäft. **prämienbegünstigt,** *prämienbegünstigtes Sparen.* **Prämiengeschäft** *das,* Börsentermingeschäft, mit dem man gegen Reugeld zurücktreten kann. **Prämiensparen** *das, -s,* mit Prämien verbundene Form des Sparens: *Prämiensparvertrag.* **präm(i)ieren,** *ich* präm(i)iere (habe präm(i)iert) *ihn, es,* zeichne aus, belobe öffentlich, spreche ihm einen Preis zu. **Präm(i)ierung** *die, -/-en.*

Prämisse [lat. praemittere ›vorauschicken‹] *die, -/-n,* **1)** Voraussetzung. **2)** Logik: eine Aussage, aus der in einem logischen Schluß auf die Konklusion geschlossen wird. **praemissis praemittendis** [lat.], Abk.: P. P., ⚤ man nehme an, der gebührende Titel sei vorausgeschickt.

Prämonstratenser [nach dem franzö. Ort Prémontré, heute Dép. Aisne, lat. pratum monstratum, eine nach der Legende von Gott ›gezeigte Wiese‹] *der, -s/-,* Angehöriger eines kath. Ordens.

prämortal [vgl. prä... und lat. mors, Gen. mortis ›Tod‹], ⚕ vor dem Tod, vor Todeseintritt.

pränatal [vgl. prä... und lat. natalis ›die Geburt betreffend‹], ⚕ antenatal, vor der Geburt: *pränatale Psychologie,* Lehre vom Seelenleben (des Kindes) im Mutterleib.

prangen [mhd. prangen, verwandt mit Prunk], **1)** *es prangt* (hat geprangt), glänzt, leuchtet, fällt auf. **2)** *ich prange* (habe geprangt) *mit ihm,* trage es stolz zur Schau.

Pranger [mhd. pranger, zu pfrengen ›drücken‹] *der, -s/-,* früher: Schandpfahl, an dem Verbrecher zur Schau gestellt wurden: *man sollte ihn wegen dieser Verfehlung nicht gleich an den P. stellen,* Ü öffentlich bloßstellen, anprangern.

Pranke [spätmhd. pranke, zu lat. branca] *die, -/-n,* **1)** Hand und Fuß bei großen Katzen: *Prankenhieb; Raubtierpranke.* **2)** Ü große, kräftige Hand.

pränumerando [vgl. prä... und lat. numerare ›zählen‹, ›auszahlen‹], im voraus zahlbar oder gezahlt. **Pränumeration** *die, -/-en,* Vorauszahlung. **pränumerieren,** *ich* pränumeriere (habe pränumeriert) *es.*

Pranz *der, -es, ostmitteldt.:* prahlerisches Gerede. **pranzen,** *ich* pranze (habe gepranzt). **Pranzer** *der, -s/-.*

Präokkupation [vgl. prä... und Okkupation] *die,* ⚤ **1)** Vorwegnahme. **2)** Voreingenommenheit. **präokkupieren,** *ich* präokkupiere (habe präokkupiert) *ihn,* ⚤ **1)** komme ihm zuvor. **2)** mache ihn befangen.

präoperativ [vgl. prä... und Operation], ⚕ vor einer Operation erfolgend: *präoperative Maßnahmen.*

Präposition

Arten: Es gibt eigentliche Präpositionen, die ursprünglich nur Raumverhältnisse bezeichnen: *auf, in, nach* usw., und uneigentliche Präpositionen, die entstanden sind aus a) Substantiven: *trotz, wegen,* b) Adjektiven: *gemäß, unweit,* c) Partizipien der Vergangenheit: *ausgenommen,* d) Partizipien der Gegenwart: *entsprechend, während.*

Gebrauch: Die Präpositionen stehen bei Substantiven und Personalpronomen: *nach Hause, nach dir; entsprechend den Vorschriften, ihnen entsprechend.*

Stellung: Meist stehen sie vor dem Wort, das sie bestimmen: *mit der Faust, ohne dich.* Zuweilen können sie (bes. die uneigentlichen Präpositionen) auch nachgesetzt werden: *gegenüber dem Hause, dem Hause gegenüber; nach meiner Meinung, meiner Meinung nach;* die wichtigsten von ihnen sind: *entgegen, gegenüber, nach, wegen, entlang.* Immer nachgestellt werden: *zuliebe, zuwider.*

Einteilung in Hinsicht auf den Kasus, den sie verlangen:

a) Mit dem **Genitiv** stehen:

angesichts	jenseits	um . . . willen
anläßlich	kraft	unbeschadet
anstatt	längs[1])	unfern
außerhalb	laut	ungeachtet
diesseits	mittels	unterhalb
hinsichtlich	oberhalb	unweit
infolge	seitens	vermöge
inmitten	statt	während
innerhalb	trotz[2])	wegen[1])
		zufolge[3])
		zugunsten[3])
		zuungunsten[3])

b) Mit dem **Dativ** stehen:

ab[4])	gegenüber	samt
aus	gemäß	seit
außer	mit	von
bei	nach	zu
binnen	nächst	zuliebe
entgegen	nebst	zunächst
entsprechend	ob	zuwider

c) Mit dem **Akkusativ** stehen:

durch	gegen	um
für	ohne	wider
	sonder	

[1]) auch mit dem Dativ.
[2]) noch mit dem Dativ: trotz allem, trotz alledem, trotzdem.
[3]) mit dem Dativ, wenn das Substantiv voransteht.
[4]) bei Zeitangaben ∪ auch mit Akkusativ.

Wechsel **zwischen Akkusativ und Dativ** zeigen:

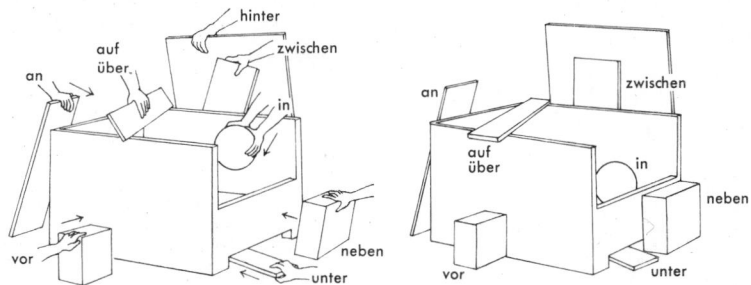

Der Akkusativ steht auf die Frage **wohin?** (Bewegung); der Dativ steht auf die Frage **wo?** (Ruhe)

Präparand [lat. praeparare ›vorbereiten‹] *der, -en|-en,* ♂ jemand, der in der Vorbereitung steht. **Präparat** *das, -(e)s|-e,* **1)** gebrauchsfertiges Arzneimittel: *Vitaminpräparat.* **2)** zu Lehrzwecken hergerichtetes Schaustück: *mikroskopische Präparate.* **Präparation** *die, -|-en,* **1)** ♂ Vorbereitung (Schule). **2)** das Herstellen eines Präparates. **Präparator** *der, -s/. . .t'oren,* Hersteller von naturwissenschaftl. Präparaten. **präparatorisch,** vorbereitend, vorläufig. **präparieren,** *ich präpariere* (habe präpariert), **1)** *es,* richte zur Aufbewahrung, als Schaustück her: *präparierte Tiere.* **2)** *es,* zerlege zu Lernzwecken: *Präparierkurs.* **3)** *ihn, mich auf etwas,* Ü bereite vor: *du hast dich auf den Unterricht schlecht präpariert.* **Präponderanz** [lat. praeponderare ›überwiegen‹] *die, -,* ♂ Übergewicht, Vorherrschaft. **Präposition** [lat. praeponere ›voranstellen‹] *die, -/-en,* Verhältniswort, ÜBERS. P 21. **präpositional, präpositionales Objekt. Präpositus** [lat. praepositus] *der, -/. . .ti,* Vorsteher, Vorgesetzter; Propst. **präpotent** [lat. praepotens], **1)** ♂ übermächtig. **2)** österr.: aufdringlich, überheblich. **Präpotenz** *die, -.* **Präputium** [lat. praeputium] *das, -s/. . .ti|en,* ♯ Vorhaut des Penis und der Klitoris. **Prärie** [frz. prairie, zu lat. pratum ›Wiese‹] *die, -/. . .r'i|en,* Steppe in Nordamerika. **Präriehund** *der,* ein murmeltierähnl. Nagetier.

Prärogativ *das, -s/-e,* **Prärogative** [lat. praerogativa] *die, -/-n,* Vorrecht des Herrschers.
Präsens [lat. praesens ›gegenwärtig‹] *das, -/. . .s'entia* oder . . .*s'enzi|en,* Ⓢ Gegenwart, eine Zeitform des Verbs, ÜBERS. V 2: *P. historicum,* ÜBERS. R 12. **präsent,** anwesend, gegenwärtig; verfügbar: *es ist, ich habe es p.* **Präsent** [spätlat. praesentare ›überreichen‹] *das, -(e)s/-e,* Geschenk, Gabe. **präsentabel,** ansehnlich, stattlich. **Präsentant** *der, -en/-en,* jemand, der einen Wechsel vorlegt. **Präsentation** *die, -/-en,* **1)** Präsentierung. **2)** Vorlage, das Vorzeigen, bes. zur Begründung eines Anspruchs (z. B. eines fälligen Wechsels): *Präsentationsrecht,* Vorschlagsrecht. **präsentieren,** *ich präsentiere* (habe präsentiert), **1)** *es ihm,* überreiche, biete dar. **2)** *es,* lege vor, z. B. einen Wechsel zur Einlösung. **3)** *ihn,* schlage für ein Amt vor. **4)** *das Gewehr,* erweise eine militär. Ehrenbezeigung. **5)** *mich,* Ü zeige mich. **Präsentierteller** *der,* eigtl.: Teller, auf dem Besuchskarten, Briefe u. a. überreicht werden: *er sitzt auf dem P.,* Ü ist allen Blicken ausgesetzt. **Präsentierung** *die, -.* **präsentisch,** das Präsens betreffend. **Präsenz** [lat. praesentia] *die, -,* Anwesenheit: *Präsenzliste.* **Präsenzbibliothek** *die,* Bücherei, deren Bücher nur im Lesesaal benutzt werden können. **Präsenzdiener** *der:* jemand, der den aktiven Wehrdienst ableistet. **Präsenzdienst** *der, österr.:* Militärdienst. **Präsenzstärke** *die,* ♂ augenblickliche Stärke der Streitkräfte.

Praseodym [grch. prasios ›grün‹ und didymos ›zweifach‹] *das, -s,* ᴛ Zeichen: Pr, unedles Lanthanoiden-Element.
Präser *der, -s/-,* U Präservativ. **präservativ** [vgl. prä. . . und lat. servare ›bewahren‹, ›retten‹], vorbeugend, verhütend. **Präservativ** *das, -s/-e,* Kondom, Mittel zur Empfängnisverhütung oder zum Schutz vor Geschlechtskrankheiten. **Präserve** *die, -/-n, meist Pl.,* Halbkonserven, die nur für kürzere Zeit haltbar sind. **präservieren,** *ich* präserviere (habe präserviert) *es,* 1) schütze, beuge vor. 2) mache haltbar.
Präses [lat. praeses ›Beschützer‹, ›Vorsteher‹, zu praesidere ›leiten‹, ›beschirmen‹] *der, -/. . .sides* oder . . .*s'iden,* 1) evang. Kirche: Vorsitzender einer Gesamt- oder Landessynode, in Rheinland und Westfalen auch Vorsitzender der Kirchenleitung. 2) kath. Kirche: Leiter eines kirchl. Vereins. **Präside** *der, -n/-n,* student. Verbindungen: Leiter eines Kommerses. **Präsident** *der, -en/-en,* 1) Vorsitzender: *Ehrenpräsident.* 2) Amtstitel in staatl. Organen, Behörden, z. B. für das republikan. Staatsoberhaupt: *Staatspräsident; Polizeipräsident; Herrn Präsident(en) Schulz.* **Präsidentschaft** *die, -/-en,* Amt des Präsidenten: *Präsidentschaftskandidat.* **präsidial,** das Präsidium, den Präsidenten betreffend: *Präsidialgewalt; Bundespräsidialamt; Präsidialsystem,* Regierungssystem, bei dem die Spitze der Exekutive, die zugleich das Staatsoberhaupt ist, nicht vom Parlament bestimmt und kontrolliert wird. **präsidieren,** *ich* präsidiere (habe präsidiert) *bei etwas,* führe den Vorsitz. **Präsidium** [lat. praesidium ›Vorsitz‹, ›Schutz‹] *das, -s/. . .di|en,* 1) Vorsitz. 2) Vorstand. 3) Amtssitz eines Präsidenten: *Polizeipräsidium; Regierungspräsidium.*
Praß [niederdt. aus niederl. bras] *der, Pr'asses,* ⚬ wertloses Zeug, Plunder.
prasseln [mhd. brasteln, zu bersten], *ich* prassele (ist, hat geprasselt), trommelt, knattert: *der Regen p. auf das Dach.*
prassen [niederdt., Schallw.], *ich* prasse (habe gepraßt), schwelge, schlemme, lebe in Saus und Braus. **Prasser** *der, -s/-.* **Prasserei** *die, -/-en.*
prästabiliert [vgl. prä. . . und lat. stabilis ›feststehend‹], ⚬ vorher festgesetzt, vorausbestimmt.
präsumieren [lat. praesumere ›im voraus annehmen‹], *ich* präsumiere (habe präsumiert) *es.* **Präsumtion** *die, -/-en,* Vermutung, Annahme, Voraussetzung. **präsumtiv,** voraussichtlich, mutmaßlich: *der präsumtive Tatort,* ⚔.
Prat *der, -s/-e, niederdt.:* Plauderei, Gerede; Predigt.
Pratchen *das, -s/-, niederdt.:* Geschichtchen, Anekdote.
Prätendent [lat. praetendere ›vorstrecken‹] *der, -en/-en,* jemand, der Ansprüche (auf einen Thron, auf ein Amt) stellt. **prätendieren,** *ich* prätendiere (habe prätendiert), 1) *auf etwas,* beanspruche. 2) *es,* gebe vor. **Prätention** *die, -/-en,* 1) Anspruch. 2) Anmaßung. **prätentiös,** 1) anspruchsvoll. 2) anmaßend.
präter|ital, das Präteritum betreffend. **Präter|itio** [lat. ›Übergehung‹, zu praeterire ›vorübergehen‹] *die, -/. . .iti'o-nen,* Paralipse. **Präter|itopräsens** *das,* Ⓢ Verb, dessen frühere Präteritalform präsentische Bedeutung angenommen hat, z. B. kann, soll, muß, mag. **Präter|itum** *das, -s/. . .ta,* Ⓢ Vergangenheit, eine Zeitform des Verbs, ÜBERS. V 2.
präter|propter [lat. praeter ›außer‹ und propter ›nahe‹, sinngemäß: entfernter (oder) näher], ungefähr, etwa.
Prätext [lat. praetextum] *der, -es/-e,* ⚬ Vorwand.
Prätor [lat. praetor] *der, -s/. . .t'oren,* hoher Rechtsbeamter im alten Rom. **Prätorianer** *der,* im alten Rom: Angehöriger der Leibwache eines Feldherrn oder Kaisers. **Prätur** [lat. praetura] *die, -/-en,* Amt eines Prätors.
Pratze [nhd., zu lat. bracchium ›Arm‹] *die, -/-n, oberdt.:* Tatze, Pfote.
prätzeln [zu brutzeln], *ich* prätz(e)le (habe geprätzelt) *es, norddt.:* brate.
Prau [malaiisch] *die, -/-e,* malaiisches Boot, Segelboot.
Prävalenz *die, -.* **prävalieren** [lat. praevalere ›sehr stark sein‹], *es* prävaliert (hat prävaliert), ist überlegen, überwiegt.
Prävention [lat. praevenire ›zuvorkommen‹ die, -/-en, 1) ⚕ Vorbeugung. 2) ⚔ das Zuvorkommen (mit einer Rechtshandlung). 3) ⚔ Vorbeugung; Abschreckung (im Strafrecht). **präventiv,** vorbeugend, verhütend: *Präventivmaßnahmen; Präventivmedizin.* **Präventivkrieg** *der,* Angriffskrieg, der einem erwarteten gegnerischen Angriff zuvorkommt. **Präventivmittel** *das, ⚕* 1) Mittel zur Vorbeugung von Krankheiten. 2) Mittel zur Empfängnisverhütung. **Präventivverkehr** *der,* Geschlechtsverkehr unter Anwendung empfängnisverhütender Mittel.
Praxis [grch., zu prassein ›handeln‹, ›tun‹] *die, -,* 1) Aus-

übung, Anwendung: *ich setze meinen Plan in die P. um; eine praxisbezogene, praxisnahe, praxisorientierte Methode.* 2) Erfahrung: *ein Ingenieur mit langjähriger P.; ein Beispiel aus der P.* 3) Üblichkeit, Brauch. 4) *Pl. . . .xen,* Tätigkeitsbereich und Geschäftsräume, bes. von Ärzten, Rechtsanwälten: *eine gutgehende Praxis; seine P. liegt am Stadtrand; Gruppenpraxis.*
Präzedens [lat. praecedere ›vorausgehen‹] *das, -/. . .d'en-zi|en,* früherer Fall, früheres Beispiel. **Präzedenz** *die, -/-en,* Vorrang. **Präzedenzfall** *der,* Musterfall, früher geschehener ähnl. Fall: *unser Beschluß stützt sich auf einen P.*
Präzeptor [lat. praeceptor] *der, -s/. . .t'oren,* ⚬ Erzieher, Hauslehrer.
Präzession [lat. praecedere ›vorausgehen‹ die, -/-en, 1) die ausweichende Bewegung der Achse eines rotierenden Kreisels unter Krafteinwirkung. 2) ✳ das Vorrücken der Tagundnachtgleichen.
Präzipitat *das, -(e)s/-e,* ᴛ Niederschlag, Bodensatz. **Präzipitation** *die, -,* ᴛ die Fällungsreaktion. **präzipitieren** [lat. praecipitare ›jäh herabstürzen‹], *ich* präzipitiere (habe präzipitiert) *es,* ᴛ fälle aus. **Präzipitin** *das, -s/-e, meist Pl.,* 🜍 Schutzstoffe im Blutserum, die ein Antigen ausfällen.
präzis(e) [lat. praecisus ›kurz‹], genau, exakt: *er stellt präzise Fragen; du mußt dich präziser ausdrücken.* **präzisieren,** *ich* präzisiere (habe präzisiert) *es,* gebe genauer an: *könnten Sie diesen Vorschlag präzisieren?* **Präzision** *die, -,* Genauigkeit: *Präzisionsarbeit; Präzisionsmeßgerät; Präzisionsuhr.*
Predella [ital. ›Stuhl‹, ›Sockel‹] *die, -/-s* oder . . .*d'ellen,* Unterbau eines Flügelaltars, ABB. A 9.
predigen [ahd. predigon, zu lat. praedicare ›bekanntmachen‹], *ich* predige (habe gepredigt), 1) halte im Gottesdienst die Predigt. 2) *es ihm,* U ermahne ihn häufig zu etwas. **Prediger** *der, -s/-,* jemand, der das Wort Gottes verkündet (Titel in Glaubensgemeinschaften): *Predigerseminar; Predigerorden; Laienprediger.* **Predigt** *die, -/-en,* 1) Ansprache im Gottesdienst, Verkündigung des Wortes Gottes: *Predigtamt.* 2) U lange Ermahnungen: *Gardinenpredigt.*
preichen, auch breichen, *schweiz.:* 1) *ich* preiche (habe gepreicht) *ihn, es,* erreiche knapp. 2) *es* preicht mich (hat mich gepreicht), ist es mir nicht gefallen, hat mich erwischt (unangenehmer Auftrag, Unfall, Mißgeschick).
preien [über niederl. aus lat. precari ›bitten‹, ›anrufen‹], *ich* preie (habe gepreit) *es,* 🜨 rufe an: *sie preien ein Schiff.*
Preis [mhd. pris ›Lob‹, ›Ruhm‹, ›Preis‹, zu lat. pretium ›Wert‹] *der, -es/-e,* 1) in Geld ausgedrückter Gegenwert einer Ware oder Leistung: *die Preise fallen, sinken, steigen, werden erhöht, angehoben; das Warenhaus drückt die Preise,* zwingt durch billige Angebote andere zum Billigerwerden; *gleiche Preise; um jeden Preis,* Ü auf jeden Fall, unbedingt; *Preisgestaltung; das allgemeine Preisniveau; Preisabbau; Preissprache; Preisdiktat; unverbindliche Preisempfehlung; Preisexplosion; Tiefstpreise; Billigpreise.* 2) Siegergewinn (bei Wettkämpfen): *er gewann den ersten P.;* ohne *Pl., P* Lob, Ruhm: *Gott sei Lob und P.* **Preisausschreiben** *das,* öffentlich ausgeschriebener Wettbewerb, bei dem Preise ausgesetzt werden. **preisbewußt,** preisbewußtes Einkaufen. **Preisbindung** *die, -/-en,* P. der zweiten Hand, Verpflichtung des Händlers durch den Hersteller, die Ware zu einem festgesetzten Preis zu verkaufen. **Preisbrecher** *der,* 1) jemand, der seine Ware unter dem üblichen Preisniveau verkauft. 2) eine besonders preisgünstige Ware.
Preise *die, -/-n, oberdt.:* Borte, Band, Gurt.
Preiselbeere [tschech. bruslina ›Streichbeere‹, durch Abstreifen geerntet] *die, -/-n,* ein Heidekrautgewächs mit roten, herben Beeren, ABB. B 17.
preisen [mhd. prisen, zu spätlat. pretiare ›schätzen‹], *ich* preise (habe gepriesen) *ihn, es,* lobe, rühme: *du kannst dich glücklich preisen, daß. . .,* hast Glück gehabt. **Preisfrage** *die,* 1) Kostenfrage: *ob ich die Schuhe kaufe, ist eine P.* 2) Gegenstand eines Wettbewerbs. 3) U schwere oder heikle Frage.
Preisgabe *die, -.* **preisgeben** [zu frz. prise ›erbeutetes Gut‹], *ich* gebe preis, gab preis (habe preisgegeben), 1) verrate: *er gibt sein Geheimnis nicht preis.* 2) lasse schutzlos stehen, opfere, setze etwas Unangenehmem aus: *er war dem Hunger, dem Gelächter preisgegeben.*
preisgekrönt, mit einem Preis ausgezeichnet: *ein preisgekrönter Film.* **Preisgericht** *das,* Gremium, das über die Zuteilung von Preisen bei Wettbewerben entscheidet.
Preiskon|trolle *die,* behördl. Kontrolle der Preisbewegung.
preislich, auf den Preis bezüglich: *preisliche Unterschiede.*

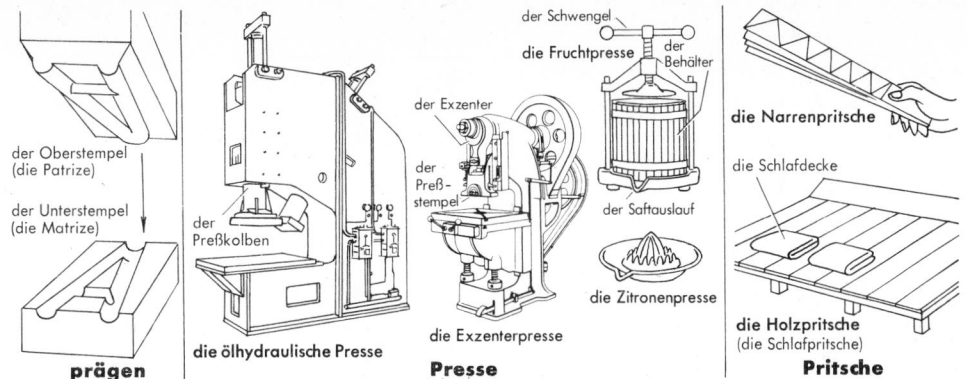

der Oberstempel (die Patrize)

der Unterstempel (die Matrize)

der Preßkolben

prägen

die ölhydraulische Presse

der Exzenter

der Preß- stempel

Presse

die Exzenterpresse

der Schwengel

die Fruchtpresse — der Behälter

der Saftauslauf

die Zitronenpresse

die Narrenpritsche

die Schlafdecke

die Holzpritsche (die Schlafpritsche)

Pritsche

Preislied *das*, altgerman. Dichtung: Lied, das einen Helden oder ein bedeutendes Ereignis verherrlicht. **Preis-Lohn-Spirale** *die*, das Anziehen der Preise als Folge von Lohnerhöhungen und der Löhne als Folge von Preissteigerungen. **Preisnachlaß** *der*, Rabatt. **Preisnotierung** *die*, Notierung des Devisenkurses, meist für 100 Einheiten der Auslandswährung. **Preisrichter** *der*, Mitglied eines Preisgerichts. **Preisschere** *die*, Ü auseinanderstrebende Entwicklung der Preise zweier Güter, bes. von Agrar- und Industrieerzeugnissen. **Preisschraube** *die: es wird kräftig an der P. gedreht*, Ü die Preise werden erhöht. **Preisstopp** *der*, das Festhalten der Preise auf dem erreichten Stand als Maßnahme staatl. Preispolitik. **Preisträger** *der*, jemand, der in einem Wettbewerb einen Preis erhält. **Preistreiber** *der*, jemand, der Waren zu verteuern sucht. **Preistreiberei** *die*, künstl. Warenverteuerung. **preiswert**, nicht zu teuer, dem Wert entsprechend. **preiswürdig**, P lobenswert.

prekär [frz. précaire, zu lat. precarius ›geborgt‹, ›auf Widerruf‹], bedenklich, unsicher, mißlich, heikel: *du hast mich in eine prekäre Situation gebracht*. **Prellball** *der*, ✄ ein Hallenspiel mit einem Hohlball. **Prellbock** *der*, Sicherung am Ende von Gleisen, ABB. B 4; Ü jemand, der Unangenehmes abfangen soll. **prellen** [mhd. prellen], *ich* prelle, **1)** (bin geprellt) *auf etwas*, pralle, stoße mit voller Wucht darauf. **2)** *Wild, der Jagdhund prellt* (ist geprellt), ✄ läuft rasch und heftig. **3)** (habe geprellt) *mich, es mir,* ziehe mir eine Prellung zu: *ich habe mich am Arm, mir den Arm geprellt*. **4)** (habe geprellt) *den Ball,* ✄ schlage mit der Faust auf den Boden. **5)** (habe geprellt) *ihn um etwas*, betrüge, bringe mit List darum: *er hat mich um mein Erbe geprellt; er wollte die Zeche prellen*, nicht bezahlen. **Preller** *der, -s/-,* **1)** Betrüger, der sich einer Zahlungspflicht entzieht: *Zechpreller*. **2)** heftiger Schlag. **3)** Prellschuß. **Prellerei** *die, -/-en*, Betrug, bes. an Gastwirten. **Prellnetz** *das*, ✄ Netz zum Fangen von Wild. **Prellschuß** *der*, Schuß, bei dem das Geschoß aufschlägt und wieder abprallt. **Prellstein** *der*, ein Schutz an (Haus)ecken, ABB. H 11. **Prellung** *die, -/-en*, $ eine Verletzung durch Schlag oder Stoß mit Bluterguß.

Prélude [prel'y:d, frz.] *das, -s/-s,* ♪ Praeludium. **Premier** [prəmj'e, frz., zu lat. primarius ›einer der ersten‹] *der, -s/-s*, kurz für: Premierminister. **Premiere** [prəmj'ɛːrə, frz. première] *die, -/-n*, Ur- oder Erstaufführung: *Theaterpremiere; Premierenpublikum*. **Premierminister** [prəmj'e-] *der*, erster Minister, Ministerpräsident.

Presbyakusis [grch. presbys ›alt‹ und akuein ›hören‹] *die, -,* $ Altersschwerhörigkeit. **Presbyopie** [grch. ops ›Auge‹] *die, -,* $ Alters(weit)sichtigkeit. **Presbyter** [grch. presbyteros ›der Ältere‹] *der, -s/-,* **1)** Urkirche: Kirchenältester. **2)** kath. Kirche: Priester. **3)** evang. Kirche: gewählter Gemeindevertreter im Kirchenvorstand. **Presbyterat** *das, -s/-e*, die Weihestufe des kath. Priesters. **presbyterial**, *Presbyterialverfassung*, die Selbstverwaltung der evang. Gemeinde durch ein Presbyterium. **Presbyterianer** *der*, Angehöriger evang.-reformierter Kirchen mit Presbyterialverfassung. **presbyterianisch. Presbyterium** *das, -s/. . .ri|en*, **1)** kath. Kirche: die Gesamtheit der Priester einer Diözese. **2)** kath. Kirche:

Chorraum. **3)** evang. Kirche: Gemeindekirchenrat, Kirchenvorstand.

preschen [Nebenform von pirschen], *ich* presche (bin geprescht), Ü eile, renne, jage.

Presenning *die, -/-(n)*, Persenning. **Pre-shave** [pr'i: ſeiv, engl. pre... ›vor. . .‹ und shave ›Rasur‹] *das, -/-s*, Rasierwasser, das vor dem Trockenrasieren anzuwenden ist: *Pre-shave-Lotion*.

preß [zu pressen], fugenlos: *p. an p.*, ⊞ dicht geschlossen ohne Mörtel.

pressant [vgl. pressieren], dringlich, eilig.

Presse [ahd. pressa, zu mlat. pressa] *die, -/-n,* **1)** Gerät, Maschine zur Bearbeitung durch Druck, ABB. P 22: *Fruchtpresse*. **2)** kurz für: Druckerpresse. **3)** *ohne Pl.*, die Erzeugnisse der Druckerpresse, bes. Zeitungen und Zeitschriften; auch deren Mitarbeiter: *die P. berichtete darüber; der Minister gab eine Presseerklärung ab; Pressestimmen aus dem Ausland; Auslandspresse; Presseempfang; Pressephotograph*. **4)** *ohne Pl.*, Kritik, Beurteilung in Zeitungen, Zeitschriften: *sein neuer Film hat eine schlechte P.* **5)** U Schule zur beschleunigten Vorbereitung für Prüfungen. **Presseagentur** *die*, Nachrichtenagentur und Pressedienst. **Pressedienst** *der*, Unternehmen, das Wort- und Bildmaterial über ein bestimmtes Gebiet (z. B. Kultur) an Presse, Rundfunk u. a. liefert; auch das zusammengestellte Material auszuliefern selbst. **Pressefreiheit** *die, -,* das Recht auf freie Meinungsäußerung in den Medien. **Pressekonferenz** *die*, Veranstaltung, um Vertreter publizist. Organe öffentlich über etwas zu informieren. **pressen** [ahd. pressōn], *ich* presse (habe gepreßt), **1)** *ihn, es,* drücke; bearbeite durch Druck: *man kann Blumen pressen; Schallplatten werden gepreßt; mit gepreßter Stimme*. **2)** *ihn,* U nötige; werbe gewaltsam (Soldaten, Matrosen). **3)** *sie*, dränge zusammen: *gepreßt wie die Heringe*. **4)** *Segel,* ✄ führe zuviel Segel. **Preßglas** *das*, durch Pressen von Glasmasse in Formen erzeugte Gegenstände. **Preßguß** *der*, Druckgußverfahren zur Erzielung eines dichten Werkstoffgefüges. **Preßholz** *das*, durch hohe Drücke und Temperaturen verdichtetes Holz.

pressieren [frz. presser ›drücken‹, ›drängen‹], *es* pressiert (hat pressiert), U, *bes. südd.*: eilt. **Pression** [lat. pressio ›Druck‹] *die, -/-en*, Druck, Zwang, Nötigung: *er war Pressionen ausgesetzt.*

Preßkohle *die*, Brikett. **Preßkopf** *der, -(e)s*, sülzenartige Wurst aus Schweinefleisch. **Preßluft** *die*, Druckluft: *Preßlufthammer*. **Preßmasse** *die*, härtbare Kunststoff-Formmasse. **Preßsack** *der, -(e)s*, Preßkopf. **Preßspan** *der, -(e)s*, eine harte, glatte Pappe. **Pressung** *die, -/-en*, das Pressen.

Pressure-group [pr'eſə gru:p, engl. pressure ›Zwang‹, ›Druck‹ und group ›Gruppe‹] *die, -/-s*, Interessenverband; organisierte Interessengruppe, die Druck auf polit. Entscheidungsgremien auszuüben sucht. **Prestige** [prest'i:ʒ(ə), frz., aus lat. praestigiae ›Blendwerk‹] *das, -s*, Geltung, Ansehen: *das ist eine Prestigefrage; Prestigegewinn; Prestigeverlust.*

prestissimo [ital.], ♪ sehr schnell. **Prestissimo** *das, -s/-s* oder . . .mi, ♪. **presto**, ♪ schnell. **Presto** *das, -s/-s* oder . . .ti.

Prêt-à-porter [prɛtapɔrt'e, frz., eigtl. ›fertig zum Tragen‹]

das, -s/-s, **1)** ohne *Pl.,* Konfektionskleidung, die nach Entwürfen von bekannten Modeschöpfern gefertigt wird. **2)** das einzelne Kleidungsstück: *Prêt-à-porter-Modell.*

Pretest [pr'i:test, engl.] *der, -s/-s,* Vortest, Erprobung eines Untersuchungsmittels (z. B. Fragebogen) vor der eigentlichen Untersuchung.

Pretiosen [lat. pretiosus ›kostbar‹, zu pretium ›Wert‹], *Pl.,* Kostbarkeiten, Schmuck, Edelsteine.

Preuße *der, -n/-n,* **Preußin** *die, -/-nen,* Bewohner(in) von Preußen: *so schnell schießen die Preußen nicht,* U so schnell geht das nicht. **preußisch. Preußischblau** *das, -s,* Berliner Blau, eine tiefblaue, wasserunlösl. Farbe.

preziös [frz. précieux, vgl. Pretiosen], Ü geziert. **2)** ♂ kostbar. **Preziosen,** *Pl.,* eingedeutscht für: Pretiosen.

priapeisch, priapisch, 1) Priapus betreffend. **2)** ♂ unzüchtig. **Priapismus** [vgl. . . . ismus] *der, -/. . .men,* $ anhaltende, schmerzhafte Erektion des Penis ohne geschlechtl. Erregung. **Priapos** [grch.], **Priapus** [lat.], griechisch-röm. Mythologie: Fruchtbarkeitsgott.

prick [angelsächs. prica ›Punkt‹, ›Stich‹, *niederdt.:* **1)** genau, scharf. **2)** fett und fest. **Prick** *der, -s/-e, niederdt.:* Punkt: *auf den P.,* peinlich genau; *ohne P. und Prack,* so beschaffen, daß man nichts erkennen kann.

Pricke *die, -/-n,* ⚓ Bricke, Neunauge.

Pricke [altnord. prik ›Stange‹ *die, -/-n,* ➤ Seezeichen in flachem Wasser, ABB. S 44, ABB. G 25. **Prickel** *der, -s/-,* Reiz, Kitzel: *der P. des Verbotenen.* **prick(e)lig. prickeln** [mnd. prickeln], *es prickelt (hat geprickelt),* **1)** juckt, kitzelt wie von feinen Stichen verursacht: *Kohlensäure p. auf der Zunge.* **2)** Ü erregt, reizt: *der prickelnde Reiz des Neuen.* **pricken,** *ich pricke (habe geprickt) es, niederdt.:* **1)** steche, bohre aus. **2)** bezeichne, stecke ab. **3)** ➤ versehe das Fahrwasser mit Pricken (Seezeichen). **Pricken** *der, -s/-, niederdt.:* Pfahl. **Pricker** *der, -s/-,* ➤ ein dünner Stahldorn zum Spleißen dünner Stahltrossen.

Priel [niederdt.] *der, -(e)s/-e,* Rinne im Wattenmeer, ABB. G 25, K 56.

Priem [niederl. pruim, lat. prunum ›Pflaume‹] *der, -(e)s/-e,* Stück Kautabak: *Priemtabak.* **priemen,** *ich prieme (habe gepriemt),* kaue Tabak.

pries, von preisen.

Priese *die, -/-n, oberdt.:* Saum; Preise.

Prießnitzumschlag [nach dem Naturheilkundler V. Prießnitz, 1799–1851] *der,* Kaltwasserumschlag.

Priester [ahd. priestar, vgl. Presbyter] *der, -s/-,* **1)** Mittler zwischen Gott und Mensch, der kultische Handlungen ausführt. **2)** kath. Geistlicher: *Priesterweihe.* **Priesterin** *die, -/-nen.* **priesterlich. Priesterschaft** *die, -,* Gesamtheit der Priester. **Priestertum** *das, -s,* Amt und Würde des Priesters.

Prim [vgl. prima] *die, -/-en,* **1)** Fechten: Hieb von oben nach unten. **2)** kath. Kirche: morgendl. Gebetsstunde. **3)** ♪ Prime.

Prim., Abk. für: Primar(arzt), Primarius.

prima [spätlat. prima, zu lat. primus ›der erste‹, *nicht flektierbar,* U **1)** ♂ Abk.: I a, erste Güte, feinste Qualität. **2)** hervorragend, erstklassig. **Prima** *die, -/. . .men,* **1)** die beiden letzten Klassen einer höheren Schule: *Unterprima,* heute meist als 12., *Oberprima,* heute meist als 13. Klasse bezeichnet. **2)** Klassenbeste. **Primaballerina** [ital.] *die,* erste Balletttänzerin, erste Solotänzerin. **Primadonna** [ital. -/. . .d'onnen, erste Sängerin: *sie ist empfindlich wie eine P.,* U sehr.

Primage [prim'a:ʒ(ə), frz., zu lat. praemium ›Belohnung‹] *die, -/-n,* Primgeld, Frachtanteil oder -zuschlag, der dem Kapitän gewährt wird.

Primaner *der, -s/-,* **Primanerin** *die, -/-nen,* Schüler(in) einer Prima.

primär [frz. primaire, zu lat. primarius ›zu den ersten gehörend‹], ursprünglich; anfänglich; zuerst, unmittelbar entstanden: *Primärinfekt, $.* **Primar** *der, -s/-e,* **Primar|arzt,** Abk.: Prim., *österr.:* leitender Arzt einer selbständigen Krankenhausabteilung. **Primär|energie** *die,* die in den natürl. Energieträgern (z. B. Wasser, Kohle) enthaltene Energie. **Primarius** *der, -/. . .ri|en,* **1)** Primar. **2)** Primgeiger. **Primär|literatur** *die,* der dichter. Text, die Dichtung selbst im Unterschied zur Sekundärliteratur. **Primarschule** *die,* früher Volksschule, heute die Eingangsklassen der Pflichtschule (Primarbereich, Primarstufe, Grundschule; 1.–4. Schuljahr); in der Schweiz meist die Volksschulunterstufe (je nach Kanton 1.–4./7. Schuljahr). **Primarstufe** *die,* die erste Stufe eines nach Stufen gegliederten Schulsystems; in der Bundesrep. Dtl. entspricht ihr die Grundschule.

Primary [pr'aiməri, engl.] *die, -/. . .ries,* in den USA Vorwahl zur Ermittlung der Wahlkandidaten.

Primas [lat. primus ›der erste‹] *der, -/-se,* **1)** *Pl.* auch . . .m'aten, der erste Erzbischof des Landes. **2)** [auch pr'ima∫, ungar.], erster Geiger einer Zigeunerkapelle.

Primat [lat. primatus ›der erste Rang‹, zu primus ›der erste‹], **1)** *der* oder *das, -(e)s/-e,* Vorrang, Vorzug, Erstgeburtsrecht. **2)** *der* oder *das, -(e)s,* die Stellung des Papstes als Oberhaupt der kath. Kirche. **3)** *der, -en/-en, meist Pl.,* Herrentier (Halbaffen und Affen).

prima vista [ital. ›beim ersten Blick‹], **1)** ♪ vom Blatt (zu spielen). **2)** ✗ bei Sicht (zu zahlen).

Primawechsel [vgl. prima] *der,* die erste Ausfertigung eines Wechsels.

Prime [mhd. prime, vgl. prima] *die, -/-n,* **1)** ♪ erster Ton der Tonleiter, ABB. N 9. **2)** ✗ Nummer der ersten Seite eines Druckbogens angegebene Bogennummer.

Primel [neulat. primula (veris ›des Frühlings‹), zu lat. prima ›die erste‹] *die, -/-n,* Schlüsselblume.

Primgeiger *der,* erster Geiger.

Primgeld *das,* Primage.

primitiv [lat. primitivus ›der erste seiner Art‹], **1)** auf einer niedrigen Entwicklungsstufe stehend: *primitive Kunst.* **2)** einfach, ohne Aufwand; dürftig: *ein p. ausgestatteter Raum.* **3)** abwertend: von niedrigem geistigem und kulturellem Niveau. **Primitivität** *die, -.* **Primitivum** *das, -s/. . .va,* Ⓢ das Grundwort zu einer Ableitung.

Primiz *die, -/-en,* kath. Kirche: erste Messe eines neugeweihten Priesters: *Primizfeier.* **Primiziant** *der, -en/-en,* neugeweihter kath. Priester. **Primizien** [lat. primitiae], *Pl.,* den Göttern dargebrachte Erstlingsopfer, z. B. die ersten Früchte des Jahres.

Primogenitur [lat. primus ›der erste‹ und genitus ›geboren‹] *die, -/-en,* das Vorzugsrecht des Erstgeborenen in der Erbfolge.

Primus [lat. ›der erste‹] *der, -/-se* oder . . .mi, Klassenbester: *P. inter pares,* der Erste unter Gleichen (an Rang).

Primzahl [neulat. numerus primus ›erste Zahl‹] *die,* △ nur durch 1 und sich selbst teilbare ganze Zahl: 2, 3, 5, 7, 11, 13, 17, 19 usw.

Printe [vgl. Brente] *die, -/-n,* ein Pfefferkuchen.

Printed in . . . [pr'intid-, engl.], gedruckt in . . . (Vermerk des Herstellungslandes in Druckwerken): *Printed in Germany.*

Prinz [mhd. prinze, zu lat. princeps ›die erste Stelle einnehmend‹] *der, -en/-en,* **Prinzeß** *die, -/. . .z'essen,* **Prinzessin** *die, -/-nen,* nichtregierendes Mitglied eines Fürstenhauses. **Prinzeßkleid** *das,* oben anliegendes Kleid ohne Taillennaht. **Prinzgemahl** *der,* Gemahl einer regierenden Fürstin.

Prinzip [lat. principium ›Anfang‹, ›Grundlage‹] *das, -s/. . .pi|en,* selten: *-e,* Grundsatz: *er bleibt seinen Prinzipien treu;* aber: *prinzipientreu.* **Prinzipal** [lat. principalis ›Vorsteher‹], **1)** *der, -s/-e,* ♂ Geschäftsinhaber; Lehrherr. **2)** *das, -s/-e,* Hauptstimme der Orgel. **prinzipaliter,** ✗ vor allem, in erster Linie. **prinzipiell,** grundsätzlich, im Prinzip: *ich bin p. dagegen.* **Prinzip|enreiter** *der,* U kleinlicher Mensch, der seine Grundsätze nicht ändert.

prinzlich. Prinzregent *der,* Angehöriger eines Herrscherhauses, der stellvertretend für den Monarchen die Regentschaft führt.

Prior [mhd. prior, zu lat. prior ›der Vordere (von zweien)‹] *der, -s/. . .'oren,* Stellvertreter eines Abtes; Leiter der Zweigniederlassung eines Klosters; bei den Dominikanern und Kartäusern der selbständige Obere eines Klosters. **Priorat** *das, -(e)s/-e,* **1)** ohne *Pl.,* Amt, Würde eines Priors. **2)** Filiale einer Abtei. **Priorin** [auch pr'i-] *die, -/-nen.* **Priorität** *die, -/-en,* **1)** Vorrang, Vorrecht, Vorzug nach Zeit oder Rang: *hier müssen Prioritäten gesetzt werden.* **2)** nur *Pl.,* Wertpapiere mit Vorzugsrechten: *Prioritätsaktie,* Vorzugsaktie.

Prise [frz., zu prendre ›nehmen‹; *die, -/-n,* **1)** Seebeute, im Seekrieg aufgebrachtes Privatgut: *Prisengericht; Prisenrecht.* **2)** kleine Menge, die man mit zwei Fingern fassen kann, ABB. M 7: *eine P. Salz, Schnupftabak.*

Prisma [grch. ›das Zersägte‹, zu priein ›sägen‹] *das, -s/. . .men,* **1)** △ Körper, dessen Grund- und Deckfläche parallele, kongruente Vielecke sind, ABB. K 38. **2)** Optik: prismat. Körper aus Glas oder anderem lichtbrechenden Stoff, ABB. F 14, L 12: *Prismenglas.* **3)** eine Kristallform. **prismatisch. Prismatoid** [vgl. . . . id] *das, -(e)s/-e,* prismenähnl. Körper.

Pritsche [ahd. britissa ›Bretterverschlag‹] *die, -/-n,* **1)** einfache Lagerstätte, ABB. P 22. **2)** ein Gerät zum Schlagen: *Narrenpritsche,* ABB. M 6,' P 22. **3)** Ladefläche eines Lastkraftwagens mit herunterklappbaren Seitenwänden: *Pritschenwagen,* ABB. K 40. **4)** Kutschersitz am Schlitten. **5)** *schweiz.:* Bewässerungsrinne mit Schleusen. **6)** *oberdt.:* Wehr. **pritscheln,** *es pritschelt (hat gepritschelt), oberdt.:* plätschert. **pritschen,** *ich pritsche (habe gepritscht) ihn,* schlage mit der Pritsche.

Pritstabel [aus russ.] *der, -s/-, märk.:* Wasservogt, Fischereiaufseher.

privat [lat. privatus ›abgesondert‹, zu privare ›absondern‹, ›entledigen‹], nicht öffentlich, persönlich, im häuslichen, nicht beruflichen Leben: *das ist eine private Angelegenheit; Verkauf an Privat; wir wohnten im Urlaub p.,* nicht in Hotel oder Pension; *die private Wirtschaft,* auf Privateigentum beruhende; *Privatinitiative; Privatklinik.* **Privatdetektiv** *der,* freiberuflich tätiger Detektiv. **Privatdozent** *der,* Hochschullehrer ohne Planstelle. **Privatier** [-tj'e] *der, -s/-s,* jemand, der von seinem Vermögen lebt. **privatim** [lat.], nicht öffentlich, vertraulich. **Privation** *die, -/-en,* **1)** Beraubung, Entziehung. **2)** Logik: eine Form der Negation, die das Fehlen eines Merkmals ausdrückt. **privatisieren,** *ich privatisiere (habe privatisiert),* **1)** lebe vom Vermögen. **2)** *es,* wandle staatl. Vermögen in Privateigentum um. **Privatisierung** *die, -/-en.* **privatissime** [-me, lat., Superlativ zu privatim], im engsten Kreis. **Privatissimum** *das, -s/. . .ma,* **1)** Vorlesung für einen kleinen Hörerkreis. **2)** Ü eindrigl. Gespräch, Ermahnung. **Privatist** *der, -en/-en, österr.:* von einem Hauslehrer unterrichteter Schüler, der nur zur Prüfung in die Schule kommt. **privativ,** beraubend; ausschließend. **Privativum** *das, -s/-e,* **Privativum** *das, -s/. . .va,* Ⓢ Verb, das ein Berauben ausdrückt, z. B. häuten. **Privatklage** *die, 𝔩𝔦 vom Geschädigten (nicht vom Staatsanwalt) erhobene Klage. **Privatmann** *der, -(e)s/-"er* oder . . .*leute,* **1)** Mensch im außerberufl. Leben. **2)** Privatier. **Privatpatient** *der,* Patient, der die Kosten für Arzt, Krankenhaus und Medikamente selbst trägt. **Privatrecht** *das,* der Teil des Rechts, der die Beziehungen der Bürger untereinander zum Gegenstand hat. **Privatschule** *die,* nicht von Staat oder Gemeinde unterhaltene Schule. **Privatstunde** *die,* Unterricht außerhalb der Schule.

Privileg [lat. privilegium] *das, -(e)s/. . .gi|en,* selten: *-e,* Sonderrecht. **privilegieren,** *ich privilegiere (habe privilegiert) ihn,* statte mit einem Privileg aus, gewähre ihm eine Sonderstellung: *eine privilegierte Gesellschaftsschicht.*

Prix [pri; frz., zu lat. pretium ›Wert‹, ›Preis‹] *der, - [pri:(s)]/ - [pri:s]: Grand P.,* großer Preis.

pro [lat. ›vor‹, ›vorwärts‹, ›hervor‹, ›vorher‹, ›eher‹, ›lieber‹], für, je: im eben Stück; *der Pro-Kopf-Verbrauch.* **Pro** *das, -(s): das P. und Kontra,* Für und Wider. **pro. . .,** **1)** vor, vorher, zuvor, vorwärts: *Programm; progressiv.* **2)** für jemanden oder etwas: *proamerikanisch; proarabisch; prokapitalistisch; prosowjetisch.* **3)** stellvertretend: *Prodekan.* **pro anno** [lat. annus, ›Jahr‹, Abk.: p. a., aufs Jahr, jährlich.

probabel [lat. probabilis, zu probare ›prüfen‹, ›beweisen‹], wahrscheinlich, glaubhaft. **probabilistisch,** die Wahrscheinlichkeit berücksichtigend: *probabilistische Sicherheitsanalyse.* **Probabilität** *die, -.* **Proband** [lat. probandus] *der, -en/-en,* **1)** Prüfling, Testperson. **2)** Person, deren Ahnentafel aufgestellt wird, ABB. A 7. **probat,** erprobt, bewährt: *ein probates Mittel.*

Probe [spätmhd. proba, zu lat. probare ›prüfen‹] *die, -/-n,* **1)** Beweisverfahren; Bewährungsversuch: *ich werde ihn auf die P. stellen; auf, zur P.,* als Versuch; *das ist die P. aufs Exempel; Mutprobe; Probealarm.* **2)** Muster, Prüfungsstück, Teilmenge eines zu prüfenden Stoffes: *eine P. seines Könnens; Stoffproben; Weinprobe; Probepackung; Probearbeit.* **3)** Bühne: Vorbereitung für die Aufführung: *Leseprobe; Stellprobe; Durchlaufprobe; Generalprobe; Hauptprobe; Orchesterprobe; Probenarbeit; Probebühne.* **Probezug** *der,* ⊕ Korrekturabzug. **probefahren,** *ich fahre probe (fuhr probe, bin probegefahren).* **Probefahrt** *die.* **probehalten.** **Probelauf** *der.* **probelaufen,** *die Maschine läuft probe (lief probe, ist probegelaufen).* **pröbeln,** *ich pröb(e)le (habe gepröbelt), schweiz.:* mache allerhand Versuche, probiere herum. **proben,** *ich probe (habe geprobt) es,* übe es, mache Aufführungsproben: *wir haben das Stück oft geprobt.* **Probenummer** *die,* Werbeexemplar einer Zeitung, Zeitschrift. **probeweise.** **Probezeit** *die,* festgelegte Zeitspanne zur Einarbeitung und Bewährung (eines Stellenanwärters). **probieren** [mhd. probieren], *ich probiere (habe probiert) es,* **1)** versuche, koste,

prüfe: *ich p. den Wein; Probieren geht über Studieren,* Praxis ist mehr wert als alle Theorie. **2)** Theater: probe. **Probierer** *der, -s/-,* Prüfer.

Problem [grch. problema ›das Vorgelegte‹] *das, -s/-e,* Frage, (noch) ungelöste Aufgabe, Schwierigkeit: *wir versuchen, das P. zu lösen; Problemkreis; problemlos; problemorientiert; Arbeitslosenproblem; Ausbildungsprobleme.* **Problematik** *die, -,* Gesamtheit der Probleme eines Sachverhalts; Fragwürdigkeit; Ungelöstheit. **problematisch,** schwierig, schwer zu lösen, fragwürdig: *diese Aufgabe ist für mich p.; eine problematische Angelegenheit.* **problematisieren,** *ich problematisiere (habe problematisiert) es,* stelle die Problematik einer Sache heraus, diskutiere sie.

Procedere *das, -,* Prozedere.

pro centum [lat. ›für hundert‹], Abk.: p. c., Zeichen: %, für hundert, auf das Hundert, von Hundert; vgl. Prozent.

Prodekan [vgl. pro und Dekan] *der,* Stellvertreter des Dekans an Hochschulen.

pro domo [lat. ›für das Haus‹] in eigener Sache: *eine Stellungnahme p. d.*

Prodrom [grch. prodromos ›Vorläufer‹, ›Vorbote‹] *das, -s/-e,* **Prodromalsym|ptom** *das, ♄* der eigentlichen Krankheit vorausgehendes Krankheitszeichen.

Producer [prɔdj'u:sə, engl. ›Hersteller‹, zu lat. producere ›hervorbringen‹] *der, -s/-,* Produzent, Fabrikant; Filmproduzent. **Product-Manager** [pr'ɔdʌkt m'ænidʒə, engl.] *der,* jemand, der ein Produkt oder eine Produktgruppe von der Planung bis zum Absatz betreut. **Produkt** [lat. productum] *das, -(e)s/-e,* **1)** Erzeugnis, Ertrag: *landwirtschaftliche Produkte; ein P. seiner Phantasie.* **2)** △ Ergebnis der Multiplikation, ÜBERS. R 11. **Produkthandel** *der,* **1)** Handel mit landwirtschaftl. Erzeugnissen. **2)** Rohproduktenhandel. **Produktion** *die, -/-en,* Erzeugung, Herstellung, Fertigung von Waren und Gütern; auch die Erzeugnisse selbst: *Filmproduktion; Koproduktion; Produktionsbrigade; Produktionskapazität; Produktionskräfte; Produktionsmittel; Produktionsstopp; Produktionsverhältnisse.* **produktiv,** schöpferisch, fruchtbar, ertragreich. **Produktivität** *die, -.* **Produzent** *der, -en/-en,* **1)** Hersteller, Erzeuger. **2)** Leiter der Produktion (bei Film, Theater, Fernsehen). **produzieren,** *ich produziere (habe produziert),* **1)** es, erzeuge, bringe hervor: *dieses Werk produziert medizinische Geräte.* **2)** *mich,* stelle zur Schau; dränge in den Vordergrund: *warum mußt du dich ständig produzieren?*

Prof., Abk. für: Professor.

profan [lat. profanus ›ungeweiht‹, zu fanum ›Tempel‹], **1)** weltlich, nicht heilig, nicht kirchlich: *profane Bauten.* **2)** alltäglich: *seine profanen Äußerungen über die Festspiele verstimmten das Publikum.* **Profanation** *die, -/-en,* Profanierung. **profanieren,** *ich profaniere (habe profaniert) es,* **1)** entweihe, entheilige. **2)** ziehe ins Alltägliche. **Profanierung** *die, -/-en.* **profanität** *die, -,* profane Beschaffenheit.

Profeß [lat. profiteri ›öffentlich bekannt‹], **1)** *die, -/. . .f'esse,* Ablegung der Ordensgelübde: *er will P. tun, ablegen.* **2)** *der, . . .f'essen/. . .f'essen,* Mitglied eines geistl. Ordens . nach Ablegung der Ordensgelübde. **Profession** *die, -/-en,* **1)** Beruf, Gewerbe. **2)** *ohne Pl.,* Berufung. **Professional** [prɔf'eʃənl, engl.] *der, -s/-s,* Kurzw.: Profi, Berufssportler. **Professionalismus** [vgl. . . .ismus] *der, -,* Ausübung des Berufssports. **professionell,** berufsmäßig; fachmännisch, gekonnt. **Professionist** *der, -en/-en, bes. österr.:* Fachmann; ausgebildeter Handwerker. **Professor** *der, -s/. . .s'oren,* Abk.: Prof., **1)** Amtsbez. für Hochschullehrer: *Universitätsprofessor.* **2)** in einigen Ländern Titel für Lehrer an höheren Schulen: *Studienprofessor.* **3)** Ehrentitel für Gelehrte, Künstler u. a. **professoral,** professorenhaft, würdevoll. **Professor(en)titel** *der, -s/-,* **Professur** *die, -/-en,* Lehramt, Lehrstuhl.

Profi *der, -s/-s,* Kurzw. für: Professional: *er ist zum Profilager übergewechselt, ✂.*

proficiat! [lat.], ⑤ wohl bekomm's!

Profil [frz., zu ital. profilare ›aufzeichnen‹, zu lat. filum ›Faden‹] *das, -s/-e,* **1)** Seitenansicht, bes. des menschl. Gesichts, ABB. B 30: *ein markantes P.* **2)** Ü hervortretende Charakterzüge, ausgeprägte Eigenart: *ein Politiker ohne P.; Profilneurose.* Ü Geltungssucht. **3)** 🏛 Ü Umrißlinie eines Schnittes, bes. mit Erhebungen, Vorsprüngen und Vertiefungen: *Längsprofil; Querprofil; Geländeprofil; Hausprofil; Reifenprofil,* ABB. R 14; *Tragflügelprofil.* **4)** ⊕ senkrechter Schnitt durch die Erdkruste. **profilieren,** *ich profiliere (habe profiliert),* **1)** *es,* versehe mit einem Profil. **2)** *es,* stelle im Profil dar. **3)** *mich,* Ü entwickle meine Fähigkeiten und

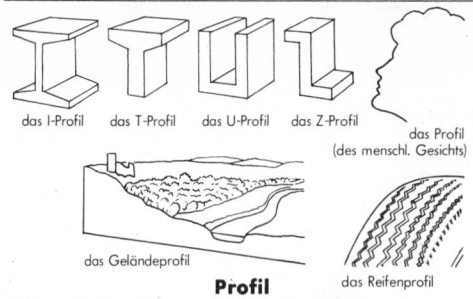

das I-Profil   das T-Profil   das U-Profil   das Z-Profil

das Profil
(des menschl. Gesichts)

das Geländeprofil

Profil

das Reifenprofil

gewinne damit Profil: *eine profilierte Persönlichkeit; er versucht sich mit dieser Arbeit zu profilieren.* **Profilierung** *die, -.*

Profit [frz., zu lat. profectus ›Fortgang‹, ›Vorteil‹, von proficere ›vorwärtskommen‹] *der, -(e)s/-e,* Gewinn, Nutzen, Vorteil: *das Profitdenken; Profitgier.* **profitabel,** gewinnbringend, vorteilhaft. **profitbringend,** *profitbringende Investitionen;* aber: *keinen Profit bringend.* **profitieren,** *ich* profitiere (habe profitiert) *von ihm* oder *etwas,* habe meinen Nutzen, ziehe Gewinn daraus: *ich habe von ihm viel profitiert.* **profitlich,** *oberdt.:* sparsam; auf seinen Vorteil bedacht.

pro forma [lat.], der Form wegen; zum Schein.

Profos *der, -es/-e* oder *-en/-en,* **Profoß** [spätlat. propositus ›Vorgesetzter‹] *der, ...f'osses/...f'osse* oder *...f'ossen/ ...f'ossen,* früher: Militärbeamter, der die Regimentspolizei leitete.

profund [lat. profundus ›tief‹, 1) gründlich, tiefgründig: *profundes Wissen.* 2) ♃ tiefliegend.

profus [lat. profusus ›unmäßig‹], ⚹ verschwenderisch, übermäßig.

progam [vgl. pro... und ...gamie], Biologie: vor der Befruchtung: *progame Teilung.*

Progenie [vgl. pro... und grch. genys ›Kinn‹] *die, -/...n'i|en,* ♃ eine Bißanomalie, bei der die untere Zahnreihe vor der oberen steht.

Progenitur [lat. progenies, zu progignere ›erzeugen‹] *die, -/-en,* Nachkommenschaft.

Progesteron [lat. progerere ›hervor-, heraustragen‹] *das, -s,* Hormon des Eierstocks.

Pro|gnathie [vgl. pro... und grch. gnathos ›Kiefer‹] *die, -/...th'i|en,* ♃ Form des Gesichtsprofils. 2) eine Biß- und Kieferanomalie, bei der der Oberkieferknochen und die obere Zahnreihe vorstehen.

Pro|gnose [grch. prognosis, zu progignoskein ›im voraus erkennen‹] *die, -/-n,* 1) Vorhersage, Ankündigung: *Wetterprognose.* 2) ♃ vorausschauende Beurteilung des Verlaufs und des Ausgangs einer Krankheit. **Pro|gnostik** *die, -,* Lehre von der Prognose. **Pro|gnostikon, Pro|gnostikum** *das, -s/...ken* oder *...ka,* Vorzeichen. **pro|gnostisch. pro|gnostizieren,** *ich* prognostiziere (habe prognostiziert) *es.*

Pro|gramm [grch. programma, zu prographein ›öffentlich bekanntmachen‹] *das, -s/-e,* 1) Spielfolge, Folge von Darbietungen; auch gedrucktes Heft hierfür: *Fernsehprogramm; Theaterprogramm.* 2) Arbeitsplan, Vorhaben, Ziel: *das P. einer Partei; das Sparprogramm der Regierung.* 3) Warenangebot: *Produktionsprogramm.* 4) Technik und Informationsverarbeitung: eine vollständige Anweisung für automatisch gesteuerte Maschinen: *programmgesteuerte Maschinen.* **Programmatik** *die, -.* **pro|grammatisch,** einem Programm entsprechend; richtungweisend. **pro|grammgemäß,** wie vorgesehen: *der programmgemäße Ablauf der Veranstaltung.* **pro|grammieren,** *ich* programmiere (habe programmiert), 1) *es,* stelle ein Programm für etwas auf: *programmierter Unterricht,* Lehr- und Lernverfahren mit festgelegten Lernschritten und Lehrprogrammen, die ohne direkte Lehrerhilfe erarbeitet werden können. 2) *ihn,* stelle den Arbeitsplan für eine elektron. Rechenanlage auf. 3) *ihn, ein Tier,* Ü lege auf ein bestimmtes Verhalten fest. **Pro|grammierer** *der, -s/-,* Hersteller von Programmen (für elektron. Rechenanlagen). **Pro|grammiersprache** *die,* für die Programmierung einer Rechenanlage geschaffene Sprache. **Pro|grammierung** *die, -/-en.* **Pro|grammsteuerung** *die,* nach einem Plan (Programm) einstellbare automat. Steuerung einer Maschine. **Pro|grammusik** *die,* Musik, die nichtmusikal. Vorgänge (Waldesrauschen, Liebessehnen) mit musikal. Mitteln wiedergeben will; vgl. Silbentrennung, ÜBERS. S 50.

Pro|greß [lat. progredi ›vorwärtsschreiten‹] *der, ...gr'esses/ ...gr'esse,* Fortgang, Fortschritt. **Pro|gression** [lat.] *die,* das Fortschreiten, Stufengang, Staffelung, Steigerung: *Steuerprogression.* 2) △ eine aus getrennten Elementen bestehende Menge, die ein erstes, aber kein letztes Element hat (geometr., arithmetische Reihe). **Pro|gressismus** *der, -,* (übertriebene) Fortschrittsgläubigkeit. **Pro|gressist** *der, -en/-en,* Fortschrittler; Anhänger einer Fortschrittspartei. **pro|gressiv, 1)** fortschreitend, sich steigernd: *progressive Steuertarife.* **2)** dem Fortschritt aufgeschlossen, fortschrittlich: *die progressiven Kräfte in unserer Partei.* **Pro|gressivität** *die, -.*

prohibieren [lat. prohibere ›hindern‹, *ich* prohibiere (habe prohibiert) *es,* ⚹ verbiete, verhindere. **Prohibition** *die, -/-en,* Verbot, bes. der Verkaufs alkoholischer Getränke. **Prohibitionist** *der, -en/-en.* **prohibitiv, prohibitorisch,** verbietend, verhindernd: *Prohibitivzoll.*

Projekt [lat. proicere ›vor-, hinwerfen‹] *das, -(e)s/-e,* größeres Vorhaben, Plan, Entwurf: *Bauprojekt; Projektgruppe.* **projektieren,** *ich* projektiere (habe projektiert) *es,* plane, entwerfe: *die projektierte Autobahntrasse.* **Projektierung** *die, -/-en.* **Projektil** [frz. projectile] *das, -s/-e,* Geschoß. **Projektion** *die, -/-en,* 1) zeichner. Darstellung von Körpern auf einer Fläche, z. B. der Erdkugel auf Landkarten. 2) die Bildwiedergabe mit meinem Bildwerfer: *Projektionsfläche; Projektionslampe.* 3) Psychologie: psychische Vorgänge, bei denen subjektive Qualitäten als Eigenschaft äußerer Gegenstände oder Personen erlebt werden. 4) ⚹ Zielwerte der Wirtschaftspolitik im Sinne von Zielprojekten. **projektiv,** *projektive Ebene,* △. **Projektor** *der, -s/...t'oren,* Bildwerfer, Gerät zur vergrößerten Wiedergabe von Bildern auf einem Bildschirm, ABB. P 12. **projizieren,** *ich* projiziere (habe projiziert) *es,* 1) zeichne das Bild eines Körpers in einer Fläche. 2) gebe mit einem Projektor wieder. 3) *auf ihn, etwas,* Ü übertrage, z. B. eigene Wünsche auf einen anderen Menschen.

pro juventute [lat.], für die Jugend.

Proklamation [lat. proclamare ›ausrufen‹] *die, -/-en,* öffentl. Bekanntmachung, Aufruf: *die P. einer neuen Verfassung.* **pro|klamieren,** *ich* proklamiere (habe proklamiert) *es.*

Pro|klise [grch. proklinein ›hinlehnen‹] *die, -/-n,* Ⓢ die Anlehnung eines unbetonten Wortes an das folgende Wort. **Pro|klitikon** *das, -s/...ka,* das unbetonte Wort, das sich an das folgende anlehnt. **pro|klitisch.**

Prokonsul [auch pr'o-, vgl. pro... und Konsul] *der,* im alten Rom: ehemaliger Konsul als Statthalter einer Provinz.

Pro|krustesbett [nach grch. Prokrustes, eigtl. ›der gewaltsam Ausreckende‹, ein Unhold der griech. Sage] *das,* Schema, in das alles gewaltsam hineingezogen werden soll.

Proktologe *der, -n/-n.* **Proktologie** [grch. proktos ›Mastdarm‹, ›After‹ und vgl. ...logie] *die, -,* ♃ Lehre von den Erkrankungen von Mastdarm und After.

Prokura [ital. procura, vgl. pro... und lat. cura ›Sorge‹] *die, -/...ren,* ⚹ eine umfassende Vollmacht im Handelsgewerbe: *ihm wurde P. erteilt.* **Prokurator** *der, -s/...t'oren,* Sachwalter, Bevollmächtigter. **Prokurist** *der, -en/-en,* Inhaber einer Prokura.

Prokyon [grch. ›vor dem Hundsstern (Sirius) aufgehend‹] *der, -(s),* ✶ ein Stern.

Pröl *der, -s,* niederdt.: Wust, Lumpenzeug.

Prol|amine, *Pl.,* in den Samen der Getreidearten vorkommende Eiweiße.

Prolaps [lat. prolapsus, von prolabi ›vorwärts gleiten‹, ›sinken‹] *der, -es/-e,* ♃ Vorfall, z. B. der Gebärmutter.

Prolegomenon [grch. prolegein ›vorher bekanntmachen‹] *das, -s/...mena, meist Pl.,* Vorbemerkung, Einleitung.

Prolepse, Prolepsis [grch. prolepsis ›Vorwegnahme‹] *die, -/...l'epsen,* 1) Ⓕ vorzeitige Entwicklung von Pflanzenorganen. 2) Ⓢ Vorwegnahme eines sprachl. Elements außerhalb des syntakt. Zusammenhangs. **proleptisch.**

Prolet [lat. proletarius ›Bürger der untersten Klasse‹, zu proles ›Nachkommen‹] *der, -en/-en,* verächtlich: 1) Proletarier. 2) roher, ungehobelter, ungebildeter Mensch. **Proletariat** *das, -(e)s,* Gesamtheit der Proletarier, Arbeiterklasse. **Proletarier** *der, -s/-,* 1) im alten Rom: Bürger des geringsten Vermögensstandes. 2) Marxismus: besitzloser Lohnarbeiter: *P. aller Länder, vereinigt euch!* **proletarisch. proletarisieren,** *ich* proletarisiere (habe proletarisiert) *ihn.*

Proliferation [lat. proles ›Nachkommen‹ und ferre ›tragen‹], **1)** *die, -/-en,* ⚕ Wucherung, Gewebsvermehrung. **2)** *die, -/-en,* ⊕ Versprossung, Blütenmißbildung. **3)** [-'r'eiʃn, engl.] *die, -,* Weitergabe von Material, bes. zur Herstellung von Kernwaffen. **proliferativ. proliferieren,** *es* proliferiert (hat proliferiert), ⚕ wuchert (Gewebe).

prolix [lat. prolixus ›ausgedehnt‹], ♋ weitschweifig, wortreich.

Prolog [grch. prologos, vgl. pro… und legein ›reden‹] *der, -(e)s/-e,* Vorrede, Einleitung, Vorspiel.

Prolongation [lat. prolongare ›verlängern‹] *die, -/-en,* Verlängerung (einer Frist), Aufschub, Stundung (einer Schuld): *Prolongationswechsel.* **prolongieren,** *ich* prolongiere (habe prolongiert) *es.*

pro memoria [lat.], Abk.: p. m., zum Gedächtnis. **Promemoria** *das, -s/…ri|en* ⌀ Denkschrift. **2)** ⌀ Memorial.

Promenade [frz., zu se promener ›spazierengehen‹] *die, -/-n,* **1)** Spaziergang. **2)** angelegter Spazierweg. **Promenadenmischung** *die,* Ụ Mischling aus verschiedenen Haushunderassen. **promenieren,** *ich* promeniere (bin, habe promeniert), gehe spazieren.

Promesse [frz., zu lat. promittere ›versprechen‹] *die, -/-n,* schriftl. Versprechen, eine Leistung zu erbringen, z. B. Schuldschein.

promethëisch [nach dem griech. Titanen Prometheus, eigtl. ›der Vorbedachte‹], titanenhaft, voll urgewaltigen Trotzes. **Promethium** *das, -s,* ⍉ Zeichen: Pm, radioaktives Lanthanoiden-Element.

pro mille [›für tausend‹], Abk.: p. m., Zeichen: ‰, für tausend, vom Tausend. **Promille** *das, -(s)/-,* ein Tausendstel (oft auf den Alkoholgehalt im Blut bezogen): *die Alkoholblutprobe ergab 1,2 P.; Promillegrenze; Promillesatz.*

prominent [lat. prominere ›hervorragen‹], hervorragend, tonangebend, weithin bekannt. **Prominente** *der, die, -n/-n, ein -r, eine -,* bekannte Persönlichkeit. **Prominenz** *die, -,* ♋ hervorragende Bedeutung. **2)** Gesamtheit prominenter Personen: *die P. der Stadt war vollzählig erschienen.*

Promiskuität [lat. promiscuus ›gemischt‹] *die, -,* Geschlechtsverkehr mit häufig wechselnden Partnern. **promiskuitiv.**

Promoter [prəm'outə, engl., zu lat. promovere ›vorwärts bewegen‹, ›befördern‹] *der, -s/-,* Veranstalter von Kämpfen von Berufssportlern (Boxen, Ringen u. a.). **Promotion** [lat. promotio], **1)** *die, -/-en,* Verleihung der Doktorwürde. **2)** [prəm'ouʃn, engl.] *die, -,* Sales-promotion. **Promotor** *der, -s/-* oder …t'oren/…t'oren, Förderer, Manager. **promovieren,** *ich* promoviere (habe promoviert), **1)** erlange die Doktorwürde. **2)** *ihn,* verleihe ihm die Doktorwürde: *er wurde zum Doktor der Philosophie promoviert.*

prompt [lat. promptus ›bereit‹, ›verfügbar‹], rasch, pünktlich; schlagfertig: *prompte Bedienung; ich stellte ihm eine Falle, und p. fiel er hinein,* wie erwartet. **Promptheit** *die, -.*

Promulgation [lat. promulgare ›bekanntmachen‹] *die, -/-en,* Bekanntgabe, Verkündigungen, bes. eines Gesetzes. **promulgieren,** *ich* promulgiere (habe promulgiert) *es.*

Pronomen [vgl. pro… und Nomen] *das, -s/-* oder …mina, Fürwort, ÜBERS. P 24. **pronominal,** Pronominaladjektiv; Pronominaladverb.

prononcieren [-nõs'i:-, frz. prononcer ›aussprechen‹, ich prononciere (habe prononciert) *es,* spreche deutlich aus, betone stark: *er brachte seine Kritik prononciert zum Ausdruck.*

Pro|ömium [grch. prooimion, zu pro ›vor‹ und oime ›Gesang‹, ›Heldensage‹] *das, -s/…mi|en* oder …mia, Vorspiel, Vorrede, Einladung.

Propädeutik [grch. pro ›vor‹ und paideuein ›erziehen‹] *die, -/-en,* **1)** ohne *Pl.,* Vorunterweisung, Einführung in eine Wissenschaft: *philosophische P.* **2)** einführendes wissenschaftliches Werk. **propädeutisch.**

Propaganda [lat. propagare ›ausbreiten‹, ›verbreiten‹] *die, -,* publizist. Beeinflussung, werbende Tätigkeit, bes. für polit., weltanschauliche, wirtschaftl. Ziele. **Propagandist** *der, -en/-en,* jemand, der Propaganda treibt. **2)** jemand, der für neue Produkte wirbt. **propagandistisch. propagieren,** *ich* propagiere (habe propagiert) *es,* werbe dafür: *er propagierte eine neue Methode.* **Propagierung** *die, -.*

Propan, *das, -s,* gasförmiger Kohlenwasserstoff: *Propangasflasche; Propangaskocher.*

Propar|oxytonon [vgl. pro… und Paroxytonon] *das,* griech. Sprache: ein Wort, das den Akut auf der drittletzten Silbe hat.

Propeller [engl., zu lat. propellere ›vorwärts treiben‹] *der, -s/-,* Luft-, Schiffsschraube, ABB. S 35: *Propellerantrieb; Propellerflugzeug.*

Propen *das, -s,* Propylen.

proper [frz. propre, zu lat. proprius ›eigen‹, ›eigentümlich‹], sauber, nett, ordentlich. **Propergeschäft** *das,* ⌀ Eigengeschäft, Geschäft auf eigene Rechnung.

Prophet [mhd. prophete, zu grch. prophetes ›Seher‹, ›Sprecher‹] *der, -en/-en,* Seher, Verkündiger der Zukunft oder religiöser Offenbarungen. **Prophetie** [lat. prophetia] *die, -/…'ti|en,* Weissagung. **prophetisch. prophezeien,** *ich* prophezeie (habe prophezeit) *es (ihm),* sage vorher, weissage. **Prophezeiung** *die, -/-en.*

Prophylaktikum [grch. pro ›vor‹ und phylaxis ›Beschützung‹] *das, -s/…ka,* ⚕ vorbeugendes, vor einer Krankheit schützendes Mittel. **prophylaktisch,** ⚕ vorbeugend, verhütend. **Prophylaxe** *die, -/-n.*

Propionsäure *die,* eine Fettsäure.

Propolis [grch. pro ›für‹ und polis ›Stadt‹, ›Staat‹] *die, -,* pflanzl. Harz, Baustoff im Bienenstock.

Proponent [lat. proponere ›öffentlich vorlegen‹] *der, -en/-en,* Antragsteller. **proponieren,** *ich* proponiere (habe proponiert) *es (ihm),* beantrage, schlage vor.

Proportion [lat. proportio ›Verhältnis‹, zu portio ›Anteil‹] *die,* **1)** Verhältnis, Größenverhältnis: *diese Möbelstücke passen in ihren Proportionen (nicht) gut zueinander.* **2)** △ Gleichheit von Verhältnissen. **proportional,** verhältnisgleich, verhältnismäßig: *überproportional; Proportionalwahl,* Verhältniswahl. **Proportionalität** *die, -.* **proportionell,** den Proporz betreffend: *die Parteien haben sich auf eine proportionelle Besetzung der Ämter geeinigt.* **proportioniert,** im richtigen Verhältnis stehend: *sie ist wohlproportioniert,* hat eine wohlausgewogene Figur. **Proporz** *der, -es/-e,* **1)** Verteilung von Ämtern nach dem (politischen) Kräfteverhältnis: *Proporzdenken.* **2)** bes. schweiz., österr.: Verhältniswahl.

Proposition [lat. proponere ›öffentlich vorlegen‹] *die,* **1)** ♋ Vorschlag. **2)** Pferderennen: Ausschreibung der Bedingungen.

Proppen *der, -s/-,* niederdt.: Pfropfen. **proppe(n)voll,** *niederdt.:* sehr voll, überfüllt.

Pro|prätor [lat. propraetor] *der,* im alten Rom: ehemaliger Prätor als Statthalter einer Provinz.

pro|pre, proper.

Pro|prietär [-prio-, frz., zu lat. proprius ›eigen‹] *der, -s/-e,* ♋ Eigentümer, Hauswirt.

Pro|prium [lat. ›das Eigentümliche‹] *das, -s,* **1)** die Eigenheit, Besonderheit einer Sache. **2)** lat. Liturgie: die wechselnden oder Eigenteile in Messe und Stundengebet. **3)** evang. Liturgie: die wechselnden Teile des Gottesdienstes.

Propst [ahd. probist, zu spätlat. propositus ›Vorgesetzter‹] *der, -(e)s/-̈e,* **1)** kath. Kirche: Leiter der äußeren Angelegenheiten eines Dom- oder Stiftskapitels. **2)** evang. Kirche: Titel für Superintendenten oder Geistliche in gehobener Stellung. **Propstei** *die, -,* Amt, Bezirk eines Propstes. **Pröpstin** *die, -/-nen,* evang. Kirche: weibl. Propst.

Propulsion [lat. propellere ›zurückschlagen‹] *die, -/-en,* das Vorwärtstreiben, Antreiben, Vortrieb. **propulsiv.**

Propusk [russ. ›Ausweis‹] *der, -s/-e,* russ. Bez. für: Passierschein.

Propyläen [grch. propylaia ›Vorhalle‹, zu pro ›vor‹ und pyle ›Tor‹], *Pl.,* Prachttor, Säulenhalle als Eingang.

Propylen [aus grch. protos ›erster‹, pion ›fett‹, hyle ›Holz‹] *das, -s,* Propen, ein technisch wichtiger Kohlenwasserstoff.

Prorektor [vgl. pro… und Rektor] *der,* Stellvertreter eines Rektors.

Prorogation [lat. prorogatio, zu prorogare ›verlängern‹] *die,* ♋⌁ **1)** Aufschub, Vertagung. **2)** Vereinbarung eines Gerichtsstandes. **prorogieren. prorogieren,** *ich* prorogiere (habe prorogiert) *es.*

Prosa [ahd. prosa, zu lat. prosa oratio ›geradeaus gehende Redeweise‹] *die, -,* **1)** freie, nicht durch die Gesetze des Verses gebundene Sprachform: *erzählende P.; Poesie und P.; Prosadichtung; Prosawerk.* **2)** Ü Nüchternheit, Sachlichkeit: *die P. des Lebens.* **Prosaiker** *der, -s/-,* **1)** Prosaist. **2)** Ü nüchterner Mensch. **prosaisch, 1)** in Prosa. **2)** Ü nüchtern, trocken, sachlich: *prosaischer Stil.* **Prosaist** *der, -en/-en,* Prosa schreibender Schriftsteller.

Prosektor [lat. prosector ›Zerschneider‹, zu secare ›schneiden‹] *der,* Leiter einer Prosektur. **Prosektur** *die, -/-en,* ⚕ Einrichtung für Sektionen an Krankenhäusern.

Proselyt [grch. proselytos, eigtl. ›Hinzugekommener‹] *der, -en/-en,* Bekehrter; Überläufer. **Proselytenmacher** *der,* zudringlicher Bekehrer.

Proseminar [vgl. pro... und Seminar] *das,* Vorseminar, einführendes Seminar an Hochschulen.

Proserpina, lat. Form von Persephone.

prosit! [lat. ›es möge nützen‹], wohl bekomm's! (Zuruf beim Trinken): *p. Neujahr!* **Prosit** *das, -s/-s: ein P. dem Jubelpaar!*

pro|skribieren [lat. proscribere ›öffentlich bekanntmachen‹, ›ächten‹], *ich proskribiere (habe proskribiert) ihn, es,* ächte. **Pro|skription** *die, -/-en.*

Pros|odie *die, -/...d'i|en,* **Pros|odik** [grch. prosodia, zu pros ›zu‹ und ode ›Gesang‹] *die, -,* Lehre von der Behandlung der Sprache im Vers. **pros|odisch.**

Pro|spekt [lat. prospectus ›Aussicht‹, ›Anblick‹] *der, -(e)s/-e,* **1)** Werbeschrift: *Werbeprospekte.* **2)** Bekanntmachung über Wertpapiere, die zur Börse zugelassen werden sollen. **3)** Ansicht, Aussicht, bes. auf weite Straßen. **4)** (gemalter) Hintergrund der Bühne, ABB. B 55. **5)** sichtbarer Teil des Orgelgehäuses, ABB. O 3: *Orgelprospekt.* **pro|spektieren,** *ich prospektiere (habe prospektiert) es.* **Pro|spektierung** *die, -/-en,* **Pro|spektion** *die, -/-en,* ⊕ das Aufsuchen von Lagerstätten. **prospektiv,** voraussehend.

pro|sperieren [lat. prosperare ›gedeihen lassen‹], *es prosperiert (hat prosperiert),* gedeiht, geht (wirtschaftlich) gut

voran: *ein prosperierendes Gewerbe.* **Pro|sperität** *die, -,* **1)** Wohlstand, (wirtschaftl.) Gedeihen. **2)** Konjunkturaufschwung.

prossen, *Wild* proßt (hat geproßt) *(es),* schält (Bäume).

prost!, prosit: *p. Mahlzeit!,* Ü welche Enttäuschung!, schöne Bescherung! **Prost** *das, -(e)s/-e.*

Prostata [grch. prostates ›Vorsteher‹] *die, -/...tae,* ⚕ Vorsteherdrüse, Anhangsorgan der männl. Geschlechtsorgane bei Mensch und Säugetier. **Prostat|ektomie** [vgl. Ektomie] *die,* ⚕ die chirurgische Entfernung der Prostata. **Prostatitis** *die, -/...tit'iden,* ⚕ Entzündung der Prostata.

prostituieren [lat. prostituere ›vorn (öffentlich) hinstellen‹], *ich prostituiere (habe prostituiert),* **1)** *ihn,* ♂♀ stelle bloß. **2)** *mich,* gebe mich preis; biete mich gegen Entgelt zum Geschlechtsverkehr an. **Prostituierte** *der, die, -n/-n, ein -r, eine -,* Person, die sich geschlechtlich prostituiert. **Prostitution** *die, -/-en.*

Pro|stration [lat. prostratio, von prosternere ›niederwerfen‹] *die, -/-en,* **1)** Niederwerfung, Fußfall. **2)** ⚕ Erschöpfung.

Pro|szenium [grch. proskenion, zu skene ›Bühne‹] *das, -s/...ni|en,* vorderster Teil der Bühne: *Proszeniumsloge,* Bühnenloge.

prot., Abk. für: protestantisch.

prot... [grch. protos ›erster‹, ›vorderster‹,›wichtigster‹], vor Vokalen auch für *proto...* **Prot|actinium** *das,* ⟳ Zeichen: Pa,

---

Pronomen und Fragewort

1. Personalpronomen

Kasus	Singular					Plural		
	1. Person	2. Person	3. Person			1. Person	2. Person	3. Person
			Maskulinum	Femininum	Neutrum			
Nominativ	ich	du	er	sie	es	wir	ihr	sie
Genitiv	meiner	deiner	seiner	ihrer	seiner	unser	euer	ihrer
	(♂♀ mein)	(♂♀ dein)	(♂♀ sein)		(♂♀ sein)			(♂♀ ihr)
Dativ	mir	dir	ihm	ihr	ihm	uns	euch	ihnen
Akkusativ	mich	dich	ihn	sie	es	uns	euch	sie

In Briefen schreibt man die Personalpronomen der Anrede (2. Person Singular und Plural: *du, deiner, dir, dich; ihr, euer, euch, euch*) sowie die entsprechenden Possessivpronomen groß. Die Personalpronomen der 3. Person Pl. werden auch als Höflichkeitsform in der Anrede benutzt; man schreibt sie in diesem Fall stets groß (nicht nur in Briefen): *Sie, Ihrer, Ihnen, Sie.*

2. Das Reflexivpronomen

sich tritt an die Stelle des Dativs oder Akkusativs der 3. Person des Personalpronomens, wenn sich das Objekt auf das Subjekt zurückbezieht: *er verteidigt sich; sie gönnt es sich.* Bei den anderen Personen tritt das Personalpronomen ein: *ich schade mir; wir waschen uns.*

3. Das reziproke Pronomen

Hier bezeichnen *sich, uns, euch* eine gegenseitige Bezüglichkeit (statt der einseitigen Rückbezüglichkeit des Reflexivpronomens). Daneben tritt oft *einander* auf: *wir hatten uns* (oder *einander*) *lange nicht gesehen.*

4. Das Possessivpronomen

mein, dein, sein, ihr, sein; unser, euer, ihr; Ihr. Die Deklination ist stark wie bei *ein* (vgl. ÜBERS. G 14), wenn das Possessivpronomen attributiv gebraucht wird: *der Umschlag meines Buches.* In diesem Fall steht der Artikel nie davor.

Steht der Artikel vor dem Possessivpronomen, so wird das Pronomen substantivisch gebraucht und schwach flektiert: *der meine.* Häufig wird diese Form mit *...ig* erweitert: *der meinige.*

Z. B. *mein Vater – der meine – der meinige.*

5. Das Demonstrativpronomen

Dazu gehören *der, die, das; dieser, diese, dieses; jener, jene, jenes; derjenige, diejenige, dasjenige; derselbe, dieselbe, dasselbe; solcher, solche, solches; selbst, selber.*

Die einfachen Demonstrativpronomen werden stark flektiert: *dieses Tages, jenes Tages.* Die mit dem Artikel verbundenen Demonstrativpronomen flektieren den zweiten Teil schwach: *desselben Tages, eines solchen Tages.*

Kasus	Singular			Plural
	Maskulinum	Femininum	Neutrum	Maskulinum, Femininum und Neutrum
Nominativ	der	die	das	die
Genitiv	dessen	deren,	dessen	deren,
	(♂♀ des)	derer (der)	(♂♀ des)	derer (der)
Dativ	dem	der	dem	denen
Akkusativ	den	die	das	die
Nominativ	dieser	diese	dieses, dies	diese
Genitiv	dieses	dieser	dieses	dieser
Dativ	diesem	dieser	diesem	diesen
Akkusativ	diesen	diese	dieses, dies	diese
Nominativ	derjenige	diejenige	dasjenige	diejenigen
Genitiv	desjenigen	derjenigen	desjenigen	derjenigen
Dativ	demjenigen	derjenigen	demjenigen	denjenigen
Akkusativ	denjenigen	diejenige	dasjenige	diejenigen

Pronomen und Fragewort (Fortsetzung v. S. 614)

Nicht flektiert werden *selbst* und *selber; ihm selbst* (∪ *selber*).

Wie *dieser, diese, dieses* werden auch die Reflexivpronomen *welcher, welche, welches* sowie die Indefinitpronomen *jeder, jede, jedes* und *mancher, manche, manches* flektiert.

Die Demonstrativpronomen *der, die, das* unterscheiden sich von den bestimmten Artikeln durch stärkere Betonung. Will man noch stärker hinweisen, kann *dieser* stehen, das ungefähr bedeutet: *der da, gerade der*. Eine schwächer betonte Nebenform zu *dieses* ist das unflektierte *dies*, das besonders alleinstehend gebraucht wird: *dies und das, manches, verschiedenes*.

Jener, jene, jenes kommen nur als Gegensatz zu *dieser, diese, dieses* vor: *Mond und Sonne leuchten am Himmel, diese bei Tag, jener bei Nacht*.

Die verstärkten Formen *derjenige, diejenige, dasjenige* finden sich neben *der, die, das* vor einem Reflexivpronomen, das einen Relativsatz einleitet: *derjenige von euch oder der von euch, der mich zuerst sieht, darf mitkommen*. Der Genitiv *deren* wird nur gebraucht, wenn das Demonstrativpronomen sich auf etwas Vorangegangenes zurückbezieht: *das sind die stets Uneinsichtigen; es gibt deren viele*. Sonst wird der Genitiv *dessen* und *derer* verwendet: *ich erinnere mich dessen nicht; das ist die Meinung derer, die uns kennen*.

6. Das Relativpronomen

a) *der, die, das; welcher, welche, welches*. Die Deklination stimmt mit dem Demonstrativpronomen überein, jedoch heißt der Genitiv nur *dessen* und *deren* (nie *derer*). Der Genitiv von *welcher* ist ungebräuchlich. Die Relativpronomen *der, die, das* sind vorzuziehen. Sie leiten Nebensätze ein, die sich auf ein bestimmtes Substantiv beziehen. Die Relativpronomen *welcher, welche, welches* werden wegen ihrer Schwerfälligkeit selten und fast ausschließlich in der Schriftsprache gebraucht. Man verwendet sie bes. dann, wenn *der, die, das* oder zu viele gleiche Wörter zusammentreffen: *der Mann, dem ich gestern begegnete; es sind immer die, welche es am wenigsten nötig hätten*. b) *wer, was* dienen als Relativpronomen in der Bedeutung *jeder der, jedes das: wer das glaubt, irrt sich; was du damit beabsichtigst, kann ich mir denken*.

7. Das Fragewort (Interrogativpronomen und -adverb)

Fragewörter zählt man zu den Pronomen, wenn sie ein Substantiv vertreten (Interrogativpronomen: *wer, was, welcher, welche, welches*) und zu den Adverbien (Interrogativadverbien), wenn sie nach Art und Weise, Ort, Zeit oder Grund fragen.

a) Interrogativpronomen:

nur alleinstehend gebraucht: *wer? was?*

Nominativ: wer? was?
Genitiv: wessen? (ᵒ/ᵒ wes?)
Dativ: wem?
Akkusativ: wen?, was?
wer will mitkommen?; wem gehört das?

alleinstehend oder attributiv gebraucht: *welcher?, welche?, welches?: welcher Fluß fließt hier?; da paßt ein Wort Goethes. Welches?*

b) Interrogativadverb:

wie? fragt nach Art und Weise; dazu: *wieso?, inwiefern?, inwieweit?*
wo? fragt nach dem Ort; dazu: *woher?, wohin?*
wann? fragt nach der Zeit.
warum? fragt nach dem Grund; dazu: *weshalb?, wodurch?, womit?, wozu?*

8. Das Indefinitpronomen

Es bezeichnet Personen oder Gegenstände in ganz unbestimmter Weise, was durch Beifügung von *irgend* verstärkt werden kann. Es wird teils substantivisch, teils adjektivisch gebraucht, wie die anderen Pronomen, stets klein geschrieben.

Dazu gehören *alle, beide, einer, einige, (irgend) etwas, irgendeiner, jeder, jedermann, (irgend) jemand, keiner, man, manche, mehrere, nichts, niemand, viele, wenige*.

Nach *alles, etwas* oder *nichts* schreibt man alleinstehende flektierte Adjektive groß: *alles Gute, etwas Schönes, nichts Neues*.

---

ein radioaktives metallisches Element. **Prot|agonist** [grch. agon ›Wettkampf‹] *der, -en/-en,* **1)** der erste Schauspieler im altgriech. Drama. **2)** Ü Vorkämpfer einer Sache: *er machte sich zum Protagonisten einer neuen Kunstrichtung.* **Prot|aktinium** *das,* Protactinium. **Prot|amin** *das, -s/-e, meist Pl.,* ⚗ einfaches Protein. **Protegé** [-teˈʒ’e, frz., zu lat. protegere ›beschützen‹] *der, -s/-s,* Schützling, Günstling. **protegieren** [-teʒ'iːrən], *ich protegiere* (habe protegiert) *ihn, es,* begünstige, fördere: *er wird von einem Parteifreund protegiert.* **Protejd** [vgl. prot... und...id] *das, -(e)s/-e,* ⚗ zusammengesetzter Eiweißkörper. **Protejn** *das, -s/-e,* ⚗ einfacher Eiweißkörper. **Protektion** [frz., zu lat. protegere ›beschützen‹] *die, -/-en,* Förderung, Gönnerschaft, Schutz: *ohne P. hätte er es nicht so weit gebracht; sein Protektionskind.* **Protektionismus** [vgl. ...ismus] *der, -,* handelspolit. Maßnahmen, um inländ. Erzeugnisse vor ausländ. Konkurrenz zu schützen. **protektionistisch. Protektor** *der, -s/...t'oren,* Schirmherr, Schutzherr, Gönner. **Protektorat** *das, -(e)s/-e,* **1)** Schirm-, Schutzherrschaft, z. B. eines Staates über einen anderen; Gönnerschaft; Ehrenvorsitz. **2)** Gebiet unter Schutzherrschaft.
pro tempore [lat. pro ›vor‹ und tempus ›Zeit‹], Abk.: p. t., vorläufig.
Proter|an|drje [grch. proteros ›früher‹] *die, -,* ⊕ Protandrie.
Proterogynje *die, -,* ⊕ Protogynie.
Proterozojkum [grch. proteros ›früher‹ und zoon ›Lebewesen‹] *das, -s,* ⊕ Algonkium.
Protest [lat. protestari ›öffentlich bezeugen‹, ›erklären‹, ›eine Gegenerklärung abgeben‹] *der, -es/-e,* **1)** Einspruch, Widerspruch, z. B. gegen Maßnahmen staatl. Organe: *ich erhebe P.; Protestaktionen; Protestbewegung; Protestkundgebung; Protestmarsch; Protestnote; Protestschrift; Protestsong.* **2)** ᛏ Urkunde über die Nichtbezahlung eines Wechsels: *P. mangels Annahme; P. mangels Zahlung; Protestfrist.* **Protestant** *der, -en/-en,* **1)** jemand, der protestiert. **2)** Angehöriger einer protestant. Kirche. **protestantisch,** Abk.: prot., auf den Protestantismus bezüglich. **Protestantismus** [vgl. ...ismus]

der, -, alle aus der Reformation hervorgegangenen christl. Kirchen. **Protestation** *die, -/-en,* ᵒ/ᵒ Protest. **protestieren,** *ich protestiere* (habe protestiert), **1)** *gegen ihn, etwas,* verwahre mich dagegen, lege Einspruch: *wir protestieren gegen den Bau von Kernkraftwerken.* **2)** *einen Wechsel,* ᛏ lasse zu Protest gehen: *protestiert,* Abk.: p.
Proteus, 1) griech. Mythologie: ein weissagender, verwandlungsfähiger Meergreis. **2)** *der, -/-,* Ü wandlungsfähiger, unbeständiger Mensch.
Prothallium [vgl. Pro... und grch. thallos ›Sproß‹, ›junger Zweig‹] *das, -s/...li|en,* ⊕ Geschlechtszellen bildende Generation der Farnpflanzen.
Prothese [grch. prothesis ›das Ansetzen‹, ›das Hinzufügen‹] *die, -/-n,* **1)** ⚕ techn. Ersatz fehlender Körperteile, bes. für Gliedmaßen und Zähne: *Beinprothese; Zahnprothese,* Abb. Z 2. **2)** Ⓢ Vorschaltung eines Lautes vor den Anlaut.
Prothetik *die, -,* Wissenschaft und Technik des Prothesenbaus: *zahnärztliche P.* **prothetisch, 1)** die Prothetik betreffend. **2)** Ⓢ die Prothese betreffend.
proto... [grch. protos], vor Vokalen auch *prot..., erst..., vor..., ur...* **protogen** [vgl. ...gen], zuerst gebildet, am Fundort entstanden.
Protokoll [mlat. protocollum, vgl. proto... und grch. kolla ›Leim‹] *das, -s/-e,* **1)** Verhandlungsbericht; urkundl. Niederschrift über einen amtl. Vorgang: *er gibt (nehme) es zu P.; Protokollführer; ich habe ein P. wegen falschen Parkens bekommen.* **2)** die im diplomat. Verkehr üblichen Regeln der Höflichkeit und Form: *der Chef des Protokolls.* **Protokollant** *der, -en/-en,* jemand, der das Protokoll führt. **protokollarisch. protokollieren,** *ich protokolliere* (habe protokolliert) *es: seine Einwände wurden protokolliert.* **Protokollierung** *die, -/-en.*
Proton [grch. proton ›zuerst‹] *das, -s/...t'onen,* stabiles, positiv geladenes Elementarteilchen, der Kern des Wasserstoffatoms; mit dem Neutron Baustein aller Atomkerne: *Protonenstürme.*
Protophyt *der, -en/-en, meist Pl.,* **Protophyton** [vgl. proto.. und phyto...] *das, -s/...ph'yten, meist Pl.,* Urpflanze.

Proto|plasma *das, -s,* ⌀ Zellplasma. **Proto|plast** *der, -en/-en,* **1)** Zelleib. **2)** runde Körper aus grampositiven Bakterien. **Prototyp** [auch pr'o-] *der,* **1)** Urbild, Muster, Inbegriff. **2)** der erste Abdruck. **3)** erste betriebsfähige Ausfertigung, z. B. eines Autos. **4)** Motorsport: ein in wenigen Exemplaren gebauter Sportwagen für Wettbewerbe. **prototypisch. Protozoon** [grch. zoon ›Lebewesen‹] *das, -s/...z'o|en,* meist Pl., Urtier, einzelliges Tier.

pro|trahieren [lat. protrahere ›hinausziehen‹], *ich protrahiere (habe protrahiert) es,* $ verzögere, verlängere. **Protraktion** *die, -/-en.*

Protuberanz [lat. protuberare ›hervorschwellen‹] *die, -/-en,* **1)** $ Vorsprung. **2)** ☆ Gasexplosion auf der Sonne.

Protz [frühnhd., urspr. ›Kröte‹, vgl. mhd. brozzen ›sprossen‹, ›schwellen‹] *der, -es/-e* oder *-en/-en,* **1)** U Wichtigtuer, Angeber, Prahler: *Muskelprotz.* **2)** *oberdt.:* Kröte.

Protze [ital. barroccio ›zweirädriger Karren‹] *die, -/-n,* zweirädriger Wagen, früher bes. der Vorderwagen pferdebespannter Geschütze.

protzen [vgl. Protz], *ich protze (habe geprotzt) mit etwas,* U prahle, mache mich wichtig. **Protzentum** *das, -s.* **Protzer** *der, -s/-.* **Protzerei** *die, -/-en.* **Protzertum** *das, -s.* **protzig,** U prahlerisch; übertrieben groß und auffällig, zu prunkvoll: *er ist p. eingerichtet.* **Protzigkeit** *die, -.*

Provenienz [lat. provenire ›hervorkommen‹] *die, -/-en,* Herkunft, Ursprung (von Waren): *Teppiche afghanischer P.*

Provenzale [auch prɔvãs'a:lə, frz.] *der, -n/-n,* Bewohner der südfranzös. Landschaft Provence. **provenzalisch** [auch prɔvãs'a:-].

Proverb [lat. proverbium] *das, -s/-en,* ⌀ Sprichwort. **proverbial(isch), proverbiell. Proverbium** *das, -s/...bi|en,* Proverb.

Proviant [ital. provianda ›Mundvorrat‹, zu lat. praebenda ›zu Gewährendes‹] *der, -(e)s,* Mundvorrat, Lebensmittel für eine bestimmte Zeit: *Reiseproviant.* **proviantieren** ⌀ verproviantieren.

providentiell, ⌀ von der Vorsehung gesandt, bestimmt. **Providenz** [lat. providentia] *die, -,* ⌀ Vorsehung.

Provinz [lat. provincia ›Herrschaftsbereich‹] *die, -/-en,* **1)** Landesteil, Verwaltungsbezirk mit einer gewissen Selbständigkeit: *Provinzhauptstadt; Kirchenprovinz.* **2)** *ohne Pl.,* Ü Gebiet außerhalb der großen Städte; Sinnbild für kulturelle Rückständigkeit: *Provinzstadt; Provinztheater; wir leben hier in der tiefsten P.* **provinzial...,** auf eine Provinz bezüglich: *Provinzialsynode.* **Provinzial** *der, -s/-e,* Vorsteher einer aus mehreren Klöstern bestehenden Ordensprovinz. **Provinzialismus** [vgl. ...ismus] *der, -/...men,* **1)** mundartl. Ausdruck in der Hochsprache. **2)** *ohne Pl.,* Ü kleinbürgerliche, engstirnige Haltung. **Provinzialität** *die, -,* provinzielle Beschaffenheit. **provinziell, 1)** Ü kleinstädtisch, beschränkt (in Ansichten), kulturell rückständig. **2)** landschaftlich; mundartlich. **Provinzler** *der, -s/-,* Ü Mensch ohne Weitblick und Sinn für zeitgemäße Entwicklung. **provinzlerisch.**

Provision [lat. provisio ›Vorsorge‹, zu providere ›vorhersehen‹] *die, -/-en,* Vermittlungsgebühr, Gewinnanteil: *er arbeitet auf, gegen P.; Provisionsreisender.* **Provisor** *der, -s/...s'oren,* **1)** ⌀ Verwalter einer Apotheke. **2)** *österr.:* Pfarrer, der vertretungsweise eingesetzt ist. **provisorisch,** vorläufig, einstweilig; behelfsmäßig: *das Theater spielt zur Zeit auf einer provisorischen Bühne.* **Provisorium** *das, -s/...ri|en,* Übergangsregelung, behelfsmäßige Einrichtung.

Provitamin *das,* natürl. Vorstufe eines Vitamins.

provokant [lat. provocare ›heraus-, hervorrufen‹], provozierend. **Provokateur** [-t'ø:r, frz. provocateur] *der, -s/-e,* jemand, der andere zu unbedachten Handlungen aufwiegelt. **Provokation** *die, -/-en,* Herausforderung, Aufwiegelung. **provokativ, provokatorisch,** *eine provokative, provokatorische Frage.* **provozieren,** *ich provoziere (habe provoziert),* **1)** *ihn zu etwas,* fordere heraus, reize: *laß dich von ihm nicht provozieren!* **2)** *es,* rufe hervor, beschwöre herauf: *er hat diesen Streit provoziert.* **Provozierung** *die, -/-en.*

proximal [lat. proximus ›der nächste‹], zum Mittelpunkt, zur Körpermitte hin gelegen.

Prozedere [lat. procedere ›vor sich gehen‹, ›fortschreiten‹] *das, -s,* Gang des Verfahrens, Prozedur. **prozedieren,** *ich prozediere (habe prozediert),* **1)** ⌀ verfahre, gehe vor. **2)** *schweiz.:* prozessiere. **Prozedur** *die, -/-en,* **1)** Verfahren; Rechtsgang. **2)** unangenehme, schwierige Behandlung: *sie ließ die stundenlange P. geduldig über sich ergehen.* **3)** Datenverarbeitung: eine variable Arbeitsvorschrift.

Prozent [ital. per cento ›für hundert‹] *das, -(e)s/-e* und nach Zahlen *-,* Abk.: p. c., Zeichen: %, Hundertstel: 10% = 10 vom Hundert: *Prozentrechung; Prozentsatz; 10% Rabatt;* vgl. Fünfprozentklausel. **...prozentig,** *fünfzigprozentiger (50%iger) Alkohol.* **prozentual,** *österr.:* **prozentuell.**

Prozeß [lat. processus, zu procedere ›fortschreiten‹, ...z'esses/...z'esse, **1)** Vorgang, Geschehen: *ein chemischer P.; Gärungsprozeß; Lernprozeß; der P. der Anpassung.* **2)** vor Gericht zu verhandelnde Sache, Gerichtsverfahren, Rechtsstreit: *ich mußte um diese Sache mit ihm einen P. führen; er will einen P. anstrengen, klagen; Prozeßgegner; prozeßfähig; Prozeßkosten; er wird kurzen P. mit dir machen,* U dir ohne langes Verhandeln seine Entscheidung aufzwingen, ohne Zaudern durchgreifen. **prozessieren,** *ich prozessiere (habe prozessiert) gegen ihn, um etwas,* gehe vor Gericht, führe einen Rechtsstreit. **Prozession** [lat. processio] *die, -/-en,* kath. Kirche: feierl. Umzug der Geistlichkeit und der Gläubigen: *Fronleichnamsprozession; die P. der Demonstranten zog schweigend zum Rathaus,* Ü. **Prozessor** *der, -s/...s'oren,* aus Steuer- und Rechenwerk bestehende Funktionseinheit in Datenverarbeitungsanlagen. **prozessual,** einen Rechtsstreit betreffend.

prozy|klisch, ⌀ der Konjunkturbewegung gleichgerichtet.

prüde [frz. prude ›geziert‹, ›spröde‹], zimperlich, übertrieben schamhaft allem Sexuellen gegenüber: *sei nicht so p.!* **Prudel** *der, -s/-, schles.:* **1)** Fehler. **2)** Strudel, Wallung. **Prudelei** *die, -/-, schles.:* Pfuscherei. **prud(e)lig,** *schles.:* verpfuscht, schlecht gearbeitet. **prudeln,** *ich prud(e)le (habe geprudelt), schles.:* **1)** pfusche, nähe schlecht. **2)** *es prudelt,* brodelt. **Prüderie** [vgl. prüde] *die, -,* prüdes Wesen.

prüfbar. prüfen [mhd. prüefen, zu lat. probare ›erproben‹], *ich prüfe (habe geprüft) ihn, es,* suche seine Eignung festzustellen, untersuche auf Leistung, Richtigkeit: *unsere Geräte werden sorgfältig geprüft; ich p. die Rechnung; ein Ausschuß prüft die Examenskandidaten; ein prüfender Blick; ein schwergeprüfter Mensch,* Mensch mit einem schweren Schicksal. **Prüfer** *der, -s/-,* Prüfender, Examinator. **Prüfling** *der, -s/-e,* jemand, der geprüft wird; auch ein Werkstück in der Werkstoffprüfung. **Prüfstand** *der,* Versuchsanlage zur Prüfung von Maschinen und Geräten unter Betriebsbedingungen. **Prüfstein** *der,* Ü Probe, Gradmesser, etwas, wodurch man sich beweisen kann: *das war für ihn ein P. für seine Treue.* **Prüfung** *die, -/-en,* **1)** Untersuchung auf Eignung, Tauglichkeit: *Werkstoffprüfung; er mußte sich einer gründlichen P. unterziehen,* Ü. **2)** Examen, Untersuchung auf Kenntnisse: *die mündliche, schriftliche P.; ich mußte eine juristische P., eine P. in Englisch ablegen; Abschlußprüfung; Zwischenprüfung; hohe Prüfungsanforderungen; Prüfungsangst.* **3)** P leidvolles Schicksal.

Prügel [spätmhd. brügel ›Knüppel‹] *der, -s/-,* **1)** grober Stock, Knüppel. **2)** *nur Pl.,* Hiebe, Schläge: *du verdienst eine Tracht P.; er bezog P.; Prügelstrafe.* **Prügelei** *die, -/-en,* Schlägerei. **Prügelknabe** *der,* U jemand, der die Vorwürfe bekommt, die ein anderer verdient: *einer muß immer als P. herhalten.* **prügeln,** *ich prüg(e)le (habe geprügelt) ihn,* **1)** schlage ihn (als Bestrafung, bes. mit Stock). **2)** *mich mit ihm,* trage einen Streit mit Fäusten aus, habe eine Schlägerei.

Prünelle [frz. pruneau ›Backpflaume‹, zu lat. prunum ›Pflaume‹] *die, -/-n,* **1)** gedörrte Pflaume. **2)** ein Pflaumen- oder Schlehenbranntwein oder -likör.

Prunk [mnd. prunk ›Aufputz‹] *der, -(e)s,* Üppigkeit, große Pracht, zur Schau getragener Reichtum: *der P. barocker Schlösser; prunkliebend; Prunksitzung,* besonders festliche Faschingsveranstaltung; *Prunkstück.* **prunken,** *ich prunke (habe geprunkt) mit etwas,* zeige es prahlend. **Prunksucht** *die,* übertriebenes Streben nach Prunk. **prunksüchtig. prunkvoll,** sehr prächtig, luxuriös ausgestattet.

Prurigo [lat. prurire ›jucken‹] *die, -,* auch *der, -s,* $ ein Hautausschlag mit juckenden Knötchen. **Pruritus** [lat.] *der, -,* $ Juckreiz.

pruschen, *ich prusche (habe gepruscht), norddt.:* pruste. **prusten** [mnd., Schallw.], *ich pruste (habe geprustet), atme geräuschvoll aus, niese laut.

Prytane [grch. prytanis] *der, -n/-n,* in altgriech. Staaten: Mitglied der regierenden Behörde.

Przewalskipferd [prʒe-, nach dem russ. General und Asienforscher N. M. Prschewalskij, 1839–1888] *das,* ein Wildpferd.

PS, Abk. für: **1)** Pferdestärke, ÜBERS. M 8: *PS-Leistung; PS-starke Motoren.* **2)** Postskript(um).

Psalm [ahd. psalmo, aus grch. psalmos, zu psallein ›die Saiten zupfen‹] *der, -s/-en,* **1)** jedes der 150 religiösen Lieder des Alten Testaments. **2)** Ü geistl. Lied. **Psalmist** *der, -en/-en,* Psalmendichter. **Psalm|odie** [grch. ode ›Gesang‹] *die, -/...d'i|en,* Psalmengesang. **psalm|odieren,** *ich* psalmodiere (habe psalmodiert). **psalm|odisch,** psalmartig. **Psalter** [ahd. psalteri] *der, -s/-,* **1)** Psalterium, Sammlung von Psalmen. **2)** 🐄 Blättermagen. **Psalterium** [lat.] *das, -s/...ri|en,* **1)** Psalter, **2)** ♪ eine Kastenzither.

Psammit *der, -s/-e,* mittelkörniges Trümmergestein. **psammo...** [grch. psammos ›Sand‹], sand... **Psammophyt** [vgl. phyto...] *der, -en/-en,* die Sandpflanze. **Psammotherapie** *die,* Behandlung mit Sandbädern.

PSchA, Abk. für: Postscheckamt.

pscht! [Schallw.], pst!

Psephit [grch. psephos ›Steinchen‹, ›Kiesel‹] *der, -s/-e,* grobkörniges Trümmergestein.

pseud..., vor Vokalen auch für *pseudo...* **Pseud|andronym** [grch. aner, Gen. andros ›Mann‹ und onyma ›Name‹] *das, -s/-e,* männl. Pseudonym für eine Frau. **Pseud|epi|graphen** [grch. epigraphein ›daraufschreiben‹], *Pl.,* Schriften, die fälschlich einem bedeutenden Autor zugeschrieben wurden. **pseud|epi|graphisch. pseudo...** [grch. pseudein ›täuschen‹, zu pseudos ›Lüge‹], vor Vokalen auch *pseud...,* falsch..., schein..., irr...: *Pseudosäure; pseudowissenschaftlich.* **Pseudo|graph** [vgl....graph] *der, -en/-en,* Schriftfälscher. **Pseudogynym** [grch. gyne ›Weib‹ und onyma ›Name‹] *das, -s/-e,* weibl. Pseudonym für einen Mann. **Pseudologie** [vgl....logie] *die, -/...g'i|en,* ♪ krankhaftes Lügen. **pseudomorph. Pseudomorphose** [vgl....morph] *die, -/-n,* Mineral, das eine ihm fremde Kristallform erfüllt. **pseud|onym,** unter einem Pseudonym: *das Buch erschien p.* **Pseud|onym** [grch. onyma ›Name‹] *das, -s/-e,* Deckname, Künstlername, angenommener, fingierter Name: *der Autor schreibt unter einem P.* **Pseudopodium** [vgl....pode] *das, -s/...di|en,* Biologie: Scheinfüßchen, Zellplasmafortsatz.

Psi *das, -(s)/-s,* griech. Buchstabe, ÜBERS. G 36.

Psittakose [grch. psittakos ›Papagei‹] *die, -,* ♪ Papageienkrankheit.

Psoriasis [grch. psora ›Krätze‹] *die, -/...'asen,* ♪ Schuppenflechte.

pst! [Schallw.], still!

psych... [grch. psyche ›Seele‹, ›Hauch‹, ›Leben‹], vor Vokalen auch für *psycho...* **Psych|agoge** [grch. agein ›führen‹] *der, -n/-n.* **Psych|agogik** *die,* Sammelbez. für pädagogische und psychotherapeut. Maßnahmen (z. B. in Erziehung, Seelsorge, Fürsorge) zur Vorbeugung und Behandlung seel. Konflikte und Verhaltensstörungen. **psych|agogisch. Psyche,** **1)** griech. Mythologie: Geliebte des Eros. **2)** *die, -/-n,* Seele(nleben): ›die *P.* der Frau. **3)** *die, -/-n,* österr.: Frisiertoilette. **psychedelisch** [grch. delosis ›Offenbarung‹], Bez. für einen bes. durch Drogen erreichten, manchmal mit Sinnestäuschungen verbundenen Zustand gesteigerter Wahrnehmungsfähigkeit und Erlebnisbereitschaft oder der in dieser Richtung wirksamen Eindrücke: *psychedelische Kunst, Musik.* **Psych|iater** [grch. iatros ›Arzt‹] *der, -s/-,* Facharzt für Psychiatrie. **Psych|iatrie** [vgl....tr'i|en,] *die, -/ ...tr'i|en,* **1)** ohne *Pl., ♪* Lehre von den seelischen Krankheiten. **2)** bes. österr.: psychiatrische Klinik. **psych|iatrieren,** *ich* psychiatriere (habe psychiatriert) *ihn,* bes. österr.: untersuche als Psychiater. **psych|iatrisch,** psychiatrische Behandlung; psychiatrisches Krankenhaus. **psychisch,** seelisch: *physisch und p.; psychische Krankheiten.* **psycho...,** vor Vokalen auch *psych...,* seelisch, seelen...: *Psychodiagnostik.* **Psychoanalyse** *die,* von Freud entwickelte Methode zur Heilung seel. Störungen sowie die aus ihr entwickelte psycholog. Theorie des Unbewußten. **Psychoanalytiker** *der.* **Psychochirurgie** *die,* Behandlung seelischer Krankheiten durch gehirnchirurgische Eingriffe. **psychogen** [vgl....gen], seelisch bedingt, seelisch verursacht. **Psychogenese** *die, -/-n,* **1)** seelische Entwicklung. **2)** Psychogenie. **Psychogenie** [vgl....gen] *die, -,* Entstehung körperl. Krankheiten durch seelische Momente. **Psycho|gramm** [vgl....gramm] *das, -s/-e,* die schemat. Zusammenfassung der wichtigsten Eigenschaften einer Persönlichkeit im Rahmen der Psychographie. **Psycho|graphie** [vgl....graphie] *die, -/..ph'i|en,* **1)** die psycholog. Beschreibung einer Person. **2)** Parapsychologie: das automat. Schreiben oder Buchstabieren unbewußter Inhalte. **Psychohygiene** *die,* Erhaltung der Gesundheit im seelisch-geistigen und

sozialen Bereich. **psychoid** [vgl....id], seelenähnlich. **Psychokinese** [grch. kinein ›bewegen‹] *die, -,* physikalisch unerklärte psych. Wirkung auf materielle Dinge, z. B. das Bewegen von Gegenständen, ohne sie zu berühren. **Psychologe** [vgl....loge] *der, -n/-n,* Kenner der Psychologie. **Psychologie** [vgl....logie] *die, -,* Wissenschaft vom seelischen Leben, von den Formen und Gesetzmäßigkeiten des Erlebens und Verhaltens: *Tiefenpsychologie; Verkehrspsychologie; Werbepsychologie.* **psychologisch,** *psychologische Kriegführung.* **Psychologismus** [vgl....ismus] *der, -,* Bez. für die Versuche, außerpsychisches Geschehen nach psychischen Gesetzmäßigkeiten zu erklären. **Psychome|trie** [vgl....metrie] *die, -,* **1)** Wissenschaft vom psych. Funktionen, z. B. durch Persönlichkeitstests. **2)** Parapsychologie: ein Verfahren, bei dem hellseherische Wahrnehmungen durch einen Kontaktgegenstand hervorgerufen werden. **Psychomotorik** *die,* die Gesamtheit der Bewegungsabläufe, die willkürlich gesteuert und bewußt erlebt werden können. **Psychopath** [grch. pathos ›Leiden‹] *der, -en/-en,* an einer Psychopathie leidender Mensch. **Psychopathie** *die, -,* anlagebedingte, sozial störende abnorme Persönlichkeitsstruktur, bes. die von einer angenommenen Durchschnittsbreite abweichende Charakteranlage. **psychopathisch. Psychopathologie** [vgl....logie] *die,* Lehre von den seelischen Anomalien und Erkrankungen; methodisch-theoret. Teil der Psychiatrie. **psychopathologisch. Psychopharmakon** [vgl....pharm] *das, Pl.,* Arzneimittel, das auf seelische Zustände und Abläufe einwirkt. **Psychophysik** *die,* Gebiet der Psychologie und Physiologie, das die gesetzmäßigen Beziehungen zwischen physikal. Reiz und Empfindung untersucht. **psychophysisch. Psychose** [grch. -/-n, seel. Krankheit. **Psychosomatik** [grch. soma ›Körper‹] *die, -,* Lehre von den Wechselbeziehungen zwischen körperl. und seel. Vorgängen, bes. den psychogenen Krankheiten und deren Heilung. **psychosomatisch. Psychoterror** *der,* Terror, der sich psychologisch wirksamer Mittel bedient. **Psychotechnik** *die, -, ∞* angewandte Psychologie. **Psychotherapeut** *der,* auf dem Gebiet der Psychotherapie arbeitender Arzt oder Psychologe. **psychotherapeutisch. Psychotherapie** *die,* Heilbehandlung durch gezielte seel. Einflußnahme. **Psychothriller** [-θr'ila] *der,* Thriller, dessen Geschehen vor allem psychologisch wirksame Situationen und Abläufe enthält und auf diesem Weg Spannung erzeugt.

Psy|chrometer [-kro-, auch -çro-, grch. psychros ›kalt‹ und metron ›Maß‹] *das, -s/-,* Gerät zum Messen der Luftfeuchtigkeit. **psy|chrophil** [vgl....phil], kälteliebend. **Psy|chrophyt** [vgl. phyto...] *der, -s/-en,* Pflanze kalter Standorte.

Pt, ⚗ Zeichen für: Platin.

p. t., Abk. für: pro tempore.

Ptah, ägypt. Mythologie: der Schöpfergott.

Pter|an|odon [grch. pteron ›Flügel‹ und grch. anodous ›Zahnlose‹] *das, -s/...d'onten,* ein Flugsaurier. **Pterodaktylus** [grch. daktylos ›Finger‹] *der, -/...r'ylen,* eine Flugechse der Jurazeit. **Pterygium** [grch. pterygion, eigtl. ›kleiner Flügel‹] *das, -s/...gia, ♪* dreieckige Bindehautwucherung im Auge.

Ptolemäer *der, -s/-,* Angehöriger eines makedon. Herrschergeschlechts in Ägypten. **ptolemäisch, 1)** die Ptolemäer betreffend. **2)** den altgriech. Gelehrten Ptolemäus betreffend: *das ptolemäische Weltsystem,* Weltbild mit der Erde als Mittelpunkt.

Ptomain [grch. ptoma ›Sturz‹, ›Leichnam‹] *das, -s/-e,* bei Eiweißfäulnis und Leichenfäule entstehendes Gift. **Ptyalin** [grch. ptyalon ›Speichel‹] *das, -s,* stärkespaltendes Enzym des Speichels.

Pu, ⚗ Zeichen für: Plutonium.

Pub [pʌb, engl.] *das, -s/-s,* Wirtshaus im engl. Stil.

puberal, pubertär. Pubertät [lat. pubertas ›Mannbarkeit‹] *die, -,* Zeit der geschlechtl. Reifung. **Pubeszenz** [lat. pubescere ›reifen‹] *die, -,* Geschlechtsreifung.

pu|blice [lat.], ∞ öffentlich. **Publicity** [pʌbl'isiti, engl.] ›Öffentlichkeit‹ *die, -,* **1)** öffentl. Bekanntsein: *die Fernsehserie bringt ihm viel P.; publicityscheu.* **2)** Reklame, Werbung: *er macht nicht genug P. dafür.* **Public Relations** [p'ʌblik ril'eifnz, engl., eigtl. ›öffentliche Beziehungen‹, *Pl.,* Abk.: PR, Öffentlichkeitsarbeit, öffentl. Meinungspflege, Werbung um Vertrauen in der Öffentlichkeit mit publizist. Mitteln. **pu|blik** [frz. public, zu lat. publicus], öffentlich, offenkundig, bekannt: *ich mache es p.; es ist p. geworden.* **Pu|blikation** [vgl....on, -en/-en, **1)** Veröffentlichung, Bekanntmachung. **2)** das veröffentlichte Werk, Druckschrift: *die Publikationen unseres Hauses.* **Pu|blikum** *das, -s,* **1)** Öffentlichkeit; die Zuschauer einer Veranstal-

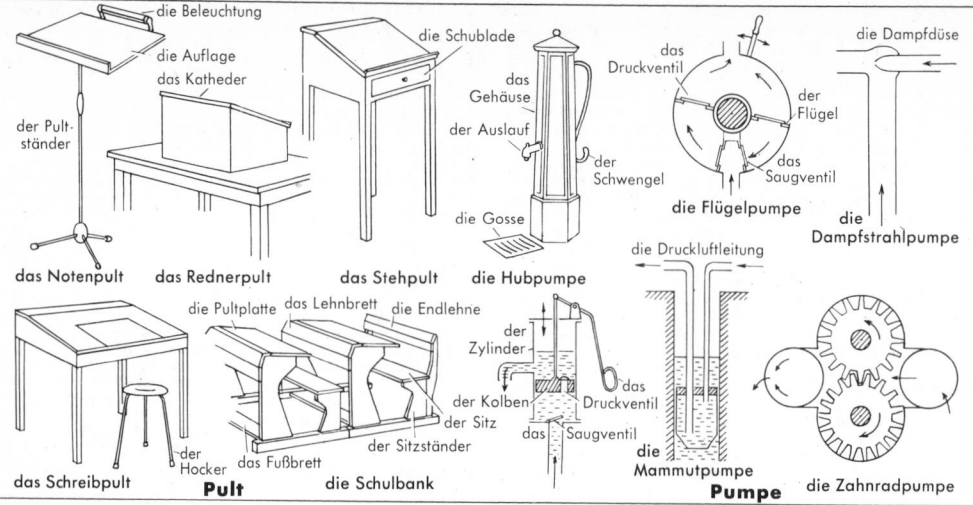

die Beleuchtung — die Auflage — das Katheder — die Schublade — das Gehäuse — der Auslauf — das Druckventil — die Dampfdüse — der Flügel — das Saugventil — der Schwengel

der Pultständer

die Gosse — die Flügelpumpe — die Dampfstrahlpumpe

das Notenpult — das Rednerpult — das Stehpult — die Hubpumpe

die Pultplatte — das Lehnbrett — die Endlehne — die Druckluftleitung

der Zylinder — der Kolben — das Druckventil — der Sitz — das Saugventil — der Sitzständer

der Hocker — das Fußbrett — die Schulbank — die Mammutpumpe — die Zahnradpumpe

das Schreibpult

Pult — **Pumpe**

tung; Leserschaft; Hörerschaft: *ein dankbares, ein jugendliches P.; die Zeitschrift fand schnell ein breites P.; Publikumserfolg; Publikumsforschung; Publikumsgeschmack; Publikumsliebling; Publikumsverkehr; publikumsscheu; publikumswirksam.* **2)** *Pl. . . .ka,* ♂ öffentl. Hochschulvorlesung. **pu|blizieren** [lat. publicare ›mitteilen‹, *ich publiziere (habe publiziert) es,* veröffentliche; mache bekannt: *einige seiner Schriften wurden erst nach seinem Tod publiziert.* **Pu|blizist** *der, -en/-en,* **1)** Zeitungsschriftsteller, polit. Schriftsteller, Journalist. **2)** Lehrer der Publizistik. **Pu|blizistik** *die, -,* **1)** Vermittlung von Informationen und Meinungen bes. mit Hilfe der Medien Presse, Hörfunk, Fernsehen. **2)** Publizistikwissenschaft, Kommunikationswissenschaft, Lehre vom zwischenmenschl. Wissensaustausch als Information, Kommentar, Unterhaltung. **pu|blizistisch. Pu|blizität** *die, -,* Öffentlichkeit, öffentl. Darlegung, öffentl. Bekanntsein.

p. u. c., Abk. für: post urbem conditam.

Puck [engl.] *der, -s/-s,* Spielscheibe beim Eishockey, ABB. H 20.

Puck [engl.] *der, -s/-s,* ein Kobold.

Puckel *der, -s/-, norddt.:* Rücken; Buckel.

puckern [zu pochen], *es puckert (hat gepuckert),* ⋃ pocht, klopft, pulsiert: *es p. im Zahn.*

Pud [russ.] *das, -(e)s/-e* und bei Maßangaben *-,* ein altes russisches Gewicht.

puddeln [engl. to puddle ›durcheinanderbringen‹, *ich pudd(e)le (habe gepuddelt),* ⊙ gewinne Stahl durch Umrühren der Schmelze: *Puddelofen; Puddelstahl.*

Pudding [engl. pudding, zu frz. boudin ›Blutwurst‹] *der, -s/-e* oder *-s,* eine Süßspeise: *Puddingpulver; Schokoladenpudding.*

Pudel [zu mundartl. puddeln ›im Wasser plantschen‹, wegen seiner Vorliebe für Wasser] *der, -s/-,* **1)** Haushunderasse: *das ist des Pudels Kern,* ⋃ der Sinn des Ganzen; *er stand da wie ein begossener P.,* ⋃ kleinlaut, bedrückt, beschämt. **2)** ⋃ Fehlwurf beim Kegeln. **Pudelmütze** *die,* warme Wollmütze. **pudeln,** *ich pud(e)le (habe gepudelt),* ⋃ **1)** schwimme wie ein Hund. **2)** mache Fehler, schieße vorbei, z. B. beim Kegeln. **pudelnackt,** ⋃ ganz nackt (wie ein am Hinterleib geschorener Pudel). **pudelnaß,** ⋃ triefnaß. **pudelwohl,** *ich fühle mich p.,* ⋃ sehr wohl.

Puder [frz. poudre, zu lat. pulvis ›Staub‹] *der, -s/-,* eines feines Pulver zur Körperpflege: *Kinderpuder; Körperpuder; Puderdose.* **pud(e)rig. pudern,** *ich pud(e)re (habe gepudert) es, mich, ihn,* bestreue mit Puder: *sie pudert sich die Nase.* **Puderzucker** *der,* staubfeiner Zucker.

pueril [pue-, lat. puerilis, zu puer ›Knabe‹] **1)** kindlich. **2)** kindisch, zurückgeblieben. **Puerilität** *die, -/-en.* **Puerperalfieber** *das,* Wochenbettfieber. **Puerperium** [lat. puer ›Knabe‹ und parere ›gebären‹] *das, -s/. . .ri|en,* Wochenbett.

puff!, Schallw. für einen Knall. **Puff, 1)** [mhd. buf ›dumpfer Schlag‹] *der, -(e)s/ⁿe,* auch *-e,* ⋃ Stoß, Aufprall. **2)** *der, -(e)s/-e,* oft gepolsterter Behälter: *Wäschepuff.* **3)** *der, -(e)s/-e,* ♂ Bausch, Wulst. **4)** *das, -(e)s,* Tricktrack, ein Brettspiel. **5)** *der, auch das, -s/-s,* ⋃ Bordell: *Puffmutter.* **Puff|ärmel** *der,* gebauschter Ärmel. **Puffbohne** *die,* Saubohne. **Puffe** *die, -/-n,* ♂ Bauschfalte, Wulst am Kleid. **puffen,** (habe gepufft), **1)** *ihn,* ⋃ stoße. **2)** ⋃ schieße: *er hat in die Luft gepufft.* **3)** *es,* bausche, besetze mit Bauschfalten. **4)** *es pufft,* ⋃ knallt. **Puffer** *der, -s/-,* **1)** ein Stoßfänger, ABB. E 5. **2)** ein Zwischenspeicher in digitalen Rechenanlagen. **3)** ⊙ Stoff zur Aufrechterhaltung der Wasserstoffionenkonzentration in Reaktionssystemen. **4)** *bes. norddt.:* in der Pfanne gebackener Kuchen aus rohen, geriebenen Kartoffeln: *Kartoffelpuffer.* **puffern,** *ich puff(e)re (habe gepuffert) es.* **Pufferstaat** *der,* kleinerer Staat zwischen größeren rivalisierenden Mächten. **puffig,** bauschig (Ärmel). **Puffmais** *der,* gerösteter Maiskörner. **Puff|otter** *die,* eine Giftschlange.

puh!, Ausruf der Ablehnung, des Ekels oder Schauderns, auch der Erleichterung.

puken, *ich puke (habe gepukt), niederdt.:* klaube, scharre, stochere. **Püker** *der, -s/-, niederdt.:* Messingnagel mit rundem Kopf.

Pülcher [zu Pilger] *der, -s/-, österr.:* Strolch, Gauner.

Pulcinella [pult∫i-, ital. ›kleines Hähnchen‹, zu lat. pullus ›junges Huhn‹] *der, -(s)/. . .n'elle,* der gefräßige, listige Diener, eine Charaktermaske süditalien. Volksspossen.

pulen, *ich pule (habe gepult), norddt.:* **1)** *in etwas,* bohre, stochere (mit dem Finger, der Nadel). **2)** *es aus etwas,* entferne stückchenweise: *ich p. Erbsen aus den Hülsen.*

Pulk [poln., zu russ. polk ›Regiment‹] *der, -(e)s/-s* oder *-,* auch Pulks, **1)** Truppenabteilung. **2)** Flugzeugverband. **3)** Anhäufung (von Fahrzeugen).

Pulk *der, -s/-s,* **Pulka** [lapp.] *der, -s/-s,* bootförmiger Schlitten der Lappen.

Pulle [niederdt., zu lat. ampulla ›kleine Flasche‹] *die, -/-n,* ⋃ Flasche.

pullen [engl. to pull ›ziehen‹], *ich pulle (habe gepullt),* ✕ **1)** rudere mit starkem Kräfteeinsatz. **2)** *ein Pferd pullt,* drängt stark vorwärts gegen die Hand des Reiters.

pullen [Schallw.], *ich pulle (habe gepullt),* ⋃ derb: harne.

Pulli *der, -s/-s,* ⋃ kurz für: Pullover.

Pullmanwagen [nach dem amerikan. Industriellen G. M. Pullman, 1831–1897] *der,* komfortabler Eisenbahnwagen.

Pullo *der, -s/F'ulbe,* Angehöriger eines westafrikan. Volkes.

Pull|over [-v-, engl. to pull ›ziehen‹ und over ›über‹] *der, -s/-,* ⋃ kurz: Pulli, über den Kopf zu ziehendes gestricktes Oberbekleidungsstück, ABB. K 24, K 25. **Pull|under** [engl. under ›unter‹] *der, -s/-,* ein ärmel- und kragenloser Pullover, unter dem ein Hemd oder eine Bluse getragen wird.

pulmonal [lat. pulmo ›Lunge‹], die Lunge betreffend.
Pulp [lat. pulpa ›Fleisch‹] *der, -s/-en,* Pulpe, Pülpe, Fruchtmark, ABB. F 36. **Pulpa** *die, -/...pae,* ‡ **1)** Zahnmark. **2)** Milzgewebe. **Pulpe, Pülpe** *die, -/-n,* Pulp. **Pulpitis** *die, -/...t'iden,* ‡ Zahnmarkentzündung. **pulpös,** fleischig, markig.
Pulque [-ke, span.] *der, -(s),* mexikan. Getränk, vergorener Agavensaft.
Puls [mhd. puls, aus lat. pulsus ›Schlag‹, zu pulsare ›klopfen‹] *der, -es/-e,* **1)** an den größeren Schlagadern fühlbare stoßartige, rhythm. Bewegung des Blutes: *Pulsader; er fühlt ihm den P.* (am Handgelenk); *beschleunigter P.* **2)** ⊛ gleichmäßige Folge elektr. Impulse. **Pulsar** *der, -s/-e,* ✫ ein Himmelskörper, der in periodisch wiederkehrenden Stößen Radiostrahlung aussendet. **Pulsation** *die, -/-en,* **1)** ‡ das Klopfen, bes. des Herzens, der Pulsschlag. **2)** ✫ die period. Änderung des Radius eines Sterns mit veränderl. Zustandsgrößen. **pulsen,** *es* pulst (hat gepulst), pulsiert. **pulsieren,** *es* pulsiert (hat pulsiert), **1)** schlägt, bewegt sich rhythmisch: *das Blut p. in den Adern.* **2)** Ü regt sich lebhaft: *das pulsierende Leben im Stadtzentrum.* **Pulsion** *die, -/-en,* Stoß, Schlag. **Pulsschlag** *der,* einzelner Schlag des Pulses; Sinnbild für Leben: *der P. der Großstadt.*
Pult [mhd. pulpit, zu lat. pulpitum ›Brettergerüst‹, ›Tribüne‹] *das, -(e)s/-e,* **1)** Tisch oder Aufsatz mit schräger Oberfläche (zum Schreiben oder als Auflage, z. B. für Noten), ABB. A 9, B 10, B 25, P 25, S 40: *Notenpult; Stehpult.* **2)** schräggedeckter Festungsgang. **Pultdach** *das,* einseitig schräges Dach, ABB. D 1.
Pulver [mhd. pulver, zu lat. pulvis, Gen. pulveris ›Staub‹] *das, -s/-,* **1)** sehr fein zerteilter fester Stoff: *Gips kauft man als P.; Pulverkaffee; Milchpulver.* **2)** Arznei in Pulverform: *Schlafpulver.* **3)** kurz für: Schießpulver, Treib- und Sprengstoff: *er hat das P. nicht erfunden,* Ü ist nicht sehr intelligent; *er hat sein P. verschossen,* Ü seine Argumente vorzeitig verbraucht, nichts erreicht; *er ist keinen Schuß P. wert,* Ü taugt nichts. **4)** *ohne Pl.,* Ü Geld. **Pulverchen** *das, -s/-.* **Pulverfaß** *das: wir sitzen auf dem P.,* Ü befinden uns in einer gefährlichen Lage. **pulv(e)rig,** wie Pulver; fein zermahlen. **Pulverisator** *der, -s/...t'oren,* Maschine zur Pulverherstellung. **pulverisieren,** *ich* pulverisiere (habe pulverisiert) *es,* zerkleinere zu Pulver: *pulverisiertes Metall.* **Pulverisierung** *die, -.* **pulvern,** *ich* pulv(e)re (habe gepulvert), **1)** *es,* pulverisiere. **2)** schieße, knalle. **Pulverschnee** *der,* lockerer, nicht klebender Schnee.
Puma [Ketschua] *der, -s/-s,* Silberlöwe, eine Raubkatze.
Pummel [norddt.] *der, -s/-s,* **Pummelchen** *das, -s/-,* Ü dicklicher Mensch, bes. rundliches Kind. **pumm(e)lig.**
Pump [zu pumpen ›borgen‹], *auf P.,* Ü geborgt: *er hat es auf P. gekauft; sie leben auf P.*
Pumpe [span. bomba ›Schiffspumpe‹] *die, -/-n,* **1)** Gerät zum Fördern von Flüssigkeiten oder Gasen, ABB. B 52, P 25. **2)** Luftpumpe. **pumpen,** *ich* pumpe (habe gepumpt) *(es).*
pumpen [Rotwelsch pompen ›borgen‹], *ich* pumpe (habe gepumpt) *es ihm, es von ihm,* Ü borge, leihe.
pumperlgesund, österr.: kerngesund.
pumpern [mhd. pumpern ›hämmern‹, ›lärmend fallen‹], *ich* pump(e)re (habe gepumpert), *oberdt.:* klopfe: *es pumpert,* dröhnt, poltert.
Pumpernickel [urspr. Schimpfwort zu pumpern und Nickel (Kobold), der das Pumpern im Leibe nach dem Genuß des blähenden Brotes verursacht] *der, -s/-,* ein dunkles Roggenschrotbrot.
Pump|hose [niederdt. Pump ›Bausch‹] *die,* Pluderhose, ABB. M 16.
Pumps [pœmps, engl.] *der, -/-,* Damenhalbschuh ohne Schnürung, mit höherem Absatz, ABB. K 25, S 39.
Pump|speicherwerk *das,* ein Wasserkraftwerk mit hochgelegenem Speicherbecken.
Punch [pʌntʃ, engl. to punch ›mit der Faust schlagen‹] *der, -s/-s,* Boxschlag, auch Schlagkraft des Boxers. **Puncher** [p'ʌntʃə] *der, -s/-s,* schlagkräftiger Boxer. **Punchingball** [p'ʌntʃiŋ-] *der,* Übungsball für Boxer, ABB. B 45.
Punctum puncti [lat. punctum ›Punkt‹, eigtl. ›der Punkt der Punktes‹] *das, - -,* Hauptpunkt, bes. das Ganze als Entscheidendes. **Punctum saliens** [lat. salire ›springen‹] *das, - -,* der springende Punkt.
Pungel *das, -s/-, norddt.:* Bündel.
Puni|er *der, -s/-,* altröm. Name für: Karthager. **punisch,** punische Treue, Ü Wortbrüchigkeit; aber: *die Punischen Kriege.*
Punk [pʌŋk, engl.] *der, -(s)/-s,* **1)** Anhänger des Punkrock.

2) *ohne Pl.,* Punkrock. **Punker** [p'ʌŋ-] *der, -s/-,* Musiker des Punkrock. **Punkrock** [p'ʌŋk-] *der,* eine schockierend dargebotene Form der Rockmusik als Ausdruck einer jugendlichen Protesthaltung.
Punkt [mhd. punct, zu lat. punctum, von pungere ›stechen‹] *der, -(e)s/-e,* Abk.: Pkt., **1)** sehr kleiner Fleck, Tupfen, rundlich begrenzte Stelle: *das Flugzeug war nur noch ein P. am Himmel; blauer Stoff mit roten Punkten.* **2)** △ ausdehnungsloses Gebilde, darstellbar als Schnittstelle zweier Linien. **3)** bestimmte Stelle, bestimmter Ort oder Augenblick: *der höchste P. des Ortes ist der Wasserturm; von diesem P. aus betrachtet; P.* (österr., schweiz.: punkt) *12 Uhr,* auf die Sekunde genau; *strategisch wichtige Punkte; mit dieser Bemerkung traf er mein empfindlichen P.,* Ü. **4)** bestimmte Sache, Teilfrage, Untergebiet, Abschnitt: *in diesem P. sind wir einig; der nächste P. der Verhandlungen; wir gingen den Plan P. für P. durch,* eine Teilfrage nach der andern. **5)** Wertungseinheit bei Wettkämpfen: *die Turnerin erzielte 10 Punkte; Fehlerpunkte; Pluspunkte; punktgleich; Punktspiel; Punktwertung.* **6)** ⑤ Satzzeichen am Satzende, ÜBERS. S 6: *er redet ohne P. und Komma,* unaufhörlich. **7)** Tupfen auf einem Note: *l-Punkt.* **8)** ♪ Zeichen neben einer Note: Zeichen für Verlängerung um den halben Wert; über unter einer Note: Zeichen für staccato, ABB. N 10. **9)** Abk.: p, ♪ Maßeinheit für typograph. Maßsysteme, bes. für die Schriftgröße: 1 p = 0,376 mm: *typographischer P.* **Punktation** *die, -/-en,* **1)** ♪♪ Vorvertrag, vorläufige Abfassung der wichtigsten Punkte eines Vertrags. **2)** in der hebräischen Schrift Kennzeichnung der Vokale durch Punkte unter und über den Konsonanten. **Punktball** *der,* ein Übungsgerät des Boxers. **Punktchen** *das, -s/-.* **pünkteln,** *ich* pünkt(e)le (habe gepünktelt) *es,* mache viele Pünktchen. **punkten,** **1)** *es,* versehe mit Punkten (vgl. ABB. M 26. **2)** sammle Punkte. **punktieren,** *ich* punktiere (habe punktiert), **1)** *es,* versehe mit Punkten, stelle durch Punkte dar: *punktierte Linie* (ABB. L 14), *Note; Punktierrad* (ABB. R 1). **2)** *ihn,* ‡ nehme eine Punktion vor. **Punktierkunst** *die, -,* Deutung der Zukunft aus Punkten. **Punktion** [lat. punctio] *die, -/-en,* ‡ Einstich in den Körper mit einer Hohlnadel zur Entnahme von Flüssigkeiten. **Punktlandung** *die,* Landung eines Luft- oder Raumfahrzeugs genau an der vorgesehenen Stelle. **Pünktlein** *das, -s/-.* **pünktlich,** zur richtigen, genau zur vereinbarten Zeit. **Pünktlichkeit** *die, -.* **Punktmenge** *die,* △ alle Punkte eines Raumes, die zu einer Menge gehören. **Punktniederlage** *die,* ✗ im Punktkampf erlittene Niederlage. **punkto,** *in p.,* in puncto. **Punktrichter** *der,* ✗ Unparteiischer, der nach Punkten wertet. **Punktschrift** *die,* die Blindenschrift, vgl. ABB. B 35. **punktschweißen,** getrennte Formen nicht üblich, punktförmig schweißen, im Unterschied zum Nahtschweißen: *punktgeschweißt.* **Punktsieg** *der,* ✗ nach Punkten errechneter Sieg. **punktuell,** auf eine oder einzelne Punkte bezogen: *er mißbilligte den Vorschlag nicht prinzipiell, sondern nur p.* **Punktum!,** Schluß damit!, so und nicht anders! **Punktur** *die, -/-en,* Punktion.
Punsch [engl. punch, zu altind. pañca ›fünf‹, nach der Zahl der Ingredienzien] *der, -es/-e,* heißes Mischgetränk aus Wasser oder Tee mit Arrak oder Rum, Zucker, Gewürz.
Pünt *die,* Bünt.
Punze [mhd. punze, zu ital. punzone ›Stempel‹] *die, -/-n,* **1)** Stahlstab zum Treiben von Reliefs in Metall oder Leder, vgl. ABB. R 2. **2)** Beschauzeichen, Punzierung. **punzen,** *ich* punze (habe gepunzt) *es,* **1)** bearbeite mit der Punze. **2)** kennzeichne mit dem Prüfungs- oder Beschauzeichen (z. B. Gold auf Feingehalt). **Punzen** [süddt.] *der, -s/-,* Punze. **punzieren,** *ich* punziere (habe punziert) *es,* punze: *Punzierstempel.* **Punzierung** *die, -/-en.*
Pup [Schallw.] *der, -(e)s/-e,* Pups, Ü derb: (laut) abgehende Blähung. **pupen,** *ich* pupe (habe gepupt).
pupillar [lat.], ‡ die Pupille betreffend.
pupillar, pupillarisch [lat. pupillaris ›unmündig‹], ♪♪ ✿✿ das Mündel betreffend: *pupillarische Sicherheit,* Mündelsicherheit.
Pupille [lat. pupilla] *die, -/-n,* Sehloch, runde Öffnung in der Mitte der Regenbogenhaut des Auges, ABB. A 24: *Pupillenstarre.*
pupinisieren, *ich* pupinisiere (habe pupinisiert), ♪ füge Pupinspulen ein. **Pupinspule** [nach dem jugoslaw. Elektroingenieur M. Pupin, 1858–1935] *die, ♪* in Fernsprechkabel eingebaute Spule zur Verminderung der Dämpfung.
pupipar [lat. pupa ›kleines Mädchen‹ und parere ›gebären‹], bei Insekten: verpuppungsreife Larven gebärend. **Püppchen** *das, -s/-.* **Puppe** [mhd. puppe] *die, -/-n,* **1)** nachgebildete

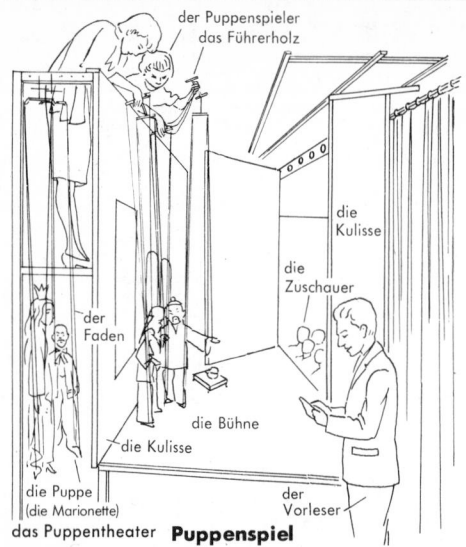

der Puppenspieler
das Führerholz

die Kulisse

die Zuschauer

der Faden

die Bühne
die Kulisse

die Puppe
(die Marionette)

der Vorleser

das Puppentheater **Puppenspiel**

Menschengestalt, bes. Kinderspielzeug, ABB. K 19: *Puppenstube; Puppenwagen.* **2)** Gestalt im Puppentheater, ABB. P 26; Sinnbild für Unselbständigkeit: *Handpuppen,* über die Hand gezogene Puppen; *Puppenfilm; der König war nur eine P. in der Hand seiner Minister,* Ü ein willenloses Werkzeug. **3)** Ü Mädchen: *ich sah ihn mit einer tollen P.* **4)** Gruppe zusammengestellter Getreidegarben. **5)** Entwicklungsstufe bei Insekten, ABB. R 10. **6)** Gestell zum Anprobieren der Ausstellen von Kleidung: *Schneiderpuppe,* ABB. S 32; *Schaufensterpuppe; Dekorationspuppe,* ABB. G 12. **7)** *bis in die Puppen,* Ü sehr lange: *wir saßen in der letzten Nacht bis in die Puppen zusammen.* **Puppengesicht** *das,* hübsches, aber ausdrucksloses Gesicht. **puppenhaft,** hübsch, aber ausdruckslos (Gesicht). **Puppenräuber** *der,* Raupen fressender Käfer. **Puppenspiel** *das,* Theaterspiel mit Handpuppen oder mit Puppen an Drähten oder Stangen, ABB. P 26. **Puppenspieler** *der,* jemand, der Puppenspiele vorführt. **Puppentheater** *das,* ABB. P 26.

puppern [Schallw.], *es* puppert (hat gepuppert), U klopft, pocht (wie das Herz).

puppig, U reizend, niedlich, wie für eine Puppe. **Püpplein** *das, -s/-.*

Pups *der, -es/-e,* Pup. **pupsen,** *ich* pupse (habe gepupst).

pur [mhd. pur, zu lat. purus], rein, lauter, unvermischt, nichts als: *pures Gold; das ist purer Unsinn,* U.

Püree [frz. purée, zu afrz. purer ›Gemüse durchdrücken‹] *das, -s/-s,* Brei, Mus: *Kartoffelpüree.*

Purgans [lat. purgare ›reinigen‹] *das, -/. . .g'anzi|en* oder *. . .g'antia,* ⚕ leichtes Abführmittel. **Purgativum** *das, -s/. . .va,* ⚕ stärkeres Abführmittel. **Purgatorium** *das, -s,* Fegefeuer. **purgieren,** *ich* purgiere (habe purgiert), **1)** *es,* reinige. **2)** *es* purgiert, ⚕ führt ab.

pürieren, *ich* püriere (habe püriert) *es,* verarbeite zu Püree. **Purifikation** [lat. purus ›rein‹ und facere ›machen‹] *die, -/-en,* kath. Kirche: Reinigung der heiligen Gefäße. **purifizieren,** *ich* purifiziere (habe purifiziert) *es,* reinige.

Purim [hebr., zu pers. pur ›Los‹] *das, -s,* jüd. Freudenfest: *Purimfest.*

Purin [lat. purus ›rein‹] *das, -s/-e,* ♉ organ. Verbindung, die in den Kernen und dem Protoplasma der Zellen auftritt.

Purismus [vgl. pur und . . . ismus] *der, -,* **1)** Sprachreinigung, übertriebenes Streben nach Sprachreinheit, Fernhalten fremdsprachl. Einflüsse von der Muttersprache. **2)** bildende Kunst: Bestreben, ein Kunstwerk von Zutaten, die einem anderen (späteren) Stil angehören, zu befreien. **Purist** *der, -en/-en.* **puristisch. Puritaner** *der, -s/-,* **1)** Anhänger des

Puritanismus. **2)** Ü Mensch von (übertrieben) tugendhafter, strenger Lebensführung. **puritanisch. Puritanismus** *der, -,* eine Bewegung des engl. Protestantismus.

Purpeln [zu Purpur], *Pl., mitteldt.:* Röteln; Masern.

Purpur [ahd. purpura, zu grch. porphyra] *der, -s,* eine bläuliche Rotfarbe; Sinnbild der Herrschermacht: *Purpurmantel; purpurrot; er trägt den P.,* Ü ist Kardinal. **purpurn.**

purren [Schallw.], *ich* purre (habe gepurrt), **1)** *in etwas, norddt.:* stochere, stöbere. **2)** *ihn,* ⚓ wecke zur Schiffswache.

pürschen, Nebenform von pirschen.

purulent [lat. pus, Gen. puris ›Eiter‹], ⚕ eitrig.

Purzel *der, -s/-,* U Knirps, flinker kleiner Kerl. **Pürzel** *der, -s/-,* Bürzel. **Purzelbaum** *der,* Rolle um die eigene Querachse auf dem Boden. **purzeln** [mhd. burzeln], *ich* purz(e)le (bin gepurzelt), falle, stürze hin: *der Bub purzelte in den Graben.*

Puschel [zu Büschel] *die, -/-n, norddt.:* **1)** Quaste. **2)** Liebhaberei. **Püschel** *der, -s/-, ostmitteldt.:* Quaste.

puschen, *ich* pusche (habe gepuscht) *ihn, es,* treibe an, bringe in Schwung. **Pushball** [p'uʃbɔ:l, engl.] *der, -s,* ein Mannschaftsballspiel, auch zu Pferde ausgeübt. **pushen** [p'uʃən], *ich* pushe (habe gepusht), handle mit (harten) Drogen. **Pusher** [p'uʃə, engl.] *der, -s/-,* U Rauschmittelhändler, bes. für harte Drogen.

Pusselarbeit *die,* viel Geduld und Genauigkeit erfordernde Arbeit. **Pusselchen** *das, -s/-,* U Kosewort, bes. für ein kleines Kind. **Pusselei** *die, -/-en,* **1)** Pusselarbeit. **2)** *ohne Pl.,* das Pusseln. **pusselig,** auch pußlig, **1)** übereifrig in Kleinigkeiten (Mensch). **2)** Ausdauer verlangend (Arbeit). **pusseln** [aus niederdt.], *ich* pussele, puße (habe gepusselt), U halte mich mit Kleinigkeiten auf, verrichte etwas langsam.

Pussetli [frz. pousser ›stoßen‹, ›schieben‹] *das, -(s)/-, schweiz.:* Kinderwagen.

pußlig, pusselig.

Pußta [ungar. puszta ›Heide‹, ›Wüste‹] *die, -/. . .ten,* ungar. Steppe.

Puste [zu pusten] *die, -,* **1)** U Atem: *ich bin ganz außer P.* **2)** Ü Kraft; Geld: *ihm ging die P. aus.* **Pusteblume** *die,* U Löwenzahn. **Pustekuchen!,** U Ausruf der Ablehnung: *ach was, P.!,* daraus wird nichts!

Pustel [lat. pustula] *die, -/-n,* ⚕ kleine Eiterblase, Pickel.

pusten [mnd. pusten ›blasen‹], *ich* puste (habe gepustet), blase, atme, keuche: *puste mir nicht den Rauch ins Gesicht!; ich werde dir was pusten,* U deinen Wunsch nicht erfüllen.

pustulös, ⚕ mit, voller Pusteln.

putativ [lat. putare ›vermuten‹, ›meinen‹], ♌ vermeintlich, irrtümlich: *Putativehe; Putativnotwehr.*

Pute [nach dem Lockruf put, put] *die, -/-n,* **1)** Truthenne: *Putenbraten.* **2)** U eingebildete dumme Person. **Puter** *der, -s/-,* Truthahn. **puterrot,** rot wie der Fleischlappen des zornigen Truthahns. **put, put!,** Lockruf für Hühner.

Putrefaktion, Putreszenz [lat. puter ›faul‹ und facere ›machen‹] *die, -/-en,* Fäulnis, Verwesung. **putreszieren** [lat. putrescere], *es* putresziert (ist putresziert). **putrid,** ⚕ faulig, übelriechend; durch Fäulnis verursacht.

Putsch [schweiz. ›Stoß‹] *der, -es/-e,* **1)** Umsturzversuch, Aufruhr: *Putschversuch.* **2)** *schweiz.:* Stoß. **putschen,** *ich* putsche, **1)** (habe geputscht), versuche einen Staatsstreich. **2)** (bin geputscht), *schweiz.:* stoße heftig an; stürme los. **Putschist** *der, -en/-en,* jemand, der einen Putsch versucht.

Pütt [wohl zu lat. puteus ›Schacht‹] *der, -s/-s* oder *-e, rhein., westfäl.:* ⚒ Schacht, Bergwerk.

Putte [ital. putto, zu lat. putus ›Knabe‹] *die, -/-n,* auch Putto, Kunst: Kindergestalt, oft mit Flügeln.

putten [engl. to putt, verwandt mit to put ›setzen‹, ›stellen‹, ›legen‹], *ich* putte (habe geputtet) *es,* Golf: locke ein. **Putter** *der, -s/-,* Golfschläger zum Einlochen, ABB. G 32.

Püttjer *der, -s/-, niederdt.:* **1)** Töpfer. **2)** Kleinigkeitskrämer. **püttjerig,** *niederdt.:* umständlich, pedantisch.

Putto *der, -s/P'utti* oder *Putten,* Putte.

Putz [pu:ts, mhd. butze ›Poltergeist‹] *der, -es/-e,* auch Puz, **1)** *mitteldt.:* kleines Kind. **2)** *oberdt.:* Kobold.

Putz [zu putzen] *der, -es,* **1)** Verzierung an Kleidungsstücken, schmucke Tracht, Zierat. **2)** ⌂ ein Mörtelüberzug auf Mauerwerk: *Putzmörtel,* ABB. H 11, D 4. **3)** das Putzen, Reinigen: *Hausputz; Putzeimer; Putzlappen; Putzmittel.*

Pütz, Pütze [niederl.] *die, -/. . .zen,* ⚓ Eimer, ABB. E 3.

putzen [spätmhd. butzen, eigtl. von der Unreinlichkeit, dem ›Butzen‹, z. B. der Nase, befreien], *ich* putze (habe geputzt) *es, ihn, mich,* **1)** reinige, mache sauber: *putz dir die Nase!; schneuz dich!; ich muß noch Schuhe putzen; die Katze putzt sich; ich lasse

das Kleid putzen, *österr.:* chemisch reinigen. **2)** schmücke, ziere. **Putzen** *der, -s/-,* **1)** Butzen. **2)** ⚙ Schmutzteilchen auf der Druckplatte oder dem Druck. **Putzer** *der, -s/-,* **1)** jemand, der (berufsmäßig) etwas putzt: *Fensterputzer.* **2)** ein in der Putzerei Beschäftigter. **Putzerei** *die, -/-en,* **1)** Teil der Gießerei, wo die rohen Gußstücke nachbearbeitet werden. **2)** *österr.:* Reinigung. **Putzete** *die, -/-n, süddt., schweiz.:* das Reinemachen: *Waldputzete,* Beseitigung von weggeworfenem Unrat. **Putzfrau** *die,* U die gegen Entgelt Wohn- und Geschäftsräume säubert.

putzig [norddt., zu Putz ›Kobold‹], **1)** drollig, erheiterndniedlich. **2)** *mitteldt.:* klein, zwergenhaft.

Putzmacherin *die, -/-nen,* Hutmacherin.

Puz *der, -es/-e,* Putz (Kind, Kobold).

puzzeln [p'ʌzəln, auch dt. p'usəln], *ich puzz(e)le (habe gepuzzelt).* **Puzzle** [p'ʌzl, auch dt. p'usəl, engl. ›Rätsel‹] *das, -s/-s,* Geduldspiel, bes. das Zusammensetzen eines Bildes aus vielen kleinen Stücken: *Puzzlespiel.*

PVC, Abk. für: Polyvinylchlorid: *PVC-Fußbodenbelag.*

py..., vor Vokalen auch für *pyo...* **Pyämie** [vgl. pyo... und grch. haima ›Blut‹] *die, -/...m'i|en,* ⚕ eine Sepsis.

pyel..., vor Vokalen auch für *pyelo...* **Pyelitis** [vgl. ...itis] *die, -/...t'iden,* ⚕ Nierenbeckenentzündung. **pyelo...** [grch. pyelos ›Wanne‹, vor Vokalen auch *pyel...,* becken..., nierenbecken... **Pyelogramm** [vgl. ...gramm] *das, -s/-e,* Röntgenaufnahme des Nierenbeckens.

Pygmäe [grch. pygmaios ›faustgroß‹] *der, -n/-n,* Angehöriger einer zwergwüchsigen Menschengruppe. **pygmäenhaft, pygmäisch: pygmoid. Pygmoide** *der, -n/-n, ein -, eine -,* Angehörige(r) einer kleinwüchsigen Menschenrasse mit Merkmalen der Pygmäen.

Pyjama [pidʒ'a:ma, auch py-, engl., zu Hindi páejama] *der, auch das, -s/-s,* Schlafanzug.

Pykniker [grch. pyknos ›dicht‹, ›fest‹, ›derb‹] *der, -s/-,* Mensch von gedrungenem, untersetztem Körperbau. **pyknisch. Pyknometer** [grch. metron ›Maß‹] *das, -s/-,* Gerät zur Bestimmung des spezif. Gewichts von Flüssigkeiten und festen Körpern. **Pyknose** *die, -/-n,* Zellkernverdichtung. **pyknotisch.**

Pylon [grch. ›Tor‹] *der, -en/-en,* **Pylone** *die, -/-n,* **1)** Turmtor ägypt. Tempel. **2)** Seiltragestütze von Hänge- oder Schrägseilbrücken, ABB. B 51. **3)** ⚓ Aufhängestrebe für Triebwerke oder Außenlasten. **Pylorus** [grch. pyloros ›Torhüter‹] *der, -/...ren,* ⚕ Pförtner, Schließmuskel am Magenausgang.

pyo... [grch. pyon ›Eiter‹, vor Vokalen auch *py...,* eiter... **Pyodermie** [grch. derma ›Haut‹] *die, -/...m'i|en,* ⚕ eitriger Hautausschlag.

pyr..., vor Vokalen auch für *pyro...*

pyramidal, **1)** pyramidenförmig. **2)** U gewaltig, riesenhaft, überwältigend. **Pyramide** [spätmhd. pyramides, zu grch. pyramis, aus altägypt.] *die, -/-n,* **1)** ein geometr. Körper, ABB.

K 38. **2)** altägypt. Grabmal. **3)** pyramidenähnl. Gebilde. **4)** Form eines Baumes, ABB. B 15.

Pyrethrum [lat., zu grch. pyr ›Feuer‹ und athroos ›dicht gedrängt‹] *das, -s/...thra,* Zier- und Heilpflanze. **Pyretikum** [grch. pyretos ›Fieberhitze‹] *das, -s/...ka,* ⚕ fiebererzeugendes Mittel. **Pyridin** *das, -s,* eine heterozyklische organ. Base in Steinkohlenteer und Knochenöl. **Pyrit** *der, -s/-e,* Schwefeloder Eisenkies, ein Mineral. **pyro...,** vor Vokalen auch *pyr...,* feuer..., durch Hitze bewirkt. **Pyroelektrizität** *die,* die bei Kristallen bei starker Temperaturänderung auf gegenüberliegenden Flächen auftretende elektr. Ladung. **pyrogen** [vgl. ...gen], **1)** ⚕ fiebererzeugend. **2)** ⊕ durch Schmelzfluß entstanden (Gesteine, Mineralien). **Pyrolusit** *das, -s/-e,* ein Mineral. **Pyrolyse** [grch. lysis ›Auflösung‹] *die, -/-n,* Zersetzung chem. Verbindungen durch Hitze. **Pyromane** *der, die, -n/-n, ein -, eine -r, eine -,* ⚕ jemand, der an Pyromanie leidet. **Pyromanie** [vgl. Manie] *die, -,* ⚕ Brandstiftungstrieb. **pyromanisch. Pyrometer** [grch. metron ›Maß‹] *das, -s/-,* Gerät zum Messen der Temperaturstrahlung eines Körpers. **Pyron** *der, -s/-e, meist Pl.,* eine organ. Verbindung, Bestandteil von Pflanzenfarbstoffen. **pyrophor** [grch. pherein ›tragen‹], selbstentzündlich, in Berührung mit Luftsauerstoff aufglühend, z. B. Metallpulver. **Pyrophor** *der, -s/-e, meist Pl.,* Substanzen, bes. feinstverteilte Metalle, die sich bei Berührung mit dem Luftsauerstoff entzünden. **Pyrotechnik** *die, -,* Feuerwerkerei, Herstellung und Anwendung von Feuerwerksund Sprengkörpern. **Pyrotechniker** *der.* **pyrotechnisch. Pyroxen** [grch. xenos ›fremd‹] *der, -s/-e, meist Pl.,* Augit, Gruppe gesteinsbildender Mineralien.

Pyrrhussieg [nach König Pyrrhos von Epirus, 319–272 v. Chr.] *der,* mit zu großen Opfern erkaufter Sieg.

Pyrrol [lat. oleum ›Öl‹] *das, -s,* eine organ. Verbindung, zu deren Abkömmlingen das Blattgrün, der Blutfarbstoff, die Eiweißbausteine u. a. gehören.

Pythagoräer *der, -s/-, österr.:* Pythagoreer. **pythagoräisch,** *österr.:* pythagoreisch. **Pythagoras** [nach dem griech. Philosophen Pythagoras, um 570–497/96 v. Chr.] *der, -,* kurz für: pythagoreischer Lehrsatz. **Pythagoreer** *der, -s/-,* Anhänger der Lehre des Pythagoras. **pythagoreisch,** pythagoreischer Lehrsatz; aber: *die Pythagoreische Philosophie;* vgl. ÜBERS. A 4, C.

Pythia [nach Pythia, der Priesterin in Pytho, dem antiken Delphi] *die, -/...thi|en,* Ü Frau, die orakelhafte Andeutungen macht. **pythisch,** Ü dunkel, orakelhaft; aber: *die Pythischen Spiele zu Delphi.*

Python [nach dem von Apoll getöteten Ungeheuer des griech. Mythos] *der, -s/-s oder ...th'onen,* **Pythonschlange** *die,* eine Riesenschlange.

Pyxis [grch. ›Büchse‹, zu pyxos ›Buchsbaum‹] *die, -/...x'iden oder ...xides,* Ziborium, Gefäß zum Aufbewahren der Hostien.

---

q, Q [ku:, österr. auch kve:] *das, -/-,* ein Konsonant, meist in der Buchstabenverbindung qu [kv], ABB. A 8, ÜBERS. A 26, G 34.

q, **1)** in Maßbezeichnungen Zeichen für: Quadrat. **2)** österr. Zeichen für: Meterzentner (Doppelzentner). **qcm,** ℅ für: cm², Zeichen für: Quadratzentimeter. **qdm,** ℅ für: dm², Zeichen für: Quadratdezimeter.

q. e. d., Abk. für: quod erat demonstrandum.

qkm, ℅ für: km², Zeichen für: Quadratkilometer. **qm,** ℅ für: m², Zeichen für: Quadratmeter. **qmm,** ℅ für: mm², Zeichen für: Quadratmillimeter.

Quabbe *die, -/-n, niederdt.:* Fettwulst. **Quabbel** *der, -s/-,* U weiche Masse; Gallert. **quabb(e)lig, quabbeln,** *es quabbelt (hat gequabbelt),* U fühlt sich gallertig an, ist widerlich weich. **quabbig, quabbelig.**

Quackelei *die, -/-en.* **Quack(e)ler** *der, -s/-,* U Schwätzer, Nörgler. **quackeln** [mittelniederl. kwackelen], *ich quack(e)le (habe gequackelt),* U mache Umstände, rede unnütz, nörgele. **Quacksalber** [mittelniederl. kwakzalver, vgl. ahd. salbari ›Salbenhändler‹, ›Arzt‹] *der, -s/-,* Kurpfuscher. **Quacksalberei** *die, -/-en,* U unsachgemäße, unbefugte Krankenbehandlung. **quacksalberisch. quacksalbern,** *ich quacksalb(e)re (habe gequacksalbert).*

Quaddel [niederdt., ahd. quedilla] *die, -/-n, norddt.:* juckende Hautanschwellung; Nesselmal.

Quade *der, -n/-n,* Angehöriger eines german. Stammes.

Quader [mhd. quader, zu lat. quadrus ›viereckig‹] *der, -s/-(n) oder die, -/-n,* **1)** △ ein Körper, ABB. K 38. **2)** rechteckiger Mauerstein, ABB. B 13, Q 1: *Quaderstein.* **Quadragesima** [lat. quadragesimus ›vierzigster‹] *die, -,* früher: vierzigtägige Fastenzeit vor Ostern. **Quadrangel** [lat. angulus ›Ecke‹, ›Winkel‹] *das, -s/-,* Viereck. **Quadrant** [lat. quadrans] *der, -en/-en,* **1)** Viertelkreis, z. B. der Windrose. **2)** ☆ ⌐ Instrument zur Höhenmessung im Meridian.

Quadrat [lat. quadratum ›Viereck‹, zu quattuor ›vier‹] *das, -(e)s/-e,* **1)** gleichseitiges rechtwinkliges Viereck, ABB. V 6: *200 m im Q.,* 200 m breit und 200 m lang. **2)** △ die zweite Potenz: *Quadratzahlen,* z. B. 36 = 6². **3)** *Pl. -en,* ⚙ Blindmaterial zum Füllen von Ausgangszeilen. **Quadrat...,** **1)** U im Längenmaßeinheiten: flächen...: *Quadratdezimeter,* Zeichen: dm², ℅ qdm; *Quadratkilometer,* Zeichen: km², ℅ qkm; *Quadratmeter,* Zeichen: m², ℅ qm; *Quadratmillimeter,* Zeichen: mm²,

Q

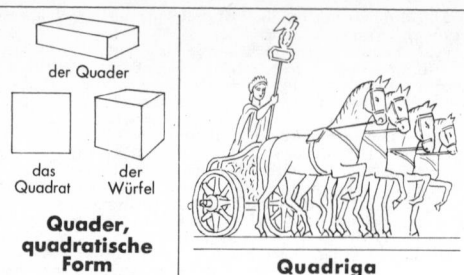

der Quader

das
Quadrat

der
Würfel

**Quader,
quadratische
Form**

Quadriga

∞qmm; *Quadratzentimeter*, Zeichen: cm², ∞ qcm, ÜBERS. M 8. **2)** Ü riesen...: *Quadratlatschen*, große Füße, große Schuhe. **qua|dratisch, 1)** quadratförmig. **2)** △ in der zweiten Potenz: *eine quadratische Gleichung*, Gleichung zweiten Grades. **Qua|dratur** *die, -/-en,* die Berechnung des Inhalts einer krummlinig begrenzten Fläche: *die Q. des Kreises,* eigtl. Verwandlung des Kreises in ein flächengleiches Quadrat allein mit Zirkel und Lineal, Ü unlösbare Aufgabe. **qua|drieren,** *ich* quadriere (habe quadriert) *die,* **1)** △ erhebe (eine Zahl) in die zweite Potenz. **2)** ⊞ ahme im Putz Quadermauerwerk nach. **3)** überziehe eine Zeichnung mit einem Quadratnetz. **Qua|driga** [lat. mlat.] *die, -/...gen,* Viergespann, ABB. Q 1. **Qua|drille** [kadr'ilja, frz.] *die, -/-n,* **1)** Tanz, bei dem vier Paare im Geviert stehen. **2)** Pferdesport: synchrones Gruppenreiten nach Musik. **Qua|drillion** *die, -/-en,* die vierte Potenz einer Million, 10²⁴. **Qua|drireme** [lat. navis quadriremis, zu remus ›Ruder‹] *die, -/-n,* Vierreihenruderer, ein röm. Kriegsschiff. **Qua|drivium** [lat., zu via ›Weg‹] *das, -s,* im MA.: die vier letzten der Sieben Freien Künste: Arithmetik, Geometrie, Musik, Astronomie. **qua|dro,** Ü kurz für: quadrophon. **Qua|dro** *das, -s,* Ü kurz für: Quadrophonie: *Wiedergabe in Q.; Quadroanlage; Quadrosound.* **qua|drophon,** *eine quadrophone Aufnahme.* **Qua|drophonie** [grch. phone ›Stimme‹] *die, -,* Übertragungsverfahren von Sprech- und Musikdarbietungen mit Hilfe von vier Kanälen. **qua|drophonisch.** **Qua|drumane** [lat. manus ›Hand‹] *der, -n/-n,* ∞ Vierhänder. **Qua|drupede** [lat. pes ›Fuß‹] *der, -n/-n,* ∞ Vierfüßer. **Qua|drupel** [lat. quadruplus ›vierfach‹] *das, -s/-,* △ Verallgemeinerung des Begriffes ›Paar‹ auf vier Dinge. **Quai** [ke:, aus kelt.] *der, -s/-s,* franzö. Schreibung für: Kai. **quak!,** Schallw. für den Ruf der Frösche und Enten. **Quäke** *die, -/-n,* ✝ ein Lockinstrument: *Hasenquäke.* **quaken, 1)** *der Frosch, die Ente quakt* (hat gequakt). **2)** *ich quake* (habe gequakt), Ü spreche viel, töricht, mit unangenehmer Stimme. **quäken,** *ich* quäke (habe gequäkt), Ü jammere kläglich; spreche mit heller, unangenehmer Stimme. **Quäker** [engl. quaker ›Zitterer‹, eigtl. Spottname] *der, -s/-,* Mitglied einer christl. Gemeinschaft. **Qual** [ahd. quala] *die, -/-en,* großer körperlicher oder seelischer Schmerz: *sie leidet Qualen; wer die Wahl hat, hat die Q.* **quälen,** *ich* quäle (habe gequält) *ihn, mich,* bereite Qualen, peinige, mißhandle, plage: *er hat das Tier zu Tode gequält; sie quält mich seit Tagen mit dieser Bitte; quälender Zweifel; ein gequältes Lächeln.* **Quälerei** *die, -/-en,* **1)** andauerndes, wiederholtes Zufügen von Qual. **2)** Ü Anstrengung, mühsame Arbeit. **quälerisch, selbstquälerisch. Quälgeist** *der,* Ü jemand, der (durch anhaltendes Bitten) lästig fällt, bes. ein Kind. **Qualifikation** [frz. qualification, zu lat. qualis ›wie beschaffen‹ und facere ›machen‹] *die, -/-en,* **1)** Befähigung, Berechtigung, Eignung; Befähigungsnachweis. **2)** ✗ vorentscheidender Wettkampf: *Qualifikationsspiel.* **qualifizieren,** *ich* qualifiziere (habe qualifiziert), **1)** *ihn, es,* beurteile, bezeichne. **2)** *ihn,* erteile ihm Qualifikation. **3)** *mich,* beweise meine Eignung: *er qualifizierte sich für die Endrunde,* ✗. **qualifiziert** *für, zu etwas,* geeignet, sachgerecht, besondere Bedingungen erfüllend: *er hat sich dazu q. geäußert; qualifizierte Mitarbeiter; ein qualifiziertes Verbrechen,* ⚖ Verbrechen, das wegen erschwerender Umstände strenger bestraft wird; *qualifizierte Mehrheit,* z. B. Zweidrittelmehrheit. **Qualifizierung** *die, -/-en,* das Qualifizieren, Qualifikation. **Qualität** *die, -/-en,* **1)** Eigenschaft, Beschaffenheit. **2)** Güte, Wertstufe: *Qualitätsarbeit; Qualitätsmerkmal; Qualitätswein; von bester Q.; Qualitäts-*

sicherung; *auch sie hat ihre Qualitäten,* gute Eigenschaften. **3)** Phonetik: Klangfarbe der Vokale. **4)** Schach: Klassifizierung der Schachfiguren nach ihrem Wert. **qualitativ,** dem Wert, der Qualität nach.

Quall [zu quellen] *der, -(e)s/-e,* P das Aufwallen, Wassersprudel. **Qualle** *die, -/-n,* Meduse, ein gallertiges Meerestier. **quallig.**

Qualm [zu quellen] *der, -(e)s,* **1)** dicker Rauch. **2)** oberdt.: Dunst, Brodem: *er soll nicht solchen Q. machen,* Ü Lärm um nichts. **qualmen, 1)** *es qualmt* (hat gequalmt), raucht stark: *der Schornstein, der Ofen qualmt.* **2)** *ich qualme* (habe gequalmt) *(es),* Ü rauche (stark): *qualm nicht so viel!; er qualmt täglich 20 Zigaretten.* **qualmig,** voller Qualm.

Qualster [zu quellen] *der, -s/-, niederdt.:* Schleim, Auswurf. **qualst(e)rig. qualstern,** *ich* qualst(e)re (habe gequalstert). **qualvoll,** Qual, Schmerzen bereitend: *ein langsames, qualvolles Sterben.*

Quant [lat. quantus ›wie groß‹, quantum ›wieviel‹] *das, -s/-en,* **1)** kurz für: Quantum. **2)** Physik: Teilchen eines kräftevermittelnden Feldes: *Lichtquant.* **Quant(e)lung** *die, -/-en,* Quantisierung. **Quanten,** *Pl.,* **1)** von Quantum, Quant: *Quantenbiologie; Quantenchemie; Quantenphysik.* **2)** U (große) Füße. **quantentheoretisch. Quantentheorie** *die, -,* die Lehre, daß Materie und Energie nur in kleinsten, unteilbaren Quanten (Teilchen) vorkommen. **Quantenzahl** *die,* Zahl, die die verschiedenen nach der Quantentheorie möglichen Bewegungszustände eines Teilchens im Atom- oder Molekülverband kennzeichnen. **Quantifikation** [lat. facere ›machen‹] *die, -/-en,* Quantifizierung. **quantifizieren,** *ich* quantifiziere (habe quantifiziert) *es.* **Quantifizierung** *die, -/-en,* die Rückführung von Qualitäten auf Quantitäten; die Darstellung in meßbaren Größen. **Quantisierung** *die, -/-en,* der Übergang von der klass. zur quantentheoret. Beschreibungsweise physikal. Größen. **Quantität** [lat. quantitas] *die, -/-en,* **1)** Menge; Größe: *ich wünsche Qualität, nicht Q.* **2)** Phonetik: Lautdauer, Länge oder Kürze der Vokale. **quantitativ,** der Menge, der Quantität nach. **Quantité négligeable** [kãti'te negliʒ'abl, frz. négliger ›vernachlässigen‹] *die, - -,* Größe oder Tatsache, die nicht berücksichtigt zu werden braucht. **quantitieren,** *ich* quantitiere (habe quantitiert) *Silben,* messe nach ihrer Quantität. **Quantum** *das, -s/...ten,* **1)** Menge, Anzahl; Anteil. **2)** Physik: kleinste unteilbare Menge: *Plancksches Wirkungsquantum.*

Quappe [mnd., mhd. quappe ›Aalquappe‹] *die, -/-n,* **1)** ein Fisch. **2)** Kaulquappe. **quappig,** *norddt.:* weich, schwabbelig.

Quarantäne [ka-, frz. quarantaine ›Anzahl von vierzig‹, zu quarante ›vierzig‹] *die, -/-en,* (früher 40 Tage lange) Absonderung Kranker oder Krankheitsverdächtiger als Schutzmaßnahme gegen Einschleppung und Ausbreitung von Seuchen: *Quarantänestation.*

Quargel, Quärgel [vgl. Quark ›Käse‹] *der oder das, -s/-, österr.:* kleiner, runder Sauermilchkäse.

Quark [kwɔ:k] *das, -s/-,* eines von drei hypothetischen Elementarteilchen, die zur vereinfachten Erklärung von Zusammenhängen in der Elementarteilchenphysik dienen: *Quarkmodell.*

Quark [mhd. twarc, aus niedersorb. twarog] *der, -(e)s,* **1)** Käsestoff; ein leichtverdaulicher Weichkäse: *Q. mit Früchten; Quarkkuchen.* **2)** U lächerliche Kleinigkeit, Unsinn: *er regt sich über jeden Q. auf.* **quarkig,** wie Quark, breiig.

Quarre *die, -/-n, niederdt.:* weinerliches Kind; nörgelnde Frau. **quarren** [ahd. queran ›seufzen‹], *ich quarre* (habe gequarrt), *niederdt.:* schreie quäkend; nörgele weinerlich. **quarrig.**

Quart [lat. quartum ›Viertel‹, von quartus ›der vierte‹, zu quattuor ›vier‹], **1)** *das, -s/-e* und bei Mengenangaben -, ein Viertel vom Ganzen. **2)** *das, -s,* ⧉ Zeichen: 4°, Buchformat in Viertelbogengröße: *Quartformat.* **3)** *das, -s/-e* und bei Mengenangaben -, ein altes Flüssigkeitsmaß. **4)** *die, -/-en,* Fechten: ein Stoß oder Hieb, ABB. F 9. **5)** *die, -/-n,* ♪ Quarte: *Quartsextakkord.* **Quarta** *die, -/...ten,* die dritte Klasse einer höheren Schule, teilw. allgemein sechste Klasse genannt. **Quartal** *das, -s/-e,* Vierteljahr: *im ersten Q. nächsten Jahres; Kündigung zum Ende des Quartals.* **Quartal(s)säufer** *der,* jemand mit periodisch auftretender Trunksucht. **quartal(s)weise,** vierteljährlich. **Quartana** *die, -,* ⚕ Form der Malaria mit Fieberschüben in viertägigem Abstand. **Quartaner** *der, -s/-,* **Quartanerin** *die, -/-nen,* Schüler(in) der Quarta. **Quartär** *das, -s,* ⊕ eine geolog. Formation des Känozoikums. **Quarte** [ital. quarta] *die, -/-n,* ♪ die vierte Stufe der diaton.

Tonleiter, ABB. N 9. **Quartel** das, -s/-, bair.: ¹/₄ l, Quart.
Quarterdeck [engl.] das, ˅ der hintere, meist etwas erhöhte
Teil des Schiffsdecks. **Quartermeister** [engl.] der, ˅ in der
Handelsschiffahrt der Vollmatrose, der das Schiff steuert.
Quartett [ital. quartetto] das, -(e)s/-e, **1)** ♪ Musikstück für vier
Stimmen oder Instrumente; die Gruppe der vier Ausführen-
den: *Bläserquartett; Vokalquartett.* **2)** ein Kartenspiel.
Quartier [frz., zu lat. quartarius ›Viertel‹] das, -s/-e, **1)**
Wohnung, Nachtunterkunft: *Nachtquartier.* **2)** Truppenunter-
kunft: *Standquartier.* **3)** oberdt.: Stadtviertel. **4)** ˅ Ruhezeit;
Wache während dieser Zeit. **Quartiermacher** der, ⚔ Sol-
dat, der neue Unterkünfte vorbereitet. **Quarto** [ital.] das, -,
⚏ Quartformat. **Quartole** die, -/-n, ♪ zusammengehörige
Gruppe von vier Tönen, die zusammen den gleichen Zeit-
wert darstellen wie drei Töne der gleichen Schreibweise.
Quartz der, engl.˙ Schreibung von Quarz. **Quarz** [mhd.
quarz] der, -es/-e, sehr hartes, sprödes Mineral, kristallisierte
Kieselsäure: *Rosenquarz; Quarzglas.* **quarzig,** aus Quarz, wie
Quarz. **Quarzit** der, -(e)s/-e, Gestein aus Quarzkörnern, die
durch Quarz verkittet sind. **Quarzlampe** die, eine Queck-
silberdampflampe zur Erzeugung ultravioletter Strahlen.
Quarzuhr die, von schwingendem Quarzkristall gesteuerte
Uhr.
Quas [mhd. quaz] der, -es/-e, norddt.: Schmaus, Gelage.
Quasar [Abk. für: quasistellare Radioquelle] der, -s/-e,
✰ sternförmig erscheinende Galaxie mit starker Radiofre-
quenzstrahlung.
  quasen, *ich quase (habe gequast), norddt.:* **1)** schlemme,
prasse. **2)** *mit etwas,* vergeude es.
  quasi [lat.], gleichsam, so gut wie: *er hat es q. anerkannt.*
Quasimodogeniti [lat. ›wie eben erst geborene‹], **1)** evang.
Kirche: der 1. Sonntag nach Ostern, ÜBERS. J 2. **2)** kath. Kirche:
der 2. Sonntag der Osterzeit, Weißer Sonntag.
  quasseln [zu niederdt. quasseln, *ich quassle, quaßle*
(habe gequasselt), Ü rede unaufhörlich: *seine Quasselei geht
mir auf die Nerven,* U. **Quasselstrippe** die, Ü jemand, der
viel redet, Schwätzer(in).
  Quassie [-iə] die, -/. . .si|en, ⚘ eine Nutzpflanze.
Quast [mhd. queste] der, -(e)s/-e, Büschel, breiter Pinsel.
Quaste die, -/-n, Büschel aus Fransen, Schnüren, Borsten,
ABB. F 18, P 19.
Quästion [lat. quaestio] die, -/-en, wissenschaftl. Frage,
Streitfrage. **Quästor** der, -s/. . .st'oren, **1)** oberster Finanz-
beamter im alten Rom. **2)** früher: oberster Kassenbeamter
einer Hochschule. **Quästur** die, -/-en, **1)** Amt eines Quästors.
2) früher: Hochschulkasse.
Quatember [mhd. quatember, zu lat. quattuor tempora
›vier Zeiten‹] der, -s/-, (kirchl.) Beginn eines Vierteljahrs: *das
Quatemberfasten.* **quaternär** [lat. quaternarius, zu quaterni
›je vier‹], aus vier Teilen bestehend. **Quaterne** die, -/-n,
Wettart in der Zahlenlotterie.
  quatsch!, U dumm!, unsinnig! **Quatsch,** der, -es, **1)** U dum-
mes Gerede, Unsinn: *ach Q.!; red nicht solchen Q.!* **2)** niederdt.:
Matsch, weicher Brei. **quatschen** [wohl zu mnd. quat
›schlecht‹], *ich quatsche* (habe gequatscht), **1)** U rede Unsinn.
2) *mit ihm,* U unterhalte mich ungezwungen, schwatze. **3)**
niederdt.: wate durch Matsch, Sumpf. **4)** *es quatscht,* niederdt.:
ist weich und naß, ist matschig. **Quatscherei** die, -/-en,
U **1)** törichtes Gerede. **2)** ungezwungene Unterhaltung.
Quatschkopf der, U jemand, der Quatsch redet, Schwätzer.
quatschnaß, U sehr naß.
  Quat|trocentist [-t∫en-] der, -en/-en, Künstler, Schriftstel-
ler des Quattrocento. **Quat|trocento** [-t∫'ento, ital. ›vierhun-
dert‹, Abk. für: 1400] das, -(s), italien. Bez. für das 15. Jahrh.
und seinen Stil (Frührenaissance).
Quatz [aus niederl.] der, -es/-e, niederdt.: ein Ostseefischer-
boot. **Quatze** die, -/-n, niederdt.: **1)** Zugnetz, Zuggarn. **2)**
Quatz. **Quatzner** der, -s/-, niederdt.: jemand, der dem
Zugnetz fischt.
Quebbe die, -, norddt.: Moorboden, unfester Grund.
Que|brachobaum [kebr'at∫o-, span. quebrar ›zerbrechen‹,
eigtl. ›der (Axt)zerbrecher‹] der, südamerikan. Baum. **Que-
brachoholz** das, das harte Holz des Quebrachobaums.
Quechua [k'et∫ua] das, -, Ketschua.
  queck [ahd. quek ›lebendig‹], Nebenform zu quick.
Quecke die, -/-n, ein Unkraut, ABB. G 35. **queckig,** voller
Quecken. **Quecksilber** [ahd. queksilber] das, 1) ↻ Element,
Zeichen: Hg, das einzige flüssige Metall; vgl. ABB. T 9:
*Quecksilberdampflampe; Quecksilbervergiftung; quecksilber-
verseuchte Meerestiere.* **2)** Ü Unrast; auch unruhiger, lebhaf-

ter Mensch: *das Kind hat Q. im Leib; sie ist ein Q.* **quecksil-
b(e)rig,** Ü lebhaft, rastlos. **quecksilbern,** aus Quecksilber.
Queder der, -s/-, norddt.: Rockbund.
Queen [kwi:n, engl.] die, -/-s, Königin.
Queene [ahd. quena ›Gattin‹] die, -/-n, ostfries.: Färse.
Quehle [vgl. Zwehle] die, -/-n, ostmitteldt.: Handtuch,
Tischtuch.
Quell der, -(e)s/-e, P, auch oberdt.: Quelle, auch Ü;
Brunnen; Bach; Wasser: *der Q. des Lebens.* **Quelle** die, -/-n, **1)**
aus der Erde tretendes fließendes Wasser, der Ursprung des
Baches, die Austrittsstelle unterirdischen Wassers, ABB. F 32:
die Q. ist versiegt, auch Ü; *heiße Quellen; Heilquellen;
Schwefelquellen; quellfrisch; Quellwasser.* **2)** Ü jede Art von
Herkunft, Ursprung, Ausgangspunkt: *die Q. seines Reichtums
ist das Erdöl; die Q. meiner Leiden; er weiß es aus sicherer Q.* **3)**
überlieferter Text für wissenschaftl. Studien: *historische,
literarische Quellen; Quellenforschung; Quellenkritik.* **4)** Ü eine
Stelle, wo man gut bedient wird: *eine Q. für preiswertes Obst; er
sitzt an der Q.,* Ü hat einflußreiche Verbindungen. **quellen**
[ahd. quellan], **1)** *ich quelle* (habe gequellt) *es, lege zum
Einweichen und Aufschwellen in Wasser: Erbsen werden vor
dem Kochen gequellt.* **2)** *es quillt* (ist gequollen), dringt stark
hervor, fließt heraus, rinnt: *Wasser quillt aus der Erde, Blut aus
der Wunde; Tränen quollen ihr aus den Augen; Rauch quoll aus
den Fenstern.* **3)** *es quillt* (ist gequollen), schwillt, wird größer
(durch Feuchtigkeit, Flüssigkeit): *Reis quillt beim Kochen;
gequollenes Holz.* **Quellenangabe** die, Nachweis darüber,
woher ein Zitat, eine Nachricht u. a. stammen. **Quellfleisch**
das, norddt.: Wellfleisch. **Quellkartoffel** die, bes. südwestdt.:
Pellkartoffel. **Quellung** die, -/-en, das Quellen, Vergrößerung
durch Aufnahme von Flüssigkeit. **Quellwolke** die, Haufen-
wolke.
Quempas [eigtl. lat. quem pastores laudavere ›den die
Hirten gelobt haben‹] der, -/-, alter, auf die Weihnachtsgeschich-
te bezogener Wechselgesang.
Quendel [ahd. chonila, zu grch. konile] der, -s/-, Name
verschiedener Pflanzen.
  Quengelei die, -/-en, das Quengeln: *laß die ständige Q.!*
queng(e)lig. quengeln [mhd. twengen ›bedrängen‹, zu
twanc ›Zwang‹], *ich queng(e)le* (habe gequengelt), U bin
weinerlich, rede unzufrieden, bitte wiederholt und in nörgeli-
gem Ton um etwas: *das Kind quengelte den ganzen Tag.*
Quent [mhd. quentin, zu mlat. quintinus ›Fünftel‹] das,
-(e)s/-e und nach Maßangaben -, **Quentchen** das, -s/-,
früheres deutsches Gewicht: *nur ein Quentchen,* Ü sehr wenig.
  quer [mhd. twer], **1)** *zu ihm, nicht flektierbar,* die Längsaus-
dehnung kreuzend, in die Breite, von Seite zu Seite: *wir wollen
den Tisch q. stellen; wir gehen q. durch den Wald,* vgl. aber:
querdurch; ich lief q. über die Straße, vgl. aber: *querüber; mein
Wagen hat sich q. gestellt; du mußt den Stoff q. nehmen; kreuz
und q.,* ziellos hin und her; in Verbindung mit Verben
Zusammenschreibung in übertragener Bedeutung: *querge-
hen, querschießen, querschreiben.* **2)** Ü verdreht, verschro-
ben: *der Alte ist im Kopf; quere Gedanken.* **Queraxt**
die, ABB. A 29. **Querbahnsteig** der, ABB. A 4. **querbeet,**
U wahllos durcheinander, ungeordnet: *er sprach q. über innen-
und außenpolitische Probleme.* **querdurch** *er lief q.;* aber: *er
lief quer durch unseren Garten.* **Quere** die, -, Querrichtung,
meist in festen Redeweisen: *da kam ihm ein Fußgänger in die
Q., kreuzte störend seinen Weg; in die Kreuz und (in die) Q.;
dauernd kommt mir etwas in die Q.,* Ü stört meine Absichten.
Querele [auch к.; lat. querela ›Klage‹, ›Beschwerde‹] die,
-/-n, meist Pl., Meinungsstreit, auf unterschiedl. Interessen
beruhende Streitigkeiten: *Querelen um die Lizenzvergabe.*
queren, *ich quere* (habe gequert) *es,* kreuze, überschreite
quer: *die Straßenbahnlinie quert die Hauptstraße.* **quer-
feldein,** mitten durch freies Gelände, ohne Weg: *wir gingen q.;
Querfeldeinlauf, Querfeldeinrennen,* ✳. **Querflöte** die, ♪ eine
Blasinstrument. **Querformat** das, Format, bei dem die Breite
größer ist als die Höhe. **Querfrage** die, Zwischenfrage,
eine Frage durchkreuzt. **quergehen,** *es geht mir quer* (ging
quer, ist quergegangen), U mißrät, ÜBERS.: *gestern ging
mir alles quer.* **quergestreift,** ABB. M 26: *ein quergestreifter
Stoff;* aber: *dieser Stoff ist quer gestreift.* **Querkopf** der,
U eigensinniger Mensch, der immer etwas anderes will als seine
Umgebung. **querköpfig. Querpaß** der, ⚔ Ballabgabe zum
Mitspieler quer zur Torrichtung. **Querpfeife** die, ♪ ein Blas-
instrument, ABB. P 8. **querschießen,** er schießt quer (schoß
quer, hat quergeschossen), U stört unser Vorhaben. **Quer-
schiff** das, ⬚, ABB. K 20, K 28. **Querschlag** der, **1)** ⚒, ABB.

B 22. 2) Faustball: ein parallel zur Leine geschobener oder gedrückter Ball. **Querschläger** der, Geschoß, das durch Ablenkung quer aufschlägt. **Querschnitt** der, **1)** Geometrie: Schnitt durch einen Körper quer zur Längsachse. **2)** Ü Überblick, Zusammenfassung: *ein Q. durch die europäische Geschichte.* **querschnitt(s)gelähmt.** **Querschnitt(s)lähmung** die, ⚕ Lähmung infolge Unterbrechung der Leitungsbahnen des Rückenmarks von der Stelle der Schädigungen an abwärts. **querschreiben,** *ich* schreibe *einen Wechsel* quer (habe quergeschrieben), U akzeptiere ihn durch die quer auf den Wechsel gesetzte Unterschrift. **Quersumme** die, ⌂ die Summe der Ziffern einer mehrstelligen Zahl. **Quertreiber** der, U jemand, der die Absichten anderer zu durchkreuzen sucht. **Quertreiberei** die, -/-en. **querüber,** *er wohnt q.; aber: wir fuhren quer über den See.*

Querulant [lat. queri ›sich beklagen‹] der, -en/-en, jemand, der häufig queruliert, gegen vermeintl. Unrecht aufbegehrt. **querulieren,** *ich* queruliere (habe queruliert), nörgle oder beklage mich ständig ohne hinreichenden Grund.

Querverbindung [vgl. quer] die, direkte Verbindung zwischen nebengeordneten Stellen.

Quese [wohl zu quetschen] die, -/-n, norddt.: **1)** Blutblase, Blase unter der Haut. **2)** Schwiele. **3)** der Drehwurm und die Drehkrankheit der Schafe: *Gehirnquese.* **quesig,** norddt.: **1)** nörgelig, unzufrieden. **2)** an der Drehkrankheit leidend.

Quetsche die, -/-n, rheinfränk.: Zwetsche.

Quetsche die, -/-n, U **1)** Presse, Gerät zum Quetschen: *Kartoffelquetsche.* **2)** kleiner, unbedeutender Ort, Betrieb u. a. **quetschen** [mhd. quetzen, zu lat. quassare ›zerschmettern‹], *ich* quetsche (habe gequetscht), **1)** *es,* drücke, presse zusammen, mache zu Brei: *Quetschkartoffeln,* Kartoffelbrei. **2)** *es, ihn, mich,* verwunde durch Druck: *ich habe mir den Finger gequetscht; Quetschwunde.* **3)** *mich in etwas,* U zwänge mich hinein. **Quetscher** der, -s/-, Billard: der eigene, an die Bande liegende Ball, der durch einen Stoß wieder ins Spiel gebracht werden soll. **Quetschhahn** der, Metallklemme, die den Durchgang durch Schläuche reguliert, ABB. H 4. **Quetschkommode** die, U scherzhaft: Ziehharmonika. **Quetschung** die, -/-en, Verletzung durch Druck.

Queue [kø:, frz. ›Schwanz‹, ›Stiel‹], **1)** das, -s/-s, Billardstab, ABB. B 31. **2)** die, -/-s, Schlange von Wartenden. **3)** die, -/-s, ⚔ ⚔ das Ende einer Abteilung.

quick [vgl. queck], niederdt.: lebhaft, munter. **Quickborn** der, ⚔ Jungbrunnen. **quicklebendig,** U sehr lebhaft. **Quickstep** [-step, engl. quick ›schnell‹ und step ›Schritt‹] der, -s/-s, ein Gesellschaftstanz. **Quickwasser** das, salpetrige Quecksilberlösung.

Quid|proquo [lat. ›etwas für etwas‹] das, -s/-s, Verwechslung, Mißverständnis.

quiek!, Schallw. für den Laut der Schweine. **quieken, 1)** *das Schwein* quiekt (hat gequiekt). **2)** *ich* quieke (habe gequiekt), U stoße einen Laut aus: *die Kinder quiekten vor Schreck, vor Vergnügen; es war zum Quieken,* U sehr komisch. **quieksen,** *ich* quiekse (habe gequiekst), U quieke.

quienen, *ich* quiene (habe gequient), norddt.: kränkele.

Quietismus [kvie-, lat. quietus ›ruhig‹ und vgl. . . . ismus] der, -/nur Einz., religiöse Richtung im 17./18. Jahrh. **Quietist** [kvie-] der, -en/-en. **quietistisch** [kvie-]. **Quietiv** [kvie-] das, -s/-e, ⚕ Beruhigungsmittel. **quieto** [ital.], ♪ ruhig.

quietschen [zu quieken], *es* quietscht (hat gequietscht), gibt einen schrillen Ton von sich: *die Tür q.; mit quietschenden Rädern; die Zuschauer quietschten vor Vergnügen,* U sehr vergnügt. **Quietscher** der, -s/-, Ü quietschender Laut. **quietschvergnügt,** U sehr vergnügt.

Quillajarinde [span. quillai, aus indian.] die, Rinde des chilen. Seifenbaums.

quillt, von quellen.

quinkelieren [vgl. quintieren], *ich* quinkeliere (habe quinkeliert), U **1)** trillere, trällere; singe mit dünner Stimme. **2)** mache Winkelzüge.

Quinquagesima [lat. quinquagesimus ›der Fünfzigste‹], **1)** evang. Kirche: der Sonntag Estomihi. **2)** kath. Kirche: der Sonntag vor Aschermittwoch. **Quinquenium** das, -s/. . . nien, ⚔ Jahrfünft. **quinquennal,** ⚔ fünfjährig. **Quinquillion** die, -/-en, Quintillion.

Quint [lat. quinta ›die Fünfte‹], **1)** die, -/-en, zu quinque ›fünf‹] die, -/-en ↑, ♪ Quinte. **2)** Fechten: ein Stoß oder Hieb. **Quinta** die, -/. . . ten, die zweite Klasse einer höheren Schule, heute allgemein sechste Klasse genannt. **Quintana** die, -, ⚕ Infektionskrankheit mit Fieberschüben in fünftägigem Abstand: *Quintanafieber.* **Quintaner** der, -s/-, **Quintanerin** die, -/-nen, Schüler(in) der

Quinta. Quinte [mhd. quinte] die, -/-n, ♪ die fünfte Stufe der diaton. Tonleiter, ABB. N 9: *Quintenzirkel.* **Quinterne** die, -/-n, Wettart in der Zahlenlotterie. **Quint|essenz** [mlat. quinta essentia ›die fünfte Seiende‹] die, Kern, das Wesentliche einer Sache: *die Q. unserer Erörterungen ist, daß alles beim alten bleibt.* **Quintett** [ital. quintetto] das, -(e)s/-e, Musikstück für fünf Stimmen oder Instrumente; die Gruppe der fünf Ausführenden: *Streichquintett.* **quintieren** [mhd. quintieren, zu mlat. quintare ›in Quinten singen‹, *Blasinstrumente* quintieren (haben quintiert), springt durch Überblasen um in die Quinte über der Oktave. **Quintillion** die, -/-en, die fünfte Potenz einer Million, 10^{30}. **Quintole** die, -/-n, ♪ zusammengehörige Gruppe von fünf Tönen, die zusammen den gleichen Zeitwert darstellen wie vier Töne der gleichen Schreibweise.

Qui|proquo [lat. ›der für den‹] das, -s/-s, Personenverwechslung.

Quipu [k'ipu, span. quipo, aus Ketschua] das, -(s)/-(s), Knotenschnur, Schriftersatz der Inka.

Quirinus, altröm. Gott.

Quirite [lat. Quiris] der, -n/-n, altröm. Vollbürger.

Quirl [ahd. dwiril] der, -(e)s/-e, **1)** ein Küchengerät zum Rühren. **2)** ⚘ Wirtel, in einem Knoten büschelartig stehende Pflanzenteile. **3)** Ü lebhafter, unruhiger Mensch. **quirlen, 1)** *ich* quirle (habe gequirlt) *(es),* rühre mit dem Quirl. **2)** *es quirlt* (hat gequirlt), Ü wirbelt umher, dreht sich wirbelnd. **quirlig,** Ü sehr lebhaft: *ein quirliges Kind.*

Quisling [nach dem norweg. Faschistenführer V. Quisling, 1887–1945] der, -s/-e, Kollaborateur, Landesverräter.

Quisquilien [lat. quisquiliae ›Abfall‹], *Pl.,* Kleinigkeiten, Nichtigkeiten.

quitt [mhd. quit, zu lat. quietus ›frei von Unruhe‹], *nichts flektierbar,* frei, ohne Verpflichtung, ohne Verbindlichkeiten: *wir sind q.,* zwischen uns ist alles ausgeglichen; *mit ihm bin ich q.,* U auch: mit ihm will ich nichts mehr zu tun haben.

Quitte [ahd. kutina, zu grch. melon kydonion ›kydonischer Apfel‹] die, -/-n, Name verschiedener Holzgewächse, auch ein Kernobstgewächs. **quitte(n)gelb.**

quittieren [frz. quitter ›freimachen‹], *ich* quittiere (habe quittiert) *es,* **1)** verlasse (meine berufl. Stellung): *er mußte den Dienst quittieren.* **2)** (ihm), bescheinige den Empfang, gebe ihm eine Quittung: *er hat die Rechnung quittiert,* den Erhalt des Rechnungsbetrages darauf bestätigt; *sie quittierte die Bemerkung mit einem ironischen Lächeln,* Ü. **Quittung** die, -/-en, **1)** Empfangsschein: *ich stelle ihm eine Q. über 100 DM aus.* **2)** ohne Pl., Ü Antwort, Vergeltung, Strafe: *die Q. für sein törichtes Benehmen blieb nicht aus.*

Quivive [kiv'i:v, frz. qui vive? ›wer lebt?‹] das, -s/-s, franzö. Postenruf, Wer-da-Ruf: *man muß auf dem Q. sein,* U auf der Hut.

Quiz [kvis, engl. ›Scherz‹, ›Prüfung‹] das, -/-, Frage-und-Antwort-Spiel: *Quizfrage; Quizmaster,* Leiter einer Quizveranstaltung; *Quizsendung; Fernsehquiz.*

quod erat demonstrandum [lat.], Abk.: q. e. d., was zu beweisen war.

Quodlibet [lat. ›was gefällt‹] das, -s/-s, **1)** buntes Durcheinander. **2)** ♪ zu einem scherzhaften Gesangsstück verknüpfte verschiedene Melodien.

quod licet Iovi, non licet bovi [lat.], was dem Jupiter erlaubt ist, ist nicht dem Ochsen erlaubt; Ü eines schickt sich nicht für alle.

quoll, von quellen.

quorren [Schallw.], *die Schnepfe* quorrt (hat gequorrt), ꝩ balzt.

Quorum [lat. ›von denen‹] das, -s, ⚖ zur Beschlußfassung einer Körperschaft nötige Anzahl anwesender Mitglieder.

Quotation [lat. quot? ›wie viele?‹] die, -/-en, **1)** Anteilsberechnung. **2)** [auch kvot'eißn, engl.], Börse: Kursnotierung. **Quote** [lat. quotus ›der wievielte?‹] die, -/-n, rechnungsmäßiger Anteil: *die Arbeitslosenquote stieg auf 5%; das Fernsehspiel hatte eine hohe Einschaltquote; Gewinnquote; Verlustquote.* **quotidian** [lat. quotidianus], täglich. **Quotient** [lat. quotiens ›wie oft?‹] der, -en/-en, ⌂ Ergebnis einer Division, ÜBERS. R 11. **quotieren,** *ich* quotiere (habe quotiert), ⚌ bewerte, gebe einen Preis an. **Quotierung** die, -/-en, Quotation. **quotisieren,** *ich* quotisiere (habe quotisiert) *es,* verteile anteilsmäßig, teile in Quoten auf. **Quotisierung** die, -/-en.

quousque tandem? [lat., Anfang der 1. Catilinar. Rede Ciceros], wie lange noch?

quo vadis? [eigtl. Domine (›Herr‹), quo vadis?, Frage des Petrus an Christus], wohin gehst du?

r, R [ɛr] *das, -/-,* ein Konsonant, ABB. A 8, UBERS. A 26, G 34: *ein kleines r; ein großes R; Zäpfchen-R; Zungen-R.*
r, 1) △ Zeichen für: Radius. **2)** früher: Zeichen für die Maßeinheit Röntgen.
r., Abk. für: rechts.
R, Zeichen für: **1)** Röntgen. **2)** Reaumur. **3)** auf Uhren: retarder, Richtung zum Langsamerstellen. **4)** Post: recommandé (eingeschrieben). **5)** [lat. rarus], in Münz- und Briefmarkenkatalogen: selten.
Ra, ⊙ Zeichen für: Radium.
Ra, ägypt. Mythologie: der Sonnengott Re.
Raa *die, -/-en,* ⚓ Rahe.
rabanzen, *ich* rabanze (habe rabanzt), *norddt., westdt.:* bin geschäftig; treibe mich herum.
Rabatt [ital. rabatto ›Abschlag‹, zu rabattere ›zurückschlagen‹] *der, -(e)s/-e,* Preisnachlaß, der dem Käufer gewährt wird: *wir geben (gewähren) 3% R.; Mengenrabatt; Rabattmarken.*
Rabatte [niederl., frz. rabat ›Kragen(aufschlag)‹] *die, -/-n,* Einfassungsbeet, Randbeet, ABB. G 3, P 3.
Rabatz [poln. rabac ›hauen‹] *der, -es,* U Krach, Unfug; Getümmel, lautes Treiben: *er hat fürchterlichen R. gemacht; mach keinen R.!,* fang keinen Streit an!
Rabau [niederl. rabauw ›Landstreicher‹] *der, -s/-e* oder *-en/-en, niederrhein.:* **1)** ein Apfel. **2)** Rabauke. **Rabauke** *der, -n/-n,* U Rüpel, Rowdy.
Rabbi [hebr. ›mein Lehrer‹, ›Meister‹] *der, -(s)/-s* oder *...b'inen,* **1)** ohne Pl., B Ehrentitel der jüd. Schriftgelehrten. **2)** Träger dieses Titels. **Rabbinat** *das, -(e)s/-e,* Amt und Würde des Rabbiners. **Rabbiner** *der, -s/-,* jüd. Religionslehrer, Prediger und Seelsorger. **rabbinisch.**
Rabe [ahd. hraban, Schallw.] *der, -n/-n,* großer, meist schwarzer Vogel: *der R. krächzt; er stiehlt wie ein R.,* Ü; *ein weißer R.,* Ü etwas ganz Seltenes, eine große Ausnahme. **Rabenaas** *das,* U derb: schlechter, gemeiner Mensch (Schimpfwort). **Rabeneltern,** *Pl.,* U lieblose Eltern, die sich nicht um ihre Kinder kümmern. **Rabenmutter** *die,* U lieblose Mutter. **rabenschwarz,** U ganz schwarz, tiefschwarz: *kohlrabenschwarz.* **Rabenvater** *der,* U liebloser Vater.
rabiat [lat. rabies ›Wut‹], wütend, sinnlos vor Zorn, brutal, roh: *ein rabiater Kerl.* **Rabies** *die, -,* ⚕ Tollwut.
Rabitzwand [nach dem Berliner Baumeister K. Rabitz 1878 erfunden] *die,* Drahtputzwand, eine leichte Trennwand.
Rabulist [lat. rabula ›Schreier‹] *der, -en/-en,* Rechtsverdreher, Wortverdreher. **Rabulistik** *die, -.* **rabulistisch.**
Rache [ahd. rahha] *die, -,* Vergeltung eines erlittenen Unrechts durch ein als entsprechend empfundenes Übel: *er sinnt auf R.; wir fordern, schwören R.; R. ist süß!* (meist als scherzhafte Androhung); *Racheakt; Rachedurst; Racheplan; nach R. dürstend, aber: rachedürstend; rachedurstig.*
Rachel [hebr. ›Mutterschaf‹], Rahel, weibl. Vorname.
rächen [ahd. rehhan], *ich* räche (habe gerächt), **1)** *ihn, es, mich,* übe Rache, vergelte es: *der Mord ist gerächt.* **2)** *mich an ihm für etwas,* verschaffe mir Genugtuung: *ich werde mich für diese Beleidigung rächen.* **3)** *es rächt sich,* hat üble Folgen: *dein Leichtsinn wird sich rächen.*
Rachen [ahd. rahho] *der, -s/-,* der Teil des Schlundkopfs, der mit der Mundhöhle durch die Rachenenge in Verbindung steht: *Rachenentzündung.* **2)** Maul, Schlund: *im R. des Löwen; wir müssen ihm den R. stopfen, es ihm in den R. werfen,* Ü ihm

etwas geben, um ihn zufriedenzustellen. **3)** P verderbenbringender Schlund, gähnende Öffnung: *der R. des Todes.* **Rachenblüt(l)er** *der, -s/-,* ⚘ Pflanze mit meist zweilippiger Blumenkrone und Kapselfrucht. **Rachenmandel** *die,* ⚕ eine Anhäufung von Lymphgewebe im oberen Rachenraum. **Rachenputzer** *der,* U saurer Wein, scharfes Getränk, scharfer Schnaps.
Rächer *der, -s/-,* jemand, der Rache übt. **Rachgier** *die.* **rachgierig.**
Rachitis [-x-, grch. rhachis ›Rücken‹, ›Wirbelsäule‹] *die, -,* ⚕ engl. Krankheit, Vitamin-D-Mangel-Krankheit, Störung des Kalk- und Phosphorstoffwechsels mit Veränderungen am Knochensystem. **rachitisch.**
Rachsucht *die, -,* Sucht nach Rache. **rachsüchtig.**
Rachull [aus slaw.] *der, -s/-e, ostdt.:* habgieriger Mensch.
racing . . . [r'eisiŋ, engl. to race ›rennen‹], Renn . . .: *Racingreifen,* Rennreifen, Autoreifen für starke Beanspruchung; *Racingteam,* Renngemeinschaft bei Automobilrennen.
Rack, 1) [ræk, engl. ›Gestell‹, ›Regal‹] *das, -s/-s,* turmförmig übereinander angeordnete Teile einer Hi-Fi-Anlage. **2)** [niederdt.] *das, -s/-e,* ⚓ Gabel oder Trommel zum Befestigen der Rahe am Mast.
Racke [Schallw.] *die, -/-n,* auch Rake, ein Vogel. **Rackelhuhn** *das,* Mischling zwischen Auerhuhn und Birkhuhn. **rackeln,** *ich* rack(e)le (habe gerackelt), niederdt.:
racken, *ich* racke (habe gerackt), *niederdt.:* wirtschafte mühsam, arbeite schwer. **Racker** [norddt. ›Schinder‹] *der, -s/-,* U Kind, das gern Dummheiten macht, Schlingel. **rackern,** abrackern.
Racket [r'ækit, engl., zu frz. raquette, aus arab., eigtl. ›Handfläche‹] *das, -s/-s,* **1)** auch Rakett, Tennisschläger. **2)** Erpresserbande (in den USA).
Rackjobber [r'ækdʒɔbɐ, engl. rack ›Regal‹ und jobber ›Zwischenhändler‹] *der,* Lieferant, der beim Einzelhändler bestimmte Regalflächen für seine Produkte in eigener Verantwortung zur Verfügung hat.
Raclette [rakl'et, frz., zu racler ›abkratzen‹] *die, -,* auch *das, -s,* ein schweizer Käsegericht.
rad, △ Abk. für: Radiant.
Rad [Kurzw. aus radiation absorbed dose] *das, -(s)/-,* Zeichen: rd, Einheit der absorbierten Strahlendosis je Gramm Materie.
Rad [ahd. rad, eigtl. ›das Rollende‹] *das, -(e)s/"er,* **1)** Rollkörper, bes. am Wagen, Maschinenteil für drehende Bewegung, ABB. B 47, K 39, K 40, R 1, Z 3: *Wagenrad; Zahnrad; die Räder des Wagens quietschten; das R. der Geschichte, der Zeit,* Ü; *man kann dem Schicksal nicht ins R. greifen,* Ü den Lauf der Dinge aufhalten; *er wird noch unter die Räder kommen,* Ü zugrunde gehen, moralisch verkommen; *er ist das fünfte R. am Wagen,* Ü überflüssig. **2)** kurz für: Fahrrad: *Radrennen; Radsport;* vgl. radfahren. **3)** Strahlenkörper, z. B.

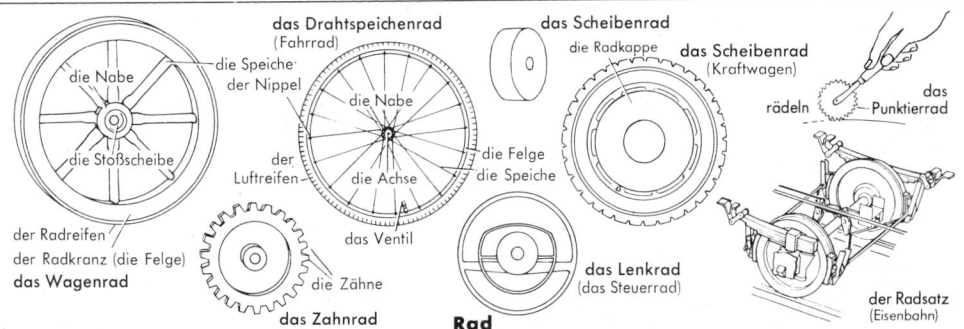

das Drahtspeichenrad (Fahrrad) — die Nabe — die Speiche — der Nippel — die Nabe — der Luftreifen — die Achse — die Felge — die Speiche — der Radreifen — der Radkranz (die Felge) — das Wagenrad — das Ventil — die Zähne — das Zahnrad — das Scheibenrad — die Radkappe — das Scheibenrad (Kraftwagen) — das Lenkrad (das Steuerrad) — rädeln — das Punktierrad — der Radsatz (Eisenbahn)

Rad

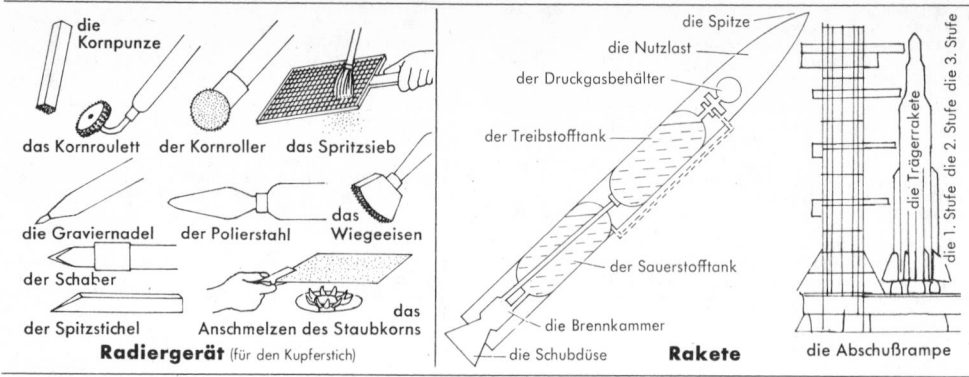

die Kornpunze

das Kornroulett — der Kornroller — das Spritzsieb

die Graviernadel — der Polierstahl — das Wiegeeisen

der Schaber

der Spitzstichel — Anschmelzen des Staubkorns — das

Radiergerät (für den Kupferstich)

die Spitze — die Nutzlast — der Druckgasbehälter — der Treibstofftank — der Sauerstofftank — die Brennkammer — die Schubdüse — **Rakete** — die Abschußrampe

die Trägerrakete — die 3. Stufe — die 2. Stufe — die 1. Stufe

Blüte, ABB. B 38. **4)** gespreizter Schwanz des Truthahns, Pfaus: *der Pfau schlägt ein R.* **5)** Turnen: ein Überschlag: *er schlägt ein R.;* vgl. radschlagen. **6)** Hinrichtungswerkzeug im MA.: *Verbrecher wurden aufs R. geflochten.*

Radar [auch r′a:-, Kurzw. aus engl. radio detection and ranging ›Funkortung und Messung‹] *das* oder *der, -s/-s,* die Anwendung der Funktechnik zur Erfassung und Orts-, Entfernungs- und Richtungsbestimmung von ortsfesten und beweglichen Gegenständen: *Radarantenne,* ABB. L 11, S 16; *Radarkontrolle; Radarschirm,* Leuchtschirm zur Ausübung der Radarkontrolle; *Radarturm,* ABB. F 30. **Radarfalle** *die,* U für den Autofahrer nicht ohne weiteres erkennbare polizeil. Geschwindigkeitskontrolle mit Radar. **Radargerät** *das,* Gerät zur Navigation, Wettererkennung, Luftraum- und Verkehrsüberwachung u. a.

Radau [urspr. berliner. Redensart, Schallw.] *der, -s,* U Lärm, Krach: *die Kinder machen viel R.; Radaubruder,* U verächtlich: Unruhestifter, Randalierer.

Radball *der, -(e)s,* ✠ Ballspiel auf Fahrrädern. **Radber** *die,* Radeber. **Rädchen** *das, -s/-,* auch *R′äderchen,* Diminutiv zu Rad. **Raddampfer** *der,* früher: ein Dampfschiff mit Schaufelrädern.

Rade [ahd. rato] *die, -/-n,* Name verschiedener Pflanzen: *Kornrade.*

Rad(e)ber *die, -/-en,* **Radeberge** [mhd. radeber] *die, -/-n,* ostmitteldt.: Schubkarren.

radebrechen [mhd. radebrechen ›jemandem die Glieder mit dem Rade brechen‹], *ich radebreche* (habe geradebrecht) *eine Sprache,* spreche sie stümperhaft.

Radehacke [zu roden] *die,* obersächs.: Rodehacke.

radeln [zu Rad], *ich* rad(e)le (bin geradelt), U fahre mit dem Fahrrad. **rädeln,** *ich* räd(e)le (habe gerädelt) *es,* zeichne mit einem Rädchen, ABB. R 1. **Rädelsführer** [nach der kreisförmigen Aufstellung von Landsknechten] *der,* Anführer einer Verschwörung, eines Aufruhrs oder einer gesetzwidrigen Organisation. **Rad(e)macher** *der,* norddt.: Stellmacher. **. . .räd(e)rig,** . . .rädrig. **rädern,** *ich* räd(e)re (habe gerädert), **1)** *ihn,* früher: richte mit dem Rad hin. **2)** *ich bin wie gerädert,* U bin sehr erschöpft. **Rädertiere,** Rotatorien, meist mikroskopisch kleine, durchsichtige Wassertiere. **Räderwerk** *das,* ABB. U 1. **radfahren,** *ich* fahre Rad (fuhr Rad, bin radgefahren), **1)** fahre mit dem Fahrrad: *es ist gut, wenn er radfährt; er fährt gern Rad; Rad(fahr)weg.* **2)** Ü bin unterwürfig und schmeichlerisch zu Vorgesetzten, schikanös zu Untergebenen. **Radfahrer** *der,* auch Ü.

Radi [lat. radix ›Wurzel‹] *der, -s/-, bair., österr.:* Rettich.

radial [lat. radius ›Strahl‹], **1)** von einem Mittelpunkt ausgehend oder auf ihn zuführend; strahlenförmig: *die Straßen der Altstadt gehen r. vom Marktplatz aus.* **2)** den Radius betreffend. **3)** ☆ in der Gesichtslinie (auf einen zu, von einem weg): *die Radialgeschwindigkeit eines Gestirns.* **4)** ♫ am Unterarm auf der Seite der Speiche gelegen. **Radiant** [frz., zu mlat. radians] *der, -en/-en,* **1)** Abk.: rad, △ eine Winkeleinheit im Bogenmaß. **2)** ☆ scheinbarer Ausstrahlungspunkt eines Sternschnuppenschwarms am Himmel. **Radiäs|thesie** [grch. aisthesis ›Sinneswahrnehmung‹] *die, -,* Lehre von Strahlenwirkungen, die von belebten und unbelebten Objekten und z. B.

durch Wünschelruten feststellbar sein sollen. **Radiation** [frz.] *die, -/-en,* Strahlung, Ausstrahlung; genetisch die Entwicklung neuer Anpassungen. **Radiator** *der, -s/. . .t′oren,* Zentralheizungs-Heizkörper aus mehreren langgestreckten, miteinander verbundenen Hohlkörpern. **Radi|en,** *Pl.* von Radius.

radieren [lat. radere ›kratzen‹, ›schaben‹], *ich radiere* (habe radiert) *(es),* **1)** entferne Geschriebenes oder Gezeichnetes mit Radiergummi oder Radiermesser. **2)** reiße eine Zeichnung mit Stichel oder Nadel in eine präparierte Metallplatte; vgl. ABB. R 2. **Radierer** *der, -s/-,* **1)** Künstler, der Radierungen herstellt. **2)** U kurz für: Radiergummi. **Radiergummi** *der,* Gummi oder Kunstkautschuk zum Entfernen von Geschriebenem oder Gezeichnetem, ABB. B 57. **Radierung** *die, -/-en,* U meist *Pl.,* **1)** Verfahren zur Herstellung einer radierten Druckplatte. **2)** Abzug davon: *Originalradierung.*

Radies|chen [lat. radix ›Wurzel‹] *das, -s/-,* eine Form des Rettichs.

radikal [mlat. radicalis, zu radix ›Wurzel‹], **1)** bis auf die Wurzel, vom Grund aus, vollständig: *radikale Unkrautbeseitigung; eine radikale Änderung der Verhältnisse.* **2)** scharf, bis zum Äußersten gehend, kompromißlos, extremistisch: *die Polizei griff r. durch; links- und rechtsradikale politische Gruppen.* **Radikal** *das, -s/-e,* **1)** △ Begriff aus der Theorie algebraischer Gleichungen. **2)** ⊖ eine Atomgruppe, häufig als kennzeichnender Bestandteil einer chem. Verbindung. **3)** meist instabile Atomgruppierung als kurzlebiges Zwischenprodukt. **Radikale** *der, die, -n/-n, ein -r, eine -,* jemand mit radikaler Gesinnung. **radikalisieren,** *ich* radikalisiere (habe radikalisiert) *ihn, es.* **Radikalisierung** *die, -,* Entwicklung zum Radikalismus. **Radikalismus** [vgl. . . .ismus] *der, -,* **1)** Unbedingtheit, rücksichtsloses Vorgehen, radikales Denken. **2)** Politik: jede Richtung, die Interessen ohne Verständigungsbereitschaft mit anderen Kräften verfolgt. **Radikalist** *der, -en/-en.* **Radikalkur** *die,* U gründliche Behandlung, die eine Krankheit, ein Übel an der Wurzel packt. **Radikaloperation** *die,* chirurg. Eingriff, bei dem ein Krankheitsherd vollständig beseitigt wird. **Radikand** *der, -en/-en,* △ Zahl, aus der eine Wurzel gezogen werden soll, ÜBERS. R 11.

Radio [Kurzw. aus engl. radiotelegraphy] *das, bes. schweiz.* auch *der, -s/-s,* U Gerät zum Rundfunkempfang: *Radioapparat; Radiogerät,* ABB. R 30. **2)** *ohne Pl.,* Rundfunkanstalt. **radio. . .** [lat. radius ›Strahl‹], **1)** strahlen. . .: *Radiochemie; Radiotherapie.* **2)** (rund)funk. . .: *Radiosender.* **radioaktiv,** *radioaktive Abfälle; radioaktiver Niederschlag; radioaktive Isotope.* **Radioaktivität** *die, -,* die Eigenschaft bestimmter chem. Elemente oder Isotope, sich ohne äußere Einwirkung unter Aussendung kennzeichnender Strahlung umzuwandeln. **Radioastronomie** *die,* Teil der Astronomie, der sich der unsichtbaren Radiofrequenzstrahlung zur Erforschung von Himmelsobjekten bedient. **Radiochemie** *die,* Chemie der radioaktiven Stoffe und deren Anwendung zur Forschung. **Radiofrequenzstrahlung** *die,* Radiostrahlung, kosmische Strahlung bestimmter Wellenlänge. **radiogen** [vgl. . . .gen], durch radioaktiven Zerfall entstanden. **Radiolarie** [-ia] *die, -/. . .ri|en,* Strahlentierchen: *Radiolarienschlamm.* **Radiologe** [vgl. . . .loge] *der, -n/-n,* Facharzt für Röntgen-, Strahlenheilkunde. **Radiologie** [vgl. . . .logie] *die, -,* Lehre von den Strahlen (bes. radioaktiven und Röntgenstrahlen) und ihrer Anwendung. **Radiometer** [grch. metron ›Maß‹] *das, -s/-,* ein Strahlungsmeßgerät. **Radiosonde** *die,* meteorolog. Ballon, der seine Meßergebnisse zur Erde funkt. **Radioteleskop** *das,* astronom. Instrument zum Empfang der Radiofrequenzstrahlung.

Radium [lat. radius ›Strahl‹] *das, -s,* ♉ Zeichen: Ra, ein radioaktives Element. **Radius** *der, -/...di|en,* **1)** Zeichen: r, △ Halbmesser, Strecke vom Mittelpunkt zum Umfang eines Kreises oder einer Kugel, ABB. K 43, K 52. **2)** ⚕ Speiche, ein Unterarmknochen. **3)** kurz für: Aktionsradius: *der R. eines Flugzeugs, eines Schiffes.*

Radix [lat.] *die, -/...dizes,* Wurzel. **radizieren**, *ich* radiziere (habe radiziert) *eine Zahl,* △ ziehe die Wurzel daraus, ÜBERS. R 11.

Radkappe *die,* ABB. R 1. **Radkranz** *der,* ABB. R 1. **Radler** *der, -s/-,* Radfahrer. **Radlermaß** *die, -/,* bair.: Getränk aus Bier und Zitronenlimonade. **Radmacher** *der,* Rademacher. **Radmantel** *der,* ärmelloser Überwurf. **Radnetzspinne** *die,* Spinne mit radförmigem Netz.

Radolf [ahd. rat ›Rat‹ und wolf ›Wolf‹], männl. Vorname. **Radom, Radome** [r'eidoum, engl. Abk. für: radar dome ›Radar-Kuppel‹] *das, -s/-s,* kuppelartige Verkleidung für Radar- und Funknavigationsgeräte.

Radon [lat. radius ›Strahl‹] *das, -s,* ♉ Element, Zeichen: Rn, ein radioaktives Edelgas.

...rädrig, ...räderig, mit ... Rädern: *ein zweirädriger Karren.* **Radsatz** *der,* zwei Räder mit Achswelle, ABB. R 1.

Radscha [altind. raja ›König‹, ›Fürst‹] *der, -s/-s,* ein indischer Fürstentitel.

radschlagen, *ich* schlage Rad (schlug Rad, habe radgeschlagen), mache einen Überschlag, ABB. S 53: *er schlägt (ein) Rad.* **Radschloß** *das,* altes Gewehrschloß. **Radstand** *der,* Achsstand, ABB. A 3. **Radsturz** *der,* Achssturz, Neigung der Radebene gegenüber der Lotrechten.

Radula [lat. ›Schabeisen‹] *die, -/...lae,* Reibzunge.

Räf [mhd. ref ›Traggestell‹] *das, -s/-e, schweiz.:* **1)** auch Reff, Tragkorb, Traggestell. **2)** zanksüchtige, böswillige Frau. **Rafa|el,** auch Raphael, männl. Vorname.

Rafe [mhd. rave, rafe] *die, -/-n, oberdt.:* Dachsparren.

Raffel *die, -/-n,* **1)** Reibeisen. **2)** Gerät, mit dem man Beeren, Samenkörner u. a. abstreift. **3)** Klapper. **4)** *oberdt.:* schwatzhafte, zänkische Frau. **raffeln** [mhd. raffeln ›lärmen‹], *ich* raff(e)le (habe geraffelt), *oberdt.:* **1)** *es,* reibe, raspele, hechele. **2)** klappere. **3)** klatsche, verleumde.

raffen [mhd. raffen, reffen], *ich* raffe (habe gerafft) *es,* **1)** ziehe hastig, gierig an mich: *sie raffte ihre Sachen an sich und verschwand.* **2)** nehme, wo ich kann, spare geizig: *er hat zeitlebens nur Geld gerafft.* **3)** nehme und ziehe an mich: *vor der Treppe raffte sie ihre Schleppe.* **4)** lege in Falten: *geraffte Gardinen.* **Raffgier** *die,* Habgier, Geiz. **raffgierig.**

Raffinade [frz. raffiner ›läutern‹, ›verfeinern‹, zu fin ›fein‹] *die, -/-n,* bes. gereinigter Zucker. **Raffinat** *das, -(e)s/-e,* etwas, das raffiniert wurde. **Raffination** *die, -/-en,* das Raffinieren, Verfeinerung, Reinigung: *Zuckerraffination.* **Raffinement** [rafinəm'ā, frz.] *das, -s/-s,* Raffinesse, **1)** höchste Verfeinerung, Überfeinerung, verfeinerter Geschmack. **2)** Durchtriebenheit, schlaue Berechnung. **Raffinerie** [frz.] *die, -/...ri|en,* Anlage zur Reinigung von Zucker, Erdöl u. a.: *Erdölraffinerie.* **Raffinesse** [zu Raffinement und Finesse] *die, -/-n,* Raffinement: *mit allen Raffinessen,* mit allen Feinheiten, mit allem Zubehör. **Raffineur** [-n'ø:r] *der, -s/-e,* Maschine zur Holzschliffherstellung. **raffinieren,** *ich* raffiniere (habe raffiniert) *es,* ♉ ⊙ reinige und veredle (Zucker, Erdöl, Metalle u. a.). **raffiniert,** **1)** ♉ ⊙ gereinigt: *raffinierter Zucker.* **2)** Ü verfeinert, überfeinert: *raffinierter Luxus.* **3)** Ü schlau, durchtrieben: *der Plan war r. ausgedacht; ein raffinierter Gauner.* **Raffinose** *die, -,* ein natürlicher Zucker.

Raffke [zu raffen] *der, -s/-s,* Ü abschätzig: habgieriger, geldgieriger Mensch; ungebildeter Neureicher: *Herr und Frau R.* **Raffzahn** *der,* Ü **1)** vorstehender Zahn: *sie hat Raffzähne,* stark nach vorn geneigte obere Schneidezähne. **2)** raffgieriger Mensch.

Raft [engl. ›Floß‹] *das, -s/-s,* schwimmende Treibholzinsel. **Rage** [r'a:ʒə, frz.] *die, -,* Wut, Raserei, Übereifer: *sie kommt schnell in R.; er bringt mich in R.*

ragen [mhd. ragen], *ich* rage (hat geragt) *aus etwas,* ist größer, länger, höher als die Umgebung: *der Kirchturm r. aus dem Häusermeer.*

Ragione [-dʒ'o:nə, ital., zu lat. ratio ›Berechnung‹, ›Re-

chenschaft‹] *die, -/-n,* ♉♉ *schweiz.:* im Handelsregister eingetragene Firma: *Ragionenbuch.*

Raglan [auch r'æglən, engl., nach Lord Raglan, 1788 bis 1855] *der, -s/-s,* **1)** Ärmel(form) mit angeschnittenen Schulterteilen: *Raglanärmel,* ABB. K 24; *Raglanschnitt.* **2)** Sportmantel mit diesem Ärmel.

Ragnarök [altnord. ›Götterverhängnis‹] *die, -,* nord. Mythologie: der Kampf der Götter mit den feindl. Mächten, ihr Untergang und die Vernichtung der Erde.

Ragout [rag'u, frz. ragoût, zu goût ›Geschmack‹] *das, -s/-s,* ein Gericht mit würziger Soße: *Hirschragout.* **Ragoût fin** [ragu'fɛ̃, frz. fin ›fein‹] *das, - - -/-s -s* [-f'ɛ̃], Gericht aus kleingeschnittenem Fleisch in Blätterteig oder Muschelschale.

Ragtime [r'ægtaim, engl., ›zerrissener Takt‹] *der, -(s), ♪* eine Form des Jazz.

Rahe [mhd. rahe] *die, -/-n,* auch Raa, ⚓ quer am Mast angebrachte Stange, ABB. S 45.

Rahel, Rachel, weibl. Vorname.

Rahm [mhd. roum] *der, -(e)s,* Sahne: *süßer, saurer R.; Schlagrahm; Rahmsoße; er hat den R. schon abgeschöpft,* Ü das Beste für sich genommen.

Rähm *der, -(e)s/-e,* 🏠 die langen waagerechten Hölzer des Dachstuhls, ABB. D 1. **Rähmchen** *das, -s/-,* Diminutiv zu Rahmen. **rahmen,** *ich* rahme (habe gerahmt) *es,* rahme ein. **Rahmen** [ahd. rama ›Stütze‹] *der, -s/-,* **1)** Umfassung, Einfassung, ABB. R 3, z. B. eines Bildes, ABB. B 30, oder eines Spiegels, ABB. S 52: *Fensterrahmen,* ABB. F 12. **2)** Halt und Stütze gebendes Gestell: *der R. des Fahrrades,* ABB. F 3; *Webrahmen; Stickrahmen.* **3)** Ü Umgebung, Bereich: *im R. einer Feierstunde; im R. des Möglichen; das Lied fiel aus dem R.,* fiel unangenehm oder unangenehm auf, paßte nicht zu anderem. **4)** Sammelbestimmung, in die sich Sonderbestimmungen einfügen: *Rahmenplan; Rahmenrichtlinien.* **Rahmenerzählung** *die,* Umschließung einer oder mehrerer Erzählungen durch eine andere. **Rahmengesetz** *das,* Mantelgesetz. **Rahmentarif** *der,* Manteltarif.

rahmig [zu Rahm], sahnig. **Rahmkäse** *der,* ein Weichkäse aus Rahm.

rahn [mhd. ran], *hess., fränk.:* schmächtig, schlank. **Rahne** *die, -/-n, süddt.:* rote Rübe.

Rahsegel *das,* ⚓ das an der Rahe befestigte Segel.

RAI, Abk. für: Radiotelevisione Italiana, eine italien. Rundfunk- und Fernsehanstalt.

Rajbach *der, -s,* Rebbach.

Raid [reid, engl. ›Überfall‹] *der, -s/-s,* ⚔ Überraschungsangriff, militär. Streifzug.

Raife [verwandt mit Riffel] *die, -/-n,* Hinterleibsorgan vieler Insekten: *Afterraife.*

Raigras [engl. rye ›Roggen‹] *das,* auch Raygras, Name verschiedener Gräser.

Raimar [ahd. ragin (nur in Zusammensetzungen) ›Rat‹, ›Beschluß‹ und mari ›berühmt‹], auch Reimar, männl. Vorname. **Raimund** [ahd. mund ›Schutz‹], auch Reimund, männl. Vorname.

Rain [ahd. rein ›Schutzwehr‹] *der, -(e)s/-e,* **1)** grasbewachsener Feldsaum, Bodenerhöhung als Ackergrenze. **2)** *süddt.:* Abhang. **rainen,** *ich* raine (habe geraint) *ein Feld,* umgrenze, grenze ab: *ich r. und steine,* grenze mit Steinen ab.

Rainer [vgl. Reimar und hari ›Heer‹, ›Schar‹], auch Reiner, männl. Vorname.

Rainfarn [zu Rain] *der,* ein Korbblütler. **Rainung** *die, -/-en,* das Rainen. **Rainweide** *die,* der Liguster.

Raison [rɛz'ɔ̃, frz.] *die, -,* Räson.

rajolen [frz.] *ich* rajole (habe rajolt) *es,* rigole.

Rake *die, -/-n,* Racke.

Rakel [frz. racle ›Schabeisen‹] *die, -/-n,* Tiefdruck, Textildruck: messerartiges Gerät, das Druckfarbe vom Druckzylinder abstreift: *Rakelmesser,* ABB. D 15; *Rakeltiefdruck.*

räkeln, rekeln.

Rakete [ital. rochetta, zu rocca ›Spinnrocken‹] *die, -/-n,* **1)** Flugkörper, der aus mitgeführten Treibstoffen einen im Vakuum wirksamen Rückstoß erzeugt, ABB. R 2, vgl. R 9: *Flugabwehrrakete; Trägerrakete; Raketenabschußrampe; Raketenbasis; Raketensilo; raketengetrieben.* **2)** ein Feuerwerkskörper oder Leuchtzeichen, ABB. F 18: *Leuchtrakete.* **Raketenantrieb** *der,* Strahlantrieb für Raketen. **Raketenapparat** *der,* ein Gerät zur Rettung Schiffbrüchiger. **Raketenschlitten** *der,* ein auf Schienen gleitender Schlitten mit Raketenantrieb für Forschungszwecke. **Raketentriebwerk** *das,* Raketenantrieb, chemische oder elektr. Energie nutzendes Trieb-

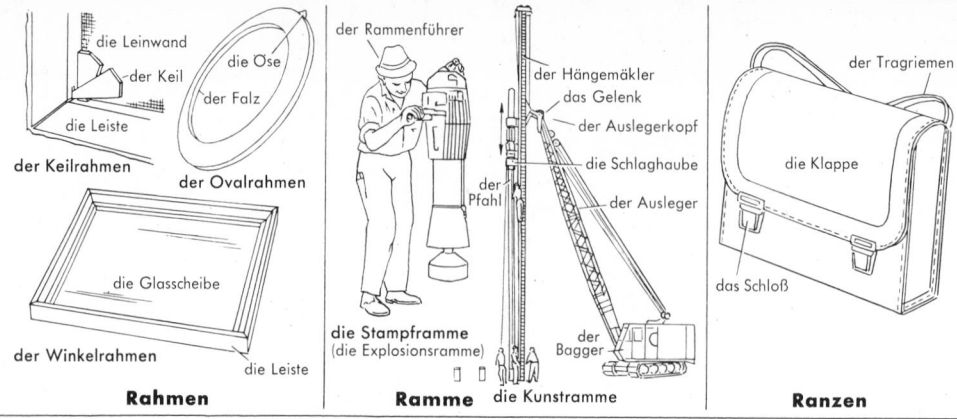

werk zur Rückstoßerzeugung für Raketen. **Raketenwaffen,** *Pl.*, Kampfraketen, Lenkwaffen, gelenkte und ungelenkte Flugkörper mit Raketenantrieb und Sprengsätzen. **Raketenwerfer** *der,* Startvorrichtung für Raketenwaffen.

Rakett *das, -(e)s/-s* oder *-e,* eingedeutscht für: Racket, Tennisschläger.

Raki [türk. aus arab. araq, vgl. Arrak] *der, -(s)/-s,* türk. Branntwein aus Rosinen und Anis.

Ralf [vgl. Ralph], männl. Vorname.

rall., rallent., ♪ Abk. für: rallentando.

Ralle [frz. râle] *die, -/-n,* meist Gewässer oder Sumpf bewohnender Vogel.

rallentando [ital.], Abk.: rall., rallent., ♪ langsamer werdend.

Rally [r'æli, engl.], **Rallye** [r'ali, ral'i, frz., engl. to rally ›wieder sammeln‹] *die, -/-s, schweiz.: das, -s/-,* Sternfahrt, ein Automobilwettbewerb: *Rally(e)fahrer.*

Ralph [verkürzt aus Radolf], männl. Vorname.

Ramadan [arab. ›die sommerliche Hitze‹] *der, -(s),* der neunte Monat des muslim. Mondjahrs, Fastenmonat.

ramassieren [frz. ramasser], *ich* ramassiere (habe ramassiert) *es,* ⚔ sammle, fasse zusammen, erhalte. **ramassiert,** ⚔ gedrungen, untersetzt.

Ramasuri [ital. ramazza ›Besen‹] *die, -,* österr.: **1)** gründliches Aufräumen. **2)** großes Durcheinander, Wirbel; Trubel.

Ramie [malaiisch] *die, -/. . .m'i\en,* ein asiat. Nesselgewächs.

Ramm [ahd. ram] *der, -(e)s/-e,* **1)** ⚔ Rammsporn. **2)** Verlagerung der Kniescheibe bei Pferd und Rind. **3)** *schwäb.:* Schafbock. **Rammbär, Rammbock** *der,* Ramme. **rammdösig,** Ü benommen, schwindlig. **Ramme** *die, -/-n,* Gerät zur Bodenverdichtung, zum Eintreiben von Pfählen u. a., ABB. R 3. **Rammel** *der, -s/-, ostmitteldt.:* grober Mensch. **Rammelei** *die, -/-en,* **1)** *mitteldt.:* Gestoße, Gedränge. **2)** V Geschlechtsverkehr. **ramm(e)lig,** ♈ brünstig (Hase, Kaninchen). **rammeln,** *ich* ramm(e)le (habe gerammelt), **1)** *ihn, mitteldt.:* stoße, rempele; vgl. gerammelt. **2)** *Kaninchen, Hasen rammeln,* ♈ sind brünstig, begatten sich: *Rammelzeit.* **3)** V habe Geschlechtsverkehr. **rammen,** *ich* ramme (habe gerammt), **1)** *es in etwas,* treibe tief ein, stoße, bes. mit einer Ramme: *er rammte Pfähle in den Boden.* **2)** *ihn, es,* stoße, fahre ihm in die Seite und beschädige, verletze dabei: *unser Schiff wurde gerammt; ein Lkw rammte meinen Wagen.* **Rammler** *der, -s/-,* männl. Tier, bes. von Hase und Kaninchen. **Rammskopf** *der,* **Rammsnase** *die,* beim Pferd: stark gewölbter Nasenrücken (wie beim Schafbock), ABB. P 9. **ramm|spörig,** *mitteldt.:* mürrisch. **Ramm|sporn** *der,* früher: vorspringender Schiffsteil zum Rammen feindl. Schiffe.

Rampe [frz. rampe] *die, -/-n,* **1)** flach ansteigende schiefe Ebene als Auffahrt für Wagen, ABB. S 27; erhöhte Fläche zum Verladen von Gütern, ABB. B 5: *Verladerampe.* **2)** *Theater:* der vorderste Rand des Bühnenbodens und dessen Beleuchtung, ABB. T 8: *im Rampenlicht der Öffentlichkeit.* Ü.

ramponieren [mittelniederl. ramponeren], *ich* ramponiere (habe ramponiert) *es,* Ü beschädige stark: *ein ramponiertes Auto; sein ramponiertes Selbstbewußtsein,* Ü.

Ramsch [frz. dialekt. ramser ›zusammenraffen‹, verwandt mit ramasser] *der, -(e)s/-e,* **1)** *ohne Pl.,* Ausschußware, Minderwertiges, Warenreste: *Ramschladen; Ramschware; er hat im R. verkauft,* in Bausch und Bogen, zu Schleuderpreisen. **2)** *Skat:* Spiel, bei dem kein Spieler reizt und derjenige, der die meisten Punkte erhält, verliert. **ramschen,** *ich* ramsche (habe geramscht), **1)** *Skat:* spiele einen Ramsch. **2)** *es,* kaufe Ramschware, kaufe billig auf. **Ramscher** *der, -s/-,* Ü jemand, der Waren zu Schleuderpreisen aufkauft.

ran, Ü daran, heran.

Ran [wohl zu altnord. ran ›Raub‹, ›Plünderung‹], nord. Mythologie: tückische Meeresgöttin.

Ranch [rænʃ, engl., zu span. rancho ›Hirtenlager‹] *die, -/-(e)s [-ʃiz],* Viehwirtschaft im nordamerikan. Westen. **Rancher** [r'ænʃə] *der, -s/-,* Viehzüchter, Besitzer einer Ranch.

Rand [ahd. rant, verwandt mit Rahmen] *der, -(e)s/⁼er,* **1)** Grenzstreifen, Umgrenzung; Kante, ABB. H 29, S 13, S 76: *Stadtrand; Waldrand; Tellerrand; Trauerrand,* schwarzer Rand an Beileidsbriefen; *der R. des Teppichs; das Fleckenmittel hat Ränder hinterlassen; am R. des Abgrunds; der Kranke hatte dunkle Ränder um die Augen, Ringe; ich stand am R. des Grabes,* Ü war todkrank; *am R. bemerkt,* nebenbei; *das versteht sich am R.,* von selbst; *außer R. und Band,* Ü sich ausgelassen; *damit kommst du nie zu Rande,* Ü wirst du nie fertig. **2)** Ü derb: Mund: *halt den R.!* **3)** *oberdt.:* Anlauf, Anprall.

Rand [engl. rænd] *der, -s/-s* und bei Wertangaben *-,* Währungseinheit in der Rep. Südafrika.

Randal [nhd., zu Rand ›Possen‹ und Skandal] *der, -s/-e,* ⚔ lärmender Unfug. **randalieren,** *ich* randaliere (habe randaliert), Ü mache Lärm, Unfug: *randalierende Jugendliche.* **Randalierer** *der, -s/-.*

Randbemerkung *die,* **1)** Anmerkung auf dem Rand einer Seite. **2)** Ü Glosse, Nebenbemerkung; abfällige Bemerkung.

Rändchen *das, -s/-.*

Rande *die, -/-n, alem.:* rote Rübe.

Rändel|eisen *das,* Stahlrädchen zum Rändeln. **rändeln,** *ich* ränd(e)le (habe gerändelt) *es,* präge mit dem Rändeleisen Rillen ein, z. B. auf den Umfang von Münzen. **. . . ränd(e)rig,** **. . .randig,** ich ränd(e)re (habe gerändert) *es,* umrande, versehe mit einem Rand. **Randgebiet** *das: Stadtrandgebiet; ein R. der Medizin.* **Randgruppe** *die,* wenig in die Gesellschaft integrierte, meist kleinere soziale Gruppe: *gesellschaftliche Randgruppen.* **. . . randig,** . . . ränd(e)rig, mit einer bestimmten Art von Rand versehen: *der Hut ist schmalrändrig* oder *schmalrandig.* **randvoll,** bis zum Rand gefüllt.

Ranft [ahd. rampft, verwandt mit Rahmen] *der, -(e)s/⁼e,* **Ränftchen** *das, -s/-, sächs.:* Anschnitt und Endstück des Brotes, Kanten.

rang, von ringen.

Rang [frz. rang ›Reihe‹, ›Ordnung‹] *der, -(e)s/⁼e,* **1)** Stufe in einer Ordnung, gesellschaftliche Stellung: *Personen hohen Ranges; ein Künstler von R.; er will mir den R. ablaufen,* Ü mir zuvorkommen, mich überflügeln (eigtl.: *den Rank ablaufen,* die Krümmung des Weges abschneiden und mir so zuvorkommen; vgl. Rank); *er will ihm den R. streitig machen,* seine Stellung einnehmen. **2)** Theater: Stockwerk im Zuschauerraum, ABB. T 8: *der erste, zweite, dritte R.* **3)** ⚔ Offiziersdienstgrad: *Rangabzeichen.* **4)** Gewinnklasse bei Toto und Lotto: *eine Million im ersten R.*

Range [mhd. range ›böser Bube‹] *die, -/-n,* U ungebärdiges Kind, Wildfang. **rangeln** [mhd. rangen ›ringen‹, ›sich hin und her bewegen‹], *ich* rang(e)le (habe gerangelt), *norddt.:* balge mich, raufe, klettere, bewege mich ungebärdig, wälze.

Ranger [r'eindʒə, engl.] *der, -s/-s,* Angehöriger einer bes. ausgerüsteten nordamerikan. Militär- oder Polizeitruppe für den Sondereinsatz: *Texas Rangers.*

Rangierbahnhof [raŋ3'iːr-] *der,* Verschiebebahnhof. **rangieren** [raŋ3-, rã3-, frz. ranger ›ordnen‹, vgl. Rang], *ich* rangiere (habe rangiert), **1)** *Eisenbahnwagen,* verschiebe: *Rangiergleis.* **2)** stehe in einem Rang, werde bewertet: *rangiert an zweiter Stelle.*

Rangliste *die,* **1)** ⚔ namentl. Verzeichnis der aktiven Offiziere. **2)** ✗ in einigen Sportarten nach Leistung geordnete Aufstellung der Sportler.

ranhalten, *ich* halte *mich* ran (hielt mich ran, habe mich rangehalten), U beeile mich: *du mußt dich ranhalten!*

rank [mhd. ranc ›dünn‹, ›schlank‹], **1)** *norddt.:* schlank, biegsam: *r. und schlank.* **2)** ⌇ sich leicht neigend (Schiff mit zu hohem Schwerpunkt).

Rank [mhd. ranc ›schnelle, drehende Bewegung‹] *der, -(e)s/-ᵉe, oberdt.:* Knick, Wegkrümmung: *er wird den R. finden, schweiz.:* sich zu helfen wissen, einen Ausweg finden; vgl. Ränke.

Ranke [ahd. hranca] *die, -/-n,* Kletterglied der Pflanze, ABB. L 3.

Ränke [zu Rank] *Pl.,* List, tückisches Vorgehen, Intrige: *er schmiedet R.; sie ist eine Meisterin im Ränkeschmieden.* **ränkeln** [zu ränk(e)le (habe gerankelt), *oberdt.:* **1)** mit ihm, rangle, ringe, streite. **2)** mache Umwege; schmiede Ränke.

ranken [zu Ranke], *es* rankt (hat gerankt) (*sich*), treibt Ranken, klettert empor, schlängelt sich um etwas: *Bohnen ranken sich um Stangen.*

Ranken [vgl. Runks] *der, -s/-, oberdt.:* derbes Stück Brot. **Rankenfüßer** [zu Ranke] *der, -s/-,* krebsartiges Meerestier. **Rankenornament** *das,* Verzierung aus ineinander verschlungenen Ranken. **Rankenpflanze** *die,* rankende Pflanze. **Rankenwerk** *das,* **1)** viele Ranken. **2)** Rankenornament. **Ränkeschmied** *der,* tückischer Mensch, Intrigant. **ränkesüchtig.**

rankriegen, *ich* kriege *ihn* ran (habe rangekriegt), U ziehe zur Verantwortung oder zu harter Arbeit heran.

Ranküne [frz. rancune] *die, -/-n,* Groll, heiml. Feindschaft. **ranmüssen,** *ich* muß ran (habe rangemußt), U muß (tüchtig) mitarbeiten.

rann, von rinnen.

rannte, von rennen.

ranschmeißen, *ich* schmeiße *mich* ran (habe mich rangeschmissen) *an ihn,* U schleime mich an.

Ranschnur *die, schweiz.:* Richtschnur des Zimmermanns.

Ranunkel [lat. ranunculus ›Fröschchen‹] *die, -/-n,* ⚘ Hahnenfuß.

Ränzchen, Ränzel *das, -s/-,* Diminutiv zu Ranzen.

ranzen [spätmhd. rantzen, vgl. Rank], *ich* ranze (habe geranzt), **1)** *(mich) mit ihm, oberdt.:* balge mich. **2)** *oberdt.:* laufe unruhig hin und her. **3)** *Wild* ranzt, ⚶ ist brünstig: *Ranzzeit.*

Ranzen [mnd. rentsel] *der, -s/-,* **1)** auf dem Rücken zu tragende Tasche, Tornister: *Schulranzen,* ABB. R 3. **2)** U Bauch.

ranzig [frz. rance, zu lat. rancidus ›stinkend‹], nicht mehr frisch, schlecht schmeckend und riechend (Fett).

Ranzion [frz. rançon, zu lat. redemptio ›Loskauf‹] *die, -/-en,* ⚔ Lösegeld. **ranzionieren,** *ich* ranzioniere (habe ranzioniert), U.-ín, kaufe los, tausche aus (Kriegsgefangene).

Ränzlein *das, -s/-,* Diminutiv zu Ranzen.

Rapfen *der, -s/-,* karpfenartiger Fisch.

Raphael [-fael, hebr. ›Gott heilt‹], männl. Vorname; Erzengel, Beschützer der Pilger.

rapid(e) [frz. rapide, zu lat. rapidus], reißend, schnell, blitzartig. **Rapidität** *die, -.* **rapido** [ital.], ♪ schnell.

Rapier [frz. rapière] *das, -s/-e,* Fechtdegen, ABB. D 5.

Rapp [mhd. rappe, zu frz. râpe ›Reibeisen‹, ›Raspel‹, ›Traubenkamm‹] *der, -s/-e, oberdt.:* abgebeerte Traube.

Rappe [Nebenform von Rabe] *der, -n/-n,* **1)** schwarzes Pferd: *auf Schusters Rappen,* Ü zu Fuß. **2)** *oberdt.:* Rabe.

Rappel [vgl. Rapp] *die, -/-n, niederdt.:* **1)** Leinkamm. **2)** Raspel.

Rappel [mhd. raffeln ›lärmen‹] *der, -s/-,* U verrückte Laune, Wutausbruch: *er hat einen R.* **rapp(e)lig,** U unruhig, nervös, jähzornig. **Rappelkopf** *der,* U jähzorniger Mensch, Starrkopf. **rappelköpfisch. rappeln,** *ich* rapp(e)le (habe gerappelt), **1)** klappere, rassele. **2)** *es rappelt bei ihm,* U er ist verrückt.

Rappen [zu Rabe wegen des aufgeprägten Vogelkopfes oder zu Rappe wegen der Farbe] *der, -s/-,* Abk.: Rp, Münzeinheit der Schweiz, Centime, 1/100 Franken. **Rappenspalter** *der, -s/-, schweiz.:* Geizhals. **rappenspalterisch,** *schweiz.:* geizig.

rappig [zu Rapp], *oberdt.:* nach mitvergorenen Stielen schmeckend (Wein).

Rapport [frz. rapporter ›berichten‹, ›wiederbringen‹] *der, -(e)s/-e,* **1)** ⚔ ⌨ Bericht, Meldung. **2)** regelmäßige Wiederkehr derselben Fadenkreuzung oder desselben Musters (Gewebe, Tapeten u. a.). **rapportieren,** *ich* rapportiere (habe rapportiert) *es ihm,* berichte, melde, trage zu.

Raps [aus Rapssaat, lat. semen rapicum] *der, -es/-e,* eine ölhaltige Nutzpflanze: *Rapsöl.*

Raps, Rapsch *der, -es/-e, norddt.:* **1)** leichter Hieb. **2)** Wut, Zornausbruch. **3)** Rappel, verrückter Einfall. **rapschen, rapsen** [zu raffen], *ich* rapsche, rapse (habe gerapscht, gerapst), *norddt.:* greife schnell und begierig nach etwas, grapsche.

Raps|erdfloh [zu Raps] *der,* ein sprungfähiger Käfer. **Rapsglanzkäfer** *der,* ein Nutzpflanzenschädling. **Rapskuchen** *der,* Futtermittel aus Rückständen bei der Gewinnung von Rapsöl. **Rapsrüßler** *der,* ein Nutzpflanzenschädling.

Raptus [frz. ›Krampf‹] *der, -,* **1)** *Pl. -,* ⚕ Anfall von Raserei. **2)** *Pl. -se,* U Koller, Rappel.

Rapünzchen [mlat. rapontium] *das, -s/-,* **Rapunze, Rapunzel** *die, -/-n,* Feldsalat, ABB. S 3.

Rapusche *die, -/-n, mitteldt.,* **Rapuse** [wohl zu tschech. rabuše ›Kerbholz‹] *die, -/-n, mitteldt.:* **1)** Wirrwarr. **2)** Raub, Plünderung, Beute: *es wird noch in die R. gehen,* U verlorengehen. **3)** ein Kartenspiel.

rar [frz. rare, lat. rarus], selten, knapp und deshalb begehrt, kostbar: *ein rarer Artikel; er macht sich r., hat sich r. gemacht,* U läßt sich kaum blicken. **Rarissimum** *das, -s/.. .ma,* besonders seltenes Stück (Antiquität). **Rarität** *die, -/-en,* Seltenheit, Sammlerstück: *Raritätenkabinett; Raritätensammlung.*

rasant [frz. raser ›streifen‹, ›flach bestreichen‹, eigtl. ›scheren‹, zu lat. radere ›schaben‹], **1)** flach verlaufend (Flugbahn von Geschossen). **2)** U schnell, blitzartig: *ein rasanter Endspurt.* **3)** U attraktiv: *ein rasantes Weib.* **Rasanz** *die, -.*

rasaunen [zu räsonieren], *ich* rasaune (habe rasaunt), *mitteldt., norddt.:* schlage wüsten Lärm. **Rasauner** *der, -s/-, mitteldt., norddt.:* Polterer.

rasch [ahd. rasc], schnell, geschwind, flink: *rasche Bewegungen; er ist ein Mann von raschen Entschlüssen.*

Rasch [spätmhd., nach der französ. Stadt Arras], *der, -es/-e,* ein gröberer Kammgarnstoff.

Raschelmaschine *die,* Wirkmaschine mit vielseitiger Mustermöglichkeit: *Raschelware.*

rascheln [Schallw.], *ich* rasch(e)le (habe geraschelt), erzeuge ein Geräusch wie Papier, Laub: *ich r. mit der Zeitung; es raschelt im Laub.*

raschen, *ich* rasche (habe gerasch[e]t), *schweiz.:* schneide Wildhau.

Raschheit *die, -,* Schnelligkeit. **raschlebig,** schnellebig.

rasen [mhd. rasen], *ich* rase, **1)** (bin gerast), U renne und fahre sehr schnell: *der Sanitätswagen raste zum Krankenhaus.* **2)** (habe gerast) bin wütend, tobe: *er raste im Fieber, vor Zorn; der Sturm rast.*

Rasen [mhd. wrase] *der, -s/-,* (künstlich angelegte) gepflegte Grasfläche: *Rasenplatz; Zierrasen; Sportrasen; ihn deckt schon lange der grüne R.,* Ü er ist schon lange tot.

rasend [zu rasen], U zu rasen. **2)** wild, heftig: *rasender Applaus; man könnte r. werden!; es ist zum Rasendwerden.* **3)** U sehr: *ich habe mich r. gefreut.*

Rasenmäher *der,* ABB. R 4. **Rasenschere** *die,* ABB. R 4. **Rasensport** *der,* Sammelbez. für auf dem Rasen ausgeführte Sportarten: Fußball, Handball, Hockey, Rasentennis, Golf u. a. **Rasensprenger** *der, -s/-,* Gerät zur Beregnung von Rasen, ABB. R 4.

Raser *der, -s/-,* U jemand, der sehr schnell (mit

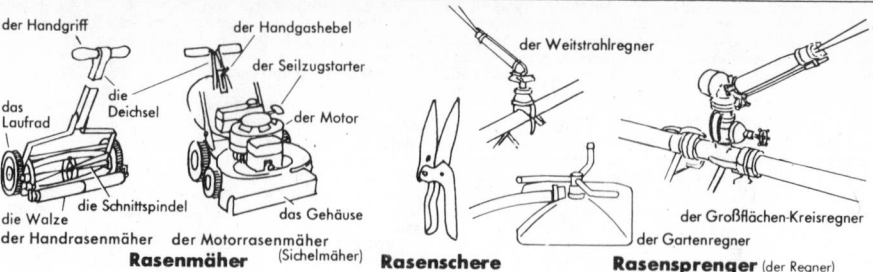

der Handgriff · der Handgashebel · die Deichsel · der Seilzugstarter · das Laufrad · der Motor · die Schnittspindel · das Gehäuse · die Walze · **Rasenmäher** der Handrasenmäher · der Motorrasenmäher (Sichelmäher)

der Weitstrahlregner · **Rasenschere** · der Großflächen-Kreisregner · der Gartenregner · **Rasensprenger** (der Regner)

dem Auto) fährt. **Raserei** *die, -,* **1)** Wahnsinn, Tobsucht. **2)** U unsinnige Geschwindigkeit.

Rasierapparat *der,* ABB. R 5. **rasieren** [frz. raser, vgl. rasant], *ich rasiere (habe rasiert) ihn, mich, mir das Kinn, entferne die Haare bis zur Haut: Rasierklinge; Rasiermesser,* ABB. R 5. **Rasierer** *der, -s/-,* Rasierapparat, ABB. R 5. **Rasierwasser** *das,* alkoholische Lotion zur Anwendung vor oder nach dem Rasieren.

rasig, rasenbewachsen.

Rasmus [zu Erasmus], männl. Vorname.

Räson [rɛz'õ, frz. raison, zu lat. ratio ›Vernunft‹] *die, -,* **1)** Vernunft, Einsicht: *du solltest endlich R. annehmen; man muß ihn zur R. bringen.* **2)** ↺ Erkenntnisgrund. **3)** ↺ Maßregel. **Räsoneur** [-n'ø:r] *der, -s/-e,* Krittler, Nörgler. **räsonieren,** *ich räsoniere (habe räsoniert) über etwas,* U nörgle, schimpfe.

Raspe *die, -/-n,* ↺, **Raspel** [verwandt mit Rapp], **1)** *die, -/-n,* eine grobe Feile zur Bearbeitung von Holz, Horn, Leder u. a., ABB. F 11, S 39. **2)** *die, -/-n,* ein Küchengerät zum Raspeln. **3)** *der, -s,* geraspelte Späne: *Kokosraspel; Schokoladenraspel.* **raspeln** [ahd. raspon ›zusammensuchen‹, *ich rasp(e)le (habe geraspelt) es,* **1)** glätte, forme mit einer Raspel. **2)** zerkleinere mit einer Raspel, schabe: *geraspelte Äpfel.*

räß [ahd. razi ›reißend‹, ›heftig‹], *süddt., bes. schweiz.:* scharf gewürzt (Speisen).

Rasse [frz. race, zu ital. razza] *die, -/-n,* **1)** ein Ordnungsbegriff der Systematik bei Lebewesen: *die schwarze, weiße, gelbe R.; Tierrasse; Rassehund; rasserein; reinrassig; Rassenmischung; Rassendiskriminierung; Rassenhaß.* **2)** Ü rassiges Wesen: *das Pferd hat R.; sie ist eine Rassefrau.*

Rassel [niederl. ratel] *die, -/-n,* Klapper. **Rasselbande** *die,* Ü lärmende, wilde Kinderschar. **rasseln** [mhd. razzeln ›toben‹, ›lärmen‹], *ich rassele, raßle,* **1)** (habe gerasselt) *mit etwas,* bringe ein klirrendes Geräusch hervor, klappere metallisch: *der Gefangene rasselte mit seinen Ketten; er atmet rasselnd,* mit schnarchendem Geräusch. **2)** *es rasselt* (ist gerasselt), kommt rasselnd daher: *Panzerwagen rasselten durch die Straße; er ist durch die Prüfung gerasselt,* U durchgefallen.

rassig, von ausgeprägter Art, feurig, temperamentvoll: *eine rassige Frau; ein rassiges Kabriolett.* **rassisch,** auf die Rasse bezüglich. **Rassismus** [vgl. . . . ismus] *der, -,* diskriminierende Haltung gegenüber Angehörigen einer anderen Rasse. **Rassist** *der, -en/-en.* **rassistisch.**

Rast [ahd. rasta] *die, -/-en,* **1)** ohne Pl., Ruhepause, Unterbrechung: *wir halten, machen R.; zehn Minuten R.;*

Rastplätze an der Autobahn. **2)** Mittelteil des Hochofens, ABB. H 20. **Raste** *die, -/-n,* Vorrichtung zum Abstellen.

Rastel [ital. rastello, vgl. Raster] *das, -s/-, österr.:* Gitter, Drahtgeflecht. **Rastelbinder** *der, oberdt.:* (wandernder) Kesselflicker, Siebmacher.

rasten [mhd. rasten], *ich raste (habe gerastet), ruhe aus, mache Rast.*

Raster [lat. ›Hacke‹] *der, -s/-,* **1)** ⊞ Linienheft mit meist quadrat. Feldern für Entwürfe von Grund- und Aufrissen. **2)** Glasplatte oder Folie mit eingeätztem feinem Netz zur Herstellung von Halbtonbildern: *Rasterätzung.* **3)** *das, -s/-,* Fernsehen: durch die zeilenweise Abtastung des Bildschirms entstehende Muster. **Rasterfahndung** *die,* kriminalist. Vorgehen, bei dem die Zahl der Verdächtigen durch Aussieben immer mehr eingeengt wird. **Rastermikroskop** *das,* ein Elektronenmikroskop. **rastern,** *ich rast(e)re (habe gerastert) es,* **1)** versehe mit Rastern. **2)** zerlege in Raster. **Rasthaus** [zu rasten] *das,* Raststätte, Gaststätte besonders an Autobahnen, ABB. A 27. **rastlos,** nie zur Ruhe kommend. **Rastlosigkeit** *die, -.*

Rastral [zu Raster] *das, -s/-e,* Gerät zum Ziehen von Notenlinien, ABB. R 5. **rastrieren,** *ich rastriere (habe rastriert) es.*

Raststätte *die,* Rasthaus.

Rasur [lat. rasura ›das Schaben‹] *die, -/-en,* **1)** das Rasieren: *Elektrorasur; Naßrasur; Trockenrasur.* **2)** ausradierte Stelle.

Rat [ahd. rat, zu raten] *der, -(e)s,* **1)** hilfreiche Empfehlung, etwas zu tun; Vorschlag zur Abhilfe, Beeinflussung: *auf meinen R. hin; ich weiß mir keinen R. mehr; dürfte ich Sie um R. bitten?; wenn ich dir einen R. geben darf; da müssen wir den Facharzt zu Rate ziehen, um R. fragen, um ihn R. holen; er stand mir mit R. und Tat zur Seite,* mit jeglichem Beistand. **2)** Beratung, gemeinsame Überlegung: *darüber müssen wir R. halten; ich muß erst noch mit mir zu Rate gehen,* überlegen. **3)** beratende und beschließende Körperschaft: *der R. der Stadt; Ratsversammlung; Bundesrat.* **4)** *Pl. ᶻe,* Titel für höhere Beamte: *Forstrat; Studienrat; Ministerialrat; der lustige R., ↺ ein Hofnarr.* **5)** ↺ Wille, Beschluß: *Gottes R. ist wunderbar.*

Rate [ital. rata, zu lat. ratus ›berechnet‹] *die, -/-n,* **1)** verhältnismäßiger Anteil, Beitrag: *Pachtrate.* **2)** Teilzahlung, Teil: *er ist mit der dritten R. im Rückstand; Ratenzahlung; Sie können in 12 oder in 24 Monatsraten zahlen.*

raten [ahd. ratan], *ich rate (riet, habe geraten; du rätst, rät),* **1)** *es ihm, ihm zu etwas,* empfehle es zu tun: *ich r. dir zu*

der Scherkopf · der Stecker · die Kassette · der Schalter · **Elektro-Trockenrasierer** · der Batterie-Rasierer · der Oberkamm · die Klinge · der Griff · der Unterkamm · der Rasierapparat (für Naßrasur) · **rasieren** · der Rasierpinsel · die Rasierseife · der Schaum · das Rasierbecken · die (der) Rasierkrem · das Rasierwasser · das Rasiermesser · **Rastral**

630

einer Kur; er läßt sich nicht raten, nimmt keinen Rat an; drohend: ich r. Ihnen, gehen Sie! (sonst geschieht etwas). **2)** es, errate, löse, enträtsele: rate mal!; falsch geraten!

Ratengeschäft das, Kauf auf Raten, Abzahlungsgeschäft. **ratenweise,** er begleicht die Schuld r.

Räter der, -s/-, Bewohner der altröm. Provinz Rätien.

Rätesystem das, eine radikale Form der direkten Demokratie. **Ratgeber** der, **1)** jemand, der einen berät. **2)** Ü Handbuch: ein R. für Haus und Garten. **Rathaus** das, Sitz der Gemeindeverwaltung, Abb. M 4: Rathaussaal.

Ratifikation [mlat. ratificare ›bestätigen‹, zu ratus ›gültig‹ und facere ›machen‹] die, -/-en, **1)** Genehmigung, Gutheißung. **2)** ♊ Bestätigung von Staatsverträgen durch das Parlament. **ratifizieren,** ich ratifiziere (habe ratifiziert) es. **Ratifizierung** die, -/-en, Ratifikation.

Rätin die, -/-nen, Titel für höhere Beamtinnen: Regierungsrätin; Studienrätin.

Ratiné [-n'e, frz. ratiner ›kräuseln‹] der, -s/-s, ein flauschiger Wollstoff mit Raupheffekten.

Rating [r'eitiŋ, engl. to rate ›bewerten‹] das, -s/-s, **1)** Psychologie: Beurteilung einer Person mittels vorbereiteter

Skalen. **2)** Segeln: Klassifizierung von Jachten nach ihrer Größe.

ratinieren [frz. ratiner, vgl. Ratiné], ich ratiniere (habe ratiniert) Wollstoff, rauhe die Oberseite auf.

Ratio [lat. ›Berechnung‹, ›Erwägung‹, ›Denken‹] die, -, **1)** Vernunft, Verstand, logisches Denkvermögen. **2)** Grund, Seinsursache. **Ration** die, -/-en, zugeteiltes Maß, Portion, täglicher Verpflegungssatz: Tagesration; Wochenration. **rational** [lat. rationalis], **1)** die Ratio betreffend, vernunftmäßig, vernünftig, verstandesmäßig; begrifflich faßbar. **2)** rationale Zahlen, △ die positiven und negativen ganzen Zahlen, die Brüche und die Null. **Rationale** das, -, der Schulterschmuck einiger kath. Bischöfe. **rationalisieren,** ich rationalisiere (habe rationalisiert) es, **1)** gestalte wirtschaftlich, vereinfache: dieser Betrieb muß rationalisiert werden. **2)** rechtfertige nachträglich mit Vernunftgründen. **Rationalisierung** die, -/-en. **Rationalismus** [vgl. . . . ismus] der, -, Auffassung, daß die Welt von vernünftiger, logisch berechenbarer Beschaffenheit sei. **Rationalist** der, -/-en, Anhänger des Rationalismus. **rationalistisch. Rationalität** die, -, **1)** rationale Beschaffenheit einer Sache, einer Zahl. **2)** vernünftiges Verhalten.

Rätsel

Die **Scharade,** ein **Silbenrätsel,** zerlegt das zu erratende Wort in seine Silben, deren Sinn ebenso wie das ganze Wort umschreibend angedeutet wird. Beispiel: 1. Silbe: männl. Vorname; 2. Silbe: Fleischspeise; das Ganze: komische Theaterfigur. Auflösung: Hanswurst.

Das **Bilderrätsel (Rebus)** reiht Bilder und Zeichen aneinander, die ein Wort oder einen Gedanken ausdrücken sollen. Beispiel (nebenstehend): Das Gesicht wird öfter gereinigt als das Gewissen.

Das **Kreuzworträtsel** trägt die gesuchten Buchstaben oder Silben in waagerechter und senkrechter Richtung in kleine Vierecke ein. Beim Kreuzen kommt ein Buchstabe oder eine Silbe des einen Wortes zugleich im anderen vor, wodurch die Lösung erleichtert und nachgeprüft werden kann.

Beispiel:

Bedeutung der Wörter:

Senkrecht: 1. Baustoff, 2. Nachfolger, 3. Raubtier, 6. Nahrungsmittel, 7. Heldenfigur, 9. Schicksal. Waagerecht: 2. altes Maß, 4. Wappentier, 5. Nachkommenschaft, 8. Viehfutter, 10. Nebenfluß des Rheins, 11. ägyptische Gottheit.

Auflösung:

Senkrecht: 1. Kalk, 2. Erbe, 3. Leu, 6. Reis, 7. Tell, 9. Los. Waagerecht: 2. Elle, 4. Aar, 5. Brut, 8. Klee, 10. Ill, 11. Isis.

Beim **Rösselsprung** ist ein Vers oder ein Sprichwort nach Wörtern, Silben oder Buchstaben in der Weise des Springers beim Schachspiel über Felder verteilt. Beispiel:

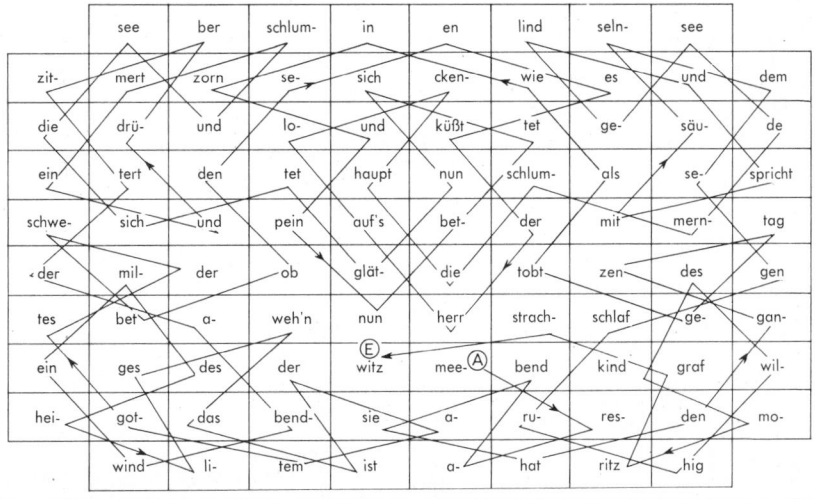

---

rationell, zweckmäßig, haushälterisch: *rationelles Arbeiten.* **rationieren,** *ich* rationiere (habe rationiert) *es,* erfasse und verteile planmäßig einen beschränkten Vorrat: *im Weltkrieg wurden Lebensmittel rationiert.* **Rationierung** *die, -/-en: Benzinrationierung.*

rätlich, ⚭ ratsam. **ratlos,** keinen Rat wissend, hilflos: *sie stand diesem Problem r. gegenüber.* **Ratlosigkeit** *die, -.*

Rätoromane *der,* Angehöriger einer roman. Volksgruppe im Alpengebiet. **rätoromanisch.**

ratsam, empfehlenswert, zweckmäßig, nützlich: *ich halte es (nicht) für r., diese Arbeit fortzusetzen.*

ratsch!, Bez. des Geräusches, das beim Reißen von Leinwand oder Papier entsteht: *ritsch, r.!***Ratsche** *die, -/-n,***1)** ⚙ Zahnradkranz mit Sperrklinke. **2)** *oberdt.:* Rätsche. **3)** *niederdt.:* Rätsche. **4)** U geschwätzige Frau. **Rätsche** *die, -/-n,* auch Ratsche, **1)** *oberdt.:* Schnarre, Klapper. **2)** *niederdt.:* Flachsbreche. **ratschen, rätschen** [mhd. ratzen ›klappern‹], *ich* ratsche, rätsche (habe geratscht, gerätscht), **1)** *oberdt.:* mache Lärm mit einer Schnarre. **2)** U rede viel oder oberflächlich. **3)** *Flachs, niederdt.:* breche Flachs.

Ratschlag *der,* Rat, Empfehlung. **ratschlagen,** *ich* ratschlage (habe geratschlagt) *mit ihm,* berate mit ihm, beratschlage. **Ratschluß** *der,* ⚭ Beschluß, Wille: *nach Gottes unerforschlichem R. verschied . . .*

Rätsel [mhd. rætsel, vgl. raten] *das, -s/-,* **1)** Denkaufgabe, die Lösung verlangt, ÜBERS. R6: *Kreuzworträtsel; ich gebe dir ein R. auf.* **2)** Ü Geheimnis, undurchschaubare Sache: *ich stehe vor einem R.; das wird mir immer ein R. bleiben; du sprichst in Rätseln.* **rätselhaft,** unverständlich, undurchschaubar: *eine rätselhafte Angelegenheit.* **rätseln,** *ich* räts(e)le (habe gerätselt), rate, mutmaße. **Rätselraten** *das, -s,* ein Unterhaltungsspiel.

Ratsherr *der,* früher: Angehöriger eines Stadt- oder Gemeinderates. **Ratskeller** *der,* Gastwirtschaft im Untergeschoß eines Rathauses. **rätst,** von raten. **Ratsuchende** *der, die, -n/-n,* ein -r, eine -: *für R. stehe ich zur Verfügung.*

Rattan [malaiisch] *das, -s/-e,* Peddigrohr, Rotan: *Rattangestell; Rattanstuhl.*

Ratte [ahd. ratta] *die, -/-n,* **1)** mäuseartiges Säugetier, vielfach Schädling und Seuchenüberträger: *Rattengift; die Ratten verlassen das sinkende Schiff,* Ü die Nutznießer ziehen sich von einer verloren geglaubten Sache, Person zurück. **2)** U jemand, der etwas mit großem Eifer betreibt: *Leseratte; Wasserratte.* **3)** U Fehlwurf beim Kegeln. **Rattenfänger** *der,* Ü Verführer (nach dem Rattenfänger von Hameln). **Rattenkönig** *der,* **1)** junge Ratten, deren Schwänze miteinander verklebt oder verschlungen sind. **2)** Ü etwas Unentwirrbares: *ein R. von Prozessen.* **Rattenschwanz** *der,* U endlose Folge: *das zog einen R. von Anfragen nach sich.*

Rätter [ahd. redan ›sieben‹] *der, -s/-* oder *die, -/-n,* ein Rüttelsieb.

rattern [Schallw.], *es* rattert (hat gerattert), rasselt, knattert: *der Wagen r. über das Pflaster.*

rättern [zu Rätter], *ich* rätt(e)re (habe gerättert) *es,* siebe.

Rattler [zu Ratte] *der, -s/-,* ⚭ Schnauzer (Hund).

Ratz *der, -es/-e,* auch Ratzer, U Ritz, Kratzer.

Ratz *der, -es/-e, oberdt.:* Ratte. **Ratze** *die, -/-n,* U **1)** Ratte. **2)** Fehlwurf beim Kegeln. **ratzekahl** [eigtl. ›kahl wie eine neugeborene Ratte‹, vgl. Ratze], U völlig, ganz und gar: *die Kaninchen haben das Beet r. leer gefressen.* **ratzen,** *ich* ratze (habe geratzt), U schlafe: *er will (sich) einen ratzen.*

ratzen [mhd. ratzen ›kratzen‹], *ich* ratze (habe ratzt) *ihn, es, mich,* U füge ihm, mir einen Kratzer zu. **Ratzer** *der, -s/-,* U Ratz, Ritz, Kratzer.

Raub [ahd. roub] *der, -(e)s,* **1)** etwas, das anderen abgenommen wurde, geraubter Gegenstand, Diebesgut, Beute: *das Haus wurde ein R. der Flammen,* Ü wurde von ihnen vernichtet. **2)** gewaltsames Wegnehmen: *viele Tiere leben vom R., gehen auf R. aus.* **3)** 🔒 mit Gewalt oder unter Drohungen begangener Diebstahl: *Raubüberfall; Straßenraub.* **4)** gewaltsame Entführung: *Kindesraub.* **Raubbau** *der, -(e)s,* rücksichtslose Ausnutzung: *er treibt mit seiner Gesundheit, seinen Kräften R.* **Raubdruck** *der,* 🖎 widerrechtlicher Nachdruck eines Werkes. **rauben** [ahd. roubon], *ich* raube (habe geraubt), **1)** *es (ihm),* nehme gewaltsam weg, entreiße, plündere: *man hat ihr den Schmuck geraubt; ein Kind wurde geraubt; der Fuchs hat ein Huhn geraubt; er raubte dem Mädchen einen Kuß,* Ü **2)** *man raubt mir etwas,* Ü bringt mich darum: *das raubt mir alle Hoffnungen, die Ruhe, den Schlaf.* **3)** *es,* ⚒ entferne die Hölzer aus aufgegebenen Gruben. **Räuber** *der, -s/-,* jemand, der Raub begeht: *Räuberbande; Seeräuber.* **Räubergeschichte** *die,* **1)** von Räubern handelnde Erzählung. **2)** Ü unwahrscheinliche Geschichte. **Räuberhauptmann** *der,* ⚭ Bandenführer. **Räuberhöhle** *die: dein Zimmer sieht aus wie eine R.,* U sehr unordentlich. **räuberisch,** wie ein Räuber, mit Raub verbunden: *eine räuberische Lebensweise.* **räubern,** *ich* räub(e)re (habe geräubert), U nehme etwas weg, stehle. **Räuberpistole** *die,* U Räubergeschichte, unwahrscheinliche Geschichte: *und diese R. soll ich glauben?* **Räuberzivil** *das: er kam in R. zum Fest,* U salopp, ungewöhnlich gekleidet. **Raubgier** *die.* **raubgierig.** **Raubkäfer** *der,* räuberisch lebender Käfer, z. B. Laufkäfer, Schwimmkäfer, auch Kurzflügler. **Raubmord** *der,* 🔒 Raub und Mord in Tateinheit. **Raubmörder** *der.* **Raubritter** *der,* spätes MA.: vom Straßenraub lebender Ritter. **Raubtier** *das,* **1)** Wasser- oder Landsäugetier mit langen Eckzähnen und starken Reißzähnen. **2)** jedes Tier, das sich von lebendig ergriffener Beute nährt. **Raubvo-**

R 7

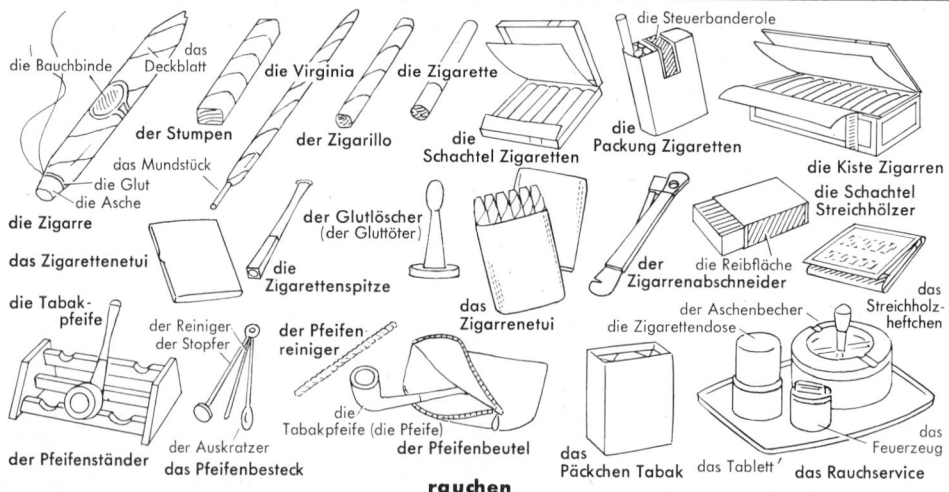

die Bauchbinde — das Deckblatt — die Virginia — die Zigarette — die Steuerbanderole — der Stumpen — der Zigarillo — die Schachtel Zigaretten — die Packung Zigaretten — die Kiste Zigarren — das Mundstück — die Glut — die Asche — der Glutlöscher (der Gluttöter) — die Schachtel Streichhölzer — die Zigarre — das Zigarettenetui — die Zigarettenspitze — das Zigarrenetui — die Reibfläche — der Zigarrenabschneider — das Streichholzheftchen — die Tabakpfeife — der Reiniger — der Stopfer — der Pfeifenreiniger — die Tabakpfeife (die Pfeife) — der Pfeifenbeutel — der Aschenbecher — die Zigarettendose — der Pfeifenständer — der Auskratzer — das Pfeifenbesteck — das Päckchen Tabak — das Tablett' — das Feuerzeug — das Rauchservice

rauchen

Rauchwaren: bekannte Pelzarten

Pelz	Fell von	Pelz	Fell von
Amerikanischer Zobel	Fichtenmarder	Murmel	Murmeltier (Bobak)
Angoralamm	Lincoln- und Leicestershireschaf	Nerz	Nerz
Astrachan	Astrachanschaf	Nutria	Sumpfbiber (Biberratte)
Biber	Biber	Opossum (amerikan.)	Opossum
Bisam	Bisamratte	Opossum (austral.)	Fuchskusu
Breitschwanz	Karakulschaf (meist Frühgeburten)	Otter	Otter
Chinchilla	Chinchilla	Persianer	Karakullamm
Feh	Eichhörnchen	Petschaniki	Sandziesel
Fisher, Pekan oder		Pijiki	Renkalb
Virginischer Iltis	Fischmarder	Pineweasel	Gelbbauchwiesel
Fohlen	Fohlen	Schupp	Waschbär
Genette	Ginsterkatze	Seal	Bärenrobbe (Seebär)
Genotte	Braunschwarze Hauskatze	Seefuchs	Marderhund
Hermelin	Hermelin	Seehund	Seehund
Iltis	Iltis	Serval	afrikan. Katze
Kanin	Kaninchen	Silberbisam	Desman
Kid, Kidfell	asiat., afrikan. und südamerikan.	Silberfuchs	Silberfuchs
	Ziegenlamm	Skunk	Skunk
Klippdachs	Klippschliefer	Slink	nordchines., mandschurisches
Krimmer	Fettschwanzschaf		und mongol. Fettsteißschaf
Marder	Baum- und Steinmarder	Ziesel	Suslik
Maulwurf	Maulwurf	Zobel	Zobel
Mufflon	mongol. Ziege	Zorilla	südamerikan. Skunk

gel der, Greifvogel. **Raubwild** das, alle jagdbaren Raubtiere und Greifvögel.
rauch [mhd. ruch ›haarig‹, zu rauh], ♂ dicht behaart.
Rauch [ahd. rouh] der, -(e)s, schwebstoffhaltige Luft, deren feste oder flüssige Teilchen aus Verbrennungsvorgängen stammen: Rauchabzug, Kamin; R. steigt aus dem Schornstein, aus der Pfeife; es geht in R. auf, verbrennt; das ist alles Schall und R.!, Ü nichtig. **Rauchbier** das, Bier aus leicht geräuchertem Malz. **Rauchbombe** die, Bombe mit Rauchentwicklung zur Markierung. **rauchen**, ich rauche (habe geraucht), 1) (es), genieße Tabak, ABB. R 7: ich r. Pfeife, Zigarren, Zigaretten; er raucht zuviel. 2) es raucht, Rauch steigt auf: der Schornstein raucht; mir raucht der Kopf vom vielen Lesen, Ü. **Raucher**, 1) der, -s/-, jemand, der gewohnheitsmäßig raucht: Raucherhusten; Kettenraucher. 2) das, -s/-, Ü kurz für: Raucherabteil (Eisenbahn). **räucherig**, nach Rauch riechend. **räuchern**, ich räuch(e)re (habe geräuchert), 1) Fleisch, Fisch, mache durch Rauch haltbar: Räucheraal; Räucherspeck; Räucherkammer. 2) verbrenne Räucherstoffe, z. B. Weihrauch: Räucherstäbchen. **Räucherwaren**, Pl., geräucherte Fleisch- und Wurstwaren. **Rauchfahne** die, sich horizontal hinziehender Rauch. **Rauchfang** der, 1) trichterförmige Erweiterung des Schornsteins bei offenen Feuerungen, ABB. H 15. 2) österr.: Schornstein: Rauchfangkehrer. **Rauchfaß** das, Weihrauchkessel. **Rauchfleisch** das, geräuchertes Fleisch. **Rauchgase**, Pl., die Abgase aus Verbrennungsvorgängen. **Rauchglas** das, eine Glasart. **rauchig**, voller Rauch.
Rauchnächte, Pl., Rauhnächte.
Rauchsäule die, senkrecht aufsteigender dichter Rauch.
Rauchservice das, ABB. R 7. **Rauchverzehrer** der, -s/-, Luftverbesserer gegen Tabaksqualm.
Rauchwacke die, Rauhwacke.
Rauchwaren, Pl., Ü Tabakwaren.
Rauchwaren [mhd. rouchware ›Kürschnerhandwerk‹, vgl. rauch], Pl., veredelte Pelzfelle, ÜBERS. R 8: Rauchwarenzurichter, Ausbildungsberuf in der Pelzveredlungsindustrie.
räud, oberdt.: knorrig (Holz).
Räude [ahd. riudi] die, -/-n, 1) Krätze, Grind, eine Hautkrankheit bei Haus- und Säugetieren. 2) oberdt.: Schorf.
räudig, an Räude leidend: er ist das räudige Schaf in der Gruppe, Ü ein einzelnen schlechten Einfluß auf die anderen.
Raue [zu Reue] die, -/-n, mitteldt.: Leichenschmaus.
'rauf, Ü herauf.
Raufbold [zu raufen und ahd. . . . bald ›kühn‹] der, -(e)s/-e, jemand, der gern rauft. **Raufdegen** der, Fechtwaffe für Stoß und Stich. **Raufe** die, -/-n, Futtergestell im Stall, ABB. S 59: Heuraufe. **raufen** [ahd. roufen ›rupfen‹, ›ausreißen‹], ich raufe (habe gerauft), 1) es, rupfe, reiße ab (Flachs): ich könnte mir die Haare raufen vor Ärger, Ü. 2) mich mit ihm, balge mich. **Rauferei** die, -/-en, Schlägerei, Prügelei. **Raufhandel** der, -s/ ², Rauferei. **Rauflust** die, -, Freude am Raufen. **rauflustig**.

Räuft [zu Ranft] der, -(e)s/-e, schweiz.: Brotrinde.
Raulgraf [mhd. rugrave, urspr. ›Graf über noch rohes, unbebautes Land‹] der, im MA.: Titel einiger Geschlechter in der Rheingegend.
rauh [ahd. ruh]. 1) uneben, rissig, ABB. E 2: rauhe Hände; ein rauher Weg; die rauhe Seite (eines Fells); bei ihm steckt unter der rauhen Schale ein weicher Kern, Ü hinter seiner Grobheit steckt Gutmütigkeit. 2) kalt, hart: ein rauher Wind; er vergißt leicht die rauhe Wirklichkeit. 3) Ü grob, schroff, ungeschliffen, unfreundlich: ein rauhes Benehmen; ein rauher, aber herzlicher Ton. 4) leicht heiser: seine Stimme klingt r.; ein rauher Hals. **Rauhbank** die, langer Hobel, ABB. H 19. **Rauhbauz** der, -es/-e, Rauhbein. **rauhbauzig**. **Rauhbein** das, Ü Mensch mit grobem Benehmen. **rauhbeinig**. **Rauhe** die, -, Mauserzeit bes. der Wildenten: Rauherpel. **Rauheit** die, -, 1) rauhe Beschaffenheit. 2) rauhes Wesen. **rauhen**, ich rauhe (habe gerauht), 1) es, rauhe auf. 2) ein Vogel rauht sich, mausert sich. **Rauhfasergewebe**. **Rauhfasertapete** die, speziell unebenes, unbedrucktes Papier: Rauhfasertapete. **Rauhfrost** der, oberdt.: Rauhreif. **Rauhfußhuhn** das, Huhn mit befiederten Läufen. **Rauhgewicht** das, Bruttogewicht einer Münze. **Rauhhaardackel** der, eine Hunderasse. **Rauhnächte**, Pl., drei oder vier der nach dem Volksglauben von Spuk erfüllten zwölf Nächte (zwischen Weihnachten und Dreikönige). **Rauhreif** der, Niederschlag feinster Eisteilchen an Bäumen u. a. **Rauhwacke** die, auch Rauchwacke, ein zellig-poröser Kalkstein. **Rauhwaren**, Pl., 1) aufgerauhte Gewebe. 2) oberdt.: Rauchwaren, Pelzfelle. **Rauhzeug** das, Gemengsaat von Hafer und Bohnen.
Räuk die, -/-e, niederdt.: Ordnung, Pflege.
Rauke [lat. eruca ›Senfkohl‹] die, -/-n, Name verschiedener Pflanzen.
Räuke die, -/-n(en), alem.: Räucherkammer.
räuken [zu Räuk], ich räuke (habe geräukt) ihn, niederdt.: pflege ihn, tue ihm Handreichungen.
raum [mnd. rum], niederdt.: 1) weit; geraum: die raume See, hohe See. 2) ⚓ schräg von hinten (Wind). **Raum** [ahd. rum, zu ahd. rumi ›weit‹] der, -(e)s/ ²e, 1) ohne Pl., die in Länge, Breite und Höhe ausmeßbare Leere, der von materiellen Körpern ausgefüllt werden kann; Ausdehnung, Weite: R. und Zeit; luftleerer R. 2) nur Sg.: Weltraum. 3) Platz, Möglichkeit, etwas unterzubringen: gebt R.!, macht Platz!; hier ist kein R. für Scherze, Ü; ich muß dafür R. schaffen, finden. 4) Sammelbez. für: Zimmer, Saal, Diele, Küche, Keller u. a.: ein Haus mit acht Räumen; Laderaum; Schiffsraum. 5) geographisch zusammenhängendes Gebiet: Mittelmeerraum; im R. Stuttgart; weite Räume Süddeutschlands. **Raumanzug** der, Schutzanzug des Raumfahrers, ABB. R 9. **Raumausstatter** der, -s/-, Ausbildungsberuf für Tapezierer, Dekorateur, Polsterer u. a. **raumbeständig**, in der räuml. Ausdehnung auch bei Temperatureinwirkung beständig: raumbeständiger Kalk. **Raumbild** das, räumlich wirkendes Bild: Raumbildverfahren,

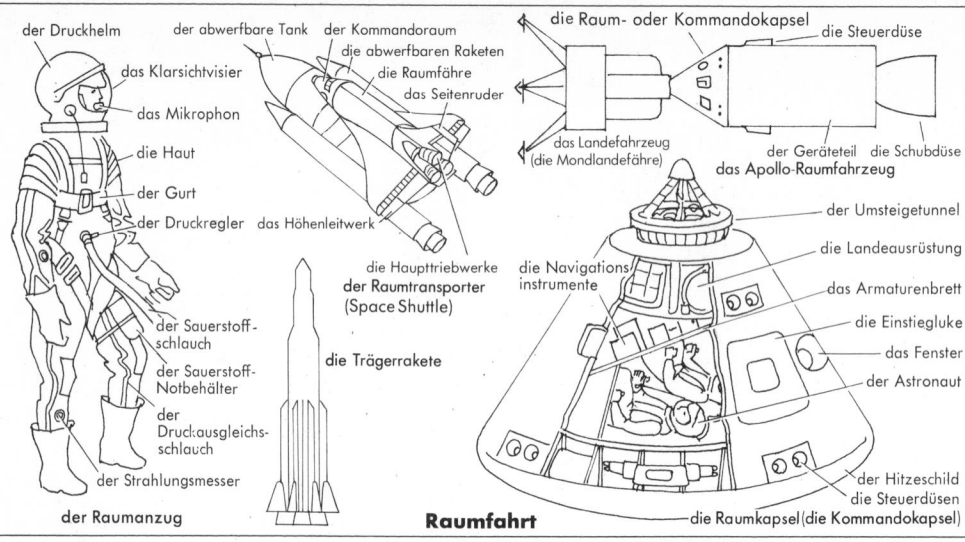

der Druckhelm
das Klarsichtvisier
das Mikrophon
die Haut
der Gurt
der Druckregler
der Sauerstoffschlauch
der SauerstoffNotbehälter
der Druckausgleichsschlauch
der Strahlungsmesser
der Raumanzug

der abwerfbare Tank
der Kommandoraum
die abwerfbaren Raketen
die Raumfähre
das Seitenruder
das Höhenleitwerk
die Haupttriebwerke
der Raumtransporter (Space Shuttle)
die Trägerrakete

die Raum- oder Kommandokapsel
die Steuerdüse
das Landefahrzeug (die Mondlandefähre)
der Geräteteil   **die Schubdüse**
das Apollo-Raumfahrzeug

die Navigationsinstrumente
der Umsteigetunnel
die Landeausrüstung
das Armaturenbrett
die Einstiegluke
das Fenster
der Astronaut
der Hitzeschild
die Steuerdüsen
die Raumkapsel (die Kommandokapsel)

Raumfahrt

Stereoskopie. **räumen** [ahd. rum(m)an], *ich räume (habe geräumt),* **1)** *es,* mache leer; gebe auf, verlasse: *er räumte seinem Rivalen das Feld,* Ü zog sich zurück; *der Schutt wurde von der Brandstätte geräumt; das Haus muß wegen Einsturzgefahr geräumt werden; das Geschäft will die Lager räumen,* ⌐ alte Bestände billig abstoßen. **2)** *ihn, es aus dem Wege,* schaffe beiseite: *wir haben alle Schwierigkeiten aus dem Wege geräumt,* Ü; *er räumte den Mitwisser seines Verbrechens aus dem Wege,* brachte ihn um. **3)** ⚙ forme spanend: *Räumwerkzeug.* **Räumer** *der, -s/-,* jemand, der etwas räumt, säubert: *Kanalräumer.* **Raumfähre** *die,* Abb. R 9. **Raumfahrer** *der,* Astronaut, Kosmonaut, für Weltraumfahrten ausgebildeter Pilot. **Raumfahrt** *die,* Durchquerung und Erforschung des Weltraums außerhalb der Erdatmosphäre, vgl. Abb. R 9: *Raumfahrtmedizin.* **Raumfahrzeug** *das,* Flugkörper für Weltraumfahrten. **Raumfilm** *der,* ein Film, der einen räumlichen Eindruck vermittelt. **Raumgitter** *das,* unendlich ausgedehnte, periodisch regelmäßige Anordnung identischer Kristallbausteine. **Raumgleiter** *der,* Raumtransporter. **räumig,** *niederdt.:* geräumig, weit. **Räumigkeit** *die, -.* **Rauminhalt** *der,* die Anzahl von Raumeinheiten in einem Körper, Volumen. **Raumkapsel** *die,* Kommandoteil eines bemannten Raumflugkörpers, Abb. R 9. **Raumklang** *der, -(e)s,* die räuml. Wirkung von Sprech- und Musikdarbietungen, bei Lautsprecherwiedergabe z. B. durch Stereophonie. **Raumkunst** *die, -,* künstler. Gestaltung eines Innenraumes. **Raumlehre** *die, -,* Geometrie. **räumlich,** den Raum betreffend: *in räumlicher Ausdehnung,* dreidimensional. **Räumlichkeit** *die, -/-en,* **1)** ohne Pl., Körperlichkeit. **2)** *meist Pl.,* Raum, Zimmer. **Raummaß** *das,* Hohlmaß, Übers. M 8. **Raummeter** *der,* Zeichen: rm, 𝄐 1 m³ geschichtetes Holz einschließlich Zwischenräumen, Abb. M 7. **Raumpflegerin** *die,* Putzfrau. **Raumschiff** *das,* U ein Raumfahrzeug, Abb. R 9. **Raumsonde** *die,* unbemannter Flugkörper zur Erforschung der physikal. Verhältnisse anderer Himmelskörper. **raumsparend,** wenig Platz einnehmend: *raumsparende Anbaumöbel;* aber: *viel Raum sparend.* **Raumstation** *die,* auch Space Station, großer Satellit als Stützpunkt für die Raumfahrt. **Räumte** *die, -/-en,* 🐦 **1)** freier Schiffsraum. **2)** die hohe See. **Raumtransporter** *der,* auch Raumgleiter, Space Shuttle, wiederverwendbares Raketenflugzeug als Transportmittel zwischen Erde und Raumstationen, Abb. R 9. **Räumung** *die, -/-en,* das Verlassen, Entleeren: *Räumungsfrist, Räumungsklage,* 🔩; *Schneeräumung.* **Räumungsverkauf** *der,* Ausverkauf zur Leerung des Lagers, z. B. bei Geschäftsaufgabe.

raunen [ahd. runen], *ich raune (habe geraunt),* **1)** *es,* flüstere, murmele: *er hat es mir ins Ohr geraunt.* **2)** *man raunt,* flüstert, klatscht heimlich. **3)** *der Wind raunt,* P rauscht leise.

raunzen [ahd. runezon ›murren‹], *ich raunze (habe geraunzt),* U nörgle. **Raunzer** *der, -s/-,* U Nörgler.
Räupchen *das, -s/-.* **Raupe** [mhd. rupe] *die, -/-n,* **1)** Schmetterlingslarve, Abb. R 10. **2)** ⚙ Gleiskette, z. B. an Raupenschlepper, Abb. P 16, R 10. **3)** aus Metallfäden geflochtenes Achselstück an Uniformen. **4)** U lächerlicher Einfall, Grille: *er hat Raupen im Kopf.* **raupen,** *ich* raupe (habe geraupt) *den Baum,* säubere von Raupen. **Raupenhelm** *der,* Abb. H 14. **Raupenkette** *die,* ⚙ Gleiskette. **Raupenschlepper** *der,* ⚙ ein Fahrzeug mit Gleisketten.
'raus, U heraus, hinaus.
Rausch [mhd. rusch ›rauschende Bewegung‹, ›Angriff‹] *der, -es/ᵘe,* **1)** Umnebelung der Sinne durch Alkohol oder Rauschmittel: *er hat sich einen R. angetrunken; er schläft seinen R. aus.* **2)** Ü überwältigendes Gefühl: *im Freudenrausch; der R. der Liebe, der Leidenschaft; diese Musik hat ihn in einen R. versetzt.* **3)** volkstüml. Name verschiedener Pflanzen.
rauscharm, ⦅⦆ nur geringes Rauschen erzeugend.
Rauschbeere [mhd. rusch ›Binse‹, zu lat. ruscus] *die,* volkstüml. Name verschiedener Pflanzen.
Rauschbrand *der, -(e)s,* Infektionskrankheit der Rinder und Schafe. **Räuschchen** *das, -s/-,* U scherzhaft: leichter Rausch. **rauschen** [mhd. ruschen, Schallw.], *es* rauscht (hat gerauscht), **1)** gibt ein dumpfes Geräusch von sich: *das Rauschen des Wasserfalls; rauschender Beifall; ein rauschendes Fest,* Ü sehr fröhliches. **2)** *eine Pflanze rauscht,* schießt ins Holz.
rauschen [frühnhd. reischen], *das Schwarzwild* rauscht (hat gerauscht), 🐗 ist brünstig: *Rauschzeit.*
Rauschen *das, -s,* ⦅⦆ Störeffekt bei der elektr. Nachrichtenübertragung. **Rauscher** *der, -s/-,* stark gärender Most.
Rauschgelb [niederl. rusgeel, rus, zu lat. russus ›rot‹ und geel ›gelb‹] *das,* Auripigment.
Rauschgift *das,* Rauschmittel: *Rauschgifthandel; rauschgiftsüchtig.*
Rauschgold *das,* Flittergold, sehr dünnes Messingblech (zu Dekorationszwecken): *Rauschgoldengel.*
rauschhaft, *ein rauschhaftes Glücksgefühl.* **Rauschmittel** *das,* Rauschgift, pflanzlicher oder chem. Stoff, der berauschend wirkt.
Rauschrot [vgl. Rauschgelb] *das,* Realgar.
räuspern [mhd. riuspen], *ich räusp(e)re mich (habe mich geräuspert),* kläre hüstelnd die Kehle; mache mich durch Hüsteln bemerkbar; hüstele verlegen.
Rausschmeißer *der, -s/-,* U **1)** jemand, der unliebsame Gäste gewaltsam aus einem Lokal entfernt. **2)** letztes Musikstück, letzter Tanz bei einer Veranstaltung. **Rausschmiß** *der,* U **1)** gewaltsame Entfernung einer Person aus einem Raum. **2)** fristlose Kündigung.

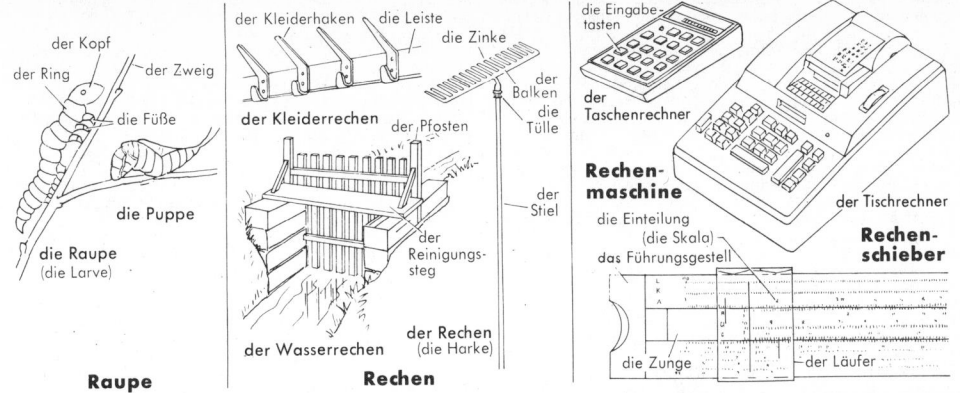

der Kopf · der Ring · der Zweig · die Füße · die Puppe · die Raupe (die Larve)

Raupe

der Kleiderhaken · die Leiste · die Zinke · der Kleiderrechen · der Pfosten · der Balken · die Tülle · der Stiel · der Reinigungssteg · der Wasserrechen · der Rechen (die Harke)

Rechen

die Eingabetasten · der Taschenrechner · **Rechenmaschine** · die Einteilung (die Skala) · das Führungsgestell · der Tischrechner · **Rechenschieber** · die Zunge · der Läufer

---

Raute [ahd. ruta, aus lat. ruta] *die, -/-n,* **1)** △ Rhombus, ABB. V 6. **2)** ähnlich geformter Gegenstand, z. B. eine Form des Diamantenschliffs. **3)** ♡ ein auf der Spitze stehender Rhombus. **4)** ⚘ eine Pflanze, meist Holzpflanze wärmerer Gebiete. **Rautenbauer** *der,* Karo-, Ecksteinbube (im Kartenspiel). **Rautenkranz** *der,* ♡ ein oben mit Blättern besetzter grüner Schrägbalken.
Ravioli [ital.] *Pl.,* Gericht aus gefüllten Nudelteigtaschen.
Raygras *das,* Raigras.
Rayon [rɛjɔ̃, österr. auch raˈjoːn, frz. ›Lichtstrahl‹, ›Fach‹, ›Regal‹, ›Bezirk‹, vgl. Radius] *der, -s/-s,* ♀, *noch österr.:* Bezirk, Umkreis, Abteilung. **Rayonchef** *der,* Abteilungsleiter im Warenhaus. **rayonieren,** *ich rayoniere* (habe rayoniert) *es,* ♀, *noch österr.:* **1)** teile in Bezirke ein. **2)** teile zu, z. B. Lebensmittel. **Rayonsinspektor** *der, österr.:* Polizeibeamter im Unteroffiziersgrad.
razemös, razemös [lat. racemus ›Traube‹], traubenförmig (Blüte).
Razzia [frz., zu arab. ghazwa ›Kriegszug‹] *die, -/...zien,* Streife, Fahndung: *die Polizei veranstaltete eine Großrazzia.*
Rb, ⚗ Zeichen für: Rubidium.
Rbl, Abk. für: Rubel.
rd, Zeichen für: Rad (Einheit der Energiedosis).
rd., Abk. für: rund, etwa.
Re [vgl. re...] *das, -s/-s,* Skatspiel: Erwiderung auf Kontra.
Re, ⚗ Zeichen für: Rhenium.
Re, auch Ra, ägypt. Mythologie: der Sonnengott, Schöpfergott.
re... [lat.], zurück..., wieder...
Ready-made [rˈedimeid, engl. ›gebrauchsfertig‹] *das, -/-s,* zum Kunstwerk erhobener handelsüblicher Gebrauchsgegenstand.
Reagens [vgl. re... und lat. agere ›handeln‹, ›tun‹, ›bewirken‹] *das, -/...g'entien,* **Reagenz** *das, -es/...zien,* ⚗ jeder Stoff, der zur Hervorrufung von Umsetzungen, Lösungen, Fällungen benutzt wird. **Reagenzglas** *das,* Probierröhre, ABB. C 1. **Reagenzpapier** *das,* mit einem Indikator imprägnierter Papierstreifen, z. B. das Lackmuspapier. **reagieren,** *ich reagiere* (habe reagiert) **1)** *auf etwas,* spüre Wirkung, zeige eine Rückwirkung: *er reagierte schnell auf meinen Brief.* **2)** *Stoffe reagieren,* ⚗ gehen eine Reaktion ein.
Reaktanz *die, -/-en,* ⚡ Blindwiderstand, der Wechselstromwiderstand eines verlustfreien Energiespeichers (Kondensator, Spule). **Reaktion** *die,* **1)** *auf etwas,* Gegenwirkung, Gegendruck, Rückwirkung: *das war eine unerwartete R. auf meine Ausführungen; Reaktionsfähigkeit; reaktionsschnell; Reaktionsvermögen.* **2)** ⚗ stofflicher Umwandlungsvorgang: *Reaktionswärme.* **3)** ohne *Pl.,* Streben nach überholten, veralteten politischen Anschauungen und Einrichtungen. **Reaktionär** *der,* jemand, der fortschrittlichen Entwicklungen entgegenarbeitet; Rückschrittler. **reaktiv,** rückwirkend. **reaktivieren,** *ich reaktiviere* (habe reaktiviert) *ihn, es,* setze wieder in seine Tätigkeit ein, mache wieder wirksam. **Reaktivierung** *die.* **Reaktivität** *die,* **1)** ♀ Rückwirkung. **2)** eine Größe, die die Abweichung eines Kernreaktors vom kritischen

Zustand beschreibt. **Reaktor** *der, -s/...t'oren,* **1)** Apparat, in dem chem. Reaktionen ablaufen: *Bioreaktor,* eine Kläranlage. **2)** Kernreaktor, eine Anlage zur Nutzung der Kernenergie: *Reaktorphysik.*
real [mlat. realis, zu lat. res ›Sache‹], **1)** in der Wirklichkeit vorhanden, gegenständlich: *reale und ideale Werte.* **2)** mit der Wirklichkeit in Beziehung stehend, sachlich: *deine Vorschläge sind irreal, wir brauchen reale!* **3)** ⚤ allein die Kaufkraft berücksichtigend; nicht zahlenmäßig: *das reale im Unterschied zum nominalen Einkommen.* **Realeinkommen** *das,* vgl. Reallohn. **Realenzyklopädie** *die,* umfassendes Sachwörterbuch.
Realgar [arab. radj al-ghar ›Höhlenpulver‹] *der, -s/-e,* Rauschrot, das Mineral Arsensulfid.
Realgymnasium *das,* bis 1955 Bez. für das neusprachl. Gymnasium. **Realien** [vgl. real], *Pl.,* **1)** Tatsachen. **2)** Sachkenntnisse. **3)** ♀ Mathematik, Naturwissenschaften, Geographie, Geschichte als Unterrichtsfächer. **Realinjurie** [-jɔ, vgl. lat. iniuria ›Unrecht‹] *die,* Beleidigung durch Tätlichkeiten. **Realisation** [frz. réalisation] *die, -,* Realisierung. **realisierbar** [zu verwirklichen: *der Plan ist (nicht) r.* **2)** geeignet als Verkaufsobjekt. **Realisierbarkeit** *die, -.* **realisieren** [frz. réaliser] *ich realisiere* (habe realisiert) **1)** verwirkliche: *mein Vorhaben ließ sich nicht realisieren.* **2)** mache zu Geld, verkaufe. **3)** erkenne, mache mir bewußt: *sie hat die veränderten Voraussetzungen noch nicht realisiert.* **Realisierung** *die, -.*
Realismus [vgl...ismus] *der, -,* **1)** Tatsachensinn, Sachlichkeit. **2)** wirklichkeitsnahe Darstellung in Kunst und Literatur. **3)** Philosophie: die Auffassung, daß die Dinge unabhängig von der menschlichen Wahrnehmung und Erkenntnis existieren. **Realist** *der, -en/-en,* **1)** jemand, der sich an den Tatsachen orientiert und nüchtern danach handelt. **2)** Anhänger des Realismus. **Realistik** *die, -,* Wirklichkeitsnähe: *eine Darstellung von großer R.* **realistisch. Realität** *die, -/-en,* **1)** Wirklichkeit, Tatsache, Gegebenheit: *Realitätsblindheit; realitätsfern; realitätsgerecht; Realitätssinn; man sollte sich nach den Realitäten richten; das ist inzwischen R. geworden.* **2)** oberdt.: Grundstück: *Realitätenhändler.* **realiter,** in Wirklichkeit.
Realkonkurrenz *die,* 𝕊𝕊 Tatmehrheit. **Reallast** *die,* 𝕊𝕊 Belastung eines Grundstücks durch wiederkehrende Leistungen. **Reallexikon** *das,* Sachwörterbuch. **Reallohn** *der,* tatsächliche Kaufkraft des Lohns. **Realobligation** *die,* Pfandbrief. **Realpolitik** *die,* Politik, die (unabhängig von Ideologien) mit den gegebenen Tatsachen rechnet. **Realrecht** *das,* mit einem Grundstück verbundenes Recht. **Realschule** *die,* Sekundarschule, die eine über die Hauptschule hinausgehende allgemeine Bildung vermittelt; in der Schweiz Schultyp der Volksschuloberstufe. **Realsteuer** *die,* Steuer auf ertragbringende Objekte. **Realwert** *der,* wirklicher Wert.
Reanimation [vgl. re... und lat. animare ›beleben‹] *die, -/-en,* ⚕ Wiederbelebung: *Reanimationszentrum.* **reanimieren,** *ich reanimiere* (habe reanimiert).
Reassekuranz [vgl. re... und Assekuranz] *die, -/-en,* Rückversicherung.
Reaumur [reˈomyr, nach dem französ. Biologen R.-A. F. de

Réaumur, 1683–1757], Temperaturskala, Zeichen: R, Gradeinteilung in 80 Teile zwischen Gefrier- und Siedepunkt des Wassers, ÜBERS. M 8.

Rebbach [jidd. ribbis›Zins‹] *der, -s,* ⊶: **Rebbes** *der, -,* auch Raibach, Reibach, G Gewinn, Nutzen.

Rebe [ahd. reba, rebo, urspr. ›Ranke‹] *die, -/-n,* **1)** Weinrebe, Weinstock, Rebstock, ABB. W 9: *Rebensaft,* P Wein. **2)** auch Namensteil für andere Pflanzen: *Doldenrebe.*

Rebekka [hebr. Ribka ›Vereinigung‹, ›Verbindung‹], weibl. Vorname.

Rebell [lat. rebellis ›den Krieg erneuernd‹, zu bellum ›Krieg‹] *der, -en/-en,* Aufrührer. **rebellieren,** *ich* rebelliere (habe rebelliert) *gegen ihn, etwas,* lehne mich auf, empöre mich: *die Jugend rebelliert gegen die ältere Generation.* **Rebellion** [lat. rebellio] *die, -/-en,* Aufruhr. **rebellisch.**

rebeln, *ich* reb(e)le (habe gerebelt), **1)** *Trauben, bair.:* beere ab. **2)** *Mais,* körne aus, zupfe.

Rebhuhn [ahd. rebhuon, reb- verwandt mit russ. rjaboj ›bunt‹, ›scheckig‹] *das,* weitverbreitetes Flugwild.

Reblaus *die,* Weinbauschädling. **Rebling** *der, -s/-e,* Weinschößling. **Rebstecken** *der,* Weinstütze. **Rebstock** *der,* Weinstock.

Rebus [frz., zu lat. de rebus quae geruntur ›über sich abspielende Dinge‹] *der* oder *das, -/-se,* Bilderrätsel, ÜBERS. R 6.

rebus sic stantibus [lat.], so wie die Dinge liegen. . ., bei dieser Sachlage.

Rec., auch Rp., Abk. für: recipe!

Receiver [ris'i:və, engl. ›Empfänger‹] *der, -s/-,* Rundfunkempfänger mit Verstärker, ohne Lautsprecher, für HiFi-Anlagen.

Rechaud [rəʃ'o, frz., zu réchauffer ›erwärmen‹] *das* oder *der, -s/-s,* Tellerwärmer, Wärmeplatte.

rechen [ahd. (be)rehhan, zu rehho ›Rechen‹], *ich* reche (habe gerecht) *es,* glätte, sammle mit dem Rechen. **Rechen** *der, -s/-,* ABB. R 10, **1)** Harke, ein Gartengerät. **2)** Gitter, z. B. an Wehren. **3)** Kleiderleiste.

rechen. . . [vgl. rechnen], in Zusammensetzungen: *das Rechenheft,* Heft für Rechenaufgaben; *Rechenkünstler.* **Rechenanlage** *die,* techn. Einrichtung zur rechnerischen und organisator. Verarbeitung großer Mengen von Informationen. **Rechenautomat** *der,* programmgesteuerte Rechenmaschine. **Rechenbuch** *das,* Lehrbuch für den Rechenunterricht. **Rech(e)nei** *die, -/-en,* ⊶ Rentamt. **Rechenkniff** *der,* Verfahren zur Erleichterung des Rechnens durch geschickte Anwenden der Rechengesetze. **Rechenmaschine** *die,* Maschine für ziffernmäßiges Rechnen, vgl. ABB. R 10. **Rechenpfennig** *der,* Metallmarke, früher Hilfsmittel beim Rechnen. **Rechenschaft** *die, -,* Auskunft über Tun und Lassen, für das man sich verantwortet: *du mußt vor ihm R. darüber ablegen; er wurde dafür zur R. gezogen; ich bin dir doch darüber keine R. schuldig!,* Ü das gibt doch nichts an. **Rechenschaftsbericht** *der,* Bericht, der eine Rechnungslegung enthält. **Rechenscheibe** *die,* scheibenförmiger Rechenschieber. **Rechenschieber** *der,* Gerät zum Multiplizieren, Dividieren und für verwandte Rechenarten, ABB. R 10. **Rechenzentrum** *das,* Zentrum für elektron. Datenverarbeitung.

Recherche [rəʃ'ɛrʃə, frz. ›Suche‹] *die, -/-n, meist Pl.,* Ermittlung, Nachforschung. **Rechercheur** [rəʃɛrʃ'œ:r] *der, -s/-e.* **recherchieren** [frz. rechercher], *ich* recherchiere (habe recherchiert) (es): *ein gut recherchierender Reporter.*

Rechnei *die, -/-en,* Rechenei. **rechnen** [ahd. rehhenon ›ordnen‹, ›lenken‹], *ich* rechne (habe gerechnet), **1)** (es), verbinde Zahlengrößen zu Ergebnissen, vgl. ÜBERS. R 11: *ich r. im Kopf, schriftlich, mit dem Taschenrechner; ich muß mit jedem Pfennig rechnen,* Ü sparsam sein. **2)** *mit einem Ergebnis,* denke an die Möglichkeit, bin darauf eingestellt: *ich r. mit deinem Besuch.* **3)** *auf ihn, etwas,* erwarte sicher, verlasse mich darauf: *wir rechnen auf deine Mithilfe.* **4)** *ihn, es zu, unter etwas,* zähle dazu, ordne ein: *seine Arbeit rechnet zu den besten der Klasse.* **Rechner** *der, -s/-,* **1)** jemand, der rechnet, rechnen kann: *ein guter, schlechter R.* **2)** Rechengerät: *Taschenrechner.* **Rechnerei** *die, -/-en,* Ü langes, lästiges Rechnen. **rechnerisch,** mit Hilfe des Rechnens, das Rechnen betreffend: *die rechnerische Lösung.* **Rechnung** *die, -/-en,* **1)** Zahlenaufgabe. **2)** schriftliche Kostenforderung: *unbezahlte Rechnungen; Kauf auf R.,* zur späteren Bezahlung; *auf eigene R.,* auf eigene Kosten und eigene Gefahr; *eine Runde geht auf meine R.; ich setze es mit auf die R.; er muß darüber R. legen,* die Kosten nachweisen; *er will mir einen Strich durch die R. machen,* Ü meine Pläne zerstören; *du hast die R. ohne den Wirt gemacht,* Ü deine

636

Erwartungen beruhen auf falschen Voraussetzungen; *wir müssen noch eine alte R. begleichen,* Ü einen Streit beilegen. **3)** Ü Planung, Berechnung: *deine R. geht nicht auf, stimmt nicht, du hast dich getäuscht; diesem Umstand mußt du R. tragen,* ihn berücksichtigen. **4)** *schweiz. auch:* Abrechnung, öffentl. Rechnungslegung. **Rechnungsbuch** *das, schweiz.:* Rechenbuch. **Rechnungseinheit** *die,* Einheit, in der Werte und Preise ausgedrückt werden. **Rechnungsführer** *der,* Buchhalter. **Rechnungsjahr** *das,* ⚹ Zeitabschnitt, für den der Jahresabschluß aufgestellt wird oder für den der Haushaltsplan gilt. **Rechnungslegung** *die, -/-en,* 𝄞 Vorlage einer Zusammenstellung der Einnahmen und Ausgaben, die sich bei Unternehmen, Verwaltungen u. a. ergeben. **Rechnungsmaschine** *die, schweiz.:* Rechenmaschine.

recht [ahd. reht], **1)** richtig, passend, wie es sein soll: *die rechte Antwort; er ist der rechte Mann für diesen Posten; sehe ich r.?,* täusche ich mich nicht?; *ich habe r.,* bin im Recht, habe das Richtige gesagt oder getan; *ich behalte r.,* meine Ansicht erweist sich als richtig; *das geht nicht mit rechten Dingen zu!,* nicht natürlich, ehrlich; *man kann es nicht allen Menschen r. machen;* aber: *ich sehe nach Rechten; damit hast du das Rechte getan, getroffen.* **2)** rechtmäßig: *tue r. und scheue niemand.* **3)** ordentl. (auch verstärkend): *ein rechter Taugenichts; das ist ein rechter Spaß;* aber: *er kann, weiß nichts Rechtes.* **4)** nicht flektiert: ganz, ziemlich, sehr: *r. herzlichen Dank; etwas r. Dummes; sie ist nicht r. bei Sinnen,* verwirrt im Kopf; *nun erst r.,* trotzdem, gerade. **5)** *ein rechter Winkel,* △ ein Winkel von 90°. **6)** der linken Seite gegenüberliegend: *auf der rechten Seite der Fahrbahn; ich schreibe mit der rechten Hand; rechter Hand,* rechtsseits. **7)** *die rechte Seite,* die ansehnliche Seite, Oberseite (Gewebe, Kleidungsstücke). **8)** *eine rechte Masche,* Maschenart beim Stricken, ABB. G 19. **Recht** *das, -(e)s/-e,* **1)** Befugnis, begründeter Anspruch: *ich habe das R., so zu handeln; das ist mein gutes R.; er pocht auf sein R.,* besteht darauf; *ich will nur mein R.; mit Fug und R.* **2)** ohne Pl., das Richtige, das, was der Norm entspricht: *ich bin im R.,* aber: *ich bekomme, habe recht; das R. ist auf meiner Seite; das besteht zu R.; Rechtsgefühl.* **3)** die Gesamtheit der Vorschriften, die in bindender Weise das menschl. Gemeinschaftsleben regeln, Gesetz: *nach deutschem R.; das verstößt gegen göttliches und menschliches R.; Rechtsnorm; Rechtsunsicherheit; Kirchenrecht; Staatsrecht; Prozeßrecht; mein Sohn studiert die Rechte,* Jura; *von Rechts wegen; nach R. und Billigkeit,* nach dem Gesetzesbuchstaben und dem menschl. Rechtsgefühl; *das Gericht muß R. sprechen; rechtsgültig; rechtswidrig.* **Rechte** *die, -n/-n,* **1)** die rechte Hand, Seite: *zur Rechten,* rechts. **2)** *ohne Pl.,* die Gesamtheit der konservativen Parteien (nach der Sitzordnung im Parlament). **Rechteck** *das,* Viereck mit vier rechten Winkeln, ABB. V 6. **rechteckig. rechten** [ahd. rehton], *ich* rechte (habe gerechtet) *mit ihm,* streite, verlange mein Recht. **Rechtens,** *es ist R., daß. . .,* es geschieht zu Recht, daß. . . (alter Genitiv von Recht). **rechterseits,** auf der rechten Seite. **rechtfertigen,** *ich* rechtfertige (habe gerechtfertigt) *mich, ihn, es,* erkläre, weise ein Tun als berechtigt nach, befreie von Verdacht: *er hat das in ihn gesetzte Vertrauen gerechtfertigt.* **Rechtfertigung** *die, -/-en.: Rechtfertigungsversuch.* **rechtgläubig,** strenggläubig, orthodox. **Rechtgläubigkeit** *die.* **Rechthaber** *der, -s/-,* Ü rechthaberischer Mensch. **Rechthaberei** *die, -.* **rechthaberisch,** unnachgiebig auf seinem Standpunkt beharrend. **rechtläufig,** ☆ die dem Uhrzeigersinn entgegengerichtete Bewegung von Himmelskörpern, vom Nordpol der Ekliptik aus betrachtet. **rechtlich, 1)** auf das Recht bezüglich, gesetzlich. **2)** ⊶ ehrlich, redlich. **Rechtlichkeit** *die, -.* **rechtlos,** rechtlose Sklaven. **Rechtlosigkeit** *die, -.* **rechtmäßig,** gesetzlich, dem Recht entsprechend, legal, legitim. **Rechtmäßigkeit** *die, -.*

rechts [frühnhd., zu recht], Abk.: r., *nicht flektierbar,* auf der rechten Seite: *gehen Sie r.!; von r. nach links; er steht r.,* Ü gehört politisch der Rechten an; *Rechtsabbieger; Rechtskurve.* **Rechtsanspruch** *der,* Anspruch auf Grund von Gesetzen. **Rechtsanwalt** *der,* **Rechtsanwältin** *die,* Jurist(in) mit der Berechtigung, Rechtsansprüche anderer vor Gericht zu vertreten, vgl. ABB. A 13. **Rechtsaußen** *der, -/-,* Stürmer auf dem rechten Flügel (Fußball), vgl. ABB. F 37. **Rechtsbeistand** *der,* jemand, der fremde Rechtsangelegenheiten besorgt, ohne Rechtsanwalt zu sein. **Rechtsbeugung** *die,* vorsätzliche Gesetzesverletzung bei der Leitung oder Entscheidung einer Rechtssache. **rechtschaffen, 1)** ehrlich, bieder, treu. **2)** Ü sehr viel. **Rechtschaffenheit** *die, -.* **rechtschreiben,** *nur* Infinitiv üblich: *sie kann gut r.,* beherrscht die Orthographie.

Rechnungsarten
Die vier Grundrechnungsarten

Addition (Zusammenzählung)
Das **Addieren** *vermehrt* eine Zahl (**Posten, Summand**) um eine oder mehrere Zahlen (**Posten, Summand**). Beispiel: $2 + 3 = 5$.
Posten (2) und (plus: $+$) Posten (3) gleich ($=$) Ergebnis (**Summe: 5**).

Subtraktion (Abziehen)
Das **Subtrahieren** *vermindert* eine Zahl (**Minuend**) um eine oder mehrere Zahlen (**Subtrahend**). Beispiel: $5 - 3 = 2$.
Posten (Minuend: 5) weniger (minus: $-$) Posten (Subtrahend: 3) gleich ($=$) Rest (**Differenz: 2**).

Multiplikation (Vervielfachung)
Bei dieser Rechnungsart (**Multiplizieren**) wird eine Zahl (**Multiplikand, Faktor**) mit einer anderen (**Multiplikator, Faktor**) *vervielfacht*. Beispiel: $2 \times 3 = 6$.
Zahl (Multiplikand: 2) mal ($\times$ oder $\cdot$) Zahl (Multiplikator: 3) gleich ($=$) Ergebnis (**Produkt: 6**).

Division (Teilung)
Bei dieser Rechnungsart (**Dividieren**) wird eine Zahl (**Dividend**) durch einen Teiler (**Divisor**) *geteilt*. Beispiel: $6 : 2 = 3$.
Zahl (Dividend: 6) geteilt durch (:) Teiler (Divisor: 2) gleich ($=$) Ergebnis (**Quotient: 3**).

Die Brüche

Ein **Bruch** entsteht bei einer Teilung, die sich nicht in ganzen Zahlen ausführen läßt, z. B. $4 : 3 = {}^4\!/_3$. Die Zahl über dem **Bruchstrich** ist der **Zähler**, die unter ihm ist der **Nenner**. Der Bruch besagt, daß eine bestimmte Anzahl (Zähler; im Beispiel: 4) eines Teiles (im Beispiel: des dritten) der Einheit zu nehmen sind.
Innerhalb der **gemeinen Brüche** gibt es **echte** und **unechte Brüche**; bei den ersteren ist der Zähler kleiner als der Nenner, bei den letzteren der Zähler größer als der Nenner oder ihm gleich. Beispiel: echter Bruch ${}^2\!/_3$, unechter Bruch (gemischte oder gebrochene Zahl) ${}^5\!/_4$.
Dezimalbrüche heißen solche Brüche, deren Nenner immer 10 oder eine Potenz von 10 sind. Sie werden ohne Bruchstrich geschrieben. Die Zahlen werden in der Reihenfolge geordnet: Ganze, Komma, Zehntel, Hundertstel, Tausendstel usw. Beispiel: $1\,{}^1\!/_5 = 1\,{}^2\!/_{10} = 1{,}2$.

Potenzieren, Radizieren (Wurzelziehen) und Logarithmieren

Eine **Basis (Grundzahl)** *potenzieren* heißt, sie mit sich selbst so oft vervielfachen, wie der **Exponent (Hochzahl)** angibt. Schreibung: $a^3 = a \cdot a \cdot a = b$; Basis ($a$) hoch Exponent (3) gleich Potenzwert (Potenz: b). Beispiel: $2^5 = 2 \cdot 2 \cdot 2 \cdot 2 \cdot 2 = 32$.
Die n-te **Wurzel** (a) aus einer gegebenen Zahl (**Radikand**) ist die Zahl, die n-mal mit sich selbst malgenommen (a^n) die gegebene Zahl b ergibt. Die Zahl n heißt der **Wurzelexponent**.
Schreibung: $\sqrt[n]{b} = a$, n-te Wurzel aus b gleich a. Beispiel: $\sqrt[5]{32} = 2$, denn $2 \cdot 2 \cdot 2 \cdot 2 \cdot 2 = 32$.
Der **Logarithmus** einer Zahl zu einer gegebenen **Basis** ist die Zahl, mit der die Grundzahl potenziert werden muß, um den **Numerus** zu ergeben.
Beispiel: $\overset{2}{\log} 32 = 5$, da $2^5 = 32$; Numerus 32; Grundzahl (Basis) 2; Logarithmus 5. $\overset{10}{\log} 1\,000 = 3$, da $10^3 = 1\,000$. Die Logarithmen zur Basis 10 werden als **dekadische** oder **Briggssche Logarithmen** bezeichnet und in **Logarithmentafeln** zusammengestellt.

Rechtschreibfehler *der*. **Rechtschreibung** *die, Orthographie.* **Rechtsdrall** *der*, 1) Drall nach rechts. 2) U Hinneigung zu konservativen Ideen in der Politik. **rechtsdrehend,** im Uhrzeigersinn: *rechtsdrehender Wind;* aber: *nach rechts drehend*. **Rechtsempfinden** *das, -s*: er hat ein ausgeprägtes R. **Rechtser** *der, -s/-*, U Rechtshänder. **rechtsfähig**, **Rechtsfähigkeit** *die, -*, die Fähigkeit, Träger der in der Rechtsordnung vorgesehenen Rechte und Pflichten zu sein. **Rechtsgelehrte** *die, -n*, ∿ Jurist. **Rechtsgeschäft** *das*, eine Willenserklärung zur Herbeiführung eines bestimmten rechtl. Erfolges: *einseitiges R.* (Kündigung, Testament); *zweiseitiges R.* (Vertrag, Eheschließung). **Rechtshänder** *der, -s/-*, jeder, der mit der rechten Hand geschickter ist als mit der linken. **rechtshändig**, **Rechtshändigkeit** *die, -*. **rechtsherum**, nach rechts drehend. **Rechtshilfe** *die*, Hilfe, die sich Gerichte gegenseitig leisten, z. B. Zeugenvernehmung oder Zustellung von Personen: *zwischenstaatliche R.* **Rechtskraft** *die, -*, die Endgültigkeit von Rechtsentscheidungen. **rechtskräftig**, *das Urteil ist r.* **rechtskundig**, mit den Gesetzen vertraut. **Rechtsmittel** *das*, gesetzliches Mittel, gerichtl. Entscheidungen durch eine höhere Instanz überprüfen zu lassen, Beschwerde, Berufung, Revision: *Rechtsmittelbelehrung*. **Rechtspflege** *die, -*, Rechtsschutz, Rechtsausübung und Rechtsvorsorge durch staatliche oder staatlich anerkannte Organe. **Rechtspfleger** *der*, Beamter des gehobenen Justizdienstes, der mit der selbständigen Erledigung einfacher richterl. Aufgaben betraut ist. **Rechtsprechung** *die, -*, die rechtsprechende Gewalt. **Rechtsschutzversicherung** *die*, Versicherung gegen die Kosten eines Rechtsstreits. **rechtsseitig**, auf der rechten Seite: *nach dem Schlaganfall war er r. gelähmt*. **Rechtsstaat** *der*, ein Staat, in dem die Staatsgewalt an eine Rechtsordnung und an das für die gewisse Rechtsgrundsätze garantiert sind. **Rechtsstreit** *der*, Prozeß. **Rechtstitel** *der*, der Rechtsgrund, auf den ein Recht oder ein Anspruch gestützt wird. **rechtsum!**, ⚔ Kommando zur Viertelwendung nach

rechts. **rechtsverbindlich**, ⚖ *eine rechtsverbindliche Auskunft*. **Rechtsverbindlichkeit** *die, -*, ⚖. **Rechtsverkehr** *der*, das Benutzen der rechten Fahrbahnseite als Verkehrssprache. **rechtsverletzend**, ⚖ *rechtsverletzende Maßnahmen*. **Rechtsverletzung** *die,* ⚖. **Rechtsvorschlag** *der, schweiz.:* Rechtseinwendung gegen Zwangsvollstreckung. **Rechtsweg** *der, -(e)s*, die Inanspruchnahme des Gerichtes: *ich werde den R. einschlagen*, klagen. **Rechtswissenschaft** *die*, die systematische, begriffliche Durchdringung und Auslegung des geltenden Rechtes, Jurisprudenz. **Rechtszug** *der*, Instanz. **rechtwink(e)lig**, mit einem rechten Winkel, ABB. D 14. **rechtzeitig**, ehe es zu spät ist: *er konnte sich noch r. in Sicherheit bringen*.

recipe! [lat. recipere ›an sich nehmen‹, ›aufnehmen‹], Abk.: Rec. oder Rp., nimm! (auf ärztlichen Rezepten).

Recital [ri'saitl, engl.], **Récital** [resi'al, frz. réciter, zu lat. recitare ›vortragen‹, *das, -s/-e*, Vortrag eines einzelnen Künstlers, Solistenkonzert.

Reck [mnd. rick, mhd. ric ›Querstange‹] *das, -s/-e*, Turngerät, ABB. R 13, T 22.

Recke [ahd. reccho, urspr. ›Verbannter‹, ›Fremdling‹] *der, -n/-n*, Held, starker Kämpfer: *reckenhaft*.

recken [ahd. recchen], *ich recke (habe gereckt),* 1) *es, mich,* dehne, strecke: *ich r. mich in die Höhe; wir recken Wäsche.* 2) *ein Schiff, niederdt.:* schleppe.

Reckolder *der, -s/-(en),* Wacholder.

Recorder [engl. record ›Aufzeichnung‹, zu lat. recordari ›ins Gedächtnis rufen‹] *der, -s/-*, Gerät zur magnet. oder mechan. Tonaufzeichnung, vielfach auch zur Wiedergabe.

Recta, $ Pl. von Rectum.

recte [lat.], ∿ richtig, recht. **recto** [eigtl. lat. recto folio], auf der Vorderseite eines Blattes stehend.

Rector ma|gnificus [lat. ›der erhabene Leiter‹] *der, - -/ . . .t'ores . . .ci,* Titel des Rektors einer Hochschule.

Rectum *das, -s/ . . .ta,* $ Rektum.

Redefiguren

I. Figuren des Ausdrucks

1) Übertragung, bildlicher Ausdruck (Metapher): *Glut=* Leidenschaft; *das Schiff der Wüste* = das Kamel. Hierzu gehört der Tausch inhaltlich verwandter Begriffe (Metonymie): *der Homer* = die Werke des Homer; *der Lorbeer* = der Sieg; *Bacchus* = Wein; *der Himmel* = Gott.

2) Anspielung (Allusion): a) Allgemeines für Einmaliges: *der große Reformator* = Luther. b) Einmaliges verallgemeinert: *ein Alexander* = ein Eroberer.

3) Bildhafte Umschreibung (Periphrase): *das Land, wo die Zitronen blühen* = Italien.

4) Mitverstehen (Synekdoche), besonders Teil fürs Ganze (pars pro toto): *das Heer zählte 1000 Köpfe* = 1000 Mann; *diese Person kommt nicht über meine Schwelle!* = lasse ich nicht in mein Haus.

II. Figuren der Belebung

1) Übertreibung (Hyperbel): *die Hölle war los* = es herrschte ein unbeschreibliches Durcheinander.

2) Schmückendes Beiwort (Epitheton ornans): *die sonnigen Gipfel der sommerlichen Alpen.* Auch poetischer Beisatz (Apposition): *Aurora, Bringerin des Tages.*

3) Umschreibung (analytischer Ausdruck): *den Sieg erringen* = siegen.

4) Verneinung zur nachdrücklichen Bejahung (Litotes): *nicht eben groß* = klein; *nicht schlecht* = recht gut; *der Junge ist gar nicht dumm* = recht gescheit.

5) Naherücken durch Gebrauch der Gegenwart (Präsens historicum): *still war's im Garten; doch was rührt sich da?*

III. Stellungsfiguren

1) Wortpaare (besonders mit gleichem Anlaut, Stabreim und Reimen): *mit Mann und Maus; bei Nacht und Nebel; singen und klingen; Sang und Klang.*

2) Wortwiederholung: *lieber, lieber Vater!; Komm, o komm, Geliebte mein!*

3) Wortreihen: a) mit *und* (Polysyndeton): *und es wallet und siedet und brauset und zischt.* b) ohne *und* (Asyndeton): *ich kam, sah, siegte.* c) mit Steigerung im Ausdruck: *stundenlang, tagelang, wochenlang warteten wir auf dich.*

4) Kreuzstellung (Chiasmus): *der Herr fördre das Werk unserer Hände; ja das Werk unserer Hände wolle er fördern.*

5) Wiederaufnahme (Anapher): *Geld war sein Streben, Geld war sein einziger Gedanke, Geld sollte ihm alles andere ersetzen.*

6) Wiederholung in Sinn und Form (Parallelismus): *und Gott gab seine Macht ins Gefängnis und seine Herrlichkeit in die Hand des Feindes.*

7) Satzbruch (Anakoluth): *wenn ich bedenke, wie man wenig ist, und was man ist, das blieb man andern schuldig.*

IV. Rednerische Satzformen

1) Rednerische (rhetorische) Frage: *ich hätte mich so weit vergessen können?*

2) Ausruf: *o traurige Wahrheit!*

Recycling [rɪs'aiklɪŋ, vgl. re . . . und engl. cycle ›Kreislauf‹] *das, -s,* 1) Rückführung von nicht verbrauchten Ausgangsmaterialien und Rückständen in den Fabrikationsprozeß. 2) Rückschleusung der Einnahmeüberschüsse der Erdölländer in den internationalen Finanzmittelkreislauf.

Redakteur [-t'øːr, frz. rédacteur, vgl. redigieren] *der, -s/-e,* auch Schriftleiter, Mitarbeiter eines Buchverlags oder angestellter Journalist, der für Presse, Hörfunk, Fernsehen publizistische Beiträge beschafft und redigiert. **Redaktion** *die, -/-en,* 1) ohne Pl., Bearbeitung eines Manuskriptes für Druck (Buch, Zeitung, Zeitschrift) oder Sendung (Rundfunk, Fernsehen): *Redaktionsschluß.* 2) alle hierbei Mitarbeitenden: *Lexikonredaktion; Redaktionsbesprechung.* 3) alle dafür benutzten Arbeitsräume. **redaktionell. Redaktor** *der, -s/. . .t'oren, schweiz.:* Redakteur.

Rede [ahd. reda ›Rede‹, ›Ansicht‹, ›Verstand‹] *die, -/-n,* 1) das, was gesprochen wird, Äußerung, Gespräch: *was führst du für Reden!; es war die R. davon; die Rede kam zufällig darauf; es ist nicht die R. wert,* unwichtig; *er mußte mir R. und Antwort stehen,* Rechenschaft ablegen; *man hat ihn wegen dieses Vorfalls zur R. gestellt,* er mußte Rechenschaft darüber ablegen. 2) (feierliche) Ansprache: *Trauerrede; der Minister wird die R. zur Eröffnung der Messe halten.* 3) Gestaltung der Sprache, Sprechweise: *in gebundener R.,* in Versen; *direkte R., wörtliche R.,* wörtlich wiedergegebene Rede; *indirekte R.,* dem Sinn nach wiedergegebene Rede. *Rede, Gerücht: es geht die R., daß . . .* **Redefigur** *die,* schmückende oder besonders einprägsame stilist. Wendung, die von der gewöhnl. Sprechweise abweicht, rhetor. Figur, Übers. R 12. **Redefluß** *der, . . .flusses,* Ü unaufhörliches Sprechen: *ihr R. war kaum zu unterbrechen.* **Redefreiheit** *die, -,* Recht der freien Meinungsäußerung. **Redegabe** *die, -,* natürliche Anlage, Worte gut und sicher zu setzen. **redegewandt,** geschickt im Sprechen. **Redegewandtheit** *die, -.* **Redekunst** *die, -,* Kunst der gewandten, überzeugenden (öffentlichen) Rede, Rhetorik. **reden** [ahd. redon], *ich rede* (habe geredet) *es, mit ihm, über ihn, über etwas, von etwas, von etwas,* spreche, spreche; *er redet Unsinn; man redet viel von den politischen Ereignissen; darüber oder davon redet keiner mehr; er redete über das Fernsehen viel von sich reden; er redete einer maßvollen Reform das Wort,* trat dafür ein; *du redest ihm nach dem Munde,* schmeichelst ihm; *du hast gut reden, du kannst leicht darüber sprechen, weil es dich nicht unmittelbar betrifft.* **Redensart** *die,* 1) geläufige, feststehende sprachliche Wendung, z. B.: *gesagt—getan!* 2) nur Pl., nichtssagende Worte: *man speiste ihn mit freundlichen*

Redensarten ab. **Rederei** *die, -/-en,* U Gerede, leere Redensarten. **Redewendung** *die,* geläufige, nicht feststehende sprachliche Wendung, z. B.: *so darf er mir nicht kommen!,* U *das lasse ich mir nicht von ihm gefallen.*

redigieren [frz. rédiger, zu lat. redigere, eigtl. ›in einen Zustand bringen‹] *ich redigiere* (habe redigiert) *es,* bearbeite als Redakteur, mache druck- oder sendefertig.

Redingote [redɛ̃g'ɔt, frz., zu engl. riding-coat ›Reitrock‹] *die, -/-n* [-ən], taillierter Überrock oder Mantel.

Rediskont [vgl. re . . . und Diskont] *der, -s/-e,* die Rediskontierung. **rediskontieren,** *ich rediskontiere* (habe rediskontiert) *Wechsel.* **Rediskontierung** *die, -/-en,* Weiterverkauf diskontierter Wechsel durch die Bank an eine andere.

redivivus [lat. re(di) ›zurück‹ und vivus ›lebendig‹], wiedererstanden, erneuert.

redlich [ahd. redolih, verwandt mit Rede] 1) ehrlich, zuverlässig, pflichttreu: *ein redlicher Mensch.* 2) ordentlich, sehr: *ich habe mich r. bemüht.* **Redlichkeit** *die, -.*

Redner *der, -s/-,* 1) jemand, der eine Rede hält, Vortragender: *der R. des heutigen Abends; Festredner; Rednerpult.* 2) jemand, der gut Reden halten kann: *er ist der geborene R., ein Rednertalent.* **rednerisch,** in der Art eines guten Redners: *rednerische Begabung.*

Redoute [red'ut, frz., zu ital. ridotta, eigtl. ›Zufluchtsort‹, lat. reductum, zu reducere ›zurückführen‹] *die, -/-n* [-ən], 1) ♂ *noch österr.:* geschlossene Veranstaltung für geladene Gäste, z. B. Maskenball. 2) früher: trapezförmiges Festungswerk. •

Redox-System *das,* ein System aus Oxidations- und Reduktionsmitteln, das in chem. Gleichgewicht steht.

Redressement [radrɛsm'ã, frz. redresser ›geraderichten‹] *das, -s,* $ das (unblutige) Beseitigen einer Körperverbildung; Einrenkung. **re|dressieren,** *ich* redressiere (habe redressiert) *es.*

redselig, gesprächig, geschwätzig, wortreich: *der Alkohol machte ihn r.* **Redseligkeit** *die, -.*

Reduktion [lat. reductio, zu reducere ›zurückführen‹] *die, -/-en,* 1) Zurückführung auf Einfacheres, Grundsätzliches. 2) Verminderung, Verkleinerung; Herabsetzung: *Preisreduktion.* 3) ⊕ Entzug von Sauerstoff; Zuführung von Wasserstoff: *Reduktionsmittel.* **Reduktionsofen** *der,* ein Schmelzofen, der dem Erz Sauerstoff entzieht. **Reduktionsteilung** *die,* Biologie: z/z.

red|undant [lat. redundare ›überfließen‹], überreichlich, weitschweifig. **Red|undanz** *die, -/-en,* 1) ⑤ überschüssiger Informationsinhalt. 2) ⊙ Erweiterung von Informationen

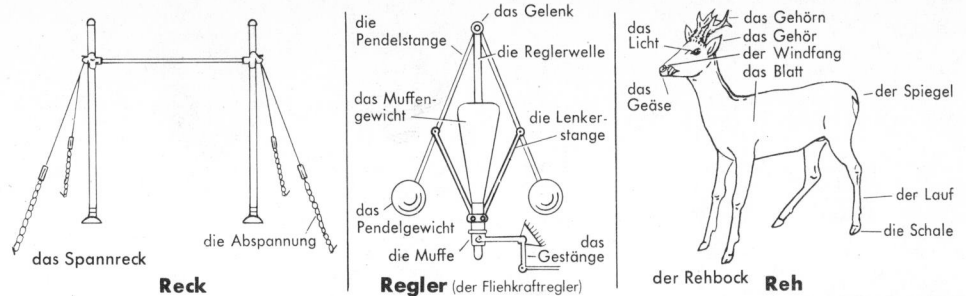

die Pendelstange — das Gelenk — die Reglerwelle — das Muffengewicht — die Lenkerstange — das Pendelgewicht — die Muffe — das Gestänge — die Abspannung — das Spannreck

Reck

Regler (der Fliehkraftregler)

das Licht — das Gehörn — das Gehör — der Windfang — das Blatt — das Geäse — der Spiegel — der Lauf — die Schale — der Rehbock

Reh

durch zusätzliche Kennzeichen als Schutz gegen Unverständlichkeit bei Verstümmelungen.

Redu|plikation [vgl. re… und Duplikation] *die, -/-en,* Verdoppelung, Wiederholung von Silben, Wortwurzeln, Stämmen oder Wörtern als Mittel der Wort- und Formenbildung, z. B. Papa, Wauwau. **redu|plizieren,** *ich* redupliziere (habe redupliziert) *es.*

reduzibel [zu Reduktion], zurückführbar. **reduzieren,** *ich* reduziere (habe reduziert) *es,* verringere: *reduzierte Preise.*

reel! [aus ›Ruder in Lee‹], ✄ wendet!

Reede [mnd. reden ›ausrüsten‹] *die, -/-n,* geschützter Ankerplatz an einer Küste (Bucht, Flußmündung), ABB. H 3.

Reeder *der, -s/-,* Eigentümer eines Schiffs, das dem Erwerb dient. **Reederei** *die, -/-en,* Schiffahrtsunternehmen: *Reedereiflagge,* Flagge zur Kennzeichnung der Schiffe einer Reederei.

reell [frz., vgl. real], **1)** wirklich, tatsächlich: *reelle Zahlen,* △ rationale und irrationale Zahlen. **2)** zuverlässig, geschäftlich anständig: *ein reeller Preis.*

Reep [mnd. rep ›Reif‹] *das, -(e)s/-e, niederdt.:* Tau, Schiffstau. **Reeper** *der, -s/-,* ℅ Taumacher. **Reeperbahn** *die, niederdt.:* Seilerbahn. **Reepschläger** *der, niederdt.:* Seiler.

Reet *das, -(e)s/-e, niederdt.:* Ried, Rohr, Schilf: *Reetdach.*

Ref., Abk. für Referendar(in).

REFA *der, -,* Abk. für: Reichsausschuß für Arbeitszeitermittlung, Verband für Arbeitsstudien: *REFA-Fachmann.*

Refaktie [-tsiə, niederl., vgl. re… und lat. facere ›machen‹] *die, -/…tiłen,* auch Fusti, ⊿ Abzug im Warenhandel (bei Beschädigungen, Fehlern).

Refektorium [mlat. refectorium, zu lat. reficere ›wiederherstellen‹] *das, -s/…riłen,* Speisesaal in Klöstern, vgl. ABB. K 28.

Referat [lat. referre ›berichten‹] *das, -(e)s/-e,* **1)** Bericht, Vortrag, Gutachten. **2)** Sachgebiet eines Referenten: *Presse-referat.* **Referendar** *der, -s/-e,* **Referendarin** *die, -/-nen,* Abk.: Ref., Anwärter(in) der höheren Beamtenlaufbahn nach der ersten Staatsprüfung: *Rechtsreferendar; Studienreferendar.* **Referendum** *das, -s/…den* oder …da, Volksentscheid. **Referent** *der, -en/-en,* **1)** jemand, der einen Vortrag hält. **2)** jemand, der ein Referat leitet; Sachbearbeiter; Berichterstatter. **Referenz** *die, -/-en,* **1)** Empfehlung: *ich kann gute Referenzen beibringen.* **2)** Person oder Stelle, bei der man Auskunft einholen kann. **referieren,** *ich* referiere (habe referiert) *über etwas,* halte ein Referat, berichte über etwas.

Reff [ahd. ref] *das, -(e)s/-e,* Traggestell, Rückentrage.

Reff [ahd. href, ›(Mutter)schoß‹] *das, -(e)s/-e, Ūverächtlich:* dürres Gerippe; altes Weib.

Reff [altnord. rif, zu niederdt. reffen ›raffen‹] *das, -(e)s/-e,* ✄ Vorrichtung zum Verkürzen des Segels. **reffen,** *ich* reffe (habe gerefft) *das Segel,* ✄ verkürze es: *mit verengten Segeln.*

Refinanzierung *die,* die Geldbeschaffung eines Kreditgebers bei Mangel an Eigenmitteln.

Refiner [rif'ainə, engl.] ›Verfeinerer‹] *der, -s/-,* eine Stoffmühle bei der Papierherstellung.

Re|flation [vgl. re… und lat. flare ›blasen‹] *die, -/-en,* die Korrektur einer Deflation durch Mittel der Geldpolitik.

Re|flektant *der, -en/-en,* Interessent; Kauflustiger; Bewerber: *ein R. auf die frei werdende Stelle.* **re|flektieren** [lat. reflectere ›zurückbiegen‹, ›umstimmen‹], *ich* reflektiere (habe reflektiert), **1)** *auf etwas,* strebe danach. **2)** *über etwas,* denke nach. **3)** *es reflektiert (es),* wirft zurück (auftreffende Strahlen).

Re|flektor *der, -s/…t'oren,* **1)** Vorrichtung zum Zurückwerfen des Lichtes, z. B. an Scheinwerfern. **2)** ✹ Spiegelfernrohr. **3)** Teil einer Antenne zum Erhöhen der Richtwirkung. **re|flektorisch,** auf Reflex beruhend. **Re|flex** [lat. reflexus ›das Zurückbeugen‹] *der, -es/-e,* **1)** Widerschein: *Lichtreflex.* **2)** unwillkürliches Ansprechen auf einen Reiz: *Kniescheibenreflex; Reflexbewegung.* **Re|flexion** [frz. réflexion, zu lat. reflexio] *die, -/-en,* **1)** Zurückwerfung von Strahlen (Wellen) an den Grenzflächen zwischen zwei Medien, vgl. Reflex. **2)** das Nachdenken, Betrachtung. **re|flexiv,** Ⓢ rückbezüglich: *reflexive Verben,* ÜBERS. V 2. **Re|flexiv|pronomen** *das,* ÜBERS. P 24. **Re|flexzone** *die,* der Körperoberfläche, die einem bestimmten Rückenmarksegment entspricht: *Reflexzonenmassage.*

Reform [frz. réforme, zu lat. reformare ›umgestalten‹] *die, -/-en,* Verbesserung, planmäßige Umgestaltung: *Bodenreform; Schulreform; Reformbestrebungen; reformfreudig; politischer Reformkurs; Reformpolitik.* **Reformation** [lat. reformatio] *die, -/-en,* **1)** innere Umgestaltung. **2)** durch Luther eingeleitete Kirchenbewegung. **Reformator** [lat.] *der, -s/…t'oren,* Erneuerer, Wegbereiter einer Reformation. **reformatorisch. Reformer** *der, -s/-,* jemand, der eine Reform plant oder durchführt. **reformerisch,** *reformerische Bestrebungen.* **Reformhaus** *das,* Fachgeschäft für Reformkost. **reformieren,** *ich* reformiere (habe reformiert), **1)** *es,* gestalte, bilde um, erneuere, unterziehe einer Reform: *die reformierte Kirche,* die von Zwingli und Calvin gegründete Kirche. **2)** *Kohlenwasserstoffe,* wandle um zu klopffesten Benzinen. **Reformierte** *der, die, -n/-n, ein -r, eine -,* Anhänger(in) der reformierten Kirche. **Reformismus** [vgl. …ismus] *der, -,* **1)** Streben nach Reformen. **2)** im kommunist. Sprachgebrauch: Bez. für das Bestreben, Veränderungen mittels Reformen (nicht durch Revolution) herbeizuführen. **Reformist** *der, -en/-en,* jemand, der nach Reformen strebt. **Reformkost** *die,* natürliche, der Erhaltung und Förderung der Gesundheit dienende Nahrungsmittel.

Re|frain [rəfr'ε, frz., zu afrz. refreindre, lat. refringere ›brechen‹, ›zurückschlagen‹] *der, -s/-s,* meist als Strophenschluß wiederkehrende Worte oder Verse, Kehrreim, ÜBERS. M 14.

re|fraktär [lat. refractarius ›widerspenstig‹], ⚕ unempfänglich, unempfindlich. **Re|fraktion** [lat. refringere ›zerbrechen‹] *die, -/-en,* Physik: Brechung der Lichtstrahlen. **Re|fraktometer** [grch. metron ›Maß‹] *das, -s/-,* opt. Instrument zur Bestimmung der Lichtbrechung. **Re|fraktor** *der, -s/…t'oren,* ein (astronomisches) Linsenfernrohr. **Re|frakturierung** *die, -/-en,* ⚕ das erneute Brechen eines Knochens (bei einem schlecht verheilten Knochenbruch).

Re|frigerator [lat. refrigerare ›abkühlen‹] *der, -s/…t'oren,* (Gefriergerät einer) Kälteanlage.

Réfugié [refyʒj'e, frz.] *der, -s/-s,* Flüchtling, bes. der aus Frankreich ausgewanderte Hugenotte. **Refugium** [lat.] *das, -s/…giłen,* Zufluchtsort.

Refus, Refüs [rəf'y, frz., zu refuser ›ablehnen‹] *der, -[-f'y(s)]/-[-f'ys],* ℅ abschlägiger Bescheid, Weigerung. **refüsieren,** *ich* refüsiere (habe refüsiert) *es.*

Regal [ital. riga ›Reihe‹] *das, -s/-e,* Gestell mit mehreren Fächern für Bücher, Waren, ABB. S 40: *Bücherregal; Warenregal; Regalbretter; Regalwand.*

Regal [frz. régale] *das, -s/-e,* **1)** eine tragbare Orgel. **2)** ein Orgelregister aus Zungenpfeifen.

Regal(e) [lat. regalis ›königlich‹, zu rex ›König‹] *das,* *-s/. . .li|en, meist Pl.,* wirtschaftlich nutzbares Hoheitsrecht. **Regatta** [ital.-venezian. ›Gondelwettfahrt‹] *die, -/. . .g'at-* *ten,* Wettfahrt auf Wasser, Eis: *Segelregatta.* **rege** [zu regen], lebensvoll, beweglich, tätig, betriebsam: *geistig r.; ein reger Verkehr.* **Regel** [ahd. regula, zu lat. regula] *die, -/-n,* **1)** Richtschnur, Richtlinie, Norm, Vorschrift: *streng nach der R.; ein Verstoß* *gegen die R.; in der R.,* fast immer; *Faustregel,* einfache Grundregel; *Regelstudienzeit.* **2)** ♀ Menstruation. **3)** Ordensregel, Vorschriftensammlung eines geistlichen Ordens. **Regel** **de tri, Regelde|tri** [lat. regula de tribus ›Regel von den dreien‹] *die, -/,* △ Dreisatz. **regellos,** ohne Regel, unregelmäßig, ungeordnet. **Regellosigkeit** *die, -.* **regelmäßig, 1)** der Regel entsprechend: *regelmäßige Verben.* **2)** in gleichen Abständen wiederkehrend: *regelmäßige Mahlzeiten halten gesund.* **3)** gewöhnlich, gewohnheitsgemäß: *der Briefträger kommt r. am Vormittag.* **Regelmäßigkeit** *die, -/-en.* **regeln,** *ich reg(e)le (habe geregelt) es,* bringe in Ordnung, gebe Vorschriften dafür: *das wird sich von selbst regeln; er lebt in geregelten Verhältnissen.* **regelrecht, 1)** der Regel folgend: *ein regelrechtes Verfahren.* **2)** Ü geradezu, richtig: *sie war r. boshaft.* **Regelschule** *die,* Schulform, die in einem bestimmten Bildungssystem als die Norm gilt. **Regeltechnik** *die,* Gebiet der Technik, das sich mit der selbsttätigen Regelung von Vorgängen befaßt. **Reg(e)lung** *die, -/-en: Verkehrsregelung.* **regelwidrig,** gegen die Regel verstoßend. **Regelwidrigkeit** *die.*

regen [mhd. regen], *ich rege (habe geregt) es, mich,* bewege: *der Kranke konnte kein Glied regen; ohne sich zu regen lag er da; mein Gewissen regte sich,* Ü. **Regen** [ahd. regan] *der, -s,* **1)** tropfenförmiger Niederschlag: *R. fällt, es regnet; Regenguß; Regenmantel; Schneeregen; Konfettiregen,* Ü. **2)** Ü sehr große Menge: *Goldregen,* viel Geld. **Regenbogen** *der,* farbige Lichterscheinung auf sonnenbeschienener Regenwolke oder -wand. **Regenbogenfarben,** *Pl.: ihr Make-up schillert in allen R.,* Ü scherzhaft. **Regenbogenhaut** *die,* Teil des Auges unter der Hornhaut, Iris, ABB. A 24. **Regenbogenpresse** *die,* Wochenendzeitschriften, deren Thematik hauptsächlich aus Sensation und Klatsch besteht. **Régence** [re3'ãs, frz. ›Regentschaft‹, vgl. Regen] *die, -,* französ. Stil zwischen Louis-quatorze und Louis-quinze zur Zeit der Regentschaft Philipps von Orléans, ABB. S 68. **Regency** [r'i:dзənsi, engl.] *der, -,* engl. Stilphase zur Zeit der Prinzregentschaft des späteren Königs Georg IV. **Regenerat** [lat. regenerare ›wiedererzeugen‹] *das, -(e)s/-e,* aufgearbeiteter Abfall von Kautschuk oder Kunststoffen als Streckmittel bei Neuherstellung. **Regeneration** *die, -/-en,* Wiederherstellung, Neubildung, Erneuerung (von Körperteilen, zerstörter Körpergewebe u. a.): *regenerationsfähig.* **Regenerativfeuerung** *die,* eine Feuerung von Industrieöfen, bei der die Abgaswärme zum Vorwärmen von Gas und Luft genutzt wird. **Regenerator** *der, -s/. . .t'oren,* Vorwärmer in Regenerativfeuerungen, auch Wärmespeicher in Heißgasmotoren. **regenerieren,** *ich regeneriere (habe regeneriert),* **1)** *es,* bilde neu. **2)** *mich,* Ü erhole, verjünge. **Regenhaut** *die,* Ü wasserabstoßender, oft durchsichtiger Umhang oder Mantel. **regennaß. Regenpfeifer** *der,* ein meist auf Ufern und Stränden lebender Vogel. **Regens** [lat. regens ›lenken‹, ›leiten‹] *der, -/. . .g'entes,* geistlicher Leiter eines kath. Priesterseminars. **Regenschatten** *der,* die Verminderung des Regens in Gebieten hinter einem Gebirge. **Regenschauer** *der,* kurzer starker Regen. **Regenschirm** *der,* ABB. S 19. **Regent** [frz., zu lat. regens ›lenken‹, ›leiten‹] *der, -en/-en,* **1)** regierender Fürst. **2)** Reichs- oder Landesverweser. **Regentin** *die, -/-nen.* **Regentschaft** *die, -,* Amt, Amtszeit eines Regenten: *Regentschaftsrat.* **Regenwald** *der,* immergrüner Wald der inneren Tropen. **Regenwetter** *das: er sieht aus wie drei Tage R.,* Ü mißgestimmt. **Regenwurm** *der,* im Boden lebender Ringelwurm. **Regenzeit** *die,* **1)** niederschlagsreiche Jahreszeit heißer Länder. **2)** Pluvialzeit. **Regesten** [lat. regesta, vgl. Register], *Pl.,* Zusammenstellung von Urkundenauszügen. **Reggae** [r'egei, amerikan.] *der, -,* aus Jamaika stammende Art der Popmusik. **Regie** [re3'i, frz. régie] *die, -,* **1)** der Aufgabenkreis des Regisseurs bei Theater, Film, Funk, Fernsehen: *Regieassistent;*

Regiebuch; Filmregie. **2)** *Pl. -n* [-з'iən], die Führung eines wirtschaftl. Unternehmens unmittelbar durch Staat oder Gemeinde: *Regiebetriebe; ich führe das Geschäft in eigener R.,* Ü. **Regiefehler** *der,* **1)** Fehler bei der Regie. **2)** Ü Fehler bei der Vorbereitung einer Sache. **Regiekosten,** *Pl.,* ⚙ Verwaltungskosten.

regieren [mhd. regieren, zu lat. regere ›lenken‹, ›leiten‹], *ich regiere (habe regiert),* **1)** herrsche: *er regierte neun Jahre (über das Land, Volk).* **2)** *ihn, es,* beherrsche, verwalte, leite. **3)** *ein Wort regiert einen Kasus,* fordert ihn, z. B. ›haben‹ den Akkusativ. **Regierung** *die, -/-en,* **1)** Ausübung der Herrschergewalt: *er trat die R. an, übernahm die R.; nach fünfjähriger R.; Regierungszeit.* **2)** das zur obersten Leitung der Staatsgeschäfte berufene Kollegium: *Bundesregierung; Regierungschef; Regierungsumbildung; Allparteienregierung; die R. wird gebildet, tritt zurück.* **Regierungsbezirk** *der,* größerer staatlicher Verwaltungsbezirk. **regierungsnah,** *wie aus regierungsnahen Kreisen verlautet.* **Regierungspräsident,** Leiter eines Regierungsbezirks. **Regierungsrat** *der, -(e)s/-⁽ᵉ⁾e,* Abk.: Reg.-Rat, höherer Verwaltungsbeamter.

Regime [re3'im, frz. régime, zu lat. regimen] *das, -(s)/* [-ma], **1)** Leitung, Herrschaft; Regierungsform: *ein totalitäres R.; Regimekritiker.* **2)** schweiz. auch: Diätvorschrift. **Regiment** [frz., vgl. regieren] *das, -(e)s,* **1)** *Pl. -er,* ⚔ Truppeneinheit: *Panzerregiment; Regimentsarzt.* **2)** *Pl. -e,* Herrschaft, Leitung: *bei ihr führte die Frau das R.* **Regina, Regine** [lat. ›die Königin‹], weibl. Vornamen. **Region** [lat. regio] *die, -/-en,* Gegend, Gebiet, Bezirk: *dünnbesiedelte, ländliche Regionen; sie schwebt in höheren Regionen,* Ü hängt Träumereien nach. **regional,** *Regionalplanung.* **Regionalismus** [vgl. . . .ismus] *der, -,* das Eintreten für die Besonderheit einer Landschaft. **Regisseur** [re3is'o:r, frz. régisseur, vgl. Regie] *der, -s/-e,* künstlerischer Leiter einer Inszenierung, Spielleiter. **Register** [mhd. register, zu lat. regere ›eintragen‹] *das, -s/-,* **1)** (amtliches) Verzeichnis: *Handelsregister.* **2)** alphabetisches Verzeichnis: *Namensregister; Sachregister.* **3)** Datenverarbeitung: Speicher zur vorübergehenden Aufnahme einer Information. **4)** ♪ Stimmlage; Orgelstimmart, ABB. O 3: *er zieht alle R., läßt alle R. spielen,* läßt alle Stimmlagen erklingen, Ü setzt alle Mittel ein. **Registertonne** *die,* Abk.: RT, Raummaß für Schiffe. **Registrator** *der, -s/. . .t'oren,* buchführender Beamter. **Registratur** *die, -/-en,* Ablage von Briefen u. a. **Registrierballon** *der,* unbemannter Ballon mit meteorolog. Schreibgeräten. **registrieren,** *ich registriere (habe registriert),* **1)** *es, ihn,* trage in ein Register ein. **2)** *es,* Ü nehme zur Kenntnis: *aufmerksam registrierte sie alle seine Bewegungen.* **Registriergerät** *das,* ein Gerät, das einen Meßwert anzeigt und durch Schreiber, Oszillographen oder Magnetband aufzeichnet. **Registrierkasse** *die,* Kasse, die die Einnahmen selbsttätig aufzeichnet, ABB. K 12. **Registrierung** *die, -/-en,* das Registrieren.

Reglement [reglom'ã, frz., zu lat. regula ›Richtschnur‹] *das, -s/-s,* Dienstvorschrift, Geschäftsordnung. **reglementarisch. reglementieren,** *ich reglementiere (habe reglementiert) es,* regele behördlich. **Reglementierung** *die, -/-en.* **reglementwidrig** [-m'ã-], unvorschriftsmäßig. **Regler** [zu regeln] *der, -s/-,* Gerät der Regeltechnik, das die vorbestimmte Größe mißt und regelt, ABB. R 13. **Reglette** [frz. réglette, vgl. Regel] *die, -/-n,* ⊕ Metallstreifen für Zeilendurchschuß: *Reglettenkasten,* ABB. S 48. **reglos** [zu regen], regungslos, ohne Bewegung. **Reglung** [zu regeln] *die, -/-en,* Regelung. **regnen** [ahd. reganon], *es regnet (hat geregnet), Regen fällt: es r. in Strömen; es r. Bindfäden,* Ü sehr stark; *es regnete Geld,* U es gab viel Geld. **regnerisch,** *regnerisches Wetter.* **Reg.-Rat,** Abk. für: Regierungsrat. **Regreß** [lat. regressus ›Rückgang‹] *der, . . .gr'esses/* *. . .gr'esse,* ⚖ Rückgriff eines Ersatzpflichtigen auf einen Dritten: *Regreßansprüche.* **2)** Regressus. **Regression** *die, -/-en,* **1)** Rückbewegung. **2)** ⊕ Rückzug des Meeres. **3)** Psychologie: Rückfall gehemmter Triebe auf kindliche Formen ihrer Befriedigung. **regressiv,** rückwirkend, zurückgehend. **regreßpflichtig,** ⚖ ersatzpflichtig. **Regressus** *der, -,* Philosophie: Weg von den Folge zum Grund.

regsam, rege. **Regsamkeit** *die, -.*

Regula falsi [lat. ›Regel des Falschen‹] *die, - -,* △ Näherungsverfahren zur Ermittlung der Nullstellen einer Funktion. **regulär, 1)** regelmäßig, regelrecht, gesetzmäßig. **2)** die Eigenschaft eines Kristallsystems bezeichnend, ABB. K 46.

Regular [spätlat. regularis, zu lat. regula ›Richtschnur‹] *der, -s/-e,* auch Regulare, Mitglied eines kath. Ordens: *Regularkleriker.* **Regulare** *der, -n/-n,* Regular. **Regularität** *die, -/-en.* **Regulation** *die, -/-en,* **1)** Ausgleichung, Wiederherstellung der Ordnung. **2)** Biologie: die Aufrechterhaltung des Gleichgewichts im Organismus. **regulativ,** normbildend, regelnd, eine Leitlinie bietend. **Regulativ** *das, -s/-e,* regelnde Verfügung: *Preisregulativ.* **Regulator** *der, -s/...t'oren,* **1)** ♒ Regler. **2)** Uhrpendel, Pendeluhr. **regulieren** [spätlat. regulare], *ich reguliere* (habe reguliert), **1)** *es,* regele, bringe in die richtige Ordnung: *ein Knopf zum Regulieren der Lautstärke.* **2)** einen *Fluß,* begradige. **3)** *regulierte Kleriker,* katholische Geistliche, die sich einer Ordensregel unterwerfen. **Regulierung** *die, -/-en,* Regelung; Begradigung: *Flußregulierung.*

Regulus [lat. ›kleiner König‹, zu rex ›König‹] *der, -,* **1)** *Pl. -se,* reines Metall, das sich beim Schmelzen unter der Schlacke bildet. **2)** ✸ ein Stern.

Regung [zu regen] *die, -/-en,* **1)** Bewegung. **2)** Gefühlsaufwallung: *Gemütsregung.* **regungslos,** reglos, ohne Bewegung. **Regungslosigkeit** *die, -.*

reh [mhd. ræhe ›starr‹, ›steif‹] *oberdt.:* steif.

Reh [ahd. reia, urspr. ›das Gesprenkelte‹] *das, -(e)s/-e,* Rehwild, ein hirschartiges Säugetier, Abb. R 13.

Rehabilitand *der, -en/-en,* Kranker, Behinderter, der rehabilitiert werden soll. **Rehabilitation** [vgl. re... und habilitieren] *die, -/-en,* **1)** Wiedereinsetzung in den früheren (rechtlichen) Stand; Ehrenerklärung. **2)** alle ärztlichen, psycholog. und sozialen Maßnahmen, die der Wiedereingliederung in die Gesellschaft nach Unfall oder Krankheit dienen: *Rehabilitationszentrum.* **rehabilitativ,** rehabilitative *Nachsorge.* **rehabilitieren,** *ich rehabilitiere* (habe rehabilitiert) *mich, ihn.* **Rehabilitierung** *die, -/-en.*

Rehbein [vgl. Rehe] *das,* Knochenauflagerung am Sprunggelenk des Pferdes.

Rehbock *der,* männl. Reh, Abb. R 13.

Rehe [mhd. ræhe, zu ræhe ›steif‹, bes. von der Gliedersteifheit der Pferde] *die, -,* eine Hufkrankheit beim Pferd.

rehfarben, rehfarbig, rötlich-braun.

Rehgeiß *die,* Ricke, weibl. Reh. **Rehkitz** *das,* Rehjunges.

rehledern, aus Leder vom Reh. **Rehling** *der, -s/-e, südostdt.:* Pfifferling. **Rehposten** *der,* 🦌 gröbstes Schrot. **Rehziemer** *der,* Rehrücken.

Reibach *der, -s,* Rebbach.

Reibahle *die,* ein Werkzeug zum Erweitern von Löchern.

Reibe *die, -/-n,* Reibeisen. **Reibebrett** *das,* ein Baugerät zum Glätten des Putzes. **Reibeisen** *das,* eine Reibe zum Reiben. **Reibekuchen** *der, westf.:* Kartoffelpuffer. **Reibelaut** *der,* Ⓢ ein durch Engebildung der Sprechwerkzeuge hervorgerufener Laut, Frikativ, Spirans, Übers. G 34. **reiben** [ahd. riban], *ich reibe* (habe gerieben), **1)** *es,* bewege einen Gegenstand an, auf einem anderen unter dauernder Berührung hin und her: *das Pferd reibt den Kopf am Pfosten; sie reibt sich den Schlaf aus den Augen; er reibt sich die Hände,* Ü ist schadenfroh. **2)** *es,* zerkleinere mit einem Reibeisen: *ich r. Äpfel, Kartoffeln; geriebener Käse.* **3)** *es ihm unter die Nase,* Ü sage derb; halte vor. **4)** *mich an ihm,* Ü bin ihm gegenüber gereizt. **5)** *es reibt,* verursacht bei Bewegung eine ständige schmerzhafte Berührung: *der Schuh reibt.* **6)** bearbeite mit einer Reibahle. **Reiberei** *die, -/-en,* Ü kleine Feindseligkeit, Anrempelung: *bei Kindern sind Reibereien alltäglich.* **Reibfläche** *die,* raue Fläche, auf der Zündholz entflammt wird, Abb. S 74. **Reibholz** *das,* **1)** am Wagen ein Holz, auf dem die Deichsel beim Wenden gleitet. **2)** Fender am Schiff. **3)** Glätthloz am Webstuhl. **Reibschale** *die,* Laboratoriumsgerät, in dem Substanzen zerkleinert und vermischt werden. **Reibung** *die, -/-en,* **1)** die durch Berührung zweier gegenseitig bewegter Körper ausgelöste bewegungshindernde Kraft: *Bremsen beruht auf R.; Reibungsverlust; Reibungswiderstand.* **2)** Ü Zwistigkeit, Unstimmigkeit. **Reibungsfläche** *die,* Fläche, an der eine Reibung entsteht: *zwischen den beiden Staaten gibt es keine Reibungsflächen,* Ü. **reibungslos,** ohne Reibung: *die Begegnung verlief r.,* Ü ohne Störung oder Unstimmigkeiten. **Reibzunge** *die,* Reibplatte, Radula, bezahntes Organ bei Schnecken und Kopffüßern.

reich [ahd. rîh(h)i], **1)** vermögend, begütert: *reiche Verwandte; arm und r.,* jedermann, aber: *der Arme und der Reiche.* **2)** gehaltvoll, ergiebig: *eine reiche Erzlagerstätte; reiches Wissen; in reichem Maße; er wurde reich belohnt.* **3)** an etwas, viel besitzend, große Mengen enthaltend: *r. an Ideen, Kenntnissen; das reichbeschenkte Kind,* aber: *das Kind wurde r.*

beschenkt. Reich *das, -(e)s/-e,* **1)** großes Land, Staat, Gebiet: *Kaiserreich; das R. der Perserkönige; das Römische R.; das R. der Mitte,* China; *das R. der Toten,* Ü das Jenseits; *das R. der Töne,* Ü die Musik. **2)** im engeren Sinn: das Deutsche Reich: *die innere Entwicklung des Reichs.*

reichen [ahd. reihhen], *ich reiche* (habe gereicht), **1)** *es ihm,* biete, halte hin; gebe: *sie reichte ihm die Hand (zur Begrüßung); würden Sie mir bitte das Brot reichen!; er kann ihr nicht das Wasser reichen,* Ü ist ihr weit unterlegen. **2)** *es reicht bis zu ihm,* erstreckt sich: *das Kind reicht ihm schon bis an die Schulter; sein Einfluß reicht sehr weit; das Tiefdruckgebiet reicht bis zu den Alpen.* **3)** *es reicht,* genügt: *der Vorrat reicht (nicht); mir reicht's!,* Ü ich habe es satt. **4)** *mit etwas,* Ü komme aus: *ich r. mit dem Geld nicht lange.*

reichhaltig, vieles umfassend, ergiebig: *das Warenangebot ist r.* **Reichhaltigkeit** *die, -.* **reichlich, 1)** ziemlich umfangreich, größer als notwendig, etwas mehr: *die Verpflegung war r.; ich mußte eine reichliche Stunde warten,* Ü etwas länger als eine Stunde. **2)** ziemlich: *es war r. langweilig.*

reichs..., zum Deutschen Reich gehörig: *der Reichsadler; die Reichsgrenze; der Reichskanzler; die Reichsregierung.* **Reichsbahn** *die: Deutsche R.,* Abk.: DR, Eisenbahn im Deutschen Reich, in der Dt. Dem. Rep. **reichsfrei,** reichsunmittelbar. **Reichsmark** *die, -,* Abk.: RM, frühere dt. Währungseinheit. **Reichsstadt** *die,* reichsunmittelbare Stadt. **Reichsstände,** *Pl.,* im Deutschen Reich bis 1806 die reichsunmittelbaren Glieder mit Sitz und Stimme im Reichstag. **Reichstag** *der,* **1)** bis 1806: neben dem König stehende ständische Körperschaft. **2)** gewählte Volksvertretung. **3)** Ü Reichstagsgebäude. **reichsunmittelbar,** reichsfrei, bis 1806: Kaiser und Reich direkt unterstehend. **Reichsverweser** *der,* früher: **1)** Vertreter des Kaisers (bei Minderjährigkeit, längerer Abwesenheit). **2)** vorläufiges Staatsoberhaupt.

Reichtum *der, -(e)s/"er,* **1)** großer Besitz. **2)** *ohne Pl.,* Ü Menge, Fülle: *Ideenreichtum.*

Reichweite *die,* Entfernung, bis zu der etwas wirksam sein kann: *Raketen mit einer mittleren R.; R. eines Senders; eine politische Entscheidung von großer R.,* Ü von großer Wirkung; *die R. dieser Maßnahme ist noch nicht abzusehen,* Ü.

reif [ahd. rîfi], **1)** in seiner Entwicklung vollendet: *die Kirschen werden im Juni r.; ein reifer Mensch,* körperlich und seelisch auf der Höhe seiner Entwicklung; *ein reifes Urteil,* vollständig abgewogen und ausgeglichen. **2)** *zu, für etwas,* fertig, vorbereitet: *erst nach jahrelanger Arbeit war sein Lehrbuch r. zur Veröffentlichung; ich bin r. für den Urlaub,* Ü habe ihn dringend nötig.

Reif [ahd. hrîfo] *der, -(e)s,* **1)** Niederschlag aus feinsten Eisteilchen: *der Rasen war mit R. bedeckt; Reifglätte; R. fiel auf ihre Hoffnungen,* Ü etwas Unvorhergesehenes trübte sie. **2)** die weißen Gamsbartspitzen.

Reif [ahd. reif ›Seil‹, ›Strick‹, vgl. Reep] *der, -(e)s/-e,* P ringförmiges Schmuckstück, Reifen: *ein goldener R. am Finger, auf der Stirn; Armreif,* Abb. S 30.

Reife [ahd. rîfi] *die, -,* Vollendung der Entwicklung: *Traubenreife; Reifezeit; geistige, körperliche, sittliche, seelische R.; mittlere R.,* Abschluß der Realschule oder der Mittelstufe in Gymnasien. **reifen,** *er, es reift* (ist gereift), wird reif, vollende: *der Jüngling reift zum Mann; Gemüse, Obst reift,* wird eßbar; *ein Plan reift,* Ü nimmt konkrete Gestalt an, rückt der Ausführung näher.

reifen [ahd. rîmeln ›mit Reif überzogen werden‹], *es reift* (hat gereift), Reif bildet sich.

Reifen [ahd. reif] *der, -s/-,* **1)** Reif, ringförmiges Schmuckstück. **2)** biegsames Band, das etwas zusammenhält, z. B. Fässer, Abb. F 8. **3)** ein Rad für die Felge umgebende Lauffächenteil, Abk. K 40, R 14: *der R. ist geplatzt; Reifenpanne; Reifenprofil; Reifenspur; Luftreifen; Winterreifen.* **4)** ein Spiel- und Sportgerät: *wir schlagen, werfen R.,* Abb. S 53.

Reifeprüfung *die,* Abgangsprüfung an Gymnasien, Abitur. **Reifeteilung** *die,* Reduktionsteilung, Vorgang der Verringerung des doppelten Chromosomensatzes auf den einfachen. **Reifezeugnis** *das,* Abgangszeugnis nach der Reifeprüfung. **reiflich,** eingehend, gründlich: *das muß ich mir r. überlegen; nach reiflicher Überlegung.*

Reifrock *der,* durch Reifengestell gestützter Rock, Abb. M 16.

Reifung *die, -/-en,* das Reifwerden: *Reifungsprozeß.* **Reifzieher** *der,* ein Böttcherwerkzeug, Abb. B 45.

Reigen [mhd. reie, reige, zu afrz. raie ›Tanz‹] *der, -s/-,* ein

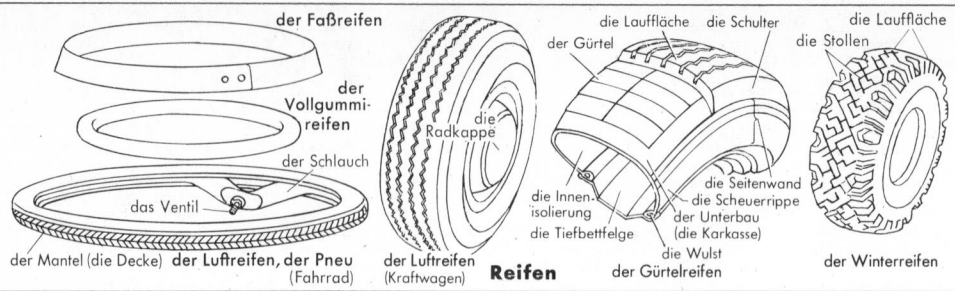

der Faßreifen

der Vollgummireifen

die Radkappe

der Schlauch

das Ventil

der Mantel (die Decke) (Fahrrad)

der Luftreifen, der Pneu

der Luftreifen (Kraftwagen)

Reifen

die Lauffläche — die Schulter

der Gürtel — die Stollen

die Lauffläche

die Innenisolierung

die Tiefbettfelge

die Seitenwand

die Scheuerrippe

der Unterbau (die Karkasse)

die Wulst

der Gürtelreifen

der Winterreifen

Rundtanz: *du mußt den R. eröffnen,* Ü den Anfang machen; *ein bunter R. von Melodien,* Ü Reihe, Folge.

Reihe [mhd. rihe] *die, -/-n,* **1)** Linie, geregeltes Nebeneinander oder Hintereinander, zeitliche Folge: *Feldfrüchte werden in Reihen gesät; er saß in der dritten R.; eine R. von Fehlstarts; bunte R.,* Ü abwechselnd ein Herr und eine Dame (Tischordnung); *seit einer R. von Jahren.* **2)** Abteilung hintereinanderstehender Leute: *in Reih und Glied,* ☆. *ohne Pl.,* regelmäßige Ordnung: *immer der R. nach, nach der R.,* eines nach dem andern, wie vorgesehen; *du bist an der R.,* du wirst bedient; *er wurde außer der R. abgefertigt,* bevorzugt; *er muß immer aus der R. tanzen,* Ü kann sich nicht an die vorgeschriebene Ordnung halten; *ich bin wieder in der Reih, oberdt.:* wieder gesund. **4)** △ nach einem Gesetz gebildete Folge von mathemat. Größen: *arithmetische R.; geometrische R.* **5)** ⚕ systematische Einheit in der Botanik. **reihen,** *ich reihe* (habe gereiht), **1)** *es,* ordne zu Reihen. **2)** *es,* hefte mit weiten Stichen zusammen: *Reihgarn.* **3)** *es reiht sich,* fügt sich aneinander.

reihen [vgl. Reihzeit], *Wildenten* reihen (haben gereiht), ☿ paaren sich.

Reihen [mhd. rihe] *der, -s/-, süddt.:* Rist des Fußes.

Reihen *der, -s/-,* Nebenform von Reigen.

Reihendorf *das,* auseinandergezogenes Straßendorf. **Reihenfolge** *die,* ordnungsgemäße Aufeinanderfolge. **Reihenhaus** *das,* ABB. H 11. **Reihenschaltung** *die,* ⚡ Hintereinanderschaltung, Schaltung, bei der alle Stromerzeuger oder -verbraucher hintereinandergeschaltet werden. **Reihenschlußmotor** *ein* Elektromotor. **Reihenuntersuchung** *die,* ⚕ Vorsorgeuntersuchung ganzer Bevölkerungsgruppen. **reihenweise,** in Reihen.

Reiher [ahd. reigaro, heigaro] *der, -s/-,* in Wassernähe lebender Schreitvogel. **reihern,** *ich* reih(e)re (habe gereihert), Ü derb: übergebe mich. **Reiherschnabel** *der,* ein Storchschnabelgewächs.

...reihig, in ... Reihen: *ein zweireihiger Anzug,* mit zwei Knopfreihen. **Reihleine** *die,* ☿ dünne Leine, mit der ein Segel am Mast gehalten wird. **reihum,** *es geht r.,* von einem zum andern, in der Runde.

Reihzeit [mhd. reien ›brünstig‹] *die,* ☿ Paarungszeit der Wildenten.

Reim [mhd. rim, zu afrz. rime, aus ahd. rim ›Reihenfolge‹] *der, -(e)s/-e,* **1)** Gleichklang des Auslautes mehrerer Wörter, besonders in der Versdichtung, ÜBERS. R 15: *Reimchronik.* **2)** Reimspruch, Versehen: *darauf kann ich mir keinen R. machen,* Ü das kann ich mir nicht erklären.

Reimar [vgl. Raimar], männl. Vorname.

reimen [mhd. rimen], *ich reime* (habe gereimt), **1)** bilde Reime: *er kann gut reimen.* **2)** *es,* sage in Reimen. **3)** *es reimt sich,* klingt gleich: *tragen reimt sich auf klagen; das reimt sich nicht,* Ü paßt nicht zusammen. **Reimer** *der, -s/-,* meist abschätzig: Versemacher. **Reimerei** *die, -/-en,* Ü schlechte Reimen.

Reimplantation *die, -/-en,* Replantation.

Reimschmied *der,* Versemacher.

Reimund [vgl. Raimund], männl. Vorname.

rein [ahd. reini], **1)** unvermischt, frei von andersartigen Bestandteilen: *reines Gold; ein reines Weiß; eine reinseidene Bluse,* aus Naturseide, nicht Kunstfaser. **2)** nichts anderes als: *die reine Wahrheit; es war reiner Zufall.* **3)** äußerst eindeutig, gänzlich, ausschließlich: *eine r. persönliche Angelegenheit,* die niemand anderen etwas angeht. **4)** sauber, unbeschmutzt, geordnet: *er zieht täglich reine Wäsche an,* frisch gewaschene;

diese Angelegenheit mußt du wieder ins reine bringen, Ü ordnen; *du mußt endlich reinen Tisch machen,* Ü Ordnung schaffen, etwas klären; *die Luft ist wieder r.,* Ü die Gefahr ist vorbei; *ich kann mit ihm nicht ins reine kommen,* Ü mich nicht mit ihm einigen; *du kannst den Aufsatz ins reine schreiben,* die endgültige Fassung sauber niederschreiben; *r. Schiff!,* ☿ Befehl zum Säubern des Schiffes; *reine Tiere,* koschere. **5)** unschuldig, unberührt: *ein reines Gewissen; ein reines Mädchen.* **6)** *schweiz.:* fein, dünn.

'rein, Ü herein, darein.

Rein *die, -/-e(n),* **Reindl** *das, -s/-n, süddt., bes. österr.:* Pfanne, flacher Kochtopf.

Reine [mhd. reine] *die, -,* P Reinheit.

Reine(c)ke Fuchs [mnd., zu Reinhart], der Fuchs in der Tierfabel.

Reineclaude [rɛ:nklˈoːd, frz. ›Königin Claude‹] *die, -/-n* [-ən], Reneklode, Ringlotte, eine runde, grüne Pflaume.

rein(e)machen *das, -s,* U Säuberung (der Wohnung): *Großreinemachen; die Reinemachefrau.*

Reiner [vgl. Rainer], männl. Vorname.

Reinerlös, Reinertrag *der,* Reingewinn, Gewinn nach Abzug der Aufwendungen. **rein(e)weg,** U ganz und gar: *das ist r. zum Verrücktwerden!*

Reinfall *der,* U unvorhergesehenes Mißgeschick, unangenehme Überraschung; Pleite. **reinfallen,** U hereinfallen.

Reinfektion [vgl. re... und Infektion] *die,* 🩺 Wiederansteckung.

Reingas *das,* ein von Begleitstoffen befreites Gas. **Reingewicht** *das,* Gewicht ohne Verpackung. **Reingewinn** *der,* Reinerlös.

Reinhard, Reinhart [ahd. ragin (nur in Zusammensetzungen) ›Rat‹, ›Beschluß‹ und hart ›tapfer‹, ›stark‹], männl. Vornamen.

Reinheit *die, -,* reine Beschaffenheit.

Reinhild(e) [vgl. Reinhard und ahd. hilt ›Kampf‹], weibl., **Reinhold** [ahd. -walt, zu waltan ›herrschen‹], männl. Vorname.

reinigen [mhd. reinegen], *ich reinige* (habe gereinigt), **1)** *es,* säubere, befreie von Schmutz: *der Mantel wurde chemisch gereinigt.* **2)** *mich von etwas,* Ü befreie mich davon: *von jedem Verdacht gereinigt.* **3)** *ihn,* Ü läutere. **Reinigung** *die, -/-en,* **1)** *ohne Pl.,* das Reinigen: *Straßenreinigung; Reinigungscreme.* **2)** gewerbl. Unternehmen zur Säuberung von Textilien: *chemische R.*

Reinkarnation [vgl. re... und Inkarnation] *die,* Wiederverkörperung (der Seele nach dem Tod)

Reinkultur *die,* **1)** Züchtung von Mikroorganismen gleicher Gattung oder Art zu Forschungszwecken. **2)** *wir erlebten den Orient in R.,* Ü ganz unverfälscht.

reinlegen, U hereinlegen.

reinlich, **1)** Sauberkeit haltend, sauber: *ein reinliches Mädchen; ein reinliches Zimmer.* **2)** Ü klar, deutlich: *eine reinliche Scheidung der Begriffe.* **Reinlichkeit** *die, -.*

Reinmar [zu Raimar], männl. Vorname.

reinreden, U dareinreden.

reinschlittern, *ich* schlitt(e)re rein (bin reingeschlittert), U falle herein.

Reinschrift *die,* Schriftstück in endgültiger Fassung. **Reinstoff** *der,* ein Stoff mit äußerst geringer Anzahl von Verunreinigungen und Kristallbaufehlern. **reinweg,** reineweg.

Reis [mhd. ris, mlat. risus, ital. riso, grch. oryza] *der, -es,* **1)**

Reiß

R 15

Reim

I. Reim nennt man den Gleichklang einer oder mehrerer Silben bei verschiedenem Silbenanlaut, z. B. *Jahren : Gefahren.* Nach der Zahl der gereimten Silben und Wörter unterscheidet man:

1) einsilbige, stumpfe oder männliche Reime: *Jahr : Gefahr, Mut : Blut,*

2) zweisilbige, klingende oder weibliche Reime: *Jahren : Gefahren, Leben : Reben,*

3) dreisilbige, gleitende Reime: *lebende : strebende, klingende : springende,*

4) reiche Reime, Doppelreime: *dort war : fort war, mein Weg : dein Steg,*

5) rührende Reime, deren reimende Wörter völlig gleich sind, meist aber verschiedene Bedeutung haben: *erweisen : weisen.*

Beim deutschen Reim dürfen im Auslaut einfaches b, d, g auf einfaches p, t, k reimen. Unrein nennt man Reime, bei denen ungerundete Vokale auf gerundete oder umgekehrt reimen: *siegen : lügen; Freuden : Zeiten.* Sie werden mundartliche Reime genannt, wenn sie nach der Mundart des Dichters nicht unrein sind. Ebenso können verschiedene Konsonanten oder verschiedene Länge der Vokale unreine oder mundartliche Reime ergeben: *Schwung : Trunk* klingt für den Norddeutschen rein, für den Süddeutschen unrein, ebenso *an* (norddt.: kurz, süddt.: lang) *: Mann.* Aber *Mann : getan* ist immer unrein.

Nach der Stellung im Vers unterscheidet man End- und Binnenreime. Die Endreime sind die weitaus häufigsten. Beim Binnenreim reimen zwei Wörter innerhalb einer Verszeile aufeinander:

Schnaube, Winterwind, entlaube
Nur die Zierden dieser Flur.

Folgen die reimenden Wörter unmittelbar aufeinander, so nennt man dies einen Schlagreim: *singen, springen*

soll die Jugend. Zwei reimende Verszeilen nennt man Reimpaare oder paarige Reime: aa; folgen weitere solche Paare, so spricht man von fortgereihten Reimen: aa bb cc usw. Nach der Anordnung der Reime in der Strophe (vgl. Vers und Strophe, ÜBERS. M 14) unterscheidet man: gekreuzte Reime: ab ab cd cd ef ef usw. Verse ohne Reim innerhalb einer Strophe heißen Waisen. Ist die Reimordnung so angeordnet: abba – cddc usw., so hat man überschlagende oder umschlungene Reime. In einer Strophe können gekreuzte und gepaarte Reime zusammen vorkommen: ab ab cc; ebenso gekreuzte und überschlagende: ab ab cd cd ef fe (Schillers ›Lied an die Freude‹). Daneben gibt es noch zahlreiche andere Reimanordnungen. Der Gaselreim (aus dem Persischen übernommen) wiederholt nach dem eigentlichen Reimwort immer dasselbe Wort: *heut ein Lied : streut ein Lied : erneut ein Lied.*

II. Der **Schüttelreim** ist ein Scherzreim, der die Anfangsbuchstaben zweier Wörter oder Wortteile vertauscht: *Wenn der Wind in Wipfeln geht, Trost dir von den Gipfeln weht.*

III. Der **Anklang** (Assonanz) ist eine Art unvollständiger Reim, insofern als nur die Vokale der Reimsilben reimen: *wachen : gaben, kehren : Segen.* Er kam in der althochdeutschen Dichtung (besonders in der Evangelienharmonie des Otfried v. Weißenburg) vor und wurde wieder von den Dichtern der Romantik im Anschluß an spanische Vorbilder verwendet.

IV. Der **Stabreim** (Anlautreim, Alliteration) verlangt Gleichheit des Anlauts mehrerer betonter Silben, in strengen germanischen Stabreim über mehrere Verszeilen verteilt, oft gekreuzt: *sei ohne Sorge, zu sühnen den Freund ist lohnender jedem als langer Jammer.* Die einzelnen Reimwörter nennt man Reimstäbe. In neuerer Zeit wurde er besonders wieder von Richard Wagner verwendet. – Im alten deutschen Stabreim sind alle Vokale untereinander reimfähig, also a auf e, i usw.

---

eine Getreidepflanze, ABB. G 18; deren Kornfrucht: *Reisbrei; Reiswein; Milchreis.* 2) Name einiger Gräser.
Reis [ahd. (h)ris] *das, -es/-er,* junger Zweig, Schoß; Senker: *Pfropfreis.* **Reisbesen** *der,* Reisigbesen.
Reise [ahd. reisa ›Zug‹, zu risan ›sich erheben‹, ›aufbrechen‹] *die, -/-n,* **1)** Fahrt, zeitweiliges Verlassen des Heimatortes: *er ist viel auf Reisen,* unterwegs; *eine R. nach Rom; eine R. mit dem Auto, der Bahn, dem Flugzeug, dem Schiff; (ich wünsche dir) glückliche R.!; Dienstreise; Gruppenreise; Urlaubsreise; Weltreise; Reiseandenken, Reisebeschreibung; Reisegesellschaft; Reisegruppe; Reiseprospekt; Reiseziel.* **2)** ⚔ Heerfahrt, Landsknechtsdienst. **3)** *oberdt.:* Fuhre, Ladung, Fracht. **Reiseapotheke** *die,* ein Grundbestand an Medikamenten, Verbandstoffen u. a. für den Reisebedarf.
Reisebüro *das,* ein Unternehmen zur Vermittlung von Reisen. **Reisefieber** *das,* Ü Nervosität vor einer Reise. **Reiseführer** *der,* handl. Buch zur Beratung und Unterrichtung des Reisenden. **Reiseleiter** *der,* jemand, der Reisegruppen begleitet. **Reiselust** *die.* **Reisemarschall** *der,* früher: Reisebegleiter eines Fürsten. **reisen,** *ich* reise (bin gereist), **1)** mache mich auf die Reise: *ich r. morgen dienstlich, geschäftlich nach München.* **2)** bin viel gereist: *er ist viel gereist, ein vielgereister Mann.* **3)** bin Handlungsreisender: *er reist in Stoffen,* Ü handelt damit. **4)** *schweiz.:* laufe schnell. **5)** (habe gereis[e]t), *schweiz.:* rüste, leite, stelle, z. B. die Uhr.
Reisende *der, die, -n/-n,* ein -r, eine -, **1)** jemand, der reist; Fahrgast: *für R. mit Traglasten.* **2)** Handelsvertreter, der Kunden besucht. **Reisepaß** *der,* Ausweis für den Aufenthalt im Ausland. **Reiser** *der, -s/-, schweiz.:* Reisläufer.
reisern, *der Hund* reisert (hat gereisert), ⚔ nimmt von Zweigen Witterung auf.
Reisescheck *der,* Reisezahlungsmittel in Form von Schecks. **reisig,** ⚔ zu Reis gerüstet, beritten.
Reisig [mhd. risech, zu Reis] *das, -s,* dünnes Zweigholz, ABB. H 23: *Reisigbesen,* ABB. B 23; *Reisigholz.*
Reisige [spätmhd. reisige ›Krieger‹, ›Reiter‹] *der, -n/-n,* ein

-r, im MA.: schwerbewaffneter Reiter. **Reislauf** *der, -(e)s,* **Reislaufen** *das, -s,* ⚔ das Eintreten in fremden Kriegsdienst (in der Schweiz). **Reisläufer** *der,* ⚔ Söldner in fremdem Kriegsdienst (in der Schweiz).
Reis|papier *das,* zuerst in China hergestelltes samtweiches Papier aus Pflanzenmark.
Reißaus, *ich nehme R.,* entfliehe, renne davon. **Reißbahn** *die,* eine Stoffbahn am Freiballon, die bei der Landung zur schnellen Entleerung losgerissen wird. **Reißbrett** *das,* eine Unterlage zum (technischen) Zeichnen, ABB. R 17: *Reißbrettstift, Reißzwecke.* **reißen** [ahd. rizan ›zerreißen‹, ›einritzen‹, ›schreiben‹], *ich* reiße (riß, habe gerissen), **1)** *es, ihn von etwas weg, irgendwohin, ziehe gewaltsam: er riß das Kind vom Abgrund zurück; er hat alle Macht an sich gerissen,* Ü. **2)** *es, reiße entzwei: er riß den Brief in Stücke gerissen; er hat ein Loch in den Ärmel gerissen; der Autokauf hat ein Loch in meine Brieftasche gerissen,* Ü *an etwas, suche loszumachen: der Hund reißt an der Kette.* **4)** *Possen, Witze,* mache. **5)** *es,* zeichne. **6)** *die Latte,* berühre sie beim Hochsprung, so daß sie zu Boden fällt. **7)** *es,* Gewichtheben: stemme Gewichte rasch hoch, ohne innezuhalten. **8)** *der Wolf reißt Schafe,* ⚔ tötet sie. **9)** *mich, ritze mich, ziehe mir Reißwunden zu.* **10)** *mich um etwas,* Ü will es dringend haben: *die Leser rissen sich um das neue Buch.* **11)** *es reißt* (ist gerissen), geht entzwei: *der Faden ist gerissen; mir reißt bald die Geduld,* Ü. **Reißen** *das, -s,* U Gliederschmerzen, Rheumatismus. **reißend, 1)** mit starkem Gefälle (Strömung). **2)** sehr schnell: *die Ware findet reißenden Absatz,* Ü. **Reißer** *der, -s/-,* U etwas, das besonders zugkräftig ist (Ware, Buch, Film u. a.). **reißerisch,** wirkungsvoll, effektvoll, auf Publikumswirkung bedacht: *ein reißerischer Buchtitel,* ABB. R 17. **reißfest,** *reißfestes Nähgarn.* **Reißhaken** *der,* ⚒ Gerät zum Auszeichnen der zu fällenden Bäume, ABB. R 16. **Reißlänge** *die,* Maß für die Zerreißfestigkeit von Garnen und Papier. **Reißleine** *die,* **1)** Vorrichtung zum Öffnen des Fallschirms, ABB. F 4. **2)** Leine zum Aufreißen der Reißbahn beim Freiballon, ABB. B 8. **Reißschiene** *die,* ABB. R 17.

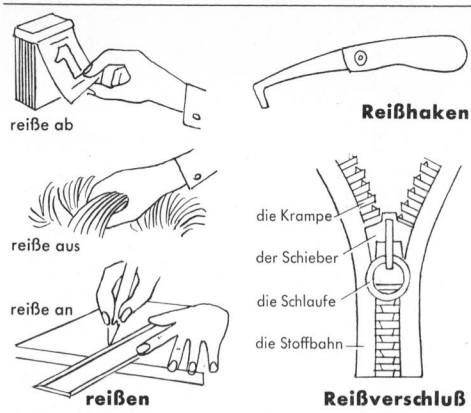

reiße ab

Reißhaken

reiße aus

die Krampe

der Schieber

reiße an

die Schlaufe

die Stoffbahn

reißen

Reißverschluß

Reißverschluß *der*, Abb. K 24, R 16. **Reißverschlußverfahren** *das*, ⇌ das wechselseitige Einordnen von Fahrzeugen zweier Fahrzeugreihen in den fließenden Verkehr. **Reißwolle** *die*, Abfallwolle zum erneuten Verspinnen. **Reißzahn** *der*, 🐾 scharfzackiger Zahn im Raubtiergebiß. **Reißzeug** *das*, Abb. R 17. **Reißzwecke** *die*, Heftzwecke, kurzer Nagel mit breitem Kopf.

Reiste [mhd. rise] *die*, -/-n, oberd.: **1)** Holzrutsche, Riese. **2)** Riste. **reisten** [ahd. risen ›abfallen‹, *ich* reiste (habe gereistet) *Holz, oberdt.:* lasse vom Berg niedergehen.

Reister *die*, -/-, *niederdt.:* Schuhflicken. **reistern**, *ich* reist(e)re (habe gereistert) *Schuhe, niederdt.:* flicke.

Reitbahn *der*, Abb. K 24. **Reitbahn** *die*, Abb. R 18.

Reite *die*, -/-n(en), *schweiz.:* Boden oberhalb der Tenne.

Reitel [mhd. reitel] *der*, -s/-, *mitteldt.:* Drehstange; Hebel; Knebel.

reiten [ahd. ritan], *ich* reite (bin geritten), **1)** *auf einem Tier*, bewege mich fort mit Hilfe eines Tieres, besonders eines Pferdes, Abb. R 18: *er ist* (selten: *hat*) *viele Stunden geritten; er reitet Galopp, im Trab, auf einem Pferd, Esel, Kamel; er ließ das Kind auf seinen Schultern reiten.* **2)** *ein Schiff reitet,* ⤳ *tanzt auf den Wellen.* **3)** (habe geritten) *ein Tier,* benutze es zum Reiten; bringe es dadurch in einen bestimmten Zustand: *er reitet ein schönes Pferd; er hat das Tier müde geritten; der Teufel reitet ihn,* ⋃ drängt ihn zu etwas Schlechtem; *der Stier reitet,* begattet die Kuh. **4)** (habe geritten) *ein Steckenpferd,* ⋃ beschäftige mich gern und viel mit etwas.

Reiter [ahd. ritera, zu ritron ›sieben‹] *die*, -/-n, *oberdt.:* grobes Getreidesieb.

Reiter *der*, -s/-, **1)** reitende Person: *Reiterregiment; Dressurreiter.* **2)** verschiebbarer Maschinenteil, Laufgewicht; Klammer, z. B. auf Karteikarten. **3)** Bock, Gestell: *Heureiter.* **Reiterei** *die*, -, Truppe zu Pferd. **Reitersmann** *der*, -(e)s/⁻er oder ...leute, P Reiter. **Reitjagd** *die*, Sammelbez. für das Jagen zu Pferde. **Reitpferd** *das*. **Reitschule** *die*, **1)** Ausbildungsstätte zum Reiten. **2)** *südwestdt., schweiz.:* Karussell.

Reitsitz *der*, eine Sitzhaltung mit gespreizten Beinen (auf dem Pferd, am Barren). **Reitsport** *der*. **Reit- und Fahrturnier** *das*, Wettbewerb mit Jagdspringen und Fahrkonkurrenzen.

Reiz *der*, -es/-e, **1)** äußere oder innere Einwirkung auf den Organismus: *das grelle Licht übt einen unangenehmen R. auf meine Augen aus; Tabakqualm erzeugt Hustenreiz.* **2)** angenehme Wirkung, besonders Schönheit: *eine Frau von verführerischem R.* **3)** Antrieb, Verlockung: *das hat keinen R. für mich; der R. der Neuheit.* **reizbar,** erregbar, überempfindlich, jähzornig. **Reizbarkeit** *die*, -. **reizen** [ahd. reizen], *ich* reize (habe gereizt), **1)** *ihn,* errege, beunruhige seelisch: *er ist heute in gereizter Stimmung; er ist aufs äußerste gereizt worden, herausgefordert worden; laß dich nicht von ihm reizen!* **2)** *es reizt ihn,* wirkt auf den Organismus ein: *der Rauch reizt die Schleimhäute.* **3)** *ihn,* locke: *diese Aufgabe reizte ihn; das reizt mich nicht.* **4)** *Wild,* 🦌 locke durch Töne. **5)** Kartenspiel: nenne den Zahlenwert des gewünschten Spieles: *er reizte bis 27.* **reizend,** anziehend, gefällig, anmutig: *ein reizendes Kind; das ist ja r.!,* ⋃ ironisch: sehr unangenehm. **Reizker** [tschech. ryzec ›der Rötliche‹] *der*, -s/-, Milchling, Milchpilz, ein trichterförmiger Blätterpilz. **Reizklima** *das*, Klima, das durch Temperaturschwankungen, durch Wind u. a. starke Reize auf den Organismus ausübt und ihn dadurch kräftigt. **Reizleitungssystem** *das*, ♥ aus veränderten Muskelfasern bestehendes, Erregung leitendes Gewebe zur Steuerung der Herztätigkeit. **Reizlosigkeit** *die*, -, ohne Anziehungskraft, fad. **Reizmittel** *das*, Mittel zur Anregung. **Reizschwelle** *die*, die geringste Reizstärke, die noch eine Reaktion auslöst. **Reizthema** *das*, Thema, das eine (heftige) Reaktion hervorruft. **Reizüberflutung** *die*, das Einströmen vieler ungeordneter Reize der Umwelt. **Reizung** *die*, -/-en, das Reizen. **reizvoll,** voller Reiz, anziehend, attraktiv. **Reizwort** *das*, ⋃ Begriff, der eine (heftige) Reaktion hervorruft: *ihr Name ist ein R. für ihn.*

Rekapitulation [vgl. re... und Kapitulation] *die*, -/-en, Wiederholung, Zusammenfassung. **rekapituliere** (habe rekapituliert) *es: wir rekapitulieren zunächst den Stoff der letzten Unterrichtsstunde.*

Rekel [mnd. rekel ›Dorfköter‹] *der*, -s/-, *norddt.:* **1)** unedler Bauernhund. **2)** flegelhafter Kerl. **Rekelei** *die*, -/-en. **rekeln,** *ich* rek(e)le *mich* (habe mich gerekelt), sitze wie ein Flegel; recke, dehne mich.

Reklamant [zu reklamieren] *der*, -en/-en, jemand, der Beschwerde führt. **Reklamation** *die*, -/-en, Beschwerde, Beanstandung, Einspruch: *Reklamationsfrist.*

Reklame [frz. réclame] *die*, -/-n, Werbung, Anpreisung: *aufdringliche, wirksame R.; die Firma macht im Fernsehen R.; der Skandal entpuppte sich als Reklametrick des Filmstars.* **Reklamefeldzug** *der*, ⋃ großangelegte Werbeaktion. **reklamieren** [lat. reclamare ›dagegenrufen‹], *ich* reklamiere (habe reklamiert) *(es),* fordere, mahne an; beschwere mich: *die beschädigte Sendung, die Ware wurde reklamiert.*

Rekognition [lat. recognoscere ›wiedererkennen‹] *die*, -/-en, ⚖ Anerkennung, Beglaubigung. **rekognoszieren**, *ich* rekognosziere (habe rekognosziert) *es,* ⚔ **1)** erkenne als echt an. **2)** ⚔ erforsche, erkunde (Gelände). **Rekognoszierung** *die*, -/-en.

Rekombination [vgl. re... und Kombination] *die,* **1)** Genetik: Bildung einer neuen Anordnung von Genen. **2)** physikal. Chemie: Wiedervereinigung der durch Dissoziation getrennten Teile eines Moleküls oder Atoms.

R 17

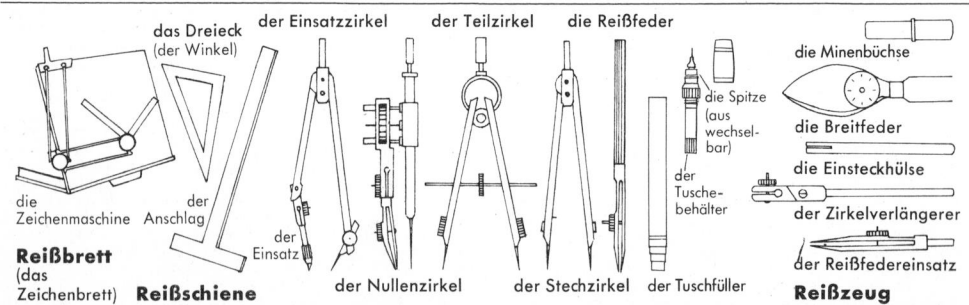

das Dreieck (der Winkel)

der Einsatzzirkel

der Teilzirkel

die Reißfeder

die Minenbüchse

die Breitfeder

die Spitze (aus wechselbar)

die Einsteckhülse

der Tuschebehälter

der Zirkelverlängerer

die Zeichenmaschine

der Anschlag

der Einsatz

Reißbrett (das Zeichenbrett)

Reißschiene

der Nullenzirkel

der Stechzirkel

der Tuschfüller

der Reißfedereinsatz

Reißzeug

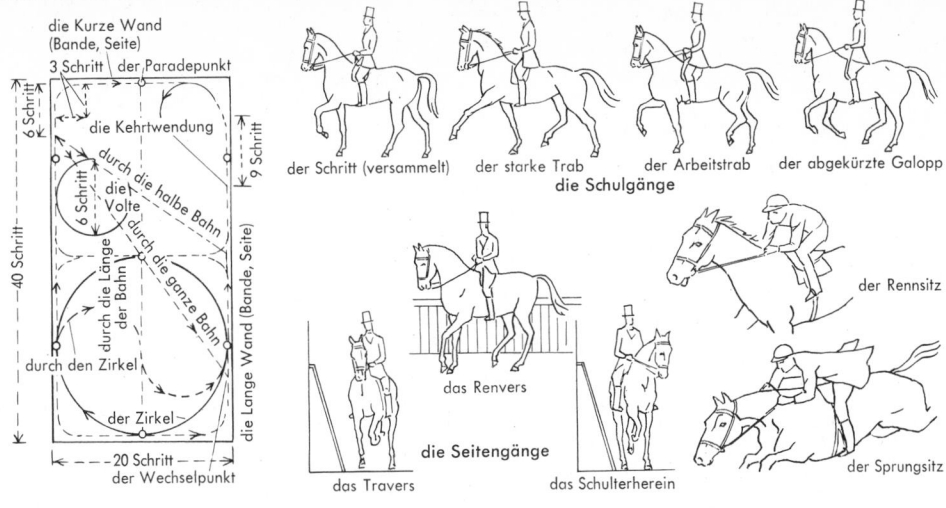

die Kurze Wand (Bande, Seite)
3 Schritt der Paradepunkt
die Kehrtwendung
die Volte
durch die halbe Bahn
durch die ganze Bahn
durch die Länge der Bahn
die Lange Wand (Bande, Seite)
durch den Zirkel
der Zirkel
40 Schritt
6 Schritt
6 Schritt
9 Schritt
20 Schritt
der Wechselpunkt
die Reitbahn

der Schritt (versammelt) · der starke Trab · der Arbeitstrab · der abgekürzte Galopp
die Schulgänge

das Renvers
das Travers
die Seitengänge
das Schulterherein
der Rennsitz
der Sprungsitz
der Sitz

reiten

Rekommandation *die, -/-en.* **rekommandieren** [frz. recommander], *ich* rekommandiere (habe rekommandiert), ⚭ **1)** *ihn, es,* empfehle. **2)** *es,* Post: schreibe ein, lasse einschreiben: *rekommandiert,* eingeschrieben.

Rekompens, Rekompensation *die, -/-en.* **rekompensieren** [spätlat. recompensare], *ich* rekompensiere (habe rekompensiert), **1)** *ihn,* entschädige. **2)** *es,* gleiche aus.

rekon|struieren [vgl. re. . . und konstruieren], *ich* rekonstruiere (habe rekonstruiert) *es,* **1)** stelle einen ursprüngl. Zustand wieder her (antike Gebäude, Fossilien, nicht belegte Sprachformen). **2)** Dt. Dem. Rep.: restauriere. **3)** Ü erschließe den Ablauf eines zurückliegenden Vorgangs. **Rekon|struierung, Rekon|struktion** *die, -/-en.*

rekonvaleszent [spätlat. reconvalescere, vgl. re. . . und lat. convalescere ›gesunden‹], genesend. **Rekonvaleszent** *der, -en/-en.* **Rekonvaleszenz** *die, -/-en,* Genesung, Gesundungszeit. **rekonvaleszieren,** *ich* rekonvalesziere (bin rekonvalesziert), werde gesund.

Rekonziliation [lat. reconciliare ›wieder vereinigen‹ *die, -/-en,* Wiederaufnahme in die kath. Kirchengemeinschaft; Wiederheiligung einer entweihten Kirche.

Rekord [engl. record ›Aufzeichnung‹, zu lat. recordari ›sich ins Gedächtnis rufen‹ *der, -(e)s/-e,* (sportl.) Höchstleistung: *Rekordversuch; Rekordhalter; Rekordzeit; er hat den Weltrekord eingestellt, einen neuen R. aufgestellt.* **Rekord . . .,** bes. viel . . . bes. groß . . . u. a.: *Rekordernte; Rekordumsatz.*

Re|kreation [lat. recreare ›wieder herstellen‹ *die, -/-en,* ⚭ Erholung. **re|kreieren,** *ich* rekreiere *mich* (habe mich rekreiert), ⚭.

Re|kret [vgl. re. . . und lat. cernere ›sichten‹, ›scheiden‹] *das, -(e)s/-e,* ein pflanzlicher Ausscheidungsstoff.

Re|kristallisation *die,* Gefügeneubildung mit gleichzeitiger Entfestigung bei der Erwärmung von Metallen.

Re|krut [frz. recrue, zu recroître ›nachwachsen‹, lat. crescere ›wachsen‹] *der, -en/-en,* Soldat in der ersten Ausbildungszeit. **re|krutieren,** *ich* rekrutiere (habe rekrutiert), **1)** *Soldaten,* ⚭ berufe sie ein. **2)** *sie* rekrutieren *sich* aus einer Gruppe, ergänzen sich daraus, setzen sich daraus zusammen. **Rekrutierung** *die, -/-en.*

Rekta [lat. rectus ›gerade‹, ›recht‹, zu regere ›lenken‹, ›leiten‹; neulat. rectum intestinum ›der gerade Darm‹, Recta, *Pl.* von Rektum. **rektal,** ⚕ den Mastdarm betreffend: *r. gemessene Temperatur.* **Rekt|angel** [lat. angulus ›Winkel‹] *das, -s/-,* ⌂ Rechteck. **rekt|angulär,** rechtwinklig. **Rektapapier** [lat. . . .] ⟋ Wertpapier, das auf den Namen des Berechtigten lautet. **Rekt|aszension** [lat. ascensio ›Aufstieg‹] *die, -/-en,* ☆ gerades Aufsteigen eines Sternes. **Rektifikation** [lat. facere

›machen‹, ›tun‹] *die, -/-en,* **1)** ⚭ Berichtigung. **2)** ↺ Trennung von Stoffgemischen durch wiederholte Destillation. **3)** △ die Bestimmung der Länge eines gekrümmten Kurvenstücks. **rektifizieren,** *ich* rektifiziere (habe rektifiziert) *es.* **Rektion** *die,* ⓢ die Eigenschaft eines Wortes, den Kasus des von ihm abhängigen Wortes zu bestimmen, z. B. den Akkusativ bei transitiven Verben. **Rektor** [lat.] *der, -s/. . .t'oren,* Leiter einer Schule, Hochschule mit Rektoratsverfassung, vgl. ABB. A 13, oder einer kirchlichen Einrichtung. **Rektorat** *das, -(e)s/-e,* Amt, Amtszeit und Amtssitz eines Rektors. **Rekto|skop** [vgl. . . . skop] *das, -s/-e,* Mastdarmspiegel. **Rekto|skopie** [vgl. . . . . skopie] *die, -/. . . p'i|en,* Untersuchung mit dem Rektoskop. **Rektum** [vgl. Rekta] *das, -s/. . . ta,* ⚕ Rectum, Mastdarm.

Rekuperator [lat. recuperare ›wiedererlangen‹] *der, -s/ . . .t'oren,* Wärmeaustauscher zur Ausnutzung der Abgaswärme in Feuerungen.

Rekurrensfieber [lat. recurrere ›zurücklaufen‹] *das,* ⚕ Rückfallfieber, Zeckenfieber, Infektionskrankheit mit wiederholten Fieberanfällen. **rekurrieren,** *ich* rekurriere (habe rekurriert), ⚖. **Rekurs** *der, -es/-e,* ⚖ früher: Beschwerde an die höhere Instanz.

Relais [rəl'ε, frz., zu se relayer ›sich ablösen‹ *das, -[-l'ε(s)]/ - [-l'ε's],* **1)** ⚡ elektrisches Schaltgerät, das mit Hilfe kleiner Ströme große Ströme schaltet, ABB. R 19. **2)** ⚭ Ort zum Auswechseln der Postpferde. **Relaisstation** [rəl'ε-] *die,* eine Richtfunkzwischenstation, die die Ultrakurzwellen empfängt, verstärkt und auf einer anderen Frequenz wieder aussendet.

Relation [frz., aus lat. relatio, Gen. relationis ›Bericht‹, ›Zurückbringung‹ *die, -/-en,* **1)** Beziehung, Verhältnis: *du mußt beides in die richtige R. bringen.* **2)** ⚭ Bericht. **relativ,** bezogen; bezüglich; verhältnismäßig, abhängig von anderem, bedingt; verhältnisweise: *die relative Mehrheit,* mehr Stimmen bei einem Abstimmungsergebnis, als für jede andere Meinung abgegeben wurden, ohne daß die absolute Mehrheit erreicht wurde. **relativieren,** *ich* relativiere (habe relativiert) *es,* **1)** setze in ein Verhältnis. **2)** ziehe in Zweifel, schränke die Gültigkeit ein: *durch die Zeugenvernehmung wurden die bisherigen Aussagen des Angeklagten relativiert.* **Relativismus** [vgl. . . .ismus] *der, -,* philosoph. Lehre, daß jede Erkenntnis nur relativ ist, nur gültig in bezug auf einen einzelnen Standpunkt. **Relativität** *die, -,* Verhältnismäßigkeit, Bedingtheit. **Relativitätstheorie** *die,* eine physikal. Theorie des Raumes und der Zeit. **Relativpronomen** *das,* ⓢ bezügliches Fürwort, ÜBERS. P 24. **Relativsatz** *der,* ⓢ durch ein Relativpronomen eingeleiteter Nebensatz, ÜBERS. S 79.

Relaxans [lat. relaxare, eigtl. ›erweitern‹, ›lockern‹; ›erho-

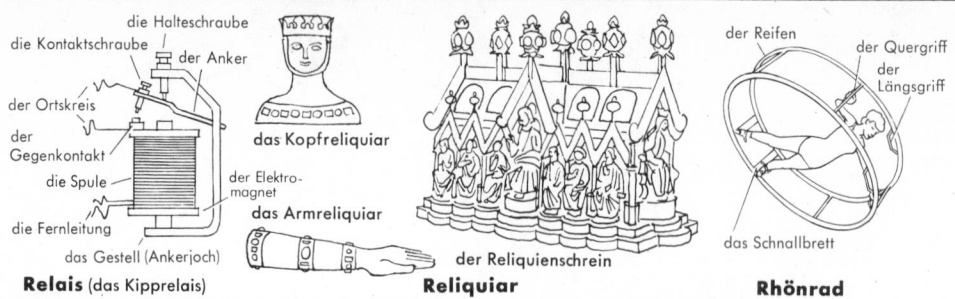

die Halteschraube
die Kontaktschraube / der Anker
der Ortskreis
der Gegenkontakt
die Spule
die Fernleitung
das Gestell (Ankerjoch)
Relais (das Kipprelais)

das Kopfreliquiar
der Elektromagnet
das Armreliquiar
der Reliquienschrein
Reliquiar

der Reifen
der Quergriff
der Längsgriff
das Schnallbrett
Rhönrad

len‹] *das, -/. . .x′antia* oder *. . .x′anti|en,* ♵ Erschlaffung bewirkendes Arzneimittel: *Muskelrelaxantien.* **Relaxation** [engl., aus lat. relaxatio, Gen. relaxationis ›Entspannung‹, ›Erholung‹] *die, -,* **1)** △ ein Verfahren zur Verbesserung von Näherungslösungen. **2)** Psychologie: eine auf Entspannung beruhende Form der Psychotherapie. **3)** ⊙ die durch innere Reibung verzögerte Annahme eines neuen Gleichgewichtszustandes, z. B. zwischen dem festen und dem flüssigen Zustand. **relaxed** [ril′ækst], U entspannt: *sie wirkte r.* **relaxen** [ril′æksən], *ich* relaxe (habe relaxt), U entspanne mich körperlich, erhole mich: *erst mal relaxen!*
Release-Center [ril′i:s s′entə, engl. release ›befreien‹, ›erlösen‹ und center ›Zentrum‹] *das, -s/-,* Einrichtung, die Drogenabhängigen bei der Resozialisierung helfen will.
Relegation [lat. relegare ›fortschicken‹] *die, -/-en,* Verweisung von der Hochschule oder Schule. **relegieren,** *ich* relegiere (habe relegiert) *ihn.*
relevant [lat. relevare ›in die Höhe heben‹], wichtig, wesentlich. **Relevanz** *die, -/-en: ein Abkommen ohne jede R.,* ohne Bedeutung.
Reliabilität [engl. reliability ›Zuverlässigkeit‹] *die, -,* Zuverlässigkeit einer Meßmethode, bes. eines standardisierten psychologischen Tests.
Relief [frz., zu relever ›höher machen‹] *das, -s/-s* oder *-e,* **1)** aus der Fläche hervortretende Plastik, ABB. B 30. **2)** ⊕ die Höhengestaltung der Erdoberfläche; dreidimensionale Geländedarstellung: *Reliefkarte.* **Reliefumkehr** *die,* ⊕ die geomorpholog. Erscheinung, bei der ehemals tief gelegene Gebiete zu Erhebungen werden.
Religion [lat. religio ›Gottverbundenheit‹, ›Glaubensaussage‹] *die, -/-en,* **1)** Verhältnis des Menschen zu Gott. **2)** Glaube, Glaubensbekenntnis: *Menschen christlicher, mohammedanischer R.; Naturreligion; Religionsfreiheit; Religionsstifter; Religionsunterricht.* **religiös, 1)** die Religion betreffend. **2)** gläubig, fromm. **Religiose** *der, die, -n/-n, ein -r, eine -r,* kath. Kirche: das Klostermitglied. **Religiosität** *die, -,* Frömmigkeit, Gottesfurcht.
Relikt [lat. relinquere ›zurücklassen‹] *das, -(e)s/-e,* **1)** Überbleibsel, Rest. **2)** Tier- oder Pflanzenart mit ehemals weiterer Verbreitung, die in engerem Rückzugsgebiet überleben konnte: *Eiszeitrelikt; Reliktenfauna.*
Reling [mnd. regel ›Riegel‹, ›Querholz‹] *die, -/-s,* ⚓ Geländer um die freiliegenden Decks von Schiffen, ABB. M 21, S 17.
Reliquiar [lat. relinquere ›zurücklassen‹] *das, -s/-e,* Reliquienbehälter, Reliquienschrein, ABB. R 19. **Reliquie** [-iə] *die, -/. . .qui|en,* Überreste von Heiligen (Gebeine, Kleid u. a.).
Reluktanz [lat. reluctari ›widersetzen‹] *der, der* magnet. Widerstand.
rem [Abk. von engl. roentgen equivalent men], Maß für die relative biologische Wirksamkeit radioaktiver Strahlen.
Remake [rim′eik, engl. to remake ›wieder machen‹] *das, -s/-s,* Neuverfilmung eines bereits verfilmten Stoffes.
remanent [lat. remanere ›zurückbleiben‹], zurückbleibend. **Remanenz** *die, -,* bleibende Magnetisierung, Restmagnetismus.
Ramasuri *die, -,* Ramasuri.
Rembours [rãb′u:r, frz. rembourser ›zurückzahlen‹] *der, - [-(s)]/- [-s],* Rückerstattung, Deckung von Auslagen: *Rembourskredit.*
remedieren [lat. remediari ›heilen‹], *ich* remediere (habe

remediert) *ihn,* heile. **Remedium** [lat.] *das, -s/. . .di|en,* **1)** Heilmittel. **2)** gesetzlich gestattete Abweichung vom Gehalt an Edelmetall bei der Münzprägung. **Remedur** *die, -/-en,* ⚕ Heilung, Abhilfe: *das schafft R.*
remilitarisieren [vgl. re. . . und Militär], *ich* remilitarisiere (habe remilitarisiert) *es,* militarisiere ein Land nach Auflösung des Heerwesens erneut. **Remilitarisierung** *die.*
Reminiszenz [lat. reminisci ›sich erinnern‹] *die, -/-en,* Erinnerung. **Reminiszere,** auch Reminiscere, **1)** evang. Kirche: der 5. Sonntag vor Ostern, ÜBERS. J 2. **2)** kath. Kirche: der 2. Fastensonntag.
remis [rəm′i, frz., zu remettre ›aufschieben‹, ›zurückstellen‹], unentschieden, bes. beim Schachspiel. **Remis** [rəm′i] *das, - oder -en [-zõ].* **Remise** [rəm′i:z] *die, -/-n,* **1)** ⚕ Wagenschuppen. **2)** ♟ Schutzpflanzung für Niederwild: *Fasanenremise.*
Remission [lat. remissio] *die,* **1)** ⚕ Rücksendung. **2)** ⚕ Erlaß. **3)** ♵ vorübergehende Heilung oder Besserung einer Krankheit. **4)** Physik: Rückwerfung des Lichtes an Oberflächen. **Remittende** [lat. remittere ›zurückschicken‹, ›nachlassen‹] *die, -/-n, meist Pl.,* im Buchhandel vom Verleger zurückkommendes Buch. **Remittent** *der, -en/-en,* jemand, an den im Wechsel gezahlt werden soll, Wechselnehmer. **remittieren,** *ich* remittiere (habe remittiert), **1)** *es ihm,* ⚕ sende zurück; stelle zu. **2)** *das Fieber remittiert,* ♵ geht zurück.
Remmidemmi [Schallw.] *das, -s,* U mit Lärm verbundenes Durcheinander, Trubel.
Remonstration [vgl. re. . . und lat. monstrare ›zeigen‹] *die, -/-en,* ⚕ Einwand, Gegenvorstellung. **remonstrieren,** *ich* remonstriere (habe remonstriert), ⚕.
remontant [frz. remonter ›wieder hinaufsteigen‹, Ü ›neu beleben‹], ⊕ wiederkehrend, zum zweitenmal blühend. **Remonte** *die, -/-n,* noch nicht zugerittenes junges Pferd. **remontieren,** *ich* remontiere (habe remontiert), **1)** ♞ früher: beschaffe Remonten. **2)** *eine Pflanze remontiert,* ⊕ blüht zum zweitenmal im Jahr.
Remorqueur [-k′ø:r, frz., zu vulgärlat. remulcare ›nachziehen‹] *der, -s/-e, österr.:* kleiner Schleppdampfer.
Remoulade [-mu-, frz.] *die, -/-n,* pikant gewürzte Mayonnaise: *Remouladensoße.*
Rempelei *die, -/-en,* U. **rempeln** [zu obersächs. Rämpel ›Klotz‹], *ich* remp(e)le (habe gerempelt) *ihn,* U **1)** stoße mit Absicht. **2)** ⚔ dränge den Gegner vom Ball ab.
Rempter, Remter [mhd. reventer, zu Refektorium] *der, -s/-,* Versammlungs- und Speisesaal in den Burgen der geistl. Ritterorden.
Remuneration [lat. remunerari ›vergelten‹] *die, -/-en,* ⚕, *noch österr.:* Entschädigung, Vergütung. **remunerieren,** *ich* remuneriere (habe remuneriert) *es, ihn.*
Ren [ren, schwed.] *das, -s/-s* [ren] oder [re:n], Rentier.
Renaissance [rənɛs′ã:s, frz. ›Wiedergeburt‹] *die, -/-n* [-ən] **1)** Wiedererweckung einer vergangenen Epoche: *eine R. des Jugendstils.* **2)** ohne Pl., kulturgeschichtl. Begriff, der die Wiedererweckung der Antike bezeichnet (im 14.–16. Jahrh.): *Renaissancemaler; Renaissancestil,* ABB. S 67, S 68. **3)** Wiederbelebung, neue Blüte: *eine R. der Musik Bachs.*
renal [lat. renes ›Nieren‹], ♵ die Nieren betreffend.
Renate, weibl., **Renatus** [lat. ›der Wiedergeborene‹] männl. Vorname.
renaturieren, *ich* renaturiere (habe renaturiert) *ein Gebiet,* stelle die natürliche Umwelt wieder her.

Rendant [frz.] *der, -en/-en,* Rechnungsführer, Zahlmeister. **Rendantur** *die, -/-en,* ᗡᗡ Rechnungsamt, Rentamt.

Rendezvous [rãdev'u, frz., zu se rendre ›sich wohin begeben‹] *das, - [-v'u(s)]/- [-v'us],* 1) Verabredung, Stelldichein: *er hat ein R. mit ihr.* 2) Treffpunkt, Treffen: *R. im Weltraum, Rendezvousmanöver,* gesteuerte Annäherung von Raumfahrzeugen oder Satelliten im Weltraum.

Rendite [ital. rendita ›Einkünfte‹] *die, -/-n,* jährlicher Zinsertrag eines angelegten Kapitals: *Renditeobjekte.* **Renditenhaus** *das, schweiz.:* Mietshaus.

René [-n'e], männl., **Renée** [-n'e, frz., vgl. Renate], weibl. Vorname.

Renegat [frz. renégat, vgl. re . . . und lat. negare ›leugnen‹] *der, -en/-en,* Abtrünniger: *Renegatentum.*

Rene|klode *die, -/-n,* Reineclaude.

renitent [frz., zu lat. reniti ›sich entgegenstemmen‹], widerspenstig, widersetzlich. **Renitente** *der, die, -n/-n, ein -r, eine -,* renitenter Mensch. **Renitenz** *die, -.*

Renke [mhd. rinanke] *die, -/-n,* **Renken** *der, -s/-,* Felchen.

Renkontre [rãk'õtr, frz. rencontre] *das, -s [-k'õtr]/-s* [-k'õtr], ᗡᗡ feindlicher Zusammenstoß.

Rennbahn *die,* ✕ abgesteckte Strecke für Rennen (Radsport, Leichtathletik u. a.). **rennen** [ahd. rennen], *ich rannte* (bin gerannt), 1) laufe schnell: *er rannte wie ein Wiesel, wie ein Windhund,* Ü sehr schnell; *er rannte, als gelte es das Leben.* 2) *der Fuchs rennt,* ✡ ist brünstig. 3) (habe gerannt) *es ihm in den Körper,* stoße: *er rannte ihm das Schwert in den Leib.* 4) (habe gerannt) *ihn über den Haufen,* Ü bringe zu Fall. **Rennen** *das, -s/-,* Wettrennen mit Fahrzeugen, Pferden u. a.: *Radrennen; Pferderennen; ein totes R.,* unentschiedenes; *er hat das R. gemacht,* Ü Erfolg gehabt. **Renner** *der, -s/-,* Ü Rennpferd; Sportwagen, Rennwagen. 2) Ü Ware, die sich sehr gut verkauft: *dieses Buch verspricht, ein R. zu werden; der R. der Saison.* **Rennfahrer** *der.* **Rennstall** *der,* alle Rennpferde eines Besitzers.

Renntier *das,* fälschlich für Rentier, Ren.

Rennverfahren *das,* Rennfeuer, Rennarbeit, ältestes Verfahren der Eisengewinnung in einer Grube, aus der Schlacke abfließt (rinnt). **Rennwolf** *der,* ein Tretschlitten.

Renommage [-m'a:ʒə, frz. renommer ›loben‹, ›erwählen‹] *die, -/-n,* ᗡᗡ Prahlerei. **Renommee** *das, -s/-s,* Ruf, Leumund: *ihr R. ist nicht das beste.* **renommieren,** *ich renommiere* (habe renommiert) *mit etwas,* prahle: *er renommiert gern mit seinen Bekanntschaften.* **renommiert,** angesehen, namhaft, berühmt: *eine renommierte Gaststätte.* **Renommist** *der, -en/-en,* Prahler, Aufschneider.

Renonce [rən'õs, frz. renoncer ›entsagen‹] *die, -/-n [-õn],* 1) Kartenspiel: Fehlfarbe. 2) student. Verbindungen: ᗡᗡ Fuchs. **renoncieren** [-nõs-], *ich renonciere* (habe renonciert), ᗡᗡ verzichte.

Renovation *die, -/-en,* ᗡᗡ Renovierung. **renovieren** [lat. renovare ›erneuern‹, zu novus ›neu‹], *ich renoviere* (habe renoviert) *es,* erneuere, bessere aus, setze instand: *ein sorgfältig renoviertes Haus.* **Renovierung** *die, -/-en,* Fassadenrenovierung.

Rensei|gnement [rãseɲəm'ã, frz.] *das, -s/-s,* ᗡᗡ Auskunft.

rentabel [frz., vgl. Rente], lohnend, einträglich, gewinnbringend: *ein rentables Unternehmen.* **Rentabilität** *die, -:* Rentabilitätsgrenze. **Rent|amt** *das,* Kassenverwaltung (von Gutsbetrieben). **Rente** [mhd. rente, aus afrz. rente ›Ertrag‹, ›Gewinn‹, zu lat. reddere ›zurückgeben‹] *die, -/-n,* regelmäßiges Einkommen aus Vermögen, Versicherungs- oder Versorgungsansprüchen: *Rentenanpassung; Hauskauf auf Rentenbasis; Rentenbemessungsgrundlage; Rentenreform; Rentenversicherung; Altersrente; Partnerschaftsrente; Unfallrente; Waisenrente; Witwenrente.* **Rentei** *die, -/-en,* ᗡᗡ Rentamt. **Rentier** [-tj-e, frz.] *der, -s/-s,* ᗡᗡ Rentner.

Rentier *das,* Ren, in nördl. Gebieten lebender hirschartiger Paarhufer.

rentieren [vgl. Rente], *es rentiert sich* (hat sich rentiert), wirft Gewinn ab, lohnt sich. **Rentner** *der, -s/-,* jemand, der eine Rente erhält: *Frührentner.*

Renumeration [vgl. re . . . und lat. numerare ›auszahlen‹] *die, -/-en,* Rückzahlung. **renumerieren,** *ich renumeriere* (habe renumeriert) *es.*

Renunziation [lat. renuntiatio ›Bekanntmachung‹, ›Entsagung‹] *die, -/-en,* auch Renuntiation, Verzicht (eines Monarchen). **renunzieren** [lat. renuntiare], *ich renunziere* (habe renunziert).

Renvers [rãv'ε:r, frz., aus vgl. re . . . und lat. inversio

›Umkehrung‹] *das,* auch *der, -,* Seitengang des Pferdes, ABB. R 18.

Re|organisation [vgl. re . . . und Organisation] *die,* Neueinrichtung, Umgestaltung. **Re|organisator** *der.* **re|organisieren,** *ich* reorganisiere (habe reorganisiert) *es: der Verwaltungsapparat müßte reorganisiert werden.*

reparabel [lat. reparare ›wiederherstellen‹], wiederherstellbar: *dieses Versehen ist nicht r.,* nicht wieder gutzumachen. **Reparation** *die, -/-en,* 1) Wiederherstellung. 2) *nur Pl.,* den Besiegten eines Krieges auferlegte (Zahlungen von) Kriegsentschädigungen: *Reparationskommission; Reparationszahlung.* **Reparatur** *die, -/-en,* Ausbesserung, Instandsetzung: *Reparaturkosten; Reparaturwerkstatt; Autoreparatur.* **reparaturanfällig,** *dieses Modell ist besonders r.* **reparaturbedürftig.** **reparieren** [lat.], *ich* repariere (habe repariert) *es: die Maschine muß repariert werden.*

repartieren [frz. répartir ›verteilen‹], *ich* repartiere (habe repartiert) *es,* teile auf, berechne Kostenanteile: *repartierte Börsenaufträge,* nur zum Teil ausgeführte. **Repartition** *die, -/-en.*

repassieren [frz. repasser ›wieder bearbeiten‹], *ich* repassiere (habe repassiert), 1) *Werkstücke,* überarbeite, glätte durch Kaltformung. 2) *Laufmaschen,* nehme auf.

repa|triieren [frz. rapatrier], *ich* repatriiere (habe repatriiert) *ihn.* **Repa|triierung** *die, -/-en,* 1) Wiedereinbürgerung. 2) Entlassung Kriegsgefangener in ihre Heimat.

Repellents [rip'elənts, engl., zu to repel ›abschrecken‹], *Pl.,* chem. Stoffe, die Schädlinge fernhalten.

Reperkussion [lat. repercutere ›zurückschlagen‹] *die,* ♪ 1) die wiederholte Angabe des gleichen Tons: *Reperkussionston.* 2) Durchführung eines Themas durch alle Stimmen der Fuge.

Repertoire [repɛrtw'ar, frz., zu lat. reperire ›wiederfinden‹] *das, -s/-s,* 1) Gesamtheit der von einer Bühne gespielten Stücke; deren Verzeichnis, Spielplan. 2) alle von einem Künstler beherrschten Rollen, Stücke. **Repertoirestück** *das,* Bühnenstück, das längere Zeit auf dem Spielplan steht. **Repertorium** *das, -s/. . . ri|en,* Nachschlagewerk, Register.

Repetent [lat. repetere ›wiederholen‹] *der, -en/-en,* 1) Schüler, der eine Schulklasse wiederholen muß. 2) ᗡᗡ Repetitor. **repetieren,** *ich* repetiere (habe repetiert) *es,* wiederhole. **Repetiergewehr** *das,* ᗡᗡ Magazingewehr, Mehrladegewehr. **Repetieruhr** *die,* Uhr, die auf einen Druck oder Zug den letzten Schlag wiederholt. **Repetition** *die, -/-en.* **Repetitor** *der, -s/. . . t'oren,* jemand, der Studenten oder Schüler auf Prüfungen vorbereitet. 2) Korrepetitor. **Repetitorium** *das, -s/. . . ri|en,* 1) Wiederholungsunterricht. 2) Lehrbuch zur Wiederholung.

Re|plantation [vgl. re . . . und lat. plantare ›pflanzen‹] *die, -/-en,* ✡ das mikrochirurg. Wiedereinpflanzen abgetrennter Organteile: *Replantationszentrum.*

Re|plik [frz. réplique, zu lat. replicare ›(Schriften) entfalten‹] *die, -/-en,* 1) Erwiderung, Entgegnung. 2) Kunst: die vom Künstler selbst angefertigte Wiederholung eines seiner Werke. **Re|plikat** *das, -(e)s/-e,* Nachbildung einer Skulptur in Originalgröße. **re|plizieren,** *ich* repliziere (habe repliziert) *(es).*

reponibel [lat. reponere ›zurückstellen‹, ›zurücklegen‹], ✡ wiederherstellbar (Bruch, Verrenkung). **reponieren,** *ich* reponiere (habe reponiert) *es,* 1) ᗡᗡ ordne wieder ein (Akten). 2) ✡ richte wieder ein.

Report [engl.] *der, -(e)s/-e,* 1) [auch rip'ɔ:t, engl., zu lat. reportare ›zurückbringen‹], Bericht, Untersuchungsbericht, Dokumentation. 2) Börse: Kurszuschlag bei Verlängerungen von Termingeschäften: *Reportgeschäft.* **Reportage** [-t'a:ʒə, frz.] *die, -/-n,* aktueller Bericht für Presse, Rundfunk, Film oder Fernsehen; Berichterstattung: *eine Rundfunkreportage vom Fußballspiel.* **Reporter** *der, -s/-,* **Reporterin** *die, -/-nen,* jemand, der Reportagen verfaßt: *Zeitungsreporter.*

Reposition [vgl. reponibel] *die, -/-en,* ✡ das Wiedereinrichten eines verrenkten oder gebrochenen Gliedes. **Repositorium** *das, -s/. . . ri|en,* ᗡᗡ Gestell, Regal, Aktenschrank.

re|präsentabel [frz. représentable, zu lat. repraesentare ›vor Augen stellen‹], wirkungsvoll, stattlich. **Re|präsentant** *der, -en/-en,* Vertreter; Volksvertreter, Abgeordneter. **Re|präsentanz** *die, -/-en,* 1) nur Pl., Interessenvertretung: *die bundespolitische R. der Union.* 2) geschäftl. Vertretung: *die Firma hat Repräsentanzen in Mittel- und Südamerika.* **Re|präsentation** *die, -/-en,* 1) Vertretung. 2) standesgemäßes Auftreten; Aufwand: *Repräsentationsaufwendung.* **Re|präsentationsgelder,** *Pl.,* Aufwandsentschädigung. **re|präsentativ,** 1) auf Vertretung beruhend, stellvertretend für eine

Gesamtmenge: *Repräsentativbefragung.* **2)** würdig, wirkungsvoll. **Re|präsentativgewalt** *die,* Befugnis, einen Staat nach außen zu vertreten. **Re|präsentativverfassung** *die,* Verfassung, bei der gewählte Volksvertreter an der Staatsgewalt teilnehmen. **re|präsentieren,** *ich* repräsentiere (habe repräsentiert), **1)** trete standesgemäß auf. **2)** *ihn,* vertrete: *Frauen sind in Parlamenten unterrepräsentiert.* **3)** *es repräsentiert einen Wert,* stellt dar.

Re|pressalie [-iə, mlat. repre(n)salia, zu lat. reprehendere ›zurücknehmen‹] *die, -/. . .li|en, meist Pl.,* Vergeltungsmaßregel. **Re|pression** [lat. repressio, zu reprimere ›zurückdrängen‹] *die, -/-en,* bewußte Unterdrückung von beabsichtigten Handlungen, Wünschen, Motiven. **re|pressiv,** *repressive Maßnahmen.*

Re|primande [frz.] *die, -/-n,* ⚔ Tadel.

Re|print [engl. to reprint ›wieder abdrucken‹] *der, -s/-s,* ⊕ photomechan. oder elektrostat. Nachdruck eines Buches.

Re|prise [frz. ›Wiederaufnahme‹, zu lat. reprehendere ›zurücknehmen‹] *die, -/-n,* **1)** Börse: Kurserholung. **2)** ♪ Wiederholung. **3)** Theater, Film: Wiederaufnahme eines bereits gespielten Stücks in den Spielplan. **4)** ein Fechthieb. **5)** Seerecht: eine wiedergewonnene Prise.

Re|pristination [vgl. re . . . und lat. pristinus ›vorig‹] *die, -/-en,* Wiederherstellung eines früheren Zustandes, Wiederbelebung früherer wissenschaftl. Theorien.

re|privatisieren [vgl. re . . . und privatisieren], *ich* reprivatisiere (habe reprivatisiert) *es.* **Re|privatisierung** *die, -,* Rückführung verstaatlichter Unternehmen in Privatbesitz.

Re|pro *die, -/-s* oder *das, -s/-s,* Ü kurz für: Reproduktion. **Re|probation** [mlat. reprobare ›verwerfen‹] *die, -/-en,* ⚔ Verwerfung, Zurückweisung. **re|probieren,** *ich* reprobiere (habe reprobiert) *es, ihn,* ⚔.

Re|produktion [vgl. re . . . und Produktion] *die, -/-en,* **1)** Nachbildung, Wiedergabe: *Reproduktionsverfahren.* **2)** Vervielfältigung, Abdruck. **re|produktiv. re|produzieren,** *ich* reproduziere (habe reproduziert) *es,* **1)** gebe wieder, schaffe nach. **2)** vervielfältige. **Re|pro|graphie** [vgl. . . . graphie] *die, -/. . .ph'i|en,* Sammelbez. für Kopierverfahren mittels elektromagnet. Strahlung; Werkstatt oder Abteilung hierfür.

Reps *der, -es/-e,* süddt.: Raps.

Reptil [zu lat. repere ›kriechen‹] *das, -s/. . .li|en,* auch *-e,* Kriechtier. **Reptilienfonds** [-fɔ̃] *der,* Geheimfonds der Regierung für polit. Zwecke.

Repu|blik [lat. res publica ›Gemeinwesen‹] *die, -/-en,* Staatsform, bei der die Gewalt nicht von einem Monarchen ausgeübt wird: *parlamentarisch-demokratische R.; Volksrepublik; Republikflucht aus der Dt. Dem. Rep.* **Repu|blikaner** *der, -s/-,* Anhänger der Republik. Staatsform oder einer republikan. Partei. **repu|blikanisch.**

Repudiation [lat. repudiare ›abweisen‹] *die, -/-en,* ⚔ Zurückweisung, Weigerung.

Repulsion [lat. repulsa, zu repellere ›zurückstoßen‹] *die, -/-en,* Abstoßung, Zurückweisung: *Repulsionsmotor.* **repulsiv,** *Repulsivkraft.*

Repunze [vgl. re . . . und Punze] *die, -/-n,* Stempel über den Feingehalt von Edelmetallen. **repunzieren,** *ich* repunzie (habe repunziert) *es.*

Reputation [frz., lat. reputatio, zu reputare ›berechnen‹] *die, -,* Ansehen, guter Ruf. **reputierlich,** ⚔ achtbar, ehrbar.

Requi|em [lat. requies ›Ruhe‹] *das, -s/-s,* Totenmesse, Seelenmesse. **requiescat in pace,** Abk.: R. I. P., er (sie) ruhe in Frieden (auf Todesanzeigen, Grabmälern).

requirieren [lat. requirere ›aufsuchen‹, ›fragen‹, ›verlangen‹], *ich* requiriere (habe requiriert) *es,* **1)** ⚔ reiche bin, beschlagnahme: *die Truppen requirierten Getreide.* **2)** ⚔ ersuche (um Rechtshilfe). **Requisit** [lat. requisitum ›das Erforderliche‹] *das, -(e)s/-en,* Handwerkszeug; Gebrauchsstück, Zubehör, bes. bei Bühnenaufführungen und Filmszenen: *Filmrequisiten; Requisitenkammer.* **Requisiteur** [-t'ø:r] *der, -s/-e,* Verwalter von Requisiten. **Requisition** [frz.] *die, -/-en,* Beschlagnahme.

resch [mhd. resch ›munter‹, ›spröde‹], *österr.:* **1)** knusprig (Brot). **2)** lebhaft.

Research [ris'ə:tʃ, engl. ›Untersuchung‹] *das, -(s)/-s* [-iz], Markt-, Meinungsforschung. **Researcher** [-tʃə] *der, -s/-.*

Reseda *die, -/-s,* **Resede** [nach der lat. Formel reseda, morbos reseda!, ›heile die Krankheiten! heile!‹, zu resedare ›wieder beruhigen‹] *die, -/-n,* krautige Pflanze mit ährigen Blütenständen.

Resektion [lat. resecare ›abschneiden‹] *die, -/-en,* ⚕ operative Entfernung eines Organteils: *Uterusresektion.*

Reservage [-v'a:ʒ, frz.] *die, -,* Schutzpaste, die beim Färben von Stoffen mustergemäß aufgetragen wird, um das Aufnehmen von Farbe zu verhindern. **Reservat** [lat. reservare ›zurückhalten‹, ›bewahren‹] *das, -(e)s/-e,* **1)** Vorbehalt, Sonderrecht. **2)** Naturschutzgebiet. **3)** Reservation. **Reservatio mentalis** [lat.] *die, - -/. . .ti'ones . . . t'ales,* Mentalreservation. **Reservation** *die, -/-en,* **1)** Vorbehalt. **2)** umgrenztes Schutzgebiet: *Indianerreservation.* **Reserve** [frz. réserve] *die, -/-n,* **1)** Rücklage, Notvorrat, Notpfennig: *Reservefonds; Reservereifen; Reservetank; Lebensmittelreserven.* **2)** noch verfügbare Mannschaft: *Reservespieler.* **3)** ⚔ fertig ausgebildete und entlassene Truppen, die nur noch zu Waffenübungen eingezogen werden: *Reserveoffizier; Reservetruppen; Reserveübung; Leutnant der R.,* Abk.: d. R. **4)** *ohne Pl.,* Zurückhaltung: *er zeigt sich starke R. auferlegen,* äußerst zurückhaltend sein; *er läßt sich nicht aus der R. locken.* **reservieren** [lat. reservare ›aufsparen‹, ›aufbewahren‹], *ich* reserviere (habe reserviert) *es mir,* halte zurück, lasse für mich vormerken: *reservierte Plätze.* **reserviert,** **1)** vorbestellt. **2)** Ü zurückhaltend, kühl. **Reservierung** *die, -/-en.* **Reservist** *der, -en/-en,* ⚔ Angehöriger der Reserve. **Reservoir** [-vw'a:r, frz. réservoir] *das, -s/-e,* **1)** Behälter, Wasserspeicher. **2)** Ü Vorrat.

resezieren [vgl. Resektion], *ich* reseziere (habe reseziert) *es,* führe eine Resektion durch.

Resi [zu Therese], weibl. Vorname.

Resident [zu lat. residere ›sitzend verweilen‹] *der, -en/-en,* **1)** Geschäftsträger. **2)** Statthalter. **3)** Offizier eines geheimen Nachrichtendienstes. **Residenz** *die, -/-en,* Wohnsitz eines Staatsoberhauptes, eines Fürsten oder eines hohen geistlichen Würdenträgers; Hauptstadt: *Residenzstadt.* **Residenzpflicht** *die, -,* die Pflicht der Beamten, Geistlichen u. a., am Amtssitz zu wohnen. **residieren,** *ich* residiere (habe residiert) *es.* **residual,** zurückbleibend: *Residualeinkommen; Residualton,* Bolus. **Residuum** [lat. residuus] *das, -/. . .du|en,* Rückstand, Rest.

Resi|gnation [lat. resignare ›entsiegeln‹, ›zurückgeben‹] *die, -,* Ergebung, Verzicht, Entsagung. **resi|gnativ,** resignierend. **resi|gnieren,** *ich* resigniere (habe resigniert): *bloß nicht resignieren!* **resi|gniert,** ergeben, gefaßt; mutlos.

Resinat [lat. resina ›Harz‹] *das, -s/-e, meist Pl.,* die Salze der Harzsäuren.

Résistance [rezist'ãs, frz., zu lat. resistere ›Widerstand leisten‹] *die, -,* franzöz. Widerstandsbewegung im zweiten Weltkrieg. **Resistanz** *die, -, ⚡* Wirkwiderstand in Wechselstromkreisen. **resistent,** widerstandsfähig, z. B. gegen Krankheitserreger. **Resistenz** *die, -/-en,* Widerstand; Widerstandsfähigkeit; Ausdauer: *Resistenzzüchtung; Kälteresistenz.* **resistieren,** es resistiert (hat resistiert).

re|skribieren [lat. rescribere ›zurückschreiben‹, *ich* reskribiere (habe reskribiert), ⚔ gebe schriftl. Bescheid. **Re|skript** *das, -(e)s/-e,* **1)** ⚔ Verfügung, Erlaß. **2)** kath. Kirche: schriftl. Bescheid des Papstes oder eines Bischofs.

resolut [frz. résolu, zu lat. resolvere ›auflösen‹], entschlossen, willensstark, tatkräftig: *eine resolute alte Dame.* **Resolution** *die, -/-en,* Beschluß, Entschließung. **resolvieren,** *ich* resolviere (habe resolviert) *es.*

Resonanz [frz. résonance, zu lat. resonare ›widerhallen‹] *die, -/-en,* **1)** das Mitschwingen, Mitklingen: *Resonanzboden,* Schallboden; *Resonanzfrequenz; Resonanzsaite.* **2)** Ü Anklang, Widerhall: *der Vorschlag fand wenig, keine R.* **Resonator** *der, -s/. . .t'oren,* Hilfsmittel zur Klanganalyse.

Resopal *das, -s,* Handelsname für Platten u. a. aus Harnstoff- und Melaminharz.

resorbieren [lat. resorbere ›einsaugen‹], *ich* resorbiere *es,* sauge auf, nehme vollständig auf: *Blut resorbiert Nahrungsstoffe.*

Resorcin *das, -s/-e,* ein Benzol, dient als Hautheilmittel und zur Herstellung von Farbstoffen.

Resorption [vgl. resorbieren] *die, -/-en,* das vollständige Aufsaugen, Aufnehmen: *Resorptionsfähigkeit.*

resozialisieren [vgl. re . . . und sozialisieren], *ich* resozialisiere (habe resozialisiert) *Straftäter,* gliedere sie im Rahmen des Strafvollzuges wieder in die Gesellschaft ein. **Resozialisierung** *die, -/-en.*

resp., Abk. für: respektive.

Re|spekt [frz. respect, zu lat. respicere ›zurückschauen‹, ›Rücksicht nehmen‹] *der, -s,* **1)** Achtung, Ehrfurcht, Scheu. **2)** leerer Rand bei Briefen, Kupferstichen: *Respektrand.* **respektabel,** Respekt gebietend. **Re|spektabilität** *die, -,* ⚔. **Re|spektblatt** *das,* leeres Blatt vorn im Buch, Abb. B 13. **re|spekteinflößend. re|spektieren,** *ich* respektiere (habe respektiert), **1)** *ihn, es,* achte; erkenne an. **2)** *Wechsel,* löse ein. **re|spektierlich,** ♂ respektabel. **re|spektive,** Abk.: resp., beziehungsweise, oder. **re|spektlos,** ohne Achtung, ehrfurchtslos. **Re|spektlosigkeit** *die, -.* **Re|spektsperson** *die,* achtunggebietende Persönlichkeit. **re|spektvoll.**

respen [mhd. respen], *ich* respe (habe gerespt) *es, alem.:* **1)** raffe zusammen; kehre. **2)** fange einen Bienenschwarm.

re|spirabel [lat. respirare ›ausatmen‹], atembar (Luft, Gas). **Re|spiration** *die, -,* Atmung: *Respirationsorgane.* **Re|spirator** *der, -s/. . .'oren,* Atmungsgerät. **re|spiratorisch. respirieren,** *ich* respiriere (habe respiriert), atme.

re|spondieren [lat. respondere ›antworten‹], *ich* respondiere (habe respondiert), ♂ antworte. **re|sponsabel** [frz. responsable, lat. responsum ›Antwort‹], ♂ verantwortlich. **Re|sponsorium** *das, -s/. . . ri|en,* kirchl. Wechselgesang.

Ressentiment [rəsãtiˈmã, frz.] *das, -s/-s,* Groll, gefühlsbedingtes Vorurteil: *Rassenressentiments.*

Ressort [rəsˈɔːr, frz.] *das, -s/-s,* Geschäftsbereich (einer Behörde); Zuständigkeitsbereich; Fach: *Ressortforschung; Ressortminister.* **ressortieren,** *es* ressortiert (hat ressortiert), ♂ untersteht, gehört zu (einem Ressort).

Ressource [rəsˈurs, frz.] *die, -/-n* [-ən], **1)** *meist Pl.,* ☌ alle Produktionsfaktoren (Arbeit, Boden, Kapital, menschl. Arbeitsvermögen), bes. jedoch Rohstoffe und Energieträger. **2)** *meist Pl.,* Hilfsmittel; Hilfsquelle; Geldmittel. **3)** ♂ Name geselliger Vereine.

Rest [spätmhd. rest(e), über ital. resto zu lat. restare ›zurückbleiben‹], *der, -es/-e* und ☌ *-er,* **1)** Übrigbleibendes, Rückstand: *Restbestand; Restverkauf; Restkosten; Restrisiko; Restsumme; Stoffrest; iß doch noch den R.!; der letzte R. von Mut schwand ihm; das wird ihm sicher den R. geben,* U ihn ruinieren, ihn in Verzweiflung stürzen. **2)** △ übrigbleibende Zahl bei Aufgaben, die nicht aufgehen: *7:2 ergibt 3, R. 1.* **restant,** rückständig (mit Zahlungen). **Restant** *der, -en/-en,* **1)** liegengebliebene Ware, Ladenhüter. **2)** rückständiger Schuldner: *Restantenliste.* **3)** Bankverkehr: gekündigtes oder ausgelostes Wertpapier, das noch nicht eingelöst wurde.

Restaurant [restoˈrã, frz., zu lat. restaurare ›wiederherstellen‹] *das, -s/-s,* Gaststätte, Lokal, Speisehaus, ABB. F 30, G 5: *Speiserestaurant.* **Restaurateur** [restoraˈtøːr, frz.] *der, -s/-e,* ♂ Gastwirt. **Restauration** *die, -/-en,* **1)** [resto-], ♂ Gastwirtschaft. **2)** [restau-], Restaurierung. **3)** [restau-], Wiederherstellung eines früheren polit. oder wirtschaftl. Zustandes, Wiedereinsetzung eines Herrscherhauses: *Restaurationspolitik; Restaurationszeit.* **restaurativ** [restau-]. **Restaurator** [restau-] *der, -s/. . .'oren,* Wiederhersteller beschädigter Kunstwerke. **restaurieren** [restau-], *ich* restauriere (habe restauriert) *es,* erneuere, stelle wieder her. **Restaurierung** *die, -/-en: Gemälderestaurierung; Restaurierungsarbeiten.*

restieren [lat. restare ›zurückbleiben‹], *ich* restiere (habe restiert), ♂ im Rückstand. **2)** *es* restiert, bleibt übrig.

restituieren [lat. restituere], *ich* restituiere (habe restituiert) *es ihm,* erstatte, ersetze. **Restitution** *die, -/-en.*

restlich, übrig, als Rest vorhanden: *mein restliches Geld.* **restlos,** keinen Rest übriglassend; ganz und gar: *das Geld wurde r. ausgegeben; davon war ich r. begeistert.*

Re|striktion [lat. restrictio, zu restringere ›zurückbinden‹, ›beschränken‹], *die, -/-en,* Beschränkung, Vorbehalt: *Restriktionserscheinung; Restriktionspolitik.* **re|striktiv,** einengend, einschränkend. **re|stringieren** [lat. restringere (habe restringiert) *es,* schränke ein: *restringierter Code,* Ⓢ undifferenzierte sprachl. Ausdrucksfähigkeit.

Restsüße *die,* in alkohol. Getränken Süße des unvergorenen Zuckers: *trockener Wein ohne R.*

Resultante [lat. resultare ›widerhallen‹] *die, -/-n,* △ rechnerisches und theoret. Hilfsmittel algebraischer Gleichungen.

Resultat [frz.] *das, -(e)s/-e,* Ergebnis: *Wahlresultat; die Nachforschungen brachten kein R.* **resultativ, 1)** ein Resultat bewirkend. **2)** Ⓢ Aktionsart des Verbs bezeichnend, der den Erfolg einer Tätigkeit angibt. **resultieren,** *es* resultiert (hat resultiert) *aus etwas,* ergibt sich daraus: *daraus r., daß . . .* **Resultierende** *die, -n/-n,* △ die Summe zweier Vektoren.

Resümee [frz. résumé, zu résumer ›zusammenfassen‹] *das, -s/-s,* Zusammenfassung, Übersicht: *das R. seiner Ausführungen.* **resümieren,** *ich* resümiere (habe resümiert) *(es).*

Retabel [frz. retable, afrz. rere ›hinter‹ und table ›Tisch‹] *das, -s/-,* Altaraufsatz, ABB. A 9: *Retabelaltar.*

reta|blieren [vgl. re. . . und etablieren], *ich* retabliere (habe retabliert), ♂ **1)** *ihn,* setze wieder ein. **2)** *es,* stelle wieder her. **Reta|blissement** [-blismˈã, frz.] *das, -s/-s.*

Retardation *die, -/-en,* Verzögerung. **retardieren** [lat. retardare], *ich* retardiere (habe retardiert) *es,* verzögere, verlangsame, hemme: *retardierendes Moment,* das Aufhalten der Handlung als Stilmittel, um die Spannung zu erhöhen (bes. im Drama). **retardiert,** ‡ zurückgeblieben in der geistigen oder körperl. Entwicklung. **Retardierung** *die, -/-en.*

Retention [lat. retentio, zu retinere ›zurückhalten‹] *die, -/-en,* **1)** ‡ Zurückhaltung eines auszuscheidenden Stoffes im Körper: *Harnretention.* **2)** Speicherung von Informationen im Gedächtnis. **3)** ♬ ♂ Vorenthaltung.

Retikül *der* oder *das, -s/-e* oder *-s,* Ridikül.

retikular, retikulär, retikuliert [lat. reticulum, Diminutiv zu rete ›Netz‹], netzförmig, netzartig: *retikulierte Gläser.* **Retina** *die, -/. . .nae,* Netzhaut im Auge.

Retirade [frz., zu retirer ›zurückziehen‹, *die, -/-n,* ♂ **1)** ♬ Rückzug. **2)** Toilette. **retirieren,** *ich* retiriere (habe, bin retiriert), **1)** ♬ ♂ trete den Rückzug an. **2)** U entferne mich eilig, bringe mich in Sicherheit.

Retorsion [lat. retorsio, zu retorque ›zurückdrehen‹] *die, -/-en,* Vergeltungsmaßregel. **Retorte** [lat. retorta] *die, -/-n,* Gefäß zum Destillieren, ABB. C 1: *aus der R.,* U künstlich hergestellt; *Retortenbaby,* außerhalb des Mutterleibes durch künstl. Befruchtung gezeugtes, dann im Mutterleib ausgetragenes Kind.

retour [rətˈuːr, frz.], zurück. **retour. . .,** österr. häufig für: rück. . .: *Retourbillett,* Rückfahrkarte; *Retourgang,* Rückwärtsgang; *Retourmarke,* Rückporto; *Retourkampf; Retourspiel.* **Retourkutsche** *die,* U das Zurückgeben eines Vorwurfs. **retournieren** {frz. retourner ›zurücksenden‹, *ich* retourniere (habe retourniert) *es ihm,* schicke zurück.

Re|traite [rətrˈɛt, frz., vgl. re. . . und lat. trahere ›ziehen‹] *die, -/-n* [-ən], ♂ **1)** Rückzug. **2)** ♬ Signal zum Zapfenstreich bei den Reitern. **Re|traktion** [lat. retractio] *die, -/-en,* ‡ Zusammenziehung, Schrumpfung.

Re|tribution [lat. retribuere ›zurückgeben‹] *die, -/-en,* Rückerstattung; Rückgabe.

re|tro. . . [lat.], rück. . ., rückwärts. . . **re|trodatieren,** *ich* retrodatiere (habe retrodatiert) *es,* ♂ versehe mit einem älteren Datum; datiere zurück. **Re|tro|flexion** [lat. flectere ›beugen‹] *die,* ‡ Rückwärtsknickung (bes. der Gebärmutter). **re|tro|grad** [lat. gradus ›Schritt‹], rückläufig, rückgebildet. **re|tro|spektiv** [lat. spectare ›anschauen‹], rückschauend. **Re|tro|spektive** *die, -/-n,* Rückschau, z. B. die Wiederaufführung alter Filme. **Re|troversion** *die,* ‡ Rückwärtsneigung (bes. der Gebärmutter). **re|trovertieren** [lat. vertere ›wenden‹, *ich* retrovertiere (habe retrovertiert) *es,* wende zurück. **re|trozedieren** [lat. cedere ›weichen‹], *ich* retrozediere (habe retrozediert), ♂ weiche zurück.

Retsina [neugrch.; lat. resina, grch. retine ›Harz‹] *der, -(s)/-s,* mit Harz versetzter griech. Weißwein.

retten [ahd. (h)retten], *ich* rette (habe gerettet), **1)** *es,* bewahre, erhalte (vor dem Untergang): *man will den Baumbestand, alte Bräuche, antike Tempel retten.* **2)** bringe in Sicherheit, berge aus Gefahr, vgl. ABB. R 20: *er hat mir das Leben gerettet; rette sich, wer kann!; sie konnten sich ins Freie retten; du bist mein rettender Engel,* U letzte Hilfe aus Bedrängnis; *er kann sich vor Post kaum retten,* U wird damit überhäuft. **Retter** *der, -s/-: ein R. in der Not; Lebensretter.*

Rettich [ahd. ratih, zu lat. radix ›Wurzel‹] *der, -s/-e,* ein Kreuzblüter und dessen eßbare Wurzel.

rettlos, ✺ unrettbar: *ein rettloses Schiff.* **Rettung** *die, -/-en,* Befreiung aus Gefahr, Hilfe: *Rettungsaktion; Rettungshubschrauber; Rettungsmannschaft; Ehrenrettung; Wasserrettungsdienst.* **Rettungsboot** *das,* **1)** Beiboot auf den Schiffen, ABB. B 42, R 20. **2)** Dienstboot einer Seerettungsstation, ABB. B 42, R 20. **Rettungsgerät** *das,* ABB. R 20. **Rettungsinsel** *die,* ABB. R 20. **rettungslos,** ohne Aussicht auf Rettung, auf Hilfe. **Rettungsring** *der,* schwimmfähiger Ring zum Zuwerfen an Ertrinkende, ABB. B 2, R 20. **Rettungsschlauch** *der,* schlauchförmiges Gerät zur Rettung von Personen aus brennenden Gebäuden. **Rettungsschwimmen** *das, -s,* Übungen im Wasser, die zur Rettung Ertrinkender befähigen.

Return [ritˈəːn, engl.] ›Rückkehr‹, ›Rückgabe‹, zu frz. retourner] *der, -s/-s,* Tennis, Tischtennis, Badminton: der geglückte Rückschlag des gegnerischen Balles.

Retusche [frz., zu retoucher ›überarbeiten‹] *die, -/-n,* verbessernde Überarbeitung von Bildvorlagen, Photographien u. a. **Retuscheur** [-ʃˈøːr, frz.] *der, -s/-e,* jemand, der berufsmäßig retuschiert. **retuschieren,** *ich* retuschiere (habe retuschiert) *es.*

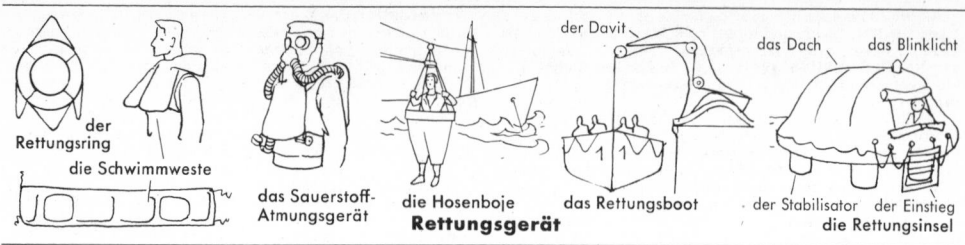

der Rettungsring — die Schwimmweste — das Sauerstoff-Atmungsgerät — **Rettungsgerät** — die Hosenboje — der Davit — das Rettungsboot — das Dach — das Blinklicht — der Stabilisator — der Einstieg — die Rettungsinsel

Reue [ahd. (h)riuwa ›Betrübnis‹] *die, -,* Schmerz über das eigene Tun: Bereitschaft zur Buße: *er zeigt (keine) R.* **reuen** [ahd. (h)riuwan], *es reut mich* (hat mich gereut), ich bedaure es, fühle Reue darüber: *es hat ihn schon gereut, das gesagt zu haben; diese Ausgabe r. mich.* **Reugeld** *das,* Abstandszahlung, wenn man von einem Vertrag zurücktritt. **reuig,** voller Reue, zerknirscht, bußfertig: *ein reuiger Sünder.* **reumütig,** reuig: *er kehrt r. zurück.*

Re|union [frz. réunion, vgl. re . . . und Union] *die,* ⚬⚬ **1)** *-/-en,* Wiedervereinigung, Vereinigung. **2)** [reynj'ɔ̃, frz.], *-/-s,* Gesellschaft, Ball.

Reuse [ahd. riusa, got. raus] *die, -/-n,* Fanggerät für Fische und Vögel, Abb. F 22: *Aalreuse; Trommelreuse; Vogelreuse.*

Reuße [alte Nebenform] *der, -n/-n,* ⚬⚬ P Russe: *Zar aller Reußen.*

re|üssieren [frz. réussir], *ich reüssiere* (habe reüssiert), habe Erfolg: *damit konnte er nicht reüssieren.*

Reute [mhd. riute] *die, -/-n, oberdt.:* Rodeland. **reuten,** *ich reute* (habe gereutet) *es, oberdt.:* rode.

Reuter [frühnhd., zu mlat. rutarius, aus ruta ›Rotte‹ *der, -s/-,* **1)** ⚬⚬ Nebenform von Reiter. **2)** Trockengestell: *Kleereuter.* **3)** Pflugabstreicher.

Revakzination [vgl. re . . . und Vakzination] *die,* ⚕ erneute Impfung. **revakzinieren,** *ich revakziniere* (habe revakziniert) *ihn.*

revalieren [frz. revaloriser ›aufwerten‹], *ich revaliere* (habe revaliert) *es,* stelle in Rechnung. **Revalierung** *die, -/-en,* ⚖ Deckung einer Schuld. **Revalorisierung** *die,* Erhöhung einer Währung auf ihren urspr. Wert. **Revalvation** *die,* Aufwertung einer Währung. **revalvieren,** *ich revalviere* (habe revalviert) *eine Währung.*

Revanche [rəv'ɑ̃ʃ, frz., vgl. re . . . und afrz. vencher ›rächen‹, zu lat. vindicare] *die, -/-n [-ən],* **1)** Vergeltung, Genugtuung: *Revanchepolitik; dafür fordere ich R.* **2)** Möglichkeit, eine Niederlage wettzumachen (Sport, Kartenspiel); Rückspiel: *Revanchepartie; Revanchespiel.* **revanchieren,** *ich revanchiere mich* (habe mich revanchiert) *für etwas,* **1)** räche mich. **2)** U erwidere ein Geschenk, eine Gefälligkeit. **Revanchismus** [vgl. . . . ismus] *der, -,* nach Vergeltung strebende Außenpolitik.

Reveille [rev'ɛj, frz. réveiller ›wecken‹] *die, -/-n [-ən],* ⚬⚬ Wecksignal.

Revenant [rəvən'ɑ̃, frz., zu lat. revenire ›wiederkommen‹] *der, -s/-s [-n'ɑ̃],* Geist, der aus einer anderen Welt wiederkehrt.

Revenue [rəvən'y:, frz. revenu] *die, -/-n [-ən], meist Pl.,* Einkommen (aus Vermögen).

Reverend [lat. reverendus ›ehrwürdig‹, zu revereri ›verehren‹] *der, -s/-s,* Titel engl. Geistlicher. **Reverenz** [lat. reverentia] *die, -/-en,* **1)** Ehrerbietung, Hochachtung: *er erwies ihm seine R.* **2)** Verbeugung.

Reverie [frz. rêverie] *die, . . . r'i|en,* ♪ Träumerei.

Revers [frz. ›Rückseite‹, zu lat. reversus ›umgekehrt‹] *der, -es/-e,* **1)** ⚖ Verpflichtungsschein, schriftliche Erklärung: *er mußte einen R. unterschreiben.* **2)** Rückseite einer Münze oder Medaille, Abb. M 25. **Revers** [rəv'ɛːr, frz.] *das oder der, - [-v'ɛːr(s)]/- [-v'ɛːrs],* Aufschlag an der Kleidung, Abb. K 24, K 25. **reversibel,** umkehrbar. **Reversibilität** *die, -.* **Reversible** [-z'i:bl, frz.] *der, -s/-s,* zweiseitig verwendbares Gewebe. **Reversion** [lat. reversio] *die, -,* Umkehrung.

Revident [lat. revidere ›wieder hinsehen‹ *der, -en/-en,* **1)** 🔲 jemand, der Revision einlegt. **2)** in Österreich ein Beamtentitel. **revidieren,** *ich revidiere* (habe revidiert) *es,* **1)** überprüfe, untersuche. **2)** ändere nach Überprüfung: *ich habe meine Meinung, mein Urteil revidiert.*

Revier [mhd. reviere, zu frz. rivière ›Fluß‹, ›Ufergegend‹]

das, -s/-e, **1)** Bezirk, begrenztes Gebiet: *Revierförster; Jagdrevier; Kohlenrevier.* **2)** Dienststelle der Polizei: *Polizeirevier.* **3)** ⚔ von einem Truppenteil in einer Kaserne belegte Räume: *Kompanierevier.* **4)** ⚔ Krankenstube in der Kaserne: *Krankenrevier; revierkrank; der Revierkranke.* **5)** 🔲 Territorium, bei Tieren ein Wohngebiet, das verteidigt wird. **revieren,** *der Hund reviert* (hat reviert), 🔲 sucht im Revier nach Wild. **Revierinspektor** *der,* in Österreich ein Polizeibeamter.

Review [rivj'u:, engl. ›Rückblick‹, ›Überblick‹ *die, -/-s,* Rundschau (häufiger Titel engl. Zeitschriften).

Revirement [rəvirm'ɑ̃, frz. ›das Wenden‹, ›Umschwung‹] *das, -s/-s,* Wechsel in der Besetzung von Ämtern, bes. im diplomat. Dienst.

Revision [frz., aus mlat. revisio, zu lat. revidere ›wieder hinsehen‹] *die, -/-en,* **1)** Überprüfung, Nachprüfung: *Revisionsklausel; Verfassungsrevision.* **2)** ⚖ Buchprüfung: *Abschlußrevision.* **3)** ⚖ letzte Durchsicht vor dem Druck. **4)** 🔲 Nachprüfung von Rechtsfragen innerhalb eines Verfahrens durch eine höhere Instanz: *Revisionsantrag; Revisionsfrist; Revisionsgericht; Revisionsverfahren; ich habe R. eingelegt.* **Revisionismus** [vgl. . . . ismus] *der, -,* **1)** das Streben nach Änderung eines bestehenden (politischen oder völkerrechtlichen) Zustandes. **2)** im Sowjetmarxismus eine Rechtsabweichung, Streben nach Veränderung eines bestehenden politischökonomischen (gesellschaftl.) Zustandes unter Umgehung einer (an sich notwendigen) Revolution. **Revisionist** *der, -en/-en,* revisionistisch. **Revisor** *der, -s/. . . s'oren,* Prüfer, Buchprüfer; Aufsichtsbeamter; Korrektor.

revitalisieren [vgl. re . . . und vitalisieren] *ich revitalisiere* (habe revitalisiert) *ihn, es,* kräftige wieder, bringe Vitalität zurück: *man will ihn mit Frischzellen revitalisieren; die Innenstädte müssen revitalisiert werden.* **Revitalisierung** *die,* ⚕ die Wiedererlangung, Wiederherstellung der normalen Vitalität: *die R. einer Landschaft,* U.

Revival [riv'aivəl, engl.] *das, -s/-s,* Erneuerung, Wiederbelebung.

Revokation [lat. revocatio, Gen. revocationis] *die,* **1)** Zurückrufung. **2)** Widerruf. **Revokatorium** *das, -s/. . . ri|en,* 🔲 Abberufungsschreiben.

Revolte [frz. révolte, zu lat. revolvere ›umkehren‹, ›umwälzen‹] *die, -/-n,* Aufruhr, Empörung, Meuterei. **revoltieren,** *ich revoltiere* (habe revoltiert) *gegen ihn, etwas,* empöre mich dagegen, lehne mich auf: *bei diesem Anblick revoltierte mein Magen,* U mir wurde übel. **Revolution** [lat. revolutio] *die, -/-en,* Umwälzung, tiefgreifende Umwandlung; gewaltsamer polit. Umsturz: *Revolutionsrat; Revolutionskalender; Gegenrevolution; die industrielle R.* **revolutionär,** *eine revolutionäre Erfindung.* **Revolutionär** *der, -s/-e: Berufsrevolutionär.* **revolutionieren,** *ich revolutioniere* (habe revolutioniert) *es,* bringe in Aufruhr; verändere grundlegend. **Revoluzzer** *der, -s/-,* U verächtlich: Revolutionär, Pseudorevolutionär. **Revolver** [engl., eigtl. ›Drehpistole‹ *der, -s/-,* **1)** mehrschüssige Faustfeuerwaffe mit Trommelmagazin: *Trommelrevolver; Revolvergriff; Revolvermündung.* **2)** drehbare Vorrichtung zum schnellen Wechseln von Werkzeugen, z. B. an der Drehbank, von Objektiven: *Revolverkopf,* Abb. F 15. **Revolverblatt** *das,* U unsachliche Sensationszeitung. **Revolverheld** *der,* U prahlerischer Raufbold. **Revolverpresse** *die,* U reißerisch aufgemachte Sensationspresse. **Revolverschnauze** *die,* U derb: großsprecherischer, vorlauter Mensch; jemand, der schnell und einhämmernd spricht. **revolvieren,** *ich revolviere* (habe revolviert) *es,* ☉ drehe zurück.

revozieren [lat. revocare], *ich revoziere* (habe revoziert) *es,* widerrufe.

Revue [rəv´y:, frz. ›genaue Durchsicht‹] *die, -/-n* [-v´y:ən], **1)** Bühnendarbietung aus Szenen mit Texten, Gesang, Tanz und Artistik; Show: *Revuefilm; Revuegirl; Ausstattungsrevue; Eisrevue.* **2)** ♂ Truppenschau, Parade: *er wird es R. passieren lassen,* Ü (in Gedanken) an sich vorüberziehen lassen. **3)** Titel vieler Zeitschriften.

Rex [lat.], Titel altröm. Könige.

Rex *der, -(es)/-e,* Schülersprache: Rektor.

Rey|on [rɛj´ɔ̃, frz. rayonné, eigtl. ›strahlig‹] *der* oder *das, -,* Chemiefaser auf Cellulosegrundlage.

Rezensent [lat. recensere ›begutachten‹] *der, -en/-en,* Verfasser einer Rezension. **rezensieren,** *ich* rezensiere (habe rezensiert) *es.* **Rezension** *die, -/-en,* **1)** krit. Besprechung wissenschaftl. und literar. Veröffentlichungen sowie künstler. Darbietungen: *Rezensionszeitschrift; Rezensionsexemplar,* Besprechungsexemplar. **2)** Bearbeitung alter Texte.

rezent [lat. recens], jüngstvergangen, neu, frisch; in der Jetztzeit lebend: *rezente Tierarten, Pflanzen.*

Rezepisse [österr. -pis, lat. recipere ›zurückholen‹, ›empfangen‹] *das, -(s)/-, österr.: die, -/-n* [-ən], Empfangsbescheinigung. **Rezept** [lat. receptum ›das Empfangene‹] *das, -(e)s/-e,* **1)** schriftl. Arzneiverordnung eines Arztes: *Rezeptblock; Rezeptpflicht.* **2)** Koch- oder Backanweisung: *Kochrezept; Kuchenrezept.* **rezeptfrei,** ohne ärztl. Rezept erhältlich. **rezeptieren,** ich rezeptiere (habe rezeptiert) *es,* verschreibe auf Rezept. **Rezeption** *die, -/-en,* **1)** Aufnahme, Übernahme: *die R. des römischen Rechts.* **2)** Empfangsbüro: *die R. eines Hotels.* **rezeptiv,** **1)** empfänglich, aufnahmefähig. **2)** nur aufnehmend, nicht produktiv. **Rezeptivität** *die, -.* **Rezeptor** *der, -s/ ...t´oren,* Biologie: Reizempfänger: *Chemorezeptor; Thermorezeptor.* **rezeptpflichtig,** nur auf ärztl. Rezept erhältlich: *rezeptpflichtige Medikamente.* **Rezeptur** *die, -/-en,* **1)** Zubereitung einer Arznei nach Rezept. **2)** ♂ Steuereinnahme.

Rezeß [lat. recedere ›zurückgehen‹] *der, ... z´esses/ ...z´esse, ♫* Vergleich zwischen Streitenden. **Rezession** *die, -/-en,* Rückgang der Konjunktur: *Rezessionsphase.* **rezessiv,** Biologie: zurücktretend, überdeckt (Erbanlagen).

rezidiv [lat. recidere ›zurückfallen‹, ♀ rückfällig. **Rezidiv** *das, -s/-e,* ♀ Krankheitsrückfall. **rezidivieren,** *es* rezidiviert (hat rezidiviert), ♀ kehrt in Abständen wieder.

Rezipient [lat. recipere ›zurücknehmen‹, ›aufnehmen‹] *der, -en/-en,* **1)** Physik: luftleer zu pumpende Glasglocke. **2)** Empfänger von Nachrichten, Mitteilungen. **rezipieren,** *ich* rezipiere (habe rezipiert) *es,* nehme auf, an.

rezi|prok [lat. reciprocus ›auf demselben Weg zurückkehrend‹], wechsel-, gegenseitig: *reziproker Wert,* △ Kehrwert, Zahl, die durch Vertauschen von Zähler und Nenner eines Bruchs gebildet wird; *reziproke Pronomen,* ÜBERS. P 24. **Rezi|prozität** *die, -.*

Rezitation [lat. recitatio, zu recitare ›vorlesen‹] *die, -/-en,* künstler. Vortrag (eines literar. Werkes). **Rezitativ** *das, -s/-e,* Sprechgesang. **rezitativisch. Rezitator** *der, -s/ ...t´oren,* Vortragskünstler. **rezitieren,** *ich* rezitiere (habe rezitiert) *es.*

rf., rfz., ♪ Abk. für: rinforzando.

R-Gespräch [´ɛr-, eigtl. ›Rückfrage-Gespräch‹] *das,* Ferngespräch, bei dem die Gebühr der angerufenen Teilnehmerstelle mit deren Zustimmung angerechnet wird.

rh, Abk. für: Rhesusfaktor negativ. **Rh,** Abk. für: Rhesusfaktor positiv.

Rh, ⦵ Zeichen für: Rhodium.

Rhabarber [mhd. rebarbe, zu mlat. rheubarbarum, aus grch. rheon barbaron ›fremde Wurzel‹] *der, -s,* ein Knöterichgewächs mit eßbaren Blattstielen: *Rhabarberkompott.*

Rhagade [grch. rhagas, Gen. rhagados ›Riß‹] *die, -/-n,* ♀ Schrunde, Hautriß.

Rhapsode [grch. rhapsodos, zu rhaptein ›flicken‹ und Ode] *der, -n/-n,* altgriech. fahrender Sänger und Dichter. **Rhapsodie** *die, -/ ...d´i|en,* **1)** von einem Rhapsoden vorgetragenes Gedicht. **2)** Musikstück balladesken Charakters oder über eine Volksweise: *die Ungarische R.* **rhapsodisch,** **1)** die Rhapsodie, den Rhapsoden betreffend. **2)** bruchstückartig, unzusammenhängend.

Rhea, griech. Mythologie: Göttin, Gattin des Kronos.

Rheinbund [nach dem Fluß Rhein] *der,* deutscher Fürstenbund (1658–1668; 1806–1813). **rheinisch,** *die* linksrheinischen Gebiete; aber: *das Rheinische Schiefergebirge.* **Rheinländer** *der, -s/-,* **1)** Bewohner des Rheinlandes. **2)** ein Rundtanz. **rhenanisch** [lat. Rhenus ›Rhein‹, wohl vorkeltischen Ursprungs], rheinisch. **Rhenium** *das, -s,* ⦵ Zeichen für: Re, metall. Element.

Rheologie [grch. rheos ›Fluß‹ und vgl. ...logie] *die, -,* Fließkunde, Lehre von den Erscheinungen bei der Formveränderung und beim Fließen materieller Körper unter der Wirkung äußerer Kräfte. **Rheostat** [grch. statos ›stehend‹, ›feststehend‹] *der, -(e)s/-e,* regelbarer elektr. Widerstand.

Rhesus [lat.] *der, -/-,* meerkatzenartiger Affe: *Rhesusaffe.* **Rhesusfaktor** *der, -s,* Kurzw.: Rh-Faktor, ein Merkmal der roten Blutkörperchen: *R. negativ,* Abk.: rh; *R. positiv,* Abk.: Rh.

Rhetor [grch.] *der, -s/ ...t´oren,* Redner. **Rhetorik** *die, -,* Redekunst. **Rhetoriker** *der, -s/-.* **rhetorisch,** *rhetorische Frage,* Frage, auf die keine Antwort erwartet wird, da sie schon eine Antwort enthält oder nahelegt, ÜBERS. R 12.

Rheuma [grch. rheuma ›das Fließen‹] *das, -s,* Ü kurz für: Rheumatismus: *Rheumabäder.* **Rheumatiker** *der, -s/-,* jemand, der an Rheumatismus leidet. **rheumatisch,** *rheumatisches Fieber.* **Rheumatismus** [vgl. ...ismus] *der, -/ ...men,* schmerzhafte Erkrankung der Muskeln, Gelenke u. a.: *Gelenkrheumatismus.* **Rheumatoid** [vgl. ...id] *das, -(e)s/-e,* rheumatismusähnliche Erkrankung.

Rh-Faktor *der,* Kurzw. für: Rhesusfaktor.

rhin..., rhino... [grch. rhis, Gen. rhinos ›Nase‹], nasen...: *Rhinitis,* Nasenschleimhautentzündung, Schnupfen; *Rhinoplastik; Rhinoviren.* **Rhinologie** [vgl. ...logie] *die, -,* Nasenheilkunde. **Rhino|skopie** [vgl. ...skopie] *die, -/ ...p´i|en,* Spiegeluntersuchung der Nase. **Rhinozeros** [mhd. rinoceros, zu grch. keras ›Horn‹] *das, -* oder *-ses/-se,* Nashorn.

rhizo... [grch. rhiza ›Wurzel‹], wurzel... **Rhizoid** [vgl. ...id] *das, -(e)s/-e,* wurzelähnliches Haftorgan der Algen. **Rhizom** *das, -s/-e,* ♂ der Wurzelstock. **Rhizopoden** [vgl. ...pode], *Pl.,* Wurzelfüßer.

Rho *das, -(s)/-s,* griech. Buchstabe, ÜBERS. G 36.

Rhod|amin [grch. rhodon ›Rose‹ und Amin] *das, -s/-e, meist Pl.,* organ. Farbstoff. **Rhodan** *das, -s,* eine in chem. Verbindungen vorkommende Atomgruppe: *Rhodanwasserstoffsäure.* **rhodinieren,** *ich* rhodiniere (habe rhodiniert) *es,* überziehe mit Rhodium. **Rhodium** *das, -s,* ⦵ Element, Zeichen: Rh, ein Platinmetall. **Rhododen|dron** [grch. dendron ›Baum‹] *das* oder *der, -s/ ...dren,* die Alpenrose, ein Heidekrautgewächs, Zierstrauch.

Rhombendodekaeder [vgl. Rhombus und grch. dodeka ›zwölf‹, hedra ›Fläche‹] *das,* von zwölf Rhomben umschlossene Kristallform, ABB. K 38, K 46. **rhombisch,** rautenförmig; die Eigenschaft eines Kristallsystems betreffend, ABB. K 46. **Rhomboeder** *das, -s/-,* von sechs Rhomben begrenzter Körper, ABB. K 38. **Rhomboid** [vgl. ...id] *das, -(e)s/-e,* schiefwinkliges Parallelogramm mit ungleichen Seitenpaaren, ABB. V 6. **Rhombus** [grch. rhombos ›Umdrehung‹, ›Kreisel‹] *der, -/ ...ben,* Raute, gleichseitiges Parallelogramm mit schiefen Winkeln, ABB. V 6.

Rhönrad [nach dem dt. Mittelgebirge] *das,* ein Sportgerät, ABB. R 19.

Rhotazismus [nach dem griech. Buchstaben Rho = r und vgl. ...ismus] *der, -/ ...men,* Übergang von s zu r in der Stellung zwischen Vokalen bei wurzelverwandten Wörtern, z. B. Frost – frieren.

Rhythmen, *Pl.* von Rhythmus. **Rhythmik** *die, -,* Lehre vom Rhythmus. **Rhythmiker** *der, -s/-,* (moderner) Komponist oder Musiker, der das rhythm. Element hervorhebt. **rhythmisch,** *rhythmische Gymnastik.* **rhythmisieren,** *ich* rhythmisiere (habe rhythmisiert) *es,* bringe in einen Rhythmus. **Rhythmus** [ahd. rhismus, aus lat., zu grch. rhythmos] *der, -/ ...men,* period. Gliederung, Zeitmaß: *Rhythmusgruppe, ♪; Rhythmusinstrumente, ♪; Arbeitsrhythmus; Tagesrhythmus; Sprachrhythmus; Versrhythmus,* vgl. ÜBERS. M 14; *im R. einer Bewegung.*

ribbelfest, *ribbelfeste Strickwaren.* **ribbeln** [zu reiben] *ich* ribb(e)le (habe geribbelt) *es,* U reibe, schabe reibend; ziehe auf, trenne auf (Gestricktes, Gehäkeltes).

Ribel [zu reiben] *der, -s/-, schweiz.:* **1)** Haarknoten. **2)** widerborstiger Mensch.

Ribisel [spätlat. ribesium, zu arab. ribas ›Sauerampfer‹] *die, -/-n, österr.:* Johannisbeere: *Ribiselsaft.*

Ribo|flavin [Kw.] *das, -s/-e,* internationaler Name für Vitamin B$_2$. **Ribonu|cleinsäure** *die,* Abk.: RNS, engl. Abk.: RNA, organ. Verbindung, bes. Bestandteil des Ribosoms. **Ribose** *die, -/-,* eine Naturzuckerart. **Ribosom** *das, -s/-en, meist Pl.,* Zelleiweißkörper.

Ricarda [ital., zu Richard], weibl. Vorname.

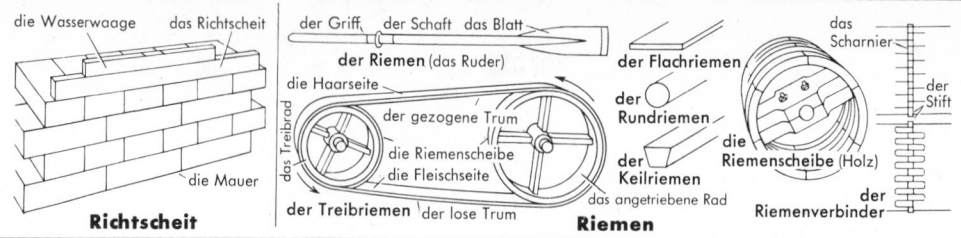

die Wasserwaage das Richtscheit der Griff der Schaft das Blatt das Scharnier

der Riemen (das Ruder)

die Haarseite

der Flachriemen

das Treibrad

der gezogene Trum

der Rundriemen

der Stift

die Riemenscheibe

der Keilriemen

die Riemenscheibe (Holz)

die Fleischseite

die Mauer

das angetriebene Rad

der Riemenverbinder

der Treibriemen der lose Trum

der lose Trum

Richtscheit   **Riemen**

Ricercar [ritʃɛrk'aːr, ital. ricercare ›suchen‹] *das, -s/-e,*
Ricercare [ritʃɛrk'aːrə] *das, -(s)/. . .ri,* ein Instrumental-
stück, Vorform der Fuge.

Richard [ahd. richi ›mächtig‹, ›herrlich‹ und hart ›stark‹,
›tapfer‹], männl. Vorname.

Richelieustickerei [riʃəlj'øː-, nach dem Herzog von
Richelieu, 1585–1642] *die,* eine Weißstickerei.

richt, *niederdt.:* geradeaus. **Richt|antenne** *die,* Antenne,
die zum Empfang oder zum Senden in eine bestimmte Richtung
gestellt werden kann. **Richtbeil** *das,* Beil des Scharfrichters,
Abb. A 29. **Richtbühne** *die,* ⚮ Schafott. **Richte** [ahd. rihti]
die, -, ⚮ gerade Richtung, Reihe; Ordnung: *es ist aus der R.
gekommen.*

richten [ahd. rihten], *ich* richte (habe gerichtet), **1)** *es,* bringe
in die erforderliche Lage, Stellung oder Form, lenke darauf hin:
*sie richteten die Fernsehantennne genau nach dem Sender; er
richtete die Waffe auf das Ziel; wir müssen uns die Segel richten,* nach
dem Wind stellen; *wir richten unsere Blicke auf etwas, gen
Himmel, nach Osten; der Verdacht richtete sich gegen ihn; alle
richteten ihre Aufmerksamkeit auf ihn; er richtete das Wort,
Fragen an ihn; der Brief ist an dich gerichtet; gegen wen richten
sich diese Vorwürfe?; wir müssen unser Augenmerk darauf
richten.* **2)** *es,* bringe in Ordnung, bereite vor, zu: *sie mußte das
Essen richten; alles war für seinen Empfang gerichtet.* **3)** *es,*
mache gerade: *richt't euch!,* ⚮ Kommando; *ich r. ein
Werkstück,* ⊚ beseitige Unebenheiten. **4)** *ein Haus,* setze die
Dachbalken auf den Rohbau. **5)** *ihn, über ihn oder etwas,*
spreche Recht, urteile: *richtet nicht, auf daß ihr nicht gerichtet
werdet!,* B. **6)** *er wurde gerichtet,* ⚮ hingerichtet: *der Täter hat
sich selbst gerichtet,* Selbstmord begangen. **7)** *mich nach ihm
etwas,* nehme ihn, es zum Vorbild, verhalte mich entsprechend:
*in dieser Angelegenheit mußt du mich nach meinen Wünschen,
nach den Vorschriften richten; du brauchst dich nicht nach mir
zu richten.* **8)** *mich auf etwas, oberdt.:* beachte es, mache es mir
zum Ziel, bereite mich vor. **9)** *mich in etwas, niederdt.:* schicke
mich darein.

Richter [ahd. rihtari] *der, -s/-,* **1)** ⚖ Staatsbeamter mit der
Vollmacht zur Entscheidung von Rechtsstreitigkeiten, vgl.
Abb. A 13: *Richteramt; Richterspruch; Amtsrichter; Untersu-
chungsrichter; der höchste R.,* Gott; *du sollst dich nicht zum R.
über deine Mitmenschen machen,* Ü. **2)** *Pl.,* israelit. Stammes-
führer vor der Königszeit: *das Buch der R.* **richterlich,** *eine
richterliche Entscheidung.* **Richterstuhl** *der: er mußte vor dem
Richterstuhl treten,* P vor Gericht erscheinen.

Richtfest *das,* Feier beim Hausbau nach Errichtung der
Dachbalken. **Richtfunk** *der,* drahtlose Übertragung von
Nachrichten durch gerichtete Abstrahlung und gerichteten
Empfang sehr kurzer Wellen. **Richtgeschwindigkeit** *die,*
eine empfohlene Geschwindigkeit für Kraftfahrzeuge.

richtig [ahd. rihtig, zu recht], **1)** so, wie es sein soll,
stimmend, genau, wahr: *so ist die Rechnung r.; du bist auf dem
richtigen Weg,* auch Ü; *die Uhr geht nicht r.; du hast das Wort r.
geschrieben; jetzt fängt es erst r. an; es war das richtige, nichts zu
sagen,* aber: *er hat das Richtige getan; getroffen; er ist nicht ganz
r. (im Kopf),* U seelisch gestört; *da bin ich an den Richtigen
geraten!,* U an den, der dafür am wenigsten geeignet ist; *er ist ein
richtiger Unglücksrabe,* U. **2)** *r.!,* Ausruf der Ermunterung,
Bestätigung: *ich sag's kaum – und: da fällt er auch schon
herunter!; ja r.!,* da fällt es mir ein. **3)** U sehr: *r. gefreut habe ich
mich.* **richtiggehend, 1)** genau (Uhr). **2)** U wirklich: *er wurde
r. wütend.* **Richtigkeit** *die, -:* damit hat es seine R., das stimmt,
ist ordnungsgemäß. **richtigliegen,** *ich* liege richtig (lag richtig,
habe richtiggelegen), U habe recht: *mit deiner Meinung hast du
richtiggelegen;* aber: *es hat richtig gelegen,* am rechten Platz.

richtigmachen, *ich* mache *es* richtig (habe richtiggemacht),
U begleiche: *ich will die Rechnung richtigmachen;* aber: *ich will
es richtig machen,* gut ausführen. **richtigstellen,** *ich* stelle *es*
richtig (habe richtiggestellt), berichtige *es: dieser Irrtum muß
richtiggestellt werden;* aber: *habt ihr die Möbel richtig gestellt?,*
an den rechten Platz? **Richtigstellung** *die.*

Richtkranz *der,* beim Richtfest auf dem Dach aufgehängter
Kranz. **Richtlinie** [-iə] *die,* meist *Pl.,* Leitsatz, Vorschrift,
Norm: *wir müssen uns an unsere Richtlinien halten.* **Richtpreis**
der, Preis, der z. B. durch Behörden oder Hersteller festgelegt,
dessen Einhaltung aber nicht bindend ist. **Richtsatz** *der,*
Bemessungsgrundlage, z. B. bei Pflegesätzen. **Richtscheit**
das, Handwerkszeug der Maurer, Tischler, Abb. B 12, R 21.
Richtschnur *die,* **1)** Schnur zum Ausrichten gerader Linien.
2) Ü Richtlinie. **Richtstätte** *die,* Hinrichtungsplatz. **Richt-
strahler** *der,* Kurzwellensender, der elektr. Wellen nur in
einer Richtung ausstrahlt.

Richtung [ahd. rihtunga] *die, -/-en,* **1)** das Gerichtetsein:
eine Aufstellung in schnurgerader R. **2)** Verlauf auf ein Ziel zu:
*Richtungsanzeiger; Fahrtrichtung; Himmelsrichtung; Schnell-
zug R. München.* **3)** Ü Strömung, Neigung: *Kunstrichtung; er
vertritt in der Mathematik die moderne R.; eine neue R. in der
Politik.* **richtung(s)gebend,** richtungsweisend. **Richtungs-
gewerkschaft** *die,* gewerkschaftl. Zusammenschluß auf
konfessioneller, weltanschaulicher oder polit. Ebene. **rich-
tungslos,** ohne Ziel. **richtung(s)weisend,** wegweisend,
programmatisch: *eine richtung(s)weisende Rede des Parteivor-
sitzenden.*

Ricin *das, -s,* sehr giftiges Protein der Rizinussamen.
Rick [mhd. ric] *das, -(e)s/-e,* **1)** Gestell, Stange. **2)**
Pferdesport: ein Hindernis bei Springprüfungen.
Ricke [zu Reh] *die, -/-n,* weibl. Reh.
Ride-and-park-System [raɪdændp'aːk-, engl. ›fahren und
parken‹] *das,* das Parken am Stadtrand und Umsteigen auf
öffentl. Verkehrsmittel (zur Entlastung des Individualver-
kehrs).
rideln [mhd. ridel ›Fieberschauer‹], *ich* rid(e)le (habe
geridel[e]t), *schweiz.:* zittere; bin erregt.
ridikül [frz. ridicule, zu lat. ridere ›lachen‹], ⚮ lächerlich.
Ridikül *der oder das, -s/-e oder -s,* ⚮ Strickbeutel.
rieb, von reiben.
riechen [ahd. riohhan, urspr. ›dampfen‹, ›rauchen‹], *ich*
rieche (habe gerochen), **1)** *es,* nehme einen Geruch wahr: *ich r.
Zwiebeln; er hat den Braten gerochen,* U die Absicht gemerkt;
sie hat Lunte gerochen, U Verdacht geschöpft; *das konnte ich
doch nicht riechen,* U woher sollte ich es wissen?; *diesen
Menschen kann ich nicht riechen,* U nicht leiden. **2)** *an etwas,*
suche den Geruch von etwas wahrzunehmen; Ü *in etwas,*
U nehme es bloß flüchtig zur Kenntnis: *er hat kaum in den
Betrieb gerochen und will schon alles besser wissen.* **4)** *(nach
etwas),* gebe einen Geruch von mir: *er riecht nach Knoblauch;
dieses Gewürz riecht sehr stark; das ganze Zimmer roch nach
Veilchen.* **Riecher** *der, -s/-,* U **1)** Nase, Geruchssinn. **2)** *ohne
Pl.,* Instinkt; Ahnung: *da hat er den richtigen R. gehabt; für so
etwas hat er einen R.* **Riechkolben** *der, -s/-,* scherzhaft:
Nase. **Riechstoff** *der,* meist *Pl.,* Stoffe mit spezifischem
Geruch: *pflanzliche und tierische Riechstoffe zur Parfümher-
stellung.*

Ried [ahd. riot] *das, -(e)s/-e,* **1)** Name verschiedener Gräser:
Rieddach, Reetdach. **2)** *süddt., mitteldt.:* sumpfige Gegend.
Ried *die, -/-en, österr.:* Riede.
Riedbock *der,* eine Antilope.
Riede [zu roden] *die, -/-n,* Ried, *österr.:* Hügelabhang im
Weinberg, Lage: *Weine aus den besten Rieden.*

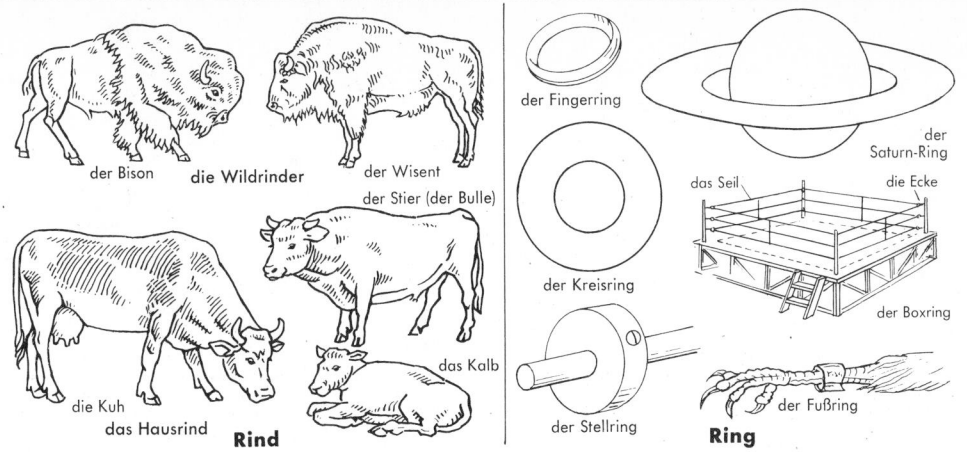

der Fingerring
der Saturn-Ring
der Kreisring
der Stellring
das Seil
die Ecke
der Boxring
der Fußring
der Bison
die Wildrinder
der Wisent
der Stier (der Bulle)
das Kalb
die Kuh
das Hausrind
Rind
Ring

Riedel [oberdt.] *der, -s/-,* ⊕ schmaler, langgestreckter Höhenrücken zwischen benachbarten Tälern.
Riedgras *das,* Zypergras, Sauergras, grasähnliche einkeimblättrige Pflanze.
rief, von rufen.
Riefe [zu niederdt.] riffel ›kleine Furche‹ *die, -/-n,* langgestreckte Vertiefung, Furche. **riefeln,** *ich* rief(e)le *(habe* geriefelt) *es,* riefe. **Rief(e)lung** *die, -/-en.* **riefen,** *ich* riefe *(habe* gerieft) *es,* mache eine Vertiefung. **riefig.**
Riege [mhd. rige, zu Reihe] *die, -/-n,* Turnerabteilung: Riegenführer; Turnerriege.
Riegel [ahd. rigil ›Stange‹, ›Querholz‹] *der, -s/-,* **1)** Schließvorrichtung an Türen, Fenstern oder Geräten, meist einseitig zu betätigen, ABB. S 28, T 19: *hinter Schloß und R.,* Ü sicher bewahrt, im Gefängnis; *da muß man einen R. vorschieben,* Ü die Fortführung einer Sache verhindern. **2)** Absperrung: *Riegelstellung,* ⚔. **3)** Querholz beim Fachwerkbau, ABB. B 13; Querlatte, ABB. Z 4. **4)** eingeteilter Streifen: *ein R. Kernseife; ein R. Schokolade.* **5)** Stoffspange an Kleidungsstücken. **6)** Berggrat als Wildwechsel; Bergvorsprung vor Talengen.
Riegelbau *der, -(e)s/-ten, schweiz.:* Fachwerkbau. **Riegelhaube** *die,* Frauenhaube der bayrischen Tracht, ABB. H 10.
riegeln, selten für: abriegeln, verriegeln, zuriegeln.
Riemchen *das, -s/-,* **1)** Diminutiv zu Riemen. **2)** kleines Spaltstück eines Steins, ABB. B 13. **Riemen** [ahd. riomo, urverwandt mit grch. rhymos ›Zugholz‹] *der, -s/-,* **1)** ein elast. Band als Verschluß oder zur Kraftübertragung: *Riemenantrieb; Riemenschuh; Schuhriemen; Keilriemen; Treibriemen,* ABB. D 3, R 21. **2)** schmales Brett, z. B. für Fußböden, ABB. F 38. **3)** Ü Gürtel: *wir mußten uns den R. enger schnallen,* Ü hatten wenig zu essen, mußten uns einschränken (z. B. finanziell); *du mußt dich am R. reißen,* Ü sehr anstrengen, um ein Ziel zu erreichen. **4)** V Penis.
Riemen [ahd. riemo, von lat. remus] *der, -s/-,* ⚓ Ruder, ABB. R 21: *er mußte sich in die R. legen,* kräftig rudern, Ü sich anstrengen.
Riemenblume *die,* eine mistelartige Schmarotzerpflanze. **Riemenfisch** *der,* ein langer Tiefseefisch. **Riemenscheibe** *die,* ABB. R 21. **Riementrieb** *der,* Antrieb durch Treibriemen. **Riemenverbinder** *der,* ABB. R 21. **Riemenwerk** *das,* Geflecht aus Riemen.
rien ne va plus [ri'ɛ̃ nə va ply, frz. ›nichts geht mehr‹], Roulett: Ankündigung, daß nicht mehr gesetzt werden darf.
Ries [mhd. ris, riz, zu mlat. risma, aus arab. rizma ›Paket‹, ›Bündel‹] *das, -es/-e,* **1)** Pl. bei Maßangaben -, ein Papiermaß: 1 000 Bogen. **2)** altes Maß für Tuche oder neun Kegel.
Riese [ahd. riso] *der, -n/-n,* **1)** übermäßig große Märchen- und Sagengestalt. **2)** Ü großes Lebewesen: *er ist ein R. von Gestalt; Branchenriese,* Unternehmen mit beherrschender Stellung. **3)** ✶ Riesenstern, Stern mit großem Durchmesser und großer absoluter Helligkeit. **4)** U Tausendmarkschein: *das hat einen halben Riesen gekostet,* 500 Mark.

Riese [mhd. rise, zu ahd. risan ›fallen‹] *die, -/-n,* **1)** süddt.: Holzrinne im Gebirge zur Beförderung des Holzes ins Tal. **2)** altdeutsche Frauenhaube, ABB. H 10.
Riese [nach dem dt. Rechenmeister A. Riese, 1492–1559], *nach Adam R.,* U richtig, genau gerechnet.
Rieselfeld *das,* zur Düngung mit Abwässern berieseltes Feld, auch zur Abwasserreinigung. **rieseln** [mhd. riseln], *es* rieselt (ist gerieselt), läuft tröpfelnd oder fällt ganz fein: *der Bach r.; Schnee r. vom Dach; dabei rieselt's einem kalt über den Rücken,* Ü es schaudert einen (vor Angst, Grauen); *bei ihm r. schon der Kalk,* U es geistig nicht mehr beweglich.
riesen..., U besonders groß, mächtig: *riesengroß; Riesendummheit; Riesenhai; Riesenhunger; Riesenkräfte; Riesenskandal.* **Riesenfelge** *die,* 🤸 große Welle am Reck, ABB. L 7. **Riesenorange** [-ɔrãʒə] *die,* Pampelmuse. **Riesenrad** *das,* ABB. R 31. **Riesenschlange** *die,* eine ungiftige Schlange von beträchtlicher Größe. **Riesenstern** *der,* ✶ Riese. **Riesenwelle** *die,* Riesenfelge. **Riesenwuchs** *der,* Gigantismus. **riesig, 1)** von gewaltiger Größe, riesengroß. **2)** Ü gewaltig, mächtig. **3)** U sehr: *ich habe mich r. gefreut.*
Riesling [Herkunft unbekannt] *der, -s/-,* eine Rebsorte.
Riester [ahd. riostra] *der, -s/-,* **1)** Lederflicken an schadhaftem Schuhwerk. **2)** oberdt.: Streichbrett am Pflug; Pflugsterz.
Riest(e)rer *der, -s/-,* ⚒ Schuhflicker.
riet, von raten.
Riet [vgl. Ried] *das, -(e)s/-e,* kammähnl. Vorrichtung am Webstuhl zur Führung der Kettfäden: *Rietblatt.*
riev [mhd. rive], niederdt.: üppig.
Rife *die, -/-n, schweiz.:* Schorf; Schürfung.
Riff [mnd. rif, aus altnord. rif, eigtl. ›Rippe‹] *das, -(e)s/-e,* schmale Bank der Klippen im Meer, ABB. K 56: *Riffkoralle; Felsenriff; Korallenriff.*
Riffel [zu Rippe] *die, -/-n,* **1)** Kamm zur Flachsbearbeitung: *Riffelkamm.* **2)** Rippel. **riffeln** [mhd. rifelen], *ich* riff(e)le *(habe* geriffelt) *es,* **1)** zerfasere, löse auf; kämme Flachs. **2)** riefele. **3)** raspele. **Riff(e)lung** *die, -/-en.*
Rigel [arab. ›Fuß‹] *der, -,* ✶ ein Stern.
rigelsam [zu regen], bair.: rührig, munter.
Rigg [engl. to rig ›auftakeln‹] *das, -s,* ⚓ Takelung. **riggen,** *ich* rigge *(habe* gerigt) *es,* takele (auf). **Riggung** *die, -,* Rigg.
Righeit *die, -,* elastische Widerstandsfähigkeit fester Körper gegenüber Formveränderungen. **rigid** [lat. rigidus], starr, steif, streng. **Rigidität** *die, -.*
Rigole [frz. rigoler ›mit Rinnen durchziehen‹] *die, -/-n,* Rinne, Abzugsgraben. **rigolen,** *ich* rigole *(habe* rigolt) *den Boden,* rockere, pflüge tief: *Rigolpflug.*
Rigor [lat.] *der, -s,* ⚕ Starrheit: *R. mortis,* Totenstarre. **Rigorismus** [lat. rigor ›Starrheit‹ und vgl. ...ismus] *der, -,* übertriebene Strenge. **Rigorist** *der, -en/-en.* **rigoristisch.** **rigoros,** streng, unerbittlich. **Rigorosität** *die, -.* **Rigorosum** *das, -s/...sa,* mündl. Doktorprüfung.
Rikambio [ital. ricambio] *der, -s/...bi|en,* Rückwechsel.

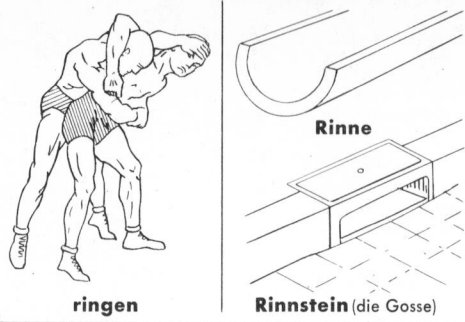

Rinne

ringen | **Rinnstein** (die Gosse)

Rike [zu Friederike und Ulrike], weibl. Vorname.
Rikoschett [frz. ricochet] *das, -s/-s,* ✂ abprallender Schuß: *Rikoschettschuß.* **rikoschettieren,** *ein Schuß* rikoschettiert (ist rikoschettiert).
Rikscha [japan. Jinrikisha ›durch Menschen bewegter Wagen‹] *die, -/-s,* früher von einem Mann gezogener Mietwagen in Ostasien, heute meist motorisiert: *Motorradriksscha.*
Riksmål [r'i:ksmo:l, norweg. ›Reichssprache‹] *das, -(s),* frühere Bez. für Bokmål.
Rille [niederdt., zu Rinne] *die, -/-n,* **1)** längliche Vertiefung, Furche, Rinne, ABB. S 15: *Rillenprofil.* **2)** *niederdt.:* Schlucht. **3)** ⤳ schmale Durchfahrt. **4)** *niederdt.:* kleine Welle. **rillen,** *ich* rille (habe gerillt) *es,* versehe mit Rillen. **rillig,** mit Rillen versehen.
Rimesse [ital. rimessa ›Übersendung‹] *die, -/-n,* ⌂ Übersendung eines Wechsels zur Begleichung einer Schuld; der übersandte Wechsel selbst: *Rimessenwechsel.*
Rinaldo [ital., zu Reinhold], männl. Vorname.
Rind [ahd. rind] *das, -(e)s/-er,* großes Horntier, ein Wiederkäuer, Zug- und Nutztier, ABB. R 22, vgl. ABB. F 25: *Rinderherde; Rinderpest,* eine seuchenhafte Erkrankung der Rinder; *Rindfleisch; Rind(s)leder; Rindertalg* oder *Rindstalg; Hausrind; ich esse am liebsten R.,* ∪ Rindfleisch; *Gulasch aus R. und Schwein,* ∪ Rind- und Schweinefleisch.
Rinde [ahd. rinta] *die, -/-n,* **1)** Außenschicht um Stengel, Stamm, Wurzel der Pflanzen, ABB. B 15, H 23: *Birkenrinde; Rindenboot,* Boot aus Baumrinde. **2)** 🐿 ♀ das Mark umgebende äußere Schicht vieler Organe: *Großhirnrinde.* **3)** Schale, Kruste: *Brotrinde,* ABB. B 50.
Rinderbraten *der, norddt.:* Braten aus Rindfleisch. **rinderig,** brünstig (Kuh). **rindern,** *die Kuh* rindert (hat gerindert), ist brünstig.
rindig, mit Rinde versehen: *glattrindig.*
Rindsbraten *der, südd.:* Braten aus Rindfleisch. **Rindvieh** *das,* **1)** Gesamtheit der Rinder. **2)** *Pl. . . . viecher,* ∪ derb: *so ein R.!,* so ein dummer Kerl.
rinforzando [ital.], Abk.: rf., rfz., ♪ stärker werdend.
ring [Grundwort von gering], *oberdt.:* leicht, einfach, mühelos; gut beweglich, leichtfüßig: *ein ringer Fußboden,* leicht zu reinigender; *ein ringer Schuh,* nicht drückender; *ringfertig,* ✂ behende.
Ring [ahd. ring] *der, -(e)s/-e,* **1)** jeder in sich geschlossene kreisförmige Streifen, ABB. R 22: *Ringmuskel; Jahr(es)ring; Rettungsring; der R. des Saturn; er hat Ringe um die Augen,* Schatten, er sieht übermüdet aus; *der R. schloß sich um den Gegner geschlossen,* er ist umzingelt, eingekreist; *er schoß 11 Ringe,* traf den 11. Kreis der Scheibe. **2)** Schmuckreif, ABB. S 30: *Fingerring; Ohrring; Ehering.* **3)** in einzelnen Städten: rundlaufende Straße, oft an Stelle der alten Befestigungen; in Ostdeutschland: Marktplatz: *Ringbahn; Ringstraße.* **4)** Vereinigung von Menschen zu einem bestimmten Zweck: *Schmugglerring; Theaterring.* **5)** Kampfplatz: *Boxring,* ABB. B 45; *der Boxer betrat den R.* **6)** *nur Pl.,* im Turngerät, ABB. T 22.
· **Ringel** [ahd. ringila, zu Ring] *der, -s/-,* etwas, das kreisförmig gewunden ist. **Ringelblume** *die,* ein Korbblüter. **Ringelerz** *das,* konzentrische Erzausscheidung von Gesteinsbruchstücke. **ring(e)lig,** geringelt. **ringeln,** *ich* ring(e)le (habe geringelt) *es,* drehe zu Ringen, winde, schlinge: *das Schwein ringelt den Schwanz; das Haar ringelt sich zu Locken.* **Ringelnatter** *die,*

ungiftige Schlange. **Ringelpie(t)z** *der, -(es)/-e,* ∪ (langweilige) Tanzerei. **Ringelreihen** *der,* Rundtanz, ABB. S 53.
Ringelspiel *das, österr.:* Karussell. **Ringelspinner** *der,* ein Schmetterling, dessen Raupe ein Obstbaumschädling ist.
Ringelwurm *der,* Tier mit röhrenförmigem, in Abschnitte gegliedertem Körper.
ringen [ahd. ringan], *ich* ringe (rang, habe gerungen), **1)** *mit ihm,* kämpfe mit Hilfe bestimmter Körpergriffe, ABB. R 23; Ü kämpfe schwer: *er ringt mit dem Tode,* ist sehr krank. **2)** *um etwas,* Ü strebe heftig danach, kämpfe darum: *er mußte um Anerkennung ringen; ich r. nach einem Ausdruck dafür, nach Luft, um eine Entscheidung.* **3)** *es,* winde, drehe pressend: *er rang die Hände vor Verzweiflung; ich r. Wäsche,* wringe. **5)** *Glocken, niederdt.:* läute. **Ringen** *das, -s.* **Ringer** *der, -s/-,* Ringkämpfer.
Ringfinger *der,* ABB. H 6. **Ringgebirge** *das,* Oberflächenform auf dem Mond.
ringhörig [zu ring], *schweiz.:* schalldurchlässig: *ein ringhöriges Haus.*
Ringkampf *der,* das sportl. Ringen.
Ringlotte *die, -/-n, oberdt., österr.:* Reineclaude.
Ringrichter *der,* Kampfrichter beim Boxen. **rings** *um ihn,* auf allen Seiten, ganz herum: *die Kinder tanzten r. um den Baum; ein Zaun r. um das Grundstück.* **ringsherum, rings um, rings umher, 1)** auf allen Seiten: *r. ertönte Beifall.* **2)** im Kreise: *er lief r.* **Ringverbindung** *die,* ⚛ organ. Kohlenstoffverbindung in ringförmiger Verkettung. **Ringvorlesung** *die,* eine Folge thematisch zusammengehörender Vorlesungen, die von Professoren verschiedener Fachrichtungen gehalten werden. **Ringwall** *der,* vor- und frühgeschichtliche ringförmige Befestigung.
Rink [mhd. rinke, ringe] *der, -en/-en,* **Rinke** *die, -/-n, alem.:* Ring, Schnalle, Haken u. a. **rinkeln, rinken,** *ich* rink(e)le, rinke (habe gerinkel[e]t, gerink[e]t) *es, aleman.:* schließe mit einer Rinke. **Rinken** *der, -s/-,* Rink(e).
Rinne [ahd. rinna] *die, -/-n,* **1)** lange, schmale Vertiefung, durch die Wasser fließen kann, ABB. R 23: *Dachrinne; Schneerinne,* ABB. G 29. ❄ **Rönne. rinnen,** *es* rinnt (rann, ist geronnen; wenn es rinnt, ✂ rönne), **1)** läuft, strömt: *der Regen r.,* fällt, bes. Dauerregen; *die Stunden rinnen dahin,* P vergehen; *das Geld r. ihm nur so durch die Finger,* Ü er gibt es leicht aus. **2)** ist undicht: *die Vase r.* **3)** *Wild r.,* ❄ schwimmt. **Rinnsal** *das, -(e)s/-e,* kleiner Bach, fließendes Wasser. **Rinnstein** *der,* ABB. R 23.
R. I. P., Abk. für: requiescat in pace.
Riposte [frz., zu lat. responder ›antworten‹] *die, -/-n,* Fechten: sofortige Erwiderung des gegner. Hiebes.
Rippchen *das, -s/-,* **1)** Diminutiv zu Rippe. **2)** *südwestdt.:* gekochtes Schweinebruststück mit Rippe. **Rippe** [ahd. rippi, urverwandt mit altslaw. rebro] *die, -/-n,* **1)** bogenförmiger Knochen zwischen Wirbelsäule und Brustbein, ABB. M 12: *er stieß ihn in die Rippen, gab ihm einen Rippenstoß,* stieß ihm in die Seite; *ich kann es mir nicht aus den Rippen schneiden, schwitzen,* Ü ich weiß nicht, woher ich es nehmen soll. **2)** 🌿 Blattrippe, verstärkte Haupt- und Seitenachse eines Laubblattes: *Rippentabak,* ABB. B 34. **3)** ⊞ eine Verstärkung an Bauteilen, z. B. Gewölben, ABB. G 22. **4)** ⊙ Queraussteifung bei flächigen Bauteilen, z. B. Blechen; auch Anordnung von Bauteilen zur Oberflächenvergrößerung, z. B. bei Heizkörpern: *Kühlrippe; Rippenheizkörper.* **5)** Ü schmaler, erhöhter Streifen zwischen Rillen, z. B. bei Kord, Rips.
Rippel *die, -/-n,* auch Riffel, wellenartige Erhöhung oder Furche, z. B. im Sand: *Rippelmarke.*
rippeln [mnd. reppen ›rühren‹, ›bewegen‹], *ich* ripp(e)le mich (habe mich gerippelt), *niederdt.:* rege mich, beeile mich.
rippeln [mhd. rippeln ›reiben‹], *ich* ripp(e)le (habe gerippelt) *es, niederdt.:* **1)** rippe. **2)** rippele.
Rippenfell *das,* ♀ die seitliche Wand des Brustkorbes bedeckende seröse Haut: *Rippenfellentzündung.* **Rippenqualle** *die,* ein Hohltier. **Rippe(n)speer** *der* oder *das, -(e)s,* gepökeltes Schweinerippenstück: *Kasseler R.*
Rips [engl. ribs ›Rippen‹] *der, -es/-e,* gerippter Stoff, Gewebe mit Längs- oder Querrippen.
Ripuarier [lat. ripa ›Ufer‹] *der, -s/-,* Angehöriger eines Teilstammes der Franken, urspr. um Köln. **ripuarisch:**
rirarutsch! [Schallw.], Kindersprache, beim Rutschen und Fahren gebraucht: *r.!, wir fahren mit der Kutsch'.*
Risalit [ital. risalto ›Vorsprung‹] *der, -s/-e,* ⊞ vorspringender Gebäudeteil, ABB. S 27.
rischeln, *es* rischelt (hat gerischelt), raschelt.

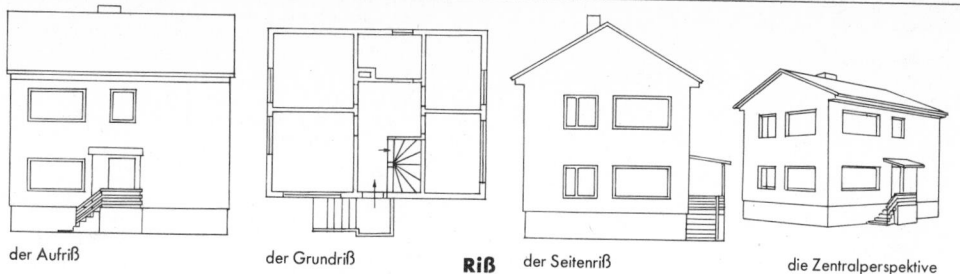

der Aufriß   der Grundriß   **Riß**   der Seitenriß   die Zentralperspektive

Risiko [ital. risico] *das, -s/-s* oder . . . *ken,* Wagnis, Verlustmöglichkeit: *risikofreudig; Risikofaktor; Risikoversicherung; Berufsrisiko; Sicherheitsrisiko; Unfallrisiko; auf dein R.,* auf deine Gefahr; *ich will kein R. eingehen; er lief (das) R., gefaßt zu werden.* **risikofrei, risikolos.**

Risipisi [ital. riso ›Reis‹ und piselli ›Erbsen‹] *das, -(s)/-,* Gericht aus Reis mit Erbsen.

riskant [frz. risquant, zu risquer ›wagen‹], gewagt, mit einem Risiko verbunden: *er fährt ziemlich r. Auto; ein riskanter Plan.*

riskieren, *ich riskiere* (habe riskiert) *es,* wage, setze aufs Spiel: *bei dieser Sache hat er viel, sein Leben riskiert; er riskiert Kopf und Kragen,* U alles; *er hat ein Auge riskiert,* U einen bewundernden Blick (auf eine hübsche Frau).

Risorgimento [risɔrdʒim'ento, ital. ›Wiedererstehung‹] *das, -(s),* die italien. Einigungsbestrebungen 1815–1870.

Risotto [ital. riso ›Reis‹] *der, -(s)/-(s),* U auch *das, -s/-s,* italien. Reisgericht.

Rispe [mhd. rispe, urverwandt mit lat. crispus ›kraus‹] *die, -/-n,* **1)** ein Blütenstand, ABB. B 38: *Rispengras; Doldenrispe.* **2)** ⦚ eine Dachversteifung. **rispenförmig. rispig.**

riß, von reißen. **Riß** [ahd. riz urspr. ›Buchstabe‹, ›Furche‹] *der, R'isses/R'isse,* **1)** durch Reißen entstandener Spalt, z. B. in Geweben: *Rißwunde; ein R. in der Hose, der Mauer, der Haut; das gibt mir einen R.,* Ü schmerzhaftes inneres Zusammenzukken; *der R. in unserer Freundschaft hat sich vertieft, ist nicht mehr zu flicken,* Ü. **2)** Entwurfszeichnung, techn. Zeichnung, ABB. R 24: *Grundriß.* **3)** ✶ Beute des Haarraubwilds. **4)** oberdt.: Prügel. **rissig,** voller Risse.

Rist [mhd. rist(e)] *der, -es/-e,* **1)** Fuß- und Handrücken, ABB. M 12. **2)** ↺ Widerrist. **Riste** *die, -/-n,* Flachs, Faserbündel. **Ristgriff** *der,* Turnergriff, ABB. T 21.

ristornieren, *ich ristorniere* (habe ristorniert) *es.* **Ristorno** [ital.] *das, -s/-s,* ⧉ Rückbuchung.

rit., Abk. für: ritardando.

Rita [ital., zu Margarete], weibl. Vorname.

ritardando [ital.], Abk.: rit., ♪ langsamer werdend. **Ritardando** *das, -s/-s* oder . . . *di,* ritardando zu spielender Teil eines Musikstücks.

rite [lat.], **1)** ordnungsmäßig. **2)** genügend (bei Doktorprüfungen). **Riten,** *Pl.* von Ritus.

ritenuto [ital.], Abk.: riten., ♪ zögernd, zurückgehalten. **Ritenuto** *das, -s/-s* oder . . . *ti,* ritenuto zu spielender Teil eines Musikstücks.

Ritornell [ital. ritornello, zu ritornare ›zurückkehren‹] *das, -s/-r,* **1)** ♪ Vor-, Zwischen- oder Nachspiel des Orchesters bei Arien. **2)** Strophenform italien. Volkslieder.

Ri|tratte [ital. ritratto] *die, -/-n,* ⧉ Rückwechsel.

ritsch! [Schallw.], das Geräusch des Zerreißens: *r., ratsch!*

Ritsche *die, -/-n,* schles.: Fußbank.

Ritscher(t) *der, -s/-, österr.:* Eintopfgericht aus Rauchfleisch oder Gänsefleisch, Bohnen und Gerste.

ritt, von reiten. **Ritt** *der, -(e)s/-e,* das Reiten, Ausreiten: *ein wilder, langer R.; in einem R.,* U ununterbrochen.

Rittberger [nach W. Rittberger, 1891–1975] *der, -s/-,* klass. Kürsprung im Eis- und Rollkunstlauf.

Rittel *die, -, niederdt.:* Reisig, dürre Äste.

Ritten [mhd. ritte] *der, -s, veraltet:* Fieber.

Ritter [mhd. riter, ritler, eigtl. ›Reiter‹] *der, -s/-,* **1)** im MA.: Angehöriger des adligen Kriegerstandes: *Ritterburg; Ritterrüstung; Reichsritter; er wurde zum R. geschlagen,* feierlich in den Ritterstand aufgenommen; *ein R. ohne Furcht und Tadel; der letzte R.,* Kaiser Maximilian I.; *der R. von der traurigen Gestalt,*

Don Quijote. **2)** Besitzer eines hohen Ordens: *R. des Pour le mérite.* **3)** Ü Begleiter einer Dame, Kavalier: *er war ihr R.* **4)** der Zweitbeste beim Schützenfest. **5)** *arme R.,* in Milch eingeweichte und in Fett gebackene Weißbrotscheiben. **Ritterdichtung** *die,* die mittelalterl. höfische Dichtung. **Ritterdienst** *der,* Ü höfische Gefälligkeit gegen Frauen: *er leistet ihr Ritterdienste.* **Rittergut** *das,* größeres Landgut; Gut, dessen Besitzer Dienste als Ritter leistete: *Rittergutsbesitzer.* **ritterlich, 1)** dem Ritterstand angehörend. **2)** Ü ehrerbietig, gefällig und hilfreich; edelgesinnt: *eine Tat aus ritterlicher Gesinnung.* **Ritterlichkeit** *die, -.* **Ritterorden** *der:* die geistlichen Ritter-, während der Kreuzzüge entstandene geistliche Vereinigungen zum Schutz der Pilger. **Ritterschaft** *die, -,* Stand, Gesamtheit der Ritter. **Rittersmann** *der, -(e)s/ . . . leute,* P Ritter. **Rittersporn** *der, -(e)s/-e,* ✦ ein Hahnenfußgewächs. **Rittertum** *das, -s.* **rittig,** reitgerecht, zum Reiten geschult: *ein rittiger Hengst.* **rittlings,** nach Reiterart sitzend. **Rittmeister** *der,* früher: Hauptmann bei berittenen Truppen.

Ritual [lat. ritualis, zu ritus ›heiliger Brauch‹] *das, -s/-e* oder . . . *li|en,* **1)** Ritus, Kulthandlung: *Ritualmord.* **2)** Ü sich immer gleichbleibende Handlung, Zeremoniell. **3)** *nur Pl. . . . li|en,* die Geräte des jüdischen Kultes. **ritualisieren,** *eine Handlung wird ritualisiert.* **Ritualisierung** *die, -/-en,* die Entstehung von Verhaltensweisen bei Mensch und Tier, die als zeremonielle Handlungen Signalwirkung erzielen (z. B. Paarung, Kampf). **rituell,** *rituelle Handlungen.* **Ritus** *der, -/ . . . ten,* **1)** Gottesdienstordnung, feierliche Formeln und Gebräuche beim Gottesdienst. **2)** durch lange Tradition herausgebildeter Brauch, Zeremoniell.

Ritz *der, -es/-e* [mhd. rizze] *die, -/-n,* schmaler Spalt, offener Riß oder sehr schmale Vertiefung, Schramme. **Ritzel** *das, -s/-,* ⊕ kleines Zahnrad, ABB. K 43.

ritzen [ahd. rizzan, zu reißen], *ich ritze* (habe geritzt) *es,* schneide einen Ritz ein, kerbe oder spalte auf: *ich habe mich am Stacheldraht geritzt,* mir die Haut leicht verletzt. **Ritzer** *der, -s/-,* U kleine Ritzwunde.

Rivale [frz. rival, zu lat. rivalis, eigtl. ›am selben Bach wohnend‹, zu rivus ›Bach‹] *der, -n/-n,* **Rivalin** *die, -/-nen,* Nebenbuhler(in), Mitbewerber(in). **rivalisieren,** *ich rivalisiere* (habe rivalisiert) *mit ihm,* wetteifere, suche ihn zu übertreffen: *die rivalisierenden Großmächte.* **Rivalität** *die, -/-en.*

Riverboat|shuffle [r'ivəboutʃʌfl, engl. riverboat ›Flußschiff‹ und to shuffle ›schleifen‹, ›tanzen‹] *die, -,* fröhliches Beisammensein mit Musik auf einem Flußschiff.

Rizin *das,* Ricin. **Rizinus** [lat. ricinus ›Zecke‹, nach der Ähnlichkeit des Samens mit einer Zecke] *der, -/-* oder *-se,* ein trop. Wolfsmilchgewächs. **Rizinusöl** *das, -(e)s,* ein Schmier- und Abführmittel aus Rizinussamen.

rm, Zeichen für: Raummeter.

RM, Abk. für: Reichsmark.

Rn, ↺ Zeichen für: Radon.

RNA, engl. Abk. für: ribonucleic acid, Ribonucleinsäure.

RNS, Abk. für: Ribonucleinsäure.

Roadie [r'oudi] *der, -s,* kurz für: Roadster. **Roadmanager** [r'oudmænidʒə, engl. road ›Landstraße‹ und Manager] *der,* Begleiter einer Band, der für den Transport der Ausrüstung und die Bühnentechnik zuständig ist. **Roadster** *der, -s/-,* zweisitziger Sportwagen ohne Dach.

Roastbeef [r'oustbi:f, engl. ›geröstetes Rindfleisch‹] *das, -s/-s,* kurz für: Roadster. **Roadmanager** [r'oustbi:f, engl. ›geröstetes Rindfleisch‹] *das, -s/-s,* nicht ganz durchgebratenes Rippenstück vom Rind.

Robbe [niederl. rob, verwandt mit Raupe] *die, -/-n,* ein

wasserbewohnendes Raubtier: *Robbenfang; Ohrenrobbe.*
robben, *ich* robbe (bin gerobbt), krieche in Bauchlage auf den Ellenbogen.
Robber [engl. rubber] *der, -s/-,* beim Whist und Bridge ein durch zwei Gewinnpartien der gleichen Partei abgeschlossenes Spiel.
Robe [frz., zu altfränk. rauba ›geraubtes Kleid‹] *die, -/-n,* **1)** Amtstracht der Richter, Anwälte, Geistlichen u. a., ABB. A 13. **2)** festl. langes Damenkleid: *Abendrobe.*
Robert [frz., zu Ruprecht], männl. Vorname.
Robinie [-iə, nach dem französ. Hofgärtner Jean Robin, 1550–1629] *die, -/. . .ni|en,* ⊕ ein Schmetterlingsblüter.
Robinsonade [nach Robinson Crusoe, dem Helden eines Romans von D. Defoe, 1660–1731] *die, -/-n,* Abenteuer eines Schiffbrüchigen.
Robot [mhd. robat(e), zu poln.-tschech. robota] *die, -/-en* und *der, -(e)s/-e, ostdt.:* ⚒ Fronarbeit. **roboten,** *ich* robote (habe[ge]robotet), **1)** *ostdt.:* ⚒ leiste Frondienste. **2)** U arbeite schwer. **Roboter** *der, -s/-,* **1)** Maschinenmensch; elektronisch gesteuertes Handhabungsgerät. **2)** U Schwerarbeiter.
robust [lat. robustus, zu robur ›Eichenholz‹], stämmig, kräftig, widerstandsfähig, derb; vierschrötig: *ein robustes Fahrzeug; er hat eine robuste Gesundheit.* **Robustheit** *die, -.*
Rocaille [rɔk'aj, frz. ›Muschelwerk‹, ›künstliche Grotte‹, zu roc ›Felsen‹] *das* oder *die, -/-s,* Muschelornament des Rokokostils, ABB. S 69.
roch, von riechen.
Rochade [rɔx- oder rɔʃ-, frz., zu roc ›Turm im Schachspiel‹] *die, -/-n,* Schach: Doppelzug von König und Turm.
Rochellesalz [rɔʃ'ɛl-, frz., nach der Stadt La Rochelle] *das,* Kaliumnatriumtartrat.
röcheln [mhd. rücheln], *ich* röch(e)le (habe geröchelt), atme rasselnd und stöhnend.
Rochen [mnd. roche, zu rauh, nach der Haut] *der, -s/-,* ein abgeplatteter Knorpelfisch: *Zitterrochen.*
Rochett [rɔʃ'ɛt, frz. rochet] *das, -s/-s,* Chorhemd kath. Geistlicher.
rochieren [rɔx- oder rɔʃ-, frz. roquer], *ich* rochiere (habe rochiert), führe eine Rochade aus.
Rochus [wohl latinisierte Form von ahd. Rocco, Rocho], männl. Vorname.
Rochus [jidd. ›Zorn‹], *sie hat einen R. auf ihn,* U ist wütend.
Rock [ahd. roc(h)] *der, -(e)s/ⁿe,* **1)** Kleidungsstück für Mädchen und Frauen, ABB. K 25: *Rocksaum; Faltenrock; Reifrock; Trägerrock.* **2)** männl. Obergewand, Sakko, ABB. K 24: *Gehrock,* ABB. M 16; *Rockfutter; Rocktasche; Leibrock; der bunte R.,* ⚒ Uniform. **3)** *schweiz.:* Damenkleid.
Rock *der, -(s),* kurz für Rock 'n' Roll: *Rockmusik.* **Rock and Roll** [r'ɔknr'oul] *der, - - -,* Rock 'n' Roll.
Röckchen *das, -s/-,* Diminutiv zu Rock.
rocken [zu Rock 'n' Roll], *ich* rocke (habe gerockt), U **1)** mache Rockmusik. **2)** tanze Rock 'n' Roll.
Rocken [ahd. rocko] *der, -s/-,* Holzstock, um den die Fasern zum Verspinnen geschlungen sind: *Spinnrocken,* ABB. S 56; *Rockenstube,* ⚒ Spinnstube.
Rockenbolle [vgl. Rokambole] *die, -/-n,* nordt.: Perlzwiebel.
Rocker *der, -s/-,* Angehöriger einer Bande von Jugendlichen (in Lederkleidung und auf Motorrädern). **Rock 'n' Roll** [r'ɔknr'oul, engl. ›wiegen und rollen‹] *der, - - -,* auch Rock and Roll, eine stark rhythmische Musizierweise. **Rockoper** *die,* mit Rockmusik vertontes Bühnenstück.

Rockzipfel *der: der Junge hängt der Mutter immer noch am R.,* Ü ist immer noch unselbständig.
Rodehacke [mhd. rodehouwe] *die,* Hacke zum Roden.
Rodel [mhd. rodel, zu mlat. rotulus, rotula] *der, -s/-, süddt.:* Aktenrolle.
Rodel [Herkunft unbekannt], **1)** *der, -s/-, österr.: die, -/-n,* Rodelschlitten, ABB. S 26: *Rodelbahn; Rennrodel.* **2)** *die, -/-n, bair.:* Schelle. **rodeln,** *ich* rod(e)le (habe, bin gerodelt), fahre mit einem Schlitten bergab.
roden [mhd. roden, vgl. reuten], *ich* rode (habe gerodet) *es,* **1)** entferne Wurzelstöcke, verwandle Waldland in Feld. **2)** rigole. **3)** *schweiz.:* rühre auf; bewege.
Rodeo [span.] *der* oder *das, -s/-s,* amerikan. Reiterwettkampf (der Cowboys).
Roderich [ahd. hrod ›Ruhm‹ und richi ›mächtig‹], männl. Vorname.
Rodler *der, -s/-,* jemand, der rodelt.
Rodomontade [nach dem Sarazenenkönig Rodomonte aus dem ›Rasenden Roland‹ von Ariosto, 1474–1533] *die, -/-n,* ⚒ Prahlerei. **rodomontieren,** *ich* rodomontiere (habe rodomontiert).
Rodonkuchen [wohl zu frz. raton ›Käsekuchen‹] *der, westdt.:* Napfkuchen.
Rodung *die, -/-en,* **1)** *ohne Pl.,* das Roden: *Baumrodung.* **2)** Feld, Wiesenland an Stelle von Wald: *Rodungssiedlung.*
Rogate [lat. rogare ›bitten‹], **1)** evang. Kirche: der 5. Sonntag nach Ostern, ÜBERS. J 2. **2)** kath. Kirche: der 6. Sonntag der Osterzeit. **Rogation** *die, -/-en,* ⚒ Fürbitte: *Rogationstage,* Bittage (latein. Liturgie).
Rogen [ahd. rogo] *der, -s/-,* Eier der Fische. **Rog(e)ner** *der, -s/-,* weibl., laichreifer Fisch. **Rogenstein** *der,* ein Oolith.
Roger [auch rɔʒ'e, frz., r'ɔdʒə, engl., zu Rüdiger], männl. Vorname.
Röggelchen *das, -s/-, rhein.:* Roggenbrötchen. **Roggen** [ahd. rocko] *der, -s,* Getreideart, deren Mehl Schwarzbrot gibt, ABB. G 18: *Roggenbrot; Roggenmehl; Winterroggen.*
roh [ahd. (h)rao], **1)** unzubereitet, ungekocht: *roher Schinken; rohes Obst; man muß sie wie ein rohes Ei behandeln,* Ü sei vorsichtig, rücksichtsvoll. **2)** noch nicht fein zugerichtet: *Roheisen; Rohglas; rohe Erze,* so wie sie gebrochen werden; *r. behauen,* nicht auf genaue Formen; *meine Arbeit ist im rohen fertig,* noch nicht ausgefeilt. **3)** Ü grausam, grob: *der Bruder schlug r. zu; er ist ein roher Mensch; mit roher Gewalt.* **4)** Ü ungebildet: *rohes Benehmen.* **5)** oberdt.: rauh. **Rohbau** *der, -(e)s/-ten,* Bauabschnitt eines Bauwerks, der die Fertigstellung der unverputzten Wände, Decken, Treppen, Schornsteine und der Dachkonstruktion umfaßt. **Roheit** *die, -/-en.* **Rohertrag** *der,* Gewinn ohne Abzug der Kosten. **Rohgewicht** *das,* Gewicht mit Verpackung. **Rohkost** *die,* ungekochte Pflanzenkost. **Rohköstler** *der, -s/-,* jemand, der sich nur von Rohkost ernährt, Vegetarier. **Rohling** *der, -s/-,* **1)** roher Mensch. **2)** ◉ unbearbeitetes Metallstück u. a. **Rohmaterial** *das,* Rohstoff. **Rohöl** *das,* noch nicht destilliertes Erdöl u. a. **Rohproduktenhandel** *der,* Handel mit Abfall- und Altstoffen.
Rohr [ahd. ror] *das, -(e)s/-e,* **1)** Name verschiedener, meist hohlschäftiger Pflanzen, ABB. G 35, R 25: *Bambusrohr; Schilfrohr; spanisches R.;* Peddigrohr, auch Rohrstock. **2)** hohler Rundkörper, ABB. G 4, G 16, I 3, R 25, T 1: *Rohrdraht; Rohrleitung; Gasrohr; Kanonenrohr; Ofenrohr; Sprachrohr; Wasserrohr; die Rohre wurden unterirdisch verlegt.* **Rohrammer** *die,* ein Singvogel. **Röhrchen** *das, -s/-: er mußte ins R.*

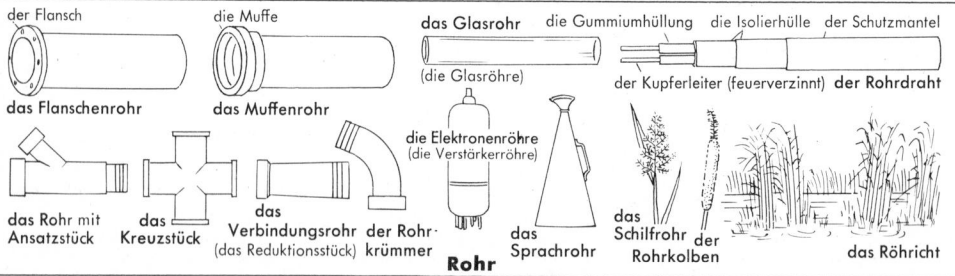

| R 25 |

der Flansch — die Muffe — das Glasrohr — die Gummiumhüllung — die Isolierhülle — der Schutzmantel

(die Glasröhre)

der Kupferleiter (feuerverzinnt) **der Rohrdraht**

das Flanschenrohr — das Muffenrohr

die Elektronenröhre
(die Verstärkerröhre)

das Rohr mit Ansatzstück — das Kreuzstück — das Verbindungsrohr (das Reduktionsstück) — der Rohrkrümmer — **Rohr** — das Sprachrohr — das Schilfrohr — der Rohrkolben — das Röhricht

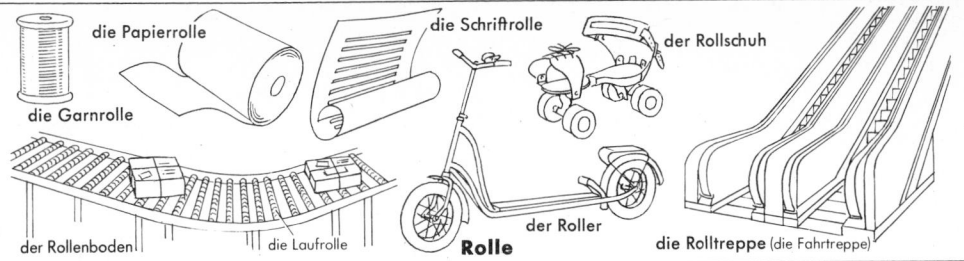

die Papierrolle · die Schriftrolle · der Rollschuh · die Garnrolle · der Rollenboden · die Laufrolle · **Rolle** · der Roller · die Rolltreppe (die Fahrtreppe)

blasen, U den Alkoholtest machen. **Rohrdommel** [ahd. roredumbil] *die, -/-n,* ein Reiher. **Röhre** *die, -/-n,* **1)** rohrartiges Gebilde, ABB. B 11, B 38, D 13, T 20: *Backröhre; Ofenröhre, Hohlraum im Backofen; er guckt in die R.,* U geht leer aus. **2)** Tierbau, Gang im Tierbau. **3)** (ᵗᵃ) Elektronenröhre: *sie schauen in die R.,* U die Bildröhre, sehen sich das Fern₋ehprogramm an. **rohren,** aus Rohrgeflecht.
rö(h)ren [ahd. reren], *der Hirsch* rö(h)rt (hat gerö[h]rt), schreit (in der Brunftzeit). **Röhrenhose** *die,* U Hose mit sehr engen Beinen. **Röhrenknochen** *der,* ⚕ langer, markhaltiger Knochen des Skelettes. **Röhrenpilz** *der,* ABB. P 14. **Röhricht** *das, -(e)s/-e,* Schilf, Dickicht von Rohrpflanzen, ABB. R 25. **Rohrkolben** *der,* eine schilfähnliche Uferpflanze, ABB. R 25. **Röhrling** *der, -s/-e,* Röhrenpilz. **Rohrpalme** *die,* Schilfpalme, Calamus, lianenartige Kletterpflanze. **Rohrpost** *die,* Schnellbeförderung für Briefe u. a. durch Rohrleitungen, z. B. innerhalb großer Betriebe. **Rohrsänger** *der,* ein Singvogel. **Rohrspatz** *der,* Rohrammer: *er schimpft wie ein R.,* U sehr heftig. **Rohrstock** *der,* dünnes, biegsames Rohr als Züchtigungsmittel. **Rohrstuhl** *der,* Stuhl mit Rohrgeflecht, ABB. S 75. **Rohrzucker** *der,* aus Zuckerrohr gewonnener Zucker.
Rohrseide *die,* noch nicht vom Seidenleim befreite Naturseide. **rohseiden. Rohstoff** *der,* Ausgangsmaterial für gewerbl. oder industrielle Be- und Verarbeitung: *Rohstoffverknappung; Rohstoffpreise; rohstoffarme Länder.*
rojen [ndl. rüejen], *ich* roje (bin, habe gerojet), ʸ⁾ rudere.
Rokambole [frz. rocambole] *die, -/-n,* Perlzwiebel.
Rokoko [frz. rokɔk⟩, österr.: -ˈkˈo, frz. rococo, engl.: Rocaille] *das, -(s),* aus dem Barock hervorgegangene Kunstrichtung, etwa 1725–1780, ABB. S 67, S 68.
Roland [ahd. hrod ⟩Ruhm⟨ und lant ⟩Land⟨], **1)** männl. Vorname. **2)** *der, -s/-e,* Bildsäule auf alten, bes. niederdt. Märkten: *Roland(s)säule.*
Rolf [zu Rudolf], männl. Vorname.
Rolladen [zu Rolle] *der, -s/⸚* oder *-,* ein auf- und abrollbarer Schutz vor Fenstern und Türen, ABB. F 13, an Büromöbeln; vgl. Silbentrennung, ÜBERS. S 50. **Rollback** [rˈoulbæk, engl. to roll back ⟩zurückrollen⟨] *das, -(s)/-s,* U (unfreiwilliges) Zurückstecken: *ein R. in energieintensiven Bereichen.* **Rollbahn** *die,* befestigte Bahn für Flugzeuge zwischen Start- und Landebahn und Abfertigungsgebäude; vgl. ABB. F 30. **Rollbock** *der,* Vorrichtung zum Befördern von Eisenbahnwagen auf Bahnanlagen anderer Spurweite. **Rolle** [mhd. rolle, zu frz. rôle, aus lat. rota ⟩Rad⟨] *die, -/-n,* **1)** kleines Rad, Walze, oft mit Rillen für darüberlaufende Taue oder Fäden, ABB. A 23, F 23, G 11, K 42, R 26: *Laufrolle.* **2)** Wäscherolle, Mangel. **3)** etwas Gewickeltes, Zusammengerolltes: *Garnrolle; Schriftrolle; eine R. Papier; eine R. Zwirn; eine R. Geldstücke; eine R. Stacheldraht.* **4)** ⚖ Urkunde (die zusammengerollt aufbewahrt wurde); Verzeichnis, Liste: *Stammrolle.* **5)** (Heft mit dem) Sprechtext eines Schauspielers; Darstellung einer Person des Stückes durch den Schauspieler: *Hauptrolle; Wallenstein ist eine schwierige R.; sie spielt eine R. in der Gesellschaft,* U; *er fiel aus der R.,* U verhielt sich unpassend; *das spielt hier eine keine R.,* U ist unwesentlich. **6)** Sozialpsychologie: Verhaltensweisen, die von einer Person aufgrund ihrer sozialen Stellung erwartet werden: *Rollenerwartung; Rollenkonflikt; Rollenverhalten; Rollenzwang.* **7)** ʸ⁾ zugeteilte Arbeit. **8)** Turnen: Purzelbaum, Überschlag kopfüber, ABB. L 7: *R. vorwärts; R. rückwärts.* **9)** Kunstflugfigur mit Drehung um die Längsachse des Flugzeugs. **10)** ⚒ steil geneigter Grubenbau. **rollen** [mhd. rollen], *ich* rolle (habe gerollt), **1)** *es, ihn,* wälze, schiebe drehend: bewege auf

Rollen, Rädern (vorwärts): *er rollt die Fässer in den Keller, den Servierwagen ins Zimmer.* **2)** *es,* wickle, drehe ein: *Rollschinken; Rollbraten; Rollmops; Rolltabak; er hat den Teppich gerollt.* **3)** *es,* glätte, bearbeite mit einer Rolle: *ich r. den Teig aufs Blech; die Wäsche wird gerollt, gemangelt.* **4)** *es rollt* (ist gerollt), bewegt sich um sich selbst drehend, auf Rädern (vorwärts): *die Lawine rollte zu Tal; der Ball rollte ins Aus, ins Tor; der Rubel rollt,* U es wird viel Geld ausgegeben; *der Kinderwagen ist auf die Straße gerollt; rollendes Material, die Fahrzeuge im Eisenbahnwesen; die Sache kommt ins Rollen,* U entwickelt sich, wird jetzt bearbeitet. **5)** *ein Schiff rollt,* ʸ⁾ schlingert. **6)** *der Donner rollt,* tönt dröhnend. **7)** *er rollt das R,* spricht es mit vibrierender Zungenspitze. **8)** *es rollt sich,* wickelt sich zur Rolle (Blatt): *das feuchte Papier hat sich gerollt.* **9)** *mich,* bewege mich rollend (vorwärts). **Rollenexerzieren** *das, -s,* ʸ⁾ das Einüben des Zusammenarbeitens. **Rollenfach** *das,* bestimmte Art einer Bühnenrolle: *ihr R. ist die komische Alte.* **rollenspezifisch,** *rollenspezifisches Verhalten.* **Rollenspiel** *das,* **1)** die Erfüllung sozialer Rollen im öffentl. Verhalten eines Individuums. **2)** das improvisierte Nachspielen von Lebenssituationen als psychotherapeut. Methode. **3)** bei Kindern das spielerische Nachahmen, Einüben von sozialen Rollen. **Roller** *der, -s/-,* **1)** große Brandungswelle. **2)** *Harzer Roller,* ein Kanarienvogel. **3)** Kinderspielzeug, ABB. R 26, S 53. **4)** U kurz für: Motorroller. **Roll(er)brett** *das,* Skateboard. **rollern,** *ich* rollere (bin gerollert), fahre mit einem Roller. **Roller-Skates** [rˈoulə skeits, engl.], *Pl.,* Rollschuhe mit breiten Kunststoffwalzen auf einer bewegl. Achse und Stopper. **Rollfeld** *das,* der Teil des Flugplatzes, auf dem die Flugzeuge starten und landen. **Rollfilm** *der,* auf eine Spule aufgerollter Film, ABB. F 21, P 12. **Rollfuhrdienst** *der,* bahnamtl. An- und Abfuhr von Gütern. **Rollgerste** *die,* süddt. Graupen. **Rollkommando** *das,* Sturmtrupp (der Polizei). **Rollkragen** *der,* ABB. K 24: *Rollkragenpullover.* **Rollkunstlauf** *der, -(e)s,* sportlich-künstler. Darbietungen auf Rollschuhen. **Rollkur** *die,* ⚕ Behandlungsverfahren für Magenkranke: *Magenrollkur.* **Rollmops** *der,* gewickelter halber Hering. **Rollo** [auch -lˈo] *das, -s/-s,* eingedeutscht für Rouleau: *Springrollo,* ABB. F 13. **Rollschrank** *der,* ABB. B 57. **Rollschuh** *der,* ein Sportgerät, ABB. R 26: *Rollschuhbahn; ihr will R. laufen; das Rollschuhlaufen; der Rollschuhläufer.* **Rollsiegel** *das,* im alten Orient zylinderförmiges Siegel, das abgerollt wurde. **Rollsitz** *der,* Rudersitz im Sportboot, ABB. B 43. **Rollstuhl** *der,* Krankenfahrstuhl, ABB. S 75: *seit ihrem Unfall ist sie an den R. gefesselt.* **Rolltreppe** *die,* Fahrtreppe, ABB. R 26. **Rollwagen** *der,* Tafelwagen für Lastgut, ABB. W 2.
Rom [Hauptstadt Italiens], *auch R. wurde nicht an einem Tage erbaut,* U alles braucht seine Zeit; *viele Wege führen nach R.,* U man kann auf mehrere Arten ans Ziel gelangen.
Romadur [frz. romatour] *der, -(s),* ein Weichkäse.
Roman [frz., zu afrz. romanz, eigtl. ⟩in romanischer Sprache⟨, nicht Latein] *der,* Großform der erzählenden Dichtkunst in Prosa: *Romanautor; Romanheld; Abenteuerroman; Briefroman; romanhaft; das ist ein ganzer R.!,* U eine lange (abenteuerliche oder erlogene) Angelegenheit.
Roman [lat. Romanus ⟩der Römer⟨], männl., **Romana,** weibl. Vorname.
Romancier [romãsjˈe, frz.] *der, -s/-s,* Romanschriftsteller.
Romane *der, -n/-n,* Angehöriger eines Volkes mit romanischer Sprache. **Romani** *das, -,* Sprache der Zigeuner. **Romanik** *die,* romanischer Stil, der erste Kunststil des MA., Höhepunkt um 1100. **romanisch, 1)** die Romanen betreffend: *romanische Sprachen,* aus dem Lateinischen entstandene

Römische Ziffern

I	=	1	VIII	=	8	XXI	=	21
II	=	2	IX	=	9	usw.		
III	=	3	X	=	10	XXIX	=	29
IV	=	4	XI	=	11	XXX	=	30
V	=	5	XII	=	12	XL	=	40
VI	=	6	usw.			L	=	50
VII	=	7	XX	=	20	LX	=	60

LXX	=	70	D	=	500
LXXX	=	80	DC	=	600
XC	=	90	DCC	=	700
C	=	100	usw.		
CC	=	200	CM	=	900
CCC	=	300	M	=	1000
CD	=	400	MCM	=	1900

Sprachen. **2)** die Romanik betreffend: *romanische Baukunst, romanischer Stil*, ABB. S 67, S 68; *romanische Säule*, ABB. S 8. **romanisieren,** *ich* romanisiere (habe romanisiert) *es*, mache romanisch oder römisch. **Romanist** *der, -en/-en*. **Romanistik** *die*, -, **1)** Wissenschaft von den roman. Sprachen und Literaturen. **2)** Wissenschaft vom röm. Recht. **romansch,** romau(t)sch. **Romantik** *die*, -, **1)** geistes- und stilgeschichtl. Epoche um 1800. **2)** Ü das Gefühlserfüllte, Wunderbare, Märchenhafte, unwirklich Scheinende: *die R. des Waldes; sie hat keinen Sinn für R.* **Romantiker** *der, -s/-*, **1)** Vertreter der Romantik. **2)** Ü gefühlsbetonter, schwärmerischer Mensch. **romantisch, 1)** die Romantik betreffend: *die romantische Dichtung*. **2)** Ü gefühlsbetont, träumerisch, schwärmerisch; unwirklich: *sie hat romantische Vorstellungen von der Ehe*. **romantisieren,** *ich* romantisiere (habe romantisiert) *es*, stelle romantisch dar. **roman(t)sch,** romau(t)sch. **Romanze** *die, -/-n*, **1)** der Ballade verwandte Dichtungsform span. Ursprungs. **2)** ♪ stimmungsvolles Instrumentalstück. **3)** Ü Liebeserlebnis: *zwischen ihnen bestand sine eine R. zu entspinnen*. **Romanzero** [span.] *der, -s/-s*, span. Romanzensammlung. **romau(n)tsch,** auch roman(t)sch, *schweiz.*: rätoromanisch. **Romau(n)tsch** *das, -, dem -, schweiz.*: rätoromanische Sprache.

Römer [niederl. roemer ›Prunkglas‹, zu roemen ›rühmen‹] *der, -s/-*, ein langstieliges Weinglas, ABB. G 27.
Römer *der, -s/-*, Einwohner der Stadt Rom; Angehöriger des Römischen Reiches. **Römerbrief** *der, B* Brief des Apostels Paulus an die Römer. **Römerin** *die, -/-nen*. **Römertopf** *der*, Handelsname für einen Tontopf zum Dünsten von Speisen, ABB. T 14. **römisch,** Rom oder die Römer betreffend: *die römischen Ziffern*, ÜBERS. R 27; *das Römische Reich*, die Gemeinden und Völker unter der Herrschaft des röm. Volkes; *das Heilige Römische Reich Deutscher Nation*, das Deutsche Reich bis 1806; *römisch-irisches Bad*, ein Dampfbad. **römisch-katholisch,** Abk.: **röm.-kath.,** zur kath. Kirche des Abendlandes gehörend: *die römisch-katholische Kirche*. **Rommé** [rɔm'e, auch r'ɔ-, frz., zu engl. rummy] *das, -s*, ein Kartenspiel.
Ronde [frz., zu rond ›rund‹, zu lat. rotundus ›rund‹] *die, -/-n*, ♂ **1)** Runde, Rundgang, Streifenwache. **2)** ⊙ runde Blechscheibe, aus der ein Werkstück gefertigt wird. **Rondeau** [rõd'o, frz.] *das, -s/-s*, **1)** altfranzös. Tanz- und Gesellschaftslied. **2)** im MA.: eine höfische Musiziergattung. **3)** [rɔnd'o], *österr.*: Rondell. **Rondell** [frz. rondelle ›runder Gegenstand] *das, -s/-e*, auch *-s*, **1)** Rundteil, runder Platz; rundes Beet, ABB. G 3. **2)** runder Festungsturm, ABB. B 56. **Rondo** [ital.] *das, -s/-s*, **1)** Rundgesang. **2)** ♪ Musikstück mit wiederkehrendem Hauptsatz.
Rone [mhd. rone, zu ahd. rono ›Baumstamm‹] *der, -(s)/-n, schweiz.*: Knorren; Moderholz.
rönne, ♂ ränne, von rinnen.
Rönne *die, -/-n*, auch Rinne, ♀ Fangnetz für Greifvögel.
röntgen [nach dem dt. Physiker W. C. Röntgen, 1845–1923], *ich* röntge (habe geröntgt) *ihn, es*, ♂ ⊙ durchleuchte mit Röntgenstrahlen: *Röntgenapparat; Röntgengnostik; Röntgenreihenuntersuchung; Röntgenschirm; Röntgenschwester*. **Röntgen** *das, -s/-*, Zeichen: R, internationale Dosiseinheit der Röntgen- und Gammastrahlung. **Röntgenaufnahme** *die*, Bild eines mit Röntgenstrahlen durchleuchteten Körpers bzw. Körperteils. **röntgenisieren,** *ich* röntgenisiere (habe röntgenisiert) *ihn, es, österr.*: röntge. **Röntgengramm** *das, -s/-e*, Röntgenbild. **Röntgenographie** [vgl. ... graphie] *die*, -, das Herstellen eines Röntgenogramms. **röntgenographisch.** **Röntgenologe** [vgl. ... loge] *der, -n/-n*. **Röntgenologie** [vgl. ... logie] *die*, -, **1)** Physik: Lehre von den Röntgenstrahlen. **2)** ♚ Spezialfach, das sich mit der Anwendung der Röntgenstrahlen für Diagnose und Therapie befaßt. **röntgenologisch.** **Röntgenoptik** *die*, Teilgebiet der Physik, das sich mit der Abbildung von Gegenständen mit Röntgenstrahlen befaßt. **Röntgenröhre** *die*, Gerät zur Erzeugung der Röntgenstrahlung. **Röntgenstrahlen,** *Pl.*, elektromagnet. Strahlung mit kürzeren Wellenlängen als das Licht. **Röntgentherapie** *die*, ♚ Behandlung mit Röntgenstrahlen.
Roof [mnd. rof ›Kajüte‹] *das* oder *der, -(e)s/-e*, ♒ Schlafraum an Deck.
Rooming-in [r'u:m-, engl.] *das*, -, das Zusammenleben von Mutter und Neugeborenem im gleichen Raum in der Entbindungsklinik.
Roquefort [rɔkf'ɔ:r, frz.], nach dem Dorf Roquefort-sur-Soulzon] *der, -s/-s*, französ. Edelpilzkäse aus Schafsmilch.
rören, Nebenform von röhren.
rosa [lat. rosa ›Rose‹, *nicht flektierbar*, von blaßroter Farbe; Sinnbild des Optimismus: *eine r., rosafarbene, rosafarbige Bluse; sie sieht alles r., durch die r. Brille*, Ü im besten Licht. **Rosa** *das, -s/-*, eine Farbe.
Rosa, Rosalie [-iə, ital., zu lat. rosa ›Rose‹], weibl. Vornamen.
Rosalinde [ahd. hrod ›Ruhm‹ und lint ›Schlange‹], **Rosamunde** [ahd. munt ›Schutz‹], weibl. Vornamen.
Rosarium [lat. ›Rosengarten‹, zu rosa ›Rose‹] *das, -s/...ri|en*, **1)** Rosengarten. **2)** kath. Kirche: Rosenkranz.
rösch [mhd. rösch ›wacker‹, ›scharf‹, vgl. resch], **1)** ♨ grob (gepocht). **2)** bes. oberdt.: knusprig: *rösches Brot*.
Rösche [verwandt mit Riese] *die, -/-n*, ♨ Graben.
Rös|chen *das, -s/-*. **Rose** [ahd. rosa, zu lat. rosa ›Rose‹, *-/-n*, **1)** strauchige Pflanze und deren Blüte, ABB. R 28; Sinnbild der Schönheit und Liebe: *Rosenknospe; Rosenstrauß; Teerose; sie ist nicht auf Rosen gebettet*, Ü sie hat kein leichtes Leben. **2)** rosenförmiges Ornament: *Fensterrose*, ABB. K 20. **3)** Blatt des Kompasses, ABB. K 34. **4)** Schallloch bei Lauten, Gitarren. **5)** Schliffform von Edelsteinen. **6)** ♚ Wundrose. **7)** roter Wulst über dem Auge des Huhnes. **8)** ♀ kranzförmige Verdickung des Geweih- und Gehörnansatzes. **rosé** [-'e, frz.], *nicht flektierbar*, zartrosa. **Rosé, 1)** *das, -(s)/-(s)*, rosé Farbe. **2)** *der, -s/-s*, **Roséwein** *der*, Roséwein.
Rosemarie [zu Rose und Maria], weibl. Vorname.
Rosenapfel [zu Rose, 1)] **1)** Apfelsorte. **2)** tropische Frucht. **3)** eine Pflanzengalle an Rosen. **Rosenholz** *das, -es*, rötliches oder nach Rosen duftendes Holz. **Rosenkohl** *der, -(e)s*, Sprossenkohl, eine Kohlsorte, ABB. K 33. **Rosenkranz** *der, B*, kath. Kirche: Gebetsform und Gebetsschnur, ABB. A 13, R 28.
Rosenmond *der, P* Juni.
Rosenmontag [eigtl. Rasenmontag, wohl zu niederrhein. rosen ›tollen‹] *der*, Tag vor Fastnacht: *Rosenmontagszug*.
Rosen|öl *das*, ätherisches Öl aus Rosenblüten. **Rosenquarz** *der*, ein Schmuckstein. **Rosenstock** *der*, **1)** Rosenpflanze. **2)** ♀ Stirnzapfen für das Geweih, ABB. G 21. **Rosenwasser** *das, -s*, destilliertes Wasser mit etwas Rosenöl.
Rosette [frz. ›Röschen‹] *die, -/-n*, **1)** Ornament, stilisierter Blütenstern in kreisrundem Umriß, ABB. S 69, M 16: *Rosettenfries*. **2)** ⊕ rosettenförmig angeordnete Blätter: *Blattrosette*. **3)** Schliffform von Edelsteinen. **Roséwein** [-'e-, frz. rosé ›rosa‹] *der*, aus hellgekeltertem Most von Rotweintrauben hergestellter Wein. **rosig,** rosa, rötlich; Sinnbild der Freude: *rosige Laune; es geht ihr nicht gerade r.*, Ü nicht gut; *sie sieht alles in rosigstem Licht*, Ü sie ist voller Optimismus; *rosige Zeiten*, Ü.
Rosinante [span. rocin ›Klepper‹, Hengst des Don Quijote] *die* (eigtl. *der*), *-/-n*, Schindmähre.
Rosine [mhd. rosin, zu afrz. rasin, aus lat. racemus ›Weintraube‹] *die, -/-n*, getrocknete Weinbeere: *Rosinenbrot; sie hat Rosinen im Kopf*, Ü will hoch hinaus, denkt unrealistisch.
Röslein *das, -s/-*, Diminutiv zu Rose.

Rosmarin [lat. ros marinus ›Meertau‹] *der, -s,* ein immergrüner Kleinstrauch, Gewürzpflanze: *Rosmarinöl.*

Roß [ro:s, mhd. raz ›Honigwabe‹, ›Scheiterhaufen‹, vgl. Rost] *das, -es/-e,* auch Roße, *mitteldt.:* Honigwabe.

Roß [ahd. hros] *das, R'osses/R'osse,* **1)** P edles Pferd: *ein feuriges R.; er sitzt auf dem hohen R.,* Ü ist hochtrabend, überheblich. **2)** *Pl. R'össer, oberdt.:* Pferd. **3)** U dummer Kerl: *so ein R.!* **Roßapfel** *der,* U Pferdemist.

Roßbreiten [Herkunft unsicher], *Pl., ›ソ* die subtrop. Hochdruckgürtel auf den Meeren.

Rößchen *das, -s/-,* Diminutiv zu Roß.

Roße *die, -/-n,* Roß, Wabe.

Rössel *das, -s/-,* **1)** *oberdt.:* Diminutiv zu Roß. **2)** Springer, Figur des Schachspiels. **Rösselsprung** *der,* **1)** Bewegung des Rössels auf dem Schachbrett. **2)** eine Rätselart, ÜBERS. R 6.

rossen, *die Stute* roßt (hat geroßt), ist brünstig. **Roßhaar** *das,* Schweif- und Mähnenhaar des Pferdes: *Roßhaarmatratze,* ABB. M 10. **rossig,** brünstig (Stuten). **Roßkamm** *der,* für die Pferde zum Verkauf durch Kämmen herausgeputzt werden] *der,* U verächtlich: Pferdehändler. **Roßkastanie** [-iə] *die,* Kastanie, Baum und dessen Frucht. **Roßkur** U drastische Maßnahmen (als Heilmethode): *es war zwar eine R., aber es hat geholfen.* **Rößlein** *das, -s/-.*

Rost [ahd. rost, verwandt mit rot] *der, -(e)s,* **1)** Zersetzungsschicht auf Metallen, bes. auf Eisen an feuchter Luft: *Rostfleck; Rostschutzmittel; das Eisen hat R. angesetzt.* **2)** Name vieler Pflanzenkrankheiten: *Schwarzrost.*

Rost [ahd. rost] *der, -(e)s/-e,* **1)** Gitterwerk, z. B. über oder unter Feuer, ABB. K 4, K 18: *Rostbratwurst; Lattenrost,* ABB. B 27. **2)** Pfahlrost unter Bauwerken, ABB. P 7. **Rostbraten** *der,* auf dem Rost zubereitete Scheibe vom Rindsrippenstück.

rostbraun, rostfarben, rotbraun (wie Rost).

Röste *die, -/-n,* Vorrichtung zum Rösten.

rosten [ahd. rosten], *es* rostet (ist, hat gerostet), setzt Rost an, bedeckt sich mit Rost: *bei Feuchtigkeit r. Eisen leicht; wer rastet, der r.,* Ü wer nichts tut, wird träge und unbeweglich; *alte Liebe r. nicht* (Sprichwort).

rösten [mhd. roezen ›faul werden‹], *ich* röste (habe geröstet) *es,* gewinne Bastfasern aus Flachs, Hanf, Jute durch Wasser- oder Chemikalienbehandlung.

rösten [ahd. rostan], *ich* röste (habe geröstet), **1)** *es,* brate, dörre auf dem Rost ohne Zusatz von Wasser oder Fett: *Röstkartoffeln; Kaffee wird geröstet; röstfrisch.* **2)** *Erze,* erhitze unter Luftzutritt.

Röster *der, -s/-, österr.:* Mus oder Kompott aus Zwetschken oder Holunderbeeren: *Zwetschkenröster.*

rostfrei, nicht rostend, durch Legierung korrosionsbeständig gemacht: *rostfreier Stahl.*

Rösti, *Pl., schweiz.:* Bratkartoffeln.

rostig, mit Rost bedeckt: *ein rostiger Nagel.*

Ro|stra [lat., urspr. Pl. von rostrum ›Schiffsschnabel‹] *die, -/. . .stren,* Rednerbühne im alten Rom.

Ro|switha [latinisiert aus ahd. Hrotsvith, zu hrod ›Ruhm‹ und swint ›stark‹], weibl. Vorname.

rot, röter, am rötesten; selten, bes. Ü roter, am rotesten [ahd. rot], mit der Farbe Rot gefärbt, vgl. blau; Sinnbild für Leidenschaft, Liebe und Leben, Revolution: *rote Backen; rote Blutkörperchen; der rote Planet,* der Planet Mars; *der rote Hahn,* P Feuer; *das ist für ihn ein rotes Tuch,* Ü reizt ihn; *ich werde es mir im Kalender r.* anstreichen, wegen seiner Bedeutung will ich es nicht vergessen; *sie wird r.,* errötet; *diesem Vortrag fehlte der rote Faden,* Ü ein verbindender Gedanke; *ich besitze keinen roten Heller mehr,* U habe keinen (kupfernen) Pfennig, kein Geld mehr; *er ist r.,* U steht politisch links, ist Kommunist, Sozialist; *die Roten,* U Kommunisten, Sozialisten; *die Rote Armee,* das Heer der Sowjetunion; *das Rote Kreuz,* internationale Vereinigung zur Pflege von Kranken und Verwundeten; *die rote Rübe,* eine eßbare Abart der Runkelrübe; *roter Tiefseeton,* ein Tonsediment der Tiefsee. **Rot** *das, -s/-,* **1)** Farbe im Spektrum zwischen Gelb und Violett; vgl. Blau: *sie war in R. gekleidet; die Verkehrsampel zeigt R.; bei R. muß man anhalten.* **2)** eine Farbe im Kartenspiel, ABB. S 54; im Roulett, ABB. R 28. **3)** *Rot und Schwarz,* Rouge et noir.

Rota [lat. ›Rad‹] *die, -,* das ordentliche päpstl. Gericht für Berufungen in kirchl. Prozessen: *Sacra Romana R.*

Rotan(g) [malaiisch] *der, -s/-e,* eine Rohrpalme: *Rotan(g)-palme.*

Rotari|er *der, -s/-,* Mitglied des Rotary Club. **Rotary Club** [auch r'outari klʌb, engl. rotary ›kreisend‹] *der, - -,* eine internationale Männervereinigung.

Rotation [vgl. rotieren] *die, -/-en,* Umdrehung um eine feste Achse: *Rotationsachse; Rotationskörper; Erdrotation.* **Rotationsmaschine** *die,* ⊕ Schnellpresse mit zylindr. Druckform. **Rotatori|en,** *Pl.,* Rädertiere.

Rot|auge *das,* Plötze, ein Karpfenfisch. **rotbackig, rotbäckig,** *ein rotbackiger Apfel,* Ü. **Rotbarsch** *der,* lebendgebärender Nutzfisch des Meeres. **Rotbinder** *der,* ⚒ Böttcher. **rotblond,** sie hat rotblondes Haar. **rotbraun,** *ein Paar rotbraune Schuhe.* **rotbrüchig,** bei Rotglut brüchig werdend (schwefelhaltiger Stahl). **Rotbuche** *die,* ein Laubbaum, der Nutzholz liefert. **Rotdorn** *der, -(e)s/-e,* Zierstrauch. **Röte** [ahd. rota] *die, -/-n,* **1)** ohne Pl., Rotfärbung: *Morgenröte; der Zorn trieb ihm die R. ins Gesicht.* **2)** Name verschiedener Pflanzen, die roten Farbstoff liefern: *Färberröte; Rötegewächse.*

Rot|eisenstein *der,* ein Hämatit. **Rötel** [zu rot] *der, -s/-,* tonhaltiges Verwitterungsprodukt von Hämatit: *Rötelstift; Rötelzeichnung.* **Röteln,** *Pl.,* eine Viruskrankheit, bes. im Kindesalter. **röten** [ahd. roten], *ich* röte (habe gerötet) *es,* mache, färbe rot: *der Himmel rötet sich,* wird rot; *der Frost hatte ihre Wangen gerötet.* **Rotfeder** *die,* mitteleurop. Weißfisch. **Rotfichte** *die,* Rottanne. **Rotfuchs** *der,* hundeartiges Raubtier. **Rotglut** *die,* erste Stufe des Glühens erhitzten Metalls. **Rotgrünblindheit** *die,* ⚕ fehlende Farbempfindlichkeit für

die Blüte
die Knospe
Rotunde
das Kelchblatt
Rose
der Dorn (der Stachel)
das Blatt
die Perle
die Nuß
das Kreuz
Rosenkranz

die Chance (die Abteilung)
der Spielplan
die Nummer
das Fach
die Scheibe
die Kugel
die Schüssel
Roulett

Erstes Dutzend   Mittleres Dutzend   Letztes Dutzend

Rot und Grün. Rotgültig|erz das, Name wichtiger Silbererze.
Rotguß der, eine Gruppe von Kupferlegierungen. **rothaarig,** eine rothaarige Schönheit. **Rothaut** die, ∪ Indianer.
Rother [ahd. hrod ›Ruhm‹, heri ›Heer‹], männl. Vorname.
Rothirsch der, Edelhirsch, männl. Rotwild, ein weitverbreiteter Hirsch.
rotieren [lat. rotare, zu rota ›Rad‹], **1)** es rotiert (hat rotiert), dreht sich um die eigene Achse: rotierende Kolben, Zentrifugen. **2)** ich rotiere (habe rotiert), ∪ werde (durch Arbeitsbelastung) nervös und hektisch tätig: er ist schon wieder am Rotieren.
Rotisserie [rotisr'i, frz., zu rôtir ›rösten‹] die, -/. . .r'i|en, Restaurant, in dem Fleischspeisen (vor den Augen des Gastes) auf einem Grill zubereitet werden.
Rotkabis der, oberdt.: Rotkohl. **Rotkäppchen** das, -s, eine Märchengestalt. **Rotkehlchen** das, -s/-, ein Singvogel. **Rotkohl** der, **Rotkraut** das, -(e)s, eine Kohlart, ABB. K 33.
Rotlauf der, -(e)s, eine Infektionskrankheit der Schweine, die auf den Menschen übertragbar ist. **rötlich,** ins Rote spielend, ein wenig rot: rötlichbraun. **Rotlicht** das, -(e)s, langwelliges rotes Licht zur Wärmebehandlung: Rotlichtbestrahlung. **Rotliegende** das, -n, ohne Artikel: -s, ⊕ geolog. Abteilung des Perms. **Rötling** der, -s/-e, ein Blätterpilz. **Rotmilan** der, ein Greifvogel.
Rotor [vgl. rotieren] der, -s/. . .t'oren, **1)** umlaufender Teil elektr. Maschinen. **2)** Drehflügel von Drehflügelflugzeugen, ABB. F 31. **3)** Schwungscheibe von Automatikuhren.
Ro|traut [ahd. hrod ›Ruhm‹, zweite Silbe vgl. Gertraud], weibl. Vorname.
Rotschwänzchen das, ein Singvogel. **rotsehen,** ich sehe rot (sah rot, habe rotgesehen), ∪ bin wütend: bei diesem Anblick sah er plötzlich rot. **Rotspon** [mnd. span ›Faß‹] der, -(e)s/-e, niederdt.: vom Faß gezapfter Rotwein. **Rotstich** der, ein Farbstich. **Rottanne** die, Rotfichte, ein Nadelbaum.
Rotte [mhd. rotte, zu afrz. rote ›Trupp‹] die, -/-n, **1)** Abteilung, Schar. **2)** zwei gemeinsam operierende Flugzeuge oder Schiffe. **3)** Eisenbahn: Gleisbaukolonne: Rottenwarnanlage, Mehrklanghorn, von Sicherheitsposten betätigt. **4)** verächtlich: Haufe, Schar: eine R. von Autodieben. **5)** 🐗 mehrere zusammenlebende Sauen oder Wölfe. **6)** ♋ Gerichtsbezirk, Gemeindeverband. **7)** B Schar Verschworener, Partei, Sekte: R. Korah.
Rotte [vgl. rösten ›faul werden‹] die, -/-n, niederdt.: Flachsröste. **rotten,** es rottet (ist gerottet), niederdt.: verrottet, verfault. **rottig,** niederdt.: moderig.
Rottweiler [nach der Stadt Rottweil] der, -s/-, eine Haushunderasse.
Rotunde [ital. rotonda, zu lat. rotundus ›rund‹] die, -/-n, Rundbau oder Rundraum, ABB. R 28.
Rötung die, -/-en, das Rotwerden, Rotfärbung. **Rotverschiebung** die, Verschiebung von Spektrallinien nach dem langwelligen Ende hin. **Rotwein** der, Wein aus rotgekeltertem Most von Rotweintrauben.
rotwelsch. Rotwelsch [mhd. rotwelsch, zu rot ›Bettler‹ und welsch] das, -(es), dem -, die deutsche Gaunersprache.
Rotwild das, Edelwild, männl. und weibl. Hirsche. **Rotwurst** die, Blutwurst.
Rotz [ahd. (h)roz] der, -es, **1)** ∪ derb: Nasenschleim. **2)** ansteckende Geschwürkrankheit, bes. bei Pferden. **rotzen,** ich rotze (habe gerotzt), ∪ derb: schneuze mich. **Rotzfahne,** ∪ derb: Taschentuch. **rotzfrech,** ∪ derb: äußerst frech: er wurde r. **rotzig, 1)** an Rotz leidend (Pferd). **2)** ∪ derb: voller Rotz. **3)** ∪ derb: frech: ein rotziges Benehmen. **Rotzjunge** der, ∪ frecher (kleiner) Kerl. **Rotznase** der, **1)** ∪ derb: verschleimte Nase. **2)** ∪ naseweises Kind. **rotznäsig.**
Rot|zunge die, ein Plattfisch.
Roué [ru'e, frz., eigtl. ›Geräderter‹, zu roue ›Rad‹] der, -s/-s, ♋ Wüstling.
Rouge [ruʒ, frz. ›rot‹] das, -, künstl. Wangenrot: sie legt ein wenig R. auf. **Rouge et noir** [ruʒenw'a:r, frz.] das, - - -, Rot und Schwarz, ein Glücksspiel.
Roulade [ru-, frz., zu rouler ›rollen‹] die, -/-n, **1)** gerollte, gefüllte und gebratene Fleischscheibe. **2)** ♪ perlender Lauf (Gesang). **Rouleau** [rul'o, frz.] das, -s/-s, eingedeutscht auch Rollo, aufrollbarer Vorhang. **Roulett** [ru-, frz. roulette] das, -(e)s/-s oder -e, **Roulette** [rul'ɛt, frz.] die, -/-n [-ən], ein Glücksspiel, ABB. R 28. **2)** Rollrädchen, Werkzeug der Kupferstecher, ABB. R 2. **roulieren** [ru-, frz. rouler], ich rouliere (habe rouliert) es, Schneiderei: rolle den Rand ein, z. B. bei Taschentüchern.

Round-Table-Gespräch [raundt'eibl-, engl.] das, Konferenz am ›runden Tisch‹ (zur Vermeidung von Rangstreitigkeiten bei der Sitzordnung).
Route [r'u:tə, auch rut, frz. ›Straße‹, zu vulgärlat. (via) rupta ›durch(den Wald ge)brochener Weg‹, zu lat. rumpere ›brechen‹] die, -/-n, Reiseweg, vorgeschriebene oder geplante Strecke, Marschrichtung: Reiseroute; wir haben die R. schon festgelegt. **Routine** [ru-, frz.] die, -, **1)** durch Übung erlangte Fertigkeit, Gewandtheit; regelmäßig (ohne besonderen Grund stattfindende) Angelegenheit: Routinefall; Routinesache; Routinesitzung; Routineuntersuchung; diese Arbeit ist zur R. geworden; darin besitzt er große, langjährige, noch keine R. **2)** abwertend: mechanisch, aber ohne innere Beteiligung ausgeführte Tätigkeit: sein Spiel ist zur R. erstarrt, ist reine R. geworden. **routinemäßig,** die r. stattfindende, routinemäßige Überprüfung der Bestände. **Routinier** [rutinj'e, frz.] der, -s/-s, jemand, der gewandt, mit viel Routine in einer bestimmten Sache vorgeht: ein reiner R. **routiniert,** erfahren, geübt, gewandt: ein routinierter Autofahrer, Geschäftsmann; er hat die Verhandlungen r. geführt; auch abwertend: ein r. geschriebener Artikel, glatt, aber oberflächlich.
Rowdy [r'audi, engl.] der, -s/-s oder . . . dies, gewalttätiger Mensch, Raufbold, Rohling. **Rowdytum** das, -s.
royal [rwaj'al, frz., r'ɔiəl, engl.] zu frz. roi ›König‹], königlich. **Royalismus** der, -, Befürwortung der Monarchie. **Royalist** der, -en/-en. **royalistisch.** **Royalty** [r'ɔiəlti, engl.] die, ›Kronrecht‹, ›Ertragsanteil‹] das, -/. . .ties, **1)** Vergütung an den Besitzer eines Vertragsrechts für die Überlassung dieses Rechts. **2)** Abgabe einer ausländ. Erdölgesellschaft an das Förderland.
Rp, Abk. für: Rappen.
Rp., 1) Abk. für: Rupiah. **2)** auch Rec., Abk. für: recipe.
RP, auf Telegrammen Abk. für: Réponse payée (französ. ›Antwort bezahlt‹).
RT, Abk. für: Registertonne.
RTS, Abk. für: Reparatur-Technische Stationen (in der Dt. Dem. Rep.).
Ru, ⟅ Zeichen für: Ruthenium.
rubato [ital. rubare ›rauben‹], ♪ frei im Zeitmaß. **Rubato** das, -s/-s oder . . . ti, ♪ freie Veränderung des Tempos.
rubb(e)lig [zu reiben], ∪ mit rauher Oberfläche. **rubbeln,** ich rubb(e)le (habe gerubbelt) ihn, es, ∪ reibe stark.
Rübchen das, -s/-. **Rübe** [ahd. ruoba] die, -/-n, **1)** dickfleischig gezüchtete Pfahlwurzel verschiedener Pflanzen, ABB. R 29: Futterrübe; Rübenfeld; Runkelrübe; gelbe R., oberdt.: Möhre, Karotte; rote R.; Rübensaft, Speisesirup aus Zuckerrübensaft. **2)** ∪ Kopf. **3)** ∪ Mensch: so eine freche R.!
Rubel [russ. rublj, zu rubit ›abhauen‹] der, -s/-, Abk.: Rbl, Währungseinheit der Sowjetunion: heute abend rollt der R., ∪ es wird viel Geld ausgegeben.
rübeln [vgl. rubbeln], ich rüb(e)le (habe gerübel[e]t), schweiz.: kräusele.
Rübenschnitzel, Pl., Abfälle der Zuckerfabrikation, Viehfutter. **Rübenzucker** der, Zucker aus Zuckerrüben.
rüber, ∪ herüber, hinüber.
Rübezahl, Berggeist des Riesengebirges.
Rubidium [lat. rubidus ›rot‹] das, -s, ⟅ Element, Zeichen: Rb, ein Alkalimetall.
Rubikon [Fluß in Italien, mit dessen Überschreitung Caesar 49 v. Chr. den Bürgerkrieg begann] der, -(s): er hat den R. überschritten, ∪ den entscheidenden Schritt getan.
Rubin [mhd. rubin, aus afrz., zu lat. rubidus ›rot‹] der, -s/-e, ein Edelstein, roter Korund. **Rubinglas,** ein rotes bis gelbes Farbglas. **rubinrot,** dunkelrot wie Rubin.
Rüb|öl das, Öl aus Raps, Rübsen.
Ru|brik [mhd. rubrike, zu lat. rubrica ›Rötel‹, nach den in mittelalterl. Handschriften rot geschriebenen (Überschriften] die, -/-en, **1)** in mittelalterl. Handschriften: Überschrift. **2)** Abteilung, Abschnitt, Spalte, Klasse: diese Zahl gehört in die linke R.; das fällt unter die R. Sozialhilfe. **2)** kath. Kirche: Anweisung für die Liturgie. **ru|brizieren,** ich rubriziere (habe rubriziert) es, **1)** versehe mit Überschriften. **2)** ordne ein, unterteile. **Ru|brum** [lat. ruber ›rot‹] das, -s/. . . bren oder . . . bra, **1)** Aktenzeichen, Inhaltsangabe als Aufschrift. **2)** ⟅ Titelkopf.
Rübsamen der, -s, **Rübsen** der, -s, eine ölhaltige Nutzpflanze.
Ruch der, -(e)s/Rüche, P Geruch.
ruchbar [zu Gerücht], das Verbrechen wurde r., durch Gerücht bekannt, kommt ins Gespräch.

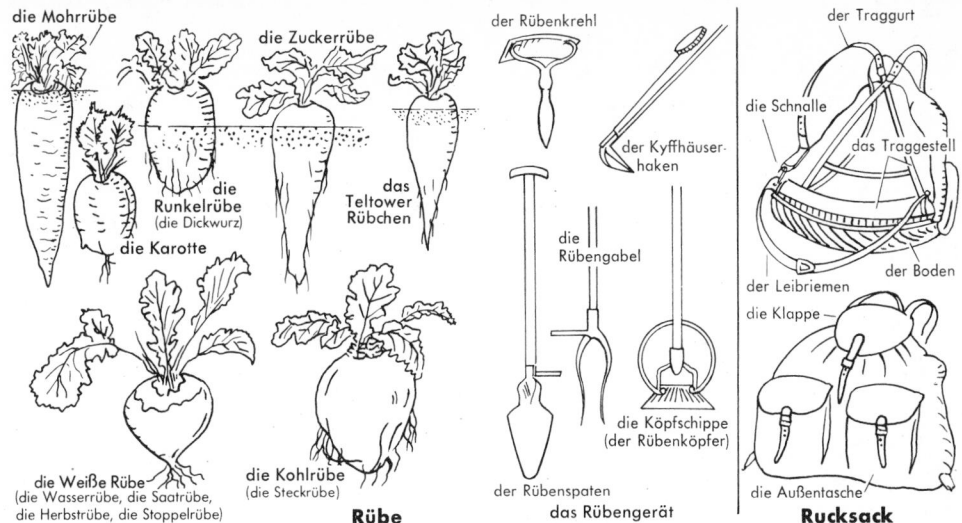

die Mohrrübe — die Zuckerrübe

die Runkelrübe (die Dickwurz) — die Karotte — das Teltower Rübchen

die Weiße Rübe (die Wasserrübe, die Saatrübe, die Herbstrübe, die Stoppelrübe) — die Kohlrübe (die Steckrübe)

Rübe

der Rübenkrehl — der Kyffhäuserhaken — die Rübengabel — die Köpfschippe (der Rübenköpfer) — der Rübenspaten

das Rübengerät

der Traggurt — die Schnalle — das Traggestell — der Boden — der Leibriemen — die Klappe — die Außentasche

Rucksack

Ruchgras [mhd. ruch ›Geruch‹] *das*, nach Waldmeister riechendes Gras.

ruchlos [mhd. ruochelos ›unbekümmert‹], verrucht, niederträchtig, gemein, ehrfurchtslos: *eine ruchlose Tat; ein ruchloser Mensch.* **Ruchlosigkeit** *die*, -.

ruck!, anfeuernder Ausruf zum Anschieben oder Anheben: *ho r.!, hau r.!; r. zuck!,* schnell! **Ruck** [ahd. rucch] *der*, -(e)s/-e, plötzliches Anreißen oder Stemmen: *mit einem, auf einen R.,* gleich bei der ersten Anstrengung; *du mußt dir einen R. geben,* Ü dich zu etwas überwinden; *Rechtsruck,* U großer Stimmenzuwachs der konservativen Parteien.

rück. . ., 1) zurück. . ., rückwärts. . .: *Rückführung; Rückgewinnung; Rückprall; Rückreise; Rückschau;* bei Verben meist P: *rückgekehrt,* P; *rückfragen,* nochmals fragen. 2) *Rücken. . .: Rückansicht; Rückgrat; Rückhalt.*

Rückantwort *die*, Antwort: *mit bezahlter R.*

ruckartig, mit einem Ruck, stoßweise: *der Karren bewegte sich r. fort; er zog mit ruckartigen Bewegungen.*

rückbezüglich, *rückbezügliches Fürwort*, Reflexivpronomen, ÜBERS. P 24.

Rückbildung *die*, 1) Biologie: Verkümmerung von (nicht benutzten) Organen. 2) das Erlöschen von Krankheitserscheinungen.

Rückblende *die*, in einen Film, ein literarisches Werk u. a. eingeblendeter Teil, der in der Vergangenheit der laufenden Handlung spielt.

Rückblick *der*, Erinnerung an vergangene Zeiten: *er begann mit einem R. auf die bisherigen Leistungen.* **rückblickend.**

Rückbuchung *die*, ⚖ Buchung zur Aufhebung einer schon vorgenommenen, unrichtigen Buchung.

ruckedigu!, Schallw. für das dumpfe Gurren der Tauben.

rucken [zu Ruck], 1) *es ruckt* (hat geruckt), bewegt sich ruckartig: *das Auto ruckte zweimal und blieb dann stehen.* 2) *Tauben rucken,* gurren.

rücken [ahd. rucchen], *ich rücke*, 1) (habe gerückt) es, schiebe an eine andere Stelle: *wir rücken den Schrank in die Ecke; durch seine Schilderung rückte er die Dinge in ein anderes Licht,* U ließ sie anders erscheinen. 2) (bin gerückt), bewege mich ein Stück fort: *rück ein bißchen!,* mach etwas Platz!; *er rückt mit den Truppen ins Feld; sie sind mir zu viert auf die Bude gerückt,* U haben mich (unerwartet) besucht; *der Augenblick des Abschieds rückt immer näher; er rückt mir auf den Leib, auf die Pelle, auf den Pelz,* U belästigt mich; *dieses Problem ist stark ins Blickfeld der Öffentlichkeit gerückt,* Ü.

Rücken [ahd. hrucci] *der*, -s/-, 1) hintere (bei Vierfüßern oben) obere Körperseite, ABB. M 12, F 25, P 9, V 7: *Rückenflosse;*

Rückenmuskel; ich liege auf dem R.; es läuft mir eiskalt über den R., mich schaudert; er hat einflußreiche Freunde im R., Ü kann sich auf sie stützen; *sie hat ihm den R. gekehrt,* Ü sich von ihm abgewandt, die Freundschaft mit ihm beendet; *man muß ihm den R. steifen,* Ü ihn ermutigen; *er hat einen breiten R.,* Ü kann viel ertragen; *er wird dir in den R. fallen,* Ü deine Pläne hinterrücks vereiteln; *hinterm R.,* Ü heimlich, tückisch; *du mußt dir den R. decken,* Ü dich gegen jede Möglichkeit sichern. 2) die der Handfläche oder Fußsohle gegenüberliegende Seite, ABB. M 12: *Handrücken; Fußrücken.* 3) hintere Lehne an Sitzmöbeln: *Rückenlehne.* 4) ein aufgewölbter Teil, z. B. Bergrücken, ABB. B 20; Nasenrücken, ABB. N 4; Bogenwölbung, ABB. B 39. 5) der Schneide oder Arbeitsfläche entgegengesetzter Teil von Messern und Geräten, ABB. M 13. 6) ⚒ die Seite des Einbandes, an der die Blätter haften, ABB. B 53. **Rückendeckung** *die*, -, 1) Sicherung vor Angriffen aus dem Hinterhalt. 2) Ü Sicherung gegen mögliche Vorwürfe: *er hat sich bei seinen Vorgesetzten R. verschafft.* **Rückenlage** *die*, -: *er schwimmt in R.* **Rückenmark** *das*, von der Wirbelsäule umschlossener Teil des zentralen Nervensystems: *Rückenmarksentzündung; Rückenmarksschwindsucht.* **rückenschwimmen**, nur Infinitiv üblich. **Rückenschwimmen** *das*, -s, ein Kraulschwimmen in der Rückenlage. **Rückenstärkung** *die*, -, Ü Ermunterung, moralische Unterstützung: *er braucht dringend etwas R.* **Rückentrage** *die*, Gestell zum Tragen von Lasten auf dem Rücken.

Rück|entwicklung *die*, Biologie: Rückbildung.

Rückenwind *der*, Wind von hinten her.

rück|erstatten, getrennte Formen nicht üblich: *hat man Ihnen den Betrag schon rückerstattet?* **Rück|erstattung** *die*: *die R. der geleisteten Zahlungen.*

Rückfahrkarte *die*, Fahrkarte für Hin- und Rückfahrt. **Rückfahrt** *die*, Fahrt vom Ziel zum Ausgangspunkt zurück.

Rückfall *der*, 1) Rückkehr in einen früheren, schlechteren Zustand: *der Kranke bekam, erlitt einen R.; ein R. in frühkindliche Verhaltensweisen.* 2) ⚖ das erneute Begehen der gleichen Straftat: *Rückfalldiebstahl.* 3) ⚖ ⚖ das Zurückgehen an den alten Besitzer. **rückfällig**, *er wurde kurz nach der Entlassung aus der Strafanstalt wieder r.*

Rückflug *der*, Flug vom Ziel zum Ausgangspunkt zurück: *ich werde den R. später buchen.*

Rückfrage *die*, erneute Anfrage. **rückfragen**, getrennte Formen nicht üblich: *ich habe in dieser Sache rückgefragt.*

Rückfront *die*, die rückwärtige Seite: *die R. des Hauses wird renoviert.*

Rückführung *die*, 1) das Zurückführen: *die R. Vertriebener in ihre Heimat.* 2) Recycling. 3) in der Regeltechnik das

Zurückleiten eines Teils der Ausgangsenergie auf den Reglereingang.
Rückgabe *die, -,* das Zurückgeben: *Rückgaberecht.*
Rückgang *der,* Verminderung, Verfall: *der R. der Arbeitslosigkeit.* **rückgängig, 1)** zurückgehend. **2)** *ich mache es r.,* stelle den früheren Zustand wieder her: *läßt sich die Anordnung noch r. machen?* **Rückgängigmachung** *die, -,* K.
Rückgrat *das, -(e)s/-e,* ⚕ Wirbelsäule: *Rückgratverkrümmung; er hat kein R.,* Ü gibt immer nach; *man hat ihm das R. gebrochen,* Ü ihn zermürbt, ihm seine Willenskraft genommen.
Rückgriff *der,* **1)** das Zurückgreifen. **2)** ⚖ Schadensersatzanspruch gegen einen Dritten.
Rückhalt *der, -(e)s,* ⚗ Vorbehalt, Mangel an Offenheit. **2)** Unterstützung, stets bereite Hilfe: *ich habe keinen R. an (bei) ihm.* **rückhaltlos,** ohne Vorbehalt, ganz offen: *ich vertraue ihm r.; er sagte r. seine Meinung.*
Rückhand *die, -,* **Rückhandschlag** *der,* Tennis: Schlag, bei dem der Rücken der den Schläger fassenden Hand zum Netz zeigt.
Rückkauf *der,* ⚖ Wiedererwerb durch den Verkäufer: *Rückkaufsrecht; Rückkaufswert.*
Rückkehr *die, -,* auch Rückkunft, Wiederkehr: *wir erwarten seine R. für morgen.*
Rückkopp(e)lung *die,* ⊙, Biologie, Psychologie: die Beeinflussung eines Geschehens durch die Rückwirkung der Folgen auf seinen weiteren Verlauf.
Rückkreuzung *die,* in der Pflanzen- und Tierzüchtung die Kreuzung eines Bastards mit einem Elternteil.
Rückkunft *die, -,* Rückkehr.
Rücklage *die,* **1)** zurückgelegtes Geld, Ersparnisse. **2)** ⚗ Rückenlage.
Rücklauf *der,* Rückwärtsbewegung, Gegenströmung. **rückläufig,** *eine rückläufige Entwicklung; Tendenz r.!; das rückläufige Wörterbuch,* Wörterbuch, das die Wörter in alphabetischer Ordnung vom Wortende ausgehend aufführt.
Rücklehne *die,* Rückenlehne (an Möbeln).
Rücklicht *das,* Schlußlicht an Fahrzeugen, Heckleuchte, Abb. K 39, K 40, T 16.
rücklings, mit dem Rücken voran.
Rücknahme *die, -/-n,* das Zurücknehmen.
Rückporto *das,* beigelegtes Porto für eine Antwort.
Rucksack *der,* auf dem Rücken zu tragender sackartiger Behälter, Abb. R 29.
Rückschau *die,* Rückblick.
Rückschlag *der,* **1)** das Zurückschlagen, z. B. eines Balles. **2)** Rückstoß, Rückprall. **3)** Ü plötzliche Verschlechterung nach guter Entwicklung: *die Außenpolitik, der internationale Handel erlitt einen schweren R.* **4)** 🐾 ⊕ Atavismus.
Rückschluß *der,* Folgerung: *sein Verhalten ließ keine Rückschlüsse auf seine Pläne zu.*
rückschreitend, *rückschreitende Erosion,* flußaufwärts fortschreitende. **Rückschritt** *der,* Entwicklung zum Schlechteren, Rückfall in etwas Überwundenes. **rückschrittlich,** fortschrittsfeindlich. **Rückschrittlichkeit** *die, -.*
Rückseite *die,* die hintere Seite, Kehrseite: *bei Vertragsformularen sollte man auch das Kleingedruckte auf der R. beachten.*
rückseitig, *r. liegen Terrasse und Garten.* **rückseits.**
rucksen, *Tauben* rucksen (haben geruckst), rucken, gurren.
Rücksicht *die, -/-en,* das Achtgeben auf Gefühle und Interessen anderer: *darauf (auf ihn) muß ich R. nehmen; aus beruflichen Rücksichten; mit R. auf sein Alter; ohne R. auf Verluste,* rücksichtslos. **Rücksichtnahme** *die, -,* Rücksicht.
rücksichtslos, *ein rücksichtsloser Autofahrer; sie verfolgt r. ihre Eigeninteressen.* **Rücksichtslosigkeit** *die, -/-en.* **rücksichtsvoll,** *er benimmt sich mir gegenüber immer sehr r.*
Rücksitz *der,* hinterer Sitz, z. B. im Auto, Abb. K 40: *Kinder gehören auf den R.*
Rückspiegel *der,* ⚗ Abb. K 40, S 52.
Rücksprache *die,* Unterredung über eine bestimmte Sache: *nach R. mit Herrn Kost teile ich Ihnen mit, daß...,* K; *darüber muß ich noch mit dem Sachbearbeiter R. nehmen,* K.
Rückstand *der,* **1)** Rest, Abfall, Zwischenprodukt, abgelagerte Substanz: *Melasse ist ein R. bei der Zuckerherstellung; in verschiedenen Gemüsesorten wurden Rückstände von Pestiziden festgestellt.* **2)** unbezahlte Rechnung: *die Rückstände müssen bis Jahresende bezahlt sein.* **3)** Verzug: *ich bin im R. mit einer Arbeit.* 🏃 Abstand (zum Besseren): *er belegte mit einem R. von ²/₁₀₀ Sekunden auf den Sieger den zweiten Rang.*
rückständig, **1)** restlich; noch unbeglichen: *rückständige Beträge.* **2)** Ü hinter der Entwicklung zurückgeblieben,

überholten Anschauungen nachhängend: *ein rückständiger Betrieb; rückständige Erziehungsmethoden; seine Ansichten sind sehr r.* **Rückständigkeit** *die, -.*
Rückstau *der,* **1)** Abflußstörung in Flüssen. **2)** Stockung im Straßenverkehr: *der R. reichte bis zum Ortsausgang.*
Rückstellung *die,* **1)** Bilanz: zu erwartende Verbindlichkeiten, deren Höhe und Fälligkeit noch ungewiß sind. **2)** vorläufige Freistellung: *die R. vom Wehrdienst.*
Rückstoß *der,* Rückwirkung einer von einem Körper fortgestoßenen Masse auf diesen selbst. **rückstoßfrei,** *rückstoßfreie Geschütze.*
Rückstrahler *der,* Vorrichtung zur Reflexion von Lichtstrahlen, Abb. F 3.
Rückstrom *der: der R. der Urlauber am Ferienende,* Ü.
Rücktritt *der,* **1)** Verzicht auf ein Amt: *Rücktrittsdrohung; Rücktrittsgesuch.* **2)** ⚖ das Aufheben eines Vertrags durch einseitige Erklärung: *Rücktrittsrecht.* **3)** Bremse im Fahrradfreilauf: *Rücktrittbremse.*
rückübersetzen, *getrennte Formen nicht üblich: dieser Text wurde aus dem Englischen rückübersetzt; die Schüler sollen die Lektion rückübersetzen.* **Rückübersetzung** *die.*
rückvergüten, *getrennte Formen nicht üblich: der Betrag wird Ihnen rückvergütet.* **Rückvergütung** *die: die Höhe der R. steht noch nicht fest.*
rückversichern, *ich rückversich(e)re (habe rückversichert) mich, ihn.* **Rückversich(e)rung** *die,* Versicherung, bei der sich der Versicherer zur Teilung der Gefahr bei anderen Versicherern weiterversichert.
Rückwand *die,* hintere Wand.
Rückwand(e)rer *der,* Auswanderer, der wieder in die Heimat zurückkehrt. **Rückwanderung** *die.*
rückwärtig, *die rückwärtige Ansicht.* **rückwärts, 1)** nach hinten, zurück. **2)** mit dem Rücken zuerst. **Rückwärtsgang** *der,* ⚗ Gang zur Rückwärtsbewegung: *ich lege den R. ein; er fährt im R.* **rückwärtsgehen,** *es geht rückwärts* (ging rückwärts, ist rückwärtsgegangen), Ü wird schlechter: *in diesem Gewerbe ist es lange rückwärtsgegangen; aber: er ist rückwärts gegangen,* mit dem Rücken zuerst.
Rückwechsel *der,* Rikambio, ⚖ Wechsel, den der zum Rückgriff Berechtigte auf einen seiner Vormänner zieht.
Rückweg *der,* Weg zurück, Heimweg.
ruckweise, stoßweise, in Rucken: *der Zug fuhr r. an.*
rückwirkend, *die Gehaltserhöhung gilt r. vom 1. Januar an.* **Rückwirkung** *die,* **1)** Wirkung auf den Wirkenden, die wirkende Kraft zurück. **2)** ⚖ Wirkung eines Gesetzes auf einen bestimmten Zeitraum vor Verkündung: *das am 1. März verabschiedete Gesetz tritt mit R. vom 1. Januar in Kraft.*
rückzahlbar, zurückzuzahlen: *r. in drei Monatsraten.* **Rückzahlung** *die,* Rückgabe von geliehenem Geld: *Rückzahlungstermin.*
Rückzieher *der,* Ü **1)** halber Widerruf einer Äußerung, Verkleinerung zu großer Pläne: *er macht schon wieder einen R.* **2)** Fußball: ein über den eigenen Kopf gespielter Ball.
ruck, zuck!, Ü sehr schnell: *er war r., z. fertig.*
Rückzug *der,* ⚔ das Sichzurückziehen: *Rückzugsgefecht; die Armee trat den R. an; ein (un)geordneter R.; man blies zum R.,* auch Ü. **Rückzugsgebiet** *das,* Völkerkunde: Landschaften mit ungünstigen Lebensbedingungen, in die sich Restvölker zurückgezogen haben.
rüde [frz. rude, zu lat. rudis ›roh‹], rauh, ungeschliffen: *rüdes Benehmen.*
Rüde [ahd. rudio ›großer Hund‹] *der, -n/-n,* **1)** Hetzhund, Jagdhund. **2)** männl. Tier, z. B. bei Hunden, Wölfen, Füchsen: *Wolf(s)rüde.*
Rudel [Herkunft unklar] *das, -s/-,* **1)** mehrere zusammenlebende Tiere beim wiederkäuenden Schalenwild (außer Rehwild) und Schwarzwild: *Wölfe jagen im R., rudelweise.* **2)** Ü Schar: *ein R. Kinder tobte vor dem Haus.*
Ruder [ahd. ruodar] *das, -s/-,* **1)** 🦰 Steuer, Abb. M 21, S 17: *der Mann am R., Rudergänger; das Schiff läuft aus dem R., gehorcht dem Steuer nicht mehr; sie führt das R., steuert,* Ü herrscht; *er ist, sitzt am R.,* Ü; *er ist an R. kommen,* Ü an die Herrschaft. **2)** 🎣 fälschlich für Riemen, Gerät zum Fortbewegen von Booten, Abb. B 42, F 28, R 21: *er legt sich ins R., rudert kräftig,* auch Ü. 🪶 das gefiederte Steuerflächen der Trag- und Leitwerk, Abb. F 31: *Höhenruder.* **4)** die Füße der Schwimmvögel, bes. der Entenvögel.
Ruderalpflanze [lat. rudus, Gen. ruderis ›Schutt‹] *die,* bes. auf Schuttplätzen wachsende Pflanze.
Ruderboot *das,* vgl. Abb. B 42. **Rud(e)rer** *der, -s/-,*

jemand, der ein Boot rudert. **Ruderfüßer** *der, -s/-,* **1)** Ruderfußkrebs. **2)** meist Fisch fressender Wasservogel. **Ruderfußkrebs,** *der,* frei oder parasitisch lebendes niederes Krebstier. **Rudergänger** *der, -s/-,* **Rudergast** *der, -es/-en,* ↯ Matrose, der das Steuerruder bedient. **rudern** [mhd. ruodern], *ich* rud(e)re (habe gerudert), **1)** (auch bin gerudert), bewege mich mit meinem Boot mit dem Ruder vorwärts: *ich ruderte heute zwei Stunden; Ruderklub; Ruderregatta; Rudersport.* **2)** mache Ruderbewegungen: *er ruderte beim Laufen mit den Armen; die Graugans rudert mit den Füßen.* **3)** zu Wasser mit Rudern fort: *sie rudern das Boot ans Ufer.* **4)** *der Birkhahn rudert, oberdt.:* kollert, balzt. **Ruderpinne** *die,* ↯ Lenkstange des Steuers, Abb. S 45.

Rudi [zu Rudolf], männl. Vorname.

Rüdiger [ahd. hrod ›Ruhm‹ und ger ›Speer‹], männl. Vorname.

Rudiment [lat. rudimentum ›erster Anfang‹, ›Versuch‹] *das, -(e)s/-e,* **1)** Biologie: Verkümmerung, rückgebildetes Organ. **2)** Rest, Überbleibsel; Bruchstück: *Rudimente alter Lebensformen.* **rudimentär,** *der Wurmfortsatz des Blinddarms gilt als rudimentäres Organ.*

Rudolf [ahd. hrod ›Ruhm‹ und wolf ›Wolf‹], männl. Vorname.

Ruf [ahd. (h)ruof, verwandt mit Ruhm] *der, -(e)s/-e,* **1)** laute kurze Äußerung, auch von Tieren: *Hilferuf; da erscholl der R. ›halt!‹; Vogelrufe.* **2)** *ohne Pl.,* Leumund: *sie hat einen guten R. (als Ärztin); er steht im R., reich zu sein; der R. seiner Taten ist bis zu uns gedrungen.* **3)** *ohne Pl.,* Aufforderung, Berufung: *er erhielt einen R. als Professor für Steuerrecht an die Universität Göttingen; sie folgte dem R. ihres Herzens,* P. **4)** *ohne Pl.,* Rufnummer. **5)** ↯ ein Instrument zum Anlocken von Wild: *Hirschruf.*

Rufe [mhd. ruf(e)] *die, -/-n, oberdt.:* **1)** Schorf, Räude. **2)** Rinde, Rauhigkeit. **3)** Rüfe.

Rüfe [ladin. rovina ›Ruin‹, ›Einsturz‹] *die, -/-nen,* auch Rüfi, *schweiz.:* **1)** Sturzbach, Wildwasser. **2)** Erdrutsch, Mure. **3)** Rufe, Schorf.

rufen [ahd. (h)ruofan], *ich* rufe (rief, habe gerufen), **1)** spreche sehr laut, mit weittragender Stimme, lasse einen Ruf hören: *da rief er: ›Haltet an!‹; der Kuckuck ruft; er rief laut um Hilfe; die Pflicht ruft,* Ü. **2)** *ihn, es, süddt., schweiz.: ihm,* fordere ihn durch Rufen zum Kommen auf, lasse kommen: *ich habe dich schon mehrmals vergeblich gerufen; ich r. ihn zu Hilfe; wir ließen den Arzt rufen; ich r. es dir ins Gedächtnis,* Ü erinnere dich daran; *eine Stiftung zur Krebshilfe wurde ins Leben gerufen,* Ü wurde gegründet; *das, er kommt wie gerufen,* Ü gerade im richtigen Augenblick, sehr gelegen; *man rief ihn zur Ordnung,* Ü. **3)** *nach ihm,* suche kommen zu lassen: *man hat nach dir gerufen; er rief vergeblich nach einem Helfer.* **4)** *ihn,* nenne (mit einem bestimmten Namen): *er wird meist bei seinem Spitznamen gerufen.* **Rufer** *der, -s/-: der R. in der Wüste,* Ü vergeblich Warnender.

Rüffel [zu Riffel, eigtl. ›durch den Riffel ziehen‹] *der, -s/-,* U grober Verweis, Tadel (von Vorgesetzten): *er hat einen R. bekommen, einstecken müssen.* **rüffeln,** *ich* rüff(e)le (habe gerüffelt) *ihn.*

rüffig, die Rüfe betreffend. **Rüfi** *die, -/...fenen,* Rüfe.

rufig, die Rufe betreffend.

Rufmord *der,* Zerstörung des Ansehens einer Person durch öffentliche Verleumdung. **Rufname** *der,* Vorname, mit dem man angeredet wird. **Rufnummer** *die,* Nummer des Fernsprechanschlusses. **Rufsäule** *die,* Abb. A 27. **Rufweite** *die,* Umkreis, in dem die menschl. Stimme hörbar ist: *bleib in R.!*

Rufzeichen *das,* Funkzeichen zur Kennzeichnung der Sendestation.

Rugby [r'ʌgbi, engl., nach der Stadt Rugby bei Birmingham in England] *das, -/-s,* ✄ ein Kampfspiel, bei dem der eiförmige Ball mit Händen und Füßen gespielt werden darf, vgl. Abb. B 7.

Rüge [mhd. ruoge] *die, -/-n,* Tadel, Verweis, strafende Mahnung: *sie erteilte ihm eine R.*

Rugel *der, -s/-, schweiz.:* dralles Kind. **rugeln** [mhd. rugelen ›sich rühren‹], *ich* rug(e)le (habe, bin gerugel[e]t), *schweiz.:* rolle, wälze.

rugeln, es rugelt (hat gerugelt), *norddt.:* raschelt.

rügen [ahd. ruogen], *ich* rüge (habe gerügt) *ihn, es (an ihm),* tadle, bemängle: *der Lehrer rügte sein Benehmen, ihn für sein Benehmen, den frechen Ton an ihm.* **rügenswert.**

Rugier *der, -s/-,* Angehöriger eines ostgerman. Stammes.

Ruhe [ahd. ruowa] *die, -,* **1)** das Stillstehen, Stilliegen, Unbeweglichkeit: *Waffenruhe; ein Körper in R.; Ruhelage.* **2)** Stille, Frieden, Schweigen: *die R. des Waldes; R. und Ordnung; laß mich in R.!,* belästige mich nicht; *ich möchte in R. arbeiten; das will ich mir in R. überlegen; dazu brauche ich mehr R.; das Problem läßt ihm keine R.* **3)** Besonnenheit, Geduld, Ausgeglichenheit: *ein Mann von großer R.; er ist durch nichts aus der R. zu bringen; er verlor die R.; sie strahlt R. aus; sie ist die R. selbst; immer mit der R.!* **4)** Rast, das Ausruhen, Ausspannen: *Ruhebett; Ruhekissen; Ruhepause; Ruhesitz; Ruhestellung; Ruhetag; sie gönnte sich keine R.; er kommt kaum zur R.; wir wollen zur R. gehen, schlafen gehen; angenehme R.!,* schlaf, schlafen Sie gut!; *die ewige R.,* P Tod; *er will sich zur R. setzen,* in den Ruhestand treten, seinen Beruf aufgeben. **ruhebedürftig,** erschöpft, Schonung brauchend: *der Patient ist noch r.* **Ruhegehalt** *das,* Pension, Gehalt (eines Beamten) im Ruhestand. **Ruhegeld** *das,* Altersrente für Angestellte und Arbeiter: *Altersruhegeld.* **ruhelos,** aufgeregt, immer in Bewegung: *er ging r. im Zimmer auf und ab; ein ruheloses Leben.* **Ruhelosigkeit** *die, -.* **ruhen** [ahd. ruowen], *ich* ruhe (habe geruht), **1)** entspanne mich, gönne mir Freizeit: *nach getaner Arbeit ist gut ruhen; er ruhte nicht eher), bis er seinen Plan durchgeführt hatte.* **2)** liege; schlafe: *hier ruht sich's gut, ist ein schöner Rastort; ich habe heute nachmittag gut geruht, geschlafen; hier ruht in Frieden ...,* ist begraben. **3)** *es ruht,* ist still, geht nicht weiter, ist vorläufig beendet: *während der Feiertage ruht die Arbeit; die Verhandlungen ruhen seit einigen Wochen; er ist der ruhende Pol in seinem Freundeskreis; die See ruht,* ist unbewegt; *der ruhende Verkehr,* auf öffentlichen Straßen und Plätzen parkende Fahrzeuge. **4)** *es ruht auf mir,* Ü ist meine Pflicht, Aufgabe, Verantwortung: *auf ihren Schultern ruht die ganze Verantwortung.* **5)** *es ruht auf etwas,* baut sich darauf auf: *der Tempel ruht auf 24 Säulen.* **6)** *es ruht auf ihm, etwas,* Ü liegt: *ein Verdacht ruht auf ihm; ihr Blick ruhte auf ihm; darauf ruht Segen.* **ruhenlassen,** *ich* lasse *es ruhen* (ließ ruhen, habe ruhen[ge]lassen), führe vorläufig nicht weiter: *diese Sache sollte man eine Zeitlang ruhenlassen; wir haben den Streit ruhenlassen; ich habe ihn ruhen lassen, ausruhen lassen.* **Ruhestand** *der, -(e)s,* Stellung des Beamten nach Beendigung des aktiven Dienstes: *in den R. treten; einstweiliger R.; Ruhestandsbeamte.* **Ruhestatt** *die,* **Ruhestätte** *die,* Ort der Ruhe: *die letzte R., das Grab.* **ruhestörend,** durch Geräusch belästigend: *ruhestörender Lärm; dieser ist ruhestörend.* **Ruhestörung** *die:* sie wurden wegen nächtlicher R. angezeigt. **ruhig** [mhd. ruowec, zu Ruhe], **1)** still, geräuschlos, leise: *sie doch bitte mal r.!; eine ruhige Nacht.* **2)** bewegungslos: *das Meer war völlig r.; der Zahnarzt hat eine ruhige Hand; er kann einfach nicht r. sitzen.* **3)** ohne Aufregung oder Störung; ohne viel Betrieb: *ich hatte heute noch keine ruhige Minute; eine ruhige Gegend; er schiebt eine ruhige Kugel,* U lebt bequem; *die Saison war ziemlich r.* **4)** U ohne Bedenken, unbesorgt: *setz dich r. hin – wir haben noch Zeit; Sie können r. noch hierbleiben; das kannst du r. benutzen.* **5)** voller innerer Ruhe: *ein ruhiger Mensch; er hat ein ruhiges Gewissen; sei, bleib ganz r.!; mit ruhigem Blick.* **ruhigstellen,** *ich* stelle *es ruhig* (habe ruhiggestellt): *sein Bein wurde vier Wochen lang ruhiggestellt,* ✕. **Ruhigstellung** *die, -.*

Ruhm [ahd. ruom] *der, -(e)s,* hohes Ansehen, große Wertschätzung: *sein R. wird weiterleben; die Sängerin ist auf der Höhe ihres Ruhmes angelangt; er hat sich nicht gerade mit R. bekleckert,* U ist nicht besonders ausgezeichnet. **ruhmbedeckt,** höchstes Ansehen genießend. **rühmen** [ahd. ruomen], *ich* rühme (habe gerühmt), **1)** *es, ihn,* preise, lobe; verkünde sein Lob: *sie rühmte ihre gute Küche.* **2)** *mich dessen,* bin stolz darauf, spreche stolz davon; prahle: *er rühmte sich seiner Nachsicht.* **rühmenswert. Ruhmesblatt** *das:* diese Inszenierung war kein R. in der Geschichte des Theaters; die Landung auf dem Mond ist ein R. in der Geschichte der Raumfahrt. **rühmlich,** lobenswert: *das ist eine rühmliche Ausnahme.* **ruhmlos. ruhmredig,** prahlerisch. **Ruhmredigkeit** *die, -.* **ruhmreich,** *eine ruhmreiche Vergangenheit.* **Ruhmsucht** *die, -.* **ruhmsüchtig. ruhmvoll.**

Ruhr [ahd. ruora ›Bewegung‹] *die, -,* ✕ Dysenterie, eine infektiöse Darmerkrankung: *Ruhrbakterien; Amöbenruhr.*

Rührei *das,* verquirltes, in der Pfanne gebratenes Ei. **rühren** [ahd. (h)ruoren], *ich* rühre (habe gerührt), **1)** *es, mich,* bewege, bringe vom Ort: *ich konnte kein Glied rühren, so eng war es; er rührt sich nicht von der Stelle; nichts rührt sich; sie haben sich tüchtig rühren müssen, viel arbeiten müssen; sie rühr dich doch!,* unternimm etwas, verlange dein Recht!; *ich kann mich kaum noch rühren,* Ü bin durch Arbeitsbelastung, durch Geldmangel eingeengt; *er hat keinen Finger gerührt,* Ü nicht

das Gehäuse · die Skala · das Koffergerät · der Kassettenrecorder · der Plattenspieler · die Stereobox · der Rundfunkteil · der Lautsprecher · die Kompaktanlage (der Empfänger) · das magische Auge · der Ausschalter · die Abstimmknöpfe · die Drucktasten · der Lautstärkeregler · der Empfänger (das Radio) · das Taschentransistorgerät · das Autoradio · **Rundfunkgeräte** (Hörfunkempfänger) · das Steuergerät

gearbeitet; *sie stand wie vom Donner gerührt,* Ü bewegungslos vor Überraschung; *mich rührt der Schlag!,* U das ist doch nicht möglich!, ich kann es nicht fassen; *rührt euch!,* ⚬⚬ ein Kommando. **2)** *es,* quirle, drehe und wende (im Topf): *Rührlöffel; Rührmaschine; Rührteig; ich r. ein Ei in die Speise; die Suppe muß kräftig gerührt werden.* **3)** *die Saiten, die Trommel,* ⚬⚬ spiele, schlage: *er hat für seine Erfindung kräftig die Werbetrommel gerührt,* viel Reklame gemacht. **4)** *an etwas,* berühre es, treffe darauf: *rühre nicht daran!,* Ü erwähne es nicht. **5)** *ihn,* Ü versetze in mitleidige, nachgiebige Stimmung: *der Roman rührt mich zu Tränen; das rührt mich nicht,* macht mir keinen Eindruck, geht nicht zu Herzen; *ich war von dem Geschenk ganz gerührt.* **6)** *es rührt von ihm,* kommt von ihm her: *sein Leiden rührt von einem Unfall.* **rührend, 1)** das Gemüt bewegend: *rührende Naivität; eine rührende Szene.* **2)** selbstlos, liebevoll: *sie sorgt r. für ihn; an ihr habe ich eine rührende Hilfe.* **rührig,** emsig, flink, unternehmungslustig: *die Werbeabteilung ist sehr r.; ein rühriger Unternehmer.* **Rührmichnichtan** *das, -/-,* ⊕ ein Springkraut. **rührsam,** ⚬⚬, **rührselig,** übertrieben gefühlvoll: *eine rührselige Liebesgeschichte.* **Rührseligkeit** *die, -.* **Rührstück** *das,* Form des bürgerl. Trauerspiels im 18. und 19. Jahrh. **Rührung** *die, -,* Ergriffenheit, Gemütsbewegung: *vor R. kamen ihr die Tränen.* **Rührwerk** *das,* schrauben- oder propellerartiges Mischgerät der chemisch-techn. Industrie; auch bei elektr. Küchenmaschinen.

ruhsam, ⚬⚬ ruhevoll, ruhespendend.

Ruin [frz. ruine, zu lat. ruina ›Einsturz‹, ›Zusammenbruch‹] *der, -s,* Zusammenbruch, Vernichtung: *sein Geschäft steht vor dem R.* **Ruine** *die, -/-n,* verfallenes Bauwerk: *Burgruine; Bauruine,* U (aus Geldmangel) nicht fertiggestellter Neubau; *er ist nur noch eine R.,* Ü körperlich sehr verfallen. **ruinieren** [frz. ruiner], *ich ruiniere* (habe ruiniert) *die, es, ihn, mich,* zerstöre, vernichte, richte zugrunde: *er hat seine Gesundheit ruiniert; ihr Ruf, Ansehen ist ruiniert.* **ruinös** [frz. ruineux], verderbenbringend, zum Ruin führend.

Ruländer [von dem dt. Kaufmann J. Ruland 1711 eingeführt] *der, -s,* eine Rebsorte.

Rülps [mhd. rülz ›roher Mensch‹] *der, -es/-e,* **1)** Rülpser. **2)** Ü Flegel. **rülpsen,** *ich rülpse* (habe gerülpst). **Rülpser** *der, -s/-,* hörbares Aufstoßen vom Magen her.

rum, U herum.

Rum [engl. aus rumbullion, Herkunft unklar] *der, -s/-s,* Branntwein aus Rohrzucker: *Rumaroma; Rumflasche; Rumverschnitt; Tee mit R.*

Rumäne *der, -n/-n,* Bewohner des südosteuropäischen Staates Rumänien. **rumänisch. Rumänisch** *das, -(s), dem-,* rumänische Sprache, vgl. Deutsch.

Rumba [span.] *die, -/-s,* U auch *der, -s/-s,* ein Gesellschaftstanz im 4/4-Takt.

Rume *die, -/-n, schweiz.:* Kruste.

Rummel *der, -s,* U **1)** Lärm, Menschengewühl, Durcheinander, Aufregung: *Ausverkaufsrummel; den R. kenne ich,* U die Sache ist mir bekannt. **2)** Gerümpel, Trödelkram: *wirf doch den ganzen R. weg!* **4)** im Pikettspiel: die Farbe, von der der Spieler die meisten Blätter hat. **rummeln** [mhd. rummeln, zu rumpeln], *es rummelt* (hat gerummelt),

poltert, dröhnt dumpf. **Rummelplatz** *der,* U Jahrmarkt, **Abb.** R 31.

Rumor [mhd., zu lat. rumor ›dumpfes Geräusch‹] *der, -s,* ⚬⚬ Lärm, Tumult. **rumoren,** *ich rumore* (habe rumort), mache Lärm, krame polternd: *wer rumort da auf dem Boden?; in ihm rumorte eine unterdrückte Wut,* Ü.

Rumpel, mitteldt.: **1)** *der, -s,* Gerümpel. **2)** *die, -/-n,* Waschbrett: *Waschrumpel.* **Rumpelgeist** *der,* lärmender Hauskobold. **rump(e)lig, 1)** holprig. **2)** voller Gerümpel. **Rumpelkammer** *die,* Abstellraum für Gerümpel. **rumpeln** [mhd. rumpeln], *ich rump(e)le* (habe gerumpelt), **1)** (auch bin gerumpelt), poltere, rüttle, fahre polternd. **2)** *es,* werfe alles durcheinander. **3)** *es, ihn,* mitteldt.: reibe kräftig; schrubbe (Wäsche). **4)** *Schweine rumpeln,* begatten sich. **Rumpelstilzchen** *das, -s,* ein böser Kobold im Märchen.

Rumpf [mhd. rumph] *der, -(e)s/¤e,* **1)** Körper ohne Kopf und Glieder, Leib, **Abb.** M 12, S 23, S 31: *Kopf, R. und Glieder.* **2)** Hauptmasse, **Abb.** F 31: *Schiffsrumpf,* Schiff ohne Masten, Aufbauten und Ruder. **3)** *niederdt.:* Bienenstock. **Rumpf...,** Rest...: *das Rumpfgebirge,* ein Gebirgsrest; *das Rumpfparlament,* eine Volksvertretung, die von einem großen Teil der Mitglieder verlassen worden ist. **Rumpfbeuge** *die,* eine gymnast. Übung, das Beugen des Oberkörpers.

rümpfen [mhd. rümphen], *ich rümpfe* (habe gerümpft) *die Nase (über ihn, etwas),* ziehe sie (verächtlich) kraus. **Rumpfkreisen** *das, -s,* eine gymnast. Übung, bei der der Oberkörper einen Kreis ausführt.

Rumpsteak [-steik, auch engl. r'ʌmp-, engl. ›Rumpfstück‹] *das,* kurz gebratene Scheibe aus der Keule des Rindes.

Rumtopf *der,* Topf zum Einlegen von Obst in Zucker und Rum; auch das so eingelegte Obst selbst.

Run [rʌn, engl. ›Lauf‹, zu to run ›laufen‹] *der, -s/-s,* Ansturm, z. B. auf Banken (in Krisenzeiten), Mangelwaren. **Run** *der, -s/-e, norddt.:* Wallach.

rund [mhd. runt ›rund‹, ›geschickt‹, zu lat. rotundus ›scheibenrund‹], **1)** kreisförmig, kugelig, gewölbt: *das Kind hat runde Backen,* Pausbacken; *er hat sich dick und r. gegessen,* U. **2)** Ü vollendet (geformt), ganz: *das Werk steht schon u. vor uns da; eine runde Leistung, Sache.* **3)** unmißverständlich: *ein rundes Nein.* **4)** Abk.: rd., etwa, abgerundet: *runde Zahlen,* solche mit einer oder mehreren Nullen am Ende; *r. 100 Personen; eine runde Summe.* **5)** nicht flektierbar, im Kreise: *die Raumkapsel flog r. um den Mond; rings um die Uhr,* U Tag und Nacht, ohne Ruhepause. **Rund** *das, -(e)s,* **1)** Rundung, Wölbung. **2)** Ü Umkreis, Umgebung: *rings im R.* **Runda** *das, -s/-s, mitteldt.:* Rund-, Zechgesang. **Rundbau** *der, -s/-s,* Rotunde, Bauwerk mit kreisrundem Grundriß. **Rundblick** *der,* Aussicht nach allen Seiten. **Rundbogen** *der,* ⫫ **Abb.** B 39: *Rundbogenfries.* **Runde** [mhd. runde, zu frz. ronde] *die, -/-n,* **1)** Rundgang, Kontrollgang: *er macht jeden Abend die R.; das wird bald die R. machen,* Ü überall erzählt werden. **2)** ✂ Weg um die Kampfbahn; auch die Kampfbahn selbst: *er ist 12 Runden gelaufen;* ✂ *das Werk steht schon u. vor* ... **Rundabschnitt,** Gang: *der Boxkampf dauerte 12 Runden; die letzte R. wird eingeläutet; Zwischenrunde; ich bin gerade noch über die Runden gekommen,* Ü habe es gerade noch geschafft; *das*

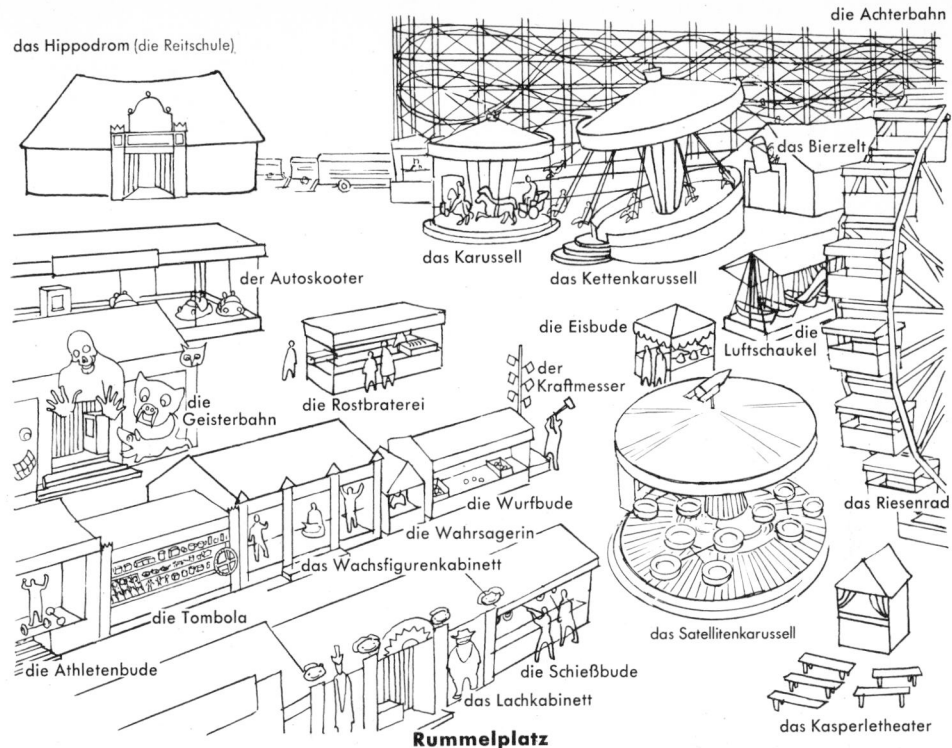

das Hippodrom (die Reitschule) · die Achterbahn · das Bierzelt · das Karussell · das Kettenkarussell · der Autoskooter · die Eisbude · die Luftschaukel · der Kraftmesser · die Geisterbahn · die Rostbraterei · die Wurfbude · das Riesenrad · die Wahrsagerin · das Wachsfigurenkabinett · die Tombola · das Satellitenkarussell · die Athletenbude · die Schießbude · das Lachkabinett · das Kasperletheater

Rummelplatz

haben wir gut über die Runden gebracht, Ü mit Erfolg erledigt. **4)** Kreis: *Tischrunde; rings in der R.; sie saßen in fröhlicher R. beisammen; es fehlt noch einer in der R.; er spendiert eine R. Bier,* zahlt für den ganzen Kreis. **Rundell** *das, -s/-e,* Rondell. **runden** [mhd. runden], *ich runde* (habe gerundet), **1)** *es,* mache rund. **2)** *es,* baue aus, vollende, arbeite durch. **3)** *es rundet sich (zu etwas),* wird in sich fest und vollkommen, gewinnt reife Gestalt. **rūnden,** *ich* rūnde (habe geründet), ⚒ runde. **rund|erneuern,** *getrennte Formen nicht üblich,* abgefahrene Reifen durch Auflegen und Vulkanisieren einer neuen Lauffläche erneuern: *runderneuerte Reifen.* **Rundfahrt** *die,* **1)** Fahrt, die zum Ausgangspunkt zurückfährt: *Radrundfahrt.* **2)** Besichtigungsfahrt. **Rundflug** *der,* Besichtigungsflug (über einer Stadt). **Rundfrage** *die,* Meinungsumfrage. **Rundfunk** *der,* Übertragung von Ton und Bild durch elektromagnet. Wellen; Hörfunk- und Fernsehsendungen: *Rundfunkanstalten; Hör(rund)funk; Fernseh(rund)funk; Rundfunkgeräte,* ABB. R 30; *Rundfunksender; Rundfunksprecher.* **Rundgang** *der,* Gang, der zum Ausgangspunkt zurückführt: *der Nachtwächter macht seinen R. durch das Werksgelände; ein R. zur Besichtigung des Schlosses.* **rundgehen,** *es* geht rund (ging rund, ist rundgegangen), Ü **1)** geht im Kreis: *die Flasche ging rund.* **2)** *es* gibt viel zu tun: *vor Weihnachten wird es wieder rundgehen.* **Rundgesang** *der,* Gesellschaftsunterhaltung, in der jeder der Reihe nach etwas vorsingt. **Rundheit** *die, -,* runde Beschaffenheit. **rundher|aus,** *ohne Umschweife: ich habe ihm r. gesagt, daß ...* **rundher|um** [auch -ˈum], ringsum, ringsumher, im Umkreis. **Rundhorizont** *der,* Form des Bühnenhimmels. **rundieren,** *ich* rundiere (habe rundiert) *es,* schleife Edelsteine aus freier Hand. **Rundlauf** *der,* ein Turngerät, ABB. S 12, T 22. **rundlich,** nahezu rund; dicklich. **Rundlichkeit** *die, -.* **Rundling** *der, -s/-e,* Runddorf, eine Siedlungsform. **Rundreise** *die,* Reise, bei der man mehrere Orte zu kürzeren Aufenthalten berührt: *eine R. durch Europa.*

Rundschau *die,* **1)** Umschau. **2)** Name von Zeitschriften, Zeitungen, Hörfunk- und Fernsehsendungen. **Rundschlag** *der,* ⚒ durch eine nach hinten gerichtete kreisförmige Bewegung des Armes bes. schwungvoller Schlag, z. B. beim Faustball: *seine Rede war ein polemischer R. gegen seine Parteifreunde,* Ü. **Rundschreiben** *das,* Schriftstück, das mehreren Empfängern zugeht. **Rundschrift** *die, -,* eine Zierschrift. **Rundspruch** *der, -(e)s,* in der Schweiz: Rundfunk. **Rundstück** *das, niederdt.:* große runde Semmel. **rund|um** [auch -ˈum], im Umkreis: *r. standen neugierige Passanten;* aber: *rund um die Erde.* **rund|umher,** nach allen Seiten. **Rundung** *die, -/-en,* gerundete Form, Wölbung. **rundweg,** klar, ohne Umschweife: *er hat es r. abgelehnt.* **Rune** [mhd. rune, zu altnord. ›Geheimnis‹, ›Rat‹] *die, -/-n,* ältestes german. Schriftzeichen, ABB. R 32: *Runenstein; Geheimrune,* Ü geheimes, sinnbildl. Zeichen. **Runenreihe** *die,* aus 24 Zeichen bestehende Folge von Runen, ABB. R 32. **Runge** [mhd. runge ›Stange‹, ›Stemmleiste an einem Wagen‹] *die, -/-n,* Teil am Leiterwagen, ABB. W 2: *Rungenwagen,* ein Güterwagen. **Runkelrübe** *die,* Futterrübensorte, ABB. R 29. **Runks** [verwandt mit Range, Rank] *der, -es/-e,* **1)** Ü Flegel, grober Mensch. **2)** *mitteldt.:* Brotanschnitt, Kanten. **runksen,** *ich* runkse (habe gerunkst), Ü **1)** benehme mich grob, flegelhaft. **2)** ⚒, bes. Fußball: spiele rücksichtslos. **Running mate** [rˈʌniŋ meit, engl. to run ›um die Wette laufen‹ und mate ›Gefährte‹] *der, - -/- -s,* amerikan. Bez. für den Vizepräsidentschaftskandidaten. **Runs** *der, -es/-e,* **Runse** [mhd. runs(e), zu rinnen] *die, -/-n, oberdt.:* Bachbett, Rinne. **runter,** Ü herunter, hinunter. **Runzel** [ahd. runza] *die, -/-n,* Hautfalte: *das Gesicht des Alten ist voller Runzeln.* **runz(e)lig,** *ein runzeliges Gesicht; der Apfel ist r.* **runzeln** [mhd. runzeln], *ich* runz(e)le (habe

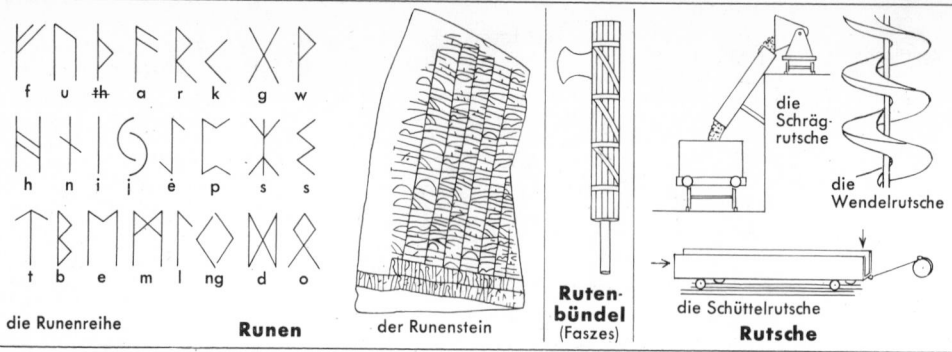

die Runenreihe **Runen** der Runenstein **Ruten-bündel** (Faszes) die Schrägrutsche / die Wendelrutsche / die Schüttelrutsche **Rutsche**

gerunzelt) *es,* **1)** lege in Falten: *mit nachdenklich gerunzelter Stirn.* **2)** *es runzelt sich,* wird faltig.

Rüpel [Rotwelsch rubel, zu mhd. ribalt ›Landstreicher‹] *der, -s/-,* Flegel, Lümmel, Grobian. **Rüpelei** *die, -/-en.* **rüpelhaft,** *ein rüpelhafter Mensch.* **Rüpelhaftigkeit** *die, -.*

Rupert [zu Ruprecht], männl. Vorname.

rupfen [ahd. ropfon, zu raufen], *ich* rupfe (habe gerupft), **1)** *es,* ziehe, reiße heraus: *ich r. Gras für mein Pferd.* **2)** *Geflügel,* reiße die Federn aus (bevor ich es zubereite): *ist die Gans schon gerupft?; ich habe ein Hühnchen mit ihm zu rupfen,* U einen Streit auszufechten. **3)** *ihn,* U nehme ihm Geld ab: *er ist in dieser Gesellschaft gehörig gerupft worden.* **Rupfen** [mhd. rupfin] *der, -s/-,* grobfädiges Jutegewebe: *Rupfenleinwand.*

Rupiah [ind.] *die, -/-,* Abk.: Rp., indones. Währungseinheit.

Rupie [-iə] *die, -/...pi\en,* Währungseinheit in Indien, Pakistan u. a.

ruppig [zu rupfen], **1)** U ungeschliffen, flegelhaft. **2)** *norddt.:* ärmlich, zerlumpt. **Ruppigkeit** *die, -.* **Ruppsack** *der,* U Flegel.

Ruprecht [ahd. hrod ›Ruhm‹ und beraht ›glänzend‹], männl. Vorname: *Knecht R.,* vgl. Knecht.

Ruptur [spätlat. ruptura, zu rumpere ›zerreißen‹] *die, -/-en,* ♄ das Zerreißen (von Muskeln, Sehnen, Gefäßen, inneren Organen): *Darmruptur; Leberruptur.*

rural [spätlat. ruralis, zu lat. rus ›Land‹], ⚬ ländlich.

rusch, *niederdt.:* locker, frisch.

Rusch [mhd. rusch, zu lat. ruscum ›Mäusedorn‹] *der, -es/-e, norddt.:* Binse: *in R. und Busch,* U durch dick und dünn.

Rüsche [frz. ruche ›Bienenkorb‹] *die, -/-n,* Krause, gefälteter Stoffstreifen (an Kleidern, Wäsche).

Ruschel *die, -/-n,* **1)** ⊕ Zone zerrütteten Gesteins. **2)** U unordentl. Person: *die alte R.* **rusch(e)lig,** U oberflächlich; schlampig. **ruscheln,** *ich* rusch(e)le (habe geruschelt), U tue etwas schnell und flüchtig.

rüschen [zu Rüsche], *ich* rüsche (habe gerüscht) *es,* fältele, kräusele: *ein gerüschter Rock.*

Rush-hour [r'ʌʃauə, engl. rush ›Ansturm‹ und hour ›Stunde‹] *die, -/-s,* Hauptverkehrszeit.

Ruß [ahd. ruoz] *der, -es,* **1)** feinteilige Modifikation des Kohlenstoffes. **2)** ein Hautausschlag bei Ferkeln: *Ferkelruß.*

Russe *der, -n/-n,* Angehöriger eines ostslaw. Volkes, des Hauptvolkes der Sowjetunion: *Russenkittel,* weite, von einem Gürtel zusammengehaltene Bluse mit kleinem Stehkragen.

Rüssel [mhd. rüezel, zu ahd. ruozzen ›wühlen‹] *der, -s/-,* **1)** röhrenförmige Verlängerung (oft der Nase) mancher Säugetiere, z. B. bei Elefant, Schwein, ABB. S 43, Igel, ABB. I 1, und vieler Insekten: *Saugrüssel; Stechrüssel.* **2)** U derb: Nase. **Rüsselkäfer** *der,* Käfer mit rüsselförmig verlängertem Vorderkopf. **Rüsseltier** *das,* Landsäugetier mit zu einem Rüssel verlängerter Nase.

rußen, *ich* ruße (habe gerußt), **1)** *es,* färbe mit Ruß. **2)** *es* rußt, erzeugt Ruß: *der Ofen rußt.* **rußig,** mit Ruß bedeckt: *rußige Hände,* rußgeschwärzte.

Russin *die, -/-nen,* weibl. Russe. **russisch,** russische Eier, eine Vorspeise; *Russisch-Brot,* ein Figurengebäck (Zahlen, Buchstaben); *russisch-römisches Bad,* ein Dampfbad; *russisches Roulett,* ein Spiel mit dem Tode, bei dem ein Trommelrevolver mit einer Patrone gefüllt, das Magazin blind gedreht und

dann der Revolver an die Schläfe gehalten und abgedrückt wird. **Russisch** *das, -(s), dem -,* russische Sprache; vgl. Deutsch.

Rüßler *der, -s/-,* Rüsselkäfer.

Rüstanker *der,* ⚓ auf Segelschiffen an der Rüste befestigter Anker. **Rüstbaum** *der,* Hauptträger am Gerüst, ABB. G 11.

Rüste [zu Gerüst] *die, -/-n,* ⚓ Planke an der Schiffsaußenseite.

Rüste [mhd. ruste ›Ruhe‹, zu Rast] *die, -, niederdt.:* Ruhe: *die Sonne geht zur R.,* P geht unter.

rüsten [ahd. rusten ›rüsten‹, ›schützen‹], *ich* rüste (habe gerüstet), **1)** *es,* mich zu etwas, bereite vor, mache dazu bereit: *wir rüsten das Fest; rüstet euch zum Aufbruch!* **2)** treffe Kriegsvorbereitungen: *das Wettrüsten der Großmächte; ich bin gegen seine Angriffe gerüstet,* Ü. **3)** baue ein Gerüst.

Rüster [mhd. rust, zu ahd. ruzbaum] *die, -/-n,* Ulme; deren Holz: *Rüster(n)holz.* **rüstern,** aus Rüsterholz.

rüstig [mhd. rüstec, zu rüsten], in voller Kraft, regsam: *eine rüstige Siebzigerin; sie ist für ihr Alter noch sehr r.* **Rüstigkeit** *die, -.*

Rustika [lat. rusticus ›ländlich‹, zu rus ›Land‹] *die, -,* 🔲 das Bossenwerk. **rustikal, 1)** bäuerlich, ländlich-schlicht: *rustikale Eichenmöbel.* **2)** robust, unkompliziert: *ein rustikaler Bursche.* **Rustizität** *die, -,* ⚬ plumpes Wesen.

Rüstkammer *die,* Zeughaus, Aufbewahrungsraum für Kriegsgeräte. **Rüstung** [ahd. rustunga] *die, -/-en,* **1)** die militär. Vorbereitung auf einen Krieg: *Rüstungsbegrenzung; Rüstungskontrolle; Rüstungsverzicht; Rüstungswettlauf.* **2)** im MA.: Schutzbekleidung gegen Waffenwirkung, ABB. R 33: *Ritterrüstung.* **Rüstzeit** *die,* ⚒ die Vorbereitungszeit für einen Arbeitsgang.

Rüstzeit [zu Rast] *die,* evang. Kirche: Zeit der Besinnung, Einkehr und der Diskussion theolog. Fragen: *am Wochenende nehmen wir an einer R. teil.*

Rüstzeug [zu rüsten] *das:* er hat (nicht) das nötige R. für diese Arbeit, Ausrüstung, Kenntnisse, die man dazu braucht.

Rute [ahd. ruota] *die, -/-n,* **1)** langer, dünner, gerader Zweig, Gerte: *Angelrute,* ABB. A 14; *Weidenrute.* **2)** Rahe des Lateinsegels. **3)** Gerte oder Gertenbündel als Züchtigungsmittel. **4)** ⚬ ein Längenmaß. **5)** 🦊 Schwanz von Hund und allem Haarraubwild mit Ausnahme des Fuchses, ABB. H 27 u. a. **6)** 🦌 das männl. Glied des Schalenwildes, des Raubwildes und des Hundes. **7)** kurz für: Wünschelrute. **Rutenbündel** *das, Faszes,* ABB. R 32. **Rutengänger** *der, -s/-,* jemand, der mit Wünschelruten Erzlager, Wasseradern u. a. sucht.

Ruth [hebr., Bedeutung unklar], weibl. Vorname.

Ruthene *der, -n/-n,* im alten Österreich Bez. für Ukrainer. **ruthenisch. Ruthenium** [mlat. Ruthenia ›Rußland‹] *das, -s,* 🔹 Element, Zeichen: Ru, silberweißes Platinmetall.

Rutil [lat. rutilus ›rötlich‹] *der, -s/-e,* wichtiges Titanerz. **Rutilismus** [vgl. . . . ismus] *der, -,* ♄ Rothaarigkeit.

Rütli [›kleine Rodung‹, vgl. Reute] *das, -s/-, schweiz.:* Bergwiese, bes. die über dem Westufer des Urner Sees: *der Rütlischwur,* sagenhafter Schwur der Eidgenossen.

rutsch! [Schallw.], rirarutsch! **Rutsch** *der, -es/-e,* gleitende Bewegung: von Bergmassen: *Bergrutsch; Erdrutsch; rutschsicher; guten R. ins neue Jahr!,* Glückwunsch; *ich erledige alles in einem R.,* U auf einmal. **Rutschbahn** *die,* **1)** eine schräge Bahn zum Abwärtsgleiten, ABB. B 2, S 55. **2)** glatte

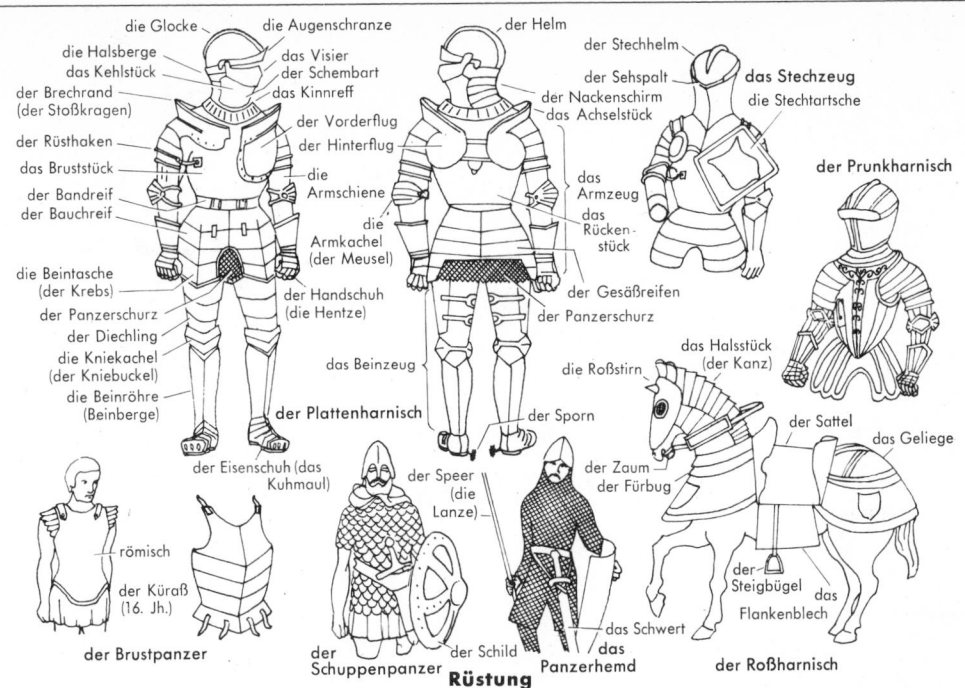

die Glocke — die Augenschranze
die Halsberge — das Visier
das Kehlstück — der Schembart
der Brechrand — das Kinnreff
(der Stoßkragen)
der Rüsthaken — der Vorderflug
das Bruststück — der Hinterflug
der Bandreif — die Armschiene
der Bauchreif
die Armkachel
die Beintasche (der Meusel)
(der Krebs)
der Panzerschurz — der Handschuh
der Diechling (die Hentze)
die Kniekachel
(der Kniebuckel) — das Beinzeug
die Beinröhre
(Beinberge) — der Plattenharnisch
der Eisenschuh (das Kuhmaul)

der Helm
der Stechhelm
der Sehspalt — das Stechzeug
der Nackenschirm — die Stechtartsche
das Achselstück
das Armzeug
das Rückenstück — der Prunkharnisch
das Gesäßreifen
der Panzerschurz
das Halsstück
die Roßstirn (der Kanz)
der Sporn — der Sattel
der Zaum — das Geliege
der Fürbug
der Steigbügel
das Flankenblech
das Schwert
der Roßharnisch

römisch
der Küraß
(16. Jh.)
der Brustpanzer
der Speer (die Lanze)
der Schuppenpanzer
der Schild
das Panzerhemd
Rüstung

Fläche auf Eis, Schnee. **Rutsche** *die, -/-n,* **1)** Gleitbahn, eine Förderanlage, ABB. R 32. **2)** *oberdt.:* Fußbank. **3)** *oberdt.:* Schaukel. **rutschen** [spätmhd. rutschen], *ich rutsche (bin gerutscht), gleite: das Auto kam auf der vereisten Straße ins Rutschen; das Kind rutscht auf dem Stuhl hin und her; meine Hose, mein Rock rutscht; der Teppich rutscht; das Essen rutscht heute nicht,* U schmeckt nicht; *rutsch mir den Buckel runter!,* U laß mich endlich in Ruhe!; *die Preise kommen ins Rutschen,* U sinken. **rutschig,** glatt, zum Gleiten bringend: *der Weg war aufgeweicht und r.*
Rutte *die, -/-n, niederdt.:* Quappe, ein Fisch.
rütteln [mhd. rütteln], *ich rütt(e)le (habe gerüttelt),* **1)** *es,*

ihn, schüttele kräftig, bewege mit schnellen Rucken hin und her: ich wurde unsanft aus dem Schlaf gerüttelt. **2)** *an ihm,* rucke hin und her, um es zu bewegen oder zu lockern: *er rüttelte an der Tür; daran gibt es nichts zu rütteln,* U es kann nichts geändert werden; *diese Auffassung rütteln an den Grundfesten des Staates,* U bedroht sie. **3)** *ein Vogel rüttelt,* ♥ flattert in der Luft, ohne sich vorwärtszubewegen. **rütten,** *ich rütte (habe gerüttet) es, mitteldt.:* rüttele.
Rütti [vgl. Rütli] *die, -/-nen, schweiz.:* Rodung.
Rüttler *der, -s/-,* eine Baumaschine: *Betonrüttler.* **Rütt-stroh** *das,* stark geknicktes Stroh.
rutzen, *ich rutze (habe gerutzt), schweiz.:* zerre; raufe.

S

s, S [es] *das, -/-,* ein Konsonant, Spirant, ABB. A 8, UBERS. A 26, G 34.
s, 1) Zeichen für: Sekunde. **2)** Abk. für: Shilling.
s., Abk. für: **1)** siehe! **2)** ♪ Segno.
S, 1) Abk. für: Süd(en). **2)** Abk. für: Schilling. **3)** ♡Zeichen für: Schwefel (lat. sulfur). **4)** Physik: Zeichen für: Siemens.
S., Abk. für: **1)** Seite (eines Papierblattes). **2)** San, Sant', Santa, Santo, São. **3)** auch Se., Seine (bei Anrede und Titeln): *S. Exzellenz.*
$ [aus U(nited) S(tates)], Währungszeichen für: Dollar.
SA, Abk. für: Sturmabteilung, Teil der polit. Kampftruppe der NSDAP.
Sa., Abk. für: Summa.
s. a., Abk. für: sine anno.
Saal [ahd. sal ›Halle‹] *der, -(e)s/S'äle,* **1)** großer Raum, bes. Festraum: *Konzertsaal; Tanzsaal.* **2)** *sächs.:* Flur, Diele: *Vorsaal.* **Saalkirche** *die,* eine einschiffige Kirche. **Saalrad-sport** *der,* radsportl. Wettbewerbe in der Halle. **Saaltochter** *die, schweiz.:* Kellnerin.
Saat [ahd. sat, zu säen] *die, -/-en,* **1)** Saatgut: *Saatgetreide; Saatkartoffeln; Saatzucht; Wintersaat; die S. ging auf,* U die Folgen haben sich gezeigt. **2)** *ohne Pl.,* das Säen, Übergabe des

Saatgutes an das Fruchtland, Aussaat. **3)** das junge Getreide: *die S. steht gut.* **Saatgut** *das, -(e)s,* die Samen, Früchte, Knollen, aus denen neue Fruchtpflanzen entstehen sollen: *Saatgutprüfung.* **Saatkrähe** *die,* eine Krähe.
Sabadill *der, -s/-e,* **Sabadille** [span. cebadilla, zu cebada ›Gerste‹] *die, -/-n,* ⊕ ein amerikan. Liliengewächs.
Sabbat [mhd. sabaot, zu hebr. schabbat ›Feiertag‹ aus schabat ›aufhören‹] *der, -s/-e,* **1)** Ruhetag der Juden (Freitag- bis Samstagabend): *Sabbatruhe.* **2)** P Sonntag. **Sabbatarier** *der, -s/-,* **Sabbatist** *der, -en/-en,* Angehöriger christl. Sekten, die das Sabbatgebot halten.
Sabbel [verwandt mit Saft] *der, -s, niederdt.:* ausfließender Speichel. **sabbeln,** *ich sabb(e)le (habe gesabbelt), niederdt.:* **1)** lasse Speichel ausfließen. **2)** schwätze dummes Zeug.

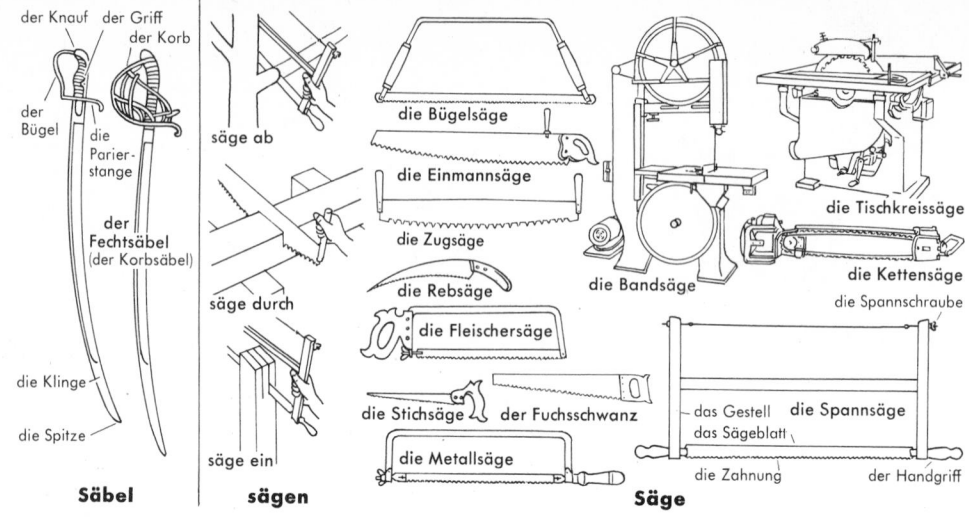

der Knauf der Griff
der Korb
der Bügel
die Parierstange
der Fechtsäbel (der Korbsäbel)
die Klinge
die Spitze
Säbel

säge ab
säge durch
säge ein
sägen

die Bügelsäge
die Einmannsäge
die Zugsäge
die Rebsäge
die Fleischersäge
die Stichsäge
der Fuchsschwanz
die Metallsäge
die Bandsäge
die Tischkreissäge
die Kettensäge
die Spannschraube
das Gestell die Spannsäge
das Sägeblatt
die Zahnung
der Handgriff
Säge

Sabber *der, -s,* Sabbel. **Sabberlätzchen** *das,* ∪ Lätzchen. **sabbern,** *ich* sabb(e)re (habe gesabbert), sabbele. **sabbig,** *niederdt.:* sämig, dickflüssig.

Säbel [mhd. sabel, zu ungar. szablya] *der, -s/-,* gekrümmte, einschneidige Hiebwaffe, ABB. S 1: *Säbelfechten; Säbelhieb; Fechtsäbel; Husarensäbel; er hat mit dem S. gerasselt,* Ü hat mit kriegerischen Aktionen gedroht; *das Säbelrasseln, Säbelgerassel,* Ü. **Säbelantilope** *die,* Antilope mit langen Hörnern. **Säbelbeine,** *Pl.,* ∪ O-Beine. **säbelbeinig. säbeln,** *ich* säb(e)le (habe gesäbelt) *(es),* ∪ schneide ungeschickt: *er hat ein Stück vom Schinken gesäbelt; hast du am Brot gesäbelt?*

Sabina, Sabine [lat. ›die Sabinerin‹], weibl. Vornamen.

Sabine [mhd. salbine, zu lat. salvia] *die, -/-n, schweiz.:* Salbei.

Sabiner *der, -s/-* **Sabinerin** *die, -/-nen,* Angehörige(r) eines altitalischen Volksstammes.

Sabotage [-t′a:ʒə, frz., zu saboter ›mit dem Holzschuh niedertreten‹, zu sabot ›Holzschuh‹] *die, -/-n,* die Vereitelung eines Zieles durch böswillige geheime Gegenwirkung oder passiven Widerstand; das vorsätzliche Zerstören von Maschinen oder Betriebsanlagen, oft zu polit. Zwecken: *Sabotageakt.* **Saboteur** [-t′ø:r, frz.] *der, -s/-e,* jemand, der Sabotage betreibt. **sabotieren,** *ich* sabotiere (habe sabotiert) *es: er sabotierte die Anordnungen des Meisters; unsere Pläne sind sabotiert worden.*

Sabre [hebr. zabbar] *der, -s/-s,* in Israel geborenes Kind jüdischer Einwanderer.

Sabrina [engl.], weibl. Vorname.

Saccharase [zaxa-, grch. sakcharon ›Zucker‹, zu pers. schakär, aus altind. sharkara ›Kies‹, ›Sandzucker‹] *die, -,* Ferment des Zuckerstoffwechsels. **Saccharimetrie** [zaxa-, vgl. ...metrie] *die, -,* Bestimmung der Konzentration von wäßrigen Rohrzuckerlösungen. **Saccharin** [zaxa-] *das, -s,* auch Sacharin, ein künstl. Süßstoff.

Sachanlagen, *Pl.,* das Vermögen an Sachwerten (Grundstücke, Gebäude, Maschinen).

Sacharin *das, -s,* Saccharin.

Sachbearbeiter *der,* ein Beamter oder Angestellter, der für ein bestimmtes Sachgebiet zuständig ist. **Sachbereich** *der,* Sachgebiet. **Sachbeschädigung** *die,* ↗. **sachbezogen,** auf den zur Diskussion stehenden Gegenstand bezogen. **Sachbuch** *das,* ein Buch, das im meist allgemeinverständlicher Art sachl. Informationen bietet. **sachdienlich,** einer Sache nützlich: *sachdienliche Hinweise erbittet die Kriminalpolizei.*

Sache [ahd. sahha ›Rechtssache‹, ›Rechtsstreit‹, zu sahhan ›streiten‹] *die, -/-n,* 1) *nur Pl.,* Dinge, Gegenstände: *sie hat die guten Sachen an,* ∪ die guten Kleider; *paß auf die Sachen auf!,*

∪ z. B. auf das Gepäck; *er trinkt gern scharfe Sachen,* ∪ hochprozentigen Alkohol; *es gab gute Sachen zu essen; morgen werden die alten Sachen abgeholt,* ∪ z. B. alte Möbelstücke, Gerümpel; *alle meine Sachen gingen im Krieg verloren,* ∪ mein Besitz; *er fuhr mit 80 Sachen,* ∪ mit einer Geschwindigkeit von 80 km pro Stunde; *bewegliche, unbewegliche Sachen,* ↗. 2) Angelegenheit, Obliegenheit, Aufgabe, Vorhaben: *er ist nicht bei der S., ist unkonzentriert; ich habe die S. satt, die S. ist für mich erledigt,* ∪ damit will ich nichts mehr zu tun haben; *was sind das für Sachen!,* was geschieht da (Töricht); *die beiden Gauner haben gemeinsame S. gemacht,* ∪ verbündeten sich zu gemeinsamer Tat; *es geht hier um die S., nicht um die Person; er tat es um der S. willen,* ohne an eigene Vorteile zu denken; *er kämpft für eine gute S.; die S. der Gerechtigkeit; das ist seine S.,* geht ihn an, ist seine Aufgabe; *das tut nichts zur S.,* gehört nicht hierher, ist hier gleichgültig; *das ist eine S. für sich; kommen Sie zur S.!,* zum Thema; *in eigener S.; jede S. hat zwei Seiten.* 3) ↗ Rechtsstreit: *Strafsache; Zivilsache; in Sachen Müller gegen Mayer; in dieser S. ist noch kein Urteil ergangen.* **Sacheinlagen,** *Pl.,* ⚏ die bei Gründung eines Unternehmens eingebrachten Sachwerte. **Sächelchen** *das, -s/-,* niedliche Kleinigkeit. **Sachenrecht** *das, -,* ↗ die Rechtsbeziehungen von Personen zu Sachen.

Sachertorte [nach dem Wiener Koch und Hotelbesitzer F. Sacher, 1816–1907] *die,* eine Schokoladentorte.

sachfremd, *sachfremde Argumente bringen uns nicht weiter.*

Sachgebiet *das,* festumrissener Aufgabenbereich. **sachgemäß,** dem Wesen einer Sache angemessen, passend: *der Garantieanspruch gilt nur bei sachgemäßer Behandlung,* ∪ z. B. **Sachkatalog** *der,* inhaltlich geordnetes Schriftenverzeichnis. **Sachkenntnis** *die,* **Sachkunde** *die, -,* fachliche Erfahrung, Fachwissen. **sachkundig,** *eine sachkundige Auskunft.* **Sachlage** *die,* auch Sachverhalt, 1) augenblickliche Lage: *bei der gegenwärtigen S.* 2) Tatsache, der tatsächl. Stand der Dinge: *eine komplizierte S.; als Einführung umriß er kurz die S.* **sachlich,** 1) eine Sache betreffend: *gegen sein Vorgehen ist sowohl formell als auch s. nichts einzuwenden; ich kann meine Kritik s. begründen; hier liegt ein sachlicher Irrtum vor.* 2) unvoreingenommen, nüchtern, objektiv: *die Konferenz verlief in ruhiger und sachlicher Atmosphäre; über das Thema sollte man s. diskutieren; bleiben Sie s.!; die sachliche Beurteilung der Lage.* **sächlich,** Ⓢ mit dem Artikel ›das‹ (Substantiv), ÜBERS. G 10. **Sachlichkeit** *die, -: die Neue S.,* Kunstrichtung um 1925. **Sachregister** *das,* ein Register, das sachl. Begriffe enthält.

Sachs [ahd. sahs] *der, -es/-e,* german. Waffe.

Sachschaden *der,* Beschädigung von Sachen: *bei dem Autounfall entstand ein S. in Höhe von 5 000 DM.*

Sachse [wohl Kurzform von Sahsnotas ›Schwertleute‹] *der, -n/-n,* Angehöriger eines dt. Stammes. **sächseln,** *ich* sächs(e)le (habe gesächselt), spreche (ober)sächsische Mundart. **Sachsenspiegel** *der, -s,* altes sächs. Rechtsbuch. **Sächsin** *die, -/-nen,* weibl. Sachse. **sächsisch, 1)** die Sachsen betreffend. **2)** allgemein: die in Sachsen gesprochene Mundart betreffend. **3)** eigtl.: die obersächsische und niedersächs. Mundart betreffend, ÜBERS. D 6, M 24.

sacht(e) [niederdt., zu sanft], behutsam, sanft, mild, leise, gemächlich, langsam: *sachte, sachte!,* U vorsichtig!, langsam!, nicht so stürmisch!; *er näherte sich mit sachten Schritten,* leise; *ein sacht ansteigender Weg,* nicht steil. **Sachtheit** *die, -.*

Sachunterricht *der,* vorfachl. Unterricht in der Grundschule an Stelle des früheren heimatkundl. Anschauungsunterrichts. **Sachverhalt** *der, -(e)s/-e,* Sachlage. **sachverständig,** sachkundig. **Sachverständige** *der, die, -n/-n, ein -r, eine -,* Fachmann, Begutachter(in): *Sachverständigenausschuß; Sachverständigengutachten.* **Sachwalter** *der, -s/-,* Verwalter, Fürsprecher, Verteidiger einer Sache. **Sachwert** *der,* **1)** der von Schwankungen des Geldwerts unabhängige Wert eines Gutes. **2)** *meist Pl.,* wertbeständige Substanzwert eines Gutes. **2)** *meist Pl.,* wertbeständige Sachgüter. **Sachwörterbuch** *das,* ein alphabetisch geordnetes Nachschlagewerk, Enzyklopädie. **Sachzwang** *der, meist Pl.,* äußere Umstände, die die Handlungsfreiheit eines Menschen einschränken: *die von Sachzwängen geprägte Wirtschaftspolitik.*

Sack [ahd. sac, zu grch. sakkos] *der, -(e)s/ᵘe* und bei Mengenangaben -, **1)** ein längliches Behältnis, bes. aus grobem Stoff oder festem Papier, großer Beutel: *drei S. Zement; ein S. Kaffee,* 60 kg (internationale Maßeinheit); *sackweise; säckeweise; mit S. und Pack, mit allem Besitz; ein S. voll(er) Neuigkeiten,* Ü; *er steckt alle in den S.,* U ist stärker, schlauer als die übrigen; *er hat die Katze im S. gekauft,* U etwas ungesehen gekauft; *ein fauler S.,* U derb: ein fauler Mensch. **2)** oberdt.: Hosentasche; Geldbeutel. **3)** grober Stoff: *Sackleinwand; in S. und Asche,* U tief zerknirscht. **4)** etwas, das nur einen Eingang und keinen Ausgang hat. **5)** etwas schlaff Hängendes: *Tränensack am Auge.* **6)** U derb: Hodensack. **Sackbahnhof** *der,* Kopfbahnhof. **Säckchen** *das, -s/-.* **Säckel** *der* oder *das, -s/-, oberdt.:* Hosentasche; Geldbeutel: *er mußte tief in den S. greifen,* U viel bezahlen. **Säckelmeister** *der, oberdt.:* Schatzmeister, Kassenwart. **säckeln,** *ich* säck(e)le (habe gesäckelt) *es,* fülle in Säcke. **sacken,** *ich* sacke (habe gesackt), **1)** packe in einen Sack, stopfe hinein. **2)** *es, schweiz.:* schütte durch. **3)** *es sackt sich, norddt.:* bauscht sich auf: *Wolken sacken (sich),* ballen sich.

sacken [niederdt. ›sich senken‹], *ich* sacke (bin gesackt), ⟂ sinke: *laß nicht sacken!,* niederdt.: halte fest!

säcken, *ich* säcke (habe gesäckt) *ihn,* ✂ ertränke in einem Sack.

sackerlot!, sackerment! [frz. sacrelote, zu lat. sacramentum], Flüche.

Sackgasse *die,* Straße mit nur einem Zugang: *er ist in eine S. geraten,* U er befindet sich in einer ausweglosen Situation. **sackgrob,** U sehr grob. **Sackhüpfen, Sacklaufen** *das, -s* Bewegungsspiel für Kinder, ABB. S 56. **Säcklein** *das, -/s/-.* **Säckler** *der, -s/-, oberdt.:* Lederarbeiter, Täschner. **Sackmesser** *das, oberdt.:* Taschenmesser. **Sackpfeife** *die,* Dudelsack. **Sacktuch** *das,* **1)** grobes Gewebe (Sackleinwand). **2)** *oberdt.:* Taschentuch.

Sadduzäer [vielleicht nach Nachkommen des Hohenpriesters Zadok, zur Zeit Davids] *der, -s/-,* Angehöriger einer altjüd. gesetzestreuen (Religions-)Partei.

Sadebaum [vgl. Sebenbaum] *der,* ein wacholderartiges Nadelholz.

Sadismus [nach dem französ. Schriftsteller D.-A.-F. Marquis de Sade, 1740–1814] *der, -,* geschlechtl. Befriedigung durch Quälen des Partners; Lust an Grausamkeiten. **Sadist** *der, -en/-en.* **sadistisch,** es veranlagt. **Sadomasochismus** *der,* Sadismus, gepaart mit Masochismus.

säen [ahd. saen], *ich* säe (säte, habe gesät; du säst, er sät; nur P: säete, gesäet usw.) *es,* **1)** streue den Samen aus: *dünn gesät,* Ü selten vorkommend. **2)** Ü lege den Keim zu etwas: *er hat Mißtrauen gesät,* etwas getan, das Mißtrauen hervorgerufen hat. **Säer** *der, -s/-,* jemand, der Samen ausstreut.

Safari [Kisuaheli, zu arab. safar ›Reise‹] *die, -/-s,* urspr. Karawanenreise in Afrika; heute zur Fahrt zur Jagd oder Tierbeobachtung in Afrika: *Safarianzug; Safaripark; Photosafari.*

Safe [seif, engl. ›sicher‹] *der* oder *das, -s/-s,* Stahlbehälter zum Aufbewahren von Geld und Wertgegenständen; Schließfach in den Stahlkammern einer Bank.

Saffian [pers. sachtijan ›Ziegenleder‹] *der, -s,* **Saffianleder** *das,* pflanzlich gegerbtes, farbiges Ziegenleder.

Saflor [in Anlehnung zu Safran und Flor, zu ital. asf(i)ori, aus dem Arabischen] *der, -s/-e,* Färberdistel, ein Korbblütler: *Saflorgelb, Saflorrot,* Farbstoffe aus Blüten des Saflors.

Safran [mhd. safran, zu arab. za'faran] *der, -s/-e,* ein Krokus und dessen getrocknete Blütennarben (Gewürz): *safrangelb, gelb* (mit Farbstoff aus Safran). **Safranine,** *Pl.,* organ. Farbstoffe.

Saft [ahd. saf, zu lat. sapa ›Most‹] *der, -(e)s/ᵘe,* **1)** Körperflüssigkeit, bes. bei Pflanzen; P meist Blut; Sinnbild für Kraft und Leben: *Zellsaft; Lebenssaft; ohne S. und Kraft,* ohne inneren Gehalt; *roter S.,* Blut; *Blut ist ein ganz besonderer S.* (Goethe, ›Faust‹). **2)** die im rohen Fleisch enthaltene Flüssigkeit, Soße: *Fleischsaft; Bratensaft; ich lasse ihn im eigenen S. schmoren,* Ü helfe ihm in schwieriger Lage nicht. **3)** aus Obst oder Gemüse gepreßte Flüssigkeit: *Saftpresse; Fruchtsaft; Tomatensaft; der S. der Reben,* P Wein. **Säftchen** *das, -s/-.* **saften,** *ich* safte (habe gesaftet), presse Saft aus (Obst, Gemüse). **Saftfasten** *das, -s,* Fastenkur mit Obstsäften. **saftig, 1)** reich an Saft: *saftiges Obst; ein saftiger Braten.* **2)** U derb, kräftig: *eine saftige Ohrfeige; eine saftige Rechnung; eine sehr saftige Rechnung,* eine sehr hohe; *ein saftiger Witz,* ein unanständiger. **Saftigkeit** *die, -.* **Saftladen** *der,* U ein schlecht geführtes Geschäft, unordentlicher Betrieb. **saftlos, 1)** ohne Saft; trocken. **2)** U kraftlos: *saft- und kraftlos.*

Saga [zu altnord. sega ›sagen‹, ›sprechen‹] *die, -/-s,* altisländ. Prosaerzählung. **Sage** [ahd. saga] *die, -/-n,* **1)** dichterisch ausgestaltete Überlieferung der Vorzeit mit mytholog. Inhalt oder an bekannte Orte oder Personen anknüpfend: *Göttersage; Heldensage; Lokalsage; Wandersage; manche Sagen knüpfen sich an die Wartburg; eine sagenumwobene Burgruine.* **2)** Ü Gerücht.

Säge [ahd. sega] *die, -/-n,* **1)** Schneidegerät mit Zähnen, ABB. S 1: *Sägeblatt; Kreissäge.* **2)** Sägemühle. **3)** einer Säge ähnliche Dinge, z. B. Schnauzenfortsatz der Sägefische. **Sägebock** *der,* **1)** Gestell zum Zersägen von Holz. **2)** ein Käfer. **Sägedach** *das,* Sheddach, Dach mit sägeförmigen Absätzen, ABB. D 1. **Sägefisch** *der,* rochenartiger Fisch mit sägeförmigem Schnauzenfortsatz. **Sägemehl** *das,* beim Sägen abfallendes Holzmehl. **Sägemühle** *die,* das Sägewerk.

sagen [ahd. segon], *ich* sage (habe gesagt), **1)** es (ihm, zu ihm), rede, spreche, äußere, erkläre, behaupte, meine, erzähle: *sag die Wahrheit!; laß ich nein! gesagt; das sagt man nicht!,* es ist ungehörig; *zu diesem Thema wäre noch viel zu sagen; was willst du damit sagen?,* was meinst du damit?; *was sagst du dazu?,* was ist deine Meinung darüber?; *laß es dir gesagt sein!,* merke es, nimm's zur Kenntnis!; *was Sie nicht sagen!,* Ausruf des Erstaunens; *es ist noch nicht gesagt, daß ich morgen fahre,* U nicht sicher; *gesagt, getan!; das hättest du dir früher sagen müssen!,* wir es vorher hätten bedenken können; *wenn das so ist, will ich nichts gesagt haben,* ich nehme meine Worte zurück; *wie gesagt, wie schon erwähnt; wie kannst du das nur sagen,* behaupten; *man sagt, es wird behauptet; wie Schiller sagt; ich habe hier nichts zu sagen,* meine Meinung gilt hier nichts; *er hat nichts zu sagen,* läßt sich nichts befehlen, nimmt keinen Rat an; *er hat das Sagen,* befiehlt, gibt den Ton an; *das lasse ich mir nicht zweimal sagen,* ich tue es gern; *man muß schon sagen . . .,* zugeben; *wem sagst du das?,* ich weiß es doch von längst; *das hat nichts zu sagen,* zu bedeuten; *bei seinen Erlebnissen konnte er wirklich noch von Glück sagen, das . . .; ich kann's nicht sagen,* weiß es nicht; *das halt sage und schreibe 50 Mark gekostet!,* tatsächlich. **2)** *es sagt (mir) etwas,* bedeutet: *ihr Gesicht sagte alles,* ließ erkennen, was sie dachte; *dieses Bild sagt mir nichts,* beeindruckt mich nicht; *dieser Name sagt mir nichts,* ich kenne ihn nicht.

sägen [ahd. segon], *ich* säge (habe gesägt), **1)** *es,* trenne mit der Säge, ABB. S 1. **2)** U schnarche.

sagenhaft, 1) in Sagen überliefert, märchenhaft. **2)** U unglaublich, erstaunlich: *s. preiswert; sagenhaftes Glück.* **Sagenkreis** *der,* Gruppe zusammengehörender Sagen.

Säger *der, -s/-,* **1)** eine Ente mit gezähntem Schnabel. **Sägespäne,** *Pl.,* das Sägemehl. **Sägewerk** *das,* Betrieb zur Aufarbeitung von Holz zu Brettern, Bohlen, Balken.

Sägis [mhd. sagisen, segense] *die, -/-sen, schweiz.:* Sense.

sagittal [lat. sagitta ›Pfeil‹], ✛ parallel zu der Naht zwischen den beiden Scheitelbeinen am Schädel (Pfeilnaht). **Sagittal-**

Sago

ebene *die*, ⚕ jede parallel zur Pfeilnaht des Schädels durch den Körper verlaufende Ebene.

Sago [malaiisch sagu] *der*, österr. auch *das*, *-s*, gekörntes Stärkemehl aus Palmenmark, Kartoffeln u. a.

sah, von sehen.

Sahib [ind.-arab. ›Herr‹, ›Freund‹] *der*, *-(s)/-s*, Bez. für Europäer auf dem indischen Subkontinent, auch Anrede.

Sahne [spätmhd. sane, aus niederdt.] *die*, *-*, das aus Milch durch Abtrennen der Magermilch erhaltene sehr fettreiche Erzeugnis: *Sahnebonbon; Sahnetorte; Schlagsahne.* **sahnig,** reich an Sahne, wie Sahne beschaffen, aussehend.

Saibling [zu Salm] *der*, *-s/-e*, auch Salbling, lachsartiger Fisch.

saiger, häufige Schreibung für: seiger.

Saint, 1) [seint, sɔnt, sint, engl., zu lat. sanctus], Abk.: St., heilig. **2)** [sɛ̃, frz.], Abk.: St, heilig, männl. Form, **Sainte** [sɛ̃t, frz.], Abk.: Ste, weibl. Form.

Saint-Simonismus [sɛ̃-, nach dem französ. Sozialreformer C. H. Graf v. Saint-Simon, 1760–1825] *der*, *-*, eine Frühform des Sozialismus.

Saison [sɛzɔ̃, frz. ›Jahreszeit‹, zu lat. satio ›das Säen‹, ›die Saatzeit‹] *die*, *-/-s*, die jahreszeitlich bedingte Hauptgeschäftszeit, in Fremdenverkehrsorten Zeit des Hauptverkehrs; Theaterspielzeit: *Saisonbeginn; Badesaison; Hauptsaison; Nachsaison.* **saisonal** [sɛzɔ-]. **Saisonarbeiter** [sɛz'ɔ-] *der*, ein Arbeiter, der nur einen Teil des Jahres beschäftigt ist. **Saisonausverkauf** [sɛz'ɔ-] *der*, Sommer- oder Winterschlußverkauf. **saisonbedingt** [sɛz'ɔ-], *saisonbedingte Arbeitslosigkeit.*

Saite [ahd. seito ›Saite‹, ›Strick‹] *die*, *-/-n*, ein fadenförmiger elastischer Körper, meist aus gedrehtem Darm oder Metall, gespannter und schwingender Tonträger der Saiteninstrumente, ABB. B 6, B 9, G 8, H 8, K 23, M 3: *A-Saite; C-Saite; Saite wohl andere Saiten aufziehen,* Ü streng durchgreifen. **Saiten|in|strument** *das*, ein Musikinstrument, bei dem Saiten als Tonträger wirken. **Saitenspiel** *das*, Spielen auf Saiteninstrumenten. **Saitling** *der*, *-s/-e*, Schafdarm (für Darmsaiten); auch Wursthaut.

Sake [japan.] *der*, *-*, Reiswein, japan. Getränk aus vergorenem Reis.

Sakkade [frz. saccade ›Ruck‹] *die*, *-*, Bez. für den Blicksprung, eine Sehstörung bei Arbeiten am Bildschirmgerät.

Sakko [ital. sacco ›Sack‹, da ohne Taille glatt hängend] *der*, auch *das*, *-s/-s*, österr.: **Sakko** *das*, *-s/-s*, Jacke des Herrenanzugs, ABB. K 24.

sakra!, U verflucht! (verkürzt aus: Sakrament). **sa|kral** [lat. sacer ›heilig‹], **1)** heilig, den Gottesdienst betreffend: *sakrale Kunst,* kirchl. Kunst. **2)** ⚕ das Kreuzbein betreffend. **Sa|kralbau** *der*, *-(e)s/. . .ten,* kirchl. Bauwerk. **Sa|krament** [mhd. sakrament, zu lat. sacramentum ›Fahneneid‹, zu sacrare ›heiligen‹] *das*, *-(e)s/-e,* Gnadenmittel, heilige Handlung in der christl. Kirche: *Bußsakrament; das S. der Taufe, des Abendmahls.* **Sa|kramental. Sa|kramentali|en,** *Pl.*, heilige Handlungen und geweihte Gegenstände der kath. Kirche. **sa-krieren,** *ich* sakriere (habe sakriert) *es,* ⚭ heilige, weihe; verweige. **Sa|krifizium** *das*, *-s/. . .zi|en,* kath. Kirche. ⚭ Meßopfer. **Sa|krileg** *das*, *-s/-e,* Sakrilegium. **sa|krilegisch. Sa|krilegium** [lat. legere ›(auf-)lesen‹, eigtl. ›wegnehmen‹] *das*, *-s/. . .gi|en,* Kirchenschändung, Gotteslästerung; Ü Beleidigung verehrter Personen oder Gegenstände. **sa-krisch,** *oberdt.:* verdammt. **Sa|kristan** *der*, *-s/-e,* kath. Kirchendiener. **Sa|kristei** *die*, *-/-en,* Nebenraum der Kirche für die Geistlichen und gottesdienstl. Geräte. **sa|krosankt** [lat. sanctus ›heilig‹], geheiligt, unverletzlich.

säkular [lat. saeculum ›Zeitalter‹, ›Jahrhundert‹, ›Welt‹, ›Menschenalter‹], **1)** nur einmal in hundert Jahren sich ereignend; außergewöhnlich: *ein säkulares Ereignis.* **2)** weltlich. **Säkularfeier** *die*, Jahrhundertfeier, Hundertjahrfeier. **Säkularisation** *die*, *-/-en,* **1)** Verstaatlichung geistlichen Besitzes. **2)** Säkularisierung. **säkularisieren,** *ich* säkularisiere (habe säkularisiert) *es.* **Säkularisierung** *die*, *-/-en,* **1)** Verweltlichung, Loslösung von kirchl. Bindungen. **2)** Erlaubnis für Ordensgeistliche zum Übertritt in den Weltklerus. **3)** Säkularisation. **Säkulum** *das*, *-s/. . .la,* **1)** Zeitalter, Jahrhundert. **2)** die zeitliche Welt.

. . .sal [verwandt mit . . .sel], Ableitungssilbe zur Bildung von Substantiven: *das Schicksal; die Trübsal.*

Salam, vgl. Salem aleikum.

Salamander [mhd., zu grch. salamandra] *der*, *-s/-,* **1)** ein Lurch: *Feuersalamander.* **2)** *wir wollen einen, den S. reiben,*

gefüllte Gläser als Ehrenbezeigung vor dem Trinken auf der Tischplatte reiben (student. Verbindungen).

Salami [ital. salame, zu sale ›Salz‹] *die*, *-/-(s), schweiz.* auch *der*, *-s/-(s),* hartgeräucherte Dauerwurst: *Pfeffersalami.* **Salamitaktik** *die*, U ein Vorgehen in kleinen Schritten zur Erreichung eines (politischen) Zieles.

Salär [frz. salaire, zu lat. salarium ›Salzdeputat der röm. Soldaten und Beamten‹] *das*, *-s/-e, schweiz.:* Gehalt, Lohn, Besoldung. **salarieren,** *ich* salariere (habe salariert) *ihn.*

Salat [mhd. salat, zu ital. insalata ›Gesalzenes‹, zu sale ›Salz‹] *der*, *-(e)s/-e,* **1)** kaltes Gericht aus Salatpflanzen mit Essig, Öl und Gewürzen oder aus Gemüse, Obst, Fleisch- oder Fischstücken, Nudeln u. a.: *Salatgurke; Salatöl; Salatschüssel; Endiviensalat; Fleischsalat; Kartoffelsalat; Tomatensalat.* **2)** *ohne Pl.,* Kopfsalat. **3)** *ohne Pl.,* U *da haben wir den S.,* nun ist das Unangenehme passiert. **Salatbesteck** *das*, Löffel und Gabel zum Anrichten von Salat, ABB. B 24. **Salatpflanze** *die*, eine Pflanze, aus der ein Salat bereitet wird, ABB. S 3.

Salbader [Herkunft unklar] *der*, *-s/-,* salbungsvoller, langweiliger Schwätzer, Wichtigtuer. **Salbaderei** *die*, *-/-en.* **salbadern,** *ich* salbade(e)re (habe salbadert), schwätze, rede salbungsvoll, langweilig.

Salband [umgelautet aus Selbende ›eigener Rand‹] *das*, *-(e)s/“er,* **1)** auch Salkante, Selfkante, Salleiste, in der Weberei: feste Webkante. **2)** ⊕ Begrenzungsfläche eines Ganges zum Nebengestein.

Salbe [ahd. salba] *die*, *-/-n,* streichfähige Masse aus Fett, Öl u. a., als Heil- oder Schönheitsmittel: *Hautsalbe.*

Salbei [auch -b'ai, mhd. salbeie, zu lat. salvia, aus salvare ›heilen‹] *der*, *-(s),* auch *die*, *-,* Gewürz- und Arzneipflanze: *Salbeiöl; Salbeitee.*

salben [ahd. salbon], *ich* salbe (habe gesalbt), **1)** *es,* bestreiche mit Salbe. **2)** *ihn,* weihe durch feierliche Salbung mit Salböl: *er wurde zum König gesalbt; der Gesalbte des Herrn,* Christus.

Salbling *der*, *-s/-e,* Saibling.

Salböl *das*, geweihtes Öl für Salbungen.

Sal|buch [mhd. salbuoch, zu ahd. sala ›Übertragung‹] *das*, ⚭ Urkundenbuch, Grundbuch.

Salbung *die*, *-/-en,* **1)** bei Naturvölkern und im Orient: das Salben zur Körperpflege oder zu Heilzwecken. **2)** feierliche Weihehandlung: *Krankensalbung; er sprach mit S.,* U salbungsvoll. **salbungsvoll,** übertrieben würdevoll, süßlich feierlich: *eine salbungsvolle Ansprache; er predigte s.*

Salche *die*, *-/-n,* auch Sale, *schweiz.:* sumpfige Wiese.

Sälchen *das*, *-s/-,* Diminutiv zu Saal.

Salchow [-ço:, nach dem schwed. Eiskunstläufer U. Salchow, 1877–1949] *der*, *-(s)/-s,* Salchow-Sprung, ein Sprung im Eis- und Rollkunstlauf: *doppelter, dreifacher S.*

saldieren [ital. saldare], *ich* saldiere (habe saldiert) *es,* **1)** gleiche ein Konto oder eine Rechnung aus. **2)** stelle den Saldo fest. **3)** *österr.:* bestätige die Bezahlung einer Rechnung. **Saldierung** *die*, *-.* **Saldo** [ital. saldo] *der*, *-s/-s, . . .den* oder *. . .di,* der Unterschiedsbetrag zwischen der Soll- und Habenseite eines Kontos: *Aktivsaldo, Habensaldo; ich bin im S.,* etwas schuldig; *Saldovortrag; per saldo,* laut Saldo.

Sale *die*, *-/-n,* Salche.

Säle, *Pl.* von Saal.

Salem aleikum [arab. ›Friede sei über euch!‹], auch Salem, eigtl. Selam aleikum, Gruß der Mohammedaner.

Salep [arab. chusa ath-tha'lab ›Fuchshoden‹] *der*, *-s/-s,* getrocknete Knollen vieler Orchideen.

Salesianer [nach Franz von Sales, Bischof von Genf, 1567–1622] *der*, *-s/-,* Mitglied einer kath. Priesterkongregation für Erziehung und Jugendseelsorge.

Sales-manager [seilz m'ænidʒə, engl. sale ›Verkauf‹ und vgl. Manager] *der*, Verkaufsleiter. **Sales-promoter** [-prəm'outə, engl.] *der*, ⚺ ein Vertriebskaufmann mit Kenntnissen in der Marktbeeinflussung. **Sales-promotion** [-prəm'ouʃn, engl.] *die*, ⚺ Verkaufsförderung (durch besondere Absatz- und Werbemethoden).

Salett(e)l [ital. saletta ›kleiner Saal‹] *das*, *-s/-(n), bair., österr.:* Laube, Gartenhaus.

Salicylsäure *die*, Salizylsäure.

Sali|er *der*, *-s/-,* **1)** Angehöriger eines Teilstammes der Franken. **2)** Angehöriger eines dt. Kaisergeschlechts.

Sali|er [lat. Salii, eigtl. ›Tänzer‹, nach ihren Waffentänzen] *der*, *-s/-,* Angehöriger von Priesterkollegien im alten Rom.

Saline [lat. salinae ›Salzwerk‹] *die*, *-/-n,* Anlage zur Gewinnung von Kochsalz: *Salinensalz.* **salinisch.**

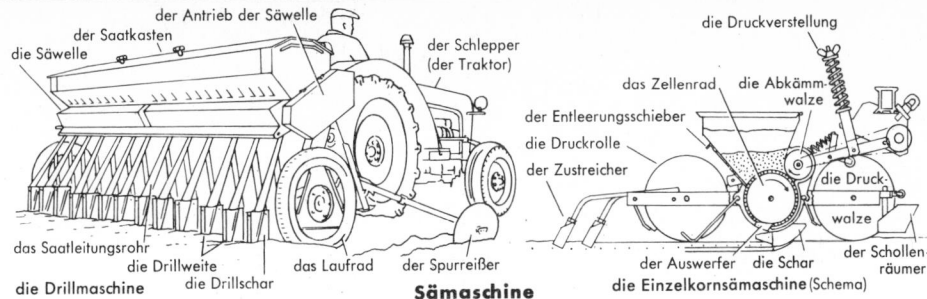

der Antrieb der Säwelle
der Saatkasten
die Säwelle
der Schlepper (der Traktor)
das Saatleitungsrohr
die Drillweite
das Laufrad
der Spurreißer
die Drillmaschine
die Drillschar
Sämaschine

die Druckverstellung
das Zellenrad   die Abkämm-walze
der Entleerungsschieber
die Druckrolle
der Zustreicher
die Druck-walze
der Auswerfer   die Schar
der Schollen-räumer
die Einzelkornsämaschine (Schema)

salisch, den Stamm der Salier betreffend: *salische Kaiser;* aber: *das Salische Gesetz,* Volksrecht der salischen Franken. **Salizylsäure** [lat. salix, Gen. salicis ›Weide‹ und vgl. . . .yl] *die,* auch Salicylsäure, ⭮ eine organ. Säure, Konservierungs- und Heilmittel.

Salkante, Salleiste *die,* das Salband.

Sally [auch engl. sˈæli], **1)** [engl., zu Sara oder Rosalie], weibl. Vorname. **2)** [engl., zu Salomon], männl. Vorname.

Salm [ahd. salmo, zu lat. salmo] *der, -(e)s/-e,* ein Lachs, der nach zwei- bis fünfjährigem Aufenthalt im Meer in den Fluß zurückkehrt, wo er als Jungfisch aufgewachsen ist.

Salm [ahd. salmo, zu lat. psalmus, vgl. Psalm] *der, -s/-e, Pl. selten,* (langweiliges) Gerede.

Salmiak [auch sˈal-, lat. sal ammoniacum ›Salz aus der Gegend des Tempels des Jupiter Ammon‹] *der,* auch *das, -s,* Ammoniumchlorid, ein weißes Kristallpulver. **Salmiakgeist** *der, -(e)s,* wäßrige Lösung von Ammoniak. **Salmiakpastille** *die,* schleimlösende Pastille aus Salmiak und Süßholzsaft.

Salmler [zu Salm] *der, -s/-,* beliebter Aquarienfisch.

Salmonellen [nach dem amerikan. Bakteriologen D. E. Salmon, 1850–1914], *Pl.,* gramnegative Bakterien, Erreger von Darmkrankheiten.

Salmoniden [zu Salm (Fisch) und vgl. . . .id], *Pl.,* lachsartige Fische.

Salome [hebr. ›die Friedensreiche‹], weibl. Vorname.

Salomon [hebr. ›Friedensmann‹], männl. Vorname.

salomonisch, Salomonisch [nach Salomo, König von Juda und Israel, etwa 965–926 v. Chr.], vgl. Übers. A 4, C: *ein salomonisches Urteil,* Ü weises Urteil.

Salon [auch -lˈ5, frz., zu ital. salone, aus sala ›Saal‹] *der, -s/-s,* **1)** ✂ Empfangs-, Gesellschaftszimmer. **2)** ✂ regelmäßiger Treffpunkt zu geistreicher Geselligkeit, auch der Personenkreis selbst: *ein literarischer, künstlerischer, politischer S.* **3)** ✂ Kunstausstellung. **4)** Geschäftsraum: *Modesalon; Frisiersalon.* **Salondame** *die,* Theater: weibl. Rollenfach. **salonfähig,** gesellschaftsfähig. **Salonlöwe** *der,* U im Umgang gewandter Mensch, der bei Geselligkeiten stets im Mittelpunkt steht. **Salonmusik** *die,* gefällige Unterhaltungsmusik. **Salonwagen** *der,* luxuriös ausgestatteter Eisenbahnwagen.

salopp [frz. salope ›unsauber‹], ungezwungen; nachlässig, ungepflegt: *saloppe Kleidung; eine saloppe Ausdrucksweise.* **Saloppheit** *die.*

Salpeter [mhd. salniter, salliter, aus lat. sal ›Salz‹ und hebr. neter ›Salpeter‹] *der, -s,* eine Sammelklasse von Salpetersalzen, Düngemittel, Sprengstoff u. a. **salpet(e)rig. Salpetersäure** *die,* ⭮ die wichtigste Sauerstoffsäure des Stickstoffs.

Salpinx [grch. ›Trompete‹] *die, -/. . .ping'iden,* **1)** altgriech. Trompete. **2)** ♪ an einem Ende trichterförmig erweiterte Röhre (z. B. Eileiter, Ohrtrompete).

Salse [mhd. salse, zu lat. sal ›Salz‹] *die, -/-n,* **1)** ✂ salzige Tunke. **2)** Schlammvulkan.

Salta [lat. ›spring‹, zu saltare ›springen‹] *das, -s,* ein Brettspiel für zwei Personen. **Saltarello** [ital.] *der, -s/. . .r'elli,* schneller italien. Tanz. Springtanz, heute süditalien.: Volkstanz; auch Bestandteil der Ballettmusik. **saltato** [ital. ›gesprungen‹], ♪ mit springendem Bogen (beim Streichinstrumentenspiel). **Saltato** *das, -s/. . .ti.*

Saltner [spätmhd. saltner, zu lat. saltus ›Waldgebirge‹] *der, -s/-, tirol.:* Aufseher im Weinberg.

Salto [ital., zu lat. saltus ›Sprung‹] *der, -s/-s* oder *. . .ti,* ✂ freier Überschlag vorwärts oder rückwärts. **Salto mortale** [ital., zu lat. mortalis ›tödlich‹] *der, - -/- -* oder *. . .ti . . .li,* Todessprung, gefährlicher Kunstsprung der Artisten; Ü gefährliches Wagnis.

salü [frz. salut], *bes. schweiz.:* Grußformel.

saluber [lat. salubris ›gesund‹], ✂ heilsam, gesund. **Salubrität** *die, -, ♄.*

Salut [frz., zu lat. salus ›Heil‹, ›Rettung‹], **1)** *der, -(e)s/-e,* ein militär. Ehrengruß durch Aufziehen der Flagge und Abfeuern von Schüssen: *Salutschüsse; sie schießen S.* **2)** [sal'y, frz.], französ. Grußformel. **Salutation** *die, -/-en,* ✂ feierl. Begrüßung. **salutieren,** *ich salutiere* (habe salutiert), **1)** schieße Salut. **2)** *(vor) ihm,* ✂ grüße ihn mit der Hand an der Mütze.

Salvadorianer *der, -s/-,* Bewohner des mittelamerikan. Staates El Salvador. **salvadorianisch.**

Salvarsan [lat. salvare ›heilen‹, ›retten‹ und Arsen] *das, -s,* Handelsname für ein Heilmittel (gegen Syphilis).

Salvator [lat., zu salvare ›retten‹] *der, -s/. . .t'oren,* **1)** *ohne Pl.,* der Heiland, Jesus Christus. **2)** U Erlöser, Retter.

salva venia [lat. salvus ›unbeschädigt‹ und venia ›Erlaubnis‹, Abk.: s. v., mit Verlaub. **salve!** [lat.], sei gegrüßt!: *s. regina* (›sei gegrüßt, Königin‹, Anfang eines kath. Marienlobgesangs. **Salve** [lat. ›sei gegrüßt‹] *die, -/-n,* gleichzeitiges Abfeuern mehrerer Schußwaffen, auch als militär. Ehrengruß: *zur Begrüßung des Staatspräsidenten wurde eine S. abgefeuert; Ehrensalve.* **salvo errore** [lat. error ›Irrtum‹], Abk.: s. e., Irrtum vorbehalten.

Salweide [ahd. salaha ›Weide‹] *die,* eine strauchartige, graurindige Weide.

Salz [ahd. salz, zu lat. sal] *das, -es/-e,* **1)** ⭮ Verbindung eines Metalls, Metallkomplexes u. a. mit einem Säurerest: *Kalisalz; Steinsalz; Salzbergwerk; Salzsteppe.* **2)** im engeren Sinn Kochsalz: *Speisesalz; Meersalz; Salzhering,* eingesalzener Hering; *Salzlake; der Salat ist nur mit S. und Pfeffer gewürzt; S. und Brot macht Wangen rot,* Ü einfache Nahrung erhält die Gesundheit; *sie haben nicht das S. zur Suppe,* Ü leben in Not; *sie gönnt ihm nicht das S. in der Suppe,* Ü ist sehr mißgünstig; *das S. der Erde,* B die Menschheit; *attisches S.,* Ü feiner Witz. **salzarm,** *salzarme Kost,* eine Ernährungstherapie. **salzen** [ahd. salzan], *ich salze* (habe gesalzen, selten: habe gesalzt) *es,* würze mit Salz: *die Suppe war nur schwach gesalzen;* Ü *vgl. gesalzen.* **Sälzer** *der, -s/-,* ✂ Salzsieder, Salzhändler. **Salzgarten** *der,* künstl. Becken zum natürl. Eindampfen von Meerwasser zur Kochsalzgewinnung. **Salzgurke** *die,* in Salzwasser eingelegte Gurke. **salzhaltig. salzig. Salzkartoffeln,** *Pl.,* in Salzwasser gekochte Kartoffeln. **Salzlecke** *die,* ✡ Lecke. **Salzsäule** *die: sie erstarrte zur S.,* Ü. **Salzsäure** *die,* wäßrige Lösung von Chlorwasserstoff. **Salzsee** *der,* abflußloser Binnensee in Trockengebieten. **Salzsieder** *der, -s/-,* ✂ Salzwerker. **Salzstange** *die,* mit Salz bestreutes Weißgebäck in Stangenform. **Salzstock** *der,* pilz- oder stockförmige Salzgesteinsmasse, die aus tieferen Erdkrustenbereichen in höhere durchbricht. **Salzstreuer** *der,* kleines Salzgefäß, Abb. E 10, K 2. **Salzwasser** *das,* das salzhaltige Meerwasser und das Wasser der Salzseen. **Salzwerker** *der, -s/-,* jemand, der beruflich Speisesalz aus Sole oder Rohsalz aufbereitet.

Sam [sæm], engl. Kurzform von Samuel; vgl. Uncle Sam.

. . .sam [ahd. sama, samo ›derselbe‹, ›ebenso‹], Ableitungssilbe für Adjektive, eine bestimmte Eigenschaft bezeichnend:

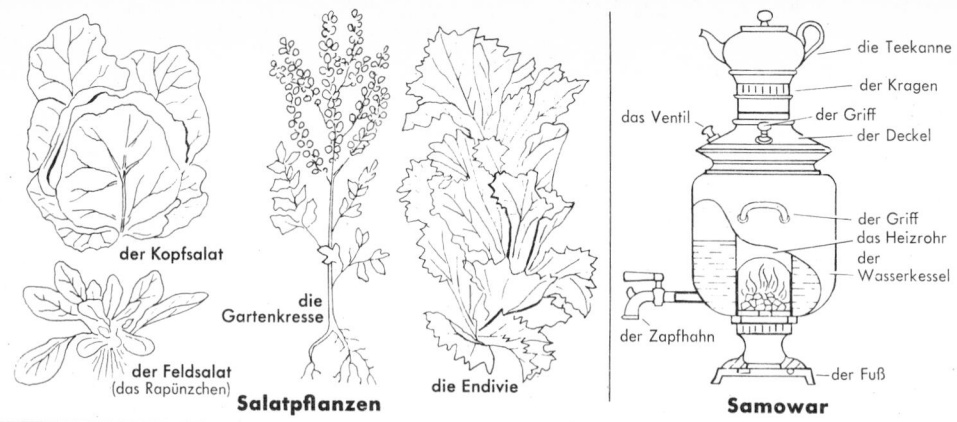

der Kopfsalat

die Gartenkresse

der Feldsalat (das Rapünzchen)

die Endivie

Salatpflanzen

das Ventil

die Teekanne
der Kragen
der Griff
der Deckel

der Griff
das Heizrohr
der Wasserkessel

der Zapfhahn

der Fuß

Samowar

---

langsam, lange dauernd; *mühsam*, Mühe verursachend; *ungehorsam*, nicht gehorchend.

Sämann *der*, *-(e)s/ⁿer*, Säer.

Samariter [nach dem Barmherzigen Samariter der Bibel] *der*, *-s/-*, **1)** freiwilliger Krankenpfleger, bes. in der Ersten Hilfe. **2)** *schweiz.:* Sanitäter. **3)** *barmherziger S.*, uneigennütziger Helfer; *Samariterdienst.*

Samarium [nach dem Mineral Samarskit] *das*, *-s*, ⊙ Zeichen: Sm, metall. Element.

Sämaschine *die*, ABB. S 2.

Samba [portug., aus afrikan.] *die*, *-/-s*, ∪ auch *der*, *-s/-s*, ein moderner Gesellschaftstanz.

Sambier *der*, *-s/-*, Bewohner des afrikan. Staates Sambia.

sambisch.

Same [ahd. samo ›Samen‹, ›Nachkommenschaft‹, zu lat. semen] *der*, *-ns/-n*, P Samen. **Samen** *der*, *-s/-*, **1)** ⊕ der von einer Pflanze abfallende, hüllenumgebene Keim, ABB. F 36, L 3: *Samenkapsel; Samenkorn; Leinsamen.* **2)** ⚤ ⚲ Sperma: *Samenfäden, Samenzellen; der Samenleiter.* **3)** Ü Keim, Ursprung, Grundlage: *der S. des Guten, des Hasses.* **4)** B Nachkommen. **Samenanlage** *die*, ⊕ weibl. Fortpflanzungsorgan der Blütenpflanzen, ABB. B 38. **Samenbank** *die*, *-/-en*, Einrichtung zur Aufbewahrung tiefgekühlten menschlichen und tierischen Samens. **Samenerguß** *der*, ⚤ ⚲ Ejakulation, Ausstoßung des Samens. **Samenübertragung** *die*, ⚤ künstl. Besamung. **Sämerei** *die*, *-/-en*, meist Pl., Saatgut.

Samiel [eigtl. Samael, aramäisch], böser Geist, Teufel.

sämig [zu Seim], semig, dickflüssig, gebunden: *eine sämige Suppe.* **Sämigkeit** *die*, *-*.

sämisch [mhd. sæmisch ›fettgar‹], mit Fett gegerbt, weich. **Sämischleder** *das*, weichgegerbtes Leder (als Fensterleder, für Handschuhe).

Sämling *der*, *-s/-e*, aus Samen gezogene Pflanze.

Sammelband *der*, *-(e)s/ⁿe*, Buch mit mehreren, bibliographisch selbständigen Schriften. **Sammelbecken** *das*, Becken zur Wasserspeicherung: *die Partei wurde zum S. aller früheren Widerstandsgruppen*, Ü. **Sammelbestellung** *die.* **Sammeldepot** [-po:] *das*, ⚷ Sammelverwahrung von Wertpapieren. **Sammelfrucht** *die*, aus mehreren Teilfrüchten bestehende Frucht, ABB. F 36. **Sammellinse** *die*, eine Linse, die Licht im Brennpunkt vereinigt. **sammeln** [ahd. sam(a)non], *ich samm(e)le* (habe gesammelt), **1)** *es*, bringe, trage zusammen, häufe an, auf: *Sammelleidenschaft; Sammeltrieb; ich s. Pilze, Briefmarken, Münzen; man muß Erfahrungen sammeln*, Ü; *sie sammelten alle Kräfte für den Endlauf*, Ü. **2)** *(es) für ihn, etwas*: *wir sammeln für das Rote Kreuz*, bitten um Spenden. **3)** *mich*, Ü konzentriere mich, fasse mich: *sie macht einen gesammelten Eindruck.* **4)** *sie sammeln sich*, kommen zusammen: *die Truppe sammelt sich*, vereinigt sich an einem bestimmten Ort; *es wurde zum Sammeln geblasen.* **Sammelname** *der*, ⑤ Kollektivum. **Sammelnummer** *die*, gleiche Telefonnummer für mehrere Hauptanschlüsse eines Fernsprechteilnehmers. **Sammelsurium** *das*, *-s/. . .rien*,

U Mischmasch, Durcheinander. **Sammelwut** *die*, übersteigerter Sammeltrieb.

Sammet *der*, *-s*, ⚫ Samt.

Sammler *der*, *-s/-*, **1)** jemand, der etwas sammelt, z. B. Antiquitäten: *Briefmarkensammler.* **2)** Speicher, bes. Stromspeicher; Akkumulator. **Sammlung** *die*, *-/-en*, **1)** das Sammeln, bes. von Spenden: *Altkleidersammlung; eine Straßensammlung für Körperbehinderte.* **2)** zusammengetragener Besitz: *Kunstsammlung; Münzensammlung.* **3)** der Ort, wo die gesammelten Gegenstände aufbewahrt werden; Museum: *die städtischen Sammlungen sind heute geschlossen.* **4)** ohne Pl., Ü gedankl. Konzentration: *mir fehlt jede Zeit zur S.*

Sammy [s'æmi, engl., zu Samuel], männl. Vorname.

Samojedenhund *der*, ein Nordlandhund.

Samos *der*, *-*, Wein von der griech. Insel Samos.

Samowar [russ. samovar ›Selbstkocher‹] *der*, *-s/-e*, russ. Teemaschine, ABB. S 3.

Sample [sa:mpl, engl. ›Muster‹, ›Beispiel‹, zu lat. exemplum] *das*, *-(s)/-s*, in der Markt- und Meinungsforschung eine Stichprobenerhebung.

Samson [hebr. ›Sonnenmann‹], männl. Vorname.

Samstag [ahd. sambaztac, zu lat. sabbato, zu grch. sabbaton ›Sabbat‹] *der*, oberdt., westdt.: Sonnabend; vgl. Dienstag.

samt [ahd. samant, zu sammeln] *ihm*, mit ihm, ihn mit einbegriffen: *s. allem Zubehör; er ist s. Reisegepäck glücklich gelandet; s. und sonders*, alles zusammen, ausnahmslos.

Samt [mhd. samit, über afrz. samit, aus mittelgrch. hexamitos ›sechsfädig‹] *der*, *-(e)s/-e*, ein weiches Gewebe mit aufrecht stehendem kurzen Faserflor: *Samtkleid; Kordsamt; in S. und Seide*, Ü vornehm; *ich fasse ihn mit Samthandschuhen an*, Ü behandle ihn besonders rücksichtsvoll. **samten**, aus Samt. **samtig**, **1)** weich, fein: *eine samtige Haut; eine samtige Stimme*, eine weiche, dunkle. **2)** Ü von Wein: mild.

sämtlich [mhd. sametlich, verwandt mit zusammen], alle; ausnahmslos: *ich habe die Aufträge s. erledigt; sämtliche Mühe war vergebens; eine Vereinbarung mit sämtlichen Teilnehmern; sämtliche Bedingungen wurden erfüllt*; vgl. ÜBERS. A 4.

Samuel [hebr. Schemu'el ›von Gott erhört‹], männl. Vorname.

Samum [arab. ›Giftwind‹] *der*, *-s/-e* oder *-s*, ein trockenheißer Wüstensturm in Nordafrika und Vorderasien.

Samurai [dt. -r'ai, japan. ›Dienender‹] *der*, *-(s)/-(s)*, Angehöriger des altjapan. Ritter- und Kriegerstandes.

San [ital., span., zu lat. sanctus], Abk.: S., heilig (vor männl. Namen).

Sanatorium [lat. sanare ›heilen‹] *das*, *-s/. . .rien*, Heilstätte, Genesungsheim.

Sancho Pansa [s'antʃo-, span., nach dem Knappen des Don Quijote aus dem gleichnamigen Roman von M. de Cervantes, 1547–1616] *der*, *- -/- -s*, realistisch denkender, gewitzter Bursche.

Sancta Sedes [lat. sanctus ›heilig‹ und sedes ›Stuhl‹] *die*, *- -*, der Apostolische Stuhl. **sạncta sim|plịcitas!** [lat.], heilige Einfalt!, ein Ausruf des Unwillens. **Sạnctus** *das, -,* kath. Kirche: Lobgesang in der Messe.

Sand [ahd. sant] *der, -(e)s/-e,* Anhäufung loser Mineral- oder Gesteinskörnchen: *Sandstrand; Seesand; Wüstensand; Scheuersand,* Mittel zum Reinigen; *das Schiff ist auf S. geraten,* auf eine Sandbank oder ein Sandufer; *eine Sache verläuft im S.,* Ü es wird nichts daraus; *wie S. am Meer,* Ü zahllos; *er hat seine Pläne auf S. gebaut,* Ü auf unzuverlässige Voraussetzungen; *ich stecke den Kopf in den S.,* Ü möchte etwas nicht zur Kenntnis nehmen; *ich habe ihm S. in die Augen gestreut,* Ü habe ihn getäuscht.

Sandale [spätmhd. sandaly, zu grch. sandalon, aus pers.] *die, -/-n,* leichter Schuh mit Oberteil aus Riemen oder stark durchbrochenem Leder, ABB. K 25, S 39, M 16. **Sandalẹtte** *die, -/-n,* leichter Damenschuh, ABB. S 39.

sandartig, feinkörnig wie Sand. **Sạndbank** *die,* Sand- anhäufung in Gewässern (Meer, Fluß), ABB. K 56. **Sạndblatt** *das,* hochwertiges unteres Blatt der Tabakpflanze. **Sạnddorn** *der, -(e)s,* dorniger Strauch oder Baum: *Sanddornmarmelade; Sanddornsaft.*

Sạndelholz [pers. çändäl, arab. sandal] *das,* Holz mehrerer botanisch nicht verwandter Bäume für Schnitzarbeiten, Luxus- waren und zur Ölgewinnung für Pharmazie und Parfümerie: *Sandelholzöl.* **Sạndelöl** *das,* Sandelholzöl.

Sạnder [isländ. sandr] *der, -(s)/-,* ⊕ Schotter- und Sand- flächen eiszeitlichen Ursprungs.

sạndfarben, sạndfarbig, gelblichbraun. **Sạndhase** *der,* 1) Fehlwurf beim Kegeln. 2) U ⚔ Fußsoldat, Infanterist. **Sạndhose** *die,* von Wirbelstürmen säulen- oder trichterför- mig emporgerissene Sandmassen. **sạndig,** 1) Sand enthaltend. 2) fein wie Sand. **Sạndkasten** *der,* mit Sand gefüllter größerer Kasten für Kinder, ABB. S 55; auch für militär. Planspiele: *Sandkastenspiel.* **Sạndkuchen** *der,* ein Kuchen. **Sạndmann** *der, -(e)s,* **Sạndmännchen** *das, -s,* Märchengestalt, die den Kindern abends Sand in die Augen streut, damit sie einschlafen.

Sándor [ʃ'a:ndor, ungar., zu Alexander], männlicher Vorname.

Sạndpapier *das,* Schleifpapier, mit Schleifmitteln bestreu- tes festes Papier.

Sạn|dra, weibl., **Sạn|dro** [ital., zu Alexandra und Alexan- der], männl. Vorname.

Sạndsack *der,* 1) mit Sand gefüllter Sack, z. B. zum Abdichten von Deichen oder Beschweren von Ballons, ABB. B 8. 2) sandgefüllter Ledersack, Übungsgerät für Boxer.

Sạn|dschak [türk.] *der, -s/-s,* 1) urspr. Standarte als Zeichen der Souveränität. 2) danach: Gau im Osman. Reich.

Sạndstein *der,* durch Verfestigung von Sand entstandenes Sedimentgestein: *Sandsteingebirge.* **sạndstrahlen,** getrennte *Formen nicht üblich,* Sand auf Werkstoffoberflächen zum Reinigen, Glätten u. a. aufschleudern: *Sandstrahlgebläse.*

sạndte, von senden.

Sạnduhr *die,* altes Zeitmeßgerät, heute nur noch als Eieruhr, ABB. U 1.

Sandwich [s'æn(d)witʃ, engl., nach dem 4. Earl of Sandwich, 1718–1792] *der oder das, -(e)s/-(e)s oder -e,* zwei dünne übereinandergelegte Weißbrotscheiben mit Käse, Schinken, Salatblättern u. a. **Sandwichbauweise** *die,* eine Bauweise, bei der eine leichte wabenartige oder aus Schaum- kunststoff bestehende Kernschicht zwischen Deckplatten geklebt wird. **Sandwichverbindung** *die, meist Pl.,* chem. Verbindung mit spiegelbildlicher Strukturformel.

sanforisịeren [nach dem Erfinder des Verfahrens Sanford L. Cluett, 1874–1968], ich sanforisiere (habe sanforisiert) *es,* mache Baumwollgewebe krumpfecht.

sanft [ahd. semfti, samfto], 1) mild, zart, behutsam, frei von Rauhem, Ungestümem: *ein sanfter Wind; eine sanfte Stimme; ein sanfter Vorwurf; mit sanfter Gewalt; er ist s. entschlafen,* friedlich gestorben. 2) wenig ansteigend, ohne plötzliche Steigungen: *eine sanfte Erhebung.* **Sänfte** [mhd. senfte] *die, -/-n,* Tragstuhl, ABB. S 4. **Sạnftheit** *die, -.* **sänftigen** [mhd. senftigen], *ich* sänftige (habe sänftigt) *ihn,* P besänftige. **Sạnftmut** *die, -,* milder, friedlicher, geduldiger Sinn. **sạnft- mütig. Sạnftmütigkeit** *die, -.*

sang, von singen. **Sang** [ahd. sang] *der, -(e)s/*"*e,* P Gesang, Lied, Dichtung: *mit S. und Klang,* singend, mit Musik; *er verschwand sang- und klanglos,* U unfeierlich, unbemerkt.

sạngbar, geeignet zum Gesangsvortrag.

Sạnge [mhd. sange] *die, -/-n,* **Sạngel** *die, -/-en,* oberdt.: Ährenbüschel.

sạngeln, *ich* sang(e)le (habe gesangelt), *niederdt.:* 1) senge, brenne. 2) *es sangelt,* brennt, juckt (Haut).

sängeln [mhd. sangen, vgl. Sange], *ich* säng(e)le (habe gesängel[e]t), *oberdt.:* lese Ähren.

Sänger [ahd. sangari] *der, -s/-,* 1) jemand, der singt: *Sängerbund.* 2) Gesangskünstler: *Opernsänger.* 3) ⚹ Dichter: *der S. der Ilias,* Homer; *darüber schweigt des Sängers Höflichkeit,* Ü darüber spricht man besser nicht. 4) P Vogel: *die gefiederten S.* **Sängerin** *die, -/-nen,* weibl. Sänger. **Sänger- krieg** *der,* Wettstreit von Sängern. **Sängerschaft** *die, -/-en,* 1) Gesangverein; auch die Gesamtheit der Gesangvereine. 2) studentische Verbindung, die den Gesang pflegt. **Sạngesbru- der** *der,* jemand, der im gleichen Chor oder Gesangverein singt. **sạngesfreudig. sạngeslustig.**

Sạn|gria [auch z'aŋ-, span. sangre ›Blut‹] *die, -,* span. Getränk aus Rotwein und Fruchtstücken (Zitrusfrüchte).

Sangui|niker [lat. sanguineus ›blutvoll‹, zu sanguis ›Blut‹] *der, -s/-,* lebhafter, heiterer, temperamentvoller Mensch. **sanguịnisch.**

Sanidịn [grch. sanis, Gen. sanidos ›Brettchen‹, nach dem tafelförmigen Kristall-Habitus] *der, -s/-e,* ein Mineral, Feld- spat.

sanịeren [lat. sanare ›heilen‹, ›gesund machen‹], *ich* saniere (habe saniert) 1) *es,* schaffe gesunde, hygienische Lebensver- hältnisse, erhalte und erneuere (einen Stadtteil). 2) *es, mich,* mache wieder leistungsfähig: *durch Straffung des Programms sanierte sich das Unternehmen.* 3) *mich,* U bereichere mich. **Sanịerung** *die, -/-en: Altstadtsanierung; Sanierungsplan.*

sanịtär [lat. sanitas ›Gesundheit‹], der Gesundheit und Körperpflege dienend: *sanitäre Anlagen, Einrichtungen,* Toi- lette, Bad mit Installationen. **Sanitạt** *die, -, schweiz., österr.:* das Sanitätswesen. **Sanitạter** *der, -s/-,* in erster ärztl. Hilfelei- stung ausgebildeter Laie. **Sanitạtsdienst** *der, -(e)s,* Kranken- pflege. **Sanitạtshund** *der,* ein für das Aufspüren verschütte- ter Personen abgerichteter Hund. **Sanitạtsrat** *der,* 1) ärztl. Ehrentitel. 2) in Österreich: ein beratendes Organ des Gesundheitswesens. **Sanitạtswache** *die,* ständige Einrich- tung für schnelle Hilfeleistung. **Sanitạtswesen** *das, -s,* 1) öffentl. Gesundheitswesen. 2) ⚔ Gesamtheit der Gesundheits- einrichtungen.

sank, von sinken.

Sạnka *der, -s/-s,* U kurz für: Sanitätskraftwagen.

Sạnkt [lat. sanctus, zu sancire ›festsetzen‹, ›heiligen‹], Abk.: St., heilig (vor Namen).

Sanktịon [frz. sanction, zu lat. sanctio ›Strafbestimmung‹] *die, -/-en,* 1) Anerkennung, Bestätigung, Erhebung zum Gesetz. 2) *Pl.,* Strafmaßnahmen, Zwangsmaßnahmen zur Sicherung völkerrechtl. Verpflichtungen: *militärische Sanktio- nen; Wirtschaftssanktionen.* 3) *Pl.,* Soziologie: positive oder negative soziale Maßnahmen, durch die Gesellschaft die Kontrolle über die Einhaltung ihrer Normen ausübt. **sank- tionịeren,** *ich* sanktioniere (habe sanktioniert) *es,* bestätige es, heiße es gut, erhebe es zum Gesetz: *die Entscheidung der Behörde wurde nachträglich sanktioniert.* **Sanktionịerung** *die, -/-en.*

Sanktịssimum *das, -s,* das Allerheiligste; die geweihte Hostie. **Sanktuạrium** *das, -s/. . . ri|en,* 1) Altarraum der kath. Kirche. 2) Reliquienschrein. **Sạnktus** *das, -/-,* Sanctus.

Sanmarịner *der, -n/-n,* Einwohner von San Marino. **sanmarinẹsisch.**

sạnn, von sinnen.

Sansculotte [săky'ɔt, frz. sans-culotte ›ohne (die höfi- schen) Kniehosen‹] *der, -n* [-ən]/-n [-ən], in der Französischen Revolution Spottname für die Republikaner.

Sansevieria [nach dem italien. Gelehrten Fürst San Severo, 1710–1771] *die, -/. . . ri|en,* ⊕ ein Liliengewächs. **sans gêne** [săʒ'ε:n, frz.], ⚹ zwanglos, nach Belieben. **Sạns|krit** [altind.] *das, -s,* altindische, bis zur Gegenwart verwendete Literatur- und Gelehrtensprache. **sạns|kritisch. Sạns|kritist** *der, -en/-en,* ⚹ Wissenschaft vom Sanskrit. **Sạns|kritịstik** *die, -,* Wissenschaft vom Sanskrit.

Sant', Sạnta, Sạnto, Sāo [portug. sãu, zu lat. sanctus], Abk.: S. und für Santa vor spanischen und portugiesischen weibl. Namen: Sta., heilig(e).

Saphịr [auch -f'i:r, mhd. saphir‹, zu grch. sappheiros] *der, -s/. . . ph'ire,* hochwertiger Edelstein, blauer Korund. **Saphịr- nadel** *die,* Nadel mit sehr hart hergestellter Saphirspitze am Tonabnehmer des Plattenspielers.

sapịenti sat [lat.], dem Kenner (oder dem Einsichtigen) genügt es.

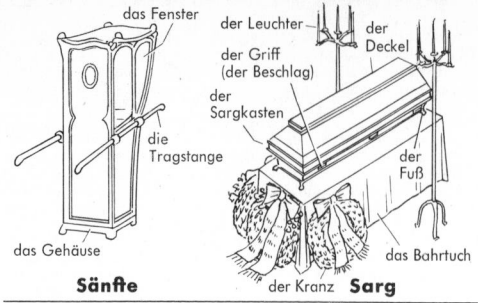

das Fenster
der Leuchter
der Deckel
der Griff
(der Beschlag)
der Sargkasten
die Tragstange
der Fuß
das Gehäuse
das Bahrtuch
Sänfte
der Kranz **Sarg**

Sapine [frz. ›tannener Balken‹, zu sapin ›Tanne‹] *die, -/-n,* langstielige Hacke zum Bewegen von Baumstämmen.

Saponin [lat. sapo, Gen. saponis ›Seife‹] *das, -s/-e, meist Pl.,* Pflanzenglykoside.

Sappe [frz. sape ›Untergrabung‹] *die, -/-n,* ⚭ ⚭ Laufgraben.

sapperlot!, sapperment! [vgl. sackerlot, sackerment], Flüche.

Sappeur [-p'ø:r, vgl. Sappe] *der, -s/-e,* ⚭ ⚭ Soldat, der Laufgräben schaufelt.

sap|phisch [z'apfiʃ, nach der griech. Dichterin Sappho, um 600 v. Chr.], nach Sappho benannt: *sapphische Liebe,* lesbische Liebe; *sapphische Strophe,* eine antike lyrische Strophenform, ÜBERS. M 14.

Sa|probie [-biə, grch. sapros ›faul‹ und vgl. bio. . .] *die, -/. . .bi|en,* **Sa|probiont** *der, -en/-en, meist Pl.,* von verwesenden organ. Stoffen lebende Organismen. **sa|progen** [vgl. . . .gen], fäulniserregend. **Sa|propel** [grch. pelos ›Schlamm‹] *das, -s/-e,* der Faulschlamm. **sa|prophil** [vgl. phil. . .], Biologie: fäulnisliebend (Organismen). **Sa|prophyt** [vgl. phyto. . .] *der, -en/-en, meist Pl.,* pflanzl. Organismen, die von toten organ. Stoffen leben. **Sa|prozoon** [grch. zoon ›Lebewesen‹] *das, -s/. . .z'o|en, meist Pl.,* von Fäulnisstoffen lebende Tiere.

Sara [hebr. ›Fürstin‹, weibl. Vorname.

Sarabande [span. zarabande, über arab., zu pers. särbänd ›Kopfband‹] *die, -/-n,* urspr. ein altspan. Tanz, danach französ. Bühnentanz; Satz der Suite.

Sarafan [russ., aus pers.] *der, -s/-e,* ärmelloses Überkleid der russ. Frauentracht (18. und 19. Jahrh.).

Sarazene [mhd. Sarrazin] *der, -n/-n,* im MA.: Name für Araber, Muslim. **sarazenisch.**

Sarde *der, -n/-n,* Bewohner der italien. Insel Sardinien.

Sardelle [ital. sardella, zu mlat. sarda ›Hering‹] *die, -/-n,* heringsartiger Fisch: *Sardellenbutter; Sardellenpaste.* **Sardine** [ital. sardina] *die, -/-n,* heringsartiger Fisch: *Sardinenbüchse; Ölsardine.*

sardisch, die Sarden betreffend.

sardonisch [grch. sardanios ›grinsend‹], *sardonisches Lachen,* bitteres, krampfhaftes Lachen.

Sard|onyx [mhd. sardonis, zu grch. sardonyx, aus sardion ›sardisch‹ und Onyx] *der,* weiß und rot gestreifter Chalzedon, ein Edelstein.

Sarg [ahd. sarc, zu Sarkophag] *der, -(e)s/ᵘe,* Totenlade, Totenschrein, ABB. S 4: *er ist ein Nagel zu meinem S.,* ∪ er macht mir viel Kummer.

Sari [Sanskrit] *der, -(s)/-s,* aus einem Stück Tuch kunstvoll gewickeltes Gewand der indischen Frau.

Sarkasmus [grch. sarkazein ›zerfleischen‹] *der, -/. . .men,* **1)** *ohne Pl.,* bitterer Hohn, beißender Spott. **2)** sarkastische Bemerkung. **sarkastisch.**

Sarkom [grch. sarx, Gen. sarkos ›Fleisch‹] *das, -s/-e,* ⚕ bösartige Geschwulst der Binde- und Stützgewebe. **sarkomatös.**

Sarkophag [grch. sarkophagos, zu phagein ›fressen‹] *der, -(e)s/-e,* (steinerner) Prunksarg.

Sarong [malaiisch ›Umhüllung‹] *der, -(s)/-s,* rockähnliches buntes Kleidungsstück der indones. Frauen.

Saros|periode *die,* der Zeitabschnitt von 18 Jahren und elf Tagen, nach dem sich Sonnen- und Mondfinsternisse wiederholen.

Sarraß [poln.] *der, . . .rasses/. . .rasse,* großer Säbel.

Sascha [russ. Koseform zu Alexander], männl. Vorname.

saß, von sitzen.

Saß *der, S'assen/S'assen,* der Sasse.

Sassa|fras [wohl span., zu lat. saxifraga ›Steinbrech‹, als Mittel gegen Blasenstein] *der, -/-,* ⊕ **1)** Lorbeergewächs: *Sassafrasöl.* **2)** lorbeerähnlicher Baum.

Sassanide *der, -n/-n,* Angehöriger eines altpers. Königshauses. **sassanidisch.**

Sasse [mhd. saze] *der, -n/-n,* **1)** ⚭ Grundeigentümer; Zinsbauer. **2)** Beisasse. **Sasse** *die, -/-n,* ⚭ Lager der Hasen. **sässig,** ⚭ ansässig.

Sassolin [nach dem Fundort Sasso (Toskana)] *das, -s/-e,* ein Bormineral.

Satan [ahd. satanas, zu hebr. satan ›Widersacher‹] *der, -s/-e,* **Satanas** *der, -/-se,* Teufel; ∪ teuflischer Mensch: *er ist ein wahrer Satan.* **satanisch. Satanismus** *der, -,* literar. Verklärung des Bösen, Grausamen. **Satansbraten** *der,* ∪ durchtriebenen pfiffiger Mensch. **Satanspilz** *der,* ⊕ ein giftiger Röhrenpilz.

Satellit [lat. satelles ›Leibwächter‹, wohl etrusk. Herkunft] *der, -en/-en,* **1)** Leibwächter, Begleiter. **2)** ☆ Mond, Himmelskörper, der einen Planeten umkreist. **3)** *künstlicher S.,* unbemannter Raumflugkörper, der Erde, Mond, Planeten oder Sonne umkreist: *Nachrichtensatellit; Wettersatellit; Satellitenbahn; Satellitenbild,* von einem Satelliten aufgenommenes, über Funk vermitteltes Bild, bes. für die Meteorologie; *Satellitenübertragung,* drahtlose Übertragung von Nachrichten zwischen Bodenstationen über einen Satelliten als Relaisstation. **Satellitenstaat** *der,* Staat, dessen innen- und außenpolit. Spielraum von einer Großmacht bestimmt wird. **Satellitenstadt** *die,* eine Stadt, die hinsichtlich der meisten Dienstleistungen auf ein nahe gelegenes Zentrum angewiesen ist.

Satemsprachen [altiran. satem ›hundert‹], *Pl.,* indogerman. Sprachen, deren palatale Verschlußlaute zu Zischlauten weitergebildet wurden, z. B. altiran. ›satem‹ gegenüber latein. ›centum‹ [kɛ-].

Satertag [mnd. satersdach, eigtl. ›Saturnstag‹] *der, westfäl., ostfries.:* Sonnabend.

Satin [sat'ɛ̃, frz., mhd. satin, aus arab. zaitun ›Gewebe aus dem chines. Ausfuhrhafen Tseu-tung‹] *der, -s/-s,* Gewebe in Atlasbindung mit glatter, glänzender Oberfläche. **satinieren,** *ich satiniere (habe satiniert) es,* glätte (Papier, Stoff).

Satire [lat. satura lanx ›bunte Schüssel‹] *die, -/-n,* entlarvende Verspottung von Personen und Tatbeständen in literar. Form. **Satiriker** *der, -s/-,* **1)** Verfasser von Satiren. **2)** jemand, der auf satirische Weise Kritik übt, Spötter. **satirisch,** spöttisch, in Form einer Satire.

Satisfaktion [lat. satisfactio, aus satis ›genug‹ und facere ›tun‹] *die, -/-en,* Genugtuung durch Ehrenerklärung oder Duell. **satisfaktionsfähig,** *er ist nicht s.*

Sa|trap [mhd. satrapas, zu grch. satrapes, aus pers.] *der, -en/-en,* altpers. Statthalter. **Sa|trapie** *die, -/. . .p'i|en,* das von einem Satrapen verwaltete Gebiet.

Satsuma [japan.] *die, -/-s,* eine Mandarinenart.

satt [ahd. sat], **1)** befriedigt, ohne Bedürfnis nach weiterem Genuß: *von dem Imbiß bin ich nicht s. geworden; er hat sich s. gegessen; sie haben nicht s. zu essen,* ∪ einen Gericht macht mehr *s.; an dem Bild kann ich mich nicht s. sehen.* **2)** überdrüssig: *ich bin, habe, bekomme es s.,* ∪ habe genug davon. **3)** ⟲ gesättigt. **4)** Farbe: kräftig, voll, tief: *satte Farben; ein sattes Rot,* aber: *sattrot.* **5)** *schweiz.:* gemächlich, sacht.

Satte [zu niederdt. setten ›sich setzen‹] *die, -/-n, niederdt.:* Schüssel (für saure Milch).

Sattel [ahd. satul] *der, -s/ᵘ,* **1)** Sitzvorrichtung auf dem Reittier, ABB. S 5, dem Fahr- und Motorrad, ABB. F 3, K 39]. Haltevorrichtung für Lasten auf dem Tragtier: *Satteldecke; Sattelgurt; Sattellage; Damensattel; der Reiter schwang sich in den S.; er sitzt fest im S.,* ∪ seine Stellung ist sicher; *er wurde aus dem S. gehoben,* ∪ wurde verdrängt, besiegt; *er wurde in den S. gehoben,* ∪ in eine hohe Stellung, an die Macht gebracht; *er ist in allen Sätteln gerecht,* ∪ ist jeder Arbeit gewachsen. **2)** ⊕ Senke in einem Bergrücken, ABB. B 20; Antiklinale, nach oben gebogener Faltenteil. **3)** Turnen: Mittelteil des Pferdes, ABB. P 8. **4)** ♪ Saitenhalter auf der Geige, ABB. G 8. **5)** Passe an Kleidungsstücken. **Satteldach** *das,* Dach mit zwei in der Firstlinie zusammenstoßenden Flächen, ABB. D 1. **Satteldruck** *der,* durch einen schlecht liegenden Sattel verursachte Druckstelle (beim Pferd). **sattelfest,** ∪ gründliche Fachkenntnisse besitzend. **sattelförmig. satteln** [ahd. satalon], *ich satt(e)le (habe gesattelt) ein Tier,* lege ihm den Sattel auf:

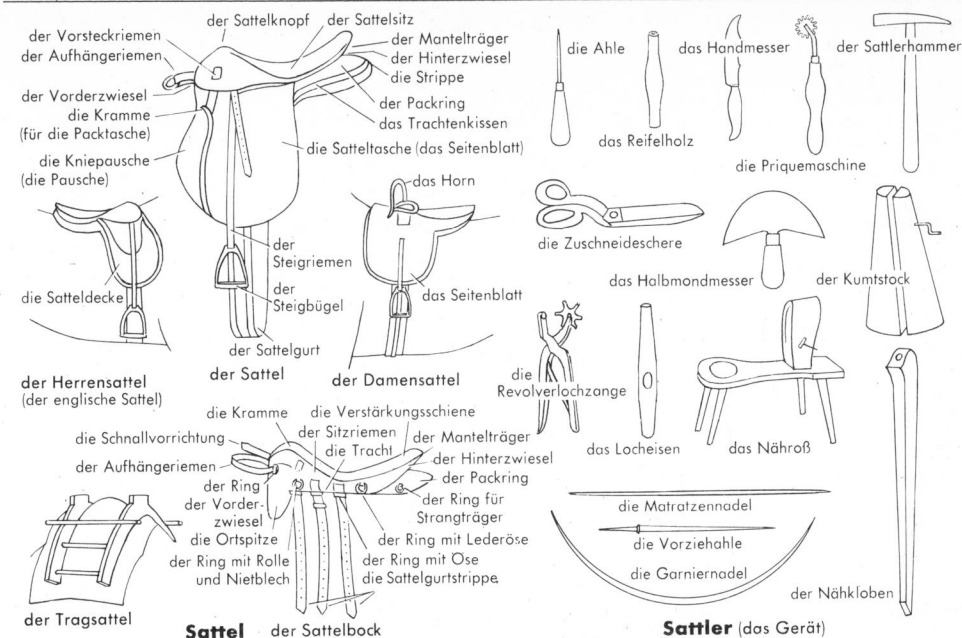

der Vorsteckriemen · der Sattelknopf · der Sattelsitz · die Ahle · das Handmesser · der Sattlerhammer
der Aufhängeriemen · der Mantelträger · der Hinterzwiesel · die Strippe
der Vorderzwiesel · die Kramme (für die Packtasche) · der Packring · das Trachtenkissen · das Reifelholz
die Kniepausche (die Pausche) · die Satteltasche (das Seitenblatt) · die Priquemaschine
das Horn · die Zuschneideschere
der Steigriemen · der Steigbügel · das Seitenblatt · das Halbmondmesser · der Kumtstock
die Satteldecke · der Sattelgurt
der Herrensattel (der englische Sattel) · der Sattel · der Damensattel · die Revolverlochzange
die Kramme · die Verstärkungsschiene · das Locheisen · das Nähroß
die Schnallvorrichtung · der Sitzriemen · der Mantelträger
der Aufhängeriemen · die Tracht · der Hinterzwiesel · der Packring
der Ring · der Vorderzwiesel · der Ring für Strangträger · die Matratzennadel
die Ortspitze · der Ring mit Lederöse · die Vorziehahle
der Ring mit Rolle und Nietblech · der Ring mit Öse · die Sattelgurtstrippe · die Garniernadel
der Tragsattel · der Nähkloben
Sattel · der Sattelbock · **Sattler** (das Gerät)

die Pferde stehen schon gesattelt vor dem Stall. **Sattelpferd** *das,* das in einem Gespann links vorn gehende Pferd. **Sattelschlepper** *der,* ein Lastkraftwagen, ABB. K 40. **Satt(e)lung** *die, -/-en,* das Satteln, der Sitz des Sattels. **Sattelzeug** *das,* ein Sattel mit Zubehör.

Sattheit *die, -,* das Sattsein. **sättigen,** *ich* sättige (habe gesättigt) *ihn, mich,* mache satt, stille seinen Hunger: *wir sättigten uns an den leckeren Speisen; eine gesättigte Lösung,* ↺; vgl. gesättigt. **Sättigung** *die, -/-en:* Sättigungsgrad.

Sattler [ahd. satilari] *der, -s/-,* ein Handwerker der Lederverarbeitung: *Sattlerwerkzeuge;* vgl. ABB. S 5. **Sattlerei** *die, -/-en,* Werkstatt des Sattlers.

sattsam [zu satt und vgl. . . . sam], genügend, hinreichend: *die Schwierigkeiten sind s. bekannt.*

Saturation *die, -,* ↺ 1) Sättigung. 2) ein besonderes Verfahren bei der Zuckergewinnung. **saturieren** [lat. saturare ›sättigen‹], *ich* saturiere (habe saturiert), 1) *es,* ↺ sättige, neutralisiere. 2) *ihn,* Ü befriedige seine Ansprüche. **saturiert,** Ü selbstzufrieden, satt: *das saturierte Bürgertum.*

Saturn [lat. Saturnus], 1) ein altröm. Gott, dem griech. Kronos gleichgesetzt. 2) *der, -s,* ⚹ zweitgrößter Planet unseres Sonnensystems, vgl. ABB. R 22. 3) *das, -s,* ⚗ Blei. **Saturnalien,** *Pl.,* altröm. Volksfest zu Ehren des Gottes Saturn. **saturnisch,** 1) den Gott Saturn betreffend: *Saturnisches Zeitalter,* Goldenes Zeitalter. 2) Ü uralt; groß und schrecklich.

Satyr [österr. zat'yr, grch. Satyros] *der, -n/-n* oder *-s/-e* [-t′y-], 1) *meist Pl.,* griech. Mythologie: ein Fruchtbarkeitsdämon im Gefolge des Dionysos. 2) Ü auf grobe Weise sinnlicher, lüsterner Mensch. **Satyriasis** *die, -,* ⚕ krankhaft gesteigerter Geschlechtstrieb des Mannes. **Satyrspiel** *das,* eine Gattung des griech. Dramas.

Satz [mhd. saz, zu setzen] *der, -es/⸗e,* 1) Ⓢ kleinste selbständige Einheit der Rede, ÜBERS. S 79: *Satzbau; Satzgefüge; Hauptsatz; Nebensatz.* 2) grundlegende (wissenschaftliche) Aussage: *Lehrsatz; Grundsatz; Glaubenssatz; der S. vom Widerspruch.* 3) ♪ ein in sich selbständiger Abschnitt eines mehrteiligen Musikwerkes: *die Ecksätze der Symphonie,* erster und letzter Satz; auch die kompositorische Setzweise eines Stückes: *ein mehrstimmiger S.* 4) ⊘ das Zusammenstellen eines Textes aus Lettern mit der Hand oder maschinell; der auf diese Weise hergestellte Schriftsatz, ABB. S 7: *Handsatz;* vgl. ABB. S 48;

Maschinensatz; ich gebe mein Manuskript zum S. 5) Gruppe zusammengehöriger Gegenstände: *Bausatz; ein S. Schüsseln,* ABB. S 7. 6) ⚥ Spielabschnitt bei Tennis und einigen anderen Ballspielen: *er gewann alle drei Sätze.* 7) Sprung: *der Hase macht einen S.!; in wenigen Sätzen war er davon.* 8) Rückstand, Niederschlag: *Bodensatz; Kaffeesatz.* 9) übliches Maß, Tarif: *deine Forderung überschreitet unseren S.; Zinssatz.* 10) ✿ Wurf einer Häsin. 11) die eingesetzte Fischbrut im Teich. **Satzaussage** *die,* Prädikat, ÜBERS. S 79. **Satzergänzung** *die,* Objekt, ÜBERS. S 79. **Satzfehler** *der,* ⊘ Setzfehler, ein Fehler im Schriftsatz. **Satzgegenstand** *der,* Subjekt, ÜBERS. S 79. **Satzhase** *der,* ✿ Häsin. **Satzlehre** *die,* ✿ Syntax, ÜBERS. S 79. **Satzspiegel** *der,* ⊘ der bedruckte Teil einer Seite, ABB. B 53. **Satzung** *die, -/-en,* schriftlich niedergelegte Regeln, die Verfassung, Vorschriften einer Gesellschaft oder eines Vereins. **satzungsgemäß,** *die Abstimmung war nicht s.* **satzweise,** in einzelnen Sätzen. **Satzzeichen** *das,* schriftl. Hilfszeichen zur Gliederung eines Satzes, ÜBERS. S 6.

Sau [ahd. su] *die, -/Säue,* 1) weibl. Hausschwein, ABB. S 43; Sinnbild der Schmutzigkeit: *so eine S.!,* U derb: unter aller Kritik, ganz schlecht; *das hieße Perlen vor die Säue werfen,* U etwas Wertvolles an Unwürdige verschwenden; *er hat ihn zur S. gemacht,* U derb: abgekanzelt. 2) *Pl. -en,* ✿ Wildschwein: *grobe Sauen,* starke. **sau. . .,** U derb: sehr, sehr groß, sehr schlecht: *saukalt; Sauwetter.* **Sauarbeit** *die,* U derb: 1) mühselige, langwierige Arbeit. 2) schlechte Leistung. **Saubär** *der,* oberdt.: Eber.

sauber [ahd. subar], 1) rein, schmutzfrei, frisch gewaschen: *ich ziehe saubere Wäsche an; saubere Kernwaffen,* Ü mit geringer radioaktiver Strahlung. 2) ordentlich, sorgfältig: *dieser Tisch ist s. gearbeitet.* 3) Ü anständig, sittlich einwandfrei: *bleib s.!,* U; *ein sauberer Charakter,* U ein ehrbarer Mensch; *er hat eine saubere Weste,* U ein reines Gewissen; *saubere Leinwand,* U moralisch einwandfreier Film. 4) U hübsch: *ein sauberes Mädchen.* 5) U ironisch: unerfreulich, schlimm: *ein sauberer Kerl.* **sauberhalten,** *ich* halte es sauber (hielt sauber, habe saubergehalten), sorge dafür, daß es sauber bleibt: *sie hält das Haus sauber; wir müssen unsere Seen und Flüsse sauberhalten.* **Sauberkeit** *die, -.* **säuberlich,** behutsam, sorgfältig: *fein s. gezeichnet.* **saubermachen,** *ich* mache es sauber (habe saubergemacht), reinige: *sie hat heute (die Wohnung) sauberge-*

Satzzeichen

Der **Punkt** (.) steht
1) am Ende des Aussagesatzes: *Alles lacht.*
2) hinter Ordnungszahlen: *am 1. April, Otto I.*
3) bei Abkürzungen, die im vollen Wortlaut gesprochen werden: *z. B., z. T., dgl., usw.* (aber ohne Punkt: *DRK* de:erk′a:).

Kein Punkt nach Überschriften, Unterschriften, Anschriften, selbständigen Datumsangaben sowie Abkürzungen für Maßeinheiten, Himmelsrichtungen und chemischen Elementen.

Das **Semikolon** (;) steht
1) zwischen selbständigen Sätzen, die gedanklich eng verbunden sind: *Er war so lustig; wir haben Tränen gelacht.*
2) oft vor den Bindewörtern **denn, doch, daher** u. a.: *Der Frühling ist nahe; doch die starken Schneefälle der letzten Tage versetzen uns in eine Winterlandschaft.*
3) bei längeren Aufzählungen, um Gruppen abzugliedern: *alle jagdbaren Tiere des Waldes und Feldes: Hirsche, Rehe, Wildschweine; Hasen, Fasane, Rebhühner.*

Das **Komma** (,) steht
1) zwischen Haupt- und Nebensatz: *Wenn der Frühling naht, schmilzt der Schnee in den Bergen.*
2) zwischen Haupt- und eingeschlossenem Nebensatz jeder Art: *Der Mann, der das Geld abgeholt hatte, gehörte zur Firma.*
3) zwischen Nebensätzen: *Ich höre, daß er gute Arbeit leistet, jedoch wenig Anerkennung dafür erntet.*
4) zwischen nebengeordneten Satzgliedern, die nicht durch **und** oder **oder** verbunden sind: *bald hier, bald dort; mit frohem, frischem Mut;* auch bei Aufzählungen: *die Grundfarben Rot, Gelb, Grün und Blau.*
5) zwischen zwei Hauptsätzen, die mit **und** oder **oder** verbunden sind, wenn jeder sein eigenes Subjekt hat: *Das Wetter war gut, und wir konnten viel wandern.*
6) vor und nach Apposition: *Prinz Eugen, der edle Ritter. Sonntag, den 1. März, um 5 Uhr.*
7) vor und nach der Anrede: *Nachher, Fritz, wollen wir spielen.*
8) vor und nach sogenannten verkürzten Sätzen, Partizipialsätzen und Infinitivsätzen, bes. vor dem Infinitiv mit **um zu, ohne zu, anstatt zu;** vor dem Infinitiv mit **zu,** wenn er erweitert oder wenn auf ihn mit **es** hingewiesen ist: *Die Tiere eilten zum Bach, um zu trinken. Der Hund*

versuchte, mit Bellen und Knurren die Aufmerksamkeit seines Herrn zu erregen. Ich kann es nicht ertragen, dich so elend zu sehen. Ich hatte es dir geraten, zu warten. Partizipialsätze, die durch nähere Bestimmungen erweitert sind: *Er schlief, von der langen Fahrt ermüdet, sofort ein. Immer noch auf einen Ausweg hoffend, ließ er den Mut nicht sinken.*

Das **Fragezeichen** (?) steht am Ende des unabhängigen Fragesatzes oder nach einem Fragewort: *Wie? Was wünschen Sie?*

Das **Ausrufezeichen** (!) steht nach einem Ausruf sowie am Ende eines Ausruf-, Aufforderungs- oder Wunschsatzes: *Pfui! Herein! Komm doch! O wären wir doch schon zu Hause!* Auch um einem Satz Nachdruck zu verleihen: *Ich sage es dir nicht noch einmal!*

Der **Gedankenstrich** (–) steht
1) zur Bez. eines unvollendeten Satzes: *Beeile dich, sonst –!*
2) als Zeichen der Pause, auch um auf etwas Unerwartetes vorzubereiten: *Plötzlich – ein Schrei.*
3) statt eines Kommas und nach eingeschobenen Satzteilen und Sätzen, die besonders hervorgehoben werden sollen: *Ich betone – das habe ich von Anfang an gesagt – meine Zweifel an der Echtheit des Bildes.*

Die **Pünktchen** (. . .) stehen wie Gedankenstrich 1) und 2).

Der **Doppelpunkt** (das Kolon :) steht
1) vor der wörtlich angeführten Rede: *Er sagte: „Ich gehe jetzt.“*
2) vor Erklärungen und Aufzählungen: *Die Woche hat sieben Tage: Montag, Dienstag, Mittwoch . . .*
3) oft vor angekündigten Satzstücken, vor einer Zusammenfassung oder Folgerung; in diesem Fall schreibt man nach dem Doppelpunkt klein: *Das Ende war vorauszusehen: er verlor alles, was er hatte.*

Die **Anführungsstriche** („…“) stehen
1) vor und hinter der wörtlich angeführten Rede: *„Ich bin“, spricht jener, „zu sterben bereit.“*
2) zur Kennzeichnung eines Buchtitels, einer Überschrift, einer wörtlich angeführten Textstelle: *Goethes „Faust“. So ein „Geklingel“, wie er das nannte.* Auch wenn Wörter spöttisch gebraucht werden: *Das sind „bessere“ Leute.*

---

macht; aber: das hat er sauber gemacht, U *ordentlich.* **säubern** [ahd. subiren], *ich säub(e)re (habe gesäubert) es,* 1) entferne Schmutz. 2) Ü entferne etwas mißliebiges oder störende Personen: *der Saal wurde von Demonstranten gesäubert.* 3) säume die Schnittkanten (Schneiderei). **Säuberung** *die, -/-en,* 1) das Entfernen von Schmutz. 2) Ü das Entfernen mißliebiger Personen aus einer Partei, Organisation, Regierung u. a.: *Säuberungsaktion; Säuberungsprozeß; Säuberungswelle.*

saublöd(e), U *sehr blöde: seine Fragen waren s.* **Saubohne** *die,* Puffbohne, Gemüsepflanze.

Sauce [z′o:sə, frz., zu lat. salsus ›gesalzen‹] *die, -/-n,* Soße, Tunke: *Salatsauce.* **Sauciere** [zo:sj′ɛr(ə), frz.] *die, -/-n,* Soßenschüssel, Abb. E 10. **saucieren** [zo:-], frz. *sauciere (habe sauciert) es,* tränke mit Soße (Tabak).

saudumm, U 1) *sehr dumm.* 2) *sehr peinlich, ärgerlich: das ist eine saudumme Geschichte.* **sauen,** *ich saue (habe gesaut),* 1) U bes.: *mache schmutzig.* 2) U *derb: erzähle unanständige Witze.* 3) *das Schwein saut, bekommt Junge.* 4) (bin gesaut), *schwäb.: laufe, renne.*

sauer [ahd. sur], 1) *im Geschmack dem Süßen entgegengesetzt, den Mund zusammenziehend: saure Gurken,* in Essig eingelegte; *ein saurer Wein,* sehr herber Wein; *er mußte in den sauren Apfel beißen,* das ihm Unangenehme tun; *gib ihm Saures!,* U *sage ihm gehörig die Meinung, verprügle ihn.* 2) ☉ *aus Säure bestehend, säurehaltig: es reagiert s., zeigt die Eigenschaften von Säuren; saurer Regen,* für die Vegetation schädlicher Niederschlag, der Schwefeldioxid enthält. 3) *geronnen, verdorben: die Milch ist s. geworden; Sauermilch.* 4) Bodenkunde: *reich an säurehaltigen Stoffen.* 5) *mitteldt.: salzig.* 6) *oberdt.: grün (Holz).* 7) U *verdrießlich, verbittert, mühselig, ärgerlich: sie machte ein saures Gesicht,* schaute unfreundlich;

er hat es sich s. werden lassen, hat viel Mühe darangewendet; *das habe ich mir s. erworben; heute bin ich s.,* U *schlecht gelaunt, ärgerlich; warum reagierst du so s. darauf?,* U. **Sauer** *das, -s,* 1) Hasen- oder Gänseklein, in Essig mit Gewürz zubereitet: *Schwarzsauer.* 2) *bair.:* Nachmolke. 3) *niederdt.:* Essig. 4) Sauerteig. **Sauerampfer** *der,* 1) ein Knöterichgewächs. 2) ein Korbblüter. **Sauerbraten** *der,* marinierter Rinderbraten. **Sauerbrunnen** *der,* Mineralwasser, das reich an freiem Kohlendioxid ist. **Sauerdorn** *der, -(e)s/-e,* die Berberitze. **Sauerei** *die, -/-en,* U *derb:* 1) *ohne Pl.,* sehr schmutziger, unordentlicher Zustand. 2) Unanständigkeit, Schmutzigkeit: *er erzählt ständig Sauereien.* 3) etwas Schlimmes, Unverschämtes: *diese Kündigung ist eine große S.*

Sauergras *das,* Riedgras. **Sauerkirsche** *die,* eine Kirschensorte. **Sauerklee** *der,* oxalsäurehaltige Pflanze mit kleeblattartigen Blättern. **Sauerkohl** *der, -(e)s,* eingesalzenes Weißkraut. **säuerlich,** 1) schwach sauer: *ein säuerlicher Apfel.* 2) Ü übelnehmerisch, mißvergnügt; altjüngferlich: *mit säuerlicher Miene.* **Säuerling** *der, -s/-e,* 1) Sauerbrunnen. 2) ⊕ Sauerampfer. **säuern,** *es sauert (hat gesauert),* ☊ *macht sauer.* **säuern** [ahd. suren], *ich säu(e)re (habe gesäuert),* 1) *es,* mache sauer: *gesäuertes Brot.* 2) *es säuert,* wird sauer: *die Milch säuert.* **Sauerstoff** *der, -(e)s,* ☉Zeichen: O, gasförmiges, (für die Atmung) lebensnotwendiges Element, reagiert mit vielen Stoffen unter Licht- und Wärmeentwicklung (Oxidation): *Sauerstoffmangel; Sauerstoffpatrone.* **Sauerstoffgerät** *das,* 1) ⚕ eine Vorrichtung zum Einatmen von Sauerstoff. 2) ein Atemgerät, das den Träger während eines Einsatzes: *mit eigener Luftzufuhr versorgt. Luftzufuhr nährt;* vgl. Abb. R 9. **Sauerstoffzelt** *das,* ⚕ über dem Krankenbett aufgebaute Vorrichtung aus Kunststoffolie, in die Sauerstoff langsam einströmt. **sauersüß,** 1) von säuerlich-süßlichem

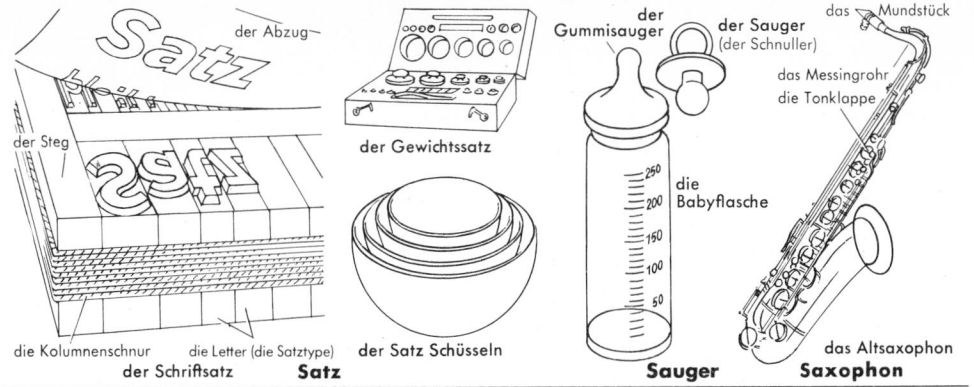

der Abzug — der Steg — die Kolumnenschnur — die Letter (die Satztype) — der Schriftsatz — **Satz** — der Satz Schüsseln

der Gewichtssatz

der Gummisauger — der Sauger (der Schnuller) — das Mundstück — das Messingrohr — die Tonklappe — die Babyflasche — **Sauger** — das Altsaxophon — **Saxophon**

Geschmack. **2)** Ü mit gemischten Gefühlen: *sie lächelte s.*
Sauerteig *der,* gärender Mehlteig, ein Treibmittel zum Brotbacken. **sauertöpfisch,** U griesgrämig.
Sau|fang *der,* ⚕ eine Umzäunung mit Falltür, um Schwarzwild lebend zu fangen.
Sauf|aus *der, -/-,* **Saufbold** *der, -(e)s/-e,* **Saufbruder** *der,* U Trinker.
Sau|feder *die,* ein Holzschaft mit zweischneidiger Eisenspitze, Waffe für die Schwarzwildjagd, Fangeisen.
saufen [ahd. sufan], *ich saufe* (habe gesoffen), *er säufst, er säuft,* **1)** *(es),* U derb: trinke heftig, unmäßig, vor allem geistige Getränke: *er säuft wie ein Loch,* trinkt viel Alkohol; *er säuft alle unter den Tisch,* kann mehr Alkohol vertragen als die anderen. **2)** *das Vieh säuft,* trinkt: *ich gebe der Kuh zu saufen.* **Säufer** *der, -s/-,* U Trinker. **Sauferei** *die, -/-en,* U unmäßiges Trinken, Zechgelage. **Säuferleber** *die,* U Leberzirrhose durch übermäßigen Alkoholgenuß. **säufern,** *es säufert* (hat gesäufert), *oberdt.:* rinnt, trieft, sickert. **Säuferwahnsinn** *der,* U Geistesstörung bei chron. Trunksucht, Delirium tremens. **Saufkumpan** *der,* U Freund für Saufereien.
Sau|fraß *der,* U derb: minderwertiges Essen.
Saugbohner *der,* ein Staubsauger, der zugleich bohnert, ABB. S 60. **saugen** [ahd. sugan], *ich sauge,* **1)** (habe gesaugt oder gesogen) *es,* ziehe etwas, meist eine Flüssigkeit, aus etwas heraus in mich (etwas) hinein: *Mücken saugen Blut; der Säugling saugt Milch aus der Flasche; er hat (sich) diese Behauptung aus den Fingern gesogen,* Ü frei erfunden. **2)** (habe gesaugt) *den Teppich,* reinige mit dem Staubsauger. **saugen,** *die Mutter säugt* (hat gesäugt) *das Kind,* gibt ihm von der Brust zu trinken, stillt es. **Sauger** *der, -s/-,* **1)** Anlage, die etwas einzieht oder absaugt. **2)** Gummihütchen auf der Babyflasche; Schnuller, ABB. S 7. **3)** kurz für: Staubsauger. **4)** 🐾 Tier, das von pflanzl. oder tierischen Gewebeflüssigkeiten lebt. **Säuger** *der, -s/-,* **Säugetier** *das,* ein Wirbeltier, das seine Jungen durch Muttermilch nährt. **saugfähig,** *ein saugfähiges Gewebe.* **Saugflasche** *die,* Babyflasche, vgl. ABB. S 7. **Saugglocke** *die,* Vakuumextraktor, ein ärztliches Gerät. **Saugheber** *der,* U-förmiges Glasrohr zum Ansaugen von Flüssigkeiten, ABB. H 12. **Saugkopf** *der,* Deflektor. **Saugkürettage** [-ʒə]

⚕ Schwangerschaftsabbruch, bei der durch Unterdruck die Gebärmutter leergesaugt wird. **Säugling** *der, -s/-e,* Kind im ersten Lebensjahr: *Säuglingsheim; Säuglingsschwester.*
Saugnapf *der,* Haftorgan mancher Würmer, Kopffüßer, Insekten u. a., ABB. P 19.
sau|grob, U derb: sehr grob.
Saugwurm *der,* wurmartiger Schmarotzer mit Saugnäpfen oder Haken.
Sauhatz *die,* ⚕ Jagd auf Schwarzwild. **Sauhaufen** *der,* U derb: eine ungeordnete Menge von Menschen oder Dingen. **Sauigel** *der,* U derb: ein Mensch, der unanständige Witze erzählt. **sauigeln,** *ich saui(e)le* (habe gesauigelt). **säuisch,** U derb: schmutzig, unanständig. **Saukerl** *der,* U derb: gemeiner Mensch.
Säulchen *das, -s/-.* **Säule** [ahd. sul] *die, -/-n,* **1)** ⫿ runde, meist verzierte Stütze von Gebäuden, ABB. S 8, S 27, T 6: *die antike Säulenordnung; Säulenportal; Säulenschaft; Halbsäule; Marmorsäule.* **2)** senkrechte Stütze, Pfosten. **3)** etwas gerade Aufsteigendes: *Rauchsäule; die Quecksilbersäule stieg auf über 35 °C.* **4)** ⚙ Marschgruppe in geschlossener Ordnung, Kolonne. **5)** Ü Stütze, Helfer: *er ist eine S. der Wissenschaft.* **6)** *mitteldt., niederdt.:* Schusterahle. **Säulenhalle** *die,* durch Säulen gegliederter Raum. **Säulenheilige** *der,* Stylit, im Altertum und MA.: christl. Einsiedler, der sein Leben auf einer Säule zubrachte: *er sitzt da wie ein Säulenheiliger,* Ü steif, unbeweglich. **Säulenkaktus** *der,* säulen- oder kandelaberartiger Kaktus.
Saulus [der Apostel Paulus hieß vor seiner Bekehrung Saulus, hebr. ›der Erbetene‹, B männl. Vorname: *aus einem S. wird ein Paulus,* Ü aus dem Bekämpfer einer Ansicht wird ein Verteidiger.
Saum [ahd. soum, zu siuwen ›nähen‹ *der, -(e)s/S'äume,* **1)** Rand, Einfassung, Besatz an Stoffen, ABB. N 2: *Rocksaum.* **2)** P Rand (einer Fläche): *der S. des Waldes; Ufersaum.*
Saum [ahd. soum, zu grch. sagma ›Packsattel‹ *der, -(e)s/ S'äume,* ⚙ Traglast eines Tieres.
Saumagen *der,* **1)** U ein Magen, der alles verträgt. **2)** *oberdt.:* Preßkopf. **saumäßig,** U derb: **1)** sehr schlecht: *eine saumäßige Arbeit; das Wetter ist s.* **2)** sehr: *ich friere s.*

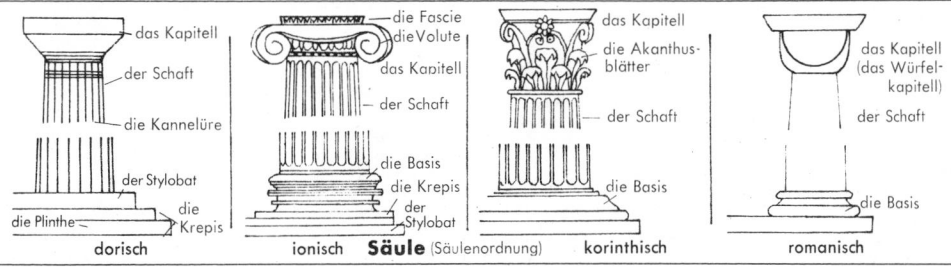

das Kapitell — der Schaft — die Kannelüre — der Stylobat — die Plinthe — die Krepis — **dorisch**

die Fascie — die Volute — das Kapitell — der Schaft — die Basis — die Krepis — der Stylobat — **ionisch** **Säule** (Säulenordnung)

das Kapitell — die Akanthusblätter — der Schaft — die Basis — **korinthisch**

das Kapitell (das Würfelkapitell) — der Schaft — die Basis — **romanisch**

---

säumen [spätmhd. seumen], *ich säume (habe gesäumt) es,* bringe einen Saum an, ABB. N 2.

säumen [mhd. sumen. zu ahd. firsumen ›versäumen‹], *ich säume (habe gesäumt),* P zaudere, zögere, kann mich nicht entschließen: *säume nicht!*

säumen [Rotwelsch soimen], *ich säume (habe gesäumt) es,* G kaufe. **Säumer** *der, -s/-,* G Kaufmann.

Säumer *der, -s/-,* ⚒ 1) Saumtier. 2) Saumtiertreiber.

Säumer *der, -s/-,* jemand, der zögert, unentschlossen ist.

säumig [mhd. sumic], träge, verspätet, nachlässig: *ein säumiger Schuldner,* jemand, der seine Schulden nicht pünktlich zurückzahlt. **Säumigkeit** *die, -.* **Säumnis** *die, -/-se* oder *das, -ses/-se,* ⚒ Verzögerung, Aufschub, Verzug: *Säumniszuschlag.*

Saumpfad *der,* schmaler Gebirgspfad (für Saumtiere begehbar).

Saumsal [mhd. sumesal] *die, -/-e* oder *das, -(e)s/-e,* ⚒ Unordnung, Unpünktlichkeit. **saumselig** [mhd. sumeselic], *ein saumseliger Mensch; er arbeitet s.* **Saumseligkeit** *die, -.*

Saumtier *das,* Packtier (im Gebirge), besonders Maultier, Esel.

Sauna [finn.] *die, -/-s* oder *. . . nen,* Heißluftbad mit Kaltwasseranwendung. **saunen,** *ich saune (habe gesaunt),* **saunieren,** *ich sauniere (habe sauniert).*

Säure [mhd. siure] *die, -/-n,* 1) ⚗ Verbindung, die in wäßriger Lösung Wasserstoffionen abgibt: *Säurevergiftung; Magensäure; Schwefelsäure.* 2) *ohne Pl.,* saure Beschaffenheit: *die S. des Essigs, der Zitrone; Weine mit viel (wenig) S.* **säurebeständig,** widerstandsfähig gegen Säuren. **Sauregurkenzeit** *die,* U der geschäftlich und politisch meist ereignisarme Hochsommer. **säurehaltig.**

Saurier [grch. sauros ›Eidechse‹] *der, -s/-,* ausgestorbenes Kriechtier.

Saus [mhd. sus] *der,* nur noch in der Redewendung: *er lebt in S. und Braus,* verschwenderisch, im Überfluß. **Sause** *die, -/-n,* U Fest, bei dem viel getrunken wird; Zechtour. **säuseln,** *es säuselt (hat gesäuselt),* 1) weht leicht: *der Wind s. in den Bäumen.* 2) *ich säus(e)le,* U flüstere, rede süßlich. **sausen** [ahd. suson], *ich sause,* 1) (ist gesaust), eile, bewege mich sehr schnell fort: *ich s. um die Ecke,* U; *er ist durch die Prüfung gesaust,* U hat sie nicht bestanden. 2) *es saust* (hat gesaust), rauscht brausend: *der Wind saust in den Bäumen; es saust mir in den Ohren.* 3) *es saust* (hat gesaust), oberdt.: gärt. **sausenlassen,** *ich lasse es, ihn sausen* (habe sausenlassen), U; *er ließ die Verabredung sausen.* **Sauser** *der, -s/-,* oberdt.: 1) frisch gegorener, schäumender Wein. 2) Zechbummel.

Saustall *der,* 1) Schweinestall. 2) U derb: Raum, in dem Schmutz und Unordnung herrschen; ungeordnete Verhältnisse: *er hat aus unserem Betrieb einen S. gemacht,* U.

Sauvegarde [sovg'ard, frz., zu sauf ›wohlbehalten‹ und Garde] *die, -/-n* [-dən], ⚒ Schutzwache, Schutzbrief.

Sauveterrien [sovtɛri'ɛ̃, nach dem Fundort Sauveterre-la-Lémance im französ. Dép. Lot-et-Garonne] *das, -(s),* eine Kulturgruppe der Mittelsteinzeit.

Sauwetter *das,* U derb: sehr schlechtes Wetter. **Sauwirtschaft** *die,* U der: verkommene Verhältnisse. **sauwohl,** U sehr wohl: *ich fühle mich s.; uns ist s.* **Sauwut** *die,* U der: sehr große Wut.

Savanne [span. sabana] *die, -/-n,* Vegetationsgürtel der wechselfeuchten Tropen, meist Grasland.

Savoir-faire [savwarf'ɛ:r, frz. ›zu tun wissen‹] *das, -,* Gewandtheit. **Savoir-vivre** [savwarv'ivr, frz. ›zu leben wissen‹] *das, -,* feine Lebensart.

Savoyarde *der, -n/-n,* Savoyer, Bewohner der französ. Landschaft Savoyen. **savoyisch.**

Saxone *der, -n/-n,* latein. Name der Sachsen.

Saxophon [nach dem französ. Instrumentenbauer A.-J. Sax, 1814–1894, und grch. phone ›Stimme‹, ›Klang‹] *das, -s/-e,* ein Blasinstrument, ABB. B 33, S 7: *Tenorsaxophon.* **Saxophonist** *der, -en/-en.*

sazerdotal [lat. sacerdos ›Vollzieher der Opfer‹, ›Priester‹], priesterlich. **Sazerdotium** [lat. sacerdotium] *das, -s,* Priesteramt; im MA. die geistliche Gewalt des Papstes.

sb, Zeichen für: Stilb.

Sb, ⚛ Zeichen für: Antimon (lat. Stibium).

SB, U kurz für: Selbstbedienung: *SB-Markt; SB-Tankstelle.*

S-Bahn *die,* Abk. für: Schnellbahn oder Stadtbahn.

SBB, Abk. für: Schweizerische Bundesbahnen.

Sbirre [ital. sbirro] *der, -n/-n,* früher: Vollzugsbeamter der italien. Gerichts- und Polizeibehörden.

s. Br., auch südl. Br., Abk. für: südlicher Breite.

Sbrinz [nach der schweiz. Gemeinde Brienz] *der, -(es), schweiz.:* scharfer Hartkäse.

SBZ, Abk. für: Sowjetische Besatzungszone (in Deutschland).

sc., Abk. für: 1) scilicet. 2) sculpsit. 3) subkutan.

Sc, ⚛ Zeichen für: Scandium.

S. C., Abk. für: Senioren-Convent.

Scampi [ital.], *Pl.,* garnelenähnliche eßbare Krebse, bes. im Mittelmeer.

Scandium [nach lat. Scandia ›Skandinavien‹] *das, -s,* ⚛ Element, Zeichen: Sc, ein Leichtmetall.

sch, Sch *das, -/-,* stimmloser Reibelaut, ÜBERS. G 34.

sch!, Ausruf, um etwas zu verscheuchen.

Schabbes [jidd., zu hebr. schabbat] *der, -,* Sabbat.

Schabe [mhd. schabe] *die, -/-n,* 1) Schaber. 2) ein schädliches Insekt. 3) *oberdt.:* Motte. 4) *oberdt.:* Krätze.

Schabe [spätmhd. schabe] *die, -/-n,* Stengelabfälle bei der Flachs- und Hanfgewinnung.

Schabefleisch *das,* rohes, zerkleinertes Fleisch. **Schabeisen** *das,* bei der Schabkunst verwendetes Werkzeug. **schaben** [ahd. scaban], *ich schabe (habe geschabt),* 1) *es,* kratze über größere Flächen: *ich s. Sellerie, reibe zu Flöckchen; ich s. Möhren, Rüben, reibe die schmutzige, harte Außenschicht ab; ich s. ihm Rübchen,* U verspotte ihn. 2) *es,* ⊙ nehme feinste Späne ab zur Verbesserung der Oberflächengüte. 3) *mich* (an etwas), scheuert, reibt. 4) *mich,* U rasiere. 5) *mich,* U ärgere mich. **Schaber** *der, -s/-,* Kratzwerkzeug, besonders zum Schaben, ABB. R 2, S 9.

Schabernack [mhd. schabernac] *der, -(e)s,* Neckerei, Possen, übermütiger Streich: *ich spiele ihm einen S.*

Schabhals *der, oberdt.:* Geiziger. **schäbig** [mhd. schebic], 1) ärmlich, ungepflegt: *er war s. angezogen; ein schäbiger Mantel.* 2) geizig; unredlich: *ein schäbiges Benehmen; man hat mich s. behandelt.* 3) *oberdt.:* krätzig. **Schäbigkeit** *die, -.*

Schabkunst *die,* eine Kupferstichtechnik, bei der die aufgerauhten Stellen der Platte, die hell erscheinen sollen, mit dem Schabeisen weggeschabt werden.

Schablone [mhd. schampelion] *die, -/-n,* Hilfsgerät zur Vervielfältigung von Mustern oder Formen, ABB. M 2: *Holzschablone; Schablonendruck;* ⚒ Sinnbild geistloser Gleichförmigkeit: *nach der S.; er denkt in Schablonen.* **schablonenhaft,** *sein Denken und Handeln ist s.* **schablonieren,** *ich schabloniere, schablonisiere (habe schabloniert, schablonisiert) es.*

Schabotte [frz. chabotte] *die, -/-n,* ⊙ der das Werkstück tragende Teil des Maschinenhammers.

Schabracke [türk. çaprak] *die, -/-n,* 1) überhängende Decken, Stoffe (an Fenstern, ABB. F 13, Sesseln). 2) U verächtl.: altes Pferd, alte Frau. **Schabrunke** *die, -/-n,* früher: Decke über den Packtaschen, ABB. S 9.

Schabsel *das, -s/-,* abgeschabtes Stückchen. **Schabzie(e)ger** *der, -s/-, alem.:* grüner Kräuterkäse.

Schach [mhd. schach, zu pers. schah ›König‹] *das, -s,* 1) Brettspiel für zwei Personen, ABB. B 48, S 9: *Schachcomputer; Schachfigur; Schachpartie; Schachspiel; Schachturnier; ich spiele S.* 2) Warnung an den Gegner im Schachspiel: *S. (dem König)!; der König steht im S., ist angegriffen; ich biete ihm S.,* greife den gegnerischen König an; *ich halte meinen Gegner in S.,* U lasse ihn nicht gefährlich werden. **Schachbrett** *das,* ABB. B 48. **Schachbrettmuster** *das,* ABB. F 34, M 26.

Schachen [mhd. schache] *der, -s/-, oberdt.:* kleines Waldstück.

Schächer [hebr. sachar ›Erwerb‹] *der, -s,* Schacherei. **Schächer** [ahd. scahhari, zu scah ›Raub‹] *der, -s/-,* B Übeltäter, Räuber, bes. die beiden mit Christus gekreuzigten Übeltäter: *ein armer S.,* armseliger Kerl.

Schacherei *die, -/-n,* U unlautere, feilschender Handel. **Schach(e)rer** *der, -s/-.* **schachern** [jidd. sacheren], *ich schach(e)re (habe geschachert) mit, um etwas,* U treibe Handel, feilsche.

schachmatt [mhd. schachmat, zu pers. schah mat ›der König ist tot‹], 1) *ich* Schach besiegt: *er hat alle Gegner s. gesetzt,* U ihnen die Möglichkeit zu handeln genommen. 2) U erschöpft, sehr müde.

Schacht [mhd. schaft ›Sperrstange‹] *der, -(e)s/-ᵉe,* 1) ein hoher, von vier Seiten umgrenzter Raum, ABB. A 23, B 52, H 20, K 6, S 72: *Brunnenschacht; Fahrstuhlschacht; Lichtschacht.* 2) ⚒ senkrecht geführter Grubenbau, ABB. B 22:

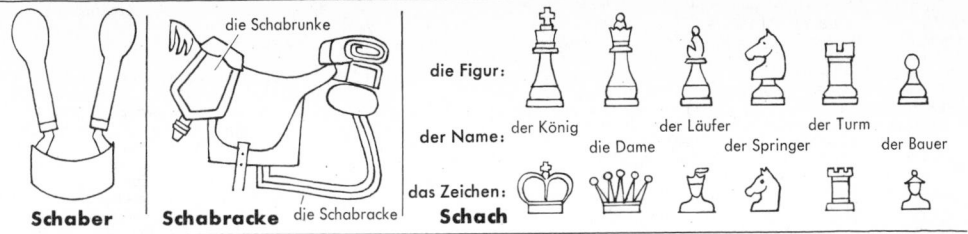

die Schabrunke

die Figur:

der Name: der König | die Dame | der Läufer | der Springer | der Turm | der Bauer

das Zeichen:

Schaber **Schabracke** die Schabracke **Schach**

Schachtförderung. **3)** *niederdt.:* Stiefelschaft. **4)** *niederdt.:* Rute, Stock, bes. Angelrute. **5)** ⚭ ein Raummaß.
Schachtel [mhd. schahtel, aus ital. scatola] *die, -/-n,* **1)** dünnwandiger Verpackungsbehälter aus Pappe, Holz, Blech, ABB. G 7, S 74: *Faltschachtel; Hutschachtel; Streichholzschachtel.* **2)** *alte S.,* ⋃ verächtlich: ältliche, unfreundliche Frau. **Schächtelchen, Schächt(e)lein** *das, -s/-.* **Schachtelgesellschaft** *die,* eine Kapitalgesellschaft, bei der eine andere Kapitalgesellschaft zu mindestens 25% unmittelbar beteiligt ist.
Schachtelhalm [mhd. schaftel] *der,* eine Sporenpflanze.
schachteln, *ich* schacht(e)le (habe geschachtelt) *es,* füge ineinander. **Schachtelsatz** *der,* komplizietes Satzgefüge.
schachten, *ich* schachte (habe geschachtet), grabe einen Schacht.
schächten [jidd. schechten, zu hebr. schachat ›schlachten‹], *ich* schächte (habe geschächtet) *es,* schlachte nach jüd. ritueller Vorschrift. **Schächter** *der, -s/-,* jüd. Kultbeamter, der Tiere schächtet.
Schachtofen *der,* senkrecht stehender Industrieofen zum Schmelzen und Brennen, z. B. der Hochofen.
Schächtung *die, -/-en,* Schlachtung nach jüd. ritueller Vorschrift.
Schachzug *der,* **1)** das Versetzen einer Figur im Schachspiel. **2)** Ü geschicktes Vorgehen: *ein diplomatischer S.*
Schadchen [jidd. schudchon] *der, -s/-,* Heiratsvermittler.
schade [mhd. schade], *nicht deklinierbar:* **1)** bedauerlich: *wie s.!; s., daß ihr nicht kommt; es ist s. um ihn,* ein Jammer, sein Verlust ist zu bedauern. **2)** *es ist s. für etwas,* zu gut, zu wertvoll: *dafür bin ich mir zu s.* **Schade** [ahd. scado] *der, -ns/-n,* P Schaden: *es soll dein S. nicht sein.*
Schädel [mhd. schedel ›Schädel‹, ›Schachtel‹] *der, -s/-,* **1)** Skelett des Kopfes, ABB. M 12, S 10: *Schädeldach; Schädelnaht; Schädelstätte,* B. **2)** Ü Kopf: *mir brummt der S.,* U ich bin überarbeitet, habe Kopfweh; *ich schlage ihm den S. ein,* U töte ihn; *ich gebe ihm eins über den S.,* U verprügele ihn; *er hat einen harten S.,* U ist eigensinnig, dickköpfig; *er rennt sich noch den S. ein,* U sein Eigensinn wird ihm noch schaden. **Schädelbruch** *der,* ⚇ der Bruch eines oder mehrerer Schädelknochen: *Schädelbasisbruch.*
schaden [ahd. scadon], *ich* schade (habe geschadet) *ihm,* füge Schaden zu, bringe Nachteil: *er schadet dir nur!; das schadet meiner Gesundheit, meinem Ruf; das schadet ihm nicht(s),* geschieht ihm ganz recht; *es kann nicht(s) schaden, wenn wir die Haustür abschließen,* U vielleicht ist es besser. **Schaden** *der, -s/-ͤ,* Verlust an etwas, teilweise Zerstörung, Wertminderung, Gebrechen: *ich habe S. bei etwas, durch etwas, erleide ich aus ihm,* geschieht durch ihn; *ich füge S. zu, stifte, verursache, richte S. an; ich ersetze einen S.,* mache

wieder gut; *ich nehme S. an meiner Gesundheit; ich verkaufe den Wagen mit S.,* mit Verlust; *durch S. wird man klug; ich habe bei dem Unfall einen S. davongetragen,* habe mich verletzt; *der Sturm hat einen Millionenschaden verursacht; ein Knieschaden,* eine Verletzung am Knie; *Schadenersatz, 🔊: Schadensersatz; Schadenverhütung.* **Schadenfreude** *die,* die boshafte Freude über den Schaden eines anderen. **schadenfroh,** *ein schadenfrohes Gelächter.* **schadhaft,** beschädigt, mangelhaft: *schadhafte Zähne,* kranke; *schadhafte Kleider,* abgenutzte. **Schadhaftigkeit** *die, -.* **schädigen** [mhd. schadegen], *ich* schädige (habe geschädigt) *ihn,* füge ihm einen Schaden zu: *das schädigt sein Ansehen.* **Schädiger** *der, -s/-,* jemand, der einen Schaden zufügt. **Schädigung** *die, -/-en.* **schädlich,** nachteilig, wertvernichtend: *gesundheitsschädliches Klima; schädlicher Einfluß.* **Schädlichkeit** *die, -/-en.* **Schädling** *der, -s/-e,* Bez. für Tiere oder Pflanzen, die das biolog. Gleichgewicht stören oder den Menschen, z. B. in der Land- und Forstwirtschaft, schädigen: *Schädlingsbekämpfung.* **schadlos,** *ich halte mich s. an ihm,* ersetze einen erlittenen Schaden oder entgangenen Vorteil eigenmächtig auf seine Kosten. **Schadstoffe,** *Pl.,* Stoffe, die in einem ökologisches System gespeichert werden und es in meßbarem Umfang stören: *Abwässer mit hoher Schadstoffkonzentration.*
Schaf [ahd. scaf] *das, -(e)s/-e,* **1)** ziegenartiges Horntier, ein Nutztier (Wolle, Fleisch, Milch), ABB. H 18, vgl. F 25: *Schafherde; Schafkäse; Schafschur; Merinoschaf.* **2)** Ü dummer Mensch: *du S.!; ein räudiges S.,* Ü schlechter Mensch; *ein schwarzes S.,* Ü jemand, der durch Nichtanpassung auffällt; *ein verlorenes S.,* Ü ein Abtrünniger. **Schafblattern,** *Pl.,* ⚉ *oberdt.:* Windpocken. **Schäfchen** *das, -s/-,* **1)** Diminutiv von Schaf: *ich bringe mein(e) S. ins trockene,* U verschaffe mir einen Vorteil. **2)** U Dummerchen, auch als Kosewort. **3)** *meist Pl.,* kleine flockenartig aussehende Wolken in Reihen oder Gruppen am Himmel: *Schäfchenwolken.* **Schäfer** *der, -s/-,* Schafhirt, Wärter und Pfleger von Schafherden, ABB. H 18. **Schäferdichtung** *die,* Dichtung, die ein idealisiertes Bild ländlichen Lebens gibt. **Schäferei** *die, -/-en,* Schafzuchtbetrieb. **Schäferhund** *der,* **1)** ein Hund zum Herdenhüten. **2)** Haushunderasse, z. B. Deutscher Schäferhund, ABB. H 27. **Schäferin** *die, -/-nen,* Hirtin (in der Schäferdichtung). **Schäferspiel** *das,* zur Schäferdichtung gehörendes Theaterstück. **Schäferstündchen** *das,* eine ungestörte Liebesstunde.
Schaff [ahd. scaph] *das, -(e)s/-e, oberdt., schles.:* **1)** bottichartiges Gefäß. **2)** Schrank. **Schaffel** *das, -s/-(n), oberdt., schles.:* Kübel.
schaffen [ahd. scaf(f)on], *ich* schaffe **1)** (habe geschafft) *es irgendwohin, von irgendwo weg,* bringe, befördere: *schafft Stühle ins Haus!; die Angelegenheit wurde aus der Welt geschafft,* U endgültig erledigt. **2)** (habe geschafft), bes.

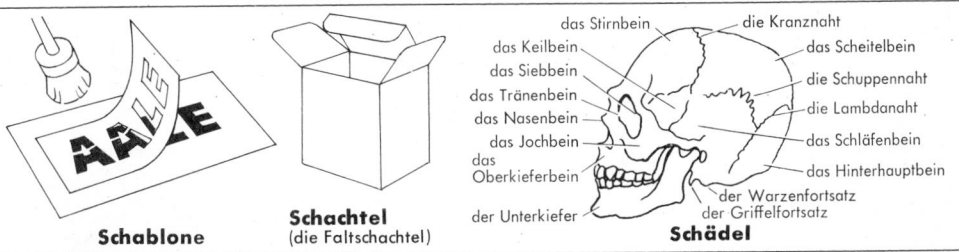

das Stirnbein · die Kranznaht
das Keilbein · das Scheitelbein
das Siebbein · die Schuppennaht
das Tränenbein · die Lambdanaht
das Nasenbein · das Schläfenbein
das Jochbein · das Hinterhauptbein
das Oberkieferbein · der Warzenfortsatz · der Griffelfortsatz
der Unterkiefer

Schablone **Schachtel** (die Faltschachtel) **Schädel**

südwestdt.: arbeite, wirke: *was schaffen Sie da?; sie schafft als Verkäuferin,* U arbeitet; *was machen Sie sich an meinem Auto zu schaffen?* **3)** (habe geschafft) *es,* bringe fertig, bezwinge: *das hätten wir geschafft; ich s. die Prüfung nicht; du machst mir viel, schwer zu schaffen,* U bereitest mir Sorge, machst mir viel Mühe; *diese Arbeit hat mich geschafft,* U erschöpft; *ich bin ganz geschafft,* U am Ende meiner Kräfte. **4)** (schaffte oder schuf, habe geschaffen, auch geschafft) *Abhilfe, Rat, Ordnung,* bringe zustande. **5)** (habe geschafft) *es, bair.*: bestelle, befehle. **6)** (schuf, habe geschaffen) *es, ihn,* erzeuge als Schöpfung, bringe hervor: *Gott schuf den Menschen; Dürer hat unvergängliche Kunstwerke geschaffen; er ist für diese Aufgabe wie geschaffen; so, wie uns Gott geschaffen hat,* nackt. **7)** (schuf, habe geschaffen) *es ihm, es mir,* erreiche, bringe zuwege: *ich s. mir ein gemütliches Heim.* **Schaffen** *das, -s,* die Arbeit, das Werk: *das S. des Künstlers; er gab uns eine Probe seines Schaffens.* **Schaffensdrang** *der,* das Bedürfnis, etwas zu schaffen, Arbeitslust. **Schaffensfreude** *die, -,* die Freude, etwas zu schaffen. **schaffensfreudig. Schaffenskraft** *die, -,* Arbeitskraft, Tatkraft. **Schaffer** *der, -s/-,* **1)** *südwestdt.*: jemand, der gern und viel arbeitet. **2)** Proviantmeister auf Schiffen. **3)** *südtt., österr.*: Nebenform von Schaffner, Verwalter. **schaffig,** *oberdt.*: arbeitsam.
Schäffler [mhd. scheffelære, zu Schaff] *der, -s/-, oberdt., schles.*: Böttcher.
Schaffner [mhd. schaffenære ›Aufseher‹] *der, -s/-,* **1)** Beamter, Angestellter bei Bahn, Post, Straßenbahn, ABB. B 4, S 73. **2)** ⚥ Verwalter, Aufseher. **Schaffnerin** *die, -/-nen.*
Schaffung *die, -:* die *S.* neuer Arbeitsplätze.
Schafgarbe *die,* ein meist weiß oder gelblich blühender Korbblütler. **Schafkälte** *die,* Kälterückfall im Juni. **Schafkopf** *der,* **1)** ohne Pl., ein Kartenspiel. **2)** Schafskopf.
Schafott [frz. échafaud, vgl. Katafalk] *das, -(e)s/-e,* Blutgerüst, Gerüst für Hinrichtungen durch Enthauptung.
Schafpelz *der, Schaffell: ein Wolf im S.,* U ein sich harmlos stellender Bösewicht. **Schafskopf** *der,* **1)** Kopf eines Schafes. **2)** ein Fisch. **3)** U Dummkopf. **Schafsnase** *die,* **1)** eine Apfelsorte. **2)** U dummer Mensch.
Schaft [ahd. scaft] *der, -(e)s/-̈e,* **1)** stangenähnl. Verlängerung, Griff z. B. an Waffen, ABB. A 21, D 9, G 20, an Werkstücken, ABB. M 11, N 1. **2)** Hauptteil der Säule, ABB. S 8: *Säulenschaft.* **3)** *oberdt.*: Schrank, Gestell, besonders Büchergestell. **4)** ⚘ laubloser Blütenstengel, zweigloser Stamm. **5)** ⚐ glatter Teil der Vogelfeder, ABB. F 10. **6)** Oberteil am Stiefel, ABB. S 39: *Schaftstiefel.*
. . .schaft [mhd. schaft ›Beschaffenheit‹], Suffix für weibl. Substantive zur Bez. einer bestimmten Beschaffenheit oder als Sammelnamen: *die Bekanntschaft; die Verwandtschaft; die Arbeiterschaft; die Knappschaft.*
schäften, anschäften. **Schäfter** *der, -s/-,* Hersteller von Gewehrschäften aus Holz. **Schaftleder** *das,* geschmeidigeres Leder für den Stiefelschaft.
Schafwolle *die: Schafwolljacke.*
Schah [pers. ›König‹] *der, -s/-s,* Herrscher: *Schah-in-schah,* früher: Titel des Herrschers des Iran.
Schakal [aus altind. srgala] *der, -s/-e,* afrikanisch-asiat. Wildhund.
Schake [niederdt.] *die, -/-n,* Kettenglied. **Schäkel** *der, -s/-,* ⚓ durch Bolzen verschließbarer Bügel zum Verbinden von Ketten- oder Takelageteilen, ABB. A 15. **schäkeln,** *ich* schäk(e)le (habe geschäkelt) *es,* verbinde Kettenstücke.
Schäker [zu jidd. chek ›Busen‹] *der, -s/-,* jemand, der gern scherzt, bes. mit Frauen und Mädchen. **Schäkerei** *die, -/-en.* **schäkern,** *ich* schäk(e)re (habe geschäkert) *mit ihm.*
schal [mhd. schal, verwandt mit grch. skellein ›austrocknen‹], **1)** fade, abgestanden, würzlos: *schales Bier.* **2)** U geistlos: *ein schaler Witz.*
Schal [engl. shawl, zu pers. šal ›Umschlagtuch‹] *der, -s/-s* oder *-e,* **1)** langes, rechteckiges Halstuch, ABB. K 24, K 25: *Schalkragen.* **2)** Übergardine.
Schäl, lustige Kölner Gestalt: *Tünnes und S.*
Schalbrett *das,* ABB. S 11.
Schälchen *das, -s/-,* Diminutiv zu: **1)** Schal. **2)** Schale.
Schale [ahd. scala] *die, -/-n,* **1)** flaches Gefäß, ABB. G 7, S 41, W 1: *Obstschale; Suppenschale; Abdampfschale; Waagschale.* **2)** *österr.*: Tasse: *eine S. Kaffee.* **3)** einfacher, unten ausgehöhlter Cabochon. **4)** Hülle, besonders von Früchten, ABB. E 1, E 10, F 36: *Eierschale; Kartoffelschale; Obstschale.* **5)** meist Pl., ⚥ Huf von Edelhirsch, Elch, Reh, Gemse, Schwarzwild u. a.; vgl. ABB. H 18, R 13. **6)** eine Pferdekrankheit. **7)**

Fleischteil vom Rind, ABB. F 25. **8)** das Äußere: *in einer rauhen S. steckt oft ein weicher Kern,* U ein weiches Herz wird oft hinter einem rauhen Äußeren verborgen; *er hat sich in S. geworfen,* U sich besonders gut angezogen. **9)** Brett vom Rand des Stammes, auf einer Fläche rindig. **10)** ⟦⟧ ein Tragwerk aus gekrümmten Flächen, ABB. K 53: *Schalenbauweise.* **Schäleisen** *das,* Werkzeug zum Rindenschälen. **schalen,** *ich* schale (habe geschalt) *es,* schale ein. **schälen** [ahd. scelen], *ich* schäle (habe geschält), **1)** *es,* entferne eine Schale, Rinde oder andere Oberflächenhülle: *ich s. Kartoffeln, Obst; Schälmaschine.* **2)** *es,* pflüge oberflächlich. **3)** *mich,* verliere Hautschuppen: *mein Rücken hat sich durch den Sonnenbrand geschält; Schälkur.* **4)** Rotwild schält, reißt Rinde als Nahrung mit den Zähnen ab.
Schalenobst *das, -,* Sammelwort für Früchte mit harten, trockenen Schalen, z. B. Nüsse, Edelkastanien, Mandeln, Erdnüsse. **Schalenwild** *das,* Sammelbez. für Wild, das auf Schalen geht.
Schalheit *die, -,* schale Beschaffenheit.
Schälhengst [mhd. schelhengst, zu ahd. scelo ›Zuchthengst‹] *der,* auch Schellhengst, Zuchthengst.
Schalk [ahd. scalc ›Knecht‹] *der, -(e)s/-e* oder *-̈e,* **1)** Schelm, neckischer Mensch: *er hat den S. im Nacken,* ist immer zu Späßen aufgelegt. **2)** ⚥ arglistiger Täuscher.
Schalke *die, -/-n,* ⚓ wasserdichte Verkleidung einer Luke.
schalken, *ich* schalke (habe geschalkt) *es.*
schalkhaft, neckisch, von geistreichem Mutwillen.
Schalkhaftigkeit, Schalkheit *die, -.* **Schalksknecht** *der,* B nichtsnutziger Knecht. **Schalksnarr** *der,* **1)** Hofnarr. **2)** Mensch voll heiteren Übermuts.
Schall [ahd. scal] *der, -(e)s/-e* oder *-̈e,* hör- oder meßbare elastische Schwingungen; Sammelwort für Laut, Ton, Klang, Widerhall, Geräusch: *man hörte den S. seiner Schritte; die Lehre vom S.,* die Akustik; *Schallmessung.* **Schallbecher** *der,* Schalltrichter. **schalldämmend,** schalldämmende Werkstoffe. **Schalldämpfer** *der,* **1)** ⟳ Auspufftopf bei Verbrennungsmotoren, ABB. K 39. **2)** Vorrichtung an Handfeuerwaffen zur Verminderung des Abschußknalls. **3)** ♪ Dämpfer. **Schalldeckel** *der,* das Dach über der Kanzel. **schalldicht,** undurchlässig für Geräusche. **Schälle** *die, -/-n, schweiz.*: Kuhglocke.
schallen [mhd. schallen], *es* schallt (schallte, seltener auch: scholl, hat geschallt), **1)** tönt laut, hallt: *schallendes Gelächter.* **2)** ⚥ meldet sich (Wild). **schallern,** *ich* schall(e)re (habe geschallert) *ihm eine,* U gebe ihm eine Ohrfeige.
Schallern [lat. celata] *die, -/-,* alter Kriegshelm, ABB. H 14.
Schallgeschwindigkeit *die,* Ausbreitungsgeschwindigkeit der Schallwellen. **Schallkasten, Schallkörper** *der,* der schwingende Boden an Saiteninstrumenten, ABB. B 6, G 26, H 8, L 5, M 3. **Schallmauer** *die,* bildhafte Bez. für das starke Zunahme des Luftwiderstandes eines Flugobjektes bei Erreichen oder Überschreiten der Schallgeschwindigkeit: *das Flugzeug hat die S. durchbrochen.* **Schalloch** *das,* ABB. G 8, M 3; vgl. Silbentrennung, ÜBERS. S 50. **Schallplatte** *die,* runde Platte (aus Kunststoff) mit feinsten Rillen als Träger von Schallaufzeichnungen zur Tonwiedergabe auf Plattenspielern, ABB. P 17: *Schallplattenarchiv.* **schalltot,** gegenüber Schalleinfall und Schallreflexion abgeschirmt: *ein schalltoter Raum.* **Schalltrichter** *der,* Trichter an Blasinstrumenten. **Schallwort** *das,* durch Lautnachahmung entstandenes Wort, z. B. Kuckuck.
Schalm *der, -(e)s/-e,* ⚒ mit der Axt an einem Baum angebrachtes Zeichen.
Schalmei [mhd. schalmie, über afrz. chalemie, zu lat. calamus ›Rohr‹] *die, -/-en,* **1)** ein Holzblasinstrument mit doppeltem oder einfachem Rohrblatt, Vorläufer der Oboe, ABB. S 11. **2)** ein Zungenregister der Orgel. **3)** ein Rohr des Dudelsacks.
schalmen, *ich* schalme (habe geschalmt) *es,* ⚒ bringe einen Schalm an.
Schalotte [frz. échalotte, zu lat. (cepa) ascalonia ›Zwiebel aus der Stadt Aschkelon‹] *die, -/-n,* Eschlauch, eine Gemüsepflanze.
Schalstein *der,* basischer Tuff und Tuffit.
schalt, von schelten.
Schaltbild *das,* ⚡ Schaltplan. **Schaltbrett** *das,* ⚡ Schalttafel. **Schalte** [mhd. schalte] *die, -/-n, oberdt.*: **1)** Brett, Stange; Ruder, Schleusenbrett. **2)** Fährboot. **schalten** [ahd. scaltan ›stoßen‹, ›schieben‹, ›lenken‹], *ich* schalte (habe geschaltet), **1)** *es,* ⚡ schließe oder trenne einen elektrischen Stromkreis. **2)** ⟳ wechsle den Gang, z. B. bei Kraftfahrzeugen. **3)** führe ein Schiff gegen den Strom. **4)** *mit ihm, etwas,* herrsche, verfüge

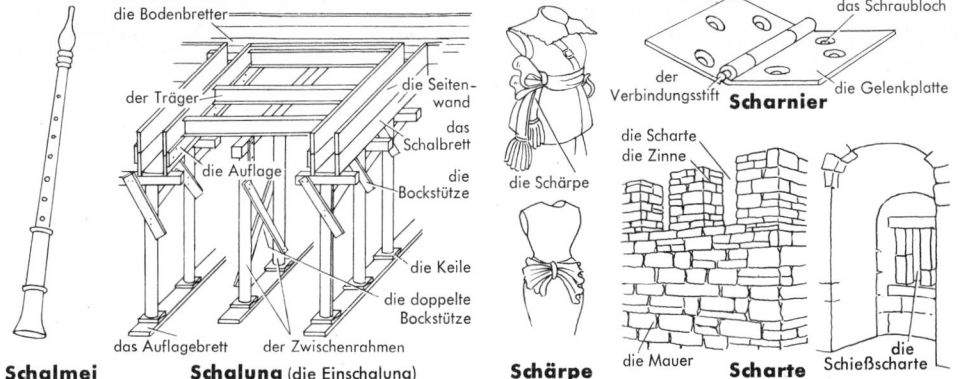

die Bodenbretter · die Seitenwand · der Träger · das Schalbrett · die Auflage · die Bockstütze · die Keile · die doppelte Bockstütze · das Auflagebrett · der Zwischenrahmen

das Schraubloch · der Verbindungsstift **Scharnier** · die Gelenkplatte · die Scharte · die Zinne · die Schärpe · die Mauer · die Schießscharte

Schalmei — **Schalung** (die Einschalung) — **Schärpe** — **Scharte**

darüber: *Sie können mit meinen Sachen frei schalten; in der Küche schaltet und waltet die Hausfrau.* **5)** U begreife, reagiere: *er schaltet etwas langsam,* ist etwas begriffsstutzig; *da habe ich falsch geschaltet,* nicht richtig reagiert. **Schalter** *der, -s/-,* **1)** ⚡ Vorrichtung zum Verbinden oder Trennen von Leitungen, ABB. E 6, H 15, I 3, M 22, T 13. **2)** kleiner, oft mit einem Schiebefenster abgetrennter Raum zur Kundenbedienung (bei Behörden, Banken), ABB. B 4: *der S. ist geschlossen; Schalterhalle; Schalterstunden,* Öffnungszeit. **Schalthebel** *der,* Hebel zum Einrücken einer Getriebestufe: *er sitzt an den Schalthebeln der Macht,* U an entscheidender Position.
Schal|tier *das,* Sammelbez. für Muschel und Schnecke.
Schaltjahr *das,* jedes Jahr, das durch Einschaltung von Tagen oder Monaten länger als ein gewöhnliches Jahr ist. **Schaltpause** *die,* ⟨📻⟩ eine Pause zum Umschalten bei Rundfunk oder Fernsehen. **Schaltplan** *der,* ⚡ Schaltbild, Schaltschema, zeichnerische Darstellung der elektrischen Schaltung einer Anlage oder eines Geräts. **Schaltschema** *das,* der Schaltplan. **Schalttafel** *die,* Schaltbrett, ⚡ Tafel, von der aus die ankommenden und abgehenden Leitungen geschaltet werden. **Schalttag** *der,* der im Schaltjahr zusätzlich eingeschaltete 29. Februar (im Gregorianischen Kalender). **Schaltung** *die, -/-en,* Art der Verbindung von Maschinen, Geräten und Leitungen untereinander, Anordnung der Teile einer elektrischen Anlage; Wechselgetriebe des Kraftwagens: *Gangschaltung; Parallelschaltung.*
Schalung *die, -/-en,* **1)** Verschalung, eine Art Holzverkleidung, ABB. D 4. **2)** Form aus Schalbrettern, Stahlblech u. a. zur Aufnahme des Betons bis zur Erhärtung, ABB. S 11.
Schaluppe [frz. chaloupe, zu niederl. sluipen ›schlüpfen‹] *die, -/-n,* einmastiger Küstensegler.
Scham [ahd. scama] *die, -,* **1)** Scheu vor der Enthüllung des Intimbereichs (körperlich, seelisch); Gefühl des Bloßgestelltseins im Sinne eines tatsächlichen oder vermeintlichen Versagens gegenüber vorhandenen Forderungen: *Schamgefühl.* **2)** die äußeren Geschlechtsorgane, besonders die weiblichen: *Schamhaare.* **3)** *oberdt.:* Scheu.
Schamane [tungus.] *der, -n/-n,* kultische Person, die nach dem Glauben ihrer Anhänger durch besondere psychische Fähigkeiten mit Göttern und Geistern in Verbindung tritt; besonders bei asiatischen Naturvölkern. **Schamanismus** [vgl. . . .ismus] *der, -,* die religiösen Vorstellungen, in deren Mittelpunkt der Schamane steht.
schämen [ahd. scamen] *ich schäme mich* (habe mich geschämt) *an, über etwas, vor ihm, für ihn, daß es so ist,* fühle Scham, Bedrückung.
schamhaft, voll Schamgefühl, züchtig, mit Gefühl für Zurückhaltung, Sitte und Anstand. **Schamhaftigkeit** *die, -.*
schämig, *oberdt.:* schüchtern, scheu. **Schämigkeit** *die, -.*
schamlos, ohne Scham; frech, ohne Scheu und Zurückhaltung. **Schamlosigkeit** *die, -.*
Schamott *der, -s,* U Kram, Zeug, wertlose Dinge.
Schamotte [ital. sciarmotti] *die, -,* gebrannter, feuerfester Ton: *Schamottestein.*

schampar [nhd., zu mhd. schantbære ›Schande bringend‹], *oberdt.:* zuchtlos.
Schampun *das, -s,* eingedeutscht für: Shampoon.
Schampus *der, -,* *österr.:* Champagner.
schamrot [mhd. schamerot], rot aus Schamgefühl. **Schamröte** *die: diese Bemerkung trieb ihr die S. ins Gesicht.*
Schan [frz. genre ›Art‹] *das, -s, wien.:* gute Art.
schandbar, schändlich. **Schande** [ahd. scanta] *die, -,* etwas, worüber man sich schämen muß, Schmach, Unehre: *es ist eine S., so herumzulaufen; zu meiner S. muß ich gestehen . . .,* U es ist mir peinlich; vgl. aber: *zuschanden.*
Schan|deck, Schan|deckel *der,* ⚓ der obere Abschluß der Bordwand.
schänden [ahd. scantan] *ich schände* (habe geschändet) **1)** *sie,* mißbrauche sexuell, notzüchtige. **2)** *es,* entweihe, beflecke: *er hat ihr Andenken geschändet.* **3)** *ihn, es,* verunstalte, verstümmele. **schande(n)halber,** *oberdt.:* um der Ehre willen. **Schänder** *der, -s/-,* Mensch, der etwas oder jemanden geschändet hat. **Schandfleck** *der,* Beschmutzung; (sittlicher) Makel. **schändlich,** **1)** unwürdig, Treue und Anstand verletzend, abscheulich, entehrend: *schändliche Lügen.* **2)** U viel, groß, sehr: *das Kleid war s. teuer; ich habe mich s. darüber geärgert.* **Schändlichkeit** *die, -/-en.* **Schandmal** *das,* ein Zeichen verächtlicher Tat. **Schandmaul** *das,* U **1)** loses, unverschämtes Mundwerk. **2)** Person, die unverschämte Reden führt: *sie ist ein schlimmes S.* **Schandpfahl** *der,* Pranger. **Schandpreis** *der,* U **1)** sehr niedriger Preis: *er mußte es für einen S. hergeben.* **2)** sehr hoher Preis: *für das Grundstück mußte er einen wahren S. bezahlen.* **Schandtat** *die,* **1)** entehrende, verabscheuungswürdige Tat. **2)** U Unfug, Scherz: *ich bin zu jeder S. bereit.* **Schändung** *die, -/-en.*
schang|haien [nach der chines. Hafenstadt Schanghai], *ich schanghaie* (habe schanghait) *ihn,* ⚓ heuere einen Matrosen gewaltsam an, verschleppe ihn an Bord.
Schani [zu frz. Jean] *der, -(s)/-,* Kellner; guter Freund.
Schank [zu Schank ›Schenkgefäß‹, ›Schranke‹, ›hochstehender Behälter mit Tür‹] *der, -(e)s/*-̈*e,* **1)** Verkaufsstelle alkohol. Getränke, Ausschank: *Schankbetrieb.* **2)** *elsäss., hess.:* Schrank.
Schanker [frz. chancre, zu lat. cancer ›Krebs(geschwür)‹] *der, -s/-,* 🩺 Geschwür bei Geschlechtskrankheiten.
Schank|erlaubnis [zu Schank und schenken], **Schankgerechtigkeit,** ⚖, **Schankkonzession** *die,* behördl. Erlaubnis zum Ausschank von Getränken. **Schanktisch** *der,* Theke zum Ausschenken von Getränken. **Schankwirt** *der,* Gastwirt. **Schankwirtschaft** *die,* Wirtshaus mit Ausschank alkohol. Getränke.
Schantungseide [nach der chines. Provinz Schantung] *die,* kräftige, noppige Seide.
Schänzchen [mhd. schanze ›Reisigbündel (zum Schanzenbau)‹] *das, -s/-, mitteldt.:* Reisigbündel. **Schanze** *die, -/-n,* **1)** geschlossener Befestigungsstützpunkt, Erdbefestigung. **2)** ⛷ Sprungschanze: *Schanzenrekord; Flugschanze.* **3)** ⚓ Achterdeck. **4)** *hess.:* Korb.
Schanze [mhd. schanz(e), von afrz. cheance] *die, -/-n,*

♂ Glückswurf: *ich schlage mein Leben in die S.,* Ü setze es aufs Spiel.

schänzeln, *ich* schänz(e)le (habe geschänzel[e]t) *ihn, schweiz.:* verspotte.

schanzen, *ich* schanze (habe geschanzt), **1)** baue Schanzen. **2)** U grabe, arbeite schwer. **Schanzentisch** *der,* ✂ Absprungfläche auf einer Sprungschanze. **Schanzkleid** *das,* ⚓ Schutzwehr um das Schiffsdeck, Abb. S 16. **Schanzzeug** *das,* **1)** ♂ alles Werkzeug zu Erd- und Holzarbeiten. **2)** ♂ Eßbesteck.

Schapel *das* oder *der, -s/-,* Schappel.

Schäpelitag *der, schweiz.:* Konfirmationstag.

Schapp *der* oder *das, -s/-s, niederdt.:* Schaft, Schrank mit Doppeltür.

Schappe *die, -/-n,* **1)** ✂ ein Bohrer für Lockergestein. **2)** hochwertiges Abfallprodukt der Naturseide und Garn daraus: *Schappeseide.*

Schap(p)el [mhd. schapel, zu afrz. chapel] *das* oder *der, -s/-,* **1)** im MA.: kranzartiger Kopfputz für Frauen und Männer, Abb. M 16. **2)** *süddt.:* Brautkrone.

schär, *niederdt.:* **1)** spröde (Glas). **2)** mürbe (Tuch).

Schar [ahd. scara ›(Heer-)Schar‹] *die, -/-en,* **1)** Menge, Gruppe; Abteilung von Personen: *die Menschen liefen in Scharen zusammen; eine S. Vögel,* eine Menge Vögel. **2)** △ Gruppe zusammengehöriger Formen: *Kurvenschar.* **3)** auch *das, -(e)s/-e,* Teil an landwirtschaftl. Geräten, bes. am Pflug, Abb. P 11, S 2. **4)** *ostdt.:* seichter Uferstreifen.

Scharade [frz. charade] *die, -/-n,* Wort- oder Silbenrätsel, Übers. R 6: *lebende* S., lebende Bilder.

Schärbaum [zu schären] *der,* Walze zum Aufwickeln der Kettfäden am Webstuhl.

Scharbe [ahd. scarba] *die, -/-n,* ◊ **1)** Kormoran. **2)** eine Scholle.

scharben [mhd. scharben], *ich* scharbe (habe gescharbt) *es, oberdt., niederdt.:* zerschneide grob.

schärbis, *alem.:* schief.

Scharbock *der, -(e)s,* ♂ Skorbut.

Schäre [schwed. skär, zu ahd. scorro ›Felsvorsprung‹] *die, -/-n, meist Pl.,* kleine gerundete Felsinsel, Seeklippe, Abb. K 56: *Schärenküste.*

scharen [ahd. scaron, zu Schar], *ich* schare (habe geschart) *sie um mich,* sammle sie: *wir scharten uns um unseren Reiseleiter.*

schären, *ich* schäre (habe geschärt) *es,* Weberei: wickle Kettfäden auf: *Schärrahmen; Schärmaschine.*

scharenweise, in Scharen: *sie kamen s. zusammen.*

scharf, schärfer, am schärfsten [ahd. scarf], **1)** schneidend, spitz, geschliffen, Abb. E 2, H 26: *das Messer ist s.,* schneidet gut; *sie fechten mit scharfen Waffen; sie hat eine scharfe Zunge, ist scharfzüngig,* Ü ist sehr spöttisch. **2)** stark wirkend, beißend, ätzend: *die Soße ist s.,* stark gewürzt; *scharfe Getränke; Schnäpse; ein scharfer Geruch; ein scharfer Wind,* ein eisigkalter. **3)** Ü heftig, hart, kräftig aufs Ziel drängend: *scharfe Angriffe; ich mußte in einem scharfen Ton sprechen, mußte s. durchgreifen; ein scharfer Hund,* ein abgerichteter, bissiger; *ich bin s. auf etwas,* U will es haben; *ein scharfes Mädchen,* U sehr aufreizendes; *ich bin s. auf die Geschichte,* U neugierig. **4)** Ü ausgeprägt, klar, genau: *er hat ein scharfes Auge,* sieht genau; *ein scharfer Verstand; laß mich einmal s. nachdenken!; die Kamera war nicht s. eingestellt; seine Gestalt hebt sich s. von dem hellen Hintergrund ab; eine scharfe Biegung,* sehr starke.

Scharf *das, -(e)s/-e,* **1)** der Gehrung ähnl. Abschrägung von Balken. **2)** ohne Pl., Grad der Schlankheit der Schiffsform.

Scharfblick *der, -(e)s,* schnellen und tiefen Einblick bewirkendes Erkenntnisvermögen. **scharfblickend.** **Schärfe** *die, -,* **1)** guter Schliff, gute Schneidefähigkeit. **2)** die Scharf. **3)** Ätzkraft, Beigeschmack. **4)** U Heftigkeit, beißende Härte: *die Auseinandersetzung nahm an S. immer mehr zu.* **5)** Pl. -n, Ü hartes Wort: *er strich alle Schärfen aus der Rede.* **6)** Ü Genauigkeit, durchdringende Klarheit: *die S. seines Verstandes.*

schärfen [ahd. scerfan], *ich* schärfe (habe geschärft) *es,* **1)** spitze, schleife, kante spitz zu (Werkzeug, Messer). **2)** verbessere, übe (Sinne): *durch den Aufenthalt in der Natur wurden seine Sinne geschärft.* **3)** schneide Leder am Rand dünner. **4)** ♂ versehe Munition mit Zündern. **5)** ♂ kaufe Diebesgut. **Schärfentiefe** *die,* oft Tiefenschärfe, Optik: die Tiefe des Raumes vor und hinter der Gegenstandsebene, die scharf abgebildet wird. **Schärfer** *der, -s/-,* G Hehler. **scharfkantig,** mit scharfen Kanten versehen. **scharfmachen,** *ich* mache *ihn* scharf (habe scharfgemacht), U hetze, wiegle auf, errege; aber: *ich habe das Messer scharf gemacht.* **Scharf-**

macher *der,* jemand, der scharfe Maßregeln befürwortet oder andere Menschen aufhetzt. **Scharfmacherei** *die, -.* **Scharfrichter** *der,* Henker. **Scharfschütze** *der,* Schütze, der genau zu treffen vermag. **Scharfsinn** *der, -(e)s,* die Gabe, schwierige Zusammenhänge zu durchschauen. **scharfsinnig.**

Schärfung *die, -,* das Schärfen.

Scharlach [mhd. scharlach, zu mlat. scarlatum, aus pers. säqirlat ›rote Farbe‹] *der, -s,* **1)** leuchtendroter Farbstoff. **2)** ansteckende Krankheit mit Hautausschlag: *Scharlachfieber.* **scharlachen, scharlachfarben, scharlachfarbig, scharlachrot,** hochrot.

Scharlatan [frz. charlatan, zu ital. ciarlatano] *der, -s/-e,* Marktschreier, Kurpfuscher, Quacksalber, Schwindler. **Scharlatanerie** *die, -/...r'i|en,* Schwindelei des Scharlatans.

Scharm *der, -s,* **scharmant,** eingedeutscht für: Charme, charmant.

Scharmützel [mhd. scharmutzel, zu ital. scaramuccia] *das, -s/-,* ⚔ unbedeutendes Gefecht; Ü Plänkelei. **scharmützeln,** *ich* scharmütz(e)le (habe scharmützelt). **scharmutzieren,** *ich* scharmutziere (habe scharmutziert), ♂ suche mich (beim anderen Geschlecht) einzuschmeicheln.

Scharn [mhd. scharne] *der, -(e)s/-e,* auch Scharren, *norddt.:* Verkaufsstelle für Fleisch, Brot.

Scharnier [frz. charnière, zu lat. cardo ›Türangel‹] *das, -(e)s/-e,* ⚙ drehbares Gelenk aus zwei Platten mit eingerollten Ösen, in die in Verbindungsstift gesteckt wird, Abb. S 11. **Scharnierband** *das,* Scharnier, dessen Gelenkhälften aus Metallbändern bestehen. **Scharniergelenk** *das,* ⚕ Gelenk, das eine Bewegung nur um eine Achse erlaubt.

Schärpe [frz. écharpe, zu fränk. skirpja ›Schultertasche‹] *die, -/-n,* breites Band, meist schräg über Schulter und Brust oder um die Taille getragen, Abb. S 11.

Scharpie [frz. charpie, zu lat. carpere ›rupfen‹] *die, -,* früher verwendetes Verbandmittel aus gezupfter Leinwand.

Scharre *die, -/-n,* **1)** Scharreisen. **2)** das Abgescharrte. **Scharreisen** *das,* Gerät zum Scharren, Kratzeisen. **scharren** [ahd. scerran], *ich* scharre (habe gescharrt), **1)** kratze, grabe oberflächlich, bes. bei Tieren gebraucht: *der Hund scharrt an der Tür; das Huhn scharrt im Mist.* **2)** Studentensprache: *gebe mein Mißfallen kund durch Reiben der Schuhe auf dem Boden.*

Scharren *der, -s/-,* Scharn.

Scharrer *der, -s/-,* **1)** Scharreisen. **2)** jemand, der scharrt. **scharrfüßeln,** *ich* scharrfüß(e)le (habe scharrfüßelt), ♂ mache einen Kratzfuß.

Scharrierleisen *das,* ein Steinmetzwerkzeug, Abb. S 63. **scharrieren** [zu frz. charrue ›Pflug‹], *ich* scharriere (habe scharriert) *Steine,* schlage Riefen in die Oberfläche.

Scharte [mhd. scart ›zerschnitten‹] *die, -/-n,* **1)** Kerbe, unregelmäßiger Einschnitt, bes. Schaden oder Lücke in einer Schneide, Abb. D 5, K 38, S 11: *ich wetze eine S. aus,* Ü mache einen Schaden wieder gut. **2)** schmaler Bergsattel, Abb. B 20. **3)** Schießscharte. **4)** ⚕ Hasenscharte. **5)** Name verschiedener Pflanzen: *Färberscharte.*

Scharteke [mhd. scarteke, zu Charta] *die, -/-n,* altes, wertloses Buch, Schmöker: *eine alte S.,* Ü verächtlich: ältliche Frau.

schartig, voller Scharten, Abb. E 2.

Scharwache [zu Schar] *die,* reihum gehender Wachdienst. **Scharwachtturm** *der,* erkerartig vorspringendes Türmchen, Abb. B 56.

Scharwenzel [tschech. červenec ›Herzbube‹] *der, -s/-,* **1)** Bube im Kartenspiel. **2)** Allerweltsdiener. **scharwenzeln,** *ich* scharwenz(e)le (bin scharwenzelt) *um ihn,* U bin übereifrig um ihn bemüht, bin diensteifrig.

Scharwerk [mhd. scharwerc] *das, -,* ♂ Frondienst. **Scharwerker** *der, -s/-, niederdt.:* Tagelöhner, Instmann.

Schaschlik [türk.] *der,* auch *das, -s/-s,* (über Holzkohlenfeuer) am Spieß gebratene Fleischstückchen mit Speck und Zwiebeln.

schassen [frz. chasser], *ich* schasse (habe geschaßt) *ihn,* U jage fort; verweise (von der Schule, aus dem Amt).

schatten *es* schattet (hat geschattet), P gibt, wirft Schatten: *ein schattender Baum.* **Schatten** [ahd. scato] *der, -s/-,* **1)** dunkler Raum hinter einem beleuchteten, undurchsichtigen Körper, Abb. S 12; Halbdunkel, Dämmerung: *der Baum wirft S.; wir haben 20 Grad im S.,* eine Temperatur von 20° Celsius; *er folgt ihm wie sein S.,* auf Schritt und Tritt; *sie lebt im S.,* Ü lebt unbeachtet dahin; *mit seiner Leistung stellt er ihn weit in den S.,* Ü übertrifft er ihn; *er kann nicht über seinen S. springen,* Ü kann

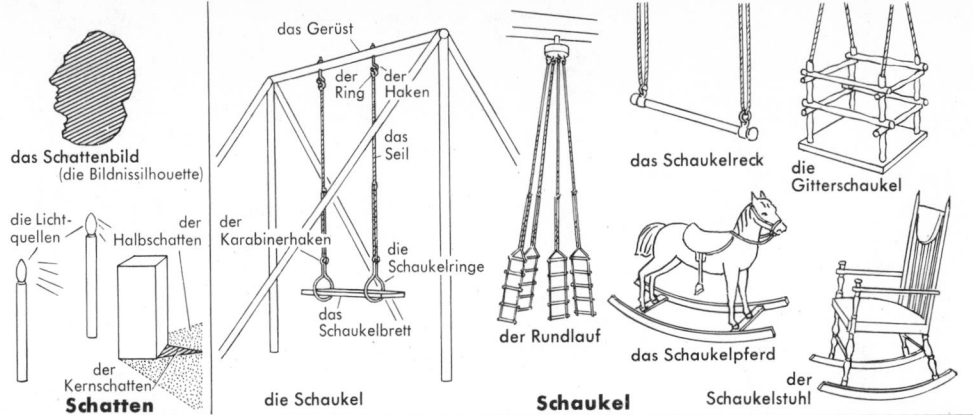

das Schattenbild
(die Bildnissilhouette)

das Gerüst

der Ring der Haken

das Seil

das Schaukelreck

die Gitterschaukel

die Licht-quellen   der Halbschatten   der Karabinerhaken

die Schaukelringe

das Schaukelbrett

der Rundlauf

das Schaukelpferd

der Kernschatten

Schatten   die Schaukel   **Schaukel**   der Schaukelstuhl

nicht gegen seine Veranlagung an; *das wirft einen S. auf seine Vergangenheit,* Ü einen Makel. **2)** Ü fast unwirkliches, blasses Bild; Anhauch; Spur, Anzeichen: *er war nur noch ein S. seiner selbst; auch nicht der S. eines Beweises konnte erbracht werden, gar nichts; große Ereignisse werfen ihre S. voraus,* kündigen sich an; *der S. des Todes lag auf ihm,* P er lag im Sterben. **3)** leicht gedunkelte Stelle: *S. unter den Augen.* **4)** undeutliche Gestalt, Erscheinung: *im Nebel tauchten zwei Schatten vor ihm auf.* **5)** nach altgriech. Vorstellung: abgeschiedene Seele: *das Reich der S.,* P Totenreich. **Schattenbild** *das,* Schattenriß, schwarz ausgefüllte Umrißzeichnung, Silhouette, ABB. S 12. **Schattendasein** *das,* Ü verborgenes oder unbeachtetes Dasein: *er führt ein S.* **schattenhaft,** unwirklich, geisterhaft. **Schattenkabinett** *das,* in der Politik ein Ausschuß der Opposition, der die mutmaßlichen Minister einer künftigen Regierung umfaßt. **Schattenmorelle** *die,* eine veredelte Sauerkirsche. **Schattenpflanze** *die,* Pflanze, die an einem schattigen Standort gedeiht. **Schattenreich** *das,* P Totenreich, Unterwelt. **Schattenriß** *der,* das Schattenbild. **Schattenseite** *die,* die dem Licht abgekehrte Seite; Ü die nachteilig wirkende Seite einer Sache: *jede Angelegenheit hat ihre Licht- und ihre Schattenseiten,* hat Vor- und Nachteile; *sie stand schon immer auf der S. des Lebens,* war schon immer benachteiligt. **schattenspendend,** *schattenspendende Bäume;* aber: *kühlen Schatten spendend.* **Schattenspiel** *das,* eine Art Puppenspiel, bei dem die Schattenbilder flacher durchsichtiger oder undurchsichtiger Figuren auf einem von hinten erleuchteten Schirm erscheinen. **Schattenstab** *der,* der Gnomon. **schattieren,** *ich schattiere* (habe schattiert) *es,* töne ab, stufe ab, setze gegeneinander ab, zeichne Schatten ein (Malerei). **Schattierung** *die, -/-en,* **1)** Abschattung, Abstufung. **2)** Zeichnung von Schatten. **schattig, 1)** beschattet, geschützt vor grellem Licht. **2)** Schatten gebend: *im schattigen Wald.* **Schatulle** (ital. scatola ›Schachtel‹] *die, -/-n,* **1)** Kästchen, Behältnis, bes. für Kostbarkeiten: *Schmuckschatulle.* **2)** fürstliche Privatkasse. **Schatz** [ahd. scaz ›Geld‹, ›Vermögen‹] *der, -es/ -̈e,* **1)** kostbarer Besitz: *sie hütete ihre Bilder wie einen S.; Bodenschätze; ein S. an* oder *von Wissen, Kenntnissen, Erfahrungen,* Ü Fülle, Reichtum. **2)** ⚒ lange verborgenes Gut, dessen Eigentümer nicht mehr zu ermitteln ist: *sie entdecken, finden, heben einen S.; Schatzsuche.* **3)** Geliebte(r). **4)** ⚒ Steuer, Abgabe. **Schatzanweisung** *die,* staatl. Schuldverschreibung. **schätzbar,** so geartet, daß man einen Wert oder Preis dafür nennen kann. **Schätzchen** *das, -s/-,* Geliebte(r), ein Kosewort. **schatzen,** *ich schatze* (habe geschatzt) *ihn,* ⚒ besteure, strafe. **schätzen,** *ich schätze* (habe geschätzt) *es, ihn,* 1) veranschlage seine Ausdehnung, seinen Wert, berechne ungefähr: *ich s. die Entfernung auf 10 km; ich s. den Schaden auf 1 000 DM; ich s. ihn (sein Alter) auf 45 Jahre.* **2)** halte für wertvoll, achte hoch, verehre: *ich s. ihn, seine Arbeitskraft; sie weiß ihr Glück nicht zu schätzen; er ist ein geschätzter Mitarbeiter.* **3)** halte dafür, meine, vermute: *ich s. es mir als* oder *für eine Ehre,* rechne es als Ehre; *ich s., daß das Buch in acht*

Wochen fertig ist. **schätzenlernen,** *ich lerne ihn, es* schätzen (habe schätzengelernt): *ich habe ihn kennen- und schätzengelernt.* **Schätzer** *der, -s/-,* **1)** jemand, der einen Wert schätzt, veranschlagt. **2)** österr.: Schiedsrichter. **Schatzgräber** *der,* jemand, der nach vergrabenen Schätzen sucht. **Schätzkästchen** *das,* Kästchen für Schmuck oder Geld. **Schätzlein** *das, -s/-,* Schätzchen. **Schatzmeister** *der,* Kassenverwalter. **Schatzschein** *der,* unverzinsl. Schatzanweisung. **Schatzung** *die, -/-en,* das Schatzen. **Schätzung** *die, -/-en,* **1)** eine mutmaßliche Wert- oder Größenbestimmung. **2)** ohne Pl., Hochachtung, achtungsvolle Liebe, Anerkennung, Ansehen: *er erfreute sich allgemeiner S.* **3)** eine Steuerfestsetzung. **4)** B Volkszählung. **schätzungsweise,** vermutlich, ungefähr: *es waren s. 25 Gäste.* **Schätzungswert, Schätzwert** *der,* der durch Schätzung, oft durch Sachverständige, ermittelte Wert, z. B. im Grundstücks-, Versicherungs-, Steuerwesen; Taxwert.

Schau [mhd. schou(we), zu schauen] *die, -/-en,* **1)** ohne Pl., Betrachtung, Überblick: *aus der S. des Dichters,* aus dem Blickwinkel. **2)** Darbietung, Ausstellung: *ich stelle etwas zur S., zeige öffentlich; sie trug ihre Trauer offen zur S.; Blumenschau; Modenschau; das Schauturnen.* **3)** Ü Ereignis, großer Auftritt: *wir haben gestern eine tolle S. abgezogen,* etwas Außergewöhnliches veranstaltet; *er hat mir die S. gestohlen,* hat mich um die mir zustehende Anerkennung und Beachtung gebracht; vgl. Show.

Schaub [mhd. schoup] *der, -(e)s/ -̈e* und bei Mengenangaben *-, oberdt.:* Strohbündel, Garbe.

Schaube [mhd. schoube, zu ital. giubba, aus arab. dschubba, vgl. Joppe] *die, -/-n,* Überrock der altdeutschen Männertracht des 16. Jahrh., ABB. M 16.

Schaubild [zu schauen] *das,* Diagramm, graphische Darstellung statist. Angaben, ABB. D 7. **Schau|brote,** *Pl.,* im Alten Testament die zwölf im Heiligtum der Juden ausgestellten Opferbrote. **Schaubude** *die,* Bude auf dem Jahrmarkt. **Schaubühne** *die,* ⚭ Bühne, Theater. **Schauburg** *die, norddt.:* Theater.

Schauder *der, -s/-,* ein Erzittern, Erbeben vor Grauen, Abscheu, Ehrfurcht: *mich überlief, erfaßte ein S.* **schauderhaft, 1)** abscheulich, abstoßend, grauenerregend: *ein schauderhaftes Verbrechen.* **2)** U sehr schlecht, sehr: *ein schauderhaftes Wetter; ich friere s.; ich habe mich s. gelangweilt.* **schaudern** [mnd. schuddern, verwandt mit schütten], *ich schaud(e)re* (habe geschaudert), **1)** empfinde Schauder. **2)** *mir oder mich schaudert (vor ihm, etwas),* es überläuft mich kalt; mich packt Ekel, Grauen, Abscheu.

schauen [ahd. scouwon], *ich schaue* (habe geschaut), **1)** P sehe: *er hat dem Tod schon mehrere Male ins Auge geschaut,* er ist dem Tod nur knapp entronnen. **2)** *ihn, es,* P erlebe, sehe in der Vorstellung: *der Dichter hat seinen Helden geschaut.* **3)** bes. südd.: sehe, blicke hin: *schau mal!; schau, daß du weiterkommst!; schau nach, daß du fortkommst!; da schau her!, nanu!* oder: sei vernünftig! **4)** *nach ihm,* bes. südd.: kümmere mich um ihn: *ich habe nach dem kranken Kind geschaut.* **Schauer** *der, -s/-,* **1)** ⚭ Beschauer. **2)** B Prophet.

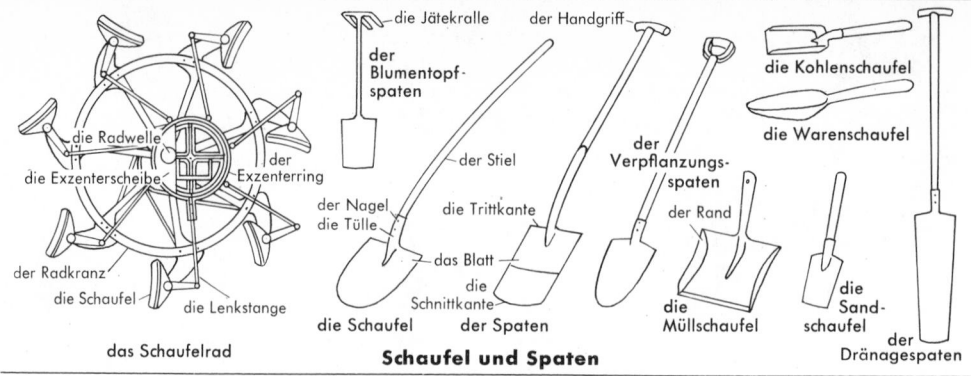

die Jätekralle · der Handgriff · die Kohlenschaufel · der Blumentopfspaten · die Warenschaufel · der Stiel · der Verpflanzungsspaten · die Radwelle · der Exzenterring · die Exzenterscheibe · der Rand · der Nagel · die Tülle · die Trittkante · die Schaufel · die Schnittkante · die Müllschaufel · die Sandschaufel · der Radkranz · die Schaufel · die Schaufel · der Spaten · der Dränagespaten · die Lenkstange · das Schaufelrad

Schaufel und Spaten

Schauer [ahd. scur, entlehnt in mlat. scura ›Wetterdach‹ und frz. écurie ›Pferdestall‹] *der* oder *das, -s/-*, ℤ, *noch südwestdt.:* Schutzdach, Schuppen, Scheune.

Schauer [ahd. scur] *der, -s/-*, **1)** kurzer, heftiger Niederschlag; gleichzeitiges und gleichgerichtetes Auftreten bestimmter Teilchen: *Elektronenschauer; Regenschauer; Hagelschauer.* **2)** Frösteln: *Kälteschauer.* **3)** *oberdt.:* Schüttelfrost. **4)** Schauder: *Schauermärchen.*

Schauer *der, -s/-, niederdt.:* Schauermann.

schauerlich, 1) Schauder hervorrufend. **2)** Ü unangenehm, schlecht; sehr. **Schauerlichkeit** *die, -.*

Schauermann [niederl. sjouwerman ›Tagelöhner‹] *der, -(e)s/. . .leute*, Hafenarbeiter, der das Be- und Entladen der Schiffe ausführt.

schauern [spätmhd. schawern ›hageln‹], *ich schau(e)re* (habe geschauert), **1)** fröstele, zittere: *ich schauere* oder *mir, mich schauert vor Kälte.* **2)** *mir, mich schauert (vor ihm, etwas),* ich habe Angst, Ehrfurcht. **3)** *es schauert,* regnet kurz und heftig: *oberdt.:* hagelt. **Schauerroman** *der,* gruseliger, literarisch meist minderwertiger Roman.

Schaufel [ahd. scuvala, zu schieben] *die, -/-n*, **1)** Werkzeug zum Aufnehmen und Forttragen von Materialien, ABB. S 13: *Sandschaufel; Kohlenschaufel; Getreideschaufel.* **2)** blattähnlicher Teil, bes. am Schaufelrad, Mühlrad, an Turbinen. **3)** ⚒ oberer Teil am Geweih älterer Damhirsche, Elche, ABB. G 21. **4)** ⚒ Schwanz des Auerhahns. **5)** Ersatzschneidezahn (Rind, Schaf). **6)** *oberdt.:* Schulterblatt. **7)** *oberdt.:* Spaten. **Schäufele** *das, -s/-, alem.:* geräuchertes oder gepökeltes Schulterstück vom Schwein. **schaufeln** [mhd. schufeln], *ich schauf(e)le* (habe geschaufelt), **1)** arbeite mit einer Schaufel. **2)** *es,* grabe: *er hat sich sein eigenes Grab geschaufelt,* Ü trägt an seinem Mißerfolg oder Unglück selbst Schuld. **3)** *es in, auf, aus etwas,* trage mit der Schaufel an eine andere Stelle. **Schaufelrad** *das,* Antriebsmittel für Raddampfer, ABB. S 13.

Schaufenster *das,* die Warenauslage eines Geschäftes, ABB. G 12: *Schaufensterdekoration.*

Schaufler [zu Schaufel] *der,* ⚒ Elch, Damhirsch.

Schauhaus *das, bes. süddt.:* Leichenhalle. **Schaukasten** *der,* Vitrine, ABB. M 28.

Schaukel [mhd. schoc ›Schaukel‹, ›Windstoß‹] *die, -/-n*, ABB. S 12. **Schaukelei** *die, -,* ein als unangenehm empfundenes, anhaltendes Schaukeln. **schauk(e)lig,** wie eine Schaukel schwingend, schaukelnd. **schaukeln,** *ich schauk(e)le,* **1)** (habe geschaukelt), schwinge auf der Schaukel. **2)** (bin geschaukelt), bin in wiegender Bewegung: *ich bin mit dem Boot hin und her geschaukelt.* **3)** *es schaukelt,* wackelt, schwingt, bewegt sich auf und ab: *das Boot schaukelt auf den Wellen.* **4)** (habe geschaukelt) *ihn,* wiege (auf den Knien, auf einer Schaukel). **5)** (habe geschaukelt) *es,* Ü bringe fertig: *wir werden das Kind schon schaukeln,* ohne Schwierigkeiten in Ordnung bringen. **Schaukelpferd** *das,* Kinderspielzeug, ABB. K 19, S 12. **Schaukelpolitik** *die,* Ü Politik, die sich dem jeweils Vorteil bietenden Partner zuwendet. **Schaukelstuhl** *der,* ABB. S 12, S 75.

Schaulaufen [zu schauen] *das, -s,* Darbietung im Eis- und Rollkunstlauf außerhalb des Wettkampfes. **Schaulust** *die, -,* Freude am Zuschauen, Neugier. **schaulustig. Schaulustige** *der, die, -n/-n, ein -r, eine-:* S. versperrten die Straße.

Schaum [ahd. scum] *der, -(e)s/Sch'äume*, **1)** lockere Masse aus Gasbläschen in Flüssigkeit, z. B. weißer Gischt auf sprudelndem Wasser, die Blume des Bieres: *Seifenschaum; Schaumbad; ihm steht der S. vor dem Mund,* Ü er ist sehr wütend. **2)** Ü hohle Nichtigkeit, trügerischer Schein: *Träume sind Schäume; sie schlägt S.,* prahlt nur. **schäumen** [ahd. scumen], *ich schäume* (habe geschäumt), **1)** *es,* stelle Schaumstoffe, bes. Schaumkunststoffe her. **2)** Ü bin voller Zorn: *s. vor Wut.* **3)** *es schäumt,* bildet Schaum, Blasen, wirft Gischt auf. **Schaumgebäck** *das,* Gebäck aus Eiweißschaum und Zucker. **Schaumgeborene** *die, -n,* Beiname der dem Meer entstiegenen Aphrodite. **Schaumgold** *das,* Flittergold, Rauschgold. **Schaumgummi** *das,* aus Latexmischungen hergestellter Schaumstoff: *Schaumgummimatratze.* **schaumig,** *ich rühre Butter s.* **Schaumkette** *die,* Kinnkette des Pferdes. **Schaumkraut** *das,* ein Kreuzblütler, meist in nördl. gemäßigten Zone: *Wiesenschaumkraut.* **Schaumkrone** *die,* Gischt auf einer Welle. **Schaumkunststoffe,** *Pl.,* zu Schaumstoffen verarbeitete Kunststoffe. **Schaumlöscher** *der,* Feuerlöscher oder Feuerlöschanlage mit Schaum als Löschmittel. **Schaumschläger** *der,* **1)** Schneebesen, ABB. K 51. **2)** Ü Wichtigtuer, Prahler. **Schaumschlägerei** *die, -,* Prahlerei, Wichtigtuerei. **Schaumstoff** *der,* schaumig aufgetriebener, leichter Stoff zelliger Struktur.

Schaumünze [zu schauen] *die,* als Erinnerungsstück geprägte Münze.

Schaumwein *der,* Wein mit hohem Kohlendioxidgehalt, der beim Öffnen der Flasche schäumt.

Schaupackung [zu schauen] *die,* Warenpackung ohne Inhalt, bes. für Dekorationen; Attrappe. **Schauplatz** *der,* Ort, an dem sich ein Geschehen abspielt: *Kriegsschauplatz.* **Schauprozeß** *der,* auf propagandistische Massenwirkung abzielendes öffentl. Gerichtsverfahren (aus polit. Gründen).

Schaures [hebr.] *der, -/-,* G guter Handel.

schaurig, schauerlich: *eine schaurig-schöne Geschichte.* **Schaurigkeit** *die, -.*

Schauseite *die,* zum Betrachten bestimmte schönere Seite (einer Verpackung, eines Gebäudes): *ich kenne von diesem Menschen nur die S.,* Ü. **Schauspiel** [mhd. schouwepil] *das,* **1)** jedes Bühnenspiel, Drama. **2)** im engeren Sinn: Zwischenform von Trauer- und Lustspiel mit ernster Grundstimmung, aber positiver Auflösung des Konfliktes. **3)** Anblick eines Geschehens, Vorgangs: *den Anwesenden bot sich ein häßliches S.,* Ü atemraubendes Geschehen. **Schauspieler** *der,* **1)** darstellender Künstler (Theater, Film, Fernsehen). **2)** Ü Heuchler. **Schauspielerei** *die, -,* **1)** Arbeit des Schauspielers. **2)** Ü Vortäuschung. **Schauspielerin** *die, -/-nen,* weibl. Schauspieler. **schauspielerisch. schauspielern,** *ich schauspiel(e)re* (habe geschauspielert), **1)** bin (nebenbei) als Schauspieler tätig. **2)** Ü heuchele, täusche etwas vor. **Schausteller** *der, -s/-,* Unternehmer einer öffentl. Darbietung, bes. auf Jahrmärkten. **Schaustellung** *die,* **1)** öffentl. Darbietung. **2)** aufdringliches Zeigen. **Schaustück** *das,* bemerkenswertes Ausstellungsstück, Prunkstück einer Sammlung.

Schaute [jidd. schojte, zu hebr. schoteh] der, -n/-n, geckenhafter Narr.

schechen, ich scheche (habe geschecht), U 1) ihn, verjage, verscheuche. 2) schiele. 3) es schecht, spukt.

Scheck [engl. cheque] der, -s/-s, seltener -e, Zahlungsanweisung an eine Bank: Scheckbuch; Scheckverkehr.

Scheck [mhd. schecke ›scheckig‹, aus afrz. eschec ›Schach‹, eigtl. ›schachbrettartig‹] der, -en/-en, **Schecke** der, -n/-n oder die, -/-n, geflecktes Säugetier, z. B. Pferd, Rind.

Scheckel der, -s/-, bair.: Peitsche.

scheckig [vgl. Scheck], gefleckt: eine scheckige Kuh; ich lache mich s., U lache heftig.

Scheddach das, Sheddach.

scheel [ahd. scelah], 1) schief; schielend. 2) Ü neidisch: er sieht ihn s. an. **scheeläugig, scheelblickend, 1)** schielend. 2) Ü neidisch.

Scheelit [nach dem schwed. Chemiker C. W. Scheele, 1742–1786] der, -s, ein Wolframerz.

Scheelsucht die, -, Neid. **scheelsüchtig.**

Schefe die, -/-n, schwäb., alem.: Schote.

Scheffel [ahd. sceffil, vgl. Schaff] der, -s/-, 1) ein früheres Hohlmaß. 2) ein früheres Flächenmaß. 3) Bottich, weiter Eimer: er sollte sein Licht nicht unter den S. stellen, Ü seine Fähigkeiten nicht aus Bescheidenheit verbergen. **scheffeln,** ich scheff(e)le (habe gescheffelt), 1) es, ⚹ häufe mit dem Scheffel auf. 2) es, Ü raffe zusammen (Geld). 3) Getreide scheffelt, ⚹ gibt vollen Ertrag. **scheffelweise, 1)** mit Scheffeln. 2) Ü in großen Mengen.

Scheg [niederl. schegge] der, -s, ⚓ unterster Teil des Vorstevens.

Scheherezade [-z'a:de, pers. tschihr-asad ›von edlem Antlitz‹], Märchenerzählerin in Tausendundeiner Nacht.

Scheibband das, bair.: Brustriemen zum Karrenziehen.

Scheibchen das, -s/-. **scheibchenweise,** in Scheibchen; Ü in kleinen Mengen, nach und nach. **Scheibe** [ahd. sciba] die, -/-n, 1) runde Platte, bes. als Maschinenteil, große Rolle, ABB. B 36, F 23, R 28. 2) Schnitte, ABB. S 32: eine S. Brot, Wurst, Schinken; davon kannst du dir eine S. abschneiden, Ü daran kannst du dir ein Beispiel nehmen. 3) Glas des Fensters, Spiegels, ABB. F 12, S 52: Scheibengardine. 4) Schießscheibe. 5) ☿ Spiegel. 6) Baumscheibe, der Bodenbereich unter der Obstbaumkrone. 7) verhüllend für Scheiße: Scheibenhonig!, Scheibenkleister!, U derb: Ausrufe des Unwillens. **scheiben** [mhd. schiben ›drehend bewegen‹], ich scheibe (habe geschoben), bair., österr.: schiebe une Kugel (beim Kegeln). **Scheibenqualle** die, Schirmqualle, meeresbewohnendes Hohltier. **Scheibenwischer** der, ⇆ Vorrichtung zum Sauberhalten der Windschutzscheibe, ABB. K 40. **Scheibtruhe** die, österr.: Schubkarre.

Scheich [arab. šaih ›Ältester‹] der, -s/-e oder -s, 1) Stammeshäuptling der Beduinen. 2) arab. Ehrentitel. 3) U unangenehmer Mensch. 4) U ständiger Begleiter (eines Mädchens): sie hat schon wieder einen neuen S.

Scheiche die, -/-n, G Fuß, Bein.

Scheichtum das, -s/⁻er, Herrschaftsbereich eines Scheichs (Stammeshäuptlings).

Scheid der, -(e)s/-e, oberdt.: 1) Quark. 2) Abschied. 3) Talfahrt von der Alm: Viehscheid. **Scheide** [ahd. sceida] die, -/-n, 1) schmales Behältnis, bes. für Stichwaffen: er zog den Degen aus der S. 2) Vagina, Teil der weibl. Geschlechtsorgane. 3) ⚘ Blattscheide, meist der stengelumfassende Teil von Blättern, ABB. B 34. 4) Grenze: Sprachscheide; Wetterscheide; Wegscheide; Wasserscheide, ABB. F 32. 5) mitteldt.: Paß; Scheitel. **Scheideanstalt** die, Gewerbebetrieb, der Edelmetalle trennt und legiert. **Scheidebrief** der, 1) ⚹ Ehescheidungsurkunde. 2) Abschiedsbrief. **Scheideck** das, -s/-e, **Scheidegg** die, -/-en, oberdt.: Paßhöhe. **Scheidekunde, Scheidekunst** die, -, ⚹ Chemie. **Scheidemeister** der, ⚹ Schiedsmann. **Scheidemünze** die, kleine Münze von geringem Wert. **scheiden** [ahd. sceidan], ich scheide (habe geschieden), 1) es, trenne, zerlege: er schied die Spreu vom Weizen. 2) es, ⚹ entscheide, schlichte (Prozeß). 3) eine Ehe, ♊ löse: das Gericht hat die Ehe geschieden; die Ehe ist geschieden worden; ich lasse mich scheiden. 4) mich von ihm, löse die Verbindung, ziehe eine Trennung: wir sind geschiedene Leute; hier scheiden sich die Geister, Ü stimmen die Meinungen nicht überein. 5) (bin geschieden) von ihm, aus etwas, P trenne mich, gehe weg, nehme Abschied: wir wollen als Freunde scheiden; trotz einer Meinungsverschiedenheit sind wir im guten voneinander geschieden; er ist freiwillig aus dem Leben

geschieden, hat Selbstmord verübt. 6) Milch scheidet (sich), gerinnt. **Scheidetrichter** der, ein Glasgerät zur Trennung verschieden schwerer, nicht mischbarer Flüssigkeiten. **Scheidewand** die, Trennungswand: Nasenscheidewand. **Scheidewasser** das, Salpetersäure. **Scheid(e)weck** der, oberdt.: Keil. **Scheideweg** der, Weggabelung, Kreuzweg: er stand am S., Ü vor der Entscheidung. **Scheiding** der, -s/-e, ⚹ September. **Scheidung** die, -/-en, 1) Trennung, Sonderung. 2) ⚛ Trennung in verschiedene Bestandteile (Metalle). 3) ♊ gesetzliche Auflösung einer Ehe: Ehescheidung; Scheidungsgrund; Scheidungsklage; scheidungswillig. **Scheideweck** der, Scheideweck.

Scheje, Scheiele [mhd. schie] die, -/-n, schweiz.: schmale Latte, Zaunpfahl, Stangenzaun.

Schein [ahd. scin ›Glanz‹] der, -(e)s/-e, 1) ohne Pl., Glanz, Licht: Lichtschein; die Kerze gab einen milden S.; im S. der untergehenden Sonne. 2) ohne Pl., die Art, wie sich etwas darstellt (oft im Gegensatz zu tatsächlichen Verhältnissen), Sinnestäuschung, Trugbild: Scheinarchitektur, gemalte Architekturteile an Wänden, Decken; Scheinblüte; Scheingeschäft; Scheinwelt; der S. trügt, spricht dagegen; sein Erfolg ist nur S., vorgetäuscht; sie mußte den S. wahren, den bestehenden falschen Eindruck; er sagte zum S. zu. 3) ein Papier zur Bescheinigung, kleine Urkunde, Quittung: Taufschein; Seminarschein; Gutschein; Schuldschein. 4) Banknote: er ließ die kleine in Münzen wechseln. **scheinbar, 1)** nicht wirklich: die scheinbare Größe; vgl. anscheinend. 2) U fälschlich: anscheinend, wahrscheinlich. **Scheinecke** die, Beschlagteil am Fenster, ABB. F 12. **scheinen** [ahd. scinan], ich scheine (habe geschienen), 1) ihm es, es zu sein, erwecke den Anschein, Eindruck, tue, als ob: er scheint ein Künstlerin gewesen zu sein das (statt: er) scheint mir ein toller Draufgänger zu sein, U; es scheint mich zu kennen; es scheint zu regnen; es habe das Buch scheint's vergessen, U so scheint es. 2) es scheint, gibt Licht: die Sonne, der Mond, die Sterne scheinen (hell). **Scheinfrucht** die, eine Frucht, die aus Fruchtblättern und benachbarten Blütenteilen gebildet wird. **scheinheilig,** heuchlerisch. **Scheinheiligkeit** die, -. **scheinig,** oberdt.: grell. **Scheintod** der, Zustand hochgradiger Abschwächung der Lebensäußerungen. **scheintot. Scheinwerfer** der, Gerät zur Bündelung eines Lichtstromes mit Hilfe eines Reflektors, ABB. F 3, F 31, K 40, S 14, S 73, Z 10.

Scheiß der, -, V etwas Lästiges, Minderwertiges, Belangloses; Unsinn: mach keinen S.! **scheiß..,** V außerordentlich, sehr: scheißegal; scheißfreundlich. **Scheiße** [mhd. schize] die, -, V Kot; Unsinn; unangenehme Lage, verfahrene Situation: so eine S.!; er sitzt in der S.; Scheißdreck; Scheißhaus. **scheißen** [ahd. scizan], ich scheiße (schiß, habe geschissen), V entleere den Darm: ich s. darauf, Ü ich kümmere mich nicht darum, ist mir einerlei. **Scheißerei** die, -, V Durchfall. **Scheißkerl** der, V minderwertiger, erbärmlicher Mensch.

Scheit [ahd. skit, zu scheiden] das, -(e)s/-e oder -er, großes Holzstück, z. B. Klafterholz, ABB. H 23.

Scheitel [ahd. sceitila, eigtl. ›Stelle, an der das Haar sich scheidet‹] der, -s/-, 1) der mittlere obere Teil des Kopfes, ABB. M 12: vom S. bis zur Sohle, Ü ganz und gar. 2) Trennungslinie einer Haartracht, ABB. H 1: Mittelscheitel; Seitenscheitel. 3) auch Scheitelpunkt, höchster Punkt, z. B. eines Berges, ABB. B 20, eines Bogens, ABB. B 39. 4) ⚹ Spitze eines Winkels; Schnittpunkt der Schenkel eines Winkels, ABB. W 13; Schnittpunkt einer ebenen Kurve mit einer Symmetrieachse, ABB. K 14. **Scheitelbein** das, ⚹ flach gewölbter paariger Schädelknochen. **Scheitelkreis** der, ✴ jeder Kreis, der durch den Scheitelpunkt und den Nadir des Beobachters geht. **scheiteln,** ich scheit(e)le (habe gescheitelt) das Haar, teile es durch einen Scheitel, kämme seitwärts: er trägt das Haar gescheitelt. **Scheitelpunkt** 1) höchster Punkt. 2) ✴ Zenit, höchster Punkt am Himmel senkrecht über dem Beobachter. **scheitelrecht,** ⚹ senkrecht.

scheiten, ich scheite (habe gescheitet) Holz, schweiz.: zerhacke. **Scheiterhaufen** der, 1) Holzstoß (im MA. zum Verbrennen von Hexen, Ketzern). 2) Semmelauflauf mit Obst. **scheitern** [zu Scheit, ich scheit(e)re, 1) (habe gescheitert) Holz, ⚹ zerhacke. 2) (bin gescheitert) (an ihm), Ü erleide Schiffbruch, versage: sie ist im Abitur an Mathematik gescheitert; alle seine Pläne sind gescheitert; die Rettungsaktion war vor nornherein zum Scheitern verurteilt, mußte mißlingen. **Scheitholz** das, 1) Holz in Scheiten. 2) bair.: Brettzither. **scheitrecht,** ▥ geradlinig und zugleich waagerecht: scheitrechter Bogen, ABB. B 39.

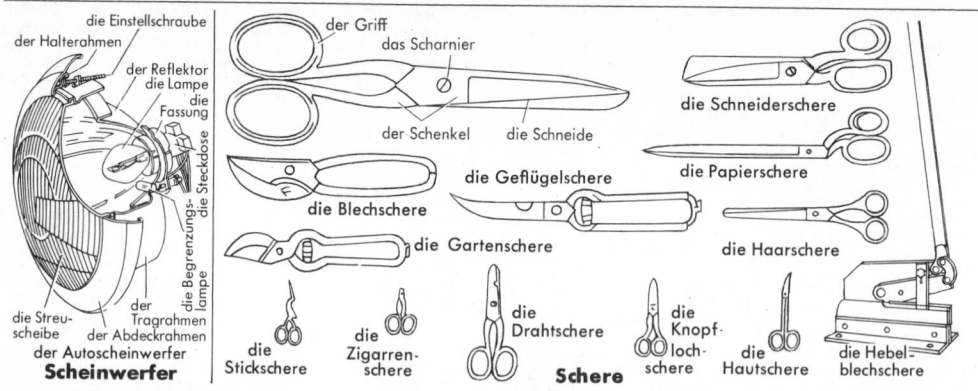

die Einstellschraube — der Halterahmen — der Reflektor — die Lampe — die Fassung — der Griff — das Scharnier — der Schenkel — die Schneide — die Schneiderschere — die Papierschere — die Geflügelschere — die Blechschere — die Gartenschere — die Haarschere — die Begrenzungslampe — die Steckdose — der Tragrahmen — der Abdeckrahmen — die Streuscheibe — **der Autoscheinwerfer** — **Scheinwerfer** — die Stickschere — die Zigarrenschere — die Drahtschere — die Knopflochschere — die Hautschere — die Hebelblechschere — **Schere**

Schelch [mhd. schelch, zu ahd. scalta ›Ruderstange‹] *der, -(e)s/-e, rhein., ostfränk.:* großer Flußkahn.

Schelf [engl. shelf] *das* oder *der, -s/-e,* ⊕ von der Flachsee bedeckter Festlandsockel: *Schelfmeer.*

Schelfe [ahd. scelvia, zu Schale] *die, -/-n, alem.:* Schale, bes. grüne Nußhülle. **schelfern,** *ich* schelf(e)re (habe geschelfert) *es, alem.:* schäle: *die Haut schelfert sich,* schuppt sich.

Schel|lack [niederl. schellak, zu schel ›Schuppe‹] *der,* Ausscheidungsprodukt der Lackschildläuse auf südostasiat. Baumarten als Poliermittel, Siegellack u. a.

Schelle [ahd. scella] *die, -/-n,* **1)** Glöckchen, Klingel, Abb. G 30, T 4. **2)** *meist Pl.,* Farbe im Kartenspiel, Abb. S 54. **3)** *meist Pl.,* metallene Fessel: *Handschellen,* Abb. F 18. **4)** Ring zur Befestigung von Leitungsrohren, Abb. I 3. **5)** *oberdt.:* Ringe um die Augen. **6)** *niederdt.:* Schale. **schellen** [ahd. scellen], *ich* schelle (habe geschellt), **1)** läute, klingele. **2)** *es,* ⚕ zerschelle; zerkleinere. **Schellenbaum** *der,* Musikinstrument der Militärkapellen. **Schellenkappe** *die,* Narrenkappe. **Schellentracht** *die,* um 1400 verbreitete Mode, Abb. M 16.

Schellfisch [mnd. schelle ›Schale‹] *der,* ein Speisefisch.

Schellhammer *der,* ein Werkzeug, Abb. H 5.

Schellhengst *der,* Schälhengst.

Schellkraut *das,* Schöllkraut.

Schelm [ahd. scalmo ›Pest‹, ›Aas‹, ›Seuche‹] *der, -(e)s/-e,* Schalk, Spaßvogel, neckischer Mensch; oft Kosewort: *sie hat den S. im Nacken,* Ü ist schelmisch. **2)** ⚕ unehrlicher, aus der Gesellschaft ausgestoßener Mensch; Henker; Verräter. **Schelmenroman** *der,* Form des Abenteuerromans. **Schelmenstreich** *der,* schelmenstück *das,* listiger Streich, Schabernack. **Schelmerei** *die, -/-en,* **1)** Spaßhaftigkeit, neckischer Übermut. **2)** ⚕ schlimme Tat. **schelmisch,** neckisch: *er lachte s.; ein schelmischer Blick.*

Schelte [ahd. scelta] *die, -,* Vorwürfe, grobe Worte: *dafür gibt es, bekommst du S.* **schelten** [ahd. sceltan], *ich* schelte (schalt, habe gescholten) *du* schiltst, er schilt; wenn er schölte) *ihn (wegen) etwas,* auch *auf ihn,* mache ihm Vorwürfe, schimpfe, tadle laut (oft mit groben Worten): *er schilt mich dumm, einen Dummkopf.* **Scheltwort** *das, -(e)s/-e.*

Schema [grch. ›Gestalt‹, ›Form‹, zu echein ›sich verhalten‹] *das, -s/-s, -ta* oder *...men,* anschauliche Darstellung unter Fortlassung alles Unwesentlichen; Muster, Plan, Norm: *Schemabrief; Schemazeichnung; ich arbeite nach einem S.; nach S. F,* Ü gedankenlos nach den üblichen Norm. **schematisch, 1)** grundsätzlich regelnd, umrißhaft: *eine schematische Darstellung.* **2)** gleichförmig, gedankenlos: *eine schematische Arbeit.* **schematisieren,** *ich* schematisiere (habe schematisiert) *es.* **Schematisierung** *die, -/-en.* **Schematismus** *der, -,* **1)** schematisches Denken, Handeln nach einem Schema. **2)** *österr.:* Verzeichnis von Amtspersonen.

Schembart [mhd. schembart, zu schem(e) ›Schatten‹, ›Larve‹] *der,* bärtige Maske. **Schembartlaufen** *das, -s,* spätmittelalterl. Nürnberger Fastnachtstanz.

Schemel [ahd. scamal, zu lat. scamillus] *der, -s/-,* **1)** Hocker, Stuhl ohne Lehne, Abb. S 75. **2)** Fußbänkchen.

Schemen, *Pl.* von Schema.

Schemen [mhd. schem(e) ›Schatten‹, ›Larve‹, zu scheinen] *der, -s/-,* **1)** wesenloses Scheinbild, Hirngespinst. **2)** *bair.:* Maske. **schemenhaft,** schattenhaft: *im dichten Nebel waren die Umrisse der Häuser nur s. zu erkennen.*

Schenk [ahd. scenko, zu schenken] *der, -en/-en,* ⚕ Diener, der Wein oder Bier in die Tringefäße füllt; Gastwirt: *Mundschenk.* **Schenke** *die, -/-n,* Schankwirtschaft, Wirtshaus, Kneipe.

Schenkel [mhd. schenkel] *der, -s/-,* **1)** Abschnitt des Beines vom Knöchel zum Knie (Unterschenkel) oder vom Knie zur Hüfte (Oberschenkel). **2)** kurz für Oberschenkel: *Schenkelhalsbruch.* **3)** von einem ›Knie‹, einer Knickung ausgehender Teil, z. B. an Zirkel, Zange, Schere, Abb. S 14. **4)** △ Gerade, die mit einer anderen einen Winkel bildet, Abb. D 14, W 13. **...schenk(e)lig,** mit einer bestimmten Art oder Zahl von Schenkeln versehen: *gleichschenkelig,* △.

schenken [ahd. scenken], *ich* schenke (habe geschenkt), **1)** *es ihm,* gebe (als Geschenk), widme, reiche dar, gewähre: *ich schenkte ihm ein Buch geschenkt; er schenkte ihm die Freiheit, die Strafe,* Ü begnadigte ihn; Ü gebar es; *ihm ist im Leben nichts geschenkt worden,* Ü er hat sich alles selbst erarbeiten müssen; *sie schenkte ihm keinen Blick,* Ü beachtete ihn nicht; *dieses Kleid möchte ich nicht geschenkt ,* Ü es gefällt mir so wenig, daß ich es nicht einmal kostenlos haben möchte; *das ist wirklich (halb) geschenkt,* Ü sehr billig; *dieses Kapitel des Buches kann ich mir schenken,* Ü brauche ich nicht zu lesen. **2)** *es in etwas,* ⚕ schenke ein.

Schenkung *die, -/-en,* ♐ unentgeltliche Zuwendung von Vermögensvorteilen: *Schenkungsurkunde.*

schep(p), *westdt.:* schief.

scheppern [Schallw.], *ich* schepp(e)re (habe gescheppert), *bes. oberdt.:* **1)** *mit etwas,* klappere. **2)** *es scheppert,* klappert, klirrt.

Scher [ahd. scero ›der den Boden durchschneidet‹] *der, -(e)s/-e, oberdt.:* Maulwurf.

Scherbe [ahd. scirbi, verwandt mit scharf] *die, -/-n,* **1)** Bruchstück aus Glas, Tonwaren: *sein Glück ging in Scherben,* Ü zerbrach, wurde zerstört. **2)** *oberdt.:* Topf, Blumentopf. **scherbeln,** *ich* scherb(e)le (habe scherbelt), Ü tanze. **Scherben** *der, -s/-,* **1)** Keramik: die gebrannte Grundmasse unter der Glasur. **2)** *oberdt.:* Scherbe. **3)** *österr.:* Nachttopf. **Scherbengericht** *das,* Ostrazismus, Volksgericht im alten Athen.

Scherbet(t) [vgl. Sorbett] *der* oder *das, -(e)s/-e,* Sorbet(t).

Schere [mhd. schære, eigtl. ›zwei Messer‹, zu ahd. scar ›Messer‹] *die, -/-n,* **1)** Werkzeug zum Trennen oder Zerschneiden von Stoffen aller Art, Abb. B 24, N 2, S 14. **2)** Greifwerkzeug mancher Krebs- und Spinnentiere, Abb. H 27. **3)** scherenförmiges Gebilde, z. B. Abb. F 12; Gabeldeichsel. **4)** ✄ am Seitpferd Schwingen der Beine im Stütz mit Positionswechsel. **scheren** [ahd. sceran], *ich* schere (habe geschoren?), **1)** (auch habe geschoren) *ihn, es,* schneide ihm davon ab (Haare, Wolle): *ich s. ihm den Bart,* schneide die Barthaare kurz oder ab. **2)** *die Hecke,* beschneide sie glatt. **3)** *mich um ihn, etwas,* kümmere mich darum: *das schert ihn wenig; darum werde ich mich den Teufel scheren,* Ü das ist mir völlig gleichgültig.

scheren [ahd. sceron ›ausgelassen sein‹], *ich schere mich* (habe mich geschert) *irgendwohin,* Ü gehe eilendst weg: *scher dich zum Teufel!,* fort mit dir!
Scherenfernrohr *das,* binokulares Fernrohr mit veränderlichem Abstand der Objektive. **Scherenschnitt** *der,* Schattenbild aus schwarzem Papier auf weißem Grund. **Scherer** *der, -s/-,* 1) ❀ Bader, Wundarzt. 2) Schaf-, Tuchscherer. **Schererei** *die, -/-en, meist Pl.,* Ü Unannehmlichkeit, Mühe: *du machst mir nur Scherereien.*
Scherf [ahd. scerf, zu Scherbe] *der, -(e)s/-e,* **Scherflein** *das, -s/-,* alte Scheidemünze: *ich trage mein S. dazu bei,* Ü gebe eine bescheidene Gabe.
Schergang *der,* ⚓ oberste Planke der Schiffshaut unter dem Oberdeck.
Scherge [ahd. scario ›Anführer einer Schar‹] *der, -n/-n,* 1) ❀ Henker, Gerichtsdiener. 2) Vollstrecker der Befehle eines Machthabers: *er entkam den Schergen des Diktators.*
Scherkopf *der,* Abb. R 5. **Schermaus** [vgl. Scher] *die,* 1) Wasserratte, Ü Nagetier. 2) Scher.
Schernken *der, -s/-, österr.:* breiter Nagel an Bergschuhen: *Schernkenschuh.*
scherp, *schweiz.:* trocken, hart, spröde.
Scherung [zu scheren] *die, -/-en,* ⚙ Verformung eines Körpers durch seitwärts wirkende Kräfte.
Scherz [mhd. scherz ›Spiel‹] *der, -es/-e,* Äußerung fröhlicher Laune, Spaß; Äußerung, die nicht ernst gemeint ist: *Scherzfrage; ich habe das bloß zum S. gesagt; er versteht keinen S.; laß diese Scherze!,* Ü laß das sein!
scherzando [skɛr-, ital.], ♪ tändelnd, scherzend.
Scherz|artikel *der,* spaßhafter Gegenstand für Fasching, Silvester, z. B. Knallfrösche, Larven, Pappnasen.
Scherz(e)l [ital. scorza ›Rinde‹] *das, -s/-(n), oberdt.:* Anschnitt und Endstück vom Brot.
scherzen [mhd. scherzen], *ich scherze* (habe gescherzt) *(mit ihm),* mache Scherze, bin fröhlich. **scherzhaft,** spaßig, lustig; nicht ernst gemeint.
Scherzo [skˈɛrtso, ital. ›Scherz‹] *das, -s/-s oder ... zi,* ♪ lebhaft bewegtes, meist heiteres Musikstück. **scherzoso** [skɛr-], scherzando.
Schese [frz. chaise ›Wagen‹] *die, -/-n, bes. schweiz.:* Chaise, Postkutsche, Extrapost. **schesen,** *ich schese* (bin geschest) Ü eile.
scheu, 1) ängstlich, schüchtern, zurückgezogen: *arbeitsscheu; wasserscheu.* 2) erregt, wild (vor Schreck): *ein Pferd wird s.* **Scheu** [mhd. schiuhe ›Abscheu‹, ›Schreckbild‹] *die, -,* Bangigkeit, Furcht; Ehrfurcht: *sie schwieg aus S., nur aus S., ohne S.,* dreist, unverzagt. **scheuch,** *oberdt.:* scheu.
Scheuche *die, -/-n,* Schreckbild für Vögel: *Vogelscheuche.*
scheuchen, *ich scheuche* (habe gescheucht), 1) *ihn, es,* jage vor mir her, treibe fort (Vieh). 2) *oberdt.:* scheue. **scheuen** [ahd. sciuhen], *ich scheue* (habe gescheut), 1) *ihn, es, mich vor ihm, vor einer Sache,* habe Angst, Bedenken, schüchterne Ehrfurcht: *er scheut keine Mühe; ich s. mich, ihm die Wahrheit zu sagen.* 2) *ein Pferd scheut,* geht durch, wird wild.
Scheuer [ahd. sciura] *die, -/-n, oberdt.:* Scheune.
Scheuerleiste *die,* Flußleiste, Abb. F 38, M 21, W 4.
scheuern [mhd. schiuren], *ich scheu(e)re* (habe gescheuert), 1) *es,* reinige durch kräftiges Reiben: *ich s. den Fußboden; Scheuerlappen; Scheuersand; ich s. dir gleich eine,* Ü gleich bekommst du eine Ohrfeige. 2) *mich an etwas,* reibe mich. 3) *es scheuert,* reibt: *der Schuh scheuert den Fuß wund.*
Scheuklappe [zu scheuen] *die,* **Scheuleder** *das,* Blende am Kopfgestell des Pferdes, Abb. P 9: *ein Mensch mit Scheuklappen,* Ü mit engem geistigen Horizont.
Scheune [ahd. scugin(a), verwandt mit Scheuer] *die, -/-n,* landwirtschaftl. Lagergebäude, Abb. B 14, D 10: *er ißt (frißt) wie ein Scheunendrescher,* Ü er ißt sehr viel.
Scheusal [mhd. schiuwe-sal ›Vogelscheuche‹, zu scheuen] *das, -s/-e,* Ü auch ... *säler,* 1) verabscheuenswerter Unhold, Verbrecher. 2) abstoßend häßlicher Mensch. **scheußlich** [mhd. schiuzlich], 1) abscheulich, häßlich, gemein, grausam, ekelhaft: *ein scheußliches Verbrechen; der Anblick war s.* 2) Ü unangenehm, sehr: *scheußliches Wetter; ich bin s. erkältet.* **Scheußlichkeit** *die, -/-en.*
Schi *der, -s/Sch'i[er] meist Pl.,* eingedeutscht für: Ski.
Schibbeke [aus slaw.] *die, -/-n,* auch Schibicke, *mitteldt.:* 🌳 ein Holunder.
Schibboleth [hebr. ›Ähre‹] *das, -s/-e oder -s,* B Erkennungszeichen, Losungswort.
Schicht [mhd. schiht, zu ahd. scehan ›sich fügen‹] *die, -/-en,* 1) geordnete Lage gleichartiger Stoffe, die über- oder hintereinanderliegen, z. B. Abb. K 52, M 17; Kruste, Überzug: *Luftschicht; Schichtwolke; eine dicke S.* Staub. 2) ⊕ plattiger Gesteinskörper von großer flächenhafter Ausdehnung. 3) tägliche Arbeitszeit in Betrieben, die in einem Turnus die Arbeitsplätze mehrmals besetzen; auch die gleichzeitig Arbeitenden: *Schichtarbeit; Spätschicht; wir gehören zur selben S.; er macht S.,* Ü macht Feierabend; *er (ver)fährt eine S.,* ✕ fährt zu einer Arbeitszeit ins Bergwerk ein. 4) *soziale S.,* eine Bevölkerungsgruppe mit gemeinsamen sozialen Merkmalen (Beruf, Einkommen u. a.): *Gesellschaftsschicht; Oberschicht.*
Schichte *die, -/-n, österr.:* ⊕ Schicht. **schichten,** *ich schichte* (habe geschichtet) *es (auf etwas),* lege in Schichten übereinander: *ich s. Holz.* **schichtenspezifisch,** einer bestimmten sozialen Schicht zugehörend: *schichtenspezifische Sprachkompetenzen.* **schicht(en)weise,** in Schichten. **Schichtgestein** *das,* Sedimentgestein. **Schichtholz** *das,* 1) in ein Schichtmaß eingelegtes Nutz- und Brennholz. 2) aus mehreren verleimten Furnieren aufgebauter Holzwerkstoff. **schichtig,** 1) aus verschiedenen Schichten bestehend: *doppelschichtig.* 2) *köln.:* geschickt, anstellig. **Schichtlohn** *der,* Zeitlohn, Lohn für Schichtarbeit. **Schichtung** *die, -/-en,* Aufbau in verschiedenen Schichten; Gliederung: *soziale S.; die S. des Bodens.* **Schichtwechsel** *der,* Ablösung nach Beendigung einer Arbeitsschicht.
schick [rückentlehnt aus frz. chic, zu ›sich schicken‹], 1) der Mode entsprechend, elegant, geschmackvoll: *ein schickes Kleid; sie zieht sich immer s. an.* 2) Ü fein, erfreulich: *s., daß du kommst.* **Schick** [mhd. schic] *der, -s,* 1) Eleganz, modische Feinheit, feines Auftreten: *sie (es) hat S.* 2) *oberdt.:* vorteilhafter Kauf.
schicken [mhd. schicken ›einrichten‹, ›ordnen‹, zu ahd. scehan ›sich fügen‹], *ich schicke* (habe geschickt), 1) *ihn irgendwohin, nach ihm,* sende; befehle zu gehen; trage auf zu kommen: *schickt doch einen Boten ins Büro!; er schickt um Geld, nach dem Arzt,* 2) *es ihm,* lasse zukommen, lasse bringen: *ich s. ihm ein Buch.* 3) *mich in etwas, darein,* Ü füge mich, bin ergeben: *sie schickte sich in ihr hartes Los.* 4) *er schickt sich für etwas,* eignet sich dafür. 5) *es schickt sich (nicht),* gehört, gebührt sich (nicht).
schicker [jidd., zu hebr. šikkor] betrunken. **schickern,** *ich schick(e)re* (habe geschickert), trinke.
Schickeria [zu Schick] *die, -,* Ü versnobte Gesellschaftsschicht.
schicklich [zu schicken], geziemend, passend, nach Sitte und Brauch: *schickliches Betragen.* **Schicklichkeit** *die, -.*
Schicksal *das, -s/-e,* 1) das, was dem Menschen widerfährt, ihm bestimmt ist: Los, Geschick: *er hat ein schweres S.; mancherlei Schicksalen ist er schon begegnet; unser S. ist noch ungewiß; ich überließ sie ihrem S.,* kümmerte mich nicht mehr um sie; *Schicksalsschlag.* 2) *ohne Pl.,* die Macht, die den Lebensweg des Menschen lenkt, aus dem Jenseits wirkende Fügung: *das S. hat es gut mit ihm gemeint; das war S.!* **schicksalhaft,** unabwendbar, vorherbestimmt: *eine schicksalhafte Wendung.* **schicksam,** *niederdt.:* schicklich.
Schickse [jidd. von hebr. šikkuz ›Greuel‹, Bez. der Juden für ein Christenmädchen] *die, -/-n,* Ü dumme, aufdringliche, unangenehme weibl. Person.
Schickung [mhd. schickunge] *die, -/-en,* Schicksal: *durch göttliche S.*
Schiebebühne *die,* 1) Bühne, bei der die Dekoration auf niedrigen Bühnenwagen auf die Bühne geschoben wird. 2) Vorrichtung zum Umsetzen von Schienenfahrzeugen auf parallellaufende Gleise. **Schiebedach** *das,* Verdeck von Kraftwagen, das geöffnet werden kann. **Schieb(e)karre** *die,* Schubkarre. **Schiebel** *der, -s/-, sächs.:* alter Hut. **schieben** [ahd. scioban], *ich schiebe* (habe geschoben), 1) *es, ihn, mich,* setze in Bewegung, drücke vorwärts, rücke, lasse weitergleiten: *er schob den Wagen vor sich her; ich schob den Stuhl an den Tisch; er schob den Hut in die Stirn; ich mußte das Fahrrad schieben.* 2) *es, mit etwas,* Ü tätige unsaubere Geschäfte, handle auf dem schwarzen Markt: *nach dem Krieg han er (mit) Butter und Kaffee geschoben.* 3) *es auf ihn, auf etwas,* Ü erkläre ihn, es für verantwortlich: *man schob die Schuld in die Schuhe,* Ü will mich dafür verantwortlich machen. 4) *es,* Ü verschiebe, schiebe auf: *er schiebt alles auf die lange Bank.* 5) *mich durch, in etwas,* dränge mich ein. 6) ⚙ Wache, Posten, Ü stehe. 7) *Kohldampf,* Ü habe Hunger. 8) *es schiebt,* 🌱 wächst (Gewebe, Zähne, Blätter). 9) (bin geschoben), Ü gehe lässig. **Schieber** *der, -s/-,* 1) verschiebbarer Teil, Abb. B 11, P 8, P 19, S 19; auch

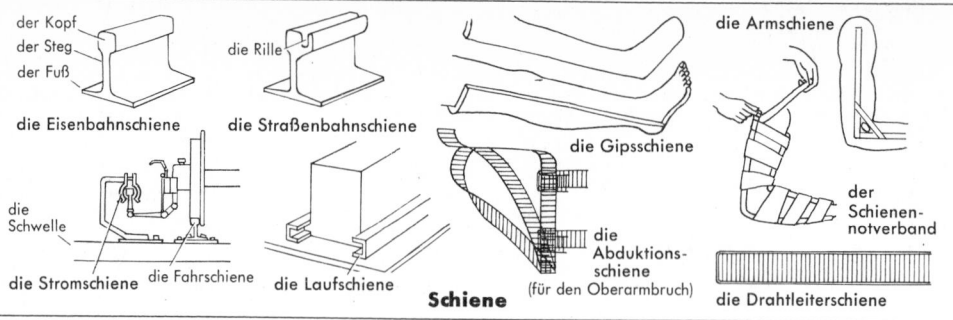

der Kopf
der Steg
der Fuß

die Rille

die Armschiene

die Eisenbahnschiene   die Straßenbahnschiene

die Gipsschiene

die
Schwelle

der
Schienen-
notverband

die Stromschiene   die Fahrschiene   die Laufschiene   die
Abduktions-
schiene

Schiene (für den Oberarmbruch)   die Drahtleiterschiene

Maschinenteil zum Öffnen oder Schließen von Leitungen. **2)** Ü gewissenloser Geschäftemacher. **3)** Ü Onestep. **4)** Gerät zum Schieben, ABB. B 1. **5)** Eßgerät für kleine Kinder. **6)** Bettschüssel. **schieberisch, 1)** Ü unehrlich. **2)** österr.: flott, keck. **Schiebkarre** die, Schiebekarre. **Schiebkasten** der, **Schieblade** die, seltener für: Schublade. **Schieblehre** die, Schublehre. **Schiebling** der, -s/-e, Durchschlag am Floß, ABB. F 28. **Schiebung** die, -/-en, **1)** unsauberes Geschäft. **2)** Bevorzugung, unredliches Zusammenarbeiten.

schiech [mhd. schiech ›scheu‹, ›abschreckend‹], bair., österr.: **1)** häßlich. **2)** zornig. **Schiech** der, -(e)s, bair.: Angst.

schied, von scheiden. **schiedig,** schweiz.: schnell, leicht.

schiedlich, ∞ ohne Streit, nach Schiedsspruch: s. und friedlich. **Schiedsgericht** das, Einrichtung zur Entscheidung von Rechtsstreitigkeiten unter Ausschluß staatl. Gerichte. **Schiedsmann** der, -(e)s/˙˙er, ⚖ eine für Sühneversuche bestellte Person der Rechtspflege. **Schiedsrichter** der, **1)** ⚖ Richter eines Schiedsgerichts. **2)** ⚔ der unparteiische Kampfrichter, der offiziell mit der Leitung des Wettkampfs betraut ist. **Schiedsspruch** der, Entscheidung eines Schiedsgerichts.

schief [mhd. schief, urverwandt mit grch. skaios ›link‹], **1)** schräg, weder senk- noch waagerecht, abschüssig, ABB. E 2, K 14: der Tisch steht s., neigt sich nach einer Seite; das Bild hängt s.; er ist s. gewachsen; er hat eine schiefe Schulter; eine schiefe Ebene, geneigte Ebene, gegen die Horizontale geneigte Ebene, die zum Heben und Herablassen von Lasten bei Keil und Schraube genutzt wird. **2)** Ü nicht ganz richtig, falsch, verdächtig, argwöhnisch: dieser Vergleich ist s., trifft nicht das Entscheidende; er ist auf die schiefe Bahn geraten, Ü hat den moralischen Halt verloren; er hat s. geladen, Ü ist betrunken; man hat mich s. angesehen, Ü argwöhnisch, neidisch. **Schiefe** die, -.

Schiefer [ahd. scivaro ›Holz- oder Steinsplitter‹] der, -s/-, **1)** ⊕ in dünne Platten spaltbares Gestein: das Dach ist mit S. gedeckt; Schieferdach; schiefergrau. **2)** bes. oberdt.: Splitter. **Schieferdecker** der, -s/-, oberdt.: Dachdecker. **schief(e)-rig, 1)** spaltbar, blätternd wie Schiefer. **2)** oberdt.: mürrisch, reizbar. **schiefern,** ich schief(e)re (habe geschiefert), **1)** es, oberdt.: spalte. **2)** Erde, bestreue sie mit zerkleinertem Schiefer (beim Weinbau). **3)** es schiefert sich, spaltet sich wie Schiefer. **schiefern,** aus Schiefer; schieferfarben. **Schiefertafel** die, Schreibtafel aus Schiefer. **Schieferung** die, -/-en, paralleles Flächengefüge in Gesteinen; Vorgang der Schieferung.

schiefgehen [zu schief] es geht schief (ging schief, ist schiefgegangen), Ü mißglückt: die Sache mußte schiefgehen; aber: ich kann nur dann s. gehen, in gekrümmter Haltung. **schiefgewickelt,** da bist du s., Ü im Irrtum; aber: er hat den Verband schief gewickelt, nicht gerade. **Schiefheit** die, -/-en, Schiefe. **schieflachen,** ich lache mich schief (habe mich schiefgelacht), Ü lache heftig. **schieffliegen,** ich liege schief (lag schief, habe schiefgelegen), Ü vertrete einen falschen Standpunkt: mit seiner Meinung ist er schiefgelegen; aber: ich habe schief gelegen, nicht gerade. **schiefmäulig,** Ü mißgünstig. **schieftreten,** ich trete es schief (trat schief, habe schiefgetreten), mache durch Treten schief: er hat die Absätze schiefgetreten. **schiefwink(e)lig,** ein schiefwinkeliges Dreieck.

schielen [mhd. schilhen, zu scheel], ich schiele (habe geschielt), **1)** habe eine fehlerhafte Augenstellung. **2)** nach ihm, Ü blicke ihn von der Seite her an: er schielte nach seinem

Nebenmann, suchte ihn unbemerkt zu beobachten. **3)** nach etwas, Ü möchte es haben. **Schieler** der, -s/-, **1)** jemand, der schielt. **2)** Schiller(wein). **schiel(ig),** mitteld., niederdt.: scheel.

Schiemann [Herkunft unsicher] der, -(e)s/. . .männer, niederdt.: Matrose. **Schiemannsgarn** das, -(e)s, **1)** Hanfgarnart. **2)** Lügengeschichte.

schien, von scheinen.

Schienbein [mhd. schine-bein, zu ahd. scina ›Schienbein‹, Grundbedeutung ›Knochen‹, ›Nadel‹, ›schmale Leiste‹] das, ein Unterschenkelknochen, ABB. B 18, M 12, P 9. **Schiene** die, -/-n, **1)** Vorrichtung zur Führung eines Gegenstandes auf bestimmter Bahn, ABB. K 29, P 12, S 15: Eisenbahnschiene, ABB. G 28, W 8; Schienenfahrzeug; Schienenweg; Transport auf der S., Ü mit der Eisenbahn; arbeite auf dieser S. weiter!, Ü in dieser Weise. **2)** Teil der Rüstung, ABB. R 33: Armschiene, ABB. S 15. **3)** ⚕ Stützgerät zum Ruhigstellen verletzter Glieder, ABB. S 15. **4)** bair.: Schindel, Span. **schienen,** ich schiene (habe geschient) es, lege in Schienen, bes. gebrochene Glieder: der Arzt schiente den gebrochenen Arm. **Schienenstoß** der, die Stelle, an der zwei Schienen zusammentreffen. **Schienenstrang** der, Gesamtheit der Schienen, Gleise, ABB. D 12.

schier [mhd. schiere, zu ahd. sciaro ›schnell‹], **1)** beinahe, wohl: das ist s. unmöglich. **2)** oberdt.: schnell, bald.

schier [mhd. schir ›lauter‹, ›rein‹, ›glänzend‹], norddt.: klar, glatt, schlank, unvermischt, rein: schieres Fleisch.

schieren [zu scheren], ich schiere (habe geschiert), **1)** es, süddt.: suche aus. **2)** Eier, durchleuchte und sondere aus.

schierig, alem.: **1)** schnell. **2)** frech.

Schierling [ahd. scer(i)linc, scerning] der, -s/-e, ✿ Name verschiedener giftiger Doldenblütler.

Schießbaumwolle die, nitrierte Cellulose für rauchschwaches Schießpulver und Sprengstoff. **Schießbude** die, Jahrmarktsbude, in der auf Ziele geschossen wird, ABB. R 31. **Schießbudenfigur** die, **1)** Ziel für Schützen in einer Jahrmarktsbude. **2)** Ü geschmacklos gekleidete oder frisierte (meist weibl.) Person. **schießen** [ahd. sciozan], ich schieße (schoß, habe geschossen; du schießt; er schießt; wenn er schösse), **1)** es, mit etwas nach, auf ihn, auf etwas, bringe in schnelle Bewegung, schleudere im Geschoß vorwärts, feuere ab: hier wird scharf geschossen! (Warnschild bei Schießübungen), Ü offen und ohne Schonung gesprochen; er will einen Purzelbaum schießen, machen; es ist zum Schießen, Ü zum Lachen; die gegnerische Mannschaft hat vier Tore geschossen (Fußball). **2)** es, ihn, treffe mit einem Geschoß, erlege: es wurden viele Hasen geschossen; er hat einen Bock geschossen, Ü etwas Dummes gemacht; ich habe ein Bild geschossen, Ü Photo gemacht; er hat den Hund einfach über den Haufen geschossen, ⚔ rücksichtslos erschossen. **3)** ⚔ sprenge. **4)** die Schußfäden durch die Kettfäden, Handweberei: führe sie durch. **5)** (bin geschossen), laufe, fahre, fliege sehr schnell: er kam um die Ecke geschossen, Ü plötzlich; ein Gedanke ist mir durch den Kopf geschossen, Ü kam mir plötzlich. **6)** (bin geschossen), Ü wachse sehr schnell: der Junge ist im letzten Jahr in die Höhe geschossen, Ü; die Pilze schießen aus dem Boden, werden plötzlich sichtbar; Salat schießt, blüht aus. **schießenlassen,** ich lasse schießen (ließ schießen, habe schießen[ge]lassen), Ü gebe auf: er hat seinen Plan schießenlassen; aber: er hat ihn schießen lassen, ihm erlaubt zu schießen. **Schießer** der, -s/-, **1)** ♆ jemand, der nicht weidgerecht schießt. **2)** Ü Fixer. **Schießerei** die, -/-en,

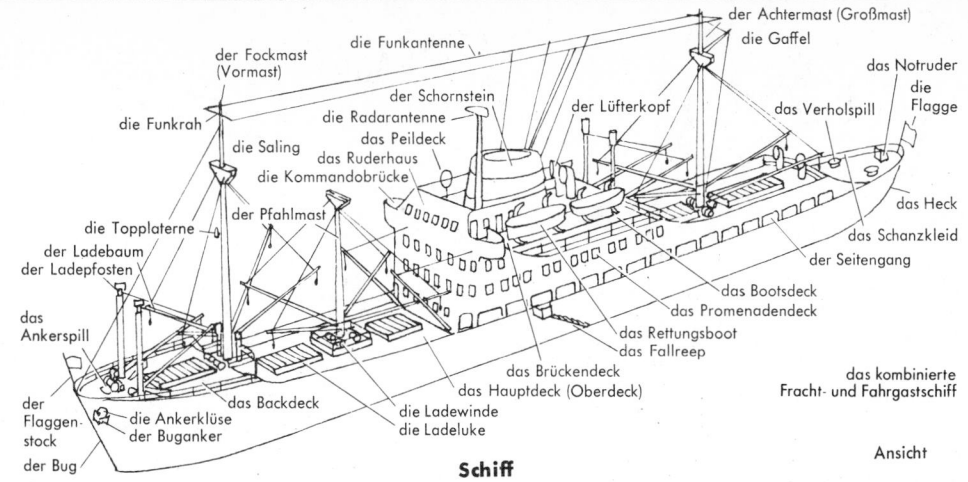

Schiff

das kombinierte Fracht- und Fahrgastschiff

Ansicht

kleineres, ungeregeltes Feuergefecht: *es kam zu einer S. zwischen den Geiselgangstern und der Polizei.* **Schießhund** *der,* ⚬ Spürhund; nur noch: *er paßt auf wie ein S.,* U sehr genau. **Schießprügel** *der,* U Gewehr. **Schießpulver** *das,* treibend wirkender Explosionsstoff. **Schießscharte** *die,* Öffnung, bes. in Festungsmauern, zum Schießen oder Beobachten, ABB. B 56, S 11. **Schießscheibe** *die,* Ziel bei Schießübungen, beim Scheibenschießen. **Schießstand** *der,* Anlage zum Schießen. **Schiet** [zu scheißen] *der, -s, niederdt.:* Dreck.

Schiff [ahd. scif] *das, -(e)s/-e,* **1)** Wasserfahrzeug zur Personen- und Güterbeförderung, ABB. S 16, vgl. K 45, T 4; selten: Kahn, Boot: *Schiff(s)bau; die Ratten verlassen das sinkende S.,* Ü die Nutznießer setzen sich von einer vom Untergang bedrohten Sache (oder Person) ab; *das S. der Wüste,* Ü Kamel. **2)** 🏛 langgestreckter Raumteil in Kirchen, ABB. K 20, K 28: *Mittelschiff; Seitenschiff.* **3)** Name vieler Gefäße, z. B.

Brotkorb, Weihrauchfaß, Bierkühlwanne: *S. und Geschirr, oberdt.:* alle Gerätschaft. **4)** ⚬ ein seitlich an Küchenherden eingebauter Wasservorratsbehälter. **5)** ⚒ Zeilenhalter der Setzer: *Setzschiff.* **Schiffahrt** *die,* Schiffsverkehr; vgl. Silbentrennung, ÜBERS. S 50: *Binnenschiffahrt; Schiffahrtsgesellschaft; Schiffahrtsweg;* aber: *Schiffsfahrt,* eine Fahrt mit einem Schiff. **schiffbar,** für Wasserfahrzeuge befahrbar: *der Fluß wurde durch den Bau von Schleusen s. gemacht.* **Schiffbarkeit** *die,* -. **Schiffbruch** *der,* schwerer Unfall eines Schiffes: *er erlitt S.,* Ü scheiterte, hatte einen Mißerfolg. **schiffbrüchig. Schiffbrüchige** *der, die, -n/-n, ein -r, eine -.* **Schiffchen** *das, -s/-,* **1)** Diminutiv zu Schiff, bes. kleines Schiff als Kinderspielzeug. **2)** Spulenhalter für den Unterfaden an der Nähmaschine. **3)** Weberei: der Schützen. **4)** Fadenführer bei manchen Handarbeiten: *Schiffchenarbeit,* ABB. H 7. **5)** ⚘ Blütenteil der Schmetterlingsblüter. **6)** schirmlose, in der Mitte längsgefaltete

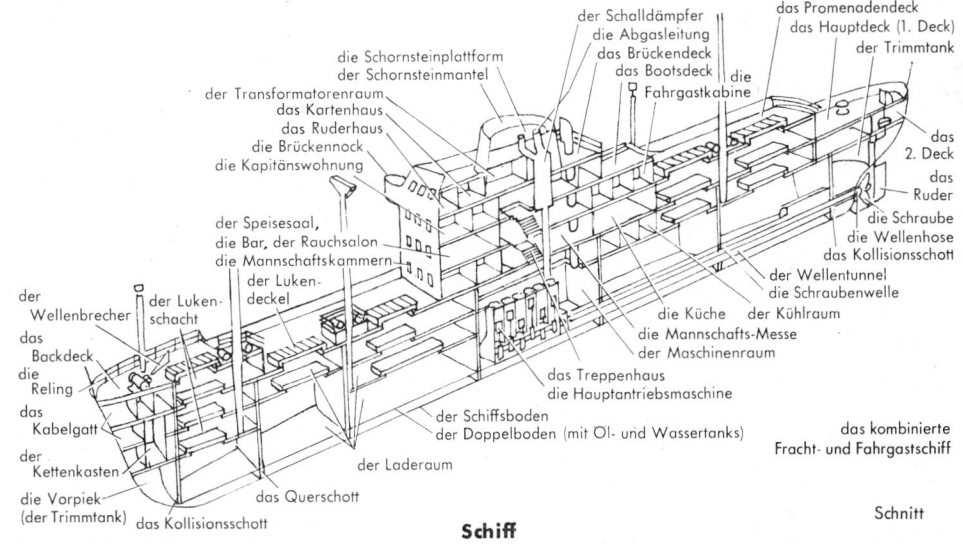

Schiff

das kombinierte Fracht- und Fahrgastschiff

Schnitt

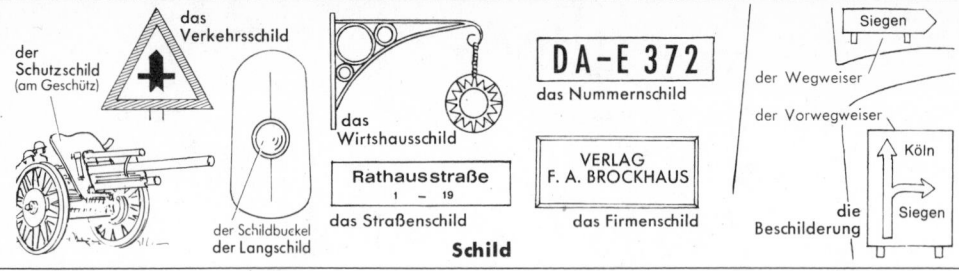

der Schutzschild (am Geschütz) — das Verkehrsschild — das Wirtshausschild — Rathausstraße 1 – 19 — der Schildbuckel — der Langschild — das Straßenschild — DA-E 372 das Nummernschild — VERLAG F. A. BROCKHAUS das Firmenschild — der Wegweiser — der Vorwegweiser — Siegen — Köln Siegen — die Beschilderung

Schild

Uniformmütze. **schiffeln,** *ich* schiff(e)le (bin geschiffelt), *oberdt.:* fahre mit dem Kahn. **schiffen,** *ich* schiffe, **1)** (bin geschifft), fahre zu Wasser. **2)** (habe geschifft), U derb: harne. **3)** *es* schifft (hat geschifft), U derb: regnet. **Schiffer** *der, -s/-,* **1)** der Führer, Kapitän eines Schiffes: *Schifferpatent.* **2)** Schiffseigner. **3)** Arbeiter auf einem Flußkahn. **Schifferklavier** *das,* ♪ Ziehharmonika. **Schifferknoten** *der,* sehr fester Knoten. **Schiffermütze** *die,* eine blaue Tellermütze. **Schifflände** *die, schweiz.:* Anlegeplatz eines Wasserfahrzeugs. **Schifflein** *das, -s/-,* Diminutiv zu Schiff. **schiffrech(t), schiffreich,** *oberdt.:* schiffbar. **Schiffschaukel** *die,* große Schaukel auf dem Jahrmarkt. **Schiffseigner** *der,* Eigentümer eines Schiffes der Binnenschiffahrt. **Schiffsjunge** *der,* ein Anfänger in der Ausbildung zum Matrosen. **Schiffsklassifikation** *die,* Einteilung der Schiffe in Klassen, z. B. nach Seetüchtigkeit. **Schiffsregister** *das,* öffentl. Verzeichnis der Schiffe eines Landes. **Schiffsrolle** *die,* Plan für die Verteilung einer Schiffsbesatzung zu wichtigen Dienstverrichtungen. **Schiffsschraube** *die,* Propeller, häufigstes Antriebsmittel für Schiffe, ABB. S 35. **Schiffstagebuch** *das,* Logbuch. **Schiffstaufe** *die,* feierl. Namengebung eines Schiffes.

schiften [engl. to shift ›verschieben‹], *es* schiftet (ist geschiftet), ⚓ wechselt die Lage, z. B. Segel: *die Ladung s.,* verrutscht bei Seegang.

schiften [mhd. scheften, wohl zu Schaft], *ich* schifte (habe geschiftet) *es,* 🔨 stelle Sparren her, nagle Balken zusammen. **Schifter** *der, -s/-,* Sparren. **Schiftung** *die, -.*

Schiit [arab. Schiʾat Aliʾ ›Partei Alisʾ] *der, -en/-en,* Angehöriger einer der beiden Hauptkonfessionen des Islams.

Schikane [frz. chicane ›Rechtsverdrehung‹, ›Kniff‹] *die, -/-n,* **1)** böswillig zugefügte Erschwernis, kleinliche Bosheit, oft unter Mißbrauch einer Vormachtstellung: *gegen diese Schikanen wehre ich mich; eine Küche mit allen Schikanen,* U mit allen Feinheiten, Annehmlichkeiten (ausgestattet). **2)** besondere Schwierigkeit in einer Autorennstrecke. **schikanieren** [frz. chicaner], *ich* schikaniere (habe schikaniert) *ihn,* plage ihn, bereite ihm Schwierigkeiten: *er schikaniert seine Mitarbeiter.* **schikanös,** *schikanöse* Vorschriften.

Schilcher *der, -s/-, österr.:* Schiller(wein).

Schild [ahd. scilt, urspr. ›Abgespaltenes‹ *der, -(e)s/-e,* **1)** am linken Arm getragene Schutzwaffe, ABB. R 33, S 18; Sinnbild des Schutzes: *er wurde auf den S. gehoben,* Ü zum Führer gemacht; *er führt etwas im Schilde,* Ü hegt eine geheime Absicht. **2)** Teil des Wappens, ABB. H 16: *Wappenschild.* **3)** ⚙ Schildplatte, bes. an Geschützen. **4)** Schirm an der Mütze. **5)** schildförmige Platten bei Krebsen, Insekten, Schildkröten. **6)** 🐗 Schulterfell des männl. Wildschweins. **7)** 🦃 auffälliges Brustgefieder der Hühner, bes. der Waldhühner. **8)** Schulter bei Rind und Schwein. **9)** *das, -(e)s/-e,* Abzeichen, Erkennungszeichen, Hinweiszeichen, ABB. S 18; oft: Platte mit Aufschrift oder Bild, Papierstreifen auf Heften, Flaschen oder verpackten Waren, ABB. G 12, K 21: *Namensschild; Nummernschild; Preisschild.* **Schildbogen** *der,* 🔨 Durchdringung eines Gewölbes mit einer Mauer, ABB. G 22. **Schildbürger** *der,* **1)** ursprünglich wohl: mit Schild bewaffneter Bürger. **2)** Einwohner von Schilda, von der Sage nach die Stadt lächerlicher Streiche. **Schildbürgerstreich** *der,* Narrenstreich, törichte Handlung. **Schildchen** *das, -s/-.* **Schilddrüse** *die,* 🔨 vor dem Kehlkopf liegende Drüse mit innerer Sekretion, ABB. M 12. **Schilderer** *der, -s/-,* **1)** jemand, der etwas anschaulich erzählt oder darstellt. **2)** ⚙ Wappenmaler. **Schilderhaus, Schilderhäuschen** *das,* Wetterschutzhäuschen für militär. Posten, ABB. T 15. **schildern** [mnd. schilderen ›malen‹, ›anstreichen‹,

›beschreiben‹], *ich* schild(e)re (habe geschildert), **1)** *ihn, es,* beschreibe, erzähle anschaulich. **2)** *es, niederdt.:* bemale. **3)** *Rebhühner schildern,* 🦃 beginnen, ihren Schild auszubilden. **4)** 🐾 stehe Posten. **Schilderung** *die, -/-en,* anschauliche Beschreibung. **Schilderwald** *der,* U unübersichtliche Anzahl von Verkehrszeichen. **Schildknappe** *der,* Knappe, der den Schild des Ritters trägt. **Schildkrot** *das, -s, österr.:* Schildpatt. **Schildkröte** [mhd. schiltkrote] *die,* ein gepanzertes Kriechtier: *Schildkrötensuppe; Landschildkröte.* **Schildkrötenpflanze** *die,* 🌱 Elefantenfuß. **Schildlaus** *die,* an Pflanzen saugendes Insekt. **Schildpatt** *das, -(e)s,* Hornplatte der Karettschildkröte. **Schildwache** *die,* 🐾 militär. Posten.

Schilf [ahd. sciluf, zu lat. scirpus ›Binse‹] *das, -(e)s/-e,* hohes Ufergras; Röhricht, ABB. G 35: *Schilfrohr,* ABB. R 25; *Schilfdach.* **schilfig,** *die,* Rohrpalme.

Schill [türk. šela] *der, -(e)s/-e,* Zander. **Schillebold** *der, -(e)s/-e, niederdt.:* Libelle.

Schiller [zu schillern] *der, -s/-,* **1)** heller (rosafarbiger), farbspielender Wein: *Schillerwein.* **2)** ohne Pl., Farbenspiel, wechselnder Glanz. **Schillerfalter** *der,* ein Schmetterling. **schiller(i)sch, Schiller(i)sch** [nach F. Schiller, 1759 bis 1805], auf den Dichter Schiller bezüglich, vgl. ÜBERS. A 4, C. **Schillerkragen** *der,* offener Hemdkragen. **Schillerlocke** *die,* **1)** Blätterteigrolle mit Schlagsahne. **2)** geräucherter Fischstreifen. **3)** eine Form der Locke.

schillern [mhd. schillen, Nebenform von schielen], *es* schillert (hat geschillert), erscheint in wechselnden Farben: *auf der Wasseroberfläche schillerten Ölflecke; ein schillernder Charakter,* Ü ein unstetiger, undurchschaubarer.

Schilling [ahd. scilling] *der, -s/-e* und bei Wertangaben -, **1)** Abk.: S, die österr. Währungseinheit. **2)** eingedeutscht für: Shilling. **3)** alte kleine Münze.

Schilum [engl. chillum, aus pers.] *das, -s/-s,* (Holz)rohr, bes. zum Rauchen von Haschisch.

schilpen [Schallw.], *die Spatzen* schilpen (haben geschilpt), tschilpen, zwitschern.

schilt, von schelten.

Schimäre [mhd. schimere, zu frz. chimère, vgl. Chimära] *die, -/-n,* Trugbild, Hirngespinst. **schimärisch.**

schimer [zu scheinbar] *schweiz.:* gleißig, ansehnlich.

Schimmel [ahd. scimbalon ›schimmelig‹, wurzelverwandt mit Schimmer] *der, -s/-,* **1)** weißl. Pferd: *Apfelschimmel; Grauschimmel; Schimmelreiter,* dt. Sagengestalt. **2)** ohne Pl., weißlicher Pilzüberzug: *Schimmelpilz; auf der Marmelade hat sich S. gebildet.* **Schimmelbogen** *der,* ⚙ versehentlich nicht bedruckter Bogen. **schimm(e)lig,** **1)** mit Schimmel überzogen, moderig, faul: *das Brot ist s.* **2)** *österr.:* entwichen, ausgerissen. **schimmeln,** *es* schimmelt (hat geschimmelt), wird schimmelig, bekommt einen Schimmelüberzug.

Schimmer *der, -s/-, Pl. selten,* **1)** matter Schein; Glanz. **2)** *norddt.:* Dämmerung. **3)** U Anflug, Spur, Hauch: *sie hat noch einen S. von Hoffnung; er hat keinen (blassen) S. davon,* U weiß nichts davon. **schimmern** [mnd. schimmeren], *es* schimmert (hat geschimmert), glänzt; scheint gedämpft.

schimmlig, schimmelig.

Schimpanse [afrikan.] *der, -n/-n,* afrikan. Menschenaffe.

Schimpf [ahd. scimph ›Spott‹] *der, -(e)s,* **1)** Schmach, Demütigung, Beleidigung: *man hat ihn mit S. und Schande davongejagt.* **2)** *oberdt.:* Spaß; Streich. **Schimpfe** *die,* U Schelte. **schimpfen** [ahd. scimphen ›verhöhnen‹], *ich* schimpfe (habe geschimpft), **1)** schelte kränkend, voll Zorn: *er schimpfte heftig (mit ihr); sie schimpften über das schlechte Essen.* **2)** *ihn,* schelte, tadle grob. **3)** *ihn etwas,* lege ihm

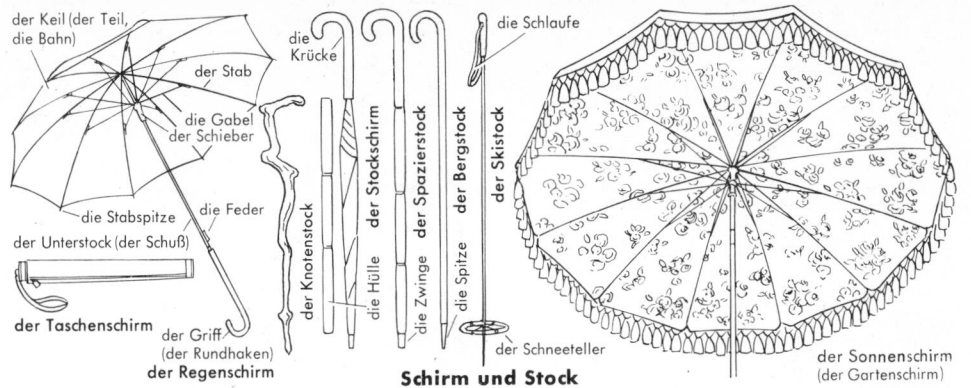

der Keil (der Teil, die Bahn) · der Stab · die Krücke · die Schlaufe · die Gabel der Schieber · die Stabspitze · die Feder · der Unterstock (der Schuß) · der Taschenschirm · der Griff (der Rundhaken) · der Regenschirm · der Knotenstock · der Stockschirm · die Hülle · der Spazierstock · die Zwinge · der Bergstock · die Spitze · der Skistock · der Schneeteller · der Sonnenschirm (der Gartenschirm)

Schirm und Stock

(zu Unrecht) kränkende Namen bei: *man schimpft ihn einen Feigling.* **4)** *oberdt.:* scherze. **Schimpferei** *die, -/-en,* U anhaltendes, meist weithin hörbares Schimpfen. **schimpfieren,** *ich* schimpfiere (habe schimpfiert) *ihn, es,* ⚥ entehre; verunglimpfe. **schimpflich, 1)** schmachvoll, entehrend: *sie behandelt ihn s.* **2)** *oberdt.:* scherzend. **Schimpflichkeit** *die, -.* **Schimpfname** *der,* **Schimpfwort** *das,* grobes oder beleidigendes Wort.
Schinakel [ungar. czónak] *das, -s/-(n), österr.:* Kahn.
Schindlanger *der,* Abdeckerei.
Schindel [ahd. scintila, zu lat. scandula ›Holzbrettchen‹] *die, -/-n,* **1)** Brett zum Verkleiden von Wänden, Decken von Dächern: *Schindeldach,* ABB. D 2; *Schindelmacher.* **2)** *mitteldt.:* Schiene. **schindeln,** *ich* schind(e)le (habe geschindelt) *es.*
schinden [ahd. scinten, eigtl. ›häuten‹, zu scint ›Haut‹], *ich* schinde (habe geschunden), **1)** *ihn,* quäle grausam, beute aus: *er schindet das Tier zu Tode.* **2)** *Vieh,* ziehe einen Kadaver die Haut ab. **3)** *es,* U verschaffe mir etwas nicht Zukommendes, Unrechtmäßiges: *er schindet Eindruck,* macht Eindruck; *er schindet Zeilen,* verlängert den Text durch breitere Zwischenräume oder überflüssige Worte. **4)** *mich,* plage mich, arbeite schwer. **5)** *mich mit ihm,* gebe mir die größte Mühe damit. **Schinder** *der, -s/-,* **1)** ⚥ Abdecker. **2)** jemand, der Menschen oder Tiere quält: *Menschenschinder.* **3)** *oberdt.:* kalter, rauher Wind. **Schinderei** *die, -/-en,* **1)** Plagerei, Quälerei. **2)** ⚥ Abdeckerei.
Schindler *der, -s/-,* ⚥ Schindelmacher.
Schindluder [zu schinden] *das,* ⚥ dem Sterben nahes, verbrauchtes Vieh: *er hat S. mit ihm getrieben,* U ihn schmählich behandelt. **Schindmähre** *die,* altes, verbrauchtes Pferd.
Schinken [ahd. scinco ›Schenkel‹] *der, -s/-,* **1)** Schenkel, Keule, bes. vom Schlachtvieh, ABB. F 25, F 26. **2)** geräucherte Keule, bes. vom Schwein: *Schinkenspeck; Räucherschinken; er wirft mit der Wurst nach dem S.,* U erstrebt durch ein kleines Geschenk etwas Großes. **3)** U großes, dickes (urspr. in Schweinsleder gebundenes) Buch. **4)** U riesiges, schlechtes Gemälde; aufwendiger, schlechter Film. **5)** U Gesäß, Oberschenkel.
Schinn [zu schinden] *der, -s/-e,* **Schinne** *die, -/-n, niederdt.:* Kopfschuppe.
Schinte *die, -/-n, schweiz.:* Rinde.
Schintoismus *der, -,* japan. Nationalreligion. **schintoistisch.**
Schippchen *das, -s/-.* **Schippe** [vgl. Schüppe] *die, -/-n,* **1)** Schaufel, vgl. ABB. R 29, S 55: *er nimmt dich auf die S.,* U hält dich zum Narren. **2)** U Schmollmund: *Peter macht, zieht eine S.* **schippen,** *ich* schippe (habe geschippt) *es,* schaufele: *wir mußten vor dem Haus Schnee schippen.* **Schippen** *das, -/-,* Pik (im Kartenspiel), ABB. S 54. **Schippenband** *das,* Eisenband mit herzförmigem Stück, ABB. B 9, T 19.
schirken, *ich* schirke (habe geschirkt) *Steine, oberdt.:* lasse übers Wasser hüpfen.
Schirm [ahd. scirm, urspr. ›Schild des Kämpfers‹, eigtl. dessen Fellüberzug] *der, -(e)s/-e,* **1)** *ohne Pl.,* P Schutz. **2)** kurz für: Regenschirm, Sonnenschirm, ABB. S 19: *Schirmhülle;*

Schirmständer; er spannte seinen S. auf; sie gingen beide unter einem S. **3)** pilzförmig gestalteter Gegenstand: *Fallschirm,* ABB. F 4; *Schirmkiefer,* ABB. B 15; *Schirmgewächse,* Doldenblüter. **4)** Schutzeinrichtung, z. B. an Mützen, ABB. M 27, Lampen, ABB. L 10, Öfen, ABB. O 1, elektrischen Leitungen. **5)** Projektionsfläche an Fernseh- und Röntgenapparaten: *Bildschirm; Leuchtschirm,* ABB. F 15; *Schirmbildphotographie,* ⚥ Verfahren bei der Röntgenreihenuntersuchung. **schirmen** [ahd. scirman], *ich* schirme (habe geschirmt) *es,* P schütze. **Schirmer** *der, -s/-,* **Schirmherr** *der,* Schutzherr. **Schirmherrschaft** *die,* Gönnerschaft, Schutzherrschaft: *die Veranstaltung steht unter der S. der Vereinten Nationen.* **Schirmmacher** *der,* Hersteller von Schirmen. **Schirmqualle** *die,* ⚓ Scheibenquelle.
Schirn [vgl. Scharn] *die, -/-e, rhein.:* Fleischerladen.
Schirokko [ital. scirocco, zu arab. šarqiy ›östlich(er Wind)‹] *der, -s/-s,* heißer Südwind im Mittelmeergebiet.
schirpen [Schallw.], Grillen, Sperlinge schirpen (haben geschirpt), *oberdt.:* zirpen, zwitschern.
schirren [zu Geschirr], *ich* schirre (habe geschirrt) *Tiere an den Wagen,* spanne vor. **Schirrmacher** *der,* ⚥ Wagner. **Schirrmeister** *der,* **1)** Aufseher über den Pferdestall. **2)** ⚥ Verwalter der Fahrzeuge einer Kompanie.
Schirting [engl. shirt ›Hemd‹] *der, -s/-e* oder *-s,* kräftiges Baumwollgewebe.
Schisma [auch sç'isma, grch. ›Spaltung‹, vgl. schizo. . .] *das, -s/. . .men* oder *-ta,* Kirchenspaltung. **Schismatiker** *der, -s/-,* Abtrünniger. **schismatisch.**
schiß, von scheißen. **Schiß** *der, Sch'isses/Sch'isse,* **1)** V Darmauswurf, Kot. **2)** *ohne Pl.,* U derb: Angst: *er hat S.*
Schiwel *der, -s/-, niederdt.:* Beinkrankheit des Pferdes.
schiwelig, *niederdt.:* übellaunig.
schizo. . . [auch sçi-, grch. schizein ›spalten‹], spalt. . ., gespalten. **schizogen** [vgl. . . .gen], durch Spaltung entstanden. **Schizogonie** [grch. gone ›Erzeugung‹], ⚥ Form der ungeschlechtl. Vermehrung. **schizoid** [vgl. . . .id], der Schizophrenie ähnlich. **Schizophren** [grch. phren ›Gemüt‹, ›Geist‹], **1)** an Schizophrenie leidend. **2)** U zwiespältig im Denken und Handeln; unsinnig, absurd. **Schizophrenie** *die, -/. . .n'i|en, seel.* Krankheit mit unterschiedl. Symptomen (Denkstörungen, Wahnideen, Zerfall der Persönlichkeit). **schizothym** [grch. thymos ›Leben‹, ›Gemüt‹], von verschlossenem, teils überempfindlichem, empfindsamem Gemüt.
Schlabberei [zu schlappen] *die, -.* **schlabb(e)rig.** **Schlabberlätzchen** *das,* U Lätzchen. **schlabbern,** *ich* schlabb(e)re (habe geschlabbert), U **1)** (es), trinke, esse schlürfend: *die Katze schlabbert ihre Milch.* **2)** schwatze.
schlacht [vgl. Schlachte], *norddt., mitteldt.:* von guter Art.
Schlacht [ahd. slahta ›Schlacht‹, ›Tötung‹, zu schlagen] *die, -/-en,* **1)** ⚥ umfangreiche Kampfhandlung, Gefecht von größerer Bedeutung: *sie liefern (dem Gegner), schlagen, gewinnen, verlieren eine S.; Seeschlacht; Straßenschlacht.* **2)** U Wettkampf, Prügelei: *Schneeballschlacht; Kissenschlacht.*
Schlachta [poln. szlachta, von ahd. slahta ›Geschlecht‹] *die, -,* der frühere poln. Adel.

Schlachtbank *die,* Gestell zum Schlachten von Vieh im Schlachthof.

Schlachte [ahd. slahta ›Geschlecht‹] *die, -/-n, norddt., mitteldt.:* Art.

schlachten [ahd. slahton], *ich* schlachte (habe geschlachtet) *Vieh,* töte fachgemäß, um daraus Fleisch und Wurst zu gewinnen: *Schlachtplatte.* **Schlachtenbummler** *der,* 1) ⚔ Nichtsoldat als Zuschauer bei militärischen Ereignissen. 2) Ü jemand, der die heimische Sportmannschaft zu auswärtigen Wettkämpfen begleitet. **Schlachter** *der, -s/-, nordwestdt.:* Schlächter. **Schlächter** *der, -s/-,* Fleischer, Metzger. **Schlachterei** *die, -/-en, nordwestdt.:* Schlächterei. **Schlächterei** *die, -/-en,* Fleischerei, Metzgerei. **Schlachtfeld** *das,* Schauplatz einer Schlacht: *das Zimmer sah aus wie ein S.,* Ü. **Schlachtfest** *das,* Schmaus mit Fleisch und Wurst vom gerade geschlachteten Schwein (bei Hausschlachtungen). **Schlachtgewicht** *das,* Gewicht der nutzbaren Teile eines geschlachteten Tieres im Unterschied zum Lebendgewicht. **Schlachthaus** *das,* **Schlachthof** *der,* öffentl. Einrichtung zum Schlachten von Vieh und zur Verarbeitung des Fleisches unter behördl. Aufsicht. **Schlachtopfer** *das,* Tötung eines Lebewesens zu kultischen Zwecken. **Schlachtordnung** *die,* ⚔ ⚔ taktische Gliederung der Truppen zum Kampf. **Schlachtplan** *der,* Ü Plan für ein Vorhaben: *ich entwerfe, hecke einen S. aus.* **Schlachtschiff** *das,* ⚓ stark gepanzertes und bewaffnetes Kriegsschiff, vgl. ABB. K 45.

Schlach|tschitz *der, -en/-en,* Mitglied der Schlachta.

Schlachtung *die, -/-en,* das Schlachten von Nutzvieh. **Schlachtvieh** *das,* zum Schlachten bestimmte Haustiere.

schlack [ahd. slah ›schlaff‹], *niederdt., pfälz., schwäb.:* breiig. **Schlack** *der, -(e)s, niederdt.:* 1) Brei. 2) Schmutz, Schneeregen. **Schlacke** *die, -/-n, niederdt.:* 1) nasser Schnee, Schmutz. 2) Mastdarm. 3) eine Wurstart.

Schlacke [mnd. slagge ›Abfall beim Erzschmelzen‹, zu schlagen] *die, -/-n,* 1) Abfallstoffe bei der Erzverhüttung, beim Verbrennen von Kohle. 2) ⊕ Lavabrocken. 3) ⚕ unverdauliche Nahrungsteile: *Schlackenkost.* **schlacken,** *es* schlackt (hat geschlackt), bildet Schlacke.

schlacken [zu Schlack], *es* schlackt (hat geschlackt), *niederdt.:* regnet, schneit.

Schlackenstein [zu Schlacke] *der,* Kunststein aus geformter Schlacke.

schlack(e)rig [zu schlack], schlotterig, schlaff hängend. **schlackern,** *ich* schlack(e)re (habe geschlackert), 1) schlottere, schlenkere: *da schlackerst du mit den Ohren,* Ü staunst du. 2) *es* schlackert, *niederdt.:* regnet und schneit. **Schlack(er)wetter** *das, niederdt.:* Schneeregen. **schlackig,** *niederdt.:* schmutzig-breiig.

schlackig [zu Schlacke], voll Schlacke.

Schlackwurst [niederdt. Schlacke ›Mastdarm‹] *die,* eine dicke Dauerwurst.

Schlaf [ahd. slaf, got. sleps] *der, -(e)s,* 1) ein der Erholung dienender Zustand der Herabsetzung oder Aufhebung des Bewußtseins und der willkürlichen Bewegung: *Schlafbedürfnis; schlafbedürftig; Schlafcouch; Schlafenzug; Schlafgelegenheit; Schlafstörungen; Schlaftabletten; Schlaftrunk; Halbschlaf; Heilschlaf; er liegt im tiefsten S.; ich habe einen leichten S.; er schläft den S. des Gerechten,* schläft tief, sorgenfrei; *ich muß mir noch den S. aus den Augen reiben,* Ü bin noch nicht ganz wach; *dieses Gedicht kann ich im S. aufsagen,* Ü ich kann es sehr gut auswendig; *daran denke ich nicht im S.,* Ü unter keinen Umständen; *ich habe S., oberdt.:* bin müde; *der ewige S.,* P der Tod. 2) P Schläfe. **Schlafanzug** *der,* ABB. K 24, K 25. **Schläfchen** *das, -s/-,* kurze Ruhe, Schlummer: *er macht ein S.* **Schläfe** *die, -/-n,* die Gegend über dem Schläfenbein, ABB. M 12, S 10. **schlafen** [ahd. slafan], *ich* schlafe (schlief, habe geschlafen; du schläfst, er schläft), 1) liege im Schlaf: *schlaf gut!; sie will schlafen gehen, sich schlafen legen; laß doch die Sache schlafen,* Ü auf sich beruhen. 2) übernachte: *gestern habe ich bei meinen Großeltern geschlafen.* 3) Ü bin unaufmerksam: *die Schüler haben geschlafen.* 4) *mit ihm, mit ihr,* Ü habe Geschlechtsverkehr. **Schläfer** *der, -s/-,* **Schläferin** *die, -/-nen,* schlafender Mensch: *Langschläfer.* **schläfern,** *mich* schläfert (hat geschläfert), *es* schläfert *mich, ich* bin müde.

schlaff [ahd. slaf ›träge‹], schlapp, ungespannt, locker, kraftlos. **Schlaffheit** *die, -.*

---

der Toilettenspiegel — der Wäscheschrank — das Wäschefach — die Wäsche — der Kleiderschrank (der Hochschrank) — der Anzug — die Nachttischlampe — die Ablage — der Hocker — das Bett (das Ehebett) — der Schlafanzug — das Kissen — die Frisierkommode — die Wäschekommode — die Bettumrandung — der Nachttisch — die Wäschetruhe (die Sitztruhe) — der Herrendiener

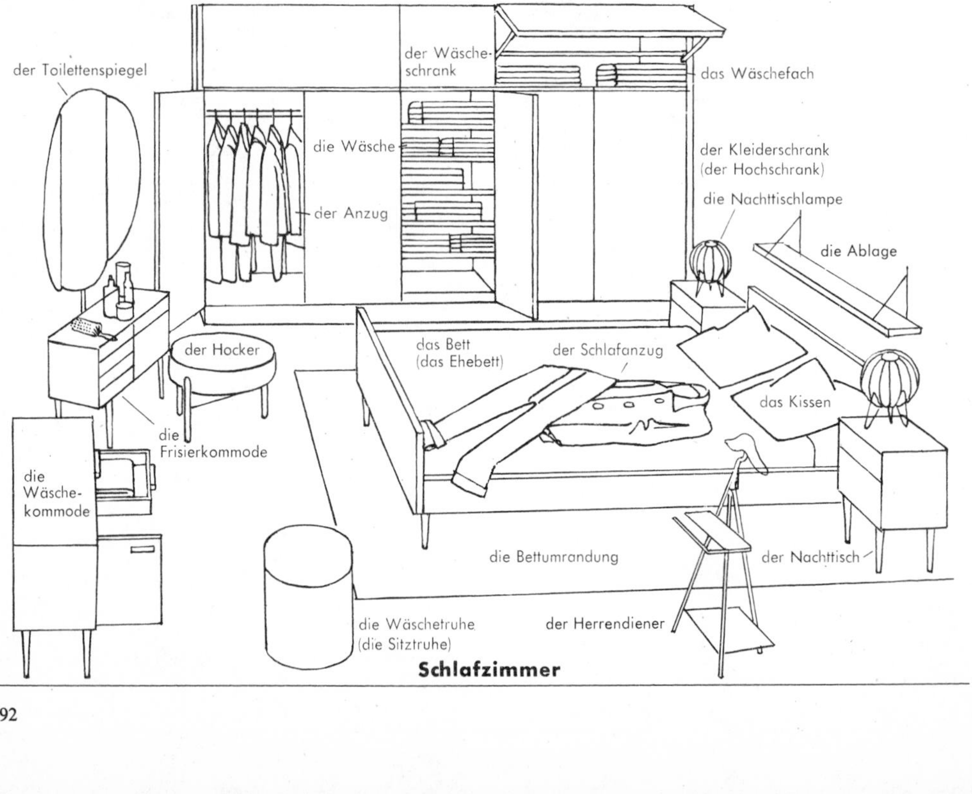

Schlafzimmer

Schlafittchen [niederdt., zu Schlagfittich ›Flügelschwung-feder‹] *das, -s: ich nehme ihn am, beim S.,* U *nehme, halte ihn fest, packe ihn.* **Schlafkrankheit** *die,* ‡ Infektionskrankheit im tropischen Afrika. **schlaflos,** *sie lag lange s.; ich hatte eine schlaflose Nacht.* **Schlaflosigkeit** *die, -,* zu kurze Dauer oder geringe Tiefe des Schlafes. **Schlafmaus** *die,* ein Nagetier mit Winterschlaf. **Schlafmittel** *das,* Hypnotikum, Mittel, das den Schlaf begünstigt oder ihn künstlich herbeiführt. **Schlafmütze** *die,* 1) früher: Nachtmütze. 2) U träger Mensch. **schlafmützig,** U träge, langsam. **Schlafmützigkeit** *die, -.* **schläfrig,** 1) schlafbedürftig. 2) träge, langsam. . . . **schläfrig,** *eine zweischläfrige Couch.* **Schläfrigkeit** *die, -.* **Schlafrock** *der,* ∞, *noch österr.:* Morgenrock. **Schlafsack** *der,* sackähnliches Bettzeug (zum Übernachten in Jugendherbergen, beim Zelten). **Schlafsucht** *die,* abnormes Schlafbedürfnis. **schlafsüchtig. schlaftrunken,** noch nicht ganz wach. **Schlaftrunkenheit** *die, -.* **Schlafwagen** *der,* Eisenbahnwagen mit Betten. **schlafwandeln,** *ich schlafwand(e)le (habe, bin geschlafwandelt), irre schlafend umher.* **Schlafwandler** *der, -s/-,* jemand, der schlafwandelt. **Schlafwandlerin** *die, -/-nen,* jemand, der schlafwandelt. **schlafwandlerisch,** *mit schlafwandlerischer Sicherheit,* U sehr sicher. **Schlafzimmer** *das,* ABB. H 11, S 20.

Schlag [ahd. slag] *der, -(e)s/⁻ᵉe,* **1)** kurze, heftige Berührung eines Körpers oder Gegenstandes, Hieb, weit ausholende Bewegung: *ein schneller Schläge, Prügel; ein S. ins Wasser,* U Mißerfolg; *S. auf S.,* U rasch hintereinander; *das war für ihn ein S. ins Kontor,* U eine unangenehme Überraschung; *er hat heute keinen S. gearbeitet,* U nichts. **2)** durch diese Berührung hervorgerufener Ton: *man hörte den S. der Hämmer, den S. der Uhr; S. zehn,* Punkt 10 Uhr. **3)** rhythmische Bewegung: *Herzschlag; Wellenschlag.* **4)** Einschlag des Blitzes: *ein kalter S.,* ein Blitz, der nicht zündete. **5)** Durchlaufen des Körpers, Stromstoß durch den Körper, Stromstoß: *er erhält einen S.* **6)** Ü Heimsuchung, Unglück, bedrohliches Ereignis: *ein harter S. für unser Vorhaben.* **7)** ‡ Schlaganfall: *Gehirnschlag; mich rührt der S.,* U ich bin sprachlos vor Erstaunen. **8)** Tür: *Wagenschlag.* **9)** Verschlag. **10)** Kasten mit Klappe: *Taubenschlag,* ABB. B 14. **11)** ⚒ ein abgeholztes Waldstück: *Kahlschlag,* ABB. F 33. **12)** jedes Glied einer Fruchtfolge: *Weizenschlag.* **13)** Weberei: der Einschuß des Schußfadens. **14)** Art, Rasse (nach der Art, wie eine Münze geschlagen worden ist): *Leute von altem S.,* so, wie die Leute früher waren; *zwei vom gleichen S.* **15)** Gesang der Singvögel: *Nachtigallenschlag.* **16)** ⌇ das Zusammendrehen des Tauwerks, ABB. S 46. **17)** ⌇ Strecke zwischen zwei Wendungen beim Kreuzen. **18)** ✕ beim Tennis oder Golf das Treiben des Balls mit dem Schläger; beim Boxen der Hieb (Stoß) mit der Faust; beim Schwimmen die Arm- und Beinarbeit; beim Rudern die einzelne Phase (Takt) des Rudervorgangs. **19)** eine Kelle voll Suppe, ein Teller voll Essen: *Nachschlag.* **20)** das Niederprasseln; Zerschlagenes: *Hagelschlag; Steinschlag.* **Schlagader** *die,* Arterie, Blutgefäß, das Blut aus dem Herzen wegführt, ABB. M 12. **Schlaganfall** *der,* ‡ plötzlicher Funktionsausfall von Gehirnregionen. **schlagartig,** plötzlich, sehr schnell: *s. fiel mir der Name wieder ein.* **Schlagball** *der, -(e)s,* ✕ ein Laufballspiel. **schlagbar,** ⚒ geeignet zum Fällen, schlagreif. **Schlagbaum** *der,* Sperrschranke, ABB. T 15. **Schlagbolzen** *der,* Teil des Schlosses von Feuerwaffen.

Schlägel *der, -s/-,* Schlegel.

schlagen [ahd. slahan], *ich schlage (schlug, habe geschlagen; du schlägst; er schlägt),* **1)** *ihn, es,* treffe mit der Hand, versetze Schläge, ABB. S 21: *er schlägt den Hund; man hat ihn bewußtlos, zum Krüppel geschlagen; ich s. die Trommel; er schlägt zwei Fliegen mit einer Klappe,* U erledigt zwei Dinge auf einmal; *er schlägt einen S.; ich schlage ihn; ich s. Sahne; das Pferd schlägt, schlägt aus; er hat alles kurz und klein geschlagen.* **2)** *(es, mit ihm) an, auf, in etwas,* führe (mit etwas) einen Schlag, treffe, stoße: *ich s. einen Nagel in die Wand; er schlägt mit der Faust auf den Tisch; das kannst du dir aus dem Kopf schlagen,* U diesen Plan mußt du aufgeben; *er hat daraus Kapital geschlagen,* U sich einen Vorteil verschafft; *sie hat sich die Nacht um die Ohren geschlagen,* U ist nicht ins Bett gegangen. **3)** *ihn, es,* U besiege, treibe: *er schlägt den Feind (in die Flucht); die gegnerische Mannschaft wurde geschlagen; ein schlagender Beweis,* ein überzeugender. **4)** *es, wickle, lege: Papier um ein Buch; ich s. die schlug die Hände vors Gesicht; ich s. die Unkosten auf den Preis,* lege zu; *ich s. die Karten,* weissage aus Karten. **5)** *es,* mache, bringe durch Bewegung hervor: *der Baum schlägt Wurzeln; ich s. ein*

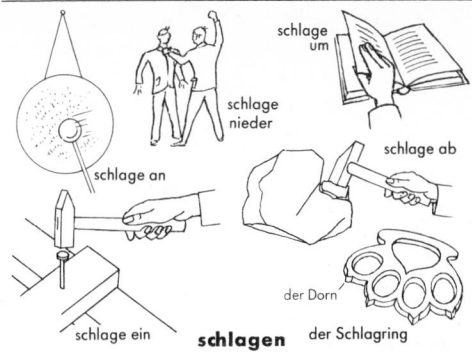

schlage um
schlage nieder
schlage ab
schlage an
schlage ein **schlagen** der Schlagring
der Dorn

Rad, einen Purzelbaum; *der Pfau schlägt ein Rad; der Vogel schlägt mit den Flügeln; ich s. ein Ei in die Pfanne; die Hose schlägt Falten; ich s. ein Kreuz,* bekreuzige mich. **6)** *der Raubvogel schlägt seine Beute,* tötet. **7)** *es,* wird hörbar: *die Uhr schlägt zwölf, es ist 12 Uhr; die Nachtigall schlägt,* singt; *das Herz schlägt; seine letzte Stunde hat geschlagen,* U er muß sterben; *sie hat zwei geschlagene Stunden auf ihn gewartet,* U zwei volle Stunden. **8)** *es schlägt (hat, ist geschlagen),* trifft auf: *der Regen schlägt gegen die Fenster; die Wellen schlagen ans Ufer; der Blitz ist in die Eiche geschlagen.* **9)** *es schlägt (ist geschlagen),* wird spürbar: *die Aufregung ist mir auf den Magen geschlagen; ein unangenehmer Geruch schlug uns in die Nase.* **10)** *es schlägt (hat, ist geschlagen),* fällt in ein Fach: *das schlägt nicht in mein Gebiet.* **11)** *mich mit ihm (um etwas),* kämpfe: *sie haben sich um die Eintrittskarten fast geschlagen; sie wollen sich schlagen,* duellieren. **12)** *mich durch etwas,* bahne mir einen Weg. **13)** *schlagende Wetter,* Schlagwetter. **Schlager** *der, -s/-,* **1)** ♪ leicht eingängiges, oft sentimentales Gesangstück ohne künstlerischen Anspruch: *Schlagerfestival.* **2)** Ü jede leicht verkäufliche Ware: *Preisschlager; Verkaufsschlager; das Modell war der S. der Saison.* **Schläger** *der, -s/-,* **1)** Raufbold. **2)** schlagendes Pferd. **3)** bei der Mensur gebräuchliche Hiebwaffe. **4)** Schlaggerät im Ballsport, ABB. G 32, H 20, K 47, T 6. **Schlägerei** *die, -/-en,* Handgemenge, Prügelei. **schlägern,** *ich schläg(e)re (habe geschlägert) Bäume, österr.:* fälle sie. **Schlägerung** *die, -/-en.* **schlagfertig,** nie um eine meist witzige Antwort verlegen: *sie ist sehr s., gibt schlagfertige Antworten.* **Schlagfertigkeit** *die, -.* **Schlaginstrument** *das,* Musikinstrument, dessen Klang durch Schlagen erzeugt wird. **Schlagkraft** *die, -,* **1)** Wucht eines Schlages. **2)** ⚔ Kampfstärke einer Truppe. **3)** Ü Wirkungskraft: *ein Buch von großer S.* **schlagkräftig,** *eine schlagkräftige Armee; schlagkräftige Argumente, Beweise.* **Schlagleiste** *die,* Anschlag des Fensters, ABB. F 12. **Schlaglicht** *das,* Malerei, Photographie: das einen Gegenstand wirkungsvoll treffende Licht. **schlaglichtartig,** *seine Bemerkung erhellte s. das Problem.* **Schlagloch** *das,* Loch in einem Weg, einer Straße. **Schlagmann** *der,* ✕ vorderster Ruderer, der den Takt angibt. **Schlagmaschine** *die,* **1)** Maschine zum Zusammendrehen der Litzen zu einem Seil: *Seilschlagmaschine.* **2)** Spinnereimaschine zum Auflösen und Reinigen der Faserflocken. **3)** Maschine zum Stanzen von Lochkarten für Webmaschinen. **Schlagobers** *das, -s, österr.:* Schlagsahne. **Schlagrahm** *der,* Schlagsahne. **Schlagring** *der,* **1)** Hiebwaffe, über die Finger zu stülpen, ABB. S 21. **2)** Ring zum Anreißen der Zither, ABB. Z 11. **3)** unterer Ring der Glocke, ABB. G 30. **Schlagsahne** *die,* steif geschlagene Sahne. **Schlagschatten** *der,* von einer Person oder einem Gegenstand geworfener Schatten. **Schlagseite** *die,* **1)** das Schiefliegen eines einseitig belasteten Schiffes. **2)** *er hat S.,* U hat einen Rausch (schlägt daher nicht mehr gerade gehen). **Schlagwerk** *das,* Teil des Uhrwerks. **Schlagwetter** *das,* schlagende Wetter, ✕ explosionsfähiges Gemisch aus Luft und brennbaren Gasen in Gruben: *Schlagwetterexplosion.* **Schlagwort** *das, -(e)s,* **1)** *Pl. meist -e,* vielgebrauchtes, schlagkräftiges Wort, z. B. zur Kennzeichnung einer Zeiterscheinung, Zeitforderung. **2)** *Pl. ⁻er,* Stichwort, Kennwort eines Buches: *Schlagwortkatalog.* **Schlagzeile** *die,* über mehrere Spalten laufende Zeitungsüberschrift, die in bes. großer

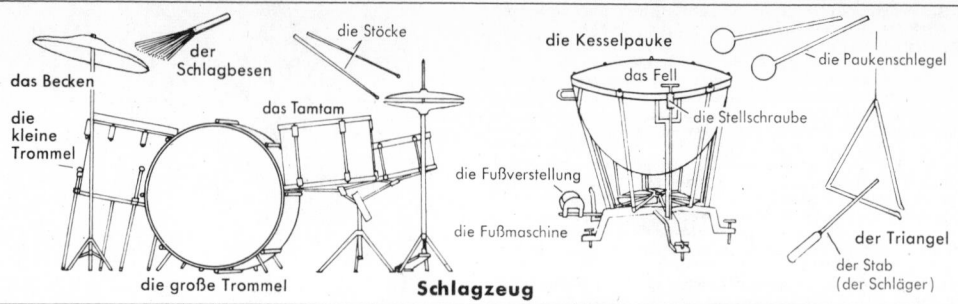

das Becken
die kleine Trommel
der Schlagbesen
die Stöcke
das Tamtam
die Kesselpauke
das Fell
die Paukenschlegel
die Stellschraube
die Fußverstellung
die Fußmaschine
der Triangel
der Stab (der Schläger)
die große Trommel
Schlagzeug

Schrift wichtige Tagesereignisse hervorhebt, Abb. Z 6: *er (es) hat Schlagzeilen gemacht,* hat in der Öffentlichkeit viel von sich reden gemacht, hat Aufsehen erregt. **Schlagzeug** *das, -(e)s/-e,* eine Gruppe von Musikinstrumenten, deren Töne meist durch Schlagen erzeugt werden, Abb. S 22. **Schlagzeuger** *der, -s/-,* jemand, der ein Schlagzeug spielt.

Schlaks, Schläks [niederdt., zu slak ›schlaff‹] *der, -es/-e,* U ungeschickter, lang aufgeschossener Mensch (bes. Jugendlicher). **schlaksig.**

Schlamassel [zu schlimm und vgl. Massel] *der oder das, -s,* U Mißgeschick, dumme Sache, peinliche Lage, großes Durcheinander. **Schlamastik** *die, -/-en, österr.:* Schlamassel.

Schlamm [spätmhd. slam] *der, -(e)s/-e* oder *-ᵉe,* nasse, aufgeweichte Erdmasse; feinstkörniges, viel Wasser enthaltendes Sediment: *er versank bis über die Schuhe im S.; Schlammbad,* ein Heilbad; *Faulschlamm; Belebtschlamm.* **Schlammbeißer** *der, -s/-,* Schlammpeitzger. **schlammen,** *es* schlammt (hat geschlammt), setzt Schlamm ab. **schlämmen,** *ich* schlämme (habe geschlämmt) *es,* **1)** reinige von Schlamm, wasche aus. **2)** streiche mit Kalkmilch, tünche. **3)** schlämme ein. **schlammig,** breiig-schmutzig, voll Schlammerde. **Schlämmkreide** *die,* gereinigte Kreide. **Schlammpackung** *die,* heilwirksame Wärmeanwendung mit Schlamm. **Schlammpeitzger** *der, -s/-,* 🐟 größte Schmerle.

schlampampen [zu schlemmen und schlaff], *ich* schlampampe (habe schlampampt, U schlemme, schwelge. **Schlampe** *die, -/-n,* **1)** U unordentliche, liederliche Frau. **2)** *niederdt.:* Futterbrei, Brei. **Schlämpe** *die, -/-n, niederdt.:* Striemen; Riß; Wunde. **schlampen,** *ich* schlampe (habe geschlampt), U **1)** bin unordentlich, ungepflegt. **2)** arbeite unordentlich. **3)** schlürfe. **schlämpen,** *ich* schlämpe (habe geschlämpt), *niederdt.:* koche ein. **Schlamper** *der, -s/-,* U schlampiger Mann. **Schlamperei** *die, -/-en,* U Unordnung, Unpünktlichkeit. **schlampig,** *sie läuft immer s. herum; eine schlampige Arbeit.* **Schlampigkeit** *die, -.*

schlang, von schlingen. **Schlange** [ahd. slango, zu schlingen] *die, -/-n,* **1)** beinloses Kriechtier, Abb. S 23; Sinnbild der Falschheit, Treulosigkeit: *Schlangenbiß; Schlangengift; Schlangenfarm; Schlangenhaut; Giftschlange; Riesenschlange; falsch wie eine S.; er hat eine S. am Busen genährt,* U für eine gute Tat Undank geerntet. **2)** etwas Langgestrecktes, Gewundenes: *Autoschlange; Papierschlange.* **3)** lange Reihe wartender Menschen: *wir mußten S. stehen.* **4)** 🐍 Feldschlange. **5)** *ohne Pl.,* ✶ ein Sternbild. **6)** U hinterhältige Frau. **Schlängelchen** *das, -s/-.* **schläng(e)lig,** wie eine Schlange gewunden. **schlängeln,** *ich* schläng(e)le *mich* (habe mich geschlängelt), **1)** bewege mich geschickt wie eine Schlange: *ich habe mich*

durch eine Menschenmenge geschlängelt. **2)** *es schlängelt sich,* windet sich: *der Bach schlängelt sich durch die Wiese.* **Schlangenbeschwörer** *der,* Fakir, der Schlangen zur Flöte tanzen läßt. **Schlangenfraß** *der,* U schlechtes Essen. **schlangenhaft. Schlangenlinie** [-i̯ə] *die,* gewundene Linie. **Schlangenstab** *der,* Äskulapstab. **Schlänglein** *das, -s/-.*

schlank [mhd. slanc, verwandt mit schlingen], dünn, schmal, ohne Fülle, geschmeidig, Abb. E 2: *eine schlanke Gestalt; s. und rank; dieses Kleid macht sie s.,* U läßt sie schlanker erscheinen; *sie ist auf die schlanke Linie bedacht.* **Schlankel** *der, -s/-(n), oberdt.:* Schlingel. **Schlankheit** *die, -,* schlanker Wuchs, schlanke Beschaffenheit: *Schlankheitskur.* **schlankweg,** U ohne Umschweife: *er hat es s. geleugnet.*

Schlapfen *der, -s/-, oberdt.:* Schlappen. **schlapp** [ahd. slaf ›träge‹], **1)** schlaff. **2)** schwach, ohne Spannkraft, Schwung. **Schlappe** *die, -/-n,* **1)** U Schwächeanfall. **2)** U Hausschuh, Pantoffel. **3)** *oberdt.:* Schlapphut. **4)** U Schlampe. **5)** *ostdt., südwestdt.:* Maul: *Schlappmaul.*

Schlappe [spätmhd. schlappe ›Ohrfeige‹] *die, -/-n,* **1)** U Mißerfolg, Niederlage: *unsere Parteifreunde erlitten eine S., mußten eine S. einstecken.* **2)** *oberdt.:* Schlag, Klaps.

schlappen [zu schlapp], *ich* schlappe, U **1)** (bin geschlappt), gehe schlurfend: *er ist durchs Zimmer geschlappt.* **2)** (habe geschlappt), *es,* trinke schlürfend: *der Hund schlappt Wasser.* **3)** *es schlappt* (hat geschlappt), sitzt lose, bewegt sich hin und her: *die Schuhe schlappen.* **Schlappen** *der, -s/-,* U Hausschuh, Pantoffel. **Schlapphut** *der,* weicher, breitkrempiger Hut. **schlappmachen,** *ich* mache schlapp (habe schlappgemacht), U breche erschöpft, entkräftet zusammen, versage: *er hat auf halbem Weg schlappgemacht; du darfst jetzt nicht schlappmachen!* **Schlapp|ohr** *das,* U Hase. **Schlappschwanz** *der,* U schlaffer, schwungloser Mensch, Unpünktlicher.

Schlaraffenland [zu mhd. slur ›Faulenzer‹ und affe ›Tor‹] *das,* Märchenland, in dem man nur dem Genuß lebt: *ein Leben wie im S.*

Schlarpe [verwandt mit schlürfen] *die, -/-n,* U Schlappen. **schlau,** schlauer, am schlau(e)sten [niederdt. slu, zu schleichen], klug, gewitzt, durchtrieben: *ich werde aus ihm, daraus nicht s.,* U ich verstehe ihn, es nicht; *er ist ein schlauer Fuchs,* Ü; *ein schlauer Kopf.*

Schlaube *die, -/-n, niederdt.:* Hülse, Schale. **schlauben,** *niederdt.: ich* schlaube (habe geschlaubt) *es,* enthülse. **Schlauberger** *der, -s/-,* U jemand, der schlau, gewitzt ist.

Schlauch [mhd. sluch ›Schlangenhaut‹] *der, -(e)s/-ᵉe,* **1)** biegsames Rohr, bes. zum Fördern von Flüssigkeiten, Abb. D 19, F 19, G 2, T 4, für Luftreifen, Abb. R 14: *Gummischlauch; Wasserschlauch.* **2)** ⚕ schlauchähnl. Teil des Pollens: *Pollenschlauch.* **3)** im Orient: sackartiges Faß: *ein S. Wein.* **4)** U langer, schmaler Raum. **5)** U große (körperliche) Anstrengung. **Schlauchboot** *das,* aufblasbares Boot, Abb. F 28. **schlauchen,** *ich* schlauche (habe geschlaucht), **1)** *es,* leite Getränke durch einen Schlauch in Fässer. **2)** *ihn, mich,* U strenge körperlich an: *die Arbeit hat mich sehr geschlaucht.* **schlauchlos,** *schlauchlose Autoreifen.* **Schlauchpilz** *der,* Pilz mit Sporenbildung in schlauchförmigen oder rundlichen Behältern.

Schlauder *die, -/-n,* 🏛 Maueranker. **schlaudern** [mhd. sludern, zu schleudern], *ich* schlaud(e)re (habe geschlaudert), **1)** *es,* befestige mit Schlaudern. **2)** *oberdt.:* faulenze; bin unordentlich, schludere.

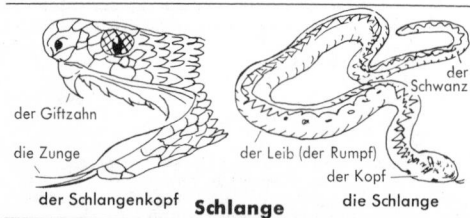

der Giftzahn
die Zunge
der Schlangenkopf
der Schwanz
der Leib (der Rumpf)
der Kopf
die Schlange
Schlange

Schläue [zu schlau] *die, -,* Schlauheit: *Bauernschläue.* **schlauerweise,** *das hat sie s. verschwiegen.*
Schlaufe [mhd. sloufe] *die, -/-n,* Schleife, Schlinge, Ring, Abb. B 7, G 39, R 16, S 19.
Schlauheit *die, -,* Gewitztheit, Klugheit. **Schlaukopf, Schlaumeier** *der,* Ü Schlauberger.
Schlawiner [österr., entstellt aus Slowene] *der, -s/-,* Ü durchtriebener, pfiffiger Mensch.
schlecht [ahd. sleht, urspr. ›eben‹, ›schlicht‹], 1) minderwertig, nicht gut, wertlos: *schlechte Ware; er arbeitet s.; schlechtes Wetter; schlechte Zeiten,* Notzeiten; *er ist s. gelaunt,* aber: *schlechtgelaunte Kollegen; er hat ein schlechtes Gedächtnis; das ist ein schlechtes Zeichen.* 2) unwohl, krank: *mir wird s.* 3) sittlich anfechtbar, übel, böse: *ein schlechter Ruf, Einfluß; er denkt s. von ihm,* ungünstig. 4) ⚇ schlicht: *s. und recht, so wie es geht,* einigermaßen. 5) kaum; nur mit Mühe: *das wird s. gehen,* aber vgl.: schlechtgehen; *ich konnte es ihm s. abschlagen.* 6) ♥ geringwertig. **schlechterdings,** durchaus, ganz und gar, vollkommen: *das ist s. unmöglich.* **schlechtgehen,** *es geht (mir)* schlecht (ging schlecht, ist schlechtgegangen), Ü ich befinde mich in einer schlechten Lage, bes. gesundheitlich, wirtschaftlich: *er liegt im Krankenhaus, es soll ihm schlechtgehen; während des Krieges ist es uns schlechtgegangen,* aber: *in den neuen Schuhen kann ich schlecht gehen.* **Schlechtheit** *die, -.* **schlechthin,** geradezu, ganz und gar: *hier geht es um die Kunst s.,* als solche. **schlechthinnig,** K. **Schlechtigkeit** *die, -/-en.* **schlechtmachen,** *ich* mache *ihn* schlecht (habe schlechtgemacht), setze herab: *du solltest deinen Freund nicht schlechtmachen;* aber: *er wird die Arbeit schlecht machen,* schlecht ausführen. **schlechtweg,** ohne Umstände, einfach: *das werde ich s. ablehnen.* **Schlechtwetter...,** *Schlechtwetterfront; Schlechtwetterperiode.*
Schleck *der, -s/-e, oberdt.:* Leckerbissen: *das war kein S. für mich, schweiz.:* nicht sehr angenehm. **schlecken** [mhd. slecken], *ich* schlecke (habe geschleckt) *es,* 1) lecke. 2) Ü nasche: *sie schleckt süßes Eis.* **Schlecker** *der, -s/-,* Ü Schleckmaul. **Schleckerei** *die, -/-en,* Ü etwas Süßes zum Schlecken. **Schleckermaul** *das,* Ü jemand, der gerne nascht. **schleckern,** *ich* schleck(e)re (habe geschleckert), 1) *es,* Ü nasche, esse gern Süßigkeiten. 2) *mich* schleckert *nach etwas,* Ü ich habe Appetit darauf.
Schlegel [ahd. slagil, zu schlagen] *der, -s/-,* 1) Schlägel, Gerät zum Schlagen, ⚒ Hammer, Fäustel, Abb. G 32, H 26, S 24, Pauken- und Trommelstock, Abb. S 22, T 18. 2) *oberdt.:* Schenkel, Hinterkeule, z. B. vom Schwein, Schaf. 3) *oberdt.:* bauchiger Topf, altes Hohlmaß. 4) *oberdt.:* Schmutzrand. 5) *oberdt.:* grober Fehler. 6) *oberdt.:* schwere Flasche. 7) *oberdt.:* verdorbenes Essen. **schlegeln,** *ich* schleg(e)le (habe geschlegelt), *oberdt.:* 1) *es,* klopfe. 2) mache einen Fehler.
Schlehdorn *der, die* Schlehe. **Schlehe** [ahd. sleha] *die, -/-n,* 1) Schlehdorn, dorniger Strauch und dessen Frucht. 2) Haferschlehe, eine Pflaume.
Schleiche *die, -/-n,* Name einiger Echsen: *Blindschleiche.* **schleichen** [ahd. slîhhan], *ich* schleiche (bin geschlichen), 1) bewege mich leise, vorsichtig, um nicht bemerkt zu werden: *sie schlich auf Zehenspitzen aus dem Zimmer; ums Haus schlichen verdächtige Gestalten.* 2) *mich,* nähere oder entferne mich heimlich: *ich habe mich aus dem Zimmer geschlichen; er schlich sich in ihr Vertrauen,* Ü 3) gehe langsam, mit Mühe: *die letzten Kilometer konnten wir nur noch*

schleichen; *die Zeit schleicht,* vergeht sehr langsam; *schleichende Krankheiten,* Ü langsam fortschreitende; *schleichende Inflation.* **Schleicher** *der, -s/-,* Heuchler, der auf Umwegen zum Ziel zu kommen sucht. **Schleichhandel** *der,* ungesetzlicher Handel, Schwarzhandel. **Schleichkatze** *die,* ein Raubtier. **Schleichweg** *der,* verborgener, nur wenigen bekannter Weg. **Schleichwerbung** *die,* scheinbar absichtsloses Erwähnen oder Zeigen von Namen oder Erzeugnissen einer Firma in Wort oder Bild (Hörfunk, Fernsehfunk, Sportveranstaltungen).
Schleie [ahd. slio, verwandt mit Schleim] *die, -/-n,* auch Schleihe, ein Speisefisch.
Schleier [mhd. sleier] *der, -s/-,* 1) (Gesicht oder Kopf verhüllendes) leichtes, meist durchsichtiges Gewebe, Abb. A 13, B 29, B 46, M 16, S 24: *Brautschleier; sie hat den S. genommen,* ist Nonne geworden. 2) Ü etwas, was die Blicke hemmt: *Nebelschleier; darüber muß der S. christlicher Nächstenliebe gebreitet werden, das muß verborgen werden; endlich wurde der S. des Geheimnisses gelüftet,* das Geheimnis preisgegeben. 3) Fruchtkörperhülle bei Pilzen. 4) Häutchen, das die sporenbildenden Organe vieler Farne bedeckt. 5) Federnzone um die Augen bei Eulen: *Schleiereule.* 6) stark verlängerte Flossen bei bestimmten Zierfischen. **schleierhaft,** Ü unverständlich, rätselhaft, unklar: *die Zusammenhänge sind mir völlig s.*
Schleife [mhd. sloufe, zu schlüpfen] *die, -/-n,* 1) Schlinge aus Band, Schnur, Abb. F 35, K 24, K 25, K 31, S 24. 2) Windung, Kehre bei Flüssen, Bahnen, Straßen, Abb. F 32.
Schleife [ahd. sleifa] *die, -/-n,* 1) Rutsche, z. B. für Baumstämme. 2) Rutschbahn, Eisbahn. **schleifen** [ahd. slîfan], *ich* schleife (habe geschleift), 1) schleppe, reiße über den Boden weg, ziehe gewaltsam mit: *er schleife den Sack über den Boden; sie läßt die Sache schleifen,* Ü kümmert sich nicht darum; *er schleift mich von Party zu Party,* Ü nimmt mich mit, obwohl ich keine Lust habe. 2) *Befestigungen,* beseitige, reiße nieder. 3) *einen Ton,* ziehe in den nachfolgenden hinüber. 4) (auch bin geschleift), schlittere übers Eis. 5) *es* schleift, berührt den Boden, zieht reibend entlang: *der Rock schleift auf dem Boden; ich lasse die Kupplung schleifen.* 6) (habe geschliffen) *es,* glätte, bearbeite die Oberfläche durch Reiben: *geschliffenes Glas.* 7) (habe geschliffen) *Messer, Schneiden,* schärfe. 8) (habe geschliffen) *ihn,* Ü, bes. ⚇, bilde aus, bringe Benehmen bei: *die Rekruten wurden erbarmungslos geschliffen.* **Schleifer** *der, -s/-,* 1) jemand, der etwas durch Schleifen bearbeitet: *Scherenschleifer; Edelsteinschleifer.* 2) ♪ Verzierung. 3) alter Volkstanz. 4) Ü jemand, der Auszubildende (bes. Soldaten) übermäßig drillt. **Schleiferei** *die, -/-en,* Werkstatt für Schleifarbeit. **Schleiflack** *der,* schnell trocknender Lack, der abgeschliffen wird: *Schleiflackmöbel.* **Schleifpapier** *das,* Sandpapier. **Schleifscheibe** *die,* rotierende Scheibe mit Schleifkörnern zur genauen Oberflächenbehandlung von Werkstücken und Werkzeugen. **Schleifstein** *der,* Wetzstein, Schärfer, Abb. S 25. **Schleiftrog** *der, schweiz.:* Hemmschuh. **Schleifung** *die,* das Schleifen.
Schleihe *die, -/-n,* Schleie.
Schleik *der, -s/-e, schweiz.:* Heimlichkeit, heimliches Geschenk.
Schleim [mhd. slîm] *der, -(e)s/-e,* 1) ⚕ ⚗ schlüpfrige, schwach klebrige Flüssigkeit, Absonderung der Schleimdrüsen und Schleimhäute. 2) Speicherstoff mancher Pflanzen. 3)

der Trommelschlegel
der Braut-schleier
der Paukenschlegel
der Gesichts-schleier
Schleier
der Trauerschleier
Schleife
der Holzschlegel
der Eisenschlegel
Schlegel
der Schlepper
die Trosse
Schleppzug
der Schleppkahn (die Zille)

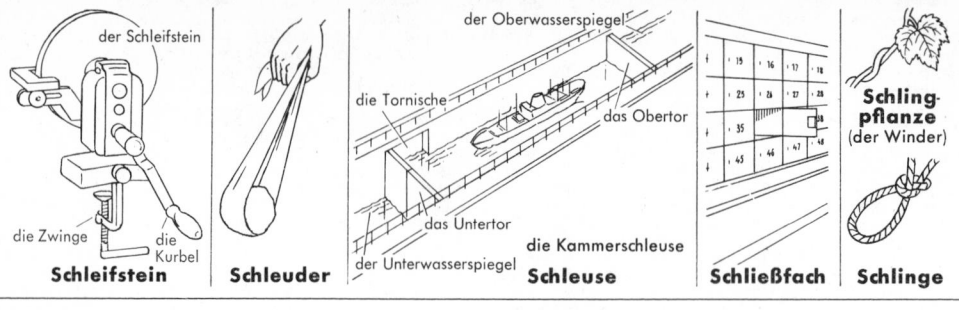

der Schleifstein — die Zwinge — die Kurbel
Schleifstein

Schleuder

der Oberwasserspiegel — die Tornische — das Obertor — das Untertor — der Unterwasserspiegel — die Kammerschleuse
Schleuse

Schließfach

Schling-pflanze (der Winder) — **Schlinge**

---

sämiger Brei von Hafer, Graupen, Reis: *Schleimsuppe.* **Schleimbeutel** *der,* ⚕ 🛠 mit Schleim gefüllte Tasche am Knochen: *Schleimbeutelentzündung.* **Schleimdrüse** *die,* ⚕ 🛠 Drüse, die Schleim absondert. **schleimen** [ahd. slimen ›glatt machen‹], *es schleimt* (hat geschleimt), 1) ⚗ sondert Schleim ab. 2) *ich schleime,* U rede, schreibe heuchlerisch. **Schleimhaut** *die,* ⚕ 🛠 die meist Schleim absondernde innere Auskleidung der Hohlorgane: *Nasenschleimhaut; Magenschleimhaut.* **schleimig,** 1) voll Schleim; schmierig, schlüpfrig-klebend. 2) Ü schmeichlerisch, süßlich, heuchlerisch: *ein schleimiges Gerede.* **Schleimpilz** *der,* Myxomyzet, niederes Lebewesen an der Grenze zwischen Pflanzen- und Tierreich. **Schleimscheißer** *der, -s/-,* V kriecherischer, übertrieben freundlicher Mensch.

Schleiße [mhd. sleize] *die, -/-n, oberdt.:* langer Span, Fetzen. **schleißen** [ahd. sliz(z)an ›(zer)reißen‹, ›spalten‹], *ich schleiße* (schliß, habe geschlissen oder schleißte, habe geschleißt), 1) *es,* ⚗ zerschleiße. 2) *es,* spalte, reiße ab (Späne, Federn). 3) (auch bin geschleißt), *schweiz.:* schlittere auf dem Eis. **schleißig,** *oberdt.:* zerrissen, abgenutzt.

Schleite *die, -/-n, niederdt.:* (Bohnen)stange. **Schlemihl** [jidd. schlemiel, zu hebr. Shĕ-lû¹-mĭ-ĕl] *der, -s/-e,* G geduldiger Pechvogel.

schlemm [engl. slam, zu to slam ›zuschlagen‹, ›zuknallen‹], *s. machen, werden.* **Schlemm** *der, -s/-e,* Kartenspiel: das Erhalten aller Stiche, z. B. bei Bridge, Whist.

schlemmen [spätmhd. slemmen], *ich schlemme* (habe geschlemmt), lebe aus dem vollen, esse und trinke gut, prasse. **Schlemmer** *der, -s/-,* Genießer, Verschwender: *Schlemmerlokal; Schlemmermahl.* **Schlemmen** *die, -/-en, das Schlemmen;* üppiges Mahl. **schlemmerhaft, schlemmerisch.**

Schlempe [vgl. Schlampe] *die, -/-n,* Rückstand bei der Branntweinherstellung, Futtermittel.

Schlender *der, -s,* ⚗ Schlendrian. **schlendern** [nhd., eigtl. ›gleiten‹ *ich* schlend(e)re (bin geschlendert), gehe langsam und gemächlich. **Schlend|rian** *der, -(e)s,* träges Weitergehen im alten Gleis; Schlamperei.

Schlenge [zu schlingen] *die, -/-n, niederdt.:* Buhne, Uferschutz.

Schlenke [ahd. slengira ›Schleuder‹] *der, -s/-n,* 1) *alem.:* Schließhaken. 2) *schweiz.:* Schleuder.

Schlenker *der, -s/-,* schlenkernde Bewegung. **Schlenk(e)rich** *der, -s/-e, sächs.:* 1) Schlenker. 2) kleiner Umweg. **schlenk(e)rig,** schlenkernd, locker. **schlenkern** [mhd. slenkern], *ich* schlenk(e)re, 1) (habe geschlenkert) *es, mit ihm,* lasse es nachlässig hin und her schwingen: *ich s. die Arme* oder *mit den Armen.* 2) (bin geschlenkert), *sächs.:* schlendere.

Schlenz *der, -es/-e, oberdt.:* Riß (im Kleid). **schlenzen,** *ich* schlenze (habe geschlenzt), 1) *es,* ✂ spiele den Puck oder Ball mit schaufelnder Bewegung (Eishockey; auch Fußball). 2) *oberdt.:* gehe müßig, treibe mich herum.

Schlepp, *im S. von,* (von einem Fahrzeug) abgeschleppt: *ein Traktor nahm ein Auto im S.; das Boot wurde in S. genommen.* **Schleppe** [niederdt. slepe] *die, -/-n,* 1) auf dem Boden nachschleifender Saum oder Anhang an Kleidern, ABB. M 16. 2) fahrbares Heugestell. **schleppen** [mhd. slepen, zu schleifen], *ich schleppe* (habe geschleppt), 1) *ihn, es,* schleife, ziehe (mühsam) hinter mir her: *die Lastkähne werden stromaufwärts geschleppt.* 2) trage mit Anstrengung: *sie schleppte den schweren Korb.* 3) *ihn,* U bringe ihn gegen seinen Wunsch an einen Ort: *ich habe ihn ins Kino geschleppt.* 4) *es,* U trage sehr

lange, nutze ab (Kleidung). 5) *es schleppt,* schleift auf dem Boden. 6) *es schleppt (sich),* geht langsam, träge: *sein Gang ist schleppend; der schleppende Verlauf der Verhandlungen; die Diskussion schleppte sich bis in den Abend.* 7) *mich irgendwohin,* gehe mühsam: *der Kranke hat sich ins Bett geschleppt.* 8) *mich mit ihm,* gebe mir viel Mühe, habe viel Last. **Schlepper** *der, -s/-,* 1) Fahrzeug, das andere schleppen soll, bes. Schleppschiff, ABB. H 3, S 17, S 24, Trecker, ABB. H 17, S 2, T 16. 2) ⛏ Arbeiter im Förderdienst. 3) U jemand, der Betrügern Opfer zuführt. 4) U jemand, der im Dienst einer Partei ältere oder gehbehinderte Wähler zum Wahllokal bringt. 5) U jemand, der einem (oft unseriösen) Unternehmen Kunden zuführt. 6) nachschleifendes Netz. **Schlepperei** *die, -/-en,* U lästiges Schleppen. **Schleppjagd** *die,* 🦊 Verfolgung der durch eine Losung markierten Wildspur durch Hund und Reiter. **Schlepplift** *der,* ABB. S 46. **Schleppnetz** *das,* von Fischereifahrzeugen gezogenes Netz, ABB. N 7. **Schlepptau** *das,* Seil zum Schleppen eines Fahrzeugs: *ich nehme ihn ins S.,* Ü ziehe ihn mit mir, leite ihn, seine Angelegenheiten. **Schleppzug** *der,* ABB. S 24.

schletzen, *ich* schletze (habe geschletzt), *schweiz.:* werfe die Tür zu.

Schleuder [mhd. sluder] *die, -/-n,* 1) Wurfwaffe, ABB. K 13, S 25. 2) Vorrichtung zum Trennen von Flüssigkeiten, Zentrifuge, ABB. B 29. 3) Armriemen der Sense. 4) Wäscheschleuder. **Schleuderball** *der,* 1) ein Lederball mit Schlaufe, ABB. B 7. 2) *ohne Pl.,* Wurf- und Fangspiel. **Schleuderer** *der, -s/-,* Wurfschütze. **schleudern** [mhd. sludern], *ich* schleud(e)re (habe geschleudert), 1) *es, ihn,* werfe mit Schwung: *ich s. einen Ball; ich habe ihm meine Meinung ins Gesicht geschleudert,* Ü. 2) *es,* bearbeite in einer Schleuder: *ich s. Wäsche, Honig.* 3) *Fahrzeuge schleudern* (sind, haben geschleudert), gleiten mit den Hinterrädern seitlich aus: *der Wagen kam auf der glatten Straße ins Schleudern.* 4) *es,* ⚗ verschleudere. **Schleuderpreis** *der,* niedriger, oft unter den Selbstkosten liegender Preis. **Schleudersitz** *der,* ✈ herausschleuderbarer Sitz. **Schleudertrauma** *das,* Verletzung der Halswirbelsäule bei Pkw-Auffahrunfällen. **Schleuderware** *die,* sehr billig verkaufte, oft minderwertige Ware.

schleunig [mhd. sliune], eilig. **schleunigst,** sofort: *du mußt jetzt s. ins Bett; wir müssen die Sache s. erledigen.*

Schleuse [niederl. sluis, wohl zu mlat. exclusa, aus lat. excludere ›ausschließen‹] *die, -/-n,* 1) Klappe, die einen Wasserstrom zurückhält; Stauvorrichtung in Bewässerungsgräben, ABB. B 28: *die Schleusen des Himmels öffneten sich,* Ü es regnete sehr heftig. 2) Anlage zur Überwindung von Höhenunterschieden bei Gewässern, ABB. F 32, K 5, S 25: *Schleusentor.* 3) Gerinne für Abwässer (Kanalisation). 4) Kammer zur Überwindung von Druckunterschieden zwischen zwei Räumen: *Luftschleuse.* **schleusen,** *ich* schleuse (habe geschleust) *ein Schiff,* bringe durch eine Schleuse: *ich habe ihn, es durch die Kontrolle geschleust,* Ü geschickt durchgebracht.

schlich, von schleichen. **Schlich** [mhd. slich ›Schleichweg‹] *der, -(e)s/-e,* 1) meist Pl., List, Heimlichkeit: *ich bin ihm auf die Schliche gekommen, ich bin ihm durchschaut.* 2) *mitteldt.:* Schlamm. 3) Erzeugnis nasser Erzaufbereitung.

schlicht [urspr. Nebenform von schlecht], 1) einfach, ungeziert: *schlichte Formen; sie sind s. eingerichtet; ein schlichtes Kostüm; sie kleidet sich s.; schlichte Eleganz; er hat es s. und einfach geleugnet; ein schlichtes Gemüt,* Ü ein harmloses, naives s. 2) *bes. norddt.:* schlecht.

Schlichte *die, -/-n,* **1)** *oberdt.:* Glätte, Wichse. **2)** Weberei: wäßrige Stärkelösung zum Schlichten (Glätten) der Längsfäden. **schlichten** [ahd. slihten ›ebnen‹, ›glätten‹], *ich schlichte* (habe geschlichtet) *es,* **1)** befriede, begütige: *er schlichtete den Streit.* **2)** glätte (Haare, Holz, Metall, Kettfäden). **3)** mache geschmeidig (Leder). **Schlichtheit** [zu schlicht] *die, -,* einfache Beschaffenheit, Bescheidenheit. **Schlichtung** [zu schlichten] *die, -,* Beilegung eines Streites: *Schlichtungsverfahren.*

Schlick [mhd. slick ›Schlamm‹] *der, -(e)s/-e,* Schlamm, Schlammablagerung, vgl. Abb. G 25: *Schlicksand.* **schlicken,** *ein Gewässer* schlickt (hat geschlickt), verschlammt, setzt Schlick an. **Schlicker** *der, -s,* **1)** schwefelhaltige Schlacke der Bleiverhüttung. **2)** geschlämmter, feuchter Ton. **schlick(e)rig,** *bes. norddt.:* naß, schmutzig, rutschig. **Schlickermilch** *die, mitteldt.:* Sauermilch. **schlickern,** *ich* schlick(e)re (habe geschlickert), *bes. norddt.:* **1)** (auch bin geschlickert), gleite, rutsche. **2)** *es schlickert,* regnet und schneit zugleich.

schlief, von schlafen. **Schlief** [zu ahd. sliofan ›schliefen‹, ›schlüpfen‹] *der, -(e)s/-e,* auch Schliff, *mitteldt.:* unausgebackene Stelle (im Brot). **schliefen,** *der Dachshund* schlieft (ist geschloffen), *oberdt.:* schlüpft, kriecht in den Bau. **Schliefer** *der, -s/-,* **1)** ein kaninchengroßes Huftier. **2)** ⚥ Hund (oder Frettchen), der (das) in einen Bau kriecht. **3)** *oberdt.:* Splitter (unter der Haut). **4)** *schwäb.:* Muff. **schlief(e)rig,** *oberdt.:* glatt, rutschig. **schliefig,** auch schliffig, unausgebacken (Brot, Kuchen).

Schlier [mhd. slier ›Lehm‹, ›Schlamm‹] *der, -s,* feinschichtiger, sandiger Mergel. **Schliere** *die, -/-n,* *oberdt.:* Schleim. **1)** ungleichförmige Stelle in Gläsern, Kunststoffen u. a., die das Licht anders bricht als der übrige Körper. **3)** ⊕ unscharf begrenzter, meist länglich gestreckter, vom Hauptgestein abweichender Gesteinsteil. **4)** *meist Pl.,* Streifen auf glatten Flächen, bes. Glasscheiben: *der Scheibenwischer hat Schlieren auf der Windschutzscheibe hinterlassen.* **schlieren,** *ich* schliere (habe geschliert), **1)** (bin geschliert), *oberdt.:* gleite. **2)** *ein Trosse* schliert, ⊸ lockert sich. **3)** *ein Knoten schliert,* ⊸ zieht sich zusammen. **schlierig,** schleimig, schlüpfrig.

Schließe *die, -/-n,* Schloß, Einhakvorrichtung, z. B. an Gürteln, alten Büchern. **schließen** [ahd. sliozan, urverwandt mit lat. claudere], *ich* schließe (schloß, habe geschlossen), **1)** ziehe einen Schluß, folgere: *aus seiner Bemerkung kann man auf Sachkenntnis schließen.* **2)** *es,* mache zu, fülle aus, verdecke eine Öffnung; vgl. geschlossen: *ich s. die Tür, das Buch, die Augen; die Blüten schließen sich; die Schule wird wegen der Ansteckungsgefahr für 14 Tage geschlossen; die Geschäfte schließen um 18 Uhr.* **3)** *ihn, es in etwas,* verschließe, verwahre sicher: *er schließt den Brief in seinen Schreibtisch; er schloß mich in die Arme,* umarmte mich. **4)** *ihn, es an, in etwas,* befestige, schließe an. **5)** *es,* beende: *er schloß die Versammlung.* **6)** *es,* mache rechtskräftig: *ich s. einen Vertrag, Frieden, die Ehe.* **7)** *es,* ⊿ befestige den Letternsatz zum Druck in der Maschine. **8)** *es schließt,* ist geeignet zum Zumachen: *die Tür schließt nicht.* **9)** *es schließt etwas in sich,* enthält, birgt in sich. **Schließer** *der, -s/-,* Pförtner, Hauswart; Gefängniswärter.

Schließerin *die, -/-nen,* Wirtschafterin, Schaffnerin. **Schließfach** *das,* verschließbares Fach zur Miete in Postämtern, Bahnhöfen, Banken, Abb. S 25, W 4. **Schließkorb** *der,* großer, verschließbarer Reisekorb. **schließlich, 1)** endlich, nach langem Zögern: *wir kamen s. doch noch zu einem Entschluß; s. mußte er nachgeben.* **2)** wenn man es recht bedenkt, folglich; im Grunde: *er muß s. wissen, was er tut; man muß s. auch berücksichtigen, daß er kaum Erfahrung hat.* **Schließmuskel** *der,* ringförmiger Muskel, der Öffnungen umgibt: *Afterschließmuskel.* **Schließung** *die, -/-en.*

schliff, von schleifen. **Schliff** [mhd. slif] *der, -(e)s/-e,* **1)** ohne Pl., das Schleifen. **2)** geglättete, geschliffene Stelle: *Diamantschliff; das Glas hat einen schönen S.* **3)** ohne Pl., Ü feines Benehmen: *ihm fehlt der S.*

Schlief *der, -(e)s/-e, mitteldt.:* Schlief: *er hat S. gebacken,* Ü keinen Erfolg gehabt. **schliffig,** schliefig.

schlimm [mhd. slimp ›schief‹], **1)** böse, schlecht: *die Sache nimmt ein schlimmes Ende; eine schlimme Nachricht; ist es s., daß du zu spät kommst?; schlimmer kann es nicht mehr werden; es steht s. um ihn,* schlecht; *das wird nicht das schlimmste (am schlimmsten) sein,* aber: *wir befürchten das Schlimmste.* **2)** Ü krank: *er hat einen schlimmen Finger.* **3)** *oberdt.:* schräg. **schlimmstenfalls,** im ungünstigsten Fall: *s. müssen wir die Reise verschieben.*

Schlinge [ahd. slinga] *die, -/-n,* ineinander verknüpfte Schnur, auch Draht, Abb. H 7, L 2, S 25; verbotenes Fanggerät für Tiere: *ich lege Schlingen, Fallen; ich ziehe mich aus der S.,* Ü befreie mich im letzten Moment aus einer bedrohlichen Lage; *ich trage den verletzten Arm in einer S.* **Schlingel** *der, -s/-,* übermütiger, durchtriebener Junge. **schlingen** [ahd. slingan], *ich* schlinge (schlang, habe geschlungen) *es,* winde, verknüpfe, flechte: *ich s. einen Knoten; sie schlingt die Arme um das Kind; die Pflanze schlingt sich um den Baum.*

schlingen [ahd. slintan, zu Schlund], *ich* schlinge (schlang, habe geschlungen) *es,* schlucke, esse gierig: *schling nicht so!* **Schlingerflossen,** *Pl.,* Flossen seitlich am Schiffsrumpf, zur Verminderung des Schlingerns. **schlingern** [zu Schlinge], *ein Fahrzeug* schlingert (hat geschlingert), schwankt, pendelt: *das Schiff s.,* pendelt um die Längsachse infolge des Seegangs. **Schlingpflanze** *die,* Kletterpflanze, vgl. Abb. L 3, S 25.

Schlinke *die, -/-n, westdt.:* Türklinke.

Schlipf [mhd. slipfe, zu schlüpfen] *der, -(e)s/-e, oberdt.:* Berg-, Erdrutsch. **schlipfen,** *ich* schlipfe (bin geschlipft), *oberdt.:* rutsche.

Schlippe [mhd. slippe] *die, -/-n,* **1)** *niederdt.:* Rockzipfel: *er hat mir auf die S. getreten,* Ü ist mir zu nahe gekommen, hat mich beleidigt. **2)** *mitteldt.:* enges Gäßchen. **schlippen,** *ich* schlippe, **1)** (habe geschlippt), ⊸ löse, werfe ab (Leinen, Ketten). **2)** (bin geschlippt), *niederdt.:* rutsche.

Schlipper *der, -s, oberdt., ostmitteldt.:* Sauermilch: *Schlippermilch.* **schlipp(e)rig,** *norddt., ostmitteldt.:* gerinnend (Milch).

Schlips [zu Schlippe ›Rockzipfel‹] *der, -es/-e,* Krawatte: *er fühlt sich auf den S. getreten,* Ü ist beleidigt.

schliß, von schleißen. **Schliß** *der, Schl'isses/Schl'isse, schweiz.:* **1)** lebenslängl. Nutzung. **2)** Verschleiß. **3)** Scharpie.

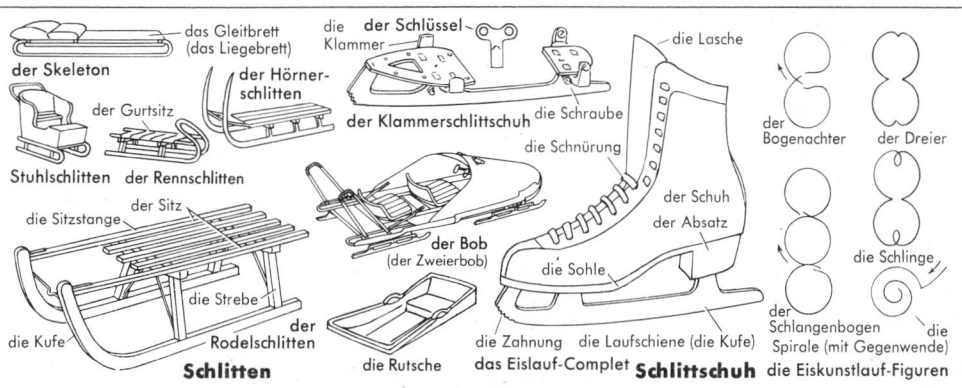

das Gleitbrett (das Liegebrett) · der Skeleton · der Gurtsitz · Stuhlschlitten · der Rennschlitten · der Sitz · die Sitzstange · die Strebe · die Kufe · der Rodelschlitten · **Schlitten** · die Rutsche · der Hörnerschlitten · der Schlüssel · die Klammer · der Klammerschlittschuh · die Schraube · die Schnürung · der Bob (der Zweierbob) · die Zahnung · die Laufschiene (die Kufe) · das Eislauf-Complet · **Schlittschuh** · die Lasche · der Schuh · der Absatz · die Sohle · der Bogenachter · der Dreier · die Schlinge · der Schlangenbogen · Spirale (mit Gegenwende) · die Eiskunstlauf-Figuren

S 27

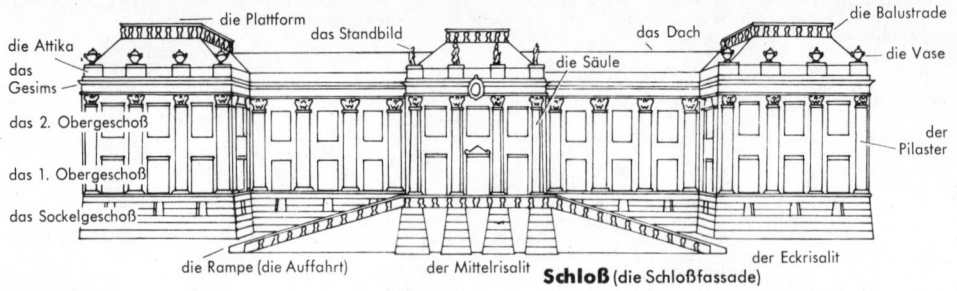

die Plattform — das Standbild — das Dach — die Balustrade — die Vase — der Pilaster — die Attika — das Gesims — das 2. Obergeschoß — das 1. Obergeschoß — das Sockelgeschoß — die Säule — die Rampe (die Auffahrt) — der Mittelrisalit — der Eckrisalit

Schloß (die Schloßfassade)

schlitteln, schlitten, *ich* schlitt(e)le, schlitte (habe, bin geschlittelt, geschlittet), *schweiz.:* fahre Schlitten. **Schlitten** [ahd. slito] *der, -s/-,* **1)** auf Kufen gleitendes Fahrzeug für Schnee und Eis, Abb. S 26: *wir wollen S. fahren,* rodeln; *man will mit ihm S. fahren,* Ü ihn schikanieren. **2)** ⊙ gleitender Maschinenteil, Abb. D 13. **3)** Ü Auto. **4)** ⌁ Vorrichtung, auf der ein Schiff vom Stapel gelassen wird, Abb. D 8. **Schlittenhund** *der,* ein Nordlandhund. **schlittern** [mhd. sliten ›gleiten‹], *ich* schlitt(e)re (habe, bin geschlittert), gleite, rutsche über glatte Flächen (Eis, Parkett). **Schlittschuh** *der,* Schuh mit Gleitkufen zum Eislaufen, Abb. S 26: *das Schlittschuhlaufen; ich gehe S. laufen; Schlittschuhläufer.*

Schlitz [ahd. sliz] *der, -es/-e,* langer schmaler Spalt, z. B. im Holz zur Fügung, Abb. H 24, an Hosen, Abb. K 24, an Geräten, Abb. S 35, U 2. **Schlitzauge** *das,* Auge mit sehr enger Lidspalte. **schlitzäugig, 1)** mit Schlitzaugen versehen. **2)** *fränk.:* schalkhaft, schlau. **schlitzen** [ahd. slizzan ›(zer)rei-ßen‹], *ich* schlitze (habe geschlitzt) *es,* versehe mit einem Schlitz; schlitze auf. **Schlitzohr** *das,* **1)** geschlitzte Ohrmuschel (früher eine Bestrafung für Betrüger). **2)** U gerissener Bursche, Gauner. **schlitzohrig. Schlitzverschluß** *der,* ein vorhangartiger Kameraverschluß mit einem Schlitz, dessen Breite sich je nach Belichtungszeit verändert, Abb. P 12.

schlöd, *westdt.:* kraftlos, fad (Speise).

schlohweiß [vgl. Schloße], ganz weiß: *schlohweißes Haar.*

Schlom *der, -(e)s/-e, niederdt.:* **1)** Schlemmer. **2)** junger Flegel.

Schlorre *die, -/-n, meist Pl., ostdt.:* Hausschuh. **schlorren,** *ich* schlorre (bin geschlorrt) *ostdt.:* schlurfe.

schloß, von schließen. **Schloß** [ahd. sloz, vgl. schließen] *das, Schl'osses/Schl'össer,* **1)** Vorrichtung zum Verschließen, Abb. F 18, M 3, S 28, S 30, S 34, T 19: *Sicherheitsschloß; hinter S. und Riegel,* im Gefängnis. **2)** beweglicher Teil der Handfeuerwaffen, Abb. M 5. **3)** ⚔ befestigter Platz. **4)** künstlerisch ausgeführtes, stattliches Wohngebäude, bes. von Fürsten; Palast, Abb. S 27: *Schloßführung; Schloßherr.* **5)** ⚘ Beckengegend. **Schloßße** *das, -s/-: Jagdschlößchen.*

Schloße [mhd. sloze] *die, -/-n, mitteldt.:* Hagelkorn. **schloßen,** *es* schloßt (hat geschloßt), hagelt.

Schlosser [mhd. slozzer] *der, -s/-,* Handwerker der Metallverarbeitung: *Schlosserwerkzeug,* Abb. S 29; *Maschinenschlosser.* **Schlosserei** *die, -/-en,* Werkstatt des Schlossers; verrichte Schlosserarbeiten. **Schloßhund** *der: er heult wie ein S.,* U heftig. **Schlößlein** *das, -s/-,* Diminutiv zu Schloß.

Schlot [ahd. slat] *der, -(e)s/-e,* auch "e, **1)** Schornstein, Rauchabzug: *er raucht wie ein S.,* Ü sehr viel (Tabakerzeugnisse). **2)** ⊕ Schacht unter dem Krater von Vulkanen. **3)** *mitteldt.:* Abzugsgraben, Abzugsschacht. **4)** Ü leichtsinniger Mensch, unangenehmer Kerl. **Schlotbaron** *der,* U Großindustrieller (bes. im Ruhrgebiet). **Schlotfeger** *der,* Kaminfeger, Schornsteinfeger.

Schlotte [mhd. slate ›Schilfrohr‹] *die, -/-n,* **1)** Hohlraum in wasserlösl. Gestein. **2)** Blattform, bes. der Zwiebel. **3)** Blasenkirsche.

Schlotter [zu schlottern], *oberdt.:* **1)** *der, -s/-,* das Zittern, das Beben. **2)** *der, -s/-,* Siebkorb. **3)** *die, -/-n,* Kinderklap-

S 28

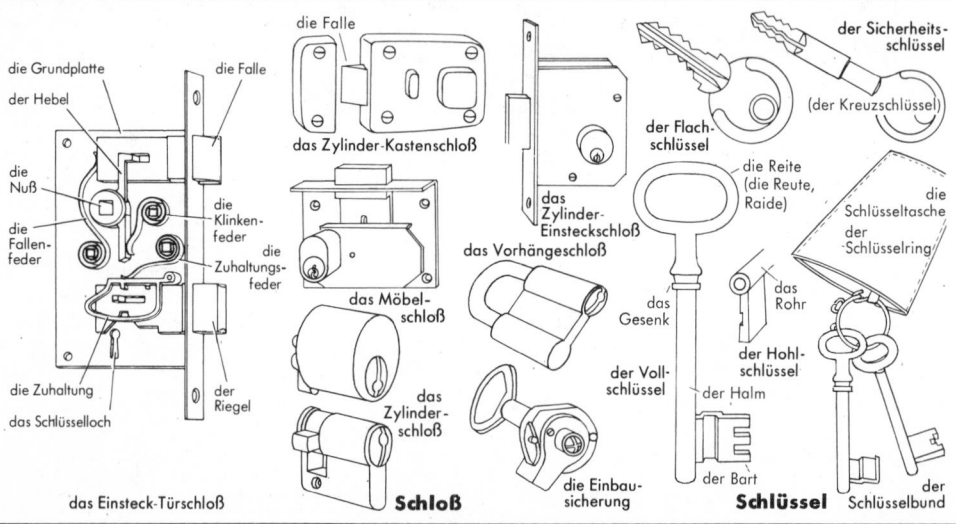

die Grundplatte — die Falle — der Sicherheitsschlüssel — der Hebel — (der Kreuzschlüssel) — die Nuß — die Klinkenfeder — der Flachschlüssel — die Reite (die Reute, Raide) — die Schlüsseltasche — der Schlüsselring — die Fallenfeder — die Zuhaltungsfeder — das Zylinder-Kastenschloß — das Zylinder-Einsteckschloß — das Vorhängeschloß — das Gesenk — das Rohr — das Möbelschloß — der Hohlschlüssel — der Halm — die Zuhaltung — das Schlüsselloch — der Riegel — das Zylinderschloß — der Vollschlüssel — der Bart — das Einsteck-Türschloß — **Schloß** — die Einbausicherung — **Schlüssel** — der Schlüsselbund

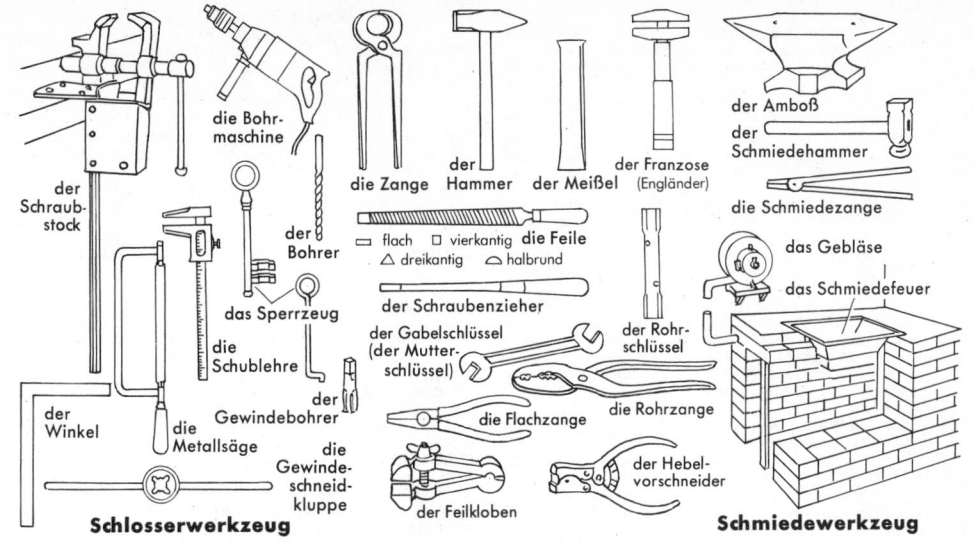

Schlosserwerkzeug — **Schmiedewerkzeug**

(Labels in figure:)
der Schraubstock · die Bohrmaschine · der Bohrer · das Sperrzeug · die Schublehre · der Winkel · die Metallsäge · der Gewindebohrer · die Gewindeschneidkluppe · der Feilkloben · die Zange · der Hammer · der Meißel · der Franzose (Engländer) · flach · vierkantig · die Feile · dreikantig · halbrund · der Schraubenzieher · der Gabelschlüssel (der Mutterschlüssel) · der Rohrschlüssel · die Flachzange · die Rohrzange · der Hebelvorschneider · der Amboß · der Schmiedehammer · die Schmiedezange · das Gebläse · das Schmiedefeuer

---

per. **4)** *die, -/-n,* Sauermilch: *Schlottermilch.* **schlott(e)rig,** schlotternd.

Schlötterlig *der, -(s)/-, schweiz.:* Schimpfwort: *ich hänge ihm S. an,* bedenke ihn mit Schimpfworten.

schlottern [mhd. sloten, slotern, sluttern], *ich schlott(e)re* (habe geschlottert), **1)** zittere heftig: *er schlotterte vor Kälte, vor Angst.* **2)** *es schlottert,* hängt schlaff, ist ohne Halt: *der Anzug schlotterte ihm um den Körper.*

schlotzen, *ich schlotze* (habe geschlotzt) *(es),* **1)** *oberdt.:* lutsche, esse Eis. **2)** trinke genüßlich Wein. **Schlotzer** *der, -s/-, oberdt.:* **1)** Schnuller. **2)** Bonbon.

Schlucht [mhd. sluft, zu schliefen] *die, -/-en,* P auch *"e,* **1)** tiefes, enges Tal, ABB. T 3: *Felsenschlucht.* **2)** *niederdt.:* Loch.

schluchzen [spätmhd. sluchzen], *ich schluchze* (habe geschluchzt), **1)** weine stoßweise: *schluchzende Geigen,* Ü. **2)** *oberdt.:* schlucke. **Schluchzer** *der, -s/-,* das Aufschluchzen.

Schluck [mhd. sluc] *der, -(e)s/-e, seltener "e,* **1)** Flüssigkeitsmenge, die man auf einmal hinunterschlucken kann: *ein S. Wasser; er trank in kleinen Schlucken.* **2)** Getränk, Trunk: *ein guter S.!* **3)** *niederdt.:* Schlund. **Schluckauf** *der, -s,* auch Schluckser, ⚕ unwillkürliches, krampfhaftes Einatmen durch stoßweises Zusammenziehen des Zwerchfells. **Schlückchen** *das, -s/-.* **schlucken** [mhd. slucken], *ich schlucke* (habe geschluckt) *es,* befördere vom Mund in den Magen (trinke, esse): *Schluckbeschwerden; er muß täglich Arznei schlucken; der Erweiterungsbau hat viel Geld geschluckt,* Ü viel gekostet: *viele Kleinbetriebe wurden von großen Unternehmen geschluckt,* Ü; *die Teppiche schlucken viel Lärm; er mußte im Leben schon so manches schlucken,* Ü sich gefallen lassen; *sie konnte vor Halsschmerzen kaum schlucken; bei dieser Nachricht mußte ich erst einmal schlucken,* U. **Schlucken** *der, -s,* der Schluckauf. **Schlucker** *der, -s/-: ein armer S.,* U armer, bedauernswerter Mensch. **Schluckimpfung** *die,* ⚕ Impfung, bei der der Impfstoff durch den Mund aufgenommen wird. **Schlücklein** *das, -s/-.* **schluckern** [mhd. slucken (habe geschluckst), habe Schluckauf. **Schluckser** *der, -s/-,* Schluckauf. **schluckweise,** in kleinen Schlucken.

Schluderarbeit *die,* unordentliche, nachlässige Arbeit. **Schluderei** *die, -/-en,* U Schluderarbeit. **schlud(e)rig,** U unordentlich, nachlässig. **schludern** [mhd. sludern ›schludern‹, ›schlenkern‹], *ich schlud(e)re* (habe geschludert), **1)** U pfusche, arbeite unachtsam. **2)** *niederdt., mitteldt.:* schlottere. **3)** *oberdt.:* saufe, vergeude. **4)** *niederdt.:* klatsche, verleumde.

Schluff [mhd. sluf] *der, -(e)s/-e oder "e,* **1)** Schlupfwinkel, enger Fluchtweg. **2)** sehr feinkörniges Sedimentgestein. **3)** *süddt.:* Muff. **Schluft** *die, -/"e, mitteldt.:* Schlucht.

schlug, von schlagen.

Schlummer [spätmhd. slummer] *der, -s,* sanfter Schlaf, Ruheschlaf: *Schlummerlied.* **schlummern** [mhd. slummern], *ich schlumm(e)re* (habe geschlummert), liege im Schlummer, schlafe: *seine Fähigkeiten hatten lange geschlummert,* Ü. **Schlummerrolle** *die,* Nackenpolster.

Schlump [mnd. slump] *der, -(e)s/-e, norddt.:* **1)** Zufall, Glückstreffer: *auf dem S.,* auf der Stelle. **2)** schlechtes Kleidungsstück. **3)** ⚓ Schlup.

Schlumpe [zu mhd. slump ›schlumpig‹], **Schlumpel** *die, -/-n,* U Schlampe. **schlumpen,** *ich schlumpe* (habe geschlumpt), U Schlampe. **schlump(e)rig, schlumpig.**

schlumps [vgl. Schlump], *norddt.:* unversehens, zufällig.

Schlund [ahd. slunt, zu schlingen] *der, -(e)s/"e,* **1)** Fortsetzung von Nasen- und Mundhöhle mit dem Eingang in den Kehlkopf und die Speiseröhre. **2)** Ü tiefe Öffnung, Abgrund.

Schlunze *die, -/-n, niederdt.:* **1)** unordentliche Frau. **2)** Roggenmehlsuppe. **schlunzig,** *niederdt.:* unordentlich.

Schlup [engl. sloop] *die, -/-en,* einmastiges Küstenschiff.

Schlupf [mhd. slupf] *der, -(e)s/-e oder "e,* **1)** ⚙ das Zurückbleiben des angetriebenen Teils gegenüber dem treibenden Teil, z. B. beim Riemenantrieb. **2)** *oberdt.:* Muff. **3)** auch Schlupfe, *oberdt.:* Versteck. **4)** auch Schlupfe, *oberdt.:* Masche, Schleife, Schlinge. **Schlupfe** *die, -/"*, Schlupf. **schlüpfen** [ahd. slupfen], *ich schlüpfe* (bin geschlüpft), **1)** bewege mich gleitend, bes. durch eine enge Öffnung: *das Küken schlüpft aus dem Ei; er schlüpfte durch die Maschen des Gesetzes,* Ü. **2)** *in etwas, ziehe es rasch oder probeweise an: sie schlüpfte in den Morgenrock.* **Schlüpfer** *der, -s/-,* kurze Unterhose, Teil der Damenunterwäsche. **Schlupfloch** *das,* Schlupfwinkel. **Schlupfpforte, Schlüpfpforte** *die,* Türchen in Burg-, Stadtmauern, ABB. B 56. **schlüpfrig, 1)** glatt, rutschig; naß: *der Weg ist s.* **2)** Ü zweideutig, verfänglich: *ein schlüpfriges Buch; ein schlüpfriger Witz.* **Schlüpfrigkeit** *die, -/-en.* **Schlupfwespe** *die,* parasit. Hautflügler. **Schlupfwinkel** *der,* Zufluchtsort, Versteck.

Schluppe *die, -/-n, niederdt., mitteldt., westdt.:* **1)** Schaluppe. **2)** Schleife, Schlinge.

Schlurf [Nebenform von schlürfen] *der, -(e)s/-e,* **1)** *oberdt.:* Schluck. **2)** *österr.:* arbeitsscheuer, geckenhaft gekleideter Bursche. **Schlurfe** *die, -/-n, mitteldt., oberdt.:* Pantoffel, niedergetretener Schuh. **schlurfen,** *ich schlurfe* (habe, bin geschlurft), gehe schleppend, schleifend mit schlurfenden Füßen. **schlürfen** [mhd. sürfeln, verwandt mit lat. sorbere], *ich schlürfe* (habe geschlürft), **1)** *es,* trinke hörbar, esse schlabbernd. **2)** (auch bin geschlürft), *mitteldt., oberdt.:* schlurfe. **schlurig, schlurrig.**

schlurpen, *ich* schlurpe (habe, bin geschlurpt), *mitteldt., oberdt.:* schlurfe. **Schlurpen** der, *-(s)/-, oberdt.:* Pantoffel, niedergetretener Schuh. **Schlurre** die, *-/-n, niederdt.:* 1) Pantoffel. 2) verächtlich für: alte Frau. **schlurren,** *ich* schlurre (habe, bin geschlurrt), *niederdt.:* schlurfe. **schlur(r)ig,** *niederdt.:* unordentlich.

Schluß [mhd. sluz, zu schließen] der, *Schl'usses/Schl'üsse,* 1) ohne *Pl.*, Ende, Abschluß: *der S. einer Rede, eines Briefes, eines Buches; Schlußball; Schlußverkauf; Geschäftsschluß; Sendeschluß; ich mache S., höre auf; ich mache S. mit ihm,* U beende eine Freundschaft; *zum S., zuletzt, endlich; S. damit!, S. jetzt!,* nichts mehr davon; *S. folgt* (in Fortsetzungsromanen). 2) Zusammenfügung, das Schließen: *der Kolben hat keinen rechten S.,* schließt nicht dicht; *der S. der Schenkel beim Reiten.* 3) Ableitung eines Urteils aus einem Sachverhalt; Folgerung: *aus seinem Benehmen kann man den S. ziehen, daß. . .; wir kamen zu folgendem S.; keine voreiligen Schlüsse!;* in der Logik: Ableitung eines Urteils aus anderen Urteilen: *Analogieschluß.* 4) ♪ abschließende Ton- oder Akkordfolge, Kadenz: *Terzschluß.* 5) ♉ kleinste Menge (oder kleinster Betrag), in der eine Ware oder ein Wertpapier an der Börse gehandelt wird. **Schlußakt** der, letzter Akt eines Theaterstükkes; U letzte Phase einer Handlung. **Schlußbilanz** die, ♉ Bilanz am Ende eines Geschäftsjahres.

Schlüssel [ahd. sluzzil] der, *-s/-,* 1) Gerät zum Öffnen und Schließen von Schlössern, ABB. S 28; Sinnbild der Hausgewalt: *Hausschlüssel; Schlüsselbund; Schlüsselloch.* 2) Werkzeug zum Drehen; meist in Zusammensetzungen: *Schraubenschlüssel,* zum Lockern und Festziehen der Schraubenmutter, ABB. S 35; *Uhrschlüssel,* zum Aufziehen; *Klavierschlüssel,* zum Spannen der Saiten. 3) U Schema zur Aufteilung, z. B. von Geldern. 4) *zu etwas,* U etwas, das einem den Zugang öffnet; Lösung, Erklärung: *er hat den S. zu ihrem Verhalten gefunden; er entziffere die geheime Mitteilung mit einem S.; Schlüsselwort; Schlüsselzahl.* 5) ♪ Zeichen zur Bestimmung der Tonhöhe, ABB. N 10: *Notenschlüssel.* **Schlüsselbein** das, Knochen, der Brustbein und Schulterblatt verbindet, ABB. M 12. **Schlüsselblume** die, Name mehrerer Primelarten. **Schlüsselblumengewächs** das, Pflanze, deren Staubgefäße meist mit der Blumenkrone verwachsen sind. **Schlüsselchen** das, *-s/-,* Diminutiv zu Schlüssel. **schlüsselfertig,** bezugsfertig (Neubauten): *die Wohnung wird dem Käufer s. übergeben.* **Schlüsselgewalt** die, *-,* 1) die von Christus verliehene höchste geistliche Gewalt der Kirche, die nach kath. Lehre dem Papst als Nachfolger Petri zusteht. 2) ♊ Berechtigung jedes Ehegatten, Geschäfte des tägl. Lebens mit Wirkung auch für den anderen Ehegatten zu besorgen. **Schlüsselindustrie** die, Industriezweige, von deren Aufträgen und Lieferungen andere Industriezweige abhängig sind. **Schlüsselkind** das, U ein auf sich gestelltes Kind berufstätiger Eltern (dem der Wohnungsschlüssel ausgehändigt wird). **Schlüsselposition** die, Schlüsselstellung. **Schlüsselroman** der, Roman, in dem tatsächl. Personen oder Ereignisse ohne Namensnennung, aber für den Eingeweihten erkennbar, vorkommen. **Schlüsselstellung** die, auch Schlüsselposition, beherrschende Stellung.

schlußfolgern, *ich* schlußfolg(e)re (habe schlußgefolgert). **Schlußfolgerung** die, logische Folgerung. **schlüssig,** 1) entschlossen: *ich bin mir nicht s.,* weiß noch nicht, was ich tun soll. 2) einen Schluß zulassend, folgerichtig: *seine Folgerungen sind s.* **Schlüssigkeit** die, *-.* **Schlußlicht** das, 1) ↩ rotes Licht am hinteren Ende von Fahrzeugen. 2) U der Schlechteste, Letzte, z. B. bei einem Wettkampf. **Schlußnote** die, ♉ Aufzeichnung eines Vertragsinhalts. **Schlußpunkt** der: *ich setze einen S. unter etwas,* U beendige etwas endgültig. **Schlußschein** der, ♉ Schlußnote. **Schlußsprung** der, Turnen: ein im Hochsprung auf der Stelle von beiden Beinen weg auf beide Beine mit Überdrehung (rückwärts) des Oberkörpers auf der Scheitelhöhe des Sprungs. **Schlußstein** der, 🏛 abschließender Stein im Scheitel eines Bogens oder Gewölbes, ABB. B 39, G 21. **Schlußstrich** der: *ich ziehe einen S. unter etwas,* U beende es. **Schlußverkauf** der: *Sommerschlußverkauf; Winterschlußverkauf; Schlußverkaufspreise.*

Schlutte die, *-/-n, alem.:* 1) Arbeitskittel; Nachthemd. 2) Schlotte. **Schlüttli** das, *-s/-, schweiz.:* Säuglingsjäckchen.

Schmach [ahd. smahi] die, *-,* Schande, Demütigung, Entehrung: *mit S. und Schande.*

Schmacht [mhd. smaht ›das Schmachten‹, ›Verschmachten‹] der, *-(e)s, niederdt.:* Hunger. **schmachten,** *ich* schmachte (habe geschmachtet): 1) leide, bes. hungere, dürste: *er schmachtete lange Jahre in der Gefangenschaft.* 2) nach ihm,

---

sehne mich; bin sehnsuchtsvoll verliebt: *er sah sie schmachtend an.* **Schmachtfetzen** der, U rührseliges Lied, Buch, Theater- oder Kinostück. **schmächtig,** schwächlich, mager. **Schmächtigkeit** die, *-.* **Schmachtlappen** der, U 1) Schwächling. 2) lächerlicher Liebhaber; übertrieben gefühlvoller Mensch. **Schmachtlocke** die, U in die Stirn fallende Haarlocke. **Schmachtriemen** der, U Gürtel: *er mußte den S. enger schnallen,* U Hunger leiden.

schmachvoll, Schmach bringend, demütigend. **Schmack** [ahd. smac, zu schmecken] der, *-(e)s/-e,* ⚘ 1) Geschmack. 2) ⚘ Sumach.

Schmack [niederdt. smack, zu mnd. smacken ›schlagen‹, nach dem schlagenden Zipfel des Segels] die, *-/-en,* auch Schmacke, *niederdt.:* flaches Schiff.

schmäck(b)erlich, *schweiz.:* armselig, kränklich.

Schmacke die, *-/-n,* ⚘ die Schmack. **schmacken** [mhd. smacken], *ich* schmacke (habe geschmackt) *s., westdt.:* werfe hin.

schmackhaft [zu schmecken], gut schmeckend: *schmackhaftes Essen; er wollte mir die Sache s. machen,* U hat sie verlockend dargestellt. **Schmackhaftigkeit** die, *-.*

Schmad [hebr.] die, *-/-en,* **Schmadde** die, *-/-n,* Taufe der Juden.

Schmadder der, *-s, niederdt.:* flüssiger Schlamm, Matsch. **schmaddern,** *ich* schmadd(e)re (habe schmaddert), *niederdt.:* 1) sudele, schmiere. 2) *es schmaddert,* regnet und schneit zugleich.

Schmäh der, *-s/-(s), österr.,* 1) Lüge. 2) Trick, Kniff: *er führt einen S.,* macht Witze. 3) ohne *Pl.,* (übertriebene) verbindliche Freundlichkeit. **schmähen** [ahd. smahen], *ich* schmähe (habe geschmäht) *ihn, es,* schelte, lästere, beleidige, schätze gering. **schmählich,** schändlich, schmachvoll: *er wurde s. im Stich gelassen.* **Schmählichkeit** die, *-.* **Schmährede, Schmähschrift** die, gehässig angreifende Rede, Druckschrift. **Schmähung** die, *-/-en.*

schmal, schmaler, am schmalsten oder schmäler, am schmälsten [ahd. smal ›klein‹, ›gering‹], 1) eng, von geringer Breite, ABB. E 2: *ein schmaler Durchgang; Schmalseite; schmalbrüstig; sie ist sehr s. geworden,* schlank; *schmale Hüften.* 2) U knapp, karg: *er hat nur ein schmales Einkommen.* **schmälen,** *ich* schmäle (habe geschmält), 1) *ihn, es,* schmähe, schelte. 2) *das Reh schmält,* ⚘ gibt im Schreck bellende Laute aus. **schmälern,** *ich* schmäl(e)re (habe geschmälert) *es, ihn,* verkleinere, setze herab: *ich s. seine Verdienste nicht.* **Schmälerung** die, *-/-en.* **Schmalfilm** der, Film bis 16 mm Breite: *Schmalfilmkamera,* ABB. F 21. **Schmalhans** der: *bei uns ist S. Küchenmeister,* U wir haben wenig zu essen. **Schmalheit** die, *-.* **Schmalspur** die, Eisenbahnschienen mit einer Spurweite unter 1,435 m: *Schmalspurbahn; Schmalspurakademiker, Schmalspurjurist,* U jemand, der in einem Fachgebiet nur am Rande betreibt. **schmalspurig.**

Schmalt [ital. smalto, zu dt. schmelzen] der, *-s/-e,* Email. **Schmalte** die, *-/-n,* auch Smalte, tiefblau gefärbtes Kaliglas.

Schmaltier das, ⚘ weibl. Schalenwild im zweiten Lebensjahr bis zur ersten Brunft. **Schmalvieh** das, ⚘ Kleinvieh.

Schmalz [ahd. smalz, zu schmelzen] das, *-es/-e,* 1) ausgelassenes, weiches Speisefett: *Schmalzgebackenes; Gänseschmalz.* 2) *oberdt., alem.:* ausgelassene Butter. 3) der, *-es,* U Sentimentalität; etwas übertrieben Gefühlvolles (Lied, Gedicht). **Schmälze** die, *-/-n,* Flüssigkeit zum Durchfeuchten der Wolle in der Spinnerei. **schmalzen,** *ich* schmalze (habe geschmalzt oder geschmalzen) *es,* fette, öle, füge Schmalz hinzu. **schmälzen,** *ich* schmälze (habe geschmälzt), 1) *es,* bes. oberdt.: schmalze. 2) *Wolle,* tränke sie mit Öl. **schmalzig,** 1) fettig, ölig. 2) U übertrieben gefühlvoll: *schmalziger Gesang.*

Schmand der, *-(e)s,* Schmant. **Schmankerl** das, *-s/-n, bair., österr.:* süßes Gebäck; Leckerbissen.

Schmant [mhd. smant ›Milchrahm‹] der, *-(e)s,* auch Schmand, *ostniederdt., westdt.:* Sahne, Rahm. 2) *ostmitteldt., südwestdt.:* fettiger Schmutz, Schlamm.

schmarotzen [spätmhd. smorotzen ›betteln‹], *ich* schmarotze (habe schmarotzt) *bei ihm,* 1) lebe auf seine Kosten, nehme ungebeten an etwas teil. 2) *ein Tier, eine Pflanze schmarotzt,* lebt als Parasit. **Schmarotzer** der, *-s/-,* 1) Mensch, der auf Kosten anderer lebt. 2) Parasit, Tier, auch Pflanze, die auf oder in anderen Organismen (Wirten) leben: *Schmarotzerpflanze.* **schmarotzerisch. Schmarotzertum** das, *-s,* Lebensweise des Schmarotzers.

Schmarre [mnd. smarre, zu Schmer und schmieren] *die, -/-n,* U Schmiß, Narbe. **Schmarren** *der, -s/-,* **1)** *bair., österr.:* in der Pfanne gebackene und in Stücke zerrissene Mehlspeise: *Kaiserschmarren.* **2)** U Kitsch, Schund: *das geht dich einen S. an, gar nichts.*

Schmasche [mhd. smaschin, zu poln. smužyk] *die, -/-n,* feines Lammfell.

Schmatz [mhd. smaz] *der, -es/-e* oder *"e,* **1)** U lauter Kuß, bes. von Kindern. **2)** *schweiz.:* Wegstrecke. **Schmätzchen** *das, -s/-.* **schmatzen** [mhd. smatzen], *ich schmatze* (habe geschmatzt), U **1)** esse geräuschvoll. **2)** küsse laut. **Schmätzer** *der, -s/-,* ein Singvogel.

Schmauch [mhd. smouch, vgl. engl. smoke] *der, -(e)s, norddt.:* Rauch, Qualm. **schmauchen,** *ich schmauche* (habe geschmaucht) *(es),* rauche, qualme: *er schmauchte seine Pfeife.*

schmauken [mhd. smougen ›sich ducken‹], *ich schmauke* (habe geschmaukt), *schweiz.:* schmuggele, esse heimlich.

Schmaus [mhd., verwandt mit niederl. smuisteren ›beschmieren‹, ›schmausen‹] *der, -es/"e,* leckeres Mahl, Festessen, Genuß. **schmausen,** *ich schmause* (habe geschmaust), esse mit Hochgenuß. **Schmauserei** *die, -/-en,* Festessen, Schlemmerei. **schmausig,** *oberdt.:* mundgerecht.

schmäusterlich, *niederdt.:* schmunzelnd. **schmäustern,** *ich schmäust(e)re* (habe schmäustert), *niederdt.:* kose.

schmecken [ahd. smec(c)hen], *ich schmecke* (habe geschmeckt), **1)** *es,* prüfe mit der Zunge, koste, erprobe: *ich s. die Gewürze ganz deutlich.* **2)** es schmeckt, wirkt (angenehm) auf der Zunge: *das Essen schmeckt mir; der Wein schmeckt nach Kork; der Kuchen schmeckt nach mehr,* U schmeckt so gut, daß *ich mehr davon essen möchte; die Arbeit schmeckt mir nicht,* U gefällt mir nicht, bereitet zuviel Mühe; *das schmeckt nach Verrat,* U sieht so aus. **3)** *es, mitteldt., oberdt.:* rieche. **4)** *es schmeckt, mitteldt., oberdt.:* riecht: *im ganzen Haus schmeckt es nach Kuchen.* **Schmecker** *der, -s/-, mitteldt., oberdt.:* **1)** Nase. **2)** Maul (des Viehs).

Schmeichelei *die, -/-en,* Ausspruch, der einem anderen wohltut, ihn übermäßig lobt: *ich falle nicht auf seine Schmeicheleien herein.* **schmeichelhaft,** angenehm, ehrend: *das ist s. für mich; eine schmeichelhafte Bemerkung, eine Schmeichelei.* **Schmeichelkatze** *die,* U zärtliche Schöntuerin. **schmeicheln** [spätmhd. smeicheln, zu ahd. smeih ›Liebkosung‹], *ich schmeich(e)le* (habe geschmeichelt), **1)** *ihm,* sage angenehme Dinge, übertreibe seine Vorzüge, um mich beliebt zu machen: *mit schmeichelnder Stimme; das Porträt ist geschmeichelt,* stellt die porträtierte Person sehr vorteilhaft dar. **2)** *mir,* etwas zu sein, bilde es mir ein: *er schmeichelte sich, ein großer Künstler zu sein.* **3)** *es schmeichelt mir, mich,* es tut mir wohl, hebt mein Selbstgefühl: *das überschwengliche Lob schmeichelt seiner Eitelkeit; sie drückt sich durch dieses Angebot sehr geschmeichelt.* **4)** *er wollte sich in ihr Vertrauen schmeicheln,* durch Schmeicheleien ihr Vertrauen gewinnen. **5)** *ihm,* bin zärtlich, liebkose: *die Kinder schmeicheln gern mit ihrer Mutter.* **Schmeichler** *der, -s/-,* jemand, der Schmeicheleien sagt, Schöntuer. **schmeichlerisch,** *schmeichlerische Worte.*

schmeidig, ⚙ geschmeidig. **schmeidigen,** *ich schmeidige* (habe geschmeidigt) *es,* mache schmeidig, federnd.

schmeißen [mhd. smizen, zu ahd. bismizan ›beschmieren‹], *ich schmeiße* (schmiß, habe geschmissen), **1)** *ihn, es,* U werfe, schleudere: *ich habe den Brief gleich in den Papierkorb geschmissen; sie hat sich ihm an den Hals geschmissen,* U sich ihm aufgedrängt; *er hat die Aufführung geschmissen,* U mißlingen lassen. **2)** *ihn, es, oberdt.:* schlage. **3)** *es,* U bewältige: *wir werden die Sache schon schmeißen,* schaffen, machen. **4)** *es,* U bezahle, stifte: *er hat eine Runde geschmissen.* **5)** ein Greifvogel schmeißt (hat geschmissen), ☿ wirft Kot aus. **Schmeißfliege** *die,* große, oft metallisch glänzende Fliege.

Schmelz [ahd. smelzi] *der, -es/-e,* **1)** glänzender Überzug, Schmelzglas auf Metall, Email: *Schmelzmalerei.* **2)** Glasur auf Tonwaren. **3)** Zahnschmelz, härteste, oberste Schicht eines Zahnes, ABB. Z 2. **4)** ℗ weicher Glanz oder Klang: *der S. ihrer Jugend, ihrer Stimme.* **Schmelze** *die, -/-e,* **1)** der durch Wärme flüssig gewordene Zustand eines Körpers: *Butterschmelze; Erzschmelze.* **2)** der Zustand des Schmelzens: *Schneeschmelze.* **schmelzen** [ahd. smelzen], *ich schmelze* (bin geschmolzen; du schmilzt, er schmilzt), **1)** U zerfließe, werde weich: *sie schmolz vor Sehnsucht, vor Mitleid.* **2)** *es schmilzt,* wird durch Wärme flüssig: *das Schmelzwasser.* **3)** *es schmilzt,* U schwindet, wird weniger: *mein Geld schmilzt.* **4)** (habe geschmolzen; auch schmelzte, habe geschmelzt; auch du schmelzt, er schmelzt), mache durch Wärme flüssig: *die*

Sonne schmilzt das Eis; Metalle werden geschmolzen. **schmelzend,** U schmachtend, gefühlvoll. **Schmelzfarbe** *die,* farbiger Glasfluß für Porzellan, Email u. a. **Schmelzkäse** *der,* ein mit Zusätzen geschmolzener Käse. **Schmelzkleber** *der,* lösungsmittelfreier Klebstoff auf der Grundlage von thermoplastischen Kunststoffen und Kunstharzen. **Schmelzofen** *der,* ein Industrieofen zum Schmelzen von Metallen. **Schmelzpunkt** *der,* Temperatur, bei der ein Körper flüssig wird. **Schmelztiegel** *der,* Gefäß zur Aufnahme und zum Schmelzen von Schmelzgut. **Schmelzung** *die, -,* das Schmelzen. **Schmelzwärme** *die,* die von einem Stoff während des Schmelzens aufgenommene Wärme.

Schmer [ahd. smero, zu schmieren] *das* oder *der, -s,* **1)** Fett, vor allem rohes Schweinefett. **2)** *mitteldt.:* Schmiere. **Schmerbauch** *der,* U dicker Bauch.

Schmerle [mhd. smerl(e)] *die, -/-n,* Grundel, karpfenartiger Fisch.

Schmerling [zu Schmer] *der, -s/-e, österr.:* ein Speisepilz.

Schmerz [ahd. smerzo] *der, -es/-en,* ⚡ von der Haut oder von inneren Organen ausgelöste unangenehme oder quälende Empfindung: *Schmerzgefühl; Schmerzbekämpfung; Zahnschmerzen; ich konnte vor Schmerzen nicht einschlafen; mit, unter Schmerzen.* U Kummer, Leid: *Abschiedsschmerz; ich habe dich mit Schmerzen erwartet,* U sehnsüchtig; *hast du sonst noch Schmerzen?,* U Wünsche? **schmerzempfindlich,** *der Kranke ist sehr s.* **schmerzen** [ahd. smerzan], *es schmerzt* (hat geschmerzt) *ihn, mich,* auch *mir schmerzt etwas,* bereitet Schmerz, tut weh: *mich oder ihn schmerzt der Kopf; es schmerzt mich, daß er nicht Anteil nimmt,* U; *sein Unglück schmerzt mich,* U. **Schmerzensgeld** *das,* 🔨 Vergütung eines Schadens, der beim Verursacher im Vermögensschaden ist. **Schmerzenskind** *das,* ⚬ Sorgenkind. **Schmerzensmann** *der, -(e)s,* Darstellung des leidenden Christus, Erbärmdebild. **Schmerzensmutter** *die, -,* Mater dolorosa, Marienbildnis, das das leidende Mutter Christi darstellt. **schmerzen(s)reich. schmerzfrei,** *der Patient ist heute s.* **schmerzhaft,** körperliche Schmerzen verursachend: *eine schmerzhafte Wunde.* **Schmerzhaftigkeit** *die, -.* **Schmerzklinik** *die,* Klinik für Patienten mit bestimmten, sehr schmerzhaften Krankheiten. **schmerzlich,** Trauer, Kummer erregend: *ein schmerzlicher Verlust.* **Schmerzlichkeit** *die, -.* **schmerzlos,** *eine schmerzlose Geburt; kurz und s.,* U schnell, ohne Umstände. **Schmerzlosigkeit** *die, -.* **schmerzstillend,** den Schmerz aufhebend oder herabsetzend: *schmerzstillende Mittel;* aber: *ein den Schmerz stillendes Mittel.*

Schmetten [tschech. smetana] *der, -s, mitteldt., österr.:* Sahne, Rahm: *Schmettenkäse.*

Schmetterball [zu schmettern] *der,* ☿ schnell und scharf zurückgeschlagener Ball, z. B. beim Tennis.

Schmetterling [zu Schmetten] *der, -s/-e,* Falter, Insekt mit oft bunten Flügeln, ABB. S 31; Sinnbild der Flatterhaftigkeit. **Schmetterlingsblüte** *die,* ABB. B 38. **Schmetterlingsblüter,** *der, -s/-,* ein Hülsenfrüchter mit schmetterlingsähnlichen Blüten. **Schmetterlingsstil** *der,* ⚑ Butterflystil.

schmettern [mhd. smetern, Schallw.], *ich schmett(e)re* (habe geschmettert), **1)** *es irgendwohin,* werfe krachend, schlage wuchtig: *er hat das Glas an die Wand geschmettert.* **2)** *es,* lasse laut tönen: *er schmetterte ein Lied.* **3)** U trinke (Alkoholisches): *er hat einen geschmettert.*

Schmicke [mhd. smicke] *die, -/-n, niederdt., fränk.:* Peitsche, Ende der Peitschenschnur.

Schmied [ahd. smid] *der, -(e)s/-e,* **1)** Handwerker der Metallverarbeitung: *Hufschmied; Kunstschmied; der S. seines Glückes,* U jemand, der sein Schicksal selbst gestaltet: *Ränkeschmied.* **2)** Schnellkäfer. **3)** ein Laubfrosch. **Schmiede** *die, -/-n,* Werkstatt des Schmiedes: *Schmiedewerkzeug,* ABB. S 29. **schmiedeeisern,** aus (handwerklich) geschmiedetem Eisen: *ein schmiedeeisernes Gitter.* **schmieden** [ahd. smidon], *ich schmiede* (habe geschmiedet) *es,* **1)** forme Metalle, bes. Stahl, durch Hämmern, in Pressen oder in Schmiedemaschinen warm um. **2)** U ersinne, erdenke: *sie schmieden Pläne.* **schmiedig,** *niederdt.:* geschmeidig.

Schmiege [mhd. smiuge ›Biegung‹] *die, -/-n,* **1)** Klappmaßstab. **2)** Winkelmaß mit einem verstellbaren Schenkel. **schmiegen** [mhd. smiegen], *ich schmiege* (habe geschmiegt), **1)** *es,* passe einer Form an, biege nach einer Form. **2)** *es, mich,* lehne es, mich eng an: *sie schmiegte sich an ihn, ihren Kopf an seine Schulter.* **schmiegsam,** leicht einer Form anzupassen; U anpassungsfähig. **Schmiegsamkeit** *die, -.*

Schmiele [mhd. smele, zu schmal] *die, -/-n,* ein Grasname.

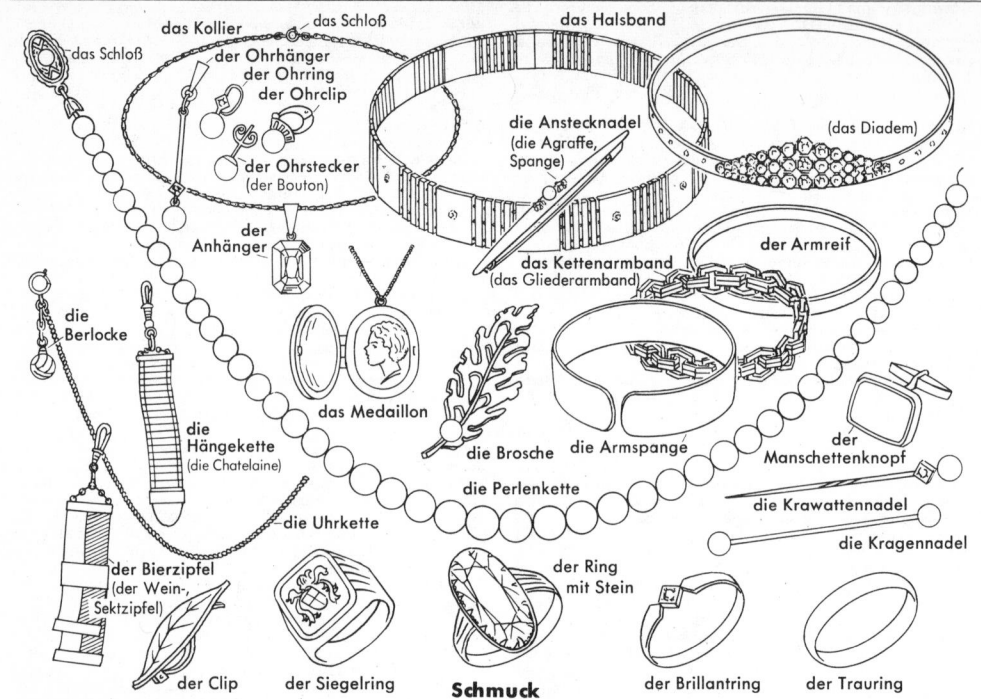

das Kollier — das Schloß — das Halsband

das Schloß

der Ohrhänger
der Ohrring
der Ohrclip

der Ohrstecker
(der Bouton)

die Anstecknadel
(die Agraffe,
Spange)

(das Diadem)

der
Anhänger

das Kettenarmband
(das Gliederarmband)

der Armreif

die
Berlocke

der
Manschettenknopf

das Medaillon

die
Hängekette
(die Chatelaine)

die Brosche   die Armspange

die Krawattennadel

die Perlenkette

die Kragennadel

die Uhrkette

der Bierzipfel
(der Wein-,
Sektzipfel)

der Ring
mit Stein

der Clip   der Siegelring   **Schmuck**   der Brillantring   der Trauring

Schmier [spätmhd. schmir] *das, -s, mitteldt.:* **1)** Schmer (Fett). **2)** Schmiere. **Schmierage** [-ʒə] *die, -/-n,* U Schmiererei. **Schmiere** *die, -/-n,* **1)** fettig-klebrige Masse, Schmiermittel, Salbe: *Wagenschmiere.* **2)** klebriger Schmutz. **3)** Ü Prügel. **4)** schlechtes, kleines Theater; kümmerliche Wanderbühne. **Schmiere** [jidd. schmire ›Wacht‹, zu hebr. semira ›Bewachung‹] *die, -: zwei Leute haben S. gestanden,* G Wache gestanden (bei einem Verbrechen oder bösen Streich). **schmieren** [ahd. smirwen, zu Schmer], *ich schmiere (habe geschmiert),* **1)** *es,* streiche, bestreiche etwas dick: *ich s. Butterbrote; ich habe es ihm aufs Butterbrot geschmiert,* U vorgeworfen; *er schmiert ihm Honig um den Mund,* U schmeichelt ihm. **2)** *es,* fette ein, behandle mit Schmiermitteln: *ich s. ein Schloß; es geht wie geschmiert,* Ü klappt reibungslos (wie in einem Wagen mit gut geölten Achsen). **3)** *ihn,* Ü besteche. **4)** *ihm eine,* U gebe ihm eine Ohrfeige. **5)** schreibe, male unsauber, schlecht, kleckse. **6)** im Kartenspiel: gebe hohe Karten in den Stich des Mitspielers. **Schmierenkomödiant, Schmierenschauspieler** *der,* Schauspieler an einer Schmiere. **Schmierer** *der, -s/-,* U jemand, der schmiert. **Schmiererei** *die, -/-en,* U etwas, das verschmiert ist oder unsauber geschrieben ist. **Schmierfink** *der,* U **1)** schmutziger Mensch. **2)** ein Mensch mit schlechter Handschrift. **Schmiergeld** *das,* Bestechungsgeld. **Schmierheft** *das,* Heft für erste Entwürfe, Kladde. **schmierig, 1)** klebrig-fettig, salbenartig. **2)** schmutzig-abgegriffen: *ein schmieriges Buch.* **3)** Ü unangenehmfreundlich, kriecherisch: *ein schmieriger Mensch; ein schmieriges Lachen,* schadenfrohes, gemeines. **Schmierigkeit** *die, -.* **Schmierinfektion** *die,* ⚕ Übertragung infektiösen Materials durch Unsauberkeit u. a. **Schmierkäse** *der,* streichfähiger Weichkäse. **Schmiermittel** *das,* ⚙ Stoff (Schmieröl, Schmierfett) zur Reibungsverminderung an Maschinenteilen. **Schmierseife** *die,* weiche kalihaltige Seife. **Schmierung** *die, -/-en,* Zuführung eines Schmiermittels.

schmilzt, von schmelzen.

Schminke [spätmhd. sminke] *die, -/-n,* Mittel zum Färben der Haut, Lippen, Wimpern, Augenbrauen. **schminken,** *ich*

schminke (habe geschminkt) *mich, ihn,* trage Schminke, Make-up auf, mache zurecht (für Bühne, Film, Fernsehen): *eine geschminkte Darstellung der Ereignisse,* eine beschönigende.

Schmirgel [nhd., ital. smeriglio, zu grch. smyris] *der, -s,* feinkörniges, hartes Mineral, verwendet als Schleifmittel: *Schmirgelpapier.*

Schmirgel [wohl zu schmieren] *der, -s/-, ostmitteldt.:* klebriger Saft in der Tabakspfeife. **schmirgelt** (hat geschmirgelt), *oberdt.:* riecht nach ranzigem Fett.

schmirgeln, *ich* schmirg(e)le (habe geschmirgelt) *es,* putze, schleife mit Schmirgel.

schmirksen, *ich* schmirkse (habe geschmirkst), *niederdt.:* schnalze.

schmiß, von schmeißen. **Schmiß** *der, Schm'isses/Schm'isse,* **1)** U Hiebwunde und ihre Narbe. **2)** Ü Schwung: *sein Auftreten hat S.* **3)** *meist Pl., niederdt.:* Prügel. **4)** *oberdt., mitteldt.:* Regen mit Sturm. **5)** *oberdt., mitteldt.:* Schmutz, Kot, Auswurf. **schmissig,** U schwungvoll: *schmissige Musik.*

Schmitz [mhd. smitze ›Hieb‹, ›Fleck‹, ›Makel‹] *der, -es/-e,* ⚬ **1)** Hieb, Schmiß. **2)** Klecks, Fleck. **3)** ⚙ verwischter Druck. **Schmitze** *die, -/-n,* **1)** *oberdt.:* Peitsche, Ende der Peitschenschnur. **2)** ⚒ linsenförmiger Gesteinskörper, der anders als das Hauptgestein zusammengesetzt ist: *Kohleschmitze.* **schmitzen** [mhd. smitzen], *ich* schmitze (habe geschmitzt) **1)** schlage. **2)** beschmutze, beflecke. **3)** färbe.

Schmock [Gestalt in der ›Journalisten‹ von G. Freytag, 1816–1895] *der, -(e)s/-e, ⸚oder -s,* gesinnungsloser Journalist.

schmöcken, *ich* schmöcke (habe geschmöckt) *(es), schweiz.:* rieche.

Schmok [mnd. smok ›Rauch‹] *der, -s, niederdt.:* Rauch, Qualm. **Schmök** *der, -s, niederdt.:* Tabakspfeife. **schmoken, schmöken,** *ich* schmoke, schmöke (habe geschmokt, geschmökt) *(es), niederdt.:* rauche. **Schmöker** *der, -s/-,* **1)** *niederdt.:* Raucher. **2)** U (dickes) nicht sehr anspruchsvolles Buch. **schmökern,** *ich* schmök(e)re (habe geschmökert), U blättere in Büchern; vertiefe mich in Bücher meist leichter Art. **schmökig,** *niederdt.:* verräuchert.

Schmolle [mhd. smoln ›ein Brotkrümchen ablösen‹] *die,* *-/-n, österr.:* Brotkrume.

schmollen [mhd. smollen], *ich* schmolle (habe geschmollt), **1)** *mit ihm,* trotze, zeige meinen Unwillen, schweige verärgert: *Schmollmund; Schmollwinkel.* **2)** *oberdt.:* lächle, schmunzle. **schmollis!,** *student.* Verbindungen: Zuruf beim Trinken. **Schmollis** *das, -/-,* Trinkgruß: *wir trinken S.,* schließen Brüderschaft.

schmolz, von schmelzen.

Schmonzes [jidd., wohl zu Schmu] *der, -/-,* ⋃ leeres Gerede.

schmoren [mnd. smurten ›ersticken‹, niederdt. smoren], *ich* schmore (habe geschmort), **1)** *es,* dämpfe, koche nach dem Anbraten langsam im geschlossenen Topf: *Schmorbraten.* **2)** Ü habe es sehr warm: *wir haben in der Hitze geschmort.* **3)** Ü warte lange: *wir mußten lange schmoren, bevor wir das Prüfungsergebnis erfuhren.* **4)** *niederdt.:* rauche. **5)** *es* schmort, wird langsam gar.

schmorgen, *ich* schmorge (habe geschmorgt), *westmitteldt.:* darbe, geize, knausere.

Schmu [jidd. schmuje, zu hebr. sch'muah] *der, -s,* ⋃ unlauterer Vorteil, leichter Betrug: *einige Schüler haben bei der Klassenarbeit S. gemacht; Schmugeld.*

schmuck, hübsch, nett, fein: *ein schmuckes Mädchen.* **Schmuck** [mhd. gesmuc] *der, -(e)s/-e, Pl. selten,* **1)** Zierde, Verschönerung: *der Garten prangt im S. der Blumen; Christbaumschmuck.* **2)** Gegenstände, die Menschen zur Verschönerung tragen, ABB. S 30: *Modeschmuck; Schmuckstein; Schmuckstücke; sie trug alten, kostbaren S.; ihre Wohnung ist ein Schmuckkästchen,* Ü. **schmücken** [mhd. smucken, smücken], *ich* schmücke (habe geschmückt) *mich, ihn, es,* verziere, putze; lege Schmuck an: *der reichgeschmückte Saal,* aber: *der Saal war reich geschmückt; er schmückt sich mit fremden Federn,* Ü gibt fremde Verdienste als eigene aus. **schmucklos,** ungeschmückt, einfach, schlicht: *ein schmuckloses Kleid.* **Schmucklosigkeit** *die, -.* **Schmückung** *die, -/-en,* das Schmücken.

Schmuddel [niederdt. smuddel], **1)** *der, -s,* ⋃ Schmutz. **2)** *der, -s/-,* ⋃ liederliche Person, Schmutzfink. **3)** *die, -/-n, österr.:* liederliches Frauenzimmer. **schmudd(e)lig,** ⋃ unsauber, schmutzig: *sie sieht immer s. aus; eine schmuddelige Bluse.* **schmuddeln,** *ich* schmudd(e)le (habe geschmuddelt), ⋃ arbeite unordentlich; mache etwas schmutzig. **Schmuddelwetter** *das,* ⋃ Schneeregen.

schmudig, *oberdt.:* drückend heiß, schwül.

Schmuggel *der, -s,* Schleichhandel, Ein- und Ausfuhr zollpflichtiger Waren ohne Abgabenentrichtung: *Schmuggelware; Tabakschmuggel.* **Schmuggelei** *die, -/-en,* das Schmuggeln. **schmuggeln** [niederdt. smuggeln, zu schmiegen], *ich* schmugg(e)le (habe geschmuggelt), **1)** *(es),* treibe Schmuggel: *er hat Waffen geschmuggelt.* **2)** *mich, ihn, es in, durch, über etwas,* komme, bringe heimlich hinein, hindurch, hinüber: *die Nachricht konnte ins Gefängnis geschmuggelt werden; man hat ihn über die Grenze geschmuggelt.* **Schmuggler** *der, -s/-,* jemand, der schmuggelt: *Schmugglerbande.*

Schmul [vgl. Samuel] *der, -s,* ⋃ Jude.

schmunzeln [mhd. smutzen, smutzelachen], *ich* schmunz(e)le (habe geschmunzelt) *über ihn, etwas,* lächle verstohlen, schalkhaft: *sie schmunzelte verschmitzt.*

schmurgeln [zu schmirgeln ›nach Fett riechen‹], *es* schmurgelt (hat geschmurgelt), **1)** brutzelt in heißem Fett. **2)** *ich* schmurg(e)le es, lasse schmoren, brutzeln.

Schmuris *der, -, schweiz.:* eine Mehlspeise.

schmürz(e)lig, *schweiz., alem.:* knauserig. **schmürzeln,** *ich* schmürz(e)le (habe geschmürzel[e]t), **1)** *schweiz., alem.:* knausere. **2)** *es* schmürzelt, *südwestdt.:* riecht angebrannt.

Schmus [Rotwelsch schmuß, vgl. Schmu] *der, -es,* ⋃ Geschwätz, leeres Gerede. **schmusen,** *ich* schmuse (habe geschmust), ⋃ **1)** biedere mich an; rede viel. **2)** *mit ihm,* liebkose ihn. **Schmuser** *der, -s/-.* **Schmuserei** *die, -.*

schmust(e)rig, *niederdt.:* heikel, doch lockend. **schmustern,** *ich* schmust(e)re (habe geschmustert), *niederdt.:* schmunzele.

Schmutt *der, -es, niederdt.:* feiner Regen. **Schmutz** [mhd. smuz, urverwant mit grch. mydos ›Nässe‹] *der, -es,* **1)** Unreinlichkeit jeder Art, Dreck: *ich stecke im S.; er bedeckt, sein Andenken wurde in den S. gezogen,* Ü geschmäht; *Schmutzfänger; Schmutzfleck; Schmutzliteratur; Straßenschmutz.* **2)** *alem.:* Fett, Schweineschmalz. **3)** *Pl. "e, oberdt.:*

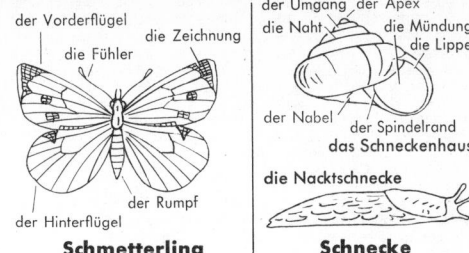

der Vorderflügel — die Fühler — die Zeichnung — die Naht — der Umgang · der Apex — die Mündung — die Lippe — der Nabel — der Spindelrand — das Schneckenhaus — der Rumpf — der Hinterflügel — die Nacktschnecke

Schmetterling   **Schnecke**

Kuß. **4)** *schwäb.:* Platzregen. **schmutzen,** *es* schmutzt (hat geschmutzt), nimmt leicht Schmutz an, ist schwer sauberzuhalten. **Schmutzfink** *der,* ⋃ unreinlicher Mensch. **schmutzig,** **1)** unsauber, dreckig: *schmutzige Schuhe; du hast dir dein Kleid s. gemacht; er will sich nicht die Hände s. machen,* ⋃ scheut praktische Arbeit. **2)** Ü unanständig, unehrenhaft; obszön: *schmutzige Witze; ein schmutziges Gewerbe; er hat eine schmutzige Phantasie.* **3)** *oberdt.:* geizig. **4)** *alem.:* fett. **Schmutztitel** *der,* ⊿ Blatt vor dem Titelblatt, ABB. B 53.

Schnabel [ahd. snabul, verwandt mit schnappen] *der, -s/",* **1)** mit Horn überzogene Kiefer, bes. bei Vögeln, ABB. V 7. **2)** ⋃ Mund, Maul: *er redet, wie ihm der S. gewachsen ist,* Ü natürlich, ohne Scheu; *halt den S.!,* schweig!; *bei ihr steht der S. nicht still,* ⋃ sie redet unaufhörlich; *sie steckte jedem Kind ein Bonbon in den S.* **3)** Ausguß an Kannen, Schnauze: *Schnabelkanne.* **4)** Mundstück der Klarinetten und Schnabelflöten. **5)** Bezeichnung vieler Spitzen und Vorsprünge. **Schnäbelchen** *das, -/-.* **Schnäbelei** *die, -,* das Schnäbeln. **. . . schnäb(e)lig,** mit einer bestimmten Art Schnabel: *krummschnäb(e)lig; langschnäb(e)lig.* **Schnabelkerf** *der,* Insekt mit stechendsaugendem Rüssel, z. B. Wanze, Blattlaus. **schnäbeln,** *ich* schnäb(e)le (habe geschnäbelt), **1)** ⋃ küsse: *sie schnäbeln sich, miteinander.* **2)** *Tauben schnäbeln,* berühren sich mit den Schnäbeln. **Schnabelschuh** *der,* Schuhform des Spätmittelalters, ABB. M 16. **Schnabeltasse,** ABB. T 5. **Schnabeltier** *das,* eierlegendes Säugetier. **Schnabelwal** *der,* Zahnwal mit schnabelartiger Schnauze. **schnabulieren,** *ich* schnabuliere (habe schnabuliert) *(es),* ⋃ esse mit Behagen, schmause, leckere.

Schnack *der, -(e)s, niederdt.:* **1)** Unterhaltung, Plauderei: *sie halten einen S.* **2)** Geschwätz, Unsinn.

schnacken [mnd. snacken], *ich* schnacke (habe geschnackt), *niederdt.:* schwatze, plaudere.

Schnackerl *das, -s, wien.:* Schluckauf.

Schnadahüpf(e)l, Schnaderhüpferl [bair. ›Schnittertanz‹, zu schnattern und hüpfen] *das, -s/-, bair., österr.:* volkstümliches, vierzeiliges Liedchen mit Jodler.

Schnake [mhd. snake] *die, -/-n,* **1)** eine Mücke. **2)** *süddt., westdt.:* Stechmücke: *Schnakenstich.*

Schnake [zu Schnack] *die, -/-n, norddt.:* verrückter Einfall, Scherz: *sie erzählten Schnaken und Schnurren.*

Schnake [zu ahd. snahhan ›kriechen‹] *die, -/-n, niederdt.:* Ringelnatter.

Schnaker *der, -s/-, fränk.:* Feinschmecker.

schnäkisch, *norddt.:* spaßhaft.

schnäkisch, *fränk.:* wählerisch (im Essen).

Schnalle [mhd. snalle, verwandt mit schnellen] *die, -/-n,* **1)** Vorrichtung zum Schließen, bes. an Riemen, ABB. G 13, G 39, R 29, S 51. **2)** *südostdt.:* Türklinke. **3)** ⋎ Nuß. **4)** *oberdt.:* Prostituierte. **schnallen,** *ich* schnalle (habe geschnallt), **1)** *ihn, es,* befestige (mit einer Schnalle), schnüre mit Riemen: *wir mußten den Gürtel enger schnallen,* Ü uns einschränken; *der Verletzte wurde auf die Bahre geschnallt.* **2)** *es,* ⋃ begreife: *hast du das endlich geschnallt?* **3)** *oberdt.:* schnalze. **Schnallenschuh** *der,* ABB. M 16.

schnalzen [zu schnallen, Schallw.], *ich* schnalze (habe geschnalzt) *mit der Zunge, den Fingern, der Peitsche,* erzeuge einen schnappenden Knall. **Schnalzer** *der, -s/-,* Geräusch des Schnalzens. **Schnalzlaut** *der,* ⓢ Verschlußlaut in einigen afrikan. Sprachen.

schnapp!, Schallw. für schnelles Zuklappen. **schnappen** [mhd. snappen], *ich* schnappe (habe geschnappt), **1)** *nach ihm, etwas, suche* (mit dem Mund, den Zähnen) *zu erfassen: der Hund schnappt nach dem Knochen, der Karpfen nach den Brotkrumen; ich s. nach Luft, atme keuchend mit offenem Mund.* **2)** *ihn, es,* U *erwische, fange, stehle: der Einbrecher wurde nach kurzer Zeit geschnappt.* **3)** *es schnappt* (ist geschnappt), *bewegt sich plötzlich, unvermutet: der Deckel schnappt in die Höhe, klappt, fährt hoch; die Tür schnappt ins Schloß,* schließt sich. **Schnapper** *der, -s/-,* U **1)** das Schnappen (Biß, Griff). **2)** Geräusch des Zuklappens. **3)** einschnappender Riegel, Türdrücker. **Schnäpper** *der, -s/-,* auch Schnepper, **1)** ⚕ Gerät zur Blutentnahme. **2)** einschnappender Riegel, Türdrücker. **Schnapphahn** [spätmhd. snaphan] *der,* Wegelagerer im MA. **schnappig**, *mitteldt.:* laufend (Nase). **Schnappsack** *der,* ⚬ Ranzen, Rucksack. **Schnappschloß** *das,* **1)** ein Schloß mit Schließfeder, ABB. K 32. **2)** frühes Zündsystem bei Hand- und Faustfeuerwaffen. **Schnappschuß** *der,* U eine bes. gut getroffene Momentaufnahme (Photographie).

Schnaps [niederdt. snaps, eigtl. ›Schluck‹, zu schnappen] *der, -es/ᵘe,* **1)** Branntwein: *Schnapsglas; Kornschnaps.* **2)** ⚬ Schluck. **Schnapsbrenner** *der,* U Hersteller von Branntwein. **Schnapsbrennerei** *die, -/-en.* **Schnapsbruder** *der,* U gewohnheitsmäßiger Trinker. **Schnäps|chen** *das, -s/-.* **schnäpseln**, *ich* schnäps(e)le (habe geschnäpselt), U trinke Branntwein. **schnapsen**, *ich* schnapse (habe geschnapst), **1)** *(es),* U schnappe. **2)** U trinke Branntwein. **3)** *österr.:* spiele Schnapser. **Schnapser** *der, -s, österr.:* ein Kartenspiel. **Schnapsidee** *die,* U seltsamer, verrückter Einfall. **Schnapsnase** *die,* U rote Nase (vom vielen Alkoholtrinken). **Schnapszahl** *die,* U aus gleichen Ziffern bestehende Zahl.

schnarchen [mhd. snarchen, zu schnarren], *ich* schnarche (habe geschnarcht), gebe im Schlaf beim Atmen mit offenem Mund einen rasselnden, sägenden Ton von mir. **Schnarcher** *der, -s/-,* **1)** jemand, der schnarcht. **2)** Schnarchton.

Schnarre *die, -/-n,* Lärmgerät. **schnarren** [mhd. snarren, Schallw.], *es* schnarrt (hat geschnarrt), bringt trocken knarrende, vibrierende Geräusche hervor: *das Uhrwerk schnarrt; mit schnarrender Stimme.* **Schnarrsaite** *die,* Darmsaite am unteren Fell kleiner Trommeln. **Schnarrwerk** *das,* Teil der Orgel.

Schnat [spätmhd. snatta, zu schnitzen] *die, -/-en,* **Schnate** *die, -/-n, norddt.:* **1)** junges, abgeschnittenes Reis. **2)** Schneise, Grenze einer Flur. **Schnätel** *das, -s/-, norddt.:* Pfeifchen aus Weidenrinde. **Schnatte** *die, -/-n, oberdt.:* Kerbe, Ritz, Riß. **Schnattere** *die, -/-n, schweiz.:* Schwellung (durch Mückenstiche).

Schnatterer *der, -s/-,* schwatzhafter Mann. **Schnattergans** *die,* U schwatzhafte Person. **schnatt(e)rig**, U schwatzhaft. **Schnatterin** *die, -/-nen,* schwatzhafte Frau. **schnattern** [mhd. snateren, Schallw.], *ich* schnatt(e)re (habe geschnattert), **1)** U rede viel, plappere, schwatze. **2)** U zittere (vor Kälte, Angst). **3)** *Gänse, Enten* schnattern, geben klappernde Laute von sich.

Schnatz *der, -es/ᵘe, hess.:* Kopfputz der Braut (mit Haarkrone). **schnatzen** [mhd. snatzen ›putzen‹, ›frisieren‹], *ich* schnatze (habe geschnatzt) *das Haar, hess.:* stecke es auf.

schnauben [spätmhd. snuben], *ich* schnaube (habe geschnaubt; älter: habe geschnoben), **1)** atme hörbar: *ein Tier schnaubt,* atmet heftig durch die Nase. **2)** U bin aufs äußerste erregt: *der Bestohlene schnaubte vor Wut; er schnaubte Rache.* **3)** *mich* oder *mir die Nase, bes. norddt. und mitteldt.:* schneuze, putze.

schnaufeln, *ich* schnauf(e)le (habe geschnaufelt), *oberdt.:* schnüffele. **schnaufen** [mhd. snufen], *ich* schnaufe (habe geschnauft), atme heftig, bin außer Atem, schnaube, keuche. **Schnaufer** *der, -s/-,* **1)** jemand, der schnauft. **2)** U Atemzug: *er hat den letzten S. getan,* ist gestorben. **Schnauferl** *das, -s/-,* **1)** *oberdt.:* kleiner Kraftwagen. **2)** U alter, aber noch fahrtüchtiger Personenkraftwagen: *Schnauferlrallye.*

Schnauz *der, -es/ᵘe, bes. schweiz.:* Schnurrbart. **Schnauzbart** *der,* **1)** großer Schnurrbart. **2)** U Mann mit Schnauzbart. **schnauzbärtig**, schnurrbärtig. **Schnäuzchen** *das, -s/-,* Diminutiv zu Schnauze. **Schnauze** [mnd. snute] *die, -/-n,* **1)** Mundgegend (Maul und Nase) von manchen Tieren; oft verwendet wie Maul: *Hundeschnauze.* **2)** U derb: Mund: *ich habe die S. voll (davon),* will nichts mehr damit zu tun haben; *halt die S.!,* sei still!; *frei nach S.,* ohne Vorbereitung oder Plan. **3)** Schnabel, z. B. an Gefäßen; Vorsprung. **schnauzen**, *ich* schnauze (habe ge-

schnauzt), U schelte laut, schimpfe. **Schnauzer** *der, -s/-,* **1)** Haushunderasse. **2)** Schnauzbart. **3)** U Verweis, Anschnauzer. **schnauzig**, grob.

Schneck *der, -s/-en, oberdt.:* Schnecke (als Kosewort für Kinder und Mädchen): *du süßer S.* **Schnecke** [ahd. snecko] *die, -/-n,* **1)** Bauchfüßer, ein kriechendes Weichtier, vielfach mit spiralig gewundenem Gehäuse, ABB. S 31; Sinnbild der Langsamkeit: *Weinbergschnecke; sie hat ihn zur S. gemacht,* U hat ihn heftig zurechtgewiesen. **2)** Spirale oder ein gewundenes, spiraliges Gebilde, z. B. Gebäck, ABB. B 50; Kopfende des Halses der Geige, ABB. G 8; Haartracht, ABB. H 1. **3)** ⚙ Schraube ohne Ende, ABB. S 35. **4)** ⵌ Volute, ABB. K 8. **5)** ⚕ ein Teil des inneren Ohrs, ABB. O 2. **6)** ⅄ Gehörn der Wildschafe. **7)** *oberdt.:* Wendeltreppe. **8)** *oberdt.:* Heuschlitten. **schneckenförmig**, einer Schnecke ähnlich, spiralig gewunden. **Schneckenhaus** *das,* Gehäuse einer Schnecke, ABB. S 31: *er verkriecht sich in sein S.,* U flieht vor der Wirklichkeit. **Schneckenlinie** [-iə] *die,* Spirale. **Schneckenpost** *die,* U langsames Verkehrsmittel. **Schneckenrad** *das,* ⚙ Zahnrad, ABB. Z 3. **Schneckentempo** *das,* U sehr langsames Vorankommen: *sie fährt, arbeitet im S.*

Schnee [ahd. sneo] *der, -s,* **1)** zu Flocken gefrorener Niederschlag; Sinnbild reiner Weiße: *Schneelandschaft; Schneeschmelze; Pulverschnee; es fällt S., es schneit; weiß wie S.; das ist S. von gestern, vom letzten Jahr,* U ist vorbei, uninteressant geworden; *im Jahre S., österr.:* vor sehr langer Zeit. **2)** steif geschlagener Eiweißschaum: *Eischnee.* **3)** G Geld. **4)** U Rauschmittel in Pulverform. **Schneeball** *der,* **1)** zu einer Kugel geballter Schnee: *Schneeballschlacht.* **2)** *Pl.* auch S., eine Holzpflanze. **Schneeballsystem** *das,* **1)** Verbreitungsart einer Nachricht, die jeden Empfänger zur Weitergabe auffordert. **2)** ⚖ ein in der Bundesrep. Dtl. unzulässiges Verkaufssystem. **Schneebeere** *die,* ein Geißblattgewächs mit weißen Beeren. **Schneeberg** *der,* Küchengerät zum Schaumigschlagen von Eiweiß, Sahne usw. **schneeblind**. **Schneeblindheit** *die,* vorübergehende Sehstörung, die durch längeren Aufenthalt auf Schneefeldern verursacht wird. **Schneebrett** *das,* durch Winddruck zusammengepreßte Schneemasse (an Gebirgswänden), die als Lawine abgehen kann, ABB. W 3. **Schneebrille** *die,* Schutzbrille gegen Schneeblindheit. **Schneebruch** *der,* durch die Last des Schnees verursachtes Abbrechen von Ästen, Wipfeln von Bäumen. **Schneedecke** *die,* zusammenhängende Schneeschicht. **Schneefall** *der,* das Schneien. **Schneeflocke** *die,* zu einer Flocke zusammengehakte Eiskristalle. **Schneefräse** *die,* Gerät zur Räumung größerer Schneemassen. **schneefrei**, *die Straßen sind s.* **Schneeglöckchen** *das,* im Vorfrühling blühende Pflanzen. **Schneegrenze** *die,* **1)** die jahreszeitlich bedingte Grenze des Schneefalls. **2)** die untere Grenze des Auftretens dauernder Schneebedeckung. **schneeig**, **1)** mit Schnee bedeckt. **2)** weiß wie Schnee. **Schneeketten**, *Pl.,* um die Reifen von Kraftfahrzeugen gelegte Ketten als Schutz bei Schnee und Straßenglätte. **Schneekönig** *der, ostmitteldt.:* Zaunkönig: *er freut sich wie ein S.,* U sehr. **Schneemann** *der,* Nachbildung eines Menschen aus Schnee: *wir bauen einen S.* **Schneepflug** *der,* **1)** ein Gerät zur Beseitigung von Schnee. **2)** Skisport: Skistellung zum Bremsen und Bogenlaufen. **Schneeschuh** *der,* Ski, ABB. S 51. **Schneetreiben** *das,* Schneefall bei heftigem Wind. **Schneewehe** *die,* vom Wind aufgehäufter Schnee; Verwehung. **schneeweiß**, *schneeweißes Haar.* **Schneewittchen** *das, -s,* eine Märchengestalt.

Schnegel [mhd. snegel ›Schnecke‹] *der, -s/-, hess.:* Nacktschnecke.

Schneid [vgl. schneidig] *der, -(e)s, bair., österr.:* *die, -,* forsches Wesen, Mut, Tatkraft: *er hat keinen S.; er hat ihm den S. abgekauft,* U ihn eingeschüchtert; *dazu fehlt mir der S.* **Schneidbrenner** *der,* ⚙ Gerät zum Trennen von Werkstücken durch Verbrennen des Werkstoffs in der Schnittfuge. **Schneide** [mhd. snide] *die, -/-n,* die geschärfte Teil eines Werkzeugs, z. B. des Messers, ABB. M 13, Schwertes, ABB. S 42, der Schere, ABB. S 14; auch Klinge: *es steht auf des Messers S.,* U eine bevorstehende Entscheidung, die nach der einen oder anderen Richtung kann plötzlich durch ganz unbedeutende Umstände erfolgen. **2)** ⚔ Degen, Schwert. **3)** Grat, First. **4)** *oberdt.:* Scheide, Flurgrenze. **Schneidholz** *das,* ⚘ abgehauene Nadelholzzweige. **Schneidemühle** *die,* das Sägewerk. **schneiden** [ahd. snidan], *ich* schneide (habe geschnitten), **1)** *es,* zerteile mit etwas Scharfem, bes. einem Messer, ABB. S 32. **2)** *es,* trenne ein Teilstück ab: *ich s. einen Zweig vom Baum; er läßt sich die Haare schneiden; ich s. Gras,*

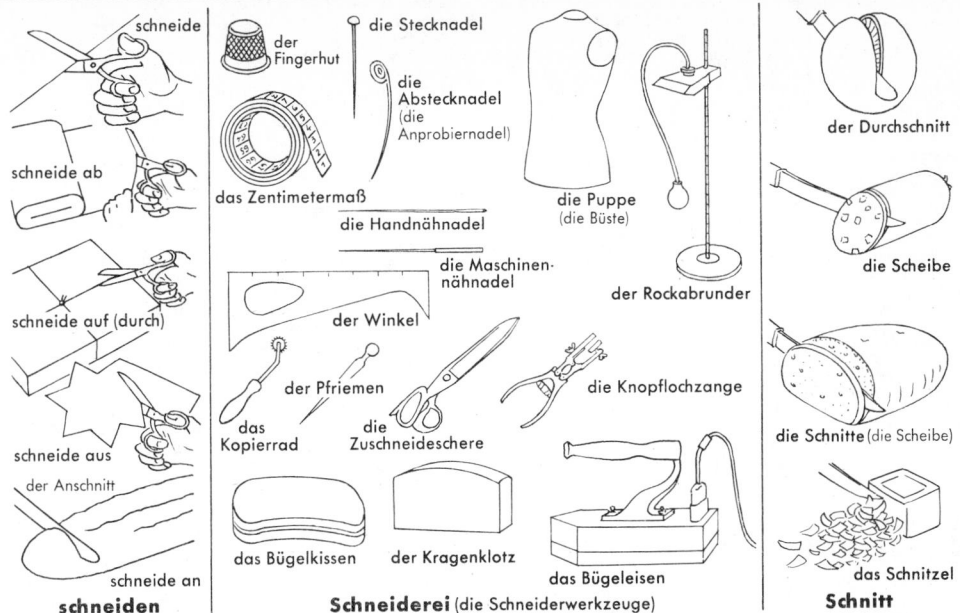

schneide

der Fingerhut

die Stecknadel

die Abstecknadel
(die Anprobiernadel)

der Durchschnitt

schneide ab

das Zentimetermaß

die Handnähnadel

die Puppe
(die Büste)

die Scheibe

schneide auf (durch)

die Maschinen-
nähnadel

der Winkel

der Rockabrunder

der Pfriemen

die Knopflochzange

das
Kopierrad

die
Zuschneideschere

die Schnitte (die Scheibe)

schneide aus

der Anschnitt

schneide an

das Bügelkissen

der Kragenklotz

das Bügeleisen

das Schnitzel

schneiden

Schneiderei (die Schneiderwerkzeuge)

Schnitt

---

mähe; *der Sohn ist dem Vater wie aus dem Gesicht geschnitten,* Ü sehr ähnlich. **3)** *mich, ihn,* verletze, füge mir, ihm eine Schnittwunde zu: *er hat sich beim Rasieren geschnitten; damit schneidest du dich* oder *dir ins eigene Fleisch,* Ü schadest du dir selbst; *da hast du dich aber geschnitten,* Ü getäuscht. **4)** *es,* ⚕ operiere: *ihm wurde der Finger geschnitten, im Geschwür am Finger geöffnet.* **5)** *ein Gewinde,* stelle es her, z. B. mit der Schneidkluppe. **6)** *es,* schnitze, forme: *er schneidet Figuren in Holz.* **7)** *es,* mache: *er schneidet Grimassen, Gesichter.* **8)** *ihn,* kreuze eine Linie, einen Weg, komme schräg von der Seite: *der Radfahrer hat einen anderen geschnitten; der Autofahrer hat die Kurve geschnitten,* ist in einer Linkskurve auf die linke Fahrbahn gefahren; *zwei Geraden schneiden sich,* kreuzen. **9)** *ihn,* Ü meide, übersehe absichtlich, ignoriere: *sie hat mich heute auf der Straße geschnitten.* **10)** *es,* Kartenspiel: spare mir meine bessere Karte auf in der Hoffnung, später einen besseren Stich zu machen. **11)** *Wein,* verfälsche ihn. **12)** *es schneidet,* vermag zu zertrennen: *das Messer schneidet gut, ist scharf.* **13)** *es schneidet,* Ü schmerzt: *der Wind schneidet ins Gesicht; schneidende Kälte; das schneidet mir in die Seele, ins Herz.* **Schneider** [mhd. snidære] *der, -s/-,* **1)** Handwerker, der Oberbekleidung anfertigt: *Schneidergeselle; Herrenschneider; ich friere wie ein S.,* Ü sehr stark. **2)** Kartenspiel: *ich bin aus dem S.,* habe mehr als 30 Punkte (beim Skat), Ü bin älter als 30 Jahre, Ü bin aus den Schwierigkeiten heraus. **3)** ein Karpfenfisch. **4)** 🐟 Weberknecht. **5)** eine Landwanze. **6)** 🦌 junger, noch nicht jagdbarer Hirsch. **7)** 🏹 ein Jäger, der ohne Beute von der Jagd zurückkehrt. **Schneiderei** *die, -/-en,* **1)** Werkstatt des Schneiders, ABB. S 32. **2)** *ohne Pl.,* das Schneidern. **Schneiderin** *die, -/-nen,* weibl. Schneider. **Schneiderkostüm** *das,* in Maßarbeit angefertigtes Kostüm. **Schneiderkreide** *die,* gemahlener, zu flachen Stücken geformter Speckstein. **Schneiderlein** *das, -s/-: das tapfere S.,* eine Märchengestalt. **schneidern,** *ich schneid(e)re* (habe geschneidert) *er,* nähe ein Kleidungsstück. **Schneidezahn** *der,* vorderer Zahn, ABB. G 6, Z 2. **schneidig** [mhd. snidec ›scharf‹, ›kräftig‹], **1)** forsch, mutig: *der Soldat grüßte s.; ein schneidiger Ritt.* **2)** flott, elegant: *ein schneidiger junger Mann.* **Schneidigkeit** *die, -.* **Schneidkluppe** *die,* ⚙ ein Werkzeug zum Schneiden von Gewinden, ABB. K 29.

schneien [ahd. sniwan], **1)** *es schneit* (hat geschneit), es fällt Schnee: *auf dem Bildschirm schneit es,* Ü das Bild flimmert. **2)** *ich schneie* (bin geschneit) *in etwas,* Ü komme hinzu: *sie schneiten mir ganz unerwartet ins Haus.*

Schneike *die, -/-n,* oberdt.: Schnauze.

Schneise [zu schneiden] *die, -/-n,* **1)** baumleerer Streifen im Wald, ABB. F 33: *Waldschneise; Einflugschneise,* ✈. **2)** ⚘ Schlinge zum Vogelfang.

schneiteln, *ich schneit(e)le* (habe geschneitelt) *Bäume, Reben,* 🌲 schneide Seitenäste aus.

schnell [ahd. snel, urspr. ›kräftig‹, ›tapfer‹], geschwind, rasch, eilig: *sie rannte so s. sie konnte; das Tempo wurde immer schneller; ein schnelles Auto; wir waren s. fertig; die Zeit verging s.; sie hat sich s. eingelebt; ich muß nur noch s. etwas überziehen; das wird mir so s. nicht wieder passieren,* so bald; *schnelles Geld,* rasch verdientes. **Schnellbahn** *die,* Abk.: S-Bahn, eine elektrisch betriebene Schienenbahn als Nahverkehrsmittel. **Schnellboot** *das,* **1)** schnelllaufendes Motorboot für Sportzwecke. **2)** kleines Kriegsschiff für überraschende Angriffe im Küstenvorfeld. **Schnelle** [ahd. snelli] *die, -,* **1)** P Schnelligkeit: *das habe ich auf die S. gemacht,* Ü sehr schnell, flüchtig. **2)** *Pl. -n,* Stromschnelle. **schnelllebig,** sich rasch verändernd; hektisch, betriebsam, ÜBERS. S 50: *die schnelllebige Mode; unsere schnelllebige Zeit.* **schnellen,** *ich schnelle* (habe geschnellt), **1)** *es,* bringe plötzlich in Schwung, bewege schnell: *er schnellte den Pfeil in die Höhe; er schnellt mit den Fingern,* reibt sie so aneinander, daß ein knipsender Laut entsteht. **2)** *ihn,* ⚖ betrüge, bestehle. **3)** *es,* ⚖ stehle. **4)** (bin geschnellt), bewege mich schnell, springe federnd (in die Höhe): *die Preise sind in die Höhe geschnellt,* Ü plötzlich gestiegen. **Schneller** *der, -s/-,* **1)** Vorrichtung zum Abschießen der Armbrust. **2)** Geräusch des Schnellens mit den Fingern. **3)** bair., mitteldt.: Murmel. **4)** ♪ Pralltriller. **5)** Weberei: Treiber. **6)** oberdt.: Strähne, ein Garnmaß. **Schnellgaststätte** *die,* Restaurant mit Schnellgerichten. **Schnellgericht** *das,* ⚖ Gericht für Schnellverfahren. **2)** rasch zubereitbare Speise. **Schnellhefter** *der,* leichte Mappe mit Klemmvorrichtung zum Ablegen von Schriftstücken. **Schnelligkeit** *die, -,* Geschwindigkeit. **Schnellkäfer** *der,* spindelförmiger Käfer, der aus der Rückenlage emporschnellen kann. **Schnellkochtopf** *der,* Dampfkochtopf, ABB. T 14. **Schnellkraft** *die, -,* Elastizität. **Schnellpresse** *die,* ⚙ eine Druckmaschine. **schnellstens, schnellstmöglich,** sehr schnell, möglichst schnell. **Schnellstraße** *die.* **Schnellverfahren** *das,* ⚖ abgekürztes Strafverfahren ohne schriftl. Anklage: *das haben wir im S. über die Bühne gebracht*, U rasch und flüchtig erledigt. **Schnellwaage** *die*, Waage zum schnellen Wiegen ohne Auflegen von Gewichten. **Schnellzug** *der*, D-Zug, Zug, der nicht an allen Stationen hält; vgl. Abb. E 5, L 16.

Schnepfe [ahd. snepfa, verwandt mit Schnabel] *die, -/-n*, **1)** ein Sumpfvogel: *Schnepfenjagd; Waldschnepfe; Schnepfenstrich*, Balzflug des Schnepfenmännchens. **2)** U derb: Prostituierte. **3)** U derb: alte Frau.

Schneppe [niederdt., zu schnappen] *die, -/-n, mitteldt.:* **1)** Schnepfe. **2)** Schnabel (an Kannen), schnabelförmige Spitze. **3)** U derb: Prostituierte. **4)** U derb: alte Frau.

Schnepper *der, -s/-*, Schnäpper. **schneppern**, vgl. schnäppern.

Schnere *die, -/-n, niederdt.:* Schleife, Schlinge.

Schnerfer *der, -s/-(n), bair., österr.:* Rucksack.

schnetzeln, *ich* schnetz(e)le (hahe geschnetzelt) *es, alem.:* schneide klein: *das Geschnetzelte*, kleingeschnittenes Fleisch.

schneuggen, *ich* schneugge (habe geschneugg[e]t), *schweiz.:* schnüffle, nasche.

Schneuß [zu Schneise ›Vogelschlinge‹] *der, -es/-e*, 🔲 Fischblase, Abb. M 7.

Schneuze *die, -/-n*, **1)** Schere zum Beschneiden des Kerzendochtes. **2)** *oberdt.:* Schneepflug. **schneuzen** [ahd. snuzen], *ich* schneuze (habe geschneuzt), **1)** *mich, mir die Nase, ihn*, putze mir, ihm die Nase. **2)** *ein Licht*, ⚒ schneide den Docht.

Schnicke [mnd. snicke] *die, -/-n, niederdt.:* Schnecke.

schnicken, *ich* schnicke (habe geschnickt), *niederdt.:* schnippe, schnelle, zucke. **schnicker**, *niederdt.:* hübsch. **Schnickschnack** *der, -s*, U **1)** törichtes Gerede. **2)** wertlose Kleinigkeit, unnötiges Beiwerk.

schnieben, *ich* schniebe (habe geschnoben oder habe geschniebt), **schniefen**, *ich* schniefe (habe geschnieft), *mitteldt.:* schnaube.

Schniegel [mhd. snegel ›Schnecke‹] *der, -s/-, ostmitteldt.:* **1)** Schnecke. **2)** feine Haartracht. **schniegeln**, *ich* schnieg(e)le (habe geschniegelt) *mich, ihn*, putze heraus, kleide und kämme fein; vgl. geschniegelt.

schnieke [berliner., vgl. schnicker], U schneidig, fein.

Schniepel [verwandt mit Schnippel und Schnabel] *der, -s/-*, **1)** U Frack. ⚒ Stutzer.

Schnipfel *der, -s/-, süddt.:* Schnitzel. **schnipfeln**, *ich* schnipf(e)le (habe geschnipfelt) *es, süddt.:* schnitzele.

Schnippchen *das, -s/-, mitteldt.:* das Schnellen mit den Fingern: *ich schlage ihm ein S.*, U spiele ihm einen Streich. **Schnippe** *die, -s/-*, weißer Fleck an der Oberlippe beim Pferd, Rind, Abb. P 9. **Schnippel** *der, -s/-*, U kleines abgeschnittenes Stück: *ein S. Papier*. **schnippeln**, *ich* schnipp(e)le (habe geschnippelt), U **1)** *an etwas*, schneide (wahllos) daran herum. **2)** zerschneide in kleine Stücke. **3)** *es*, erzeuge durch Schneiden: *ich s. aus Papier einen Stern*. **schnippen** [mhd. snippen], *ich* schnippe (habe geschnippt), U schnelle mit den Fingern.

schnippisch, naseweis, keck: *ein schnippisches Mädchen*.

schnipp, schnapp!, Schallw. für das Geräusch beim Schneiden mit der Schere. **Schnipsel** *der oder das, -s/-*, U Schnippel. **schnipseln**, *ich* schnips(e)le (habe geschnipselt) *(es)*, U schnippele. **schnipsen**, *ich* schnipse (habe geschnipst), U schnippe.

Schnirkel *der, -s/-, oberdt., niederdt.:* Schnörkel. **Schnirkelschnecke** *die*, Landlungenschnecke, z. B. Weinbergschnecke.

schnitt, von schneiden. **Schnitt** [ahd. snit, urspr. ›Ernte‹] *der, -(e)s/-e*, **1)** Tätigkeit eines einmaligen Schneidens, Abb. S 32: *ich mache einen S. in das Holz*. **2)** Ernte, Heuernte: *der erste S.; ich habe einen guten S. gemacht*, U einen Gewinn erzielt. **3)** Spur eines Messers oder eines anderen schneidenden Werkzeugs: *Schnittwunde; Schnittfläche; der S. des Buches*, der gleichmäßig beschnittene Rand, Abb. B 53; *Goldschnitt*, ⬛. **4)** Darstellung eines Gegenstandes in einer Schnittebene, z. B. Längsbild durch ein Haus oder Schiff, Abb. H 11, S 16: *Längsschnitt; Querschnitt; Kegelschnitt*, Abb. K 14. **5)** △ gemeinsame Punkte, Kurven, Flächen zweier geometr. Gebilde: *Schnittpunkt; Schnittkurve; Schnittfläche*. **6)** Ergebnis des Schneidens, die Form des Geschnittenen: *der S. des Kleides; der S. ihres Gesichtes*, Ü. **7)** Vorlage zum Zuschneiden eines Kleidungsstückes: *Schnittmuster*. **8)** Film: Schnitt. **9)** U Durchschnitt: *er fuhr einen S. von 100*, U eine Durchschnittsgeschwindigkeit von 100 Kilometern pro Stunde. **Schnittblume** *die*, **1)** abgeschnittene Blume. **2)** jede Blütenpflanze, die sich hierfür

besonders eignet. **Schnittchen** *das, -s/-*, **1)** Diminutiv von Schnitte. **2)** *süddt.:* kleines Glas Wein. **Schnitte** [ahd. snita] *die, -/-n*, (belegte) Scheibe Brot, Abb. S 32. **Schnittentbindung** *die*, ⚕ Kaiserschnitt. **Schnitter** *der, -s/-*, ⚒ Mäher, Abb. E 9. **Schnittgrün** *das*, grüne Pflanzenteile zum Füllen von Sträußen, Kränzen u. a. **Schnittholz** *das*, Holz, das zu Bohlen, Brettern, Latten u. a. verarbeitet wird. **schnittig**, **1)** erntereif (Korn). **2)** sportlich, rassig: *ein schnittiger Wagen*. **Schnittlauch** [ahd. snitilouh] *der, -(e)s*, Gewürzpflanze, Abb. G 24. **Schnittmeister** *der*, Cutter. **Schnittpunkt** *der*, Kreuzungspunkt (von Linien). **Schnittware** *die*, Stoffe, die in gewünschter Länge als Meterware verkauft werden.

Schnitz [mhd. sniz] *der, -es/-e*, **1)** *süddt.:* kleines abgeschnittenes Stück: *Obstschnitz; Kartoffelschnitz*. **Schnitzarbeit** *die*, Schnitzerei. **Schnitzel** *das, -s/-*, **1)** auch *der, -s/-*, abgeschnittenes Stückchen, Abb. S 32. **2)** (gebratene, oft panierte) Fleischscheibe vom Kalb oder Schwein. **Schnitzelbank** *die, -/²e*, **1)** Bank zum Schnitzen. **2)** Folge von Bänkelsängerversen mit Bildern. **Schnitzelei** *die, -/-en*, das Schnitzeln. **Schnitzeljagd** *die*, Verfolgungsspiel, bei dem ein Reiter (Läufer) den Fuchs darstellt und seine Fährte durch Papierschnitzel kennzeichnet. **schnitzeln**, *ich* schnitz(e)le (habe geschnitzelt) *es*, schneide in kleine Stücke. **schnitzen** [mhd. snitzen], *ich* schnitze (habe geschnitzt) *es*, schneide in Holz oder Elfenbein: *Schnitzaltar; Schnitzmesser*. **Schnitzer** *der, -s/-*, **1)** Hersteller von Schnitzereien. **2)** U Fehler, Dummheit. **Schnitzerei** *die, -/-en*, **1)** ein geschnitztes Bildwerk: *Holzschnitzerei; Elfenbeinschnitzerei*. **2)** *ohne Pl.:* Kunst des Schnitzens; Holzschneidekunst.

schnob, **1)** von schnauben. **2)** von schnieben. **schnobern**, *ich* schnob(e)re (habe geschnobert), ⚒ schnuppere.

Schnock *der, -(e)s/²e*, **Schnöck** *der, -(e)s/-e, niederdt.:* Hecht.

Schnodder [mhd. snuder] *der, -s, niederdt.:* Nasenschleim. **schnodd(e)rig**, U vorlaut, frech, unverschämt: *ein schnodderiger Bengel; ich bekam eine schnodderige Antwort*. **Schnodd(e)rigkeit** *die, -*.

schnöd(e) [mhd. snœde], **1)** gemein, verächtlich, schändlich: *schnöder Verrat; er wies mich s. ab*. **2)** *oberdt.:* arm, dürftig. **schnöden**, *ich* schnöde (habe geschnödet), *schweiz.:* äußere mich abfällig. **Schnödheit, Schnödigkeit** *die, -*.

schnofeln [zu schnauben], *ich* schnof(e)le (habe geschnofelt), *bes. österr.:* spreche durch die Nase. **Schnoferl** *das, -(s)/-(n), bair.:* verdrießliches Gesicht.

schnökern, *ich* schnök(e)re (habe geschnökert), *norddt.:* nasche, schnüffele.

schnoppern, schnoppern, *ich* schnop(e)re, schnopp(e)re (habe geschnop[p]ert), *niederdt.:* schnuppere.

Schnorchel [zu schnarchen] *der, -s/-*, **1)** Rohrleitung an Unterseebooten zur Versorgung mit Frischluft. **2)** Atemrohr beim Sporttauchen. **schnorcheln**, *ich* schnorch(e)le (habe geschnorchelt), tauche mit dem Schnorchel.

Schnörkel [Nebenform von Schnecke] *der, -s/-*, **1)** gewundene Linie als Verzierung. **2)** in der Rede: unnötige Verzierung. **schnörkelhaft, schnörk(e)lig**, *eine* schnörkelige *Schrift*. **schnörkeln**, *ich* schnörk(e)le (habe geschnörkelt).

Schnorre, Schnörre *die, -/-n, alem.:* Maul, Mund.

schnorren [zu schnurren, übertragen aus dem alten Brauch der Bettelmusikanten, mit der Schnurrpfeife umherzuziehen], *ich* schnorre (habe geschnorrt), U **1)** lebe auf Kosten anderer. **2)** *es*, erbettle.

schnörren, *ich* schnörre (habe geschnörrt), *schweiz.:* rede daher.

Schnorrer [vgl. schnorren] *der, -s/-*, U Bettler; Schmarotzer.

Schnörri *der, -(s)/-(s), schweiz.:* Schwätzer.

Schnösel [niederdt.] *der, -s/-*, U dummdreister junger Mensch. **schnös(e)lig**.

Schnucke *die, -/-n*, Heidschnucke. **Schnuckelchen** *das, -s/-*, Schäfchen, ein Kosewort. **schnuck(e)lig**, U zierlich, nett. **schnudd(e)lig**, schmuddelig.

Schnuder *der, -s, schweiz.:* Schnodder. **Schnüffelei** *die, -/-en*. **schnüffeln** [niederdt. snüffeln], *ich* schnüff(e)le (habe geschnüffelt), **1)** U stecke meine Nase überall hinein, spüre allem nach. **2)** ziehe Luft hörbar durch die Nase. **Schnüffler** *der, -s/-*, jemand, der seine Nase in fremde Angelegenheiten steckt.

schnullen [wohl Schallw.], *ich* schnulle (habe geschnullt), *süddt.:* sauge, lutsche. **Schnuller** *der, -s/-*, Sauger, Lutscher für Säuglinge, Abb. S 7.

Schnulze *die, -/-n,* sentimentaler Schlager, rührseliges Kino-, Theater- oder Fernsehstück: *Heimatschnulze.*

schnupfen [mhd. snupfen ›schnaufen‹, ›schluchzen‹], *ich schnupfe* (habe geschnupft), **1)** *(es),* nehme Schnupftabak: *er schnupft Kokain.* **2)** *oberdt.:* schluchze. **Schnupfen** [mhd. snupfe] *der, -s/-,* ⚕ Entzündung der Nasenschleimhaut: *Heuschnupfen.* **Schnupftabak** *der,* feingemahlener fermentierter Tabak mit zahlreichen Zusätzen, der durch Einziehen auf die Nasenschleimhaut anregend wirkt. **Schnupftuch** *das, oberddt.:* Taschentuch.

schnuppe [jidd. schonab ›kühl‹], *das ist mir s.,* Ü gleichgültig.

Schnuppe [niederdt. snuppe] *die, -/-n,* **1)** kurz für: Sternschnuppe. **2)** *niederdt., mitteldt.:* verkohltes Dochtende.

schnuppen [zu schneuzen], *ich schnuppe* (habe geschnuppt), *niederdt., mitteldt.:* schneuze. **Schnupperlehre** *die, schweiz.:* Lehre auf Probe vor der Berufsentscheidung. **schnuppern,** *ich schnupp(e)re* (habe geschnuppert), schnüffele, rieche.

Schnur [ahd. snur, zu lat. nurus] *die, -/-en,* ⚭ Schwiegertochter.

Schnur [ahd. snuor] *die, -/ᵘe,* selten *-en,* ein aus Fäden oder Fasern gedrehter dickerer Faden, Kordel, ABB. A 14, F 13, F 16, S 56. **Schnur|assel** *die,* Schnurfüßer. **Schnurband** *das, -(e)s/ᵘer,* Schnürsenkel. **Schnurbaum** *der,* Kordon, Obstbaum mit Kronen ohne Seitenäste, nur Fruchtholz. **Schnürboden** *der,* **1)** Raum über der Bühne mit Rollen und Zügen für die Kulissen, ABB. B 55. **2)** 🕎 ➘ Boden zum Aufzeichnen (von Bauteilen, Umrißlinien) in natürl. Größe. **Schnürchen** *das, -s/-,* Diminutiv von Schnur: *das klappt, geht wie am S.,* Ü mühelos. **schnüren** [mhd. snüeren], *ich schnüre* (habe geschnürt), **1)** *es,* umwickle fest, binde zusammen: *er schnürt sein Bündel,* Ü reist ab. **2)** *mich,* ⚭ trage Schnürmieder, suche durch Schnüren schlank zu erscheinen. **3)** *ihn,* Ü betrüge. **4)** *der Fuchs (Wolf, Luchs, Katze) schnürt* (ist geschnürt), ⚭ setzt die Tritte schnurgerade hintereinander. **Schnurfüßer** *der, -s/-,* ein Tausendfüßer, Bez. Gewächshausschädling. **schnurgerade, 1)** so gerade wie eine Schnur; ganz gerade. **2)** unverzüglich, geradewegs. **Schnurkeramik** *die,* Kulturgruppe der Jungsteinzeit. **Schnürleib** *der,* ⚭ Mieder, Korsett. **Schnürregen** *der, österr.:* anhaltender Regen. **Schnürlsamt** *der, österr.:* Kord.

schnurpfen, *ich schnurpfe* (habe geschnurpft), *alem.:* **1)** pfusche. **2)** *es,* hefte, nähe mit groben Stichen.

Schnurrant *der, -en/-en,* ⚭ Bettelmusikant. **Schnurrbart** *der,* Bart an der Oberlippe, ABB. B 11. **Schnurre** *die, -/-n,* Posse, Schwank, Albernheit. **schnurren** [mhd. snurren ›rauschen‹, ›sausen‹], *ich schnurre* (habe geschnurrt), **1)** Ü schnorre, bettle. **2)** *die Katze, das Spinnrad schnurrt,* schnarrt leise. **Schnurrer** *der, -s/-,* Ü Schnorrer. **Schnurrhaare,** *Pl.,* lange, borstige Tasthaare an den Lippen der Katzen und anderer Säugetiere.

Schnürriemen *der,* Schnürsenkel.

schnurrig, unterhaltend, wunderlich, sonderbar, drollig. **Schnurrigkeit** *die, -.* **Schnurrpfeifereien,** *Pl.,* ⚭ Kleinigkeiten, närrische Dinge.

Schnürsenkel *der,* Band, Riemen zum Zuschnüren der Schuhe. **schnurstracks** [von Schnur und strecken], geradewegs, unverzüglich. **Schnürung** *die, -/-en,* das Schnüren.

schnurz [Studentensprache], *das ist mir s.,* Ü gleichgültig. **Schnütchen** *das, -s/-.* **Schnute** [niederdt. snute] *die, -/-n,* Ü Mund: *sie macht eine S.,* verzieht das Gesicht; schmollt.

schob, von schieben.

Schober [ahd. scobar] *der, -s/-,* aufgeschichteter Haufen Getreide, Heu, Stroh, Brennholz, Torf. **Schöberl** *das, -s/-(n), österr.:* eine Suppeneinlage aus Biskuitteig: *Schöberlsuppe.* **schobern, schöbern,** *ich schob(e)re, schöb(e)re* (habe geschobert, geschöbert) es, schichte in Haufen.

Schochen [mhd. schoche] *der, -s/ᵘ, schweiz.:* kleiner Heuhaufen. **Schöchli** *das, -(s)/-(s), der* Schochen.

Schock [mhd. schoc] *das, -(e)s/-e* und bei Mengenangaben -, **1)** 60 Stück: *ein S. Eier.* **2)** Ü große Menge.

Schock [frz. choc, zu choquer ›anstoßen‹] *der, -(e)s/-s,* auch *-e,* ⚕ akute, lebensbedrohende Störung des Blutkreislaufes; auch durch außergewöhnliche, belastende Ereignisse ausgelöste seelische Erschütterung: *Kreislaufschock; Nervenschock; Schocktherapie.* **schockant,** anstößig, empörend. **Schockbehandlung** *die,* ⚕ ein Verfahren zur Behandlung seelischer Krankheiten. **schocken,** *ich schocke* (habe geschockt), **1)** *es,* Turnen: werfe mit gestrecktem Arm. **2)** *ihn,* ⚕ unterziehe einer Schockbehandlung. **3)** *ihn,* Ü schockiere. **4)** *ein Schiff schockt,*

beginnt vom Boden freizukommen. **Schocker** *der, -s/-,* Ü Schauerroman, Schauerfilm. **schockieren,** *ich schockiere* (habe schockiert) *ihn,* versetze in (sittl.) Entrüstung, äußerste Erregung. **schocking,** eingedeutscht für: shocking. **Schockschwerenot!,** Ausruf der Entrüstung.

Schof [zu Schaub] *der, -(e)s/-e,* **1)** *norddt.:* Strohdecke. **2)** ⚭ auch das Schoof, Bez. für Eltern und Junge bei Enten und Gänsen.

Schofar [hebr.] *der, -(s)/. . .far'oth,* im jüdischen Kult ein Blasinstrument aus Widderhorn.

schofel, schof(e)lig [jidd. schophol, zu hebr. šafal ›lumpig‹], Ü gemein, niederträchtig, schäbig; geizig, kleinlich in Geldsachen: *er hat sich s. benommen.*

Schöffe [ahd. sceffin(o), zu schaffen] *der, -n/-n,* ehrenamtl. Laienrichter eines Schöffengerichts, einer Strafkammer oder eines Schwurgerichts: *Schöffenbank.* **Schöffengericht** *das,* **Schöffenstuhl** *der,* Strafgericht aus Berufsrichtern und Schöffen. **Schöffin** *die, -/-nen,* weibl. Schöffe.

Schöffler *der, -s/-, oberdt.:* Schäffler, Böttcher.

Schofför *der, -s/-e,* eingedeutscht für: Chauffeur.

schoflig, schofel.

Schokolade [span. chocolate, zu altmexikan. xocoatl ›Kakaotrunk‹] *die, -/-n,* Genußmittel aus Kakaomasse, Zucker und anderen Zutaten, in fester oder flüssiger Form: *schokoladenbraun; Schokoladenpudding; Nußschokolade.*

Scholar [mlat. scholaris, zu lat. schola ›Schule‹, vgl. Schule] *der, -en/-en,* Schüler, Student im MA. **Schollarch** [mlat. scholarcha] *der, -en/-en,* Vorsteher, Aufseher einer mittelalterl. Klosterschule. **Schollarchat** *das, -(e)s/-e,* Amt eines Scholarchen. **Scholast** *der, -en/-en,* Scholar. **Scholastik** [lat., zu grch. scholastikos ›mit der Wissenschaft befaßt‹] *die, -,* **1)** die christl. Philosophie des MA. **2)** Ü erfahrungsfremdes und dogmat. Denken. **Scholastiker** *der, -s/-,* **1)** Anhänger der Scholastik. **2)** noch studierender Priesterkandidat, bes. bei den Jesuiten. **3)** Ü spitzfindiger Mensch. **scholastisch. Scholiast** *der, -en/-en,* Verfasser von Scholien. **Scholie** [-iə] *die, -/. . .li|en,* **Scholion** [grch. ›Auslegung‹] *das, -s/. . .li|en,* erklärende und textkrit. Anmerkung zu einem Schriftsteller des Altertums, auch zur Bibel.

scholl, von schallen.

Scholle [ahd. scolla, urverwandt mit Schale] *die, -/-n,* **1)** Klumpen, Bruchstück von Ackererde, Eis, ABB. E 3: *Schollenbrecher.* **2)** *ohne Pl.,* Ü Heimatboden, Heimat: *die heimische S.* **3)** Plattfisch. **schollern,** *ich scholl(e)re* (habe geschollert), **1)** *s.,* breche in Schollen (gefrorenen Boden). **2)** *es,* es gescholiert, rollt dumpf (Erde). **schollig,** in Schollen zerfallend.

Schöllkraut [ahd. scellawurz, zu lat. chelidonium] *das, -(es),* gelbblütiges Mohngewächs.

scholte, von schelten.

Scholte *der, -n/-n, niederdt., schles.:* Schulze. **Scholtisei** *die, -/-en, niederdt., schles.:* Bürgermeisteramt.

scholu [frz. jaloux ›eifersüchtig‹], *niederdt.:* **1)** scheu. **2)** eifersüchtig.

Scholz *der, -en/-e,* Scholte.

schon [ahd. scono, zu schön] *der,* **1)** bereits; früher, als man dachte, erwartete oder wünschte: *heute war ich s. vor acht Uhr in der Schule; müßt ihr wirklich s. gehen?; es wird s. früh dunkel; daran arbeite ich s. lange.* **2)** allein, genügend: *s. der Name wirkte; ich würde s. mit der Hälfte zufrieden.* **3)** sicherlich: *die Sache wird s. gelingen; sie wird s. noch kommen.* **4)** ohnehin: *das ist s. teuer genug.* **5)** wohl, zwar: *das ist s. richtig, aber . . .; obschon, wennschon, obgleich.* **6)** endlich: *wenn es doch s. Sommer wäre!; schweig s.!*

schön [ahd. sconi], **1)** angenehm, wohlgefällig; Sinne und Empfindungen angenehm berührend, von harmonischer Form, wohlgestaltet: *ein schöner Anblick; die Sängerin hat eine schöne Stimme; schönes Wetter; das schöne Geschlecht, die Frauen; schöne Literatur, Belletristik; die schönen Künste, Dichtung, Musik, bildende Künste; er hat schöne Worte gemacht,* gut, ordentlich, vgl. aber: schönfärben, schönmachen, schönreden, schönschreiben, schöntun; *auch das, aufs schönste, sehr schön, aber: sie ist auf das Schönste bedacht; das war ein schöner Zug von ihr; eines schönen Tages,* irgendwann. **2)** Ü ironisch: das Gegenteil von schön, unangenehm, häßlich: *das ist ja eine schöne Geschichte, Bescherung, eine unangenehme Angelegenheit; das sind ja schöne Aussichten, Neuigkeiten,* unerfreuliche; *das wäre ja noch schöner,* kommt gar nicht in Frage. **3)** tüchtig, ordentlich, viel, sehr: *danke s.; einen schönen Gruß; meinen schönsten Dank,* besten;

der Zylinder · die Kehrleine · die Mütze (das Bonnet) · die Sonne · die Jacke · das Hemd · der, das Plaid · das Schultereisen · die Schraffur · der Faltenrock (Kilt, Phillibeg) · die Tasche (der Sporan) · der Rußsack · der Kniestrumpf · der Handbesen · die Kreuzschraffur

Schornsteinfeger · Schotte · Schraffur

das hat ein schönes Stück Geld gekostet, Ü *viel; er hat sich s. gewundert,* Ü *sehr; laß das mal s. bleiben!* **Schönbartlaufen** *das, -s,* Schembartlaufen.

Schöndruck *der, -(e)s/-e,* ⊘ zuerst bedruckte Bogenseite bei zweiseitigem Druck. **Schöne** *die, -n/-n,* **1)** ein schönes Mädchen, eine schöne Frau. **2)** *ohne Pl.,* P Schönheit. **Schönechse** *die,* der Blutsauger, baumbewohnende (jedoch nicht blutsaugende) Echse.

schonen [mhd. sconen], *ich* schone (habe geschont), **1)** *es, ihn,* älter: *seiner,* nehme Rücksicht; behandle gut, behutsam: *Schonbezug; Schongang,* ⌕ Overdrive; *er schonte seine Gegner; schone deine Augen!; das muß man ihm schonend beibringen.* **2)** *mich,* bin auf meine Gesundheit bedacht; überanstrenge mich nicht.

schonen, *es* schon(e)t (hat geschon[e]t), *schweiz.:* hört auf zu regnen.

schönen, *ich* schöne (habe geschönt), **1)** *Stoffarben,* erhöhe ihre Lebhaftigkeit. **2)** *Lebensmittel,* verbessere Aussehen, Geschmack, Geruch. **3)** *Wein,* entferne Trübungen künstlich. **Schönen** *das, -s:* das S. des Weins.

Schoner [engl. schooner] *der, -s/-,* ⬩⤚ Zwei- oder Dreimaster mit Gaffel- und Toppsegel, ABB. S 45.

Schoner [zu schonen] *der, -s/-,* Schutzvorrichtung, Schutzhülle: *Sesselschoner.*

schönfärben, *ich* färbe *(es)* schön (habe schöngefärbt), stelle günstig dar, beschönige: *eine schönfärbende Berichterstattung;* aber: *das Kleid wurde schön gefärbt.* **Schönfärber** *der, -s/-* ⬩⤚ Färber, der feinere Waren in edleren Farben färbt. **2)** jemand, der etwas beschönigt, schönfärbt. **Schöngeist** *der,* Freund schöner Literatur; abfällig: lebensfremder Ästhet. **schöngeistig,** *schöngeistige Literatur.* **Schönheit** *die, -/-en,* **1)** *ohne Pl.,* das Schönsein: *ein Bauwerk von klassischer S.* **2)** das Schöne: *die Schönheiten der Natur.* **3)** eine schöne Frau: *Schönheitskönigin; eine S. ist sie nicht gerade.* **Schönheitsfarm** *die,* Beautifarm, Sanatorium für Entschlackung und kosmetische Behandlung. **Schönheitsfehler** *der,* Ü Kleinigkeit, die einen sonst korrekten Gesamteindruck stört. **Schönheitsfleck** *der,* **1)** kleiner Leberfleck im Gesicht oder Dekolleté. **2)** Schönheitspflästerchen. **Schönheitspflästerchen** *das,* ⬩⤚ schwarzes Pflästerchen auf der Wange. **Schönheitspflege** *die,* Anwendung von Hautpflege- und Verschönerungsmitteln, Kosmetik.

Schonkost *die,* auch Diät, Ernährungsform mit heilender und vorbeugender Wirkung.

schönmachen, *ich* mache *mich* schön (habe mich schöngemacht), Ü kleide und schminke mich sorgfältig: *sie hat sich für ihn schöngemacht;* aber: *das haben Sie schön gemacht,* gut, *zu meiner Zufriedenheit; der Hund soll schönmachen,* Ü Männchen machen. **schönreden,** *ich* rede schön (habe schöngeredet), schmeichle; aber: *der Pfarrer hat schön geredet.* **schönschreiben,** *nur Infinitiv üblich,* in Schönschrift schreiben: *die Schüler mußten schönschreiben üben;* aber: *er kann sehr schön schreiben; Schönschreibheft.* **Schönschrift** *die, -,* bes. sorgfältige Schrift, Kalligraphie. **Schöntuer** *der, -s/-,* Schmeichler. **Schöntuerei** *die, -/-en,* Schmeichelei. **schöntun,** *ich* tue schön (habe schöngetan), schmeichle: *obwohl er ihm schöntut, erreicht sie nichts.* **Schönung** *die, -,* das Schönen.

Schonung [mhd. schonunge, zu schonen] *die, -,* **1)** Rücksichtnahme, Vermeidung von Überanstrengung. **2)** *Pl. -en,* junger, schutzbedürftiger, gesperrter Waldbestand, ABB. F 33. **schonungsbedürftig,** Schonung brauchend. **schonungslos,** nicht schonend, rücksichtslos: *mit schonungsloser Offenheit.* **Schonungslosigkeit** *die, -.* **Schonzeit** *die,* gesetzlich festgelegte jagdfreie Zeit, bes. zur Schonung des Nachwuchses.

Schoof *der,* auch *das, -(e)s/-e,* ⬩⤚ Schof.

Schopenhauer [niederdt.] *der,* ⤚ Holztrogmacher.

Schopf [mhd. schopf] *der, -es/[⁻]e,* **1)** Haarbüschel auf dem Kopf, am Wirbel, ABB. P 9: *ich nehme, packe, fasse die Gelegenheit beim S.,* Ü nutze sie. **2)** Baumkrone, Wipfelbüschel, Kopf der Weide, ABB. B 15. **3)** *mitteldt.:* Bergkuppe. **4)** *oberdt.:* Schuppen, Wetterdach. **Schöpfchen** *das, -s/-.*

schöpfen [ahd. scepfen], *ich* schöpfe (habe geschöpft), **1)** *es,* hebe Flüssigkeit mit einem Gefäß oder der hohlen Hand, z. B. ABB. B 52: *Schöpfbrunnen; Schöpfkelle; ich s. Wasser; ich s. Papier,* gieße die Masse auf die Formplatte; *sie kann aus dem vollen schöpfen,* Ü großzügig sein. **2)** *es,* Ü nehme auf, gewinne: *ich s. Atem, Hoffnung; vor mir Verdacht geschöpft.* **3)** *Wild schöpft,* ⬩⤚ trinkt. **4)** *den Wind,* ⬩⤚ fange im Segel. **Schöpfer** [ahd. scepheri] *der, -s/-,* **1)** Schöpfgefäß, Kelle, Stieleimer, ABB. B 52, L 15. **2)** P Urheber, Erschaffer: *der S. dieses Kunstwerks; Schöpferkraft; Modeschöpfer.* **3)** *der allmächtige S.,* B Gott. **schöpferisch,** fähig, etwas Großes, Neues zu erschaffen, gestalten: *er ist s. tätig; mit schöpferischer Phantasie; wir wollen eine schöpferische Pause einlegen,* Ü; *eine schöpferische Leistung.*

Schöpflein *das, -s/-,* Diminutiv von Schopf.

Schöpfung [mhd. schepfunge, zu schaffen] *die, -,* **1)** B Weltall, Welterschaffung: *Schöpfungsgeschichte; Schöpfungstag.* **2)** *Pl. -en,* Werk, Meisterstück. **Schöpfwerk** *das,* künstl. Vorrichtung zur Hebung von Wasser.

Schöppchen *das, -s/-,* Diminutiv von Schoppen. **schöppeln,** *ich* schöpp(e)le (habe geschöpp[e]lt), *alem.:* **1)** trinke gern und gewohnheitsmäßig einen Schoppen. **2)** *es,* ernähre ein Kind mit der Flasche.

schoppen [zu schieben], *ich* schoppe (habe geschoppt), **1)** *ein Tier, oberdt.:* stopfe, mäste. **2)** *der Ärmel, die Bluse schoppt,* bauscht sich.

Schoppen [zu schöpfen] *der, -s/-,* **1)** ein Flüssigkeitsmaß, etwa ¼ bis ½ l: *ein S. Wein; sie sitzen beim S.; Frühschoppen; Dämmerschoppen.* **2)** *alem.:* Saugflasche. **Schoppenwein** *der,* offener Wein aus Fässern.

Schöps [mhd. schopz, zu tschech. skopec] *der, -es/-e, ostmitteldt., österr.:* **1)** Hammel, kastrierter Widder. **2)** Scheltwort: Dummkopf. **Schöpsenfleisch** *das, österr.:* **Schöpserne** *die, -n, ohne Artikel: -s,* Hammelfleisch.

schor, von scheren.

Schore [mhd. schor ›Schaufel‹, ›schroffer Fels‹] *die, -/-n,* **1)** *fränk.:* Spaten. **2)** ⬩⤚ Stützstrebe. **3)** Weberei: Scherlage. **4)** *niederdt.:* Kragstein.

Schören, *Pl., niederdt.:* Scherben.

Schorf [mhd. schorf, zu schürfen] *der, -(e)s/-e,* **1)** ⚕ Grind, Kruste aus abgestorbenem Gewebe, z. B. nach Verbrennungen. **2)** ⊕ Pflanzenkrankheit durch Pilz- oder Bakterienbefall. **schorfig.**

Schörl *der, -(e)s/-e,* ein Mineral, schwarzer Turmalin.

Schorle, Schorlemorle [Herkunft unklar] *die, -/-n,* auch *das, -s/-s,* Erfrischungsgetränk, meist Weißwein mit Mineralwasser.

Schornstein [ahd. scorenstein, eigtl. ›Stützstein‹] *der,* senkrechter Rauchabzug, Esse, Schlot, Kamin, ABB. H 11, K 18, S 16: *ich muß die Summe in den S. schreiben,* Ü muß die Hoffnung aufgeben, daß sie bezahlt wird. **Schornsteinfeger** *der,* Handwerker, der die Schornsteine von Ruß reinigt, vgl. ABB. S 33.

Schorre *die, -/-n,* ⊕ durch marine Abrasion entstandene Brandungsplattform an der Küste.

Schorsch, *oberdt., mitteldt.:* Georg.

Schose [frz. chose, zu lat. causa ›Sache‹] *die, -/-n,* eingedeutscht für: Chose.

schoß, von schießen. **Schoß** [ʃos, ahd. scoz, zu schießen] *der, Sch'osses/Sch'osse,* **1)** auch Schößling, junger Trieb an Pflanzen. **2)** *Pl. Sch'osse(n)* oder *Sch'össe(r),* ⬩⤚ Zoll, Steuer, Abgabe. **3)** *mitteldt.:* Klapp- oder Schiebefenster in größeren Fenstern oder Türen. **4)** *mitteldt.:* Schublade. **5)** *niederdt.:* Stockwerk.

Schoß [ʃo:s, ahd. scozo] *der, -es/[⁻]e,* **1)** die Vertiefung, die

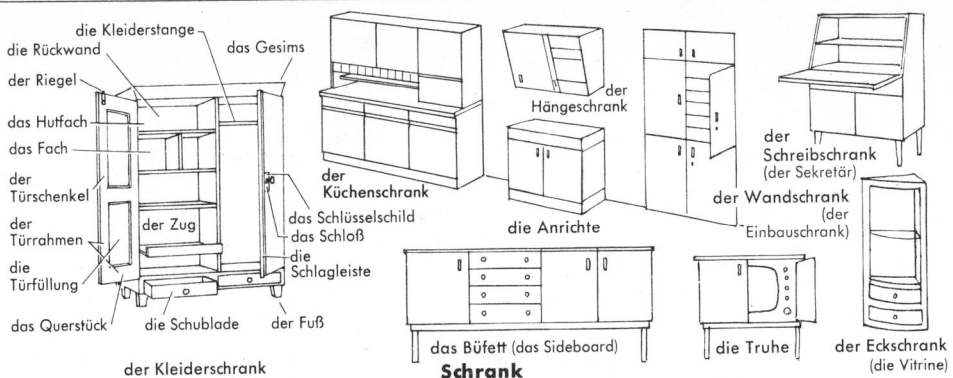

die Kleiderstange
die Rückwand
der Riegel
das Hutfach
das Fach
der Türschenkel
der Türrahmen
die Türfüllung
das Querstück · die Schublade · der Fuß
der Zug
das Gesims
der Küchenschrank
das Schlüsselschild
das Schloß
die Schlagleiste
der Kleiderschrank

der Hängeschrank
die Anrichte
der Schreibschrank (der Sekretär)
der Wandschrank (der Einbauschrank)

das Büfett (das Sideboard) · die Truhe · der Eckschrank (die Vitrine)

Schrank

beim Sitzen durch Oberschenkel und Unterleib gebildet wird: *das Kind sitzt auf dem S. der Mutter; sie legt die Hände in den S.,* Ü *arbeitet nicht; der Erfolg ist ihm in den S. gefallen,* kam ohne sein Zutun; *wie in Abrahams S.,* wie im Paradies. **2)** Mutterleib: *das ruht noch im S. der Zukunft,* Ü darüber kann man noch nichts sagen. **3)** Ü Inneres, Schutz: *im S. der Familie, der Kirche.* **4)** Hüftteil mancher Kleidungsstücke; angesetzter Teil am Herrenrock: *Rock-, Frackschoß.* **5)** die, -/-en, Pl. auch ⁻e, österr.: Damenrock. **6)** die, -/-en, *schweiz.:* Schürze. **Schößchen** das, -s/-, kleiner Schoß an Kleidungsstücken.

schossen [mhd. schozzen], *Getreide* schoßt (hat geschoßt), ⚬ wächst stark in die Länge.

Schösser [mhd. schozzer, zu scoz ›Steuer‹] der, -s/-, ⚬ Steuereinnehmer.

Schoßgabel die, *schweiz.:* Langstielgabel. **Schoßgatter** das, ⚬ Fallgatter.

Schoßhund der, **Schoßhündchen** das, kleiner Hund. **Schoßkelle** die, ⚬ Gestell, als Gepäck- oder Heubehälter hinten am Pferdewagen oder als Kutschersitz vorn.

Schoßkind das, verhätschelte(n) Kind.

Schößling der, -s/-e, auch Schoß, Pflanzentrieb.

Schot die, -/-en, auch Schote, ᵞ Leine, mit der dem Segel die zweckmäßige Stellung zum Wind gegeben wird, meist als Flaschenzug geführt, vgl. ABB. K 29.

Schötchen das, -s/-, ⚐ kurze, breite Schote, ABB. F 36.

Schote [hebr. sote ›dumm‹, vgl. Schaute] der, -n/-n, Ü Narr.

Schote [ahd. scota] die, -/-n, **1)** eine Fruchtform, ABB. F 36: *Paprikaschote; Vanille(n)schote; Schotenfrucht.* **2)** Ü Erbsenhülle, ABB. E 7. **3)** ᵞ Schot.

Schott [niederdt. schott ›Riegel‹, zu Schuß] das, -(e)s/-e. **Schotte** die, -/-n, wasserdichte Trennwand in Schiffen und Flugbooten: *mach die Schotten dicht!,* norddt. auch: schließ die Türen, Fenster!

Schotte [ahd. scotto] die, -/-n, Molke, Quark.

Schotte der, -n/-n, Bewohner von Schottland, vgl. ABB. S 33: *er spart wie ein S.,* Ü ist geizig (nach dem sprichwörtlichen Geiz der Schotten). **Schotten** der, -s/-, ein großkariertes Stoff, vgl. ABB. M 26: *Schottenkaro; Schottenrock.*

Schotten der, -s/-, oberdt.: Schotte, Quark.

Schotter [zu Schutt] der, -s/-, grobe Geröllablagerung, zerkleinerte Steine, z. B. zum Straßenbau: *Schotterstraße.* **schottern,** ich schotter(e)re (habe geschottert) *einen Weg, Platz,* befestige mit Schotter. **Schotterung** die, -.

Schottin die, -/-nen, Bewohnerin von Schottland. **schottisch,** Schottland oder die Schotten betreffend. **Schottische** der, -n/-n, ein Tanz, Ecossaise.

Schout [sxaut, niederl.] der, -(e)s/-e, ⚬ Vorsteher des Seemannsamtes in Hansestädten.

schrad, niederdt.: schräg.

schraffen, ich schraffe (habe geschrafft) *es,* schraffiere. **Schraffen,** Pl., schraffierte(r) Striche zur kartographischen Geländedarstellung. **schraffieren** [ital. sgraffiare ›kratzen‹, ›schaben‹], ich schraffiere (habe schraffiert) *es,* bedecke eine Fläche mit feinen, gleichlaufenden Linien. **Schraffierung** die, -/-en. **Schraffung** die, -/-en. **Schraffur** die, -/-en, ABB. S 33.

schräg [frühnhd. schrege], **1)** geneigt, weder senkrecht noch waagerecht, ABB. L 14: *das Schiff liegt s.; Schrägbalken; Schrägband; Schrägtrich; du mußt es s. halten.* **2)** *ein schräger Vogel, Bursche,* Ü ein leichtsinniger, unzuverlässiger Mensch; *ein schräger Blick,* U abfälliger; *schräge Musik,* U moderne, flotte (Unterhaltungs-)Musik. **Schräge** die, -/-n, schiefwinklige Kante, ABB. F 34, geneigte Stelle, vgl. ABB. G 25.

Schragen [mhd. schrage] der, -s/-, Gestell aus gekreuzten Hölzern, z. B. Zaun, Bockgestell, ABB. Z 4. **Schrägheit** die, -. **schrägüber,** *sie wohnt s.:* aber: *sie ging schräg über die Straße.* **Schrägung** die, -/-en, Schräge; das Schrägen.

schrak, von schrecken.

schral [niederdt. schräl], niederdt.: mager, knapp, schwach. **schralen,** *der Wind* schralt (hat geschralt), ᵞ ändert fortwährend seine Richtung.

Schram [mhd. schram ›Felsspalt‹] der, -(e)s/⁻e, ⚒ tiefer Einschnitt in die Abbauschicht. **schrämen,** ich schräme (habe geschrämt) *es,* lockere oder schneide Mineral aus dem Gebirgsverband heraus: *Schrämmaschine.*

Schramme [mhd. schram(m)e] die, -/-n, oberflächlicher Riß (in der Haut); Ritz, Kratzer (in der Politur): *er ist bei dem Unfall mit ein paar Schrammen davongekommen.*

Schrammelmusik [nach dem 1878 von den Wiener Musikern Jos. und Joh. Schrammel gegr. Quartett ›D'Schrammeln‹] die, **Schrammeln,** Pl., volkstüml. Wiener Gartenmusik, meist mit zwei Geigen, Gitarre und Ziehharmonika.

schrammen, ich schramme (habe geschrammt) *mich, ihn,* verletze, beschädige leicht.

Schrank [ahd. scranc ›Verschränkung‹] der, -(e)s/⁻e, **1)** aufrecht stehendes, verschließbares Kastenmöbel, ABB. S 34: *Schrankbett; Schrankfach; Schrankkoffer; Geschirrschrank; Hängeschrank; er hat nicht alle Tassen im S.,* U ist nicht bei Verstand; *er ist gebaut wie ein S.,* breit, kräftig. **2)** ⚒ seitl. Abstand der Tritte in einer Fährte. **Schränkchen** das, -s/-: *Arzneischränkchen.* **Schranke** [mhd. schranke] die, -/-n, Absperrung aus Langstangen, bes. als Bahnschranke, ABB. E 4, als Geländer oder Gitter: *die Schranken werden geöffnet, geschlossen; vor den Schranken des Gerichts; der Phantasie sind keine Schranken gesetzt,* Ü Grenzen. **schränken** [ahd. screnken ›schräg stellen‹], ich schränke (habe geschränkt), **1)** *eine Säge,* biege die Zähne abwechselnd rechts und links ab. **2)** *das Wild schränkt,* ⚒ setzt seine Tritte nicht gerade hintereinander, sondern seitlich versetzt. **Schranken** der, -s/-, österr.: Schranke. **schrankenlos, 1)** ohne Schranken, unbeschränkt. **2)** Ü unbeschränkt, zügellos: *schrankenlose Herrschsucht, Willkür.* **Schrankenlosigkeit** die, -. **Schrankenwärter** der, Aufseher an beschrankten Bahnübergängen. **Schrankwand** die, als ganze Wand eines Raumes eingebauter Schrank, ABB. W 14.

Schranne [ahd. scranna] die, -/-n, ⚬, noch oberdt.: **1)** Verkaufsstelle (für Fleisch, Brot); Getreidemarkt. **2)** Anklagebank. **3)** Schramme. **Schrannenhalle** die, oberdt.: Markthalle.

Schranz [mhd. schranz] der, -es/⁻e, oberdt.: gezackter Riß (im Tuch). **Schranze** der, -n/-n, auch die, -/-n, Hofschranze. **schranzenhaft.**

der Kopf
der Bolzen
das Gewinde
der Federring
die Unterleg-
scheibe
die Mutter
der Splint
die
Kopfschraube
Holzschraube
die Kreuz-
schlitz-
schraube
die Schrauben
die Stein-
schraube
die Gewinde-
stange
die Zylinderkopf-
schraube
die Flach-
rundkopf-
schraube
die Schaft-
schraube

die Einsetzbacke
die feste Backe
die bewegliche Backe
die Amboßplatte
der Körper
die Schraubspindel
der Schraubstock

der Sechskant
der Vierkant
der Senkkopf
der Linsen-
kopf
der Rundkopf
der Knebel
die Kopfformen

der Flügel
die Gabel
der Stiel

die Gegenmutter
der Kegelstift
der Splint
die splintgesicherte Mutter
das Sicherungsblech
die Schraubensicherungen

der Haken-
schlüssel
der Gabel-
schlüssel
der Ring-
schlüssel
der Franzose (Engländer)
der Steck-
schlüssel
der Rohr-
schlüssel
die Schraubenschlüssel

der Schrauben-
zieher
(der Schrauben-
dreher)
der Kreuz-
schlitz-
schraubenzieher
die Spindel mit Schraubgewinde
(endlose Schraube)
der Flügel
die Luftschraube
der Flügel
die Schiffsschraube
Schraube

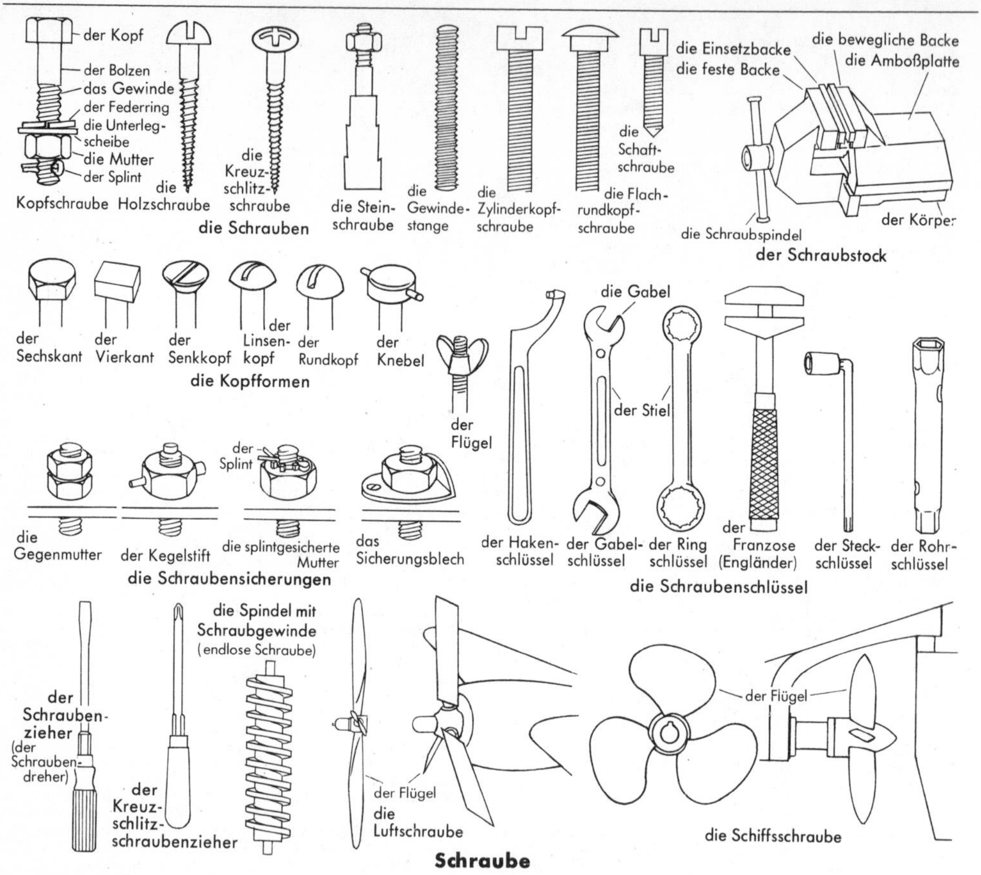

Schrape [mhd. schrapfe] *die, -/-n, niederdt.:* Gerät zum Schrappen. **schrapen,** *ich* schrape (habe geschrapt) *es, niederdt.:* schrappe.

Schrapnell [nach dem brit. Offizier H. Shrapnel, 1761 bis 1842] *das, -s/-e* oder *-s,* mit einer Sprengladung und Kugeln gefülltes Artilleriegeschoß.

schrap(p)en [mnd. schrapen, verwandt mit scharf], *ich* schrap(p)e (habe geschrap[p]t) *es, niederdt.:* schabe, kratze. **Schrapper** *der, -s/-,* 1) auch die Schrape, *niederdt.:* zum Schrappen, Kratzeisen. 2) kastenartiges Gerät zum Schürfen und Fördern (im Berg- und Erdbau).

Schratsegel *das,* ⚓ in Längsschiffrichtung stehendes, nicht an einer Rah befestigtes Segel.

Schrat(t) [ahd. scrato] *der, -(e)s/-e,* **Schrät(t)el** *der, -s/-,* zottiger Waldgeist.

Schratten, *Pl.,* ⊕ *alem.:* Karren.

Schräubchen *das, -s/-.* **Schraube** [mhd. schrube] *die, -/-n,* 1) Metallbolzen mit angeschnittenem Gewinde zur Herstellung einer lösbaren Verbindung oder zur Umsetzung von Drehmomenten in Längskräfte, ABB. S 35: *bei dir ist wohl eine S. los, locker!,* U du bist wohl nicht ganz bei Verstand. 2) Ü lästige, nicht endende Angelegenheit: *Preisschraube; Steuerschraube; eine S. ohne Ende.* 3) Vortriebsmittel, kurz für: Schiffs- oder Luftschraube, ABB. S 35. 4) ✂ Geräteturnen: ganze Drehung des Körpers um die Längsachse bei gleichzeitiger Drehung um die Seitenachse; Kunstspringen: ein Wassersprung mit Drehung um die Körperlängsachse. 5) U überspann-

te, absonderliche (alte) Frau. **Schraubel** *die, -/-,* ✿ ein Blütenstand, z. B. bei der Taglilie. **schrauben,** *ich* schraube (habe geschraubt), 1) *es,* drehe eine Schraube, befestige mit Schrauben: *der Preis wurde in die Höhe geschraubt,* Ü mehrmals erhöht. 2) *es an etwas,* befestige durch Schrauben. 3) *es schraubt sich,* windet sich: *der Hubschrauber schraubt sich in die Höhe; er schraubte sich förmlich aus dem Sessel,* U stand umständlich auf. 4) *mich,* U ziere mich, tue wichtig; vgl. geschraubt. **Schraubendampfer** *der,* ein durch Schiffsschrauben angetriebener Dampfer. **Schraubendreher** *der,* ⊚ genormte Bez. für Schraubenzieher, ABB. S 35. **Schraubenlinie** [-iə] *die,* eine Raumkurve, die durch Abrollen eines rechtwinkligen Dreiecks auf einem Zylindermantel entsteht. **Schraubenmutter** *die, -/-n,* ABB. S 35. **Schraubenschlüssel** *der,* ein Werkzeug zum Lockern und Anziehen von Schrauben und Muttern mit eckigen Köpfen, ABB. S 35. **Schraubenzieher** *der,* ein Werkzeug zum Lockern und Anziehen von Schrauben mit geschlitztem Kopf, ABB. S 35. **Schraubstock** *der,* eine Vorrichtung zum Einspannen von Werkstücken, ABB. S 29, S 35. **Schraubverschluß** *der: ein Glas mit S.* **Schraubzwinge** *die,* Gerät zum Aufeinanderpressen von Teilen.

Schrebergarten [nach dem Leipziger Arzt D. G. M. Schreber, 1808–1861] *der,* Kleingarten am Stadtrand.

Schreck [mhd. schrecke, zu ahd. screckan ›springen‹] *der, -(e)s/-e, Pl. selten,* heftige plötzliche Gemütserschütterung: *der S. ist mir in die Glieder gefahren; hast du mir einen S. eingejagt!* **Schrecke** *die, -/-n,* 🦗 1) kurz für: Heuschrecke. 2)

Wachtelkönig, eine Ralle. **schrecken,** *ich* schrecke (habe geschreckt), **1)** *ihn,* erschrecke, ängstige ihn; versetze ihm einen Schreck: *sein Zorn schreckt mich nicht; ich s. aus dem Schlaf, aus meinen Gedanken.* **2)** *es, oberdt.:* sprenge. **3)** (schrak, bin geschrocken; du schrickst, er schrickt) *vor ihm,* ∞ (noch in Zusammensetzungen) erschrecke, bekomme einen Schreck. **4)** *das Reh schrickt,* ♦ gerät in Schrecken, meldet sich. **Schrecken** *der, -s/-,* **1)** *Pl. selten,* Schreck. **2)** lähmendes, lang andauerndes Entsetzen; Angst, Furcht: *die S. des Todes, des Krieges.* **3)** *ohne Pl.,* jemand, der Schrecken hervorruft: *er ist der S. aller Rekruten.* **schreckens...,** grauenerregend: *schreckensbleich, schreckensstarr,* bleich, starr vor Schreck; *die Schreckensbotschaft,* eine schreckliche Nachricht; *Schreckensherrschaft,* Terror. **Schreckgespenst** *das,* schreckenerregendes Gespenst; Ü drohende Gefahr: *das S. des Krieges.* **schreckhaft,** leicht erschreckend, nervös-ängstlich. **Schreckhaftigkeit** *die, -.* **schrecklich, 1)** furchtbar, grauenhaft, entsetzlich: *ein schreckliches Unglück; ein schrecklicher Mensch,* Ü ein unausstehlicher. **2)** Ü groß, sehr: *ich würde s. gern kommen; wir hatten s. viel Arbeit; er hat sich s. darüber gefreut.* **Schrecklichkeit** *die, -.* Schreck, *-ses/-se,* etwas Grauenerregendes, Furchtbares. **Schreckschraube** *die,* U verächtlich: unbeliebte Frau. **Schreckschußpistole** *die,* Pistole zum Selbstschutz, aus der Platzpatronen und Tränengas verschossen werden. **Schrecksekunde** *die,* die Zeitspanne, in der man vor Schreck handlungsunfähig ist.

Schrei [ahd. screi] *der, -(e)s/-e,* lauter Ton eines Lebewesens, bes. bei Angst oder Zorn: *Freudenschrei; ein S. der Verzweiflung; der letzte S.,* U die neueste Mode, Dernier cri. **Schreibe** *die, -/-n,* U **1)** *ohne Pl.,* etwas Geschriebenes; Schreibstil. **2)** Schreibgerät. **schreiben** [ahd. scriban, zu lat. scribere ›schreiben‹, ›ritzen‹], *ich* schreibe (habe geschrieben), **1)** *es,* bringe Buchstaben, Zahlen, Zeichen auf Papier oder eine andere Unterlage, ABB. B 57: *ich s. mit Bleistift, Tinte, mit der Hand, mit der Schreibmaschine; das Wort wird klein, groß, mit h, mit Bindestrich geschrieben; ich habe es richtig geschrieben,* nach den Regeln der Rechtschreibung; *du sollst dir das hinter die Ohren schreiben,* Ü dir merken, dich künftig danach richten. **2)** *es,* lege schriftlich (in Buchstaben und anderen Zeichen) nieder: *er schreibt seinen Namen; geschriebenes Recht,* das im Gesetzbuch festgelegte; *wir schreiben heute den 8. April 1981; man schrieb diesen Betrag auf seine Rechnung,* belastete ihn damit; *die Lüge stand ihr auf der Stirn geschrieben,* Ü war offensichtlich. **3)** *es ihm, ihm davon, ihm, daß es ist,* teile schriftlich mit, vor allem in Briefen: *du hast lange nicht geschrieben; das, was die Zeitung schreibt; er schrieb mir vor seiner Krankheit, daß er morgen kommt.* **4)** *(es),* ist schriftstellerisch tätig: *er schreibt unter einem Pseudonym; er hat ein Theaterstück geschrieben; die Rolle war ihm auf den Leib geschrieben; er schreibt für mehrere Zeitungen.* **5)** *es schreibt sich,* muß nach den Regeln der Rechtschreibung lauten: *Spaß schreibt sich mit ß.* **6)** *mich Schroeder,* mein Name ist, ich heiße Schroeder. **7)** *mich mit ihm,* U stehe in Briefwechsel. **Schreiben** *das, -s/-,* Schriftstück,

Geschäftsbrief: *wir danken Ihnen für Ihr S. vom 31. März 1981.* **Schreiber** [ahd. scribari] *der, -s/-,* **1)** Verfasser (eines Buches, Schriftstückes, Briefes). **2)** früher: Angestellter einer Kanzlei u. a.: *Gemeindeschreiber; schweiz.:* Schriftführer, Sekretär. **Schreiberei** *die, -/-en,* **1)** U unnötiges, lästiges Schreiben oder schlechtes Geschreibsel. **2)** *schweiz.:* Kanzlei, Sekretariat. **Schreiberin** *die, -/-nen,* weibl. Schreiber. **Schreiberling** *der, -s/-e,* U verächtlich: Schreiber, Journalist, Vielschreiber. **Schreiberseele** *die,* U kleinl., bürokrat. Mensch. **schreibfaul,** zu faul zum Schreiben, bes. von Briefen. **Schreibfeder** *die,* ein Schreibgerät (für Tinte), ABB. B 57, F 10. **Schreibkraft** *die,* Stenotypistin. **Schreibkrampf** *der,* Muskelkrampf in der Hand während des Schreibens. **Schreibmaschine** *die,* Büromaschine für Schreibarbeiten, ABB. S 36: *elektrische S.; Schreibmaschinenpapier.* **Schreibmeister** *der,* seit dem späteren MA. Lese- und Schreiblehrer. **Schreibtisch** *der,* Arbeitstisch zum Schreiben, ABB. S 36. **Schreibtischtäter** *der,* jemand, der sich durch seine Tätigkeit als Beamter, Wirtschaftsprüfer, Publizist u. a. an Straftaten mitverantwortlich gemacht hat, bes. bei nationalsozialist. Kriegsverbrechen. **Schreibung** *die, -/-en,* Schreibweise. **Schreibwaage** *die,* Hilfsgerät der Schriftpsychologie, das den Schriftdruck und die Schreibgeschwindigkeit mißt. **Schreibwaren,** *Pl.,* alles, was man zum Schreiben, Zeichnen und Malen benötigt: *ein Geschäft für S.* **Schreibweise** *die, -/-n,* U **1)** *ohne Pl.,* Art des Schreibens. **2)** Art, wie ein Wort geschrieben wird, Rechtschreibung. **Schreibzeug** *das,* Geräte, die man beim Schreiben benötigt, vgl. ABB. B 57, S 36.

schreien [ahd. scrian], *ich* schreie (habe geschrie(e)n), **1)** stoße Schreie aus; lasse meine Stimme laut klingen: *das Kind schrie vor Angst; schrei nicht so laut!; die Säge schrie,* kreischte; *das Kind hat sich müde geschrien,* geweint. **2)** *nach etwas,* verlange heftig: *das Tier schreit nach Futter; diese Tat schreit nach Rache.* **3)** *es schreit gen Himmel,* U verlangt Abhilfe oder Strafe. **schreiend, 1)** auffallend, grell: *schreiende Farben.* **2)** unerhört, sehr: *ein schreiendes Unrecht.* **Schreier** *der, -s/-,* **1)** jemand, der viel schreit, bes. kleine Kinder. **2)** jemand, der laut, rechthaberisch, zänkisch oder aufsässig ist. **Schreierei** *die, -,* anhaltendes Schreien. **Schreihals** *der,* U schreiendes Kind, Schreier.

Schrein [ahd. scrini, zu lat. scrinium ›Kapsel‹] *der, -(e)s/-e,* Kasten, Schrank: *Reliquienschrein,* ABB. R 19; *Schreinaltar,* ABB. A 9. **Schreiner** [mhd. schrinære] *der, -s/-, westdt., südt.:* Tischler. **Schreinerei** *die, -/-en, westdt., südt.:* Tischlerei, vgl. ABB. T 11. **schreinern,** *ich* schrein(e)re (habe geschreinert).

schreiten [ahd. scritan], *ich* schreite (bin geschritten), **1)** gehe feierlich, gemessenen Schrittes: *Schreittanz.* **2)** *zu etwas,* U gehe dazu über, mache mich daran: *wir schreiten jetzt zur Abstimmung.* **Schreitvogel** *der,* Vogel mit meist langen Beinen und langem Schnabel.

Schrenzpapier [zu Schranz] *das, oberdt.:* minderwertiges Packpapier, dünne Pappe.

Schretel *der, -s/-,* **Schretz** *der, -es/-e,* Schrat(t).

S 36

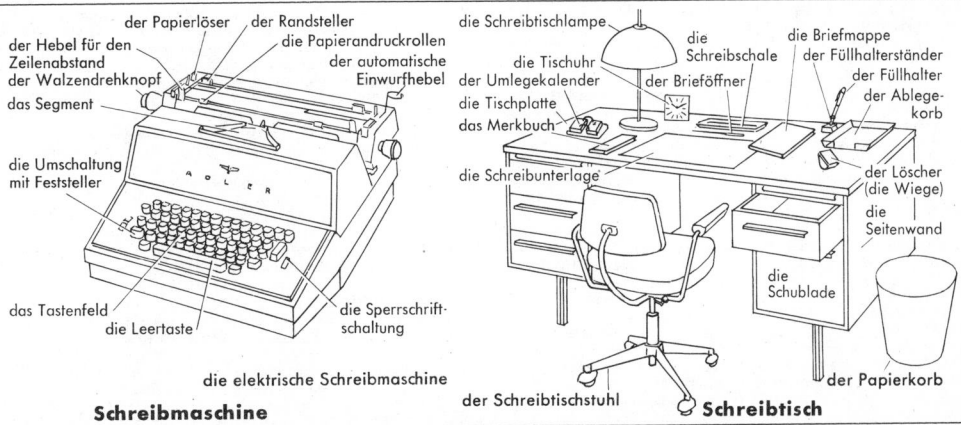

der Papierlöser · der Randsteller
der Hebel für den Zeilenabstand · die Papierandruckrollen
der Walzendrehknopf · der automatische Einwurfhebel
das Segment
die Umschaltung mit Feststeller
das Tastenfeld
die Leertaste · die Sperrschriftschaltung

die elektrische Schreibmaschine

Schreibmaschine

die Schreibtischlampe · die Schreibschale · die Briefmappe
die Tischuhr · der Füllhalterständer
der Umlegekalender · der Brieföffner · der Füllhalter
die Tischplatte · der Ablegekorb
das Merkbuch
die Schreibunterlage
der Löscher (die Wiege)
die Seitenwand
die Schublade

der Schreibtischstuhl · der Papierkorb

Schreibtisch

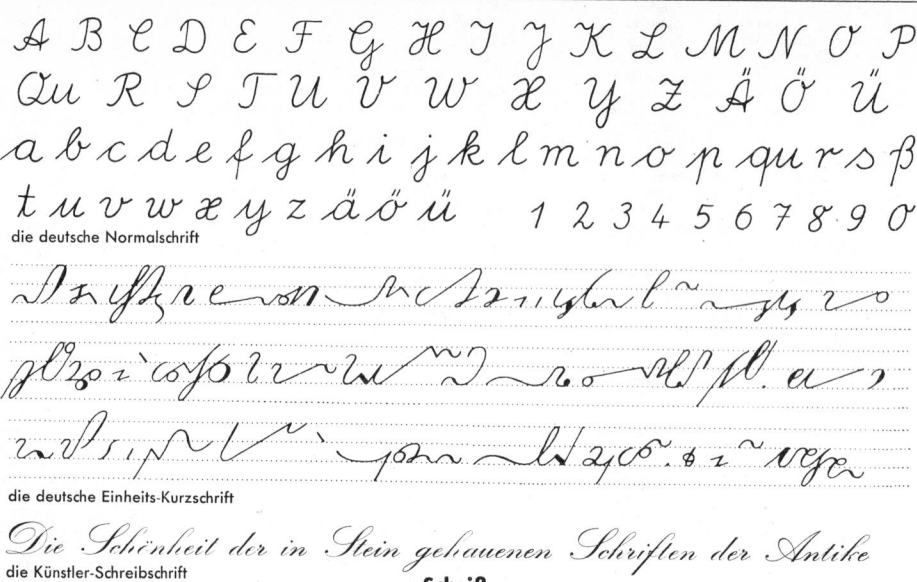

die deutsche Normalschrift

die deutsche Einheits-Kurzschrift

die Künstler-Schreibschrift

Schrift

Schrick *der, -(e)s/-e, oberdt.:* 1) Ankerstange für das Floß, ABB. F 28. 2) Sägebock.
schrickt, von schrecken.
schrie, von schreien.
schrieb, von schreiben. **Schrieb** *der, -s/-e,* U Schriftstück; Brief.
Schrift [ahd. scrift, zu lat. scriptum] *die, -/-en,* 1) die Zeichenfolge, mit der Sprache festgehalten wird: *die deutsche, lateinische, griechische S.,* ABB. A 8, ÜBERS. G 36, ABB. S 37, S 38, vgl. B 35; *Druckschrift; Lautschrift; in diesem Buch werden sechs verschiedene Schriften verwendet,* vgl. ÜBERS. D 16. 2) kurz für: *Handschrift: er hat eine schöne S.,* schreibt schön; *Schriftzug.* 3) geschriebener oder gedruckter Text, Buch, Aufsatz: *Schriftenreihe; Festschrift; eine S. über englische Gotik; die gesammelten Schriften eines Autors.* 4) ohne Pl., die Bibel: *die Heilige S.* **Schriftart** *die,* Art der Druckschrift, vgl. ÜBERS. D 16. **Schriftbild** *das,* die äußere Form einer Schrift. **schriftdeutsch,** im Deutsch der Schriftsprache. **Schriftdeutsch** *das,* deutsche Schriftsprache, vgl. Deutsch. **Schriftnachweis** *der,* **Schriftverzeichnis** *das,* Literaturnachweis, Bibliographie. **Schriftform** *die,* ♂♀ die durch Gesetz oder Vereinbarung vorgeschriebene schriftl. Abschluß von Rechtsgeschäften. **Schriftführer** *der,* jemand, der in Volksvertretungen, Vereinen, Versammlungen die Rednerlisten führt, protokolliert, die Stimmen sammelt und zählt. **Schriftgelehrte** *der,* B jüd. Bibelausleger, Theologe und Jurist. **Schriftgießerei** *die,* Werkstätte zur Herstellung von Metallettern für Druckschriften. **Schriftgrad** *der,* ⌀ die Größe einer Druckschrift, vgl. ÜBERS. D 16. **Schriftleiter** *der,* Redakteur. **Schriftleitung** *die,* Redaktion. **schriftlich,** niedergeschrieben, durch Schrift festgehalten: *eine schriftliche Arbeit, Prüfung; das kann ich dir s. geben,* U darauf kannst du dich verlassen. **Schriftsachverständige** *der,* Gutachter, der bestrittene Urkunden untersucht und vergleicht zwecks Feststellung ihrer Echtheit. **Schriftsatz** *der,* 1) schriftliche Erklärung im Gerichtsverfahren. 2) ⌀ Satz, ABB S 7. **Schriftsetzer** *der,* Handwerker des graph. Gewerbes, der den Satz herstellt, vgl. ABB. S 48. **Schriftsprache** *die,* die vorzugsweise dem schriftl. Ausdruck dienende Form der Sprache. **Schriftsteller** *der, -s/-,* Verfasser literarischer Werke. **schriftstellerisch. schriftstellern,** ich schriftstell(e)re (habe geschriftstellert). **Schriftstück** *das,* längere, meist mehrere Seiten umfassende schriftl. Äußerung; Akte,

Urkunde. **Schrifttum** *das, -s,* Dichtung, Literatur. **Schriftverkehr** *der,* **Schriftwechsel** *der,* Gesamtheit der über eine Sache ausgetauschten schriftl. Äußerungen. **Schriftzeichen** *das,* Buchstabe.
schrill, durchdringend, grelltönend, scharf: *ein schriller Ton, Schrei.* **schrillen** [frühnhd. schrallen, schrellen ›Laut geben‹] *es schrillt (hat geschrillt).*
schrimpfen, *es schrimpft (ist geschrimpft),* ♂♀ schrumpft.
schrinden [ahd. scrinden ›sich spalten‹] *es schrindet,* 1) (ist geschrunden), ♂♀ birst, bekommt Risse: *Lehm schrindet,* bekommt Trockenheitsrisse. 2) *die Wunde schrindet* (hat geschrunden), *norddt.:* brennt. **Schrindstelle** *die, norddt.:* trockener oder saurer Fleck im Acker. **schrinnen,** *die Wunde schrinnt* (hat geschrinnt), *norddt.:* brennt, schmerzt.
Schrippe [zu schrappen] *die, -/-n, norddt.:* längliches Brötchen mit aufgerissener Rinde, ABB. B 50.
schritt, von schreiten. **Schritt** [ahd. scrit] *der, -(e)s/-e* und als Maßangabe -, 1) das Vorsetzen eines Fußes, als Maß 75 cm oder 80 cm, ABB. M 7: *S. für S.,* U allmählich, ganz langsam; *auf S. und Tritt,* U immer wieder, überall; *treten Sie doch einen S. näher,* kommen Sie näher heran; *er kam mit federnden Schritten auf mich zu; ich habe heute noch keinen S. aus dem Haus getan,* U das Haus noch nicht verlassen; *der soll mir zehn Schritte vom Leibe bleiben,* U mit dem will ich nichts zu tun haben. 2) bei Hosen der Ansatz der Beine: *die Hose ist im S.* ... 3) das Gehen, eine Gangart: *alle Fahrzeuge mußten (im) S., Schrittempo fahren; das Pferd geht (im) S.; er konnte mit ihnen nicht S. halten,* kam nicht so schnell vorwärts, auch U. 4) Ü Handlung, die etwas in die Wege leitet: *er wollte nicht den ersten S. tun; veranlasse die nötigen Schritte; diese Verhandlungen sind bisher keinen S. weitergekommen,* stocken. **Schrittlänge** *die,* Größe, Länge eines Schrittes, auch des Schrittes der Hose. **schrittlings,** 1) schrittweise. 2) ... grätschend. **Schrittmacher** *der,* 1) Radrennen: Motorradfahrer, der vor einem Langstreckenfahrer (Steher) fährt, um den Luftwiderstand zu brechen. 2) Ü jemand, der anderen den Weg bereitet, z. B. in der Politik. 3) ♥ Herzschrittmacher. **Schrittschuh** *der,* ♂♀ Schlittschuh. **schrittweise,** Schritt für Schritt.
Schröder, Schröer *der, -s/-, oberdt., hess.:* Schröter.
Schrofel *der, -s, niederrhein.:* Kehricht, Müll.
schroff, 1) jäh abfallend, steil aufragend (Felsen). 2) Ü abweisend, heftig, grob, unnahbar: *eine schroffe Antwort; er*

wies mich s. zurück. 3) abrupt, unvermittelt: *schroffe Über-gänge; das steht in schroffem Gegensatz zu seinem bisherigen Verhalten, in krassem.* **Schroff** [mhd. schroffe] *der,* -(e)s oder -en/-en, **Schroffe** *die,* -/-n, **Schroffen** *der,* -s/-, oberdt.: steiler Fels, Felskopf, Felsabsatz. **Schroffheit** *die,* -, 1) Steilheit, schroffe Beschaffenheit. 2) Ü grobe, schroffe Art: *seine S. war kränkend.*

schroh, hess., fränk.: häßlich; rauh, roh, grob.

schröpfen [mhd. schrepfen], *ich schröpfe (habe ge-schröpft),* 1) *ihn,* ⚕ sauge (mit dem Schröpfglas) Blut ab: *er wurde gehörig geschröpft,* Ü finanziell ausgenutzt, mußte viel zahlen. 2) *Getreide,* schneide die Spitzen ab. 3) *Obstbäume,* mache Längsschnitte in die Rinde. 4) *es,* oberdt.: schäle (Rasen, Stoppel), hacke Unkraut. **Schröpfer** *der,* -s/-, **Schröpfglas** *das,* **Schröpfhorn** *das,* **Schröpfkopf** *der,* ⚕ Geräte zum Absaugen von Blut.

Schrot [ahd. scrot ›Schnitt‹] *das* oder *der,* -(e)s/-e, 1) Bleikügelchen zum Schrotschießen, Durchmesser: 1,2–6 mm: *Schrotbüchse; Schrotkugel.* 2) grob gemahlenes Getreide zur Viehfütterung und zum Backen von Brot: *Roggenschrotbrot; Schrotmühle.* 3) Gesamt- oder Rauhgewicht von Gold- und Silbermünzen: *von echtem S. und Korn,* Ü tüchtig, rechtschaf-fen. 4) ⚒ unförmige Stücke, wie Klötze, Scheite, Abschnitte. 5) oberdt.: Salband. 6) oberdt.: Bahn (als Leinwandmaß).

schroten [ahd. scrotan], *ich schrote (habe geschrotet) es,* 1) zermalme, zerschneide, zerkleinere grob (Getreide, Alteisen). 2) wälze, rolle, ziehe fort. 3) oberdt.: schneide (Kleider) zu. **Schröter** [mhd. schrotære] *der,* -s/-, 1) ⚒ Verlader, Fuhr-mann. 2) ⚒ Handwerker, der etwas schneidet, z. B. Tuch-schneider, Münzschneider. 3) oberdt.: Hirschkäfer.

schrothen, *ich schrothe (habe geschrothet),* mache eine Schrothkur. **Schrothkur** [nach dem Landwirt J. Schroth, 1800–1856] *die,* eine flüssigkeitsarme Diät.

Schrotleiter *die,* zwei miteinander verbundene Gleitbal-ken zum Abladen.

Schrott [niederrhein., zu Schrot] *der,* -(e)s, Metallabfälle und unbrauchbare Metallgegenstände: *er hat sein Auto in S. gefahren; Schrotthändler; schrottreif.* **Schrottwert** *der,* -(e)s, der Wert des Materials eines nicht mehr nutzbaren Gegenstan-des: *mein Auto hat nur noch S.*

Schrulle [mhd. schrul ›böse Laune‹] *die,* -/-n, 1) verrückter Einfall, Wunderlichkeit. 2) U verächtlich: wunderliche alte Frau: *alte S.* **schrullenhaft. Schrullenhaftigkeit** *die,* -. **schrullig**, schrullenhaft: *er hat schrullige Ideen; ein schrulliger Alter.* **Schrulligkeit** *die,* -.

schrumm!, Schallwort für einen Saitenton, bes. für den Schlußakkord.

Schrumpel *die,* -/-n, norddt.: Runzel, Falte. **schrump(e)-lig. schrumpeln**, *es schrumpelt (ist geschrumpelt), norddt.:* schrumpft; wird runzlig. **schrumpfen** [mhd. schrimpfen], *es schrumpft (ist geschrumpft),* 1) geht ein, wird kleiner: *das Kleid ist in der Wäsche geschrumpft; meine Ersparnisse sind erschrek-kend geschrumpft,* Ü 2) wird runzlig: *Äpfel schrumpfen.* **schrumpfig. Schrumpfkopf** *der,* früher bei südamerikan. Indianern der eingetrocknete Kopf eines getöteten Feindes als Trophäe. **Schrumpfniere** *die,* ⚕ Endstadium verschiedener Nierenkrankheiten mit weitgehendem Schwund von funk-tionstüchtigem Gewebe. **Schrumpfung** *die,* -/-en: *Schrump-fungsprozeß; Gesundschrumpfung.*

schrund, von schrinden. **Schrund** *der,* -(e)s/⁻e, oberdt., **Schrunde** [mhd. schrunde] *die,* -/-n, Riß (in der Haut); Spalte (in Erde, Gletscher), ABB. B 20, G 29. **schrundig.**

schruppen [vgl. schrubben], *ich schruppe (habe ge-schruppt) es,* ⊚ bearbeite ein Werkstück grob: *Schrupphobel.*

Schrute *die,* -/-n, mitteldt., niederdt.: Truthenne.

Schrutz [ʃruːts] *der,* -es, ostmitteldt.: Abfall, Schund.

schruweln, *mir schruwelt (hat geschruwelt), niederdt.:* schaudert, graut.

Schub [mhd. schup, zu schieben] *der,* -(e)s/⁻e, 1) ⊚ das Schieben, Schiebekraft, die Vortriebskraft, die z. B. von einem Strahltriebwerk erzeugt wird: *Schubkraft.* 2) das Geschobene, z. B. Kegelwurf: *ein S. Semmeln,* so viel, wie auf einmal in den Backofen geschoben wird. 3) *in Schüben auftretende Krankheiten,* ⚕ mit zwischenzeitlichem Stillstand fortschrei-tende; *Krankheitsschub.* 4) ⊚ Scherung: *Schubfestigkeit.* 5) G Zwangsbeförderung, z. B. von Landstreichern: *sie wurden auf den S. gebracht.* 6) ostmitteldt.: Schubkasten.

Schubbejack *der,* -s/-s und -e, Schubiack. **schubben, Schubbern**, *ich schubbe, schubb(e)re (habe geschubbt, geschubbert) es, mich, norddt.:* reibe, scheure, kratze.

Schuber *der,* -s/-, Papphülle zum Einschieben eines Buches; Schutzkarton. **Schubfach** *das,* Schubkasten.

Schubiack [niederl. schobbejak, zu schubben und Jack ›Jakob‹] *der,* -s/-s und -e, U Lump, Schuft; Bettler.

Schubkarre *die,* **Schubkarren** *der,* Schiebkarre, ABB. K 10. **Schubkasten** *der,* Schublade, die ausziehbare Tisch-, Schranklade, ABB. S 34, S 36. **Schublehre**, ein Meßwerk-zeug, ABB. K 29, S 29. **Schübling** *der,* -s/-e, 1) *schweiz.:* ein polizeilich Begleiteter, Abzuschiebender. 2) *alem.:* eine Hart-wurst. **Schubs** *der,* -es/-e, U Stoß. **Schubschiffahrt** *die,* Form der Binnenschiffahrt, bei der Kähne in einem Schiffsver-band zusammengefaßt und von einem Schubboot geschoben und gesteuert werden. **schubsen**, *ich schubse (habe ge-schubst) ihn,* schiebe stoßend. **Schubstange** *die,* der Pleuel. **schubweise**, in Schüben, kleinen Gruppen.

schuch, schüch, schücht, niederdt., westdt.: scheu. **schüchtern** [verwandt mit scheu], ängstlich, anderen gegen-über unsicher und beklommen: *sie lächelte s.; ein schüchterner Versuch,* Ü zaghafter, vorsichtiger. **Schüchternheit** *die,* -.

Schucke *die,* -/-n, norddt.: Brunnenpumpe. **schuckeln**, *ich schuck(e)le (habe geschuckelt),* 1) U schaukele, wackele. 2) *rhein., fränk.:* werfe Ball.

schuckern, *mich schuckert (hat geschuckert), norddt.:* 1) mir ist kalt. 2) ich habe Schluckauf.

Schudder *der,* -s/-, norddt.: Schauder, Kältegefühl, Zit-tern. **schudd(e)rig**, norddt.: fröstelnd. **schuddern** [mhd. schudern], *ich schudd(e)re (habe geschuddert),* 1) zittere, schaudere. 2) *es,* schüttele.

Schudderump [eigtl. ›Schüttelrumpf‹] *der,* -s, niederdt.: 1) Korntrichter in der Mühle; Müller. 2) alter Wagen; Leichen-wagen.

schuf, von schaffen.

Schufe *die,* -/-n, oberdt.: Kelle. **schufeln**, *ich schuf(e)le (bin geschufel[e]t), oberdt.:* gleite.

S 38

die Keilschrift	die arabische Schrift مُنْيِه مَرَأى رَهْمًا فَرِسًا	Die Schönheit der in die Mediaeval-Schrift	我們固然要同心
die Hieroglyphen	die hebräische Schrift סימנים הראשונים הלכו	Die Schönheit der in S die Antiqua-Schrift	
die griechische Schrift παντοίων ἀγαθ	die kyrillische Schrift Французская литер	Die Schönheit der i die Grotesk-Schrift	
die römische Schrift FVNVS·HA	die Frakturschrift Die Schönheit der in	Die Schönheit die Normschrift	die chinesische Schrift

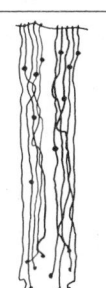

die Knotenschrift

Schrift

Schu

Schuffel *die, -/-n, norddt.:* Jätehacke, ABB. H 2.

Schuft [wohl zu mnd. schuvut ›Uhu‹ als Spottname, da der Uhu als häßlich galt] *der, -(e)s/-e,* Schurke, ehrloser Mensch: *so ein gemeiner S.!*

schuften [Rotwelsch schupfen, scheffen ›arbeiten‹], *ich schufte (habe geschuftet),* U arbeite hart: *er schuftet von früh bis spät; er hat sich zu Tode geschuftet.* **Schufterei** *die, -.*

schuftig [zu Schuft], ehrlos, gemein, verräterisch. **Schuftigkeit** *die, -.*

schug, *niederdt.:* scheu. **Schugels** *der, -/-, niederdt.:* Scheuche, Vogelscheuche.

Schuh [ahd. scuoh] *der, -(e)s/-e,* **1)** Fußbekleidung des Menschen mit fester Sohle und geschlossenem Oberteil, ABB. S 39: *Schuhbürste; Schuhgröße; Schuhzeug; Lederschuh; Sportschuh; die Schuhe drücken mich,* passen mir nicht; *ich weiß, wo ihn der S. drückt,* U kenne den genauen Grund seines Unbehagens; *man hat ihm die Sache in die Schuhe geschoben,* U hat ihm die Schuld gegeben, ihn dafür verantwortlich gemacht. **2)** Schutzkappe aus Metall um das untere Ende von Pfählen, Lanzen, vgl. ABB. F 1, L 2. **3)** *ohne Pl.,* Fuß, ein altes Längenmaß. **4)** kurz für: Kabelschuh; Hemm-, Bremsschuh. **5)**
P Hufeisen und andere Beschläge. **6)** verhornte Oberhaut der letzten Zehenglieder bei Paarhufern: *Klauenschuh.* **Schuhanzieher** *der, -s/-,* Hilfsgerät zum Anziehen der Schuhe, Schuhlöffel, ABB. S 39. **Schuhband** *das, -(e)s/¨er,* Schnürsenkel. **Schühchen** *das, -s/-.* **Schuhcreme** *die,* Schuhpflegemittel. **Schuhlotter** *der, -s, schweiz.: ich habe den S.,* meine Schnürsenkel sind aufgegangen. **Schuhmacher** *der,* Handwerker zum Herstellen und Reparieren von Schuhen. **Schuhmacherei** *die, -/-en,* Werkstatt des Schuhmachers, vgl. ABB. S 39. **Schuhplattler** *der,* ein Volkstanz im alpenländ. Raum, bei dem der Tänzer Schenkel, Knie und Fußsohlen schlägt. **Schuhsohle** *die: ich habe mir die Schuhsohlen danach abgelaufen,* mich sehr und doch vergeblich darum bemüht. **Schuhspanner** *der,* eine Vorrichtung, die Schuhe spannt, wenn sie nicht getragen werden.

Schuhu *der, -s/-s, schwäb., thüring.:* Uhu.

Schuhwerk *das, -(e)s,* Schuhe: *Kinder brauchen festes, ordentliches, fußgerechtes S.*

Schularbeit *die,* **1)** Schulaufgabe. **2)** *österr.:* schriftl. Prüfung in der Schule. **Schulaufgabe** *die, meist Pl.,* schulische Hausaufgaben. **Schulaufsicht** *die,* die staatl. Ordnungsge-

---

S 39

Damenschuhe: die Decksohle, die Ferse, die Ziernaht, der Absatz, der Pumps, die Sandalette, der Slipper, die Sohle, der Derbyschnitt, der Sportschuh, die Pantolette

Herrenschuhe: das Ösenteil, der Ristriemen, Straßenhalbschuh, die Sandale, die Galosche, der Freizeitschuh, der Schnürstiefel

Sportschuhe: der Bergstiefel, die Kappe, der Skistiefel, die Kappe, der Reitstiefel, der Damenstiefel, der Fußballschuh (der Nockenschuh), der Tennisschuh, der Lederturnschuh

Schuhe und Stiefel

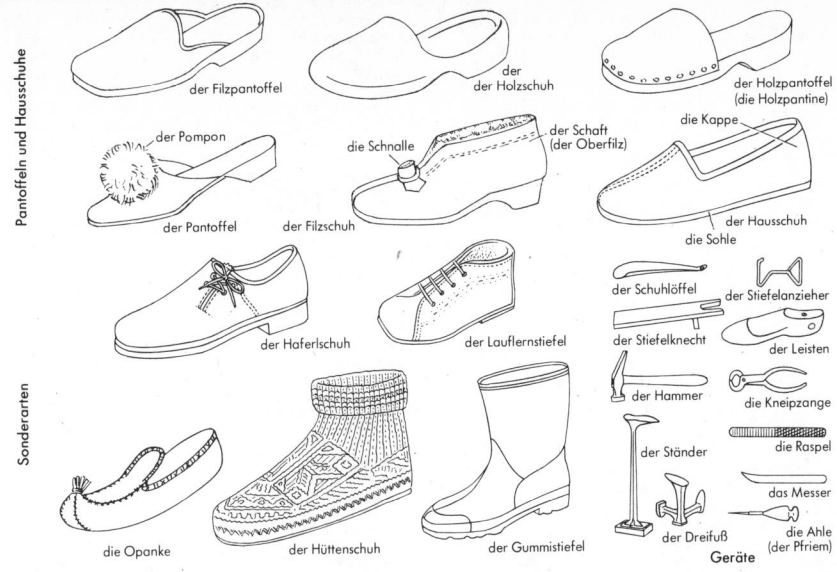

Pantoffeln und Hausschuhe

der Filzpantoffel

der
der Holzschuh

der Holzpantoffel
(die Holzpantine)

die Kappe

der Pompon

die Schnalle

der Schaft
(der Oberfilz)

der Hausschuh
die Sohle

der Pantoffel   der Filzschuh

der Schuhlöffel   der Stiefelanzieher

Sonderarten

der Haferlschuh   der Lauflernstiefel

der Stiefelknecht

der Leisten

der Hammer   die Kneipzange

der Ständer   die Raspel

das Messer

die Opanke   der Hüttenschuh   der Gummistiefel   der Dreifuß   die Ahle
(der Pfriem)
Geräte

Schuhe und Stiefel

walt über die Schule. **Schulbank** *die, -/ᵘe,* Abb. P 25: *er drückt noch die S.,* U geht noch zur Schule. **Schulbeispiel** *das,* Musterfall, bezeichnendes Beispiel, Präzedenzfall.

schuld *an etwas, daß es geschah,* die Ursache bildend: *er ist s. daran; er hat s.,* aber: *er hat die Schuld auf sich geladen; ich gebe ihm s.,* aber: *ich gebe ihm die Schuld;* vgl. zuschulden. **Schuld** [ahd. sculd, zu sollen] *die, -/-en,* **1)** *meist Pl.,* Verpflichtung zu einer Leistung, bes. zur Rückzahlung von Geld: *Schuldenlast; Steuerschulden; sie hat Schulden gemacht; er steckt in Schulden; ich stehe tief in deiner S.,* du hast viel für mich getan, was ich noch nicht vergolten habe, ich fühle mich dir sehr verpflichtet. **2)** *ohne Pl., an etwas,* Ursache von etwas Bösem, Unangenehmem, Verantwortung dafür: *Schuldbekenntnis; Schuldkomplex; du trägst die S. an allem; er wälzt die S. auf andere ab,* die Verantwortlichkeit. **3)** *ohne Pl.,* Unrecht, strafbare Verfehlung: *er hat eine schwere S. begangen; Schuldfrage.* **Schuldanerkenntnis** *die,* die vertragl. Anerkennung des Bestehens eines Schuldverhältnisses. **Schuldbeitreibung** *die, schweiz.:* Zwangsvollstreckung. **schuldbewußt,** *die Kinder blickten den Vater s. an;* aber: *er ist sich keiner Schuld bewußt.* **Schuldbewußtsein** *das.* **schulden** [ahd. sculden], *ich schulde* (habe geschuldet) *es ihm,* **1)** bin verpflichtet, es ihm zu gewähren, zurückzuzahlen: *ich s. dir 10 Mark; dafür schuldest du mir eine Erklärung.* **2)** verdanke: *ich s. dir mein Leben.* **schuldenfrei,** ohne Schulden: *unser Haus ist s.;* aber: *es ist noch nicht von Schulden frei.* **schuldfrei,** ohne Schuld, unschuldig; aber: *von jeder Schuld frei.* **Schuldgefängnis** *das,* früher: Gefängnis zur Verbüßung der Schuldhaft. **schuldhaft, 1)** schuldig für etwas. **2)** ♄♄ vorsätzlich; fahrlässig: *schuldhaftes Verhalten; er hat den Unfall s. verursacht.* **Schuldhaft** *die,* früher: Haft für säumige Schuldner. **schuldig, 1)** *an, für etwas,* die Schuld tragend, verantwortlich: *an dieser Tat war er s.; er ist des Todes s.,* P hat den Tod verdient; *er ist s., wurde s. gesprochen,* ♄♄ hat (nach Feststellung des Gerichtes) die Tat begangen; *er machte sich dieser Tat s.* **2)** es ihm, verpflichtet zu geben: *du bist mir noch 100 Mark s.; er blieb mir die Antwort s.* **Schuldiger** *der, -s/-,* B Schuldner: *... wie auch wir vergeben unseren Schuldigern ...* (Vaterunser). **Schuldigkeit** *die, -,* Pflicht, Verpflichtung: *das ist deine verdammte Pflicht und S.,* U deine selbstverständliche Pflicht, Aufgabe. **schuldlos,** unschuldig. **Schuldlosigkeit** *die, -.* **Schuldner** *der, -s/-,* jemand, der einem anderen etwas schuldet, vor allem Geld. **Schuldnerverzeichnis** *das,* Verzeichnis beim Amtsgericht über Personen, die nach fruchtloser Zwangsvollstreckung die eidesstattl. Versicherung über den Bestand ihres Vermögens abgegeben haben.

Schuldrama *das,* für Lateinschulen des 16. und 17. Jahrh. verfaßtes Drama mit meist bibl. Stoffen. **Schuldrecht** *das, -(e)s,* das Rechtsgebiet, in dem die persönlichen Berechtigungen und Verpflichtungen geregelt sind. **Schuldschein** *der,* die schriftliche Anerkennung einer Schuld. **Schuldturm** *der,* Schuldgefängnis. **Schuldübernahme** *die,* die Übernahme einer Schuld durch einen Dritten. **Schuldumwandlung** *die,* ♄♄ Novation, die vertragsmäßige Aufhebung eines Schuldverhältnisses durch Begründung eines neuen. **Schuldverschreibung** *die,* ein auf den Inhaber lautendes Wertpapier, Obligation.

Schule [ahd. scuola, zu lat. schola, aus grch. schole ›Freisein von Geschäften‹] *die, -/-n,* **1)** öffentl. oder private Bildungseinrichtung, Lehranstalt: *Grundschule; Berufsschule; Fachhochschule; Schauspielschule; Abendschule; Schulabschluß; Schulangst; Schulbildung; Schulschluß; Schulstreß; Schulversuch; Fritz geht in die S.; er besucht die S.; er ist dort eine harte S. gegangen,* U er wurde vom Leben schwer geprüft; *die S. des Lebens,* U Erziehung durch das Leben; *er plaudert aus der S.,* U plaudert Geheimnisse aus. **2)** Schulgebäude: *wir wohnen gegenüber der S.* **3)** *ohne Pl.,* Unterricht in Klassen für Kinder und Jugendliche, vgl. Abb. S 40: *wir haben morgen um 8 Uhr S.; die S. ist heute ausgefallen; wir treffen uns nach der S.* **4)** von einem Meister ausgehende künstler. oder wissenschaftl. Richtung: *die S. Rembrandts; sein Beispiel macht S.,* U wird nachgeahmt. **5)** in Zusammensetzungen: Lehrbuch: *Klavierschule.* **6)** Synagoge. **7)** kurz für: Hohe Schule (Dressurreiten), vgl. H 22. **8)** kurz für: Baumschule, vgl. Abb. G 3.

schulen [mhd. schulen], *ich schule* (habe geschult), *niederdt.:* **1)** lauere, spähe. **2)** schiele.

schulen, *ich schule* (habe geschult) *ihn, es,* unterrichte, unterweise, übe bestimmte Fähigkeiten: *eine geschulte Stimme; geschultes Personal; ein geschultes Pferd.* **Schüler** [ahd. scuolare, zu lat. scholaris] *der, -s/-,* **1)** Junge, der in der Schule unterrichtet wird, Schulkind: *Schülerzeitschrift; Berufsschüler; der fahrende S.,* umherziehender Student im MA. **2)** Lernender: *ein S. von Kokoschka.* **Schüleraustausch** *der,* Austausch von Schülern mit solchen des Auslands. **schülerhaft,** wie ein Schüler, noch unselbständig. **Schülerheim** *das,* Wohnstätte für Schüler, die nicht am Schulort ansässig sind. **Schülerin** *die, -/-nen,*

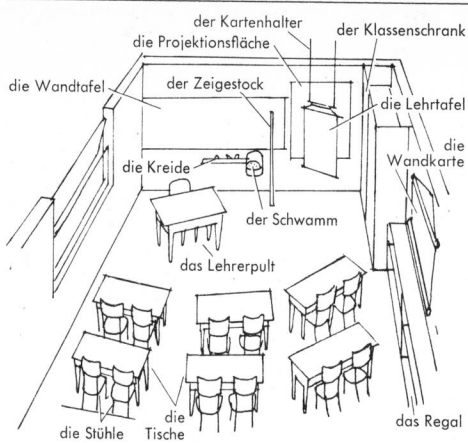

die Wandtafel — der Kartenhalter — die Projektionsfläche — der Klassenschrank — der Zeigestock — die Kreide — die Lehrtafel — die Wandkarte — der Schwamm — das Lehrerpult — die Stühle — die Tische — das Regal

Schule (das Klassenzimmer)

1) Mädchen, das in der Schule unterrichtet wird, Schulkind. 2) Lernende. **Schülerkarte** die, ermäßigte Fahrkarte, Eintrittskarte für Schüler. **Schülerlotse** der, als Verkehrshelfer ausgebildeter Schüler. **Schülermitverantwortung** die, **Schülermitverwaltung** die, Schülerselbstverwaltung, Beteiligung der Schüler an Verwaltung und Gestaltung des Schullebens. **Schülerschaft** die, -/-en, die Schüler einer Schule oder eines Bezirks. **Schülerselbstverwaltung** die, Schülermitverwaltung. **Schülerfernsehen** das, besondere Fernsehsendungen für Schulkinder. **schulfrei**, frei von Unterricht. **Schulfuchs** der, ⚥ Kleinigkeitskrämer, Pedant. **Schulfunk** der, besondere Rundfunksendungen für Schulkinder. **Schulgemeinde** die, die Gesamtheit der Lehrer, Schüler und Eltern einer Schule. **schulisch**, die schulischen Leistungen; die schulische Belange; die schulische Betreuung der Kinder; im schulischen Bereich. **Schulkind** das, Schüler, Schülerin. **Schulkindergarten** der, einjähr. Kindergarten für Kinder im Schulalter, die auf den Schuleintritt vorbereitet werden sollen. **Schulmedizin** die, die an Hochschulen gelehrte, naturwissenschaftlich begründete Heilkunde. **Schulmeister** der, 1) U Lehrer. 2) jemand, der andere kleinlich belehrt, bekrittelt. **schulmeisterlich.** **schulmeistern**, ich schulmeist(e)re (habe geschulmeistert) ihn.
Schulp [mnd. schulp] der, -(e)s/-e, verkalkte oder hornige Schale der Kopffüßer.
schülpen, schülpern, ich schülpe, schülp(e)re (habe geschülpt) es, niederdt.: gieße, verschütte.
Schulpflicht die, -, gesetzliche Verpflichtung zum Schulbesuch in bestimmtem Alter und über bestimmte Jahre. **schulpflichtig**, in schulpflichtigem Alter; das Kind wird im nächsten Jahr s.
Schulpuse die, -/-n, niederdt.: Stechmücke.
Schulranzen der, Ranzen. **Schulrat** der, Beamter der Schulaufsichtsbehörde. **Schulsack** der, schweiz.: Schulranzen.
schulsch [zu schulen], niederdt.: 1) lauernd; tückisch. 2) schielend.
Schulschiff das, ⚓ Ausbildungsschiff der Marine.
Schult der, -(e)s/-e, niederdt.: Schulze, Schultheiß.
Schulter [ahd. scult(i)ra, urverwandt mit grch. skalis ›Schaufel‹] die, -/-n, 1) obere Grenze des Rumpfs, ABB. M 12, P 9: Schultergelenk; schulterlanges Haar; er nimmt alles auf die leichte S., Ü läßt den nötigen Ernst vermissen; sie zeigte ihm die kalte S., Ü hat ihn abgewiesen; ihr ladet alles auf meine Schultern, Ü ihr bürdet mir zuviel auf. 2) ⚕ Stechmücke. **Schulterblatt** das, breiter Knochen an der Schulter, ABB. M 12. . . .**schult(e)rig**, mit bestimmter Art von Schultern: schmalschulterig. **Schulterklappe** die, Besatz (mit Rangabzeichen) auf der Schulter (von Uniformen). **schultern**, ich schult(e)re (habe geschultert) es, nehme auf die Schulter (bes. Gewehr). **Schulterschluß** der, . . . schlusses, das Zusammenhalten von Menschen mit gleichen Interessen: S. der Bündnispartner.
Schult|heiß [ahd. sculdheizo ›der Verpflichtungen befiehlt‹] der, -en/-en, 1) ⚥ königl. Aufsichtsbeamter. 2) ⚥ Gemeindevorsteher. 3) im schweiz. Kanton Luzern: Vorsitzender des Regierungsrates. **Schulthek** der, -(e)s/-en, **Schultheke** die, -/-n, schweiz.: Schulmappe, Ranzen. **Schulung** die, -/-en, Belehrung, Unterricht, Ausbildung: Schulungslehrgang; Gedächtnisschulung; politische S.; S. für Betriebsräte. **Schulweisheit** die, trockenes, einseitiges, angelerntes Bücherwissen. **Schulwesen** das, -s, alles, was die Schule betrifft.
Schulze [zu Schultheiß] der, -n/-n, ⚥ Gemeindevorsteher.
Schummel [aus Rotwelsch] der, -s, U kleinerer Betrug.
Schummelei die, -/-en, U Mogelei. **schummeln**, ich schumm(e)le (habe geschummelt), U schwindle, betrüge, mogele.
Schummer [mnd. schummer, verwandt mit Schimmer] der, -s/-, norddt., mitteldt.: Dämmerung: Schummerstunde, Dämmerstunde. **schumm(e)rig. schummern**, ich schumm(e)re (habe geschummert), 1) es, hebe auf Landkarten die Bodenformen durch Schattierung hervor. 2) es schummert, norddt., mitteldt.: dämmert. **Schummerung** die, -/-en, Schattierung auf Landkarten.
Schumperlied das, ostmitteldt.: Liebeslied. **schumpern**, ich schump(e)re (habe geschumpert) ihn, ostmitteldt.: schaukele auf dem Schoß.
schund, von schinden. **Schund** [frühnhd. ›Abfall beim Schinden‹] der, -(e)s, Ausschußware, Abfall, Wertloses: Schundware; Schundliteratur, künstlerisch wertlose Schriften.
schunkeln [zu schaukeln], ich schunk(e)le (habe geschunkelt), U schaukele, wiege mich hin und her: Schunkellied; Schunkelwalzer.
Schupf [mhd. schupf] der, -(e)s/-e, oberdt.: Stoß. **Schupfe** die, -/-n, oberdt.: 1) Schaukel. 2) Schöpfkelle. **schupfen**, ich schupfe (habe geschupft) ihn, es, oberdt.: 1) stoße, werfe. 2) schaukele. **Schupfen** der, -s/-, oberdt.: Schuppen.
Schupo, 1) die, -, U Kurzw. für: Schutzpolizei. 2) der, -s/-s, U Kurzw. für: Schutzpolizist.
Schupp [russ. šuba ›Pelz‹] der, -s/-en, Waschbär und dessen Fell, ÜBERS. R 8.
Schupp der, -(e)s/-e, niederdt.: Schub, Stoß: er sitzt auf dem S., ist bereit.
Schuppe [mhd. schuope] die, -/-n, 1) ⚕ Hautplättchen, z. B. bei Schmetterlingen, Kriechtieren, Fischen, ABB. F 22: es fällt ihm wie Schuppen von den Augen, U er erkennt plötzlich die Zusammenhänge, den wahren Sachverhalt. 2) ⚕ trockene Abschilferung der Haut: Schuppenflechte. 3) ⚕ Talgabsonderung der Kopfhaut. 4) ⚘ Haar- oder Blattgebilde, ABB. T 5. 5) Plättchen, z. B. Metallplättchen an manchen Panzern. 6) ⊕ aus seinem Verband gelöstes Gesteinspaket.
Schüppe die, -/-n, niederdt.: Schippe, Schaufel.
schuppen [zu Schubs], ich schuppe (habe geschuppt) ihn, es, U stoße, schubse.
schuppen [mhd. schuopen], ich schuppe (habe geschuppt), 1) einen Fisch, entferne die Schuppen. 2) die Haut schuppt sich, bildet Schuppen.
schüppen, ich schüppe (habe geschüppt) es, niederdt.: 1) schaufle, schippe. 2) schöpfe.
Schuppen [verwandt mit Schober und Schopf] der, -s/-, überdeckter Raum (für Wagen, Geräte), leichtes Bauwerk, Anbau: Speicher, ABB. S 5, B 12, B 14, G 3, H 3: das ist aber ein alter S., U ein baufälliges, altes Haus; Beatschuppen, U Tanzlokal für Jugendliche; Geräteschuppen. **Schuppenpanzer** der, ein Panzer mit kleinen Metallplättchen, ABB. R 33. **Schuppentier** das, zahnloses Säugetier mit Hornschuppen. **schuppig**, mit Schuppen; wie Schuppen.
Schups der, -es/-e, süddt.: Schubs, Stoß, Puff. **schupsen**, ich schupse (habe geschupst) ihn.
Schur [mhd. schuor, zu scheren] die, -/-en, 1) das Scheren der Schafe: Schurwolle; Schafschur. 2) Schnitt von Pflanzen, bes. Mahd, Heu-, Kleeschnitt. 3) der, -s, U Plage, Schererei: er tut es mir zum S.
Schür|eisen das, Feuerhaken, ABB. O 1. **schüren** [mhd. schürn] ich schüre (habe geschürt) es, fache an, errege: ich schürte ihren Haß, Argwohn, ihr Mißtrauen, Ü vergrößere. **Schürer** der, -s/-, 1) Heizer. 2) Schüreisen.
Schurf [mhd. schurf] der, -(e)s/ˮe, ⚒ 1) ⚒ Grube zum Schürfen; das Schürfen. 2) Ritzer, Hautabschürfung. **schürfen** [ahd. scurfan] ich schürfe (habe geschürft), 1) ⚒ es, nach

der Henkel · der Deckel · die Milchschale (die Satte) · der Einschnitt · die Waschschüssel · der Rand · die Kartoffelschüssel · der Bauch · der Fuß · die Suppenschüssel · die Salatschüssel · die Obstschale · die Bowle · der Bowlenlöffel · die Bettschüssel · die Blumenschale · die Aschenschale (der Aschenbecher) · **Schüssel und Schale** · die Seifenschale · die Bürstenschale (für die Zahnbürste)

etwas, grabe, suche nach nutzbaren Mineralien auf ihrer natürlichen Lagerstätte: *sie schürfen nach Gold; Schürfrecht; Schürfschein.* **2)** Ü suche emsig, forsche: *wir wollten in dieser Angelegenheit nicht tiefer schürfen;* vgl. tiefschürfend. **3)** *mich,* es, verletze leicht (Haut): *Schürfwunde.* **Schürfung** die, -/-en.

schürgen [ahd. scurgen], *ich* schürge (habe geschürg[e]t) *es, schweiz.:* stoße, treibe. **Schurigelei** die, -/-en. **schurigeln,** *ich* schurig(e)le (habe geschurigelt) *ihn,* U quäle, schikaniere. **Schurke** [ahd. (fiur)scurgo›(Feuer)schürer‹] der, -n/-n, gemeiner, ehrloser Mensch, Verräter. **Schurkenstreich** der, **Schurkerei** die, -/-en, gemeine, Treue und Ehre verletzende Handlung. **schurkisch.**

Schurre [mnd. sc(h)urren, zu scharren] die, -/-n, norddt.: Gleitbahn über Geröll, auch über Eis. **schurren,** *ich* schurre (habe geschurrt), *norddt.:* **1)** (auch bin geschurrt), gleite, schlittere. **2)** scharre.

Schurz [ahd. scurz ›kurz‹] der, -es/-e, um die Hüften gebundenes Kleidungsstück, vgl. ABB. K 44. **Schürze** die, -/-n, Überbekleidungsstück zum Schutz gegen Beschmutzung, ABB. K 25: *Kittelschürze; Schürzenkleid.* **schürzen,** *ich* schürze (habe geschürzt), **1)** *es,* hebe, raffe: *ich s. den Rock, die Lippen.* **2)** *den Knoten,* schlinge den Faden zum Knoten; P führe einen Konflikt herbei (im Drama). **Schürzenjäger** der, U ein Mann mit betontem Interesse für Frauen.

Schuß [ahd. scuz] der, Schusses/Sch'üsse, nach Mengenangaben auch -, **1)** das Abfeuern eines Geschosses, das Abdrücken einer Feuerwaffe, auch das dabei entstehende Geräusch und das Geschoß selbst: *Schußrichtung; Schußverletzung; Schußwinkel; Bauchschuß; da fiel ein S.; der S. traf ins Schwarze,* in den Mittelpunkt der Zielscheibe, Ü etwas traf den Kern der Sache; *er ist weit vom S.,* U weit entfernt von der Gefahr; *er ist keinen S. Pulver wert,* U taugt nichts. **2)** kräftiges Fortbewegen eines Balles, harter Fußstoß beim Fußball: *der letzte S. traf ins Tor.* **3)** *ohne Pl.,* Schwung, schnelle Fahrt: *ich fahre S.,* Skisport: fahre in Schußfahrt; *sie hat den Haushalt gut in S.,* U in Ordnung; *es kommt in S.,* in Gang. **4)** *ohne Pl.,* schnelles Wachstum: *der Junge hat im letzten Jahr einen kräftigen S. getan,* U. **5)** *ohne Pl.,* Weberei: Schußfaden, Einschlag. **6)** *ohne Pl.,* Schub, soviel wie man auf einmal hineingießt, kleine Menge: *ein S. Rum; eine (Berliner) Weiße mit S.,* Weißbier mit Himbeersaft; *der Artikel war mit einem kräftigen S. Ironie gewürzt,* Ü. **7)** ⚒ Sprengung, Sprengladung. **8)** auch Schutz, *südwestdt.:* Stoß; Sprung; Abhang; Strecke. **9)** *ohne Pl.,* U Injektion von Drogen: *er setzt, drückt sich einen S.* **schußbereit.**

Schussel, 1) der, -s/-, U hastiger, fahriger Mensch. **2)** die, -/-n, *ostmitteldt.:* Schlitterbahn.

Schüssel [ahd. scuzzila, zu lat. scutella ›Trinkschale‹] die, -/-n, **1)** rundliches Gefäß, bes. für Speisen, ABB. E 10, G 7, S 41: *Salatschüssel.* **2)** das in der Schüssel aufgetragene Gericht.

schusselig, auch schußlig, U übereilt handelnd, fahrig. **Schusseligkeit** die, -, auch Schußligkeit: *in ihrer S. hat sie die Briefe vertauscht.* **schusseln,** *ich* schussele, schußle, **1)** (habe geschusselt), U handle übereilt, fahrig. **2)** (bin geschusselt), *ostmitteldt.:* schlittere.

Schusser [mhd. schuzzer] der, -s/-, *schwäb., bair.:* Murmel, Spielkugel. **schussern,** *ich* schussere, schußre (habe geschussert), spiele mit Murmeln.

Schußfaden der, der Querfaden eines Gewebes, ABB. G 19. **Schußfahrt** die, Skisport: schnelle, ungebremste Abfahrt. **Schußfeld** das, das von einer Schußwaffe bestrichene Gelände. **Schußgeld** das, Entgelt für die Erlegung schädlichen Wildes. **schußgerecht,** ein gutes, erreichbares Ziel bildend. **Schußkanal** der, 🜏 bei Schußverletzungen der Weg des Geschosses durch den Körper.

schußlig, schusselig. **Schußlinie** [-iə] die, Richtung, in die ein Schuß abgegeben wird. **Schußwaffe** die, Sammelname für Waffen, bei denen Geschosse durch einen Lauf getrieben werden.

Schuster [mhd. schuochsutære, zu Schuh und lat. sutor ›Näher‹] der, -s/-, **1)** Schuhmacher: *auf Schusters Rappen,* U zu Fuß; *S., bleib bei deinem Leisten!,* U tu nur das, wovon du etwas verstehst!, bleib in deinem Fachgebiet! **2)** als Scheltwort: Pfuscher. **Schusterahle** die, Pfriem. **Schusterbaß** der, U das Mitsingen der Melodie der Oberstimme in der tieferen Oktave (statt der vorgeschriebenen Baßstimme). **Schusterdraht** der, gepechter Faden. **Schusterei** die, -/-n, U Schuhmacherei. **Schusterjunge** der, **1)** U Lehrling des Schuhmacherhandwerks. **2)** ⊞ die erste Zeile eines neuen Absatzes, die noch am vorangehenden Seitenende steht. **3)** *norddt.:* Roggenbrötchen. **Schusterkugel** die, 🜩 wassergefüllte Glaskugel, die das Licht dahinterstehender Lichtquellen sammelt. **schustern,** *ich* schust(e)re (habe geschustert), **1)** 🜩 arbeite als Schuhmacher. **2)** U pfusche.

Schute [mnd. schute, zu schießen] die, -/-n, **1)** flacher, breiter Schleppkahn für den Hafenbetrieb, ABB. B 3. **2)** Kiepenhut, ABB. M 16. **3)** *nordwestdt.:* Spaten.

schutern, *ich* schut(e)re (habe geschutert) *es, niederdt.:* tausche ein.

Schutt der, -(e)s, Trümmer, Gesteinstrümmer, Abfall: *Schuttabladeplatz; S. abladen verboten!; die Stadt wurde in S. und Asche gelegt,* vollständig zerstört. **Schütt** der, -(e)s, *bair.:* **1)** Schutt. **2)** Sandbank. **Schütte** die, -/-n, **1)** kleine Schublade in Küchenschränken (z. B. für Zucker, Salz, Mehl). **2)** 🜏 krankhafter Nadelfall. **3)** 🐗 Futter, auch Futterplatz der Wildschweine und Fasanen. **4)** *oberd.:* Kornspeicher. **5)** *oberd.:* Bettstreu, besonders Langstroh. **6)** *oberd.:* Schutt. **7)** *oberd.:* Platzregen. **Schüttelfrost** der, 🜏 Begleiterscheinung bei hohem Fieber. **schütteln** [ahd. scutilon], *ich* schütt(e)le (habe geschüttelt), bewege schnell hin und her: *ich s. verneinend den Kopf; sie schüttelt die Betten; er schüttelte die Äpfel vom Baum; ich s. ihm die Hand,* begrüße der beglückwünsche ihn; *er hat die Sache nur so aus dem Ärmel geschüttelt,* U ohne längere Vorbereitung erledigt; *vor Gebrauch schütteln!,* Aufschrift, z. B. auf Arznei-, Kosmetikflaschen. **2)** *mich,* bewege mich heftig: *der nasse Hund schüttelt*

sich; bei diesem Anblick schüttelte ich mich vor Ekel. **3)** es schüttelt mich, läßt die Glieder heftig erbeben. **Schüttelreim** der, ein Reimspiel, Übers. R 15. **Schüttelrutsche** die, eine Förderanlage. **schütten** [ahd. scutten], ich schütte (habe geschüttet), **1)** es, gieße, lasse strömen, fließen: ich s. Wasser, Mehl, Körner, Abfälle in ein Gefäß; Schüttgut; Schüttladung. **2)** es, oberdt.: schüttele. **3)** es, niederdt.: schütze, pfände. **4)** es, niederdt.: schütze, sperre ab. **5)** Getreide schüttet gut, gibt guten Ertrag. **6)** es schüttet, U regnet heftig.
schütter [ahd. sceter], dünn, spärlich: schütteres Haar.
schüttern [vgl. erschüttern], es schüttert (hat geschüttert), stößt, bebt, donnert.
Schütthalde die, **Schütthang** der, ⊕ am Fuß von Felswänden aufgehäufter Gesteinsschutt, Abb. B 20. **Schüttung** die, -/-en, **1)** aufgelegte Schicht (Stroh, Erde); vgl. Abb. P 7. **2)** Ergiebigkeit einer Quelle.
Schutz [mhd. schuz, zu schützen] der, -es, etwas, das vor Unangenehmem oder Bedrohlichem bewahrt, Sicherheit bietet: Schutzanstrich; Schutzbrille; Schutzhelm; Mutterschutz; Naturschutz; Umweltschutz; S. gegen oder vor Kälte; S. gegen Einbrecher; unter meinem S.; der Baum bietet uns S.; im, unter dem S. der Dunkelheit; ich nehme ihn in S., Ü trete für ihn ein, verteidige ihn. **2)** Pl. -e, südwestdt.: Schuß, Stoß. **Schütz** das, -es/-e, auch -en, **1)** in Wasserläufen ein Absperr- und Stauverschluß zur Regelung des Durchflusses, Abb. W 7. **2)** ⚡ ein elektromagnet. Schaltgerät. **Schutzbefohlene** der, -n/-n, ein -r, eine -, jemand, der einem zum Schutz anvertraut ist. **Schutzbehauptung** die, wenig glaubwürdige Behauptung, die einen Fehler rechtfertigen soll. **Schutzblech** das, ⟿ Kotflügel, gewölbtes Blech über Fahrzeugrädern zum Abhalten von Straßenschmutz, Abb. F 3, K 39, K 40.
Schütze [ahd. scuzz(i)o, zu schießen] der, -n/-n, **1)** jemand, der schießt, bes. mit einer Feuerwaffe: er ist ein guter S.; Torschütze; Schützenhaus; ⚶ einfacher Infanterist. **2)** ohne Pl., ✠ ein Sternbild des Tierkreises, Übers. A 22. **4)** Schützenfisch.
schützen [mhd. schützen], ich schütze (habe geschützt), **1)** mich, ihn, es, gewähre Schutz, behüte, verteidige: vor dieser Gefahr kann man sich (nicht) schützen; das Gesetz soll die Interessen der Mieter schützen; sie stellte sich schützend vor ihre Kinder; das Patent ist (gesetzlich) geschützt. **2)** es, ⚶ sperre ab: ich s. Wasser, staue es. **3)** es, ⚶ pfände.
Schützen der, -s/-, Weberschiffchen, Träger der Schußspule.
Schützenfest das, Volksfest mit Schießwettkämpfen des Schützenvereins.
Schutz|engel der, nach kath. Lehre jedem Menschen zur Leitung und Hilfe beigegebener Engel.
Schützengraben der, ⚶ Graben zur Deckung der Infanterie. **Schützenkönig** der, der beste Schütze auf dem Schützenfest.
Schützer der, -s/-, etwas oder jemand, das oder der schützt: Knieschützer; Umweltschützer. **Schutzfarbe** die, **Schutzfärbung** die, die Schutztracht. **Schutzfrist** die, ⚖ der Zeitraum, währenddessen das geistige Eigentum gegen ungenehmigte Auswertung durch andere geschützt wird. **Schutzgebiet** das, einer fremden Oberhoheit unterstelltes Land: Kolonie. **Schutzgebühr** die: für den Katalog wird eine geringe S. erhoben. **Schutzhaft** die, ⚖ die polizeil. Verwahrung einer Person zu deren eigenem Schutz oder zum Schutz der Allgemeinheit. **Schutzheilige** der, die, kath. Kirche: Heilige(r), dessen (deren) Schutz man sich (oder eine Sache) anvertraut. **Schutzherrschaft** die, Protektorat.
schützig, schützlig.
schutz|impfen, nur Infinitiv und Partizip Perfekt üblich, eine Schutzimpfung durchführen: ich lasse mich schutzimpfen; schutzgeimpfte Kinder. **Schutz|impfung** die, ⚕ meist vorbeugende, künstl. Erzeugung einer Immunität: Pockenschutzimpfung. **Schutz|insel** die, Verkehrsinsel, vgl. Abb. S 72.
Schutzkontaktsteckdose die, **Schutzkontaktstecker** der, ⚡ Steckdose, Stecker mit Kontakten für den Schutzleiter, die beim Einführen des Steckers in die Steckdose früher schließen als die stromführenden Kontakte, Abb. S 61.
Schutzleiter der, ⚡ Leiter für Schutzerdung, Nullung oder Schutzschaltung elektrischer Geräte.
schützlig, auch schützig, schweiz.: hastig, blindlings.
Schützling der, -s/-e, **1)** jemand, für den man sorgt oder den einem zum Schutz anvertraut. **2)** schweiz.: Schößling, Trieb.
schutzlos, wir waren dem Unwetter s. ausgeliefert. **Schutzlosigkeit** die, -. **Schutzmann** der, -(e)s/²er oder . . . leute,

Polizist. **Schutzmarke** die, das Warenzeichen. **Schutzpolizei** die, U Kurzw. für: Schupo, ein Teil der Polizei. **Schutzraumbauten**, Pl., Sammelbez. für Luftschutzbauten. **Schutztracht** die, ⚶ tarnende Gestaltung der Körperoberfläche bei dazu passendem Verhalten, z. B. Mimikry. **Schutzumschlag** der, Abb. B 53. **Schutzwaffe** die, eine Sammelbezeichnung bes. für Helme, Panzer, Schilde. **Schutzzoll** der, Einfuhrzoll zum Schutz der Inlanderzeugung.
Schuw das, -es/²e, niederdt., westdt.: Schublade.
schüzeln, es schüzelt (hat geschüzel[e]t) mir, schweiz.: mir graust.
Schw., Abk. für: Schwester.
Schwabacher die, -, auch Schwabacher Schrift, ⚹ eine Schriftart der Fraktur.
Schwabelei die, -/-en, das Schwabbeln. **schwabb(e)lig**, U wackelig, weich, schlaff. **schwabbeln** [niederdt., zu schwappen], ich schwabb(e)le (habe geschwabbelt), **1)** (es), U schwabbe. **2)** norddt.: schwatze. **3)** es, ⚙ bearbeite die Oberfläche von Metallen. **4)** es schwabbelt, U wackelt, schlottert (bes. etwas gallertartig Weiches). **schwabben**, ich schwabbe (habe geschwabbt), U **1)** es, verschütte. **2)** es schwabbt (auch ist geschwabbt), bewegt sich, droht überzufließen: die Milch ist auf den Boden geschwabbt. **Schwabber** der, -s/-, ✠ ein Wischer, Besen. **schwabbern**, ich schwabb(e)re (habe geschwabbert), **1)** (es), schwabbe, schwabbele. **2)** es, ✠ wische das Deck.
Schwabe [vgl. Schabe] die, -/-n, Schabe, Kakerlak.
Schwabe [ahd. swabo, vgl. Sueben] der, -n/-n, Bewohner der Landschaft Schwaben: die Sieben Schwaben (dt. Volkssage). **schwäbeln**, ich schwäb(e)le (habe geschwäbelt), spreche in schwäbischer Mundart. **Schwaben|alter** der, U 40 Jahre (weil die echten Schwaben erst dann zu Verstand kommen sollen). **Schwabenstreich** der, lächerl. Streich. **Schwäbin** die, -/-nen, Bewohnerin von Schwaben. **schwäbisch**, die Landschaft Schwaben, die Schwaben betreffend: die schwäbische Mundart, Übers. M 24; aber: die Schwäbische Alb.
schwach, schwächer, am schwächsten [mhd. swach ›schlecht‹, ›gering‹], **1)** arm an Kraft oder Geist; (nicht stark, kraftlos, dünn: schwachmütig; ein noch ganz s.; das Eis ist noch s.; diese Theorie steht auf schwachen Füßen, U ist nicht gut unterbaut; ein Beweis ist s., überzeugt nicht; ein schwaches Buch, U ist nicht sehr gutes; die schwache Geschlecht, U die Frauen; meine schwache Seite ist der Wein, U ich habe eine Vorliebe für Wein; eine schwache Stunde, U in der man nicht willensstark ist; er hat ein schwaches Gedächtnis, ist sehr vergeßlich; ein schwacher Schüler, Schüler, dessen Leistungen gering sind; mit schwacher Stimme, leise. **2)** gering an Zahl oder Menge: die Versammlung war s. besucht, aber: eine schwachbesuchte Versammlung; das Land ist s. bevölkert, aber: ein schwachbevölkertes Land. **3)** minderwertig, gehaltlos: der Kaffee ist s.; eine schwache Lauge. **4)** schwache Flexion, Übers. A 4, S 77, V 2; schwache Verben. **Schwäche** die, -/-n, **1)** Mangel an Kraft; Geringwertigkeit: die S. seiner Augen hat zugenommen; die S. dieser Arbeit liegt in der Gliederung; er hat seine Schwächen, Fehler, Nachteile, Mängel. **2)** für etwas, Vorliebe. **schwächen**, ich schwäche (habe geschwächt), **1)** mich, ihn, es, kraftlos, schwach, matt, mache geringer. **2)** ein Mädchen, ⚶ entehre es. **Schwachgas** das, Gas von niedrigem Heizwert. **Schwachheit** die, -/-en, **1)** ohne Pl., Schwäche, bes. das Fehlen der Widerstandskraft. **2)** bilde dir keine Schwachheiten ein!, U mach dir nicht falsche Vorstellungen! **Schwachkopf** der, U Dummkopf. **schwächlich**, ohne Kraft, oft kränkelnd, zart. **Schwächlichkeit** die, -. **Schwächling** der, -s/-e, körperlich oder charakterlich schwacher Mensch. **Schwachmatikus** der, -/. . . ker oder -se, U Schwächling. **Schwachsinn** der, -(e)s, **1)** ⚕ (angeborener) Intelligenzmangel unterschiedlicher Schwere. **2)** U Unsinn: so ein S.! **schwachsinnig. Schwachstrom** der, ⚡ Strom mit niedriger Spannung. **Schwachung** die, -.
schwaddern [vgl. schwadern], ich schwadd(e)re (habe geschwaddert), norddt.: **1)** (es), verschütte, gieße aus. **2)** es schwaddert, regnet sehr.
Schwade [mhd. swade] die, -/-n, **Schwaden** der, -s/-, Reihe gemähten oder auf lange Zeilen geharkten Grases oder Getreides.
Schwaden [mhd. swaden] der, -s/-, mit Gasen oder Dämpfen durchsetzte Luft: Rauchschwaden.
schwadern [mhd. swateren ›rauschen‹], ich schwad(e)re (habe geschwadert), oberdt.: **1)** schnattere; schwätze. **2)** es schwadert, plätschert.

Schwa|dron [ital. squadrone, eigtl. ›großes Viereck‹, zu lat. quadrus ›viereckig‹] *die, -/-en,* ⚔ Truppeneinheit bei der Kavallerie. **Schwadroneur** [-nˈøːr] *der, -s/-e,* U Prahler, Aufschneider. **schwa|dronieren,** *ich* schwadroniere (habe schwadroniert), U prahle, schneide auf.

Schwafelej [Herkunft unsicher] *die, -,* Geschwätz, törichtes Gerede. **schwafeln,** *ich* schwaf(e)le (habe geschwafelt), U rede töricht, ohne Sachkenntnis.

Schwager [ahd. suagur ›zum Schwiegervater gehörig‹, zu lat. socer ›Schwiegervater‹] *der, -s/ᵘ,* **1)** ÜBERS. F 6. **2)** ✂ gemütliche Anrede wie: Herr Nachbar, Gevatter. **3)** ✂ Postillion, Postkutscher. **Schwägerin** *die, -/-nen,* ÜBERS. F 6. **schwägerlich,** auf den Schwager, die Schwägerin oder die Schwägerschaft bezogen. **Schwägerschaft** *die, -/-en,* ♊ Affinität, Rechtsverhältnis zwischen einem Ehegatten und den Blutsverwandten des anderen. **Schwäher** [ahd. swehur] *der, -s/-,* ✂ **1)** Schwiegervater. **2)** Schwager.

schwajen, *ein Schiff* schwait (hat geschwait), schwoit.

Schwaige [mhd. sweige] *die, -/-n, oberdt.:* Sennerei, Viehgehöft: *Schwaighof.* **schwaigen,** *ich* schwaige (habe geschwaigt), *oberdt.:* bereite Käse. **Schwaiger** *der, -s/-, oberdt.:* Alpenhirt, Senner. **Schwaigerin** *die, -/-nen, oberdt.:* Sennerin.

schwajen, *ein Schiff* schwajt (hat geschwajt), schwoit.

Schwal *der, -es/ᵘe,* 🐟 die Plötze.

Schwälbchen *das, -s/-.* **Schwalbe** [ahd. swalewa] *die, -/-n,* ein Singvogel: *Rauchschwalbe; Mehlschwalbe;* Ü Frühlingsbote: *eine S.* macht noch keinen Sommer, Ü ein erstes Anzeichen hat nichts zu bedeuten. **Schwalbennest** *das,* **1)** Nest der Schwalbe. **2)** das eßbare Nest indischer Seglervögel. **3)** ⚔ früher: Uniformabzeichen für Musiker. **Schwalbenschwanz** *der,* **1)** ⊙ trapezförmiges Verbindungsstück, ABB. H 24. **2)** U Rockschoß am Frack. **3)** 🦋 ein Edelfalter.

Schwalch [mhd. swalch ›Schlund‹, ›Woge‹, zu schwelgen] *der, -(e)s/-e,* **1)** ✂ Öffnung des Schmelzofens. **2)** *mitteldt.:* Dampf, Qualm. **3)** *niederdt.:* Schwall. **4)** *niederdt.:* Schwelgerei. **schwalchen,** *es* schwalcht (hat geschwalcht), ✂ raucht, blakt. **Schwalk** *der, -(e)s/-e, niederdt.:* **1)** Dampf, Qualm. **2)** Bö. **schwalken,** *ich* schwalke (habe geschwalkt), *niederdt.:* **1)** treibe mich herum. **2)** *es* schwalkt, qualmt.

Schwall [mhd. swal, zu schwellen] · *der, -(e)s/-e,* Flut, gewaltiger Guß, etwa: *ʾy* steile, gehäufte Wellen: *der S. seiner Worte,* Ü sein Redefluß; *Redeschwall.*

Schwalm *der, -(e)s/-e,* **1)** Vogel Australiens und indomalaiischer Inseln. **2)** *niederdt.:* Schwalbe.

schwamm, von schwimmen.

Schwamm [ahd. swamp, got. swammes ›Meerschwamm‹] *der, -(e)s/ᵘe,* **1)** urtümliches mehrzelliges Wassertier. **2)** der elastische, saugfähige Skeletteil dieser Tiere; Waschgerät daraus oder aus Kunststoff: *Naturschwamm; Badeschwamm; Schwammtuch; Schwammfischerei; S. drüber!,* U das soll vergessen sein. **3)** auch Schwammerl, *oberdt.:* Pilz: *Zunderschwamm.* **4)** *Pl.* selten, kurz für: Hausschwamm, ein holzzerstörender Pilz. **Schwämmchen** *das, -s/-,* **1)** Diminutiv von Schwamm. **2)** 💲 Erkrankung der Mundschleimhaut. **Schwammerl** *das, -s/-(n), oberdt.:* Pilz. **schwammig,** schwammartig; aufgedunsen, weich (Körper, Gesicht). **Schwammkunststoffe,** *Pl.,* künstlich hergestellte schwammartige Stoffe, z. B. Schwammgummi, Schaumkunststoffe.

Schwan [ahd. swan, verwandt mit lat. sonare ›tönen‹, zu altind. svanati ›schallt‹] *der, -(e)s/ᵘe,* **1)** ein großer, langhalsiger Schwimmvogel; Sinnbild stolzer Schönheit: *schwanenweiß; mein lieber S.!,* U Ausruf des Erstaunens. **2)** ohne *Pl.,* ✸ ein Sternbild. **Schwänchen** *das, -s/-.*

schwand, von schwinden. **Schwand** [mhd. swant] *der, -(e)s, oberdt.:* **1)** mittelsteiler Abhang (meist unterhalb einer schroffen Wand). **2)** Schwund.

schwanen, *mir* schwant (hat geschwant) *es,* U ich ahne, fühle voraus: *ihm s. Unheil.*

Schwanengesang *der,* Ü letztes Werk, bes. eines Dichters (nach dem Glauben der Antike, daß der sterbende Schwan wunderbar singe). **Schwanenhals** *der,* **1)** Hals des Schwans; Ü schlanker, weißer Hals. **2)** beim Pferd: ABB. P 9. **3)** ⊙ S-förmig gebogener Teil, z. B. ABB. D 13. **4)** eine Raubtierfalle. **Schwan(en)jungfrau** *die,* halbgöttl. Wesen in Sage und Märchen, das Schwanengestalt annehmen kann.

schwang, von schwingen. **Schwang** [mhd. swanc] *der: es* kommt in *S.,* ist im Schwang(e), U wird Brauch, ist üblich.

schwanger [ahd. swangar], **1)** ein Kind austragend, erwartend: *sie ist im 3. Monat s.* **2)** *mit etwas,* Ü erfüllt davon, etwas vorbereitend, in sich tragend: *mit diesem Plan geht er schon wochenlang s.* **Schwangere** *die, -n/-n,* schwangere Frau: *Schwangerenvorsorge; Schwangerengymnastik.* **schwängern** [mhd. swengern], *ich* schwäng(e)re (habe geschwängert), **1)** *eine Frau,* mache schwanger. **2)** *einen Stoff,* durchtränke, sättige: *die Luft war von (mit) Rauch, mit Wohlgerüchen geschwängert.* **Schwangerschaft** *die, -/-en,* Zustand, Zeit zwischen Empfängnis und Entbindung: *Schwangerschaftserbrechen.* **Schwangerschaftsabbruch** *der,* die künstliche Herbeiführung einer Fehlgeburt. **Schwangerschaftsreaktion** *die,* **Schwangerschafts|test** *der,* Untersuchungsverfahren zum frühzeitigen Nachweis einer Schwangerschaft. **Schwängerung** *die, -,* das Schwängern.

Schwanjungfrau *die,* Schwanenjungfrau.

schwank, hin und herend und schwankend, unfest, unsicher: *er ist (wie) ein schwankes Rohr im Winde.* **Schwank** [vgl. Schwang] *der, -(e)s/ᵘe,* übermütiger Streich, scherzhafte Geschichte; derb-komisches Bühnenstück: *er erzählte einen S. aus seinem Leben; sie spielten einen Bauernschwank.* **Schwänkchen** *das, -s/-.* **schwanken** [mhd. swanken], *ich* schwanke (habe geschwankt), **1)** (auch bin geschwankt), schwinge hin und her, gehe oder stehe unsicher: *der Betrunkene schwankte ins Zimmer; die Zweige schwanken im Wind.* **2)** Ü zögere, bin unsicher; kann mich nicht entscheiden: *ich s. noch, ob ich den Anzug kaufen soll.* **3)** *von etwas,* ist nicht stabil: *die Preise, Kurse schwanken.* **Schwankung** *die, -/-en: Konjunkturschwankungen; Temperaturschwankung.*

Schwänte *die, -/-n, schweiz.:* Drüsenschwellung.

Schwanz [mhd. swanz, zu swanzen ›schwänzeln‹] *der, -es/ᵘe,* **1)** bei Wirbeltieren der bewegliche Fortsatz des Rumpfes hinter dem After: *Schwanzfeder; Schwanzflosse; Mauseschwanz; freudig wedelte der Hund mit dem S.; er hat das Pferd am (beim) S. aufgezäumt,* Ü eine Sache falsch angepackt; *er hat dem Tier Salz auf den S. gestreut* (um es einzufangen, zu stehlen), U scherzhaft; *er fühlte sich auf den S. getreten,* U war beleidigt; *er zieht den S. ein,* U gibt klein bei, fügt sich kleinlaut (wie ein ängstl. Hund); *kein S. war zu sehen,* U kein Mensch. **2)** U Ende, langer hinterer Ansatz, Anhang, z. B. am Drachen, beim Flugzeug; Frackschoß; Kleiderschleppe. **3)** U Fortsetzung, Nachspiel; nachzuholende Teilprüfung: *in Mathematik hat er einen S. gebaut (gemacht).* **4)** U lange Reihe wartender Menschen (›Schlange‹). **5)** V männl. Glied. **Schwanzbein** *das,* 💲 Steißbein. **Schwänzchen** *das, -s/-,* Ringelschwänzchen.

Schwänze *die, -,* auch Corner, ⚎ eine Börsensituation, bei der die Baissiers infolge eines durch Spekulation herbeigeführten Materialmangels alle Preisforderungen akzeptieren müssen. **schwänzeln** [mhd. swenzeln ›schwenken‹, ›putzen‹, ›zieren‹], *ich* schwänz(e)le (habe, bin geschwänzelt), **1)** gehe geziert, tänzelnd. **2)** *um ihn,* U suche mich bei ihm beliebt zu machen. **3)** *der Hund* schwänzelt (hat geschwänzelt), wedelt mit dem Schwanz. **schwänzen,** *ich* schwänze (habe geschwänzt), **1)** *eine Pflicht,* U versäume absichtlich: *ich s. die Schule, eine Vorlesung.* **2)** ✂ schwänze. **3)** ⚎ beeinflusse den Wert durch Aufkauf oder Zurückhalten. **Schwänzer** *der, -s/-,* V jemand, der etwas absichtlich versäumt. **schwanzlastig,** im hinteren Teil zu schwer beladen (Flugzeug). **Schwanzlurch** *der,* 🦎 echsenähnlicher Lurch, z. B. Molch, Salamander.

schwapp!, Schallwort für das Klatschen, z. B. eines Wassergusses. **schwappen,** *es* schwappe (habe geschwappt), U **1)** *es,* verschütte. **2)** *es* schwappt, bewegt sich, droht überzufließen: *das Wasser ist aus dem Eimer geschwappt.* **schwaps!,** schwapp!

Schwär *der, -(e)s/-e,* die Schwäre.

schwarben, *ich* schwarbe (habe geschwarb[e]t) *es, schweiz.:* raffe zusammen; lege Heu in Schwaden.

Schwäre [ahd. swero ›Schmerz‹, ›Qual‹, ›Gebrechen‹] *die, -/-n,* eiterndes Geschwür. **schwären,** *es* schwärt (schwärte, hat geschwärt), ✂ schwiert, schwor, hat geschworen), eitert. **schwärig.**

Schwark [mhd. swarc] *der, -(e)s/-e, niederdt.:* Gewitterwolke.

Schwarm [ahd. swar(a)m, verwandt mit schwirren] *der, -(e)s/ᵘe,* **1)** Gruppe, Ansammlung; Verband von vielen fliegenden Lebewesen, z. B. Vögeln, Insekten: *Heringsschwarm; ein S. von jungen Leuten; ein S. (von) Bienen.* **2)** Liebhaberei, Gegenstand der Liebhaberei: *Jugendschwarm; sie ist mein S.* **3)** *mitteldt.:* Verblendung, Torheit. **4)** *oberdt.:* wilde Lustbarkeit. **schwärmen** [ahd. sweremen], *ich* schwärme, **1)** (habe geschwärmt) *für ihn, etwas,* empfinde leiden-

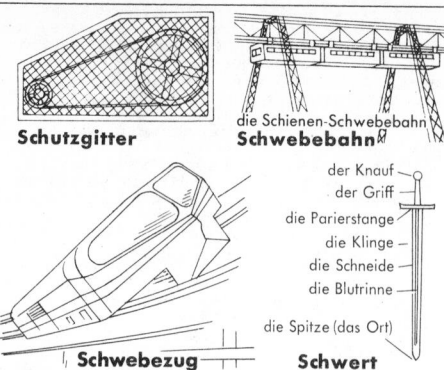

Schutzgitter — die Schienen-Schwebebahn **Schwebebahn**

der Knauf · der Griff · die Parierstange · die Klinge · die Schneide · die Blutrinne · die Spitze (das Ort)

Schwebezug **Schwert**

schaftliche Begeisterung, bin hingerissen davon: *ich s. für die Alpen, für rothaarige Mädchen.* **2)** *Bienen haben, sind geschwärmt,* ein Schwarm ist zur Gründung eines neuen Staates ausgeflogen. **Schwärmer** *der, -s/-,* **1)** jemand, der sich in Begeisterung verliert. **2)** auch Schwarmgeist, religiöser Eiferer. **3)** ein Feuerwerkskörper. **4)** 🐛 ein Schmetterling. **5)** ⚘ eine bewegliche Spore. **Schwärmerei** *die, -/-en,* übertriebene Begeisterung; Verzückung. **schwärmerisch.**

Schwarte [mhd. swarte] *die, -/-n,* **1)** zähe Außenhaut, z. B. am Speck: *Speckschwarte;* im Pelzhandel: Sommerfell; ⚚ Haut von Dachs und Wildschwein. **2)** U Haut. **3)** Schwiele. **4)** rindenbesäumtes Brett. **5)** U altes, wertloses (eigtl. schweinsledernes) Buch. **schwarten,** *ich schwarte (habe geschwartet),* U **1)** lese, bin versunken in Bücher. **2)** *ihn,* prügle. **Schwartenmagen** *der,* mit Preßwurst und Schwarte gefüllter Schweinemagen. **schwartig.**

schwarz, *schwärzer, am schwärzesten* [ahd. swa(r)z], **1)** von schwarzer Farbe, ohne jede Helligkeit, ganz dunkel, wie die Farbe der Nacht: *ein schwarzes Kleid; schwarzer Kaffee,* ohne Milch; *schwarze Wolken,* dunkle; *schwarzgestreift; schwarzhaarig; der Schwarze Erdteil,* Afrika; *Schwarzafrika;* Rassengegensätze *zwischen Schwarz und Weiß; das Schwarze Brett,* Aushang, Anschlagbrett; *schwarzer Körper,* Physik: ein Körper, der die elektromagnetische Strahlung aller Wellenlängen vollständig absorbiert; *schwarzes Loch,* ☆ Stern, der infolge seiner eigenen Schwere in sich zusammenstürzt; *mir wird s. vor den Augen,* U ich werde ohnmächtig; *das besitze ich s. auf weiß,* U gedruckt, schriftlich; *er ist s.,* U streng katholisch, steht politisch rechts. **2)** Sinnbild der Trauer, des Unglücks: *ein schwarzer Tag,* Unglückstag; *der Schwarze Tod,* die Pest; *er hat mir das Unternehmen in den schwärzesten Farben geschildert,* schlimmer als nötig; *der schwarze Peter,* vgl. Peter; *er wird s.,* Kartenspiel: bekommt keinen Stich; *da kannst du warten, bis du s. wirst,* U vergeblich; *ich habe mich über sie s. geärgert,* U sehr geärgert. **3)** Sinnbild des Bösen, Verbotenen: *er hegt schwarze Gedanken; er ist das schwarze Schaf in der Familie,* der mißratene Sohn; *der schwarze Mann,* U Schornsteinfeger, auch Kinderschreck; *schwarze Listen,* Verzeichnisse von Personen oder Sachen, über die Ungünstiges vermerkt ist; *schwarzer Markt,* der Schwarzhandel; *die Schwarze Kunst,* Zauberei, Buchdruckerkunst; *schwarzer Humor,* das Scherzen mit Schrecklichem, Grauenhaftem; *er ist s. über die Grenze gegangen,* U unter Vermeidung einer amtl. Grenzstation. **Schwarz** *das, -(es),* **1)** schwarze Farbe: *sie geht in S.,* trägt schwarze Kleidung, Trauerkleidung. **2)** Farbe im Roulett, ABB. R 28. **Schwarzarbeit** *die,* ⚒ Lohnarbeit unter Verstoß gegen die gesetzl. Bestimmungen. **schwarzarbeiten,** *ich arbeite schwarz* (habe schwarzgearbeitet). **schwarzäugig,** *ein schwarzäugiges Mädchen.* **Schwarzbeere** *die, bair., österr.:* Schlehe. **Schwarzbrot** *das,* Roggenvollkornbrot, Pumpernickel. **Schwarzdorn** *der,* ⚘ Schlehe. **Schwarzdrossel** *die,* 🐦 Amsel. **Schwarze,** **1)** *der, -n/-n, ein -r,* U Neger; seltener: Mann oder Junge mit schwarzen Haaren. **2)** *der, -n,* Teufel. **3)** *der, -n/-n, ein -r,* U Angehöriger einer klerikalen Partei; jemand, der politisch rechts steht. **4)** *der, -n/-n, ein -r, österr.:* Kaffee ohne Milch. **5)** *die, -n/-n, eine -,* U Negerin; seltener: Frau oder Mädchen mit schwarzen Haaren. **6)** *das, -n, ein -s,*

schwarze Stelle: *er hat ins S. getroffen,* in den Mittelpunkt der Schießscheibe, Ü den Kern der Sache; *schwarzes Kleid: sie trägt ihr kleines Schwarzes.* **Schwärze** *die, -/-n,* **1)** ohne Pl., schwarze Farbe, Dunkelheit. **2)** schwarzer Farbstoff: *Druckerschwärze.* **3)** Name verwitterter Erze. **4)** *ohne Pl.,* Name verschiedener Pflanzenkrankheiten. **schwärzen,** *ich schwärze* (habe geschwärzt) *es,* **1)** mache schwarz: *von Ruß geschwärzte Gläser.* **2)** *oberdt.:* schmuggle. **Schwärzer** *der, -s/-, oberdt.:* Schmuggler. **Schwarzerde** *die,* fruchtbarer Boden mit hohem Humusgehalt. **schwarzfahren,** *ich fahre schwarz* (fuhr schwarz, bin schwarzgefahren). **Schwarzfahrer** *der,* U jemand, der ohne Fahrkarte oder ohne Führerschein fährt. **Schwarzfäule** *die,* Name verschiedener Pflanzenkrankheiten. **Schwarzfleisch** *das,* Rauchfleisch, geräuchertes, äußerlich geschwärztes Schweinefleisch. **schwarzgefärbt,** *schwarzgefärbtes Haar;* aber: *ihr Haar ist schwarz gefärbt; sie hat auffallend schwarz gefärbtes Haar.* **Schwarzhandel** *der,* Warenverkauf außerhalb der normalen Absatzwege unter Umgehung von Zöllen und Steuern: *nach dem Krieg blühte der S.* **schwarzhören,** *ich höre schwarz* (habe schwarzgehört), U höre (Rundfunk, Vorlesungen) ohne Genehmigung und ohne Entrichtung von Gebühren. **Schwarzhörer** *der.* **Schwarzkümmel** *der,* Gartenpflanze. **Schwarzkunst** *die, -,* die Schabkunst. **schwärzlich,** leicht schwarz, schwarzgrau; sehr dunkel: *schwärzlichbraun.* **schwarzmalen,** *ich male schwarz* (habe schwarzgemalt), Ü bin pessimistisch. **Schwarzmalerei** *die,* Ü Pessimismus. **Schwarzmarkt** *der,* Schwarzhandel, auch Ort dafür: *Schwarzmarktpreis.* **Schwarzpulver** *das,* ein schwarzes Schießpulver. **schwarzrotgolden,** *das schwarzrotgoldene Fahne;* aber: *die Fahne Schwarz-Rot-Gold.* **Schwarzsauer** *das, -s,* ein mit Essig und dem Blut des jeweiligen Tieres zubereitetes Ragout aus Schweine-, Gänse- oder Entenfleisch. **schwarzsehen,** *ich sehe schwarz* (sah schwarz, habe schwarzgesehen), U **1)** bin pessimistisch, beurteile ungünstig: *in dieser Hinsicht habe ich schon immer schwarzgesehen;* aber: *du solltest das alles nicht so schwarz sehen.* **2)** benutze mein Fernsehgerät, ohne Gebühren zu entrichten. **Schwarzseher** *der.* **Schwarzsender** *der,* eine ohne die erforderliche Sendelizenz arbeitende Funksendeanlage. **Schwärzung** *die, -/-en,* **1)** das Schwärzen. **2)** Schwarzfärbung von photograph. Material. **Schwarzwasserfieber** *das,* schwere Malariaform, bei der schwarzgefärbter Urin auftritt. **Schwarzweißfilm** *der,* ein Film, der nur Helligkeitsabstufungen in Form von Grautönen wiedergibt. **Schwarzweißkunst** *die, -,* Graphik (Holzschnitt, Kupferstich). **schwarzweißmalen,** U male *(es)* schwarzweiß (habe schwarzweißgemalt), Ü stelle in starken Kontrasten dar. **Schwarzweißmalerei** *die.* **Schwarzwild** *das,* ⚚ Wildschwein. **Schwarzwurzel** *die,* ⚘ Korbblüter, ein Wurzelgemüse.

Schwatz [mhd. swaz] *der, -es/-e,* U kleine Plauderei, kurze Unterhaltung: *sie halten einen S.; Schwatzmaul.* **Schwatzbase** *die,* U redselige Frau. **Schwätzbase** *die, -/-s/-:* Frauen hielten ein S. **schwatzen** [mhd. swatzen, swetzen], *ich schwatze* (habe geschwatzt), **1)** plaudere vertraulich, rede viel. **2)** spreche während des Schulunterrichts. **schwätzen,** *ich schwätze* (habe geschwätzt), **1)** schwatze. **2)** *oberdt., mitteldt.:* rede. **Schwätzer** *der, -s/-,* **1)** Vielredner. **2)** oberflächlicher Redner. **Schwätzerei** *die, -/-en.* **schwatzhaft,** viel und Belangloses redend, geschwätzig. **Schwatzhaftigkeit** *die, -.*

Schwebe *die, -:* die Sache ist in der S., noch nicht entschieden; *Schwebezustand.* **Schwebebahn** *die,* Hängebahn mit Oberschiene oder Drahtseil, ABB. S 42, vgl. S 46. **Schwebebalken** *der,* ABB. S 55, T 22. **Schwebeflug** *der,* in der Luft auf der Stelle verharrender Flugzustand von Hubschraubern und Senkrechtstartern. **schweben** [ahd. sweben ›wogen‹, ›schwimmen‹], *ich schwebe* (hat geschwebt), **1)** (auch ist geschwebt), bewegt sich langsam in der Luft, hängt frei, bewegt sich, ohne festen Grund zu berühren: *der Vogel hat in der Luft geschwebt; der Luftballon ist durch die Luft geschwebt;* im *Raum schwebender Ton,* Ü ein lange nachklingender; *der Name s. mir auf der Zunge, den Lippen; das Bild s. mir deutlich vor Augen; sie s. in höheren Regionen,* Ü hat wirklichkeitsfremde Pläne. **2)** *ich schwebe,* Ü schwanke, befinde mich zwischen zwei Zuständen: *er schwebt zwischen Leben und Tod,* in Lebensgefahr. **3)** *ein Verfahren schwebt,* ⚖ ist noch im Gang, noch nicht entschieden. **schwebend, 1)** frei hängend, fliegend. **2)** U noch unentschieden, noch nicht erledigt: *schwebende Schuld; schwebende Geschäfte.* **3)** 🎵 flach steigend (unter 45°). **Schwebestütz** *der,* eine Turnstellung, ABB. L 6. **Schwebzug** *der,* auf

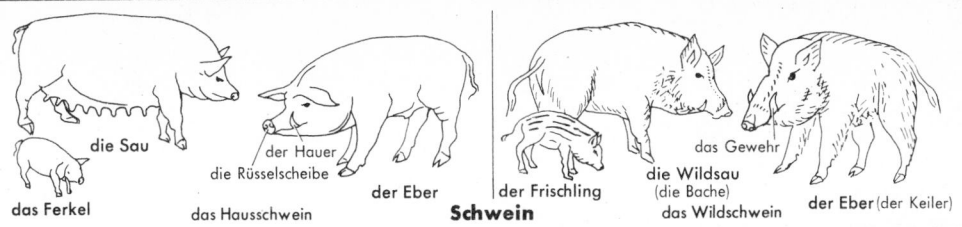

die Sau
der Hauer
die Rüsselscheibe
der Eber
das Ferkel
das Hausschwein
Schwein
der Frischling
die Wildsau
(die Bache)
das Gewehr
das Wildschwein
der Eber (der Keiler)

Luftkissen oder in magnet. Aufhängung schwebendes, spurgeführtes Fahrzeug, ABB. S 42. **Schwebstoffe,** *Pl.: S. in der Luft, im Wasser.* **Schwebung** *die, -/-en,* periodische Schwankung der Amplitude einer Schwingung oder Welle. **Schwede** *der, -n/-n,* Bewohner Schwedens. **Schwedenplatte** *die,* schwed. Vorspeisen. **Schwedenpunsch** *der,* ein kalter Punsch. **Schweder** *der, -s, niederdt.:* Kalbsmilch. **Schwedin** *die, -/-nen,* Bewohnerin Schwedens. **schwedisch,** Schweden oder die Schweden betreffend: *das schwedische Turnen,* Gymnastik, Leibesübungen zum Ausgleich von Körperschäden; *hinter schwedischen Gardinen,* U im Gefängnis. **Schwedisch** *das, -(s), dem -,* schwedische Sprache. ÜBERS. D 6; vgl. Deutsch. **Schwefel** [ahd. swebal, urverwandt mit lat. sulfur] *der, -s,* ꝺ Element, Zeichen: S, ein nichtmetallisches Element: *schwefelgelb; Schwefelblüte,* bei der Schwefeldestillation sublimierter, pulverförmiger Schwefel; *Schwefelquelle; Schwefelsalbe; sie halten zusammen wie Pech und S.,* U sehr fest. **Schwefelbande** *die,* U schlimme Gesellschaft; zu Streichen aufgelegte Bande. **Schwefelholz** *das,* ꝏ Zündholz, Streichholz. **schwef(e)lig,** schwefelhaltig, schwefelartig: *schweflige Säure,* ein starkes Reduktionsmittel. **Schwefelkies** *der,* Pyrit. **Schwefelkohlenstoff** *der,* ꝺ eine giftige Flüssigkeit, wichtiges Lösungsmittel. **schwefeln,** *ich* schwef(e)le (habe geschwefelt) *es,* 1) räuchere, tränke mit Schwefel. 2) bestäube Pflanzen zum Schutz gegen Schädlinge mit Schwefelpuder. 3) mache haltbar mit Schwefeldioxid (Lebensmittel): *geschwefelte Nüsse; die Rosinen sind stark geschwefelt.* **Schwefelsäure** *die,* eine der wichtigsten anorgan. Säuren (H₂SO₄). **Schwef(e)lung** *die, -/-en,* Verschwefelung. **Schwefelwasserstoff** *der,* ein übelriechendes giftiges Gas. **Schwegel** [ahd. swegala] *der, -/-n,* 1) eine Einhand-Schnabelflöte. 2) *schweiz.:* Rohrpfeife, Klarinettflöte. **Schwegler** *der, -s/-,* ꝏ Querpfeifer. **Schweif** [ahd. sweif ›umschlingendes Schuhband‹] *der, -(e)s/-e,* Schleppe, langer Schwanz, ABB. G 31, H 14, P 9: *Pferdeschweif; der Komet hat einen S.* **schweifen** [ahd. sweifan ›in drehende Bewegung versetzen‹, *ich* schweife (habe geschweift), 1) *es,* Holzbearbeitung: säge kreis- oder bogenförmig, forme einen Rand: *Schweifsäge.* 2) *es, alem.:* frisiert. 3) *es ist geschweift,* mit einem Schweif versehen (Komet). 4) (bin geschweift), wandere, gehe zailos: *er schweift gern durch die Wälder; ich lasse meine Gedanken, meine Blicke schweifen.* **Schweifstern** *der,* Komet. **schweifwedeln,** *ich* schweifwed(e)le (habe geschweifwedelt), 1) U schmeichle unterwürfig. 2) *ein Hund schweifwedelt,* ꝏ wedelt mit dem Schwanz. **Schweigegeld** *das,* Geld, mit dem das Stillschweigen über einen Vorgang erkauft wird. **schweigen** [ahd. swigen], *ich* schweige, 1) (habe geschwiegen) *auf etwas, über ihn, über etwas, von ihm,* sage nichts, bin still: *er schweigt auf meine Frage; zu diesem Vorwurf konnte er nicht schweigen; er kann schweigen,* ein Geheimnis bewahren; *da schweigt des Sängers Höflichkeit,* U redde ware hier zu peinlich; *die Musik schweigt,* spielt nicht; *seit gestern schweigen die Waffen; die schweigende Mehrheit.* 2) (habe geschwiegen) *ihn, oberdt.:* bringe zum Schweigen. **Schweigen** *das, -s,* Stille, Ablehnung, etwas zu sagen: *Schweigemarsch; das S. des Waldes,* P; *sie hüllte sich in S.,* U sagte nichts; *Reden ist Silber, S. ist Gold,* ein Sprichwort. **Schweigepflicht** *die,* Verpflichtung zur Wahrung des Berufsgeheimnisses. **Schweiger** *der, -s/-,* jemand, der nicht viel spricht, wortkarg ist. **Schweigezone** *die,* Geländestreifen, in dem ein davor und dahinter hörbarer Knall nicht zu hören ist. **schweigsam,** wortkarg, verschlossen, zurückhaltend. **Schweigsamkeit** *die, -.*

Schwein [ahd. swin, zu lat. suinus ›schweinern‹ von sus ›Schwein‹] *das, -(e)s/-e,* 1) ein Säugetier, einer der wichtigsten Fleischspender, ABB. S 43, vgl. F 25: *Schweinefleisch; Schweinebraten; süddt.: Schweinsbraten; Stachelschwein; kein S.,* U niemand; *er ist ein armes S.,* U ein bedauernswerter Mensch; Sinnbild der Unsauberkeit: *du S.!,* U derb: schmutziger oder unanständiger, gemeiner Mensch. 2) *ohne Pl.,* U Glück, unverhofft günstiger Ausgang (früher der letzte Preis, Trostpreis beim Schießen): *da hast du S. gehabt!* **Schweinchen** *das, -s/-.* **Schweinehund** *der,* U derb: nichtswürdiger Mensch, Lump: *der innere S.,* Ü die erbärmliche, feige Seite im Menschen. **Schweinerei** *die, -/-en,* U derb: 1) viel Schmutz, unordentlicher Zustand: *was ist das hier für eine S.!* 2) etwas sehr Unangenehmes: *so eine S.!* 3) Unanständigkeit, Zote. **schweinern,** *oberdt.:* aus Schweinefleisch. **Schweinerne** *das, -n,* ohne Artikel: *-s, oberdt.:* Schweinefleisch. **Schweinestall** *der,* 1) Stall, Verschlag für Schweine. 2) U derb: schmutzige Behausung. **Schweinfurter Grün** *das,* erstmals in Schweinfurt hergestelltes Doppelsalz des Kupfers, ein grünes Kristallpulver. **Schweinigel** *der,* 1) *meist niederdt.:* Swinegel, Igel. 2) U schmutziger, unanständiger Mensch. **Schweinigelei** *die, -.* **schweinigeln,** *ich* schweinig(e)le (habe geschweinigelt), U 1) mache Schmutz. 2) erzähle unanständige Geschichten, Witze. **schweinisch,** U derb: unanständig. **Schweinsaffe** *der,* ein Makak. **Schweinsleder** *das,* gegerbte Haut des Hausschweins, z. B. für Handschuhe, früher oft für Bucheirbände. **Schweinsledern. Schweinsohr** *das,* 1) ein Ohr des Schweins (als Suppenfleisch). 2) ein Blätterteiggebäck. 3) ein Speisepilz. 4) ꙮ Kalla; Wegerich. **Schweinswal** *der,* ein stumpfschnäuziger Zahnwal. **Schweiß** [ahd. sweiz, zu lat. sudor] *der, -es,* 1) ꝺ *Pl. -e,* wäßrige Absonderung der Schweißdrüsen der Haut; Sinnbild der Arbeit, Mühe: *Schweißausbruch; Schweißbildung; Schweißperle; Schweißtropfen; Angstschweiß; ich gerate in S.,* beginne bei Hitze, Erregung, Arbeit zu schwitzen; *der S. stand ihm auf der Stirn; ich bin schweißgebadet,* aber: *in S. gebadet; geschwitzt,* aber: *von S. bedeckt; das hat viel S. gekostet,* Ü viel Mühe. 2) ꝥ Blut der Jagdtiere und Hunde. **Schweißblatt** *das,* ꝏ Armblatt. **schweißen** [ahd. sweizen ›schwitzen‹, ›bluten‹], *ich* schweiße (habe geschweißt), 1) *es,* verbinde durch Ineinanderpressen oder -fließen des örtlich erwärmten Werkstoffes. 2) *niederdt., mitteldt.:* schwitzen. 3) *Wild schweißt,* ꝥ blutet. **Schweißer** *der, -s/-,* Handwerker im Schlosser- und Maschinenbaugewerbe. **Schweißfährte** *die,* ꝥ die Spur angeschossenen Wildes. **Schweißfuchs** *der,* fuchsfarbenes Pferd mit braunrotem Deckhaar. **Schweißfuß** *der,* Fuß mit stärkerer Schweißabsonderung. **Schweißhund** *der,* ꝥ Bluthund, ein Jagdhund. **schweißig,** voll Schweiß. **Schweißleder** *das,* Schutzstreifen innen im Hut, ABB. H 29. **Schweißnaht** *die,* ꙮ nahtförmige Stelle einer Schweißung. **Schweißspur** *die,* ꝥ Schweißfährte. **schweißtreibend,** 1) eine schweißtreibende Arbeit; der Kranke nahm ein schweißtreibendes Mittel. **Schweißung** *die, -/-en,* ꙮ das Schweißen, das Geschweißte. **Schweizer** *der, -s/-,* 1) Bewohner der Schweiz. 2) kath. Kirche: Pförtner, Kirchenaufseher. 3) Söldner in fremden Diensten. 4) ꝏ Melker. **Schweizerdegen** *der,* Buchdrucker, der zugleich Schriftsetzer ist. **Schweizerdeutsch** *das,* auch Schwyzerdütsch, die mündl. Verkehrssprache der Deutschschweizer untereinander im Unterschied zu den Mundarten und zum Schuldeutsch. **Schweizergarde** *die,* 1) päpstliche Leibwache. 2) früher: Truppe aus schweiz. Söldnern. **Schweizerhaus** *das,* Haus im Schweizer Stil. **schweizerisch.**

Schw

schwelen [mnd. swelen ›ohne Flamme langsam brennen‹, ›dörren‹], *ich schwele* (habe geschwelt), **1)** *es,* verbrenne (Rasen). **2)** *es,* ⊙ erhitze Brennstoffe unter Luftabschluß. **3)** *es schwelt,* glimmt, brennt langsam ohne helle Flamme (Feuer): *noch schwelt der Haß,* P lebt unter der Oberfläche weiter. **Schwelerei** *die, -/-en,* ⊙.

schwelgen [ahd. swelgan, eigtl. ›verschlucken‹], *ich schwelge* (habe geschwelgt), **1)** esse und trinke gut und mit Genuß. **2)** *in etwas,* Ü genieße es in vollen Zügen: *sie schwelgt in Erinnerungen.* **Schwelger** *der, -s/-,* Genießer. **Schwelgerei** *die, -/-en.*

Schwelle [ahd. swelli, urverwandt mit grch. selma ›Balken‹] *die, -/-n,* **1)** waagerechter Balken; unterer Abschluß der Türöffnung, ABB. T 19; Sinnbild für die Grenze des Hauses: *Türschwelle; sie stolpert über die S.; er tritt über die S.,* betritt das Haus, die Wohnung; *ich werde deine S. nie wieder betreten; an der S. einer neuen Zeit,* Ü. **2)** Querträger aus Holz, Stahl oder Stahlbeton, auf dem die Schienen befestigt sind, ABB. B 4, G 28, S 15. **3)** Stärke des eben noch wirksamen Reizes: *Reizschwelle; die S. des Bewußtseins.* **4)** ⊕ undeutlich begrenzte Aufwölbung des Land- oder Meeresbodens. **5)** ▥ unterster Balken beim Fachwerkhaus, ABB. B 13.

schwellen [ahd. swellan], **1)** *ich schwelle* (habe geschwellt) *es,* mache dick, weite aus: *der Wind schwellte die Segel; mit stolz geschwellter Brust.* **2)** *ich schwelle* (habe geschwellt) *es, oberdt.:* koche. **3)** *es schwillt* (ist geschwollen), wird dick, groß, gequollen, weitet sich: *ihr schwoll das Herz vor Freude,* P; *geschwollene Mandeln; ihm schwoll der Mut, Kamm,* U er wurde mutig, selbstbewußt; *schwellende Knospen.* **Schwellenland** *das,* Staat, der im Begriff ist, sich vom Entwicklungsland zum Industriestaat zu entwickeln. **Schwellenwert** *der,* Physik: geringster Betrag einer Ursache, der ausreicht, um eine erkennbare Wirkung auszuüben. **Schweller** *der, -s/-,* Tonverstärker bei Orgel, Harmonium, ABB. H 9. **Schwellkörper** *der,* ⚥ zur Anschwellung und Erektion fähiges schwammiges Gewebe, so am Penis und am Kitzler. **Schwellung** *die, -/-en,* das Schwellen; geschwollene Stelle: *Leberschwellung.*

Schwelung [vgl. schwelen] *die, -/-en,* trockene Destillation fester Brennstoffe, wobei alle flüchtigen Stoffe entweichen: *Braunkohlenschwelung.*

Schwemme [mhd. swemme, zu schwimmen] *die, -/-n,* **1)** flache Stelle in einem Gewässer, zu der Tiere, bes. Wild und Pferde, zum Baden getrieben werden: *ich reite ein Pferd in die S.* **2)** übergroßes Angebot: *Obstschwemme.* **3)** U Schankraum, Kneipe. **4)** *niederdt.:* Holzfloß. **schwemmen,** *ich schwemme* (habe geschwemmt) *es,* spüle mit viel Wasser; lasse vom Wasser treiben: *das Hochwasser hat Schlamm auf die Straßen geschwemmt; ich s. Pferde,* bringe zur Schwemme. **Schwemmland** *das,* angeschwemmter Boden. **Schwemmstein** *der,* ein hochporiger Mauervollstein.

Schwende [ahd. swendi] *die, -/-n, oberdt.:* Rodung. **schwenden,** *ich schwende* (habe geschwendet) *Wald, oberdt.:* lichte aus; brenne ab, rode.

Schwengel [mhd. swengel, zu schwenken] *der, -s/-,* Klöppel der Glocke, ABB. G 30; schwenkbare Stange, ABB. B 52, P 22, P 25.

Schwenk *der, -(e)s/-s,* auch *-e,* Film: Einstellung der Kamera durch Schwenken: *Kameraschwenk.* **schwenken** [ahd. swenkan], *ich schwenke* (habe geschwenkt), **1)** *ihn, es,* schleudere, bewege, schwinge hin und her: *beim Abschied schwenke er sein Taschentuch.* **2)** *es,* spüle: *ich s. Wäsche; sie hat die Gläser kurz im Wasser geschwenkt.* **3)** *ihn, es,* drehe um, wälze: *das Gemüse wurde in Butter geschwenkt; er schwenkt sie im Tanz.* **4)** (bin geschwenkt) im Bogen, verändere die Richtung, Ü ändere meine Meinung: *die Kamera schwenkt ins Publikum; er schwenkte auf ein anderes Thema.* **Schwenker** *der, -s/-,* **1)** ⚥ jemand, der etwas abspült; Küfer. **2)** *mitteldt., ostdt.:* Herrenschoßrock. **3)** Schwenkglas, bauchiges Weinbrandglas, ABB. G 27. **Schwenkung** *die, -/-en,* das Schwenken.

schweppern [zu schwappen], *ich schwepp(e)re* (habe geschweppert), *ostmitteldt.:* **1)** *es,* verschütte. **2)** *es schweppert,* droht überzufließen.

schwer [ahd. swari], **1)** von bestimmtem Gewicht: *diese Kiste ist drei Zentner s.,* wiegt drei Zentner; *wie s. ist er?,* U wie groß ist sein Körpergewicht?; *s. wie Blei; Schweres Wasser,* ○ Wasser, in dem beide Wasserstoffatome durch Deuterium ersetzt sind. **2)** von großem Gewicht, lastend, massig drückend, wuchtig, ABB. E 2: *ein sehr schwerer Stein; das Fahrzeug ist s. beladen;* aber: *ein schwerbeladenes Fahrzeug; schwere Ge-*

schütze. **3)** Ü mühsam, anstrengend, hart: *sie hat eine schwere Aufgabe zu erfüllen; eine schwere Geburt, schwierige Entbindung,* U eine nur mit Mühe zu erbringende Leistung; *ein schwerer Winter; er mußte sein Leben lang s. arbeiten; er kann nur s. hören,* ist schwerhörig; *ich konnte ihn nur s. davon überzeugen,* nur mit Mühe; *er konnte die Hantel nur s. halten,* vgl. aber: *schwerfallen, schwerhalten, schwermachen, schwernehmen.* **4)** Ü unheilvoll, lastend, drückend; unglücklich, ernst: *ein schwergeprüfter Mensch,* Mensch mit einem schweren Schicksal; *ein schwerer Verdacht lastet auf ihm; das war ein schwerer Schlag für uns,* Ü; *er hat ein schweres Schicksal; schweren Herzens,* sorgenerfüllt; *er hört gern schwere Musik* (im Unterschied zur leichten Musik). **5)** Ü sehr, groß, stark: *ein schwerer Wein,* sehr gehaltvoller, *schwere, schwerverdauliche Speisen; ein schweres Junge,* U Schwerverbrecher; *schwere Strafen,* hohe; *da bist du s. im Irrtum,* U sehr. **6)** Ü schwerfällig, unbehoben, massig: *eine schwere Hand; sein Gang war s.; er ist s. von Begriff,* U denkt langsam; *er hat eine schwere Zunge,* das Sprechen fällt ihm schwer; *ich habe einen schw..en Kopf* (nach zu großem Alkoholgenuß). **Schwerarbeiter** *der,* jemand, der berufsmäßig schwere körperl. Arbeit ausführt. **Schwerathlet** *der,* Sportler der Schwerathletik. **Schwerathletik** *die,* Sammelbezeichnung für athlet. Sportarten wie Ringen, Gewichtheben, Rasenkraftsport und Kunstkraftsport. **Schwerbehinderte** *der, die,* eine Person, die infolge körperl., geistiger oder seel. Behinderung in ihrer Erwerbsfähigkeit nicht nur vorübergehend um wenigstens 50% gemindert ist. **Schwerbeschädigte** *der, die, -n/-n, ein -, eine -,* Schwerbehinderte(r). **schwerblütig,** nicht leicht beweglich, langsam und bedächtig im Denken und Handeln. **Schwerblütigkeit** *die, -.* **Schwere** *die, -,* **1)** das Schwersein. **2)** Ü Schwierigkeit, Gewichtigkeit; Ernst: *die S. der Situation, des Verbrechens.* **3)** Physik: Schwerkraft. **Schwerefeld** *das,* ✶ der Bereich eines Himmelskörpers, in dem die Resultierende aus Gravitations- und Zentrifugalbeschleunigung wirkt. **schwerelos,** *in schwerelosem Zustand.* **Schwerelosigkeit** *die, -,* Gewichtslosigkeit, ein Zustand, in dem sich ein Körper befindet, wenn sich die auf ihn einwirkenden Kräfte nach Richtung und Größe aufheben. **Schwerenot** *die,* ⚕ Epilepsie; nur noch in (veralteten) Wendungen: *daß dich die S.!, Schockschwerenot!,* Flüche. **Schwerenöter** *der, -s/-,* leichtlebiger Mensch; jemand, der auf das weibl. Geschlecht Eindruck zu machen sucht (eigtl.: jemand, dem man die Schwerenot wünscht). **schwererziehbar,** *ein schwererziehbares Kind;* aber: *das Kind ist schwer erziehbar.* **Schwer|erziehbarkeit** *die, -,* anlage- oder entwicklungsbedingte verminderte erzieherische Beeinflußbarkeit. **schwerfallen,** *es fällt mir schwer* (fiel schwer, hat schwergefallen), macht Mühe, ich tue es ungern: *Mathematik ist ihm schwergefallen;* aber: *ist schwer gefallen,* hingefallen. **schwerfällig,** unbeweglich, plump, nicht gewandt, langsam in Bewegungen oder im Denken. **Schwerfälligkeit** *die, -.* **Schwergewicht** *das, -(e)s,* **1)** hauptsächl. Belastung. **2)** Ü der Teil einer Darlegung, auf den besonderer Nachdruck liegt. **3)** ✗ höchste Gewichtsklasse in der Schwerathletik. **schwerhalten,** *es hält schwer* (hielt schwer, hat schwergehalten), ist schwierig, macht Mühe: *es wird schwerhalten, ihn von seinem Vorhaben abzubringen;* aber: *er konnte die Bronzefigur nur schwer halten.* **schwerhörig,** nur vermindert hörkräftig. **Schwerhörigkeit** *die, -.* **Schwerindu|strie** *die,* Sammelbezeichnung für Bergbau, Eisen- und Stahlindustrie. **Schwerkraft** *die,* auch Schwere, Physik: Kraft, die alle Körper in der Richtung nach dem Erdmittelpunkt zieht. **schwerkrank, 1)** ernstlich krank: *ein schwerkranker Patient;* aber: *er ist schwer krank.* **schwerlich,** kaum. **schwermachen,** *es,* ich mache *es ihm* schwer (habe schwergemacht), bereite Schwierigkeiten: *er macht mir das Herz schwer; ihr solltet euch das Leben nicht so schwermachen;* aber: *wenn du das so schwer machst, kann ich dich nicht tragen; das läßt sich nur schwer machen.* **Schwermetall** *das,* ○ Metall mit einer Dichte über 4,5 kg/dm³. **Schwermineral** *das,* ○ Mineral mit einer Dichte über 2,9 kg/dm³. **Schwermut** *die, -,* Niedergeschlagenheit, Depression; Melancholie. **schwermütig. schwernehmen,** *ich nehme es schwer* (nahm schwer, habe schwergenommen), empfinde es als belastend: *sie hat seine Worte viel zu schwergenommen;* aber: *er hat die Hürde nur schwer genommen.* **Schweröl** *das,* Heizöl und Dieselkraftstoff. **Schwerpunkt** *der,* **1)** Physik: Massenmittelpunkt. **2)** Ü wichtigster Punkt (einer Tätigkeit). **schwerreich,** U sehr reich: *ein schwerreicher Mann;* aber: *er ist schwer reich.* **Schwerspat** *der,* Baryt, ein verbreitetes Mineral.

Schwert [ahd. swert] *das, -(e)s/-er,* **1)** Hieb- und Stichwaffe mit gerader, breiter, ein- oder zweischneidiger Klinge, ABB. S 42; Sinnbild der Macht und strafenden Gerechtigkeit: *Schwertknauf; Schwert(er)tanz; Bronzeschwert; das ist ein zweischneidiges S.,* Ü eine Sache, die Vor- und Nachteile hat. **2)** ⊓⊓ schräge Verstrebung an Gerüsten, ABB. G 11. **3)** ↘ bes. bei Segelbooten eine Stahl- oder Holzplatte, die ins Wasser hinabgelassen werden kann, um ein Abtreiben zu verhindern, ABB. S 45. **Schwertel** *der, österr.: das, -s/-,* Schwertlilie; Gladiole. **Schwertfeger** *der,* Waffenschmied, Blankwaffenhersteller. **Schwertfisch** *der,* makrelenartiger Fisch mit schwertartig verlängertem Fortsatz im Oberkiefer als Waffe. **Schwertfortsatz** *der,* unterer Fortsatz des Brustbeins. **Schwertleite** *die, -/-n,* Ritterschlag, Aufnahme in den Ritterstand. **Schwertlilie** [-ĭə] *die,* Iris, lilienartige Staude mit schwertförmigen Blättern. **Schwertmage** *der,* im älteren dt. Recht: ein männl. Verwandter des Mannesstamms.

schwertun, *ich tue mich* schwer (habe mich schwergetan), mühe mich ab: *er hat sich mit dieser Arbeit schwergetan;* aber: *das ist leicht gesagt, doch schwer getan.* **Schwerverbrecher** *der,* jemand, der bes. schwere Straftaten begangen hat. **schwerverletzt,** *ein schwerverletzter Mann;* aber: *er wurde schwer verletzt; ein Unfall mit zwei Schwerverletzten.* **schwerwiegend,** Ü wichtig, gewichtig: *eine schwerwiegende Entscheidung; ein schwerwiegendes Problem;* aber: *ein schwer wiegender Koffer.*

Schweser *der, -s,* niederdt.: Kalbsmilch.

Schwester [ahd. swester] *die, -/-n,* **1)** weibl. Person im Verhältnis zu den Geschwistern, ÜBERS. F 6. **2)** Abk.: Schw., geprüfte Kranken- oder Säuglingspflegerin: *Säuglingsschwester.* **3)** Abk.: Schw., Nonne; weibl. Mitglied einer kirchl. oder karitativen Vereinigung: *Ordensschwester; Gemeindeschwester.* **4)** Angehörige derselben Vereinigung: *Betschwester,* Ü; *Kaffeeschwester,* Ü. **schwester..,** **1)** von einer Schwester stammend: *Schwesterliebe;* aber: *Schwesternliebe,* Liebe zwischen Schwestern. **2)** Ü verwandt, ähnlich, zusammengehörig: *Schwesterfirma; Schwesterschiff.* **Schwesterchen, Schwesterlein** *das, -s/-.* **schwesterlich,** **1)** von einer Schwester stammend. **2)** wie unter liebevollen Schwestern; verläßlich, treu.

Schwette *die, -/-n(en),* schweiz.: Schwemme; Pfütze, Guß; auch: Vielzahl, große Menge.

Schwibbogen *der* [ahd. swibogo, eigtl. ›Schwebebogen‹] *der,* ⊓⊓ **1)** frei schwebender Bogen zwischen zwei Mauern, ABB. K 20. **2)** oft für: gotischer Spitzbogen.

Schwibel [mhd. swibel ›Riegel‹] *der, -s/-n,* **Schwibele** *die, -/-n,* schweiz.: Griff, Handhabe (zum Anfassen).

schwichten [mhd. swiften], *ich* schwichte (habe geschwichtet), **1)** *es,* ↘ schnüre durch Taue zusammen. **2)** *ihn,* niederdt.: bringe zum Schweigen.

schwieg, von schweigen.

Schwieger [ahd. swigar ›Schwiegermutter‹] *die, -/-n,* oberdt.: Schwiegermutter. **schwieger..,** durch Anheirat gewonnene Verwandte: *Schwiegereltern, Schwiegerenkel, Schwiegermutter, Schwiegertochter, Schwiegervater, Schwiegersohn,* ÜBERS. F 6.

Schwiele [ahd. swil(o), zu schwellen] *die, -/-n,* **1)** durch fortwährende Reibung entstandene harte Hautstelle; Sinnbild der Arbeit. **2)** 🐒 Hautwulst: *Gesäßschwiele der Affen.* **schwielig,** *schwielige Hände.*

Schwiemel [mhd. swimel ›Schwindel‹, zu mhd. swimen ›schweben‹] *der, -s/-,* niederdt., mitteldt.: **1)** Schwindel, Taumel; oft Ohnmacht. **2)** liederlicher Mensch. **schwiem(e)lig,** niederdt., mitteldt.: schwindlig, taumelig. **schwiemeln,** *ich* schwiem(e)le, niederdt., mitteldt.: **1)** (bin geschwiemelt), taumele, werde ohnmächtig. **2)** (habe geschwiemelt), lebe leichtsinnig, trinke viel. **schwiemen,** *ich* schwieme (bin geschwiemt), niederdt., mitteldt.: taumele, werde ohnmächtig.

Schwieping *die, -/-en,* ↘ zugespitztes Tauende.

schwierig [nhd., mhd. swiric ›schwärend‹, vgl. Schwäre], **1)** mühsam; schwer zu bewerkstelligen, zu lösen: *eine schwierige Frage; das Unternehmen ist s.* **2)** schwer zu behandeln: *er ist s.; ein schwieriges Kind.* **3)** mitteldt.: schwärend. **Schwierigkeit** *die, -/-en:* Schwierigkeitsgrad.

schwiert, von schwären.

schwillt, von schwellen.

Schwimmbad *das,* Badeanstalt, Anlage zum Schwimmen, ABB. B 2. **Schwimmblase** *die,* luft- und gasgefülltes Organ bei Algen und Fischen, ABB. F 22. **schwimmen** [ahd. swimman], *ich* schwimme (schwamm, bin, habe geschwom-

men; wenn er schwömme oder schwämme), **1)** bewege mich im Wasser fort: *er schwimmt gegen den Strom,* Ü stellt sich gegen die allgemeine Meinung. **2)** *es schwimmt,* wird von einer Flüssigkeit getragen, geht nicht unter: *Holz schwimmt auf Wasser; in schwimmendem Fett gebacken.* **3)** *es schwimmt,* Ü ist sehr naß: *der Boden schwimmt,* Ü; *die Unglücksstelle schwamm in Blut,* war blutüberströmt; *sie schwimmt in Tränen,* weint sehr heftig; *es schwimmt ihm vor den Augen,* er kann nicht mehr deutlich sehen, Ü wird ohnmächtig. **4)** *in etwas,* Ü besitze in Überfluß: *er schwimmt in oder im Geld.* **5)** Ü weiß nicht Bescheid, habe nur ungenügende Kenntnisse: *in dieser Prüfung bin ich ziemlich ins Schwimmen gekommen; der Schauspieler schwimmt,* Ü beherrscht seinen Text nicht. **6)** *es,* erreiche im Schwimmen: *er schwamm Rekordzeit; ich s. die Strecke in zwei Minuten.* **Schwimmer** *der, -s/-,* **1)** jemand, der schwimmen kann, der Schwimmsport treibt. **2)** Name vieler Schwimmkörper, ABB. A 14, A 25, B 2. **Schwimmerin** *die, -/-nen,* weibl. Schwimmer. **Schwimmflügel** *der,* **Schwimmgürtel** *der,* Geräte zur Erleichterung des Schwimmens. **Schwimmhaut** *die,* Haut zwischen den Zehen schwimmender Tiere, z. B. Enten, Möwen, ABB. V 7. **Schwimmvogel** *der,* Vogel mit Schwimmhäuten. **Schwimmweste** *die,* (aufblasbare) im Wasser tragfähige Weste für Schwimmunkundige oder zur Rettung aus Seenot, ABB. R 20.

schwind [mhd. swinde], *oberdt., mitteldt.:* geschwind. **Schwinde** *die, -/-n, oberdt., mitteldt.:* Flechte, ein Hautausschlag.

Schwindel [mhd. swindel] *der, -s,* **1)** Gefühl des Schwankens, Taumelns, der Unsicherheit mit Beeinträchtigung des Gleichgewichts: *Schwindelanfall; Schwindelgefühl; er wurde von einem plötzlichen S. gepackt; ich bin schwindelfrei.* **2)** Ü Vorspiegelung falscher Tatsachen, Lüge, Betrug: *Schwindelunternehmen; das ist ja alles S.; auf diesen S. falle nicht herein.* **3)** Ü wertlose Sache, Kram. **Schwindelei** *die, -/-en,* Ü Schwindel, Betrug. **schwindelerregend,** *in schwindelerregender Höhe; schwindelerregende Preise,* Ü übertrieben hohe. **schwindelhaft,** **1)** vorgespielt, vorgetäuscht, betrügerisch. **2)** schwindelerregend. **schwind(e)lig,** **1)** an Schwindelgefühl leidend: *mir wird s.* **2)** schwindelerregend: *in schwindliger Höhe.* **schwindeln,** *ich* schwind(e)le (schwindelte, habe geschwindelt), **1)** sage nicht ganz die Wahrheit, flunkere, betrüge (meist nur von kleinerem Betrug). **2)** *es schwindelt mir,* 🐾 *mich schwindelt,* von Schwindel befallen: *mir schwindelt der Kopf; in schwindelnder Höhe.*

schwinden [ahd. swintan], *ich* schwinde (schwand, bin geschwunden), **1)** ℗ verschwinde: *Mond und Sterne schwanden.* **2)** auch *es schwindet mir, oberdt.:* ich werde ohnmächtig. **3)** *es schwindet,* wird klein, vermindert sich: *ein Brett schwindet, schrumpft; ihr Geld schwindet mehr und mehr; mein Vertrauen ist geschwunden,* ich habe es verloren. **4)** *Farben schwinden,* werden blasser oder gehen ineinander über.

Schwinderling [mhd. swinder ›Heftigkeit‹] *der, -s/-e, oberdt., mitteldt.:* Ohrfeige.

Schwindler [zu Schwindel, schwindeln] *der, -s/-,* Lügner, Gauner; Hochstapler, Betrüger. **schwindlerisch.**

Schwindling *der, -(e)s/-e,* ein kleiner Blätterpilz. **Schwindsucht** *die, -,* volkstüml. Ausdruck für zehrende Krankheiten, bes. für Lungentuberkulose: *die galoppierende S.,* letztes Stadium der Tuberkulose: **schwindsüchtig.** **Schwindung** *die, -/-en,* Verkleinerung des Rauminhalts, z. B. von Holz beim Trocknen, von Metall beim Erkalten.

schwinen, *es* schwint (hat geschwunen), *schweiz.:* nimmt ab.

Schwing|achse *die,* kraftwagenunabhängige Radaufhängung. **Schwingboden** *der,* federnder, leicht nachgebender Boden in Turn- und Sporthallen. **Schwingboden** *der* [ahd. swinga] *die, -/-n,* **1)** ℗ Flügel, eigtl. die Schwungfeder der Vögel: *Armschwingen,* ABB. V 7; *die Schwingen des Geistes, auf leisen Schwingen,* P. **2)** oberdt., mitteldt.: Wanne, Sieb zum Reinigen von Futter und Getreide: *Futterschwinge,* ABB. S 59. **3)** Gerät zum Bearbeiten von Flachs und Hanf: *Flachsschwinge.* **Schwingel** *der, -s/-,* eine Grasgattung. **schwingen** [ahd. swingen], *ich* schwinge (schwang, habe geschwungen), **1)** *mich, ihn, es,* bewege hin und her, schwenke, bewege mit Schwung: *ich s. eine Fahne; er schwingt sich in den Sattel; er schwingt große Reden,* Ü prahlt; *die Frau schwingt den Pantoffel,* Ü beherrscht ihren Mann. **2)** *es, oberdt., mitteldt.:* siehe Korn. **3)** *Flachs, Hanf,* entferne die Holzteile. **4)** pendle, baumle, bewege mich hin und her: *eine Schaukel, ein Pendel schwingt; der Turner schwingt am Reck.* **5)** *Töne schwingen,* ändern sich periodisch.

6) *mit ihm,* ✕ *ringe nach schweizerischer Art.* **7)** Skisport: reihe weitgezogene Bogen bei paralleler Skiführung aneinander. **8)** *es schwingt sich,* wölbt, rundet sich: *geschwungene Linien.* **Schwingen** *das, -s,* ✕ eine schweizerische Art des Ringkampfs. **Schwinger** *der, -s/-,* **1)** Schlagart beim Boxen. **2)** schwingungsfähiges System, z. B. Stimmgabel, in der Uhr meist Pendel oder Unruh. **3)** *schweiz.:* jemand, der das Schwingen betreibt. **Schwinget** *der, -s, schweiz.:* eine Ringerveranstaltung. **Schwingkölbchen** *das, -s/-,* umgebildeter Hinterflügel der Zweiflügler. **Schwingkreis** *der,* ⦿ Schwingungskreis. **Schwingung** *die, -/-en,* period. Zustandsänderung einer physikal. Größe um einen Mittelwert: *Schwingungsmesser; Schwingungszahl; Schallschwingung.* **Schwingungsdämpfer** *der,* ⦿ auf Reibung oder Strömungsverlusten beruhende Vorrichtung zur Verringerung der Schwingungsamplitude. **Schwingungskreis** *der,* ⦿ Schwingkreis, Zusammenschaltung von Spule und Kondensator, die zu elektromagnet. Schwingungen angeregt wird, z. B. zur Einstellung auf den gewünschten Sender.

schwipp!, Schallw. als Ausdruck für plötzliches Hochspritzen oder Hochschnellen. **schwipp(e),** *niederdt.:* schwank, schwingend. **Schwippe** [mhd. swippe ›Peitsche‹] *die, -/-n, mitteldt.:* federnder Teil einer Gerte, Peitschenschnur. **schwippen** [vgl. schwappen], *ich schwippe* (habe geschwippt), *mitteldt.:* **1)** *es,* verspritze (Wasser). **2)** bringe eine plötzliche Bewegung hervor; schlage (mit der Gerte). **Schwippschwager** *der,* **Schwippschwägerin** *die,* U Ehemann oder Ehefrau der Geschwister des eigenen Ehepartners, ÜBERS. F 6. **Schwips** *der, -es/-e,* **1)** U leichter Rausch. **2)** *mitteldt.:* Schlag mit der Gerte.

Schwirbel *der, -s/-, oberdt.:* Wirbel, Taumel. **schwirb(e)lig,** *oberdt.:* schwindlig: *mir ist s.* **schwirbeln,** *ich* schwirb(e)le (habe geschwirbelt), *oberdt.:* **1)** drehe mich im Kreis. **2)** *mir schwirbelt,* mir wird schwindlig.

Schwirl [zu schwirren] *der, -(e)s/-e,* bräunlicher Singvogel. **Schwir(r)e** [mhd. swir ›Uferpfahl‹] *die, -/-n, schweiz.:* Pfahl. **schwirren** [mnd. swirren, Schallw.], **1)** *es schwirrt* (ist, hat geschwirrt), fliegt, bewegt sich schnell mit einem zitternden Geräusch: *Vögel, Pfeile schwirren durch die Luft; Gerüchte schwirren durch die Stadt,* Ü; *mir schwirrt der Kopf,* U ich bin verwirrt, benommen. **2)** *ich schwirre* (bin geschwirrt), Ü bewege mich schnell, geschäftig: *er schwirrt den ganzen Tag durch die Gegend.* **Schwirrvogel** *der,* Kolibri.

schwitig, *schweiz.:* heißhungrig, gierig. **Schwitze** *die, -/-n,* Mehlschwitze, Einbrenne. **schwitzen** [ahd. swizzan, vgl. Schweiß], *ich* schwitze (habe geschwitzt), **1)** sondere Schweiß, Feuchtigkeit, Flüssigkeit ab; gerate in Schweiß: *Schwitzbad; Schwitzkur; die Wände schwitzen,* Wasser tritt aus ihnen oder schlägt sich an ihnen nieder; *ich s. vor Angst, ich s. Blut und Wasser,* U habe sehr große Angst. **2)** *es,* brate in Fett an. **schwitzig,** *oberdt.:* schweißfeßig. **Schwitzkasten,** U ein Griff, bei dem der Kopf des Gegners in der Armbeuge an den Oberkörper gepreßt wird.

Schwöde *die, -,* Gerberei: ein Haarlockerungsverfahren. **schwöden** [ahd. suedan ›brennen‹], *ich schwöde* (habe geschwödet) *Felle,* enthaare (mit Kalk). **Schwödler** *der, -s/-,* ✠ Weißgerber.

Schwof [vgl. Schwoof] *der, -(e)s/-e,* U einfaches öffentl. Tanzvergnügen. **schwofen,** *ich* schwofe (habe geschwoft). **schwögen** [niederdt. swögen], *ich* schwöge (habe geschwögt), *niederdt.:* rede umständlich und geschwollen. **schwojen, schwojen** [niederdt., zu engl. to sway ›schwingen‹], *ein Schiff* schwoit, schwojt (hat geschwoit, geschwojt), ⚓ dreht sich vor Anker durch Wind und Wasserströmung. **schwoll,** von schwellen.

schwömme, von schwimmen.

schwor, 1) von schwören. **2)** von schwären.

schwören [ahd. swer(r)en], *ich* schwöre (schwor, ✠ schwur; ⚓ schwur; habe geschworen; wenn er schwüre), **1)** versichere durch einen Eid; verspreche, erkläre feierlich: *der Zeuge muß schwören; er hat einen Meineid geschworen; ich s. dir ewige Freundschaft; er schwört Stein und Bein,* U behauptet fest; *sie sind geschworene Gegner.* **2)** *auf etwas, bei ihm, etwas,* nehme zum Eideszeugen: *ich s. auf die Bibel; ich s. bei Gott, bei meiner Ehre.* **3)** *auf etwas,* U glaube fest daran; vertraue: *schon meine Mutter schwor auf dieses Mittel.* **4)** *es mir,* U nehme es mir fest vor: *sie hat sich geschworen, das Haus nie wieder zu betreten.*

schwude!, Fuhrmannsruf: links!

schwul, U **1)** homosexuell betreffend, von ihnen handelnd: *schwule Bars, Literatur.* **schwül** [zu

schwelen], **1)** beklemmend, drückend heiß; feuchtwarm: *schwüle Hitze.* **2)** Ü sinnlich-dumpf: *eine schwüle Phantasie.* **Schwule** *der, -n/-n, ein -r,* U Homosexueller. **Schwüle** *die, -:* *die unerträgliche S. dieses Sommertages.* **Schwulibus,** *er ist in S.,* U in bedrängter Lage. **Schwulität** [scherzhafte Verwendung der lat. Endung: ...itas › ...ität‹] *die, -/-en, meist Pl.,* U Bedrängnis, Verlegenheit: *er geriet in Schwulitäten.*

Schwulst [mhd. swulst, zu schwellen] *der, -es/ˆe,* **1)** geschraubte, aufgeblasene Ausdrucksweise. **2)** Überladung, übereicher Schmuck. **schwulstig, 1)** stark angeschwollen, aufgeworfen, verdickt. **2)** Ü schwülstig. **schwülstig,** hochtrabend, überladen: *eine schwülstige Ausdrucksweise; ein schwülstiger Baustil.* **Schwülstigkeit** *die, -/-en.*

schwumm(e)rig [zu schwiemen], U schwindlig, übel; beklommen, ängstlich: *mir wird s.; mir ist s.* zumute.

Schwund *der, -(e)s,* **1)** das Schwinden, Abnehmen; Gewichtsverlust: *Muskelschwund.* **2)** ⦿ Fading, das Schwinden des Tons, Schwund des Lautstärke: *Schwundausgleich.*

Schwung [mhd. swung, zu schwingen] *der, -(e)s/ˆe,* **1)** schnelle Bewegung, Antrieb: *Schwungbrett; Schwungriemen; Aufschwung; Abschwung; ich bringe ihn, es in S.,* U in Bewegung, treibe an; *er, es kommt in S.* **2)** Kraft, die einem bewegten Körper innewohnt. **3)** *ohne Pl.,* Ü mitreißende Kraft, Begeisterung: *rednerischer S.; der S. der Handlung; er hat keinen S.,* U keine Energie. **4)** eindrucksvolle Linienführung, bes. in großen, runden Linien. **5)** *ohne Pl.,* U Masse: *ein ganzer S. Briefe.* **6)** Richtungsänderung im Skilauf. **Schwungfeder** *die,* 🐦 große Flügelfeder von Vögeln. **schwunghaft,** mit Schwung betrieben; lebhaft: *er trieb einen schwunghaften Handel mit alten Möbeln.* **Schwungrad** *das,* schweres Rad, das den ungleichmäßigen Lauf einer Maschine ausgleicht, ABB. D 3. **schwungvoll,** mit viel Schwung, lebhaft, feurig: *eine schwungvolle Rede; schwungvolle Linien.*

schwupp!, Schallw. als Ausdruck plötzlicher Bewegung. **Schwupp** *der, -(e)s/-e,* U Stoß; Spritzer. **schwuppdiwupp!,** U plötzlich. **Schwupper** *der, -s/-, mitteldt.:* Versehen. **schwups!,** schwupp! **Schwups** *der, -es/ˆe,* Schwupp.

schwur, ✠ *schwor.* **Schwur** [mhd. swuor, zu ahd. eidswuor] *der, -(e)s/ˆe,* der Eid: *Schwurfinger; Racheschwur; sie hoben die Hand zum S.* **Schwurgericht** *das,* ein aus Berufsrichtern und Laienrichtern (Schöffen) zusammengesetztes Gericht im Strafprozeß: *Schwurgerichtsverhandlung.*

Schwyzerdütsch, Schwyzertütsch *das, -(s), schweiz.:* Schweizerdeutsch.

Science Fiction [ˈsaiəns fikʃn, engl. science ›Wissenschaft‹ und fiction ›Erdichtetes‹ *die, - /-,* U Utopie auf naturwissenschaftlich-technischer Grundlage: *Science-Fiction-Roman.*

scil., auch sc., Abk. für: **scilicet** [lat., aus scire licet ›man kann wissen‹, das heißt], nämlich.

Scirocco [ʃiˈrɔkko, ital.] *der, -s/-s,* Schirokko. **Scopolamin** *das, -s/-s,* Skopolamin. **Scordatura** *die, -,* Skordatur.

Score [skɔː, engl. ›Kerbe‹ ›Markierung‹] *der, -s/-s,* **1)** früheres ostindisches Zählmaß. **2)** englisches Maß (Getreide, Kohle). **3)** ✕ Spielstand oder Spielergebnis; erzieltes Punktoder Torergebnis in Wettkämpfen. **4)** Psychologie: Ergebnis eines Tests.

Scotch [skɔtʃ, engl.] *der, -s/-s,* U kurz für: schottischer Whisky. **Scotch-Terrier** [skˈɔtʃ-] *der,* Haushunderasse aus der Gruppe der Jagdhunde.

Scotland Yard [skˈɔtlənd jˈaːd, engl.] *der, - -,* ehemaliges Hauptgebäude der Londoner Polizei; Ü die Londoner Kriminalpolizei.

scratch [skrætʃ, engl.], Golf: ohne Vorlage: *Scratchspieler.*

Screening [skrˈiːniŋ, engl. ›Prüfung‹] *das, -s/-s,* (Reihen-) Untersuchungen mit biochem. und biolog. Mitteln zur Früherkennung von Krankheiten.

Scrip [engl. script ›Geschriebenes‹, aus engl. subscribed ›geschrieben‹] *der, -s/-s,* eine Art Gutschein. **Scriptgirl** [-gəːl, engl.] *das, -s/-s,* Film: Sekretärin der Regie während der Aufnahmen. **Scriptor** [lat.] *der, -s/... ˈoren,* Schreiber. **Scriptum** [lat.] *das, -s/... ten* oder *... ta,* das Geschriebene; schriftl. Aufzeichnungen.

Scudo [ital. ›Schild‹, zu lat. scutum] *der, -/... di* oder *-s,* alter italien. Silbertaler.

sculpsit [lat. sculpsit ›hat gestochen‹ oder ›hat gemeißelt‹], Abk.: sc., sculps., bezeichnet auf graph. Blättern den Stecher, bei Skulpturen den Bildhauer.

Scylla *die, -,* Skylla.

s. d., Abk. für: sieh(e) dies!

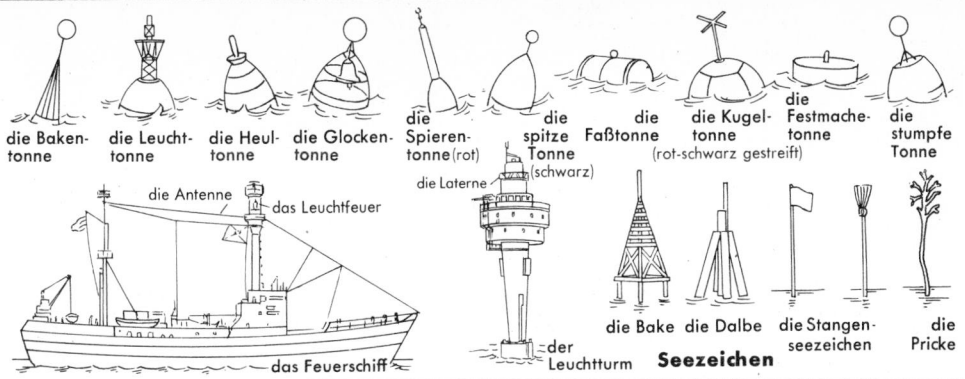

die Baken- | die Leucht- | die Heul- | die Glocken- | die Spieren-tonne (rot) | die spitze Tonne (schwarz) | Faßtonne | die Kugel-tonne (rot-schwarz gestreift) | die Festmache-tonne | die stumpfe Tonne

die Laterne

die Antenne — das Leuchtfeuer

das Feuerschiff — der Leuchtturm

die Bake   die Dalbe   die Stangen-seezeichen   die Pricke

Seezeichen

Se, ♁ Zeichen für: Selen.
S(e)., Abk. für: Seine (bei Anrede und Titeln).
s. e., Abk. für: salvo errore.
Seal [si:l, engl. seal ›Robbe‹], **Sealskin** [s´i:lskin, engl. skin ›Haut‹, ›Fell‹] *der* oder *das, -s/-s,* Fell der Bärenrobbe und des Seebären, auch der Pelzseehunde: *Sealmantel.*
Séance [se´ãs, frz. seoir, zu lat. sedere ›sitzen‹] *die, -/-n* [-ən], Sitzung, bes. spiritistische.
SEATO [engl.], Abk. für: South East Asia Treaty Organization, der Südostasiatische Sicherheitsvertrag.
Sebald, Sebaldus [latinisierte Form von Siegbald], männl. Vornamen.
Sebastian [grch. sebastos ›verehrungswürdig‹], männl. Vorname.
Sebenbaum [mhd. sevenboum] *der,* Sadebaum.
Seborrhö(e) [-r´ø:, lat. sebum ›Talg‹ und grch. rhein ›fließen‹ *die, -/...rh´ö|en,* ⚕ gesteigerte und krankhaft veränderte Absonderung der Hauttalgdrüsen. **seborrhoisch.**
sec, 1) älteres Zeichen für: Sekunde. 2) Abk. für: Sekans.
sec [frz. ›trocken‹], Weine, Schaumweine: trocken, herb.
SECAM, Abk. für: Système en Couleur avec Mémoire [frz. ›Farbsystem mit Speicherung‹ oder Séquentielle à Mémoire [frz. ›zeitlich nacheinander mit Speicherung‹], das von Frankreich und den Ostblockstaaten eingeführte Farbfernsehsystem: *SECAM-System.*
Seccorezitativ [ital. secco ›trocken‹] *das,* ♪ Rezitativ nur mit Cembalobegleitung.
Secento [set∫´ɛnto, ital. seicento ›sechshundert‹] *das, -(s),* Seicento.
Sech [ahd. seh(h), zu lat. secare ›schneiden‹] *das, -(e)s/-e,* Pflugmesser, Abb. P 11.
sechs (6) [ahd. seh(s), zu lat. sex], Übers. Z 1; vgl. acht: *wir sind zu sechsen* oder *zu sechst.* **Sechs** *die, -/-en,* die Zahl 6; als Note ›ungenügend‹; vgl. Acht: *ich habe eine S. gewürfelt; sie hat zwei Sechsen im Zeugnis.* **Sechseck** *das,* geometr. Figur mit sechs Ecken. **sechseckig. Sechsender** *der, -s/-,* 🦌 Hirsch oder Rehbock mit sechs Enden. **Sechser** *der, -s/-,* 1) früher der halbe Groschen (= 6 Pfennig); ⚙ U Fünfpfennigstück: *er hat für keinen S. Verstand,* U; *er ist keinen S. wert,* U. 2) U die Note 6. 3) 🦌 Sechsender. 4) ein Geweih, Abb. G 21. **sechshundert** (600), vgl. hundert. **Sechsspänner** *der, -s/-,* Wagen für sechs Pferde. **sechsspännig. Sechstagerennen** *das,* Hallenradrennen über sechs Tage und sechs Nächte von Mannschaften mit je zwei sich ablösenden Fahrern. **sechstausend** (6000), vgl. tausend. **Sechsundsechzig** *das, -(s),* ein Kartenspiel. **Sechszylinder** *der,* U Sechszylindermotor, auch Fahrzeug damit.
Sechter [ahd. sehtari, sextari, zu lat. sextarius ›ein Sechstel‹ *der, -s/-,* 1) auch Sester, ein altes Hohlmaß. 2) oberdt.: Handschöpfer, Sieb.
sechzehn (16), vgl. achtzehn. **sechzig** (60), vgl. achtzig.
Second-hand-Shop [s´ekəndhænd ∫ɔp, engl. second hand ›aus zweiter Hand‹ und shop ›Geschäft‹] *der,* Geschäft, in dem gebrauchte Ware, bes. Kleidung, verkauft wird.
Secret Service [s´ikrit s´ə:vis, engl.] *der, - -,* brit. Geheimdienst.

SED, Abk. für: Sozialistische Einheitspartei Deutschlands (Dt. Dem. Rep.).
sedat [lat. sedatus, von sedare ›beschwichtigen‹, ⚙ ruhig, gesetzt; bescheiden. **sedativ,** ⚕ beruhigend. **Sedativ** *das, -s/-e,* **Sedativum** [lat.] *das, -s/...va,* ⚕ Beruhigungsmittel.
Sedez [lat. sedecim ›sechzehn‹] *das, -es,* Sechzehntelbogen, eine Buchgröße: *Sedezformat.*
Sediment [lat. sedimentum, zu sedere ›sitzen‹, ›sich setzen‹ *das, -(e)s/-e,* 1) durch Sedimentation gebildete mineral. Ablagerung. 2) Bodensatz. **sedimentär. Sedimentation** *die, -/-en,* Ablagerung; das Absetzen von Lockermassen (Gesteinsschutt, organ. Stoffe, vulkan. Auswurfmassen) und chem. Ausfällungen. **Sedimentgestein** *das,* ⊕ Schichtgestein; durch Sedimentation entstandenes Lockergestein, z. B. Ton, Sand, oder Festgestein, z. B. Sandstein.
Sedisvakanz [lat. sedes ›Sitz‹ und Vakanz] *die,* das Freistehen eines bischöfl. oder des Päpstl. Stuhls.
Sedum [lat.] *das, -s/...da,* ⊕ die Fetthenne.
See [ahd. seo], 1) *der, -s/-n* [z´e:ən], größeres stehendes Binnengewässer: *Gebirgssee; Salzsee; Stausee; er ist über den S. gerudert.* 2) *die, -,* Meer: *er reist an die S.; auf hoher S.; vom Land entfernt; bewege, rauhe S.; die S. ging hoch; er fährt zur S.,* ist Seemann; *Kapitän zur S.,* Anrede des Stabsoffiziers bei der Marine. 3) *die, -/-n* [z´e:ən], Welle, Sturzwelle. **Seeanemone** *die,* 🐚 ein Korallentier. **Seebad** *das,* 1) Kurort am Meer. 2) Bad in Meerwasser. **Seebär** *der,* 1) U älterer, erfahrener Seemann. 2) eine Robbe. **Seebeben** *das,* Erdbeben, dessen Herd unter dem Meeresgrund liegt. **See-Elefant** *der,* die größte Robbe. **seefähig,** seetüchtig. **seefahrend,** seefahrende Völker. **Seefahrer** *der,* jemand, der zur See fährt. **Seefahrt** *die,* 1) Seeschiffahrt: *Seefahrt(s)buch; Seefahrtschulen.* 2) Schiffsfahrt auf dem See oder Meer. **seefest,** 1) seetüchtig. 2) an Bord eines Schiffes gelagert. 3) nicht anfällig gegen Seekrankheit. **Seegang** *der, -(e)s,* Meeresbewegung, Wellengang. **Seegfrörni** *die, -,* schweiz.: das Zufrieren, Zugefrorensein eines Sees. **Seegras** *das,* Bez. für grasähnl. Pflanzen auf dem Meeresgrund und z. T. für Gräser des Meerestades: *Seegrasmatratze.* **Seegurke** *die,* 🐚 ein Stachelhäuter. **Seehase** *der,* 1) ein stacheliger Knochenfisch mit Saugnapf. 2) eine Meeresschnecke. **Seehund** *der,* eine Robbe. **Seeigel** *der,* ein Stachelhäuter mit meist kugeligem Körper. **Seejungfer** *die,* 1) ein Fabelwesen, halb Frau, halb Fisch. 2) 🐚 eine Libelle. 3) 🐚 eine Seekuh. **Seekarte** *die,* Karte für die See- und Küstenschiffahrt. **seeklar,** 🚩 abfahrtbereit: *wir haben unser Schiff s. gemacht.* **Seeklima** *das,* vom Meer beeinflußtes Klima. **seekrank,** *ich werde leicht s.* **Seekrankheit** *die,* durch Schwankungen des Schiffes) hervorgerufene Gesundheitsstörung. **Seekuh** *die,* im Wasser lebendes walähnliches Säugetier. **Seelachs** *der,* Handelsname für Pollack und Köhler.
Seelchen *das, -s/-.* **Seele** [ahd. sela, zu See als Seelenort] *die, -/-n,* 1) christl. Glaube: dem vom Körper trennbare unsterbliche Wesen: *er hat seine S. ausgehaucht,* P ist gestorben; *Leib und S.; Seelenarbeit, Seelenmassage,* U tröstende, aufrichtende Worte. 2) die Einheit der bewußten und unbewußten Vorgänge im Menschen: *die beiden sind ein Herz und*

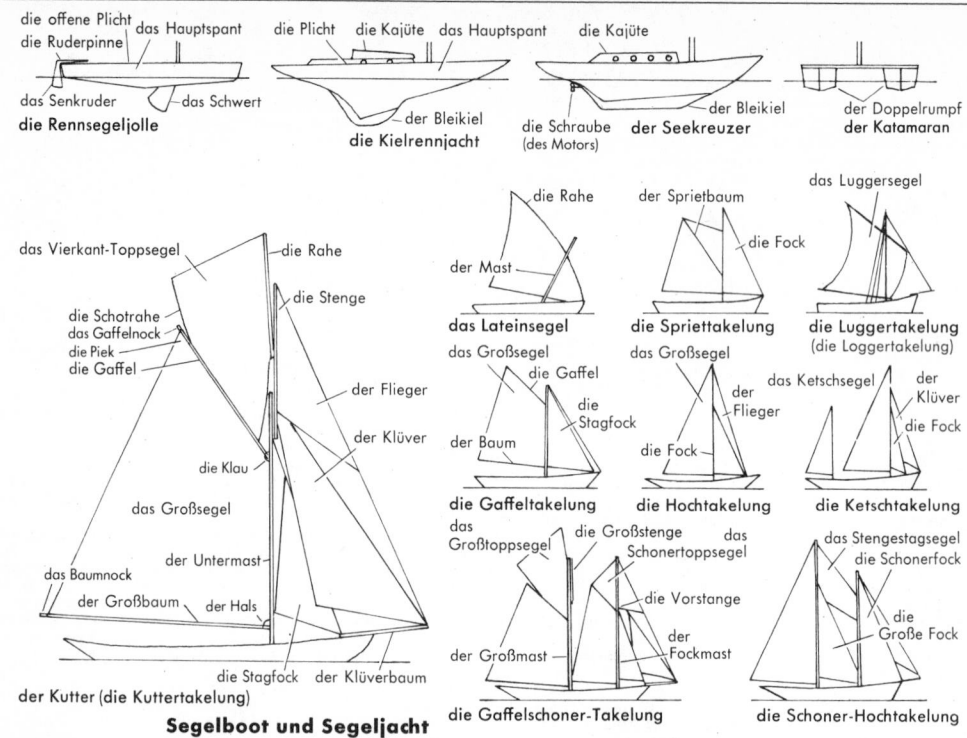

die offene Plicht
die Ruderpinne | das Hauptspant
das Senkruder — das Schwert
die Rennsegeljolle

die Plicht die Kajüte das Hauptspant
der Bleikiel
die Kielrennjacht

die Kajüte
die Schraube **der Seekreuzer**
(des Motors) der Bleikiel

der Doppelrumpf
der Katamaran

das Vierkant-Toppsegel — die Rahe
die Schotrahe — die Stenge
das Gaffelnock
die Piek
die Gaffel
der Flieger
die Klau
der Klüver
das Großsegel
der Untermast
das Baumnock
der Großbaum
der Hals
die Stagfock der Klüverbaum
der Kutter (die Kuttertakelung)

die Rahe der Sprietbaum das Luggersegel
der Mast die Fock
das Lateinsegel **die Spriettakelung** **die Luggertakelung**
(die Loggertakelung)
das Großsegel das Großsegel das Ketschsegel der Klüver
die Gaffel der Flieger die Fock
die Stagfock
der Baum die Fock
die Gaffeltakelung **die Hochtakelung** **die Ketschtakelung**

das Großtoppsegel die Großstenge das Schonertoppsegel das Stengestagsegel
die Vorstange die Schonerfock
der Großmast der Fockmast die Große Fock
die Gaffelschoner-Takelung **die Schoner-Hochtakelung**

Segelboot und Segeljacht

---

eine S., U verstehen sich sehr gut, sind innig verbunden; *es tut mir in der S. weh,* berührt mich bis ins Innerste; *du sprichst mir aus der S.,* U vertrittst ganz meine Ansichten; *bei meiner S.!,* Beteuerung. **3)** Mensch, Einwohner: *eine Stadt von 10000 Seelen,* ᪣; *sie ist eine treue S.,* U; *keine Menschenseele war da,* niemand. **4)** Ü Triebkraft, belebender Mittelpunkt: *er ist die S. des Geschäftes, dieser Gemeinschaft.* **5)** der Innenraum des Laufes oder Rohres einer Feuerwaffe. **6)** innere Litze oder Innendraht eines Seiles, Abb. S 46. **7)** der Stimmstock von Streichinstrumenten. **Seelen|achse** *die,* gedachte Mittellinie durch den Lauf einer Feuerwaffe. **Seelen|adel** *der,* Seelengröße. **Seelen|amt** *das,* Seelenmesse. **Seelenbräutigam** *der,* B Christus. **Seelenfriede(n)** *der,* innerer Frieden. **Seelengröße** *die, -,* edle Gesinnung. **Seelenheil** *das,* seelisches Wohlergehen. **Seelenhirt(e)** *der,* Seelsorger. **Seelenleben** *das,* Innen-, Gemütsleben. **Seelenlehre** *die,* Psychologie. **seelenlos, 1)** unbeseelt. **2)** Ü ohne innere Wärme, gefühllos. **Seelenmesse** *die,* kath. Kirche: Requiem, Totenmesse. **Seelenruhe** *die,* Gemütsruhe. **seelenruhig,** gelassen, ungerührt: *s. erwartete er das Prüfungsergebnis.* **seelen(s)gut,** sehr gut. **seelenvergnügt,** U stillvergnügt. **Seelenverkäufer** *der,* 1) Sklavenhändler, gewinnsüchtiger Heuerbaas. **2)** nicht seetüchtiges Fahrzeug. **seelenverwandt,** geistig, seelisch übereinstimmend. **Seelenverwandtschaft** *die.* **seelenvoll,** reich an tiefer Empfindung. **Seelenwanderung** *die,* nach der Lehre verschiedener Religionen der Glaube, daß die Seele nach dem Tod in ein anderes Geschöpf übergehe. **Seelenwärmer** *der,* U Brustwärmer; Wolljacke.

Seelilie [-iə] *die,* ᪣ ein Stachelhäuter.

seelisch, auf die Seele bezüglich: *seelische Krankheiten,* alle seelischen Störungen, Gemütskrankheiten, Psychosen.

Seelöwe *der,* eine Robbe.

Seelsorge *die, -,* in den christl. Kirchen die Hinführung der Gläubigen zu Gott. **Seelsorger** *der, -s/-,* Geistlicher, Pfarrer. **seelsorgerisch. seelsorglich.**

Seemacht *die,* 1) Staat mit starker Kriegsflotte. 2) die Kriegsflotte eines Staates. **Seemann** *der, -(e)s/...leute,* Sammelbez. für alle zur Seeschiffahrt ausgebildeten Männer: *Seemannsbraut,* U. **seemännisch. Seemannsgarn** *das, -(e)s,* U abenteuerl. Erzählung (eines Seemanns) mit geringem Wahrheitsgehalt: *sie spinnen S.* **Seemannssprache** *die,* Sprache der Seeleute auf niederdt.-niederländ. Grundlage mit engl. Einflüssen. **Seemannstod** *der: er fand den S.,* starb auf See. **Seemeile** *die,* Zeichen: sm, 1,852 km. **Seenot** *die, -,* ᪣ Gefahr für ein Schiff auf dem Meer, die fremde Hilfe notwendig macht: *ein Schiff ist in S.; der Seenotruf SOS; Seenotrettungskreuzer; Seenotflugzeug.* **Seenplatte** *die,* Landschaft mit vielen Seen. **Seeotter** *der,* ein Otter mit in Flossen umgewandelten Hinterfüßen an nordpazif. Küsten. **Seepferd(chen)** *das,* ein Knochenfisch. **Seeprotest** *der,* Verklarung. **Seeräuber** *der,* Pirat, jemand, der auf offener See Gewalthandlungen gegen Schiffe und Personen vornimmt. **seeräuberisch. Seerose** *die,* 1) eine Wasserpflanze mit schwimmenden Blüten. 2) ein Korallentier. **Seesack** *der,* Sack für das Gepäck der Seeleute. **Seeschiffahrt** *die, -,* die Schiffahrt zur See, außerhalb der Binnengewässer. **Seeschlange** *die,* 1) Giftschlange des Indischen und Stillen Ozeans. 2) Fabeltier. **Seeschwalbe** *die,* eine Möwe. **Seespinne** *die,* eine Krabbe der Nord- und Ostsee. **Seestern** *der,* ᪣ ein Stachelhäuter. **Seestück** *das,* Bild mit Seemotiv. **seetüchtig,** tauglich für die Seeschiffahrt (Schiff). **Seetüchtigkeit** *die, -.* **Seewalze** *die,* ᪣ Seegurke. **Seeweg** *der,* 1) (festgelegte) Route über das Meer: *der S. nach Indien.* 2) ohne Pl., Transportweg über das Meer: *die Waren wurden auf dem S. geschickt.* **Seezeichen** *das,* internationale Markierungen für die Schiffahrt, Abb. S 44. **Seezunge** *die,* ᪣ ein Plattfisch.

Segel [ahd. segal] *das, -s/-,* 1) Fläche aus Segeltuch, die den

Wind zur Fortbewegung ausnutzt, z. B. bei Wasserfahrzeugen, ABB. S 45: *er geht unter S.,* fährt ab; *ich setze die S.,* rolle, ziehe die Segel auf; *mit vollen Segeln, mit allen Segeln, mit vom Wind geblähten Segeln,* Ü mit allen Mitteln, aller Kraft; *er streicht die S., zieht die S.* ein, Ü gibt klein bei, gibt nach; *das war Wind in seine S.,* Ü half ihm, förderte ihn; *ich habe ihm den Wind aus den Segeln genommen,* Ü habe ihm den Schwung zu seinem Vorhaben genommen. **2)** als Schutz aufgespannte Leinwand: *Sonnensegel.* **Segelboot** das, ein zum Segeln eingerichtetes kleineres, meist sportl. Wasserfahrzeug, ABB. S 45. **Segelfalter** der, 🦋 ein Tagfalter. **segelfertig,** bereit abzusegeln. **segelfliegen,** *nur Infinitiv üblich,* einen Segelflug machen: *ich gehe, lerne s.* **Segelfliegen** das, -s. **Segelflug** der, das Fliegen mit einem motorlosen Flugzeug unter Ausnutzung nach oben steigender Luftströmungen: *Segelflugzeug,* ABB. F 31. **Segeljacht** die, mit Segeln ausgerüstete Jacht, ABB. S 45. **segeln** [mhd. sigelen], *ich* seg(e)le (habe, bin gesegelt), **1)** bewegt sich in einem Segelboot mit Hilfe des Windes fort: *Segelsport; wir sind nach Borkum gesegelt; ich habe stundenlang gesegelt.* **2)** Ü schwebe, gleite: *die Wolken segelten dahin.* **3)** Ü falle hin: *bei dem Glatteis bin ich auf die Straße gesegelt; er ist durch die Prüfung gesegelt,* Ü hat nicht bestanden. **Segelschiff** das, mit Segeln ausgerüstetes Schiff. **Segelschlitten** der, Eissjacht. **Segeltuch** das, -(e)s/-e, festes, wasserabweisendes Gewebe aus Leinen, Baumwolle, Hanf oder Kunststoff.

Segen [ahd. segan, vgl. segnen] der, -s/-, **1)** das Herabflehen von Gottes Gnade; Gebet, auch Tischgebet: *der Geistliche erteilt, spendet, spricht den S.* **2)** ohne Pl., Gottes Gunst: Glück, Gedeihen: *auf seiner Arbeit ruht kein S.; die Erfindung soll zum S. der Menschheit genutzt werden.* **3)** ohne Pl., Ü (unverhoffter) reicher Ertrag; Fülle: *wir wußten nicht mehr wohin mit dem S.* **4)** ✂ Zauberformel. **5)** Ü Einverständnis, Erlaubnis: *meinen S. hast du.* **segensreich,** reich an Glück, Gunst, Erfolg.

Segerz die, -/-e, ein Beil, ABB. A 29.

Segge [niederdt., verwandt mit Säge und Sichel] die, -/-n, Riedgras, Sauergras.

Segler der, -s/-, **1)** Segelschiff. **2)** jemand, der segelt. **3)** schwalbenähnl. Vogel: *Mauersegler.*

Segment [lat. segmentum, zu secare ›schneiden‹] das, -(e)s/-e, **1)** △ Kreis- oder Kugelabschnitt, ABB. K 43. **2)** Biologie: Sproßabschnitt bei Pflanzen; Körperabschnitt bei Mensch und Tier. **segmental, segmentär,** aus Segmenten bestehend. **Segmentation, Segmentierung** die, -/-en, Bildung von Segmenten, Gliederung in Körperabschnitte.

segnen [ahd. seganon, zu lat. signare, von signum ›(Kreuz-)Zeichen‹, *ich* segne (habe gesegnet) *ihn, es,* **1)** spreche einen Segen darüber; mache das Zeichen des Kreuzes; wünsche ihm Gottes Gunst: *Gott segne dich!; Gott segne dieses Haus; gesegnete Mahlzeit!; er hat das Zeitliche gesegnet,* Ü ist gestorben. **2)** denke daran mit Liebe und Dankbarkeit: *ich s. sein Andenken.* **3)** gesegnet mit etwas, Ü reich daran sein, beglückt: *ein mit fruchtbarem Boden gesegneter Landstrich; mit tiefem Kunstverständnis gesegnet; gesegneten Leibes,* P schwanger.

Se|gno [s'eɲo, ital., zu lat. signum] das, -s/-s oder . . . ni, Abk.: s., ♪ Zeichen (für Wiederholungen); vgl. al segno und dal segno.

Segnung [mhd. segnunge] die, -/-en, **1)** das Segnen, Benediktion. **2)** segensreiche Wirkung: *die Segnungen des Fortschritts.*

Se|gregat [lat. segregare ›absondern‹] das, -(e)s/-e, ✂ Ausgeschiedenes. **Se|gregation, 1)** die, -/-en, Genetik: die Aufspaltung der Gene während der Reifeteilung der Geschlechtszellen. **2)** [aus engl.] die, -/-s, Soziologie: gesellschaftl., eigentumsrechtl., häufig auch räuml. Absonderung einer Menschengruppe, die innerhalb einer Gemeinschaft als fremdartig empfunden wird.

Sehe [ahd. seha] die, -, ✂ Sehkraft. **sehen** [ahd. sehan], *ich* sehe (sah, habe gesehen; du siehst, er sieht; sieh[e]!), **1)** *mich, ihn, es,* nehme mit den Augen wahr: *ich s. ihn kommen; er sieht (nicht) gut, kann (nicht) gut sehen, hat gute (schwache) Augen; hast du diesen Film schon gesehen?; ich habe es mit eigenen Augen gesehen,* daran gibt es nichts zu zweifeln; *ich kann die Hand nicht vor den Augen sehen,* vor Dunkelheit nichts erkennen; *ich kenne ihn nur vom Sehen,* flüchtig; *er läßt sich nicht sehen,* zeigt sich nicht, besucht mich nicht; *ich kann mich bei ihm nicht mehr sehen lassen,* es wäre mir peinlich, ihm zu begegnen; *er ist ein gerngesehener Gast, beliebter Gast; sie haben einst bessere Zeiten gesehen,* erlebt; *ich sehe doppelt,* Ü bin betrunken; *wann sehen wir uns?,* treffen wir uns?; *Mutter*

sieht es nicht gern, Ü möchte es nicht; *ich kann das gelbe Kleid nicht mehr sehen,* bin dessen überdrüssig geworden. **2)** *ihm ähnlich,* ähnle: *er sieht seinem Bruder ähnlich; das sieht ihm ähnlich,* Ü ist bezeichnend für ihn. **3)** *irgendwohin,* richte den Blick dorthin: *ich s. aus dem Fenster, ins Grüne, durch die Lupe, nach der Uhr.* **4)** *mich, ihn, es,* Ü erkenne, beurteile, entdecke, bemerke: *ich habe das Unglück kommen sehen,* habe es erwartet, damit gerechnet; *er sah den Tod vor Augen,* erkannte die Lebensgefahr; *er sieht den Wald vor lauter Bäumen nicht,* Ü erkennt das Nächstliegende nicht; *du siehst Gespenster,* Ü machst dir unnötige Sorgen; *darin kann ich nichts Böses sehen; ich s. die Dinge, wie sie sind,* mache mir nichts vor; *wie sehen Sie diese Sache?; leider s. ich mich gezwungen. . .; diese Arbeit kann sich sehen lassen,* Ü ist gut gelungen; *ich s. mich betrogen; ich s. mit Erstaunen, daß. . .; er sieht alles von der besten (schlechtesten) Seite,* ist Optimist (Pessimist); *ich s. mich veranlaßt. . .; ich s. mich nicht in der Lage. . .; siehst du?,* merkst du es endlich?; *ich habe recht!; ich will sehen, was ich machen läßt,* versuche, bemühe mich. **sehenswert, sehenswürdig,** des Betrachtens wert. **Sehenswürdigkeit** die, -/-en, etwas Sehenswertes, bes. ein Kunst- oder Baudenkmal: *die Sehenswürdigkeiten unserer Stadt.* **Seher** der, -s/-, **1)** jemand, der in die Zukunft schaut, Prophet: *Sehergabe.* ✂ Auge, z. B. bei Fuchs, Dachs, Iltis, Hase, Kaninchen, Murmeltier. **Seherin** die, -/-nen, Weissagerin, Prophetin. **seherisch,** die Zukunft erblickend, prophetisch. **Sehkraft** die, das Vermögen, zu sehen. **Sehloch** das, ⚕ Pupille.

Sehm der, -(e)s/-e, norddt.: Seim. **sehmig.**

Sehne [ahd. sen(e)wa] die, -/-n, ⚕ 🩻 Verbindungsstück aus Bindegewebsfasern zwischen Muskel und Knochen: *Sehnenzerrung.* **2)** Strang zum Spannen des Bogens, ABB. A 21, B 39. **3)** △ Strecke, die zwei Punkte einer gekrümmten Linie oder Fläche verbindet, ABB. K 43.

sehnen [mhd. senen], *ich* sehne *mich* (habe mich gesehnt) *nach ihm, etwas,* habe den innigen Wunsch, ihn wiederzusehen, es zu bekommen: *ich s. mich nach Ruhe.*

Sehnenscheide [zu Sehne] die, ⚕ bindegewebige Hülle, in der die Sehne gleitet: *Sehnenscheidenentzündung.*

Sehnerv [zu sehen] der, ⚕ Teil des Auges, ABB. A 24.

sehnig, von Sehnen durchsetzt, zäh: *ein sehniges Fleischstück zum Kochen.* **2)** kräftig, muskulös: *ein sehniger Körper.*

sehnlich [mhd. senelich, zu sehnen], voller Sehnsucht, innig: *mein sehnlichster Wunsch.* **Sehnsucht** die, schmerzliches Herbeiwünschen, Verlangen: *ich habe S. nach ihm; S. nach der Heimat.* **sehnsüchtig, sehnsuchtsvoll.**

sehr, 1) mehr, am meisten [ahd. sero ›hart‹, ›schmerzlich‹], in hohem Grade, viel, stark: *ich habe s. gefroren; s. schönes Wetter; s. geehrter Herr. . .,* Anrede in Briefen; *ich wünsche das s.; ich bin s. krank; s. gut,* als Note: 1. **2)** alem.: schmerzhaft, wund. **Sehr** das oder der, -/-e(n), alem.: Schmerz. **sehren** [mhd. seren], *ich* sehre (habe gesehrt) *es, ✂,* noch alem.: versehre, beschädige.

Seiber [verwandt mit Seife] der, -s, niederdt.: ausfließender Speichel. **seibern,** *ich* seib(e)re (habe geseibert), lasse Speichel ausfließen.

Seicento [seit ʃ'ento, ital. ›sechshundert‹ (nach tausend)] das, -(s), Secento, das 17. Jahrh. (in der italien. Kunst).

Seich der, -(e)s, **Seiche** [ahd. seih, urspr. ›Harn‹, dann ›Geschwätz‹] die, -, Ü derb: **1)** Gerede, Geschwätz. **2)** Harn. **seichen,** *ich* seiche (habe geseicht).

Seiches [se:ʃ, frz.], Pl., period. Schwankungen eines Seenspiegels.

seicht [mhd. sihte], **1)** ohne Tiefe, flach (Gewässer). **2)** Ü oberflächlich: *seichtes Gerede.* **Seichtheit, Seichtigkeit** die, -.

Seide [ahd. sida, zu mlat. seta] die, -/-n, **1)** Faser aus dem Kokon der Raupe des Seidenspinners oder Chemiefaser: *Naturseide; Kunstseide.* **2)** glänzendes Gewebe aus diesen Fäden: *e geht in Samt und S.,* Ü ✂ in großer Pracht. **3)** ⚕ schmarotzerisches Windengewächs. **4)** ⚕ seidig glänzende Samenhaare.

Seidel [mhd. sidel, zu lat. situla ›Weinkrug‹, ›Eimer‹] das, -s/-, **1)** Bierglas, ABB. G 7, G 27. **2)** ein altes Flüssigkeitsmaß.

Seidelbast [mhd. zidelbast] der, ⚕ ein giftiger Strauch mit roten Früchten.

seiden [ahd. sidin], **1)** aus Seide bestehend: *ein seidenes Hemd; reinseidene Kleider; sein Leben hing an einem seidenen Faden,* Ü schwebte in großer Gefahr. **2)** seidig: *seidenweich.* **Seidenbau** der, -(e)s, Erzeugung von Seide durch Seidenraupen. **Seidenpapier** das, sehr dünnes, durchschein-

die Seilscheibe

die Seilschwebebahn
(die Drahtseilbahn)

die Bergstation

das Zugseil
das Tragseil
die Stütze

die Kabine

der Strang (das Kardeel)

mit Dülfersitz

die Talstation

der Trossenschlag

mit Turner-
kletterschluß

die Seilsicherung
des Ersten

das Herz
(die Seele)
der Wantschlag

der Kabelschlag

mit Einschenkelsitz

bei Quergang

der Skilift
(der Schlepplift)

der Sessellift

seile ab **Seil** (das Hanfseil) seile an **Seilbahn**

des Papier. **Seidenraupe** *die,* Raupe des Seidenspinners. **Seidenschwanz** *der,* ein Singvogel. **Seidenspinner** *der,* Schmetterling, dessen Kokon Seide ergibt. **seidig,** wie Seide glänzend oder weich (Haar, Stoff).

Seife [ahd. saiffa ›(tropfendes) Harz‹, zu kelt. saipo, spätlat. sapo] *die, -/-n,* **1)** Waschmittel aus Alkalisalzen höherer Fettsäuren: *Seifenpulver; Rasierseife.* **2)** *nur Pl.,* Anreicherung schwerer oder widerstandsfähiger Minerale durch Verwitterungs- oder Sedimentationsvorgänge. **seifen** [mhd. sifen ›tröpfeln‹, ›sickern‹], *ich seife (habe geseift) es,* wasche aus (Erze). **Seifenbaum** *der,* südamerikan. Baum. **Seifenblase** *die,* aus Seifenlösung geblasene Kugel; Sinnbild rasch vergänglicher Einbildungen, nichtiger Pläne. **Seifenkistenrennen** *das,* Wettbewerb für Kinder, ausgetragen mit selbstgebastelten kleinen Wagen ohne Motor auf abschüssiger Rennstrecke. **Seifenkraut** *das,* ein Nelkengewächs. **Seifenlauge** *die,* wäßrige Seifenlösung. **Seifenoper** [Lü. von engl. soap opera] *die,* gefühlvolle Fernseh- oder Hörspielserie (in den Vereinigten Staaten oft von Waschmittelfirmen finanziert). **Seifensieder** *der, -s/-,* Seifenhersteller: *mir geht ein S. auf,* Ü endlich verstehe ich, was gemeint ist. **Seifer** [mhd. seifer] *der, -s,* oberdt.: ausfließender Speichel. **seifern,** *ich seif(e)re (habe geseifert).* **seifig,** Seife enthaltend; glatt, schmierig wie Seife. **Seifner** *der, -s/-,* ⚒ Erzwäscher.

Seige [mhd. seige ›Senkung‹] *die, -/-n,* ⚒ vertiefte Stelle, an der sich Wasser sammelt. **Seigel** [mhd. seigel] *der, -(s)/-(n),* alem.: Leitersprosse, Hühnerstange. **seiger,** ⚒ senkrecht. **Seiger** [mhd. seigære ›Waage‹, ›Uhr‹] *der, -s/-,* **1)** mittelalterl. Münzwaage. **2)** *ostmitteldt.:* Wanduhr. **3)** *schweiz.:* Seigel. **seigern** [mhd. seigern], *ich seig(e)re (habe geseigert),* **1)** *es,* ⚒ lasse sickern, seihe. **2)** *es seigert sich,* scheidet sich aus. **3)** *eine Legierung seigert,* scheidet beim Erkalten Kristalle aus. **Seigerung** *die, -/-en.*

Seigneur [sɛn'œːr, frz., zu lat. senior ›der ältere‹] *der, -s/-s,* **1)** französ. Lehnsherr oder Grundherr bis 1789. **2)** Ü vornehmer Weltmann.

seihen, *ich seihe (habe geseiht) es.* **Seiher** [mhd. sihe, zu ahd. sihan ›durch ein Sieb gießen‹] *der, -s/-,* **1)** Filter, z. B. Sickertuch oder -papier. **2)** Rückstand beim Seihen; Treber.

Seil [ahd. seil] *das, -(e)s/-e,* **1)** sehr dicke Schnur, dicke Leine, Tau aus Fasern oder Draht, ABB. S 46, D 11. **2)** *niederdt.:* Segel. **Seilbahn** *die,* Verkehrs- und Fördermittel für Personen und Güter, bei dem die Wagen durch Seilzug fortbewegt werden, ABB. S 46. **seilen,** *ich seile (habe geseilt),* **1)** fertige Seile an. **2)** *niederdt.:* wagele. **Seiler** *der, -s/-,* Handwerker, der Seile herstellt. **Seilerbahn** *die,* langer Platz zum Herstellen von Seilen. **Seilerei** *die, -/-en,* **1)** *ohne Pl.,* Herstellung von Seilen. **2)** Werkstatt des Seilers. **Seilfähre** *die,* Fähre, die an einem über das Wasser gespannten Seil fortbewegt wird.

Seilschaft *die, -/-en,* durch ein Seil verbundene Gruppe von Bergsteigern (beim Klettern). **Seilscheibe** *die,* Rad mit Rille zur Führung eines Seils, ABB. S 46. **seilspringen,** *nur Infinitiv üblich,* mit einem Seil springen. **Seilspringen** *das, -s,* ABB. S 53. **seiltanzen,** *nur Infinitiv üblich,* sich auf einem (hoch) über dem Boden gespannten Seil bewegen und Kunststücke ausführen. **Seiltanzen** *das, -s.* **Seiltänzer** *der.* **Seiltrieb** *der,* die Kraftübertragung mit einem Seil (Aufzug).

Seim [ahd. seim] *der, -(e)s/-e,* eingedickte, zähe Flüssigkeit: *Honigseim.* **seimig,** dickflüssig.

sein [ahd. sin] *der, -(e)s/-e,* Possessivpronomen, ÜBERS. P 24, ihm gehörig, von ihm ausgehend: *er und s. Hund; seine Familie; seiner Meinung nach; seines Erachtens; jedem das Seine; soll bekommen, was ihm zusteht; er hat die Seinen lange nicht gesehen,* seine Familie; *Seine,* Abk.: S(e)., bei Anrede und Titeln: *Seine Majestät,* Abk.: S. M.; *Seiner,* Abk.: Sr., bei Titeln; *das Auto wird seine 20 000 DM gekostet haben,* Ü ungefähr; **2)** auch seiner, Genitiv von *ein* und *es: ich gedenke sein(er).*

sein [ahd. sin], *ich bin,* ÜBERS. S 47, **1)** bestehe, existiere: *das kann (nicht) sein; das war einmal; er ist nicht mehr,* P ist gestorben. **2)** befinde mich, halte mich auf: *ich bin zu Hause, in Leipzig; er ist in Not.* **3)** stamme aus: *er ist aus Berlin; sie ist aus einer angesehenen Familie; der Brief ist von meinem Onkel.* **4)** *dein, des Todes,* gehöre. **5)** *der Ansicht, der Meinung,* glaube, meine. **6)** befinde mich in einem bestimmten Zustand, habe eine bestimmte Eigenschaft: *es graut mir (vor Empörung); er ist krank; mir ist nicht gut; das ist (nicht) richtig, schön; mir ist jetzt nicht danach,* U ich möchte es nicht; *seien Sie bitte so freundlich.* **7)** *es,* findet statt, geschieht: *das war schon gestern.* **8)** bin durch Beruf, Neigung, Verhalten einer bestimmten Gruppe zuzuordnen, befinde mich: *ich bin Arzt; er ist Alkoholiker; wer war es?,* wer hat es getan?; *ist er der Täter?* **9)** *zwei und zwei ist vier,* machen aus, bilden. **10)** Hilfsverb zur Bildung zusammengesetzter Zeiten: *ich bin gegangen,* ÜBERS. V 2. **Sein** *das, -s,* Bestand, Vorhandensein, Dasein, Wirklichkeit, Wesen, Leben: *es geht um S. oder Nichtsein; S. und Schein,* Wirklichkeit und Einbildung.

seine *der, die, das,* seinige. **seinerseits,** zu einem Teil; von ihm. **seinerzeit,** Abk.: s. Z., einst, damals; oder: *alles zu seiner Zeit.* **seinesgleichen,** *nicht flektierbar,* Personen wie er, Sachen von gleichem Wert: *er ist s.; das gleich s.; ohne Beispiel.* **seinethalben, seinetwegen,** *um seinetwillen,* mit Rücksicht auf ihn. **sein(ig)e,** *die, das, der, die, das zu ihm Gehörige;* vgl. sein(ig)e.

seinlassen, *ich lasse es sein (ließ sein, habe seinlassen),* U tue nicht: *laß das (Rauchen) sein!*

Seising *das, -s/-,* kurzes Tau aus Kabelgarn.

Seismik [grch. seismos ›Erderschütterung‹] *die, -,* Seismologie. **seismisch,** von Erdbeben stammend, auf Erdbeben bezüglich. **Seismo|gramm** [vgl. . . .gramm] *das, -s/-e,* Auf-

sein

Imperativ	Präsens	Präteritum	Konjunktiv		Partizip Präsens	Zusammengesetzte Formen:
					seiend	*ich* **bin gewesen**
	ich **bin**	**war**	**sei**	**wäre**		*ich* **war gewesen**
	du **bist**	**warst**	**sei(e)st**	**wär(e)st**		*ich* **wäre gewesen**
sei!	*er, sie, es* **ist**	**war**	**sei**	**wäre**	Partizip Perfekt	*ich* **werde sein**
es sei!	*wir* **sind**	**waren**	**seien**	**wären**		*ich* **würde sein**
seid!	*ihr* **seid**	**wart**	**seiet**	**wär(e)t**		*ich* **werde, würde**
seien sie!	*sie* **sind**	**waren**	**seien**	**wären**	**gewesen**	**gewesen sein**

zeichnung eines Erdbebens. **Seismo|graph** [vgl. . . . graph] *der, -en/-en,* Gerät zur Messung und Aufzeichnung von Erdbeben. **seismo|graphisch. Seismologie** [vgl. . . .logie] *die, -,* Seismik, Wissenschaft von den Erdbeben. **seismologisch. Seismometer** [grch. metron ›Maß‹] *das, -s/-,* Seismograph.

seit [ahd. sid], **1)** *ihm* (Präposition), von einer bestimmten Zeit an bis zum gegenwärtigen Zeitpunkt, ÜBERS. P 21: *s. heute; s. mehreren Jahren; s. kurzem; s. alters.* **2)** (Konjunktion) von einem bestimmten Zeitpunkt an, der eine Änderung bewirkt hat: *s. sie das Rauchen aufgegeben hat, geht es ihr besser.* **seitab,** abseits, fern. **seitdem, 1)** von da an: *ich habe s. nichts von ihm gehört.* **2)** (Konjunktion) seit: *s. er da ist,* . . .

Seite [ahd. sita] *die, -/-n,* **1)** jede Begrenzungsfläche oder -linie eines Gegenstandes: *die Seiten eines Dreiecks, Vierecks, eines Würfels,* ABB. D 14, V 6; *ich habe das Haus, das Problem von allen Seiten betrachtet, aus jeder Richtung; er nimmt es von der leichten S., vom Rauchen aufgegeben hat, geht es ihr besser.* **seitab,** abweichen. **sie entfernten sich nach allen Seiten. 2)** linke oder rechte Begrenzung oder linker oder rechter Teil von der Mitte aus: *die linke Straßenseite; im Angriff von der S.,* von rechts oder links; *geh auf die S.!,* beiseite, aus dem Weg; *das Schiff legt sich auf die S.; sie hat Geld auf die S. gelegt,* U gespart; *er hat Geld auf die S. gebracht,* U sich auf unehrliche Weise angeeignet; *er ist heimlich auf die S.* (auch *beiseite*) *geschafft worden,* U getötet worden. **3)** vordere oder hintere Fläche (bei flachen Gegenständen): *die zwei Seiten eines Stoffes, des Papiers; Vorderseite, Rückseite; alles hat seine zwei Seiten,* U hat Vor- und Nachteile. **4)** Abk.: S., kurz für: Buch- oder Heftseite, eine Fläche eines Papierblattes, ABB. B 53: *ich schlage eine S. auf; ein Buch von 800 Seiten; Seitenzahl; dieser Absatz steht auf S. . . .* **5)** Seitenteile des Rumpfes, Flanke: *er trägt den Säbel an der S.; seit dem Schlaganfall ist sie auf der rechten S. gelähmt; er steht mir mit Rat und Tat zur S.,* Ü hilft mir; *man sieht ihn von der S. an,* U mißgünstig, verächtlich. **6)** Familie, Richtung, Partei: *von meiner S.,* von mir her; *von mütterlicher S.,* von der Mutter her; *alle stehen auf unserer S.,* sind unserer Meinung; *wie wir von gutunterrichteter S. erfahren,* . . . **7)** Eigenschaft, Gestaltung: *von dieser S. kenne ich ihn gar nicht; er gewinnt der Sache eine neue S. ab; Mathematik ist meine schwache S.,* U begreife ich nur mit Mühe. **seiten,** auf, von, zu s., auf, von, an der Seite. **Seitenansicht** *die,* Ansicht von der Seite, Profil. **Seitenausgang** *der,* kleinerer Ausgang außer dem Hauptausgang (Theater, Saal). **Seitenblick** *der,* **1)** (verstohlener) Blick von der Seite. **2)** Ü neidischer oder verächtlicher Blick. **Seitenflügel** *der,* nicht zum Hauptbau gehörender Gebäudeteil. **Seitengang** *der,* **1)** Nebengang in Gebäuden. **2)** Gang an der Seite der Eisenbahnabteile. **3)** Reitübung, bei der Vorder- und Hinterhand des Pferdes auf zwei verschiedenen Hufschlägen gehen, ABB. R 18. **Seitengewehr** *das,* kurze Hieb- und Stichwaffe, die als Bajonett benutzt. **Seitenhieb** *der,* **1)** Fechthieb von der Seite. **2)** Ü bissige oder spöttische Bemerkung. **seitenlang,** sich über viele Buchseiten hinziehend: *eine seitenlange Beschreibung;* aber: *fünf Seiten lang.* **Seitenlinie** [-i̯ə] *die,* **1)** Eisenbahn: Nebenlinie. **2)** Nebenzweig einer Familie. **Seitenriß** *der,* zeichner. Darstellung der Seitenansicht eines Gegenstandes, ABB. R 24. **seitens,** K von seiten: *s. der beklagten Partei wurden folgende Aussagen vorgebracht.* **Seitenschiff** *das,* 𝄢 schmaleres Kirchenschiff, parallel zum Mittelschiff verlaufend, ABB. K 20. **Seitensprung** *der,* Liebesabenteuer außerhalb der Ehe. **Seitenstechen** *das, -s,* stechende Schmerzen in der Rippengegend. **Seitenstreifen** *der,* befestigter oder unbefestigter Randteil einer Fahrbahn. **Seitenstück** *das,* **2)** seitl. Teil. Ü Gegenstück, Pendant. **seitenverkehrt,** spiegelverkehrt, dem Spiegelbild entsprechend.

seither, von einem bestimmten Zeitpunkt an: *wir hatten eine Auseinandersetzung, er hat sich s. nicht mehr bei mir blicken lassen.* **seitherig,** nach den seitherigen Ermittlungen. **. . .seitig,** mit einer bestimmten Anzahl oder Art von Seiten: *zweiseitig; linksseitig.* **seitlich, 1)** rechts oder links, beiderseits der Hauptrichtung. **2)** abzweigend. **seitlings,** ⚬ seitwärts. **. . .seits,** nach einer bestimmten Seite hin, ihr zugehörig: *einerseits; ander(er)seits; mütterlicherseits; allerseits.* **seitwärts,** nach der Seite hin.

Sejm [sɛjm, poln.] *der, -s,* die poln. Volksvertretung.

sek, ältere Abk. für: Sekunde. **Sek., 1)** Abk. für: Sekunde. **2)** U kurz für: Sekundarstufe.

Sekans [lat. secare ›schneiden‹] *der, -/Sek' anten,* Abk.: sec, △ eine Winkelfunktion, ABB. W 13. **Sekante** *die, -/-n,* △ Gerade, die eine Kurve oder Fläche schneidet, ABB. K 43.

Sekel [lat. siclus, zu chaldäisch schakal ›wägen‹] *der, -s/-,* altbabylon., später in ganz Vorderasien verbreitetes Gewicht, auch Münze kleinstes Gewichts.

sekkant [zu ital. seccare, aus lat. siccare ›trocknen‹], ⚬, *noch österr.:* aufreizend, lästig. **Sekkatur** *die, -/-en,* ⚬, *noch österr.:* Belästigung, Quälerei. **sekkieren,** *ich sekkiere* (habe sekkiert) *ihn,* ⚬, *noch österr.*

Sekond [frz., zu lat. secundus ›der zweite‹] *die, -/-en,* Fechthaltung, ABB. F 9.

se|kret [lat. secretus ›geheim‹, ›abgesondert‹], ⚬ geheim. **Se|kret** *das, -(e)s/-e,* **1)** Biologie: durch Sekretion abgegebene Flüssigkeit. **2)** Geheimsiegel; vertrauliche Mitteilung. **3)** *die, -/-en, Pl. selten,* kath. Kirche: stilles Gebet des Priesters in der Messe. **Se|kretär** *der, -s/-e,* **1)** ⚬ Schreiber, Geheimschreiber. **2)** Dienstbezeichnung für Beamte der mittleren Laufbahn. **3)** Geschäftsführer von Gesellschaften; ein qualifizierter Angestellter (in Privatwirtschaft, Verwaltung). **4)** Schreibschrank, ABB. S 34. **5)** ein Taggreifvogel der afrikanischen Steppe. **Se|kretariat** *das, -(e)s/-e,* Geschäftsstelle, Kanzlei. **Se|kretärin** *die, -/-nen,* qualifizierte Angestellte (in Privatwirtschaft, Verwaltung). **Se|kretion** *die, -/-en,* **1)** Absonderung. **2)** mineralische Ausfüllung von Hohlräumen im Gestein. **se|kretorisch.**

Sekt [aus frz. vin sec ›trockener Wein‹] *der, -(e)s/-e,* Qualitätsschaumwein: *Sektsteuer; Sektgläser,* ABB. G 27.

Sekte [mhd. secte, zu lat. secari ›folgen‹] *die, -/-n,* kleinere religiöse Gesinnungsgemeinschaft. **Sektierer** *der, -s/-,* Anhänger einer Sekte. **sektiererisch.**

Sektion [lat. sectio, zu secare ›schneiden‹] *die, -/-en,* **1)** Gruppe, Abteilung. **2)** 𝄪 Leichenöffnung, Obduktion: *Sektionsbefund.* **Sektions|chef** *der,* **1)** *österr.:* Abteilungsleiter in einem Ministerium. **2)** *schweiz.:* Leiter des örtl. militär. Kontrollwesens. **Sektor** *der, -s/. . .t'oren,* **1)** △ Kreis- oder Kugelausschnitt, ABB. K 44. **2)** Gebietsteil; Bereich: *die Sektoren von Berlin; Sektorengrenze.* **3)** Ü Sachgebiet, Fachbereich: *auf dem politischen S. viel erreichen.*

Sekunda [lat. secunda ›die zweite‹] *die, -/. . .den,* die sechste (Unter-S.) und siebente (Ober-S.) Klasse einer höheren Schule; heute allgemein die zehnte und elfte Klasse umfassend. **Sekundaner** *der, -s/-,* **Sekundanerin** *die, -/-nen,* Schüler(in) einer Sekunda. **Sekundant** [lat. secundare ›begünstigen‹] *der, -en/-en,* Helfer, Beistand, Zeuge (Duell, Mensur); Betreuer eines Sportlers (Boxen, Schach). **sekundär,** abhängig, sekundär, an zweiter Stelle stehend. **Sekundärenergie** *die,* Energie aller Energieträger, die aus anderen gewonnen werden, z. B. Elektrizität, Kraftstoffe. **Sekundärliteratur** *die,* Literatur über literarische Werke. **Sekundärrohstoff** *der,* Altmaterial (Dt. Dem. Rep.). **Sekundarschule** *die,* eine auf der Primarschule aufbauende Schule; in der Bundesrep. Dtl. Haupt-, Realschule und Gymnasium; in der Schweiz im allgemeinen anspruchsvoller Schultyp der Volksschul-Oberstufe (nach dem vierten bis sechsten bis zum achten bis neunten Schuljahr). **Sekundarstufe** *die,* U kurz Sek., die auf die Primarstufe aufbauende Schulstufe: *S. I; S. II.* **Sekundawechsel** *der,* zweite Ausfertigung eines Wechsels. **Sekunde** *die, -/-n,* **1)** Abk.: Sek., Zeichen: s; älter: sec, sek, Zeiteinheit, der. 60. Teil einer Minute. **2)** △ der 60. Teil einer Minute: *Altsekunde,* Zeichen: ″, oder der 100. Teil einer Neuminute: *Neusekunde,* Zeichen: ͨͨ. **3)** ♪ die zweite Stufe der diaton. Tonleiter, ABB. N 9. **4)** ⌀ die am Fuß der dritten Seite eines Druckbogens stehende Zahl mit Sternchen. **Sekundenschnelle,** *in S.,* sehr schnell. **sekundieren** [lat. secundare ›begünstigen‹], *ich* sekundiere (habe sekundiert) *ihm,* leiste Beistand. **Sekundogenitur** [lat. genitus ›geboren‹] *die, -/-en,* Erb- und Vermögensfolge sowie Herrschaftsanwartschaft für den Zweitgeborenen fürstlicher Häuser.

Sekurität [lat. securitas] *die, -/-en,* Sicherheit.
sel., Abk. für: selig (verstorben).
...sel [vgl. ...sal], Suffix mit verkleinernder Bedeutung für sächliche Substantive, vom Verb abgeleitet: *das Anhängsel; das Füllsel; das Mitbringsel.*
sela! [hebr.], U abgemacht! **Sela** [hebr.] *das, -s/-,* Musikzeichen am Ende von Psalmenabschnitten.
Seladon [auch -d´ɔ, nach Céladon, dem Liebhaber aus dem Schäferroman ›Astrée‹ von H. d'Urfé, 1567–1625], **1)** *der, -s/-s,* ⚬∞ schmachtender Liebhaber. **2)** *das, -s,* grünl. Glasur auf chines. Porzellan: *Seladonporzellan.*
Selaginella [lat. selago, antiker Pflanzenname] *die, -/...n'ellen,* das Mooskraut, eine Farnpflanze.
Selam [arab.], Friede, Heil; vgl. Salem aleikum.
selb [ahd. selb], derselbe, dieselbe, dasselbe: *im selben Augenblick, als...;* aber: *in demselben Augenblick kam er.* **selb...,** mit Zahlwörtern: ⚬∞ mit den Genannten: *die heilige Anna selbdritt, Marias Mutter Anna mit Maria und dem Jesusknaben; selbander,* ⚬∞ zu zweit. **selber,** *nicht flektierbar,* U selbst: *ich muß das s. sehen.* **selbig,** ⚬∞ derselbe, dieselbe, dasselbe: *am selbigen Tag.* **selbige,** *-r, -s,* K derselbe, dieselbe, dasselbe: *der, die, das: der, die, das s.*
selbst [mhd. selbst], *nicht flektierbar,* **1)** in eigener Person, etwas, jemand, von dem die Rede ist: *das mußt du s. am besten wissen; das habe ich s. gesehen; das Kind kann sich schon s. anziehen, ohne Hilfe; der Schrank s. ist sehr schön, aber er paßt nicht zur übrigen Einrichtung; er ist die Großmut s.* **2)** von *s.,* ohne fremde Hilfe, durch sich, allein: *das Problem hat sich von s. gelöst; das versteht sich doch von s.* **3)** sogar: *s. das kann er nicht;* aber: *das kann er nicht s. (machen),* er benötigt Hilfe.
selbst..., **1)** auf die eigene Person, den eigenen Leib bezogen: *Selbstbehauptung; Selbstironie; Selbstschutz; Selbstüberschätzung; Selbstüberwindung; Selbstunterricht; Selbstverleugnung; Selbstverwirklichung.* **2)** von sich bewirkt; oft: Frucht eigener Arbeit: *Selbstbestäubung; selbstentzündlich; Selbstreinigung; Selbstklebefolie; selbstgedrehte Zigaretten; ein selbstgemachtes Kleid,* aber: *ich habe es selbst gemacht.*
Selbst, *das, -,* die eigene Person. **selbständig,** ohne fremde Hilfe auskommend, unabhängig: *er hat sich s. gemacht,* hat ein eigenes Geschäft, eine eigene Praxis errichtet; *ein kleines Kind, ein Ball hat sich s. gemacht,* U ist davongelaufen, fortgerollt; *ein selbständiger Kaufmann; die Schüler müssen zu selbständigem Denken erzogen werden.* **Selb|ständigkeit** *die, -.* **Selbstauslöser** *der,* Photographie: automatische Auslösung eines Kameraverschlusses, ABB. P 12. **Selbstbedienung** *die,* U kurz SB, selbständiges Entnehmen von Waren (Speisen) in Geschäften (Gaststätten): *Selbstbedienungsladen; Selbstbedienungsgaststätte.* **Selbstbefriedigung** *die,* Masturbation. **Selbstbeherrschung** *die:* sie besitzt viel S.; er verliert leicht die S. **Selbstbestätigung** *die:* diesen Erfolg braucht er zur S. **Selbstbestimmungsrecht** *das:* das S. der Völker. **Selbstbeteiligung** *die,* festgelegter eigener Kostenanteil bei einem Versicherungsabschluß. **selbstbewußt,** vom eigenen Wert überzeugt; stolz: *er gibt sich sehr s.; selbstbewußtes Auftreten.* **Selbstbewußtsein** *das.* **Selbstbildnis** *das,* Darstellung eines Künstlers von eigener Hand. **Selbstbinder,** **1)** Krawatte zum Selbstbinden, ABB. K 24. **2)** Mähmaschine, die zugleich Garben bindet. **Selbstbio|graphie** *die,* Autobiographie. **Selbstdarstellung** *die,* die Darstellung der eigenen Person. **Selbstdisziplin** *die,* Beherrschung der eigenen Gefühle und Triebe. **Selbst|entzündung** *die,* Entzündung eines Stoffes als Folge einer durch chem. Reaktionen bewirkten Temperatursteigerung. **Selbst|erfahrung** *die,* das Zu-sich-selbst-Finden: *Selbsterfahrungsgruppen.* **Selbst|erhaltung** *die, -,* Sicherung des eigenen Daseins: *Selbsterhaltungstrieb.*

Selbst|erkenntnis *die,* Erkenntnis der eigenen Fähigkeiten, auch der Fehler. **Selbstfahrer** *der,* **1)** jemand, der ein gemietetes Fahrzeug selbst fährt. **2)** motorisiertes Güterschiff der Binnenschiffahrt. **selbstgefällig,** eitel, übertrieben selbstbewußt. **Selbstgefälligkeit** *die, -.* **Selbstgefühl** *das, -(e)s,* Selbstbewußtsein: *Selbstwertgefühl.* **selbstgenügsam,** zufrieden mit dem eigenen Leistung; sich selbst genug. **Selbstgenügsamkeit** *die.* **selbstgerecht,** von der Richtigkeit eigenen Denkens und Handelns überzeugt; kritiklos gegen sich. **Selbstgerechtigkeit** *die.* **Selbstgespräch** *das,* Gespräch mit sich selbst, Monolog: *er führt laufend Selbstgespräche.* **selbstherrlich,** rücksichtslos, autoritär, tyrannisch. **Selbstherrlichkeit** *die.* **Selbstherrscher** *der,* Alleinherrscher, Autokrat. **Selbsthilfe** *die, -,* **1)** das Beheben eines Notstandes ohne Hilfe der dafür Zuständigen: *Selbsthilfegruppen.* **2)** ♌ eigenmächtiger Eingriff in einen fremden Rechtsbereich. **selb|stsüchtig,** selbstsüchtig, egoistisch. **Selbstjustiz** *die,* innerhalb bestehender Organisationen die Ahndung von Verstößen außerhalb der staatl. Gerichtsbarkeit. **Selbstkontrolle** *die: es fehlt ihm (nicht) an der nötigen S.* **Selbstkosten,** *Pl.,* die Summe der Aufwendungen für Herstellung und Vertrieb der Erzeugnisse eines Unternehmens: *Selbstkostenpreis; Selbstkostensenkung.* **Selbstkritik** *die,* Kritik an der eigenen Person: *er hat S. geübt.* **selbstkritisch. Selbstlader** *der, -s/-,* eine halbautomatische Feuerwaffe. **Selbstlaut** *der,* Ⓢ Vokal, ÜBERS. G 34. **Selbstlob** *das,* Eigenlob.
selbstlos, uneigennützig. **Selbstlosigkeit** *die, -.* **Selbstmord** *der,* gewaltsame und gewollte Vernichtung des eigenen Lebens: *selbstmordgefährdet; Selbstmörder; er beging S.; Selbstmordversuch.* **selbstmörderisch,** einen Selbstmord herbeiführend: *in selbstmörderischer Absicht; ein selbstmörderischer Plan,* Ü ein sehr gefährlicher. **selbstredend,** U selbstverständlich. **selbstschließend,** *eine selbstschließende Tür.* **Selbstschuß** *der,* durch Berührung eines Drahtes ausgelöster Schuß: *Selbstschußanlage.* **selbstsicher,** voll Selbstsicherheit; ohne Schüchternheit. **Selbstsicherheit** *die.* **Selbststeuerung** *die,* **1)** ⊕ automatische Steueranlage bei Schiff und Flugzeug. **2)** Biologie: die Steuerung der Lebensvorgänge durch den Organismus selbst. **Selbststudium** *das,* das Erwerben von Wissen durch Bücher: *im S. erworbene Kenntnisse; Lehrbücher zum S.* **Selbstsucht** *die, -,* der Egoismus. **selbstsüchtig. selbsttätig,** **1)** automatisch: *die Tür öffnet sich s.* **2)** aus eigenem Antrieb: *selbsttätige Mitarbeit.* **Selbsttäuschung** *die,* falsche Vorstellung. **selbsttragend,** *eine selbsttragende Balkenkonstruktion.* **Selbstverachtung** *die,* negative Einstellung zur eigenen Person. **selbstverdient,** *mein erstes selbstverdientes Geld.* **selbstvergessen,** in Gedanken verloren, geistesabwesend: *s. saß sie in der Ecke und las.* **Selbstverlag** *der,* Verbreitung eines Werkes durch den Urheber. **Selbstversorger** *der, -s/-,* Verbraucher, der seinen Bedarf an bestimmten Erzeugnissen, z. B. Lebensmitteln, aus eigener Herstellung deckt. **selbstverständlich,** ohne Begründung, Erklärung verständlich. **Selbstverständlichkeit** *die.* **Selbstverständnis** *das,* die reflektierte Vorstellung vom eigenen Ich, auch einer Interessengruppe von ihren Voraussetzungen und Zielen. **Selbstverteidigung** *die,* die Abwehr eines rechtswidrigen Angriffs oder einer drohenden Gefahr aus eigener Kraft. **Selbstvertrauen** *das,* Zutrauen zu eigenen Fähigkeiten. **Selbstverwaltung** *die,* die Regelung öffentl. Angelegenheiten durch jurist. Personen des öffentl. Rechts unter eigener Verantwortung. **Selbstwähl|ferndienst, Selbstwählverkehr** *der,* Herstellung von Fernsprechfernverbindungen durch die Wahl des Teilnehmers, also ohne Handvermittlung. **selbstzufrieden,** befriedigt über eigene Fähigkeiten und Leistung. **Selbstzweck** *der,* in der Sache selbst erfüllender Zweck.
Selch *die, -/-en, oberdt.:* Räucherkammer: *Selchfleisch.* **selchen** [ahd. arselchen ›dörren‹], *ich* selche (habe geselcht) *es, oberdt.:* räuchere, dörre (Fleisch). **Selcher** *der, -s/-, oberdt.:* Händler für geräucherte Fleischwaren. **Selcherei** *die, -/-en, oberdt.:* Räucherei, Wursträucherei; Fleischerei.
Sel|dschuke *der, -n/-n,* Angehöriger eines türkischen Herrschergeschlechtes und Volkes.
Selekta [lat. seligere ›auswählen‹] *die, -/...ten,* ⚬∞ Begabtenklasse einer höheren Schule: *Selektaner.* **selektieren,** *ich* selektiere (habe selektiert) *es,* wähle, lese aus. **Selektion** [lat. selectio] *die, -/-en: Selektionstheorie.* **selektiv, 1)** auswählend. **2)** (⤻) trennscharf. **Selektivität** *die, -,* (⤻) Trennschärfe.
Selen [grch. selene ›Mond‹] *das, -s,* ⊙ Element, Zeichen: Se, Halbmetall. **Selene,** *die,* griech. Mondgöttin. **Selenologie**

[vgl. ...logie] *die, -,* Lehre vom Aufbau und von der Beschaffenheit des Mondes. **Selenzelle** *die,* eine Photozelle.

Seleukide, Seleuzide *der, -n/-n,* Angehöriger einer makedon. Dynastie in Syrien.

Selfaktor [self'æktə, engl. self ›selbst‹ und to act ›handeln‹] *der, -s/-s,* eine Feinspinnmaschine. **Selfgovernment** [selfʌvənmənt, vgl. Gouvernement] *das, -s/-s,* Selbstverwaltung. **Selfmademan** [s'elfmeidmæn, engl. to make ›machen‹ und man ›Mann‹] *der, -s/...men* [-mən], jemand, der sich aus eigener Kraft hochgearbeitet hat.

selig [ahd. salig], Abk.: sel., **1)** kirchlich: nach dem Tod im Genuß der himml. Freude, der ewigen Seligkeit: *Gott hab ihn s.* **2)** kath. Kirche: seliggesprochen. **3)** verstorben: *mein seliger Mann,* ⁀⁀, *noch süddt.: mein Mann selig(er).* **4)** U völlig beglückt, wunschlos zufrieden: *das Geschenk hat sie s. gemacht;* vgl. aber: *seligpreisen, seligsprechen.* **5)** U betrunken. **Selige** *der, die, -n/-n, ein -r, eine -,* **1)** kath. Kirche: seliggesprochene(r) verstorbene(r) Gläubige(r). **2)** U Verstorbene(r): *mein Seliger,* mein verstorbener Mann. **Seligkeit** *die, -,* Zustand des inneren Glücks. **seligpreisen,** *er preist ihn selig* (hat seliggepriesen), B. **Seligpreisung** *die, -/-en,* Anerkennung, daß jemand glücklich ist; B bes. die Kernstelle der Bergpredigt. **seligsprechen,** *der Papst spricht ihn selig* (sprach selig, hat seliggesprochen). **Seligsprechung** *die, -/-en,* päpstl. Erklärung, daß sich ein Verstorbener der ewigen Seligkeit erfreue.

Selle [zu Süll] *die, -/-n,* westdt.: Träger, Schwelle.

Sellerie [frz. céleri, zu grch. selinon] *der, -s/-(s)* oder *die, -/...ri|en,* eine Gemüse- und Gewürzpflanze, Abb. G 24: *Selleriesalat; Staudensellerie.*

selm, 1) *oberdt.:* damals. **2)** *niederdt.:* selbst.

Selma [aus der Ossian-Dichtung], weibl. Vorname.

selten [ahd. seltan], **1)** nicht häufig: *du kommst s.; ein seltener Gast!; dieses Mittel wirkt nur in den seltensten Fällen.* **2)** U sehr, außerordentlich: *ein s. schöner Tag.* **Seltenerdmetalle,** *Pl.,* Metalle der Lanthanoiden. **Seltenheit** *die, -/-en,* **1)** ohne *Pl.,* spärliches Vorkommen. **2)** etwas, das man nicht oft trifft, Rarität: *dieser Kupferstich gehört auf Versteigerungen zu den Seltenheiten; das hat Seltenheitswert.*

Selters [nach Niederselters an der Ems] *das, -,* kurz für: Selterswasser. **Selterswasser** *das,* **1)** Mineralwasser aus Niederselters. **2)** allgemein für Mineralwasser: *eine Flasche S.*

seltsam [ahd. seltsani], **1)** eigenartig, ungewöhnlich, befremdend: *eine seltsame Geschichte; seltsame Ansichten; er ist im Alter etwas s. (im Kopf) geworden.* **2)** *alem.:* wählerisch. **seltsamerweise. Seltsamkeit** *die, -.*

Semantik [grch. semantikos ›bezeichnend‹, zu sema ›Zeichen‹] *die, -,* Ⓢ Semasiologie, Lehre von den Bedeutungen der Wörter. **semantisch,** semasiologisch, zeichenhaft, bedeutungsmäßig. **Semaphor** [grch. pherein ›tragen‹] *der oder das, -s/-e,* ✈ Signalmast, Abb. S 49. **semaphorisch. Semasiologie** [vgl. ...logie] *die, -,* Semantik. **semasiologisch,** semantisch.

Semde *die, -/-n, oberdt.:* schmaler Saum.

Semem [grch. sema ›Zeichen‹] *das, -s/-e,* Ⓢ Bedeutung des sprachlichen Zeichens.

Semen [lat.] *das, -s/S'emina,* ⚕ Samen.

Semester [lat. semestris, zu sex ›sechs‹ und mensis ›Monat‹] *das, -s/-,* Halbjahr, besonders Studienhalbjahr: *Sommersemester; ein erstes S.,* U Student(in) im ersten Studienhalbjahr, Ü Neuling; *ein altes S.,* U Student(in), der (die) schon lange studiert hat, Ü älterer Mensch. **semestral,** ⁀⁀ halbjährig. **...seme|strig,** *ein sechssemestriges Studium.*

semi... [lat.], halb. ...: *das Semifinale,* Vorschlußrunde bei Sportwettkämpfen. **Semikolon** [grch. kolon ›Glied eines Satzes‹] *das, -s/-s* oder *...la,* Strichpunkt, ein Satzzeichen, Übers. S 6. **semilateral** [lat. latus ›Seite‹], halbseitig, einseitig. **semilunar** [lat. luna ›Mond‹], halbmondförmig. **Seminar** [lat. seminarium ›Pflanzschule‹, zu semen ›Samen‹] *das, -s/-e,* **1)** Ausbildungsstätte für Geistliche: *Predigerseminar; Priesterseminar.* **2)** ⁀⁀, *noch schweiz.:* Lehrerbildungsanstalt. **3)** Hochschulinstitut, auch die Arbeitsräume mit Fachbücherei. **4)** Übung für Studierende: *Seminararbeit; Proseminar; Hauptseminar.* **Seminarist** *der, -en/-en,* Angehöriger eines Lehrer- oder Priesterseminars. **seminaristisch,** das Seminar oder die Seminaristen betreffend.

Semiologie, Semiotik [grch. sema ›Zeichen‹ und vgl. ...logie] *die, -,* Lehre von den Zeichen.

semipermeabel [vgl. semi... und lat. permeare ›durchgehen‹], halbdurchlässig.

Semit *der, -en/-en,* **Semitin** *die, -/-nen,* Angehörige(r) einer Sprachgruppe in Vorderasien und Nordafrika. **semitisch. Semitist** *der, -en/-en,* Kenner der semit. Sprachen und Literaturen. **Semitistik** *die, -,* Lehre von den semit. Sprachen und Literaturen. **semitistisch.**

Semmel [ahd. semila, zu lat. simila ›Weizenmehl‹] *die, -/-n,* ein Kleingebäck aus Weizenmehl mit Wasser oder Milch; Brötchen, Abb. B 50: *das geht weg wie warme Semmeln,* U ist sehr begehrt; *Semmelmehl,* Mehl aus geriebenen Semmeln. **semmelblond,** U hellblond (Haarfarbe). **Semmelpilz** *der,* ein Speisepilz: *Semmelstoppelpilz.*

Semnone *der, -n/-n,* Angehöriger eines german. Stammes.

semper [lat.], immer. **semper aliquid haeret,** immer bleibt (bei Verleumdungen) etwas hängen. **semper idem,** immer derselbe.

sempern, *ich semp(e)re* (habe gesempert), *österr.:* nörgle, jammere.

sempre [ital.], ♪ immer: *s. legato,* immer gebunden.

sen., Abk. für: senior.

...sen, in Namen: *...sohn: Petersen,* Peters Sohn.

Sen [japan.] *der, -/-,* kleine Währungseinheit in Indonesien, Japan, Kambodscha.

Senat [lat. senatus, zu senex ›Greis‹] *der, -(e)s/-e,* **1)** Beirat der Magistrate im alten Rom. **2)** oberstes Regierungsorgan einiger Städte: *der S. von Berlin, Hamburg, Bremen.* **3)** oberstes Entscheidungsorgan einer Hochschule. **4)** Gremium höherer Gerichte: *Senatspräsident.* **5)** in einigen Staaten: die erste Kammer eines Senats. **Senatus Populusque Romanus,** Abk.: SPQR, ›der Senat und das Volk von Rom‹; Hoheitsformel der röm. Republik.

Send [ahd. senod, zu grch. synodos ›Zusammenkunft‹] *der, -(e)s/-e,* **1)** früher: geistl. Gericht: *Sendgericht.* **2)** *westfäl.:* Jahrmarkt.

Sendbote *der,* Abgesandter; Apostel; Missionar. **Sendbrief** *der,* ⁀⁀ offener Brief. **Sendeanlage** *die,* Gesamteinrichtung eines Senders. **Sendefolge** *die,* Reihenfolge von Rundfunk- oder Fernsehsendungen; Sendung in Fortsetzungen: *eine S. des österreichischen Fernsehens.* **senden** [ahd. senten], **1)** *ich sende* (sandte, habe gesandt; selten: sendete, habe gesendet) *ihn, es,* schicke, lasse mit einem Auftrag überbringen: *ich habe ihm ein Brief gesandt oder gesendet die Grüße und herzliche Glückwünsche.* **2)** *es sendet* (sendete, hat gesendet) *es,* ((y)) strahlt aus, verbreitet (Rundfunk, Fernsehen): *der Rundfunk hat gestern ein Hörspiel gesendet.* **Sendepause** *die,* Zeitraum, in dem kein Rundfunk- oder Fernsehprogramm gesendet wird, ((y)). **Sender** *der, -s/-,* ((y)) Anlage zum Senden von elektromagnet. Wellen, Schall- oder Lichtwellen: *Rundfunksender; Fernsehsender.* **Sendereihe** *die,* periodisch verbreitetes Hörfunk- oder Fernsehprogramm. **Sendling** *der, -s/-e,* ⁀⁀ Sendbote. **Sendung** *die, -/-en,* **1)** das zur Beförderung Gegebene: *Geldsendung.* **2)** Auftrag, Berufung: *Sendungsbewußtsein.* **3)** Funksendung; Rundfunk- oder Fernsehdarbietung: *eine S. des Hörfunks; Fernsehsendung.*

Senegalese *der, -n/-n,* **Senegalesin** *die, -/-nen,* Bewohner(in) des westafrikan. Staates Senegal. **senegalesisch.**

Seneschall [ahd. senescalh, zu sen ›Greis‹ und ahd. scalc ›ältester Diener‹] *der, -s/-e,* hoher Hofbeamter im Fränk. Reich.

Seneszenz [lat. senescere ›alt werden‹] *die, -,* das Altern.

Senf [ahd. senef, zu grch. sinapi] *der, -(e)s/-e,* **1)** Name verschiedener Kreuzblüter, Abb. G 23: *Senfkorn.* **2)** Gewürz und Speisewürze aus den Samen des Senfs: *er muß immer seinen S. dazugeben,* U ungefragt seine Meinung äußern. **senffarben, senffarbig. Senfgas** *das,* ⁀⁀ ein Kampfstoff. **Senfgurke** *die,* mit Senfkörnern eingelegte Gurke. **Senföl** *das,* 🝆 schwefelhaltige Verbindung, bes. in Senf und Meerrettich. **Senfpflaster** *der,* ein Hautreizmittel.

Senge, *Pl., norddt.:* Prügel: *er hat S. gekriegt,* bezogen, U. **sengen** [mhd. sengen ›dörren‹, ›brennen‹], *ich senge* (habe gesengt), **1)** *es,* verbrenne die Oberfläche: z. B. brenne Flaum ab (von der Haut des Geflügels). **2)** *es sengt,* brennt oberflächlich an: *die sengende Sonne Afrikas,* P. **seng(e)rig,** *norddt.:* brandig, brenzlig, angebrannt: *es riecht s.*

Senhor [sen'ɔr, portug.] *der, -s/-s,* Herr. **Senhora** [-ɹ-] *die, -/-s,* Dame, Frau. **Senhorita** [-ɲ-] *die, -/-s,* Fräulein.

senil [lat. senilis, zu senex ›Greis‹], greisenhaft, altersschwach. **Senilität** *die, -,* **senior,** Abk.: sen., der Ältere (hinter Namen). **Senior** *der, -s/...'oren,* **1)** der ältere Teilhaber einer Firma: *Seniorchef.* **2)** Sportler ab etwa 20 Jahren: *Seniorenklasse.* **3)** älterer Erwachsener; Rentner: *Seniorenheim; Seniorenmenü; Seniorensport; Seniorenpaß,*

Ausweis, mit dem Senioren verbilligte Fahrkarten bei der Bundesbahn erwerben können. **4)** Ältester (einer Familie). **Seniorenkonvent** [vgl. Konvent] *der,* **1)** Ältestenrat, ein Organ des Bundestages. **2)** Senioren-Convent, Abk.: S. C., Verbandsname der Korps.

Senkblei *das,* Senklot. **Senke** *die, -/-n,* ⊕ Vertiefung in der Erdoberfläche. **Senkel** [ahd. senkil ›Anker‹] *der, -s/-,* **1)** Band zum Zuschnüren der Schuhe. **2)** *schweiz.:* Senklot. **senken** [ahd. senken], *ich senke (habe gesenkt),* **1)** *es,* lasse sinken, hängen, mache niedriger: *man senkte das Lot ins Meer; die Preise wurden gesenkt,* herabgesetzt; *ich s. den Blick,* blicke abwärts, zu Boden; *er senkt die Stimme,* spricht leiser. **2)** *es senkt sich,* sinkt ein, neigt sich herab: *der Boden hat sich gesenkt; die Dunkelheit senkte sich über das Land,* P. **Senker** *der, -s/-,* **1)** wurzelähnl. Organ der Mistel. **2)** ein Formwerkzeug: *Zapfensenker.* **Senkfuß** *der,* leichter Plattfuß. **Senkgrube** *die,* abflußlose Grube zur Aufnahme von Exkrementen aus Aborten. **Senkkasten** *der,* Caisson. **Senklot** *das,* Senkblei, Lot zur Bestimmung der Senkrechten, ABB. L 17. **senkrecht,** △ im Winkel von 90° aufeinanderstehend, ABB. E 2: *das einzig Senkrechte,* ∪ das Richtige. **Senkrechte** *die, -n/-n, eine -.* **Senkrechtstarter** *der,* **1)** ein Flugzeug, das vertikal starten und landen kann. **2)** Ü jemand, der sehr schnell (politische) Karriere gemacht hat. **Senkrücken** *der,* fehlerhafte Durchbiegung des Kreuzes beim Pferd. **Senkstück** *das,* auch Sinkstück, im Wasserbau verwendeter größerer Faschinenkörper. **Senkung** *die, -/-en,* **1)** das Senken, Tieferlegen: *die S. des Wasserspiegels.* **2)** ⊕ das Sinken der Erdkruste. **3)** Ü das Herabsetzen, Geringermachen: *Steuersenkung; Preissenkung.* **4)** Metrik: unbetonte Silbe, ÜBERS. M 14. **5)** 𝄪 Blutsenkung; Eingeweidesenkung. **Senkwaage** *die,* Aräometer.

Senn [mhd. sennære ›Hirte‹] *der, -(e)s/-e,* auch Senne, Senner, *bair., österr., schweiz.:* Almhirt, der auch die Verwertung der Molkereierzeugnisse besorgt. **Senne, 1)** *die, -,* *westfäl.:* Heide. **2)** *die, -/-n, bair., alem.:* Alpenweide; Alpenherde. **3)** *der, -n/-n,* Senn. **sennen,** *ich senne (habe gesennt), bair., österr.:* bereite Käse. **Senner** *der, -s/-,* Senn. **Sennerei** *die, -/-en, bair., österr., schweiz.:* Almwirtschaft. **Sennerin** *die, -/-nen,* auch Sennin, *bair., österr., schweiz.:* weibl. Senn. **Sennhütte** *die,* Unterkunft für Senne und Sennerinnen mit Raum für die Käse- und Butterbereitung und Stallungen. **Sennin** *die, -/-nen,* Sennerin. **Senntum** *das, -s/-ᵉer, schweiz.:* einem Senn unterstehende Viehherde.

Señor [sen'ɔr, span.] *der, -s/-es,* Herr. **Señora** [-ŋ-] *die, -/-s,* Frau. **Señorita** [-ŋ-] *die, -/-s,* Fräulein.

Sensal [ital. sensale] *der, -s/-e,* ⚮, *noch österr.:* freiberuflicher Makler.

Sensation [frz., zu lat. sensus ›Gefühl‹, ›Verstand‹] *die, -/-en,* **1)** Aufsehen, aufsehenerregendes Ereignis: *das macht S.,* erregt Aufsehen; *das Ergebnis des Wettkampfs war eine S.; Sensationsbedürfnis; Sensationsprozeß.* **2)** Philosophie, Psychologie: Empfindung. **sensationell,** *ein sensationelles Ereignis; die Wirkung war s.* **sensationslüstern,** begierig auf Sensationen.

Sense [ahd. segensa, zu lat. secare ›schneiden‹] *die, -/-n,* Mähwerkzeug mit langem Stiel, ABB. S 48: *nun ist aber S.,* ∪ Schluß damit, ich habe genug davon. **sensen,** *ich sense (habe gesenst) es.* **Sensenmann** *der,* **1)** ⚮ Schnitter. **2)** P Tod.

sensibel [lat. sensibilis, zu sentire ›empfinden‹, **1)** 𝄪 für Reize empfindlich: *sensible Nerven.* **2)** empfindsam, zartfühlend.: *das Kind ist sehr s.* **sensibilisieren,** *ich sensibiliere (habe sensibilisiert),* **1)** *es,* mache photograph. Schichten für Licht empfindlich. **2)** *ihn,* 𝄪 löse eine Überempfindlichkeit (Allergie) gegen bestimmte Stoffe aus. **3)** *ihn,* mache aufnahmebereit, empfindlich gegenüber Eindrücken: *die Bevölkerung muß verstärkt für die Probleme der Dritten Welt sensibilisiert werden.* **Sensibilisierung** *die, -/-en.* **Sensibilität** *die, -,* Empfindlichkeit, Empfindsamkeit. **sensitiv,** überempfindlich. **Sensitivität** *die, -.* **Sensor** *der, -s/. . .s'oren,* **1)** Meßfühler, Gerät zur Messung physikal. Größen und zur Funkübertragung der Zahlenwerte. **2)** sensorisch. **sensorisch,** auf die Sinne oder Sinneswahrnehmungen bezüglich. **Sensorium** *das, -s/. . .ri|en,* **1)** Empfindungsvermögen. **2)** 𝄪 Bewußtsein. **Sensortaste** *die,* Taste, bei der durch bloßes Berühren ein elektron. Schalter ausgelöst wird. **Sensualismus** [vgl. . . .ismus] *der, -,* die philosoph. Lehre, daß alle Erkenntnis auf die Sinneswahrnehmung zurückgeht. **Sensualität** [lat. sensualitas] *die, -,* Eigenschaft und Bereich der Sinneserfahrung. **sensuell,** sinnlich wahrnehmbar; Sinnesorgane betreffend.

Senta [vermutlich zu ahd. sint ›wahr‹], weibl. Vorname. **Sente** *die, -/-n, niederdt.:* ↘ Richtlinie, Richtlatte. **Sentenz** [lat. sententia, zu sentire ›fühlen‹, ›denken‹] *die, -/-en,* **1)** Sinnspruch, formelhafter Ausspruch. **2)** richterl. Urteil. **sentenziös.**

Sentiment [sãtim'ã, frz., zu lat. sentire ›fühlen‹, ›denken‹] *das, -s/-s,* Empfindung, Gefühl. **sentimental,** empfindsam, rührselig. **Sentimentale** *die, -n/-n, eine -,* Rollenfach der empfindsamen Liebhaberin. **sentimentalisch,** nach dem dt. Dichter Fr. v. Schiller (1759–1805): die Sehnsucht nach der verlorenen Natürlichkeit ausdrückend: *sentimentalische Dichtung.* **Sentimentalität** *die, -/-en,* Gefühlsüberschwang, Rührseligkeit.

senza [ital.], ♪ ohne: *s. pedale,* ohne Pedal.

separat [lat. separatus, zu separare ›trennen‹, ›absondern‹], abgesondert, für sich, getrennt, besonders: *Separateingang; Separatfriede.* **Separation** *die, -/-en.* **Separatismus** *der, -,* Loslösungsbestrebung, bes. von nationalen Volksgruppen. **Separatist** *der, -en/-en.* **separatistisch,** *separatistische Organisationen.* **Separator** *der, -s/. . .t'oren,* Zentrifuge. **Separee** [frz.] *das, -s/-s,* kurz für: Chambre séparée. **separieren,** *ich separiere (habe separiert) ihn, es, mich von ihm,* trenne, sondere ab.

Sephardim [auch -d'im, nach dem bibl. Ortsnamen Sepharad], *Pl.,* die spanisch-portugies. Juden und ihre Nachkommen. **sephardisch.**

sepia, dunkelbraun. **Sepia** [grch. sepia ›Tintenfisch‹] *die, -/. . .pi|en,* **1)** ein Kopffüßer (Tintenfisch). **2)** *ohne Pl.,* Pigment für Aquarellmalerei: *Sepiazeichnung.* **Sepiolith** [vgl. Sepia und grch. lithos ›Stein‹] *der, -s/-e,* Mineral, Bestandteil des Meerschaums.

Sepp, Seppl, *bair.:* Kurzformen von Josef: *Sepp(e)lhose,* ∪ kurze Lederhose.

Sepsis [grch. ›Fäulnis‹] *die, -/S'epsen,* 𝄪 Blutvergiftung. **Sept., Abk. für: September.**

Sept|akkord *der,* ♪ Septimenakkord. **Septarie** [-iə, lat. saeptum ›Zaun‹, ›Gehege‹] *die, -/. . .ri|en,* innen gekammerte Konkretion in kalkhaltigen Tonen. **September** [mhd. september, aus lat. september, der siebente Monat des röm. Kalenders, zu septem ›sieben‹] *der, -(s)/-,* Abk.: Sept., der neunte Monat des Jahres, ÜBERS. J 2; vgl. August. **Sept|ennat** *das, -(e)s/-e,* **Sept|ennium** [lat. septem ›sieben‹ und annus ›Jahr‹] *das, -s/. . .ni|en,* Zeitraum von sieben Jahren. **septen|trional** [lat. septentrio ›Sternbild des Großen Wagens‹ am nördl. Sternenhimmel], nördlich. **Septett** *das, -(e)s/-e,* Musikstück für sieben Instrumente oder sieben Stimmen; auch die sieben Ausführenden. **Septime** [lat. septima ›die Siebente‹] *die, -/-n,* ♪ die siebente Stufe der diaton. Tonleiter, ABB. N 9: *große, kleine, verminderte S.* **Septimenakkord** *der,* ♪ Akkord aus Grundton, Terz, Quinte und Septime. **Septimole** *die, -/-n,* ♪ Septole.

septisch, 1) die Sepsis betreffend. **2)** mit Keimen behaftet. **Septole** [ital., zu lat. septem ›sieben‹] *die, -/-n,* ♪ zusammengehörige Gruppe von sieben Tönen, die zusammen den gleichen Zeitwert darstellen wie sechs oder acht Töne der gleichen Schreibweise. **Septuagesima** [lat. ›das siebzigste‹] *die, -,* kath. Kirche: früher der neunte Sonntag vor Ostern. **Septuaginta** [lat. ›die Siebzig‹] *die, -,* die griech. Übersetzung des A. T.

Septum [lat. saeptum ›Zaun‹, ›Gehege‹] *das, -s/. . .ta* oder *. . .ten,* Biologie: Scheidewand.

sepul|kral [lat. sepulcrum ›Grabmal‹], ⚮ das Begräbnis oder das Grabmal betreffend. **Sepultur** [lat. sepultus, zu sepelire ›begraben‹] *die, -/-en,* Begräbnisraum für Würdenträger in spätgotischen Stiften und Klöstern.

seq., Abk. für: sequens. **seqq.,** Abk. für: sequentes. **sequens** [lat. sequi ›folgen‹, Abk.: seq., ⚮ der oder das Folgende. **sequentes,** Abk.: seqq., ⚮ die Folgenden. **Sequenz** [lat. sequentia ›Folge‹] *die, -/-en,* **1)** Reihe, Aufeinanderfolge. **2)** ♪ Wiederholung eines Motivs auf einer anderen Tonstufe. **3)** Gesang der mittelalterl. Meßliturgie. **4)** Kartenspiel: mehrere aufeinanderfolgende Karten gleicher Farbe. **5)** Film: eine Reihe von Einstellungen, die im Handlungsablauf aufeinanderfolgen.

Sequester [spätlat. sequestrare ›trennen‹, ›in Verwahrung geben‹] **1)** *das, -s/-,* 𝄪 abgestorbenes Gewebestück. **2)** *der, -s/-,* ⚖⚖ Zwangsverwalter. **Seque|stration** *die, -/-en,* ⚖⚖ Zwangsverwaltung, Beschlagnahme; Zwischenverwaltung. **sequestrieren,** *ich sequestriere (habe sequestriert) es.*

Sequoia [nach dem Indianer Sequoyah, 1760–1843] *die,*

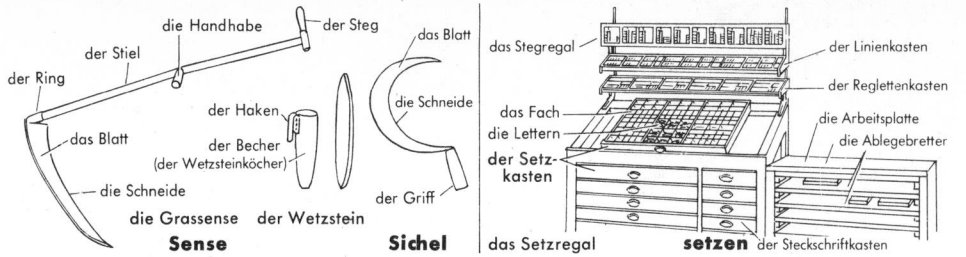

der Ring · der Stiel · die Handhabe · der Steg · das Blatt
das Blatt · der Haken · die Schneide
der Becher (der Wetzsteinköcher) · der Griff
die Schneide
die Grassense · **der Wetzstein**
Sense · **Sichel**

das Stegregal · der Linienkasten
der Reglettenkasten
das Fach · die Lettern · die Arbeitsplatte
der Setzkasten · die Ablegebretter
das Setzregal · **setzen** · der Steckschriftkasten

-/ . . . qu'oi|en, wissenschaftl. Name eines Nadelholzgewächses, z. B. eines Mammutbaumes.
Sera, *Pl.* von Serum.
Seradella *die, -,* ⊕ Serradella.
Serai, Sérail [-r'a:j, frz. sérail, zu türk.-pers. serai ›Palast‹] *das, -s/-s,* Palast des Sultans; oriental. Schloß.
Seraph [ahd. seraphin, zu hebr. saraph ›Schlange‹] *der, -s/-e* oder -im, sechsflügeliger Engel. **Seraphine,** weibl. Vorname.
seraphisch, engelgleich; erhaben; verzückt.
Serbe *der, -n/-n,* Angehöriger eines südslaw. Volkes im Südosten Europas.
Serbe [mhd. serwe, serbe] *die, -, oberdt., schweiz.:* langes Kränkeln. **serbeln, serben,** *es* serbelt, serbt (hat geserbelt, geserbt), *oberdt., schweiz.:* welkt, siecht dahin (Pflanze, Tier).
Serbin *die, -/-nen,* Angehörige eines südslaw. Volkes im Südosten Europas. **serbisch,** die Serben betreffend. **Serbo|kroatisch** *das, -(s), dem -,* die serbokroat. Sprache; vgl. Deutsch.
Serecit [lat. sericus ›seiden‹] *der, -s/-e,* ein heller Glimmer.
seren [lat. serenus], ⚹ heiter.
Seren, *Pl.* von Serum.
Serenade [frz., zu ital. serenata, von sereno ›heiter‹] *die, -/-n,* Abendmusik. **Serenissimus** [lat. ›der heiterste‹, zu serenus ›heiter‹, ›hell‹, ›ruhig‹] *der, -/ . . . mi,* **1)** Durchlaucht. **2)** ∪ Fürst eines Kleinstaates. **Serenität** *die, -,* Heiterkeit.
Serge [sɛrʒ, frz., mhd. serge, zu lat. sericus ›seiden‹] *die, österr.* auch *der, -/-n* [-ən], ein glattes Köpergewebe.
Sergeant [sɛr'ʒant, frz., zu mlat. serviens ›Dienender‹, mhd. sarjant] *der, -en/-e* oder [s'a:dʒənt, engl.] *der, -s/-s,* Unteroffiziersdienstgrad, heute noch im Verein. Staaten, Großbritannien, Frankreich.
Sergius [lat., nach einer altröm. Patrizierfamilie], männl. Vorname.
Serie [-iə, mhd. serje, zu lat. series, aus serere ›aneinanderreihen‹] *die, -/ . . . ri|en,* Reihe, Folge oder Gruppe gleichartiger Gegenstände oder Ereignisse: *Serienauto; Serienfertigung; Fernsehserie; Unfallserie; Versuchsserie.* **seriell,** *serielle Musik,* eine Richtung der modernen Musik. **Seri|enschaltung** *die,* ⚡ die Hintereinanderschaltung. **seri|enweise,** in Reihen.
Serife [arab.] *die, -/-n, meist Pl.,* ⬚ Abschlußstrich am Fuß und Kopf der Antiqua-Buchstaben.
Seri|graphie [lat. sericus ›seiden‹ und vgl. . . . graphie] *die, -/ . . . ph'i|en,* **1)** ohne Pl., Siebdruck. **2)** das durch Siebdruck hergestellte Erzeugnis.
seriös [frz. sérieux, zu lat. serius ›ernst‹], ernst zu nehmen; vertrauenswürdig: *ein seriöses Angebot; er macht einen seriösen Eindruck; die Firma gilt als s.* **Seriosität** *die, -.*
Sermon [mhd. sermon, zu lat. sermo ›Wechselrede‹, ›Gespräch‹] *der, -s/-e,* **1)** ⚹ Predigt. **2)** ∪ Strafpredigt, langweilige Rede.
Serodia|gnostik [vgl. Serum und Diagnostik] *die,* ⚕ Untersuchungsverfahren zur Erkennung von Veränderungen des Serums. **Serologie** [vgl. . . . logie] *die, -,* Lehre von den Eigenschaften des Serums. **serologisch,** *serologische Untersuchungen.* **serös,** Serum enthaltend oder absondernd.
Serpent [frz., zu lat. serpens, Gen. serpentis ›Schlange‹] *der, -(e)s/-e,* ein altes Blasinstrument. **Serpentin** *der, -s/-e,* **1)** meist grün bis dunkelgrün gefärbtes Mineral. **2)** mit dem Mineral Serpentin zusammengesetzter kristalliner Schiefer. **Serpentine** *die, -/-n,* in Schlangenlinien ansteigender Weg; Straßenwindung, ABB. S 72.
Serradella [portug., zu lat. serra ›Säge‹] *die, -,* auch Seradella, Futter- und Gründüngungspflanze.

Serum [lat. ›Flüssigkeit‹, ›Molke‹] *das, -s/ . . . ren* oder . . . *ra,* der von Formbestandteilen freie, nicht mehr gerinnende Teil von Blut, Lymphe, Milch: *Blutserum; Heilserum.*
Serval [frz., aus portug. cerval ›Hirschkatze‹, zu lat. cervus ›Hirsch‹] *der, -s/-e* oder -s, hochbeinige, kurzschwänzige Katze Afrikas.
Servante [frz.] *die, -/-n,* ⚹ kleine Anrichte.
Servatius, Servaz [lat. servatus ›gerettet‹], männl. Vornamen.
Servela *die, -/-s* oder *der, -(s)/-(s), bes. schweiz.:* Zervelatwurst.
Service [lat. servitium ›mittelalterl. Sklavendienst‹, aus servire ›dienen‹, **1)** [serv'i:s, frz.] *das, -s [-v'i:səs]/-[-v'i:s* oder -v'i:sə] zusammengehörendes Tafelgeschirr. **2)** [s'ə:vis, engl.] *der, -/-s* [-v'is], Kundendienst. **3)** [s'ɛrvis] *der, -/-s* [-v'is], Bedienung, Trinkgeld. **4)** [s'ə:vis, engl.] *der, -/-s* [-visəz], Tennissport: Aufschlag. **servieren** [frz. servir], *ich serviere* (habe serviert) *es,* **1)** trage auf, bediene bei Tisch: *da hast du uns ja schönen Unsinn serviert,* ∪ erzählt. **2)** 🎾 Tennis: führe den Aufschlag aus; Fußball: spiele einem Mitspieler den Ball zu. **Serviererin** *die, -/-nen,* Kellnerin. **Serviertisch** *der,* Anrichte, ABB. G 5. **Serviertochter** *die, schweiz.:* Kellnerin.
Serviette [frz.] *die, -/-n,* Mundtuch, Tuch aus Stoff oder Papier zum Reinigen von Mund und Händen sowie zum Sauberhalten der Kleidung beim Essen, ABB. E 10.
servil [lat. servilis, zu servus ›Sklave‹], unterwürfig, kriecherisch. **Servilität** *die, -.* **Servis** [frz., vgl. Service] *der, -/Serv'isgelder,* ⚹ Wohnungsgeld, Verpflegungs-, Ortszulage. **Servitut** [lat. servitus ›Dienstbarkeit‹] *das, -(e)s/-e* oder *die, -/-en,* ⚖ Dienstbarkeit, Nutzungsrecht an Grundstücken. **Servobremse** *die,* Bremse mit Bremskraftverstärker. **Servolenkung** *die,* Kraftwagenlenkung, bei der die Betätigungskraft hydraulisch unterstützt wird. **Servomotor** *der,* Hilfsgerät der Regeltechnik zur Kraftverstärkung. **Servus!,** *bair., österr.:* ein Gruß.
Sesam [grch. sesamon, aus arab.] *der, -s/-s,* eine krautige Ölpflanze: *Sesambrötchen; Sesamöl; S., öffne dich!,* Zauberformel zur Gewinnung eines verborgenen Schatzes (aus ›1001 Nacht‹), ∪ wirkungsvolles Wort.
Sessel [ahd. sezzal, zu sitzen] *der, -s/-,* **1)** (gepolsterter) Stuhl mit Armlehne, ABB. S 75. **2)** *österr.:* Stuhl. **3)** ⚹ Sänfte. **Sessellift** *der,* eine Form der Seilbahn, ABB. S 46. **seßhaft,** einen festen Wohnsitz habend: *ein seßhafter Gast,* ∪ einer, der zu lange bleibt. **Seßhaftigkeit** *die, -.*
Session [lat. sessio], **1)** *die, -/-en,* Sitzung, Sitzungsperiode. **2)** [s'eʃən, engl.] *die, -/-s,* ♪ Großveranstaltung (Jazz): *Jam-Session.*
Sester *der, -s/-,* der Sechter, ein altes Hohlmaß.
Sesterz [lat. sestertius] *der, -es/-e,* altröm. Silbermünze.
Sestine [ital. sestina, zu sesto ›der sechste‹] *die, -/-n,* lyr. Lied- und Strophenform.
Set [engl. ›Satz‹, ›Sortiment‹] *der* oder *das, -(s)/-s,* **1)** mehrere zusammengehörige Gebrauchsgegenstände: *Twinset.* **2)** *meist Pl.,* Gedeckunterlagen an Stelle einer Tischdecke. **3)** *das, -(s),* ⬚ Maßeinheit für die Dicke der Monotypeschrift.
Sette *die, -/-n, norddt.:* Milchnapf.
Setter [engl., zu to set] *der, -s/-,* ein Jagdhund.
Setz|ei *das,* Spiegelei. **setzen** [ahd. sezzan, zu sitzen], *ich setze* (habe gesetzt), **1)** *ihn es irgendwohin,* an einen Platz: *bringe, stelle auf, an einen bestimmten Platz: sie setzt das Kind an den Tisch, auf sein Stühlchen (s. auch); meinen Namen unter das Schriftstück,* unterschreibe; *er wurde wieder auf freien Fuß gesetzt,* ∪ freigelassen; *ich s. einen Punkt aufs i; der Ofen wird*

gesetzt, aufgestellt; *ich s. ihm das Messer, die Pistole auf die Brust,* U bringe ihn in eine Zwangslage; *ich habe ihn an die Luft gesetzt,* U hinausgeworfen; *sie hat sich das in den Kopf gesetzt,* U fest vorgenommen; *er hat ein Kind in die Welt gesetzt,* U oft verächtlich: gezeugt; *es setzt Prügel,* U gibt. **2)** *es,* bringe in eine bestimmte Ordnung: *er setzt einen Text,* ⊗ fügt die Lettern zum Satz zusammen, vgl. ABB. S 48; *ein Lied wird in Musik gesetzt,* vertont, komponiert; *diese Vorschrift ist außer Kraft gesetzt; ich s. die Segel,* ziehe auf; *ich habe mir ein Ziel gesetzt.* **3)** *es auf etwas, auf ihn,* gebe als Einsatz, wage daran: *er setzt gern auf Pferde, im Lotto; ich s. meine Hoffnung darauf, meine Ehre daran, einen Preis darauf.* **4)** *Haarnutzwild setzt Junge,* ⚹ bringt sie zur Welt (außer beim Schwarzwild). **5)** springe: *er hat oder ist über den Graben gesetzt.* **6)** *mich,* nehme einen Sitzplatz ein, gehe in sitzende Stellung: *bitte setzen Sie sich doch!; setzen!,* eigentlich: *setz dich!* oder *setzt euch!; ich s. mich an die Arbeit,* beginne zu arbeiten; *er hat sich zur Ruhe gesetzt,* ist nicht mehr berufstätig; *ich s. mich an seine Stelle,* nehme seine Stelle ein; *ich s. mich zur Wehr,* leiste Widerstand. **7)** *es setzt sich,* schlägt sich nieder; senkt sich. **8)** *es setzt sich,* beruhigt sich; vgl. gesetzt. **Setzer** *der, -s/-,* kurz für: Schriftsetzer: *Handsetzer; Maschinensetzer.* **Setzerei** *die, -/-en,* Werkstatt des Schriftsetzers. **Setzhase** *der,* ⚹ Häsin. **setzig,** *schweiz.:* eigensinnig. **Setzkopf** *der,* **1)** Teil eines Nietes, ABB. N 8. **2)** *schweiz.:* Eigensinn. **Setzling** *der, -s/-e,* **1)** pflanzfähige Jungpflanze, ABB. P 10. **2)** junger Fisch zum Besetzen von Gewässern. **Setzliste** *die,* ⚹ geplante Aufstellung von Wettkämpfern. **Setzmaschine** *die,* ⊗ Maschine zur Herstellung eines Schriftsatzes. **Setzwaage** *die,* Wasserwaage. **Setzzeit** *die,* Schonzeit für weibl. Haarnutzwild.
Seuche [ahd. siuhhi, zu siech] *die, -/-n,* ⚭ sich rasch und weit ausbreitende Infektionskrankheit: *Seuchenbekämpfung.*
seufzen [ahd. sufton], *ich* seufze (habe geseufzt), atme tief, stöhne (vor Kummer, Sehnsucht, Erleichterung): *Seufzer der, -s/-,* einmaliges Seufzen.
Severin [auch z'e-, lat. severus ›streng‹, ›ernst‹], **Severinus,** männl. Vornamen.
Sex [engl., zu lat. sexus ›Geschlecht‹] *der, -(es),* **1)** Geschlechtstrieb, Erotik: *Sexfilm; Sexmuffel; Sexprotz; Gruppensex,* gleichzeitige sexuelle Betätigung von mehr als zwei Personen in einer Gruppe. **2)** kurz für: Sex-Appeal.
Sexagesima [lat. ›die sechzigste‹], kath. Kirche: früher der achte Sonntag vor Ostern. **Sexagesimalsystem** *das,* △ ein Zahlensystem, das auf der Zahl 60 aufbaut. **Sex-Appeal** [-əp'i:l, vgl. Sex und engl. appeal ›Reiz‹, ›Appell‹] *der, -s,* starke erotische Anziehungskraft. **Sexbombe** *die,* U Frau (bes. Filmschauspielerin) mit starkem sexuellen Reiz. **Sexismus** *der, -,* diskriminierende Haltung gegenüber Angehörigen des anderen Geschlechts. **Sexologie** [vgl. sexual... und ...logie] *die, -,* Sexualwissenschaft. **sexologisch.**
Sexta [lat. ›die sechste‹, zu sex ›sechs‹] *die, -/...ten,* erste Klasse einer höheren Schule, heute allgemein als fünfte Klasse bezeichnet. **Sext|akkord** *der,* ♪ Akkord aus Grundton, Terz und Sexte. **Sextaner** *der, -s/-,* **Sextanerin** *die, -/-nen,* Schüler(in) einer Sexta. **Sextant** [lat. sextans ›der sechste Teil‹] *der, -en/-en,* Winkelmeßgerät der Navigation und Geodäsie. **Sexte** *die, -/-n,* ♪ die sechste Stufe der diatonischen Tonleiter, ABB. N 9. **Sextett** *das, -(e)s/-e,* Musikstück für sechs Instrumente oder sechs Stimmen; auch die sechs Ausführenden: *Streichsextett.* **Sextole** [ital.] *die, -/-n,* ♪ zusammengehörige Gruppe von sechs Tönen, die zusammen den gleichen Zeitwert darstellen wie vier oder acht Töne der gleichen Schreibweise.
sexual... [lat. sexus ›Geschlecht‹], geschlechts..., geschlechtlich: *Sexualerziehung; Sexualforschung; Sexualhormone; Sexualverbrecher.* **Sexualhygiene** [-ie:-] *die,* Lehre von der Erhaltung der Gesundheit im Bereich der menschl. Sexualität. **Sexualität** *die, -,* Geschlechtlichkeit. **Sexualpädagogik** *die,* Theorie und Lehre von der Geschlechterziehung. **Sexualtrieb** *der,* Geschlechtstrieb. **sexuell,** geschlechtlich, auf das Geschlechtsleben bezogen: *sexuelle Kontakte, Probleme.* **Sexus** [lat.] *der, -/-,* Geschlecht. **sexy** [engl.], U sexuell anziehend, erotisch-attraktiv.
sezernieren [lat. secernere ›absondern‹, ›trennen‹], *es* sezerniert (hat sezerniert), ⚭ sondert ein Sekret ab. **Sezession** [lat. secessio, von secedere ›sich entfernen‹] *die, -/-en,* **1)** Absonderung, Trennung, bes. von Staatsteilen: *Sezessionskrieg.* **2)** Abspaltung einer Künstlergruppe aus einer Vereinigung; auch die abgespaltene Gruppe selbst. **sezessioni-**

stisch, auf die Sezession bezüglich. **Sezessionsstil** *der,* österreich. Form des Jugendstils. **sezieren** [lat. secare ›zerschneiden‹], *ich* seziere (habe seziert) *es,* $ zergliedere, zerlege anatomisch (Leiche); Ü untersuche sehr genau.
sf, Abk. für: sforzando, sforzato.
Sferics [verkürzt aus engl. atmosferics], *Pl.,* Meteorologie: elektromagnetische Störungen in der Atmosphäre durch Gewitter.
sforzando, sforzato [ital. sforzando ›verstärkt‹, Abk.: sf, ♪ stark betont.
sfr, in der Schweiz: **sFr.,** Abk. für: Schweizer Franken. **sfrs,** Abk. für: Schweizer Franken, *Pl.*
sfumato [ital. sfumare ›schattieren‹, zu fumo ›Rauch‹], duftig; mit weichen Umrissen (Malerei).
Sgraffito [ital. sgraffiare ›einritzen‹] *das, -s/-s* oder *...ti,* Kratzputz, eine Wandmalerei, bei der die Linien der Darstellung aus dem Putz herausgekratzt werden.
sh, auch s, Abk. für: Shilling.
Shag [ʃæg, engl. ›Zottel‹] *der, -s/-s,* ein kräftiger feingeschnittener Pfeifentabak: *Shagpfeife.*
Shake [ʃeik, to shake ›schütteln‹] *der, -s/-s,* **1)** ein Mixgetränk: *Milkshake.* **2)** ein Modetanz. **Shakehands** [ʃeikˈændz, engl.] *das, -/-,* meist *Pl.,* das Händeschütteln: *sie machten S.* **Shaker** [ʃ'eikə] *der, -s/-,* Mixbecher für Cocktails.
shakespearisch, Shakespearisch [ʃ'eikspiə-], auf den engl. Dichter Shakespeare, 1564–1616, bezogen, vgl. ÜBERS. A 4, C.
Shampoo [ʃamp'u: oder ʃæmp'u:], **Shampoon** [ʃæmp'u:n, auch ʃamp'o:n, engl. shampoo] *das, -s/-s,* Haarwaschmittel. **shampoonieren** [ʃampu:-], *ich* shampooniere (habe shampooniert) *das Haar.*
Shanty [ʃ'ænti, engl. to chant ›singen‹] *das, -s/...ties,* Matrosen-, Seemannslied.
Share [ʃ'ɛə, engl. ›Anteil‹] *der, -/-s,* engl. Bez. für Aktie.
Sheddach [ʃ-, engl.] *das,* Sägedach, ABB. D 1.
Sheriff [ʃ'erif, engl., zu angelsächs. scirgerefar, aus scir ›Distrikt‹ und gerefa ›Verwalter‹] *der, -s/-s,* oberster Vollzugsbeamter einer Grafschaft (England) oder eines Verwaltungsbezirks (Vereinigte Staaten von Amerika).
Sherpa [ʃ-, tibet. sher-pa ›die aus dem Osten, d. h. aus Ostnepal] *der, -s/-s,* Angehöriger eines Bergvolkes in Nepal.
Sherry [ʃ'eri, engl., nach der span. Stadt Jerez de la Frontera] *der, -s/-s,* ein spanischer Dessertwein.
Shetland [ʃ'etlənd, engl., nach den schott. Shetland-Inseln] *der, -(s)/-s,* ein Kamm- oder Streichgarngewebe: *Shetlandwolle.* **Shetlandpony** *das,* ein Kleinpferd.
Shilling [ʃ-, engl., vgl. Schilling] *der, -s/-s* und bei Wertangaben -, Abk.: s oder sh, frühere brit. Münze.
Shirt [ʃə:t, engl.] *das, -s/-s,* leichter Baumwollpullover: *T-Shirt.*
Shit [ʃit, engl. ›Scheiße‹] *der* oder *das, -s,* U Haschisch.
shocking [ʃ'ɔkiŋ, engl. to shock ›sehr aufregen‹, ›heftig (an)stoßen‹], *nicht flektierbar,* anstößig, empörend.
Shop [ʃɔp, engl.] *der, -s/-s,* Laden, Geschäft: *Jeansshop; Postershop.* **Shopping-Center** [ʃ'ɔpiŋ s'entə] *das, -s/-,* Einkaufszentrum.
Shorts [ʃɔ:ts, engl. short ›kurz‹], *Pl.,* kurze Sommerhose. **Short|story** [ʃ'ɔ:tstɔ:ri] *die, -/...ries,* Kurzgeschichte; Novelle. **Shorty** [ʃ'ɔti] *das, -s/...ties,* Damenschlafanzug mit kurzen Hosen.
Shot [ʃɔt, engl. ›Schuß‹] *der, -s/-s,* U Rauschgiftinjektion.
Shout [ʃaut, engl. ›Schrei‹] *der, -s,* Gesangsstil in der afroamerikan. Musik.
Show [ʃou, engl. to show ›zeigen‹] *die, -/-s,* Schau, bunte Unterhaltungsdarbietung: *Showstar.* **Showbusiness** [ʃ'oubiznis] *das, -/-,* Schaugeschäft, Unterhaltungsindustrie. **Showmaster** [ʃ'ouma:stə] *der, -s/-,* Gestalter einer Show.
Shrimp [ʃrimp, engl.] *der, -s/-s,* meist *Pl.,* eßbare Garnele: *Shrimp-Cocktail.*
Shunt [ʃʌnt, engl. to shunt ›parallel schalten‹] *der, -s/-s,* **1)** ⚡ Nebenschlußwiderstand. **2)** $ Verbindung zwischen zwei Kreislaufsystemen.
Shylock [ʃ'ailɔk, nach der Gestalt in Shakespeares ›Kaufmann von Venedig‹] *der, -(s)/-s,* hartherziger Geldverleiher.
Si, ⚗ Zeichen für: Silicium.
SI, kurz für: SI-Einheiten.
Sial [Kurzw. aus Silicium und Aluminium] *das, -(s),* Oberkruste der Erde.
Siamese *der, -n/-n,* **Siamesin** *die, -/-nen,* Bewohner(in) von Siam (Thailand). **siamesisch,** *siamesische Zwillinge,*

zusammengewachsene Zwillinge. **Sjamkatze** *die,* eine außereurop. edle Katzenrasse.

Sibilant [lat. sibilare ›zwischen‹] *der, -en/-en,* Ⓢ Zischlaut.

Sibilla, Sibille, Sibylla [grch. Sibylla], weibl. Vornamen.

Sibylle, 1) weibl. Vorname. **2)** *die, -/-n,* Weissagerin. **sibyllinisch.**

sic! [lat.], so!, wörtlich so!

sich [ahd. sih], Reflexivpronomen, ÜBERS. P 24.

Sjchel [ahd. sihhila, zu vulgärlat. sicla, zu lat. secare ›schneiden‹] *die, -/-n,* Mähwerkzeug mit halbkreisförmiger Klinge, ABB. S 48: *sichelförmig; Mondsichel,* ABB. M 17.

sjcheln, *ich* sich(e)le (habe gesichelt) *es,* schneide mit der Sichel.

sicher [ahd. sihhur, zu lat. securus ›sorglos‹], **1)** zweifelsfrei, gewiß, zuverlässig, untrüglich: *bist du s.?, weißt du es genau?; ich bin (mir) s., daß es so ist, davon überzeugt; der Tod ist uns allen s.; ich bin deiner Liebe s., zweifle nicht daran; ich weiß es aus sicherer Quelle; ich habe ein sicheres Gefühl, daß er bald kommen wird; ja, aber s.!,* bestimmt! **2)** geübt, erfahren: *er hat eine sichere Hand, eine feste und ruhige; er ist ein sicherer Autofahrer, Schwimmer.* **3)** gefahrlos, ungefährdet, geschützt: *hier bist du s.; er ist s. vor ihm; er sitzt auf Nummer Sicher,* Ⓤ im Gefängnis. **4)** sicherlich: *er wird s. noch kommen.* **sichergehen,** *ich* gehe sicher (ging sicher, bin sichergegangen), Ü *möchte Gewißheit haben: er will in dieser Angelegenheit sichergehen;* aber: *er wird jetzt sicher gehen,* wahrscheinlich. **Sjcherheit** *die, -,* **1)** Gewißheit, Zuverlässigkeit, Bestimmtheit: *die S. seines Auftretens wirkte beruhigend; mit unerschütterlicher S. ging er seinen Weg; du kannst dich mit S. auf ihn verlassen; das Verhalten des Mannes gab ihr die S., daß er es ehrlich meinte.* **2)** Gefahrlosigkeit, Schutz vor Bedrohung; Unbesorgtheit: *Betriebssicherheit; Sicherheitsabstand; Sicherheitskette; Sicherheitsrisiko; Sicherheitsschloß; Sicherheitsüberprüfung von Bundesbediensteten; Sicherheitsvorschriften für Kernkraftwerke; er wiegte sich in S.,* merkte die Gefahr nicht. **3)** *Pl. -en,* Bürgschaft, Pfand: *das bestimmte Sicherheiten gefordert, geleistet.* **Sjcherheitsglas** *das,* ein nichtsplitterndes Glas. **Sjcherheitsgurt** *der,* Gurt zum Anschnallen von Personen in Flug- und Kraftfahrzeugen. **sjcherheitshalber,** um der Sicherheit willen. **Sjcherheitslampe** *die,* ⚒ Wetterlampe. **Sjcherheitsnadel** *die,* eine gebogene Nadel mit Verschluß, ABB. N 1. **Sjcherheitsventil** *das,* selbsttätig sich öffnendes Ventil an einem Druckbehälter bei Überschreiten des höchstzulässigen Drucks. **sicherlich,** vermutlich, wahrscheinlich; bestimmt. **sjchern** [ahd. sihhuron, urspr. ›rechtfertigen‹], *ich* sich(e)re (habe gesichert), **1)** *ihn, es,* schütze vor Gefahr, tue etwas, das Gefahren vorbeugt: *ich s. eine Tür vor dem Zuschlagen; unsere Zukunft ist gesichert.* **2)** *es mir,* beschaffe frühzeitig: *ich habe mir einen guten Platz gesichert.* **3)** *Wild sichert,* 🦌 äugt umher und wittert. **sjcherstellen,** *ich* stelle sicher (habe sichergestellt), **1)** *es,* nehme in Verwahrung: *seine Sachen wurden sichergestellt;* aber: *ich habe die Bretter so sicher gestellt, daß sie nicht umfallen können.* **2)** *ihn,* sorge für finanzielle Sicherheit. **Sjcherung** *die, -/-en,* **1)** *ohne Pl.,* das Sichern, Schutz, Schutzmaßnahme: *Flugsicherung; Spurensicherung.* **2)** Schutzvorrichtung, besonders an Schußwaffen, in Stromkreisen, ABB. E 6: *Sicherungshebel.* **Sjcherungsverwahrung** *die,* ⚖ eine neben der Strafe angeordnete Maßnahme gegen Täter, die für die Allgemeinheit gefährlich sind.

Sicht [ahd. siht] *die, -,* **1)** Möglichkeit des Sehens; Ausblick: *Sichtbehinderung durch Nebel; heute ist gute S.; es ist in S.,* kann gesehen werden, Ü *ist in greifbarer Nähe; auf lange S.,* für längere Zeit, für die Zukunft. **2)** *Wechsel auf S.,* zahlbar sofort bei Vorzeigen: *Sichtwechsel.* **sjchtbar, 1)** so beschaffen, daß man es sehen kann: *die Narbe ist noch deutlich s.* **2)** Ⓤ sichtlich. **Sjchtbarkeit** *die, -.* **sjchtbarlich,** ⚬ sichtlich. **Sichtbeton** *der,* dem Beschauer sichtbarer, unverkleideter Beton als architekton. Ausdrucksmittel.

Sichte *die, -/-n,* niederdt.: kleine Sense.

Sichteinlage [zu Sicht] *die,* täglich fällige Verbindlichkeit der Bank. **sjchten,** *ich* sichte (habe gesichtet), **1)** *ihn, es,* erblicke. **2)** *es,* wähle aus, scheide aus. **3)** *es,* norddt.: siehe. **Sjchtgerät** *das,* Sichtanzeigegerät in der Radartechnik und Datenverarbeitung; ein Anzeigegerät mit Leuchtfeldern oder Bildschirm für Schriftzeichen, Kurven, Landkarten. **sjchtig,** 🦌 klar (Wetter). **...sichtig,** auf bestimmte Art sehend oder zu sehen: *kurzsichtig; scharfsichtig; durchsichtig.* **sjchtlich,** offenkundig, offensichtlich: *er war s. erleichtert, erschrocken.* **Sjchtvermerk** *der,* in den Paß eingefügter Erlaubnisvermerk

zur Einreise in einen fremden Staat; Visum. **Sjchtweite** *die,* Entfernung, auf die man etwas sehen kann.

Sjcke [nhd., zu mhd. sie ›Weib(chen)‹] *die, -/-n,* auch Sieke, 🦅 kleines Vogelweibchen.

Sjcke [niederdt. sike] *die, -/-n,* ⚙ rinnenförmige Vertiefung, Blechrand: *Sickenmaschine.* **sjcken,** *ich* sicke (habe gesickt) *es,* versehe Rohre oder Bleche zur Versteifung mit Wulsten oder Vertiefungen.

sjckern [niederdt. sikern], *es* sickert (ist gesickert), fließt langsam: *nach langer Trockenheit sickerte das Rinnsal nur noch.* **Sjckerwasser** *das,* das zum Grundwasser absinkende Niederschlags- oder Oberflächenwasser.

sic transit gloria mundi [lat.], so vergeht die Herrlichkeit der Welt.

sid, 1) *oberdt.:* seit. **2)** *niederdt.:* niedrig. **Sid** *die, -/-en, alem.:* Seite.

Sideboard [s'aidbɔːd, engl.] *das, -s/-s,* Geschirrschrank, Anrichte, ABB. S 34.

Sjdele [ahd. sidella] *die, -/-n, alem.:* Sitz.

sideral, sidersch [lat. sidus ›Gestirn‹], auf die Sterne bezogen: *siderisches Jahr; siderischer Monat.*

siderisch [grch. sideros ›Eisen‹], Eisen betreffend: *siderisches Pendel,* Parapsychologie: Pendel, das zur Auffindung verborgener Informationen dienen soll. **Siderit** *der, -s/-e,* Eisenspat.

Sidonia, Sidonie [-iə, lat. ›die aus Sidon‹], weibl. Vornamen. **Sidonius,** männl. Vorname.

sie, mehrere Formen des Personalpronomens, ÜBERS. P 24. **Sie, 1)** Personalpronomen der Anrede, ÜBERS. P 24. **2)** ⚬ Anrede im 3. Person für eine weibl. Untergebene: *höre S. mir gut zu!* **3)** *das, -(s)/-(s):* wollen wir nicht vom S. zum Du übergehen?

Sieb [ahd. sib] *das, -(e)s/-e,* Gefäß oder Scheibe mit Löchern, um Gegenstände nach ihrer Größe zu scheiden oder feste Stoffe von einer Flüssigkeit zu trennen, ABB. B 1, R 2, S 59: *er schöpft Wasser mit einem S.,* Ü verrichtet eine Arbeit ohne Ende; *er hat ein Gedächtnis wie ein S.,* Ü ein schlechtes. **Siebdruck** *der, 1)* Serigraphie, Druckverfahren, bei dem die Druckfarbe durch ein Sieb aufgebracht wird. **2)** *Pl. -e,* auf diese Art hergestellter Druck. **sjeben,** *ich* siebe (gesiebt), **1)** *es,* gebe durch ein Sieb: *gesiebtes Mehl.* **2)** *ihn,* Ü wähle aus, scheide als ungeeignet aus (Schüler, Stellenanwärter): *bei den Aufnahmeprüfungen wurde kräftig gesiebt.*

sieben (7) [ahd. sibun], ÜBERS. Z 1; vgl. acht: *wir sind zu s. oder zu siebt; S. siebent; eine siebenköpfige Familie; eine siebenstellige Zahl; die Woche hat s. Tage; das ist mir ein Buch mit s. Siegeln,* Ü völlig unverständlich; aber: *die Sieben Weltwunder.* **Sjeben** *die, -/-,* die Zahl 7; vgl. Acht: *eine böse S.,* Ü böse Frau. **sjebengescheit,** *oberdt.:* überklug. **Sjebengestirn** *das, -(e)s,* 🌟 eine Sterngruppe, Plejaden. **sjebenhundert** (700), vgl. hundert. **Sjebenmeilenstiefel,** *Pl.,* Wunderstiefel aus dem Märchen ›Der kleine Däumling‹: *er ist mit Siebenmeilenstiefeln gekommen,* Ü sehr schnell. **Sjebenmonatskind** *das,* ein Kind, das sieben Monate nach der Empfängnis zur Welt gekommen ist. **Sjebensachen,** *Pl.,* Ü Habseligkeiten. **Sjebenschläfer** *der, 1)* 🐿 eine Schlafmaus. **2)** *nur Pl.,* sieben christl. Heilige. **3)** 27. 6., das Fest der Siebenschläfer. **sjebentausend** (7000), vgl. tausend. **sjeb(en)te** *der,* ÜBERS. Z 1; vgl. erste. **sjeb(en)tel,** vgl. achtel. **sjebzehn** (17), vgl. achtzehn. **sjebzig** (70), vgl. achtzig.

siech [ahd. sioh ›krank‹, ›schwach‹], hinfällig, lange krank. **sjechen,** dahinsiechen. **Sjechenhaus, Sjechenheim** *das,* ⚬ Pflegeanstalt für hilfsbedürftige Kranke, bes. Alterssiechche. **Sjechtum** *das, -s,* langes Leiden, schwere Krankheit.

Sjede *die, -, ostmitteldt.:* gekochter Futterbrei. **Sjedehitze** *die,* Hitze zum Sieden einer Flüssigkeit; Ü große Hitze.

sjedeln [mhd. sidelen], *ich* sied(e)le (habe gesiedelt), lasse mich an einem Stück Land nieder, um es landwirtschaftlich zu nutzen.

sieden [ahd. siodan], *ich* siede (siedete, habe gesiedet oder sott, habe gesotten), **1)** *es,* koche: *Gesottenes und Gebratenes,* P Gekochtes und Gebratenes, ein feines Essen. **2)** *vor Zorn, Wut,* Ü bin erregt. **3)** *es siedet,* verdampft, kocht: *das Wasser siedet bei der Temperatur, bei der eine Flüssigkeit siedet.* **Sjedepunkt** *der, alem.:* Suppenfleisch. **sjedig,** *oberdt.:* kochend heiß. **Sjedfleisch** *das, alem.:* Suppenfleisch.

Sjedler [zu siedeln] *der, -s/-,* jemand, der siedelt; Kolonist. **Sjedlung** *die, -/-en,* **1)** menschl. Wohnstätte: *Siedlungen aus vorrömischer Zeit; Siedlungsarchäologie.* **2)** planmäßig angelegter Ortsteil: *Stadtrandsiedlung; Werksiedlung.*

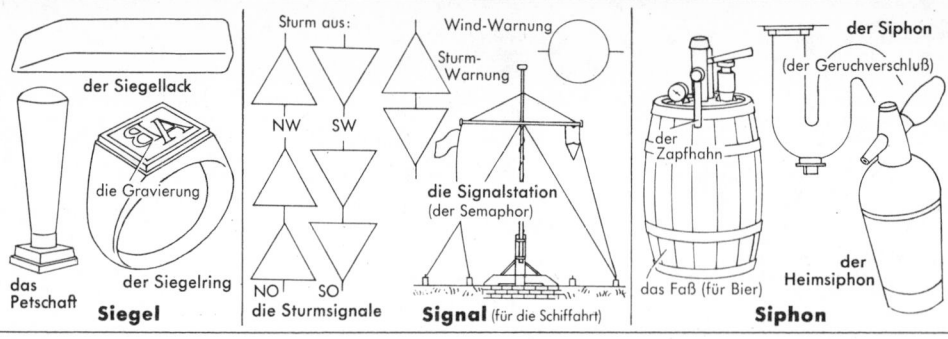

das Petschaft — der Siegelring — der Siegellack — die Gravierung — **Siegel**

NW · SW · NO · SO — **die Sturmsignale**

Sturm aus: · Sturm-Warnung · Wind-Warnung · die Signalstation (der Semaphor) — **Signal** (für die Schiffahrt)

das Faß (für Bier) · der Zapfhahn · der Siphon (der Geruchverschluß) · der Heimsiphon — **Siphon**

Sieg [ahd. sigu] *der, -(e)s/-e,* gewonnener Kampf, das Besiegen des Gegners: *ich erringe, erfechte einen S.; ich trage den S. davon; ein S. der Vernunft,* Ü; *eine sieggewohnte Mannschaft.* **Siegbald, Siegbert** [ahd. sigu ›Sieg‹ und bald ›kühn‹, beraht ›glänzend‹], männl. Vornamen. **Siegburg** [burg, zu ahd. bergan ›bergen‹], weibl. Vorname. **Siegel** [mhd. sigel, lat. sigillum, Diminutiv zu signum ›Zeichen‹, ›Kennzeichen‹, ›Bild‹] *das, -s/-,* **1)** Abdruck eines Stempels in einer weichen Masse als Verschluß oder zur Beglaubigung, ABB. S 49: *Amtssiegel; er drückt sein S. auf etwas; unter dem S. der Verschwiegenheit,* gegen Zusicherung. **2)** *schweiz.:* Spund, Pfropfen. **Siegellack** *der,* leicht schmelzende Harzmasse zum Siegeln, ABB. S 49. **siegeln,** *ich sieg(e)le (habe gesiegelt) es,* versehe, schließe mit einem Siegel. **Siegelring** *der,* Ring mit graviertem Stein, der als Petschaft dienen kann, ABB. S 49.

siegen [mhd. sigen], *ich siege (habe gesiegt),* **1)** gewinne im Kampf, Wettbewerb: *unsere Mannschaft hat gesiegt.* **2)** *über ihn, etwas,* überwinde, übertreffe ihn, es: *er siegte über seinen Gegner, seinen Mitbewerber; die Vernunft hat schließlich doch gesiegt.* **Sieger** *der, -s/-,* **Siegerin** *die, -/-nen,* jemand, der in einem Kampf, Wettbewerb siegt: *Siegerehrung; Olympiasieger.* **Siegerkranz** *der,* Siegeskranz, Kranz aus Lorbeer- oder Eichenblättern zur Krönung von Siegern, **siegesbewußt, siegesgewiß,** siegessicher. **Siegeskränz** *der,* Siegerkranz. **siegessicher,** überzeugt, daß man einen Sieg erringen wird. **siegestrunken,** berauscht von einem errungenen Sieg. **Sieg|fried** [ahd. sigu ›Sieg‹ und fridu ›Friede‹], männl. Vorname. **sieghaft** [ahd. sigihaft], Ü selbstbewußt, stolz. **Sieglind(e)** [ahd. sigu ›Sieg‹ und linta ›Schild‹], weibl. Vorname. **Siegmar** [ahd. mari ›berühmt‹], **Siegmund** [ahd. munt ›Schutz‹], männl. Vornamen. **siegreich** [ahd. sigeriche], einen Sieg errungen habend: *die siegreiche Mannschaft.* **Siegwart** [ahd. sigu ›Sieg‹ und wart ›Hüter‹], männl. Vorname. **sieh(e)!,** Abk.: s., von sehen: *siehe oben!,* Abk.: s. o., *siehe unten!,* Abk.: s. u., an einer früheren, späteren Stelle der Schrift; *sieh da!,* erstaunter Ausruf. **SI-Einheiten** [εs′i:-], *Pl.,* Abk. für: Système International d'Unités, die sieben Basiseinheiten und die davon abgeleiteten Einheiten des internationalen Einheitensystems. **Sieke** *die, -/-n,* auch Sicke, ⚥ Vogelweibchen. **Siel** [mnd. sil, zu seihen] *der* oder *das, -(e)s/-e,* Öffnung in Deichen zur Entwässerung, ABB. D 5. **Siele** [mhd. sil, verwandt mit Seil] *die, -/-n, meist Pl.,* Riemenwerk der Zugtiere: *Sielengeschirr,* ABB. G 13; *er ist in den Sielen gestorben,* Ü mitten in der Arbeit. **sielen** [zu suhlen], *ich siele mich (habe mich gesielt),* wälze mich herum. **Siemandl** *der* oder *das, -s/-(n),* Simandl. **Siemens** [nach W. von Siemens, 1816–1892] *das, -/-,* Zeichen: S, Maßeinheit des elektr. Leitwertes. **siena** [nach der Erdfarbe um die italien. Stadt Siena], *nicht flektierbar,* rotbraun. **Siena** *das, -s,* rotbraune Farbe. **Sierra** [span., aus lat. serra ›Säge‹] *die, -/-s* oder *Si′erren,* langgestreckter Gebirgszug.

Siesta [span., zu lat. sexta (hora) ›sechste (Stunde‹ nach Sonnenaufgang)] *die, -/-s* oder . . .*sten,* Mittagsruhe. **siezen,** *ich sieze (habe gesiezt) ihn,* rede mit ›Sie‹ an. **Sigel** [vgl. Siegel] *das, -s/-,* auch die Sigle, Wortkürzung, Kürzel (in der Kurzschrift). **Sightseeing** [s′aitsi:iŋ, engl.] *das, -s,* das Besichtigen von Sehenswürdigkeiten: *Sightseeing-Tour.* **Sigill** *das, -s/-e,* **Sigillum** [vgl. Siegel] *das, -s/. . .g′illa,* P ⚭ Siegel, vgl. ABB. A 9. **Sigismund** [zu Siegmund], männl. Vorname. **Si|gle** *die, -/-n,* das Sigel. **Sigma** *das, -(s)/-s,* griech. Buchstabe, ÜBERS. G 36. **Sigmatismus** [vgl. . . .ismus] *der, -/. . .men,* ⚕ das Lispeln, Störung der S-Laut-Aussprache.

Signa, *Pl.* von Signum. **Si|gnal** [frz., zu lat. signum ›Zeichen‹] *das, -s/-e,* Zeichen zur Nachrichtenübermittlung (hörbar, sichtbar oder drahtlos), ABB. S 49, B 5, E 4, W 8: *Eisenbahnsignal; Leuchtsignal; Funksignal; Warnsignal; Signalflagge.* **Si|gnalement** [siŋalm′ã, frz., schweiz. auch -m′ɛnt] *das, -s/-s, schweiz.* auch -e, kurze Personenbeschreibung (im Paß), Steckbrief. **si|gnalisieren,** *ich signalisiere (habe signalisiert) es,* **1)** gebe ein Signal, übermittle durch Signale. **2)** *ihm,* Ü zeige, kündige an. **3)** *es signalisiert etwas,* Ü läßt erkennen: *die Gewerkschaft signalisierte Verhandlungsbereitschaft.* **Si|gnatarmacht** [mlat. signatura ›Unterschrift‹, ›Zeichen‹, lat. signare ›mit einem Zeichen versehen‹, ›versiegeln‹] *die,* Staat, der ein internationales Abkommen abgeschlossen hat oder ihm beigetreten ist. **Si|gnatur** *die, -/-en,* **1)** Kennzeichen, Bezeichnung. **2)** Unterschrift; Künstlerzeichen. **3)** Zeichen auf einer Landkarte, Kartenzeichen. **4)** Einschnitt an Lettern. **5)** ⚭ Bezifferung der Bogen am Fuß der ersten oder dritten Seite. **6)** Standortbez. von Büchern in Bibliotheken. **Si|gnet** [auch siɲ′ɛ, frz.] *das, -s/-s* oder *-e* [ziɲn′etǝ], Drucker- oder Verlegerzeichen, ABB. T 12. **si|gnieren,** *ich signiere (habe signiert) es,* **1)** bezeichne. **2)** unterzeichne; schreibe meinen Namen in ein Buch: *vom Autor signierte Exemplare.* **si|gnifikant** [lat. significare ›bezeichnen‹], bezeichnend, bemerkenswert: *signifikante Unterschiede.* **Signifikanz** *die, -.*

Si|gnor [siɲ′o:r, ital., zu lat. senior ›der ältere‹] *der, -/-i,* Herr. **Si|gnora** [siɲ′o:ra] *die, -/-s* oder . . .*re* [-e:], Frau. **Si|gnore** [siɲ′orǝ] *die, -/. . .ri,* Signor. **Si|gnoria, Si|gnorie** [siɲno-] *die, -/. . .r′i|en,* die Herrschaft eines einzelnen oder eines Geschlechts über ein italien. Stadtgebiet im späten MA. **Si|gnorina** [siɲor′i:na] *die, -/-s* oder . . .*ne* [-e:], Fräulein. **Si|gnum** [lat.] *das, -s/. . .gna,* **1)** Zeichen, Symbol. **2)** abgekürzte Unterschrift. **Sig|rid** [altnord. Sig(f)ridr, zu sigu ›Sieg‹ und fridr ›schön‹], weibl. Vorname. **Sig|rist** [mhd. sigriste, zu mlat. sacrista] *der, -en/-en, schweiz.:* Küster, Mesner. **Sig|run** [ahd. sigu ›Sieg‹ und run ›geheimer Rat‹], weibl. Vorname. **Sigurd** [nord. Namensform von Siegfried], männl. Vorname. **Sikh** [altind. sisya ›Schüler‹] *der, -(s)/-s,* Anhänger einer ind. religiösen Reformbewegung. **Sikkativ** [engl. siccative ›trocknend‹, zu lat. siccare ›trocknen‹] *das, -s/-e,* Trockenmittel (für Ölfarben, Leinölfirnis). **Sikkurat** *das, -s/-e,* Zikkurat.

Silage [sil'a:ʒə, engl. ensilage ›Gärfutter‹, vgl. Silo] *die, -,* im Silo durch Gärung konserviertes Futter.

Silan [Kw. aus Silikone und Methan] *das, -s/-e, meist Pl.,* Siliciumwasserstoffe.

Silbe [ahd. sillaba, zu grch. syllabe ›Zusammenfassung‹] *die, -/-n,* zusammengehörige Lautgruppe innerhalb eines Wortes; kleinste Spracheinheit: *Nachsilbe; Vorsilbe; betonte, unbetonte Silben; davon hat er mir keine S. gesagt,* U nichts. **Silbenklauberei** *die,* U Wortklauberei. **Silbenrätsel** *das,* Rätsel, bei dem aus angegebenen Silben Wörter gefunden werden müssen, vgl. ÜBERS. R 6. **Silbentrennung** *die,* Trennung der Wörter, ÜBERS. S 50.

Silber [ahd. sil(a)bar, zu got. silubr] *das, -s,* **1)** ⟲ Zeichen: Ag, Edelmetall von hellem Glanz: *Silberbarren; Feinsilber.* **2)** kurz für: Silbergerät, Tafelbesteck aus Silber: *Tafelsilber.* **3)** ♋ Silbergeld, Münzen: *20 DM in S.* **4)** P etwas Schimmerndes, Helles: *das S. des Mondlichts.* **Silberblick** *der, -(e)s,* U geringfügiges Schielen. **Silberbraut** *die,* **Silberbräutigam** *der,* Ehefrau, Ehemann am Tag der Silberhochzeit. **Silberdistel** *die,* eine Eberwurz. **Silberfischchen** *das,* ein Ur-Insekt, Hausschädling. **Silberfuchs** *der,* Rotfuchs mit schwärzl. Grundhaar und silbrigen Grannen. **Silberglanz** *der,* Argentit. **silbergrau,** hellgrau: *silbergraues Haar.* **silberhaltig,** Silber enthaltend. **silberhell,** hell wie Silber; klar (Wasser); U hell, klar (Lachen; Stimme). **Silberhochzeit** *die,* 25. Jahrestag der Hochzeit. **silb(e)rig,** wie Silber. **Silberling** *der, -s/-e,* B silberne Münze. **Silberlöwe** *der,* Puma. **Silbermedaille** *die,* ✗ eine Auszeichnung für den zweiten Platz. **silbern,** **1)** aus Silber. **2)** wie Silber glänzend, klingend: *silbernes Haar; silberne Hochzeit,* Silberhochzeit. **Silberpapier** *das,* Aluminiumfolie für Verpackungszwecke. **Silberpappel** *die,* eine europ. Pappel. **Silberschmied** *der,* Handwerker, der Geräte und Schmuck aus Silber herstellt. **Silberstreifen** *der: ein S. am Horizont,* Ü Aussicht auf die Entwicklung einer Sache zum Guten. **Silbertanne** *die,* Edeltanne. **Silberzeug** *das,* U Silberbesteck, Silbergerät.

Sild [dän.] *der, -(e)s/-(e),* (eingelegter) Hering.

Silen [grch. Silenos] *der, -s/-e,* griech. Mythologie: Mischwesen aus Pferd und Mensch.

Silentium! [lat.], Ruhe!

Silge *die, -/-n,* 🜨 Name mehrerer Doldenblüter.

Silhouette [silu'ɛtə, frz., nach dem französ. Finanzminister É. de Silhouette, 1709–1767] *die, -/-n,* Umriß, Schattenbild, Scherenschnitt, ABB. S 12: *die S. der Berge,* Ü.

Silicagel [lat. silex, Gen. silicis ›Kieselstein‹, ›harter Stein‹ und vgl. Gel] *das, -s,* ⟲ Form des Siliciumdioxids. **Silicat** *das, -(e)s/-e,* ⟲ Silikat. **Silicium** *das, -s,* ⟲ Element, Zeichen: Si, Nichtmetall. **Silicon** *das, -s/-e,* Silikon. **Silikat** *das, -(e)s/-e, meist Pl.,* Salze der Kieselsäure, Gruppe der wichtigsten gesteinsbildenden Minerale. **Silikon** *das, -s/-e, meist Pl.,* Kunststoffe, die sehr wärmebeständig sind und wasserabweisend wirken: *Silikonöl.* **Silikose** *die, -/-n,* ⚕ Staublunge. **Silikostein** *der,* feuerfester Stein aus Siliciumdioxid. **Silizium** *das, -s,* Silicium.

Silke [niederdt., Kurzform von Cäcilie], weibl. Vorname.

Sill [mhd. sil, vgl. Siele] *das, -(e)s/-e, schweiz.,* **1)** leichtes Zuggeschirr, Siele. **2)** Hosenträger. **3)** 🜨 Lagergang.

Sill [schwed.] *der, -s/-e,* (eingelegter) Hering.

Silo [span., zu lat. siros, grch. seiros ›Grube zum Aufbewahren von Getreide‹] *der* oder *das, -s/-s,* **1)** hoher, großer Behälter als Großspeicher für Getreide, Erz, Sand u. a. Stoffe: *Betonsilo;*

Getreidesilo; Hochsilo; Wohnsilo, Ü. **2)** Behälter zur Bereitung von Gärfutter, ABB. B 14.

Silt [engl. ›Treibsand‹] *der, -s/-e,* unverfestigtes Sediment, ähnlich dem Schluff.

Silur [Silurer, kelt. Volksstamm in Wales] *das, -s,* 🜨 die dritte geolog. Formation des Paläozoikums. **silurisch.**

Silvan [lat. silva ›Wald‹], männl., **Silvana,** weibl. Vorname.

Silvaner *der, -s/-,* eine Rebsorte (Weißwein). **Silvester** [lat. ›zum Wald gehörig‹], **1)** Sylvester, männl. Vorname. **2)** *der,* auch *das, -s/-,* Sylvester, der 31. Dezember, letzter Tag des Jahres: *Silvesterfeier; Silvesternacht.* **Silvia,** Sylvia, weibl., **Silvio,** männl. Vorname.

Sima [Kurzw. aus Silicium und Magnesium] *das, -(s),* 🜨 Unterkruste der Erde.

Sima [lat. ›Rinnleiste‹] *die, -/-s* oder . . . *men,* 𝍸 oberer Teil des Simses, ABB. G 6, G 17; Traufrinne des griech. Tempels.

Simandl [zu sie und Mandl, Diminutiv zu Mann] *der* oder *das, -s/-(n),* auch Siemandl, *bair., österr.:* Pantoffelheld.

Simili [lat. similis ›ähnlich‹] *das* oder, *-s/-s,* Nachahmung, bes. von Edelsteinen: *Similistein.*

Simmer [ahd. sumbir ›Korb‹] *der* oder *das, -s/-,* altes dt. Trockenmaß.

Simmerring *der,* ⊚ Manschettendichtring aus Gummi.

Simon [hebr. Schim¹on, vielleicht ›Hyänenstamm‹, gedeutet als Erhörung], männl. Vorname. **Simone** [auch sim'ɔn], **Simonetta,** weibl. Vornamen.

Simonie [mhd. simonie, nach Simon Magus, 1. Jahrh. n. Chr.] *die, -/. . .n'i[en],* kath. Kirchenrecht: der Handel mit geistl. Heils- und Sachgütern, besonders Ämtern-, Pfründenkauf. **simonisch.**

simpel [frz. simple, zu lat. simplex ›einfach‹], **1)** einfach: *eine simple Aufgabe.* **2)** einfältig. **Simpel** *der, -s/-,* U einfältiger Mensch.

Simperl [vgl. Simmer] *das, -s/-(n), bair.:* geflochtener Korb (für Brot).

Simplex [lat. ›einfach‹] *das, -/-e* oder . . . *pl'izia,* Ⓢ einfaches, nicht zusammengesetztes Wort. **Simplifikation** [frz., zu lat. facere ›machen‹] *die, -/-en,* Vereinfachung. **simplifizieren,** *ich* simplifiziere (habe simplifiziert) *es,* vereinfache. **Simplifizierung** *die, -/-en.* **Simplizität** *die, -,* Einfachheit, Schlichtheit.

Sims [ahd. simizstein ›Kapitell‹] *das* oder *der, -es/-e,* Gesims, ABB. K 4.

simsalabim, Zauberformel.

Simse [ostdt.] *die, -/-n,* 🜨 Name verschiedener Riedgräser u. a. Pflanzen.

Simshobel *der,* Gerät zum Bearbeiten abgesetzter Flächen, ABB. H 19.

Simson [hebr. Schimschon ›Sonnenmann‹], männl. Vorname.

Simulant [lat. simulare ›vortäuschen‹, zu similis ›ähnlich‹] *der, -en/-en,* jemand, der eine Krankheit vortäuscht. **Simulation** *die, -/-en,* **1)** bewußte Vortäuschung, Verstellung. **2)** Sammelbez. für die Darstellung oder Nachbildung physikal., techn., biolog., psycholog. oder ökonom. Prozesse oder Systeme durch mathemat. oder physikal. Modelle. **Simulator** *der, -s/. . .t'oren,* elektron. Rechenanlage, die physikal. oder techn. Aufgaben durch Nachbildung wirklicher Vorgänge löst: *Flugsimulator.* **simulieren,** *ich* simuliere (habe simuliert), **1)** *es,* heuchle, täusche vor: *seine Verlegenheit war nur simuliert; sie simulierte einen Migräneanfall.* **2)** *es,* bilde (im Simulator)

Silbentrennung

1. Hauptregel: Beim Abtrennen kommt immer ein **Konsonant** auf die folgende Zeile: *he-ben, Ret-ter, stampfen, and-re, het-zen, Hos-pital;* auch bei Suffixen, die mit Vokal beginnen: *Braue-rei, Kamera-din, Liefe-rung.* Ein vor dem Suffix *-heit* ausgestoßenes h des Stammes bleibt auch bei Silbentrennung weg: *Ro-heit.* **ch, ph, sch, st, ß, th** gelten als *ein* Buchstabe: *El-che, Pro-phet, lö-schen, El-ster, Stra-ße, Ka-theder;* **st** wird nie getrennt: *fe-ste, sech-ste.* **ck** wird in zwei **k** aufgelöst: *Ak-ker.* Einzelne **Vokale** trennt man nicht ab: *oder* (untrennbar), wohl aber Diphthonge, Vokale und Dehnungs-h und zwei Vokale, die eine klangliche Einheit bilden: *ei-ne, oh-ne, aa-len.* Vokale werden nur dann getrennt, wenn sie einzeln gesprochen werden: *Muse-um, einei-ig, Genugtu-ung.*

2. Hauptregel: Zusammengesetzte Wörter zerlegt man in ihre Teile: *her-ab; gegen-über.* Stoßen an Silbenanfang und -ende drei gleiche Konsonanten zusammen, so wird der dritte nur geschrieben, wenn ihm noch ein anderer Konsonant folgt, z. B. *Balletttruppe, stofffrei,* aber: *alliebend, Schiffahrt.* Bei Trennung wird der dritte weggelassene Konsonant wieder geschrieben: *all-liebend, Schiff-fahrt.* Ausnahme: Den-noch, Drit-tel, Mit-tag schreibt man stets nur zwei Konsonanten.

Fremdwortregel: Mitunter werden die Fremdwörter schon abgetrennt wie im Deutschen; oft aber richtet man sich noch nach der Ursprungssprache; besonders werden **bl, br, dr, gl, gn, gr, kl, kr, phl, pl, tr, thr** auf die folgende Zeile gezogen: *Hy-drant, Si-gnal, Neu-trum.*

---

nach. **3)** *über etwas,* U sinne, grüble. **simultan** [lat. simul ›zugleich‹], gleichzeitig, gemeinsam: *simultanes Dolmetschen,* das Übersetzen einer Rede, während der Text noch gesprochen wird. **Simultanbühne** die, Bühnenform des MA., bei der alle Schauplätze nebeneinander aufgebaut waren. **Simultaneität** [-ei-] die, -/-en, gleichzeitiges Auftreten. **Simultaneum** [-eu-] das, -s, das Recht zur gemeinsamen Nutzung kirchlicher Einrichtungen durch mehrere christliche Religionsgemeinschaften. **Simultanschule** die, Gemeinschaftsschule.

sin, Abk. für: Sinus.

sind, von sein, ÜBERS. S 47.

sinder, *niederrhein.:* seitdem.

sine [lat.], ohne. **sine anno** [lat. annus ›Jahr‹, Abk.: s. a., ☍ Vermerk in Bibliographien: ohne Angabe des Erscheinungsjahres. **sine ira et studio,** ohne Zorn und Eifer; unparteiisch. **Sinekure** [lat. cura ›Sorge‹] die, -/-n, **1)** Pfründe ohne Amtsverpflichtung. **2)** Ü einträgliche, mühelose Stellung. **sine loco** [lat. locus ›Ort‹, Abk.: s. l., ☍ Vermerk in Bibliographien: ohne Angabe des Erscheinungsortes. **sine tempore** [lat. tempus ›Zeit‹, Abk.: s. t., ohne akadem. Viertel, pünktlich.

Sinfonie [ital. sinfonia, zu grch. symphonia ›Zusammenklang‹] die, -/. . .n'i|en, auch Symphonie, **1)** Musikwerk in mehreren Sätzen für Orchester: *Sinfonieorchester.* **2)** Sinnbild für die Harmonie vieler Einzelheiten: *Farbsinfonie.* **Sinfoniker** der, -s/-, auch Symphoniker, **1)** Verfasser von Sinfonien. **2)** Mitglied eines Sinfonieorchesters. **sinfonisch,** auch symphonisch: *sinfonische Dichtung.*

Sing., Abk. für: Singular.

Singdrossel die, ein Singvogel, häufig in Wäldern, Gärten.

singen [ahd. singan], *ich singe* (sang, habe gesungen), **1)** *(es),* lasse meine Stimme in einer Melodie ertönen; trage ein Lied vor: *wir singen ein Lied, nach Noten, zur Gitarre, im Chor; der Vogel singt; sie singt das Kind in den Schlaf;* U eine (unangenehme) Erfahrung berichten. **2)** ☍ dichte: *ich singe und sage,* P bereitet in Versform, eigtl. erzähle singend. **3)** G plaudere aus; lege ein Geständnis ab. **4)** *es singt,* gibt einen summenden Ton von sich (Wasserkessel, Telegraphendrähte). **Singer** der, -s/-, ☍ Sänger. **Singerei** die, -, U störendes, lästiges Singen.

Sin|ghalese der, -n/-n, Angehöriger einer Bevölkerungsgruppe auf Ceylon. **sin|ghalesisch.**

Sin|gle [ʃiŋgl, engl. ›einzeln‹, ›allein‹, zu lat. singulus], **1)** die, -/-(s), kleine Schallplatte mit nur einem Titel auf jeder Seite: *Singleplatte.* **2)** das, -/-(s), Kartenspiel: die einzige Karte einer Farbe im Blatt eines Spielers. **3)** das, -/-(s), Tennis: Einzel. **4)** der, -(s)/-(s), Alleinstehende(r), Junggeselle, Junggesellin: *Singledasein; Singleurlaub; Apartments für Single(s).*

Singsang [zu singen] der, -(e)s, U **1)** eintöniges Singen. **2)** einfache, unbedeutende Melodie. **Singspiel** das, Bühnenstück mit gesprochenem Dialog und Gesangseinlagen.

singulär, vereinzelt, einmalig, seltsam. **Singular** [lat. singularis ›einzeln‹] der, -s/-e, Abk.: Sing., Ⓢ Einzahl, ÜBERS. A 4, P 24, S 77, V 2. **Singularetantum** das, -s/-s oder . . .riat'antum, Ⓢ Wort, das seiner Bedeutung nach nur im Singular vorkommen kann, z. B. Durst. **singularisch,** im Singular. **Singularität** die, -/-en, vereinzelte Erscheinung, Besonderheit.

Singvogel der, Vogel mit stark gegliederter Stimmuskulatur.

sinken [ahd. sinkan], *ich sinke* (sank, bin gesunken), gleite, falle, bewege mich abwärts: *das Schiff sinkt; die Sonne ist gesunken; Preise sinken; sie sanken sich in die Arme; das Thermometer sinkt,* U zeigt tiefere Temperaturen an; *nur nicht den Mut sinken lassen!; er ist sehr in meiner Achtung gesunken.* **Sinkkasten** der, ein Schacht unter Wassereinläufen zur Aufnahme der Verunreinigungen, der Sinkstoffe, ABB. K 6. **Sinkstoff** der, meist Pl., Feststoffteilchen in Flüssigkeiten, die zu Boden sinken. **Sinkstück** das, Senkstück.

Sinn [ahd. sin] der, -(e)s/-e, **1)** Fähigkeit zur Wahrnehmung, Empfindung; geistige Empfänglichkeit: *die fünf Sinne Sehen, Hören, Riechen, Schmecken, Fühlen; er hat seine fünf Sinne beisammen,* U hat Urteilskraft; *ich habe einen sechsten S. dafür,* U ein gutes Ahnungsvermögen; *S. für Humor,* kein Verständnis. **2)** Bewußtsein: *das kommt mir in den S.; die Sinne schwanden ihm,* er wurde ohnmächtig; *er ist bei Sinnen,* bei klarem Bewußtsein; *sie ist wie von Sinnen,* übermäßig erregt; *bist du von Sinnen?,* nicht bei Verstand? **3)** ohne Pl., Geist, Denkweise, Gesinnung: *mit fröhlichem S.; das ist in seinem S.,* so wie er es täte; *mein S. steht danach,* es ist mein Wunsch. **4)**

ohne Pl., Wesen, Bedeutung, geistiger Gehalt: *der S. eines Wortes, Satzes, Gesetzes; das hat S.,* ist vernünftig. **5)** ohne Pl., Ziel, Zweck: *die Frage nach dem S. des Lebens; das ist nicht der S. der Sache,* U so ist es nicht gemeint. **Sinnbild** das, Wort, Form, Gegenstand oder Vorgang mit bestimmter Bedeutung; Symbol: *die weiße Farbe ist S. der Unschuld und Reinheit.* **sinnbildlich,** als Sinnbild; nicht wörtlich; zeichenhaft: *das ist s. zu verstehen.*

Sinne [mhd. sinne ›das Eichen‹] die, -/-n, *schweiz.:* Eichamt. **sinnen,** ich sinne (habe gesinnet) *es, schweiz.:* eiche.

sinnen [ahd. sinnan, urspr. ›gehen‹, ›reisen‹, ›streben‹], *ich sinne* (sann, habe gesonnen; wenn er sänne, ☍ sönne), **1)** *über etwas,* denke nach, grüble: *sinnend,* träumerisch denkend. **2)** *auf etwas,* plane, strebe danach: *ich s. auf Mittel und Wege, auf Abhilfe, auf Rache; er sinnt nichts Gutes;* vgl. gesinnt, gesonnen. **Sinnenfreude** die: *Essen und Trinken sind wahre Sinnenfreuden.* **Sinnengenuß** der. **Sinnenlust** die, sexuelle Lust. **Sinnenmensch** der, Mensch, der Freude an irdischen Genüssen hat. **Sinnenrausch** der, -(e)s, Sinnenlust. **sinnentstellend,** die falsche Bedeutung gebend: *ein sinnentstellender Druckfehler;* aber: *ein den Sinn entstellender Fehler.* **Sinnenwelt** die, durch die Sinne wahrnehmbare Welt. **Sinnesart** die, Gesinnung. **Sinnesorgan** das, der Reizaufnahme dienendes Organ bei Mensch und Tier. **Sinnestäuschung** die, irrige Wahrnehmung. **Sinneswerkzeug** das, meist Pl., Sinnesorgan. **sinnfällig,** deutlich wahrnehmbar oder erkennbar. **Sinngedicht** das, Epigramm. **sinngemäß,** dem Sinn nach; nicht wörtlich: *er hat s. folgendes gesagt.* **sinnieren,** ich sinniere (habe sinniert), U grüble, sinne. **Sinnierer** der, -s/-, U Grübler. **sinnig, 1)** verständig, bedächtig. **2)** überlegt, durchdacht (Geschenk, Äußerung). **sinnlich, 1)** mit den Sinnen wahrnehmbar, durch die Sinne wirkend: *sinnliche Wahrnehmung.* **2)** auf Sinnengenuß, bes. geschlechtlichen Genuß ausgerichtet: *sinnliche Liebe; ein sinnlicher Mund.* **Sinnlichkeit** die, -. **sinnlos,** ohne Sinn, Zweck, Zusammenhang; unverständlich: *er ist s. betrunken; ein sinnloses Unterfangen.* **Sinnlosigkeit** die, -. **sinnreich,** sinnvoll ausgedacht, zweckdienlich (Erfindung, Vorrichtung). **Sinnspruch** der, gehaltvoller, zum Nachdenken anregender Spruch. **sinnverwandt, 1)** bedeutungsähnlich. **2)** ähnlich gesinnt. **sinnvoll,** durchdacht, zweckmäßig, vernünftig. **sinnwidrig,** entgegen dem eigentlichen Sinn. **Sinnwidrigkeit** die, -.

Sinologe [grch. Sinai ›China‹ und vgl. . . . loge] der, -n/-n. **Sinologie** [vgl. . . . logie] die, -, Wissenschaft von der chines. Sprache und Kultur. **sinologisch.**

sint [mhd. sint], ☍ seit. **sintemal(en),** ☍ weil, zumal. **sintemal und alldieweil,** ☍ weil, zumal.

Sinter [ahd. sintar ›Metallschlacke‹] der, -s/-, **1)** Niederschlag (bes. Kalk und Kiesel) aus Quellen: *Sinterterrasse.* **2)** *niederd.:* Schlackenaball. **sintern,** ich sinter(e)re (habe gesintert), **1)** *es,* erhitze pulverförmige oder feinkörnige Stoffe, um sie zu verdichten oder stückig zu machen. **2)** *es sintert* (auch ist gesintert), setzt Mineralien ab (Wasser).

Sintflut [ahd. sinvluot, sintfluot ›große Flut‹] die, -, im bibl. Bericht wie in den Sagen vieler Völker des Altertums eine durch göttl. Zorn herbeigeführte Flutkatastrophe zur Vernichtung allen Lebens auf der Erde: *nach uns die S.!,* Ü was nach unserem Tod geschieht, interessiert uns nicht.

Sinti der, -(s)/-, Name von Zigeunern, bes. in Dtl., Österreich und Frankreich.

Sinus [lat. ›Bucht‹, ›Krümmung‹, ›Biegung‹] der, -/- oder -se, **1)** Abk.: sin, △ eine Winkelfunktion, ABB. K 55, W 13: *Sinuskurve.* **2)** ♱ Hohlraum, Vertiefung. **Sinusknoten** der, ♱ Herzschrittmacher.

Sioux [z'i:uks, auch engl. su:, Abk. von Nadouessioux, französ. Verstümmelung des Ojibwa-Wortes Nadowe-is-iw ›kleine Schlange‹, ›Feind‹] der, -/- [engl. su:z], anderer Name der Dakota.

Sipho [lat., zu grch. siphon ›Röhre‹, ›Spritze‹, ›Heber‹] der, -s/Siph'onen, Atemröhre, Fleischhöhlenfortsatz einiger Weichtiere. **Siphon** [-ɔ̃, österr. -f'o:n] der, -s/-s, **1)** Gefäß, aus dem Getränke unter dem Druck von Kohlendioxid ausgespritzt werden, ABB. S 49. **2)** Geruchverschluß, ABB. S 49.

Sippe [ahd. sippa] die, -/-n, **1)** Völkerkunde: Verwandtschaftsgruppe: *Sippenforschung; Sippenverband.* **2)** Verwandtschaft, Familie: *sie will mit der ganzen S. nichts mehr zu tun haben.* **3)** ⊕ ⚕ Abstammungsgemeinschaft, Individuen einer Art, die in bestimmten genetischen Merkmalen übereinstimmen. **4)** Ⓢ Gruppe wurzelverwandter Wörter. **Sippen-**

haftung *die,* fälschlich Sippenhaft, Haftung der Sippe für Vergehen eines Sippenangehörigen: *von den Nationalsozialisten praktizierte S.* **Sippschaft** *die, -/-en,* verächtlich: **1)** Verwandtschaft. **2)** Bande, Klüngel.

Sir [sə:, engl., zu Sire] *der, -s/-s,* **1)** engl. Anrede (ohne Namen): Herr. **2)** vor dem Vornamen: ein engl. Adelstitel.

Sire [si:r, Kurzform von Seigneur], französ. Anrede für Kaiser und Könige.

Sirene [mhd. sirene, zu grch. seiren] *die, -/-n,* **1)** meist *Pl.,* griech. Mythologie: göttliche Wesen, die durch wunderbaren Gesang die an ihrer Insel Vorüberfahrenden anlockten und dann töteten (›Odyssee‹): *Sirenengesang.* **2)** Ü Verführerin. **3)** lautes Schallsignalgerät: *Sirenengeheul.* **4)** eine Seekuh.

Sirius [lat., zu grch. seirios ›glühend‹] *der, -,* ☆ ein Stern.

sirren [Schallw.], *es* sirrt (hat gesirrt), surrt hell.

Sirtaki [grch. syrtos ›Rundtanz‹] *der, -/-s,* ein griech. Volkstanz.

Sirup [mhd. sirop, aus mlat. siropus, zu arab. šarab ›Trank‹] *der, -s/-e, Pl. selten,* **1)** brauner, dickflüssiger Saft aus Zuckerrüben. **2)** eingedickter Fruchtsaft: *Himbeersirup.*

Sisal [nach der mexikan. Hafenstadt Sisal] *der, -s,* unrichtig auch Sisalhanf, Faser aus Agaveblättern für Seile, Teppiche: *Sisalagave.*

sistieren [lat. sistere ›zum Stehen bringen‹], *ich sistiere* (habe sistiert), **1)** *es,* hebe auf, stelle ein, unterbreche (Verfahren). **2)** *ihn,* nehme polizeilich fest zur Überprüfung seiner Personalien. **Sistierung** *die, -/-en.*

Sisyphusarbeit [nach dem sagenhaften König Sisyphos von Korinth] *die,* Ü schwere, nutzlose Arbeit.

Sitar [pers. ›Dreisaiter‹] *der, -(s)/-(s),* ein indisches Zupfinstrument.

Sit-in [engl. to sit ›sitzen‹ und in ›in‹] *das, -(s)/-(s),* eine Form des Sitzstreiks, des politischen Protests.

Sitte [ahd. situ] *die, -/-n,* **1)** auf Überlieferung beruhende Verhaltensweise: *alte Sitten und Gebräuche; das ist bei uns nicht S.* **2)** Gesamtheit moral. Regeln und Werte: *Sittenkodex; der Verfall der Sitten.* **3)** *meist Pl.,* Umgangsformen, Manieren: *feine, gute Sitten.* **4)** *ohne Pl.,* G Sittenpolizei. **Sittenbild** *das,* Genrebild, Genremalerei. **Sittengesetz** *das,* allgemeingültiger Grundsatz des sittl. Handelns. **Sittenlehre** *die,* Lehre vom sittl. Verhalten, Moral. **sittenlos,** ungesittet, zuchtlos. **Sittenlosigkeit** *die, -.* **Sittenpolizei** *die,* polizeil. Tätigkeit zum Schutz der öffentl. Sittlichkeit. **Sittenrichter,** Ü jemand, der die Taten anderer wertet, vor allem in überhebl. Form. **Sittenstrolch** *der,* Ü jemand, der Frauen und Kinder unsittlich belästigt. **sittenwidrig,** gegen die Sittlichkeit verstoßend: *sittenwidriges Verhalten.* **Sittenwidrigkeit** *die, -.*

Sittich [mhd. sitich, zu lat. psittacus ›Papagei‹] *der, -s/-e,* ein kleiner bis mittelgroßer Papagei.

sittig [mhd. sitec, zu Sitte], ♂ sittsam. **sittigen,** [habe gesittigt] *ihn,* ♂ mache gesittet, zivilisiere. **sittlich,** den Forderungen einer pflichtgemäßen äußeren und inneren Haltung entsprechend. **Sittlichkeit** *die, -: Sittlichkeitsdelikt.* **Sittlichkeitsverbrechen** *das,* Sexualverbrechen. **sittsam,** bescheiden, anständig; zurückhaltend (Mädchen). **Sittsamkeit** *die, -.*

Situation [frz., zu situer ›hinsetzen‹, ›hinstellen‹, zu lat. situs ›Lage‹] *die, -/-en,* augenblickliche Lage, Zustand. **Situationskomik** *die,* unfreiwillige Komik, die durch eine lächerliche Situation herbeigeführt wird. **situativ,** situationsbedingt.

situiert, *gutsituiert,* in guten Verhältnissen lebend.

Situs [lat.] *der, -/-,* ♂ die Lage der Organe im Körper.

sit venia verbo [lat. ›dem Wort sei Nachsicht gewährt‹], Abk.: s. v. v., mit Verlaub zu sagen; wenn Sie diese Wendung gestatten.

Sitz *der, -es/-e,* **1)** Platz, auf den man sich setzt; Möbel zum Sitzen; Sitzfläche, z. B. Stuhlplatte, Bootsbrett, Wagenbank, ABB. B 10, C 1, S 26. **2)** der einzelne Platz: *wir hatten Sitze im Parkett; Vordersitz, Rücksitz,* vorderer, hinterer Platz in Fahrzeugen. **3)** Platz mit Stimmberechtigung (im Parlament, Vorstand): *ihr ... S. und Stimme.* **4)** ständiger Aufenthalt: *Wohnsitz;* Hauptniederlassung einer Firma; Ort: *Wiesbaden ist der S. des Unternehmens.* **5)** *ohne Pl.,* Körperhaltung beim Sitzen: *Schneidersitz; guter S.,* gute Haltung im Sattel, ABB. R 18. **6)** *ohne Pl.,* Paßform, Schnitt: *ein Anzug mit schlechtem, gutem S.* **Sitzbadewanne** *die,* kleine Badewanne mit erhöhtem Sitzteil. **sitzen** [ahd. sizzan, zu lat. sedere], *ich sitze* (saß, habe gesessen; *südd.:* bin gesessen), **1)** mit Gesäß und Oberschenkeln: *ich s. auf dem Stuhl, im Lehnstuhl, im Sattel; als der Unfall passierte, saß ich am hintern Steuer; er saß bis in die Nacht*

über seinen Büchern; er hat eine sitzende Beschäftigung, U verrichtet seine Arbeit im Sitzen; *sie saßen über ihn zu Gericht,* urteilten; *das Lokal saß voller Menschen,* U war voll; *sie sitzt einem Maler,* läßt sich malen; *die Henne sitzt,* brütet; *er sitzt auf seinem Geld,* U gibt es nicht aus; vgl. sitzenbleiben, sitzenlassen. **2)** bin, befinde mich: *die alten Kelten saßen am Rhein,* lebten; *das Blatt sitzt am Zweig; er sitzt in der Patsche,* U befindet sich in mißlicher Lage. **3)** U bin im Gefängnis: *er hat drei Jahre gesessen.* **4)** *es* sitzt, ist, wo oder wie es sitzen soll; paßt: *dein neuer Mantel sitzt ausgezeichnet; er hat einen sitzen,* U ist angeheitert, (leicht) betrunken; *der Hieb, die Bemerkung saß,* traf; *seine Rolle sitzt,* ist im Gedächtnis eingeprägt. **sitzenbleiben,** *ich bleibe sitzen* (bin sitzengeblieben), U **1)** werde nicht in die nächste Schulklasse versetzt. **2)** finde keinen Ehemann: *seine ältere Tochter ist sitzengeblieben;* aber: *ich bin sitzen geblieben,* nicht aufgestanden. **3)** *auf etwas,* verkaufe es nicht. **sitzenlassen,** *ich lasse sitzen* (ließ sitzen, habe [ge]lassen), U **1)** *ihn,* helfe nicht, lasse im Stich, verlasse: *er hat seine Verlobte sitzenlassen;* aber: *das Kind sollte die Frau sitzen lassen* (damit sie nicht stehen muß). **2)** *ihn,* lasse nicht versetzen. **3)** *es nicht auf mir,* wehre mich dagegen: *diesen Vorwurf kann ich nicht auf mir sitzenlassen.* **...sitzer,** *Fahrzeug für eine bestimmte Personenzahl: Zweisitzer; Viersitzer.* **Sitzfleisch** *das: er hat kein S.,* U kann nicht lange sitzen, ist unruhig. **Sitzgelegenheit** *die,* etwas, auf das man sich setzen kann. **...sitzig,** mit einer bestimmten Anzahl von Sitzen: *viersitzig.* **sitzlings,** *schweiz.:* sitzend. **Sitzplatz** *der: im Omnibus sind noch freie Sitzplätze.* **Sitzriese,** U jemand mit langem Rumpf, der im Sitzen unverhältnismäßig groß wirkt. **Sitzstreik** *der,* eine Form des Streiks, bei dem die Arbeitnehmer an Arbeitsplatz sind, aber nicht arbeiten. **Sitzung** *die, -/-en,* **1)** Versammlung, Beratung, Tagung: *Sitzungsperiode; Sitzungsprotokoll; Sitzungssaal; Plenarsitzung; Senatssitzung.* **2)** das Modellsitzen für ein Bild, eine Büste.

Six Days [s'iks d'eiz, engl.], *Pl.,* ⚑ das Sechstagerennen.

Sixpence [s'ikspəns, engl.] *der, -/-,* ehemalige engl. Silbermünze.

Sixten [schwed.], männl. Vorname.

Sixtus [grch. xystos ›geglättet‹], männl. Vorname.

Siziliane *die, -/-n,* eine aus Sizilien stammende Strophenform. **Sizilianer** *der, -s/-,* **Sizilianerin** *die, -/-nen,* Sizilier, Sizilierin, Bewohner(in) der italien. Insel Sizilien. **sizilianisch,** sizilisch.

SJ, dem Namen der Jesuiten nachgestellte Abk. für: Societas Jesu.

Skabies [lat. scabies ›Rauheit‹, ›Krätze‹] *die, -,* ♂ Krätze. **skabiös.** **Skabiose** *die, -/-n,* ⊕ ein Kardengewächs mit korbblüterähnl. Blütenstand.

skabrös [frz. scabreux], ♂♂ gewagt, heikel, schlüpfrig.

Skadenz [ital. scadenza ›Verfall‹] *die, -/-en,* ⊿ ♂♂ Verfalltag.

skål! [sko:l, nord.], prosit!, prost!, zum Wohle!

Skala [ital. scala ›Treppe‹, zu lat. scandere ›steigen‹] *die, -/. ..len* oder *-s,* **1)** Skale, Einteilungslinie, Maßstab, Gradeinteilung, ABB. R 30, W 1. **2)** ♪ Tonleiter. **3)** Ü Stufenleiter: *Gefühlsskala; Farbskala.* **Skalar** *der, -s/-e,* **1)** △ durch eine einzige Zahl bestimmte Größe, z. B. Temperatur. **2)** ein beliebter Aquarienfisch.

Skalde [altnord. skáld, urspr. wohl ›Schelte‹] *der, -n/-n,* altnord. Dichter und Sänger: *Skaldendichtung.*

Skale *die, -/-n,* Skala.

Skalp [engl. scalp ›Kopfhaut‹] *der, -s/-e,* ein Stück behaarter Kopfhaut des Gegners, Siegestrophäe der Indianer.

Skalpell [lat. scalpellum ›Messer‹, zu scalpere ›einschneiden‹] *das, -s/-e,* ♂ kleines Chirurgenmesser mit feststehender Klinge, ABB. B 24.

skalpieren, *ich skalpiere* (habe skalpiert) *ihn,* ziehe den Skalp ab.

Skandal [frz. scandale, zu lat. scandalum, grch. skandalon ›Anstoß‹, ›Ärgernis‹] *der, -s/-e,* **1)** anstößiges Vorkommnis: *ihr Benehmen ist ein S.; Skandalgeschichte; Justizskandal.* **2)** Lärm. **skandalieren,** *ich skandaliere* (habe skandaliert), ♂♂ lärme. **skandalisieren,** *ich skandalisiert* (habe skandalisiert) *ihn,* ♂♂ errege Anstoß bei ihm, bringe in sittl. Empörung. **skandalös,** anstößig, empörend: *skandalöse Zustände.* **skandalumwittert.**

skandieren [zu lat. scandere ›steigen‹, *ich skandiere* (habe skandiert) *(es),* spreche einen Vers in rhythmischer Gliederung; spreche abgehackt, in einzelnen Silben: *die Demonstranten skandierten lautstark ihre Parolen.*

Skandinavist *der, -en/-en.* **Skandinavistik** *die, -,* neuere Bez. für Nordistik.

Skandium *das, -s,* Scandium.

Skapulier [mlat. scapularium ›Schulterkleid‹] *das, -s/-e,* Überwurf der Ordenskleidung, ABB. O 4.

Skarabäus [lat. scarabaeus, zu grch. skarabos ›Pillendreher‹] *der, -/...b'äen,* ein Blatthornkäfer, von den alten Ägyptern oft in Stein nachgebildet: *Skarabäengemme.*

Skaramuz [ital. Scaramuccio] *der, -es/-e,* Gestalt der Commedia dell'arte; prahlerischer Soldat.

Skarn [schwed. ›Schmutz‹] *der, -s/-e,* ⊕ Tactit, Gestein, oft mit Schwermetallanreicherungen: *Skarnerze.*

skartieren [ital. scartare], *ich skartiere* (habe skartiert), K *österr.:* sortiere alte Akten aus. **Skat** [ital. scarto ›abgelegte Karte‹] *der, -(e)s/-e* oder *-s,* ein Kartenspiel zu dreien; auch die beiden beiseite gelegten Karten: *sie klopfen, dreschen S.,* U spielen Skat; *Skatabend; Skatbrüder,* U.

Skateboard [sk'eitbɔːd, engl. to skate ›gleiten‹ und board ›Brett‹] *das, -s/-s,* Brett mit Rädern, das durch Verlagern des Körpergewichts gesteuert wird.

skaten, *ich skate* (habe geskatet), U spiele Skat. **Skater** *der, -s/-,* U Skatspieler.

Skatingkraft [sk'eitiŋ, engl. to skate ›gleiten‹] *der,* die die Nadel eines Plattenspielers auf die innere Wand der Rille drückende Kraft.

Skatol [grch. skor ›Kot‹ und lat. oleum ›Öl‹] *das, -s,* unangenehm riechende organ. Base, z. B. in Fäkalien.

Skeetschießen [sk'iːt-, engl.] *das, -s,* ✗ Art des Wurftaubenschießens mit Schrotflinten.

Skeleton [sk'elətən, engl.] ›Gerippe‹, ›Gerüst‹] *der, -s/-s,* niedriger Rennschlitten, ABB. S 26. **Skelett** [grch. skeletos ›ausgetrocknet‹] *das, -(e)s/-e,* 1) Gerippe, Knochengerüst, ABB. M 12: *sie ist zum S. abgemagert.* 2) 🐚 harte Haut, Schale. 3) ⊕ Hartgewebe, das den Pflanzenkörper festigt. **Skelettbau** *der,* Bau, bei dem Gerippe aus Stahl, Stahlbeton u. a. das Traggerüst bilden. **skelettieren,** *ich skelettiere* (habe skelettiert) *es,* lege ein Skelett bloß.

Skene [grch., vgl. Szene] *die, -/...n'ai,* im altgriech. Theater ein Bühnen- und Ankleideräume enthaltender Holzbau, vor dem die Schauspieler auftraten.

Skepsis [grch. ›Betrachtung‹] *die, -,* Zweifel; kritische Betrachtungsweise. **Skeptiker** *der, -s/-,* Zweifler. **skeptisch,** mißtrauisch, ungläubig. **Skeptizismus** [vgl. ...ismus] *der, -,* philosoph. Richtung, die den Zweifel (an der Möglichkeit sicherer Erkenntnis) zum Prinzip des Denkens erhebt.

Sketch [sketʃ, engl. ›Skizze‹] *der, -(es)/-es* [-ʃiz] oder *-s,* eingedeutscht: **Sketsch** *der, -es/-e,* dramatische Kurzszene mit witziger Pointierung (Kabarett, Fernsehen).

Ski [ʃiː, norweg. ›Scheit‹] *der, -s/-er* [ʃ'iːər] oder *-,* nach DIN-Norm *-/-,* eingedeutscht: Schi, an den Schuhen befestigte Bretter zur Fortbewegung auf Schnee, früher Schneeschuh, ABB. S 51: *ich laufe, fahre S., bin S. gelaufen, gefahren; Skiurlaub; Skiwanderung; Langlaufski.* **Skifahrer** *der,* Skiläufer. **Skifahrt** *die, -,* der Skilauf.

Skiff [engl.] *das, -(e)s/-e,* leichtes Einmannruderboot.

Skifliegen [ʃiː-] *das, -s,* Skispringen über eine Weite von mehr als 120 m. **Skihaserl** *das, -s/-(n),* U 1) Anfänger(in) im Skilaufen. 2) junge Skiläuferin. **Ski(k)jöring** [-jö-, norweg. kjøre ›fahren‹] *das, -s/-s,* Skifahrt hinter Pferd oder Motorrad. **Skilanglauf** *der,* das Skilaufen auf einer Loipe. **Skilauf** *der, -(e)s,* die Skifahrt, das Laufen oder Fahren auf Skiern als sportliche Betätigung. **Skiläufer** *der.* **Skilift** *der,* Seilbahn zur Beförderung von Skiläufern, ABB. S 46.

Skineffekt [engl. skin ›Haut‹] *der,* ⨍ die Erscheinung, daß in elektr. Leitern Wechselströme hoher Frequenz im wesentlichen nur in den Oberflächenschichten fließen.

Skipper [engl., aus mittelniederl. schipper ›Schiffer‹] *der, -s/-,* Kapitän einer Jacht.

Skischaukel [ʃiː-] *die,* System von Skiliften in einem Skigebiet. **Skischule** *die,* Lehrgang zum Erlernen des Skilaufs. **Skispringen** *das, -s,* Weitsprung mit Skiern von der Sprungschanze, vgl. ABB. S 57. **Skiwachs** [-ks] *das,* Gleitwachs für die Laufflächen von Skiern. **Skizirkus** *der,* Skischaukel.

Skizze [ital. schizzo ›Spritzer‹, aus grch. schedios ›eilig entworfen‹] *die, -/-n,* 1) Entwurf; Rohzeichnung: *eine S. des Tatorts; Skizzenmappe.* 2) Kurzgeschichte, kleine Schilderung. **skizzenhaft,** andeutungsweise; flüchtig. **skizzieren,** *ich skizziere* (habe skizziert) *es,* entwerfe, fertige eine Skizze an; U deute in Umrissen an: *er skizzierte seinen Plan.* **Skizzierung** *die, -.*

Sklave [mhd. slave, zu mittelgrch. sklabos ›Unfreier (slaw. Herkunft)‹] *der, -n/-n,* 1) Höriger, völlig entrechteter Mensch, Eigentum eines anderen: *Sklavenhandel; Negersklave.* 2) Ü jemand, der von etwas abhängig ist: *er ist ein S. seiner Leidenschaft, der Arbeit.* **Sklavenarbeit** *die,* 1) von Sklaven verrichtete Arbeit. 2) Ü unangenehme, schwere Arbeit. **Sklavenhalter** *der,* Eigentümer von Sklaven: *Sklavenhaltergesellschaft.* **Sklaventum** *das, -s,* bedingungslose Knechtschaft. **Sklavin** *die, -/-nen,* weibl. Sklave. **sklavisch,** 1) unterwürfig, knechtisch: *sklavischer Gehorsam.* 2) Ü ganz unselbständig: *er hält sich s. an die Regeln.*

skler..., vgl. sklero... **Sklera** *die, -/...ren,* ⨍ äußere Haut (Lederhaut) des Augapfels. **sklero...** [grch. skleros ›spröde‹], vor Vokalen meist *skler...:*hart..., trocken... **Sklerose** *die, -/-n,* ⨍ krankhafte Verhärtung oder Verkalkung eines Gewebes oder Organs: *Zerebralsklerose.* **sklerotisch.**

Skolion [grch., zu skolios ›krumm‹] *das, -s/...li|en,* altgriech. kurzes Trinklied. **Skoliose** *die, -/-n,* Verkrümmung der Wirbelsäule nach der Seite.

skontieren [ital. scontare ›abziehen‹], *ich skontiere* (habe skontiert) *es.* **Skonto** *der* oder *das, -s/-s* oder *...ti,* ⧄ prozentualer Preisnachlaß bei umgehender Zahlung. **Skontration** *die, -/-en,* Bestandsermittlung (von Waren) durch gegenseitige Aufrechnung der Forderungen. **skontrieren** [ital. scontrare ›aufeinandertreffen‹], *ich skontriere* (habe skontriert) *es.* **Skontro** *das, -s,* Nebenbuch der Buchhaltung, in dem die Bestände mengenmäßig erfaßt werden.

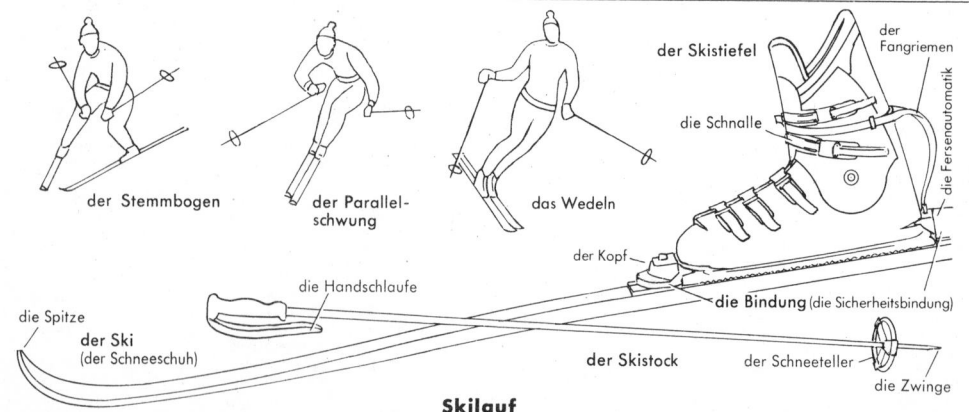

S 51

der Skistiefel · die Schnalle · der Fangriemen · die Fersenautomatik · die Bindung (die Sicherheitsbindung) · der Kopf · der Schneeteller · die Zwinge · der Skistock · die Handschlaufe · die Spitze · der Ski (der Schneeschuh) · der Stemmbogen · der Parallelschwung · das Wedeln

Skilauf

Soba

Skooter [sk'u:tə, engl., zu to scoot ›flitzen‹] *der, -s/-*, elektrisch angetriebenes Kleinauto auf Rummelplätzen, Abb. R 31.

Skop [skɔp, altengl.] *der, -s/-s*, Dichter und Sänger an den Fürstenhöfen der Angelsachsen.

...skop [grch. skopein ›sehen‹, ›betrachten‹], ...betrachter, ...schauer: *Mikroskop; Kaleidoskop.* **...skopie,** ...betrachtung: *Mikroskopie.*

Skopol|amin [nach dem Botaniker G. A. Scopoli, 1723 bis 1788] *das, -s*, Alkaloid mit narkotischer Wirkung.

Skorbut [niederl. scheurbuik ›rissiger, wunder Mund‹, zu mlat. scorbutus] *der, -(e)s*, Scharbock, durch Mangel an Vitamin C verursachte Krankheit. **skorbutisch.**

Skordatur [ital. scordatura ›Verstimmung‹] *die, -,* auch Scordatura, ♪ von der Normalstimmung abweichende Stimmung der Saiten.

Skorpion [ahd. scorpion, zu grch. skorpios] *der, -s/-e,* **1)** krebsähnl. Spinnentier mit Giftstachel. **2)** *ohne Pl.,* ☆ ein Sternbild des Tierkreises, Übers. A 22.

Skotom [grch. skotos ›Dunkelheit‹] *das, -s/-e,* ⚕ Ausfallbezirk im Gesichtsfeld.

skr, Abk. für: schwedische Krone.

Skribent [lat. scribere ›schreiben‹] *der, -en/-en,* **Skribifax** [lat. facere ›machen‹, ›tun‹] *der, -(es)/-e,* ♳ Vielschreiber, Schreiberling. **Skript** [lat. scriptum] *das, -(e)s/-en -s,* **1)** kurz für: Skriptum. **2)** Drehbuch. **Skriptgirl** [-gə:l, engl.] *das,* Scriptgirl. **Skriptum** [lat.] *das, -s/*...ten oder ...ta, Scriptum.

Skrofel [lat. scrofulae, zu scrofa ›Mutterschwein‹] *die, -/-n,* ⚕ angeschwollener Halslymphknoten. **skrofulös. Skrofulose** *die, -,* Haut-, Schleimhaut- und Lymphknotenentzündung im Kindesalter.

skrotal, ⚕ den Hodensack betreffend. **Skrotum** [lat. scrotum] *das, -s/*...ta, ⚕ Hodensack.

Skrupel [lat. scrupulus, zu scrupus ›spitzer Stein‹] *der, -s/-, meist Pl.,* Bedenken, Gewissensbisse. **skrupellos,** *skrupellose Geschäftemacher; sie wurden s. ausgebeutet.* **Skrupellosigkeit** *die, -.* **skrupulös,** peinlich genau; gewissenhaft.

Skullboot *das,* ein Sportboot mit Ruderpaaren, Abb. B 43. **skullen,** *ich skulle (habe geskullt),* rudere im Skullboot. **Skuller** [engl. sculler] *der, -s/-,* **1)** Skullboot. **2)** jemand, der skullt.

Skulpteur [-t'ø:r, frz.] *der, -s/-e,* Künstler, der Skulpturen herstellt. **skulptieren,** *ich skulptiere (habe skulptiert) es,* meiße, stelle eine Skulptur her. **Skulptur** [lat. sculptura, zu sculpere ›schnitzen‹, ›meißeln‹] *die, -/-en,* **1)** ohne Pl., Bildhauerkunst. **2)** Bildhauerarbeit, Plastik: *Marmorskulptur.*

Skunk [engl., aus Algonkin], **1)** *der, -s/-s* oder -*e,* zu den Mardern gehöriges Raubtier, Stinktier. **2)** *der, -s/-s, meist Pl.,* der Pelz des Skunks.

Skup|schtina [zu jugoslaw. Parlament.

skurril [lat. scurrilis, zu scurra ›Witzbold‹], possenhaft, närrisch; sonderbar, absonderlich: *skurrile Einfälle.* **Skurrilität** *die, -/-en.*

Skye|terrier [sk'aiteriər, engl., nach der Hebrideninsel Skye] *der, -s/-,* eine Haushunderasse.

Skyline [sk'ailain, engl. sky ›Himmel‹ und line ›Linie‹] *die, -/-s,* Silhouette (einer Stadt).

Skylla [grch. ›Hündin‹] *die, -,* auch Scylla, griech. Mythologie: Seeungeheuer: *zwischen S. und Charybdis,* Ü zwischen zwei Gefahren oder Übeln.

s. l., Abk. für: sine loco.

Slalom [norweg. slalam ›geneigte Spur‹] *der, -s/-s,* ⚔ ein Skiwettbewerb über eine durch Tore bezeichnete abschüssige Strecke; auch Torfahrt im Kanusport.

Slang [slæŋ, engl.] *der, -s/-s,* nachlässige (engl. oder amerikan.) Umgangssprache; auch Jargon.

Slapstick [sl'æpstik, engl.] *der, -(s)/-s,* groteske Effekt, bes. im Stummfilm.

Slawe *der, -n/-n,* **Slawin** *die, -/-nen,* Angehörige(r) einer ost- oder südosteurop. Völkergruppe. **slawisch. Slawist** *der, -en/-en,* Kenner der Slawistik. **Slawistik** *die, -,* Wissenschaft von den slaw. Sprachen und Kulturen.

Slibowitz [zu serbokroat. šljiva ›Pflaume‹] *der, -(es)/-e,* auch Sliwowitz, Pflaumenbranntwein.

slim [engl. ›schlank‹], schlank, schmal geschnitten, z. B. ein Herrenhemd.

Slink [engl.] *das, -(s)/-s,* feingekräuseltes weißes Lammfell.

Slip [engl. to slip ›schlüpfen‹] *der, -s/-s,* **1)** knappe Damen- oder Herrenunterhose. **2)** ⚓ Abrechnungszettel, besonders bei Börsenaufträgen. **3)** ⚓ Einrichtung für das Anlandziehen von Schiffen. **Slipper** *der, -s/-,* ein Schlupfschuh mit flachem Absatz ohne Schnürung.

Sliwowitz *der, -(es)/-e,* Slibowitz.

Slogan [sl'ougən, engl., zu gäl. sluagh-ghairm ›Heer-Schrei‹] *der, -s/-s,* Schlagwort: *Werbeslogan.*

Slowake *der, -n/-n,* Angehöriger eines westslaw. Volkes. **slowakisch.**

Slowene *der, -n/-n,* Slowenier, Angehöriger eines südslaw. Volkes. **slowenisch.**

Slowfox [sl'ou-, engl.] *der,* langsamer Foxtrott.

Slum [slʌm, engl.] *der, -s/-s, meist Pl.,* Elendsviertel, Notstandsgebiet in Städten.

Slump [slʌmp, engl. to slump ›stürzen‹] *der, -(s)/-s,* Börse: Baisse.

sm, Zeichen für: Seemeile.

Sm, 🜪 Zeichen für: Samarium.

S. M., Abk. für: Seine Majestät.

Smalltalk [sm'ɔ:ltɔ:k, engl. small ›klein‹ und talk ›Gespräch‹] *der,* auch *das, -s/-s,* leichtes, beiläufiges Gespräch.

Smalte *die, -/-n,* Schmalte.

Smaragd [ahd. smaragd, zu grch. smaragdos] *der, -(e)s/-e,* grüner Beryll, Edelstein. **smaragden,** aus oder wie Smaragd. **smaragdgrün.**

smart [engl.], gewandt, gewitzt, clever; elegant.

Smash [smæʃ, engl.], zu to smash ›(zer)schmettern‹] *der, -(s)/-s,* Tennis: Schmetterball.

smetsch, *niederdt.:* leicht sich werfend (Holz); biegsam.

Smog [smɔg, engl. aus smoke ›Rauch‹ und fog ›Nebel‹] *der, -(s)/-s,* Dunstschicht aus Heizungs-, Industrie- und Autoabgasen, Rauch, Nebel über Großstädten: *Smogalarm.*

Smokarbeit *die,* gesmokte Verzierungen an Kleidungsstücken. **smoken** [engl. smock ›Kittel‹], *ich smoke (habe gesmokt),* lege Stoff in kleine Fältchen.

Smoking [engl. to smoke ›rauchen‹] *der, -s/-s, österr. auch: -e,* ein Gesellschaftsanzug, Abb. K 24: *Smokingschleife.*

Smörgåsbord [sm'æ:rgɔ:sburd, schwed. smörgås ›belegtes Brot‹ und bord ›Tisch‹] *das, -s/-s,* Vorspeisentafel.

smorzando [ital.], ♪ verhallend, verklingend.

Smutje *der, -s/-s,* ⚓ Schiffskoch.

Sn [lat. stannum], 🜪 Zeichen für: Zinn.

Snackbar [sn'æk-, engl.] *die,* Imbißstube.

Sneewittchen [-s, niederdt.: Schneeweißchen, meist in der Mischform: Schneewittchen (Märchenfigur).

Snob [snɔb, engl.] *der, -s/-s,* jemand, der sich betont vornehm, extravagant, überlegen gibt, der Umgang mit exklusiven gesellschaftlichen Kreisen sucht und so ist, als ob er dazugehöre. **Snobiety** [snɔb'aiəti, aus Snob und engl. society ›Gesellschaft‹] *die, -,* snobistische Gesellschaftsgruppe. **Snobismus** [vgl. ...ismus] *der, -/*...men, Haltung des Snobs. **snobistisch.**

Snow [snou, engl. ›Schnee‹] *der, -s,* ⛛ in Form eines weißen Pulvers gehandelte Droge, z. B. Kokain.

so [ahd. so], **1)** gleicherweise, gleichermaßen, auf diese Weise, in derselben Art und Weise oder Menge, in einem Grade wie, in solchem Maße: *der vierjährige Karl ist so groß wie die sechsjährige Inge; wie du mir, so ich dir,* U wenn du mir etwas Böses antust, tue ich dir auch etwas Böses; *so schnell wie möglich; so siehst du aus!,* U das könnte dir so passen!; *so sollst man Kartoffeln!; so geht das nicht; so sehen wir uns wieder?; komm so, wie du bist!; er war so krank, daß er lange liegen mußte; so schlimm ging es mir noch nie; so und so mußt du das machen und auf diese und auf jene Weise,* vgl. aber: soundso. **2)** *sehr, unsagbar: ich habe mich so nach dir gesehnt.* **3)** verwunderte Frage: *so?, wirklich?;* vgl. soso. **4)** abschließende Äußerung: *so!,* jetzt! **5)** U etwa, ungefähr: *es mochten so 300 gewesen sein.* **6)** ohne Absicht: *das habe ich bloß so gesagt.* **7)** U kostenfrei, umsonst: *als Mitglieder des Vereins sind wir so in die Veranstaltung gekommen.* **8)** solch: *so ein Mißgeschick!* **9)** unter diesen Umständen, infolgedessen, dann: *wir waren verreist, so konnte uns deine Nachricht nicht erreichen; suchet, so werdet ihr finden,* B. **10)** obwohl, wenn auch: *so leid es mir tut, ich kann es nicht ändern.* **11)** B wenn, als; welcher: *so er das sagt, lügt er; so es sagen können, ist tot.* **12)** so daß, österr.: *sodaß,* mit der Folge, daß: *gestern war ich krank, so daß ich nicht kommen konnte.*

SO, Abk. für: Südost(en), Abb. W 13.

s. o., Abk. für: siehe oben!

Soap opera [s'oup 'ɔpərə, engl.] *die, -/- -s,* Seifenoper.

sobald, sofort, gleich wenn: *s. du kommst, können wir anfangen;* aber: *ich glaube nicht, daß er so bald kommt,* so früh.

So|brietät [-brie-, lat. sobrietas] *die, -,* ⚭ Nüchternheit, Mäßigkeit.

Soccer [engl. aus der Mittelsilbe -soc- von ›Association Football‹] *das,* auch *der, -s,* amerikan. Bez. für Fußball.

Societas Jesu [-ts'ie-, nlat. ›Gesellschaft Jesu‹] *die, - -,* Abk.: SJ (dem Namen nachgestellt), der Jesuitenorden.

Söckchen *das, -s/-.* **Socke** [ahd. soc, zu lat. soccus ›flacher Schuh‹] *die, -/-n,* kurzer Strumpf, ABB. K 24, S 76: *ich mache mich auf die Socken,* U gehe fort, breche auf; *da bist du von den Socken,* U sehr erstaunt, überrascht. **Sockel** [frz. socle] *der, -s/-,* 1) Unterteil, Unterbau, z. B. von Gebäuden, Säulen, Möbelstücken, ABB. B 30, H 15: *Sockelbetrag,* Mindestbetrag (bei Lohnerhöhungen); *Sockelrente.* 2) der metall. Teil von Glühlampen, ABB. E 6. 3) ⊕ Festlandsockel. **Socken** *der, -s/-, südd.:* die Socke. **Sockenhalter** *der,* ABB. H 4, S 76.

Sod [mhd. sot ›das Wallen‹, ›Sieden‹, ›Brunnen‹] *der, -(e)s/-e,* ⚭ 1) ohne *Pl.,* Sodbrennen. 2) das Siedende, Aufwallende; Brühe. 3) *niederdt.:* Brunnen, bes. Ziehbrunnen.

Soda [span., aus mlat. soda], 1) *das, -s* oder *die, -,* Natriumkarbonat. 2) *das, -s,* kurz für: Sodawasser: *Whisky (mit) S.*

Sodale [mhd. sodale, zu lat. sodalis ›Gefährte‹] *der, -n/-n,* Angehöriger einer Sodalität. **Sodalität** *die, -/-en,* katholische Bruderschaft.

Sodalith [zu Soda und vgl. . . . lith] *der, -s/-e,* ein Mineral mit Glasglanz, z. T. als Ornamentstein verwendet.

sodann, alsdann, darauf, nachher, danach.

so daß, österr.: **sodaß,** vgl. so.

Sodawasser [zu Soda] *das,* kurz: Soda, kohlensäurehaltiges Mineralwasser, Selterswasser.

Sodbrennen [mhd. sodem, zu Sod] *das, -s,* brennendes Gefühl in der Speiseröhre (aus dem Magen aufsteigend). **soden,** *ich sode* (habe gesodet), *schweiz.; niederdt.:* pumpe. **sodern,** *es sodert* (hat gesodert), *schweiz.:* brodelt leise.

Sodomie [nach der bibl. Stadt Sodom] *die, -,* geschlechtl. Handlungen mit Tieren. **Sodomit** [mhd. sodomit] *der, -en/-en,* jemand, der Sodomie begeht. **sodomitisch. Sodom und Gomorr(h)a** [nach den gleichnamigen bibl. Städten], Sinnbild des Lasters und der Gottlosigkeit, auch der Unordnung.

soeben, 1) in diesem Augenblick: *ich bin s. dabei, ihm zu schreiben.* 2) kurz vorher, vor einem Augenblick: *er ist s. angekommen;* aber: *ihn bin vor dem Regen noch so eben nach Hause gekommen,* U gerade nicht.

Sofa [frz. sofa, zu arab. suffa ›Polstersitz‹] *das, -s/-s,* gepolstertes Sitzbank, ABB. S 75: *Sofakissen; Ledersofa.*

sofern, wenn nur, im Falle, daß: *s. du deine Arbeit erledigt hast, kannst du nach Hause gehen;* aber: *der Gedanke an Vergeltung liegt mir so fern, daß . . . ,* so weit entfernt.

soff, von saufen. **Soff** *der, -(e)s,* Suff.

Soffitte [frz., zu ital. soffitto ›Zimmerdecke‹] *die, -/-n, meist Pl.,* Theater: vom Schnürboden herabhängende Dekorationsteile, die das Bühnenbild nach oben abschließen, ABB. B 55. **Soffittenlampe** *die,* eine röhrenförmige Glühlampe.

Sofia, Sofie [zu Sophie], weibl. Vornamen.

sofort, ohne Zögern, unmittelbar, in kürzester Frist: *ab s.; der Verunglückte war s. tot; er hat s. verstanden, worum es ging; man muß die Eltern s. benachrichtigen; ich komme s.,* aber: *und so fort,* und so weiter; *Soforthilfe; Sofortmaßnahme; Sofortprogramm.* **Sofortbildkamera,** eine Kamera, die in Sekunden ein fertiges Bild liefert. **sofortig,** *eine Neuregelung mit sofortiger Wirkung.* **Sofortverbrauch** *der: Nahrungsmittel zum S.*

soft. . . [sɔft, engl.], weich, sanft, gefühlvoll: *Softboy; Softrock.* **Softball** [-bɔːl] *der, -s,* Form des Baseballs. **Soft Drink** *der,* Getränk mit wenig oder keinem Alkohol. **Soft Drug** [-drʌg] *die, -/- -s,* U noch süchtig machende Droge. **Softeis** *das,* bes. sahniges Speiseeis. **Softie** [s'ɔfti:] *der, -s/-s,* Softy. **Soft Rock** *der, - -(s),* ♪ leise Form der Rockmusik. **Software** [-wɛə, engl. ware ›Ware‹] *die, -/-s,* die Programme und organisator. Hilfsmittel für die Datenverarbeitung im Unterschied zur Hardware. **Softy** [s'ɔfti:] *der, . . . ties/. . . ties,* U gefühlvoller, sanfter junger Mann.

sog, von saugen. **Sog** [niederdt. soge ›Kielwasser‹] *der, -(e)s,* 1) das Saugen. 2) *Pl. -e,* Unterdruck, Saugwirkung einer Strömung (hinter Schiffen, Flugzeugen, Kraftfahrzeugen); vgl. ABB. A 5. 3) U starke Anziehungskraft: *die Großstadt übte einen starken S. auf die Landbevölkerung aus; die Jugendlichen gerieten in den S. des Verbrechens.*

sog., Abk. für: sogenannt.

sogar, auch, darüber hinaus, selbst: *s. ich habe mitgemacht;*

er hat mir s. eine Flasche Wein geschenkt, aber: *er hat so gar kein Pflichtgefühl,* U überhaupt keins.

sogenannt, Abk.: sog., 1) unter diesem Namen bekannt: *der sogenannte Teufelsfelsen;* aber: *der fälschlich so genannte Felsen.* 2) mit diesem Namen zu Unrecht belegt: *dein sogenannter Freund hat dich im Stich gelassen.*

soggen, *es soggt* (hat gesoggt), 1) saugt sich voll, weicht durch. 2) *Salz soggt,* setzt sich aus der Sole ab. **Sogghaken** *der, niederdt.:* Pfeife (Saughaken).

sogleich, sofort, ohne Verzögerung: *er sah seinen Fehler s. ein;* aber: *sie sind sich so gleich,* ähneln sich sehr.

sohin, K somit, also.

Sohlbank *die,* äußerer Sims am Fenster, ABB. F 12, H 11. **Sohle** [ahd. sola, zu lat. solum ›Boden‹] *die, -/-n,* 1) Lauffläche an Fuß, Schuh, Strumpf, ABB. M 12, S 39, S 76: *vom Scheitel bis zur S.,* von oben bis unten. 2) U unterster Teil, Boden, z. B. von Tälern, Gräben, Flüssen, ABB. T 3, T 20. 3) ⚒ untere Begrenzung eines Grubenbaues; auch die einzelnen, untereinanderliegenden Abteilungen einer Lagerstätte: *Abbausohle.* **sohlen,** *ich sohle* (habe gesohlt) *Schuhe,* besohle. **Sohlengänger** *der, -(e)s/-,* Säugetier, das mit der ganzen Fußsohle auftritt, z. B. Bär, Affe. **söhlig,** ⚒ waagerecht.

Sohn [ahd. sun(u)] *der, -(e)s/ⁿe,* 1) direkter männl. Abkömmling: *unser ältester S.; S. Gottes,* B Christus. 2) P Bewohner, Abkömmling: *die Söhne des Landes zogen in den Krieg; Goethe, ein berühmter S. der Stadt Frankfurt.* 3) *mein S.,* U Anrede an eine jüngere männl. Person. **Söhnchen** *das, -s/-.* **Söhnerin** *die, -/-nen, oberdt.:* Schwiegertochter, Sohnesfrau.

sohr, *niederdt.:* dürr, trocken, welk. **Sohr** [mnd. sor] *der, -s, niederdt.:* Sodbrennen.

Söhre *die, -, niederdt.:* Dürre. **söhren,** *es sohrt* (ist gesohrt), *niederdt.:* welkt.

soigniert [swaɲ'i:rt, frz. soigner ›besorgen‹, ›pflegen‹], gepflegt.

Soiree [swar'e, frz., zu soir ›Abend‹] *die, -/-n* [-r'e(ə)n], Abendgesellschaft, Abendvorstellung.

Soja [japan., aus chines.] *die, -/. . . jen,* **Sojabohne** *die,* eine Nutzpflanze: *Sojamehl; Sojaöl.*

So|kratiker *der, -s/-,* Anhänger des altgriech. Philosophen Sokrates, 470–399 v. Chr. **so|kratisch, So|kratisch,** ÜBERS. A 4, C.

Sol [lat. ›Sonne‹], röm. Mythologie: der Sonnengott.

Sol [lat. solutus ›aufgelöst‹] *das, -s/-e,* ↻ kolloidale Lösung.

sola fide [lat.], allein aus dem Glauben, Grundgedanke der Rechtfertigungslehre Luthers.

solang(e), während, währenddessen: *s. die Sonne noch scheint, können wir spazierengehen;* aber: *er war so lange fort.*

Solanin [lat. solanum, wissenschaftl. Name für die Pflanzengattung Nachtschatten] *das, -s,* 🜍 giftiges Alkaloid der Nachtschattengewächse, z. B. in Kartoffelkeimen.

solar [lat. solaris, zu sol ›Sonne‹], die Sonne betreffend, sonnen. . .: *solare Strahlung; Solarenergie; Solargenerator; Solarheizung; Solarjahr; Solarkollektor; Solarkraftwerk; Solarzelle.* **Solarisation** *die, -/-en,* Photographie: die Umkehrung der Lichteinwirkung bei zu langer Belichtung. **solarisch,** ⚭ solar. **Solarium** [lat., vgl. Söller] *das, -s/. . . rien,* Einrichtung zur Ganzkörperbestrahlung. **Solarkonstante** *die,* Mittelwert der an der Obergrenze der Atmosphäre einfallenden Sonnenstrahlung. **Solarplexus** *der,* ⚕ das Sonnengeflecht.

Solawechsel [-ks-, lat. solus ›allein‹] *der,* ⚖ Eigenwechsel, Wechsel, in dem sich der Aussteller selbst zur Zahlung verpflichtet.

Solbad [zu Sole] *das,* 1) Bad in Kochsalzquellen oder künstlich hergestellter Salzlösung. 2) ein Badeort mit solehaltigen Quellen.

solch [ahd. sulih ›so beschaffen‹], *-er, -e, -es,* ÜBERS. P 24, vgl. ÜBERS. A 4, 1) derartig, von dieser Art, ebenso geartet: *s. in Wetter; solches Wetter; solchen Wetters,* seltener: *solches Wetters; eines solchen Wetters; solches schöne Wetter,* aber: *(ein) s. schönes Wetter.* 2) U so groß, so viel: *ich habe solche Lust zu reisen.* **solcherart,** von derselben Art, so beschaffen. **solcherlei,** *nicht flektierbar: s. Dinge,* so ähnliche.

Sold [mhd. solt, zu Solidus] *der, -(e)s/-e, Pl. selten,* Lohn (des Soldaten). **Soldat** [ital. soldato] *der, -en/-en,* 1) Angehöriger der Streitkräfte eines Staates: *Berufssoldat; S. auf Zeit; Soldatenlieder; Soldatenfriedhof.* 2) Schach: ⚍ Bauer. 3) zur Verteidigung befähigtes Tier in Ameisen- oder Termitenstaaten. **Soldateska** *die, -/. . . ken,* Kriegsvolk; wilder, roher Soldatenhaufe. **soldatisch,** wie ein Soldat. **Soldbuch** *das,* im zweiten Weltkrieg der Personalausweis des dt. Soldaten.

Solder [zu Söller] *der, -s/⁻*, *schweiz.:* Fußboden.
Söldling [zu Sold] *der, -s/-e*, jemand, der eine Aufgabe nur des Geldes wegen übernimmt. **Söldner** [mhd. soldenære] *der, -s/-*, jemand, der gegen Lohn Kriegsdienste leistet.
Söldner [mhd. seldener, zu selde ›Wohnsitz‹] *der, -s/-, bair., schwäb.:* Häusler.
Sole [mhd. sul, sol, zu Salz] *die, -/-n*, kochsalzhaltiges Wasser aus natürl. Salzquellen, ABB. G 33. **Sol|ei** *das*, hartgekochtes, in Sole eingelegtes Ei.
solenn [lat. sol(l)emnis], feierlich, festlich. **Solennität** *die, -/-en.*
Solfatara, Solfatare [ital., nach dem Krater Solfatara bei Neapel, zu solfo ›Schwefel‹] *die, -/...ren*, Ausströmung von Wasserdampf und Schwefelwasserstoff aus ehemaligen Vulkanen.
solfeggieren [sɔlfɛddʒ'i:rən], *ich solfeggiere* (habe solfeggiert). **Solfeggio** [sɔlf'ɛddʒo, ital.] *das, -s/...f'eggi|en* [-ddʒən], Gesangsübung auf die Silben der Solmisation.
Soli, *Pl.* von Solo.
Solicitor [səl'isitə, engl. to solicit ›dringend bitten‹, zu lat. sollicitare ›reizen‹, ›veranlassen‹] *der, -s/-s*, in Großbritannien ein Anwalt, der Prozesse bis zur mündl. Verhandlung vorbereitet.
solidarisch [frz. solidaire, zu lat. solidus ›dicht‹, ›stark‹, ›echt‹], 1) füreinander einstehend, von gleicher Gesinnung: *ich erkläre mich mit dem Redner s.* 2) ♫ ♪ gemeinsam verantwortlich.
solidarisieren, *ich solidarisiere mich* (habe mich solidarisiert) *mit ihm*, verbinde mich mit ihm, erkläre mich solidarisch: *die Angestellten solidarisierten sich mit den streikenden Arbeitern.* **Solidarismus** *der*, Gesellschaftssystem, das von der Solidarität als wechselseitiger Verbundenheit der Menschen ausgeht. **Solidarität** *die, -: Solidaritätsgefühl; Solidaritätskundgebung.* **solid(e)**, 1) fest, tüchtig, zuverlässig: *eine solide Arbeit.* 2) anständig, häuslich: *er lebt sehr s.* **Solidität** *die, -.*
Solidus [mhd. soldin] *der, -/...di*, von Konstantin dem Großen eingeführte Goldmünze.
Soli|fluktion [lat. solum ›Boden‹, ›Grund‹ und fluere ›fließen‹] *die, -/-en*, ⊕ fließende Bewegung im Boden.
Sol|ipsismus [lat. solus ›allein‹, ipse ›selbst‹ und vgl. ...ismus] *der, -*, philosophische Lehre, daß nur das Ich wirklich, alles andere nur Vorstellung sei. **sol|ipsistisch.**
Solist [frz. soliste, zu lat. solus ›allein‹] *der, -en/-en*, **Solistin** *die, -/-nen*, Einzelsänger(in) oder -spieler(in): *Solistenkonzert.* **solistisch.**
solitär [frz. solitaire, zu lat. solus ›allein‹], ⚮ einzeln lebend.
Solitär *der, -s/-e*, einzeln gefaßter Edelstein, bes. Brillant.
Solitüde [frz. solitude ›Einsamkeit‹] *die, -/-n*, Name von Schlössern.
Soll [mundartl. Sole ›Pfütze‹] *das, -s/⁻e*, ⊕ kleine, oft mit Wasser gefüllte Bodensenke.
Soll *das, -(s)/-(s)*, 1) ⚖ jede Belastung eines Kontos: *S. und Haben;* Ü finanzielle Schuld. 2) Summe der in einem Rechnungsjahr erwarteten Einnahmen und Ausgaben: *der Bestand der Vereinskasse stimmt nicht mit dem Soll-Betrag überein.* 3) vorgeschriebene Leistung, Pflichtgebot: *die S. des Fünfjahresplanes wurde erreicht; Leistungssoll; Plansoll.* **sollen** [ahd. sculan ›müssen‹, ›schuldig sein‹] *ich soll* (habe gesollt), 1) *es tun*, habe die Pflicht, die Verpflichtung, den Auftrag, etwas zu tun: *ich s. Ihnen sagen, daß...*, man bittet mich, Ihnen auszurichten...; *wann s. ich wiederkommen?; was soll das bedeuten?; hoch soll er leben!*, Trink-, Glückwunschspruch; *das Haus soll 300 000 DM kosten; das sollte er doch wissen*, man möchte glauben, er weiß es; *er hätte das machen sollen; diesen Film sollte man gesehen haben; es soll nicht wieder vorkommen*, ich verspreche oder ich verlange, daß es nicht wieder geschieht. 2) *man sagt von mir*, nimmt an, es verhalte sich so; *ich bin angeblich: er soll gestern die Stadt verlassen haben; morgen soll es schneien* (laut Wetterbericht); *sie soll dich mehrfach davor gewarnt haben; sollte es morgen regnen, bleiben wir zu Hause*, falls es morgen regnet.
Söller [ahd. solari, zu lat. solarium ›Sonnendach‹, ›Terrasse‹] *der, -s/-*, 1) offener Umgang, z. B. ABB. B 56, offener Saal. 2) *oberdt.:* Obergeschoß. 3) *norddt.:* Dachboden, Speicher. 4) *schweiz.:* Fußboden.
sölli, söllich, söllig, *alem.:* 1) solch. 2) sehr.
Sollmaß [vgl. sollen] *das*, das Nennmaß. **Soll-Stärke** *die*, errechnete Stärke, errechneter Bestand.
Solmisation [zu den italien. Tonsilben sol und mi] *die, -*, ♪ Bez. der Sechstonreihe mit Tonsilben.
solo [ital., zu lat. solus ›allein‹], *nicht flektierbar*, allein. **Solo**

das, -s/...li oder *-s*, Vortrag eines einzelnen Künstlers (auf einem Instrument): *Violinsolo; Solotänzerin.*
Solözismus [grch. soloikismos, zu soloikizein ›fehlerhaft sprechen‹, wie die Einwohner von Soloi] *der, -/...men*, Rhetorik: Fehler in der Verbindung der Worte.
Solper *der, -s*, auch Sulper, *westmitteld.:* Salzbrühe, Lake. **Solperfleisch** *das, westmitteld.:* Pökelfleisch.
Solstitium [lat.] *das, -s/...ti|en*, ✶ Sonnenwende.
solubel [lat. solubilis, zu solvere ›lösen‹], ♉ löslich.
Solutréen [sɔlytre'ɛ̃, frz., nach der Fundstätte Solutré, im französ. Dép. Saône-et-Loire] *das, -(s)*, eine Kulturstufe der Altsteinzeit.
Solvens *das, -/...v'enzi|en* oder *...v'entia*, meist *Pl.*, ♉ schleimlösendes Mittel. **solvent**, zahlungsfähig. **Solvenz** *die, -/-en*, Zahlungsfähigkeit. **solvieren** [lat. solvere ›lösen‹, ›bezahlen‹, ›abzahlen‹], *ich solviere* (habe solviert) *es*, ♉ löse (auf).
Soma [grch.] *das, -s/-ta*, ♉ Körper, Leib: *Somazellen.*
Somali *der, -(s)/Som'al*, Angehöriger eines afrikan. Volkes.
Somali|er *der, -s/-*, Bewohner des afrikan. Staates Somalia. **somalisch**, die Somal oder die Somalier betreffend.
somatisch, körperlich. **Somatologie** [vgl. Soma und ...logie] *die, -*, ♉ die Lehre vom menschlichen Körper.
Som|brero [span., zu sombra ›Schatten‹] *der, -s/-s*, breitkrempiger Hut in Mittel- und Südamerika, ABB. H 29.
somit [auch z'o:-], mithin, also, folglich: *er hat angerufen, s. hat sich mein Brief erledigt; aber: soll ich die Ware einpacken? Nein, ich nehme sie so mit.*
Sommer [ahd. sumar] *der, -s/-*, die warme Jahreszeit, ÜBERS. J 2: *im S.; Sommerferien; Sommerkleid; Sommerpause; während des Sommers; die Sommermonate; der fliegende S.*, Altweibersommer. **Sommerfahrplan**, der im Sommermonaten gültiger Fahrplan. **Sommerfrische** *die, -/-n*, 1) Ferienaufenthalt im Sommer. 2) Ferienort, Urlaubsort. **Sommerfrischler** *der, -s/-: eine Invasion von Sommerfrischlern.* **Sommergetreide** *das*, Getreide, das erst im Frühjahr ausgesät wird. **sommerlich**, wie im Sommer, den Sommer betreffend: *der April brachte schon sommerliche Temperaturen; es war schon im Frühjahr s. warm.* **sommern**, 1) *es sommert* (hat gesommert), ♂ wird Sommer. 2) *ein sommert* (habe gesommert) *Reifen*, schneide abgefahrene Reifenprofile nach. **sömmern**, *ich sömm(e)re* (habe gesömmert), *bes. oberdt.:* 1) *es*, setze der Sommersonne aus. 2) *ein Feld*, bestelle mit Sommerfrucht. 3) *Vieh*, lasse auf die Sommerweide. 4) *einen Baum*, lichte. 5) *ein Baum sömmert*, steht im Sommertrieb. 6) *es sömmert*, sommert. **sommers**, im Sommer: *er fährt s. wie winters mit dem Fahrrad.* **Sommerschlußverkauf** *der*, Verkauf von saisonbedingter Ware (bes. Kleidung) zu herabgesetzten Preisen. **Sommersprosse** *die, meist Pl.*, im Sommer stärker hervortretende braune Flecke auf der Haut: *Sommersprossen auf der Nase.* **sommersprossig.** **Sommerszeit** *die*, Sommerzeit. **Sommertag** *der*, ein Tag, an dem eine Temperatur von mindestens 25 ºC erreicht wird. **Sömm(e)rung** *die, -*, das Sömmern. **Sommerweg** *der*, unbefestigter Seitenstreifen der Landstraße. **Sommerzeit** *die*, 1) auch Sommerszeit, die Zeit des Sommers. 2) vorverlegte Stundenzählung während der Sommermonate.
somnambul [zu lat. somnus ›Schlaf‹ und ambulare ›wandeln‹], schlafwandlerisch, mondsüchtig. **Somnambule** *der, die, -n/-n, ein -r, eine -*, Schlafwandler(in). **Somnambulismus** *der, -*, das Schlafwandeln, Nachtwandeln, die Mondsüchtigkeit.
so'n, U so ein, solch.
sonach [auch z'o:-], K demnach.
Sonant [lat. sonare ›klingen‹, ›tönen‹] *der, -en/-en*, Ⓢ silbenbildender Laut. **Sonargerät** [kurz für engl. sound navigation and ranging] *das*, ein Navigations- und Entfernungsmeßgerät zur akust. Peilung und Ortung bes. von Unterwasserobjekten. **Sonate** [ital. sonata] *die, -/-n*, ♪ Instrumentalstück aus mehreren Sätzen: *Klaviersonate; Sonatenform.* **Sonatine** [frz., aus ital.] *die, -/-n*, kleine Sonate.
Sonde [frz. ›Lot‹, ›Senkblei‹] *die, -/-n*, 1) ♉ dünnes, stab- oder röhrenförmiges Gerät zur Untersuchung und Behandlung von Körperhöhlen und Wunden, vgl. ABB. Z 2: *Magensonde; Sondenernährung.* 2) ⚒ Probebohrung. 3) Radiosonde. 4) Raumsonde.
sonder [ahd. suntar], *s. ihn*, ♂ ohne: *s. Fehl und Tadel.* **sonder-** ...: *Sonderbeauftragter; Sonderbehandlung; Sonderpreis; Sonderurlaub.*
Sonder(ab)druck *der, -(e)s/-e*, besonderer Abdruck, selb-

ständige Veröffentlichung, z. B. eines Aufsatzes aus einer Zeitschrift. **Sonderangebot** *das,* besonders preisgünstiges, auf eine bestimmte Zeit beschränktes Warenangebot: *der Ansturm auf die Sonderangebote war unerwartet heftig.* **sonderbar,** befremdend, eigenartig; anders als erwartet: *sonderbares Verhalten; sie benimmt sich ziemlich s.* **sonderbarerweise. Sonderbarkeit** *die, -/-en.* **Sonderdruck** *der, -(e)s/-e,* Sonderabdruck. **Sonderfahrt** die: *Sonderfahrten der Bundesbahn zum Münchner Oktoberfest.* **Sonderfall** *der,* Einzelfall, Ausnahme. **Sondergenehmigung** die, Ausnahmegenehmigung: *er erhielt eine S. zum Verlassen des Lagers.* **Sondergericht** *das,* **1)** Gericht, das einen abgesonderten Teil der Gerichtsbarkeit ausübt. **2)** in autoritären Staaten: Gericht, das politisch mißliebige Personen ohne Zulässigkeit von Rechtsmitteln verurteilt. **sondergleichen,** ohnegleichen, einzigartig: *das ist eine Rücksichtslosigkeit s.* **Sonderinteressen,** *Pl.,* Bestrebungen, die nicht mit dem Wollen einer Gemeinschaft übereinstimmen: *die S. einzelner Verbandsmitglieder.* **sonderlich, 1)** sonderbar: *im Alter wurde er etwas s.* **2)** meist mit Verneinung: besonders: *ich habe keine sonderliche Lust dazu.* **Sonderling** *der, -s/-e,* Mensch von stark hervortretender Eigenart, mit merkwürdiger Gewohnheiten; Einzelgänger. **Sondermüll** *der,* Giftstoffe enthaltendes Abfallprodukt, das in Spezialanlagen entgiftet und beseitigt wird. **sondern,** vielmehr, besser oder richtiger gesagt: *nicht nur meine Mutter, s. auch mein Vater war gekommen.* **sondern,** *ich* sond(e)re (habe gesondert) *ihn, es, mich von ihm,* trenne davon, stelle für sich allein: *sie sonderten das Gute vom Schlechten.* **Sondernummer** die, zu einem besonderen Anlaß erscheinende Ausgabe einer Zeitung oder Zeitschrift. **Sonderrecht** *das,* Privileg, Vorrecht einzelner. **sonders,** samt und s., vollständig, ohne Ausnahme. **Sonderschule** die, Unterrichtseinrichtung für behinderte Kinder. **Sondersprache** die, Sammelbezeichnung für die einzelnen Gruppen in einer Sprachgemeinschaft; eigentümliche Sprech- oder Ausdrucksweise, z. B. Mundarten und (im engeren Sinn) Berufs-, Standes- und Fachsprachen. **Sonderstellung** die: *als Aufseher hat er eine S.* **Sonderung** *die, -/-en,* das Sondern. **Sonderziehungsrechte,** *Pl.,* Abk.: SZR, ein System des Internationalen Währungsfonds zur Schaffung von Währungsreserven. **Sonderzug** *der,* außerplanmäßiger Zug. **Sonderzuwendung** die, Gratifikation.

sondieren [frz. sonder], *ich* sondiere (habe sondiert) *es,* **1)** untersuche mit einer Sonde. **2)** Ü erkunde, suche vorsichtig zu erkennen: *ehe wir verkaufen, wollen wir die Marktlage sondieren.* **Sondierung** die, *-/-en:* Sondierungsgespräche.

Sonett [ital. sonetto, zu lat. sonare ›klingen‹] *das, -(e)s/-e,* eine Hauptform der Dichtung, ÜBERS. M 14.

Song [engl. ›Lied‹] *der, -s/-s,* **1)** Lied, Schlager. **2)** Lied sozialkritischen Inhalts: *Protestsong; Songtexte.*

Sonja [russ., zu Sophie], weibl. Vorname.

Sonn|abend [ahd. sunnunaband] *der, mitteldt., norddt.:* der alttestamentar. siebte, nach DIN-Norm sechste Tag der Woche, Samstag; vgl. Dienstag.

sonne, von sinnen.

Sonne [ahd. sunna] die, *-/-n,* **1)** ohne Pl., ☼ selbstleuchtender Stern, Zentralkörper unseres Planetensystems: *Sonnenaufgang; Sonneneinstrahlung; Sonnenkugel; Sonnenuntergang; die S. geht auf, unter.* **2)** ohne Pl., Licht, Schein, Wärme der Sonne: *ich lege mich gern in die S.; diese Pflanze verträgt keine S.; das Zimmer hat vormittags S.; unter der S.,* P auf Erden; *die S. bringt es an den Tag,* Ü nichts kann auf die Dauer verborgen bleiben; *sonnenbeheizt; sonnenbeschienen; sonnendurchflutet; Sonnenlicht; Sonnenstrahl.* **3)** Ü etwas Helles, Freundliches, Schönes: *die S. ihres Glücks.* **4)** elektrisches Heiz- oder Bestrahlungsgerät: *Heizsonne,* ABB. H 20. **sonnen,** *ich* sonne (habe gesonnt) *mich, ihn, es,* lasse von der Sonne bestrahlen: *sie sonnt sich am Strand; er sonnte sich in seinem Ruhm,* Ü war stolz darauf. **Sonnenbad** *das,* Lichtbad in der Sonne. **sonnenbaden,** nur Infinitiv und Partizip üblich: *ich will sonnenbaden, habe sonnengebadet.* **Sonnenbatterie** die, auch Solargenerator, Stromquelle zur Energielieferung, bes. für Raumflugkörper. **Sonnenblume** die, 2–3 m hoher Korbblütler mit leuchtendgelben Blüten: *Sonnenblumenkerne;* auch Name anderer Pflanzen wie Eberwurz. **Sonnenbrand** *der,* Rötung oder Entzündung der Haut durch zu starke Sonnenbestrahlung. **Sonnenbräune** die: *mit S. im Gesicht.* **Sonnenbrille** die, Brille mit Filterglas zum Schutz gegen grelles Sonnenlicht. **Sonnendeck** *das,* oberstes Deck auf großen Schiffen. **Sonnenenergie** die, auch Solarenergie, die

in Form von Wärme die Erde erreichende Ausstrahlung der Sonne. **Sonnenferne** *die,* ☼ das Aphel, ABB. A 16. **Sonnenfinsternis** die, unvollständige (partielle) oder vollständige (totale) Verdeckung der Sonne durch den Mond. **Sonnenfleck** *der,* dunkle Stelle auf der Sonnenoberfläche. **sonnengebräunt,** *er kam s. aus dem Urlaub zurück.* **Sonnengeflecht** *das,* ⚥ auch Solarplexus, Geflecht von Fasern des sympathischen Nervensystems. **Sonnengott** *der,* in vielen Religionen: der die Sonne verkörpernde Gott. **Sonnenheizung** die, auch Solarheizung, Nutzung der Sonnenenergie zur Raumheizung und Warmwasserbereitung. **sonnenklar,** Ü völlig klar, eindeutig. **Sonnenkollektor** *der,* auch Solarkollektor, Einrichtung zum Absorbieren von Sonnenstrahlung und ihre Umwandlung in Wärme. **Sonnenkönig** *der,* Beiname des französ. Königs Ludwig XIV. **Sonnenkraftwerk** *das,* auch Solarkraftwerk, Anlage zur Nutzung der Energie der Sonnenstrahlung. **Sonnenkult** *der,* in vielen Religionen: die religiöse Verehrung der Sonne. **Sonnennähe** *die,* ☼ das Perihel, ABB. A 16. **Sonnenofen** *der,* Spiegelanordnung für die Nutzung der Sonnenstrahlen zur Erzeugung hoher Temperaturen. **Sonnenplissee** *das,* ein Plissee, dessen Falten sich nach unten verbreitern. **Sonnenrad** *das,* Zeichen in Gestalt eines vierspeichigen Rades in vorgeschichtl. Felszeichnungen. **Sonnenschein** *der,* **1)** Strahlenlicht der Sonne: *Sonnenscheindauer.* **2)** Ü etwas Beglückendes: *unser Jüngster ist unser S.* **Sonnenschirm** *der,* Schirm gegen Sonnenstrahlen, ABB. S 19. **Sonnenschutzmittel** *das,* Creme, Öl u. a. zum Schutz der Haut gegen Sonnenbrand. **Sonnenseite** *die: ein Balkon auf der S.; die S. des Lebens,* Ü Freude, Glück. **Sonnenstand** *der: bei niedrigem S.* **Sonnenstäubchen,** *Pl.,* im einfallenden Licht sichtbare Staubpartikeln. **Sonnenstich** *der,* **1)** ⚥ Insolation, Erkrankung durch längere Sonnenstrahlung auf Kopf oder Nacken. **2)** U Verrücktheit. **Sonnensystem** *das,* alle dauernd der Anziehung der Sonne und der Planeten unterworfenen Körper. **Sonnentau** *der,* eine tierfangende Pflanze. **Sonnenuhr** die, ein Zeitmesser, bei dem sich die wahre Ortszeit aus dem Schatten eines Stabes ablesen läßt, ABB. U 1. **Sonnenwende** die, Solstitium, Tag, an dem die Sonne ihren höchsten oder tiefsten Stand erreicht hat: *Sommersonnenwende, Wintersonnenwende,* Beginn des Sommers oder Winters, ÜBERS. J 2. **Sonnenzelle** die, auch Solarzelle, Photoelement, das einfallende Sonnenstrahlung direkt in elektr. Leistung umwandelt. **sonnig, 1)** von Sonnenlicht erleuchtet und durchwärmt: *ein sonniger Platz.* **2)** Ü Frohsinn und Wärme verbreitend: *ein sonniges Kind; ein sonniges Gemüt.*

Sonntag (ahd. sunnuntag) *der, -(e)s/-e,* der alttestamentarisch erste, nach DIN-Norm siebte Tag als Ruhetag der Woche; vgl. Dienstag. **sonntäglich, 1)** den Sonntag betreffend; wie am Sonntag. **2)** jeden Sonntag stattfindend. **Sonntagsfahrer** *der,* U Autofahrer mit geringer Fahrpraxis. **Sonntagskind** *das,* an einem Sonntag geborenes Kind; Ü jemand, der vom Schicksal begünstigt ist.

Sonnwendfeuer *das,* auch Sonnenwendfeuer, zur Sommersonnenwende nach alter Sitte angezündeter Holzstoß.

Sono|gramm *das, -s/-e,* die Ultraschallprüfung. **Sonographie** *die, -/.../ph'i|en,* die Ultraschalldiagnostik. **sonor** [lat. sonorus ›klangvoll‹], volltönend (Stimme).

sonst [mhd. sunst, zu mhd. sus ›so‹], **1)** andernfalls, unter anderen Umständen, zu anderer Zeit, gewöhnlich: *ich mag jetzt gehen, s. komme ich zu spät; s. warst du doch immer so nett zu mir* (warum jetzt nicht mehr?); *ich habe ein Buch darüber gelesen, s. wüßte ich nichts davon.* **2)** weiter, außerdem: *hast du s. noch Wünsche?; s. war niemand zu Hause; kommt s. jemand, s. einer,* U *s. wer?,* kommt noch jemand dazu? **sonst . . .,** bildet unbestimmte Adverbien oder Pronomina: *irgend. . .: sonstwann, sonstwas, sonstwie, sonstwo, sonstwohin, sonsteiner, sonstwer,* U gleichgültig oder unbekannt wann, was, wie, wohin, wer. **sonstig,** *-er, -e, -es,* das, die, das andere, weitere: *das widerspricht seinem sonstigen Verhalten.*

sooft, jedesmal, wenn: *wenn auch immer: du kannst mich besuchen, s. du willst;* aber: *ich habe ihn schon so oft besucht.*

Soor [Herkunft unsicher] *der, -(e)s/-e,* ⚥ Sproßpilz. **Soor-Mykose** *die,* ⚥ Sproßpilzerkrankung, Schwämmchen, bes. Soorbefall von Haut und Schleimhaut.

Sophia [grch. ›Weisheit‹], **Sophie,** auch Sofia, Sofie, weibl. Vornamen. **Sophisma** *das, -s/...men,* **Sophismus** [vgl. . . .ismus] *der, -/. . .men,* Trugschluß, Scheinbeweis. **Sophist** [grch. sophistes, zu sophos ›weise‹] *der, -en/-en,* **1)** Lehrer der höheren Bildung in Griechenland um 400 v. Chr.; Anhänger der sophist. Philosophie. **2)** Ü spitzfindiger Mensch, Wortklauber, Wortverdreher. **Sophistik** *die, -,* **1)** Lehre der Sophisten. **2)** Ü Kunst der Scheinbeweise und Scheinschlüsse; Spitzfindigkeit. **sophistisch.**

Sopor [lat. ›tiefer Schlaf‹] *der, -s,* ⚕ schwere Benommenheit. **soporös.**

So|pran [ital. soprano, zu lat. supra ›oben‹, ›auf‹] *der, -s/-e,* **1)** hohe Stimmlage bei Frauen und Knaben: *sie singt S.; Sopranarie; Koloratursopran.* **2)** Sänger(in) dieser Stimmlage: *sie ist ein guter S.* **So|pranist** *der, -en/-en,* **So|pranistin** *die, -/-nen,* Sopransänger(in). **So|praporte** [ital. ›über der Tür‹] *die, -/-n,* (künstlerisch ausgestaltetes) Wandfeld über der Tür. **sor** [mhd. sor], *schweiz.:* dürr, trocken.

Sorbe *der, -n/-n,* Wende, Angehöriger eines westslaw. Volkes an der oberen und mittleren Spree.

Sorbet(t) [aus arab. šarba, später an lat. sorbere ›schlürfen‹ angelehnt] *der* oder *das, -(e)s/-e,* Erfrischungsgetränk, halbgefrorenes Getränk.

Sorbinsäure [lat. sorbum ›Vogelbeere‹] *die,* organische Säure, verwendet als Konservierungsmittel und in der Kunststoff- und Lackindustrie.

sorbisch, die Sorben betreffend. **Sorbisch** *das, -(s),* dem -, sorbische Sprache; vgl. Deutsch.

Sorbit [lat. sorbus ›Eberesche‹, in deren Früchten es vorkommt] *der, -s/-e,* ⚗ ein kristallisierter Alkohol.

Sorbit [nach dem engl. Naturforscher H. C. Sorby, 1826–1908] *der, -s/-e,* Metallographie: ein Stahlgefüge.

Sordino [ital.] *der, -s/-s,* ♪ Dämpfer; vgl. con. **sordo,** ♪ gedämpft.

Sore [jidd.] *die, -,* G unrechtmäßig Erworbenes.

soren [mhd. soren], *es sort* (hat gesort), *schweiz.:* verdorrt.

Sorge [ahd. sor(a)ga] *die, -/-n,* **1)** um ihn, um etwas, wegen seiner, innere Unruhe, Angst, das bange Gefühl, daß es ihm schlecht gehen könnte: *ich mache mir Sorgen um dich; dein Fortbleiben hat mir Sorge(n) gemacht, bereitet; sei ohne S.!; er hat schwere Sorgen.* **2)** ohne Pl., für ihn, etwas, Fürsorge, Mühe, Pflege: *Sorgepflicht,* 🔒; *Sorgerecht,* 🔒; *die S. der Mutter für ihr Kind; laß das meine S. sein!,* laß mich das machen, kümmere dich nicht darum (unfreundlich). **sorgen** [ahd. sor(a)gen], *ich sorge* (habe gesorgt), **1)** *mich um ihn, etwas, bin besorgt:* ich sorge (habe gesorgt), ängstige, fürchte mich: *ich s. mich um seine Gesundheit.* **2)** *für ihn,* helfe ihm, kümmere mich um sein leibliches Wohl: *sie hat für fünf Kinder zu sorgen.* **3)** *für etwas,* bemühe mich darum, bewirke: *ich werde dafür sorgen, daß dieser Mißstand abgestellt wird; sorg du für die Eintrittskarten!; ein Gitarrist sorgte für Stimmung.* **Sorgenbrecher** *der,* U scherzhaft: Wein; alkohol. Getränk. **sorgenfrei,** ohne Sorgen: *mit seinem Einkommen kann er s. leben.* **Sorgenkind** *das,* jemand, der anderen viel Sorgen macht. **sorgenlos,** sorgenfrei. **Sorgenlosigkeit** *die, -.* **Sorgenstuhl** *der,* ⚮ Lehnstuhl. **sorgenvoll,** voller Sorgen, bedrückt. **Sorgfalt** *die, -,* (peinliche) Genauigkeit, Gewissenhaftigkeit: *diese Arbeit wurde mit großer S. ausgeführt; Sorgfaltspflicht,* 🔒. **sorgfältig.** **Sorgfältigkeit** *die, -,* ⚮ Sorgfalt. **sorglich,** fürsorglich, sorgsam. **sorglos, 1)** ohne sich Sorgen zu machen: *er führt ein sorgloses Leben.* **2)** ohne Sorgfalt; unbekümmert, leichtfertig: *sie geht sehr s. mit dem Schmuck um.* **Sorglosigkeit** *die, -.* **sorgsam,** umsichtig, alles bedenkend, sorgfältig. **Sorgsamkeit** *die, -.*

Sorte [frz. zu lat. sors, Gen. sortis ›Los‹, ›Anteil‹] *die, -/-n,* **1)** Art einer Sache, Ware, Wertgruppe, Gattung: *die beste, billigste, feinste, schlechteste, teuerste S.; diese S. (von) Mensch kenne ich!,* U (verächtlich). **2)** *nur Pl.,* ⚠ ausländische Zahlungsmittel, Devisen: *Sortenhandel; Sortenkurs.* **sortieren,** *ich sortiere* (habe sortiert), *s,* ordne nach Arten und Wertgruppen, lese aus, sichte. **Sortierer** *der, -s/-,* **Sortiererin** *die, -/-nen,* Arbeiter(in), der (die) etwas sortiert. **Sortiermaschine** *die,* Maschine zum Sortieren von Lochkarten. **Sortiment** *das, -(e)s/-e,* **1)** Warenangebot. **2)** kurz für: Sortimentsbuchhandel. **Sortimenter** *der, -,* kurz für: Sortimentsbuchhändler. **Sortimentsbuchhandel** *der,* Zweig des Buchhandels, Buchhandlung.

SOS [engl. save our souls ›rettet unsere Seelen‹], **1)** international festgelegtes Notsignal; Morsezeichen, ÜBERS. M 18: *SOS-Ruf.* **2)** Ü Hilferuf in höchster Not: *SOS-Kinderdorf.*

sosehr, wie sehr auch immer: *s. ich es wünsche, . . .; aber: er freut sich so sehr, daß . . .*

soso, 1) leidlich, nicht gut: *ich fühle mich s.* **2)** *s.!,* nun denn!, was Sie nicht sagen!

so|spirando [ital.], ♪ seufzend.

Soße *die, -/-n,* Tunke, Brühe; vgl. Sauce: *Bratensoße; Soßenpulver; Fertigsoße.*

sost., Abk. für: **sostenuto** [ital.], ♪ gehalten, getragen.

sotan [mhd. sogetan, sotan], ⚮ derartig, so beschaffen.

Soter [grch. ›Retter‹, ›Erlöser‹, aus sozein ›retten‹], **1)** Beiname griechischer Götter und Herrscher. **2)** Ehrenname Jesu Christi. **Soteriologie** [vgl. . . .logie] *die, -,* die Lehre vom Heilswerk Jesu Christi.

sott, von sieden.

Sott *der, -(e)s, niederdt.:* Ruß. **sottig.**

söttig, *schweiz.:* solch.

Sottise [frz., zu sot ›dumm‹] *die, -/-n,* ⚮ Dummheit; dümmlich-freche Bemerkung.

sotto voce [-t∫ə, ital. sotto ›unter‹ und voce ›Stimme‹], Abk.: s. v., ♪ mit gedämpfter Stimme, halblaut.

Sou [su, frz., zu spätlat. solidus ›Münze‹] *der, -/-s* [su], franzö. Münze: fünf Centimes.

Sou|brette [zu-, frz. ›Zofe‹] *die, -/-n,* Sopransängerin heiterer Rollen (Oper, Operette).

Souf|flé [sufl'e:, frz.] *das, -s/-s,* auflaufartige, leichte Mehlspeise mit viel Eiweißschnee. **Souf|fleur** [sufl'ø:r, frz.] *der, -s/-e,* **Souf|fleuse** [sufl'ø:z(ə), frz.] *die, -/-n,* Theater: Person, die durch leises Mitsprechen des Textes aus dem verdeckten Souffleurkasten dem Schauspieler hilft; vgl. ABB. B 55. **souf|flieren** [su-, frz. souffler, zu lat. sufflare ›aufblasen‹], *ich souffliere* (habe souffliert) *es ihm.*

Soul [soul, engl. ›Seele‹] *der, -s,* ♪ ein expressiver Musizierstil in der Musik der amerikan. Neger: *Soulmusik.*

Sound [saund, engl. ›Klang‹] *der, -s,* ♪ charakterist. Klangwirkung, im Jazz: *der harte, weiche S. einer Gruppe.*

soundso, U unbestimmt wie: *s. breit, groß, weit; ein Herr Soundso hat angerufen,* U; aber: *das kann man so und so auffassen, so und ganz anders; er gab s. viel.* **soundsovielte,** *-r, -s:* auf der soundsovielten Seite; am Soundsovielten dieses Monats.

Soundtrack [s'aundtræk, engl. ›Klangspur‹] *der, -s/-s,* beim Film: **1)** der Tonstreifen. **2)** die Musik.

Souper [sup'e, frz., zu soupe ›Suppe‹] *das, -s/-s,* festliches Abendessen. **soupieren** [frz. souper], *ich soupiere* (habe soupiert).

Soutache [sut'aʃ, frz., aus ungar. sujtás ›Verschnürung‹] *die, -/-n* [-ən], auch Sutasch, eine schmale geflochtene Litze. **soutachieren,** *ich soutachiere* (habe soutachiert), besetze ein Kleidungsstück mit einer Soutache.

Soutane [su-, frz., aus ital. sottana, zu lat. subtus ›unten‹, ›unterhalb‹] *die, -/-n,* auch Sutane, langes Gewand des katholischen Geistlichen, ABB. A 13.

Souterrain [suter'ẽ, frz., zu sous ›unterhalb‹ und terrain ›Gelände‹] *das, -s/-s,* bewohnbares, teilweise unter der Erdoberfläche liegendes Geschoß: *Souterrainwohnung.*

Souvenir [suvən'i:r, frz., zu lat. subvenire ›in den Sinn kommen‹] *das, -s/-s,* (Geschenk als) Andenken, Erinnerungsstück: *Urlaubssouvenir; Souvenirladen.*

souverän, -, frz. souverain, zu mlat. superanus ›überlegen‹], **1)** herrschaftsberechtigt; unbeschränkt, unabhängig: *ein souveräner Staat.* **2)** Ü überlegen: *er verliert nie seine souveräne Haltung; er hat die Situation s. gemeistert.* **Souverän** *der, -s/-e,* **1)** Herrscher: *der Herr S. eines Landes.* **2)** *schweiz.:* Gesamtheit der Stimmberechtigten: *der S. hat entschieden.* **Souveränität** *die, -,* **1)** unbeschränkte Hoheitsgewalt (eines Staates). **2)** Unabhängigkeit.

Sovereign [s'ovrin, engl.] *der, -s/-s,* englische Goldmünze, urspr. gleich dem Pfund Sterling.

soviel, 1) diejenige Menge, die . . .: *nimm, s. du tragen kannst!; halb s.; aber Getrenntschreibung, wenn so betont ist: so viel Zeit wie du schon hast; so viel gelesen, daß . . .* **2)** als Konjunktion: *s. ich sehen kann,* nach dem zu urteilen, was ich sehen kann.

Sowchos [Abk. für russ. sowjetskoje chosjaistwo, ›Sowjetwirtschaft‹] *der* oder *das, -/. . .ch'osen,* **Sowchose** *die, -/-n,* staatl. Landwirtschaftsbetrieb in der Sowjetunion.

soweit, 1) in der Entfernung: *s. die Augen reichen,* in Blickweite; aber Getrenntschreibung, wenn so betont ist: *so weit wie gestern wollen wir heute nicht fahren.* **2)** in dem Maße wie . . .: *s. ich die Sachlage beurteilen kann, . . .; ich bin s.,* U ich bin fertig, bin bereit. **sowenig, 1)** in möglichst geringem Maß: *der Verletzte soll sich s. wie möglich bewegen;* aber Getrenntschreibung, wenn so betont ist: *er braucht dafür so wenig Zeit, daß . . .* **2)** ebenso nicht: *ich weiß es s.* (ebensowenig) wie du.

sowie, 1) sobald, in dem Augenblick, wo: *s. ich Näheres* *erfahre, rufe ich dich an.* **2)** und, auch, außerdem: *ich habe Brot, Butter, Käse s. Obst und Gemüse eingekauft.* **sowieso, 1)** ohnedies, auf alle Fälle: *wenn du s. in die Stadt fahren mußt, kannst du für mich einige Besorgungen machen.* **2)** *Herr Sowieso,* U Herr Soundso.

So|wjet [auch s'ɔvjet, russ. ›Rat‹] *der, -s/-s,* **1)** urspr. Arbeiter- und Soldatenrat, jetzt Name der Behörden und Organe der Selbstverwaltung in der Sowjetunion: *der Oberste S.,* höchstes Staatsorgan der Sowjetunion. **2)** *Pl.,* U Bevölkerung der Sowjetunion. **so|wjetisch. so|wjetisieren,** *sie* sowjetisieren (haben sowjetisiert) *das Land,* organisieren nach sowjetischem Vorbild. **So|wjetisierung** *die, -.*

sowohl, s. *Väter als auch Mütter,* Väter ebenso wie Mütter.

Sozi *der, -s/-s,* U verächtlich: Sozialdemokrat. **soziabel,** gesellschaftlich; gesellig. **Soziabilität** *die, -.* **sozial** [frz. social, lat. socialis, zu socius ›Gefährte‹], **1)** gesellschaftlich, die Ordnung der menschlichen Gesellschaft betreffend: *sozialer Aufstieg; soziale Strukturen.* **2)** gemeinschaftsfördernd, gesellschaftsverbunden; die Mitmenschen einbeziehend, wohltätig: *soziale Aufgaben, Berufe, Einrichtungen, Leistungen; soziale Sicherheit; soziale Marktwirtschaft; sozialer Wohnungsbau; er handelt aus sozialer Verantwortung; er engagiert sich s.; Sozialstaat; Sozialtourismus.* **3)** 🐝 gesellig lebend: *soziale Insekten.* **Sozialabgaben,** *Pl.,* die Beiträge zur Sozialversicherung. **Sozialanschluß** *der,* ein Fernsprechanschluß zu ermäßigter Gebühr. **Sozialarbeit** *die,* der Bereich der Fürsorge und Sozialhilfe, der methodisch und professionell betrieben wird. **Sozialarbeiter** *der,* **Sozialarbeiterin** *die.* **Sozialdaten,** *Pl.,* persönl. Daten aus dem sozialen Bereich (Krankenversicherung, Rentenversicherung): *Schutz der S.* **Sozialdemo|krat** *der,* Mitglied oder Anhänger einer sozialdemokratischen Partei. **Sozialdemo|kratie** *die,* eine politische Parteirichtung. **sozialdemo|kratisch,** *die Sozialdemokratische Partei Deutschlands,* Abk.: SPD. **Sozial|ethik** *die,* die Lehre von den ethischen Pflichten des einzelnen gegenüber der Gemeinschaft. **Sozialforschung** *die,* sozialwissenschaftliche Einzelforschung (Meinungsforschung). **Sozialgeheimnis** *das, -ses,* Schutz für Sozialdaten vor der Öffentlichkeit. **Sozialgericht** *das,* ⚖ Gericht für Angelegenheiten der Sozialversicherung, der Arbeitslosenversicherung u. a. **Sozialhilfe** *die,* organisierte Hilfstätigkeit durch Staat, Kirche u. a. zur Behebung individueller oder gruppenweise auftretender Notlagen und Gefährdungen: *Sozialhilfeempfänger.* **Sozialindikatoren,** *Pl.,* Daten aus verschiedenen gesellschaftl. Bereichen, die eine soziale Wohlstandsmessung ermöglichen sollen. **Sozialisation** *die, -/-en,* das Hineinwachsen des Menschen in die Gesellschaft. **sozialisieren,** *ich* sozialisiere (habe sozialisiert), **1)** *ihn,* bemühe mich um seine Sozialisation: *sein Anliegen war es, behinderte Kinder zu sozialisieren.* **2)** *es,* überführe in das Eigentum der Gesamtheit, vergesellschafte. **Sozialisierung** *die, -/-en: ein langwieriger Sozialisierungsprozeß.* **Sozialismus** [vgl. . . .ismus] *der, -,* eine politische Bewegung, die eine klassenlose, auf Gemeineigentum und Gemeinwirtschaft beruhende Ordnung anstrebt. **Sozialist** *der, -en/-en,* Anhänger des Sozialismus. **sozialistisch,** den Sozialismus betreffend: *sozialistischer Realismus,* im kommunist. Herrschaftsbereich die offiziell geförderte Kunstrichtung. **Sozialkritik** *die,* Kritik an der Gesellschaft. **sozialkritisch. Sozialkunde** *die,* Unterrichtsfach an Schulen zur Heranbildung der politischen Urteilsfähigkeit. **Sozialleistungen,** *Pl.,* von öffentl. Verwaltungen oder von Unternehmen privaten Haushalten oder Personen gewährte Geld- oder Sachleistungen ohne ökonomische Gegenleistung. **sozialliberal,** die Verbindung von Sozialismus und Liberalismus betreffend: *eine sozialliberale Regierungskoalition.* **Sozialmedizin** *die,* 💰 eine Fachrichtung, die Häufigkeitsverteilung und Verlaufsformen von Krankheiten bestimmter Bevölkerungsteile erforscht. **Sozialpartner,** *Pl.,* Arbeitgeber und Arbeitnehmer sowie deren Verbände. **Sozialpolitik** *die,* die Maßnahmen zur Verbesserung der sozialen Verhältnisse der Bevölkerung. **Sozialprodukt** *das,* der Wert aller jährlich hergestellten Güter und aller Dienstleistungen eines Landes. **Sozialtarife,** *Pl.,* niedrig die Kosten deckende Preise für Verkehrsleistungen, die aus gemeinschaftl. Gründen erbracht werden müssen. **Sozialversicherung** *die,* Sammelbez. für die gesetzlich geregelten Versicherungen zum Schutz des Arbeitnehmers vor den Folgen von Krankheit, Unfall, Arbeitslosigkeit und Alter. **Sozialwaisen,** *Pl.,* Kinder, deren Eltern am Leben sind, aber nicht für sie sorgen. **Sozialwissenschaften,** *Pl.,* Gesellschaftswissenschaften, die Gesamtheit der wissenschaftl. Dis-

ziplinen, die sich mit den Erscheinungen des gesellschaftl. Lebens befassen (z. B. Soziologie, Politologie, Volks- und Betriebswirtschaftslehre). **Sozi|etät** [frz. société, aus lat. societas] *die, -/-en,* **1)** Gesellschaft; Genossenschaft: *Anwaltssozietät.* **2)** 🐝 zu einem Verband vereinigte Tiere. **sozio. . .,** die Soziologie betreffend: *sozio-kulturell.* **Sozio|gramm** [vgl. . . .gramm] *das, -(e)s/-e,* Darstellungsverfahren in der Soziometrie. **Sozio|graphie** [vgl. . . . graphie] *die, -,* die Beschreibung bestehender gesellschaftlicher Gesamtzustände innerhalb einer bestimmten räuml. Einheit (Region, Gemeinde) zu einem bestimmten Zeitpunkt. **Sozio|lekt** [grch. legein ›sprechen‹] *der, -(e)s/-e,* Ⓢ eine für eine bestimmte soziale Gruppe kennzeichnende Sondersprache. **Soziolinguistik** *die,* Teilgebiet der Linguistik, das die Unterschiede im Sprachgebrauch der sozialen Gruppen untersucht. **Sozio|loge** [vgl. . . .loge] *der, -n/-n,* Erforscher oder Kenner der Soziologie. **Soziologie** [vgl. . . .logie] *die, -,* die Wissenschaft von der Gesellschaft, ihren Formen, Gesetzmäßigkeiten und ihrer Entwicklung. **soziologisch. Soziome|trie** [vgl. . . .metrie] *die, -,* die Verwendung quantitativer Verfahren in Soziologie und Sozialwissenschaften. **soziomorph** [vgl. . . .morph], von den gesellschaftl. Verhältnissen geprägt. **Soziopath** *der, -en/-en.* **Soziopathie** [grch. pathos ›Leiden‹] *die, -/. . .th'i|en,* Gesamtheit abnormer sozialer Verhaltensweisen, bes. wenn sie auf milieubedingte Schädigungen zurückzuführen sind. **Sozius** *der, -/-se,* **1)** *Pl.* auch . . .zii, Teilhaber. **2)** Beifahrer auf einem Motorrad: *Soziussitz.*

sozusagen, gewissermaßen.

Spacelab [sp'eislæb, engl. space ›(Welt)raum‹ und lab, kurz für labo(u)r ›Arbeit‹] *das, -(s)/-s,* Weltraumlaboratorium. **Space Shuttle** [sp'eis ʃatl, engl. shuttle ›Pendelverkehr‹] *das, - -/- -s,* Raumtransporter. **Space Station** [sp'eis steiʃn, engl.] *die, - -/- -s,* Raumstation.

spach [mhd. spach], *oberdt.:* trocken, dürr. **Spache** *die, -/-n, oberdt.:* dürres Holz, Holzspan. **spachig,** *oberdt.:* rissig, ausgedörrt.

Spachtel [ital. spatola, zu grch. spathe] *der, -s/-,* **1)** auch *die, -/-n,* Spatel, Werkzeug zum Auftragen und Abkratzen von Farben, Gips, Mörtel u. a., ABB. M 2. **2)** kurz für Spachtelmasse. **spachteln,** *ich* spacht(e)le (habe gespachtelt), **1)** *es,* bearbeite mit Spachtel. **2)** U esse tüchtig.

spack [vgl. spach], *niederdt.:* ausgedörrt, gesprungen, eng. **Spada** [grch. spathe ›Spatel‹, ›Schwert‹] *die, -/-s,* degenähnl. Fechtwaffe. **Spadi** *der, -(s)/-, bair.:* Säbel. **spadifanken,** *ich* spadifank(e) (habe spadifankel[e]t), *bair.:* mache Dummheiten.

Spagat [ital. spaccata ›das Spalten‹] *der, auch das, -(e)s/-e,* Ballett und Turnen: völliges Spreizen der Beine, bis sie eine gerade Linie auf dem Boden bilden.

Spagat [ital. spago ›Bindfaden‹] *der, -(e)s/-e, bair., österr.:* Bindfaden. **Spa|ghetti,** *Pl.,* lange Fadennudeln.

spähen [ahd. spehon], *ich* spähe (habe gespäht), schaue aufmerksam und vorsichtig: *er spähte durch das Schlüsselloch.* **Späher** *der, -s/-, ⚔* **1)** Kundschafter. **2)** lauernder Beobachter. **Spähtrupp** *der, ⚔* Einheit mit selbständigem Aufklärungsauftrag.

Spake *die, -/-n,* **1)** 🔧 Hebel, Hebebaum, ABB. S 56. **2)** *niederdt.:* dürres Holz. **spakig,** *niederdt.:* schimmelig, stockfleckig.

Spalett [aus ital.] *das, -(e)s/-e, österr.:* Fensterladen.

Spalier [ital. spalliera] *das, -s/-e,* **1)** Gerüstwand zum Anbinden der Zweige von Obstbäumen, Reben oder Kletterpflanzen, ABB. B 15, G 3: *Spalierobst.* **2)** Ehrenaufstellung beiderseits eines Weges: *sie bilden, stehen S.*

Spallation [engl. to spall ›zerspalten‹] *die, -/-en,* Kernphysik: hochenergetischer Kernprozeß.

Spalt [ahd. spalt] *der, -(e)s/-e,* **1)** auch Spalte, Ritze, längliche, schmale Öffnung: *Sehspalt,* ABB. R 33. **2)** auch Spalte, klaffender Riß (im Eis, im Gletscher), ABB. G 29. **3)** Ü Trennung, Gegensatz: *ein tiefer S. klafft zwischen Vater und Sohn.* **4)** *norddt.:* abgespaltenes Stück, Scheibe. **spaltbar,** so beschaffen, daß man es spalten kann, z. B. Holz, Atomkerne. **Spaltbarkeit** *die, -.* **spaltbreit,** *eine spaltbreite Öffnung im Gletscher.* **Spaltbreit** *der, -: er öffnete die Tür einen S.* **Spalte** *die, -/-n,* **1)** Spalt, Ritze. **2)** Spalt, Riß. **3)** *österr.:* abgespaltenes Stück, Scheibe. **4)** 📰 Streifen des Schriftsatzes, vgl. ABB. Z 6: *dieses Buch ist in zwei Spalten gesetzt; wir berichteten darüber in den Spalten unserer Zeitung.* **spalten** [ahd. spaltan], *ich* spalte (habe gespalten oder spalten) *es,* **1)** trenne, zerteile: *gespaltenes Holz.* **2)** Ü teile, trenne: *die Partei spaltete sich in* *zwei Lager.* **3)** Kernphysik: setze durch Spaltung eines Atomkerns Energie frei. **Spạltenbreite** *die,* ⌀ Breite einer Spalte im Schriftsatz. **spạltenlang,** *ein spaltenlanger Artikel,* ⌀*; aber: er ist zwei Spalten lang.* **Spạltfrucht** *die,* eine Fruchtform, ABB. F 36. **. . . spaltig,** ⌀ mit einer bestimmten Anzahl von Spalten: *dieses Buch ist zweispaltig gesetzt.* **Spạltpilze,** *Pl.,* ♧ Bakterien. **Spạltprodukte,** *Pl.,* die bei der Spaltung von Atomkernen frei werdenden, z. T. hochradioaktiven Zerfallsprodukte. **Spạltstoff** *der,* der spaltbare Anteil der für die Kernspaltung im Reaktor verwendeten Stoffe. **Spạltung** *die, -/-en,* **1)** das Spalten; Trennen durch Absprengen: *Kernspaltung.* **2)** Ü Entzweiung.

Span [ahd. span] *der, -(e)s/⁻̈e,* **1)** ein abgespaltenes, durch Werkzeugschneiden abgehobenes, oft spiraliges Blättchen, Stückchen: *Hobelspäne,* ABB. H 23; *Sägespäne; Spanschachtel,* Schachtel aus dünnem Holz; *wo gehobelt wird, da fallen Späne,* U jede Sache bringt kleine Nachteile mit sich. **2)** ♘ Zitze am Gesäuge des Hausschweins. **3)** *ohne Pl.,* kurz für: Grünspan. **Spän** *der, -(e)s/-e,* **1)** *wien.:* Zigarette. **2)** *niederdt.:* ♘ Span. **Spänchen** *das, -s/-,* Diminutiv zu Span.

Span|drịlle [zu lat. expandere ›auseinanderspannen‹] *die, -/-n,* 🏛 der Bogenwinkel zwischen Bogenlinie und der meist rechteckigen Umrahmung.

spänen, *ich* späne (habe gespänt) *es,* **1)** reibe (einen Fußboden) mit Stahlwolle ab. **2)** *niederdt.:* entwöhne (Ferkel).

Spạnferkel [mhd. spenvarch, zu spünnen ›säugen‹] *das,* ein noch nicht entwöhntes Ferkel.

Spạnge [ahd. spanga] *die, -/-n,* **1)** eine Schließe zum Zusammenhalten: *Haarspange; Spangenschuh,* ABB. S 39. **2)** ein Armschmuck: *Armspange,* ABB. S 30. **3)** *alem.:* Spanne.

Spạniel [-iəl, engl. sp'ænjəl] *der, -s/-s,* eine Haushunderasse. **Spaniọl** *der, -s/-e,* ein spanischer Schnupftabak. **Spaniọle** *der, -n/-n,* Nachkomme der 1492 aus Spanien und Portugal vertriebenen Juden. **spạnisch,** Spanien oder die Spanier betreffend: *die spanische Küste, Landschaft; das kommt mir s. vor,* U fremd, sonderbar (wohl wie den Deutschen zur Zeit Karls V. das Spanische war); *der spanische Reiter,* ein bewegliches Drahthindernis; *das spanische Rohr,* sehr biegsamer Stab, Peddigrohr; *der spanische Schritt,* Übung der Hohen Schule, ABB. H 22; *die spanische Wand,* zusammenlegbare, bewegliche Wand, ABB. W 4. **Spạnisch** *das, -(s), dem -,* spanische Sprache; vgl. Deutsch.

spann, von spinnen.

Spann *der, -(e)s/-e,* **1)** Rist am Fuß, ABB. M 12. **2)** Spanne (Maß). **3)** *das, -(e)s/-e, niederdt.:* Gespann. **Spạnnbeton** *der,* Beton mit Einlagen von vorgespannten Stahldrähten. **Spạnndienst** *der,* Frondienst mit Pferden: *Hand- und S.* **Spạnne** *die, -/-n,* **1)** die gespreizte Hand, besonders als Maß, ABB. M 7. **2)** Ü Zwischenraum, Unterschied; ein (meist kurzer) Zeitabschnitt: *Handelsspanne; Zeitspanne.* **spạnnen** [ahd. spannan], *ich* spanne (habe gespannt), **1)** *es,* ziehe straff: *spannt die Seile!; die Gardinen werden nach der Wäsche gespannt; er hat den Bogen zu straff gespannt,* Ü hat zu scharfe Maßnahmen ergriffen; *seine Erwartungen waren hoch gespannt,* Ü er erwartete sehr viel. **2)** *mich, ihn, es in, an etwas,* befestige: *er spannte das Werkzeug in den Schraubstock; der Bauer spannte das Pferd an* oder *vor den Wagen; spann mich nicht länger auf die Folter!,* Ü laß mich nicht länger in quälender Ungewißheit! **3)** *auf etwas,* beobachte genau; bin neugierig auf etwas. **4)** *es spannt,* ist zu eng: *der Rock spannt.* **5)** *eine Brücke, Flugzeug, ein Raubvogel spannt soundsoviel Meter,* hat eine Spannweite von . . . **6)** *es spannt, schweiz.:* macht ungeduldig. **7)** *es spannt sich,* wird straff (Seil, Muskel). **8)** *es spannt sich über etwas,* wölbt sich, verläuft: *ein Regenbogen spannte sich über den Himmel;* vgl. gespannt. **spạnnend,** erregend, fesselnd, Interesse weckend: *ein spannendes Buch; er kann sehr s. erzählen.* **spạnnenlang,** von der Länge einer Spanne; aber: *zwei Spannen lang.* **Spạnner** *der, -s/-,* **1)** kurz für: Armbrust- und Bogenspanner. **2)** ♧ Fuhrwerksbesitzer. **3)** Name von Spannvorrichtungen, ABB. T 6. **4)** U Voyeur. **5)** ein Nachtschmetterling. **Spạnnfutter** *das,* Vorrichtung zum Einspannen von Werkzeugen, ABB. D 13. **Spạnnhülse** *die,* geschlitzte Hülse als Verbindungselement. **Spạnnkraft** *die,* Ü Leistungsfähigkeit, Energie (beim Menschen). **Spạnnschuß, Spạnnstoß** *der,* ⚽ Fußballstoß mit dem Spann. **Spạnnung** *die, -/-en,* **1)** das Spannen, Gespanntsein. **2)** Ü erwartungsvolle Neugier, Ungeduld, innere Erregung: *das Buch habe ich mit größter S. gelesen; Spannungsmoment.* **3)** *meist Pl.,* gespanntes Verhältnis, Feindseligkeit, Gereiztheit: *die S. zwischen beiden war unvermeidlich.* **4)** Mechanik: die bei Verformung durch äußere Kräfte in einem elastischen Körper entstehende Reaktionskraft. **5)** ⚡ die zwischen zwei elektr. Feldern herrschende Potentialdifferenz, ÜBERS. M 8. **Spạnnungsmesser** *der,* **1)** elektr. Meßgerät. **2)** Dehnungsmesser. **Spạnnungsoptik** *die,* Verfahren zur Prüfung von Konstruktionsteilen an Hand durchsichtiger Modelle in polarisiertem Licht. **Spạnnungsprüfer** *der,* elektr. Gerät, meist in Form eines Schraubendrehers, mit Glimmlampe als Anzeiger. **Spạnnungsteiler** *der,* elektr. Bauteil zur Abnahme einer Teilspannung aus einem Stromkreis. **Spạnnweite** *die,* **1)** der Abstand zwischen den Enden der ausgebreiteten Flügel (Vogel, Flugzeug). **2)** Abstand benachbarter Auflager, Stützweite bei Brücken, ABB. B 39. **3)** Ü Umfang: *die S. seiner Interessen ist sehr groß.* **Spant** [niederdt. ›Schiffsrippe‹, zu spannen] *das,* beim Flugzeug auch *der, -(e)s/-en, meist Pl.,* gebogener Träger zur Verstärkung von Flugzeug- und Schiffsrümpfen.

Spạrbuch *das,* ein Buch über ein Sparkonto bei einer Sparkasse oder Bank, in dem alle Kontoänderungen quittiert werden. **Spạrbüchse** *die,* Büchse mit einem Schlitz zum Einwerfen von ersparten Münzen. **Spạreinlage** *die,* auf ein Sparkonto eingezahlte Geldsumme. **spạren** [ahd. sparen], *ich* spare (habe gespart), **1)** vermeide Geldausgaben, schränke mich ein: *ich muß sogar am Essen sparen.* **2)** *es (mir),* gebe nicht aus, lege zurück: *er spart jeden Monat 100 Mark.* **3)** *es (mir),* Ü schone, bewahre für andere Gelegenheiten: *ich s. meine Kräfte; Sparförderung; Sparzinsen; deine guten Ratschläge, alle weiteren Worte kannst du dir sparen!,* unterlassen; *er sparte nicht mit Lob.* **Spạrer** *der, -s/-,* jemand, der Geld spart. **Spạrflamme** *die,* kleine Flamme mit geringem Brennstoffverbrauch: *er lebt auf S.,* U schränkt sich sehr ein.

Spạrgel [mhd. spargel, zu grch. asparagos] *der, -s/-, schweiz.: die, -/-n,* eine Gemüsepflanze. **Spạrgelkohl** *der,* Broccoli.

Spark *der, -(e)s,* ein Nelkengewächs.

Spạrkasse *die,* Kreditinstitut, das bes. Spargelder verwaltet. **spärlich,** ärmlich, kümmerlich, dünn: *spärlicher Haarwuchs; die Versammlung war nur s. besucht.* **Spạrmaßnahme** *die: einschneidende Sparmaßnahmen.* **Spạrpfennig** *der,* Ü Rücklage für einen Notfall.

Spạrre *die, -/-n,* **Spạrren** [ahd. sparro] *der, -s/-,* **1)** Hölzer, die die Dachlatten und die Dachhaut tragen, ABB. D 1: *Dachsparren; er hat einen S.,* U ist etwas verrückt, hat einen Tick. **2)** 🛡 aus zwei in der Mitte des oberen Schildrandes zusammenstoßenden Schrägbalken gebildete Figur.

Spạrring [engl. to spar ›trainieren‹], **1)** *das, -s,* Boxtraining mit ausgewähltem Gegner: *Sparringskampf; Sparringspartner.* **2)** *der, -s/-s,* Übungsball für Boxer.

spạrsam [zu sparen], jede Verschwendung vermeidend, mit möglichst wenig auskommend; zurückhaltend: *sie ist eine sparsame Hausfrau; dieses Fahrzeug ist sehr s. im Verbrauch.* **Spạrsamkeit** *die, -.* **Spạrschwein** *das,* Sparbüchse in Form eines Schweines (als Glücksbringer).

Spartakiạde [nach dem Thraker Spartacus, Führer im dritten Sklavenkrieg von 73 bis 71 v. Chr. in Italien] *die, -/-n,* große Sportveranstaltung in kommunist. Ländern: *Kinder- und Jugendspartakiade.*

spartạnisch, 1) die altgriech. Stadt Sparta oder deren Einwohner betreffend. **2)** Ü einfach, hart, genügsam (nach der Art der Spartaner): *er wurde mit spartanischer Strenge erzogen; seine Wohnung war s. eingerichtet.*

Spạrte [ital. spartire ›verteilen‹] *die, -/-n,* Abteilung, Anteil, Geschäftsart, Fach.

Sparterie [frz., zu grch. sparton ›Tau‹, ›Seil‹] *die, -,* Holz- oder Strohgeflecht: *Sparteriewaren.*

Spartiạt *der, -en/-en,* Angehöriger der Herrenschicht des alten Sparta.

spartieren [ital. spartire ›verteilen‹], *ich* spartiere (habe spartiert) *es,* ♪ übertrage in Partitur (ein nur in einzelnen Stimmen vorhandenes Musikwerk).

spasmisch, spasmọdisch, ⚕ krampfhaft. **spasmogen** [grch. spasmos ›Krampf‹ und vgl. . . . gen], ⚕ krampferzeugend. **Spasmolỵtikum** [grch. lytikos ›lösend‹] *das, -s/. . . ka,* krampflösendes Arzneimittel. **Spasmophilie** [vgl. phil. . .] *die, -/. . . l'i|en,* Stoffwechselstörung des Kindes. **Spạsmus** *der, -/. . . men,* ⚕ Krampf, bes. Muskelkrampf.

Spaß [ital. spasso] *der, -es/⁻̈e,* Scherz, Witz, Vergnügen: *das Schwimmen hat mir S. gemacht; verdirb mir nicht den S. daran!; er versteht keinen S.,* ist leicht beleidigt; *ich wünsche dir viel S.,* Vergnügen, gute Unterhaltung; *S. beiseite!,* im Ernst; *ich mache nur S.!,* das war nicht ernst gemeint. **Späßchen** *das, -s/-.*

spaßen, ich spaße (habe gespaßt), mache Spaß, scherze: *mit diesen Dingen ist nicht zu spaßen,* man muß sie ernst nehmen. **spaßeshalber,** zum Spaß; aus Neugier. **Spaßettein,** *Pl., wien.:* Späßchen, Scherze. **spaßhaft, spaßig,** lustig, scherzhaft, unterhaltsam, lachenerregend. **Spaßmacher** *der,* Witzbold; Narr, Clown. **Spaßvogel** *der,* U jemand, der gern Späße macht.

Spastiker [vgl. Spasmus] *der, -s/-,* jemand, der an einer spastischen Erkrankung leidet. **spastisch,** spasmisch: *spastische Lähmung,* ♄ mit erhöhter Muskelspannung verbundene Lähmung.

Spat [mhd. spat, verwandt mit Span] *der, -(e)s/-e* oder ″e, Mineral mit ausgeprägter Spaltbarkeit: *Kalkspat.*

Spat [mhd. spat, verwandt mit grch. spadon ›Krampf‹] *der, -(e)s,* ♄ beim Pferd eine Entzündung der Knochenhaut am Sprunggelenk.

spät [ahd. spati], **1)** nicht rechtzeitig: *heute bist du aber s. aufgestanden; er kommt immer zu s.* **2)** am Ende eines Zeitraumes: *es ist schon s. am Tage,* geht auf den Abend zu; *abends s.,* aber: *spätabends, eines Spätabends; das späte Mittelalter,* das ausgehende; *dies ist eine späte Sorte Äpfel, Äpfel, die im Herbst reifen; wie s. ist es?,* wieviel Uhr ist es?; *dafür ist es im Leben nie zu s.* **Spätaussiedler** *der,* Aussiedler, der erst spät (nach 1968) zugezogen ist.

Spatel *der, -s/-* oder *die, -/-n,* Spachtel, ABB. M 2. **Spaten** [spätmhd. spate, zu grch. spathe ›Spatel‹] *der, -s/-,* Gerät zum Umgraben von Erde, ABB. D 12, G 2, S 13.

Spät|entwickler *der,* jemand, dessen Entwicklung langsamer als die Gleichaltriger verläuft. **später, 1)** Komparativ von spät. **2)** zu einem ferneren Zeitpunkt, nachher, danach: *über den Preis sprechen wir s.; bis s.!,* U auf Wiedersehen (am gleichen Tag); *drei Stunden s.; späterhin.* **spätestens,** nicht später als: *die Ware wird s. am Mittwoch geliefert.*

Spatha [grch. spathe ›Spatel‹] *die, -/...thae* [-æ] oder *...then,* einen Blütenstand umhüllendes, oft farbiges Blatt.

Spätherbst *der,* der letzte Teil des Herbstes: *im S. des Lebens,* P im hohen Alter.

spatiieren, spationieren, ich spatiiere, spationiere (habe spatiiert, spationiert) *es,* ⊕ versehe mit Zwischenräumen, sperre. **spatiös** [lat. spatiosus, von spatium ›Raum‹, ›Strecke‹], geräumig, weit. **Spatium** [lat.] *das, -s/...ti|en,* Zwischenraum; ⊕ Ausschlußstück zum Sperren (Spationieren): *Spatienbreite; Spatienkeil.*

Spätjahr *das,* P Herbst. **Spätlese** *die,* Qualitätswein aus vollreifer, nach der normalen Lese geernteten Trauben. **Spätling** *der, -s/-e,* **1)** nachgeborenes Kind. **2)** spät im Jahr reifendes Obst. **3)** *oberdt.:* Herbst. **spätnachmittags,** aber: *eines Spätnachmittags* oder *eines späten Nachmittags.* **Spätsommer** *der,* der letzte Teil des Sommers.

Spatz [mhd. spatze] *der, -en oder -es/-en,* **1)** Sperling: *ein frecher S.; die Spatzen pfeifen es von den Dächern,* Ü das ist allgemein bekannt; *er ißt wie ein S.,* U sehr wenig; *er schießt mit Kanonen auf Spatzen,* U setzt unangemessen große Mittel ein. **2)** U Kosename, bes. für ein kleines (mageres) Kind. **3)** *alem.:* Essensportion; Soldatenessen; Fleischstück in der Suppe.

Spätzchen *das, -s/-.* **Spätzle,** *Pl., süddt.:* nudelartige Mehlspeise.

Spätzünder *der,* U jemand, der nur sehr langsam begreift. **Spätzündung** *die: er hat S.,* U.

spazieren [mhd. spazieren, zu lat. spatiari], ich spaziere (bin spaziert), gehe im Freien umher / zu meiner Erholung, Unterhaltung: *ich s. durch den Park; spazierenfahren; spazierenführen.* **spazierengehen,** ich gehe spazieren (bin spazierengegangen), spaziere. **Spazierfahrt** *die: eine S. ins nahegelegene Gebirge.* **Spaziergang** *der: Osterspaziergang; ein S. durch den Wald, zum See.* **Spaziergänger** *der, -s/-,* jemand, der einen Spaziergang macht. **Spazierstock** *der,* Stock, auf den man beim Spazierengehen sich aufstützen kann, ABB. S 19. **Spazierweg** *der,* leicht begehbarer Weg für Spaziergänger.

SPD, Abk. für: Sozialdemokratische Partei Deutschlands.

Speaker [sp'i:ka, engl. ›Sprecher‹] *der, -s/-,* im britischen Unterhaus und im Repräsentantenhaus der Vereinigten Staaten von Amerika: Leiter der Sitzungen.

Specht [ahd. speht] *der, -(e)s/-e,* ein Klettervogel. **Spechtmeise** *die,* der Kleiber.

Speci|es *die, -/-,* Spezies.

Speck [ahd. spek] *der, -(e)s,* unter der Haut sitzendes, von Fett erfülltes Zellgewebe, bes. des Schweins: *Speckschwarte; Schinkenspeck;* in *S. gebratene Spiegeleier; er sitzt (wie die*

Made) im S., U hat eine einträgliche Stellung, lebt im Reichtum; *mit S. fängt man Mäuse,* Ü durch Geschenke, Gefälligkeiten erreicht man etwas; *ran an den S.!,* U los, an die Arbeit! **speckig, 1)** fettig (Haar, Papier). **2)** U schmutzig, abgetragen und glänzend (Anzug). **3)** *oberdt.:* klebrig (Brot). **Speckkäfer** *der,* ein Vorratsschädling. **Speckseite** *die,* große Specklage des Schweins: *er versucht, mit der Wurst nach der S. zu werfen,* U durch kleine Gefälligkeiten größere Vorteile zu erhalten. **Speckstein** *der,* ⊕ dichter Talk.

spedieren [ital. spedire, zu lat. expedire ›frei-, losmachen‹], ich spediere (habe spediert) *es,* schicke ab, versende. **Spediteur** [-t'ø:r] *der, -s/-e,* jemand, der gewerbsmäßig Güter befördert. **Spedition** *die, -/-en,* Güterbeförderung; Unternehmen hierfür; Versandabteilung: *Speditionsgeschäft; Speditionskaufmann; Möbelspedition.* **speditiv,** *schweiz.:* schnell, zügig.

Speech [spi:tʃ, engl.] *der, -es/-es* [sp'i:tʃiz] oder *-e,* Rede, Ansprache.

Speed [spi:d, engl.] *der, -(s)/-s,* **1)** Geschwindigkeit. **2)** ✗ Endspurt, bes. bei Pferderennen. **3)** *das, -s/-s,* Aufputschmittel. **Speedwayrennen** [sp'i:dwei-] *das,* Motorradrennen auf Aschen- und Eisbahnen.

Speer [ahd. sper] *der, -(e)s/-e,* **1)** (hölzerner) Stab mit Metallspitze, eine Wurfwaffe. **2)** ✗ Sportgerät für Wurfübungen: *das Speerwerfen.*

Speiche [ahd. speihha] *die, -/-n,* **1)** Bestandteil des Rades, ABB. R 1. **2)** ein Unterarmknochen, ABB. M 12: *Elle und S.*

Speichel [ahd. speihhal] *der, -s,* Absonderung der Speicheldrüsen im Mund. **Speicheldrüse** *die,* Drüse, die Speichel absondert: *Ohrspeicheldrüse.* **Speichellecker** *der,* U unangenehmer Schmeichler, kriecherischer Mensch. **speicheln,** ich speich(e)le (habe gespeichelt), *oberdt.:* sondere Speichel ab, spucke.

speichen, ich speiche (habe gespeicht) *ihn, schweiz.:* drücke weg, entferne von seinem Posten.

Speicher [ahd. spihhari, zu spätlat. spicarium ›Kornhaus‹, zu lat. spica ›Ähre‹] *der, -s/-,* **1)** Lagerhaus, Vorratshaus, z. B. ABB. H 3: *Kornspeicher; Speicherhalle.* **2)** Ansammlung einer jederzeit verfügbaren Energie, z. B. Akkumulator, Warmwasserspeicher: *Speicherkapazität.* **3)** Ansammlung von Informationen, eingegebenen Daten bei Datenverarbeitungsanlagen): *Speicherwerk.* **4)** *süddt., westdt.:* Dachboden. **Speichergewebe** *das,* ⊕ Gewebe, in dem Zucker, Stärke, Fett u. a. als Vorrat gespeichert werden. **Speicherkraftwerk** *das,* Wasserkraftwerk mit Talsperre und Staubecken. **Speicherkrankheit** *die,* ♄ eine Stoffwechselkrankheit. **speichern,** ich speich(e)re (habe gespeichert) *es,* gebe in einen Speicher, bewahre in einem Speicher, sammle an: *gespeicherte Warenvorräte; in Datenverarbeitungsanlagen gespeicherte Informationen.* **Speicherung** *die, -/-en.*

Speidel [zu Speil] *der, -s/-, oberdt.:* Keil.

speien [mhd. speien], ich speie (habe gespie[e]n), **1)** *es,* spucke, werfe Spucke aus: *er speit Gift und Galle,* U ist voller Ärger, Zorn. **2)** erbreche mich. **3)** *es speit,* sprüht, spritzt nach allen Seiten, schleudert heraus: *der Brunnen speit Wasser; feuerspeiende Berge.* **Speigat(t)** *das,* ✏ Abflußöffnung über der Wasserlinie in der Schiffsaußenhaut.

Speik [zu lat. spica ›Ähre‹] *der, -(e)s,* ⊕ Name meist duftreicher Pflanzen, z. B. Baldrian, Lavendel, Primel.

Speil [mhd. spil] *der, -s/-e,* Span, Splitter; Stäbchen, z. B. am Wurstzipfel. **speilen,** ich speile (habe gespeilt) *es,* stecke mit einem Speil fest. **Speiler** *der, -s/-,* Speil. **speilern,** ich speil(e)re (habe gespeilert) *es,* speile.

Speis, 1) *der, -s/-e, südwestdt.:* Mörtel. **2)** *die, -/-en, bair., österr.:* Speisekammer. **Speise** [ahd. spisa] *die, -/-n,* **1)** Essen, feste Nahrung: *Speis(e) und Trank; Speisewirtschaft;* **2)** das einzelne Gericht: *Süßspeise; Nachspeise; Vorspeise.* **3)** flüssiges Metall für den Glockenguß: *Glockenspeise.* **Speiseeis** *das,* Gefrorenes, eine Speise aus gefrorener Milch, Eigelb, Zucker oder Fruchtsaft u. a.; vgl. ABB. E 3. **Speisekammer** *die,* kühler Vorratsraum für Lebensmittel. **speisen** [mhd. spisen], ich speise (habe gespeist), **1)** (es), esse: *wünsche wohl zu speisen!* **2)** *ihn,* gebe ihm zu essen. **3)** *es,* versorge mit etwas: *dieser See wird mit Wasser aus dem Gebirge gespeist.* **Speise(n)karte** *die,* Verzeichnis der im Gasthaus vorrätigen Gerichte, ABB. G 5. **Speiseröhre** *die,* Verbindung zwischen Schlund und Magen, ABB. M 1. **Speisewagen** *der,* Wagen mit Küche und Speiseraum in Schnellzügen. **Speisewasser** *das,* Wasser, mit dem Dampfkessel gespeist werden. **Speisung** *die, -/-en,* das Gespeistwerden.

Spei|täubling, Spei|teufel *der*, leicht giftiger Pilz. **spei-**
übel, *mir ist s.*, Ü übel zum Erbrechen.

Spektabilität [lat. spectabilis ›ansehnlich‹] *die, -/-en*,
⚬⚬ Anrede der Dekane an Hochschulen.

Spektakel [frz. spectacle, zu lat. spectaculum ›Schauspiel‹],
1) *der, -s/-*, Ü Lärm, Unruhe; Aufruhr, wilder Auftritt. 2) *das,*
-s/-, ⚬⚬ Schauspiel. **spektakeln**, *ich* spektak(e)le (habe
spektakelt), mache Lärm. **spektakulär**, aufsehenerregend:
eine spektakuläre Entscheidung; sein Rücktritt war s.

Spek|tralanalyse *die*, physikalisch-chem. Verfahren zur
qualitativen und quantitativen Bestimmung chem. Elemente
aus ihrem Spektrum. **Spek|tralapparat** *der*, optisches Gerät
zum Erzeugen und Messen von Spektren. **Spek|tralfarben**,
Pl., die reinen Farben des Spektrums. **Spek|tralklassifika-**
tion *die*, die Einteilung der Sterne nach ihrem Aussehen ihrer
Spektren. **Spek|trallampe** *die*, eine Gasentladungslampe zur
Erzeugung von Spektren. **Spek|trallinie** [-iə] *die, meist Pl.*,
scharf getrennte Linie eines Atomspektrums. **Spek|trohelio-**
graph [vgl. . . . graph] *der*, ein Gerät zur Sonnenphotographie.
Spek|tro|skopie [vgl. . . . skopie] *die, -*, die Lehre von der
Erzeugung, Untersuchung, Messung und Deutung von Spek-
tren. **Spek|trum** [lat. spectrum ›Erscheinung‹] *das, -s/. . . tren*
oder . . . *tra*, 1) das bei der Zerlegung von weißem Glühlicht
entstehende Farbband, ABB. L 12. 2) die Folge aller Wellenlän-
gen, die in einer Strahlung vertreten sind. 3) *das S. moderner*
Kunst, Ü Vielfalt.

Spekulant [zu spekulieren] *der, -en/-en*, jemand, der
unsichere Geschäfte wagt: *Grundstücksspekulant*. **Spekula-**
tion *die, -/-en*, 1) das über die Erfahrung hinausgreifende,
metaphys. Denken: *das sind nur Spekulationen von dir*, Ü vage
Vermutungen. 2) ⚏ Käufe und Verkäufe unter Ausnutzung
von erwarteten Preisveränderungen, vor allem auf dem
Wertpapier-, Waren- und Grundstücksmarkt: *S. à la hausse*,
auf Steigen, *à la baisse*, auf Sinken; *Bodenspekulationen*.

Spekulatius [niederl. spaculaas, nach einem Beinamen für
St. Nikolaus] *der, -/-*, (figürliches) gewürztes Buttergebäck.

spekulativ, auf Spekulation beruhend. **spekulieren**
[mhd. speculieren, zu lat. speculari ›beobachten‹], *ich* spekulie-
re (habe spekuliert), 1) ⚏ befasse mich mit Spekulationen. 2)
auf etwas, Ü liebäugele damit, rechne damit: *er spekuliert auf die*
Stelle des Abteilungsleiters.

Spekulum [lat. speculum ›Spiegel‹] *das, -s/. . . la*, ⚕ ein meist
mit einem Spiegel ausgestattetes Instrument zur Untersuchung
von Körperhöhlen.

Speläologie [ahd. spelaion ›Höhle‹ und vgl. . . . logie] *die, -*,
Höhlenkunde, Erforschung von Höhlen.

Spelt *der, -(e)s/-e*, Spelz.

Spelunke [lat. spelunca, zu grch. spelynx ›Höhle‹] *die, -/-n*,
1) verrufene Kneipe. 2) ärmliche Wohnung.

Spelz [mhd. spelze, zu spalten] *der, -es/-e*, Spelt, ein
Getreidegras. **Spelze** *die, -/-n*, (begrannte) Blattgebilde, bes.
bei Gräsern. **spelzig**.

Spenadel [lat. spinula ›kleiner Dorn‹] *die, -/-n*, *bair., österr.*:
Stecknadel.

spendabel, Ü großzügig, freigebig: *ein spendabler Gast-*
geber. **Spende** [ahd. spenda] *die, -/-n*, Gabe, Schenkung,
Geschenk, Beitrag: *eine S. für die Armen; Blumenspende;*
Lebensmittelspende; Sach- und Geldspende; Weihnachts-
spende; Spendenaktion; Spendenaufruf; Spendenkonto.

Spendel [vgl. Spennadel] *die, -/-n*, *bair., österr.*: Stecknadel.

spenden [ahd. spenton], *ich* spende (habe gespendet) *es*
ihm, schenke, gebe reichlich: *ich s. Blut für einen Kranken; er*
spendet dem Künstler höchstes Lob; der Brunnen spendet
Wasser; die Bäume spenden Schatten. **Spender** *der, -s/-*,
Schenker, Stifter, Geber. **spendieren**, *ich* spendiere (habe
spendiert) *es ihm*, Ü spende, schenke; habe ihn frei, zahle für
ihn: *er spendierte eine Runde Bier*. **Spendierhosen**, *er hat*
heute seine S. an, Ü ist freigebig.

Spengler [mhd. spengler, zu Spange] *der, -s/-*, *westdt.,*
südostdt.: Klempner, Blechschmied.

Spenser *der, -s/-, österr.*, **Spenzer** [nach dem engl. Earl of
Spencer, 1758–1834] *der, -s/-*, kurzes, enganliegendes Jäck-
chen.

Sperber [ahd. sparwari ›Sperlingsaar‹] *der, -s/-*, ein Greif-
vogel. **sperbern**, *ich* sperb(e)re (habe gesperbert), *schweiz.*:
blicke scharf. **Sperberung** *die, -*, nach dem Sperber benannte
Gefiederzeichnung.

Sperenzchen, Sperenzien [mlat. sperentia ›Hoffnung‹],
Pl., Ü Umstände, Ausflüchte, Schwierigkeiten: *mach keine S.!*

Sperling [ahd. sparo] *der, -s/-e*, Spatz, ein Webervogel.

Sperma [grch. ›Same‹] *das, -s/. . . men* oder *-ta*, ⚥ ⚕ Samen-
flüssigkeit, Absonderung der männl. Geschlechtsdrüsen mit
Spermien. **spermatogen** [vgl. . . . gen], dem Samen entstam-
mend, den Samen bildend. **Spermatogenese** *die*, auch Sper-
miogenese, die Entwicklung der Spermien im Hoden. **Sper-**
matorrhö(e) [-r'ø:, grch. rhein ›fließen‹] *die, -/. . . rh'ö|en*,
⚥ Samenfluß ohne geschlechtl. Erregung. **Spermatozoon**
[grch. zoon ›Lebewesen‹] *das, -s/. . . z'o|en*, Spermium. **Sper-**
mazet [grch. ketos ›großes Seetier‹] *das, -(e)s*, Walrat.
Spermicid *das, -(e)s/-e*, Spermizid. **Spermiogenese** *die*,
Spermatogenese. **Spermium** *das, -s/. . . mi|en*, Samenfaden,
männl. reife Geschlechtszelle. **Spermizid** [lat. caedere ›töten‹]
das, -(e)s/-e, auch Spermicid, zur Empfängnisverhütung ver-
wendetes samenabtötendes Mittel.

sperrangelweit, Ü ganz offen (Tür). **Sperrbalken** *der*,
Sperrbaum. **Sperrbatterie** *die*, ⚓ Anlage der Küstenverteidi-
gung zur Sperrung von Hafeneinfahrten und engen Durchfahr-
ten. **Sperrbaum** *der*, Schlagbaum, Schranke. **Sperre** [mhd.
sperre ›Klammern‹, ›Riegel‹] *die, -/-n*, 1) Abschließung,
Hindernis, Verhinderung des Zuganges; enger Durchlaß;
Riegel: *Bahnsteigsperre*, ABB. B 4; *Minensperre*, ⚓. 2) Verbot;
Ausschließung: *Ausfuhrsperre; Einfuhrsperre; Urlaubssperre;*
Sperrvermerke in Ausweisen. 3) ⚔ als Strafe verhängte
Startverweigerung: *Platzsperre*. **sperren** [mhd. sperren], *ich*
sperre (habe gesperrt) *es*, 1) versehe mit einer Sperre, hemme,
mache unzugänglich: *die Grenze, Straße wurde gesperrt; er ließ*
sein Konto sperren; zur Strafe wurde der Spieler drei Monate
gesperrt, ⚔ wurde ihm das Spielen untersagt; *dem säumigen*
Zahler hat die Post das Telefon gesperrt, die Leitung abgeschal-
tet; das Rad ist gesperrt, unbeweglich gemacht. 2) *mich, ihn, es*
in etwas, schließe ein: *er wurde ins Gefängnis gesperrt*. 3) *es*,
süddt., österr.: schließe, versperre: *die Tür ist schon gesperrt*,
abgeschlossen. 4) *es*, ⚏ spationiere. 5) *mich gegen ihn, etwas*,
sträube, wehre mich, leiste Widerstand. 6) *es sperrt*, klemmt,
läßt sich nicht völlig schließen: *bei feuchter Witterung sperrt die*
Tür. **Sperrfeuer** *die*, ⚓ zeitlich und räumlich begrenztes
Geschützfeuer zur Abriegelung eines feindlichen Angriffs.
Sperrfrist *die*, ⏱ Zeitspanne, innerhalb derer bestimmte
Rechtshandlungen nicht vorgenommen werden dürfen.
Sperrgebiet *das*, abgesperrtes, nicht allgemein zugängliches
Gebiet. **Sperrgeld** *das, wien.* ⚙: Gebühr oder Trinkgeld an
den Hausmeister für nächtliches Öffnen der Tür. **Sperrgetrie-**
be *das*, ⚙ ein Getriebe zum zeitweiligen gegenseitigen
Verhindern der Beweglichkeit zweier miteinander verbun-
dener Teile. **Sperrgut** *das*, im Frachtverkehr: sperrige Ware,
für die eine erhöhte Beförderungsgebühr erhoben wird.
Sperrholz *das*, Holzplatte aus verleimten Schichten, ABB.
H 24. **sperrig**, 1) viel Raum einnehmend, unhandlich
(Möbel). 2) Ü widerspenstig: *sperriges Verhalten*. 3) *schweiz.*:
starr. **Sperrkonto** *das*, ⚏ Konto, über das nicht unbeschränkt
verfügt werden kann. **Sperrkreis** *der*, (⦁) ein Schwingungs-
kreis zum Unterdrücken einer unerwünschten Frequenz.
Sperrkreuz *das*, ABB. D 13. **Sperrmüll** *der*, sperrige Ab-
fallstoffe. **Sperrsitz** *der*, guter Sitzplatz in Kino und Zirkus.
Sperrstunde *die*, Polizeistunde. **Sperrung** *die, -/-en*,
Sperre, das Sperren. **sperrweit**, sperrangelweit.

Spesen [ital. spese, zu lat. expensa ›ausgegebenes (Geld)‹],
Pl., Auslagen, Unkosten: *Reisespesen; spesenfrei; Spesenab-*
rechnung; Spesenkonto.

spetten, *ich* spette (habe gespettet), *schweiz.*: helfe bei der
Hausarbeit, helfe im Geschäft aus. **Spetterin** *die, -/-nen*,
schweiz.: Stundenhilfe, Aufwartefrau.

speuzen [mhd. spiutzen], *ich* speuze (habe gespeuzt), *hess.*:
speie.

Spezerei [mhd. sperie, specerie, zu spätlat. species
›Gewürz‹] *die, -/-en, meist Pl.*, ⚏ Gewürze, Gewürzwaren.

Spezi *der, -s/-(s)*, *oberdt.*: Busenfreund, Stammtischbruder,
Kumpan. **spezial** [lat. specialis, zu species ›Anblick‹, ›Art‹],
⚬⚬ speziell. **Spezial** *der, -s/-e*, 1) *oberdt.*: Spezi. 2) *niederrhein.*:
1/2 Schoppen Wein. **spezial. . .**, sonder. . ., einzel. . .: *Spe-*
zialfall, Sonder-, Einzelfall; *Spezialgebiet*, Gebiet, auf
dem ich Fachmann bin; *Spezialgeschäft*, Fachgeschäft; *Spezial-*
karten, ⊕ Karten mit detaillierten Darstellungen. **speziali-**
sieren [frz. spécialiser], *ich* spezialisiere (habe spezialisiert),
1) *es*, ⚬⚬ bestimme genau. 2) *mich auf etwas*, mache zu meinem
Sondergebiet, bilde mich dafür besonders aus: *er hat sich auf*
Steuerrecht spezialisiert. **Spezialisierung** *die, -*: *die S.*
innerhalb der Wissenschaften. **Spezialist** *der, -en/-en*, Fach-
mann, z. B. Facharzt: *S. für Kreislauferkrankungen; Herzspe-*
zialist; Rosenspezialist. **Spezialistentum** *das, -s*. **Spezialität**

S 52

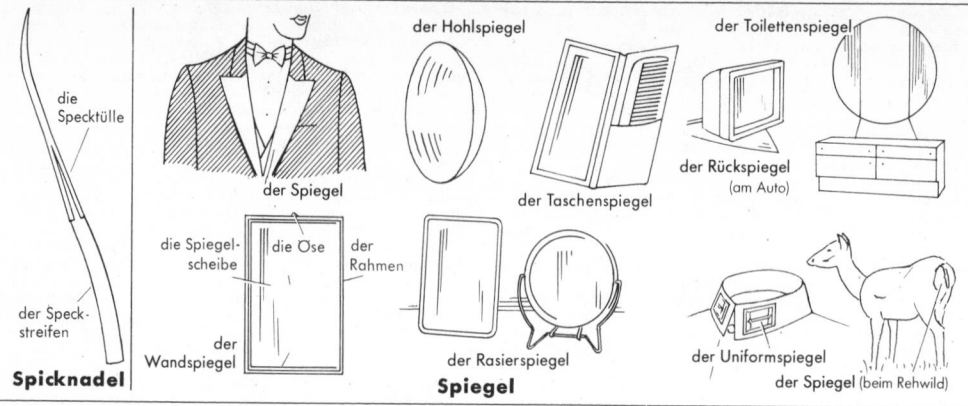

die Specktülle

der Hohlspiegel

der Toilettenspiegel

der Spiegel

der Rückspiegel (am Auto)

die Spiegel-scheibe | die Ose | der Rahmen

der Taschenspiegel

der Speck-streifen

Spicknadel

der Wandspiegel

der Rasierspiegel

der Uniformspiegel

der Spiegel (beim Rehwild)

Spiegel

---

die, -/-en, Sondergebiet, Hauptfach; besondere Fähigkeit; Liebhaberei: *Langlauf ist seine S.; die S. des Hauses,* Speise, die von einer Gaststätte bes. empfohlen wird; *hier können Sie türkische Spezialitäten kaufen.* **speziell,** besonders; eigens; eingehend: *dabei habe ich s. an dich gedacht; im speziellen; spezielle Kenntnisse auf einem Gebiet.* **Spezierer** [mhd. specier] *der, -s/-, schweiz.:* Lebensmittelhändler.

Spezi|es [lat. species ›Blick‹, ›äußere Erscheinung‹, ›Art‹] *die, -/-,* **1)** ♚ ⊕ Art. **2)** *die vier S.,* Rechnungsarten. **3)** Teegemisch. **Spezi|es|taler** *der,* ♾ Talermünze. **Spezifikation** *die, -/-en,* **1)** Einzelaufzählung, Einzelbezeichnung. **2)** Unterteilung einer Gattung in Arten. **3)** ☒ Herstellung einer neuen bewegl. Sache durch Bearbeitung oder Umbildung von Stoffen. **Spezifikum** *das, -s/. . .ka,* **1)** Besonderheit. **2)** ⚕ Mittel gegen eine bestimmte Krankheit. **spezifisch,** wesentlich, kennzeichnend, arteigen, wesenseigen: *spezifische Symptome von Kreislaufstörungen, ⚕; das spezifische Gewicht,* die Dichte; *die spezifische Wärme,* Wärmemenge, die nötig ist, um 1 g eines Stoffes um 1° zu erwärmen. **spezifizieren** [lat. facere ›machen‹], *ich spezifiziere* (habe spezifiziert) *es,* gliedere, unterscheide, zähle einzeln auf. **Spezifizierung** *die, -/-en.* **Spezimen** [lat. specimen] *das, -s/. . .z'imina,* ♾ Probe(arbeit), Muster.

Sphäre [ahd. spera, zu grch. sphaira ›Kugel‹] *die, -/-n,* **1)** Himmelsgewölbe, Himmelskugel. **2)** Ü Bereich, Wirkungskreis, Umwelt: *er schwebt in höheren Sphären; politische Interessensphären.* **sphärisch, 1)** auf Kugel bezüglich: *das sphärische Dreieck; sphärische Trigonometrie.* **2)** das Himmelsgewölbe betreffend. **Sphäroid** [vgl. . . .id] *das, -(e)s/-e,* die mathematisch darstellbare Gestalt des Erdkörpers. **Sphärolith** [vgl. . . .lith] *der, -(e)s/-e* oder *-en/-en,* kugelförmiges Aggregat radialstrahlig angeordneter nadelförmiger Kristalle. **Sphärometer** [grch. metron ›Maß‹] *das,* Gerät zum Messen des Krümmungsradius von gewölbten Flächen. **Sphenoid** [grch. sphen ›Keil‹ und vgl. . . .id] *das, -(e)s/-e,* eine Kristallform. **Sphinkter** [grch., zu sphingein ›schnüren‹] *der, -s/. . .t'ere,* ⚕ Schließmuskel.

Sphinx [grch.] *die, -/-e,* **1)** Fachsprache auch: *der, -/-e* oder *Sph'ingen,* ägyptisches Fabelwesen mit Löwenleib und Menschenkopf; Sinnbild des Unergründlichen, Rätselhaften. **2)** *ohne Pl.,* griech. Mythologie: Ungeheuer vor Theben, das jeden tötete, der sein Rätsel nicht lösen konnte.

Sphragistik [grch. sphragis ›Siegel‹] *die, -,* Siegelkunde. **Sphygmo. . .** [grch. sphygmos ›heftiger Puls‹, Puls. . .]: *Sphygmograph; Sphygmomanometer,* Blutdruckmesser. **Spick|aal** [mnd. spik ›trocken geräuchert‹] *der, niederdt.:* Räucheraal.

Spickel *der, -s/-, schweiz.:* Zwickel, Dreieckstuch. **spicken** [mhd. spicken], *ich spicke* (habe gespickt), **1)** *es,* durchziehe Fleisch vor dem Braten mit dünnen Speckstreifen: *Spickbraten.* **2)** *es,* Ü versehe reichlich: *dieser Bericht ist gespickt mit Lügen und Irrtümern; eine gespickte Börse,* eine gefüllte. **3)** *ihn,* Ü besteche; gebe gutes Trinkgeld.

spicken [nhd.], *ich spicke,* **1)** (habe gespickt), Ü schreibe vom (Heft des) Nachbarn ab, gucke ab (in der Schule). **2)** (bin gespickt), *schweiz.:* falle durch eine Prüfung. **Spicker** *der, -s/-,* Ü **1)** jemand, der in der Schule spickt. **2)** Spickzettel. **Spickgans** [vgl. Spickaal] *die, niederdt.:* gepökelte und geräucherte Gänsebrust. **Spicknadel** [zu spicken] *die,* dicke Nadel zum Einziehen von Speckstreifen in Fleisch, Abb. S 52. **Spickzettel** *der,* Ü kleiner Zettel mit Notizen als unerlaubte Gedächtnisstütze bei Prüfungen. **Spider** [sp'aidə, engl. ›Spinne‹] *der, -s/-,* ⌂ offener zweisitziger Sportwagen (nicht ganz so frei wie der Roadster). **spie,** von speien.

Spiegel [ahd. spiagal, zu lat. speculum] *der, -s/-,* **1)** glatte Fläche, die Lichtstrahlen zurückwirft (spiegelt) und ein Spiegelbild zeigt, Abb. S 52: *ich betrachte mich im S.; das hat er sich hinter den S. gesteckt,* Ü gemerkt, eingeprägt (vor allem etwas Unangenehmes); *er hat ihm den S. vorgehalten,* Ü ihm seine Fehler gezeigt; *die Frau im S. der zeitgenössischen Literatur,* Ü; *Spiegelrahmen; Flurspiegel.* **2)** Oberfläche einer Flüssigkeit: *Meeresspiegel; Wasserspiegel.* **3)** in Zusammensetzungen: Titel von Büchern, die Regeln enthalten: *Fürstenspiegel; Sachsenspiegel.* **4)** Tuchbesatz am Uniformkragen; seidener Aufschlag an Frack, Smoking, Abb K 24, S 52. **5)** ⊞ eingefaßte ebene Stelle, Deckenfeld, Türfüllung. **6)** Mitte der Schießscheibe. **7)** ✻ heller Fleck um den After bei Hirsch-, Reh-, Damwild, Abb. S 52; farbiger Flügelfleck bei Entenvögeln; weißer Fleck am Flügelbug bei Auerhahn, Birkhahn. **8)** ✂ abgeflachtes Heckstück. **9)** ⌖ Satzspiegel, Abb. B 53. **10)** ⚕ Gehalt des Blutes an bestimmten Stoffen: *Vitaminspiegel.* **Spiegelbild** *das,* Bild im Spiegel, seitenverkehrtes Bild. **spiegelbildlich. spiegelblank,** blank wie ein Spiegel. **Spiegelbrenner** *der,* elektrischer Heizkörper, dessen Wärmestrahlung durch einen Hohlspiegel als Brenner genutzt wird. **Spiegelei** *das,* Setzei, in die Pfanne geschlagenes Ei, Abb. E 1. **Spiegelfechterei** *die, -/-en,* Scheinkampf; bloßes Getue, Schwindel. **Spiegelglas** *das,* möglichst reines, hochwertiges Flachglas. **spiegelglatt,** eben, vollkommen glatt (Meer, vereiste Straße). **spiegelgleich,** ♾ symmetrisch. **Spiegelkarpfen** *der,* Zuchtform des Karpfens mit blanken Schuppen. **spiegeln,** *ich spieg(e)le* (habe gespiegelt), **1)** *mich, ihn, es,* spiegele wider: *Haß spiegelte sich im Gesicht des Gegners; die Entwicklung des Künstlers spiegelt sich in seiner Malerei.* **2)** *es spiegelt,* glänzt: *spiegelndes Tafelsilber.* **Spiegelreflexkamera** *die,* photograph. Apparat, in dem ein Mattscheibenbild durch einen in den Strahlengang eingebauten Spiegel erzeugt wird, Abb. P 12: *einäugige S.* **Spiegelschrift** *die,* seitenverkehrte Schrift, im Spiegel lesbar. **Spiegeltele|skop** *das,* ein Fernrohr mit eingebautem Spiegel zur Abbildung des Gegenstandes. **Spieg(e)lung** *die, -/-en,* das Spiegeln, Spiegelbild, Reflexion: *Luftspiegelung.* **spiegelverkehrt,** seitenverkehrt.

Spiek *der, -s/-e,* **Spieke** [wohl zu lat. spica ›Ähre‹] *die, -/-n,* auch Spike, Name verschiedener Pflanzen wie Lavendel, Spargel.

Spieker [mhd. spicher, zu Speiche] *der, -s/-, niederdt.:*

꙼ großer Nagel. **spiekern,** *ich* spiek(e)re (habe gespiekert) *es, niederdt.:* ꙼ nagele fest.

Spiel [ahd. spil, urspr. ›Tanz‹] *das, -(e)s/-e,* **1)** zweckfreier Zeitvertreib, Kurzweil; eine Beschäftigung zur Unterhaltung nach bestimmten Regeln; sportl. Wettbewerb, Abb. S 53, vgl. S 55: *sie vergnügten sich mit fröhlichen Spielen; elektronische Spiele; er hat uns das S. verdorben,* nicht mitgemacht, Ü *unser Unternehmen vereitelt; mich laßt aus dem S.,* Ü *ich mache nicht mit; die Olympischen Spiele; ein S. des Zufalls,* Ü *ein merkwürdiger Zufall; das ist ein S. mit dem Feuer,* Ü *eine gefährliche Angelegenheit; Spielgefährte; Versteckspiel.* **2)** Vorführung, schauspieler. Darstellung; musikalische Darbietung: *ein glänzendes S. der Darsteller; Fernsehspiel; Gastspiel; Lustspiel; Orgelspiel; Schauspiel.* **3)** kurz für: Glücksspiel, daher Ü *er hat alles aufs S. gesetzt; er hat ein gewonnenes S.; das S. ist aus; alles steht auf dem S.,* ist in Gefahr; *Spielschulden.* **4)** ohne Pl., Tätigkeit, Bewegung: *das S. der Kräfte, der Hände; Mienenspiel; bei dieser Sache hat er seine Hand im S.,* Ü *ist er beteiligt.* **5)** ohne Pl., ⊙ Maßunterschied von zwei zueinandergehörigen Maschinenteilen: *der Schalthebel hat zuviel S.* **6)** 🦃 Schwanz bei Auerhahn, Birkhahn, Fasan. **7)** Anzahl zusammengehöriger Gegenstände: *ein S. Karten,* Abb. S 54; *ein S. Stricknadeln.* **Spielalter** *das: ein Kind im ersten S.* **Spielart** *die,* **1)** Sonderform, besondere Ausprägung. **2)** ⊕ 🐾 Abart, Lebewesen mit geringer Abweichung der Merkmale derselben Art. **Spielautomat** *der,* mechanisches Spielgerät, oft mit Gewinnmöglichkeit. **Spielball** *der,* ein Ball zum Spielen; Sinnbild der Machtlosigkeit: *das Boot war nur* noch ein S. des Windes; ein S. der Mächtigen, Ü. **Spielbank** *die, -/-en,* Spielkasino, Unternehmen, das gewerbsmäßig Gelegenheit zum Glücksspiel gibt. **Spielbein** *das,* das weniger belastete Bein des Menschen, auch bei Standbildern, Abb. B 30. **Spieldose** *die,* durch Feder angetriebenes Musikgerät. **spielen** [ahd. spilon], *ich* spiele (habe gespielt), **1)** *es, mit ihm etwas,* mache ein Spiel, treibe etwas zur Unterhaltung (ohne ernstes Ziel): *sich s. Fußball, Schach, Skat; das Kind spielt mit Puppen, mit dem Ball; im Fußballländerspiel spielt Deutschland gegen Spanien; beide Mannschaften spielten bisher unentschieden,* 🔁; *wir wollen spielen gehen,* Ü; *er spielte mit ihren Gefühlen,* Ü *nahm sie nicht ernst.* **2)** *(es),* musiziere: *sie spielt mit viel Ausdruck; er spielt Trompete.* **3)** *(es),* stelle als Schauspieler dar; führe auf: *wer spielt heute die Ophelia?; was wird hier gespielt?,* Ü *geht hier vor?; sie spielt gern die Beleidigte,* Ü; *er hat eine große Rolle bei uns gespielt,* Ü *war sehr einflußreich; mit gespielter Fröhlichkeit,* Ü *vorgetäuschter.* **4)** *er spielt,* ist ein Spieler: *er hat sein Vermögen durch Spielen verloren.* **5)** *es spielt,* geschieht: *der Roman spielt in München.* **6)** *eine Farbe spielt ins Bläuliche,* schimmert. **spielend,** Ü ohne Anstrengung, leicht, mühelos: *er wurde s. mit der Arbeit fertig.* **Spieler** *der, -s/-,* **1)** Teilnehmer an einem Spiel: *Mitspieler; Reservespieler; Tennisspieler; Spielertrikot.* **2)** jemand, der dem Glücksspiel ergeben ist. **3)** jemand, der Theater spielt oder musiziert: *alle S. des Ensembles, Orchesters; Klavierspieler; Schauspieler.* **Spielerei** *die, -/-en,* nicht ernst zu nehmende Beschäftigung, Zeitvertreib, Spaß. **Spielerin** *die, -/-nen,* weibl. Spieler. **spielerisch,** **1)** im Spiel, als Spiel: *der Linksaußen bewies*

das Kugelspiel
(das Murmelspiel)

das Gummitwist

das Ballspiel

das Federballspiel

das Schaukeln

die Wippe

der Ringelreihen

die Blindekuh

Drachen steigen lassen

das Bockspringen

das Schulterreiten

die Waage

das Huckepack

das Radschlagen

die Schubkarre

der Rollschuh

das Kreiseln

das Diabolo

das Reifenspiel

das Rollern

das Sackhüpfen

das Hüpfen

das Seilspringen

Spiele (Kinderspiele)

S 54

Eichel (Ecker) Grün (Laub)

Rot Schellen

Treff (Kreuz) Pik (Schippen)

Coeur (Herz) Karo (Eckstein)

die Kartenzeichen

Deutsches Bild

die Sieben die Acht die Neun die Zehn der Unter der Ober der König das Daus

Französisches Bild

die Sieben die Acht die Neun die Zehn der Bube die Dame der König das As

Spielkarten

erneut sein spielerisches Talent. 2) Ü ohne Ernst; zierlich, leicht: *spielerische Ornamente an einem Möbelstück.* **Spielfeld** *das,* Platz für sportl. Wettkämpfe. **Spielfilm** *der,* Film mit einer gespielten durchgehenden Handlung. **spielfrei,** *die Schauspieler haben heute einen spielfreien Tag.* **Spielhahn** *der,* ♀ Birkhahn. **Spielhölle** *die,* U Spielbank oder -lokal für Glücksspiele, besonders für verbotene. **Spieliothek** *die, -/-en,* Spielothek. **Spielkarte** *die,* Papierblatt für Kartenspiele, ABB. S 54. **Spielkasino** *das,* Spielbank. **Spielleiter** *der,* 1) Regisseur. 2) Leiter von Wettspielen; Schiedsrichter. **Spielmann** *der, -(e)s/...leute,* 1) ♂ Trommler, Pfeifer, Hornist der Infanterie. 2) im MA.: fahrender Dichter, Musikant und Sänger. **Spielmannszug** *der,* Musikkapelle beim Militär oder bei einem Umzug. **Spieloper** *die,* aus dem Singspiel hervorgegangene leichtere Oper mit gesprochenen Dialogen. **Spielothek** *die, -/-en,* auch Spieliothek, Einrichtung zum Ausleihen von Spielzeug. **Spielplan** *der,* Verzeichnis der in einem bestimmten Zeitraum zur Aufführung vorgesehenen Theaterstücke, Opern oder Filme. **Spielplatz** *der,* ABB. S 55. **Spielraum** *der,* Ü Möglichkeit zur freien Entfaltung; Bewegungsfreiheit. **Spielregel** *die,* Regel, nach der ein Spiel abläuft: *ein Verstoß gegen die Spielregeln.* **Spielsachen,** *Pl.,* Spielzeug. **Spielstraße** *die,* zum Spielen für Kinder gekennzeichnete Straße, die nur vom Anliegerverkehr benutzt werden darf. **Spieltheorie** *die,* mathematische Theorie zur Beschreibung strategischer Spiele. **Spieluhr** *die,*

selbsttätig erklingende Spieldose mit Uhrwerk. **Spielverderber** *der,* jemand, der bei einem Spiel nicht mitmacht; Ü jemand, der ein Unternehmen vereitelt. **Spielvereinigung** *die,* Abk.: Spvgg., häufiger Name von Sportvereinen. **Spielwaren,** *Pl.,* zum Verkauf stehendes Spielzeug: *Spielwarenabteilung im Kaufhaus.* **Spielzeit** *die,* 1) Theater: jährlicher Zeitabschnitt, in dem Vorstellungen stattfinden: *die S. dieses Theaters beginnt im September und endet im Juni.* 2) Dauer eines Spiels, bes. ♀: *auch Aufführungsdauer: nach dreiwöchiger S. wurde das Stück abgesetzt; die reguläre S. war beim Stand von 0:0 abgelaufen.* **Spielzeug** *das,* 1) Gegenstände zum Spielen für Kinder; vgl. ABB. S 55: *pädagogisch wertvolles S.; Spielzeugindustrie.* 2) Ü willenloses Werkzeug: *er war ein S. in ihren Händen.*

spienzeln, *ich* spienz(e)le (habe gespienzelt) *es ihm, schweiz.:* zeige prahlerisch.

Spier [zu spitz] *der oder das, -(e)s/-e, niederdt.:* feine Spitze, eben die Erde durchbohrendes Gras. **Spierchen** *das, -s/-,* Diminutiv zu Spier; aber: *ein spierchen, niederdt.:* ein wenig. **Spiere** *die, -/-n,* ↘ Holzstange; vgl. ABB. B 41, S 44. **Spierling** *der, -s/-e,* 1) eine Eberesche. 2) ein Fisch, Stint.

Spieß [ahd. spioz] *der, -es/-e,* 1) eine Stangenwaffe: *Wurfspieß; er hat den S. umgedreht,* Ü auf Angriff mit Gegenangriff geantwortet; *das Kind schreit wie am S.,* U sehr laut. 2) ♂ Kompaniefeldwebel.

Spieß [ahd. spiz, zu spitz] *der, -es/-e,* 1) spitzer Gegenstand, ABB. B 46: *Bratspieß; Spießbraten.* 2) ♀ endlose Geweih-

S 55

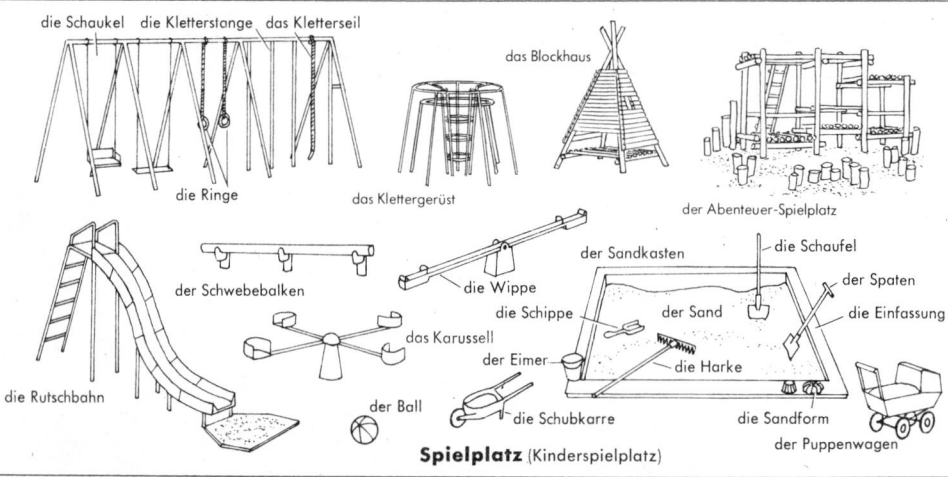

die Schaukel die Kletterstange das Kletterseil

das Blockhaus

die Ringe

das Klettergerüst

der Abenteuer-Spielplatz

der Schwebebalken

die Wippe

der Sandkasten

die Schaufel

der Spaten

die Schippe

der Sand

die Einfassung

das Karussell

der Eimer

die Harke

die Rutschbahn

der Ball

die Schubkarre

die Sandform

der Puppenwagen

Spielplatz (Kinderspielplatz)

stange, meist junger Hirsche, Rehböcke u. a., Abb. G 21. 3)
⚔ schwarze Stelle, entstanden durch ein unbeabsichtigt mit-
druckendes Ausschlußstück. **Spießbock** *der,* 1) ⚘ junger
Hirsch mit endenloser Geweihstange. 2) ein Käfer. 3) eine
Säbelantilope.
Spießbürger *der,* 1) im MA.: Bürger, der nur mit einem
Spieß bewaffnet war. 2) Spießer, engstirniger Mensch.
spießbürgerlich, *dein Verhalten ist ausgesprochen s.; spieß-*
bürgerliche Ansichten. **Spießbürgertum** *das.*
spießen, *ich* spieße (habe gespießt) *es,* 1) spieße auf. 2)
stecke mit einem spitzen Gegenstand fest: *er hat Schmetterlinge*
an ein Brett gespießt. **Spießer** *der, -s/-,* ⚘ Hirsch oder
Rehbock mit erstem Geweih, Abb. G 21.
Spießer *der, -s/-,* engstirniger, kleinlicher Mensch. **spie-**
ßerhaft, spießig. **Spießertum** *das, -s.* **Spießgeselle** *der,* 1)
⚔ Kamerad, Waffenbruder. 2) Ü verächtlich: Mittäter,
Genosse, Kumpan.
Spießglanz *der, -es/-e,* Gruppe natürl. komplexer Metall-
sulfide mit nadelförmigem Habitus.
spießig, spießbürgerlich, kleinbürgerlich, engstirnig.
Spießrute *die,* Spitzrute, Weidenrute: *er mußte Spießruten*
laufen, wurde beim Laufen durch eine Doppelreihe von
Soldaten gepeitscht, urspr. mit Spießruten getötet (als frühere
Militärstrafe), Ü mußte beim Vorbeigehen spöttisch und
mißgünstig ansehen lassen; aber: *das Spießrutenlaufen.*
Spika [lat. spica ›Ähre‹] *die, -/-n,* die Spieke.
Spike [wohl aus lat. spica ›Ähre‹] *die, -/-n,* die Spieke.
Spike [spaik, engl. ›Dorn‹, ›großer Nagel‹] *der, -s/-s,*
1) Stahlstift (an Rennschuhen, Autoreifen). 2) *nur Pl.,*
✗ Rennschuhe mit biegsamer Stahleinlage, an der Dornen
sitzen. 3) *nur Pl.,* ⚡ kurz für: Spikesreifen, Reifen mit
einvulkanisierten Stahlstiften als Gleitschutz im Winter:
Straßenschäden durch Spikes. 4) *nur Pl.,* ⚡ bestimmte Form
von Wellen im Elektroenzephalogramm.
Spill [mhd. spille ›Spindel‹] *das, -(e)s/-e,* ⚘ starke Anker-
oder Leinenwinde, Abb. D 8, S 56. **Spillage** [-ʒə] *die, -/-n,*
Warenverlust infolge falscher Verpackung. **Spille** *die, -/-n,*
niederdt.: Spindel, Kunkel. **Spillehen** *das, niederdt.:* Spindel-
lehen; vgl. Silbentrennung, Übers. S 50. **spillen,** *ich* spille
(habe gespillt), *niederdt.:* 1) *es,* vergeude. 2) *Pflanzen* spillen,
schieße. **spill(e)rig,** *niederdt.:* lang und dünn, schmächtig.
Spillgeld *das, niederdt.:* Nadelgeld. **Spillmage** *der, niederdt.:*
Spindelmage.
Spin [engl. to spin ›drehen‹] *der, -s/-s,* eine Eigenschaft der
Elementarteilchen, vorstellbar als Drehimpuls.
Spina [lat.] *die, -/...nen,* ⚡ Dorn, Stachel: *S. dorsalis,*
Rückgrat. **spinal,** ⚡ die Wirbelsäule und das Rückenmark
betreffend: *spinale Kinderlähmung,* die Poliomyelitis epide-
mica; *Spinalnerven.*
Spinat [mhd. spinat, über arab. aus pers.] *der, -(e)s/-e,* ein
Blattgemüse. **Spinatwachtel** *die,* U verächtlich: schrullige
ältliche Frau.
Spind [mhd. spint, zu mlat. spenda ›Speiseschrank‹] *der*
oder *das, -(e)s/-e,* einfacher schmaler Schrank.
Spindel [ahd. spin(n)ila, zu spinnen] *die, -/-n,* 1) Spinnerei:
beiderseitig zugespitzter Körper, auf dem der Faden aufgewik-
kelt wird, Abb. S 56; ⊙ Sinnbild des weiblichen Geschlechts.
2) ⊕ Hauptachse im Blütenstand und im gefiederten Blatt;
auch der Spindelbusch. 3) ⊙ mechan. Teil, der die Dreh-
bewegung überträgt, z. B. Abb. H 4, S 35. 4) Mittelsäule
einer Wendeltreppe, Abb. T 17. 5) auch für: Achse, Stange.
Spindelbaum *der,* das Pfaffenhütchen. **Spindelbusch** *der,*
eine Obstbaumform. **spindeldürr,** sehr dünn. **Spindellehen**
das, im alten MA. Recht: Kunkellehen, auch auf Frauen
vererbbares Lehen. **Spindelmage** [mhd. spinnelmac] *der,*
früher: Kunkelmage; Verwandter von der Mutterseite.
Spine *der, -/-n, niederdt.:* Faßhahn.
Spinell [ital. spinello, zu lat. spina ›Spitze‹] *der, -s/-e,* 1) ein
Mineral, Edelstein. 2) *meist Pl.,* eine Gruppe von Mineralen
mit gleicher Struktur.
Spinetsch *der, -, alem.:* Spinat.
Spinett [ital. spinetta, zu lat. spina ›Dorn‹] *das, -(e)s/-e,*
eine ältere Form des Cembalos, Abb. K 23.
Spinnaker [engl.] *der, -s/-,* auf Segelbooten ein großes
dreieckiges Beisegel, das vor dem Wind gesetzt wird.
Spinne [ahd. spinna] *die, -/-n,* Gliedertier mit acht Beinen,
Giftdrüse, Spinnwarzen: *Pfui S.!,* Ausruf des Ekels; *das*
Spinnennetz; eine alte S., U boshafte Frau. **spinnefeind,** sehr
feindlich: *sie sind sich s.* **spinnen** [ahd. spinnan], *ich* spinne
(spann, habe gesponnen; wenn er spönne oder spänne), 1) *es,*

stelle Fäden durch Zusammendrehen von Fasern her oder aus
einer Chemiefaserschmelze mit Hilfe von Spinndüsen. 2) *die*
Raupe, Spinne spinnt *Fäden,* erzeugt sie aus ihrem Körper-
sekret. 3) *es,* Ü ersinne, denke aus; erzähle: *sie spinnt Ränke; er*
spinnt Seemannsgarn, ⚘ erzählt unglaubwürdige Geschichten.
4) U rede dummes Zeug; habe närrische Einfälle: *ihr spinnt ja!*
du spinnst ja! 5) ⚔ sitze im Gefängnis. 6) *die Katze* spinnt,
schnurrt (wie ein Spinnrad). **Spinn(en)gewebe** *das,* Netz der
Spinne. **Spinner** *der, -s/-,* 1) Facharbeiter in der Faserstoff-
industrie. 2) Name verschiedener Schmetterlinge: *Seiden-*
spinner; Kiefernspinner. 3) künstlicher Köder für die Angel,
Abb. A 14. 4) U jemand, der närrische Einfälle hat: *so ein S.!*
Spinnerei *die, -/-en,* 1) Herstellung von Fäden, Garnen;
Betrieb dafür. 2) U närrischer Einfall. **Spinnhaus** *das,*
⚔ Zuchthaus. **Spinnrad** *das,* Hausgerät zum Spinnen, Abb.
S 56. **Spinnrocken** *der,* ein Holzstab, auf den die zum
Spinnen benötigten Fasern aufgewickelt werden, Abb. S 56.
Spinnstube *die,* früher: Bauernstube, in der sich die
Frauen und Mädchen beim Spinnen Geschichten erzählten.
Spinnweb *das, -(e)s/-e, österr.,* **Spinnwebe** *die, -/-n,* Spin-
nengewebe.
spinös [lat. spinosus ›dornig‹], schwierig im Umgang;
spitzfindig, bissig.
Spint [niederdt.] *der* oder *das, -(e)s/-e,* altes Trockenmaß.
spintisieren [wohl zu spinnen], *ich* spintisiere (habe
spintisiert) *(über etwas),* U grüble.
Spion [ital. spione, verwandt mit spähen] *der, -s/-e,* 1)
Späher, Spitzel, heimlicher Kundschafter: *er wurde als S.*
entlarvt, überführt. 2) Spiegel am Fenster zur Beobachtung der
Vorbeigehenden; kleines verglastes Guckloch in Türen. 3)
⊙ Meßgerät im Maschinenbau, Fühlerlehre. **Spionage**
[-ʒə] *die, -/,* das Auskundschaften und Verraten von (militäri-
schen) Geheimnissen: *er treibt S.; Spionageabwehr; Spionage-*
dienst; Spionagering; Werksspionage; Wirtschaftssabotage.
spionieren, *ich* spioniere (habe spioniert), 1) treibe Spiona-
ge. 2) spähe heimlich aus, erkunde aus Neugier: *sie hat durchs*
Schlüsselloch spioniert.
Spir *der, -s/-, schweiz.:* Speicher.
Spirale [lat. spira, zu grch. speira ›Windung‹] *die, -/-n,* 1)
gekrümmte Linie, die unendlich viele Umläufe um einen festen
Punkt macht; Schneckenlinie, Abb. S 56. 2) U Intrauterinpes-
sar. **spiralförmig, spiralig. Spiralnebel** *der,* ⚡ ein Stern-
system mit zwei oder mehreren spiralig um einen Kern
angeordneten Armen.
Spirans [lat. spirare ›hauchen‹] *die, -/...r'anten,* **Spirant**
der, -en/-en, ⑤ Reibelaut, Übers. G 34. **spirantisch.**
Spire [mhd. spire] *die, -/-n,* 1) Sammelname für Rauch-,
Mehl- und Uferschwalbe. 2) *schweiz.:* Mauersegler.
Spirille [vgl. Spirale] *die, -/-n,* schraubig gebogenes Bakte-
rium mit Geißeln.
Spiritismus [lat. spiritus ›Hauch‹, ›Geist‹ und vgl. ...ismus]
der, -/, Glaube an eine mögliche Verbindung mit dem Geiste
Verstorbener. **Spiritist** *der, -en/-en.* **spiritistisch,** *ein spiri-*
tistisches Medium; spiritistische Sitzung. **spiritual** [lat. spiritua-
lis], 1) geistlich. 2) geistig; übersinnlich. **Spiritual,** 1) *der, -s*
oder *-en/-en,* Seelsorger, Beichtvater in kath. Klöstern. 2)
[sp'irituəl] *das oder der, -s/-s,* geistliches Lied der amerikani-
schen Neger: *Negrospiritual.* **Spiritualien,** *Pl.,* geistliche
Dinge. **Spiritualismus** [vgl. ...ismus] *der, -/,* 1) Philosophie:
Lehre, nach der die Wirklichkeit insgesamt auf ein geistiges

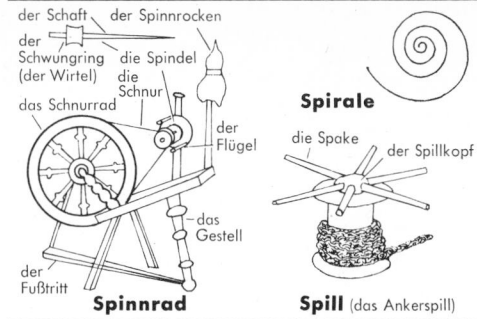

der Schaft — der Spinnrocken
der Schwungring (der Wirtel) — die Spindel
die Schnur
das Schnurrad
Spirale
der Flügel
die Spake — der Spillkopf
das Gestell
der Fußtritt
Spinnrad   **Spill** (das Ankerspill)

Prinzip zurückgeführt wird. **2)** Religion: Richtung, die ein unmittelbares Ergriffensein des einzelnen durch den Geist Gottes anstrebt und die geschichtl. Grundlage der Religion ablehnt. **Spiritualist** *der, -en/-en,* Anhänger des Spiritualismus. **Spiritualität** *die, -,* Geistigkeit, geistiges Wesen. **spirituell,** spiritual. **Spirituosen,** *Pl.,* Trinkbranntweine. **spirituoso** [ital.], ♪ feurig, geistvoll. **Spiritus** *der, -,* **1)** Hauch, Geist, Atem: *S. asper,* Zeichen: ', im Altgriechischen Lesezeichen über dem behauchten Vokalanlaut; *S. lenis,* Zeichen: ', im Altgriechischen Lesezeichen über dem unbehauchten Vokalanlaut; *S. familiaris,* Hausgeist, treuer Freund oder Diener des Hauses; *S. rector,* führender, belebender Geist, treibende Kraft; *S. sanctus,* der Heilige Geist. **2)** Alkohol, Weingeist. **3)** Branntwein. **Spirituskocher** *der,* kleines, mit Brennspiritus betriebenes Kochgerät.

Spirochäte [grch. speira ›Windung‹ und chaite ›langes Haar‹] *die, -/-n,* ⚕ spiralig gewundenes Bakterium.

Spirre *die, -/-n,* ⊕ ein Blütenstand.

spirrig, *niederdt.:* dürr.

spissen, *das männliche Haselwild spißt (hat gespißt),* ⚘ balzt, lockt.

Spital [mhd. spital, zu mlat. hospitale] *das, -s/ ̈er,* **Spittel** *das* oder *der, -s/-,* ⁀, *noch oberdt.:* **1)** Altersheim; Armenhaus. **2)** Krankenhaus. **spitt(e)lig,** *niederdt.:* schmal; kränklich.

spitz [ahd. spizzi], **1)** sehr scharf in einem Punkt auslaufend, ABB. E 2, K 38: *ein spitzer Bleistift; der Dolch ist s.,* ABB. W 13. **3)** Ü dünn, abgemagert: *sie hat ein spitzes Gesicht.* **4)** Ü boshaft, anzüglich: *sie wurde sehr s.; sie hat eine spitze Zunge; sie gab spitze Antworten.* **Spitz** *der, -es/-e,* **1)** Haushunderasse. **2)** Hafer. **3)** Ü leichter Rausch. **Spitzbart** *der,* **1)** spitz zulaufender Kinnbart, ABB. B 11. **2)** U Mann mit Spitzbart. **spitzbärtig. Spitzbogen** *der,* der gotische Bogen, ABB. B 39. **spitzbogig. Spitzbube** *der,* Gauner, Betrüger, Falschspieler; Schelm. **spitzbübisch,** schalkhaft, schelmisch. **Spitze** [ahd. spizza] *die, -/-n,* **1)** etwas in einem Punkt scharf Zulaufendes, ABB. H 14, R 17: *Bergspitze; Degenspitze; Federspitze; Nadelspitze; das ist s. des Eisberges,* Ü der kleine offenliegende Teil einer komplizierten Angelegenheit; *ich biete ihm die S.,* Ü stelle mich seinen Wünschen entgegen, *füge mich nicht; treib es nicht auf die S.!,* Ü laß es nicht zu einem Kampf, Rechtsstreit kommen! **2)** das vordere Ende: *Fingerspitze; die S. des Zuges; das Boot liegt an der S.,* vorn im Rennen. **3)** U oberste Schicht, leitende Personen: *die S. der Organisation, der Partei; Führungsspitze; die Spitzen der Gesellschaft;* vgl. auch spitzen . . . **4)** U etwas Großartiges, kaum zu Überbietendes: *die Party gestern war S.; er ist (einsame) S.;* vgl. auch spitzen . . . **5)** Gewebe oder Geflecht mit durchbrochenem Grund und dichterem Muster: *Brüsseler S.; Klöppelspitze; Spitzendecke.* **6)** ⚖ Betrag, der bei einer Aufrechnung übrigbleibt: *Spitzenbetrag.* **7)** Ü Bosheit, Anspielung: *das war eine S. gegen dich; ich habe der Sache die S. abgebrochen,* ihr die Schärfe, das Verletzende genommen. **Spitzel** [nhd., eigtl. jemand, der wie ein Spitz (Hund) aufpaßt] *der, -s/-,* Späher, Spion, Aushorcher: *Spitzeldienste; Lockspitzel.* **spitzeln,** *ich spitz(e)le (habe gespitzelt).* **spitzen** [mhd. spitzen], *ich spitze (habe gespitzt),* **1)** *es,* mache spitz, versehe mit einer Spitze: *du mußt den Bleistift spitzen; sie spitzte den Mund (zum Kuß); er spitzte die Ohren,* Ü lauschte. **2)** *mich auf etwas,* U freue mich; hoffe darauf. **3)** *die Saat spitzt,* guckt aus der Erde. **spitzen . . .,** oberste Institution einer mehrstufigen (Verbands)organisation; Bez. der vordersten Gruppe; Best . . .; Höchst . . .: *Spitzenerzeugnis; Spitzenfilm; Spitzengeschwindigkeit; ein Spitzengespräch zwischen Persönlichkeiten aus Wirtschaft und Politik; Spitzenkandidat; Spitzenlohn; Spitzenposition; Spitzensportler; Spitzenstar; Spitzenverband.* **Spitzenentladung,** *die,* **1)** Elmsfeuer. **2)** Glimmentladung an Spitzen und Kanten von Hochspannungsanlagen. **Spitzenreiter** *der,* U sehr erfolgreiches Produkt: *dieses Automodell ist der S.; der S. der Theatersaison.* **Spitzentanz** *der,* Kunsttanz auf der Spitze der großen Zehe (mit Spezialschuhen). **Spitzer** *der, -s/-,* Werkzeug zum Anspitzen: *Bleistiftspitzer.* **spitzfindig,** kleinlich genau, haarspalterisch. **Spitzfindigkeit** *die, -/-en.* **Spitzhacke** *die,* ABB. H 2. **Spitzhörnchen** *das,* eichhornähnl. Halbaffe. **spitzig,** Nebenform von spitz. **Spitzkehre** *die,* **1)** stumpf endender Teil eines Eisenbahnstreckengleises. **2)** ⚡ eine Art des Wendens der Ski im Stand. **spitzkriegen,** *ich kriege es spitz (habe spitzgekriegt),* U bemerke etwas, das mir verborgen bleiben

sollte, durchschaue etwas. **Spitzmaus** *die,* mäuseähnl. Insektenfresser. **Spitzname** *der,* neckender Beiname, Scherzname. **Spitzpocken,** *Pl.,* ⚕ Windpocken. **spitzwink(e)lig,** mit einem spitzen Winkel versehen: *ein spitzwinkliges Dreieck.*

Spleen [spli:n, engl. ›Boßheit‹, ›Milz‹, vgl. Splen] *der, -s/-e* oder *-s,* Verschrobenheit, sonderbarer Einfall, merkwürdiges Benehmen. **spleenig.**

Spleiß [mhd. splize] *der, -es/-e,* **1)** Verflechtung von zwei Tauenden, ABB. K 31. **Spleiße** *die, -/-n, norddt., bair.:* Splitter, Span. **spleißen** [mhd. splizen], *ich spleiße (spliß, habe gespleißen) es,* **1)** spalte, zerreiße (zu Spänen, Scheiben). **2)** ⚓ verbinde die Enden zweier Taue. **spleißig,** leicht zerreißbar, in Späne brechend.

Splen [grch.] *der, -s/-es,* ⚕ Milz.

splendid [lat. splendidus ›strahlend‹, ›herrlich‹], prächtig; freigebig: *eine splendide Abendgesellschaft; der Gast war s.*

Spließ [vgl. Spleiß] *der, -es/-e, niederdt.:* Schindel. **Spließdach** *das,* ein Flachziegeldach, ABB. D 2.

Splint [mhd. spint] *der, -(e)s/-e,* **1)** Holz mit den jüngsten Jahresringen eines Baumes (unter der Rinde); ABB. H 23: *Splintholz.* **2)** ⊙ ein Sicherungsstift, ABB. S 35.

spliß, von spleißen. **Spliß** *der, Spl'isses/Spl'isse,* **1)** ⚓ Spleiß. **2)** *niederdt.:* Splitter. **Splisse** *die, -/-n, niederdt.:* Span, Teil, z. B. an der Angel. **splissen,** *ich splisse (habe gesplißt) es,* spleiße.

Splitt [zu Splitter] *der, -(e)s/-e,* Gestein in Korngröße von 2 bis 25 mm (für Straßenbau): *Rollsplitt.*

splitten [engl. to split ›spalten‹] *ich splitte (habe gesplittet) es,* berechne Einkommensteuer nach dem Splitting.

Splitter [mhd. Splitter, zu spleißen] *der, -s/-,* scharfer, spitzer Span, abgesprungenes Stück: *Glassplitter; Holzsplitter; Knochensplitter; ich habe mir einen S. eingetreten.* **splitter(faser)-nackt,** U völlig unbekleidet, ganz nackt. **splitterfrei,** nicht splitternd (Sicherheitsglas). **Splittergruppe** *die,* von einer größeren Vereinigung abgespaltene Gruppe. **splitt(e)-rig,** leicht splitternd; mit Splittern. **splittern,** *ich splitt(e)re (habe gesplittert),* **1)** *es,* zersplittere. **2)** *es splittert (hat gesplittert),* bricht in viele scharfe, spitze Stücke. **Splitterpartei** *die,* Partei mit sehr geringer Wählerschaft.

Splitting [engl. to split ›spalten‹] *das, -s/-s,* **1)** ein Verfahren der Einkommensbesteuerung bei Ehegatten. **2)** ⚖ ein Verfahren zur Aufteilung von im Kurs stark gestiegenen Aktien in zwei oder mehrere.

Spoiler [sp'ɔila, engl. to spoil ›vereiteln‹, ›vernichten‹] *der, -s/-,* am Flugzeug Störklappen, Bremsklappen; am Kraftwagen, bes. Renn- und Sportwagen, feste oder bewegl. Flächen zum Verstärken der Bremsung und der Bodenhaftung.

spöken, *es spökt (hat gespökt), niederdt.:* spukt. **Spökenkieker** *der, niederdt.:* Geister-, Gespensterseher.

Spompernadeln, *Pl., bair., österr.:* Umschweife; Lügen.

Sponde [lat. sponda] *die, -/-n, norddt.:* Bettgestell.

spondeisch. Spondeus [lat., zu grch. sponde ›Trankopfer‹] *der, -/. . .d'e|en,* aus zwei langen Silben bestehender Versfuß.

Spondylitis [grch. spondylos ›der Wirbelknochen‹] *die, -/. . .t'iden,* ⚕ Wirbelentzündung. **Spondylose** *die, -/-n,* nichtentzündliche Erkrankung der Wirbelsäule.

Spongia [mhd. sponge, über lat. aus grch. spongos] *die, -/. . .gi|en, meist Pl.,* ⚕ Schwamm. **spongiös,** schwammig.

spönne, von spinnen.

Sponsali|en [lat. sponsalia ›Verlobung‹], *Pl., ⁀* Verlöbnis; Verlobungsgeschenke.

sponsern, *ich sponsere (habe gesponsert) ihn, es,* betreue als Sponsor: *der Bankier sponsert den Jungfilmer.* **Sponsor** [sp'ɔnsər, engl., zu lat. ›Bürge‹] *der, -s/-s,* **1)** Gönner, Geldgeber. **2)** Auftraggeber, bes. für Werbesendungen in Hörfunk und Fernsehen.

spontan [lat. spontaneus, zu sponte ›aus eigenem Antrieb‹], **1)** aus freier Regung, aus eigenem Antrieb; von selbst erfolgend. **2)** einer plötzlichen Eingebung folgend: *ein spontaner Entschluß.* **Spontaneität** [-ne:i-] *die, -.* **Sponti** *der, -s/-s,* Angehöriger von undogmatisch sozialistischen Studentengruppen, die mit spontanen Aktionen hervortreten.

Spoon [spu:n, engl.] ›Löffel‹] *der, -s/-s,* ein Golfschläger, ABB. G 32.

Spor *der, -(e)s/-e, schwäb.:* Schimmel(pilz).

sporadisch [grch. sporadikos ›verstreut‹], vereinzelt (vorkommend), selten.

Spor|angium [vgl. Spore und grch. angeion ›Gefäß‹] *das, -s/. . .gi|en,* Sporenbehälter.

sporco, sporko.
Spore [grch. spora ›Same‹] *die, -/-n,* pflanzl. und tierische Verbreitungszelle.
Sporen, *Pl.* von **1)** Spore. **2)** Sporn.
Sporenpflanze [zu Spore] *die,* Pflanze, die sich durch Sporen vermehrt. **Sporentierchen** *das,* als Schmarotzer lebendes einzelliges Tier. **sporig,** *schwäb.:* schimmelig.
sporko [ital. sporco ›unrein‹], auch sporco, brutto. **Sporko** *das, -s,* Bruttogewicht.
Sporn [ahd. sporo, zu Spur] *der, -(e)s/Sp'oren,* **1)** *meist Pl.,* Metallbügel (mit Rädchen) am Absatz des Reiterstiefels, ABB. S 57; Abzeichen des Ritters: *er gab dem Pferd die Sporen; er verdiente sich die Sporen,* Ü bewährte sich (als Kämpfer für eine Sache). **2)** 🐓 Hornfortsatz, z. B. am Fuß des Hahns, ABB. H 26. **3)** 🌼 ein Blütenblatteil, z. B. beim Rittersporn. **4)** spitzer Hornteil am Flügel der Wehrvögel. **5)** *Pl.* Sp'orne, Name von Vorsprüngen, z. B. Ramme (am Schiff), Gleitkufe oder Rad unter dem Heck von Flugzeugen, Eisnägel (an Schuhen). **6)** *ohne Pl.,* Ü Antrieb, Ansporn: *der S. des Ehrgeizes.* **spornen** [mhd. sporn], *ich sporne* (habe gespornt) *ein Tier,* gebe ihm die Sporen. **spornstreichs,** eilig, sofort.
Sporophyt [Spore und grch. phyton ›Pflanze‹] *der, -en/-en,* Sporenpflanze. **Sporozoen** [grch. zoon ›Lebewesen‹], *Pl.,* Sporentierchen, z. B. Malariaerreger.
Sport [engl., zu mlat. disportare ›sich zerstreuen‹] *der, -(e)s,* **1)** Sammelbez. für die an spielerischer Selbstentfaltung und am Leistungsstreben orientierten Formen menschl. Betätigung: *er treibt regelmäßig S.; Sportabzeichen; Sportlehrer; Sportmedizin; Sportplatz; sporttreibend; Sportverein; Ballsport; Behindertensport.* **2)** Liebhaberei, Zeitvertreib: *er sammelt Briefmarken als S.* **Sportartikel,** *Pl.,* Gegenstände, die man zur Ausübung des Sports benötigt.
Sportel [lat. sportula ›Speisekörbchen‹] *die, -/-n, meist Pl.,* früher: eine Verwaltungsgebühr, die unmittelbar den beteiligten Beamten zufloß.
sporteln, *ich sport(e)le* (habe gesportelt), Ü treibe (ein wenig) Sport. **Sportfisch** *der,* beliebter Fisch der Angler. **Sportherz** *das,* durch sportl. Tätigkeit vergrößertes Herz. **sportiv** [frz.], sportlich: *das sportive Element der Veranstaltung.* **Sportler** *der, -s/-,* **Sportlerin** *die, -/-nen,* jemand, der Sport treibt. **sportlich, 1)** den Sport betreffend. **2)** sich als Sportler verhaltend, fair. **3)** durch Sport gestählt, trainiert: *eine sportliche Gestalt.* **Sportlichkeit** *die, -.* **Sportschuh** *der,* bequemer Schuh mit flachem Absatz, ABB. S 39. **Sportsmann** *der, -(e)s/-er* oder . . .*leute,* jemand, der gern und viel Sport treibt. **Sportwagen** *der, -s/-,* **1)** leichter Kinderwagen, ABB. K 19. **2)** schneller Kraftwagen, meist mit zweisitzigter Karosserie; Wettbewerbsfahrzeug des Automobilsports.
Spot [spot, engl. ›Fleck‹, ›Platz‹] *der, -s/-s,* kurze Szene in Rundfunk oder Fernsehen: *Werbespot.* **Spotgeschäft** *das,* 🕮 Geschäft gegen sofortige Kasse und Lieferung. **Spotlight** [sp'ɔtlait, engl.] *das, -s/-s,* auf einen Punkt gerichtetes, stark konzentriertes Licht, z. B. im Theater.
Spott [ahd. spot] *der, -(e)s,* das Auslachen, das Lächerlichmachen: *wer den Schaden hat, braucht für den S. nicht zu sorgen; er treibt seinen S. mit ihm; Spottlied; Spottname.* **Spottbild** *das,* Zerrbild, Karikatur. **spottbillig,** sehr billig. **Spöttelei** *die, -.* **spötteln,** *ich spött(e)le* (habe gespöttelt) *über ihn, etwas,* spotte gutmütig. **spotten** [ahd. spotton], *ich spotte* (habe gespottet), **1)** *über ihn, etwas,* ♻ *seiner,* mache mich lustig über ihn, es, mache ihn, es lächerlich. **2)** *seiner,* halte für gering, setze mich darüber hinweg: *die Flut spottete aller Hindernisse,* ging ohne weiteres darüber weg; *das spottet jeder Beschreibung,* Ü das kann man nicht beschreiben (so schlimm ist es). **Spötter** *der, -s/-,* **1)** jemand, der gern boshafte Bemerkungen macht. **2)** Spottvogel **Spöttgeld** *das,* Ü sehr wenig Geld. **spöttisch,** *sie lächelte s.; eine spöttische Bemerkung.* **Spottpreis** *der,* bes. geringer Preis: *er hat das Auto für einen S. gekauft.* **Spottvogel** *der,* **1)** Vogel, der Vogelstimmen und andere Laute nachahmt. **2)** Ü spöttischer Mensch.
SPQR [lat.], Abk. für: Senatus Populusque Romanus, Senat und Volk von Rom.
sprach, von sprechen. **Sprachatlas** *der,* 🕮 eine Kartensammlung zur Sprachgeographie. **Sprachbarriere** [-je:-] *die, meist Pl.,* 🕮 **1)** die Annahme, daß Angehörige unterer sozialer Schichten auf Grund einer geringeren sprachlichen Ausdrucksfähigkeit im sozialen Aufstieg behindert seien. **2)** im weiteren Sinne: Kommunikationsschwierigkeiten. **Sprachdenkmal** *das,* ein für den Stand oder die Entwicklung einer Sprache bedeutsamer Text aus vergangenen Zeiten. **Sprache** [ahd.

sprahha] *die, -/-n,* **1)** Gebrauch gleichbleibender Zeichen (z. B. Laute, Wörter, Gebärden) zur Verständigung (um Gedanken, Gefühle, Willensregungen darzustellen): *die menschliche S.; die S. der Natur, des Herzens, der Vernunft; ihre Augen sprechen eine beredte S.; Zeichensprache; Sprachakademie; Sprachberatung; Sprachentwicklung; Spracherziehung; Sprachgenie; Sprachpflege.* **2)** die einzelne Sprechleistung: *er will nicht recht mit der S. heraus,* will über etwas nicht sprechen; *ich bringe es zur S.,* sorge dafür, daß es besprochen wird; *er führt eine dreiste S.,* unverschämte Reden. **3)** Fähigkeit zu reden: *er hat die S. verloren,* kann kein Wort herausbringen. **4)** Sprechweise, der persönl. Stil, die individuelle Auswahl und Fügung von Sprachmitteln: *seine S. klingt unbeholfen; eine bilderreiche S.; er ist sprachgestört, sprachgewandt.* **5)** Gesamtheit der einer Menschengruppe gemeinsamen verbalen Ausdrucksmöglichkeiten: *Bühnensprache; Fachsprache; Gaunersprache; Muttersprache; Sprachgebiet; Sprachgrenze; die S. der Technik, der Wissenschaft; die S. eines Volkes; die indogermanischen Sprachen; die deutsche S.,* vgl. ÜBERS. D 6; *er beherrscht, spricht fünf Sprachen; alte Sprachen,* die Sprachen des Altertums; *Latein ist eine tote S.,* wird nicht mehr als Muttersprache gesprochen. **6)** Programmiersprache. **Spracheingabe** *die,* Eingabe gesprochener Information in eine Datenverarbeitungsanlage. **Sprachenrecht** *das,* das gesetzlich geregelte Recht für nationale Minderheiten oder verschiedene Volksgruppen zum Gebrauch ihrer eigenen Sprache. **Spracherwerb** *der,* 🕲 Erwerb der Fähigkeit, sprachliche Äußerungen zu verstehen und situationsprechend anzuwenden. **Sprachfamilie** [-iə] *die,* 🕲 eine Sprachverwandtschaft. **Sprachfehler** *der,* eine geringfügige Sprachstörung. **Sprachführer** *der,* Buch mit kurzen Erläuterungen zum Gebrauch einer fremden Sprache, bes. für Auslandsreisen. **Sprachgebrauch** *der,* die Sprachgewohnheit einer Sprachgemeinschaft. **Sprachgefühl** *das,* durch den Gebrauch erworbenes und unreflektiert verfügbares Wissen um die Korrektheit der Bildung sprachlicher Formen und deren sinngemäße Anwendung. **Sprachgeographie** *die,* Teilgebiet der Sprachwissenschaft, das die geograph. Verbreitung gegenwärtiger und historischer sprachl. Erscheinungen erfaßt und auf Karten festhält. **. . .sprachig,** eine bestimmte Sprache sprechend, in einer bestimmten Sprache oder einer bestimmten Zahl von Sprachen: *fremdsprachig; zweisprachig.* **Sprachinsel** *die,* 🕲 kleinerer sprachl. Bezirk innerhalb einer anderssprachigen größeren Sprachgemeinschaft. **Sprachlabor** *das,* mit audiovisuellen Unterrichtsmitteln ausgestattete Einrichtung für das programmierte Lernen im Sprachunterricht. **Sprachlehre** *die,* Grammatik, Lehre von den Regeln für den richtigen Gebrauch einer Sprache. ÜBERS. G 34. **sprachlich,** *er ist s. unsicher; sprachliche Eigentümlichkeiten.* **. . .sprachlich,** auf bestimmte Sprachen bezüglich: *fremdsprachlich.* **sprachlos, 1)** stumm, der Sprache beraubt. **2)** Ü sehr überrascht. **Sprachlosigkeit** *die, -.* **Sprachnorm** *die,* 🕲 Gesamtheit der Richtlinien für einen als vorbildlich geltenden Sprachgebrauch. **Sprachreform** *die,* behördlicher Eingriff in den Bestand einer Sprache. **Sprachregeln,** *Pl.,* Regeln für den richtigen Gebrauch einer Sprache. **Sprachreg(e)lung** *die,* Anordnung oder Empfehlung über die erwünschte publizistische Darstellung von Ereignissen und Entwicklungen in autoritären und totalitären Staaten. **Sprachreiniger** *der,* Purist. **Sprachreinigung** *die, -,* Purismus. **Sprachrohr** *das,* Schalltrichter, ABB. R 25: *er machte sich zum S. einer Sache,* Ü trat öffentlich dafür ein. **Sprachschatz** *der,* Gesamtheit der Wörter und Wendungen einer Sprache. **Sprachstörung** *die,* Behinderung der Sprachfähigung. **Sprachverwandtschaft** *die,* enge historische Beziehungen zwischen Sprachen. **Sprachwissenschaft** *die,* Linguistik, die Wissenschaft, die Wesen und Geschichte, Leistung und Wirkung der menschl. Sprachen untersucht. **Sprachzentrum** *das,* Teil des Gehirns, der der Sprachbildung und dem Sprachverständnis dient.
sprang, von springen.
Spray [sprei, engl. to spray ›sprühen‹] *der* oder *das, -s/-s,* Zerstäuber für Flüssigkeiten; auch der damit erzeugte Sprühstrahl: *Goldspray; Haarspray; Spraydose.* **sprayen** [spr'e:ən], *ich spraye* (habe gesprayt) *etwas.*
Sprechanlage *die,* eine Fernsprechanlage: *innerbetriebliche S.; Gegensprechanlage; Wechselsprechanlage.* **Sprechblase** *die,* bes. in Bildergeschichten die rahmenartige Blase am Mund des Sprechers, in die das Gesprochene eingezeichnet ist, ABB. S 57. **Sprechchor** *der,* **1)** künstlerisch gestaltetes gemeinsames Sprechen (von Dichtung). **2)** das Reden und

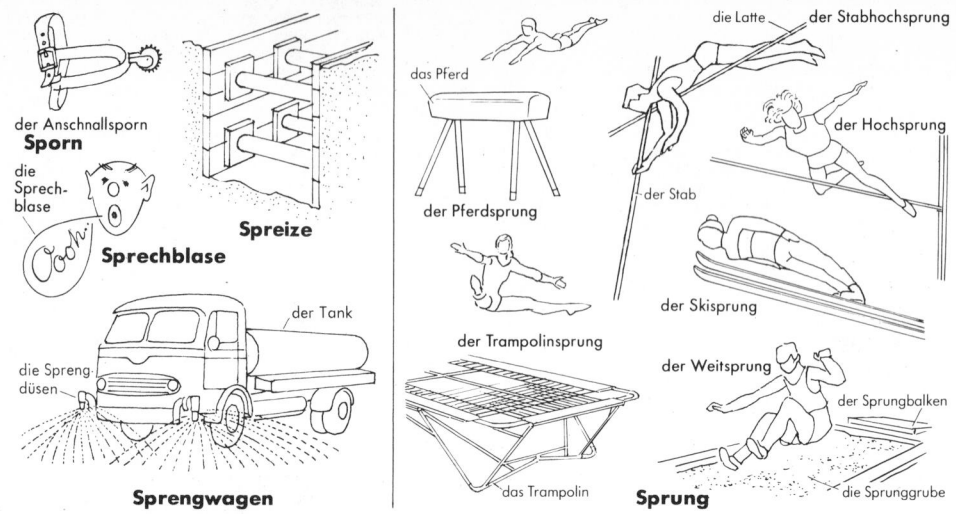

der Anschnallsporn
Sporn
die Sprech-blase
Sprechblase
Spreize
das Pferd
der Pferdsprung
der Tank
die Spreng-düsen
Sprengwagen
die Latte · der Stabhochsprung
der Hochsprung
der Stab
der Skisprung
das Trampolin · der Trampolinsprung
der Weitsprung
der Sprungbalken
die Sprunggrube
Sprung

Rufen einer Gruppe bei (polit.) Veranstaltungen. **sprechen** [ahd. sprehhan], *ich* spreche (sprach, habe gesprochen; *du* sprichst, *er* spricht; sprich!), 1) bilde Laute, sage Worte, halte eine Rede: *das Kind lernt sprechen; er spricht sehr undeutlich; der Politiker sprach im Rundfunk, im Fernsehen; er sprach drei Stunden; das lange Sprechen strengt ihn an.* 2) *es,* sage, rede: *er spricht fünf Sprachen; ich s. Dialekt, die Wahrheit, ein Gebet; er spricht kein Deutsch,* aber: *sie hat mit ihm deutsch gesprochen,* vgl. deutsch; *das spricht Bände,* Ü erklärt vieles; *er spricht in Rätseln,* Ü drückt sich so aus, daß es niemand versteht. 3) *von ihm, über ihn, über etwas, zu ihm, mit ihm,* rede, teile etwas mit: *er hat eine Stunde über diese Fragen gesprochen; ich bin auf ihn (nicht) gut zu sprechen,* ihm (nicht) gut gesinnt; *ist Herr Becker zu sprechen?,* empfängt er Besuch? 4) Ü bringe etwas zum Ausdruck: *aus seinen Augen sprach der blanke Neid; dieses Buch spricht von den Jugendjahren des Autors; gegen diese Annahme sprechen wichtige Tatsachen; es spricht für ihn, etwas,* nimmt für ihn ein, macht es glaubhaft. **sprechend,** ausdrucksvoll, vielsagend: *s. ähnlich, sehr ähnlich; ein sprechender Beweis,* ein schlagender, einwandfreier. **Sprecher** *der, -s/-,* **Sprecherin** *die, -/-nen,* 1) Redner(in); Ansager(in) im Rundfunk, Fernsehen: *Nachrichtensprecher.* 2) Wortführer(in) einer Gruppe: *Regierungssprecher.* **Sprech|erziehung** *die,* Ausbildung zu korrektem Sprechen mit Übungen zur Atem-, Stimmtechnik, Lautbildung u. a. **Sprechfunk** *der,* 1) das Fernsprechen über Funk. 2) das Sprechen über ein Funksprechgerät. **Sprechgesang** *der,* dem Sprechton angenäherte Singweise. **Sprechmuschel** *die,* ⦅🕭⦆ Abb. F 16. **Sprechplatte** *die,* Schallplatte mit einem gesprochenen Text. **Sprechstunde** *die,* Zeit, in der jemand zu sprechen ist (Arzt, Behörde): *S. täglich von 9 bis 12 Uhr.* **Sprechstundenhilfe** *die,* Berufsbez. für eine Arzt- oder Zahnarzthelferin. **Sprechwerkzeuge,** *Pl.,* die zum Sprechen benutzten Organe, z. B. Lippen, Zunge. **Sprechzimmer** *das,* Zimmer, in dem die Sprechstunde abgehalten wird.

Spree, Sprehe *die, -/-n, norddt.:* Star (Vogel). **Spreißel** [mhd. sprizel] *der, -s/-, süddt.:* Splitter, Span. **Spreißelholz** *das, österr.:* Kleinholz. **spreißen,** *es* spreißt (hat gespreißt), *süddt.:* zersplittert. **Spreite** *die, -/-n,* 1) *alem.:* Ausgebreitetes, z. B. Tischdecke. 2) Hauptteil des Blattes, Abb. B 34. **spreiten** [ahd. spreiten ›ausbreiten‹], *ich* spreite (habe gespreitet) *es,* ⚯ breite aus. **Spreize** *die, -/-n,* 1) Turnerstellung, Abb. L 6, L 7. 2) 🏗 Sprieße, Strebe, die zwei Bauteile gegeneinander abstützt, Abb. S 57. **spreizen** [ahd. spriuzzan], *ich* spreize (habe gespreizt), 1) *es,* stelle auseinander, breite aus: *ich s. die Beine; spreizbeinig.* 2) *die Eule spreizt alle Federn,* sträubt. 3) *mich,* Ü tue wichtig, ziere mich; sträube mich; vgl. gespreizt. **Spreiz-**

fuß *der,* ♯ eine Form von Plattfuß. **Spreizung** *die, -/-en,* das Spreizen.

Sprengel [mhd. sprengel, eigtl. ›Weihwedel‹] *der, -s/-,* 1) Amtsbezirk eines Geistlichen oder einer weltl. Behörde. 2) Weihwasserwedel.

sprengen [ahd. sprengan], *ich* sprenge (habe gesprengt), 1) *es,* lasse in Stücke springen, lasse explodieren, zerstöre durch Sprengstoff: *die Brücke wurde gesprengt.* 2) *es,* öffne mit Gewalt, breche auf, reiße auseinander: *man sprenge das Tor; er sprengte seine Fesseln; die Versammlung wurde gesprengt,* Ü auseinandergetrieben; *das sprengt den Rahmen des Üblichen,* Ü geht darüber hinaus; *heute wurde die Bank gesprengt,* Ü der Spielbank, dem Bankhalter durch einen hohen Gewinn alles Geld abgenommen. 3) *es,* ⚯ lasse springen, jage: *er sprengte sein Roß durch den Fluß.* 4) *es,* befeuchte (Wäsche vor dem Bügeln); bespritze, besprühe (Rasen, Straßen). 5) (bin gesprengt), jage davon, galoppiere. **Sprenggel,** Ü Gefechtskopf: *Atomsprengkopf.* **Sprengring** *der,* ⊘ geschlitzter Ring zur Festlegung von Maschinenteilen und als Schraubensicherung. **Sprengstoff** *der,* Explosivstoff, bei dem die durch Zündung hervorgerufene plötzliche Volumenvergrößerung von Gasen und Dämpfen zerreißend wirkt: *Sprengstoffanschlag.* **Sprengung** *die, -/-en,* das Sprengen. **Sprengwagen** *der,* Fahrzeug mit Wassertank zum Besprengen der Straßen, Abb. S 57. **Sprengwerk** *das,* 🏗 Tragkonstruktion, die durch schräge Streben von unten abgestützt wird.

Sprenkel [niederdt., zu springen] *der, -s/-,* Gerät zum Vogelfang.

Sprenkel [mhd. spreckel] *der, -s/-,* Tüpfel, andersfarbiger Punkt, Fleck. **sprenk(e)lig,** gesprenkelt. **sprenkeln,** *ich* sprenk(e)le (habe gesprenkelt) *es,* tüpfele, punktele, vgl. Abb. M 26.

Sprenzel *der, -s/-,* 1) *oberdt.:* Leitersprosse. 2) *schweiz.:* magerer Mensch, schwächliches Kind.

sprenzen [mhd. sprenzen], *ich* sprenze (habe gesprenzt), *südwestdt.:* 1) *es,* sprenge, spritze. 2) *es sprenzt,* regnet leicht.

sprett, *alem.:* ausgebreitet (Gras, Heu).

Spreu [ahd. spriu] *die, -,* die Hülsen, Spelzen, Grannen des gedroschenen Getreides; Sinnbild des Wertlosen: *er sonderte die S. vom Weizen,* Ü edel Schlechtes aus.

Spreutlage *die,* Faschinenbündel als Schutz von Uferböschungen.

sprichst, von sprechen. **Sprichwort** *das, -(e)s/̈er,* kurzer, im Volksmund umlaufender, oft bildhafter, einprägsamer Spruch oder eine Lebensregel: *das S. sagt: Lügen haben kurze Beine; Sprichwörtersammlung.* **sprichwörtlich,** sprichwörtliche Redensarten.

Spriegel *der, -s/-, westdt.:* 1) gebogener Stab oder eine

Schiene, z. B. Spannbügel am Wagenverdeck. **2)** Aufhängebügel für Fleisch.

Sprieße [zu spreizen] *die, -/-en,* ⊓ Spreize. **Sprießel** *der, -s/-,* österr.: Holzstange; Sitzstange (im Vogelkäfig). **sprießen,** *ich* sprieße (habe gesprießt) *es,* stütze.

sprießen [mhd. spriezen], *es* sprießt (sproß, ist gesprossen), wächst, keimt, sproßt: *die Blumen sprießen aus der Erde.*

Spriet [niederdt., zu mhd. spriuz ›Stützbalken‹] *das, -(e)s/-e,* ꝋ Stange, die ein Segel ausspannt, ABB. S 45: *Bugspriet.*

Spring *die, -/-e,* ꝋ Tau vom Achterschiff zur Ankerkette zum Querlegen des Schiffes.

Spring *der, -(e)s/-e,* norddt.: Quelle. **Springbock** *der,* **1)** eine Gazelle. **2)** ein Ur-Insekt. **Springbogen** *der,* ♪ Strichart bei Streichinstrumenten. **Springbrunnen** *der,* Brunnen, bei dem Wasser durch Druck ins Freie schießt und dann in einem Becken aufgefangen wird, ABB. B 52, P 3, W 6. **springen** [ahd. springan], *ich* springe (sprang, bin gesprungen), **1)** mache einen Sprung, schnelle mich ab, ABB. S 57: *Fritz springt 5 m weit und 1,50 m hoch; er ist in der Schule gesprungen,* ꝋ *hat eine Klasse ausgelassen; der Vortragende hat an einer Stelle gesprungen,* ꝋ *hat etwas weggelassen; laß mal etwas springen,* ꝋ *gib etwas aus, spendiere etwas.* **2)** ꝋ *laufe, eile mich: spring mal schnell zum Fleischer!* **3)** *Tiere springen, bespringen, begatten sich.* **4)** *es springt, macht einen Ruck: der Zeiger sprang auf 8; ein Stein springt,* überschlägt in bestimmter Ordnung einige Felder (im Brettspiel). **5)** *es springt, bewegt sich rasch, schnellt in die Höhe: der Wasserstrahl springt (in die Höhe); die Quellen springen; etwas springt in die Augen,* ꝋ *tritt bes. hervor; der springende Punkt,* ꝋ *der entscheidende.* **6)** *es springt von etwas, löst sich (ruckweise), wird rissig, birst, geht entzwei: der Putz springt von der Wand; das Glas ist gesprungen; die Saite ist gesprungen, gerissen.* **Springer** *der, -s/-,* **1)** jemand, der springt: *der Tiger ist ein guter S.* **2)** Rössel, eine Schachfigur, ABB. S 9. **3)** ꝅ Bespringer, Zuchttier. **4)** Teil der Angel, ABB. A 14. **5)** Schlüsselbein der Vögel. **Springerl** *das, -s/-, bair.:* Sprudelwasser. **Springerle** *das, -s/-, alem.:* ein weihnachtliches Kleingebäck. **Springflut** *die,* besonders hohe Flut. **Springform** *die,* eine Kuchenform, ABB. K 51. **Springinsfeld** *der, -(e)s,* ꝋ leichtsinniger, fröhlicher junger Mensch. **Springkraut** *das,* Pflanzen mit Früchten, die bei Berührung aufspringen. **springlebendig,** ꝋ lebhaft und kerngesund. **Springmaus** *die,* ein Nagetier mit langen Hinterbeinen und langem Stützschwanz. **Springreiten** *das, -s* Pferdesport: Jagdspringen. **Springseil** *das,* auch Sprungseil, ein Kinderspielzeug und Gymnastikgerät, vgl. ABB. S 53. **Springtide** *die, niederdt.:* Springflut. **Springwurz(el)** *die,* ⊕ Name verschiedener Pflanzen.

Sprinkler [engl. to sprinkle ›besprengen‹] *der, -s/-,* **1)** ortsfeste Feuerlöschanlage mit Sprühdüsen, die sich bei hoher Wärmeeinwirkung selbsttätig einschaltet: *Sprinkleranlage.* **2)** Rasensprenger.

Sprint [engl. to sprint ›schnell laufen‹] *der, -s/-s,* ⚡ kurzes Rennen, bes. in Leichtathletik (Kurzstreckenlauf), Eisschnellauf und Radsport: *Sprintstrecke.* **sprinten,** *ich* sprinte (habe, bin gesprintet). **Sprinter** *der, -s/-,* Kurzstreckenläufer, -fahrer, -schwimmer.

Sprit [frz. esprit, zu lat. spiritus ›Geist‹] *der, -(e)s/-e,* ꝋ Spiritus; Alkohol, Branntwein. **2)** ꝋ Treibstoff, Benzin.

Spritzarbeit *die,* Spritzmalerei. **Spritze** [mhd. sprütze] *die, -/-n,* **1)** Gerät zum Ausstoßen (einer Flüssigkeit, eines pulverförmigen Stoffes) in feinem Strahl, z. B. Feuerlöschen, vgl. ABB. F 19, zum Besprengen des Gartens, ABB. S 58: *der Mann an der S.,* ꝋ einflußreicher Mann. **2)** ✚ Einspritzung, Gerät dafür, ABB. S 58, Z 2. **spritzen** [mhd. sprützen], *ich* spritze (habe gespritzt), **1)** *es,* schleudere (eine Flüssigkeit als Strahl) auf, in, gegen etwas; bespritze, besprühe etwas mit der Spritze; trage mit der Spritzpistole auf: *ich s. Sahne auf die Torte; die Obstbäume wurden mehrmals gespritzt,* mit Pflanzenschutzmitteln besprüht; *gespritztes Obst; wir lassen den Wagen grün spritzen,* lackieren. **2)** *ihn, es,* ✚ gebe eine Einspritzung. **3)** *ihn, es,* plansche, bespritze mit Wasser. **4)** *Wein,* mit Sodawasser. **5)** (bin gespritzt), ꝋ renne, laufe, eile. **6)** wien.: rede gekünstelt hochdeutsch. **7)** *es spritzt,* springt rasch aus etwas hervor, sprüht: *der Regen spritzt gegen die Scheiben.* **Spritzenhaus** *das,* ꝅ Feuerwehrhaus, bes. in Dörfern, oft zugleich Polizeigefängnis. **Spritzer** *der, -s/-,* **1)** Fleck, z. B. durch Autos aufgeschleuderter Straßenschmutz. **2)** kleinste Menge. **3)** ꝋ Regenguß. **Spritzfahrt** *die,* ꝋ Spritztour. **Spritzflasche** *die,* chemisches Laboratoriumsgerät für Waschflüssigkeiten. **Spritzgebackene** *das, -n, ohne Arti-*

kel: *-s,* ein Kleingebäck. **Spritzguß** *der,* Gießverfahren für Kunststoffe und Metalle. **spritzig, 1)** prickelnd (Wein). **2)** ꝋ witzig, geistreich; schwungvoll. **3)** *schweiz.:* jähzornig. **Spritzkanne** *die, schweiz.:* Gießkanne. **Spritzkuchen** *der,* mit einer Spritze geformtes Gebäck. **Spritzmalerei** *die,* auch Spritzarbeit, das Auftragen von Farbe mit einer Spritzpistole. **Spritzpistole** *die,* pistolenförmiges Gerät zum Aufspritzen von flüssigen oder staubförmigen Stoffen (Farben, Lacke, Fasern), ABB. M 2. **Spritztour** *die,* Spritzfahrt, ꝋ kleiner Ausflug mit einem Fahrzeug.

sprock, *niederdt.:* spröde. **Sprock** *der* oder *das, -(e)s/ᵘe, niederdt.:* dürres Holz.

spröd(e) [frühnhd.], **1)** hart und doch brüchig, nicht biegbar. **2)** schwer formbar: *ein spröder Stoff.* **3)** ꝋ abweisend, verschlossen, bes. dem anderen Geschlecht gegenüber: *ein sprödes Mädchen.* **Sprödheit, Sprödigkeit** *die, -.*

sproß, von sprießen. **Sproß** *der, Spr'osses/Spr'osse,* **1)** ⊕ Trieb, Schößling. **2)** ꝋ Abkömmling. **3)** *Pl. Spr'osse,* ꝏ Sprosse. **Sproßachse** *die,* Stengel, meist zylindrischer, stabförmiger Pflanzenteil. **Sprößchen** *das, -s/-.* **Sprosse** [ahd. sprozzo] *die, -/-n,* **1)** Trittstange, Querholz an der Leiter, ABB. L 8. **2)** auch Sproß, ꝏ Zacke am Geweih, ABB. G 21. **3)** Teilung, z. B. des Fensters, ABB. F 12. **4)** dunkler Fleck: *Sommersprosse.* **sprossen,** *es* sproßt (hat, ist gesproßt), treibt Sprosse, sprießt: *Pflanzen sprossen.* **Sprossenkohl** *der,* Rosenkohl. **Sprossenwand** *die,* Turngerät, ABB. T 22. **Sprosser** *der, -s/-,* eine osteurop. Nachtigall. **Sprößlein** *das, -s/-.* **Sprößling** *der, -s/-e,* **1)** ꝋ Nachkomme. **2)** ꝋ ironisch: *er brachte seine Sprößlinge in die Schule.* **Sproßpilz** *der,* ein niederer Pilz, der sich bes. durch Sprossung vermehrt: *Sproßpilzerkrankung.* **Sprossung** *die, -/-en,* Biologie: ungeschlechtl. Vermehrung.

Sprotte [niederdt., zu Sproß] *die, -/-n,* kleiner Heringsfisch: *Kieler Sprotten.*

Spruch [mhd. spruch, zu sprechen] *der, -(e)s/ᵘe,* **1)** lehrhafter Satz, oft in Reimform: *Sinnspruch; Wahlspruch; Spruchdichtung; die Sprüche Salomos,* B; *er macht Sprüche,* ꝋ gibt leeres Gerede von sich. **2)** Urteil, Anordnung, Entscheidung: *der S. des Gerichtes ist gefällt.* **3)** lyrische Gattungen des MA., häufig mit politischem oder moralischem Inhalt: *Sprechspruch und Sangspruch.* **4)** ꝏ kleinere Verserzählung. **Spruchband** *das, -(e)s/ᵘer,* **1)** Inschriftstreifen (auf Bildern des MA.). **2)** beschriftetes Band zur Werbung oder für polit. Zwecken. **Sprüchelchen** *das, -s/-,* Diminutiv zu Spruch. **Spruchkammer** *die,* nach 1945 eingerichtete Behörde zur Entscheidung in Entnazifizierungsverfahren. **Sprüchlein** *das, -s/-,* Diminutiv zu Spruch. **spruchreif,** reif zur Urteilsfällung, zur Entscheidung: *meine Pläne sind noch nicht s.*

Sprudel [wohl zu sprühen] *der, -s/-,* **1)** Wirbel, Strudel, z. B. am Springbrunnen, ABB. B 52. **2)** Sauerbrunnen, Mineralwasser. **sprudeln,** *ich* sprud(e)le (habe, bin gesprudelt), **1)** ꝋ sprühe (vor Begeisterung). **2)** (es), österr.: quirle. **3)** *es sprudelt,* wirbelt, quillt: *ein sprudelndes Getränk; die Worte sprudelten von seinen Lippen,* er redete schnell, hastig. **Sprudelstein** *der,* sphärolithischer Aragonit aus Mineralquellen. **Sprudler** *der, -s/-, österr.:* Quirl.

sprühen [frühnhd. spruen], *ich* sprühe (habe gesprüht), **1)** *es auf, in etwas,* bespritze mit einem feinverteilten, zerstäubten Stoff. **2)** ꝋ bin sehr lebhaft, ausgelassen: *er sprühte vor Witz; sie war sprühender Laune.* **3)** *es sprüht,* regnet in feinen Tropfen. **4)** *es sprüht,* stiebt, spritzt in kleinen Teilchen: *Funken sprühen.* **Sprühregen** *der,* feiner, leichter Regen.

Sprung [ahd. sprung, zu springen] *der, -(e)s/ᵘe,* **1)** Tätigkeit des Springens in die Weite, Höhe oder Tiefe; eine Hauptgruppe sportl. Wettkampfübungen, ABB. S 57: *der S. ins Wasser, von*

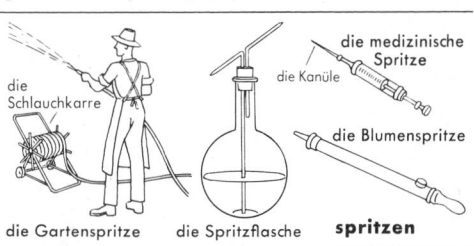

die Schlauchkarre
die Gartenspritze · die Spritzflasche · **spritzen**
die medizinische Spritze · die Kanüle · die Blumenspritze

S 58

der Schanze; mit wenigen Sprüngen setzte der Hase über das freie Feld; wir können keine großen Sprünge machen, U haben nicht viel Geld; *ich muß ihm manchmal auf die Sprünge helfen,* U ihn fördern. **2)** kleiner Spalt, Riß: *die Tasse hat einen S.* **3)** U kurze Entfernung; kurzer Zeitraum: *von meiner Wohnung zum Büro ist es nur ein Katzensprung; ich komme nur auf einen S.,* zu einem kurzen Besuch. **4)** plötzlicher Übergang, das Weglassen von Zwischenstufen: *die Natur macht keinen S.; ihre Gedankengänge machen öfter solche Sprünge; ein Gedankensprung.* **5)** ⚬ Hinterlauf des Hasen. **6)** ⚬ Lebensgemeinschaft von mehr als zwei Rehen. **7)** ⚬ Begattung. **Sprungbein** *das,* Fußknochen, mit dem Unterschenkel gelenkig verbunden, ABB. M 12.

Sprungbrett *das,* ein Hilfsgerät beim Turnen und Wasserspringen, ABB. B 2, T 22: *diese Stellung wurde ihm zum S. für seine weitere Laufbahn,* Ü zum fördernden Ausgangspunkt. **Sprungfeder** *die,* Stahlfeder in Matratzen, Polstern, ABB. M 10: *Sprung(feder)rahmen,* ABB. B 27. **sprunghaft, 1)** plötzlich, ruckweise: *die Preise sind s. gestiegen; sprunghafte Bewegungen.* **2)** Ü unfähig, einen Gedanken zu verfolgen: *sprunghaftes Denken; er ist sehr s.* **Sprunghaftigkeit** *die, -.* **Sprunglauf** *der,* das Skispringen. **Sprungschanze** *die,* Anlage für den Skisprung. **Sprungseil** *das,* Springseil. **Sprungtuch** *das, -(e)s/-ᵘer,* Rettungsgerät der Feuerwehr, ABB. F 19. **Sprungturm** *der,* Turm mit Plattformen zum Wasserspringen, ABB. B 2.

Sprutz [mhd. spruz] *der, -/ᵘ, schweiz.:* Spritzer: *ein S. Essig.*

Spucke [zu speien] *die, -,* U Speichel: *da bleibt mir die S. weg,* U da bin ich sprachlos vor Staunen; *Spucknapf; Spuckschale.* **spucken,** *ich* spucke (habe gespuckt), **1)** speie: *sie spuckt,* U erbricht sich; *ich s. darauf,* U es ist mir gleichgültig. **2)** *es,* gebe aus dem Mund von mir: *er spuckt große Töne,* U prahlt.

Spuk [mnd. spok] *der, -(e)s/-e, Pl.* selten, **1)** Sammelbez. für Erscheinungen, die durch ihre anscheinende Unerklärlichkeit den Charakter des Unheimlichen tragen: *Spukgestalt.* **2)** U Unfug, Lärm. **spuken,** *es* spukt (hat gespukt), **1)** geht als Geist um: *in der alten Ruine s. es.* **2)** Ü treibt sein Unwesen: *der Gedanke spukte in seinem Kopf.* **Spukgeschichte** *die,* Gespenstergeschichte. **spukhaft.**

Spülbecken *das,* Becken zum Geschirrspülen. **Spülbord** *der,* vordere Bootskante zum Schutz gegen einflutendes Wasser, ABB. B 43.

Spule [mhd. spuole] *die, -/-n,* **1)** Rolle, auf die Garn gewickelt wird. **2)** ⚡ Drahtwicklung aus vielen Windungen, ABB. M 1, R 19. **3)** Federkiel, ABB. F 10.

Spüle *die, -/-n,* Spülbecken.

spulen, *ich* spule (habe gespult) *es,* wickle (Garn) von einer Spule oder auf eine Spule.

spülen [mhd. spüelen] *ich* spüle (habe gespült), **1)** *es,* reinige, mess. mit Wasser (Geschirr, Wäsche). **2)** *Wasser spült es ans Ufer,* schwemmt an. **3)** *ein Fluß, das Meer spült ans Ufer,* schlägt mit Wellen dagegen. **Spülicht** *das, -(e)s/-e,* Spülwasser. **Spülkasten** *der,* ABB. B 2. **Spülmaschine** *die,* Geschirrspülmaschine. **Spülmittel** *das,* Zusatz zum Wasser beim Geschirrspülen. **Spülstein** *der,* Spülbecken. **Spülung** *die, -/-en,* **1)** das Spülen: *Wasserspülung.* **2)** ⊙ das Entfernen von verbrannten Gasen aus Motorzylindern.

Spulwurm *der,* ein Fadenwurm, Darmschmarotzer.

Spund [mhd. spunt, zu lat. expunctum ›Stichloch‹] *der, -(e)s/ᵘe,* **1)** Holzzapfen im Spundloch, ABB. F 8, auch sonst für Verschlüsse. **2)** ▥ Längszapfen, der in die Nut eingreift, ABB. H 24. **3)** *Pl. -e,* U junger Kerl. **spunden,** *ich* spunde (habe gespundet) *es,* stopfe zu, verschließe mit einem Spund. **spünden,** *ich* spünde (habe gespündet) *es,* ⚬ **1)** spunde. **2)** füge durch eine Falz zusammen. **Spundloch** *das,* Öffnung eines Fasses, ABB. F 8. **Spundwand** *die,* wasserdichte Schutzwand (bei Bauarbeiten), vgl. ABB. W 10.

Spur [ahd. spor] *die, -/-en,* **1)** Tritt, Abdruck, Fährte: *er ging ihren Spuren nach; man brachte uns auf die richtige S.,* Ü gab ihm einen Hinweis; *Spurensicherung.* **2)** ⚬ Fußabdruck des Haarwildes (ohne Schalenwild); vgl. ABB. F 4. **3)** Ü Anzeichen, Überrest: *jede S. ist verwischt; Spuren der Vergangenheit.* **4)** Ü winzige Menge, Kleinigkeit: *eine S. Salz; eine S. zuviel; keine S.,* U gar nicht(s). **5)** Spurweite. **6)** Unterteilung der Fahrbahn, Fahrstreifen, ABB. A 27: *Fahrspur; Spurwechsel.* **So** beschaffen, daß man es spüren kann: *es ist s. kälter geworden.* **spuren,** *ich* spure (habe gespurt), **1)** Skilauf: lege im Neuschnee die erste Spur. **2)** U gehorche, ordne mich ein. **spüren,** *ich* spüre (habe gespürt), **1)** ⚬ suche oder folge einer Spur. **2)** *es,* fühle, merke, nehme freudig oder schmerzlich wahr: *ich s. einen Schmerz.* **Spurenelemente,** *Pl.,* bestimmte

chem. Elemente, die in kleinsten Mengen für das Leben unentbehrlich sind. **Spürhund** *der,* Hund, der Wild oder Verbrecher aufspürt; Ü geschickter oder spitzelnder Mensch. **...spurig,** mit bestimmter Art oder Zahl von Spuren: *breitspurig; zweispurig.* **Spurkranz** *der,* bei Schienenfahrzeugen ringförmiger Wulst an der Innenseite des Radreifens, der die Räder im Gleis hält. **spurlos,** ohne eine Spur zu hinterlassen: *er ist s. verschwunden.* **Spürnase** *die,* gute Witterung, auch Ü. **Spürsinn** *der,* die Gabe, Verborgenes zu finden, auch Ü.

Spurt [engl.] *der, -(e)s/-s* oder *-e,* ✕ äußerste Steigerung der Geschwindigkeit in Lauf- und Rennwettbewerben: *Endspurt; Zwischenspurt; ein spurtstarker Läufer.* **spurten,** *ich* spurte (bin gespurtet).

Spurweite [zu Spur] *die,* **1)** Abstand zwischen den Innenkanten der Schienenköpfe eines Gleises, ABB. G 28. **2)** ⚬ Abstand der Reifenmitten einer Achse, ABB. A 3.

sputen [ahd. spuoten], *ich* spute *mich* (habe mich gesputet), beeile mich.

Sputnik [russ. ›Weggefährte‹] *der, -s/-s,* Name der ersten zehn sowjet. Erdsatelliten.

Sputum [lat.] *das, -s/...ta,* ⚕ Auswurf.

spützen [mhd. spützen], *ich* spütze (habe gespützt), *westmitteldt., niederdt.:* speie.

Spvgg., Abk. für: Spielvereinigung.

Square [skwˈɛə, engl.] *der* oder *das, -(s)/-s,* viereckiger Platz; Quadrat. **Square dance** [-daːns] *der, - -/- -s* [-dˈaːnsiz], amerikan. Volkstanz.

Squash [skwɔʃ, engl.] ›weicher Körper‹ *das, -,* **1)** dem Tennis ähnl. Ballspiel: *Squash-Tennis.* **2)** Erfrischungsgetränk aus ausgequetschten Früchten.

Squatter [skwˈɔtə, engl.] *der, -s/-,* in den Vereinigten Staaten von Amerika Ansiedler, der sich ohne Rechtstitel auf unbebautem Land niedergelassen hat.

Squaw [skwɔː, Algonkinsprache] *die, -/-s,* in Nordamerika unter Weißen übliche Bezeichnung für die Indianerin.

Squire [skwˈaɪə, engl., zu Esquire] *der, -(s)/-s,* engl. Gutsherr; in den Vereinigten Staaten von Amerika auch Friedensrichter.

Sr, ⚛ Zeichen für: Strontium.

Sr., Abk. für: Seiner (der Titeln): *Sr. Exzellenz.*

SRG, Abk. für: Schweizerische Radio- und Fernsehgesellschaft.

ß [ɛsˈɛt] *das, -/-,* Schreibung für hartes s im Auslaut, im Inlaut nur nach langem Vokal, ÜBERS. A 26.

SS, Abk. für: Schutzstaffel, Kampfverband der NSDAP.

SSD, Abk. für: Staatssicherheitsdienst.

SSO, Abk. für: Südsüdost(en), ABB. W 13.

SSR, Abk. für: Sozialistische Sowjetrepublik.

SSW, Abk. für: Südsüdwest(en), ABB. W 13.

st, Abk. für: Stunde.

St, Abk. für: französ. Saint.

st! [Schallw.], Stille!, Ruhe!

St., Abk. für **1)** Sankt. **2)** engl. Saint. **3)** Stück.

s. t., Abk. für: sine tempore.

Sta., Abk. für: Santa.

Staat [spätmhd., zu lat. status ›Stand‹] *der, -(e)s/-en,* **1)** eine Herrschaftsordnung, durch die ein Volk auf abgegrenztem Gebiet durch einheitl. Gewalt zur Wahrung gemeinsamer Güter und Werte verbunden ist: *der römische S.; die Belange des Staates; er arbeitet beim S.,* U bei einer staatl. Behörde; *für S.,* U der Staat; *Staatsbeamter; Staatsgebiet; Staatsoberhaupt; Staatsrecht; Staatsvolk; Staatswohl; staatsfeindlich.* **2)** größere Gemeinschaft mancher Tiere: *Ameisenstaat; Bienenstaat.* **3)** *ohne Pl.,* U Pracht, Aufwand: *das macht S.; damit kannst du (keinen) S. machen.* **staatenbildend,** *staatenbildende Insekten.* **Staatenbund** *der,* föderative Vereinigung mehrerer Staaten unter gemeinschaftl. Organen und Einrichtungen. **staatenlos,** ohne Staatsangehörigkeit. **Staatenlose** *der, die, -n/-n, ein -r, eine -.* **Staatenlosigkeit** *die, -.* **staat(i)sch,** *niederdt.:* stattlich, prachtvoll. **staatlich,** staatliche Einrichtungen. **Staatsakt** *der,* **1)** hoheitliche, rechtsgestaltende Entscheidung oberster Staatsorgane. **2)** polit. Veranstaltung in festlichem Rahmen. **Staatsaktion** *die,* **1)** polit. Staatshandlung. **2)** U großes Aufheben: *wir wollen daraus keine S. machen.* **Staatsangehörige** *der, die, -n/-n, ein -r, eine -.* **Staatsangehörigkeit** *die, -,* die Rechtsstellung, in der der einzelne als Glied des Staatsvolks am staatsbürgerl. Rechten und Pflichten teilhat. **Staatsanleihe** *die,* die Inanspruchnahme des Geld- und Kapitalmarktes durch Bund, Bahn, Post, Länder oder fremde Staaten. **Staatsanwalt** *der,* Beamter der Staatsanwaltschaft, vgl. ABB. A 13. **Staatsanwaltschaft** *die,* ♂♀ staatliche Untersuchungs- und Anklagebehörde im Strafverfahren. **Staatsbegräbnis** *das,* Begräbnis verdienter Persönlichkeiten mit öffentl. Ehren auf Staatskosten. **Staatsbesuch** *der,* offizieller Besuch eines Staatsoberhauptes in einem anderen Staat. **Staatsbürger** *der,* der (mit vollen polit. Rechten ausgestattete) Staatsangehörige: *der S. in Uniform,* Angehöriger der Bundeswehr. **staatsbürgerlich,** *staatsbürgerliche Rechte und Pflichten.* **staatsch. Staatsexamen** *das,* (akademische) Prüfung vor einer staatl. Kommission. **Staatsgeheimnis** *das,* 1) Tatsachen, Gegenstände oder Erkenntnisse, die vor einer fremden Macht geheimgehalten werden müssen. 2) ∪ großes, wichtiges Geheimnis: *mach nur kein S. daraus!* **Staatsgewalt** *die,* Staatshoheit. **Staatshaushalt** *der,* die Wirtschaftsführung eines Staates. **Staatshoheit** *die,* -, die Souveränität und die in ihr enthaltenen Herrschaftsrechte eines Staates. **Staatskirche** *die,* eine vom Staat mit besonderen Vorrechten ausgestattete und von anderen Kirchengemeinschaft. **Staatskleid** *das,* ∪ festl. Kleid. **Staatskosten,** *Pl.,* Kosten, die der Staat trägt: *er wurde auf S. freigesprochen.* **Staatskunst** *die,* Beherrschung und Anwendung der Mittel zu kluger Staatsführung. **Staatsmann** *der, -(e)s/...männer,* Politiker, leitende Persönlichkeit eines Staates. **staatsmännisch. Staatsprüfung** *die,* Staatsexamen. **Staatsräson** [-rɛzõ] *die,* der Grundsatz, daß oberste Richtschnur für das staatl. Handeln die Verwirklichung des Staatswohls ist. **Staatsrat** *der,* 1) Kollegium von Sachkundigen zur Begutachtung von Gesetzentwürfen und Verwaltungsmaßnahmen; Mitglied desselben. 2) Dt. Dem. Rep.: kollektives Staatsoberhaupt. 3) Schweiz: die Regierung einzelner Kantone. **Staatsreligion** *die,* die vom Staat in seinem Gebiet ausschließlich anerkannte oder bevorzugte Religion. **Staatsschatz** *der,* das Staatseigentum an Geld und Edelmetall. **Staatssekretär** *der,* hoher Staatsbeamter. **Staatssicherheitsdienst** *der,* Abk.: SSD, die politische Polizei in der Dt. Dem. Rep. **Staatsstreich** *der,* gewaltsamer, gegen die Verfassung gerichteter Umsturz der Macht. **Staatsverdrossenheit** *die,* gleichgültige oder negative Haltung gegenüber dem Staat. **Staatswissenschaft** *die,* Lehre vom Staat, seiner Verwaltung, seiner Wirtschaft und seinen Einrichtungen.

Stab [ahd. stab] *der, -(e)s/"e,* 1) Stock, Stange, bes. runde, glatte oder regelmäßig gemusterte: *Gitterstab; Holzstab; Wanderstab; Zauberstab; Zierstab,* ABB. Z 8; *Stabeisen; Stabpuppe.* 2) Amtsabzeichen, bes. der Bischöfe, Marschälle, Richter: *ich breche den S. über ihn,* Ü verurteile ihn. 3) ✂ Leichtathletik: an einem Staffellauf weitergegebene Holz; Turngerät für Stabhochsprung. 4) ⚙ Personal einer Kommandostelle (vom Bataillon aufwärts): *Stabsarzt; Stabsfeldwebel; Generalstab.* 5) Gruppe von Mitarbeitern zu einer leitenden Persönlichkeit: *Mitarbeiterstab.*

Stabat mater (dolorosa) [lat. ›die Mutter stand (mit Schmerzen)‹] *das, - -(-)/- -(-),* ein Marienhymnus.

Stäbchen *das, -s/-,* 1) Diminutiv zu Stab. 2) Sinneszellen der Netzhaut für das Sehen bei herabgesetzter Helligkeit. 3) stabförmiges Bakterium. 4) eine Häkelmasche. **stäbeln,** *ich stäb(e)le (habe gestäbelt) es, norddt.:* binde eine Pflanze an einen Stab. **stabend,** stabreimend.

Staberl, Gestalt der Wiener Posse, 1813 von A. Bäuerle eingeführt.

Stabführung *die,* musikal. Leitung. **Stabfußboden** *der,* stabförmiges Parkett, ABB. F 38. **Stabhochsprung** *der,* ✂ Hochsprung über eine Latte mit Hilfe einer langen Stange, ABB. S 57. **stabig, stäbig,** *schweiz.:* steif.

stabil [lat. stabilis, zu stare ›stehen‹], dauerhaft, standhaft, unveränderlich: *stabiles Gleichgewicht,* ABB. G 27: *er hat eine stabile Gesundheit,* Ü. **Stabilisation** [frz.] *die, -/-en.* **Stabilisator** *der, -s/...t'oren,* ein Gerät oder Mittel, das mechanische, physikalische oder chemische Vorgänge dämpft oder in einer Ruhelage hält. **stabilisieren** [frz. stabiliser], (ich stabilisiere (habe stabilisiert) es, festige, mache dauerhaft: *eine Währung wird stabilisiert,* Ursachen der Geldwertänderung werden beseitigt. **Stabilisierung** *die, -/-en,* Herstellung eines festen, dauerhaften Zustandes: *S. der Konjunktur.* **Stabilität** [frz., zu lat. stabilitas] *die, -/-en,* Beständigkeit, Dauerhaftigkeit, Standfestigkeit, Eigenschaft fester Körper, nach Aufhören störender Einflüsse wieder in den vorherigen Gleichgewichtszustand zurückzukehren: *Wirtschaftsstabilität; Stabilitätspolitik.*

Stabkirche *die,* norweg. Holzkirche. **Stabreim** *der,* Anlautreim, ·Alliteration, ÜBERS. R 15. **stabreimend. Stabsarzt** *der,* Sanitätsoffizier im Hauptmannsrang. **stabsichtig,** ✚ astigmatisch. **Stabsichtigkeit** *die,* ✚ Astigmatismus. **Stabsoffizier** *der,* Offizier im Rang von Oberst, Oberstleutnant, Major.

stacc., Abk. für **staccato** [ital. ›abgetrennt‹], ♪ kurz abgestoßen, nicht gebunden zu spielen oder zu singen, ABB. N 10; vgl. Stakkato.

stach, von stechen.

Stachel [ahd. stachila] *der, -s/-n,* 1) 🐾 stark entwickelte Haare, Spitze, Stechwerkzeug; Ü Sinnbild für etwas Verletzendes, Schmerzendes oder heftig Antreibendes: *der S. der Bienen, Wespen und vieler anderer Insekten; der Igel hat Stacheln,* ABB. I 1; *der S. des Ehrgeizes,* Ü; *wir wollen wider den S. löcken (lecken),* Ü einer herrschenden Tendenz oder einem Zwang entgegenwirken; *er nahm der Sache den S.,* Ü das Verletzende. 2) ⊕ an dem Rindengewebe entstammendes, spitzes Gebilde, z. B. ABB. R 28: *Rosenstachel.* **Stachelbeere** *die,* ein Beerenobststrauch und dessen Frucht, ABB. B 17, F 36. **Stacheldraht** *der,* Draht mit scharfen Spitzen, ABB. D 11: *Stacheldrahtverhau.* **Stachelflosser** *der, -s/-,* Knochenfisch mit meist stachelähnlichen Flossenstrahlen. **Stachelhäuter** *der, -s/-,* wirbelloses Meerestier mit meist fünfstrahliger Symmetrie wie der Seestern. **stach(e)lig,** voller Stacheln. **stacheln,** *es stachelt (hat gestachelt),* sticht mit Stacheln. **Stachelschwein** *das,* ein Nagetier mit zu Stacheln und Borsten umgebildeten Haaren.

Staches *der, -/-, schwäb.:* Narr.

Stachus [zu Eustachius], *oberdt.:* männl. Vorname.

stack, *südwestdt.:* unfruchtbar.

Stack *das, -(e)s/-e, niederdt.:* Buhne (am Fluß): *Stackdeich.*

stad, *oberdt.:* 1) still. 2) mäßig.

Stadel [ahd. stadal] *der, -s/-, oberdt.:* Scheune, leichtes Gebäude: *Heustadel.*

Staden [ahd. stad ›Gestade‹, ›Ufer‹] *der, -s/-, oberdt.:* Ufer, Kai; Uferstraße.

Stadion [grch., urspr. eine Länge von 192,25 m im Stadion von Olympia] *das, -s/...di|en,* 1) Kampfbahn, Sportplatz. 2) altgriech. Längenmaß. **Stadium** [lat. ›Rennbahn‹, ›Laufbahn‹] *das, -s/...di|en,* Zustand, Entwicklungsstufe: *die Verhandlungen sind in ein neues S. eingetreten; Entwicklungsstadium; Krankheitsstadium.*

Stadt [ahd. stat ›Ort‹, ›Stätte‹] *die, -/"e,* größere geschlossene Wohnsiedlung: *er ist aus der S.; die S. Graz; Altstadt; Großstadt; Vorstadt; die Ewige S., Rom; Stadtgebiet; Stadtbummel; Stadtklatsch; Stadtrand; Stadtrundfahrt; Stadtverkehr; die ganze S. spricht davon,* Ü es kam allgemein ins Gerede; *ich gehe in die S.,* Ü in die Innenstadt; *er arbeitet bei der S.,* Ü bei einer städtischen Behörde. **Stadtbahn** *die,* Eisenbahn für den Verkehr im Innern der Großstädte. **stadtbekannt,** *eine stadtbekannte Persönlichkeit.* **Stadtbild** *das:* ein *wohlerhaltenes mittelalterliches S.* **Städtchen** *das, -s/-.* **Städtebau** *der,* Gesamtheit der planenden, ordnenden und baulichen Maßnahmen zur räuml. Gestaltung im gemeindlichen Bereich. **städtebaulich. Städtepartnerschaft** *die,* Abkommen zwischen Städten verschiedener Staaten mit dem Ziel, einen Beitrag zur Völkerverständigung zu leisten. **Städter** *der, -s/-.* **Städterin** *die, -/-en,* Stadtbewohner(in). **Stadtgas** *das,* Brenngas mit festgelegten brenntechnischen Eigenschaften. **Stadtgespräch** *das,* 1) Telefonverkehr: *Stadtgespräch.* 2) ∪ Gerede, Klatsch: *diese Vorgänge wurdem zum S.* **städtisch,** die Stadt betreffend; wie in einer Stadt üblich: *städtische Behörden; städtische Gewohnheiten.* **Stadtkämmerer** *der,* Leiter der städtischen Finanzverwaltung. **Stadtkern** *der,* Zentrum einer Stadt; der älteste Teil einer Stadt. **Städtlein** *das, -s/-,* Diminutiv zu Stadt. **Stadtpark** *der,* öffentl. Park einer Stadt. **Stadtplan** *der,* Straßenkarte einer Stadt. **Stadtplanung** *die,* Entwicklungsplanung für eine Stadt. **Stadtrat** *der,* Gemeindevertretung einer Stadt; auch Mitglied derselben. **Stadtschreiber** *der,* ⚙ Leiter der städtischen Kanzlei. **Stadtstaat** *der,* eine Stadt, die ein selbständiges Staatswesen bildet. **Stadtstreicher** *der,* in Großstädten Person ohne festen Wohnsitz, meist Bettler. **Stadtteil** *der:* der *Großbrand im Osten des S.* **Stadtväter,** *Pl.,* ∪ der Rat der Stadt. **Stadtverordnete** *der, die, -n/-n, ein - e, eine -* gewählter Vertreter der Bürgerschaft einer Stadt: *Stadtverordnetenversammlung.* **Stadtviertel** *das,* Stadtteil.

Stafel *der, -s/"-, schweiz.:* Alm.

Stafette [ital. staffetta, zu staffa ›Steigbügel‹] *die, -/-n,* früher: reitender Eilbote, Kurier. **Stafẹttenlauf** der, ✗ Staffellauf.

Staffage [staf'a:ʒǝ, zu ausstaffieren] die, -/-n, malerisches Beiwerk, Füllwerk.

Staffel [ahd. staphal(a) ›Schritt‹, ›Stufe‹] die, -/-n, **1)** Stufe, bes. ein Grad in einer Folge, z. B. Leitersprosse, Giebelstufe, ABB. G 25; Gehaltsstufe. **2)** ⊕ treppenartige Verwerfungen der Erdoberfläche. **3)** ⚔ Heer: Nachschubabteilung; Luftwaffe: Einheit eines fliegenden Verbandes. **4)** ✗ Mannschaft beim Staffellauf und anderen Staffelkämpfen. **5)** südwestdt.: Stufenweg. **Staffelei** die, -/-en, Gestell für ein in Arbeit befindl. Gemälde, ABB. M 2. **Staffellauf** der, ✗ auch Stafettenlauf, ein Mannschaftswettlauf, bei dem die Einzelläufer über Teilstrecken einen Stab an den nächsten Läufer weitergeben. **Staffelmiete** die, Miete, die Mieterhöhungen in bestimmten Zeitabständen mit einschließt. **staffeln,** ich staff(e)le (habe gestaffelt) es, stufe ab: gestaffelte Gehälter, Steuern, Tarife. **Staff(e)lung** die, -/-en, das Staffeln.

Stag [niederdt.] das, -(e)s/-e(n), ⚓ Tau zum Befestigen von Masten und Stengen, ABB. S 45: Stagsegel; wir gehen über (den) S., wenden.

stageln, ich stag(e)le (habe gestagelet), auch staggele, schweiz.: stottere.

Stag|flation [zu Stagnation und Inflation] die, -/-en, Stagnation der Wirtschaftsentwicklung bei steigenden Preisen.

Stagione [stadʒ'o:nǝ, ital.] die, -/-n oder . . . ni, italien. Opern- oder Theaterspielzeit.

Stagnation [engl.] die, -/-en, Stockung, Stillstand. **stagnieren** [lat. stagnare ›überschwemmen‹, ›einen Teich bilden‹], es stagniert (hat stagniert), stockt, steht still, bleibt auf gleicher Leistungshöhe stehen. **Sta|gnierung** die, -/-en.

stahl, von stehlen.

Stahl der, -(e)s/-e oder -en/-en, niederdt.: Stal (Muster).

Stahl [ahd. stahal ›hart‹, ›fest‹] der, -(e)s/-e, selten -e, **1)** schmied- und härtbares Eisen mit geringem Kohlenstoffgehalt: Stahlbau; Sinnbild der Härte: ein Mann von S.; Nerven wie S.; stahlhart. **2)** ℙ Waffe, Schwert, Säbel. **3)** südostdt.: Bolzen: Plättstahl. **Stahlbeton** der, Beton mit Stahleinlagen. **stahlblau,** matt dunkelblau. **stählen** [mhd. stehelen] ich stähle (habe gestählt) mich, ihn, Ü kräftige, härte ab. **stählern, 1)** aus Stahl. **2)** wie Stahl, hart, Ü: ein stählerner Wille. **Stahlflachstraße** die, Behelfsfahrbahn aus Stahlplatten. **Stahlflasche** die, stählerner Hohlkörper zur Beförderung verdichteter Gase. **Stahlhelm** der, ABB. H 14. **Stahlhof** der, Stalhof. **Stahlkammer** die, feuer- und einbruchssicherer Aufbewahrungsraum, Tresor. **Stahl(rohr)möbel,** Pl., Möbel mit einem tragenden Gerüst aus Stahlrohr. **Stahlroß** das, U Fahrrad. **Stahlstich** der, in eine Stahlplatte eingegrabene Zeichnung; Abdruck davon. **Stahlwolle** die, zusammengehäufte lange Späne aus Stahl.

stahn, ⚭ stehen.

stak, von stecken.

Stake [mnd. stake ›spitzes Holz‹] die, -/-n, niederdt.: **1)** Stange, Pfahl. **2)** Busch-, Faschinen-, Flechtzaun. **staken,** ich stake (habe gestakt), **1)** niederdt.: **1)** stoße mit einer Stange weiter (Stechkahn). **2)** Garben, niederdt.: gabele mit einer Langgabel auf. **3)** (bin gestakt), U gehe steif, stakse. **Staken** der, -s/-, Stake. **Staker** der, -s/-, niederdt.: Garbenlader. **Staket** das, -(e)s/-e, Lattenzaun: Staketenzaun. **Stakete** die, -/-n, österr.: Latte.

Stakkato [vgl. staccato] das, -s/-s oder . . . ti, ♩ Vortrag mit kurz abgestoßenen Tönen.

staksen [mnd., zu Stake], ich stakse (bin gestakst), U gehe mit schweren, bedächtigen Schritten; stelze. **staksig,** U steif, hölzern. **Stakung** die, -/-en, ▥ Versteifung von Deckenbalken.

Stal der, -(e)s/-e oder -en/-en, niederdt.: **1)** Muster, Probe, Vorlage, Schnittmuster, Muster für Münzen. **2)** Stempel, Wertmarke.

Stalagmit [grch. stalagma ›Tropfen‹] der, -s/-e oder -en/-en, stehender Säulentropfstein. **Stalaktit** [grch. staláktos ›tröpfelnd‹] der, -s/-e oder -en/-en, hängender Zapfentropfstein: Stalaktitengewölbe, ▥ Gewölbeform in der islam. Baukunst.

Stalden [mhd. stalde] der, -s/-, schweiz.: steiler Weg.

Stalhof [mnd. stal ›Tuch‹] der, früher: Handelshof, Niederlassung, Kontor der Hanse in London.

Stalinismus [nach J. Stalin, 1879–1953] der, -, Bez. für die von Stalin entwickelte Interpretation des Marxismus-Leninismus und für das auf ihr aufbauende Herrschaftssystem. **Stalinist** der, -en/-en. **stalinistisch. Stalin|orgel** die, ✗ im zweiten Weltkrieg von der Roten Armee eingesetzter Mehrfachraketenwerfer.

Stall [ahd. stal ›Stelle‹, ›Standort‹] der, -(e)s/⸚e, **1)** Raum für das Vieh, ABB. S 59: Stalldünger; Stallknecht; sie haben einen S. voll Kinder, U viele. **2)** U schmutziges Zimmer. **3)** kurz für: Rennstall, Gesamtheit der Rennpferde eines Besitzers: das beste Pferd im S., Ü die beste Kraft eines Unternehmens. **4)** ohne Pl., Pferdeharn. **Ställchen** das, -s/-, **1)** Diminutiv zu Stall. **2)** U Laufstall für Kleinkinder, ABB. K 19. **stallen,** Pferde stallen (haben gestallt), **1)** stehen im Stall. **2)** harnen. **Staller**

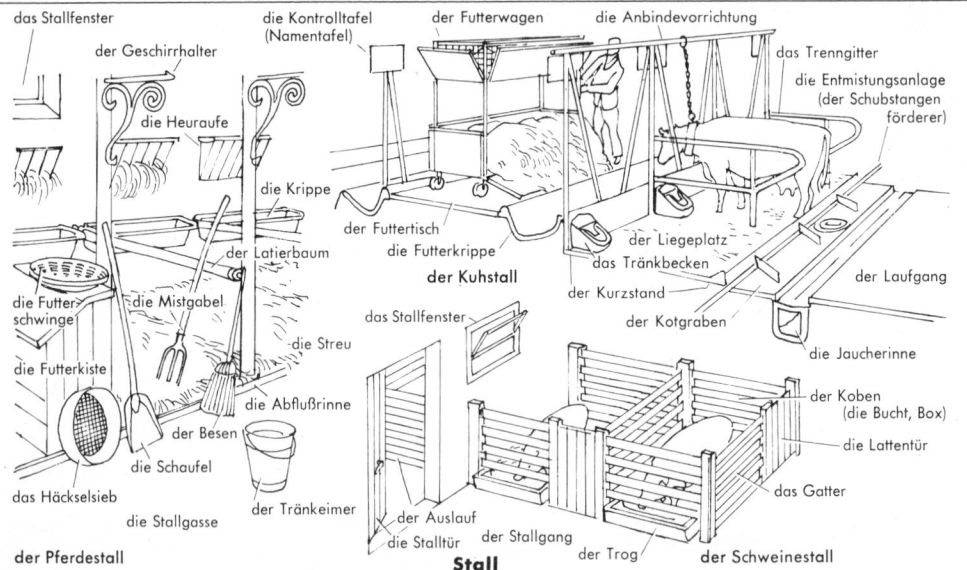

das Stallfenster · der Geschirrhalter · die Kontrolltafel (Namentafel) · der Futterwagen · die Anbindevorrichtung · das Trenngitter · die Entmistungsanlage (der Schubstangenförderer) · die Heuraufe · die Krippe · der Futtertisch · die Futterkrippe · der Liegeplatz · das Tränkbecken · der Laufgang · die Futterschwinge · der Latierbaum · **der Kuhstall** · der Kurzstand · der Kotgraben · die Jaucherinne · die Mistgabel · die Streu · der Koben (die Bucht, Box) · die Futterkiste · die Abflußrinne · das Stallfenster · die Lattentür · der Besen · die Schaufel · das Häckselsieb · der Tränkeimer · die Stallgasse · **der Pferdestall** · der Auslauf · die Stalltür · **Stall** · der Stallgang · der Trog · das Gatter · der Schweinestall

S 59

der, -s/-, **1)** Titel hoher Beamter (Friesland). **2)** *schles.:* Pferdeknecht. **Stallfeind** *der, schweiz.:* Maul- und Klauenseuche. **Stallfliege** *die,* Stechfliege. **Stallhase** *der,* U Kaninchen. **Stallung** *die, -/-en, meist Pl.,* Stall.

Stamm [ahd. stam] *der, -(e)s/⁀e,* **1)** ⊕ Form der Achse, bes. der holzige Schaft des Baumes, Abb. B 15, H 23; Sinnbild wuchtiger Kraft. **2)** Grundstock, fester Bestand (von Personen): *der S. des Kapitals, der Mannschaft, unserer Kundschaft.* **3)** Völkerkunde: eine Einheit von Menschen (Familien, Sippen oder Klanen), die durch gleiche Sprache und Kultur verbunden sind: *Volksstamm; Stammesfehde.* **4)** Familie, Geschlecht: *der Letzte seines Stammes; er ist vom Stamme Nimm,* U habgierig. **5)** Ⓢ die Bedeutung enthaltender Wortbestandteil ohne Flexionsendungen, vgl. Übers. G 34. **6)** ⋛ ⊕ Phylum, systemat. Einheit, Übers. N 5. **Stammaktie** [-iə] *die,* Aktie ohne Vorrechte. **Stammbaum** *der,* **1)** in Baumform dargestellte Stammtafel. **2)** ⊕ ⋛ Darstellung der Abstammung eines Lebewesens: *unser Hund hat einen guten S.* **Stammbuch** *das,* **1)** urspr. ein Verzeichnis von Familienangehörigen, später ein Freundschafts- oder Erinnerungsbuch. **2)** Familienbuch, Urkundenbuch für standesamtl. Eintragungen: *Familienstammbuch.* **Stämmchen** *das, -s/-.* **Stammeinlage** *die,* Einlage einer GmbH die Einlage jedes Gesellschafters auf das Stammkapital.

stammeln [ahd. stam(m)alon], *ich stamm(e)le (habe gestammelt),* spreche gehemmt, abgebrochen, stotternd: *er stammelte ein paar Worte der Entschuldigung.*

stammen [mhd. stammen, zu Stamm], *ich stamme (habe, bin gestammt) von, aus ihm, habe meinen Ursprung dort, bin sein Nachkomme: er stammt vom Rhein,* ist dort geboren; *ich s. aus einer Bauernfamilie; dieses Wort stammt von Goethe.*

Stammerl *das, -s/-(n), wien.:* Maßbezeichnung für Küchenkräuter.

stammern, *ich stamm(e)re (habe gestammert), norddt.:* stammele.

Stammesgeschichte *die,* Phylogenese, Entwicklungsgeschichte der Lebewesen im Laufe der Erdgeschichte. **Stammgast** *der,* regelmäßiger Gast (einer Gaststätte). **Stammgericht** *das,* einfaches Gericht im Gasthaus (für Stammgäste). **Stammhalter** *der,* männlicher Nachkomme, durch den der Familienname erhalten bleibt. **Stammhaus** *das,* Haus, in dem eine Firma gegründet worden ist. **Stammiete** *die,* Theaterabonnement; vgl. Silbentrennung, Übers. S 50. **stämmig,** kräftig, gedrungen, untersetzt: *ein stämmiger Bursche.* **Stämmigkeit** *die, -.* **Stammkapital** *das,* das auf einen bestimmten Nennbetrag festgesetzte Eigenkapital einer GmbH. **Stammkunde** *der,* fester Kunde. **Stammkundschaft** *die,* feste Kundschaft. **Stämmlein** *das, -s/-,* Diminutiv zu Stamm. **Stammler** *der, -s/-,* jemand, der stammelt.

Stammlokal [zu Stamm] *das,* Gasthaus, das jemand regelmäßig besucht. **Stammrolle** *die,* ⅋ Liste der Mannschaften eines Truppenteils oder einer Dienststelle. **Stammsilbe** *die,* Ⓢ Stamm, vgl. Übers. B 26. **Stammtafel** *die,* Übersicht über die Nachkommen eines Elternpaares. **Stammtisch** *der,* (Tisch für) Stammgäste, Abb. G 5. **Stammwort** *das,* nur aus dem Stamm bestehendes Wort, von dem Ableitungen möglich sind.

Stamokap, U Abk. für: Staatsmonopolkapitalismus.

Stamperl *das, -s/-(n), bair., österr.:* Schnapsglas.

stampern, *ich stamp(e)re (habe gestampert) ihn, bair., österr.:* verjage, jage hinaus.

Stampfe [mhd. stampf] *die, -/-n,* Stampfer. **stampfen** [ahd. stamfon], *ich stampfe (habe gestampft),* **1)** stapfe, gehe schwer. **2)** *auf etwas,* trete kräftig mit dem Fuß darauf: *er stampfte auf den Boden vor Zorn, vor Ungeduld.* **3)** *ein Schiff stampft,* ⋎ schwankt in der Längsrichtung. **4)** *es,* zerkleinere mit einem Stampfer, z. B. Kartoffeln. **5)** *es,* trete, ramme fest, verdichte: *Asphalt wird gestampft.* **Stampfer** *der, -s/-,* Gerät zum Stampfen: *Stampframme,* Abb. R 3.

Stampi⸱glie [-ljə, ital. stampiglia] *die, -/...gli⸱en, österr.:* Stempel.

stand, von stehen.

Stand [mhd. stant] *der, -(e)s/⁀e,* **1)** ohne Pl., stehende Stellung, das Stillhalten: *Kopfstand,* Abb. K 36; *Übung im S.; Sprung aus dem S.* **2)** Aufenthaltsort, Standort, Standplatz: *Führerstand,* Abb. S 73; *beim höchsten S. der Sonne; Wasserstand.* **3)** ohne Pl., Lage, Zustand: *der Ausbildung; der S. des Rennens, meiner Kasse; das ist in gutem S.; das Lexikon wurde auf den neuesten S. gebracht; er hat bei ihm (k)einen guten S.,* U ist bei ihm (nicht) gut angeschrieben; vgl. außerstande, imstande, instand, standhalten, zustande. **4)** gesellschaftl. oder

berufl. Stellung oder Gruppe: *der geistliche S.; Berufsstand; Familienstand; Ruhestand; Standesunterschiede; Standesvorurteile.* **5)** *schweiz.:* Kanton. **6)** offene Verkaufsbude, Abb. M 4, vgl. Abb. B 4; offener Ausstellungsraum auf Messen: *Messestand.*

Standard [engl., zu Standarte] *der, -s/-s,* **1)** Richtmaß, Norm, Richtschnur: *Lebensstandard; Standardausrüstung; Standardkosten; Standardtänze.* **2)** gesetzl. Feingehalt von Münzen: *Standardgold.* **standardisieren,** *ich* standardisiere (habe standardisiert) *es,* vereinheitliche, norme. **Standardisierung** *die, -/-en.* **Standardwerk** *das,* ⅋ führendes Werk eines Fachgebiets.

Standarte [mhd. stanthart, standard, zu afrz. estendart] *die, -/-n,* **1)** Flagge, bes. von Staatsoberhäuptern, Abb. F 1. **2)** Fahne berittener Truppen: *Standartenträger.* **3)** ⋎ Schwanz des Fuchses und des Wolfes.

Standbaum *der,* Latierbaum, schwebender Trennbalken im Stall, Abb. S 59. **Standbein** *das,* das vom Körper belastete Bein, auch bei Standbildern, Abb. B 30. **Standbild** *das,* Statue, stehende, vollplastisch gestaltete Einzelfigur, Abb. B 30.

Stand-by [st′ændbai, engl.] *das, -s,* U Bereitschaft(sdienst): *Ärzte, Piloten haben, machen S.* **Stand-by-Tarif** [st′ændbai-] *der,* ⊹ Sondertarif ohne feste Buchung.

Ständchen *das, -s/-,* **1)** musikal. Darbietung zur Ehrung einer Person. **2)** Diminutiv zu Stand. **Stande** *die, -/-n, alem.:* lose gefügtes, auf drei verlängerten Dauben stehendes Faß.

Stander [zu Standarte] *der, -s/-,* **1)** dreieckige oder ausgezackte Flagge. **2)** ⋎ feststehendes Tau. **Ständer** [mhd. standener, zu Stand, stehen] *der, -s/-,* **1)** Gestell, Abb. K 39, W 16: *Fahrradständer; Kleiderständer; Notenständer.* **2)** ⫟ senkrechter Balken im Fachwerk eines Gebäudes, Stiel, Abb. B 13. **3)** ⋎ Bein des Federwilds (außer Wasserwild). **4)** feststehender Teil elektr. Maschinen, Stator. **5)** V erigiertes männl. Glied. **6)** U Bein. **7)** *ostniederdt.:* Bienenstock. **Stände⸱rat** *der,* Kantonsvertretung in der Bundesversammlung der Schweiz; Mitglied derselben. **Standesamt** *das,* Behörde zur Beurkundung von Geburten, Eheschließungen und Todesfällen. **standesamtlich. Standesbeamte** *der,* Beamter beim Standesamt. **standesbewußt,** auf seinen gesellschaftl. Stand Wert legend. **Standesbewußtsein** *das.* **Standesdünkel** *der,* übertriebenes Standesbewußtsein. **standesgemäß,** dem gesellschaftl. Stand entsprechend. **Standesgericht** *das,* Ehrengericht. **Standesherr** *der,* früher Angehöriger eines hochadligen, reichsunmittelbaren Geschlechts. **Standessprachen,** *Pl.,* Sondersprachen innerhalb sozialer Gemeinschaften, z. B. Bergmannssprache, Jägersprache, Studentensprache. **Ständestaat** *der,* ein Staat, in dem bestimmte Stände bei Gesetzgebung und Verwaltung mitwirken. **Ständeversammlung** *die,* ältere Form der Volksvertretung. **standfest,** fest, sicher stehend, z. B. Tisch, Stuhl. **Standfestigkeit** *die, -.* **Standgeld** *das,* Platzmiete für Verkaufs- und Ausstellungsstände. **Standgericht** *das,* Gericht im Ausnahmezustand. **standhaft,** fest, unerschütterlich, beharrlich: *er hat sich s. geweigert; sie war s. im Unglück,* gefaßt. **Standhaftigkeit** *die, -.* **standhalten,** *ich* halte stand (hielt stand, habe standgehalten), weiche nicht, bleibe fest: *allen Gefahren standhalten.* **ständig,** dauernd, ununterbrochen: *Wiesbaden ist ihr ständiger Wohnsitz; er ist s. auf Reisen.*

Standing [st′ændiŋ, engl.] *das, -s,* Rang, Ansehen.

ständisch [zu Stand] die gesellschaftl. oder berufl. Stände betreffend: *ständische Vertretung.* **Standlicht** *das,* Begrenzungsleuchten an Kraftfahrzeugen. **Standort** *der,* **1)** der Ort, an dem man sich befindet. **2)** ⋛ U Umwelt. **3)** ⅋ ständiger Unterkunftsort einer Truppe, Garnison: *Standortältester.* **4)** ⊠ räumliche Lage eines Unternehmens: *Standortfaktor.* **Standpauke** *die,* U Strafrede. **Standpunkt** *der,* **1)** Ort, an dem man steht; Stellung des Beobachters. **2)** U Ansicht, Auffassung: *von meinem S. aus gesehen; er vertrat den S., daß...* **Standrecht** *das,* abgekürztes Strafverfahren durch Ausnahmegerichte. **standrechtlich,** *standrechtliche Erschießung.* **Standrede** *die,* U Strafrede. **Standsicherheit** *die,* Sicherheit eines Bauwerks gegen Kippen, Gleiten oder Drehen. **Standuhr** *die,* große Uhr in einem auf dem Boden stehenden Gehäuse, Abb. U 1. **Standvogel** *der,* Vogel, der seinen Aufenthaltsort nicht wechselt. **Standwild** *das,* Wild mit festem Standort. **Standzeit** *die,* die Zeit, in der ein Werkzeug ununterbrochen benützt werden kann.

Stange [ahd. stanga] *die, -/-n,* **1)** Stab, langer Gegenstand, z. B. als Stütze, Deichsel, Lanze, Schaft am Anker, Fahnenschaft, Abb. F 1: *eine S. Zigaretten,* eine Handelsform von meist zehn Schachteln Zigaretten; *eine S. Siegellack; wir müssen ihm die S. halten,* U ihm helfen, seine Partei ergreifen; *ich bleibe bei der S.,* U verfolge unbeirrt ein Ziel; *er ist eine lange S.,* U ein großer, magerer Mensch; *er gibt eine S. an,* U sehr; *das kostet eine S. Geld,* U viel Geld; *ein Anzug von der S.,* U Konfektionsware. **2)** ⚇ Teil des Geweihes, ABB. G 21. **3)** Teil der Trense bei Pferden. **4)** ⚇ Hals des Auerhahns. **5)** U zylinderförmiges hohes Glas, ABB. G 27. **Stänge** die, *-/-n,* Stenge. **Stängelchen** *das, -s/-,* Diminutiv zu Stange. **stängeln,** *ich stäng(e)le* (habe gestängelt) *es,* versehe mit Stangen, binde an Stangen an. **Stangenbohne** die, Gartenbohne mit um eine Stange rankendem Stengel. **Stangenpferd** das, Deichselpferd. **Stangenspargel** der, nicht zerkleinerter Spargel. **Stänglein** *das, -s/-,* Diminutiv zu Stange.

Stanislaus [latinisiert aus slaw. Stanislaw, stan ›Lager‹ und slawa ›Ruhm‹], männl. Vorname.

Stanitzel [aus tschech.] *das, -s/-(n), bair., österr.:* Tüte.

stank, von stinken. **Stank** [ahd. stank] *der, -(e)s,* **1)** ⚇, noch *norddt.:* Gestank. **2)** U Zwietracht. **Stänkerei** die, *-/-en,* U das Stänkern. **Stänker(er)** *der, -s/-,* U jemand, der Zwist sät, sich überall einmischt. **stänkern** [mhd. stenken ›stinken machen‹], *ich stänk(e)re* (habe gestänkert).

Stanniol [lat. stannum ›Zinn‹] *das, -s/-,* **1)** dünne Zinnfolie. **2)** U Aluminiumfolie: *Stanniolpapier.* **Stannum** *das, -s,* ⚗ Element, Zeichen: Sn, Zinn.

stante pede [lat.], stehenden Fußes, sogleich.

Stanze [ital. stanza ›Zimmer‹, *die, -/-n,* **1)** eine Strophenform, ÜBERS. M 14. **2)** *Pl.,* Räume im Vatikan.

Stanze [Herkunft nicht geklärt] *die, -/-n,* Prägestempel; Ausschneidewerkzeug oder -maschine. **stanzen,** *ich stanze* (habe gestanzt) *es,* **1)** forme durch Biegen oder Prägen. **2)** schneide mit Formmessern unter Preßdruck Stücke aus, ABB. M 10.

Stapel [mnd. stapel] *der, -s/-,* **1)** wohlgeschichteter Haufen, eine Lage übereinandergeschichteter Bretter oder Balken, auch Tuchballen. **2)** Stapelplatz. **3)** Unterlage eines Schiffes während des Baues, ABB. D 8: *ein Schiff wird auf S. gelegt, vom S. gelassen; er läßt eine Rede vom S.,* U. **4)** einzelnes Wollbüschel im Vlies des Schafes. **5)** Länge einer Textilfaser. **Stapelfaser** die, Chemiefaser von bestimmter Länge, z. B. die Zellwolle. **Stapelförderer** der, Fördermittel zum Hochfördern von Stückgut u. a.

Stapelie [-iə, nach dem niederl. Botaniker van Stapel, gestorben 1636] *die, -/. . .li|en,* Aasblume, kaktusähnliche Pflanze.

Stapellauf der, das Hinabgleiten eines neugebauten Schiffes ins Wasser, vgl. ABB. W 11. **stapeln** [zu Stapel], *ich stap(e)le,* **1)** (habe gestapelt) *es,* schichte, häufe an, auf. **2)** (bin gestapelt), *norddt.:* schreite, stapfe; ziehe bettelnd herum. **Stapelplatz** der, Warenniederlage, Haupthandelsplatz einer Ware. **Stapelung** die, -, das Stapeln. **Stapelwaren,** *Pl.,* an großen Importplätzen gelagerte Handelsgüter.

Stapfe [ahd. stapfo] *die, -/-e,* **Stapfen** der, *-s/-,* **stapfen** [ahd. stapfon], *ich stapfe* (habe, bin gestapft), trete kräftig auf, gehe mit schwerem Tritt: *ich s. durch den Schnee.* **Stapfen** der, *-s/-,* Fußspur: *Fußstapfen.*

Sta|phylokokkus [grch. staphyle ›Weintraube‹ und Kokkus] *der, -/. . .k'okken, meist Pl.,* 🜨 Traubenkokkus, ein Eitererreger.

stapsen, *ich stapse* (habe, bin gestapst), U stapfe.

Star [ahd. staro] *der, -(e)s/-e,* ein Singvogel.

Star [ahd. staren ›starren‹ *der, -(e)s/-e,* 🜨 Augenkrankheiten mit Trübung der Linse: *der graue, grüne, schwarze S.; ich steche ihm den S.,* Ü mache ihn sehend, warne ihn.

Star [auch sta:, engl. ›Stern‹] *der, -s/-s,* gefeierte Persönlichkeit, Theater-, Film-, Sportgröße: *Starallüren; Starbesetzung; Filmstar; Superstar; sie war der S. des Abends.*

Stär [mhd. ster] *der, -s/-e, ostmitteldt.:* junger Widder, Schafbock.

starb, von sterben.

Starfighter [st'a:faitə, engl. ›Sternenkämpfer‹] *der, -s/-,* turbinengetriebenes einsitziges Kampfflugzeug.

stark, stärker, am stärksten [ahd. stark], **1)** kräftig, mächtig, fähig: *ein starker Baum; starke Leidenschaften; eine starke Mannschaft; das starke Geschlecht,* U die Männer; *ein starker Charakter; ist meine starke Seite,* U das kann ich gut; *dazu braucht man starke Nerven,* U. **2)** dick: *ein starker Herr,* ABB. E 2; *starkknochig, starkleibig; starer Rauch.* **3)** groß, zahlreich: *ein starkes Aufgebot von Polizisten.* **4)** für Maß- oder Mengenangaben: Ausdehnung, Umfang besitzend: *das Brett ist*

2 *cm s.; dieses Buch ist 300 Seiten s.; 1000 Mann s.* **5)** gehaltreich: *starker Tee, Kaffee; eine starke Bowle; Starkbier.* **6)** heftig, sehr: *sie ist s. erkältet; ein starker Wind; s. gewürzte Speisen; er ist ein starker Esser; das ist s. übertrieben; das ist s.!,* U darüber bin ich empört. **7)** *das ist s.!,* Ü sehr gut, großartig. **8)** *starke Flexion,* vgl. ÜBERS. A 4, S 77, V 2: *starke Verben.*

Starke, Stärke [ahd. sterchi] *die, -/-n,* ⚹ Sterke.

Stärke [zu stark] *die, -,* **1)** Kraft, Körperkraft: *ein Sturm von ungeheurer S.* **2)** besonderer Vorzug, Fähigkeit: *seine S. ist die Improvisation.* **3)** Anzahl, Bestand: *die S. des Heeres.* **4)** Umfang, Ausdehnung; Gehalt: *die S. der Mauer,* Dicke. **5)** häufigstes Kohlenhydrat der Pflanzen: *Kartoffelstärke; Maisstärke; Stärkemehl.* **stärken,** *ich stärke* (habe gestärkt), **1)** *mich, ihn,* gebe neue Kraft: *erst wollen wir uns ein bißchen stärken,* etwas essen, trinken. **2)** *es,* steife, appretiere mit Wäschestärke (Textilien). **Starkstrom** der, elektr. Strom mit hoher Spannung: *Starkstromleitung.* **Stärkung** die, *-/-n,* **1)** Kräftigung, Erholung: *Stärkungsmittel.* **2)** Imbiß: *wir wollen eine kleine S. zu uns nehmen.*

Starlet [auch st'a:-, engl. ›Sternchen‹] *das, -s/-s,* angehender Star: *Stars und Starlets bei den Filmfestspielen.*

Starost [russ. starosta ›Ältester‹] *der, -en/-en,* poln. Gemeinde- oder Kreisvorsteher.

starr, **1)** unbeweglich, steif: *vor Kälte ganz s.; starren Blicks; s. vor Staunen; ein starrer Charakter,* Ü; *starre Prinzipien,* U. **2)** *schweiz.:* stark. **Starre** die, -. **starren** [ahd. staren ›starren‹ und. storren ›starr werden‹], *ich starre* (habe gestarrt), **1)** *auf ihn, etwas,* blicke unverwandt darauf. **2)** erstarre. **3)** *vor ihm, von ihm,* bin übervoll davon: *die Straßen starrten vor Schmutz.* **Starrheit** die, -. **Starrkopf** der, -(e)s, Ü eigensinniger Mensch. **starrköpfig. Starrkrampf** der, 🜨 Wundstarrkrampf. **Starrsinn** der, *-(e)s,* unnachgiebige Haltung. **starrsinnig. Starrsucht** die, 🜨 Katalepsie.

Stars and Stripes [sta:z ənd straips, engl. ›Sterne und Streifen‹], *Pl.,* Sternenbanner, die Flagge der Vereinigten Staaten von Amerika.

Start [engl. to start ›plötzlich aufspringen‹ *der, -(e)s/-s,* auch *-e,* **1)** Ablauf, Absprung, Abfahrt, auch Ausgangsort eines Wettlaufes, Rennens: *die Pferde gehen an den S.; S. und Ziel; bei fliegendem S.; in mißlungener S.; Fehlstart; Startblock; Startschuß; Startverbot.* **2)** Abflug von Luft- und Raumfahrzeugen: *S. und Landung; der S. wurde freigegeben, verschoben.* **3)** Ü Beginn, Anfang: *der S. ins Berufsleben.* **Startbahn** die, ⚓ Piste: *Start- und Landebahn.* **startbereit, 1)** fertig zum Starten. **2)** U fertig zum Reisen, Ausgehen. **starten,** *ich starte* (bin gestartet), **1)** *(zu einem Rennen, Wettlauf),* setze mich in Bewegung; beteilige mich (am Rennen, Wettlauf). **2)** *ein Flugzeug startet,* fliegt ab. **3)** (habe gestartet) *es,* lasse starten, setze in Bewegung. **4)** (habe gestartet) *es,* Ü beginne, fange an (ein neues Unternehmen). **Starter** der, *-s/-,* **1)** jemand, der das Zeichen zum Rennbeginn gibt. **2)** Anlasser an Kraftfahrzeugen, ABB. K 39. **Startfenster** das, bildlicher Ausdruck für den günstigsten Zeitabschnitt für einen Raumflug. **Starthilfe** die, **1)** zusätzliche Antriebsraketen für den Start von Flugzeugen. **2)** Ü Unterstützung für einen (Neu)beginn. **Startrampe** die, Vorrichtung zum Starten von Raketen. **Startschleuder** die, ⚓ Katapult.

Stase [grch. stasis ›das Stehen‹ *die, -/-n,* **Stasis** die, *-/. . .sen,* 🜨 Stauung.

stät, ⚹ stet.

State Department [steit dip'a:tmənt, engl.] *das, - -,* das Außenministerium der Vereinigten Staaten von Amerika.

Statement [st'eitmənt, engl.] *das, -s/-s,* Behauptung, Darlegung.

Stätigkeit [zu stätisch] *die, -,* Störrigkeit, Widerspenstigkeit der Pferde.

Statik [grch. statikos ›stellend‹, ›wägend‹, von statike ›Kunst des Wägens‹, *die, -,* die Lehre vom Gleichgewicht der Kräfte, ein Teil der Mechanik. **Statiker** der, *-s/-,* Bauingenieur mit Fachkenntnissen auf dem Gebiet der Statik.

Station [lat. statio ›Aufenthalt‹, ›Standort‹, zu stare ›stehen‹] *die, -/-en,* **1)** Bahnhof, Haltepunkt: *der Zug hält nicht an jeder S.* **2)** Abteilung (im Krankenhaus): *Stationsarzt; Intensivstation.* **3)** Standort, Aufenthalt: *er machte in München S.; freie S.,* Kost und Unterkunft; *die Stationen des Kreuzwegs, einer Prozession.* **4)** für wissenschaftl. Beobachtungen: *wetterkundliche S.* **stationär** [lat. stationarius], bleibend, ortsfest: *er wurde s. behandelt,* im Krankenhaus; *stationäre Bevölkerung.* **stationieren,** *ich stationiere* (habe stationiert) *ihn irgendwohin,* weise ihm einen Standort an: *UNO-Truppen sind dort statio-*

niert. **Stationierung** *die, -: Truppenstationierung; Stationierungskosten.* **Stationsvorstand** *der, österr., schweiz.,* **Stationsvorsteher** *der,* Bahnhofsvorsteher.

statiös [zu Statik], ⚘ stattlich, groß; stolz. **statisch,** im Gleichgewicht, fest stehend; unbeweglich: *statische Organe,* Gleichgewichtsorgane.

stätisch [mhd. stetec], störrisch, widerspenstig (beim Pferd).

Statist [lat. stare ›stehen‹] *der, -en/-en,* **1)** Theater, Film: Darsteller meist stummer Nebenrollen, bes. in Massenszenen. **2)** Ü unbedeutende Person. **Statisterie** *die, -/...ri|en,* Gesamtheit der Statisten. **Statistik** *die, -/-en,* zahlenmäßige Erfassung, Darstellung (oft in Tabellenform) und Auswertung von Massenerscheinungen; vgl. Abb. D 7: *Verkehrsstatistik.* **Statistiker** *der, -s/-,* Bearbeiter von Statistiken. **Statistin** *die, -/-nen,* weibl. Statist. **statistisch,** *statistische Erhebungen, Daten.* **Stativ** *das, -s/-e,* Gestell zum Aufstellen und Festhalten von Geräten, Abb. P 12.

Stato|blast [grch. statos ›stehend‹ und blaste ›Keim‹] *der, -en/-en,* Fortpflanzungskörper der Moostierchen.

Stator [lat. stare ›stehen‹] *der, -s/...t'oren,* Ständer einer elektr. Maschine.

statt [nhd.], **1)** *seiner, dessen,* an Stelle von: *s. des Vaters ist die Mutter gekommen; das Geschenk wollte er nicht, s. dessen lieber Geld; s. Tagen vergingen Wochen.* **2)** anstatt: *er hätte erst einmal abwarten sollen, s. gleich Anzeige zu erstatten.* **Statt** [ahd. stat] *die, -,* Stätte, Stelle, Platz; nur in Wendungen wie: *an Kindes S.; an Eides S.; an meiner S.,* aber: *anstatt des Vaters; ein gutes Wort findet eine gute S.;* vgl. aber: stattfinden, stattgeben. **Stätte** *die, -/-n,* Stelle, Platz, Ort: *eine S. der Erinnerung; ich habe keine bleibende S.,* P keine Heimat. **stattfinden,** *es* findet statt (fand statt, hat stattgefunden), geschieht, ereignet sich: *die Premiere wird heute stattfinden.* **stattgeben,** *ich* gebe *ihm* statt (gab statt, habe stattgegeben), K gewähre, berücksichtige es: *dem Antrag wurde stattgegeben.* **statthaft,** zulässig, gestattet. **Statthaftigkeit** *die, -.* **Statthalter** [mhd. stathalter] *der,* Vertreter des Staatsoberhauptes in einer Provinz oder einem sonstigen Gebietsteil. **Statthalterei** *die, -/-en,* Behörde eines Statthalters. **Statthalterschaft** *die, -,* Amt eines Statthalters.

stattlich [mnd. statelik ›prächtig‹, zu Staat ›Aufwand‹], ansehnlich, groß und gefällig zugleich: *ein stattlicher Mann; stattliche Einnahmen,* beträchtliche. **Stattlichkeit** *die, -.*

statuarisch, die Bildhauerkunst oder eine Statue betreffend; wie eine Statue, statuenhaft. **Statue** [-uə, lat. statua, zu statuere ›hinstellen‹] *die, -/-n,* Standbild, Abb. B 30. **Statuette** *die, -/-n,* Diminutiv zu Statue. **statuieren,** *ich* statuiere (habe statuiert) *es,* setze fest, bestimme: *wir müssen ein Exempel statuieren,* ein warnendes Beispiel aufstellen. **Statur** *die, -/-en,* Wuchs, Gestalt: *sie ist von zierlicher S.* **Status** [lat., zu stare ›stehen‹] *der, -/-,* Zustand, Bestand; Vermögensstand: *Rechtsstatus; S. nascendi,* Entstehungszustand; *S. quo,* gegenwärtiger Zustand; *S. quo ante,* der Zustand, in dem sich etwas bis zu einem bestimmten Ereignis befand. **Statusklage** *die,* ⚖ Klage auf Feststellung der Rechtsverhältnisse zwischen Eltern und Kindern. **Statussymbol** *das,* zum Sinnbild erhobener Gegenstand, der die Stellung seines Besitzers innerhalb einer bestimmten Gesellschaftsschicht zeigen soll. **Statut** *das, -(e)s/-en,* Satzung. **statutarisch. Statutarrecht** *das,* auf dem Statut einer Körperschaft beruhendes Recht.

Stau [zu stauen] *der, -(e)s/-e* oder *-s,* **1)** Stillstand, Hemmung (im fließenden Wasser): *der S. durch die Flut; im S.,* zwischen Ebbe und Flut; *Verkehrsstau.* **2)** Windstau, Aufwärtsbewegung des Windes vor Hindernissen.

Staub [ahd. stoub] *der, -(e)s,* ⚙ *Pl. -e* oder *¨e,* **1)** in der Luft schwebende feinste feste Teilchen, die aufgewirbelt werden und sich ablagern; auch für Pulver: *ich wische, sauge S.,* vgl. aber: staubsaugen; *mit S. bedeckte Möbel,* aber: *staubbedeckte Möbel; Staubzucker; Kohlenstaub; das hat viel S. aufgewirbelt,* Ü großes Aufsehen erregt, viel Aufregung verursacht; *er hat sich aus dem S. gemacht,* U heimlich entfernt. **2)** P Erde: *alles wird wieder zu S.,* vergeht. **3)** Blütenstaub, Pollen. **Staubbach** *der,* Wasserfall, der sich in Wasserstäubchen auflöst. **Staubbeutel** *der,* **1)** ⊕ Pollen bildender Teil des Staubblattes, Abb. B 38. **2)** herausnehmbarer Papierbeutel im Staubsauger zum Aufnehmen des Staubes. **Staubblatt** *das,* ⊕ Staubgefäß, männl. Geschlechtsorgan der Blüte, vgl. Abb. B 38. **Stäubchen** *das, -s/-: alles war blitzsauber, kein S. war zu sehen.*

Staubecken [zu stauen] *das,* Becken, in dem Wasser gestaut wird, bes. bei Talsperren.

stauben [ahd. stouben], *ich* staube (habe gestaubt), **1)** *es von etwas,* entferne den Staub. **2)** *es staubt,* gibt (viel) Staub. **stäuben,** *ich* stäube (habe gestäubt), **1)** *es auf, über etwas,* gebe etwas Pulverförmiges darüber, bestäube es: *sie stäubt Puderzucker auf den Kuchen.* **2)** *es stäubt,* zerstiebt in feinste Teilchen, z. B. Wasser. **3)** *Rebhühner stäuben sich,* 🦌 nehmen ein Staubbad im Erdreich. **Staubexplosion** *die,* Kohlenstaubexplosion. **Staubfaden** *der,* ⊕ Filament, der Stiel des Staubblattes. **Staubfänger** *der,* U leicht einstaubender Ziergegenstand. **Staubgefäß** *das,* Staubblatt. **staubig,** voller Staub, staubbedeckt: *ein staubiger Weg.* **Staubkamm** *der,* Kamm mit sehr eng stehenden Zinken, Abb. K 4. **Staubkorn** *das,* Staubteilchen. **Staublappen** *der,* Staubtuch. **Stäubling** *der, -s/-e,* ein Pilz. **Staublunge** *die,* $ durch Einatmen von Quarzstaub hervorgerufene Erkrankung der Atmungsorgane. **Staubmantel** *der,* leichter Sommermantel. **staubsaugen,** *ich* staubsauge (habe staubgesaugt), reinige den Fußboden mit einem Staubsauger; aber: *ich sauge Staub.* **Staubsauger** *der,* elektr. Gerät zum Absaugen von Staub, Abb. S 60. **Staubtuch** *das,* Staublappen, weiches Tuch zum Staubwischen. **Staubwolke** *die,* aufgewirbelte Wolke aus Staub: *das Auto ließ eine dichte S. hinter sich.* **Staubzucker** *der,* Puderzucker.

Stauche [niederdt. stuke] *die, -/-n,* **1)** *norddt.:* Trocknungshaufen abgeschnittener Nutzpflanzen auf dem Feld. **2)** *süddt.:* weiter Ärmel; Pulswärmer; Muff. **3)** *niederdt.:* Stau. **stauchen** [niederdt. stuken], *ich* stauche (habe gestaucht), **1)** *ihn, es,* stoße kräftig. **2)** *es,* mache einen Gegenstand durch Druck, Stoß, Schlag kürzer und dabei breiter: *ich s. einen Sack,* drücke den Inhalt durch Hochheben und Fallenlassen zusammen. **3)** ⚙ vergrößere durch Druck den Querschnitt eines Werkstücks auf Kosten seiner Länge: *Eisen wird gestaucht,* durch Schläge auf das Ende verkürzt. **4)** *es, niederdt.:* staue. **Staucher** *der, -s/-,* U Verweis, Tadel.

Staudamm [zu stauen] *der,* aus Stein- und Erdbaustoffen geschüttete oder aufgebaute Anlage zum Stauen von Wasser, bes. bei Talsperren, Abb. T 3.

Staude [ahd. studa] *die, -/-n,* krautige mehrjährige Blütenpflanze: *Staudengewächs; Dahlienstaude.* **stauden,** *es* staudet (hat gestaudet), wächst breit, krautig, buschig. **staudig,** breit und buschig wie eine Staude.

stauen [ahd. stouwen, zu stehen], *ich* staue (habe gestaut), **1)** *Wasser,* halte eine Strömung an; vgl. Abb. F 32, T 3, W 7. **2)**

S 60

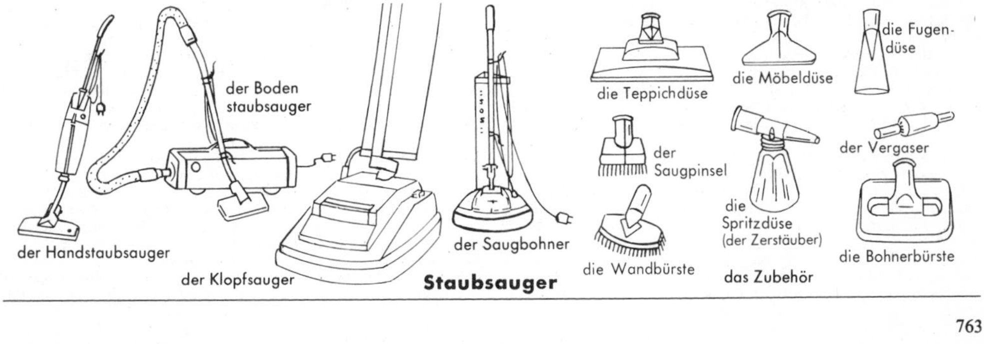
der Bodenstaubsauger
der Handstaubsauger
der Klopfsauger
der Saugbohner
die Teppichdüse
die Möbeldüse
die Fugendüse
der Saugpinsel
der Vergaser
die Spritzdüse (der Zerstäuber)
die Wandbürste
die Bohnerbürste
das Zubehör
Staubsauger

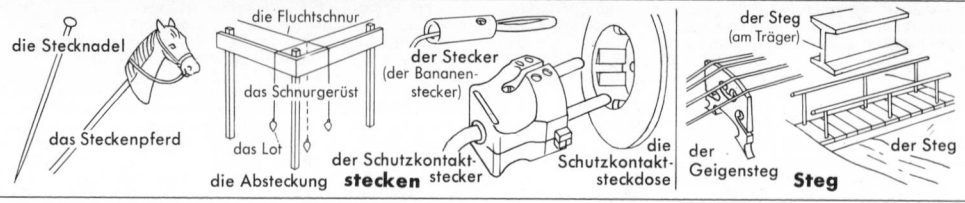

die Stecknadel · das Steckenpferd · die Absteckung **stecken** · die Fluchtschnur · das Schnurgerüst · das Lot · der Stecker (der Bananenstecker) · der Schutzkontaktstecker · der Schutzkontaktsteckdose · der Geigensteg · der Steg (am Träger) · die · der Steg **Steg**

es, ⟶ verpacke, staple Ladung sachgemäß: *ich s. Ballen.* **3)** *es staut sich,* sammelt sich an, häuft sich; gerät ins Stocken: *der Fluß staut sich; der Verkehr staute sich an der Grenze.* **Stauer** *der, -s/-,* jemand, der das Löschen und Laden der Schiffe beaufsichtigt.

Stauf [ahd. stouf] *der, -(e)s/-e, alem.:* Becher, Humpen.

Staufferfett *das,* Fett für Gleitlagerschmierung.

stäuken, *ich stäuke (habe gestäukt) ihn, schweiz.:* jage, scheuche fort.

Staumauer *die,* in Massivbauweise errichtete Anlage zum Stauen von Wasser, bes. bei Talsperren, ABB. T 3.

staunen [frühnhd., aus alem. stunen ›träumend vor sich hin sehen‹], *ich staune (habe gestaunt),* **1)** *über ihn, über etwas,* wundere mich sehr, stehe bewundernd davor. **2)** *schweiz.:* denke nach; ℅ träume. **Staunen** *das,* *-s.* **staunenswert,** erstaunlich, bewundernswert.

Staupe [niederl. stuip ›Krampf‹] *die, -/-n,* ansteckende Hundekrankheit.

Staupe [mnd. stupe ›Pfahl‹] *die, -/-n,* öffentl. Auspeitschung im MA. **stäupen,** *ich stäupe (habe gestäupt) ihn,* ℅.

Stausee *der,* durch Stauen eines Flusses entstandener See, ABB. F 32, T 3. **Staustrahltriebwerk** *das,* ein Strahltriebwerk ohne bewegliche Teile. **Staustufe** *die,* Sammelbezeichnung für Kraftwerk, Schleusen und Wehranlagen an der Gefällstufe eines Flusses. **Stauung** *die, -/-en,* das Stauen, Stockung: *Blutstauung; Verkehrsstauung.*

Std., Abk. für: Stunde.

Ste, Abk. für: Sainte.

...ste, Endung des Superlativs, ÜBERS. A 4, B, z. B. von lang: *der längste, am längsten.*

Steak [steik, engl.] *das, -s/-s,* schnell gebratene Fleischscheibe: *Filetsteak; Rindersteak.*

Stearin [grch. stear ›Talg‹] *das, -s/-e,* **1)** Hauptbestandteil der festen Fette (Tristearin). **2)** Gemisch aus Stearin- und Palmitinsäure, Verwendung zur Kerzenherstellung, in der Seifen-, Gummi- und Textilindustrie. **Steatit** *der, -s/-e,* Speckstein. **Steatose** *die, -, ⚕* Verfettung, Fettleibigkeit.

Stechapfel *der, ⚕* giftiges, auf Schutt wachsendes Nachtschattengewächs. **Stechbeitel** *der,* ein Stemmeisen. **stechen** [ahd. stehhan], *ich steche (stach, habe gestochen; du stichst, er sticht),* **1)** *in etwas, nach ihm,* stoße mit einem spitzen Gegenstand: *wütend stach er nach dem Gegner; ich s. ihm oder ihn in den Arm.* **2)** *mich, ihn, es,* verletze mit einem spitzen Gegenstand: *sie hat mich mit einer Nadel gestochen; Schweine werden gestochen,* geschlachtet. **3)** *es, grabe, schneide heraus: er sticht ein Bild in Kupfer, in Stahl,* gräbt es in eine Kupfer-Stahlplatte ein und stellt Druckplatten her; *er schreibt wie gestochen,* sehr fein; *ich s. Torf,* löse vom Boden; *ich s. Spargel,* hole aus der Erde heraus. **4)** *eine Karte,* Kartenspiel: nehme mit Hilfe einer höherwertigen: *sie steckt Karten,* schlägt auf Glück Karten auf, um Antworten daraus zu lesen. **5)** ⚔ bringe einen unentschiedenen Wettbewerb zur Entscheidung: *um die ersten Plätze wurde gestochen.* **6)** *es sticht (mich, ihn, es),* besitzt einen Stachel und verletzt damit: *Rosen, Fliegen stechen; eine Biene hat mich gestochen; damit hat er in ein Wespennest gestochen,* Ü einen heiklen Punkt berührt und dadurch Ärger verursacht; *ihn sticht der Hafer,* Ü er ist übermütig. **7)** *es sticht,* ist spitz, rauh: *dieser Stoff sticht.* **8)** *die Sonne sticht,* brennt unangenehm heiß. **9)** *eine Farbe sticht in eine andere,* weist einen Anflug davon auf: *dieses Braun sticht ins Rote.* **10)** *ein Schiff sticht in See* (ist in See gestochen), fährt aus.

Stechen *das, -s/-, ⚔* in Pferdespringprüfungen Entscheidung um den Sieg unter gleichplacierten Teilnehmern. **stechend,** scharf, beißend, durchdringend: *ein stechender Geruch, Schmerz, Blick.* **Stecher** *der, -s/-,* **1)** Kupferstecher, Stahlstecher. **2)** Abzugsteil an Armbrust, ABB. A 21, und manchen Gewehren, ABB. G 20. **3)** ⚕ Schnabel der Schnepfe.

Stechfliege *die,* Wadenstecher, Stallfliege, eine Fliege mit Stechrüssel. **Stechheber** *der,* ein Heber zum Entnehmen von Flüssigkeiten aus Behältern, ABB. H 12. **Stechkarte** *die,* Karte für die Stechuhr. **Stechmücke** *die,* Mücke mit Stechrüssel. **Stechpalme** *die,* Ilex, immergrüner Baum oder Strauch mit meist wellig-dorniggezähnten Blättern. **Stechschritt** *der, -(e)s, ⚔* Paradeschritt. **Stechuhr** *die,* Uhr zur Arbeitszeitkontrolle.

Steckbrief [urspr. Ladebrief des Femegerichts, der in den Torriegel gesteckt wurde] *der, 🔒* das auf Grund eines Haftbefehls schriftlich erlassene Ersuchen (mit Personenbeschreibung) an die Behörden, eine flüchtige Person festzunehmen. **steckbrieflich,** *er wird s. gesucht.* **Steckdose** *die,* fest an der Wand angebrachte elektr. Anschlußvorrichtung, ABB. E 6, S 61. **stecken** [ahd. stecchen], *ich stecke (habe gesteckt),* vgl. ABB. S 61, **1)** (auch stak, habe gesteckt), bin irgendwo, befinde mich: *wo steckst du denn?,* Ü *in dem Kleid steckst oder stak noch eine Nadel; der Schlüssel steckt (im Schloß); er steckt mit ihm unter einer Decke,* Ü macht mit ihm gemeinsame Sache; *in ihm steckt ein guter Kern; die Krankheit steckt schon lange in ihm; er steckt bis über beide Ohren in Schulden, in Schwierigkeiten,* U. **2)** *auf, an, hinter etwas,* füge hinzu, bringe hinein: *ich s. eine Nadel ins Kissen; steck den Brief in den Kasten!; er steckt die Hände in die Taschen,* Ü auch: ist faul; *wir haben viel Arbeit in das Unternehmen gesteckt,* U; *endlich werden seiner Eigenmächtigkeit Grenzen gesteckt,* U; *er steckt die Scheune in Brand,* zündet sie an; *der Ballsaal war gesteckt voll,* U sehr voll. **3)** *es ihm,* U teile (heimlich) mit. **4)** *mich hinter ihn,* U gebrauche ihn zur Erreichung meiner Absichten. **Stecken** [ahd. stecko] *der, -s/-, oberdt.:* Stab, Stock. **steckenbleiben,** U bleibe stecken (bin steckengeblieben), konnte oder wußte nicht weiter: *er ist mitten im Vortrag steckengeblieben; das Auto ist im Schnee steckengeblieben.* **steckenlassen,** *ich* lasse *es stecken* (ließ stecken, habe stecken[ge]lassen), ziehe nicht heraus; lasse dort, wo es steckt: *ich habe den Schlüssel steckenlassen; aber: ich habe Kartoffeln stecken lassen,* pflanzen lassen. **Steckenpferd** *das,* **1)** Kinderspielzeug, ABB. S 61. **2)** Ü Lieblingsbeschäftigung, Liebhaberei, Hobby. **Stecker** *der, -s/-,* elektr. Steckkontakt zum Anschluß an die Steckdose, ABB. E 6, S 61. **Steckkissen** *das,* früher: Tragkissen für Säuglinge. **Steckling** *der, -s/-e,* abgeschnittener Pflanzenteil, der nach Einstecken in die Erde eine neue Pflanze ergibt. **Stecknadel** *die,* Nadel mit Kopf, ABB. S 32, N 1. **Steckrübe** *die,* Kohlrübe, ABB. R 29. **Steckschach** *das,* Schachspiel, bei dem die Figuren in das Brett gesteckt werden. **Steckschlüssel** *der,* ein Schraubenschlüssel, ABB. S 35. **Steckschuß** *der,* Verletzung durch ein im Körper steckengebliebenes Geschoß.

Steeplechase [st'i:plt∫eɪ, *die, -/-n* [-sən] ›Kirchturmrennen‹ engl.], *die,* Hindernisrennen im Pferdesport. **Steepler** [st'iplə, engl.] *der, -s/-,* Rennpferd für die Steeplechase.

Stefan [vgl. Stephan], männl. **Stefanie** [-ni, auch -f'aniə], weibl., **Steffen,** männl. **Steffi,** weibl. Vorname.

Steg [ahd. steg] *der, -(e)s/-e,* **1)** schmaler Fußweg; kleine Brücke, ABB. S 61. **2)** ♪ bei Streichinstrumenten das Hartholzplättchen, das die Saiten stützt und die Schwingungen auf den Resonanzkörper überträgt, ABB. S 61, B 6, G 8, G 26, M 3. **3)** ⊞ rechteckige Schiene zum Ausfüllen nichtdruckender Zwischenräume in der Druckform, ABB. S 7. **4)** Name vieler Verbindungsteile, z. B. an der Brille über der Nase, an Ketten, ABB. K 18. **5)** elast. Band am unteren Rand von Hosen zum Straffhalten. **6)** bei Trägern und Schienen die schmale Verbindung zwischen Ober- und Unterteil. **stegern** [mhd. stegeren], *ich steg(e)re (bin gestegert), schweiz.:* klettere herum. **Stegreif** [ahd. stegareif] *der,* **1)** ℅ Steigbügel. **2)** *aus dem S.,* Ü unvorbereitet: *Stegreifkomödie.*

Stehaufmännchen *das,* **1)** Puppe, die sich stets wieder aufrichtet. **2)** Ü Mensch, der alle Unglücksfälle schnell überwindet. **Stehbierhalle** *die*, Wirtschaft für einen Trunk im Stehen. **stehen** [ahd. sten], *ich* stehe (habe gestanden, *süddt. auch* bin gestanden; wenn er stünde oder stände), **1)** halte mich aufrecht, auf den Füßen: *wir mußten im Autobus stehen, bekamen keinen Sitzplatz; das Kind kann schon allein stehen; ich bin so müde, daß ich im Stehen schlafen könnte; er hat sich die Beine in den Bauch gestanden*, Ü lange stehend warten müssen; *es steht nicht dafür*, Ü lohnt sich nicht; *sein Mantel steht vor Dreck*, Ü ist sehr schmutzig; *stehende Redensarten*, immer wiederkehrende; *stehendes Heer*, die im Augenblick dienenden Truppen; *stehenden Fußes*, sofort, ohne zu zögern; *stehendes Gewerbe*, Gewerbe, das jemand an seinem Wohnort ausübt. **2)** befinde mich an einem Ort, an einer Stelle oder in einem bestimmten Zustand: *auf der Wiese stehen Blumen; die Fabrik steht in unserer Stadt; ihr steht in ihr im Augen; es stand in der Zeitung; die Sonne steht am Himmel; das Haus steht*, Ü der Bau ist fertig; *der Plan steht*, Ü; *wie geht's, wie steht's?*, Ü wie geht es dir?; *wo stehen Sie politisch?*, welcher Partei gehören Sie an oder neigen Sie zu?; *er steht zu seinem Wort*, hält es; *er steht im öffentlichen Leben; der Weizen steht in diesem Jahr gut*, Ü gedeiht; *die Kirschbäume stehen in voller Blüte; er steht mit einem Fuß im Grab*, Ü ist schwer krank; *eine Wohnung steht leer*, ist unbewohnt; *sie steht allein da*, Ü hat keine Familie; *ich s. mit ihm in Verbindung; ich s. in Verdacht; es steht zu fürchten, zu hoffen; es steht zur Debatte; es steht schlecht um ihn; das Spiel steht 1 : 0; es steht mir bis hier oben*, Ü ich habe es satt; *das wird dich (dir) teuer zu stehen kommen*, Ü wird dir schaden; *es steht bei ihm*, Ü hängt von ihm ab. **3)** *mich gut, schlecht*, habe viel, wenig Geld. **4)** *mich gut, schlecht mit ihm*, vertrage mich gut, schlecht mit ihm. **5)** *auf etwas*, Ü habe eine Vorliebe dafür: *er steht auf Rothaarigen*. **6)** *es steht ihm*, kleidet ihn: *schwarz steht ihr am besten*. **stehenbleiben**, *es* bleibt stehen (ist stehengeblieben), stockt; bewegt sich nicht (weiter): *die Uhr, die Zeit, eine Entwicklung bleibt stehen; meine Tasche ist stehengeblieben, ich habe sie vergessen*, aber: *wir sollen stehen bleiben*, uns setzen. **stehenlassen**, *ich* lasse *ihn, es* stehen (ließ stehen, habe stehen[ge]lassen), lasse dort, wo es sich befindet, nehme nicht weg: *ich habe den Fehler, mein Essen stehenlassen; er hat sich einen Bart stehenlassen*, wachsen lassen; *du hast deinen Freund einfach draußen stehenlassen*, aber: *du sollst ihn nicht stehen lassen*, er soll sich setzen. **Steher** *der, -s/-*, ✕ **1)** ausdauerndes Rennpferd. **2)** Radrennfahrer hinter dem Schrittmacher: *das Steherrennen*. **Stehkonvent** *der*, Gruppe von Personen, die sich im Stehen unterhält. **Stehkragen** *der*, steifer, nicht umgelegter Kragen. **Stehlampe** *die*, hohe, frei auf dem Boden stehende Lampe, ABB. L 10.

stehlen [ahd. stelan], *ich* stehle (stahl, habe gestohlen; du stiehlst, er stiehlt; wenn er stähle oder stöhle; stiehl!), **1)** *es* ihm, nehme widerrechtlich weg: *man hat mir einen Ring gestohlen; er stiehlt dem lieben Gott den Tag*, Ü faulenzt; *das kann mir gestohlen bleiben*, Ü das brauche ich nicht; *mit ihr kannst du Pferde stehlen*, Ü alles unternehmen. **2)** *mich irgendwohin*, gehe heimlich davon: *er stahl sich aus dem Zimmer*. **Stehler** *der, -s/-*.

Stehplatz *der*, Platz ohne Sitz (Theater, öffentl. Verkehrsmittel). **Stehpult** *das*, ABB. P 25. **Stehsatz** *der*, ⊘ **1)** Druckformen, die zur weiteren Verwendung (Neudruck) aufgehoben werden. **2)** schon gesetzte Artikel, die z. B. bei Zeitungen bereitgehalten werden. **Stehvermögen** *das, -s*, Ausdauer.

Steirerin *die, -/-nen*, Steiermärkerin, Bewohnerin des österreich. Bundeslandes Steiermark.

steif [spätmhd. stif], **1)** starr, fest, unbiegsam, ungelenk: *ein steifer Hut; alle Glieder sind mir s.; ein steifen Unfall hat er ein steifes Bein; er behaupte s. und fest*, Ü hartnäckig. **2)** dickflüssig, daß der Löffel darin steht: *s. geschlagene Sahne*. **3)** stark: *ein steifer Grog; eine steife Brise, starker Wind*. **4)** Ü gezwungen, förmlich: *steifes Benehmen*. **Steife** *die, -/-n*, **1)** ohne Pl., Steifheit. **2)** Strebe, Stütze, ABB. S 62, G 11. **steifen**, *ich* steife (habe gesteift) *es*, **1)** mache steif: *ich s. ihm den Nacken*, Ü stärke seine Widerstandskraft. **2)** stärke Wäsche. **3)** mitteldt.: stütze. **steifhalten**, *ich* halte *es* steif (hielt steif, habe steifgehalten): *du sollst die Ohren steifhalten*, Ü sollst tapfer sein; *du mußt den Nacken steifhalten*, Ü darfst nicht nachgeben, aber: *er soll den Arm steif halten*, ABB. Steifheit. **Steifheit, Steifigkeit** *die, -*. **steifleinen**, **1)** aus Steifleinen. **2)** Ü mit steifem Benehmen. **Steifleinen** *das*, gestärkte Leinwand.

Steig [ahd. stic] *der, -(e)s/-e*, **1)** ⚘ Steg, schmaler Fußweg, Gebirgspfad: *Bahnsteig; Bürgersteig*. **2)** österr.: Schiffssteg. **Steigbügel** *der*, **1)** ein Metallbügel, der dem Reiter als Fußstütze dient, ABB. B 54, S 5: *er hat ihm den S. gehalten*, Ü

---

ihm (beim berufl. Aufstieg) behilflich gewesen. **2)** ⚓ ein Gehörknöchelchen im Mittelohr, ABB. O 2. **Steige** [ahd. stiga] *die, -/-n*, **1)** schmaler, steiler Weg. **2)** norddt.: Stiege, Treppe. **3)** süddt.: Verschlag, kleiner Stall oder Behälter aus Brettern: *Hühnersteige; Obststeige*. **Steigeisen** *das*, **1)** eine Art Fußklammer aus Stahl zum Erklettern hölzerner Leitungsmasten, ABB. S 62. **2)** Ausrüstungsgegenstand zum Bergsteigen zum Gehen auf Eis, ABB. S 62, B 21. **3)** eingemauerte Bügel oder Sprossenstufen zum Hinaufsteigen an Wänden und Schornsteinen. **steigen** [ahd. stigan], *ich* steige (bin gestiegen), **1)** bewege mich aufwärts, vgl. ABB. K 26: *ich s. auf einen Berg; der Weg steigt beträchtlich*, geht steil aufwärts; *das Pferd steigt*, richtet sich kräftig auf den Hinterbeinen auf; *die Temperatur steigt; die Flut, das Hochwasser steigt; Kurse, Kosten steigen*, werden höher, größer; *die Spannung steigt*, wird stärker. **2)** *von ihm, auf, aus, in, über etwas*, bewege, begebe mich: *ich s. vom (aufs) Pferd, in den (aus dem) Wagen; sie ist eben erst aus dem Bett gestiegen; morgen muß er in die Prüfung steigen*, Ü sie ablegen. **3)** klettere: *er ist durch das Fenster gestiegen*. **4)** Treppen, steige hinauf: *es steigt*, Ü findet statt: *bei ihm steigt heute abend ein Fest*. **Steiger** *der, -s/-*, **1)** Aufsichtsbeamter im Bergbau. **2)** Schiffsanlegebrücke. **3)** Steigetrichter, Aussparungen in Gießformen zum Vermeiden von Lunkern.

Steigerer *der, -s/-*, jemand, der bei einer Versteigerung bietet. **steigern** [spätmhd. steigern], *ich* steig(e)re (habe gesteigert), **1)** *mich, es*, vergrößere, verstärke, verbessere: *ich s. einen Preis*, erhöhe; *der Wind steigerte sich zum Sturm; er hat seine sportlichen Leistungen stetig steigern können*. **2)** *ein Adjektiv*, setze in seine Steigerungsstufen. **3)** biete auf einer Versteigerung. **Steigerung** *die, -/-en*, **1)** Erhöhung, das Anwachsen: *Preissteigerung; Steigerungsrate*. **2)** Ⓢ Komparation, Veränderung des Adjektivs, selten auch des Adverbs, zum Komparativ und zum Superlativ, ÜBERS. A 4, G 34: *Steigerungsstufe*.

Steigleitung [zu steigen] *die*, senkrecht nach oben führende Leitung für Gas, Wasser, Elektrizität, ABB. I 3. **Steigrad** *das*, ein Hemmrad in der Uhr. **Steigrohr** *das*, Steigleitung. **Steigung** *die, -/-en*, Zunahme der Höhe, ansteigendes Gelände; Gewindesteigung, ABB. G 21.

steil [spätmhd. steil, zu ahd. steigal], stark ansteigend oder abfallend, ABB. E 2: *ein steiler Hang; Steilkurve; Steilküste*, ABB. K 56. **Steile** *die, -*. **steilen**, *ein Weg, Berg* steilt (hat gesteilt), Ü steigt stark an. **Steilheit** *die, -*.

Stein [ahd. stein] *der, -(e)s/-e*, **1)** Gestein, Gesteinsstück: *Kieselstein; Sandstein;* Sinnbild der Härte, Schwere: *viele Steine lagen auf dem Acker; ein Herz von S.; es friert S. und Bein*, Ü sehr stark; *ein S. fällt mir vom Herzen*, Ü ich bin sehr erleichtert; *es hätte einen S. erbarmen können; ich habe die alle Steine aus dem Weg geräumt*, Ü alle Schwierigkeiten beseitigt; *der S. des Anstoßes*, Ü etwas, das Ärger verursacht, auslöst. **2)** kurz für: *Grabstein, Mauerstein, Mühlstein, Spielstein*, ABB. B 48, *Edelstein* u. a.: *er hat bei ihm einen S. im Brett*, Ü wird von ihm sehr geschätzt; *ein mit echten Steinen besetztes Schmuckstück; sie ließen keinen S. auf dem anderen*, Ü zerstörten alles; *sie brachte den S. ins Rollen*, Ü gab den Anstoß zu etwas; *der S. der Weisen*, in Wunderstein, der unedles Metall in Gold verwandeln soll, Ü Lösung eines Problems. **3)** ⚕ aus Ablagerungen entstandenes Gebilde von steinartiger Härte in Hohlorganen und Kanälen: *Gallenstein; Nierensteine; Speichelstein*. **4)** ⚘ Kern (im Steinobst), ABB. F 36. **steinalt**, sehr alt,

S 62

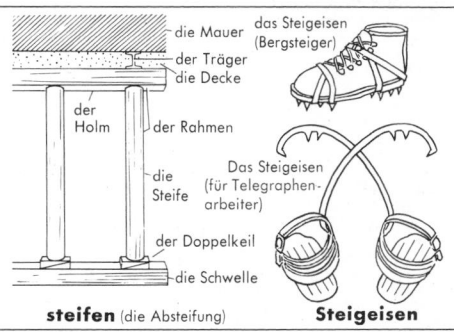

steifen (die Absteifung)   **Steigeisen**

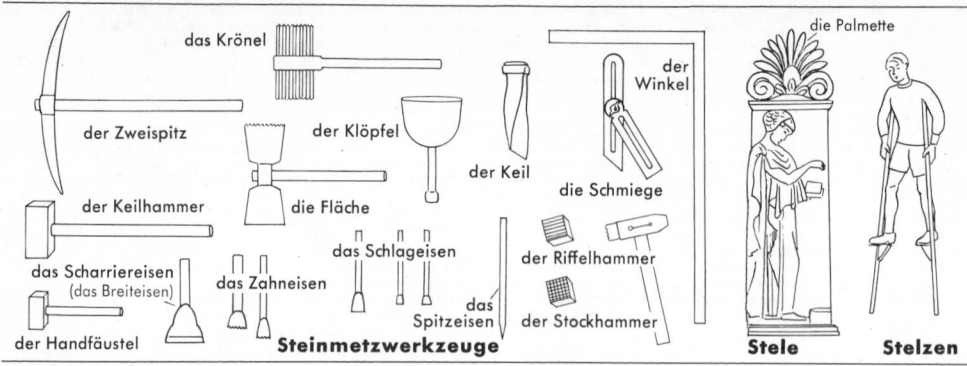

das Krönel · der Zweispitz · der Klöpfel · der Winkel · die Palmette · der Keilhammer · die Fläche · der Keil · die Schmiege · das Scharriereisen (das Breiteisen) · das Zahneisen · das Schlageisen · der Riffelhammer · der Handfäustel · das Spitzeisen · der Stockhammer · **Steinmetzwerkzeuge** · **Stele** · **Stelzen**

uralt (Mensch). **Steinbeißer** *der,* ein karpfenartiger Fisch. **Steinbock** *der,* **1)** eine Hochgebirgsziege mit starkem Gehörn. **2)** *ohne Pl.,* ☆ Sternbild des Tierkreises, ÜBERS. A 22. **Steinbrech** *der, -(e)s/-e,* meist niedrige Staude mit strahligen Blüten. **Steinbrecher** *der,* **1)** Arbeiter im Steinbruch. **2)** Maschine zum Zerkleinern von Gestein. **Steinbruch** *der,* Tagebau zur Gewinnung nutzbarer Gesteine. **Steinbutt** *der,* Butt, ein Plattfisch. **Steinchen** *das, -s/-.* **Steindruck** *der, -(e)s,* Lithographie, **1)** Flachdruckverfahren, dessen Druckform eine Steinplatte ist. **2)** *Pl. -e,* davon abgezogene Vervielfältigung. **Steindrucker** *der,* Lithograph. **steinern,** **1)** aus Stein: *eine steinerne Bank;* aber: *das Steinerne Meer.* **2)** Ü hart, ohne Mitleid: *ein steinernes Herz.* **Stein|erweichen** *das: zum S.,* Ü herzzerreißend, großes Mitleid erregend; *er heult, weint zum S.* **Steinfrucht** *die,* Frucht mit hartem Kern, z. B. Kirsche, Pflaume, ABB. F 36. **Steingarten** *der,* Gartenanlage, die in unebenem Gelände Steine und Pflanzen harmonisch verbindet. **Steingut** *das, -(e)s,* Tonware mit porösem, nicht verglastem Scherben und durchsichtiger Glasur. **steinhart,** sehr hart. **Steinholz** *das, -(e)s,* ein Fußbodenbelag, Magnesiaestrich. **steinig,** voller Steine. **steinigen** [ahd. steinon], *ich* steinige (habe gesteinigt) *ihn,* töte durch Steinwürfe. **Steinigung** *die, -/-en.* **Steinkohle** *die,* harte, hochwertige Kohle von oft mineralischem Glanz, ABB. O 1: *Steinkohlenbergwerk.* **Steinmetz** [ahd. steinmezzo, zu vulgärlat. matio, macio ›Maurer‹] *der, -en/-en,* Handwerker, der Natursteine für Bauten, Denkmäler und Grabmäler bearbeitet; vgl. ABB. S 63. **Steinobst** *das,* Obstarten mit Steinfrucht. **Steinöl** *das,* ♦ Petroleum. **Steinpilz** *der,* ein wohlschmeckender Röhrenpilz. **steinpöttig,** *niederdt.:* eigensinnig. **steinreich,** **1)** reich an Steinen. **2)** [ʃt'ainr'aiç], Ü sehr reich. **Steinsalz** *das,* natürlich vorkommendes Salz. **Steinschlag** *der,* **1)** das Herabfallen von Gesteinstrümmern von Felswänden. **2)** *ohne Pl.,* Schotter. **Steinschloßgewehr** *das,* eine Schußwaffe, feuerschlagend nach dem Prinzip des Feuerzeugs. **Steinschneidekunst** *die,* Steinschnitt, Glyptik, die Bearbeitung von Edelsteinen, bei der figürliche Darstellungen gewonnen werden. **Steinsetzer** *der,* Pflasterer. **Steinwild** *das,* ♈ Steinbock und Steingeiß. **Steinwolle** *die,* Gesteinsfaser, durch Schmelzen und Zerblasen von Sedimentgestein hergestellte Faser. **Steinwurf** *der: er wohnt nur einen S. entfernt,* ganz in der Nähe. **Steinzeit** *die, -/,* vorgeschichtl. Zeitabschnitt: *Steinzeitmensch.* **steinzeitlich.** **Steinzeug** *das,* verglaste Tonwaren mit nicht durchscheinendem Scherben.

Steiper [zu steif] *der, -s/-, mitteldt., niederdt.:* Stütze. **steipern,** *ich* steip(e)re (habe gesteipert) *es.*

Steirer *der, -s/-,* Steiermärker, Bewohner des österreich. Bundeslandes Steiermark. **steirisch.**

Steiß [ahd. stiuz] *der, -es/-e,* das untere Ende des Rumpfes, Gesäß. **Steißbein** *das,* unterster Teil der Wirbelsäule, ABB. M 12. **Steißgeburt** *die,* ♀ Geburt, bei der der kindl. Steiß zuerst aus dem Geburtskanal heraustritt.

Stek [niederdt., zu Stich] *der, -(e)s/-s,* ⚓ Schleife beim Knoten, ABB. K 31.

Stele [grch.] *die, -/-n,* frei stehende Pfeilersäule, Grabsäule mit Bildnis des Toten, ABB. S 63.

Stella [lat. ›Stern‹], weibl. Vorname.

Stellage [ʃtɛl'a:ʒə, niederl., zu stellen] *die, -/-n,* Gestell,

Ständer, Bord. **Stellagegeschäft** *das,* ein Termingeschäft an der Börse.

stellar [lat. stellaris, zu stella ›Stern‹], auf die Sterne bezüglich: *Stellarastronomie.*

Stelldich|ein *das, -(s)/-(s),* Verabredung, Zusammenkunft: *hier geben sich die Gangster ein S.* **Stelle** [ahd. stal] *die, -/-n,* **1)** Ort, Platz, Stätte: *nun sind wir an der richtigen S.; er ist an seine S. getreten,* Ü *ersetzt ihn; an Ort und S.,* dort, wo man sich gerade befindet; *auf der S.,* Ü sofort; *ich komme nicht von der S.,* Ü nicht voran; *an deiner S., wenn ich du wäre; das steht an zweiter S.; der Pullover hat eine dünne S.; er war immer zur S.,* immer da, wenn er gebraucht wurde; *ich möchte nicht an ihrer S. sein,* nicht mit ihr tauschen; vgl. anstelle. **2)** Teilstück, Abschnitt, Textstelle: *dies ist eine besonders spannende S.* **3)** Stellung, Posten, Dienst: *Stellenangebot; er hat seine S. verloren; er ist auf der Suche nach einer neuen S.* **4)** Amt, Behörde; *er hat sein Gesuch bei der zuständigen S. eingereicht; an höherer S.* **5)** △ Stellenwert. **stellen** [ahd. stellen], *ich* stelle (habe gestellt), **1)** *ihn,* es irgendwohin, bringe an einen Ort: *stellt die Teller auf den Tisch!; ich s. den Stuhl ans Fenster, die Blumen auf den Balkon, das Auto in die Garage; er wurde vor Gericht gestellt.* **2)** *es,* versetze in eine bestimmte Lage: *er hat mir ein Bein gestellt,* mich zu Fall zu bringen versucht, auch Ü; *er muß die Behauptungen unter Beweis stellen; er ist schlecht gestellt,* lebt in ärml. Verhältnissen; *sie ist ganz auf sich gestellt,* muß für sich selbst sorgen; *sie stellte das ganze Haus auf den Kopf,* Ü brachte alles durcheinander oder machte gründlich sauber. **3)** *es,* bringe in die richtige Stellung, Ordnung: *Weichen, Uhren, Fallen werden gestellt.* **4)** *es,* biete dar, trage bei: *als Minister wurde ihm ein Dienstwagen gestellt; für Ihr Gesuch müssen Sie einen Bürgen stellen.* **5)** *es,* erhebe, mache geltend, setze fest: *er stellt Forderungen, Bedingungen; ich s. eine Frage, einen Antrag; ihm wurde eine Beförderung in Aussicht gestellt.* **6)** *ihn, es,* halte an, zwinge zum Stehen: *der Hund stellt das Wild; der Vater stellte den frechen Burschen zur Rede.* **7)** *mich,* richte mich auf, stehe auf; gehe an einen Platz und bleibe dort stehen: *stell dich ans Fenster!; ich s. mich hinter ihn,* Ü ergreife seine Partei. **8)** *mich als etwas, als ob,* heuchle, spiegle es vor: *er hat sich krank, taub gestellt,* vgl. aber: totstellen; *die Aufnahme wirkt gestellt,* unnatürlich. **9)** *mich einer Behörde,* finde mich ein zu ihrer Verfügung, melde mich freiwillig; begebe mich zur Rekrutierung: *der Mörder hat sich gestellt.* **10)** *mich zu etwas,* habe eine bestimmte Einstellung dazu, verhalte mich: *wie haben sich die Behörden zu dem Problem gestellt?* **11)** *mich zum Kampf, Wettkampf,* trete an. **12)** *es stellt sich auf ... Mark,* kostet. **Stellengesuch** *das,* Bewerbung um eine Arbeitsstelle. **stellenlos,** stellungslos. **Stellenmarkt** *der,* Gesamtheit der Stellenangebote und -gesuche. **Stellenvermittlung** *die,* Arbeitsvermittlung, hier und da, teilweise. **Stellenwert** *der, -(e)s,* **1)** △ die Stellung einer Ziffer in einer Ziffernfolge. **2)** Soziologie: die Bedeutung eines Phänomens in einem bestimmten Bezugssystem. **...stellig,** aus einer bestimmten Anzahl von Stellen bestehend: *eine dreistellige Zahl; das kostet eine vierstellige Summe.* **Stellmacher** *der,* *norddt.:* Handwerker, der Wagen und Holzgeräte herstellt. **Stellmacherei** *die, -/-en.* **Stellprobe** *die,* Theater: Probe, in der Auftritte und Gänge festgelegt werden. **Stellring** *der,* mit Gewindestift befestigter Stahlring auf einer Welle zum Festhalten anderer Teile. **Stellung** *die, -/-en,* 1) Lage, Haltung, vgl. ABB. L 6, P 9: *in zusammengekauerter S.; ich nehme zu einer Frage S.,* Ü *äußere meine Meinung.* 2) Rang, Amt, Posten, Anstellung, Würde: *seine S. in der Gesellschaft; die soziale S.; bekleidet eine hohe S.; er sucht eine S.; Stellungswechsel.* 3) Reihenfolge, Anordnung: *die S. der Gestirne.* 4) Vorrichtung zum Regulieren, z. B. der Geschwindigkeit einer Uhr. 5) ⚔ besetzter Geländeabschnitt. **Stellungnahme** *die, -/-n,* Meinungsäußerung zu einer bestimmten Angelegenheit. **Stellungsbefehl** *der,* Gestellungsbefehl. **Stellungskrieg** *der,* ⚔ das Kämpfen der Heere aus befestigten Stellungen heraus. **stellungslos,** stellenlos, ohne Anstellung. **Stellungslosigkeit** *die, -.* **stellvertretend,** *der stellvertretende Chefredakteur.* **Stellvertreter** *der,* jemand, der im Namen eines anderen handelt, vorübergehend an seine Stelle tritt. **Stellvertretung** *die.* **Stellwerk** *das,* Eisenbahn: Anlage zur Bedienung von Signalen und Weichen, ABB. B 5. **Stellwinkel** *der,* im Winkelmaß, Schmiege, ABB. S 63.

Stelzbein *das,* Ü Stelzfuß. **Stelze** [ahd. stelza] *die, -/-n,* 1) *meist Pl.,* hohe Stangen mit Fußrasten zum erhöhten Gehen, ABB. S 63: *sie geht wie auf Stelzen,* Ü steif, geziert. 2) ein Singvogel. 3) österr.: Schweinshaxe: *Schweinsstelze.* **stelzen** [spätmhd. stelzen], *ich stelze* (bin gestelzt), 1) gehe auf Stelzen. 2) Ü gehe steif. **Stelzenschuh** *der,* hohe Holzsandale (16. Jahrh.). **Stelzfuß** *der,* 1) Ü Beinprothese. 2) Ü jemand, der eine Beinprothese trägt. 3) beim Pferd gerade Stellung der Fessel.

Stemma [grch. ›Kranz‹, ›bekränzte Ahnenbilder‹] *das, -s/-ta,* Stammbaum, Verwandtenreihe.

Stemmbogen *der,* Skisport: ein Bogen zur Änderung der Abfahrtsrichtung, ABB. S 51. **Stemmeisen** *das,* Beitel, vgl. ABB. B 19. **stemmen** [mhd. stemmen], *ich stemme* (habe gestemmt), 1) *es,* hebe langsam etwas Schweres in die Höhe, ABB. S 64. 2) *mich, ihn,* Ü *gegen etwas,* drücke fest dagegen. 3) *mich gegen etwas,* Ü widersetze mich, suche zu verhindern: *sie stemmte sich gegen die Überweisung in eine Klinik.* 4) *es,* arbeite mit dem Stemmeisen oder anderen Werkzeugen ein Loch oder einen Einschnitt in Holz, Beton u. a., ABB. S 64. 5) *einen Baum,* 🌲 fälle. 6) Skisport: fahre einen Stemmbogen.

Stempel [mhd. stempfel, zu stampfen] *der, -s/-,* 1) Handdruckgerät mit Gummi-, Kunststoff- oder Metalltypen, ABB. S 64: *Zeitstempel; Stempelwerk.* 2) Abdruck eines Stempels: *Firmenstempel.* 3) Aufdruck, Zeichen, Beglaubigung: *er hat seinen S. unter das Schreiben gesetzt; dieser Roman trägt den S. der Zeit,* Ü. 4) Teil einer Stanz- oder Prägevorrichtung, ABB. P 22. 5) ⚒ Stütze im Grubenausbau. 6) 🌼 Fruchtknoten mit Griffel und Narbe, ABB. B 38. 7) Kolben der Luftpumpe. **Stempelgeld** *das,* Ü Arbeitslosengeld. **Stempelkissen** *das,* ABB. S 64. **Stempelmaschine** *die,* Gerät zum Entwerten von Briefmarken. **stempeln** [mhd. stempfen], *ich stemp(e)le* (habe gestempelt), 1) *es,* drücke einen Stempel darauf; versehe mit einem Prägezeichen. 2) *ihn zu etwas,* Ü bezeichne als: *er wurde zum Verräter gestempelt.* 3) *er geht stempeln,* U bezieht Arbeitslosengeld oder Arbeitslosenhilfe. **Stempelschneider** *der,* Hersteller von Stempeln. **Stempelsteuer** *die,* Steuer, deren Entrichtung durch Stempels Aufdruck belegt wird. **Stempeluhr** *die,* eine Kontrolluhr mit Stempelwerk. **Stemp(e)lung** *die, -/-en.*

Stempen *der, -s/-,* österr.: Pfahl, Pflock.

stemplich, niederdt.: stämmig.

Stenge [zu Stange] *die, -/-n,* Stänge, ⚓ bewegl. Verlängerung von Schiffsmasten, ABB. S 45, vgl. M 5.

Stengel [ahd. stengel] *der, -s/-,* ⚘ unverholzte oberirdische Hauptachse der Farne und Samenpflanzen, ABB. B 34; Stiel: *fall nicht vom S.!,* U fall nicht um, herunter, gerate nicht aus der Fassung! **Stengelchen** *das, -s/-.*

steno... [grch. stenos ›schmal‹, ›eng‹], eng... **Steno** *die, -,* U kurz für: Stenographie. **Stenodaktylo** [grch. daktylos ›Finger‹] *die, schweiz.:* Stenotypistin. **Stenogramm** [vgl. ...gramm] *das, -s/-e,* Niederschrift in Kurzschrift: *sie nahm ein S. auf.* **Stenograph** [vgl. ...graph] *der, -en/-en,* Berufsbezeichnung für jemanden, der Stenogramme aufnimmt. **Stenographie** [vgl. ...graphie] *die, -/...ph'i|en,* Kurzschrift. **stenographieren,** *ich stenographiere* (habe stenographiert) *(es).* **stenographisch. stenök** [grch. oikos ›Haus‹], an bestimmte Standorte gebunden (Pflanze, Tier). **Stenokardie** [grch. kardia ›Herz‹] *die, -/...d'i|en,* ⚕ Angina pectoris. **Stenökie** *die, -/...ök'i|en,* Ökologie: Verbreitungseinengung von Tier- und Pflanzenarten. **Stenokontoristin** *die,* Büroangestellte, die Stenographie und Schreibmaschinenschreiben beherrscht. **Stenose** *die, -/-n,* ⚕ Verengung von Gefäßen, Kanälen und Herzklappen. **stenotherm** [grch. therme ›Wärme‹], gegen Temperaturschwankungen empfindlich (Pflanze, Tier). **stenotop** [grch. topos ›Ort‹, ›Stelle‹], nicht weit verbreitet (Pflanze, Tier). **Stenotypie** [vgl. Type] *die, -/...p'i|en,* ⚕ Druck in Kurzschrift. **stenotypieren,** *ich stenotypiere* (habe stenotypiert) *(es).* **Stenotypist** *der, -en/-en,* **Stenotypistin** *die, -/-nen,* Berufsbezeichnung für jemanden, der Diktate in Kurzschrift aufnimmt und in Maschinenschrift überträgt.

stentando, stentato [ital. ›mühsam‹], ♪ zögernd, schleppend.

Stentorstimme [nach Stentor, einer Gestalt aus der ›Ilias‹] *die,* sehr laute Stimme.

Stenz *der, -es/-e,* 1) G Stock. 2) norddt.: Geck. **stenzen,** *ich stenze* (habe gestenzt) *ihn, es,* G stoße, verjage; stehle.

Step [engl. ›Schritt‹] *der, -s/-s,* Steptanz.

Stephan [grch. stephanos ›Kranz‹, ›Krone‹], männl., **Stephanie** [auch -f'anie], weibl. Vorname; vgl. Stefan.

Steppdecke *die,* gefütterte Decke, bei der beide Seiten der Hülle mit dem Futter durch gesteppte Nähte verbunden sind und die Füllung abgeteilt ist, ABB. B 27.

Steppe [russ. stepj ›flaches, dürres Land‹] *die, -/-n,* baumlose, trockene Grasebene: *Buschsteppe; Steppentiere.* **steppen** [mhd. steppen], *ich steppe* (habe gesteppt) *es,* nähe oder verziere mit Steppstichen: *Steppnähte.*

steppen [engl. to step, vgl. Step], *ich steppe* (habe gesteppt), tanze einen Steptanz.

Steppke [niederdt., zu Stopfen] *der, -(s)/-s,* berliner.: kleiner Kerl.

Steppstich *der,* eine Stichart, ABB. H 7.

Steptanz *der,* Step, Tanz, bei dem der Rhythmus durch klappernde Bewegungen der Fußspitzen, Hacken und Sohlen hörbar gemacht wird. **Steptänzer** *der.*

Ster [frz. stère] *der, -s/-e* oder *-s* und bei Mengenangaben *-,* Raummeter, ABB. M 7.

Stör *die, -/-en,* ohne die Stör.

Sterbe [mhd. sterbe] *die, -,* tödliche Seuche bei Tieren. **Sterbebett** *das,* Sterbelager, Bett eines Todkranken: *er liegt auf dem S.,* ist kurz vor dem Tod. **Sterbefall** *der,* Todesfall: *Sterbefallanzeige.* **Sterbegeld** *das,* im Todesfall von einer Versicherung gezahlte Kosten. **Sterbehilfe** *die,* Euthanasie: *aktive, passive S.* **Sterbelager** *das,* Sterbebett. **sterben** [ahd. sterban], *ich sterbe* (er starb, ist gestorben; du stirbst, er stirbt; wenn er stürbe; stirb!), scheide aus dem Leben: *er starb an Krebs gestorben; er starb eines natürlichen, eines gewaltsamen Todes; er liegt im Sterben, ist kurz vor dem Tod; meine Liebe ist gestorben,* Ü erloschen; *er ist für mich gestorben,* U ich will nichts mehr von ihm wissen; *das große Sterben,* ⚔ die Pest; *wir sterben vor Langeweile,* Ü es ist besonders langweilig. **Sterbensangst** *die,* Ü große Furcht. **sterbenskrank,** todkrank: *ich fühlte mich todsterbenskrank,* U. **sterbenslangweilig,** U sehr

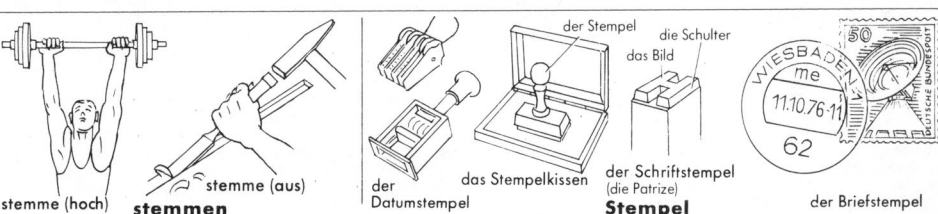

stemme (hoch) **stemmen**   stemme (aus)   der Datumstempel   das Stempelkissen   der Stempel   die Schulter   das Bild   der Schriftstempel (die Patrize)   **Stempel**   der Briefstempel   WIESBADEN 11.10.76-11 · 62 · me · 50 DEUTSCHE BUNDESPOST

S 64

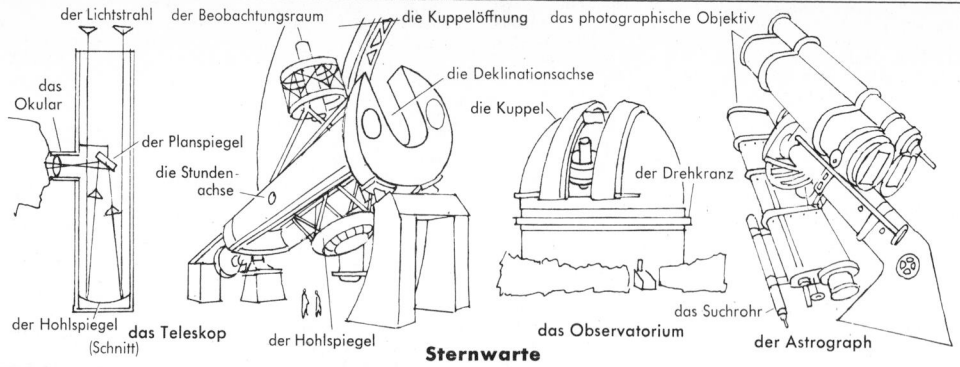

der Lichtstrahl   der Beobachtungsraum   die Kuppelöffnung   das photographische Objektiv

das Okular

die Deklinationsachse

der Planspiegel

die Stunden-achse

die Kuppel

der Drehkranz

das Suchrohr

der Hohlspiegel (Schnitt)   das Teleskop   der Hohlspiegel   das Observatorium   der Astrograph

Sternwarte

langweilig. **sterbensmatt,** sehr müde. **Sterbenswörtchen** *das: kein S., U nichts; er hat kein S. verraten.* **Sterbesa|kramente,** *Pl.,* kath. Kirche: die Sakramente der Buße, Krankensalbung und Eucharistie, mit denen Sterbende versehen werden sollen. **Sterbet** *der, -s, schweiz.:* das Massensterben. **sterblich,** dem Tod unterworfen, vergänglich: *die sterbliche Hülle; wir alle sind s.* **Sterblichkeit** *die, -,* 1) Vergänglichkeit. 2) Mortalität: das Verhältnis der Zahl der Gestorbenen zur Gesamtzahl des erfaßten Personenkreises in einem Zeitraum: *Säuglingssterblichkeit.*

stereo... [grch. stereos ›fest‹, ›starr‹], starr, fest; räumlich, körperlich. **Stereo** *das, -s, Kurzw. für:* 1) Stereophonie. 2) *Pl. -s,* Stereotypie-Druckplatte. **Stereo|akustik** *die,* Wissenschaft vom räumlichen Hören. **Stereo|anlage** *die,* Rundfunk-, Plattenspieleranlage der Tonbandgerät zur räumlichen Tonwiedergabe. **Stereochemie** *die,* Lehre von der räumlichen Anordnung der Atome oder Atomgruppen im Molekül. **Stereofilm** *der,* Film mit Raumwirkung. **Stereokamera** *die,* photograph. Kamera zum Aufnehmen von je zwei Teilbildern für Raumbildverfahren. **Stereokomparator** *der,* photogrammetrisches Auswertegerät von stereoskop. Aufnahmen. **Stereome|trie** [vgl. . . . metrie] *die, -,* Lehre von den räuml. Gebilden, bes. von den Körpern. **stereome|trisch. stereophon** [grch. phone ›Klang‹, ›Stimme‹]. **Stereophonie** *die, -,* Raumklang, Verfahren zur Übertragung von Sprache und Musik einschließlich ihrer Raumwirkung, vgl. ABB. L 5, P 17, R 30. **Stereophoto|graphie** *die,* 1) Verfahren zur Herstellung von räumlich wirkenden Photographien. 2) Raumbild. **Stereo|skop** [vgl. . . . skop] *das, -s/-e,* optisches Gerät zur Erzeugung eines räumlichen Bildeindrucks. **Stereo|skopie** [vgl. . . . skopie] *die, -,* Verfahren zur Erzeugung eines räumlichen Bildeindrucks mittels zweier ebener Bilder. **stereoskopisch,** *stereoskopisches Sehen.* **stereotyp** [vgl. Typ], 1) feststehend, unveränderlich. 2) Ü ständig wiederkehrend; abgedroschen: *ein stereotypes Lächeln; eine stereotype Antwort.* 3) ⊕ mit feststehender Schrift (gedruckt): *Stereotypdruck.* **Stereotypeur** [-p'ø:r] *der, -s/-e,* ⊕ Facharbeiter zur Herstellung von Stereotypien: *S. und Galvanoplastiker.* **Stereotypie** *die, -/. . . p'i|en,* 1) *ohne Pl.,* ⊕ Verfahren zur Abformung von Schriftsatz oder Druckplatten als Duplikat. 2) das Duplikat selbst (auch Stereo).

steril [frz. stérile, zu lat. sterilis], 1) unfruchtbar. 2) keimfrei: *Verbandstoffe sind s.* 3) Ü unkreativ: *eine sterile Diskussion; eine sterile Arbeit.* **Sterilisation** *die, -/-en,* das Sterilisieren. **Sterilisator** *der, -s/. . . t'oren,* Apparat zum Sterilisieren ärztl. Instrumente u. a. **Sterilisierapparat** *der,* Sterilisator. **sterilisieren** [frz. stériliser], *ich sterilisiere (habe* sterilisiert*),* 1) *ihn, sie,* mache zeugungsunfähig, unfruchtbar. 2) *es,* mache keimfrei, z. B. medizin. Geräte; konserviere (Nahrungsmittel). **Sterilisierung** *die, -/-en.* **Sterilität** [lat. sterilitas] *die, -,* 1) Unfruchtbarkeit. 2) Keimfreiheit. 3) Ü Mangel an Kreativität.

Sterin [grch. stereos ›hart‹] *das, -s/-e, meist Pl.,* hochmolekulare Naturstoffe (Cholesterin).

Sterke [mnd. sterke, urverwandt mit steril] *die, -/-n, niederdt.:* Färse, junge Kuh, die noch nicht gekalbt hat.

Sterling [st'ə:liŋ, engl., zu mlat. sterlingus, aus grch. stater]

der, -s/-e, altengl. Silbermünze: *das Pfund S.,* Zeichen: £, vgl. Pfund; *Sterling-Block.*

Stern [ahd. sterno, zu lat. stella, grch. aster] *der, -(e)s/-e,* 1) Gestirn, Himmelskörper, bes. Fixsterne und Planeten, ÜBERS. A 22: *die Sterne stehen am Himmel; Sternenhimmel; sternförmig; sternklar;* Sinnbild des Glanzes, des Schicksalbestimmenden: *es steht noch in den Sternen,* ist noch völlig ungewiß; *er greift nach den Sternen,* strebt nach dem Höchsten; *mein guter S.,* eine gute Fügung; *ich folge meinem S.,* Schicksal; *seine Arbeit stand unter keinem günstigen S.,* war vom Unglück verfolgt; *der S. von Bethlehem,* Stern, der die Weisen aus dem Morgenland zur Krippe führte, ABB. K 47. 2) etwas, das nach allen Seiten Strahlen aussendet, z. B. sprühende Feuerwerkskörper, Funken, die vom geschmiedeten Eisen abspringen; Platz, von dem aus mehr als vier Straßen abgehen. 3) Gegenstand mit regelmäßigen Zacken rundum, oft mit sechs, z. B. als Pappe zum Garnwickeln, ABB. G 2, als Gebäck, als strahlenförmige Blüte, als Schmuck, Hoheitszeichen, Orden, Rangabzeichen, als Abzeichen an Tieren. 4) Kennzeichen in Büchern, auf Karten u. a., das auf eine Anmerkung hinweist. 5) Kennzeichnung für die qualitative Einstufung, besonders im Hotel- und Gaststättengewerbe: *dieses Hotel steht im Reiseführer mit drei Sternen; dieses Lokal hat vier Sterne.* 6) die eingetrocknete Blüte an Äpfeln und Birnen. 7) eine Berühmtheit; vgl. Star. 8) ♂ Heck. 9) *österr.:* Sturz. **Sternbild** *das,* zu Figuren zusammengefaßte Fixsterngruppen, z. B. der Große Wagen. **Sternchen** *das, -s/-.* **Sterndeuter** *der,* Astrologe, jemand, der die Zukunft aus den Gestirnen zu erkennen sucht. **Sterndeutung** *die, -,* Astrologie, der Versuch, Wesen und Schicksal der Menschen aus Gestirnstellungen zu deuten. **Sternenbanner** *das,* die Flagge der Verein. Staaten von Amerika. **Sternenzelt** *das, -(e)s,* P nächtl. Himmel. **Sternfahrt** *die,* Rallye, rad- oder motorsportliche Veranstaltung, bei der die Teilnehmer, von verschiedenen Startorten kommend, an einem festgesetzten Ziel zusammentreffen. **Sterngucker** *der,* 1) U Astronom. 2) ein Mittelmeerfisch. **sternhagelvoll,** U stark betrunken. **Sternhaufen** *der,* Anhäufung von Sternen auf beschränktem Raum. **Sternkarte** *die,* Karte des Sternhimmels. **Sternkunde** *die, -,* Astronomie. **Sternlein** *das, -s/-.* **Sternmarsch** *der,* das spektakuläre Zusammenströmen bes. politisch motivierter Personengruppen zu einer zentralen Kundgebung. **Sternschaltung** *die, ⚡* eine Schaltung in dreiphasigen Drehstromsystemen. **Sternschnuppe** *die,* kleines Materieteilchen aus dem Weltraum, das bei Eindringen in die Erdatmosphäre kurz aufleuchtet und verglüht: *Sternschnuppenschwärme, das, -s,* Volksbrauch am Dreikönigstag. **Sternsinger,** *Pl.,* als Heilige Drei Könige verkleidete Kinder beim Sternsingen. **Sternstunde** *die,* glückliche Schicksalsstunde: *diese Erfindung war eine S. der Menschheit.* **Sternsysteme,** *Pl.,* Ansammlung von Sternen und interstellarer Materie. **Sterntag** *der,* nach dem Auf- und Untergang der Fixsterne berechneter Tag. **Sternwarte** *die,* Institut für astronom. Beobachtungen, Observatorium, ABB. S 65. **Sternzeit** *die,* Zeitrechnung nach Sterntagen.

Stert [ste:rt] *der, -es/-e, niederdt.:* Schwanz, z. B. ABB. M 22. **Sterz** [ahd. sterz] *der, -es/-e,* 1) Schwanz von Vögeln. 2) Führungsgriff am Pflug, ABB. P 11: *Pflugsterz.* 3) bair., österr.

Grütze. **sterzeln** [mhd. sterzen], *die Biene* sterzelt (hat gesterzelt), bewegt sich tanzartig (›Bienensprache‹).
stet [ahd. stati], **1)** stetig: *steter Tropfen höhlt den Stein,* Sprichwort. **2)** *süddt.:* ruhig, sacht. **Stete, Stetheit** *die, -.*
Stetho|skop [grch. stethos ›Brust‹ und vgl. . . .skop] *das, -s/-e,* ⚕ Hörrohr, ABB. S 66.
stetig [ahd. static ›beständig‹, ›unbeweglich‹], andauernd, beständig: *ein stetiger Geburtenrückgang.* **Stetigkeit** *die, -.*
stets, immer, zu jeder Zeit: *du wirst mir s. willkommen sein.*
stetsfort, *schweiz.:* fortwährend.
Steuer [ahd. stiura ›Stärkung‹, ›Stützung‹] *die, -/-n,* **1)** öffentl. Abgabe: *wir müssen Steuern zahlen; Steuererklärung; Steuerhinterziehung; Lohnsteuer; steuerfrei.* **2)** ⚘ Beitrag, Stütze, Bekräftigung: *zur S. der Wahrheit.* **3)** ⚘ Abhilfe, Bekämpfung, Gegenwehr: *zur S. dieser Plage.* **4)** *das, -s/-,* Vorrichtung zum Lenken von Fahrzeugen: *Steuerknüppel; Steuerruder; Sinnbild der Lenkung, Führung: der Kanzler hält das S. der Regierung fest in der Hand; er wirft das S. herum.* **steuerbegünstigt,** *steuerbegünstigter Wohnungsbau.*
Steuerbehörde *die,* Finanzamt. **Steuerberater** *der,* Berufsbezeichnung für einen vom Landesfinanzministerium zur Beratung in Steuerfragen bestellten Steuerfachmann. **Steuerbord** *das, auch der, -(e)s/-e,* rechte Seite eines Schiffes.
steuerbord(s), ⚓ rechts. **Steu(e)rer** *der, -s/-,* jemand, der etwas steuert, Steuermann. **Steuerflucht** *die,* Vermeidung der Besteuerung durch Gewinn- oder Vermögensverlagerung ins Ausland. **Steuerklasse** *die,* Staffelung des Steuertarifs nach Familienstand und Anzahl der Kinder. **steuerlich,** *die* Steuern betreffend: *steuerliche Vergünstigungen.* **Steuermann** *der, -(e)s/²er oder . . .leute,* **1)** jemand, der ein Boot, Schiff steuert. **2)** ⚓ Wachoffizier auf einem Handelsschiff.
Steuermarke *die,* **1)** Hilfsziel zum Einhalten der Richtung. **2)** Marke für entrichtete Steuer. **Steuermeßbetrag** *der,* Grundbetrag für die Berechnung der Grund- und Gewerbesteuer.
Steuermoral *die,* die innere Einstellung von Steuerpflichtigen zur Erfüllung ihrer Steuerpflicht. **steuern** [ahd. stiuren], *ich steu(e)re (habe gesteuert),* **1)** *es, ihn,* lenke (Kraftfahrzeug, Schiff, Flugzeug; U Menschen). **2)** handhabe ein Steuer. **3)** ⚘, *noch schweiz.:* zahle Steuern, Beiträge. **4)** *einem Mißstand,* beseitige, bekämpfe ihn: *man versucht, dem Drogenmißbrauch zu steuern.* **5)** (bin gesteuert), fahre, bewege mich in einer Richtung: *wir sind nach Rügen gesteuert,* mit dem Schiff gefahren; *wohin steuert er?,* U wohin will er, was bezweckt er? **Steueroase** *die,* U Land mit bes. günstigen steuerl. Verhältnissen für Ausländer. **Steuerpflicht** *die,* Verpflichtung zur Zahlung von Steuern. **steuerpflichtig,** *steuerpflichtiges Einkommen.* **Steuerrad** *das,* bei Schiffen ein Handrad zur Betätigung des Ruders, bei Räderfahrzeugen Lenkrad, ABB. R 1. **Steuerrecht** *das, -(e)s,* Teilgebiet des öffentl. Rechts, das sich mit den Steuern befaßt. **Steuerreform** *die,* Verbesserung einzelner Steuergesetze, des Steuersystems. **Steuerschraube** *die: die Regierung will die S. anziehen,* U die Steuern erhöhen. **Steuertarif** *der,* Zusammenstellung der auf die Besteuerungseinheiten entfallenden Steuerbeträge oder der zur Berechnung der Steuerbeträge anzuwendenden %- oder ‰-Sätze. **Steuertriebwerg** *das,* kleine Flüssigkeitsrakete zur Bahn- und Lageregelung von Raumflugkörpern. **Steuerung** *die, -/-en,* **1)** *ohne Pl.,* das Steuern, Lenken. **2)** *ohne Pl.,* U Regelung, Bekämpfung. **3)** Steuer, Lenkvorrichtung. **4)** ⚙ Vorrichtung zur Erzeugung eines bestimmten Arbeitsablaufes. **Steuerzahler** *der,* steuerpflichtiger Bürger. **Steurer** *der,* Steuerer.
Steven [niederdt., zu Stab] *der, -s/-,* ⚓ starke Bauteile, die den Bug und das Heck eines Schiffes begrenzen, ABB. B 42, F 5: *Vorsteven, Vordersteven; Hintersteven.*
Steward [stj'uəd, engl.] *der, -s/-s,* **Stewardess, Stewardeß** [stj'uədes, auch stjuəd'es] *die, -/. . .d'essen,* Betreuer(in), bes. auf Schiffen, in Flugzeugen.
StGB, Abk. für: Strafgesetzbuch.
sthenisch [grch. sthenos ›Kraft‹], stark, kräftig.
stibitzen, *ich stibitze (habe stibitzt) es (ihm),* U stehle, nehme fort: *wer hat mein Frühstücksbrot stibitzt?*
Stibium [lat., zu grch. stibi ›Spießglas‹] *das, -s,* 🜩 Element, Zeichen: Sb, Antimon.
Stich [ahd. stih, zu stechen] *der, -(e)s/-e,* **1)** das Stechen, schnelles Einbohren eines spitzen, zum Einstoßen eines scharfen Gegenstandes; die durch einen Stich verursachte Wunde: *Insektenstich; Messerstich; Stichwunde; das hält S.,* U bewährt sich, hält stand; *er hat mich im S. gelassen,* U treulos, feige verlassen. **2)** beim Fechten der mit der Spitze geführte Stoß, vgl.

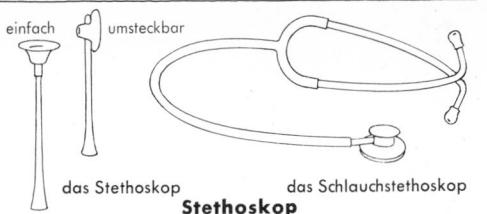

das Stethoskop   das Schlauchstethoskop
Stethoskop

ABB. F 9. **3)** beim Nähen und Sticken das Durchziehen des Fadens; auch Art des Durchziehens, ABB. H 7, N 2: *Kreuzstich.* **4)** stechender Schmerz: *ich fühle Stiche in der Seite; das gab ihm einen S.,* U schmerzte sehr. **5)** Bosheit, boshafte Anspielung. **6)** Kupfer- und Stahlstich: *er sammelt alte Stiche; ein kolorierter S. vom Kölner Dom.* **7)** Kartenspiel: die beim Ausspielen einer Karte gewonnenen Punkte: *er machte den ganzen Abend keinen S.,* verlor ständig. **8)** *ohne Pl.,* beginnender Übergang in einen anderen Zustand: *die Milch hat einen S.,* beginnt zu säuern; *ein S. ins Rötliche,* ins Rote übergehend; *du hast einen S.,* U bist etwas verrückt. **9)** ⚓ ein Knoten. **10)** 🜨 Höhe eines Bogens oder Gewölbes, ABB. B 39. **11)** ♈ Halsgrube am Brust des Haarwildes. **12)** ⊙ Durchgang des Walzgutes durch die Walzen. **Stichbahn** *die,* Endstrecke der Abzweigung einer Eisenbahnlinie. **Stichbalken** *der,* 🜨 Balken, der nicht durch das ganze Bauwerk geht, ABB. B 7. **Stichblatt** *das,* bei Stichwaffen Handschutz zwischen Griff und Klinge. **Stichel** [ahd. sticchel ›Brecheisen‹] *der, -s/-,* spitzes Werkzeug, bes. das Werkzeug des Holzschneiders, Kupfer- und Stahlstechers, ABB. G 33, H 24, R 2. **Stichelei** *die, -/-en: sie leidet unter den ständigen Sticheleien der Kollegen.* **Stichelhaar** *das,* rauhes, halblanges Haar (von Hunden). **stichelhaarig. sticheln** [mhd. (alem.) stichelon], *ich stich(e)le (habe gestichelt),* **1)** nähe oder sticke mit kleinen Stichen; sticke eilig. **2)** U mache boshafte Bemerkungen, reize durch Anspielung. **stichfest, 1)** sicher gegen Stich. **2)** U unangreifbar: *hieb- und stichfeste Argumente.* **Stichflamme** *die,* plötzlich aufschießende Flamme. **stichhaltig,** nicht widerlegbar, überzeugend: *ein stichhaltiger Beweis.* **stichhältig,** *österr.:* stichhaltig. **Stichhaltigkeit** *die, -.* **stichig,** mit Stich, säuerlich. . . . **stichig,** einen Stich von etwas aufweisend: *wurmstichig; blaustichig.* **Stichkampf** *der,* 🏊 Entscheidungskampf zwischen Wettkämpfern mit gleicher Leistung. **Stichkappe** *die,* 🜨 kleines Gewölbe, das in ein großes einschneidet. **Stichling** *der, -s/-e,* schuppenloser Fisch mit beweglichen Stacheln.
Stichomythie [grch. stichos ›Vers‹, ›Zeile‹ und mythos ›Rede‹, ›Wort‹] *die, -/. . .th'i|en,* Dialogform (bes. im Drama), bei der Rede und Gegenrede auf je einen Vers (auch Halb- oder Doppelvers) verteilt sind.
Stichprobe *die,* Prüfung oder Untersuchung eines Teils, von dem man auf das Ganze schließen kann: *wegen des starken Reiseverkehrs machten die Zollbeamten nur Stichproben.* **stichst,** von stechen. **Stichtag** *der,* für eine Erhebung oder Vornahme einer Handlung festgesetzter Tag, Termin. **Stichwaffe** *die,* Nahkampfwaffe. **Stichwahl** *die,* Wahl zwischen zwei Hauptbewerbern nach Ausscheidung der übrigen. **Stichwort** *das,* **1)** *-(e)s/²er,* in Nachschlagewerken ein im Druck hervorgehobenes, durch den nachfolgenden Text zu erklärendes Wort: *Stichwortverzeichnis; in diesem Band wurden viele neue Stichwörter aufgenommen.* **2)** *-(e)s/-e,* Theater: Wort, auf das ein Schauspieler einsetzen oder auftreten muß; U Wort, auf das man etwas getan wird: *auf sein S. kamen alle herbei.* **3)** *-(e)s/-e, meist Pl.,* Merkworte: *ich habe mir für die Festrede ein paar Stichworte notiert.*
Stickel *der, -s/-, oberdt.:* Stange, Rebpfahl.
sticken [ahd. sticchen], *ich sticke (habe gestickt) (es),* verziere Stoff mit Mustern aus weißen oder bunten Fäden, vgl. ABB. H 7: *eine gestickte Decke; handgestickt; Stickgarn.*
Sticken [zu Stecken] *der, -s/-, niederdt.:* Stab, Stift; Stricknadel; Streichholz.
Stickerei *die, -/-en,* Stickarbeit, Muster aus Fäden auf Stoff.
Stickerin *die, -/-nen,* Frau, die Stickereien herstellt. **Stickhusten** *der,* Keuchhusten. **stickig,** schwer zu atmen, dumpf: *stickige Luft.* **Stickluft** *die,* Luft, in der man kaum atmen kann.
Stickoxid *das,* **1)** das Stickstoffmonoxid. **2)** *nur Pl.,* die Oxide des Stickstoffs. **Stickstoff** *der, -(e)s,* 🜩 Element, Zeichen: N,

farb-, geruch- und geschmackloses Gas, Hauptbestandteil der Luft. **Stickstoffdünger** *der,* stickstoffhaltiger Handelsdünger. **Stickstoffsammler** *der,* Pflanze, die eine Anreicherung des Bodens mit Stickstoff bewirkt.

stieben [ahd. stioban, verwandt mit Staub], *es stiebt* (ist gestoben), **1)** (auch hat, ist gestiebt) zersprengt, stäubt, sprüht: *Funken stieben; an den Felsen stob* oder *stiebte das Wasser in die Höhe.* **2)** Ü bewegt sich schnell: *die überraschten Leute stoben nach allen Seiten.*

stief... [ahd. stiof..., zu stiufen ›berauben‹], durch Wiederverheiratung verwandt (vor Verwandtschaftsnamen): *der Stiefbruder, die Stiefschwester, Stiefgeschwister,* halbbürtige Geschwister oder Kinder aus einer Verbindung beider Ehegatten; *Stiefsohn; Stieftochter.*

Stiefel [ahd. stival, ital. stivale] *der, -s/-,* **1)** Fußbekleidung mit hohem, das Bein umschließenden Schaft, ABB. S 39, M 16: *ein Paar S.* **2)** Trinkgefäß in Form eines Stiefels: *der verträgt einen guten, ordentlichen S.,* U viel Alkohol. **Stiefelchen** *das, -s/-.* **Stiefelette** *die, -/-n,* Halbstiefel. **Stiefelknecht** *der,* Gerät zum Stiefelausziehen, ABB. S 39. **stiefeln,** *ich* stief(e)le (habe, bin gestiefelt), U gehe, marschiere, stapfe: *er stiefelte durch den Wald; vgl.* gestiefelt.

Stiefkind [vgl. stief...] *das,* **1)** Kind aus einer früheren Verbindung eines Ehegatten in seiner Beziehung zum nicht leiblichen Elternteil. **2)** Ü jemand, dem nur wenig Aufmerksamkeit geschenkt wird: *ein S. des Glücks.* **Stiefmutter** *die,* Frau des Vaters, die nicht die Mutter seines Kindes ist, ÜBERS. F 6; im Märchen Verkörperung der Bosheit. **Stiefmütterchen** *das,* eine mit dem Veilchen verwandte Pflanze. **stiefmütterlich,** Ü lieblos: *er ist von der Natur s. behandelt worden.* **Stiefvater** *der,* Mann der Mutter, der nicht der Vater ihres Kindes ist, ÜBERS. F 6.

stieg, von steigen. **Stieg** *der, -(e)s/-e,* Nebenform von Steig.

Stiege [ahd. stigilla] *die, -/-n,* **1)** *süddt.:* Treppe: *Stiegenhaus.* **2)** Verschlag oder Kiste aus Holzgittern, z. B. Obstkiste, Geflügelkäfig. **3)** Zählmaß von 20 Stück. **4)** Garbenhocke, aus zwei Zeilen dachartig aneinandergestellt.

Stieglitz [mhd. stigeliz, zu tschech. stehlík] *der, -es/-e,* Distelfink, ein Singvogel.

stiehl, stiehlst, von stehlen.

stiekum [jidd.], U heimlich, unbemerkt.

Stiel [ahd. stil, urverwandt mit lat. stilus] *der, -(e)s/-e,* jedes dünnere, längere Stück, an dem etwas Größeres sitzt, z. B. ein Blatt: *Blattstiel;* Griff an Geräten, ABB. B 13, B 34, F 7, G 11, H 2, H 5, L 15, P 11, P 14, S 13. **Stielaugen,** *Pl.: als er sie sah, machte er S.,* U er starrte sie neugierig, zudringlich an. **Stielbrille** *die,* Lorgnette. **stielen,** *ich* stiele (habe gestielt) *es,* versehe mit einem Stiel. *... stielig,* mit einer bestimmten Art von Stiel versehen: *kurzstielig.* **Stielstich** *der,* ein Zierstich, ABB. H 7.

Stiem *der, -es, niederdt.:* **1)** Schneegestöber. **2)** feiner Rauch. **stiemen,** *es* stiemt (hat gestiemt), *niederdt.:* **1)** schneit dicht. **2)** qualmt.

stier [vgl. starren und stur], **1)** starr, starrblickend. **2)** *österr., schweiz.:* ohne Geld.

Stier [ahd. stior] *der, -(e)s/-e,* **1)** Bulle, unkastriertes männl. Rind, ABB. R 22; Sinnbild der Kraft und blinden Wut: *er packt den S. bei den Hörnern,* Ü geht mutig auf eine Sache geradeweg los. **2)** *ohne Pl.,* ✫ Sternbild des Tierkreises, ÜBERS. A 22. **stieren,** *eine Kuh* stiert (hat gestiert), ♉ verlangt nach einem Stier, ist brünstig.

stieren [zu stier], *ich* stiere (habe gestiert) *auf ihn, etwas,* starre.

Stierenauge *das, schweiz.:* Spiegelei. **stierig,** ♉ brünstig, nach einem Stier verlangend (Kuh). **Stierkampf** *der,* nach bestimmten Regeln ausgetragener Kampf zwischen Mensch und Stier: *Stierkampfarena.* **Stierkämpfer** *der.* **Stiernacken** *der,* U starker, fleischiger Nacken; Ü Trotzkopf. **stiernackig.**

Stiesel [urspr. ›einer, der überall anstößt‹, zu mhd. stiezen ›stoßen‹] *der, -s/-,* auch Stießel, U unhöflicher, ungeschickter, sturer Mensch. **sties(e)lig,** auch stieß(e)lig, wie ein Stiesel.

stieß, von stoßen.

Stießel *der, -s/-,* Stiesel. **stieß(e)lig,** sties(e)lig.

Stiefge *der, -s/-(n), schweiz.:* Drahtstift, Stockspitze.

Stift [ahd. steft] *der, -(e)s/-e,* **1)** kurzes, stäbchenförmiges Gerät, ABB. B 49, B 57, H 4, N 1: *Drahtstift; Bleistift; Buntstift.* **2)** ⊙ Bolzen zur Verbindung von Maschinenteilen. **3)** Vorrichtung zum Befestigen eines künstl. Zahnes in einer Zahnwurzel, ABB. Z 2: *Stiftzahn.* **4)** U Lehrling, Junge.

Stift [mhd. stift] *das, -(e)s/-e,* selten *-er,* **1)** mit Grundbesitz

ausgestattete, selbständige Anstalt zu erzieher. und wohltätigen Zwecken. **2)** früher: Versorgungsanstalt für adlige Damen: *Damenstift.* **3)** mit Grundbesitz ausgestattetes Kapitel einer Bischofs-, Kloster- oder anderen Kirche: *Domstift; Hochstift; Stiftskirche.* **stiften** [ahd. stiften ›begründen‹], *ich* stifte (habe gestiftet) *es,* **1)** schenke, spende, bes. als Stiftung: *er stiftete sein Vermögen dem hiesigen Sportverein; ich s. ein Stipendium; er stiftete eine Runde,* U spendiere für alle Anwesenden ein Getränk. **2)** gründe: *er stiftete ein Kloster, einen Orden.* **3)** schaffe, bringe hervor: *er stiftet Frieden, Zank.*

stiftengehen, *ich* gehe stiften (ging stiften, bin stiftengegangen), U laufe weg.

Stifter *der, -s/-,* jemand, der etwas stiftet. **Stiftsdame** *die,* **Stiftsfräulein** *das,* früher: meist adlige Bewohnerin eines Stifts. **Stiftung** *die, -/-en,* **1)** gestiftetes Vermögen, das einem bestimmten Zweck dient: *Stiftungsurkunde.* **2)** Gründung. **3)** Schenkung. **Stiftungsfest** *das,* festliche Begehung der Wiederkehr eines Gründungstages.

Stigma [grch., zu stizein ›mit einem Stichel einstechen‹] *das, -s/... men* oder *-ta,* **1)** ✚ Wundmal; Merkmal, Kennzeichen. **2)** Wundmal Christi. **3)** im Altertum: Brandmal der Sklaven. **4)** ♘ Atemöffnung der Insekten und Tausendfüßer. **5)** ⊕ Narbe der Blüten. **Stigmatisation** *die, -/-en,* **1)** das Auftreten der Wundmale Christi bei einem Menschen. **2)** ✚ das Auftreten oder Hervorrufen von Stigmen. **stigmatisiert,** mit Brandmalen, Wundmalen (Christi) gezeichnet (Person). **Stigmatisierung** *die, -/-en,* Stigmatisation.

Stil [lat. stilus ›Griffel‹, ›Schreibart‹] *der, -(e)s/-e,* **1)** die charakteristische Eigenart einer menschl. Leistung, auch der Lebensform: *er hat S.; das ist eine Methode alten Stils; Versuche im großen S., großen Stils,* umfassende, großzügige; *Lebensstil.* **2)** Fertigkeit im Gebrauch der sprachl. Ausdrucksmittel: *er hat einen guten S.; Briefstil.* **3)** Kunst, Musik: das einem Zeitalter oder einem Künstler bestimmte Gestaltungsgesetz eines Kunstwerkes, ABB. S 67, S 68: *Baustil; romanischer S.; der dramatische S. der Komposition.* **4)** ⚘ Art der Ausübung einer Sportart: *Schwimmstil; Stilnote.* **5)** *Jahreszählung* alten, neuen Stils, Abk.: a. St., n. St., Julianischer, Gregorianischer Kalender.

Stilb [grch. stilbein ›glänzen‹, ›leuchten‹] *das, -s/-,* Zeichen: sb, Einheit der Leuchtdichte.

Stilblüte [zu Stil] *die,* komische Verirrung des sprachl. Ausdrucks. **Stilbruch** *der.*

Stilett [ital. stiletto] *das, -s/-e,* Dolch mit kurzer Klinge, ABB. D 9.

Stilgefühl *das, -(e)s,* Empfinden für guten Stil. **stilgerecht,** zu einem bestimmten Stil passend. **stilisieren,** *ich* stilisiere (habe stilisiert) *es,* **1)** gebe einen Stil, bes. feile den Ausdruck. **2)** bildende Kunst: vereinfache, verändere im Sinne einer bestimmten Auffassung: *stilisierte Blumen.* **Stilisierung** *die, -/-en.* **Stilist** *der, -en/-en,* jemand, der die sprachl. Ausdrucksmittel beherrscht. **Stilistik** *die, -,* Stilkunde, Stillehre, Wissenschaft und Lehre von den Gesetzen des Schreib- oder Sprachstils. **stilistisch,** *der Aufsatz ist s. einwandfrei; stilistische Feinheiten.* **Stilkunde** *die, -,* Stilistik.

still [mhd. stille, lautlos: *seis.!; schweigs.!; du sollst s. sein!; eine stille Übereinkunft,* Verständigung ohne förmliche Verabredung; *ein stiller Beobachter; ein stilles Gebet; in stiller Trauer; die Stille Woche,* Karwoche; *die Stille Nacht,* Heilige Nacht; *sie ist seine stille Liebe,* heimliche; *es ist s. um ihn geworden,* man spricht nur noch wenig von ihm. **2)** ruhig, ohne Regung, sanft: *ein stilles Kind,* nicht lebhaftes; *der junge Mann ist ein stilles Wasser,* Ü ein verschlossener Mensch (vielleicht mit regem Innenleben); *in stiller Ort,* aber: *der Stille Ozean; ein stilles Örtchen,* U Toilette; *ein stiller Gesellschafter,* ⬛ jemand, der an einem Unternehmen Kapital besitzt, ohne hervorzutreten, beteiligt ist; *stille Reserve,* ⬛ Rücklage; *du sollst s. liegen, sitzen, stehen, es s. halten, vgl.* aber: stillhalten, stilliegen, stillsitzen, stillstehen. **3)** *im stillen, im Inneren; heimlich, unbemerkt: ich hatte mich im stillen gewundert; die Aktion wurde im stillen gut vorbereitet.* **stillbleiben,** *ich* bleibe still (bin stillgeblieben), bleibe ruhig: *draußen ist alles stillgeblieben.* **stille,** U still. **Stille** *die, -,* **1)** Ruhe, Schweigen, Friede: *in aller S.,* ohne Aufsehen. **2)** das Fehlen einer Bewegung: *Windstille.* **Stilleben** *das,* Malerei: die Darstellung lebloser oder unbewegter Gegenstände in wirksamer Anordnung; vgl. Silbentrennung, ÜBERS. S 50. **stillegen,** *ich* lege es still (habe stillgelegt), schließe; vgl. Silbentrennung, ÜBERS. S 50: *die Zeche wurde stillgelegt.* **Stillegung** *die, -/-en;* vgl. Silbentrennung, ÜBERS. S 50: *Streckenstillegungen bei der Bundesbahn.*

die Kassettendecke
das Giebelfeld
die Cella
die Säulenhalle
der griechische Tempel
das Tonnengewölbe
das römische Bad

der Glockenturm
der Narthex
das Atrium
das Mittelschiff
das Seitenschiff
die frühchristliche Basilika

die Kuppel
der Narthex
das Kreuzgewölbe
der Rundbogen (Gurtbogen)
die byzantinische Kuppelkirche
das Seitenschiff das Mittelschiff
die romanische Kirche

der Strebebogen
die Fiale
der Strebepfeiler
das Kreuzrippengewölbe
der Spitzbogen der Bündelpfeiler
die gotische Kirche

die Baluster-Attika
der Renaissancepalast

die Laterne
die Kuppel
das Ochsenauge
die Fassade
die Barockkirche

der Portikus
der klassizistische Bau
der Rokoko-Pavillon
der Beton-Glas-Bau

Stil: Architektur

Stillehre [zu Stil] die, Stilistik.
stillen [ahd. stillen], ich stille (habe gestillt), **1)** es, bringe zur Ruhe, befriedige: ich s. meinen Durst; eine Blutung wird gestillt. **2)** einen Säugling, lasse an der Mutterbrust trinken. **Stillhalteabkommen** das, der zeitweilige Verzicht von Gläubigern auf Zahlungen ihrer Schuldner. **stillhalten**, ich halte still (hielt still, habe stillgehalten), harre geduldig bei etwas aus: beim Zahnarzt muß man stillhalten; die Gläubiger haben stillgehalten, aber: sie will den Kopf nicht still halten, nicht ruhig halten. **stilliegen**, es liegt still (lag still, hat stillgelegen), ist außer Betrieb; vgl. Silbentrennung, ÜBERS. S 50: die Fabrik hat längere Zeit stillgelegen; aber: der Patient hat ganz still gelegen, ruhig.
stillos, 1) keinen bestimmten Stil aufweisend. **2)** Ü unangebracht, geschmacklos. **Stillosigkeit** die, -.
stillschweigen, ich schweige still (habe stillgeschwiegen), rede nicht. **Stillschweigen** das, **1)** völlige Stille. **2)** Verheimlichung, Diskretion: er hat ihm strengstes S. auferlegt. **stillschweigend**, Ü ohne förml. Abmachung: eine stillschweigende Übereinkunft; das habe ich s. vorausgesetzt. **stillsitzen**, ich sitze still (saß still, habe stillgesessen), bin untätig: sie kann nicht stillsitzen; aber: du sollst still sitzen!, ruhig. **Stillstand** der, -(e)s, Ruhelage, Mangel an Fortschritt: der Verkehr kam zum S.; die Blutung wurde zum S. gebracht. **stillstehen**, ich stehe still (hat stillgestanden), hat aufgehört zu arbeiten: der Verkehr stand still; ihr Mund hat nicht eine Minute stillgestanden; stillgestanden!, ⚙ Kommando; während des Streiks sollen alle Maschinen stillstehen, aber: Kinder können schlecht still ste-

hen, ruhig stehen. **Stillung** die, -, das Stillen. **stillvergnügt,** innerlich heiter.
Stilmöbel das, Möbelstück im Stil einer vergangenen Epoche.
Stilus [lat.] der, -/. . .li, antiker Schreibgriffel.
stilvoll, einheitlich im Stil, im ganzen harmonisch: er hatte das Fest s. gestaltet.
Stimmband das, -(e)s/⸚er, meist Pl., sehniges Band im Kehlkopf, vgl. ABB. M 12. **stimmberechtigt,** zur Teilnahme an einer Abstimmung befugt. **Stimmberechtigte** der, die. **Stimmberechtigung** die. **Stimmbruch** der, -(e)s, Stimmwechsel, Übergang von der Kinder- zur Erwachsenenstimme: er ist im S. **Stimmbürger** der, schweiz.: Stimmberechtigter. **Stimmchen** das, -s/-. **Stimme** [ahd. stimma] die, -/-n, **1)** von Menschen und Tieren erzeugter Schall: eine laute, leise, hohe, tiefe, rauhe S.; Kopfstimme; ich habe dich an der S. wiedererkannt; der Sänger war nicht gut bei S. **2)** Wort, Äußerung: die S. des Gewissens, Herzens, Volkes, der Wahrheit, Ü; eine innere S. sagt mir, daß etwas geschieht. **3)** (Recht des einzelnen auf) Willensäußerung bei einer Abstimmung: mit einer S. Mehrheit; im Reichsrat hatten alle Fürsten Sitz und S.; ich habe meine S. abgegeben. **4)** ♪ Stimmlage, Singstimme: Oberstimme; die einzelne Klanglinie eines Musikstückes, der Part eines Spielers, Sängers oder Instruments: Flötenstimme, Solostimme, Instrumentalstimme; Orgel-, Harmoniumregister. **stimmen** [mhd. stimmen], ich stimme (habe gestimmt), **1)** ein Musikinstrument, gebe ihm die richtige Tonhöhe. **2)** (für, gegen etwas), gebe meine Stimme ab: die Hälfte der Abgeordneten stimmte mit Ja.

der Schrank **gotisch**   französisch **Renaissance** deutsch   **Barock**   **Empire** der Schreibschrank

die Truhe **romanisch**   **Rokoko** der Konsoltisch   der Sessel   **Biedermeier**   der Stuhl **Chippendale**   das Büfett **Jugendstil**

die Truhe **gotisch**   der Tisch **Régence**   der Schreibtisch **Louis XV.** (Louis-quinze)   **Louis XVI.** (Louis-seize)   der Sessel **Bauhaus**

Stil: Möbel

3) *ihn traurig, froh,* versetze in traurige, frohe Stimmung: *die Nachricht stimmte ihn froh; sie ist heute schlecht gestimmt.* **4)** *es stimmt,* ist richtig, wahr; paßt: *die Rechnung stimmt; es stimmt nicht, daß ich die Unwahrheit gesagt habe; hier stimmt irgend etwas nicht,* ist nicht in Ordnung. **Stimmengleichheit** *die,* gleiche Stimmenzahl bei Abstimmungen: *bei S. muß das Los entscheiden.* **Stimmer** *der, -s/-,* jemand, der berufsmäßig Musikinstrumente stimmt: *Klavierstimmer.* **Stimmgabel** *die,* ♪ stets in gleicher Höhe tönender gabelförmig gebogener Stahlstab zum Stimmen, ABB. S 70. **stimmhaft,** ⓢ durch Schwingen der Stimmbänder gebildet: *stimmhafte Laute,* ÜBERS. G 34. **stimmig,** richtig, passend: *ein vierstimmiger Satz,* ♪; *Satzungsänderungen müssen einstimmig beschlossen werden.* **Stimmlage** *die,* Höhe der menschl. Stimme. **Stimmlein** *das, -s/-.* **stimmlich,** *er war s. indisponiert.* **stimmlos,** ⓢ ohne Schwingung der Stimmbänder gebildet: *stimmlose Laute,* ÜBERS. G 34. **Stimmrecht** *das,* Recht zur Willensäußerung bei Abstimmungen. **Stimmritze** *die,* ♪ Teil des Kehlkopfes: *Stimmritzenkrampf.* **Stimmstock** *der,* ein Bauteil verschiedener Musikinstrumente. **Stimmung** *die, -/-en,* **1)** Gefühls-, Gemütslage eines Menschen: *bei, in guter, schlechter S.; Stimmungsbarometer,* Ü; *Krisenstimmung.* **2)** gute Laune, Fröhlichkeit. **3)** Gesamteindruck, Wirkung auf das Gefühl: *die S. einer Landschaft; Gewitterstimmung; Abendstimmung; Stimmungsbild.* **4)** ♪ Festlegung der Tonabstände für die Töne untereinander; Festlegung der absoluten Tonhöhe des Grundtones. **Stimmungsmache** *die,* Ü der durchschaubare Versuch, jemanden in seiner Einstellung zu beeinflussen. **Stimmungsmensch** *der,* jemand, der sehr von seinen Stimmungen abhängig ist. **stimmungsvoll,** das Gemüt ansprechend. **Stimmvieh** *das,* Ü beeinflußbare Wählermasse ohne eigene Ansicht. **Stimmwechsel** *der, -s,* Stimmbruch. **Stimmzettel** *der,* Zettel zur schriftl. Stimmabgabe bei Wahlen und Abstimmungen.

Stimulans [lat. stimulare ›stacheln‹, ›antreiben‹] *das, -/...l'anti|en* oder *...l'antia,* ♪ anregendes Mittel. **Stimulation** *die, -/-en,* Reizung, Erregung. **stimulieren,** *ich stimuliere (habe stimuliert) ihn, es,* rege, sporne an, errege: *die Arznei stimuliert den Kreislauf; stimulierende Mittel.* **Stimulierung** *die, -/-en,* Stimulation. **Stimulus** [lat.] *der, -/...li,* Stachel, Sporn; Antrieb, Reiz.

Stine [Kurzform von Christine, Ernestine u. a.], weibl. Vorname.

stink..., Ü sehr: *stinkfaul; stinklangweilig; stinkreich; Stinkwut.* **Stinkadores, 1)** *die, -/-,* Ü schlechte Zigarre. **2)** *der, -/-,* Ü stark riechender Käse. **Stinkbombe** *die,* ein Scherzartikel mit übelriechendem Inhalt. **stinken** [ahd. stinkan], *ich stinke (stank, habe gestunken),* rieche übel: *es stinkt nach faulen Eiern; die Sache stinkt zum Himmel,* Ü ist unerhört; *er stinkt nach Geld,* Ü ist sehr wohlhabend; *er stinkt vor Faulheit,* Ü ist sehr faul; *mir stinkt's!,* Ü ich bin es leid. **stinkig,** übelriechend: *stinkige Laune,* Ü schlechte. **Stinkmorchel** *die,* ein ungiftiger Pilz mit Aasgeruch. **Stinktier** *das,* ein Skunk.

Stint [mnd. stint] *der, -(e)s/-e,* ein lachsartiger Fisch.

Stipendiat [lat. stipendiarius ›um Sold dienend‹] *der, -en/-en,* bair., österr. *auch* **Stipendist** *der, -en/-en,* Empfänger eines Stipendiums. **Stipendium** [lat. ›Sold‹, ›Unterstützung‹] *das, -s/...di|en,* Geldunterstützung, bes. für Studierende.

Stippe *die, -/-n,* **1)** Kleinigkeit. **2)** Tunke. **3)** Fleck; Pustel. **Stippel** *der, -s/-, niederrhein.:* Stieleimer, Schöpfgefäß, ABB. G 7. **stippen** [mnd. stippen, verwandt mit steppen], *ich stippe (habe gestippt),* Ü **1)** *es in etwas,* tunke in: *ich s. das Brot in den Kaffee.* **2)** *an etwas,* tippe, rühre. **stippig,** Ü fleckig, mit Pusteln bedeckt. **Stippmilch** *die, niederdt.:* zu Quark gewordene saure Milch. **Stippvisite** *die,* Ü kurzer Besuch.

Stipulation [lat. stipulatio, zu stipulari ›sich ausbedingen‹] *die, -/-en,* mündlicher Vertrag. **stipulieren,** *ich stipuliere (habe stipuliert) es,* vereinbare, bedinge mir aus.

stirbst, von sterben.

Stirn [ahd. stirna] *die, -/-en,* **1)** der obere Teil des Gesichts, ABB. M 12, P 9, V 7: *ich runzele die S.; ich biete ihm die S.,* Ü leiste ihm Widerstand; *das steht ihm auf der S. geschrieben,* Ü sieht man ihm gleich an; *er hat die S., einem das vorzulügen,* Ü die Frechheit. **2)** Vorderteil, Front, vgl. ABB. B 39, R 33. **Stirne** *die, -/-n,* ⚬⚬ Stirn. **Stirnhöhle** *die,* Nebenhöhle der Nase: *Stirnhöhlenvereiterung....* **stirnig,** *breitstirnig; engstirnig.* **Stirnrad** *das,* ⊙ Zahnrad, ABB. G 32, Z 3. **Stirnseite** *die,* Vorderseite, Schauseite, Front.

Stirzel *der, -s/-(n), schweiz.:* Salat-, Kohlstrunk.

Stize [rätoroman.] *die, -/-n, schweiz.:* Ölkanne mit langer Ausgußröhre.

Stoa [grch. ›Säulenhalle‹, hier die S. Poikile, in der sich um 308 v. Chr. die Anhänger Zenons von Kition trafen] *die, -,* altgriech. Philosophenschule; vgl. Stoiker.

stob, von stieben.

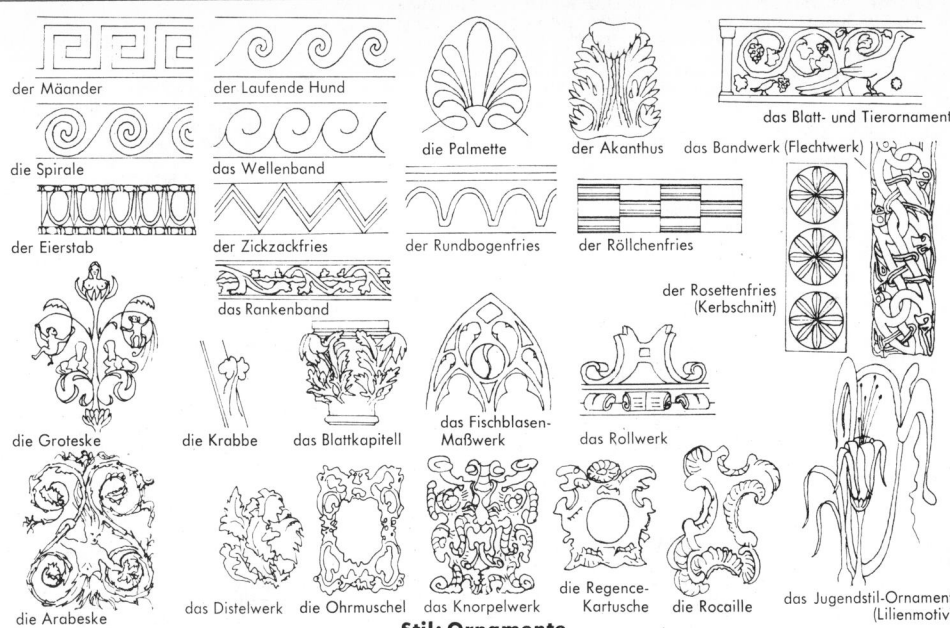

der Mäander

der Laufende Hund

die Spirale

das Wellenband

die Palmette

der Akanthus

das Blatt- und Tierornament

das Bandwerk (Flechtwerk)

der Eierstab

der Zickzackfries

der Rundbogenfries

der Röllchenfries

das Rankenband

der Rosettenfries (Kerbschnitt)

die Groteske

die Krabbe

das Blattkapitell

das Fischblasen-Maßwerk

das Rollwerk

die Arabeske

das Distelwerk

die Ohrmuschel

das Knorpelwerk

die Regence-Kartusche

die Rocaille

das Jugendstil-Ornament (Lilienmotiv)

Stil: Ornamente

stoben [zu Staub], *ich stobe (habe gestobt) es, norddt.:* reinige Korn vom Staub.

Stöberhund [mhd. stöuber] *der,* 🐕 Jagdhund, der stöbert. **stöbern** [mhd. stöubern], *ich stöb(e)re (habe gestöbert),* **1)** *(nach etwas),* suche kramend (in fremden Sachen), schnüffele: *wonach hast du in meinem Schrank gestöbert?* **2)** *(es), südtl.:* mache gründlich sauber. **3)** *es stöbert,* fliegt umher: *Schneeflokken stöbern.* **4)** *ein Hund stöbert,* 🐕 scheucht Wild auf oder sucht Wild auf.

Stochastik [grch. stochastikos ›im Erraten geschickt‹] *die, -,* △ die auf der Wahrscheinlichkeitstheorie beruhende Betrachtung von Massenerscheinungen. **stochastisch,** den Zufall oder die Wahrscheinlichkeit betreffend.

stochen [mhd., wohl zu Stock], *ich stoche (habe gestocht), norddt.:* **1)** stochere. **2)** heize ein. **Stocher** *der, -s/-,* Werkzeug zum Stochern, Feuerhaken, vgl. Abb. K 4: *Zahnstocher,* Abb. Z 3. **stochern,** *ich stoch(e)re (habe gestochert) in etwas,* suche, bohre, bes. mit einem spitzen Gegenstand: *er stochert in den Zähnen; er hat in der Glut gestochert; er stochert im Essen,* ißt langsam und lustlos.

Stöchiome|trie [grch. stoicheion ›Element‹ und vgl. . . . metrie] *die, -,* ⌀ Lehre von der quantitativen Zusammensetzung chem. Verbindungen und den Mengenverhältnissen bei chem. Reaktionen.

Stock [ahd. stoc] *der, -(e)s/¨e,* **1)** Stecken, Stab, z. B. als Stütze beim Gehen, Abb. S 19: *Krückstock,* Abb. K 49; *Spazierstock; Taktstock; Wanderstock; Großvater geht am S.; er steht so steif da wie ein S.; er geht, als wenn er einen S. verschluckt hätte,* ∪ sehr steif. **2)** Stamm und Hauptwurzel von Bäumen und holzigen Pflanzen, oft ganze Pflanze; Baumstumpf: *Weinstock,* Abb. W 9; *Blumenstock,* Abb. B 37; *Rosenstock,* Abb. G 3; *über S. und Stein,* querfeldein. **3)** Grundlage: *Grundstock.* **4)** Gebirgsmasse: *Bergstock,* Abb. B 20; unregelmäßige größere Gesteinsmasse als Fremdkörper in ihrer Umgebung: *Granitstock.* **5)** Pl. - oder *Stockwerke,* kurz für: Stockwerk, vgl. Abb. H 11: *der erste S.,* Stockwerk über dem Erdgeschoß, *südtl. auch:* Erdgeschoß. **6)** kurz für: Bienenstock, Druckstock, Opferstock, Abb. K 20; auch für andere (früher) aus einem Klotz gefertigte Gegenstände. **7)** früher: Block für Gefangene: *er sitzt im S.; Stockhaus.*

Stock [stɔk, engl.] *der, -s/-s,* Bestand, Vorrat, Warenlager;

Grundkapital einer Gesellschaft; Wertpapiere: *Stock Exchange,* Effektenbörse; *Stockjobber,* Börsenspekulant.

stock . . . , ∪ ganz und gar, völlig: *stockdumm; stockdunkel; stocksauer,* beleidigt, eingeschnappt; *stocksteif; stockkatholisch; stockkonservativ.* **Stöckchen** *das, -s/-,* Diminutiv zu Stock. **Stöckel, 1)** *der, -s/-,* ∪ hoher Absatz: *Stöckelschuh.* **2)** *das, -s/-, österr.:* Nebengebäude. **stöckeln,** *ich stöck(e)le (bin gestöckelt),* ∪ gehe auf hohen Absätzen, gehe geziert. **stocken,** *ich stocke (habe gestockt),* **1)** halte in einer Bewegung oder im Sprechen inne, stehe still: *das Gespräch stockte; der Verkehr stockt, gerät ins Stocken; mit stockender Stimme.* **2)** *eine Flüssigkeit stockt (hat, ist gestockt),* gerinnt, wird dick (Blut, Milch). **3)** *Holz stockt,* leidet durch die Feuchtigkeit: *Stockfäule.* **4)** *es stockt,* wird stockfleckig (Wäsche, Papier): *feuchte Wäsche stockt.* **5)** *schweiz.:* grabe Baumstümpfe aus. **Stockerl** *das, -s/-(n), bair., österr.:* Hocker. **Stockfisch** *der,* **1)** getrockneter Fisch. **2)** ∪ langweiliger, stumpfer Mensch. **Stockfleck** *der,* durch Bakterien oder Pilze entstandener Fleck. **stockfleckig, stockfleckig,** muffig. . . .**stöckig,** mit einer bestimmten Anzahl von Stockwerken: *ein fünfstöckiges Haus.* **Stöcklein** *das, -s/-,* Diminutiv zu Stock. **Stöckli** *das, - (s)/-, schweiz.:* Altenteil. **Stockmaß** *das,* Höhenmaß der Haustiere (mit einem Meß-

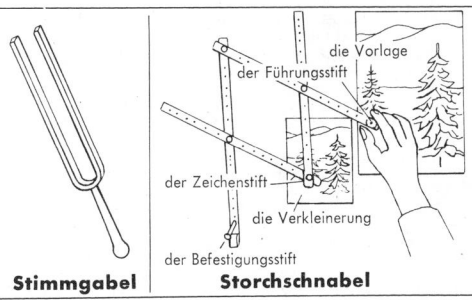

die Vorlage

der Führungsstift

der Zeichenstift

die Verkleinerung

der Befestigungsstift

Stimmgabel

Storchschnabel

stock gemessen). **Stockpunkt** *der,* die Temperatur, bei der ein Öl stockt. **Stockschirm** *der,* ABB. S 19. **Stockschnupfen** *der,* fester Schnupfen. **Stockschwämmchen** *das,* in Büscheln wachsender brauner Speisepilz. **Stockuhr** *die, österr.:* Standuhr. **Stockung** *die, -/-en: Verkehrsstockung.* **Stockwerk** *das,* Geschoß, alle in einer Ebene liegenden Räume eines Gebäudes, ABB. H 11: *dieses Haus ist fünf Stockwerke hoch.* **Stockzahn** *der, oberdt.:* Backenzahn.

Stoff [mittelniederl. stoffe, zu afrz. estoffe] *der, -(e)s/-e,* **1)** Masse, Substanz, (ungeformter) Grundbestandteil einer Sache: *Grundstoff; Mineralstoff; da bin ich aus härterem S. gemacht;* allgemein: die körperliche Welt: *alles ist an den S. gebunden;* Philosophie: Materie, das gestaltbare Prinzip, im Unterschied zur Form. **2)** Grundlage für ein literar. oder wissenschaftl. Werk; Gegenstand, Inhalt: *Stoffsammlung; Gesprächsstoff; Lesestoff; er hat diesen S. in seinem neuesten Roman verarbeitet; wir wollen den S. der letzten Unterrichtsstunde wiederholen; das Problem bietet S. zum Nachdenken.* **3)** Gewebe (für Kleider, Vorhänge u. a.): *Stoffbahn; Stoffrest; Wollstoff.* **4)** U alkoholisches Getränk: *es fehlt an S.; ein edler S.,* Trunk. **5)** U Rauschgift.

Stoffel [eigtl. Koseform von Christoph] **1)** männl. Vorname. **2)** *der, -s/-,* U unhöflicher Mensch, Tölpel. **stoff(e)lig,** U tölpelhaft.

stofflich, aus Stoff bestehend, materiell; den Inhalt betreffend. **Stofflichkeit** *die, -.* **Stoffwechsel** *der,* die Gesamtheit der chem. Umsetzungen im Körper der Lebewesen: *Stoffwechselkrankheit; Eiweißstoffwechsel.*

stöhle, von stehlen.

stöhnen [mhd. stenen], *ich* stöhne (habe gestöhnt) *vor, über etwas,* seufze, ächze, klage: *er stöhnte vor Schmerz; ein lautes Stöhnen war zu hören.*

Stoiker [grch. Stoïkos] *der, -s/-,* Anhänger der Stoa; Vertreter des Stoizismus. **stoisch,** **1)** die Stoa, den Stoizismus betreffend. **2)** U gelassen, unerschütterlich: *mit stoischer Ruhe.*

Stoizismus [sto:i-, vgl. . . . ismus] *der, -,* **1)** die Lehre der Stoiker. **2)** U Gleichmut, Unerschütterlichkeit.

Stola [mhd. stole, zu lat. stola, aus grch. stole] *die, -/. . . len,* **1)** im alten Rom das mit Ärmeln versehene Obergewand der Frau, ABB. M 16. **2)** schärpenartiges Kleidungsstück der kath. und anglikan. Geistlichen, ABB. A 13. **3)** schalartiger Umhang für Frauen.

STOL-Flugzeug [Abk. für engl. short take-off and landing] *das,* kurz für: Kurzstartflugzeug, Flugzeug mit möglichst geringer Start- und Landestrecke.

Stolgebühren [zu Stola] *Pl.,* Abgaben an den Pfarrer für bestimmte Amtshandlungen (Taufe, Trauung, Begräbnis).

Stolle [ahd. stollo ›Pfeiler‹, ›Stütze‹] *die, -/-n,* auch Stollen, Weihnachtsgebäck aus Hefeteig, Rosinen, Mandeln, Zitronat u. a., ABB. K 51. **Stollen** *der, -s/-,* **1)** ⚒ waagerechter, unterirdischer Gang. **2)** Teil des Hufeisens, ABB. H 26. **3)** Metrik: jede der beiden metrisch gleichen Hälften des Aufgesangs einer Strophe, ÜBERS. M 14. **4)** die Stolle. **5)** Absatz, Zapfen, z. B. am Fußballschuh; Schrankfuß: *Stollenschrank.* **6)** Werkzeug zum Recken der Felle in der Gerberei.

Stolperdraht *der,* knapp über dem Boden gezogener Draht als Hindernis: *bei dieser Arbeit hat man mir Stolperdrähte in den Weg gelegt;* U man erschwert sie mir absichtlich. **stolp(e)rig. stolpern** [frühnhd.], *ich* stolp(e)re (bin gestolpert) *über etwas,* stoße beim Gehen daran, drohe darüberzufallen, strauchele: *ich bin über eine Wurzel gestolpert; er stolpert über seine eigenen Füße; ich s. über ein Wort,* U verstehe es nicht, nehme Anstoß daran.

stolz [mhd. stolz ›töricht‹, ›übermütig‹, ›stattlich‹], **1)** voll Selbstgefühl; hochmütig: *auf deinen Erfolg kannst du s. sein; sie ist zu s., um sich helfen zu lassen.* **2)** stattlich: *eine stolze Erscheinung.* **3)** U beträchtlich, groß: *ein stolzer Preis.* **Stolz** *der, -es,* Selbstbewußtsein; Dünkel, Hochmut: *er blickte voller S. auf seinen Sohn; in diese Aufgabe setzt er seinen ganzen S.* **stolzieren,** *ich* stolziere (bin stolziert), gehe hochmütig oder steif umher.

Stoma [grch.] *das, -s/-ta,* ⚕ Mund; Spaltöffnung. **Stomatitis** *die, -/. . . tit'iden,* ⚕ Entzündung der Mundschleimhaut. **Stomatologie** [vgl. . . . logie] *die, -,* Lehre von den Erkrankungen der Mundhöhle. **stomatologisch.**

stop! [engl. to stop ›anhalten‹], **1)** auch stopp!, halt! **2)** in Telegrammen: Punkt (Satzzeichen). **Stop-and-go** [-ænd gou, engl. to go ›gehen‹] *das, -(s),* ⚙ das ständige Bremsen und Anfahren im dichten Verkehr: *Stop-and-go-Verkehr.* **Stopfbüchse** *die,* ⚙ Vorrichtung an Maschinen zum

Abdichten. **stopfen** [ahd. stopfon], *ich* stopfe (habe gestopft), **1)** *es,* fülle, tue hinein: *er stopft sich eine Pfeife; ich s. mir Watte in die Ohren; er stopfte seine Sachen in die Koffer,* füllte hastig hinein; *ich s. Gänse,* mäste; *ich s. ihm den Mund,* U bringe ihn zum Schweigen; *der Raum war gestopft voll,* U überfüllt. **2)** *es,* bessere einen Schaden in einem Gewebe aus, indem ich fehlende Fäden durch neue ersetze: *Stopfgarn; ich s. eine Hose, ein Loch, Strümpfe.* **3)** *eine Trompete,* halte die Faust oder einen Dämpfer in die Schallöffnung. **4)** *es stopft,* hemmt Durchfall: *eine stopfende Arznei.* **5)** *eine Speise stopft,* U sättigt stark, schnell. **Stopfen** *der, -s/-, norddt.:* Kork, Stöpsel. **Stopfer** *der, -s/-,* Gerät zum Feststampfen oder -pressen, vgl. ABB. R 7. **Stopfnadel** *die,* dicke Nadel zum Stopfen von Geweben, ABB. N 1, N 2.

stopp! [vgl. stop!], halt! **Stopp** *der, -s/-s,* das Haltmachen, Anhalten: *Autostopp; Lohnstopp; Preisstopp.* **Stoppball** *der,* Tennis: direkt hinter das Netz gespielter Ball.

Stoppel [ahd. stupfala, zu lat. stipula ›Halm‹] *die, -/-n,* **1)** harter, nach dem Mähen stehengebliebener Halmrest. **2)** Rest von Federkielen; hartes nachgewachsenes Haar, bes. Barthaar: *Stoppelbart; die Stoppeln kratzen.*

Stoppel [zu stopfen] *der, -s/-(n), österr.:* Stöpsel: *Stoppelzieher.*

Stoppelfeld *das,* abgemähtes Getreidefeld. **stopp(e)lig,** voller Stoppeln, stachelig: *ein stoppliges Kinn.* **stoppeln,** *ich* stopp(e)le (habe gestoppelt) *(es),* U suche auf Stoppelfeldern zurückgebliebene Ähren. **Stoppelpilz** *der,* ein Speisepilz mit stacheliger Hutunterseite.

stoppen [niederdt. stoppen, vgl. stop!], *ich* stoppe (habe gestoppt), **1)** vermindere die Geschwindigkeit: *der Kraftwagen stoppte plötzlich.* **2)** *ihn, es,* halte an, unterbreche: *ich s. den Ball mit dem Fuß; wir müssen die Produktion stoppen; er stoppte ihren Redefluß.* **3)** *die Zeit,* messe sie mit Stoppuhr oder elektron. Zeitnehmern. **Stopper** *der, -s/-,* **1)** ⚓ Vorrichtung zum Festmachen einer Kette oder eines Taus. **2)** Fußball: der Mittelläufer, der die Angriffe des Gegners stoppen soll. **Stopplicht** *das,* 🚗 Bremslicht an Kraftfahrzeugen, ABB. K 40. **Stop(p)schild** *das,* Verkehrszeichen mit der Bedeutung ›Halt! Vorfahrt gewähren‹. **Stoppstraße** *die,* Straße, an deren Kreuzung mit einer anderen Straße Fahrzeuge durch ein Stoppschild zum Anhalten aufgefordert werden. **Stoppuhr** *die,* Gerät zum Messen kleinster Zeiteinheiten, ABB. U 1, M 7.

Stöpsel [zu stopfen] *der, -s/-,* **1)** Kork, Pfropfen, z. B. als Flaschenverschluß, ABB. F 23; auch für andere einzusteckende Gegenstände, z. B. ABB. E 6. **2)** U kleiner Junge. **stöpseln,** *ich* stöps(e)le (habe gestöpselt) *es,* schließe, verbinde mit einem Stöpsel.

Stör [ahd. sturio] *der, -(e)s/-e,* ein Nutzfisch.

Stör [zu stören] *die, -/-en,* auch Ster, *oberdt.:* Handwerksarbeit im Haus des Kunden: *sie arbeitet auf der S., geht in, auf die S.*

Storch [ahd. storh] *der, -(e)s/²e,* ein Zugvogel, langschnäbliger Schreitvogel: *Storch(en)nest; da brat' mir einer 'nen S.!,* U Ausruf des Erstaunens; *der S. hat sie ins Bein gebissen,* U gehe wie ein Storch. **storchen,** *ich* storche (bin gestorcht), U gehe wie ein Storch. **Storchschnabel** *der,* **1)** eine ragute Wiesenpflanze. **2)** Pantograph, Gerät zur Wiedergabe von Zeichnungen in verändertem Maßstab, ABB. S 70. **Storchschnabelgewächs** *das,* Pflanze mit in fünf geschnäbelte Teilfrüchte zerfallenden Früchten.

Store [stɔ:, engl.] *der, -s,* Vorrat, Lager; Ladengeschäft. **Store** [sto:r, frz., zu lat. storea ›Matte‹] *der, -s/-s, schweiz.:* **Storen** *der, -s/-,* durchsichtiger Fenstervorhang, ABB. F 13.

stören [ahd. storan ›zerstreuen‹, ›vernichten‹], *ich* störe (habe gestört), **1)** *ihn, es,* belästige, lenke von einer Tätigkeit ab, behindere: *Störaktion; Störfaktor; darf ich (Sie) einen Augenblick stören?; der Schüler stört den Unterricht; Demonstranten störten die Versammlung; diese ständige Radiomusik stört mich; mich stört, daß er kommt; durch Nebengeräusche gestörte Musik; die Leitung ist gestört,* unterbrochen; *er ist innerlich gestört; er hat ein gestörtes Verhältnis zu seinem Elternhaus.* **2)** *mich an etwas,* nehme Anstoß: *ich s. mich nicht an seinem Verhalten.* **stören,** *es stört,* jemand, der andere ständig stört. **Störfall** *der:* Störfälle in Kernkraftwerken; *Störfallanalyse; störfallfreier Betrieb.*

storgen, *ich* storge (habe, bin gestorgt), *mitteldt., fränk.:* ziehe im Land umher; hausiere. **Storger, Störger** *der, -s/-, mitteldt., fränk.* [mlat. histrio ›fahrender Spielmann‹] Landfahrer, Marktschreier, Hausierer.

Störklappe [zu stören] *die,* Bremsklappe am Flugzeug.

stork(s)ig, *nordwestdt.:* verdorben, verdorrt.
Stornello [ital.] *das* oder *der, -s/-s* oder . . . *li,* dreizeiliges italien. Volkslied.
stornieren [ital. stornare], *ich* storniere (habe storniert) *es,* *ea* **1)** berichtige einen Buchungsfehler. **2)** mache einen Auftrag rückgängig. **Storno** [ital.] *der* oder *das, -s/.* . . *ni,* **1)** Berichtigung, Rückbuchung: *Stornobuchung.* **2)** Rückgängigmachung eines Auftrags.
Störpegel *der,* der Betrag von andauernden störenden Geräuschen.
storr, *niederdt.:* hart, spröde, widerspenstig. **Storre** [ahd. storro, verwandt mit starr] *die, -/-n,* **Storren** *der, -s/-,* *niederdt.:* Baumstumpf. **störrig,** störrisch. **Störrigkeit** *die, -.* **störrisch,** widerspenstig, unlenkbar, trotzig: *ein störrischer Esel; sei doch nicht so s.!*
Störschutz *der,* alle Maßnahmen zur Vermeidung oder Beseitigung von Störungen in Fernmeldeanlagen. **Störsender** *der,* ((φ)) Sender, der Störgeräusche aussendet, um den Empfang eines anderen Senders unmöglich zu machen.
Storting [st'u:rtiŋ, norweg.] *das, -s,* die Volksvertretung in Norwegen.
Störung *die, -/-en,* **1)** das Stören; etwas, das stört: *entschuldigen Sie bitte die S.; der störungsfreie Arbeitsablauf; Gleichgewichtsstörung.* **2)** ⊕ Trennfuge im Gestein. **3)** Meteorologie: wandernde Schlechtwetterzone: *atmosphärische Störungen; Störungsfront.* **Störungsfeuer** *das,* ⚔ unregelmäßiges Artilleriefeuer zur Beunruhigung des Gegners. **Störungsstelle** *die,* ((φ)) die für Störungen im Fernsprechverkehr zuständige Stelle.
Story [st'ɔ:ri, engl. ›Geschichte‹, ›Erzählung‹, zu lat. historia] *die, -/.* . . *ries,* Geschichte, Fabel, Handlung: *Filmstory; diese S. glaubt dir niemand,* U.
Störze [verwandt mit Sterz] *die, -/-n,* **Störzen** *der, -s/-,* *oberdt.:* Strunk.
Stoß [ahd. stoz] *der, -es/¨e,* **1)** heftiger Aufprall eines Körpers auf einen anderen: *Zusammenstoß.* **2)** (schnelle, heftige) Bewegung in der Richtung auf einen anderen Gegenstand: *Erdstoß; Windstoß; Atemstoß; Dolchstoß; Stoßkraft; er schwamm mit kräftigen Stößen durch das Becken; ich gebe mir einen S.* [*meinem Herzen*] *einen S.,* U überwinde mich, etwas zu tun, zwinge mich zu etwas; *ein S. ins Horn, in die Trompete,* plötzliches Blasen. **3)** Physik: die Wechselwirkung zwischen zusammentreffenden Körpern unter Energie- und Impulsaustausch. **4)** geschichteter Haufen, Stapel: *ein S. Hefte; große Stöße Akten.* **5)** unterlegtes Textilstück am unteren Rand eines Kleidungsstücks: *Stoßband; Stoßborte.* **6)** ⊙ ⊓⊓ Verbindungs- oder Berührungsstelle, z. B. von Bahnschienen, Abb. G 28; Steine an der schmalsten Seite, vgl. Abb. B 13. **7)** ⚒Seitenwand eines Grubenbaues. **8)** größere Menge (in kurzer Zeit): *Vitaminstoß;* vgl. Stoßtherapie. **9)** ⚔ Schwanz des Federwildes. **10)** ⚔ Netz zum Greifvogelfang. **11)** *schweiz.:* das Stück Alp, von dem eine Kuh einen Sommer über leben kann (¹/₂–2 ha.). **12)** *schweiz.:* Muff, Überärmel. **Stoßbähre** *die, -/-n, schweiz.:* Schubkarren. **Stößchen** *das, -s/-.* **Stoßdämpfer** *der,* eine Vorrichtung bei Straßen- und Schienenfahrzeugen zur Dämpfung von Schwingungen der Federung. **Stößel** *der, -s/-,* Werkzeug zum Stoßen, Mörserkeule, Abb. M 19. **stoßen** [ahd. stozan], *ich* stoße (stieß, habe gestoßen; du stößt, er stößt), **1)** *ihn, es,* bewege kurz und heftig in eine Richtung; gebe *ihm* einen Stoß: *er stieß ihm das Messer in die Brust; er stieß ihn zu Boden; ich s.* Pfeffer, *zerkleinere; ich bin ihr vor den Kopf gestoßen,* fassungslos; *er hat sie vor den Kopf gestoßen,* U beleidigt; *ich s. ihm Bescheid,* U sage *ihm* energisch die Meinung; *er stößt mit ihm in dasselbe Horn,* U ist gleicher Meinung; *man muß ihn mit der Nase auf alles stoßen,* U deutlich auf alles hinweisen; *er hat sie gestoßen,* V mit ihr Geschlechtsverkehr gehabt. **2)** (bin gestoßen) *auf ihn, etwas, zu ihm,* treffe *ihn, es,* komme zufällig daran, darauf: *er stieß mit dem Kopf an die Wand; sie stießen auf Schwierigkeiten; wir werden etwas später zu euch stoßen, euch treffen.* **3)** *mich an ihm, etwas,* tue *mir weh: ich habe mich am Tisch gestoßen; an seiner Unhöflichkeit habe ich mich stets gestoßen,* Ü Anstoß genommen; *du darfst dich an der Unordnung bei uns nicht stoßen,* Ü. **4)** *ein Wagen stößt,* rüttelt. **5)** *ein Tier stößt mit den Hörnern,* greift an. **6)** *eine Biene stößt,* schwärmt. **7)** *es stößt* (ist gestoßen) *an etwas,* grenzt an: *unser Garten stößt an das Grundstück meines Onkels.* **Stoßen** *das, -s,* **1)** Hobelverfahren, ausgeführt mit der Stoßmaschine. **2)** ⚔ Übung des Gewichthebens. **Stößer** *der, -s/-,* **1)** Stößel. **2)** ⚔ Greifvogel. **3)** *bair.:* hoher Hut. **stoßfest,** widerstandsfähig gegen Stöße. **Stoßgebet** *das,* rasches Bittgebet. **stößig,** gern

stoßend (von Tieren). **Stoßmaschine** *die,* eine Metallhobelmaschine. **Stoßseufzer** *der,* tiefer Seufzer: *ein S. der Erleichterung.* **Stoßstange** *die,* ⚘ Stange vor und hinten an Kraftfahrzeugen, als Schutz bei leichten Fahrzeugberührungen, Abb. K 40. **Stoßtherapie** *die,* ⚕ Behandlung, bei der in kurzer Zeit große Arzneimengen verabreicht werden. **Stoßtrupp** *der,* ⚔ kleiner Kampftrupp für besondere militär. Unternehmungen. **Stoßverkehr** *der,* stärkste Verkehrsdichte zu bestimmten Tageszeiten, Berufsverkehr. **Stoßweise,** in einzelnen Stößen, ruckartig: *er atmete s.; die Besucher kamen s.* **Stoßzahn** *der,* vergrößerter Schneidezahn bei Elefant, Narwal u. a., Eckzahn beim Walroß. **Stoßzeit** *die,* Rush-hour.
Stotterer *der, -s/-,* jemand, der stottert. **stott(e)rig,** stotternd. **stottern** [niederdt. stoten, zu stoßen], *ich* stott(e)re (habe gestottert), **1)** spreche stoßweise (eine Sprachstörung). **2)** Ü stammele; spreche zögernd, gehemmt: *er stotterte eine Entschuldigung; wir haben die Möbel auf Stottern gekauft,* U auf Ratenzahlung.
Stotz [mhd. stotze ›Stamm‹, ›Klotz‹] *der, -es/-e,* auch Stotzen, *oberdt.:* **1)** Keule eines Schlachttieres. **2)** Klotz, Baumstumpf. **stotzen,** *ich* stotze, *alem.:* **1)** (bin gestotzt), lehne mich gegen etwas. **2)** (habe gestotzt) *es,* stopfe voll. **Stotzen** *der, -s/-,* Stotz. **stotzig,** *alem.:* steil.
Stout [staut, engl. ›stark‹] *der, -s/-s,* englisches obergäriges dunkles Starkbier.
Stövchen *das, -s/-,* Rechaud. **Stove** [niederdt., verwandt mit Stube] *die, -/-n,* Trockenraum. **stoven,** *ich* stove (habe gestovt) *es, niederdt.:* schmore, dünste, dämpfe.
StPO, Abk. für: Strafprozeßordnung.
Str., Abk. für: Straße.
strabanzen [ital. stra . . . ›sehr . . .‹, ›unmäßig . . .‹ und vagare ›umherstreifen‹], *ich* strabanze (bin strabanzt), *österr.:* gehe müßig umher. **Strabanzer** *der, -s/-.*
strabeln, sträbeln, *ich* strab(e)le, sträb(e)le (habe gestrabelt[e], gesträbelt[e]), *schweiz.:* strampele.
Strabismus [grch. strabizein ›schielen‹ und vgl. . . .ismus] *der, -,* ⚕ das Schielen. **Strabo** [lat.] *der, -s/-s,* ⚕ Schielender.
strack [mhd. strackes, strac], ⚙ gerade, straff. **stracks,1)** geradeheraus, ohne Umweg. **2)** sofort. **3)** genau nach Vorschrift.
Straddle [strædl, engl. to straddle ›grätschen‹] *der, -(s)/-s,* ⚡ ein Sprungstil im Hochsprung.
Stradivari *die, -/-(s),* **Stradivarius** *die, -/-,* eine Geige aus der Werkstatt von A. Stradivari, 1644–1737.
Strafanstalt *die,* staatl. Anstalt für den Vollzug einer Freiheitsstrafe, Gefängnis. **Strafantrag** *der,* Antrag des Verletzten oder sonst Berechtigten auf Verfolgung einer Straftat. **Strafanzeige** *die,* Mitteilung einer Straftat an die Polizei oder Staatsanwaltschaft. **Strafarbeit** *die,* zusätzliche Arbeit als Strafe (für Schüler). **Strafaufschub** *der,* Aufschub der Strafvollstreckung. **strafbar,** von Gesetzes wegen mit einer Strafe bedroht: *du machst dich s.; strafbare Handlung,* Straftat. **Strafbarkeit** *die, -.* **Strafbefehl** *der,* die Festsetzung einer Strafe für Übertretungen und Vergehen durch das Amtsgericht ohne mündl. Verhandlung auf Antrag der Staatsanwaltschaft. **Strafe** [mhd. strafe] *die, -/-n,* Vergeltung für schuldhaft begangenes Unrecht: *Strafaussetzung zur Bewährung; Strafunterbrechung; Gefängnisstrafe; das ist die gerechte S. für dein Verhalten; er mußte wegen Mißachtung der Geschwindigkeitsbegrenzung 120 Mark Strafe zahlen; Betreten der Werkanlage ist S. verboten!; zu S. für mich, dorthin zu gehen,* U. **strafen** [mhd. strafen], *ich* strafe (habe gestraft), **1)** *ihn,* bestrafe: *der Vater strafte ihn mit einem Tag Hausarrest; sie hat ihn Lügen gestraft,* bewiesen, daß *er* gelogen hat. **2)** *ihn,* B mahne, schelte.
straff [mhd. straf], gespannt, stramm: *straffes Haar,* Abb. H 1; *wir ziehen das Seil s.; er nimmt eine straffe Haltung ein; s. organisiert,* Ü.
straffällig, *er ist s. geworden,* hat eine Straftat begangen.
straffen [zu straff], *ich* straffe (habe gestrafft), **1)** *es,* mache straff, ziehe fest an: *ich s. die Seile; diese Creme soll die Haut straffen.* **2)** *mich,* recke mich. **Straffheit** *die, -.* **Straffung** *die, -/-en.*
Strafgefangene *der, die,* ein(e) zu Freiheitsstrafe rechtskräftig Verurteilte(r) während der Strafverbüßung. **Strafgericht** *das,* **1)** ᛋ in Strafsachen entscheidendes Gericht. **2)** Ü Strafe, Vergeltung: *das S. des Himmels.* **Strafgesetzbuch** *das,* Abk. StGB, das Strafrecht regelndes Gesetzbuch. **Strafkammer** *die,* die in Strafsachen entscheidende Abteilung beim Landgericht: *Große S., Kleine S.* **Strafkolonie** *die,*

entlegenes, oft überseeisches Gebiet, in das Verbrecher oder politisch gefährliche Personen zwangsweise verschickt wurden. **sträflich,** strafwürdig, unverzeihlich: *sträflicher Leichtsinn*. **Sträfling** *der, -s/-e,* der Strafgefangene. **straflos,** ohne Strafe: *er ist s. ausgegangen*. **Straflosigkeit** *die, -*. **Strafmandat** *das,* Strafbefehl oder -verfügung. **Strafmaß** *das,* die Höhe einer Strafe. **strafmildernd,** die Strafe mildernd: *strafmildernde Umstände*. **strafmündig. Strafmündigkeit** *die, -,* die volle strafrechtl. Verantwortlichkeit. **Strafporto** *das,* Nachgebühr für eine nicht vorschriftsmäßig freigemachte Postsendung. **Strafpredigt** *die,* Ü eindringliche Vorhaltungen, Ermahnungen. **Strafprozeß** *der,* gerichtl. Verfahren zur Sühne strafbarer Handlungen: *Strafprozeßordnung,* Abk.: StPO. **Strafraum** *der,* ✗ 16-m-Raum um das Fußballtor mit verschärften Strafbestimmungen, ABB. F 37. **Strafrecht** *das,* die Gesamtheit der gesetzl. Vorschriften, die bestimmtes menschl. Verhalten verbieten und für strafbar erklären: *Strafrechtsnorm*. **Strafrechtler** *der, -s/-.* **strafrechtlich. Strafregister** *das,* amtl. Verzeichnis der gerichtlich vorbestraften Personen eines Bezirks. **Strafrichter** *der,* Richter in einem Strafprozeß. **Strafsenat** *der,* ein in Strafsachen entscheidendes Richterkollegium beim Oberlandesgericht oder beim Bundesgerichtshof. **Strafstoß** *der,* Fußball: Elfmeter. **Straftat** *die,* die einen strafgesetzl. Tatbestand erfüllende, rechtswidrige, schuldhafte Handlung. **Straftilgung** *die,* Aufhebung der Eintragung im Strafregister. **Strafverfahren** *das,* Strafprozeß. **Strafverfolgung** *die,* die Ermittlung von Straftaten. **Strafverfügung** *die,* die Festsetzung einer Strafe für Übertretungen durch das Amtsgericht ohne mündl. Verhandlung auf Antrag der Polizei. **strafversetzen,** *getrennte Formen nicht üblich,* als Bestrafung beruflich versetzen: *er ist in eine Kleinstadt strafversetzt worden*. **Strafversetzung** *die.* **Strafvollstreckung** *die,* Maßnahmen zur Durchsetzung eines rechtskräftigen Strafurteils. **Strafvollzug** *der,* der nach Rechtskraft des Urteils einsetzende Verbüßung der Strafe: *Strafvollzugsanstalt*. **Strafzumessung** *die,* das Festsetzen des Strafmaßes.

Stragel *der, -s/-,* ⊕ ein Schmetterlingsblütler.

Stragula *der, -s/-,* Handelsname für einen linoleumähnlichen Fußbodenbelag.
Strahl [ahd. strala ›Pfeil‹] *der, -(e)s/-en,* **1)** alles, was sich geradlinig ausbreitet: *die Strahlen der Sonne; ein S. Wasser; Hoffnungsstrahl,* Ü; *Blitzstrahl,* P. **2)** Physik: scharf gebündelter Energie- oder Teilchenstrom: *Strahlenantrieb; Strahlenbiologie; Strahlenchemie; Strahlengürtel*. **3)** △ von einem Punkt ausgehende Gerade. **4)** Wulst der Hufsohle, ABB. H 26. **5)** *schweiz.:* Bergkristall.
Strähl [mhd. stræl] *der, -(e)s/-e,* oberdt.: Kamm.
strahlen, *ich* strahle (habe gestrahlt), **1)** zeige ein glückliches oder freundliches Gesicht: *ihre Augen strahlten vor Freude; strahlende Laune*. **2)** *es strahlt,* sendet Strahlen aus, glänzt: *die Sonne strahlt vom Himmel; ein strahlender Sommertag,* Ü. **3)** *schweiz.:* suche Bergkristalle.
strählen [mhd. stræelen], *ich* strähle (habe gestrählt) *mir die Haare, oberdt.:* kämme.
Strahlenbehandlung *die,* ⚕ Heilmaßnahmen durch Bestrahlung, z. B. mit Wärme-, Röntgenstrahlen. **Strahlenbelastung** *die,* das Maß der Einwirkung von Röntgen- oder radioaktiver Strahlung auf den Organismus. **Strahlendosis** *die,* die Menge der absorbierten ionisierenden Strahlung. **strahlenförmig,** auch strahlig, in Strahlen auseinandergehend, sternförmig. **Strahlenpilz** *der,* fadenförmig wachsendes Bakterium (kein Pilz), Krankheitserreger, Antibiotikabildner. **Strahlenschädigung** *die,* Gesundheitsstörungen, die durch Einwirkung überhöhter Strahlenmengen hervorgerufen werden. **Strahlenschutz** *der,* Maßnahmen zum Schutz gegen Strahlenschädigungen. **Strahlentierchen,** Pl., Radiolarien, skelettbildende Wurzelfüßer im Meeresplankton. **Strahler** *der, -s/-,* **1)** etwas, das Strahlen aussendet: *Richtstrahler; Tiefstrahler*. **2)** *schweiz.:* Mineralien-, bes. Bergkristallsucher. **strahlig,** strahlenförmig. **Strahlströmung** *die,* der Jetstream. **Strahltriebwerk** *das,* Düsentriebwerk, ein auf Rückstoß beruhendes Triebwerk für Flugzeuge und Flugkörper, ABB. F 31. **Strahlung** *die, -/-en,* räuml. Energieausbreitung in Form von Wellen oder als geradliniger Strom von Teilchen: *Himmelsstrahlung; Strahlungsintensität*. **Strahlungsdruck**

S 71

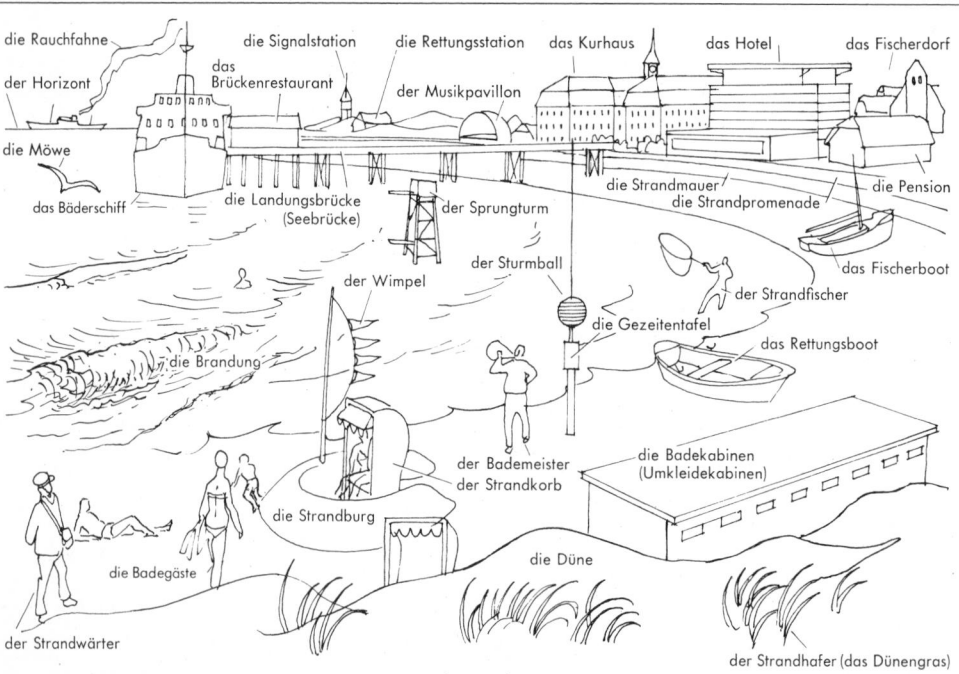

die Rauchfahne · die Signalstation · die Rettungsstation · das Kurhaus · das Hotel · das Fischerdorf · der Horizont · das Brückenrestaurant · der Musikpavillon · die Möwe · die Strandmauer · die Strandpromenade · die Pension · das Bäderschiff · die Landungsbrücke (Seebrücke) · der Sprungturm · der Sturmball · das Fischerboot · der Wimpel · die Gezeitentafel · der Strandfischer · die Brandung · das Rettungsboot · der Bademeister · der Strandkorb · die Badekabinen (Umkleidekabinen) · die Strandburg · die Badegäste · die Düne · der Strandwärter · die Strandhafer (das Dünengras)

Strand

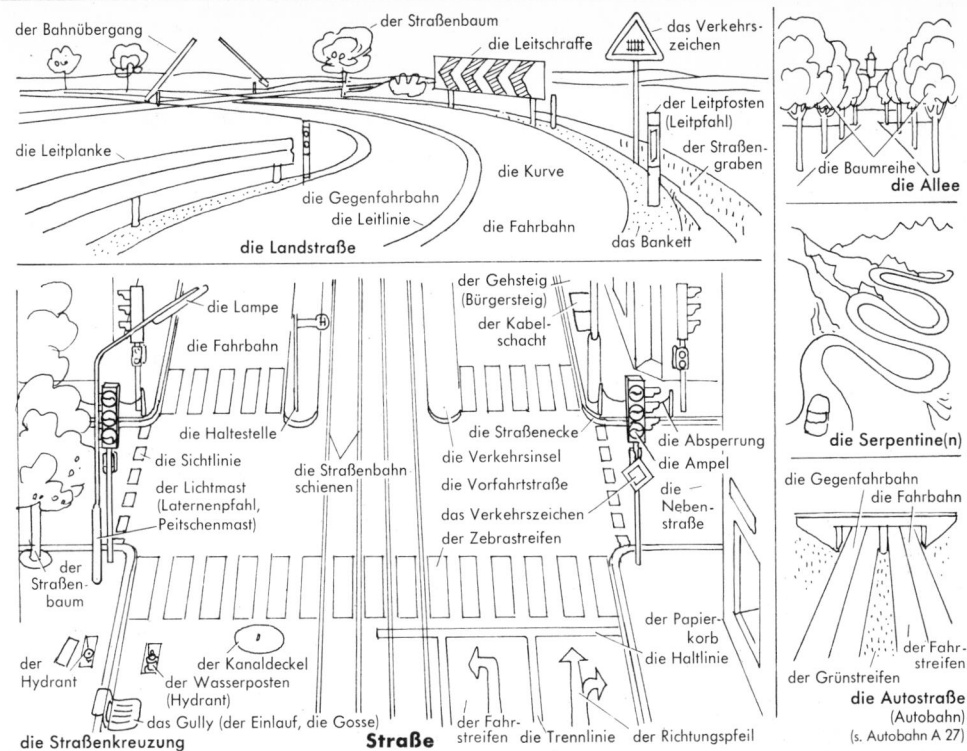

der Bahnübergang · der Straßenbaum · die Leitschraffe · das Verkehrszeichen · der Leitpfosten (Leitpfahl) · der Straßengraben · die Baumreihe · die Allee · die Leitplanke · die Kurve · die Gegenfahrbahn · die Leitlinie · die Fahrbahn · das Bankett · **die Landstraße**

die Lampe · die Fahrbahn · der Gehsteig (Bürgersteig) · der Kabelschacht · die Serpentine(n) · die Haltestelle · die Straßenecke · die Absperrung · die Sichtlinie · die Verkehrsinsel · die Ampel · die Straßenbahn schienen · die Vorfahrtstraße · die Nebenstraße · der Lichtmast (Laternenpfahl, Peitschenmast) · das Verkehrszeichen · der Zebrastreifen · die Gegenfahrbahn · die Fahrbahn · der Straßenbaum · der Papierkorb · die Haltlinie · der Fahrstreifen · der Hydrant · der Kanaldeckel · der Wasserposten (Hydrant) · der Grünstreifen · **die Autostraße** (Autobahn) · das Gully (der Einlauf, die Gosse) · der Fahrstreifen · die Trennlinie · der Richtungspfeil · (s. Autobahn A 27) · **die Straßenkreuzung** · **Straße**

der, die durch elektromagnetische oder Schallstrahlung auf eine Fläche ausgeübte Kraft. **Strahlungsheizung** *die*, eine durch Wärmestrahlung heizende Wand- oder Deckenheizung. **Strahlungskälte** *die*, Temperaturabfall in wolkenlosen Nächten durch Ausstrahlung.

Strähn [ahd. streno] *der*, *-(e)s/-e*, **1)** ein Garnmaß. **2)** österr.: Strähne. **Strähne** *die*, *-/-n*, **1)** ein Strang Garn (als Maß). **2)** Lockenstrang, Haarbüschel: *er hat schon graue Strähnen im Haar.* **strähnig**, in Strähnen (herabhängend): *strähniges Haar.*

Strak *das*, *-s/-e*, **1)** Verlauf einer Linie. **straken**, *ich strake* (habe gestrakt), **1)** *es, niederdt.:* streiche, strecke. **2)** *eine Kurve strakt*, ⤳ verläuft vorschriftsmäßig.

stralzieren [ital. stralciare] *ich stralziere* (habe stralziert) *es, österr.:* löse auf (eine Firma). **Stralzierung** *die*, *-/-en*, **Stralzio** [ital. stralcio] *der*, *-s/-s, österr.:* Auflösung, Liquidation.

Stramin [niederl. stramin, zu lat. stamen ›Faden‹] *der*, *-s/-e*, ein gitterartiges Gewebe als Stickereigrundstoff: *Stramindecke.*

stramm [mnd. stram ›steif‹], **1)** gespannt; fest, straff: *die Hose sitzt s.; stramme Haltung.* **2)** kräftig, gesund: *stramme Waden; ein strammer Junge.* **3)** Ü tüchtig: *sie haben s. gearbeitet.* **strammen**, *ich stramme* (habe gestrammt) *es, ziehe stramm.* **Strammer** *der*, *-s/-*, Vorrichtung zum Spannen, z. B. an der Skibindung, Abb. S 51. **strammstehen**, *ich stehe stramm* (habe, bin strammgestanden), nehme stramme Haltung an: *die Soldaten mußten strammstehen.* **strammziehen**, *ich ziehe ihm die Hosen stramm* (habe strammgezogen), Ü verprügle ihn.

Strampelhös|chen *das*, ein Kleidungsstück für Säuglinge, Abb. K 25. **strampeln** [mnd. strampen ›mit dem Fuß stampfen‹], *ich stramp(e)le* (habe gestrampelt), bewege die Beine rasch oder hastig: *das Kind strampelt.*

Strand [mhd. strant] *der*, *-(e)s/ᵘe* oder (selten) *-e*, sandiges, flaches Meeresufer, Abb. K 56, S 71: *Strandanzug; Strandbad; Strandburg; Strandwächter; Badestrand; Sandstrand; wir gehen heute zum Baden an den S.* **stranden**, *ich strande* (bin gestrandet), erleide Schiffbruch: *er ist mit seinen hochfliegenden Plänen gestrandet,* Ü gescheitert. **Strandgut** *das*, auch Strandtrift, vom Meer an Land gespülte Gegenstände. **Strandhafer** *der*, hohes, dünenbefestigendes Gras, Abb. S 71. **Strandkorb** *der*, Abb. S 71. **Strandläufer** *der*, ein kurzbeiniger Schnepfenvogel. **Strandrecht** *das*, *-(e)s*, die Rechtsgrundsätze, welche die Hilfeleistung bei Strandung und die Bergung von Strandgut regeln. **Strandtrift** *die*, Strandgut. **Strandung** *die*, *-*, das Auflaufen eines Schiffes auf den Grund.

Strang [ahd. strang] *der*, *-(e)s/ᵘe*, **1)** Strick, Seil, bes. als Zugtau oder Henkersstrick; Teil des Pferdegeschirrs: *er schlägt über die Stränge,* Ü ist übermütig (wie ein Pferd); *wir gehen alle am gleichen S.,* Ü erstreben alle dasselbe; *wenn alle Stränge reißen,* Ü im Notfall; *er wurde zum Tod durch den S. verurteilt,* durch Erhängen. **2)** Strähne, ein Garnmaß. **3)** größerer Ast einer Verzweigung: *Adernstrang.* Abb. W 8. **Strange** *die*, *-/-n, schweiz.:* Strang, Garnmaß. **strängen**, *ich stränge* (habe gesträngt) *Pferde,* spanne sie an.

Strangulation [lat.] *die*, *-/-en*, **1)** Tod durch Erhängen, Erwürgen oder Erdrosseln. **2)** ⚕ die Abknickung oder Verlegung des Darms. **strangulieren** [lat. strangulare ›erwürgen‹, zu grch. strangale ›Strick‹], *ich stranguliere* (habe stranguliert) *ihn,* Ü Strangulation.

Strapaze [ital. strapazzo] *die*, *-/-n*, Anstrengung, schwere Beanspruchung: *er war den Strapazen der Reise nicht gewachsen.* **strapazieren**, *ich strapaziere* (habe strapaziert) *es, ihn, mich,* beanspruche, überanstrenge, verbrauche: *Lärm strapaziert meine Nerven.* **strapazierfähig**, *ein strapazierfähiger Hosenstoff.* **strapaziös**, anstrengend: *eine strapaziöse Busfahrt.*

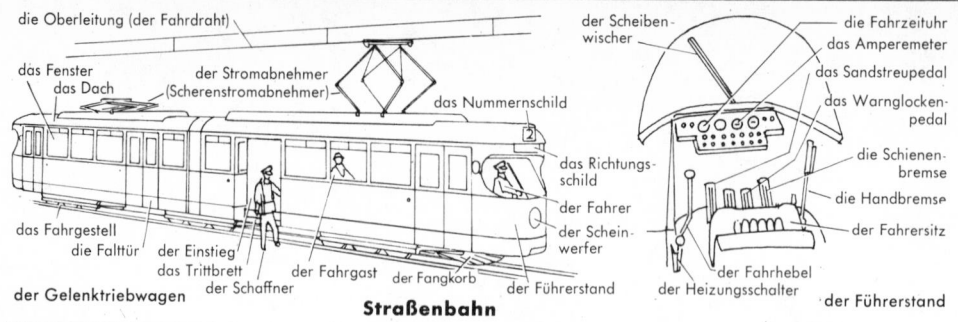

die Oberleitung (der Fahrdraht)
der Scheiben-
wischer
die Fahrzeituhr
das Amperemeter
das Fenster
das Dach
der Stromabnehmer
(Scherenstromabnehmer)
das Sandstreupedal
das Warnglocken-
pedal
das Nummernschild
die Schienen-
bremse
das Richtungs-
schild
die Handbremse
der Fahrer
der Schein-
werfer
der Fahrersitz
das Fahrgestell
die Falttür
der Einstieg
das Trittbrett
der Schaffner
der Fahrgast
der Fangkorb
der Führerstand
der Fahrhebel
der Heizungsschalter
der Führerstand
der Gelenktriebwagen

Straßenbahn

Straß [nach dem frz. Juwelier G. F. Stras, 1701–1773] *der, -* oder *Str'asses/Str'asse*, stark lichtbrechendes Bleiglas zur Nachahmung von Edelsteinen: *Straßbrosche*. **straßab, straßauf,** die Straße hinab und hinauf. **Sträßchen** *das, -s/-*. **Straße** [ahd. strazza, zu spätlat. strata] *die, -/-n,* Abk.: Str., **1)** allgemein ein Verkehrsweg, z. B. Land-, Luft-, Wasserstraße; im engeren Sinn ein planmäßig angelegter, befestigter Landweg, ABB. S 72: *Dürerstraße,* aber: *Albrecht-Dürer-Straße; Burgstraße,* aber: *Ofenburger S.; Geschäftsstraße; Hauptstraße; Querstraße; Seitenstraße; Straßenanzug; Straßenbau; Straßenhandel; Straßenkreuzung; Straßennetz; Straßenpflaster; wir wohnen in einer ruhigen S.; diese S. ist für den Durchgangsverkehr gesperrt; die ganze S.,* Ü Gesamtheit der Anwohner; *man will sie auf die S. setzen,* rücksichtslos entlassen, aus der Wohnung vertreiben; *der Mann von der S.,* Ü im Durchschnittsmensch; *sie geht auf die S.,* ist eine Prostituierte; *wir gehen damit auf die S.,* Ü demonstrieren öffentlich. **2)** kurz für: Meeresstraße: *die S. von Gibraltar.* **Straßenbahn** *die,* elektrisch betriebene Schienenbahn für den Orts- und Nahverkehr, ABB. S 73. **Straßenbahner** *der, -s/-,* Ü Angestellter der Straßenbahn. **Straßenbeleuchtung** *die,* künstliche Beleuchtung des Gehwegs und der Fahrbahn. **Straßendorf** *das,* Dorfform, bei der die Gehöfte zu beiden Seiten der Straße aufgereiht sind. **Straßengraben** *der,* Graben zu beiden Seiten einer Landstraße (zum Wasserabfluß). **Straßenjunge** *der,* Gassenjunge. **Straßenkarte** *die,* topographisch-themat. Karte für den Straßenverkehr. **Straßenkehrer** *der, -s/-,* städtischer Angestellter, der die Straßen reinigt. **Straßenkreuzer** *der,* Ü großer Personenkraftwagen. **Straßenkunst** *die, -,* Gestaltung und Belebung der Stadt durch Fassaden- und Pflasterbemalung, Plastiken u. a. **Straßenlage** *die, -,* Verhalten des Kraftfahrzeugs, bes. Fahrtrichtungshaltung und Lenkwilligkeit. **Straßenmädchen** *das,* Prostituierte. **Straßenmeisterei** *die,* eine Zentrale zur Unterhaltung der Straßen. **Straßenraub** *der,* Raub auf offener Straße. **Straßenreinigung** *die,* die regelmäßige Säuberung der Straßen. **Straßenroller** *der,* ein Schwerlastfahrzeug zur Beförderung von Eisenbahnwagen auf der Straße. **Straßentheater** *das,* Theaterspiel auf Straßen und Plätzen. **Straßenverkehr** *der,* die Benutzung der öffentlichen Straßen durch die Verkehrsteilnehmer. **Straßenverkehrsordnung** *die,* Abk.: StVO. **Sträßlein** *das, -s/-*. **Stratege** [grch. strategos, zu stratos ›Heer‹ und agein ›führen‹] *der, -n/-n,* **1)** Feldherr. **2)** Ü jemand, der das Vorgehen zur Durchsetzung eines Ziels ausarbeitet und ausführt: *Wahlstratege.* **Strategem** [grch. strategema] *das, -s/-e,* Ü listiger Plan, Kunstgriff, Trick. **Strategie** [grch. strategia] *die, -/. . .g'i|en,* **1)** die Kunst der Kriegführung. **2)** Methode, Vorgehen: *Doppelstrategie.* **strategisch,** *strategische Waffen; die s. wichtigsten Punkte in einem Verteidigungssystem.* **Stratifikation** [lat. stratum ›Decke‹, ›Pflaster‹ und facere ›machen‹] *die, -/-en,* **1)** 🜨 Schichtung von Gesteinen. **2)** Schichtung von Samen zwischen Sandschichten zum Vorkeimen. **Stratigraphie** [vgl. . . .graphie] *die, -/. . .graphi'en,* **1)** 🜨 Formationskunde, Zweig der historischen Geologie, der die Gesteine nach ihrer zeitlichen Entstehung ordnet. **stratigraphisch. Stratokumulus** *der,* geschichtete Haufenwolke. **Stratosphäre** *die, -,* Schicht der Erdatmosphäre: *Stratosphärenflug.* **strato-**

sphärisch. Stratus *der, -/. . .ti,* **Stratuswolke** *die,* niedrighängende Schichtwolke.
sträuben [ahd. struben ›rauh werden‹], *ich sträube (habe gesträubt),* **1)** *mich gegen ihn, gegen etwas,* wehre mich, widerstrebe: *ich s. mich mit Händen und Füßen,* widersetze mich heftig; *nach anfänglichem Sträuben willigte sie doch ein.* **2)** *der Hahn sträubt die Federn,* plustert sie auf; *der Igel sträubt die Stacheln; das Haar sträubt sich,* steht zu Berg; *haarsträubend,* Ü furchtbar, Entsetzen erregend. **straubig, sträubig,** *mitteldt.:* **1)** struppig. **2)** trotzig.
Strauch [mhd. struch] *der, -(e)s/"er,* Holzgewächs mit bodennaher Verzweigung, Busch, ABB. G 3. **Strauchdieb** *der,* ♾ Straßenräuber: *du siehst aus wie ein S.,* Ü verwahrlost. **Strauche** *die, -/-n,* der Strauchen. **Sträuchelchen** *das, -s/-,* Diminutiv von Strauch. **straucheln** [mhd. strucheln], *ich strauch(e)le (bin gestrauchelt),* **1)** stolpere, komme auf eine Fehltritt ins Schwanken. **2)** Ü lasse mir etwas zuschulden kommen, gerate auf die schiefe Bahn: *er ist mehrmals gestrauchelt.* **Strauchen** [mhd. struch(e)] *der, -s/-* oder *die, -/-,* auch Strauche, Strauka, *österr.:* Schnupfen. **strauchig,** mit Sträuchern bewachsen. **Sträuchlein** *das, -s/-,* Diminutiv zu Strauch. **Strauchritter** *der,* Strauchdieb. **Strauchwerk** *das, -(e)s,* Gebüsch. **Strauka, Strauke** *die, -/. . .ken,* **Strauken** *der, -s/-* oder *die, -/-,* Strauchen. **Strauß** [ahd. struz, zu vulgärlat. struthio, grch. strouthíon] *der, -es/-e,* ♾ -en/-en, ein Laufvogel, größter lebender Vogel: *Straußenei; Straußenfeder.* **Strauß** [mhd. struz ›Widerstand‹] *der, -es/"e,* P Kampf: *sie wollen einen S. ausfechten.* **Strauß** [mhd. gestruze, vgl. Struz] *der, -es/"e,* zusammengebundene Blumen, ABB. B 37: *Blumenstrauß; ein S. Rosen.* **Sträußlein, Sträußlein** *das, -s/-.* **Straußwirtschaft** *die,* durch Aushang eines Straußes kenntlich gemachte Wirtschaft, in der selbsterzeugter Wein ausgeschenkt wird. **Strazza** [ital. stracciare ›zerreißen‹] *die, -/. . . zen,* Abfall bei der Seidenverarbeitung. **Strazze** *die, -/-n,* ⚏ Kladde. **Streb** *der, -(e)s/-e,* ⚒ langgestreckter Abbauhohlraum: *Strebbau.* **Strebe** *die, -/-n,* schräge Stütze an Dach, Gerüst, Brücken, ABB. B 13, D 1, G 11, Z 4, Wagen, Fahrrad, ABB. F 3. **Strebebogen** *der,* ABB. S 67, K 20. **streben** [mhd. streben], *ich strebe (habe gestrebt),* **1)** *auf, nach, zu etwas,* gehe eilig, zügig dorthin: *er strebt nach Hause.* **2)** *nach etwas,* suche zu erreichen, bemühe mich darum: *er strebt nach Macht.* **3)** *mitteldt.:* stemme mich, widerstrebe. **Strebepfeiler** *der,* 🏛 Pfeiler, der den Seitenschub gotischer Gewölbe auffängt, ABB. S 67, K 20. **Streber** *der, -s/-,* verächtlich: kleinlicher, ehrgeiziger Mensch, der sich darum bemüht, rasch vorwärtszukommen (in der Schule, im Beruf): *Strebernatur.* **Strebertum** *das, -s.* **streberhaft, streberisch. Strebertum** *das, -s.* **Strebsam,** fleißig, gewissenhaft, zielbewußt: *ein strebsamer junger Mann.* **Strebsamkeit** *die, -.*
Strecke *die, -/-n,* **1)** die Entfernung zwischen zwei Punkten, Teilstück: *heute haben wir eine tüchtige S. Wegs zurückgelegt; er ist auf der S. geblieben,* Ü konnte nicht mehr weiter, ist gescheitert. **2)** △ die Menge der auf der Verbindungsgeraden von A und B liegenden Punkte. **3)** Gleisabschnitt, die Gleisanlagen zwischen zwei Haltestellen, ABB. E 4: *der Zug*

hielt auf freier S., außerhalb des Bahnhofs. **4)** ⚒ waagerechter Grubenbau, der von anderen Grubenbauten ausgeht, Abb. B 22. **5)** ⚘ das erlegte Wild (einer Jagd, eines Reviers oder eines Zeitabschnittes): *die S. wurde von den Jägern auf dem Boden aufgereiht; wir haben fünf Hasen zur S. gebracht,* erlegt; *der Verbrecher konnte endlich zur S. gebracht werden,* Ü überwältigt, verhaftet werden. **6)** ✄ *der Weg,* der bei einem Rennen bewältigt werden muß: *Rennstrecke; Mittelstreckenlauf.* **strecken** [ahd. strecchen], *ich strecke* (habe gestreckt), **1)** *ihn, es,* mache lang, dehne zu seiner ganzen Länge, halte gerade: *er streckte die Arme in die Höhe; ich s. die Zunge aus dem Mund; er streckt alle viere von sich,* Ü legt oder setzt sich bequem hin; *er wurde von einem Unbekannten zu Boden gestreckt,* niedergeschlagen; *ich s. eine Speise,* mische mit etwas anderem, damit es mehr ergibt; *er mußte die Waffen strecken,* Ü sich ergeben. **2)** *mich,* dehne mich: *behaglich streckte er sich auf das Bett,* legte sich hin; *er muß sich nach der Decke strecken,* Ü den Verhältnissen entsprechend leben, sparen; *der Weg streckt sich, zieht sich hin.* **Strecken|arbeiter** *der,* Gleisarbeiter. **Streckenwärter** *der,* Gleisaufseher. **streckenweise,** über gewisse Strecken hin: *die Autobahn ist erst s. fertig; s. ist der Aufsatz gut.* **Strecker** *der, -s/-,* **1)** ⚕ Streckmuskel. **2)** Teil der Angel, Abb. A 14. **Streckgrenze** *die,* die Belastung, bei der ein Werkstoff sich plastisch zu verformen beginnt. **Streckmuskel** *der,* ⚕ Gliedmaßenmuskel, der ein gebeugtes Gelenk wieder streckt, z. B. Trizeps. **Streckung** *die, -/-en,* das Strecken. **Streckverband** *der,* Zugverband, der zur Heilung von Knochenbrüchen dient.

Streich [mhd. streich] *der, -(e)s/-e,* **1)** ⚔ flacher Hieb, Schlag mit der Hand, Schwerthieb: *Backenstreich; er versetzte ihm einen tödlichen S.; er tötete sieben auf einen S.,* zugleich (Märchen vom ›Tapferen Schneiderlein‹). **2)** Possen, Schabernack; Dummheit, Unfug: *das war ein toller S.; man wollte mir einen S. spielen.* **Streichblech, Streichbrett** *das,* Teil des Pfluges, Abb. P 11. **streicheln,** *ich streich(e)le* (habe gestreichelt) *ihn, es,* liebkose, streiche zärtlich darüber hin: *ich s. sie, ihre Wange.* **streichen** [ahd. strihhan ›streichen‹ und ahd. streihhon ›streichen‹, *ich streiche* (habe gestrichen), **1)** *über etwas,* fahre mit meiner Hand darüber hin: *die Mutter strich dem Kind über das Haar; ein gestrichener Eßlöffel voll Zucker,* vgl. gestrichen. **2)** *ihn,* bemale, (be)schmiere, trage auf: *ich s. einen Zaun; diese Wand werden wir gelb streichen,* aber: *eine gelbgestrichene Wand; ich s. Salbe auf eine Wunde; ich s. Butter aufs Brot; ich s. mir ein Brot; Streichkäse; Streichwurst.* **3)** *ihn, es,* tilge, merze aus; streiche durch: *er wird aus der Liste gestrichen; ich habe den Vorfall aus meinem Gedächtnis gestrichen; Nichtzutreffendes bitte streichen!* (auf Formularen); *ich mußte meinen Urlaub streichen.* **4)** *die Segel, die Flagge,* hole herunter, ziehe ein: *er hat die Segel gestrichen,* Ü nachgegeben. **5)** *die Ruder,* bremse, rudere dagegen. **6)** *ein Instrument,* ♪ spiele ein Streichinstrument. **7)** (bin gestrichen), gehe, streife, schleiche: *ein Wind streicht gern durch die Wälder; ein verdächtiger Mann strich um das Haus.* **8)** *der Wind streicht* (ist gestrichen), weht. **9)** *ein Schiff streicht* (ist gestrichen) *durch die Wellen,* fährt. **10)** *Vögel streichen* (sind gestrichen), ⚘ fliegen. **11)** *ein Gebirge streicht,* ⊕ erstreckt sich in bestimmter Richtung: *Streichrichtung.* **Streicher** *der, -s/-,* der Spieler eines Streichinstruments. **Streichgarn** *das,* Garn aus kurzen Fasern. **Streichholz** *das,* Zündholz, Abb. S 74. **Streichinstrument** *das,* Musikinstrument, dessen Saiten mit einem Bogen gestrichen werden. **Streichorchester** *das,* ein Orchester, das nur aus Streichern besteht. **Streichquartett** *das,* Musikstück für vier Solo-Streichinstrumente. **Streichung** *die, -/-en,* das Tilgen, Ausmerzen; das Ausgestrichene.

Streif *der, -(e)s/-e,* Nebenform von Streifen. **Streifband** *das,* Papierband zur Versendung von Zeitungen, Drucksachen: *Streifbandsendung.* **Streifbanddepot** [-po:] *das,* Einzelaufbewahrung eines Wertpapiers bei einer Bank. **Streife** [mhd. streif ›Raubzug‹] *die, -/-n,* **1)** ⚔ Erkundungstrupp, Patrouille; Grenzstreife. **2)** der Außendienst der Polizei nach einem festgelegten Plan: *Streifendienst; Streifenwagen; Funkstreife.* **streifen** [mhd. streifen], *ich streife* (habe gestreift), **1)** *ihn, es,* berühre im Vorbeigehen oder -fahren; treffe oberflächlich: *der Schuß streifte seine Schulter* (ihn an der Schulter); *er hat meinen Wagen am Kotflügel gestreift; ein verstohlener Blick streifte mich; wir haben das Thema nur gestreift,* Ü flüchtig berührt. **2)** *es auf, von etwas,* bringe darüber, davon weg, besonders, indem ich mit der Hand daran entlangfahre: *ich s. den Ring vom (am) Finger; ich s. die Kapuze über das (vom) Kopf.* **3)** *ein Tier,* ⚘ ziehe ihm das Fell ab. **4)** (bin gestreift), streiche, wandere: *ich*

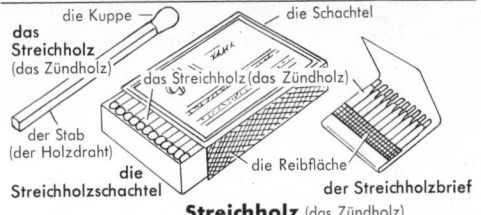

das **Streichholz** (das Zündholz) — die Kuppe — der Stab (der Holzdraht) — die Schachtel — das Streichholz (das Zündholz) — die Reibfläche — die **Streichholzschachtel** — der **Streichholzbrief**

Streichholz (das Zündholz)

s. durch die Wälder. **5)** *es streift an etwas,* Ü grenzt: *das streift an Leichtsinn.* **Streifen** [mhd. strîfe] *der, -s/-,* **1)** ein langes, schmales Gebilde: *ein S. Papier, Land; ein Stoff mit roten S.; Streifenmuster; Fahrstreifen,* Abb. A 27, S 72. **2)** U Film: *ich habe neulich einen S. aus der Stummfilmzeit gesehen.* **streifig,** mit (nicht beabsichtigten) unregelmäßigen Streifen versehen: *es ist beim Waschen s. geworden.* **Streifjagd** *die,* Jagd, bei der die Schützen zwischen den Treibern gehen. **Streiflicht** *das,* schnell über etwas hinhuschende Helligkeit, Lichtstreif: *diese Erörterung wirft ein paar Streiflichter auf den Gegenstand,* Ü beleuchtet oberflächlich oder glossiert. **Streifschuß** *der,* ⚕ leichte, oberflächliche Schußverwundung. **Streifzug** *der,* Wanderung, Erkundung(szug): *ein S. durch die Nachtlokale,* Ü.

Streik [engl. strike] *der, -(e)s/-s,* gemeinsame, planmäßige Arbeitsniederlegung als Kampfmaßnahme: *Bummelstreik; Generalstreik; Sympathiestreik; Warnstreik; Streikkasse; Streikposten; die Arbeiter treten in den S., stehen im S.* **Streikbrecher** *der,* jemand, der trotz des Streiks arbeitet. **streiken** [engl. to strike ›stoßen‹, ›schlagen‹], *ich streike* (habe gestreikt), **1)** trete in Streik. **2)** U mache nicht mehr mit: *beim letzten Stück Kuchen streikte mein Magen; unser Fernseher streikt.* **Streikende** *der, die, -n/-n, ein -r, eine -,* jemand, der streikt.

Streit [ahd. strît] *der, -(e)s/-e,* **1)** Wortgefecht, Zank: *Streitfall; Streitgespräch; muß es euch immer S. geben?; der S. um den besten Sitzplatz; der S. der Meinungen; ein S. um des Kaisers Bart,* U sinnloser Streit; *zwischen ihnen entbrannte ein heftiger S.; wir haben endlich einen alten S. begraben,* Ü uns ausgesöhnt. **2)** ⚔ Kampf: *Streitroß; Streitwagen.* **Streitaxt** *die,* ⚔ Hieb- und Wurfwaffe, Abb. A 29: *sie haben die S. begraben,* Ü den Streit beendet. **streitbar, 1)** kampfesfreudig, rauflustig. **2)** *schweiz.:* steil, schwierig. **streiten** [ahd. strîtan], *ich streite* (habe gestritten), **1)** kämpfe, ringe, zanke: *ich streite gern, ist streitlustig; darüber kann man streiten,* verschiedener Meinung sein; *die streitenden Parteien,* ⚖ streiten sich in einem Prozeß. **2)** *mich mit ihm,* zanke: *sie streiten sich vor Gericht,* U prozessieren. **Streiter** *der, -s/-,* P Kämpfer: *ein S. für eine bessere Zukunft.* **Streiterei** *die, -/-en,* anhaltendes Streiten. **Streitfrage** *die,* Gegenstand einer Meinungsverschiedenheit, umstrittener Punkt. **Streitgedicht** *das,* Gedichtform bes. im MA., in der die Eigenschaften von Personen oder Gegenständen in Rede und Gegenrede erörtert werden. **Streithahn,** **Streithammel** *der,* U, österr. auch **Streithans(e)l** *der, -s/-n,* streitsüchtiger Mensch. **streitig** [ahd. stritig ›streitend‹, ›gerichtlich‹], ⚖ umstritten: *ein streitiger Anspruch; er wollte ihm seinen Rang s. machen,* zweifelte seinen Anspruch darauf an. **Streitigkeit** *die, -/-en, meist Pl.,* Streitfall, Rechtshandel, Zwist: *Kompetenzstreitigkeiten.* **Streitkolben** *der,* eine alte Hiebwaffe. **Streitkräfte,** *Pl.,* ⚔ Truppen. **Streitlust** *die,* Lust, Freude am Streiten. **streitlustig.** **Streitmacht** *die,* ⚔ Truppen und Waffen. **Streitschrift** *die,* polemische Veröffentlichung. **Streitsucht** *die, -,* großes Bedürfnis nach Streit. **streitsüchtig.** **Streitwert** *der,* ⚖ im Zivilprozeß der Wert des Streitgegenstandes.

Stremel [verwandt mit Striemen] *der, -s/-, norddt.:* langer Streifen.

stremmen [zu stramm], *ich stremme* (habe gestremmt), *mitteldt.:* **1)** *mich,* strenge mich an. **2)** *es stremmt,* sitzt zu eng, beengt den Atem.

streng [ahd. strengi ›stark‹, ›mächtig‹], **1)** ohne Milde, hart, unnachsichtig: *er hat eine strenge Erziehung genossen; er wurde s. bestraft,* vgl. aber: strenggenommen, strengnehmen; *das ist s., auf das (aufs) strengste verboten!; sie hat ein strenges Gesicht; er ist s. gegen sich selbst.* **2)** genau: *s. nach Vorschrift.* **3)** scharf, unangenehm, ausgeprägt: *strenge Kälte; ein strenger Winter; ein strenger Geruch.* **Strenge** *die, -,* das Strengsein: *man sollte hier mit drakonischer S. vorgehen.*

Strengel *der, -s,* **1)** *schweiz.:* Schnupfen. **2)** *hess.:* Druse, eine Pferdekrankheit.

strengflüssig, schwer schmelzbar (Erz). **strenggenommen,** genaugenommen, eigentlich: *s. hat sie recht.* **strenggläubig,** seinen Glauben sehr ernst nehmend. **strengnehmen,** *ich nehme es streng* (nahm streng, habe strenggenommen), nehme es sehr genau: *er scheint es mit der Pünktlichkeit (nicht) strengzunehmen.*

strenzen, *ich strenze, oberdt.:* **1)** (habe gestrenzt), prahle. **2)** (bin gestrenzt), strolche herum.

Streptokokkus [grch. streptos ›geflochten‹, ›Kette‹ und vgl. Kokkus] *der, meist Pl.,* ein kugelförmiges, in eine Richtung sich teilendes Bakterium. **Streptomycin** [grch. mykes ›Pilz‹] *das, -s,* ein Antibiotikum.

Stresemann [nach dem dt. Politiker G. Stresemann, 1878–1929] *der, -s,* Gesellschaftsanzug für Herren mit gestreifter Hose.

Stress [strεs, engl. ›Druck‹, ›Kraft‹] *der,* eingedeutscht **Streß** *der, Str'esses/Str'esse,* **1)** Physik: innere Spannung eines Materials im Zustand der elastischen Verformung. **2)** einseitig gerichteter Druck. **3)** ⚕ Reaktion des Organismus auf übermäßige äußere oder innere Reize; U körperliche oder seelische Überbelastung: *Streßsituation.* **Stressor** *der, -s/...s'oren,* ⚕ Reiz, der Streß auslöst.

Stretch [strεtʃ, engl. to stretch ›dehnen‹] *der, -(es)/-es* [-iz], ein sehr dehnfähiges, elastisches Gewebe: *Stretchkordhose.* **stretchen** [-tʃ-], *ich stretche* (habe gestretcht), behandle Tonaufzeichnungen mit einem Stretcher. **Stretcher** [-tʃ-] *der, -s/-,* Netzwerk in elektroakustischen Anlagen zur Verminderung des Rauschens.

Stretta [ital. stretto ›gedrängt‹] *die, -/-s,* ♪ **1)** Schlußsteigerung einer Komposition, bes. einer Arie. **2)** eine Themenführung in der Fuge.

Streu [mhd. strouwe] *die, -/-en,* Stroh oder ähnliches als Lager für Vieh, ABB. S 59. **streuen** [mhd. strouwen], *ich streue* (habe gestreut), **1)** *es,* verteile lose: *Streubüchse; ich s. Sand, Salz auf die vereiste Straße; ich s. Zucker auf, über den Kuchen; man will ihr Sand in die Augen streuen,* U sie täuschen, ihm etwas Licht führen; *es streut,* verläuft außerhalb des vorgeschriebenen Weges, weicht (vom mittleren Wert) ab: *ein Gewehr streut,* trifft ungenau. **Streuer** *der, -s/-,* **1)** Gefäß (mit durchlöchertem Deckel) zum Streuen: *Salzstreuer.* **2)** ein Fischernetz. **Streumuster** *das,* Muster aus unregelmäßig über die Fläche verteilten Einzelmotiven (Blumen).

streunen [mhd. striunen ›neugierig forschen‹, zu ahd. gistriunan ›erwerben‹], *ich streune* (habe, bin gestreunt), U treibe mich herum: *die Kinder streunten durch die Wälder; ein streunender Hund wurde überfahren.* **Streuner** *der, -s/-,* U Herumtreiber, Landstreicher.

Streusand *der,* **1)** grober Sand zum Streuen bei Glatteis. **2)** früher: feiner Sand zum Ablöschen von Tintenschrift. **Streusel** *das, -s/-, meist Pl.,* Bröckchen aus Mehl, Zucker und Fett als Kuchenbelag: *Streuselkuchen.* **Streusiedlung** *die,* verstreute Gehöftlage. **Streuung** *die, -/-en,* **1)** ohne *Pl.,* das Streuen. **2)** gleichmäßige Verteilung: *eine breite S. von Subventionen.* **3)** das Abweichen der einzelnen Werte vom Durchschnitt oder Norm: *Streuungsmaß.* **4)** die Schwächung einer Strahlung beim Durchgang durch ein Medium.

strich, von streichen. **Strich** [ahd. strih] *der, -(e)s/-e,* **1)** der Vorgang des Streichens: *er hat einen kraftvollen Bogenstrich; mit wenigen Pinselstrichen.* **2)** Linie: *unterm s.,* im Unterhaltungsteil einer Zeitung; *der Fernsehfilm war unterm S.,* U sehr schlecht; *ich mache einen S. unter etwas,* U mache Schluß, beginne neu; *damit will er mir einen S. durch die Rechnung machen,* U meine Pläne durchkreuzen; *ich habe noch keinen S. getan,* U noch gar nichts; *sie ist nur noch ein S.,* U abgemagert. **3)** Streifen, Landstrecke, Zone; Gegend: *Küstenstrich; Landstrich.* **4)** ⚥ der Flug der Vögel beim Zug oder Balzflug: *Schnepfenstrich.* **5)** *sie geht auf den S.,* U ist Prostituierte. **6)** Mineralogie: Farbe des feinsten Pulvers eines Minerals. **7)** ohne *Pl.,* Richtung der Haare eines Fells (bei Geweben, Fellen): *das geht mir gegen den S.,* U paßt mir nicht, ist mir unangenehm; *nach S. und Faden,* U gründlich, ordentlich. **8)** ⚥ ein Zweiunddreißigstel des Kompaßkreises. **9)** *süddt.:* Zitze am Euter. **Strichätzung** *die,* nach einer Strichzeichnung geätzte Buchdruckplatte. **Strichelchen** *das, -s/-.* **stricheln,** *ich strichle* (habe gestrichelt) *es,* **1)** zeichne in oft unterbrochenen Strichen. **2)** schraffiere. **Strichjunge** *der,* U (homosexueller) Prostituierter. **Strichmädchen** *das,* U Prostituierte. **Strichmaß** *das,* Längenmaß mit Strichteilung. **Strichplatte** *die,* Glasplatte mit eingeätzten Strichen als Fadenkreuz. **Strichpunkt** *der,* Ⓢ Semikolon, ein Satzzeichen, ÜBERS. S 6. **Strichregen** *der,* Regen, der nur strichweise fällt. **Strichvogel** *der,* Vogel, der im weiten Umkreis seines Gebietes umherstreift. **strichweise,** streckenweise, örtlich: *s. Regen* (Wetterbericht). **Strichzeichnung** *die,* Zeichnung in Strichen, ohne Halbtöne (Bleistift-, Feder-, Pinselzeichnung).

Strick [ahd. stric] *der, -(e)s/-e,* **1)** dicke Schnur, Seil, dünnes Tau: *mit Stricken verschnürt; wenn alle Stricke reißen,* Ü im äußersten Notfall; *aus diesen Worten suchte er ihm einen S. zu drehen,* Ü sie als belastend, verfänglich hinzustellen. **2)** U Schlingel, Schelm. **stricken** [ahd. stricchen ›flechten‹], *ich stricke* (habe gestrickt) *(es),* stelle mit Nadeln ein Maschengewebe her, ABB. H 7: *Strickmaschine; ich s. Strümpfe, einen Pullover; maschinengestrickt.* **Stricker** *der, -s/-,* im Stricken ausgebildeter Facharbeiter. **Strickerei** *die, -/-en.* **Strickerin** *die, -/-nen.* **Strickjacke** *die,* gestrickte Jacke. **Strickleiter** *die,* aus Stricken geknüpfte Leiter, ABB. L 8. **Strickmaschine** *die,* Textilmaschine zum Herstellen von Strickwaren. **Stricknadel** *die,* lange Nadel zum Stricken, ABB. N 1. **Strickwaren,** *Pl.,* gestrickte Kleidungsstücke. **Strickzeug** *das,* Handarbeit, an der man gerade strickt.

stricte [lat. strictus], kurz und bündig; vgl. strikt.

Striegel [ahd. strigil, zu lat. strigilis ›Schabeisen‹] *der, -s/-,* zackiges Gerät zum Reinigen des Fells von Haustieren, ABB. P 9. **striegeln** [mhd. strigelen], *ich strieg(e)le* (habe gestriegelt) *es,* reinige mit einem Striegel: *das Pferd wurde gestriegelt.*

strielen, *ich striele* (bin gestriel[e]t), *schweiz.:* streife umher.

Strieme [ahd. strimo] *die, -/-n,* **Striemen** *der, -s/-,* blutunterlaufener Hautstreifen: *die Peitschenhiebe hinterließen blutige Striemen auf der Haut.* **striemig.**

Striezel [mhd. strützel] *der, -s/-,* **1)** *ostmitteldt., südostdt.:* geflochtenes Hefegebäck, großer Zopf: *Striezelmarkt; Mohnstriezel.* **2)** U Lausbub.

striezen [vgl. triezen], *ich strieze* (habe gestriezt), **1)** *ihn,* U drille, behandle schlecht, quäle. **2)** *es, norddt.:* stehle.

strikt [lat. strictus, zu stringere ›straffen‹, ›schnüren‹], streng, genau: *ein strikter Befehl; es s. verboten.* **2)** strikte. **strikte,** halten Sie sich s. an die Vorschrift! **Striktur** *die, -/-en,* ⚕ krankhafte Verengung, z. B. der Harnröhre.

stringendo [strindʒˈendo, ital.], Abk.: string., ♪ schneller werdend.

stringent [lat. stringens, vgl. strikt], zwingend, bündig.

Strippe [mhd. strupfe] *die, -/-n,* U **1)** Schnur, Bindfaden, ABB. K 24, S 5. **2)** Fernsprechleitung: *sie hängt den ganzen Tag an der S.,* telefoniert ständig. **strippen,** *ich strippe* (habe gestrippt), *norddt.:* **1)** *ihn,* entlaube. **2)** *eine Kuh,* melke.

strippen, *ich strippe* (habe gestrippt), U führe eine Entkleidungsszene vor. **Striptease** [strˈiptiːz, engl. to strip ›abstreifen‹ und to tease ›necken‹] *das oder der, -,* Entkleidungsszene (in Nachtklub, Bar oder Revue): *Striptease-Tänzerin.*

stritt, von streiten. **Stritt** *der, -(e)s, bair.:* Streit. **strittig,** umstritten, zweifelhaft: *die Sache ist s.; ein strittiges Problem.*

Strizzi [Rotwelsch ›Zuhälter‹] *der, -s/-s, oberdt.:* **1)** Zuhälter. **2)** leichtsinniger Mensch, Strolch. **strizzihaft.**

Strobel [zu sträuben] *der, -s/-,* U wirrer Haarschopf: *Strobelkopf.* **strob(e)lig. strobeln,** *ich strob(e)le* (habe gestrobelt) *ihn,* U mache strubbelig.

Strobo|skop [grch. strobos ›Wirbel‹, ›Drehung im Kreis‹ und vgl. . . .skop] *der, -s,* Vorläufer des Films, auch Gerät zum Messen periodisch rasch veränderlicher Vorgänge.

strodd(e)lig, *schweiz.:* kochend heiß. **stroddeln,** *es stroddelt* (hat gestroddelt), *schweiz.:* wallt auf (Wasser, Suppe).

Stroh [ahd. stro, zu streuen] *das, -(e)s,* trockene, fruchtleere Halme und Hülsen von Getreide- und Hülsenfrüchten: *Strohdach; Strohsack; er drischt leeres S.,* U redet, arbeitet nutzlos; *er hat S. im Kopf,* U ist dumm. **strohblond,** hell-, gelblichblond. **Strohblume** *die,* eine Trockenblume. **strohdumm,** U sehr dumm. **strohern,** aus Stroh; trocken, dürr wie Stroh. **Strohfeuer** *das,* mit Stroh genährtes, rasch aufloderndes Feuer; Ü rasch verlöschende Begeisterung: *was wie die große Liebe aussah, erwies sich bald als S.* **Strohhalm** *der,* trockener Getreidehalm, Trinkhalm: *sie klammert sich an den S.,* U an den letzten Hoffnungsschimmer. **Strohhut** *der,* leichter Hut aus Strohgeflecht. **strohig,** **1)** dürr, trocken wie Stroh; nach Stroh schmeckend. **2)** strohgelb. **Strohkopf** *der,* U Dummkopf. **Strohmann** *der,* **1)** Person, die zugunsten einer anderen nach außen hin vorgeschoben wird: *der von der Polizei Festgenommene war nur ein S.* **2)** Kartenspiel: Ersatz für einen fehlenden Spieler. **Strohwitwe** *die*, U Frau, deren Mann verreist ist. **Strohwitwer** *der*, U Mann, dessen Frau verreist ist. **Strolch** [lombard. strolegh, zu lat. astrologus, vgl. Astrologe] *der*, *-(e)s/-e*, **1)** Landstreicher, Lump. **2)** Schlingel, Schelm. **strolchen**, *ich* strolche (bin gestrolcht), treibe mich herum, schweife umher. **Strolchenfahrer** *der*, *schweiz.:* Schwarzfahrer.

Strom [ahd. stroum] *der*, *-(e)s/¬e*, **1)** großer Fluß, ABB. F 32: *der Rheinstrom*. **2)** fließende Bewegung, Strömung, Massenbewegung: *Golfstrom; Lavastrom; Verkehrsstrom; Redestrom; er schwimmt mit dem S.*, Ü vertritt die geltende Meinung, paßt sich an; *er schwimmt gegen den S.*, Ü bekämpft die geltende Meinung, paßt sich nicht an; *es regnet, gießt in Strömen*, U sehr heftig. **3)** elektrischer Strom; auch kurz für: Stromstärke: *Stromausfall; Stromnetz; Stromsperre; Elektronenstrom; ich schalte den S. ein, aus; du verbrauchst zuviel S.*

Stroma [grch. ›Bett‹, ›Bettpolster‹] *das*, *-s/-ta*, gerüstartiger Grundstoff in Pflanzenzellen, Grundgewebe von Drüsen, Geschwülsten, Bindegewebsgerüst. **Stromabnehmer** *der*, eine Vorrichtung zum Zuführen elektrischen Stromes von der Leitung zum elektrischen Triebfahrzeug. **stromab(wärts)**, mit der Strömung; der Mündung eines Stromes zu. **stromauf(wärts)**, gegen die Strömung; der Quelle eines Stromes zu. **Strombett** *das*, Flußbett. **strömen** [nhd., zu Strom], *es* strömt (ist geströmt), fließt ununterbrochen und in großer Menge: *strömender Regen; die Menschen strömten in den Saal*, Ü. **Stromer** [mhd. stromer ›Landstreicher‹] *der*, *-s/-*, **1)** U Landstreicher, Strolch; Schlingel. **2)** *mecklenburg.:* junger Gutsverwalter. **stromern** [mhd. stromen], *ich* strom(e)re (bin gestromert), U streife umher; treibe mich herum: *die Kinder sind durch die Stadt gestromert*. **Stromkreis** *der*, ⚡ ein von elektr. Strom durchflossenes, zum Kreis geschlossenes Leitungssystem. **Strömling** [mhd. stram, strom ›(Licht-)Strömung‹, ›Streifen‹] *der*, *-s/-e*, ein kleiner Hering. **Stromlinie** [-iə] *die*, Bahnlinie von strömenden Teilchen. **Stromlinienform** *die*, Form eines Körpers, die einer Strömung geringen Widerstand entgegensetzt: *ein Kraftwagen in S.* **stromlinienförmig**. **Stromquelle** *die*, jede Anordnung, die eine belastbare elektrische Spannung liefert. **Stromrichter** *der*, ⚡ Schaltungsanordnung mit elektrischen Ventilen zur Umformung und Steuerung elektrischer Energie. **Stromschnelle** *die*, *-/-n*, Flußstrecke mit starkem Gefälle, großer Strömungsgeschwindigkeit und geringer Wassertiefe. **Stromstärke** *die*, die Elektrizitätsmenge, die in einer Sekunde durch den Querschnitt eines Leiters fließt, ÜBERS. M 8. **Strömung** *die*, *-/-en*, **1)** fließende Bewegung von Flüssigkeiten und Gasen: *der Fluß hat eine starke S.; Luftströmung; Strömungslehre.* **2)** geistige Richtung, Bewegung: *neue Strömungen des Geisteslebens.* **Strömungsmaschine** *die*, von einem Fluid durchströmte Maschine mit Laufrad, z. B. Turbinen, Kreiselpumpen. **Stromversorgung** *die*, die Versorgung mit Elektrizität.

Strontium [nach dem Fundort Strontian in Schottland] *das*, *-s*, ⚛ Element, Zeichen: Sr, ein Erdalkalimetall. **Strophanthin** [nach der Arzneipflanze Strophanthus ›Drehblume‹, zu grch. strophe ›Wendung‹ und anthos ›Blume‹] *das*, *-s*, ein Arzneimittel gegen Herzschwäche. **Strophe** [grch. ›Wendung‹] *die*, *-/-n*, regelmäßig wiederkehrende Verseinheit, ÜBERS. M 14: *Strophenform.* **...strophig**, eine bestimmte Anzahl von Strophen aufweisend: *ein fünfstrophiges Gedicht.* **strophisch**, *strophische Gliederung.* **Stropp** [zu Strippe] *der*, *-(e)s/-s*, *niederdt.:* **1)** Ring oder Schlinge aus Tau. **2)** kleines Kind, Schlingel. **Strosse** [mhd. strozze] *die*, *-/-n*, **1)** *schweiz.:* Luftröhre. **2)** ⚒ Rinne zum Ablaufen des Wassers aus der Sohle. **strotzen** [mhd. strozzen], *es* strotzt (hat strotzt) *von, vor etwas*, ist übervoll, birst: *es strotzt von Schmutz; er strotzt vor Gesundheit; die Kuh hat ein strotzendes Euter.* **strub**, *strüber*, *am strübsten* [zu Strobel], *schweiz.:* struppig; schwierig. **strub(b)elig**, U struppig, unordentlich, zerzaust. **Strubbelkopf** *der*, U. **Strube** *die*, *-/-n*, *schweiz.:* Schraube. **Strudel** [mhd. strudel] *der*, *-s/-*, **1)** Wasserwirbel mit trichterförmig abwärts saugender Spiraldrehung. **2)** Ü tolles Treiben, Wirbel: *im S. der Ereignisse, der Vergnügens.* **3)** *oberdt.:* Mehlspeise aus Hefe- oder Nudelteig mit eingerolltem Fleisch oder Obst: *Apfelstrudel.* **4)** *oberdt.:* Quirl. **Strudelkopf** *der*, ⚙ Wirrkopf. **strudeln** [mhd. strudeln], *ich* strud(e)le (habe strudelt), **1)** *es*, *oberdt.:* quirle, rühre. **2)** *es*

strudelt, bildet einen Strudel, bewegt sich heftig kreisend, wallt, brodelt. **Strudelwurm** *der*, ein Wurm mit abgeplattetem, meist blattförmigem Körper.

Struktur [lat. structura, zu struere ›bauen‹] *die*, *-/-en*, Gefüge, innerer Aufbau, Anordnung: *Strukturkrise; Herrschaftsstrukturen.* **Strukturalismus** [vgl. ...ismus] *der*, *-/...men*, eine method. Richtung, bes. der Ethnologie und Linguistik, die nach grundlegenden Strukturen von äußerlich verschiedenartigen Phänomenen sucht. **Strukturalist** *der*, *-en/-en*, Vertreter des Strukturalismus. **strukturalistisch**, *strukturalistische Betrachtungsweise.* **Strukturanalyse** *die*, **1)** die Untersuchung des inneren Aufbaus, z. B. von Kristallen mittels Röntgenstrahlen. **2)** Erfassung der Struktur einer Volkswirtschaft nach einzelnen Wirtschaftsbereichen. **strukturell**. **Strukturformel** *die*, ⬡ symbolische Darstellung der Struktur eines Moleküls im Unterschied zur Summen- oder Bruttoformel. **strukturieren**, *ich* strukturiere (habe strukturiert) *es*, versehe mit einer Struktur; untersuche seine Struktur. **Strukturierung** *die*, *-/-en*. **Strukturkrise** *die*, wirtschaftl. Situation einer Branche, in der die Produktionskapazitäten die Nachfrage erheblich übersteigen. **Strukturpolitik** *die*, wirtschaftspolit. Maßnahmen zur Beeinflussung der regionalen und sektoralen Strukturdaten einer Volkswirtschaft. **Strukturwandel** *der*, allmähl. tiefgreifende Veränderung einer Struktur (bes. ↗Volkswirtschaft, Gesellschaftsform).

Struma [lat. ›Anschwellung der Drüsen‹] *die*, *-/...men* oder ...mae, 🔶 Kropf. **Strumektomie** *die*, 🔶 die operative Entfernung der Schilddrüse. **strumös**, kropfartig. **Strumpf** [mhd. strumpf ›Stumpf‹, ›verstümmeltes Glied‹, ›Rumpf‹] *der*, *-(e)s/¬e*) Bekleidungsstück von Fuß und Bein, ABB. S 76: *du hast ein Loch im S.; ein Paar Kniestrümpfe.* **2)** Glühkörper des Gaslichts, ABB. G 4. **Strumpfband** *das*, *-(e)s/¬er*, Gummiband zum Festhalten der Strümpfe. **Strumpfbandgürtel, Strumpfbandhalter** *der*, Strumpfhalter. **Strümpfchen** *das*, *-s/-*. **Strumpfhalter(gürtel)** *der*, (breiter) Stoff- oder Gummigürtel mit Strumpfbändern zum Befestigen der Strümpfe. **Strumpfhose** *die*, Hose und Strümpfe in einem Stück, ABB. S 76. **Strümpflein** *das*, *-s/-*. **Strunk** [mhd. strunc] *der*, *-(e)s/¬e*, entblätterter dicker Pflanzenstengel, z. B. vom Kraut. **Strunze** *die*, *-/-n*, *südwestdt.:* unordentliche, liederliche Frau. **strunzen**, *ich* strunze, *südwestdt.:* **1)** (habe gestrunzt), prahle, gebe an. **2)** (bin gestrunzt), treibe mich herum. **Strupfe** [mhd. strupfe] *die*, *-/-n*, *oberdt.:* Schleife, Schnur. **strupfen** [mhd. strupfen], *ich* strupfe (habe gestrupft) *es*, *oberdt.:* streife ab, ziehe ab. **Strupfer** *der*, *-s/-*, *schwäb.:* Pulswärmer. **Strupper** *der*, *-s/-*, *schweiz.:* Schrubber. **struppig** [zu sträuben], borstig, rauhhaarig: *der Hund hat ein struppiges Fell.* **strütten**, *ich* strütte (habe strüttet), *schweiz.:* spute mich. **struwwelig**, *mitteldt.*, *niederdt.:* strubbelig, borstig. **Struwwelpeter** [Titelgestalt eines Kinderbuches des Frankfurter Arztes H. Hoffmann, 1809–1894] *der*, *-s/-*, U Kind mit wirren Haaren. **Struz** [mhd. struz, zu gestrüze] *der*, *-es/-e*, *niederdt.*, *ostmitteldt.:* Blumenstrauß. **Strychnin** [frz. strychnine, zu grch. strychnos ›Nachtschatten‹] *das*, *-s*, ein giftiges Alkaloid; ein Arzneimittel. **Stuarthaube** [stjˈuːət-, engl., nach den schott.-engl. Königsgeschlecht Stuart] *die*, eine Frauenhaube, ABB. H 10. **Stuartkragen** *der*, ein hochstehender Kragen (Damenkragen um 1700). **Stubbe** [mnd. stubbe] *die*, *-/-n*, **Stubben** *der*, *-s/-*, *niederdt.:* Wurzelstock, Baumstumpf, ABB. B 15. **Stübchen** *das*, *-s/-*. **Stube** [ahd. stuba ›heizbares Gemach‹] *die*, *-/-n*, **1)** Zimmer, Kammer: *die gute S.*, U wenig benutztes Wohnzimmer. Schlafraum mehrerer Schüler oder Soldaten (in Internaten, Kasernen): *Stubendienst.* **2)** *oberdt.:* Zunft, Innung. **Stubenälteste** *der*, *die*, Verantwortliche(r) für eine Stube (in Kasernen, Internaten). **Stubenarrest** *der*, Ausgehverbot (als Strafe). **Stubenfarbe** *die*, U blasse, ungesunde Gesichtsfarbe. **Stubenfliege** *die*, eine weltweit verbreitete Fliegenart. **Stubengelehrte** *der*, jemand, der sein Wissen nur aus Büchern schöpft; U lebensfremder Mensch. **Stubenhocker** *der*, U jemand, der meist zu Hause bleibt. **Stubenmädchen** *das*, Zimmermädchen. **stubenrein**, zur Sauberkeit in Räumen erzogen (Hund): *dieser Witz ist nicht s.*, Ü unanständig. **Stubenvogel** *der*, meist im Käfig lebender Zimmervogel, z. B. Kanarienvogel, Papagei.

Stüber [niederl. stuiver] *der, -s/-*, **1)** eine alte niederrhein. Münze. **2)** ⚬⚬ Stoß, Schlag: *Nasenstüber.* **Stüblein** *das, -s/-*, Diminutiv von Stube. **Stuche** [mhd. stuche] *die, -/-n*, **Stucher** *der, -s/-*, *schweiz.:* Schleiertuch, Kopftuch.

Stuck [ital. stucco] *der, -(e)s*, plastische Ausformung von Kalk- und Gipsmörtel zur Decken- und Wandverkleidung, ABB. D 4: *Stuckarbeit; Stuckdecke; Gipsstuck; Kalkstuck.*

Stück [ahd. stuki ›Stück‹, ›Teil‹, urspr. ›Abgehauenes‹] *das, -(e)s/-e*, **1)** Teil eines Ganzen: *ein S. Brot, eines S. Brotes oder eines Stückes Brot; geben Sie mir den Käse am (im) S.; ich komme nur 5 m; das Geschirr ist in Stücke gegangen, zerbrochen, zertrümmert; das war ein gutes S. Arbeit,* ∪ ziemlich viel. **2)** Abk.: St., als Mengenangabe *Pl. -: zwei S. Seife; von dieser Aktie besitze ich 60 S.; wieviel S. Zucker nehmen Sie in den Kaffee?* **3)** Maß: *1 S. Wein,* 1 200 l; *Halbstück; Viertelstück.* **4)** ein in sich zusammenhängendes Ganzes, Wesen, Ding: *aus einem S., ungeteilt; Grundstück; Kleidungsstück; Goldstück; ein wertvolles S. unsrer Sammlung; hast du ein S. Papier (damit ich mir etwas aufschreiben kann)?; dieser Geldschein ist nur noch ein S. Papier,* ∪ wertlos geworden; *ich halte große Stücke auf ihn,* ∪ schätze ihn sehr. **5)** Handlung: *ein starkes S.,* ∪ eine Unverschämtheit; *ein Gaunerstück; er kam aus freien Stücken,* ∪ freiwillig. **6)** Kunstwerk, Bühnenwerk: *ein S. von Schiller; er spielt ein S. auf dem Klavier; Klavierstück; Theaterstück.* **7)** ⚬⚬ Geschütz: *eine Fregatte mit 60 Stücken.* **8)** Schimpfwort: *Weibsstück,* ∪ üble Person. **Stückarbeit** *die,* eine Akkordarbeit.

Stuckarbeiter *der,* Stukkateur. **Stück(e)lung** *die, -, 1)* das Stückeln. **2)** ⚏ Unterteilung einer Münzeinheit in Teilbeträge; Zerlegung von Anleihen in einzelne Wertpapiere mit verschiedenem Nennwert. **stucken,** *ich stucke* (habe gestuckt), **1)** *österr.:* lerne angestrengt. **2)** *es, schweiz.:* kürze, schneide ab. **stücken** [mhd. stücken], *ich stücke* (habe gestückt) *es,* **1)** zerteile, zerstückele. **2)** setze stückweise zusammen. **stuckern,** *ich stuck(e)re, norddt.:* **1)** (habe gestuckert) stochere. **2)** *es stuckert* (hat, ist gestuckert), stockt, geht nicht vorwärts; gerinnt. **Stückfaß** *das,* ein Weinmaß; Stück. **Stückgut** *das,* stückweise aufgegebenes Frachtgut. **Stücklohn** *der,* fester Lohnbetrag für eine bestimmte Leistung, im Unterschied zum Zeitlohn. **Stückware** *die,* Ware, die nach Zahl der Stücke verkauft wird. **stückweise. Stückwerk** *das, -(e)s,* unvollkommene Arbeit. **Stückzinsen,** *Pl.,* die Zinsen, die bei Kauf oder Verkauf festverzinsl. Wertpapiere vom letzten Zinstermin bis zum Geschäftsabschluß aufgelaufen sind.

stud., Abk. für: studiosus, Studierender: *stud. phil.,* studiosus philosophiae, Student der Philosophie. **Student** [mhd. studente, zu lat. studere ›eifrig betreiben‹] *der, -en/-en,* jemand, der an einer Hochschule oder Fachhochschule studiert; in Österreich und der Schweiz auch Schüler einer höheren Schule: *Studentenaustausch; Studentenbude,* ∪ *Studentenwohnheim; Studentensprache; Medizinstudent; Verbindungsstudent.* **Studentenblume** *die,* Name für verschiedene Pflanzen. **Studentenfutter** *das,* eine Mischung aus Nüssen, Rosinen und Mandeln. **Studentenschaft** *die, -/-en,* die Gesamtheit der eingeschriebenen Studierenden einer Hochschule. **Studentenwerk** *das,* eine Hilfseinrichtung zur sozialen Betreuung der Studierenden an Hochschulort. **Studentin** *die, -/-en.* **studentisch,** *studentische Verbindungen; studentische Belange.* **Studie** [-iə] *die, -/. . .di|en,* **1)** wissenschaftliche Arbeit, Untersuchung: *eine psychologische S.; Verkehrsstudie.* **2)** Entwurf, Vorarbeit zu einem größeren wissenschaftlichen oder künstlerischen Werk: *eine S. zu einem Gemälde; seine Studien sind heute auf dem Kunstmarkt sehr gefragt.* **Studi|enanstalt** *die,* früher: Name einer höheren Mädchenschule. **Studi|enassessor** *der.* **Studi|endirektor** *der,* **Studi|enfreund** *der,* Freund aus der Studienzeit. **studi|enhalber,** zwecks Studien; um zu studieren: *sie verbrachte s. zwei Jahre im Ausland.* **Studi|enjahr** *das,* Unterrichtsjahr an einer Hochschule, meist zwei Semester. **Studi|enrat** *der, -(e)s/=e,* **Studi|enrätin** *die, -/-nen,* Dienstbez. für eine(n) festangestellte(n) Lehrer(in) an Gymnasien. **Studi|enreferendar** *der.* **Studi|enreise** *die,* Reise zu Bildungszwecken. **studieren,** *ich studiere* (habe studiert), **1)** besuche eine Hochschule, bin Student: *ich habe in Berlin studiert; meine Tochter studiert noch.* **2)** *es,* erlerne an einer Hochschule: *ich s. im dritten Semester Germanistik; meine Schwester hat Jura studiert.* **3)** *ihn, es,* befasse mich gründlich

damit, untersuche: *ich habe diese Frage eingehend studiert; er studiert den Anzeigenteil der Zeitung; ich s. meine Mitmenschen.* **Studierende** *der, die, -n/-n, ein -r, eine -,* offizielle Bez. für jemanden, der eine Hochschule besucht. **Studierte** *der, die, -n/-n, ein -r, eine -,* ∪ (oft verächtlich), jemand, der eine Hochschule besucht hat; Akademiker(in). **Studierzimmer** *das.* **Studiker** *der, -s/-,* ∪ scherzhaft: Student. **Studio** [ital.] *das, -s/-s,* **1)** Arbeitsraum, bes. von Künstlern, Gelehrten. **2)** Aufnahme-, auch Senderaum bei Film, Funk und Fernsehen, ABB. F 15. **Studiobühne** *die,* Theater: kleine Nebenbühne, bes. für experimentelle Stücke und Inszenierungen. **Studiosus** [lat. ›eifrig bemüht‹] *der, -/. . .si* oder *. . .sen,* ∪ scherzhaft: Hochschüler, Student; vgl. stud. **Studium** [lat.] *das, -s/. . .di|en,* **1)** Hochschulbesuch -ausbildung: *während meines Studiums; das S. der Medizin; Studienberatung; Studienfreund; Studienplatz; Studienreform; Studienzeit; Regelstudienzeit.* **2)** systemat. Lernarbeit, Durchforschung: *das S. der englischen Sprache; das S. menschlicher Verhaltensweisen.* **Studium generale** [lat.] *das, - -,* **1)** im MA.: Form der Universität. **2)** Vorlesungen in allgemeinbildenden Fächern für Studierende aller Fakultäten.

Stufe [ahd. stuofa] *die, -/-n,* **1)** Absatz, bes. in der Treppe, ABB. T 17: *Treppenstufen; Stufendach; Stufenpyramide; stufenförmig; Achtung, S.!; er stieg die Stufen zum Erfolg empor,* ∪. **2)** ∪ Unterteilung, bes. einer Rangfolge; Abschnitt in der Entwicklung; Arbeitseinheit: *die Unterstufe, Mittelstufe, Oberstufe einer Schule; die Kultur der Inkas stand auf einer hohen S.; Turbinenstufe; Raketenstufe.* **3)** ⚒ gut ausgebildetes Stück Gestein oder Erz. **4)** ♪ Tonabstand, Intervall, ABB. N 9. **stufen** [mhd. stuofen], *ich stufe* (habe gestuft) *es,* ordne, gliedere nach Stufen. **Stufenabitur** *das,* Form der Reifeprüfung, bei der im Fach oder mehrere Fächer im Jahr vor dem eigtl. Abitur geprüft werden. **Stufenausbildung** *die,* eine Form der Berufsausbildung mit Zwischenabschlüssen. **Stufenbarren** *der,* Barren mit verschieden hohen Holmen. **Stufenfolge** *die,* die Rangfolge, Wertfolge, Abstufung. **Stufenheck** *das,* bei der Pontonform von Pkw gegen den Fahrgastraum abgestufter Koffer- oder Motorraum. **Stufenlandschaft** *die,* Landschaft, die durch Schichtstufen gegliedert ist. **Stufenleiter** *die,* **1)** Treppenleiter, ABB. L 8. **2)** ∪ Gesamtheit von Rang- oder Entwicklungsstufen: *er durchlief die ganze S. seines Amtes.* **Stufenschule** *die,* Organisationsmodell für das Schulwesen, das primär nach Alters- oder Bildungsstufen orientiert ist. **stufenweise,** in Stufen, schon nach Stufen. **stufer,** *schweiz.:* abgenutzt, kümmerlich.

stufig, mit Stufen versehen. **. . .stufig,** mit einer bestimmten Anzahl oder Art von Stufen: *eine siebenstufige Treppe; 7stufig.* **Stufung** *die, -/-en,* das Stufen, Abstufung. **Stuhl** [ahd. stuol] *der, -(e)s/=e,* **1)** Sitzmöbel mit Rückenlehne, ABB. P 19, S 75: *Drehstuhl; Gartenstuhl; Stuhllehne; darf ich Ihnen einen S. anbieten?; er hat sich zwischen zwei Stühle gesetzt,* ∪ beide Möglichkeiten verscherzt; *ich setze ihm den S. vor die Tür,* ∪ werfe ihn hinaus. **2)** ⚬⚬ Thron: *Königsstuhl.* **3)** ∪ Macht, Herrschergewalt, Amt: *der Apostolische S., der Heilige Stuhl,* Amt des Papstes; *Meister vom S.,* Vorsitzender einer Freimaurerloge; *der S. des Richters, Richterstuhl,* Amt des Richters; *Lehrstuhl,* Amt des Hochschullehrers. **4)** kurz für: Stuhlgang: *Stuhlentleerung; Stuhlzäpfchen.* **Stühlchen** *das, -s/-.* **stuhlen,** *ich stuhle* (habe gestuhlt); *schweiz.:* habe Stuhlgang. **Stuhlfeier** *die, -:* Petri S., ein kath. Kirchenfest. **Stuhlgang** *der, -(e)s,* Darmentleerung, Darmexkrement: *er hatte (keinen) S.* **Stuhlgericht** *das,* Gericht der Feme.

Stuka *der, -s/-s,* Abk. für: Sturzkampfflugzeug. **Stukel** *der, -s/-, niederdt.:* Krüppel. **stuk(e)lig,** *niederdt.:* gebrechlich. **stuken,** *ich stuke* (habe gestukt) *es, niederdt.:* stauche, rütteln. **stuken,** *Pl., niederdt.:* Launen. **Stukkateur** [-'tø:r, zu Stuck] *der, -s/-e,* ein Handwerker des Ausbaugewerbes. **Stukkatur** *die, -/-en,* Stuckarbeit. **Stulle** [niederl. stul ›Brocken‹] *die, -/-n, norddt., berliner.:* belegte Brotschnitte: *Butterstulle; Stullenpaket.* **Stulpe** [niederdt. stülpe ›Deckel‹] *die, -/-n,* umgeschlagener Rand an Ärmeln, Handschuhen oder Stiefeln, Manschette: *Stulp(en)handschuh; Stulp(en)stiefel.* **stülpen** [niederdt. stulpen], *ich stülpe* (habe gestülpt) *es,* **1)** wende die innere Seite nach außen. **2)** *auf, über etwas,* setze (achtlos) darauf, darüber: *er stülpte (sich) den Hut auf den Kopf.* **Stülpnase** *die,* aufwärts gerichtete Nase.

stumm [ahd. stum], **1)** unfähig zu sprechen: *s. von Geburt.* **2)** schweigend, wortlos, lautlos: *ein stummer Blick; s. vor Staunen,*

die Rückenlehne
die Sprosse
das Sitzpolster
der Steg
die Zarge
der Fuß (das Bein)
der Polsterstuhl

der Schemel
der Hocker
die Gondel
der Feldstuhl (der Faltstuhl)
der Gartenstuhl
der Klappsessel
der Schalenstuhl
das Rohrgeflecht
der Rohrstuhl

die Armlehne
der Drehstuhl
der Polsterstuhl aus Vierkantstahlrohr
der Korbsessel
der Polstersessel
das Drehkreuz
der Schalenessel
der Klubsessel

der Kinderstuhl
der Schaukelstuhl
die Backe
der Liegestuhl
der Hocker
der Fernsehsessel (der Backensessel)
der Rollstuhl (der Krankenfahrstuhl)
das Kunststoffgeflecht
der Stahlrohrsessel
die Bank

die Bettcouch
der Bettkasten
das Sofa
die Sessel-(Sitz-)Elemente

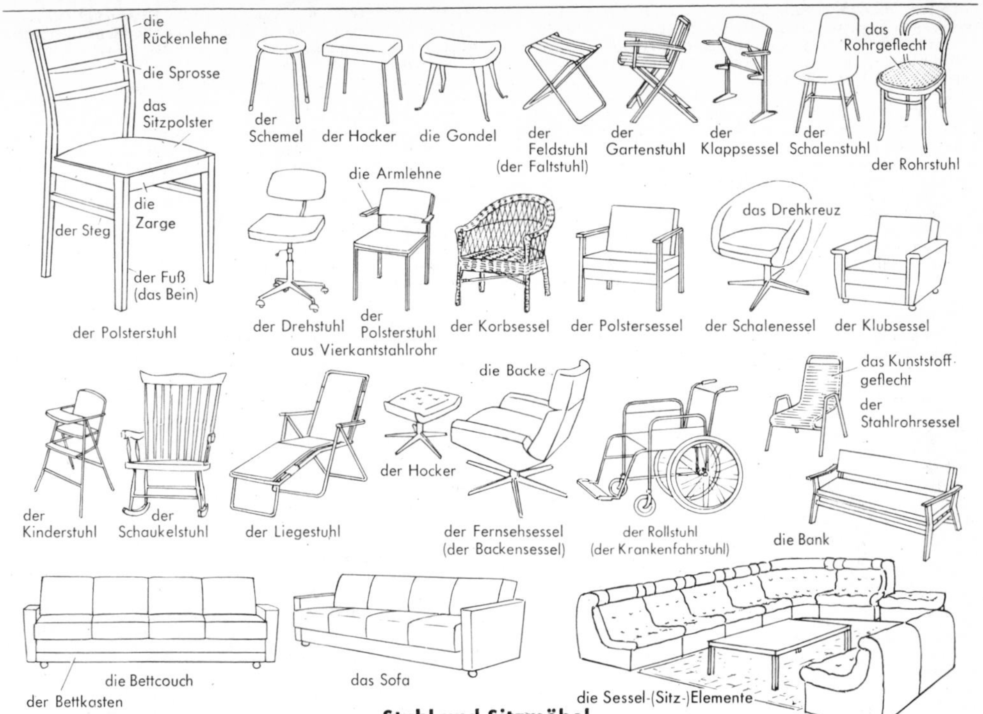

Stuhl und Sitzmöbel

ein stummer Laut, ⑤ Laut, der geschrieben, aber nicht gesprochen wird. **Stumme** *der, die, -n/-n, ein -r, eine -.*
Stummel [ahd. stumbal ›verstümmelt‹] *der, -s/-,* U ein kleines Endstück eines längl. Körpers: *Zigarrenstummel; Kerzenstummel; ein Hund mit Stummelschwanz.* **Stummelchen, Stümmelchen** *das, -s/-.* **stümmeln,** *ich* stümm(e)le (habe gestümmelt) *es,* 1) ⚮ verstümmele. 2) schneide ab, zurück (Bäume). **Stummelpfeife** *die,* kurze Tabakspfeife.
Stummfilm *der,* ein Film, der die Handlung ohne Ton, nur durch das Bild wiedergibt. **Stummheit** *die, -,* das Unvermögen, artikulierte Laute zu bilden.
Stump [mhd. stump ›Stumpf‹] *der, -s/-e,* 1) *niederdt., mitteldt.:* Stoß. 2) *niederdt.:* Stumpf. **Stumpe** *der, -n/-n, niederdt., mitteldt., oberdt.:* Stumpf. **Stumpen** *der, -s/-,* 1) *oberdt.:* Stumpf. 2) in der Hutherstellung die rohe Filzform. 3) eine Zigarre ohne Spitze, ABB. R 7.
Stümper [mhd. stümper] *der, -s/-,* Pfuscher. **Stümperei** *die, -/-en,* U. **stümperhaft,** U: *stümperhafter Fälschungsversuch.* **stümpern,** *ich* stümp(e)re (habe gestümpert), U arbeite unsachgemäß, pfusche.
stumpf [mhd. stumpf], 1) unscharf, ungespitzt, schlecht geschliffen, ABB. E 2: *ein stumpfes Messer; ein stumpfer Bleistift.* 2) ohne Glanz: *stumpfes Haar; s. gewordenes Metall.* 3) Ü ausdruckslos, teilnahmslos: *ein stumpfer Blick.* 4) *stumpfer Reim,* männlicher Reim, ÜBERS. R 15. 5) *stumpfer Winkel,* △ Winkel zwischen 90° und 180°, ABB. W 13. **Stumpf** *der, -(e)s/-̈e,* meist durch gewaltsames Abtrennen entstandenes Endstück eines längl. Körpers: *Beinstumpf; Baumstumpf,* ABB. B 15; *ich rotte es mit S. und Stiel aus,* U ganz und gar. **Stümpfchen** *das, -s/-.* **Stumpfheit** *die, -,* 1) stumpfe Beschaffenheit eines Gegenstandes. 2) Ü Ausdruckslosigkeit, Teilnahmslosigkeit. **Stümpflein** *das, -s/-.* **Stumpfsinn** *der, -(e)s,* Teilnahmslosigkeit; Geistlosigkeit; Verblödung. **stumpfsinnig,** *s. starrte sie vor sich hin.*
stund, ⚮ stand, von stehen.
Stündchen *das, -s/-:* Dämmerstündchen.

stünde, von stehen.
Stunde [ahd. stunda, zu stehen] *die, -/-n,* Abk.: Std., 1) Zeichen: h oder st, der 24. Teil des Tages, 60 Minuten: *Stundenschlag; zur vollen S.; ich habe nur eine halbe S. Zeit; der Zug hatte eine S. Verspätung; dieser Wagen fährt 120 km in der S.; der Kranke bekommt seine Arznei alle drei Stunden;* vgl. Dreiviertelstunde, Viertelstunde. 2) Unterrichtsstunde: *in der ersten S. haben wir Rechnen; er nimmt Gesangsstunden; Nachhilfestunde; Privatstunde.* 3) Zeitpunkt, Augenblick; Zeit: *zu später S., spät am Abend; wir haben dort viele nette Stunden verbracht; Besonnenheit ist das Gebot der S., das im Augenblick Wichtigste; seine S. hat geschlagen,* Ü der Tod oder Zeitpunkt der Abrechnung naht; *die S. der Wahrheit,* P. 4) ein altes Längenmaß: *Wegstunde (4–5 km).*
stunden, *ich* stunde (habe gestundet) *es ihm,* gewähre Zahlungsaufschub. **Stundenbuch** *das,* im MA.: ein Gebet-

S 76

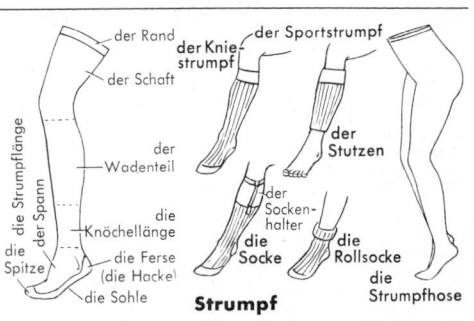

der Rand
der Kniestrumpf
der Sportstrumpf
der Schaft
das Rohrgeflecht
der Spann
die Strumpflänge
der Wadenteil
der Stutzen
die Knöchellänge
der Sockenhalter
die Spitze
die Ferse (die Hacke)
die Socke
die Rollsocke
die Sohle
die Strumpfhose

Strumpf

buch für Laien. **Stundengebet** *das*, kath. Kirche: für eine bestimmte Tageszeit vorgeschriebenes Gebet im Brevier des Geistlichen. **Stundenglas** *das*, die Sanduhr. **Stundenhotel** *das*, U kleines Hotel, das stundenweise Zimmer an Paare vermietet. **Stundenkilometer** *der*, U Kilometer je Stunde, Abk.: km/h, ein Geschwindigkeitsmaß für Verkehrsmittel. **stundenlang**, sehr lang, ohne Aufhören: *ich hatte keine Lust, s. auf ihn zu warten;* aber: *drei Stunden lang.* **Stundenlohn** *der*, Lohn für eine Arbeitsstunde. **Stundenplan** *der*, die Verteilung von Arbeits- und Unterrichtsstunden. **stundenweise**, in einzelnen Stunden, nach Stunden: *er wird s. bezahlt.* . . . **stündig**, eine bestimmte Anzahl von Stunden dauernd: *eine dreistündige Bahnfahrt.* **stündlich**, jede Stunde: *die Uhr schlägt s. eine Minute vor; der Zug verkehrt s.* . . . **stündlich**, in einer bestimmten Anzahl von Stunden stattfindend, wiederkehrend: *der Bus fährt halbstündlich, zweistündlich.* **Stundung** *die*, -/-en, das vertragl. Hinausschieben der Fälligkeit einer Verbindlichkeit.

Stunk [zu stinken] *der*, -s, U Zank, Unfrieden: *in jedem Betrieb gibt es einen, der S. macht; es hat S. gegeben.*

Stuntman [st'∧ntmən, engl. stunt ›Kunststück‹ und man ›Mann‹] *der*, -s/. . . men, Film: Double für gefährl. Szenen.

Stupa [Sanskrit] *der*, -s/-s, buddhist. Sakralbau in Indien.

stupend [lat. stupendus, von stupere ›starr sein‹, ›verblüfft sein‹, ›bestaunen‹], erstaunlich: *eine stupende Leistung.*

Stupf [mhd. stupf] *der*, -(e)s/-e, oberdt.: Stoß, Puff. **stupfen** [mhd. stupfen], *ich stupfe (habe gestupft) ihn, es, oberdt.:* stoße.

Stupfer *der*, -s/-, oberdt.: Stoß.

stupid(e) [frz., zu lat. stupidus, aus stupere ›starr sein‹], stumpfsinnig, beschränkt, eintönig: *eine stupide Tätigkeit.* **Stupidität** *die*, -. **Stupor** [lat.] *der*, -s, $ geistig-körperliche Erstarrung, Reaktionslosigkeit auf Reize trotz wachen Bewußtseins.

Stupp *die*, -, österr.: Puder.

stu|prieren [lat. stuprare ›schänden‹, von stuprum ›Unzucht‹], *ich stupriere (habe stupriert) sie,* ఈ. **Stu|prum** *das*, -s/. . . pra, ఈ Schändung, Vergewaltigung.

Stups [niederdt., zu Stupf] *der*, -es/-e, U Stoß, Puff. **stupsen**, *ich stupse (habe gestupst) ihn,* U stoße, puffe. **Stupser** *der*, -s/-, Stups. **Stupsnase** *die*, U kurze, nach oben zeigende Nase, ABB. N 4.

stur [mnd. stur ›störrisch‹, **1)** U starr, verbissen, eigensinnig; begriffsstutzig. **2)** norddt.: stramm, stattlich, stolz.

stürbe, von sterben.

stürcheln, *ich stürch(e)le (bin gestürchel[e]t), schweiz.:* straucheln.

Stürheit *die*, -, U sture Haltung.

sturm, *alem.:* aufgeregt, verwirrt, benommen. **Sturm** [ahd. sturm ›Aufruhr‹, ›Kampf‹] *der*, -(e)s/"e, **1)** starker Wind: *ein heftiger S. hat die Felder verwüstet; Sturmschaden; Schneesturm.* **2)** ఈ heftiger Angriff: *die Stellung wurde im S. genommen; Ruhe vor dem S.*, vor dem Angriff, Ü vor einem Zornesausbruch. **3)** Ü heftige Erregung, Aufruhr, Andrang: *ein S. der Entrüstung, der Gefühle; er läutet S.*, U sehr laut und heftig; *man sollte gegen die Preiserhöhungen S. laufen*, U sich heftig widersetzen; *der S. und Drang*, eine Richtung in der dt. Literatur (zweite Hälfte des 18. Jahrh.); *Sturm-und-Drang-Zeit.* **4)** ohne Pl., österr.: Federweißer. **5)** ohne Pl., ✕ Angriff; die Angriffsspieler: *er gehört bei diesem Länderspiel zum S.* **6)** alem.: Brei, Obstspeise. **Sturmangriff** *der*, ఈ heftiger, überraschender Angriff. **Sturmband** *das*, -(e)s/"e, Sturmriemen. **Sturmbock** *der*, ఈ Rammbock. **stürmen** [ahd. sturmen], *ich stürme (habe gestürmt),* **1)** *es*, greife an, nehme im Sturmangriff. **2)** ✕ spiele als Stürmer. **3)** (bin gestürmt), bewege mich hastig fort, eile, renne. **4)** *es stürmt*, Wind bläst heftig, tobt. **5)** *Most stürmt*, österr.: gärt. **Stürmer** *der*, -s/-, **1)** ✕ Angriffsspieler bei Fußball u. a. Mannschaftsballspielen, vgl. ABB. F 37. **3)** eine Studentenmütze. **4)** österr.: gärender Most. **Sturmfahne** *die*, ఈ früher in einer Schlacht vorangetragene Fahne. **Sturmflut** *die*, durch Winddruck erzeugter, außergewöhnlich hoher Wasserstau. **sturmfrei**, ఈ geschützt, schwer einzunehmen: *sturmfreie Bude*, U (möbliertes) Zimmer, in dem man jederzeit ungestört Besuch empfangen kann. **Sturmglocke** *die*, Alarmglocke. **Sturmhaube** *die*, **1)** früher: Helm des Fußvolks, ABB. H 14. **2)** 🐌 eine Schnecke. **Sturmhut** *der*, ⚕ Eisenhut. **stürmisch**, **1)** sehr windig (Wetter); wild bewegt (See, Meer). **2)** ungestüm, vorwärtsdrängend: *stürmischer Beifall; er wurde s. begrüßt; nicht so s.!*, U (vor)eilig. **Sturmriemen** *der*, unter dem Kinn getragener Riemen, der den festen Sitz einer Kopfbedeckung

(Helm) sichert, vgl. ABB. H 14. **Sturmschritt** *der*, ఈ Laufschritt beim Angriff; Ü sehr schneller Schritt. **Sturmvogel** *der*, flugtüchtiger Meeresvogel. **Sturmwarnung** *die*. **Sturmwind** *der*, P Sturm.

Sturz [ahd. sturz] *der*, -es/"e, **1)** heftiger, plötzlicher Fall: *ein S. aus dem Fenster, in die Tiefe; der S. des Ministers*, Ü gewaltsame Amtsenthebung; *Temperatursturz; Sturzverletzung.* **2)** Pl. -e, 🏛 der waagerechte Träger über einer Tür- oder einer Fensteröffnung, ABB. F 12, T 19. **3)** leichte Neigung der Räder einer Fahrzeugachse nach außen. **4)** 🐎 Ausladeplatz. **5)** schweiz.: Weißblech. **6)** Glasglocke (über Uhren). **Sturzacker** *der*, in groben Schollen gepflügtes Feld. **Sturzbach** *der*, reißender Wasserfall oder Gießbach.

Stürze *die*, -/-n, **1)** mitteldt.: Topfdeckel. **2)** Trichter; Schallbecher der Blechblasinstrumente. **Sturzel, Stürzel** *der*, -s/-, mitteldt.: stumpfes Ende; Baumstumpf.

stürzen [ahd. sturzen], *ich stürze (habe gestürzt),* **1)** *ihn, es*, bringe zu Fall: *die Regierung wurde gestürzt.* **2)** *ihn, es*, werfe hinunter: *er stürzte ihn ins Wasser; dieser Leichtsinn stürzt uns ins Verderben*, Ü. **3)** *es*, drehe, kippe, werfe um: *diese Kiste nicht stürzen!; ein Pudding wird gestürzt*, durch Umstülpen der Form auf einen Teller gesetzt. **4)** (bin gestürzt), falle heftig, falle hin: *ich bin gestern auf der Straße gestürzt.* **5)** (bin gestürzt), eile, renne, breche hervor: *er stürzte aus dem Zimmer; Tränen stürzten ihr aus den Augen.* **6)** *mich von, aus, in etwas*, lasse mich hinunterfallen (um mich zu töten): *sie hat sich von der Brücke ins Wasser gestürzt.* **7)** *mich auf ihn, etwas, in etwas*, eile darauf zu, werfe mich hinein: *sobald sie ihn sah, stürzte sie sich auf ihn*, Ü nahm ihn ganz in Anspruch; *er stürzt sich aufs Essen*, Ü ißt gierig; *er hat sich in Unkosten gestürzt*, U große Ausgaben gemacht; *sie stürzt sich ins Vergnügen*, Ü. **Sturzflug** *der*, steiler Gleitflug nach unten. **Sturzgeburt** *die*, $ besonders schnelle Geburt. **Sturzgüter** *Pl.*, Waren, die man unverpackt in den Laderaum schütten kann (Kohle, Schotter). **Sturzhelm** *der*, Kopfschutz, bes. für Motorrad- und Rennfahrer, ABB. H 14. **Sturzkampfflugzeug** *das*, ✕ Stuka, ఈ Kampfflugzeug, das wegen größerer Zielgenauigkeit seine Bomben im Sturzflug abwirft. **Sturzregen** *der*, heftiger kurzer Regen. **Sturzsee** *die*, hohe, sich überstürzende Wellen.

Stuß [jidd., zu hebr. stuth ›Torheit‹] *der*, St'usses, U törichtes Gerede, Unsinn: *du sollst keinen S. reden.*

Stutbuch *das*, Register oder Stammtafeln der Zuchtpferde. **Stute** [ahd. stuot, urspr. ›Herde von (Zucht)pferden‹] *die*, -/-n, weibl. Pferd, Kamel, Esel: *Stutenzucht.*

Stuten [mnd. stut ›dicker Teil des Oberschenkels‹] *der*, -s/-, norddt.: längliches Gebäck aus Kuchenteig; Weißbrot. **Stutenwochen**, *Pl.*, norddt.: Flitterwochen.

Stuterei [zu Stute] *die*, -/-en, Gestüt.

Stutz [mhd. stuz, zu stoßen] *der*, -es/-e, **1)** ఈ Stumpf; Stoß: *auf den S.*, U im Nu, plötzlich. **2)** schweiz.: steiler Hang. **Stütz** [zu stützen] *der*, -es/-e, Turnerhaltung auf gestreckten Armen, ABB. L 6, L 7: *Liegestütz.*

Stutzärmel [zu stutzen] *der*, kurzer Überziehärmel. **Stutzbart** *der*, kurzer, gestutzter Bart.

Stütze [mhd. stütze] *die*, -/-n, **1)** stützender Pfahl, Pfosten, Balken, Pfeiler: *Stützmauer; Stützpfeiler.* **2)** Ü Hilfe, Unterstützung: *in ihm habe ich eine wertvolle S.; die S. der Hausfrau*, Ü Hausangestellte.

stutzen [mhd. stutzen ›scheu werden‹, zu stoßen], *ich stutze (habe gestutzt),* **1)** *vor ihm, bei etwas*, halte erstaunt ein, werde bedenklich, fasse Verdacht: *bei diesen Worten stutzte der Richter.* **2)** *es*, beschneide, verkürze: *ein Hund mit gestutztem Schwanz; er stutzt seinen Bart.*

stützen [mhd. understützen], *ich stütze (habe gestützt),* **1)** *ihn, es*, gebe ihm einen Halt, hindere am Fallen: *die Äste des Obstbaums muß man stützen.* **2)** *ihn, es*, Ü helfe, unterstütze, nehme Partei dafür: *alle Gruppen stützen die Regierung; deutsche Banken stützen den Dollar.* **3)** *mich auf ihn, etwas*, lehne mich an, nehme ihn zum Ruhepunkt, als Grundlage: *der alte Mann stützte sich auf einen Stock; seine Prognose stützt sich auf statistische Untersuchungen.*

Stutzen [zu stutzen ›verkürzen‹] *der*, -s/-, **1)** kurzes Gewehr mit gezogenem Lauf, Jägerbüchse, ABB. G 20. **2)** kurze Umhüllung, z. B. Pulswärmer, Vorsteckärmel. **3)** Wadenstrumpf, ABB. S 76. **4)** ⊕ kurzes Anschlußstück, ABB. G 4. **Stutzer** *der*, -s/-, **1)** Modenarr, Geck. **2)** halblanger, zweireihiger Herrenmantel. **3)** schweiz.: Stutzen (Gewehr). **stutzerhaft**. **Stutzflügel** *der*, kleiner, kurzer Flügel (Klavier).

Stützgewebe *das*, $ Bindegewebe.

stutzig, verwundert, argwöhnisch: *das machte mich s.*

stützig, *bair.:* störrisch.

Stützli-Sex [zu Stutz, U schweiz. ›Franken‹] *der, schweiz.:* die Peep-Show.

Stützpunkt *der,* **1)** Punkt, auf dem ein Teil der Last ruht. **2)** ⚓ Ausgangspunkt zur Verteidigung eines Gebietes: *Luftwaffenstützpunkt.* **3)** Niederlassung, Lager, Vorratsort. **Stützung** *die, -/-en,* das Stützen: *Stützungskäufe der Banken.*

StVG, Abk. für: Straßenverkehrsgesetz.

StVO, Abk. für: Straßenverkehrsordnung.

StVZO, Abk. für: Straßenverkehrs-Zulassungs-Ordnung.

stygisch [zu Styx], freudlos, schauerlich.

Styling [st'ailiŋ, engl.] *das, -s,* industrielle Formgestaltung, Gestaltung, urspr. der Automobilkarosserie. **Stylist** [stail'ist, engl.] *der, -en/-en,* Formgestalter.

Stylit [zu grch. stylos ›Säule‹] *der, -en/-en,* Säulenheiliger. **Stylobat** [zu grch., eigtl. ›Säulengrundfläche‹, ABB. S 8.

Styrol [grch.] *das, -s,* aromat. Kohlenwasserstoff zur Herstellung von Kunststoffen.

Styropor *das, -s,* Handelsname für Polystyrolschaumstoffe.

Styx [grch., eigtl. ›die Verhaßte‹] *der, eigtl. die, -,* griech. Mythologie: Fluß der Unterwelt.

s. u., Abk. für: siehe unten!

Suada, Suade [lat. suada, zu suadere ›raten‹, ›zureden‹] *die, -/...den,* der Redefluß: *ich mußte erst seine S. über mich ergehen lassen, bevor ich zu Wort kam.*

suave [ital. soave], ♪ lieblich, angenehm.

sub. . . [lat.], unter . . ., niedriger als . . .: *subalpin; Subkontinent.*

sub|altern [mlat. subalternus], untergeordnet, ohne eigene Verantwortung.

sub|ant|arktisch, ⊕ zwischen Antarktis und gemäßigter Klimazone gelegen. **sub|arktisch,** ⊕ zwischen Arktis und gemäßigter Klimazone gelegen.

Subdiakon *der,* kath. Kirche: früher Gehilfe des Priesters; Inhaber der ersten der höheren Weihen.

Subdominante *die,* ♪ die vierte Stufe über dem Grundton; Dreiklang über diesem Ton.

subfossil, in histor. Zeit ausgestorben (Lebewesen).

subglazial, unter dem Eis entstanden oder auftretend.

Subjekt [lat. subiectum, zu subicere ›zugrunde legen‹] *das, -(e)s/-e,* **1)** Philosophie: das denkende, wahrnehmende, wollende Wesen. **2)** Ⓖ Satzgegenstand, ÜBERS. S 79. **3)** ♪ Thema der Fuge. **4)** U verächtlich: Person; verkommener Mensch. **subjektiv,** persönlich, einseitig, voreingenommen: *eine subjektive Betrachtungsweise.* **Subjektivismus** [vgl. . . .ismus] *der, -,* philosoph. Lehre, daß Form und Inhalt des Erkennens vom Subjekt bestimmt werden. **subjektivistisch. Subjektivität** *die, -.* **Subjektsatz** *der,* ÜBERS. S 79.

Subkultur [engl. subculture] *die,* relativ eigenständige Kultureinheit innerhalb eines übergeordneten Kulturganzen, z. B. bei ethnischen Gruppen, auch bei sozialen Schichten: *die S. Jugendlicher.*

subkutan [vgl. sub. . . und lat. cutis ›Haut‹, Abk.: sc., ♯ unter der (die) Haut: *subkutane Injektion.*

sub|lim [lat. sublimis ›hoch in der Luft befindlich‹], **1)** erhaben. **2)** fein, schwer zu erkennen. **Sub|limat** *das, -(e)s/-e,* ⚗ **1)** Niederschlag eines festen Stoffes aus seinem Dampf. **2)** Quecksilberchlorid, stark giftiges Desinfektionsmittel. **Sublimation** *die, -/-en,* ⚗ der direkte Übergang von der festen zur gasförmigen Phase. **sub|limieren** [lat. sublimare ›emporheben‹], *ich sublimiere (habe sublimiert) es,* **1)** verfeinere, veredle. **2)** ⚗ führe Sublimation durch. **3)** Psychoanalyse: wandle unbewußte sexuelle Triebimpulse in geistige und kulturelle Leistungen um. **Sub|limierung** *die, -/-en.*

submarin [vgl. sub. . . und lat. marinus, zu mare ›See‹], Biologie: unterseeisch.

submiß [lat. submissus], ⚓ unterwürfig. **Submission** [lat. submissio] *die, -/-en,* **1)** ohne Pl., ⚓ Unterwürfigkeit. **2)** Ausschreibung, besonders öffentlicher Aufträge, Verdingung: *Submissionsverfahren.* **Submittent** *der, -en/-en,* Bewerber um einen Auftrag. **submittieren,** *ich submittiere (habe submittiert),* bewerbe mich.

Sub|ordination [frz., vgl. sub. . . und lat. ordo ›Ordnung‹, ›Rang‹] *die, -/-en,* **1)** Unterordnung, Gehorsam: *subordinationswidrig.* **2)** Ⓖ Unterordnung von Satzgliedern. **sub|ordinieren,** *ich subordiniere (habe subordiniert) es.*

subsidiär, subsidiarisch [lat. subsidiarius ›als Aushilfe dienend‹], unterstützend, aushilfsweise, behelfsmäßig. **Subsidiarismus** [vgl. . . .ismus] *der, -,* **Subsidiarität** *die, -,* Gesellschaftsauffassung, die für Eigenständigkeit und Eigen-

verantwortung der kleineren Sozialgebilde eintritt. **Subsidien** [lat. subsidium ›Reserve‹, ›Beistand‹], *Pl.,* Unterstützungsmittel, Hilfsgelder.

Subsistenz [lat. subsistere ›verweilen‹, ›stillstehen‹] *die, -/-en,* **1)** ⚓ Lebensunterhalt: *Subsistenzwirtschaft,* landwirtschaftl. Wirtschaftsform, die ganz oder überwiegend für die Selbstversorgung produziert. **2)** Philosophie: das Bestehen der Substanz durch sich und aus sich selbst. **subsistieren,** *ich subsistiere (habe subsistiert),* ⚓ habe meinen Lebensunterhalt.

Sub|skribent *der, -en/-en,* jemand, der etwas subskribiert. **sub|skribieren** [lat. subscribere], *ich subskribiere (habe subskribiert) (auf) es,* unterschreibe, setze meinen Namen auf eine Einzeichnungsliste. **Sub|skription** [lat. subscriptio ›Unterschrift‹] *die, -/-en,* **1)** schriftliche Vorbestellung von erst später erscheinenden Büchern: *Subskriptionspreis.* **2)** Zeichnung von neuen Wertpapieren oder Anleihen.

sub specie aeternitatis [-iə-, lat.], unter dem Gesichtspunkt der Ewigkeit.

Sub|spezi|es *die,* Biologie: Unterart.

substantiell [frz. substantiel], stofflich; wesentlich. **substantiieren,** *ich substantiiere (habe substantiiert),* begründe, belege durch Tatsachen. **substantiv,** *substantive Farbstoffe,* organische Farbstoffe für pflanzliche Fasern. **Substantiv** *das, -s/-e,* Hauptwort, Dingwort, ÜBERS. S 77. **substantivieren,** *ich substantiviere (habe substantiviert) es,* mache zum Substantiv: *substantivierter Infinitiv.* **Substantivierung** *die, -/-en.* **substantivisch,** wie ein Substantiv, hauptwörtlich. **Substanz** [mhd. substanzje, zu lat. substantia ›Bestand‹] *die, -/-en,* **1)** Stoff, Masse, Ding: *wir leben von der S.,* U vom Kapital. **2)** Kernpunkt, das Wesentliche, Wichtige: *die S. einer Abhandlung; Substanzverlust.* **3)** Philosophie: das im Wechsel der Veränderungen Beharrende.

substituieren [lat. substituere ›unter etwas stellen‹], *ich substituiere (habe substituiert),* **1)** *ihn,* es, setze an die Stelle eines anderen; setze für etwas ein. **2)** *ihn,* ernenne zum Nacherben. **Substituierung** *die, -/-en.* **Substitut** *der, -en/-en,* **1)** Ersatz, Unterschiebung, Vertretung. **2)** ⚗ der Austausch von Atomen oder Atomgruppen durch andere bei Erhaltung des Molekülgerüstes.

Sub|strat [lat. substernere ›unterlegen‹, ›unterstreuen‹] *das, -(e)s/-e,* **1)** Unterschicht, Grundlage, Träger, Stoffliches, Keimboden. **2)** Ⓖ Sprache der Vorbevölkerung, in einem Sprachraum mit Reliktwörtern bewahrt ist.

subsumieren [vgl. sub. . . und lat. sumere ›nehmen‹], *ich subsumiere (habe subsumiert) es unter etwas,* fasse darunter zusammen, rechne dazu. **Subsumtion** *die, -/-en.* **subsumtiv,** unterordnend, einschließend.

Subteen [s'Abti:n, engl., vgl. sub. . . und engl. teens ›Alter zwischen 13 und 19 Jahren‹] *der, -s/-s, meist Pl.,* U Mädchen oder Junge im Alter von etwa zehn Jahren.

subtil [lat. subtilis], **1)** fein, zart. **2)** spitzfindig, scharfsinnig. **Subtilität** [lat. subtilitas] *die, -/-en.*

Sub|trahend *der, -en/-en,* Zahl, die von einer anderen abgezogen wird, ÜBERS. R 11. **sub|trahieren** [lat. subtrahere ›entziehen‹], *ich subtrahiere (habe subtrahiert) eine Zahl von einer anderen,* ziehe sie ab. **Sub|traktion** [lat. subtractio] *die, -/-en,* ÜBERS. R 11: *Subtraktionsverfahren.*

Sub|tropen, *Pl.,* Übergangszonen vom trop. zum gemäßigten Klima. **sub|tropisch,** *subtropischer Pflanzenwuchs.*

Sub|urb [s'Abə:b, engl., vgl. sub. . . und lat. urbs ›Stadt‹] *die, -/-s,* Vorstadt, Satellitenstadt.

Subvention [lat. subventio ›zu Hilfe kommen‹] *die, -/-en,* Unterstützung, Beihilfe aus öffentlichen Mitteln: *Subventionsbegehren.* **subventionieren,** *ich subventioniere (habe subventioniert) es: gefährdete Wirtschaftszweige sollen subventioniert werden; subventionierter Wohnungsbau.* **Subventionierung** *die, -/-en.*

Subversion [lat. subvertere ›umstürzen‹] *die, -/-en,* Umsturz, zerstörerische Handlung. **subversiv,** *subversive Umtriebe.*

sub voce [lat.], Abk.: s. v., unter dem Stichwort.

Subway [s'Abwei, engl.] *die, -/-s,* Unterführung; Untergrundbahn.

Succinit [lat. succinum] *der, -s/-e,* das Bernstein.

Suche [mhd. suoche] *die, -/-n,* meist ohne Pl., jede Maßnahme, um etwas zu finden, Fahndung, das Aufspüren: *Suchaktion; Suchdienst; Suchliste; Suchmeldung; Vermißtensuche; nach erfolgreicher, vergeblicher S.; ich gehe auf die S. nach etwas.* **2)**

Substantiv

A. Deklination

1. Die Grundmuster

Man unterscheidet im Deutschen drei Deklinationen der Substantive: **stark** flektiert heißen Substantive, die im Plural die Endung -e, -er oder keine Endung haben und, wenn sie männlich oder sächlich sind, den Genitiv im Singular mit -s bilden; **schwach** flektiert heißen männliche und weibliche Substantive, deren Plural auf -en oder -n endet, bei männlichen Substantiven haben alle Fälle außer dem Nominativ Singular diese Endung. Der Plural der starken Deklination wird nur im Dativ verändert. Der starke Plural kann **Umlaut** haben, der schwache hat nie Umlaut. Die weiblichen Substantive bleiben im Singular unverändert. Zur **gemischten** Deklination gehören die männlichen und sächlichen Substantive, die im Singular stark und im Plural schwach flektiert werden. Je nach Genus und Numerus ergeben sich folgende Muster:

Deklination			stark auf -e ohne Umlaut	stark auf -e mit Umlaut	stark auf -er mit Umlaut	stark ohne Endung ohne Umlaut	stark ohne Endung mit Umlaut	schwach auf -en	schwach auf -n	gemischt auf -en	gemischt auf -n
Mask. Sing. Nominativ	der		Tag	Stamm	Mann	Maler	Acker	Mensch	Affe	Staat	Stachel
Genitiv	des		Tag(e)s*	Stamm(e)s*	Mann(e)s*	Malers	Ackers	Menschen	Affen	Staat(e)s*	Stachels
Dativ	dem		Tag(e)*	Stamm(e)*	Mann(e)*	Maler	Acker	Menschen	Affen	Staat(e)*	Stachel
Akkusativ	den		Tag	Stamm	Mann	Maler	Acker	Menschen	Affen	Staat	Stachel
Mask. Plur. Nominativ	die		Tage	Stämme	Männer	Maler	Äcker	Menschen	Affen	Staaten	Stacheln
Genitiv	der		Tage	Stämme	Männer	Maler	Äcker	Menschen	Affen	Staaten	Stacheln
Dativ	den		Tagen	Stämmen	Männern	Malern	Äckern	Menschen	Affen	Staaten	Stacheln
Akkusativ	die		Tage	Stämme	Männer	Maler	Äcker	Menschen	Affen	Staaten	Stacheln
Neutr. Sing. Nominativ	das		Jahr	Floß	Buch	Fenster				Ohr	Auge
Genitiv	des		Jahr(e)s*	Floßes	Buch(e)s*	Fensters				Ohr(e)s*	Auges
Dativ	dem		Jahr(e)*	Floß(e)*	Buch(e)*	Fenster				Ohr(e)*	Auge
Akkusativ	das		Jahr	Floß	Buch	Fenster				Ohr	Auge
Neutr. Plur. Nominativ	die		Jahre	Flöße	Bücher	Fenster				Ohren	Augen
Genitiv	der		Jahre	Flöße	Bücher	Fenster				Ohren	Augen
Dativ	den		Jahren	Flößen	Büchern	Fenstern				Ohren	Augen
Akkusativ	die		Jahre	Flöße	Bücher	Fenster				Ohren	Augen
Fem. Sing. Nominativ	die		Wildnis	Maus			Mutter	Frau		Angel	
Genitiv	der		Wildnis	Maus			Mutter	Frau		Angel	
Dativ	der		Wildnis	Maus			Mutter	Frau		Angel	
Akkusativ	die		Wildnis	Maus			Mutter	Frau		Angel	
Fem. Plur. Nominativ	die		Wildnisse	Mäuse			Mütter	Frauen		Angeln	
Genitiv	der		Wildnisse	Mäuse			Mütter	Frauen		Angeln	
Dativ	den		Wildnissen	Mäusen			Müttern	Frauen		Angeln	
Akkusativ	die		Wildnisse	Mäuse			Mütter	Frauen		Angeln	

* Das **e** kann fehlen im Genitiv außer nach **s, ß, x, z**, im Dativ immer. Seine Beibehaltung hängt bes. vom Wohllaut und vom Zeitmaß der Rede ab und kommt der gehobenen Sprache zu.

2. Kleinere Gruppen:

a) Die neun männlichen Substantive: **Buchstabe, Friede, Funke, Gedanke, Glaube, Haufe, Name, Same, Wille**, die teilweise im Nominativ schon ein -n angefügt haben, sowie das sächliche **Herz** bilden den Genitiv auf -ens: des Gedankens, die übrigen Fälle auf -en: dem, den, die Gedanken.

b) Substantivisch gebrauchte Adjektive und Partizipien des Präsens haben wie ein Adjektiv doppelte Deklination (ÜBERS. A 4): der Gute, ein Guter; der Reisende, ein Reisender.

c) Fremdwörter haben häufig die aus dem Englischen und Französischen stammende Pluralendung -s: die Dollars, die Sofas, die Essays. Die aus dem Niederdeutschen stammende (aufs Französische zurückgehende) Pluralbildung auf -s: die Wracks, greift umgangssprachlich auch auf einige hochdeutsche Wörter über: die Jungens.

Manche lateinischen und griechischen Wörter haben ihren Plural beibehalten: der Musikus, die Musizi; das Lexikon, die Lexika.

B. Einteilung der Substantive

1. Konkreta (gegenständliche Substantive):
Mond, Welt; dazu gehören **Eigennamen:** Karl, Berlin; **Gattungsnamen:** Tier, Pflanze; **Sammelnamen** (Kollektiva): Gebirge, Volk, Bauernschaft; **Stoffnamen:** Gold, Wasser.

2. Abstrakta (begriffliche Substantive):
Freude, Lage; Feindschaft, Kindheit, Christentum; Leitung, Sturz, Erkenntnis, das Singen.

C. Ableitungen

1. Substantive

Diminutive

Zur Verkleinerung dienen die Präfixe ...chen und ...lein. Häufiger verwendet man ...**chen:** Wort, Wörtchen, das in der Umgangssprache bei Wörtern auf -ch oder -g manchmal zu ...**elchen** erweitert wird: Buch, Büchelchen; Weg, Wegelchen. Für gewöhnlich werden diese Wörter durch ...**lein** verkleinert: Buch, Büchlein; Weg, Wegelein. Rein mundartliche Suffixe für Diminutive sind: ...**che**, ...**ken**, ...**ing**, ...**ei**, ...**el**, ...**erl**, ...**le**, ...**li** u. a., von Mann also: Männche, Männeken, Mannei, Männel, Mann(d)erl, Männle, Männli.

Verneinungen

Die Ableitungssilbe ...**los** bildet **Adjektive:** *sprachlos,* nicht fähig zu sprechen; seine Erweiterung ...**losigkeit** bildet neue **Substantive:** *die Sprachlosigkeit.*

Feminina

Häufig ist die Endung ...**in** für weibliche Formen: *der Schneider, die Schneiderin; der König, die Königin.*

Kollektiva

Allgemeine Sammelwörter bildet das Präfix **Ge...:** *Wasser, Gewässer.*

Menschen werden durch ...**schaft** zu Gruppen gefaßt: *der Bauer, die Bauernschaft;* ähnlich ...**heit:** *der Mensch, die Menschheit.*

Abstrakta

Die Eigenart, das Wesen einer Gruppe oder ihre Gesamtheit bezeichnen begriffliche Substantive auf ...**tum:** *das Deutschtum, das Königtum.*

Ortsbezeichnungen (Werkstätten)

Suffix ...**ei:** *der Ziegel, die Ziegelei,* die Stätte, an der man Ziegel brennt.

Zusammenfassendes ...**ei:**

Lautmalerei, Länderei, Malerei.

Personennamen (Handwerkernamen), Werkzeugnamen

Ableitungssilben ...**er (...ler, ...ner), ...el, ...ling:** *der Forst, der Förster; die Faust, der Fäustel,* Fausthandschuh, Hammer; *die Faust, der Fäustling,* Fausthandschuh; *der Hof, der Höfling.*

Einwohnernamen

Auf ...**er:** *Wien, der Wiener; die Schweiz, der Schweizer.*

Spottwörter, Steigerungswörter

Schlechtgeratenes kann durch **Miß...** bezeichnet werden: *der Ton, der Mißton.*

Bösartiges Wesen oder eine Steigerung des Grades benennt **Un...:** *das Tier, das Untier; die Zahl, die Unzahl.*

Übertriebenes oder Tadelnswertes bezeichnet ...**ei,** ...**erei:** *die Bummelei, die Rederei.*

Steigernde Bedeutungen

Über...: *der Mensch, der Übermensch.*

Erz...: *der Bischof, der Erzbischof; der Schelm, der Erzschelm.*

2. Adjektive

1) allgemeinste Bedeutung ...**lich,** ...**isch:** *pflanzlich, tierisch,* zur Pflanze, zum Tier gehörig, sie, es betreffend. Von einigen Wörtern sind beide Bildungen möglich: dann hat die auf ...**isch** einen abschätzigen Sinn: *kindlich,* unbefangen, naiv wie ein Kind; *kindisch,* albern, unreif; dazu neue Substantive ...**lichkeit,** ...**ischkeit:** *die Kindlichkeit, die Kindischkeit.*

2) ähnlich oder damit behaftet ...**haft:** *tierhaft,* wie ein Tier; *fehlerhaft,* mit Fehlern behaftet; neues Substantiv: *die Fehlerhaftigkeit.*

3) versehen mit, erfüllt von ...**ig:** *schmutzig,* mit Schmutz behaftet; *vierfüßig,* vgl. D, 2.

4) aus einem Stoff bestehend ...**ern,** ...**en:** *eisern,* aus l isen; *eichen,* aus Eichenholz.

5) die Herkunft bezeichnend ...**isch,** ...**erisch:** *italienisch, fränkisch, wienerisch.*

3. Verben

1) allgemein: *es tagt,* der Tag bricht an. Zusammensetzungen mit Präposition: *anecken,* vgl. D, 2.

2) mit der Sache versehen **be...en:** *besohlen,* Sohlen befestigen; **ver...n:** *versilbern,* mit Silber überziehen.

4. Adverbien

1) in der Richtung auf etwas zu ...**wärts:** *südwärts, stadtwärts.*

2) Stück für Stück ...**weise:** *zentnerweise, eimerweise.*

3) einer Sache wegen ...**halber:** *wegzugshalber; umständehalber,* wegen besonderer Umstände.

D. Zusammensetzbarkeit des Substantivs

1) Substantive können fast unbeschränkt zusammengesetzt werden. Dabei schwankt die Form des ersten Substantivs zwischen Singular, Plural, dem Genitiv Singular und Erweiterung mit Binde-s, meist ohne Sinnunterschied, z. B. *Tagwache, Tagewerk, Tagesanbruch; tagemüde* oder *tagmüde* oder *tagesmüde;* aber (wegen des Sinnes) nur Plural: *tagelang.*

2) Häufig ist die Verbindung von Ableitung und Zusammensetzung im gleichen Wort:

a) bei Substantiven ...**er,** ...**ler:** *der Vierfüß(l)er,* Tier mit vier Füßen (obwohl es *Füß[l]er* nicht gibt).

b) bei Adjektiven ...**ig:** *vierfüßig,* mit vier Füßen (obwohl es *füßig* nicht gibt).

c) bei Verben ...**en:** *anecken,* an eine Ecke stoßen (obwohl es *ecken* nicht gibt); ebenso: *anprangern.*

E. Das Substantiv im Satz, ÜBERS. S 79

Das Substantiv im Satz kann sein

1) Subjekt: *der Tag* ist kurz.

2) Prädikatsnomen: er *ist Redakteur.*

3) adverbiale Bestimmung der Zeit, des Ortes usw., meist mit Präposition: er kam *am Abend;* er wohnt *im Haus.*

4) Attribut: die Arbeit *des Tages.*

5) Objekt: ich schreibe *dem Vater den Brief.*

☙ das Aufspüren von Wild durch Hunde und Jäger. **suchen** [ahd. suochan], *ich suche* (habe gesucht), **1)** *ihn, es, nach ihm,* gebe mir Mühe zu finden, schaue danach aus, forsche nach seinem Verbleib: *wir haben dich überall gesucht; er wird steckbrieflich gesucht; morgen wollen wir Pilze suchen; ich s. eine größere Wohnung; er sucht eine Frau; was suchst du hier?,* U weshalb bist du gekommen? **2)** *es,* wünsche, erstrebe: *ich s. Hilfe, Rat, Streit, Trost.* **3)** *es zu tun,* versuche es, bemühe mich: *ich s. ihm zu helfen.* **Sucher** *der, -s/-,* **1)** Hilfsgerät der Kamera zur Wahl des gewünschten Bildausschnittes, ABB. P 12. **2)** kleines Hilfsfernrohr zum leichteren Auffinden eines Gestirns. **Sucherei** *die, -,* U lästiges, langwieriges Suchen.

Sucht [ahd. suht ›Krankheit‹, ›Seuche‹] *die, -/⁼e,* **1)** nach etwas, leidenschaftliche oder krankhafte Gier: *S. nach Genuß, nach Rauschmitteln; Geltungssucht; Trunksucht; Suchtforschung.* **2)** ⚕ Abhängigkeit von Drogen, Alkohol, Arzneimitteln u. a.: *Suchtkrankheiten.* **3)** ⚕ Leiden, Krankheit, noch in: *Bleichsucht; Gelbsucht; Schwindsucht.* **süchtig,** dem Laster verfallen: *trunksüchtig; rauschgiftsüchtig.* **Süchtigkeit** *die, -.*

suckeln, *ich suck(e)le* (habe gesuckelt) *(es), oberdt., mitteldt., niederdt.:* sauge, schlürfe, lutsche.

Sud [zu sieden] *der, -(e)s/-e,* Abkochung; beim Kochen, Braten gewonnene Flüssigkeit: *Bratensud; Fischsud.*

Süd [ahd. sund], **1)** Abk.: S, P sowie in geograph. und postal.

Angaben für Süden: *aus Nord und S.* **2)** *der, -(e)s/-e,* P Südwind. **Südafrikaner,** *der, -s/-,* **Südafrikanerin** *die, -/-nen,* Bewohner(in) der Rep. Südafrika. **südafrikanisch.**

Sudaner *der, -s/-,* Bewohner des afrikan. Landschaftsraums Sudan. **Sudanese** *der, -n/-n,* Bewohner des afrikan. Staates Sudan. **sudanesisch,** sudanisch.

süddeutsch, den Süden Deutschlands betreffend. **Süddeutsch** *das, -(s), dem -,* süddeutsche Mundarten, ÜBERS. M 24; vgl. Deutsch.

Sudel *die, -s/-,* **1)** *oberdt.:* Pfütze, Unsauberkeit. **2)** *schweiz.:* Entwurf, hastig hingeworfene, erste Niederschrift. **Sudelei** *die, -/-en,* das Sudeln. **sud(e)lig,** gesudelt. **Sudelkoch** *der, -(e)s/⁼e,* schlechter Koch. **sudeln** [mhd. sudeln], *ich sud(e)le* (habe gesudelt), mache schmutzig, arbeite schlecht: *das ist nur so gesudelt.* **Sudelwetter** *das,* Schmutzwetter.

Süden [mhd. sunden, suden, zu ahd. sunt], **1)** Abk.: S, eine Himmelsrichtung, ABB. W 13. **2)** *der, -s,* die dem Polarstern gegenüberliegende Gegend: *der warme S.; im S. Deutschlands; ich reise nach dem S.,* in ein Land am Mittelmeer. **Südfrucht** *die, meist Pl.,* aus subtropischen oder tropischen Ländern stammende Frucht.

Südhaus [zu sieden, Sud] *das,* in Bierbrauereien der Raum für die Herstellung der Würze.

Südländer *der, -s/-,* **Südländerin** *die, -/-nen,* jemand, der aus einem Mittelmeerland stammt. **südländisch. südlich,** in Richtung nach Süden: *südlicher Breite,* Abk.: s(üdl). Br., geograph. Breite südlich des Äquators. **Südlicht** *das, -(e)s,* südl. Polarlicht. **Südost(en)** *der,* Abk.: SO, eine Himmelsrichtung, Abb. W 13. **Südpol** *der, -(e)s,* ⊕ der südl. Schnittpunkt der Umdrehungsachse eines Himmelskörpers mit seiner Oberfläche, Abb. E 8. **Südpolargebiet** *das,* die Antarktis. **Südpunkt** *der,* der in der Südrichtung liegende Punkt des Horizonts. **Südsüdost(en)** *der,* Abk.: SSO, **Südsüdwest(en)** *der,* Abk.: SSW, Himmelsrichtungen, Abb. W 13. **südwärts,** nach Süden zu, in südl. Richtung. **Südwest(en)** *der, -s/-,* Himmelsrichtung, Abb. W 13. **Südwester** *der, -s/-,* wasserdichter Seemannshut.

Suebe *der, -n/-n,* Swebe. **suebisch. Sueve** *der, -n/-n,* Swebe. **suevisch.**

süfer, süfer, *südwestdt.:* **1)** sauber. **2)** sacht, leise.

Suff [zu saufen] *der, -(e)s,* ∪ Trunksucht: *er hat sich dem stillen S. ergeben,* trinkt heimlich. **Süffel** *der, -s/-,* ∪ Säufer. **süffeln,** *ich* süff(e)le (habe gesüffelt) *es,* ∪ trinke genießerisch. **süffig,** mundend, wohlschmeckend (Wein).

Süffisance [syfiz´ãs, frz.] *die, -,* Selbstgefälligkeit, Dünkel. **süffisant,** *ein süffisantes Lächeln.*

Suffix [lat. suffigere ›anheften‹] *das, -es/-e,* ⓢ Nachsilbe, ÜBERS. G 34.

suffizient [lat. sufficere ›darreichen‹, ›genügen‹], $ ausreichend, genügend, tüchtig. **Suffizienz** *die, -,* Hinlänglichkeit, ausreichendes Vermögen.

Suffragan [lat. suffragari ›für jemanden stimmen‹ *der, -s/-e,* kath. Kirche: einem Erzbischof unterstellter Diözesanbischof: *Suffraganbistum.* **Suffragette** [engl., zu lat. suffragium ›Stimmrecht‹] *die, -/-n,* Kämpferin für die politische Gleichberechtigung der Frau.

Suffusion [lat. suffundere ›unterlaufen lassen‹, ›eingießen‹] *die, -,* $ Blutaustritt unter die Haut.

suggerieren [lat. suggerere ›heranbringen‹, ›anraten‹], *ich* suggeriere (habe suggeriert) *es ihm,* rede ihm ein, beeinflusse ihn: *das paßt nicht zu ihm, man muß es ihm suggeriert haben.*

suggestibel, beeinflußbar. **Suggestion** [lat. suggestio ›Eingebung‹] *die, -/-en,* gezielte seel. Beeinflussung, Willensübertragung. **suggestiv,** beeinflussend; verfänglich: *eine suggestive Art der Befragung.* **Suggestivfrage** *die,* Frage, die dem Gefragten eine bestimmte Antwort in den Mund legt.

Suhle *die, -/-n,* Schlammtümpel, in dem sich Rotwild und Schwarzwild wälzen. **suhlen,** *Wild* suhlt *sich* (hat sich gesuhlt), wälzt sich im Schlamm.

Sühne [ahd. suona] *die, -/-n,* $ Buße, Genugtuung, Vergeltung: *Schuld und S.; Sühnegeld; Sühnemaßnahme.* **2)** Versöhnung: *Sühnetermin,* ♫. **sühnen** [ahd. suonen], *ich* sühne (habe gesühnt) *es,* mache ein Unrecht wieder gut, gebe Genugtuung. **Sühneopfer** *das,* Opfer zur Versöhnung der Götter. **Sühneversuch** *der,* ♫ Versuch, einen Rechtsstreit straf- oder zivilrechtlicher Art gütlich beizulegen.

Suicid *der* oder *das, -(e)s/-e,* Suizid.

sui generis [lat.], durch sich selbst eine Klasse bildend, von eigener Art.

Suite [swit, frz. ›Folge‹, zu lat. sequi ›folgen‹] *die, -/-n* [-ən], **1)** Gefolge eines Fürsten. **2)** ♪ ein Instrumentalstück aus einer Folge von Tanzstücken: *Ballettsuite.* **3)** Zimmerflucht, z. B. in großen Hotels. **4)** ♂ mutwilliger Streich.

Suizid [frz. suicide, aus lat. sui ›seiner Person‹ und caedere ›töten‹] *der* oder *das, -(e)s/-e,* Selbstmord. **suizidal,** selbstmörderisch. **Suizident** *der, -en/-en,* Selbstmörder.

Sujet [syʒ´e, frz., vgl. Subjekt] *das, -s/-s,* Gegenstand einer Dichtung, Stoff, Thema.

Sukkade [mfrz. succade, zu sucre ›Zucker‹] *die, -/-n,* kandierte Schale von Früchten.

Sukkubus [lat. succumbere ›darunterliegen‹] *der, -/Sukk'uben,* im Aberglauben des MA. ein weibl. Buhldämon.

sukkulent [lat. suculentus, zu sucus ›Saft‹], saftreich, strotzend. **Sukkulente** *die, -/-n,* wasserspeichernde Pflanze. **Sukkulenz** *die, -,* ⊕ Saftfülle.

Sukkurs [lat. succurrere ›zu Hilfe eilen‹] *der, -es/-e,* Hilfe, Unterstützung.

Sukzession [lat. successio, zu succedere ›nachfolgen‹] *die, -/-en,* Aufeinanderfolge; Rechtsnachfolge, Thronfolge. **sukzessiv, 1)** allmählich eintretend. **2)** sukzessive. **sukzessive,** nach und nach: *die Rationalisierung sollen s. verwirklicht werden.* **Sukzessor** *der, -s/ . . .s´oren,* Rechtsnachfolger.

Sulf . . . [lat. sulfur ›Schwefel‹], auch Sulfo . . ., Sulfon . . ., in Zusammensetzungen chem. Bez. für Schwefelverbindungen.

Sulfat *das, -(e)s/-e,* Salz und Ester der Schwefelsäure. **Sulfid** *das, -(e)s/-e,* Verbindung des Schwefels mit anderen Elementen und organ. Radikalen, vor allem Salz der Schwefelwasserstoffsäure. **sulfidisch. Sulfit** *das, -s/-e,* Salz und Ester der schwefligen Säure.

Sülfmeister *der,* **1)** ♂ Besitzer oder Aufseher einer Saline. **2)** *niederdt.:* Pfuscher.

Sulfo . . ., Sulfon . . ., vgl. Sulf . . . **Sulfon|amid** [vgl. Amid] *das, -s/-e,* $ ein Arzneimittel gegen Infektionen.

Sulfur [lat. sulfur] *das, -s,* der Schwefel.

Sulky [auch engl. s´ʌlki] *der* oder *das, -s/-s,* leichter zweirädriger Einspänner, bes. für Trabrennen.

Süll *der* oder *das, -(e)s/-e,* **1)** *niederdt.:* Türschwelle. **2)** ♄ Einfassung einer Luke. **Süllbord** *der,* **Süllrand** *der,* ♄ Einfassung der Plicht, Abb. F 5.

Sulper *der, -s,* Solper.

Sultan [arab., eigtl. ›Herrschaft‹, ›Macht‹] *der, -s/-e,* Herrschertitel im islam. Orient. **Sultanat** *das, -(e)s/-e,* Herrschaftsgebiet eines Sultans. **Sultanine** *die, -/-n,* gelbe große, kernlose Rosine.

Sulz [ahd. sulza] *die, -/-en, oberdt.:* Sülze. **Sulze** *die, -/-n, oberdt.:* Sülze. **Sülze** *die, -/-n,* **1)** Fleisch- oder Fischstücke in einer Gallertmasse, ABB. F 26: *Sülzkotelett.* **2)** Sole, Salzwerk. **3)** Salzlecke für Vieh und Wild. **sulzen** [mhd. sulzen], *ich* sulze (habe gesulzt), *oberdt.:* sülze. **sülzen** [mhd. sülzen], *ich* sülze (habe gesülzt), **1)** gebe dem Wild Salz. **2)** bereite Sülze. **Sülzmilch** *die, mitteldt.:* dicke, saure Milch. **Sülzwurst** *die,* Wurst aus Schweinskopf, Eisbein und gekochten Schwarten.

Sumach [mhd. sumach, aus arab.] *der, -s/-e,* eine Nutzpflanze.

summ, Schallwort für das Geräusch fliegender Insekten, vor allem Bienen: *summ, summ!*

Summa [lat. ›höchste Stelle‹] *die, -/. . .men,* **1)** Abk.: Sa., ♂ Summe. **2)** zusammenfassende Darstellung eines Wissenszweiges. **summa cum laude** [lat. ›mit höchstem Lob‹], höchstes Prädikat bei der Doktorprüfung. **Summand** *der, -en/-en,* Zahl, die zu einer anderen hinzugezählt werden soll, ÜBERS. R 11. **summarisch, 1)** abgekürzt, zusammenfassend: *die summarische Darstellung eines Themas.* **2)** ∪ oberflächlich: *du darfst diesen Menschen nicht so s. abqualifizieren.* **summa summarum** [lat.], alles in allem. **Summation** *die, -/-en,* Bildung einer Summe. **Sümmchen** *das, -s/-,* ∪ eine beträchtliche Summe: *dafür habe ich ein hübsches S. hingeblättert.* **Summe** [mhd. summe] *die, -/-n,* **1)** Gesamtzahl, Ergebnis einer Addition, ÜBERS. R 11. **2)** Geldbetrag: *eine S. von 4 000 Mark.* **3)** ∪ Gesamtheit, das Ganze: *die S. der Erkenntnisse, unserer Bemühungen.*

summen [mhd. summen, Schallw.], *ich* summe (habe gesummt), **1)** *(es),* singe leise vor mich hin. **2)** Insekten summen, fliegen hörbar.

Summenformel *die,* ⌐ Formel, die Art und Anzahl der am Aufbau eines Moleküls beteiligten Atome angibt.

Summer [zu summen] *der, -s/-,* Signalgerät mit Summton: *Summerzeichen.*

summieren [zu Summe] *ich* summiere (habe summiert), **1)** *es,* zähle zusammen. **2)** *es summiert sich,* wächst an, wird immer mehr, häuft sich. **Summum bonum** [lat.] *das, - -,* das höchste Gut.

Sumpf [ahd. sunft, verwandt mit Schwamm] *der, -(e)s/$ᵘe,* **1)** ständig stark mit Wasser durchtränkter Boden: *Sumpfland;* Sinnbild des Schlechten, *im S. der Großstadt,* ∪. **2)** ⚒ der Ort, an dem Grubenwässer gesammelt und von dem sie abgepumpt werden. **Sumpfdotterblume** *die,* ein Hahnenfußgewächs. **sumpfen,** *ich* sumpfe (habe gesumpft), ∪ lebe unsolide, zeche die Nacht durch. **sümpfen** *ich* sümpfe (habe gesümpft), **1)** *ein Bergwerk,* entwässere. **2)** *Töpfermasse,* knete. **Sumpf|erz** *das,* Raseneisenerz, geringwertiges Brauneisen. **Sumpffieber** *das,* $ Malaria. **Sumpfhuhn** *das,* **1)** eine Ralle. **2)** *jemand,* der gern (nächtlich) zecht. **sumpfig,** dauernd schlammig, morastig.

Sums [zu summen] *der, -es,* ∪ viel Aufhebens, Umstände, leeres Gerede: *mach keinen S.!*

Sund [niederdt.] *der, -(e)s/-e,* Meerenge, Meeresstraße: *Öresund.*

Sünde [ahd. sunta] *die, -/-n,* **1)** Religion: jede Störung des Verhältnisses zu Gott: *Sündenbekenntnis; er hat eine schwere S. auf sich geladen; läßliche S.,* nicht beabsichtigtes Vergehen (im Unterschied zur Todsünde). **2)** Verstoß, Unrecht. **Sündenbock** *der,* ∪ derjenige, dem man alle Schuld zuschiebt. **Sündenfall** *der, -(e)s,* ℬ die erste, von Adam und Eva durch

Übertretung des göttl. Gebots begangene Sünde. **Sündengeld** *das: das kostet ein S.,* U sehr viel. **sünd(en)los,** ohne Sünde. **Sünd(en)losigkeit** *die, -.* **Sündenregister** *das,* U die Vergehen eines Menschen: *ich halte ihm sein S. vor.* **Sünder** *der, -s/-,* **Sünderin** *die, -/-nen: wir sind alle Sünder.* **Sündflut** *die, -,* volkstüml. Umdeutung von Sintflut. **sündhaft, 1)** auch sündig, schuldbeladen, sündenbefleckt; gegen die Sitte verstoßend. **2)** U sehr, viel: *das ist s. teuer.* **Sündhaftigkeit** *die, -.* **sündig,** sündhaft, schuldbeladen. **sündigen** [mhd. sündigen], *ich sündige* (habe gesündigt) *gegen ihn, gegen etwas,* begehe eine Sünde, verstoße gegen etwas. **sündlos,** sündenlos.

Sunge *die, -/-n,* schweiz.: Ohrfeige.

Sunk *der, -(e)s: S.* und Schwall, plötzliche Senkungen oder Hebungen des Wasserspiegels, bes. im Kraftwerksbetrieb.

Sunnit [arab.] *der, -en/-en,* Anhänger einer der beiden Hauptkonfessionen des Islams.

super [lat. ›oben darauf‹, ›darüber‹, ›über‹], Ü großartig, hervorragend: *der Film war s.* **Super, 1)** *der, -s/-,* kurz für: Superheterodyn-Empfänger. **2)** *das, -s,* kurz für: Superbenzin. **super...** [lat.], über..., ober..., äußerst; Ü besonders, großartig, hervorragend: *supermodern; superschlau; superschnell; Supermacht; Superstar.*

superb, süperb [frz. superbe], vorzüglich, prächtig.

Superbenzin *das,* kurz auch Super, Benzin mit hoher Oktanzahl.

Superfekundation [vgl. super ... und lat. fecundus ›fruchtbar‹] *die, -/-en,* ⚕ Überschwängerung. **Superfetation** [vgl. Fetus] *die, -/-en,* ⚕ Überfruchtung.

Superhet *der, -s/-s,* kurz für: Superheterodyn-Empfänger.

Superheterodyn-Empfänger [vgl. super ..., grch. heteros ›verschieden‹ und Dynamik] *der,* kurz auch Super, Superhet, ((ŋ)) ein Rundfunk-Übertragungsempfänger mit hoher Trennschärfe.

Super|ikono|skop [vgl. super ... und Ikonoskop] *das,* Bildspeicherröhre, Fernsehaufnahmeröhre, entwickelt aus dem Ikonoskop.

Super|intendent [kirchenlat. superintendens, zu superintendere ›beaufsichtigen‹] *der, -en/-en,* evang. Geistlicher, der einen Kirchenkreis verwaltet. **Super|intendentur** *die, -/-en,* Amtsbereich und Amtsräume eines Superintendenten.

Superior [lat. ›höher‹] *der, -s/...ri'oren,* kath. Kirche: der kirchl. Obere, bes. der Klosterobere. **Superiorität** *die, -,* Überlegenheit, Übergewicht.

Superkargo [vgl. super... und Kargo] *der,* 𖤓 bevollmächtigter Begleiter einer Schiffsfracht.

Superlativ [lat. gradus superlativus ›höchste Stufe‹] *der, -s/-e,* **1)** Ⓢ Steigerungsstufe, ÜBERS. A 4, G 34. **2)** Ü übersteigertes Lob, übertriebene Wertung: *dieser Film wird in Superlativen gepriesen.* **superlativisch** [auch -t'i:-].

Supermarkt *der,* großes Selbstbedienungs(lebensmittel)-geschäft.

Supernaturalismus *der,* Supranaturalismus. **supernaturalistisch,** supranaturalistisch.

Supernova *die,* ✰ bes. helle Nova.

Super|orthikon *das,* Bildspeicherröhre, Fernsehaufnahmeröhre, entwickelt aus dem Orthikon.

Superphosphat *das,* ein Düngemittel.

Superstition [frz., zu lat. superstitio] *die, -,* der Aberglaube. **superstitiös.**

Super|strat [lat. supersternere ›darüberbreiten‹] *das, -(e)s/-e,* die Sprache der eine Vorbevölkerung überlagernden Schicht von Einwanderern oder Eroberern.

Supination [lat. supinare ›rückwärts beugen‹] *die, -/-en,* ⚕ Auswärtsdrehung einer Gliedmaße.

Supinum [lat.] *das, -s/...na,* latein. Grammatik: erstarrte Form eines Verbalnomens.

Süppchen *das, -s/-.* **Suppe** [mnd. suppe, verwandt mit supen ›saufen‹, ›mit dem Löffel essen‹] *die, -/-n,* flüssige, meist warme Speise: *Hühnersuppe; Tomatensuppe; Suppenfleisch; Suppengrün; Suppenhuhn; Suppenschüssel,* ABB. E 10; *Suppentopf; er hat ihm die S. versalzen,* U seine Pläne durchkreuzt; *sie findet immer ein Haar in der S.,* U etwas auszusetzen; *der hat uns eine schöne S. eingebrockt!,* U eine unangenehme Sache.

Suppenkasper *der,* U ein Kind, das schlecht ißt (nach dem ›Struwwelpeter‹). **Suppenwürfel** *der,* kochfertiger, wasserlösl. Suppenextrakt in Würfelform. **suppig,** flüssig wie Suppe, dünnbreiig.

Sup|pleant [frz. suppléant, zu lat. supplere ›ergänzen‹] *der, -en/-en,* schweiz.: Gerichtsbeisitzer; Stellvertreter.

Süpplein *das, -s/-,* Diminutiv zu Suppe.

Sup|plement [frz. supplément, zu lat. supplere ›ergänzen‹] *das, -(e)s/-e,* Ergänzung, z. B. Nachtrag zu einem Werk: *Supplementband.* **Sup|plementwinkel** *der,* △ Winkel, der einen anderen Winkel zu 180° ergänzt. **Sup|plent** *der, -en/-en,* österr.: Hilfslehrer.

Sup|plik [ital. supplica, zu lat. supplicare ›anflehen‹] *die, -/-en,* ⚘ Bittschrift. **Sup|plikant** *der, -en/-en,* ⚘ Bittsteller. **sup|plizieren,** *ich* suppliziere (habe suppliziert), ⚘.

supponieren [lat. supponere ›darunterlegen‹], *ich* supponiere (habe supponiert) *es,* setze voraus, unterstelle.

Support [lat. supportare ›herbeitragen‹] *der, -(e)s/-e,* Werkzeugträger, z. B. an der Drehbank. **Supporter** *der, -s/-,* schweiz.: Gönner eines Vereins.

Supposition [zu supponieren] *die, -/-en,* Voraussetzung, Unterstellung. **Suppositorium** *das, -s/...ri|en,* ⚕ Zäpfchen, eine Arzneiform. **Suppositum** *das, -s/...ta,* ⚘ Annahme, Voraussetzung.

Sup|pression [lat. suppressio, zu supprimere ›unterdrücken‹] *die, -/-en,* Unterdrückung, Zurückdrängung. **sup|pressiv,** unterdrückend, zurückdrängend. **sup|primieren,** *ich* supprimiere (habe supprimiert) *es.*

Suppuration [lat. suppurare ›eitern‹, zu pus ›Eiter‹] *die, -/-en,* ⚕ Eiterung.

su|pra... [lat.], ober..., über...

Su|praflüssigkeit *die,* Tieftemperaturform des Heliums.

su|praleitend. Su|praleiter, *Pl.,* eine Gruppe von supraleitenden Metallen, Legierungen und Halbleitern. **Supraleitung** *die,* die Eigenschaft der Supraleiter, unterhalb einer bestimmten Temperatur elektr. Gleichstrom verlustfrei zu leiten.

Su|prama|gnetismus *der,* der durch eine supraleitende Spule erzeugte Magnetismus.

su|pranational, übernational, überstaatlich.

Su|pranaturalismus *der,* auch Supernaturalismus, der Glaube an Übernatürliches, bes. Offenbarungsglaube. **supranaturalistisch,** auch supernaturalistisch.

Su|premat [lat. supremus ›der oberste‹, ›höchste‹] *der* oder *das, -(e)s/-e,* Obergewalt, bes. die päpstliche über die Bischöfe: *Suprematseid.* **Su|prematie** [frz.] *die, -/...t'i|en,* Oberherrschaft.

Sur *die, -,* oberdt.: Salzwasser.

Sure [arab.] *die, -/-n,* Kapitel des Korans.

Surfbrett [s'ə:f-, engl. surf ›Brandung‹] *das,* Brett zum Surfen. **surfen** [s'ə:fən, engl.], *ich* surfe (bin gesurft). **Surfing** [s'ə:fiŋ, engl.] *das, -s,* das Wellenreiten auf einem Brett.

Surfleisch *das,* oberdt.: Pökelfleisch.

Surplus [s'ə:pləs, amerikan., zu frz. surplus] *das, -/-,* Überschuß, Rest, Mehrertrag, Gewinn.

Surrealismus [auch syr-, frz. sur ›über‹ und Realismus] *der,* Richtung in der Literatur und Malerei, die eine Darstellung des Überwirklichen, Unbewußten, Traumhaften erstrebt. **Surrealist** [auch syr-] *der,* Anhänger des Surrealismus. **surrealistisch.**

surren [Schallw.], *es* surrt (hat gesurrt), zittert, summt.

Surrogat [lat. surrogare ›nachwählen lassen‹, ›ersetzen‹] *das, -(e)s/-e,* Ersatz(stoff). **Surrogation** *die, -/-en,* ᛞ Ersatz, Ersatzanspruch.

sursum corda [lat. ›empor die Herzen‹], latein. Liturgie: der Anfang der Präfation.

Susanna, Susanne [hebr. ›Lilie‹], weibl. Vornamen. **Suse, 1)** Kurzform von Susanna, Susanne. **2)** *die, -/-n,* U langsamer, träger, schläfriger Mensch. **Susi,** Kurzform von Susanna, Susanne.

Susine [ital. susina] *die, -/-n,* eine Pflaume.

su|spekt [lat. suspectus, zu suspicere ›emporblicken‹, ›beargwöhnen‹], verdächtig: *eine suspekte Person; diese Angelegenheit ist mir s.*

suspendieren [lat. suspendere ›aufhängen‹, ›schweben machen‹], *ich* suspendiere (habe suspendiert) **1)** *es,* lasse in der Schwebe, schiebe auf, setze außer Wirksamkeit. **2)** *ihn,* enthebe zeitweilig des Amtes: *er wurde für die Dauer des Gerichtsverfahrens suspendiert.* **3)** *es,* 🜁 verteile in einer Flüssigkeit: *in Wasser suspendierter Ton.* **Suspension** [frz., zu lat. suspensio] *die, -/-en,* **1)** zeitweilige Aufhebung, Dienstenthebung. **2)** 🜁 Aufschwemmung kleiner fester Teilchen in einer Flüssigkeit. **suspensiv,** aufschiebend: *Suspensiveffekt.* **Suspensorium** [lat.] *das, -s/...ri|en,* ⚕ Tragbeutel, bes. für den Hodensack.

süß [ahd. suozi], **1)** im Geschmack wie Zucker, Honig; nicht sauer oder bitter: *süßes Gebäck.* **2)** Ü angenehm, lieblich: *in*

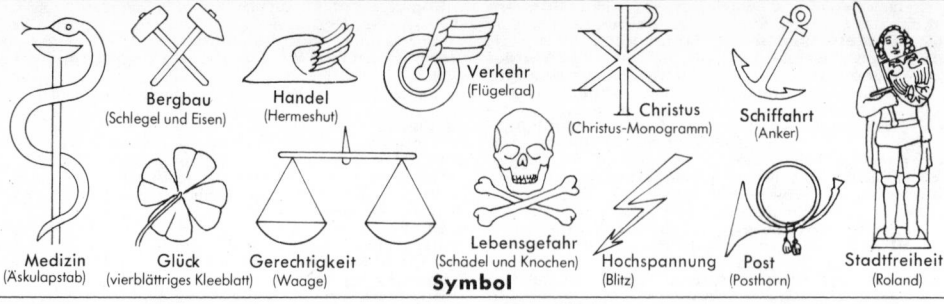

Bergbau (Schlegel und Eisen) · Handel (Hermeshut) · Verkehr (Flügelrad) · Christus (Christus-Monogramm) · Schiffahrt (Anker) · Medizin (Äskulapstab) · Glück (vierblättriges Kleeblatt) · Gerechtigkeit (Waage) · Lebensgefahr (Schädel und Knochen) · Hochspannung (Blitz) · Post (Posthorn) · Stadtfreiheit (Roland)

Symbol

süßen Träumen; das süße Leben. **3)** U reizend, entzückend: *ein süßes Bild, Kleid, Mädchen.* **Süße** *die, -.* **süßen** [ahd. suozen], *ich süße* (habe gesüßt) *es,* mache süß, zuckere: *ein leicht gesüßtes Getränk.* **Süßholz** *das,* **1)** ein Schmetterlingsblüter. **2)** Wurzel und Kraut des Stragels: *Wildes S.; er raspelt S., ist ein Süßholzraspler,* U will sich einschmeicheln. **Süßigkeit** *die, -/-en,* **1)** ohne Pl., Süße. **2)** meist Pl., auch Süßwaren, Schokolade, Marzipan, Pralinen, Bonbons, Zuckerwaren, süße Backwaren u. a. **Süßkartoffel** *die,* Batate. **süßlich, 1)** leicht süß: *es schmeckt s.* **2)** widerlich süß: *das Fleisch hat einen süßlichen Beigeschmack.* **3)** U unangenehm gefühlvoll: *ein süßliches Bild; ein süßlicher Mensch.* **Süßlichkeit** *die, -.* **Süßmost** *der,* alkoholfreier, meist pasteurisierter oder keimfrei filtrierter Saft aus frischem Obst, z. B. Apfelsaft. **süßsauer,** süß und sauer zugleich, auch Ü. **Süßspeise** *die,* Nachtisch, z. B. Pudding, Kompott. **Süßstoff** *der,* synthetische organ. Verbindung mit hoher Süßkraft, aber ohne Nährwert, z. B. Saccharin. **Süßwaren,** *Pl.,* Süßigkeiten. **Süßwasser** *das,* Wasser der Flüsse und Seen im Gegensatz zum salzigen Meerwasser: *Süßwasserfische.*

Suszeptanz *die, -/-en,* ⚡ der Blindleitwert, Kehrwert der Reaktanz. **suszeptibel** [lat. suscipere ›aufnehmen‹], ⚡ empfänglich. **Suszeptibilität** *die, -,* **1)** ⚡ Empfänglichkeit. **2)** *elektrische S.,* das Maß für die dielektrische Polarisierbarkeit eines Stoffes. **3)** *magnetische S.,* spezifische Größe der Magnetisierbarkeit.

Sutane *die, -/-n,* Soutane.

Sutasch *der, -/-,* Soutache.

Suter [mhd. suter, zu lat. sutor] *der, -s/-, alem.:* ⚡ Schuster.

sutje, *niederdt.:* langsam, sacht.

süttig [mhd. sütic], *schweiz.:* **1)** siedend heiß. **2)** zornig.

suum cuique [lat.], jedem das Seine.

Suzel *der, -s/-, bair.:* Schnuller. **suzeln,** *ich* suz(e)le (habe gesuzelt), *bair.:* sauge.

suzerän [frz. suzerain, vgl. Souverän], oberherrschaftlich. **Suzerän** *der, -s/-e,* Staat, der die Suzeränität ausübt. **Suzeränität** *die, -,* Oberherrschaft eines Staates über einen halbsouveränen anderen.

s. v., Abk. für: **1)** sub voce. **2)** sotto voce. **3)** salva venia.

SV, Abk. für: Sportverein.

Sven [altnord. ›junger Krieger‹, auch Swen, männl. Vorname.

s. v. v., Abk. für: sit venia verbo.

svw., Abk. für: soviel wie.

SW, Abk. für: Südwest(en), ABB. W 13.

Swapgeschäft [sw'ɔp-, engl. to swap ›(um)tauschen‹], Devisenaustauschgeschäft.

Swastika [Sanskrit] *die, -/...ken,* altind. Name für das Hakenkreuz.

Sweater [sw'ɛtər, engl. to sweat ›schwitzen‹] *der, -s/-,* Pullover. **Sweatshirt** [sw'ɛtʃəːt, engl. shirt ›Hemd‹] *das, -s/-s,* weiter (Baumwoll)pullover.

Swebe *der, -n/-n,* auch Suebe, Sueve, Angehöriger einer german. Stammesgruppe. **swebisch,** auch suebisch, suevisch.

Swen [Nebenform von Sven], männl. Vorname.

Swimming-pool [sw'imiŋ puːl, engl.] *der, -s/-s,* Schwimmbecken.

Swinigel *der, niederdt.:* Stachelschwein, Igel.

Swing [sw, *der, -(s)/-s,* **1)** die schwingende rhythmische Qualität der Jazzmelodik. **2)** Kreditgrenze bei zwischenstaatlichen Handelsverträgen. **swingen** [engl. to swing ›schwingen‹], *ich* swinge (habe geswingt), tanze Swing.

Sybarit [nach der altgriech. Stadt Sybaris in Süditalien] *der, -en/-en,* U 🍴 Schlemmer, Genießer. **sybaritisch.**

Sybille, häufige Schreibung von Sibylle.

Syenit [grch. Syenites, nach Syene, dem griech. Namen der ägypt. Stadt Assuan] *der, -s/-e,* ein granitähnl. Tiefengestein.

Sykomore [grch. sykon ›Feige‹ und moron ›Brombeere‹] *die, -/-n,* Name verschiedener Pflanzen, z. B. Zedrachbaum.

Sykophant [grch. sykophantes, eigtl. ›Feigenanzeiger‹] *der, -en/-en,* verleumderischer Ankläger. **sykophantisch.**

syl. . . [Nebenform von syn. . .], mit. . ., zusammen. . .

syllabisch [grch. syllaba ›Silbe‹], ⚡ silbenweise. **Syllabus** *der, -/-* oder . . .bi, ein Verzeichnis von Irrtümern, vor denen die kath. Kirche warnt.

Syllogismus [grch. syllogismos, von syllogizein ›folgern‹ und vgl. . . .ismus] *der, -/. . .men,* der logische Schluß vom Allgemeinen auf das Besondere. **syllogistisch.**

Sylphe [Neubildung des Paracelsus, 1493–1541], **1)** *der, -n/-n,* männl. Luftgeist. **2)** *der, -n,* Sylphide. **Sylphide** *die, -/-n,* **1)** weibl. Luftgeist. **2)** U zartes weibl. Wesen.

Sylvester *das, -s/-,* Silvester.

Sylvia, häufige Schreibung von Silvia.

Sylvin [nach F. Sylvius De La Boe, 1614–1672] *das, -s/-e,* ein Kalisalz.

sym. . . [Nebenform von syn. . .], mit. . ., zusammen. . .

Symbiont [grch. symbioun ›zusammenleben‹] *der, -en/-en,* Partner einer Symbiose. **Symbiose** [grch. symbiosis] *die, -/-n,* das Zusammenleben zweier verschiedenartiger Lebewesen zu gegenseitigem Nutzen. **symbiotisch.**

Symbol [lat. symbolum, grch. symbolon ›Kennzeichen‹, zu symballein ›zusammenwerfen‹] *das, -s/-e,* **1)** Sinnbild, Zeichen, Gleichnis, ABB. S 78: *Symbolkraft; symbolträchtig; die Waage als S. der Gerechtigkeit.* **2)** Zeichen für eine Rechenanweisung oder eine physikalische Größe. **Symbolik** *die, -,* **1)** sinnbildl. Darstellung. **2)** die Wissenschaft von den Symbolen. **3)** die Lehre von den verschiedenen christl. Bekenntnissen. **symbolisch,** sinnbildlich, gleichnishaft. **symbolisieren,** *ich* symbolisiere (habe symbolisiert) *es,* stelle sinnbildlich dar. **Symbolisierung** *die, -/-en.* **Symbolismus** [vgl. . . .ismus] *der, -,* eine literar. Strömung um 1900. **Symbolist** *der, -en/-en,* Anhänger des Symbolismus. **symbolistisch.** **Symbolum** *das, -s/. . .la,* Glaubensbekenntnis.

Symmetrie [grch. symmetria, vgl. syn. . . und grch. metron ›Maß‹] *die, -/. . .tri'en,* **1)** Ebenmäßigkeit, Gleichförmigkeit. **2)** △ Spiegelungsgleichheit: *Symmetrieachse; Symmetrieebene.* **symmetrisch,** symmetrische Figuren, △.

sympathetisch, 1) mit geheimnisvollen Kräften: *sympathetische Kur,* Heilung durch Besprechen; *sympathetische Tinte,* unsichtbare Geheimtinte. **2)** ⚡ mitfühlend. **Sympathie** [grch. sympatheia, zu sympathes ›mitleidend‹] *die, -/. . .th'i'en,* Mitgefühl, Neigung, Wohlwollen: *Sympathiekundgebung; ich habe S. für ihn.* **Sympathikus** *der, -, $* Teil des vegetativen Nervensystems. **Sympathisant** *der, -en/-en,* jemand, der mit jemandem oder etwas sympathisiert: *außer den Mitgliedern nahmen auch viele Sympathisanten an der Versammlung teil.* **sympathisch, 1)** angenehm, zusagend: *ein sympathischer Mensch; ich finde ihn ausgesprochen s.; sein Vorschlag ist mir (nicht) s.* **2)** $ den Sympathikus betreffend. **sympathisieren,** *ich* sympathisiere (habe sympathisiert) *mit ihm,* stimme mit ihm überein, bin ihm zugeneigt.

Symphonie [grch. symphonia ›Einklang‹, zu phone ›Klang‹] *die, -/. . .n'i'en,* Sinfonie. **Symphoniker** *der, -s/-,* Sinfoniker. **symphonisch,** sinfonisch.

Syntax

Aufbau des Satzes und seiner Bestandteile

Man unterscheidet den **eingliedrigen Satz:** *lies!*, den **zweigliedrigen Satz:** *der Schüler liest* und den **mehrgliedrigen Satz:** *der Schüler liest ein Buch.* Nach dem Inhalt unterscheidet man vier Hauptarten: **Aussage-** oder **Behauptungssätze:** *er liest,* **Aufforderungssätze** (Wunsch- oder Befehlssätze): *lies doch endlich!*, **Ausrufesätze:** *wie schön hat er gelesen!* und **Fragesätze:** *hast du schon gelesen?*

Bestandteile des Satzes

Der zweigliedrige Satz besteht aus Subjekt und Prädikat.

Das **Subjekt** besteht aus einem Substantiv oder einem Pronomen oder dem Infinitiv; es steht immer im Nominativ: *der Schüler* liest: *er* liest; *Lesen* will gelernt sein.

Das **Prädikat** kann bestehen aus einem Verb: der Sturm *heult,* aus Adjektiv + Hilfsverb: der Knabe *ist faul,* aus Substantiv + Hilfsverb: dieser Mann *ist Schlosser,* aus Adverb + Hilfsverb: der Vogel *ist fort.*

Zu diesen Grundbestandteilen des Satzes können noch weitere Glieder kommen:

Das **Objekt** bestimmt das Prädikat näher. Es besteht aus einem Substantiv oder einem Pronomen im Akkusativ (Akkusativobjekt): ich schreibe *einen Brief (ihn),* Substantiv oder Pronomem im Dativ (Dativobjekt): ich schreibe *dem Vater (ihm),* Substantiv oder Pronomen im Genitiv (Genitivobjekt): ich gedenke *des Vaters (seiner)* oder aus einem Substantiv oder Pronomen mit Präposition (Präpositionalobjekt): ich schreibe *an den Vater (an ihn),* ich rechne *mit meinem Vater (mit ihm).*

Das **Attribut** bestimmt ein Substantiv, ein Adjektiv oder ein Adverb näher.

1) Das Attribut zum Substantiv oder Pronomen besteht aus einem Adjektiv: der *alte* Mann, einem Personalpronomen: *mein* Vater, einem Adverb: das Haus *dort,* dem Infinitiv mit zu: die Gefahr *zu widersprechen,* einem Substantiv im Genitiv: der Brief *meines Vaters,* einem Substantiv mit Präposition: ein Brief *vom Vater* oder einem Substantiv im gleichen Kasus wie das näher bestimmte: mein Freund *Karl.* Die letzte Möglichkeit nennt man **Apposition.** Wird die Apposition nachgestellt, schließt man sie in Kommas ein: Karl, *mein Freund,* war es.

2) Das Attribut zum Adjektiv besteht aus einem unflektierten Adjektiv: die *hervorragend* klangtreue Wiedergabe, einem Adverb: die *sehr* gute Interpretation, einem mit *wie* oder *als* verbundenen Wort: er arbeitet mehr *als du* oder einem Substantiv mit Präposition: es liegt nahe *am Ufer.*

Arten und Gruppen des Satzes

Der **einfache Satz, Hauptsatz:** *der Schüler liest (ein Buch).*

Die **Parataxe** (Satzreihe) besteht aus gleichwertig aneinandergereihten Hauptsätzen, entweder unverbunden: *ich kam, ich sah, ich siegte;* oder verbunden durch Konjunktion (koordinierende Konjunktion): *ich spielte, und er arbeitete; ich konnte nicht kommen, denn ich war krank.*

Die **Hypotaxe** (das Satzgefüge) besteht aus **Hauptsatz** und einem oder mehreren untergeordneten **Nebensätzen.**

An Nebensätzen unterscheidet man nach der Art der Verknüpfung:

Relativsätze (Bezugssätze): . . . den Mann, *den du kennst.*

Interrogativsätze (durch Fragewort verbunden): sage mir, *was du meinst.*

Konjunktionalsätze, durch unterordnende Konjunktionen verbunden (Beispiele vgl. Adverbialsätze).

Als Satzteile in der Hypotaxe sind die Nebensätze eingeteilt in

Subjektsätze: *wer nicht hören will,* muß fühlen;

Prädikatsätze: du weißt, *was er ist;*

Attributsätze: der Mann, *der die Frau rettete,* wurde belohnt;

Objektsätze: ich weiß, *was du gesagt hast;*

Adverbialsätze: er fehlte, *weil er krank war.*

Die **Adverbialsätze** kann man einteilen in

Lokalsätze mit *wo, wohin* u. a.: *wo du dich glücklich fühlst,* kannst du bleiben;

Temporalsätze mit *als, da, während, solange, bevor, ehe* u. a.: ich war da, *ehe er kam;*

Kausalsätze mit *weil, da:* ich ging, *weil er nicht erschien;*

Konsekutivsätze mit *daß, so daß:* das Wetter war so schlecht, *daß wir zu Hause bleiben mußten;*

Finalsätze mit *daß, damit, auf daß:* er arbeitet sehr, *damit er seine Familie ernähren kann;*

Konditionalsätze mit *wenn, falls, sofern: falls du kommst,* laß es mich wissen;

Konzessivsätze mit *obgleich, wenngleich, wie auch, wenn auch:* er ist von Natur gut, *wenn er auch zuweilen anders zu sein scheint;*

Modalsätze mit *indem, soweit, soviel, ohne daß* u. a.: er ging, *ohne daß er sich verabschiedete.*

Komparativsätze mit *wie, als, als ob: wie du säst,* so erntest du.

Wortstellung. Das Verb ändert seine Stellung innerhalb des Satzes. Es gibt dafür drei Hauptstellungen: **Zweit**stellung (im einfachen Prädikatsatz): der Wagen *läuft* gut; nach Hause *geht* die Fahrt; **Spitzen**stellung (im Fragesatz, Wunschsatz und im Hauptsatz nach untergeordnetem Nebensatz): was du gesagt hast, *weiß* ich; **End**stellung (im Nebensatz): ich lobe dich, weil du mir *hilfst.*

Sonst ist die deutsche Wortstellung oft frei. Satzton und Wortbetonung spielen eine große Rolle für die Wortfolge: *ihm* habe ich das Geld gegeben; das *Geld* habe ich ihm gegeben; ich habe ihm das Geld *gegeben;* ich habe ihm das Geld gegeben.

Symposion [grch., zu *sympinein* ›zusammen trinken‹], **Symposium** *das, -s/. . .si|en,* **1)** altgriech. Trinkgelage. **2)** Tagung von Fachgelehrten.

Sym|ptom [grch. *symptoma* ›Zufall‹, ›Eigenschaft‹] *das, -s/-e,* Anzeichen, Merkmal, Krankheitszeichen: *Symptome einer Krankheit.* **sym|ptomatisch.**

syn. . . [grch.], mit . . ., zusammen. . .

Syn|agoge [mhd. sinagoge, aus grch., zu *synagein* ›zusammenführen‹] *die, -/-n,* Versammlungsort und -gebäude der jüdischen Gemeinde, auch die Gemeinde selbst, das jüd. Gottesdienstgebäude, auch Ort profaner Versammlungen.

Syn|an|thropie [vgl. syn. . . und anthropo. . .] *die, -/. . .p'i|en,* die Anpassung wildlebender Pflanzen und Tiere an die Lebensräume der Menschen.

Syn|apse [grch. *synapsis* ›Verbindung‹] *die, -/-n,* **1)** Genetik: paarweises Auftreten von Chromosomen während der Zell- oder Kernteilung. **2)** ✷ Übertragungsstelle für eine Erregung von einem Neuron auf ein anderes oder auf ein Organ.

Syn|ärese [grch. *synairein* ›zusammenfassen‹] *die, -/-n,* Synizese.

Syn|äs|thesie [grch. synaisthesis ›Mitempfindung‹] *die, -/. . .s'i|en,* das gleichzeitige Erleben von Sinneseindrücken verschiedener Sinnesgebiete bei Reizung von nur einem Sinnesorgan (z. B. Farbenhören). **syn|äs|thetisch,** *synästhetische Sinneswahrnehmungen.*

Synchorologie [vgl. syn. . ., grch. choros ›Ort‹, ›Landschaft‹ und vgl. . . .logie] *die, -,* die Lehre von der Verbreitung der Pflanzen- und Tiergesellschaften.

syn|chron [vgl. syn. . . und grch. chronos ›Zeit‹], gleichzeitig, zeitlich gleichgerichtet, gleichlaufend: *Synchrongetriebe.* **Syn|chronie** *die, -,* ⑤ Beschreibung der gleichzeitig bestehenden Erscheinungsform einer Sprache. **Syn|chronisation** *die, -/-en,* auch Synchronisierung, **1)** beim Tonfilm das zeitl. Aufeinanderabstimmen von getrennt aufgenommenen Bildstreifen und Tonbändern, auch bei der Übertragung in eine andere Sprache. **2)** im Fernsehen das Gleichlauf des Elektronenstrahls der Bildröhre mit dem der Abtaströhre der Aufnahmekamera durch Synchronsignale. **3)** das Aufeinanderabstimmen der Drehzahlen eines Getriebes. **syn|chronisieren,** *ich synchronisiere (habe synchronisiert) es.* **Syn-**

chronisierung die, -/-en, Synchronisation. **Syn|chronis-mus** [vgl. . . . ismus] der, -/. . .men, Gleichlauf, Gleichzeitig-keit. **syn|chronistisch,** gleichzeitig ablaufende Geschehnisse zusammenstellend, z. B. in Form von Zeittafeln. **Syn|chron-motor** der, ein Elektromotor. **Syn|chronschwimmen** das, -s, eine Wassersportart, bei der tänzerisch-gymnast. Übungen im Einklang mit Musik vorgeführt werden. **Syn|chron|uhr** die, von einem Synchronmotor angetriebene Uhr. **Syn|chron-verschluß** der, photograph. Verschluß, der beim Betätigen ein Blitzlicht auslöst. **Syn|chro|tron** [vgl. Elektron] das, -s/-s oder . . . tr'one, ein Teilchenbeschleuniger.

syndetisch [grch. syndein ›zusammenbinden‹], Ⓢ durch Konjunktion verbunden.

Syndikalismus [vgl. . . . ismus] der, -, die Lehre einer revolutionären, gewerkschaftlichen Arbeiterbewegung. **Syn-dikalist** der, -en/-en, Anhänger des Syndikalismus. **syndika-listisch. Syndikat** das, -(e)s/-e, **1)** Amt eines Syndikus. **2)** die höchste Organisationsform des Kartells mit zentralisiertem Verkauf. **3)** allgemein: Gesellschaft, Verein; im Ausland auch Gewerkschaft. **4)** geschäftlich getarnte Gangsterorganisation in den Verein. Staaten: *Gangstersyndikat.* **Syndikus** [grch. syndikos ›Sachverwalter‹, ›Anwalt‹] der, -/. . .dizi, rechtskun-diger Vertreter von Wirtschaftsunternehmen, Berufsvertre-tungen, Genossenschaften.

Syn|drom [grch. syndrome ›Zusammenlauf‹] das, -s/-e, ⚕ Gesamtbild mehrerer Symptome.

Syn|edrion [grch.] das, -s/. . .'edri|en, **1)** altgriech. Ratsbe-hörde. **2)** auch Synedrium, die höchste jüd. Staatsbehörde.

Syn|ekdoche [-xe:, grch. ›Mitaufnahme‹] die, -/. . .d'o-chen, eine Redefigur, ÜBERS. R 12.

syn|ergetisch. Syn|ergie [vgl. syn. . . und grch. ergon ›Werk‹] die, -, das Zusammenwirken mehrerer Kräfte zu einer Leistung. **Syn|ergismus** [vgl. . . . ismus] der, -, **1)** evang. Kirche: die Lehre, daß bei der Bekehrung der menschliche Wille mitwirken müsse. **2)** ⚕ das Zusammenwirken, z. B. von Organen, von Arzneimitteln. **Syn|ergist** der, -en/-en.

Syn|izese [grch. synizein ›zusammensitzen‹] die, -/-n, auch Synärese, Zusammenziehung zweier oder mehrerer Vokale zu einer Silbe.

Syn|klinale, Syn|kline [grch. synklinein ›zusammennei-gen‹] die, -/-n, ⊕ die Mulde einer geolog. Falte.

Synkope [grch., zu synkoptein ›zusammenschlagen‹] die, -/-n, **1)** ♪ Bindung einer unbetonten Note an eine folgende betonte. Sg. [z'ynkɔpe:], **2)** ⊕ Ausstoßung eines unbetonten Selbstlauts im Wortinneren. **3)** ⚕ Anfall von Bewußtlosigkeit. **synkopieren,** ich synkopiere (habe synkopiert) es. **synko-pisch.**

Syn|kretismus [grch. synkretizein ›verbinden‹ und vgl. . . . ismus] der, -, Vermischung philosophischer Lehren, Kulte und Religionen. **syn|kretistisch.**

syn|odal, zu einer Synode gehörig. **Syn|odale** der, -n/-n, Mitglied einer Synode. **Syn|odalverfassung** die, evang. Kirche: Organisation der Verwaltung kirchl. Angelegenheiten durch Synoden. **Syn|ode** [grch. synodos ›Zusammenkunft‹] die, -/-n, **1)** Kirchenversammlung. **2)** kath. Kirche: Konzil. **3)** evang. Kirche: Organ der Selbstverwaltung.

Syn|ökie [vgl. syn. . . und grch. oikos ›Haus‹] die, -/-n, 🐾 Zusammenleben zweier Tierarten in einem Wohnraum (Nest, Höhle), ohne daß eines das andere schädigt.

synonym [grch. synonymos, vgl. syn. . . und grch. onoma ›Name‹], sinnverwandt, gleichbedeutend. **Syn|onym** das, -s/-e oder . . . 'onyma, sinnverwandtes, bedeutungsähnliches oder -gleiches Wort. **Syn|onymik** die, -, Sinnverwandtschaft, Lehre von den Synonymen.

Syn|opse, Syn|opsis [grch. synopsis ›Überblick‹] die, -/. . . 'opsen, **1)** Zusammenschau, zusammenfassende Über-sicht ähnl. Dinge. **2)** die vergleichende Nebeneinanderstellung der Evangelien der Synoptiker. **Syn|optiker,** Pl., die Evange-listen Matthäus, Markus, Lukas. **syn|optisch.**

Syntagma [grch. ›Sammlung‹] das, -s/. . .men oder . . .ta, Ⓢ Wortgruppe, Wortverbindung.

syntaktisch. Syntax [grch. syntaxis ›Anordnung‹] die, -, Ⓢ Satzlehre, Lehre vom Satzbau, ÜBERS. S 79.

Synthese [grch. synthesis ›Zusammensetzung‹, ›Zusam-menfügung‹] die, -/-n, **1)** Zusammenschau, Verknüpfung der einzelnen zur Einheit. **2)** Philosophie: Aufhebung zweier gegensätzlicher Begriffe (These und Antithese) in eine höhere Einheit. **3)** 🜔 Aufbau chem. Verbindungen aus Elementen oder einfacheren Verbindungen. **Synthesegas** das, ein Gasgemisch von Wasserstoff und Kohlenmonoxid für verschie-dene Synthesen. **Synthesizer** [s'intǝsaizǝ oder s'inθǝ-, engl.] der, -s/-, Gerät zur elektron. Musik- und Geräuscherzeugung. **synthetisch, 1)** zur Einheit verknüpfend. **2)** 🜔 auf chem. Wege hergestellt: *synthetische Fasern.*

Syphilis [nach dem Lehrgedicht ›Syphilis‹ des Veroneser Arztes G. Fracastoro, 1478–1553] die, -, ⚤ eine Geschlechts-krankheit. **Syphilitiker** der, -s/-, jemand, der an Syphilis erkrankt ist. **syphilitisch.**

Syrer der, -s/-, Syrier, Bewohner des vorderasiat. Staates Syrien.

Syringe die, -/-n, der Flieder, ABB. L 3. **Syrinx** [grch.] die, - . . .r'ingen, **1)** Hirtenflöte. **2)** das Stimmorgan der Singvögel.

syrisch, die Syrer, Syrien betreffend. **Syrologe** [vgl. . . . loge] der, -n/-n, Kenner, Lehrer der Syrologie. **Syrologie** [vgl. . . . logie] die, -, Wissenschaft von der (alten) syr. Sprache und Kultur.

System [grch. systema ›zusammengesetztes Ganzes‹, ›Ge-bilde‹] das, -s/-e, **1)** allgemein: ein geschlossenes, in sich zusammenhängendes, gegliedertes Ganzes; Gliederung; Lehr-gebäude; Plan, Ordnung: *das S. einer Wissenschaft; ein S. von Straßen; Waffensystem; er arbeitet ohne S., systemlos,* ohne Ordnung, unsystematisch. **2)** Regierungs- oder Staatsform: *ein parlamentarisches, totalitäres S.; Systemkritiker; er kämpft gegen das herrschende S.* **3)** Biologie: Einordnung der Lebewesen nach Ähnlichkeit oder Verwandtschaft, ÜBERS. N 5. **System|analyse** die, Untersuchung und Gestaltung von Abläufen, bes. bei der Datenverarbeitung. **Systematik** [grch. systematikos ›geordnet‹] die, -/-en, planmäßige Darstellung und Ordnung; die Kunst, ein System aufzubauen; die Wissen-schaft und Lehre von der Systembildung. **Systematiker** der, -s/-, jemand, der nach einem System arbeitet oder alles in ein System zu bringen versucht. **systematisch,** *das Waldstück wurde s. nach der Mordwaffe durchsucht.* **systematisieren,** *ich systematisiere (habe systematisiert) es,* bringe etwas in ein System: *der schwedische Naturforscher Linné systematisierte das Pflanzenreich.* **Systematisierung** die, -/-en. **System-theorie** die, Erforschung des Zusammenwirkens der Elemente eines Systems (sozialer Verband, biolog. Organismus, techn. Einrichtung).

Systole [grch. ›das Zusammenziehen‹] die, -/. . .st'olen, ⚕ Zusammenziehung, z. B. des Herzmuskels. **systolisch,** *systolischer Blutdruck,* ⚕.

s. Z., Abk. für: seinerzeit.

Szenar das, -s/-e, Szenarium. **Szenario** das, -s/-s, Methode der Planung, Prognostik und Zukunftsforschung, bes. Beiträge zu Abläufen wirtschaftl. Wachstums und zu Umweltverände-rungen. **Szenarium** [zu lat. scenarius] das, -s/. . .ri|en, Szenar, die Szenenfolge im Drama. **Szene** [frz. scène, zu lat. scena, grch. skene ›Zelt‹, ›Bühne‹] die, -/-n, **1)** die Bühne; Schauplatz auf der Bühne: *Beifall auf offener S., während des Spiels; ein Stück wird in S. gesetzt, zur Aufführung vorbereitet, einstu-diert; sie liebt es, sich in S. zu setzen,* ü zur Geltung zu bringen. **2)** Unterabteilung des Aktes, Auftritt: *2. Akt, 5. S.; Szenenfolge; Szenenwechsel.* **3)** Vorgang auf der Bühne: *die S. spielt im Heereslager.* **4)** Ü eindrucksvoller Vorgang: *wir erlebten eine reizende, abscheuliche S.; sie machte ihm eine S.,* heftige Vorhaltungen. **5)** der für bestimmte Gruppen, für jemanden oder etwas charakteristische Bereich: *die Bonner S.; die politische S.; Drogenszene; Extremistenszene; Kunstszene; Pop-szene; Literaturszene; Terrorszene.* **Szenerie** die, -/. . .r'i|en, **1)** im Theater das Bühnenbild, Ausstattung. **2)** Landschafts-bild; Landschaft. **szenisch,** der szenische Aufbau eines Stückes; die Geschichte wurde s. dargestellt.

Szepter der oder das, -s/-, ⚹ Zepter.

Szintigramm [vgl. . . . gramm] das, -s/-e, Leuchtbild, das bei der Szintigraphie entsteht. **Szinti|graphie** [vgl. . . . gra-phie] die, -, diagnost. Verfahren mit Hilfe von radioaktiver Strahlung. **Szintillation** [lat. scintillare ›Funken sprühen‹] die, -/-en, **1)** das Flackern, Aufblitzen beim Auftreffen von Korpuskularstrahlen auf fluoreszierende Substanzen. **2)** ✴ das Flackern und Funkeln von Sternen. **szintillieren,** *es szintilliert (hat szintilliert),* funkelt, flimmert, leuchtet.

SZR, Abk. für: Sonderziehungsrechte.

Szylla die, -, Skylla.

t, T [te:] *das, -/-,* harter gesprengter Dental, ABB. A 8, ÜBERS. A 26, G 34: *T-Antenne,* ABB. A 17.
  t, Zeichen für: Tonne (Gewicht).
  T, Zeichen für: **1)** 🔲 Tara. **2)** Börse: Talon, Tausend. **3)** Triebwagen. **4)** °⊤ Tritium. **5)** Tera...
  Ta, °⊤ Zeichen für: Tantal.
  Tab [engl.] *der, -(e)s/-e,* auch [tɛb] *der, -s/-s,* vorspringender Teil an Karteikarten zur Kennzeichnung.
  Tabak [österr. tab'ak, frz. tabac, aus indian.] *der, -s/-e,* ein Nachtschattengewächs, Genußmittel, ABB. T 1, R 7: *Tabakdose; Tabakraucher; Tabakwaren; Pfeifentabak; Schnupftabak; man kann T. rauchen, kauen, schnupfen; ein Pfeifchen T.*
  Tabak(s)pfeife *die,* ABB. T 1. **Tabatiere** [-tjˈɛ:r(ə), frz.] *die, -/-n,* Dose für Schnupftabak, vgl. ABB. T 1.
  tabellarisch, in Form einer Tabelle dargestellt. **tabellarisieren,** *ich* tabellarisiere (habe tabellarisiert) *es,* ordne in Form einer Tabelle an. **Tabelle** [lat. tabella ›Täfelchen‹] *die, -/-n,* **1)** systematisch angeordnete Übersicht zur Darstellung statist. Ergebnisse: *Tabellenform; vergleichende T. über die Entwicklung der Zahlungsbilanz einiger Staaten.* ⚔ Rangfolge: *Tabellenplatz; sie hält seit Saisonbeginn die Tabellenspitze im Brustschwimmen; die Fußballmannschaft hat die Tabellenführung verloren.* **Tabelliermaschine** *die,* Lochkartenmaschine mit Rechenwerken und Schreibwerk.
  Tabernakel [mhd. tabernakel, zu lat. tabernaculum ›kleine Hütte‹] *der* oder *das, -s/-,* **1)** offenes, meist turmartig gestaltetes Ziergehäuse für Statuen. **2)** kath. Kirche: Behältnis für das Allerheiligste, Sakramentshäuschen, ABB. A 9.
  Taberne *die, -/-n, oberdt.:* Taverne.
  Tabes [lat. tabes ›Auszehrung‹] *die, -: T. dorsalis,* ⚕ Spätstadium der Syphilis.
  Tablar [lat. tabula ›Brett‹, ›Tafel‹] *das, -s/-e, schweiz.:* Gestellbrett. **Tableau** [tabl'o:, frz.] *das, -s/-s,* **1)** ⚜ Gemälde; großes Gruppenbild, ›lebendes Bild‹. **2)** *T.!,* ⚜ U Ausruf der Überraschung.
  Table d'hôte [tabl d'o:t, frz.] *die, - -,* in Gaststätten, Pensionen: Mahlzeit an gemeinsamer Tafel.
  Tablett [frz. tablette, zu lat. tabula ›Brett‹, ›Tafel‹] *das, -(e)s/-e* oder *-s,* Platte mit erhöhtem Rand zum Tragen von Speisen, Geschirr u. a. **Tablette** *die, -/-n,* ⚕ eine Arzneiform, z. B. Täfelchen oder runde Scheibchen: *Schmerztablette; Tablettenröhrchen.*
  tabu, verboten, unberührbar, geweiht: *das ist t. (für dich).*
  Tabu [polynes. tapu] *das, -s/-s,* **1)** Gebot, bestimmte Gegenstände, Personen, Handlungen zu meiden; religiöses Verbot jeder Berührung. **2)** etwas, was man nicht tut, über das man nicht spricht. **tabuieren,** tabuisieren. **Tabuierung** *die, -/-en.* **tabuisieren,** *ich* tabuisiere (habe tabuisiert) *ihn, es,* erkläre für tabu. **Tabuisierung** *die, -/-en.*
  Tabula rasa [lat. ›abgeschabte Tafel‹] *die, - -,* Ü völlige Leere; aber: *er hat tabula rasa gemacht,* gründlich aufgeräumt.

  Tabulator [lat. tabula ›Brett‹, ›Tafel‹] *der, -s/...t'oren,* Spaltensteller an der Schreibmaschine (zum Tabellenschreiben). **Tabulatur** *die, -/-en,* **1)** Regeln für den Meistergesang. **2)** eine alte Notenschrift.
  Tabulett [vgl. Tablett] *das, -(e)s/-e,* ⚙ Tragkasten mit Schubfächern, z. B. von Hausierern.
  Taburett [frz. tabouret, aus tabour ›Handtrommel‹] *das, -(e)s/-e,* ⚙ niedriger Stuhl ohne Lehne.
  Tach(e)les [jidd., zu hebr. tachlith ›Vollendung‹], *wir wollen T. reden,* offen miteinander sprechen; *er redet T. mit ihm,* weist ihn zurecht.
  tachinieren [-x-], *ich* tachiniere (habe tachiniert), österr.: U faulenze, drücke mich vor der Arbeit. **Tachinierer** [-x-] *der, -s/-, österr.:* U Faulenzer, Drückeberger.
  Tacho [grch. tachos ›Geschwindigkeit‹] *der, -s/-s,* U kurz für: Tachometer. **Tachograph** [vgl. ...graph] *der, -en/-en,* selbstschreibendes Tachometer. **Tachometer** [grch. metron ›Maß‹] *das,* auch *der, -s/-,* Geschwindigkeitsmesser, ABB. M 7.
  Tachykardie [grch. tachys ›schnell‹ und kardia ›Herz‹] *die, -/...d'i‹en,* ⚕ beschleunigte Herztätigkeit. **Tachymeter** [grch. metron ›Maß‹] *das, -s/-,* Schnellmesser für Geländeaufnahmen. **Tachyon** *das, -s/...'onen,* hypothetisches Teilchen, dessen Geschwindigkeit größer als die Lichtgeschwindigkeit sein müßte.
  taciteisch, Taciteisch [nach dem röm. Geschichtsschreiber Tacitus, um 55 bis nach 116], vgl. ÜBERS. A 4, C.
  Tackling [t'æklin, engl. to tackle ›angreifen‹] *das, -s/-s,* ⚔ Fußball: harte, aber erlaubte Spielweise eines Abwehrspielers, bei der er seinen Gegner ausspielt. Spieler durch Hineingrätschen in dessen Ballführung vom Ball trennt.
  Täcks [engl. tack] *der, -es/-e,* Schuhmachernagel.
  Tactit *der, -s/-e,* 🌐 Skarn.
  Tadel [mhd. tadel, zu ahd. zadel ›Mangel‹] *der, -s/-,* **1)** Verweis, Rüge, absprechendes Urteil: *in seinem Ton lag ein versteckter T.; der T. trifft mich nicht; er hat einen T. erhalten.* **2)** Makel, Mangel: *ihre Lebensführung ist ohne T.; ein Ritter ohne Furcht und T.* **Tadelei** *die, -/-en,* U seltener, ständiges Tadeln. **tadellos,** fehlerfrei; ausgezeichnet: *ein tadelloses Benehmen; das Kleid sitzt t.* **tadeln** [mhd. tadelen], *ich* tad(e)le (habe getadelt) *ihn, es,* drücke meine Mißbilligung, Unzufriedenheit aus, rüge. **tadelnswert,** Tadel verdienend. **Tadler** *der, -s/-,* jemand, der tadelt.

T 1

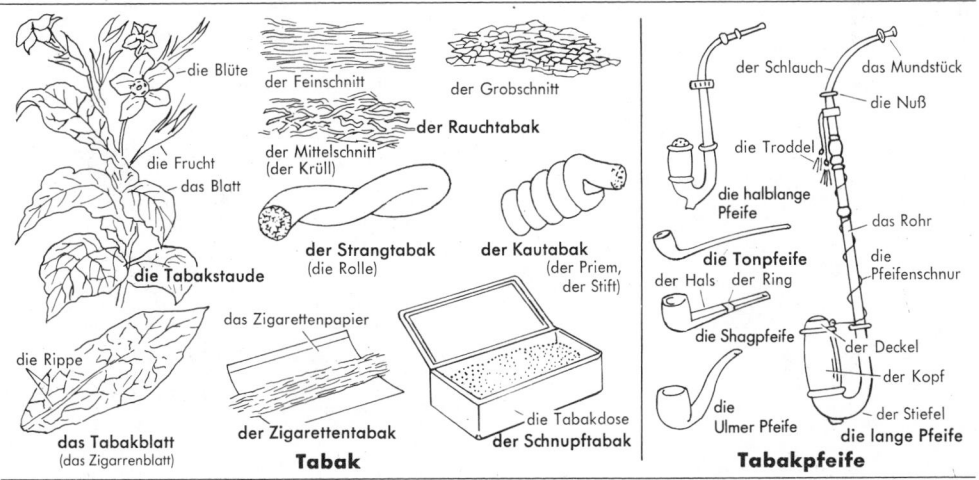

die Blüte

der Feinschnitt

der Grobschnitt

der Rauchtabak

der Mittelschnitt
(der Krüll)

die Frucht

das Blatt

der Strangtabak
(die Rolle)

der Kautabak
(der Priem,
der Stift)

die Tabakstaude

das Zigarettenpapier

die Rippe

das Tabakblatt
(das Zigarrenblatt)

der Zigarettentabak

die Tabakdose

der Schnupftabak

Tabak

der Schlauch — das Mundstück

die Nuß

die Troddel

die halblange
Pfeife

das Rohr

die Tonpfeife

der Hals   der Ring

die
Pfeifenschnur

die Shagpfeife

der Deckel

der Kopf

die
Ulmer Pfeife

der Stiefel

die lange Pfeife

Tabakpfeife

Tae|kwondo [tε-, korean., zu tae ›Fuß‹, kwon ›Hand‹ und do ›hervorragender Weg‹] *das,* -, korean. Form des Karate.

Tafel [ahd. tabela, zu lat. tabula] *die, -/-n,* **1)** flaches Brett, größere Platte, z. B. als Feld der getäfelten Wand, an der Wand aufgehängtes Brett oder Gerät: *Aushängetafel; Gedenktafel; Schalttafel; in Tafelform,* in scheiben- oder plattenförmigen Stücken. **2)** kurz für: Schultafel, Wandtafel, Schiefertafel als Schreibfläche, ABB. S 40: *der Lehrer schreibt das Wort an die T.* **3)** flaches tafelähnliches Stück: *eine T. Schokolade.* **4)** gedeckter Tisch: *wir wollen die T, aufheben,* Ü die Mahlzeit beenden; *er genießt Tafelfreuden,* Ü hat Freude an gutem Essen und Trinken; *Tafelobst; Tafelmusik.* **5)** Tabelle: *Logarithmentafel.* **6)** ⌀ ganzseitige Illustration: *Farbtafeln.* **Tafelaufsatz** *der,* Prunkgeschirr zum Schmuck des festlich gedeckten Tisches. **Tafelberg** *der,* Berg mit einem Hochplateau an Stelle eines Gipfels, ABB. B 20. **Tafelbild** *das,* Gemälde auf Holz. **Täfelchen, Täf(e)lein** *das, -s/-.* **Tafelglas** *das,* gezogenes, klar durchsichtiges Flachglas. **Tafelklasse** *die, wien.:* Taferlklasse. **Tafellack** *der,* Schellack. **Tafelland** *das,* Flachland aus waagerecht gelagerten Gesteinsschichten. **Tafelmalerei** *die,* Malerei auf Holzplatten, später auf Leinwand u. a. **tafeln** [mhd. tavelen], *ich taf(e)le* (habe getafelt), esse und trinke festlich bei Tisch. **täfeln** [mhd. tevelen], *ich täf(e)le* (habe getäfelt) *es,* belege mit Platten: *getäfelte Wand.*

täfeln, *ich* täf(e)le (habe getäfe[l]t), *schweiz.:* schwatze aus. **Tafelrunde** *die,* die um einen Tisch sitzenden Personen, Tischgesellschaft. **Tafelspitz** *der, österr.:* ein Rindfleischgericht. **Täf(e)lung** *die, -/-en,* das Täfeln. **2)** Verkleidung der Wände und Decken mit Holztafeln. **Tafelwein** *der,* Wein der untersten Qualitätsstufe. **Täfer** *das, -s/-, schweiz.:* Täfelung. **Taferlklasse** *die, wien.:* erstes Schuljahr.

Taft [frz. taffetas, zu pers. tafta ›gewebt‹] *der, -(e)s/-e,* ein Kunstseidengewebe: *Taftunterkleid.* **taften,** aus Taft.

Tag [ahd. tag] *der, -es/-e,* **1)** Zeitraum von vierundzwanzig Stunden, von Mitternacht zu Mitternacht gerechnet: *Tagesbedarf; Tageseinnahmen; Tagesereignis; Tagwochentag; das Jahr hat 365 Tage; am gleichen T.; jeden T.; alle Tage; auf den T. genau vor einem Jahr; in vierzehn Tagen; heute in acht Tagen,* in einer Woche; *im Laufe des heutigen Tages, am heutigen T.,* aber: *heutigentags, heutzutage; in den vergangenen Tagen,* kürzlich; *T. für T.,* täglich; *der Themen des Tages in der Politik; er lebt so in den T. hinein,* drauflos, ohne vorausplanende Überlegung; *eines Tag(e)s,* irgendwann, einst; *meine Tage sind gezählt,* mein Leben nähert sich dem Ende; *dein T. wird kommen!,* die Strafe oder der Erfolg kommt schon noch; aber vgl. tagaus, tagein, tagelang, tags, tagsüber, tagtäglich, zutage. **2)** die helle Tageszeit: *Tagesarbeit; ein warmer Sommertag; ein grauer Regentag; der T. bricht an,* die Dämmerung beginnt; *die Tage werden länger, es geht auf den Sommer zu; er wird bei Tage ankommen; guten T.!,* der Gruß am Tage; *er legte einen ungewohnten Arbeitseifer an den T.,* Ü; *die Sonne bringt es an den T.,* Ü nichts bleibt verborgen; *es ist noch nicht aller Tage Abend,* Ü noch ist nichts entschieden. **3)** ⚒ Erdoberfläche: *die Bergleute müssen unter Tage arbeiten,* in der Grube; *Braunkohlenabbau über T.* **tagaus,** *t., tagein,* jeden Tag, immerzu. **Tagblindheit** *die,* Sehschwäche des Auges bei hellem Tageslicht. **Tagbogen** *der,* ☿ die über dem Horizont sichtbare scheinbare tägl. Bewegungsbahn eines Himmelskörpers. **Tag-**

dienst *der,* Dienst während des Tages, z. B. in Krankenhäusern. **Tagebau** *der,* ⚒ Abbau von nutzbaren Mineralien in offenen Gruben geringer Tiefe, ABB. T 2. **Tagebuch** *das,* Buch für tägliche Aufzeichnungen: *Tagebuchseite; Reisetagebuch; er hat von Jugend an ein T. geführt.* **Tagedieb** *der,* Nichtstuer, eigtl. ›der dem lieben Gott die Zeit stiehlt‹. **Tagegeld** *das,* **1)** Vergütung für einen Tag: *T. für den Krankenhausaufenthalt.* **2)** *nur Pl.,* Aufwandsentschädigungen, Diäten. **tagelang,** mehrere Tage dauernd: *tagelanges Warten;* aber: *wir warteten volle drei Tage lang.* **Tagelied** *das,* im MA.: eine Gattung des Minnesangs. **Tagelohn** *der,* nach Arbeitstagen berechneter Lohn für täglich kündbare Arbeit. **Tagelöhner** *der, -s/-,* Arbeiter mit Tagelohn. **tagen** [ahd. tagen ›Tag werden‹], *es* **1)** wird Tag, wird hell, klar, licht. **2)** *eine Versammlung tagt,* hält eine Tagung ab: *der Kongreß tagte in Wiesbaden; wir tagten bis in die Nacht hinein,* Ü auch feierten, zechten. **Tagereise** *die,* Reise, die einen Tag lang dauert. **Tagesablauf** *der; er hat einen genau geregelten T.* **Tagesanbruch** *der,* früher Morgen: *bei, vor T.* **Tagesgeschäft** *das,* 🏦 Bar- oder Kreditgeschäft, bei dem der Gegenstand des Geschäfts sofort zu liefern ist. **Tagesgespräch** *das,* vielbesprochene Neuigkeit. **Tageskarte** *die,* **1)** einen Tag lang gültige Fahr- oder Eintrittskarte. **2)** in Gaststätten Speisekarte mit für diesen Tag vorbereiteten Gerichten, die schnell serviert werden können. **Tageslichtfilm** *der,* photograph. Aufnahmematerial für Tageslicht und künstl. Tageslicht. **Tagesmutter** *die,* Frau, die tagsüber Kinder berufstätiger Mütter gegen Bezahlung bei sich betreut. **Tagesordnung** *die,* Aufstellung und Reihenfolge von Beratungsgegenständen für eine Sitzung oder Tagung: *welche Punkte stehen heute auf der T.?; Einbrüche während der Urlaubszeit sind an der T.,* Ü kommen häufig vor. **Tagesraum** *der,* in Kliniken, Heimen der Raum für den Aufenthalt am Tage. **Tagesschau** *die,* tägliche aktuelle Nachrichtensendung im ARD-Fernsehen. **Tageszeitung** *die,* täglich (mindestens sechsmal pro Woche) erscheinende Zeitung. **tag(e)weise,** für jeweils nur einen Tag. **Tag(e)werk** *das,* die Arbeit eines Tages: *mein T. ist vollbracht,* P. **Tagfahrt** *die,* ⚒ Ausfahrt aus dem Bergwerk. **Tagfalter** *der,* am Tage fliegender Schmetterling. **Taggebäude** *das,* ⚒ Schachtgebäude. **taghell,** hell wie am Tag: *t. erleuchtet.* **. . .tägig,** *. . .* Tag(e) dauernd, z.B.: *zweitägig; ganztägig; halbtägig.* **täglich,** (für) jeden Tag, an jedem Tag: *er arbeitet acht Stunden t.; das tägliche Brot.* **tags,** am Tage: *t. darauf; t. zuvor.* **Tagsatzung** *die,* **1)** in der Schweiz bis 1848 Versammlung der Gesandten der Kantone. **2)** *oberdt.:* Gerichtstermin. **tagsüber,** während des Tages. **tagtäglich,** jeden Tag stattfindend, immerzu. **Tagtraum** *der.* **Tagträumer** *der,* verträumter Mensch. **Tagundnachtgleiche** *die,* Äquinoktium, der 21. März und der 23. September, an denen Tag und Nacht je 12 Stunden lang sind. **Tagung** *die, -/-en,* Versammlung, Sitzung: *Tagungsort; Fachtagung.* **Tagwache, Tagwacht** *die, schweiz.:* 🎺 Weckruf. **Tagwerk** *das,* **1)** Tagewerk. **2)** älteres Feldmaß.

Tai *der, -(s)/-(s),* Angehöriger einer Völkergruppe in Hinterindien und Südchina.

Taifun [chines. ›großer Wind‹] *der, -s/-e,* Wirbelsturm.

Taiga [altaisch taigha ›Felsengebirge‹] *die,* -, Nadelwaldgebiet (in Sibirien).

Taille [t'aljə, frz. ›Schnitt‹, zu tailler ›ein-, zuschneiden‹] *die, -/-n,* **1)** Leibesmitte, Gürtelgegend, ABB. M 12: *sie hat eine schlanke T.* **2)** ⚭ Leibchen: *Untertaille.* **3)** Runde beim Kartenspiel. **Tailleur** [taj'œ:r, frz.], **1)** *der, -s/-s,* Schneider. **2)** *das, -s/-s,* Damenkostüm mit auf Taille gearbeiteter Jacke. **taillieren** [taj-], *ich talliere* (habe talliert) *es,* **1)** beim Kartenspiel: decke die Karten auf. **2)** *das Kleid ist tailliert gearbeitet,* in der Taille anliegend.

Tailor [t'eilə, engl., aus frz.] *der, -s/-s,* Schneider. **tailormade** [t'eiləmeid, engl.], nach Maß gearbeitet.

Take [teik, engl. to take ›nehmen‹] *das, -s/-s,* in einem Stück abgedrehter Abschnitt einer Filmszene.

Takel [mnd. takel] *das, -s/-,* 🎣 Flaschenzug zum Straffen von Tauen.

Täkel *der, -s/-, schweiz.:* wehleidiger Mensch.

Takelage [-l'a:ʒə, zu Takel] *die, -/-n,* Takelung, Takelwerk, 🎣 Gesamtheit der Segeleinrichtung eines Segelschiffes, ABB. S 45. **Tak(e)ler** *der, -s/-,* 🎣 Werftarbeiter für Takelung; Schauermann. **Takeling** *die, -s/-e,* 🎣 Wicklung um ein Tauende, die Ausfransen verhindert. **takeln,** *ich* tak(e)le (habe getakelt) *ein Schiff,* baue Masten und Tauwerk ein.

täkeln, *ich* täk(e)le (habe getäkelet), *alem.:* scherze.

T 2

Tagebau (die Braunkohlengrube)

der Hochbagger · die Abraumförderbrücke · die Werksanlagen · der Schrämbagger · das Förderband · der Führerstand · das Deckgebirge · das Abraum· · das Kohlenflöz · die Oberleitung · der Tiefbagger · die Grubenbahn · die Abraumhalde · das Fahrwerk · die Kranschienen · die Grubensohle

Tak(e)lung *die, -/-en,* **1)** *ohne Pl.,* das Takeln. **2)** Takelage.
Takelwerk *das,* die Takelage.

Takt [lat. tactus ›Berührung‹, ›Gefühl‹] *der, -(e)s/-e,* **1)** ♪ Einteilung eines Ablaufs von Tönen, ABB. N 10: *der Dirigent schlägt den T.; du mußt T. halten; ein Walzer im ³/₄-Takt; Taktmesser; Taktstock; Taktstrich; Walzertakt.* **2)** regelmäßiger Schlag; eine Bewegungsphase, z. B. bei der Arbeit am Fließband: *Taktstraße; der T. der Maschinen; Viertaktmotor.* **3)** *ohne Pl.,* Zartgefühl, Vermeidung von allem, was verletzen könnte: *Taktgefühl; er hat viel T.* **taktfest, 1)** sicher im Takt. **2)** U sicher im Können. **3)** U gesund. **taktieren,** *ich* taktiere (habe taktiert), gebe den Takt an, schlage den Takt.

taktieren, *ich* taktiere (habe taktiert), gehe taktisch vor.
Taktik [frz. tactique, zu grch. taktike techne ›Kunst der Aufstellung‹] *die, -/-en,* **1)** ⚔ Kampfesweise. **2)** U planvolles Verhalten, kluge Berechnung. **Taktiker** *der, -s/-,* jemand, der Taktik beherrscht. **taktisch,** *das war t. unklug.*

taktlos, ohne Rücksicht, das Taktgefühl verletzend. **Taktlosigkeit** *die, -/-en.* **taktvoll,** voller Rücksicht.
Tal [ahd. tal] *das, -(e)s/⁻er,* **1)** Einsenkung, Einkerbung im Gelände, ABB. T 3: *das T. eines Flusses; Talenge; Talkessel.* **2)** Vertiefung zwischen Wellenbergen: *Wellental,* ABB. W 10. **talab, talabwärts,** ins Tal hinab.
Talar [lat. talaris ornatus ›bis zum Knöchel reichendes Gewand‹, zu talus ›Knöchel‹] *der, -s/-e,* langes Amtskleid, ABB. A 13.
Tälchen *das, -s/-,* Diminutiv zu Tal.
Talent [lat. talentum, grch. talanton ›Gewicht‹, ›Waage‹] *das, -(e)s/-e,* **1)** altgriech. Gewichts-, Geldeinheit. **2)** angeborene Begabung, Anlage, Fähigkeit: *Talentprobe; er hat T. zum Zeichnen; sie hat ein T., immer das Falsche zu tun,* U. **3)** Ü begabter Mensch: *Nachwuchstalent; junge Talente stellten sich mit einem Konzert vor.* **talentiert,** begabt. **talentlos,** unbegabt. **Talentlosigkeit** *die, -.* **talentvoll,** talentiert.
Taler [nach dem böhm. Bergwerksort Joachimstal] *der, -s/-,* **1)** alte Silbermünze. **2)** U Geldstück (bei Kinderspielen).
Talfahrt *die,* Fahrt fluß- oder bergabwärts.
Talg [niederdt. talch] *der, -(e)s/-e,* Fett von hoher Schmelztemperatur, bes. von Rind und Schaf. **Talgdrüsen,** *Pl.,* Drüsen (an Haarbälgen) in der Haut, die Fett absondern. **talgen,** *ich* talge (habe getalgt) *es,* bestreiche mit Talg. **talgig.**
Talglicht *das,* Kerze aus Talg.

Talion [lat. talio] *die, -/-en,* Vergeltung durch eine gleichartige und gleichwertige Handlung. **Talionslehre** *die,* Rechtslehre von der Wiedervergeltung.
Talisman [arab. tilasm ›magisches Bild‹] *der, -s/-e,* zauberkräftiger Schutz, glückbringender Gegenstand.
Talje [niederl. talie, zu lat. talea ›Stab‹] *die, -/-n,* ⚓ ein leichter Flaschenzug. **taljen,** *ich* talje (habe getaljt) *es,* ⚓ winde hoch. **Talje|reep** *das,* ⚓ starkes Tau für die Talje.
Talk [arab. talq] *der, -s/-e,* ein Mineral.
Talk [mhd. talke] *der, -s/-e, oberdt.:* teigige Masse. **talkig,** teigig, nicht durchgebacken.
Talk-Master [tˈɔːk maːstə, engl. to talk ›reden‹] *der,* Leiter einer Talk-Show. **Talk-Show** [tˈɔːk ʃou, engl. show ›Schau‹] *die,* Gesprächsrunde, meist mit Prominenten im Fernsehen.
Talkum [vgl. Talk, Mineral] *das, -s,* Talk als Streupuder. **talkumieren,** *ich* talkumiere (habe talkumiert) *es,* streue Talkum ein, z. B. in Handschuhe.
Talmi [frz. Tallois-demi-or ›Tallois-Halbgold‹, seit 1876 nach dem Erfinder Tallois] *das, -s,* **Talmigold** *das,* goldähnlich gefärbte Kupfer-Zink-Legierung für Schmuckgegenstände; Sinnbild für Unechtheit: *Talmiware.* **talmin.**
Talmud [mhd. talmut, hebr. ›Lernen‹, ›Lehre‹] *der, -(e)s,* Sammlung von Lehren, Vorschriften, Überlieferungen des nachbibl. Judentums. **talmudisch. Talmudismus** [vgl. ...ismus] *der, -/...men,* dem Talmud entsprechende Denkart.
Talon [talˈõ, frz. ›Ferse‹, ›Stamm‹, ›Rest‹, zu lat. talus ›Ferse‹, ›Würfel‹] *der, -s/-s,* **1)** Zeichen: T, Erneuerungsschein an Wertpapieren. **2)** Kartenspiel: der nach dem Geben verbleibende Kartenstoß. **3)** Griffende am Bogen der Streichinstrumente.
Talpe [mhd. talpe] *die, -/-n, alem.:* Tatze, Pfote.
Talschaft *die, -/-en, schweiz.:* die Bewohner eines Tales.
Talsohle *die,* der Boden eines Tales, ABB. T 3: *die Abwärtsbewegung in diesem Wirtschaftszweig hat die T. erreicht,* Ü den Tiefstand. **Talsperre** *die,* Stauwerk, das einen Wasserlauf zum Stausee aufstaut, ABB. T 3. **Talvogt** *der: der graue T., schweiz., westösterr.:* Föhnsturm. **talwärts,** flußabwärts.
Tamarinde [arab. tamr hindi ›indische Dattel‹] *die, -/-n,* ein Hülsenfrüchter.
Tamariske [engl. tamarisk, spätlat. tamarice, tamariscus] *die, -/-n,* Pflanze mit schuppenartigen Blättern.

T 3

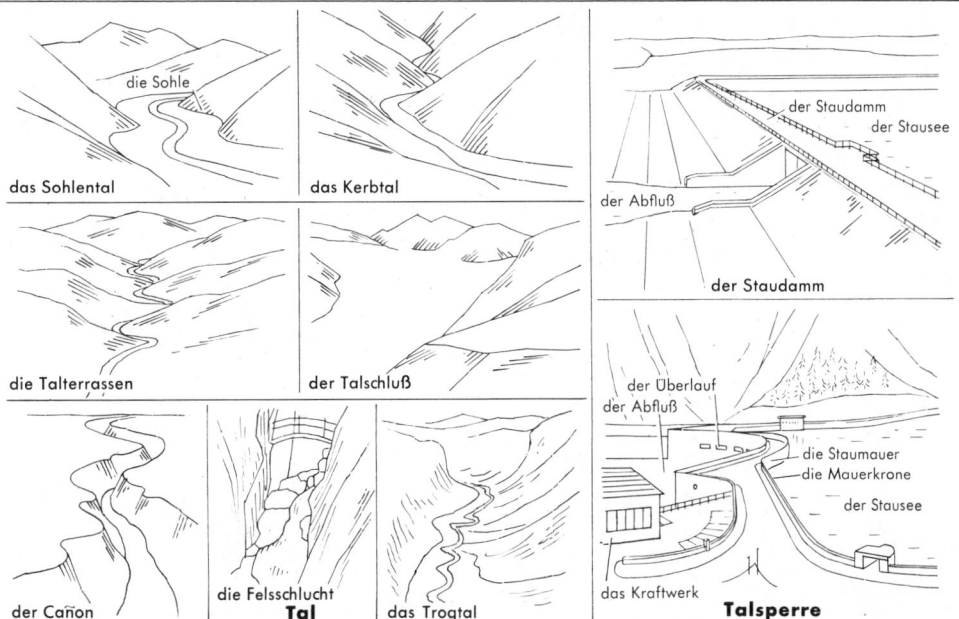

die Sohle

das Sohlental   das Kerbtal

die Talterrassen   der Talschluß

der Cañon   die Felsschlucht   **Tal**   das Trogtal

der Staudamm   der Stausee

der Abfluß

der Staudamm

der Überlauf
der Abfluß

die Staumauer
die Mauerkrone

der Stausee

das Kraftwerk   **Talsperre**

Tambour [t'ambu:r, frz. tāb'u:r, frz. ›Trommel‹, aus arab.] *der, -s/-e,* **1)** ⚔ Trommelschläger, Trommler: *Tambourstock.* **2)** Unterbau einer Kuppel, ABB. K 53. **3)** Spinnerei: Walze an der Krempel. **Tambourmajor** *der,* ⚔ Leiter eines Spielmannszuges. **Tambur** *der, -s/-e,* runder Stickrahmen. **tamburieren,** *ich tamburiere (habe tamburiert) es,* **1)** sticke mit Tamburierstichen. **2)** knote Haare in eine Perücke zur Herstellung des Scheitelstrichs. **Tamburierstich** *der,* ein Zierstich. **Tamburin** [mhd. tambur] *das, -s/-e,* **1)** flache Trommel mit oder ohne Schellen, ABB. T 4. **2)** Ballschläger: *Tamburinball.* **3)** französ. Volkstanz.

Tamil [indisch] *das, -(s), dem -,* Sprache der Tamilen. **Tamile** *der, -n/-n,* Angehöriger einer vorderind. Bevölkerungsgruppe. **tamilisch.**

Tamp [niederdt.] *der, -s/-e,* **Tampen** *der, -s/-,* ✧ Tauende, ABB. K 31.

Tampon [tāp'õ, frz. ›Pfropfen‹] *der, -s/-s,* **1)** 🝊 Bausch oder Pfropfen aus Watte oder Mull zum Stillen von Blutungen, Aufsaugen von Blut und Ausstopfen von Wundhöhlen. **2)** ✐ Ballen aus Stoff zum Einfärben von gestochenen Platten. **Tamponade** *die, -/-n.* **tamponieren,** *ich tamponiere (habe tamponiert) es.*

Tamtam [indisch] *das, -s/-s,* **1)** ostasiat. Musikinstrument, Gong, ABB. S 22. **2)** *ohne Pl.,* U Aufwand, Aufhebens, aufdringl. Reklame: *um ihn wird viel zuviel T. gemacht.*

tan, Zeichen für: Tangens.

Tanagrafiguren [nach der altgriech. Stadt Tanagra in Böotien] *Pl.,* bemalte Tonstatuetten aus altgriech. Zeit.

Tand [mhd. tant ›leeres Geschwätz‹, zu lat. tantum ›soviel‹] *der, -(e)s,* Wertloses, Nichtiges; Spielzeug. **Tändelei** *die, -/-n,* Liebelei, Spielerei. **Tändelmarkt** *der, bair.:* Trödelmarkt. **tändeln,** *ich tänd(e)le (habe getändelt),* **1)** *mit ihm,* spiele, kose, scherze. **2)** trödle, zögere. **3)** *bair.:* handle mit Altwaren. **Tändelschürze** *die,* Zierschürze.

Tandem [lat. ›endlich‹] *das, -s/-s,* **1)** Fahrrad mit zwei hintereinander angeordneten Sitzen und Tretkurbeln für gemeinsamen Antrieb, ABB. F 3: *Tandemrennen.* **2)** Gespann von zwei hintereinandergehenden Pferden.

Tandler *der, -s/-, bair., österr.:* Tändler, Altwarenhändler. **Tändler** [zu Tand] *der, -s/-,* **1)** jemand, der gern tändelt. **2)** Altwarenhändler.

tang, früher: Zeichen für: Tangens.

Tang [dän.] *der, -(e)s/-e,* die größeren Formen der Braun- und Rotalgen.

Tangens [lat. tangere ›berühren‹] *der, -/-,* Zeichen: tan, früher: tang, tg, eine Winkelfunktion, ABB. W 13, K 55. **Tangente** *die, -/-n,* eine Gerade, die eine Kurve oder eine gekrümmte Fläche in einem Punkt berührt, ABB. K 43. **tangential. Tangentialebene** *die,* Ebene, die die gekrümmte Oberfläche eines Körpers in einem Punkt berührt. **tangieren,** *es tangiert (hat tangiert),* **1)** *es,* berührt eine Kurve oder eine gekrümmte Fläche in einem Punkt. **2)** *ihn, es,* Ü berührt ihn, es geht ihn, es etwas an: *das t. mich nicht.*

Tango [span.] *der, -s/-s,* ein Gesellschaftstanz.

Tanja [russ., Koseform zu Tatjana], weibl. Vorname.

Tank [engl.] *der, -s/-s* oder *-e,* **1)** geschlossener Behälter für Flüssigkeiten oder Gase, ABB. T 4: *Öltank; Reservetank; Tankschiff.* **2)** ⚔ gepanzerter Kampfwagen, Panzer. **tanken,** *ich tanke (habe getankt),* **1)** *(es),* fülle in den Tank ein, fülle Kraftstoff auf. **2)** *ihn, es,* Ü betrinke mich: *er hat zuviel getankt.* **3)** *frische Luft, neue Kräfte,* Ü nehme auf. **Tanker** *der, -s/-,* Schiff zum Transport flüssiger Ladung, ABB. T 4: *Tankerflotte.*

Tankred [normann., zu ahd. danc ›Denken‹ und rat ›Rat‹], männl. Vorname.

Tanksäule *die,* Behälter zum Zapfen von Kraftstoff. **Tankstelle** *die,* Verkaufsstelle für Kraftstoffe, Schmiermittel u. a., ABB. T 4. **Tankwagen** *der,* ein Kesselwagen, ABB. T 4. **Tankwart** *der,* jemand, der den Tankstellendienst versieht.

Tann [mhd. tan] *der, -(e)s/-e,* P Tannenwald, Nadelwald: *im T.* **Tännchen** *das, -s/-,* ein Tannenbaum. **Tanne** *die, -/-n,* ein Nadelbaum, ABB. T 5: *Tannenbaum; Tannennadeln; Tannenzapfen.* **2)** U Fichte. **tannen,** aus Tannenholz.

tannen, *ich tanne (habe getannt) es,* tanniere.

Tannicht *das, -(e)s/-e,* ⚘ Tannendickicht.

tannieren [frz. tanner, zu Tanne], *ich tanniere (habe tanniert) es,* auch *tanne,* behandle mit Tannin. **Tannin** [frz. tanin] *das, -s/-e,* ein Gerbstoff.

Tannkuh *die, schwäb.:* Tannenzapfen. **Tännlein** *das, -s/-,* Diminutiv zu Tanne. **Tännling** *der, -s/-e,* junge Tanne.

Tansanier [auch -z'aniar] *der, -s/-,* Bewohner des afrikan. Staates Tansania. **tansanisch. Tansanit** *der, -s/-e,* seltener blauer Edelstein.

Tanse *die, -/-n, schweiz.:* Tase.

Tantal [nach der griech. Sagengestalt Tantalus] *das, -s,* 🜔 Element, Zeichen: Ta, sehr hartes, aber äußerst schwer schmelzbares Metall. **Tantalusqualen,** *Pl.,* Ü qualvolles Verlangen nach unerreichbaren Dingen.

Tantchen *das, -s/-,* Koseform zu Tante. **Tante** [frz., zu lat. amita ›Vaterschwester‹] *die, -/-n,* **1)** Schwester der Mutter oder des Vaters, ÜBERS. F 6. **2)** U Anrede von Kindern für (befreundete) weibl. Erwachsene. **3)** U abschätzig: ältere Frau: *eine komische T.* **4)** *meine T., deine T.,* Kartenglücksspiel. **Tante-Emma-Laden** *der,* U kleines privates Lebensmittelgeschäft.

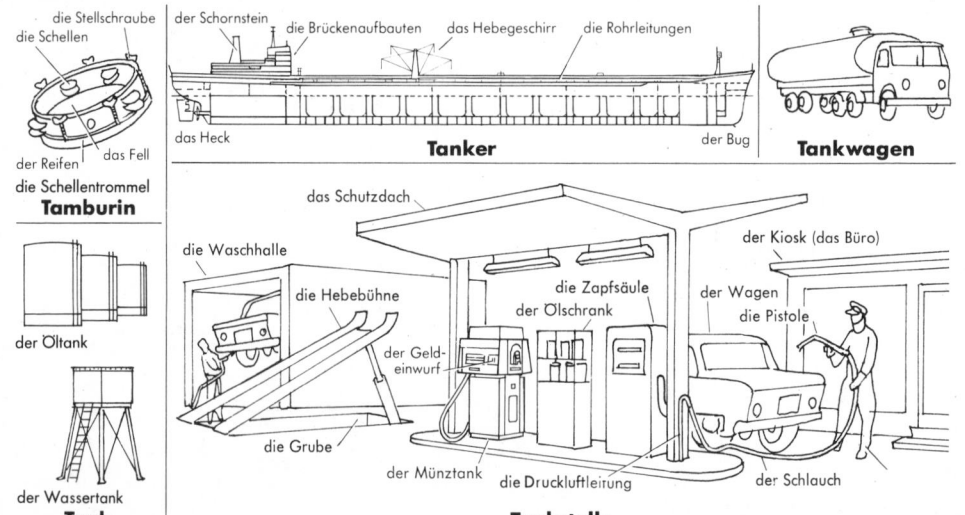

T 4

Tamburin — die Stellschraube, die Schellen, der Reifen, das Fell, die Schellentrommel

Tanker — der Schornstein, die Brückenaufbauten, das Hebegeschirr, die Rohrleitungen, das Heck, der Bug

Tankwagen

Tank — der Öltank, der Wassertank

Tankstelle — das Schutzdach, die Waschhalle, die Hebebühne, der Kiosk (das Büro), die Zapfsäule, der Wagen, der Ölschrank, die Pistole, der Geldeinwurf, die Grube, der Münztank, die Druckluftleitung, der Schlauch

Tantieme [tătj'ɛ:mə, frz., urspr. ›der sovielte Teil‹, ›Gewinnanteil‹] *die, -/-n,* Gewinnbeteiligung, meist als Vergütung für geleistete Dienste.

Tan|tra [altind. ›Gewebe‹, ›Lehrsystem‹] *das, -s/-s,* religiöse Schriften der ind. Literatur. **tan|trisch. Tan|trismus** [vgl. . . .ismus] *der, -,* ind. Lehre, nach der alles im Weltall zueinander in mystischer Verbindung steht und damit jede rituelle Handlung Wohlergehen und Seelenwanderung günstig beeinflussen kann.

Täntsch *die, -/-e(n),* schweiz.: Tensch.

Tanz [mhd. tanz, zu afrz. danse] *der, -es/"e,* **1)** rhythmische Körperbewegung; Sinnbild beschwingter Freude: *er forderte sie zum T. auf; der Walzer ist ein T. im ³/4-Takt; der T. auf dem Vulkan,* Ü Ausgelassenheit trotz gefahrvoller Lage; *Tanzkunst; Tanzlehrer; Tanzlied; tanzlustig; Tanztee; Gesellschaftstanz; Volkstanz.* **2)** tänzerisches Musikstück. **3)** Ü Zank, Streit: *jetzt gibt es einen T.,* einen zornigen Auftritt, Schelte. **Tanzbein** *das: ich schwinge das T.,* Ü tanze. **Tanzboden** *der,* Tanzsaal. **Tänzchen** *das, -s/-.* **tänzeln,** *ich* tänz(e)le (habe, bin getänzelt), gehe in leichten, lockeren Tanzschritten. **tanzen** [mhd. tanzen], *ich* tanze, **1)** (habe getanzt) *(es),* bewege mich im Tanzrhythmus: *ich habe mit ihm getanzt,* war sein Partner beim Tanz; *tanzen Sie gern Walzer?; er tanzt gern aus der Reihe,* Ü ordnet sich schwer ein; *mir tanzen die Buchstaben vor den Augen,* Ü ich schwindlig. **2)** (bin getanzt), Ü bewege mich froh und leicht: *sie ist nur so durchs Leben getanzt; die Mücken tanzen in der Luft; das Boot tanzt auf den Wellen.* **Tänzer** *der, -s/-,* **Tänzerin** *die, -/-nen,* jeder, der tanzt (auch berufsmäßig). **tänzerisch, 1)** auf den Tanz bezüglich: *tänzerische Gestaltung.* **2)** sich leicht und locker bewegend: *mit tänzerischer Anmut.* **Tanzmusik** *die,* Musik zum Tanzen. **Tanzplatte** *die,* Ü Schallplatte mit Tanzmusik. **Tanzschrift** *die,* Choreographie, Aufzeichnung von Tänzen. **Tanzschritt** *der,* Grundform des Tanzes. **Tanzsport** *der,* wettkampfmäßige Form des Gesellschaftstanzes. **Tanzstunde** *die,* Unterricht im Tanzen.

Tao [chines. ›Bahn‹, ›Weg‹] *das, -s,* grundlegender Begriff der chines. Philosophie. **Taoismus** [vgl. . . .ismus] *der,* philosoph. und religiöse Lehre in China.

Tape [teip, engl.] *das,* auch *der, -/-s,* Band, Tonband. **Tapedeck** [t'eip-, engl. deck ›Deck‹, ›oberer Teil‹] *das, -s/-s,* Tonbandgerät (ohne Verstärker und Lautsprecher): *Hi-Fi-Tapedeck.*

Tapen *der, -s/-, schweiz.:* Schlag auf den Fingerknöchel (zur Strafe).

Tapergreis [zu tappen] *der,* Ü gebrechlicher alter Mann. **tap(e)rig,** Ü gebrechlich und unbeholfen (aus Altersschwäche). **tapern,** *ich* tap(e)re (habe, bin getapert), Ü bin ungeschickt, bewege mich unbeholfen.

Tapet [frz. tapis, zu spätlat. tapetum ›Wandteppich‹, grch. tapes] *das, -(e)s/-e,* Tischdecke in Sitzungszimmern: *er will es aufs T. bringen,* Ü zur Sprache, zur Verhandlung. **Tapete** *die, -/-n,* Wandbekleidung, meist aus Papier, Abb. W4: *Rauhfasertapete; Tapetenmuster; er wechselt gern die Tapeten, hat gern Tapetenwechsel,* Ü wechselt gern die Umgebung. **Tapetentür**

die, in gleicher Art wie die Wand verkleidete Tür. **tapezieren,** *ich* tapeziere (habe tapeziert) *es,* beklebe mit Tapeten. **Tapezierer** *der, -s/-,* Handwerker, der Innenräume ausgestaltet.

Tapfe [zu Stapfe] *die, -/-n,* **Tapfen** *der, -s/-,* Fußspur.

tapfer [ahd. tapfar ›schwer‹, ›(ge)wichtig‹], **1)** mutig, furchtlos, kühn: *tapf(e)re Männer; sie hat die Schmerzen t. ertragen.* **2)** ⚮ tüchtig, wacker, gründlich: *er kann t. trinken.* **Tapferkeit** *die, -:* Tapferkeitsmedaille.

Tapioka [Tupí] *die, -,* gekörntes Mehl aus Maniokwurzeln, bes. Suppeneinlage.

Tapir [Tupí] *der, -s/-e,* 🐗 ein Unpaarhufer mit kurzem Rüssel.

Tapisserie [vgl. Tapet] *die, -/. . .r'i|en,* urspr. Herstellung von Wandteppichen und Tapeten, heute Weiß- und Buntstickerei.

tapp, Schallwort für leise stampfende Geräusche, bes. Schritte. **Tapp, 1)** *der, -(e)s/-e, niederdt.:* leichter Schlag, Stoß. **2)** *das, -s/-,* Tarock. **Tappe** [mhd. tape ›Pfote‹], **1)** *der, -n/-n, bair.:* Tölpel. **2)** *die, -/-n, niederdt., mitteldt.:* Tapfe. **tappen,** *ich* tappe (habe, bin getappt), gehe unsicher oder ungelenk, taste mich weiter: *wir tappen im dunkeln,* Ü sind unsicher, wissen (noch) nichts Genaues. **tapp(e)rig, tappig, täppisch, taprig,** Ü ungeschickt, tolpatschig. **Taps** *der, -es/-e,* Ü **1)** Tapfe. **2)** Tölpel. **tapsen,** *ich* tapse (habe, bin getapst), Ü gehe unbeholfen. **tapsig,** U unbeholfen, tapperig.

Tara [ital. tara, zu arab. tarh ›Abzug‹] *die, -/. . .ren,* Zeichen: T, Gewicht der Verpackung einer Ware.

Tarantel [mhd. tarant, zu ital. tarantola; nach ihrem Vorkommen bei Tarent] *die, -/-n,* eine Wolfsspinne: *sie sprang auf wie von der T. gestochen,* Ü plötzlich und heftig. **Tarantella** *die, -/. . .len* oder *-s,* süditalien. Volkstanz im ³/4- oder ⁶/8-Takt.

Tarbusch [arab. tarbus] *der, -(e)s/-e,* arab. Bez. für: Fes. **tardando** [ital.], ♩ zögernd.

Tardenoisien [tardənwasj'ɛ̃, nach der französ. Landschaft Tardenois im Pariser Becken] *das, -s,* Formengruppe der Mittel- und Jungsteinzeit.

Taren, *Pl.* von Tara.

targen, *ich* targe (habe getarget), *schweiz.:* schmiere, sudele, menge.

Target [engl. ›Zielscheibe‹] *das, -s/-s,* Ziel; Bestrahlungsobjekt zur Auslösung von Kernreaktionen.

Targi *der, -(s), Sg.* von Tuareg.

tarieren [zu Tara] *ich* tariere (habe tariert) *es,* gleiche das Gewicht einer Verpackung oder eines Gefäßes aus.

Tarif [frz. tarif, zu arab. ta'rif(a) ›Bekanntgabe der Gebühren‹] *der, -s/-e* einheitlich festgelegter Preis für Waren, Lieferungen und Leistungen: *Energietarif; Posttarif; Zolltarif; Tarifautonomie; Tariflohn; Tarifpartner; Tarifpolitik; Tarifrunde; Tarifvertrag; Bezahlung nach T.* **tarifieren,** *ich* tarifiere (habe tarifiert) *es,* **1)** bestimme einen Tarif. **2)** nehme in einen Tarif auf. **tariflich.**

Tarlatan [frz. tarlatane, aus ind.] *der, -s/-e,* durchsichtiges Baumwollgewebe.

tarnen [ahd. tarnan ›verbergen‹], *ich* tarne (habe getarnt)

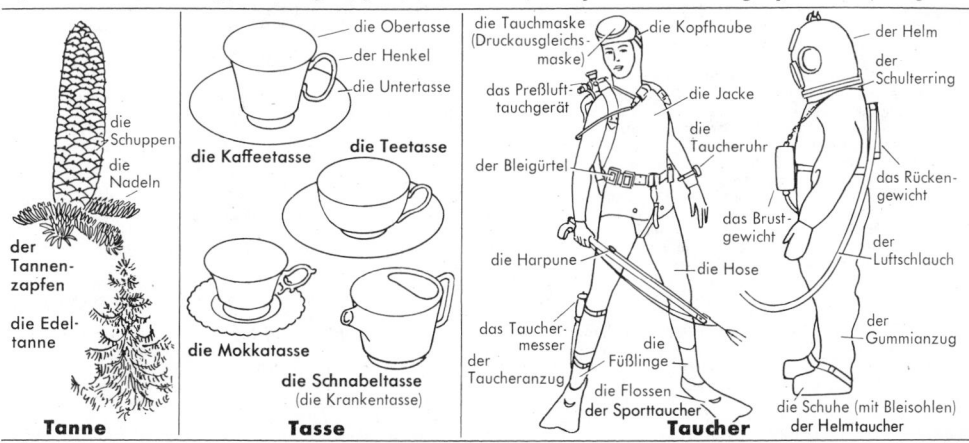

der Tannenzapfen
die Edeltanne
die Schuppen
die Nadeln

Tanne

die Obertasse
der Henkel
die Untertasse
die Kaffeetasse
die Teetasse
die Mokkatasse
die Schnabeltasse
(die Krankentasse)

Tasse

die Tauchmaske (Druckausgleichsmaske)
das Preßlufttauchgerät
der Bleigürtel
die Harpune
das Tauchermesser
der Tauchanzug
die Flossen
der Sporttaucher
die Füßlinge
die Kopfhaube
die Jacke
die Taucheruhr
das Brustgewicht
die Hose

der Helm
der Schulterring
das Rückengewicht
der Luftschlauch
der Gummianzug
die Schuhe (mit Bleisohlen)
der Helmtaucher

Taucher

mich, ihn, es, **1)** decke gegen Sicht, passe der Umgebung an: *durch Vernebelung wurde der Angriff getarnt; Tarnanstrich; Tarnanzug.* **2)** Ü verschleiere, gebe meine wahren Absichten nicht zu erkennen: *er versuchte, seine wirklichen Pläne durch anderslautende Äußerungen zu tarnen.* **Tarnfarben,** *Pl.,* **1)** ⚒ unregelmäßig gemischtes Gelb, Braun und Grün zum Tarnen im Gelände. **2)** 🐾 Schutzfärbung einiger Tiere. **Tarnkappe** *die,* Volkssage: unsichtbar machender Mantel mit Kapuze, Nebelkappe. **Tarnung** *die, -/-en.*

Tarock [ital. tarocco] *das* oder *der, -s/-s,* auch Tapp, Kartenspiel zu dreien. **tarockieren,** *ich tarockiere (habe tarockiert),* **1)** spiele Tarock. **2)** spiele Trumpf aus im Tarock. **Tartane** [ital. tartana] *die, -/-n,* Fischerfahrzeug im Mittelmeer.

Tartar *der, -en/-en,* fälschlich für: Tatar.

Tartaros [grch.], **Tartarus** [lat.] *der, -,* **1)** griech. Mythologie: tiefster Teil der Unterwelt. **2)** Weinstein. **Tar|trate,** *Pl.,* die Salze der Weinsäure. **Tar|trazin** *das, -s/-e,* gelber Farbstoff, z. B. für Wolle und Lebensmittel.

Tartsche [mhd. tarsche, aus afrz.] *die, -/-n,* mittelalterl. Form des Schildes, ABB. R 33.

Tartüff [nach der Komödienfigur Tartuffe von Molière, 1622–1673] *der, -s/-e,* Heuchler, Scheinheiliger.

Täs *der, -/-e(n), schweiz.:* Iltis.

Täschchen *das, -s/-.* **Tasche** [ahd. tasca] *die, -/-n,* **1)** in ein Kleidungsstück eingenähtes oder aufgesetztes Behältnis: *Hosentasche; Manteltasche; sie kann ihn in die T. stecken,* U ist ihm weit überlegen; *er hat den Auftrag bereits in der T.,* U er ist ihm sicher. **2)** kurz für: Geldtasche: *das muß er aus seiner T. bezahlen,* Ü persönlich dafür aufkommen; *er hält die Hände auf der T.,* Ü ist geizig; *der Sohn liegt seinen Eltern noch auf der T.,* Ü wird von ihnen finanziell unterstützt; *er mußte tief in die T. greifen,* U viel Geld ausgeben. **3)** Behältnis, Sack, Mappe oder Köfferchen, oft mit Henkeln, ABB. H 6: *Brieftasche; Einkaufstasche; Handtasche; Reisetasche.* **4)** sackartiger Teil: *Backentasche.* **Täschel** *das, -s/-,* Name einiger Kreuzblüter: *Hirtentäschel; Täschelkraut.* **Taschen. . .,** oft: klein: *Taschenformat, Taschenkalender; Taschenmesser,* ABB. M 13; *Taschenschirm.* **Taschenbuch** *das,* broschiertes Buch, meist in Taschenformat, Pocket-book: *Taschenbuchausgabe.* **Taschendieb** *der,* Dieb, der (meist im Gedränge) Taschen ausplündert. **Taschendiebstahl** *der.* **Taschengeld** *das,* monatlich oder wöchentlich gewährte Geldsumme für kleinere Bedürfnisse. **Taschenlampe** *die,* eine elektrische Handleuchte mit Trockenbatterie, ABB. L 10. **Taschenrechner** *der,* ABB. R 10. **Taschenspieler** *der,* Geschicklichkeitskünstler, Gaukler. **Taschenspielerei** *die.* **Taschentuch** *das,* kleines Tuch zum Naseschneuzen. **Taschenuhr** *die,* in der Tasche (an einer Kette) zu tragende Uhr, ABB. U 1. **Taschlein** *das, -s/-.* **Taschner, Täschner** *der, -s/-,* Hersteller von Handtaschen.

Tase *die, -/-n,* auch Tanse, Tause, *schweiz.:* Tragkübel (für Milch).

TASS *die, -,* Abk. für: Telegrafnoje Agenstwo Sowjetskowo Sojusa, eine sowjet. Nachrichtenagentur.

Täßchen *das, -s/-.* **Tasse** [frz. tasse, aus pers.] *die, -/-n,* ein Trinkgefäß, ABB. T 5: *eine T. Kaffee; Kaffeetasse; Henkeltasse; er hat nicht alle Tassen im Schrank,* U verlangt Unmögliches; hat überspannte Ansichten. **Täßlein** *das, -s/-.*

Tastatur [ital. tastatura] *die, -/-en,* Gesamtheit der Tasten an Klavier, Schreibmaschine u. a., ABB. K 23. **Taste** [ital. tasto] *die, -/-n,* mit dem Finger herabzudrückendes hebelartiges Glied: *Tasteninstrumente; Klaviertaste,* ABB. K 23; *Schreibmaschinentaste,* S 36. **tasten** [mhd. tasten, zu lat. taxare ›berühren‹] *ich taste (habe getastet),* **1)** *es,* befühle es mit der Hand, berühre. **2)** *nach ihm,* suche unsicher, ohne Hilfe der Augen. **3)** *mich,* suche meinen Weg mit den Händen (als Blinder, im Dunkeln): *ich t. mich im Dunkeln zum Ausgang.* **4)** *es,* setze einen Text auf der Tastatur der Setzmaschine. **Tastentelefon** *das,* ABB. F 16. **Taster** *der, -s/-,* **1)** Taste. **2)** Meßzirkel, Greifzirkel. **3)** Organ zum Tasten, z. B. Tasthaar. **Tastsinn** *der, -(e)s,* Fähigkeit, Berührungen zu empfinden, Drucksinn.

tat, von tun. **Tat** [ahd. tat] *die, -/-en,* gewollte Handlung, das Tun und das Getane: *Tatmotiv; Tatwaffe; die befreiende T.; ich werde es durch die T. beweisen; ein Mann der T.,* jemand, der handelt, wenn die Notwendigkeit es erfordert; *man ertappte den Verbrecher auf frischer T.; er wird ihr mit Rat und T. zur Seite stehen,* sie beraten und ihr helfen; *nimm meinen Willen für die T.!; in der T.,* wirklich, wahrhaftig.

Tatar, 1) *der, -en/-en,* fälschlich Tartar, Angehöriger einer türksprachigen Bevölkerungsgruppe in Osteuropa und Westsibirien. **2)** *das, -(s),* rohes, gehacktes Rindfleisch: *Tatarbeefsteak.* **tatarisch,** auf die Tataren bezüglich. **tatauieren,** tätowieren.

Tatbestand *der,* ⚖ alle Merkmale einer strafbaren Handlung. **Tateinheit** *die,* ⚖ Idealkonkurrenz, Verletzung mehrerer Strafgesetze oder die mehrfache Verletzung desselben Strafgesetzes durch dieselbe Handlung. **Tatendrang** *der,* **Tatendurst** *der,* Unternehmungsgeist: *sein T. ließ auch im Alter nicht nach.* **tatendurstig. tatenfroh,** unternehmungslustig. **tatenlos,** ohne zu handeln: *er sah t. zu.* **Tatenlosigkeit** *die, -.* **Täter** *der, -s/-,* **Täterin** *die, -/-nen,* jemand, der eine (strafbare) Tat begangen hat, Schuldige(r). **Täterschaft** *die, -,* Verantwortlichkeit für eine (strafbare) Tat: *er leugnet die T.* **Tatform** *die,* Aktiv, Tätigkeitsform, Form des Verbs, ÜBERS. V 2. **tätig,** wirkend, schaffend, handelnd: *er soll an einer Zeitung t. sein; tätige Reue,* ⚖ Abwendung des Erfolges einer Straftat durch Eingriffe des Täters. **tätigen,** *ich tätige (habe getätigt) ein Geschäft (einen Einkauf),* schließe ab, wickle ab. **Tätigkeit** *die, -/-en,* Handlung, Arbeit, Beschäftigung, Wirksamkeit: *hauswirtschaftliche Tätigkeiten; Tätigkeitsdrang; Bürotätigkeit.* **Tätigkeitsform** *die,* Tatform, Aktiv.

Tatjana [russ.], weibl. Vorname.

Tatkraft *die, -,* Fähigkeit zu Leistungen, Entschlossenheit, Energie. **tatkräftig,** *tatkräftige Hilfe.* **tätlich,** handgreiflich: *er wurde t. gegen ihn,* griff ihn an, schlug ihn. **Tätlichkeit** *die, -/-en: es kam zu Tätlichkeiten.* **Tatmehrheit** *die,* ⚖ Realkonkurrenz, Verletzung mehrerer Strafgesetze oder die mehrfache Verletzung desselben Strafgesetzes durch mehrere selbständige Handlungen. **Tatort** *der, -(e)s/-e,* wo eine (strafbare) Tat begangen wurde: *Lokaltermin am T.*

tätowieren [samoanisch ta tatau ›richtig schlagen‹], *ich tätowiere (habe tätowiert) ihn, mich,* auch tatauiere, bringe Farbstoffe unter die eingeritzte Haut in Mustern oder Zeichnungen. **Tätowierung** *die, -/-en,* **1)** das Tätowieren. **2)** tätowiertes Muster.

Tatsache *die,* etwas Wirkliches, Geschehenes, Feststehendes: *Tatsachenbericht; Tatsachen muß man beweisen können; ich wurde vor vollendete Tatsachen gestellt,* man teilte mir die Sache erst mit, als sie bereits geschehen war; *du verdrehst die Tatsachen; bleib auf dem Boden der Tatsachen!,* halte dich an Geschehenes, bleib sachlich! **tatsächlich** [auch -s'ɛ-], wirklich, sicher, verbürgt: *die tatsächlichen politischen Verhältnisse; er hat t. recht.* **Tatsächlichkeit** *die, -.*

Tätsch *der, -(e)s/-e, oberdt.:* **1)** Eierkuchen. **2)** Schlag. **3)** Breitgedrücktes. **Tatsche** *die, -/-n, oberdt.:* Tatze, Hand. **tätscheln,** *ich tätsch(e)le (habe getätschelt) ihn, es,* streichle, klopfe liebkosend. **Tätschkerln,** *Pl., oberdt.:* mit Pflaumenmus gefüllte Teigtaschen: *Powidltatscherln.*

Tatterich [Schallw.] *der, -s,* U das Zittern, bes. aus Altersschwäche: *er hat den T.* **tatt(e)rig. tattern,** *ich tatt(e)re (habe getattert), norddt.:* zittere. **tättern,** *ich tätt(e)re (habe getättert), ostmitteldt.:* rede aufgeregt und pausenlos.

Tattersall [nach dem engl. Trainer R. Tattersall, 1724 bis 1795] *der, -s/-s,* Reitschule mit Pflege und Verkauf von Pferden.

Tattoo [tæt'u:, engl.] *das, -(s)/-s,* Zapfenstreich. **tattrig,** tatterig.

Tatverdacht *der: es liegt dringender T. vor.* **tatverdächtig. Tatverdächtige** *der, die, -n/-n, ein r, eine -.*

Tätzchen *das, -s/-.* **Tatze** [mhd. tatze] *die, -/-n,* **1)** Hand und Fuß bei Bären. **2)** U plumpe Hand. **Tatzelwurm** *der, -(e)s,* auch Tazelwurm, sagenhaftes Kriechtier. **Tatzen** *der, -s/-, schweiz.:* Schlag. bes. auf die Hand, als Strafe.

Tau *das, -(s)/-s,* griech. Buchstabe, ÜBERS. G 36.

Tau [ahd. tou] *der, -(e)s,* ein an der Erdoberfläche während der Nacht entstehender wäßriger Niederschlag; Sinnbild der Erquickung, wohltuender Milde: *diese Nacht fiel T.; vor T. und Tag,* P am frühen Morgen; *die Wiesen sind taubenetzt; Tautreten.*

Tau [mnd. touwe] *das, -(e)s/-e,* ein dickes Seil: *ein Schiff liegt an Tauen fest.*

taub [ahd. toub], **1)** unfähig zu hören: *er war mit fünfzig Jahren schon völlig t.;* nicht willens zu hören: *er ist t. gegen alle guten Ratschläge; bei ihm wirst du tauben Ohren predigen; auf dem Ohr ist er t.,* U von etwas nicht hören od. nichts wissen. **2)** leer, gehaltlos, matt: *eine taube Nuß,* ohne Kern; *der Kürbis blüht t.,* gibt keine Früchte; *die Schicht ist t.,* ohne nutzbare Mineralien; *taubes Metall,* mattes, ohne Glanz; *taube Flut,* ganz schwache,

3) von Gliedmaßen: ohne Empfindung. **4)** *alem.:* zornig. **taubblind,** taub und blind. **Taubblinde** *der, die: Taubblindenunterricht.* **Taubblindheit** *die.*
Täubchen *das, -s/-: mein T.!,* Kosewort. **Taube** [ahd. tuba] *die, -/-n,* in gemäßigten und trop. Gebieten weitverbreiteter Vogel; Sinnbild der Unschuld und des Friedens: *sie ist sanft wie eine T.; er wartet, daß ihm die gebratenen Tauben in den Mund fliegen,* Ü will mühelos viel erreichen.
täubeln, *ich* täub(e)le (habe getäubel[e]t), *schweiz.:* grolle.
taubenblau, taubengrau, taubengrau, blaugrau. **Taubenschlag** *der,* Stall für Tauben mit Ausflugluken und Anflugbrettern, ABB. B 14: *hier geht's zu wie in einem T.,* Ü herrscht fortwährendes Kommen und Gehen. **Tauber, Täuber** *der, -s/-,* **Tauberich, Täuberich** *der, -(e)s/-e,* männl. Taube.
Taubheit [zu taub] *die, -,* die Unfähigkeit zu hören.
Täubi *die, -, schweiz.:* Zorn.
Täublein *das, -s/-,* Diminutiv zu Taube. **Täubling** [wegen der Färbung] *der, -s/-e,* ein Blätterpilz.
Taubnessel [zu taub] *die,* ⊕ nesselblättriger, doch nicht brennender Lippenblüter. **taubstumm. Taubstumme** *der, die,* jemand, der infolge angeborener oder früh eingetretener Taubheit nicht sprechen gelernt hat: *Taubstummensprache,* eine Gebärdensprache. **Taubstummheit** *die.*
tauchen [mhd. touchen], *ich* tauche, **1)** (habe, bin getaucht), gehe oder bleibe unter Wasser: *ich bin bis auf den Grund getaucht; die Lunge kannst du tauchen?; Tauchsport.* **2)** (habe getaucht) *ihn, es in etwas,* halte, stecke in eine Flüssigkeit: *ich t. die Hände ins Wasser; die Berge waren in Nebel getaucht,* Ü.
Tauchen *das, -s,* Aufenthalt unter Wasser: *Sporttauchen; Streckentauchen; Tiefseetauchen.* **Tauchlente** *die,* eine Ente, die ihre Nahrung vom Boden der Gewässer holt. **Taucher** *der, -s/-,* **1)** jemand, der im Tauchen ausgebildet ist, ABB. T 5: *Taucheranzug.* **2)** ein Schwimmvogel. **Taucherglocke** *die,* stählerner Raum für Arbeiten unter Wasser. **Tauchretter** *der,* kleines Tauchgerät zum Selbstretten aus gesunkenen U-Booten. **Tauchsieder** *der,* elektr. Gerät zum Erhitzen von Flüssigkeiten, ABB. K 50. **Tauchtiefe** *die,* zulässiger Tiefgang eines Schiffs je nach Wasserstand.
tauen [ahd. douwen], *es* taut (hat getaut), **1)** Tau setzt sich an: *es hat in der Nacht getaut.* **2)** Schnee und Eis schmelzen: *jetzt t. es schon an den Nordhängen.*
tauen [zu Tau, Seil], *ich* taue (habe getaut) *ein Schiff, niederdt.:* schleppe.
täuen, *ich* täue (habe getäuet) *es, schweiz.:* verdaue.
Tauen [mhd. tauwen, vgl. Tauner] *der, -s/-, alem.:* Tagwerk, Morgen.
Taulende [zu Tau, Seil] *das:* du wirst noch das T. kosten, ⤳ Prügel kriegen. **Tauerei** *die, -/-en,* ⤳ Kettenschleppschiffahrt, Seilschiffahrt.
Taufbecken *das,* Taufstein. **Taufe** [ahd. toufha, zu got. daupjan ›eintauchen‹] *die, -/-n,* **1)** Sakrament der Aufnahme in die christl. Kirche: *das Kind wurde aus der T. gehoben,* P; *Taufgelübde.* **2)** allgemein: Namengebung: *beim Stapellauf erhält das Schiff seine T.* **taufen** [ahd. toufen], *ich* taufe (habe getauft), **1)** *ihn, es,* gebe ihm die Taufe, benenne: *getauft,* Abk.: get.; *auf welchen Namen wird er getauft?* **2)** *Wein,* Ü verwässere. **Täufer** *der, -s/-,* **1)** Beiname des Johannes, der Christus taufte. **2)** kurz für: Wiedertäufer. **Taufgesinnte** *der, die, -n/-n, ein-r, eine-,* Mennonit. **Taufling** *der, -s/-e,* jemand, der die Taufe empfangen soll. **Taufname** *der,* Vorname. **Taufpate** *der,* Pate.
tau|frisch, Ü ganz frisch.
Taufschein *der,* Urkunde über erfolgte Taufe. **Taufstein** *der,* Taufbecken, auf einem Sockel stehendes Becken für das Taufwasser, ABB. B 16. **Taufwasser** *das,* geweihtes Wasser für die Taufe.
taugen [ahd. tugan], *ich* tauge (habe getaugt), **1)** *etwas,* bin etwas wert, bin gut, brauchbar: *das taugt nichts, ist unbrauchbar, wertlos; er taugt nicht viel in der Schule,* Ü ist ein schlechter Schüler. **2)** *zu etwas,* für ihn, bin geeignet: *zu dieser Arbeit taugen nur gesunde Leute.* **Taugenichts** *der, -(es)/-e,* Tunichtgut, Nichtsnutz, Faulpelz. **tauglich** *zu etwas,* geeignet, brauchbar. **Tauglichkeit** *die, -: Tauglichkeitsgrad.*
Taumel *der, -s/-,* **1)** Benommenheit, Schwindel, Rausch, Betäubung. **2)** Ü Überschwang der Gefühle: *im T. der Begeisterung; Freudentaumel.* **taum(e)lig,** *mir ist t.,* schwind(e)lig. **taumeln** [ahd. tumilon], *ich* taum(e)le (habe, bin getaumelt), gehe schwankend wie im Rausch, halb bewußtlos: *er taumelte, als er das Krankenbett verließ.*
Tauner [zu spätmhd. tagewan ›Tagwerk‹] *der, -s/-, schweiz.:* Tagelöhner.

Taupunkt [zu tauen] *der,* die Temperatur, bei der bei fortschreitender Abkühlung die Luft gerade mit Wasserdampf gesättigt ist.
tausam, *schweiz.:* verblüfft, sprachlos.
Tausch *der, -es/-e,* Hingabe eines Gutes gegen Überlassung eines anderen, Geben auf Wechselseitigkeit: *Tauschgeschäft; Tauschhandel; Wohnungstausch; ich habe einen guten T. gemacht.* **tauschen** [mhd. tuschen, zu täuschen], *ich* tausche (habe getauscht), **1)** *es,* gebe etwas als Gegengabe: *wir tauschen Briefmarken.* **2)** *mit ihm,* tue, was bisher er tat, und umgekehrt: *ich möchte nicht mit ihm tauschen,* nicht sein Leben führen; *sie hat die Hausfrauenrolle mit ihrem Mann getauscht.*
täuschen [mhd. tiuschen ›sein Gespött mit jemandem treiben‹], *ich* täusche (habe getäuscht), **1)** *ihn,* führe irre, betrüge, spiegele ihm etwas vor: *er suchte den Lehrer zu täuschen; alle Hoffnungen haben mich getäuscht,* sich nicht für mich erfüllt; *wenn mich nicht alles täuscht, sind wir uns schon einmal begegnet; sie sind ihrer Mutter täuschend ähnlich,* zum Verwechseln ähnlich. **2)** *mich,* irre mich: *er war es gar nicht, ich muß mich getäuscht haben; ich habe mich in ihm sehr getäuscht,* falsche Erwartungen an ihn gesetzt. **Täuscher** *der, -s/-,* **1)** Betrüger. **2)** ⚥ Händler: *Roßtäuscher,* Pferdehändler.
tauschieren [ital. tausia ›Einlegearbeit‹, zu arab. taušīa ›Färbung‹], *ich* tauschiere (habe tauschiert) *es,* verziere die Oberflächen von Metallgegenständen durch Einlagen mit andersfarbigen, meist edleren Metallen. **Tauschierung** *die, -/-en.*
Täuschung [zu täuschen] *die, -/-en,* **1)** Irrtum: *Täuschungsmanöver;* Sinnestäuschung. **2)** Betrug: *arglistige T.,* ⚖⚖.
Tause *die, -/-n, schweiz.:* Tase.
tausend (1000) [ahd. dusunt], röm. Zahlzeichen: M, zehn mal hundert, ÜBERS. Z 1, Kleinschreibung: *t. Studenten; an die t. Studenten; abertausend Studenten,* viele tausend, vgl. aber; Ü sehr viel: *t. Dank; t. Grüße; ich müßte t. Dinge auf einmal tun.* **2)** Großschreibung: *ein paar Tausend; einige, viele Tausende; Tausende von Kindern; sie kamen zu Hunderten und Tausenden; Menschen zu Tausenden,* in Massen; *es geht in die Tausende.* **3)** in Verbindung mit Zahlwörtern: *einige, mehrere, ein paar t. Menschen;* aber Zusammenschreibung mit bestimmten Zahlwörtern: *eintausend; tausend(und)zwanzig.*
Tausend, 1) *die, -/-en,* Börse: Abk.: T, die Zahl 1000. **2)** *das, -s/-e,* Abk.: Tsd., die Maßeinheit 1000: *vom Tausend,* Abk.: v. T., pro mille, Abk.: p. m., Zeichen: ‰. **Tausendblatt** *das,* eine Wasserpflanze. **Tausender** *der, -s/-,* **1)** viertletzte Ziffer einer mehrstelligen Zahl. **2)** 1000 Mark, Tausendmarkschein. **tausenderlei** [auch t'au-], nicht flektierbar, Ü unzählige Möglichkeiten betreffend: *er hat t. Dinge im Kopf.* **tausendfach** (1000fach), tausendmal soviel. **Tausendfache** *das, -n, ein -s: um das T.* vergrößert. **tausendfältig,** tausendfach. **Tausendfüß(l)er** *der, -s/-,* vielbeiniger Gliederfüßer. **Tausendgüldenkraut** *das,* ein Enziangewächs. **tausendjährig** (1000jährig), 1000 Jahre alt: *das tausendjährige Reich,* Zeit der nationalsozialist. Herrschaft; aber: *das Tausendjährige Reich,* B das Reich nach Christi Wiederkunft. **Tausendkünstler** *der,* oft abwertend: jemand, der vieles kann und sich stets zu helfen weiß. **tausendmal** (1000mal), tausendfach wiederholt, mit 1000 malgenommen; aber: *ich danke Ihnen t.; ich habe es dir schon t. gesagt,* Ü immer wieder; aber: *tausend mal tausend ist eine Million.* **tausendmalig.** **Tausendsas(s)a** *der, -s/-s,* Ü vielseitiger Mensch; Draufgänger. **Tausendschön** *das, -s/-,* Name verschiedener Pflanzen. **tausendste, Tausendste** *das, -s, -n/-n: das tausendste Mitglied;* aber: *er kommt leicht vom Hundertsten ins Tausendste,* Ü schweift ab; *vielleicht jeder Tausendste würde zustimmen;* vgl. ÜBERS. Z 1. **tausendstel, Tausendstel** *das, -s/-,* vgl. ÜBERS. Z 1. **tausendstens,** an tausendster Stelle stehend. **tausend(und)eins** (1001); aber: *die Märchen aus Tausendundeiner Nacht,* arab. Märchensammlung.
Tautazismus [grch. to auto ›dasselbe‹ und vgl. . . . ismus] *der, -/. . . men,* häufiges Vorkommen ähnl. Laute, bes. am Anfang aufeinanderfolgender Wörter. **Tautologie** [vgl. . . . logie] *die, -/. . . g'i|en,* Bez. einer Sache durch mehrere gleichbedeutende Ausdrücke, z. B. kleiner Zwerg. **tautologisch. Tautomerie** [grch. meros ›Teil‹] *die, -/. . . r'i|en,* eine Form der Isomerie.
Tauwerk *das, -(e)s,* Gesamtheit der Taue (eines Schiffes).
Tauwetter [zu tauen] *das,* **1)** Witterung, bei der Schnee und Eis schmelzen: *das plötzliche T. hat die Lawinengefahr erhöht.* **2)** Ü Bez. für eine innenpolit. Liberalisierung (im Ostblock); Aufweichung verhärteter Fronten.

Tauziehen das, -s, volkstümliche sportl. Übung: die Tarifpartner einigten sich nach längerem T., Ü.

Taverne [mhd. taverne, ital. taverna, aus lat. taberna ›Hütte‹] die, -/-n, auch Taberne, Schenke, Kneipe.

Taxameter [Taxe und grch. metron ›Maß‹] der, -s/-, **1)** Fahrpreisanzeiger für Mietwagen. **2)** ∞ Taxi, Taxe. **Taxation** die, -/-en, Schätzung, Taxwert. **Taxator** der, -s/. . . t'oren, jemand, der (amtlich) etwas taxiert. **Taxe** [mlat. taxare ›abschätzen‹] die, -/-n, **1)** Schätzung, Wertbestimmung. **2)** Preisfestsetzung. **3)** Gebühr, Abgabe: Kurtaxe. **4)** Taxi. **Taxi** das, -s/-s, auch Taxe, Kurzw. für: Taxameter(droschke), motorisierter Mietwagen, bes. Kraftfahrzeug zur gewerbsmäßigen Beförderung von Fahrgästen: Taxifahrer; Taxizentrale; Funktaxi.

Taxidermie [vgl. Taxis und grch. derma ›Haut‹] die, -, das Haltbarmachen toter Tierkörper, z. B. die Dermatoplastik.

taxieren, ich taxiere (habe taxiert) ihn, es, schätze ein: ich lasse das Bild taxieren; ein taxierender Blick. **Taxigirl** [t'æksigə:l, engl.] das, Mädchen, das in Tanzlokalen als Tanzpartnerin angestellt ist.

Taxis [grch. ›Ordnung‹] die, -/. . . x'i|en, Biologie: eine Form der Raumorientierung frei beweglicher Lebewesen.

Taxiway [t'æksiwei, engl.] der, -s/-s, ⊥ Rollweg zwischen Start- und Landebahn und den Abfertigungsanlagen.

Taxonomie [grch. nomos ›Gesetz‹] die, -,⁻1) Biologie: Erklärung und Benennung systemat. Einheiten. **2)** Ⓢ Klassifikation sprachlicher (z. B. grammatischer, semantischer) Einheiten.

Taxus [lat.] der, -/-, ⚘ Eibe: Taxushecke.

Taxwert [zu Taxe] der, Schätzungswert, Schätzwert.

Tayacien [tajasj'ɛ̃, nach dem Dorf Tayac im französ. Dép. Dordogne] das, -(s), Formengruppe der Altsteinzeit.

Tazette [ital. tazetta] die, -/-n, eine Narzisse.

Tazzelwurm der, Nebenform von Tatzelwurm.

Tb, ↻ Zeichen für: Terbium.

Tb, Tbc, Abk. für: Tuberkulose: Tb-krank, Tbc-krank.

Tc, ↻ Zeichen für: Technetium.

Te, ↻ Zeichen für: Tellur.

Teach-in [ti:tʃ'in, engl. to teach ›lehren‹ und in ›in‹] das, -(s)/-(s), Form der (polit.) Demonstration, die Aufklärung und Stellungnahme durch Vortrag und Diskussion bezweckt.

Teak [ti:k, engl., aus tamil. tekku] das, -s, kurz für: Teakholz.

Teakbaum [t'i:k-] der, in trop. Baum. **Teakholz** [t'i:k-] das, termitenfestes Nutzholz des Teakbaumes.

Team [ti:m, engl.] das, -s/-s, **1)** Arbeitsgruppe: ein gut aufeinander eingespieltes T.; Forschungsteam; Ärzteteam. **2)** ✕ Mannschaft: Teamgeist. **Teamwork** [t'i:mwə:k, engl. work ›Arbeit‹] das, -s, Teamarbeit, Gemeinschaftsarbeit.

Tea-room [t'iru:m, engl.] der, schweiz. auch das, -s/-s, **1)** Teestube. **2)** schweiz.: Café; Imbißstube.

Technetium [grch. technetos ›künstlich‹] das, -s, ↻ Element, Zeichen: Tc, früher: Masurium, künstliches radioaktives Metall.

Technik [neulat. technica, zu grch. techne ›Kunst‹, ›Fertigkeit‹] die, -/-en, **1)** ohne Pl., alle schöpferischen Maßnahmen, Verfahren, Einrichtungen zur Beherrschung und zweckmäßigen Nutzung der Naturgesetze und der von der Natur gebotenen Energien und Rohstoffe: das Zeitalter der T.; Elektrotechnik; Verkehrstechnik. **2)** ohne Pl., Mechanik einer Maschine: eine Einführung in die T. des Kraftfahrzeugs. **3)** die Kunstfertigkeit in der Beherrschung der Regeln und Mittel einer Tätigkeit: jede Kunst hat ihre T.; sie beherrscht die T. des Klavierspiels; sein Geigenspiel zeigte nur T. **Techniker** der, -s/-, **1)** jemand, der in der Technik tätig ist, bes. in einer Stellung zwischen Facharbeiter und Ingenieur. **2)** jemand, der die Regeln, Kunstgriffe einer Tätigkeit beherrscht: der Skifahrer ist vor allem ein guter T. **Technikum** das, -s/. . . ken oder . . . ka, Technikerschule, Fachschule zur Ausbildung von Technikern. **technisch,** technische Assistentin; technischer Fortschritt; technische Fachsprache; technischer Zeichner; aber: die Technische Hochschule, Abk.: TH; Technische Überwachungsverein, Abk.: TÜV; Technische Universität, Abk.: TU. **technisieren,** ich technisiere (habe technisiert) es; setze technische Mittel ein, statte mit techn. Betrieb um. **Technisierung** die, -.

Technizismus [vgl. . . . ismus] der, -/. . . men, techn. Ausdruck. **Techno|krat** der, -en/-en, **Techno|kratie** [grch. kratein ›herrschen‹] die, -, Übergewicht von Technik und Wirtschaft über Politik, soziale und kulturelle Bereiche. **techno|kratisch. Technologe** [vgl. . . . loge] der, -en/-en. **Technologie** [vgl. . . . logie] die, -/. . . g'i|en, **1)** ohne Pl.,

Lehre von der Entwicklung der Technik in ihren gesellschaftl. Zusammenhängen. **2)** Lehre und Anwendung der techn. Produktionsverfahren: chemische T.; Technologietransfer. **3)** auch für: Technik. **technologisch.**

Techtelmechtel [auch t'ɛç-, wohl zu ital. teco meco ›(ich) mit dir, (du) mit mir‹] das, -s/-, Ü Liebelei, Liebschaft.

Teckel der, -s/-, Dackel.

Teddy [engl., eigtl. Kurzform für Theodor] der, -s/-s, **1)** Stoffbär, ein Kinderspielzeug: Teddybär. **2)** ohne Pl., ein Stoff mit langem Flor: Teddyfutter.

Tedeum [lat. Te Deum laudamus ›Gott, dich loben wir‹] das, -s/-s, alter kirchl. Lob- und Bittgesang.

Tee [niederl. thee, aus chines.] der, -s/-s,**1)** die aufbereiteten Blätter des Teestrauchs. **2)** Aufguß daraus; Genußmittel: schwarzer T. **3)** getrocknete Teile anderer Pflanzen und deren Aufguß: Kräutertee. **4)** geselliges Beisammensein am späten Nachmittag: Teestunde; Tanztee; Einladung zum T. **5)** Ü Marihuana.

TEE [te:e:e:], Zeichen für: Trans-Europ-Express.

Tee-Ei das, kleiner durchlöcherter Behälter für Teeblätter.

Teekessel der, **1)** Kessel zum Teekochen. **2)** Gesellschaftsspiel, Ratespiel. **Teelicht** das, flache Kerze für Rechauds. **Teelöffel** der, kleiner Löffel: teelöffelweise.

Teen [ti:n, engl.] der, -s/-s, **Teen|ager** [t'i:neidʒə] der, -s/-, Jugendliche(r) zwischen 13 und 19 Jahren.

Teer [aus niederdt., zu got. triu ›Baum‹] der, -s/-e, durch trockene Destillation von Kohle, Holz u. a. gewonnene zähflüssige Masse: Teerpappe; Teerfarbstoff. **teeren,** ich teere (habe geteert) es, bestreiche, tränke mit Teer. **teerig,** wie Teer, klebrig. **Teerjacke** die, Spitzname für Matrose.

Teerose die, eine gelbblühende Rose.

Teerseife die, Nadelholzteer enthaltende keimtötende Seife.

Teestrauch der, trop. und subtrop. Strauch, eine Nutzpflanze. **Teewagen** der, Servierwagen, ABB. W 14. **Teewurst** die, feine Mettwurst.

Tefilla [hebr.] die, -/. . . fill'oth, jüd. Gebetbuch. **Tefillin,** Pl., jüd. Gebetsriemen.

Teflon das, -s, Handelsname für Erzeugnisse aus Polytetrafluoräthylen: eine teflonbeschichtete Pfanne.

Teich [mhd. tich, mundartl. zu Deich] der, -(e)s/-e, kleines stehendes Gewässer, ABB. D 10, P 3: er fährt über den großen T., Ü über den Atlant. Ozean.

Teichrose die, Seerose. **Teichwirtschaft** die, Fischzucht in Teichen.

Teiding [mhd. tagedinc, teidinc] das, -s/-e, ∞ **1)** Verhandlung; Übereinkunft. **2)** unnützes Geschwätz. **teidi(n)gen** [mhd. teidingen], ich teidi(n)ge (habe geteidi[n]gt), ∞.

teig [mhd. teic, teic ›weich‹, oberdt.] **1)** überreif (Obst). **2)** unausgebacken (Gebäck). **3)** schweiz. auch Ü: müde, abgespannt. **Teig** der, -(e)s/-e, **1)** zum Backen oder für Teigwaren angesetztes Gemisch: der T. muß noch gehen. **2)** allgemein: zäher Brei. **teigig,** weich wie Teig. **Teigwaren,** Pl., Nahrungsmittel aus Mehl oder Grieß u. a., Nudeln.

Teil [ahd. teil], **1)** der, -(e)s/-e, Stück vom Ganzen: Anzeigenteil; Körperteil; Teilansicht; Teilgebiet; Teilstrecke; Teilzeitarbeit; Teilzeitschule; der untere T. des Hauses; ein teilmöbliertes Zimmer; der dritte T. von 12; ein gut T.; zum Teil, Abk.: z. T. **2)** der, -(e)s/-e, Anteil: der Erbschaft ist jedem sein T. zugeschrieben; sie haben zu gleichen Teilen geerbt; der hat sein(en) T., hat sein Teil, auch: ihm zukommt, bes. seinen T. kennt; sein(en) T., was mich betrifft; von mir aus; ich habe kein(en) T. daran, bin unschuldig, tue nichts dazu oder bekomme nichts davon; er hat sein(en) T. dazu beigetragen; der hat das (den) bessere(n) T. erwählt. **3)** das, -(e)s/-e, als selbständig verstandenes Stück eines Ganzen: Ersatzteil; Geschlechtsteil; Zusatzteil; das defekte T. wird ausgetauscht. **teilbar, 1)** zerlegbar. **2)** △ in ganze Zahlen zerlegbar: 6 ist t. durch 3 und 2. **Teilbarkeit** die, -. **Teilbereich** der, Streikaufruf wurde nicht in allen Teilbereichen befolgt. **Teilchen** das, -s/-, **1)** Diminutiv zu Teil. **2)** kleinster Bestandteil der Materie, z. B. Atom: Elementarteilchen. **3)** Ü Gebäck: Kaffeeteilchen; Hefeteilchen. **Teilchenbeschleuniger** der, Kernphysik: Gerät oder Anlage zur Beschleunigung elektrisch geladener Teilchen auf höchste Energie. **Teilchenzählung** die, Kernphysik: die Aufzeichnung von Teilchen mittels geeigneter Detektoren. **teilen** [ahd. teilen], ich teile (habe geteilt), **1)** es, zerlege, zertrenne in Teile: der Fluß teilt die Stadt; ich t. den Apfel in zwei Hälften. **2)** es mit ihm, mich mit ihm in etwas, gebe ihm davon ab, wir nehmen jeder davon etwas: er teilt mit einem anderen Studenten das Zimmer, sie teilen

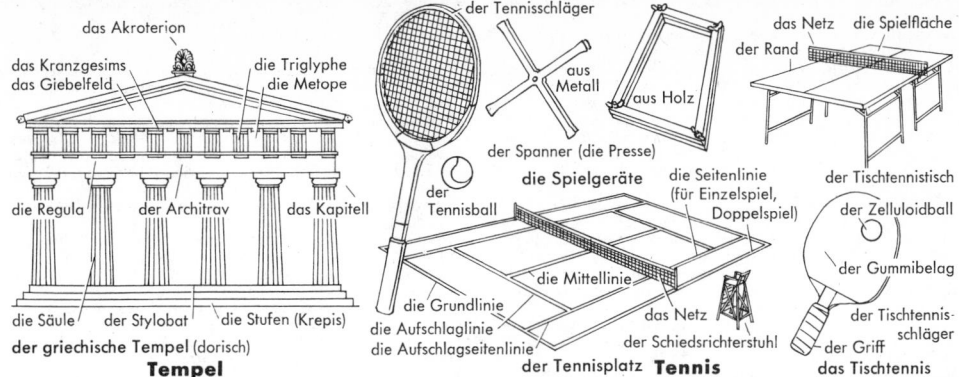

der griechische Tempel (dorisch)
Tempel

Labels: das Akroterion; das Kranzgesims; das Giebelfeld; die Triglyphe; die Metope; die Regula; der Architrav; das Kapitell; die Säule; der Stylobat; die Stufen (Krepis)

Tennis — der Tennisschläger; aus Metall; aus Holz; der Spanner (die Presse); **die Spielgeräte**; der Tennisball; der Tennisplatz; die Seitenlinie (für Einzelspiel, Doppelspiel); die Mittellinie; die Grundlinie; die Aufschlaglinie; die Aufschlagseitenlinie; das Netz; der Schiedsrichterstuhl

das Tischtennis — das Netz; die Spielfläche; der Rand; der Tischtennistisch; der Zelluloidball; der Gummibelag; der Tischtennisschläger; der Griff

---

sich in das Zimmer, sie bewohnen es gemeinsam; *geteilte Freude ist doppelte Freude,* Ü; *wir waren geteilter Ansicht, Meinung,* Ü verschiedener. **3)** *eine Zahl durch eine andere,* zerlege eine Zahl in gleiche Teile, dividiere: *27 geteilt durch 9 ist 3 (27:9=3).* **Teiler** *der, -s/-,* △ eine ganze Zahl, die in einer anderen ganzen Zahl ohne Rest enthalten ist, Übers. R 11. **teilhaben,** *ich habe teil (habe teilgehabt) an etwas,* habe Anteil: *wir wollen an seinem Erfolg teilhaben.* **Teilhaber** *der, -s/-,* **Teilhaberin** *die, -/-nen,* Gesellschafter(in) einer Handelsgesellschaft, Berechtigte(r) am Miteigentum. **Teilhaberschaft** *die, -,* Mitwirkung, Beteiligung als Teilhaber. **teilhaft,** ⚮ **teilhaftig,** *ich bin, werde einer Sache t.,* habe Anteil daran, werde es erfahren, erleben. **. . . teilig,** aus . . . Teilen bestehend: *dreiteilig, 3teilig.* **Teilkopf** *der,* eine Vorrichtung zur Herstellung genauer Kreisteilungen. **Teilnahme** *die, -,* **1)** das Mitmachen, Mitgenießen: *alle Mitglieder sind zur T. an der Versammlung verpflichtet.* **2)** 🜨 Mittäterschaft, Anstiftung oder Beihilfe. **3)** Anteilnahme, Mitempfinden: *ich spreche ihr meine herzliche T. aus.* **teilnahmeberechtigt,** *nur Vollmitglieder sind an der Abstimmung t.* **teilnahmslos,** empfindungslos, ohne Anteilnahme. **Teilnahmslosigkeit** *die, -:* *seine T. bei der Urteilsverkündung verblüffte das Publikum.* **teilnahmsvoll,** voller Anteilnahme, mitfühlend. **teilnehmen,** *ich nehme an etwas teil (nahm teil, habe teilgenommen),* **1)** beteilige mich: *ich nehme (nicht) am Betriebsausflug teil).* **2)** nehme Anteil, empfinde mit: *teilnehmende Worte.* **Teilnehmer** *der, -s/-,* jemand, der sich an etwas beteiligt: *die T. an diesem Kongreß, dieses Kongresses.* **teils,** teilweise: *t. gut, t. weniger gut.* **. . . teils,** zu einem bestimmten Teil: *einesteils — andernteils; größtenteils,* die meisten, meistens. **Teilung** *die, -/-en,* **1)** Biologie: Form der ungeschlechtl. Fortpflanzung: *Kernteilung; Zellteilung.* **2)** △ Division, Übers. R 11. **Teilungsmasse** *die,* das bei einem Konkurs an die Gläubiger zu verteilende Vermögen. **teilweise,** nicht alles, nur zum Teil. **Teilzahlung** *die,* Rate; Zahlung in Raten: *Teilzahlungsgeschäfte.*

Tein [zu Tee] *das, -s,* in Teeblättern enthaltenes Koffein. **Teint** [tɛ̃, frz. ›Färbung‹, zu lat. tingere ›färben‹] *der, -s/-s,* Gesichtsfarbe, Art der Gesichtshaut: *sie hat einen zarten T.* **T-Eisen** [t'e:-] *das,* Profilstahl, der im Querschnitt die Form eines T hat, vgl. Abb. T 16. **Teiste** *die, -/-n,* ein alkenartiger Seevogel. **tektieren** [vgl. Tektur], *ich tektiere (habe tektiert) es,* überklebe einen Text zur Berichtigung. **Tektogenese** [vgl. Genese] *die,* ⊕ alle Vorgänge, die das Gefüge der Erdrinde umformen. **Tektonik** [grch. tektonike (techne) ›Baukunst‹] *die, -,* **1)** ⊕ Lehre vom Bau der Erdrinde: *Plattentektonik.* **2)** ⟱ Zusammenfügen von Teilen zu einem geordneten Ganzen. **3)** harmonischer Aufbau eines Kunstwerks: *T. einer Statue, einer Dichtung.* **tektonisch.** **Tektur** [lat. tectum ›Dach‹] *die, -/-en,* Deckblatt, Deckstreifen (zur Berichtigung eines Textes). **. . . tel** [zu Teil] das sächl. Geschlecht bestimmende Ableitungssilbe an Zahlwörtern: Teil: *das Viertel,* der vierte Teil. **tele. . .** [grch.], fern. . . **Telefon** [auch t'e-, grch. phone ›Stimme‹] *das, -s/-e,* auch Telephon, **1)** Fernsprecher, Abb.

F 16: *Telefonanschluß; Telefonnummer; Telefonseelsorge; Telefonzelle.* **2)** schweiz. auch: Telefongespräch, Anruf: *ich hatte ein langes T.; danke fürs T.* **Telefonat** *das, -(e)s/-e,* Telefongespräch. **telefonieren,** *ich telefoniere (habe telefoniert) mit ihm,* spreche fernmündlich. **telefonisch,** *er ist t. (nicht) erreichbar; wir wollen uns t. in Verbindung setzen.* **Telefonist** *der, -en/-en,* **Telefonistin** *die, -/-nen,* Angestellte(r) im Fernsprechamt, in Betrieben u. a. zur Bedienung des Telefons und zur Vermittlung von Gesprächen. **telegen** [vgl. . . . gen], für Fernsehaufnahmen geeignet: *er ist eine ausgesprochen telegene Erscheinung.* **Telegraf** *der, -en/-en,* auch Telegraph, Einrichtung zum Senden von Mitteilungen durch Elektrizität. **Telegrafie** [vgl. . . . graphie] *die, -,* Übermittlung von Nachrichten durch Draht oder Funk: *drahtlose T.* **telegrafieren,** *ich telegrafiere (habe telegrafiert) es.* **telegrafisch,** *eine telegrafische Antwort; das Geld wurde t. angewiesen.* **Telegrafist** *der, -en/-en,* **Telegrafistin** *die, -/-nen,* Angestellte(r), der (die) telegrafische Nachrichten übermittelt. **Telegramm** [vgl. . . . gramm] *das, -s/-e,* Draht- oder Funknachricht: *Telegrammadresse; im Telegrammstil,* knapp, stichwortartig. **Telegraph** usw., vgl. Telegraf usw. **Telekinese** [grch. kinesis ›Bewegung‹] *die, -,* physikalisch unerklärbare Bewegung von Gegenständen durch ein Medium. **Telekolleg** *das,* Unterrichtssendung im Fernsehen, bes. für den zweiten Bildungsweg. **telekopieren,** *ich telekopiere (habe telekopiert) es.* **Telekopierer** *der,* Gerät, das Bilder und Kopien eines Originals übermittelt. **Telemeter** [grch. metron ›Maß‹] *der, -s/-,* Entfernungsmesser. **Telemetrie** [vgl. . . . metrie] *die, -,* **1)** Entfernungsmessung. **2)** Übertragung von elektr. Meßwerten durch Draht oder Funk (Raumfahrt, Medizin). **Teleobjektiv** *das,* Objektiv langer Brennweite zum Photographieren entfernter Gegenstände, Abb. P 12. **Telespiel** *das,* Fernsehspiel, Bildschirmspiel, Video-game, mit einem Fernsehempfänger gekoppeltes Spielgerät.

Teleologie [grch. telos ›Ziel‹, ›Zweck‹ und vgl. . . . logie] *die, -,* Annahme, daß das Naturgeschehen durch Zwecke bestimmt wird. **teleologisch,** zweckbestimmt.

Telepath *der, -en/-en,* für Telepathie empfänglicher Mensch. **Telepathie** [vgl. tele . . . und grch. pathos ›Leiden‹] *die, -,* Einwirkung eines Menschen auf einen anderen ohne Vermittlung der bekannten Sinnesorgane. **telepathisch.** **Telephon** usw., vgl. Telefon usw. **Teleskop** [vgl. . . . skop] *das, -s/-e,* Fernrohr, Abb. S 65. **teleskopisch.** **Television** [auch engl. t'elэviʒn] *die, -,* Abk.: TV, Fernsehen. **Telex** *das, -/-e,* Fernschreiber: *Telex-Netz, Fernschreibteilnehmernetz.*

Telg *der, -(e)s/-en,* niederdt.: Zweig.

Teller [mhd. telier, teller, zu lat. talea ›Einschnitt‹] *der, -s/-,* **1)** flache Schale als Eßgerät, Abb. E 10, K 2: *iß deinen T. leer!; ein T. (voll) Suppe; Wandteller; Tellersammlung,* Geldsammlung meist eines reihum gereichten Tellers. **2)** etwas Scheibenförmiges: *Handteller,* Abb. H 6. **3)** 🜨 Ohr des Wildschweins. **Teller|eisen** *das, -s,* österreich. Kinderklo. **Teller|reiben** *das, -s,* Falle für Raubtiere mit doppeltem Bügel. **Tellur** [lat. tellus, Gen. telluris ›Erde‹] *das, -s,* ⊙ Element, Zeichen: Te, silberweißes, sprödes Halbmetall. **tellurig,** *tellurige Säure,* ⊙. **Tellurik** *die, -,* die Messung der elektr.

Ströme im Erdinneren. **tellurisch,** die Erde betreffend: *tellurische Kräfte.*

tel quel [tel kˈεl, frz. ›wie es gerade ist‹], ⚁ ohne Gewähr für eine bestimmte Qualität der Ware.

Teltower Rübchen [-toːər-, nach der Stadt Teltow bei Berlin] *das,* eine Rübe, ABB. R 29.

Tempel [ahd. tempal, zu lat. templum] *der, -s/-,* 1) nichtchristl. Kultbau, ABB. S 67, T 6: *der T. zu Jerusalem; der T. der Minerva.* 2) Ü Heiligtum: *die Natur ist ein T. Gottes.* **Tempelherr** *der,* Templer, Ritter des Templerordens. **tempeln,** *ich* temp(e)le (habe getempelt), spiele Tempeln. **Tempeln** *das, -s,* ein Glücksspiel.

Tempera [ital., zu lat. temperare ›richtig mischen‹] *die, -/-s,* Farbe mit wäßrigen, öligen oder harzigen Bindemitteln: *Temperafarben; Temperamalerei.* **Temperament** [lat. temperamentum ›richtige Mischung‹] *das, -(e)s/-e,* 1) Gemütsart, Wesensart: *die vier Temperamente,* sanguinisch, cholerisch, phlegmatisch, melancholisch; *Temperamentsausbruch.* 2) *ohne Pl.,* Lebhaftigkeit, schwungvolle Wesensart: *sie hat T., ist temperamentvoll; sein T. geht oft mit ihm durch,* er verliert oft die Beherrschung. **Temperatur** [mhd. temperatur, zu lat. temperatura ›Mischung‹] *die, -/-en,* 1) Wärmegrad, z. B. der Luft, des menschl. Körpers, ÜBERS. M 8, ABB. T 9: *erhöhte T.,* leichtes Fieber; *Körpertemperatur; Temperaturanstieg; Temperaturrückgang; Temperatursturz.* 2) Physik: thermische Zustandsgröße eines Körpers, Basisgröße der Wärmelehre. **Temperenz** [lat. temperantia] *die, -,* Mäßigkeit, Enthaltsamkeit (von Alkohol). **Temperenzler** *der, -s/-,* Anhänger eines Vereins für Mäßigkeit (im Alkoholgenuß). **Temperguß** [engl. to temper ›veredeln‹] *der,* durch Tempern entstandener Gußstahl. **temperieren,** *ich* temperiere (habe temperiert) *es,* 1) bringe auf die gewünschte Temperatur, regle die Wärme: *der Saal ist gut temperiert.* 2) Ü mäßige, mildere. 3) *temperierte Stimmung,* ♪ Stimmung, bei der die Oktave in 12 gleiche Tonstufen eingeteilt ist. **tempern,** *ich* temp(e)re (habe getempert), ⚙ erwärme Gußeisen, Glas, Kunststoffe, um bestimmte Eigenschaften zu erhalten. **tempestoso** [ital.], ♪ stürmisch.

Tempi passati [ital. tempo ›Zeit‹ und passare ›vorübergehen‹], *Pl.,* vergangene Zeiten.

Templer [mhd. tempelære] *der, -s/-,* Tempelherr. **Templerorden** *der,* geistl. Ritterorden zur Zeit der Kreuzzüge.

Tempo [ital., zu lat. tempus ›Zeit‹, ›Augenblick‹] *das, -s/...pi* oder *-s,* 1) ♪ Zeitmaß, Takt. 2) *ohne Pl.,* Geschwindigkeitsgrad: *Tempolimit 100; Temposünder,* U. 3) *ohne Pl.,* U Schnelligkeit, Hast: *Arbeitstempo; T., T.!,* beeil dich!; *nun aber T.!* **temporal,** 1) zeitlich, das Tempus betreffend. 2) ⚛ weltlich.

temporal [lat. tempus ›Schläfe‹, zu den Schläfen gehörig. **Temporalien** [mlat. temporalia ›irdischer Besitz‹], *Pl.,* Kirchenvermögen und kirchl. Einkünfte; früher auch die mit einem kirchl. Amt verbundenen weltl. Rechte. **Temporalsatz** [vgl. Tempo] *der,* Ⓢ Adverbialsatz der Zeit, ÜBERS. S 79. **tempora mutantur** [lat.], die Zeiten ändern sich. **temporär,** vorübergehend, zeitweilig. **Tempus** [lat.] *das, -/...pora,* 1) Zeit. 2) Ⓢ Form des Verbs, die eine Handlung als geschehen, geschehend oder bevorstehend angibt, ÜBERS. V 2.

ten., ♪ Abk. für: tenuto.

Tenakel [lat. tenax, Gen. tenacis ›festhaltend‹] *das, -s/-,* ⚓ Gerät zum Halten des Manuskriptes beim Setzen. **Tenazität** *die, -,* 1) Ⓣ Ⓞ Zähigkeit; Ziehbarkeit.

Tendenz [frz. tendance, zu lat. tendere ›nach etwas streben, trachten‹] *die, -/-en,* 1) Streben, Neigung in bestimmter Richtung, erkennbare Absicht: *innerhalb der Partei machen sich liberale Tendenzen bemerkbar; Grundtendenz; Tendenzstück* (Theater); *Tendenzwende.* 2) Börse: Grundstimmung: *steigende, fallende T.* **Tendenzbetrieb** *der,* Betrieb, der (überwiegend) ideellen Zielen dient, z. B. Einrichtungen der Religionsgemeinschaften. **tendenziell,** der Tendenz nach. **tendenziös,** etwas beabsichtigend, parteiisch, einseitig Stellung nehmend: *tendenziöse Berichterstattung.*

Tender [engl.] *der, -s/-,* 1) Beiwagen von Dampflokomotiven für Wasser und Kohle: *Kohlentender.* 2) ↘ Begleitschiff. 3) ⚁ Ausschreibung, Angebot.

tendieren [zu Tendenz], *ich* tendiere (habe tendiert) *zu etwas, in einer Richtung,* neige dazu.

Tenn *das, -s/-e, schweiz.:* 1) Hauptraum der Sennhütte. 2) Tenne. **Tenne** [ahd. tenne] *die, -/-n,* festgestampfte oder gepflasterte Bodenfläche zum Dreschen (in der Scheune).

Tennis [engl., vermutl. von frz. tenir ›halten‹] *das, -,* ein Ballspiel, ABB. T 6: *Rasentennis; Hallentennis; wir haben T. gespielt; Tennisball; Tennisplatz; Tennisschläger.*

Tenno [japan. ›Himmlischer Souverän‹] *der, -s/-s,* Titel des japan. Kaisers.

Tenor [mhd. tenor, zu ital. tenore] *der, -s/ᵘe,* hohe Stimmlage für Männer; Sänger dieser Stimmlage: *er singt T.; er ist ein guter T.; Tenorbuffo; Heldentenor.*

Tenor [lat. tenor ›ununterbrochener Lauf‹] *der, -s,* 1) Haltung. 2) Ablauf. 3) Inhalt, Wortlaut. 4) ♫ Urteilsformel. 5) ♪ Hauptmelodie in einem mehrstimmigen Tonstück. **tenorieren,** *ich* tenoriere (habe tenoriert), ♫ fasse die Urteilsformel ab.

Tenorist *der, -en/-en,* Tenorsänger. **Tenorschlüssel** *der,* ein C-Schlüssel.

Tensch *die, -/-e(n),* auch Täntsch, *schweiz.:* 1) Schleuse; Damm; Rost. 2) Mus, ungebackener Teig.

Tensid *das, -s/-e, meist Pl.,* waschaktive Substanz mit grenzflächenaktiven Verhalten. **Tension** [zu lat. tensio ›Spannung‹] *die, -/-en,* Spannung, Druck, bes. von Gasen und Dämpfen. **Tensor** *der, -s/...s'oren,* 1) ⚕ Muskel, der eine Membran anspannt. 2) △ allgemeine Form des Vektors.

Tentakel [lat. tentare ›tasten‹] *das* oder *der, -s/-, meist Pl.,* 1) 🐚 Fühler, Fangarm. 2) ⚘ Fang- und Verdauungshaar.

Tentamen [lat. temptamen] *das, -s/...mina,* Vor-, Zwischenprüfung: *das T. physicum,* ärztliche Vorprüfung. **tentieren** [lat. temptare ›versuchen‹, *ich* tentiere (habe tentiert) *es, schweiz., österr.:* erstrebe.

Tenü [frz. tenue, zu tenir ›halten‹] *das, -s/-s, schweiz.:* Uniform, Sportanzug. **Tenue** [tˈeny, frz.] *die, -, schweiz.:* Haltung.

Tenuis [lat. ›dünn‹] *die, -/...nu|es,* stimmloser Verschlußlaut, z. B. p, t, k.

tenuto [ital.], Abk.: ten., ♪ ausgehalten.

Tenzone [provenzal.] *die, -/-n,* Streitgedicht der Troubadoure.

Tepidarium [lat., zu tepere ›lauwarm sein‹] *das, -s/...ri|en,* Warmluftraum im röm. Bad.

Tepp *der, -en/-en,* Depp.

Teppich [ahd. tep(p)ih, vgl. Tapet] *der, -s/-e,* 1) gewebter, gewirkter, geknüpfter, geflochtener oder anders hergestellter Fußbodenbelag oder Wandbehang: *Teppichboden; Teppichstange; Gebetsteppich; Wandteppich; bleib auf dem T.!,* U realistisch. 2) Ü bunter Belag: *der Teppich der Wiesen.* 3) *alem. auch:* Wolldecke. **Teppichkehrmaschine** *die,* **Teppichklopfer** *der,* Geräte zum Säubern von Teppichen.

Tequila [tekˈila, nach dem Ort Tequila im mexikan. Staat Jalisco] *der, -(s),* ein mexikan. Branntwein.

Tera... [grch. teras ›Zeichen‹, ›Vorzeichen‹, ›Schreckbild‹], Zeichen: T, vor Maßeinheiten: das Billionenfache, ÜBERS. M 8. **Teratologie** [vgl. ...logie] *die, -,* Biologie: Lehre von den Mißbildungen. **Teratom** *das, -s/-e,* ⚕ Geschwulst aus verschiedenen Geweben.

Terbium [nach der Grube Ytterby in Schweden] *das, -s,* ⚗ Element, Zeichen: Tb, ein Lanthanoid.

Terebinthe [mhd. terebint, zu grch. terebinthos ›Terpentinbaum‹] *die, -/-n,* ⚘ eine Pistazie, von der Terpentin gewonnen wird.

terisch, *österr.:* schwerhörig, taub.

Term [frz. terme ›Ziel‹, zu lat. terminus ›Grenzstein‹] *der, -s/-e,* 1) begrenzter Teil einer mathemat. Formel. 2) Energiestufe eines Atoms oder Moleküls: *Termschema.* **Termin** *der, -s/-e,* 1) Zeitpunkt, Frist: *Terminkalender; ich habe morgen einen T. beim Arzt,* Verabredung. 2) ♫ Verhandlungstag im Prozeß: *er hat T.,* ist vor Gericht geladen; *Lokaltermin.* **Terminal** [tˈəːminl, engl.] *das, -s/-s,* 1) auch *der,* Abschluß einer techn. Anlage, z. B. Abfertigungsgebäude eines Flughafens, Empfangsgebäude eines Bahnhofs. 2) Ein- und Ausgabegerät einer Datenverarbeitungsanlage. **termingemäß, termingerecht,** *das, ⚁* jedes Liefergeschäft mit festem Liefertermin. **terminieren,** *ich* terminiere (habe terminiert) *es,* befriste, setze einen Termin dafür fest. **Terminierung** *die, -.* **terminlich,** *terminliche Schwierigkeiten.* **Terminologie** [vgl. ...logie] *die, -/...g'i|en,* Gesamtheit der Fachausdrücke auf einem Gebiet: *die mathematische T.* **terminologisch. Terminus** *der, -/...ni,* Fachausdruck: *T. technicus.*

Termite [frz., zu lat. termes ›Holzwurm‹] *die, -/-n,* ein staatenbildendes Insekt: *Termitenstaat; Termitenhügel.*

Terne [ital. terno, zu lat. terni ›je drei‹] *die, -/-n,* Wettart in der Zahlenlotterie.

 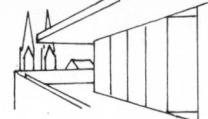 

die Gartenterrasse — die Hausterrasse **Terrasse** die Dachterrasse — die Felsterrasse

Terp [niederl.] *die, -/-en,* künstl. Wohnhügel, Wurt.
Terpen *das, -s/-e,* Kohlenwasserstoff, Bestandteil äther. Öle. **Terpentin** [vgl. Terebinthe] *das, -s/-e,* aus Kiefern gewonnener Balsam, aus dem Terpentinöl hergestellt wird.
Ter|psichore [grch. Terpsichora,] Muse der Tanzkunst.
Terra [lat.] *die, -,* Erde, Land: *Terra incognita,* unbekanntes Land; Ü fremdes Wissensgebiet. **Terrain** [ter´ɛ̃, frz.] *das, -s/-s,* Gebiet, Gelände, bes. Baugelände: *er sondiert das T.,* auch Ü; *er hat T. verloren, gewonnen,* Ü Macht, Einfluß. **Terrakotta** [lat. coctus ›gekocht‹, ›gebrannt‹ *die, -/. . . k'otten,* 1) ohne Pl., gebrannter Ton. 2) Terrakotte. **Terrakotte** *die, -/-n,* Kleinplastiken und Reliefs aus gebranntem Ton. **Terrarium** *das, -s/. . . ri|en,* ein Behälter für die Haltung von Kriechtieren, Lurchen u. a. **Terrasse** [frz.] *die, -/-n,* ABB. T 7, 1) Erdstufe, Absatz an einem Abhang: *Weinterrasse; Terrassenbau.* 2) treppenförmige Anlage: *Tempelterrasse; Terrassenhaus; Terrassenkleid.* 3) Balkon, Plattform, ABB. H 11. **Terrazzo** [ital.] *der, -(s)/. . . r'azzi,* Kunststein für Fußboden- und Wandbelag: *Terrazzoplatten.* **terre|strisch** [lat. terrestris], irdisch, die Erde betreffend. **terribel** [frz. terrible, zu lat. terribilis, vgl. Terror], ⚗ schrecklich: *terrible Zustände.*
Terrier [engl., zu lat. terra ›Erde‹] *der, -s/-,* Name mehrerer Haushunderassen.
Terrine [frz., eigtl. ›irdene Schüssel‹, zu lat. terrenus ›aus Erde‹] *die, -/-n,* Suppenschüssel, ABB. E 10.
territorial, *Territorialgewässer; Territorialhoheit.* **Territorialität** *die, -,* Zugehörigkeit zu einem Staatsgebiet. **Territorium** *das, -s/. . . ri|en,* 1) Gebiet, Staatsgebiet. 2) Biologie: Revier.
Terror [lat. ›Schrecken‹, ›Schreknis‹ *der, -s,* rücksichtslose Gewalttätigkeit, die Angst und Schrecken hervorruft: *Terroranschlag; Terrorbekämpfung; Terrorherrschaft; Terrororganisation; Bandenterror; Bombenterror.* **terrorisieren**, *ich terrorisiere (habe terrorisiert) ihn.* **Terrorismus** [vgl. . . . ismus] *der, -,* 1) die Ausübung von Terror. 2) eine Schreckensherrschaft. **Terrorist** *der, -en/-en,* jemand, der Terror ausübt. **terroristisch**, *terroristische Vereinigung.*
Tertia [lat. ›die dritte‹, zu tres ›drei‹] *die, -/. . . ti|en,* 1) zwei Klassen einer höheren Schule: *Untertertia,* 8. Schuljahr; *Obertertia,* 9. Schuljahr. 2) ohne Pl., 🔲 Schriftgrad von 16 Punkten. **Tertianer** *der, -s/-,* **Tertianerin** *die, -/-nen,* Schüler(in) einer Tertia. **tertiär** [lat. tertiarius], 1) an dritter Stelle stehend. 2) zum Tertiär gehörend. **Tertiär** [frz. tertiaire] *das, -s,* eine geolog. Formation des Känozoikums. **Tertium comparationis** [lat.] *das, - -/. . . tia -,* Vergleichspunkt. **Tertius gaudens** [lat.] *der, - -,* der sich freuende Dritte (wenn zwei sich streiten).
Terylene [t´erəli:n, engl.] *das, -,* Handelsname für eine synthet. Chemiefaser.
Terz [mhd. terz, ital. terza, zu Tertia] *die, -/-en,* 1) ♪ die dritte Stufe der diaton. Tonleiter, ABB. N 9. 2) ✗ ein Fechtstoß, ABB. F 9.
Terzel [ital. terzuolo] *der, -s/-,* ⚘ männl. Greifvogel zur Beizjagd.
Terzerol [ital. terzaruolo] *das, -s/-e,* kleine Pistole.
Terzerone [span.] *der, -n/-n,* Nachkomme eines Weißen und einer Mulattin.
Terzett [ital. terzetto, zu Tertia] *das, -(e)s/-e,* ♪ 1) Gesangsstück für drei Stimmen. 2) die Gruppe der drei Ausführenden. **Terzine** [ital. terzina] *die, -/-n,* italien. Strophenform aus je drei Versen, ÜBERS. M 14.
Tesching [Herkunft unsicher] *das, -s/-s* oder *-e,* Kleinkalibergewehr.
tessellarisch [lat. tessella, Diminutiv von tessera ›Würfel‹] gewürfelt. **tesseral**, 1) regelmäßig, regulär. 2) Mineralogie: *tesserales Kristallsystem,* vgl. ABB. K 46.
Test [vgl. testen] *der, -(e)s/-s* oder *-e,* Probe, Stichprobe, Wertbestimmung, Eignungsprüfung: *Testbild; Testperson;*

Testpilot; Testreihe; Teststopp, Einstellung von Kernwaffenversuchen; *Testverfahren; Warentest; Intelligenztest.*
Testament [lat. testamentum, zu testari ›bezeugen‹ *das, -(e)s/-e,* 1) letztwillige Verfügung: *Testamentseröffnung; Testamentsvollstrecker.* 2) Altes Testament, Abk.: A. T., Neues Testament, Abk.: N. T., die beiden Hauptteile der Bibel.
testamentarisch. Testat *das, -(e)s/-e,* Bescheinigung, schriftl. Bestätigung (über den Besuch einer Vorlesung): *Antestat; Abtestat.* **Testator** *der, -s/. . . t'oren,* 1) Erblasser. 2) jemand, der ein Testat ausstellt.
testen [engl. to test ›prüfen‹], *ich teste (habe getestet) ihn, es,* führe einen Test durch: *er wurde auf seine Eignung getestet.* **Tester** *der, -s/-,* jemand, der testet, prüft.
testieren [lat. testari], *ich testiere (habe testiert) es,* 1) errichte ein Testament: *testierfähig,* ⚖. 2) bescheinige, gebe ein Testat.
Testikel [lat. testis] *der, -s/-,* Hoden.
Testimonium [lat.] *das, -s/. . . ni|en,* Zeugnis: *T. paupertatis,* Armutszeugnis.
Testosteron [vgl. Testikel und grch. stear ›Talg‹] *das, -s,* männl. Geschlechtshormon.
Tetanie [grch. tetanos ›Spannung‹] *die, -/. . . n'i|en,* ✚ unterschiedlich verursachtes Krankheitsbild, bei dem Muskelkrämpfe vorherrschend sind. **Tetanus** *der, -,* ✚ Wundstarrkrampf.
Tete [tɛ:t(ə), frz. tête ›Kopf‹, ›Haupt‹] *die, -/-n,* ⚘⚗ Anfang, Spitze (Marschkolonne). **Tête-à-tête** [tɛ:tat'ɛt] *das, -/-s,* Gespräch unter vier Augen, zärtl. Beisammensein.
Tethys, 1) griech. Mythologie: eine Titanin. 2) *das,* Tethysmeer. **Tethysmeer** *das,* das zentrale Mittelmeer vom Erdaltertum bis ins Alttertiär.
tetra. . . [grch. tettares, tessares], vier. . . **Te|tra|chlorkohlenstoff** *der,* ⟲ eine organ. Verbindung, farblose Flüssigkeit. **Te|trachord** [grch. chorde ›Saite‹] *das, -s/-e,* griech. Musik: Gruppe von vier benachbarten Tönen. **Te|traeder** [grch. hedra ›Fläche‹] *das, -s/-,* von vier gleichseitigen Dreiecken begrenzter regelmäßiger Körper, ABB. K 38. **te|trago**nal [grch. gonia ›Ecke‹], Mineralogie: *tetragonales Kristallsystem,* ABB. K 46. **Te|tralin** [Kw.] *das, -s,* ein Kohlenwasserstoff, Zusatz zu Treibstoffen. **Te|tralogie** [vgl. . . . logie] *die, -/. . . g'i|en,* altgriech., zusammenhängend aufgeführte Folge von vier Dramen. **Te|trameter** [grch. metron ›Maß‹] *der,* -s/-, griech. Metrik: Vers aus vier Metren. **Te|trapode** [vgl. . . . pode] *der, -n/-n,* 1) Biologie: vierfüßiges Wirbeltier, z. B. Kriechtier, Säugetier. 2) vierbeiniger Betonkörper als Wellenbrecher. **Te|trarch** [grch. archein ›herrschen‹] *der, -en/-en,* im Altertum Herrscher im vierten Teil eines Landes, auch in einem Regierungssystem mit vier gleichberechtigten Herrschern. **Te|trarchie** *die, -/. . . ch'i|en,* Herrschaft eines Tetrarchen. **Te|trode** [grch. hodos ›Weg‹] *die, -/-n,* Elektronenröhre mit vier Elektroden.
Teuchel *der, -s/-* oder *die, -/-n,* oberdt.: Wasserleitungsröhre.
teuer, teurer, am teuersten [ahd. tiuri], 1) viel kostend: *teure Ware; das ist mir zu t.; teure Zeiten,* in denen man hohe Preise zahlen muß; *das ist ein teurer Spaß,* Ü etwas, wofür man viel zahlen muß; *ein teurer Sieg,* Ü mit hohen Verlusten; *das soll dir (auch dich) t. zu stehen kommen,* Ü dafür sollst du schwer büßen; *da ist guter Rat t.,* Ü man ist ratlos. 2) eine bestimmte Summe kostend: *wie t. soll diese Lampe sein?* 3) Ü wert, lieb, hochgeschätzt: *teure Heimat; er ist mir lieb und t.*
Teuerung *die, -/-en,* allgemeines Steigen der Preise: *es herrscht T. im Lande; Teuerungsrate; Teuerungswelle; Teuerungszulage.*
Teufe *die, -/-n,* ⚒ Tiefe.
Teufel [ahd. tiufal, zu grch. diabolos ›Verwirrer‹, ›Verleumder‹] *der, -s/-,* Satan, Herr der Hölle; Verkörperung des Bösen: *er ist mit dem T. im Bunde; das ist des Teufels,* schlecht, wie verhext, bösartig; *hol dich der T.!,* Ü zur Hölle mit dir!; *pfui T.!,*

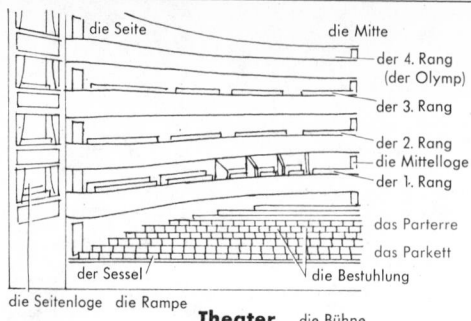

die Seite — die Mitte
der 4. Rang (der Olymp)
der 3. Rang
der 2. Rang
die Mittelloge
der 1. Rang
das Parterre
das Parkett
der Sessel — die Bestuhlung
die Seitenloge · die Rampe
Theater · die Bühne

Ausruf bei Ekel und Abscheu; *darum kümmere ich mich den T.,* Ü gar nicht; *das weiß der T.,* Ü vermutlich niemand, jedenfalls ich nicht; *ich möchte ihn zum T. jagen,* Ü fortschicken; *das Geld ist zum T.,* Ü weg, verloren; *der T. steckt in ihm,* er ist bösartig oder nicht zu bändigen; *den plagt, reitet der T.,* Ü er folgt böser, törichter Eingebung; *dort ist der T. los,* Ü ist Streit, Lärm; *mal den T. nicht an die Wand!,* Ü rede nicht von etwas Unerwünschtem (damit es nicht geschieht); *er arbeitet auf T. komm raus,* Ü aus Leibeskräften; *sie hat den T. im Leib,* Ü ist temperamentvoll; *ein armer T.,* Ü armer Kerl. **Teufelei** *die, -/-ei,* unmenschl. Grausamkeit. **Teufelin** *die, -/-nen,* weibl. Teufel; bösartige, grausame Frau. **teufeln,** *ich teufele* (*habe geteufelt*), *oberdt., bes. schweiz.:* 1) rase, tobe. 2) spiele den Teufel. **teufels**. . ., Ü 1) verteufelt, verflucht: *so ein Teufelszeug!; das ist eine Teufelsarbeit.* 2) bewundernde Steigerung: *ein Teufelskerl.* **Teufelsauge** *das,* Bilsenkraut. **Teufelsaustreibung** *die,* Exorzismus. **Teufelsdreck** *der,* Asa foetida. **Teufelskreis** *der,* Circulus vitiosus, Ü ausweglose Situation: *aus diesem T. kommt er ohne Hilfe nicht heraus.* **Teufelszwirn** *der,* volkstüml. Pflanzenname für Seide und Waldrebe. **teuflisch,** grausam, boshaft, unmenschlich.
Teutone *der, -n/-n,* Angehöriger eines german. Volksstammes. **teutonisch.**
tex, Maß der Feinheit von Textilfasern, Garnen u. a.
Text [lat. textus ›Geflecht‹, ›Gewebe‹] *der, -es/-e,* 1) Wortlaut, z. B. einer Rede, eines Schriftstücks, einer Oper (Libretto), eines Liedes: *Operntext; Textdichter; Textkritik; Textlinguistik; der T. der Ansprache; altgriechische Texte; weiter im T.!,* Ü zurück zur Hauptsache. 2) Bibelstelle, auf die der Predigt zugrunde liegt: *über welchen T. hat er gepredigt?; man sollte ihm den T. lesen,* Ü ihm eine Strafrede halten. 3) *die, -,* ✎ Schriftgrad von 20 Punkten. **texten,** *ich texte* (*habe getextet*) *es,* schreibe Texte, z. B. für die Werbung. **Texter** *der, -s/-,* Verfasser, z. B. von Werbetexten.
textil . . . [lat. textilis ›gewebt‹], Spinnerei, Weberei, Wirkerei, Strickerei und ihre Erzeugnisse betreffend: *Textilarbeiter; Textilindustrie; Textilmaschinen; Textilwaren,* vgl. ABB. G 19. **Textilchemie** *die,* ein Zweig der Chemie. **textilfrei,** U nackt: *textilfreier Badestrand.* **Textilien,** *Pl.,* textile Fäden und Flächengebilde sowie Fertigwaren daraus. **Textilkunst** *die,* Erzeugung und Erzeugnisse von künstlerisch verarbeiteten textilen Flächen. **Textilveredlung** *die,* Verfahren zur Veredlung von Textilien (Färben, Zeugdruck, Appretur). **Textur** *die, -/-en,* 1) Strukturbild von Fasern, Zellen, Kristallen. 2) Anordnung von Gefügeelementen. 3) Maserung von Holz. **texturieren,** *ich texturiere* (*habe texturiert*) *es,* kräusele glatte Chemiefasern, strukturiere.
Textverarbeitung *die,* allgemein jeder Vorgang der Aufnahme, Weitergabe, Umformung von Texten, bes. in der Datenverarbeitung: *Textverarbeitungsmaschine.*
T-förmig, in der Form eines T.
tg, Zeichen für: Tangens.
Th, ○ Zeichen für: Thorium.
TH, Abk. für: Technische Hochschule.
Thaddädl *der, -s/-(n), österr.:* Ü willensschwacher, einfältiger Mensch. **Thaddäus** [hebr.], männl. Vorname.
Thai *der, -(s)/-(s),* Angehöriger eines hinterindischen Volkes. **Thailänder** *der, -s/-,* Bewohner des hinterindischen Staates Thailand.

thalassogen [grch. thalassa, thalatta ›Meer‹, ›See‹ und vgl. . . .gen], durch Meerestätigkeit entstanden. **Thalatta, Thalatta!,** Jubelruf griech. Söldner beim Anblick des Meeres 401 v. Chr.; Ü wir sind am Ziel.
Thalia [grch. Thaleia ›die Blühende‹], Muse des Lustspiels; Beschützerin der Schauspielkunst.
Thallium [grch. thallos ›Sproß‹, ›grüner Zweig‹] *das, -s,* ○ Element, Zeichen: Tl, sehr weiches, verformbares Metall. **Thallophyt** [vgl. phyto. . .] *der, -en/-en,* **Thalluspflanze** *die,* Lagerpflanze (Alge, Pilz und Flechte).
Thanatologie [vgl. . . .logie] *die, -,* Lehre vom Sterben und vom Tod. **Thanatos,** griech. Mythologie: der Tod, Sohn der Nacht, Bruder des Schlafes.
Thea [Kurzform von Dorothea], weibl. Vorname.
Theater [grch. theatron ›Schaustätte‹] *das, -s/-,* 1) Gesamtbereich des Theater-, Opern- und Ballettbetriebes; Schauspiel-, Opernhaus, ABB. T 8, B 55; Aufführung, Vorstellung: *Musiktheater; Puppentheater; Stadttheater; Theaterneubau; Theateragentur; Theatergemeinde; Theaterkritik; das T. beginnt um 20 Uhr; sie will zum T. gehen,* Ü Schauspielerin werden. 2) *ohne Pl.,* Ü viel Aufhebens, Unruhe; Vortäuschung: *mach nicht solch T.!,* spiel dich nicht so auf!; *bei ihr ist vieles T.,* nur vorgetäuscht. **Thea|tralik** *die, -,* 1) Pathos wie auf der Bühne, Schauspielerei. 2) Ü gespreiztes, unnatürliches Wesen. **theatralisch,** 1) auf das Theater bezüglich, bühnengerecht. 2) Ü gespreizt, unnatürlich.
Thein *das, -s,* Tein.
Theismus [grch. theos ›Gott‹ und vgl. . . .ismus] *der, -,* Glaube an einen persönl. Gott, der die Welt erschaffen hat und regiert. **Theist** *der, -en/-en.* **theistisch.**
Theke [grch. ›Behältnis‹, ›Aufbewahrungsort‹] *die, -/-n,* 1) Schanktisch, ABB. G 5. 2) *norddt., westmitteldt.:* Ladentisch. 3) *oberdt.:* Schreibheft.
Thekla [. . .], weibl. Vorname.
Thema [grch. ›das Gesetzte‹, ›Satz‹, zu tithenai ›setzen‹, ›stellen‹, ›legen‹] *das, -s/. . .men* oder *-ta,* 1) Gegenstand einer Rede oder Abhandlung, Vorwurf, Grundgedanke: *Gesprächsthema; Themenkreis; das gehört (nicht) zum T.; bleiben Sie beim T.!; über welches T. schreibt er seinen Aufsatz?; er hat das T. verfehlt.* 2) ♪ der melodische Grundgedanke einer Komposition: *Fugenthema.* **Thematik** *die, -,* Themenkomplex; Themastellung und -verarbeitung. **thematisch. Themavokal** *der,* Bindevokal.
Themis, griech. Mythologie: Göttin des Rechts.
Theo, Kurzform von Theodor. **Theobald** [ahd. diot ›Volk‹ und bald ›kühn‹], männl. Vorname. **Theoderich,** Nebenform von Dietrich.
Theodizee [grch. theos ›Gott‹ und dike ›Recht‹, ›Rechtfertigung‹] *die, -/. . .z'e|en,* Versuch, den Glauben an Gottes Allmacht und Güte mit dem Bösen in der Welt in Einklang zu bringen.
Theodolit [wohl aus arab. idada ›bewegliches Lineal am Astrolabium‹] *der, -(e)s/-e,* optisches Winkelmeßgerät mit Fernrohr.
Theodor [grch. theos ›Gott‹ und doron ›Geschenk‹], männl., **Theodora,** weibl. Vorname. **Theo|gnosie** [vgl. Gnosis] *die, -,* Gotteserkenntnis. **Theogonie** [grch. gone ›Erzeugung‹, ›Geburt‹] *die, -/. . .n'i|en,* altgriech. Lehre (bes. von Hesiod) von der Abstammung der Götter. **Theokratie** [grch. kratein ›herrschen‹] *die, -/. . .t'i|en,* Herrschaftsform, in der religiöse und staatl. Ordnung eine Einheit bilden. **theo|kratisch. Theologe** [vgl. . . .loge] *der, -n/-n,* Kenner, Lehrer, Student der Theologie. **Theologie** [vgl. . . .logie] *die, -/. . .g'i|en,* wissenschaftl. Lehre vom Glaubensgehalt einer (bes. der christl.) Religion. **theologisch. theologisieren,** *ich* theologisiere (habe theologisiert), treibe Theologie. **Theomanie** [vgl. Manie] *die, -/. . .n'i|en,* religiöser Wahnsinn. **Theomantie** [vgl. Mantik] *die, -/. . .t'i|en,* Weissagung durch göttl. Eingebung. **Theophanie** [grch. phainein ›sichtbar machen‹] *die, -/. . .n'i|en,* Erscheinung Gottes. **Theophil** [vgl. . . .phil], männl. Vorname.
Theorbe [frz., zu ital. tiorba] *die, -/-n,* vom 16. bis zum 18. Jahrh. eine Baßlaute.
Theorem [grch. ›das Angeschaute‹] *das, -s/-e,* Lehrsatz. **Theoretiker** *der, -s/-,* jemand, der sich überwiegend mit der Theorie beschäftigt. **theoretisch,** auf Theorie beruhend. **theoretisieren,** *ich* theoretisiere (habe theoretisiert), durchdenke die möglichen Spielarten und Folgen einer Handlung oder Sache. **Theorie** [grch. theoria ›Betrachtung‹, ›Anschauung‹] *die, -/. . .r'i|en,* 1) umfassende wissenschaftl. Lehre zur

einheitlichen Erklärung eines Gegenstandsbereichs. **2)** rein wissenschaftl. Betrachtung unter Vernachlässigung der praktischen Nutzanwendung: *graue T.; T. und Praxis; das ist reine T.,* nichts für die Praxis.

Theosoph [grch. theos ›Gott‹ und sophia ›Weisheit‹] *der, -en/-en,* Vertreter der Theosophie. **Theosophie** *die, -/...phi|en,* eine mystische Richtung, Versuch, die Welt als Entwicklung Gottes zu erkennen. **theosophisch.**

Therapeut [grch. therapeutes, zu therapeuein ›pflegen‹, ›heilen‹, ›verehren‹] *der, -en/-en,* behandelnder Arzt: *Thermotherapeut.* **Therapeutik** *die, -,* Lehre von der Behandlung der Krankheiten. **Therapeutikum** *das, -s/...ka,* Heilmittel. **therapeutisch,** *der therapeutische Nutzen einer Kur.* **Therapie** *die, -/...p'i|en,* Behandlung von Krankheiten: *Ergotherapie, Bewegungstherapie; Therapieverbund; es gibt keine unumstrittene T. zur Bekämpfung einer Inflation,* Ü.

Therese, Theresia [vielleicht grch. ›von der Insel Thera‹], weibl. Vornamen.

Theriak [grch. theriakon ›Gegengift (gegen Schlangenbiß)‹] *der, -s,* im MA.: ein Allheilmittel (bei Vergiftungen).

therm... [grch. therme ›Wärme‹, warm..., wärme... **thermal...,** wärme...: *Thermalbad.* **Therme** *die, -/-n,* **1)** warme Quelle. **2)** nur *Pl.,* Badeanlage im Altertum: *die Thermen des Caracalla.* **Thermik** *die, -,* durch Sonneneinstrahlung und Bodenerwärmung hervorgerufene Aufwärtsbewegung der Luft. **thermisch,** auf Wärme bezüglich. **Thermit** *das, -s,* Handelsname für ein Gemisch aus pulverisiertem Aluminium und Metalloxid, das beim Verbrennen hohe Temperaturen erzeugt: *Thermit-Schweißen.* **Thermoanalyse** *die,* thermische Analyse, Verfahren zum Nachweis von Zustandsänderungen und der Zusammensetzung eines Stoffes. **Thermochemie** *die, -,* Lehre von den Wärmeerscheinungen bei chem. Vorgängen. **thermochemisch. Thermochromie** [vgl....chrom] *die, -,* Farbänderung von Stoffen in bestimmten Temperaturbereichen. **Thermodynamik** *die,* Lehre von allen mit Energieumsetzung verbundenen Vorgängen. **thermodynamisch. thermo|elek|trisch. Thermo|elek|trizität** *die,* elektr. Erscheinung, die auf der Temperaturabhängigkeit sich berührender unterschiedlicher Stoffe beruht. **Thermoelement** *das,* ein thermoelektr. Temperaturmeßgerät. **thermolabil** [vgl. labil], nicht wärmebeständig. **Thermolyse** [grch. lysis ›Auflösung‹] *die, -/-n,* die thermische Dissoziation. **Thermometer** [grch. metron ›Maß‹] *das, -s/-,* Gerät zur Messung der Temperatur, ABB. T 9, M 7. **thermonu|klear,** auf Wärme beruhend, die bei Kernreaktionen frei wird: *thermonukleare Reaktion; Thermonuklearwaffen.* **thermophil** [vgl. ...phil], ♌ ⊕ wärmeliebend. **Thermophor** [grch. pherein ›tragen‹] *der, -s/-e,* wärmespeicherndes Gerät. **thermo|plaste,** *Pl.,* Plastomere, beim Erwärmen erweichende Kunststoffe, die dabei plastisch verformt werden können. **thermo|plastisch. Thermosflasche** *die,* Handelsname für ein flaschenähnliches Gefäß mit Doppelwand, deren Zwischenraum zur Verminderung des Wärmeübergangs evakuiert ist, ABB. T 10. **Thermoskanne** *die,* Thermosflasche in Kannenform, ABB. T 10. **thermostabil** [vgl. stabil], wärmebeständig. **Thermostat** [grch. statos ›feststehend‹] *der, -(e)s/-e oder -en/-en,* Temperaturregler in einer Wärmequelle. **Thermotherapie** *die,* ♌ Therapie durch Wärme.

thesaurieren, *ich thesauriere (habe thesauriert) es,* horte (Geld, Edelmetalle). **Thesaurierung** *die, -.* **Thesaurus** [lat., zu grch. thesauros ›Schatz‹, ›Schatzkammer‹] *der, -/...ren* oder *...ri,* Sammelwerk, umfassendes Wörterbuch (der alten Sprachen).

These [grch. thesis] *die, -/-n,* Behauptung, Leitsatz. **Thesis** *die, -/...sen,* **1)** in der antiken Metrik schwerer Taktteil (Länge), in der dt. Metrik Hebung der Stimme. **2)** ♪ Niederschlag des Taktstockes, schwerer Taktteil.

Thespiskarren [nach dem griech. Tragiker Thespis, um 534 v. Chr. in Athen] *der,* Wanderbühne.

Theta *das, -(s)/-s,* griech. Buchstabe, ÜBERS. G 36.

Thetis, griech. Mythologie: Meeresgöttin, Mutter Achills. **thetisch** [vgl. These], behauptend.

Theurg [grch. theos ›Gott‹ und ergein ›bewirken sein‹] *der, -en/-en,* heidn. Zauberer. **Theurgie** [grch. theurgia, urspr. ›göttliche Handlung‹] *die, -,* heidn. Zauberkunst.

Thilo [zu Dietrich, Theoderich], männl. Vorname.

Thing *das, -(e)s/-e,* nordische Form von Ding; german. Volks- und Gerichtsversammlung: *Thingplatz.*

thio... [grch. theion ›Schwefel‹], Schwefel...: *Thioindigo,* roter Küpenfarbstoff.

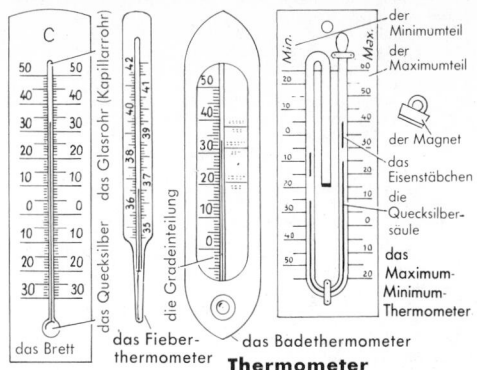

das Brett das Fieberthermometer das Badethermometer
Thermometer

Thixo|tropie [grch. thixis ›Berührung‹ und trepein ›wenden‹] *die, -/...p'i|en,* Verflüssigung von Gallerten oder Gelen durch Rühren, Schütteln; sie erstarren wieder in Ruhe.

Tholos [grch.] *die,* auch *der, -/...loi* oder *...len,* griech. Rundbau mit Säulenumgang.

Thomas [aramäisch ›Zwilling‹], männl. Vorname: *der ungläubige T.,* Ü Zweifler (nach dem Apostel Thomas, der an die Auferstehung Jesu zuerst nicht glauben wollte).

Thomasmehl [nach dem engl. Metallurgen S. G. Thomas, 1850–1885] *das,* ein Phosphorsäuredünger. **Thomasverfahren** *das,* ein Verfahren zur Entphosphorung des Roheisens im Konverter.

Thon [frz.] *der, -s/-s, schweiz.:* Thunfisch.

Thor, 1) nord. Name des Gottes Donar. **2)** *das, -s,* ⟲ Thorium.

Thora [hebr. ›Lehre‹] *die, -,* die fünf Bücher Mosis, Gesetzbuch der Juden.

thorakal, ♌ den Brustkorb betreffend. **Thorako|plastik** *die,* ♌ das chirurg. Entfernen von Rippen. **Thorax** [grch. thorax ›Panzer‹, ›Brustkorb‹] *der, -(es)/-e,* **1)** Brustkorb. **2)** mittlerer Körperabschnitt von Gliederfüßern.

Thorium [nach dem nord. Gott Thor] *das, -s,* auch Thor, ⟲ Element, Zeichen: Th, radioaktives Metall. **Thoron** *das, -s,* ein Isotop des Edelgases Radon.

Thorsten, auch Torsten, männl. Vorname.

Thraker *der, -s/-,* Angehöriger eines indogerman. Volkes des Altertums auf der Balkanhalbinsel. **thrakisch,** Thrakien, eine südöstl. Landschaft der Balkanhalbinsel, betreffend. **Thrazier** *der, -s/-,* Thraker. **thrazisch,** thrakisch.

Thren|odie [grch. threnodia] *die, -/...od'i|en,* altgriech. Trauer- oder Klagelied.

Thriller [θr'ilə, engl., zu to thrill ›erschauern lassen‹] *der, -s/-,* Schauergeschichte, spannungsgeladenes Kriminalstück: *Politthriller; Psychothriller.*

Thrombose *die, -/-n,* ♌ Blutgefäßverstopfung. **Thrombozyt** [grch. kytos ›Zelle‹] *der, -en/-en,* ♌ Blutplättchen, das die Blutgerinnung einleitet. **Thrombus** [grch. thrombos ›Klum-

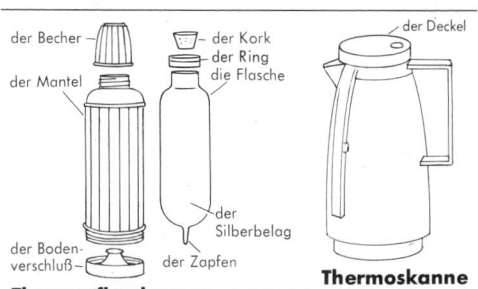

der Becher der Kork der Deckel
der Mantel der Ring die Flasche
der Silberbelag
der Bodenverschluß der Zapfen
Thermosflasche (die Warmhalteflasche) **Thermoskanne** (die Warmhaltekanne)

pen‹, ›(Blut)pfropf‹] *der, -/. . .ben,* fester Blutpfropf in einem Blutgefäß.

Thron [mhd. t(h)ron, zu grch. thronos] *der, -(e)s/-e,* Sessel eines regierenden Fürsten; Sinnbild der Herrscherwürde: *Thronanwärter; Thronhimmel; Thronsessel; er wird einmal den T. besteigen,* die Herrschaft übernehmen. **thronen,** *ich throne* (habe gethront): *er thronte mitten im Zimmer,* scherzhaft: saß steif und bedeutungsvoll da. **Thronfolge** *die,* Nachfolge auf dem Thron. **Thronfolger** *der, -s/-,* gesetzmäßiger Erbe der Rechte eines Herrschers. **Thronrede** *die,* Ansprache eines Herrschers an die Volksvertretung.

Thule, in der Antike eine sagenhafte, glückliche Insel im fernen Norden.

Thulium [nach der Insel Thule] *das, -s,* ▽ Element, Zeichen: Tm, ein Lanthanoid.

Thunfisch [grch. thynnos] *der,* makrelenartiger Speisefisch.

Thüringer *der, -s/-,* 1) Bewohner von Thüringen. 2) *Thüringer Klöße,* Klöße aus rohen Kartoffeln. **thüringisch.**

Thusnelda [nach der Ehefrau des Cheruskerfürsten Armin, 16 v. Chr. bis 19 n. Chr.], weibl. Vorname.

Thymian [ahd. timian, lat. thymus, zu grch. thymiama ›Räucherwerk‹] *der, -s/-e,* eine Gewürz- und Heilpflanze.

Thymol [lat. oleum ›Öl‹] *das, -s,* Hauptbestandteil des Thymianöls.

Thymoleptikum [grch. thymos ›Gemüt‹, ›Lebenskraft‹ und analeptikos ›erfrischend‹] *das, -s/. . .ka,* ♯ ein Antidepressivum. **Thymus** *der, -/. . .mi,* **Thymusdrüse** *die,* hinter dem Brustbein gelegene innersekretorische Drüse.

Thyristor [Kw.] *der, -s/. . .st'oren,* ein steuerbares elektr. Ventil, bes. in Stromrichtern.

Thyroxin [grch. thyreos ›großer Schild‹ und oxys ›scharf‹, ›hell‹] *das, -s,* ♯ wichtigstes Hormon der Schilddrüse.

Thyrsos [grch.] *der, -/. . .soi,* **Thyrsus** [lat.] *der, -/. . .si,* Stab des Dionysos und der Mänaden.

Ti, ▽ Zeichen für: Titan.

Tiara [grch., aus pers.] *die, -/. . .ren,* 1) Kopfbedeckung der altpers. Könige. 2) Papstkrone, ABB. K 48.

Tibet, 1) Hochland in Innerasien. 2) *der, -s/-e,* feines Kammgarngewebe. **Tibeter** *der, -s/-,* auch Tibetaner, Bewohner von Tibet. **tibetisch,** auch tibetanisch.

Tick [frz. tic] *der, -s/-s,* 1) ♯ das Zucken einzelner Muskelgruppen, z. B. des Gesichts. 2) U Schrulle, wunderliche Eigenart: *laß ihm doch seinen kleinen T.!*

ticken [Schallw.], *es tickt* (hat getickt), gibt ein helles klopfendes Geräusch: *die Uhr t.; t. nicht richtig,* U ist verrückt.

Ticket [engl.] *das, -s/-s,* Karte, Fahrkarte: *Flugticket.*

ticktack!, Schallw. für tickende, taktmäßige Geräusche, bes. der Uhr. **Ticktack** *die, -s/-,* Kinderwort für Uhr.

Tide *die, -/-n, niederdt.:* 1) Zeit. 2) Nachricht. 3) das Steigen und Fallen des Wassers im Gezeitenablauf. 4) *nur Pl.,* Gezeiten. **Tide(n)hub** *der, niederdt.:* Wasserstandsunterschied bei den Gezeiten.

Tie-Break [t'aibreik, engl. ›das Unentschieden‹] *der* oder *das, -s/-s,* Tennis: Satzverkürzung (bei 6:6 oder 8:8).

tief [ahd. tiuf], 1) in der Abmessung nach unten: *der Fluß ist hier über zwei Meter t.* 2) im Zusatz: von bedeutender Ausdehnung nach unten, ABB. E 2: *hier ist das Wasser sehr t.; ein tiefer Brunnen; eine tiefe Schüssel; eine tiefe Teller, Suppenteller; die Pflanze ist t. eingewurzelt; tiefer Schnee,* Schnee, in den man tief einsinkt; *ein t. ausgeschnittenes Kleid.* 3) weit unten, ABB. E 2: *t. im Tal steht ein Haus; das Thermometer steht t., zeigt tiefe Temperaturen,* Kältegrade; *wir fliegen sehr t.,* dicht über der Erdoberfläche. 4) weit nach hinten, ins Innere reichend, vgl. ABB. A 1: *eine 40 Zentimeter tiefe Schrankwand; im tiefen Wald,* weit im Innern; *ein Vorstoß t. in den Dschungel; bis t. ins 19. Jahrhundert hinein; t. im Herzen, im tiefsten Herzen,* Ü; *das läßt t. blicken,* U ist aufschlußreich. 5) sehr stark, sehr groß, stark empfindend, gehaltvoll: *tiefe Gedanken* bedeutende, in den Kern der Sache eindringende; *tiefe Trauer,* Ü; *tiefes Schweigen,* Ü; *tiefer Schlaf,* Ü; *tiefe Ohnmacht,* Ü; *ich beklage es aufs tiefste, zutiefst; in tiefer Nacht; die tiefbewegten, tieferschütterten Zuschauer,* aber: *sie waren t. bewegt, t. erschüttert,* Ü. 6) ♪ von geringer Schwingungszahl (Töne): *um eine Oktave tiefer; ein tiefer Baß.* 7) satt, dunkel (Farben): *tiefblau; tiefschwarz.* **Tief** *das, -s/-s,* 1) Meteorologie: Gebiet niedrigen Luftdrucks: *Tiefdruckgebiet; Tiefausläufer; Sturmtief.* 2) ⚓ Fahrrinne zwischen zwei Sandbänken. 3) U Mißstimmung, Depression: *Stimmungstief.* **Tiefbau** *der,* Bauarbeiten zu ebener, in und unter der Erde, z. B. Straßenbau: *Tiefbauingenieur; Tiefbauamt.* **Tiefbohrung** *die,* eine Gesteinsbohrung bis in größere

Tiefen. **Tiefdruck** *der,* Druck von einer Platte, in die die druckenden Elemente vertieft eingearbeitet sind, ABB. D 15: *Tiefdruckverfahren.* **Tiefe** *die, -/-n.* **Tiefebene** *die,* ebene bis flachwellige Landfläche in geringer Meereshöhe. **Tiefengestein** *das,* in größeren Erdtiefen erstarrte Magmamasse. **Tiefengrammatik** *die,* Ⓢ grammat. Forschungsweise, die alle Beziehungen der Satzglieder zueinander klarstellt. **Tiefenpsychologie** *die,* Teilgebiet der Psychologie. **Tiefenrausch** *der,* durch zu hohen Druck hervorgerufene Bewußtseinsstörungen bei Tauchern. **Tiefenwirkung** *die,* 1) tief unter der Oberfläche wirkende Kraft: *die T. der Strahlenbehandlung; diese Propaganda wird keine T. haben,* Ü. 2) Effekt räumlicher Ausdehnung nach hinten: *die T. des Bühnenbildes.* **Tiefgang** *der, -(e)s,* Höhe des ins Wasser einsinkenden Schiffsteils: *befahrbar für Schiffe bis 9 m T.* **tiefgekühlt,** durch Tiefkühlung eingefroren. **tiefgreifend,** Ü von starker Wirkung: *tiefgreifende Maßnahmen.* **tiefgründig,** Ü gründlich und eindringend. **Tiefkühlfach** *das,* **Tiefkühlschrank** *der,* **Tiefkühltruhe** *die,* Geräte zur Tiefkühlung. **Tiefkühlung** *die,* schnelles Einfrieren von Lebensmitteln und die anschließende Lagerung bei −18 bis −20 °C. **Tiefkühlware** *die,* tiefgekühlte Lebensmittel. **Tieflader** *der, -s/-,* Lastkraftwagen mit tiefliegender Pritsche. **Tiefland** *das.* **Tieflandbucht.** **Tiefpunkt** *der,* tiefster Punkt: *sie ist auf einem seelischen T. angelangt,* Ü. **Tiefschlag** *der,* ✕ verbotener Boxschlag unterhalb der Gürtellinie. **tiefschürfend,** Ü gründlich durchdacht, nachdenklich: *tiefschürfende Gespräche.* **Tiefsee** *die,* Meer von 4 000 m Tiefe an: *Tiefseeforschung.* **Tiefsinn** *der, -(e)s,* 1) tiefe, nicht leicht zu erkennende Bedeutung. 2) grüblerisches Nachdenken. **tiefsinnig.** **Tiefstand** *der, -(e)s,* niedriger Stand: *bei T. wird die Schiffahrt auf dem Fluß eingestellt; seine Leistungen haben einen T. erreicht,* Ü sind sehr schlecht. **Tiefstapelei** *die, -/-en,* Herabsetzung der eigenen Fähigkeiten. **tiefstapeln,** *ich stap(e)le tief* (habe tiefgestapelt). **Tiefstapler** *der, -s/-.* **Tiefstrahler** *der,* eine Leuchte, die das Licht bei geringer seitl. Streuung meist senkrecht nach unten ausstrahlt. **Tiefziehen** *das, -s,* ein Verfahren der spanlosen Formung von Blechen.

Tiegel [ahd. tegel, zu lat. tegula] *der, -s/-,* 1) Pfanne: *Brattiegel,* ABB. P 7. 2) Gefäß aus feuerfestem Ton, Graphit oder Platin zum Schmelzen oder Glühen von Metallen: *Schmelztiegel.* 3) ⊞ kleine Druckpresse: *Tiegeldruckpresse.*

Tier [ahd. tior, Grundbedeutung ›atmendes Wesen‹] *das, -(e)s/-e,* 1) meist frei bewegliches Lebewesen mit im Gegensatz zu den Pflanzen heterotropher Ernährung und dünnen Zellmembranen; vgl. ÜBERS. N 5: *Tierarzt; Tierheilkunde; Tierheim; Tierquälerei; nützliche und schädliche Tiere; wilde und zahme Tiere; ein großes, feines T.,* U nach Rang und Einfluß; *ein armes T.,* U bemitleidenswerter Mensch. 2) ⚥ Hirschkuh. **Tierchen** *das, -s/-: jedem T. sein Pläsierchen!,* Ü laß jeden das tun, was ihm Spaß macht! **tierfangend,** *tierfangende Pflanzen,* Pflanzen, die meist durch klebrige Blätter kleine Tiere, z. B. Insekten, festhalten und deren Eiweiß aufnehmen. **Tiergarten** *der,* meist Sonderform des zoolog. Gartens mit einfacherer Ausstattung. **Tiergeographie** *die,* Geozoologie, Wissenschaft von der räuml. Verbreitung der Tiere. **Tierhalter** *der,* haftpflichtiger Besitzer eines Tieres. **tierisch,** 1) auf das Tier bezüglich: *tierische Fette.* 2) Ü triebhaft, ungeistig, wild, grausam: *mit tierischem Ernst,* U stur, humorlos. **Tierkreis** *der,* die in der Ekliptik liegenden 12 Sternbilder, ÜBERS. A 22: *Tierkreiszeichen.* **Tierkunde** *die, -,* Zoologie. **Tierlein** *das, -s/-.* **Tiermedizin** *die,* Veterinärmedizin. **Tierpark** *der,* zoologischer Garten. **Tierreich** *das, -(e)s,* Gesamtheit der Tiere. **Tierschutz** *der,* Schutz der Tiere vor Mißhandlung und Ausrottung: *Tierschutzverein.* **Tierversuch** *der,* Experiment zu Forschungszwecken am lebenden Tier. **Tierzucht** *die,* Viehzucht.

tiftig, *schweiz.:* schnell, klug, tüchtig.

tifteln, tüfteln.

Tiger [ahd. tigirtior, zu grch. tigris] *der, -s/-,* eine asiat. Großkatze; Sinnbild der Wildheit und Blutgier. **Tigerauge** *das,* ein Schmuckstein. **tigern,** *ich tig(e)re,* 1) (habe getigert) *es,* mache bunt, fleckig: *getigerte Felle.* 2) (bin getigert) U gehe, laufe: *ich bin soeben in die Stadt getigert.* **Tigerpferd** *das,* Zebra.

Tilbury [t'ilbəri, engl., nach dem engl. Wagenbauer Tilbury] *der, -s/-s,* leichter zweirädriger Einspänner.

Tilde [span., zu lat. titulus ›Aufschrift‹] *die, -/-n,* das Zeichen ~, dient 1) im Spanischen zur Erweichung des n in nj und im Portugiesischen zur Nasalierung der Vokale a und o: *España;*

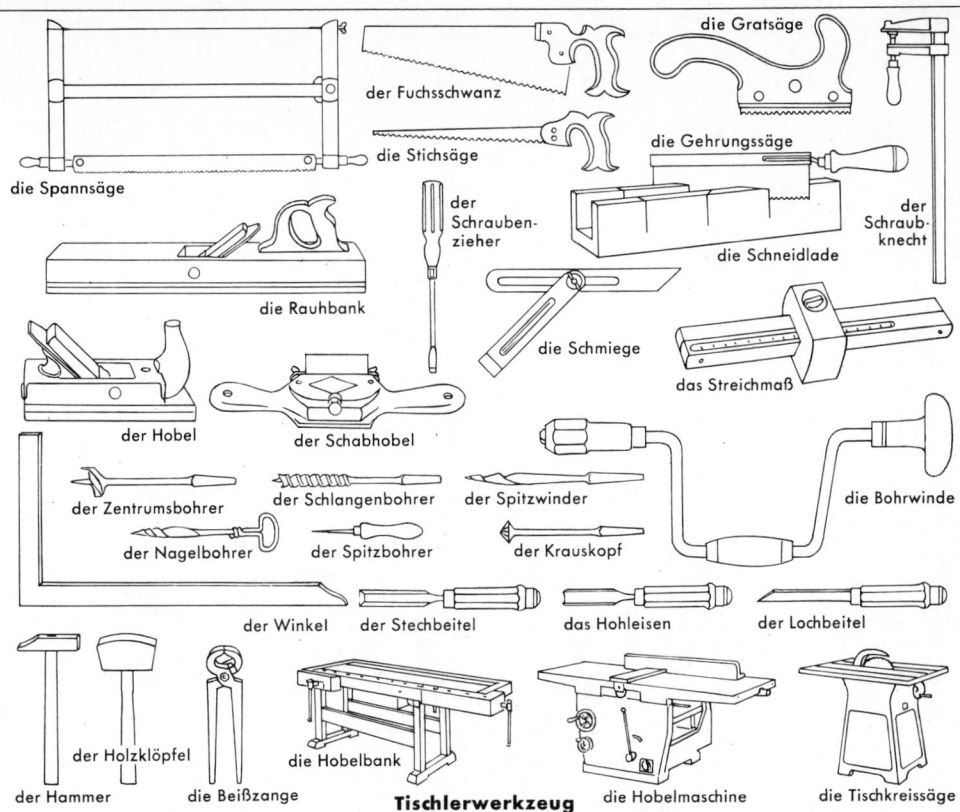

die Gratsäge

der Fuchsschwanz

die Stichsäge

die Gehrungssäge

die Spannsäge

der Schraubenzieher

die Schneidlade

der Schraubknecht

die Rauhbank

die Schmiege

das Streichmaß

der Hobel

der Schabhobel

der Zentrumsbohrer

der Schlangenbohrer

der Spitzwinder

die Bohrwinde

der Nagelbohrer

der Spitzbohrer

der Krauskopf

der Winkel   der Stechbeitel   das Hohleisen   der Lochbeitel

der Holzklöpfel

die Hobelbank

der Hammer   die Beißzange   **Tischlerwerkzeug**   die Hobelmaschine   die Tischkreissäge

São; limões. **2)** in Wörterbüchern als Wiederholungszeichen für ein Wort oder einen Wortteil; im Artikel *Kopf* kann also stehen: *den ~ verlieren; das ~tuch.*

tilgen [ahd. tiligon, zu lat. delere ›zerstören‹], *ich* tilge (habe getilgt) *es,* vernichte, lösche aus, streiche: *eine Schuld wird getilgt; ich habe diese Erinnerung aus meinem Gedächtnis getilgt,* Ü. **Tilgung** *die, -/-en: Tilgungsrate.*

Till [zu Dietrich, Theoderich], männl. Vorname.

Tilla [zu Mathilde, Ottilie], weibl. Vorname.

Tillit [engl. till ›Geschiebemergel‹] *der, -s/-e,* ⊕ stark verfestigte, vorquartäre Moräne.

Tilmann, Tilo [zu Dietrich, Theoderich], auch Thilo, männl. Vornamen.

Tilsiter *der, -s/-,* **1)** Bewohner der Stadt Tilsit. **2)** eine Käsesorte.

Timbre [tɛ̃brə, frz. ›Klang (der Glocke)‹, ›Schmelz‹] *das, -s/-s,* Klangfarbe der Stimme. **timbrieren** (habe timbriert) *es: eine dunkel timbrierte Stimme.*

time is money [taim iz m‚ani, engl.], Zeit ist Geld. **timen** [t‚aimən, engl., vgl. Timing], *ich* time (habe getimt) *es,* **1)** ⚒ messe mit der Stoppuhr. **2)** stimme zeitlich ab, teile ein. **Timer** [t‚aimər, engl., vgl. Timing] *der, -s/-,* Programm-Schaltuhr.

timid [frz. timide, zu lat. timidus], ⚘ furchtsam, zaghaft, schüchtern. **Timidität** *die, -.*

Timing [t‚aimiŋ, engl., zu time ›Zeit‹] *das, -s/-s,* zeitliche Abstimmung, Zeiteinteilung.

Timm [z. B. zu Dietmar], männl. Vorname.

Timokratie [grch. timokratia, aus time ›Schätzung‹, ›Ehre‹ und kratein ›herrschen‹] *die, -/...t‚i|en,* Staatsform, in der die polit. Rechte der Staatsbürger nach dem Vermögen abgestuft

werden. **timokratisch. Timotheus** [grch. theos ›Gott‹], männl. Vorname.

Timpano [ital., zu grch. tympanon] *der, -s/...ni,* Pauke.

Timpe *die, -/-n, niederdt.:* Ecke, Zipfel, Kante.

Tina, Tine [z. B. zu Albertine, Christine], weibl. Vornamen.

Tine [lat. tina] *die, -/-n, niederdt.:* Faß, Zuber, Hängeeimer.

tingeln, *ich* ting(e)le (habe getingelt), ⊍ ziehe mit einer Wandertruppe umher. **Tingeltangel** [Schallw.] *das* oder *der, -s/-,* ⊍ Tanzlokal niederen Rangs.

tingieren [lat. tingere], *ich* tingiere (habe tingiert) *es,* **1)** ↻ färbe, ziehe Farbe u. a. Bestandteile aus einer Substanz. **2)** tauche (die Hostie in den Wein) ein. **Tinktion** *die, -/-en,* ↻ Färbung. **Tinktur** [lat. tinctura] *die, -/-en,* **1)** ⚕ dünnflüssiger Auszug aus pflanzl. oder tierischen Stoffen. **2)** ▽ heraldische Farben.

Tinnef [jidd., zu aramäisch tinnuf ›Schmutz‹] *der, -s,* ⊍ Schund, Plunder; dummes Gerede.

Tinte [ahd. tincta ›Tinte‹, mlat. tincta ›gefärbte Flüssigkeit‹, zu lat. tingere ›färben‹] *die, -/-n,* Schreibflüssigkeit, vgl. ABB. B 57: *Tintenfaß; Tintenfleck; blaue und rote T.; er hat mit T. geschrieben; er sitzt ganz schön in der T.,* ⊍ ist in einer unangenehmen Lage. **Tintenfisch** *der,* ein Kopffüßer. **Tintenstift** *der,* ein Schreibstift, dessen Mine wasserlöslichen Teerfarbstoff enthält. **tintig,** wie Tinte.

Tip [engl.] *der, -s/-s,* **1)** Wink, Hinweis, guter Rat: *kannst du mir nicht einen T. geben?; das war ein guter T.; Geheimtip.* **2)** Vorhersage des vermuteten Ergebnisses, z. B. beim Pferderennen, Toto.

Tippel *der, -s/-, niederdt.:* Tüpfel, Punkt; Spitze.

Tippelbruder [zu tippeln und trippeln] *der,* ⊍ Landstreicher. **Tippelei** *die, -,* ⊍ anhaltendes Tippeln.

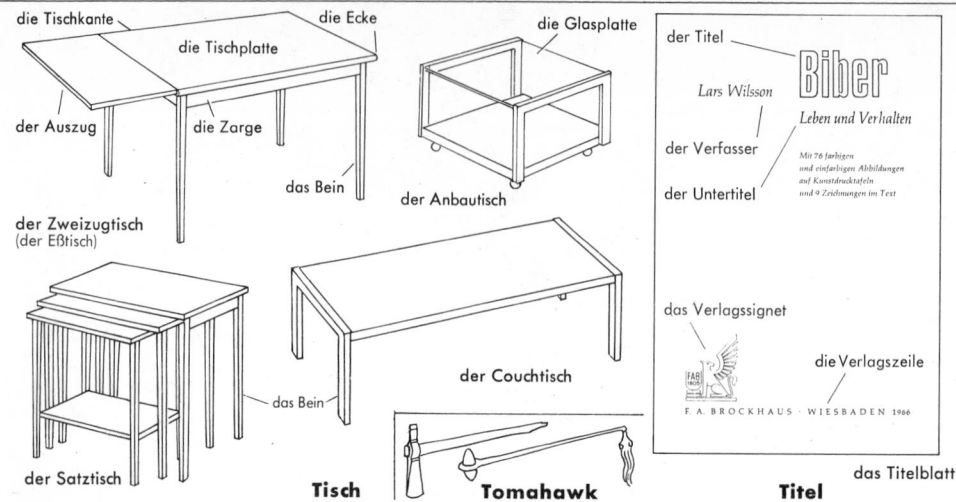

die Tischkante — die Ecke — die Glasplatte — die Tischplatte — der Auszug — die Zarge — das Bein — der Zweizugtisch (der Eßtisch) — der Anbautisch — das Bein — der Satztisch — der Couchtisch

Tisch — **Tomahawk**

der Titel — Lars Wilsson — **Biber** — Leben und Verhalten — der Verfasser — Mit 76 farbigen und einfarbigen Abbildungen auf Kunstdrucktafeln und 9 Zeichnungen im Text — der Untertitel — das Verlagssignet — die Verlagszeile — F. A. BROCKHAUS · WIESBADEN 1966 — das Titelblatt

Titel

tipp(e)lig, *niederdt.:* kleinlich.

tippeln [zu tippen], *ich* tipp(e)le (bin getippelt), Ü gehe zu Fuß, gehe mit kleinen Schritten. **tippen** [aus niederdt., wohl Schallw.], *ich* tippe (habe getippt) *an etwas,* berühre es leicht: *er tippte ihm* oder *ihn auf die Schulter; er hat sich an die Stirn getippt,* zum Zeichen, daß er mich (ihn, etwas) für dumm oder verrückt hält; *daran ist nicht zu tippen,* Ü nicht zu deuteln, es ist einwandfrei.

tippen [zu Tip], *ich* tippe (habe getippt) **1)** *auf ihn, etwas,* vermute, halte für wahrscheinlich: *ich t. auf schönes Wetter.* **2)** *(es),* fülle ein Wettformular aus (Toto, Lotto): *ich habe wieder die falschen Zahlen getippt; Tippgemeinschaft; Tippschein; Tippzettel.*

tippen [engl. to tippen, vgl. Type], *ich* tippe (habe getippt) *es,* Ü schreibe mit der Schreibmaschine: *ich muß noch einen Brief tippen.* **Tippfehler** *der,* Ü Fehler beim Maschinenschreiben. **Tippfräulein** *das,* Ü Maschinenschreiberin. **Tippse** *die, -/-n,* Ü meist verächtlich: Maschinenschreiberin.

tipptopp [engl. eigtl. ›äußerste Spitze‹], Ü äußerst fein, tadellos: *ihre Frisur ist immer t.*

Tirade [frz., zu tirer ›ziehen‹] *die, -/-n,* **1)** Wortschwall. **2)** ♪ schneller Lauf zwischen zwei Tönen im Gesang.

Tirgel *der, -(s)/-(n), schweiz.:* Honiggebäck.

tirili, Schallw. zur Nachahmung des Vogelgesangs. **Tirili** *das, -s.* **tirilieren,** *der Vogel* tiriliert (hat tiriliert), zwitschert, singt.

tironisch, Marcus Tullius Tiro, den Sekretär Ciceros, betreffend; aber: *Tironische Noten,* eine Art Kurzschrift der röm. Antike.

Tisch [ahd. tisc, zu grch. diskos ›Scheibe‹] *der, -(e)s/-e,* **1)** Möbelstück mit einer waagerechten Platte, ABB. T 12: *Eßtisch,* ABB. E 10; *Schreibtisch; Tischgebet; ich sitze am T.,* auf einem Stuhl, einer Bank u. a. beim Tisch; *ich setze mich an den T.; sie kann sich an den gedeckten T. setzen,* Ü braucht nicht für das Essen zu sorgen; *der T. des Herrn,* Ü Altar, Abendmahl; *das ist unter den T. gefallen,* Ü nicht beachtet worden; *das ist am grünen T. entschieden worden,* Ü ohne das praktische Leben zu berücksichtigen (nach dem mit grünem Tuch beschlagenen Amtstisch der Behörden); *er hat reinen T. gemacht,* Ü seine Angelegenheiten in Ordnung gebracht. **2)** Ü Essen, Mahlzeit: *wir sitzen bei T.; ich bitte zu T.; nach T. gehen wir spazieren; Trennung von T. und Bett,* Aufhebung der Ehegemeinschaft. **3)** waagerechte Fläche an vielen Geräten; Geräte und Gebilde mit Platten: *Meßtisch.* **Tischchen** *das, -s/-.* **Tischdame** *die,* Partnerin eines Herrn bei Einladungen zum Essen. **Tischherr** *der,* Partner einer Dame bei Einladungen zum Essen. **Tischkarte** *die,* Namenskarte auf dem Tisch zur Festlegung der Sitzordnung. **Tischkasten** *der,* Schublade im Tisch. **Tischlein** *das, -s/-.* **Tischleindeckdich** *das, -,* Zaubertischchen, das unerschöpflich Essen und Trinken spendet. **Tischler**

[mhd. tisch(l)er] *der, -s/-,* Handwerker der Holzverarbeitung: *Tischlerarbeit.* **Tischlerei** *die, -/-en,* Werkstatt des Tischlers, vgl. ABB. T 11. **tischlern,** *ich* tischlere (habe getischlert). **Tischlerplatte** *die,* Sperrholz aus Mittellage und mindestens einer Furnierlage auf jeder Seite. **Tischrechner** *der,* eine Rechenmaschine, ABB. R 10. **Tischrede** *die,* **1)** ♂ Gespräch bei Tisch: *Luthers Tischreden.* **2)** Ansprache an die Gäste bei Mahlzeiten. **Tischrücken** *das, -s,* spiritistische Praktik, um Geistermitteilungen zu erzielen. **Tischtennis** *das,* Pingpong, dem Tennis ähnl. Ballspiel auf einer Tischplatte, ABB. T 6. **Tischtuch** *das,* ABB. G 5, K 2: *sie haben das T. zwischen sich zerschnitten,* Ü haben ihre Beziehung beendet. **Tischwein** *der,* leichter Wein.

Tissue [t'isju:, engl.] *das, -(s)/-s,* gekrepptes Papier für Gesichtstücher, Servietten u. a.

Tit., Abk. für: Titel.

Titan [vgl. Titan(e)] *das, -s,* Titanium, ○ Element, Zeichen: Ti, silberweißes, dehnbares Metall. **Titan** [grch.] *der, -en/-en,* **Titane** *der, -n/-n,* **1)** Angehöriger eines riesenhaften Göttergeschlechts. **2)** Ü Riese. **titanenhaft,** titanisch. **Titania,** Titanentochter, die Elfenkönigin, Oberons Gemahlin. **Titanide** *der, -n/-n,* Abkömmling der Titanen. **titanisch,** titanenhaft, übermenschlich, gewaltig. **Titanit** *der, -s/-e,* gesteinsbildendes Mineral. **Titanium** *das, -s,* Titan.

Titel [ahd. titulo, zu lat. titulus ›Aufschrift‹] *der, -s/-,* Abk.: Tit., **1)** ehrenvolle Bezeichnung, durch Prüfung erworbener oder für Verdienste verliehener Zusatz zum Namen: *Doktortitel; Meisterschaftstitel; Titelanwärter; man sollte ihn mit seinem T. anreden,* z. B. *Herr Doktor Kost; er will einen T. erwerben.* **2)** Standesbezeichnung: *Grafentitel.* **3)** Überschrift eines literar. oder musikal. Werkes, Name eines Films, ABB. T 12, B 53: *Buchtitel; Operntitel; Filmtitel; Titelblatt.* **4)** 🕮 Titelblatt. **5)** Urkunde, die ein Recht verbrieft und eine zwangsweise Durchsetzung gestattet: *Rechtstitel; Vollstreckungstitel.* **6)** Abschnitt, z. B. eines Vertrages; beziferte Gruppe von Einnahmen oder Ausgaben im Haushaltsplan. **Titelbild** *das,* **1)** 🕮 Frontispiz. **2)** Bild auf der Titelseite (einer Zeitschrift). **Titelei** *die, -/-en,* 🕮 die dem Textbeginn vorausgehenden Buchseiten. **Titelheld** *der,* Hauptgestalt eines Schauspiels, Films u. a., dessen Name im Titel vorkommt. **Titelkampf** *der,* sportl. Wettkampf um einen Meisterschaftstitel. **Titelkirche** *die,* einem Kardinal in Rom zugewiesene Kirche. **Titelschutz** *der,* gesetzl. Schutz für einen Titel. **Titelverteidiger** *der,* Inhaber eines sportl. Meisterschaftstitels, der in einem Titelkampf erneut um diesen Titel kämpft.

Titer [frz. titre ›Feingehalt‹] *der, -s/-,* **1)** ○ Gehalt einer Lösung. **2)** Feingehalt einer Münze. **3)** Feinheitsangabe für Seiden- und Chemiefasergarne. **Titration** *die, -/-en,* Verfahren der chem. Maßanalyse. **Titre** *der, -s/-s,* ♂ Titer. **titrieren,**

ich titriere (habe titriert) *es*, setze tropfenweise eine Lösung bekannter Zusammensetzung und bekannten Gehaltes zur quantitativen Bestimmung eines gelösten Stoffes in einer anderen Lösung zu.

titschen, *ich* titsche (habe getitscht) *es, ostmitteldt.:* tauche, tunke: *ich t. das Brot in den Kaffee.*

Titte *die, -/-n,* meist *Pl.,* U derb: weibliche Brust.

Titular *der, -s/-e,* jemand, der ein Amt nur dem Titel nach innehat, ohne es auszuüben: *Titularbischof.* **Titulatur** *die, -/-en,* vollständige Anrede mit allen Titeln. **titulieren,** *ich* tituliere (habe tituliert), **1)** *es,* benenne. **2)** *ihn,* rede mit Titel an: *er läßt sich (mit, als) Doktor titulieren; er titulierte ihn als Dummkopf.* **Titulierung** *die, -/-en.*

Titus [lat. ›Feldtaube‹], männl. Vorname. **Tituskopf** *der,* eine Haartracht, Lockenkopf, Abb. H 1.

tizianblond [nach dem italien. Maler Tizian, 1477 oder 1487/90–1576], **tizianrot,** goldrot (Haarfarbe).

tja! [zu ja], U Ausruf: was soll man da machen?

Tjalk [niederl.] *die, -/-en,* kleines Segellastschiff.

Tjost [mhd. tjoste, zu afrz. jouste] *die, -/-en oder der, -(e)s/-e,* im MA.: ritterl. Kampfspiel zu Pferde mit dem Speer.

tkm, Zeichen für: Tonnenkilometer.

Tl, ⚗ Zeichen für: Thallium.

Tm, ⚗ Zeichen für: Thulium.

TME, Abk. für: Tausendstel Massen-Einheit, auch mME, ¹⁄₁₂ ₀₀₀ der Masse des Kohlenstoffisotops ¹²C.

Tmesis [grch. ›Trennung‹, zu temnein ›schneiden‹] *die, -/...sen,* Ⓢ Trennung eines zusammengesetzten Wortes durch ein dazwischengeschobenes, z. B. *P* or *er gleich* statt *obgleich er.*

TNT, Abk. für: Trinitrotoluol.

Toast [toust, engl., zu lat. tostus ›gedörrt‹] *der, -(e)s/-e* oder *-s,* **1)** geröstete Weißbrotschnitte: *Toastbrot.* **2)** Trinkspruch: *er brachte einen T. auf den Jubilar aus.* **toasten** [t'oustən], *ich* toaste (habe getoastet), **1)** *Brot,* röste, bes. eine Weißbrotschnitte. **2)** bringe einen Trinkspruch aus. **Toaster** [t'oustə] *der, -s/-,* elektr. Gerät zum Toasten, Abb. K 50.

Tobak [nach engl. tobacco] *der, -(e)s/-e,* ⚘ Nebenform von Tabak, noch U in Redewendungen: *das ist starker T.,* eine Unverschämtheit, ein grober Spaß, ein derber Witz; *Anno T.,* in alter Zeit.

Tobel [mhd. tobel, zu lat. tubus ›Röhre‹] *der* oder *das, -s/-,* auch *Dobel, oberdt.:* enge, waldige Schlucht.

toben [ahd. tobon ›rasen‹], *ich* tobe (habe getobt), **1)** wüte, rase: *der Kranke tobte und schrie; der Sturm tobt.* **2)** (auch bin getobt), tolle, albere: *Kinder, tobt nicht so!*

Tobias [hebr. tobijjah ›Güte Jahwes‹], männl. Vorname.

Toboggan [tə'bɔgən, engl., aus indian.] *der, -s/-s,* kufenloser Schlitten kanadischer Indianer.

Tobsucht *die, -,* heftiger Erregungszustand, Raserei: *Tobsuchtsanfall.* **tobsüchtig.**

Toccata [ital.] *die, -/...ten,* Tokkata.

Tochter [ahd. tohter] *die, -/†,* **1)** weibl. Kind in Beziehung zu den Eltern: *wir haben eine T.* Ü weibl. Nachkomme: *die Töchter des Landes,* die einheim. Frauen und Mädchen; *eine T. Evas,* eine typische Frau. **2)** *schweiz.:* Mädchen, weibl. Angestellte: *Haustochter; Saaltochter.* **Töchterchen** *das, -s/-.* **Tochtergeschwulst** *die,* ⚕ Metastase, von einer im Körper vorhandenen Geschwulst abgetrennte Zellen, die an einer entfernten Stelle weiterwuchern. **Tochtergesellschaft** *die,* Kapitalgesellschaft, die von einer anderen abhängig ist. **Tochterkind** *das,* das Kind der Tochter, Enkelkind. **töchterlich,** *der, oberdt.:* Schwiegersohn.

Tod [ahd. tod] *der, -(e)s/-e,* Pl. selten, **1)** das Erlöschen aller Lebensvorgänge: *Todesdatum; Todeserklärung; Todesgefahr; Todesnachricht; Todesschütze; er starb den Märtyrertod; der T. ist eingetreten; er erlitt den T. auf dem Schlachtfeld; sie fanden den T. im Gebirge; er starb eines natürlichen (qualvollen, gewaltsamen) Todes; er ging für seine Überzeugung in den T.; er ist des Todes,* wird sterben; *er ist auf den T. krank; der Kranke ringt mit dem T.,* liegt im Sterben; *zum Tode verurteilt; zu Tode verwundet; zu Tode betrübt, zu Tode erschrocken,* Ü tief, äußerst; *das kann ich auf den T. nicht leiden,* U durchaus nicht; *T. und Teufel!,* Fluch. **2)** als Gestalt: Gerippe, Skelett, Sensenmann: *er sieht aus wie der lebendige oder leibhaftige T.,* sehr schlecht, abgemagert. **tod- . .,** U oft steigernd: *todschick,* bes. elegant; *todlangweilig; todtraurig; todunglücklich.* **todbleich,** sehr bleich; aber: totenbleich.

Toddy [engl., aus indisch] *der, -s/-s,* **1)** Branntwein mit Wasser und Zucker. **2)** Palmwein.

todernst, Ü sehr ernst: *er hat den Witz mit todernstem Gesicht erzählt; da gibt's nichts zu lachen, die Sache ist t.* **Todesangst** *die,* **1)** Angst vor dem Tod. **2)** U sehr große Angst. **Todesanzeige** *die,* Mitteilung über jemandes Tod: *die T. stand in der Zeitung.* **Todesfall** *der,* Tod eines Menschen: *im T. sind die Eltern zu benachrichtigen; im letzten Jahr gab es in dieser Familie mehrere Todesfälle.* **Todesfolge** *die,* eine Anklage wegen Körperverletzung mit T.,⚖⚕. **Todeskampf** *der,* das Ringen des Sterbenden. **todesmutig,** sehr mutig, selbst bei Gefahr für das eigene Leben. **Todesopfer** *das:* das Erdbeben forderte mehr als 200 T. **Todesspirale** *die,* Eis- und Rollkunstlauf: Figur im Paarlauf. **Todesstoß** *der,* ein Stoß mit einer Stichwaffe, der den Tod herbeiführt: *dem Tier wird der T. gegeben; der Aufstand gab dem Regime den T.,* Ü. **Todesstrafe** *die:* in der Bundesrepublik Deutschland wurde die T. 1949 abgeschafft; auf dieses Verbrechen stand die T. **Todestag** *der:* das Denkmal wurde an seinem T. enthüllt. **Todesursache** *die:* der Arzt stellte die T. fest. **Todesurteil** *das:* das T. wurde vollstreckt. **Todesverachtung** *die,* Furchtlosigkeit auch bei Lebensgefahr: *er schluckte die Medizin mit T. hinunter,* U mit großem Widerwillen, ohne es sich jedoch anmerken zu lassen. **todfeind,** todfeind *der,* gehaßter Gegner. **todkrank,** sehr krank, lebensgefährlich erkrankt. **tödlich, 1)** todbringend, zum Tode führend: *ein tödlicher Unfall.* **2)** Ü völlig, äußerst: *tödliche Langeweile; sie war t. beleidigt,* U stark erschöpft. **todmüde,** U stark erschöpft. **todsicher,** U ganz sicher, unausbleiblich (wie der Tod). **Todsünde** *die,* kath. Kirche: Übertretung eines göttlichen Gebotes in klarer Einsicht und voller Freiheit des Handelns.

Töff *der, -s/-s, schweiz.:* Motorrad.

Toffee [t'ɔfi, engl.] *das, -s/-s,* ein Sahnebonbon.

Toffel, Töffel [zu Christoph] *der, -s/-,* U ungeschickter, plumper Mensch.

Töffli *das, -(s)/-(s), schweiz.:* Fahrrad mit Motorantrieb.

Toga [lat., zu tegere ›bedecken‹] *die, -/...gen,* altrömisches Obergewand, Abb. M 16.

Tohuwabohu [hebr. ›wüst und leer‹] *das, -(s)/-(s),* Wirrwarr, Durcheinander: *in ihrem Zimmer herrschte ein völliges T.*

toi, toi, toi! [teu-], U Ausruf: unberufen!

Toilette [twa-, frz., zu toile ›Leinwand‹, ›Gewebe‹] *die, -/-n,* **1)** Gesellschaftskleid, Putz: *Toilettenartikel; Abendtoilette; in großer T.* **2)** ohne *Pl.,* das Ankleiden und Frisieren (für festl. Gelegenheiten): *sie muß noch T. machen.* **3)** Klosett, Ort zum Verrichten der Notdurft, WC, Abb. B 2: *Toilettenpapier; Damentoilette; Herrentoilette; ich gehe auf die T.*

Tokajer, Tokajer [nach der ungar. Stadt Tokaj] *der, -s/-,* ein ungar. Süßwein.

Tokkata [ital. toccata ›Berührung‹] *die, -/...ten,* auch Toccata, ♪ phantasie- und präludienartiges Mundstück für Orgel oder Klavier.

Töle *die, -/-n, norddt.:* Hund, Köter.

tolerant [frz., zu lat. tolerare ›ertragen‹], duldsam gegenüber anderen Meinungen, großzügig: *ein toleranter Mensch; er verhält sich sehr t. gegenüber anderen Auffassungen.* **Toleranz** [frz. tolérance, zu lat. tolerantia] *die, -,* **1)** Duldsamkeit gegenüber anderen Meinungen: *religiöse und weltanschauliche T.* **2)** *Pl. -en,* ⚙ Maß, um das ein technisches Erzeugnis vom Sollwert abweichen darf: *Toleranzgrenze.* **Toleranzdosis** *die,* die verträgliche Menge einen Röntgen-, Gamma- oder Korpuskularstrahlung. **tolerieren,** *ich* toleriere (habe toleriert) *ihn, es,* dulde, lasse es geschehen: *wir können dieses Vorgehen nicht tolerieren; ich t. seine Meinung; sie tolerieren sich gegenseitig.*

Tolken [zu-], *schweiz.:* Tintenklecks.

toll [ahd. tol ›dumm‹, ›töricht‹], U **1)** verrückt, rasend: *der Lärm macht mich noch t.* **2)** an Tollwut erkrankt. **3)** wild tobend, ausgelassen, zügellos: *toll dreist; treibt es nicht zu t.* **4)** großartig, unglaublich: *eine tolle Leistung; das hast du t. gemacht.*

Tolle [norddt., zu Dolde] *die, -/-n,* U Schopf, Haarbüschel, wellige Haarsträhne, auch Teil einer Frisur.

tollen [mhd. tollen, zu toll], *ich* tolle (habe, bin getollt), laufe lärmend umher, spiele ausgelassen. **Tollhaus** *das,* ⚘ Irrenanstalt: *hier herrscht ein Tollhaus, ein wüstes Treiben, Durcheinander.* **Tollheit** *die, -/-en,* **1)** ohne *Pl.,* Verrücktheit. **2)** toller Streich. **Tollkirsche** *die,* Belladonna, ein Nachtschattengewächs mit schwarzen giftigen Beeren. **Tollkraut** *das,* Bilsenkraut. **tollkühn,** sehr kühn: *er sprang t. von den Klippen ins Meer; ein tollkühnes Überholmanöver.* **Tollkühnheit** *die, -.* **Tollwut** *die,* Viruskrankheit warmblütiger Tiere, die auf Menschen übertragbar ist. **tollwütig.**

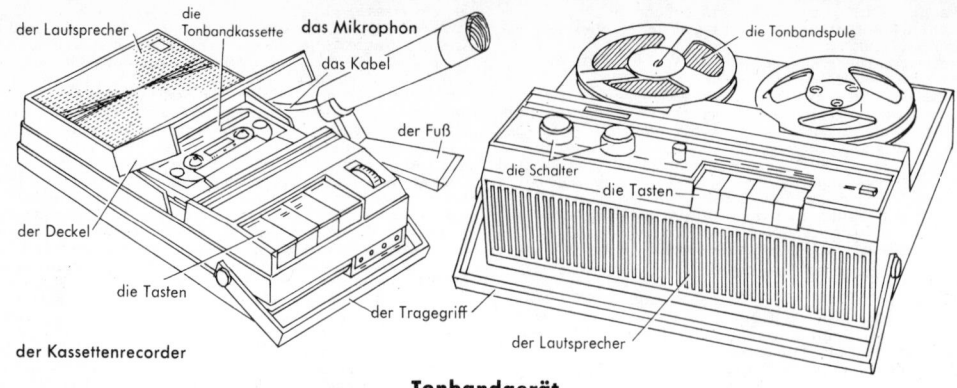

der Lautsprecher — die Tonbandkassette — **das Mikrophon** — die Tonbandspule

das Kabel

der Fuß

die Schalter

die Tasten

der Deckel

die Tasten

der Tragegriff

der Kassettenrecorder

der Lautsprecher

Tonbandgerät

Tọlpatsch [ungar. talpas ›Breitfuß‹, Spottname für ungar. Fußsoldaten] *der, -es/-e,* U ungeschickter Mensch. **tọlpatschig.**

Tọlpel [mhd. dorpære, törpel, eigtl. ›Dorfbewohner‹] *der, -s/-,* **1)** plumper, ungeschickter Mensch. **2)** ein Schwimmvogel. **Tọlpeleị** *die, -/-en,* Ungeschicklichkeit, Plumpheit. **tọlpelhaft,** ungeschickt, schwerfällig, einfältig. **tọlpeln,** *ich* tölp(e)le (bin getölpelt), bewege mich ungeschickt, stolpere herein: *er tölpelte ins Zimmer.* **tọlpisch,** tölpelhaft.

Toltẹke *der, -n/-n,* Angehöriger eines altmexikan. Kulturvolkes. **toltẹkisch.**

Tọlubalsam [nach der kolumbian. Stadt Tolú] *der, -s,* ein Baumharz des trop. Amerika. **Toluidịn** *das, -s/-e, meist Pl.,* eine organ. Verbindung zur Herstellung von Farbstoffen. **Toluọl** *das, -s,* eine organische Verbindung aus Steinkohlenteer, Lösungsmittel und Ausgangsstoff der chem. Industrie. **Tom,** englische Kurzform von Thomas.

Tom., Abk. für: Tomus.

Tomahawk [t'ɔməhɔːk, engl., aus Algonkin] *der, -s/-s,* Streitaxt nordamerikan. Indianer, ABB. T 12.

Tomạte [frz., aus aztek. tomatl] *die, -/-n,* Nachtschattengewächs und dessen rote eßbare Frucht: *Tomatenmark; Tomatensalat; eine treulose T.,* U unzuverlässiger Mensch.

Tọmbak [frz. tombac, aus malaiisch] *der, -s,* Legierung aus Kupfer und Zink, eine Messingart. **tọmbaken.**

Tọmbola [ital., zu tombolare ›hinkullern‹] *die, -/-s* oder *...len,* ein Lotteriespiel; Verlosung von Gegenständen, z. B. bei Festen, Wohltätigkeitsveranstaltungen.

Tọmmy [engl. Kurzform für Thomas] *der, -s/-s,* Scherzname für den engl. Soldaten.

Tọmpel *der, -s/-,* Spannstock der Weber.

Tomo|graphịe [grch. tome ›Schnitt‹ und vgl. . . . graphie] *die, -,* $ Röntgenschichtverfahren, ein Verfahren der Röntgendiagnostik und -untersuchung.

Tọmus [mlat., zu grch. tomos ›Teil‹] *der, -/. . . mi,* Abk.: Tom., ⚬⚬ Buch, Band eines Druckwerks.

Ton [ahd. daha, urverwandt mit dicht] *der, -(e)s/-e,* durch chem. Verwitterung feldspathaltiger Gesteine gebildetes zähes, feinkörniges Lockergestein: *Tonkeramik; Tonminerale.*

Ton [mhd. don, zu lat. tonus, grch. tonos ›Spannung‹, ›Ton‹] *der, -(e)s/²e,* **1)** Schallschwingungen im hörbaren Frequenzbereich, Luftschwingungen: *ein hoher, tiefer, schriller T.; Tonfolge; Tonhöhe; keinen T. mehr!,* U sehr still!; *sie brachte vor Angst keinen T. heraus; hast du Töne?,* U kann man dazu noch etwas sagen?, da ist man sprachlos; *er spuckte große Töne,* U prahlte; *sie sprach von ihm in den höchsten Tönen,* U begeistert; *sie gab an diesem Abend den T. an,* U beherrschte die Gesellschaft; *ich muß in dieser Sache einen anderen T. anschlagen,* U strenger, energischer vorgehen. **2)** Klangart: *Summton; diese Geige hat einen wundervollen T.; der T. des U ist dumpf.* **3)** Betonung: *Lokomotive hat den T. auf der vierten Silbe,* vgl. ÜBERS. B 26. **4)** Art des Benehmens und Redens: *im Befehlston; Umgangston; der gute T.,* die gesellschaftlichen Umgangsformen; *es gehört zum guten T.* **5)** Farbton, Malerei:

eigenartige Färbung, Schattierung: *der goldene T. Rembrandts.* **Tọnabnehmer** *der,* Teil des Plattenspielers zum Umwandeln mechan. Schwingungen in elektr. Wechselspannungen, ABB. P 17. **tonạl,** ♪ auf die Tonika einer bestimmten Tonart bezogen. **Tonalität** *die, -.* **tọnangebend,** anderen zur Nachahmung dienend: *die Pariser Mode ist t.;* aber: *den Tonabnehmer des Plattenspielers trägt.* **Tọnart** *die,* **1)** das Beziehungssystem von Tönen, das einem Musikstück zugrunde liegt. **2)** Ü Art des Sprechens, Benehmens: *bei mir mußt du eine andere T. anschlagen,* dich besser benehmen. **Tọnaufnahme** *die,* Schallaufzeichnung auf Tonband, Schallplatte oder optisch abtastbare Tonspuren. **Tọnband** *das,* Kunststoffband für Tonaufnahme und -wiedergabe in einem Tonbandgerät. **Tọnbandgerät** *das,* Aufnahme- und Wiedergabegerät für Tonbänder, ABB. T 13. **Tọnblende** *die,* Klangfarbeneinstellung an Phonogeräten. **Tọndichter** *der,* Komponist.

Tọndo [ital. tondo ›rund‹] *der* oder *das, -s/-s* oder *. . . di,* Rundbild.

Ton|eisenstein *der,* Konkretionen oder Lagen von Eisenkarbonat in Ton und Tonschiefer.

tọnen, *ich* tone (habe getont) *es,* verbessere den Farbton von Photographien. **tọnen** [mhd. dœnen], *ich* töne (habe getönt), **1)** *es,* gebe ihm einen bestimmten Farbton: *sie läßt sich das Haar tönen.* **2)** *es* tönt, klingt: *ein Ruf tönt durchs Haus;* tönende *Worte,* U wohlklingende, aber nichtssagende. **3)** U spreche prahlerisch: *er tönte ständig von seinen großen Plänen.*

Tọn|erde *die,* Oxid des Aluminiums: *essigsaure T.* **tọnern,** aus Ton: *tönernes Geschirr; es steht auf tönernen Füßen,* U auf unsicherem Grund.

Tọnfall *der, -(e)s,* Klangfarbe der Rede, Sprechmelodie, Modulation. **Tọnfilm** *der,* Film mit Wiedergabe von Sprache, Musik, Geräuschen, die am Rand des Filmstreifens aufgezeichnet sind. **Tọnfrequenz** *die,* eine Frequenz der für Menschen und Tiere hörbaren akustischen Schwingungen. **Tọngebung** *die, -/-en,* Art der Erzeugung eines Tones. **Tọngeschlecht** *das,* ♪ eine Tonartengattung; im abendländ. Tonsystem die beiden Arten Dur und Moll.

Tọni [zu Anton, Antonia], männl. und weibl. Vorname.

Tọnicum *das, -s/. . . ca,* Tonikum.

Tonic Water [t'ɔnik w'ɔːtə, engl.] *das, - -s/- -,* mit Chinarinde aromatisiertes, kohlensäurehaltiges Wasser, bes. als Zusatz zu Gin (Gin Tonic).

tọnig, wie Ton.

Tọnika [ital. tonica] *die, -/. . . ken,* ♪ Grundton einer Tonart und der über diesem Ton errichtete Dreiklang.

Tọnikum [zu grch. tonos ›Spannung‹] *das, -s/. . . ka,* auch Tonicum, $ stärkendes Mittel: **tọnisch** [grch. tonikos], auf die Tonika, das Tonikum oder den Tonus bezüglich.

tonisịeren [zu Tonus], *ich* tonisiere (habe tonisiert) *es,* $ kräftige.

Tọnkamera *die,* Gerät zur Aufzeichnung der Mikrophonströme bei der Tonfilmherstellung. **Tọnkopf** *der,* Elektroma-

der Deckel · das Ventil · die Werkstücke

das Thermometer · der Griff · der Töpfer

der Schnell-kochtopf

der Henkel

der Waschtopf · der Einkochtopf

der Rand · der Handgriff · der Sitz · die Drehscheibe

der Milchtopf · der flache Kochtopf · der hohe Kochtopf

der Boden

der Ton · das Wasser

der Deckel · der Stiel · die Schwungscheibe

der Tonbräter (der Römertopf) · **Topf** · der Bräter · die Stielkasserolle · **Töpferei**

gnet zur Aufzeichnung, Wiedergabe oder Löschung von Schall auf Tonband. **Tonkunst** die, -, Musik, die Kunst, Tonfolgen zusammenzufügen. **Tonleiter** die, ♪ die Folge der Töne in einer Oktave: *a-Moll-Tonleiter; C-Dur-Tonleiter.* **tonlos,** leise, ausdruckslos (Stimme): *t., mit tonloser Stimme beschrieb er den Hergang des Unglücks.* **Tonmalerei** die, ♪ Nachbildung von außermusikal. Vorgängen oder von Bildern mit musikal. Mitteln, z. B. die Nachahmung von Geräuschen und Naturlauten. **Tonmeister** der, ein Techniker bei Film, Funk, Fernsehen.

Tonnage [tɔnˈaːʒə, frz., zu Tonne] die, -/-n, **1)** Raumgehalt eines Schiffes. **2)** Gesamtschiffsraum einer Flotte. **Tönnchen** das, -s/-, **1)** Diminutiv von Tonne. **2)** U scherzhaft: kleiner, dicklicher Mensch. **Tonne** [ahd. tunna, zu mlat. tunna] die, -/-n, **1)** größeres Faß: *Regentonne.* **2)** Zeichen: t, Gewicht von 1 000 kg, ÜBERS. M 8. **3)** Raummaß für Schiffe: *Registertonne.* **4)** ein altes Hohlmaß. **5)** ⟅ schwimmendes Seezeichen, ABB. S 44. **Tonnengewölbe** das, eine Gewölbeform, ABB. S 67. **Tonnenkilometer** der, Abk.: tkm, Leistungsmaßstab für Güterverkehrsmittel, Produkt aus beförderter Last in t und Beförderungsweg in km. **. . . tonner** der, Straßenfahrzeug mit einem bestimmten zulässigen Gesamtgewicht: *Achttonner, 8tonner.*

Tönnies [tˈœnjəs, niederdt. zu Anton], männl. Vorname. **tonnlägig,** ⚒ geneigt.

Tonsatz der, -es, die Lehre von der musikal. Komposition. **Tonschiefer** der, ein schiefriges Tongestein.

Tonsetzer der, Komponist.

tonsillar. Tonsille [lat. tonsillae ›Mandeln‹] die, -/-n, ♄ Mandel. **Tonsill|ektomie** [vgl. Ektomie] die, ♄ operative Mandelentfernung. **Tonsillitis** die, -/. . . tˈiden, ♄ Mandelentzündung.

Ton|spur die, Schallaufzeichnung am Rand eines Filmstreifens.

Tonsur [lat. tonsura ›das Scheren‹] die, -/-en, (bis 1972) geschorene Stelle auf dem Scheitel kath. Mönche und Kleriker, ABB. A 13, H 1.

Tontaube die, Schießsport: früher eine Scheibe aus Ton, die von einer Maschine in die Luft geschleudert wurde; heute Wurftaube genannt: *das Tontaubenschießen.*

Ton|träger der, Vorrichtung zur wiederholbaren Wiedergabe von Tonaufzeichnungen (Schallplatte, Tonband, Film).

Tonung die, -/-en, die chem. Überführung der Schwarztöne auf Photographien in einen farbigen Ton. **Tönung** die, -/-en, bestimmte Abstufung, Farbgebung.

Tonus [grch. tonos ›Spannung‹, ›Druck‹] der, -, **1)** ♄ der normale Spannungszustand der Organe, besonders der Muskeln. **2)** ⊕ Zustand der Reizempfänglichkeit.

Tonwaren, Pl., Töpferwaren, Erzeugnisse aus tonkeram. Werkstoffen.

Tonzeichen das, Schriftzeichen, das die Betonung angibt.

top. . . [engl.], best. . ., spitzen. . .: *Topstar; Topmodell; eine Wohnung in Toplage; Topmanagement; die Top-Ten,* die ersten zehn, z. B. Künstler, Schallplatten.

Topas [grch. topazion] der, -es/-e, ein Mineral, Edelstein.

Topf [ahd. doph, topf] der, -(e)s/¨e, tiefes Gefäß: *Kochtopf,* ABB. T 14; *Blumentopf,* ABB. B 37; *Nachttopf; Topfblume; Topflappen; das ist noch nicht in dem T., wo es kochen soll,* U noch nicht reif zur Ausführung; *du darfst nicht alles in einen T. werfen,* U unterschiedslos behandeln; *wir wirtschaften in einen T.,* U legen das verdiente Geld zusammen; *du mußt das Kind auf den T. setzen.* **Töpfchen** das, -s/-, **1)** Diminutiv von Topf. **2)** U Nachttopf für kleine Kinder. **topf|eben,** schweiz.: ganz flach (Landschaft).

Topfen [mhd. topf] der, -s, bair., österr.: Quark: *Topfenknödel; Topfenstrudel.*

Töpfer [mhd. topf] der, -s/-, Hersteller von Tonwaren. **Töpferei** die, -/-en, Werkstatt des Töpfers, ABB. T 14. **töpfern,** ich töpf(e)re (habe getöpfert). **töpfern,** tönern, irden. **Töpferscheibe** die, Drehscheibe zum Formen des Tons. **Topfgucker** der, norddt.: **1)** jemand, der in die Töpfe schaut, um zu sehen, was es zum Essen gibt. **2)** U jemand, der sich um Dinge kümmert, die ihn nichts angehen.

top|fit [engl., vgl. top. . .], in bester körperl. Verfassung. **Top|form** die: *der Sportler hat seine T. (noch nicht) erreicht.*

Topfkieker der, norddt.: Topfgucker. **Topfkuchen** der, Napfkuchen, ABB. K 51. **Topfschlagen** das, -s, ein Kinderspiel, bei dem man mit verbundenen Augen einen Topf finden und daraufschlagen muß. **Topfstein** der, dichte, meist gefärbte Varietät des Talkes.

Topik [grch. topos ›Ort‹, ›Stelle‹] die, -, **1)** Wissenschaft von den Topoi. **2)** ♄ Lehre von der Lage der Organe zueinander.

Topinambur [indian.] die, -/-en, der, -s/-s oder -e, knollentragender Korbblütler: *Topinamburknolle.*

topisch [vgl. Topik], ♄ örtlich, örtlich wirksam.

topless [engl. ›ohne Oberteil‹], busenfrei: *Toplessbar.*

topo. . . [grch. topos], ort. . ., platz. . . **Topo|graph** [vgl. . . . graph] der, -en/-en, Fachmann für topographische Vermessungen. **Topo|graphie** [vgl. . . . graphie] die, -/. . . phˈi|en, **1)** ⊕ die Ortsbeschreibung mit Angabe der Geländeverhältnisse, Wege, Gewässer, Gebäude usw. **2)** Anatomie: Darstellung der Lage der Organe zueinander. **topo|graphisch,** topographische Karten; topographische Anatomie. **Topologie** [vgl. . . . logie] die, -, Gebiet der Geometrie, das die inneren Zusammenhangsverhältnisse geometrischer Gebilde behandelt. **Top|onomastik** [grch. onomazein ›benennen‹] die, -, Ortsnamenforschung. **Top|onymie** [grch. onoma ›Name‹, ›Benennung‹] die, -/. . ., Ortsnamenbestand. **Top|onymik** die, -, Ortsnamenkunde. **Topos** der, -/. . . poi, **1)** Ort, Platz. **2)** Rhetorik: Gemeinplatz. **3)** Literaturwissenschaft: in der Überlieferung vielfach auftretendes Motiv, literarische Ausdrucksweise.

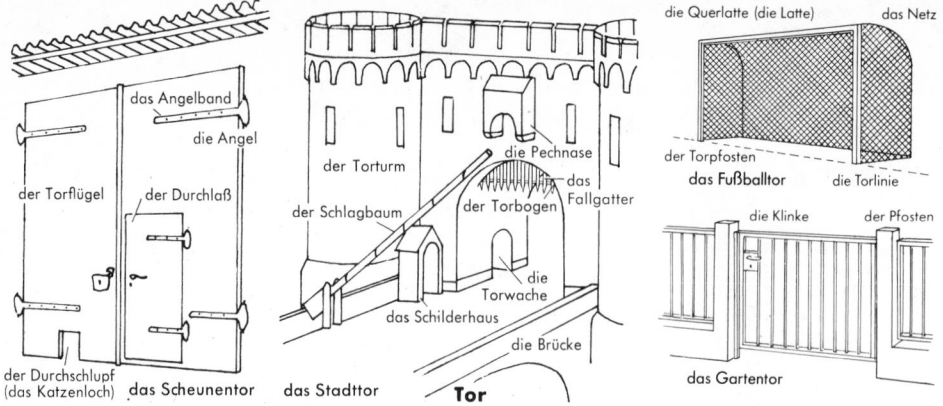

das Angelband
die Angel
der Torflügel · der Durchlaß
der Torturm
der Schlagbaum
die Pechnase
der Torbogen · das Fallgatter
die Querlatte (die Latte) · das Netz
der Torpfosten
das Fußballtor · die Torlinie
die Klinke · der Pfosten
die Torwache
das Schilderhaus
die Brücke
das Gartentor
der Durchschlupf (das Katzenloch) · das Scheunentor · das Stadttor · **Tor**

---

topp! [niederdt.], es gilt!, einverstanden!
Topp [niederdt.] *der, -s/-e* oder *-s,* 1) ⚓ oberes Ende, z. B. eines Mastes: *Vortopp; Toppflagge; Toppsegel.* 2) ∪ der höchste Rang im Zuschauerraum. **toppen,** *ich* toppe (habe getoppt), **1)** scheide Benzin durch Destillation vom Rohöl: *getopptes Schweröl.* **2)** *den Golfball,* treffe über der Mitte. **3)** *eine Rahe, eine Stenge,* ziehe mit einem am Mast befestigten Tau höher. **topp|lastig,** mit zu hohem Schwerpunkt (Schiff).
top-secret [t'ɔps'iːkrət, engl., vgl. top. . .], streng geheim.
Toque [tɔk, frz.] *die, -/-s,* kleiner, runder Frauenhut ohne Krempe, ABB. M 16.
Tor [mhd. tore, zu Dusel] *der, -en/-en,* Narr, jemand, der unklug handelt: *ein reiner T.,* weltfremder Mensch.
Tor [ahd. tor] *das, -(e)s/-e,* **1)** große Tür, Pforte, Einfahrt, ABB. T 15: *Hoftor; Stadttor; Toreinfahrt; Torpfeiler.* **2)** Bauwerk quer zur Straße mit Durchfahrten: *Brandenburger T.* **3)** enger natürl. Durchlaß: *Felsentor; Gletschertor,* ABB. G 29. **4)** ⚔ durch Stangen und Netze gekennzeichnetes Angriffsziel bei Ballspielen: *Fußballtor,* ABB. T 15; *Torlinie,* ABB. F 37. **5)** ⚔ mit dem Ball erzielter Treffer: *die Gegner erzielten zwei Tore; Torverhältnis.* **6)** ⚔ durch zwei Pfosten gekennzeichnete Stelle, die bei bestimmten Wettfahrten (Slalom) durchfahren werden muß.
Toreador *der, -s/-e* oder *-en/-en,* **Torero** [span., zu toro ›Stier‹, lat. taurus] *der, -(s)/-s,* Stierkämpfer.
Torf [mnd. torf] *der, -(e)s,* unter Luftabschluß unvollkommen zersetzte Pflanzenreste: *Torfmoor; hier wird T. gestochen.*
torfig. Torfmoos *das,* Moos, das häufig Hochmoortorf bildet.
Torfmull *der,* zerkleinerter getrockneter Torf zur Bodenverbesserung.
törggelen, *ich* törgg(e)le (habe getörggelt), *südtirol.:* trinke im Herbst den neuen Wein.
Torheit [vgl. Tor] *die, -/-en,* unkluge Handlung.
Torhüter *der,* ⚔ Torwart.
töricht, dumm, unklug: *sie hat sich t. benommen; eine törichte Frage.*
Tories, *Pl.* von Tory.
Törin *die, -/-nen,* Närrin, weibl. Tor.
Torkel [ahd. torcul, zu mlat. torcula, zu lat. torquere ›auspressen‹] *der, -s/-,* **1)** auch *die, -/-n, südtt.:* alte Form der Weinkelter. **2)** *ohne Pl., oberdt., mitteldt.:* Taumel; unverdientes Glück. **torkeln** [mhd. torkeln], *ich* tork(e)le (bin, habe getorkelt), ∪ taumele, gehe unsicher (nach der Bewegung beim Weinpressen): *der Betrunkene torkelt nach Hause.*
Tor|kret [Kw., aus lat. tectorium concretum ›erstarrte Tünche‹] *der, -s,* Spritzbeton. **tor|kretieren,** *ich* torkretiere (habe torkretiert) *es,* verputze mit Torkret.
Törl [zu Tor] *das, -s/-, österr.:* Felsendurchgang, schmaler Paß, ABB. B 20; kleines Tor. **Torlauf** *der,* ⚔ Slalom. **Tormann** *der,* ⚔ Torwart.
Tormentill [mlat. tormentilla, zu tormentum ›Marter‹] *der, -s,* eine Heilpflanze.
Törn [niederdt., zu engl. turn] *der, -s/-s,* **1)** ⚓ Tauwindung,

ABB. K 31. **2)** *niederdt.:* Schicht, Gang, Wachzeit: *in einem T.,* ununterbrochen. **3)** *niederdt.:* Aufzug: *leg T.!,* halt!
Tornado [engl., zu span. tornado ›gedreht‹ und tronada ›Gewitter‹] *der, -s/-s,* ein Wirbelsturm.
Tornister [tschech. tanystra] *der, -s/-,* Ranzen aus Segeltuch, Fell u. a. (für Soldaten); Schulranzen.
torpedieren, *ich* torpediere (habe torpediert) *es,* **1)** beschieße mit einem Torpedo (Schiffe). **2)** ∪ suche zu verhindern: *die Regierungspläne wurden von der Parteibasis torpediert.* **Torpedierung** *die, -/-en.* **Torpedo** [lat. ›Zitterrochen‹ *der, schweiz.* auch *das, -s/-s,* Unterwasserwaffe mit eigener Antriebsanlage und Steuerung. **Torpedoboot** *das,* kleines, schnelles Kriegsschiff für Angriffe mit Torpedos.
torpid [frz. torpide, zu lat. torpidus ›erstarrt‹], ⚕ schlaff, regungslos; stumpfsinnig. **Torpidität** *die, -,* **Torpor** *der, -s,* ⚕ Schlaffheit, Regungslosigkeit, Trägheit.
torquieren [lat. torquere], *ich* torquiere (habe torquiert), ♋ **1)** *es,* ⊚ krümme, drehe. **2)** *ihn,* quäle.
Torr [nach dem italien. Physiker E. Torricelli, 1608–1647] *das, -s/-,* Zeichen: Torr, eine Maßeinheit des Drucks, ÜBERS. M 8.
Torschluß *der,* früher: das allabendliche Schließen der Stadttore; daher: *kurz vor Tor(es)schluß,* ∪ gerade noch zur Zeit (ehe man Sperrgeld zahlen mußte). **Torschlußpanik** *die,* ∪ große Angst, eine letzte Gelegenheit zu versäumen, bes. zum Heiraten.
Torsion [lat. torsio ›Drehung‹] *die, -/-en,* **1)** ⊚ Drillung, Verdrehung. **2)** △ die Windung einer Raumkurve. **Torsionsstab** *der,* Drehstab, eine Form der Feder, z. B. am Kraftwagen. **Torsionswaage** *die,* Drehwaage, Gerät zur Messung von Kräften, z. B. elektr. Ladungen.
Torso [ital., zu grch. thyrsos ›Strunk‹ *der, -s/-s* oder *. . .si,* **1)** unvollständig erhaltene oder unvollendete Figur, ABB. M 28. **2)** ∪ Bruchstück.
Torsten [nord., zu Thor, altnord. Donnergott, und sten, dän. und schwed. ›Stein‹], männl. Vorname.
Tort [frz. tort ›Unrecht‹, zu lat. tortum ›verdreht‹] *der, -(e)s,* ♋ Kränkung, Schädigung: *er will ihm damit einen T. antun; er hat es mir zum T. getan.*
Törtchen *das, -s/-,* ein Feingebäck, kleine Torte, ABB. K 51.
Torte [ital. torta, zu mlat. torta ›gewundenes Gebäck‹] *die, -/-n,* kreisrunder, gefüllter oder belegter Kuchen, ABB. K 51: *Tortenboden; Tortenguß; Tortenheber; Obsttorte.* **Tortelett** *das, -s/-s,* Törtchen.
Tortur [mlat. tortura, zu lat. torquere ›drehen‹, ›winden‹ *die, -/-en,* Folter; Qual: *die lange Fahrt war für mich eine T.*
Torus [lat.] *der, -/. . .ri,* wulstartiger Teil, z. B. einer Säulenbasis, ABB. B 11.
Torwart *der,* ⚔ Verteidiger des Tores. **Torweg** *der,* eine Einfahrt.
Tory [engl., von irisch toraidhe ›Verfolgter‹] *der, -s/. . .ries,* brit. Konservativer. **torystisch.**
Tosbecken *das,* das Sturzbett in Wasserkraftwerken,

Hochwasserüberläufen u. a. **tọsen** [ahd. doson], *es tost (hat getost), schallt laut, rauscht, braust: der Wasserfall t.; tosender Beifall.*

Tost *der, -(e)s/-e, oberdt., mitteldt.:* Büschel.

tot [ahd. tot], **1)** gestorben, leblos, des Lebens beraubt: *meine Großeltern sind t.; die Verschütteten konnten nur noch t. geborgen werden; ein toter Ast,* abgestorbener; *mausetot,* U; *das Kind wurde t. geboren,* aber: *ein totgeborenes Kind,* auch Ü: *von vornherein aussichtsloses Unternehmen; mehr t. als lebendig* (vor Schreck, vor Erschöpfung); *eine tote Sprache,* Sprache, die nicht mehr (als Muttersprache) gesprochen wird. **2)** Ü ohne Lebendiges, leer, ausgestorben, empfindungslos, öde, wüst: *eine tote Stadt; in seinem Herzen ist alles t.; tote Augen, Farben,* matte, glanzlose, auch: blinde; *t. für die Freuden der Welt.* **3)** ohne Nutzwert, unwirksam: *totes Kapital,* ertragloses; *toter Mann,* ⚒ abgebaute Teile einer Grube, Ü auch: bewegungslose Rückenlage eines Schwimmers auf dem Wasser; *der tote Punkt,* Stellung, in der eine Maschine nicht wirken kann; *meine Arbeit ist auf dem toten Punkt,* Ü an einer Stelle, wo es keinen rechten Antrieb gibt, wo man nicht weiterkommt; *die (Telefon)leitung ist t.,* Ü weder Frei- noch Besetztzeichen ist zu hören; *toter Winkel,* der hinter dem Kraftwagen durch Rückspiegel nicht einsehbare Raum, ⚙ Geländeraum hinter einer Deckung, den gegner. Feuer nicht erfaßt; *ein totes Rennen,* unentschiedenes; *totes Gleis,* in einem Prellbock endendes; *totgebrannter Gips,* nicht bindefähiger; *toter Briefkasten,* getarnter Ablageplatz geheimer Nachrichten (Spionage); *totes Inventar,* Maschinen und Geräte eines landwirtschaftl. Betriebes; *tote Zone,* Gebiet im Bereich eines Kurzwellensenders, in dem dieser nicht empfangen werden kann; aber: *das Tote Meer; die Tote Hand,* ⚖ öffentliche Körperschaft oder Stiftung, bes. Kirchen, deren Vermögen sich nicht vererbt. **tot...,** mit Verben trennbar zusammengesetzt: **1)** durch ... getötet: *totbeißen; totmachen; totstechen; sich totstürzen;* vgl. totfahren. **2)** Ü übertreibend: *sich totarbeiten; totlachen;* vgl. totärgern.

total [mlat. totalis, zu lat. totus ›ganz‹], gänzlich, vollständig: *Totalansicht; Totalschaden.* **Totalisator** *der, -s/.. t'oren,* Buchungsstelle für die Wetten beim Pferderennen. **totalisịeren,** *ich totalisiere (habe totalisiert) es,* zähle zusammen. **totalitär,** das Ganze beanspruchend, sich alles unterwerfend: *totalitäre Staaten.* **Totalitarịsmus** [vgl. . . .ịsmus] *der, -,* das Streben nach totalitärer Regierung. **Totalität** [frz. totalité] *die,* Ganzheit, Vollständigkeit: *Totalitätsanspruch.*

totärgern, *ich ärg(e)re mich tot (habe mich totgeärgert) über ihn oder etwas,* U ärgere mich sehr.

Tọte [mhd. tote] *der, die, das, -n/-n, ein -r, eine -, ein -s,* Verstorbene(r), Abgestorbenes: *Totenbestattung; Totenehrung; Totenhemd; Totenklage; Totenreich.*

Totem [engl., aus Algonkin] *das, -s/-s,* bei Naturvölkern: Tier, Pflanze, Gegenstand oder Naturerscheinung, mit denen sich ein Mensch oder eine Gruppe mystisch oder verwandtschaftlich verbunden fühlt: *Totemglaube.* **Totemịsmus** [vgl. . . .ịsmus] *der, -,* Vorstellungen und Verhaltensweisen, die auf der Beziehung zu Totems beruhen. **totemịstisch. Totempfahl** *der,* ein Wappenpfahl bei nordamerikan. Indianern.

töten [ahd. toden], *ich töte (habe getötet) ihn, es,* bringe ums Leben, zu Tode, mache tot. **2)** Ü vernichte, zerstöre; mache empfindungslos: *der Zahnarzt mußte den Nerv töten; es tötet mir den (letzten) Nerv,* U fällt mir auf die Nerven. **Tọtenacker** *der,* P Friedhof. **Tọtenamt** *das,* Totenmesse. **Tọtenbett** *das,* Sterbelager: *sie hat es ihm am T. versprochen.* **totenbleich,** sehr bleich; aber: todbleich. **Tọtenblume** *die,* U Samt-, Ringelblume, Bilsenkraut. **Tọtengräber** *der, -s/-,* **1)** ⚙ Friedhofsarbeiter, der die Gräber aushebt (und pflegt). **2)** ein Käfer. **Tọtenkopf** *der,* **1)** Schädel eines Toten. **2)** ein Schmetterling. **Tọtenlade** *die,* P Sarg. **Tọtenmaske** *die,* die Abformung des Gesichts eines Verstorbenen in Gips, Wachs. **Tọtenmesse** *die,* kath. Kirche: Messe für Verstorbene, Seelenmesse. **Tọtenschein** *der,* ärztl. Bescheinigung über Todesursache und Todeszeitpunkt. **Tọtensonntag** *der,* Gedenktag für die Toten, letzter Sonntag des Kirchenjahrs, ÜBERS. J 2. **Tọtenstarre** *die,* das Starrwerden der Muskeln nach Eintritt des Todes. **totenstill,** vollkommen still. **Tọtenstille** *die.* **Tọtentanz** *der,* bildl. Darstellung von Menschen, die einen Reigen mit Toten tanzen und symbolisch wiedergegeben werden. **Tọtentrompete** *die,* ein Würzpilz. **Tọtenuhr** *die,* ein Klopfkäfer. **Tọtenvogel** *der,* Steinkauz. **tọtfahren,** *ich fahre ihn tot (fuhr tot, habe totgefahren),* U überfahre ihn. **Tọtgeglaubte** *der, die, -n/-n, ein -r, eine -,* Lebende(r), der (die) **Tọtgesagte** *der, die, -n/-n, ein -r, eine -*

angeblich tot ist. **tọtkriegen,** *er war gestern abend nicht totzukriegen,* U hat lange ausgehalten; *die Jeans sind nicht totzukriegen,* U gehen nicht kaputt. **tọtlachen,** *ich lache mich tot (habe mich totgelacht) über ihn oder etwas,* U lache heftig: *wir haben uns über den Witz fast totgelacht; es ist zum Totlachen.* **tọtlaufen,** *es läuft sich tot (lief sich tot, hat sich totgelaufen),* Ü geht zu Ende (ohne daß man eingreifen muß): *die Sache hat sich totgelaufen.*

Toto *der,* U auch *das, -s/-s,* **1)** Kurzwort für: Totalisator. **2)** Wettart im Fußballsport: *Fußballtoto; Totogewinn.*

tọtsagen, *ich sage ihn tot (habe totgesagt),* behaupte, daß er gestorben sei.

Totsch *der,* **1)** *-/-e, österr.:* ein Bauerngericht. **2)** *-/-",* schweiz.: blöder Mensch, dumme Weibsperson.

tọtschießen, *ich schieße ihn tot (schoß tot, habe totgeschossen),* U erschieße ihn. **Tọtschlag** *der, -(e)s,* ⚖⚖ vorsätzliche Tötung eines Menschen, die nicht die besonderen Merkmale des Mordes aufweist: *das wird noch Mord und T. geben,* U heftigen Streit. **tọtschlagen,** *ich schlage ihn tot (schlug tot, habe totgeschlagen),* bringe um, ermorde: *ich schlage die Zeit tot,* U lasse sie ohne sinnvolle Beschäftigung verrinnen. **Tọtschläger** *der,* Stock mit Bleiknopf als Waffe. **tọtschweigen,** *ich schweige ihn, es tot (habe totgeschwiegen),* lasse nicht bekannt werden, schweige darüber, um es in Vergessenheit geraten zu lassen: *seine früheren Verdienste wurden von der Presse totgeschwiegen; man versuchte, die Vorkommnisse totzuschweigen.* **tọtstellen,** *ich stelle mich tot (habe mich totgestellt),* rühre mich nicht, tue, als sei ich tot (der Hase hat sich totgestellt. **tọt|treten,** *ich trete ihn tot (trat tot, habe totgetreten),* treten: durch (Darauf)treten: *ich habe als Versehen einen Käfer totgetreten.* **Tötung** *die, -/-en,* das Töten: *fahrlässige T.; Tötungsabsicht.*

Touch [tʌtʃ, engl. to touch ›berühren‹] *der, -s/-s,* Anflug, Hauch, Anstrich. **Touchdown** [t'ʌtʃdaun, engl. down ›nach unten‹] *der -(s)/-s,* Fußball: ein Ball, der hinter der Torraumlinie auf den Boden gelegt wird. **touchịeren** [tuʃ-, frz. toucher ›berühren‹], *ich touchiere (habe touchiert) (es),* berühre leicht (Springreiten, Fechten, Billard).

Toupet [tup'e-, frz. ›Schopf‹] *das, -s/-s,* Haarersatzstück. **toupịeren,** *ich toupiere (habe toupiert) das Haar,* bausche es auf (damit es voller wirkt). **Toupịerung** *die, -.*

Tour [tu:r, frz., zu tourner ›drehen‹, ›wenden‹] *die, -/-en,* **1)** Fahrt, Reise, Wanderung: *Radtour; je ist auf T.,* unterwegs; *sie redete in einer T.,* U ohne Unterbrechung; *er hat krumme Touren gemacht,* U etwas Unerlaubtes getan; *sie versucht es auf die dumme T.,* U versucht, etwas zu erreichen, indem sie sich dumm stellt. **2)** Wendung, bes. beim Tanz. **3)** nur Pl., ☉ Umdrehung: *der Motor,* U *die Produktion läuft auf vollen Touren; die unfairen Angriffe brachten ihn auf Touren,* U machten ihn wütend; *sie kommt morgens nur langsam auf Touren,* U in Schwung. **Tourenwagen** [t'u-] *der,* in Serie hergestellter Personenkraftwagen für den allgemeinen Verkauf, bes. im Wettbewerbsfahrzeug für den Motorsport. **Tourenzahl** [t'u-] *die,* Drehzahl, Umdrehungszahl in einer Zeiteinheit. **Tourenzähler** [t'u-] *der,* Gerät zur Feststellung der Tourenzahl. **Tourịsmus** [tu-, vgl. . . .ịsmus] *der, -,* Fremdenverkehr. **Tourịst** *der, -en/-en,* Urlauber, Vergnügungsreisender, Ausflügler, Wanderer, Bergsteiger: *Hochtourist.* **Tourịstenklasse** *die,* preisgünstige Reiseklasse in Passagierflugzeugen, auf Fahrgastschiffen. **Tourịstik** *die, -,* Reisewesen. **tourịstisch.**

Tourné [turn'e, frz.] *das, -s/-s,* Wendespiel (Skat).

Tournedos [turnəd'o:, frz.] *der, - [-d'o:(s)]/- [-d'o:s],* dicke, runde, rasch gebratene Scheibe aus der Ochsenlende. **Tournee** [frz. tourneé, vgl. Tour] *die, -/-s* oder *. . .n'e|en,* **1)** Rundreise: *Europatournee.* **2)** Gastspielreise von Künstlern: *Tourneetheater; Konzerttournee.*

tournịeren [frz. tourner ›drehen‹, ›wenden‹], *ich tourniere (habe tourniert),* **1)** wende, decke die Spielkarten auf. **2)** *es,* forme Wurzelgemüse oder Kartoffeln mit dem Messer.

Tower [t'auə(r), engl. ›Turm‹] *der, -s/-,* Kontrollturm auf Flugplätzen.

Toxikologe [grch. toxikon (pharmakon) ›Pfeilgift‹ und vgl. . . .loge] *der, -n/-n,* Kenner der Toxikologie. **Toxikologịe** [vgl. . . .logịe] *die, -,* Lehre von den Giften und Vergiftungen. **Toxikose** [-k'o:-, frz.] *die, -/-n,* Vergiftungskrankheit. **Toxịkum** [lat. toxicum, aus grch.] *das, -s/. . .ka,* Gift, Giftstoff. **Toxịn** *das, -s/-e,* von Lebewesen ausgeschiedenes Gift. **toxịsch,** durch Toxine bedingt, giftig. **Toxizität** *die, -,* Giftigkeit. **Toxo|plasmọse** [vgl. Plasma] *die, -/-n,* ⚕ parasitäre Infektionskrankheit.

Trab [mhd. drap] *der, -(e)s,* **1)** beschleunigte Gangart, bes. von Pferden, ABB. R 18: *Trabrennen; Trabrennbahn; er reitet T.* **2)** ∪ Laufschritt: *ich setze mich in T.; man muß ihn erst auf T. bringen,* ∪ in Schwung bringen, anspornen.

Trabant [tschech. drabant ›Krieger zu Fuß‹] *der, -en/-en,* **1)** ⚔ Leibwächter, Diener. **2)** ✷ Mond. **3)** Ü abhängiger Begleiter. **4)** *nur Pl.,* ∪ (lebhafte) Kinder: *diese Trabanten machen wieder einen Lärm!* **Trabantenstadt** *die,* eine selbständige Stadt, die hinsichtlich einiger Dienstleistungen auf ein benachbartes Zentrum angewiesen ist.

traben [mhd. draben], *das Pferd* trabt (ist getrabt), geht im Trab: *ich bin beim Ausritt nur getrabt,* im Trab geritten; *er trabte nach Hause,* ∪ lief (eilig). **Traber** *der, -s/-,* für Trabrennen geeignetes Pferd.

Trachee [-x'e:ə, frz. trachée, zu spätlat. trachia, grch. tracheia ›Luftröhre‹] *die, -/. . .ch'e|en,* **1)** ⚕ saftleitendes Gewebe. **2)** röhrenförmiges Atmungsorgan einiger Gliederfüßer. **Tracheotomie** [frz., zu grch. tome ›Schnitt‹] *die, -/. . .m'i|en,* $ der Luftröhrenschnitt.

Trachom [grch. trachys ›rauh‹] *das, -s/-e,* Granulose, eine Augenkrankheit.

Tracht [zu tragen] *die, -/-en,* **1)** Kleidung und dazugehörige Aufmachung eines bestimmten Zeit oder Gemeinschaft, ABB. M 16: *Volkstracht; Trachtenanzug; Trachtenfest; Amtstracht,* ABB. A 13; *Haartrachten,* ABB. H 1. **2)** Ausbildungsform von Mineralen. **3)** eigtl.: Traglast, meist Ü: Anteil, Portion: *eine T. Prügel; die T. der Biene,* das, was sie einträgt. **4)** 🐝 ⚔ Leibesfrucht.

trachten [ahd. trahton, zu lat. tractare ›betreiben‹], *ich* trachte (habe getrachtet) *nach etwas,* begehre, erstrebe es: *er trachtete (danach), möglichst schnell fertig zu werden; er trachtet ihr nach dem Leben,* will sie töten. **Trachten** *das, -s,* Begehren, Streben: *all sein Sinnen und T. war darauf gerichtet.*

Trachter *der, -s/-,* oberdt.: Trichter.

trächtig [mhd. trehtec, zu traht ›Leibesfrucht‹], 🐝 tragend, schwanger: *eine trächtige Stute.* **Trächtigkeit** *die, -/-.*

Trachyt [-x'yt, grch. trachys ›rauh‹] *der, -s/-e,* lichtgraues bis rötliches Ergußgestein.

Track [træk, engl. ›Spur‹] *der, -s/-s,* Bahn, Route, z. B. Schiffahrtsstraße.

Trade mark [tr'eid ma:k, engl. trade ›Handel‹, ›Gewerbe‹ und mark ›Zeichen‹] *die, - -/- -s,* die Fabrikmarke, bes. auch die Bezeichnung der Herkunftslandes eines Erzeugnisses.

tradieren [lat. tradere ›überliefern‹], *ich* tradiere (habe tradiert) *es,* überliefere. **Tradition** [frz., zu spätlat. traditio] *die, -/-en,* Überlieferung, Brauch; traditionsgebunden; traditionsbewußt; traditionsgebunden: *eine alte T.; Familientradition; wir wollen diese T. bewahren, fortsetzen, aus der T. festhalten; unser Treffen ist schon zur T. geworden.* **Traditionalismus** [vgl. . . . ismus] *der, -,* bewußtes Festhalten am Herkömmlichen. **traditionell,** die *Zusammenkunft findet t. im Herbst statt; die traditionelle Neujahrsansprache des Bundespräsidenten.*

traf, von treffen.

träf, *schweiz.:* treff.

Trafik [ital. traffico, zu arab. tafriq ›das Verteilen‹] *die, -/-en, österr.:* Handel, Laden; *Tabaktrafik,* staatl. Tabakverkaufsstelle. **Trafikant** *der, -en/-en, österr.:* Ladenbesitzer.

Trafo *der, -(s)/-s,* Kurzw. für: Transformator: *Trafostation.*

Traft [aus poln.] *die, -/-en, nordostdt.:* Floß aus Balkenholz.

träg, seltener für: träge.

Tragant [ahd. dragant, zu mlat. tragantum, zu grch. tragos ›Bock‹] *der, -(e)s/-e,* ⚘ Stragel.

Tragbahre *die,* Bahre. **tragbar, 1)** beweglich und leicht genug, daß man es tragen kann: *ein tragbarer Fernsehapparat; tragbare Maschinen.* **2)** Ü erträglich: *diese Anforderungen sind nicht mehr t.; er ist für die Partei, die Firma nicht mehr t.,* entspricht nicht mehr den Anforderungen.

träge [ahd. tragi], seltener auch träg, langsam, unbeholfen, faul, unbeweglich: *sie räkelt sich t. in der Sonne; er ist geistig t. geworden; ein träger Mensch.*

Trage *die, -/-en,* Gestell zum Tragen von Lasten (auf dem Rücken).

Trag|elaph [grch. tragelaphos, zu tragos ›Bock‹ und elaphos ›Hirsch‹] *der, -en/-en,* **1)** altgriech. Fabeltier. **2)** Ü stilloses Kunstwerk.

tragen [ahd. tragan], *ich* trage (trug, habe getragen; du trägst, er trägt; wenn er trüge), **1)** *ihn, es,* halte schwebend oder stützend; *er, es ruht, lastet auf mir: wir tragen die Stühle auf den Balkon; das Pferd trägt den Reiter; ein Möbelträger kann zwei Zentner tragen; die Säulen tragen den Giebel; Wasser trägt Holz,*

Holz schwimmt obenauf; *er trägt die Kosten des Prozesses,* Ü bezahlt, nimmt auf sich; *er trägt die Nase hoch,* ∪ ist hochmütig; *sie trägt eine große Selbstsicherheit zur Schau; der tragende Idee des Romans,* Ü die grundlegende; *er spielt in diesem Stück die tragende Rolle,* Ü die wichtigste; *seine Idee kam nicht mehr zum Tragen,* Ü zur Ausführung, Wirkung. **2)** *es,* habe an, auf: *man kann Kleider, eine Brille, einen Bart, Schmuck tragen; getragene Kleider; sie trägt ihr Haar kurz; sie trägt Trauer(kleidung); der Stoff, das Kleid trägt sich gut.* **3)** *das Geld bei (schweiz.: auf) mir,* habe es bei mir, in der Tasche. **4)** *es, habe: die Kinder tragen den Namen ihres Vaters; die Erzählung trägt den Stempel der Wahrheit; du mußt den Verhältnissen Rechnung tragen; wir müssen Sorge tragen, daß . . ., dafür sorgen, uns darum bemühen; dafür trägst du die Verantwortung; er trägt die Schuld an dieser Entwicklung.* **5)** *es,* erdulde, nehme mit Fassung auf mich: *sie trägt viel Leid; nun mußt du die Schande tragen; sie trägt den Verlust mit Fassung; er trägt schwer an seiner Schuld.* **6)** *es trägt (etwas),* bringt Ertrag: *der Baum trägt zum erstenmal; der Gasthof trägt gut,* lohnt sich, bringt Gewinn; *das Unternehmen trägt die Werbungskosten nicht,* bringt nicht genug ein, um sie zu bezahlen; *endlich trugen seine Anstrengungen Früchte,* Ü; *das Kapital trägt Zinsen.* **7)** *eine Kuh trägt,* ist tragend, ist trächtig. **8)** *die Stimme trägt,* ist weithin hörbar. **9)** *mich mit etwas,* plane es, arbeite daran: *sie trägt sich mit dem Gedanken, den Beruf zu wechseln; er trägt sich mit Rücktrittsabsichten.* **10)** *es trägt sich,* bringt genügend ein, um die Kosten zu decken: *das Tochterunternehmen wird sich erst in einigen Jahren (selbst) tragen.* **Träger** *der, -s/-,* **1)** Person oder Sache, die etwas trägt: *Gepäckträger; Flugzeugträger; Trägerfrequenz; Trägerlohn; Trägerrakete,* ABB. R 9; *Trägerwaffen; die T. der Kultur; Geheimnisträger; Kostenträger;* Ü Sache, die etwas zum Inhalt hat: *Erdöl als wichtiger Energieträger; der Anbau von Eiweißträgern,* ABB. B 51, S 11, T 16. **3)** haltendes Band an Kleidungsstücken, ABB. K 25: *Hosenträger; Trägerschürze.* **Tragete** *die, -/-n, schweiz.:* Traglast. **tragfähig,** so beschaffen, daß es eine bestimmte Last tragen kann (Brücke, Pfeiler). **Tragfähigkeit** *die, -.* **Tragfläche** *die,* Tragflügel. **Tragflügel** *der,* Tragfläche, Flügelfläche eines Flugzeugs zur Auftriebserzeugung, ABB. F 31. **Tragflügelboot** *das,* Tragflächenboot, ein Motorboot, das von schmalen Tragflügeln im Wasser getragen wird und sich ganz aus dem Wasser hebt.

Trägheit [zu träge] *die, -,* **1)** Faulheit, Langsamkeit: *geistige T.* **2)** Physik: Beharrungsvermögen: *Trägheitsmoment; Trägheitsnavigation,* ein von äußeren Einrichtungen unabhängiges Navigationsverfahren.

Traghimmel *der,* tragbarer Baldachin, auf Stangen ruhendes Teppichdach.

Tragik [vgl. Tragödie] *die, -,* durch ein erschütterndes, schicksalhaftes Geschehen verursachtes Leid: *hierin liegt seine persönliche T.; die besondere T. des Geschehens.* **Tragiker** [grch. tragikos (poietes)] *der, -s/-,* Dichter von Trauerspielen. **tragikomisch,** tragisch und komisch zugleich: *eine tragikomische Geschichte, Gestalt.* **Tragikomödie** *die,* Schauspiel, das Tragisches und Komisches vereint. **tragisch,** ein Geschehen nach Art einer Tragödie darstellend; voller Tragik: *ein tragischer Dichter,* Tragödiendichter; *ihr Mann kam auf tragische Weise, t. ums Leben; ein tragischer Unglücksfall; du solltest das nicht so t. nehmen,* ∪ nicht so schwer; *das ist doch nicht t.,* ∪ nicht besonders schlimm.

Tragkraft *die, -,* Fähigkeit, schwere Lasten zu tragen. **tragkräftig. Traglast** *die,* Last, die ein Mensch, ein Tier, eine Sache tragen kann.

Tragöde *der, -n/-n,* Darsteller tragischer Rollen. **Tragödie** [-iə, grch. tragodia ›Bocksgesang‹ (tragos ›Bock‹ und ode ›Gesang‹, nach den Satyrn des Gottes Dionysos)] *die, -/. . .di|en,* **1)** Trauerspiel: *Tragödiendichter; Schicksalstragödie.* **2)** Ü tragisches Ereignis: *Familientragödie.* **Tragödin** *die, -/-nen,* Darstellerin tragischer Rollen.

Tragsattel *der,* Sattel zum Aufladen von Lasten, ABB. S 5. **Tragschrauber** *der, -s/-,* ein Drehflügelflugzeug. **trägst,** von tragen. **Tragtier** *das,* Tier zum Tragen von Lasten. **Tragweite** *die, -,* **1)** Schußweite (einer Feuerwaffe). **2)** Ü Wirkung, Bedeutung, Reichweite: *er ist sich der T. seines Handelns nicht bewußt,* ahnt nicht, was sich daraus alles ergeben kann. **Tragwerk** *das,* **1)** ▦ tragender Teil einer Baukonstruktion. **2)** ✈ alle Teile eines Flugzeugs, die zur aerodynam. Auftriebserzeugung beitragen.

Trailerschiff [tr'eilə-, engl. trailer ›Sattelschlepperanhänger‹] *das,* Spezialschiff für Sattelschlepperanhänger.

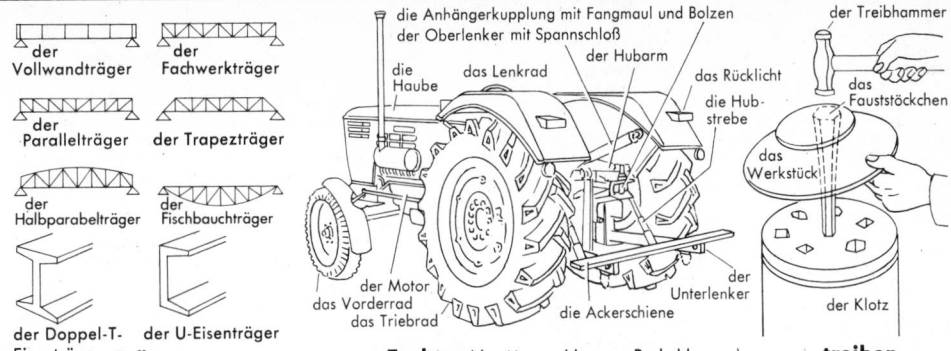

die Anhängerkupplung mit Fangmaul und Bolzen
der Oberlenker mit Spannschloß
der Hubarm
der Treibhammer
die Haube
das Lenkrad
das Rücklicht
die Hubstrebe
das Fauststöckchen
das Werkstück
der Motor
das Vorderrad
das Triebrad
der Unterlenker
die Ackerschiene
der Klotz
der Vollwandträger
der Fachwerkträger
der Parallelträger
der Trapezträger
der Halbparabelträger
der Fischbauchträger
der Doppel-T-Eisenträger
der U-Eisenträger
Träger (eiserne)
Traktor (der Motorschlepper, Radschlepper)
treiben

Train [trɛ̃, frz. ›Zug‹, zu lat. trahere ›ziehen‹] *der, -s/-s,* ⅋ Troß, Versorgungs- und Transporttruppe.

Trainee [treɪˈniː, engl.] *der, -s/-s,* ⅍ jemand, der eine praktische Ausbildung erhält (bes. nach Hochschulstudium). **Trainer** [ˈtrɛː- oder ˈtrɛ-, engl.] *der, -s/-,* ⚔ der sportl. Ausbilder und Betreuer einer Mannschaft oder eines Einzelsportlers: *Fußballtrainer.* **train̲ie̲ren** [ˈtrɛː- oder trɛ-, frz. trainer, zu lat. trahere ›ziehen‹, ›schleppen‹], *ich* trainiere (habe trainiert) *(mich, ihn, es, auf, für etwas),* bereite auf besondere Leistungen vor: *die Mannschaft trainiert für das Endspiel; sie haben (sich) lange dafür trainiert; dadurch t. ich mein Gedächtnis,* Ü. **Training** [ˈtrɛː- oder ˈtrɛ-, engl.] *das, -s/-s,* planmäßige Übung, Vorbereitung (auf einen Wettkampf): *ein hartes T.; der Sportler verletzte sich beim T.; Konditionstraining; Muskeltraining; Gedächtnistraining,* Ü. **Trainingsanzug** [ˈtrɛː- oder trɛ-] *der,* warmer Sportanzug mit langer Hose, ABB. K 24.

Trajekt [lat. traiectus ›Überfahrt‹] *das* oder *der, -(e)s/-e,* Fährschiff, Eisenbahnfähre: *Trajektschiff.* **Trajektorie** [-iə] *die, -/. . .rien,* △ eine Kurve, die eine Kurvenschar unter konstantem Winkel durchschneidet.

Trakt [lat. tractus ›Zug‹] *der, -(e)s/-e,* **1)** Strecke, Ausdehnung, Länge: *Verdauungstrakt.* **2)** Gebäudeteil, Gebäudeflügel: *Seitentrakt.* **3)** Gang.

traktab̲el [lat. tractare ›herumziehen‹, ›behandeln‹, ›verwalten‹, ›besprechen‹] *der,* fügsam, leicht zu behandeln: *ein traktabler Mensch.* **Traktam̲ent** *das, -(e)s/-e,* ⅍ Bewirtung, Löhnung. **Traktandum** *das, -s/. . .den, schweiz.:* Verhandlungsgegenstand. **Traktat** *der* oder *das, -(e)s/-e,* **1)** Abhandlung. **2)** religiöse Flugschrift. **3)** ⅍ Vertrag zwischen Staaten. **Trakt̲ätchen** *das, -s/-,* Ü frömmelnde Werbeschrift. **trakt̲ie̲ren,** *ich* traktiere (habe traktiert), **1)** *ihn,* behandle schlecht, plage, quäle. **2)** *ihn,* ⅍ bewirte. **3)** *mit ihm,* ⅍ verhandle. **Traktie̲rung** *die, -/-en.*

Traktor [zu lat. trahere ›ziehen‹, ›schleppen‹] *der, -s/. . .t̲o̲ren,* Schlepper, Zugmaschine, ABB. T 16: *Gartentraktor.* **Traktor̲ist,** *der, -en/-en,* **Traktor̲istin** *die, -/-nen,* Fahrer(in) eines Traktors.

Tralje [zu mlat. tralia] *die, -/-n, niederdt.:* Gitterstab.

trallala!, Schallw. für die Töne beim Trällern. **trällern,** *ich* träll(e)re (habe geträllert) *ein Lied,* singe ohne Worte.

Tram [Abk. für engl. tramway ›Schienenbahn‹, zu tram ›Balken‹, ›Holzgeleise‹] *die, -/-s, schweiz.: das, -s/-s,* Straßenbahn: *Trambahn.*

Tram [mhd. dram ›Balken‹] *der, -(e)s/-e* oder ″e, Trämel. **Trame** [tram, frz. ›Einschuß‹] *die, -,* eine leicht verzwirnte Schußseide.

Trämel *der, -s/-,* **Tramen** *der, -s/-, bes. niederdt.:* Balken; Sprosse; Sägebock.

Tram̲iner [mhd. traminer, nach der Gemeinde Tramin, ital. Termeno, Provinz Bozen] *der, -s,* kleinbeerige Rebsorte: *Gewürztraminer.*

Tramp [træmp, engl.] *der, -s/-s,* Landstreicher.

Trampel *der* oder *das, -s/-, die, -/-n,* Ü plumper, schwerfällig auftretender Mensch. **trampeln** [mhd. trampeln], *ich*

tramp(e)le, **1)** (habe, bin getrampelt), trete hart auf, stampfe: *wer ist über die Beete getrampelt?; die Studenten trampelten* (als Zeichen des Beifalls). **2)** (habe getrampelt) *es,* bahne durch Trampeln: *Trampelpfad.* **Trampeltier** *das,* **1)** zweihöckriges Kamel. **2)** Ü unbeholfener, plumper Mensch.

trampen [ˈtræmpən, engl.], *ich* trampe (bin getrampt), reise per Anhalter. **Tramper** [ˈtræmpər, engl., vgl. Tramp] *der, -s/-,* jemand, der per Anhalter reist.

Trampol̲in [ital. trampolino, verwandt mit trampeln] *das, -s/-e,* federndes Sprunggerät für sportliche Übungen, ABB. T 22, S 57: *das Trampolinturnen.*

Trampschiffahrt [ˈtræmp-, engl.] *die,* nicht an feste Linien gebundene Frachtschiffahrt.

Tran [mnd. tran, zu altsächs. trahan ›Tropfen‹, ›Träne‹] *der, -(e)s/-e,* das aus Meeressäugetieren und Fischen gewonnene Öl: *Lebertran; das muß sie im T. getan haben,* ⋃ geistesabwesend; *er ist immer im T.,* ⋃ träge, geistesabwesend; auch: betrunken; *Transuse,* ⋃ träger, langweiliger Mensch.

Trance [trãs, engl. trance, aus mittelfrz. transe, zu lat. transire ›hinübergehen‹] *die, -,* im Bewußtsein eingeschränkter, die freie Willensbestimmung ausschließt: *Trancezustand; der Hypnotiseur versetzte sie in T., weckte sie aus der T. auf.*

Tranche [trãʃ, frz.] *die, -/-n,* **1)** fingerdicke Scheibe von Fleisch, Fisch. **2)** ⅍ Teil einer Anleihe. **tranchieren** [trãˈʃiːrən, frz. trancher], *ich* tranchiere (habe tranchiert) *es,* zerlege, zerteile den Braten. **Tranch̲iermesser** *das,* ABB. M 13. **Tranch̲ie̲rung** *die, -.*

Träne [ahd. trahan] *die, -/-n,* **1)** von den Tränendrüsen am Auge abgesonderte klare Flüssigkeit: *sie hat Tränen vergossen, geweint; sie brach in Tränen aus; er war zu Tränen gerührt; sie lächelte unter Tränen; das Kind kämpfte mit den Tränen; Tränen des Schmerzes, der Freude, der Rührung, der Wut; wir haben Tränen gelacht,* Ü. **2)** ⋃ Tropfen, kleine Menge (einer Flüssigkeit): *du hast nur eine T. im Glas.* **tränen,** [ahd. tranen], *das Auge* tränt (hat getränt), scheidet Tränen ab; aber: *das Tränende Herz,* eine krautige Gartenzierpflanze. **Trän̲endrüse** *die: der Roman drückt auf die T.,* ⋃ ist sehr sentimental. **Tränengas** *das, -(e)s,* Tränenreizmittel: *Tränengaspistole.* **tränenreich,** *ein tränenreicher Abschied.* **Tränensack** *der,* Säckchen am Ende des Tränen-Nasenganges.

Tranfunsel, Tranfunzel *die,* ⋃ **1)** schlecht brennende Lampe. **2)** Tranlampe. **tranig, 1)** Tran enthaltend, nach Tran schmeckend: *der Fisch riecht, schmeckt* t. **2)** ⋃ langweilig, träge.

trank, von trinken. **Trank** *der, -(e)s/*″*e,* P Getränk, bes. heilendes oder zauberkräftiges: *Heiltrank; Zaubertrank; Speise und T.* **Tränke** [ahd. trenka] *die, -,* Stelle, wo Tiere regelmäßig trinken: *die Pferde wurden zur T. geführt.* **tränken** [ahd. trenken], *ich* tränke (habe getränkt), **1)** *ihn,* gebe ihm zu trinken: *die Pferde müssen noch getränkt werden.* **2)** *es,* lasse mit Flüssigkeit vollsaugen: *ein mit Öl getränkter Lappen.* **Tränkmetall** *das,* hartmetallische poröse Sinterkörper, deren Porenräume mit niedrigschmelzenden Metallen ausgefüllt werden. **Tranksame** *die, -, schweiz.:* Getränk. **Tränkung** *die, -/-en,* das Tränken. **Tränkvollholz** *das,* durch Imprägnieren vergütetes Holz.

Tranlampe [niederdt.] *die,* auch Tranfunsel, **1)** Öllampe. **2)** ⋃ träger Mensch.

Tranquilizer [tr'æŋkwilaizə, engl., zu lat. tranquillare ›beruhigen‹] *der, -s/-*, **Tranquillans** *das, -/ . . . l'antia* oder . . . *l'anzien*, angstlösendes, beruhigendes Arzneimittel. **tranquillo** [ital.], ♪ ruhig.

trans. . . [lat.], jenseits, über, hinüber; bes. an geograph. Namen: *transalpin*, jenseits der Alpen liegend (von Italien aus gesehen); *transatlantisch*, jenseits des Atlantischen Ozeans (von Europa aus gesehen); *transkontinental*, den Kontinent überquerend.

Trans|aktion [spätlat. transactio] *die*, eine bedeutende geschäftliche Unternehmung: *Börsentransaktionen.*

transchieren, *ich* transchiere (habe transchiert), tranchiere.

Transduktor [lat. transducere ›hinüberführen‹] *der, -s/ . . . t'oren*, der magnet. Verstärker.

Tran|sept [frz., vgl. trans. . . und mlat. saeptum ›Schranke‹] *der* oder *das, -(e)s/-e*, Querschiff (einer Kirche).

Trans-Europ-Express *der*, Zeichen: TEE, schneller Reisezug für internationalen Verkehr.

Transfer [engl.] *der, -s/-s*, **1)** *ohne Pl.*, ⚖ Übertragung von Zahlungen zwischen verschiedenen Währungsgebieten: *Transferabkommen; Kapitaltransfer; Technologietransfer, Ü.* **2)** im Reiseverkehr die Weiterbeförderung zum Hotel: *T. zwischen Flughafen und Hotel eingeschlossen.* **3)** ✕ Wechsel eines Berufsspielers zu einem anderen Verein: *er steht auf der Transferliste; Transfersumme, Ablösesumme.* **transferieren** [lat. transferre ›hinübertragen‹, *ich* transferiere (habe transferiert), **1)** *es*, übertrage (größen Summen) in eine andere Währung: *er will sein Vermögen ins Ausland transferieren.* **2)** *ihn*, österr.: versetze dienstlich. **Transferierung** *die, -/-en.*

Transferstraße *die*, ⚙ eine Fertigungsstraße, bei der die Werkstücke selbsttätig bearbeitet und transportiert werden.

Transfiguration [lat. transfigurare ›verwandeln‹] *die, -*, Verklärung Christi.

Transformation *die,* **1)** die Umformung bes. eines mathemat. Ausdrucks. **2)** die Umformung einer Energieform in eine andere. **3)** Ⓢ Umformung einer Satzstruktur in eine andere unter Beibehaltung der Grundbedeutung. **Transformationsgrammatik** *die*, grammat. Lehre, die die Struktur einer Sprache durch Transformationen sichtbar macht. **Transformator** *der, -s/ . . . t'oren*, Kurzw.: Trafo, ein Gerät zur Umwandlung einer elektrischen Wechselspannung in eine andere Wechselspannung gleicher Frequenz: *Transformatorenhäuschen.* **transformieren** [lat. transformare ›umformen‹, *ich* transformiere (habe transformiert) *es*, forme, wandle, ändern um.

transfundieren [lat. transfundere ›umgießen‹, *ich* transfundiere (habe transfundiert) *es*, nehme eine Transfusion vor. **Transfusion** [lat. transfusio] *die*, Bluttransfusion.

Trans|gression [lat. transgressio] *die, -/-en*, ⊕ Vordringen eines Meeres über die Teile des Festland.

Tran|sistor [Kw., zu engl. transfer ›Übertragung‹ und resistor ›Widerstand‹] *der, -s/ . . . st'oren*, ⚡ Halbleiter-Bauelement zur Verstärkung, Schwingungserzeugung und für Regel- und Schaltzwecke: *Transistorradio.* **tran|sistoriert, tran|sistorisiert**, *ein voll transistoriertes Radio*, voll mit Transistoren ausgerüstetes.

Tran|sit *der, -s/-e*, die Durchfuhr: *Transithandel; Transitverbot; Transitverkehr.* **tran|sitieren** [lat. transire ›hinübergehen‹, *ich* transitiere (habe transitiert) *es*, führe durch. **Tran|sition** [lat. transitio] *die, -/-en*, Übergehung; Übergang.

tran|sitiv [auch -t'i:f], **1)** zielend, mit Akkusativobjekt verbunden (Verb), ÜBERS. V 2. **2)** △ Eigenschaft zweistelliger Relationen. **Tran|sitiv** [auch -t'i:f] *das, -s/-e*, transitives Verb. **tran|sitorisch**, vorübergehend.

tran|skribieren [lat. transcribere], *ich* transkribiere (habe transkribiert) *es*. **Tran|skription** [lat. transcriptio] *die, -/-en*, **1)** lautgetreue Übertragung in eine andere Schrift. **2)** Übertragung in Lautschrift: *phonetische T.* **3)** ♪ Bearbeitung eines Musikstückes für andere Instrumente.

Translation [lat. translatio] *die, -/-en,* **1)** Übertragung aus einer Fremdsprache. **2)** Physik: fortschreitende, geradlinige Bewegung von Körpern.

Transliteration [vgl. trans. . . und lat. littera ›Buchstabe‹] *die, -/-en*, buchstabengetreue Umsetzung fremder Schriftzeichen. **transliterieren**, *ich* transliteriere (habe transliteriert) *es*.

Transmission [lat. transmissio] *die*, ⚙ eine Vorrichtung zur zentralen Kraftübertragung mit Riementrieben: *Transmissionsriemen.* **transmittieren** [lat. transmittere ›hinüberschik-

ken‹], *ich* transmittiere (habe transmittiert) *es*, übertrage, übersende. **Transmitter** [engl.] *der, -s/-*, Meßgeber in der Regeltechnik.

trans|parent [frz., vgl. trans. . . und lat. parere ›erscheinen‹], durchscheinend: *transparente Folien; wir wollen einen Vorgang, einen Zusammenhang t. machen*, Ü durchschaubar machen, erhellen. **Trans|parent** *das, -(e)s/-e*, **1)** durchscheinendes Bild: *Transparentpapier.* **2)** Spruchband. **Trans|parenz** *die, -.*

Tran|spiration [vgl. trans. . . und lat. spirare ›hauchen‹, ›(aus)duften‹] *die, -*, Schweißabsonderung; ⊕ Abgabe von Wasserdampf. **tran|spirieren**, *ich* transpiriere (habe transpiriert).

Trans|plantat *das, -(e)s/-e*, ⚕ überpflanztes Gewebe. **Trans|plantation** [vgl. trans. . . und lat. plantare ›pflanzen‹] *die, -/-en*, die Überpflanzung eines menschl., tier. oder pflanzl. Gewebes oder Organs an eine andere Stelle desselben oder eines anderen Lebewesens: *Hauttransplantation; Herztransplantation; Nierentransplantation; Transplantationsversuche an Tieren.* **trans|plantieren**, *ich* transplantiere (habe transplantiert) *es.*

trans|ponieren [lat. transponere ›hinüberbringen‹], *ich* transponiere (habe transponiert) *es*, ♪ setze in eine andere Tonart um: *transponierende Instrumente*, Blasinstrumente, die höher oder tiefer als notiert spielen. **Trans|ponierung** *die, -/-en*, auch Transposition, d.

Trans|port *der, -(e)s/-e*, **1)** Beförderung von Personen und Gütern an einen anderen Ort: *Möbeltransport; Transportarbeiter; Transportanlage; Transportkosten; Transportmittel.* **2)** ⚖ ⚙ Übertrag. **trans|portabel** [frz. transportable], (leicht) zu transportieren. **Trans|porter** *das, -s/-*, Ü Fahrzeug für Gütertransporte. **Trans|porteur** [-t'ø:r, frz.] *der, -s/-e*, **1)** jemand, der etwas transportiert. **2)** Winkelmesser. **3)** eine Vorrichtung unter der Nähmaschine, die den Stoff unter der Nadel transportiert. **trans|portfähig**, *der Kranke ist noch nicht t.* **trans|portieren** [lat. transportare ›hinüberbringen‹, *ich* transportiere (habe transportiert) *ihn, es*, **1)** befördere, bringe. **2)** *es transportiert etwas*, Ü vermittelt, übermittelt: *diese Sendereihe transportiert das Lebensgefühl der Jugendlichen.*

Trans|position *die*, Transponierung.

Transsexualität *die*, Gefühl der Zugehörigkeit zum anderen Geschlecht (bes. bei Männern). **transsexuell.** **Transsexuelle** *der, die, -n/-n, ein -r, eine -.*

transsonisch [vgl. trans. . . und lat. sonus ›Klang‹, ›Schall‹], im Schallgrenzbereich liegend.

Transsubstantiation [vgl. trans. . . und lat. substantia ›Vorhandensein‹] *die, -*, kath. Kirche: Verwandlung von Brot und Wein beim Abendmahl in Christi Leib und Blut.

Transsudat [vgl. trans. . . und lat. sudare ›schwitzen‹] *das, -(e)s/-e*, ⚕ nichtentzündl. flüssige Absonderung aus Blutgefäßen in Körperhöhlen.

Trans|uran [vgl. trans. . . und Uran] *das, -s/-e, meist Pl.*, radioaktive chem. Grundstoffe mit einer höheren Ordnungszahl (Kernladungszahl) als Uran. **trans|uranisch.**

transversal [lat. transversus ›querliegend‹, quer verlaufend. **Transversale** *die, -/-n*, △ Gerade, die eine ebene Figur durchläuft.

Transvest|ismus *der, -*, Transvestitismus. **Transvestit** [vgl. trans. . . und lat. vestire ›kleiden‹] *der, -en/-en.* **Transvestitismus** [vgl. . . . *ismus*] *der, -*, meist sexuell motivierte Veranlagung, bei der die Neigung besteht, Kleidung und Verhalten des anderen Geschlechts anzunehmen.

tran|szendent [lat. transcendere ›überschreiten‹, **1)** übersinnlich, überweltlich. **2)** Philosophie: außerhalb der Grenzen der Erfahrung und der sinnlich erkennbaren Welt liegend; Gegensatz: immanent. **3)** △ nicht algebraisch: *transzendente Gleichungen.* **tran|szendental** [nach Kant: die Erkenntnisformen betreffend, die als die Bedingung für die Möglichkeit von Erkenntnis der Erfahrung vorausgehen. **Tran|szendenz** *die, -.* **tran|szendieren**, *es* transzendiert (hat transzendiert), geht über einen bestimmten Erfahrungs- oder Seinsbereich hinaus.

Trapez [grch. trapeza ›Tisch‹, ›Tafel‹] *das, -es/-e*, **1)** Viereck mit zwei parallelen, aber ungleich langen Seiten, ABB. V 6. **2)** Schaukelreck, ABB. Z 10: *Trapezakt.* **trapezförmig**, in der Form eines Trapezes. **Trapezoid** [vgl. . . . *id*] *das, -(e)s/-e*, △ Viereck ohne gleichlaufende Seiten, ABB. V 6.

trapp!, Schallw. für das Geräusch schwerer Schritte: *trapp, trapp!*

Trapp [schwed. trappa ›Treppe‹] *der, -(e)s/-e*, ausgedehnter, basaltischer Flächenerguß: *Dekkantrapp.*

Trappe *die, -/-n, norddt.:* Fußspur.
Trappe [mhd. trap(pe)] *der, -n/-n oder die, -/-n,* hühnerähnlicher, mit dem Kranich verwandter Vogel.
trappeln, ich trapp(e)le (bin getrappelt), trippele, laufe mit kleinen Schritten. **trappen,** *ich* trappe (bin, habe getrappt), schreite schwer, gehe plump, stampfe.
Trapper [engl. ›Fallensteller‹, zu trap ›Falle‹] *der, -s/-,* nordamerikan. Pelztierjäger.
Trappist [nach der französ. Abtei La Trappe in der Normandie] *der, -en/-en,* Angehöriger eines Mönchsordens: *Trappistenorden.*
Trapschießen [engl. trap ›Wurfapparat‹] *das, -s,* ✕ eine Art des Wurftaubenschießens mit Schrotflinten.
trapsen, ich trapse (bin getrapst), U trappe.
Trara *das, -s/-,* 1) Hornruf, Trompetensignal. 2) U Lärm, viel Aufhebens: *die Premiere wurde mit viel T. in Szene gesetzt.*
Trasch *der, -es,* ostmitteldt.: Mühe, Plage; Eile.
Träsch *das, -(s), alem.:* Treber, Rückstände.
Traß [ital. terrazzo] *der, Tr'asses/Tr'asse,* vulkan. Tuffgestein, gemahlen als hydraulischer Mörtelzusatz. **Trassant** *der, -en/-en,* Aussteller eines Wechsels. **Trassat** *der, -en/-en,* Bezogener. **Trasse** *die, -/-n, schweiz.:* Trassee *das, -s/-s,* Vorzeichnung, im Gelände kenntlich gemachte Linie, Linienführung eines Verkehrsweges. **trassieren** [ital. trassare, zu lat. trahere ›ziehen‹], *ich* trassiere (habe trassiert) *es,* 1) lege eine Straße oder Eisenbahnlinie in ihrem Verlauf fest, stecke eine Linie ab. 2) ⌀ ziehe einen Wechsel. **Trassierung** *die, -/-en.*
trat, von treten.
Tratsch *der, -es,* U Klatsch, üble Nachrede, Gerede. **tratschen,** *ich* tratsche (habe getratscht), U klatsche; rede anderen Übles nach: *sie tratscht schon wieder über ihre (mit ihrer) Nachbarin.* **Tratscherei** *die, -/-en.*
Tratte [ital. tratta] *die, -/-n,* gezogener Wechsel.
Trattoria [ital., zu lat. tractare ›bewirten‹] *die, -/. . .r'i|en,* kleine italien. Gastwirtschaft.
Trau [zu trauen] *die, -/-en,* niederdt., rhein.: Trauung.
Traualtar *der,* Altar, vor dem der Geistliche die Trauung vollzieht: *sie treten vor den T.,* P heiraten.
Träubchen *das, -s/-.* **Traube** [ahd. thrubo] *die, -/-n,* 1) volkstüml. Bez. für den Fruchtstand des Weinstocks: *Weintrauben,* ABB. W 9; *Traubenernte; Traubensaft; saure Trauben,* Ü etwas Unerreichbares. 2) Ü geballte Menge: *eine T. von Menschen, eine Menschentraube drängt sich vor dem Eingang.* 3) ⊕ ein Blütenstand, ABB. B 38. **Traubenblut** *das,* P Wein. **Traubenkirsche** *die,* ein Baum mitteleurop. Auwälder. **Traubensäure** *die,* eine Weinsäure. **Traubenzucker** *der,* eine Zuckerart. **traubig,** traubenförmig.
Traude(l) [zu Gertraude] weibl. Vorname.
trauen [ahd. truwen, verwandt mit treu], *ich* traue (habe getraut), 1) *ihm,* schenke Glauben und Vertrauen: *einem Freund muß man vorbehaltlos trauen können; man kann ihm nicht über den Weg trauen; ich traute meinen Augen nicht, als ich das sah,* glaubte nicht richtig zu sehen; *ich t. dem Frieden nicht,* habe einen Verdacht oder eine Besorgnis. 2) *ihn, sie,* beurkunde die Eheschließung eines Paares: *wo (in welcher Kirche) laßt ihr euch trauen?; sie haben sich kirchlich, standesamtlich trauen lassen.* 3) *mich irgendwohin,* es zu tun, etwas, wage mich, traue mich: *er traute sich nicht, die Wahrheit zu sagen; sie traut sich nicht nach Hause.*
Trauer [mhd. trure] *die, -,* um ihn, über ihn, tiefe Betrübnis, Schmerz um etwas Verlorenes, über ein Unglück, eine Enttäuschung: *Trauerkleidung; Staatstrauer; alles empfand tiefe T. um den Toten; die Witwe hat T. angelegt, getragen, schwarze Kleidung; sie geht in T.,* in schwarzer Kleidung. **Trauerfall** *der,* Todesfall in der Familie. **Trauerjahr** *das,* einjährige Trauerzeit. **Trauerkloß** *der,* U wehleidiger und langweiliger Mensch. **Trauermantel** *der,* ein Schmetterling. **Trauermücke** *die,* eine feuchtigkeitsliebende Mücke, deren Larve Champignonkulturen schädigt. **trauern** [ahd. truren], *ich* trau(e)re (habe getrauert) *um ihn, etwas,* fühle Trauer; trage Trauer. **Trauerspiel** *das,* 1) Tragödie, Schauspiel, das einen zum Scheitern des Helden führenden Konflikt gestaltet. 2) Ü trauriges, bedauerliches Ereignis: *es ist ein T. mit euren Hausaufgaben.* **Trauerweide** *die,* Weide mit herabhängenden Zweigen. **Trauerzeit** *die, -,* Zeitraum, in dem man um einen Verstorbenen Trauer trägt.
Traufe [mhd. troufe, zu triefen] *die, -/-n,* 1) Unterkante des Daches, ABB. D 1: *ich kam vom Regen in die T.,* Ü in etwas noch Unangenehmeres. 2) aus der Dachrinne abfließendes Regen

wasser. **Traufel** *die, -/-n, schweiz.:* Maurerkelle. **träufeln,** 1) *ich* träuf(e)le (habe geträufelt) *es (auf, in, über ihn* oder *etwas),* lasse in Tropfen fallen: *ich t. Essig über den Salat; die Tropfen müssen ins Ohr geträufelt werden.* 2) *es* träufelt (hat, ist geträufelt), fällt in Tropfen. **träufen** [mhd. troufen], *ich* träufe (habe geträuft) *es,* oberdt.: träufele. **Traufrinne** *die,* Dachrinne.
traulich [zu trauen], gemütlich, anheimelnd, freundlich: *im traulichen Kreise; beim traulichen Schein der Kerzen.* **Traulichkeit** *die, -.*
Traum [ahd. troum, verwandt mit Trug] *der, -(e)s/-ᵉe,* 1) im Schlaf erlebte Phantasiebilder: *Traumdeutung; ich hatte diese Nacht einen schönen T.; im T. sah ich ihn wieder.* 2) Spiel der Einbildungskraft, Träumerei: *Wachtraum; Tagtraum.* 3) Ü Wunsch, Lieblingsvorstellung, ersehntes Ereignis: *Kindheitstraum; Zukunftstraum; Traumfabrik,* U die Welt des Films und der Filmherstellung; *der T. seiner Jugend war die Bühne,* er wollte Schauspieler werden; *ihr T. ging in Erfüllung; er* aus *seinen Träumen erwacht,* findet sich mit den Realitäten des Lebens ab; *es war nur ein T.,* konnte nicht Wirklichkeit werden; *daran ist auch nicht im T. zu denken,* U das ist völlig ausgeschlossen. 4) Ü etwas besonders Schönes: *ein T. von einem Abendkleid.*
Trauma [grch. ›Wunde‹] *das, -s/. . .men oder -ta,* ⚕ schädigende Gewalteinwirkung körperlicher (z. B. Verletzung) oder seelischer Art (z. B. Schreck). **traumatisch,** durch ein Trauma entstanden.
Traumbuch *das,* Sammlung von Deutungen verschiedener Träume. **träumen** [ahd. troumen], *ich* träume (habe geträumt), 1) habe einen Traum: *ich habe schlecht geträumt.* 2) *von ihm, etwas,* sehe im Traum: *heute nacht träumte ich von dir,* auch *mir träumte von dir, es träumte mir von dir; das hätte ich mir nicht träumen lassen,* U nie gedacht. 3) Ü bin versonnen, zerstreut, lebe in Einbildungen: *er träumt mit offenen Augen.* 4) *von etwas,* Ü wünsche, ersehne: *sie träumt von einer großen Karriere.* **Träumer** *der, -s/-,* weltfremder, versonnener Mensch. **Träumerei** *die, -/-en,* Versonnenheit, gefühlsreiches Spiel der Einbildungskraft. **träumerisch. traumhaft,** wie im Traum; Ü märchenhaft, unwirklich, überwirklich: *es war t. schön.* **Traumnote** *die,* ✕ Idealnote in Sportarten mit Punktwertung: *sie erhielt die T. 6 im Eiskunstlauf.* **traumverloren,** vor sich hin träumend, geistesabwesend: *sie saß t. im Garten.* **traumwandlerisch,** wie bestand die Prüfung mit *traumwandlerischer Sicherheit,* mit äußerster Sicherheit.
traun [zu in Treue], ⚓ wahrhaftig.
Trauner *der, -s/-, österr.:* flaches Schiff.
traurig [ahd. trureg], 1) betrübt, schmerzerfüllt. 2) schmerzbringend, so daß man Trauer darüber fühlen muß: *eine traurige Nachricht.* 3) Ü betrüblich, unerfreulich: *ein trauriger Kerl,* schäbiger, elender. **Traurigkeit** *die, -.*
Trauring *der,* Ehering, Ring als Zeichen des Vermähltseins, ABB. S 30. **Trauschein** *der,* Urkunde über die Trauung.
traut [ahd. trut], P 1) lieb, wert, teuer: *trauter Freund.* 2) traulich, gemütlich, behaglich: *ein trautes Heim.*
Traute [zu Gertraud], weibl. Vorname.
Traute [zu trauen] *die, -,* U Mut, Zuversicht: *er hat keine T.; ihr fehlt die T.*
Trautonium [nach dem Erfinder F. Trautwein, 1888–1956] *das, -s/. . .ni|en,* ein elektronisches Musikinstrument.
Trauung *die, -/-en,* Eheschließung: *standesamtliche, kirchliche T.* **Trauzeuge** *der,* bei der Trauung erforderl. Zeuge.
Travée [-v'e:, frz. ›Joch‹] *die, -/-n [-ən],* ⊓⊓ Joch.
Travellerscheck [tr'ævələr-, engl. traveller ›Reisender‹] *der,* Reisescheck.
travers [-v'ers, frz. traverse, zu lat. transversus ›querliegend‹], quer, quergestreift. **Travers** *das, -,* eine Übung des Dressurreitens, ABB. R 18. **Traversale** *die, -/-n,* Dressurreiten: Schrägverschiebung des Pferdes. **Traverse** *die, -/-n,* 1) Maschinenbau: Querstück. 2) Flußbau: buhnenartiger Querbau. 3) Bautechnik: Querträger, z. B. an einem Mast. 4) Bergsteigen: Stelle, an der man eine Wand queren kann. **Traversflöte** *die,* Querflöte. **traversieren** [frz. traverser], *ich* traversiere (habe traversiert) *es,* überquere, durchquere: *das Pferd traversiert die Reitbahn in der Diagonalen.* **Traversierung** *die, -/-en.*
Travertin [ital. travertino] *der, -s/-e,* harter, gelblicher Kalktuff, Werkstein.
Travestie *die, -/. . .st'i|en,* satir. Verspottung einer ernsten Dichtung durch Veränderung der Form. **travestieren** [ital. travestire ›verkleiden‹], *ich* travestiere (habe travestiert) *es.*

Trawl [trɔːl, engl.] *das, -s/-s,* Grundschleppnetz, ABB. N 7.
Trawler [trˈɔːlə] *der, -s/-,* Fischereifahrzeug mit Schleppnetz.
Trax *der, -es/-e, schweiz.:* Schürfkübelraupe.
Treatment [trˈiːtmənt, engl. ›Behandlung‹, aus lat. tractamentum] *das, -s/-s,* Film: Vorstufe des Drehbuchs.
Trebegänger *der, -s/-,* jugendlicher Herumtreiber.
Treber [ahd. treber, zu trübe], *Pl.,* auch Trester, Rückstand nach dem Pressen von Trauben, Obst, vielfach als Viehfutter verwendet.
Trecento [tretʃˈento, ital. ›dreihundert‹] *das, -(s),* italien. Bez. für das 14. Jahrh. und dessen Stil.
Treck [mnd. treck] *der, -s/-s,* 1) Zug; Auszug: *Flüchtlingstreck.* 2) *niederdt.:* Netz. **trecken,** *ich* trecke, 1) (habe getreckt) *es, niederdt.:* ziehe, schleppe. 2) (bin getreckt), wandere im Treck aus. **Trecker** *der, -s/-,* Traktor. **Treckschute** *die,* Schleppboot, von Menschen oder Pferden gezogener Kahn.
treff, auch **träf,** *schweiz.:* treffend; tüchtig.
Treff [frz. trèfle ›Kleeblatt‹, vgl. Trifolium] *das, -s/-s,* eine Farbe der franzöс. Spielkarte, Kreuz, ABB. S 54.
Treff *der,* 1) *-s/-s,* ∪ Treffpunkt: *Jugendtreff.* 2) *-(e)s/-e,* ♂ Hieb, Schlag. **treffen** [ahd. treffan], *ich* treffe (traf, habe getroffen; du triffst, er trifft; triff!), 1) *ihn, es,* berühre, erreiche mit einem Schlag, Schuß: *er traf mit dem Pfeil (in) die Mitte der Scheibe; der Schuß traf den Hirsch; ich bin getroffen!,* verwundet; *der Schlag hat ihn getroffen,* ∪ Gehirn- oder Herzschlag; *ihn trifft keine Schuld,* Ü. 2) *es,* Ü es gelingt mir, ich mache es richtig oder genau: *getroffen!,* erraten; *er versuchte, den Ton auf der Trompete zu treffen,* richtig erklingen zu lassen; *er ist glänzend getroffen,* das Porträt ist sehr ähnlich; *jedes Wort traf die Sache; im Urlaub hatten wir es glänzend getroffen,* ∪ es gefiel uns. 3) *ihn,* begegne ihm: *raten Sie, wen ich gestern auf der Straße getroffen habe?; wo kann ich Sie treffen?; wann wollen wir uns treffen?* 4) *ihn,* Ü kränke, verletze, verwunde das Gefühl: *die Bemerkung traf sie tief; der Tod des Kindes mußte sie hart treffen.* 5) *es,* K ordne an, veranlasse: *wir müssen neue Maßnahmen treffen; ein Abkommen, eine Wahl wurde getroffen.* 6) *es trifft sich,* fügt sich, geschieht: *es trifft sich gut, daß du anrufst.* 7) (bin getroffen) *auf ihn oder etwas,* begegne ihm zufällig, stoße darauf, komme zufällig darauf: *sie trafen auf unüberwindliche Hindernisse; mein Geburtstag trifft diesmal auf Ostern; unvermutet traf er auf alte Bekannten; unsere Vorbereitungen trafen auf Schwierigkeiten,* Ü. **Treffen** *das, -s/-,* 1) Zusammenkunft: *wir haben ein T. verabredet.* 2) kleines Gefecht, Wettkampf: *bei der Besprechung mußt du seine Zusage ins T. führen,* Ü zur Unterstützung deiner Ziele erwähnen. **treffend,** gut kennzeichnend, zutreffend, genau bezeichnend: *treffende Bemerkungen; die Formulierung ist sehr t.* **Treffer** *der, -s/-,* 1) Schuß oder Schlag, der sein Ziel erreicht hat. 2) Ü alles, was Glück und Erfolg hat, besonders Gewinnlos: *Glückstreffer; er möchte einen T. erzielen, machen.* **Treffertheorie** *die,* Arbeitsgebiet der Biophysik. **trefflich,** ausgezeichnet, sehr gut, vorzüglich, vortrefflich. **Trefflichkeit** *die, -.* **Treffnis** *das, -ses/-se, schweiz.:* entfallender Anteil. **Treffpunkt** *der,* Stelle, an der man sich trifft, sich einen trifft. **treffsicher,** sein Ziel oft erreichend, gut schießend: *ein treffsicherer Schütze.* **Treffsicherheit** *die, -.*
Treib|arbeit *die,* das Formen von Metallen in kaltem Zustand mit Hammer und Punze, ABB. T 16. **Treib|eis** *das,* auf Meeren, Seen und Flüssen schwimmende Eisstücke. **treiben** [ahd. triban], *ich* treibe, 1) (bin getrieben), werde ohne eigenen Antrieb hin- und hergeworfen oder -geführt (geführt): *das leere Boot trieb auf dem Meer; ich lasse mich auf dem Wasser treiben; wir dürfen die Dinge nicht treiben lassen,* Ü; *er läßt sich einfach treiben,* Ü. 2) (habe getrieben) *ihn, es,* jage vor mir her, dränge heftig: *das Vieh wurde auf die Weide getrieben; der Spieler treibt den Ball,* ♂ stößt ihn vor sich her; *die Ungewißheit trieb mich nach Hause; die Enttäuschung trieb ihr Tränen in die Augen; ihr habt seinen Scherz zu weit getrieben; ihr solltet euren Streit nicht auf die Spitze treiben; wir haben ihn einfach Spott mit der Enge getrieben; er ist die treibende Kraft bei dieser Unternehmung; schweißtreibende Mittel,* Mittel, die das starkes Schwitzen bewirken. 3) (habe getrieben) *ihn,* dränge, befehle zu eilen: *treiben Sie Ihre Leute zu größerer Eile.* 4) (habe getrieben) *ihn, es,* Ü veranlasse, zwinge: *die Materialverknappung trieb die Preise in die Höhe treiben; Verzweiflung trieb ihn in den Tod.* 5) (habe getrieben) *es,* mache, tue: *was treibt ihr?; er treibt viel Sport; man trieb großen Aufwand; er läßt seinen Spott mit ihr getrieben,* Ü; *damit treibt man kein Schindluder,* U. 6) *Pflanzen treiben* (haben getrieben), schlagen aus, wachsen: *die Pflanze beginnt üppig zu treiben.* 7) (habe getrieben) *Metall,* forme in

kaltem Zustand mit dem Hammer, ABB. T 16: *getriebene Arbeit.* 8) (habe getrieben) *es in etwas,* bohre, schlage, stoße hinein: *ich t. einen Nagel ins Holz, einen Keil zwischen Bretter; er versucht, einen Keil zwischen uns zu treiben,* Ü uns zu entzweien.
Treiben *das, -s,* 1) geschäftiges Tun: *lebhaftes T. auf der Straße; Schneetreiben,* Ü. 2) *Pl. -,* ♥ bei der Treibjagd umstelltes Gebiet. **Treiber** *der, -s/-,* 1) jemand, der Arbeitstiere treibt, führt: *Kameltreiber.* 2) ♥ Helfer bei der Treibjagd. 3) ♥ unteres Segel am hinteren Mast bestimmter Takelungen. 4) Weberei: Teil des Webstuhls, der den Schützen durch das Fach schlägt. **Treiberei** *die, -,* ∪ unmäßiges Antreiben: *Preistreiberei.* **Treibgas** *das,* 1) Gas als Treibmittel für Sprühdosen u. a. 2) gasförmiger Kraftstoff. **Treibhaus** *das,* heizbares Pflanzenhaus, ABB. G 3: *Treibhauskultur; Treibhausluft,* auch ∪ für Hitze und hohe Luftfeuchtigkeit. **Treibhauspflanze** *die,* 1) im Treibhaus gezüchtete Pflanze. 2) Ü dem Leben nicht gewachsener Mensch. **Treibholz** *das,* 1) angetriebenes Holz. 2) auf Flüssen beförderte Holz. **Treibjagd** *die,* Jagd, bei der das Wild dem Schützen meist durch Treiber zugetrieben wird.
Treibmittel *das, meist Pl.,* Mittel, die Stoffe durch Gas- oder Dampfentwicklung auflockern oder -schäumen. **Treibnetz** *das,* Fischereigerät, wandförmiges Fangnetz, ABB. N 7, F 22. **Treibriemen** *der,* endloser Riemen zur Übertragung einer Drehbewegung, ABB. R 21, D 3. **Treibsand** *der,* Triebsand, Schwemmsand. **Treibsatz** *der,* ein Treibstoffblock für eine Feststoffrakete. **Treibstange** *die,* Pleuelstange. **Treibstoff** *der,* 1) ungenaue Bez. für Kraftstoff. 2) festes oder flüssiges Antriebsmittel für Raketen: *Raketentreibstoff.*
Treichel, Treichle *die, -/-n,* auch Trichle, *schweiz.:* große Kuhglocke.
Treidel *der, -s/-n,* ein Tau zum Treideln. **treideln** [lat. tragula ›Schleppnetz‹, *ich* treid(e)le (habe getreidelt) *ein Schiff,* mit Schlepptau vom Ufer aus stromaufwärts. **Treidelpfad, Treidelweg** *der,* auch Leinpfad, Weg an Binnenwasserstraßen zum Treideln. **Treidler** *der, -s/-,* jemand, der Schiffe treidelt.
Treje *die, -/-n, schweiz.:* vom Vieh getretener Alpweg.
trejfe [hebr.], nach den jüdischen Speisegesetzen unrein, verboten, nicht koscher.
treißeln, *ich* treiß(e)le (habe getreißel[e]t), trenzele.
Trekker [engl.] *der, -s/-,* Schlepper.
Trema [grch. ›Loch‹, ›Öffnung‹] *das, -s/-s oder -ta,* 1) zwei übergesetzte Punkte, die die Diärese bezeichnen. 2) ⚕ Lücke zwischen den oberen Schneidezähnen.
tremolando, ♪ bebend, zitternd. **tremolieren** [ital. tremolare ›zittern‹, ›beben‹], *ich* tremoliere (habe tremoliert), mit Tremulo, singe mit Tremolo. **Tremolo** [ital. tremolo] *das, -s/-s oder . . . li,* ♪ 1) das Schwanken der Tonhöhe, bes. im Gesang. 2) sehr schnelle Wiederholung eines Tons oder Akkords, bes. bei Streichinstrumenten und auf dem Klavier. **Tremor** [lat.] *der, -s/ . . . mˈores,* ⚕ das Muskelzittern.
Tremse *die, -/-n, norddt.:* Kornblume.
Tremulant [vgl. tremolieren] *der, -en/-en,* Ventil im Windkanal der Orgel, das einen vibrierenden Ton erzeugt. **tremulieren,** *ich* tremuliere (habe tremuliert), tremoliere.
Trenchcoat [trˈentʃkout, engl. ›Schützengrabenmantel‹] *der, -(s)/-s,* ein Wettermantel.
Trend [engl. ›Verlauf‹] *der, -s/-s,* 1) allgemein: Richtung einer Entwicklung, Tendenz: *der T. zum Einfamilienhaus; der Aufwärtstrend der konjunkturellen Lage.* 2) Statistik: Grundrichtung einer Entwicklung über längere Zeiträume: *Trendwende.*
Trendel [mhd. trendel] *der, -s/-,* 1) *niederdt.:* Kreisel. 2) Trendler. **trendeln** [mhd. trendeln ›wirbeln‹], *ich* trend(e)le (habe getrendelt), *niederdt.:* trödele, vertue die Zeit. **Trendler** *der, -s/-, niederdt.:* langsamer Mensch.
Trendsetter [vgl. Trend und engl. to set ›setzen‹, ›stellen‹] *der, -s/-,* jemand, der einen Trend entscheidend mitbestimmt.
trennbar, *t. zusammengesetzte Verben,* ⓢ Verben, die mit dem Präfix nur im Infinitiv und im Partizip fest verbunden sind, z. B. auftrennen, aufgetrennt, aber: ich trenne auf. **Trennbarkeit** *die, -.* **trennen** [mhd. trennen, trinnen], *ich* trenne (habe getrennt), 1) *ihn, es von ihm,* bringe zwei Teile auseinander, sondere, löse die Verbindung, beseitige: *nichts soll uns trennen, scheiden; man kann hier die Person nicht von der Sache trennen,* muß beide zusammen betrachten; *für die Änderung des Kleides muß man die Nähte trennen; wir machen getrennte Kasse,* ∪ jeder zahlt seine Ausgaben selbst; *beim Telefongespräch sind wir getrennt worden; Trennlinie; Trennwand.* 2) *mich von ihm, etwas,* verlasse ihn, gebe es auf: *wir trennten uns

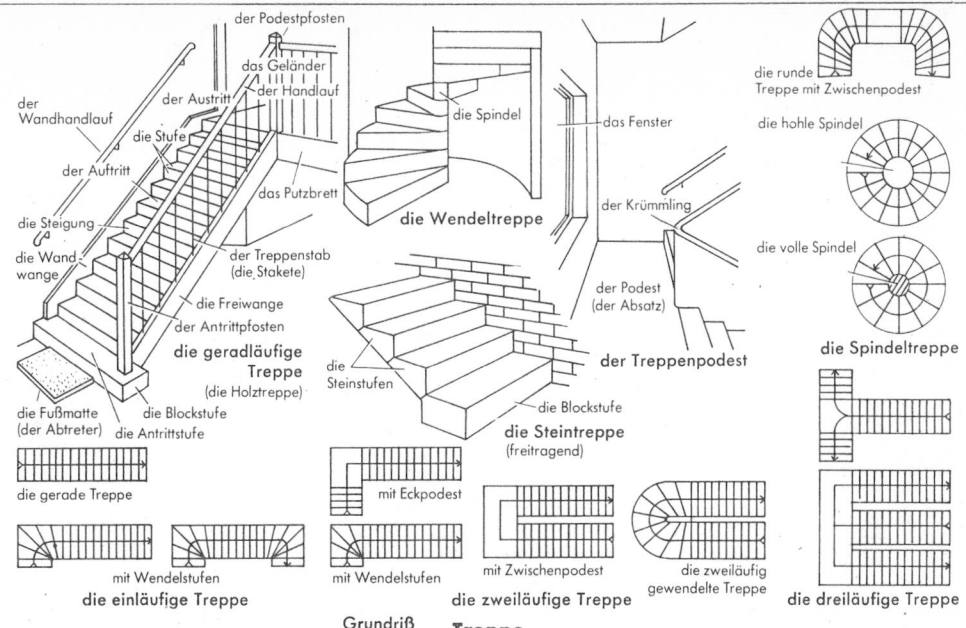

der Podestpfosten
das Geländer
der Handlauf
der Austritt
der Wandhandlauf
die Stufe
der Auftritt
das Putzbrett
die Steigung
die Wandwange
der Treppenstab (die Stakete)
die Freiwange
der Antrittpfosten
die geradläufige Treppe
(die Holztreppe)
die Fußmatte (der Abtreter)
die Blockstufe
die Antrittstufe
die Spindel
die Wendeltreppe
das Fenster
der Krümmling
die Steinstufen
die Blockstufe
die Steintreppe (freitragend)
der Podest (der Absatz)
der Treppenpodest
die runde Treppe mit Zwischenpodest
die hohle Spindel
die volle Spindel
die Spindeltreppe

die gerade Treppe

mit Wendelstufen
die einläufige Treppe

mit Eckpodest
mit Wendelstufen
die zweiläufige Treppe

mit Zwischenpodest
die zweiläufig gewendelte Treppe

die dreiläufige Treppe

Grundriß **Treppe**

---

erst spät; sie konnte sich von diesem Anblick nicht trennen; sie *trennte sich von ihrem Mann; die Eheleute leben getrennt*. **3)** *es, zerlege in die Bestandteile* (chem. Verbindungen, Legierungen), *nehme einen Teil in einem Werkstück ab durch Sägen, Schneiden u. a.* **trennscharf,** ((ɰ)) Frequenzen benachbarter Sender scharf trennend (Funkempfänger). **Trennschärfe** *die, -.* **Trennung** *die, -/-en,* **1)** Auflösung einer Verbindung, Mischung oder Gemeinschaft: *die T. von Tisch und Bett,* Auflösung der ehelichen Gemeinschaft (nicht der Ehe); *Trennungsentschädigung,* ABB. P 9. **2)** niederdt.: *Trennungsschmerz*. **3)** kurz für: Silbentrennung, ÜBERS. S 50: *Trennungszeichen*. **Trennungsstrich** *der: zwischen diesen Bereichen sollte ein klarer T. gezogen werden,* Ü. **Trense** [span. trenza ›Flechte‹, ›Seil‹] *die, -/-n,* **1)** einfacher Pferdezaum, ABB. P 9. **2)** dünne Schnur, Litze. **Trenze** *die, -/-n,* auch Trienze, *schweiz.:* Mistgabel. **trenzeln,** *ich trenz(e)le* (*habe getrenzel[e]t*), auch *treißele, schweiz.:* stichele, trieze. **trenzen,** *ich trenze* (*habe getrenzt*), **1)** *österr.:* spucke, geifere. **2)** *der Hirsch trenzt,* ⚡ stößt während der Brunft kurze, leise Laute aus. **Trepanation** [frz. trepan, zu grch. trypan ›durchbohren‹] *die, -/-en,* ⚕ das chirurgische Öffnen einer Knochenhöhle, bes. der Schädelkapsel. **trepanieren,** *ich trepaniere* (*habe trepaniert*) *es,* ⚕. **treppab,** die Treppe hinunter. **treppauf,** die Treppe hinauf: *es ging den ganzen Tag t., treppab, man hörte ständiges Hin und Her auf der Treppe.* **Treppchen** *das, -s/-.* **Treppe** [mhd. treppe] *die, -/-n,* **1)** Aufgang aus Stufen, ABB. T 17: *Treppenabsatz; Treppenbeleuchtung; Treppengeländer; Hintertreppe; Rolltreppe; ich gehe die T. hinauf; die Wohnung liegt drei Treppen hoch, im dritten Stock; er ist die T. hinuntergefallen; er ist die T. hinaufgefallen,* Ü ist überraschend befördert worden. **2)** allerlei Stufenförmiges, z. B. ABB. G 25; Ü Unregelmäßigkeiten im Gewebe, im Haarschnitt. **Treppenhaus** *das,* Raum für Treppen im Haus, ABB. H 11. **Treppenwitz** *der,* eigtl. treffende Entgegnung, die einem erst nachträglich (›auf der Treppe‹) einfällt; meist: kuriose und paradoxe Geschehnisse (in der Weltgeschichte). **Tresen** [mhd. tresen] *der, -s/-, norddt., mitteldt.:* Ladentisch, Schanktisch.

Tresor [frz. trésor, zu grch. thesauros ›Schatzkammer‹, ›Schatz‹] *der, -s/-e,* **1)** Geldschrank, ABB. G 9: *Tresorschlüssel*. **2)** Stahlkammer: *Nachttresor*. **Trespe** [mhd. trefse] *die, -/-n,* ein Gras. **Tresse** [frz.] *die, -/-n,* Besatzstreifen, Borte, meist mit Gold- und Silberfäden, an Kleidungsstücken, Uniformen. **Trester** [mhd. trester, zu trestern ›keltern‹], *Pl.,* **1)** Braurückstände, vielfach als Viehfutter verwendet. **2)** Treber. **Tretboot** *das,* Boot, das mit Pedalen angetrieben wird. **treten** [ahd. tretan], *ich trete* (trat, habe getreten; du trittst, er tritt; tritt!), **1)** *ihn, es,* stoße mit dem Fuß, gebe ihm einen Tritt: *er wurde in den Unterleib getreten; ich trat ihn (ihm) auf den Fuß,* auch Ü beleidigte ihn; *diesen Vorschlag solltest du nicht mit Füßen treten,* Ü verachtungsvoll behandeln; *wir mußten uns einen Weg durch den Schnee treten,* durch Begehen bahnen; *bei der Kneippkur muß man Wasser treten,* in kaltem Wasser gehen; *der Linksaußen trat den Ball ins Tor* (Fußball). **2)** *ihn,* Ü behandle schlecht. **3)** *der Hahn tritt die Henne,* begattet. **4)** (bin getreten) *auf, in, aus etwas,* setze den Fuß dahin, mache Schritte: *endlich treten wir wieder auf festen Grund; gib acht, tritt nicht auf die Bananenschale!; er ist in eine Pfütze getreten; er trat aufs Gaspedal; der Fluß ist über die Ufer getreten,* Ü. **5)** (bin getreten) *irgendwohin,* stelle mich: *bitte, treten Sie näher!, kommen Sie herein!; er ist beiseite getreten; sie trat ihm in den Weg; ich wollte Ihnen nicht zu nahe treten,* Ü Sie nicht kränken, beleidigen. **6)** (bin getreten), Ü komme, gehe: *wer tritt an seine Stelle?; er wird mit Ihnen in Verbindung treten; ihr Gehfehler tritt kaum in Erscheinung,* man bemerkt ihn kaum; *die Versuche sind in ein neues Stadium getreten.* **Treter,** *Pl.,* Ü derbe oder alte Schuhe. **Tretkurbel** *die,* Vorrichtung zur Übertragung von drehenden Bewegungen mit dem Fuß. **Tretmühle** *die,* **1)** Tretwerk, Tretrad, Vorrichtung zum Erzeugen einer Drehbewegung durch Tier- oder Menschenkraft. **2)** Ü nicht endende Arbeit: *wenn man einmal in der T. drin ist, kommt man nicht wieder heraus,* Ü. **treu,** zuverlässig, anhänglich, bes. von unveränderlich gewissenhafter Gesinnung: *t. in der Liebe; wird er ihr t. sein, t. bleiben?; t. seinem Eid; ich gebe es ihm zu treuen Händen,* ஃ zur Ausübung der Tätigkeit als Treuhänder; *der Freund ist ihm t. ergeben,* aber: *ein treuergebener Freund.* **Treubruch** *der,* Verletzung der Treue, Untreue. **treubrüchig. Treue** [ahd.

triuwa] *die, -,* Beständigkeit, Zuverlässigkeit, Gewissenhaftigkeit, *das sittl.* Verhalten aus unbedingter Bindung an eine Person: *Treuepflicht; Treueprämie; Treuerabatt; Treueschwur; meiner Treu!,* wahrhaftig!; *auf Treu und Glauben,* im Vertrauen auf redliches Verhalten; *er gelobte ihr T.; er hat die T.* gehalten, gebrochen; *mit Treuen,* ⚭ treu, getreulich. **Treuhänder** *der, -s/-,* ⚔ Person oder Organisation, der ein Recht zur Ausübung im eigenen Namen, aber zu Nutzen eines anderen übertragen ist. **treuherzig,** offen, arglos, vertrauensselig. **Treuherzigkeit** *die, -.* **treulich,** mit Treue, zuverlässig. **treulos,** verräterisch, trügerisch, unzuverlässig. **Treulosigkeit** *die, -.* **treusorgend,** *treusorgende Eltern;* aber: *wir werden für ihn treu sorgen.*

Trevira *das, -,* Handelsname für eine Chemiefaser.

tri... [lat. tres, tria ›drei‹, grch. treis, tria ›drei‹], drei...

Triade [frz., zu Trias] *die, -/-n,* Zusammenstellung von drei gleichartigen Dingen.

Trialsport [tr'aiəl-, engl. trial ›Versuch‹] *der,* ⚔ Geschicklichkeitsprüfung auf Motorrädern.

Triangel [vgl. tri... und lat. angulus ›Winkel‹, triangulum ›Dreieck‹] *der, auch das, -s/-,* **1)** ein Schlaginstrument in Dreiecksform, ABB. S 22. **2)** Dreieck. **Triangulation** *die, -/-en,* eine Art der Landvermessung. **triangulieren,** *ich trianguliere* (habe trianguliert) es. **Triangulierung** *die, -/-en.*

Triarchie [grch. arche ›Herrschaft‹] *die, -/...chi'en,* Dreiherrschaft, Triumvirat.

Triarier [lat. triarii], *Pl.,* im röm. Heer die ausgewählte, altgediente Mannschaft im dritten Glied der Legion; ℧ erprobte Kämpfer.

Trias [grch., vgl. tri...] *die, -,* **1)** Dreiheit, Dreizahl. **2)** ⊕ eine geolog. Formation des Mesozoikums.

Tribade [grch. tribas, zu trebein ›reiben‹] *die, -/-n,* lesbisch liebende Frau. **Tribadie** *die, -,* lesbische Liebe. **Tribochemie** *die,* Gebiet der physikal. Chemie, das sich mit den chem. Veränderungen von Festkörpern unter Einwirkung mechan. Energie befaßt. **Tribologie** *die, -,* ⊚ die Lehre von Reibung, Verschleiß und Schmierung.

Tribun [lat. tribunus, zu Tribus] *der, -s/-e* oder *-en/-en,* **1)** Sachwalter des Volks im alten Rom: *Volkstribun.* **2)** Titel höherer röm. Offiziere: *Kriegstribun.* **Tribunal** [lat.] *das, -s/-e,* **1)** erhöhter Amtssitz der Magistrate im alten Rom. **2)** Gericht: *Tribunalrat.* **Tribunat** [lat. tribunatus] *das, -(e)s/-e,* Amt und Würde des Tribunen.

Tribüne [frz., vgl. Tribunal] *die, -/-n,* **1)** erhöhter Platz für Redner: *Rednertribüne.* **2)** Gerüst mit stufenweise ansteigenden Sitzreihen für Zuschauer; Zuschauerschaft: *Tribünenplatz; Zuschauertribüne.*

Tribus [lat.] *die, -/-,* Gau, Bezirk im alten Rom.

Tribut [mhd. tribut, zu lat. tributum ›Steuer‹] *der, -(e)s/-e,* **1)** Steuer, Zwangsabgabe (des Besiegten an den Sieger): *Tributabkommen.* **2)** ℧ Hochachtung, Respekt: *dieser Leistung muß man den nötigen T. zollen.* **tributär,** ⚭, **tributpflichtig,** abgabepflichtig.

Trichine [engl. trichina, zu grch. thrix ›Haar‹] *die, -/-n,* auf Menschen übertragbarer schmarotzender Fadenwurm: *Trichinenschau.* **trichinös,** Trichinen enthaltend (Fleisch). **Trichinose** *die, -/-n,* Erkrankung durch Trichinen.

Trichle *die, -/-n, schweiz.:* Treichel.

Trichomonaden [grch. thrix ›Haar‹ und monas ›Einheit‹], *Pl.,* Krankheitserreger unter den Geißeltierchen.

Trichotomie [vgl. tri... und grch. tome ›Schnitt‹] *die, -/...mi'en,* **1)** *ohne Pl.,* Dreiteilung, z. B. des Menschen in Leib, Seele, Geist. **2)** Haarspalterei. **trichotomisch.**

Trichter [mhd. trihter, trahter, zu lat. traicere ›hinübergießen‹] *der, -s/-,* **1)** kegelförmiges Gerät mit Abflußrohr zum Eingießen in enge Öffnungen, ABB. T 18: *der Nürnberger T.,* ℧ Lehrverfahren, durch das auch dem Dümmsten etwas beigebracht (eingetrichtert) werden kann. **2)** das sich erweiternde Ende an Blasinstrumenten u. a.: *Schalltrichter.* **3)** ein Fortbewegungsorgan der Kopffüßer. **4)** etwas Trichterförmiges, z. B. Flußmündung: *Trichtermündung; Bombentrichter; Schalltrichter,* ♪.

Trick [engl.] *der, -s/-s* oder *-e,* **1)** Kniff, Kunstgriff; List, übler Streich: *Trickbetrüger; Trickzeichner; auf diesen T. falle ich nicht herein.* **2)** Kartenspiel: ein Stich über sechs. **Trickfilm** *der,* filmische Darstellung mit Hilfe techn. Tricks, auch mit Montage und Schnitt. **tricksen,** *ich trickse* (habe getrickst), ℧ umspiele den Gegner geschickt (Fußball).

Tricktrack [frz. trictrac] *das, -s/-s,* Backgammon, ein Brett- und Würfelspiel.

Tridentinum [nach der italien. Stadt Trient] *das, -s,* das Tridentinische Konzil, eine Kirchenversammlung im 16. Jahrh.

Triduum [lat., vgl. tri... und dies ›Tag‹] *das, -s/...du|en,* Zeitraum von drei Tagen.

trieb, von treiben. **Trieb** [mhd. trip] *der, -(e)s/-e,* **1)** nach ihm, zu etwas, treibende Kraft, Antrieb, innerer Drang, sinnliches Verlangen: *Geschlechtstrieb; Nahrungstrieb; Triebbefriedigung; Triebhandlung; Triebleben; Triebtäter.* **2)** Keimkraft, Pflanzenwuchs, Schößling: *Fichten haben ihren besten T. im Mai.* **3)** ⚭ das Treiben einer Herde; Weide oder Viehweg; Weidegerechtigkeit. **4)** ⚙ Kraftübertragung von einer Welle zur andere: *Triebrad; Seiltrieb; Zahnradtrieb.* **5)** *schweiz.:* Sauerteig. **Triebfeder** *die,* **1)** Feder des Uhrwerks. **2)** ℧ innerer Antrieb, treibende Kraft: *die T. seines Handelns.* **triebhaft, 1)** aus unbewußten inneren Kräften bewirkt, instinktiv: *er handelt t.* **2)** mehr nach seinen Trieben als nach Verstand und Willen handelnd: *ein triebhafter Mensch.* **Triebhaftigkeit** *die, -.* **Triebwagen** *der,* Zeichen: T, Schienenfahrzeug mit eigener Antriebsanlage. **Triebwerk** *das,* Antriebsmaschine, bes. bei Flugzeugen und Raketen: *Raketentriebwerk; Strahltriebwerk.*

Triefauge *das,* ständig tränendes Auge. **triefäugig. triefen** [ahd. triofan], *ich* triefe (triefte, auch ⚭ troff, habe getroffen; wenn *er* triefte, ⚭ tröffe) *von, vor etwas,* bin so naß davon, daß es abtropft: *die Stirn trieft von Schweiß; Regen trieft vom Dach; ich t. vor Nässe; er trieft von Güte,* ℧ gibt sich übertrieben gütig. **triefnaß.**

Triel [nach dem Ruf] *der, -(e)s/-e,* ein lerchenfarbiger Watvogel.

Triel [mhd. triel ›Lippe‹, ›Mund‹, ›Maul‹] *der, -(e)s/-e, süddt.:* Maul. **trielen,** *ich* triele (habe getrielt), *süddt.:* sabbere. **Trieler** *der, -s/-, süddt.:* Lätzchen.

Triennium [lat., vgl. tri... und lat. annus ›Jahr‹] *das, -s/...'enni|en,* Zeitraum von drei Jahren.

Trienze *die, -/-n, schweiz.:* Trenze.

Triere [grch. trieres ›dreifach ausgerüstet‹ (›dreirudrig‹)] *die, -/-n,* auch Trireme, altgriech. Kriegsschiff mit drei übereinander eingebauten Reihen Ruderbänken.

Triesel *der, -s/-, norddt.:* Kreisel. **tries(e)lig,** *norddt.:* schwindlig, wirr im Kopf. **trieseln,** *ich* tries(e)le (habe getrieselt).

trießen, *ich* trieße (habe getrieß[e]t), *schweiz.:* klage, stöhne; trödele.

Trieur [tri'œ:r, frz., zu trier ›auslesen‹] *der, -s/-e,* eine Maschine zur Getreidereinigung.

Trieze *die, -/-n, norddt.:* Winde zum Heben von Lasten. **triezen,** *ich* trieze (habe getriezt), **1)** *ihn,* ℧ quäle; dränge. **2)** *es, norddt.:* ziehe, winde.

trifft, von treffen.

Trifolium [vgl. tri... und lat. folium ›Blatt‹, grch. triphyllon] *das, -s,* wissenschaftl. Name des Klees. **Triforium** [lat. foris ›Türflügel‹] *das, -s/...ri|en,* Säulenaufgang unter den Fenstern im Innern der Kirche.

Trift [mhd. trift] *die, -/-en,* **1)** das Treiben des Viehs auf die Weide, danach: Weg zum Viehtreiben; Weide; Recht zum Treiben des Viehs durch fremde Grundstücke. **2)** ⚓ Meeresströmung, Drift. **3)** Flößerei, bei der einzelne Stämme den Fluß hinabgeschwemmt werden. **Trifteis** *das,* Treibeis. **triften** [mhd. triften], *ich* trifte (habe getriftet) *Holz,* treibe, flöße. **triftig** [mhd. triftic, zu treffen], zwingend, unwiderlegbar: *triftige Gründe; der Beweis ist t.* **Triftigkeit** *die, -.*

Triga [lat., vgl. tri... und lat. iugum ›Joch‹] *die, -/-s,* das Dreigespann.

Trigeminus [lat. ›dreifach‹] *der, -/...ni,* ☥ der vorwiegend empfindungsleitende Gesichtsnerv: *Trigeminusneuralgie.*

Trigger [engl. ›Gewehrabzug‹] *der, -s/-,* ⚡ Schaltkreis zum Anstoßen eines Vorgangs.

Triglyph [vgl. tri... und grch. glyphis ›Kerbe‹] *der, -s/-e,* **Triglyphe** *die, -/-n,* ⫿ Dreischlitz, Teil des dorischen Tempelgebälks, ABB. G 6, T 6. **trigonal** [grch. gonia ›Ecke‹], **1)** dreieckig. **2)** Mineralogie: *trigonales Kristallsystem,* ABB. K 46. **Trigonometrie** [grch.... metrie] *die, -, △* Teilgebiet der Geometrie, das die Beziehung zwischen Winkeln und Seiten in einem Dreieck behandelt. **trigonometrisch. triklin** [grch. klinein ›neigen‹], Mineralogie: *triklines Kristallsystem,* ABB. K 46. **Triklinium** [lat. triclinium] *das, -s/...ni|en,* altröm. Speiseraum.

trikolor [frz. tricolore, vgl. tri... und lat. color ›Farbe‹], dreifarbig. **Trikolore** *die, -/-n,* die franzöś. Nationalflagge, danach auch andere dreifarbige Flaggen.

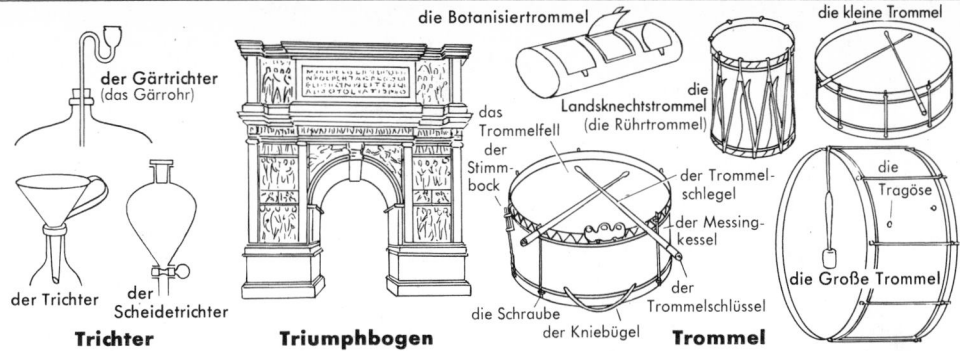

der Gärtrichter
(das Gärrohr)

die Botanisiertrommel

die kleine Trommel

der Trichter   der
Scheidetrichter

das
Trommelfell
der
Stimm-
bock

die
Landsknechtstrommel
(die Rührtrommel)

der Trommel-
schlegel

der Messing-
kessel

die
Tragöse

der
Trommelschlüssel

die Große Trommel

die Schraube
der Kniebügel

Trichter   Triumphbogen   Trommel

Trikot [trik'o, frz. tricot, zu tricoter ›stricken‹], **1)** *das, -s/-s,* enganliegendes gestricktes oder gewirktes Kleidungsstück: *Sporttrikot.* **2)** *der, -s/-s,* dehnbares Gewebe für Trikotagen. **3)** eine Webbindung: *Trikotbindung.* **Trikotage** [-t'a:ʒɘ, frz. tricotage] *die, -/-n,* gewirkte und gestrickte Unter- und Oberbekleidung: *Trikotagenfabrik.*

Triller [ital. trillo] *der, -s/-,* **1)** ♪ wiederholter schneller Wechsel des Haupttons mit seiner kleinen oder großen Obersekunde, ABB. N 10. **2)** dem Triller ähnlicher Laut. **trillern** [ital. trillare], *ich trill(e)re* (habe getrillert). **Trillerpfeife** *die,* Pfeife mit einem dem Triller ähnlichen Ton.

Trilliarde [vgl. tri . . .] *die, -/-n,* tausend Trillionen, ÜBERS. Z 1. **Trillion** *die, -/-en,* eine Million Billionen, ÜBERS. Z 1; in einigen Ländern Bez. für zehn hoch zwölf.

Trilobit [vgl. tri . . . und grch. lobos ›Lappen‹] *der, -en/-en,* ausgestorbenes krebsähnl. Tier. **Trilogie** [vgl. . . . logie] *die, -/ . . . g'i|en,* ein aus drei Teilen bestehendes literarisches oder musikalisches Werk. **Trimester** [lat. mensis ›Monat‹] *das, -s/-,* **1)** Zeitraum von drei Monaten. **2)** ein Abschnitt eines in drei Teile gegliederten Zeitraumes. **Trimeter** [grch. metron ›Maß‹] *der, -s/-,* Versmaß, meist aus drei jambischen Doppelfüßen.

Trimm [engl. trim] *der, -(e)s,* **1)** Schwimmlage des Schiffes in der Längsrichtung. **2)** der gepflegte Zustand eines Schiffes. **Trimm-Aktion,** Aktion gegen die Bewegungsarmut in der modernen Industriegesellschaft. **trimmen** [engl. to trim], *ich trimme* (habe getrimmt), **1)** *ein Schiff, ein Flugzeug,* bringe in die richtige Schwimm- oder Fluglage. **2)** *Kohlen,* schaffe aus den Bunkern zu den Kesseln. **3)** *einen Hund,* schere ihm das Fell. **4)** *es will den* in den gewünschten Zustand: *er will den Motor auf Höchstleistung trimmen; der Schrank ist auf alt getrimmt.* **5)** *mich,* ∪ beteilige mich an der Trimm-Aktion: *Trimm-dich-Pfad; Trimmspirale,* Testkarte der Trimm-Aktion; *Trimm-Trab.* **Trimmer** *der, -s/-,* **1)** Arbeiter, der Kohlen trimmt. **2)** (ꜛ) ein veränderbarer Kondensator.

trimorph [vgl. tri . . . und . . . morph], dreigestaltig, dreiförmig.

Trine [zu Katharina], weibl. Vorname; oft als Spottname: *dumme T.!*

Trinitarier *der, -s/-,* Angehöriger eines kath. Bettelordens. **Trinität** [mhd. trinitat, zu kirchenlat. trinitas] *die, -,* Dreieinigkeit, Dreifaltigkeit. **Trinitatis,** evang. Kirche: erster Sonntag nach Pfingsten; entspricht in der kath. Kirche dem Dreifaltigkeitssonntag, ÜBERS. J 2.

Trinitrotoluol *das, -s,* auch Trotyl, Abk.: TNT, ein militär. Sprengstoff.

Trinkbarkeit *die, -.* **trinken** [ahd. trinkan], *ich trinke* (trank, habe getrunken), **1)** *es,* nehme eine Flüssigkeit zu mir: *Trinkglas; Trinklied; ich t. Bier, Kaffee, Saft; kannst du mir etwas zu trinken geben?; er will mit mir Brüderschaft trinken,* ∪ Duzfreundschaft schließen; *wir tranken auf ihr Wohl; ich will ihn unter den Tisch trinken,* ∪ mit ihm mehr trinken, als er vertragen kann. **2)** *er trinkt,* ist ein Trinker. **3)** *es trinkt etwas,* P saugt sich voll: *die Erde trinkt Wasser.* **4)** *es,* Ü nehme auf, genieße: *in vollen Zügen trank er die würzige Waldluft.* **Trinker** *der, -s/-,* jemand, der alkoholische Getränke gewohnheitsmäßig im Übermaß genießt: *Trinkerfürsorge; Trinkerheilanstalt;* aber in Zusammensetzungen: jemand, der eine Vorliebe für ein bestimmtes Getränk hat: *Milchtrinker; Teetrinker; Rotwein-*

trinker. **trinkfest,** viel Alkohol vertragend. **Trinkgelage** *das,* Gelage, bei dem sehr viel Alkohol getrunken wird. **Trinkgeld** *das,* kleines Geldgeschenk für Dienste oder Gefälligkeiten: *ein T. für den Kellner.* **Trinkspruch** *der,* bei einem besonderen Anlaß ausgebrachter (Glück)wunsch. **Trinkwasser** *das, -s,* für den menschl. Genuß geeignetes Wasser: *Trinkwasseraufbereitung; Trinkwasserknappheit; Trinkwasserversorgung.*

Trio [ital.] *das, -s/-s,* **1)** ♪ Musikstück für drei Instrumentalsolostimmen: *Klaviertrio; Streichtrio.* **2)** drei Musiker, die gemeinsam musizieren. **3)** ♪ ruhiger Zwischensatz in Märschen, Tänzen. **4)** drei Personen: *ein Diebestrio.*

Triode [vgl. tri . . . und grch. hodos ›Weg‹] *die, -/-n,* Elektronenröhre mit drei Elektroden.

Triole [zu Trio] *die, -/-n,* ♪ zusammengehörige Gruppe von drei Tönen, die zusammen den gleichen Zeitwert darstellen wie zwei (seltener vier) Töne der gleichen Schreibweise.

Triolett [frz. triolet] *das, -(e)s/-e,* ein achtzeiliges Gedicht mit kehrreimartigen Wiederholungen.

Trip [engl.] *der, -s/-s,* **1)** Ausflug, Reise: *Wochenendtrip.* **2)** U euphorischer Zustand nach Genuß von Rauschmitteln; auch die dafür benötigte Dosis: *er braucht einen T., ist auf dem T.*

Tripel [nach der Stadt Tripolis in Libyen] *der, -s,* Kieselerde. **Tripel** [frz. triple, zu lat. triplex ›dreifach‹], **1)** *das, -s/-,* Zusammenfassung dreier Dinge. **2)** *der, -s/-,* ♻ dreifacher Gewinn. **Tripelallianz** *die,* Dreierbund.

Triphthong [vgl. tri . . . und grch. phthongos ›Laut‹] *der, -s/-e,* Dreilaut, drei in einer Silbe vorkommende Vokale, z. B. miau [miao].

Triplebarre [tr'ipl-, vgl. Tripel und frz. barre ›Stange‹] *die,* Pferdesport: ein Hindernis beim Springreiten.

Tripmadam [frz. trique-madame] *die, -/-en,* ⚘ eine Fetthenne.

trippeln [Schallw., zu trappeln], *ich tripp(e)le* (bin getrippelt), gehe mit kleinen Schritten: *Trippelschritt.*

trippen, *es trippt* (hat getrippt), norddt.: tröpfelt. **Tripper** *der, -s/-,* ⚕ eine Geschlechtskrankheit, Gonorrhöe.

Triptik *das, -s/-s,* eingedeutscht für: Triptyk. **Triptychon** [vgl. tri . . . und grch. ptyche, ptyx ›Schicht‹, ›Tafel‹] *das, -s/ . . . chen oder . . . cha,* dreiteiliges Tafelbild, bes. bei Altären. **Triptyk** [frz. triptyque] *das, -s/-s,* eingedeutscht: Triptik, dreiteiliger Schein für Fahrzeuge zum zollfreien Grenzübertritt.

Tripus [vgl. tri . . . und grch. pous ›Fuß‹] *der, -/ . . . p'oden,* Gestell, Dreifuß.

Trireme [lat. triremis, vgl. tri . . . und lat. remus ›Ruder‹] *die, -/-n,* Triere.

trischa(c)ken, *ich trischa(c)ke* (habe getrischa[c]kt) *ihn,* oberdt.: prügle; quäle.

Trischübel *der, -s/-,* schweiz.: Tragbalken.

Trisomie [kurz zu tri . . . und Chromosom] *die, -/ . . . m'i|en,* ⚕ Chromosomenstörung, z. B. bei Mongolismus.

trist [frz. triste, zu lat. tristis], traurig, öde, trostlos.

Tristan [kelt., Held der mittelalterl. Sage und Dichtung], männl. Vorname.

Triste *die, -/-n,* bair., österr., schweiz.: **1)** Wetterwand. **2)** Heuschober.

Tritagonist [grch. tritagonistes] *der, -en/-en,* im altgriech. Drama der dritte Schauspieler.

Tritium [grch. tritos ›der dritte‹] *das, -s,* ⊖ Element, Zeichen: T, radioaktives Isotop des Wasserstoffs.
Trito *das, -s/-s,* *österr.:* Tretroller, Kinderroller.
Triton *das, -s/...t'onen,* Atomkern des Tritiums.
Triton [grch.] *der, ...t'onen/...t'onen,* Meeresgottheit, halb Mensch, halb Fisch. **Tritonshorn** *das,* eine Meeresschnecke.
Tritonus [lat. ›Dreiklang‹] *der, -,* ♪ das Intervall von drei Ganztönen.
tritt, von treten. **Tritt** [mhd. trit] *der, -(e)s/-e,* **1)** das Auftreten mit dem Fuß, Schritt: *ein fester, ein falscher T.; er gab, versetzte mir einen Fußtritt; Trittleiter; trittfest; trittsicher.* **2)** Gleichschritt: *die Marschkolonne geht im T.; T. marsch!,* ⚔ Kommando; *in gleichem Schritt und T.* **3)** Fußspur: *Tritte im Schnee.* **4)** Trethebel oder -kurbel, z. B. am Webstuhl, ABB. W 7. **5)** Stufe, z. B. am Wagen, ABB. W 2; kleine Leiter, Gestell; Stufe am Fenster, Podest. **6)** ⚔ auch Trittsiegel, der Einzelabdruck eines Haarwildbeines. **Trittbrett** *das,* Stufe am Wagen zum Auf- und Absteigen, z. B. ABB. S 73. **Tritteisen** *das,* Tellereisen.
Triumph [lat. triumphus] *der, -(e)s/-e,* **1)** großer Erfolg, Siegesfreude, bejubelter Sieg: *sie wird als Sängerin Triumphe feiern; ein vollkommener T.,* durchschlagender Erfolg. **2)** festlicher Einzug eines siegreichen Feldherrn im alten Rom: *Triumphzug,* auch Ü. **triumphal,** *ein triumphaler Erfolg, Sieg.* **Triumphator** *der, -s/...t'oren,* siegreicher römischer Feldherr, der seinen Triumph begeht. **Triumphbogen** *der,* (dreitorige) Ehrenpforte, ABB. T 18. **triumphieren,** *ich triumphiere* (habe triumphiert), **1)** empfinde ein Triumphgefühl, Genugtuung über einen Sieg oder Erfolg: *er triumphierte, als er hörte, daß sein Vorschlag angenommen war; sie sagte triumphierend ...* **2)** *über ihn oder etwas,* besiege: *sie triumphierte über ihre Konkurrentinnen.*
Triumvir [lat., vgl. tri... und lat. vir ›Mann‹] *der, -s* oder *-n/-n,* Mitglied eines Triumvirats. **Triumvirat** *das, -(e)s/-e,* Triarchie, Herrschaft von drei Männern (im alten Rom).
trivial [lat. trivialis, zu trivium ›Dreiweg‹, ›öffentliche Straße‹], abgedroschen, platt: *Trivialliteratur.* **Trivialität** *die, -/-en.* **Trivium** *das, -s,* im MA.: die drei ersten der Sieben Freien Künste: Grammatik, Rhetorik, Dialektik.
Trix, Trixi [zu Beatrix], weibl. Vornamen.
Trizeps [lat. triceps ›dreiköpfig‹] *der, -es/-e,* dreiköpfiger Muskel, z. B. der Oberarmstreckmuskel.
trochäisch, aus Trochäen bestehend. **Trochäus** [grch. trochaios ›laufend‹, ›schnell‹] *der, -/...ch'äen,* ein Versfuß, ÜBERS. M 14.
trocken [ahd. trucchen], **1)** ohne Feuchtigkeit, ohne Nässe: *Trockenfleisch; Trockengemüse; Trockenwäsche; trock(e)nes Wetter,* regenfreies; *trock(e)nes Brot,* ohne Belag; *er rasiert sich t.,* elektrisch, ohne Wasser und Seife; *es wird schon t. sein, schnell t. werden,* vgl. aber: trockenlegen, trockenreiben, trockensitzen, trockenstehen; *ich bin, stehe auf dem Trock(e)nen, im Trock(e)nen,* auf trockenem Boden, vor Nässe geschützt, aber Kleinschreibung in übertragener Bedeutung: *ich bin, sitze auf dem trock(e)nen,* U kann nicht weiter (wie ein gestrandetes Schiff), habe kein Geld mehr; *er sitzt im trockenen,* U ist gesichert, geborgen; *er hat sein Schäfchen ins trockene gebracht,* U sich seinen Vorteil gesichert. **2)** U langweilig, abstrakt: *trockener Lernstoff.* **3)** nüchtern und witzig, schlagfertig: *trockene Bemerkungen.* **4)** mit klar und straff hervortretenden Muskeln, Bändern (Pferd). **5)** wenig süß, herb (Wein, Sekt). **Trockenbeerenauslese** *die,* Wein von am Stock geschrumpften Beeren. **Trockenblume** *die,* Immortelle. **Trockenboden** *der,* Dachboden zum Trocknen der Wäsche. **Trockendock** *das,* ABB. D 8. **Trocken|ei** *das,* Eipulver. **Trocken|eis** *das,* ein Kältemittel aus gepreßtem Kohlensäureschnee. **Trocken|element** *das,* galvanisches Element mit eingedicktem Elektrolyten. **Trockenfütterung** *die,* Ernährung der Haustiere mit getrocknetem Futter und (oder) Kraftfutter. **Trockenhaube** *die,* elektr. Heißluftgerät in Form einer Haube zum Trocknen des Haars. **Trockenheit** *die, -/,* trockene Beschaffenheit, Dürre. **trockenlegen,** *ich lege trocken* (habe trockengelegt), **1)** *ihn,* ziehe ihm frische Windeln an: *Säuglinge muß man trockenlegen;* aber: *wir müssen das Material trocken legen,* ins Trockene. **2)** *es,* entwässere (Moor). **Trockenmaß** *das,* Raummaß zur Abmessung von trockenen oder schüttbaren Gütern. **Trockenmilch** *die,* pulverig eingetrocknete Milch. **Trockenrasierer** *der,* **1)** ein elektrisch betriebener Rasierapparat. **2)** jemand, der sich damit rasiert.

Trockenrasur *die.* **trockenreiben,** *ich reibe ihn, es* trocken (habe trockengerieben), trockne durch Reiben: *ich habe das Kind mit dem Handtuch trockengerieben;* aber: *dieses Metall muß trocken gerieben werden,* ohne Zusatz einer Flüssigkeit. **Trockenschleuder** *die,* Wäscheschleuder. **trockenschleudern,** *ich schleudere es* trocken (habe trockengeschleudert), **trockensitzen,** *ich sitze trocken* (saß trocken, habe trockengesessen), U sitze, ohne etwas zu trinken zu bekommen: *wir mußten auf der Party lange trockensitzen;* aber: *ich möchte trocken sitzen,* im Trockenen. **Trockenskikurs** [-ʃiː-] *der,* auf den Skisport abgestimmtes Übungen im Raum. **Trockenstarre** *die,* Sommerschlaf, Ruhephase bei Organismen in Trockenzeiten. **trockenstehen,** *die Kuh* steht trocken (hat trockengestanden), gibt keine Milch; aber: *wir haben trocken gestanden,* die trocken aus. **Trockenstoffe,** *Pl.,* Sikkative, Stoffe, die die Trockenzeit von Ölen verkürzen. **Trockensubstanz** *die,* der durch Trocknung eines Stoffes erhaltene Rückstand. **Trockenzeit** *die,* Trockenperiode, die Jahreszeit ohne oder mit nur wenig Niederschlag. **trocknen** [ahd. trucchenen], *ich trockne* (habe getrocknet), **1)** *es,* mache trocken, lasse trocken: *sie will sich gerade das Haar trocknen; ich mußte ihre Tränen trocknen,* U sie trösten. **2)** (auch bin getrocknet), werde trocken. **Trocknung** *die, -,* **1)** das Trocknen. **2)** Entzug von Feuchtigkeit aus Gasen und Feststoffen.
Troddel [ahd. trado] *die, -/-n,* kleine Quaste, Fransenbüschel, z. B. ABB. T 1.
Trödel [Herkunft nicht geklärt] *der, -s,* alter Kram, Altwaren, auch Handel damit. **Trödelej** *die, -/,* U Bummelei. **Trödelmarkt** *der,* Flohmarkt, Markt, auf dem Trödel verkauft wird. **trödeln,** *ich tröd(e)le* (habe getrödelt), **1)** bin langsam, verschwende meine Zeit. **2)** handele mit Altwaren. **Trödler** *der, -s/-,* **1)** Bummler. **2)** Altwarenhändler.
Troer *der, -s/-,* Trojaner.
troff, von triefen.
trog, von trügen.
Trog [ahd. trog] *der, -(e)s/ˈᵉe,* **1)** längliches Gefäß: *Futtertrog,* ABB. S 59; *Brunnentrog,* ABB. B 52. **2)** *oberdt.:* verschließbarer Kasten, Truhe.
Tro|glodyt [grch. troglodytes, zu trogle ›Höhle‹] *der, -en/-en,* Höhlenbewohner.
Troika [russ.] *die, -/-s,* (russisches) Dreigespann, bei dem drei Pferde nebeneinander eingespannt sind.
troisch, trojanisch.
Trois-pièces [trwapˈjɛs, frz. ›drei Stücke‹] *das, -/-,* dreiteiliges Damenkleid.
Trojaner *der, -s/-,* auch Troer, Einwohner der antiken Stadt Troja in Kleinasien. **trojanisch,** auch troisch: *die trojanischen Helden;* aber: *der Trojanische Krieg; das Trojanische Pferd.*
Trokar [frz. trocart, zu trois ›drei‹ und carre ›Winkel‹] *der, -s/-e* oder *-s,* 💲 Hohlnadel zum Entfernen von Flüssigkeit oder Gasen aus Körperhöhlen.
Trölbuße [zu trölen] *die, schweiz.:* Strafe für mutwillige Prozeßverzögerung.
trölen, *ich trole* (bin getrol[e]t), *schweiz.:* wälze mich, rolle, falle um.
trölen, *ich tröle* (habe trölet), *schweiz.:* trödle, verzögere. **Tröler** *der, -s/-, schweiz.:* Zauderer, Bummler, Prozeßverzögerer. **Trölerej** *die, -/-en, schweiz.:* langsames Tun, das Hinausschieben. **trölerisch,** *schweiz.:* mutwillig hinauszögernd.
Troll [mhd. trolle, trol] *der, -(e)s/-e,* gespenstisches Wesen, Dämon.
Trollblume *die,* ein Hahnenfußgewächs.
trollen [mhd. trollen], *ich trolle* (habe getrollt), **1)** *mich,* mache mich davon, gehe betrübt oder beschämt weg. **2)** *Schalenwild trollt,* 🐾 trabt.
Trolleybus [trˈɔli-, engl., zu troll ›rollen‹] *der, schweiz.:* Oberleitungsbus.
Trombe [ital. tromba] *die, -/-n,* Luftwirbel um eine fast senkrechte Achse, Wind-, Wasser-, Sandhose.
Trommel [mhd. trum(b)el] *die, -/-n,* **1)** ein Schlaginstrument, ABB. T 18: *Trommelschlag; Trommelstock; Trommelwirbel; er schlägt, rührt die T.; er muß dafür die T. rühren,* U dafür werben, es anpreisen. 🎺 Unterbau und Trommel, ABB. K 53. **3)** walzenförmiger Teil, Behälter: *Revolvertrommel; Waschmaschinentrommel; Botanisiertrommel,* ABB. T 18. **Trommelej** *die, -/-en,* U lästiges Trommeln. **Trommelfell** *das,* schwingende Haut im Ohr, ABB. O 2. **Trommelfeuer** *das,* ⚔ Massenfeuer schwerer Waffen aller Kaliber auf begrenztem Raum. **trommeln** [mhd. trumbelen], *ich tromm(e)le* (habe

getrommelt), **1)** schlage die Trommel: *ich t. ihn aus dem Bett, aus dem Schlaf,* U wecke laut, alarmiere. **2)** *auf etwas,* schlage (mit Fingern, Fäusten) darauf: *er trommelte gegen die Tür.* **3)** *es,* bringe auf der Trommel hervor: *er trommelt den Takt.* **4)** *der Hase trommelt,* ✠ schlägt rasch mit den Vorderläufen. **Trommelsucht** *die,* ⚕ Aufblähung. **Trommler** *der, -s/-,* jemand, der die Trommel schlägt.

Trompe [frz. ›Trompete‹] *die, -/-n,* ⏢ vorkragende Wölbung, die den Winkel zwischen zwei aufeinanderstoßenden Mauern überbrückt.

Trompete [mhd. trumet, trumpet] *die, -/-n,* **1)** ein Blasinstrument, ABB. B 33: *Trompetengeschmetter; Trompetensignal; er bläst T.* **2)** Bez. für verschiedene Körperorgane: *Ohrentrompete,* Teil des Ohrs; *Muttertrompete,* Eileiter. **trompeten,** *ich* trompete (habe trompetet), **1)** blase Trompete. **2)** bringe trompetenartige Töne hervor: *er trompetet,* U schneuzt sich laut die Nase; *der Elefant trompetete wütend.* **Trompeter** *der, -s/-,* Trompetenbläser. **Trompetergang** *der,* gangartiger Austritt an Türmen.

trompieren [frz. tromper], *ich* trompiere (habe trompiert) *mich, ihn, alem.:* täusche.

Trope *die, -/-n,* Tropus. **Tropen** [grch. trope ›Wende‹, ›Umkehr‹], *Pl.,* ⊕ heiße Zone zwischen den Wendekreisen, ABB. E 8: *Tropenanzug; Tropenkrankheiten; Tropenpflanzen.* **2)** *Pl.* von die Trope, der Tropus. **Tropenhelm** *der,* leichter Helm als Sonnenschutz, ABB. H 14. **Tropenklima** *das,* tropisches Klima mit hoher Lufttemperatur und hoher relativer Luftfeuchtigkeit. **Tropenkoller** *der,* Erregungszustände bei Nichteinheimischen im Tropenklima.

Tropf [mhd. tropf] *der, -(e)s/̈e,* U einfältiger Kerl. **Tröpfchen** *das, -s/-,* Diminutiv von Tropfen. **Tröpfcheninfektion** *die,* ⚕ Übertragung von Krankheitserregern durch Tröpfchen (beim Niesen, Husten u. a.). **tröpfeln,** *ich* tröpf(e)le (habe getröpfelt), **1)** *in etwas,* gebe einzelne Tropfen hinein. **2)** *es* tröpfelt, fällt in einzelnen Tropfen, U regnet wenig, tropfenweise. **tropfen** [ahd. tropfon], *ich* tropfe (habe getropft), **1)** *es in etwas,* lasse tropfenweise fließen. **2)** *es tropft,* fällt in Tropfen: *Regen tropft vom Dach; ihr tropft die Nase.* **Tropfen** [ahd. tropfo] *der, -s/-,* **1)** kleine Flüssigkeitsmenge in Kugelform: *Wassertropfen; Regentropfen; Schweißtropfen; in Tropfenform; Tropfenfänger; Tropfflasche.* **2)** U kleine Menge: *was gäbe ich um einen T. Wasser!; es war nur ein T. auf den heißen Stein,* hatte keine merkbare Wirkung. **3)** Gebilde von der Form eines hängenden Tropfens, z. B. als Form von Perlen. **4)** flüssiges Arzneimittel, das in Tropfen verabreicht wird: *Hustentropfen.* **5)** U Wein: *ein guter T.* **tropfenweise,** in einzelnen Tropfen. **Tropfkörper** *der,* Anlage zur Abwasserreinigung. **Tröpflein** *das, -s/-.* **tropfnaß,** so naß, daß es tropft. **Tropfstein** *der,* säulenförmige Kalksteinabsonderung, bes. in Höhlen: *Tropfsteinhöhle.*

. . .troph [grch. trophe ›Nahrung‹], die Nahrung, Ernährung betreffend: *autotroph; heterotroph.*

Trophäe [frz. trophée, zu grch. tropaion] *die, -/-n,* **1)** Siegeszeichen (erbeutete Waffen, Fahnen u. a.): *Siegestrophäen.* **2)** ✠ Teil der Jagdbeute als Erinnerung, z. B. ein Geweih.

trophisch [vgl. . . .troph], die Ernährung (der Gewebe) betreffend.

Tropical [tr'ɔpikəl, engl.] *der, -s/-s,* Textilkunde: ein bes. leichter Fresko. **tropisch,** zu den Tropen gehörig, wie in den Tropen, aus den Tropen stammend: *das Klima des Landes ist t.; tropische Temperaturen,* auch U große Hitze. **Tropismus** [grch. tropos ›Drehung‹ und vgl. . . .ismus] *der, -/. . .men,* Krümmungsbewegung nicht frei beweglicher Lebewesen oder deren Organe. **Tropopause** [grch. pauein ›aufhören‹] *die, -,* die Obergrenze der Troposphäre. **Tropophyt** [vgl. phyto. . .] *der, -en/-en,* die Wechselfeuchtpflanze. **Tropo|sphäre** *die, -,* unterste Schicht der Erdatmosphäre.

troppo [ital.], ♪ zu viel, zu sehr: *allegro, ma non t.,* schnell, lebhaft, aber nicht zu sehr.

Tropus [lat., aus grch. tropos ›Drehung‹, ›Wende‹] *der, -/. . .pen,* auch die Trope, **1)** ♪ Melodieformel im Gregorian. Gesang, die auf einen bestimmten Kirchenton angewandt; auch ein musikalisch-textl. Einschub in den vorhandenen liturg. Text. **2)** literar. Begriff, die eigtl. Ausdrucks mit einem bildlichen, z. B. ›ich fliege‹ statt ›ich eile‹.

Trose *die, -/-n, alem.:* ⊕ eine Erle.

Troß [mhd. trosse, zu frz. trousse ›Bündel‹] *der, Tr'osses/ Tr'osse,* **1)** ⚔ Versorgungsfahrzeuge der kämpfenden Truppe, heute techn. Truppe. **2)** Gefolge, die Mitläufer, Anhänger: *der T. von Dienern.*

Trosse [mnd. trosse, verwandt mit lat. torquere ›drehen‹] *die, -/-n,* starkes Tau.

Trost [ahd. trost, verwandt mit trauen und treu] *der, -es,* etwas, das einen im Leid aufrichtet, Verzweiflung bannt, froher stimmt: *Trostpflaster,* U Trost; *Trostwort; ihr einziger T.; das sei zum T. gesagt; ich wollte ihr T. zusprechen; das gibt ihm T.; du bist nicht ganz bei T.,* U nicht ganz bei Verstand. **trostbedürftig,** verzweifelt leidend. **trostbringend,** tröstend. **trösten** [ahd. trosten], *ich* tröste (habe getröstet), **1)** *ihn,* spende im Trost: *sie tröstet das Kind, spricht ihm tröstend zu.* **2)** *mich,* fasse neuen Mut oder schaffe mir Ersatz: *sie hat sich über den Verlust schnell getröstet; du kannst dich damit trösten, daß es uns allen so ergangen ist.* **Tröster** *der, -s/-,* **1)** Trostspender. **2)** U etwas, das trösten soll: *T. in der Not.* **tröstlich,** trostbringend: *ein tröstlicher Gedanke; es war t. für sie zu wissen . . .* **trostlos, 1)** verzweifelt, hoffnungslos: *die Lage war t.; ein trostloser Zustand.* **2)** U öde, leer, gänzlich reizlos: *das ist eine trostlose Landschaft.* **Trostlosigkeit** *die, -.* **Trostpreis** *der,* kleiner Preis für den Verlierer. **trostreich.** **Tröstung** *die, -/-en.*

Trott [zu frz. trot, ital. trotto ›Trab‹, verwandt mit treten] *der, -(e)s,* **1)** langsamer, schwerfälliger Gang oder Trab. **2)** Ü schwerfälliger Geschäftsgang, altgewohnte, gleichförmige Lebensweise: *immer im gleichen T.* **Trotte** [ahd. trotta] *die, -/-n, alem.:* Kelter. **Trottel** *der, -s/-,* U Schwachkopf, Dummkopf. **trottelhaft, trott(e)lig,** U wie ein Trottel, vergeßlich, vertrottelt, schwerfällig. **trotteln,** *ich* trott(e)le (bin getrottelt), U bewege mich schwerfällig, zögernd oder planlos vorwärts. **trotten** [ahd. trotton], *ich* trotte (bin getrottet), U gehe langsam, schwerfällig. **Trotteur** [trɔt'œr, frz.] *der, -s/-,* bequemer Schuh mit niedrigem Absatz. **Trottinett** *das, -s/-e, schweiz.:* Kinderroller. **Trottoir** [trɔtw'ar, frz., zu trotter ›traben‹] *das, -s/-e* oder *-s,* Gehweg, Bürgersteig.

Trotyl *das, -s,* Trinitrotoluol.

trotz *seiner,* ⚥ *ihm,* gegen ihn, ihn mißachtend, ohne Rücksicht auf ihn: *t. des Verbots; er kam t. des schlechten Wetters; t. aller Vorsichtsmaßnahmen; t. allem; t. alledem; t. Verboten.* **Trotz** [mhd. traz, truz] *der, -es,* Widersetzlichkeit, Widerspruchsgeist, Starrsinn, Eigensinn: *Trotzalter; Trotzreaktion; er tut es aus T., mir zum T.; er wagt es, mir T. zu bieten, leistet Widerstand, setzt sich zur Wehr; er versuchte, ihren T. zu brechen; er versuchte es allen Warnungen zum T.,* sie mißachtend. **trotzdem,** dennoch, allem zum Trotz, dessenungeachtet: *er hat viel zu tun, t. kam er.* **trotzen** [mhd. tratzen], *ich* trotze (habe getrotzt), **1)** *ihm,* biete Trotz, leiste Widerstand, widersetze mich: *er trotzt dem Wetter.* **2)** *(mit ihm),* schmolle, bin verdrießlich, dickköpfig: *das Kind trotzt schon wieder.* **Trotzer** *der, -s/-,* Rübe im zweiten Jahr ohne Blütenstand. **trotzig,** zu Trotz neigend, starrköpfig, aufsässig: *sie schwieg t.; eine trotzige Antwort.*

Trotzkismus [nach dem russ. Revolutionär L. D. Trotzkij, 1879–1940] *der, -,* auf den Anschauungen Trotzkijs beruhende revolutionäre Theorien. **Trotzkist** *der, -en/-en.* **Trotzkopf** [zu trotzen] *der,* U trotziger Mensch. **trotzköpfig.**

Troubadour [trubad'u:r, provenzal.] *der, -s/-e* oder *-s,* 12. bis 14. Jahrh.: provenzalischer Minnesänger.

Trouble [trabl, engl.] *der, -s,* U Unruhe, Aufregung: *sie hat T.; immer dieser T.!*

Troupier [trupj'e, frz., zu troupe ›Truppe‹] *der, -s/-s,* ⚔ altgedienter Soldat.

Trousseau [trus'o, frz., zu trousse ›Bündel‹] *der, -s/-s,* ⚥ Brautaussteuer.

Troyer [tr'ɔi-, mhd. troie, zu provenzal. traia] *der, -s/-,* wollenes Unterhemd der Seeleute.

trüb(e) [ahd. truobi], **1)** unklar, nicht durchsichtig, milchig (bei Flüssigkeit), glanzlos: *trübes Wasser; der Spiegel ist t.; das Licht brennt t., er will wohl im trüben fischen,* Ü aus verworrenen Verhältnissen gewissenlos Vorteil ziehen. **2)** neblig, wolkenverhüllt: *trübes Wetter.* **3)** Ü betrübend, traurig, trostlos: *trübe Erfahrung, Zukunftsaussichten.* **Trübe** *die, -,* das Trübsein, Aufschlämmung von feinen Feststoffen in einer Flüssigkeit: *die T. des Wassers.*

Trubel [frz. trouble, zu lat. turbare ›verwirren‹] *der, -s/-,* Aufregung, Unruhe, Durcheinander, Wirrwarr: *Faschingstrubel; Großstadttrubel; im T. der Ereignisse.*

trüben [ahd. truoben], *ich* trübe (habe getrübt) *es,* **1)** mache trüb, unklar: *keine Wolke trübte den Himmel.* **2)** Ü beeinträchtige, vermindere: *das trübt unsere Freude; sie tut, als könne* *sie kein Wässerchen trüben,* ∪ niemandem etwas zuleide tun; *ihr gutes Verhältnis hat sich getrübt.* **Trübheit** *die, -,* trübe Beschaffenheit. **Trübsal** *die, -,* Betrübnis, seelische Bedrückung: *du solltest nicht T. blasen,* ∪ nicht deinem Kummer nachhängen. **trübselig. Trübsinn** *der, -(e)s,* dauernde Niedergeschlagenheit; krankhafte tiefe Traurigkeit: *sie ist im T. verfallen.* **trübsinnig,** *er starrte t. vor sich hin.* **Trübung** *die, -/-en,* **1)** *ohne Pl.,* das Trüben. **2)** das Trübsein. **3)** Luftbestandteile, die eine Strahlungsverminderung bewirken.

Truchseß [ahd. truh(t)sazzo ›der über das Gefolge Gesetzte‹] *der, ...sesses* oder *älter ...sesse,* im MA.: Hofbeamter, Vorsteher der Hofhaltung und Küchenmeister.

Truck-System [tr'ʌk-,engl. truck ›Tausch‹] *das,* Bezahlung der Arbeitnehmer in Waren an Stelle des Barlohns.

Trudbert [ahd. trud ›Kraft‹, ›Stärke‹ und beraht ›glänzend‹], männl. Vorname.

Trude [zu Gertraud u. a.], weibl. Vorname.

trudeln [aus niederdt.], *es trudelt* (ist getrudelt), fällt steil nach unten, indem es sich um eine zur Längsachse parallele Achse dreht: *ein Flugzeug kommt ins Trudeln.*

Trüffel [ital. tartufoli, zu nordafrikan. terfez] *die, -/-n,* Schlauchpilz mit kartoffelähnlichen unterirdischen Fruchtkörpern, ABB. P 14: *Trüffelleber.* **trüffeln,** *ich trüff(e)le* (habe getrüffelt) *es,* richte mit Trüffeln an: *getrüffelte Leberpastete.*

trug, von tragen.

Trug [mhd. truc, troc] *der, -(e)s,* Täuschung, Betrug: *mit Lug und T.* **Trugbild** *das,* **1)** Erscheinung durch Sinnestäuschung. **2)** Ü Vorstellung der Phantasie, Hoffnung, die sich nicht erfüllt. **Trugdolde** *die,* ⊕ Scheindolde, ein Blütenstand. **trügen** [ahd. triugan], *es trügt* (hat getrogen) *mich, ihn,* täuscht, führt irre: *der Schein t.,* in Wirklichkeit ist es anders; *wenn mich meine Erinnerung, mein Gedächtnis nicht t.* **trügerisch,** täuschend, irreführend: *seine Erwartung erwies sich als t.; trügerische Hoffnungen.* **trüglich,** ⊸ trügerisch. **Trugschluß** *der,* jeder der logischen Folgerichtigkeit entbehrende Schluß, auch eine Schlußform im Denken, durch die absichtlich getäuscht werden soll.

Truhe [ahd. truha] *die, -/-n,* **1)** ein Kastenmöbel, ABB. S 68, S 34: *Truhendeckel; Wäschetruhe.* **2)** *oberdt.:* Sarg.

trühen, *ich trühe* (habe getrüh[e]t), *schweiz.:* werde dick.

Trulle [mhd. trülle] *die, -/-n,* ⊸ Weibsstück; Dirne.

Trülle *die, -/-n, alem.:* **1)** Drehbaum, Winde. **2)** Weinpresse.

trüllen, *ich trülle* (habe getrüllet) *es, alem.:* drehe, kugle.

Trum(m) *der, -(e)s/-e* oder *⁻er,* ⚒ Seil eines Querschnitts, z. B. Fahr- und Fördertrumm eines Schachtes. **2)** ⊕ kleiner Gang. **3)** ⊕ der Riemenstrang beim Riementrieb, ABB. R 21. **2)** Ende: *das letzte T.,* verkehrte Ende; *ich verliere das T.,* den Faden aus der Nadel. **3)** *Pl. -e,* ⚒ Trum(m).

Trumm [ahd. drum] *das, -(e)s, oberdt.:* **1)** grobes Stück, großer Klotz: *ein T. Arbeit,* Ü; *ein T. von einem Kerl; ein Mordstrumm.* **2)** Ende: *das letzte T.,* verkehrte Ende; *ich verliere das T.,* den Faden aus der Nadel. **3)** *Pl. -e,* ⚒ Trum(m).

Trümmel *der, -s, schweiz.:* Schwindelgefühl. **trümm(e)lig.**

Trümmer [zu Trumm], *Pl.,* Bruchstücke, Überreste, zerschlagene Teile: *das Haus ging in T.; Trümmergestein; Trümmergrundstück.* **Trümmerfrauen,** *Pl.,* Ü Frauen, die nach dem 2. Weltkrieg in zerstörten deutschen Städten bei der Beseitigung von Trümmern arbeiteten. **Trümmerhaufen** *der,* ... **Trümmerstätte** *die,* Gebiet voller Trümmer.

Trümmlig *der, -s, schweiz.:* Schuhmacherdraht.

Trumpf [zu Triumph] *der, -(e)s/⁻e,* Kartenspiel, die alle anderen sticht: *Trumpfas; Trumpffarbe; Trumpfkarte; er konnte noch einen T. ausspielen,* Ü einen Vorteil geltend machen; *er hat noch alle Trümpfe in der Hand,* Ü; *Sport ist T.,* ∪ steht in höchster Achtung. **trumpfen,** *ich trumpfe* (habe getrumpft) *es,* steche (im Kartenspiel).

Trumscheit [zu Trumm] *das, -(e)s/-e,* ein mittelalterl. Streichinstrument.

Trunk [ahd. trunk] *der, -(e)s,* **1)** der gewohnheitsmäßige Genuß von alkohol. Getränken: *er ist dem T. ergeben.* **2)** *Pl. ⁻e,* Trank, Getränk, das Trinken: *wie wär's mit einem kleinen T.?* **trunken** [ahd. trunkan], P berauscht, betrunken: *von, vor Freude t.,* Ü. **Trunkenbold** *der, -(e)s/-e,* Trinker, Säufer. **Trunkenheit** *die, -:* Bestrafung wegen *T. am Steuer.* **Trunksucht** *die, -,* gewohnheitsmäßiger Genuß von alkohol. Getränken, Alkoholismus. **trunksüchtig.**

Trupp *der, -s/-s,* Gruppe, Schar, kleine Abteilung: *Arbeitstrupp.* **Trüppchen** *das, -s/-.* **Truppe** [frz. troupe] *die, -/-n,* **1)** militär. Abteilung der Streitkräfte, bes. das Heer: *Truppenbewegung; Truppenentflechtung; Truppenführer; Truppenschau,* Parade; *Truppenversorgung; die kämpfende T.* **2)** Gruppe von Schauspielern, auch Artisten: *Wandertruppe.*

Trüsche [mhd. trisch] *die, -/-n,* ein Süßwasserfisch.

Trust [trʌst, engl. trust ›Vertrauen‹, ›Zuversicht‹] *der, -s/-s,* Zusammenschluß von ehemals selbständigen Unternehmungen zu einer Kapitalgesellschaft mit dem Ziel ausschließlicher Marktbeherrschung. **Trustee** [trʌsti:, engl.] *der, -s/-s,* Treuhänder. **trustfrei** [tr'ʌst-], zu keinem Trust gehörend.

Trute [Schallw.] *die, -/-n,* Truthenne. **Truthahn** *der,* männl. Truthuhn. **Truthenne** *die,* weibl. Truthuhn. **Truthuhn** *das,* amerikan. fasanenartiger Bodenvogel.

Trutz [zu Trotz] *der, -es,* ⊸ Trotz, Widerstand, Kampf: *zu Schutz und T.* **trutzen,** *ich trutze* (habe getrutzt). **trutzig, 1)** P mächtig, massig: *eine trutzige Burg.* **2)** ⊸ trotzig. **Trutzwaffe** *die,* ⊸ Angriffswaffe.

Trypanosoma [grch. trypanon ›Bohrer‹ und soma ›Körper‹] *das, -s/...men,* im Blut von Wirbeltieren und Menschen schmarotzendes Geißeltierchen.

Trypsin [grch. tryein ›zerreiben‹ und Pepsin] *das, -s,* eiweißspaltendes Enzym der Bauchspeicheldrüse.

Tschag, Tschak *der, -s/-e(n), schweiz.:* Pfote, Huf.

Tschako [ungar. csako] *der, -s/-s,* eine urspr. ungar. Kopfbedeckung, bis 1918 beim Militär, heute teilweise noch von der Polizei getragen.

Tschapka [poln. czapka ›Mütze‹] *die, -/-s,* urspr. Kopfbedeckung der Ulanen.

Tschapperl [aus slaw.] *das, -s/-n, österr.:* sanfter, unbeholfener, dem Leben nicht gewachsene Mensch; oft Kosewort: *du armes T.!*

Tschardasch *der, -(es)/-e,* eingedeutscht für: Csárdás.

tschau! [ital. ciao], ∪ auf Wiedersehen!

Tscheche *der, -n/-n,* **Tschechin** *die, -/-nen,* Angehörige(r) eines westslawischen Volkes. **tschechisch. Tschecho|slowake** *der, -n/-n,* **Tschecho|slowakin** *die, -/-nen,* Bewohner(in) des mitteleuropäischen Staates Tschechoslowakei. **tschecho|slowakisch.**

Tscherkesse *der, -n/-n,* Angehöriger einer kaukas. Völkergruppe. **tscherkessisch.**

Tschernosem [russ. černozem] *das, -s,* Schwarzerde.

Tschernowez [russ. tscherwonyj ›(hell-)rot‹] *der, -/ ...w'onzen,* ehemalige russische Münzeinheit.

Tschick [ital. cicca] *der, -s/-, wien.:* Zigarettenstummel.

Tschikosch *der, -(es)/-e,* eingedeutscht für: Csikós.

tschilpen [Schallw.], *Sperlinge tschilpen* (haben getschilpt), zwitschern.

Tschoch *der, -s, österr.:* Mühe, Arbeit.

Tschocherl, Tschöcherl *das, -s/-n, wien.:* kleine, einfache Gaststätte, einfaches Kaffeehaus.

Tschuder *der, -s/-, schweiz.:* Strubbelkopf.

tschüs!, ∪ auf Wiedersehen!

Tschusch *der, -en/-en, österr.:* Fremder.

Tsd., Abk. für: Tausend.

Tse|tsefliege [Bantusprache] *die,* eine Stechfliege, Überträgerin der Schlafkrankheit.

T-Shirt [t'i:ʃə:t, engl. shirt ›Hemd‹, nach dem T-förmigen Schnitt] *das, -s/-s,* Trikothemd.

Tsunami [japan. tsu ›Hafen‹, nami ›lange Welle‹] *die, -/-s,* durch Seebeben und Vulkanausbrüche ausgelöste Flutwelle.

T-Träger [t'e:-] *der,* Walzstahl mit einem Profil in der Form eines T; vgl. ABB. T 16.

TU, Abk. für: Technische Universität.

Tuareg, *Pl.,* ein Berbervolk; *Sg.* vgl. Targi.

Tuba [zu lat. tubus ›Röhre‹] *die, -/...ben,* **1)** ein Blechblasinstrument, ABB. B 33. **2)** auch Tube, ⚕ Ohrtrompete, ABB. O 2; Eileiter.

Tübbing [niederdt., zu Tube] *der, -s/-s,* ⚒ Stahlgußring zur Auskleidung von Schächten.

Tube [engl., frz. tube, zu lat. tubus ›Röhre‹] *die, -/-n,* **1)** zylindrischer plastischer Behälter mit Schraubverschluß für pastenartige Stoffe; vgl. ABB. M 2: *eine T. Senf, Zahnpasta; drück doch mal auf die T.!,* ∪ gib Gas, fahr schneller; auch: bring Schwung in die Sache! **2)** ⚭ Tuba.

Tubel *der, -s/⁻, schweiz.:* Dubel.

Tuben, *Pl.* von **1)** die Tuba. **2)** die Tube. **3)** der Tubus.

Tuberkel [engl. tubercle, zu lat. tuberculum ›kleine Geschwulst‹] *der, -s/-n,* ⚕ Knötchen im Körper, das sich bei Tuberkulose um die Erreger, die Tuberkelbakterien, bildet. **tuberkulös** [frz. tuberculeux], an Tuberkulose leidend, die Tuberkulose betreffend. **Tuberkulose** [frz.] *die, -/-n,* Abk. Tb, Tbc, durch das Tuberkelbakterium verursachte Krankheit, früher Schwindsucht: *Lungentuberkulose; Tuberkulosefürsorge.* **tuberkulosekrank.**

Tuberose [lat. tuberosus ›Knollen tragend‹] *die, -/-n,* mexikan. knollentragendes Liliengewächs mit hyazinthenähnl. Blüten.

tubulär, tubulös, schlauchförmig. **Tubus** [lat. ›Röhre‹] *der, -/...ben* oder *-se,* **1)** kurzes, an Glasgefäße angesetztes Rohrstück. **2)** Fassungsrohr für Linsen an opt. Instrumenten, ABB. M 15. **3)** ⚕ Röhre zur Intubation.

tuch, *schweiz.:* duch.

Tuch [ahd. tuoch] *das,* **1)** -*(e)s/-e,* Gewebe aus Streichgarn in Leinwand- oder Köperbindung: *Tuchart; Tuchfabrik; Tuchmacher.* **2)** -*(e)s/-"er,* gesäumtes Stück Stoff: *Halstuch; Handtuch; Kopftuch; Mundtuch.* **Tüchelchen** *das, -s/-.* **tuchen,** aus Tuch bestehend.

Tuchent *die, -/-en,* bair., österr.: Oberbett, Federbett.

Tuchfühlung *die, -,* geringer Abstand zwischen Personen; Ü enge Verbindung: *wir standen auf T.; ich bin mit ihm in T. gekommen,* Ü. **Tüchlein** *das, -s/-,* Diminutiv von Tuch.

tüchtig [mhd. tühtic, zu tuht ›Kraft‹], **1)** tauglich, fähig: *er ist t. in seinem Fach; freie Bahn den Tüchtigen!,* Aufstiegsmöglichkeiten für jeden, der etwas leistet. **2)** ordentlich, wertvoll: *tüchtige Arbeit.* **3)** Ü sehr, viel: *ich habe mich t. geärgert.* **Tüchtigkeit** *die, -.*

Tücke [mhd. tücke, Pl. zu tuc ›Schlag‹] *die, -/-n,* Bosheit, Hinterlist: *die T. des Objekts,* scheinbare Bosheit lebloser Dinge; *ich habe ihn nur mit List und T. dort weglocken können,* Ü mit viel Mühe und Geschicklichkeit, auf listige Weise. **tückisch,** bösartig, hinterlistig. **tückschen,** *ich tücksche* (habe getückscht), *mitteldt.:* schmolle.

tucktuck! [Schallw.], Lockruf für Hühner.

Tüder *der, -s/-,* *niederdt.:* Strick zum Anbinden von Tieren auf der Weide. **tüdern,** *ich tüd(e)re* (habe getüdert), *niederdt.:* **1)** *Tiere,* binde an. **2)** arbeite unordentlich.

Tudorbogen [tjʹuːdə‐], engl., nach dem Königshaus, 1485–1603] *der,* Bogenform des engl. Spätgotik, ABB. B 39.

Tuerei *die, -,* Ü Getue, Anstellerei.

Tuff [ital. tufo ›poröser Stein‹, aus lat. tofus] *der, -s/-e,* **1)** Gestein aus verfestigtem vulkan. Lockermaterial: *Tuffelsen,* vgl. Silbentrennung, ÜBERS. S 50; *Tuffstein.* **2)** Sinter, mürber, meist poröser Quellabsatz: *Kalktuff.*

Tüftelei *die, -/-en,* Ü das Tüfteln, tüftelige Arbeit. **Tüft(e)ler** *der, -s/-,* Ü **1)** Kleinigkeitskrämer. **2)** Grübler. **tüft(e)lig,** Ü **1)** kleinlich. **2)** schwierig. **tüfteln** [mhd. tüfteln ›schlagen‹, ›klopfen‹], *ich tüft(e)le* (habe getüftelt), auch tiftele, Ü **1)** bin kleinlich genau: *Tüftelarbeit.* **2)** grübele.

Tufting [tʹaftiŋ, engl., zu tuft ›Büschel‹] *das, -s,* das maschinelle Einnähen von Florfäden in ein Gewebe: *Tuftingmaschine; Tuftingteppich.*

Tüftler *der, -s/-,* Tüfteler.

Tugend [ahd. tugund, zu tugan ›taugen‹] *die, -/-en,* **1)** Tüchtigkeit, sittl. Haltung, Inbegriff sittl. Charaktereigenschaften: *die T. eines Mädchens,* bes. Reinheit und Keuschheit; *sie ist ein Ausbund an T.,* Ü sehr tugendhaft. **2)** etwas Taugliches, Brauchbares, Wertvolles: *ich mußte aus der Not eine T. machen.* ⚭ Kraft, Fähigkeit, gute Beschaffenheit: *die T. des Wortes, des Weins.* **4)** auch Tuget, *schweiz.:* Vorzug.

Tugendbold *der, -(e)s/-e,* spöttisch: übertrieben tugendhafter Mensch. **tugendhaft,** voller Tugenden. **Tugendhaftigkeit** *die, -.* **Tugendheld** *der,* Ü Tugendbold. **tugendsam,** tugendhaft. **Tugend** *die, -/-en,* auch Tuget, *schweiz.:* Vorzug.

Tuiskot, Tuisto, der erdentsprossene Gott, nach Tacitus der Stammvater der Germanen.

Tukan [Tupí] *der, -s/...k'ane,* Pfefferfresser, ein Vogel mittel- und südamerikan. Urwälder.

Tula|arbeit [nach der russ. Stadt Tula] *die,* **Tulasilber** *das,* Silberarbeit in Niellotechnik seit 19. Jh.

Tulipane *die, -/-n,* ⚭ Tulpe.

Tüll [nach der französ. Stadt Tulle] *der, -s/-e,* ein netz- oder spitzenartiges Textilerzeugnis: *Tüllgardine; Tüllkleid; ein Hut mit einem Tüllschleier; Gittertüll.*

Tülle [mhd. tülle] *die, -/-n,* **1)** Ausgußröhrchen an Kannen u. a., ABB. K 18. **2)** kurze Röhre.

Tulpe [frühnhd. tulipan, zu pers. dulbänd ›Turban‹] *die, -/-n,* **1)** becherförmig blühendes Liliengewächs: *Gartentulpe; Tulpenzwiebel.* **2)** Glas von der Form der Tulpenblüte: *Biertulpe,* ABB. G 27. **Tulpenbaum** *der,* ein Magnoliengewächs.

...tum [ahd. tuom ›Urteil‹], Suffix für sächl. Substantive, das die Würde, Stand, Wesen und Gesamtheit bezeichnet: *das Christentum; das Heldentum; das Papsttum; das Priestertum;* aber: *der Irrtum; der Reichtum.*

Tumba [spätlat., zu grch. tymbos ›Grab(hügel)‹] *die,*

-/...ben, sarkophagartiges Grabmal, auch seit dem Barock übliche Sarg-Attrappe.

Tumbler [tʹamblə(r), engl.] *der, -s/-,* **1)** Wäschetrockner. **2)** Whiskyglas.

Tumeszenz [lat. tumescere ›anschwellen‹] *die, -/-en,* ⚕ diffuse (ausgebreitete) Anschwellung eines Gewebes.

tummeln [ahd. tumelen, zu Taumel], *ich tumm(e)le* (habe getummelt) *mich,* bewege mich lebhaft hin und her, beeile mich: *tummelt euch!* **Tummelplatz** *der,* Spielplatz.

Tümmler [engl. dumbler, zu tummeln] *der, -s/-,* **1)** Gattung der Delphine. **2)** ein Schweinswal. **3)** Haustaubenrasse.

Tumor [auch -mʹor, lat., zu tumescere ›anschwellen‹] *der, -s/...mʹoren,* ⚕ Geschwulst.

Tümpel [mhd. tümpfel] *der, -s/-,* sumpfiger kleiner Teich.

Tumpf *der, -/"-,* *schweiz.:* Einbuchtung, Beule.

Tumult [lat. tumultus] *der, -(e)s/-e,* Lärm, Getümmel, Aufruhr, Unruhe. **tumultuarisch. tumultuös.**

Tumulus [lat.] *der, -/...li,* künstl. Hügel, meist in der Bedeutung von Grabhügel.

tun [ahd. tuon], *ich tue* (tat, habe getan; du tust, er tut), **1)** *es,* führe aus, bewirke, unternehme, verrichte: *tu, was du willst!; was tust du?,* womit bist du beschäftigt? oder: was richtest du an!, was hast du vor?; *ich habe nichts (viel) zu tun,* habe (viel) zu arbeiten; *ich habe getan, was ich konnte; er hat mir einen Gefallen, nur Gutes getan; Worte tun's nicht,* genügen nicht; *was tut's?,* was schadet das?; *ich konnte tiefe Einblicke in sein Wesen tun; das tut Wunder; er tut mir leid,* ich habe Mitleid mit ihm; *tu, was du nicht lassen kannst!,* wenn du nicht auf meinen Rat hören willst, mußt du selbst bittere Erfahrungen sammeln; *er tut es in meinem Auftrag; die Zeit tut das ihre, allen Schmerz zu lindern; er tut Buße; wir hatten zu tun, das Auto aus dem Schlamm zu ziehen,* schafften es nur mit Mühe; *nach getaner Arbeit; er bekam es mit der Angst zu tun,* bekam Angst; *hör auf, sonst bekommst du es mit mir zu tun!,* sonst werde ich eingreifen; *der Hund tut dir nichts,* er beißt nicht. **2)** *es,* lege, stelle, gebe, bringe: *ich muß noch Salz ans Essen tun; ich habe die Knöpfe in die Schachtel getan.* **3)** *verhalte mich: tun Sie, als ob Sie zu Hause wären; wenn er auch grob tut, ist er doch gutmütig; er tut nur so.* **4)** *ich habe mit ihm zu tun,* stehe mit ihm, damit in Verbindung, es geht mich an: *damit habe ich nichts zu tun,* es betrifft mich nicht, ich bin nicht zuständig dafür; *diesmal hattest er es mit einem ebenbürtigen Gegner zu tun.* **5)** *es tut es,* Ü genügt: *das billigere Kleid tut's auch für diesen Zweck.* **6)** *es tut sich,* geschieht, geht vonstatten: *auf dem Gebiet des Umweltschutzes tut sich viel in letzter Zeit; es tut sich was bei ihm,* Ü eine Veränderung steht ihm bevor. **7)** *es ist mir um etwas,* gelegen: *es tut mir mit einem übeltun,* wohltun. **Tun** *das, -s,* das Handeln, Handlungsweise, Tätigkeit: *das T. und Lassen, T. und Treiben.*

Tünche [ahd. tunihha ›das Tünchen‹, zu lat. tunica ›Gewand‹] *die, -/-n,* dünnflüssige Kalkbrühe als Wandanstrich. **2)** Ü täuschender äußerer Schein: *unter der T. der Höflichkeit.* **tünchen,** *ich tünche* (habe getüncht) *es:* frisch getünchte Wände. **Tüncher** *der, -s/-.*

Tun|dra [russ. aus finn.] *die, -/...dren,* baumlose Pflanzengesellschaft polarer und subpolarer Zonen, bes. mit Moosen, Flechten und Zwergstrauchheiden.

Tunell *das, -s/-e,* oberdt.: der Tunnel.

Tuner [tjʹuːnə, engl.] *der, -s/-,* ⟨(ᵍ)⟩ die Abstimmeinrichtung von Hörrundfunk- und Fernsehempfängern, auch der Empfangsteil als Baueinheit von Hörrundfunkempfängern.

Tungbaum *der,* asiatischer Baum der Wolfsmilchgewächse.

Tung|öl *das,* Öl aus den Samen des Tungbaumes für Lacke und Anstrichmittel.

Tungsten [tʹaŋstən, engl.] *der, -s/-,* engl. Name für Wolfram.

Tunguse *der, -n/-n,* Angehöriger einer Sprach- und Völkergruppe in Sibirien und Nordchina. **tungusisch.**

Tunichtgut *der, -(s)/-e,* Taugenichts.

Tunika [ahd. tunih(h)a, t(h)unica, zu lat. tunica ›Gewand‹] *die, -/...ken,* Ü altröm. Gewand aus weißer Wolle, ABB. M 16. **2)** über einem Kleid oder Rock getragenes Übergewand.

Tuning [tjʹuːniŋ, engl.] *das, -s,* das Verbessern, ›Frisieren‹, eines serienmäßig hergestellten Kraftwagens oder Motors.

Tunke *die, -/-n,* Soße, ABB. B 46. **tunken** [ahd. thunkon], *ich tunke* (habe getunkt) *es in eine Flüssigkeit oder Masse,* tauche ein, bes. mit der Spitze zuerst.

tunlich [zu tun], **tunlichst,** möglichst: *das sollte man t. vermeiden.*

Tunnel [engl. tunnel, zu frz. tonnelle ›Gewölbe‹] *der, -s/-(s),*

die Bekleidung · der Querfries · der Rahmen · die Angel (das Türband) · der Rahmen · der Sturz · die Füllung · die Sperrholzplatten · der Höhenfries · die Klinke · das Schloß · das Futter · die Schwelle · der Schloßbeschlag

die Doppeltür (Sperrholzausführung) · der Türflügel · **die Tür** · der Anschlag · das Pendeltürband · die Laufschiene · **das Garagenschwingtor**

der Griff · die Treppe · **die Falltür** (die Bodenfalltür) · die Scheibe · **die Drehtür** · **die Pendeltür** · **die Schiebetür**

das Langband · der Lappen · das Schippenband · die Schraube · die Falle · das Zapfenband · die Klinke (der Drücker) · der Riegel · der Dorn · das Schlüsselloch · das Schloßschild · der Spitzkloben (der Bandhaken) · der Drücker · das Fischband (das Aufsatzband) · das Scharnierband · der Türgriff · **die Türbeschläge** · der Stulp · das Schließblech

Tür

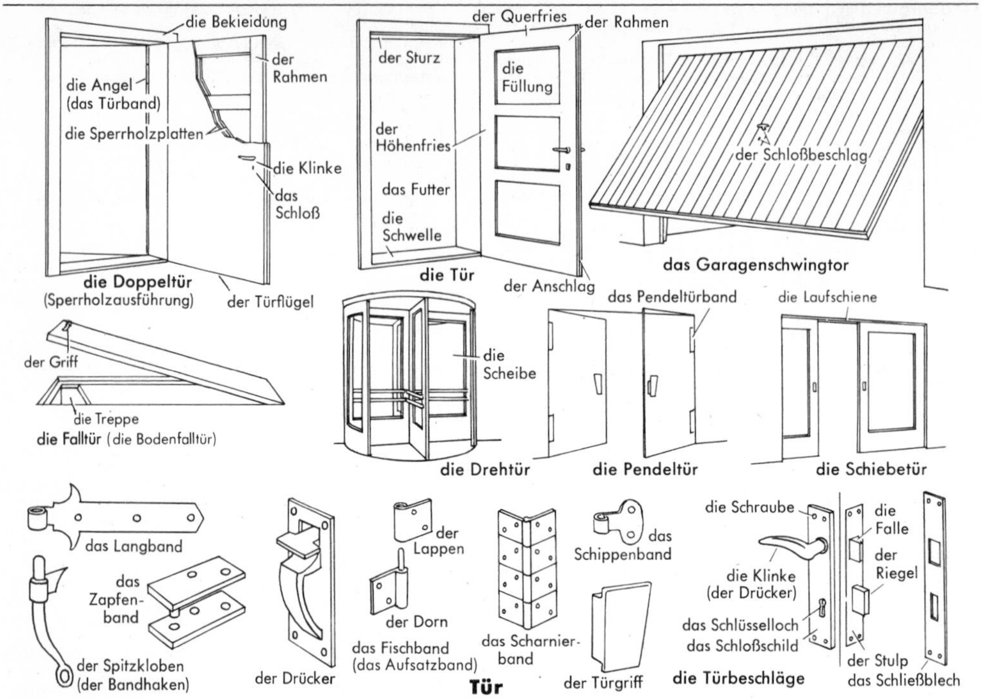

oberdt. auch das Tunell, unterirdisch geführte Strecke eines Verkehrsweges, ABB. T 20: *Eisenbahntunnel; Fußgängertunnel; Unterwassertunnel; Tunnelofen,* langgestreckter Ofen für Trocken-, Brenn- oder Glühprozesse.

Tünnes, lustige Kölner Gestalt: *T. und Schäl.*

Tunte *die, -/-n,* U verächtlich: **1)** zimperliche, langweilige Frau. **2)** Homosexueller. **tuntig.**

Tupamaro [nach dem Inkakönig Tupac Amaru] *der, -s/-s,* Angehöriger einer sozialrevolutionären Stadtguerilla-Organisation in Uruguay.

Tupf *der, -(e)s/-e,* oberdt.: Tupfen. **Tüpfel** *das* oder *der, -s/-,* kleiner Tupfen, Pünktchen, Sprenkelung: *auf den T. genau.* **Tüpfelchen** *das, -s/-: das T. auf dem i.* **tüpfeln,** *ich* tüpf(e)le (habe getüpfelt) *es,* versehe mit Tupfen. **tupfen** [ahd. topfon], *ich* tupfe (habe getupft), **1)** *es,* tüpfele, versehe mit Tupfen; vgl. ABB. M 26. **2)** *ihn, es,* berühre leicht: *ich t. Creme auf die Haut, mir den Schweiß von der Stirn.* **3)** *auf ihn,* schweiz.: U mache Anspielungen. **Tupfen** [ahd. topfo] *der, -s/-,* **1)** dicker Punkt,

rundlicher Fleck: *Tupfenmuster.* **2)** schweiz.: Stoß. **Tupfer** *der, -s/-,* Wattebausch, Zellstoffstück u. a. zum Abtupfen.

Tüpfi *das, -(s)/-,* schweiz.: dummes Ding, eingebildetes Mädchen.

Tupi-Guaraní [-p'i -n'i, auch -guar'a:ni] *das,* große Sprach- und Kulturfamilie der Indianer Südamerikas.

tüppig, schweiz.: schwül.

Tür [ahd. tura] *die, -/-en,* Vorrichtung zum Verschließen einer Öffnung, ABB. T 19: *Haustür; Schranktür; Schiebetür; Zimmertür; Türschloß; er kam zur T. herein; wir wohnen T. an T., nebeneinander; sie ging von T. zu T.,* von Haus zu Haus; *ihm stehen alle Türen offen,* U *er ist überall willkommen; er steht vor verschlossenen Türen, findet überall nur verschlossene Türen,* U *er kommt nirgends weiter, wird von keinem gefördert; der Sommer stand vor der T.,* U *stand nahe bevor; man sollte ihm die T. weisen,* U *ihn hinauswerfen; man will ihm den Stuhl vor die T. setzen,* U *mit ihm brechen; du rennst damit nur offene Türen ein,* U *mühst dich um etwas, das ohnehin selbstverständlich ist; du*

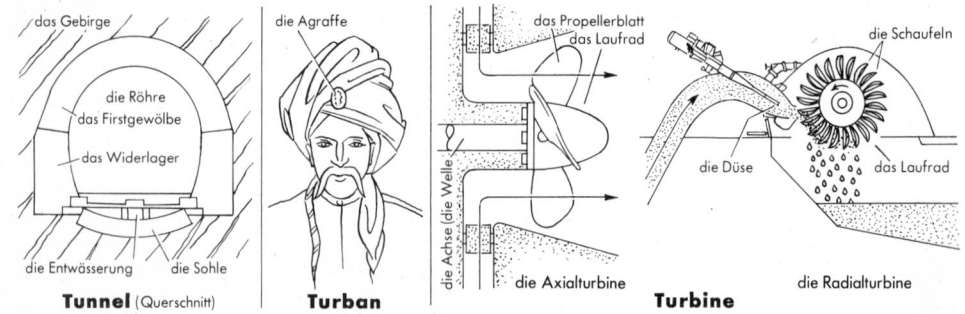

T 20

das Gebirge · die Agraffe · das Propellerblatt · das Laufrad · die Schaufeln · die Röhre · das Firstgewölbe · das Widerlager · die Düse · das Laufrad · die Achse (die Welle) · die Entwässerung · die Sohle · die Axialturbine · die Radialturbine

Tunnel (Querschnitt) · **Turban** · **Turbine**

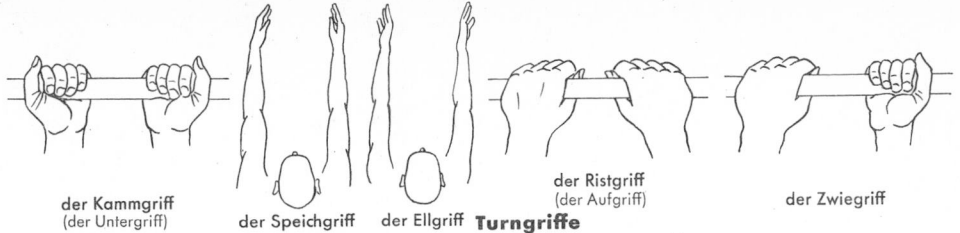

der Kammgriff (der Untergriff)   der Speichgriff   der Ellgriff **Turngriffe**   der Ristgriff (der Aufgriff)   der Zwiegriff

darfst nicht mit der T. ins Haus fallen, Ü plump auf eine Sache losgehen; *zwischen T. und Angel,* Ü während des Weggehens, im letzten Augenblick.

Turas [aus frz. tour ›Umdrehung‹ und niederdt. as ›Achse‹] *der, -/-se,* ⊙ vier- bis sechskantiger Antriebs- und Umlenkkörper in Förderanlagen.

tür|aus, tür|ein, von Haus zu Haus, von einem zum anderen.

Turban [pers. dulbänd, tülbend] *der, -s/-e,* Kopfbedeckung in Vorderasien und Indien, gelegentlich auch in der europ. Damenmode, Abb. T 20.

Turbellarie [-iə] *die, -/...ri|en,* meist *Pl.,* Strudelwurm.

Turbine [lat. turbo ›Kreisel‹, ›Wirbel‹] *die, -/-n,* Maschine zur Übertragung von Strömungsenergie auf ein Laufrad: *Dampfturbine,* Abb. T 20; *Wasserturbine; Turbinenantrieb.* **Turbinen-Luft-Strahltriebwerk** *das,* auch Turbo-Jet, das für Flugzeuge meistverwendete Strahltriebwerk. **Turbogenerator** *der,* von einer Dampf- oder Gasturbine angetriebener Generator, Kraftwerksmaschine. **Turbo-Jet** [-dʒet, engl.] *der,* Turbinen-Luft-Strahltriebwerk. **Turboprop(triebwerk)** *das,* kurz für: Propeller-Turbinen-Luftstrahltriebwerk, Propellerturbine. **turbulent** [lat. turbulentus, zu turba ›Unruhe‹, ›Getümmel‹] unruhig, lärmend, ungestüm; wirbelnd. **Turbulenz** *die, -/-en,* 1) Unruhe, ungestümes Wesen. 2) Bewegungszustand von Flüssigkeiten und Gasen, bei dem sich Wirbel bilden.

Türchen *das, -s/-,* Diminutiv zu Tür.

Turf [auch təːf, engl. ›Rasen‹] *der, -s,* Pferderennbahn; Pferderennsport.

Türfalle *die, schweiz.:* Türklinke.

Türg *der, -s,* mühsame Arbeit.

Turgeszenz [lat. turgescere ›aufschwellen‹] *die, -,* vermehrter Flüssigkeitsgehalt (Blut) von Geweben und Organen. **turgeszieren,** *es* turgesziert (hat turgesziert). **Turgor** *der, -s,* Innendruck pflanzl. Zellen.

...türig, mit ... Tür(en): *zweitürig;* vgl. Abb. T 19.

Türke *der, -n/-n,* 1) Angehöriger eines Türkvolkes. 2) Bewohner der Türkei. 3) *sie haben einen Türken gebaut,* Ü etwas sehr geschickt vorgetäuscht. **Türkenbund** *der, -(e)s,* ein Liliengewächs. **Türkin** *die, -/-nen.* **türkis,** *nicht flektierbar:* türkisfarben. **Türkis** [mhd. turkoys, zu frz. turquoise ›türkisch‹, da früher durch die Türken aus Persien importiert] 1) *der, -es/-e,* himmelblaues bis grünes Mineral, ein Edelstein. 2) *das, -,* himmelblaue bis grüne Farbe. **türkisch,** auf die Türken und die Türkei bezüglich. **Türkisch|rot** *das,* Alizarinrot, ein Textilfarbstoff aus wasserunlöslichen Öl-Aluminiumverbindungen. **türkisfarben, türkisfarbig,** in der Farbe eines Türkises.

Türklinke *die,* Klinke, Abb. T 19.

Türkmene *der, -n/-n,* Angehöriger eines Türkvolkes im sowjet. Mittelasien. **türkmenisch. Turkologie** [vgl. ...logie] *die, -,* Wissenschaft von den Türksprachen und den Kulturen der Türkvölker. **Türksprachen,** *Pl.,* die Sprachen der Türken in der Türkei, auf Zypern, im Balkan sowie der Türkvölker. **Türkvölker,** *Pl.,* Völker in Osteuropa und im sowjet. Mittelasien, die eine Türksprache sprechen.

Turm [mhd. turm, zu lat. turris] *der, -(e)s/¨e,* 1) hohes Bauwerk mit kleiner Grundfläche, z. B. an Kirchen, Rathäusern, im Zug der Stadtmauern, Abb. B 56, H 3, K 20: *Aussichtsturm; Kirchturm; Wachturm; Turmuhr.* 2) ⌀ kurz für: Schuldturm, Gefängnis: *er ließ ihn in den T. werfen.* 3) ⚒ Betonkonstruktion für Absprungstellen beim Wasserspringen: *das Turmspringen.* 4) Schachfigur, Abb. S 9.

Turmalin [singhales.] *der, -s/-e,* ein säulenförmig kristallisierendes gesteinsbildendes Mineral, Schmuckstein.

Türmchen *das, -s/-,* Diminutiv zu Turm. **türmen** [mhd. türmen], *ich* türme (habe getürmt) *es,* stapele, häufe: *er türmte Bücher auf den Tisch; Wolken türmen sich.*

türmen [hebr. tharam ›entfernen‹], *ich* türme (bin getürmt), Ü entfliehe, reiße aus: *er ist vor den Polizisten getürmt.*

Türmer *der, -s/-,* ⌀ Turmwächter. **turmhoch, 1)** sehr hoch (wie ein Turm). 2) Ü sehr: *sie ist ihm t. überlegen.* **...türmig,** mit einer bestimmten Anzahl von Türmen: *zweitürmig.*

Turn [təːn, engl. to turn ›wenden‹] *der, -s/-s,* hochgezogene Wendung im Kunstflug.

turnen [nhd., wohl verwandt mit frz. tourner ›drehen‹, ›wenden‹], *ich* turne (habe geturnt), führe Leibesübungen aus, Abb. L 7, T 21, T 22. **Turnen** *das, -s,* Leibesübungen als Sport: *Geräteturnen; Kunstturnen; Turnhemd; Turngeräte; Turnhalle; Turnschuhe.* **Turner** *der, -s/-.* **turnerisch. Turnerschaft** *die, -,* Gesamtheit der Turner. **Turnhalle** *die,* Gebäude mit Geräten zum Turnen, Abb. T 22.

Turnier [mhd. turnier, zu afrz. tournoi] *das, -s/-e,* 1) im MA.: ritterl. Kampfspiel. 2) sportl. Wettkampf: *Schachturnier; Tanzturnier; Tennisturnier; Turnierreiter.* **turnieren,** *ich* turniere (habe turniert). **Turniertanz** *der,* die wettkampfmäßige Form des Gesellschaftstanzes.

Turn-over [tˈəːnouvə, engl. ›Veränderung‹] *das, -s/-(s),* Biologie: der dauernde Auf- und Abbau der Stoffe eines Organismus.

Turnüre [frz. tournure, zu tourner ›drehen‹, ›wenden‹] *die, -/-n,* ⌀ 1) Wulst zum Aufbauschen des Kleides nach hinten, Abb. M 16. 2) Körperhaltung, gewandtes Benehmen.

Turnus [lat. tornus ›Drechseleisen‹, zu grch. tornos ›Zirkel‹] *der, -/-se,* 1) festgelegte Reihenfolge, Umlauf, regelmäßige Wiederkehr: *im T.* 2) österr.: Arbeitsschicht. **turnusgemäß.**

Turnverein *der,* Abk.: TV, Turn- und Sportverein, Abk.: TuS.

Türstock *der,* ⚒ Stempel und Kappe für den Grubenausbau, Abb. Z 9. **Türsturz** *der, -(e)s/¨e* oder *-e,* Balken, Träger über der Türöffnung, Abb. T 19.

turteln, *ich* turt(e)le (habe geturtelt), 1) *mit ihm,* Ü bin zärtlich zu ihm. 2) *Tauben turteln,* geben ihren gurrenden Laut von sich. **Turteltaube** [ahd. turtilituba, zu lat. turtur] *die,* eine kleine Wildtaube; Sinnbild der Zärtlichkeit.

TuS, Abk. für: Turn- und Sportverein.

Tusch [frz. touche ›Anschlag‹, zu toucher ›berühren‹, ›anstoßen‹] *der, -es/-e,* 1) kurze, rauschende Akkordfanfare, Musik zu einem Hoch (Vivat): *man blies einen T.* 2) student. Verbindungen: ⌀ Herausforderung. 3) Billardstoß.

Tusche [zu touchen] *die, -/-n,* wäßrige Lasurfarbe, die nach Eintrocknen in Wasser unlöslich ist: *Tuschfarbe; Tuschmalerei; Tuschzeichnung.*

tuscheln [nhd., zu tuschen] *ich* tusch(e)le (habe getuschelt) *mit ihm,* flüstere heimlich, raune ihm zu. **tuschen** [mhd. tuschen ›sich still verhalten‹, ›verbergen‹] *ich* tusche (habe getuscht) *ihn, norddt.:* beschwichtige, bringe zum Schweigen.

tuschen [frz. toucher], *ich* tusche (habe getuscht) *es,* zeichne mit Tusche. **tuschieren** [zu tuschieren (habe tuschiert) *es,* stelle ebene Metalloberflächen her durch Einfärben und entsprechendes Schaben.

Tuskulum [nach Ciceros Landhaus in Tusculum in Latium] *das, -s/...la,* ruhiger, behaglicher Landsitz.

Tusnelda, Thusnelda.

tüßeln, tüßen, *ich* tüß(e)le, tuße (habe, bin getüßel[e]t, getußet), *schweiz.:* gehe auf den Zehen.

Tussi [zu Thusnelda] Ü als Spottname: *dumme T.*

tut!, Schallw. für den Ton des Signalhorns: *tut, tut!*

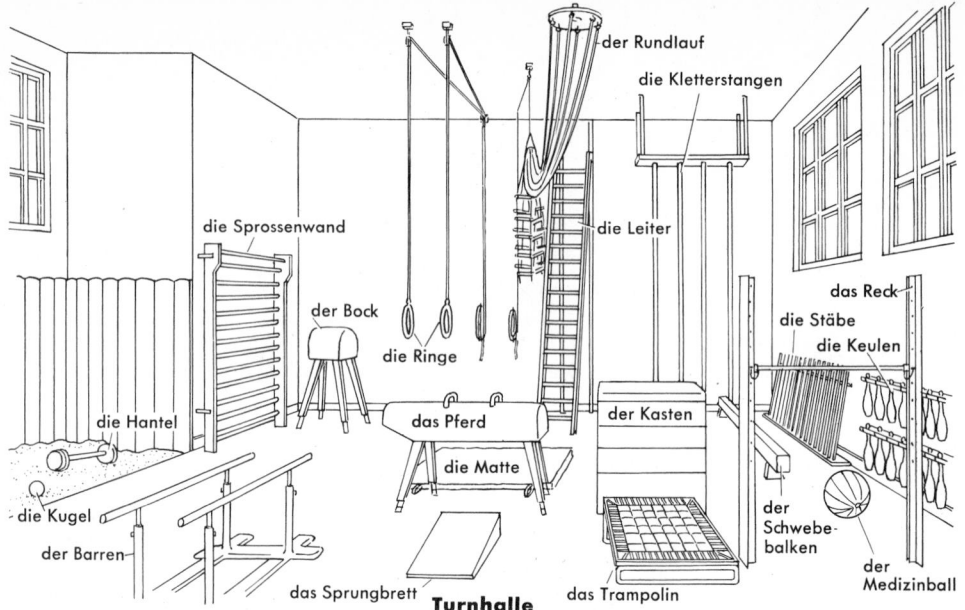

der Rundlauf

die Kletterstangen

die Sprossenwand

die Leiter

das Reck

die Stäbe

der Bock

die Keulen

die Ringe

die Hantel

das Pferd

der Kasten

die Kugel

die Matte

der Barren

der Schwebebalken

das Sprungbrett **Turnhalle** das Trampolin

der Medizinball

Tutand [lat. tutari ›beschützen‹] *der, -en/-en,* von einem Tutor betreuter Student oder Schüler.
Tütchen *das, -s/-,* Diminutiv zu Tüte. **Tute** [mnd. tute ›Hornförmiges‹] *die, -/-n,* Ụ Horn, Signalhorn. **Tüte** *die, -/-n,* Beutel oder trichterförmiges Behältnis aus Papier u. a.: *Eistüte,* Abb. E 3; *Zuckertüte: das kommt nicht in die T.!,* Ụ kommt nicht in Frage.
Tutel [lat. tutela] *die, -/-en,* Vormundschaft. **tutelarisch.**
tuten [Schallw.], *ich* tute (habe getutet), Ụ blase in ein Signalhorn: *er hat von Tuten und Blasen keine Ahnung,* Ụ versteht nichts von dem, wovon er redet, was er tun soll.
Tutor [lat. ›Beschützer‹, ›Vormund‹] *der, -s/. . .t'oren,* **1)** röm. Recht: Vormund. **2)** Studienleiter, Betreuer von Studenten und Schülern.
Tuttel, *österr.,* **Tüttel** [mhd. tütel ›Punkt‹, tutte ›Brustwarze‹] *das,* selten *der, -s/-,* Pünktchen; Wärzchen. **Tüttelchen** *das, -s/-,* Pünktchen, Kleinigkeit: *an dieser Nachricht ist kein T. Wahrheit,* Ụ nichts daran stimmt. **tütt(e)lig. tütteln,** *ich* tütt(e)le (habe getüttelt), Ụ bin übergenau und langsam.
tutti [ital.], ♪ alle (Instrumente zusammen). **Tutti** *das, -(s)/-(s),* das Einsetzen des gesamten Orchesters oder Chores.
Tuttifrutti *das, -(s)/-(s),* Gericht aus allerlei Obst.
TÜV, Abk. für: Technischer Überwachungsverein.
TV, Abk. für: **1)** [tiːvˈiː, engl.], Television. **2)** Turnverein.
Twalch *der, -(e)s,* Name mehrerer Gräser.
Twele [mhd. twehel] *die, -/-n,* niederdt.: schmales Handtuch; schmale Tischdecke.
Twen [engl., zu twenty ›zwanzig‹] *der, -s/-s,* junger Mann oder junges Mädchen im Alter von 20 bis 29 Jahren: *Teens und Twens.*
Twentter [niederl. ›zwei Winter (alt)‹] *der* oder *das, -s/-,* norddt.: zweijähriges Pferd.
Twiete *die, -/-n,* niederdt.: schmaler Gang, Seitengasse.
Twill [engl.] *der, -s/-s* oder *-e,* ein Gewebe (Baumwolle, Wolle oder Seide) in Köperbindung.
Twing [zu zwingen] *der, -(e)s/-e,* niederdt.: **1)** feste Burg, Zwingburg. **2)** Bezirk.
Twinset [engl., zu twin ›Zwilling‹ und set ›Garnitur‹] *der* oder *das, -(s)/-s,* Pullover und dazu passende Jacke.
Twist [engl. to twist ›drehen‹, ›winden‹] *der,* **1)** *-(e)s/-e,*

mehrfädiges Baumwollgarn. **2)** *-(s)/-s,* ein Modetanz. **twisten,** *ich* twiste (habe getwistet), tanze Twist.
Two|step [tˈuːstep, engl. two ›zwei‹ und step ›Schritt‹] *der, -(s)/-s,* ein Gesellschaftstanz.
Tyche, griech. Mythologie: Göttin der Schicksalsfügung, vor allem des Gelingens. **Tycho** [grch. Tychon ›Dämon‹, ›Gott des Zufalls‹], männl. Vorname.
Tycoon [taikˈuːn, engl. zu japan. Taikun ›Großer Fürst‹] *der, -s/-s,* Ụ Wirtschafts-, Parteiführer u. a. mit besonderer Machtposition.
Tympanon [grch. ›Pauke‹] *das, -s/. . .na,* ⊓ Bogenfeld über dem Türsturz eines Portals. **2)** altgriech. flache Rahmentrommel. **Tympanum** [lat.] *das, -s/. . .na,* **1)** ♪ Paukenhöhle im Ohr. **2)** ♪ Bez. verschiedener Instrumente im MA.
Typ [grch. typos ›Form‹, ›Gestalt‹, ›Muster‹, zu typtein ›prägen‹] *der, -s/-en,* **1)** Philosophie, Psychologie: Typus. **2)** ⊗ Vorbild, Muster, Bauart, Modell. **3)** Ụ Mensch. **Type** *die, -/-n,* **1)** ⌸ Letter: *Drucktype.* **2)** Buchstabe, Zeichen aus Metall bei Schreibmaschinen u. a.: *Typenhebel.* **3)** Ụ absonderlich, originell wirkender Mensch. **typen,** *ich* type (habe getypt) *es,* norme industrielle Artikel nach Art und Größe. **Typenbeschränkung** *die,* Typung, Typisierung, Beschränkung von Produktionsmitteln und Konsumgütern auf wenige Typen. **Typenlehre** *die,* Typologie.
Ty|phl̲itis [grch. typhlon ›Blinddarm‹, zu typhlos ›blind‹, ›dunkel‹] *die, -/. . .t'iden,* ⚕ Blinddarmentzündung. **Ty|phlon** *das, -s/. . .la,* ⚕ Blinddarm.
typhös, typhöse Benommenheitszustände. **Typhus** [grch. typhos ›Rauch‹] *der, -,* ⚕ eine Infektionskrankheit.
Typik [vgl. Typ] *die, -/-en,* Typologie. **typisch,** kennzeichnend. **typisieren,** *ich* typisiere (habe typisiert) *es,* stelle als Typ dar. **Typisierung** *die, -,* **1)** das Typisieren. **2)** Typenbeschränkung. **Typo|graph** [vgl. . . .graph] *der, -en/-en,* **1)** Gestalter des Schriftsatzes. **2)** ⚙ Zeilensetzmaschine. **Typo|graph̲ie** [vgl. . . .graphie] *die, -/. . .ph'i|en,* **1)** künstler. Gestaltung eines Schriftsatzes. **2)** Buchdruckerkunst. **typographisch,** typographischer Punkt, Maßeinheit des Buchdruckes.
Typolog̲ie [vgl. . . .logie] *die, -/. . .g'i|en,* Lehre vom Typus. **typologisch. Typo|skript** [lat. scribere ›schreiben‹] *das, -(e)s/-e,* mit der Schreibmaschine geschriebenes Manuskript.
Typung *die, -,* Typenbeschränkung. **Typus** *der, -/. . .pen,* Typ, **1)** *ohne Pl.,* Philosophie: Grundform, Urgestalt. **2)**

Psychologie: körperlich-seelisches Gesamtgepräge, das mit individuellen Abweichungen bei einer Vielzahl von Menschen bestimmend ist.

Tyr [altnord.], nord. Name des german. Kriegsgottes.

Tyrann [grch. tyrannos] *der, -en/-en,* **1)** Gewaltherrscher, Unterdrücker, herrschsüchtiger Mensch: *Tyrannenherrschaft; Tyrannenmord; Haustyrann.* **2)** Angehöriger einer Familie von Vögeln. **Tyrannei** *die, -,* Gewaltherrschaft, Herrschsucht. **Tyrannis** [grch.] *die, -,* im Altertum eine ungesetzliche Form der Monarchie, die der persönlichen Macht des Herrschers diente.

tyrannisch, herrschsüchtig, gewaltsam. **tyrannisieren** [frz. tyranniser], *ich tyrannisiere* (habe tyrannisiert) *ihn,* unterdrücke, beherrsche, zwinge ihm meinen Willen auf: *ich lasse mich nicht länger von dir tyrannisieren!* **Tyrannisierung** *die, -.*

Tyri|er *der, -s/-,* Bewohner der antiken Stadt Tyros. **tyrisch.**
Tyr|rhener *der, -s/-,* Bewohner der antiken Landschaft Etrurien. **tyr|rhenisch,** aber: *das Tyrrhenische Meer.*

Tz [t'e:tset oder te:ts'et] *das, -/-:* bis ins Tz, bis zum Tz, U ganz genau, bis ins kleinste, bis ins letzte.

U

u, U *das, -/-,* ein Vokal, ABB. A 8, ÜBERS. A 26, G 34: *das U in Uhr;* aber: *das u in Hut; U-Eisen* (nach der Form).
u., Abk. für: und; in Firmennamen Zeichen: &.
U, ⊙ Zeichen für: Uran.
ü, Ü *das, -/-,* Umlaut des U, ÜBERS. A 2, A 26.
u. a., Abk. für: **1)** und andere(s). **2)** unter anderem, unter anderen.
u. ä., Abk. für: und ähnliche(s).
u. a. m., Abk. für: und andere(s) mehr.
u. A. w. g., auf Einladungen: um Antwort wird gebeten.
U-Bahn *die,* kurz für: Untergrundbahn.
übel, übler, am übelsten [ahd. ubil], **1)** schlecht, sehr unangenehm: *üble Nachrede; er ist ein übler Bursche; er hat einen üblen Ruf; er ist ü. dran; nicht ü.,* U *ganz nett; ich muß es wohl oder ü. tun, in jedem Fall, gern oder ungern; man hat ihm seine Nachsicht ü. gelohnt; er wird es hoffentlich nicht ü. aufnehmen,* deswegen ungehalten werden; *viel Übles ist geschehen; er hat nichts Übles getan;* Schreibung in Verbindung mit Verben: *es kann ü. riechen, ü. sein, ü. werden,* vgl. aber: *übelnehmen, übeltun, übelwollen;* Schreibung in Verbindung mit Partizipien: *ein übelberatener Vorsitzender;* aber: *der Vorsitzende war ü. beraten;* ebenso: *übelgelaunt; übelgesinnt;* ferner: *übelriechend;* vgl. auch: *übelgaunt;* **2)** unwohl: *mir ist ü. (übel),* ich verspüre Brechreiz. **Übel** *das, -s/-,* **1)** etwas Schlechtes, Böses, das Gegenteil des Guten: *alles Ü. in der Welt; das kleinere Ü.,* die weniger schlimme von zwei unangenehmen Sachen; *man muß das Ü. mit der Wurzel ausrotten; was darüber ist, das ist vom Ü.,* B ist schädlich. **2)** Krankheit, Siechtum: *er leidet an einem heimtückischen Ü.* **Übelbefinden** *das,* Unwohlsein. **übelhörig,** *schweiz.:* schwerhörig. **Übelkeit** *die, -,* mit Brechreiz verbundenes Unwohlsein. **übellaunig,** schlecht gelaunt. **übelnehmen,** *ich nehme es ihm übel* (nahm übel, habe übelgenommen), verarge, bin darüber gekränkt. **übelnehmerisch,** sehr empfindlich, oft gekränkt. **Übelstand** *der,* Mißstand. **Übeltat** *die,* Missetat. **Übeltäter** *der,* jemand, der etwas Böses oder Verbotenes tut. **übeltun,** *ich tue übel* (habe übelgetan), handle schlecht: *man hat ihr übelgetan.* **übelwollen,** *ich will ihm übel* (habe übelgewollt), versuche ihm zu schaden. **Übelwollen** *das.*
üben [ahd. uoben], *ich übe* (habe geübt) **1)** *es,* arbeite daran oder damit, um es sicher zu können: *man kann sein Gedächtnis, seine Geschicklichkeit, sein Urteil üben; du mußt täglich Klavier üben!,* täglich spielen; *ein geübter Turner.* **2)** *es,* Ü führe aus, bekunde: *er hat Erbarmen, Geduld, Nachsicht, Rache, Verrat geübt; üb immer Treu und Redlichkeit!* **3)** *mich in etwas,* lerne es beherrschen, schule mich.
üben [zu über], *bair., elsäss.:* drüben, hüben.
über [ahd. ubar] *ihm* oder *ihn,* ÜBERS. P 21, **1)** oberhalb von etwas, darüber hinweg: *der Adler schwebt ü. dem See, fliegt rasch ü. den See; ü. dem Meeresspiegel,* Abk.: ü. d. M., ü. M.; *bitte nicht ü. das Rasen gehen; sie können nur schwer ü. den Verlust hinwegsetzen,* Ü; *sie steht ü. den Dingen, ü. der Situation,* Ü ist überlegen. **2)** mehr, besser als etwas: *es geht nichts ü. die Gemütlichkeit,* nichts ist angenehmer; *ü. alle Begriffe schön;* alles Erwarten; *das geht ü. meine Kräfte.* **3)** jenseits: *wir wohnen überm Berg, ü. der Straße;* überquerend muß ich *ü. den Berg gehen ü. den Berg, ü. die Straße; Frankfurt–München ü. Würzburg.* **4)** von, betreffend, z. B. Buchtitel: *ü. die Fortschritte der Raumfahrt; man kann ü. etwas reden, klagen, Freude, Trauer empfinden.* **5)** *diesem Tun,* währenddessen, damit beschäftigt: *ihm wurde ü. dem Lesen vergißt er die Zeit; er ist ü. der Arbeit eingeschlafen.* **6)** eine Sache, einen Zeitraum, danach: *ü. ein Weilchen; einmal ü. das andere,* abwechselnd. **7)** *ü. Verordnung,* K österr.: auf Verordnung.
über [ahd. ubiri], Adverb, **1)** während: *den ganzen Tag ü.; ü. Nacht.* **2)** U überlegen: *darin ist er mir ü.* **3)** in Verbindung mit Zahlen: mehr als: *ü. 1 000 Zuschauer; ü. zwei Zentner schwer.*

4) genug, satt: *ü. und ü.,* gänzlich, sehr; vgl. überhaben. **5)** U übrig; vgl. überhaben.
über..., **1)** in Verbindung mit Verben trennbar oder untrennbar zusammengesetzt, vgl. ÜBERS. V 2; ein Maß überschreitend, mehr als üblich, zuviel: *die Milch kocht über, wird gleich überkochen; ist übergekocht; ich überschätze seine Leistung;* darüber, darüber hinweg: *es ragt über; er überragt alle;* vgl. überanstrengen, überarbeiten u. a. **2)** in Verbindung mit Adjektiven, zuviel, übertrieben: *überängstlich; übervoll.*
...über, **1)** jenseits, von jenseits: *gegenüber; hinüber; herüber.* **2)** ...lings: *kopfüber,* mit dem Kopf voran. **3)** während: *tagsüber,* während des Tages.
überabe, *schweiz.:* von oben herunter.
überall [ahd. ubaral] **1)** allerorten, an allen Orten. **2)** *westdt.:* überhaupt. **3)** ✠ alle Mann auf Deck! **überallher,** von allen Orten: *sie kamen von ü.* **überallhin,** nach allen Orten.
überaltert, zu alt; mit zu vielen älteren Menschen: *die Belegschaft ist ü.* **Überalterung** *die, -,* hoher Anteil der älteren Jahrgänge in einer Gruppe oder an der Gesamtbevölkerung.
überäne, *schweiz.:* jenseits.
Überangebot *das,* Angebot, das größer ist als die Nachfrage: *ein Ü. bestimmter Waren.*
überanstrengen, *ich überanstrenge* (habe überanstrengt) *mich, ihn,* setze zu großen Anstrengungen aus, mute mir, ihm zuviel zu: *er hat sich beim Umzug überanstrengt; sie sieht überanstrengt aus.* **Überanstrengung** *die.*
überantworten, *ich überantworte* (habe überantwortet) *ihn, es ihm,* liefere aus, überlasse: *er wurde dem Gericht überantwortet.* **Überantwortung** *die, -/-en.*
Überarbeit *die,* die regelmäßige Arbeitszeit überschreitende Arbeit. **überarbeiten,** nur Infinitiv und Partizip Perfekt üblich, U Überarbeit leisten: *um die Termine einhalten zu können, haben wir übergearbeitet.* **überarbeiten,** *ich überarbeite* (habe überarbeitet) **1)** *es,* arbeite (noch einmal) durch, z. B. einen Text: *fünfte, überarbeitete Auflage.* **2)** *mich,* arbeite zuviel, so daß ich erschöpft bin. **Überarbeitung** *die, -/-en.*
über|aus [auch -'aus, spätmhd. über uz], sehr, ungewöhnlich, äußerst: *ü. glücklich.*
überbacken, *ich überbacke* (habe überbacke) *es,* backe kurz, bes. mit Hitze von oben: *überbackener Blumenkohl.*
Überbau *der, -(e)s/-ten,* **1)** Teil der Brücke über den Pfeilern. **2)** 🔲 über die untere Mauerflucht vorragender Teil eines Obergeschosses. **3)** 🔲 über die Grundstücksgrenze hinausragender Gebäudeteil. **4)** *Pl. -e* (selten), Marxismus: die durch bestimmte gesellschaftl. Verhältnisse bedingten Ideologien und Kultursysteme: *ideologischer Ü.* **überbauen,** *ich baue über* (habe übergebaut), baue die Grenze des Grundstücks hinaus. **überbauen,** *ich überbaue* (habe überbaut) *es: er hat die Terrasse mit einem Balkon überbaut.* **Überbauung** *die, -/-en.*
überbeanspruchen, *ich überbeanspruche* (habe überbeansprucht) *ihn, es,* beanspruche zu stark: *überbeanspruchte Politiker.* **Überbeanspruchung** *die, -.*
überbehalten, U übrigbehalten.
Überbein [spätmhd. bein ›Knochen‹] *das,* ⚕ harte Geschwulst, meist am Handgelenk, Ganglion.
überbekommen, *ich bekomme über* (bekam über, habe überbekommen), U **1)** habe genug davon: *ich habe diese Süßspeise schnell überbekommen.* **2)** bekomme einen Hieb: *er bekam eins über.*

überlasten, *nur Infinitiv und Partizip Perfekt üblich,* zu schwer beladen: *der Wagen ist überbelastet.* **Überbelastung** *die: das Unglück geschah durch Ü. der Tribüne.*

überbelegen, *nur Infinitiv und Partizip Perfekt üblich,* zu stark belegen: *das Hotel ist überbelegt.* **Überbelegung** *die, -.*

überbelichten, *nur Infinitiv und Partizip Perfekt üblich, der Film ist überbelichtet,* zu lange belichten. **Überbelichtung** *die.*

überbeschäftigt, zu stark in Anspruch genommen. **Überbeschäftigung,** ⚥ Zustand einer Volkswirtschaft, bei dem es mehr offene Stellen als Arbeitslose gibt.

überbetonen, *ich* überbetone (habe überbetont) *es,* setze einen zu starken Akzent, hebe zu sehr hervor: *er hat diesen Aspekt überbetont.* **Überbetonung** *die.*

überbetrieblich, *überbetriebliche Mitbestimmung,* Mitbestimmung durch nichtbetriebliche Organe.

überbewerten, *ich* überbewerte (habe überbewertet) *es,* messe ihm zu großen Wert bei: *man sollte diese Vorkommnisse nicht überbewerten.* **Überbewertung** *die.*

überbezahlt, mit überhöhtem Preis bezahlt: *diese Ware hast du ü.* **Überbezahlung** *die.*

überbieten, *ich* überbiete (habe überboten), **1)** *ihn, es,* biete mehr als er (bei einer Versteigerung). **2)** *mich, ihn, es,* suche mehr zu leisten, zu wirken: *bei seinem neuen Werk überbot er sich selbst.* **Überbietung** *die, -.*

überbinden, *ich* überbinde (überband, habe überbunden) *es ihm, schweiz.:* lege als Pflicht auf.

überblasen, *ich* überblase (überblies, habe überblasen) *ein Instrument,* blase statt des Grundtons einen Oberton.

überblatten, *ich* überblatte (habe überblattet) *es,* verbinde Hölzer in bestimmter Weise. **Überblattung** *die, -.*

überbleiben, Ü übrigbleiben. **Überbleibsel** *das, -s/-,* Rest, Rückstand.

überblenden, *ich* überblende (habe überblendet) *es,* lasse zwei Szenen optisch oder akustisch ineinander übergehen (Film, Hörspiel u. a.). **Überblendung** *die.*

Überblick *der,* **1)** umfassende Aussicht: *von hier hat man einen guten Ü. über das Tal.* **2)** *ohne Pl.,* Ü Fähigkeit, ein größeres Ganzes zu sehen, Zusammenhänge zu erkennen: *man darf nicht den Ü. verlieren.* **überblicken,** *ich* überblicke (habe überblickt) *es: er überblickt die Lage,* Ü.

überbordend, *schweiz.:* überschwellend, übermäßig.

überbringen, *ich* überbringe (habe überbracht) *es ihm,* schaffe (als Bote) zu ihm. **Überbringer** *der.* **Überbringung** *die, -.*

überbrücken, *ich* überbrücke (habe überbrückt) *es,* **1)** schlage eine Brücke darüber. **2)** Ü schaffe eine Verbindung, Einigungsmöglichkeit: *wir konnten die Gegensätze überbrücken.* **Überbrückung** *die, -/-en: Überbrückungs(bei)hilfe.* **Überbrückungskredit** *der,* kurzfristiger Kredit zur Überwindung eines vorübergehenden Geldmangels.

überbürden, *ich* überbürde (habe überbürdet) *ihn (mit Arbeit),* belaste ihn zu stark. **Überbürdung** *die, -/-en.*

Überdach *das.* **überdachen,** *ich* überdache (habe überdacht) *es,* versehe mit einem Dach: *überdachte Bahnsteige.* **Überdachung** *die, -/-en,* **1)** *ohne Pl.,* das Überdachen. **2)** das Dach, ABB. B 5.

überdas, ⚬⚬ überdies.

überdauern, *es* überdauert (hat überdauert) *ihn, es,* bleibt länger bestehen als er, als etwas, überlebt: *Kunstwerke überdauern oft viele Generationen.*

überdecken, *ich* überdecke (habe übergedeckt), Ü lege auf: *sie hat ein frisches Tischtuch übergedeckt.* **überdecken,** *ich* überdecke (habe überdeckt) *es,* decke zu: *die Ausgrabungen zeigten, daß eine Schicht die andere überdeckt.* **Überdeckung** *die,* das Überschneiden benachbarter Bilder, Bauteile u. a.

überdehnen, *ich* überdehne (habe überdehnt) *es,* dehne zu stark: *das Gummiband ist überdehnt.*

überdem, ⚬⚬ überdies.

überdenken, *ich* überdenke (habe überdacht) *es,* lasse mir nochmals durch den Kopf gehen.

überdeutlich, **1)** sehr klar zu erkennen. **2)** Ü rücksichtslos offen: *er hat es mir ü. gesagt.*

überdies, außerdem, noch.

überdimensional, ungewöhnlich stark ausgedehnt. **überdimensioniert,** zu groß angelegt: *die Planung zur Neugestaltung des Sportgeländes ist ü.* **Überdimensionierung** *die, -.*

überdosieren, *ich* überdosiere (habe überdosiert), nehme mehr von einer Menge als vorgeschrieben (Arznei). **Überdosierung** *die.* **Überdosis** *die: eine Ü. Schlaftabletten.*

überdrehen, *ich* überdrehe (habe überdreht), **1)** *es,* drehe zu stark: *die Uhrfeder ist überdreht.* **2)** *er ist überdreht,* Ü nervös, zu ausgelassen.

Überdruck *der, -(e)s,* **1)** *Pl.* ⁀e, der über den normalen Luftdruck hinausgehende Druck: *Überdruckkabine; Überdruckventil.* **2)** *Pl. -e,* ⊘ nachträglicher Aufdruck.

Überdruß [mhd. überdroz, zu verdrießen] *der, . . . drusses,* Sättigung bis zum Widerwillen: *Überdrußgefühle; Lebensüberdruß.* **überdrüssig,** *ich bin seiner ü.; selten: ich bin ihn ü.*

überdurchschnittlich, über dem Durchschnitt liegend: *eine überdurchschnittliche Ernte; er ist ü. begabt.*

übere, *alem.:* hinüber; vorbei.

über|eck, quer über eine Ecke: *ich will den Tisch ü. stellen.*

Übereifer *der,* zu großer Eifer. **übereifrig.**

übereignen, *ich* übereigne (habe übereignet) *es ihm,* übertrage Eigentum rechtmäßig. **Übereignung** *die.*

Übereile *die.* **übereilen,** *ich* übereile (habe übereilt) *mich, es,* handle vorschnell, unüberlegt, unbedacht: *nichts übereilen!;* übereilte Handlungen. **Übereilen** *das, -s,* ⚔ Form der Hirschfährte. **Übereilung** *die, -/-en,* vorschnelle Handlung.

über|ein... [mhd. überein ›insgesamt‹, ›durchaus‹], in Verbindung mit Verben trennbar zusammengesetzt: gleichförmig, gleichdenkend; vgl. übereinkommen.

über|einander, einer über dem anderen; in Verbindung mit Verben Getrenntschreibung, wenn beide Wörter gleich stark betont sind: *wir mußten ü. lachen, reden, sprechen,* über uns gegenseitig; *die Ware soll ü. stehen,* nicht liegen; *man soll sie ü. aufstellen;* aber: *wir sollen die Ware übereinanderlegen, übereinanderschichten, übereinanderstellen, über sie übereinanderwerfen, sie soll übereinanderliegen, übereinanderstehen; sie hatte die Beine übereinandergeschlagen.*

über|einkommen, *ich* komme *mit ihm* überein (kam überein, bin übereingekommen), einige mich mit ihm: *sie waren übereingekommen, es zu besprechen.* **Über|einkommen** *das,* **Über|einkunft** *die, -/⁀e,* Verabredung, Einigung.

über|einstimmen, *ich* stimme *mit ihm* überein (habe übereingestimmt), habe die gleiche Meinung. **Über|einstimmung** *die, -.*

überempfindlich, **1)** zu empfindlich. **2)** *gegen etwas,* ⚕ allergisch. **Überempfindlichkeit** *die, -.*

übererfüllen, *ich* übererfülle (habe übererfüllt) *es,* erfülle mein Soll über das gesetzte Maß hinaus (Dt. Dem. Rep.). **Übererfüllung** *die, -.*

Überernährung *die,* an Nährstoffen zu reiche Ernährung.

überessen, *ich* esse *es mir* über (aß über, habe übergegessen), esse es so oft, daß ich es nicht mehr mag: *ich habe mir den Pudding übergegessen.* **überessen,** *ich* überesse *mich* (überaß mich, habe mich übergessen), esse mehr, als mir zuträglich ist: *bei dem Fest hat er sich übergessen.*

überfachlich, *für diese Arbeit werden überfachliche Kenntnisse vorausgesetzt,* weitreichendere als für das Fachgebiet.

überfahren, *ich* fahre über (fuhr über, bin übergefahren), setze mit einem Fahrzeug über das Wasser. **überfahren** [ahd. ubarfaran], *ich* überfahre (überfuhr, habe überfahren), **1)** *ihn, es,* fahre mit einem Fahrzeug darüber hinweg. **2)** *es,* fahre ohne Halt daran vorbei (Signal). **3)** *ihn,* Ü übertölpele ihn: *bei diesem Kauf wurde ich vom redegewandten Verkäufer glatt überfahren.* **4)** *eine Lagerstätte,* ⚒ kreuze sie durch einen Stollen. **Überfahrt** *die,* Fahrt über ein Gewässer.

Überfall *der,* **1)** Angriff auf den unvorbereiteten Gegner; Überrumpelung: *hinterlistiger Ü.,* ⚔ Überfall, bei dem der Täter planmäßig unter Verdeckung seiner wahren Absicht vorgeht; *Raubüberfall.* **2)** Ablauf für überschüssiges Wasser in Staubecken. **überfallen,** *ich* überfalle (überfiel, habe überfallen), **1)** *ihn, es,* greife unvermutet an: *sie wurde abends auf der Straße von zwei Unbekannten überfallen.* **2)** *ihn,* Ü besuche unangemeldet, komme überraschend: *an seinem Geburtstag überfiel ihn die ganze Verwandtschaft; Müdigkeit überfiel mich,* Ü. **überfällig,** über Erwartung lange ausgeblieben, vermißt; dringend erforderlich: *das Flugzeug, Schiff ist ü.; ein überfälliger Wechsel,* ein schon verfallener. **Überfallkommando** *das,* jederzeit dienstbereite Polizeistreife.

Überfang *der, -(e)s,* Überzug an Gläsern mit einer dünnen Schicht andersfarbigen Glases. **überfangen,** *ich* überfange (überfing, habe überfangen) *Glas.*

überfischen, *nur Infinitiv und Partizip Perfekt üblich,* den Fischbestand durch zu starken Fischfang bedrohen: *das Gewässer ist überfischt.* **Überfischung** *die, -/-en.*

überfliegen, *ich* überfliege (habe überflogen) *es,* **1)** fliege darüber hinweg: *das Flugzeug überfliegt die Alpen.* **2)** Ü lese flüchtig: *er überflog den Brief.*

überfließen, *es* fließt über (floß über, ist übergeflossen), tritt über den Rand eines Behälters: *das Wasser des Brunnens ist übergeflossen; er floß über vor Mitleid,* Ü.
Überflug *der,* das Überfliegen. **überflügeln,** *ich* überflüg(e)le (habe überflügelt) *ihn,* Ü übertreffe, bekomme den Vorrang. **Überflüg(e)lung** *die, -.*
überflur, *schweiz.:* über den Boden.
Überfluß [mhd. übervluz] *der, . . .flusses,* reichlicher, weit über den Bedarf hinausgehender Besitz, zu große Menge: *sie leben im* Ü.; *zum* Ü., Ü unnötigerweise, obendrein, überdies.
überflüssig, unnötig, zwecklos, entbehrlich, nicht wünschenswert: *diese Bemerkung war ü.; überflüssiges Zubehör.*
überflüssigerweise.
überfluten, *es* flutet über (ist übergeflutet), strömt über.
überfluten, *ich* überflute (habe überflutet) *es,* setze unter Wasser, überschwemme: *das Hochwasser überflutete die Uferstraßen; von Angeboten überflutet,* Ü. **Überflutung** *die, -.*
überfordern, *ich* überford(e)re (habe überfordert) *ihn,* verlange zuviel an Leistung von ihm: *das Kind wird überfordert.* **Überforderung** *die, -.*
überfragt, *da bin ich leider ü.,* du fragst mehr, als ich beantworten kann.
überfremdet, *ein Land, Kapital, eine Sprache ist ü.* **Überfremdung** *die, -,* übermäßiges Eindringen ausländ. Einflüsse, z. B. ausländ. Kapitals in inländ. Unternehmen.
überfressen, *ein Tier* überfrißt *sich* (überfraß sich, hat sich überfressen), frißt zuviel.
überfrieren, *es* überfriert (ist überfroren), überzieht sich mit einer dünnen Eisschicht: *erhöhte Unfallgefahr durch überfrierende Nässe.*
Überfruchtung *die, -,* ♐ Superfetation, Befruchtung von zwei Eizellen aus aufeinanderfolgenden weibl. Zyklen.
Überfuhr *die, -/-en, österr.:* Fähre. **überführen,** *ich* überführe, 1) (habe übergeführt oder überführt) *ihn, es,* bringe an einen anderen Ort, bes. in feierlicher Weise: *die Leiche wurde in den Heimatort übergeführt* oder *überführt.* 2) (habe überführt) *ihn einer Tat,* beweise seine Schuld. 3) (habe überführt) *eine Straße mit Kies, oberdt.:* bedecke. **Überführer** *der, österr.:* Fährmann. **Überführung** *die,* 1) Verkehrsweg, der einen anderen überbrückt, ABB. A 27, E 4: *Straßenüberführung; Eisenbahnüberführung.* 2) das Überführen: *die* Ü. *des Täters machte Schwierigkeiten.*
Überfülle *die,* Übermaß, große Menge. **überfüllt,** zu voll.
Überfüllung *die, -: wegen* Ü. *geschlossen.*
Überfunktion *die,* zu starke Funktion: Ü. *der Schilddrüse,* ♁.
überfüttern, *ich* überfütt(e)re (habe überfüttert) *ihn, es,* gebe zuviel Nahrung. **Überfütterung** *die, -.*
Übergabe *die,* 1) ♐ Ergebung, Kapitulation: *die* Ü. *der Stadt, einer Festung.* 2) Aushändigung, Überlassung: *Amtsübergabe; Geschäftsübergabe; Übergabevertrag.*
Übergang [ahd. ubarganch] *der,* 1) das Überqueren, Überschreiten (eines Gebirges, Flusses): *Hannibals* Ü. *über die Alpen.* 2) Stelle zum Hinübergehen, Weg für Fußgänger über Gleise, über eine Straße: *Bahnübergang,* ABB. E 4, S 72. 3) Wechsel, Wandlung, Veränderung: *rascher* Ü. *vom Guten zum Bösen; der* Ü. *von der Romanik zur Gotik; übergangslos; Übergangslösung; Übergangsperiode; Übergangsphase; Übergangsstadium.* **Übergangsbahn** *die,* der Übergang eines Raumflugkörpers von einer niedrigen in eine höhere Umlaufbahn. **Übergangsflug** *der,* Transition, bei Vertikalstartern der Übergang vom Schwebeflug in den Horizontalflug und umgekehrt. **Übergangsform** *die,* Biologie: Zwischenform. **Übergangsmantel** *der,* Mantel für Frühjahr und Herbst. **Übergangsmetall** *das,* metallisches Element, bei dem innere Elektronenschalen aufgefüllt werden.
Übergangsstadium *das,* nur kurze Zeit andauernder Zustand zwischen zwei Entwicklungsstufen. **Übergangszeit** *die,* 1) Zeit zwischen zwei Epochen. 2) Frühling und Herbst.
Übergardine *die, meist Pl.,* Gardine aus meist dickerem Stoff, die über die Stores gezogen wird.
übergeben, *ich* gebe *ihm eins* über (gab über, habe übergeben), U versetze ihm einen Schlag. **übergeben,** *ich* übergebe (übergab, habe übergeben), 1) *ihn, es ihm,* händige aus, liefere aus, gebe an ihn ab: *hiermit ü. ich Ihnen Ihr Amt.* 2) *mich,* erbreche mich.
übergehen, *ich* gehe *ihm* über (ging über, bin übergegangen), 1) *zu ihm,* ergreife seine (bisher bekämpfte) Partei, laufe zum Feind über. 2) *dazu,* wende mich ihm zu: *wir wollen zu einem anderen Thema übergehen,* das Thema wechseln. 3) *es geht über,* fließt über: *die Augen gingen ihr über,* Ü sie staunte; auch:

sie weinte. 4) *es geht über,* Ü wird übernommen: *das Geschäft ist in andere Hände übergegangen,* hat den Besitzer gewechselt. 5) *es geht in etwas anderes über,* wechselt den Zustand: *das Obst geht in Fäulnis über,* beginnt zu faulen; *das Blau geht in Grün über,* spielt ins Grün, ist beinahe grün. **übergehen,** *ich* übergehe (überging, habe übergangen), 1) *ihn, es,* berücksichtige nicht, vernachlässige, gehe an ihm in kränkender Weise vorbei: *er wurde bei der Beförderung übergangen.* 2) *eine Fährte,* ♠ bemerke nicht. **Übergehung** *die, -.*
übergenug, mehr als genug, zuviel.
übergeordnet, in einem Gefüge einen höheren Rang einnehmend: *die übergeordnete Dienststelle.*
Übergepäck *das,* Luftverkehr: Gepäck mit Übergewicht.
Übergewicht *das, -(e)s,* 1) zuviel Gewicht: *für ihre Größe hat sie* Ü.; *Ihr Gepäck hat* Ü. (im Luftverkehr), das als zur unentgeltlichen Beförderung zugelassen ist. 2) Ü Vorteil gegenüber einem anderen: *er will das* Ü. *über ihn haben, bekommen.* 3) *du wirst das* Ü. *bekommen,* U kippen, aus dem Gleichgewicht geraten. **übergewichtig.**
übergießen, *ich* gieße *es* über (goß über, habe übergossen), 1) schütte von einem Behälter in einen anderen. 2) verschütte: *sie hat die Milch übergegossen.* **übergießen,** *ich* übergieße (übergoß, habe übergossen) *es,* begieße seine Oberfläche. **Übergießung** *die, -.*
überglasen, *ich* überglase (habe überglast) *es,* decke mit Glas ab: *eine überglaste Veranda.* **Überglasung** *die, -/-en.*
überglücklich, ganz besonders glücklich.
übergreifen, *es* greift über (hat übergegriffen), dehnt sich weiter aus: *das Feuer griff auf das Nachbarhaus über.* **Übergriff** [ahd. ubergrif] *der,* Eingriff in fremde Rechte, Überschreitung der Befugnisse: *weitere Übergriffe der Demonstranten konnten verhindert werden.*
übergroß, ganz besonders groß. **Übergröße** *die,* Größe, die die üblichen Konfektionsgrößen übersteigt: *wir führen Übergrößen!*
überhaben, *ich* habe *es* über (habe übergehabt), U 1) habe es übrig: *ich habe nur noch 10 Pfennig übergehabt.* 2) habe es satt: *wir haben diese langweilige Arbeit über.* 3) trage lose ein Kleidungsstück: *hast du die Jacke über?*
überhalten, *ich* überhalte (überhielt, habe überhalten) *ihn, österr., alem.:* übervorteile ihn. **Überhälter** *der, -s/-,* ♣ wuchskräftiger älterer Baum, den man beim Abtrieb eines Waldbestandes stehenläßt, ABB. F 33.
Überhandnahme [mhd. überhant ›Oberhand‹] *die, -,* zu starke Ausbreitung. **überhandnehmen,** *es* nimmt überhand (nahm überhand, hat überhandgenommen), breitet sich zu sehr aus: *diese Unsitte sollte nicht überhandnehmen.*
Überhang *der,* 1) Vorsprung, z. B. mehr als 90° geneigter Fels, ABB. B 20; vorgebautes Oberstockwerk. 2) in ein Nachbargrundstück ragende Zweige und Früchte: *Überhangsrecht,* ♐. 3) etwas Überhängendes, Ü zuviel von etwas, z. B. überschüssiger Warenvorrat: *Kaufkraftüberhang.* **überhängen,** 1) *es hängt über* (hing über, hat übergehangen), ragt über: *der Felsbrocken hing gefährlich über.* 2) *ich hänge es über* (hing über, habe übergehängt), lege ein Kleidungsstück um: *sie hing die Jacke lose über.* **Überhangmandat,** das eine Partei außer dem ihr nach dem Verhältniswahlrecht zustehenden Sitzen erhält.
überhapps, bair., österr.: nach dem Augenmaß, flüchtig.
überhasten, *ich* überhaste (habe überhastet) *es,* übereile, nehme das Tempo zu schnell: *das Allegro war überhastet.* **Überhastung** *die, -.*
überhauen, *ich* überhaue (überhauen), ♠ verbinde zwei auf verschiedenem Niveau liegende Strecken.
überhäufen, *ich* überhäufe (habe überhäuft) *ihn mit etwas,* überschütte, lasse in reichem Maße zukommen: *er ist mit Arbeit überhäuft.* **Überhäufung** *die, -.*
überhaupt [mhd. überhoubet ›über die Häupter‹, ›im ganzen‹], aufs Ganze gesehen, im allgemeinen; verstärkend, vorwurfsvoll: im übrigen, außerdem, überdies, eigentlich: *wie konntest du ü. mit mir so reden?; er will damit ü. nichts zu tun haben; das kommt ü. nicht in Frage; kennst du das Buch ü.?*
überheben, *ich* überhebe (habe überhoben) *mich,* 1) tue mir Schaden beim Heben. 2) *über ihn,* U bin stolz, dünkelhaft.
überheblich, anmaßend, unbescheiden, hochfahrend: *er spricht ü.* **Überheblichkeit** *die, -,* U Pl. auch *-en: laß bitte deine Überheblichkeiten!* **Überhebung** *die, -.*
überheizen, *ich* überheize (habe überheizt) *es,* heize zu stark: *überheizte Räume.* **überhitzen,** *ich* überhitze (habe überhitzt) *es,* erhitze zu stark: *die Konjunktur ist überhitzt,* Ü.

Überhitzer der, -s/-, Teil eines Dampfkessels, der den Dampf auf höhere Temperatur bringt. **Überhitzung** die, -/-en, das Überhitzen.

Überhöckler der, -s/-, schweiz.: jemand, der sich über die Polizeistunde hinaus in einem Lokal aufhält: die Kantonalgendarmerie greift in jeder Nacht einige Ü. auf.

überhöhen, ich überhöhe (habe überhöht) es, 1) lege die Außenseite der Kurve einer Straße oder Eisenbahnlinie höher als die Innenseite: überhöhte Kurven. 2) Ü setze zu hoch an: überhöhte Preise. **Überhöhung** die, -: Mietpreisüberhöhung.

überholen, ich hole über (habe übergeholt), 1) ihn, setze über den Fluß: hol über!, früher: Ruf an den Fährmann. 2) die Segel, ˄ wende, so daß sie der Wind von der anderen Seite trifft. 3) das Schiff holt über, ˄ legt sich unter dem Druck des Windes auf die Seite. **überholen**, ich überhole (habe überholt), 1) ihn, es, hole ein und komme zuvor: nicht vor und in der Kurve überholen!; Überholspur; Überholverbot; Überholversuch; Überholvorgang. 2) [urspr. zu engl. to overhaul ›genau überprüfen‹] es, sehe nach, prüfe; bessere aus: das Fahrzeug muß überholt werden. 3) überholte Ansichten, Ü veraltete. **Überholung** die, -/-en, sorgfältige Prüfung; Ausbesserung: Generalüberholung; überholungsbedürftig.

überhören, ich überhöre (habe überhört) ihn, es, höre nicht (mit Absicht oder aus Unaufmerksamkeit): das möchte ich überhört haben, will ich nicht zur Kenntnis nehmen.

Über-Ich das, -(s)/-(s), die normative Kontrollinstanz der Persönlichkeit (nach S. Freud).

überinne, schweiz.: drinnen, näher, anderswo.

überirdisch, 1) über der Erde befindlich, nicht unterirdisch: die Leitung verlief ü. 2) Ü übernatürlich, nicht irdisch: ein überirdisches Wesen.

überjährig, ⚘ 1) über ein Jahr alt. 2) erst im vierten Jahr kalbend.

überkandidelt, U überspannt.

überkippen, ich kippe über (bin übergekippt), verliere das Gleichgewicht, falle: sie kippte nach vorn (hinten) über. **Überkippung** die, -/-en, ⊕ Aufrichtung von Gesteinsschichten über 90°.

überkleben, ich überklebe (habe überklebt) es, klebe etwas darüber: er überklebt das Loch in der Tapete; überklebte Plakate.

Überkleidung die, Oberbekleidung. **Überkleidung** die, -/-en, Verkleidung, Verdeckung (einer Tür, einer Wand).

überklug, von überheblicher Klugheit.

überkochen, es kocht über (ist übergekocht), fließt beim Kochen über den Topfrand: die Milch kocht über.

überkommen [ahd. ubarqueman], 1) es überkommt mich (überkam mich, hat mich übernommen), Ü erfaßt mich: ein Gefühl der Verlassenheit überkam ihn. 2) es ist überkommen, überliefert: überkommene Bräuche.

Überkompensation die, übersteigerter Ausgleich unbewußter Minderwertigkeitsgefühle. **überkompensieren**, nur Infinitiv und Partizip Perfekt üblich: sein forsches Auftreten ist überkompensierte Schüchternheit.

überkreuzen, zwei Dinge überkreuzen sich (haben sich überkreuzt), U kreuzen sich, überschneiden sich, fallen zusammen; aber: über Kreuz.

überkriegen, U überbekommen.

überladen, ich überlade (überlud, habe überladen) es, belaste zu stark: er hat den Kombi überladen; mit Schmuck überladen, Ü (geschmacklos) reich verziert. **Überladung** die, -.

überlagern, es überlagert (hat überlagert) sich, es, liegt in Schichten übereinander, bedeckt etwas anderes: in Troja haben sich viele Siedlungsschichten überlagert. **Überlagerung** die: Ü. von Schwingungen. **Überlagerungsempfänger** der, ein Rundfunkgerät von größerer Empfindlichkeit und Trennschärfe.

Überlandbus der, Omnibus, der über den Stadtbereich hinaus verkehrt. **Überlandwerk** das, **Überlandzentrale** die, Unternehmen der Elektrizitätswirtschaft zur Versorgung eines Bezirks mit elektr. Energie.

überlang, länger als üblich. **Überlänge** die. **überlängt**, überlängte Figuren (Bildhauerkunst).

überlappen, es überlappt (hat überlappt) (sich), reicht darüber hinaus, greift über. **Überlappung** die, -/-en.

überlassen, ich lasse es über (ließ über, habe übergelassen), U lasse übrig: wir lassen dir vom Essen etwas über. **überlassen**, ich überlasse (überließ, habe überlassen), 1) ihn, es ihm, gebe, trete ab, verzichte zu seinen Gunsten: er überließ ihr seine Sammlung. 2) es ihm, Ü stelle anheim, gebe zur Beurteilung: ich ü. die Entscheidung Ihnen, entscheiden Sie, ich werde mich fügen. 3) ihn sich selbst, verlasse, lasse allein, so daß er sich selbst helfen muß. **Überlassung** die, -.

überlasten, ich überlaste (habe überlastet) ihn, es, belaste zu stark, bes. mit Arbeiten: er ist stark überlastet. **überlastig**, einseitig beladen (Schiff). **Überlastung** die, -.

Überlauf der, Ablauf für überschüssige Wassermengen, ABB. T 3, W 7: Überlaufventil. **überlaufen**, ich laufe über (lief über, bin übergelaufen), 1) fließe über (überlaufe), bin übergelaufen), 1) gehe zum Feind über. 2) es läuft über, fließt über den Rand. **überlaufen**, 1) es überläuft (überläuft, hat überlaufen) mich, ihn, überkommt mich, ihn (Gefühl): es überläuft mich kalt, mir gruselte. 2) er (es) ist überlaufen, hat zuviel Besuch, Kundschaft, Patienten u. a.: dieser Arzt, Kurort ist überlaufen. **Überläufer** der, 1) Soldat, der zum Feind übergeht; Ü jemand, der in eine gegnerische Gruppe, Partei übertritt. 2) 🐗 Wildschwein im zweiten Lebensjahr.

überlaut, übertrieben laut, zu laut: Überlautstärke.

überleben, ich überlebe (habe überlebt), 1) ihn, es, lebe länger als er, etwas, überdauere. 2) es überlebt sich, Ü ist nicht mehr zeitgemäß: längst überlebte Gesetze, veraltete und doch noch geltende. **Überlebenschancen**. **Überlebende** der, die, -n/-n, ein -r, eine -: bei dem Flugzeugabsturz gab es keine Überlebenden. **überlebensgroß**, größer als in Wirklichkeit: eine überlebensgroße Büste. **Überlebensgröße** die, -: eine Statue in Ü.

überlegen, ich lege über (habe übergelegt), U 1) es, lege darüber. 2) ihn, lege übers Knie und verprügele. **überlegen** [mhd. überlegen ›zusammenrechnen‹] (habe überlegt) es mir, erwäge ruhig, suche mir ein Urteil zu bilden: überleg's dir!, denk darüber nach!; ich will mir die Sache noch einmal überlegen, ich entscheide mich später; nach langem Überlegen. **überlegen** [mhd. überligen ›darüber liegen‹], 1) besser, leistungsfähiger, stärker: er war ihm weit ü. 2) überlegen, über der Situation stehend: ein überlegener Kopf. **Überlegenheit** die, -. **überlegt**, gut durchdacht, sorgsam. **Überlegung** die, -/-en, Nachdenken, Abwägen: sie tut alles mit Ü.; sie stellte erst Überlegungen darüber an.

überleiten, ich leite zu etwas über (habe übergeleitet), gebe einen Übergang, helfe zu einem anderen Gedanken oder Gespräch: er konnte geschickt zu einem anderen Thema überleiten. **Überleitung** die.

überlesen, ich überlese (überlas, habe überlesen) es, 1) lese flüchtig durch. 2) bemerke es nicht beim Lesen: er hat den Fehler überlesen.

überliefern, ich überlief(e)re (habe überliefert), 1) ihn, übergebe, liefere aus (dem Feind, Gericht). 2) ihm, Ü gebe weiter, berichte (der Nachkommenschaft): die Sitte ist von alters her überliefert. **Überlieferung** die, von früher her Erhaltenes, Tradition: mündliche, schriftliche Ü.

überliegen, ein Schiff liegt über (hat übergelegen), ˄ 1) neigt sich auf die Seite, krängt. 2) liegt länger als vorgesehen im Hafen: Überliegezeit.

überlisten, ich überliste (habe überlistet) ihn, übervorteile durch List. **Überlistung** die, -.

überm, U kurz für: über dem.

übermachen, ich übermache (habe übermacht) es ihm, ⚭ übereigne, lasse zukommen, vererbe.

übermacht, ⚭ übertrieben. **Übermacht** [mhd. übermaht ›übergroße Menge‹] die, -, Überlegenheit an Zahl oder Stärke: der Gegner ist in der Ü., hat die Ü. über uns; wir erliegen seiner Ü. **übermächtig**, zu gewaltig, bezwingend stark.

übermalen, ich übermale (habe übermalt) es, bemale nochmals, um zu verbessern oder zu verdecken. **Übermalung** die, -.

übermannen, ich übermanne (habe übermannt) ihn, überfalle, überwältige, bezwinge: vom Schlaf, Schmerz, von Rührung übermannt, Ü übermannshoch, größer als ein Mensch: die Hecke ist ü. **Übermannung** die, -.

übermarchen [zu frz. marcher ›schreiten‹], ich übermarche mich (habe mich übermarcht), schweiz.: gehe über das Ziel hinaus, überschreite die Grenze des Zulässigen.

Übermaß das, -es, 1) übergroße Menge: etwas im Ü. an Arbeit; er treibt Sport im Ü. 2) ⊕ bei Passungen das größtmögliche Maß. **übermäßig**, zu groß, allzusehr, allzuviel: es wurde ü. getrunken; übermäßige Anforderungen.

übermehren, ich übermehre (habe übermehrt) ihn, schweiz.: überstimme.

Übermensch der, 1) Zukunftsideal eines neuen Typus des

Menschen (nach F. Nietzsche, 1844–1900). **2)** U fehlerloser Mensch. **übermenschlich, 1)** überirdisch. **2)** sehr groß, gewaltig: *die Bergbesteigung erfordert übermenschliche Kräfte; Sie verlangen Übermenschliches von mir.*

übermitteln, *ich* übermitt(e)le (habe übermittelt) *es ihm,* lasse zukommen; teile mit: *zu seinem Jubiläum wurden ihm viele Glückwünsche übermittelt.* **Übermitt(e)lung** *die, -/-en.*

übermorgen, am Tage nach morgen: *ü. abend kommt er zurück.* **übermorgig,** *die übermorgige Veranstaltung.*

übermüdet, durch körperliche oder geistige Anstrengungen schlafbedürftig, erschöpft. **Übermüdung** *die, -.*

Übermut [ahd. ubermout ›Hochmut‹] *der,* **1)** ♣ Dünkel, Anmaßung: *Ü. tut selten gut.* **2)** Mutwille, ausgelassene Fröhlichkeit. **übermütig,** *eine übermütige Kinderschar.*

übern, U kurz für: über den.

übernächste *der, die, das, das,* was zeitlich oder örtlich dem nächsten folgt: *(am) übernächsten Sonntag; ich bin der ü.* (in der Reihenfolge); aber: *als Übernächstes erhalten Sie* . . .

übernachten, *ich* übernachte (habe übernachtet), bleibe über Nacht: *ich ü. im Hotel.* **übernächtig,** *bes. österr.,* **übernächtigt,** müde von schlafloser Nacht: *er ging übernächtigt an die Arbeit.* **Übernachtung** *die, -/-en.*

Übernahme *die, -/-n, das* Übernehmen.

Übername *der,* ♣, *noch schweiz.:* Beiname, Spitzname.

übernational, nicht staatlich begrenzt: *übernationale Vereinigungen.*

übernatürlich, nicht durch die Naturgesetze erklärbar: *übernatürliche Kräfte.*

übernehmen, *ich* nehme *es* über (nahm über, habe übergenommen), U hänge mir um (Decke, Kleidungsstück, Gewehr). **übernehmen,** *ich* übernehme (übernahm, habe übernommen), **1)** *ihn, es,* nehme in Empfang, in meine Verwaltung, in meine Verantwortung: *ich ü. ein Geschäft, ein Amt, die Erziehung des Kindes; ich ü. die Kosten,* bezahle sie. **2)** *es,* entnehme: *wir übernahmen die Texte aus (von) folgenden Werken.* **3)** *mich,* nehme mir zuviel vor, überanstrenge mich: *er hat sich beim Sportwettkampf übernommen.*

überordnen, *ich* ordne *ihn einem anderen* über (habe übergeordnet), bestimme als Vorgesetzten: *in übergeordneter Position.* **Überordnung** *die, -,* Höherstellung.

Überorganisation *die, -,* eine übertriebene Organisation, oft zum Nachteil der Sache. **überorganisieren,** *nur Infinitiv und Partizip Perfekt üblich: der Vertrieb ist überorganisiert.*

überparteilich, über den Parteien stehend: *ein überparteiliches Gremium.* **Überparteilichkeit** *die, -.*

Überpflanzung *die,* ⊕ der Epiphyt. **Überpflanzung** *die,* ⊕ Transplantation, Verpflanzung von Gewebe.

überpinseln, *ich* überpins(e)le (habe überpinselt) *es,* U übermale.

Überpreis *der,* zu hoher Preis: *Mangelware zum Ü.*

Überproduktion *die,* Erzeugung von Gütern, die den Bedarf überschreitet.

überprüfbar. überprüfen, *ich* überprüfe (habe überprüft) *ihn, es,* überwache, kontrolliere, prüfe nach. **Überprüfung** *die:* Betriebsüberprüfung; Überprüfungskommission.

überquellen, *es* quillt über (ist übergequollen), fließt über: *überquellende Freude,* Ü.

überquer, ♣ quer, über Kreuz: *es geht mir ü.,* schlägt fehl.

überqueren, *ich* überquere (habe überquert), überschreite, kreuze (Straße, Fluß): *beim Überqueren der Straße wurde er von einem Auto erfaßt.* **Überquerung** *die, -/-en.*

überragen, *es* ragt über (hat übergeragt), steht vor: *ein überragender Balken.* **überragen,** *ich* überrage (habe überragt) *ihn,* bin größer, U bedeutender als er: *er überragt uns alle; von überragender Bedeutung.*

überraschen [zu rasch], *ich* überrasche (habe überrascht) *ihn,* tue etwas, was er nicht erwartet hat, z. B. komme unerwartet, treffe ihn bei heimlichem Tun: *deine Antwort überrascht mich nicht; wir wurden von einem Gewitter überrascht.* **überraschend,** unerwartet, erstaunlich: *überraschender Besuch; es war überraschenderweise.* **Überraschung** *die, -/-en: Überraschungsmoment; Geburtstagsüberraschung.*

überrechnen, *ich* überrechne (habe überrechnet) *es,* rechne ungefähr aus.

überreden, *ich* überrede (habe überredet) *ihn zu etwas,* bringe durch geschicktes Reden dazu. **Überredung** *die, -: Überredungskunst.*

überregional, nicht an ein bestimmtes Gebiet gebunden: *von überregionaler Bedeutung.*

überreich, in ungewöhnlichem Maße, sehr reichlich: *sie wurden ü. beschenkt; ein überreiches Angebot an Südfrüchten.*

überreichen, *ich* überreiche (habe überreicht) *es ihm,* gebe (feierlich): *die Urkunde wurde ihm überreicht.*

überreichlich, überreich.

Überreichung *die, -, das* Überreichen. **Überreichweite** *die, ((•)) unter besonderen atmosphär.* Bedingungen vorkommende, abnorm große Reichweite eines Senders: *Empfangsstörungen infolge Überreichweiten.*

überreif, zu reif (Obst): *die Sache ist jetzt ü.,* Ü muß zu einem Abschluß kommen. **Überreife** *die.*

überreizt, stark erregt, nervös: *eine überreizte Atmosphäre.* **Überreiztheit, Überreizung** *die.*

überrennen, *es* überrennt (hat überrannt) *ihn, es,* jagt darüber hin, überwindet widerstandslos: *ich wurde von seinem plötzlichen Entschluß überrannt,* Ü.

Überrepräsentation *die,* Repräsentation, Vertretung, die das angemessene Maß überschreitet. **überrepräsentiert,** *diese Berufsgruppe war in der Versammlung ü.*

Überrest *der,* letzter Rest: *die sterblichen Überreste,* P Leiche.

Überriese *der,* ✧ ein besonders großer Stern mit sehr großer Leuchtkraft.

überrieseln, *ich* überries(e)le (habe überrieselt), **1)** *es,* beriesle. **2)** *es überrieselt mich, ihn,* Ü spüre, er spürt ein unbehagliches Gefühl: *ein Schauer überrieselte mich.* **Überries(e)lung** *die, -.*

Überrock *der,* **1)** Herrenmantel, Überzieher. **2)** Gehrock. **3)** früher: langschößiger, zweireihiger Uniformrock.

überrollen, *ich* überrolle (habe überrollt) *ihn, es,* **1)** rolle darüber. **2)** ⚔ führe meinen Angriff zügig darüber hinweg: *die Truppen überrollten den Gegner.*

überrumpeln [zu rumpeln ›lärmen‹, eigtl. ›mit Lärm überfallen‹], *ich* überrump(e)le (habe überrumpelt) *ihn,* überrasche, treffe unvorbereitet, gewinne ihm etwas ab, ehe er sich wehren kann. **Überrump(e)lung** *die, -.*

überrunden, *ich* überrunde (habe überrundet) *ihn,* ✂ gewinne eine volle Runde Vorsprung. **Überrundung** *die, -.*

übers, U kurz für: über das: *ü. Jahr,* in (nach) einem Jahr.

übersarten, *es* übersart (hat übersar[e]t) *etwas, schweiz.:* bedeckt mit Schutt und Schlamm.

übersät [zu säen] *mit,* Ü bedeckt mit: *ein mit Sternen übersäter Himmel.*

übersättigt, bis zum Überdruß gesättigt: *eine übersättigte Lösung,* ⚗ Lösung, die mehr Salz enthält, als ihrem Sättigungsgrad entspricht. **Übersättigung** *die.*

übersäuern, *es* übersäuert (hat übersäuert) *etwas,* reichert mit zuviel Säure an. **Übersäuerung** *die, -: Ü. des Magensaftes.*

Überschallflug *der,* Bewegung von Flugzeugen oder Flugkörpern mit Überschallgeschwindigkeit: *Überschallflugzeug.* **Überschallgeschwindigkeit** *die,* höhere Geschwindigkeit als Schallgeschwindigkeit.

Überschar [mhd. überschar] *die,* ⚒ zwischen den Gruben liegendes unbebautes Land.

überschatten, *es* überschattet (hat überschattet) *etwas,* Ü trübt: *die Veranstaltung war von einem Unglücksfall überschattet.*

überschätzen, *ich* überschätze (habe überschätzt) *mich, ihn, es,* schätze zu hoch ein: *er hat seine Kräfte überschätzt.* **Überschätzung** *die, -.*

Überschau *die, -,* Übersicht, Überblick. **überschaubar,** *überschaubare Verhältnisse,* Ü. **überschauen,** *ich* überschaue (habe überschaut) *es,* überblicke, fasse musternd ins Auge.

überschäumen, *es* schäumt über (ist übergeschäumt), tritt über den Rand, fließt über: *Sekt schäumt leicht über; er schäumte über vor Wut,* Ü; *überschäumendes Temperament.*

Überschiebung *die,* ⊕ geolog. Lagerungsstörung, bei der ein Gesteinspaket auf ein anderes aufgeschoben wurde.

überschlächtig, oberschlächtig.

überschlafen, *ich* überschlafe (überschlief, habe überschlafen) *es,* **1)** bemerke nicht, weil ich schlafe: *ich habe das Klingeln des Weckers überschlafen.* **2)** komme schlafend darüber hinweg; entscheide nicht sofort, sondern warte bis morgen: *deinen Vorschlag werde ich erst mal überschlafen.*

Überschlag *der,* **1)** ungefähre Berechnung. **2)** Turnen: Umdrehung des Körpers, ABB. L 7. **überschlagen,** *ich* schlage *es* über (schlug über, habe übergeschlagen), **1)** schlage übereinander: *ich saß mit übergeschlagenen Beinen.* **2)** *die Stimme schlägt über,* kommt (unbeabsichtigt) in eine höhere

Lage. **überschlagen,** *ich* überschlage (überschlug, habe überschlagen), **1)** *es,* berechne ungefähr. **2)** *es,* lasse aus, lese nicht mit, blättere darüber hinweg. **3)** *mich,* mache einen Purzelbaum, eine Umdrehung: *das Auto überschlug sich; er überschlägt sich fast vor Eifer,* Ü er übertreibt damit. **4)** *die Stimme überschlägt sich,* gerät in eine höhere Stimmlage. **überschlagen,** lau, nicht kalt und nicht warm, z. B. Wasser. **überschlägig, überschläglich,** ungefähr berechnet.

überschnappen, *ich* schnappe über (bin übergeschnappt), **1)** *mit der Stimme,* gerate in eine höhere Stimmlage. **2)** *du bist wohl übergeschnappt!,* Ü hast du deinen Verstand verloren!

überschneiden, *zwei Linien* überschneiden *sich* (haben sich überschnitten), kreuzen sich, eine Linie führt über die andere hinweg: *unsere Arbeitsbereiche* ü. *sich,* Ü treffen zum Teil zusammen. **Überschneidung** *die, -/-en.*

überschreiben, *ich* überschreibe (habe überschrieben), **1)** *es,* setze als Überschrift darüber. **2)** *es ihm,* übereigne, weise zu. **Überschreibung** *die.*

überschreien, *ich* überschreie (habe überschrie[e]n) *ihn,* Ü übertöne ihn mit lauter Stimme.

überschreiten, *ich* überschreite (habe überschritten) *es,* gehe darüber hinaus, hinweg: *ich* ü. *die Grenze; der Kostenanschlag wurde überschritten,* Ü es wurde teurer als vorgesehen. **Überschreitung** *die, -/-en.*

Überschrift *die,* Name, Titel einer Arbeit, eines Aufsatzes, Gedichtes u. a.

Überschuh *der,* über die Fußbekleidung zu ziehender Schutzschuh.

überschuldet, mit Schulden übermäßig belastet: *das Unternehmen ist* ü. **Überschuldung** *die, -.*

Überschuß [mhd. überschuz] *der,* **1)** der verbliebene Gewinn: *die Veranstaltung erbrachte kaum einen* Ü., die Kosten waren fast so hoch wie die Einnahmen. **2)** was über ein bestimmtes Maß hinausgeht: *Geburtenüberschuß.* **überschüssig, 1)** übrigbleibend, überflüssig. **2)** unverwendet, zur Verfügung stehend: *überschüssige Energie.*

überschütten, *ich* schütte *es* über (habe übergeschüttet), Ü verschütte. **überschütten,** *ich* überschütte (habe überschüttet) *ihn mit etwas,* Ü gebe ihm reichlich: *er überschüttete mich mit Geschenken, mit Vorwürfen.*

Überschwang [mhd. überswanc, zu schwingen] *der, -(e)s,* Übermaß (von Gefühlen): *im* Ü. *der Begeisterung.*

Überschwängerung *die,* ♀ Superfekundation, Befruchtung von zwei Eizellen während eines Ovulationstermins aus zwei Begattungsakten.

überschwappen, *es* schwappt über (ist übergeschwappt), Ü fließt über: *die Tasse war randvoll, der Kaffee schwappte über.*

überschwemmen, *ich* überschwemme (habe überschwemmt), **1)** *Land,* setze unter Wasser: *weite Gebiete wurden überschwemmt.* **2)** *ihn, es mit etwas,* Ü überschütte, versehe zu reichlich: *der Markt wird mit bestimmten Produkten überschwemmt.* **Überschwemmung** *die, -/-en,* Hochwasser, bei dem das Wasser über die Ufer tritt: *Überschwemmungsgebiet; Überschwemmungsgefahr.*

überschwenglich [zu Überschwang], zu gefühlvoll, übertriebene Begeisterung äußernd: *eine überschwengliche Begrüßung; sie dankte ihm* ü. **Überschwenglichkeit** *die, -.*

Überschwung *der,* österr.: Koppel, Leibriemen mit Schnalle.

Übersee, *die* (mit Schiff) über ein Weltmeer erreichbaren Länder; allgemein auch für die außereuropäischen Länder: *Waren aus, nach* Ü.; *Überseedampfer.* **überseeisch,** *übersehbare Folgen.* **übersehen,** *ich* sehe *es mir* über (sah über, habe übergesehen), Ü sehe es zu oft und bin deswegen seiner überdrüssig: *ich habe mir das Kleid übergesehen.* **übersehen,** *ich* übersehe (übersah, habe übersehen), **1)** *ihn, es,* sehe nicht, bemerke nicht, will nicht beachten, es entgeht mir: *du hast einen Fehler übersehen.* **2)** *es,* schaue darüber hin: *vom Gipfel konnten wir das ganze Tal übersehen.* **3)** *es,* Ü erkenne in vollem Umfang: *ich* ü. *die Zusammenhänge noch nicht.*

überseit(s), ♂ gegenüber; beiseite; verborgen.

übersenden, *ich* übersende (habe übersandt, übersendet) *es ihm,* schicke (zu). **Übersendung** *die.*

Übersensibilisierung *die,* stark gesteigerte Sensibilisierung.

übersetzbar, *der Ausdruck ist schwer* ü. **übersetzen,** *ich* setze *ihn, es* über (habe übergesetzt), fahre über, bringe an das andere Ufer. **übersetzen,** *ich* übersetze (habe übersetzt) *es,* gebe in anderer Sprache wieder: *aus dem Englischen ins*

Deutsche übersetzt. **2)** *übersetzte Preise,* zu hoch angesetzte. **Übersetzer** *der, -s/-,* **Übersetzerin** *die, -/-nen,* jemand, der Texte in eine andere Sprache überträgt. **Übersetzung** *die, -/-en,* **1)** Übertragung eines Textes in eine andere Sprache: *mündliche, schriftliche* Ü.; *Übersetzungsbüro.* **2)** ⚙ Übersetzungsverhältnis, das Verhältnis zwischen der Antriebs- und Abtriebsdrehzahl eines Getriebes. **Übersetzungsmaschine** *die,* eine Datenverarbeitungsanlage, die für automatische Sprachübersetzung ausgerüstet und programmiert ist.

Übersicht *die, -/-en,* **1)** *ohne Pl.,* Fähigkeit, größere Gebiete zu überschauen: *er hat die* Ü. *über den Plan verloren.* **2)** tabellenartige Zusammenstellung: *eine* Ü. *über unregelmäßige Verben; Übersichtstafeln.* **übersichtig,** weitsichtig, nahe Gegenstände unscharf erkennend. **Übersichtigkeit** *die, -.* **übersichtlich,** in den Zusammenhängen leicht erfaßbar, klar gegliedert. **Übersichtlichkeit** *die, -.*

übersiedeln, übersiedeln, *ich* sied(e)le über, übersied(e)le (bin übergesiedelt, übersiedelt), verlege meinen Wohnsitz. **Übersied(e)lung, Übersied(e)lung** *die.*

übersinnlich, mit den Sinnen nicht wahrnehmbar, übernatürlich. **Übersinnlichkeit** *die, -.*

Übersoll *das,* erbrachte Leistung, die über das Soll hinausgeht (Dt. Dem. Rep.).

überspannen, *ich* überspanne (habe überspannt) *es,* **1)** spanne einen Stoff darüber; meist Ü: *man darf den Bogen nicht überspannen,* die Sache nicht zu weit treiben. **überspannt,** Ü übertrieben, verstiegen: *überspannte Einfälle; sie ist etwas* ü., exaltiert. **Überspanntheit** *die, -,* Ü. **Überspannung** *die, ⚡* den dauernd zulässigen Höchstwert überschreitende Spannung: *Überspannungsschutz.* **Überspannung** *die,* das Überspannen.

überspielen, *ich* überspiele (habe überspielt), **1)** *es,* übertrage Bild- oder Tonaufnahmen, z. B. von einer Schallplatte auf Tonband. **2)** *es,* Ü gehe geschickt darüber hinweg: *sie überspielte die peinliche Situation.* **3)** *ihn,* ⚽ komme durch geschicktes Spiel an ihm vorbei (Fußball). **überspielt,** **1)** durch häufige Wettspiele ermüdet. **2)** österr.: schon häufig gespielt, nicht mehr neu (vom Klavier). **Überspielung** *die, -/-en.*

überspitzen, *ich* überspitze (habe überspitzt) *es,* Ü behandle zu spitzfindig, übertreibe: *eine überspitzte Formulierung.* **Überspitzung** *die, -.*

übersprechen, *ich* überspreche (übersprach, habe übersprochen) *ein Band,* nehme auf ein bereits bespieltes Tonband noch zusätzlich einen Text auf.

überspringen, *es* springt über (sprang über, ist übergesprungen), **1)** greift über (Funke, auch Ü). **2)** ragt vor (Gebäudeteil). **überspringen,** *ich* überspringe (habe übersprungen) *es,* **1)** springe darüber hinweg. **2)** Ü lasse aus: *in diesem Roman kann man ein paar Seiten überspringen.*

übersprudeln, *Wasser* sprudelt über (ist übergesprudelt), tritt (beim Kochen) über den Rand eines Gefäßes: *sie sprudelte über vor Freude,* Ü.

überstaatlich, über den Staaten stehend, supranational: *überstaatliche Gemeinschaften,* mit eigenen Hoheitsrechten ausgestattete.

Überstand *der,* das Vorspringen, z. B. des Dachs über den Giebel, Abb. G 25. **überständig,** *überständiger Baum.* **überständig, 1)** übriggeblieben. **2)** ♣ überaltert, nicht mehr wuchskräftig.

überstehen, *es* steht über (hat übergestanden), springt vor: *das Dach steht über.* **überstehen,** *ich* überstehe (habe überstanden), es überdauere, bestehe, halte durch: *nach überstandener Gefahr; wir haben die lange Reise gut überstanden.*

übersteigen, *ich* steige über (bin übergestiegen), Ü übersteige. **übersteigen,** *ich* übersteige (habe überstiegen) *es,* klettere darüber hinweg: *das übersteigt meine Kräfte,* Ü ist mehr, als ich bewältigen kann.

übersteigern, *ich* übersteig(e)re (habe übersteigert) *ihn, es,* überbiete, steigere es zu sehr, übertreibe: *übersteigerte Vorstellungen.* **Übersteigerung** *die, -.*

Übersteigung *die,* das Übersteigen.

überstellen, *ich* überstelle (habe überstellt) *ihn, es,* K übergebe (nach behördl. Anordnung) einer anderen Stelle. **überstellig,** schweiz.: übermütig.

Überstellung *die,* das Überstellen.

übersteuern, *ich* übersteu(e)re (habe übersteuert), **1)** ⦿ *es,* überlaste einen Verstärker so, daß Verzerrungen entstehen. **2)** *das Auto übersteuert,* zeigt kurvenwilliges Verhalten bei kleinem Lenkausschlag.

überstiegen, überspannt, verstiegen: *überstiegene Vorstellungen.* **Überstiegenheit** *die, -/-en.*

überstimmen, *man* überstimmt (hat überstimmt) *ihn,* die Mehrzahl stimmt gegen ihn: *er wurde überstimmt.*

überstrahlen, *es* überstrahlt (hat überstrahlt), 1) *es,* wirft helles Licht. 2) *ihn, es,* Ü übertrifft: *der Glanz ihrer Stimme überstrahlte alle anderen.*

überstrapazieren, *nur Infinitiv und Partizip Perfekt üblich,* zu sehr beanspruchen: *hoffentlich habe ich Ihre Geduld nicht überstrapaziert,* U.

überstreichen, *ich* überstreiche (habe überstrichen) *es,* streiche Farbe auf eine schon vorhandene.

überstreifen, *ich* streife ein (habe übergestreift), ziehe etwas schnell und lose an, ziehe darüber: *sie streifte nur schnell den Morgenmantel über.*

überstreuen, *ich* streue *es* über (habe übergestreut), U überstreue. **überstreuen,** *ich* überstreue (habe überstreut) *es,* streue darüber.

überströmen, *es* strömt über (ist übergeströmt), fließt stark über: *er strömte über vor Dankbarkeit (Freude, Mitleid),* Ü. **überströmen,** *es* überströmt (hat überströmt) *etwas,* strömt darüber, überschwemmt.

Überstunde *die,* eine über die regelmäßige betriebl. Arbeitszeit hinaus geleistete Arbeit: *Überstundenbezahlung.*

überstürzen, *ich* überstürze (habe überstürzt) *mich, es,* mache zu schnell, haste zu sehr: *er hat die Reise überstürzt abgebrochen.* **Überstürzung** *die, -.*

übersünig, *schweiz.:* ausgelassen, übertrieben.

übertariflich, *übertarifliche Leistungen; er wird ü. bezahlt.*

übertäuben, *ich* übertäube (habe übertäubt) *es,* betäube, decke durch etwas anderes zu: *der Lärm übertäubt alles.* **Übertäubung** *die, -.*

überteuert, zu teuer: *überteuerte Angebote.* **Überteu(e)rung** *die.*

übertölpeln [zu Tölpel], *ich* übertölp(e)le (habe übertölpelt) *ihn,* überliste, betrüge. **Übertölp(e)lung** *die, -.*

übertönen, *ich* übertöne (habe übertönt) *ihn, es,* äußere mich so laut, daß ein anderes Geräusch verdeckt wird: *der Donner übertönte den Straßenlärm.*

Übertrag *der, -(e)s/ᵘe,* Buchhaltung: die Überschreibung eines Betrages auf das nächste Blatt oder auf ein anderes Konto. **übertragbar,** so beschaffen, daß es übertragen werden kann: *dieser Ausweis ist nicht ü.* **Übertragbarkeit** *die, -.* **übertragen,** *ich* trage *es mir* über (trug über, habe übergetragen), U trage so lange, bis es mir nicht mehr gefällt: *ich habe mir das Kleid übergetragen.* **übertragen,** *ich* übertrage (übertrug, habe übertragen) *es,* 1) *bringe von einer Stelle zur andern: ich ü.* Posten aus dem vorjährigen Rechnung in die diesjährige; diese Krankheit überträgt sich nur durch direkten Kontakt mit dem Kranken. 2) übersetze: *der Roman wurde aus dem Französischen ins Deutsche übersetzt.* 3) *wende auf etwas anderes an: ein Wort in übertragener Bedeutung,* bildlich angewendet. 4) ⟨ᵧ⟩ Hörfunk, Fernsehen: übermittle eine öffentliche Veranstaltung durch Direktsendung. 5) trage ein Kind über den errechneten Geburtstermin hinaus. 6) *ihm,* beauftrage ihn damit: *er übertrug ihm die Reparaturarbeiten am Haus.* 7) *ihm,* übereigne, trete an ihn ab: *ihm wurde die Vollmacht übertragen.* **Überträger** *der, -s/-,* ein Transformator für Zwecke der elektr. Nachrichtentechnik. **Überträger** *der,* Person, Sache u. a., die etwas überträgt, überbringt: *Krankheitsüberträger.* **Übertragung** *die,* ⟨ᵧ⟩ **Übertragungsgüte** *die,* die Empfindlichkeit eines Schallempfängers (Mikrophon). **Übertragungstechnik** *die,* ⟨ᵧ⟩ der Abschnitt zwischen Sende- und Empfangstechnik.

übertrainiert, durch Training zu stark beansprucht.

übertreffen [ahd. ubartreffan], *ich* übertreffe (übertraf, habe übertroffen) *ihn,* bin besser, leiste mehr: *er hat sich selbst übertroffen,* war besser als je zuvor; *das übertrifft alle meine Erwartungen; er übertraf ihn an Zielstrebigkeit.*

übertreiben [mhd. übertriben], *ich* übertreibe (habe übertrieben) *es,* übersteigere, halte kein Maß: *er übertreibt seine Ansprüche; die Schilderung war stark übertrieben.* **Übertreibung** *die, -/-en.*

übertreten, *ich* trete über (trat über, bin übergetreten), 1) trete bei sportl. Wettkämpfen über die vorgeschriebene Linie hinaus, z. B. beim Weitsprung. 2) *zu einem anderen Glauben, zu einer anderen Partei,* konvertiere, wechsle die Partei. 3) *ein Fluß tritt über,* geht über die Ufer. **übertreten,** *ich* übertrete (übertrat, habe übertreten), 1) *mir den Fuß,* verstauche leicht. 2) *eine Vorschrift,* verstoße dagegen. **Übertretung** *die, -/-en,*

1) Verletzung einer Regel, eines Gebotes: *im Übertretungsfall,* K. 2) 🜨 früher: leichteste strafbare Handlung.

übertrieben, von übertreiben.

Übertritt [mhd. übertrit] *der,* 1) das Verlassen des einen, um sich dem anderen anzuschließen: *sein Ü. zum Katholizismus.* 2) das Überschreiten: *Grenzübertritt.*

übertrumpfen, *ich* übertrumpfe (habe übertrumpft) *ihn, es,* 1) Kartenspiel: nehme mit einem höheren Trumpf. 2) Ü überbiete, laufe ihm den Rang ab.

übertun, *ich* übertue (habe übertan), *schweiz.:*) *es,* treibe zu toll. 2) *mich,* überanstrenge mich.

übertünchen, *ich* übertünche (habe übertüncht) *Wände,* streiche sie mit Tünche.

überübermorgen, U am dritten Tag nach heute.

überu(f)e, *schweiz.:* in einem oberen Raum. **überuse,** *schweiz.:* hinaus (aus einem Haus).

überversichern, *ich* überversich(e)re (habe überversichert) *mich, es,* versichere mit dem Versicherungswert übersteigenden Summe. **Überversich(e)rung** *die.*

übervölkert, zu dicht bewohnt. **Übervölkerung** *die, -,* zu große Bevölkerungsdichte.

übervorsichtig, übermäßig vorsichtig, ängstlich.

übervorteilen, *ich* übervorteile (habe übervorteilt) *ihn,* überliste, bereichere mich auf seine Kosten: *er hat mich übervorteilt.* **Übervorteilung** *die, -/-en.*

überwach, im Bewußtsein gesteigert; voll gespannter Aufmerksamkeit. **überwachen,** *ich* überwache (habe überwacht) *ihn, es,* beaufsichtige, beobachte, kontrolliere.

überwachsen, *Pflanzen überwachsen* (überwuchsen, haben überwachsen) *es,* überziehen, bedecken (Mauer, Steine). **Überwachung** *die, -/-en,* das Überwachen: *Luftüberwachung.*

überwallen, *es* wallt über (ist übergewallt), kocht über (Wasser): *überwallende Freude,* Ü.

überwältigen [zu Gewalt], *ich* überwältige (habe überwältigt) *ihn,* besiege, bezwinge, mache wehrlos; *Zorn überwältigte ihn,* Ü erfaßte ihn mit unwiderstehlicher Kraft. **überwältigend,** außerordentlich, großartig: *ü. komisch; ein überwältigender Erfolg.* **Überwältigung** *die.*

überwälzen, *ich* überwälze (habe überwälzt) *es,* wälze ab, schiebe ab (Kosten, Verantwortung).

überwechseln, *ich* wechs(e)le über (bin übergewechselt), gehe heimlich ins feindliche Lager über.

überweg, ⅏ 1) auf der anderen Seite, gegenüber. 2) hinüber. 3) darüber hinweg; Ü oberflächlich.

Überweg *der,* Übergang: *Fußgängerweg.*

überweisen [mnd. overwisen], *ich* überweise (habe überwiesen), 1) *es (ihm, an ihn, auf ein Konto),* sende zu, zahle bargeldlos. 2) *ihn, es,* weise zu, teile zu: *der Patient wurde an einen Facharzt überwiesen.* 3) *ihn, österr.:* überführe: *der Täter wurde überwiesen.* **Überweisung** *die.*

überwendlich, überwendlings, *ich* nähe *ü.,* verbinde Gewebe so, daß die Fäden über die Kanten hinweggehen, vgl. Abb. N 2.

überwerfen, *ich* werfe *es (mir)* über (warf über, habe übergeworfen), hänge mir schnell ein Kleidungsstück um. **überwerfen,** *ich* überwerfe *mich* (überwarf mich, habe mich überworfen) *mit ihm,* verzanke mich. **Überwerfung** *die, -.*

überwerten, *ich* überwerte (habe überwertet) *es,* schätze zu hoch ein. **Überwertung** *die.*

überwiegen, *es* überwiegt (hat überwogen), ist in der Mehrzahl, ist im Vorteil, kommt an erster Stelle: *das Gute ü.* **überwiegend** [auch 'ybar-], in erster Linie, in der Überzahl: *ü. Studenten; der überwiegende Teil.*

überwindbar, so beschaffen, daß man es überwinden kann: *überwindbare und unüberwindbare Hindernisse.*

überwindeln, *ich* überwind(e)le (habe überwindelt) *es, österr.:* nähe die Schnittkante um (bei Geweben).

überwinden [ahd. ubarwintan], *ich* überwinde (überwand, habe überwunden), 1) *ihn,* besiege, werde damit fertig: *wir überwanden alle Schwierigkeiten.* 2) *mich,* ringe es mir ab, tue es, obwohl es mir widerstrebt: *er überwand sich, höflich zu ihm zu sein.* **Überwinder** [ahd. ubarwindare] *der, -s/-,* Sieger. **Überwindung** *die, -,* 1) Sieg über jemand. 2) Selbstbezwingung: *das hat mich viel Ü. gekostet.*

überwintern, *Tiere überwintern* (haben überwintert), 1) verbringen den Winter in wärmeren Gegenden oder in inaktivem Zustand (Winterschlaf). 2) *ich überwint(e)re im Süden,* U verbringe dort den Winter. 3) *eine Pflanze überwintert,* überlebt den Winter. **Überwinterung** *die, -.*

überwölben, ich überwölbe (habe überwölbt) *einen Raum,* baue eine Wölbung darüber. **Überwölbung** *die.*

überwuchern, *es* überwuchert (hat überwuchert) *es,* wächst so dicht, daß kein Untergrund zu sehen ist: *der Garten war von Unkraut überwuchert.* **Überwuch(e)rung** *die, -.*

Überwurf *der,* **1)** Umhang, ein lockeres Gewand. **2)** ✗ ein Ringergriff. **3)** Eingeweidebruch beim Rind.

Überzahl *die, -,* überaus große Zahl, Mehrzahl: *die Feinde waren in der Ü.,* waren zahlreicher als wir. **überzählen,** ich überzähle (habe überzählt) *es,* zahle zuviel. **überzählen,** ich überzähle (habe überzählt) *es,* prüfe die Zahl, zähle (schnell) nach. **überzählig,** über die Zahl hinausgehend, überschüssig, unnötig: *überzählige Exemplare müssen zurückgegeben werden.*

überzeichnen, ich überzeichne (habe überzeichnet), **1)** *eine Anleihe,* überschreite den aufgelegten Betrag. **2)** *ihn, es,* Ü stelle übertrieben dar: *der Held des Romans wurde in seinen Charakterzügen überzeichnet.* **Überzeichnung** *die.*

überzeugen [mhd. überziugen ›durch Zeugen überführen‹], ich überzeuge (habe überzeugt), **1)** *ihn von etwas,* bekehre zu meiner Ansicht: *er überzeugte sich an Ort und Stelle vom Geschehen; ich bin davon überzeugt.* **überzeugend,** glaubhaft: *überzeugende Argumente.* **Überzeugung** *die,* **1)** Gewinnung eines anderen zu einer Ansicht: *Überzeugungskraft.* **2)** fester Glaube, Gewißheit: *ich habe die Ü. gewonnen, daß . . .; Überzeugungstäter; überzeugungstreu.*

überziehen, ich ziehe über (habe übergezogen), **1)** *es, ziehe* an, trage über der Kleidung: *ich habe noch eine Strickjacke übergezogen.* **2)** *ihm eins,* Ü gebe einen Schlag. **überziehen,** ich überziehe (habe überzogen), **1)** *es, bedecke: das Bett ist frisch überzogen; der Himmel überzieht sich mit Wolken; das Land wurde mit Krieg überzogen,* zum Kriegsschauplatz gemacht. **2)** *mein Konto,* hebe mehr ab, als mein Guthaben ausweist. **3)** *ein Flugzeug,* vergrößere den Anstellwinkel zu stark. **4)** *die Sendezeit,* halte als Veranstalter die festgesetzte Zeit nicht ein (bei Direktübertragungen). **Überzieher** *der,* Herrenmantel.

überzüchtet, einseitig auf Leistung oder Rassenmerkmale gezüchtet: *ein überzüchtetes Pferd.*

Überzug *der,* **1)** Bezug, auswechselbare Hülle. **2)** dünne Schicht, Lasur: *Schokoladenüberzug.*

überzwerch [vgl. zwerch], *oberdt.:* **1)** über Kreuz, quer. **2)** verdreht, verschroben (Person).

ubi bene, ibi patria [lat.], wo (es mir) gut (geht), da (ist mein) Vaterland.

Ubier *der, -s/-,* Angehöriger eines german. Volkes.

Ubiquist [lat. ubique ›überall‹] *der, -en/-en,* ⊕ ♁ ein Lebewesen ohne besondere Standortansprüche. **ubiquitär,** überall vorkommend. **Ubiquität** *die, -,* **1)** Allgegenwart: *die U. Gottes.* **2)** Ubiquitäten, Pl., ☿ überall vorkommende Güter.

üblich [zu üben], gewohnt, gebräuchlich, herkömmlich: *zur üblichen Zeit; das ist (nicht mehr) ü.*

U-Bogen, Bogen über dem (handgeschriebenen) u.

U-Boot *das,* Kurzw. für: Unterseeboot: *U-Boot-Krieg.*

übrig [mhd. überic], restlich, verbleibend, überschüssig: *die übrigen Sachen schicke ich nach; das ist ü.; alles übrige, andere; die übrigen, anderen; im übrigen, ferner, sonst; er wird noch etwas ü. haben, einen Rest; er hat übrig etwas ü.,* Ü er hat sie gern; *du kannst ein übriges tun, etwas zusätzlich tun; das soll noch ü. sein;* vgl. aber: *übrigbehalten; übrigbleiben; übriglassen.* **übrigbehalten,** ich behalte *es* übrig (behielt übrig, habe übrigbehalten), habe einen Rest. **übrigbleiben,** ich bleibe übrig (bin übriggeblieben), verbleibe als Letzter, als Rest: *von seinem Reichtum ist wenig übriggeblieben.* **übrigens,** nebenbei bemerkt. **übriglassen,** ich lasse *es* übrig (ließ übrig, habe übriggelassen), lasse einen Rest, behalte zurück: *ich muß noch Geld übriglassen.*

Übung [ahd. uobunga ›Prüfung‹] *die, -/-en,* **1)** das Üben, stetiges Wiederholen zur Vervollkommnung, zum Erwerben einer Geschicklichkeit: *Turnübung; Fingerübungen am Klavier; Leibesübungen; Ü. macht den Meister.* **2)** Gewandtheit, erworbene Geschicklichkeit: *man muß in Ü. bleiben, darf nicht aus der Ü. kommen.* **3)** Seminar mit praktischen Übungen an der Hochschule: *ich nehme an einer Ü. über amerikanische Spracheigentümlichkeiten teil; Seminarübung.* **4)** ⚔ Manöver: *Geländeübung; Truppenübungsplatz; Übungsmunition.* **5)** ⚔ Brauch.

Ucht(e) [mhd. uhte] *die, -/. . .ten, niederdt.:* Morgendämmerung.

u. d. ä., Abk. für: und dem ähnliche(s).

u. desgl. (m.), Abk. für: und desgleichen (mehr).

u. dgl. (m.), Abk. für: und dergleichen (mehr).

u. d. M., Abk. für: unter dem Meeresspiegel.

ü. d. M., Abk. für: über dem Meeresspiegel.

Udo [ahd. uodal ›Erbgut‹, ›Heimat‹], männl. Vorname.

UdSSR, Abk. für: Union der Sozialistischen Sowjetrepubliken, die Sowjetunion.

Ufer [mhd. uover] *das, -s/-,* Gestade, Rand eines Gewässers, Küste: *Flußufer; Uferbefestigung; ein Fluß tritt über die U.* **uferlos,** grenzenlos, unbeschränkt: *ein uferloses Thema; die Wünsche gingen ins uferlose,* viel zu weit; aber: *ihre Verleumdungen grenzen ans Uferlose.* **Uferlosigkeit** *die, -.* **Uferschnepfe** *die,* ein Regenpfeifervogel.

Ufert *die, -, schweiz.:* Himmelfahrt.

uff!, Seufzer der Erleichterung.

u. ff., Abk. für: und folgende (Seiten).

Uffz., Abk. für: Unteroffizier.

uflig [zu auf], *schweiz.:* wohlgemut, kräftig.

Ufo [engl. unidentified flying object] *das, -(s)/-s,* Kurzw. für: unbekanntes Flugobjekt.

U-förmig, in Form eines U der lateinischen Schrift.

Ugander *der, -s/-,* **Uganderin** *die, -/-nen,* Bewohner(in) des afrikan. Staates Uganda. **ugandisch.**

uh! [Schallw.], Ausruf des Schauerns.

U-Haft *die,* U kurz für: Untersuchungshaft.

UHF, Abk. für: ultra high frequency, Wellenbereich der Ultrahochfrequenz (Wellenbereich: 10–100 cm).

Uhl [mhd. ule] *die, -/-en, niederdt.:* **1)** Eule. **2)** Federbesen (zum Reinigen von Wänden und Decken). **uhlen,** ich uhle (habe geuhlt), *niederdt.:* fege, kehre. **Uhlenflucht** *die, niederdt.:* **1)** Uhlenloch, Loch oben im Giebel des niedersächsischen Bauernhauses. **2)** ohne Pl., Abenddämmerung. **Uhlenspiegel** *der, niederdt.:* Eulenspiegel.

Uhr [mnd. ur(e), zu lat. hora ›Stunde‹] *die, -/-en,* Instrument zur Zeitmessung, ABB. U 1, vgl. ABB. Z 5: *Uhrkette; Uhr(en)armband; Uhrengeschäft; Quarzuhr; Sonnenuhr; ich muß nach U. sehen; wieviel U. ist es?; es ist Punkt zehn U.; meine U. geht fünf Minuten vor (nach); meine U. ist stehengeblieben; ich stelle meine U. auf; er stellt seine U. etwas vor; wir arbeiten rund um die U.,* 24 Stunden lang. **Uhrchen** *das, -s/-,* **1)** gläserne Abdeckung des Ziffernblattes einer Uhr. **2)** kreisförmiges flaches Schälchen in chem. Laboratorien. **Uhrmacher** *der,* Handwerker, der Uhren repariert. **Uhrwerk** *das,* das Uhr und period. Vorgänge erzeugt und einer Anzeige zugänglich macht. **Uhrzeigersinn** *der:* im U., kreisförmig rechtsherum.

Uhu [ahd. huwo] *der, -s/-s,* ein Eulenvogel.

uk [u:k'a:], ⚔ Abk. für: unabkömmlich, vom Wehrdienst befreit: *er wurde uk gestellt.*

Ukas [russ. ukazat' ›befehlen‹] *der, -es/-e,* früher: Erlaß der Zaren; Befehl, Verordnung.

Ukelei [poln. ukleja] *der, -s/-e oder -s,* ein Weißfisch.

ukerwendisch, *niederdt.:* verdreht.

Ukulele *die, -/-s,* kleine hawaiianische Gitarre.

UKW, Abk. für: Ultrakurzwellen: *UKW-Sender.*

Ulan [poln., zu türk. oghlan ›junger Mann‹] *der, -en/-en,* Lanzenreiter. **Ulanka** *die, -/-s,* Waffenrock der Ulanen.

Ulcus *das, -/'Ulcera,* ⚕ Ulkus.

Ule *die, -/-n,* Uhl.

Ulema [arab. ›Gelehrte‹] *der, -s/-s,* islam. Rechtsgelehrter.

Uli, Kurzform von Ulrich, Ulrike u. a.

Ulk [mnd. ulk ›Unheil‹, ›Plage‹] *der, -s/-e, Pl. selten,* **1)** lustiger Unfug, Spaß. **2)** *norddt.:* Unglück; Plage; Lärm.

Ulk *der, -(e)s/-e, niederdt.:* Iltis.

ulken [zu Ulk], ich ulke (habe geulkt), U scherze, spaßhaft, komisch; seltsam.

Ulkus [lat. ulcus] *das, -/'Ulzera,* ⚕ Geschwür.

Ulla, Kurzform von Ursula oder Ulrike.

Ulme [ahd. elm(o), elmboum, zu lat. ulmus] *die, -/-n,* Rüster, ein Laubbaum.

Ulrich [ahd. ›Herr im Erbgut‹], männl., **Ulrike,** weibl. Vorname.

Ulster [nach der histor. Provinz Ulster in Nordirland] *der, -s/-,* **1)** zweireihiger Herrenmantel. **2)** schwerer Mantelstoff.

ult., Abk. für: ultimo. **Ultima ratio** [lat. ultimus ›letzter‹ und ratio ›Berechnung‹, ›Denken‹] *die, -,* letztes Mittel. **ultimativ.**

Ultimatum [mlat.] *das, -s/. . .ten oder -s,* letzte, äußerste

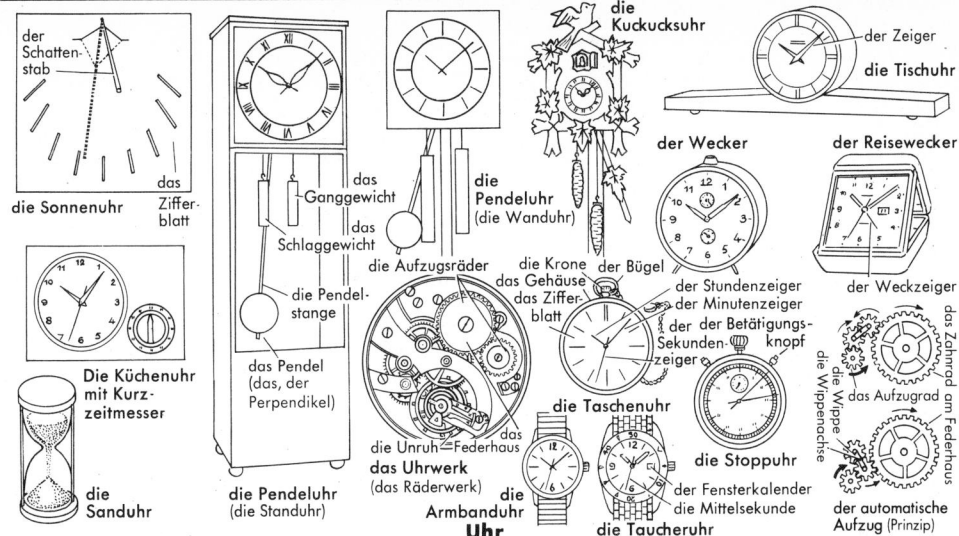

die Sonnenuhr — der Schattenstab — das Zifferblatt

die Pendeluhr (die Wanduhr) — das Ganggewicht — das Schlaggewicht — die Aufzugsräder — die Pendelstange — das Pendel (das, der Perpendikel)

die Kuckucksuhr

die Tischuhr

der Wecker — der Reisewecker — der Weckzeiger

Die Küchenuhr mit Kurzzeitmesser

die Sanduhr

die Pendeluhr (die Standuhr)

das Uhrwerk (das Räderwerk) — die Unruh — das Federhaus

die Taschenuhr — die Krone — der Bügel — das Gehäuse — das Zifferblatt — der Stundenzeiger — der Minutenzeiger — der Sekundenzeiger — der Betätigungsknopf

die Armbanduhr — die Uhr — die Taucheruhr — der Fensterkalender — die Mittelsekunde

die Stoppuhr

der automatische Aufzug (Prinzip) — die Wippe — die Wippenachse — das Zahnrad am Federhaus — das Aufzugrad

Aufforderung, befristete Forderung (vor Abbruch der Verhandlungen): *ich stelle ihm ein U.* **ultimo** [ital.], Abk.: ult., am Letzten (des Monats). **Ultimo** *der, -s/-s,* 🄐 letzter Tag eines Zeitabschnitts oder einer Frist: *per U.,* zum Monatsletzten; *Ultimogeschäft.*

ultra . . . [lat. ›über . . . hinaus‹, ›jenseits‹], **1)** über . . . hinaus. **2)** jenseits. **Ultra** *der, -s/-s,* Ü Vertreter einer extremen polit. Richtung. **Ultrafilter** *der,* Filter von sehr geringer Porenweite. **Ultrakurzwellen,** *Pl.,* Abk.: UKW, elektromagnet. Wellen mit einer Länge von 1 bis 10 m: *Ultrakurzwellensender.* **ultramarin** [lat. marinus ›zum Meer gehörend‹, zu mare ›Meer‹, eigtl. ›jenseits des Meeres‹], kornblumenblau. **Ultramarin** *das, -s,* Lasurblau, eine kornblumenblaue Farbe. **Ultrametamorphose** *die,* 🜨 Gesteinswandlung, bei der das Ausgangsgestein weitgehend im mobilen Zustand vorliegt. **Ultramikroskop** *das,* ein Mikroskop für die Wahrnehmung kleinster Teilchen. **ultramontan** [lat. mons ›Berg‹, eigtl. ›jenseits der Berge‹ (hier: der Alpen), d. h. in Rom], dem Papst bedingungslos ergeben. **Ultramontanismus** [vgl. . . . ismus] *der,* Schlagwort für Anhänger des Papstes, bes. im 19. Jahrh. katholisch engagierte Personen und Richtungen. **ultra posse nemo obligatur** [lat.], über seine Kräfte hinaus kann niemand verpflichtet werden (römischer Rechtsgrundsatz). **ultrarot,** infrarot. **Ultraschall** *der,* Schall mit Frequenzen oberhalb der menschl. Hörgrenze: *Ultraschalltherapie; Ultraschallwellen.* **Ultraschallprüfung** *die,* ⚙ ein Verfahren der zerstörungsfreien Werkstoffprüfung. **Ultrastrahlung** *die,* energiereiche Strahlung aus dem Kosmos: *kosmische U.* **Ultrastruktur** *die,* Biologie: Feinbau der Organismen bis in den molekularen Bereich. **ultraviolett,** Abk.: UV: *ultraviolette Strahlen,* UV-Strahlen, die im Spektrum jenseits des Violetts liegenden, kürzeren, unsichtbaren, aber chemisch wirksameren Strahlen.

Ulzera, *Pl.* von Ulkus.

um [ahd. umbi] *ihn* oder *etwas,* Präposition, ÜBERS. P 21, **1)** im Kreise, ringsum, umgebend, umspannend: *er ging um ihn herum; wir saßen alle um den Tisch; die Frauen um Goethe,* Ü die ihm in seinem Leben nahestanden. **2)** bei einer Beziehung ausdrückend: *er hat sich um diese Stadt verdient gemacht; er bittet um Geld, um Rat, um Hilfe, um vieles; Streit um die Erbschaft; um Antwort wird gebeten,* Abk.: u. A. w. g. **3)** das Aufeinanderfolge bezeichnend: *sie kämpften sich Meter um Meter vorwärts; Jahr um Jahr vergeht; wir warten Stunde um Stunde.* **4)** bei Uhrzeiten die volle Stunde bezeichnend: *um sechs Uhr.* **5)** kurze Zeit davor oder danach, etwa: *um 1900; um die Jahrhundertwende.* **6)** einen Gegenwert bezeichnend: *ich habe das Bild um 100 Schillinge gekauft,* ✂, noch österr.; um keinen Preis; um nichts

in der Welt; *Auge um Auge, Zahn um Zahn,* B. **7)** einen Unterschied bezeichnend: *um ein Haar wäre es passiert,* Ü beinahe; *er ist um vieles älter; die Veranstaltung wurde um eine Woche verschoben.* **8)** in verschiedenen Wendungen: vorbei, es verlierend: *er ist ums Leben, um den Verstand, um sein Vermögen gekommen,* hat es verloren; *er kommt um seinen Vorteil, bringt sich um alles.* **9)** mit Genitiv: für, wegen: *um dessentwillen; um seines Vorteils willen.* **um,** *um zu,* Konjunktion: damit, mit dem Ziel: *er tat alles, um den Plan zu verhindern.*

um, Adverb, **1)** U vorbei, zu Ende: *deine Zeit ist um – wird bald umsein,* zu Ende. **2)** einen Unterschied bezeichnend: *um so besser; um so weniger; um so mehr.* **3)** etwa: *es waren um die 20 Personen.* **um . . . , 1)** mit Verben trennbar oder untrennbar zusammengesetzt, vgl. ÜBERS. V 2, F: rundum, ringsum: *ich umrahme; wir umstellen;* verändernd: *ich rahme um, er stellt um;* niederwerfend: *er hat den Eimer umgestoßen;* vgl. umackern. **2)** auf der anderen Seite: *umstehend; umseitig.*

. . . um [lat.], Ableitungssilbe für sächl. Substantive: *das Faktum; das Neutrum.*

u. M., Abk. für: unter dem Meeresspiegel.

ü. M., Abk. für: über dem Meeresspiegel.

umackern, *ich ack(e)re es um* (habe umgeackert), pflüge. **umadressieren,** *ich adressiere es um* (habe umadressiert), schreibe eine veränderte Anschrift über die ursprüngliche. **umändern,** *ich ändere es um* (habe umgeändert), arbeite um, verändere. **Umänderung** *die.*

umarbeiten, *ich arbeite es um* (habe umgearbeitet), ändere gründlich: *das umgearbeitete Kleid saß immer noch nicht.*

umarmen, *ich umarme* (habe umarmt) *ihn,* umfasse liebevoll mit den Armen. **Umarmung** *die, -/-en.*

Umbau *der, -(e)s/-e* oder *-ten,* Umgestaltung eines Gebäudes oder der Bühne. **umbauen,** *ich baue es um* (habe umgebaut): *die Schule wurde während der Ferienzeit umgebaut.* **umbauen,** *ich umbaue* (habe umbaut) *es,* schließe durch Gebäude ein: *umbauter Raum,* der Inhalt des durch die Außenflächen eines Bauwerks bestimmten Raumes.

umbehalten, *ich behalte es um* (behielt um, habe umbehalten), U ziehe nicht aus (Kleidungsstück, Jacke, Schal).

Umbellifere [lat. umbra ›Schatten‹, ›Schirm‹ und ferre ›tragen‹] *die, -/-n,* 🜨 der Doldenblüter.

umbenennen, *ich benenne ihn, es um* (habe umbenannt), gebe einen anderen Namen: *die Straße wurde umbenannt.* **Umbenennung** *die.*

Umber *der, -s/-n,* **1)** eßbarer Mittelmeerfisch. **2)** ohne *Pl.,* Umbra.

umbesetzen, *ich besetze es um* (habe umbesetzt), ändere die Rollenverteilung bei Theaterstücken. **Umbesetzung** *die.*

umbesinnen, *ich* besinne *mich* um (besann mich um, habe mich umbesonnen), ändere meine bisherige Planung.

umbestellen, *ich* bestelle *ihn, es* um (habe umbestellt), ändere einen Auftrag, Termin: *der Patient wurde umbestellt.* **Umbestellung** *die.*

umbetten, *ich* bette *ihn* um (habe umgebettet), **1)** lege (den Kranken) in ein anderes Bett. **2)** lege (einen Toten) in ein anderes Grab. **Umbettung** *die.*

umbiegen, *ich* biege *es* um (habe umgebogen), krümme, verbiege.

umbilden, *ich* bilde *es* um (habe umgebildet), verändere, forme um, bilde neu: *die Regierung wurde umgebildet.* **Umbildung** *die.*

umbinden, *ich* binde *es (ihm)* um (band um, habe umgebunden), lege um: *ich binde mir ein Tuch, eine Schürze um.* **umbinden,** *ich* umbinde (umband, habe umbunden) *es,* schlinge herum, umwickle.

umblasen, *ich* blase *es* um (blies um, habe umgeblasen), werfe durch Blasen um.

umblättern, *ich* blätt(e)re *(es)* um (habe umgeblättert), wende eine Seite (Buch, Heft).

Umblick *der,* Rundblick von einem erhöhten Standpunkt.

umblicken, *ich* blicke *mich* um (habe umgeblickt), sehe mich um.

Um|bra [lat. umbra ›Schatten‹] *die,* -, **1)** ☆ Kern der Sonnenflecke. **2)** dunkelbrauner Erdfarbstoff.

umbranden [vgl. Brandung], *Wellen* umbranden (haben umbrandet) *es: Wellen umbranden den Fels.*

umbrausen, *es* umbraust (hat umbraust) *es: eine vom Wind umbrauste Küste.*

umbrechen, *ich* breche *es* um (brach um, habe umgebrochen), **1)** knicke ab: *der Wind hat den Baum umgebrochen.* **2)** pflüge. **umbrechen,** *ich* umbreche (umbrach, habe umbrochen) *es,* ⊞ stelle den Schriftsatz zu Seiten zusammen.

Um|brer *der, -s/-,* Angehöriger eines antiken Volksstammes in Mittelitalien.

umbringen, *ich* bringe um (habe umgebracht), **1)** *ihn, mich,* töte. **2)** *ich* übertreibe bei etwas maßlos: *er bringt sich um vor Liebenswürdigkeit.*

um|brisch, auf die Umbrer bezüglich.

Umbruch [zu umbrechen] *der,* **1)** ⊞ umbrochener Satz: *Umbruchkorrektur.* **2)** grundlegende (gesellschaftliche, polit.) Veränderung: *diese Zeitspanne ist vom U. geprägt.*

umbuchen, *ich* buche um (habe umgebucht), ⊿ buche auf ein anderes Konto (Geld); buche anders: *ich habe meine Reise umgebucht.* **Umbuchung** *die.*

umdenken, *ich* denke um (habe umgedacht), löse mich von bisherigen Vorstellungen, sehe die Dinge unter anderen Aspekten: *diese Generation hat umdenken müssen.*

umdeuten, *ich* deute *es* um (habe umgedeutet), gebe eine andere Deutung, Erklärung.

umdisponieren, *ich* disponiere um (habe umdisponiert), ändere meine Pläne.

umdrängen, *wir* umdrängen (haben umdrängt) *ihn, es,* stehen dicht herum: *Kinder umdrängten den Affenkäfig.*

umdrehen, *ich* drehe um (habe umgedreht), **1)** *es,* wende um. **2)** *mich,* mache eine Wendung. **Umdrehung** *die,* volle Drehung um eine Achse: *Umdrehungszahl.*

Umdruck *der, -(e)s/-e,* ⊿ die Übertragung einer Druckvorlage auf die Druckform mit Hilfe eines Zwischenabdrucks.

um|ein|ander, *kümmert euch u.!*

umfächeln, *der Wind* umfächelt (hat umfächelt) *es,* weht sanft von allen Seiten.

umfahren, *ich* fahre *ihn, es* um (fuhr um, habe umgefahren), werfe mit einem Fahrzeug um: *er hat im dichten Nebel den Mast umgefahren.* **umfahren,** *ich* umfahre (umfuhr, habe umfahren) *es,* fahre um etwas herum. **Umfahrt** *die.* **Umfahrung** *die, -/-en, österr. auch:* Umgehungsstraße.

umfallen, *ich* falle um (fiel um, bin umgefallen), **1)** falle zu Boden. **2)** Ü wechsle (überraschend) meine Meinung.

Umfang [mhd. umbevanc] *der,* **1)** △ die Länge der Begrenzungslinie. **2)** Begrenzung, Ausdehnung; Ausmaß: *Leibesumfang; er hat das Problem nicht in seinem vollen U. erkannt; Arbeiten in größerem U.* **umfangen,** *ich* umfange (umfing, habe umfangen) *ihn, es,* **1)** umarme. **2)** umfasse. **umfänglich, umfangreich,** ausgedehnt, viel enthaltend.

umfassen, *ich* fasse *es* um (habe umgefaßt), gebe einem Edelstein eine andere Fassung. **umfassen,** *ich* umfasse (habe umfaßt), **1)** *ihn, es,* umschließe mit den Armen oder Händen. **2)** *es,* begrenze ringsum. **3)** *es umfaßt es,* Ü enthält, behandelt: *die*

Bibel umfaßt das Alte und das Neue Testament; *umfassende* Kenntnisse, ausgedehnte, beträchtliche. **Umfassung** *die: Umfassungsmauer.*

Umfeld *das: das gesellschaftliche U.; das kulturhistorische U. einer Komposition.*

umfirmieren, *ich* firmiere um (habe umfirmiert), nehme einen anderen Firmennamen an.

umfliegen, *ich* fliege um (bin umgeflogen), Ü falle um.

umfliegen, *ich* umfliege (habe umflogen) *es,* fliege an etwas vorbei, nicht darüber hinweg: *der Pilot umflog die Alpen.*

umfließen, *Wasser* umfließt (umfloß, hat umflossen) *Land,* fließt ringsum: *von Wasser umflossenes Land.*

umformen, *ich* forme um (habe umgeformt), gebe eine andere Form: *die Schule hat sie umgeformt,* Ü. **Umformer** *der, ⚡* Maschine zum Umwandeln elektr. Energie in solche einer anderen Art, z. B. Gleichstrom in Wechselstrom und umgekehrt: *Kontaktumformer.* **Umformung** *die.*

Umfrage *die,* Rundfrage, Frage an viele Personen: *Meinungsumfrage.*

umfrieden [mhd. umbevriden], *ich* umfriede (habe umfriedet, umfriedigt) *es,* fasse ein, umzäune. **Umfriedigung, Umfriedung** *die, -/-en,* Einfassung (Zaun, Gitter, Mauer, Hecke).

umfüllen, *ich* fülle *es* um (habe umgefüllt), schütte Flüssigkeit von einem Gefäß in ein anderes.

umfunktionieren, *ich* funktioniere *es* um (habe umfunktioniert), U ändere in seiner Funktion: *wir funktionieren das Zimmer in ein Büro um.* **Umfunktionierung** *die, -/-en.*

Umgang [mhd. umbeganc, zu umgehen] *der,* **1)** ohne Pl., *mit ihm,* gesellschaftl. Verkehr, das Zusammenleben: *der U. mit Menschen; er pflegt wenig U.; die Rekruten lernen den U. mit neuen Waffen,* Ü. **2)** ⊞ überdachter Gang um ein Gebäude: *Säulenumgang.* **3)** 🜨 Umdrehung, vgl. Abb. S 31. **4)** Umzug, Prozession. **5)** Teil des Pferdegeschirrs, um die Hinterhand geführt, Abb. G 13. **6)** *wir nehmen davon U.,* K österr., schweiz.: nehmen davon Abstand. **umgänglich,** verträglich, freundlich. **Umgänglichkeit** *die, -.* **Umgangsform** *die, meist Pl.,* das Benehmen im Umgang mit anderen Menschen: *er hat gute Umgangsformen.* **Umgangssprache** *die,* Sprache des tägl. Lebens (im Unterschied zur Hochsprache), Übers. M 24. **umgangssprachlich.**

umgarnen, *ich* umgarne (habe umgarnt) *ihn,* betöre durch meine Reize, durch List oder Schmeicheleien.

umgaukeln, *es* umgaukelt (hat umgaukelt) **1)** *es,* flattert um etwas herum: *der Schmetterling umgaukelte die Blüte.* **2)** *ich* umgaukle *ihn,* U umschmeichle ihn.

umgeben, *ich* umgebe (umgab, habe umgeben) *ihn, mich* mit etwas, schließe im Kreis ein: *sie ist gern mit gutaussehenden Mädchen; sie ist von liebevoller Fürsorge umgeben; das Dorf ist von Wäldern umgeben; Berge umgeben die Stadt von allen Seiten.* **Umgebung** *die, -* **1)** die umliegende Landschaft: *Wien hat eine schöne U.* **2)** Ü die Menschen, mit denen man verkehrt: *in der U. des Ministers war zu hören, daß . . .*

Umgegend *die,* U Umgebung.

umgehen, *ich* gehe um (ging um, bin umgegangen), **1)** U mache einen Umweg. **2)** *mit ihm,* behandle ihn in bestimmter Weise: *sie kann gut mit ihm umgehen; lerne, damit umzugehen!* **3)** *es,* ist in Umlauf: *im Schloß ging ein Geist um, es spukt; ein Gerücht geht um.* **umgehen,** *ich* umgehe (umging, habe umgangen) *es,* mache einen Bogen darum: *wir müssen den Sumpf umgehen; der Gegner soll umgangen werden,* man will ihm in den Rücken fallen; *das Problem läßt sich nicht länger umgehen,* Ü; *ich u. ein Gesetz, eine Vorschrift,* Ü finde einen straffreien Weg, um das Verbotene doch zu tun. **umgehend, 1)** unverzüglich, sofortig: *umgehende Benachrichtigung.* **2)** sogleich, sofort: *die Benachrichtigung erfolgt u.* **Umgehung** *die, -/-en.* **Umgehungsstraße** *die,* Straße, die einen Ort, eine (verkehrsreiche) Innenstadt umgeht.

umgekehrt, anders herum, entgegengesetzt: *in umgekehrter Reihenfolge; u. proportional.*

umgestalten, *ich* gestalte *es* um (habe umgestaltet), verändere, bringe in eine andere Form. **Umgestaltung** *die: die U. des Marktplatzes im Zug der Altstadtsanierung.*

umgießen, *ich* gieße *es* um (habe umgegossen), **1)** schütte Flüssigkeit von einem Gefäß in ein anderes. **2)** gebe einem Gußstück durch erneutes Gießen eine andere Form.

umgraben, *ich* grabe *(es)* um (grub um, habe umgegraben), wende mit dem Spaten die oberste Erdschicht um.

umgreifen, *ich* umgreife (habe umgriffen) *es,* umfasse mit den Händen.

umgrenzen, ich umgrenze (habe umgrenzt) es, begrenze von allen Seiten. **Umgrenzung** die, -/-en.

umgruppieren, ich gruppiere es um (habe umgruppiert), ordne in anderer Weise. **Umgruppierung** die: durch U. der Möbel entstand ein anderer Raumeindruck.

umgucken, ich gucke mich um (habe mich umgeguckt), U sehe mich um: du wirst dich noch umgucken!, U eine unangenehme Erfahrung machen.

umgürten, ich gürte es um (habe umgegürtet), lege an.

umgürten, ich umgürte mich (habe mich umgürtet) mit etwas, schnalle um (Schwert, Gürtel).

umhaben, ich habe es um (habe umgehabt), U trage (Kleidungsstück, Schmuck): sie hatte ein buntes Tuch um.

umhacken, ich hacke es um (habe umgehackt), 1) lockere den Boden mit der Hacke. 2) lege um durch Hacken: er hat alle Sträucher am Zaun umgehackt.

umhalsen, ich umhalse (habe umhalst) ihn, umarme, falle ihm um den Hals.

Umhang der, mantelartiges Kleidungsstück ohne Ärmel; leichter Überwurf: Frisierumhang. **umhängen,** ich hänge es um (habe umgehängt), 1) hänge an einen anderen Ort: ich will das Bild umhängen. 2) trage (ein Kleidungsstück) locker: sie hängt sich eine Stola um; Umhängetasche.

umhauen, ich haue es um (hieb um, habe umgehauen), schlage so, daß es umfällt, ABB. H 10: der Baum muß umgehauen werden; das haut einen um, U da ist man sprachlos vor Erstaunen; der Gestank hat mich fast umgehauen, U.

umher..., planlos bald hierhin, bald dorthin; mit Verben trennbar zusammengesetzt (U dafür meist herum...): umherblicken; umherfahren; umherlaufen; umherschauen; umherschweifen; umherstreifen; umherziehen. **umherirren,** ich irre umher (bin umhergeirrt), gehe planlos bald hierhin, bald dorthin, ohne recht zu wissen, wo ich bin: eine Stunde lang sind wir im Wald umhergeirrt..

umhinkönnen, ich kann nicht umhin (habe nicht umhingekonnt), zu tun, muß es tun: ich konnte nicht umhin, ihn auf sein schlechtes Benehmen hinzuweisen.

umhören, ich höre mich um (habe mich umgehört) nach etwas, suche (durch Fragen) zu erfahren.

umhüllen, ich umhülle (habe umhüllt) es, umgebe mit einer Hülle. **Umhüllung** die, -/-en.

umjubeln, die Menge umjubelt (hat umjubelt) ihn, verehrt jubelnd: der Star wurde von seinen Fans umjubelt.

umkämpft, im Mittelpunkt eines Kampfes stehend: ein hart umkämpfter Brückenkopf; eine heftig umkämpfte Entscheidung, Ü.

Umkehr [ahd. umbecher] die, -, Wendung zurück, Beginn des Rückwegs. **umkehrbar,** in zwei Richtungen möglich, ins Gegenteil zu wenden (Gedanken, Vorgänge, Sachen). **umkehren,** ich kehre um, 1) (bin umgekehrt), wende, mache mich auf den Rückweg: ich mußte noch einmal umkehren, weil ich etwas vergessen hatte. 2) (habe umgekehrt) es, stelle auf den Kopf, Ü verdrehe ins Gegenteil; vgl. umgekehrt. **Umkehrfilm** der, photograph. Film, der mit Entwicklung das Positiv ergibt. **Umkehrlinse** die, Sammellinse, die der Aufrichtung des Bildes im terrestrischen Fernrohr dient. **Umkehrung** die, -/-en, 1) das Umkehren, Verkehrung ins Gegenteil. 2) ♪ die Umwandlung der Höhenverhältnisse der Töne.

umkippen, ich kippe um (habe umgekippt), falle um, werde ohnmächtig: er ist umgekippt, Ü hat seine Meinung grundlegend geändert. 2) ein Gewässer kippt um (ist umgekippt), stirbt ab, enthält infolge Eutrophierung oder durch zu viele Abwässer keine für höhere Lebewesen biologisch notwendige Stoffe mehr. 3) (habe umgekippt) es, werfe um, stoße (versehentlich) um: sie kippte ihre Tasse um.

umklammern, ich umklamm(e)re (habe umklammert) ihn, es, umfasse heftig, halte kräftig: ängstlich umklammerte sie seine Hand. **Umklamm(e)rung** die, -/-en: Umklammerungsreflex bei Neugeborenen (z. B. durch Erschrecken).

umklappen, ich klappe um, 1) (habe umgeklappt) es, schlage um, wende: die Rücksitze lassen sich umklappen, ⌂. 2) (bin umgeklappt), U werde ohnmächtig.

Umkleidekabine die, Umkleideraum. **umkleiden,** ich kleide mich um (habe mich umgekleidet), wechsle Kleidung.

umkleiden, ich umkleide (habe umkleidet) es, bedecke ringsum: der Durchgang war ganz mit Stoff umkleidet. **Umkleideraum** der, Raum zum Wechseln der Kleidung.

umknicken, ich knicke um, 1) (bin umgeknickt) mit dem Fuß, verliere den Halt. 2) (habe umgeknickt) es, biege um.

umkommen, ich komme um (kam um, bin umgekommen), komme ums Leben, sterbe: bei dem Grubenbrand sind mehrere Bergleute umgekommen; ich komme um vor Hunger, U habe sehr großen Hunger.

Umkreis der, -es, 1) Umgebung. 2) ein Kreis, der durch alle Ecken eines Vielecks geht, ABB. D 14, V 6. **umkreisen,** ich umkreise (habe umkreist) es, bewege mich im Kreis um etwas: der Satellit umkreist den Mond. **Umkreisung** die, -/-en: Erdumkreisung.

umkrempeln, ich kremp(e)le um (habe umgekrempelt), 1) es, schlage (ein Kleidungsstück) hoch, kehre von innen nach außen (Socken). 2) es, ihn, Ü verändere von Grund auf.

Umkristallisation die, 1) ⟳ Verfahren zur Reinigung kristallisierbarer Stoffe. 2) Vorgang bei der diagenetischen und metamorphen Gesteinsumbildung.

umladen, ich lade es um (lud um, habe umgeladen), packe eine Ladung von einem Transportmittel auf ein anderes. **Umladung** die.

Umlage die, die Verteilung einer aufzubringenden Summe auf einen Personenkreis. **umlagern,** ich lag(e)re es um (habe umgelagert), bringe an einen anderen Lagerplatz. **umlagern,** Menschen umlagern (haben umlagert) mich, ihn, es, umringen, schließen ringsum ein. **Umlagerung** die: die U. der Vorräte. **Umlagerung** die: die U. des Festredners durch Menschen.

Umland das, -(e)s, Gebiet um eine Stadt.

Umlauf [mhd. umbelouf] die, 1) Kreislauf: Umlaufzeit. 2) Rundschreiben. 3) ϟ eitrige Fingerentzündung. **Umlaufbahn** die, Bahn eines Gestirns oder Satelliten um ein anderes Gestirn: die U. eines Satelliten um die Erde, den Mond. **Umlaufberg** der, Berg in einer ehemaligen Flußschlinge. **umlaufen,** es läuft um (lief um, ist umgelaufen), kreist: ein Gerücht läuft um. **umlaufen,** ich umlaufe (umlief, habe umlaufen) es, laufe um etwas herum. **Umlaufrädergetriebe** das, ⊙ Zahnradgetriebe mit mehreren umlaufenden Rädern, bes. das Planetengetriebe.

Umlaut der, Ⓢ Veränderung des Lautwertes eines Vokals unter dem Einfluß eines hellen Folgelautes, im Deutschen a, o, u zu ä, ö, ü, ÜBERS. A 2. **umlauten,** ich laute es um (habe umgelautet), mache zum Umlaut, z. B. u zu ü.

umlegen, ich lege um (habe umgelegt), 1) ihn, es, lege an eine andere Stelle, verändere die Richtung: der Patient wird umgelegt; die Strecke wurde umgelegt. 2) es um, mir, binde, hänge um: sie legte sich eine Kette, ein Tuch um. 3) es, verteile (Kosten, Land) auf mehrere Personen. 4) es, U werfe um, lege nin. 5) ihn, U töte. **Umlegung** die, -/-en: Baulandumlegung.

umleiten, ich leite es um (habe umgeleitet), führe auf eine andere Strecke: wegen eines Unfalls mußte der Verkehr umgeleitet werden. **Umleitung** die.

umlernen, ich lerne um (habe umgelernt), lerne etwas anderes: in seiner neuen Stellung mußte er von Grund auf umlernen.

umliegend, in der näheren Umgebung, ringsum befindlich: die umliegenden Ortschaften.

ummauern, ich ummau(e)re (habe ummauert) es, baue eine Mauer um etwas herum: der Hof wurde ummauert.

ummelden, ich melde mich um (habe mich umgemeldet), melde bei einer Behörde eine Veränderung: du mußt dich bei veränderter Adresse polizeilich ummelden; das Auto wurde auf meinen Namen umgemeldet. **Ummeldung** die.

ummodeln, ich mod(e)le um (habe umgemodelt), U ändere ab, forme um: der neue Chef will den ganzen Betrieb ummodeln. **Ummod(e)lung** die, -/-en.

ummünzen, ich münze es um (habe umgemünzt), präge um: seine Aussage wurde ins Gegenteil umgemünzt, Ü.

umnachtet [zu Nacht], verwirrt, seelisch krank: sein Geist ist u. **Umnachtung** die, -: die letzten Jahre seines Lebens verbrachte er in geistiger U.

umnähen, ich nähe es um (habe umgenäht), schlage Stoff um und nähe ihn fest. **umnähen,** ich umnähe (habe umnäht) es, befestige einen Stoffrand mit Stichen.

umnehmen, ich nehme es um (nahm um, habe umgenommen), U hänge um: es ist kühl, du solltest ein Tuch umnehmen.

umorganisieren, ich organisiere es um (habe umorganisiert), ändere die Struktur: der Betrieb soll umorganisiert werden.

umpflanzen, ich pflanze es um (habe umgepflanzt), versetze eine Pflanze. **umpflanzen,** ich umpflanze (habe umpflanzt) es, setze Pflanzen ringsherum: das Grab war mit Efeu umpflanzt. **Umpflanzung** die: die U. aus dem Topf ins Freiland. **Umpflanzung** die.

Umpf

umpflügen, *ich* pflüge *(es)* um (habe umgepflügt), wende die Erdschollen mit dem Pflug um.

umpolen, *ich* pole um (habe umgepolt), **1)** *es,* ≠ vertausche Plus- und Minuspol. **2)** *ihn,* U versuche zu ändern.

umprägen, *ich* präge *es* um (habe umgeprägt), ändere die Prägung.

umquartieren, *ich* quartiere *ihn* um (habe umquartiert), gebe ihm ein anderes Quartier. **Umquartierung** *die, -/-en.*

umranden, *ich* umrande (habe umrandet) *es,* versehe mit einem Rand: *die Todesanzeige war schwarz umrandet.* **umrändert,** *ihre Augen waren rot u.,* ringsum gerötet, verweint. **Umrandung** *die, -/-en.*

umranken, *es* umrankt (hat umrankt) *es,* schlingt sich um etwas: *Weinreben umrankten das Gemäuer.*

umräumen, *ich* räume *(es)* um (habe umgeräumt), ordne Möbel anders. **Umräumung** *die.*

umrechnen, *ich* rechne *es* um (habe umgerechnet), rechne einen Betrag in anderer Währung aus. **Umrechnung** *die: die U. von DM in Drachmen; Umrechnungskurs.*

umreißen, *ich* reiße *ihn, es* um (riß um, habe umgerissen), werfe um, reiße nieder: *der Sturm hat den Mast umgerissen.* **umreißen,** *ich* umreiße (umriß, habe umrissen) *es,* **1)** ziehe die Begrenzungslinien. **2)** U schildere in großen Zügen: *er umriß seine weiteren Pläne.*

umrennen, *ich* renne *ihn, es* um (habe umgerannt), U bringe zu Fall.

Umrichter *der,* Stromrichter zur Umwandlung elektrischer Energie in Strom anderer Spannung, Frequenz und Phasenzahl.

umringen, *Menschen* umringen (haben umringt) *mich, ihn, es,* stehen im Kreis rundum.

Umriß [zu umreißen] *der,* Begrenzungslinie, Kontur: *ich zeichne, schildere etwas in Umrissen.*

umrühren, *ich* rühre *es* um (habe umgerührt), rühre, quirle.

ums, U um das: *es geht ums Ganze.*

umsägen, *ich* säge *es* um (habe umgesägt), fälle durch Sägen (Baum).

umsatteln, *ich* satt(e)le um (habe umgesattelt), **1)** *ein Pferd,* lege einen anderen Sattel auf. **2)** (habe, bin umgesattelt), U wechsle den Beruf, das Studienfach: *er will von Jura zur (auf) Medizin umsatteln.*

Umsatz [zu umsetzen] *der,* **1)** ⚖ der Wert der abgesetzten Waren in einer Zeiteinheit: *Tagesumsatz; Umsatzsteigerung; Umsatzrückgang.* **2)** ohne Pl., ⚙ größere Korrektur, Veränderung eines schon gesetzten Textes. **Umsatzsteuer** *die,* allgemeine Verbrauchsteuer, die an den Umsatz gekoppelt ist.

umsäumen, *ich* säume *es* um (habe umgesäumt), nähe um, säume. **umsäumen,** *ich* umsäume (habe umsäumt) *es,* fasse ringsherum ein: *der Bach ist von Wiesen umsäumt,* Ü.

umschalten, *ich* schalte um (habe umgeschaltet), **1)** *es,* verändere durch Schalten. **2)** Ü stelle mich auf etwas anderes ein: *nach dem Urlaub kann ich nur schwer wieder auf Arbeit umschalten.* **Umschalter** *der,* Vorrichtung zum Umschalten, zum Verändern durch Schalten. **Umschaltung** *die.*

umschattet, mit Schatten umgeben (Augen).

Umschau *die,* Rundschau, Blick nach allen Seiten: *ich halte U. nach etwas,* suche es. **umschauen,** *ich* schaue *mich* um (habe mich umgeschaut), siehe umsehen.

Umschicht *die,* ✂ Schichtwechsel. **umschichtig,** abwechselnd: *wir halten u. Krankenwache.* **Umschichtung** *die,* Veränderung der (gesellschaftl.) Schichten: *soziale U.; Umschichtungsprozeß; Umschichtungsvorgang.*

umschiffen, *ich* umschiffe (habe umschifft) *es,* fahre mit dem Schiff um etwas herum: *ich habe im Gespräch alle Klippen umschifft,* Ü alle Probleme übergangen.

Umschlag [mhd. umbeslac] *der,* **1)** Hülle, Verpackung, lockere Schutzhülle um Bücher, Hefte, Briefe: *Schutzumschlag,* ABB. B 49, B 53. **2)** Packung mit feuchten Tüchern zu Heilzwecken. **3)** plötzlicher Wechsel ins Gegenteil: *Stimmungsumschlag; Wetterumschlag.* **4)** ohne Pl., das Umladen von Gütern: *Umschlagplatz für Südfrüchte; Umschlagbahnhof; Umschlaghafen.* **5)** umgeschlagene Kante (an Ärmeln, Hosen).

umschlagen, *ich* schlage um (schlug um, habe umgeschlagen), **1)** *ihn,* bringe zum Fallen. **2)** *es,* hänge um, wickle mich hinein. **3)** *es,* wende (Ärmel, Saum), blättere um (Buchseiten), ABB. S 21. **4)** *es,* lade um (Güter). **5)** *es schlägt um* (ist umgeschlagen), fällt um, stürzt (Baum), kentert (Boot). **6)** *es schlägt um,* ändert sich plötzlich: *der Wind, das Wetter, die Stimmung ist umgeschlagen.*

umschließen, *ich* umschließe (umschloß, habe umschlos-sen), **1)** *es, ihn,* P umfasse. **2)** *es* umschließt *es,* umgibt ringsum: *eine Mauer umschließt den Park.* **Umschließung** *die.*

umschlingen, *ich* schlinge *es* um (schlang um, habe umgeschlungen), lege lose um (Schal, Tuch). **umschlingen,** *ich* umschlinge (umschlang, habe umschlungen), **1)** *ihn, es,* umarme. **2)** *es* umschlingt *es,* schlingt sich darum. **Umschlingung** *die, -/-en.*

umschmeicheln, *ich* umschmeich(e)le (habe umschmeichelt) *ihn,* sage nur Angenehmes, ihn Erfreuendes: *die warme Luft umschmeichelte mich,* P.

umschmeißen, *ich* schmeiße *es* um (schmiß um, habe umgeschmissen), U werfe um.

umschmelzen, *ich* schmelze *es* um (habe umgeschmolzen), bringe durch Schmelzen in eine andere Form. **Umschmelzung** *die.*

umschnallen, *ich* schnalle *es* um (habe umgeschnallt), befestige mit einer Schnalle: *ich schnalle den Gürtel um.*

umschreiben, *ich* schreibe *es* um (habe umgeschrieben), ändere durch erneutes Schreiben: *das Stück wurde umgeschrieben.* **umschreiben,** *ich* umschreibe (habe umschrieben) *es,* **1)** sage mit anderen Worten: *er hat alle Fremdwörter geschickt umschrieben.* **2)** umgrenze, stelle genau fest: *seine Rechte lassen sich folgendermaßen umschreiben; umschrieben,* ✃ scharf abgegrenzt. **Umschreibung** *die.* **Umschrift** *die,* **1)** Transkription. **2)** Münz- und Siegelkunde, eine Inschrift, die parallel zum Rand läuft, ABB. M 25.

umschulden, *ich* schulde *es* um (habe umgeschuldet), ⚖ wandle kurzfristige in langfristige Schulden um. **Umschuldung** *die, -.*

umschulen, *ich* schule *ihn* um (habe umgeschult), **1)** gebe auf eine andere Schule. **2)** bilde für einen anderen Beruf aus. **Umschulung** *die.*

umschütten, *ich* schütte *es* um (habe umgeschüttet), gieße, fülle um (Flüssigkeit, Körner, Mehl u. a.).

umschwärmen, *die Menge* umschwärmt (hat umschwärmt) **1)** *ihn, es,* umgibt ihn, es in Scharen: *Mücken umschwärmen den Teich.* **2)** *ihn,* Ü bewundere, verehrt: *der Filmstar wurde von vielen jungen Leuten umschwärmt.*

Umschweife [mhd. umbesweif, zu Schweif], Pl., Umwege, Umstände, Verzögerungen, ablenkende Reden: *er macht U.; sprich ohne U.!*

umschwenken, *ich* schwenke um (bin umgeschwenkt), gehe in eine andere Richtung: *als es schwierig wurde, ist er umgeschwenkt,* Ü hat er seine Ansicht geändert.

umschwirren, *es* umschwirrt (hat umschwirrt) *mich, es,* fliegt um mich, um es: *von Bienen umschwirrt.*

Umschwung *der,* **1)** ✕ Drehung um ein Gerät, ABB. L 7. **2)** Ü Wendepunkt, einschneidende Änderung: *Meinungsumschwung; ein politischer U.* **3)** ohne Pl., schweiz.: Umgebung des Hauses, Garten.

umsegeln, *ich* umseg(e)le (habe umsegelt) *es,* fahre mit einem Segelschiff um etwas herum. **Umseg(e)lung** *die, -/-en: Weltumsegelung.*

umsehen, *ich* sehe *mich* um (sah mich um, habe mich umgesehen), **1)** sehe nach allen Richtungen: *darf ich mich in der Wohnung etwas umsehen?* **2)** sehe nach hinten: *ohne sich noch einmal umzusehen, ging er weg.* **3)** nach etwas, Ü bemühe mich darum: *er sieht sich nach einer neuen Arbeit um.* **Umsehen** *das: im U., im* Nu.

umsein, *es* ist um (war um, ist umgewesen), U ist vorbei: *der Monat ist um.*

umseitig, umseits, auf der anderen Seite.

umsetzen, *ich* setze um (habe umgesetzt), **1)** *mich, ihn, es,* setze an eine andere Stelle. **2)** *es,* verändere: *er setzte das Musikstück von F-Dur in C-Dur um.* **3)** *es,* verkaufe (Waren). **4)** *ich setze mein Vorhaben in die Tat um,* verwirkliche. **5)** *es setzt sich um,* ⟳ verwandelt sich: *Stärke setzt sich in Zucker um.* **6)** ⚖ nehme Umsatz vor. **Umsetzung** *die, -/-en.*

Umsicht *die,* kluges, zielbewußtes Beachten aller Umstände: *er handelt mit U.* **umsichtig,** bedacht, überlegt. **Umsichtigkeit** *die, -.*

umsiedeln, *ich* sied(e)le um, **1)** (bin umgesiedelt), verlasse mein bisheriges Wohngebiet. **2)** (habe umgesiedelt) *ihn,* siedle ihn in einem neuen Wohngebiet an: *nach dem Krieg wurden ganze Bevölkerungsgruppen umgesiedelt.* **Umsied(e)lung** *die, -/-en.* **Umsiedler** *der.*

umsinken, *ich* sinke um (sank um, bin umgesunken), falle hin: *ich sinke um vor Müdigkeit,* Ü.

um so, österr.: **umso,** vgl. um (Adverb).

umsonst [mhd. umbe sus], **1)** vergebens, erfolglos: *alle*

840

Bemühungen, Worte waren u.; er hat sich u. geärgert. **2)** U kostenlos, ohne Bezahlung: der Eintritt ist u.

umsorgen, ich umsorge (habe umsorgt) ihn, kümmere mich liebevoll um ihn.

umspannen, ich spanne Strom um (habe umgespannt), wandle eine Spannung in eine andere um: Umspannstation; Umspannwerk. **umspannen,** ich umspanne (habe umspannt) es, umgreife, umfasse: ein großer, die Welt umspannender Geist, Ü. **Umspanner** der, Transformator.

umspielen, ich umspiele (habe umspielt), **1)** ihn, Fußball u. a. Ballspiele: dribble um den gegner. Spieler herum. **2)** es umspielt etwas, bewegt sich sanft um etwas: ein Lächeln umspielte ihren Mund. **3)** ein Thema wird umspielt, in abgewandelter Form mehrfach wiederholt (Theater, Musik, Kunst, Literatur).

umspinnen, ich umspinne (umspann, habe umsponnen) es, lege ein Gespinst um etwas: das Klavier hat mit Kupferdraht umsponnene Saiten.

umspringen, ich springe um (sprang um, bin umgesprungen), **1)** mit ihm, U behandle ihn schlecht, rücksichtslos: so darfst du nicht mit ihm umspringen. **2)** der Wind springt um, weht plötzlich aus einer anderen Richtung. **umspringen,** ich umspringe (umsprang, habe umsprungen) ihn, es, springe um ihn, etwas herum. **Umsprung** der, auch Drehsprung, Skisport: Art der Richtungsänderung am Steilhang.

umspülen, Wasser umspült (hat umspült) etwas, umfließt: die Wellen umspülten mich.

umspulen, ich spule es um (habe umgespult), wickle auf eine andere Spule (Film, Tonband).

umspuren, ich spure um (habe umgespurt), **1)** es, ändere die Spurweite von Eisenbahnwagen. **2)** ich muß umspuren, U meine Pläne grundlegend ändern.

Umstand [mhd. umbestant ›das Herumstehen‹, ›Umstand‹, ›Sachverhalt‹] der, **1)** besonderes Verhältnis, besondere Lage oder sonstige bemerkenswerte Einzelheit, Sachverhalt: unter Umständen, Abk.: u. U., gegebenenfalls; er will sich jeden U. merken; das ist noch ein kleiner, entscheidender U. zu klären; unter anderen Umständen, sonst, wenn es anders wäre: unter diesen Umständen lehne ich ab; das Gericht billigte ihm mildernde Umstände; die näheren Umstände sind noch nicht bekannt; sie ist in anderen Umständen, U schwanger. **2)** meist Pl., unnötige Mühe, Förmlichkeiten: mach bitte keine Umstände! **umständehalber,** wegen der Sachlage; aber: gewisser Umstände halber. **umständlich,** zeitraubend, weitläufig: sei nicht so u.! **Umständlichkeit** die, -. **Umstandsbestimmung** die, Ⓢ Adverbialbestimmung. **umstandshalber,** wegen eines bestimmten Umstandes: VW Golf, Baujahr 1980, u. zu verkaufen (Zeitungsannonce). **Umstandskleid** das, Kleid für Schwangere. **Umstandskrämer** der, U schwerfälliger Mensch, der seine Unentschlossenheit alles verzögert. **Umstandssatz** der, Ⓢ Adverbialsatz, ÜBERS. S 79. **Umstandswort** das, -(e)s/⁼er, Ⓢ Adverb, ÜBERS. G 34.

umstechen, ich steche es um (stach um, habe umgestochen), grabe um. **umstechen,** ich umsteche (umstach, habe umstochen) es, **1)** befestige einen Rand mit Stichen. **2)** ⚕ verschließe ein eröffnetes Blutgefäß durch Naht.

umstecken, ich stecke es um (habe umgesteckt), stecke an andere Stelle (Stöpsel, Stecker): Umsteckkalender.

umstehen, die Menge umsteht (hat umstanden) ihn, es, steht um ihn, etwas herum: der Platz ist von Bäumen umstanden. **umstehend,** auf der anderen Seite: u. finden Sie die Erläuterungen zu diesem Spiel.

Umsteig(e)karte die, Fahrkarte, die zum Umsteigen berechtigt. **umsteigen,** ich steige um (bin umgestiegen), steige von einem Fahrzeug in ein anderes: Sie müssen in Frankfurt umsteigen; im Sommer werde ich wieder aufs Fahrrad umsteigen, U. **Umsteiger** der, U Umsteigekarte.

umstellen, ich stelle es um (habe umgestellt), **1)** stelle auf einen anderen Platz (Möbel). **2)** es, schalte um (elektrische Geräte). **3)** (es), wandle um: der Betrieb hat seine Produktion umgestellt; wir stellen auf Selbstbedienung um. **4)** mich auf etwas, passe mich neuen Gegebenheiten an: in vorgerücktem Alter kann man sich nicht mehr leicht umstellen. **umstellen,** wir umstellen (haben umstellt) ihn, es, stellen uns rundum, umzingeln: die Polizei umstellte das Haus. **Umstellung** die, **1)** das Umstellen. **2)** ohne Pl., Anpassung an etwas Neues: die U. auf die neuen Maschinen fällt den Arbeitern schwer. **Umstellen,** das Umzingeln.

Umsteuerung die, ⊙ die Umkehrung der Drehrichtung von Maschinen.

umstimmen, ich stimme um (habe umgestimmt), **1)** ein Instrument, ♪ ändere seine Stimmung. **2)** ihn, veranlasse ihn, seine Ansicht zu ändern: nur mit großer Mühe konnte ich ihn umstimmen.

umstoßen, ich stoße es um (stieß um, habe umgestoßen), **1)** werfe durch Stoßen um. **2)** Ü ändere (plötzlich): wegen des Unwetters habe ich meine Urlaubspläne umgestoßen.

umstricken, ich umstricke (habe umstrickt) ihn, umgarne.

umstritten [zu streiten], nicht eindeutig geklärt, verschieden beurteilt: umstrittene Gesetze.

umstrukturieren, ich strukturiere es um (habe umstrukturiert), gebe eine neue Struktur: der Arbeitsprozeß wird umstrukturiert. **Umstrukturierung** die.

umstülpen, ich stülpe es um (habe umgestülpt), kehre, drehe um: ich stülpe die Taschen um.

Umsturz der, gewaltsame (polit.) Veränderung, Revolution: ein gescheiterter Umsturzversuch. **umstürzen,** ich stürze um, **1)** (bin umgestürzt), falle um, hin. **2)** (habe umgestürzt) es, werfe, kippe um, z. B. einen Stuhl; U verändere grundlegend: er will alles Bestehende umstürzen. **Umstürzler** der, -s/-, jemand, der zu einem Umsturz beiträgt. **umstürzlerisch.**

Umtausch der: heruntergesetzte Waren sind vom U. ausgeschlossen. **umtauschen,** ich tausche es um (habe umgetauscht), tausche eine Sache gegen eine andere: der Rock paßt nicht, ich werde ihn umtauschen; ich möchte 100 DM in Lire umtauschen.

umtopfen, ich topfe eine Pflanze um (habe umgetopft), pflanze in einen anderen Blumentopf.

Umtrieb [mhd. umbetribe] der, **1)** meist Pl., Machenschaften, Intrigen: revolutionäre Umtriebe. **2)** es herrschte viel U., U alles war sehr beschäftigt. **3)** 🌲 Zeit von der Pflanzung bis zum Abholzen. **umtriebig,** ständig tätig, unruhig: ein umtriebiger Mensch.

Umtrunk der, Rundtrunk, das Trinken reihum.

umtun, ich tue um (tat um, habe umgetan), U **1)** es, hänge um, ziehe an. **2)** mich (nach etwas), bemühe mich darum, suche es: ich muß mich demnächst nach einer neuen Wohnung umtun.

U-Musik die, U kurz für: Unterhaltungsmusik.

umverteilen, ich verteile es um (habe umverteilt), verteile anders als bisher: das Volkseinkommen wird durch steuerliche Maßnahmen umverteilt. **Umverteilung** die: Einkommens- und Vermögensumverteilung.

Umwälzanlage die, Anlage für die Wiederaufbereitung verbrauchten Wassers. **umwälzen,** ich wälze es um (habe umgewälzt), **1)** bringe (etwas Schweres) in eine andere Lage. **2)** das Wasser im Schwimmbecken wird umgewälzt, aufbereitet. **3)** umwälzend, grundlegend verändernd, revolutionär: umwälzende Ereignisse, Ideen. **Umwälzpumpe** die, Pumpe, die eine Flüssigkeit in einen geschlossenen Kreislauf fördert. **Umwälzung** die, -/-en, grundlegende Veränderung, Umsturz, Revolution.

umwandeln, ich wand(e)le es um (habe umgewandelt), verändere. **Umwand(e)lung** die: die U. einer AG in eine GmbH, 🖉.

umwechseln, ich wechs(e)le es um (habe umgewechselt), wechsle (Geld): ich habe mein Reisegeld in Lire umgewechselt.

Umweg der, längerer Weg als der übliche: wegen Sperrung der Hauptstraße mußten wir einen U. machen; auch einen langen U. kam er endlich zum Kern der Sache, Ü; er konnte sein Ziel nur auf Umwegen erreichen, Ü.

Umwelt die, -, **1)** die Gesamtheit aller auf einen Organismus einwirkenden Faktoren: kritisches Umweltbewußtsein; Umweltkatastrophe; Umweltplanung; Umweltschäden; Umweltskandal; Umweltverschmutzung; Maßnahmen zur Erhaltung der Umweltqualität. **2)** Milieu, die soziale Umgebung des Menschen. **umweltbedingt,** umweltbedingte Krankheiten. **Umweltbelastung** die, negative Veränderung der Umwelt. **umweltbewußt,** Erziehung zu umweltbewußtem Verhalten. **Umweltchemikalien,** Pl., chem. Stoffe und Verbindungen, die durch menschl. Zutun in die Umwelt gebracht wurden. **Umwelteinfluß** der: Maßnahmen zur Vermeidung schädlicher Umwelteinflüsse. **Umweltfaktor** der, Bestandteil der unbelebten und belebten Umwelt, der auf das Lebewesen einwirkt. **umweltfreundlich,** die Ansiedlung umweltfreundlicher Industriezweige wird gefördert. **Umweltschutz** der, alle Maßnahmen zur Erhaltung und Wiedergewinnung eines gesunden Lebensraums: Umweltschutzalarm. **Umweltschützer** der, die U. demonstrieren gegen den Bau der Startbahn. **umweltstabil,** umweltstabile psychische Qualitäten.

umwenden, ich wende um (habe umgewendet oder

umgewandt), **1)** *es,* wende zur anderen Seite: *kannst du die Notenblätter umwenden?* **2)** *mich,* drehe mich herum: *ohne sich noch einmal umzuwenden, ging er davon.*

umwerben, *ich* umwerbe (umwarb, habe umworben) *ihn, sie,* werbe um seine, ihre Gunst.

umwerfen, *ich* werfe um (warf um, habe umgeworfen), **1)** *ihn, es,* bringe zum Sturz: *der Wind warf die Gartenmöbel um; das hat mich umgeworfen,* Ü kam mir völlig überraschend; *ein Glas Bier wird dich schon nicht umwerfen.* **2)** *es mir,* lege mir rasch um (Mantel, Tuch). **umwerfend,** *eine u. komische Geschichte,* Ü sehr komische.

umwerten, *ich* werte *es* um (habe umgewertet). **Umwertung** [nach F. Nietzsche, 1844–1900] *die,* neue Wertung überlieferter Begriffe und Anschauungen.

umwickeln, *ich* umwick(e)le (habe umwickelt) *es,* wickle etwas um eine Sache herum: *mit Kupferdraht umwickelt.*

umwittert, *von Geheimnissen u.,* Ü umgeben; *geheimnisumwittert; skandalumwittert.*

umwoben [zu weben], *eine von Sagen umwobene Burgruine,* P.

umwölken, *der Himmel* umwölkt *sich* (hat sich umwölkt), bewölkt sich: *mit umwölkter Stirn,* P verstimmt, düster.

umwühlen, *ich* wühle *es* um (habe umgewühlt), bringe durcheinander.

umzäunen, *ich* umzäune (habe umzäunt) *es,* zäune ein. **Umzäunung** *die, -/-en,* das Umzäunen; Zaun.

umziehen, *ich* ziehe um, **1)** (bin umgezogen), wechsle die Wohnung: *wir sind letzte Woche umgezogen.* **2)** (habe umgezogen) *mich,* wechsle die Kleidung: *ich habe mich für den Abend umgezogen.*

umzingeln [zu Zingel], *wir* umzingeln (haben umzingelt) *den Feind,* schließen ein, umstellen. **Umzing(e)lung** *die, -/-en.*

Umzug *der,* **1)** Wohnungswechsel, besonders die Beförderung der Möbel. **2)** Aufmarsch, Rundgang eines Festzuges: *Fastnacht(s)umzug.*

UN, Abk. für: United Nations.

un. . . [ahd. un. . .], Präfix, **1)** verneinend, das Gegenteil bezeichnend: *unaufmerksam, die Unaufmerksamkeit; unbefangen, die Unbefangenheit.* **2)** ins Maßlose steigernd: *Unzahl; Unmasse.* **3)** negativ verstärkend: *Unmensch; Untier.*

unabänderlich, nicht mehr zu ändern: *es ist mein unabänderlicher Entschluß.* **Unabänderlichkeit** *die, -.*

unabdingbar [auch 'un-], **1)** ♋ rechtsverbindlich: *unabdingbare Rechtsnormen.* **2)** wesentlich notwendig: *unabdingbare Voraussetzungen.*

unabhängig, selbständig, frei: *ein unabhängiger Staat; sie ist finanziell u.; der Ausflug findet u. vom Wetter statt,* ohne Rücksicht darauf. **Unabhängigkeit** *die, -: Unabhängigkeitserklärung; Unabhängigkeitskrieg.*

unabkömmlich [auch -'kœm-], **1)** nicht entbehrlich (von Personen). **2)** ⚒ Abk.: uk, vom Wehrdienst befreit.

unablässig [auch 'un-], immer, ohne Unterbrechung.

unabsehbar [auch 'un-], **unabweislich** [auch 'un-], **1)** sehr groß. **2)** unklar, noch nicht zu erkennen: *die Folgen des Erdbebens sind u.* **Unabsehbarkeit** *die, -.*

unabsichtlich, ohne Absicht, aus Versehen: *entschuldige, das habe ich u. getan.*

unabweisbar [auch 'un-], **unabweislich** [auch 'un-], zwingend: *die genannten Gründe sind u.*

unabwendbar [auch 'un-], sicher eintreffend: *die Katastrophe war u.* **Unabwendbarkeit** *die, -.*

unachtbar, *schweiz.:* **1)** ehrlos. **2)** grob.

unachtsam, nicht aufmerksam, nachlässig. **Unachtsamkeit** *die: ein Unfall aus U.*

unanfechtbar [auch 'un-], so beschaffen, daß es nicht angefochten werden kann: *sein letzter Wille ist u.; moralisch unanfechtbares Verhalten.* **Unanfechtbarkeit** *die.*

unangebracht, nicht passend, taktlos: *deine Äußerungen sind völlig u.; eine unangebrachte Bemerkung.*

unangefochten, 1) unbestritten: *das Urteil blieb u.* **2)** unbehindert: *er konnte das Land u. verlassen.*

unangemessen, nicht passend, nicht entsprechend: *die Strafe war u. hart; unangemessenes Benehmen.*

unangenehm, unerfreulich, peinlich: *ein unangenehmer Mensch, Eindruck; es ist mir u., daß . . .; ich war u. überrascht.*

unangreifbar [auch 'un-], so beschaffen, daß er nicht angegriffen werden kann: *in dieser Stellung ist er u.*

unannehmbar [auch 'un-], nicht zuzumuten: *unannehmbare Forderungen.* **Unannehmlichkeit** *die, unangenehme,*

lästige Sache: *hoffentlich habe ich Ihnen keine Unannehmlichkeiten gemacht.*

unansehnlich, abgenutzt, nicht gepflegt, klein und häßlich. **Unansehnlichkeit** *die, -.*

unanständig, nicht ehrenhaft; das Schamgefühl verletzend. **Unanständigkeit** *die, -/-en.*

unantastbar [auch 'un-], über allen Zweifel erhaben. **Unantastbarkeit** [auch 'un-] *die, -.*

Unart [mhd. unart], *die, -/-en,* schlechte Gewohnheit; ungezogenes Benehmen. **unartig,** nicht folgsam: *unartige Kinder.* **Unartigkeit** *die.*

unartikuliert, 1) nicht deutlich gesprochen: *er gab nur unartikulierte Laute von sich.* **2)** nicht ausgesprochen: *unartikulierte Ängste.*

unäs|thetisch, das ästhetische Empfinden verletzend, abstoßend: *ein unästhetisches Äußeres.*

unaufdringlich, zurückhaltend, bescheiden: *das Kleid ist von unaufdringlicher Eleganz.*

unauffällig, nicht auffallend, bescheiden; von keinem bemerkt: *benimm dich bitte u.!; er war ihm u. gefolgt.*

unauffindbar [auch 'un-], nicht zu finden, verborgen.

unaufgefordert, von sich selbst aus, freiwillig.

unaufhaltbar [auch 'un-], **unaufhaltsam** [auch 'un-], nicht mehr zu beeinflussen: *der Niedergang der Firma war u.*

unaufhörlich [auch 'un-], ohne Unterlaß: *in unserem Urlaub regnete es u.; der unaufhörliche Lärm der Maschinen.*

unauflösbar [auch 'un-], **unauflöslich** [auch 'un-], nicht mehr zu trennen (Freundschaft, Ehe).

unaufmerksam, abgelenkt, zerstreut. **Unaufmerksamkeit** *die, -.*

unaufrichtig, nicht ehrlich. **Unaufrichtigkeit** *die.*

unaufschiebbar [auch 'un-], nicht auf einen späteren Termin zu verschieben: *unaufschiebbare Verhandlungen.*

unausbleiblich [auch 'un-], mit Sicherheit eintretend: *der Mißerfolg war u.; unausbleibliche Folgen.*

unausdenkbar [auch 'un-], nicht vorstellbar.

unausgefüllt, inhaltslos, leer: *seit seiner Pensionierung fühlt er sich u.,* Ü.

unausgeglichen, Ü sprunghaft im Wesen. **Unausgeglichenheit** *die.*

unausgegoren, Ü nicht reif, nicht gründlich überlegt: *unausgegorene Pläne.*

unausgesetzt, fortwährend, unaufhörlich: *seinen unausgesetzten Bemühungen war es zu verdanken, daß . . .*

unausgewogen, nicht alle Aspekte gleichmäßig berücksichtigend, unharmonisch: *eine unausgewogene Stellungnahme, Persönlichkeit.*

unauslöschlich [auch 'un-], unvergeßlich: *unauslöschliche Eindrücke.*

unaussprechbar [auch 'un-], in der Lautfolge so ungewohnt, daß man es kaum aussprechen kann. **unaussprechlich** [auch 'un-], **1)** Ü überwältigend groß, unbeschreiblich: *meine Freude ist u.* **2)** sehr: *u. glücklich.*

unausstehlich [auch 'un-], sehr unangenehm, lästig. **Unausstehlichkeit** [auch 'un-] *die, -.*

unausweichlich [auch 'un-], unausbleiblich, sicher.

Unband *der, -(e)s,* wildes Kind. **unbändig** [mhd. unbendec ›durch kein Band gehalten‹], **1)** wild, nicht zu zähmen: *ein unbändiges Temperament.* **2)** sehr groß, maßlos: *unbändige Freude.* **Unbändigkeit** *die, -.*

unbar, bezahlen Sie bitte u., nicht mit Bargeld, bargeldlos.

unbarmherzig, gefühllos, hart, grausam. **Unbarmherzigkeit** *die.*

unbeabsichtigt, aus Versehen, ohne Absicht: *es geschah u.*

unbeachtet, nicht beachtet: *er ließ alle Mahnungen u.*

unbeantwortet, ohne Antwort: *meine Frage blieb u.*

unbebaut, ohne Bebauung: *unbebaute Grundstücke.*

unbedacht [zu bedenken], ohne Überlegung: *er hat völlig u. gehandelt.* **unbedachterweise.** **Unbedachtheit** *die, -.* **unbedachtsam,** unbedacht. **Unbedachtsamkeit** *die.*

unbedarft [zu bedürfen], Ü unerfahren, unbedeutend, naiv, dumm: *sie macht einen recht unbedarften Eindruck.*

unbedenklich, über allen Zweifel erhaben, ohne Bedenken: *das kannst du u. kaufen.*

unbedeutend, nebensächlich, geringfügig.

unbedingt, 1) ohne Einschränkung: *er erwartet von ihr unbedingte Treue.* **2)** in jedem Fall: *diesen Film mußt du u. sehen; das ist nicht u. notwendig.* **Unbedingtheit** *die.*

unbeeinflußt, ohne Einfluß, von selbst: *das kann er nicht u. getan haben.*

unbefahrbar [auch 'un-], *durch die Überschwemmung ist die Straße u.*

unbefangen, 1) ohne Scheu: *ein unbefangenes Kind.* **2)** ohne Voreingenommenheit: *sagen Sie u. Ihre Meinung!* **Unbefangenheit** *die.*

unbefleckt, 1) sauber. **2)** Ü ✿ keusch, ohne Sünde: *die Unbefleckte Empfängnis Mariens.*

unbefriedigend, nicht zufriedenstellend: *unbefriedigende Leistungen.* **unbefriedigt,** enttäuscht, nicht zufrieden: *er fühlt sich u.*

unbefugt [zu fügen], nicht berechtigt. **Unbefugte** *der, die, -n/-n, ein -r, eine -,* unbefugte Person: *Unbefugten ist der Zutritt verboten.*

unbegabt, ohne Begabung. **Unbegabtheit** *die, -.*

unbegreiflich [auch 'un-], nicht zu verstehen, rätselhaft: *sein Verhalten ist mir u.; unbegreifliche Vorfälle.*

unbegrenzt, 1) ohne jede Einschränkung: *unbegrenztes Vertrauen; auf unbegrenzte Zeit.* **2)** △ unendlich.

unbegründet, ohne Grund; unberechtigt: *unbegründete Vorwürfe; deine Bedenken sind u.*

Unbehagen [mhd. unbehage] *das,* unangenehmes Gefühl, Gefühl der Unsicherheit: *sein Verhalten bereitet ihr U.* **unbehaglich,** *eine unbehagliche Wohnung,* ungemütliche.

unbehauen, nicht bearbeitet (Gestein): *unbehauener Marmor.*

unbehaust, ohne Heim; Ü ohne Zuflucht, schutzlos.

unbehelligt [auch 'un-], ohne Belästigung, nicht beeinträchtigt: *die Polizei ließ ihn u.; hier kannst du u. arbeiten.*

unbeherrscht, ohne Beherrschung, zügellos: *ein unbeherrschter Charakter.*

unbehindert [auch 'un-], frei, ohne Beeinträchtigung: *u. passierten wir die Grenze.*

unbeholfen, plump, nicht geschickt: *unbeholfene Bewegungen.* **Unbeholfenheit** *die, -.*

unbeirrbar [auch 'un-], nicht zu beeinflussen: *er ist u.* **unbeirrt** [auch 'un-], ohne sich beeinflussen zu lassen: *er tut u. seine Pflicht.*

unbekannt, nicht bekannt, fremd: *es ist uns nicht u., daß..., wir wissen sehr wohl, daß...; eine unbekannte Person;* aber: *das Grab des Unbekannten Soldaten; eine Gleichung mit zwei Unbekannten; Strafanzeige gegen Unbekannt.* **unbekannterweise,** grüßen Sie bitte Ihre Frau u.

unbekümmert, sorglos, sorglos. **unbekümmertheit** *die, -.*

unbelastet, 1) ohne Last. **2)** schuldenfrei (Grundstück). **3)** Ü heiter, sorglos.

unbelebt, ohne Leben, still: *eine unbelebte Gegend; die unbelebte Natur,* ÜBERS. N 5.

unbeleckt, U scherzhaft: unberührt: *sie ist von jeglicher Bildung u.*

unbelehrbar [auch 'un-], eigensinnig; nicht bereit, Ratschläge anzunehmen. **Unbelehrbarkeit** [auch 'un-] *die, -.*

unbeliebt, nicht beliebt: *er hat sich überall u. gemacht.* **Unbeliebtheit** *die.*

unbemannt, ohne Besatzung: *unbemannte Raumkapseln.*

unbemerkt, nicht beachtet: *er war u. ins Zimmer gekommen.*

unbemittelt, mittellos, arm.

unbenommen [auch 'un-], *es bleibt ihm u.,* liegt in seinem Ermessen.

unbenutzt, (noch) nicht benutzt, neu.

unbeobachtet, *in einem unbeobachteten Augenblick konnte er entkommen,* während er nicht beobachtet wurde.

unbequem, 1) [ahd. umbequamo], nicht bequem (Stuhl). **2)** Ü lästig: *er geht unbequemen Fragen aus dem Weg; ein unbequemer Kritiker.* **Unbequemlichkeit** *die.*

unberechenbar [auch 'un-], nicht vorauszusehen, launenhaft: *ein unberechenbarer Charakter; seine Reaktionen sind u.* **Unberechenbarkeit** [auch 'un-] *die, -.*

unberechtigt, ohne Berechtigung, zu Unrecht.

unberufen! [auch 'un-], abergläubischer Ausruf, wenn der gute Ausgang einer Sache noch nicht sicher ist.

Unberührbare *der, die, -n/-n, ein -r, eine -,* Paria, Angehörige(r) der untersten Kasten in Indien. **unberührt, 1)** nicht berührt: *dieses Thema blieb u.* **2)** im Naturzustand: *ein unberührter Landstrich.* **3)** *ein unberührtes Mädchen,* Mädchen, das noch keinen Geschlechtsverkehr hatte. **Unberührtheit** *die, -.*

unbeschadet, ohne zu beeinträchtigen, trotz: *u. seiner großen Leistung darf man doch Kritik üben.* **unbeschädigt,** ohne Schaden.

unbescheiden, zu anspruchsvoll, anmaßend (Person); übertrieben: *eine unbescheidene Forderung.* **Unbescheidenheit** *die.*

unbescholten [mhd. unbescholten, zu schelten], rechtschaffen, ehrenhaft, von gutem Ruf. **Unbescholtenheit** *die, -.*

unbeschrankt, nicht durch Schranken geschützt: *unbeschrankter Bahnübergang,* vgl. ABB. V 4.

unbeschränkt, ohne jede Einschränkung: *unbeschränktes Vertrauen.*

unbeschreiblich [auch 'un-], so beschaffen, daß man es kaum schildern kann: *unbeschreibliche Freude, Mühe.* **unbeschrieben,** nicht beschrieben: *er ist ein unbeschriebenes Blatt,* Ü man weiß nichts von ihm.

unbeschwert, sorglos, heiter.

unbeseelt, ohne Seele, unbelebt.

unbesehen [auch 'un-], **1)** ohne Prüfung; ohne Überlegung: *ich habe die Ware u. gekauft.* **2)** oberdt.: plötzlich.

unbesonnen, ohne Überlegung handelnd. **Unbesonnenheit** *die.*

unbesorgt, ohne Sorgen: *sei u.!*

unbeständig, wechselhaft (Wetter), wankelmütig (Mensch). **Unbeständigkeit** *die.*

unbestätigt, nicht amtlich: *nach unbestätigten Meldungen.* **unbestechlich,** nicht zu bestechen: *ein unbestechlicher Verstand,* Ü. **Unbestechlichkeit** *die.*

unbestimmbar, nicht genau festgelegt: *unbestimmtes Fürwort,* Ⓢ Indefinitpronomen, ÜBERS. P 24. **Unbestimmte** *die, -n/-n,* △ unbekannte Größe eines mehrgliedrigen mathematischen Ausdrucks.

unbestreitbar [auch 'un-], nicht zu widerlegen, nicht anzuzweifeln: *unbestreitbare Verdienste.* **unbestritten** [auch 'un-], allgemein anerkannt: *seine Verdienste sind u.*

unbeteiligt, 1) nicht betroffen. **2)** nicht interessiert.

unbetont, ohne Betonung (gesprochen): *unbetonte Silben.*

unbeträchtlich [auch 'un-], gering, nicht wesentlich: *eine unbeträchtliche Summe; die Mühe war nicht u., unbedingt.*

unbeugbar [auch 'un-], Ⓢ nicht flektierbar. **unbeugsam** [auch 'un-], aufrecht, hart, unerbittlich: *ein unbeugsamer Charakter.*

unbewacht, *in einem unbewachten Augenblick,* ohne daß es jemand merkte.

unbewältigt, innerlich nicht verarbeitet, nicht überwunden: *unbewältigte Vergangenheit.*

unbeweglich [auch -v'e:k-], so beschaffen, daß es nicht bewegt werden kann; sich nicht bewegend: *unbewegliche Sache,* 🐦 Grundstück und Grundstücksbestandteile (Gebäude); *sie saß lange u. da; ein unbeweglicher Mensch,* Ü ein geistig schwerfälliger. **unbewegt,** ohne (innere) Bewegung: *mit unbewegter Miene vernahm er das Urteil.*

unbewohnbar [auch 'un-], *ein unbewohnbarer Altbau.* **unbewohnt,** *der Neubau ist noch unbewohnt.*

unbewußt, ohne sich dessen bewußt zu werden, instinktiv: *u. tat sie das Richtige.* **Unbewußte** *das, -n,* die Gesamtheit der seel. Vorgänge, die vom bewußten Ich nicht wahrgenommen werden, auf dieses aber Einfluß nehmen können.

unbezahlbar [auch 'un-], viel zu teuer: *dieses Grundstück ist u.; du bist u.!,* Ü großartig, zu komisch.

unbezähmbar [auch 'un-], nicht mehr zu zügeln (Hunger, Durst, Neugierde).

unbezwingbar [auch 'un-], nicht zu bezwingen: *ein unbezwingbarer Drang zu lachen; die Festung galt als u.* **unbezwinglich,** unbezwingbar.

Unbill [mhd. unbilde] *die, -,* **1)** Unrecht, Schädigung. **2)** *Pl. ...bilden,* unangenehme Wirkung: *die Unbilden der Witterung.* **unbillig,** ungerecht: *unbillige Härte,* 🐦.

unblutig, ohne Blutvergießen: *eine unblutige Revolution.*

unbotmäßig, aufrührerisch, frech. **Unbotmäßigkeit** *die, -/-en.*

unbrauchbar, nicht zu verwenden: *ein unbrauchbarer Vorschlag.* **Unbrauchbarkeit** *die.*

unbürokratisch, *die Behörden sagten schnelle und unbürokratische Hilfe zu.*

Uncle Sam [ʌŋkl s'æm, engl.], Scherzname für die (Regierung der) Vereinigten Staaten von Amerika und für den Nordamerikaner.

und [ahd. unti, inti], Abk.: u., bei Firmennamen auch: &, Konjunktion, beiordnend und aufzählend: *ich und du; sie lachte und weinte;* verweisend auf Kommendes, bes. in festen

Wendungen: *und andere, und anderes,* Abk.: u. a.; *und ähnliche, und ähnliches,* Abk.: u. ä.; *und dem ähnliche, und dem ähnliches,* Abk.: u. d. ä.; *und desgleichen (mehr),* Abk.: u. desgl. (m.); *und dergleichen (mehr),* Abk.: u. dgl. (m.); *und so weiter,* Abk.: usw.; *und so fort,* Abk.: usf.; *und viele(s) andere (mehr),* Abk.: u. v. a. (m.); *und zwar,* Abk.: u. zw.; als Satzeinleitung, als Füllwort: *ich komme hin – und was sehe ich?;* steigernd: *es wird schlimmer und schlimmer;* fast gegensätzlich: *jeder tut seine Pflicht – und du?; alles reist, und ich sollte allein zu Hause bleiben?;* abweisend: *na und?,* U was noch, nichts mehr?

Undank *der,* Mangel an Dankbarkeit, schlechte Gegenleistung: *er hat nur U. geerntet.* **undankbar,** *eine undankbare Aufgabe.* **Undankbarkeit** *die.*

undatiert, ohne Datum: *ein undatiertes Schreiben.*

Undation [lat. unda ›Welle‹ *die, -/-en,* ⊕ tekton. Vorgang, bei dem großräumige Becken und Schwellen entstehen.

undefinierbar [auch ′un-], nicht (näher) zu bestimmen: *eine undefinierbare Farbe.*

unde|klinierbar [auch ′un-], Ⓢ nicht der Deklination unterworfen, unbeugbar: *Adverbien sind u.*

undenkbar, nicht vorstellbar: *es ist u., daß er mich im Stich läßt.* **undenklich,** *vor undenklichen Zeiten,* weit in der Vergangenheit.

Under|ground [′ʌndəgraund, engl. ›Untergrund‹ *der, -s,* Bez. für die Protestbewegung gegen den etablierten Kulturbetrieb: *Undergroundfilm.*

Understatement [ʌndəst′eitmənt, engl.] *das, -s/-s,* Untertreibung.

undeutlich, nicht klar (erkennbar): *er hat eine sehr undeutliche Aussprache.* **Undeutlichkeit** *die.*

Undezime [lat. undecimus ›der elfte‹ *die, -/-n,* ♪ die elfte Stufe der diaton. Tonleiter.

undicht, durchlässig, nicht dicht.

Undine [lat. unda ›Welle‹ *die, -/-n,* Wasserjungfrau.

Unding [mhd. undinc] *das, -(e)s,* etwas Unmögliches, Torheit: *es ist ein U., so etwas zu verlangen.*

undiszi|pliniert, unbeherrscht, zuchtlos.

Undulation [lat. unda ›Welle‹ *die, -/-en,* ⊕ die Faltung der Schichten in Sättel und Mulden. **undulatorisch,** ⊕ wellenförmig.

unduldsam, andere Meinungen nicht gelten lassend, intolerant; unnachsichtig. **Unduldsamkeit** *die.*

undulieren [lat. unda ›Welle‹, *es* unduliert (hat unduliert), verläuft in Wellen: *undulierendes Fieber,* ♐.

undurchdringlich [auch ′un-], **1)** so dicht, daß man nicht hindurchdringen kann: *der Urwald ist u.* **2)** Ü keine Gemütsbewegung verratend: *eine undurchdringliche Miene.*

undurchführbar [auch ′un-], nicht zu verwirklichen: *ein undurchführbarer Plan; das Projekt ist u.*

undurchlässig, dicht, Abb. D 18: *wasserundurchlässig.*

undurchschaubar [auch ′un-], nicht zu durchschauen: *für mich ist er ein völlig undurchschaubarer Mensch.*

undurchsichtig, **1)** nicht durchsichtig (Papier). **2)** Ü nicht klar erkennbar: *seine finanziellen Transaktionen sind u.*

uneben, **1)** holperig, hügelig, Abb. E 2. **2)** *nicht u.,* U nicht übel, hübsch. **Unebenheit** *die, -/-en.*

unecht, nachgemacht, falsch, künstlich (Schmuck, Kunstwerk, Zahn): *unechte Brüche,* △ Brüche, die größer sind als ein Ganzes, (³/₂).

unedel, nicht edel: *unedle Metalle,* ↺ Metalle, die von Luft, Wasser und nichtoxidierenden Säuren leicht angegriffen werden.

unehelich, nichtehelich. **Unehelichkeit** *die.*

Unehre *die, -,* Schande: *das wird dir nicht zur U. gereichen,* darunter wird deine Ehre nicht leiden. **unehrlich,** nicht redlich. **Unehrlichkeit** *die, -/-en.*

uneigennützig, selbstlos, nicht auf eigenen Vorteil bedacht. **Uneigennützigkeit** *die.*

uneinbringlich, österr.: nicht zurückzubekommen: *auch durch Pfändung uneinbringliche Schuld.*

uneingeschränkt, *Sie genießen mein uneingeschränktes Vertrauen,* ich vertraue Ihnen völlig.

uneinig, **1)** verschiedener Ansicht: *wir sind u. über die Durchführung des Plans.* **2)** verfeindet. **Uneinigkeit** *die.*

uneinnehmbar [auch ′un-], *eine uneinnehmbare Burg.*

uneins, uneinig: *in diesem Fall sind wir u.*

unempfänglich, nicht zugänglich: *sie ist u. für Musik.*

unempfindlich, **1)** nicht empfindlich: *u. gegen Kälte; schmerzunempfindlich.* **2)** Ü gleichgültig, ohne Gefühl. **Unempfindlichkeit** *die, -.*

unendlich, **1)** grenzenlos, nicht absehbar: *bis ins unendliche,* immerfort, unaufhörlich; aber: *bis ins Unendliche,* bis in die Ewigkeit. **2)** sehr, außerordentlich: *u. klein; ich habe mich u. gelangweilt.* **3)** △ Zeichen: ∞, größer als jede noch so große endliche Zahl. **Unendlichkeit** *die.*

unentbehrlich [auch ′un-], unbedingt notwendig. **Unentbehrlichkeit** [auch ′un-] *die.*

unentgeltlich [auch ′un-], kostenlos, gratis.

unentschieden, **1)** nicht entschieden: *es ist noch u., ob er kommt.* **2)** ⚔ ohne Gewinner und Sieger, mit gleichem Punktstand: *das Spiel endete u., mit einem Unentschieden.*

unentschlossen, noch ohne Entschluß. **Unentschlossenheit** *die.*

unentschuldbar [auch ′un-], unverzeihlich: *ein unentschuldbares Versäumnis.* **unentschuldigt,** ohne Entschuldigung: *er fehlt u.*

unentwegt [auch ′un-, mhd. entwegen ›scheiden‹, ›trennen‹], **1)** beharrlich, standhaft: *er hält u. an diesem Plan fest.* **2)** pausenlos: *heute wurde ich u. gestört.* **Unentwegte** [auch ′un-] *der, die, -n/-n, ein ~, eine -: nur wenige Unentwegte waren trotz des Regens im Stadion erschienen.*

unentwirrbar [auch ′un-], nicht zu entwirren: *ein unentwirrbares Durcheinander.*

unerachtet *dessen,* ⚬ ungeachtet.

unerbittlich [auch ′un-], hart, nicht nachgebend: *mit unerbittlicher Strenge.* **Unerbittlichkeit** [auch ′un-] *die, -.*

unerfahren, ohne Erfahrung. **Unerfahrenheit** *die.*

unerfindlich [auch ′un-], rätselhaft: *aus unerfindlichen Gründen sagte er in letzter Minute ab.*

unerforschbar [auch ′un-], **unerforschlich** [auch ′un-], nicht zu ergründen: *nach Gottes unerforschbaren, unerforschlichem Willen* (in Todesanzeigen).

unerfreulich, nicht angenehm: *dieser Vorfall war sehr u.*

unerfüllbar [auch ′un-], nicht zu erfüllen: *unerfüllbare Wünsche; deine Forderungen sind u.*

unergiebig, nicht ertragreich, ohne Nutzen, ohne Ergebnisse: *ein unergiebiges Gespräch.*

unergründbar [auch ′un-], **unergründlich** [auch ′un-], unerforschlich; geheimnisvoll.

unerheblich, nicht wichtig, nicht bedeutend: *in diesem Fall ist es u., ob . . .; das ist nicht u.,* ziemlich wichtig.

unerhört, **1)** [auch ′un-], empörend: *das ist u.!; eine unerhörte Frechheit.* **2)** [nur ′un-] erhört: *seine Bitte blieb u.* **3)** [nur ′un-], sehr: *das Gespräch war u. interessant.*

unerkannt, ohne erkannt zu werden: *der Täter entkam u.*

unerklärlich [auch ′un-], unbegreiflich, rätselhaft: *es ist mir u., wie das geschehen konnte.*

unerläßlich [auch ′un-], unbedingt notwendig: *eine unerläßliche Pflicht; ich halte es für u., daß . . .*

unerlaubt, verboten: *unerlaubte Handlungen,* ♊.

unermeßlich [auch ′un-], riesengroß, unabsehbar: *von unermeßlichem Reichtum.* **Unermeßlichkeit** [auch ′un-] *die, -.*

unermüdlich [auch ′un-], nicht zu ermüden, ausdauernd: *unermüdlicher Fleiß.* **Unermüdlichkeit** [auch ′un-] *die, -.*

unerquicklich, unangenehm, unerfreulich.

unerreichbar [auch ′un-], nicht zu erreichen, nicht zu treffen: *in unerreichbarer Ferne.* **unerreicht** [auch ′un-], *ein Kunstwerk von unerreichter Harmonie.*

unersättlich, nicht zufriedenzustellen: *unersättliche Neugier; sein Wissensdrang war u.*

unerschlossen, **1)** nicht erforscht, nicht erschlossen (Land). **2)** nicht genutzt (Boden).

unerschöpflich [auch ′un-], nicht zu erschöpfen: *ein unerschöpfliches Thema; die Vorräte schienen u. zu sein.*

unerschrocken, mutig, kühn. **Unerschrockenheit** *die, -.*

unerschütterlich [auch ′un-], durch nichts zu verändern (Geduld, Ruhe): *unerschütterliches Vertrauen.*

unerschwinglich [auch ′un-], so teuer, daß man es sich nicht leisten kann.

unersetzbar [auch ′un-], **unersetzlich** [auch ′un-], durch nichts zu ersetzen (Verlust).

** unersprießlich,** keinen Nutzen bringend: *eine unersprießliche Diskussion.*

unerträglich [auch ′un-], kaum zu ertragen: *unerträgliche Schmerzen; die Lärmbelästigung ist u.*

unerwartet, plötzlich, überraschend: *unerwarteter Besuch.*

unerwünscht, nicht willkommen: *seine Anwesenheit ist u.*

UNESCO *die, -,* Kurzw. für: United Nations Educational, Scientific and Cultural Organization, eine Sonderorganisation der Vereinten Nationen.

unfähig, u., *etwas zu tun,* nicht dazu imstande; *unfähige Mitarbeiter.* **Unfähigkeit** *die,* -: *man warf ihm U. vor.*

unfair ['unfe:r, engl.], nicht fair, nicht ehrlich, gegen die sportlichen Regeln verstoßend: *ein unfaires Spiel.* **Unfairness,** eingedeutscht: **Unfairneß** *die.*

Unfall [mhd. ungeval ›Unglück‹, ›Mißgeschick‹] *der,* durch plötzliche Einwirkung von außen verursachte Schädigung eines Menschen, auch eines Fahrzeugs: *Arbeitsunfall; Verkehrsunfall; Unfallarzt; Unfallschutz.* **Unfallflucht** *die,* Fahrerflucht. **Unfallfolgen,** *Pl.: er starb an den U.* **unfallfrei,** *unfallfreies Fahren.* **unfallträchtig,** *unfallträchtige Gefällstrecken,* Straßenabschnitte mit großer Unfallhäufigkeit. **Unfallverhütung** *die,* -, Maßnahmen zur Vermeidung von Unfällen im Arbeitsleben, Verkehr, Haushalt u. a. **Unfallversicherung** *die,* Versicherung gegen die Folgen von Unfällen.

unfaßbar [auch 'un-], **unfaßlich** [auch 'un-], nicht zu begreifen, tief erschütternd: *sein plötzlicher Tod ist für uns u.*

unfehlbar [auch 'un-], **1)** niemals irrend (Personen), nicht anzufechten (Entscheidung). **2)** gewiß: *dieses Ende wird u. kommen.* **Unfehlbarkeit** *die,* -: *die U. des Papstes,* ein katholisches Dogma.

unfein, grob: *unfeine Sitten.*

unfern, ziemlich nahe: *u. der Grenze.*

unfertig, nicht vollendet; **Ü** unreif: *ein unfertiger Mann.*

Unflat [mhd. unvlat, vgl. un. . . und ahd. flat ›Schönheit‹] *der,* -(e)s, Schmutz; widerliche Unanständigkeit. **unflätig,** unanständig, grob: *unflätiges Benehmen.* **Unflätigkeit** *die,* -.

unflektierbar [auch 'un-], ⑤ nicht der Deklination oder der Konjugation unterworfen.

unfolgsam, *ein unfolgsames Kind.*

unförmig, formlos, mißgestaltet. **unförmlich,** zwanglos: *sein unförmliches Benehmen gefällt mir.*

unfrankiert, ohne Briefmarke: *bitte u. zurücksenden!*

unfrei, 1) nicht frei; befangen, gehemmt. **2)** nicht frankiert (Postsendung). **3)** ⚒ leibeigen. **Unfreie** *der,* Höriger. **Unfreiheit** *die,* -. **unfreiwillig, 1)** gezwungen: *ein unfreiwilliger Aufenthalt.* **2)** ohne Absicht: *ein unfreiwilliger Witz.*

unfreundlich, 1) grob, unhöflich; mißgestimmt. **2)** *unfreundliches Wetter,* **Ü** kaltes und regnerisches. **Unfreundlichkeit** *die.*

Unfriede(n) *der,* . . .dens, Zank, Streit: *ich will nicht in U. mit ihm leben.*

unfrisiert, 1) nicht frisiert. **2) Ü** der Wahrheit entsprechend, ohne Beschönigung: *eine unfrisierte Reportage.*

unfruchtbar, nicht fruchtbar: *eine unfruchtbare Diskussion,* **Ü.** **Unfruchtbarkeit** *die.* **Unfruchtbarmachung** *die,* -/-en, ⚕ Sterilisation.

Unfug [mhd. unvuog] *der,* **1)** Ärgernis erregendes Verhalten. **2) Ü** Unsinn, Schabernack: *er hat immer nur U. im Kopf.*

. . .ung [ahd. zu . . .ing], Ableitungssilbe an Verben zur Bildung weibl. Substantive, die eine Handlung oder das Ergebnis einer Handlung bezeichnet: *die Erhöhung; die Teilung.*

ungangbar [auch 'un-], *der Regen machte den Pfad u.,* nicht begehbar.

Ungar *der,* -n/-n, **Ungarin** *die,* -/-nen, Magyar(in), Bewohner(in) des mitteleuropäischen Staates Ungarn. **ungarisch.**

ungastlich, nicht gastlich: *ein ungastliches Haus.*

ungeachtet *dessen,* ohne zu berücksichtigen; aber: *dessenungeachtet, desungeachtet.*

ungeahnt, nicht vorauszusehen: *ungeahnte Möglichkeiten.*

ungebärdig, störrisch, schwer zu bändigen.

ungebeten, nicht aufgefordert und nicht willkommen: *ein ungebetener Gast; er mischte sich u. ein.*

ungebeugt, 1) aufrecht; nicht seelisch gebrochen: *u. überstand er die Haft.* **2)** ⑤ nicht flektiert.

ungebildet, ohne Bildung, ohne Umgangsformen.

ungeboren, *der Schutz ungeborenen Lebens.*

ungebräuchlich, nicht üblich: *dieser Ausdruck ist heute u.*

ungebraucht [auch 'un-], (noch) nicht benutzt, neu.

Ungebühr *die,* -, Unrecht; Ungehörigkeit. **ungebührend, ungebührlich,** nicht geziemend: *ungebührendes, ungebührliches Benehmen.* **Ungebührlichkeit** *die,* -.

ungebunden, 1) frei, zwanglos; ledig, unabhängig. **2)** ⊘ nicht im Einband. **3)** in Prosa, nicht in Versen. **Ungebundenheit** *die.*

ungedeckt, 1) nicht gedeckt (Scheck). **2)** ⚒ ohne Deckung.

ungedient, ohne militär. Ausbildung: *ein Ungedienter.*

Ungeduld *die,* Mangel an Geduld: *er wird mit U. erwartet,* sehnsüchtig. **ungeduldig.**

ungeeignet, nicht geeignet, unzweckmäßig: *er ist für diese Arbeit völlig u.; das Auto ist für lange Strecken u.*

ungefähr [mhd. ane gevære ›ohne Gefahr, Hinterhalt‹], annähernd, etwa: *das kommt doch nicht von u.!,* das kann doch kein Zufall sein!; *sie ist u. 20 Jahre alt;* nach ungefähren Schätzungen. **ungefährdet,** von keiner Gefahr bedroht: *hier kann man u. die Straße überqueren.* **ungefährlich,** keine Gefahr mit sich bringend: *ein ungefährlicher Straßenübergang.* **Ungefährlichkeit** *die.*

Ungefäll [mhd. ungevelle] *das,* -(e)s/-e, schweiz.: Mißgeschick.

ungefällig, 1) nicht freundlich und hilfsbereit: *ungefällige Nachbarn.* **2)** nicht angenehm und erfreulich: *die Wohnungseinrichtung ist recht u.* zusammengestellt, nicht hübsch.

ungefragt, ohne gefragt zu sein: *u. sagte er seine Meinung.*

ungefrühstückt, *er ging u. zur Arbeit,* U ohne vorher gefrühstückt zu haben.

ungefüge [mhd. ungifuogi], sehr groß, massiv. **ungefügig,** eigensinnig, nicht folgsam.

ungehalten, verärgert, gereizt: *ich war sehr u. über ihn.*

ungeheißen, ohne Aufforderung, Auftrag: *u. werde ich das nicht tun!*

ungeheizt, *ein ungeheiztes Zimmer.*

ungeheuer [ungahiuri ›furchtbar‹], **1)** riesengroß, gewaltig: *ein ungeheurer Aufwand.* **2)** sehr, äußerst: *eine u. schwierige Arbeit.* **Ungeheuer** *das,* -s/-, (riesiges) gräßliches Fabelwesen: *Meeresungeheuer.* **2) Ü** grausamer Mensch. **ungeheuerlich** [auch 'un-], empörend: *diese Anschuldigung ist geradezu u.!* **Ungeheuerlichkeit** *die,* -.

ungehindert, *er konnte u. die Kontrollstelle passieren.*

ungehobelt, **Ü** grob, unhöflich: *ein ungehobelter Kerl.*

ungehörig, frech, vorlaut. **Ungehörigkeit** *die,* -.

ungehorsam, Befehlen oder Bitten zuwiderhandelnd. **Ungehorsam** [ahd. ungihorsami] *der.*

Ungeist *der,* -es, barbarische Gesinnung: *der U. des Nationalsozialismus.* **ungeistig,** ohne geistige Interessen.

ungeklärt, nicht geklärt: *eine Liste ungeklärter Punkte.*

ungekürzt, *diese Oper war ungekürzt u. zu hören.*

Ungeld *das,* bes. schweiz.: Riesensumme.

ungelegen, schlecht passend, zur falschen Zeit: *das kommt mir u.* **Ungelegenheiten,** *Pl.,* Mühen, Verdruß: *man wird ihm U. bereiten.*

ungelegt, *er kümmert sich um ungelegte Eier,* U um Dinge, die noch nicht spruchreif sind.

ungelenk, unbeholfen, nicht geschickt. **ungelenkig,** nicht gelenkig, steif (Glieder).

ungelernt, *ungelernter Arbeiter,* Hilfsarbeiter, jemand, der eine Arbeit ohne fachliche Vorbildung leistet.

ungelogen, U wirklich, ohne Übertreibung: *ich saß direkt neben dem Präsidenten, u.!*

Ungemach [mhd. ungemach ›ungestüm‹, ›lästig‹] *das,* -(e)s, ⚒, *noch* P, Mißgeschick, Widerwärtigkeit.

ungemein, außergewöhnlich: *er war u. erleichtert.*

ungemöglich, *schweiz.:* unbehaglich.

ungemütlich, nicht behaglich, nicht angenehm: *eine ungemütliche Atmosphäre;* U *er kann ganz schön u. werden,* U grob, unfreundlich. **Ungemütlichkeit** *die.*

ungenannt, *der Spender möchte u. bleiben.*

ungenau, nicht genau. **Ungenauigkeit** *die,* -/-en: *der Bericht enthält noch einige Ungenauigkeiten.*

ungeniert [-ʒe-], frei, zwanglos: *er griff u. zu.*

ungenießbar [auch 'un-], **1)** verdorben, nicht zu essen (Speise). **2)** U nicht zu ertragen: *wenn sie schlecht geschlafen hat, ist sie u.*

Ungenügen *das,* -s, Unzulänglichkeit. **ungenügend, 1)** nicht genügend, nicht ausreichend. **2)** als Leistungsnote: 6.

ungenutzt, ungenützt, nicht genutzt: *noch ungenutzte, ungenützte Möglichkeiten der Energiegewinnung; er ließ den günstigen Augenblick u. verstreichen.*

ungeordnet, nicht geordnet: *ungeordnete Verhältnisse.*

ungepflegt, nachlässig, nicht ganz sauber: *ungepflegte Kleidung, Hände; die Wohnung wirkt u.*

ungerächt, nicht gerächt: *ein ungerächtes Verbrechen.*

ungerade, nicht durch zwei teilbar: *ungerade Zahlen.*

ungeraten, mißraten, mißglückt: *ein ungeratener Sohn,* Ü.

ungerechnet *dessen,* davon abgesehen, das nicht einbezogen.

ungerecht, nicht gerecht: *er fühlte sich u. behandelt; eine ungerechte Bestrafung.* **ungerechtfertigt,** nicht berechtigt: *ungerechtfertigte Vorwürfe.* **Ungerechtigkeit** *die,* -/-en.

ungeregelt, ohne feste Ordnung: *er führt ein ungeregeltes Leben.*

ungereimt, 1) ohne Reim. **2)** *er erzählt ungereimtes Zeug,* U albernes, törichtes, sinnloses. **Ungereimtheit** *die, -/-en: sein Bericht enthält etliche Ungereimtheiten.*

ungern, mit innerem Widerstand: *ich komme u.; er hat nur u. darauf verzichtet; das höre ich nicht u.,* ganz gern.

ungerochen, ✂ ungerächt.

ungerührt, gleichgültig, kalt: *ihre flehentlichen Bitten ließen ihn u.; er blieb völlig u.*

ungesagt, *das darf nicht u. bleiben,* muß gesagt werden.

ungesättigt, nicht gesättigt: *ungesättigte Verbindungen,* ⌀.

ungesäuert, ohne Sauerteig: *ungesäuertes Brot.*

ungeschehen, *ich wollte, ich könnte es u. machen,* rückgängig machen.

Ungeschick *das, -(e)s,* Mangel an Geschick. **Ungeschicklichkeit** *die, -/-en,* **1)** ohne Pl., mangelnde Gewandtheit. **2)** ungeschickte Handlung. **ungeschickt, 1)** schwerfällig: *er hat sich u. angestellt.* **2)** nicht geschickt, nicht klug; unpassend: *im ungeschicktesten Augenblick.*

ungeschlacht [mhd. ungeslaht ›nicht aus demselben Geschlecht‹, ›roh‹], grob, plump: *ein Mensch von ungeschlachter Art.* **Ungeschlachtheit** *die, -.*

ungeschlagen, nicht besiegt: *die Mannschaft ist seit drei Jahren u.*

ungeschlechtlich, ungeschlechtliche Fortpflanzung, Fortpflanzung ohne Geschlechtszellen, z. B. durch Teilung.

ungeschliffen, 1) ohne Schliff: *ungeschliffene Diamanten.* **2)** U grob: *ungeschliffenes Benehmen.*

ungeschmälert, ohne Einschränkung: *trotz Arbeitsausfalls wurde der Lohn u. ausgezahlt; ungeschmälerte Freude.*

ungeschminkt, 1) nicht geschminkt. **2)** U ohne Beschönigung: *ein ungeschminkter Bericht; die ungeschminkte Wahrheit.*

ungeschoren, 1) nicht geschoren: *ein ungeschorenes Fell.* **2)** *ich lasse ihn u.,* U in Ruhe, belästige ihn nicht.

ungeschrieben, nicht schriftlich festgelegt: *ein ungeschriebenes Gesetz,* anerkannte Gewohnheit.

ungesellig, Gesellschaft meidend: *er ist ein ungeselliger Typ,* ein Einzelgänger.

ungesetzlich, dem Gesetz widersprechend: *die Versammlung wurde mit ungesetzlichen Mitteln aufgelöst.*

ungesinnt, *schweiz.:* unerwartet.

ungesittet, Sitte und Anstand verletzend (Verhalten).

ungestalt, verkrüppelt, von Natur aus mißgestaltet. **ungestaltet,** noch nicht geformt (von Menschenhand).

ungestillt, nicht befriedigt: *sein Wissensdurst blieb u.*

ungestört, ohne Störung: *ein ungestörtes Arbeiten ist hier unmöglich; hier sind wir u.* **Ungestörtheit** *die, -.*

ungestraft, ohne Strafe: *er kommt nicht u. davon.*

ungestüm [ahd. ungistuomi ›stürmisch‹], leidenschaftlich drängend, sehr heftig: *eine ungestüme Umarmung.* **Ungestüm** *das, -(e)s:* mit jungenhaftem U. lief er auf mich zu.

ungesund, kränklich, krank machend: *ungesunde Ernährung; er sieht u. aus; eine ungesunde politische Entwicklung,* Ü.

ungeteilt, ohne Einschränkung, ganz: *das neue Stück fand ungeteilten Beifall.*

ungetrübt, Ü nicht gestört, rein: *ungetrübter Kunstgenuß.*

Ungetüm *das, -(e)s/-e,* Koloß, riesiger Gegenstand, großes, schweres Tier.

ungewandt, nicht gewandt: *sein Auftreten ist sehr u.* **Ungewandtheit** *die.*

ungewiß [ahd. ung(e)wis], nicht sicher, zweifelhaft: *der Wahlausgang ist noch u.; er lebt ins ungewisse; wir bleiben noch, wir sind, wir lassen ihn im ungewissen; aber: diese Raumfahrtunternehmen ist eine Fahrt ins Ungewisse.* **Ungewißheit** *die: ich kann diese U. nicht länger ertragen.*

Ungewitter [ahd. ungiwitiri] *das,* **1)** ✂ Unwetter. **2)** Ü Zornausbruch.

ungewöhnlich, 1) nicht üblich, außergewöhnlich, erstaunlich: *ein ungewöhnlicher Mensch.* **2)** ganz besonders: *die Sicht ist heute u. gut.* **ungewohnt,** nicht daran gewöhnt, nicht üblich: *ungewohntes Klima; mit ungewohnter Strenge.*

ungewollt, nicht beabsichtigt: *das geschah u.; eine ungewollte Schwangerschaft.*

ungezählt, 1) so viel, daß man es kaum zählen kann: *ungezählte Zuschriften.* **2)** ohne gezählt zu haben: *er steckte das Geld u. in die Tasche.*

ungezähmt, nicht gezähmt, wild: *u. braust der Fluß durch das enge Tal,* Ü nicht reguliert.

Ungeziefer [mhd. ungezibere, eigtl. ›Unreines‹] *das, -s,*

tierische Schädlinge und Schmarotzer: *Ungezieferplage.*

ungezogen, unartig, nicht folgsam: *ein ungezogenes Kind; das war sehr u. von dir!* **Ungezogenheit** *die, -/-en.*

ungezügelt, unbeherrscht: *ungezügeltes Temperament.*

ungezwungen, natürlich, nicht gehemmt, nicht förmlich: *ein ungezwungenes Beisammensein.*

Unglaube(n) *der,* mangelnder Glaube (bes. an Gott).

unglaubhaft, wahrscheinlich nicht wahr: *diese Geschichte klingt sehr u.* **ungläubig,** nicht glaubend: *warum siehst du mich so u. an?; die Ungläubigen,* Islam: Menschen, die nicht an Allah glauben. **unglaublich, 1)** unglaubhaft: *dieser Zufall grenzt ans Unglaubliche.* **2)** empörend: *eine unglaubliche Dreistigkeit!* **unglaubwürdig,** so beschaffen, daß man ihm nicht glauben kann: *dem Gericht schien die Zeugenaussage u.*

ungleich, 1) nicht gleichartig: *ungleichförmig; ungleichmäßig.* **2)** U viel: *er ist u. klüger als sein Bruder.* **Ungleichheit** *die.*

ungleichseitig, *ein ungleichseitiges Dreieck,* △.

Unglimpf *der,* ✂ Schaden, Schande.

Unglück *das, -(e)s/-e,* Mißgeschick, schlechte Verhältnisse, trauriges Ereignis, Unfall: *Flugzeugunglück; Unglücksfall; zu allem U. verlor er auch noch seine Stellung.* **unglücklich,** *die Sache nahm eine unglückliche Wendung; sie ist u. verliebt.* **unglücklicherweise,** *u. wurde ich im Urlaub krank.* **unglückselig,** vom Unglück verfolgt, unglücklich verlaufend. **Unglücksrabe, Unglücksvogel, Unglückswurm** *der,* U jemand, der viel Unglück hat.

Ungnade *die, -,* Übelwollen, Verlust der Gunst: *ich bin bei ihm in U. gefallen.* **ungnädig,** unfreundlich, abweisend: *sie bereitete ihm einen sehr ungnädigen Empfang.*

Unguentum [lat. ›Salbe‹, ›Salböl‹] *das, -s/. . .ta,* streichfähiges Arzneimittel.

Ungulaten [lat. ungula ›Huf‹], *Pl.,* 🐾 Huftiere.

ungültig, nicht gültig: *der Paß ist u. geworden,* abgelaufen; *ein ungültiger Versuch im Weitsprung,* ✗. **Ungültigkeit** *die: Ungültigkeitserklärung.*

Ungunst *die,* Mangel an Gunst; Nachteil: *er hat sich zu meinen Ungunsten verrechnet; aber: zuungunsten des Käufers.* **ungünstig,** nachteilig, unpassend: *du hast einen ungünstigen Zeitpunkt gewählt; ungünstige Witterung.*

ungut, böse, unangenehm: *eine ungute Vorahnung; nichts für u.,* nehmen Sie es mir nicht übel.

unhaltbar [auch -h'alt-], so beschaffen, daß es aufgehoben, widerrufen, geändert werden muß: *unhaltbare Behauptungen, Zustände.* **unhaltig,** ⚒ kein Erz enthaltend.

unhandlich, nicht bequem zu handhaben: *dieses Werkzeug ist mir zu groß und u.* **Unhandlichkeit** *die.*

Unheil [ahd. unheili] *das,* Unglück, Übel, Verderben: *unheilbringend,* aber: *großes U. bringend; unheilverkündend,* aber: *schlimmes U. verkündend; unheilvoll.* **unheilbar,** nicht mehr zu heilen: *sie ist u. krank; eine unheilbare Krankheit.*

unheimlich, 1) Furcht, Unbehagen erregend: *ein unheimlicher Fremder.* **2)** U sehr: *es ging u. schnell; es hat mir u. gefallen.* **Unheimlichkeit** *die, -.*

unhöflich, nicht höflich. **Unhöflichkeit** *die.*

unhold, böse, feindlich. **Unhold** [ahd. unholda] *der, -(e)s/-e,* böser Geist oder Mensch, Teufel.

Unholz *das, -(e)s,* Forstunkräuter, die Forstwirtschaft schädigend Pflanzen wie wilder Hopfen, Himbeere.

unhygienisch, [-gie-:], nicht hygienisch: *unhygienische Wohnverhältnisse.*

uni [yn'i, frz. ›einig‹, ›gleich‹, vgl. uni. . .], *nicht flektierbar:* einfarbig, nicht gemustert.

Uni *die, -/-s,* U kurz für: Universität.

uni. . . [lat. unus ›ein‹], einheitlich, einmalig, einzig.

UNICEF *die, -,* Kurzw. für: United Nations International Children's Emergency Fund, Internationaler Kinderhilfsfonds, ein Hilfswerk der Vereinten Nationen.

uniert [mlat. unire, zu unus ›einer‹], vereinigt: *Unierte Kirchen.* **Unifikation** *die, -/-en,* ↔ **unifizieren** [lat. facere ›machen‹], *ich unifiziere (habe unifiziert) es,* vereinheitliche, vereinige. **Unifizierung** *die, -/-en.* **uniform** [frz. uniforme, aus mlat. uniformis], gleichförmig. **Uniform** *die, -/-en,* einheitliche, vorschriftsmäßige Bekleidung, z. B. der Soldaten: *Uniformrock.* **uniformieren,** *ihn,* kleide in Uniform ein. **2)** *es,* mache gleich: *eine uniformierte Gesellschaft.* **Uniformität** *die, -,* Einheitlichkeit, Gleichförmigkeit. **Unikat** [lat. unicus ›einzig‹] *das, -(e)s/-e,* einzige Ausfertigung eines Schriftstücks. **Unikum** *das, -s/. . .ka* oder *-s,* **1)** etwas Einzigartiges. **2)** U Sonderling. **unilateral** [lat. latus ›Seite‹], einseitig.

uninter|essant, langweilig. **uninter|essiert**, *daran bin ich u.*, habe kein Interesse dafür.

Union [kirchenlat. unio, zu unus ›einer‹] *die, -/-en*, Verbindung, Vereinigung: *Personalunion; Unionsrepublik.* **Union Jack** [j'u:njɔn dʒæk, engl.] *der, - -s/- -s*, volkstüml. Name der britischen Nationalflagge.

unipolar [vgl. uni . . . und polar], einpolig. **unisono** [lat. sonus ›Ton‹, ›Klang‹, 1) ♪ im Einklang (Stimmen, Instrumente). 2) U einheitlich: *sie stimmten u. mit Ja.* **Unisono** *das, -s/-s* oder *. . . ni, ♪*.

Unitari|er [mlat. unire ›vereinigen‹] *der, -s/-*, Angehöriger einer protestant. Gruppe, die die Trinitätslehre ablehnt. **unitarisch**, Einheit erstrebend. **Unitarismus** [vgl. . . . ismus] *der, -*, das Streben nach Einheit, nach starker Zentralgewalt in einem Bundesstaat. **Unität** [lat. unitas] *die, -*, Einheit, Einzigkeit.

United Nations [jun'aitid n'eiʃənz, engl.], *Pl.*, Abk.: UN, **United Nations Organization** [-ɔ:gənaiz'eiʃən, engl.], Abk.: UNO, die Vereinten Nationen.

universal [lat. universalis ›allgemein‹], auch universell, allgemein, allumfassend, gesamt: *universale Bildung.* **Universalerbe** *der*, alleiniger Erbe. **Universalgenie** [-ʒeni:] *das*, auf den verschiedensten Gebieten hervorragend begabter Mensch. **Universalgeschichte** *die*, Weltgeschichte. **Universali|en**, *Pl.*, allgemeine Ideen; Gattungsbegriffe. **Universalismus** [vgl. . . . ismus] *der, -*, 1) allumfassendes Wissen, Vielseitigkeit. 2) Philosophie: Vorrang des Allgemeinen vor dem Einzelnen. **Universalität** *die, -*, 1) Allgemeinheit, Gesamtheit. 2) Vielseitigkeit. **Universalmittel** *das*, Allheilmittel. **Universalmotor** *der*, kleiner Elektromotor für Gleich- und Wechselstrom. **universell** [aus frz. universel], universal. **Universiade** [Kurzw.] *die, -/-n*, Weltmeisterschaft im Hochschulsport. **Universität** [lat. universitas ›Gesamtheit‹] *die, -/-en*, U Kurzw.: Uni, Lehr- und Forschungsstätte für die Mehrzahl der Wissenschaften, Hochschule: *Universitätsstudium; Funkuniversität.* **Universum** *das, -s*, Weltall.

Unk [ahd. unch ›Schlange‹] *der, -(e)s/-e*, ⚬⚬, noch nordwestdt.: Ringelnatter.

unkameradschaftlich, *unkameradschaftliches Verhalten.*

Unke [ahd. unch ›Schlange‹] *die, -/-n*, ein Froschlurch: *sie ist eine alte U.*, U Schwarzseherin. **unken**, *ich unke* (habe geunkt), U prophezeie Unglück: *ich habe ihn unken hören, daß die Fabrik stillgelegt werden soll.*

unkenntlich, nicht (mehr) zu erkennen, vollkommen entstellt: *die Personen auf dem Zeitungsbild wurden u. gemacht.* **Unkenntlichkeit** *die, -*: *ein Gesicht war bis zur U. entstellt.* **Unkenntnis** *die, -*, das Nichtwissen: *U. schützt vor Strafe nicht; in U. der Gesetze; ich habe ihn darüber in U. gelassen.*

unkeusch, nicht keusch, unzüchtig, ausschweifend. **Unkeuschheit** *die*.

unkindlich, altklug, frühreif. **Unkindlichkeit** *die*.

unklar, nicht klar, nicht deutlich, nicht verständlich: *er hat sich u. ausgedrückt; ich will nicht länger im unklaren bleiben; ich wurde darüber im unklaren gelassen.* **Unklarheit** *die, -/-en*: *ich hoffe, damit alle Unklarheiten beseitigt zu haben.*

unklug, im Verhalten nicht geschickt: *das war u. von dir.*

unkollegial, *einige Mitarbeiter verhalten sich sehr u.*

Unkosten, *Pl.*, U Kosten, Ausgaben: *Unkostenbeitrag; hatten Sie große U.?; du hast doch nicht etwa in geistige U. gestürzt!*, U scherzhaft: deinen Verstand benutzt.

Unkraut *das*, Nutzpflanzen schädigende Pflanze: *U. vergeht nicht*, U zähe Menschen setzen sich durch.

unkritisch, *sie übernimmt u. die Meinung anderer.*

unkündbar, nicht zu kündigen (Vertrag, Stellung).

unkundig, dessen, ohne Kenntnis davon, ohne Fähigkeit dazu: *des Schreibens, der deutschen Sprache u.*

Unland *das, -(e)s/"-er*, landwirtschaftlich nicht nutzbares Land.

unlängst, vor kurzem: *die Vorschrift wurde u. geändert.*

unlauter, nicht ehrlich: *unlauterer Wettbewerb.*

unleidlich, schlecht gelaunt, unerträglich: *er ist heute u., in unleidlicher Stimmung.*

unleserlich, schwer oder gar nicht zu lesen (Schrift).

unleugbar [auch 'un-], nicht zu leugnen: *das Projekt hat unleugbare Schwächen.*

unlieb, nicht willkommen, unangenehm: *es war mir nicht u., daß der Termin verschoben wurde.* **unliebsam**, unangenehm: *es erregte unliebsames Aufsehen.*

unliniert, ohne Linien: *unliniertes Briefpapier.*

unlogisch, nicht logisch: *deine Folgerung ist u.*

unlösbar [auch 'un-], nicht zu lösen, meist Ü: *das Problem ist u.* **unlöslich** [auch 'un-], ⚪ nicht löslich: *in Wasser unlösliche Stoffe.*

Unlust *die, -*, Abneigung, Unbehagen: *Unlustgefühle; sie geht mit U. an die Arbeit.* **unlustig**.

Unmacht *die, -/-en*, schweiz.: Ohnmacht.

unmanierlich, schlechte Manieren habend: *ein unmanierliches Kind; er ißt u.*

unmännlich, nicht mannhaft, feige: *Weinen gilt als u.*

Unmaß *das, -es*, 1) übergroße Menge. 2) ⚬⚬ Unziemlichkeit.

Unmasse *die*, U sehr große Masse, Menge: *sie besitzt eine U. Bücher; dafür habe ich eine U. Geld ausgegeben.*

unmaßgeblich, nicht bedeutend, belanglos: *seine Meinung ist u.* **unmäßig**, kein Maß einhaltend: *er ist u. im Trinken.* **Unmäßigkeit** *die*.

Unmenge *die*, übergroße Menge.

Unmensch [ahd. unmennisco ›Nichtmensch‹] *der*, roher, harter Mensch: *er kennt kein U.!*, U ist entgegenkommend, umgänglich. **unmenschlich**, *unmenschliche Zustände*, für Menschen kaum erträglich. **Unmenschlichkeit** *die, -/-en*.

unmerkbar [auch 'un-], **unmerklich** [auch 'un-], ohne daß man es merkt: *u. war die Zeit vergangen.*

unmißverständlich, deutlich und energisch: *eine unmißverständliche Absage; er hat es ihm u. zu verstehen gegeben.*

unmittelbar, ohne Zwischenstufe, sofort, direkt: *die unmittelbaren Folgen seiner Tat; er saß u. neben mir.* **Unmittelbarkeit** *die*.

unmöbliert, *ein unmöbliertes Zimmer.*

unmodern, nicht der Mode, der Gegenwart entsprechend: *das Kleid ist u.; unmoderne Ansichten.*

unmöglich [auch 'un-], 1) nicht durchzuführen, ausgeschlossen: *das kann u. stimmen; du darfst nichts Unmögliches verlangen.* 2) unpassend, aus dem Rahmen fallend: *sie trägt einen unmöglichen Hut; sein Benehmen war u.; er hat sich u. gemacht, sich blamiert.* **Unmöglichkeit** [auch 'un-] *die, -*: *das ist ein Ding der U., ist ausgeschlossen.*

Unmoral *die*. **unmoralisch**, unsittlich (Verhalten, Gesinnung): *ein durch und durch unmoralischer Mensch.*

unmotiviert, unbegründet: *ein unmotivierter Gefühlsausbruch.*

unmündig, noch nicht volljährig: *das Unfallopfer hinterläßt drei unmündige Kinder.* **Unmündigkeit** *die*.

Unmuß *die, -*, schweiz.: Beschwerlichkeit.

Unmut *der*, Ärger, Verdruß. **unmutig**, **unmutsvoll**.

unnachahmlich [auch -'a:m-], einzigartig: *eine Naturerscheinung von unnachahmlicher Schönheit.*

unnachgiebig, 1) nicht biegsam. 2) Ü unerbittlich. **Unnachgiebigkeit** *die*.

unnachsichtig, streng: *sie wurden u. bestraft.*

unnahbar [auch 'un-], sehr zurückhaltend, verschlossen (Wesen). **Unnahbarkeit** *die, -*.

Unnatur *die*, Geziertheit, Gespreiztheit. **unnatürlich**, 1) nicht natürlich. 2) geziert, gespreizt: *eine unnatürliche Sprechweise.* **Unnatürlichkeit** *die, -*.

unnötig, nicht erforderlich: *das bringt nur unnötigen Ärger; ich möchte Sie nicht u. aufhalten.* **unnötigerweise**.

unnütz, keinen Nutzen bringend: *was hast du wieder Unnützes gekauft?* **unnützerweise**.

UNO *die, -*, Abk. für: United Nations Organization, die Vereinten Nationen.

unordentlich, nicht ordentlich: *u. gekleidet; ihre Sachen lagen u. herum; ein unordentlicher Mensch.* **Unordnung** *die, -*.

unorthodox, Ü einem herkömmlichen Anschauung abweichend: *solche unorthodoxen Äußerungen hatte ich von ihm nicht erwartet.*

unpaar, unpaarig. **Unpaarhufer** *der*, Unpaarzeher, ein Huftier wie Pferd, Tapir, Nashorn. **unpaar(ig)**, in ungerader Zahl vorhanden. **Unpaarzeher** *der*, Unpaarhufer.

unparteiisch, für keinen Stellung nehmend, neutral: *eine unparteiische Stellungnahme.* **Unparteiische** *der, -n/-n, ein -r*, Schiedsrichter. **unparteilich**, zu keiner bestimmten Partei gehörend. **Unparteilichkeit** *die, -*.

unpaß, zur unrechten Zeit: *das kommt mir u.* **unpassend**, 1) nicht schicklich: *eine unpassende Bemerkung; sie war u. gekleidet.* 2) zeitlich nicht gelegen: *Sie kommen im unpassendsten Moment!*

unpassierbar [auch 'un-], nicht begehbar (Straße, Brücke).

unpäßlich, vorübergehend nicht ganz gesund. **Unpäßlichkeit** *die, -/-en*.

Unperson *die*, Bez. für eine Person des öffentlichen Interesses, die bes. in kommunist. Ländern totgeschwiegen wird. **unpersönlich, 1)** sachlich kühl: *eine unpersönliche Atmosphäre.* **2)** ohne Eigenart: *die Wohnung ist u. eingerichtet.* **3)** *unpersönliche Verben*, Verben, die nur mit ›es‹ gebildet werden: *es regnet.* **Unpersönlichkeit** *die*, -.

unpfändbar, *dem persönlichen Gebrauch dienende Sachen sind u.*

un poco [ital., aus lat. paucum ›wenig‹], ♪ ein wenig.

unpolitisch, nicht auf Politik bezogen, nicht politisch interessiert: *ein unpolitischer Mensch.*

unpopulär, nicht populär: *eine unpopuläre Maßnahme der Regierung.*

unpraktisch, nicht praktisch, umständlich: *ein unpraktisches Gerät; er ist u. veranlagt.*

unproduktiv, nicht produktiv: *unproduktive Arbeit.*

unproportioniert, schlecht proportioniert.

unpünktlich, nicht pünktlich. **Unpünktlichkeit** *die.*

unqualifizierbar [auch -ts′i:r-], **1)** nicht zu beurteilen. **2)** unglaublich, unverschämt (Benehmen). **unqualifiziert**, nicht geeignet: *eine unqualifizierte Bemerkung*, dumme.

Unrast [mhd. unraste] *die*, -, **1)** Ruhelosigkeit. **2)** *schweiz.:* (politische) Unruhe: *soziale U.*

Unrat [ahd. unrat, zu Rat] *der*, Schmutz, Abfall.

unrationell, nicht rationell, nicht wirtschaftlich: *dieser Betrieb arbeitet u.*

unrätlich, ⚕, **unratsam**, nicht zu empfehlen.

unrecht [ahd. unreht], nicht richtig, falsch; nicht gerecht: *eine unrechte Antwort; er ist hier am unrechten Platz; du wirst u. bekommen; du tust mir u.; er hat, tut u.;* aber: *tu nichts Unrechtes!; er hat an den Unrechten gekommen.* **Unrecht** *das*, -(e)s, **1)** unrechte Tat, Schuld: *ich begehe ein U., tue ihm ein U. an, erleide U.; sie will das U., das sie begangen hat, wiedergutmachen.* **2)** Fehler, Unrichtigkeit: *er ist im U.; sie hat versucht, mich ins U. zu setzen; mit diesem Verhalten setzt du dich selbst ins U.; er wurde zu U. beschuldigt; ich habe mit U. vermutet, daß er diesen Fehler begangen hat.* **unrechtmäßig**, *unrechtmäßiger Besitz; eine unrechtmäßige Handlung; er hat es sich u. angeeignet.* **unrechtmäßigerweise.**

unredlich, unehrlich, betrügerisch. **Unredlichkeit** *die*, -/-en: *es sollen hier Unredlichkeiten vorgekommen sein.*

unreell, nicht reell: *ein unreeller Preis.*

unregelmäßig, nicht gleichmäßig, nicht geregelt: *der Kranke atmet u.; unregelmäßige Verben.* **Unregelmäßigkeit** *die*, **1)** unregelmäßiges Verhalten. **2)** Verstoß, Fehler, Betrug: *bei der Abrechnung wurden Unregelmäßigkeiten entdeckt.*

unreif, 1) noch nicht reif (Obst). **2)** noch nicht gereift (junger Mensch). **Unreife** *die.*

unrein, 1) nicht sauber: *sie singt u.; unreine Haut*, mit Pickeln; *ich schreibe den Aufsatz erst ins unreine*, als Konzept. **2)** ⚕ aussätzig. **Unreinheit** *die*, -/-en: *Hautunreinheiten.*

unreinlich, schmutzig. **Unreinlichkeit** *die.*

unrentabel, keinen Gewinn bringend: *ein unrentables Geschäft; der Betrieb arbeitet u.*

unrichtig, falsch: *unrichtige Angaben.* **Unrichtigkeit** *die*, -/-en.

unring, *schweiz.:* mühsam: *die Tür geht u. zu.*

unritterlich, nicht höflich, bes. Damen gegenüber.

Unruh *die*, -/-en, Gangregler der Uhr, ABB. U 1. **Unruhe** [ahd. unrawa] *die*, -, **1)** ständige Bewegung, Störung: *U. in der Klasse.* **2)** innere Erregung, Besorgnis: *nervöse U.* **3)** *Pl.* -n, laute Unzufriedenheit, Aufruhr; *politische: die U. unter den Streikenden; Studentenunruhen.* **Unruheherd** *der*, Ort, von dem ständig Unruhe ausgeht. **Unruhestifter** *der*, jemand, der Unruhe verursacht, zum Aufruhr anstiftet. **unruhig, 1)** ständig in Bewegung befindlich: *er ging u. im Zimmer auf und ab.* **2)** geräuschvoll laut: *eine unruhige Wohngegend.* **3)** besorgt: *sie erwartete u. seine Rückkehr.*

unrühmlich, schmachvoll: *es nahm ein unrühmliches Ende.*

unrund, ⊙ nicht rund (Räder, Wellen u. a.).

uns [ahd. uns], Personalpronomen, ÜBERS. P 24.

unsachgemäß, bei unsachgemäßer Handhabung des Geräts gewährt der Lieferant keine Garantie. **unsachlich**, nicht sachlich, nicht objektiv: *eine unsachliche Diskussion.*

unsagbar, unsäglich, nicht zu beschreiben, ganz außerordentlich: *der Kranke litt u.; unsägliches Glück.*

unsanft, *er wurde u. aus dem Schlaf gerissen*, plötzlich und rücksichtslos.

unsauber, 1) schmutzig. **2)** nicht exakt, unordentlich. **3)** Ü nicht anständig. **Unsauberkeit** *die.*

unschädlich, nicht schadend: *ein unschädliches Mittel.* **Unschädlichkeit** *die*, -.

unscharf, nicht scharf: *ein unscharfes Messer; das Photo, Fernsehbild ist u.; unscharfe Munition für Übungszwecke.* **Unschärfe** *die.*

unschätzbar [auch ′un-], **1)** nicht schätzbar, sehr wertvoll: *Juwelen von unschätzbarem Wert.* **2)** Ü außerordentlich: *er hat sich für die Firma u. verdient gemacht.*

unscheinbar, nicht auffallend, bescheiden: *ein Strauch mit unscheinbaren Blüten; ein unscheinbares Mädchen.*

Unschick *der*, -(e)s, *schweiz.:* **1)** dummer Zwischenfall, besonders wenn dabei etwas zerbrochen wird. **2)** Tolpatsch.

unschicklich, nicht schicklich, nicht geziemend: *unschickliches Benehmen.* **Unschicklichkeit** *die.*

unschlagbar [auch ′un-], nicht zu übertreffen: *die Fußballmannschaft galt lange als u.; ein unschlagbarer Beweis.*

Unschlitt [mhd. unslit] *das*, -(e)s/-e, Talg.

unschlüssig, ratlos, schwankend: *bist du (dir) immer noch u. darüber?* **Unschlüssigkeit** *die.*

unschön, 1) häßlich: *unschöne Gesichtszüge.* **2)** Ü unangenehm: *ein unschöner Zwischenfall.*

Unschuld [ahd. unsculd] *die*, -, **1)** das Freisein von Schuld: *er beteuerte immer wieder seine U.* **2)** sittliche Harmlosigkeit: *kindliche U.; er hat es in aller U. getan.* **3)** ♂♀ sexuelle Unberührtheit: *sie hat ihre U. verloren.* **4)** Ü naiver Mensch: *die U. vom Lande*, einfältiges Mädchen. **unschuldig, 1)** nicht schuldig: *er wurde u. verurteilt, zu Unrecht.* **2)** sittlich rein. **3)** ♂♀ keusch: *ein unschuldiges Mädchen; das Fest der Unschuldigen Kinder*, katholisches Fest. **Unschuldige** *der, die*, -n/-n, *ein -r, eine* -, Mensch ohne Schuld. **Unschuldsengel** *der: er spielt wieder den U.*, U gibt vor, keine Schuld zu haben. **Unschuldslamm** *das*, Unschuldsengel. **unschuldsvoll.**

unschwer, nicht schwierig: *es war u. zu erraten.*

unselbständig, auf andere angewiesen, nicht selbständig. **Unselbständigkeit** *die.*

unselig, unglückselig, folgenschwer: *ein unseliges Ende.*

unser [ahd. unser], ÜBERS. P 24, **1)** Genitiv zu wir: *wir waren u. drei; Herr, erbarme dich u.* **2)** Possessivpronomen: *Sohn, uns(e)re Tochter; unseres Wissens*, Abk.: u. W.; aber: *Unsere Liebe Frau*, Muttergottes; *uns(e)re Fahne, unsrige; diese Bücher dort — sind es die unsren, unsrigen?;* aber: *das Uns(e)re, Unsrige*, unsere Habe; *wir warten auf die Uns(e)ren, Unsern, Unsrigen*, unsere Angehörigen; *wir haben das Uns(e)re, Unsrige getan*, unsere Pflicht. **unsereiner, unsereins**, jemand wie ich, wir: *unsereinem kann man diese Arbeit zu zumuten; das kann sich u. nicht leisten.* **unser(er)seits**, auch unsrerseits, von uns aus: *u. bestehen keine Einwände.* **uns(e)resgleichen, unsersgleichen**, Leute wie wir. **unserthalben, unsertwegen**, mit Rücksicht auf uns: *u. müssen Sie das nicht tun.* **unsertwillen, um u.**, unserthalben.

unsicher, 1) unbestimmt, ungewiß: *es ist noch u., ob ich kommen kann.* **2)** er wirkt, benimmt sich u., beirren; *eine unsichere Angelegenheit*, zweifelhafte; *der Kranke ist noch u. auf den Beinen.* **3)** gefahrvoll: *sie machen die Gegend u.*, treiben hier ihr Unwesen. **Unsicherheit** *die*, -/-en. **Unsicherheitsfaktor** *der*, Risiko.

unsichtbar, nicht zu sehen.

Unsinn [mhd. unsin] *der*, -s, Torheit, Dummheiten, Unfug: *erzähle doch nicht solchen U.; er hat nichts als U. im Kopf.* **unsinnig** [ahd. unsinnig], **1)** töricht: *unsinniges Geschwätz.* **2)** Ü sehr, ungeheuer; übertrieben: *u. hohe Preise!*

Unsitte, schlechte Angewohnheit. **unsittlich**, gegen die Gebote von Sitte und Sittlichkeit verstoßend.

unsolid(e), 1) leichtlebig, ausschweifend: *er lebt sehr u.* **2)** nicht zuverlässig: *unsolide Geschäfte.*

unsozial, dem sozialen Empfinden nicht entsprechend: *unsoziales Verhalten; diese Maßnahme ist u.*

unsportlich, *er ist ein völlig unsportlicher Typ.*

unsrige, unsere.

Unstäte *die*, -, P unstetes Wesen, Ruhelosigkeit.

unstatthaft, nicht erlaubt; unpassend.

unsterblich [auch ′un-], **1)** nicht sterblich, ewig dauernd: *die unsterblichen Werke des Dichters.* **2)** Ü sehr: *er hat sich u. blamiert; sie ist in ihn verliebt.* **Unsterblichkeit** [auch ′un-] *die: der Glaube an die U. der Seele.*

Unstern [frühnhd., nach frz. désastre ›Unglück‹ gebildet] *der*, -(e)s, böses Geschick: *das Unternehmen stand von Anfang an unter einem U.*

unstet, unstetig, rastlos, ruhelos. **Unstetigkeit** *die.*
unstillbar [auch 'un-], **1)** nicht stillbar (Blutstrom). **2)** Ü nicht zu befriedigen, übermächtig (Sehnsucht, Verlangen).
unstimmig, nicht übereinstimmend. **Unstimmigkeit** *die,* -/-en, *meist Pl.,* **1)** Unterschied, Fehler, Widerspruch: *man fand in der Rechnung eine U.* **2)** Meinungsverschiedenheit: *es kam zu Unstimmigkeiten zwischen ihnen.*
unstreitig, bestimmt, ohne Zweifel. **unstrittig.**
Unsumme *die,* sehr große Summe: *das muß Unsummen verschlungen haben.*
unsymmetrisch, nicht symmetrisch.
unsympathisch, unangenehm: *er ist mir äußerst u.; ein unsympathischer Mensch.*
unsystematisch, planlos: *sie arbeitet u.*
untad(e)lig, einwandfrei: *ein untadeliger Charakter, Lebenswandel; er benahm sich u.*
Untat [mhd. untat] *die,* Verbrechen. **untätig,** müßig, faul: *er saß u. herum; ich mußte u. mit ansehen, wie er sich quälte.* **Untätigkeit** *die,* -.
untauglich, nicht zu verwenden, nicht geeignet: *untaugliche Mittel; für den Wehrdienst u.* **Untauglichkeit** *die.*
unteilbar [auch 'un-], nicht zu teilen, nicht zu trennen: *das bildet ein unteilbares Ganzes.* **Unteilbarkeit** *die,* -.
unten [ahd. untana], **1)** in der Tiefe, an tiefer Stelle unter uns, unter der Oberfläche, ABB. E 2: *ich bin mit dem Fahrstuhl u. angelangt; wir wohnen u., in einem tieferen Stockwerk; tief u. im Tal; er will u. bleiben, sein, warten; sie sah mich von oben bis u. an; man wußte kaum noch, was oben und u. war,* Ü *alles war durcheinander.* **2)** *bei Tisch: die Tür am nächsten* (als schlechtester Platz). **3)** *an späterer Stelle der Schrift: wie u. gesagt; im untenstehenden,* weiter unten auf der Buchseite, *aber: das Untenstehende.* **untenan,** ganz unten, am unteren Ende (des Teiches); *aber: von unten an.* **untenher,** von unten; *aber: von unten her.* **untenhin,** nach unten; *aber: nach unten hin.*
unter [ahd. unta(r)] *ihm* oder *ihn,* ÜBERS. P 21, **1)** tiefer als etwas: *u. dem Meeresspiegel,* Abk.: u. d. M.; *vom Gipfel aus lag das Tal tief u. uns.* **2)** weniger als etwas: *u. dem Einkaufspreis; 30° u. Null; u. 60 Jahre.* **3)** eine untergeben: *er hat fast 100 Angestellte u. sich; u. Wilhelm I.,* während seiner Regierung. **4)** in ihrer Mitte: *es kommt u. die Leute,* zu ihnen, Ü *wird bekannt; u. anderem,* u. anderm, Abk.: u. a., *außerdem, neben anderem; sie ist nur eine u. vielen; was kostet das u. Brüdern?; das bleibt u. uns,* keiner sonst soll es erfahren. **5)** während, unterdessen: *u. Mittag; u. Tags,* während des Tages, tagsüber, *aber: er arbeitet u. Tage,* ⚒ unterhalb der Erdoberfläche. **6)** bei, mit: *u. Umständen,* Abk.: u. U.; *u. üblichem Vorbehalt,* Abk.: u. ü. V. (bei Gutschrift von Schecks); *u. falschem Namen; das Haus steht u. Denkmalschutz; wir stehen u. Zeitdruck; er stand u. Alkohol.* **7)** versteckt, verdeckt etwas: *die Katze liegt u. dem Sofa; sie stecken u. einer Decke,* Ü machen gemeinsame Sache; *u. dem Deckmantel der Nächstenliebe.* **Unter** *der,* -s/-, deutsche Spielkarte, ABB. S 54. **unter..,** **1)** Bez. einer tieferen Rangstufe: *Unterstaatssekretär; Unteroffizier.* **2)** Bez. einer kleineren Einheit: *Unterabteilung; Untergruppe.* **3)** tiefer gelegen Teil: *Unterarm,* vom Ellbogen bis zur Hand. **4)** tiefer gelegen (bei geograph. Namen): *Unterengadin.* **5)** unterhalb der Oberfläche gelegen: *Unterboden; Untergeschoß; Unterwäsche; Unterwasserphotographie.* **6)** in Verbindung mit Verben trennbar oder untrennbar zusammengesetzt, ÜBERS. V 2; vgl. unterlegen, unterstellen.
Unterangebot *das,* -(e)s, nicht genügendes Angebot: *ein U. an Arbeitskräften; u. Lehrstellen.*
Unterbau *der,* -(e)s/-ten, Fundament, ABB. E 4.
Unterbegriff *der,* Teil eines seinem Umfang nach übergeordneten Begriffs.
unterbelichtet, **1)** zu schwach belichtet (Film). **2)** *er ist etwas u.,* Ü nicht sehr klug. **Unterbelichtung** *die.*
Unterbeschäftigung *die,* -, unzureichende Ausnutzung der Produktionskapazität, bes. hohe Arbeitslosigkeit.
unterbewerten, *ich* unterbewerte (habe unterbewertet) *es,* messe zu geringen Wert bei: *Sie sollten dieses Vorkommnis nicht unterbewerten!* **Unterbewertung** *die.*
Unterbewußtsein *das,* seelische Vorgänge unterhalb der Bewußtseinsschwelle.
unterbezahlt, nicht angemessen bezahlt: *ich fühle mich u.*
unterbieten, *ich* unterbiete (habe unterboten) *ihn,* **1)** fordere einen geringeren Preis als er. **2)** ⚑ benötige eine geringere Zeit als er: *er unterbot die bisherige Bestzeit um eine halbe Sekunde.* **Unterbietung** *die,* -/-en.

Unterbilanz *die,* Bilanz, in der die Schulden größer sind als das Vermögen.
unterbinden, *ich* unterbinde (unterband, habe unterbunden) *es,* verhindere, durchkreuze: *dieses Vorhaben muß unterbunden werden.*
unterbleiben, *es* unterbleibt (ist unterblieben), geschieht nicht, wird nicht getan: *jede Kritik hat zu unterbleiben.*
Unterboden *der,* Untergrund: *Unterbodenwäsche bei Kraftfahrzeugen.* **Unterbodenschutz** *der,* ⇔ bodenseitiger Rostschutz an Kraftwagen.
unterbrechen, *ich* unterbreche (unterbrach, habe unterbrochen), **1)** *ihn,* falle ihm in die Rede. **2)** *es,* störe seinen Fortgang, höre vorübergehend damit auf: *die Fernsehübertragung wurde unterbrochen.* **Unterbrecher** *der,* Vorrichtung zum period. Öffnen und Schließen eines Stromkreises. **Unterbrechung** *die.*
unterbreiten, *ich* unterbreite (habe unterbreitet) *es ihm,* lege vor: *ich u. Ihnen hiermit das vorläufige Untersuchungsergebnis.* **Unterbreitung** *die,* -.
unterbringen, *ich* bringe *es* unter (habe untergebracht), finde Raum: *er brachte alles im Kofferraum unter; wir waren in einem einfachen Hotel untergebracht.* **Unterbringung** *die,* -.
Unterbruch *der,* schweiz.: Unterbrechung.
unterbuttern, *ich* buttere *es* unter (habe untergebuttert), U gebe dazu: *er hat alle Ersparnisse mit untergebuttert.*
unterderhand, heimlich, im stillen: *das habe ich u. erfahren; aber: das habe ich gerade unter der Hand, daran arbeite ich zur Zeit.*
unterdes, unterdessen, während, währenddessen.
Unterdruck *der,* -(e)s, **1)** *Pl.* ⁗e, Druck, der kleiner ist als der atmosphärische Druck: *Unterdruckkammer.* **2)** arterieller *Unterdruck,* 🜨 Hypotonie. **unterdrücken,** *ich* unterdrücke (habe unterdrückt) *ihn, es,* **1)** lasse nicht aufkommen: *er unterdrückte ein Lachen.* **2)** halte, werfe nieder: *eine unterdrückte Minderheit; der Aufstand wurde unterdrückt.* **Unterdrücker** *der,* jemand, der andere unterdrückt. **Unterdrückung** *die,* -/-en.
unterdurchschnittlich, *u.* geringe Niederschläge; *unterdurchschnittliche Erträge.*
untere, -r, -s, (weiter) unten liegend, darunter befindlich, auch dem Rang nach: *in einem der unteren Stockwerke; untere Klassen, Instanzen.*
untereinander, miteinander, gegenseitig, unter uns (euch, sich): *ihr sollt euch u. vertragen; müßt es gerecht u. teilen; aber: wir wollen die Sachen untereinanderlegen, untereinanderstellen, eine unter die andere.*
unterentwickelt, nicht ausreichend entwickelt: *unterentwickelte Länder,* Entwicklungsländer.
unterernährt, 🜨 nicht ausreichend ernährt. **Unterernährung** *die: er starb an den Folgen von U.*
unterfahren, *ich* unterfahre (unterfuhr, habe unterfahren) *es,* **1)** vertiefe, erweitere Grundmauern eines Gebäudes nachträglich. **2)** ⚒ fahre unten oder einen Grubenbau unter einer Lagerstätte oder einem anderen Grubenbau auf.
unterfangen, *ich* unterfange (unterfing, habe unterfangen), **1)** *ein Gebäude,* stütze es von unten her ab. **2)** *mich,* wage: *du hast dich unterfangen, ihm das zu sagen?* **Unterfangen** *das,* -s, Wagnis, kühnes Unternehmen.
unterfassen, *ich* fasse *ihn* unter (habe untergefaßt), gebe *ihm* (stützend) den Arm.
unterfertigt. Unterfertigte *der, die,* -n/-n, *ein -r, eine -,* K jemand, der etwas (Amtliches) unterschrieben hat.
unterflur, ⊙ unter dem Boden: *Unterflurtankanlagen.*
Unterflurmotor *der,* Motor mit liegenden Zylindern unter dem Fußboden von Omnibussen oder unter der Ladepritsche von Lastkraftwagen.
unterführen, *ich* unterführe (habe unterführt), **1)** *einen Verkehrsweg,* führe ihn unter einem andern hindurch. **2)** *es,* setze Unterführungszeichen. **Unterführung** *die,* ABB. E 4: *Fußgängerunterführung.* **Unterführungszeichen** *das,* Zeichen (,,) als Ersatz für gleiche untereinanderstehende Wörter.
Unterfunktion *die,* -, nicht ausreichende Funktion: *U. der Schilddrüse.*
Untergang [mhd. undergang] *der,* **1)** *Pl.* selten, Vernichtung, das Zugrundegehen, Scheitern; das Versinken: *Weltuntergang.* **2)** *eines Gestirns,* das Verschwinden aus dem Blickfeld: *Sonnenuntergang.*
untergärig, *untergäriges Bier.* **Untergärung** *die,* Bierbrauerei: Gärung, bei der sich die Hefe nach Abschluß der Gärzeit unten absetzt.

untergeben, *er ist ihm u.* **Untergebene** *der, die, -n/-n, ein -r, eine -,* jemand, der einem anderen unterstellt ist.

untergehen, *ich* gehe unter (ging unter, bin untergegangen), **1)** versinke, ertrinke: *ein Gestirn geht unter,* verschwindet unter dem Horizont; *seine Rede ging im Lärm unter,* Ü. **2)** Ü gehe zugrunde, verderbe: *eine untergegangene Kultur.*

Untergewicht *das,* zu geringes Gewicht. **untergewichtig.**

untergliedern, *ich* unterglied(e)re (habe untergliedert) *es,* teile in kleinere Abschnitte, Gruppen ein.

untergraben, *ich* grabe *es* unter (grub unter, habe untergraben): *er hat Komposterde untergegraben.* **untergraben,** *ich* untergrabe (untergrub, habe untergraben) *es,* Ü erschüttere, zerrütte: *er hat seinen Ruf, seine Gesundheit untergraben.*

Untergrund *der, -(e)s,* **1)** Bodenkunde: Schicht unter der regelmäßig bearbeiteten Ackerkrume. **2)** Schicht unter (einer) anderen: *der U. eines Gemäldes,* unterste Schicht. **3)** Ü etwas Verborgenes, Geheimes: *während des Krieges arbeitete er in der Untergrundbewegung,* in geheimer Widerstandsbewegung; *nach dem Putsch ging er in den U.* **Untergrundbahn** *die,* kurz: U-Bahn, unterirdisch fahrende Bahn in Großstädten. **untergründig.**

unterhaken, *ich* hake *ihn* unter (habe untergehakt), lege meinen Arm in seinen: *sie gingen untergehakt spazieren.*

unterhalb *dessen,* unter ihm, tiefer als er, etwas: *u. der Burg liegt die Altstadt.*

Unterhalt *der, -(e)s,* **1)** Mittel für Erhaltung, Erziehung und Ausbildung: *Lebensunterhalt; Unterhaltskosten; Unterhaltspflicht; unterhaltspflichtig.* **2)** Instandhaltung (Gebäude, Anlagen). **unterhalten,** *ich* unterhalte (unterhielt, habe unterhalten), **1)** *ihn,* bezahle seinen Unterhalt: *er hat eine große Familie zu unterhalten.* **2)** *es,* betreibe, pflege, sorge für Fortbestand: *er unterhält eine Gastwirtschaft; die Parkanlagen werden von der Stadt unterhalten; die Staaten unterhalten Handelsbeziehungen; Tag und Nacht wurde ein Feuer unterhalten.* **3)** *ihn, mich* (mit etwas), vertreibe ihm, mir die Zeit: *ich u. sie mit Urlaubserlebnissen; wir unterhielten uns mit Gesellschaftsspielen.* **4)** *mich mit ihm* (über etwas), führe ein Gespräch: *worüber habt ihr euch unterhalten?* **unterhaltsam,** angenehm, angeregt unterhaltend, interessant: *ein unterhaltsamer Abend.* **Unterhaltsvorschußkasse** *die,* staatl. Stelle, die Unterhaltskosten an alleinstehende Erziehungsberechtigte als Vorschuß zahlt, der vom Unterhaltspflichtigen nachträglich eingezogen wird. **Unterhaltung** *die, -/-en,* **1)** Unterhalt. **2)** Gespräch. **3)** Zeitvertreib, Vergnügen: *eine Band sorgt für U.; Unterhaltungsmusik,* U ugs: U-Musik; *Unterhaltungsroman.*

unterhandeln, *ich* unterhand(e)le (habe unterhandelt) *mit ihm,* verhandle, habe Besprechungen (über einen Vertrag). **Unterhändler** *der,* Beauftragter einer vertragsuchenden Partei, bes. bei Ergebung von Truppen, Parlamentär. **Unterhandlung** *die.*

Unterhaus *das, -es,* zweite Kammer eines Parlaments, bes. das Abgeordnetenhaus in Großbritannien.

Unterhemd *das,* Teil der Unterwäsche, ABB. K 24.

unterhöhlen, *ich* unterhöhle *es* (habe unterhöhlt), höhle unter der Oberfläche aus: *die Strömung unterhöhlt das Ufer.*

Unterholz *das, -(e)s,* niedriges Gehölz im Wald.

Unterhose *die,* Teil der Unterwäsche, ABB. K 24.

unterirdisch, 1) unter der Erde befindlich. **2)** Ü verborgen, heimlich: *unterirdische Machenschaften.*

unterjochen, *ich* unterjoche (habe unterjocht) *ihn,* unterwerfe, knechte. **Unterjochung** *die, -.*

unterjubeln, *ich* jub(e)le *es ihm* unter (habe untergejubelt), U bürde es ihm geschickt auf: *ich habe schon so viel zu tun, und trotzdem hat er mir auch das noch untergejubelt.*

unterkellern, *ich* unterkell(e)re (habe unterkellert) *ein Haus,* baue mit Keller: *das Haus ist nur zum Teil unterkellert, teilunterkellert.* **Unterkell(e)rung** *die, -.*

unterkommen, *ich* komme unter (kam unter, bin untergekommen), **1)** finde Aufnahme, Herberge; werde angestellt: *wir sind hier ganz gut untergekommen; er versucht, bei der Post unterzukommen.* **2)** *das ist mir bis jetzt noch nicht untergekommen!,* U widerfahren, geschehen. **Unterkommen** *das, -s/-,* Unterkunft.

unterkötig, *niederdt.:* unter der Oberfläche eiternd.

unterkriechen, *ich* krieche unter (bin untergekrochen), U suche Schutz, Beherbergung: *er kroch bei Freunden unter.*

unterkriegen, *ich* kriege *ihn* unter (habe untergekriegt), U bezwinge ihn: *er hat sich nicht unterkriegen lassen.*

unterkühlen, *ich* unterkühle (habe unterkühlt) *es.* **Unterkühlung** *die,* **1)** ✛ Hypothermie. **2)** ⊙ Abkühlung einer Flüssigkeit unter die Erstarrungstemperatur ohne Erstarrung der Flüssigkeit.

Unterkunft *die, -/ ̈e,* Obdach, Quartier: *er sucht, findet eine U.; der Preis für U. und Verpflegung.*

Unterlage *die,* **1)** Grundlage, Unterbau, Sockel. **2)** etwas, das untergelegt wird (Tuch, Polster u. a.): *Gummiunterlage,* **3)** ✿ Pflanze, auf die man bei Veredelung das Edelreis setzt. **4)** Ü Beweisstück, Nachweis, Beleg: *Bewerbungsunterlagen.*

Unterlaß [ahd. untarlaz ›Unterbrechung‹, ›Zwischenraum‹] *der: ohne U.,* ununterbrochen. **unterlassen,** *ich* unterlasse (unterließ, habe unterlassen) *es,* tue nicht: *unterlaß bitte diese Bemerkungen!* **Unterlassung** *die, -/-en,* Nichterfüllung einer Pflicht, bes. einer Rechtspflicht: *Unterlassungsdelikt.*

Unterlauf *der,* Abschnitt eines Flusses vor der Mündung, ABB. F 32. **unterlaufen** [mhd. underloufen], *ich* unterlaufe (unterlief, habe unterlaufen) **1)** *ihn,* gehe geduckt unter seiner gegen mich gerichteten Waffe zu Leibe: *er hat das Gesetz unterlaufen,* Ü eine Lücke im Gesetz gefunden und es umgangen. **2)** *es unterläuft (mir, ihm),* geschieht unbemerkt, aus Versehen: *uns ist ein Fehler unterlaufen.* **3)** *es ist mit Blut unterlaufen,* aus den Gefäßen ausgetretenes Blut scheint durch die Haut durch: *blutunterlaufene Striemen.*

unterlegen, *ich* lege *es ihm* unter (habe untergelegt), benutze als Unterlage: *ich habe der Patientin ein Kissen untergelegt.* **unterlegen,** *ich* unterlege (habe unterlegt) *es,* versehe, verstärke mit einer Unterlage: *farbig unterlegte Übersichten,* ⊕ auf einer sich abhebenden Farbe gedruckte; *man sollte diesem Film keine Musik unterlegen,* Ü. **unterlegen, 1)** von unterlegen. **2)** schwächer: *sie ist ihm geistig u.* **Unterlegenheit** *die, -.*

Unterleib *der,* ✛ Bauch: *Unterleibsorgane.*

unterliegen, *ich* unterliege (unterlag, bin unterlegen), **1)** *ihm,* werde von ihm besiegt: *unser Kandidat unterlag bei der Wahl.* **2)** gehöre in seinen Bereich, bin ihm ausgesetzt: *es unterliegt der Rechtsprechung; das unterliegt keinem Zweifel.*

unterm, U kurz für: unter dem.

untermalen, *ich* untermale (habe untermalt), **1)** trage die erste vorbereitende Farbschicht auf. **2)** Ü begleite: *der Vortrag wurde mit Musik untermalt.* **Untermalung** *die, -.*

untermauern, *ich* untermau(e)re (habe untermauert) *es,* **1)** stütze mit Mauern. **2)** Ü stütze mit beweiskräftigen Argumenten: *womit können Sie diese Behauptungen untermauern?* **Untermauerung** *die, -.*

untermengen, *ich* menge *es* unter (habe untergemengt), verteile darunter, z. B. durch Umrühren. **untermengen,** *ich* untermenge (habe untermengt) *es,* menge unter: *mit etwas Weizenmehl untergemengtes Roggenmehl.*

Untermiete *die: ich wohne zur, in U.,* als Mieter bei jemandem, der selbst Mieter ist: *Untermietverhältnis.* **Untermieter** *der,* jemand, der zur Untermiete wohnt.

unterminieren, *ich* unterminiere (habe unterminiert) *es,* **1)** untergrabe zur Sprengung (feindliche Stellungen). **2)** Ü zerstöre allmählich, unmerkbar (Ansehen, gesellschaftliche Stellung). **Unterminierung** *die, -/-en.*

untermischen, *ich* mische *es* unter (habe untergemischt), verteile darunter. **untermischen,** *ich* untermische (habe untermischt) *es,* mische unter: *womit ist das untermischt?*

untern, U kurz für: unter den.

unternehmen [ahd. untarneman], *ich* unternehme (unternahm, habe unternommen) *es,* mache, versuche, leite in die Wege: *hast du in dieser Angelegenheit schon etwas unternommen?* **Unternehmen** *das, -s/-,* **1)** planmäßige Handlung, Tat. **2)** auf einer kapitalmäßigen Grundlage aufgebaute wirtschaftl. Einheit: *Unternehmensberatung; Privatunternehmen.* **unternehmend,** unternehmungslustig. **Unternehmensforschung** *die, -,* Operations Research. **Unternehmensspiel** *das,* auf den Gedanken des militär. Planspiels aufgebaute Ausbildungsmethode in der Betriebswirtschaftslehre. **Unternehmer** *der, -s/-,* Inhaber eines wirtschaftl. Unternehmens: *Unternehmerverbände; Bauunternehmer.* **Unternehmung** *die, -/-en,* das Unternehmen. **Unternehmungsgeist** *der,* Wille zum Handeln aus eigener Initiative: *er hat U.,* ist tatkräftig, rührig. **unternehmungslustig,** tatkräftig, rührig.

Unteroffizier *der,* Abk.: Uffz., ⚔ ein Dienstgrad.

unterordnen, *ich* ordne *mich, ihn, es* einem anderen unter (habe untergeordnet), bringe in eine abhängige Stellung, stelle unter einen Oberbegriff: *er will sich keinem unterordnen; eine Frage von untergeordneter Bedeutung,* eine zweitrangige Frage. **Unterordnung** *die,* **1)** ohne Pl., das Unterordnen. **2)** ein Begriff der biolog. Systematik, ÜBERS. N 5.

Unterpfand [mhd. underphant] *das*, P Pfand, meist Ü: *das Kind als U. der Liebe.*

Unterpflasterbahn *die*, eine nahe der Straßenoberfläche liegende, (meist nur teilweise) unterirdisch geführte Bahn.

unterprivilegiert, sozial benachteiligt: *unterprivilegierte Bevölkerungsschichten.*

unterreden [mhd. underreden], *ich* unterrede *mich* (habe mich unterredet) *mit ihm,* bespreche mich. **Unterredung** *die, -/-en.*

unterrepräsentiert, *Frauen sind im Stadtrat u.*, in geringerem Maße vertreten, als es dem Anteil an der Bevölkerung entspricht.

Unterricht *der, -(e)s/-e, Pl. selten,* Schulung in einem bestimmten Fach: *U. in Sprachen; Unterrichtsmethode; Fernunterricht.* **unterrichten** [mhd. underrihten ›einrichten‹, ›zustande bringen‹], *ich* unterrichte (habe unterrichtet), **1)** *es, ihn (in etwas),* unterweise schulmäßig, bin sein Lehrer: *er unterrichtet Deutsch, mich in Deutsch.* **2)** *ihn über etwas,* teile es ihm mit, gebe ihm Aufschluß, verständige ihn: *man hat mich davon unterrichtet; wie aus gut unterrichteten Kreisen verlautet,* bin informiert. **unterrichtlich. Unterrichtung** *die.*

Unterrock *der,* Teil der Unterwäsche, ABB. K 25.

unters, U kurz für: unter das.

untersagen [mhd. undersagen], *ich* untersage (habe untersagt) *es ihm,* verbiete: *der Arzt hat mir das Rauchen untersagt.*

Untersatz [mhd. undersaz], *der,* **1)** Stützwerk: *der fahrbare U.,* U scherzhaft: Auto. **2)** Gestell, Platte, Teller, worauf man Gegenstände stellt, ABB. K 2. **3)** Logik: im Syllogismus die zweite Prämisse.

unterschätzen, *ich* unterschätze (habe unterschätzt) *ihn, es,* schätze zu gering ein: *ich glaube, du unterschätzt ihn; wir haben die Schwierigkeiten unterschätzt.*

unterscheiden [ahd. untarsceidan], *ich* unterscheide (habe unterschieden), **1)** *es,* erkenne deutlich: *beim Näherkommen unterschied ich drei Männer.* **2)** *von ihm, zwischen ihnen:* halte auseinander, hebe Trennendes hervor: *ich weiß sehr wohl das Gute vom Bösen, zwischen Gut und Böse zu unterscheiden.* **3)** *mich von ihm durch, in etwas,* bin anders: *er unterscheidet sich von seinem Zwillingsbruder nur durch seine Frisur.* **Unterscheidung** *die: Unterscheidungsmerkmale.*

Unterschicht *die,* untere soziale Schicht: *Förderung von Unterschichtkindern.*

unterschieben, *ich* schiebe *es ihm* unter (habe untergeschoben), **1)** schiebe darunter. **2)** Ü unterschiebe. **unterschieben,** *ich* unterschiebe (habe unterschoben) *es ihm,* stecke heimlich zu: *man unterschiebt mir unedle Beweggründe,* Ü. **Unterschiebung** [auch 'un-] *die.*

Unterschied [ahd. untarsceit] *der, -(e)s/-e,* **1)** das Anderssein, Verschiedenheit: *der Mensch im U. zum Tier; es ist ein großer U. zwischen ihnen, sie sind sehr ungleich; das macht keinen U.,* ist gleichgültig. **2)** △ Differenz. **unterschiedlich,** verschieden, ungleich: *unterschiedliche Merkmale.* **unterschiedslos,** ohne Unterschiede zu machen.

Unterschlacht *das, -(e)s/-, schweiz.:* Abteil.

unterschlächtig, durch Wasser von unten betrieben (Mühlrad), ABB. W 6.

unterschlagen, *ich* schlage *es* unter (schlug unter, habe untergeschlagen), kreuze (Arme, Beine): *ich sitze mit untergeschlagenen Beinen.* **unterschlagen** [mhd. underslahen ›beiseite legen‹], *ich* unterschlage (unterschlug, habe unterschlagen) *es,* veruntreue, behalte rechtswidrig für mich: *er hat größere Beträge unterschlagen; ich u. ihm diese Neuigkeit,* Ü teile nicht mit. **Unterschlagung** *die, -/-en.*

Unterschleif [mhd. undarsleiph ›Versteck‹, zu schliefen] *der, -(e)s/-e, &* Betrug, Unterschlagung. **Unterschlupf** *der, -(e)s/-e,* Zufluchtsort, Obdach: *wir fanden einen U. für die Nacht.* **unterschlupfen, unterschlüpfen,** *ich* schlupfe, schlüpfe *bei ihm* unter (bin untergeschlupft, untergeschlüpft), verberge mich, suche Zuflucht.

unterschneiden, *ich* unterschneide (habe unterschnitten) *es.* **Unterschneidung** *die, -/-en,* 𝔐 Vertiefung der Unterseite eines Gesimses, ABB. G 17.

unterschreiben, *ich* unterschreibe (habe unterschrieben) *es,* setze meinen Namen darunter: *das kann ich unterschreiben,* Ü dem stimme ich zu.

unterschreiten, *ich* unterschreite (habe unterschritten) *es,* brauche weniger (Geld): *der Kostenvoranschlag wurde unterschritten.*

Unterschrift *die,* Namenszug (unter einem Schriftstück): *es werden Unterschriften für eine Bürgerinitiative gesammelt.*

Unterschuß *der,* **1)** Defizit. **2)** *ohne Pl.,* Bindungsverstärkung bei Geweben.

unterschweflig, *unterschweflige Säure,* ⚪ eine Schwefelsauerstoffsäure.

unterschwellig, unterhalb der Bewußtseinsschwelle liegend: *eine unterschwellige Abneigung zwischen zwei Menschen.*

Unterseeboot *das,* Abk.: U-Boot, zur Unterwasserfahrt geeignetes Schiff.

Untersetzer *der,* Teller, Platte, worauf man Gegenstände stellt. **untersetzt,** gedrungen, klein und breit gebaut: *er ist von untersetzter Gestalt.*

untersinken, *ich* sinke unter (sank unter, bin untergesunken), versinke.

unterspickt, *österr.:* mit Fett durchwachsen.

unterspülen, *Wasser* unterspült (hat unterspült) *das Ufer,* wäscht es von unten her aus.

Unterstand [mhd. understant] *der,* **1)** ⚒ (halb)unterirdischer Schutzraum. **2)** Obdach. **unterständig, 1)** ⊕ tiefstehend (Fruchtknoten), ABB. B 38. **2)** zu weit rückwärts gerichtet (Vorderbein von Pferd, Rind).

unterste, -r, -s, Superlativ von untere: *die u. Schicht;* aber: *er will das Unterste zuoberst kehren,* Ü alles ändern.

unterstehen, *ich* stehe unter (habe untergestanden), stehe unter einem schützenden Dach: *ich will lieber unterstehen, bis der Regen aufhört.* **unterstehen,** *ich* unterstehe (habe unterstanden), **1)** *ihm,* bin sein Untergebener: *die Behörde untersteht direkt dem Ministerium.* **2)** *mich, es zu tun,* wage es: *wehe, du unterstehst dich, zu spät zu kommen!*

unterstellen, *ich* stelle unter (habe untergestellt), **1)** *es,* setze darunter. **2)** *mich, ihn, es,* bringe an eine schützende Stelle: *während des Regens habe ich mich untergestellt.* **unterstellen,** *ich* unterstelle (habe unterstellt), **1)** *mich, ihn, es ihm,* mache ihn zum Vorgesetzten: *einige der Meuterer unterstellten sich wieder dem Kapitän.* **2)** *es ihm,* unterschiebe, behaupte böswillig von ihm: *das können Sie mir nicht unterstellen!* **3)** *es,* nehme an, setze den Fall: *ich u. einmal, daß an dem Gerücht etwas Wahres ist.* **Unterstellung** *die,* böswillige Behauptung.

unterstreichen, *ich* unterstreiche (habe unterstrichen) *es,* **1)** ziehe zur Hervorhebung eine Linie unter etwas. **2)** Ü betone, bekräftige: *diesen Punkt möchte ich besonders unterstreichen.* **Unterstreichung** *die.*

Unterstufe *die,* die erste bis dritte Klasse an Gymnasien (fünftes bis siebtes Schuljahr).

unterstützen, *ich* unterstütze (habe unterstützt) *ihn, es,* helfe ihm, stehe ihm bei; fördere eine Sache: *er wird von uns mit Geld, mit Rat und Tat unterstützt; er unterstützt sie bei ihrer Arbeit; diesen Plan kann ich nicht unterstützen.* **Unterstützung** *die, -/-en:* ideelle, materielle U.; *Unterstützungsbedürftig; Unterstützungsbeihilfe; Unterstützungsempfänger.*

Untersuch *der, -s/-e, schweiz.:* Untersuchung. **untersuchen** [spätmhd.], *ich* untersuche (habe untersucht) *es,* betrachte genau, erforsche, prüfe (den Gesundheitszustand (als Arzt) oder den Tatbestand (als Richter). **Untersuchung** *die, -/-en: Untersuchungsausschuß; Untersuchungsrichter; Röntgenuntersuchung.* **Untersuchungshaft** *die,* kurz: U-Haft, die Haft eines der Tat dringend Verdächtigen.

untertage, ⚒ unterirdisch. **Untertag(e)bau** *der, -(e)s,* Abbau von nutzbaren Mineralien unter der Erdoberfläche. **Untertag(e)speicherung** *die,* die Lagerung von Gasen und Flüssigkeiten in unterirdischen Hohlräumen. **Untertag(e)vergasung** *die,* die Vergasung von Steinkohle und Ölschiefer in der Lagerstätte.

Untertaille [-taljə] *die,* nur bis zur Taille reichendes Unterkleid.

untertan [ahd. untartan, zu tun] *der, er ist ihm u.,* dienstbar, hörig, fügsam. **Untertan** *der, -s oder -en/-en, &* Staatsangehöriger. **2)** Höriger, Leibeigener: *Untertanengeist,* demütige Gesinnung (verächtlich). **untertänig,** demütig ergeben. **Untertänigkeit** *die, -.*

Untertasse *die,* Teller unter der Tasse, ABB. T 5: *fliegende U.,* unbekanntes Flugobjekt, Ufo.

untertauchen, *ich* tauche unter, **1)** (bin untergetaucht), gehe unter Wasser; Ü verschwinde: *der Verbrecher ist (in der Großstadt) untergetaucht.* **2)** *ihn* (habe untergetaucht) *es,* bringe ganz unter Wasser: *er hat mich beim Schwimmen untergetaucht.*

unterteilen, *ich* unterteile (habe unterteilt) *es,* teile ein, gliedere (in Gruppen). **Unterteilung** *die.*

Untertemperatur *die,* ⚕ Hypothermie.

Untertitel *der,* **1)** (erläuternder) Titel unter dem Haupttitel.

2) Film: auf dem Bild erscheinende Übersetzung eines fremdsprachigen Filmtextes: *Originalfassung mit deutschen Untertiteln.*

Unterton der, **1)** ♪ ein Nebenton, der tiefer als der Grundton mitschwingt. **2)** Ü versteckter Ton, stimmliche Nuance: *ein nicht zu überhörender spöttischer U.*

untertreiben, ich untertreibe (habe untertrieben) (es), stelle zu gering dar: *er untertreibt bei der Schilderung der Gefahren, denen er ausgesetzt ist.* **Untertreibung** die, -/-en.

Untertritt der, untergesetzter Randstreifen (am Verschluß) von Kleidungsstücken.

untertunneln, ich untertunn(e)le (habe untertunnelt) es, führe einen Tunnel darunter durch: *zur Entlastung des Verkehrs in der Innenstadt wird der Marktplatz untertunnelt.* **Untertunnelung** die, -/-en.

Unterversicherung die, unter dem Versicherungswert liegende Versicherung.

unterwandern, *Personen* unterwandern (haben unterwandert) *eine Gruppe,* mischen sich allmählich und unbemerkt darunter, um der Gruppe ihre Vorstellungen aufzuzwingen: *die Armee wurde von radikalen Elementen unterwandert.* **Unterwand(e)rung** die, -: *die U. mit Agenten.*

unterwärts, 1) unten. **2)** U abwärts.

Unterwäsche die, unter der Oberbekleidung getragene Wäsche. **unterwaschen,** *ein Fluß* unterwäscht (unterwusch, hat unterwaschen) *das Ufer,* höhlt es von unten her aus. **Unterwaschung** die, -.

Unterwasser das, Wasser unterhalb einer Gefällstufe (Wehr, Kraftwerk u. a.). **Unterwassermassage** [-ʒə] die, Massage durch Wasserstrahl im warmen Vollbad.

unterwegen, ൦൦ unterwegs. **unterwegs,** auf dem Weg: *ich traf u. Bekannte; bei u. nach München; wir waren drei Stunden u.; bei ihr ist ein Kind u.,* U sie ist schwanger.

unterweilen, ൦൦ unterdessen; bisweilen.

unterweisen [mhd. underwisen, zu weisen], ich unterweise (habe unterwiesen) *ihn,* lehre. **Unterweisung** die.

Unterwelt die, -, **1)** Totenreich. **2)** Ü Verbrecherkreise.

unterwerfen, ich unterwerfe (unterwarf, habe unterworfen) **1)** *ihn, es,* mache untertan, abhängig, beuge unter meinen Willen: *der Feldherr unterwarf (seinem Fürsten) den halben Kontinent; er unterwarf ihn einem strengen Verhör; alle sind bestimmten Gesetzen unterworfen.* **2)** *mich,* füge mich, beuge mich: *er unterwirft sich dem Angreifer; ich u. mich dieser Bedingung.* **Unterwerfung** die, -.

unterwinden, ich unterwinde mich (unterwand mich, habe mich unterwunden) *einer Sache,* ൦൦ wage, übernehme sie.

unterwürfig [auch ʼun-], übertrieben demütig, würdelos: *in unterwürfiger Haltung.* **Unterwürfigkeit** die, -.

unterzeichnen, ich unterzeichne (habe unterzeichnet) es, unterschreibe: *der Vertrag wurde gestern unterzeichnet.* **Unterzeichner** der, -s/-, **Unterzeichnete** der, die, -n/-n, ein -r, eine -, Abk.: d. U., K jemand, der unterzeichnet hat: *der rechts Unterzeichnete oder der Rechtsunterzeichnete.* **Unterzeichnung** die, -: *Vertragsunterzeichnung.*

unterziehen, ich ziehe es unter (habe untergezogen), ziehe ein Kleidungsstück unter ein anderes an. **unterziehen,** ich unterziehe (habe unterzogen) *mich, es einer Sache,* nehme auf mich, unterwerfe: *er wurde einer Operation unterzogen; ich werde mich einer Kur unterziehen; ich u. mich ungern dieser Arbeit.* **Unterzug** der, ⊓⊓ Stützbalken.

untief, seicht. **Untiefe** die, **1)** seichte Stelle. **2)** U fälschlich für: besonders tiefe Stelle.

Untier [mhd. untier] das, Ungeheuer.

untragbar [auch ʼun-], unerträglich, nicht tragbar: *dieser Zustand ist u.; nach diesem Vorfall ist er als Lehrer u.*

untrennbar [auch ʼun-], nicht zu trennen: *u. zusammengesetzte Verben,* Ⓢ Verben, die mit dem Präfix fest verbunden sind, z. B. entstehen, es entsteht, es entstanden.

untreu, treulos: *damit ist er seinen Prinzipien u. geworden.* **Untreue** die, **1)** Bruch der Treue. **2)** ⚖ Mißbrauch der Befugnis, über fremdes Vermögen zu verfügen.

untröstbar [auch ʼun-], **untröstlich** [auch ʼun-], sehr betrübt, verzweifelt: *ich bin u. darüber, daß du schon abreist.*

untrüglich [auch ʼun-], ganz sicher: *mit untrüglichem Instinkt; untrügliche Anzeichen deuten darauf hin.*

Untugend die, schlechte Angewohnheit: *daß sie alles weitererzählt, ist noch ihre geringste U.*

untunlich, ൦൦ nicht zweckmäßig.

unüberbrückbar [auch ʼun-], Ü nicht zu beseitigen: *die Gegensätze zwischen den Parteien scheinen u.*

unüberlegt, voreilig: *eine unüberlegte Bemerkung; sie handelt oft u.* **Unüberlegtheit** die, -/-en.

unübersehbar [auch ʼun-], **1)** nicht zu übersehen, auffallend: *unübersehbare Mängel.* **2)** nicht übersehbar, sehr groß: *eine Katastrophe von unübersehbarem Ausmaß.*

unübersichtlich, schlecht übersehbar, verworren: *die Lage nach dem Putsch ist u.; eine unübersichtliche Kurve.*

unübertrefflich [auch ʼun-], ganz ausgezeichnet: *ein Lokal mit unübertrefflicher Küche.* **unübertroffen** [auch ʼun-], bisher nicht übertroffen: *eine unübertroffene Leistung.*

unüberwindbar [auch ʼun-], **unüberwindlich** [auch ʼun], nicht zu bewältigen: *diese Schwierigkeiten sind nicht u., können gemeistert werden.*

unumgänglich [auch ʼun-], unbedingt notwendig: *dein Antrittsbesuch ist u.; unumgängliche Ausgaben.*

unumschränkt [auch ʼun-], durch nichts eingeschränkt: *er herrscht u., übt die unumschränkte Herrschaft aus.*

unumstößlich [auch ʼun-], nicht abzuändern: *meine Entscheidung ist u.*

unumstritten [auch ʼun-], sicher, eindeutig: *seine Person ist nicht u., gibt zu Zweifeln Anlaß.*

unumwunden [auch ʼun-], ohne Umschweife, aufrichtig: *er gibt es u. zu.*

ununterbrochen [auch ʼun-], fortwährend: *eine ununterbrochene Gewinnserie beim Spiel; es hat u. geregnet.*

unveränderlich [auch ʼun-], gleichbleibend: *unveränderliche Größen,* ᐃ **unverändert** [auch ʼun-], *u. freundlich.*

unverantwortlich [auch ʼun-], gewissenlos: *er fährt u. schnell; ein unverantwortliches Überholmanöver.*

unveräußerlich [auch ʼun-], nicht veräußerlich: *die Menschenrechte sind u., unantastbar.*

unverbesserlich [auch ʼun-], nicht zu ändern (Person, Charakter): *ein unverbesserlicher Optimist.*

unverbindlich, 1) nicht bindend, ohne Kaufzwang: *ich bestelle die Ware zur unverbindlichen Ansicht.* **2)** wenig freundlich, Abstand wahrend: *sie gibt sich mir gegenüber recht u.*

unverblümt, geradeheraus, ohne etwas zu beschönigen: *ich sagte ihm u. meine Meinung.*

unverbraucht, nicht aufgebraucht, nicht abgenutzt: *trotz seines hohen Alters wirkt er u.,* Ü frisch, tatkräftig.

unverbrüchlich [auch ʼun-], ganz fest: *er hat unverbrüchliche Treue geschworen.*

unverbürgt [auch ʼun-], nicht sicher (Meldung, Nachricht).

unverdaulich [auch ʼun-], nicht zu verdauen (Speisen): *ein unverdauliches Buch,* Ü.

unverdient, nicht verdient, unberechtigt: *unverdientes Lob; die Mannschaft siegte u. hoch.* **unverdientermaßen, unverdienterweise,** er wurde u. bestraft.

unverdorben, 1) frisch (Speise). **2)** Ü anständig, rein: *eine unverdorbene Phantasie.*

unverdrossen [auch ʼun-], immer fröhlich und emsig: *er erledigt u. die schwerste Arbeit.*

unvereinbar [auch ʼun-], so geartet, daß man es nicht in Einklang bringen kann: *unsere Anschauungen sind u.* **Unvereinbarkeit** [auch ʼun-] die: *die U. unserer politischen Ziele.*

unverfälscht, lauter, rein: *die unverfälschte Wahrheit.* **Unverfälschtheit** die, -.

unverfänglich [auch ʼun-], nicht bedenklich, nicht Verdacht erregend (Frage, Antwort): *ich machte ihn einen ganz unverfänglichen Vorschlag.*

unverfroren, frech, dreist: *er antwortete ziemlich u., gab unverfrorene Antworten.* **Unverfrorenheit** die, -: *eine solche U. hätte ich ihm nicht zugetraut.*

unvergänglich [auch ʼun-], ewig dauernd: *sein Ruhm als Dichter ist u.* **Unvergänglichkeit** die.

unvergessen, nicht in Erinnerung: *der Verstorbene wird u. bleiben.* **unvergeßlich** [auch ʼun-], so geartet, daß man es nie vergessen wird: *ein u. schönes Erlebnis.*

unvergleichbar [auch ʼun-], zum Vergleichen nicht geeignet: *zwei unvergleichbare Größen.* **unvergleichlich** [auch ʼun-], ganz vorzüglich, einzigartig: *eine tänzerische Gestaltung von unvergleichlicher Anmut.*

unvergoren, nicht vergoren: *unvergorener Apfelmost.*

unverhältnismäßig, übermäßig: *das Urteil war u. hart.*

unverheiratet, nicht verheiratet.

unverhofft, überraschend, plötzlich: *unverhoffter Besuch.*

unverhohlen, nicht verbergend, offen: *mit unverhohlener Schadenfreude.*

unverkäuflich [auch ʼun-], nicht zu verkaufen: *unverkäuf-*

liches Muster; die Ausstellungsstücke sind u.; unverkäufliche Waren, Waren, die sich nicht verkaufen lassen.
unverkennbar [auch 'un-], deutlich zu bemerken: *in u. böser Absicht.*
unverlangt, *u. eingeschickte Beiträge können nicht berücksichtigt werden.*
unverletzbar [auch 'un-], nicht zu verwunden. **unverletzlich** [auch 'un-], nicht zu verändern, unbedingt bestehend: *unverletzliche Rechte.*
unvermeidbar [auch 'un-], **unvermeidlich** [auch 'un-], nicht zu umgehen: *die Begegnung war leider u.*
unvermindert, nicht geringer geworden: *mit unverminderter Spannkraft.*
unvermittelt, ohne Übergang, plötzlich: *u. hielt er an.*
Unvermögen *das, -s,* Mangel an Fähigkeit: *das Unternehmen scheitere an ihrem U.* **unvermögend, 1)** ⚬⚬ nicht fähig. **2)** arm.
unvermutet, nicht erwartet, plötzlich: *unvermutete Hindernisse; er traf ganz u. bei uns ein.*
Unvernunft *die,* törichtes Verhalten. **unvernünftig,** *sei nicht so u.!; ein unvernünftiger Entschluß.*
unveröffentlicht, nicht veröffentlicht: *unveröffentlichte Manuskripte.*
unverrichtet, nicht erledigt: *unverrichteterdinge,* österr. auch: *unverrichteter Dinge; unverrichteterweise,* österr. auch: *unverrichteter Weise.*
unverrückbar [auch 'un-], ganz sicher, unumstößlich: *es steht u. fest, daß...*
unverschämt, 1) frech, dreist: *er hat sich u. benommen; ein unverschämter Kerl.* **2)** U sehr: *da hattet ihr aber unverschämtes Glück; der Ring war u. teuer.* **Unverschämtheit** *die, -/-en: du besitzt die U., mir das zu sagen?*
unverschuldet, ohne eigene Schuld: *eine unverschuldete Notlage; unverschuldetermaßen; unverschuldeterweise.*
unversehens, plötzlich, überraschend: *u. stand er vor mir.*
unversehrt, nicht verwundet, nicht beschädigt. **Unversehrtheit** *die, -:* die U. der Ware wird garantiert.
unversöhnlich, nicht zur Versöhnung bereit: *unversöhnlicher Haß.* **Unversöhnlichkeit** *die.*
unversorgt, nicht versorgt: *er hinterließ zwei unversorgte Töchter.*
Unverstand *der,* Mangel an Einsicht, Torheit. **unverstanden,** in den Wünschen, Vorstellungen nicht erkannt: *sie fühlt sich von allen u.* **unverständig,** töricht: *ein unverständiges Kind.* **Unverständigkeit** *die.* **unverständlich,** nicht zu verstehen, rätselhaft: *ich bin ihr gänzlich u., wie er so handeln konnte.* **Unverständlichkeit** *die.* **Unverständnis** *das,* Mangel an Verständnis: *ich stoße bei ihm auf U.*
unversteuert, *unversteuerte Nebeneinnahmen.*
unversucht, *ich lasse nichts u.,* versuche alles.
unverträglich [auch 'un-], **1)** streitsüchtig: *ein unverträglicher Mensch.* **2)** nicht bekömmlich: *dieses Medikament ist bei gleichzeitigem Alkoholgenuß u.*
unverwandt [zu ahd. firwantan ›in eine andere Richtung wenden‹], ohne sich abzuwenden, immerzu: *er blickt es u. an.*
unverwechselbar [auch 'un-], *sein Tonfall ist u.*
unverweilt, ohne Aufenthalt, sofort: *er brach u. auf.*
unverweslich [auch 'un-], unvergänglich.
unverwundbar [auch 'un-], nicht zu verwunden: *in dieser Hinsicht ist er u., Ü kann man ihn nicht kränken.* **Unverwundbarkeit** *die, -.*
unverwüstlich [auch 'un-], nicht zu zerstören, sehr ausdauernd: *ein unverwüstlicher Mantelstoff; seine Gesundheit scheint u. zu sein.*
unverzagt, tapfer: *u. beginnt er die Arbeit wieder von neuem.* **Unverzagtheit** *die.*
unverzeihbar [auch 'un-], **unverzeihlich** [auch 'un-], nicht zu entschuldigen, grob fahrlässig: *deine Fehler sind u.*
unverzichtbar [auch 'un-], unbedingt notwendig: *unverzichtbare Rechte, Voraussetzungen.*
unverzinslich [auch 'un-], keine Zinsen bringend: *ein unverzinsliches Arbeitgeberdarlehen.*
unverzüglich [auch 'un-], **1)** sofort, gleich: *erledige das bitte u.* **2)** ⚖ ohne schuldhaftes Zögern.
unvollendet, nicht vollendet: *seine letzte Komposition blieb u.; ein unvollendeter Roman.*
unvollkommen, mit Fehlern behaftet: *jeder Mensch ist u.* **Unvollkommenheit** *die.*
unvollständig, nicht vollständig: *ein unvollständiger Satz Briefmarken.* **Unvollständigkeit** *die.*

unvorbereitet, ohne vorbereitet zu sein; plötzlich: *sein Tod traf uns völlig u.*
unvordenklich, seit unvordenklichen Zeiten, P seit Menschengedenken.
unvoreingenommen, ohne Vorurteil, sachlich: *der Fall wird u. geprüft; eine unvoreingenommene Beurteilung.* **Unvoreingenommenheit** *die.*
unvorgreiflich [auch 'un-], ⚬⚬ ohne dem Urteil anderer vorgreifen zu wollen.
unvorhergesehen, unerwartet, plötzlich: *unvorhergesehene Hindernisse.*
unvorsichtig, leichtfertig: *das war sehr u. gehandelt!* **unvorsichtigerweise. Unvorsichtigkeit** *die, -/-en.*
unvorstellbar [auch 'un-], nicht vorzustellen, sehr groß: *unvorstellbarer Schaden.*
unvorteilhaft, nicht günstig: *Hosen sind für ihre Figur sehr u.; ein unvorteilhafter Tausch.*
unwägbar [auch 'un-, vgl. abwägen], nicht abzuschätzen. **Unwägbarkeit** *die, -:* trotz einiger Unwägbarkeiten wollen wir die Expedition durchführen.
unwahr, gelogen, erlogen. **unwahrhaftig,** nicht aufrichtig: *ein unwahrhaftiger Charakter.* **Unwahrheit** *die.* **unwahrscheinlich, 1)** kaum anzunehmen: *es ist u., daß wir den Zug noch erreichen; eine unwahrscheinliche Geschichte.* **2)** U sehr: *ein u. gutes Theaterstück.* **Unwahrscheinlichkeit** *die.*
unwandelbar [auch 'un-], sich nicht verändernd: *in unwandelbarer Zuneigung.*
unwegsam, schlecht zu begehen: *unwegsames Gelände.*
unweiblich, ⚬⚬ dem Wesen einer Frau nicht gemäß.
unweigerlich [auch 'un-], sicher: *das wird u. mißlingen.*
unweisig, schweiz.: schwer lenkbar.
unweit, dessen oder von, nicht weit davon.
unwert, 1) dessen, seiner nicht wert. **2)** schweiz.: unwillkommen. **Unwert** *der, -(e)s,* Wertlosigkeit.
Unwesen *das, -s:* er trieb sein U. (damit), machte Unfug; Bandenunwesen. **unwesentlich,** nicht wichtig: *unwesentliche Kleinigkeiten; für unsere Entscheidung ist es u., ob...*
Unwetter *das,* heftiger Sturm und Regen: *Unwetterkatastrophe; Unwetterversicherung.*
unwichtig, nicht wichtig.
unwiderlegbar [auch 'un-], **unwiderleglich** [auch 'un-], nicht zu widerlegen: *die Beweise des Gerichts sind u.*
unwiderruflich [auch 'un-], endgültig: *u. letzter Tag.*
unwidersprochen [auch 'un-], *diese Beschuldigung wird nicht u. bleiben, ihr wird widersprochen werden.*
unwiderstehlich [auch 'un-], **1)** so beschaffen, daß kein Widerstand möglich ist: *ein unwiderstehlicher Freiheitsdrang.* **2)** besonders reizend: *sein Lachen ist u.*
unwiederbringlich [auch 'un-], unersetzlich, endgültig: *die Jugend ist u. vorbei; unwiederbringliche Zeiten.*
Unwille(n) *der, ...lens,* Ärger. **unwillig,** nur sehr u. erfüllte sie meine Bitte. **unwillkommen** [auch 'un-], *ein unwillkommenes Geschenk.* **unwillkürlich** [auch 'un-], ohne Absicht, unbewußt: *u. blieb ich mitten auf der Straße stehen.*
unwirklich, nicht der Wirklichkeit entsprechend: *im Mondlicht sah alles u. aus.* **unwirksam,** ohne Wirkung. **Unwirksamkeit** *die, -:* die U. dieser Maßnahme steht für mich jetzt schon fest.
unwirsch, unfreundlich, barsch: *eine unwirsche Antwort.*
unwirtlich, nicht einladend: *ein unwirtlicher Landstrich.* **Unwirtlichkeit** *die, -.*
unwirtschaftlich. Unwirtschaftlichkeit *die: die alte Fabrik wird wegen U. geschlossen.*
unwissend, ohne Wissen und Erfahrung. **Unwissenheit** *die, -:* über diese Bestimmung herrscht noch allgemeine U. in der Bevölkerung. **unwissentlich,** ohne Kenntnis der Sache: *er hat u. das Falsche getan.*
unwohl, *ich fühle mich u.; mir ist bei der ganzen Sache ziemlich u.* **Unwohlsein** *das,* kurz dauernde Störung des körperl. Wohlbefindens.
unwohnlich, *ein unwohnliches Zimmer.*
Unwucht *die,* ⚙ unsymmetrische Massenverteilung eines rotierenden Körpers.
unwürdig dessen, seiner nicht wert, ihm nicht gemäß: *unwürdiges Verhalten.*
Unzahl *die, -,* sehr viele, große Menge: *eine U. von Heuschrecken.* **unzählbar** [auch 'un-], nicht zu zählen; sehr groß: *eine unzählbare Menschenmenge.* **unzählig** [auch 'un-], sehr viele: *unzählige Menschen.* **unzähligemal** [auch 'un-], sehr oft; aber: *unzählige Male.*

unzähmbar [auch 'un-], wild: *unzähmbare Temperamente.*
Unze [frz. once] *die, -/-n,* der Jaguar.
Unze [ahd. unza, zu lat. uncia, aus unus ›eins‹] *die, -/-n,* altes Maß und Gewicht sowie Geldgröße; heute Gewicht im englisch-amerikan. Maßsystem.
Unzeit *die: er kam zur U.,* zum unpassenden Zeitpunkt.
unzeitgemäß, nicht der gegenwärtigen Anschauung, Mode entsprechend: *unzeitgemäße Ansichten.*
unzerbrechlich [auch 'un-], nicht zerbrechlich: *unzerbrechliches Geschirr.*
unzertrennlich [auch 'un-], Ü sehr eng verbunden: *die Freunde sind u.*
Unziale [lat. uncus ›gekrümmt‹] *die, -/-n,* **Unzialschrift** *die,* durch Abrundung der röm. Großbuchstaben entstandene Schrift.
unziemend, unziemlich, ⚭ nicht so, wie es schicklich ist. **Unziemlichkeit** *die, -,* ⚭.
Unzucht *die,* ♂♀ ⚭ die Verletzung der geschlechtl. Sittlichkeit. **unzüchtig.**
unzufrieden, nicht zufrieden: *sie ist mit allem u.* **Unzufriedenheit** *die.*
unzugänglich, 1) verschlossen, herb (Charakter). **2)** nicht zu begehen: *unzugängliches Gelände; sie ist allen Bitten u.,* Ü geht nicht darauf ein.
unzukömmlich, *österr., schweiz.:* unzulänglich, unzuträglich. **Unzukömmlichkeit** *die, -/-en, österr., schweiz.:* Unannehmlichkeit.
unzulänglich, mangelhaft, nicht ausreichend: *unzulängliche räumliche Verhältnisse; seine Ausbildung ist. u.* **Unzulänglichkeit** *die, -/-en.*
unzulässig, nicht erlaubt: *unzulässige Hilfsmittel.* **Unzulässigkeit** *die.*
unzumutbar, nicht zuzumuten: *unzumutbare Arbeitsbedingungen.*
unzurechnungsfähig, ♂♀ nicht fähig, das Unerlaubte einer Tat einzusehen. **Unzurechnungsfähigkeit** *die, -.*
unzureichend, nicht genügend: *unzureichende Gründe.*
unzusammenhängend, ohne Zusammenhang, ohne Sinn: *der Kranke sprach u.*
unzuständig, nicht zuständig, nicht befugt: *unsere Behörde ist in diesem Fall u.* **Unzuständigkeit** *die.*
unzuträglich, nicht bekömmlich: *die feuchtkalte Luft ist meiner Gesundheit u.*
unzutreffend, nicht zutreffend: *diese Angaben sind u.; Unzutreffendes bitte streichen.*
unzuverlässig, nicht zuverlässig, ungenau: *eine unzuverlässige Nachrichtenquelle.* **Unzuverlässigkeit** *die.*
unzweckmäßig, nicht ratsam, nicht geeignet: *ich halte es für u., zu dieser Jahreszeit zu verreisen.*
unzweideutig, grob, sehr deutlich: *ich gab es ihm u. zu verstehen; eine unzweideutige Bemerkung,* Ü eine unanständige. **Unzweideutigkeit** *die.*
up, *niederdt.:* auf.
UPI [ju:pi:'ai, engl.], Abk. für: United Press International, eine amerikan. Nachrichtenagentur.
Uppercut ['ʌpəkʌt, engl.] *der, -s/-s,* Boxen: Aufwärtshaken.
üppig [ahd. uppig], **1)** überreich, wuchernd: *eine üppige Vegetation.* **2)** genießerisch, schwelgerisch: *eine üppige Mahlzeit; ein Gemälde in üppigen Farben.* **3)** schwellend, rundlich: *eine üppige Mittfünfzigerin.* **4)** U übermütig: *du wirst mir ein bißchen zu ü.* **Üppigkeit** *die, -.*
up to date [ʌptud'eit, engl., eigtl. ›dem Datum, der Zeit gemäß‹], **1)** modisch, zeitgemäß: *ihre Garderobe ist immer up to date.* **2)** auf dem laufenden: *du bist mit deiner Meinung nicht mehr up to date.*
Ur [ahd. ur, aus lat. urus] *der, -(e)s/-e,* Auerochse.
ur . . . [ahd. ur . . .], **1)** ganz auf den Anfang zurückgehend, diesen bezeichnend: *Urgeschichte; Urchristentum; Urgemeinde; Urbedeutung; Urquell; der Urgötz,* Goethes Götz in erster Fassung. **2)** ursprünglich, echt, unverbraucht: *Ureinwohner; Urkraft; urdeutsch; ureigen.* **3)** steigernd: *uralt; urgemütlich; urkomisch; urplötzlich.* **4)** die zeitlich vorhergehende oder darauffolgende Stufe im Verwandtschaftsverhältnis bezeichnend: *der Urgroßvater,* Vater des Großvaters oder der Großmutter; *der Ururgroßvater,* Großvater des Großvaters oder der Großmutter; *der Urenkel, die Urenkelin,* Kind des Enkels oder der Enkelin, ABB. A 7, ÜBERS. F 6; aber: *der Urvater,* Stammvater.
u. R., Abk. für: unter Rückbitte.

Ur|abstimmung *die,* unmittelbare Abstimmung aller Mitglieder einer Gemeinschaft, meist vor einem Streik.
Ur|adel *der,* Bez. für den alten Adel (vor 1400).
Ur|ämie [grch. ouron ›Harn‹ und haima ›Blut‹] *die, -/ . . .äm'i|en,* 🜕 Harnvergiftung. **ur|ämisch.**
Uran [vgl. Uranus] *das, -s,* 🜨 Zeichen: U, ein radioaktives metallisches Element: *Uran-Blei-Methode,* ⊕ Methode der absoluten Altersbestimmung aus dem Uran-Blei-Isotopenverhältnis. **Uranbrenner** *der,* ⚛ Reaktor. **Uranglimmer** *der,* eine Gruppe uranhaltiger Minerale.
Urania [grch. ›die Himmlische‹], griech. Mythologie: **1)** die Muse der Astronomie. **2)** Beiname der Aphrodite.
Uranismus [nach dem griech. Gott Uranos und vgl. . . . ismus] *der, -,* ⚭ männliche Homosexualität. **Uranist** *der, -en/-en.*
Uranpech|erz *das,* Pechblende, wichtigstes Uranerz.
Uranus [grch. uranos ›Himmel‹], **1)** griech. Mythologie: eine Gottheit. **2)** *der, -,* ✶ ein Planet, ÜBERS. A 22.
Urat [grch. ouron ›Harn‹] *das, -(e)s/-e,* Salz der Harnsäure.
Uratstein *der,* aus Urat bestehender Stein der Harnwege.
Ur|aufführung *die,* erste Aufführung eines Theaterstücks, Films (vgl. Erstaufführung).
urban [lat. urbanus ›städtisch‹, zu urbs ›Stadt‹], **1)** städtisch: *der urbane Lebensbereich.* **2)** umgänglich, fein, gebildet, weltmännisch.
Urban [lat. ›der Städter‹], männl. Vorname.
Urbanisation *die, -,* Verstädterung. **urbanisieren** [lat. urbs ›Stadt‹], *ich urbanisiere* (habe urbanisiert) *es,* **1)** erschließe städtebaulich: *eine urbanisierte Region.* **2)** verfeinere. **Urbanität** [lat. urbanitas] *die, -,* urbane Lebensart, Bildung.
urbar [mhd. urbor, zu bern ›tragen‹, ›gebären‹], anbaufähig: *urbares Land; der Boden wurde u. gemacht.* **Urbar** *das, -s/-e,* **Urbarium** *das, -s/. . . ri|en,* ⚭ **1)** Grundbuch. **2)** Zinseinkünfte eines Grundstückes. **Urbarmachung** *die, -,* Umwandlung einer ungenutzten Fläche in anbaufähiges Land.
Urbeginn *der: seit U. der Welt,* seit die Welt besteht.
Urbevölkerung *die,* die erste in einem Land ansässige Bevölkerung.
urbi et orbi [lat.], der Stadt (Rom) und dem Erdkreis: *der päpstliche Segen urbi et orbi.*
Urbild *das,* Urform, Grundform (oft nur gedacht); Vorbild, Muster.
urchen, urchig, auch urech(t), *schweiz.:* urwüchsig.
Ur|drutz [mhd. urdruz] *der, -es, alem.:* Überdruß.
Urdu [lat.], eine neuindische Sprache, die Amtssprache Pakistans.
urech(t), urchen.
Ureid [grch. ouron ›Harn‹ und vgl. . . . id] *das, -(e)s/-e, meist Pl.,* Verbindung von Harnstoff mit organ. Säuren. **Ureter** *der, -s/. . . t'eren,* 🜕 Harnleiter. **Ure|than** *das, -s/-e, meist Pl.,* Grundstoff zur Kunststoffherstellung. **Urethra** [grch. ourethra] *das, -s/. . . thren,* 🜕 Harnröhre. **Urethritis** [vgl. . . . itis] *die, -/. . . t'iden,* 🜕 Harnröhrenentzündung. **urethisch,** diuretisch.
Urfehde *die,* im MA. die eidliche Zusicherung der Beendigung jeder Feindschaft.
Urformung *die,* ⊚ die Formung von Werkstücken in flüssigem (Gießen) oder pulverförmigem Zustand (Sintern).
Urgebirge *das,* ⊕ ⚭ Grundgebirge.
urgent [frz., von lat. urgens, zu urgere ›drängen‹], dringlich.
Urgenz *die, -.*
Urgeschichte *die,* Vorgeschichte. **urgeschichtlich.**
Urgewalt *die,* ungebrochene Naturgewalt.
Urgicht [ahd. urgiht] *die, -/-en,* ⚭ Geständnis.
urgieren [lat. urgere ›drängen‹], *ich urgiere* (habe urgiert) *es,* betreibe nachdrücklich, dringe auf etwas.
Urheber [mhd. urhap, zu ahd. urhab ›Ursache‹] *der, -s/-,* **1)** der Täter, der für die Tat Verantwortliche. **2)** Verfasser einer Schrift, Autor; Schöpfer eines Werkes: *Urheberschutz.* **Urheberrecht** *das,* das ausschließliche Verfügungsrecht des Urhebers über sein Werk. **urheberrechtlich,** *Übersetzungen sind u. geschützt.* **Urheberschaft** *die, -,* Eigenschaft als Urheber.
Urheimat *die,* ursprüngliche Heimat (eines Volkes).
Urian [vielleicht verwandt mit uren ›es wild treiben‹] *der, -s/-e,* **1)** ohne Pl., der Teufel. **2)** unwillkommener Gast.
Uriasbrief [nach Uria, dem Heerführer Davids, A. T.] *der,* Brief, der dem Überbringer Verderben bringt.
Uri|el [hebr. ›mein Licht ist Gott‹], einer der Erzengel.
urig, *oberdt.:* urwüchsig.
Urin [lat. urina, zu grch. ouron] *der, -s/-e,* Harn. **urinieren,** *ich uriniere* (habe uriniert), harne.

Ur|insekt das, primitives, flügelloses Insekt.

Ur|stier der, -s, schweiz.: Harsthorn der alten Schweizer, nach dem Kanton Uri.

Urkunde [ahd. urkundi ›Zeugnis‹] die, -/-n, **1)** ⚖ jeder Gegenstand, der einen Gedanken verkörpert, bes. Schriftstück, das einen rechtl. Vorgang bezeugt, Dokument: *Urkundenfälschung; Geburtsurkunde.* **2)** schriftl. Geschichtsquelle.

urkundlich, *die Stadt wurde 950 erstmals u. erwähnt.*

Urkundsbeamte der, Beamter der Justizverwaltung. **Urkunds|person** die, amtlich bestellte Person zur Beurkundung bestimmter Tatsachen und zur Beglaubigung von Unterschriften.

Urlaub [ahd. urloub ›Erlaubnis‹, ›Urlaub‹] der, -(e)s/-e, bezahlte arbeitsfreie Tage: *Urlaubsgesuch; ich bin in U.; ich gehe in, auf U.; ich habe, nehme U.; er verbringt seinen U. an der See; mir stehen vier Wochen U. zu.* **Urlauber** der, -s/-, jemand, der in Urlaub ist. **Urlaubsgeld** das, eine aus Anlaß des Urlaubs gewährte Gratifikation. **Urlaubszeit** die: *während der U. war die Stadt wie ausgestorben.*

Urliste die, Vorschlagsliste für Schöffen.

Urmensch der, die stammesgeschichtl. Ausgangsform des Menschen.

Urmund der, Blastoporus.

Urne [lat. urna] die, -/-n, ABB. U 2, **1)** Gefäß zum Aufbewahren der Asche verbrannter Leichen: *Urnengrab.* **2)** Kasten zum Einwerfen von Stimmzetteln oder zum Entnehmen von Losen: *Wahlurne; die Abgeordneten gehen zur U.* wählen. **Urnenfeld** das, größere Ansammlung vorgeschichtl. Urnengräber: *Urnenfelderkultur.*

Urobilin [zu Urin und lat. bilis ›Galle‹] das, -s, Abbauprodukt des Gallenfarbstoffs. **urogenital,** zu den Harn- und Geschlechtsorganen gehörend: *Urogenitalorgane; Urogenitalsystem.* **Uro|gramm** [vgl. . . .gramm] das, -s/-e, ⚕ Röntgenkontrastbild der Harnorgane. **Uro|graphie** [vgl. . . .graphie] die, -, ⚕ Verfahren zur Herstellung eines Urogramms. **Urolith** [vgl. . . .lith] der, -s/-e oder -en/-en, ⚕ Harnstein. **Urologe** [vgl. . . .loge] der, -n/-n, Facharzt für Urologie. **Urologie** [vgl. . . .logie] die, -, ⚕ Lehre von den Krankheiten der Harnorgane. **urologisch.** **Uro|tropin** [vgl. Atropin] das, -s, organische Verbindung, z. B. als Desinfektions- und Konservierungsmittel verwendet.

Urpflanze die, gedachte Pflanze als Urbild der höherentwickelten Gewächse (nach Goethe).

Urproduktion die, Gewinnung der Rohstoffe.

Urquell der, **Urquelle** die, P Ursprung, Ausgangspunkt.

Urs [lat. ursus ›der Bär‹] männl. Vorname.

Ursache [mhd. ursache] die, Grund für ein Geschehen, Anlaß, Veranlassung: *alles hat seine U.; ein Unfall aus noch ungeklärter U.; keine U.!,* höfliche Antwort auf einen Dank; *die Verknüpfung von Gegebenheiten nach U. und Wirkung.*

ursächlich, *ein ursächlicher Zusammenhang.*

urschen, *ich ursche (habe geurscht) es,* ostmitteldt.: verschwende.

Urschrift die, erste Niederschrift, Original, ABB. D 18. **urschriftlich.**

Ursel, Koseform von Ursula.

Urseli der, -(s)/-, schweiz.: Gerstenkorn (am Auge).

urspr., Abk. für: ursprünglich. **Ursprung** [ahd. urspring] der, Ausgangspunkt, Abstammung, Herkunft: *Ursprungsland, Herstellungsland; Ursprungssage,* ätiologische Sage: *Wörter lateinischen Ursprungs; die Legende hat ihren U. im 12. Jahrh.; der U. dieses Brauchs liegt in vorkolumbischer Zeit; die Ursprünge dieser Entwicklung lassen sich sehr weit zurückverfolgen.* **ursprünglich** [auch 'ur-], Abk.: urspr., **1)** im Anfangszustand befindlich; anfangs: *die ursprüngliche Fassung der Chronik ist nicht erhalten; u. habe ich etwas anderes beabsichtigt.* **2)** unverbildet, frisch, natürlich: *seine ursprüngliche Art.* **Ursprünglichkeit** [auch 'ur-] die, -.

Urstand [mhd. urstende] der, ⚘ Urzustand (der ersten Menschen vor dem Sündenfall). **Urständ** [ahd. urstant ›Auferstehung‹] die, -, noch süddt., österr.: ⚘ Auferstehung: *der Brauch, die Unart feierte fröhliche U.*

Urstromtal das, breite flache Talung, in der sich während der Eiszeit das Gletscherschmelzwasser sammelte.

Ursula [lat. ›kleine Bärin‹], weibl. Vorname. **Ursuline** die, -/-n, **Ursulinerin** die, -/-nen, Angehörige einer Klostergenossenschaft.

Ürte [mhd. urte] die, -/-n, schweiz.: Zeche, Gastmahl, Abrechnung: *er will aus der Ü. laufen,* die Zeche prellen.

Urteil [ahd. urteili, zu erteilen] das, -s/-e, **1)** ⚖ Richter-

---

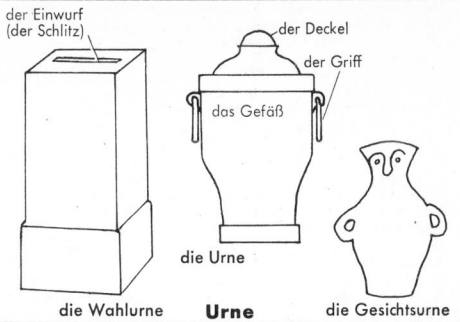

der Einwurf (der Schlitz) · der Deckel · der Griff · das Gefäß · die Urne

die Wahlurne · **Urne** · die Gesichtsurne

U 2

---

spruch: *Urteilsbegründung; Urteilsspruch; Todesurteil; das U. wird heute gefällt, ergeht heute,* wird verkündet; *nehmen Sie das U. an?; dieses U. werde ich anfechten; das U. wurde aufgehoben.* **2)** feste Meinung: *Werturteil; ich gebe mein U. über etwas ab; ich bilde mir ein U.; ich habe mein U. revidiert.* **urteilen,** *ich urteile (habe geurteilt) über ihn, etwas,* gebe mein Urteil ab, äußere mich: *dem Ergebnis nach zu urteilen . . .; man soll nicht vorschnell urteilen.* **urteilsfähig,** fähig zu urteilen. **Urteilsfähigkeit** die, -. **Urteilsfindung** die, -/-en, ⚖ Urteilsberatung. **Urteilskopf** der, ⚖ Rubrum, Benennung der Parteien. **Urteilskraft** die, -, Fähigkeit zur Meinungsbildung. **Urteilsverkündung** die, ⚖: *das Gericht nimmt U. in den Saal zurück.* **Urteilsvermögen** das, -s, Urteilskraft.

Urticaria [lat. urtica ›Nessel‹] die, -, auch Urtikaria, ⚕ Nesselsucht.

Urtier(chen) das, einzelliges Tier, Protozoon.

Urtikaria, Urticaria.

urtümlich, ursprünglich, unberührt: *eine urtümliche Gebirgslandschaft.* **Urtümlichkeit** die, -.

urverwandt, *urverwandte Sprachen,* vom selben (erschlossenen) Stamm herzuleitende Sprachen.

Urvieh, Urvieh das, U bes. ostmittelt.: origineller, komischer Mensch.

Urvogel der, Archäopteryx, fossiler Vogel mit Merkmalen von Kriechtieren.

Urwahl die, Wahl der Wahlmänner (bei mittelbarer Wahl). **Urwähler** der.

Urwald der, von Menschen nicht veränderter wildwachsender Wald.

urwüchsig, unverbildet, frisch, natürlich. **Urwüchsigkeit** die, -.

Urzeit die, Vorzeit: *seit Urzeiten,* U seit sehr langer Zeit. **Urzeugung** die, -, Entstehung von Lebewesen aus leblosen Stoffen.

u. s., Abk. für: ut supra.

USA, Abk. für: United States of America, die Vereinigten Staaten von Amerika: *Importe aus den USA.*

Usambaraveilchen [nach dem afrikan. Bergland Usambara] das, eine Zierpflanze.

Usance [yz'ās, frz., zu lat. usus ›Gebrauch‹] die, -/-n [-ən], Brauch, Gepflogenheit, bes. im Handel. **usancemäßig** [yz'ās-]. **Usancenhandel** [yz'āsən-] der, Devisenhandel in fremder Währung. **Usanz** die, -/-en, schweiz.: Usance.

Usbeke der, -n/-n, Angehöriger eines Türkvolkes. **usbekisch.**

Uschlig der, -s, alem.: Unschlitt.

use, alem.: heraus.

User [j'u:zə(r), engl., zu to use ›benutzen‹] der, -s/-, U jemand, der ständig Drogen nimmt.

usf., Abk. für: und so fort.

Uso [ital., vgl. Usus] der, -s, Handelsbrauch, Gewohnheit. **usuell** [frz. usuel], üblich, gebräuchlich.

Usurpation [lat. usurpatio ›Gebrauch‹, ›Benutzung‹] die, -/-en, widerrechtl. Aneignung (der Macht, des Throns). **Usurpator** der, -s/. . .t'oren. **usurpieren** [lat. usurpare ›sich aneignen‹], zu Unrecht in Besitz nehmen (die Macht usurpiert). **Usus** [lat. ›Gebrauch‹, ›Umgang‹, ›Nutzen‹, zu uti ›gebrauchen‹] der, -, Sitte, Gewohnheit; Rechtsbrauch: *das war bei uns damals U.*

usw., Abk. für: und so weiter.

ut, niederdt.: aus.

Uta

Uta, Ute [ahd.], weibl. Vornamen.
Utensilien [lat. utensilia, zu uti ›gebrauchen‹], *Pl.*, Geräte, Zubehör: *Badeutensilien; Nähutensilien.*
uter, *niederdt.:* außer.
uterin [neulat. uterinus], zum Uterus gehörig. **Uterus** [lat. ›Mutterleib‹] *der, -/. . .ri,* Gebärmutter.
Utgard [altnord.], Reich der Dämonen und Riesen in der nordischen Mythologie.
utilisieren [frz. utiliser, zu lat. utilis ›nützlich‹], *ich* utilisiere (habe utilisiert) *es,* ⚭ gebrauche, ziehe Nutzen daraus. **utilitär** [frz. utilitaire], den Nutzen betreffend. **Utilitarismus** [vgl. . . .ismus] *der, -,* Nützlichkeitsstandpunkt, die Erhebung der Nützlichkeit zum Lebensprinzip. **Utilitarist** *der, -en/-en.* **utilitaristisch. Utilität** *die, -,* ⚭ Nützlichkeit.
ut infra [lat.], Abk.: u. i., wie unten.
Utopia [›Nirgendheim‹, zu grch. ou ›nicht‹ und topos ›Ort‹, nach dem engl. Humanisten Thomas More, 1478–1535] *das, -s, meist ohne Artikel,* erdachtes Land, Wunschland, Traumland. **Utopie** *die, -/. . .p'i|en,* Vorstellung eines erdachten Zustandes, ideales Modell: *Sozialutopien.* **utopisch,** nur in der Vorstellung möglich, unwirklich, phantastisch: *utopische Literatur.* **Utopist** *der, -en/-en,* Anhänger utopischer Ideen.
Utraquismus [lat. utraque ›jede von beiden‹ und vgl. . . .ismus] *der, -,* 1) Bildungskonzept, das bes. die Gleichbewertung von Geistes- und Naturwissenschaften fordert. 2) Richtung der Hussiten. **Utraquist** *der, -en/-en.* **utraquistisch.**
ut supra [lat.], Abk.: u. s., wie oben.
U(t)z [Koseform von Ulrich], männl. Vorname.
u. U., Abk. für: unter Umständen.
u. ü. V., ⚮ Abk. für: unter üblichem Vorbehalt.
UV, Abk. für: ultraviolett: *UV-Filter; UV-Strahlen.*
u. v. a. (m.), Abk. für: und viele(s) andere (mehr).
u. W., Abk. für: unseres Wissens.
Uwe [fries., zu ahd. uodal ›Erbgut‹], männl. Vorname.
Uz [vgl. U(t)z], männl. Vorname.
Uz [u:ts, vom Namen U(t)z] *der, -es,* U Neckerei. **uzen,** *ich* uze (habe geuzt) *ihn,* U necke. **Uzerei** *die, -/-en,* U.
u. zw., Abk. für: und zwar.

V

v, V [fau] *das, -/-,* ein Konsonant, ABB. A 8, ÜBERS. A 26, G 34.
V, 1) Zeichen für: Volt. 2) Zeichen für: Volumen, Rauminhalt. 3) ⚕ Zeichen für: Vanadium. 4) röm. Zahlzeichen für: 5, ÜBERS. R 27. 5) Zeichen für: vertatur. 6) Chiffre für: Viktoria, als Grußzeichen mit Zeige- und Mittelfinger gebildet.
v., Abk. für: 1) von. 2) vide! 3) vidi. 4) verte!
V., Abk. für: Vers.
VA, Zeichen für: Voltampere.
v. a., Abk. für: vor allem.
Vabanquespiel [vab'āk-, frz. va banque ›es gilt die Bank‹] *das,* 1) beim Glücksspiel: Spiel um den gesamten Bankeinsatz. 2) Ü eingehen gefährlicher Wagnisse.
vacat [v'a:kat, lat.], es fehlt, ist nicht vorhanden.
Vacheleder [va'ʃ aʃ-, frz. vache ›Kuh‹] *das,* ein Rindsleder für Schuhsohlen. **vachedern** [v'aʃ-].
Vademekum [v-, lat. vade mecum ›geh mit mir‹] *das, -s/-s,* Taschenbuch, Leitfaden.
Vadium [v-, mlat. vadium ›Pfand‹, ›Wette‹, ›Geldstrafe‹] *das, -s/. . .di|en,* symbol. Pfand bei Schuldverträgen im älteren dt. Recht.
vados [v-, lat. vadosus], seicht: *vadoses Wasser,* unterirdisch zirkulierendes Wasser.
vae victis! [vɛ: v-, lat.], wehe den Besiegten!
vag, vage
Vagabund [v-, spätlat. vagabundus, zu lat. vagari ›umherschweifen‹] *der, -en/-en,* Landstreicher. **vagabundieren,** *ich* vagabundiere (habe vagabundiert), wie ein Vagabund: *vagabundierender Strom,* ⚡ ein aus Starkstromanlagen austretender, im Erdboden verlaufender Strom. **Vagant** *der, -en/-en,* im MA.: fahrender Schüler, Geistlicher, Spielmann: *Vagantendichtung.* **vag(e)** [frz. vague, zu lat. vagus], unbestimmt, verschwommen: *davon habe ich nur eine vage Vorstellung; ich erinnere mich nur ganz v.*
Vagina [v-, lat.] *die, -/. . .nen,* Scheide. **vaginal. Vaginismus** *der, -,* ⚕ Scheidenkrampf.
Vagus [v-, lat. nervus vagus ›umherschweifender Nerv‹] *der, -,* der 10. Gehirnnerv.
vakant [v-, lat. vacare ›leer sein‹], unbesetzt, leer, offen. **Vakanz** [frz. vacance] *die, -/-en,* 1) freie, unbesetzte Stelle. 2) ohne *Pl.,* das Freisein einer Stelle: *nach längerer V. konnte die Stelle neu besetzt werden.* 3) Ferien, Urlaub. **Vakat** *das, -(s)/-s,* ⚘ leere Seite. **Vakublitz** *der,* ⚡ Elektronenblitz. **Vakuole** *die, -/-n,* Biologie: mit Flüssigkeit gefüllter Hohlraum im Zytoplasma. **Vakuum** [lat. vacuus ›leer‹] *das, -s/. . .kua* oder *. . .kuen,* annähernd luftleerer Raum: *Vakuumpumpe; vakuumverpackte Lebensmittel.* **Vakuumformung** *die,* eine Art der Verarbeitung thermoplast. Kunststoffe. **Vakuumkühlung** *die,* Lebensmittelkühlung durch Unterdruck und Verdampfung des Wassers. **Vakuummeter** *das, -s/-,* Manometer zum Messen geringer Gas- und Luftdrücke.
Vakzin [v-, lat. vaccinus ›von Kühen stammend‹, zu vacca ›Kuh‹] *das, -s/-e,* ⚕ Vakzine. **Vakzination** *die, -/-en,* ⚕ Impfung mit Vakzinen. **Vakzine** *die, -/-n,* ⚕ Impfstoff aus Krankheitserregern. **vakzinieren,** *ich* vakziniere (habe vakziniert) *ihn.*
Val [v-, zu Äquivalent], 1) ⚕ früher: ein Konzentrationsmaß. 2) Physik: ⚭ Einheit für die elektr. Ionenladung.
Valand [f-] *der, -(e)s,* Nebenform von Voland.
vale! [v-, lat., zu valere ›gesund sein‹], lebe wohl!
Valentin [v-, lat. valens ›kräftig‹, ›gesund‹], männl., **Valentine,** weibl. Vorname.
Valenz [v-, lat. valere ›wert sein‹] *die, -/-en,* 1) ⚕ Wertigkeit eines chem. Elementes, die Bindungsfähigkeit der Atome für andere Atome. 2) Biologie: Widerstandsfähigkeit, Stärke, Tüchtigkeit eines Organismus. 3) Ⓢ die Fähigkeit bes. des Verbums, mit anderen Satzteilen eine sinnesergänzende Verbindung einzugehen.
Valerie, Valeska [v-, lat. valere ›kräftig, stark sein‹], weibl. Vornamen.
Valet [v-, lat. valete ›lebt wohl‹, vgl. vale!] *das, -s/-s,* Abschiedsgruß, Lebewohl: *er hat seinem Beruf V. gesagt.*
Valeur [val'œ:r, frz. ›Wert‹, aus mlat. valor, zu lat. valere ›wert sein‹] *die, -/-s,* auch *der, -s/-s,* 1) ⚭ Wert, Wertpapier. 2) *meist Pl.,* Malerei: Tonabstufungen der Farben: *Valeurmalerei.*
Validisierung *die, -/-en,* Überprüfung der Validität. **Validität** *die,* Gültigkeit; Meßgenauigkeit von Tests, Forschungsmethoden, Verfahrensweisen hinsichtlich zu messender Größe. **Valor** *der, -s/. . .l'oren,* 1) nur *Sg.,* ⚭ ⚮ Wert, Gehalt. 2) *meist Pl.,* Schmuck, Wertgegenstände: *Valorenversicherung.*
Valorisation [frz.] *die, -,* ⚮ staatl. Angebotsknappung einer Ware zur Hebung des Preises. **valorisieren,** *ich* valorisiere (habe valorisiert) *es.* **Valorisierung** *die, -,* Valorisation. **Valuta** [ital.] *die, -/. . .ten,* 1) ⚮ Gegenwert, Wert. 2) fremde Währung. 3) ⚮ Wertstellung (Datum der Wirksamkeit) im Kontokorrent. **valutieren,** *ich* valutiere (habe valutiert) *es,* 1) bewerte. 2) stelle das Datum der Wirksamkeit fest.
Vamp [væmp, engl.] *der, -s/-s,* berechnender Frauentyp mit sexueller Ausstrahlung. **Vampir** [vamp'ir, auch v'am-, aus slaw.] *der, -s/-e,* 1) nächtl. Blutsauger, Gespenst des südslaw. Volksglaubens. 2) blutleckende Fledermaus.
Van [væn, engl.] *der, -(s)/-s,* kurz für: Caravan, bes. für ein älteres Modell, das zu einer Art Campingwagen umgebaut wurde.
Vanadin, Vanadium [v-, nach Vanadis, dem Beinamen der german. Göttin Freyja] *das, -s,* ⚕ Zeichen: V, ein Metall.
Van-Allen-Gürtel [væn'ælən-, nach dem amerikan. Physiker J. van Allen, geboren 1914] *der, -s,* Strahlungsgürtel der Erde.
Vandale [v-] *der, usw.,* Wandale usw.
Van-Dyck-Braun [fand'aik-, nach dem niederländ. Maler A. van Dyck, 1599–1641] *das, -s,* dunkelviolette, ins Rotbraune übergehende Farbe.
Vanessa [engl.], weibl. Vorname.

Vanille [van'iljə, span. vainilla ›Schötchen‹] *die, -,* Gewürzpflanze, vgl. ABB. G 23: *Vanilleeis; Vanillepudding; Vanillepulver; Vanilleschote; Vanillezucker.* **Vanillin** *das, -s,* ein Riech- und Aromastoff.

vanitas vanitatum [v- v-, lat. ›Eitelkeit der Eitelkeiten‹], alles ist eitel, nichtig.

Vaporimeter [v-, lat. vapor ›Dampf‹ und grch. metron ›Maß‹] *das, -s/-,* Gerät zur Bestimmung des Alkoholgehalts von Flüssigkeiten. **Vaporisation** [frz.] *die, -,* 1) Bestimmung des Alkoholgehalts einer Flüssigkeit. 2) ♨ Anwendung von Wasserdampf zur Blutstillung. **vaporisieren,** *ich vaporisiere* (habe vaporisiert) *es.*

var., Biologie: Abk. für: Varietät. **Varia** [v-, lat.], *Pl.,* Verschiedenes, Allerlei. **variabel** [frz. variable, aus lat. variabilis, zu variare ›bunt machen‹, ›sich verändern‹], veränderlich, schwankend: *variable Größen,* △. **Variabilität** *die, -.* **Varia|ble** *die, -n/-n,* △ die Veränderliche. **Variante** *die, -/-n,* 1) eine Abweichung, Lesart. 2) Biologie: ein vom Normaltypus abweichendes Lebewesen oder Merkmal. **variatio delectat** [lat.], Abwechslung erfreut. **Variation** [lat. variatio ›Veränderung‹] *die, -/-en,* 1) Abwandlung, Veränderung: *Variationsmöglichkeit.* 2) Biologie: die Abweichung des Erscheinungsbildes der Nachkommen von ihren Eltern und der Geschwister voneinander. 3) Störung des Mondumlaufs um die Erde durch die Sonnenanziehung. 4) ♪ Veränderung eines Themas. **Variationsrechnung** *die,* △ ein Zweig der Analysis. **Varietät** [-rie-, lat. varietas] *die, -/-en,* 1) Biologie: Abk.: var., in der Systematik eine Variante. 2) Verschiedenheit, Buntheit. **Varieté** [-rie'e:, frz.] *das, -s/-s,* Theater, in dem in buntem Wechsel akrobatische, musikalische und tänzer. Vorführungen stattfinden. **variieren** [frz. varier, zu lat. variare], 1) *es,* verändere, wechsle ab: *ich v. ein Thema,*♪. 2) *es variiert,* ist verschieden, weicht ab.

varikös [v-, lat. varix ›Krampfader‹], ♨ die Krampfadern betreffend, mit Krampfadern behaftet. **Variola** [v-, mlat. ›Blattern‹, zu lat. varius ›mannigfach‹, ›verschieden‹] *die, -/...lae* oder ...*ri'olen,* ♨ Pocken. **Variometer** [v-, grch. metron ›Maß‹] *das, -s/-,* 1) Gerät zur Beobachtung der Veränderung von Meßwerten. 2) ✈ der Steig- und Sinkgeschwindigkeitsmesser. 3) Funktechnik: Spule zur Frequenzbestimmung.

Varix [v-, lat.], **Varize** *die, -/...r'izen,* ♨ Krampfader. **Varizelle** [v-, vgl. Variola] *die, -/-n, meist Pl.,* ♨ Windpocken.

Vasall [v-, mhd. vassal, zu kelt. gwas ›Knecht‹] *der, -en/-en,* Lehnsmann, Gefolgsmann. **Vasallenstaat** *der,* politisch abhängiger Staat. **Vasallentum** *das, -s,* Abhängigkeitsverhältnis eines Vasallen. **vasallisch.**

Väs|chen [v-] *das, -s/-,* kleine Vase. **Vase** [frz. vase, zu lat. vas ›Gefäß‹] *die, -/-n,* ein oft kunstvoll gearbeitetes Gefäß: *Blumenvase,* ABB. G 7. **Vas|ektomie** [grch. ektemnein ›herausschneiden‹] *die, -/...m'i|en,* ♨ das Entfernen eines Stückchens des Samenleiters zur Unfruchtbarmachung des Mannes.

Vaselin [v-] *das, -s,* **Vaseline** *die, -,* Mineralfett für Salben, Schmiermittel.

Vasomotoren [v-, lat. vas ›Gefäß‹ und motor ›Beweger‹], *Pl.,* die Gefäßnerven. **vasomotorisch,** *vasomotorische Nerven.* **Vasotomie** [grch. tome ›Schnitt‹] *die, -/...m'i|en,* ♨ Durchschneidung des Samenleiters zur Unfruchtbarmachung des Mannes.

Vater [ahd. fater, urverwandt mit grch. und lat. pater] *der, -s/⸚,* 1) Erzeuger eines Kindes, ABB. A 7, ÜBERS. F 6: *Familienvater; er wurde gestern zum zweiten Mal V.* 2) Ü Urheber: *der (geistige) V. der Turnbewegung; hier war der Wunsch der V. des Gedankens.* 3) Beschützer; Vorsteher: *Herbergsvater; die Stadtväter.* 4) Anrede an ältere Männer, an Geistliche (für Pater): *der Heilige V.,* der Papst. 5) *nur Pl.,* Þ die Vorfahren. **Väterchen** *das, -s/-.* **Vaterhaus** *das,* Elternhaus, Haus, in dem man aufgewachsen ist. **Vaterland** *das, -(e)s/⸚er,* Heimatland: *Vaterlandsliebe.* **vaterländisch.** **Väterlein** *das, -s/-,* **väterlich,** *er hat das väterliche Geschäft übernommen; ein väterlicher Freund.* **väterlicherseits,** *seine Vorfahren v.* **Vatermörder** [v-] *der,* 1) Mörder des Vaters. 2) *meist Pl.,* Þ scherzh. steifer Herrenhemdkragen, ABB. M 16. **Vaterschaft** *die, -,* das Rechtsverhältnis des Vaters zu seinem Kind: *er hat die V. anerkannt; Vaterschaftsklage,* 🛠 Klage auf Feststellung der Vaterschaft. **Vaterstadt** *die,* Heimatstadt. **Vatertag** *der,* 1) Ü Feiertag vor Christi Himmelfahrt. 2) in Österreich: 3. Sonntag im Juni. **Vaterunser** *das, -s/-,* das ›Gebet des Herrn‹ im N. T.; aber: *Vater unser, der du bist...* **Vati** *der, -s/-s,* U Koseform von Vater.

Vatikan [v-, lat. Vaticanus, einer der sieben Hügel Roms, auf dem die päpstl. Residenz liegt] *der, -s,* 1) Residenz des Papstes in Rom: *Vatikanpalast.* 2) die päpstl. Regierung. **vatikanisch,** aber: *das Vatikanische Konzil.*

Vaudeville [vodv'il, nach der normann. Landschaft Vaux de Vire] *das, -s/-s,* possenhaftes Singspiel, auch ein Lied daraus.

V-Ausschnitt [f'au-] *der,* V-förmiger Ausschnitt (an Kleidern, Pullovern).

vazieren [v-, zu vakant], *ich vaziere* (habe vaziert), *oberdt.:* bin arbeitslos; habe dienstfrei.

v. Chr., Abk. für: vor Christo oder Christus. **v. Chr. G.,** Abk. für: vor Christi Geburt.

v. d., Abk. für: vor der (bei Ortsnamen).

v. D., Abk. für: vom Dienst.

VDE, Abk. für: Verband Deutscher Elektrotechniker, erläßt Sicherheitsvorschriften u. a.

VDI, Abk. für: Verein Deutscher Ingenieure.

VDS, Abk. für: Verband deutscher Studentenschaften.

vdt., Abk. für: vidit.

VEB, Abk. für: Volkseigener Betrieb (Dt. Dem. Rep.).

Veda [v-, *der, -s/-s* einer oder -s, Weda.

Vedette [v-, frz., aus ital. vedetta] *die, -/-n,* 1) Hauptrolle, Star. 2) ⚔ Kavallerieposten.

Vedute [v-, ital. veduta] *die, -/-n,* sachgetreues Bild einer Stadt oder Landschaft (bes. 17./18. Jahrh.): *Vedutenmalerei.*

vegetabil [v-], vegetabilisch. **vegetabilisch** [mlat. vegetabilis, zu lat. vegetus ›belebt‹, aus vegere ›bewegen‹], *Pl.,* Pflanzen, Pflanzenstoffe. **vegetabilisch,** pflanzlich: *vegetabilisches Wachs.* **Vegetarier** [engl. vegetarian] *der, -s/-,* jemand, der sich nur von Pflanzenkost ernährt. **vegetarisch,** *sie leben v.; eine vegetarische Gaststätte.* **Vegetarismus** [vgl. . . . -ismus] *der, -,* Ernährung ausschließlich von pflanzlicher Kost. **Vegetation** [frz., aus mlat. vegetatio] *die, -/-en,* 1) die Pflanzen eines Gebietes: *Vegetationsgeographie; Vegetationskarte.* 2) Leben, Wachstum der Pflanzen: *Vegetationsorgan.* **vegetativ** [frz. végétatif], 1) pflanzlich: *vegetative Fortpflanzung,* ungeschlechtliche. 2) dem Willen nicht unterworfen: *vegetatives Nervensystem.* **vegetieren,** *ich vegetiere* (habe vegetiert), lebe kümmerlich dahin.

vehement [v-, lat. vehemens, zu vehere ›fahren‹, ›fortbewegen‹], heftig, ungestüm. **Vehemenz** [lat. vehementia] *die, -.*

Vehikel [lat. vehiculum] *das, -s/-,* Fahrzeug; meist spöttisch: schlechter, alter Wagen.

Veigerl *das, -s/-(n), oberdt.:* Veilchen. **Veilchen** [ahd. viola, zu lat. viola] *das, -s/-,* 1) eine meist blau blühende Pflanze: *Märzveilchen; veilchenblau; er ist blau wie ein V.,* U sehr betrunken. 2) U scherzh. verfärbte Stelle um das Auge (durch Schlag).

Veit [lat. Vitus], männl. Vorname. **Veitstanz** [nach dem hl. Vitus, dem Helfer bei dieser Krankheit] *der,* Chorea, Gruppe von Erkrankungen mit Bewegungsstörungen.

Vektor [v-, lat. vector ›Träger‹] *der, -s/...t'oren,* △ eine durch Meßzahl und Richtung bestimmte Größe, darstellbar durch eine gerichtete Strecke: *Vektorrechnung.* **vektoriell.**

Vela [v-], *Pl.* von Velum. **velar** [vgl. Velum], den Hintergaumen betreffend. **Velar** *der, -s/-e,* Phonetik: Hintergaumenlaut, z. B. ach [-x]: *Velarlaut.*

Velo [v-, Kurzw. zu Veloziped] *das, -s/-s, schweiz.:* Fahrrad.

veloce [vel'o:tʃə, ital.], ♪ schnell, geschwind. **Velodrom** [v-, lat. velox ›schnell‹ und. dromos ›Lauf‹, ›Rennbahn‹] *das, -s/-e,* Radrennbahn in der Halle.

Velour [v-, lat.], **Velours** [v'u:r, frz.] *die,* 1) samtartig geschliffenes Leder: *Velourleder; Ziegenvelour.* 2) Velours. **Velours** [v'u:r, frz., zu lat. villosus ›zottig‹] *die, - [-l'u:rs]/- [-l'u:rs],* samtartiges Florgewebe: *Veloursteppich.*

Veloziped [v-, frz. vélocipède u. a., zu lat. velox ›schnell‹ und pes ›Fuß‹] *das, -(e)s/-e,* ⚙ Fahrrad. **Velozität** [lat. velocitas] *die, -,* 1) Geschwindigkeit. 2) Ü Elan.

Velpel [f-] *das, -s/-,* Nebenform von Felbel.

Velten [f-] *das, -s/-,* Valentin.

Velum [v-, lat.] ›Tuch‹, ›Segel‹, ›Hülle‹] *das, -s/...la,* 1) kath. Kirche: Tuch zum Verhüllen sakramentaler Gegenstände sowie der Schultern und Hände des Priesters beim Segen. 2) ♨ der Hintergaumen.

Velvet [v'elvət, engl.] ›Samt‹, vgl. Velours] *der, -s/-s,* ein Baumwollsamt. **Velveton** [v'ɛlvətən, engl.] *der, -s/-s,* Duvetine.

Vendetta [v-, ital.] *die, -/...d'etten,* (Blut-)Rache.

Vene [v-, lat. vena] *die, -/-n,* Blutader, die das Blut zum Herzen zurückführt: *Venenentzündung; Hohlvene.*

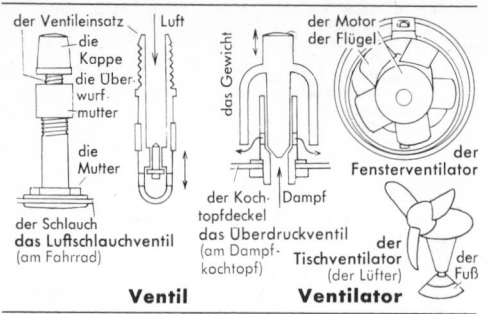

der Ventileinsatz | Luft — die Kappe, die Überwurfmutter, die Mutter

das Gewicht

der Motor, der Flügel

der Fensterventilator

der Schlauch
das Luftschlauchventil (am Fahrrad)

der Kochtopfdeckel
das Überdruckventil (am Dampfkochtopf)

der Koch | Dampf

der Tischventilator (der Lüfter)

der Fuß

Ventil   **Ventilator**

---

venerabel [v-, lat. venerabilis], ⚬ ehrwürdig, verehrungswürdig. **Venerabile** *das, -(s)*, die konsekrierte Hostie. **Veneration** [lat. veneratio] *die, -/-en*, ⚬ Verehrung.
venerisch [v-, nach der Liebesgöttin Venus], *venerische Krankheiten*, Geschlechtskrankheiten.
Venezianer [v-] *der, -s/-*, Einwohner der italien. Stadt Venedig. **venezianisch**.
Venezolaner [v-] *der, -s/-*, Bewohner des südamerikan. Staates Venezuela. **venezolanisch**.
Venia [v-, lat.] *die, -*, ⚬ Erlaubnis, Verzeihung. **Venia legendi** [lat. legere ›lesen‹] *die, - -*, Lehrberechtigung an einer Hochschule.
veni, vidi, vici [v-, lat.], ich kam, sah, siegte.
Venn [f-, vgl. Fehn] *das, -s, niederdt.:* das Moor.
venös [lat. venosus], die Venen betreffend.
Ventil [v-, mlat. ventile, zu lat. ventus ›Wind‹] *das, -s/-e,* **1)** Absperrvorrichtung für Gase, Flüssigkeiten, elektr. Strom, ABB. V 1, T 14: *ein V. für seinen Zorn,* Ü ein Weg, sich abzureagieren. **2)** Vorrichtung an Blechblasinstrumenten und Orgeln zur Regulierung des Windstroms, ABB. O 3. **Ventilation** [frz.] *die, -/-en*, Lüftung. **Ventilator** *der, -s/...t'oren,* Lüfter, ein Verdichter zur Erzeugung einer Luftströmung, ABB. V 1. **ventilieren**, *ich ventiliere (habe ventiliert) es,* **1)** durchlüfte. **2)** Ü ziehe in Erwägung, überlege.
ven|tral [v-, lat. ventralis, zu venter ›Bauch‹ und vgl. . . . al], anatom. Lagebezeichnung: im Bauch, zum Bauch hin: *Ventralseite,* Bauchseite. **Ven|trikel** [v-, lat. ventriculus] *der, -s/-,* ⚕ **1)** Hirnkammer. **2)** Herzkammer. **ven|trikular,** den Ventrikel betreffend. **Ven|triloquist** [lat. loqui ›reden‹] *der, -en/-en,* Bauchredner.
Venturirohr [v-, nach dem ital. Physiker G. B. Venturi, 1746–1822] *das,* rohrartiges Meßgerät für Durchflußgeschwindigkeiten oder -ströme von Flüssigkeiten oder Gasen.
Venus [v-, lat. ›Liebe‹, ›Schönheit‹], **1)** röm. Göttin der Liebe. **2)** *die, -,* ☿ ein Planet, vgl. ÜBERS. A 22. **Venushaar** *das,* ⊕ ein Farn. **Venusschuh** *der,* ⊕ eine Orchidee.
ver-. . ., Präfix in Verbindung mit Verben, Adjektiven und Substantiven in sehr unterschiedlicher Bedeutung, z. B. eine Sache zum ·Abschluß bringend, eine Sache ins Gegenteil verkehrend, etwas gestaltend, **1)** mit Verben: *verachten; verbleiben; verfahren; verirren; verputzen; verschließen; verwachsen.* **2)** mit Adjektiven: *veralten; verarmen; verbittern; vereinsamen; versteifen.* **3)** mit Substantiven: *vergiften; vergolden; verkraften; verpuppen; verschleiern.*
Vera [v-, russ. ›Glaube‹], weibl. Vorname.
veraasen, *ich veraase (habe veraast) es,* Ü vergeude; verderbe.
verabfolgen, *ich verabfolge (habe verabfolgt) es ihm,* gebe, verabreiche.
verabreden, *ich verabrede (habe verabredet),* **1)** *es mit ihm,* vereinbare: *das Treffen ist für morgen verabredet; wie verabredet. . .* **2)** *mich mit ihm,* lege einen Treffpunkt fest: *wir sind, haben uns für morgen vorm Theater verabredet.* **Verabredung** *die, -/-en:* eine geschäftliche, private V.
verabreichen, *ich verabreiche (habe verabreicht) es ihm,* gebe: *er hat ihm eine Tracht Prügel verabreicht,* U.
verabsäumen, *ich verabsäume (habe verabsäumt) es,* K versäume, lasse ungetan.
verabscheuen, *ich verabscheue (habe verabscheut) ihn, es,* empfinde Abscheu, Ekel, Haß gegen ihn, davor. **verabscheuenswert. verabscheuenswürdig.**

verabschieden, *ich verabschiede (habe verabschiedet),* **1)** *ihn,* entlasse oder setze in Ruhestand; veranlasse zum Weggehen: *nach dem Gespräch wurde er kühl verabschiedet.* **2)** *ihn,* grüße einen Weggehenden zum Abschied: *seine Freunde verabschiedeten ihn auf dem Bahnhof.* **3)** *mich von ihm,* sage ihm Lebewohl, trenne mich von ihm. **4)** *ein Gesetz,* setze in Kraft. **Verabschiedung** *die. -/-en.*
verabsolutieren [vgl. absolut], *ich verabsolutiere (habe verabsolutiert) es,* stelle als allgemeingültig hin: *diese Erscheinung kann man nicht verabsolutieren.*
verachten [mhd. verahten ›ächten‹], *ich verachte (habe verachtet),* **1)** *ihn, es,* halte (moralisch) für schlecht, versage ihm Wertschätzung: *er hat ihn wegen seiner Feigheit verachtet; das Essen war nicht zu verachten,* U gut. **2)** *es,* verschmähe, nehme nicht an: *sie verachtete unsere Gastfreundschaft.* **3)** *es,* beachte bewußt nicht: *er verachtet die Gefahr, den Tod.* **verachtenswert. Verächter** *der, -s/-,* jemand, der etwas verachtet: *er ist kein Kostverächter,* ist ein Feinschmecker, Ü ein Lebensgenießer. **verächtlich, 1)** mit Verachtung, geringschätzig: *er blickte ihn v. an; sie hat ihn v. gemacht,* ihn vor anderen herabgesetzt. **2)** minderwertig, unwürdig: *eine verächtliche Gesinnung.* **Verachtung** *die: sie strafte ihn mit V.,* beachtete ihn nicht. **verachtungsvoll.**
veralbern, *ich veralb(e)re (habe veralbert) ihn,* U necke, halte zum Narren. **Veralb(e)rung** *die, -.*
verallgemeinern, *ich verallgemein(e)re (habe verallgemeinert) es,* wende auf alle Fälle an, spreche ihm allgemeine Gültigkeit zu: *man kann die Verhältnisse in diesem Betrieb nicht verallgemeinern.* **Verallgemeinerung** *die, -/-en.*
veralten, *es veraltet (ist veraltet),* kommt außer Gebrauch, wird von der Entwicklung überholt: *Modewörter veralten schnell; eine veraltete Methode.*
Veranda [v-, engl. aus neuind.] *die, -/. . .den,* überdachter Vorraum am Haus, ABB. H 11: *Glasveranda.*
veränderbar, so beschaffen, daß man es verändern kann.
veränderlich, so beschaffen, daß es sich verändern kann; schwankend, wechselhaft: *weitere Aussichten – v.* (Wetterbericht); *veränderliche Sterne,* Sterne mit wechselnden Zustandsgrößen. **Veränderliche** *die, -n/-n,* Variable, △ eine Größe, die unterschiedl. Werte haben kann. **Veränderlichkeit** *die, -.* **verändern,** *ich veränd(e)re (habe verändert),* **1)** *ihn, es,* mache anders, wechsle, arbeite um: *die neue Frisur verändert sie sehr; er sieht verändert aus.* **2)** *mich,* bekomme ein anderes Aussehen oder Wesen: *nach diesem Erlebnis hat er sich völlig verändert.* **3)** *mich,* wechsle die Stellung. **4)** *es verändert sich,* wird anders: *das Aussehen unserer Stadt hat sich kaum verändert.* **Veränd(e)rung** *die: Luftveränderung.*
verängstigen, *ich verängstige (habe verängstigt) ihn,* schüchtere ein, versetze in Angst: *er war völlig verängstigt.*
verankern, *ich verank(e)re (habe verankert) es,* befestige durch Einsenken (in den Untergrund), z. B. ABB. B 41, B 51; oft Ü: *dieses Recht ist im Grundgesetz verankert.* **Verank(e)rung** *die, -/-en.*
veranlagen, *ich veranlage (habe veranlagt) ihn,* K setze seine Steuern fest: *er wurde mit 1 000 DM veranlagt.* **veranlagt,** begabt, befähigt, mit bestimmten (charakterlichen) Eigenschaften ausgestattet: *er ist gut, schlecht, künstlerisch, fröhlich v.* **Veranlagung** *die, -/-en,* **1)** Anlage, Begabung, natürliche Neigung. **2)** Festsetzung der Steuern: *Steuerveranlagung; die gemeinsame V. der Eheleute.*
veranlassen [mhd. veranelazen, zu Anlaß], *ich veranlasse (habe veranlaßt),* **1)** *ihn zu etwas,* treibe, bringe ihn dazu, es zu tun: *wer hat dich dazu veranlaßt?; er sah sich zu dieser Maßnahme veranlaßt.* **2)** *es,* leite in die Wege, rege an: *sie veranlaßten die notwendigen Vorbereitungen.* **Veranlasser** *der,* jemand, der etwas veranlaßt. **Veranlassung** *die, -,* **1)** das Veranlassen: *auf V. des Ministeriums; zur weiteren V.,* K. **2)** Anlaß, Ursache, Beweggrund: *es besteht keine V., das zu ändern; du hattest keine V., so unhöflich zu sein.*
veranschaulichen, *ich veranschauliche (habe veranschaulicht) es ihm, mir,* mache deutlich, anschaulich: *dieses Problem kann durch ein (an einem) Beispiel veranschaulicht werden.* **Veranschaulichung** *die, -.*
veranschlagen, *ich veranschlage (habe veranschlagt) es,* schätze ab, berechne im voraus: *er veranschlagte dafür 100 DM; man hat die Kosten zu niedrig veranschlagt.* **Veranschlagung** *die, -/-en.*
veranstalten, *ich veranstalte (habe veranstaltet) es,* setze ins Werk, lasse stattfinden: *darüber soll eine Meinungsumfrage veranstaltet werden.* **Veranstalter** *der, -s/-,* jemand, der etwas

veranstaltet: *Reiseveranstalter.* **Veranstaltung** *die, -/-en,* **1)** *ohne Pl.,* das Veranstalten. **2)** das, was veranstaltet wird (Fest, Feier, Vergnügung u. a.): *das Fernsehen bringt die Übertragung einer öffentlichen V. aus . . .*

verantworten, *ich* verantworte (habe verantwortet), **1)** *es,* übernehme oder trage dafür die Folgen; stehe dafür ein: *diese Ausgaben kann ich nicht verantworten; das hast du zu verantworten.* **2)** *mich,* rechtfertige, verteidige mich (vor Gericht): *für sein Verbrechen hatte sich der Täter zu verantworten; er mußte sich wegen Diebstahls verantworten.* **verantwortlich** *für etwas,* die Verantwortung tragend: *er ist für die Organisation v.; die Verantwortlichen sollen zur Rechenschaft gezogen werden; man will mich dafür v. machen,* mir die Schuld geben. **Verantwortlichkeit** *die, -.* **Verantwortung** *die, -: Verantwortungsgefühl;* dafür übernehme ich keine *V.* **verantwortungsbewußt,** *ein verantwortungsbewußter Mensch.* **verantwortungslos,** *sie handelt v.* **Verantwortungslosigkeit** *die, -.* **verantwortungsvoll,** **1)** Verantwortungsgefühl besitzend: *er hat sich sehr v. verhalten.* **2)** Verantwortungsgefühl verlangend: *eine verantwortungsvolle Tätigkeit, Stellung.*

veräppeln, *ich* veräpp(e)le (habe veräppelt) *ihn,* U veralbere, necke.

verarbeiten, *ich* verarbeite (habe verarbeitet) *es,* **1)** stelle aus Rohstoffen etwas her, verwende Materialien für etwas Neues: *ich v. Fleisch zu Wurstwaren; der Mantel ist schlecht verarbeitet; die eisenverarbeitende Industrie; er verarbeitete die Tagebuchnotizen in seinem Roman.* **2)** Ü überdenke, bewältige geistig (Eindrücke, Erlebnisse). **Verarbeitung** *die, -/-en.*

verargen, *ich* verarge (habe verargt) *es ihm,* verübele, nehme Anstoß daran: *das kann man ihr nicht verargen.*

verärgern, *ich* verärg(e)re (habe verärgert) *ihn,* mache ärgerlich: *das hat ihn sehr verärgert; er ist verärgert, sieht verärgert aus.* **Verärg(e)rung** *die, -/-en.*

verarmen, *ich* verarme (bin verarmt), werde arm: *eine verarmte Bevölkerungsschicht.* **Verarmung** *die, -: geistige V.*

verarschen, *ich* verarsche (habe verarscht) *ihn,* U derb: necke, foppe.

verarzten, *ich* verarzte (habe verarztet) *ihn,* U behandle ärztlich (kleinere Verletzungen).

verästeln, *es* verästelt *sich* (hat sich verästelt), gabelt sich in viele Zweige; Ü ist stark unterteilt. **Veräst(e)lung** *die, -/-en.*

Vera|trin [v-, lat. *veratrum* ›Nieswurz‹] *das, -s,* Alkaloidgemisch im Samen des Sabadill.

verätzen, *ich* verätze (habe verätzt) *es.* **Verätzung** *die,* $ Verletzung (Haut, Schleimhäute) durch ätzende Stoffe.

verausgaben, *ich* verausgabe (habe verausgabt), **1)** *es,* gebe aus (Geld): *beim Bau des Altersheimes wurden drei Millionen Mark verausgabt.* **2)** *mich,* gebe mein Geld völlig aus: *er hat sich diesen Monat völlig verausgabt.* **3)** *mich,* U strenge mich bis zur Erschöpfung an: *er hat sich beim Langlauf völlig verausgabt.* **Verausgabung** *die, -.*

veräußerlich, verkäuflich. **veräußerlichen,** *ich* veräußerliche (habe veräußerlicht) *es,* **1)** mache oberflächlich, äußerlich. **2)** *es veräußerlicht,* wird oberflächlich. **veräußern,** *ich* veräuß(e)re (habe veräußert) *es,* gebe weg, verkaufe, verschenke. **Veräußerung** *die, -.*

Verb [v-, lat. *verbum* ›Wort‹] *das, -s/-en,* Verbum, Zeitwort, Tätigkeitswort, ÜBERS. V 2. **verbal** [lat. *verbalis,* **1)** das Verb betreffend. **2)** mündlich, durch Worte: *mit verbalen Belohnungen geben wir uns nicht zufrieden.* **Verbal|injurie** [-iə] *die,* Beleidigung durch Worte. **verbalisieren,** *ich* verbalisiere (habe verbalisiert) *es,* drücke mit Worten aus: *sie sind im Nachteil, weil sie ihre Probleme nicht verbalisieren können.* **Verbalismus** [vgl. . . . ismus] *(der, -,* **1)** die übermäßige Neigung zum Wortemachen. **2)** Pädagogik: einseitige Betonung des Wortwissens im Unterricht.

verbällen [zu Ballen], *ein Pferd* verbällt (hat verbällt) *sich den Huf,* erschüttert oder quetscht ihn, so daß Entzündung eintritt.

verballhornen [nach dem Drucker Bal(l)horn, 1528 bis 1603], *ich* verballhorne (habe verballhornt) *es,* U verschlimmere, indem ich zu verbessern meine; verdrehe: *verballhornte Wörter, Namen.* **Verballhornung** *die, -/-en.*

Verbalnomen [v-] *das,* vom Verb gebildetes Nomen. **Verbalnote** *die,* diplomat. Schriftsatz, schriftl. Zusammenfassung einer Besprechung ohne Unterschrift.

Verband [zu verbinden] *der, -(e)s/ᵘe,* **1)** Bedeckung verletzter oder kranker Körperteile, ABB. V 3: *Streckverband; Wundverband; Verband(s)material; der V. wird angelegt, erneuert, abgenommen.* **2)** ∫∫ eine Personenvereinigung zu einem

bestimmten Zweck, oft Zusammenschluß mehrerer Vereine: *Schriftstellerverband; Verbandskasse; der Verbandsvorsitzende.* **3)** ⊕ räumliche Anordnung von Pflanzen. **4)** ☷ Verbindung von tragenden Bauteilen. **5)** ♁ Zusammenfassung militär. Einheiten. ⊕ Fasziation. **Verband(s)kasten** *der,* Kasten mit Material für die Erste Hilfe.

verbannen [ahd. *farbannan,* zu Bann], *ich* verbanne (habe verbannt), **1)** *ihn,* ächte, verweise des Landes, verbiete ihm das Land: *er wurde auf eine Insel verbannt.* **2)** *ihn, es,* Ü schließe aus, entferne: *wir haben sie aus unserem Kreis verbannt.* **Verbannung** *die, -: er lebte jahrelang in der V.*

Verbärmnis *das, -,* schweiz.: Erbarmen.

verbarrikadieren, *ich* verbarrikadiere (habe verbarrikadiert), **1)** *es,* versperre mit Barrikaden. **2)** *mich,* verberge mich hinter Barrikaden, schützende Hindernissen.

verbauen, *ich* verbaue (habe verbaut), **1)** *es,* U verwende es zum Bauen: *mein Geld, das ganze Holz ist verbaut.* **2)** *jemandem die Aussicht,* versperre durch ein Gebäude: *er hat sich seine Zukunft verbaut,* Ü sich Zukunftsmöglichkeiten genommen. **3)** *das Haus ist verbaut,* fehlerhaft gebaut, mit schlechter Raumaufteilung. **4)** *es, österr.:* baue (mit Häusern).

verbauern, *ich* verbau(e)re (bin verbauert), Ü werde geistig träge, unbeholfen. **Verbau(e)rung** *die, -.*

Verbauung *die, -/-en,* bauliche Maßnahmen zum Schutz und zur Verschönerung von Gewässerrändern.

verbeißen [mhd. *verbizen*], *ich* verbeiße (verbiß, habe verbissen), **1)** *es,* Ü zeige nicht, unterdrücke: *ich verbiß (mir) den Schmerz, das Lachen.* **2)** *mich in etwas,* Ü lasse nicht davon, halte hartnäckig fest: *er hatte sich in diese Aufgabe verbissen;* vgl. verbissen. **3)** *der Hund verbeißt sich (im Wild),* beißt sich fest.

verbellen, *der Hund* verbellt (hat verbellt) *das Wild,* ⚥ meldet den Standort.

Verbene [lat. *verbenae* ›heilige Kräuter‹] *die, -/-n,* ⊕ Eisenkraut.

verbergen [ahd. *farbergan,* *ich* verberge (verbarg, habe verborgen) *mich, ihn, es vor ihm, es mir,* verstecke, schütze vor Blicken; *ich verborge:* *er verbarg seine wahren Absichten vor mir,* Ü verheimlichte.

verbessern, *ich* verbessere, verbeßre (habe verbessert) *mich, ihn, es,* steigere (meine Leistungen), mache besser, berichtige. **Verbesserung, Verbeßrung** *die.*

verbeugen, *ich* verbeuge *mich* (habe mich verbeugt) *vor ihm,* verneige mich (als Gruß, ABB. G 38, als Huldigung): *er verbeugt sich vor dem Zeitgeist,* Ü. **Verbeugung** *die.*

verbeulen, *ich* verbeule (habe verbeult) *es,* verursache Beulen oder Vertiefungen: *ein verbeulter Kotflügel.*

verbiegen, *ich* verbiege (habe verbogen) *es,* mache krumm: *ein verbogener Charakter,* Ü. **Verbiegung** *die.*

verbiestern, *ich* verbiest(e)re (habe verbiestert), U **1)** *mich, ihn,* werde, mache hartnäckig an einer Meinung fest. **2)** *mich,* halte hartnäckig an einer Meinung fest. **verbiestert,** U verwirrt; mißmutig, verärgert.

verbieten [ahd. *farbiotan,* *ich* verbiete (habe verboten), **1)** *es ihm,* untersage, schärfe ihm ein, daß er es nicht tun darf: *der Arzt hat mir das Rauchen verboten; sie verbot ihm ihr Haus, untersagte ihm, ihr Haus zu betreten; ich lasse mir nicht den Mund verbieten,* Ü ich sage, was ich will. **2)** *es verbietet sich,* darf nicht geschehen: *eine solche Handlungsweise verbietet sich von selbst.*

verbilden, *ich* verbilde (habe verbildet) *es,* bilde falsch, verderbe durch falsche Bildung: *ein verbildeter Geschmack.* **Verbildung** *die,* schlechte Form, Mißgestalt, z. B. von Körperteilen.

verbilligen, *ich* verbillige (habe verbilligt) *es,* mache billiger: *verbilligte Schülerkarten.* **Verbilligung** *die, -/-en: eine V. von 10%.*

verbimsen, *ich* verbimse (habe verbimst), U **1)** *ihn,* verprügele. **2)** *Geld,* verschwende.

verbinden [ahd. *ferbinden,* *ich* verbinde (verband, habe verbunden), **1)** *es,* U verdecke durch eine Binde: *er verband ihm die Augen.* **2)** *ihn, es,* lege ihm einen Verband an: *ich mußte mir die Hand verbinden lassen.* **3)** *zwei oder mehr Dinge,* füge zusammen, vereinige: *man kann Flüsse durch einen Kanal verbinden; mehrere S-Bahn-Linien verbinden die Vororte mit dem Zentrum der Stadt; damit v. ich keine Vorstellung,* Ü ich kann mir nichts darunter vorstellen; *er verband das Angenehme mit dem Nützlichen.* **4)** *ihn,* stelle telefon. Anschluß her: *bitte verbinden Sie mich mit dem zuständigen Sachbearbeiter; falsch verbunden!* **5)** *ein Buch,* binde falsch. **6)** *ich bin ihm verbunden,*

Verb

A. Einteilung

Man unterscheidet **Vollverben** wie *kommen, lieben* und die **Hilfsverben** *haben, sein* (ÜBERS. S 47), *werden*, aus denen die zusammengesetzten Zeiten gebildet werden: ich *habe geliebt, bin gekommen, werde lieben, werde geliebt haben, werde gekommen sein;* ich *werde geliebt, bin geliebt worden. Haben* wird häufiger verwendet als *sein;* mit *sein* werden hauptsächlich solche Verben verbunden, die eine zielvolle Bewegung bezeichnen: ich *bin gegangen, gefahren, gelaufen, geschwommen.* Daneben gibt es einige **Modalverben** wie *dürfen, können, mögen, müssen, sollen, wollen,* die ein anderes Geschehen, das meist durch den Infinitiv ausgedrückt wird, näher bezeichnen: ich *darf, kann, muß, soll, will* gehen.

Man unterscheidet ferner **transitive Verben** wie *lieben, schreiben* und **intransitive Verben** wie *gehen, leuchten.* Transitive Verben haben ein Akkusativobjekt nach sich: ich *liebe ihn;* ich *schreibe den Brief.* Alle Verben, die kein Akkusativobjekt nach sich haben können, werden intransitiv genannt: ich *gehe;* ich *leuchte ihm.*

Verben, die sich auf das Subjekt zurückbeziehen, heißen **reflexive Verben.** Echte reflexive Verben sind mit einem Reflexivpronomen fest verbunden: *sich weigern, sich erarbeiten;* steht das Pronomen im Akkusativ (ich *weigere mich*), so zählt man das Verb zu den intransitiven Verben; steht das Pronomen im Dativ (ich *erarbeite* es *mir*), so handelt es sich um ein transitives Verb.

Unechte reflexive Verben beziehen sich nur gelegentlich auf das Subjekt zurück: *sich waschen* (ich *wasche mich* oder *ihn*), *sich erlauben* (ich *erlaube* es *mir* oder *ihm*); sie sind stets transitiv.

Kausative nennt man Verben wie *fällen* (fallen machen), *tränken* (trinken machen).

B. Infinite Formen

Es gibt drei Formen des Verbs, die nach Person, Numerus und Modus nicht näher bestimmt sind: der Infinitiv und beide Partizipien. Der **Infinitiv** besteht aus dem Stamm und der Endung -en: *lieben, nehmen.* Das *e* dieser Endung kann nach Vokal und h weggelassen werden, bes. in der Umgangssprache: *schrein, schaun, gehn* neben *schreien, schauen, gehen.* Stets fällt das *e* weg nach -el, -er: *radeln, wandern.*

Die **Partizipien** nehmen eine Mittelstellung zwischen Verb und Adjektiv ein: vom Verb stammen sie ab, wie ein Adjektiv können viele von ihnen im Satz gebraucht werden.

Das **Partizip Präsens** besteht aus dem Stamm und der Endung -end: *liebend, kommend.* Es wird wie ein Adjektiv gebraucht: ein *liebender* Vater, die *kommenden* Geschlechter.

Das **Partizip Perfekt** besteht bei den *schwachen* Verben aus dem Stamm, dem Präfix ge- und dem Suffix -(e)t: *geliebt, gewendet;* bei den *starken* Verben aus dem abgelauteten Stamm (ÜBERS. A 2), dem Präfix ge- und der Endung -en: *genommen, gesungen.*

Das Präfix ge- fällt weg bei allen Verben, die nicht die erste Silbe betonen:
1. mit unbetonten Präfixen (be-, ent-, er-, ge-, miß-, ver-, zer-): *ber'eitet, entspr'ungen, erl'ebt, gest'altet, miß-br'aucht, verg'angen, zerl'esen;*
2. mit unbetontem Adverb: *umg'eben, vollz'ogen, widers'etzt, wiederh'olt; durchbro'chen, überg'angen, unterschr'ieben* (vgl. Abschnitt E);
3. fremdsprachlichen Ursprungs, bes. solchen auf -ieren: *musiz'iert, ras'iert.*

Das Präfix ge- beim Partizip Perfekt steht bei allen Verben mit Ton auf der ersten Silbe, trennbar zusammengesetzte Verben setzen diese Silbe zwischen ihre Bestandteile: g'ehen → geg'angen; v'ergehen, ich gehe v'or → v'orgegangen.

Das Partizip Perfekt wird durch den Infinitiv ersetzt, wenn ein anderer Infinitiv mit ihm verbunden ist:
1. bei den Modalverben *dürfen, können, mögen, müssen, sollen, wollen:* ich *habe kommen dürfen; hat er nicht bleiben können?; hätte sie gehen wollen?; er hätte nicht widersprechen sollen;*
2. bei *brauchen, heißen, lassen, sehen:* er *hätte nicht (zu) kommen brauchen; hat er dich kommen heißen?; wir haben es treiben lassen; hast du es nicht fallen sehen?;*
3. bei *fühlen, helfen, hören* kann sowohl der Infinitiv wie auch das Partizip stehen: *wir haben es nahen fühlen* oder *gefühlt; sie hat mir üben helfen* oder *geholfen; ihr habt uns singen hören* oder *gehört.*

Den Infinitiv und die Partizipien kann man substantivieren: *das Schreiben; der, die Schreibende; das Geschriebene* (vgl. Abschnitt D).

C. Konjugation

Außer dem Infinitiv und den Partizipien sind die übrigen Formen des Verbs nach Person und Numerus bestimmt **(finite Formen).**

Im einzelnen unterscheidet man: die **Person** (erste, zweite, dritte Person); den **Numerus:** Singular, Plural; das **Tempus:** Präsens, Präteritum (Imperfekt), Perfekt, Plusquamperfekt, 1. Futur, 2. Futur; den **Modus:** Indikativ, Konjunktiv, Imperativ; die **Genera verbi:** Aktiv, Passiv.

Nach der Art der Konjugation unterscheidet man **schwache** und **starke** Verben:

Die **schwachen** Verben kennen keinen Ablaut. Sie haben im Präteritum die Endung -(e)te und im Partizip Perfekt die Endung -(e)t: *leben, lebte, gelebt; wenden, wendete, gewendet.* Einige schwache Verben wechseln den Stammvokal, z. B.: *bringen, brachte, gebracht; denken, dachte, gedacht.*

Das Beispiel der schwachen Konjugation ist in gewöhnlicher, das der starken in *kursiver* Schrift gesetzt.

Aktiv, Indikativ

		Präsens	Präteritum	Perfekt		Plusquamperfekt		1. Futur		2. Futur	
Singular	1.	ich liebe / *gebe*	liebte / *gab*	habe	geliebt / *gegeben*	hatte	geliebt / *gegeben*	werde	lieben / *geben*	werde	geliebt / *gegeben* haben
	2.	du liebst / *gibst*	liebtest / *gabst*	hast		hattest		wirst		wirst	
	3.	er, sie, es liebt, *gibt*	liebte / *gab*	hat		hatte		wird		wird	
Plural	1.	wir lieben / *geben*	liebten / *gaben*	haben	geliebt / *gegeben*	hatten	geliebt / *gegeben*	werden	lieben / *geben*	werden	geliebt / *gegeben* haben
	2.	ihr liebt / *gebt*	liebtet / *gabt*	habt		hattet		werdet		werdet	
	3.	sie lieben / *geben*	liebten / *gaben*	haben		hatten		werden		werden	

Konjunktiv

		Präsens	Präteritum	Perfekt	Plusquamperfekt	1. Futur	2. Futur
Singular	1.	ich liebe / *gebe*	liebte / *gäbe*	habe	hätte	werde	werde
	2.	du liebest / *gebest*	liebtest / *gäbest*	habest *geliebt / gegeben*	hättest *geliebt / gegeben*	werdest *lieben / geben*	werdest *geliebt haben / gegeben haben*
	3.	er liebe / *gebe*	liebte / *gäbe*	habe	hätte	werde	werde
Plural	1.	wir lieben / *geben*	liebten / *gäben*	haben	hätten	werden	werden
	2.	ihr liebet / *gebet*	liebtet / *gäbet*	habet *geliebt / gegeben*	hättet *geliebt / gegeben*	werdet *lieben / geben*	werdet *geliebt haben / gegeben haben*
	3.	sie lieben / *geben*	liebten / *gäben*	haben	hätten	werden	werden

Imperativ: liebe! liebt! lieben Sie! – gib! gebt! geben Sie!

Passiv

Das Passiv wird mit dem Hilfsverb *werden* und dem Partizip Perfekt gebildet; dabei sind im Indikativ und im Konjunktiv alle Zeiten möglich, z. B. *ich werde geliebt, wir sind geliebt worden, es würde gegeben, sie werden gegeben worden sein.*

Die **starken** Verben haben Wechsel des Vokals im Stamm, **Ablaut** (ÜBERS. A 2). Sie haben im Präteritum **keine Endung** und im Partizip Perfekt die Endung **-en:** *geben, gab, gegeben; schwimmen, schwamm, geschwommen.* Auch in der zweiten und dritten Person Singular Präsens und im Imperativ tritt oft ein Lautwechsel ein: *ich gebe, du gibst, er gibt; gib!*

Die abweichenden Formen der Verben sind jeweils beim Stichwort angegeben.

D. Ableitungen vom Verb

Substantive. Substantivierte Infinitive für die Tätigkeit und das Geschehen: *das Sehen, das Fallen.* Substantive für das Ergebnis der Tätigkeit: *das Geschehene, das Gesprochene.* Substantive für den Träger der Tätigkeit; Stamm + **-er** männlich, + **-erin** weiblich: *der Überbringer, die Überbringerin.* Substantive für Eigenschaft, Tätigkeit und Ergebnis: Stamm + **-ung:** *die Frage, der Lauf;* mit Ablaut: *der Flug, der Gang, der Sang.* Substantive mit oft abwertender Bedeutung auf **-sel:** *das Gemengsel, das Geschreibsel;* Kollektiva auf **-icht:** *der* oder *das Kehricht, das Spülicht.*

Adjektive. Partizipien in attributiver Stellung: das *singende* Mädchen; das *gesungene* Lied. Adjektive auf **-bar:** *schreibbar, lesbar;* auf **-ig, -lich:** *fällig, wendig; erträglich, verzeihlich.*

Viele Verben bilden **neue Verben** durch Präfixe: **be-, ent-, er-, ge-, miß-, ver-, zer-,** z. B. von fallen: *befallen, entfallen, gefallen, mißfallen, verfallen, zerfallen.* Die Bedeutung ändert sich dadurch oft so stark, daß die Grundbedeutung nicht mehr erkennbar ist.

E. Zusammensetzungen

1. selten mit **Substantiven** und **Adjektiven:** *achtgeben, haltmachen; kleinkriegen, kaltstellen.*
2. fast unbeschränkt mit **Präpositionen:** *abfallen, anfallen, auffallen, ausfallen.* usw. Wichtig für die Verwendung im Satz: *er fällt auf; er wird auffallen; er ist aufgefallen.* Manche Verben bilden zwei Formen, eine trennbare und eine untrennbare.

F. Trennbarkeit bei abgeleiteten Verben

1. Verben, die mit unbetonten Präfixen wie **be-, ent-, er-, ge-, miß-, ver-, zer-,** ferner mit **hinter-** und **wider-** abgeleitet sind, sind **nie trennbar:** *er entgeht der Strafe, der Hut gefällt mir.*
2. Verben, die mit Präpositionen oder Adverbien außer *hinter* und *wider* abgeleitet werden, sind im Präsens, im Präteritum und im Imperativ **trennbar,** wenn der Hauptton auf den Präfixen ruht: *v'orgehen, er geht v'or; geh v'or!; f'ortgehen, er geht f'ort, ich ging f'ort, geh f'ort!;* **nicht trennbar,** wenn der Hauptton auf dem Verben selbst ruht; dabei handelt es sich meist um transitive

Verben: *überg'ehen, er überg'eht* (beachtet nicht) *die Bemerkung, er überg'ing, überg'eh!; voll'enden, er voll'endet die Arbeit.*

Man unterscheidet zwischen *'übertreten* (intransitiv), *übertr'eten* (transitiv): *der Fluß trat 'über, ist 'übergetreten* (trat über seine Ufer); *er übertr'at die Vorschrift, hat sie übertr'eten; 'unterhalten, unterh'alten:* ich hielt ein Gefäß *'unter, habe es 'untergehalten; ich unterh'ielt ihn, habe ihn unterh'alten; d'urchziehen, durchz'iehen:* sie zieht den Faden *d'urch, hat ihn d'urchgezogen; er durchz'ieht das Land, hat es durchz'ogen.*

G. Das Verb im Satz (vgl. ÜBERS. S 79)

Das Verb ist der wichtigste Bestandteil des Satzes. Von seiner Personalform hängt die Wortstellung ab.

Je nachdem, ob es sich um transitive oder intransitive Verben handelt, kann man Akkusativobjekte, Dativobjekte oder Präpositionalobjekte ergänzen.

Bestimmte intransitive Verben, z. B. steigen, können mit den Präfixen **be-** und **er-** transitive Verben bilden (Transitivierung) und dadurch ein Akkusativobjekt nach sich haben: *ich steige (auf den Berg);* aber: *ich besteige, ersteige den Berg.* Viele Verben haben mehrere Möglichkeiten der Ergänzung: *ich gebe es ihm, es um ihn, viel auf ihn, es für ihn,* mit jeweils verschiedener Bedeutung. Über Modus und Konjunktiv im Satz vgl. ÜBERS. K 35.

---

verpflichtet, dankbar: *ich bin Ihnen für diesen Dienst sehr verbunden.* **7)** *mich mit ihm, ihr,* tue mich zusammen; heirate ihn, sie. **verbindlich, 1)** höflich: *er sprach ein paar verbindliche Worte.* **2)** verpflichtend: *die Anmeldung ist für uns v.* **Verbindlichkeit** die, -/-en, **1)** ohne Pl., Höflichkeit: *er sagte es mit aller V.* **2)** Verpflichtung: *er hat viele Verbindlichkeiten zu erfüllen; die V. eines Gesetzes, der Zusage, eines Schiedsspruchs.*

3) nur Pl., Schulden. **Verbindung** die, **1)** Vereinigung, Verknüpfung; Bindung, innere Beziehung. **2)** alles Einigende, Verbindende, Zusammenschließende: *Verbindungsstück; Verbindungstür; Holzverbindung,* ABB. H 24; *die Bahn- und Flugverbindungen von Hamburg nach Frankfurt; ich bekomme keine V., keinen telefon.* Anschluß. **3)** *er hat Verbindungen,* kennt einflußreiche oder gut unterrichtete Menschen. **4)** ⌀ein

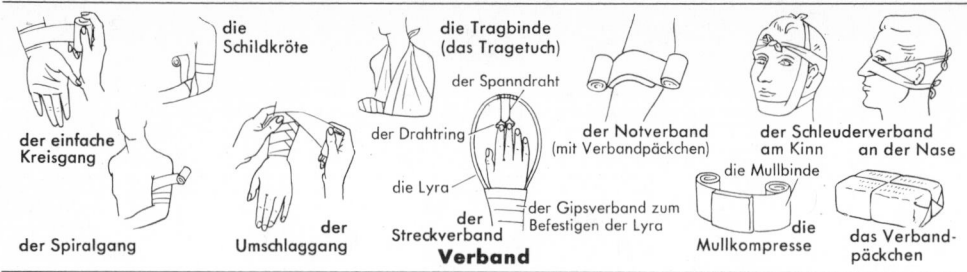

der einfache
Kreisgang

die
Schildkröte

der Spiralgang

der Drahtring

die Lyra

der
Umschlaggang

die Tragbinde
(das Tragetuch)

der Spanndraht

der
Streckverband

Verband

der Gipsverband zum
Befestigen der Lyra

der Notverband
(mit Verbandpäckchen)

die Mullbinde

der Schleuderverband
an der Nase

die
Mullkompresse

das Verband-
päckchen

Stoff, der durch Vereinigung von Atomen verschiedener Elemente in bestimmten Gewichtsverhältnissen entsteht. **5)** student. Vereinigung. **Verbindungswesen** *das, -s,* alles, was mit student. Verbindungen zusammenhängt.

Verbiß *der,* ⚘ Schaden an Pflanzen durch Bisse von Tieren. **verbissen, 1)** von verbeißen. **2)** Ü grimmig, verhalten zornig. **3)** Ü hartnäckig, zäh: *er arbeitete mit verbissenem Fleiß.* **Verbissenheit** *die, -.*

verbitten [zu bitten], *ich* verbitte (verbat, habe verbeten) *es mir,* dulde nicht, verlange, daß es unterbleibt: *ich v. mir diesen Ton; ich habe mir jegliche Einmischung in meine Angelegenheiten verbeten.* **Verbitter** *der, -s/-,* ⚘ Vertreter eines Klosters, Patron eines Dorfes.

verbittern, *ich* verbitt(e)re, **1)** (bin verbittert), werde unzufrieden, griesgrämig. **2)** (habe verbittert) *ihn,* mache unzufrieden, griesgrämig, bitter: *die vielen Fehlschläge haben ihn verbittert.* **Verbitt(e)rung** *die, -.*

verblassen, *es* verblaßt (ist verblaßt), **1)** wird allmählich blaß (Farbe). **2)** Ü verschwindet allmählich, läßt nach (Erinnerung).

Verbleib *der, -(e)s,* **1)** Aufenthaltsort (eines Vermißten): *über seinen V. ist nichts bekannt.* **2)** K das Verbleiben: *drei Exemplare zum V. beim Autor.* **verbleiben,** *ich* verbleibe (bin verblieben), **1)** verharre, bleibe (an einem Ort, in einer Stellung). **2)** bin, befinde mich: *wie verbleiben wir?,* welche Absprache soll zwischen uns gelten?

verbleichen, *es* verbleicht (ist verblichen), **1)** wird blaß: *verblichene alte Photographien.* **2)** *er ist verblichen,* P gestorben.

verblenden [vgl. blenden], *ich* verblende (habe verblendet), **1)** *ihn,* nehme ihm alle Einsicht, raube ihm die Überlegung: *vom Ehrgeiz völlig verblendet.* **2)** *es,* verkleide, z. B. eine häßliche Wand mit Klinkern. **Verblendung** *die, -/-en.*

verbleuen [zu bleuen], *ich* verbleue (habe verbleut) *ihn,* U verprügele.

verblichen, von verbleichen. **Verblichene** *der, die, -n/-n, ein -r, eine -,* P Tote(r).

verblöden, *ich* verblöde (bin verblödet), **1)** U stumpfe geistig ab, vermisse geistige Anregungen: *bei dieser Arbeit muß man ja verblöden.* **2)** werde allmählich schwachsinnig. **Verblödung** *die, -,* Dementia.

verblüffen [mnd. vorbluffen ›bestürzt machen‹], *ich* verblüffe (habe verblüfft) *ihn,* setze in Erstaunen, mache bestürzt: *seine Reaktion verblüffte mich; die Geschwister sehen sich verblüffend ähnlich.* **Verblüffung** *die, -.*

verblühen, *die Blume* verblüht (ist verblüht), **1)** hört zu blühen auf, verwelkt. **2)** *sie verblüht,* Ü altert: *eine verblühte Schönheit.*

verblümt [mhd. verblüemen, zu Blume], höflich verhüllt, schonend andeutend: *ein verblümter Tadel.*

verbluten, *ich* verblute, **1)** (bin verblutet), sterbe durch Blutverlust. **2)** *mich* (habe mich verblutet): *die Truppen verbluteten sich in vergeblichen Angriffen,* Ü. **Verblutung** *die, -.*

verbocken, *ich* verbocke (habe verbockt) *es,* U verpfusche, mache falsch.

Verbodmung *die, -/-en,* Bodmerei.

verbohren [mhd. verborn ›durchbohren‹], *ich* verbohre *mich* (habe mich verbohrt) *in etwas,* U beharre eigensinnig auf einer (falschen) Meinung: *er ist verbohrt,* starrköpfig. **Verbohrtheit** *die, -.*

verborgen, *ich* verborge (habe verborgt) *es,* verleihe.

verborgen [zu verbergen], versteckt, heimlich: *verborgene Fehler; es wird im verborgenen bleiben,* sein, unbemerkt; aber: *er sieht ins Verborgene.* **Verborgenheit** *die, -.*

Verbot [mhd. verbot, zu verbieten] *das, -(e)s/-e,* Erklärung, daß etwas nicht getan werden darf: *Verbotsschild; Parkverbot.* **verboten, 1)** nicht erlaubt. **2)** U sehr komisch: *das sieht v. aus!* **verbotenerweise,** trotz Verbotes.

verbotenus [v-, lat. verbo tenus], ⚘ **1)** den Worten nach. **2)** wortgetreu, wörtlich.

verbrämen [mhd. verbræmen, zu Bräme], *ich* verbräme (habe verbrämt) *es,* **1)** besetze am Rand, bes. mit Pelz. **2)** umschreibe, sage verblümt: *eine mit schönen Worten verbrämte Absage.* **Verbrämung** *die, -/-en.*

verbraten, *ich* verbrate (verbriet, habe verbraten) *es,* U verbrauche, bes. Geld.

Verbrauch [zu brauchen] *der, -(e)s,* das, was bei einem Vorgang verbraucht wird, Konsum, Verzehr: *Energieverbrauch; Pro-Kopf-Verbrauch; der V. an (von) Genußmitteln ist in letzter Zeit stark angestiegen.* **verbrauchen,** *ich* verbrauche (habe verbraucht) *es,* **1)** nütze ab: *alle Vorräte sind verbraucht; mein Auto verbraucht viel Öl.* **Verbraucher** *der, -s/-,* Käufer von Waren für den eigenen Bedarf: *Verbraucherverbände; Verbraucherpreis.* **Verbrauchsgewohnheit** *die: langfristig müssen andere Verbrauchsgewohnheiten geschaffen werden.* **Verbrauchsgüter,** *Pl.,* Güter, die sich bei Nutzung verbrauchen.

verbrechen [mhd. verbrechen], *ich* verbreche (verbrach, habe verbrochen) *es,* **1)** *meist Perfekt,* begehe ein Verbrechen: *wer hat denn dieses Gedicht verbrochen?,* wer hat es geschrieben. **2)** schräge Kanten ab. **3)** ⚘ kennzeichne die Fährte durch abgebrochene grüne Zweige. **Verbrechen,** *-s/-,* strafbare Handlung, Straftat: *Gewaltverbrechen; Verbrechensbekämpfung.* **Verbrecher** *der,* jemand, der ein Verbrechen begeht: *Gelegenheitsverbrecher; Gewaltverbrecher; Verbrecheralbum,* ⚘ jetzt: *Verbrecher-Lichtbildkartei.* **verbrecherisch,** frevelhaft, verwerflich.

verbreiten, *ich* verbreite (habe verbreitet), **1)** *es,* übertrage weithin; erzähle weiter: *die Nachricht wurde durch Rundfunk verbreitet; eine weitverbreitete Meinung; die Neuigkeit verbreitete sich schnell.* **2)** *mich* über ein Thema, rede, schreibe ausführlich darüber. **Verbreiter** *der, -s/-,* jemand, der etwas verbreitet: *der V. von Gerüchten.* **verbreitern,** *ich* verbreit(e)re (habe verbreitert) *es,* mache breiter: *die Straße soll verbreitert werden; der Weg verbreitert sich.* **Verbreiterung** *die, -/-en.* **Verbreitung** *die, -:* *die V. dieser Schrift wurde verboten.*

verbrennen [ahd. firbrennan], *ich* verbrenne, **1)** (bin verbrannt), gehe durch Feuer, sehr große Hitze zugrunde: *ein Stoff verbrennt,* ⟲ oxidiert unter Flammenbildung; *die Sonne verbrannt,* Ü stark gebräunt. **2)** (habe verbrannt) *es,* zerstöre durch Feuer, verletze durch große Hitzeeinwirkung: *er hat sich (den Finger) verbrannt; ich habe mir den Mund verbrannt,* Ü etwas gesagt, was mir schaden kann. **Verbrennung** *die, -/-en.* **Verbrennungsmotor** *der,* Kraftmaschine, bei der zur Verbrennung eines Kraftstoff-Luft-Gemisches mechan. Arbeit geleistet wird, vgl. Abb. M 20. **Verbrennungsofen** *der,* ⟲ Gerät zur Durchführung der Elementaranalyse. **Verbrennungswärme** *die,* Heizwert, die bei völliger Verbrennung von Brennstoffen frei werdende Wärmemenge.

verbriefen [mhd. verbrieven, zu Brief], *ich* verbriefe (habe verbrieft) *es,* sichere urkundlich zu: *verbriefte Rechte.* **Verbriefung** *die, -/-en.*

verbringen, *ich* verbringe (habe verbracht), **1)** *es,* bringe zu, verlebe: *ich verbrachte meinen Urlaub an der See; sie verbringt viel Zeit mit Lesen.* **2)** *ihn irgendwohin,* K schaffe hin.

verbrüdern, *ich* verbrüd(e)re *mich* (habe mich verbrüdert) *mit ihm,* werde eng vertraut, schließe Brüderschaft. **Verbrüd(e)rung** *die, -/-en: zwischen Soldaten und befreiten Lagerinsassen kam es zu Verbrüderungsszenen.*

verbrühen, *ich* verbrühe (habe verbrüht) *mich, ihn,* verletze durch Berührung mit kochender Flüssigkeit: *sie hat sich (die Hand) verbrüht.* **Verbrühung** *die, -/-en.*

verbrüllen, *ich* verbrülle (habe verbrüllt) *ihn, schweiz.:* schwärze an.

verbuchen, *ich* verbuche (habe verbucht) *es,* trage in ein Geschäftsbuch ein: *er hat schon mehrere Erfolge zu verbuchen,* Ü. **Verbuchung** *die.*

verbuddeln, *ich* verbudd(e)le (habe verbuddelt) *es,* Ü vergrabe.

Verbum [v-, lat.] *das, -s/. . .ba,* das Verb.

verbumfiedeln [Schallw., zu Fidel] *ich* verbumfied(e)le (habe verbumfiedelt) *es,* Ü verpfusche, vertue.

verbummeln, *ich* verbumm(e)le, Ü **1)** (bin verbummelt), verkomme durch Faulheit und Leichtsinn. **2)** (habe verbummelt) *es,* verbringe untätig: *wir haben das ganze Wochenende verbummelt.* **3)** (habe verbummelt) *es,* verlege, vergesse durch Nachlässigkeit.

Verbund *der, -(e)s/-e,* **1)** Verbindung von verschiedenen Materialien, z. B. zu textilen Verbundstoffen oder Verbundwerkstoffen: *Verbundglas,* ein Sicherheitsglas. **2)** Verbindung, Zusammenarbeit zwischen mehreren Bereichen: *die Stromerzeuger arbeiten im V.; Therapieverbund.* **verbünden,** *ich* verbünde *mich* (habe mich verbündet) *mit ihm,* schließe einen Bund. **Verbundenheit** *die, -, mit ihm,* Gefühl enger Zusammengehörigkeit. **Verbündete** *der, die, -n/-n,* ein -r, eine -, jemand, mit dem man ein Bündnis geschlossen hat. **Verbundmaschine** *die,* Compoundmaschine. **Verbundtriebwerk** *das,* Compoundtriebwerk. **Verbundwirtschaft** *die,* Zusammenarbeit mehrerer Unternehmungen zur gemeinschaftlicher Aufgabenerfüllung. bes. in der Energieversorgung.

verbürgen, *ich* verbürge (habe verbürgt) **1)** *es,* garantiere. **2)** *mich für ihn, etwas,* leiste Bürgschaft, stehe dafür ein: *das ist verbürgt; für seine Ehrlichkeit kann ich mich verbürgen.*

verbürgert, *schweiz.:* heimatberechtigt: *ich bin in Bern v.,* Bürger dieser Stadt.

verbüßen [mhd. verbuezen] *ich* verbüße (habe verbüßt) *es,* erleide als Freiheitsstrafe. **Verbüßung** *die, -.*

verbuttern, *ich* verbutt(e)re (habe verbuttert), **1)** *Milch,* mache zu Butter. **2)** *es,* Ü vergeude, gebe aus.

verbüxen, *ich* verbüxe (habe verbüxt) *ihn, norddt.:* verprügele.

verchromen, *ich* verchrome (habe verchromt) *es,* überziehe mit Chrom. **Verchromung** *die, -/-en.*

Verdacht [zu verdenken] *der, -(e)s,* Argwohn, Möglichkeit oder Wahrscheinlichkeit einer Schuld: *Verdachtsmoment; ich habe ihn in V.,* halte es für möglich, daß er der Schuldige ist; *er hat V. geschöpft; das hat meinen V. erregt; ich möchte mich nicht dem V. aussetzen, gelogen zu haben; der V. richtete sich gegen sie; er steht im V.,* eine Unterschlagung begangen zu haben. **verdächtig** *dessen,* möglicherweise schuldig, einen Verdacht erregend; bedenklich: *sie hat sich v. gemacht; er ist der Tat v.; im Kinderzimmer war es v. ruhig,* Ü. **Verdächtige** *der, die, -n/-n, ein -r, eine -: der Tatverdächtige.* **verdächtigen,** *ich* verdächtige (habe verdächtigt) *ihn,* erkläre für möglicherweise schuldig, bezichtige: *er verdächtigte mich des Diebstahls; er wird verdächtigt, gestohlen zu haben.* **Verdächtigung** *die, -/-en.*

verdammen, *ich* verdamme (habe verdammt) *ihn,* verdamme (habe verdammt) *ihn,* verurteile, verwerfe, erkläre für unwürdig. **Verdammnis** *die, -,* ewige Strafe: *Tod und V.* **verdammt,** Ü **1)** ein Fluch: *v.!; es ist deine verdammte Pflicht und Schuldigkeit,* unumgängliche Pflicht. **2)** sehr: *es ging v. schnell.* **Verdammung** *die, -.*

verdampfen, 1) *ich* verdampfe (habe verdampft) *es,* lasse vom flüssigen in gasförmigen Zustand übergehen. **2)** *es* verdampft (ist verdampft), geht in Dampf über. **Verdampfer** *der, -s/-,* Bestandteil der Kältemaschine. **Verdampfung** *die, -/-en.*

verdanken, *ich* verdanke (habe verdankt) *es,* **1)** *ihm, ihm* dafür Dank schuldig: *sie verdankt ihm ihr Leben; diesem Umstand verdankt das Werk seine Entstehung,* Ü; *diese Unannehmlichkeiten habe ich ihm zu verdanken,* Ü. **2)** *schweiz.:* danke, statte Dank ab.

verdarb, von verderben.

verdattert [zu tattern], Ü verblüfft, verwirrt.

verdauen [ahd. firdouwen], *ich* verdaue (habe verdaut) *es,* verarbeite (besonders Nahrung im Körper): *diese Nahrung*

muß ich noch verdauen, Ü geistig verarbeiten. **verdaulich,** leicht- oder schwerverdauliche Speisen; aber: *das ist leicht, schwer v.* **Verdaulichkeit** *die, -.* **Verdauung** *die, -: Verdauungsorgane; Verdauungsstörung; verdauungsfördernde Mittel,* aber: *die V. fördernd.*

Verdeck [vgl. Deck] *das, -(e)s/-e,* **1)** oberstes Schiffsdeck, z. B. Авв. F 5. **2)** Wagendach, Авв. K 40. **verdecken** [mhd. verdecken], *ich* verdecke (habe verdeckt) *ihn, es,* decke zu, verberge: *der Sonnenschirm verdeckt uns die Aussicht.*

verdenken [mhd.], *ich* verdenke (habe verdacht) *es ihm,* verarge, nehme übel: *das kann ich ihm nicht verdenken.*

Verderb [mhd. verderp] *der, -(e)s, das Verderben: er ist ihm auf Gedeih und V. ausgeliefert,* auf Wohl und Wehe, völlig. **verderben,** *ich* verderbe (verdarb, habe verdorben; du verdirbst, er verdirbt; wenn er verdürbe), **1)** *ihn, es (ihm),* schädige, richte zugrunde: *ich habe es mit ihm verdorben,* seine Gunst verloren; *ich habe mir den Magen verdorben,* mir eine Magenverstimmung zugezogen; *bei dem schlechten Licht wirst du dir die Augen verderben; seine schlechte Laune verdorben mir den Appetit; du hast mir die Freude verdorben; der Umgang mit dieser Clique hat sie völlig verdorben.* **2)** *es verdirbt (ist verdorben),* wird unbrauchbar, schlecht: *uns sind mehrere Konserven verdorben; durch die Feuchtigkeit verdarb viel Obst;* vgl. verderben. **Verderben** *das, -s: er rannte in sein V.* **Verderber** *der, -s/-,* Zerstörer; Teufel. **verderblich, 1)** nur kurze Zeit haltbar (Lebensmittel). **2)** verderbenbringend: *verderblicher Einfluß.* **Verderbnis** *die, -,* moralische Verkommenheit. **verderbt, 1)** verdorben, unleserlich (Stellen in alten Handschriften). **2)** Ü moralisch verkommen. **Verderbtheit** *die, -.*

verdeutlichen, *ich* verdeutliche (habe verdeutlicht) *es,* mache klar, deutlich: *sie versuchte, ihren Bericht durch statistische Angaben zu verdeutlichen.* **Verdeutlichung** *die, -.*

verdeutschen, *ich* verdeutsche (habe verdeutscht) *es,* übertrage ins Deutsche. **Verdeutschung** *die, -/-en.*

verdichten, *ich* verdichte (habe verdichtet), **1)** *es,* mache geschlossener, zusammenhängend; erhöhe den Druck eines Mediums unter gleichzeitiger Volumenverringerung. **2)** *es verdichtet sich,* wird dichter: *der Nebel hat sich verdichtet; der Verdacht gegen ihn verdichtete sich immer mehr,* Ü nahm zu; *in letzter Zeit haben sich die Gerüchte verdichtet, daß . . .,* Ü häuften sich. **Verdichter** *der,* Kompressor, Maschine zur Verdichtung von Luft, Gasen und Dämpfen. **Verdichtung** *die: Siedlungsverdichtung.* **Verdichtungsraum** *der,* größere räuml. Konzentration von Wohn- und Arbeitsstätten.

verdicken, *ich* verdicke (habe verdickt), **1)** *es,* mache dicker. **2)** *es verdickt sich,* wird dicker. **Verdickung** *die.*

verdienen [ahd. ferdienon], *ich* verdiene (habe verdient) *es,* erwerbe durch Arbeit, Leistung, habe Anspruch darauf, bekomme zu Recht: *das Lob war verdient; er verdient es nicht besser; du hast nichts Besseres verdient, eine Strafe verdient; er verdient gut, schlecht; damit kannst du die 20 Mark verdienen; er hat sich sein Studium selbst verdient; sauer verdientes Geld; seine Kinder verdienen schon; womit verdient er seinen Unterhalt?; ein um die Stadt sehr verdienter Mann,* jemand, der sich die Stadt gefördert hat; *er hat sich um unseren Verein sehr verdient gemacht; das hätte mehr Anerkennung, Beachtung verdient; an diesem Artikel ist nicht viel zu verdienen.* **Verdiener** *der,* jemand, der eine (regelmäßige) Verdienst hat; jemand, der mit seinem Verdienst andere mitunterhält: *er ist der V. in der Familie; Großverdiener.* **Verdienst, 1)** *das, -es/-e,* anerkennenswerte Tat, Anspruch auf Dank: *er hat sich große Verdienste um unsere Stadt erworben; dieser Erfolg ist sein V.; Verdienstorden.* **2)** *der, -(e)s/-e,* Erwerb, Lohn, Gehalt, Gewinn: *Verdienstausfall durch Kurzarbeit; Verdienstspanne im Großhandel.* **verdienstlich, verdienstvoll,** anerkennenswert, Belohnung verdienend. **verdientermaßen,** gemäß Verdienst, Leistung.

Verdikt [v-, engl. verdict, zu lat. vere dictum ›Wahrspruch‹] *das, -(e)s/-e,* Entscheidung, Urteil.

Verding [mhd. verdinc] *der, -(e)s/-e,* ⚒ Verdingung: *im V.* **verdingen** [ahd. firdingon], *ich* verdinge (verdingte, auch verdang, habe verdingt oder verdungen), ⚒ **1)** *mich bei ihm als,* zu etwas,* nehme Dienst. **2)** *eine Arbeit,* vergebe Arbeit. **Verdingung** *die, -/-en,* ⚒.

verdirbst, von verderben.

verdonnern, *ich* verdonn(e)re (habe verdonnert) *ihn zu etwas,* Ü bestrafe, verurteile. **verdonnert,** Ü sprachlos vor Staunen, erschrocken.

verdoppeln, *ich* verdopp(e)le (habe verdoppelt), **1)** *es,* mache doppelt; vermehre um das gleiche Maß: *wir müssen unsere Anstrengungen verdoppeln,* Ü. **2)** *es verdoppelt sich: die Einwohnerzahl hat sich im letzten Jahrzehnt verdoppelt.* **Verdopp(e)lung** *die, -: Konsonantenverdopp(e)lung.*

verdorben, 1) von verderben. **2)** schlecht, unbrauchbar geworden: *verdorbene Lebensmittel.* **3)** Ü verderbt, moralisch verkommen. **Verdorbenheit** *die, -,* Ü.

verdorren, *es* verdorrt (ist verdorrt), wird dürr, trocknet aus (Pflanzen).

verdösen, *ich* verdöse (habe verdöst), Ü **1)** *es,* vergesse zu tun. **2)** *die Zeit,* bringe mit Nichtstun hin.

verdrängen, *ich* verdränge (habe verdrängt), **1)** *ihn, es,* schiebe zur Seite, nehme seinen Platz ein: *ein Schiff verdrängt 2 000 t,* nimmt so viel Raum wie 2 000 t Wasser ein; *er will ihn aus seiner Stellung verdrängen.* **2)** *(es),* Psychoanalyse: unterdrücke, dränge aus dem Bewußtsein hinaus: *verdrängte Wünsche.* **Verdrängung** *die, -/-en.*

verdrecken, *ich* verdrecke (habe verdreckt), *es, mich,* Ü verschmutze: *der Junge kam völlig verdreckt nach Hause.*

verdrehen, *ich* verdrehe (habe verdreht) *es,* **1)** drehe über das gewöhnliche oder ganz Maß: *er wird sich den Hals verdrehen,* er dreht sich aus Neugierde weit nach etwas um; *sie hat ihm den Kopf verdreht,* Ü ihn in sich verliebt gemacht. **2)** Ü stelle unrichtig dar, lasse im falschen, ungünstigen Licht erscheinen: *er hat deine Worte, die Tatsachen völlig verdreht.* **verdreht,** Ü ein wenig überspannt, verschroben, verwirrt. **Verdrehung** *die,* Torsion, Drillung.

verdreifachen, *ich* verdreifache (habe verdreifacht) *es,* multipliziere mit drei.

verdreschen, *ich* verdresche (habe verdroschen) *ihn,* U verprügle: *er wurde furchtbar verdroschen.*

verdrießen [mhd. verdriezen, vgl. Verdruß], *ich* verdrieße (verdroß, habe verdrossen) *ihn,* bereite ihm Ärger, Verdruß: *er läßt sich nicht verdrießen,* bleibt mit überhaßigen Eifer dabei; *es verdrießt mich,* ärgert mich, erregt meinen Unwillen.

verdrießlich, 1) ärgerlich, mürrisch (Person). **2)** unangenehm, mühsam (Angelegenheit). **Verdrießlichkeit** *die, -,* **1)** verdrießliches Wesen. **2)** verdrießliche Angelegenheit. **verdrossen,** **1)** von verdrießen. **2)** mürrisch, mißmutig. **Verdrossenheit** *die, -.*

verdrücken, *ich* verdrücke (habe verdrückt), **1)** *es,* U drücke ein. **2)** *es,* U esse. **3)** *mich,* U entferne mich heimlich, unauffällig. **4)** *ein Gang verdrückt sich,* ⚒ wird schmal, dünn.

Verdruß [mhd. verdruz] *der, ...dr'usses,* Ärger, Unbehagen.

verduften [zu Duft], *ich* verdufte, Ü **1)** (bin verduftet), verschwinde, gehe heimlich fort: *verdufte!,* mach, daß du fortkommst! **2)** *mich* (habe mich verduftet), ziehe mich (aus einer unangenehmen Situation) zurück: *als es brenzlig wurde, hat er sich verduftet.*

verdummen, *ich* verdumme, **1)** (habe verdummt) *ihn,* mache dumm, nehme ihm geistige Entwicklungsmöglichkeiten: *man hat ihn verdummt.* **2)** (bin verdummt), werde geistig unbeweglich, dumm. **Verdummung** *die, -: Volksverdummung.*

verdunkeln, *ich* verdunk(e)le (habe verdunkelt), **1)** mache dunkel. **2)** schirme Licht nach außen ab. **3)** ⚖ verschleiere Tatbestände, beseitige Spuren einer Straftat. **4)** *der Himmel verdunkelt sich,* bezieht sich mit Wolken. **Verdunk(e)lung** *die, -/-en: Pflicht zur V. in Kriegszeiten; Verdunk(e)lungsgefahr,* ⚖.

verdünnen, *ich* verdünne (habe verdünnt), **1)** *es,* mache dünner, setze Flüssigkeit zu; vermindere die Konzentration eines bestimmten Stoffes. **2)** *es verdünnt sich, wird dünner: der Mast verdünnt sich nach oben.* **Verdünnung** *die.*

verdünnisieren, *ich* verdünnisiere *mich* (habe mich verdünnisiert), U entferne mich unbemerkt.

verdunsten, *eine Flüssigkeit* verdunstet (ist verdunstet), geht allmählich in Gasform über. **Verdunstung** *die, -.*

verdürbe, von verderben.

verdursten, *ich* verdurste (bin verdurstet) **1)** komme vor Durst um. **2)** U habe großen Durst.

verdüstern, *es* verdüstert (hat sich verdüstert), wird dunkler: *der Himmel v. sich; bei diesem Anblick verdüsterte sich seine Miene;* Ü *die Lage hat sich verdüstert,* Ü hat sich verschlechtert.

verdutzt [mhd. vordutten ›verwirren‹, U überrascht, verwirrt: *er schaute sie v. an; sie machte ein verdutztes Gesicht.*

verebben, *es* verebbt (ist verebbt), klingt ab, wird still: *der Beifall, der Lärm verebbte allmählich.*

veredeln, *ich* vered(e)le (habe veredelt), **1)** *es,* mache vollkommener, wertvoller. **2)** *eine Pflanze,* setze einen Pflanzensproß mit Knospen auf eine verwandte Pflanze zur dauerhaften Verwachsung. **3)** *es,* ⊚ behandle Aluminium-Silicium-Legierungen mit Natriumsalzen, bedrucke Aluminiumfolien. **4)** *es,* ⚒ verarbeite Roh- und Halbfabrikate weiter. **Vered(e)lung** *die, -/-en.*

verehelichen, *ich* vereheliche *mich* (habe mich verehelicht), heirate. **Verehelichung** *die, -/-en.*

verehren [mhd. vereren ›mit Ehren bedenken‹], *ich* verehre (habe verehrt), **1)** *ihn,* erweise ihm Achtung, liebe ihn ehrfuchtsvoll: *er verehrt seinen Lehrer; dieser Heilige wurde hier in der Gegend besonders verehrt; sehr verehrte gnädige Frau,* (Brief)anrede. **2)** *es ihm,* U überreiche, schenke. **Verehrer** *der, -s/-,* **1)** achtungsvoller Bewunderer. **2)** Liebhaber. **verehrlich,** ⚭. **Verehrung** *die, -.* **verehrungsvoll, verehrungswürdig.**

vereiden, *ich* vereide (habe vereidet) *ihn,* ⚭ vereidige.

vereidigen, *ich* vereidige (habe vereidigt) *ihn,* ⚖ verpflichte durch einen Eid: *die Rekruten wurden gestern vereidigt.* **Vereidigung** *die, -/-en.* **Vereidung** *die, -.*

Verein *der, -(e)s/-e,* **1)** vom Wechsel ihrer Mitglieder unabhängige dauernde Verbindung von Personen für einen gemeinschaftlichen Zweck; vgl. e. V.: *Gesangverein; Reiterverein; Vereinslokal; Vereinsleben; Vereinsmannschaft.* **2)** *im V. mit,* verbunden, zusammen mit. **vereinbar:** *diese Erklärung ist nicht mit dem Parteiprogramm v.,* entspricht ihm nicht, steht im Gegensatz dazu. **vereinbaren** [mhd. vereinbæren], *ich* vereinbare (habe vereinbart) *es mit ihm,* verabrede, spreche ab, lege gemeinsam mit ihm fest: *wir haben eine Zusammenkunft vereinbart; dieses Vorgehen kann ich nicht mit meiner Überzeugung vereinbaren,* Ü es entspricht nicht meiner Überzeugung.

Vereinbarung *die, -/-en: wir haben eine V. getroffen; nach V.* **vereinbarungsgemäß,** K wie ausgemacht. **vereinen** [mhd. vereinen], *ich* vereine (habe vereint) *es mit ihm,* vereinige, füge zusammen: *die Vereinten Nationen,* Abk.: UN, Kurzw.: UNO, eine internationale Organisation; *mit vereinten Kräften,* gemeinsam.

vereinfachen, *ich* vereinfache (habe vereinfacht) *es,* mache einfacher. **Vereinfachung** *die, -/-en.*

vereinheitlichen, *ich* vereinheitliche (habe vereinheitlicht) *es,* mache einheitlich, übereinstimmend: *Prüfungsordnungen sollen vereinheitlicht werden.* **Vereinheitlichung** *die, -/-en.*

vereinigen, *ich* vereinige (habe vereinigt) *es mit ihm,* verbinde, bringe zusammen: *wir haben uns zu einer Bürgerinitiative vereinigt; die neue Regelung vereinigt mehrere Vorzüge in sich; die Vereinigten Staaten von Amerika,* vgl. USA. **Vereinigung** *die.*

vereinnahmen, *ich* vereinnahme (habe vereinnahmt), **1)** *es,* K nehme ein, nehme als Einnahme in Empfang. **2)** *ihn,* nehme ganz für mich in Anspruch: *ich lasse mich von dir vereinnahmen.* **Vereinnahmung** *die, -.*

vereinsamen, *ich* vereinsame (bin vereinsamt), werde einsam. **Vereinsamung** *die, -.*

Vereinsmeier *der,* U jemand, der das Vereinsleben übertrieben wichtig nimmt. **Vereinsmeierei** *die, -.*

vereinzeln, *ich* vereinz(e)le (habe vereinzelt) *es,* Gartenbau: verziehe. **vereinzelt,** ganz selten, gelegentlich, beziehungslos: *diese Krankheit tritt nur noch v. auf; das dürfte eine vereinzelte Erscheinung sein.* **Vereinz(e)lung** *die, -.*

vereisen, *ich* vereise (habe vereist) *es,* ⚕ betäube örtlich durch Aufspritzen von Chloräthyl. **2)** *es vereist* (ist vereist), wird zu Eis, überzieht sich mit Eis: *das Kühlfach ist vereist.*

vereisenen, *ich* vereisene (habe vereisent), bringe auf ein Grundmetall einen Eisenüberzug galvanisch auf. **Vereisung** *die, -/-en, das Vereisen.*

vereiteln [mhd. veritelen], *ich* vereit(e)le (habe vereitelt) *es,* bringe zum Scheitern: *sein Plan, das Unternehmen wurde vereitelt.* **Vereit(e)lung** *die, -.*

vereitern, *es* vereitert (ist vereitert), ⚕ entzündet sich eitrig: *vereiterte Mandeln.* **Vereiterung** *die.*

verekeln, *ich* verek(e)le (habe verekelt) *es ihm,* errege in ihm Ekel davor; nehme ihm die Freude daran.

verelenden, *die Bevölkerung* verelendet (ist verelendet), gerät ins Elend. **Verelendung** *die, -.*

Verena [v-, vielleicht zu Veronika], weibl. Vorname.

verenden [mhd. verenden], *Wild* verendet (ist verendet), ♉ stirbt. **Verendung** *die, -.*

verengen, *ich* verenge (habe verengt), **1)** *es,* mache enger

(Straße). **2)** *es verengt sich,* wird enger (Straße). **verengern,** *ich* veren(g)e(e)re (habe verengert) *es,* mache enger (Kleidungsstücke). **Vereng(e)rung** *die, -/-en.* **Verengung** *die, -/-en.*

vererben, *ich* vererbe (habe vererbt), **1)** *es ihm,* hinterlasse (als Erbe): *er hat ihm sein gesamtes Vermögen vererbt; kannst du mir das nicht vererben?,* Ü schenken. **2)** *es auf ihn,* übertrage (als Erbanlage). **3)** *es vererbt sich,* wird als Erbanlage übertragen. **vererblich. Vererbung** *die, -: Vererbungslehre,* Genetik.

verewigen, *ich* verewige (habe verewigt), **1)** *mich, ihn, es,* mache unvergeßlich. **2)** *mich,* schreibe meinen Namen in ein Buch, ritze meinen Namen ein (in einen Baumstamm u. a.): *an meinem Fahrrad hat sich ein Hund verewigt,* Ü scherzhaft: seine Notdurft verrichtet. **verewigt,** P gestorben. **Verewigte** *der, die, -n/-n, ein -r, eine -,* P Tote(r). **Verewigung** *die, -.*

verfahren [ahd. firfaran], *ich* verfahre (verfuhr, bin, habe verfahren), **1)** handele, gehe in bestimmter Weise vor: *sie sind glimpflich mit ihm verfahren; in dieser Sache müssen wir anders verfahren.* **2)** *es,* verbrauche durch Fahren: *wir haben schon viel Zeit, Geld verfahren.* **3)** *mich,* fahre in die falsche Richtung, einen falschen Weg, verirre mich: *wir haben uns in der Innenstadt mehrmals verfahren; eine verfahrene Angelegenheit,* Ü eine Sache, die man falsch behandelt hat und die dadurch nur noch schwer zu klären ist; *die Situation ist völlig verfahren,* Ü. **4)** *eine Schicht,* ✂ mache. **Verfahren** *das, -/-,* **1)** das Tätigsein, Art und Weise der Ausführung: *ein energiesparendes V.* **2)** ⚖ die zur Erledigung einer Einzelsache dienende Reihenfolge von Rechtshandlungen: *gegen ihn wurde ein V. eingeleitet, eröffnet.* **Verfahrenstechnik** *die,* Teil der industriellen Produktionstechnik, dessen Verfahren formlose Stoffe nach Art, Eigenschaften oder Zusammensetzung verändern, z. B. in der chemischen und der Nahrungsmittelindustrie. **Verfahrensweise** *die,* Vorgehen, Methode.

Verfall *der, -(e)s,* **1)** allmählicher Zusammenbruch: *der V. des Schlosses konnte nicht aufgehalten werden; ein sichtbarer V. seiner geistigen Kräfte.* **2)** Ende seiner Berechtigung: *Verfall(s)-tag.* **3)** ⯗ eine Verbindung zweier Dachfirste von ungleicher Höhe. **verfallen** [ahd. farfallan], *ich* verfalle (verfiel, bin verfallen), **1)** werde schwach, gerate in Verfall: *der alte Mann verfiel zusehends; ein verfallenes Gebäude; eine Kultur, ein Reich verfällt.* **2)** *in etwas,* gerate ungewollt hinein: *er verfällt immer wieder in den alten Fehler; sie verfiel in Schweigen.* **3)** *auf etwas,* komme darauf, es fällt mir ein: *auf diese merkwürdige Idee konntest du nur verfallen.* **4)** *ihm,* werde ihm hörig: *er ist dem Alkohol verfallen.* **5)** *es verfällt,* verliert seine Gültigkeit: *der Wechsel ist verfallen.*

verfälschen, *ich* verfälsche (habe verfälscht) *es,* verändere (in betrügerischer Absicht): *verfälschter Wein; sie hat die Tatsachen verfälscht.* **Verfälschung** *die, -.*

verfangen [ahd. firfahan], *ich* verfange (verfing, habe verfangen), **1)** *mich in etwas,* werde darein verwickelt: *das Tier verfing sich im Netz; er hat sich in Widersprüche verfangen,* Ü. **2)** *es verfängt,* nützt, wirkt: *Schmeicheleien verfangen bei mir nicht.* **verfänglich,** verdächtig, anstößig, peinlich: *eine verfängliche Frage, Situation.* **Verfänglichkeit** *die, -.*

verfärben, *ich* verfärbe (habe verfärbt) *es,* verderbe, verändere durch Färben. **2)** *mich,* wechsle die Farbe: *Wild verfärbt sich,* wechselt das Haarkleid; *sie verfärbt sich,* wechselt die Gesichtsfarbe, z. B. wird blaß vor Schreck.

verfassen [mhd. vervazzen ›vereinbaren‹, ›in sich aufnehmen‹], *ich* verfasse (habe verfaßt) *es,* fasse ab, schreibe: *er hat seine Rede (nicht) selbst verfaßt.* **Verfasser** *der, -s/-,* Urheber, jemand, der einen Text geschrieben hat. **Verfassung** *die,* **1)** die Grundordnung des Staates; auch die oben enthaltende Urkunde: *Verfassungsänderung; Verfassungsbeschwerde; Staatsverfassung.* **2)** grundlegende Satzung einer Vereinigung oder Körperschaft. **3)** ohne Pl., Zustand, Stimmung: *ich bin heute in keiner guten V.* **verfassunggebend,** *die verfassunggebende Versammlung.* **Verfassungsschutz** *der,* Maßnahmen zum Schutz der Verfassung: *Verfassungsschutzamt.* **verfassungswidrig,** gegen die Verfassung verstoßend.

verfaulen, *es verfault,* fault faul und morsch, vermodert. **verfechten** [mhd. vervehten ›durch Kampf verteidigen‹], *ich* verfechte (habe verfochten) *es,* trete dafür ein, kämpfe dafür. **Verfechter** *der: ein eifriger V. der Menschenrechte.* **Verfechtung** *die, -.*

verfehlen [mhd. vervælen], *ich* verfehle (habe verfehlt) **1)** *ihn, es,* treffe nicht: *gestern haben wir uns verfehlt; sie hat den richtigen Augenblick, ihren Beruf verfehlt; der Ball verfehlte das Tor.* — **2)** *es zu tun,* versäume: *ich werde nicht verfehlen zu*

kommen, tue es ganz sicher; *er verfehlte niemals, sie daran zu erinnern.* **verfehlt,** falsch, irrig, unangebracht, mißlungen: *der Plan war v.; eine verfehlte Reaktion; ein verfehltes Leben.* **Verfehlung** *die, -/-en,* Sünde, Verstoß.

verfeinden, *ich* verfeinde *mich* (habe mich verfeindet) *mit ihm,* zerstreite mich total: *die Brüder haben sich, sind verfeindet; miteinander verfeindete Parteien.* **Verfeindung** *die, -.*

verfeinern, *ich* verfein(e)re (habe verfeinert) *es,* mache fein, feiner: *die Soße kann mit Wein verfeinert werden; verfeinerter Geschmack.* **Verfein(e)rung** *die, -/-en.*

verfemen [mhd. vervemen, zu Feme], *ich* verfeme (habe verfemt) *ihn,* ächte. **Verfemung** *die, -/-en.*

verfertigen, *ich* verfertige (habe verfertigt) *es,* mache, stelle her, erzeuge. **Verfertigung** *die.*

verfestigen, *ich* verfestige (habe verfestigt), **1)** *es,* mache fest. **2)** *es verfestigt sich,* wird fest. **Verfestigung** *die.*

verfetten, *es* verfettet (ist verfettet), setzt übermäßig Fett an. **Verfettung** *die: Herzverfettung.*

verfeuern, *ich* verfeu(e)re (habe verfeuert) *es,* **1)** verwende als Heizmaterial. **2)** verbrauche durch Schießen (Munition). **Verfeu(e)rung** *die, -.*

verfilmen, *ich* verfilme (habe verfilmt) *es,* mache einen Film daraus: *der Bestseller wurde verfilmt.* **Verfilmung** *die, -/-en.*

verfilzen, *es* verfilzt (ist verfilzt), verbindet sich kaum lösbar miteinander: *der Pullover ist verfilzt; verfilzte Haare.* **Verfilzung** *die: die V. von Partei und Wirtschaft,* Ü.

verfinstern, *es* verfinstert *sich* (hat sich verfinstert), wird dunkel, finster: *der Himmel v. sich gewittrig; seine Miene verfinsterte sich.* **Verfinst(e)rung** *die, -.*

verfitzen [zu Fitze], *ich* verfitze (habe verfitzt) *es,* Ü verwickele, verwirre (Fäden).

verflachen, 1) *ich* verflache (habe verflacht) *es,* mache flach. **2)** *es verflacht* (ist verflacht), wird flach (Gelände, Wasser): *das Gespräch verflachte,* Ü wurde oberflächlich. **Verflachung** *die, -.*

verflechten, *ich* verflechte (habe verflochten) **1)** flechte hinein, zusammen. **2)** Ü vereinige, füge zusammen. **Verflechtung** *die, -/-en: Konzernverflechtungen.*

verfliegen, 1) *ich* verfliege *mich* (habe mich verflogen), verirre mich beim Fliegen: *der Pilot verflog sich im Gebirge.* **2)** *es verfliegt* (ist verflogen), vergeht, verflüchtigt sich: *das Parfüm, der Duft des Parfüms verflog rasch; sein Zorn war schnell verflogen,* Ü; *die Zeit verflog im Nu,* Ü.

verfließen [mhd. vervliezen], *ich* verfließe (verfloß, ist verflossen), **1)** vergeht, läuft ab (Zeit, Frist): *seine Verflossene,* Ü seine einstige Frau, Braut, Freundin. **2)** geht ineinander über (Begriffe, Grenzen).

verflixt [aus verflucht], Ü verdammt; ärgerlich.

verfluchen [ahd. fluohhon, zu Fluch], *ich* verfluche (habe verflucht), **1)** *ihn,* rufe alles Böse auf ihn, verstoße ihn. **2)** *es,* Ü schimpfe heftig darüber, bereue, es getan zu haben: *er hat seinen Entschluß schon oft verflucht.* **verflucht,** Ü **1)** peinlich, verhext: *das ist eine verfluchte Geschichte.* **2)** äußerst, sehr: *ein v. gerissener Geschäftsmann.*

verflüchtigen, *ich* verflüchtige (habe verflüchtigt), **1)** *es,* überführe in gasförmigen Zustand. **2)** *eine Flüssigkeit verflüchtigt sich,* verdunstet. **3)** *mich,* Ü entferne mich heimlich, verschwinde. **Verflüchtigung** *die, -.*

verflüssigen, *ich* verflüssige (habe verflüssigt), **1)** *Gase,* überführe sie in den flüssigen Zustand. **2)** *es verflüssigt sich,* wird flüssig. **Verflüssigung** *die, -.*

verfohlen, *eine Stute* verfohlt (hat verfohlt), hat eine Fehl- oder Frühgeburt.

Verfolg *der, -(e)s: im V. einer Sache,* K im Laufe ihrer weiteren Entwicklung. **verfolgen** [ahd. farfolgon], *ich* verfolge (habe verfolgt) *ihn, es,* **1)** bleibe (einem Fliehenden) auf der Spur: *die Hunde verfolgen das Wild; sie verfolgt ihn mit den Augen,* Ü; *dieser Gedanke verfolgt mich seit Tagen,* Ü. **2)** bedränge, quäle, bedrohe: *sie wurden wegen ihrer Religion verfolgt.* **3)** gehe gerichtlich vor: *das wird strafrechtlich verfolgt.* **4)** suche kennenzulernen oder zu erreichen: *ich werde diese Sache verfolgen; verfolgst du damit eine Absicht, einen Zweck?,* Ü. **Verfolger** *der, -s/-,* jemand, der einen anderen, ein Tier verfolgt. **Verfolgte** *der, die, -n/-n, ein -r, eine -,* jemand, der verfolgt wird: *die Verfolgten des Naziregimes.* **Verfolgung** *die, -/-en.* **Verfolgungswahn** *der,* ⚕ eine seelische Krankheit.

verformen, *ich* verforme (habe verformt) **1)** *es,* verforme. **2)** *es verformt sich,* ändert die Form. **Verformung** *die, -/-en: Kaltverformung,* ⊙.

verfrachten, *ich* verfrachte (habe verfrachtet) *es,* befördere als Fracht, bringe auf den Weg: *die Kinder müssen noch ins Bett verfrachtet werden*, U. **Verfrachtung** *die, -*.

verfranzen, *ich* verfranze *mich* (habe mich verfranzt), 1) ✈ verfliege mich. 2) Ü verirre mich.

verfremden, *ich* verfremde (habe verfremdet) *es*, verändere ins Ungewöhnliche, bes. gewohnte Erscheinungen bei ihrer literar. Gestaltung. **Verfremdung** *die, -*: *Verfremdungseffekt.*

verfressen, U gefräßig, aufs Essen erpicht. **Verfressenheit** *die, -*.

verfroren, schnell frierend; sehr frierend (Mensch).

verfrühen, *ich* verfrühe (habe verfrüht) *mich, es,* komme, handle früher als berechtigt, als erwartet: *dein Triumph ist verfrüht; ein verfrühter Winter.* **Verfrühung** *die, -*.

verfügen [mhd. vervüegen], *ich* verfüge (habe verfügt), 1) *es,* ordne an. 2) *über ihn, etwas,* habe, besitze: *er verfügt über die Aktienmehrheit.* 3) *über ihn, etwas,* habe das Recht, zu bestimmen: *Sie können doch nicht einfach über mich verfügen!; leider kann ich über meine Zeit nicht frei verfügen.* 4) *ihn irgendwohin,* schicke, sende. 5) *mich irgendwohin,* gehe, begebe mich. **Verfügung** *die,* 1) ⚖ Rechtshandlung, die sich auf eine Sache oder ein Recht bezieht und eine unmittelbare Veränderung der Rechtslage bewirkt; (verwaltungsmäßige) Anordnung. 2) die Möglichkeit, über etwas bestimmen zu können: *Verfügungsgewalt; es steht mir zur V.*

verführen [ahd. ferfuoren], *ich* verführe (habe verführt), *ihn zu etwas,* verlocke, verleite: *er hat mich zum Rauchen verführt; er hat das Mädchen verführt,* zur sexuellen Hingabe verleitet; *der niedrige Preis verführt zum Kaufen.* **Verführer** *der,* jemand, der einen anderen zu etwas verführt. **verführerisch,** lockend, verleitend. **Verführung** *die.*

verfüttern, *ich* verfütt(e)re (habe verfüttert) *es,* verwende als Futter: *der Bauer verfütterte das gesamte Heu.*

Vergabe *die,* K Erteilung: *die V. eines Auftrages an einen Architekten, eine Baufirma.*

vergabeln, *ich* vergab(e)le (habe vergabelt) *es, schweiz.:* überhaste.

vergaben, *ich* vergabe (habe vergabt) *es, schweiz.:* schenke, vermache. **Vergabung** *die, -/-en.*

vergackeiern, *ich* vergackei(e)re (habe vergackeiert) *ihn,* U necke, halte zum Narren.

vergaffen [mhd. vergaffen, vgl. gaffen], *ich* vergaffe *mich* (habe mich vergafft) *in ihn,* U verliebe mich.

vergällen [mhd. vergellen, zu Galle], *ich* vergälle (habe vergällt), 1) *Lebensmittel,* mache ungenießbar. 2) *es ihm,* Ü verderbe ihm die Freude daran.

vergaloppieren, *ich* vergaloppiere *mich* (habe mich vergaloppiert), U sage, tue etwas Unangebrachtes, irre mich.

vergammeln, *ich* vergamm(e)le (bin vergammelt), U 1) werde faul und ungepflegt. 2) *es, vergammelt,* verdirbt, verschimmelt: *das Obst ist vergammelt.* 3) (habe vergammelt) *die Zeit,* vergeude.

Vergang *der, -(e)s,* ⚘ Fortgang, Hergang, Ende. **vergangen,** zu vergehen. **Vergangenheit** *die, -,* 1) frühere Zeit: *V., Gegenwart und Zukunft; ein Geschehen aus jüngster V.; unser Institut kann auf eine große V. zurückblicken; dieser Brauch gehört der V. an.* 2) Ⓢ Präteritum, ÜBERS. V 2. **vergänglich,** nicht ewig dauernd, einmal zugrunde gehend. **Vergänglichkeit** *die, -*.

verganten [zu Gant] *ich* vergante (habe vergantet) *es, oberdt.:* versteigere. **Vergantung** *die, -/-en.*

vergären, 1) *ich* vergäre (habe vergoren) *es,* setze mit Gärung um. 2) *es vergärt* (ist vergoren), setzt sich durch Gärung um.

vergasen, *ich* vergase (habe vergast), 1) *es,* setze feste Brennstoffe (Kohle, Koks) zur Gewinnung von Gas um. 2) *es, ihn,* versuche, töte mit Giftgas: *unter nationalsozialistischer Herrschaft wurden Menschen vergast.* **Vergaser** *der, -s/-,* Teil des Verbrennungsmotors, der das Kraftstoff-Luft-Gemisch erzeugt. **Vergasung** *die, -/-en.*

vergaß, von vergessen.

vergattern, *ich* vergatt(e)re (habe vergattert), 1) *es,* versehe mit einem Gatter, ⚘ versammle sie durch Signal und unterstelle sie der Wachordnung: *die Kinder wurden zum Aufräumen vergattert,* U es wurde ihnen befohlen. **Vergatt(e)rung** *die, -/-en.*

vergeben [ahd. fargeban], *ich* vergebe (vergab, habe vergeben), 1) *es ihm,* verzeihe. 2) *die Stellen sind die vergeben,* besetzt. 3) *es,* lasse ungenutzt: *ich habe eine besonders gute Möglichkeit vergeben.* 4) *mir etwas,* schade meiner Würde:

du vergibst dir nichts, wenn du darum bittest. 5) *mich,* gebe falsch (beim Kartenspiel). **vergebens,** 1) nutzlos, umsonst: *es war alles v.* 2) *schweiz. auch:* kostenlos: *er hat es mir v. überlassen.* **vergeblich,** *vergebliche Versuche.* **Vergeblichkeit** *die, -*. **Vergebung** *die, -*.

vergegenständlichen, *ich* vergegenständliche (habe vergegenständlicht) *es, mich,* stelle dar.

vergegenwärtigen, *ich* vergegenwärtige (habe vergegenwärtigt) *es mir,* stelle es mir bildlich vor. **Vergegenwärtigung** *die, -*.

vergehen [ahd. firgan], *ich* vergehe (verging, bin vergangen), 1) P sterbe: *er meinte, er müßte vergehen.* 2) *vor etwas,* komme um: *sie verging fast vor Angst; ich v. vor Heimweh.* 3) *es vergeht,* geht vorüber (Zeit), hört auf (Empfindung, Geräusch), verflüchtigt sich (Duft): *die Zeit verging schnell; der Schmerz wird bald vergehen; ihm wird das Lachen auch noch vergehen; vergangene Zeiten; am vergangenen Montag; im vergangenen Jahr.* 4) *es vergeht mir,* schwindet: *mir verging der Appetit, die Lust.* 5) *mich* (habe mich vergangen) *an etwas, gegen etwas,* werde schuldig. **Vergehen** *das, -s/-,* 1) *ohne Pl.,* das Dahinschwinden: *das Werden und V. in der Natur.* 2) ⚘ eine strafbare Handlung, Gesetzesübertretung: *sein V. mußte er schwer büßen.* 3) Übertretung eines Gebotes.

vergeilen, *die Pflanze* vergeilt (ist vergeilt), bekommt durch Lichtmangel bleiche, lange Triebe. **Vergeilung** *die, -*.

vergeistigt, mit Geist durchdrungen: *ein vergeistigtes Gesicht.* **Vergeistigung** *die, -*.

vergelstern, *ich* vergelst(e)re (habe vergelstert) *ihn, fränk., schweiz.:* mache kopfscheu, verwirre: *ich bin vergelstert.*

vergelten [ahd. firgeltan], *ich* vergelte (vergalt, habe vergolten) *es, ihm,* lohne es, hohne es ihm oder räche es an ihm: *er vergalt Böses mit Gutem; vergelt's Gott!, oberdt.:* vielen Dank! **Vergeltung** *die, -/-en: er will V. üben,* sich rächen.

vergesellschaften, *ich* vergesellschafte (habe vergesellschaftet) *ein Unternehmen,* überführe ein privates wirtschaftl. Unternehmen in Gemeineigentum. **Vergesellschaftung** *die, -/-en,* 1) *ohne Pl.,* das Vergesellschaften von Unternehmen. 2) Ökologie: das Zusammenleben verschiedener Arten.

vergessen [ahd. fergezzen], *ich* vergesse (vergaß, habe vergessen; du vergißt er vergißt; vergiß!), 1) *ihn, es, seiner,* erinnere mich nicht, weiß nichts mehr davon; denke nicht daran: *vergiß den Schirm nicht!; das werde ich dir nicht vergessen!,* werde ich im Gedächtnis behalten; *ich habe das Buch vergessen,* dachte nicht daran es mitzubringen; *das kannst du vergessen,* U das ist unwichtig. 2) *mich,* verliere die Beherrschung: *er vergaß sich in seinem Zorn so sehr, daß er sie schlug.* **Vergessen** *das, -s.* **Vergessenheit** *die, -: es ist in V. geraten,* allmählich vergessen worden. **vergeßlich,** zerstreut, von schlechtem Gedächtnis. **Vergeßlichkeit** *die, -*.

vergeuden [mhd. giuden ›großtun‹], *ich* vergeude (habe vergeudet) *es,* verschwende, vertue: *er hat viel Zeit vergeudet.* **Vergeudung** *die, -*.

vergewaltigen, *ich* vergewaltige (habe vergewaltigt), 1) *eine Frau,* nötige sie zur Duldung des Beischlafs. 2) *ihn,* unterdrücke; tue ihm Gewalt an. **Vergewaltigung** *die, -/-en.*

vergewissern, *ich* vergewissere, vergewißre *mich* (habe mich vergewissert) *seiner,* verschaffe mir Gewißheit, prüfe nach: *hast du dich vergewissert, ob das Gas abgeschaltet ist?; wir müssen uns vergewissern, daß er zuverlässig ist.* **Vergewisserung, Vergewißrung** *die, -*.

vergießen, *ich* vergieße (vergoß, habe vergossen) *es,* 1) gieße daneben, verschütte. 2) *es,* lasse fließen: *sie wird dabei Tränen vergießen,* weinen; *es wurde viel Blut vergossen,* Ü viele Menschen wurden getötet.

vergiften, *ich* vergifte (habe vergiftet), 1) *ihn,* gebe ihm Gift: *er hat sich vergiftet,* Selbstmord durch Gift begangen. 2) *ihn, es,* Ü schade ihm durch schlechten Einfluß: *durch schlechte Lektüre vergiftete Phantasie; dieser Vorfall hat die Atmosphäre vergiftet.* **Vergiftung** *die, -/-en,* das Vergiften; Erkrankung durch Gift: *Nahrungsmittelvergiftung,* Vergiftung durch verdorbene Lebensmittel; *Quecksilbervergiftung.*

vergilben, *es vergilbt* (ist vergilbt), wird vor Alter gelb: *vergilbtes Papier.*

Vergißmeinnicht [mhd. vergiz-min-niht] *das, -(e)s/-(e),* Boretschgewächs mit blauen Blüten. **vergißt,** von vergessen.

vergittern, *ich* vergitt(e)re (habe vergittert) *es,* versehe mit Gitter: *ein vergittertes Fenster.* **Vergitt(e)rung** *die, -/-en.*

verglasen, *ich* verglase (habe verglast), 1) *es,* versehe mit Glasscheiben. 2) *ein verglaster Blick,* Ü starrer, glasiger Blick. **Verglasung** *die, -/-en.*

Vergleich der, -(e)s/-e, 1) wertendes, prüfendes Nebeneinanderhalten: *Warenvergleich; ich ziehe einen V. zwischen zwei Möglichkeiten; er hält den V. mit ihm, mit einer Sache aus,* ist ihm, ihr ebenbürtig; *im V. zu ihm ist er unbedeutend.* 2) eine veranschaulichende Redeform, ÜBERS. A 4, z. B. *schwarz wie die Nacht.* 3) ♫ die Beilegung eines Streites durch gegenseitiges Nachgeben: *Vergleichsverfahren; Prozeßvergleich; die beiden Parteien schlossen einen V.* **vergleichbar,** *vergleichbare Größen.* **vergleichen** [mhd. verg(e)lichen, zu gleich], *ich vergleiche* (habe verglichen), 1) *ihn, es mit ihm,* stelle beide betrachtend oder wertend nebeneinander: *vergleiche!,* Abk.: vgl.; *vergleichende Sprachwissenschaft; ich werde den Druck mit dem Original vergleichen.* 2) *mich mit ihm,* einige mich durch Vergleich: *die Streitenden haben sich verglichen.* **vergleichsweise.**

vergletschern, *es* vergletschert (ist vergletschert), überzieht sich mit einem Gletscher. **Vergletscherung** die, -/-en.

verglimmen, *es* verglimmt (ist verglommen), hört allmählich auf zu glimmen.

verglühen, *es* verglüht (ist verglüht), 1) hört auf zu brennen. 2) erhitzt sich durch Reibung bis zur Weißglut und zerfällt: *der Satellit ist im Weltall verglüht.*

vergnügen [mhd. vergenügen, zu genug], *ich* vergnüge (habe vergnügt), 1) *mich, ihn,* unterhalte, erheitere, vertreibe die Zeit: *die Kinder vergnügten sich mit Spielen.* 2) *es* vergnügt *mich,* belustigt *mich.* **Vergnügen** das, -s/-, 1) ohne Pl., Freude: *viel V.!; mit dem größten V.!,* sehr gern!; *es bereitet ihm ein diebisches V.,* U viel Spaß. 2) unterhaltende Veranstaltung. **vergnüglich,** erheiternd, unterhaltsam. **vergnügt,** froh, heiter, zufrieden: *sie wollen sich einen vergnügten Tag machen.* **Vergnügung** die, -/-en, 1) unterhaltsamer Zeitvertreib. 2) meist Pl., unterhaltsame Veranstaltung: *Vergnügungssteuer,* von den Gemeinden erhobene Steuer auf Vergnügungen. **Vergnügungssucht** die, -, Bedürfnis nach viel Vergnügungen. **vergnügungssüchtig.**

vergolden, *ich* vergolde (habe vergoldet) *es,* überziehe mit Gold: *vergoldeter Schmuck; die Erinnerung vergoldet das Ereignis,* Ü läßt es schöner erscheinen, als es wirklich war. **Vergoldung** die, -/-en.

vergönnen [vgl. Vergunst], *ich* vergönne (habe vergönnt), 1) *es ihm,* erlaube aus Gunst, gestehe zu: *es war ihm nicht vergönnt, das zu erleben.* 2) schweiz. auch: mißgönne.

vergoren, von vergären.

vergotten, *ich* vergotte (habe vergottet) *ihn,* mache zum Gott. **vergöttern,** *ich* vergött(e)re (habe vergöttert) *ihn,* verehre überschwenglich: *das Kind wird von seinen Eltern vergöttert.* **Vergött(e)rung** die, -. **Vergottung** die, -.

vergraben, *ich* vergrabe (vergrub, habe vergraben), 1) *es,* verberge in der Erde: *ihm wird ein Schatz vergraben sein.* 2) *es,* Ü verberge: *sie vergrub ihr Gesicht in den Händen; er vergräbt die Hände in den Hosentaschen,* U steckt sie tief hinein. 3) *mich,* Ü beschäftige mich eingehend: *ich vergrub mich in, hinter seinen Büchern.*

vergrämen, *ich* vergräme (habe vergrämt), 1) *ihn,* verärgere, verbittere. 2) *Wild,* ☘ störe es. **vergrämt,** sorgenvoll, bitter: *ein vergrämtes Gesicht; sie sieht v. aus.*

vergrätzen, *ich* vergrätze (habe vergrätzt) *ihn,* U verärgere.

vergraulen, *ich* vergraule (habe vergrault) *ihn,* U vertreibe ihn, indem ich ihn ärgere.

vergreifen, *ich* vergreife *mich* (habe mich vergriffen), 1) bei etwas, mache falsche Griffe: *das Kind vergreift sich noch oft beim Klavierspielen; der Autor hat sich bei der Wahl dieses Stoffes vergriffen,* Ü falsch gewählt. 2) an ihm, etwas, fasse ihn, es zu Unrecht an, nehme unbefugt, werde gegen ihn tätlich: *er vergriff sich an fremdem Vermögen, an einem Kind.*

vergreisen, *ich* vergreise (bin vergreist), 1) altere vorzeitig, stark. 2) *die Bevölkerung ist vergreist,* überaltert. **Vergreisung** die, -.

vergriffen, 1) von vergreifen. 2) ausverkauft, nicht mehr lieferbar (Ware): *das Buch ist zur Zeit v.*

vergröbern, *ich* vergröb(e)re (habe vergröbert) *es,* mache gröber. **Vergröb(e)rung** die, -/-en.

vergrößern, *ich* vergröß(e)re (habe vergrößert) *es,* mache größer: *die Photographie ist stark vergrößert; wir wollen uns vergrößern,* U eine größere Wohnung ziehen, unser Geschäft erweitern. **Vergröß(e)rung** die, -/-en: *Vergrößerungsglas, Lupe; eine Photographie in sechsfacher V.*

vergucken, *ich* vergucke *mich* (habe mich verguckt), *in ihn,* U verliebe mich.

Vergunst [mhd. vergunst], *mit V.,* ♀ mit Erlaubnis.

vergünstigt, günstiger, ermäßigt. **Vergünstigung** die, -/-en, besonderer Vorteil: *Steuervergünstigung.*

vergüten [mhd. vergüeten], *ich* vergüte (habe vergütet), 1) *es ihm,* bezahle, gebe Ersatz, entschädige ihn dafür. 2) *Stahl,* ⚙ verbessere durch Härten. 3) *optische Linsen,* verbessere durch Oberflächenbehandlung. **Vergütung** die, -/-en.

verh., Abk. für: verheiratet.

Verhack der, -(e)s/-e, ♻ Verhau. **verhackstücken,** *ich* verhackstücke (habe verhackstückt) *es,* U erkläre bis ins kleinste.

verhaften, *ich* verhafte (habe verhaftet), 1) *ihn,* nehme fest, in Haft, setze in polizeil. Gewahrsam. 2) *es ist verhaftet mit etwas,* fest, eng verbunden. **Verhaftung** die, -/-en: *Verhaftungswelle,* Ü Häufung von (polit.) Verhaftungen.

verhageln, *es* verhagelt (ist verhagelt), wird durch Hagel zerstört: *die Getreideernte ist v.*

verhallen, *es* verhallt (ist verhallt), wird immer leiser: *ihr Ruf verhallte ungehört,* Ü fand keine Beachtung.

verhalten [ahd. farhaltan], *ich* verhalte (verhielt, habe verhalten), 1) *es,* halte zurück, dämpfe: *er verhält den Harn, den Stuhl,* ⚕; *mit verhaltenem Atem; mit verhaltenem Jubel, Zorn.* 2) *mich (ihm gegenüber, zu ihm),* benehme mich: *sie verhielt sich ruhig, gefaßt; sie verhält sich ihm gegenüber falsch.* 3) *es verhält sich,* befindet sich in einer bestimmten Verfassung: *die Sache verhält sich ganz anders; a verhält sich zu b wie x zu y, a : b = x : y.* **Verhalten** das, -s, 1) Benehmen: *V. mir gegenüber war korrekt.* 2) das Zurückhalten. 3) alle reaktiven und spontanen Handlungen eines Lebewesens sowie Denk- und Gefühlsabläufe: *Verhaltensmuster; Verhaltenspsychologie; Verhaltenstherapie; Verhaltensstörung.* **Verhaltensforschung** die, die Untersuchung der Verhaltensformen von Lebewesen. **verhaltensgestört,** *die wachsende Zahl verhaltensgestörter Kinder.* **Verhaltensmaßregel** die, Vorschrift für gewünschtes Verhalten. **Verhältnis** das, -ses/-se, 1) eine meßbare oder vergleichbare Beziehung (eines Dinges zum andern): *Größenverhältnis; Mengenverhältnis.* 2) Art der Beziehung (zweier Menschen): *Verwandtschaftsverhältnis; unser V. ist gut; sie stehen in gespanntem V. zueinander.* 3) U kurz für: Liebesverhältnis: *er hat mir ein V.; sie ist sein V.,* seine Geliebte; *ein festes V.* 4) nur Pl., Zustände, Umstände: *unter den herrschenden, den politischen, sozialen Verhältnissen; sie lebt in guten, schlechten Verhältnissen; er lebt über seine Verhältnisse,* gibt mehr Geld aus, als er einnimmt; *das geht über meine Verhältnisse,* ich kann es mir finanziell nicht leisten. **verhältnismäßig,** an anderem gemessen, vergleichsweise; U ziemlich. **Verhältniswahl** die, Proportionalwahl, Wahl, bei der ein bestimmtes Verhältnis der erreichten Stimmen entsprechender Anteil der Sitze auf die einzelnen Parteien verteilt wird. **Verhältniswort** das, Präposition, ÜBERS. P 21. **Verhältniszahlen,** Pl., Zahlen, die durch Vergleich zweier gleichartiger Meßangaben zueinander in Beziehung gesetzt werden. **Verhaltung** die, -, das Verhalten, Zurückhalten. **Verhaltungsmaßregel** die, -, ♻ Verhaltensmaßregel.

verhandeln [mhd. verhandeln], *ich* verhand(e)le (habe verhandelt), 1) *ihn, es,* ♻ verkaufe, verschachere. 2) *es,* berate darüber: *einige der anstehenden Fragen konnten noch verhandelt werden.* 3) (mit ihm) über etwas, unterhandle, bespreche es mit ihm: *die kriegführenden Mächte verhandelten über einen Waffenstillstand.* 4) (es), ⚖ erörtere in einer Gerichtssitzung: *in dieser Sache wird zur Zeit verhandelt; der Fall wurde schon am Arbeitsgericht verhandelt.* 5) *ihn, ihm,* schweiz.: beklatsche. **Verhandlung** die: *die V. wurde abgebrochen; Gerichtsverhandlung; Verhandlungspartner; verhandlungsbereit.*

verhangen, zugehängt, bedeckt: *der Himmel ist v.,* wolkenbedeckt. **verhängen** [mhd. verhengen], *ich* verhänge (habe verhängt), 1) *es (mit ihm),* hänge zu, verdecke: *die Fenster waren mit Decken verhängt.* 2) *es über ihn,* Ü bestimme: *Gott verhänge es über uns; eine harte Strafe wurde über ihn verhängt.* 3) *es hat sich verhängt,* durch falsches Hängen die Form verloren (Kleidungsstück). 4) *mit verhängten Zügeln,* locker gelassenen. **Verhängnis** das, -ses/-se, unerbittliches Schicksal, unentrinnbare Fügung: *seine Gutgläubigkeit wurde ihm zum V.* Ü unabwendbar, verderblich, folgenschwer: *ein verhängnisvoller Irrtum.* **Verhängung** die, -: *die V. des Ausnahmezustands.*

verharmlosen, *ich* verharmlose (habe verharmlost) *es,* stelle harmloser dar, als es ist. **Verharmlosung** die, -.

verhärmt [zu Harm], gramvoll, bekümmert.

verharren, *ich* verharre (bin, habe verharrt), bleibe, harre aus: *er verharrte in einer Stellung, bei seinem Entschluß, bei, auf seiner Meinung, in seinem Irrtum.* **Verharrung** *die, -.*

verharschen, *Schnee* verharscht (ist verharscht), wird hart.

verhärten, 1) ich verhärte (habe verhärtet) *es,* mache hart, bes. Ü: *er verhärtete sein Herz, P.* **2)** *es verhärtet* (ist verhärtet), wird hart, schwielig (Haut), Ü unnachgiebig: *bei den Tarifverhandlungen haben sich die Fronten verhärtet.* **Verhärtung** *die, -/-en.*

verhaspeln [zu Haspel], ich verhasp(e)le (habe verhaspelt), **1)** *Garn,* wickle schlecht. **2)** *mich,* Ü verwirre mich (beim Sprechen).

verhaßt, tief gehaßt, verabscheut: *er hat sich v. gemacht.*

verhätscheln, ich verhätsch(e)le (habe verhätschelt) *ihn,* Ü verwöhne, verzärtele. **Verhätsch(e)lung** *die, -.*

Verhau *der* oder *das, -(e)s/-e,* Hindernis: *Drahtverhau.*

verhauen, ich verhaue (habe verhauen), **1)** *ihn,* prügele. **2)** *es,* mache falsch: *er hat die Klassenarbeit verhauen.* **3)** *mich,* Ü greife fehl, irre mich.

Verhäus(e)lung *die, -, schweiz.:* Zersiedelung.

verheben, 1) ich verhebe mich (habe mich verhoben), schade mir körperlich beim Heben. **2)** *es verhebet* (hat verhebet), *schweiz.:* schließt, ist dicht (Tür).

verheddern, ich verhedd(e)re (habe verheddert) *mich, es,* Ü verwirre, verhaspele: *die Wolle hat sich verheddert; er verheddert sich häufig beim Reden.*

verheeren [ahd. farherion, zu Heer], ich verheere (habe verheert) *es,* verwüste, zerstöre. **verheerend, 1)** furchtbar, niederschmetternd, katastrophal: *die Folgen waren v.* **2)** Ü geschmacklos: *sie sah v. aus.* **Verheerung** *die, -/-en.*

verhehlen [ahd. farhelan, vgl. Hehler], ich verhehle (habe verhehlt) *es (ihm),* verberge, sage oder zeige nicht: *er konnte seine Schadenfreude nicht verhehlen;* vgl. verhohlen.

verheilen, *es verheilt* (ist verheilt), wird heil, schließt sich (Wunde).

verheimlichen, ich verheimliche (habe verheimlicht) *es (ihm),* verschweige, verberge: *die Sache läßt sich nicht länger (vor ihm) verheimlichen; verheimlicht ihr mir etwas?* **Verheimlichung** *die, -.*

verheiraten, ich verheirate (habe verheiratet), **1)** *sie,* gebe zur Ehe: *sie wurde mit einem, an einen Geschäftsfreund verheiratet.* **2)** *mich,* heirate: *verheiratet,* Abk.: verh.; *sie will sich zum zweiten Mal verheiraten; ein glücklich verheiratetes Paar.* **Verheiratung** *die, -.*

verheißen, ich verheiße (verhieß, habe verheißen) *es,* verspreche; verkünde, sage voraus. **Verheißung** *die, -/-en.*

verheißungsvoll, vielversprechend.

verheizen, ich verheize (habe verheizt), **1)** *es,* verwende zum Heizen. **2)** *ihn,* Ü setze rücksichtslos ein und opfere: *die Kompanie wurde verheizt.*

verhelfen, ich verhelfe (verhalf, habe verholfen) *ihm zu etwas,* verschaffe es ihm: *der Anwalt soll ihm zu seinem Recht verhelfen.*

verherrlichen, ich verherrliche (habe verherrlicht) *ihn, es,* preise überschwenglich. **Verherrlichung** *die, -: die V. der Gewalt muß verboten werden.*

verhetzen, ich verhetze (habe verhetzt) *ihn,* wiegele auf. **Verhetzung** *die, -:* Volksverhetzung.

verheult, Ü verweint: *verheulte Augen; sie sah v. aus.*

verhexen, ich verhexe (habe verhext) *ihn (in etwas, zu etwas),* verwandele durch Zauberkunst: *das ist ja wie verhext!,* Ü ist unbegreiflich.

verhimmeln, ich verhimm(e)le (habe verhimmelt) *ihn,* Ü schwärme überschwenglich für ihn.

verhindern [ahd. firhindran], ich verhind(e)re (habe verhindert), **1)** *es,* mache die Ausführung unmöglich, verhüte *es: man konnte die Ausbreitung des Brandes nicht mehr verhindern.* **2)** *ihn, es zu tun,* mache ihm unmöglich: *ich bin am Kommen verhindert; er ist beruflich (an der Teilnahme) verhindert; ein verhinderter Künstler,* Ü. **Verhind(e)rung** *die, -: im Verhinderungsfall(e),* K.

verhoffen, *Schalenwild* verhofft (hat verhofft), ⚒ bleibt stehen und sichert.

verhohlen [zu verhehlen], heimlich, verborgen: *mit kaum verhohlenem Spott.*

verhöhnen, ich verhöhne (habe verhöhnt) *ihn, es,* setze herab, mache lächerlich, verspotte. **verhohnepipeln,** ich verhohnepip(e)le (habe verhohnepipelt) *ihn, es,* Ü verspotte. **Verhöhnung** *die, -.*

verhökern, ich verhök(e)re (habe verhökert) *es,* Ü verkaufe (unter Wert).

verholen, ich verhole (habe verholt) *ein Schiff,* ziehe an Tauen zu einem anderen Liegeplatz.

Verhör [mhd. verhœr] *das, -(e)s/-e,* Vernehmung, richterliche oder polizeiliche Befragung: *er muß sich einem V. unterziehen; man nahm ihn ins V.* **verhören,** ich verhöre (habe verhört), **1)** *ihn,* unterziehe einem Verhör. **2)** *mich,* höre es falsch: *da mußt du dich verhört haben.* **Verhörrichter** *der, schweiz.:* Untersuchungsrichter.

verhudeln, ich verhud(e)le (habe verhudelt) *es,* Ü verderbe durch Nachlässigkeit.

verhüllen, ich verhülle (habe verhüllt) *es,* verberge, bedecke, zeige nicht offen: *sie verhüllte ihr Gesicht mit einem Schleier; verhüllender Ausdruck,* Euphemismus. **Verhüllung** *die, -/-en.*

verhundertfachen, ich verhundertfache (habe verhundertfacht) *es,* multipliziere mit 100.

verhungern, ich verhung(e)re (bin verhungert), sterbe vor Hunger: *ich v.!,* Ü habe großen Hunger.

verhunzen [zu hunzen, Hund], ich verhunze (habe verhunzt) *es,* Ü verderbe, verpfusche. **Verhunzung** *die, -.*

verhurt, V sexuell ausschweifend lebend.

verhüten, ich verhüte (habe verhütet) *es,* verhindere, daß es geschieht, bewahre davor: *er hat das Schlimmste verhütet.*

verhütten, ich verhütte (habe verhüttet) *Erze,* verarbeite sie zu Metall. **Verhüttung** *die, -.*

Verhütung *die, -,* das Verhüten: *Unfallverhütung.* **Verhütungsmittel** *das,* empfängnisverhütendes Mittel.

verhutzelt, zusammengeschrumpft, mit vielen Runzeln: *ein verhutzeltes altes Frauchen.*

Verifikation [v-, lat. verus ›wahr‹ und facere ›machen‹] *die, -/-en,* Beglaubigung, Wahrheitsbeweis. **verifizieren,** ich verifiziere (habe verifiziert) *es.*

verinnerlichen, ich verinnerliche (habe verinnerlicht) *es,* durchdringe seelisch: *ein verinnerlichter Gesichtsausdruck.* **Verinnerlichung** *die, -.*

verirren [ahd. forirron], ich verirre mich (habe mich verirrt), verliere den richtigen Weg. **Verirrung** *die.*

Verismo [ital.], **Verismus** [v-, lat. verus ›wahr‹, ›wirklich‹ und vgl. . . .ismus] *der, -,* am Naturalismus orientierte Kunstrichtung, bes. in Italien. **veristisch.**

veritabel [v-, frz. véritable, zu lat. veritas ›Wahrheit‹], ⚛ wahrhaft.

verjagen [mhd. verjagen], ich verjage (habe verjagt), **1)** *ihn, es,* verscheuche, jage fort. **2)** *es verjagt etwas, schweiz.:* bringt zum Bersten, Zerplatzen: *es hat den Luftballon verjagt; es verjagt mich, ich platze bald* (vor Lachen, Zorn).

verjähren [mhd. verjaren], ich verjähre (ist verjährt), verliert (nach einer gesetzlichen Frist) seine Gültigkeit. **Verjährung** *die, -/-en: V.: Verjährungsfrist.*

verjubeln, ich verjub(e)le (habe verjubelt) *es,* Ü vergeude für Vergnügungen: *er hat Haus und Hof verjubelt.*

verjüngen, ich verjünge (habe verjüngt), **1)** *ihn, es,* mache jünger: *wir haben unser Personal verjüngt,* jüngere Mitarbeiter eingestellt; *die Frisur verjüngt sie, läßt sie jünger erscheinen; sie hat sich im Urlaub sehr verjüngt,* Ü. **2)** *Holzgewächse,* entferne altes Holz oder schneide stark zurück. **3)** *es verjüngt sich,* wird in einer Richtung dünner: *die Säule verjüngt sich nach oben.* **Verjüngung** *die, -: Verjüngungskur.*

verjuxen, ich verjuxe (habe verjuxt) *es,* Ü verjubele.

verkabeln, ich verkab(e)le (habe verkabelt) *es,* lege Kabel und stelle Anschlüsse her, bes. zum Kabelfernsehen: *versuchsweise sollen 10 000 Haushalte verkabelt werden.*

verkadmen, ich verkadme (habe verkadmet) *es,* kadmiere.

verkalben, *die Kuh* verkalbt (hat verkalbt), hat eine Fehl- oder Frühgeburt.

verkalken, ich verkalke (bin verkalkt), **1)** Ü werde alt und geistig nicht mehr anpassungsfähig. **2)** *es verkalkt,* $ verhärtet durch Ablagerung von Kalk.

verkalkulieren, ich verkalkuliere mich (habe mich verkalkuliert), **1)** verrechne mich. **2)** Ü täusche mich in meinen Erwartungen.

Verkalkung *die, -/-en,* das Verkalken, das Verkalktsein.

verkämmen, ich verkämme (habe verkämmt) *es,* verbinde zwei Hölzer durch kammartiges Zapfen und Aussparungen.

verkanten ⚒ von verkennen.

verkanten, ich verkante (habe verkantet), **1)** *es,* stelle, lege auf die Kante. **2)** *die Skier,* belaste die Kanten falsch. **3)** *den Lauf einer Schußwaffe,* verdrehe ihn beim Zielen.

verkappen [zu Kappe], ich verkappe (habe verkappt) *mich, ihn,* tarne, mache unkenntlich: *ein verkappter Agent.*

verkapseln, *ich* verkaps(e)le *mich* (habe mich verkapselt), **1)** Ü sondere mich von anderen ab. **2)** *es verkapselt sich,* ⚕ ♄ schließt sich in eine Kapsel ein. **Verkaps(e)lung** *die, -.* **verkarsten,** *es* verkarstet (ist verkarstet), wird durch Entwaldung wasserarm, steinig, z. B. Bergland. **Verkarstung** *die, -,* Lösungsverwitterung in Kalk- und Gipsgestein.

verkasematuckeln, *ich* verkasematuck(e)le *es (ihm),* U setze genau und detailliert auseinander.

verkäsen, *es* verkäst (ist verkäst), **1)** wird zu Käse. **2)** ♄ wird zu einer käseähnlichen Masse (abgestorbene Gewebsteile). **Verkäsung** *die, -.*

verkatert, U an den Folgen einer durchzechten Nacht leidend, übernächtigt.

verkatten, *ich* verkatte (habe verkattet) *Anker,* ⚓ verankere einen Anker durch einen zweiten.

Verkauf *der,* das Weggeben von Gütern gegen Bezahlung: *V. von Obst; Verkaufsabteilung; Verkaufsgespräch; Verkaufspreis, Einzelhandelspreis; Verkaufsschlager,* Artikel, der sich besonders gut verkaufen läßt. **verkaufen** [ahd. firkoufen], *ich* verkaufe (habe verkauft) *es,* **1)** gebe für Geld her: *er verkaufte sein Haus an uns; willst du mich für dumm verkaufen?,* Ü hältst du mich für dumm?; *wir wollen unser Leben so teuer wie möglich verkaufen,* Ü vor dem eigenen Tod dem Gegner noch möglichst viel Schaden zufügen; *verraten und verkauft,* völlig im Stich gelassen. **2)** *mich, ihn:* er hat sich an unsere Gegner verkauft, Verrat geübt (gegen Bezahlung); *sie verkauft sich,* geht der Prostitution nach. **3)** *es verkauft sich,* läßt sich verkaufen: *Fahrräder verkaufen sich zur Zeit gut (schlecht), leicht (schwer).* **Verkäufer** *der, -s/-,* **Verkäuferin** *die, -/-nen,* jemand, der Waren verkauft. **verkäuflich,** *ein leicht verkäuflicher Artikel,* ein Artikel, der sich leicht verkaufen läßt; *die Dekorationsgegenstände sind nicht v.* **Verkaufsförderung** *die,* Sales-promotion. **verkaufsoffen,** *verkaufsoffener Samstag.*

Verkehr *der, -s,* **1)** die Beförderung von Personen, Gütern und Nachrichten: *Fremdenverkehr; Güterverkehr; Luftverkehr; Nahverkehr; Verkehrschaos; Verkehrsflugzeug; Verkehrsknotenpunkt; Verkehrssicherheit; Verkehrsstockung; Verkehrsunfall; ruhender V.; in den Straßen herrscht lebhafter V.; Zahlungsverkehr; das Falschgeld wurde aus dem V. gezogen.* **2)** *mit jemand,* die menschl. Beziehungen untereinander, Umgang: *Briefverkehr; das ist kein V. für dich.* **3)** kurz für: *Geschlechtsverkehr.* **verkehren** [mhd. verkeren], *ich* verkehre (habe, bin verkehrt) **1)** *mit ihm, in einer Familie,* komme mit zusammen, bin häufiger Gast. **2)** *es verkehrt, fährt: auf dieser Strecke sind wenig Züge verkehrt.* **3)** *es,* verdrehe, wende: *es hat sich ins Gegenteil verkehrt.* **Verkehrsader** *die,* Hauptverkehrsstraße. **Verkehrsampel** *die,* ABB. A 11. **Verkehrsaufkommen** *das:* für das Wochenende ist mit erhöhtem V. zu rechnen. **verkehrsberuhigt, verkehrsberuhigter Wohnbereich.** **Verkehrsdelikt** *das,* Verstoß gegen die Verkehrsvorschriften. **Verkehrsdichte** *die: die V. hat in den letzten Jahren stark zugenommen.* **Verkehrsdisziplin** *die, -: die Autofahrer sind aufgefordert, mehr V. zu zeigen.* **Verkehrserziehung** *die,* die Erziehung zu verkehrsgerechtem Verhalten. **Verkehrsfunk** *der,* Verkehrswarnfunk, meist vom Rundfunk gesendete Durchsagen über die Verkehrslage auf Straßen: *Verkehrsrundfunk.* **Verkehrsgarten** *der,* Übungsgelände für den Verkehrsunterricht. **verkehrsgerecht,** *verkehrsgerechtes Verhalten.* **Verkehrshindernis** *das,* etwas, was den Verkehr behindert oder gefährdet. **Verkehrsinsel** *die,* ABB. S 72. **Verkehrslärm** *der:* starker V. kann sich gesundheitsschädigend auswirken. **Verkehrslast** *die,* bei Brücken und Hochbauten die veränderliche Belastung durch Verkehr, Nutzlast u. a. **Verkehrsmittel** *das,* Fahrzeug zur Beförderung von Personen: *öffentliche V.; Nahverkehrsmittel.* **Verkehrsregel** *die,* Verkehrsvorschrift. **verkehrsreich,** *eine verkehrsreiche Straße, Kreuzung.* **Verkehrssprache** *die,* eine Sprache, die den Verkehr zwischen Angehörigen verschiedener Sprachgemeinschaften ermöglicht. **Verkehr(s)steuern,** *Pl.,* die Vorgänge des Rechts- und Geschäftsverkehrs anknüpfende Steuern: *Kapitalverkehrssteuern.* **Verkehrssünder** *der,* U jemand, der die Vorschriften im Straßenverkehr verletzt: *Verkehrssünderkartei.* **Verkehrsteilnehmer** *der:* alle V. werden bei Schnee und Glatteis um erhöhte Vorsicht gebeten. **Verkehrstote** *der:* die Zahl der Verkehrstoten ist immer noch zu hoch. **Verkehrsunterricht** *der,* Unterricht durch die Polizei zum Erlernen oder Heben der Verkehrsdisziplin (Strafverfügung bei Verstößen). **Verkehrsvorschrift** *die,* Bestimmung der Straßenverkehrsordnung. **Verkehrswacht** *die, -,* eine gemeinnützige Organisation zur Unfallverhütung und Verbesserung der

Verkehrssicherheit. **Verkehrswarnfunk** *der,* Verkehrsfunk. **verkehrswidrig,** *eine gebührenpflichtige Verwarnung wegen verkehrswidrigen Verhaltens.* **Verkehrszeichen** *das,* Zeichen zur Verkehrsregelung, bes. im Straßenverkehr, ABB. V 4, vgl. S 72. **verkehrt, 1)** falsch; *auf dem Kopf stehend: er macht alles v.; der Buchstabe steht v.* **2)** links (Masche). **Verkehrtheit** *die, -.* **Verkehrung** *die, -,* Verdrehung, Umkehrung: *eine V. der Tatsachen.*

verkeilen, *ich* verkeile (habe verkeilt) *es,* mache mit Keilen fest: *es verkeilt sich,* schiebt sich falsch ineinander und wird dadurch unbeweglich.

verkeilen [Rotwelsch], *ich* verkeile (habe verkeilt), U **1)** *ihn,* verprügele. **2)** *es,* verkaufe.

verkennen, *ich* verkenne (habe verkannt) *es,* beurteile falsch: *du verkennst den Ernst der Lage; die Motive waren nicht zu verkennen,* waren eindeutig; *sie fühlt sich verkannt; ein verkanntes Genie.* **Verkennung** *die, -: in V. der Tatsachen.*

verketten, *ich* verkette (habe verkettet) *es,* binde fest aneinander, füge zusammen. **Verkettung** *die, -/-en:* eine *unglückliche V. von Umständen,* Ü.

verketzern, *ich* verketz(e)re (habe verketzert) *ihn,* bringe in Verruf, schwärze an. **Verketz(e)rung** *die, -.*

Verkieselung *die, -/-en,* ⊕ die chemische Verdrängung von Gesteins- und Gefügebestandteilen und die Ausfüllung von Gesteinshohlräumen durch Kieselsäure (Kieselholz).

verkitschen [zu Kitsch], *ich* verkitsche (habe verkitscht) *es,* verderbe im Stil, mache Kitsch daraus: *in dem Film wird der Roman völlig verkitscht.*

verkitschen [Rotwelsch, von mhd. verkiuten ›vertauschen‹], *ich* verkitsche (habe verkitscht) *es,* U verkaufe billig, verschleudere.

verkitten, *ich* verkitte (habe verkittet) *es,* befestige oder verbinde mit Kitt.

verklagen [mhd. verklagen], *ich* verklage (habe verklagt) *ihn,* erhebe vor Gericht Klage gegen ihn.

verklammern, *ich* verklammer(e)re (habe verklammert) **1)** *es,* füge mit Klammern zusammen. **2)** *sie verklammern sich,* klammern sich aneinander. **Verklamm(e)rung** *die, -.*

verklappen [nach den Bodenklappen bei selbstentladenden Baggerschuten], *ich* verklappe (habe verklappt) *es,* versenke Abfallstoffe vom Schiff aus. **Verklappung** *die, -: ein Fischsterben in den Verklappungsgebieten.*

verklaren, *ich* verklare (habe verklart) *es,* **1)** niederdt.: erkläre. **2)** sage über Schiffsunfälle eidlich aus.

verklären, *ich* verkläre (habe verklärt) *es,* erfülle mit Glanz, betrachte unrealistisch positiv: *die Erinnerung hat die Vergangenheit; sie betrachtete verklärt die alte Photographie; ein verklärter Gesichtsausdruck.* **Verklärung** *die, -/-en,* ⚓ Seeprotest, beeideter Bericht des Kapitäns über Seeunfälle.

Verklarung *die, -/-en,* ⚓ Seeprotest, beeideter Bericht des Kapitäns über Seeunfälle.

verklatschen, *ich* verklatsche (habe verklatscht) *ihn,* U verleumde, verrate, bringe in Gerede.

verklausulieren, *ich* verklausuliere (habe verklausuliert) *es,* **1)** schränke durch Vorbehalte, Bedingungen ein (Vertrag). **2)** Ü mache unübersichtlich, kompliziert: *eine verklausulierte Erklärung.* **Verklausulierung** *die, -/-en.*

verkleben, *ich* verklebe (habe verklebt) *es,* **1)** klebe zu, beklebe: *der Sprung im Glas war nur provisorisch verklebt.* **2)** *es verklebt,* wird klebrig, haftet aneinander.

verkleiden, *ich* verkleide (habe verkleidet) **1)** *mich, ihn,* verändere im Äußeren, mache unkenntlich: *im Karneval verkleidete er sich als Clown.* **2)** *es mit etwas,* bedecke, verschale: *etwas mit Holz v.; in welcher V. gehst du zum Maskenball?; Heizkörperverkleidung.*

verkleinern, *ich* verklein(e)re (habe verkleinert) **1)** *es,* mache kleiner: *sie haben sich verkleinert,* U sind in eine kleinere Wohnung gezogen, haben ihren Geschäftsbereich eingeschränkt. **2)** *ihn, es,* U setze herab, mache: *man darf seine Leistung nicht verkleinern.* **Verkleinerung** *die, -/-en.* **Verkleinerungsform** *die,* Diminutiv, ÜBERS. S 77, C.

verklemmen, *ich* verklemme (habe verklemmt) *es,* klemme fest: *der Schlüssel hat sich im Schloß verklemmt.* **verklemmt,** U gehemmt, unsicher. **Verklemmung** *die, -/-en.*

verklingen, *es* verklingt (verklang, verklungen), wird immer leiser und schließlich still.

verklöpfen, *ich* verklöpfe (bin verklöpft) *schweiz.:* zerspringe: *es hat mich vor Lachen schier verklöpft.*

verkloppen [norddt.], *ich* verkloppe (habe verkloppt), U **1)** *ihn,* verhaue. **2)** *es,* verkaufe.

Vorfahrt gewähren! — Gefahrstelle — Gegenverkehr — Doppelkurve — Kurve — Schleudergefahr — Seitenwind — verengte Fahrbahn — Wildwechsel — Kreuzung o. Einmündung mit Vorfahrt von rechts — unebene Fahrbahn — Steinschlag — Gefälle — Steigung — Baustelle — Ufer — Bahnübergang mit Schranken o. Halbschranken — Tiere — Fußgängerüberweg — Lichtsignalanlage — Kinder — bewegliche Brücke — Radfahrer kreuzen — unbeschrankter Bahnübergang — (rechts, 240 m) — (links, 160 m) — (rechts, 80 m) — ...vor dem Bahnübergang

Verkehrszeichen (die Gefahrzeichen)

verklüften, *ein Tier* verklüftet *sich* (hat sich verklüftet), vergräbt sich im Bau (Dachs, Fuchs).

verknacken [hebr. kanas ›bestrafen‹], *ich* verknacke (habe verknackt) *ihn,* Ü verurteile: *er wurde zu zwei Jahren verknackt.*

verknacksen, *ich* verknackse (habe verknackst) *mir den Fuß,* Ü verstauche.

verknallen, *ich* verknalle (habe verknallt), Ü **1)** *mein Pulver,* verschieße. **2)** *mich,* verliebe mich: *sie ist in ihn verknallt.*

verknappen [zu knapp], *ich* verknappe (habe verknappt), **1)** *es,* mache knapper: *verknappte Rationen.* **2)** *es* verknappt *sich,* wird knapp. **Verknappung** *die, -: eine V. von Lebensmitteln; Rohstoffverknappung.*

verkneifen, *ich* verkneife (habe verkniffen) *es mir,* Ü verzichte (ungern) darauf; unterdrücke es: *ich konnte mir das Lachen kaum noch verkneifen.* **verkniffen,** Ü unangenehm verzogen, verbittert (Gesicht).

verknöchern, *es* verknöchert (ist verknöchert), **1)** $ wird zu Knochen. **2)** Ü wird durch Alter steif, unbeweglich (Glieder) oder starr (Ansichten, Gewohnheiten): *er ist schon ziemlich verknöchert.* **Verknöch(e)rung** *die, -/-en.*

verknorpeln, *es* verknorpelt (ist verknorpelt), wird zu Knorpel. **Verknorp(e)lung** *die, -/-en.*

verknoten, *ich* verknote (habe verknotet), **1)** *es,* verbinde durch Knoten. **2)** *es* verknotet *sich,* verwirrt sich durch mehrere Knoten. **Verknotung** *die, -/-en.*

verknüpfen, *ich* verknüpfe (habe verknüpft) *es,* verbinde miteinander: *diese Gedanken müssen logisch verknüpft werden,* Ü. **Verknüpfung** *die, -/-en,* **1)** ohne Pl., das Verknüpfen. **2)** das Verknüpfte. **3)** △ mathematische Zuordnung.

verknusen [niederdt. (ver)knusen ›quetschen‹, ›verdauen‹], *ich* verknuse (habe verknust) *es,* Ü verdaue: *ich kann den überheblichen Kerl nicht verknusen,* nicht ausstehen.

verkochen, *es* verkocht (ist verkocht), **1)** verdampft beim Kochen (Wasser). **2)** verliert an Wert durch langes Kochen: *das Gemüse ist schon ganz verkocht.*

verkohlen [zu hebr. kol ›Stimme‹, ›Gerücht‹], *ich* verkohle (habe verkohlt) *ihn,* Ü halte zum Narren, verulke.

verkohlen, 1) *ich* verkohle (habe verkohlt) *es,* reduziere organische Stoffe auf ihren Kohlenstoffgehalt. **2)** *es* verkohlt (ist verkohlt), wird zu Kohle: *das Holz ist zu Holzkohle verkohlt.* **Verkohlung** *die, -.*

verkoken, *ich* verkoke (habe verkokt) *es,* führe Steinkohle durch Erhitzen unter Luftabschluß in Koks und Gas über. **Verkokung** *die, -.*

verkommen [mhd. verkomen ›vorübergehen‹, ›zu Ende gehen‹], *ich* verkomme (verkam, bin verkommen), **1)** gehe langsam zugrunde, verwahrlose: *ein verkommener Kerl; sie haben ihr Haus völlig verkommen lassen,* es nicht mehr gepflegt; *Lebensmittel verkommen,* verderben. **2)** *ihm, schweiz.:* begegne. **Verkommenheit** *die, -,* das Verkommensein. **Verkommnis** *das, -ses/-se, schweiz.* ⚬: Übereinkunft.

verkonsumieren, *ich* verkonsumiere (habe verkonsumiert) *es,* Ü esse auf, brauche auf.

verkoppeln, *ich* verkopp(e)le (habe verkoppelt) **1)** *mit etwas,* Ü verbinde (Interessen). **2)** ⚬ lege zusammen (Grundstücke). **Verkopp(e)lung** *die.*

verkorken, *ich* verkorke (habe verkorkt) *eine Flasche,* verschließe mit einem Korken.

verkorksen [norddt.], *ich* verkorkse (habe verkorkst) *es,* Ü verderbe, verpfusche: *sie hat sich den Magen verkorkst.*

verkörpern, *ich* verkörp(e)re (habe verkörpert) *ihn, es,* stelle durch meine Person dar: *sie hat die Antigone ausgezeichnet (auf der Bühne) verkörpert; er ist der verkörperte Geiz.* **Verkörperung** *die, -/-en.*

verkosten, *ich* verkoste (habe verkostet) *es,* prüfe, indem ich es koste (z. B. Wein). **verköstigen,** *ich* verköstige (habe verköstigt) *mich, ihn,* versorge mich (regelmäßig) mit Essen, gebe ihm zu essen. **Verköstigung** *die, -.*

verkrachen, *ich* verkrache, Ü **1)** (bin verkracht), breche zusammen (geschäftlich), scheitere: *verkracht, zahlungsunfähig; eine verkrachte Existenz.* **2)** *mich* (habe mich verkracht) *mit ihm,* überwerfe: *sie sind miteinander verkracht.*

verkraften, *ich* verkrafte (habe verkraftet) *es,* Ü bewältige, werde damit fertig: *sie hat die vielen Aufregungen gut verkraftet; das kann ich finanziell nicht mehr verkraften.*

verkrallen, *ein Tier* verkrallt *sich* (hat sich verkrallt) *in etwas,* hält sich mit den Krallen fest: *die Katze hatte sich in der Gardine verkrallt; er hat sich in eine Idee verkrallt,* Ü hält stur daran fest.

verkramen, *ich* verkrame (habe verkramt), Ü verlege.

verkrampfen, *ich* verkrampfe *mich* (habe mich verkrampft), spanne meine Muskeln (aus Angst) krampfhaft an, Ü werde gehemmt, befangen: *ein verkrampftes Lächeln.* **Verkrampfung** *die, -/-en.*

verkreuz, ⚬ über Kreuz.

verkriechen, *ich* verkrieche *mich* (habe mich verkrochen), krieche in ein Versteck; ziehe mich völlig zurück.

verkröpfen, *ich* verkröpfe (habe verkröpft) *ein Gesims,* kröpfe.

verkrümeln, *ich* verkrüm(e)le (habe verkrümelt), **1)** *es,* zerbröckle in Krümel, streue sie umher. **2)** *mich (vor etwas),* Ü entferne mich unbemerkt.

verkrümmen, *es* verkrümmt *sich* (hat sich verkrümmt), wird krumm. **Verkrümmung** *die: Rückgratverkrümmung,* $.

verkrüppelt, mißgestaltet. **Verkrüpp(e)lung** *die, -/-en.*

verkrusten, *es* verkrustet (ist verkrustet), bildet eine Kruste, wird hart: *verkrustete soziale Strukturen,* Ü.

verkühlen, *ich* verkühle *mich* (habe mich verkühlt), Ü erkälte mich. **Verkühlung** *die, bes. österr.:* Erkältung.

verkümmern, *ich* verkümm(e)re (bin verkümmert), habe keine Entwicklungsmöglichkeit, verliere die Lebensfreude, Lebenskraft: *er hat diese Begabung völlig verkümmern lassen; die Pflanzen sind während der Trockenheit verkümmert.* **Verkümm(e)rung** *die, -.*

verkünden [mhd. verkunden], *ich* verkünde (habe verkündet, verkündigt), gebe kund, teile feierlich mit. **Verkündigung, Verkündung** *die, -/-en.*

verkupfern, *ich* verkupf(e)re (habe verkupfert) *es,* bringe Kupferüberzüge auf Gegenstände auf.

verkuppeln, *ich* verkupp(e)le (habe verkuppelt), **1)** *es,* verbinde, bringe zusammen. **2)** *sie mit ihm,* treibe Kuppelei, Ü vermittle ihre Bekanntschaft, suche eine Ehe zu stiften. **Verkupp(e)lung** *die, -/-en.*

verkürzen, *ich* verkürze (habe verkürzt) *es,* mache kürzer: *verkürzte Arbeitszeit; sie verkürzt sich die Zeit mit Lesen,* Ü. **Verkürzung** *die: perspektivische V.* (in der Malerei); *V. der Lebensarbeitszeit.*

verkutzen, *ich* verkutze *mich* (habe mich verkutzt), *österr.:* hüstele, verschlucke mich.

verlachen, *ich* verlache (habe verlacht) *ihn, es,* lache aus.

Verlad *der, -s, schweiz.:* Verladung. **verladen,** *ich* verlade (verlud, habe verladen) *es*, bringe zur Beförderung in ein Fahrzeug: *Verladeplatz; Verladebrücke*, Abb. K 42; *Verladerampe*. **Verladung** *die*.

Verlag [zu verlegen] *der, -(e)s/-e, österr.* auch "*e*, **1)** Unternehmen, das sich gewerbsmäßig der Planung, Vervielfältigung und Verbreitung von Druckwerken widmet: *Verlagsbuchhandel; Verlagsrecht; Schulbuchverlag*. **2)** Vertrieb: *Bierverlag*. **3)** *Verlagssystem*, eine Form dezentralisierter Gütererzeugung.

verlagern, *ich* verlag(e)re (habe verlagert) *es*, lagere anders: *ich v. das Gewicht von einer Seite auf die andere; das Interesse hat sich auf ein anderes Gebiet verlagert*. **Verlag(e)rung** *die*.

verlanden, *es* verlandet (ist verlandet), füllt sich mit Sand, Schlamm, Pflanzenresten (See, Flußarm). **Verlandung** *die*.

verlangen [mhd. verlangen ›sehnlichst begehren‹, zu lang], *ich* verlange (habe verlangt), **1)** *ihn, es*, fordere, möchte haben: *was verlangen Sie für das Auto?, was soll es kosten?; Sie werden am Telefon verlangt*. **2)** nach ihm, auch *mich verlangt nach ihm*, sehne mich. **3)** *es verlangt*, erfordert: *diese Arbeit verlangt manuelle Geschicklichkeit*. **Verlangen** *das, -s: danach habe ich kein V.; auf sein V.*

verlängern, *ich* verläng(e)re (habe verlängert) *es*, mache länger, dehne räumlich oder zeitlich aus: *ich habe meinen Paß verlängern lassen; der Vertrag wurde verlängert*, die Gültigkeit ausgedehnt; *sie hat die Suppe mit Wasser verlängert*, verdünnt. **Verlängerung** *die, -/-en.* **Verlängerungskabel** *das*, elektr. Kabel mit Steckvorrichtungen an beiden Enden zur Verlängerung einer Leitung. **Verlängerungsschnur** *die*, U Verlängerungskabel.

verlangsamen, *ich* verlangsame (habe verlangsamt) *es*, vermindere die Geschwindigkeit: *ich v. das Tempo; der Bevölkerungszuwachs verlangsamt sich.* **Verlangsamung** *die, -.*

verläppern [zu läppern], *ich* verläpp(e)re (habe verläppert) *es*, U vergeude.

Verlaß *der, . . . l'asses*, Zuverlässigkeit: *es ist kein V. auf ihn.*

verlassen [ahd. farlazan], *ich* verlasse (verließ, habe verlassen), **1)** *ihn, es*, gehe von ihm fort, lasse im Stich: *er hat die Stadt verlassen; der Mut verließ ihn*, Ü; *und da verließen sie ihn*, U wußte er nicht mehr weiter; *eine verlassene Gegend*, einsame. **2)** *es*, % hinterlasse. **3)** *mich auf ihn, etwas*, vertraue ihm, baue auf ihn, rechne damit. **Verlassenheit** *die*, Einsamkeit. **Verlassenschaft** *die, -/-en, österr.*: Nachlaß, Hinterlassenschaft. **verlässig,** %, **verläßlich,** zuverlässig, sicher. **Verläßlichkeit** *die, -.*

verlästern, *ich* verläst(e)re (habe verlästert) *ihn*, schmähe, verleumde. **Verläst(e)rung** *die*.

Verlaub [zu erlauben] *mit V.*, mit Ihrer Erlaubnis.

Verlauf *der*, **1)** Erstreckung: *der V. der Landesgrenze*. **2)** Ablauf, Geschehnisfolge: *im V. von einigen Jahren; die Sache nahm einen überraschenden V*. **verlaufen** [ahd. firloufan], *ich* verlaufe (verlief, habe verlaufen), **1)** *mich*, gehe in die Irre: *ich hat sich in der Altstadt verlaufen*. **2)** *es* verläuft sich, entfernt sich, geht, fließt auseinander: *die Menge hat sich verlaufen; das Wasser hatte sich schnell wieder verlaufen*. **3)** *es verläuft* (ist verlaufen), erstreckt sich, führt: *der Weg verläuft von hier aus westwärts*. **4)** *es verläuft*, geschieht, läuft ab: *die Operation ist ohne Komplikationen verlaufen; die Sache verläuft im Sande*, Ü ergebnislos. **5)** *es verläuft*, verteilt sich, geht ineinander über: *die Farben sind verlaufen.*

verlausen, *ich* verlause (bin verlaust), bekomme Läuse: *ein verlauster Kerl*. **Verlausung** *die, -.*

verlautbaren, *ich* verlautbare (habe verlautbart), K tue kund, teile mit: *wie amtlich verlautbart,* . . . **Verlautbarung** *die, -/-en*, Nachricht. **verlauten,** *es* verlautet (ist verlautet), wird gesagt, wird bekannt: *wie verlautet,* . . .*; wir sollen nichts (davon, darüber) verlauten lassen.*

verleben, *ich* verlebe (habe verlebt) *eine Zeit*, bringe zu, genieße: *ich v. meinen Urlaub an der Nordsee*. **verlebt,** verbraucht, frühzeitig gealtert (durch Lebensgenuß): *sie sieht schon sehr v. aus.*

verlegen [mhd. verlegen, zu legen], *ich* verlege (habe verlegt), **1)** *es*, meist Perfekt, weiß nicht mehr, wo ich es hingetan habe: *ich habe meine Brille verlegt*. **2)** *es anderswohin*, verlege den Ort: *er will sein Geschäft, den Wohnsitz nach München verlegen*. **3)** *es*, vertage, verschiebe: *wir haben unser Treffen auf Mittwoch verlegt*. **4)** *es ihm*, % schieße die Kosten vor. **5)** *ein Buch*, übernehme in meinen Verlag: *der Verlag verlegt nur Jugendbücher*. **6)** *es ihm*, sperre, mache unmöglich: *der Feind verlegte ihnen den Rückzug*. **7)** *es*, lege und füge zusammen, z. B.

Leitungen, Fliesen. **8)** *mich auf etwas*, Ü beginne eine andere Tätigkeit und widme mich ihr mit Interesse: *sie hat sich ganz auf Archäologie verlegt; als nichts mehr half, verlegte er sich aufs Bitten.*

verlegen [mhd. verligen, zu liegen], **1)** Ü schüchtern, beschämt, unsicher, befangen. **2)** *ich bin um etwas v.*, habe es nicht, benötige es: *er ist nie um eine Ausrede v*. **Verlegenheit** *die, -,* **1)** das Befangensein. **2)** unangenehme Lage; Ratlosigkeit: *hoffentlich kommt er nie in die V., das tun zu müssen; eine momentane finanzielle V.*

Verleger *der, -s/-,* **1)** Verlagsbuchhändler. **2)** Unternehmer im Verlagssystem. **3)** % Händler: *Bierverleger*. **Verlegung** *die, -/-en.*

Verlehn *das, -s/-e, niederdt.:* Altenteil.

verleiden [ahd. ferleidon ›anklagen‹], *ich* verleide (habe verleidet), **1)** *ihm*, nehme ihm die Freude daran, bringe ihn davon ab: *die Freude am Fahren war ihm durch einen Unfall verleidet.* **2)** *es, schweiz.:* ertrage. **Verleider** *der, -s, schweiz.:* Überdruß: *ich habe den V.*

Verleih *der, -(e)s/-e,* Unternehmen, das gewerbsmäßig etwas ausleiht: *Filmverleih; Kostümverleih*. **verleihen** [ahd. farlihan], *ich* verleihe (habe verliehen), **1)** *es*, leihe aus. **2)** *es ihm*, gebe, spreche feierlich zu: *ihm wurde ein Orden verliehen; sein Beispiel verlieh ihm Mut*, Ü. **Verleiher** *der, -s/-,* jemand, der etwas verleiht; Besitzer eines Verleihs. **Verleihung** *die, -/-en:* Preisverleihung.

verleimen, *ich* verleime (habe verleimt) *es*, verbinde durch Leim.

verleiten, *ich* verleite (habe verleitet) *ihn zu etwas (Bösem),* veranlasse, stifte dazu an: *er wurde zum Meineid verleitet.* **Verleitung** *die, -.*

verlernen, *ich* verlerne (habe verlernt) *es*, verliere meine Fertigkeit darin, vergesse wieder.

verlesen [mhd. verlesen], *ich* verlese (verlas, habe verlesen), **1)** *es*, lese laut vor. **2)** *es*, sondere Schlechtes aus, z. B. Erbsen. **3)** *mich*, lese falsch. **Verlesung** *die.*

verletzbar, so beschaffen, daß es verletzt werden kann. **Verletzbarkeit** *die, -.* **verletzen** [mhd. verletzen], *ich* verletze (habe verletzt) *ihn, es*, verwunde: *er war schwer verletzt; aber: das schwerverletzte Kind.* **2)** *ihn,* Ü kränke, beleidige: *sie verletzte seine Gefühle.* **3)** *es*, beschädige, verstoße dagegen: *er verletzte die Vorschrift.* **verletzend,** Ü kränkend: *eine verletzende Bemerkung*. **verletzlich,** Ü verletzbar. **Verletzte** *der, die, -n/-n, ein -r, eine -*, verletzte Person. **Verletzung** *die, -/-en:* Kopfverletzung; Schußverletzung; Menschenrechtsverletzung; Verletzungsgefahr; *er erlag seinen Verletzungen.*

verleugnen, *ich* verleugne (habe verleugnet) *es, ihn*, behaupte, daß es, er nicht da ist, stelle in Abrede: *er hat seine Freunde verleugnet; sie kann ihre Unwissenheit nicht verleugnen; er ließ sich verleugnen*, ließ melden, daß er nicht zu Hause sei; *ich kann mich doch nicht selbst verleugnen*, anders handeln, als es meinem Wesen entspricht. **Verleugnung** *die.*

verleumden [mhd. verliumden, zu Leumund], *ich* verleumde (habe verleumdet) *ihn*, verbreite Falsches über ihn, bringe in falschen Verdacht. **Verleumder** *der, -s/-,* jemand, der andere verleumdet. **verleumderisch. Verleumdung** *die, -/-en: eine böswillige V.*

verlieben, *ich* verliebe *mich* (habe mich verliebt) *in sie, ihn, etwas*, werde von Liebe erfaßt, gewinne lieb: *er ist bis über beide Ohren verliebt*, Ü heftig. **Verliebtheit** *die, -.*

verlieren [ahd. farliosan, verwandt mit los], *ich* verliere (habe verloren), **1)** *ihn, es*, es kommt mir abhanden: *wir haben sie im Gedränge verloren; ich habe das Geld verloren; sie zeichnen sich völlig aus den Augen verloren*, haben keinen Kontakt mehr. **2)** *ihn, es*, büße ein: *er hat seine Eltern schon früh verloren,* sie sind gestorben; *er verlor sein ganzes Vermögen; sie hat bei einem Unfall ihr Augenlicht verloren; sie hat schon zuviel Zeit verloren; verlier nicht den Mut, den Humor!* **3)** *es an ihm,* muß ihm geben: *ich habe (beim Spiel) viel Geld verloren.* **4)** *an etwas*, büße ein: *diese Sache hat viel an Reiz für mich verloren; er hat an Prestige verloren; sie hat sehr (an Schönheit) verloren*. **5)** *(es)*, gewinne nicht, werde besiegt (Kampf, Spiel, Wette). **6)** *mich*, gebe mich hin, versinke: *er hatte sich ganz in der Betrachtung des Bildes verloren.* **7)** *es verliert sich*, verschwindet, nimmt ab, wird geringer: *die Spur verliert sich in der Wiese; allmählich wird sich ihre Scheu schon verlieren;* vgl. verloren. **Verlierer** *der, -s/-.* **Verlies** [aus niederdt.] *das, -es/-e*, unterirdisches Gefängnis: *Burgverlies.*

verloben [mhd. verloben, zu geloben], *ich* verlobe *mich* (habe mich verlobt) *mit ihm, ihr*, schließe die Verlobung.

Verlöbnis das, -ses/-se, Verlobung. **Verlobte** der, die, -n/-n, ein -r, eine -, verlobte Person. **Verlobung** die, -/-en, Versprechen künftiger Eheschließung: Verlobungsring.

verlocken, ich verlocke (habe verlockt) ihn zu etwas oder es zu tun, bringe ihn durch geschicktes Anpreisen dazu: ein verlockendes Angebot; das sieht verlockend aus. **Verlockung** die: sie widerstand allen Verlockungen der Großstadt.

verlodern [zu Lode], die Flamme verlodert (ist verlodert), schwindet.

verlogen [mhd. verliegen], unwahrhaftig, lügenhaft. **Verlogenheit** die, -.

verlohnen, es verlohnt (hat verlohnt) (sich), lohnt sich, ist der Mühe wert: das verlohnt nicht der Mühe; es verlohnt sich nicht, noch länger darüber zu sprechen.

verloren [zu verlieren], 1) abhanden gekommen: es wird v. sein; man muß ihn, es v. geben, aufgeben. 2) unrettbar (dem Verderben) preisgegeben: er steht auf verlorenem Posten. 3) vergeblich, unnötig: verlorene Zeit, Mühe. 4) ratlos, verlassen: sie stand ganz v. in der Menge. 5) der verlorene Sohn, Ⓑ der reuig zurückgekehrte Sohn, den man schon aufgegeben hatte. 6) der Hund soll v. suchen, 🐾 frei (ohne Fährte) nach dem angeschossenen Wild suchen. 7) verlorene Eier, pochierte Eier. 8) der verlorene Haufen, ⚔ vorderste Kampftruppe der Landsknechte. **verlorengehen,** es geht verloren (ging verloren, ist verlorengegangen), kommt abhanden: an ihm ist ein Dichter verlorengegangen; er hätte Dichter werden können.

verlöschen, 1) ich verlösche (habe verlöscht) es, verwische, lösche aus. 2) es verlischt (ist verloschen), hört auf zu glühen: sein Lebenslicht verlosch, Ⓟ ist gestorben.

verlosen, ich verlose (habe verlost), lose aus: die Gewinne werden verlost. **Verlosung** die.

verlöten, ich verlöte (habe verlötet) es, 1) verbinde durch Löten. 2) Ⓤ trinke (Alkohol): wir wollen noch einen verlöten.

verlottern [zu lottern], ich verlott(e)re (bin verlottert), Ⓤ verkomme, verwahrlose.

verludern [mhd. verluodern], 1) ich verlud(e)re (bin verludert), Ⓤ verlottere: verludert und verlottert. 2) tote Tiere verludern, 🐾 zerfallen unter Fäulniserscheinungen in der freien Wildbahn.

verlumpen, ich verlumpe (bin verlumpt), 1) Ⓤ verlottere. 2) es, schweiz.: mache Bankrott. 3) (habe verlumpt) es, Ⓤ verschwende für Genuß, wirtschafte herunter.

Verlust [ahd. farlust, zu verlieren] der, -es/-e, 1) das Verlorengehen eines Besitzes, das Überwiegen des Aufwands über den Ertrag, erlittener Schaden: Verlustgeschäft; größere Verluste waren nicht zu verzeichnen; V. der bürgerlichen Ehrenrechte. 2) Todesfall: wir beklagen den V. unseres Geschäftspartners.

verlustieren [zu Lust], ich verlustiere mich (habe mich verlustiert), Ⓤ vergnüge mich.

verlustig, einer Sache v., büße sie ein. **verlustreich,** viele Verluste fordernd. **Verlustschein** der, schweiz.: Bestätigung, daß eine Pfändung erfolglos war.

verm., Abk. für: vermählt.

vermachen [mhd. vermachen], ich vermache (habe vermacht), 1) es ihm, ⚖ wende durch letztwillige Verfügung zu. 2) es, schweiz.: verstopfe (Fugen); zerkleinere (Holz). **Vermächtnis** das, -ses/-se, 1) ⚖ Zuwendung eines Vermögensvorteils durch eine Verfügung von Todes wegen, Legat. 2) Ü Hinterlassenschaft im geistigen Sinn: das V. der Toten.

vermählen [mhd. vermehelen, vgl. Gemahl], ich vermähle (habe vermählt) ihn, sie, mich, verheirate: vermählt, Abk.: verm. **Vermählte** der, die, -n/-n, ein -r, eine -, vermählte Person. **Vermählung** die, -/-en.

vermahnen [ahd. firmanon], ich vermahne (habe vermahnt) ihn, Ⓤ ermahne eindringlich, weise zurecht. **Vermahnung** die.

vermaledeien [mhd. vermaledien, zu lat. maledicere], ich vermaledeie (habe vermaledeit) ihn, es, ⚓ verfluche: vermaledeite Schinderei!

vermännlichen, es vermännlicht (hat vermännlicht) (sie), gleicht sie dem Mann an: dieser Beruf, diese Mode vermännlicht (die Frau).

vermären, ich vermäre (habe vermärt) es, ostmitteldt.: mache falsch, bringe durcheinander.

vermarken [mhd. vermarken, zu Mark], ich vermarke (habe vermarkt) es, mache durch Grenzmarken kenntlich. **Vermarkung** die.

vermarkten, ich vermarkte (habe vermarktet) es, 1) mache marktgerecht, setze (auf dem Markt) ab. 2) kommerzialisiere: dieser Titel läßt sich gut vermarkten. **Vermarktung** die, -: die

V. der Medaillengewinner begann gleich nach Abschluß der Olympiade.

Vermarkung die, das Vermarken.

vermasseln [vgl. Schlamassel], ich vermassele, vermaßle (habe vermasselt) es, Ⓤ mache falsch.

Vermassung die, -, das Aufgehen in der Masse: die V. des modernen Menschen.

vermauern, ich vermau(e)re (habe vermauert) es, mauere zu. **Vermau(e)rung** die, -.

vermehren, ich vermehre (habe vermehrt), 1) es, gebe noch etwas zu. 2) Menschen, Tiere, Pflanzen vermehren sich, pflanzen sich fort. 3) es, schweiz.: vervielfache. **Vermehrung** die, -/-en.

vermeidbar, so geartet, daß man es vermeiden kann: ein vermeidbarer Fehler. **vermeiden,** ich vermeide (habe vermieden) es, gehe ihm aus dem Weg; lasse es nicht dazu kommen: leider läßt es sich nicht vermeiden, daß. . .; dieses Unglück hätte vermieden werden können.

vermeil [vɛrmˈɛj, frz., zu mlat. vermiculus ›Scharlachwürmchen‹], nicht flektierbar, hochrot. **Vermeil** das, -s, vergoldetes Silber.

vermeinen, ich vermeine (habe vermeint) es, Ⓚ meine; glaube fälschlich. **vermeintlich,** irrtümlich vermutet: der vermeintliche Dieb.

vermelden, ich vermelde (habe vermeldet) es, teile mit, melde: er hat nichts zu vermelden, Ⓤ zu sagen, zu befehlen.

vermengen [mhd. vermengen], ich vermenge (habe vermengt) es, bringe durcheinander, vermische. **Vermengung** die, -/-en.

vermenschlichen, ich vermenschliche (habe vermenschlicht) es, gebe ihm menschliche Natur, Gestalt, personifiziere. **Vermenschlichung** die, -.

Vermerk der, -(e)s/-e, Bemerkung, Notiz. **vermerken** [mhd. vermerken], ich vermerke (habe vermerkt) es, 1) schreibe auf: das v. ich ihm übel, Ü nehme übel; am Rande vermerkt, auch Ü nebenbei gesagt.

vermessen, ich vermesse (vermaß, habe vermessen), 1) es, messe genau aus, z. B. Land für Karten. 2) mich, messe falsch. 3) mich, es zu tun, erkühne mich, behaupte, es zu können. **vermessen,** tollkühn, verwegen, hochfahrend. **Vermessenheit** die, -. **Vermessung** die: Vermessungskunde; Landvermessung.

Vermiculit [v-, lat. vermis ›Wurm‹] der, -s/-e, ein glimmerartiges Tonmineral.

vermiesen, ich vermiese (habe vermiest), es ihm, Ⓤ verderbe ihm die Freude daran.

vermieten, ich vermiete (habe vermietet) es (ihm oder an ihn), gebe gegen Entgelt zur Benutzung: das Zimmer ist schon vermietet. **Vermieter** der, Vermieterin die, -/-nen, vermietet: Wohnungsvermieter; Zimmervermieterin. **Vermietung** die, -/-en.

vermindern, ich vermind(e)re (habe vermindert) es, nehme etwas davon weg, verringere: verminderte Intervalle, ♪; verminderte Zurechnungsfähigkeit. **Vermind(e)rung** die, -.

verminen, ich vermine (habe vermint) es, belege mit Minen: verminte Grenzstreifen, Gewässer. **Verminung** die, -.

vermischen [mhd. farmisken], ich vermische (habe vermischt) es, vereinige, verbinde; bringe durcheinander: die beiden Völker haben sich schon früh vermischt, sind ineinander aufgegangen. **Vermischung** die, -.

vermissen [ahd. firmissan], ich vermisse (habe vermißt) es, ihn, bemerke, daß jemand oder etwas nicht da ist: vermißt du etwas?; ich v. meinen Kugelschreiber; ihr Sohn ist im Krieg vermißt, über seinen Verbleib wurde nichts bekannt; wir haben ihn sehr vermißt, uns nach ihm gesehnt; bei dieser Rede habe ich den roten Faden vermißt. **Vermißte** der, die, -n/-n, ein -r, eine -, vermißte Person: die Suche nach den Vermißten wird weitergeführt; Vermißtenanzeige.

vermitteln [mhd. vermitteln, zu Mittel], ich vermitt(e)le (habe vermittelt), 1) es ihm, verhelfe ihm dazu: ich vermitt(e)le ihm eine Stelle; seine Schilderung konnte mir keinen genauen Eindruck vermitteln. 2) zwischen ihnen, bemühe mich um eine Einigung: er griff vermittelnd ein. 3) stelle eine Fernsprech- oder Fernschreibverbindung her. **vermittels(t)** dessen, mit Hilfe von. **Vermittler** der, jemand, der vermittelt; Makler: Vermittlerrolle; Heiratsvermittler. **Vermittlung** die, -/-en: Stellenvermittlung; Zimmervermittlung; Vermittlungsversuch; Vermittlungstechnik.

vermöbeln, ich vermöb(e)le (habe vermöbelt), Ⓤ 1) ihn, prügele. 2) es, verkaufe; verschwende.

vermodern, *es* vermodert (ist vermodert), zersetzt sich unter Luftmangel und Feuchtigkeit.

vermöge *dessen,* kraft, auf Grund von, durch. **vermögen** [ahd. furimagan], *ich* vermag (habe vermocht) *es,* **1)** kann, bringe zustande: *er tat, was er vermochte.* **2)** *über mich,* ⁰⁄₀ überwinde, zwinge mich. **Vermögen** [mhd. vermüge] *das,* -s/-, **1)** ♊ Gesamtheit der Güter und Rechte einer Person: *Vermögensbildung; Vermögenspolitik; Vermögenssteuer; Vermögensverteilung; Vermögensverwalter; Vermögenszuwachs; das wird ihn ein V. kosten,* ∪ sehr viel Geld. **2)** das Können, Leistungsfähigkeit: *Durchhaltevermögen.* **vermögend,** wohlhabend, reich. **vermögenswirksam,** *vermögenswirksame Leistungen,* Leistungen, die zur Vermögensbildung führen. **vermöglich,** *süddt.:* vermögend.

vermummen [zu Mumme ›Maske‹], *ich* vermumme (habe vermummt) *mich, ihn, es,* wickle ein, verhülle, verkleide. **Vermummung** *die,* -/-en. **Vermummungsverbot** *das,* Verbot, sich bei Demonstrationen zu vermummen.

vermuren [zu Mur], *es* vermurt (ist vermurt), *oberdt.:* wird von Schutt, Schlamm bedeckt (Gelände).

vermuren, *ich* vermure (habe vermurt) *ein Schiff,* ⚓ lege zwischen zwei Anker.

vermurksen, *ich* vermurkse (habe vermurkst) *es,* ∪ verderbe, verpfusche, mache falsch.

vermuten [mnd. vormoden], *ich* vermute (habe vermutet) *es,* halte es für möglich oder wahrscheinlich, meine: *das konnte niemand vermuten; ich hatte ihn gar nicht hier vermutet.* **vermutlich,** wahrscheinlich: *die Suche nach dem vermutlichen Täter; v. habe ich ihn recht.* **Vermutung** *die: er sprach die V. aus, daß . . .; nur eine vage V.*

vernachlässigen, *ich* vernachlässige (habe vernachlässigt) *ihn, es,* kümmere mich nicht mehr, nicht ordentlich um ihn, darum: *er vernachlässigte seine Pflichten; der Garten sah vernachlässigt aus; er läßt seine Frau vernachlässigt; sie fühlt sich vernachlässigt.* **Vernachlässigung** *die,* -.

vernageln, *ich* vernag(e)le (habe vernagelt) *es,* schließe mit Nägeln: *die Kiste wurde vernagelt.* **vernagelt,** ∪ beschränkt und eigensinnig, borniert.

vernähen, *ich* vernähe (habe vernäht) *es,* **1)** verschließe, befestige durch Nähen. **2)** verbrauche beim Nähen (Garn).

vernarben, *eine Wunde* vernarbt (ist vernarbt), heilt mit einer Narbe. **vernarbt,** mit Narben bedeckt: *ein vernarbtes Gesicht.* **Vernarbung** *die,* -.

vernarren, *ich* vernarre *mich* (habe mich vernarrt) *in ihn, etwas,* fasse eine starke Zuneigung, Vorliebe: *er ist ganz vernarrt in sie.* **Vernarrtheit** *die,* -.

vernaschen, *ich* vernasche (habe vernascht), **1)** *es,* gebe für Naschereien aus (Geld). **2)** *sie, ihn,* ∪ habe mit jemandem ein flüchtiges Liebesabenteuer.

vernebeln, *ich* verneb(e)le (habe vernebelt) *es,* **1)** bedecke mit Nebel: *man versuchte, die Tatsachen zu vernebeln,* ∪ der genauen Überprüfung zu entziehen. **2)** hülle in künstl. Nebel. **Verneb(e)lung** *die,* -/-en.

vernehmbar, zu vernehmen, vernehmlich. **vernehmen** [ahd. farneman], *ich* vernehme (vernahm, habe vernommen), **1)** *es,* erfahre, höre, erfasse: *dem Vernehmen nach,* wie man sagt. **2)** *ihn,* ♊ befrage, verhöre: *er wurde als Zeuge vernommen.* **Vernehmlassung** *die,* -/-en, *schweiz.:* Stellungnahme, Verlautbarung. **vernehmlich,** hörbar, verständlich: *er hatte es laut und v. gesagt; ein vernehmliches Raunen ging durch den Saal.* **Vernehmung** *die,* -/-en: *Zeugenvernehmung.* **vernehmungsfähig,** imstande, vernommen zu werden: *der Verunglückte ist nicht v.*

verneigen, *ich* verneige *mich* (habe mich verneigt) *vor ihm,* verbeuge mich: *ich v. mich vor dieser Leistung,* ∪ drücke meine Bewunderung aus. **Verneigung** *die.*

verneinen [mhd. verneinen], *ich* verneine (habe verneint) *es,* beantworte mit Nein, lehne ab. **Verneinung** *die,* -/-en.

vernetzen, *ein Kunststoff* vernetzt (ist vernetzt), ⚛ verliert seine Schmelzbarkeit und Löslichkeit durch netzartige Verknüpfung seiner Moleküle.

vernichten [mhd. vernihten, zu nicht], *ich* vernichte (habe vernichtet) *es,* zerstöre vollständig: *viele alte Handschriften wurden bei dem Brand vernichtet; eine vernichtende Kritik,* ∪; *dadurch wurde alle Hoffnung vernichtet,* ∪. **Vernichtung** *die,* -/-en: *Vernichtungspotential; Massenvernichtung.*

vernickeln, *ich* vernick(e)le (habe vernickelt) *es,* überziehe mit Nickel. **Vernick(e)lung** *die,* -/-en.

verniedlichen, *ich* verniedliche (habe verniedlicht) *es,* verharmlose. **Verniedlichung** *die,* -.

vernieten, *ich* verniete (habe vernietet) *es,* verbinde mit Nieten, vgl. Abb. N 8.

Vernissage [vɛrnɪsˈaːʒ, frz., zu vernir ›firnissen‹, ›lackieren‹] *die,* -/-s [-sˈaːʒ] oder *-n* [-sˈaːʒən], Eröffnung einer Kunstausstellung vor geladenen Gästen.

Vernunft [ahd. firnunft, zu vernehmen] *die,* -, **1)** Denkvermögen, Einsicht: *nimm doch V. an!; er ist endlich wieder zur V. gekommen; man hat ihn zur V. gebracht.* **2)** Erkenntnistheorie: bei Kant das Vermögen, die Verstandeserkenntnisse durch Ideenbildung zur abschließenden Einheit des Wissens zu verbinden. **Vernünftelei** *die,* -. **vernünfteln,** *ich* vernünft(e)le (habe vernünftelt), tüftle, klügle. **vernünftig,** klug, einsichtig, überlegt. **vernünftigerweise,** der Vernunft gehorchend. **Vernünftigkeit** *die,* -. **vernunftwidrig,** vernunftwidriges Verhalten.

vernuten, *ich* vernute (habe vernutet) *es,* verbinde durch Nut.

vernütigen, *ich* vernütige (habe vernütigt) *es, schweiz.:* werte es ab. **Vernutung** *die,* -, das Vernuten.

veröden, 1) *ich* veröde (habe verödet) *Krampfadern,* ♥ mache sie undurchgängig. **2)** *es* verödet (ist verödet), wird öde. **Verödung** *die,* -/-en.

veröffentlichen, *ich* veröffentliche (habe veröffentlicht) *es,* mache allgemein bekannt, lasse drucken, publiziere: *ich v. ein Buch.* **Veröffentlichung** *die,* -/-en.

Veronal [v-] *das,* -s, Handelsname für ein Schlafmittel.

Veronese [v-] *der,* -n/-n, **Veroneser** *der,* -s/-, **Veroneserin, Veronesin** *die,* -/-nen, Einwohner(in) der italien. Stadt Verona. **veronesisch.**

Veronika [v-, lat., zu grch. Berenike ›Siegbringerin‹], weibl. Vorname.

verordnen, *ich* verordne (habe verordnet) **1)** *es,* ordne an, bestimme behördlich, verfüge. **2)** *es ihm,* ♥ schreibe vor (Arznei, Kur). **Verordnung** *die,* Abk.: VO.

verpachten, *ich* verpachte (habe verpachtet) *es,* gebe in Pacht. **Verpachtung** *die.*

verpacken, *ich* verpacke (habe verpackt) *es,* packe ein, mache versandfertig. **Verpackung** *die,* Umhüllung einer Handelsware zum Zusammenhalt, als Schutz: *Vakuumverpackung; Verpackungsmaterial.*

verpäppeln, *ich* verpäpp(e)le (habe verpäppelt) *ihn,* ∪ verweichliche: *sie hat ihn verpäppelt.*

verpassen, *ich* verpasse (habe verpaßt), **1)** *ihn, es,* treffe nicht, versäume. **2)** *es ihm,* ∪ gebe (Prügel; Kleidung).

verpatzen, *ich* verpatze (habe verpatzt) *es,* ∪ verpfusche, mache schlecht.

verpesten, *ich* verpeste (habe verpestet) *die Luft,* erfülle mit Gestank: *von Abgasen verpestet.* **Verpestung** *die,* -.

verpetzen [Schülersprache], *ich* verpetze (habe verpetzt) *ihn,* ∪ verrate, gebe an.

verpfänden, *ich* verpfände (habe verpfändet) *es ihm,* gebe zum Pfand. **Verpfändung** *die.*

verpfeifen, *ich* verpfeife (habe verpfiffen) *ihn, es,* ∪ zeige an, verrate.

verpflanzen, *ich* verpflanze (habe verpflanzt) **1)** *es,* setze Pflanzen um. **2)** *Organe,* ♥ setze an eine andere Stelle desselben oder eines fremden Körpers. **3)** *ihn,* ∪ gebe ihm eine neue Heimat. **Verpflanzung** *die.*

verpflegen, *ich* verpflege (habe verpflegt) *ihn,* versorge mit Nahrung: *ich v. mich im Urlaub selbst.* **Verpflegung** *die,* -.

verpflichten [mhd. verphlihten, zu Pflicht], *ich* verpflichte (habe verpflichtet), **1)** *ihn zu etwas,* nehme in Dienst, binde vertraglich: *er wurde auf die Verfassung verpflichtet.* **2)** *mich zu etwas,* verspreche es, zu leisten: *ich bin ihm zu Dank verpflichtet,* ihm Dank schuldig. **Verpflichtung** *die,* -/-en: *er kommt seinen Verpflichtungen nicht nach; gesellschaftliche Verpflichtungen.*

verpfuschen, *ich* verpfusche (habe verpfuscht) *es,* ∪ verderbe, mache schlecht: *ein verpfuschtes Leben.*

verpichen, *ich* verpiche (habe verpicht) *es,* dichte mit Pech ab.

verpimpeln, *ich* verpimp(e)le (habe verpimpelt) *mich, ihn,* ∪ verweichliche.

verplanen, *ich* verplane (habe verplant), **1)** plane falsch. **2)** bringe in einem Plan unter: *das Geld ist schon verplant.*

verplappern, *ich* verplapp(e)re *mich* (habe mich verplappert), ∪ plaudere versehentlich aus.

verplaudern, *ich* verplaud(e)re (habe verplaudert) *Zeit,* versäume beim Plaudern, verbringe mit Plaudern.

verplempern, *ich* verplemp(e)re (habe verplempert), ∪ **1)**

es, verschütte. **2)** *Zeit, Geld,* vergeude, vertue ziellos: *sie hat den ganzen Nachmittag verplempert.*

verplomben, *ich* verplombe (habe verplombt) *es,* versehe mit einer Plombe, einem Sicherungssiegel.

verpönen [mhd. verpenen, zu pene ›Strafe‹, *ich* verpöne (habe verpönt), **1)** *es,* ⚛ verbiete bei Strafe. **2)** *es ist verpönt,* wird (nach herrschender Sitte) mißbilligt, ist unerwünscht.

verprassen, *ich* verprasse (habe verpraßt) *es,* verschwende durch üppiges Leben (Geld, Vermögen).

verprellen, *ich* verprelle (habe verprellt), **1)** *Wild,* ⚛ verscheuche, störe. **2)** *ihn,* U schüchtere ein, erschrecke.

verproletarisieren, proletarisieren.

verproviantieren, *ich* verproviantiere (habe verproviantiert) *ihn, es,* versorge mit Lebensmitteln, mit Proviant. **Verproviantierung** *die, -.*

verprügeln, *ich* verprüg(e)le (habe verprügelt) *ihn,* gebe ihm Prügel: *er hat seinen Klassenkameraden verprügelt.*

verpuffen, *ich* verpufft (ist verpufft), **1)** ein Explosivstoff setzt sich relativ ruhig um. **2)** Ü bleibt wirkungslos: *die Wirkung ist verpufft.* **Verpuffung** *die, -.*

verpulvern, *ich* verpulv(e)re (habe verpulvert) *es,* U gebe sinnlos aus, vergeude (Geld).

verpumpen, *ich* verpumpe (habe verpumpt) *es,* U verleihe, verborge: *ich habe das Buch verpumpt.*

verpuppen, ein Insekt verpuppt *sich* (hat sich verpuppt), wird als unreife Larve zur Puppe. **Verpuppung** *die, -.*

verpusten, *ich* verpuste (habe verpustet) (mich), U verschnaufe, schöpfe Atem.

Verputz *der,* 🔲 der Putz auf Wand- und Deckenflächen. **verputzen,** *ich* verputze (habe verputzt) *es,* **1)** bewerfe (eine Wand) mit Putz. **2)** U verbrauche, verzehre: *er hat vier Scheiben Brot verputzt.* **3)** *ich kann ihn, es nicht verputzen,* U nicht leiden, nicht ausstehen.

verqualmen, *ich* verqualme (habe verqualmt) *es,* **1)** fülle mit Rauch: *sie saßen im verqualmten Zimmer.* **2)** U verbrauche durch Rauchen: *wieviel Zigaretten hast du wieder verqualmt?*

verquäll, voller Qual, kummervoll: *sie sieht v. aus.*

verquasen, *ich* verquase (habe verquast) *es,* norddt.: verbrauche unnötig, vergeude.

verquasseln, verquatschen, *ich* verquassele, verquaßle, verquatsche (habe verquasselt, verquatscht), U **1)** *die Zeit,* verplaudere. **2)** *mich,* verplappere mich.

verquellen, *es* verquillt (ist verquollen), schwillt durch Feuchtigkeit: *Holz v.; vgl.* verquollen.

verquer, *mir geht etwas v.,* U mißlingt etwas: *das kommt mir v.,* U zu ungelegener Zeit.

verquicken, *ich* verquicke (habe verquickt) *es,* **1)** ⊙ überziehe mit einer Quecksilberschicht, amalgamiere. **2)** *mit ihm,* Ü verbinde etwas, vermenge: *die beiden Vorgänge lassen sich nicht miteinander verquicken.* **Verquickung** *die, -/-en.*

verquirlen, *ich* verquirle (habe verquirlt) *es,* verrühre mit dem Quirl.

verquisten [zu ahd. quistan ›verderben‹], *ich* verquiste (habe verquistet) *es,* niederdt.: vergeude.

verquollen, 1) von verquellen: *verquollenes Holz.* **2)** geschwollen, bes. vom Weinen: *verquollene Augen.*

verrammeln, *ich* verramm(e)le (habe verrammelt) *es,* versperre durch Hindernisse: *alles war verriegelt und verrammelt.* **Verramm(e)lung** *die, -/-en.*

verramschen, *ich* verramsche (habe verramscht) *es,* U verkaufe zu Schleuderpreisen: *hier werden Bücher verramscht.*

verrannt, von verrennen.

Verrat *der, -(e)s,* **1)** *an ihm,* schwerer Treuebruch: *V. an unserer Freundschaft.* **2)** Preisgabe von Geheimnissen. **verraten** [ahd. forratan], *ich* verrate (verriet, habe verraten), **1)** *ihn, es,* breche ihm die Treue, lasse pflichtwidrig im Stich: *er verrät seine Freunde; ich bin verraten und verkauft,* Ü weiß keinen Ausweg mehr. **2)** *es ihm, an ihm,* sage, obwohl er es eigentlich nicht wissen soll: *du darfst unser Geheimnis nicht verraten; mit dieser Bemerkung verriet er sich.* **3)** *es verrät,* zeigt, läßt erkennen: *das Werk verrät große Begabung.* **Verräter** *der, -s/-,* jemand, der Verrat übt. **verräterisch.**

verratzt, *ich bin v.,* U in der Klemme, hilflos.

verrauchen, 1) *ich* verrauche (habe verraucht) *mein Geld,* U gebe für Tabakwaren aus. **2)** *es verraucht* (ist verraucht), geht in Rauch auf; Ü vergeht: *sein Zorn ist verraucht.* **verräuchern,** *ich* verräuch(e)re (habe verräuchert) *es,* fülle mit Rauch.

verrauschen, *es* verrauscht (ist verrauscht), klingt aus, hört auf: *der Beifall verrauschte; sein Zorn ist verrauscht,* Ü.

verrechnen, *ich* verrechne (habe verrechnet), **1)** *es,* berechne, gleiche Forderungen und Verbindlichkeiten aus: *ich lasse die Gutschrift mit der nächsten Rechnung verrechnen.* **2)** *mich,* rechne falsch: *wenn du meinst, ich erlaube das, dann hast du dich verrechnet,* Ü dann irrst du. **Verrechnung** *die: Verrechnungseinheit.* **Verrechnungsscheck** *der,* Scheck, der einem Konto des Empfängers gutgeschrieben wird.

verrecken [mhd. verrecken, zu recken], *ein Tier, ein Mensch* verreckt (ist verreckt), U derb: stirbt, verendet, geht elend zugrunde.

verregnen, *es* verregnet (ist verregnet), verdirbt durch viel Regen: *die Obstblüte ist verregnet; ein verregneter Urlaub.*

verreiben, *ich* verreibe (habe verrieben) *es,* **1)** verteile durch Reiben, z. B. Salbe. **2)** U zerreibe. **Verreibung** *die.*

verreisen, *ich* verreise (bin verreist), gehe auf Reisen: *er ist für zwei Wochen verreist.*

verreißen, *ich* verreiße (verriß, habe verrissen) *es,* U kritisiere völlig negativ: *die Presse hat das neue Buch verrissen.*

verreiten, *ich* verreite (habe verritten), **1)** *ein Pferd,* reite falsch zu. **2)** *mich,* reite den falschen Weg.

verrenken, *ich* verrenke (habe verrenkt), **1)** *es mir,* renke aus. **2)** *mich,* mache Verrenkungen. **Verrenkung** *die, -/-en: Hüftgelenk(s)verrenkung; er machte allerhand Verrenkungen,* Ü Anstrengungen.

verrennen, *ich* verrenne *mich* (habe mich verrannt) *in eine Idee,* Ü versteife mich darauf, bin darin vernarrt.

Verrentung [zu Rente] *die, -,* Aufteilung eines Kapitalanspruchs auf monatliche Rentenbeträge.

verrichten [mhd. verrichten, zu richten], *ich* verrichte (habe verrichtet) *es,* tue es, führe aus, erledige: *er verrichtete die Arbeit zu unserer Zufriedenheit.* **Verrichtung** *die.*

verriegeln, *ich* verrieg(e)le (habe verriegelt) *es,* schließe mit einem Riegel, sichere, verbinde fest. **Verrieg(e)lung** *die, -/-en: Türverriegelung.*

verringern [zu gering], *ich* verring(e)re (habe verringert) *es,* mache kleiner; setze herab: *die Kosten verringerten sich nicht; die Dosis sollte verringert werden.* **Verringerung** *die, -.*

verrinnen, *es* verrinnt (verrann, ist verronnen), **1)** versickert, verläuft sich. **2)** Ü vergeht: *die Zeit verrinnt.*

Verriß [zu verreißen] *der,* U völlig negative Kritik (in der Presse): *sein neuestes Stück erlebte einen V.*

verrohen, *ich* verrohe (bin verroht), werde roh.

verrohren, *ich* verrohre (habe verrohrt) *es,* versehe mit Rohren, verlege Rohrleitungen.

Verrohung *die, -,* das Verrohen.

verrosten, *es* verrostet (ist verrostet), setzt Rost an: *ein verrosteter Nagel.*

verrotten [mnd. vorrotten, zu rotten ›faulen‹], *es* verrottet (ist verrottet), vermodert, verfault, zerbröckelt, verkommt, auch Ü. **Verrottung** *die, -.*

verrucht [mhd. verruochen ›verachten‹], ruchlos, verwerflich, schändlich: *eine verruchte Tat.* **Verruchtheit** *die, -.*

verrücken, *ich* verrücke (habe verrückt) *es,* verschiebe an einen andern Platz. **verrückt,** U **1)** seelisch gestört: *sie brachten den Verrückten in eine Anstalt.* **2)** verdreht, überspannt: *ein verrückter Einfall; es ist zum Verrücktwerden!; sie ist v. nach ihm,* sehr verliebt in ihn. **Verrücktheit** *die, -/-en,* U **1)** *ohne Pl.,* Verrücktsein. **2)** überspannter, seltsamer Einfall.

Verruf [mhd. verruof] *der, -(e)s,* **1)** schlechter Ruf: *man hat mich in V. gebracht; in V. kommen, geraten.* **2)** student.: Verbindungen: Verschiß. **verrufen,** *ich* verrufe (verrief, habe verrufen) *es,* berufe. **verrufen,** übel beleumdet, berüchtigt: *sie ist v.; ein verrufenes Lokal.*

verrühren, *ich* verrühre (habe verrührt) *es,* vermische durch Rühren.

verruküos [frz. verruqueux, zu lat. verruca ›Warze‹], ⚕ warzenförmig, warzig.

verrunzelt, runzlig.

verrußen, *es* verrußt (ist verrußt), verschmutzt durch Ruß: *der Auspuff ist verrußt.*

verrutschen, *es* verrutscht (ist verrutscht), verschiebt sich durch Rutschen.

Vers [fers, ahd. fers, zu lat. versus, von vertere ›umkehren‹] *der, -es/-e,* Abk.: V., **1)** rhythm. Glied einer Dichtung in gebundener Rede, Zeile einer Strophe, Ü Vers. M 14: *Versfuß; Versmaß; ich kann mir keinen V. darauf machen,* Ü es nicht begreifen. **2)** U Strophe: *wir müssen drei Verse des Liedes lernen.* **3)** kleiner Leseabschnitt der Bibel.

versachlichen, *ich* versachliche (habe versachlicht) *es,* stelle betont sachlich dar. **Versachlichung** *die, -.*

versacken, ich versacke (habe versackt) es, fülle in Säcke.

versacken [zu absacken], **1)** ein Schiff versackt (ist versackt), ⚓ sinkt, geht unter. **2)** ich versacke (bin versackt), Ü verkomme (moralisch), verbummle, zeche die Nacht durch: bei dem Fest gestern abend ist er versackt.

versagen [ahd. farsagan], ich versage (habe versagt), **1)** es ihm, gebe nicht, schlage ab, verweigere: dies Vergnügen kann ich mir nicht versagen. **2)** leiste nicht das Erwartete: ihre Stimme versagte; er hat bei der Prüfung versagt; das Gewehr versagt, der Schuß geht nicht los; der Unfall geschah durch menschliches Versagen. **Versager** der, -s/-, Person oder Sache, die in sie gesetzte Erwartungen enttäuscht. **Versagung** die, -.

Versal [v-, lat. versus ›Zeile‹] der, -s/. . .li\en, meist Pl., ⚹ Kapitalbuchstabe, Großbuchstabe.

versalzen, ich versalze (habe versalzen), **1)** (auch habe versalzt) das Essen, salze zu stark. **2)** es ihm, Ü verderbe, nehme ihm die Lust.

versammeln, ich versamm(e)le (habe versammelt) sie (um mich), bringe sie zusammen: wir versammeln uns, kommen zusammen, tagen, treffen uns. **Versammlung** die, **1)** zu einem bestimmten Zweck zusammengekommene Menschen: Versammlungsfreiheit. **2)** ohne Pl., eine Dressurhaltung des Pferdes, vgl. ABB. R 18.

Versand der, -(e)s, das Versenden (von Waren); Abteilung dafür: Warenversand; Versandkosten; Versandabteilung.

versanden, ich versande (ist versandet), füllt, bedeckt sich mit Sand, z. B. ein Hafen: das Gespräch versandete, Ü hörte langsam auf.

versandfertig. Versandgeschäft das, **Versandhandel** der, **Versandhaus** das, Unternehmensform des Einzelhandels. **versandt,** von versenden.

Versandung die, -/-en, das Versanden.

versatil [v-, lat. versatilis zu versare ›wenden‹], **1)** beweglich, gewandt. **2)** ruhelos, unbeständig. **Versatilität** die, -.

Versatz der, -es, **1)** das Versetzen, Verpfänden. **2)** ⚒ Füllmaterial für ausgeräumte Grubenbaue. **3)** eine Holzverbindung. **Versatzamt** das, bair., österr.: Leihhaus. **Versatzstück** das, **1)** Setzstück, Versetzstück, Teil der Bühnendekoration, ABB. B 55. **2)** Pfandstück.

versauen, ich versaue (habe versaut) es, Ü derb: **1)** beschmutze. **2)** verderbe.

versauern, 1) es versauert (ist versauert), wird sauer: der Boden versauert, bekommt einen zu hohen pH-Wert. **2)** ich versau(e)re (bin versauert), Ü werde mißmutig, vertümmere (da ohne geistige Anregung): hier auf dem Lande versauert man; in seiner Gesellschaft versauert sie.

versaufen, ich versaufe, Ü **1)** (bin versoffen), ertrinke. **2)** (habe versoffen) es, verbrauche durch Trinken (Geld); vgl. versoffen. **2)** es versauft (ist versoffen), füllt sich mit Wasser: ⚒ ersäuft: der Motor ist versoffen, springt wegen zu hoher Benzinzufuhr nicht an.

versäumen, ich versäume (habe versäumt) es, lasse ungenutzt vorübergehen, verpasse (durch Zögern): ich versäume die günstige Gelegenheit, den Chef um Gehaltserhöhung zu bitten; beeile dich, sonst versäumen wir den Zug!; du mußt das Versäumte nachholen; Sie versäumen etwas, wenn Sie sich die Aufführung nicht ansehen. **Versäumnis** das, auch die, **1)** das Zuspätkommen, Verzögerung, Unterlassung. **2)** ⚖ das Nichterscheinen: Versäumnisurteil. **Versäumung** die, -/-en.

verschachern [zu Schacher], ich verschach(e)re (habe verschachert) es, Ü verkaufe (feilschend, zu hohem Preis).

verschachtelt, ineinandergeschachtelt gebaut: verschachtelte Sätze. **Verschacht(e)lung** die, -/-en.

verschaffen, ich verschaffe (habe verschafft) ihm, bewirke, daß es ihm zuteil wird: ich muß mir Gewißheit verschaffen; er hat sich gewaltsam Zutritt verschafft.

verschalen, ich verschale (habe verschalt) es, verkleide, bes. mit Brettern.

verschalken, ⚓ schalken. **Verschalung** die, **1)** das Verschalen. **2)** Verkleidung, bes. aus Brettern, ABB. D 1, Schalung.

verschämt, schüchtern; voll Schamgefühl: sie tat v. **Verschämtheit** die, -.

verschandeln, ich verschand(e)le (habe verschandelt) es, Ü verunstalte: die Bemalung verschandelt das ganze Haus. **Verschand(e)lung** die, -.

verschanzen, ich verschanze (habe verschanzt), **1)** es, befestige mit Schanzen. **2)** mich, schaffe mir eine befestigte Stellung: er verschanzt sich hinter seinen Vorschriften, Ü nimmt sie zum Vorwand. **Verschanzung** die, -/-en.

verschärfen, ich verschärfe (habe verschärft) es, mache schärfer, größer, schwieriger: die Gegensätze verschärften sich; die politische Lage hat sich verschärft; unter verschärften Bedingungen. **Verschärfung** die.

verscharren, ich verscharre (habe verscharrt) es, ihn, scharre ein, bedecke notdürftig mit Erde: der Mörder hat die Leiche im Wald verscharrt.

verschätzen, ich verschätze mich (habe mich verschätzt), schätze falsch: du hast dich im Preis gründlich verschätzt.

verschauen, ich verschaue mich (habe mich verschaut), österr.: **1)** sehe etwas falsch. **2)** in ihn, verliebe mich.

verschaukeln, ich verschauk(e)le (habe verschaukelt) ihn, Ü täusche, betrüge: man hat uns ganz schön verschaukelt.

verscheiden [mhd. verscheiden ›verschwinden‹, ›sterben‹], er verscheidet (ist verschieden), P stirbt.

verscheinen, Getreide verscheint (ist verschienen), vergilbt frühzeitig.

verscheißern, ich verscheiß(e)re (habe verscheißert) ihn, Ü derb: lege herein, verspotte.

verschenken, ich verschenke (habe verschenkt) es, **1)** gebe als Geschenk. **2)** Ü gebe ohne Gegenleistung; lasse ungenutzt: wir haben nichts zu verschenken.

verscherbeln [berliner., zu Rotwelsch scherfen ›Diebesgut ankaufen‹], ich verscherb(e)le (habe verscherbelt) es, Ü verkaufe (billig).

verscherzen [mhd. verscherzen], ich verscherze (habe verscherzt) es (mir), verliere (durch Leichtsinn): du hast dir alle Sympathien verscherzt.

verscheuchen, ich verscheuche (habe verscheucht) ihn, es, verjage: du hast meine trüben Gedanken verscheucht, Ü.

verscheuern, ich verscheu(e)re (habe verscheuert) es, Ü verkaufe (billig).

verschicken, ich verschicke (habe verschickt) es, ihn, versende, schicke fort: wir haben Prospekte verschickt; das Kind wurde nach Norderney verschickt, dorthin zu einer Kur gebracht. **Verschickung** die, -/-en.

Verschiebebahnhof der, ABB. B 5. **verschieben,** ich verschiebe (habe verschoben) es, **1)** schiebe an eine andere Stelle, ändere die Lage. **2)** schiebe auf, lasse für später: der Termin wurde verschoben, hat sich verschoben. **3)** Ü kaufe und verkaufe auf unredliche Weise. **Verschiebung** die, -.

verschieden [frühnhd., eigtl. ›abgesondert‹], **1)** nicht gleich, andersartig, unterschiedlich: die Menschen sind v.; v. groß; er trägt zwei verschiedene Schuhe. **2)** einige(s), mehrere(s), manche, mancherlei: verschiedene sind anderer Meinung; ich habe verschiedenes nicht verstanden; er läßt verschiedenes nicht zu; aber: in dieser Rubrik wird Verschiedenes abgehandelt, Themen, Dinge verschiedener Art; etwas Verschiedenes; Ähnliches und Verschiedenes.

verschieden [von verscheiden], P gestorben: er ist heute nacht v.; der allzu früh Verschiedene.

verschiedenartig. verschiedenemal, aber: verschiedene Male. **verschiedenerlei,** nicht flektierbar, manches. **verschiedenfarbig. Verschiedenheit** die, -/-en, Unterschiedlichkeit, Andersartigkeit. **verschiedentlich,** öfter, wiederholt: ich habe v. darauf hingewiesen.

verschießen, ich verschieße (verschoß, habe verschossen), **1)** es, verbrauche durch Schießen: er hat seine Munition verschossen. **2)** es, schieße daneben: er hat den Elfmeter verschossen, ⚽. **3)** Ü bin in sie (ihn) verschossen, Ü heftig verliebt. **4)** es verschießt (ist verschossen), verliert die Farbe, bleicht aus: verschossene Gardinen.

verschiffen, ich verschiffe (habe verschifft) es, versende mit dem Schiff. **Verschiffung** die, -.

verschilfen, der See verschilft, wächst mit Schilf zu.

verschimmeln, es verschimmelt (ist verschimmelt), verkommt durch Schimmel: verschimmeltes Brot.

verschimpfieren, ich verschimpfiere (habe verschimpfiert) es, Ü verunstalte.

Verschiß der, . . .sch'isses, Ü derb: schlechter Ruf: er ist in V. geraten; urspr. Strafmaßnahme in studentischen Verbindungen, bedeutete Ausschluß. **verschissen,** Ü derb: er hat bei mir v., hat meine Gunst völlig verloren.

verschlacken, es verschlackt (ist verschlackt), bildet, setzt Schlacke ab. **Verschlackung** die, -.

verschlafen [ahd. ferslafan], ich verschlafe (verschlief, habe verschlafen), **1)** es, versäume durch Schlaf; verbringe schlafend: sie verschläft den ganzen Nachmittag. **2)** es, beseitige durch Schlaf: ich habe meinen Rausch verschlafen. **3)** schlafe zu lange: *er hat heute verschlafen.* **verschlafen,** schlaftrunken: *sie sah mich v. an; eine verschlafene Kleinstadt,* Ü.

Verschlag *der,* **1)** mit Brettern abgeteilter Raum, Bretterschuppen. **2)** Rehe (Tierkrankheit): *Hufverschlag.* **3)** *schweiz.:* Versteck. **4)** *schweiz.:* Kiste. **verschlagen** [ahd. firslahan], *ich* verschlage (verschlug, habe verschlagen), **1)** *es,* schließe, bes. durch Vornageln von Brettern: *es verschlägt mir die Sprache, den Atem,* Ü. **2)** *den Ball,* ✕ schlage falsch. **3)** *eine Seite,* blättere (unbeabsichtigt) zu. **4)** *es verschlägt mich irgendwohin, ich gelange (zufällig) dorthin: der Sturm verschlug das Schiff an eine unbekannte Küste; es hat mich in eine Kleinstadt verschlagen.* **5)** *es verschlägt nichts,* Ü hilft nichts, nutzt nichts. **verschlagen, 1)** schlau, listig, hinterlistig: *ein verschlagener Bursche.* **2)** *norddt.:* lauwarm: *das Wasser ist v.* **Verschlagenheit** *die,* -, Hinterlistigkeit.

verschlammen, *es* verschlammt (ist verschlammt), füllt sich mit Schlamm (Graben, Fluß, See). **Verschlammung** *die,* -/-en.

verschlampen, *ich* verschlampe, Ü **1)** (bin verschlampt), vernachlässige mich, verkomme. **2)** (habe verschlampt) *es,* verliere, verlege, vergesse: *sie hat den Termin verschlampt.*

verschlanken, *ich* verschlanke (habe verschlankt), verhüllend: verkleinere, baue ab (Arbeitskräfte, Programm). **Verschlankung** *die,* -.

verschlechtern, *ich* verschlecht(e)re (habe verschlechtert), **1)** *mich,* mache schlechter; steige beruflich ab: *er hat sich beruflich verschlechtert.* **2)** *es verschlechtert sich, wird schlechter: sein Zustand hat sich verschlechtert.* **Verschlechterung** *die,* -.

verschleiern, *ich* verschlei(e)re (habe verschleiert) *es,* **1)** bedecke mit einem Schleier: *die Türkinnen verschleierten das Gesicht; der Himmel hat sich verschleiert,* Ü; *mit verschleiertem Blick,* Ü. **2)** Ü entziehe geschickt der Beobachtung: *er verschleiert die Tatsachen.* **Verschlei(e)rung** *die,* -/-en.

verschleimen, *es* verschleimt (ist verschleimt), sondert vermehrt Schleim ab, füllt sich mit Schleim: *verschleimte Atemwege.* **Verschleimung** *die,* -.

Verschleiß *der,* -es, Abnutzung: *Verschleißprüfung,* ⊙; *Kräfteverschleiß; der V. an Zeit und Geld war enorm; Verschleißerscheinungen.* **2)** *österr.:* Kleinverkauf. **verschleißen** [ahd. firslizan], *ich* verschleiße (verschliß, habe verschlissen), **1)** *es,* nutze (stark) ab. **2)** *mich, ihn,* verbrauche durch ständigen, rücksichtslosen Einsatz: *er verschleißt seine Mitarbeiter.* **3)** *es, österr.:* verkaufe im kleinen. **4)** *es verschleißt* (ist verschlissen), nutzt sich ab: *verschlissene Schuhe.* **Verschleißer** *der,* -/-, *österr.:* Kleinhändler.

verschleppen, *ich* verschleppe (habe verschleppt) **1)** *es,* ziehe in die Länge, verhindere den Abschluß: *die Verhandlungen wurden verschleppt; eine verschleppte Grippe,* ⚕. **2)** *es,* bringe durch List, Drohung oder Gewalt an einen anderen Ort. **Verschleppung** *die,* -.

verschleudern, *ich* verschleud(e)re (habe verschleudert) *es,* **1)** gebe leichtsinnig aus (Geld). **2)** verkaufe zu billig. **Verschleuderung** *die,* -.

verschlicken, *es* verschlickt (ist verschlickt), lagert Schlick an: *der See ist verschlickt.*

verschließen [mhd. versliezen], *ich* verschließe (verschloß, habe verschlossen), **1)** *es,* mache zu, schließe ab: *alle Fenster waren verschlossen; man verhandelt hinter verschlossenen Türen,* Ü im geheimen, nicht öffentlich. **2)** *es in etwas,* schließe ein: *ich v. den Schmuck im Safe.* **3)** *mich ihm, einer Sache,* Ü lehne, weise ihn, es ab, will nichts davon wissen: *er verschloß sich unseren Ratschlägen.*

verschlimmbessern, *ich* verschlimmbessere, verschlimmbeßre (habe verschlimmbessert) *es,* Ü mache beim Versuch, es zu bessern, noch schlechter. **verschlimmern** [zu schlimm], *ich* verschlimm(e)re (habe verschlimmert), **1)** *es,* mache schlechter. **2)** *es verschlimmert sich, wird schlechter: sein Befinden hat sich verschlimmert.* **Verschlimm(e)rung** *die,* -.

verschlingen [ahd. farslintan], *ich* verschlinge (verschlang, habe verschlungen) *es,* nehme gierig in mich auf: *der Ausgehungerte verschlang das Brot; er verschlang das Buch,* Ü las hastig, ohne Unterbrechung; *er verschlingt sie mit Blicken,* Ü beobachtet sie aufdringlich; *die Altstadtsanierung verschlingt Millionen,* Ü kostet.

verschlingen, *ich* verschlinge (verschlang, habe verschlungen) *es,* schlinge in-, durcheinander, verknüpfe: *mit verschlungenen Händen; die Fäden hatten sich verschlungen.* **Verschlingung** *die,* -/-en: *Darmverschlingung,* ⚕.

verschlissen, von verschleißen.

verschlossen, 1) von verschließen. **2)** Ü in sich gekehrt, nicht mitteilsam: *ein verschlossenes Mädchen.* **Verschlossenheit** *die,* -, verschlossenes Wesen.

verschlucken, *ich* verschlucke (habe verschluckt), **1)** *es,* schlucke hinunter: *ich habe einen Kirschkern verschluckt; er verschluckt die Silben,* Ü spricht sie undeutlich aus; *er war wie vom Erdboden verschluckt,* Ü plötzlich verschwunden. **2)** *mich,* bekomme Nahrung in die Luftröhre.

Verschluß *der,* **1)** Vorrichtung, die etwas verschließt, z. B. Deckel, Klappe, Pfropfen: *er hält es unter V.* **2)** Einrichtung an photograph. Kameras zum zeitl. Steuern der Belichtung, ABB. P 12: *Schlitzverschluß; Zentralverschluß.* **3)** bei Waffen: den Lauf oder das Rohr nach hinten abschließender Teil von Hinterlade-Feuerwaffen. **4)** ⚕ Störung der Durchgängigkeit von Hohlorganen: *Darmverschluß; Verschlußikterus.* **verschlüsseln,** *ich* verschlüssele, verschlüßle (habe verschlüsselt) *es,* **1)** chiffriere, übertrage in Geheimschrift oder in Zeichen, die von einer Maschine zu entziffern sind: *verschlüsselte Sprache.* **2)** verschleiere eine (literarischen) Text so, daß die Aussage nicht ohne weiteres zu verstehen ist. **Verschlüsselung** *die,* -/-en. **Verschlußlaut** *der,* Explosivlaut, ÜBERS. G 34. **Verschlußlung** *die,* -/-en, Verschlüsselung.

verschmachten [mhd. versmahten], *ich* verschmachte (bin verschmachtet), leide (bes. unter Durst, Hunger, Sehnsucht).

verschmähen, *ich* verschmähe (habe verschmäht) *ihn, es,* lehne ab, weise zurück, verwerfe, oft mit dem Ausdruck der Geringschätzung. **Verschmähung** *die,* -.

verschmälern, *ich* verschmäl(e)re (habe verschmälert), **1)** *es,* mache schmaler. **2)** *es verschmälert sich,* wird schmaler. **Verschmälerung** *die.*

verschmelzen, 1) *ich* verschmelze (habe verschmolzen), lasse zusammenfließen, verbinde zu einer Einheit. **2)** *es verschmilzt* (ist verschmolzen), fließt in etwas über, vereinigt sich. **Verschmelzung** *die,* -: *die V. von Metallen, Sinneseindrücken, Wirtschaftsunternehmen; Kernverschmelzung.*

verschmerzen, *ich* verschmerze (habe verschmerzt) *es,* überwinde den Schmerz, tröste mich über den Verlust: *sie kann diese Enttäuschung nicht verschmerzen.*

verschmieren, *ich* verschmiere (habe verschmiert) *es,* schmiere breit, verreibe; beschmutze.

verschmitzt [zu mhd. smitzen ›geißeln‹], schlau, pfiffig, schelmisch: *er lächelte v.* **Verschmitztheit** *die,* -.

verschmoren, *der Braten* verschmort (ist verschmort), schmort zu lange, zu sehr.

verschmutzen, 1) *ich* verschmutze (habe verschmutzt) *es,* mache schmutzig, verunreinige: *wir verschmutzen unsere Flüsse und Seen.* **2)** *es verschmutzt* (ist verschmutzt), wird schmutzig: *verschmutzte Schuhe.* **Verschmutzung** *die,* -/-en: *Umweltverschmutzung; Luftverschmutzung.*

verschnaufen, *ich* verschnaufe (habe verschnauft) *(mich),* hole Atem, ruhe mich aus, erhole mich: *Verschnaufpause.*

verschneiden, *ich* verschneide (habe verschnitten), **1)** *es,* beschneide, stutze. **2)** *es,* schneide falsch, schneide falsch zu: *verschnittene Haare; ich habe den Stoff verschnitten.* **3)** *ihn, ein Tier,* kastriere. **4)** *Flüssigkeiten,* mische verschiedene Sorten, z. B. Weinsorten. **Verschneidung** *die,* -/-en, Kastration.

verschneien, *es* verschneit (ist verschneit), bedeckt sich mit Schnee: *eine tief verschneite Landschaft.*

Verschnitt *der,* **1)** Abfall beim Schneiden, beim Zuschneiden. **2)** Mischung verschiedener Alkoholsorten: *Rumverschnitt.* **Verschnittene** *der,* -n/-n, ein -r, Kastrat, Eunuch.

verschnörkeln, *ich* verschnörk(e)le (habe verschnörkelt) *es,* versehe mit Schnörkeln: *eine verschnörkelte Schrift.* **Verschnörk(e)lung** *die,* -/-en.

verschnupft, 1) vom Schnupfen befallen. **2)** Ü gekränkt, verärgert: *sie ist sehr schnell v.*

verschnüren, *ich* verschnüre (habe verschnürt) *es,* schnüre zu, umwickle mit einer Schnur. **Verschnürung** *die,* -/-en, **1)** ohne Pl., das Verschnüren. **2)** das verwendete Schnur.

verschollen [zu mhd. verschallen ›verklingen‹], auffindbar: *er ist v.,* ⚔ seit längerer Zeit fehlt jede Nachricht über Aufenthaltsort und Befinden. **Verschollenheit** *die,* -.

verschonen, *ich* verschone (habe verschont), **1)** *ihn, es,* tue ihm nichts: *wir blieben von Unwetter verschont.* **2)** *ihn,* behellige nicht: *verschone mich mit deinen Klagen!*

verschönen, *ich* verschöne (habe verschönt) *es,* **1)** mache schön. **2)** *sie verschönt ihm den Lebensabend.* **verschönern,** *ich* verschön(e)re (habe verschönert) *es,* mache schöner, schmücke, verziere. **Verschönerung** *die,* -/-en. **Verschönung** *die,* -.

verschorfen, *die Wunde* verschorft (ist verschorft), bedeckt sich mit Schorf. **Verschorfung** *die, -/-en.*

verschossen, 1) von verschießen. **2)** Ü verliebt.

verschrammen, *ich* verschramme (habe verschrammt) *es,* füge ihm Schrammen zu.

verschränken, *ich* verschränke (habe verschränkt) *es,* stelle, lege kreuzweise (bes. Gliedmaßen): *mit verschränkten Armen.* **Verschränkung** *die, -/-en.*

verschrauben, *ich* verschraube (habe verschraubt) *es,* versehe mit Schrauben; verschließe schraubend. **Verschraubung** *die, -/-en.*

verschrecken, *ich* verschrecke (habe verschreckt) *ihn,* erschrecke, schüchtere ein.

verschreiben [mhd. verschriben ›schriftlich festlegen‹], *ich* verschreibe (habe verschrieben), **1)** *es ihm,* stelle als Arzt ein Rezept aus, verordne. **2)** *es,* verbrauche beim Schreiben. **3)** *mich,* schreibe versehentlich falsch. **4)** *es ihm, mich ihm,* übereigne, gebe ihm ein Anrecht, widme mich ihm ganz: *er hat sich seinem Beruf verschrieben.* **Verschreibung** *die:* Schuldverschreibung.

verschreien [mhd. verschrien], *ich* verschreie (habe verschrie(e)n) *es,* beschreie, berufe. **verschrie(e)n,** in bestimmtem (schlechtem) Ruf: *er ist als geizig v.*

verschroben [zu schrauben], seltsam, wunderlich, absonderlich. **Verschrobenheit** *die, -.*

verschroten, *ich* verschrote (habe verschrotet) *es,* mahle zu Schrot.

verschrotten, *ich* verschrotte (habe verschrottet) *es,* mache zu Schrott: *alte Autos werden verschrottet.* **Verschrottung** *die, -.*

verschrumpfen, *es* verschrumpft (ist verschrumpft), Ü wird welk und faltig: *verschrumpelte Äpfel.*

verschüchtert, ängstlich und unsicher: *das Kind ist völlig v.* **Verschüchterung** *die, -.*

verschulden [ahd. fersculden ›durch Schuld verlieren‹], *ich* verschulde, **1)** (habe verschuldet) *es,* habe es verursacht, bin dafür verantwortlich: *er hat den Unfall fahrlässig verschuldet.* **2)** (bin verschuldet), gerate (tief) in Schulden: *viele Gemeinden sind hoch verschuldet.* **Verschulden** *das, -s: es war mein V.; durch eigenes V.* **Verschuldung** *die, -.*

verschulen, *ich* verschule (habe verschult), **1)** *es,* lege schulmäßig fest (Lernstoff, Studienablauf, Studiendauer). **2)** *Pflanzen,* pflanze Gehölzsämlinge auf größeren Zwischenraum um. **Verschulung** *die: Verschulung der Universität.*

verschupfen [mhd. verschupfen ›schleudern‹, ›verstoßen‹], *ich* verschupfe (habe verschupft) *ihn, bes. alem.:* behandle stiefmütterlich, verstoße.

verschusseln, *ich* verschussele, verschußle (habe verschusselt) *es,* Ü verlege, verliere, vergesse.

verschütten, *ich* verschütte (habe verschüttet), **1)** *es,* gieße, schütte aus Versehen aus. **2)** *es,* schütte, decke zu: *von einer Lawine verschüttet.* **3)** *ihm,* Ü falle bei ihm in Ungnade.

verschüttgehen [Rotwelsch, zu niederdt. schütten ›einsperren‹], *es* geht verschütt (ging verschütt, ist verschüttgegangen), **1)** *es* geht verloren. **2)** *ich gehe verschütt,* G werde verhaftet.

Verschüttung *die, -,* das Verschütten.

verschwägert [zu Schwager], durch Heirat verwandt: *ich bin mit ihm v.* **Verschwägerung** *die, -.*

verschweigen, *ich* verschweige (habe verschwiegen) *es (ihm),* sage ihm nichts davon; vgl. verschwiegen. **Verschweigung** *die, -.*

verschweißen, *ich* verschweiße (habe verschweißt) *es,* schweiße zusammen.

verschwelen, schwelen.

verschwellen, *ich* verschwelle (habe verschwellt) *es, schweiz.:* feiere es mit frohem Umtrunk.

verschwenden [ahd. firswendan, zu verschwinden], *ich* verschwende (habe verschwendet) *es,* gebe leichtsinnig aus, verbrauche unnötig: *ich v. viel Zeit, viel Geld; er hat viel Mühe darauf verschwendet.* **Verschwender** *der, -s/-,* jemand, der Geld verschwendet. **verschwenderisch.** **Verschwendung** *die, -: Platzverschwendung; Zeitverschwendung.*

verschwiegen, 1) von verschweigen. **2)** Geheimnisse bewahrend: *ein verschwiegener Mensch.* **3)** still, verborgen: *ein verschwiegenes Plätzchen.* **Verschwiegenheit** *die, -.*

verschwimmen, *es* verschwimmt (verschwamm, ist verschwommen), wird immer undeutlicher, geht ineinander über, ist ohne klare Umrisse: *alles verschwamm mir vor den Augen; verschwommene Vorstellungen,* Ü unklare.

verschwinden [ahd. ferswindan], *es* verschwindet (verschwand, ist verschwunden), **1)** kommt weg, abhanden, ist nicht mehr zu sehen: *meine Autoschlüssel sind verschwunden; die Sonne verschwand hinter den Wolken; eine verschwindend kleine Zahl,* Ü eine sehr kleine. **2)** *ich verschwinde,* Ü entferne mich schnell und unbemerkt: *ich muß mal verschwinden,* Ü verhüllend: *muß zur Toilette.*

verschwistert, als Geschwister verbunden; Ü wie Geschwister zusammengehörend. **Verschwisterung** *die, -/-en.*

verschwitzen, *ich* verschwitze (habe verschwitzt) *es,* **1)** mache feucht durch Schwitzen. **2)** Ü vergesse.

verschwommen, von verschwimmen. **Verschwommenheit** *die, -.*

verschwören [ahd. farsweren], *ich* verschwöre (verschwor, ⚥ verschwur, habe verschworen), **1)** *mich mit ihm,* treffe eine geheime Verabredung zum gemeinsamen Handeln gegen jemanden: *die Militärs verschworen sich gegen den Präsidenten; alles hat sich gegen mich verschworen,* Ü scheint gegen mich gerichtet, mir mißlingt alles. **2)** *es,* ⚥ schwöre, es künftig zu meiden. **3)** *es,* ⚥ schwöre. **4)** *mich ihm, einer Sache,* widme mich ganz, verschwöre mich: *er hat sich ganz seiner Idee verschworen.* **Verschwor(e)ne** *der, die, -n/-n, ein -r, eine -,* jemand, der fest zu einer Sache steht oder zu einem Ziel, mit denen er gemeinsam handelt. **Verschwörer** *der, -s/-,* Teilnehmer an einer Verschwörung. **verschwörerisch.** **Verschwörung** *die, -/-en,* geheimer Plan, Anschlag: *eine politische V.*

versehen [ahd. firsehan], *ich* versehe (versah, habe versehen), **1)** *es,* erfülle, verrichte (Amt, Geschäft): *er versieht seinen Dienst gewissenhaft.* **2)** *ihn, es,* sorge für ihn, besorge: *wer versieht jetzt die Kinder, den Haushalt?* **3)** *ihn, es, mich mit etwas,* gebe es mit, rüste damit aus, versorge damit: *er versieht sich mit Geld und Proviant; das Fahrzeug ist mit vielen Extras versehen.* **4)** *ihn,* spende ihm die Sterbesakramente (Priester). **5)** *es,* mache es falsch: *ehe man sich's versieht,* überraschend. **6)** *mich,* irre mich: *sie hat sich in der Hausnummer versehen.* **7)** *mich dessen,* erwarte es: *ehe man sich's versieht.* **8)** *eine schwangere Frau versieht sich an etwas,* Volksglaube: erschrickt darüber und beeinflußt dadurch das Aussehen des werdenden Kindes ungünstig. **Versehen** *das, -s,* Irrtum, Selbsttäuschung: *es war (nur) ein V.; ich tat es aus V.* **versehentlich,** aus Versehen, irrtümlich. **Versehgang** *der,* Weg des Priesters zu einem Schwerkranken, Sterbenden, um ihm die Sterbesakramente zu geben.

versehren [mhd. verseren, vgl. sehren], *ich* versehre (habe versehrt) *es,* ⚥ beschädige, verletze. **Versehrte** *der, die, -n/-n, ein -r, eine -,* Körperbehinderte(r): *Kriegsversehrte; Versehrtensport.* **Versehrtheit** *die, -.*

verseifen, *ich* verseife (habe verseift) *es,* ᴖ. **Verseifung** *die, -/-en* ᴖ **1)** Umwandlung von Fetten in Glycerin und Seifen. **2)** Spaltung organ. Verbindungen unter Wasseraufnahme.

verselbständigen, *ich* verselbständige *sich* (hat sich verselbständigt), **1)** löst sich aus einem Zusammenhang und wird selbständig: *das Nebenthema verselbständigt sich am Ende des 3. Satzes, ♩.* **2)** *ich verselbständige mich,* Ü mache mich selbständig. **Verselbständigung** *die, -.*

Versemacher *der,* Ü verächtlich: Dichter.

versenden, *ich* versende (habe versandt oder versendet), schicke ab, befördere durch die Post an einen Empfänger: *wir versandten Weihnachtsgrüße an unsere Kunden.* **Versender** *der,* Auftraggeber einer Sendung. **Versendung** *die, -/-en.*

versengen, *ich* versenge (habe versengt) *es,* brenne oberflächlich an: *die Sonne versengte das Weideland.*

versenkbar, *versenkbare Nähmaschinen.* **versenken,** *ich* versenke (habe versenkt), **1)** *es,* bringe ganz unter die Oberfläche, lasse verschwinden: *ein Schiff wurde versenkt.* **2)** *mich in etwas,* Ü richte alle Gedanken darauf: *ich v. mich in ein Buch, in die Arbeit.* **Versenkung** *die, -/-en,* **2)** Teil des Bühnenbodens, der hinabgelassen und emporgehoben werden kann, Abb. B 55: *er ist in der V. verschwunden,* Ü vom Schauplatz des Geschehens abgetreten.

versessen, 1) von versitzen. **2)** *auf etwas,* gierig danach, erpicht darauf. **Versessenheit** *die, -.*

versetzen [ahd. farsezzan], *ich* versetze (habe versetzt), **1)** *ihn, es,* setze an eine andere Stelle: *wir wollen die Tanne versetzen, verpflanzen; der Beamte wurde versetzt; man setzte ihn in den Ruhestand.* **2)** *ihn,* lasse in die nächsthöhere Klasse aufsteigen (Schüler): *alle Klassenkameraden wurden versetzt.* **3)** *es,* bringe ins Leihhaus. **4)** *es ihm,* bringe bei, teile mit, lasse zukommen: *er versetzte ihm einen Schlag; dem hab ich's versetzt,* Ü deutlich gesagt. **5)** *es,* antworte, erwidere: *»sehr *richtig!‹, versetzte er.* **6)** *es,* verschiebe (die Fugen eines Mauerwerks) gegeneinander. **7)** *es mit etwas,* mische, gebe es zu: *mit Kohlensäure versetzt.* **8)** *ihn,* U lasse vergeblich warten, komme nicht zum Treffpunkt. **9)** *mich in etwas,* fühle mich ein, versuche so zu denken, als ob ich es erlebte: *versetz dich in meine Lage!* **Versetzung** *die, -/-en: die V. eines Schülers in die Oberstufe.* **Versetzungszeichen** *das, ♪* Zeichen zur Erhöhung oder Erniedrigung eines Tones, ABB. N 9.

verseuchen, *ich* verseuche (habe verseucht) *es,* stecke an, verunreinige, verbreite Krankheitserreger: *das Inselgebiet ist radioaktiv verseucht.* **Verseuchung** *die, -: V. der Luft und des Wassers.*

versichern [mhd. versichern, zu sicher], *ich* versich(e)re (habe versichert), **1)** *es (ihm),* beteuere die Wahrheit: *er versicherte mir die Richtigkeit dieser Angaben; ich v. Ihnen, daß . . .; du kannst versichert sein, daß . . .* **2)** *mich seiner,* sorge, daß er (es) mir nicht verlorengeht, untreu wird oder schaden kann: *ich versicherte mich seines Beistandes.* **3)** *es, ihn, mich bei ihm gegen eine Gefahr,* treffe Vorsorge gegen Schäden oder Verluste durch eine Versicherung: *wir sind gegen Krankheit, Unfall, Diebstahl, Sturmschaden versichert.* **Versicherung** *die,* **1)** das Versichern, die Zusicherung: *eidesstattliche V.* **2)** Vertrag, in dem der Versicherer gegen bestimmte Zahlungen des Versicherten dessen Risiko und eventuell später auftretenden Bedarf übernimmt: *Lebensversicherung; Unfallversicherung; Versicherungsbetrug; Versicherungsnehmer; Versicherungssumme; Versicherungsvertreter; versicherungspflichtig.*

versickern, *es* versickert (ist versickert), fließt langsam in den Boden (Wasser).

versieben, *ich* versiebe (habe versiebt) *es,* U vergesse, verlege, verliere: *ich habe die Einladung versiebt.*

versiegeln, *ich* versieg(e)le (habe versiegelt), **1)** schließe mit einem Siegel (Brief): *der Eid versiegelte ihm die Lippen,* P. **2)** schütze durch Lackierung mit Kunstharz: *versiegelter Parkettboden.* **3)** Zahnmedizin: überziehe die Kauflächen mit flüssigem Kunststoff, um Karies zu verhindern. **Versieg(e)lung** *die, -/-en.*

versiegen [mhd. versihen, zu sihen ›seihen‹], *es* versiegt (ist versiegt), trocknet aus, hört auf zu fließen: *der Bach, die Quelle v.; seine schöpferische Kraft ist versiegt,* Ü; *ihre Tränen versiegten,* Ü.

versiert [v-, frz. versé, zu lat. versare ›drehen‹], in einer Sache bewandert, erfahren: *ein versierter Geschäftsmann; in allen Fachfragen v.* **Versiertheit** *die, -.*

Versifikation [v-, lat. versus ›Vers‹ und facere ›machen‹] *die, -/-en.* **versifizieren,** *ich* versifiziere (habe versifiziert) *es,* bringe in Verse.

versilbern, *ich* versilb(e)re (habe versilbert) *es,* **1)** überziehe mit Silber: *die Kette ist versilbert; der Mond versilbert die schneebedeckte Landschaft,* Ü. **2)** U mache zu Geld: *sie hat ihren ganzen Hausrat versilbert.* **Versilberung** *die, -.*

versimpelt, U vereinfacht, verdummt.

versingen, *ich* versinge *mich* (versang mich, habe mich versungen), singe falsch.

versinken, *ich* versinke (versank, bin versunken) *in etwas,* sinke ein, gehe unter, verschwinde unter der Oberfläche; Ü gehe ganz darin auf: *ich versinke im Morast; das Schiff versank im Meer; er war in ihren Anblick versunken,* Ü; *versunkene Erinnerungen,* Ü.

versinnbilden, versinnbildlichen, *ich* versinnbilde, versinnbildliche (habe versinnbildet, versinnbildlicht) *es,* stelle in einem Sinnbild dar. **Versinnbildlichung, Versinnbildung** *die, -/-en.* **versinnlichen,** *ich* versinnliche (habe versinnlicht) *es,* mache sinnlich wahrnehmbar, veranschauliche. **Versinnlichung** *die, -.*

Version [v-, frz., zu lat. versare ›wenden‹, ›drehen‹] *die, -/-en,* Fassung, Darstellung, Lesart.

versippt [zu Sippe], verwandt, verschwägert.

versitzen, *ich* versitze (versaß, habe versessen), U **1)** *Zeit,* bringe mit Sitzen zu. **2)** *Kleidung,* verdrücke beim Sitzen. **Versitzgrube** *die,* Sickergrube, Grube in durchlässigem Untergrund, in der Abwasser versickert.

versklaven, *ich* versklave (habe versklavt) *Menschen,* mache sie zu Sklaven; Ü mache sie abhängig und mir gefügig. **Versklavung** *die, -.*

Verslehre *die,* Metrik, Lehre vom Versmaß, ÜBERS. M 14.

versnobt [zu Snob], die Masse verachtend, betont das Besondere pflegend, snobistisch.

verso [v-, eigtl. lat. verso folio], auf der Rückseite eines Blattes stehend.

versoffen, 1) von versaufen. **2)** U derb: dem Trunk ergeben: *ein versoffener Kerl.*

versohlen, *ich* versohle (habe versohlt) *ihn,* **1)** U verprügele. **2)** *schweiz.:* betrüge; verulke.

versöhnen [mhd. versüenen, zu sühnen], *ich* versöhne (habe versöhnt), **1)** *ihn mit mir, mich mit ihm,* stifte Frieden, beende einen Streit: *ich will versuchen, ihn mit seiner Freundin zu versöhnen; wir haben uns wieder versöhnt.* **2)** *mich mit etwas,* Ü finde mich damit ab: *er hat sich mit seinem Schicksal versöhnt.* **Versöhnler** *der, -s/-,* Dt. Dem. Rep.: Opportunist. **versöhnlich,** zur Versöhnung bereit, auf Frieden bedacht. **Versöhnlichkeit** *die, -.* **Versöhnung** *die, -/-en.* **Versöhnungstag** *der,* Jom Kippur, ein hoher jüd. Festtag.

versonnen [zu sinnen], verträumt, gedankenverloren: *v. schaute sie zu.* **Versonnenheit** *die, -.*

versorgen [mhd. versorgen], *ich* versorge (habe versorgt), **1)** *ihn, mich,* sorge für den Lebensunterhalt, sorge für alles Notwendige, kümmere mich darum: *sie versorgt ihren pflegebedürftigen Vater.* **2)** *ihn, mich, es mit etwas,* versehe, beliefere damit: *unsere Stadt wird mit Ferngas versorgt.* **3)** *es mir,* U verschaffe. **4)** *ihn, es, schweiz.:* bewahre auf, ordne: *man hat ihn versorgt, in eine Heilanstalt gebracht.* **Versorgung** *die, -: Versorgungsengpaß; Altersversorgung; Energieversorgung; Wasserversorgung.* **Versorgungswirtschaft** *die, -,* die Versorgung der Bevölkerung und der Wirtschaft mit lebenswichtigen Gütern, z. B. Wasser, Elektrizität.

versotten [zu Sott], *ein Schornstein, Kamin* versottet (ist versottet), wird im Mauerwerk von kondensierenden Feuerungsabgasen geschädigt. **Versottung** *die, -.*

verspaakt, *niederdt.:* stickig; morsch; stockig.

verspachteln, *ich* verspacht(e)le (habe verspachtelt) *es,* **1)** fülle mit Spachtelmasse. **2)** U esse auf.

verspannen, *ich* verspanne (habe verspannt) *es,* **1)** befestige mit Drähten, Seilen. **2)** *verspannte Muskeln,* verkrampfte. **Verspannung** *die.*

verspäten [mhd. verspæten], *ich* verspäte *mich* (habe mich verspätet), komme zu spät: *er verspätete sich aus einer Stunde; eine verspätete Krankmeldung.* **Verspätung** *die, -/-en: der Zug hatte 20 Minuten V.*

verspeisen, *ich* verspeise (habe verspeist) *es,* esse ganz auf.

verspekulieren, *ich* verspekuliere (habe verspekuliert), **1)** *es,* verliere durch Spekulation. **2)** *mich,* U spekuliere falsch.

versperren, *ich* versperre (habe versperrt), **1)** verschließe, schließe zu. **2)** mache unzugänglich: *er versperrte mir den Weg.*

verspielen, *ich* verspiele (habe verspielt), **1)** *es,* verliere beim Spiel. **2)** verliere durch Leichtsinn: *er verspielte sein ganzes Vermögen; er hat bei mir verspielt,* U ich kann ihn nicht mehr leiden. **2)** *die Zeit,* verbringe sie spielend. **3)** *mich, ♪* spiele versehentlich falsch. **verspielt,** *ein verspieltes Kind; er ist noch sehr v.*

verspießern, *ich* verspieß(e)re (bin verspießert), werde zum Spießbürger.

verspillern, *die Pflanze* verspillert (ist verspillert), vergeilt. **Verspill(e)rung** *die, -.*

verspinnen, *ich* verspinne (verspann, habe versponnen), **1)** *es,* verarbeite durch Spinnen zum Faden. **2)** *es,* verbrauche beim Spinnen. **3)** *mich in etwas,* Ü beschäftige mich intensiv damit: *er hat sich in diesen Gedanken versponnen.* **versponnen,** Ü verdreht; wirklichkeitsfremd, verträumt.

verspotten, *ich* verspotte (habe verspottet) *ihn, es,* spotte über ihn, darüber. **Verspottung** *die, -.*

versprechen [ahd. firsprehhan], *ich* verspreche (versprach, habe versprochen), **1)** *es ihm, ihm, es zu tun,* gebe ihm eine Zusicherung, gelobe: *ich habe ihm versprochen zu kommen; er versprach es hoch und heilig, nachdrücklich; er verspricht mir das Blaue vom Himmel,* Ü sehr viel, mehr, als er erfüllen kann; *das versprochene Buch ist noch nicht eingetroffen.* **2)** *es verspricht etwas,* läßt erwarten, erhoffen: *das Wetter verspricht schön zu werden.* **3)** *mir etwas davon,* habe Hoffnung, daß es gut wird. **5)** *mich,* sage versehentlich etwas anderes, als ich gewollt habe, mache einen Sprechfehler. **4)** *ihm, es, schweiz.:* verspreche die Ehe. **Versprechen** *das, -s/-: er hat sein V. nicht gehalten.* **Versprecher** *der, -s/-,* ein im Sinne der Psychoanalyse als Fehlleistung gedeuteter Sprechfehler. **Versprechung** *die, -/-en: leere Versprechungen,* Versprechungen, auf die man sich nicht verlassen kann.

versprengen, *ich* versprenge (habe versprengt) *Soldaten, Truppen,* trenne sie von ihrer Einheit, schlage sie in die Flucht: *versprengte Soldaten.* **Versprengung** *die.*

verspritzen, *ich* verspritze (habe verspritzt) *es,* spritze aus, vergieße in Tropfen: *ich habe Tinte verspritzt.*
versproch(e)nermaßen, wie versprochen.
Versprossung [zu sprießen] *die,* Blütenmißbildung.
versprühen, *ich* versprühe (habe versprüht) *es,* verteile in feinste Tropfen, spraye: *ich v. ein Pflanzenschutzmittel.*
verspunden, verspünden, *ich* verspunde, verspünde (habe verspundet, verspündet) *es,* schließe mit einem Spund.
verspüren, *ich* verspüre (habe verspürt) *es,* spüre, empfinde: *plötzlich verspürte ich einen stechenden Schmerz.*
verst., Abk. für: verstorben.
verstaatlichen, *ich* verstaatliche (habe verstaatlicht) *es,* überführe in staatl. Besitz: *die Eisenbahn wurde verstaatlicht.*
Verstaatlichung *die, -.*
verstädtert, städtisch geworden. **Verstädterung** *die, -,* Zunahme der städt. Wohn- und Lebensform.
verstählen, *ich* verstähle (habe verstählt) *es,* vereise. **Verstählung** *die, -.*
Verstand [ahd. firstand, zu verstehen] *der, -(e)s,* 1) Fähigkeit des Auffassens, Erkennens und Beurteilens: *er besitzt einen klaren, scharfen V.; du hast wohl den V. verloren!,* Ü. 2) Erkenntnistheorie: bei Kant das Vermögen, die Gegenstände der Sinneswahrnehmung durch Begriffe und Urteile zu erfassen und zu ordnen. **verstanden,** von verstehen. **verstandesmäßig. Verstandesmensch** *der,* jemand, der sich mehr vom Verstand als vom Gefühl leiten läßt. **verständig,** 1) mit Verstand, klug, besonnen. 2) verständnisvoll. **verständigen,** *ich* verständige (habe verständigt) 1) *ihn über, von etwas,* teile es ihm mit: *die Polizei wurde zu spät verständigt.* 2) *mich mit ihm,* mache mich ihm verständlich: *wir verständigten uns durch Blicke.* 3) *mich mit ihm,* Ü spreche mich aus, einige mich: *wir konnten uns über die strittige Angelegenheit (nicht) verständigen.* **Verständigkeit** *die, -.* **Verständigung** *die, -: die* telefonische V. war gut; Verständigungsbereitschaft; Verständigungsschwierigkeiten. **verständlich,** 1) so beschaffen, daß man es begreifen, verstehen, nachempfinden kann: *seine Reaktion war durchaus v.; der Text ist schwer v.* 2) gut hörbar. **Verständlichkeit** *die, -.* **Verständnis** *das, -ses,* das Verstehenkönnen, Einfühlungsgabe: *er hat kein (viel) V. für die Probleme der Jugend; ein verständnisinniger Blick.* **verständnislos,** *sie sah mich v. an.* **Verständnislosigkeit** *die, -.* **verständnisvoll,** *ein verständnisvoller Vater.*
verstärken, *ich* verstärke (habe verstärkt) 1) *es,* mache stärker: *ich v. die Wand.* 2) *es verstärkt sich,* wird stärker, nimmt zu: *meine Zweifel verstärkten sich; in verstärktem Maße.* **Verstärker** *der, -s/-,* 1) ⦿ Gerät zur Verstärkung elektr. Signale: *Videoverstärker; Transistorverstärker.* 2) *photograph.* Bad zur Kräftigung eines schwachen Negativs. **Verstärkung** *die: Truppenverstärkung.*
verstäten, verstetten.
verstauben, *es* verstaubt (ist verstaubt), bedeckt sich mit Staub: *verstaubte Ansichten,* Ü veraltete, überholte.
verstauchen, *ich* verstauche (habe verstaucht) *es (mir),* ⚕ überdehne oder zerreiße Kapsel und Bänder eines Gelenks. **Verstauchung** *die, -/-en.*
verstauen, *ich* verstaue (habe verstaut) *es,* bringe unter: *ich v. mein Gepäck im Kofferraum.*
Versteck *das,* selten *der, -(e)s/-e,* verborgener, anderen unbekannter Ort, Schlupfwinkel: *ich suche ein V. für meine Weihnachtsgeschenke; das Versteckspiel.* **verstecken** [mhd. verstecken], *ich* verstecke (habe versteckt) *mich, ihn, es,* gehe in ein Versteck, halte unbemerkt: *wir verstecken die Ostereier im Garten; die Kinder wollen Versteck(en) spielen; du brauchst dich nicht vor ihm zu verstecken,* Ü hast gleichwertige Leistungen aufzuweisen. **versteckt,** 1) heimlich, ungesehen, schwer bemerkbar. 2) Ü dunkel, nicht leicht verständlich, hinterhältig: *eine versteckte Anspielung, Drohung.*
verstehen [ahd. firstan], *ich* verstehe (habe verstanden), 1) *ihn, es,* höre: *ich verstand kein Wort.* 2) *ihn, es,* erfasse den Sinn, begreife, mache verständlich: *ich v. sein Verhalten nicht; habt ihr diese Regel verstanden?; er versteht keinen Spaß; davon verstehst du nichts!; von Musik v. ich nichts; ich gab ihm zu verstehen, daß ich gehen möchte,* deutete an. 3) *es,* habe gelernt, kann: *er versteht sein Handwerk; sie versteht kein Wort Französisch.* 4) *mich zu etwas,* lasse mich herbei, willige ein. 5) *mich auf etwas,* kann es ausüben, kann damit umgehen. 6) *mich mit ihm,* wir sind befreundet, haben gemeinsame Interessen: *wir verstehen einander (uns) gut.* 7) *es versteht sich (von selbst),* ist selbstverständlich, klar ohne jede Erklärung. 8) *es versteht sich,* ist gemeint: *die Preise verstehen sich frei Haus.*

versteifen, *ich* versteife (habe versteift), 1) *es,* mache steif, stütze ab, steife ab. 2) *es versteift sich,* wird steif: *die Gegensätze versteifen sich,* Ü. 3) *mich auf etwas,* Ü bleibe hartnäckig dabei. **Versteifung** *die, -/-en,* 1) ⚕ Gelenkversteifung. 2) Börse: Zurückhaltung im Angebot. 3) Ü Zuspitzung von Gegensätzen.
versteigen, *ich* versteige *mich* (habe mich verstiegen), 1) verirre mich beim Bergsteigen. 2) *zu etwas,* Ü habe die Kühnheit, maße mir an, es zu tun; vgl. verstiegen.
versteigern, *ich* versteig(e)re (habe versteigert) *es,* mache zur Auktion, öffentl. Verkauf einer Ware an den Meistbietenden: *Zwangsversteigerung.* **Versteigerer** *der, -s/-,* Auktionator, jemand, der gewerbsmäßig Waren versteigert. **versteigern** [zu steigern], *ich* versteig(e)re (habe versteigert) *es.* **Versteigerung** *die, -/-en,* Auktion, öffentl. Verkauf einer Ware an den Meistbietenden: *Zwangsversteigerung.*
versteinern, *es* versteinert (ist versteinert), wird zu Stein; Ü erstarrt: *sie stand wie versteinert da,* starr (vor Staunen, Schreck). **Versteinerung** *die, -/-en,* Fossil.
verstellbar, *ein verstellbarer Tisch.* **verstellen** [mhd. verstellen], *ich* verstelle (habe verstellt), 1) *es,* wechsele die Einstellung, mache es z. B. länger, kürzer, höher. 2) *es,* stelle um, anders, falsch: *wer hat die Uhr verstellt?* 3) *es ihm,* versperre, mache unzugänglich: *er verstellte ihm den Weg.* 4) *die Stimme,* mache unkenntlich. 5) *mich,* gebe mich anders, als ich bin. **Verstellung** *die, -,* das Sichverstellen, Heuchelei, Vortäuschung: *Verstellungskunst.*
versteppen, *das Land* versteppt (ist versteppt), wird zur Steppe; wird arm an Sträuchern und Bäumen (sowohl in der Natur- wie in der Kulturlandschaft). **Versteppung** *die, -.*
versterben, *Präsens nicht üblich,* sterben: *er verstarb heute nacht; es ist gestern verstorben,* P; vgl. verstorben.
versteten, *ich* verstete (habe verstetet) *es,* auch verstäte, *schweiz.:* befestige, verknote (den Faden, die Wolle).
versteuern, *ich* versteu(e)re (habe versteuert) *es,* zahle Steuer dafür. **Versteuerung** *die, -.*
verstiegen, 1) von versteigen. 2) Ü überspannt: *verstiegene Ansichten.* **Verstiegenheit** *die, -.*
verstimmen, *ich* verstimme (habe verstimmt) *ihn,* verärgere, verderbe ihm die Laune. **verstimmt,** 1) Ü ärgerlich, in schlechter Laune. 2) von unreinem Klang: *das Klavier ist v.* **Verstimmtheit** *die, -.* **Verstimmung** *die, -.*
verstockt [zu stocken], Ü hartnäckig, uneinsichtig, unzugänglich. **Verstocktheit** *die, -.*
verstohlen [mhd. verstohln, zu stehlen], heimlich, verschämt: *sie betrachtete mich v.* **verstohlenerweise.**
verstopfen, *ich* verstopfe (habe verstopft) *es,* stopfe zu, verschließe, mache ein Durchkommen unmöglich: *das Abflußrohr ist verstopft; die Straßen waren verstopft,* Ü durch hohes Steueraufkommen kam es zu Stauungen. **Verstopfung** *die, -/-en,* 1) das Verstopfen, Verstopftsein. 2) ⚕ eine Störung der Darmtätigkeit mit erschwerter Stuhlentleerung.
verstorben, Abk.: verstorb., Zeichen: †, gestorben, tot. **Verstorbene** *der, die, -n/-n, ein -r, eine -.*
verstören, *ich* verstöre (habe verstört) *ihn,* bringe aus dem seelischen Gleichgewicht, erschüttere: *noch Stunden nach dem Unfall war sie völlig verstört.* **Verstörtheit** *die, -.*
Verstoß *der, gegen etwas,* Verletzung einer Regel, einer Bestimmung: *ein V. gegen die Regeln des Anstands, gegen die Straßenverkehrsordnung.* **verstoßen** [ahd. firstozan], *ich* verstoße (verstieß, habe verstoßen), 1) *ihn,* jage fort, entziehe ihm mein Wohlwollen: *der Vater verstößt seinen Sohn.* 2) *gegen etwas,* verletze es, handle ihm zuwider: *sein Verhalten verstößt gegen unsere Abmachung.* **Verstoßung** *die, -,* das Verstoßen.
Verstrahlung *die,* die radioaktive Verseuchung infolge Einsatzes atomarer Kampfmittel.
verstreben, *ich* verstrebe (habe verstrebt) *es,* stütze durch Streben. **Verstrebung** *die, -/-en,* 1) die Verstreben. 2) die Gesamtheit der Streben.
verstreichen, 1) *ich* verstreiche (habe verstrichen) *es,* streiche gleichmäßig darauf, schmiere breit und reibe ein. 2) *Zeit verstreicht* (ist verstrichen), geht vorbei.
verstreuen, *ich* verstreue (habe verstreut) *es,* streue aus, breite aus: *du hast Salz verstreut; die Häuser liegen verstreut.*
verstricken, *ich* verstricke (habe verstrickt), 1) *es,* gebrauche beim Stricken (Wolle). 2) *mich, ihn in etwas,* Ü bringe unlösbar hinein, verwickle: *er verstrickte sich in Widersprüche.* **Verstrickung** *die, -/-en,* 1) Ü Verwicklung. 2) ⚖ öffentl. Gewahrsam. **Verstrickungsbruch** *der, -,* ⚖ Aufhebung des öffentl. Gewahrsams.
verstromen, *ich* verstrome (habe verstromt) *es,* verbrauche, um elektrische Energie zu gewinnen: *es soll mehr Kohle verstromt werden.*

verströmen, *ich* verströme (habe verströmt) *es,* P strahle aus, verbreite: *er verströmt grenzenlosen Optimismus; die Rosen verströmen ihren Duft.*
Verstromung *die, -, das Verstromen: die V. von Kohle.*
verstümmeln, *ich* verstümm(e)le (habe verstümmelt), **1)** *ihn, es, mich,* verletze schwer, trenne Teile, Glieder ab: *der Mörder verstümmelte sein Opfer.* **2)** *es,* Ü entstelle: *ein verstümmeltes Telegramm.* **Verstümm(e)lung** *die, -/-en: Selbstverstümm(e)lung.*
verstummen, *ich* verstumme (bin verstummt), werde stumm, ruhig: *die Musik, das Gespräch verstummt.*
Versuch [mhd. versuoch] *der, -(e)s/-e,* **1)** Unternehmung, Handlung, die etwas prüfen oder beweisen soll, Experiment: *der Fluchtversuch mißlang; ein ungültiger V.,* ✂; *chemische Versuche; Kernwaffenversuche; Versuchsstrecke; Versuchstiere; Versuchsperson* (z. B. bei psycholog. Experimenten), Abk.: VP, Vp. **2)** ♊ Beginn der Ausführung einer Straftat.
versuchen, *ich* versuche (habe versucht), **1)** *es,* mache einen Versuch, erprobe, prüfe: *ich v. ein Getränk, eine Speise; er versuchte zu entkommen; er will es mit ihm versuchen, sehen, ob er sich bewährt; er hat sich auch als Pianist versucht.* **2)** *ihn,* führe in Versuchung: *ich bin versucht oder ich fühle mich versucht, es zu tun, es lockt mich.* **Versucher** *der,* jemand, der einen anderen in Versuchung führt, P Teufel. **Versuchsballon** *der,* Ü unverbindl. Meldung u. a., um eine Stellungnahme hervorzulocken. **Versuchskaninchen** *das,* **1)** Kaninchen für wissenschaftl. Versuche. **2)** Ü jemand, an dem etwas ausprobiert wird. **versuchsweise. Versuchung** *die, -/-en,* das Versuchtwerden, Verlockung: *führe mich nicht in V.!*
versumpfen, 1) *es* versumpft (ist versumpft), wird sumpfig. **2)** *ich* versumpfe (bin versumpft), Ü verbummle, versacke. **Versumpfung** *die, -,* das Sumpfigwerden.
versündigen, *ich* versündige mich (habe mich versündigt) *an ihm, etwas, gegen ihn, etwas,* begehe eine Sünde, ein Unrecht. **Versündigung** *die, -.*
versunken, *von* versinken. **Versunkenheit** *die, -,* das Versunkensein, tiefe Nachdenklichkeit.
versüßen, *ich* versüße (habe versüßt) *es,* **1)** mache süß. **2)** *ihm,* Ü mache angenehmer.
vert., Abk. für: vertatur!
vertäfeln, täfeln. **Vertäf(e)lung** *die.*
vertagen [mhd. vertagen ›einen Termin ansetzen‹, ›aufschieben‹], *ich* vertage (habe vertagt) *es,* **1)** verschiebe auf eine andere Zeit: *die Sitzung wurde vertagt; das Gericht vertagte sich.* **2)** schweiz. auch: beraume an. **Vertagung** *die.*
vertändeln, *ich* vertänd(e)le (habe vertändelt) *die Zeit,* vertue, verbringe sie nutzlos.
vertatur! [v-, lat., zu vertere ›wenden‹], Abk.: vert., ∅ Zeichen: V, man wende, drehe um!
vertauben, *eine Lagerstätte* vertaubt (ist vertaubt), ⚒ wird taub, enthält keine nutzbaren Mineralien mehr. **Vertaubung** *die, -/-en.*
vertäuen, *ich* vertäue (habe vertäut), ⚓ lege, mache mit Tauen fest (ein Schiff); vgl. Abb. B 41.
vertauschbar. vertauschen, *ich* vertausche (habe vertauscht), **1)** *es (mit etwas),* wechsle es gegen ein anderes aus. **2)** *es, ihn,* verwechsle: *jemand hat meinen Mantel vertauscht.* **Vertauschung** *die, -/-en.*
vertausendfachen, *ich* vertausendfache (habe vertausendfacht) *es,* multipliziere mit 1 000.
Vertäuung *die, -/-en,* ⚓ **1)** ohne Pl., das Vertäuen. **2)** die Befestigung selbst.
verte! [v'er-, lat., vgl. vertatur], Abk.: v., wende (das Blatt) um!
verte|bral [v-, lat. vertebra ›Wirbelknochen‹], auf die Wirbelsäule bezüglich, zu den Wirbeln gehörig. **Verte|brat** *der, -en/-en,* meist Pl., das Wirbeltier.
verteidigen [mhd. verteidingen, zu mhd. tagading ›Gerichtsverhandlung‹], *ich* verteidige (habe verteidigt) *ihn, es, mich,* **1)** schütze gegen Angriffe; wehre Angriffe ab: *der Stützpunkt wurde erfolgreich verteidigt,* ✂; *er muß seinen Titel verteidigen,* ✂. **2)** bin sein Fürsprecher, sein Verteidiger: *der Finanzminister verteidigt die Steuerreform; ein Staranwalt verteidigt ihn.* **Verteidiger** *der, -s/-,* **1)** jemand, der Angriffe abwehrt: *Titelverteidiger,* ✂. **2)** ♊ Jurist, der vor Gericht die Interessen des Beschuldigten wahrnimmt: *Wahlverteidiger.* **3)** ✂ Abwehrspieler bei Ballspielen, vgl. Abb. F 37. **4)** Fürsprecher. **Verteidigung** *die, -/-en: Verteidigungsbündnis; Verteidigungsminister; Landesverteidigung.*

verteilen, *ich* verteile (habe verteilt), **1)** *es an sie, auf sie,* gebe jedem einen Teil: *mit verteilten Rollen.* **2)** *eine Menge verteilt sich (über etwas),* geht auseinander, nimmt einen bestimmten Raum ein. **Verteiler** *der,* **1)** Versorgungsbetrieb der Energiewirtschaft: *Verteilernetz.* **2)** Kontakt, der im Ottomotor die Funken auf die einzelnen Zündkerzen verteilt: *Zündverteiler.* **3)** Verteilungsschema bei Wirtschaftsgütern, innerbetrieblichen Umläufen. **Verteilung** *die: Verteilungsschlüssel; Einkommensverteilung.*
vertellen, *ich* vertelle (habe vertellt) *es, niederdt.:* erzähle.
verteuern, *ich* verteu(e)re (habe verteuert), **1)** *es,* mache teurer. **2)** *es* verteuert sich, wird teurer. **Verteuerung** *die.*
verteufeln [mhd. vertiuveln], *ich* verteuf(e)le (habe verteufelt) *ihn, es,* stelle in tendenziöser Absicht als schlecht hin.
verteufelt, Ü **1)** ein Fluch: *v.!; eine verteufelte Angelegenheit,* unangenehme, lästige, verzwickte. **2)** sehr: *das ging v. schnell!* **Verteuf(e)lung** *die, -/-en.*
vertiefen, *ich* vertiefe (habe vertieft), **1)** *es,* mache tiefer. **2)** Ü bereichere und festige: *das gemeinsame Erlebnis vertiefte ihre Freundschaft.* **3)** *mich in etwas,* versenke mich, meine Gedanken hinein: *in die Arbeit vertieft.* **4)** *es* vertieft sich, wird tiefer. **Vertiefung** *die, -/-en.*
vertikal [v-, ital. verticale, aus mlat. verticalis, zu lat. vertex ›Wirbel‹], senkrecht: *Vertikalebene; vertikale Preisbindung,* Preisbindung der zweiten Hand. **Vertikale** *die, -n/-n.* **Vertikal|intensität** *die,* die senkrechte Komponente des erdmagnetischen Feldes und ihre Stärke. **Vertikalismus** [vgl. . . .ismus] *der, -,* ⬚ Neigung, die Senkrechte sehr viel stärker als die Waagerechte zu betonen: *V. in der Gotik.* **Vertikalstarter** *der,* VTOL-Flugzeug, Senkrechtstarter.
Vertiko [v-, angeblich nach dem Berliner Tischler Vertikow] *das,* selten *der, -s/-s,* früher: Zierschrank mit Aufsatz.
vertilgen, *ich* vertilge (habe vertilgt) *es,* **1)** vernichte restlos, lasse verschwinden. **2)** Ü verzehre. **Vertilgung** *die: Unkrautvertilgung.*
vertippen, *ich* vertippe (habe vertippt), Ü **1)** *mich, es,* tippe falsch (auf einer Schreib- oder Rechenmaschine). **2)** *mich,* schätze falsch.
vertonen, *ich* vertone (habe vertont) *es,* komponiere, setze in Musik um: *das Gedicht wurde vertont.*
vertonen [aus niederl.], *ich* vertone (habe vertont) *es,* ♪ zeichne das Bild einer Küstenstrecke von See aus.
vertönen, *es* vertönt (ist vertönt), verhallt.
Vertonung *die, -/-en,* ♪ das Vertonen (eines Textes).
Vertonung *die, -/-en,* ♪ das Zeichnen einer Küstenstrecke; die Küstenansicht (zur besseren Orientierung auf alten Seekarten).
vertorfen, *es* vertorft (ist vertorft), füllt sich mit Torf; wird zu Torf. **Vertorfung** *die, -.*
Verto|skop [lat. vertere ›wenden‹ und vgl. . . .skop] *das, -s/-e,* ein photograph. Gerät zur Umkehrung der Helligkeitswerte von Schwarzweißnegativen.
vertrackt [niederdt. vertrecken ›verziehen‹, ›verzerren‹], Ü verzwickt, peinlich, unangenehm: *eine vertrackte Angelegenheit.* **Vertracktheit** *die, -/-en.*
Vertrag [mhd. vertrac] *der, -(e)s/¨e,* ein Rechtsgeschäft, das durch Angebot und Annahme zustande kommt: *wir schließen einen V.; Kaufvertrag; Handelsvertrag; Vertragspartner; bei Vertragsabschluß.*
vertragen [ahd. fartragan], *ich* vertrage (vertrug, habe vertragen), **1)** *es,* ertrage, halte aus und leide dabei keinen Schaden: *du verträgst keinen Alkohol; ich kann viel Sonne vertragen; er verträgt keinen Spaß,* nimmt alles übel. **2)** *es,* schweiz.: trage aus, verteile. **3)** *mich mit ihm,* lebe in Harmonie: *wir wollen uns wieder vertragen.* **4)** *es* verträgt sich nicht damit, ist unvereinbar: *sein Verhalten verträgt sich nicht mit unserer Abmachung.* **Verträger** *der, -s/-,* schweiz.: Austräger(in): *Zeitungsverträgerin.*
verträglich, durch Vertrag: *vertragliche Vereinbarungen; wir haben es v. geregelt; ich habe mich v. abgesichert.*
verträglich, 1) bekömmlich, verdaulich (Speisen). **2)** Ü umgänglich, auf friedl. Zusammenleben bedacht (Person): *ein verträgliches Wesen.* **Verträglichkeit** *die, -.*
Vertragsbruch *der.* **vertragsbrüchig,** *er wurde v.* **vertrag(s)los,** *im vertrag(s)losen Zustand.* **Vertragsspieler** *der,* Fußballspieler, der auf Grund eines Vertrages von seinem Verein eine finanzielle Entschädigung erhält. **Vertragsstrafe** *die,* Konventionalstrafe, Buße für Nichterfüllung vertragl. Verpflichtungen. **Vertragsverletzung** *die.* **vertragswidrig,** *vertragswidriges Verhalten.*

vertrauen [ahd. fertruen, zu trauen], *ich vertraue (habe vertraut),* **1)** *ihm, auf ihn, etwas,* verlasse mich auf ihn oder etwas, schenke ihm Vertrauen: *sie vertraute seinen Worten.* **2)** *es ihm,* ⚭ vertraue an. **Vertrauen** *das, -s,* feste Zuversicht, einer Person oder Sache trauen zu können, Glaube an deren Zuverlässigkeit, positives Verhalten: *sein V. auf Hilfe war unerschütterlich; du mußt V. zu ihm haben; im V. gesagt. . .; er hat mein V. mißbraucht; Vertrauensbasis; Vertrauensbeweis; Vertrauensbruch; Vertrauenskrise.* **vertrauenerweckend,** *er machte einen vertrauenerweckenden Eindruck;* aber: *kein Vertrauen erweckend.* **Vertrauensarzt** *der,* ein ärztl. Berater, bes. der sozialen Krankenversicherungen. **vertrauensbildend,** Vertrauen schaffend: *vertrauensbildende Maßnahmen.* **Vertrauensfrage** *die,* **1)** Frage, die das Vertrauen zu einer Person betrifft. **2)** der Antrag des Regierungschefs an das Parlament, ihm das Vertrauen auszusprechen: *der Bundeskanzler stellte die V.* **Vertrauensmann** *der, -(e)s/-²er* oder . . . *leute,* kurz: V-Mann, Vermittler bei schwierigen oder geheimen Verhandlungen, z. B. im Arbeits- und Wehrrecht. **Vertrauenssache** *die,* Angelegenheit allein des Vertrauens: *das ist V.* **vertrauensselig,** zu leicht vertrauend. **Vertrauensseligkeit** *die.* **Vertrauensstellung** *die,* Stellung, bei der persönl. Vertrauen des Arbeitgebers die Grundlage der Zusammenarbeit bildet. **vertrauensvoll.** **Vertrauensvotum** *das,* Mehrheitsbeschluß im Parlament, der (einem Mitglied) der Regierung das Vertrauen ausspricht. **vertrauenswürdig.** **Vertraulichkeit** *die, -.* **vertraulich,** **1)** sehr persönlich, freundschaftlich: *plump v.* **2)** unter dem Siegel der Verschwiegenheit: *ich bitte darum, unser Gespräch (streng) v. zu behandeln.* **Vertraulichkeit** *die, -/-en.*

verträumen, *ich* verträume (habe verträumt) *Zeit,* verbringe mit Träumen. **verträumt,** Träumen, Phantasievorstellungen hingegeben, der Wirklichkeit entrückt: *das Kind ist zu v.; ein verträumter Ort.* **Verträumtheit** *die, -.*

vertraut, **1)** freundschaftlich verbunden: *in vertrautem Kreis(e); der Vertraute,* jemand, dem man Vertrauen schenkt. **2)** wohlbekannt: *in vertrauter Umgebung; er macht sich mit seiner neuen Aufgabe v.* **Vertrautheit** *die, -.*

vertreiben, *ich* vertreibe (habe vertrieben), **1)** *ihn, es,* verjage, dränge hinaus; beseitige, banne: *man vertrieb uns aus der Heimat; ich will mir die Langeweile vertreiben.* **2)** *es,* verkaufe, vgl. Vertrieb. **3)** *es,* Malerei: verwische die Grenzen der Farben, stufe ab. **Vertreibung** *die, -/-en,* das Vertreiben, einseitige staatl. Zwangsmaßnahme zur dauernden Aussiedlung von Volksteilen oder -gruppen.

vertretbar, so beschaffen, daß es zu rechtfertigen ist: *vertretbare Sache,* die im Verkehr nach Maß, Zahl oder Gewicht bestimmt werden kann. **vertreten** [mhd. vertreten], *ich* vertrete (vertrat, habe vertreten), **1)** *ihn,* trete vorübergehend an seine Stelle: *wer vertritt Sie im Urlaub?* **2)** *ihn,* nehme seine Interessen wahr: *er vertritt mich vor Gericht,* ist mein Anwalt. **3)** *es (bei ihm),* trete dafür ein, rechtfertige es: *er vertritt die Meinung, daß. . .* **4)** *eine Ware, ein Unternehmen,* vermittle für ein Unternehmen den Verkauf. **5)** *es,* verderbe durch Treten: *vertretene Schuhe.* **6)** *es ihm,* sperre: *er vertrat ihm den Weg.* **7)** *mir den Fuß,* verstauche, verletze: *ich v. mir die Füße,* ⚭ verschaffe mir Bewegung. **8)** *bin vertreten,* anwesend, dabei. **Vertreter** *der, -s/-,* jemand, der eine Person, Unternehmung, Anschauung, Lehre u. a. vertritt: *Stellvertreter; Handelsvertreter; Interessenvertreter.* **Vertretung** *die, -/-en:* in *Vertretung,* Abk.: i. V.; *Vertretungsstunde; Handelsvertretung; vertretungsweise.*

Vertrieb [zu vertreiben] *der,* Verkauf, Warenhandel; die für den Verkauf zuständige Abteilung einer Firma: *Vertriebsabteilung; Vertriebsgesellschaft; Vertriebskosten,* im Absatz eines Produktes entstehenden Kosten. **Vertriebene** *der, die, -n/-n, eine -,* vom Vertreibung betroffene Person: *Heimatvertriebene; Vertriebenenschicksal.*

vertrimmen, *ich* vertrimme (habe vertrimmt) *ihn,* ⚭ verprügele.

vertrinken, *ich* vertrinke (vertrank, habe vertrunken) *es,* ⚭ gebe mein Geld für Alkohol aus, vergeude durch Trinken.

vertrocknen, *ich* vertrockne (ist vertrocknet), trocknet aus: *die Pflanzen sind vertrocknet.*

vertrödeln, *ich* vertröd(e)le (habe vertrödelt), **1)** ⚭ bringe nutzlos hin: *er vertrödelt seine Zeit.* **2)** ⚭ verkaufe.

vertrölen, *ich* vertröle (habe vertrölt) *es, schweiz.:* versäume (Zeit, Termin).

vertrösten, *ich* vertröste (habe vertröstet) *ihn auf etwas,* gebe ihm Hoffnung auf später; halte ihn hin. **Vertröstung** *die.*

vertrotteln, *ich* vertrott(e)le (bin vertrottelt), ⚭ werde zum Trottel: *der Alte ist völlig vertrottelt.*

vertrusten [-tr'ʌstən, vgl. Trust], *ich* vertruste (habe vertrustet) *Unternehmen,* vereinige zum Trust. **Vertrustung** [-tr'ʌ-] *die, -/-en.*

vertüdern, *ich* vertüd(e)re (habe vertüdert) *es, mich, niederdt.:* bringe etwas durcheinander, verwirre.

Vertumnali|en [v-, nach Vertumnus, dem Gott des Wandels, zu lat. vertere ›wenden‹, ›verwandeln‹], *Pl.,* auch Vortumnalien, ein altröm. Fest.

vertun, *ich* vertue (habe vertan), **1)** *es,* vergeude: *sinnlos vertane Freizeit.* **2)** *es, schweiz.:* breite aus. **3)** *mich,* irre mich. **4)** *mich, schweiz.:* lege mich bequem hin.

vertuschen [mhd. vertuschen ›verbergen‹], *ich* vertusche (habe vertuscht) *es,* ⚭ verheimliche: *der Vorfall wurde vertuscht.* **Vertuschung** *die, -/-en.*

verübeln, *ich* verüb(e)le (habe verübelt) *es ihm,* nehme übel, verarge.

verüben [mhd. verüeben, zu üben], *ich* verübe (habe verübt) *eine Tat,* führe aus, tue: *auf ihn wurde ein Attentat verübt.*

verulken, *ich* verulke (habe verulkt) *ihn, es,* ⚭ verspotte, halte zum Narren.

verunfallen, *ich* verunfalle (bin verunfallt), *schweiz.:* verunglücke. **Verunfallte** *der, die, -n/-n, ein -r, eine -, schweiz.:* Verunglückte(r).

verunglimpfen, *ich* verunglimpfe (habe verunglimpft) *ihn, es,* schmähe, beleidige, mache verächtlich: *er glaubte seinen Namen verunglimpft.* **Verunglimpfung** *die, -/-en.*

verunglücken, *ich* verunglücke (bin verunglückt), erleide einen Unfall: *sie ist mit dem Auto verunglückt; das ist mir verunglückt,* ⚭ mißglückt, mißraten. **Verunglückte** *der, die, -n/-n, ein -r, eine -,* jemand, der einen Unfall erlitt.

verunklärend, *schweiz.:* verwirrend.

verunmöglichen, *ich* verunmögliche (habe verunmöglicht) *es, schweiz.:* mache unmöglich, vereitele.

verunreinigen, *ich* verunreinige (habe verunreinigt) *es,* mache schmutzig, mische unerwünschte Stoffe bei. **Verunreinigung** *die: die V. der Luft.*

verunsichern, *ich* verunsicher(e)re (habe verunsichert) *ihn,* mache unsicher: *er läßt sich leicht verunsichern,* ist rasch *verunsichert.* **Verunsicherung** *die, -.*

verunstalten, *ich* verunstalte (habe verunstaltet) *ihn, mich,* mache häßlich, entstelle. **Verunstaltung** *die, -/-en.*

veruntreuen [mhd. veruntriuwen], *ich* veruntreue (habe veruntreut) *es,* unterschlage eine anvertraute Sache. **Veruntreuung** *die, -/-en.*

verunzieren, *ich* verunziere (habe verunziert) *es,* verunstalte. **Verunzierung** *die, -/-en.*

verursachen, *ich* verursache (habe verursacht) *es,* bewirke, bin ein Grund dafür. **Verursacher** *der, -s/-.* **Verursachung** *die, -: Verursachungsprinzip.*

verurteilen, *ich* verurteile (habe verurteilt), **1)** *ihn,* beurteile negativ, verdamme, lehne ab: *ich v. sein Benehmen.* **2)** *ihn,* spreche als Richter das Urteil über ihn: *er wurde zu einer Geldstrafe verurteilt; sein Vorhaben war zum Scheitern verurteilt,* ü. **Verurteilung** *die, -/-en.*

Verve [vɛrv, frz.] *die, -,* Schwung, Begeisterung.

vervielfachen, *ich* vervielfache (habe vervielfacht), **1)** *es,* vermehre beträchtlich. **2)** *eine Zahl mit einer anderen,* multipliziere, ÜBERS. R 11. **Vervielfachung** *die, -/-en,* ÜBERS. R 11. **vervielfältigen,** *ich* vervielfältige (habe vervielfältigt) *es,* stelle Abzüge eines Originals her, ABB. V 5. **Vervielfältiger** *der, -s/-,* Vervielfältigungsgerät. **Vervielfältigung** *die, -/-en,* **1)** *ohne Pl.,* das Vervielfältigen: *Vervielfältigungsverfahren.* **2)** das vervielfältigte Stück.

vervierfachen, *ich* vervierfache (habe vervierfacht) *es,* vervielfache, multipliziere mit vier, ÜBERS. Z 1.

vervollkommnen, *ich* vervollkommne (habe vervollkommnet) *es, mich,* mache vollkommener, verbessere. **Vervollkommnung** *die, -.* **vervollständigen,** *ich* vervollständige (habe vervollständigt) *es,* mache vollständig; ergänze. **Vervollständigung** *die, -.*

verw., Abk. für: verwitwet.

verwachsen [zu wachsen], **1)** (habe verwachsen) *es,* wachse heraus aus etwas, werde zu groß dafür: *das Kind hat das Kleid verwachsen.* **2)** (bin verwachsen) *mit ihm,* wachse zusammen: *es verwächst miteinander,* z. B. ABB. B 34; *ich bin damit verwachsen,* ü unlöslich, aufs engste verbunden. **3)** *es verwächst (sich),* wächst zu, schließt sich,

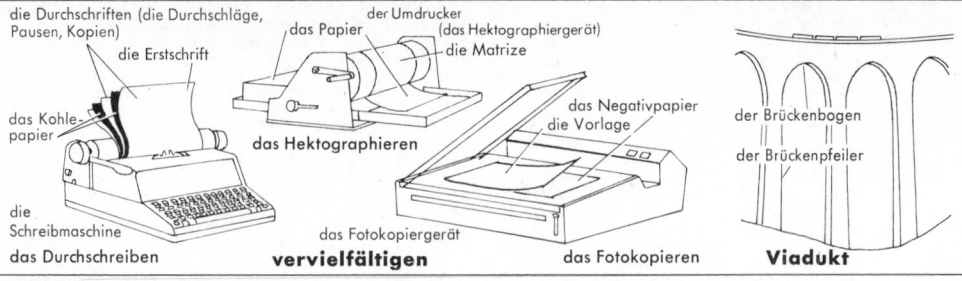

die Durchschriften (die Durchschläge, Pausen, Kopien) — die Erstschrift — das Papier — der Umdrucker (das Hektographiergerät) — die Matrize — das Kohlepapier — **das Hektographieren** — das Negativpapier — die Vorlage — der Brückenbogen — der Brückenpfeiler — die Schreibmaschine — **das Durchschreiben** — **vervielfältigen** — das Fotokopiergerät — **das Fotokopieren** — **Viadukt**

---

verschwindet: *die Narbe ist verwachsen, hat sich verwachsen.* **verwachsen, 1)** von verwachsen. **2)** schief, krumm gewachsen, mißgebildet: *ein verwachsener Mensch.*

verwachsen [zu Wachs], *ich* verwachse (habe verwachst) *die Skier, Schlittenkufen,* ⚒ reibe mit einem ungeeigneten Wachs ein. **Verwachsung** [zu wachsen] *die -/-en: Mineralverwachsung,* vgl. ABB. K 46.

verwackeln, *ich* verwack(e)le (habe verwackelt) *das Bild,* nehme es durch Bewegung beim Photographieren unscharf auf: *das Bild ist verwackelt.*

verwählen, *ich* verwähle *mich* (habe mich verwählt), wähle beim Telefonieren eine falsche Nummer.

Verwahr *der, -s,* Verwahrung: *ich nehme es in V.* **verwahren** [mhd. verwarn], *ich* verwahre (habe verwahrt), **1)** bewahre sicher auf, nehme unter meine Aufsicht. **2)** *mich gegen etwas,* protestiere, erhebe Widerspruch. **Verwahrer** *der, -s/-,* jemand, der etwas bewahrt, beaufsichtigt. **verwahrlosen** [mhd. verwarlosen ›unachtsam behandeln‹, zu ahd. waralos ›achtlos‹], *ich* verwahrlose (bin verwahrlost), werde in höchstem Maße unordentlich und ungepflegt: *die Kinder verwahrlosten; ein verwahrloster Garten.* **Verwahrlosung** *die, -.* **Verwahrsam** *der, -s,* Verwahrung. **Verwahrung** *die, das* Verwahren: *ich gebe, nehme es in V.*

verwaisen [mhd. verweisen], *ich* verwaise (bin verwaist), werde elternlos; Ü werde einsam, verlassen: *ein verwaistes Haus, ein leerstehendes.* **Verwaisung** *die, -.*

verwalken [mhd. verwalken ›zusammenwalken‹], *ich* verwalke (habe verwalkt) *ihn,* U verprügele.

verwalten [mhd. verwalten, zu walten], *ich* verwalte (habe verwaltet) *es,* besorge die damit verbundenen Angelegenheiten, führe die Geschäfte privater oder behördl. Organisationen. **Verwalter** *der, -s/-:* Hausverwalter; Vermögensverwalter. **Verwaltung** *die, -/-en, das* Verwalten; Behörde, Unternehmen, Gebäude dafür: *Kommunalverwaltung; Verwaltungsapparat; Verwaltungsangestellte; Verwaltungsgericht; Verwaltungskosten.*

verwamsen [zu Wams], *ich* verwamse (habe verwamst) *ihn,* U verprügele.

verwandeln [ahd. ferwandilon], *ich* verwand(e)le (habe verwandelt) *es, ihn, mich* in etwas, zu etwas, forme um, ändere Aussehen, Wesen, Lebensweise; verzaubere. **Verwandlung** *die: Verwandlungskünstler.*

verwandt [zu hin-, zugewandt], **1)** *ihm, mit ihm,* auf gemeinsamer Abstammung beruhend, zur selben Familie gehörend: *wir sind miteinander v.* **2)** *ihm, mit ihm,* durch eine bedeutsame Ähnlichkeit verbunden: *verwandte Sprachen; verwandte Seelen.* **3)** von verwenden. **Verwandte** *der, die, -n/-n, ein -r, eine -,* jemand, mit dem man verwandt ist, vgl. ÜBERS. F 6. **Verwandtschaft** *die, -/-en,* die weitere Familie, alle Verwandten; Ähnlichkeit: *Verwandtschaftsgrade; Geistesverwandtschaft.* **verwandtschaftlich,** *verwandtschaftliche Bande, Beziehungen; wir sind v. verbunden.*

verwarnen [mhd. verwarnen], *ich* verwarne (habe verwarnt) *ihn,* **1)** erteile ihm eine Warnung, weise zurecht. **2)** ⚒ drohe Disqualifikation an; Fußball: zeige ihm die gelbe Karte. **Verwarnung** *die,* **1)** *eine gebührenpflichtige V.,* bei Ordnungswidrigkeiten im Straßenverkehr. **2)** Zuchtmittel im Jugendstrafrecht.

verwaschen, 1) vom Waschen verblichen: *verwaschene Jeans.* **2)** Ü verschwommen, unklar: *verwaschene Ideen.*

verwässern, *ich* verwässere, verwäße (habe verwässert) *es,* **1)** verdünne mit zuviel Wasser. **2)** Ü gestalte weniger

eindrucksvoll, nicht überzeugend: *der Film hat das Thema der Romanvorlage verwässert.* **Verwässerung, Verwäßrung** *die, -.*

verweben, *ich* verwebe, **1)** (habe verwebt) *es,* verarbeite beim Weben, verflechte (Garne). **2)** (habe verwoben) *es mit ihm,* P verbinde eng: *er hatte beide Themen geschickt miteinander verwoben.*

verwechseln, *ich* verwechs(e)le (habe verwechselt) *ihn, es (mit ihm),* halte irrtümlich für das andere, für einen anderen: *ich habe beide verwechselt; sie sind (sich) zum Verwechseln ähnlich.* **Verwechs(e)lung** *die, -/-en.*

verwegen [mhd. verwegen ›sich auf die Glückswaage legen‹], kühn, draufgängerisch, keck. **Verwegenheit** *die, -.*

verwehen, 1) *der Wind verweht* (hat verweht) *es,* treibt weg. **2)** *es verweht* (ist verweht), weht weg, verschwindet: *verwehte Spuren.*

verwehren [ahd. farwerien], *ich* verwehre (habe verwehrt) *es ihm,* verbiete; hindere ihn daran: *man kann mir nicht verwehren, sie zu besuchen.*

Verwehung *die, -/-en,* zusammengewehter Schnee: *Schneeverwehung.*

verweichlichen, *ich* verweichliche, **1)** (habe verweichlicht) *ihn,* mache weichlich, behandle zu vorsichtig. **2)** (bin verweichlicht), werde weichlich, empfindlich, anfällig für Krankheiten. **Verweichlichung** *die, -.*

verweigern, *ich* verweig(e)re (habe verweigert) *es ihm,* versage, lehne ab, gebe nicht: *er hat ihm den Gehorsam verweigert; ich v. die Aussage* (vor Gericht); *Annahme verweigert* (auf Postsachen); *sie verweigert sich ihm,* gibt sich ihm nicht hin; *das Pferd hat verweigert,* ist nicht über das Hindernis gesprungen. **Verweigerung** *die.*

verweilen, *ich* verweile (habe verweilt), **1)** halte mich irgendwo auf, bleibe: *Verweilzeit.* **2)** *mich,* versäume Zeit.

verweint, mit deutlichen Spuren von Tränen, vom Weinen: *ein verweintes Gesicht; sie sah v. aus.*

Verweis [mhd. verwiz] *der, -es/-e,* Rüge, Tadel; eine Dienststrafe: *er erhielt einen V.*

Verweis [mhd. verwis] *der, -es/-e,* Hinweis. **verweisen** [mhd. verwisen], *ich* verweise (habe verwiesen), **1)** *auf etwas, ihn darauf,* mache aufmerksam, zeige es ihm: *auf dieses Stichwort ist im Lexikon verwiesen; er verwies mich an die zuständige Stelle.* **2)** *ihn aus, von etwas,* zwinge ihn, es zu verlassen, verbanne: *er wurde des Landes verwiesen.*

verweisen [mhd. verwizen, ahd. forwizan], *ich* verweise (habe verwiesen) *es ihm,* verbiete es ihm, tadele ihn wegen einer Sache.

Verweisung *die,* **1)** Ausweisung, Zwang zum Verlassen: *Landesverweisung; V. von der Schule.* **2)** Hinweis auf eine andere Textstelle, auf ein anderes Stichwort im Lexikon: *Verweisungspfeil.* **3)** ⚖ Abgabe einer Streitsache aus Zuständigkeitsgründen an ein anderes Gericht.

verwelken [vgl. verwesen], *es* verwelkt (ist verwelkt), wird welk: *eine Blume v.; ihre verwelkte Schönheit,* Ü.

verweltlichen, *ich* verweltliche (habe verweltlicht) *es,* mache weltlich, säkularisiere. **Verweltlichung** *die, -.*

verwendbar. Verwendbarkeit *die, -: wir müssen es auf seine V. prüfen.* **verwenden,** *ich* verwende (verwandte, habe verwandt oder verwendete, habe verwendet), **1)** *es, ihn zu etwas,* mache zu einem bestimmten Zweck dienstbar, gebrauche es, bediene mich seiner: *ich habe viel Mühe und Zeit darauf verwendet oder verwandt.* **2)** *mich für ihn,* trete ein, bin sein Fürsprecher: *er will sich für mich verwenden.* **Verwendung** *die: zur besonderen Verwendung,* Abk.: z. b. V.; *ich nehme es in*

V., österr.: in Gebrauch; *Verwendungszweck; Verwendungsnachweis, österr.:* Befähigungsnachweis.

verwerfen [ahd. farwerfan], *ich* verwerfe (verwarf, habe verworfen), **1)** *es,* lehne ab, erkläre für unbrauchbar, unannehmbar, unsittlich. **2)** *die Hände, schweiz.:* mache aufgeregte Gebärden, schlage die Hände über dem Kopf zusammen. **3)** *ein Tier verwirft,* hat eine Fehl-, Früh- oder Totgeburt. **4)** *es verwirft sich,* wirft sich, wird krumm (Holz). **verwerflich,** unannehmbar, abscheulich, ruchlos: *eine verwerfliche Tat.* **Verwerflichkeit** *die, -.* **Verwerfung** *die, -/-en,* **1)** ohne Pl., Ablehnung. **2)** ⊕ Verschiebung von Schollen der Erdrinde, Abb. B 22.

verwerten, *ich* verwerte (habe verwertet) *es,* gebrauche, nütze aus, ziehe Nutzen daraus. **Verwertung** *die.*

verwesen [ahd. firwesan, zu wesennen ›verwelken‹], *es* verwest (ist verwest), zersetzt sich an der Luft, geht in Verwesung über.

verwesen [ahd. firwesan ›jemandes Stelle vertreten‹], *ich* verwese (habe verwest) *es,* ♂ verwalte. **Verweser** *der, -s/-,* ♂ Stellvertreter, Verwalter.

verweslich. Verwesung *die, -,* oxidative Zersetzung organ. Verbindungen: *Verwesungsgeruch.*

verwetten, *ich* verwette (habe verwettet) *es,* verliere beim Wetten.

verwichen [zu weichen], ♂ vergangen.

verwichsen [zu wichsen ›polieren‹], *ich* verwichse (habe verwichst), U **1)** *ihn,* verprügele. **2)** *es,* verjubele, vergeude.

verwickeln [mhd. verwickeln], *ich* verwick(e)le (habe verwickelt) *mich, ihn, es* in etwas, verwirre; U gerate, ziehe hinein: *ich v. ihn in ein Gespräch; er verwickelte sich in Widersprüche.* **verwickelt,** U schwierig, schwer überschaubar, kompliziert. **Verwick(e)lung** *die.*

verwildern [mhd. verwilden], *ich* verwild(e)re (bin verwildert), entwachse der Ordnung, arte aus: *ein Kind, eine Pflanze verwildert.* **Verwilderung** *die, -.*

verwinden [ahd. farwintan], *ich* verwinde (verwand, habe verwunden) *es,* **1)** verschmerze, überwinde, komme darüber hinweg. **2)** drehe, verdrehe, z. B. eine Fläche. **Verwindung** *die,* **1)** ohne Pl., das Verwinden. **2)** Torsion, Verdrehung, Drillung.

verwinkelt, winklig.

verwirken [ahd. farwirkan], *ich* verwirke (habe verwirkt), **1)** *es,* verliere mein Recht darauf; büße durch meine Schuld ein: *er hat seine Freiheit, sein Leben verwirkt.* **2)** *er hat eine Strafe verwirkt,* ♂♬ sich strafbar gemacht.

verwirklichen, *ich* verwirkliche (habe verwirklicht) *es,* setze in die Tat um, realisiere: *wir konnten unsere Reisepläne nicht verwirklichen.* **Verwirklichung** *die, -.*

Verwirkung *die, -,* das Verwirken: *Verwirkungsklausel,* ♬♬.

verwirren, *ich* verwirre (habe verwirrt), **1)** *es,* bringe durcheinander (Garn). **2)** *ihn,* U bringe seine Gedanken, Gefühle in Unordnung: *seine Frage verwirrte mich; eine verwirrende Fülle lockender Angebote; er war völlig verwirrt,* außer Fassung gebracht, zerfahren; vgl. verworren. **Verwirrtheit** *die, -.* **Verwirrung** *die.*

verwirtschaften, *ich* verwirtschafte (habe verwirtschaftet) *es,* verbrauche leichtfertig, durch ungeschicktes, leichtsinniges Wirtschaften.

verwischen, *ich* verwische (habe verwischt), **1)** *es,* mache durch Wischen undeutlich, unkenntlich, auch U: *er wollte die Spuren seiner Tat verwischen.* **2)** *es verwischt sich,* wird undeutlich.

verwittern [zu Wetter], *Gestein* verwittert (ist verwittert), zersetzt sich, wird durch Luft, Niederschläge, Temperaturwechsel angegriffen, bröckelig: *das verwitterte Gesicht des Kapitäns,* U das vom Wetter gezeichnete, zerfurchte Gesicht. **Verwitterung** *die, -.*

verwitwet, Abk.: verw., Witwe(r) geworden.

verwoben, von verweben.

verwogen, ♂, *noch mitteldt.:* verwegen.

verwohnen, *ich* verwohne (habe verwohnt) *es,* nutze durch Bewohnen (stark) ab.

verwöhnen [mhd. verwenen ›in falscher Weise gewöhnen‹], *ich* verwöhne (habe verwöhnt) *ihn,* behandle zu nachgiebig, sehr bereitwillig auf Wünsche ein: *ein verwöhntes Einzelkind; er verwöhnte sie mit Geschenken; du hast dich zu sehr verwöhnt,* deinen Körper verweichlicht. **Verwöhntheit** *die, -.* **Verwöhnung** *die, -.*

verworfen, **1)** von verwerfen. **2)** sittlich verkommen, verabscheuenswert. **Verworfenheit** *die, -.*

verworren [zu verwirren], zerfahren, unklar, konfus: *verworrenes Gerede; die Lage ist v.* **Verworrenheit** *die, -.*

verwunden, *ich* verwunde (habe verwundet) *ihn,* **1)** füge ihm eine Wunde zu. **2)** U verletze seine Gefühle, kränke ihn.

verwunderlich, erstaunlich, ungewöhnlich. **verwundern,** *ich* verwund(e)re (habe verwundert), **1)** *ihn,* setze in Staunen, überrasche mit Ungewöhnlichem. **2)** *mich,* wundere mich, staune. **Verwund(e)rung** *die, -.*

Verwundete *der, die, -n/-n, ein -r, eine -.* **Verwundung** *die, -/-en,* körperl. Verletzung, Kriegsverletzung; U Kränkung.

verwunschen, verzaubert: *ein verwunschenes Schloß.*

verwünschen, *ich* verwünsche (habe verwünscht) *ihn, es,* **1)** wünsche zum Teufel, bin wütend über ihn. **2)** verzaubere (im Märchen). **verwünscht,** verflucht, peinlich, ärgerlich. **Verwünschung** *die, -/-en.*

verwurzeln, *eine Pflanze* verwurzelt (ist verwurzelt), schlägt Wurzeln: *der Baum ist tief im Boden verwurzelt; er ist mit dieser Gegend verwurzelt,* U ist hier heimisch. **Verwurz(e)lung** *die, -.*

verwüsten, *ich* verwüste (habe verwüstet) *es,* zerstöre, verheere, vernichte, lege in Trümmer: *der Orkan verwüstete das Land.* **Verwüstung** *die, -/-en.*

verzagen [zu zagen], *ich* verzage (bin verzagt), verliere den Mut, die Zuversicht. **Verzagtheit** *die, -.*

verzählen, *ich* verzähle (habe verzählt), **1)** *mich,* irre mich beim Zählen. **2)** *es,* ♂, noch südwestdt.: erzähle.

verzahnen, *ich* verzahne (habe verzahnt), **1)** *es,* lasse ineinandergreifen, Abb. B 7. **2)** *es,* U stelle einen Zusammenhang her, verbinde eng. **Verzahnung** *die: die V. der Volkswirtschaften von Industrieländern.*

verzanken, *ich* verzanke *mich* (habe mich verzankt) *mit ihm,* streite mich, entzweie mich im Streit.

verzapfen, *ich* verzapfe (habe verzapft) *es,* **1)** schenke vom Faß aus. **2)** verbinde Holzteile durch Zapfen, vgl. Abb. H 24. **3)** U erzähle, schreibe, tue etwas Törichtes: *er verzapfte wieder viel Unsinn.* **Verzapfung** *die, -/-en.*

verzärteln, *ich* verzärt(e)le (habe verzärtelt) *ihn,* verwöhne, verweichliche: *ein verzärteltes Kind.* **Verzärt(e)lung** *die, -.*

verzaubern, *ich* verzaub(e)re (habe verzaubert) *ihn, es,* **1)** verwandele auf wunderbare Weise: *eine verzauberte Prinzessin.* **2)** beeindrucke stark, erfreue, versetze in Verzückung: *die Musik hat ihn verzaubert.* **Verzaub(e)rung** *die, -/-en.*

verzehnfachen, *ich* verzehnfache (habe verzehnfacht) *es,* vervielfache, multipliziere mit zehn.

Verzehr *der, -(e)s,* Verbrauch an Essen und Getränken: *nicht zum V. geeignet!* **verzehren** [ahd. firzeran ›vernichten‹], *ich* verzehre (habe verzehrt), **1)** *es,* esse, trinke. **2)** *es,* verbrauche etwas, U verbraucht: *diese Arbeit verzehrt meine Kräfte.* **3)** *mich,* P verlange heftig: *sie verzehrte sich (in Sehnsucht) nach ihm.* **Verzehrung** *die.*

verzeichnen, *ich* verzeichne (habe verzeichnet), **1)** *es, mich,* zeichne falsch. **2)** *es,* U stelle falsch dar: *eine böswillig verzeichnete Biographie.* **3)** *es,* zeichne auf, vermerke, notiere: *hier sind alle Werke des Verlags verzeichnet; er hatte nur Erfolge zu verzeichnen.* **4)** *es* verzeichnet, *es bildet nicht richtig ab.* **Verzeichnis** *das, -ses/-se,* Liste, schriftliche, geordnete Aufzählung, Bestandsaufnahme. **Verzeichnung** *die,* **1)** das Verzeichnen. **2)** Optik: ein Abbildungsfehler, bei dem der Abbildungsmaßstab nicht konstant bleibt: *verzeichnungsfrei.*

verzeigen, *ich* verzeige (habe verzeigt) *ihn, es, schweiz.:* zeige an.

verzeihen, *ich* verzeihe (ahd. firzihan, zu zeihen], *ich* verzeihe (es) *ihm,* vergebe, rechne ihm ein Verschulden nicht an, trage es ihm nicht nach: *sie verzieh ihm diese Ungerechtigkeit; das v. ich dir nie!; ein verzeihender Blick; ein verzeihendes Lächeln; verzeihen Sie!,* oft abgegriffen: entschuldigen, erlauben Sie! **verzeihlich. Verzeihung** *die, -: ich bitte dich um V.*

verzerren, *ich* verzerre (habe verzerrt) *es,* **1)** $ dehne zu stark (Sehne). **2)** verunstalte, entstelle: *sein Gesicht verzerrte sich vor Wut, Haß, Schmerz.* **3)** stelle falsch dar (Umrisse, Verhältnis). **4)** U gebe falsch wieder, entstelle: *unsere Stimmen klangen auf dem Tonband verzerrt; das Bild ist verzerrt; sie gab seine Meinung verzerrt wieder.* **Verzerrung** *die.*

verzetteln [mhd. verzetten ›verstreuen‹], *ich* verzett(e)le (habe verzettelt) *es, mich,* verzerre, U. vergeude die Kraft an Kleinigkeiten, statt mich auf eine Aufgabe zu konzentrieren: *du darfst deine Kräfte nicht verzetteln.*

verzetteln [zu Zettel], *ich* verzett(e)le (habe verzettelt) *es,* schreibe gesondert auf einzelne Zettel für eine Zettelkartei. **Verzett(e)lung** *die.*

Verzicht [mhd. verzic] *der, -(e)s/-e, auf etwas,* Entsagung, Rücktritt, Aufgabe eines Rechts, einer Befugnis: *er will V. leisten; Verzichterklärung; Verzichtleistung; Konsumverzicht.* **verzichten,** *ich* verzichte (habe verzichtet) *auf etwas.*

verziehen [ahd. farziohan], *ich* verziehe (habe verzogen), **1)** *es,* ziehe in eine andere Form: *sie verzog den Mund zum Lächeln.* **2)** *ihn,* erziehe schlecht, verwöhne: *ein verzogenes Kind.* **3)** *Pflanzen,* ziehe schwache, zu dicht stehende aus, z. B. bei Rüben. **4)** *mich,* U gehe (heimlich) weg. **5)** *es verzieht sich,* verschwindet (Nebelschwaden, Gewitter). **6)** *es verzieht sich,* ändert seine Form, gerät aus der Form: *die Bretter haben sich verzogen.* **7)** (bin verzogen), verlasse den Ort, die Wohnung, ziehe um: *wir sind nach Mainz verzogen; Empfänger verzogen,* Vermerk auf zurückgehenden Postsachen.

verziehen, von verzeihen.

verzieren, *ich* verziere (habe verziert) *es,* schmücke aus. **Verzierung** *die, -/-en,* **1)** Schmuckwerk, Ausschmückung, Ornament. **2)** ♪ auch Manier, Ausschmückung einer Note, z. B. durch Vorschlag, Triller.

verzinken, *ich* verzinke (habe verzinkt) *es,* versehe mit Zinken (Holz), vgl. **Abb.** H 24.

verzinken [Rotwelsch zinken ›zeigen‹], *ich* verzinke (habe verzinkt) *ihn,* G verrate, zeige an.

verzinken, *ich* verzinke (habe verzinkt) *es,* ⊕ überziehe mit Zink (Metalle). **Verzinkung** *die, -: Feuerverzinkung.*

verzinnen, *ich* verzinne (habe verzinnt) *es,* überziehe mit Zinn (Metalle). **Verzinnung** *die, -.*

verzinsen, *ich* verzinse (habe verzinst), **1)** *es mit . . .%,* zahle . . . % Zinsen dafür. **2)** *es verzinst sich,* bringt Zinsen ein. **verzinslich. Verzinslichkeit** *die, -.* **Verzinsung** *die, -.*

verzogen, von verziehen.

Verzögerer *der, -s/-,* Inhibitor. **verzögern,** *ich* verzög(e)re (habe verzögert) *es,* verlangsame, ziehe hinaus, lasse später als vorgesehen eintreten: *seine Ankunft verzögert sich um eine Stunde.* **Verzögerung** *die, -/-en,* **1)** Verlangsamung, das Hinhalten: *Verzögerungstaktik.* **2)** Physik: negative Beschleunigung.

verzollen, *ich* verzolle (habe verzollt) *es,* entrichte den Zoll dafür. **Verzollung** *die, -.*

verzücken [mhd. verzücken], *ich* verzücke (habe verzückt) *ihn,* versetze in große Begeisterung, reiße hin: *er ist verzückt.*

verzuckern, *ich* verzuck(e)re (habe verzuckert) *es,* **1)** ⟲ setze in Zucker um (Stärke, Zellulose). **2)** überziehe, bestreue mit Zucker. **3)** Ü mache angenehme, versüße. **Verzuckerung** *die, -.*

Verzücktheit *die, -.* **Verzückung** *die, -/-en,* höchstes Entzücken, Ekstase: *er geriet in V.*

Verzug [mhd. verzoc, zu verziehen] *der, -(e)s,* **1)** Verzögerung: *wir sind im V.,* im Rückstand; *ohne V.,* sofort; *Verzugszinsen; Gefahr ist im V.,* droht. **2)** ⚒ Verschalung. **3)** Spinnerei: Verfeinerung des Garns durch Strecken.

verzwatzeln, *ich* verzwatz(e)le (bin verzwatzelt), *süddt.:* vergehe vor Ungeduld.

verzweifeln [mhd. verzwiveln], *ich* verzweif(e)le (bin verzweifelt) *an ihm, über etwas,* verzage, bin ohne Hoffnung, Trost, halte es für aussichtslos: *er ist in einer verzweifelten Lage; ein verzweifelter Entschluß,* in höchster Not gefaßter; *es ist zum Verzweifeln.* **Verzweiflung** *die, -: Verzweiflungstat.*

verzweigen, *es verzweigt sich* (hat sich verzweigt), spaltet sich in Teile, entwickelt gleichartige Glieder. **Verzweigung** *die, -/-en.*

verzwickt [von mhd. verzwicken ›mit Zwecken zusammenfügen‹], U schwierig, kompliziert: *eine verzwickte Angelegenheit; verzwickte Verwandtschaftsbeziehungen.*

Vesper [ahd. vespara, zu lat. vespera ›Abendzeit‹], **1)** *die, -/-n,* abendl. Gebetsstunde; Abendgottesdienst: *Vespergottesdienst.* **2)** *das, -s/-, oberdt.:* Zwischenmahlzeit am Vor- oder Nachmittag: *Vesperbrot; Vesperpause.* **Vesperbild** *das,* die Pietà. **vespern,** *ich* vesp(e)re (habe gevespert), nehme das Vesper(brot) ein.

Vestalin [v-] *die, -/-nen,* altrömische Priesterin der Vesta, der Göttin des Herdfeuers.

Veste *die, -/-n,* ⚔ Feste, Festung.

Vestibül [v-, frz. vestibule, zu lat. vestibulum] *das, -s/-e,* Eingangshalle, Vorhalle.

Vestitur [v-] *die, -,* Investitur.

Vesuvian [nach dem Vesuv] *der, -s/-e,* ein Mineral.

Veteran [v-, frz. vétéran, zu lat. veteranus ›altgedient‹] *der, -en/-en,* **1)** altgedienter Soldat; jemand, der sich in langer Dienstzeit bewährt hat: *ein V. der Wissenschaft.* **2)** Ü altes Kraftfahrzeug, Oldtimer: *Veteranenrennen.*

veterinär [v-, frz. vétérinaire, zu lat. veterianarius ›zum Zugvieh gehörend‹]. **Veterinär** *der, -s/-e,* Tierarzt. **Veterinärmedizin** *die, -,* Tierheilkunde.

Veto [v-, frz. veto, zu lat. vetare ›verbieten‹] *das, -s/-s,* Einspruch; Einspruchsrecht: *er legte sein·V. ein; Vetorecht.*

Vettel [mhd. vetel, zu lat. vetula ›die Alte‹] *die, -/-n,* liederliche alte Frau.

Vetter [ahd. fetero, urspr. ›Vatersbruder‹] *der, -s/-n,* **1)** Cousin, Sohn von Onkel oder Tante, **Übers.** F 6. **2)** Verwandter. **Vetter(n)schaft** *die, -,* Verwandtschaft. **Vetternwirtschaft** *die, -,* Begünstigung von Verwandten und Freunden bei Besetzung von Stellen, Vergabe von Aufträgen.

Vexierbild [v-, lat. vexare ›hin und her reißen‹, ›quälen‹] *das,* Suchbild, bildl. Darstellung, aus der man ein anderes Bild herausfinden soll. **vexieren,** *ich* vexiere (habe vexiert) *ihn,* ⚭ **1)** führe irre, necke, foppe. **2)** plage, quäle. **Vexierrätsel** *das,* ein Scherzrätsel. **Vexierschloß** *das,* Zahlen-, Buchstabenschloß. **Vexierspiegel** *der,* verzerrender Spiegel.

Vexillologie [v-, lat. vexillum ›Fahne‹ und vgl. . . .logie] *die, -,* Fahnen- und Flaggenkunde.

Vezier [vez'i:r] *der, -s/-e,* Wesir.

V-förmig [f'au-], wie ein V geformt.

vgl., Abk. für: vergleiche!

v., g., u., Abk. für: vorgelesen, genehmigt, unterschrieben.

v. H., Abk. für: vom Hundert: *5 v. H.* oder *5%.*

VHF, Abk. für engl. very high frequency, Wellenbereich der Ultrakurzwellen.

via [v-, lat. ›Weg‹, ›Straße‹], (auf dem Weg) über: *Paris v. Köln.* **Viadukt** [lat. ducere ›führen‹, ›leiten‹] *der, -(e)s/-e,* Talbrücke, Überführung, **Abb.** V 5. **Viatikum** [lat. viaticum ›Reisegeld‹] *das, -s/. . .ka* oder . . . ken, kath. Kirche: Wegzehrung, dem Sterbenden gereichte Kommunion.

Vibraphon [v-, lat. vibrare ›schwingen‹ und grch. phone ›Stimme‹] *das, -s/-e,* ein Musikinstrument. **Vibraphonist** *der, -en/-en,* Vibraphonspieler. **Vibration** [lat. vibratio] *die, -/-en,* Schwingung, Beben, Erschütterung, Zittern: *Vibrationskrankheit; Vibrationsmassage.* **vibrato** [ital.], ♪ bebend. **Vibrato** *das, -s/-s* oder . . .ti, ♪. **Vibrator** *der, -s/. . .t'oren,* Schwingungserzeuger, z. B. Rüttelgerät in der Bautechnik, Gerät für Vibrationsmassage. **vibrieren,** *es* vibriert (hat vibriert): *mit vibrierender Stimme.* **Vibrograph** [vgl. . . .graph] *der, -en/-en,* Gerät zum Messen und Registrieren von Schwingungen und Erschütterungen.

vice versa [v-v-, lat.], Abk.: v. v., umgekehrt, wechselseitig.

Vicki, Vicky [v-, zu Viktoria], weibl. Vornamen.

Vicomte [vik'õt, frz., aus mlat. vicecomes ›Vizegraf‹] *der, -s/-s,* franzős. Adelstitel im Rang zwischen Graf und Baron. **Vicomtesse** [vikõt'ɛs] *die, -/-n* [-ən].

vid., Abk. für: videatur. **vide!** [v'ide, lat., zu videre ›sehen‹, ›erleben‹], Abk.: v., siehe! **videatur,** Abk.: vid., man sehe nach. **Video** *das, -s/-s,* mit einer Videokamera aufgenommener (Fernseh)film. **Video . . .,** Fernseh(funk). . .: *Videoempfang; Videoverstärker; Videosignal.* **Videoband** *das,* Magnetband zur Speicherung von Fernsehsendungen. **Videofilm** *der,* mit einer Videokamera aufgenommener Film. **Videogame** [-geim, engl. game ›Spiel‹] *das, -s/-s, bes. schweiz.:* Telespiel. **Videogerät** *das,* Gerät zur Speicherung von Bild und Ton und zur Wiedergabe über ein Fernsehgerät. **Videographie** [vgl. . . . graphie] *die, -,* die Speicherung einer Bildinformation durch magnet. Aufzeichnung von Videosignalen, die mit Hilfe einer Fernsehkamera gewonnen wurden. **Videokamera** *die,* Kamera zur magnet. Aufzeichnung von Bildinformationen, mitunter mit einem Videorecorder in einem Gehäuse vereinigt. **Videokassette** *die,* Kassette mit aufgespieltem Videoband. **Videoplatte** *die,* Bildplatte. **Videorecorder** *der,* ein Gerät zur Speicherung von Fernsehsendungen. **Videospiel** *das,* Telespiel. **Videotechnik** *die,* Aufnahme-, Speicherungs- und Wiedergabetechnik von Fernsehbildern und dazugehörigem Ton. **Videotext** *der,* Textübertragung zusammen mit dem Fernsehsignal. **Videothek** [vgl. Theke] *die, -/-en,* Sammlung von Filmen und Fernsehaufzeichnungen. **Videoüberwachung** *die,* Überwachung mit Hilfe eines Videogerätes (z. B. in Kaufhäusern). **vidi,** Abk.: v., ich habe gesehen. **Vidicon** *das, -s/-s,* Bildspeicherröhre, Fernsehaufnahmeröhre. **vidieren,** *ich* vidiere (habe vidiert), ⚭, *noch österr.:* beglaubige, unterschreibe. **Vidimation** [frz. vidimer zu lat. vidimus ›wir haben gesehen‹] *die, -/-en,* Beglaubigung; Zustimmung. **vidit,** Abk.: vdt., (es) gesehen.

Viech [Nebenform zu Vieh] *das, -(e)s/-er,* U **1)** Vieh, Tier. **2)**

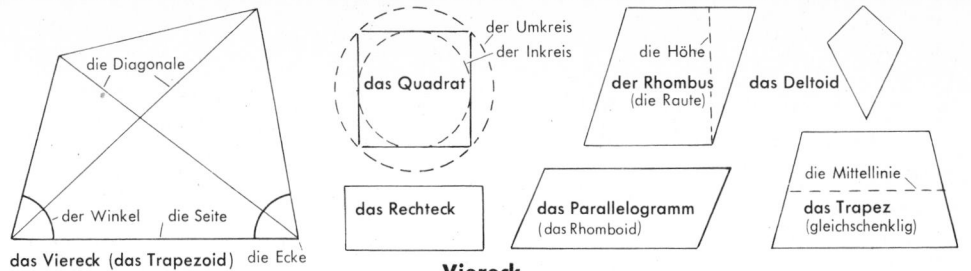

die Diagonale · der Umkreis · der Inkreis · **das Quadrat** · die Höhe · **der Rhombus** (die Raute) · **das Deltoid** · der Winkel · die Seite · **das Rechteck** · **das Parallelogramm** (das Rhomboid) · die Mittellinie · **das Trapez** (gleichschenklig) · **das Viereck (das Trapezoid)** · die Ecke

Viereck

komischer Mensch. **Viecherei** die, -/-en, U **1)** Gemeinheit. **2)** große Anstrengung. **Vieh** [ahd. fihu] das, -(e)s, **1)** Nutztiere, bes. der Bestand an Rindern, Schweinen, Ziegen, Schafen, Zugtieren, Geflügel: *Federvieh; Rindvieh; Viehhandel.* **2)** U Tier; U derb: brutaler, roher, gemeiner Mensch. **Viehhabe** die, -, *schweiz.*: Viehbestand. **viehisch,** roh, brutal, unmenschl. **Viehsalz** das, -es, wenig gereinigtes oder zur menschl. Ernährung ungenießbar gemachtes, rötlich gefärbtes Kochsalz. **Viehzeug** das, U verächtlich: Tiere. **Viehzucht** die, Zucht von Nutztieren, Tierzucht.

viel, mehr, am meisten [ahd. filu], große Menge, Zahl, Masse bezeichnend, eine Fülle von: *er hat v., v. zuviel ausgegeben; schade um das viele Geld; mit vieler Mühe; v. Schönes* oder *vieles Schöne; viel(e) schlaflose Nächte; vieler schlafloser* (seltener *schlaflosen*) *Nächte; viel(es) ist zerstört worden; sie hat v. Gutes getan; es war um vieles besser; in vielem hast du recht; viele von uns; viele der Schüler; er ist v. kränker, als er glaubt; wir haben alle gleich v. erhalten,* vgl. aber: *gleichviel; du wirst noch so v. arbeiten, daß du eines Tages nicht mehr kannst,* aber: *soviel ich weiß, . . .; viele Male,* aber: *vielmals;* vgl. zuviel. **Viel** das, -s, große Menge: *viel des Guten.* **vielbändig,** ein *vielbändiges Lexikon.* **vielbeschäftigt,** ein *vielbeschäftigter Künstler;* aber: *er ist jetzt viel beschäftigt.* **vielbesprochen,** allgemeines Interesse findend: *eine vielbesprochene Aufführung;* aber: *diese Aufführung wurde viel besprochen.* **vieldeutig,** unklar, zweifelhaft. **Vieldeutigkeit** die, -. **Vieleck** das, △ Polygon, Figur aus einer Folge von Punkten, die durch Strecken miteinander verbunden sind. **vieleckig. Vielehe** die, Polygamie, Polyandrie, Polygynie. **vielenorts,** vielerorts, in vielen Gegenden, an vielen Orten. **vielerlei,** nicht flektierbar, verschiedenartig, mannigfaltig. **vielerorts,** vielenorts. **vielfach, 1)** viele Male, mehrfach: *auf vielfachen, v. geäußerten Wunsch; Vielfachgerät.* **2)** U oft, häufig. **Vielfache** das, -n, *ein -s: 180 ist das kleinste gemeinschaftliche V. von 36 und 60,* △ die kleinste Zahl, die beide Zahlen als Teiler hat. **Vielfalt** die, -, Mannigfaltigkeit: *die V. der Anregungen, Vorschläge.* **vielfältig. Vielfältigkeit** die, -. **Vielflach** das, -(e)s/-e, **Vielflächner** der, -s/-, Polyeder, △ ein von ebenen Vielecken begrenzter Körper. **Vielfraß** der, -es/-e, **1)** [vgl. Volksetymologie], ein Raubmarder. **2)** U jemand, der viel ißt. **vielgekauft,** ein *vielgekauftes Gerät;* aber: *das Gerät wird viel gekauft.* **vielgereist,** ein *vielgereister Mann;* aber: *er ist viel herum od. weit gereist.* **vielgestaltig,** in vielerlei Gestalt, abwechslungsreich, mannigfaltig. **Vielgestaltigkeit** die, -. **Vielgötterei** die, -, Polytheismus, Glaube an viele Götter. **Vielheit** die, -, Fülle, große Menge. **vielhundertmal,** aber: *viele hundert Male.* **vielköpfig,** eine größere Anzahl Menschen zählend: *eine vielköpfige Familie.* **vielleicht, 1)** möglicherweise: *v. hast du recht.* **2)** U etwa, ungefähr: *es waren v. 500 Personen bei der Kundgebung.*

Vielliebchen [vgl. Volksetymologie] das, zwei zusammengewachsene Früchte, bes. Mandeln, und der damit verbundene alte Brauch, diese Früchte mit jemandem zusammen zu essen und mit ihm zu wetten, daß man als erster am nächsten Morgen daran erinnert.

vielmal, vielmals. **vielmalig. vielmals,** viele Male, häufig. **Vielmännerei** die, -, Polyandrie. **vielmehr** [auch f'i:l-], richtiger, besser: *es ist möglich, v. wahrscheinlich, daß. . .;* aber: *er kann viel mehr als ich.* **vielsagend,** viel aussagend: *ein vielsagender Blick.* **vielschichtig,** vielfältig gegliedert: *ein vielschichtiges Problem.* **vielseitig,** mit vielen Seiten, Ü viele Interessen, viele Gebiete umfassend: *er hat eine vielseitige Tätigkeit gefunden.*

Vielseitigkeit die, -: *Vielseitigkeitsprüfung,* eine Prüfung im Pferdesport. **Vielstoffmotor** der, ein Dieselmotor, der für verschiedenste Kraftstoffe geeignet ist. **vieltausendmal,** aber: *viele tausend Male.* **viel|umworben,** ein *vielumworbenes Mädchen;* aber: *sie wird viel umworben.* **vielversprechend,** Erfolg verheißend. **Vielweiberei** die, -, Polygamie, Polygynie. **Vielzahl** die, -, große Menge, Fülle. **Vielzeller** der, -s/-, Lebewesen, das aus vielen Zellen besteht. **vielzellig.**

vier (4) [ahd. fior], ÜBERS. Z 1; vgl. acht: *die v. Jahreszeiten; ich möchte mit dir unter v. Augen sprechen,* mit dir allein; *ich bleibe in meinen v. Wänden,* bleibe zu Hause; *das Kind krabbelt auf allen vieren,* auf Händen und Füßen; *wir spielen zu vieren* oder *zu viert.* **Vier** die, -/-en, die Zahl 4; als Note *ausreichend;* vgl. Acht: *sie bekam in Englisch eine V.* **Vierbeiner** der, -s/-, U Tier mit vier Beinen, meist Hund. **vierbeinig,** mit vier Beinen. **vierblätt(e)rig,** mit vier Blättern (Kleeblatt). **Viereck** das, ABB. V 6. **vier|eckig. Vierer** der, -s/-, **1)** ein Sportboot mit vier Ruderplätzen, ABB. B 43. **2)** U die Leistungsnote 4: *ein V. in Deutsch.* **3)** etwas aus dem Jahrgang 1804 oder 1904. **4)** U Gewinn mit vier richtigen Zahlen: *wir haben einen V. im Lotto.* **5)** Gabler. **Vierfarbendruck** der, -(e)s/-e, **1)** ohne Pl., Übereinanderdruck der drei Grundfarben mit einer Schwarzplatte. **2)** so hergestelltes Druckerzeugnis. **Vierflach** das, -(e)s/-e, **Vierflächner** der, -s/-, Tetraeder, ABB. K 38. **vierfüßig,** mit vier Füßen; mit vier Versfüßen: *vierfüßiger Jambus.* **Vierfüß(l)er** der, -s/-, Wirbeltier mit vier Gliedmaßen. **Viergespann** das, Wagen mit vier Pferden. **vierhändig,** *wir spielen v.,* zu zweit am Klavier. **vierhundert** (400), vgl. hundert. **vierkant,** rechtwinklig zur Kiellinie. **Vierkant** der, -(e)s/-e, Werkzeug oder Geräteteil mit vier Kanten, ABB. S 35: *Vierkanteisen.* **vierkantig,** mit vier Kanten. **Vierling** der, -s/-e, **1)** jedes von vier gemeinsam im Mutterleib entwickelten Kindern. **2)** Schußwaffe, bei der vier Rohre gemeinsam gerichtet und abgefeuert werden können. **Vierpaß** der, . . . passes/. . . passe, gotische Schmuckform, ABB. M 7. **Vierplätzer** der, -s/-, *schweiz.*: Viersitzer. **vierplätzig,** viersitzig. **vierschrötig,** stämmig, derb. **Viersitzer** der, -s/-, Wagen mit vier Sitzplätzen. **viersitzig. Vierspänner** der, -s/-, Wagen für vier Pferde. **vierspännig. Viertaktmotor** der, ein Verbrennungsmotor. **viertausend** (4000), vgl. tausend. **vierteilen,** in vier Teile (habe geviertelt), **1)** es, zerlege in vier Teile. **2)** ihn, zerteile, zerreiße ihn (Todesstrafe im MA.). **viertel** (¹/₄), ÜBERS. Z 1. **Viertel** das, *schweiz.* meist der, -s/-, vierter Teil, ÜBERS. Z 1, ABB. V 5, Z 6. **2)** Hohlmaß für: Vierteliter, Viertelpfund. **3)** Stadtteil: *Villenviertel.* **Viertele** das, -s/-, *alem.:* im Schoppen Wein. **Vierteljahr** das, drei Monate. **Vierteljahrhundert** das, 25 Jahre. **vierteljährig,** ein Vierteljahr dauernd, alt. **vierteljährlich,** sich jedes Vierteljahr wiederholend. **vierteln,** in vier Teile (habe geviertelt) es, zerlege in vier Teile. **Viertelnote,** ABB. N 9. **Viertelstunde** die, 15 Minuten; vgl. Dreiviertelstunde. **viertelstündig,** eine Viertelstunde dauernd. **viertelstündlich,** jede Viertelstunde. **viertürig,** mit vier Türen (Kraftfahrzeug). **Vierung** die, -/-en, viereckiger Raumteil an der Kreuzung von Quer- und Längsschiff der Kirche: *Vierungspfeiler,* ABB. K 20. **Viervierteltakt** der (⁴/₄-Takt), Takt aus vier Vierteln. **vierzehn** (14), vgl. achtzehn. **Vierzeiler** der, -s/-, Strophe mit vier Versen. **vierzig** (40), vgl. achtzig. **Vierzigstundenwoche** die, 40-Stunden-Woche, Woche mit 40 Arbeitsstunden.

Vietnamese [viet-] der, -n/-n, Bewohner von Vietnam. **vietnamesisch.**

vif [vi:f, frz., zu lat. vivus ›lebendig‹], U lebhaft; aufgeweckt.
Vigil [v-, lat. vigilia ›Nachtwache‹, zu vigil ›Wächter‹] *die,* -/. . .*li|en,* Vigilie: *Vigilfeier.* **vigilant** [frz., zu lat. vigilare ›wachen‹], U wachsam, schlau, geweckt. **Vigilant** *der, -en/-en,* ⚥ Polizeispitzel. **Vigilantismus** [vgl. . . .ismus] *der, -.* **Vigilanz** *die, -,* **1)** Wachsamkeit; Aufgewecktheit. **2)** Psychologie: Fähigkeit der Daueraufmerksamkeit. **Vigilie** [-iə] *die,* -/. . .*li|en,* auch Vigil, Tag vor hohen kath. Festtagen; Vorfeier am Tag vor dem Fest. **vigilieren,** *ich* vigiliere (habe vigiliert) *auf etwas,* U beobachte, passe scharf auf.
Vi|gnette [viɲ'ɛtə, frz. urspr. ›Weinrankenzierat‹, zu vigne ›Weinrebe‹] *die, -/-n,* **1)** ein graph. Buchschmuck. **2)** Photographie: Maske zum Abdecken bestimmter Teile der Filmaufnahme oder eines Negativs beim Kopieren. **Vi|gnettierung** [viɲ-] ' *die, -/-en,* Optik: unerwünschte Abschattung von Rändern und Ecken.
Vigo|gne [vig'ɔɲə, frz., vgl. Vikugna] *die, -/-n,* Garn aus Baumwolle und Wolle.
vigoroso [v-, ital., zu lat. vigor ›Kraft‹], ♪ kräftig.
Vikar [v-, mhd. vicari, zu lat. vicarius ›stellvertretend‹] *der, -s/-e,* Stellvertreter eines weltl. oder geistl. Amtsträgers, bes. noch in der Ausbildung befindl. Geistlicher oder Amtsgehilfe eines Pfarrers. **Vikariat** *das, -(e)s/-e,* Amt eines Vikars. **vikariierend,** stellvertretend, ⚕ die Funktion eines anderen Organs übernehmend.
Viktimologie [lat. victima ›Opfer‹ und vgl. . . . .logie] *die, -,* ♐ die Lehre einer besonderen Täter-Opfer-Beziehung.
Viktor [v-, lat. victor ›Sieger‹], männl., **Viktoria,** weibl. Vorname. **Viktoria** [lat. victoria ›Sieg‹], *sie rufen, schießen V.* (als Zeichen des Sieges). **Viktorianisch** [nach der engl. Königin Victoria, 1819–1901], vgl. ÜBERS. A 4, C: *das Viktorianische Zeitalter.*
Viktualien [v-, spätlat. victualia, Pl., zu lat. victus ›Nahrung‹, ›Unterhalt‹], *Pl.,* Lebensmittel: *Viktualienmarkt.* **Viktuali|enbrüder,** *Pl.,* Vitalienbrüder.
Vikugna [vik'uɲa, span. vicuña aus Ketschua huicuña] *das, -s/-s,* **Vikunja** *das, -s/-s* oder *die, -/. . .jen,* ein Lama: *Vikunjawolle.*
Villa [v-, ital., zu lat. villa ›Gutshof‹, ›Landhaus‹] *die, -/Villen,* Landhaus, größeres Einfamilienhaus: *Villenviertel; Villenvorort.* **Villanell** *das, -s/-e,* **Villanelle** *die, -/-n,* meist dreistimmiges, melodisch schlichtes Bauernlied, bes. im 16. und 17. Jahrh.
Vinai|grette [vinɛg'rɛtə, frz. vinaigre ›Essig‹] *die, -/-n* [-ən], eine würzige, mit Essig zubereitete Tunke.
Vindikation [v-] *die, -/-en,* ♐ Anspruch des nichtbesitzenden Eigentümers auf Herausgabe einer Sache gegen den Besitzer: *Vindikationsklage.* **vindizieren** [v-, lat. vindicare ›gerichtlich beanspruchen‹], *ich* vindiziere (habe vindiziert). **Vindizierung** *die, -/-en,* Vindikation.
Vinkulation [v-, lat. vinculum ›Band‹, ›Fessel‹] *die, -/-en:* Vinkulationsgeschäft, ⚖ Vorfinanzierung von Waren des Exund Importgeschäftes auf dem Transport durch Banken. **vinkulieren,** *ich* vinkuliere (habe vinkuliert) *ihn, es,* verpflichte, binde, lege fest: *vinkulierte Aktien,* Aktien, die nur mit Zustimmung der Gesellschaft übertragen werden können. **Vinkulierung** *die, -/-en.*
vinyl. . . [v-, lat. vinum ›Wein‹ und vgl. . . .yl], ⚗ ungesättigte Atomgruppe CH$_2$ = CH−: *Vinylchlorid.*
Vinzenz [v-, lat. Vincentius, zu vincens ›siegend‹], männl. Vorname. **Vinzenzia,** weibl. Vorname.
Viola [v-, lat. ›Veilchen‹], **1)** [auch vi'o:la], weibl. Vorname. **2)** *die, -/Vi'olen,* ⊕ wissenschaftl. Name für Veilchen.
Viola [v-, mhd. viole, zu ital. viola] *die, -/. . .len,* ♪ Bratsche: *V. d'amore* [ital. ›Liebesgeige‹], eine Altgambe. *V. da gamba* [ital. ›Kniegeige‹], eine Kniegeige.
Violation [v-, lat. violatio] *die,* · *-/-en,* ⚥ Verletzung, Schändung.
Viole [v-, mhd. viole, zu lat. viola ›Veilchen‹] *die, -/-n,* ⊕ seltene Bez. für Veilchen; häufiger für andere Pflanzen: *Mondviole; Nachtviole.* **2)** ♐ Schwanzdrüse des Fuchses.
violent [v-, lat. violentus], ⚥ heftig; gewaltsam. **Violenz** *die, -.*
violett [v-, mhd. fiolet, zu Viola], eine Farbtonbezeichnung, veilchenblau. **Violett** *das, -s/-,* violette Farbe. **Violetta** [vgl. Viola], weibl. Vorname.
. **Violine** [v-, ital. violino, Diminutiv von Viola] *die, -/-n,* ♪ Geige. **Violinist** [v-] *der, -en/-en,* Geiger. **Violinschlüssel** *der,* Abb. N 10. **Violoncello** [violɔntʃ'elo, ital.] *das,* ♪ Cello, Kniegeige, ein Streichinstrument. **Violone** [ital.] *der, -(s)/-s* oder . . .*ni,* Kontrabaß, Baßgeige.

VIP [Abk. für engl. very important person ›sehr wichtige Person‹] *der, -/-s,* U jemand, der wegen seiner gesellschaftl. oder berufl. Stellung, bes. im öffentl. Leben, wichtig ist.
Viper [v-, mhd. viper, zu lat. vipera] *die, -/-n,* eine Giftschlange.
Virilismus [v-] *die, -,* ⚕ Virilismus, körperliche oder seelische Vermännlichung der Frau; auch männl. Sexualempfinden bei weibl. Homosexualität. **Virago** [lat. ›Mannweib‹, zu vir ›Mann‹ und virgo ›Jungfrau‹] *die, -/-s* oder . . . *gines,* Frau mit Symptomen der Viraginität.
Virement [virm'ã, frz. ›Wendung‹, ›Abrechnung‹] *das, -s/-s,* Staatshaushalt: Übertragung von einem Etatposten auf den anderen oder auf ein anderes Haushaltsjahr.
Viren [v-], *Pl.* von Virus.
Virginal [v-, lat., nach dem ›Jungfernregal‹ der Orgel] *das, -s/-e,* ein Spinett.
Virginia [v-, nach dem latein. Geschlechternamen Verginius], weibl. Vorname.
Virginia [v-, auch engl. vədʒ'injə, nach dem Staat der Vereinigten Staaten von Amerika] *die, -/-s,* lange, dünne, um einen Halm geformte Zigarre, Abb. R 7: *Virginiatabak.*
Virginität [v-, lat. virginitas] *die, -,* Jungfräulichkeit, Jungfernschaft.
viribus unitis [v-, lat.], mit vereinten Kräften.
viril [v-, lat. virilis, zu vir ›Mann‹], männlich, mannhaft. **Virilismus** [vgl. . . .ismus] *der, -,* Viraginität. **Virilität** [spätlat. virilitas] *die, -,* Männlichkeit, Mannbarkeit, männl. Zeugungsfähigkeit.
Virologe [v-, vgl. Virus und vgl. . . .loge] *der, -n/-n,* Virusforscher. **Virologie** *die, -,* Wissenschaft von den Viren. **Virose** *die, -/-n,* Viruskrankheit.
virtuell [v-, frz. virtuel ›wirkungsfähig‹, zu lat. virtus ›Tugend‹, ›Tauglichkeit‹, aus vir ›Mann‹], der Kraft, Möglichkeit nach vorhanden, tüchtig zu wirken; scheinbar vorhanden: *ein virtuelles Bild.* **virtuos** [ital. virtuoso], meisterhaft, kunstfertig, technisch vollkommen. **Virtuose** *der, -n/-n,* ein Künstler, bes. Musiker, der die Technik seiner Kunst hervorragend beherrscht. **Virtuosität** *die, -.*
virulent [v-, frz., zu lat. virus ›Gift‹], ⚕ ansteckungsfähig, krankheitserregend. **Virulenz** *die, -.* **Virus** *das,* auch *der,* -/. . .*ren,* kleinster Krankheitserreger: *Viruskrankheit; Grippevirus; Vergnügungsvirus,* U scherzhaft.
Visa [v-], *Pl.* von Visum.
Visage [viz'aʒə, frz. über afrz. vis, zu lat. visus ›Anblick‹, ›Schein‹] *die, -/-n,* U verächtlich: Gesicht. **Visagist** [vizaʒ-] *der, -en/-en,* Maskenbildner; Fachmann für das Make-up.
Visa-vis [vizaʒ'i] *das,* - [-v'i:(s)]/- [-v'i:s].
Visconte [v-, ital.] *der, -/. . .ti,* **Viscount** [v'aikaunt, engl.] *der, -s/-s,* dem Vicomte entsprechender Adelstitel.
Visen [v-], *Pl.* von Visum.
visibel [v-, frz. visible, zu lat. videre ›sehen‹], sichtbar.
Visier [ital. visiera] *das, -s/-e,* **1)** Zielvorrichtung, bes. an Handfeuerwaffen, Abb. G 20, und Geschützen: *Visierlinie; Visierfernrohr.* ⚔ im MA.: Gesichtsschutz am Helm, Abb. H 14, R 33: *ich kämpfte mit offenem V.,* Ü ohne meine Absichten zu verheimlichen. **visieren,** *ich* visiere (habe visiert), **1)** *auf etwas,* ziele, blicke, richte darauf, visiere etwas an. **2)** *es,* eiche, messe aus. **3)** *es,* versehe mit einem Visum (Paß, Dokument). **4)** *es,* ⚕ beglaubige. **Vision** [frz., aus lat. visio] *die, -/-en,* Traumbild, Erscheinung, Sinnestäuschung. **visionär,** seherisch, traumhaft. **Visionär** *der, -s/-e,* ⚕ Geisterseher.
Visitation [v-, frz., zu lat. visitare ›besuchen‹, ›besichtigen‹] *die, -/-en,* **1)** Durchsuchung: *Leibesvisitation.* **2)** Prüfungsbesuch, Besichtigung. **Visitator** *der, -s/. . . t'oren,* jemand, der eine Visitation durchführt. **Visite** *die, -/-n,* kurzer Besuch; Krankenbesuch des Arztes. **Visitenkarte** *die,* Besuchskarte, Abb. B 25: *mit dieser Arbeit hat er in seiner neuen Firma seine V. abgegeben,* Ü den entscheidenden Eindruck hinterlassen. **visitieren,** *ich* visitiere (habe visitiert) *ihn, es.* **Visitkarte** *die,* österr. auch für: Visitenkarte.
viskos, viskös [v-, über frz. visqueux, zu lat. viscum ›Mistel‹, ›Vogelleim‹], zähflüssig, klebrig. **Viskose** *die, -,* Zelluloseverbindung; daraus gewonnene Spinnfaser: *Viskoseverfahren.* **Viskosität** *die, -,* Zähigkeit, den Gasen und Flüssigkeiten eigentümliche innere Reibung.
Vis maior [v-, lat.], ⚖ höhere Gewalt.
Vista [v-, ital. ›Gesicht‹, ›Anblick‹, zu lat. videre ›sehen‹] *die, -,* Sicht; das Vorzeigen, z. B. eines Wechsels: *Vistawechsel.*
Vista Vision *die, - -,* ein Breitwandfilm.

visualisieren [v-, engl. visualize, zu lat. videre ›sehen‹], *ich visualisiere* (habe visualisiert) *es*, betone das Optische, um die Aufmerksamkeit darauf zu lenken (in der Werbung). **Visualizer** [v'iʒʊəlaizə(r), engl.] *der, -s/-*, Graphiker, der Ideen werbewirksam gestaltet. **visuell** [frz. visuel], das Sehen betreffend: *visueller Typ*, jemand, dem sich Gesehenes am besten einprägt. **Visum** [lat. ›gesehen‹] *das, -s/. . .sa* oder . . .*sen*, 1) Erlaubnis zur Ein- und Ausreise für bestimmte Länder: *Visumzwang.* 2) Sichtvermerk im Paß.
viszeral [v-, lat. viscera ›Eingeweide‹], die Eingeweide betreffend.
Vita [v-, lat. ›Leben‹, ›Lebensart‹] *die, -/. . .ten* oder . . .*tae*, 1) *ohne Pl.*, Leben, Lebensfunktion. 2) Lebensbeschreibung: *Heiligenviten.* **vital** [lat. vitalis], 1) das Leben betreffend, lebenswichtig: *das ist eine Frage von vitaler Bedeutung für unsere Volkswirtschaft.* 2) voller Energie, lebenskräftig: *sie ist trotz ihres hohen Alters noch sehr v.*
Vitali|enbrüder [v-, vgl. Viktualien], *Pl.*, mittelalterl. Freibeuter auf Nord- und Ostsee.
vitalisieren [v-, zu lat. vita ›Leben‹], *ich vitalisiere* (habe vitalisiert) *es*, belebe. **Vitalismus** [vgl. . . .ismus] *der, -,* Lehre von der Eigengesetzlichkeit der Lebensvorgänge. **Vitalität** *die, -,* Lebenskraft, vitales Wesen.
Vit|amin [v-, lat. vita›Leben‹ und Amin] *das, -s/-e,* Wirkstoff in der Nahrung, der für den Ablauf des Stoffwechsels unentbehrlich ist: *Vitamin-C-haltig; Vitaminmangelkrankheit; Vitamin-B-Mangel-Krankheit; Vitaminpräparat; vitaminreich.* **vit|aminieren, vit|aminisieren,** *ich* vitaminiere, vitaminisiere (habe vitaminiert, vitaminisiert) *es*, reichere mit Vitaminen an: *vitaminisierte Margarine.*
Vita-Parcours [v'itapark'uːr, vgl. Vita und Parcours] *der,* Waldsportpfad, Trimm-dich-Pfad.
vitiös [v-, lat. vitiosus ›krankhaft‹, zu vitium ›Fehler‹]. **Vitium** [lat. vitium, ♄ Fehler ‹ *V. cordis*, Herzfehler.
Vi|trine [v-, frz., zu lat. vitrum ›Glas‹] *die, -/-n,* 1) verglaster Schrank, ABB. S 34. 2) Schaukasten, ABB. M 28.
Vi|triol [v-, spätlat. vitreolus, zu lat. vitreus ›gläsern‹] *das, -s/-e,* in Wasser lösliches Sulfat der zweiwertigen Schwermetalle.
vivace [viv'aːtʃe, ital., zu lat. vivax], ♪ lebhaft. **Vivace** *das, -/-.* **vivacissimo** [-tʃ'issimo], ♪ sehr lebhaft.
vivant! [v'iv-, lat., zu vivere ›leben‹, hoch!: *v. sequentes!,* die Folgenden sollen leben! **Vivarium** [lat. ›Tiergarten‹, ›Fischteich‹] *das, -s/. . .ri|en,* Anlage zur Pflege lebendiger Tiere.
vivat! [lat. ›er lebe‹, hoch! **Vivat** *das, -s/-e,* Hochruf, Heilruf.
vivat, crescat, floreat!, er (sie, es) lebe, wachse und gedeihe!
vivipar [lat. parere ›gebären‹], ⚕ lebend(ig)gebärend. **Vivisektion** *die,* Eingriff am lebenden Tier zu Forschungszwecken.
vivisezieren, *ich* viviseziere (habe viviseziert) *es*.
Vize [f'iːtsə] *der, -s/-,* U kurz für: Stellvertreter: *er ist mein V.*
Vize. . . [f'iːtsə-, auch v-, lat. vice, Ablativ zum Gen. vicis ›Wechsel‹, ›Stelle‹], stellvertretend, an zweiter Stelle stehend: *Vizekanzler; Vizepräsident; Vizemeister,* ✗.
vizinal [v-, lat. vicinalis], ⚘ 1) nachbarlich. 2) die Gemeinde betreffend. **Vizinalbahn** *die,* ⚘ Nebenbahn.
Viztum [f-, auch v-, mlat. vicedominus ›Verwalter eines Fürsten‹] *der, -s/-,* im MA.: Stellvertreter des Landesherrn, bes. in der Finanzverwaltung.
v. J., Abk. für: vorigen Jahres.
Vlies [mhd. vliuz, verwandt mit Flaus] *das, -es/-e,* 1) Spinnerei: Flor, Faserschicht: *Vliesstoffe.* 2) abgeschorene Wolldecke des Schafs. 3) griech. Mythos: *das Goldene V.;* vgl. golden.
v. M., Abk. für: vorigen Monats.
V-Mann [f'au-] *der,* kurz für: 1) Verbindungsmann. 2) Vertrauensmann.
VO, Abk. für: Verordnung.
v. o., Abk. für: von oben.
Voce [v'oːtʃə, ital.] *die, -/Voci* [v'oːtʃi], ♪ Stimme: *mezza v.,* mit halber Stimme; *sotto v.,* leise.
Vogel [ahd. fogal] *der, -s/‥,* 1) gefiedertes, geflügeltes Wirbeltier, meist flugfähig, ABB. V 7: *Singvogel; Vogelfutter; Vogelfänger; Vogelschutzgebiet; frei wie ein V. in der Luft; er ist ein lockerer* oder *loser V.,* U leichtsinniger Mensch; *er ist ein seltener V.,* U ein eigenartiger Mensch. 2) U Verdrehtheit, Narrheit: *du hast einen V.; ich zeige ihm den (einen) V.,* tippe an meine Stirn zum Zeichen dafür, daß ich ihn für verrückt halte.
Vogelbauer *das,* Käfig für Vögel, ABB. V 7. **Vogelbeere** *die,* 1) Name einer Eberesche u. a. beerentragender Pflanzen. 2) Scheinfrucht der Eberesche: *Vogelbeerbaum.* **Vögelchen**

das, -s/-. **Vogeldunst** *der, -es,* ⚘ feinstes Schrot. **Vög(e)lein** *das, -s/-.* **Vogeler** *der,* Vogler. **Vogelflug** *der: Vogelfluglinie,* die kürzeste Verkehrsverbindung zwischen Kopenhagen und Hamburg. **vogelfrei** [eigtl. ›nach dem Tod den Vögeln zum Fraß freigegeben‹], rechtlos, geächtet, friedlos. **Vogelherd** *der,* Vogelfangplatz, Fangvorrichtung für Vögel. **Vogelkunde** *die,* Ornithologie. **vogeln,** *ich* vog(e)le (habe gevogelt), ⚥ bin Vogelsteller. **vögeln,** *ich* vög(e)le (habe gevögelt) *(sie),* V habe Geschlechtsverkehr (mit ihr). **Vogelperspektive, Vogelschau** *die,* Blick aus der Höhe auf eine Stadt, Landschaft, ABB. P 6. **Vogelscheuche** *die,* Schreckgestalt gegen feldschädigende Vögel; Ü häßlicher, geschmacklos gekleideter Mensch. **Vogelschießen** *das, -s,* ein Zielschießen der Schützen; Schützenfest. **Vogelschlag** *der,* 1) Vogelgesang. 2) Birdstrike, Verformung von Flugzeugbeplankungen als Folge von Zusammenstößen mit Vögeln. **Vogelschutz** *der: Vogelschutzwarte.* **Vogelspinne** *die,* eine meist trop., räuberisch lebende Spinne. **Vogelsteller** *der, -s/-,* jemand, der Vögel fängt. **Vogel-Strauß-Politik** *die, -,* geflissentl. Nichtbeachtung einer Gefahr oder unangenehmen Tatsache (nach der angebl. Gewohnheit des Straußes, den Kopf in den Sand zu stecken, wenn ihm Gefahr droht). **Vogerlsalat, Vögerlsalat** *der,* österr.: Rapunzel, Feldsalat. **Vogler** *der, -s/-,* auch Vogeler, jemand, der Vögel fängt.
Vogt [ahd. fogat, zu lat. advocatus, vgl. Advokat] *der, -(e)s/‥e,* früher: 1) Verwaltungsbeamter: *Landvogt.* 2) Aufseher: *Fronvogt; Burgvogt.* 3) Schirmherr: *Kirchenvogt.* 4) *alem., noch schweiz.:* Vormund. **Vogtei** *die, -/-en,* Amt des Vogtes.
voilà! [vwal'a, frz.], sieh da!
Voile [vwal, vo'aːl, frz. ›Schleier‹, zu lat. velum ›Segel‹, ›Hülle‹] *der, -/-s,* ein halbdurchsichtiges Gewebe.
Vokabel [v-, lat. vocabulum] *die, -/-n,* (das einzelne) Wort, bes. aus einer fremden Sprache: *vokabelreich; ich muß noch Vokabeln lernen.* **Vokabular** [mlat. vocabularium] *das, -/-e,* Wörterverzeichnis; Wortschatz.
vokal [v-, lat. vocalis ›klangvoll‹, ›stimmbegabt‹], ♪ die Singstimme, den Gesang betreffend: *Vokalstück.* **Vokal** *der, -s/-e,* Selbstlaut, ÜBERS. G 34. **Vokalisation** [frz. vocalisation] *die, -/-en,* 1) Aussprache der Vokale beim Gesang. 2) vokal. Aussprache eines Konsonanten. 3) das Einsetzen von Lesehilfen in vokallose Schriften. **vokalisch. Vokalise** [frz. vocalise] *die, -/-n,* Gesangsübung auf einen Vokal. **vokalisieren,** *ich* vokalisiere (habe vokalisiert) *es*. **Vokalisierung** *die, -/-en,* Vokalisation. **Vokalismus** [vgl. . . .ismus] *der, -,* die Entwicklung der Vokale und ihre Häufigkeit in einer Sprache, vgl. ÜBERS. M 24. **Vokalist** *der, -en/-en,* Sänger. **Vokalmusik** *die,* Gesang mit oder ohne Instrumentalbegleitung.
Vokation [v-, lat. vocatio ›Einladung‹] *die, -/-en,* Berufung in ein Amt. **Vokativ** [lat. (casus) vocativus] *der, -s/-e,* Ⓢ Anredefall, besonderer Fall für Anrede und Anruf.
vol., ⚘ Abk. für: Volumen, Band. **Vol.-%,** Abk. für: Volumprozent.
Voland [f-, mhd. valant ›der Schreckende‹] *der, -(e)s,* auch Valand, ⚥ Teufel: *Junker V.*
Volant [vol'ã, frz., zu voler ›fliegen‹] *der, -s/-s,* 1) Faltenbesatz, rüschenartiger Streifen, ABB. M 16. 2) ⚘ Lenkrad des Kraftwagens.
Vol-au-vent [vɔlov'ã, frz. ›Flug-im-Wind‹] *der, -/-s,* große Blätterteigpastete mit Ragoutfüllung.
Voliere [vɔlj'ɛːrə, frz. volière, zu voler ›fliegen‹] *die, -/-n,* großer Flugkäfig für Vögel.
Volk [ahd. folk] *das, -(e)s/‥er,* 1) größere Gemeinschaft von Menschen, die durch Sprache und Kultur verbunden sind. 2) Gemeinschaft der Angehörigen eines Staates. 3) ⚔ Kriegsschar: *die Völker,* Truppen. 4) *ohne Pl.,* die Hauptmasse der Bevölkerung (im Unterschied zur Oberschicht): *ein Mann aus dem Volke.* 5) *ohne Pl.,* Schar, Menschengruppe: *so ein freches V.; das V. drängte sich an der Unglücksstelle.* 6) ⚕ ⚘ zusammengehörige Gruppe von Tieren: *Bienenvolk; ein V. Rebhühner,* Kette.
Volkard [ahd. folk ›Volk‹ und harti ›hart‹], männl. Vorname.
Völkchen *das, -s/-,* 1) Diminutiv zu Volk. 2) Gruppe von Menschen: *ein fröhliches V. saß da beisammen.*
Volker [ahd. folk ›Volk‹ und heri ›Heer‹], männl. Vorname.
Völkerball *der, -(e)s,* ein Ballspiel für zwei Mannschaften.
Völkerkunde *die, -,* Ethnologie, Wissenschaft von den Kultur- und Lebensformen der Völker, bes. der Naturvölker. **völkerkundlich. Völkermord** *der,* die Vernichtung nationaler, rassischer, religiöser oder durch ihr Volkstum bestimmter

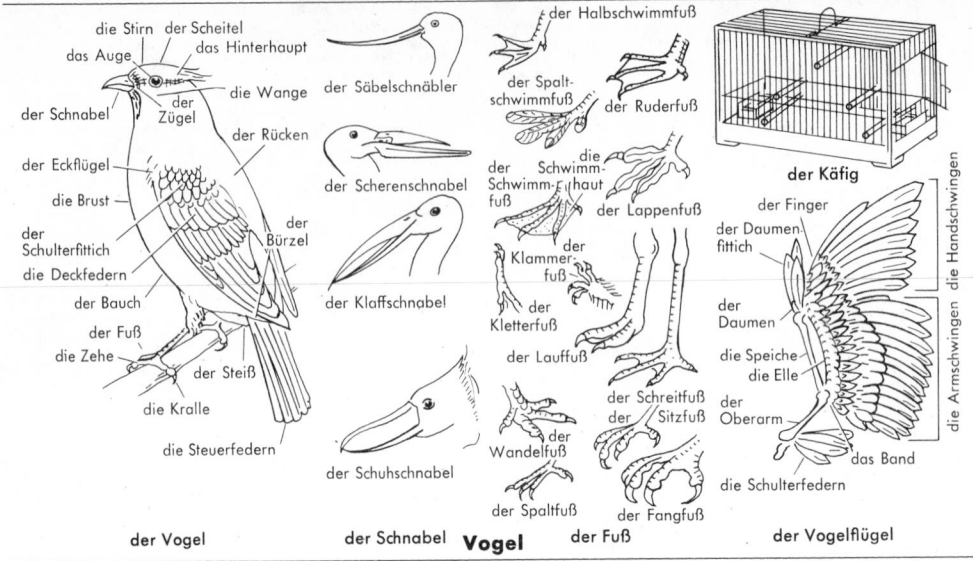

die Stirn der Scheitel
das Auge das Hinterhaupt
die Wange der Säbelschnäbler
der Schnabel
der Zügel
der Rücken
der Eckflügel der Scherenschnabel
die Brust
der Schulterfittich der Bürzel
die Deckfedern
der Bauch der Klaffschnabel
der Fuß
die Zehe der Steiß
die Kralle
die Steuerfedern
der Schuhschnabel

der Halbschwimmfuß
der Spalt-schwimmfuß der Ruderfuß
die Schwimm-Schwimm-haut fuß der Lappenfuß
der Klammer-fuß
der Kletterfuß
der Lauffuß
der Schreitfuß der Sitzfuß
der Wandelfuß der Oberarm
der Spaltfuß der Fangfuß

der Käfig
der Finger
der Daumenfittich
der Daumen
die Speiche die Elle
das Band
die Schulterfedern
die Handschwingen
die Armschwingen

der Vogel   der Schnabel **Vogel**   der Fuß   der Vogelflügel

---

Gruppen. **Vǫlkerrecht** *das, -(e)s,* Gesamtheit der Rechtssätze, die die Beziehungen der Staaten, internationaler Organisationen und anderer Rechtsträger untereinander regeln. **vǫlkerrechtlich. Vǫlkerschaft** *die, -/-en,* kleinere Volksgruppe, Stamm.

Vǫlkert [vgl. Volkard], männl. Vorname.

Vǫlkerverständigung *die, -.* **Vǫlkerwanderung** *die,* **1)** Verlegung des Siedlungsgebietes ganzer Völker oder Stämme, bes. das Vordringen german. Völker im 4.–6. Jahrh. nach S- und W-Europa. **2)** U Menschenstrom: *das schöne Wetter hatte die reinste V. nach den Ausflugsorten in Bewegung gesetzt.*

Vǫlkhard [vgl. Volkard], männl. Vorname.

vǫlkisch [frühnhd. volkisch, zu angelsächs. folcisc], **1)** volklich. **2)** das Volk betonend; nationalistisch. **vǫlklich,** das Volk betreffend.

Vǫlkmar [ahd. folk ›Volk‹ und mari ›berühmt‹], männl. Vorname.

Vǫlksabstimmung *die,* Abstimmung der stimmberechtigten Staatsbürger über Sachfragen. **Vǫlksaktie** [-ie] *die,* kleingestückte Aktie, die bei Privatisierung staatl. Erwerbsvermögens von Beziehern niedriger Einkommen gezeichnet werden kann. **Vǫlksarmee** *die: Nationale V.,* die Streitkräfte der Dt. Dem. Rep. **Vǫlksbefragung** *die,* Erkundung der Meinung eines Bevölkerungsteils zu einem Gegenstand von allgemeinem Interesse. **Vǫlksbegehren** *das,* das Verlangen nach Erlaß eines Gesetzes oder Herbeiführung eines Volksentscheids. **Vǫlksdemokratie** *die,* Marxismus-Leninismus: Staatstyp in der Übergangsphase von der kapitalistischen Klassengesellschaft zur kommunistischen klassenlosen Gesellschaft. **vǫlkseigen,** *Volkseigener Betrieb,* Abk.: VEB, Betriebsform in der Dt. Dem. Rep. **Vǫlkseigentum** *das,* in der Dt. Dem. Rep. Bezeichnung für Eigentum in staatl. Hand: *der Betrieb wurde in V. überführt.* **Vǫlkseinkommen** *das,* Gesamtheit der Einkommen in einem Staatsgebiet. **Vǫlksentscheid** *der,* unmittelbare Mitwirkung des Volkes an der staatl. Gesetzgebung oder an sonstigen staatl. Entscheidungen. **Vǫlksetymologie** *die,* Eindeutung fremder oder unverstandener Wörter durch Anlehnung an bekanntes Sprachgut, z. B. der Raubmarder Vielfraß aus norweg. fjellfross ›Bergkater‹; Vielliebchen aus Filipchen, westmitteldt. zu Philippine, französ. Valentine, eigtl. Valentinchen, auf Liebesbräuche am Valentinstag zurückgehend. **Vǫlksfront** *die,* eine Koalition der Parteien von der bürgerlichen Linken bis zu den Kommunisten. **Vǫlkshochschule** *die,* schulähnliche, der Erwachsenen- und außerschulischen Jugendbildung dienende Einrichtung. **Vǫlkskammer** *die,* Dt. Dem. Rep.: Bez. für das

Parlament. **Vǫlkskunde** *die, -,* Wissenschaft von den Kulturund Lebensformen der unteren Sozialschichten von hochzivilisierten Völkern. **vǫlkskundlich. Vǫlkskunst** *die, -,* das ng an volkstümlichen Brauch gebundene handwerklich-künstlerische Schaffen. **Vǫlkslauf** *der,* eine Veranstaltung des Breitensports. **Vǫlkslied** *das,* mündlich überliefertes, weitverbreitetes Lied. **Vǫlksmund** *der, -(e)s,* im Volk verbreitete (überlieferte) Äußerung. **Vǫlksmusik** *die,* Gesamtheit der gedächtnismäßig weitergegebenen musikalischen Tradition eines Volkes oder Landes. **Vǫlkspolizei** *die, -,* Abk.: VP, U auch: Vopo, Polizei der Dt. Dem. Rep. **Vǫlksrepublik** *die,* Abk.: VR, Bez. vieler kommunistischen oder linkssozialistischen Länder. **Vǫlksschule** *die,* allgemeinbildende öffentliche Pflichtschule (Österreich, Schweiz); in der Bundesrep. Dtl. ⚭ für: Grundschule und Hauptschule. **Vǫlksstück** *das,* volkstümliches Theaterstück, oft in Mundart. **Vǫlkstanz** *der,* an Landschaft, Stand, Brauchtum, Tracht gebundene Tanzform. **Vǫlkstrauertag** *der,* in der Bundesrep. Dtl. nationaler Trauertag, zweiter Sonntag vor dem ersten Advent. **Vǫlkstum** *das, -s,* Gesamtheit der Lebensäußerungen eines Volkes. **vǫlkstümlich, 1)** dem Wesen des Volkes entsprechend. **2)** allgemein beliebt: *ein volkstümlicher Politiker.* **3)** gemeinverständlich: *eine sehr v. gehaltene, aber doch wissenschaftlich fundierte Wirtschaftsgeschichte.* **Vǫlkstümlichkeit** *die, -.* **Vǫlkswirt** *der,* Volkswirtschaftler, Kenner der Volkswirtschaftslehre: *Diplom-Volkswirt.* **Vǫlkswirtschaft** *die,* Gesamtheit der Haushalte und Betriebe in einem Wirtschaftsraum mit einheitl. Währung. **Vǫlkswirtschaftler** *der,* Volkswirt. **vǫlkswirtschaftlich. Vǫlkswirtschaftslehre** *die,* Zweig der Wirtschaftswissenschaften, der die gesamtwirtschaftl. Zusammenhänge erforscht und darstellt.

voll [ahd. fol, wurzelverwandt mit viel], **1)** gefüllt, ABB. E 2: *der Saal ist voll(er) Menschen oder v. von Menschen; ein Garten voll(er) Blumen; er war v. des Lobes; er sollte den Mund nicht so v. nehmen,* U nicht so prahlen; *das Herz ist v.,* die Gefühle wollen überquellen; *er ist v.,* U derb: betrunken; *er kann aus dem vollen schöpfen,* braucht nicht zu sparen; *er greift ins volle; er wirft in die vollen* (beim Kegelsport); *er wird dir die Hucke v. lügen, v. hauen,* U; *es wird bald v. sein, werden;* vgl. voll . . ., Armvoll, Handvoll, Mundvoll. **2)** ganz: *mit vollen Kräften; wir warten bereits eine volle Stunde; er war in voller Fahrt; er sagt die volle Wahrheit; ich kann ihn nicht für v. nehmen; er ist v. verantwortlich; ein vollgültiger Beweis.* **3)** gerundet, prall (Formen): *ein voller Busen; ein Kind mit vollen Wangen.* **4)** kräftig klingend, tragend

(Ton). **voll..**, in Verbindung mit Verben: **1)** als betontes Präfix trennbar zusammengesetzt: *volladen; vollessen; vollfüllen; vollgießen; vollschreiben;* vgl. vollaufen. **2)** als unbetontes Präfix untrennbar zusammengesetzt; vgl. vollbringen. **...voll**, erfüllt von: *hoffnungsvoll; verheißungsvoll.* **vollauf** [auch f'ɔl-], in reichem Maße: *ich habe v. genug.* **vollaufen**, *es* läuft voll (lief voll, ist vollgelaufen), füllt sich mit Flüssigkeit: *du hast dich vollaufen lassen*, U derb: dich betrunken; vgl. Silbentrennung, ÜBERS. S 50. **vollautomatisch**, *eine vollautomatische Waschmaschine.* **Vollbad** *das*, Bad für den ganzen Körper. **Vollbart** *der*, ABB. B 11. **Vollbeschäftigung** *die*, -, *⧖* **1)** Zustand, bei dem die Zahl der verfügbaren Arbeitsplätze der Zahl der Arbeitsfähigen und -willigen entspricht. **2)** die volle Ausnutzung der Kapazität eines Unternehmens. **Vollbesitz** *der*: *er ist im V. seiner Kräfte*, im uneingeschränkten Besitz. **Vollblut** *das*, -(e)s, **1)** hochgezüchtetes Pferd: *Vollblutpferd.* **2)** Reinzucht hochstehender Züchtungen. **Vollblüter** *der*, -s/-. **vollblütig**, **1)** ⧉ reinrassig. **2)** Ü voller Lebenskraft. **Vollblütigkeit** *die*, -. **vollbringen**, *ich* vollbringe (habe vollbracht) *es*, bringe zu Ende, mache fertig, leiste. **vollbusig. Volldampf** *der*, -(e)s, *⤳* ganze Maschinenkraft: *mit V. voraus.* **Volle** *die*, -/-n, *schweiz.:* ein Milchsieb. **Völle** [ahd. folli] *die*, -, das Vollsein: *ich habe ein Völlegefühl im Magen.* **vollenden**, *ich* vollende (habe vollendet) *es*, mache fertig, schließe Begonnenes ab: *er hat vollendete Tatsachen geschaffen*, etwas ohne Absprache gemacht, das nicht mehr zu ändern ist. **vollendet**, **1)** von vollenden. **2)** tadellos, vollkommen, meisterhaft: *von vollendeter Schönheit.* **vollends**, **1)** ganz, gänzlich: *das hat mich v. aus der Fassung gebracht.* **2)** nun, gar, außerdem. **Vollendung** *die*, -, **1)** Abschluß: *er starb kurz vor V. seines 80. Lebensjahres.* **2)** Vollkommenheit: in höchster V. **Völlerei** *die*, -, Unmäßigkeit im Essen und Trinken. **Volley** [v'ɔli], engl., zu to volley ›im Flug zurückschlagen‹ *der*, -s/-s, Tennis: Flugball. **Volleyball** [v'ɔli-] *der*, **1)** *ohne Pl.*, ein Ballspiel. **2)** Ball dafür. **vollfett**, mindestens 45% Fett enthaltend (Käse). **vollführen**, *ich* vollführe (habe vollführt) *es*, vollbringe, führe aus. **Vollgas** *das*, volle Geschwindigkeit: *gib V.!* **völlig**, gänzlich, vollständig, unvermindert. **volljährig**, dem Alter nach voll geschäftsfähig, mündig. **Volljährigkeit** *die*, -. **vollkaskoversichert. Vollkaskoversicherung** *die*. **Vollkaufmann** *der*, Kaufmann, auf den das gesamte Handelsrecht zur Anwendung kommt. **Vollkerf** *der*, ⧉ Imago. **vollklimatisiert. vollkommen**, **1)** vollendet, mustergültig, tadellos. **2)** [auch f'ɔl-], völlig, ganz und gar: *er ist v. gesund.* **Vollkommenheit** *die*, -. **Vollkornbrot** *das*, eine Brotsorte. **vollmachen**, *ich* mache *es* voll (habe vollgemacht), **1)** fülle. **2)** U beschmutze: *das Kind hat die Hose vollgemacht.* **Vollmacht** *die*, -/-en, Vertretungsrecht: *in Vollmacht*, Abk.: i. V.; *ihm wurde V. erteilt; Vollmachtserklärung; Handlungsvollmacht.* **vollmast**, bis zur Spitze des Mastes hochgezogen (Flagge): *mit v. geflaggt.* **Vollmilch** *die*, Trinkmilch mit 3,5% Fettgehalt. **Vollmond** *der*, ABB. M 17: *Vollmondgesicht*, U rundes Gesicht. **vollmundig**, kräftig, im Geschmack (Wein). **Vollpension** *die*, -, Übernachtung und volle Verpflegung (im Hotel, in einer Pension). **Vollschiff** *das*, ein Segelschiff mit voll getakelten Masten. **vollschlagen**, *ich* schlage *mich* voll oder *mir den Bauch voll* (schlug voll, habe vollgeschlagen), U esse viel, übermäßig viel. **vollschlank**, füllig. **Vollspur** *die*, -, Eisenbahn: normale Spurweite. **vollständig**, ganz und gar, mit allen zugehörigen Teilen. **Vollständigkeit** *die*, -. **Vollstock**, vollmast. **vollstreckbar**, *ein vollstreckbarer Titel*, *⟳⟳*. **Vollstreckbarkeit** *die*, -. **vollstrecken**, *ich* vollstrecke (habe vollstreckt) *es*, führe es aus, vollziehe: *das Urteil wurde vollstreckt.* **Vollstrecker** *der*: *Testamentsvollstrecker.* **Vollstreckung** *die*, **1)** das Vollstrecken. **2)** *⟳⟳* die Durchführung staatlicher Entscheidungen: *Zwangsvollstreckung; Strafvollstreckung; Vollstreckungsbefehl.* **volltanken**, *ich* tanke voll (habe vollgetankt): *bitte volltanken!* (an den Tankwart gerichtet). **volltönend**, *mit volltönender Stimme.* **Volltreffer** *der*, **1)** Treffer mitten ins Ziel. **2)** Ü Sache von großer Wirkung. **volltrunken**, völlig betrunken: *v. am Steuer.* **Volltrunkenheit** *die*, -. **Vollversammlung** *die*, Versammlung aller Mitglieder. **Vollwaise** *die*, Kind, dessen Eltern tot sind. **vollwertig**, uneingeschränkt von gleichem Wert: *vollwertiger Ersatz.* **Vollwertigkeit** *die*, -. **vollzählig**, ausnahmslos alle: *wir sind v.* **Vollzähligkeit** *die*, -. **vollziehen**, *ich* vollziehe (habe vollzogen) *es*, **1)** setze in die Tat um, vollstrecke: *die vollziehende Gewalt*, die Exekutive. **2)** *es*

vollzieht sich, geschieht: *in diesem Land haben sich tiefgreifende Veränderungen vollzogen.* **Vollziehung** *die*, -: *Vollziehungsbeamter.* **Vollzug** *der*, -(e)s: *Strafvollzug; Vollzugspolizei.* **Volontär** [v-, frz. volontaire ›freiwillig‹, zu lat. voluntarius] *der*, -s/-e, jemand, der, ohne Lehrling zu sein, gegen geringes Entgelt zu seiner Aus- oder Weiterbildung in einem Betrieb arbeitet. **Volontariat** *das*, -(e)s/-e, Ausbildungszeit, Stelle eines Volontärs. **volontieren**, *ich* voloniere (habe volontiert): *ich v. in den Ferien bei einer Zeitung.* **Volt** [v-, nach dem italien. Physiker Graf Volta, 1745–1827] *das*, -(s)/-, Zeichen: V, Maßeinheit der elektr. Spannung, ÜBERS. M 8. **Voltaelement** *das*, Voltasche Säule, Frühform der galvan. Elemente. **Voltameter** *das*, -s/-, Gerät zur Bestimmung der Elektrizitätsmenge, Coulombmeter. **Voltampere** [-p'ɛ:r] *das*, Zeichen: VA, Watt. **Volte** [v-, ital. volta ›Wendung‹, ›Drehung‹, zu voltare ›wenden‹, ›drehen‹] *die*, -/-n, **1)** eine Reitfigur, ABB. R 18. **2)** ein Kunstgriff beim Kartenmischen. **3)** Fechten: seitl. Ausscheren vor einem gegner. Stoß oder Hieb. **voltieren**, *ich* voltiere (habe voltiert), voltigiere. **Voltige** [vɔlt'i:ʒ, frz.] *die*, -/-n[-ən], Pferdesport: Aufsprung auf das galoppierende Pferd. **Voltigeur** [vɔltiʒ'øːr, frz.] *der*, -s/-e, Luft- oder Kunstspringer. **voltigieren** [-ʒ'i:-, frz. voltiger, aus ital. volteggiare], *ich* voltigiere (habe voltigiert), *⚔* **1)** führe eine Volte aus. **2)** turne am galoppierenden Pferd. **3)** Kunstkraftsport: mache Kletter- und Schwindgleitübungen an Geräten. **Voltmeter** *das*, -s/-, Meßgerät für die elektr. Spannung. **volubel** [v-, lat. volubilis ›wandelbar‹, *⚭* beweglich, schnell, geläufig. **Volumen** [v-, lat. ›Krümmung‹, ›Band‹, ›Schriftrolle‹] *das*, -s/- oder ...mina, **1)** Symbol: V, Rauminhalt. **2)** Abk.: vol., *⚘* Band. **3)** Stärke von Fernsprech- oder Rundfunkübertragungsströmen. **4)** Ü Gesamtumfang einer Sache: *Handelsvolumen.* **Volum(en)prozent** *das*, Abk.: Vol.-%, ein Maß für die Konzentration einer Lösung. **Volumetrie** [vgl. ...metrie] *die*, -, chem. Maßanalyse. **voluminös** [frz. volumineux, zu mlat. voluminosus], umfangreich. **Voluntarismus** [v-, lat. voluntas ›Wille‹ und vgl. ...ismus] *der*, -, Lehre, die im Willen die Grundbestimmung des menschl. Wesens oder der gesamten Wirklichkeit sieht. **voluntaristisch. Volute** [v-, ital. voluta, zu lat. volvere ›drehen‹, ›rollen‹] *die*, -/-n, ⧉ Schnecke, Zierstück in Form einer Spirale, ABB. K 8, S 8. **Volvulus** [v'ɔlv-] *der*, -/...li, ⚕ Darmverschlingung. **vom**, kurz für: von dem, ÜBERS. Z 13: *vom Dienst*, Abk.: v. D.; *vom Hundert*, Abk.: v. H.; *Vomhundertsatz*, Prozentsatz; *Vomtausendsatz*, Promillesatz. **vomieren** [v-, lat. vomere], *ich* vomiere (habe vomiert), ⚕ erbreche mich. **Vomitus** [lat.] *der*, -, ⚕ das Erbrechen. **von** [ahd. fon(a)] *ihm*, Abk.: v., ÜBERS. P 21, **1)** aus dieser Richtung, diesem Ort kommend oder stammend: *es kam v. dorther, v. ihm her; v. weitem; v. vorn; v. Wiesbaden aus; v. mir aus gesehen; v. links; v. oben*, Abk.: v.o.; *v. unten*, Abk.: v.u.; *v. Grund auf.* **2)** zu jemandem gehörend, auf jemanden, etwas zurückgehend: *Freunde v. mir; ein Buch v. Böll* oder *ein Buch Bölls*, von ihm geschrieben; *v. seiten des Bruders; v. Rechts wegen; vgl. wegen; v. meinetwegen; U keinesfalls!; v. mir aus*, U meinetwegen. **3)** einen Zusammenhang ausdrückend: *der Dom v. Köln; ich aß v. der Torte.* **4)** zu einem bestimmten Zeitpunkt beginnend: *v. Montag bis Freitag; v. morgens bis abends; v. Stunde zu Stunde; v. Zeit zu Zeit; v. alters her, seit alten Zeiten; v. da an, v. diesem Tag an; v. heute an; v. morgen an; wie: weg), damit beginnend; v. heute an, damit beginnend; v. klein auf, seit frühester Kindheit; die Frau v. heute*, der Gegenwart. **5)** bestehend aus: *eine Kette v. Gold; eine Gemeinde v. 5 000 Einwohnern.* **6)** eine Eigenschaft besitzend: *er ist v. Adel; ein Mann v. Geschmack; ein Berg v. beträchtlicher Höhe.* **7)** in Familiennamen Bezeichnung des Adels. **voneinander**, einer vom anderen: *wir haben nichts v. gehört, gewußt; wir wollen v. es v. scheiden;* vgl. aus: voneinandergehen. **voneinandergehen**, *wir* gehen voneinander (gingen voneinander, sind voneinandergegangen), trennen uns. **vonnöten**, *es ist v.*, dringend erforderlich. **vonstatten**, *es geht v.*, läuft ab (munter) vorwärts, läuft ab. **Vopo**, **1)** *die*, U kurz für: Volkspolizei. **2)** *der*, -s/-s, U kurz für: Volkspolizist. **vor** [ahd. for(a)] *ihm* oder *ihn*, Präposition, ÜBERS. P 21, **1)** räumlich: auf, an der oder die Vorderseite, gegenüber der Vorderseite: *er setzte sich v. die Tür; er saß v. der Tür; plötzlich stand er v. mir; er sang ein Lied v. sich hin; was geht hier v. sich?*, geschieht hier? **2)** zeitlich: früher als, solange her: *wir haben uns* *zuletzt v. zehn Jahren gesehen; v. drei Tagen; v. Ablauf von drei Tagen muß er sich entscheiden.* **3)** Ü in erster Linie, in der Reihenfolge voran: *v. allem.* **4)** wegen, bewirkt durch: *sie weinte v. Freude; sie zitterte v. Angst, v. Kälte.* **5)** gegenüber, im Hinblick auf: *die Achtung v. dem Gesetz; du brauchst dich nicht v. ihm zu fürchten.* **vor,** Adverb, **1)** räumlich: *Freiwillige v.!, vortreten.* **2)** zeitlich: *nach wie v.;* vgl. nach. **vor. . .,** in Verbindung mit Verben trennbar zusammengesetzt: *vorbehandeln; vorblasen; vorbohren; vorquellen; vorreiten; vorschwärmen;* vgl. vorarbeiten.

vor|ab, im voraus, zuvor: *Vorabentscheidung.*

Vor|abend *der,* **1)** Abend vor einem Ereignis: *am V. eines Festes.* **2)** Ü auch: kurz vor Beginn: *wir stehen am V. großer Veränderungen.*

Vor|ahnung, *die,* Ahnung: *ich habe düstere Vorahnungen.*

vor|an, 1) vorn, als erster: *ich v., die Mädchen hinterdrein.* **2)** vorwärts. **vor|an. . .,** in Verbindung mit Verben trennbar zusammengesetzt: *voranschicken; voranstellen; vorantreiben.* **vor|angehen,** *ich* gehe *(ihm)* voran (ging voran, bin vorangegangen), **1)** gehe vorn, als erster: *ich gehe mit gutem Beispiel voran; der, die, das Vorangehende;* aber: *im vorangehenden, weiter oben, vorstehend.* **2)** *es* geht voran, geht vorwärts: *die Arbeit geht gut voran.* **vor|ankommen,** *ich* komme voran (kam voran, bin vorangekommen), bewege mich vorwärts: *im tiefen Schnee kann man nur langsam vorankommen; er ist im letzten Jahr schön vorangekommen,* Ü hat Fortschritte gemacht, Erfolg gehabt.

Vor|anmeldung *die,* Ankündigung, bes. vorherige Mitteilung darüber, daß eine Ferngesprächsanmeldung vorliegt.

Vor|anschlag *der,* vorläufige Kostenberechnung: *Kostenvoranschlag.*

Vor|arbeit *die,* vorbereitende Arbeit. **vor|arbeiten,** *ich* arbeite vor (habe vorgearbeitet), **1)** mache Vorarbeiten, bereite vor. **2)** arbeite im voraus: *wir haben für die Weihnachtszeit zwei Tage vorgearbeitet.* **3)** *mich,* komme durch Überwindung von Hindernissen voran: *die Rettungsmannschaft mußte sich durch tiefen Schnee vorarbeiten.* **Vor|arbeiter** *der,* im Betrieb Vorgesetzter einer Gruppe von Arbeitern.

vor|auf, vorn: *ich gehe* **vor|auf,** *ich* gehe vorauf (ging vorauf, bin voraufgegangen), gehe voran, voraus.

vor|aus [mhd. voruz], **1)** voran, vor den anderen: *er war ihm immer um einige Meter v.; er ist seinen Mitschülern in Englisch weit v.,* besser als diese; *er ist seiner Zeit v.* **2)** bevor es geschieht: *ich wußte es im v.* [meist f'o:-]; *besten Dank im v.!* **Vor|aus** *der, -, ʊ̃* der dem überlebenden Ehegatten bei gesetzl. Erbfolge in bestimmten Fällen außer dem Erbteil zukommende Teil des Nachlasses. **vor|aus. . .,** in Verbindung mit Verben trennbar zusammengesetzt: *vorausahnen; vorausbestimmen; vorausbezahlen; vorausfahren; vorauswissen;* vgl. vorausgehen. **Vor|ausabteilung** *die,* ⚒. **vor|ausdatieren,** *ich* datiere *es* voraus (habe vorausdatiert), datiere vor. **vor|ausgehen,** *ich* gehe voraus (ging voraus, bin vorausgegangen), **1)** gehe vorher, früher als die anderen: *unsere Frauen sind schon vorausgegangen; der, die, das Vorausgehende;* aber: *im vorausgehenden, weiter oben, vorstehend.* **2)** *es* geht voraus, geschieht vor einer anderen Sache: *der Ehescheidung gingen jahrelange Streitigkeiten voraus.* **vor|ausgesetzt,** vgl. voraussetzen. **vor|aushaben,** *ich* habe *es ihm* voraus (habe vorausgehabt), kann es besser, habe einen Vorteil: *er hat seinem Mitbewerber die Auslandserfahrung voraus.* **Vor|aussage** *die,* Angabe über etwas Kommendes; Vorhersage. **vor|aussagen,** *ich* sage es voraus (habe vorausgesagt): *etwas Genaues läßt sich nicht mit Bestimmtheit voraussagen.* **vor|ausschauend,** Ü klug die Zukunft berücksichtigend. **vor|ausschicken,** *ich* schicke voraus (habe vorausgeschickt), **1)** *ihn, es,* lasse vorher gehen: *ich habe mein Gepäck vorausgeschickt.* **2)** *es,* Ü sage zuvor: *wenn ich folgendes vorausschicken darf. . .* **vor|aussehen,** *ich* sehe es voraus (sah voraus, habe vorausgesehen), ahne, weiß, daß es eintreten wird: *die Katastrophe war vorauszusehen.* **vor|aussetzen,** *ich* setze es voraus (habe vorausgesetzt), nehme als wahr, gegeben, möglich an: *vorausgesetzt, (daß) er kommt.* **Vor|aussetzung** *die,* das als Grundbedingung Gegebene: *unter der V., daß das Wetter schön bleibt.* **Vor|aussicht** *die, -,* Vermutung, Wahrscheinlichkeit: *aller V. nach; in weiser V.* **vor|aussichtlich,** *wir bleiben v. eine Woche.* **vor|auszahlen,** *ich* zahle es voraus (habe vorausgezahlt), bezahle im voraus. **Vor|auszahlung** *die.*

Vor|bau *der, -(e)s/-ten,* vorspringender Gebäudeteil, Anbau an der Vorderseite eines Hauses. **vor|bauen,** *ich* baue vor (habe vorgebaut), **1)** *es,* setze als Vorbau an. **2)** *(ihm),* Ü beuge

vor: der kluge Mann baut vor, ergreift rechtzeitig Maßnahmen gegen einen möglichen Übelstand.

Vor|bedacht. Vor|bedacht *der: mit V.,* mit Überlegung, bewußt; *ohne V.,* unüberlegt.

Vor|bedeutung *die,* Omen, Hinweis auf Kommendes.

Vor|bedingung *die,* unerläßliche Bedingung, Voraussetzung: *ihre V. für die Aufnahme von Friedensgesprächen ist die Einhaltung des Waffenstillstands.*

Vor|behalt *der, -(e)s/-e,* Bedingung, Einschränkung, bestimmte Voraussetzung: *mit, ohne, unter V.; der heimliche, stille V.,* Hintergedanke; *Eigentumsvorbehalt,* ʊ̃ʊ̃; *Vorbehaltsurteil,* ʊ̃ʊ̃. **vor|behalten,** *ich* behalte es vor (behielt vor, habe vorbehalten), **1)** *mir,* wahre vorsorglich das Recht darauf, lasse mir die Möglichkeit offen: *Umtausch vorbehalten; die Entscheidung darüber bleibt, ist dir vorbehalten.* **2)** *sie behält die Schürze vor,* Ü legt sie nicht vor. **vor|behaltlich** *dessen, schweiz.:* **vor|behaltlich,** mit Vorbehalt, unter bestimmten Voraussetzungen: *v. seiner Zustimmung.* **vor|behaltlos,** *er stimmte allem v. zu,* uneingeschränkt.

vor|bei, 1) räumlich: erst auf ihn zu, dann neben ihm und dann weiter fort: *an der nächsten Kreuzung v., dann rechts ab.* **2)** zeitlich: vorüber, vergangen, zu Ende: *der Winter ist noch nicht v.; die Gefahr wird bald v. sein; vier Uhr v.,* Ü später als vier Uhr. **vor|bei. . .,** in Verbindung mit Verben trennbar zusammengesetzt: *vorbeifahren; vorbeiführen; vorbeilassen; vorbeiwerfen; vorbeiziehen.* **vor|beibenehmen,** *ich* benehme *mich* vorbei (benahm mich vorbei, habe mich vorbeibenommen), Ü benehme mich schlecht, falsch. **vor|beigehen,** *ich* gehe vorbei (ging vorbei, bin vorbeigegangen), **1)** gehe an etwas vorbei und dann weiter: *er ging an den Schönheiten unserer Stadt achtlos vorbei,* beachtete sie nicht; *ich gehe bei Meyers vorbei,* Ü besuche sie kurz; *der Schuß ging vorbei,* verfehlte das Ziel; *deine Vorstellungen gehen doch völlig an den Realitäten vorbei,* Ü. **2)** *es geht vorbei,* vergeht, hört auf. **vor|beikommen,** *ich* komme vorbei (kam vorbei, bin vorbeigekommen), **1)** an ihm, gehe, fahre an ihm vorbei und daran vorbei. **2)** *bei ihm,* Ü besuche ihn kurz: *komm doch einfach mal bei uns vorbei.* **vor|beireden,** *ich* rede an etwas vorbei (habe vorbeigeredet), treffe in meinen Ausführungen den Kern der Sache nicht: *wir haben aneinander vorbeigeredet,* miteinander gesprochen, ohne einander zu verstehen oder verstehen zu wollen. **vor|beischießen,** *ich* schieße vorbei (schoß vorbei, habe vorbeigeschossen), treffe das Ziel nicht; Ü denke, rate falsch.

vor|belastet, schon durch etwas belastet: *er ist erblich v.,* durch Erbanlage damit ausgestattet.

Vor|bemerkung *die,* einführende Erläuterung.

vor|bereiten, *ich* bereite vor (habe vorbereitet), **1)** *es,* plane und erledige vorab viele Arbeiten, damit etwas stattfinden kann. **2)** *ihm, mich auf etwas,* stelle geistig, seelisch, körperlich darauf ein, übe, z. B. für eine Prüfung. **Vor|bereitung** *die, -/-en: ich treffe Reisevorbereitungen.*

vor|bestellen, *ich* bestelle *es* vor (habe vorbestellt), bestelle schon vorher und hole *es zu* späterem Termin ab: *vorbestellte Theaterkarten.* **Vor|bestellung** *die.*

vor|bestraft, schon früher gerichtlich verurteilt. **Vor|bestrafte** *der, die, -n/-n, ein -r, eine -.*

vor|beten, *ich* bete es vor (habe vorgebetet), **1)** spreche das Gebet laut vor. **2)** Ü erkläre es immer wieder ganz genau: *wie oft soll es ihm noch vorbeten, bis er es versteht?*

vor|beugen, *ich* beuge vor (habe vorgebeugt), **1)** *mich, es,* beuge nach vorn: *ich muß mich vorbeugen, um etwas sehen zu können.* **2)** *ihm,* treffe Maßnahmen, um etwas zu verhüten: *vorbeugen ist besser als heilen; wir müssen einem Krieg vorbeugen.* **Vor|beugung** *die, -: zur V. gegen Grippe.*

Vor|bild [ahd. forebilde] *das,* Person oder Sache, die nachgeahmt wird, die man als Beispiel nehmen sollte. **vor|bilden,** *ich* bilde vor (habe vorgebildet), **1)** *ihn,* schule für kommende Anforderungen (im Beruf, in Lebensnöten). **2)** *es,* forme im voraus: *ihre Herrschsucht war schon in der Kindheit vorgebildet.* **vor|bildlich,** als Vorbild geeignet, musterhaft. **Vor|bildlichkeit** *die, -.* **Vor|bildung** *die,* vorbereitende Ausbildung, Vorkenntnisse: *ohne V. ist diese Arbeit nicht zu schaffen.*

vor|binden, *ich* binde *es mir* vor (band vor, habe vorgebunden), binde mir um etwas, z. B. eine Schürze.

Vor|börse *die, -,* die vor der offiziellen Börseneröffnung getätigten Geschäfte. **vor|börslich.**

Vor|bote *der,* Ankündiger; Anzeichen: *die Vorboten des Frühlings.*

vor|bringen, *ich* bringe *es* vor (habe vorgebracht), **1)** bringe zum Ausdruck, sage an zuständiger Stelle (Gründe, Wünsche, Klagen): *was können Sie zu Ihrer Entlastung vorbringen?* **2)** U bringe nach vorn.

vorchristlich, vor Christi Geburt: *aus vorchristlicher Zeit.*

vordatieren, *ich* datiere *es* vor (habe vordatiert), datiere voraus, antedatiere, versehe ein Schriftstück mit einem jüngeren Datum als dem des Tages, an dem es angefertigt wurde: *ein vordatierter Scheck.* **Vordatierung** *die.*

vordem, einst, in alter Zeit, früher.

vorder… [ahd. fordoro], vorn gelegen, befindlich: *Vorderachse; Vorderfuß; Vorderhaus; Vorderseite; Vorderteil.*

vordere, *-r, -s,* vorn befindlich, nach vorn weisend: *die vorderen Plätze;* aber: *der Vordere Orient.* **Vorderfront** *die,* nach vorn gelegene Seite (eines Gebäudes). **Vordergrund** *der,* dem Betrachter zunächst liegende Teile: *im V. des Bildes; dieses Problem steht im V.,* ist am wichtigsten, findet besondere Beachtung; *sie liebt es, sich in den V. zu stellen,* Ü. **vordergründig,** Ü oberflächlich betrachtet, nicht den Kern einer Sache treffend. **vorderhand** [aus ›vor der Hand‹ gebildet], einstweilen, vorläufig. **Vorderhand** *die, -,* der vor dem Sattel, vor der Hand des Reiters liegende Teil des Pferdes. **Vorderlader** *der, -s/-,* eine Feuerwaffe, die von der Mündung aus geladen wird. **vorderlastig,** mit überlastetem Vorderteil (Schiff, Flugzeug). **Vordermann** *der,* jemand, der in der Reihe vor einem anderen steht, sitzt: *ich bringe ihn auf V.,* U weise ihn zurecht, daß er seine Pflicht erfüllt, die erwartete Leistung bringt. **Vorderrad** *das,* vorderes Rad (bei Fahrzeugen), Abb. K 40. **Vorderradantrieb,** Frontantrieb. **Vordersatz** *der,* Logik: im Syllogismus Bez. für die erste und zweite Prämisse. **Vordersitz** *der,* vorn gelegener Sitz, Abb. K 40.

vorderst [ahd. ford/a]rost], am weitesten vorn befindlich: *zuvorderst; die vordersten Plätze.*

vordrängen, *ich* dränge mich *vor* (habe mich vorgedrängt), **1)** dränge, drängle rücksichtslos nach vorn. **2)** Ü suche die Aufmerksamkeit auf mich zu lenken.

vordringen, *ich* dringe *vor* (drang vor, bin vorgedrungen), komme vorwärts, gewinne Boden, Neuland, Einfluß: *feindliche Truppen drangen bis zur Hauptstadt vor; wir wollen in die Geheimnisse der Natur vordringen.* **vordringlich,** in erster Linie zu berücksichtigen. **Vordringlichkeit** *die.*

Vordruck *der,* Formular, bedrucktes Blatt zum Ausfüllen.

vorehelich, die Zeit vor der Eheschließung betreffend.

voreilig, zu schnell, unbedacht: *du hast v. gehandelt.* **Voreiligkeit** *die, -.*

voreinander, einer vor dem anderen: *wir haben keine Geheimnisse v.; sie haben sich v. gefürchtet.*

voreingenommen *(gegen ihn,* selten: *für ihn),* voller Vorurteile, subjektiv. **Voreingenommenheit** *die.*

Voreltern, *Pl.,* die Vorfahren der Eltern.

vorenthalten, *ich* enthalte *es ihm* vor (enthielt vor, habe vorenthalten), gebe ihm nicht, was ihm zusteht; sage es ihm nicht: *sein Erbe wurde ihm vorenthalten; man hat mir die Nachricht vorenthalten.* **Vorenthaltung** *die, -.*

Vorentscheid *der,* **Vorentscheidung** *die,* vorläufige Entscheidung.

Vorerbe *der,* ꝺꞇ ein durch die Einsetzung eines Nacherben in der Verfügung über den Nachlaß beschränkter Erbe.

vorerst, zunächst; vorläufig; fürs erste.

vorerwähnt, K vorher erwähnt.

Voressen *das, schweiz.:* Ragout.

Vorfach *das,* ein Schnurstück der Angel, Abb. A 14.

Vorfahr [mhd. vorvar] *der, -en/-en,* jemand, von dem man abstammt, Abb. A 7. **vorfahren,** *ich* fahre vor (fuhr vor), **1)** (bin vorgefahren), fahre weiter nach vorn; fahre vor das Haus, komme fahrend an: *könntest du bitte ein Stückchen vorfahren?; das Taxi ist gerade vorgefahren.* **2)** (bin vorgefahren), Ü fahre anderen voraus: *fahrt schon vor, wir kommen nach!* **3)** (habe vorgefahren) *es,* fahre das Fahrzeug nach vorn. **Vorfahrt** *die, -,* Vorrang einer Fahrtrichtung im Straßenverkehr an Kreuzungen und Einmündungen, vgl. Abb. V 4: *ich habe (die) V.; Vorfahrt(s)recht; Vorfahrt(s)straße.*

Vorfall *der,* Begebenheit, Ereignis: *ein äußerst peinlicher V.* **2)** ⚕ Prolaps, das Heraustreten von im Körperinnern gelegenen Organen oder Organteilen: *Gebärmuttervorfall.* **vorfallen,** *es* fällt *vor* (fiel vor, ist vorgefallen), geschieht: *er erzählte, was vorgefallen war; es ist nichts vorgefallen,* gab keinen (unangenehmen) Zwischenfall.

Vorfeld *das,* vorgelagertes Gelände; ⚓ Gelände vor der eigenen Verteidigungslinie: *im V. einer betriebsamen Großstadt; im V. politischer Entscheidungen,* Ü.

vorfern, *schweiz.:* vorletztes Jahr.

vorfinanzieren, *ich* finanziere *es* vor (habe vorfinanziert), finanziere durch kurz- oder mittelfristige Bankkredite, deren spätere Ablösung durch Dauerfinanzierungsmittel nicht mit Sicherheit feststeht. **Vorfinanzierung** *die.*

vorfinden, *ich* finde *ihn, es* vor (fand vor, habe vorgefunden), finde, wenn ich hinkomme, an bestimmtem Ort, in bestimmtem Zustand: *du rätst nicht, wen ich dort vorfand; ich habe das Haus verlassen vorgefunden.*

Vorflut *die, -,* **1)** Abführung von Wasser in einen Vorfluter. **2)** erste Flutwelle. **Vorfluter** *der, -s/-,* Gewässer, in das überschüssige Wasser, auch vorgeklärtes Abwasser, geleitet wird, Abb. D 12.

Vorfreude *die,* Freude auf etwas Bevorstehendes.

vorfühlen, *ich* fühle vor (habe vorgefühlt), U suche vorab die Meinung zu ergründen: *ich will schon mal bei ihm vorfühlen, wie er dazu steht.*

Vorführdame *die,* Mannequin. **vorführen,** *ich* führe vor (habe vorgeführt), **1)** *ihn,* bringe herbei, führe zwangsweise vor eine Behörde: *er wurde dem Untersuchungsrichter vorgeführt.* **2)** *es,* zeige, lasse betrachten und kennenlernen: *die vorgeführten Modelle aus der Winterkollektion.* **Vorführung** *die: Vorführungsbefehl,* ꝺꞇ; *Filmvorführung.*

vorfür, *schweiz.:* von vorn. **vorfüre,** *schweiz.:* voran.

Vorgabe *die,* **1)** ꞵ ein Ausgleichsverfahren, um allen Teilnehmern eines Wettbewerbs vergleichbare Gewinnaussichten zu geben. **2)** Richtlinie: *er mußte bestimmte Vorgaben beachten.* **3)** ꞵ von einem Sprengschuß zu lösende Gesteinsmenge. **Vorgabezeit** *die,* Sollzeit für eine von Menschen und Betriebsmitteln auszuführende Arbeit.

Vorgang [mhd. vorganc] *der,* **1)** Geschehen, Ablauf, Hergang. **2)** in Akten festgehaltener Fall. **Vorgänger** *der, -s/-,* jemand, der vor einem anderen dasselbe Amt innehatte.

Vorgarten *der,* Garten vor dem Haus.

vorgaukeln, *ich* gauk(e)le *ihm etwas* vor (habe vorgegaukelt), täusche vor, mache ihm falsche Hoffnungen.

vorgeben, *ich* gebe *es* vor (gab vor, habe vorgegeben), **1)** lege im voraus fest: *vorgegebene Zahlen.* **2)** behaupte betrügerisch: *er gab vor, krank zu sein.* **3)** ꞵ Wettspiele: gewähre einen Vorteil, eine Vorgabe. **4)** U reiche nach vorn.

Vorgebirge *das,* **1)** niedriger Bergzug vor einem Gebirge. **2)** Kap, an der Küstenlinie scharf ins Meer vorspringende Landspitze, Bergnase.

vorgeblich, wie behauptet wird.

vorgefaßt, vor genauer Prüfung gefaßt: *eine vorgefaßte Meinung.*

vorgefertigt, vorher angefertigt: *vorgefertigte Bauteile.*

Vorgefühl *das,* Ahnung, unbestimmtes Vorausempfinden über Kommendes.

vorgehen, *ich* gehe vor (ging vor, bin vorgegangen), **1)** gehe nach vorn. **2)** U gehe voraus. **3)** Ü ergreife bestimmte Maßnahmen: *gegen Umweltverschmutzer sollte man schärfer vorgehen; er geht gerichtlich gegen ihn vor.* **4)** *es* geht vor, geschieht, tritt ein, verwirklicht sich: *was geht da (hinter meinem Rücken) vor?* **5)** *das geht vor,* U ist wichtiger. **6)** *die Uhr geht vor,* läuft zu schnell, zeigt spätere Zeit, als es wirklich ist.

vorgelagert, *der* Küste vorgelagert: *vorgelagerte Inseln.*

Vorgelege *das,* ⊙ ein Rädergetriebe zur Herabsetzung der Drehzahl bei Werkzeugmaschinen.

vorgenannt, K im vorangehenden genannt.

Vorgeschichte *die,* **1)** ohne Pl., Prähistorie, die Wissenschaft von der Erforschung der ältesten Geschichte der Menschheit bis zum Einsetzen schriftlicher Quellen: *Vorgeschichtsforschung.* **2)** Ü mit einem späteren Geschehnis verknüpfte vorherige Begebenheit: *zum Verständnis dieser Sache muß man die V. kennen.* **vorgeschichtlich,** prähistorisch: *vorgeschichtliche Funde.*

Vorgeschmack *der, -(e)s,* Ü Anzeichen, Probe von etwas Kommendem: *der Feiertagsverkehr gab uns einen kleinen V. auf das zu erwartende Chaos in der Hauptreisezeit.*

vorgeschritten, *im* vorgeschrittenen Alter; *zu* vorgeschrittener Stunde.

Vorgesetzte *der, die, -n/-n,* ein *-r,* eine *-,* jemand, der Weisungsbefugnis gegenüber untergeordneten Arbeitnehmern, der Befehlsbefugnis gegenüber Soldaten hat.

vorgestern, am Tag vor gestern: *v. abend; deine Ansichten sind von v.,* U veraltet, überholt. **vorgestrig.**

vorgreifen, *ich* greife vor (habe vorgegriffen) *(ihm),* warte seine Wirkung, Entscheidung nicht ab, nehme vorweg: *ich möchte Ihnen nicht vorgreifen; bei der Schilderung der*

Ereignisse muß ich jetzt vorgreifen. **Vorgriff** der, vorzeitige Inanspruchnahme: im V. auf das nächste Gehalt.

vorhaben, ich habe es vor (habe vorgehabt), beabsichtige, es auszuführen, plane: wir haben vor, demnächst nach London zu fliegen; haben Sie heute abend schon etwas vor? **Vorhaben** das, -s/-, Unternehmen, Plan, Absicht: Bauvorhaben.

Vorhalt der, -(e)s/-e, 1) ♪ ein harmoniefremder Ton, der an Stelle eines dem Akkord eigentlich zugehörigen Tones steht, in den er sich auflösen muß. 2) schweiz. auch: Vorhaltung. 3) die Strecke, um die beim Schießen auf ein bewegtes Ziel der Zielpunkt vorverlegt werden muß: Vorhaltewinkel. **vorhalten,** ich halte vor (hielt vor, habe vorgehalten), 1) es mir, ihm, halte, z. B. als Schutz, vor meinen, seinen Körper hin. 2) es ihm, Ü werfe ihm, rüge, kritisiere ihn deswegen: ich halte ihm seine Faulheit vor. 3) es hält vor, Ü wirkt bestimmte Zeit, reicht aus: die Erholung hielt nicht lange vor; meine Ersparnisse hielten lange genug vor. **Vorhaltung** die, meist Pl., Vorwurf, Mahnung: er machte mir Vorhaltungen.

Vorhand die, 1) beim Pferd: Vorderhand. 2) Kartenspiel: Recht, die erste Karte auszuspielen: er hat die V. 3) ⚔ ein Grundschlag beim Tennis u. a. Ballspielen: Vorhandschlag. **vorhanden** [spätmhd. vorhanden ›vor den Händen‹], wirklich da, verfügbar, vorrätig. **Vorhandensein** das, -s.

Vorhang [mhd. vürhanc] der, lose Stoffwand, vor Fenstern, ABB. W 14, Türen, ABB. Z 10, u. a., im Theater vor der Bühne, ABB. B 55: zieh die Vorhänge vor!; Vorhangstoff; der V. fällt, das Schauspiel ist zu Ende, Ü etwas ist endgültig zu Ende; es gab viele Vorhänge, Ü die Künstler mußten am Schluß der Aufführung oft vor das Beifall klatschende Publikum treten; vgl. eisern. **vorhängen,** ich hänge vor (habe vorgehängt), hänge es vor etwas, vgl. ABB. H 8. **Vorhängeschloß** das, ABB. S 28.

Vorhaus das, bes. österr.: Flur, Diele.

Vorhaut die, ♂ Präputium, Hautfalte über der Eichel des Penis, im weiteren Sinn auch der Klitoris.

Vorhemd das, Hemdbrust zum Bedecken des Westenausschnitts.

vorher [mhd. vürher], früher, vor einem bestimmten Zeitpunkt, Ereignis, einer anderen Tätigkeit; in dieser Bedeutung in Verbindung mit Verben getrennt geschrieben: warum hast du mir das nicht v. gesagt?; er will schon v. gehen, kommen; ich wollte es v. sehen, wissen; das v. Gesagte gilt noch; vgl. aber: vorherbestimmen; vorhersagen; vorhersehen. **vorher...,** voraus..., im voraus; in dieser Bedeutung in Verbindung mit Verben trennbar zusammengesetzt. **vorherbestimmen,** ich bestimme es vorher (habe vorherbestimmt): durch göttlichen Ratschluß vorherbestimmt; aber: ich habe den Termin (lange Zeit) vorher bestimmt. **Vorherbestimmung** die, Prädestination, das Festgelegtsein allen Geschehens, bes. durch göttl. Ratschluß. **vorhergehend,** voraus-, vorangehend: am vorhergehenden Tag; der, die, das Vorhergehende; aber: wie ich bereits im vorhergehenden gesagt habe . . ., in den vorangegangenen Ausführungen. **vorherig,** nach vorheriger Absprache.

Vorherrschaft die, -, Vorrangstellung, Übergewicht. **vorherrschen,** es herrscht vor (hat vorgeherrscht): in diesem Stadtteil herrschen Einfamilienhäuser vor, sind hauptsächlich vorhanden; nach vorherrschender Ansicht.

Vorhersage die, Bestimmung im voraus: Wettervorhersage. **vorhersagen,** ich sage vorher (habe vorhergesagt), sage voraus: man hatte das Erdbeben vorhergesagt; aber: ich habe dir bereits vorher gesagt, schon früher. **vorhersehbar,** die Katastrophe war v. **vorhersehen,** ich sehe es vorher (sah vorher, habe vorhergesehen), sehe voraus: diese Entwicklung war nicht vorherzusehen; aber: ich habe dich vorher gesehen, schon früher.

vorheucheln, ich heuch(e)le es ihm vor (habe vorgeheuchelt), täusche vor, zeige nicht vorhandene Gefühle oder Eigenschaften: er heuchelt ihr Liebe, Hilfsbereitschaft vor.

vorhin [auch -h'in], vor kurzem, vor wenigen Stunden oder Minuten.

vorhin|ein, im v., bes. österr.: im voraus, von vornherein.

Vorhof der, 1) vorderer Hof; Vorraum. 2) ♂ Teil des Herzens, des Ohrs u. a.

Vorhut [vgl. Nachhut] die, -/-en, ⚔ vorausgehende Sicherungstruppe.

vorig [spätmhd.], -er, -e, -es, 1) unmittelbar vorausgehend, früher, vergangen: vorigen Jahres, Abk.: v. J., letzten Jahres; vorigen Monats, Abk.: v. M.; im vorigen, weiter vorher; der, die, das vorige, aber: das Vorige, die vorangegangenen Ausführungen; die Vorigen, Theater: die Personen des vorangegangenen Bühnenauftritts. 2) schweiz.: vorhin; übrig: es ist noch Geld v.

Vorjahr das, letztes Jahr, das dem jetzigen unmittelbar vorangegangene Jahr. **vorjährig.**

Vorkämpfer der, Pionier, Bahnbrecher.

vorkauen, ich kaue es ihm vor (habe vorgekaut), 1) Ü erkläre immer wieder bis in alle Einzelheiten: obwohl ich ihm alles vorgekaut habe, hat er es falsch gemacht. 2) manche Tiere kauen ihren Jungen die Nahrung vor, zerkleinern sie vor dem Füttern.

Vorkaufsrecht das, das Recht, in einen Kaufvertrag an Stelle des Käufers einzutreten.

Vorkehr die, schweiz.: Vorkehrung. **Vorkehrung** die, -/-en, meist Pl., sichernde Maßnahme: ich treffe Vorkehrungen.

Vorkeim der, ⚘ aus einer befruchteten Eizelle entstehendes Gebilde aus wenigen Zellen. **vorkeimen,** ich keime es vor (habe vorgekeimt), leite die Entwicklung von Samen und Knollen künstlich ein: vorgekeimte Saatkartoffeln.

Vorkenntnisse, Pl., die erforderl. Kenntnisse, um etwas zu erlernen: ein Sprachkurs für Teilnehmer mit Vorkenntnissen.

vorknöpfen, ich knöpfe vor (habe vorgeknöpft), 1) es, knöpfe es vor etwas an. 2) ihn mir, Ü mache ihm Vorhaltungen: den werde ich mir vorknöpfen!

vorkohlen, ich kohle ihm etwas vor (habe vorgekohlt), Ü lüge vor.

vorkommen, es kommt vor (kam vor, ist vorgekommen), 1) ereignet sich: ein solcher Fehler darf nicht vorkommen! 2) ist vorhanden: zusammengesetzte Wörter kommen im Deutschen häufig vor. 3) mir, scheint, dünkt: das kommt mir sehr sonderbar vor; sie kam mir bekannt vor; es kommt sich wohl sehr schlau vor! 4) ich komme vor, Ü sehe nach vorn, komme zum Vorschein. **Vorkommen** das, -s/-, Vorhandensein: Erdölvorkommen. **Vorkommnis** das, -ses/-se, Ereignis, Geschehnis.

vorkragen [vgl. Kragstein], es kragt vor (hat vorgekragt), ⼏ ragt über die Unterstützung hinaus, tritt hervor.

Vorkriegszeit die, Zeit vor einem (meist dem letzten) Krieg: er war alt genug, um die V. bewußt zu erleben.

vorladen, ich lade ihn vor (lud vor, habe vorgeladen), ⚖ lade, verlange sein Erscheinen, bes. vor Gericht. **Vorladung** die.

Vorlage die, 1) Entwurf: Gesetzesvorlage. 2) Muster, nach dem etwas hergestellt werden soll, ABB. S 70, V 5. 3) ♀ Gefäß zur Aufnahme des Destillats. 4) ⚔ das Zuspiel zu einem Torschuß; Skisport: vorgebeugte Haltung. 5) schweiz.: Vorleger: Bettvorlage.

Vorland das, -(e)s, 1) Land, das vor etwas liegt: Alpenvorland. 2) einem Deich vorgelagertes Land, ABB. D 5.

vorlassen, ich lasse ihn vor (ließ vor, habe vorgelassen), 1) empfange. 2) lasse überholen, gebe ihm den Vortritt.

Vorlauf der, -(e)s, 1) ⚙ der in der Fahrtrichtung gemessene Abstand des Bodenberührungspunktes eines gelenkten Rades vom Schnittpunkt der verlängert gedachten Schwenkachse mit der Fahrbahn. 2) Pl. . . . -läufe, ⚔ ein Qualifikationslauf, Ausscheidungskampf. 3) ⚗ der bei einer Destillation zuerst übergehende Teil des Destillats. 4) die beim Auspressen von Früchten zuerst ablaufende Flüssigkeit. 5) vorab geleistetes Arbeitspensum, das nötig ist, um künftige Termine einhalten zu können. **vorlaufen,** ich laufe vor (lief vor, bin vorgelaufen), laufe nach vorn; laufe voraus. **Vorläufer** der, 1) jemand, der vor anderen läuft. 2) Ü etwas, was einer Sache, einer Richtung vorausging. 3) schweiz. auch: Vorzug, Entlastungszug. **vorläufig,** einstweilen, nicht endgültig: eine vorläufige Regelung; wir wohnen v. bei meinen Eltern.

vorlaut [Jägerwort für Hunde, die zu früh anschlagen], Ü sich ungefragt einmischend äußernd, naseweis: sei nicht so v.! (Mahnung bes. an Kinder).

vorleben, ich lebe es ihm vor (habe vorgelebt), zeige durch mein Beispiel: die Eltern sollten ihm das nicht vorwerfen, sie haben es ihm ja so vorgelebt. **Vorleben** das, -s, der bisherige Lebensverlauf: über sein V. schweigt er sich aus.

vorlegen, ich lege es vor (habe vorgelegt), 1) es, lege es vor etwas; befestige davor: ein vorgelegtes Schloß. 2) es ihm, lege zur Einsichtnahme, Prüfung, Ansicht: legen Sie bitte Ihre Papiere vor. 3) es ihm, mache bekannt, unterbreite: ich lege ihm die Frage vor. 4) es ihm, bringe an die Öffentlichkeit: der Autor legte sein neues Werk vor. 5) (es) ihm, bereite ihm zum Essen auf dem Teller vor: Vorlegebesteck. 6) ihm Geld, bezahle vorläufig für ihn. 7) es, Ü erziele, zeige: er legte ein rasantes Tempo vor. **Vorleger** der, -s/-, Matte oder kleiner Teppich vor dem Bett, der Badewanne, ABB. B 2, B 27.

Vorleistung *die,* 1) Leistung, die vor einer (erhofften) Gegenleistung erfolgt: *wenn die Gegenseite nicht reagiert, werden wir keine Vorleistungen mehr erbringen.* 2) *⚖ Bez.* für Dienstleistungen und Waren, die eine Wirtschaftseinheit von anderen Unternehmen bezieht, z. B. Rohstoffe.

Vorlese *die,* der Weinlese vorausgehendes Auslesen aller nicht einwandfreien Trauben. **vorlesen,** *ich lese vor* (las vor, habe vorgelesen), 1) *es (ihm),* gebe wörtlich mit lauter Stimme wieder: *vorgelesen, genehmigt, unterschrieben,* Abk.: v., g., u., eine gerichtl. Formel. 2) *Trauben,* halte Vorlese. **Vorleser** *der,* jemand, der anderen etwas vorliest. **Vorlesung** *die,* 1) lautes Lesen vor Zuhörern. 2) Kolleg, laufende Vortragsreihe eines Hochschullehrers: *er hält eine V. über deutsche Klassik; Vorlesungsverzeichnis.*

vorletzt, *-er, -e, -es,* an zweitletzter Stelle stehend: *zu v.; er ist der vorletzte* (in der Reihe), aber: *er ist der Vorletzte* (nach Rang, Leistung, z. B. in der Klasse).

Vorliebe *die, für ihn, etwas,* Begünstigung, besondere Neigung: *er hat eine V. für scharf gewürzte Speisen; er liest mit V. Kriminalromane.* **vorliebnehmen** [eigtl. ›fürliebnehmen‹], *ich nehme mit ihm, etwas vorlieb* (nahm vorlieb, habe vorliebgenommen), begnüge mich damit, muß mit ihm zufrieden sein: *er mußte mit einem möblierten Zimmer vorliebnehmen.*

vorliegen, *es liegt vor* (lag vor, hat vorgelegen), ist da, besteht, ist vorhanden: *unser Baugesuch liegt dem Gemeinderat (zur Prüfung) vor; hier liegt ein Fall grober Fahrlässigkeit vor; ein Buch liegt vor,* ist erschienen; *gegen ihn liegt nichts vor; im vorliegenden,* hier, aber: *das Vorliegende.*

vorlings, *✗* nach vorn, dem Turngerät zugewandt.

vorlügen, *ich lüge ihm etwas vor* (habe vorgelogen), erzähle ihm Lügen.

vorm, U vor dem, ÜBERS. Z 13.

vorm., Abk. für: 1) vormittags. 2) vormals.

vormachen, *ich mache vor* (habe vorgemacht), 1) *es vor etwas,* U bringe an, befestige. 2) *es ihm,* biete ihm ein Vorbild, zeige es ihm: *darin muß mir keiner etwas vor,* ist keiner besser als ich. 3) *ihm etwas,* U täusche vor, spiegele vor: *mir kannst du nichts vormachen!* 4) schweiz.: spare: *die Hausfrau hat vom Wirtschaftsgeld vorgemacht.* 5) schweiz.: verdiene: *bei diesem Geschäft habe ich schön vorgemacht.*

Vormacht *die, -,* führende politische Stellung: *Vormachtstellung.*

Vormagen *der, 🐄* 1) Pansen und Netzmagen der Wiederkäuer. 2) drüsenreicher Teil des Vogelmagens.

vormalig, vormals, Abk.: vorm., einst, ehemals, in vergangener Zeit: *Kunststoff AG, v. Müller & Co.*

Vormarsch *der, ⚔* das Vorrücken der Truppen: *es ist auf dem V. (im V.),* U breitet sich aus.

Vormärz *der, -(es),* Zeit von 1815 bis zur Revolution im März 1848. **vormärzlich.**

vormerken, *ich merke es, ihn vor* (habe vorgemerkt), schreibe auf zu späterer Berücksichtigung: *wir haben Ihre Bestellung vorgemerkt.* **Vormerkung** *die, -/-en, ☪️* vorläufige Eintragung in das Grundbuch.

Vormilch *die, ⚕* Kolostralmilch, Kolostrum.

Vormittag *der,* der Zeitraum vom Morgen bis zum Mittag: *eines Vormittags;* aber: *heute vormittag;* vgl. Mittag. **vormittägig,** am Vormittag stattfindend. **vormittäglich,** jeden Vormittag stattfindend. **vormittags,** Abk.: vorm., am Vormittag.

Vormund [ahd. foramundo] *der, -(e)s/-e* oder *-er, ☪️* jemand, der eine Vormundschaft ausübt: *ich brauche keinen V.,* U kann für mich selbst sprechen, entscheiden. **Vormundschaft** *die, -/-en, ☪️* rechtlich geordnete Fürsorge für nicht voll geschäftsfähige Person: *Vormundschaftsgericht.* **vormundschaftlich.**

vorn [ahd. forna] 1) an der Vorderseite, am Anfang, dem Betrachter zunächst gelegen: *das Wohnzimmer liegt nach v.,* zur Straße; *ich muß (noch einmal) von v. beginnen,* neu anfangen; *deine Rechnung stimmt hinten und v. nicht,* U ist überall falsch. 2) vor den anderen, führend: *jetzt liegt mein Pferd v.*

vornächt, *schweiz.:* vorgestern.

Vornahme *die, -/-n,* Ausführung: *die V. einer Handlung.*

Vorname *der,* der individuelle Personenname zur Unterscheidung zum Familiennamen, ÜBERS. N 3.

vorn|an [auch f'ɔrn-], vorn, an erster Stelle: *das steht v.*

vorne, U vorn.

vornehm [mhd. vürnæme, zu vor und nehmen], 1) von edler Abstammung, höheren Standes: *v. und gering, ⚬ jedermann;* aber: *Vornehme und Geringe.* 2) großzügig, hochherzig: *ein Mensch von vornehmer Gesinnung.* 3) elegant und kostbar: *sie sind v. eingerichtet.* 4) *das ist das vornehmste, meine vornehmste Pflicht, ⚬* die wichtigste, dringlichste Aufgabe. **vornehmen,** *ich nehme vor* (nahm vor, habe vorgenommen), 1) *es,* nehme nach vorn; binde vor (Serviette, Schürze). 2) *es mir,* fasse den Entschluß, es zu tun: *nimm dir nicht zuviel vor!; vorgenommen* habe ich mir vorgenommen, nicht mehr zu rauchen. 3) *es mir,* bearbeite es, beschäftige mich damit: *jetzt will ich mir erst einmal die heutige Post vornehmen.* 4) *ihn mir,* U mache ihm Vorhaltungen, schelte aus. **Vornehmheit** *die, -.* **vornehmlich,** besonders, in erster Linie: *alle Schüler, v. die Oberstufe.*

vornher|ein [auch -r'ain], *von v.,* von Anfang an; *das habe ich von v. gewußt.* **vornhin** [auch -h'in], nach vorn. **vorn|über** [auch -v'ɛk], weit vorgeneigt: *vornübergebeugt; vornübergeneigt.* **vornweg** [auch -v'ɛk], U voran, an der Spitze.

Vor|ort *der,* 1) äußerer Ortsteil; eine mit dem benachbarten Ort sozial und wirtschaftlich verknüpfte Siedlung: *Vorortzug.* 2) früher: der leitende, geschäftsführende Ort in einem Verband, z. B. Lübeck in der Hanse; in der Schweiz bis 1848 der leitende Kanton. 3) *ohne Pl., schweiz.:* Vorstand.

Vorplatz *der,* 1) Platz vor einem Gebäude. 2) Diele, Flur.

Vorposten *der, ⚔* vorgeschobener Posten.

vorpreschen, *ich presche vor* (bin vorgeprescht), U eile nach vorn: *in der Parlamentsdebatte über die Gesetzesänderung ist er zu weit vorgeprescht,* Ü.

Vorrang *der,* 1) höhere, wichtigere Stellung, größere Bedeutung: *du hast den V. vor ihm; er macht mir den V. streitig.* 2) Vortritt. 3) *österr.:* Vorfahrt. **vorrangig,** *wir behandeln Ihren Antrag v.*

Vorrat [mhd. vorrat] *der, -(e)s/⁀e,* Aufgespeichertes für späteren Bedarf: *ich habe einen großen V. an oder von Lebensmitteln; ich kaufe auf V.; Vorratskammer; Vorratsschädlinge.* **vorrätig,** als Vorrat vorhanden, aufgespeichert, verfügbar: *wir haben nicht genügend Brot v.*

Vorraum *der,* Raum vor einem anderen.

vorrechnen, *ich rechne es ihm vor* (habe vorgerechnet), erkläre ihm eine Rechnung; lege durch Zahlen dar: *er rechnete mir vor, welche Steuerklasse für mich günstiger ist; ich lasse mir meine Fehler vor ihr nicht vorrechnen!,* Ü.

Vorrecht *das,* Privileg, Sonderrecht, bevorzugende Sonderregelung: *ein früheres V. des Adels.*

Vorrede *die,* Vorwort, einleitende Worte, Einleitung. **vorreden,** *ich rede es ihm vor* (habe vorgeredet), versuche, es durch Reden glaubhaft zu machen. **Vorredner** *der, Redner,* der vor einem anderen gesprochen hat: *ich muß hier meinem V. widersprechen.*

Vorreiber *der, -s/-,* ein Fensterverschluß, ABB. F 12.

vorrichten, *ich richte es vor* (habe vorgerichtet), 1) mache zurecht, richte her. 2) *⚒* bereite Druckbogen zum Heften oder Einbinden vor. **Vorrichtung** *die,* Einrichtung zu einem bestimmten Zweck; im Maschinenbau ein Hilfsmittel zur Bearbeitung: *Bohrvorrichtung.*

vorrücken, *ich rücke vor,* 1) (habe vorgerückt) *es,* rücke, schiebe, bewege nach vorn: *er rückt den Turm drei Felder vor* (beim Schachspiel); *in vorgerücktem Alter,* Ü; *zu oder in vorgerückter Stunde,* Ü. 2) *⚔ Truppen rücken vor* (sind vorgerückt), sind im Vormarsch.

Vorrunde *die, ✗* ein Qualifikationskampf, der zur Teilnahme an den Zwischenrunden berechtigt.

vors, U vor das, ÜBERS. Z 13.

Vors., Abk. für: Vorsitzende(r), Vorsitzer(in).

Vorsaal *der,* Flur, Diele, Korridor.

vorsagen, *ich sage es ihm vor* (habe vorgesagt), flüstere zu. **Vorsager** *der, -s/-.*

Vorsaison [-sɛzõ] *die,* Zeit vor der Hauptsaison.

Vorsatz [mhd. vürsaz] *der,* 1) bewußte Absicht, Entschluß: *ich fasse einen V.; er hat einen seltenen V. treu; bedinger Vorsatz, ☪️* rechtswidriges Verhalten, bei dem der Täter den schädl. Erfolg erstrebt, doch als mögl. Folge in Kauf nimmt. 2) *⚙* Papier auf der Innenseite von Buchdeckeln, ABB. B 53: *Vorsatzpapier.* 3) Silben vor den Namen metrischer Einheiten zur dezimalen Vervielfachung und Teilung, z. B. Kilo...: *Vorsatzzeichen,* das zu einem Vorsatz gehörende Kurzzeichen, z. B. k für Kilo. 4) das vor etwas Gesetzte: *Vorsatzlinsen,* vor das Objektiv zu setzende Linsen, in der Photographie bes. für Nahaufnahmen. **vorsätzlich,** willentlich, mit Vorsatz: *vorsätzliche Tötung; vorsätzliche Lüge.*

Vorschau *die,* 1) vorausschauender Überblick. 2) Zusammenfassung kommender Programme bei Film, Funk, Fernsehen, Veranstaltungen: *Programmvorschau.*

Vorschein, *es kommt zum V.,* erscheint, wird sichtbar, wird deutlich erkennbar: *sein wahres Wesen kam zum V.*

vorschicken, *ich schicke ihn, es* vor (habe vorgeschickt), lasse vorausgehen: *er hat sie vorgeschickt, um die Stimmung zu erkunden.*

vorschieben, *ich schiebe vor* (habe vorgeschoben), **1)** *es,* schiebe es nach vorn. **2)** *ihn, es,* bewege vorwärts, lasse vorrücken: *die Posten wurden bis an den Fluß vorgeschoben.* **3)** *es, ihn,* Ü gebe vor, nenne als Grund: *er schob eine Erkältung als Grund für sein Fernbleiben vor.*

vorschießen, *ich schieße vor* (schoß vor), **1)** (bin vorgeschossen), trete plötzlich aus etwas heraus: *der Hund schoß bellend aus der Hütte vor.* **2)** (habe vorgeschossen) *es ihm,* leihe ihm Geld.

Vorschiff *das,* ⚓ der vordere Teil eines Schiffs.

Vorschlag *der,* **1)** Anerbieten, Rat: *ich mache dir einen V.; auf meinen V. hin; ein V. zur Güte,* zur gütl. Einigung; *Vorschlagsrecht; betriebliches Vorschlagswesen.* **2)** ♪ kurzer, dem Melodieton vorangehender Ton zur Verzierung, ABB. N 10. **3)** ⚎ leerer Raum oben auf der Anfangsseite, ABB. B 53. **4)** *schweiz.:* Erspartes, Abgehandeltes; in Bilanzen: Aktivsaldo.

vorschlagen, *ich schlage vor* (schlug vor, habe vorgeschlagen), **1)** *ihn, es, es ihm,* empfehle, mache ihm den Vorschlag: *ich schlage (ihm) einen Spaziergang vor; er schlägt ihn für das Amt des Ministerpräsidenten vor.* **2)** *den Takt,* gebe an. **Vorschlaghammer** *der,* schwerer Schmiedehammer, ABB. H 5.

Vorschlußrunde *die,* ⚔Halbfinale.

Vorschmack *der,* -(e)s, ⚭ Vorgeschmack, Vorgefühl.

vorschnell, übereilt, unbedacht: *ein vorschnelles Urteil; du hast v. gehandelt.*

vorschreiben, *ich schreibe vor* (habe vorgeschrieben), **1)** zeige, wie man es schreiben soll. **2)** verordne, befehle: *ich halte mich an das, was man mir vorgeschrieben hat.* **Vorschrift** *die,* Anweisung, Richtlinie, Verordnung: *nach ärztlicher V.; Dienst nach V.; ich lasse mir von dir keine Vorschriften machen.* **vorschriftsgemäß. vorschriftsmäßig,** *ich habe v. geparkt.* **vorschriftswidrig,** *vorschriftswidriges Verhalten.*

Vorschub *der,* **1)** *ohne Pl.: er hat ihm dabei V. geleistet,* ihn bei seinem (tadelnswerten) Tun begünstigt; *Vorschubleistung.* **2)** ⊙ der während eines Bearbeitungsvorganges vom Werkstück oder Werkzeug zurückgelegte Weg.

Vorschule *die,* Unterricht für noch nicht schulpflichtige Kinder: *Vorschulalter; Vorschulerziehung.* **vorschulisch,** *vorschulische Erziehung.*

Vorschuß [spätmhd. vürschuz] *der,* im voraus geleistete Zahlung: *er hat einen V. auf das neue Gehalt; Vertrauensvorschuß,* Ü. **Vorschußlorbeeren,** *Pl.,* verfrühtes Lob: *er will schon V. sammeln; man sollte keine V. verteilen.*

vorschützen, *ich schütze es* vor (habe vorgeschützt), schiebe als Grund vor: *er schützte als Grund für sein Fortbleiben eine Krankheit vor.* **Vorschützung** *die,* -.

vorschweben, *es schwebt mir* vor (hat vorgeschwebt), ich stelle mir vor: *ihr schwebt ein Haus am Meer vor.*

vorschwindeln, *ich schwind(e)le ihm etwas* vor (habe vorgeschwindelt), erzähle Lügen, schneide auf, täusche ihn.

vorsehen, *ich sehe vor* (sah vor, habe vorgesehen), **1)** *es, ihn für etwas,* beabsichtige zu tun, plane für etwas ein, bestimme: *der Ausflug ist für den 15. Mai vorgesehen; die gesetzlichen Bestimmungen sehen diesen Fall nicht vor; er ist für dieses Amt vorgesehen.* **2)** *mich,* nehme mich in acht, bin vorsichtig: *bitte, sieh dich vor!* **Vorsehung** *die,* -, die göttl. Lenkung der Welt und der menschl. Schicksale.

vorsetzen, *ich setze vor* (habe vorgesetzt), **1)** *es,* setze nach vorn, vor etwas: *ich setze den rechten Fuß vor.* **2)** *ihn oder es ihm,* stelle im Rang über ihn: *die vorgesetzte Dienststelle.* **3)** *es ihm,* biete an, gebe zu essen.

Vorsicht [ahd. foresiht] *die,* **1)** Behutsamkeit, Bedacht, die Gefahr und die Folgen bedenkende Besonnenheit: *Vorsicht!,* aufgepaßt!, Achtung! **2)** ⚭ Vorsehung. **vorsichtig. Vorsichtigkeit** *die,* -. **vorsichtshalber,** aus Vorsicht.

Vorsilbe *die,* Präfix, Silbe, die vor das Grundwort eines Wortstamm tritt, ÜBERS. G 34, V 2.

vorsingen, *ich singe es ihm* vor (sang vor, habe vorgesungen), trage ihm etwas vor.

vorsintflutlich, Ü völlig veraltet: *eine vorsintflutliche Nähmaschine.*

Vorsitz *der,* -es, Leitung eines Vereins, einer Behörde, Gesellschaft, Versammlung: *wer führt den V.?* **vorsitzen,** *ich sitze ihm* vor (saß vor, habe vorgesessen). **Vorsitzende** *der,*

die, -n/-n, ein -r, eine -, **Vorsitzer** *der, -s/-,* **Vorsitzerin** *die, -/-nen,* Abk.: Vors., jemand, der den Vorsitz führt.

Vorsorge *die,* -, vorsorgliche Maßnahme: *wir treffen V. für das Alter; Krebsvorsorge.* **vorsorgen,** *ich sorge für etwas* vor (habe vorgesorgt). **Vorsorge|untersuchung** *die,* ⚕Maßnahmen zur Früherkennung von Krankheiten. **vorsorglich,** vorausschauend, auf die Zukunft bedacht; vorsichtshalber: *eine vorsorgliche Maßnahme.*

Vorspann *der,* **1)** Hilfszugtiere vor dem eigtl. Gespann. **2)** Film, Fernsehen: Titel und Angaben über Darsteller, Hersteller, Verleihfirma u. a. am Anfang eines Films. **3)** Einleitung eines Presseartikels. **vorspannen,** *ich spanne es* vor (habe vorgespannt), befestige vor dem Wagen zum Ziehen: *er will mich vorspannen,* Ü sich meinen Einfluß zunutze machen. **Vorspannung** *die,* **1)** ⊙ bes. im Spannbeton erzeugte Spannungen, die später auftretende entgegengesetzte Spannungen ausgleichen. **2)** ⌁ einer Gleichstromspannung überlagerte Wechselstromspannung an einem Transistor oder einer Elektronenröhre.

Vorspeise *die,* kleines Gericht vor dem Hauptgericht.

vorspiegeln, *ich spiege(l)e es ihm* vor (habe vorgespiegelt), täusche vor. **Vorspieg(e)lung** *die: unter V. falscher Tatsachen.*

Vorspiel *das,* **1)** musikal. Einleitung, Ouvertüre, Präludium. **2)** Szene, die einem größeren Bühnenwerk vorausgeht. **3)** Fußball: Spiel vor dem Hauptspiel. **4)** Ü Einleitung, Anfang: *das war erst das V.!,* die Hauptsache kommt noch. **5)** Liebesspiel vor dem Geschlechtsverkehr. **vorspielen,** *ich spiele vor* (habe vorgespielt), **1)** *(es) ihm,* musiziere oder spiele Theater vor Zuhörern oder Zuschauern. **2)** *es ihm,* spiele als Muster zum Nachspielen. **3)** *es ihm,* Ü täusche durch Reden oder Taten: *spiel mir doch nichts vor!; vorgespielte Gefühle.*

vorsprechen, *ich spreche vor* (sprach vor, habe vorgesprochen), **1)** *es ihm,* sage ihm vor zum Nachsprechen: *man sprach ihm den Eid vor.* **2)** *(es ihm),* Theater: spreche eine Rolle zwecks Beurteilung meiner schauspieler. Fähigkeiten, meiner Stimme. **3)** *bei ihm,* suche ihn auf, um ein Anliegen vorzutragen: *wann darf ich bei Ihnen vorsprechen?*

vorspringen, *ich springe vor* (sprang vor, bin vorgesprungen), **1)** springe nach vorn, aus etwas hervor. **2)** *es springt vor,* ragt über etwas hinaus, steht vor. **Vorsprung** *der,* **1)** herausragender, überstehender Teil: *Felsvorsprung.* **2)** *ohne Pl.,* Ü Abstand, um den man seinem Rivalen oder Verfolger voraus ist: *Wissensvorsprung.*

Vorspur *die, ohne Pl.,* an Kraftwagen eine geringe Einwärtsdrehung der Vorderräder für einen stabilen Lauf.

Vorstadt *die,* äußerer Stadtteil; Vorort. **vorstädtisch.**

Vorstand *der,* **1)** Leiter, Vorsteher. **2)** leitendes Gremium: *er ist Vorstandsmitglied einer Aktiengesellschaft; Vorstandssitzung; er wurde in den V. gewählt.* **vorstehen,** *ich stehe vor* (habe vorgestanden), **1)** *ihm, etwas,* leite, verwalte es, bin sein Vorgesetzter. **2)** *es steht vor,* ragt hervor, springt vor: *sie hat vorstehende Zähne.* **3)** *ein Vorstehhund steht vor,* ⚘ verharrt, wenn er Wild wittert. **vorstehend,** *die vorstehenden Ausführungen, das Vorstehende,* K das im vorangehenden Text Gesagte; aber: *im vorstehenden;* vgl. folgend. **Vorsteher** *der,* Leiter: *Bürovorsteher.* **Vorsteherdrüse** *die,* Prostata. **Vorstehhund** *der,* eine Jagdhunderasse.

vorstellbar, *das Ausmaß der Katastrophe ist kaum v.* **vorstellen,** *ich stelle vor* (habe vorgestellt), **1)** *es,* rücke vor, stelle nach vorn. **2)** *es,* erscheine als etwas, bedeute: *die Personen auf diesem Bild stellen die Heiligen Drei Könige vor; er stellt etwas vor,* Ü sieht man sieht aus wie eine bedeutende Persönlichkeit. **3)** *es mir,* rufe in meine Vorstellung, denke mir aus: *deine Überraschung kann ich mir gut vorstellen.* **4)** *es ihm,* mache bewußt, gebe zu bedenken: *ich stellte ihm die Gefährlichkeit seines Unternehmens vor.* **5)** *mich, ihn, es einem,* mache mit ihm bekannt, nenne meinen (seinen) Namen: *darf ich Ihnen Herrn X vorstellen?; das neue Automodell wurde der Presse vorgestellt.* **6)** *mich, dem Arzt:* lasse untersuchen. **7)** *mich,* spreche als Bewerber bei einem Arbeitgeber vor. **vorstellig,** *ich werde bei ihm v.,* K wende mich mit einem Anliegen, einer Beschwerde an ihn. **Vorstellung** *die,* **1)** Darbietung auf der Bühne, im Film oder Zirkus: *Abendvorstellung.* **2)** Bild eines Gegenstandes im Bewußtsein, ohne daß dieser Gegenstand selbst gegenwärtig ist: *das geht über mein Vorstellungsvermögen, ich kann es mir nicht vorstellen.* **3)** das Bekanntmachen von Personen; Besuch eines Bewerbers beim Arbeitgeber. **4)** *nur Pl.,* Einspruch, Tadel: *ich machte ihm ernste Vorstellungen.*

Vorstoß der, 1) gegen ihn, auf ein Ziel, Angriff, kämpferisches Vordringen: ein V. in unerschlossenes Gebiet, Ü; sie machte bei ihrem Chef einen V. wegen einer Gehaltserhöhung, Ü. 2) schmaler Streifen an Kanten, bes. der Uniform.
vorstoßen, ich stoße vor (stieß vor), 1) (bin vorgestoßen), dringe vor, ein: fremde Truppen sind tief in das Landesinnere vorgestoßen. 2) es stößt vor (hat vorgestoßen), ragt vor.
Vorstrafe die, ♫ das im Strafregister eingetragene Urteil über eine frühere Straftat.
vorstrecken, ich strecke es vor (habe vorgestreckt), 1) strecke nach vorn. 2) ihm, Ü verleihe, borge (Geld).
Vorstufe die, Ü der Zustand, der einen anderen vorbereitet: die Daguerreotypie, eine V. unserer Photographie.
vortäuschen, ich täusche es (ihm) vor (habe vorgetäuscht), stelle trügerisch als vorhanden dar: sie täuschte Liebe vor; die Luftspiegelung täuscht die Nähe einer Oase vor. **Vortäuschung** die: V. einer Straftat.
Vorteig der, Sauerteig beim Brotbacken, der Hefevermehrung dienender Teigansatz.
Vorteil [mhd. vorteil, zu Teil] der, 1) Gewinn: das ist von V.; er ist nur auf seinen V. bedacht. 2) Überlegenheit: er ist im V. 3) ✕ Tennis: Gewinn des ersten Punktes nach Einstand; Fußball: das Nichtbeachten gegnerischen Hand- oder Foulspiels durch den Schiedsrichter, wenn die Mannschaft, gegen die sich der Regelverstoß richtete, im Ballbesitz bleibt: der Schiedsrichter erkannte auf V. **vorteilhaft,** eine für Vollschlanke vorteilhafte Mode; das Angebot schien mir v. zu sein.
Vortel, Vörtel der, -s/-, alem.: Vorteil, Kniff.
Vortiefe die, ⊕ die einem aufsteigenden Faltengebirge vorgelagerte Senke.
Vortrab der, -(e)s/-e, ♂ Vorhut kleinerer Reiterabteilungen.
Vortrag der, -(e)s/ᵘe, 1) längere Rede, bes. über ein wissenschaftl. Thema, Referat. 2) sprachl. oder musikal. Darbietung: Vortragskünstler; Vortragszeichen, ♪. 3) Restbetrag eines Kontos, der in den neuen Rechnungsabschnitt übertragen wird. **vortragen,** ich trage es vor (trug vor, habe vorgetragen), 1) Ü trage, bringe nach vorn. 2) spreche aus, lege dar; halte einen Vortrag oder spreche vor: er trägt unsere Wünsche dem Betriebsrat vor; er trug ein Gedicht von Schiller vor. 3) Buchführung: mache einen Vortrag.
vortrefflich, ausgezeichnet, sehr gut: vortreffliche Leistungen; das schmeckt ganz v. **Vortrefflichkeit** die, -.
vortreten, ich trete vor (trat vor, bin vorgetreten), 1) trete nach vorn. 2) es tritt vor, ragt hervor, steht vor.
Vortrieb der, 1) ⊙ die Kraft, welche die Vorwärtsbewegung von Fahrzeugen hervorruft. 2) ✕ der Streckenvortrieb, das Anlegen von Strecken, vgl. ABB. B 22.
Vortritt der, -(e)s, 1) das Recht vorauszugehen: ich ließ ihr den V. 2) schweiz. auch: Vorfahrt.
Vortuch das, -(e)s/ᵘer, oberdt.: Schürze.
Vortumnali|en [v-], Pl., Vertumnalien.
vor|über, 1) zeitlich: vorbei, vergangen: es ist alles v.; die Zeiten sind v. 2) räumlich: vor oder etwas vorbei.
vor|über . . ., in Verbindung mit Verben trennbar zusammengesetzt: vorübereilen; vorüberfahren; vorüberziehen. **vorübergehen,** ich gehe vorüber (ging vorüber, bin vorübergegangen), 1) an ihm, gehe an ihm oder daran vorbei: an diesen Tatsachen sollte man nicht vorübergehen, Ü. 2) es geht vorüber, hört auf, gehört bald der Vergangenheit an: das Gewitter ging schnell vorüber. **vor|übergehend,** kurze Zeit dauernd, zeitweilig: eine vorübergehende Unpäßlichkeit.
Vor|übung die, vorbereitende Übung.
Vor|untersuchung die, ♫ früher gerichtl. Verfahren in bestimmten Strafsachen zur Aufklärung des Sachverhaltes.
Vor|urteil das, vorgefaßte Meinung, Übernahme von Ansichten ohne ausreichende Prüfung oder Erfahrung: er hat ein V. gegen mich; wir müssen die Vorurteile abbauen.
vor|urteilsfrei. vor|urteilslos.
vor|uße, fügse, schweiz.: draußen.
Vorväter, Pl., Ahnen, Vorfahren.
Vorverfahren das, ♫ vor dem Hauptverfahren liegender Teil des Strafprozesses.
Vorvergangenheit die, Ⓢ Plusquamperfekt, ÜBERS. V 2.
Vorverkauf der, -(e)s, Verkauf von Eintrittskarten mehrere Tage oder Wochen vor einer Veranstaltung.
vorverlegen, ich verlege es vor (habe vorverlegt), 1) lege weiter nach vorn: die Grundstücksgrenze wurde zwei Meter vorverlegt. 2) setze zu einem früheren Zeitpunkt als geplant an: wir müssen die Redaktionsbesprechung vorverlegen.

vorvorgestern, vor drei Tagen. **vorvorig,** vorletzt: vorvorige Woche. **vorvorletzt,** drittletzt.
Vorwahl die, 1) beim Telefonieren: Ortsnetzkennzahl, die vor der Nummer des Teilnehmers gewählt wird: Vorwahlnummer. 2) ⊙ Einrichtung zum Voreinstellen eines für später gewünschten Betriebszustandes: Blendenvorwahl; Drehzahlvorwahl. 3) Wahl der Kandidaten für eine zweite Wahl.
vorwählen, ich wähle es vor (habe vorgewählt).
vorwalten, es waltet vor (hat vorgewaltet), ⚫ herrscht vor, hat Übergewicht.
Vorwand [spätmhd. vürwand] der, -(e)s/ᵘe, vorgeschobener Grund, Ausrede: unter einem V. sagte er ab.
vorwarnen, ich warne ihn vor (habe vorgewarnt). **Vorwarnung** die, vorherige Warnung: der Besuch kam ohne V., Ü ohne sich vorher anzumelden.
vorwärts [ahd. furiwert], in der Richtung nach vorn, voran: du sollst v. gehen, v. fahren, nicht rückwärts; bei dem starken Verkehr konnten wir nur schwer v. kommen; vgl. aber: vorwärtsbringen, vorwärtsgehen, vorwärtskommen. **vorwärtsbringen,** ich bringe ihn, es vorwärts (habe vorwärtsgebracht), Ü fördere, bringe zum Erfolg; aber: ich konnte den schweren Wagen keinen Schritt vorwärts bringen. **Vorwärtsgang** der, ⇦ Gang zur Vorwärtsbewegung. **vorwärtsgehen,** es geht vorwärts (ging vorwärts, ist vorwärtsgegangen), Ü wird besser, macht Fortschritte: die Sache muß endlich vorwärtsgehen; aber: ihr sollt vorwärts gehen. **vorwärtskommen,** ich komme vorwärts (kam vorwärts, bin vorwärtsgekommen), Ü mache Fortschritte, habe Erfolg: er lernt Englisch, um beruflich vorwärtszukommen; aber: im hohen Schnee sind wir nur mühsam vorwärts gekommen.
vorweg, von vornherein; im voraus. **Vorwegleistung** die, bes. schweiz.: Vorleistung. 2) Vorauszahlung. **vorwegnehme** die, -. **vorwegnehmen,** ich nehme es vorweg (nahm vorweg, habe vorweggenommen), erledige, behandle eine Sache vor dem dafür bestimmten Zeitpunkt, vor anderen Dingen: um diesen Punkt vorwegzunehmen, möchte ich Ihnen sagen, daß . . .
vorweisen, ich weise es (ihm) vor (habe vorgewiesen), zeige: er hatte gute Kenntnisse vorzuweisen.
vorwerfen, ich werfe es ihm vor (warf vor, habe vorgeworfen), 1) werfe vor ihn hin: er warf es den Schweinen zum Fraß vor. 2) Ü halte tadelnd vor: wir brauchen uns gegenseitig nichts vorzuwerfen.
Vorwerk [mhd. vorwerc] das, 1) ♂ Außenwerk einer Festung, ABB. B 56. 2) vom Haupthof eines landwirtschaftl. Betriebes getrennter Wirtschaftshof.
vorwiegend, hauptsächlich, besonders, in erster Linie.
Vorwissen das, Wissen, Kenntnis: ohne mein V.
Vorwitz der, -es, kecke Neugier, vorlautes Besserwissen. **vorwitzig.**
Vorwort das, -(e)s, 1) Pl. -e, Vorrede, Geleitwort, einführende Worte (in einem Buch). 2) Pl. ᵘer, Präposition.
Vorwurf [mhd. vürwurf] der, 1) Tadel, Behauptung einer Schuld: es wurden schwere Vorwürfe gegen ihn erhoben; dieser V. trifft uns nicht. 2) Gegenstand, Objekt für künstler. Darstellungen. **vorwurfsvoll,** sie sah ihn v. an.
Vorzeichen das, 1) Omen, Anzeichen künftigen Geschehens. 2) ♪ die Zeichen ♯ und ♭, vgl. ABB. N 9, N 10. 3) △ die Zeichen + und − als Kennzeichen des positiven oder negativen Charakters einer Zahl. **vorzeichnen,** ich zeichne es ihm vor (habe vorgezeichnet), 1) zeige, wie man es zeichnen muß, zeichne als Muster: ich zeichne es vor, schreibe vor, gebe als Richtschnur: auf vorgezeichneten Wegen, Ü. **Vorzeichnung** die: V. der Tonart, ABB. N 10.
vorzeigbar, vorzeigbare Ergebnisse. **vorzeigen,** ich zeige es vor (habe vorgezeigt), zeige (zur Überprüfung): ich zeige meinen Paß vor; dieses Zeugnis kannst du vorzeigen!, Ü damit kannst du Eindruck machen.
Vorzeit die, Urzeit, vorgeschichtl. Zeit. **vorzeiten,** P einst, in ferner Vergangenheit; aber: vor langen Zeiten. **vorzeitig,** früher als erwartet, zu früh: vorzeitige Versetzung in den Ruhestand. **vorzeitlich,** aus der Vorzeit stammend.
vorziehen, ich ziehe vor (habe vorgezogen), 1) es, ziehe nach vorn, vor etwas anderes. 2) es, ihn, bevorzuge: du wirst vorgezogen. 3) es, Ü tue lieber: sie zog es vor zu schweigen.
Vorzimmer das, 1) Vorraum, Sekretariat, Warteraum: Vorzimmerdame. 2) österr. auch: Flur, Diele.
Vorzug [zu vorziehen] der, 1) Vorrang, Vorteil, bessere Eigenschaft: ich gebe dieser Geschirrspülmaschine den V. 2) Entlastungszug vor dem fahrplanmäßigen Zug. **vorzüglich,**

1) ausgezeichnet, sehr gut: *dein Kuchen schmeckt v.* **2)** ⚬⚬ hauptsächlich. **Vorzugs|aktie** [-iə] *die,* mit besonderen Vorrechten ausgestattete Aktie. **Vorzugspreis** *der,* bes. niedriger, günstiger Preis für bestimmte Abnehmer. **Vorzugsschüler** *der, österr.:* Schüler mit sehr guten Noten. **vorzugsweise,** *er arbeitet v. zu Hause,* vor allem, hauptsächlich.

Votation [v-, frz.] *die, -/-en,* **1)** ⚬⚬ Abstimmung. **2)** Weihung. **votieren** [frz. voter, aus engl. to vote], *ich votiere* (habe votiert) *für (gegen) ihn, etwas,* **1)** stimme: *auch die Opposition votierte für die Verträge.* **2)** entscheide mich. **Votiv** [lat. votivus ›durch Gelübde versprochen‹, ›geweiht‹] *das, -s/-e,* Votivgabe. **Votivbild** *das,* einem Heiligen geweihtes Bild, das den angerufenen Heiligen, den Bittenden und sein Anliegen darstellt. **Votivgabe** *die,* Weihgeschenk. **Votivkapelle** *die,* auf Grund eines Gelübdes gestiftete Kapelle. **Votum** [lat. votum, zu vovere ›geloben‹ *das, -s/...ten* oder *...ta,* **1)** Gelübde. **2)** Stimmabgabe; Ü Meinungsäußerung, Entscheid, Gutachten: *ein V. für die Politik der Regierung.*

Voucher [v'autʃə(r), engl., zu lat. vocare ›aufrufen‹] *das* oder *der, -s/-(s),* Dt. Dem. Rep.: Buchungsnachweis, Ausweis. **Voute** [vu:t(ə), frz. voûte ›Wölbung‹, ›Rundung‹] *die, -/-n,* ⬚ **1)** Hohlkehle zwischen Decke und Wand. **2)** Verstärkung eines Balkens am Auflager.

vox populi vox Dei [v-, lat.], Volkes Stimme (ist) Gottes Stimme.

Voy|eur [vwaj'œ:r, frz., zu voir ›sehen‹] *der, -s/-e* oder *-s,* jemand, der geschlechtl. Befriedigung durch die heiml. Beobachtung geschlechtl. Handlungen oder die entblößten Körper anderer gewinnt. **Voy|eurismus** [vgl. ...ismus] *der, -.*

VP, Abk. für: Volkspolizei (Dt. Dem. Rep.).

VP, Vp., Abk. für: Versuchsperson (bei psychologischen Experimenten).

VR, Abk. für: Volksrepublik.

Vreneli, Vreni [f-], *alem.:* Kurz- und Koseformen von Verena.

Vroni [f- oder v-], *oberdt.:* Kurzform von Veronika.

v. T., Abk. für: vom Tausend.

VTOL-Flugzeug [Abk. für engl. vertical /take-off and landing-] *das,* Senkrechtstarter, Vertikalstartflugzeug.

v. u., Abk. für: von unten.

vulgär [v-, lat. vulgaris, zu vulgus ›Menge‹, ›Volk‹], gemein, gewöhnlich; ordinär, anstößig: *vulgäre Ausdrücke; Vulgärsprache.* **Vulgarität** *die, -.* **Vulgärlatein** *das,* die umgangssprachliche Form der latein. Sprache. **Vulgata** [mlat. versio vulgata ›die allgemein verbreitete Ausgabe‹] *die, -,* die in den kath. Kirche gebrauchte latein. Bibelübersetzung. **vulgo** [lat.], **1)** gewöhnlich, gemeinhin. **2)** vor Namen: genannt, bekannt als.

Vulkan [v-, nach dem altitalischen Feuergott Vulcanus, Volcanus] *der, -s/-e,* Stelle der Erdoberfläche, an der Magma und Gase austreten, im engeren Sinn der dabei entstandene Berg, ABB. B 20: *Vulkanausbruch; er tanzt auf einem V.,* Ü trotzt mutwillig den Gefahren. **Vulkanfiber** *die,* aus Papier mit Zinkchlorid hergestellter hornartiger Werkstoff. **Vulkanisation** *die, -,* das Vulkanisieren von Kautschuk. **vulkanisch,** *vulkanische Dämpfe; vulkanisches Gestein.* **Vulkaniseur** [-'zø:r] *der, -s/-e,* Facharbeiter, der Erzeugnisse aus Gummi repariert und erneuert. **vulkanisieren,** *ich* vulkanisiere (habe vulkanisiert), **1)** *Kautschuk,* mache elastisch, bes. durch Zusatz von Schwefel. **2)** *es,* beschichte Gewebe mit Kautschuk. **Vulkanisierung** *die, -.* **Vulkanismus** [vgl. . . . .ismus] *der, -,* die Gesamtheit der vulkan. Erscheinungen. **Vulkanit** *der, -s/-e,* Ergußgestein. **Vulkanologie** [vgl. . . . .logie] *die, -,* Lehre vom Vulkanismus.

vulnerabel [v-, lat. vulnerare ›verwunden‹], verletzbar, verwundbar.

Vulva [v-, lat. ›Hülle‹, ›Gebärmutter‹, zu volvere ›drehen‹, ›rollen‹] *die, -/. . .ven,* die äußeren weibl. Geschlechtsteile.

v. u. Z., Abk. für: vor unserer Zeitrechnung.

v. v., Abk. für: vice versa.

W

w, W [ve:] *das, -/-,* stimmhafter Lippenzahnreibelaut, ABB. A 8, ÜBERS. A 34.

W, 1) Abk. für: West(en). **2)** ⚛ Zeichen für: Wolfram. **3)** Zeichen für: Watt.

Waage [ahd. waga] *die, -/-n,* **1)** Gerät zur Gewichtsbestimmung, ABB. W 1; Sinnbild der Gerechtigkeit, ABB. S 78: *er legt jedes Wort auf die W.* (auf die Goldwaage), Ü nimmt alles wortwörtlich; *Vor- und Nachteile halten sich die W.,* Ü gleichen sich aus. **2)** ohne Pl., ⚹ ein Sternbild des Tierkreises, ÜBERS. A 22. **3)** Gerät zur Bestimmung des Waagerechten: *Wasserwaage,* ABB. W 7. **4)** ⚒ Übung, bei der der Körper waagerecht gehalten wird, ABB. L 6, L 7. **waag(e)recht,** die waag(e)rechte zur Lotrichtung stehende Richtung, ABB. E 2: *waagrechte Linie,* ABB. L 14. **Waag(e)rechte** *die.* **Waagschale** *die,* ABB. W 1: *du darfst seine Worte nicht auf die W. legen,* Ü nicht so genau nehmen; *er warf seinen politischen Einfluß in die W.,* Ü machte ihn geltend.

Wabbe *die, -/-n, niederdt.:* Kropf. **Wabbel** *der, -s/-, norddt.:* eklige Weichheit. **wabb(e)lig,** gallertartig, unangenehm weich und formlos. **wabbeln** [mhd. wabelen], *es* wabbelt (hat gewabbelt), bewegt sich wabbelig hin und her.

Wabe [ahd. waba] *die, -/-n,* sechseckige, meist wachsige Zelle in Insektenbauten, ABB. B 29: *Wabenhonig.* **Wabenbauweise** *die,* der Sandwichbauweise ähnliche mehrschichtige Leichtbauweise.

Waberlohe [zu weben] *die,* flackerndes Feuer um Brünhild in der altnord. Dichtung. **wabern,** *es* wabert (hat gewabert), ⚬⚬ bewegt sich unruhig hin und her, flackert, zuckt.

wach [zu wachen], **1)** nicht schlafend, munter: *ich werde w. bleiben, sein, mich w. halten; ich bin um 6 Uhr w. geworden;* aber Zusammenschreibung, wenn ein neuer Begriff entsteht, vgl. wachhalten, wachrufen, wachrütteln. **2)** Ü geistig rege: *ein wacher Geist.*

wäch, Nebenform von wech.

Wache [ahd. wahha] *die, -/-n,* **1)** einzelne Person oder Gruppe, die diensttuend wacht: *Wachablösung; Wachstation,* ⚕ Bettenstation zur Überwachung Frischoperierter oder zur Vorbereitung schwerer Eingriffe. **2)** Wachdienst, Zeit des Wachdienstes: *Nachtwache; er hat W.; ich soll W. halten, W. stehen; ich muß W. schieben,* U. **3)** Aufenthaltsraum für den Wachhabenden, kurz für: Polizeiwache. **Wachebeamte** *der, österr.:* Polizeibeamter. **wachen** [ahd. wahhen], *ich wache* (habe gewacht), **1)** bin wach, schlafe nicht. **2)** *über ihn, etwas,* führe Aufsicht, passe darauf auf, hüte, beschütze ihn, es. **wachestehend. wachhabend. Wachhabende** *der, die, -n/-n, ein -r, eine -.* **wachhalten,** *ich* halte es wach (hielt wach, habe wachgehalten), Ü lasse frisch, lebendig bestehen: *das wird sein Interesse wachhalten;* aber: *ich habe mich durch Kaffee wach gehalten, bin dadurch nicht eingeschlafen.* **Wachmann** *der, -(e)s/. . .leute* oder *"er, österr.:* Polizeibeamter.

Wacholder [mhd. wehaltar ›immergrüner Baum‹] *der, -s/-,* **1)** Nadelholz mit schwarzen Beerenzapfen, ABB. F 36, G 23: *Wacholderbeeren.* **2)** Branntwein aus der Frucht. **Wacholderdrossel** *die,* ein Singvogel.

Wachposten *der,* Wachtposten. **wachrufen,** *ich* rufe es wach (rief wach, habe wachgerufen), Ü erwecke, bringe zur Wirkung: *Erinnerungen wurden wachgerufen.* **wachrütteln,** *ich* rütt(e)le *ihn* wach (habe wachgerüttelt), Ü rüttle auf, versetze in einen Zustand erhöhter Aufmerksamkeit: *das Attentat hat die Regierung wachgerüttelt;* aber: *endlich konnte ich den Schlafenden wach rütteln,* durch Rütteln wecken.

Wachs [vaks, ahd. wahs] *das, -es/-e,* knetbarer, fettartiger, leicht schmelzbarer Naturstoff: *Bienenwachs,* ein Ausscheidungsprodukt der Biene; *ihr Gesicht war bleich wie W.* oder *wachsbleich; Wachsbild; Wachsfarben.* **wachsam** [zu Wache], aufmerksam, auf der Hut. **Wachsamkeit** *die, -.*

wachseln [-ks-, zu Wachs], *ich* wachs(e)le (habe gewachselt) *es, bair., österr.:* wachse, trage Gleitwachs auf.

wachsen [-ks-, ahd. wahsan], *ich* wachse (wuchs, bin gewachsen; du wächst, er wächst), **1)** werde größer: *das Kind wächst; gut gewachsen,* von schöner Gestalt; *ich lasse mir einen Bart wachsen; sie ist mir ans Herz gewachsen,* Ü ich habe sie liebgewonnen. **2)** *es wächst,* gedeiht (Pflanzen, pflanzl. Erzeugnisse): *am Rhein wächst guter Wein.* **3)** *es wächst,* Ü nimmt zu: *die Erregung wuchs; die wachsende Verkehrsdichte;* vgl. gewachsen.

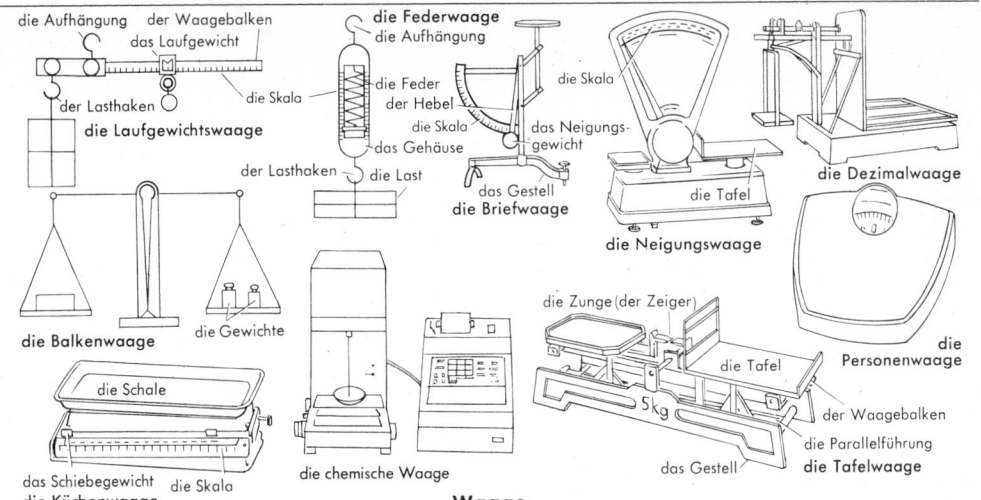

die Aufhängung · der Waagebalken · die Federwaage · die Aufhängung

das Laufgewicht · die Skala · die Feder · der Hebel · die Skala

der Lasthaken · die Skala · das Neigungsgewicht

die Laufgewichtswaage · das Gehäuse · das Gestell · die Last

der Lasthaken · die Last · **die Briefwaage** · **die Dezimalwaage**

die Neigungswaage

die Balkenwaage · die Gewichte · die Zunge (der Zeiger) · die Tafel · **die Personenwaage**

die Schale · der Waagebalken · die Parallelführung

das Schiebegewicht · die Skala · **die chemische Waage** · die Tafel · das Gestell · **die Tafelwaage**

die Küchenwaage

Waage

---

wachsen [-ks-, zu Wachs], *ich* wachse (habe gewachst) *es,* reibe mit Wachs ein, z. B. die Skier, den Fußboden. **wächsern,** 1) aus Wachs. 2) Ü bleich wie Wachs. **Wachsfigur** *die,* Nachbildung einer Figur, eines Menschen aus Wachs: *Wachsfigurenkabinett.* **Wachsstock** *der,* schraubenförmig aufgewickeltes Wachslicht. **Wachs|tuch** *das, -(e)s,* Gewebe mit einseitiger Beschichtung (Leinölfirnis oder Kunststoff).
Wachs|tum [-ks-, mhd. wahstuom, zu wachsen] *das, -s,* 1) das Zunehmen der Lebewesen an Größe und Gewicht: *Wachstumshormone; Wachstumsrate; Wachstumsstörungen.* 2) ⌂ die langfristige Entwicklung einer Volkswirtschaft, bes. der Zuwachs des Sozialprodukts: *die Grenzen des Wachstums; Wirtschaftswachstum; Wachstumspause; Nullwachstum; wachstumsorientiert,* aber: *am W. orientiert.* 3) Ü Zunahme, Vergrößerung: *Bevölkerungswachstum.* 4) Weinbau: früher häufig gebrauchte Bez. für die Herkunft des Weines: *eigenes W.,* Wein aus eigenen Weinbergen.
Wacht [ahd. wahta, zu wachen] *die, -/-en,* ⚔, noch P, Wache: *er will W. halten.*
Wächte [zu wehen] *die, -/-n,* überhängende Schneemasse an Hochgebirgskämmen, ABB. G 29, W 3: *Schneewächte; Wächtenbildung.*
Wachtel [ahd. wahtala] *die, -/-n,* ein Feldhuhn. **Wachtelhund** *der,* ein Jagdhund. **Wachtelkönig** *der,* eine Ralle. **Wachtelschlag** *der,* Gesang der Wachtel. **Wachtelweizen** *der,* eine Schmarotzerpflanze.
Wächter *der, -s/-,* jemand, der Wache hält: *Nachtwächter.*
Wachtmeister *der,* 1) ⚔ Feldwebel bei berittenen Truppen u. a. 2) ein Dienstgrad bei der Polizei. **Wachtparade** *die,* ⚔ Aufzug einer Wache mit Musik. **Wach(t)posten** *der,* ⚔ einzelne Person, die dienstuend wacht. **Wach(t)turm** *der.*
Wacke [ahd. wacko ›großer Stein‹] *die, -/-n,* 1) kurz für: Grauwacke. 2) größeres Stück Gestein.
wack(e)lig, *ein wack(e)liger Tisch; er ist (noch, schon) w.* auf den Beinen, U unsicher, (durch Krankheit) geschwächt; *sie steht in Mathematik und Latein w.,* Ü sehr schlecht (so daß die Versetzung gefährdet ist). **Wackelkontakt** *der,* defekter elektr. Kontakt. **wackeln** [ahd. wagon ›in Bewegung geraten‹], 1) *es wackelt* (hat gewackelt), schwankt, steht, ist nicht mehr fest, droht zu fallen, bewegt sich hin und her: *der Zahn wackelt; er kann mit den Ohren wackeln; seine Stellung, seine Firma wackelt,* Ü; *Wackelpudding,* U; *da wackelt die Wand,* U da geht es hoch her. 2) *ich wack(e)le* (bin gewackelt), U bewege mich schwankend: *er wackelte aus der Kabine.*
Wacken *der, -s/-,* Nebenform von Wacke.
wacker [ahd. wacchar], tüchtig, rechtschaffen, bieder.
Wackerstein [vgl. Wacke] *der, bes. westdt.:* Gesteinsbrocken, großer Stein.
wacklig, wackelig.

Wad [auch wɔd, engl.] *das, -s,* lockeres Manganerz.
Waddike [mnd. waddeke] *die, -, niederdt.:* Molke.
Wade [ahd. wado] *die, -/-n,* 1) Hinterfläche des Unterschenkels, ABB. B 18, M 12: *Wadenkrampf; Wadenwickel.* 2) *niederdt.:* Schnurnetz, Fischnetz, ABB. N 7. **Wadenstecher** *der,* die Stechfliege.
Wadi [arab. ›Bach‹] *das, -s/-s,* Trockental, meist wasserloses Flußbett der Wüste.
Wädli *das, -s/-, schweiz.:* Eisbein.
Waffe [ahd. wafan] *die, -/-n,* 1) Gerät zum Angriff oder zur Verteidigung: *Hiebwaffe; Schußwaffe; Sportwaffen; Stichwaffe; Kernwaffen; Waffenhilfe; mit Waffengewalt; Waffenruhe; er streckt die Waffen, Ü gibt sich geschlagen; er greift zur W.; er kämpft mit geistigen Waffen.* 2) *ohne Pl.,* Waffengattung. 3) 🐾 Gewaff; Klaue von Luchs und Wildkatze, Kralle von Greifvögeln.
Waffel [mittelniederl. wafel, verwandt mit Wabe] *die, -/-n,* ein wabenähnlich geprägtes, flaches Gebäck. **Waffeleisen** *das,* Gerät zum Backen von Waffeln, ABB. K 50.
Waffen *das, -s/-,* ⚔ Waffe, Schwert. **Waffenfarbe** *die,* ⚔ die Waffengattung kennzeichnende Farbe an Uniformen. **Waffengang** *der,* Kampf, Kampfabschnitt. **Waffengattung** *die,* ⚔ die nach Art seines Einsatzes unterschiedener Teil einer Truppengattung (Artillerie, Infanterie u. a.). **Waffenleitsystem** *das,* Einrichtungen zur Führung von gelenkten Waffen. **Waffenplatz** *der, schweiz.:* Garnison, Standort. **Waffenrock** *der,* Uniformrock. **Waffenschein** *der,* schriftl. Erlaubnis zum Führen einer Schußwaffe. **Waffenstillstand** *der,* Vereinbarung zwischen kriegführenden Parteien zur zeitweiligen oder dauernden Einstellung der Feindseligkeiten. **Waffensystem** *das,* Waffen unter Einschluß der zugehörigen Ausrüstungen, Modifikationen, Ersatzteile, des Personals u. a. **waffnen** [ahd. wafanen], *ich* waffne (habe gewaffnet) *mich, ihn mit etwas,* versehe mit Waffen, wappne.
wäg, weg, *alem.:* tapfer, gut: *die Wägsten und Besten.*
wägbar, so beschaffen, daß man es wägen kann, abwägbar.
Wag(e)hals *der,* jemand, der tollkühn sein Leben einsetzt.
wag(e)halsig. Wag(e)halsigkeit *die, -.*
Wägelchen, Wäg(e)lein *das, -s/-,* Diminutiv zu Wagen.
Wagemut *der,* kühne Unternehmungslust. **wagemutig.**
wagen [mhd. wagen, eigtl. ›in die Waage werfen‹], *ich* wage (habe gewagt) *es, es zu tun,* setze dafür ein, besitze den Mut dazu: *wer wagt, gewinnt; erst wägen, dann wagen; ich w. mich nicht nach Hause,* gehe aus Furcht nicht; *er hat sein Leben für mich gewagt,* unter Gefahr für sich selbst etwas für mich getan; *ein gewagtes Unternehmen,* ein riskantes.
wägen [ahd. wegan], *ich* wäge (habe gewogen; auch habe gewägt) *es,* 1) P wiege ab. 2) Ü schätze nach seiner Bedeutung ein, wäge ab: *er wägte, wog sorgfältig ihre Worte.*

der Deichselarm (die Achsschere) — die Speiche — die Lisse — die Deichsel — der Leiterbaum

der Kasten

die Tafel — der Zirkuswagen — der Leiterwagen (mit eingesetztem Kasten) — die Karre — die Stütze — der Handwagen

der Tritt — der Tafelwagen (Rollwagen, die Rolle)

der Vorderwagen — der Hinterwagen

die Spannkette — der Achsschemel (Rungenschemel)

der Wendeschemel (Lenkschemel) — die Runge — der Langbaum

die Fußstütze

das Verdeck — die Laterne — die Bremse — der Bocksitz — der Griff — der Federträger — die Feder — der Bock — die Tür

die Achse — das Voderrad — der Fußtritt — das Hinterrad der Bremsklotz — das Kupee (das Coupé)

der Jauchewagen (das Mistfaß) — der Langholzwagen

Wagen

Wagen [ahd. wagan] *der, -s/-, Pl. süddt. auch ⸗,* 1) zweispuriges Fahrzeug mit Rädern, ABB. E 5, W 2. 2) kurz für: Kraftwagen: *Wagenheber,* ABB. K 40. 3) Maschinenteil zur Führung eines Gegenstandes, z. B. an der Schreibmaschine. 4) *der Große und Kleine W.,* ☆ die Sternbilder Großer und Kleiner Bär. **Wagenburg** *die,* früher: eine Verschanzung aus zusammengeschobenen Wagen. **Wagenpark** *der,* alle Kraftfahrzeuge, bes. eines Unternehmens, Fuhrpark.
wäger, *alem.:* 1) gewiß, wirklich. 2) leider.
Wag(e)stück *das,* Wagnis.
Waggon [vagˈɔ̃, engl. waggon, mit frz. Aussprache, zu Wagen] *der, -s/-s,* Eisenbahnwagen, bes. Güterwagen.
Waghals *der,* Wagehals.
Wägisse *die, -/-n,* Nebenform von Wegese.
Wagle *die, -/-n, alem.:* Wiege.
Wagner [ahd. waganari] *der, -s/-, oberdt.:* Wagenbauer, Stellmacher.
Wagnis *das, -ses/-se,* gewagtes Unternehmen, Risiko.
Wagstück *das,* Wagestück, Wagnis.
Wähe *die, -/-n, südwestdt., schweiz.:* ein flacher Kuchen.
Wahl [ahd. wala] *die, -,* 1) *zwischen zwei oder mehreren Gegebenheiten,* Möglichkeit, sich für die eine oder andere zu entscheiden; *auch diese Entscheidung selbst: das Mädchen meiner W.; sie stellten mich vor die W.; du hast die W.; man läßt ihm die W.; mir blieb keine (andere) W.* 2) *Pl. -en,* Berufung einer Person in eine Stellung durch Abstimmung: *die W. fiel auf ihn,* er bekam die meisten Stimmen; *Landtagswahl;* ₰*Wahlbeteiligung; Wahlergebnis; Wahlkampagne; Wahlkampf; Wahlkreis; Wahlurne,* ABB. U 2. 3) Wertklasse, Güteklasse: *erste, zweite W.* **wahlbar,** berechtigt, gewählt zu werden. **Wahlbarkeit** *die, -.* **wahlberechtigt,** berechtigt, Abgeordnete u. a. zu wählen. **Wahlberechtigte** *der, die.* **Wahlberechtigung** *die, -.* **Wahl|eltern,** *Pl., österr.:* Adoptiveltern. **wählen** [ahd. wellen], *ich* wähle (habe gewählt), 1) *es,* entscheide mich dafür, nehme es aus mehreren Möglichkeiten. 2) *es,* suche mit Sorgfalt aus: *eine gewählte Ausdrucksweise.* 3) *ihn,* stimme für ihn bei einer Wahl. 4) *eine Telefonnummer,* drehe sie auf der Wählscheibe oder tippe auf der Wähltastatur des Fernsprechapparates. **Wähler** *der, -s/-,* 1) jemand, der das aktive Wahlrecht ausübt: *Wechselwähler.* 2) Nachrichtentechnik: durch elektr. Impulse ferngesteuertes Schaltgerät, das die Verbindung zwischen zwei Leitungsabschnitten herstellt. **Wähler|initiative** *die,* im Wahlkampf eine Gruppe Parteiungebundener, die zur Wahl einer bestimmten Partei auffordert. **wählerisch,** schwer zufriedenzustellen, anspruchsvoll. **Wählerschaft** *die, -,* Gesamtheit der Wähler. **Wahlfach** *das,* ein Lernfach des wahlfreien Unterrichts. **wahlfrei,** *wahlfreier Unterricht,* vom Schüler neben den Pflichtfächern frei wählbare Lernangebote. **Wahlgang** *der,* Abstimmung: *erst im zweiten W. erhielt der Kandidat die erforderliche Stimmenzahl.* **Wahlkandidat** *der,* jemand, der sich darum bemüht, gewählt zu werden. **Wahlkind** *das, österr.:* Adoptivkind. **Wahllokal** *das,* Ort der Stimmabgabe. **Wahllokomotive** *die,* U von einer Partei besonders herausgestellte zugkräftige Persönlichkeit, die möglichst viele Wählerstimmen gewinnen soll. **wahllos,** ohne zu wählen, willkürlich, blindlings. **Wahlmann** *der, meist Pl.,* bei indirekter Wahl gewählte Personen, die die Abgeordneten bestimmen. **Wahlpflichtfach** *das,* wahlfreies Fach einer Gruppe von Fächern, von denen eines gewählt werden muß. **Wahlrecht** *das, -(e)s,* 1) *aktives W.,* Recht zu wählen; *passives W.,* Recht, gewählt zu werden. 2) gesetzl. Bestimmungen für die Wahl. **Wahlspruch** *der,* zur Richtschnur erwählter Sinnspruch. **wahlverwandt. Wahlverwandtschaft** *die, -,* ꙮ Affinität. 2) Anziehung zwischen wesensgleichen Menschen. **wahlweise. Wahlwerber** *der, österr.:* Wahlkandidat.
Wahn [ahd. wan ›Meinung‹, ›Glaube‹, ›Schein‹] *der, -(e)s,* 1) Einbildung, Selbsttäuschung: *er lebte in dem W., daß...; Liebeswahn.* 2) $ krankhafte Erlebnisweise, bei der normal Wahrgenommenes abnorm gedeutet wird: *Wahnidee; Wahnvorstellung.* **Wahnbild** *das,* Vorspiegelung, Trugbild, Halluzination. **wähnen,** *ich* wähne (habe gewähnt) *es,* glaube, bilde mir ein, vermute: *ich wähnte mich schon am Ziel meiner Wünsche.* **Wahnkorn** *das,* taubes Korn. **wahnschaffen,** *norddt.:* mißgestaltet, häßlich. **Wahnsinn** *der, -(e)s,* 1) volkstümlich für: seelische Krankheiten, wahnhafte Psychosen. 2) U Torheit, Unsinn: *es ist der reinste W., bei so hohen Wellen baden zu wollen.* **wahnsinnig,** 1) volkstümlich: seelisch krank. 2) U töricht, tollkühn. 3) U sehr, besonders: *das ist w. teuer; ich habe mich w. gefreut.* **Wahnwitz** *der, -es,* Wahnsinn, Torheit. **wahnwitzig.**
wahr [ahd. war, urverwandt mit lat. verus], 1) der Wirklichkeit entsprechend, tatsachengetreu, irrtumsfrei, nicht gelogen: *wahre Geschichten, wirklich geschehene; sehr w.!, richtig!; so w. mir Gott helfe* (Schwurformel); *nicht w.?; ich habe es für w. gehalten; er will es w. machen; es soll w. sein, w. werden, w. bleiben;* vgl. aber: wahrhaben, wahrsagen. 2) Ü aufrichtig, echt: *ein wahrer Freund.*
wahren [ahd. waron], *ich* wahre (habe gewahrt) *es,* 1) schütze, verteidige: *du mußt deine Rechte, Interessen wahren.* 2) erhalten, erhalte aufrecht: *ich w. nur den Schein.* 3) *norddt.:* bewahre auf.
währen [ahd. weren], *es* währt (hat gewährt), dauert, bleibt bestehen, beansprucht eine bestimmte Zeit. **während,** 1) Präposition mit Genitiv, ꙮ und U auch mit Dativ, ÜBERS. P 21, zur Zeit, im Verlauf von: *w. des Essens; w. der Arbeitszeit; w. dreier Jahre,* aber: *w. drei Jahren.* 2) Konjunktion: zur Zeit als; wohingegen: *w. sie aßen; w. das Raumschiff den Mond umkreiste; w. ich nicht mehr an einen Erfolg glaubte, tat er alles dafür getan.* **währenddem, währenddes, währenddessen,** inzwischen, während dieser Zeit.
wahrhaben, *nur Infinitiv,* gelten lassen, zugeben: *er hat es einfach nicht wahrhaben wollen.* **wahrhaft,** 1) wirklich, tatsächlich: *das ist eine w. große Leistung.* 2) ꙮ wahrheitsliebend. **wahrhaftig,** 1) aufrichtig, wahrheitsliebend. 2) wirklich, tatsächlich: *das geht dich w. nichts an.* **Wahrhaftigkeit** *die, -,* Aufrichtigkeit. **Wahrheit** [ahd. warheit] *die, -/-en, das*

Wahre, das Wahrsein, der Wirklichkeit entsprechender Sachverhalt: *ich sage die W.; wahrheitsgemäß; wahrheitsgetreu; Wahrheitsliebe; wahrheitsliebend.* **wahrlich,** B wirklich, ganz sicher: *w., ich sage euch . . .* **wahrnehmbar,** *ein leises, kaum wahrnehmbares Klopfen.* **Wahrnehmbarkeit** *die, -.* **wahrnehmen,** *ich nehme es wahr* (nahm wahr, habe wahrgenommen), **1)** bemerke, nehme einen Reiz mit meinen Sinnesorganen auf. **2)** benutze, nutze: *ich nehme die Gelegenheit wahr; ich habe einen Anwalt beauftragt, meine Interessen wahrzunehmen,* mich zu vertreten; *der Anwalt nimmt einen Termin* (nicht) *wahr,* hält ihn (nicht) ein. **Wahrnehmung** *die, -/-en:* Sinneswahrnehmung; *die W. meiner Interessen.* **wahrsagen,** *ich* sage wahr oder wahrsage (habe wahrgesagt oder gewahrsagt), prophezeie, sage Zukünftiges voraus: *sie hat mir aus den Karten, aus der Hand wahrgesagt, gewahrsagt; Wahrsagekunst.* **Wahrsager** *der, -s/-.* **Wahrsagerin** *die, -/-nen.* **wahrsagerisch.** **Wahrsagung** *die, -/-en.*
währschaft, *schweiz.:* **1)** dauerhaft, fest, solide. **2)** verbürgt, garantiert. **Währschaft** *die, -, schweiz.:* Gewähr, Mängelhaftung.
Wahrschau!, ✠ Achtung!, Vorsicht! **wahrschauen** [ahd. wara ›Obacht‹ und sciuhan ›erschrecken‹], *ich* wahrschaue (habe gewahrschaut) *ihn,* ✠ warne.
wahrscheinlich, vermutlich, möglicherweise, mit einiger Sicherheit: *w. reisen wir morgen ab; es ist w., daß . . .* **Wahrscheinlichkeit** *die, -/-en,* annähernd sichere Richtigkeit: *Wahrscheinlichkeitsrechnung; Wahrscheinlichkeitstheorie.* **Wahrspruch** *der,* ✠ das Strafurteil; *österr. auch:* Spruch der Geschworenen.
Wahrung *die, -,* das Wahren: *unter W. aller Rechte.*
Währung [mhd. werunge, zu gewähren] *die, -/-en,* das gesetzl. Zahlungsmittel eines Landes und die gesetzl. Ordnung des Geldwesens: *eine stabile W.; Währungsparität; Währungsfonds; Währungskonferenz; Weltwährungssystem.* **Währungsreform** *die,* Neuordnung des Geldwesens eines Landes und Wiederherstellung der Währungsstabilität nach vollständiger Zerrüttung.
Wahrzeichen [mhd. warzeichen] *das,* kennzeichnendes Merkmal: *der Stephansdom, das W. von Wien.*
Waid [ahd. weit] *der, -(e)s/-e,* ein Kreuzblüter.
waid . . . [ahd. weida ›Beute‹, ›Fang‹], fachsprachlich für: weid . ., die Jagd betreffend: *Waidmann.*
Waise [ahd. weiso] *die, -/-n,* **1)** Kind ohne Eltern: *Waisenkind;* **Vollwaise;** *Halbwaise,* Kind, das nur noch einen Elternteil hat; *Waisenrente; Waisenhaus,* Heim für elternlose Kinder. **2)** reimlose Zeile in einem gereimten Gedicht. **Waisenknabe** *der,* elternloser Junge: *gegen ihn bist du ein W.,* Ü verglichen mit ihm kannst du, bist du wenig.
Wake [mnd. wake] *die, -/-n, niederdt.:* eisfreie Stelle in einem zugefrorenen Gewässer.
Wal [ahd. wal, zu altnord. hvalr] *der, -(e)s/-e,* an das Leben im Wasser angepaßtes Säugetier: *Walfisch; Walfang.*
Walache *der, -n/-n,* Bewohner der Walachei, einer histor. Landschaft Rumäniens. **walachisch.**
walbeln, *ich* walb(e)le (habe, bin gewalbel[e]t), auch walp(e)le, *schweiz.:* schwanke.
Walburg, Walburga [ahd. waltan ›walten‹ und burg ›Burg‹, ›Schutz‹], weibl. Vorname.
Wald [ahd. wald] *der, -(e)s/²er,* **1)** größere, dicht mit Bäumen bestandene Fläche, ABB. F 33: *Waldboden; Wald(es)rand; Waldesrauschen,* P; *Waldweg; Waldbrand; Waldfrevel; er sieht den W. vor lauter Bäumen nicht,* Ü sieht das Zunächstliegende nicht. **2)** Ü Anhäufung von Dingen: *Schilderwald; ein W. von Antennen.* **Wald|antilope** *die,* **Waldbock** *der,* ein Rind mit meist gewundenen Hörnern und Nackenmähne. **Wäldchen** *das, -s/-.*
Waldemar [ahd. waltan ›walten‹ und mari ›berühmt‹], männl. Vorname.
Waldenser [nach dem Stifter Petrus Waldus, gestorben um 1206] *der, -s/-,* Anhänger einer religiösen Laienbewegung.
Waldgrenze *die,* die Grenze des geschlossenen Waldes gegen Gebiete, die infolge Kälte oder Trockenheit baumlos sind. **Waldhorn** *das,* ♪ Jagdhorn, ein Blasinstrument. **Waldhuhn** *das,* ein Rauhfußhuhn. **waldig,** bewaldet, dicht mit Bäumen bestanden. **Waldkante** *die,* Baumkante. **Waldmeister** *der, -s,* eine Buchenwaldpflanze: *Waldmeisterbowle.* **Waldrebe** *die, -/-n,* ein giftiges Hahnenfußgewächs. **waldreich. Waldschrat(t)** *der,* Waldgeist, Schrat(t). **Waldstätte,** *Pl.,* die vier Schweizer ›Urkantone‹. **Waldung** *die, -/-en,* Wald, Forst; Waldbesitz.

Wale [ahd. wal(a)hisc ›romanisch‹] *der, -n/-n,* ♂ der Welsche; in Sagen ein Schatzsucher: *Walenbuch.*
walen, *ich* wale (habe gewal[e]t) *es,* walle, *schweiz.:* walke.
Walfisch *der,* **1)** Wal. **2)** *ohne Pl.,* ✶ ein Sternbild.
wälgern [mhd. walgen, walgern], *ich* wälg(e)re (habe gewälgert) *den Teig, südostdt.:* rolle aus: *Wälgerholz.*
Walhall [auch -h′al, altnord. valhöll ›Totenhalle‹] *das, -s,* **Walhalla** *die, -,* altnord. Mythologie: Totenhalle, in die Wodan die gefallenen Krieger und Helden beruft.
Walholz *das,* auch Wallholz, *schweiz.:* Nudelholz.
Waliser *der, -s/-,* Bewohner von Wales im Südwesten Großbritanniens; vgl. aber: Walliser. **walisisch.**
Walke *die, -/-n,* **1)** Verfilzmaschine zum Herstellen von Filzen, Hüten u. a.: *Hammerwalke.* **2)** *ohne Pl.,* Vorgang des Walkens, Verfilzens. **walken** [ahd. walchan], *ich* walke (habe gewalkt) *es,* **1)** stoße, schlage, knete. **2)** Textilveredlung: verfilze tier. Haare, mache zu Tuch, Filz. **3)** bereite Häute für die Gerberei vor. **4)** bereite durch Hin- und Herbiegen Bleche auf eine Umformung vor. **Walker** *der, -s/-,* **1)** ein Facharbeiter der Textil- und Lederindustrie. **2)** ein Käfer, dessen Larven Kiefern und Dünengräser schädigen. **3)** *bair.:* Nudelholz.
Walk|erde *die,* Gemenge von Kieselsäure und Tonerde für kosmetische und techn. Zwecke.
Walkie-talkie [w′ɔ:ki t′ɔ:ki, engl. to walk ›gehen‹ und to talk ›sprechen‹] *das, -(s)/-s,* ein tragbares Funksprechgerät. **Walkman** [w′ɔ:kmən, engl. man ›Mann‹ *der, -s/ . . . men,* Handelsname für einen Kassettenrecorder mit Kopfhörern.
Walkmühle [mhd. walkmül(e)] *die,* **1)** eine in der Filzfabrikation verwendete Maschine. **2)** Betrieb zum Walken von Tuchen und Filzen.
Walküre [auch -/-n, **1)** altnord. Mythologie: ›Kampfjungfrau‹, die die Gefallenen nach Walhall führt; Ü scherzhaft: große, kräftige (oft blonde) Frau.
Wall [mhd. wal(l), zu lat. vallum] *der, -(e)s/²e,* **1)** Erdaufschüttung zur Einfriedigung, Befestigung, zum Schutz, ABB. B 56: *Erdwall; Schutzwall; Wallgraben.* **2)** Ü Schutz(maßnahme): *er umgab sich mit einem W. des Schweigens.*
Wall [schwed. val, urspr. ›Stock‹] *der, -(e)s/-e* und bei Mengenangaben -, ein Zählmaß, bes. für Fische (80 Stück).
Wallach [urspr. ›Pferd aus der Walachei‹] *der, -(e)s/-e,* kastrierter Hengst.
wallen, *schweiz.:* walen.
wallen [ahd. wallon], *ich* walle (bin gewallt), ♂ wallfahre, pilgere.
wallen [ahd. wallan], *es* wallt (hat gewallt), **1)** siedet, brodelt, kocht. **2)** Ü tobt wild, ist erregt. **3)** fällt in langen Wellen: *wallende Locken, Gewänder.* **wällen,** *ich* wälle (habe gewällt) *es,* lasse kochen, bringe zum Wallen.
Waller [verwandt mit Wal] *der, -s/-,* Wels.
Waller [mhd. wallære] *der, -s/-,* **1)** Wallfahrer. **2)** P Wanderer. **wallfahren,** *ich* wallfahre (wallfahrte, bin gewallfahrt), auch wallfahrte, mache eine Wallfahrt. **Wallfahrer** *der.* **Wallfahrt** *die* [mhd. wallevart] *die,* Pilgerfahrt, Reise zu heiligen Stätten: *Wallfahrtskirche; Wallfahrtsort.* **wallfahrten,** *ich* wallfahrte (wallfahrtete, bin gewallfahrtet), wallfahre.
Wallholz *das,* **1)** Marbel, Formgerät der Glasbläser. **2)** Walholz.
Walliser *der, -s/-,* Bewohner des schweiz. Kantons Wallis; vgl. aber: Waliser. **wallisisch.**
Wallone *der, -n/-n,* Nachkomme romanisierter Kelten und Germanen im südlichen Belgien. **wallonisch.**
Wallstreet [w′ɔ:lstri:t, nach der Straße im Süden der Insel Manhattan in New York] *die, -,* Ü Geld- und Kapitalmarkt der USA.
Wallung *die, -/-en,* **1)** das Aufwallen. **2)** ✚ Blutandrang, Vermehrung der Blutzufuhr eines Organs; *er gerät leicht in W.,* Ü in Erregung, Zorn.
Wally [zu Valerie und Walpurga], weibl. Vorname.
Walm *der, -(e)s, elsäss.:* das Wallen der Flut, Wirbel.
Walm [mhd. walbe, zu wölben] *der, -(e)s/-e,* dreieckige Dachfläche. **Walmdach** *das,* ABB. D 1.
Walnuß [mnd. walnut, eigtl. ›welsche Nuß‹] *die,* Nußbaum und dessen Frucht, ABB. F 36, N 11.
Walone [ital. vallonea, zu grch. balanos ›Eichel‹] *die, -/-n,* gerbstoffreicher Eichelfruchtbecher, Gerbmittel.
walpeln, walbeln.
Walpurga [zu Walburg], **Walpurgis,** weibl. Vorname.
Walpurgisnacht *die,* Nacht vor dem 1. Mai; im Volksglauben ein Fest der Hexen auf dem Blocksberg.

W 3

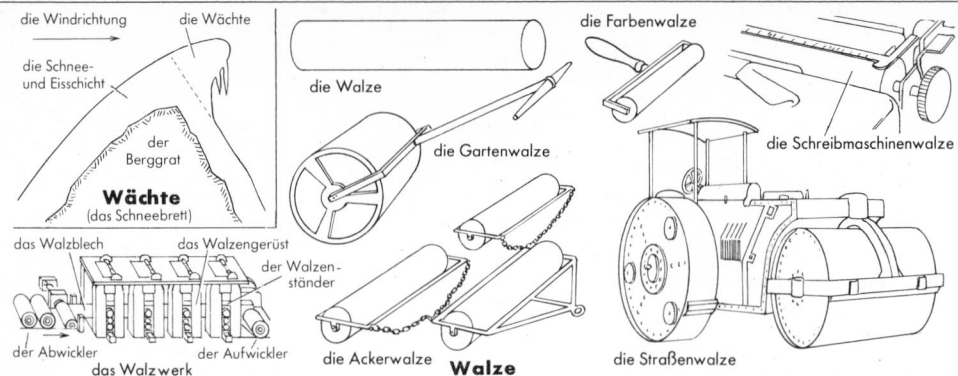

die Windrichtung · die Wächte · die Farbenwalze
die Schnee- und Eisschicht · die Walze · die Schreibmaschinenwalze
der Berggrat · die Gartenwalze
Wächte (das Schneebrett)
das Walzblech · das Walzengerüst · der Walzenständer
der Abwickler · der Aufwickler · die Ackerwalze · die Straßenwalze
das Walzwerk · **Walze**

Walrat [dän. hvalrav, zu spätaltnord. raf ›Bernstein‹, ›gelber Amber‹] *der* oder *das*, *-(e)s*, weißl. Abscheidung aus der Stirnbeinhöhle des Pottwals. **Walroß** [frühnhd. walrusz, zu altnord. hrossvalr] *das*, eine große Robbe.

Walser *der*, *-s/-*, Angehöriger der aus dem oberen Wallis stammenden Volksgruppen, die sich im 13.–15. Jahrh. im Walsertal und anderen Alpenhochtälern angesiedelt haben.

Walstatt [mhd. walstat] *die*, *-/ᵉen*, ⚔ Kampfplatz, Schlachtfeld.

walten [ahd. waltan], *ich* walte (habe gewaltet), P **1)** *über ihn, etwas, seiner*, gebiete, herrsche: *er waltet seines Amtes; er ließ Gnade walten; das walte Gott!* **2)** *es waltet*, herrscht, ist da: *hier waltet Friede.*

Walter, Wal|ther [ahd. Walthari, zu waltan ›walten‹ und heri ›Heer‹], männl. Vorname.

Wal|traud, Wal|traut, Wal|trud [ahd. waltan ›walten‹ und vgl. Gertraud], weibl. Vornamen.

Walvater [altnord. valföðr ›Vater der Toten‹] *der*, *-s*, Wodan.

Walze [ahd. walza] *die*, *-/-n*, **1)** zylindrischer, auch kegel- oder scheibenförmiger Körper, ABB. D 15, K 38, W 3: *immer die alte W.!*, Ü dasselbe Thema, dieselben Klagen (nach der Walze in Spieluhren und alten Sprechmaschinen). **2)** kurz für: Geräte und Maschinen mit Walzen, ABB. W 3: *Straßenwalze; Ackerwalze*. **3)** Teil eines Walzwerks oder einer Walzenmühle. **4)** früher: Wanderschaft der Handwerksburschen: *er ging auf die W.* **walzen** [mhd. walzan], *ich* walze, **1)** (habe gewalzt) *es*, verdichte, verfestige, presse, glätte mit Walzen. **2)** (bin gewalzt), Ü früher: wandere, gehe auf die Walze. **3)** (habe, bin gewalzt), Ü tanze Walzer. **wälzen** [ahd. welzen], *ich* wälze (habe gewälzt), **1)** *es*, bewege rollend etwas Schweres (vorwärts): *wir wälzten Steine vor die Öffnung*. **2)** *mich*, rolle mich herum, bewege mich liegend hin und her: *ich w. mich vor Schmerzen; er wälzte sich vor Lachen*, Ü lachte sehr. **3)** *Probleme*, Ü beschäftige mich mit ihnen. **4)** *Bücher*, Ü schlage in ihnen nach. **Walzenmühle** *die*, Schrot- und Mahlmaschine der Müllerei. **Walz(en)straße** *die*, Walzwerk. **Walzer** *der*, *-s/-*, lebhafter Rundtanz im ³/₄-Takt: *sie tanzten einen Wiener W.* **Wälzer** *der*, *-s/-*, U dickes Buch. **Wälzkreis** *der*, ⊙ beim Zahnrad der Kreis, auf dem die Zahnflanken ohne Gleiten abwälzen. **Wälzlager** *das*, ⊙ ein Lager mit rollender Reibung. **Walzwerk** *das*, Walz(en)straße, Anlage zur Formung von Metallen durch Walzen, ABB. W 3. **Walzwerker** *der*, Arbeiter in einem Walzwerk.

Wamme, Wampe [ahd. wamba] *die*, *-/-n*, 🐄 Hängefalte zwischen Kehle und Brust, z. B. bei der Kuh. **2)** Bauchteil von Fellen: *Bisamwamme*. **3)** 🦌 Dünnung. **4)** *mitteldt., oberdt.*: Bauch, Flanke; dicker Bauch; Bauchfleisch.

Wampum [Algonkin wampompeag ›weiße Schnüre‹] *der* oder *das*, *-s/-e*, aufgereihte Muschelperlen, die nordamerikan. Indianern bes. als Zahlungsmittel dienten.

Wams [ahd. wambeis, zu mlat. wambasium] *das*, *-es/ᵉe*, früher: ein Obergewand für Männer, ABB. M 16; später: eine kurze Jacke. **Wäms|chen, Wämslein** *das*, *-s/-*.

wand, von winden.

Wand [ahd. want, verwandt mit winden] *die*, *-/ᵉe*, **1)** seitl. Begrenzung eines Raumes, ABB. W 4: *in unseren vier Wänden*, Ü in unserem Heim; *wir wohnen W. an W.*, sind Zimmer- oder Wohnungsnachbarn; *sie war blaß wie eine (gekalkte) W.; er will mit dem Kopf durch die W.*, Ü ist halsstarrig, uneinsichtig; *er drückt ihn an die W.*, Ü verdrängt ihn aus seinem Wirkungsbereich; *er kämpft mit dem Rücken an der W.*, Ü befindet sich in schwieriger Lage; *sie wurden an der W. gestellt*, Ü erschossen; *Außenwand; Trennwand; Schrankwand*, ABB. W 14; *Magenwand; Wandkalender; Wandleuchte; Wandteppich*. **2)** steile Bergseite, ABB. B 20. **3)** ⚒ größeres Gesteinsstück. **4)** Ü etwas steil Aufragendes: *eine dunkle Wolkenwand kündigte das Gewitter an*. **5)** Ü etwas Trennendes: *zwischen uns steht eine W. des Mißtrauens*.

Wanda [slaw. Koseform zu russ. Warwara ›Barbara‹], weibl. Vorname.

Wandale *der*, *-n/-n*, auch Vandale, Angehöriger eines german. Stammes: *sie hausten wie die Wandalen*, Ü verwüsteten, zerstörten alles. **wandalisch**, auch vandalisch. **Wandalismus** [vgl. . . .ismus] *der*, *-*, auch Vandalismus, Ü Zerstörungswut, sinnlose Zerstörung, z. B. von Kunstwerken.

Wandel [ahd. wandil] *der*, *-s*, **1)** Änderung, Wechsel, Wandlung: *im W. der Zeit; Gesinnungswandel; Lautwandel;*

W 4

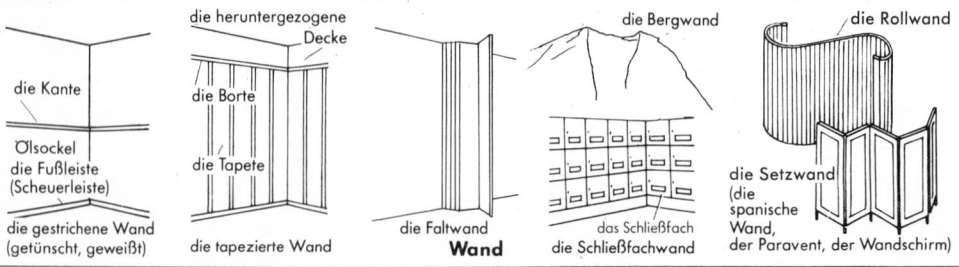

die heruntergezogene Decke · die Bergwand · die Rollwand
die Kante · die Borte · die Setzwand (die spanische Wand, der Paravent, der Wandschirm)
Ölsockel · die Fußleiste (Scheuerleiste) · die Tapete · das Schließfach
die gestrichene Wand (getünscht, geweißt) · die tapezierte Wand · die Faltwand · **Wand** · die Schließfachwand

der soziale W. **2)** Lebensführung, sittl. Verhalten: *Lebenswandel.* **3)** *ohne W.,* ⧟ fehlerfrei. **4)** ⧟ Verkehr: *Handel und W.* **Wandel|anleihe** *die,* Wandelschuldverschreibung. **wandelbar, 1)** veränderlich. **2)** ⧟ makelhaft, schadhaft. **Wandelgang** *der,* **Wandelhalle** *die,* überdachter Weg, Halle zum Umherwandeln. **wandeln** [ahd. wandilon], *ich* wand(e)le, **1)** (bin gewandelt), gehe langsam, schreite: *sie wandelten durch den Park; er ist ein wandelndes Lexikon,* ⋃ hat ein großes Wissen. **2)** (habe gewandelt) *es, mich, ihn,* ändere, verwandele: *die wirtschaftliche Lage hat sich gewandelt.* **Wandelschuldverschreibung** *die,* Wandelanleihe, Schuldverschreibung einer Aktiengesellschaft, die ein Umtausch- oder Bezugsrecht auf Aktien einräumt. **Wandelstern** *der,* ⧟ Planet. **Wander|ausstellung** *die,* Ausstellung mit wechselndem Standort. **Wand(e)rer** *der, -s/-.* **Wandergewerbe** *das,* ambulantes Gewerbe, Reisegewerbe. **Wanderin** *die, -/-nen,* auch Wandrerin. **Wanderjahre,** *Pl.,* früher: Ausbildungsjahre der Handwerksgesellen in der Fremde. **Wanderkarte** *die,* topograph. Karte für Wanderer, für Touristen. **wandern** [mhd. wandern], *ich* wand(e)re (bin gewandert), **1)** gehe eine größere Strecke zu Fuß: *im Urlaub wandern wir viel; seine Gedanken wanderten in die Ferne,* Ü; *Wanderfahrt; Wanderlied; wanderlustig; Wanderweg.* **2)** verändere den Aufenthaltsort: *wandernde Völker,* Völker ohne festen Wohnsitz; *Aale wandern zum Laichen ins Meer; Wanderbühne; Wanderdüne; Wanderzirkus.* **2)** *es wandert,* gelangt, wird gebracht, wird verbreitet: *ein literarisches Motiv wandert von einem Volk zum anderen; die Papiere wanderten ins Feuer,* ⋃ wurden verbrannt. **Wanderniere** *die,* ⚕ Senkung der Niere. **Wanderpreis** *der,* ✕ Preis, der vom früheren Sieger an den neuen weitergegeben wird. **Wanderratte** *die,* **1)** Vorratsschädling, Krankheitsüberträger, verwandt mit der Hausratte. **Wanderschaft** *die, -,* das Wandern, Zeit des Wanderns: *früher gingen die Handwerksburschen auf W.* **Wandersmann** *der, -(e)s/...leute,* P Wanderer. **Wanderstab** *der,* Stock zum Wandern. **Wandertag** *der,* unterrichtsfreier Tag für Schülerwanderungen. **Wanderung** *die, -/-en:* wir unternehmen eine *W. durch den Taunus; Radwanderung; Seelenwanderung; Tierwanderungen.* **Wandervogel** *der,* **1)** ehemaliger dt. Jugendbund; dessen Mitglied. **2)** Ü unsteter Mensch, der nicht seßhaft werden kann. **...wandig,** mit einer bestimmten Wand: *dickwandig.* **Wandkarte** *die,* Abb. S 40. **Wandler** *der, -s/-,* **1)** ⚡ Maschine und Schaltung zur Umwandlung von elektr. Strom in Strom anderer Art, Spannung, Frequenz u. a. **2)** Physik: Vorrichtung zur direkten Umwandlung einer Energieart in eine andere, z. B. Solarzelle. **Wandlung** [ahd. wandalunga] *die, -/-en,* **1)** Veränderung, Übergang in einen anderen Zustand: *wandlungsfähig.* **2)** *ohne Pl.,* kath. Kirche: Transsubstantiation. **3)** ♪♪ die Rückgängigmachung eines Kaufvertrages: *Wandlungsklage.* **Wandrer** *der,* Wanderer. **Wandrerin** *die, -/-nen,* Wanderin. **Wandschirm** *der,* Abb. W 4. **Wandschrank** *der,* in eine Nische eingebauter Schrank, Schrankwand, auch als Raumteiler. **wandständig,** ⊕ an der Innenseite des Fruchtknotens gelegen. **Wandtafel** *die,* Abb. S 40. **wandte,** von wenden. **Wand|uhr** *die,* Abb. U 1. **Wandung** *die, -/-en,* Wand, Außenhaut, feste Umschließung. **Wandzeitung** *die,* an die Wand geschlagene Mitteilung (einer Organisation). **Wange** [ahd. wanga] *die, -/-n,* **1)** Backe, Teil des Gesichts, Abb. M 12: *ein Kuß auf die W.;* ⟦ Teil des Gewölbes, Abb. G 22. **3)** Seitenteil, Abb. A 29, B 10, H 19, L 8, T 17. **Wank** [mhd. wanc] *der,* ⧟ Wanken: *ohne W.,* ohne Schwanken, fest; *er tut keinen W.,* schweiz.: bewegt sich nicht, rührt keinen Finger. **Wankelmotor** [nach dem dt. Maschinenbauer F. Wankel, * 1902] *der,* ein Kreiskolbenmotor. **Wankelmut** [mhd. wankelmout] *der.* **wankelmütig,** unbeständig, seine Ansichten oft wechselnd, unentschlossen: *ein wankelmütiger Mensch.* **Wankelmütigkeit** *die, -.* **wanken** [ahd. wankon], *ich* wanke, **1)** (bin gewankt), sei unsicher, schwankend: *der Betrunkene wankte zur Tür hinaus.* **2)** (habe gewankt), werde unsicher: *seine guten Vorsätze gerieten ins Wanken; er wankt und weicht nicht,* bewegt sich nicht von der Stelle, Ü beharrt auf seinem Standpunkt. **wann** [ahd. (h)wanne], **1)** zu welcher Zeit?, um welche Zeit?, Übers. P 24: *w. kommt er?; weißt du, w. es war?; seit w.?* **2)** *dann und w.,* manchmal. **3)** *oberd.:* wenn; zu der Zeit, da. **4)** *oberd.:* weil; denn.

Wännchen *das, -s/-.* **Wanne** [ahd. wanna, zu lat. vannus ›Futterschwinge‹] *die, -/-n,* **1)** trogartiges Gefäß, tiefe Mulde: *Badewanne; Ölwanne,* ⊙. **2)** *schweiz.:* Futtersieb. **wannen** [mhd. swannen], *von w.,* B von wo, woher. **Wannenbad** *das,* Bad in der Badewanne. **Wanst** [ahd. wanast], **1)** *der, -es/ᵘe,* 🐑 Pansen. **2)** *der, -es/ᵘe,* ⋃ dicker Bauch: *er hat sich den W. vollgeschlagen,* ⋃ derb: sehr viel gegessen; *Dickwanst; Fettwanst.* **3)** *das, -es/ᵘe,* ⋃ derb: ungezogenes Kind. **Wänstchen** *das, -s/-.* **...wanstig,** *dickwanstig; fettwanstig.* **Want** [niederdt. want, zu wenden] *die, -/-en,* ⚓ **1)** Tau, das den Mast seitlich abstützt. **2)** *Pl.,* Seemannshandschuhe. **Wanze** [mhd. wantlus ›Wandlaus‹] *die,* **1)** pflanzensaft- oder blutsaugendes Insekt mit Stinkdrüsen. **2)** ⋃ versteckt angebrachtes Abhörgerät. **Wapiti** [Algonkin] *der, -(s)/-s,* ein Rothirsch. **Wappen** [mhd. wapen, urspr. gleichbedeutend mit Waffe] *das, -s/-,* farbiges Abzeichen einer Gemeinschaft von Personen, Abb. H 16: *Familienwappen; Stadtwappen; Staatswappen; er führt drei Löwen im W.; Wappenspruch; Wappentier.* **Wappenkunde** *die, -,* Heraldik, Lehre von der Wappengestaltung, Abb. H 16. **wappnen** [mhd. wapenen], *ich* wappne (habe gewappnet), **1)** *ihn,* ⧟ bewaffne: *ich w. mich mit Geduld,* Ü. **2)** *mich gegen ihn, etwas,* mache mich darauf gefaßt: *gegen solche Vorwürfe waren wir nicht gewappnet.* **Wappner** *der, -s/-,* ⧟ bewaffneter Krieger. **war,** von sein, Übers. S 47. **Waräger** [russ. warjagi, zu isländ. väringjar] *der, -s/-,* Angehöriger der Normannen, die im MA. in der Geschichte Rußlands eine Rolle spielten. **Waran** [arab.] *der, -s/-e,* eine Echse. **warb,** von werben. **ward,** ⧟ P wurde. **Wardein** [aus mlat. guardianus ›Aufsichtführender‹] *der, -(e)s/-e,* im MA.: Münzprüfer, Erzprüfer: *Münzwardein; Hüttenwardein.* **wardieren,** *ich* wardiere (habe wardiert) *es,* nordwestdt.: prüfe, bewerte. **Ware** [mhd. ware] *die, -/-n,* Handelsgegenstand, käufl. oder verkäufl. Sache: *wir führen nur erstklassige Waren; Wareneingang; Warenlager; Warentest; Fleisch- und Wurstwaren; Frischwaren; Strickwaren.* **wäre,** von sein, Übers. S 47. **Warenhaus** *das,* ein Großunternehmen des Einzelhandels, das ein vielbranchiges Sortiment (einschl. Lebensmittel) führt. **Warenkorb** *der,* Statistik: Zusammenstellung typischer Ausgaben von Haushalten für Güter und Dienstleistungen zur Berechnung von Preisindizes. **Warenkunde** *die, -,* Lehre und Wissen von den Handelswaren. **warenkundlich.** **Warenprobe** *die,* ⧆ Teil einer Ware als Beweismittel für Beschaffenheit und Qualität. **Warensendung** *die,* eine gebührenbegünstigte Postsendungsart für Proben, Muster u. a. **Warenzeichen** *das,* Handelszeichen, rechtlich geschütztes Zeichen eines Gewerbetreibenden zur Kennzeichnung der von ihm in den Verkehr gebrachten Ware. **warf,** von werfen. **Warf** *der* oder *das, -(e)s/-e,* Weberei: Aufzug. **Warf(t)** *die, -/-en,* **1)** *niederdt.:* Werft. **2)** Wurt, Wohnhügel. **warm,** wärmer, am wärmsten [ahd. warm], **1)** mäßig hohe Temperatur zwischen heiß und kalt aufweisend: *ein warmer Frühlingstag; ein warmes Bad; ich habe heute noch nichts Warmes gegessen; ich muß das Essen w. machen, halten, stellen,* vgl. aber: warmhalten, warmlaufen, warmwalzen; *Alkohol macht w.; mein Zahn reagiert auf kalt und w.; warme Miete,* ⋃ einschließlich Heizungskosten; *er hat sich im warme Nest gesetzt,* ⋃ profitiert ohne eigene Anstrengung von dem, was ein anderer erarbeitet hat. **2)** Wärme haltend, wärmend: *warme Kleidung,* vor Kälte schützende: *ich habe mich w. angezogen.* **3)** Ü voll herzlichen Gefühls: *mit warmen Worten des Dankes; das kann ich Ihnen wärmstens empfehlen; ich könnte bei (mit) ihm nicht w. werden,* ⋃ heimisch, vertraut. **4)** *warme Farben,* Ü Farben, in denen Rot und Gelb vorherrschen. **5)** *ein warmer Bruder,* ⋃ Homosexueller. **Warmbeet** *das,* jede Einrichtung, um Pflanzen höhere Bodenwärme zu geben, z. B. Mistbeet. **Warmbier** *das,* Heißgetränk aus Bier, Zucker, Gewürz. **Warmblut** *das, -(e)s,* eine Zuchtform des Hauspferdes. **Warmblüter** *der, -s/-,* **1)** Vogel und Säugetier (auch der Mensch) mit gleichbleibender Körpertemperatur. **2)** Warmblut. **warmblütig.** **Wärme** *die, -,* **1)** eine Sinnesempfindung. **2)** Physik: Form der Energie, die durch Strömung, Leitung oder Strahlung (infrarote Strahlen) fortgepflanzt werden kann: *wir* hatten 15° W., + 15 °C; *Wärmeleiter; Wärmeschutz; Wärme-wirtschaft; Atomwärme; Fernwärme.* **3)** Ü Herzlichkeit: *sein Blick strahlt W. aus.* **Wärme|austauscher** *der, -s/-,* Wärmetauscher, Apparat, in dem Wärme von einem wärmeren an einen kälteren Stoff abgegeben wird. **Wärmebehandlung** *die,* **1)** ⚕ ein Heilverfahren zur Schmerzlinderung durch Wärmezufuhr oder Verhinderung der Wärmeabgabe. **2)** ◉ die Erwärmung von Metallen und Legierungen auf bestimmte Temperaturen mit folgender Abkühlung zur Veränderung ihrer Eigenschaften. **wärmedämmen,** *nur Infinitiv und Partizip Präsens üblich: wärmedämmende Stoffe.* **Wärmedämmung** *die,* die Verhinderung von Wärmeleitung durch Dämmstoffe u. a. **Wärmekapazität** *die,* die einem Körper zuzuführende Wärmemenge, um seine Temperatur um ein Grad zu erhöhen. **Wärmekraftmaschine** *die,* Maschine, die die bei der Verbrennung von Brennstoffen frei werdende Wärme in mechan. Energie umwandelt, z. B. Dampfmaschine, Verbrennungsmotor. **Wärmekraftwerk** *das,* Kraftwerk, in dem Brennstoffe, Kernenergie oder Erdwärme zum Betrieb von Wärmekraftmaschinen genutzt werden, die Generatoren antreiben. **Wärmemüll** *der,* die Abwärme. **wärmen** [ahd. wermen], *ich wärme (habe gewärmt),* **1)** *es, ihn, mich,* mache warm: *ich w. mir die Hände.* **2)** *es wärmt,* hält warm: *wärmende Kleidung.* **Wärmepumpe** *die,* Anlage, die die Umgebungstemperatur auf ein höheres Niveau bringt und technisch verwertbar macht. **Wärmer** *der, -s/-,* etwas, was warm hält: *Eierwärmer; Kaffeewärmer; Pulswärmer.* **Wärmetod** *der,* Physik: der Zustand, bei dem alle Temperaturdifferenzen ausgeglichen sind. **Wärmflasche** *die,* Gummiflasche oder anderer mit heißem Wasser gefüllter Behälter als Bettwärmer. **Warmformung** *die,* Warmumformung. **Warmfront** *die,* Front vordringender Warmluft. **warmhalten,** *ich halte ihn mir warm* (hielt warm, habe warmgehalten), Ü erhalte mir seine Gunst: *einflußreiche Leute sollte man sich warmhalten;* aber: *ich muß die Suppe warm halten.* **Warmhaus** *das,* heizbares Gewächshaus: *Warmhauspflanzen.* **warmherzig,** ein warmherziger Mensch. **Warmherzigkeit** *die,* -. **warmlaufen,** *es läuft warm* (lief warm, ist warmgelaufen), läuft im Leerlauf, um warm zu werden (Verbrennungsmotor): *ich habe den Motor warmlaufen lassen;* aber: *die Läufer müssen sich vor dem Wettkampf warm laufen.* **Warm|umformung,** die Warmformung, die plastische Umformung eines erwärmten Werkstücks oder Werkstoffs, z. B. beim Schmieden, Warmwalzen. **warmwalzen,** *ich walze es warm* (habe warmgewalzt), forme ein über Raumtemperatur erwärmtes Werkstück durch Walzen um. **Warmzeit** *die,* das Interglazial.

Warnblinklicht *das,* ⚠ rhythmisch gleichzeitiges Aufleuchten aller vier Blinklichter. **Warndreieck** *das,* ⚠ die Warneinrichtung zur Sicherung bei einer Panne, ABB. K 40. **warnen** [ahd. warnon], *ich warne* (habe gewarnt) *ihn (vor ihm, vor etwas),* **1)** mache auf drohendes Unheil, eine Gefahr aufmerksam, bitte ihn, sich zu hüten: *vor Taschendieben wird gewarnt; mit warnender Stimme; Warnfarben; Warnfunk; Warnleuchte; Warnruf; Warnsignal; Warnzeichen.* **2)** rate ihm drohend, von seinem Tun abzulassen: *ich w. dich!; Warnstreik.* **Warner** *der, -s/-.* **Warnung** *die, -/-en: das soll (laß) dir eine W. sein,* eine Lehre; *Sturmflutwarnung.*

Warp [engl. warp] *das oder der, -(e)s/-e,* **1)** ⚓ leichte Trosse zum Verholen eines Schiffes im Hafen: *Warpleine.* **2)** Spinnerei: Kettfaden. **Warp|anker** *der,* ⚓ Anker zum Verholen. **warpen,** *ich warpe* (habe gewarpt) *ein Schiff,* ⚓ verhole an Warpanker oder Warpleine.

Warrant [w'ɔrənt, engl. ›Vollmacht‹] *der, -s/-s,* Lagerschein über eingelagerte Güter.

warst, wart, von sein, ÜBERS. S 47.

Wart [ahd. wart ›Wächter‹] *der, -(e)s/-e,* ♟ Hüter, noch in Zusammensetzungen: *Hauswart; Torwart; Tankwart.* **Warte** [ahd. warta] *die, -/-n,* Beobachtungspunkt, Aussichtsturm: *Wartturm; Wetterwarte; er beurteilt es von hoher W. aus,* Ü mit überlegenem Abstand; *von meiner W. aus,* Ü von meinem Standpunkt. **Wartegeld** *das,* frühere Bez. für die Dienstbezüge eines Beamten im einstweiligen Ruhestand. **warten** [ahd. warten] **I.** intr. **1)** *auf ihn, etwas,* bin für sein Kommen bereit, verweile bis zu seinem Eintreffen an einem bestimmten Ort, erwarte es: *ich habe zwei Stunden auf dich gewartet; ich w. auf deinen Anruf, auf Nachricht, auf eine passende Gelegenheit; er ließ lange auf sich warten; zu Hause wartete eine Überraschung auf mich,* Ü; *ich kann warten,* mir eilt es nicht. **2)** *es, ihn,* pflege, halte instand, betreue: *unsere Büromaschinen werden regel-*

mäßig gewartet; sie wartet einen Kranken, ein Kind, ♧. **3)** drohender Zuruf: *warte nur, du wirst schon sehen!; na warte!* **Wärter** *der, -s/-,* Aufseher, Pfleger, Betreuer: *Bahnwärter; Zoowärter.* **Warteraum** *der,* **1)** Wartesaal, Wartezimmer. **2)** ✈ Flugsicherungskontrollbezirk, in dem Flugzeuge in Warteschleifen fliegen, bevor sie landen dürfen. **Wartesaal** *der,* im Bahnhof ein Aufenthaltsraum für Reisende. **Wartestand** *der, -(e)s,* frühere Bez. für: einstweiliger Ruhestand eines Beamten. **Wartestudium** *das,* Parkstudium. **Wartezeit** *die,* Dauer des Wartens. **Wartezimmer** *das,* Raum, in dem man warten kann, bes. beim Arzt. **wartig,** *schweiz.:* schwanger.

. . .wärts [ahd. . . .wertes], Suffix, **1)** für Richtungsbezeichnungen: *aufwärts,* nach oben; *südwärts,* nach Süden. **2)** den Aufenthaltsort bezeichnend: *anderwärts; auswärts.* **Wartung** [zu warten] *die, -,* Pflege, Instandhaltung: *Wartungsdienst; wartungsfrei; Wartungsvertrag.*

war|um [auch v'a-, mhd. warumbe], weshalb, aus welchem Grund?, ÜBERS. P 24: *w. hast du das getan?; w. nicht?; er fragt nach dem Warum,* nach dem Grund.

Warve [schwed.] *die, -/-n,* ⊕ ein Jahresband der Bändertone: *Warvenforschung* (zur Bestimmung der seit dem Ende der Eiszeit vergangenen Zeit).

Wärzchen *das, -s/-.* **Warze** [ahd. warza] *die, -/-n,* **1)** knötchenförmige Hautwucherung, vgl. ABB. P 14. **2)** Brustwarze: *Warzenhof.* **Warzenschwein** *das,* ein Schwein der afrikan. Savannen. **warzig.**

was [ahd. (h)waz], ÜBERS. P 24, **1)** Interrogativpronomen: *w. ist das?; w. hat er gesagt?; w. für ein Auto fährt er?; w.!,* Ü Ausruf der Überraschung. **2)** Relativpronomen: *das, w. ich meine; das Beste, w. wir je gesehen haben.* **3)** Ü kurz für: etwas: *das ist w. Gutes.*

waschaktiv, waschwirksam durch grenzflächenaktive chem. Verbindungen: *waschaktive Substanzen.* **Waschautomat** *der,* vollautomat. Waschmaschine. **waschbar,** *waschbares Wildleder.* **Waschbär** *der,* ein Kleinbär mit schwarzer Gesichtszeichnung. **Waschbecken** *das,* ABB. B 2. **Waschberge,** *Pl.,* ⚒ nicht mehr verwertbare Rückstände nach der Wäsche von Steinkohle. **Waschbrett** *das,* ABB. W 5. **Wäsche** *die, -/-n,* **1)** Tätigkeit des Waschens: *ich habe heute W.; die Bluse ist in der W.; Haarwäsche; Wagenwäsche.* **2)** ohne Pl., das, was gewaschen wird, bes. Textilgut, ABB. W 5: *Bettwäsche; Tischwäsche; Feinwäsche; Kochwäsche; Wäscheklammer,* ABB. K 22; *Wäscheknopf,* ABB. K 30; *Wäschekorb oder Waschkorb,* ABB. K 37; *Wäscheleine; Wäscheschrank; ich wechsle täglich die W.,* ziehe frische Unterwäsche an; *wir wollen unsere schmutzige W. nicht vor allen Leuten waschen,* Ü nur uns angehende peinl. Dinge nicht öffentlich verhandeln. **waschecht, 1)** in der Wäsche nicht verfärbend (Gewebe). **2)** Ü unfälschbar: *ein waschechter Berliner.*

Waschel *das, -s/-(n),* bair., österr.: Ohrmuschel, Ohr. **waschen** [ahd. wascan], *ich wasche* (habe gewaschen; *du wäschst, er wäscht),* **1)** *ihn, es, mich, mir die Hände,* reinige, bes. mit Wasser und Seife oder anderen Waschmitteln: *ich w. mir das Gesicht; eine Hand wäscht die andere,* Ü für eine Gefälligkeit kann man einen Gegendienst erwarten; *ich w. ihm den Kopf, die Ohren,* Ü halte eine Strafpredigt; *ich w. meine Hände in Unschuld,* Ü lehne jede Schuld ab; *er ist mit allen Wassern gewaschen,* Ü durchtrieben; *eine Ohrfeige, die sich gewaschen hat,* Ü eine kräftige. **2)** Gold, schwemme es aus. **3)** *Steinkohle,* bereite sie naß auf. **4)** *Gas,* führe es durch eine Flüssigkeit und reinige es dadurch. **Wäscher** *der, -s/-,* jemand, der etwas wäscht: *Tellerwäscher; Goldwäscher.* **Wäscherei** *die, -/-en,* gewerbl. Unternehmen, in dem Wäsche gewaschen wird. **Wäscherin** *die, -/-nen,* Frau, die (berufsmäßig) Wäsche wäscht. **Wäscheschleuder** *die,* Zentrifuge zum mechan. Entwässern nasser Wäsche, ABB. W 5. **Wäschetrockner** *der, -s/-,* Tumbler, Trommeltrockner, in dem die gewaschene Wäsche durch Warmluft getrocknet wird. **Waschflasche** *die,* ⚗ Glasgefäß zum Trocknen oder Absorbieren von Gasen mit Flüssigkeiten, ABB. C 1. **Waschgelegenheit** *die,* Platz, wo man sich waschen kann. **Waschküche** *die,* Raum zum Waschen der Wäsche, ABB. H 11. **Waschlappen** *der,* **1)** Lappen, mit dem man sich reinigt. **2)** Ü Schwächling, Feigling. **Waschleder** *das,* waschbares Leder. **waschledern.** **Waschmaschine** *die,* Gerät zum Waschen von Textilien, ABB. W 5, K 50: *vollautomatische Trommelwaschmaschine.* **Waschmittel** *das,* meist pulverförmiges Erzeugnis zum Waschen von Wäsche: *Vollwaschmittel; Feinwaschmittel; Waschmittelgesetz.* **Waschseide** *die,* leinwandbindiges Gewebe aus Schappegarnen oder Chemiefäden. **Waschstraße**

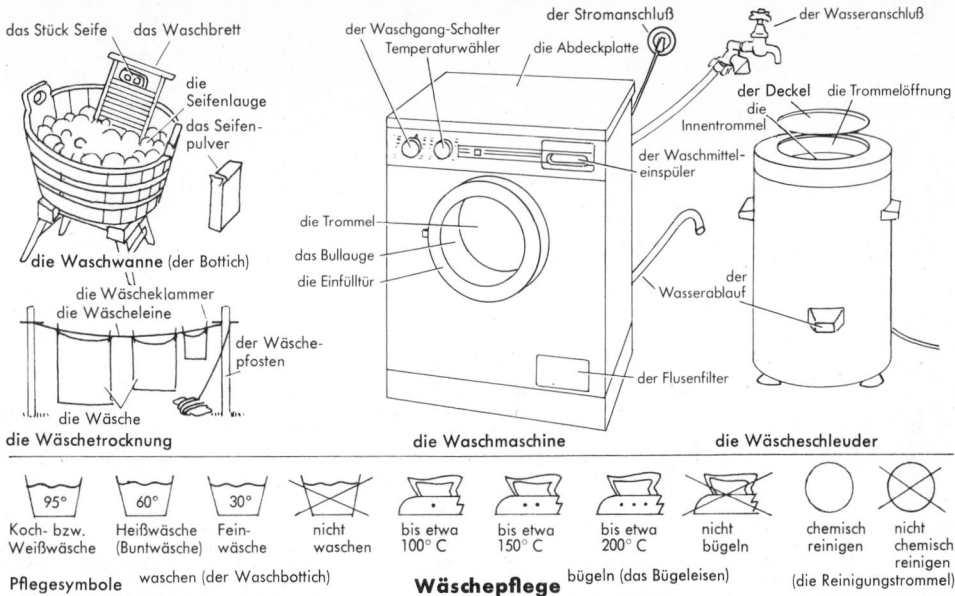

das Stück Seife · das Waschbrett · der Waschgang-Schalter / Temperaturwähler · der Stromanschluß · der Wasseranschluß · die Seifenlauge · die Abdeckplatte · der Deckel · die Trommelöffnung · das Seifenpulver · die Innentrommel · die Waschwanne (der Bottich) · der Waschmitteleinspüler · die Trommel · das Bullauge · die Einfülltür · die Wäscheklammer · die Wäscheleine · der Wäschepfosten · der Wasserablauf · die Wäsche · der Flusenfilter · die Wäschetrocknung · die Waschmaschine · die Wäscheschleuder

95°	60°	30°							
Koch- bzw. Weißwäsche	Heißwäsche (Buntwäsche)	Feinwäsche	nicht waschen	bis etwa 100° C	bis etwa 150° C	bis etwa 200° C	nicht bügeln	chemisch reinigen	nicht chemisch reinigen

Pflegesymbole · waschen (der Waschbottich) · **Wäschepflege** · bügeln (das Bügeleisen) · (die Reinigungstrommel)

---

die, automatische Anlage, in der Autos gewaschen werden: *Autowaschstraße.* **Waschtisch** *der*, Gestell mit Waschschüssel. **Waschtrockner** *der*, Waschmaschine und Wäschetrockner in einem Gerät. **Waschung** *die, -/-en*, das Waschen, bes. als kultische Handlung: *Fußwaschung.* **Waschweib** *das,* 1) ♂♀ Wäscherin. 2) verächtlich: geschwätzige Person: *sie ist ein altes W.* **Waschzettel** *der,* 1) ⊘ kurze Darstellung über Inhalt und Zweck eines Buches, oft als Klappentext auf dem Schutzumschlag. 2) die Beschreibung industrieller Erzeugnisse als Formulierungshilfe für publizistische Zwecke. **Waschzeug** *das, -s,* alles, was man zum Waschen des Körpers braucht. **Wasen** [ahd. waso ›Rasen‹] *der, -s/-, süddt.:* 1) Rasen. 2) Schindanger: *Wasenmeister,* Abdecker. **Wasen** [mnd. wasem] *der, -s/-, norddt.:* Dunst. **Wasen** [mnd. wase] *der, -s/-, meist Pl., norddt.:* Bündel Reisig, Stangenholz. **Waserl** [wohl zu Waisenkind] *das, -(s)/-n, österr.:* unbeholfener, harmloser Mensch. **wash-and-wear** [wɔʃændˈwɛə, engl. to wash ›waschen‹ und to wear ›tragen‹], Bez. für pflegeleichte Textilien. **Waspel** *der, -(s)/-, schweiz.:* übereiliger Mensch. **Wasser** [ahd. wazzar] *das, -s/- oder* ″ (Abwässer, Mineralwässer u. a.), 1) chem. Verbindung von Wasserstoff und Sauerstoff (H_2O), die am weitesten verbreitete Flüssigkeit der Erde: *die Fische leben im W.; Trinkwasser; Wasserdampf; Wasserheilkunde; Wasserschlauch; Wasserstrahl; Wasserversorgung; der Ausflug fällt ins W.,* Ü findet nicht statt; *er kann sich nur mühsam über W. halten,* Ü kann kaum seine Existenz bestreiten; *das W. geht ihm bis an den Hals,* Ü er ist in einer äußerst schwierigen Lage; *sie kann ihm nicht das W. reichen,* Ü sie hat längst nicht seine Qualitäten; *dort wird auch nur mit W. gekocht,* Ü sie können nicht mehr als wir; *bis dahin fließt noch viel W. den Berg, den Rhein hinunter,* Ü kann noch manches geschehen. 2) Gewässer, Fluß: *zu W. und zu Land(e); Wasserfläche; Wasserweg; Wasserfahrzeug.* 3) Bez. für klare Flüssigkeiten: *das W. tropfte ihm von der Stirn,* Schweiß; *ihr schoß das W. aus den Augen,* Tränen; *das W. lief alle in im Munde zusammen,* Speichel, vor Hunger oder Freude auf den Genuß; *Kirschwasser; Kölnischwasser; Mineralwasser; Feuerwasser.* 4) Glanz der Edelsteine: *ein reinstem, erstem W.; ein Hamburger reinsten Wassers,* Ü. 5) Harn: *er muß W. lassen,* abschlagen. **wasserabstoßend, wasserabweisend,** *wasserabweisende Stoffe.* **Wasserader** *die,* kleiner Wasserlauf: *eine unterirdi-*

sche W. **wasserarm,** mit geringen Niederschlägen (Gegend). **Wasserbad** *das,* 1) Wasserbecken zum Wässern, bes. von Photographien. 2) Behälter mit kochendem Wasser, in das ein kleinerer Behälter zum Wärmen oder Warmhalten von Speisen oder hitzeempfindlichen Chemikalien gestellt wird: *diese Speise muß man im W. zubereiten.* **Wasserball** *der,* 1) Ball zum Spielen im Wasser. 2) *ohne Pl.,* ⚔ Ballspiel mit Torwertung zwischen zwei Mannschaften im Wasser. **Wasserbau** *der, -(e)s,* Hydrotechnik, alle baulichen Maßnahmen zur Nutzung des Wassers oder zur Sicherung gegen Wasserschäden. **Wasserbett** *das,* 1) ⚕ Vorrichtung zum Lagern von Kranken in einer Wanne mit warmem Wasser. 2) mit Wasser gefüllte Kunststoffmatratze als Bett. **Wasserblüte** *die,* 1) *ohne Pl.,* ⚘ grüne oder rote Wasserfärbung bes. durch Algen. 2) ⚭ eine Eintagsfliege. **Wasserbock** *der,* eine Antilope mit leierförmigem Gehörn. **Wasserbombe** *die,* unter Wasser explodierender Sprengkörper. **Wasserbomber** *der,* Flugzeug, das Löschwasser über Waldbränden abläßt. **Wasserbruch** *der,* ⚕ die Hydrozele. **Wasserburg** *die,* von Wasser umgebene Burg. **Wässerchen** *das, -s/-: er sieht aus, als ob er kein W. trüben könnte,* U sieht harmlos, unschuldig aus. **wasserdicht,** für Wasser undurchlässig: *eine wasserdichte Uhr,* Ü. **Wasserfall** *der,* Absturz von Wasser, bes. über Felsen, Abb. F 32, W 6: *sie redet wie ein W.,* Ü schnell und ununterbrochen. **Wasserfarbe** *die,* mit leimartigen Bindemitteln gebundene Farbe, die mit Wasser vermalt wird. **Wasserfloh** *der,* kleines Krebstier, Fischfutter in Aquarien. **Wasserflugzeug** *das,* Flugzeug, das auf Wasser starten und niedergehen kann, Abb. F 31. **Wassergas** *das,* Gasgemisch zur Erzeugung hoher Temperaturen, zur Ammoniaksynthese u. a. **wassergekühlt,** *ein wassergekühlter Motor;* aber: *ein mit Wasser gekühlter Motor.* **Wasserglas** *das,* 1) gläserner Trinkbecher, Abb. E 10, G 27. 2) *ohne Pl.,* eine glasige Masse, Kalium- oder Natriumsilicat. **Wasserglätte** *die, -,* Aquaplaning. **Wasserhahn** *der,* Abb. H 4: *der W. tropft.* **wasserhaltig,** Wasser enthaltend. **Wasserhaushalt** *der, -(e)s,* 1) in Lebewesen der Wasserwechsel bei Fließgleichgewicht zwischen Wassereinfuhr und -ausfuhr. 2) in der Natur die mengenmäßige Beziehung zwischen Niederschlag, Abfluß, Verdunstung, Verbrauch u. a. **Wasserheilkunde** *die,* Lehre von der Anwendung des Wassers für Heilzwecke. **Wasserhose** *die,* eine Trombe. **Wasserhuhn** *das,* Bleßhuhn. **wässerig** *die, -,* Wäßrigkeit. **Wasserjungfer** *die,* ⚭ Libelle. **Wasserkante** *die, -,* Waterkant. **Wasser-**

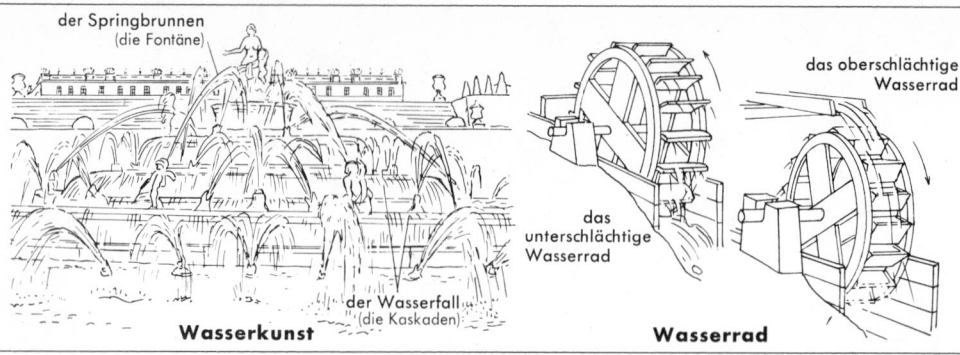

der Springbrunnen
(die Fontäne)

das oberschlächtige
Wasserrad

das
unterschlächtige
Wasserrad

der Wasserfall
(die Kaskaden)

Wasserkunst   **Wasserrad**

klosett das, Abk.: WC, (Raum mit) Klosett mit Wasserspülung, Abb. B 2. **Wasserkopf** der, 1) ⚕ Hydrozephalus, krankhafte Schädelvergrößerung. 2) Ü etwas, das unangemessenes Übergewicht besitzt: *der Verwaltungsapparat hat sich zu einem W. aufgebläht.* **Wasserkraft** die: *Wasserkraftmaschinen; Wasserkraftwerk.* **Wasserkultur** die, Hydrokultur. **Wasserkunst** die, Abb. W 6. **Wasserlauf** der, fließendes Gewässer, Fluß, Bach. **Wasserläufer** der, 1) ein schnepfenartiger Watvogel. 2) auf Gewässern lebende Landwanze. **Wässerlein** das, -s/-. **Wasserleitung** die, Rohrleitung zur Versorgung mit Wasser, vgl. Abb. I 3, L 9. **Wasserlinie** [-iə] die, Schnittlinie des Wasserspiegels mit Landoberfläche, Schiffsrumpf u. a. **Wasserlinse** die, ein winziges Wassergewächs, als Überzug auf ruhigen Gewässern. **wasserlöslich**, *wasserlöslicher Kaffee; die Salbe, Wimperntusche ist w.,* aber: *in Wasser löslich.* **Wasserlöslichkeit** die, -. **Wassermann** der, -(e)s/ ᵘer, 1) *ohne Pl.,* ☆ ein Sternbild des Tierkreises, Übers. A 22. 2) männl. Wassergeist. **Wassermesser** der, Wasserzähler. **wassern**, *ich wassere* (habe, bin gewassert), *gehe* (mit einem Wasserflugzeug, Flugboot u. a.) *auf dem Wasser nieder: die Raumkapsel soll in wenigen Minuten wassern.* **wässern** [mhd. wezzeren], *ich wässere, wäßre* (habe gewässert), 1) *es, lege in Wasser: Salzheringe müssen gewässert werden.* 2) *es, begieße reichlich* (Pflanzen). 3) *es wässert,* wird feucht: *mir wässert der Mund danach,* Ü *ich habe großen Appetit darauf.* **Wassernot** die, -, Mangel an Wasser; vgl. aber: Wassersnot. **Wasserpaß** der, Abgrenzung zwischen Über- und Unterwasseranstrich bei Schiffen. **Wasserpest** die, Süßwasser- und Aquarienpflanze. **Wasserpfeife** die, Tabakspfeife mit zwischengeschaltetem Wassergefäß. **Wasserpocken,** *Pl.,* Windpocken. **Wasserpolizei** die, Wasserschutzpolizei, für schiffbare Wasserflächen zuständige Polizei. **Wasserrad** das, Abb. W 6. **Wasserratte** die, 1) ein Nagetier. 2) Ü jemand, der viel und gern schwimmt. **Wasserrecht** das, ⚖ gesetzl. Bestimmungen über Wasserschutz und Wasserbenutzung, Be- und Entwässerung. **wasserreich,** *eine wasserreiche Gegend; die Melone ist eine wasserreiche Frucht.* **Wasserrose** die, Seerose. **Wasserscheide** die, Grenze zwischen den Einzugsgebieten zweier Flüsse, Abb. F 32. **Wasserschenkel** der, Wetterschenkel. **wasserscheu,** *sei nicht so w.!; ein wasserscheues Kind.* **Wasserscheu** die, Angst vor dem Wasser. **Wasserschlange** die, 1) 🐍 eine in Eurasien und Nordamerika vorkommende Schlange. 2) *ohne Pl.,* ☆ Hydra, ein Sternbild. **Wasserschloß** das, 1) 🏰 von Wasser umgebenes Schloß. 2) ⚙ vor der Druckleitung von Wasserkraftwerken angeordneter Ausgleichsbehälter. **Wasserschutz** der: *Wasserschutzgebiet; Wasserschutzpolizei,* Wasserpolizei. **Wasserschwein** das, größtes Nagetier. **Wasserski** [-ſiː] der, Ski zum Gleiten auf dem Wasser: *Wasserskilaufen.* **Wassersnot** die, ♒ Überschwemmung, Not durch Überschwemmung; vgl. aber: Wassernot. **Wasserspeier** der, -s/-, 🏛 Abflußvorrichtung für Regenwasser. **Wasserspiegel** der, Oberfläche des Wassers. **Wassersport** der, Bez. für alle auf und im Wasser betriebenen Sportarten. **Wasserstand** der, Höhe des Wasserspiegels: *Wasserstandsmeldung.* **Wasserstoff** der, -(e)s, ⚗ Element, Zeichen: H, ein farb- und geruchloses Gas: *Wasserstoffionen; wasserstoffblondes Haar,* Ü *sehr helles, gebleichtes.* **Wasserstoffbombe** die, H-

Bombe, auf Kernverschmelzung beruhende Kernwaffe. **Wasserstoff|ionenkonzentration** die, die Anzahl Mole aktiver Wasserstoffionen in einem Liter Lösung. **Wasserstoffperoxid** das, früher: **Wasserstoffsuper|oxid** das, keimtötendes, bleichendes, geruchsbeseitigendes Mittel, auch Raketentreibstoff. **Wasserstrahlpumpe** die, eine Pumpe ohne bewegliche Teile. **Wasserstraße** die, schiffbares Gewässer: *Binnenwasserstraßen; Seewasserstraßen.* **Wassersucht** die, -, ⚕ Hydrops, Hydropsie, krankhafte Ansammlung von Gewebswasser im Körper. **wassersüchtig. Wassertreten** das, -s, ein Heilverfahren. **Wasserturbine** die, eine Kraftmaschine, welche die mechan. Energie des Wassers nutzt. **Wasserturm** der, meist hochgelegenes Gebäude mit Wasserspeicher zur Konstanthaltung des Druckes im Wasserversorgungsnetz. **Wasseruhr** die, 1) eine der ältesten Vorrichtungen zur Zeitmessung. 2) Wasserzähler. **wasserundurchlässig,** kein Wasser durchlassend. **Wässerung** die, -/-en, Wäßrung, das Wassern eines Flugzeugs: *Notwasserung.* **Wässerung** die, -, Wäßrung, das Wässern. **Wasserverdrängung** die, von einem Körper verdrängte Wassermenge. **Wasserversorgung** die, die Deckung des Wasserbedarfs der Wohn- und Arbeitsstätten mit Trink- und Brauchwasser. **Wasserwaage** die, Libelle, Gerät zur Bestimmung der Waagerechten, Abb. W 7. **Wasserwelle** die, in feuchtem Haar gelegte Kräuselung. **Wasserwerfer** der, Gerät, das die Polizei zum Zerstreuen von Menschenansammlungen einsetzt: *die Polizei ging mit Wasserwerfern gegen die Demonstranten vor.* **Wasserwerk** das, Anlage zur Versorgung der Bevölkerung mit Wasser. **Wasserwirtschaft** die, -, alle Maßnahmen zur Ordnung des Wasserhaushalts in der Natur. **wasserwirtschaftlich. Wasserzähler** der, Wassermesser, Gerät zum fortlaufenden Zählen der durch eine Rohrleitung fließenden Wassermenge, Abb. I 3. **Wasserzeichen** das, durchscheinendes Zeichen im Papier, z. B. in Banknoten. **wäßrig,** wässerig, 1) viel Wasser enthaltend: *die Kartoffeln schmecken w.; wäßriger Wein; du machst mir damit den Mund w.,* machst mir Appetit (daß der Speichel im Mund zusammenläuft), Ü reizt mich, etwas zu tun. 2) hell wie Wasser: *wäßrige Augen.* **Wäßrigkeit** die, -, Wässerigkeit. **Wäßrung** die, -/-en, Wässerung. **Wäßrung** die, -, Wässerung.

Wastel das, -s/-, oberdt.: feines Weißbrot.

Wastl, *oberdt.:* Sebastian.

Wate [ahd. wata] die, -/-n, norddt.: großes Zugnetz.

waten [ahd. waten], *ich wate* (bin, habe gewatet) *durch, in etwas,* gehe einsinkend (durch Wasser, Morast, Sand).

Waterkant die, -, niederdt.: Wasserkante, Küstengegend, Meeresküste, bes. die deutsche Nordseeküste: *Hamburg an der W.*

water|proof [wˈɔːtəpruːf, engl., zu water ›Wasser‹ und proof ›sicher‹], wasserdicht, wasserabweisend. **Water|proof** [wˈɔːtəpruːf] der, -s/-s, wasserdichter oder -abweisender Stoff; Regenmantel.

Watsche [mhd. orewetzelin] die, -/-n, Watschen.

watsch(e)lig. watscheln [spätmhd. wackzen, zu mhd. wacken], *ich watsch(e)le* (bin, habe gewatschelt), Ü gehe schwerfällig und schwankend: *sie watschelt wie eine Ente; Watschelgang.*

watschen, *ich watsche* (habe gewatscht) *ihn,* bair., österr.:

gebe ihm eine Ohrfeige. **Watschen** *die, -/-,* auch Watsche, *bair., österr.:* Ohrfeige: *Watschenmann, österr.:* Figur im Wiener Prater, Ü jemand, der als Zielscheibe der Kritik dient. **Wätscher, Watschger** *der, -s/-, ostdt.:* Umhängetasche. **watschlig,** watschelig.

Watt [nach dem engl. Ingenieur J. Watt, 1736–1819] *das, -s/-,* Zeichen: W, SI-Einheit der Leistung, identisch mit Voltampere, ÜBERS.: M 8: *Wattsekunde,* Zeichen: Ws; *Wattstunde,* Zeichen: Wh; *Kilowattstunde,* Zeichen: kWh.

Watt [mnd. wat, verwandt mit ahd. wat ›Furt‹] *das, -(e)s/-en,* aus Sand und Schlick bestehender Meeresboden flacher Gezeitenküsten, ABB. G 25, K 56: *Wattenfischerei; Wattenmeer; Wattwanderungen.*

Watte [mlat. wadda] *die, -,* lockere Faserschicht: *Polsterwatte; Verband(s)watte; Wattebausch.* **wattieren,** ich wattiere (habe wattiert) *es,* polstere, füttere (Kleidungsstücke): *wattierte Schultern.* **Wattierung** *die, -/-en,* 1) *ohne Pl.,* das Wattieren. 2) Einlage, Wattefüllung.

Watvogel *der,* Strandvogel, meist Ufer bewohnend.

wau!, Schallw. für Hundegebell: *w., w.!*

Wau [niederl. wouw] *der, -(e)s/-e,* ⊕ eine Reseda.

Wauwau *der, -s/-s,* Kindersprache: Hund.

Way of life [weiˀvlˀaif, engl. way ›Weg‹ und life ›Leben‹] *der, - - -,* die Art zu leben, die Einstellung zum Leben: *der amerikanische Way of life.*

Wb, Zeichen für Einheit Weber.

WC [engl. water-closet] *das, -(s)/-(s),* kurz für: Wasserklosett.

weather|proof [w'eðəpru:f, engl. weather ›Wetter‹ und proof ›sicher‹], Bez. für gegen Sonne, Wärme, Frost, Nässe u. a. widerstandsfähig ausgerüstete Textilien.

Webe [zu weben] *die, -/-n,* ⚬ Gewebe; *noch österr.:* Stoff für Bettzeug. 2) Spinnwebe. **Webeleine** *die,* ⚓ kurzes Tau, das die Wantentaue miteinander verbindet.

webeln, ich web(e)le (habe gewebel[e]t), *schweiz.:* wehklage.

weben [ahd. weban], ich webe (webte, habe gewebt; ⚬, noch P, wob, habe gewoben), **1)** *(es),* verschlinge, kreuze Fäden zum Gewebe: *ein handgewebter Teppich; Webrahmen; Webmaschine; Webautomaten; die Spinne webt ein kunstvolles Netz,* Ü. **2)** *es,* Ü schaffe, bringe hervor: *die Nacht wob einen Schleier,* P. **3)** *es webt,* P regt sich, wirkt: *hier lebt und webt es, hier ist viel Leben.* **4)** *ein Pferd webt,* schwingt Kopf und Hals seitlich hin und her unter abwechselnder Verlegung des Gewichts auf das rechte und linke Vorderbein.

Weber [nach dem Physiker W. E. Weber, 1804–1891] *das, -s/-,* Zeichen: Wb, SI-Einheit für magnetischen Fluß.

Weber [mhd. webære] *der, -s/-,* **1)** jemand, der die Webwaren herstellt. **2)** Webvogel. **3)** ein Käfer. **Weberei** *die, -/-en,* **1)** *ohne Pl.,* das Herstellen von Geweben. **2)** Betrieb dafür. **3)** das Gewebte. **Weberknecht** *der,* ein langbeiniges Spinnentier. **Weberknoten** *der,* ein fester, flacher Knoten. **Web(er)schiffchen** *das,* Schütze, Schiffchen am Webstuhl. **Webervogel** *der,* **1)** Singvogel mit an Zweigspitzen hängenden Nestern. **2)** ein Käfer. **Webfehler** *der,* beim Weben entstandener Fehler: *er hat einen kleinen W.,* Ü ist ein wenig verrückt.

Webkante *die,* der meist glatte, feste seitl. Rand an Geweben.

Webmaschine *die,* Maschine zum Herstellen von Geweben. **Webpelz** *der,* gewebter oder gewirkter pelzartiger Stoff. **Webstuhl** *der,* ältere Bez. für Webmaschine, bes. für den Handwebstuhl, ABB. W 7.

wech, auch **wäch,** *schweiz.:* hübsch, gut, wacker.

Wechsel [-ks, ahd. wehsal] *der, -s/-,* **1)** Aufeinanderfolge, wobei das eine den Platz des anderen einnimmt, Änderung, Umstellung, Ablösung: *der W. von Tag und Nacht; im ewigen W. von Ebbe und Flut; alles ist dem W. unterworfen; ein W. im Amt,* Umbesetzung; *Stellungswechsel; Regierungswechsel; Partnerwechsel; Reifenwechsel; der W. der Wachen; Schichtwechsel; der W. der Vokale im Ablaut,* ÜBERS. A 2; *Wechselwähler.* **2)** Tausch: *Ringwechsel bei der Hochzeit; Geldwechsel; Wechselkasse.* **3)** 🎵 Querbalken, der eine Balkenlage unterbricht: *Wechselbalken,* ABB. B 7; *Sparrenwechsel,* ABB. D 1. **4)** 💰 in bestimmter Form schriftlich übernommene Verpflichtung zur Zahlung einer bestimmten Geldsumme an den legitimierten Inhaber der Urkunde: *ich habe einen W. ausgestellt, angenommen, quergeschrieben; Wechseldiskont; Wechselrecht; Wechselprotest; Wechselsteuer.* **5)** (einem Studenten) zum Lebensunterhalt gewährter monatl. Geldbetrag: *mein Vater hat mir den W. gesperrt.* **6)** 🦌 Wildwechsel. **7)** *österr.:* Weiche (bei Schienen). **Wechselbäder,** *Pl.,* heiße und kalte Bäder in raschem Wechsel. **Wechselbalg** [ahd. wihseling] *der,* im Volksglauben: mißgestaltetes, von Kobolden untergeschobenes Kind; Wechselwort. **Wechselbeziehung** *die,* gegenseitige Beziehung, Wechselwirkung. **Wechselbürge** *der,* jemand, der Wechselbürgschaft leistet. **Wechselbürgschaft** *die,* Bürgschaft für die Verpflichtung eines anderen, indem man den Wechsel mit unterschreibt. **Wechselfälle,** *Pl.:* die W. des Lebens, abwechselnd Freud und Leid, Glück und Unglück. **Wechselfeuchtpflanze** *die,* Tropophyt, Pflanze abwechselnd trockener und feuchter Klimate. **Wechselfieber** *der,* ⚕ Malaria. **Wechselgeld** *das,* Geld zum Wechseln und Herausgeben. **Wechselgesang** *der,* wechselseitiger Gesang zwischen zwei Sängern oder Chören. **Wechselhaft,** sich oft ändernd: *wechselhaftes Wetter.* **Wechseljahre,** *Pl.,* Klimakterium, Lebensabschnitt der Frau, meist zwischen 45. und 52. Lebensjahr, in dem die Tätigkeit der Eierstöcke erlischt. **Wechselkurs** *der,* Devisenkurs. **wechseln** [ahd. wehs(a)lon], ich wechs(e)le (habe gewechselt), **1)** ändere, verändere: *sie hat die Haarfarbe, den Arbeitsplatz, den Beruf, den Freund, die Partei gewechselt; wollen wir nicht das Thema wechseln?,* es über etwas anderen unterhalten; *Wäsche zum Wechseln.* **2)** *es mit ihm,* tausche (Briefe, Blicke, Ringe). **3)** *Geld,* tausche um: *können Sie (mir) 20 Mark (in Fünfmarkstücke) wechseln?; ich möchte D-Mark gegen Dollar wechseln.* **4)** *es wechselt,* unterliegt einem (ständigen) Wechsel: *das Wetter wechselte täglich; Glück wechselte mit Unglück; mit wechselndem Erfolg.* **5)** *Wild wechselt,* 🦌 bewegt sich, zieht langsam fort. **Wechselrahmen** *der,* ABB. B 30. **Wechselrede** *die,* Rede zwischen mehreren Personen, Dialog, Diskussion. **Wechselreiterei** *die,* (betrügerische) gegenseitige Wechselausstellung (Austausch von Gefälligkeitsakzepten) zwischen zwei oder mehreren Personen. **wechselseitig,** gegenseitig, einander abwechselnd, mit Wechselwirkung. **Wechselseitigkeit** *die, -.* **Wechselsprechanlage** *die,* Funksprechanlage mit abwech-

W 7

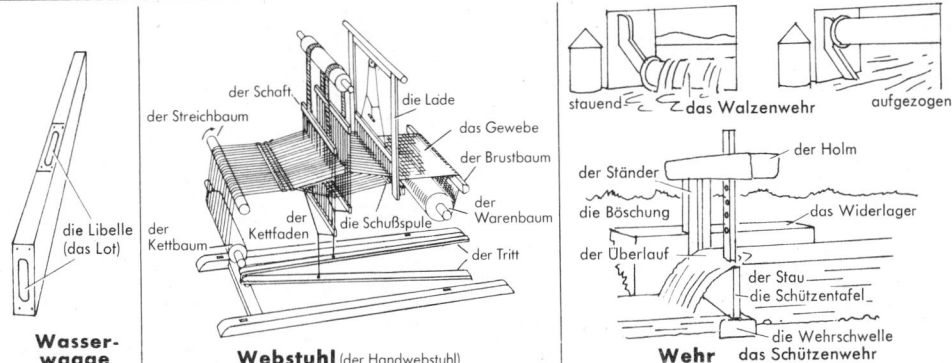

der Schaft   die Lade   der Streichbaum   das Gewebe   der Brustbaum   der Warenbaum   die Libelle (das Lot)   der Kettbaum   der Kettfaden   die Schußspule   der Tritt

Wasserwaage   **Webstuhl** (der Handwebstuhl)

stauend   das Walzenwehr   aufgezogen   der Holm   der Ständer   die Böschung   das Widerlager   der Überlauf   der Stau   die Schützentafel   die Wehrschwelle   **Wehr**   das Schützenwehr

selnd einseitig gerichteter Übertragung. **wechselständig,** ⚇ mit nur einem Blatt an jedem Stengelknoten. **Wechselstrom** der, ⚡ ein Strom, dessen Richtung und Stärke sich periodisch ändern. **Wechselstrommotor** der, ein Elektromotor. **Wechselstube** die, Stelle zum Wechseln von Geld in andere Währungen, zum Einlösen von Reiseschecks u. a.: die W. am Grenzübergang. **Wechseltierchen** das, Amöbe. **Wechs(e)-lung** [ahd. wehselunga] die, -/-en. **wechselvoll,** ein wechselvolles Leben. **wechselwarm,** wechselwarme Tiere, die Kaltblüter, z. B. Fische. **wechselweise,** im Wechsel, abwechselnd. **Wechselwild** das, ⚏ Schalenwild, das nur zeitweise ein Revier aufsucht. **Wechselwirkung** die, die gegenseitige Wirkung von Dingen, Einflüssen, Kräften, so daß A auf B und B auf A wirkt: die W. von Angebot und Nachfrage. **Wechselwirkungsgesetz** das, ein naturwissenschaftl. Grundgesetz, wonach die Wirkung stets der Gegenwirkung entspricht. **Wechsler** der, -s/-, jemand, der etwas wechselt: Geldwechsler.

Weck [ahd. wecki ›Keil‹] der, -(e)s/-e, süddt.: Weizenbrötchen, ABB. B 50.

Weck|amin [Kw. aus wecken und Amine] das, -s/-e, stark wirksames Anregungsmittel und Appetitzügler.

Wecke die, -/-n, Weck, Wecken.

wecken [ahd. we(c)chen], ich wecke (habe geweckt), **1)** ihn, störe aus dem Schlaf, mache wach: bitte wecken Sie mich um 7 Uhr; Weckruf. **2)** es, Ü rufe hervor: diese Begegnung hat viele Erinnerungen in mir geweckt.

Wecken [zu Weck] der, -s/-, **1)** bes. österr.: Weck, Weizenbrötchen; ein Brot in längl. Form. **2)** ◡ eine schlanke Raute.

Wecker [zu Weck] der, -s/-, Uhr, die zu eingestellter Zeit ein akust. Zeichen von sich gibt, ABB. U 1: Reisewecker; Radiowecker, Rundfunkgerät, das sich zur vorgegebenen Zeit einschaltet; er geht, fällt mir auf den W., Ü macht mich nervös.

Weckglas [nach dem Erfinder J. Weck, 1841–1914] das, Handelsname für ein Glas zum Einkochen von Obst, Gemüse u. a., vgl. ABB. G 27.

Weda [altind. veda ›Wissen‹] der, -(s)/. . .den oder -s, auch Veda, Name der ältesten heiligen Schriften der Inder.

Wedel [ahd. wadil] der, -s/-, **1)** Büschel, Bündel aus Federn, Blättern u. a.: Staubwedel, ABB. B 23. **2)** ⚇ gefiedertes großes Blatt: Palmwedel, ABB. P 2. **3)** ⚏ der Schwanz vom Schalenwild (außer Schwarzwild und Rehwild). **wedeln** [ahd. wadalon], ich wed(e)le (habe gewedelt), **1)** es von etwas, vertreibe durch Fächeln: du wedelst den Staub vom Schrank. **2)** mit etwas, winke, schwenke es: er wedelte mit dem Taschentuch; der Hund wedelt mit dem Schwanz. **3)** Skisport: schwinge die Skier beim Abwärtsfahren parallel und geschlossen nach links und rechts, vgl. ABB. S 51.

Weden, Pl. von Weda.

weder [ahd. wedar], schweiz.: außer, aber, als: eher w. nicht, wahrscheinlich. **weder . . . noch . . .,** nicht das eine und nicht das andere: w. du n. ich; das hat w. Hand n. Fuß, Ü ist völlig unbrauchbar; w. Chef n. Sekretärin ließ(en) sich sprechen; ich habe sie w. gesehen, n. habe ich etwas von ihr gehört. **weder . . . weder . . .,** ⚗ weder . . . noch.

Wedgwood [w'edƷwud, nach dem engl. Keramiker J. Wedgwood, 1730–1795] das, -(s), feines gefärbtes, verziertes Steingut: Wedgwoodglas.

wedisch [zu Weda], die wedische Religion.

Week|end [w'i:k end, engl.] das, -(s)/-s, Wochenende: Weekendhaus.

Weft [engl. ›Einschlag(faden)‹, aus ahd. weban ›weben‹] das, -(e)s/-e, ein Garn für Möbelstoffe.

weg, Nebenform von wäg.

weg [mhd. enwec], **1)** fort, aus dem Gesichtskreis: w. da!; w. damit!; Hände w.!; als ich kam, war er schon w.; das ist weit w. von hier, weit entfernt; ich bin darüber w., Ü habe es überwunden. **2)** Ü nicht hier, verschwunden: meine Uhr ist w. **3)** ich bin ganz w., Ü völlig begeistert, hingerissen, verliebt; er heiratete sie von der Schulbank w., Ü als sie die Schule kaum abgeschlossen hatte; sie redet in einem w., Ü ohne Unterbrechung.

Weg [ahd. weg] der, -(e)s/-e, **1)** Bahn zum Gehen, oft im Unterschied zur Straße: Feldweg; Waldweg; Weg(es)rand; Wegbiegung; wohin des Weges?; es liegt am W., ich komme daran vorbei; der W. führt direkt zum See; ich gehe ihm aus dem W., gehe zur Seite, um ihn vorbeizulassen, Ü bemühe mich, ihm nicht zu begegnen; er geht allen Schwierigkeiten aus dem W., Ü; ein Schritt vom Wege, Ü Fehltritt; ich möchte dir nicht im W(e) stehen, Ü dich nicht behindern; er wollte ihn aus dem W. räumen, Ü ihn töten; man will ihm den W. bahnen, bereiten, ebnen, Ü ihm

bei der Erreichung seines Zieles behilflich sein; vgl. gerade(n)wegs, halbwegs, zuwege. **2)** Reise, Gang: ich muß mich auf den W. machen, losgehen, losfahren; unser W. führte uns über Paris; ich muß noch Wege besorgen, Ü Einkäufe, Botengänge machen; diesen W. nehme ich dir ab, das erledige ich für dich. **3)** Ü Laufbahn, Lebensabschnitt: er wird seinen W. machen; unsere Wege kreuzten sich, trennen sich. **4)** die zurückzulegende oder zurückgelegte Strecke: Arbeitsweg; Heimweg; Rückweg; Schulweg; Wegeunfall; du hast einen weiten W. vor dir; wir trafen uns auf halbem W., Ü in der Mitte; jeder muß den W. alles Fleisches, alles Irdischen gehen, Ü muß sterben; wir begleiten ihn auf seinem letzten W., nehmen an seiner Beerdigung teil. **5)** Verkehrsverbindung: auf dem Land-, Luft- oder Seeweg; Verkehrsweg; öffentliche Wege; Privatweg; Wegebau; Wegegeld; Wegerecht. **6)** Art des Verfahrens, Mittel zum Zweck: auf diesem Wege, so, mit diesen Mitteln; auf gütlichem, legalem, schriftlichem W.; wir werden (Mittel und) Wege finden, Möglichkeiten.

weg. . ., in Verbindung mit Verben trennbar zusammengesetzt: wegbringen; wegbröckeln; wegessen; wegfahren; wegfegen; weggießen; weghängen; wegradieren; wegrasieren; wegschicken; wegschleichen; wegschließen; wegsehen; wegsetzen; wegtun; wegzaubern; vgl. wegangeln.

Wega [arab. ›der stürzende (Adler)‹] die, -, ⭐ ein Stern.

weg|angeln, ich ang(e)le es ihm weg (habe weggeangelt), Ü schnappe vor der Nase weg, mache ihm abspenstig. **wegarbeiten,** ich arbeite es weg (habe weggearbeitet), Ü erledige. **wegbekommen,** ich bekomme weg (bekam weg, habe wegbekommen), **1)** ihn, es, kann entfernen, z. B. einen Fleck. **2)** es, ziehe mir etwas Schlimmes zu: damals hat sie einen Knacks fürs Leben wegbekommen. **3)** es, Ü begreife, verstehe.

Wegbereiter der, -s/-, jemand, der für etwas Neues (in Kunst, Wissenschaft u. a.) die Voraussetzungen schafft, Vorarbeit leistet: Manet war ein W. des Impressionismus.

wegblasen, ich blase es weg (blies weg, habe weggeblasen), entferne durch Blasen: es ist wie weggeblasen, Ü verschwunden.

wegbleiben, ich bleibe weg (bin weggeblieben), bleibe fern, komme nicht zurück: er ist über Nacht weggeblieben; vor Staunen blieb mir die Sprache, die Spucke weg; das Wegbleiben der Kinder; ⚇ vorübergehender Atemstillstand nach Wut- und Schreikrämpfen. **wegdenken,** ich denke ihn, es weg (habe weggedacht), stelle mir vor, daß er, es nicht mehr da ist: er ist aus unserem Kreis nicht mehr wegzudenken. **wegdiskutieren,** ich diskutiere es weg (habe wegdiskutiert), Ü argumentiere, um zu beweisen, daß etwas nicht existiert: diese Mißstände lassen sich nicht einfach wegdiskutieren.

Wegelagerer der, -s/-, jemand, der an Straßen in öffentl. Anlagen herumlungert; Straßenräuber. **wegelagern** [mhd. wegelagen], ich wegelag(e)re (habe wegelagert).

wegen [mhd. von . . . wegen, Dat. Pl. von wec ›Weg‹] dessen, um . . . willen, auf Grund von, ÜBERS. P 21: w. des Bruders, auch: des Bruders w.; aber nur: meinetwegen, deinetwegen, seinetwegen, unsertwegen, euretwegen, ihretwegen; deswegen; weswegen; von Amts, Rechts, Staats w.; w. Mangels an Beweisen freigesprochen, ♌; wenn der Genitiv nicht ersichtlich wird: w. Berichten; w. etwas anderem; Ü und süddt. auch: w. dem; w. Umbau; w. Todesfall.

Wegerich [ahd. wegarih, zu Weg] der, -s/-e, schleimhaltige Pflanze, Vogelfutter, Heilpflanze.

wegern [niederdt., zu altsächs. weg ›Wand‹], ich weg(e)re (habe gewegert) ein Schiff, kleide es innen zum Schutz gegen Schwitzwasser aus. **Wegerung** die, -/-en.

Wegese [mhd. wagense, wagese] die, -/-n, auch Wägisse, schweiz.: Pflugschar.

Wegfall der, -(e)s, das Unterbleiben: es kommt in W., K. **wegfallen,** es fällt weg (fiel weg, ist weggefallen), erscheint nicht mehr, wird nicht mehr berücksichtigt: die letzte Position fällt weg. **wegfischen,** ich fische es ihm weg (habe weggefischt), Ü angele weg. **Weggang** der, -(e)s, das Weggehen, Verlassen, Ausscheiden: wir bedauern den W. unseres Kollegen. **weggeben,** ich gebe es weg (gab weg, habe weggegeben), verleihe, verschenke oder verkaufe. **weggehen,** ich gehe weg (ging weg, bin weggegangen), entferne mich: er ist um drei Uhr weggegangen; der Fleck geht nicht weg, U; die Bauernmöbel gingen reißend weg, U wurden sehr schnell verkauft.

Weggen der, -s/-, schweiz.: Wecken, Weizenbrötchen.

Weggenosse der, Begleiter.

weghaben, ich habe es weg (hatte weg, habe weggehabt), U **1)** habe bekommen: er hat seine Strafe weg; das hatte er schnell weg, verstanden; sie hat die Ruhe weg, ist gelassen, regt sich

DER GROSSE BROCKHAUS
KOMPAKTAUSGABE

Wer das gesamte Wissen unserer Zeit braucht, kann auf den Großen Brockhaus nicht verzichten. Jetzt gibt es dieses Standardwerk in einer neuen handlichen, preiswerten Kompaktausgabe in 26 Bänden. ungekürzt und aktualisiert. Und dabei haben Schriftbild und Abbildungen die gleiche Größe wie das klassische Lexikon. Die Kompaktausgabe verbindet damit die Vorteile des großen Lexikonformates mit der Handlichkeit schmaler und leichter Bände.

- **Über 200.000 Stichwörter, aktuell und auf dem Stand Sommer 1983**
- **Großzügig gestaltet auf mehr als 10.000 Seiten**
- **Durchgehend farbig und sinnvoll bebildert mit über 24.000 Abbildungen, Zeittafeln, Karten und Übersichten**
- **26 Bände im handlichen Format 17,5 x 21,5 cm, zusammengefaßt in zwei Kassetten**
- **Strapazierfähige, feste Bindung**

Subskriptionspreis komplett **DM 780,–**
Der spätere Ladenpreis wird etwa 15 % höher sein.

 **F. A. BROCKHAUS**

Im Brockhaus steht's

✂ -

BESTELLSCHEIN

Ich bestelle hiermit bei

_____ Ex. DER GROSSE BROCKHAUS
KOMPAKTAUSGABE IN 26 BÄNDEN
26 Bände in zwei Kassetten
DM 780,–

_____
Name, Vorname

_____
Straße, Hausnummer

_____
Postleitzahl / Ort

_____
Datum   Unterschrift

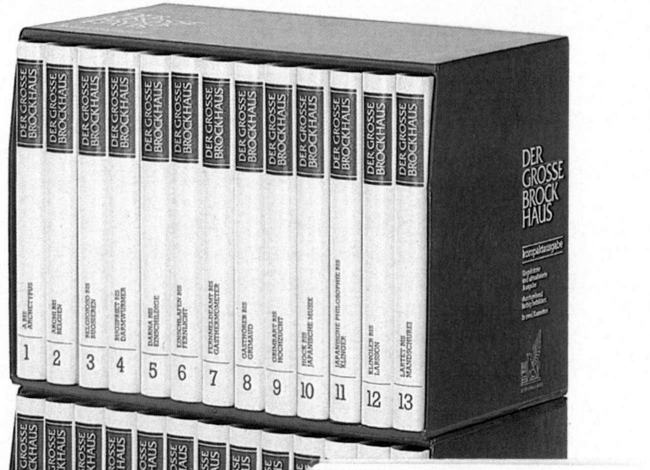

nicht auf. **2)** *ich will es, ihn hier weghaben,* es, er soll entfernt werden. **3)** *er hat einen weg,* ist betrunken. **weg̱jagen,** *ich* jage *ihn, es* weg (habe weggejagt), vertreibe, schicke ärgerlich fort. **weg̱kommen,** *ich* komme weg (kam weg, bin weggekommen), Ü **1)** verschwinde, gehe, gelange an einen anderen Ort: *mach, daß wir hier wegkommen!; der Ring ist mir weggekommen, ich* habe ihn verloren. **2)** *über etwas,* überwinde es: *er kommt nicht darüber weg, daß seine Frau gestorben ist.* **3)** *er kommt dabei gut (schlecht) weg,* hat Vorteile (Nachteile). **weg̱kundig,** mit dem Weg vertraut: *wegkundige Führung.* **weg̱lassen,** *ich* lasse weg (ließ weg, habe weggelassen), **1)** *es,* verwende nicht, streiche: *diesen Satz kannst du weglassen.* **2)** *ihn,* U hindere nicht fortzugehen: *meine Mutter läßt mich nicht weg.* **weg̱laufen,** *ich* laufe weg (lief weg, bin weggelaufen), entferne mich eilends oder heimlich: *ihm ist die Frau weggelaufen,* U sie hat ihn verlassen; *das läuft mir nicht weg,* Ü ich lasse mir bei Erledigung einer Sache Zeit. **weg̱legen,** *ich* lege *es* weg (habe weggelegt), lege beiseite, an eine andere Stelle: *leg endlich die Zeitung weg!*
Weg̱leitung *die, schweiz.:* Anweisung. **weg̱los,** *ein wegloses Gelände.*
weg̱lotsen, *ich* lotse *ihn von ihm, von etwas* weg (habe weggelotst), U überrede wegzugehen: *ich konnte die Kinder nur mit Mühe von den Affenkäfigen weglotsen.*
weg̱müde, P vom langen Weg müde.
weg̱müssen, *ich* muß weg (habe weggemußt), U kann nicht bleiben, muß mich entfernen: *ich muß jetzt weg.* **Weg̱nahme** *die, -/-n.* **weg̱nehmen,** *ich* nehme *es* weg (nahm weg, habe weggenommen), **1)** nehme, entferne von dieser Stelle: *nimm bitte deine Sachen hier weg!* **2)** *ihm,* nehme und behalte für mich. **weg̱putzen,** *ich* putze *etwas* weg (habe weggeputzt), **1)** entferne durch Putzen. **2)** esse auf, verputze: *habt ihr die ganze Torte weggeputzt?* **weg̱rationalisieren,** *ich* rationalisiere *ihn* weg (habe wegrationalisiert), U spare durch Rationalisierung ein: *der Betrieb wollte weitere Arbeitskräfte wegrationalisieren.*
weg̱sanieren, *ich* saniere *es* weg (habe wegsaniert), U beseitige, zerstöre im Zuge von Sanierungsmaßnahmen: *in diesem Viertel wurde viel Wohnraum wegsaniert.*
Weg̱scheid *der, -(e)s/-e, österr.: die, -/-en,* **Weg̱scheide** *die,* Gabelung des Weges.
weg̱scheren, *ich* schere *mich* weg (habe mich weggeschert), U gehe weg: *scher dich weg!, ihr sollt euch wegscheren!,* scheltend: geh!, entfernt euch! **weg̱schnappen,** *ich* schnappe *es ihm* weg (habe weggeschnappt), nehme etwas schnell fort, bevor ein anderer zugreifen kann: *er hat mir die letzte Theaterkarte vor der Nase weggeschnappt,* U; *er hat mir meine Freundin, meinen Posten weggeschnappt.* **weg̱spülen,** *ich* spüle weg (habe weggespült), **1)** *es,* entferne durch Spülen: *er hat seinen Ärger weggespült,* U beseitigt. **2)** *es,* U spüle Geschirr und räume *es* fort. **3)** *ein Fluß, das Meer* spült *es* weg, bewegt durch Wassermengen fort. **weg̱stehlen,** *ich* stehle *mich* weg (stahl mich weg, habe mich weggestohlen), entferne mich heimlich. **weg̱sterben,** *er* stirbt weg (starb weg, ist weggestorben), U stirbt: *ihm sind kurz nacheinander Vater und Mutter weggestorben.* **weg̱tauchen,** *ich* tauche weg (bin weggetaucht), Ü entziehe mich einer unangenehmen Situation, indem ich mich entferne, verberge. **weg̱treten,** *ich* trete weg (trat weg), **1)** (bin weggetreten), gehe zur Seite, entferne mich: *wegtreten!,* im militär. Kommando; *geistig weggetreten,* U unaufmerksam. **2)** (habe weggetreten) *es,* entferne durch Stoß mit dem Fuß.
Weg̱warte [mhd. wegewart(e)] *die,* ⊕ Zichorie. **weg̱weisend,** *seine Rede war w. für die Politik der kommenden Jahre.* **Weg̱weiser** *der,* Schild, das angibt, wohin der Weg, die Straße führt, ⊕ Reiseführer, Leitfaden. **Weg̱weisung** *die, schweiz.:* Ausweisung, Landesverweisung.
Weg̱werf- ..., bei Konsumgütern: für einmaligen Gebrauch bestimmt: *Wegwerfverpackung,* Einwegverpackung; *Wegwerfwindel; Wegwerfgesellschaft,* eine Wohlstandsgesellschaft, in der verfrühte Neuanschaffungen üblich sind und Reparaturen mißachtet werden. **weg̱werfen,** *ich* werfe weg (warf weg, habe weggeworfen), **1)** *es,* beseitige, weil ich es nicht mehr gebrauchen kann, werfe in den Müll: *ich werfe die alten Rechnungen weg; das Geld ist weggeworfen,* U unnütz ausgegeben. **2)** *mich,* Ü entwürdige, demütige mich: *sie hat sich, ihre Liebe an ihn weggeworfen.* **weg̱werfend,** verächtlich: *mit wegwerfender Geste.* **weg̱wischen,** *ich* wische *es* weg (habe weggewischt), **1)** entferne durch Wischen: *ich wische die Krümel weg.* **2)** Ü beachte nicht: *mit einer Handbewegung wischte er alle Bedenken weg.*

Weg̱zehrung *die,* **1)** Reise-, Wandervorrat. **2)** kath. Kirche: Viatikum.
weg̱ziehen, *ich* ziehe weg, **1)** (habe weggezogen) *ihn, es,* entferne durch Ziehen: *ich ziehe die Vorhänge weg,* ziehe sie zur Seite; *er versuchte, sie vom Schaufenster wegzuziehen; man hat ihm den Boden unter den Füßen weggezogen,* Ü ihm seine Existenzgrundlage genommen. **2)** (bin weggezogen), verlege meinen Wohnsitz: *wir wollen aus Berlin wegziehen.* **Weg̱zug** *der, -(e)s,* Aufgabe, Verlegung des Wohnsitzes.
weh [ahd. wē], schmerzhaft, schmerzend: *ein wehes Bein; der Kopf tut mir w.; das hat w. getan; er will ihr nicht w. tun; mir ist so w. ums Herz,* kummervoll, bang. **weh(e)!,** Ausruf des Kummers oder der Drohung: *o weh!; sie schrien ach und weh, sie klagten laut; weh dir!; wehe ihm!;* aber: *er rief ein lautes ›Wehe!‹.* **Weh(e)** *das, -s,* **1)** P seelischer Schmerz, Leid: *ein tiefes Weh.* **2)** Unglück: *Entscheidungen über (das) Wohl und Wehe, Gedeih und Verderb.* **3)** Klageruf: *mit Ach und Weh.* **4)** Ü in Zusammensetzungen: körperlicher Schmerz: *Bauchweh; Kopfweh; Halsweh.* **Wehe** *die, -/-n, meist Pl.,* schmerzhafte Gebärmutterzusammenziehung bei der Geburt: *die Wehen setzen ein; Wehenmittel.*
Wehe *die, -/-n,* zusammengewehte Anhäufung von Schnee oder Sand: *Schneewehe.* **wehen** [ahd. wæen], *es* weht (hat geweht), **1)** bläst, haucht: *der Wind w. landeinwärts; hier w. ein neuer Geist,* Ü hier verspürt man einen neuen Geist; *hier w. ein scharfer Wind,* Ü herrscht Strenge; *jetzt weiß ich, woher der Wind w.,* Ü weiß ich Bescheid. **2)** *die Fahne, ein Tuch w.,* bewegt sich im Wind, flattert: *mit wehenden Fahnen.* **3)** *der Wind w. es irgendwohin,* trägt, treibt es: *der Schnee wurde von den Dächern geweht; der Sturm wehte mir das Herbstlaub ins Gesicht.*
Wehfrau *die,* ⚕ Hebamme. **Weẖklage** *die.* **weẖklagen,** *ich* wehklage (habe gewehklagt) *über ihn, etwas,* klage laut.
Wehl [mnd. wel] *das, -(e)s/-e,* **Wehle** *die, -/-n, niederdt.:* vom Wasser ausgehöhlte Vertiefung, Kolk, Küstenloch.
weẖleidig [zu weh und leid], gern klagend: *mit wehleidiger Stimme, Miene; ein wehleidiger Mensch.* **Wehleidigkeit** *die, -.* **Wehmut** *die, -,* sanfte Trauer, verklärter Schmerz. **weẖmütig,** *w. dachte sie an den gemeinsamen Sommerurlaub.* **Wehmütigkeit** *die, -.* **weẖmutsvoll,** *w. sah er in die Ferne.*
Wehne *die, -/-n, niederdt.:* Beule, Geschwulst.
Wehr [mhd. wer, auch altsächs. werr ›Fischwehr‹] *das, -(e)s/-e,* Stauanlage in Gewässern, ABB. B 28, F 32, K 5, W 7.
Wehr [ahd. wari, weri] *die, -/-en,* **1)** ⚔ Waffen, Rüstung: *W. und Waffen,* P. **2)** allg. Pl., Verteidigung: *Abwehr; Notwehr; ich setze mich zur W.* **3)** Truppe zur Abwehr, zum Schutz: *Bürgerwehr; Bundeswehr; Feuerwehr; Wehrbereich; Wehrsold; Wehrtechnik; Wehrübungen.* **4)** Verteidigungsanlage: *Brustwehr.* **5)** Schutzvorrichtung: *Schneewehr.* **6)** *in der W., niederdt.:* bei Kräften, in Ordnung. **weẖrbar,** ⚔ wehrfähig.
Wehṟbeauftragte *der, -n/-n, ein -r,* in der Bundesrep. Dtl. ein Beauftragter des Bundestags, der die Wahrung der Grundrechte in der Bundeswehr überwacht. **Wehṟdienst** *der, -(e)s,* die Ableistung der Militärdienstzeit: *Wehrdienstverweigerer.* **wehren** [ahd. werian], *ich* wehre (habe gewehrt), **1)** *es ihm,* verbiete ihm, halte ihn davon ab, hindere ihn daran. **2)** *ihm,* ⚔ bekämpfe, halte es fern: *wehret den Anfängen!* **3)** *mich gegen ihn, etwas,* verteidige, schütze mich, kämpfe dagegen an, suche fernzuhalten: *wehrt euch gegen die Ungerechtigkeit!* **Wehṟersatzdienst** *der, -(e)s,* Zivildienst. **Wehṟersatzwesen** *das, -s,* in Staaten mit allgemeiner Wehrpflicht die Dienststellen und Maßnahmen zur Erfassung und Musterung der männl. Bevölkerung für den Wehrdienst. **wehṟfähig,** tauglich zum Kampf. **Wehṟfähigkeit** *die, -.* **Wehṟgang** *der,* Gang mit Schießscharten auf Stadt-, Burgmauern, ABB. B 56. **Wehṟgehänge** *das,* **Wehṟgehenk** *das,* Gurt für Waffen. **Wehṟgerechtigkeit** *die,* die Gleichbehandlung der Wehrpflichtigen nach den Grundsätzen des Grundgesetzes. **wehṟhaft,** **1)** tüchtig und erprobt im Kampf (Person). **2)** gut befestigt (Stadt, Burg). **Wehṟhaftigkeit** *die, -.* **Wehṟkirche** *die,* zur Verteidigung ausgebaute Kirche. **wehṟlos,** unfähig zu Verteidigung oder Widerstand: *er überfiel eine wehrlose alte Frau; sie waren den Terroristen w. ausgeliefert.* **Wehṟlosigkeit** *die, -.* **Wehṟmacht** *die, -,* **1)** die militärische Stärke eines Staates. **2)** die dt. Streitkräfte 1935–1945: *Wehrmachtsbericht.* **Wehṟpaß** *der,* Urkunde eines Wehrpflichtigen über erfolgte Musterung und geleisteten Wehrdienst. **Wehṟpflicht** *die, -,* Verpflichtung zum Wehrdienst. **wehṟpflichtig.** **Wehṟstand** *der,* ⚔ Stand der Soldaten (neben Lehrstand und Nährstand).
Wehweh *das, -s/-s,* Kindersprache: Weh. **Wehwehchen** *das, -s/-,* U Weh: *sie klagt immer über irgendein W.*

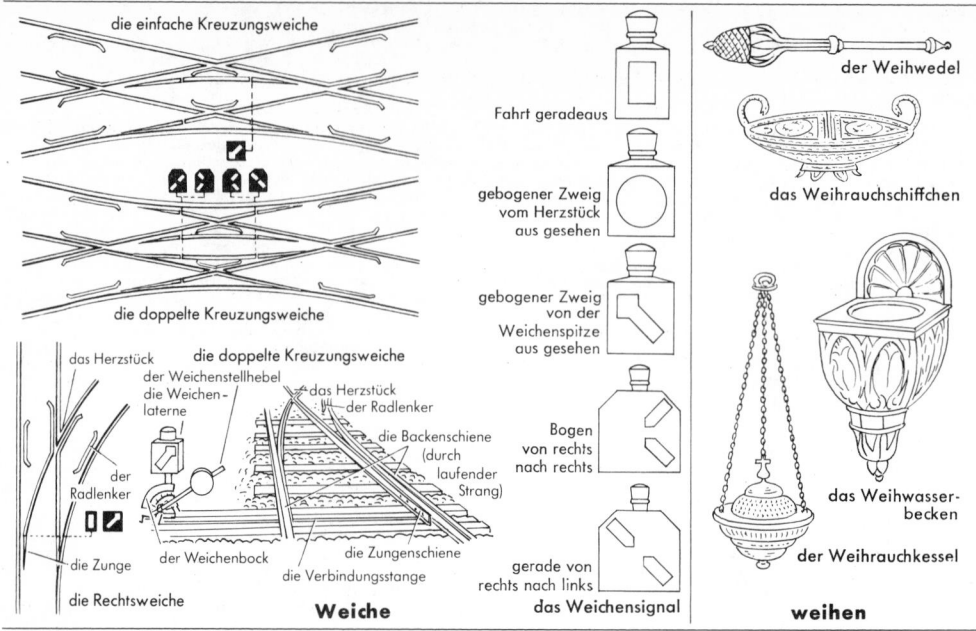

die einfache Kreuzungsweiche

Fahrt geradeaus

der Weihwedel

gebogener Zweig
vom Herzstück
aus gesehen

das Weihrauchschiffchen

die doppelte Kreuzungsweiche

das Herzstück

die doppelte Kreuzungsweiche
der Weichenstellhebel
die Weichen-
laterne

gebogener Zweig
von der
Weichenspitze
aus gesehen

das Herzstück
der Radlenker

der
Radlenker

die Backenschiene
(durch
laufender
Strang)

Bogen
von rechts
nach rechts

das Weihwasser-
becken

die Zunge

der Weichenbock

die Zungenschiene
die Verbindungsstange

der Weihrauchkessel

die Rechtsweiche

Weiche

gerade von
rechts nach links
das Weichensignal

weihen

Weib [ahd. wib] *das*, *-(e)s/-er*, **1)** ∞ und P, bes. scherzhaft: Frau, junges Mädchen: *Wein, W. und Gesang.* **2)** *oberdt.*, auch U: Ehefrau: *mein W.* **3)** verächtlich: Frau: *Klatschweib; Waschweib; Weiberfeind; Weiberheld; Weibervolk; Weibsleute; weibertoll* oder *weibstoll.* **Weibchen** *das*, *-s/-*, **1)** Diminutiv zu Weib; Koseform. **2)** ⌂ das weibl. Tier.
Weibel [ahd. weibel ›Gerichtsdiener‹] *der*, *-s/-*, **1)** ∞ Feldwebel. **2)** ∞, *noch schweiz.*: Gerichtsdiener. **weibeln**, *ich* weib(e)le (bin geweibel[e]t), *schweiz.*: gehe werbend umher, mache Stimmung.
weiben [mhd. wiben], *ich* weibe (habe geweibt) *sie, alem.*: heirate (von Männern). **weibisch**, verweichlicht, unmännlich, ängstlich: *er benimmt sich w.; sein Gang wirkt w.* **Weiblein** *das*, *-s/-*, Diminutiv zu Weib: *ein verhutzeltes W.; Männlein und W.*, scherzhaft: sowohl Männer als auch Frauen. **weiblich** [ahd. wiblihho], **1)** dem befruchtbaren Geschlecht angehörig bei Menschen, Tieren und Pflanzen. **2)** zu Frauen, Mädchen gehörend, passend: *weibliche Vornamen.* **3)** Ü mütterlich sorgend; durch Schönheit verlockend: *das Ewigweibliche.* **4)** Ⓢ mit dem Artikel ›die‹ verbunden (Substantiv), ÜBERS. G 10. **5)** *weibliche Reime*, mit zwei sich reimenden Silben endend, ÜBERS. R 15. **Weiblichkeit** *die*, *-*, **1)** weibliche Art. **2)** Gesamtheit der anwesenden Frauen und Mädchen: *die holde W.*
Weibsbild *das*, U verächtlich: Frau. **Weibsen** *das*, *-s/-*, **1)** *ohne Pl.*, ∞ das weibl. Geschlecht, die Frauen. **2)** U verächtlich: Frau. **Weibsstück** *das*, U verächtlich: liederliche oder niederträchtige Frau.
weich [ahd. weih], **1)** formbar, nachgebend, nicht hart: *die Butter ist w.; eine weiche Landung auf dem Mond; das Ei wurde w. gekocht*, aber: *ein weichgekochtes Ei; Weichholz*, z. B. Linde, Pappel, Erle; *Weichkäse; Weichgummi; er bekam weiche Knie*, Ü Angst. **2)** Ü empfindsam, gefühlvoll, nachgiebig: *er hat ein weiches Herz; du sollst nicht w. werden;* vgl. weichmachen. **3)** von sanftem, warmem Klang: *der weiche Klang des Cellos.* **4)** geschmeidig, glatt: *die weiche Haut des Kindes.* **5)** ohne scharfe Kontraste (Farben, Negativ). **6)** *weiches Wasser*, Wasser mit einem geringen Gehalt an Calcium- und Magnesiumverbindungen. **7)** *weiche Strahlen*, Physik: wenig durchdringende Röntgenstrahlen und kosmische Strahlen.
Weichbild [mhd. wich ›Siedlung‹, zu lat. vicus ›Dorf‹ und billida ›Recht‹] *das*, Ortsgebiet, Stadtgebiet.
Weiche [zu weich] *die*, *-/-n*, **1)** *ohne Pl.*, Weichheit. **2)**

Flanke, seitl. Bauchwand zwischen Brustkorb und Darmbeinkamm.
Weiche *die*, *-/-n*, Eisenbahn: verstellbarer Gleisteil zur Verbindung von Gleisen, ABB. B 5, W 8: *Weichensteller; auf dem Parteitag wurden die Weichen für den Wahlkampf gestellt*, Ü.
Weich|eisen|in|strument *das*, Dreheiseninstrument.
weichen [ahd. wihhan ›weichen‹, ›nachgeben‹], *ich* weiche (bin gewichen), **1)** *vor ihm*, gebe nach, gehe zurück. **2)** *ihm*, räume das Feld, gebe mich besiegt: *der Winter muß dem Frühling weichen; seine Lust, sich zu verändern, wich der Sorge um einen sicheren Arbeitsplatz.* **3)** *von ihm*, gehe weg, verlasse ihn: *sie weicht nicht von seiner Seite.*
weichen [ahd. weihhen], **1)** *ich* weiche (habe geweicht) *es*, mache weich: *ich weiche die Erbsen, die Linsen in Wasser.* **2)** *es weicht* (hat, ist geweicht), wird weich. **Weichheit** *die*, *-*, weiche Beschaffenheit. **weichherzig**, gutmütig, nachgiebig. **Weichherzigkeit** *die*, *-*. **weichlich**, **1)** etwas weich. **2)** Ü verweichlicht, verzärtelt; weibisch. **Weichling** *der*, *-s/-e*, Schwächling. **weichmachen**, *ich* mache *ihn* weich (habe weichgemacht), Ü mache gefügig: *die Drohungen haben ihn weichgemacht;* aber: *ich habe die Butter weich gemacht.* **Weichmacher** *der*, chem. Mittel zur Verminderung von Härte und Sprödigkeit bei Kunststoffen und Kautschuk, zum Geschmeidigmachen von Tabakwaren und Wäsche (Weichspülmittel).
Weichsel [v′aiksəl, ahd. wihsila] *die*, *-/-n*, Weichselkirsche, Weichselrohr, eine Kirschenart.
Weichselzopf [v′aiksəl-, poln. wieszczyce, zu wieszczyca ›Nachtgespenst‹] *der*, Verfilzung der Kopfhaare durch Läuse.
Weichteile, *Pl.*, die knochenlosen Körperteile. **Weichtier** *das*, Molluske, ⌂ ein wirbelloses Tier wie Muschel, Schnecke.
Weid [ahd. weida ›Beute‹, ›Fang‹, ›Weide‹] *die*, *-*, ∞ Jagd.
Weide *die*, *-/-n*, Grünfläche, auf der Vieh grasen kann: *Viehweide; Weideland; Augenweide*, Ü erfreulicher Anblick.
Weide [ahd. wida, urverwandt mit lat. vitis ›Rebe‹] *die*, *-/-n*, Baum oder Strauch, eine Nutzpflanze: *Weidenkätzchen*, Blütenstand der Weide.
Weidegerechtigkeit *die*, das Recht, Vieh auf dem Grundstück eines anderen weiden zu lassen. **weiden** [ahd. weidon], *ich* weide (habe geweidet), **1)** *Vieh*, führe zum Grasen auf die Weide. **2)** *mich an etwas*, Ü freue mich daran, betrachte es

froh oder schadenfroh: *er hat sich an ihrem Anblick, an ihrem Unglück geweidet.* **3)** *Vieh weidet,* grast.
Weiderich [zu Weide, wegen der Ähnlichkeit der Blätter] *der, -s,* Name verschiedener Pflanzen.
weidgerecht, nach den Regeln des Jagdrechts und Jagdbrauchs. **weidlich, 1)** tüchtig: *er hat sich w. gestärkt; du hast meine Großzügigkeit w. ausgenutzt.* **2)** ⚭ frisch, kräftig. **3)** *schweiz.:* nett, flink: *das Kind kann schon w. laufen.*
Weidling *der, -s/-e,* **1)** *bair., österr.:* weite Schüssel. **2)** *alem.:* Kahn (aus drei Brettern).
Weidloch *das,* ⚕ After des Wildes. **Weidmann** [mhd. weideman] *der,* Jäger: *Weidmannsheil!,* Jägergruß; Antwort darauf: *Weidmannsdank!* **weidmännisch,** *weidmännische Ausdrücke; weidmännisches Verhalten,* weidgerechtes. **Weidmesser** *das,* kurzes, breites Seitengewehr. **Weidner** [mhd. weidenære] *der, -s/-,* **1)** ⚭ Weidmann. **2)** Jägermesser. **Weidwerk** *das, -(e)s,* Jägerei. **weidwund,** ⚕ durch das Gescheide geschossen; todwund.
Weife [mhd. weife] *die, -/-n,* Garnhaspel. **weifen** [mhd. weifen], *ich weife* (habe geweift) *Garn.*
Weigand [ahd. wigant] *der, -(e)s/-e,* ⚭ Held, Kämpfer.
weigern [ahd. weigeron], *ich weig(e)re* (habe geweigert), **1)** *mich, es zu tun,* erkläre, es nicht tun zu wollen; versage den Gehorsam. **2)** *es ihm,* ⚭ verweigere. **Weigerung** *die, -/-en.*
Weih *der, -(e)s/-e,* ⚚ Weihe.
Weihbischof *der,* einem Diözesanbischof zur Unterstützung beigegebener Bischof.
Weihe [ahd. wio, eigtl. ›Jäger‹] *die, -/-n,* auch Weih, ein Greifvogel.
Weihe [ahd. wihi] *die, -/-n,* **1)** Darbringung, Einweihung; kath. Kirche: Konsekration und Ordination: *Priesterweihe.* **2)** ohne Pl., Feierlichkeit, Feststimmung: *Weihestunde.* **Weih(e)geschenk** *das,* eine der Gottheit dargebrachte Gabe.
Weihel [mhd. wil(e), zu lat. velum] *der, -s/-,* Nonnenschleier, ABB. A 13.
weihen [ahd. wihen], *ich weihe* (habe geweiht), **1)** *es ihm,* widme, gebe feierlich, bringe (Gott) dar: *er hat sein Leben der medizinischen Forschung geweiht; er ist dem Tod geweiht,* P er muß bald sterben. **2)** *ihn,* erhalte die Weihen: *er wurde zum Priester geweiht.* **3)** *es,* segne, übergebe feierlich seiner Bestimmung: *der Bischof weihte die Kirchenglocken; geweihtes Wasser; Weihgefäße,* vgl. ABB. W 8.
Weiher [ahd. wiwari, zu lat. vivarium ›Fischzuchtteich‹] *der, -s/-,* kleiner Teich: *Entenweiher.*
weihevoll, feierlich. **Weihgeschenk** *das,* Weihegeschenk. **Weihnacht** [mhd. ze den wihen nachten ›zu den heiligen Nächten‹] *die, -,* Weihnachten. **weihnachten,** *es* weihnachtet (hat geweihnachtet), wird bald Weihnachten. **Weihnachten** *das, -,* auch als Pl., ⚭ Christfest, Christi Geburtsfest am 25. Dezember: *Weihnachtsabend; Weihnachtsfest; Weihnachtsgratifikation; Weihnachtskrippe,* ABB. K 47; *Weihnachtslieder; Weihnachtsmarkt; zu,* bes. *süddt.: an W.; fröhliche W.!; weiße, grüne W.,* Weihnachtsfest mit, ohne Schnee. **weihnachtlich,** weihnachtliche Stimmung. **Weihnachtsbaum** *der,* (ins Zimmer gestellter) geschmückter Tannenbaum, Christbaum. **Weihnachtsmann** *der,* eine Gestalt (Nikolaus, Knecht Ruprecht), die nach Volksbrauch den Kindern zu Weihnachten Geschenke bringt. **Weihnachtsspiel** *das,* Krippenspiel, geistl. Volksschauspiel. **Weihnachtsstern** *der,* ⊕ die Poinsettie. **Weihrauch** [ahd. wihrouh] *der,* beim Erhitzen stark duftendes Harz: *Weihrauchkessel,* ABB. W 8; *W. wird abgebrannt; der Geruch von W.* **weihräuchern,** *ich* weihräuch(e)re (habe geweihräuchert). **Weihung** *die, -/-en,* das Weihen. **Weihwasser** *das,* kath. Kirche: geweihtes Wasser: *Weihwasserbecken,* ABB. W 8. **Weihwedel** *der,* Weihwassersprenger, ABB. W 8.
weil [ahd. dia wila], **1)** aus dem Grunde, daß: *w. er krank war, konnte er nicht kommen.* **2)** ⚭ während, solange als: *alldieweil.*
weiland, P ⚭ vordem, früher.
Weilchen *das, -s:* warte bitte noch ein *W.; wir wollen uns ein W. ausruhen.* **Weile** [ahd. (h)wila] *die, -,* eine kurze Zeit, eine Zeitspanne: *ich warte eine kleiner W.; ich warte schon eine W.; damit hat es noch gute W.!; eile mit W.!,* eile, handle schnell, doch überhaste nichts; *nächtlicherweile; mittlerweile.* **weilen** [ahd. wilon], *ich* weile (habe geweilt), P halte mich auf: *sie weilt nicht mehr unter uns,* lebt nicht mehr.
Weiler [mhd. wiler, zu mlat. villare ›Gehöft‹] *der, -s/-,* **1)** Einzelhof, Gehöft. **2)** Flecken, kleines Dorf.
Wein [ahd. win, zu lat. vinum] *der, -(e)s/-e,* **1)** ohne Pl., Weinrebe, ABB. W 9. **2)** gegorener Traubensaft: *Rheinwein;*

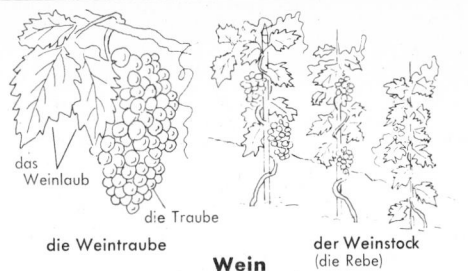

das Weinlaub
die Traube
die Weintraube
Wein
der Weinstock (die Rebe)

Weißwein; Weinfest; Weinprobe; ich schenke ihm reinen W. ein, Ü sage die Wahrheit; *im W. liegt Wahrheit* (Sprichwort). **3)** gegorener Saft aus Obst: *Apfelwein; Johannisbeerwein.* **Weinbau** *der, -(e)s,* Anbau der Weinrebe zur Erzeugung von Wein. **Weinbauer** *der.* **Weinberg** *der,* mit Weinstöcken bepflanztes Gelände. **Weinbergschnecke** *die,* eine eßbare Schnecke. **Weinbrand** *der,* Qualitätsbranntwein aus Wein. **weinen** [ahd. weinon], *ich weine* (habe geweint), vergieße Tränen: *ich w. über einen Verlust, um einen Toten, vor Kummer, wegen eines Unglücks,* auch *vor Freude; mit einem lachenden und einem weinenden Auge,* Ü sowohl erfreut als auch betrübt; *sie weinte bittere Tränen; es ist zum Weinen,* es ist ärgerlich, enttäuschend, zum Verzweifeln; *Weinkrampf.* **weinerlich, 1)** leicht weinend. **2)** jammernd, unzufrieden: *mit weinerlicher Stimme.*
Weinessig *der,* Essig aus Wein. **Weinflasche** *die,* ABB. F 23. **Weingeist** *der, -es,* reiner Alkohol. **Weinglas** *das,* ABB. G 27. **Weinhauer** *der, -s/-, österr.:* Winzer. **weinig,** Wein enthaltend; weinartig. **Weinkauf** *der,* ⚭ **1)** Handgeld beim Abschluß eines Geschäftes oder beim Dingen von Dienstboten. **2)** Getränk, das Käufer und Verkäufer gemeinsam trinken. **Weinlese** *die,* Traubenernte. **Weinmond** *der,* ⚭ Oktober. **Weinrebe** *die,* der Weinstock, ein Kletterstrauch, dessen Früchte (Weintrauben) zur Weinbereitung verwendet werden, vgl. ABB. W 9. **weinrot,** rot wie Rotwein. **Weinsäure** *die,* eine organ. Säure. **Weinschenk** *der,* jemand, der Wein einschenkt. **weinselig,** vom Wein (leicht) betrunken. **Weinsiegel** *das,* Gütezeichen für Flaschenweine: *Deutsches W.* **Weinstein** *der,* Niederschlag aus Traubensaft oder Wein, weinsaures Kalium. **Weinstock** *der,* ABB. W 9. **Weintraube** *die,* ABB. W 9. **Weinzierl** *der, -s/-(n), österr.:* Winzer.
weise [ahd. wisi, verwandt mit ›wissen‹], klug und einsichtig: *er dünkt sich w.; deine weisen Ratschläge kannst du für dich behalten!,* ironisch; *die weise Frau,* ⚭ Hebamme. **Weise** *der, -n/-n, ein -r,* ein Mensch gereiften Wissens; früher oft: Denker, Philosoph.
Weise [ahd. wisa] *die, -/-n,* **1)** Art, Vorgehen, Verfahren bei einer Tätigkeit: *auf diese W., in dieser W., so in keinster W.,* Ü durchaus nicht; *nach alter W.,* wie es schon immer geschah; *das ist keine Art und W.,* gehört sich nicht; *das ist aus der W., österr.:* ungewöhnlich; ♪ Tonfolge eines Liedes oder Musikstückes: *Volksweisen,* Volkslieder; *Wort und W.,* Text und Melodie. **. . . weise,** einen besonderen Umstand nennend: *beispielsweise,* als Beispiel; *glücklicherweise,* zum Glück; *scherzweise,* als Scherz, im Scherz; *vorzugsweise,* besonders; *zwangsweise,* mit Zwang. **2)** Maßbezeichnung, Stück für Stück: *stellenweise,* an einzelnen Stellen; *stoßweise,* in einzelnen Stößen; *zentnerweise,* in Zentnern, viele Zentner.
Weisel [mhd. wisel] *der, -s/-,* **1)** Bienenkönigin. **2)** *österr.:* Landesverweisung. **weisen** [ahd. wisen], *ich* weise (habe gewiesen), **1)** zeige etwas: *er wies mir den Weg; er wies ihm die Tür,* Ü bedeutete ihm zu gehen, warf ihn hinaus. **2)** *ihn irgendwohin,* lenke, leite, mache darauf aufmerksam, schicke: *ich mußte ihn aus dem Haus weisen.* **3)** *irgendwohin,* deute, zeige: *er wies in diese Richtung, nach Süden; das muß ich von der Hand weisen,* Ü ablehnen; *er hat jeden Verdacht weit von sich gewiesen,* Ü; *man hat mit dem Finger auf ihn gewiesen,* Ü ihn bloßgestellt. **Weiser** *der, -s/-,* etwas in eine Richtung Weisendes: *Wegweiser.* **Weisheit** [ahd. wisheit] *die, -/-en,* **1)** ohne Pl., reifes Wissen, Klugheit, Abgeklärtheit. **2)** weiser Spruch. **Weisheitszahn** *der,* der hinterste, oft erst beim Erwachsenen durchbrechende Mahlzahn, ABB. G 6. **weislich,**

⚬ in weiser Art, einsichtsvoll: *wohlweislich*. **weismachen,** *ich mache es ihm* weis (habe weisgemacht), schwindele vor: *ich lasse mir von ihm nichts weismachen,* U glaube ihm nicht.
    weiß, von wissen.
    weiß [ahd. wiz], von der lichtesten Farbenstufe; Sinnbild der Unschuld und Reinheit; vgl. blau: *weiße Wäsche; weißblond; weißhaarig; weißgrau; Weißafrika; er hat (k)eine weiße Weste,* U steht (nicht) makellos da; *ein weißes Blatt,* ein unbeschriebenes; *ich möchte es schwarz auf w.* besitzen, U schriftlich haben; *er will aus w. schwarz machen,* U versucht, alles zu verdrehen, falsch darzustellen; *sie wurde w. wie eine Wand,* blaß; *die Braut war weiß gekleidet,* aber: *ein weißgekleidetes Mädchen; du hast dich (an der Tür) w. gemacht; ein weißer Rabe,* U etwas ganz Seltenes; *der weiße Sport,* Tennis, Skisport u. a.; *weiße Blutkörperchen,* Leukozyten; *die weiße Rasse; sie hissen die weiße Fahne* (Zeichen der Kapitulation oder friedl. Absichten); *ein weißer Fleck auf der Landkarte,* U unerforschtes Gebiet; *weiße Produkte,* No-name-Produkte; *du siehst wohl weiße Mäuse!,* U hast Wahnvorstellungen; aber: *die Weiße Frau,* eine Geistererscheinung; *das Weiße Haus,* Amts- und Wohnsitz des Präsidenten der Vereinigten Staaten von Amerika; *der Weiße Sonntag,* Quasimodogeniti; *der Weiße Tod,* Tod durch Erfrieren; *Weiße Zwerge,* ☆ Sterne sehr kleinen Durchmessers, aber hoher Temperatur. **Weiß** *das, -(es),* weiße Farbe: *sie war ganz in W. gekleidet; ein strahlendes W.*
    weissagen [ahd. wiz(z)agon, zu wissen], *ich* weissage (habe geweissagt) *es (ihm),* verkünde die Zukunft, prophezeie. **Weissager** *der, -s/-,* **Weissagerin** *die, -/-nen,* jemand, der weissagt. **Weissagung** *die, -/-en.*
    Weißbier *das,* obergäriges Bier. **Weißbinder** *der,* westmitteldt.: Tüncher, Anstreicher; Böttcher. **Weißblech** *das,* verzinntes Stahlblech. **Weißblütigkeit** *die, -,* ♄ Leukämie. **Weißbrot** *das,* Weizenbrot. **Weißbuch** *das,* ein Farbbuch. **Weißbuche** *die,* Hainbuche. **Weißdorn** *der, -(e)s/-e,* Strauch oder Baum mit Dornen. **Weiße, 1)** *der, die, -n/-n, ein -r, eine -,* Angehörige(r) der hellhäutigsten der drei großen Rassengruppen der Menschheit, mit Heimat in Europa ihre Heimat hat. **2)** *die, -,* das Weißsein. **3)** *die, -/-n,* Berliner Weißbier: *eine W. mit Schuß,* mit Himbeersaft. **4)** *das, -n,* weiße Stelle: *sie gönnt ihm nicht das W. im Auge,* U gar nichts. **weißeln,** *ich* weiß(e)le (habe geweißelt) *es,* südd.: weiße. **weißen,** *ich* weiße (habe geweißt) *es,* tünche, kalke, streiche weiß an. **Weißfisch** *der,* **1)** kleinerer Karpfenfisch wie Elritze, Plötze. **2)** Seehering, eine Renke Nordamerikas. **Weißfluß** *der, ...flusses,* ♄ weißlicher Ausfluß, Frauenkrankheit. **Weißgerber** *der,* Handwerker, der feineres Leder mit Alaun u. a. gerbt (im Unterschied zum Lohgerber). **Weißgerberei** *die.* **Weißglut** *die,* stärkste Glut (über Rotglut): *er treibt mich zur W.,* U zum äußersten Zorn. **Weißgold** *das,* Goldlegierung mit Silber oder Platinmetallen. **Weißherbst** *der,* roséfarbener Wein aus blauen Trauben. **weißigen,** *ich* weißige (habe geweißigt) *es, schweiz.:* weiße. **Weißkäse** *der,* Quark. **Weißkohl** *der,* **Weißkraut** *das,* Kopfkohl, eine Pflanze für Gemüse- und Sauerkrautverarbeitung, ABB. K 33. **weißlich** *der, -s/-e,* **1)** ein Schmetterling. **2)** Wittling. **Weißmetall** *das,* Legierung von Zinn, Antimon, Kupfer, Blei. **Weißnäherin** *die,* Näherin für Bettwäsche, Tischwäsche und Oberhemden. **Weißpfennig** *der,* alte Münze, etwa 10 Pfennig. **Weißrusse** *der,* Angehöriger eines ostslaw. Volkes in der Sowjetunion. **Weißsauer** *das,* kaltes Gericht aus Fleischstücken, besonders Gänseklein, in Gallert. **Weißstickerei** *die,* Stickerei aus weißem Garn (auf weißem Stoff). **Weißsucht** *die, -,* Albinismus. **Weißtanne** *die,* ein Nadelbaum. **Weißtöner,** *Pl.,* optische Aufheller der Textilchemie. **Weißwaren,** *Pl.,* gebleichte Baumwoll- und Leinwandsachen. **weißwaschen,** getrennte Formen nicht üblich, U von einem Verdacht befreien, reinwaschen: *er hat sich weißgewaschen;* aber: *das Mittel hat die Wäsche weiß gewaschen.* **Weißwein** *der,* heller, gelblicher Wein. **Weißwurst** *die,* Wurst aus Kalbfleisch. **Weißwurz** *die,* Name für Pflanzen mit weißl. Wurzeln wie Maiglöckchen, Rainfarn, Quecke.
    Weistum [ahd. wistuom ›Weisheit‹] *das, -s/¨er,* im MA.: **1)** Auskunft über geltendes Gewohnheitsrecht. **2)** Rechtsvorträge von Ältesten oder Schöffen auf dem Land.
    Weisung [mhd. wîsunge] *die, -/-en,* Befehl, Auftrag: *Weisungsrecht; weisungsbefugt.*
    weit [ahd. wît(o)], **1)** ausgedehnt, geräumig, mit großer Öffnung, umfassend, ABB. E 2: *weite Flächen; weite Säle; ein weiter Rock; die Tür steht w. offen; sie hat die Augen w. aufgerissen; im weitesten Sinn.* **2)** in großer Entfernung, nicht

nah: *wie w. ist es noch bis nach . . .?; das ist am weitesten entfernt; viele Kilometer w.,* aber: *kilometerweit; w. und breit war nichts zu sehen; sie ist schon w. gereist,* aber: *eine weitgereiste Frau; die Verwandtschaft ist w. verzweigt,* aber: *eine weitverzweigte Verwandtschaft; es liegt w. auseinander; er wird es noch w. bringen,* U Karriere machen; *das Ereignis liegt w. zurück;* es geschah vor langer Zeit; *so w. ist es gekommen,* bis zu diesem Tiefstand; aber: *soweit ich die Lage beurteile, ...; treibt es nicht zu w.!,* nicht zum bösen Ende, überspannt nicht; *das Ereignis hat weite Kreise gezogen,* U hatte Folgen; *er hat einen weiten Horizont,* U geistigen Weitblick; *den Turm sieht man schon von weitem; das ist bei weitem nicht alles,* es gibt noch vieles; *er suchte das Weite,* entfernte sich sehr schnell. **3)** sehr, um vieles: *w. gefehlt; er kann das w. besser, leistet w. mehr; er ist bei weitem besser; seine Krankheit ist schon w. fortgeschritten.* **weitab** [auch w' ait-], fern davon: *w. von jedem Verkehr;* aber: *das Haus liegt zu weit ab.* **weitaus,** bei weitem, um vieles: *w. größer, besser; sein Vortrag war w. der beste, w. am besten.* **Weitblick** *der, -(e)s,* Fähigkeit, auch entferntere Umstände und Folgen zu beurteilen. **weitblickend. Weite** *die, -/-n,* **1)** weite Beschaffenheit: *die W. des Flachlandes.* **2)** Entfernung: *auf Sichtweite.* **3)** Umfang, Öffnung: *Kragenweite.* **weiten,** *ich* weite (habe geweitet), **1)** *es,* mache weiter, dehne. **2)** *es weitet sich,* wird weiter. **weiter,** **1)** Komparativ von weit: *er springt w. als sie.* **2)** unaufhörlich, in gleicher Weise, hinzukommend, außerdem: *und so w.,* Abk.: usw.; *immer w.,* Läßt nicht nach!; *weitere Auskünfte kann ich nicht geben; das hat w. nichts zu sagen,* ist nicht von Bedeutung; *das ist nicht w. schlimm,* hat keine Folgen; *w. nichts Neues, w. nichts?; w. wollte er nichts?; w. oben,* Abk.: w. o.; *des weiteren, im weiteren wäre noch viel zu sagen; das Weitere, Weiteres, alles Weitere hierüber erfahren Sie bald; ohne weiteres,* ohne Umstände; *bis auf weiteres,* vorläufig. **weiter . . .,** in Verbindung mit Verben trennbar zusammengesetzt: **1)** vorwärts . . ., voran . . ., fort . . .: *weiterempfehlen; weiterleiten; weiterreisen; weitersagen; weiterverkaufen.* **2)** länger andauernd: *weiterarbeiten; weiterregnen; weiterschlafen; weiterspielen.* **weiterbilden,** *ich* bilde *mich* weiter (habe mich weitergebildet), lerne noch dazu, bilde mich fort. **Weiterbildung** *die,* ergänzende Bildung: *dieser Kursus dient meiner W.* **weiterentwickeln,** *ich* entwick(e)le weiter (habe weiterentwickelt), **1)** *mich,* mache Fortschritte in der Entwicklung: *dieses Erlebnis hat ihn geistig weiterentwickelt.* **2)** *es,* führe fort, verbessere den Stand der Entwicklung: *die Erfindung wurde von ihm weiterentwickelt.* **Weiterentwicklung** *die.* **weitererzählen,** *ich* erzähle *es* weiter (habe weitererzählt), erzähle Gehörtes jemand anderem: *sie hat das Neuigkeit gleich weitererzählt.* **weiterfahren** *ich* fahre weiter (fuhr weiter, bin weitergefahren), fahre ohne (längere) Unterbrechung an einen anderen Ort: *er ist nach München weitergefahren.* **Weiterfahrt** *die, -.* **weiterführen,** *ich* führe *es* weiter (habe weitergeführt), führe fort, betreibe weiter: *das Geschäft wird vom Sohn weitergeführt; weiterführende Schulen; weiterführende Literatur.* **Weitergabe** *die, -,* das Weitergeben: *zur W. an den Direktor.* **weitergeben,** *ich* gebe *es* weiter (gab weiter, habe weitergegeben), übermittle, übergebe, verbreite (eine Nachricht). **weitergehen,** *ich* gehe weiter (ging weiter, bin weitergegangen), **1)** bleibe nicht stehen: *bitte weitergehen!;* aber: *sie ist weiter gegangen als er.* **2)** *es geht weiter,* verläuft weiter, geht voran: *so kann es nicht weitergehen!; wie geht die Geschichte weiter?* **weiterhelfen,** *ich* helfe weiter (half weiter, habe weitergeholfen), **1)** *ihm,* tue etwas, was ihm über Schwierigkeiten hinweghilft: *mein Rat wird ihm weiterhelfen;* aber: *er wird mir weiter helfen,* weiterhin helfen. **weiterhin,** ferner, in Zukunft: *w. alles Gute!; w. ist zu beachten, daß . . .* **weiterkommen,** *ich* komme weiter (kam weiter, bin weitergekommen), komme voran: *wir wollen heute noch weiterkommen; er will in seinem Beruf weiterkommen,* U es geht; *er wird damit weiter kommen als wir alle.* **weiterkönnen,** U kurz für: weitergehen, weiterarbeiten können u. a. **weitermachen,** *ich* mache *es* weiter (habe weitergemacht), tue *es* weiter: *sie soll mit Englisch weitermachen;* aber: *sie muß ihr Kleid weiter machen.* **weitern,** *ich* weit(e)re (habe geweitert) *es,* selten für: erweitere. **weiters,** *österr.:* ferner, in Zukunft. **Weiterungen,** *Pl.,* K Schwierigkeiten, Folgeerscheinungen, Komplikationen. **weiterverarbeiten,** *ich* verarbeite *es* weiter (habe weiterverarbeitet), *weiterverarbeitende Industrie.* **weitgehend,** weitgehende, weitestgehend, auch weitgehendst, weitgehend, ausgiebig, sehr: *er besaß weitgehende Vollmachten.* **weither,** aus der Ferne: *er kommt von w.;* aber: *mit seinem Wissen, Können ist es nicht weit her,* U er weiß, kann

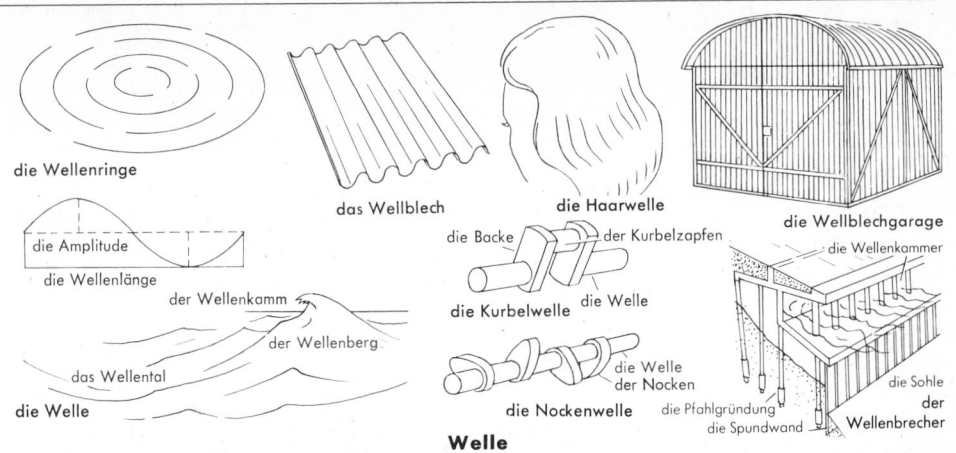

die Wellenringe

die Amplitude
die Wellenlänge
der Wellenkamm
der Wellenberg
das Wellental
die Welle

das Wellblech

die Haarwelle

die Backe · der Kurbelzapfen
die Welle
die Kurbelwelle
die Welle
der Nocken
die Nockenwelle · die Pfahlgründung
die Spundwand

die Wellblechgarage
die Wellenkammer
die Sohle
der
Wellenbrecher

Welle

nicht viel. **weitherzig,** duldsam. **Weitherzigkeit** *die, -.*
weithin, in die Weite, auf große Entfernungen: *die Explosion
war w. zu hören; er ist w. unbekannt,* ist nur einem kleinen Kreis
bekannt; *weithinaus.* **weitläufig, 1)** ausführlich, weitschwei-
fig. **2)** entfernt (Verwandtschaft): *wir sind nur w. verwandt.*
Weitläufigkeit *die.* **Weitling** *der, -s/-e, bair., österr.:* weite
Schüssel. **weitmaschig,** mit weiten Maschen (Netz). **weit-
schweifig,** Nebensachen breit behandelnd, geschwätzig.
Weitschweifigkeit *die, -.* **Weitsicht** *die,* **1)** weiter Blick
ins Land. **2)** Ü Weitblick. **weitsichtig, 1)** übersichtig. **2)**
Ü vorausschauend. **Weitsichtigkeit** *die, -.* **weitspringen,**
nur Infinitiv üblich, nach Anlauf vorwärts springen. **Weit-
sprung** *der,* ✗ Abb. S 57. **weitverbreitet,** mit großer Ver-
breitung, häufig vorkommend: *ein weitverbreiteter Irrtum;*
aber: *dieser Irrtum ist weit verbreitet.* **Weitwinkelobjektiv**
das, photographisches Objektiv mit einem Bildwinkel von
über 60°.
    Weizen [ahd. weiz(z)i, zu weiß] *der, -s,* Getreidepflanze,
Abb. F 36, G 18: *Weizenbrot; Weizenmehl; sein W. blüht,* Ü er
hat zur Zeit großen Erfolg. **Weizenbier** *das,* Weißbier.
    welch [ahd. (h)welih], *-er, -e, -es,* **1)** ein Interrogativpro-
men, Übers. P 24: *in welcher Stadt wohnst du?; welches schöne
Wetter; w. schönes Wetter; w. (eine) Schande!* **2)** ein Relativpro-
nomen, Übers. P 24: *das Kind, welches verunglückt ist.* **3)**
Ü Indefinitpronomen, einige; etwas: *es sind welche hier, die
nicht bezahlt haben; mein Briefpapier ist aufgebraucht, hast du
noch welches?* **welcherart,** *nicht flektierbar,* wie auch immer:
w. Gründe er auch haben mag; aber: *von welcher Art.* **wel-
cherlei,** *nicht flektierbar,* welcherart.
    Welf *der, -(e)s/-e,* Welpe.
    Welfe *der, -n/-n,* Angehöriger eines dt. Fürstengeschlechts.
    welk, 1) verblüht, vertrocknet (Pflanzen). **2)** nicht mehr
straff, ohne Spannkraft (Haut). **welken** [ahd. welken], *es welkt*
(ist gewelkt).
    Wellblech *das,* geriffeltes Blech, Abb. W 10. **Welle** [ahd.
wella] *die, -/-n,* **1)** durch Störung hervorgerufene zeitl. und
räuml. Änderung einer Flüssigkeitsoberfläche, Abb. W 10:
Flutwelle; Meereswelle; es schlägt Wellen, Ü ist unruhig, in
Aufruhr. **2)** Energieübertragung in einem Medium ohne
Massentransport: *Erdbebenwellen; Schallwellen.* **3)** Aufund-
abbewegung, plötzlicher Ansturm: *Hitzewelle; Kältewelle;
Angriffswelle; eine neue W. der Begeisterung,* Ü neuer Auf-
schwung. **4)** kleine Erhebung: *Bodenwelle.* **5)** ☉ zylinderför-
mige Stange zur Übertragung von Drehbewegungen, Abb. K 9,
K 54, W 10. **6)** ✗ Umschwung am Reck. **7)** welliges Haar, Abb.
W 10: *Dauerwelle.* **wellen,** *ich* welle (habe gewellt) *es,* **1)** forme
wellig. **2)** walke. **3)** *alem.:* koche, wälle. **4)** *es wellt sich,* verziert
sich wellig. **Wellenbad** *das,* ein Hallen- oder Freibad mit
künstlich erzeugten Wellen. **Wellenbereich** *der,* Teil des
Spektrums der elektromagnet. Wellen: *Langwellenbereich.*
Wellenbrecher *der,* Schutz gegen Meereswellen, Abb. W 10.
wellenförmig, wellig. **Wellengang** *der, -(e)s,* Bewegung der

Wellen (im Meer): *starker W.* **Wellenlänge** *die,* in einer Welle
der Abstand zweier aufeinanderfolgender Punkte von glei-
chem Schwingungszustand, Abb. W 10: *wir haben nicht die-
selbe W.,* Ü sind sehr verschieden veranlagt. **wellenreiten,** *nur
Infinitiv üblich.* **Wellenreiten** *das, -s,* Surfing, ein Wasser-
sport. **Wellenreiter** *der.* **Wellensittich** *der,* ein Papagei,
beliebter Käfigvogel. **Weller** *der, -s/-,* Lehm mit Stroh zur
Ausfüllung von Fachwerk: *Wellerwand.* **wellern,** *ich* well(e)re
(habe gewellert), **1)** stelle Weller her. **2)** *es,* fülle Fachwerk mit
Wellern aus. **Wellfleisch** *das,* frisches Schweinefleisch, in
gewürztem Wasser gekocht. **wellig,** wellenförmig, in Wellen,
Abb. H 1. **Welligkeit** *die, -.* **Wellpappe** *die,* geriffelte Pappe.
Wellrad *das,* einfache Hebemaschine.
    Welpe [ahd. welpf] *der, -n/-n,* Welf, Wolf-, Fuchs- oder
Hundejunges.
    Wels [zu Wal] *der, -es/-e,* ein großer Süßwasserfisch.
    welsch [ahd. walasg ›romanisch‹, ›lateinisch‹], romanisch,
bes. italienisch und französisch; auch fremdländisch, unver-
ständlich: *Kauderwelsch.* **Welsche** *der, die, -n/-n,* *ein-r, eine-,*
Romane, Romanin, bes. Italiener(in), Franzose, Französin;
oft sprächte fremdländisch oder unverständlich. **welschen,** *ich* welsche (habe gewelscht),
⚬⚬ sprechte fremdländisch oder unverständlich. **Welschkorn**
das, Mais. **Welschkraut** *das,* Wirsing. **Welschland** *das, -(e)s,*
Italien, in der deutschen Schweiz auch Bez. für die französ.
Schweiz. **Welschschweiz** *die, -,* französische Schweiz.
    Welt [ahd. weralt, eigtl. ›Menschenalter‹] *die, -,* **1)** Pl. *-en,*
Gesamtheit der Himmelskörper: *über die Entstehung der W.
gibt es viele Theorien; sie sind durch Welten voneinander
getrennt,* Ü verstehen sich nicht. **2)** Gesamtheit alles Seienden
und die unmittelbaren Erlebnisse eines Menschen: *Außenwelt;
Innenwelt; diesen Streit sollte man aus der W. schaffen,* Ü end-
gültig beilegen; *nicht um alles in der W.!, nirgends in der W.* **3)**
Erde: *die Alte und die Neue W.,* die Länder des abendländ.
Kulturkreises und Amerika; *die Dritte W.,* die wirtschaftlich
unterentwickelten Staaten; *Weltfrieden; Welthandel; Welt-
presse; Weltreise; Weltuntergang; Weltverbesserer; das liegt ja
am Ende der W.,* ist sehr weit; *das kostet doch nicht die W.,*
Ü nicht viel; *für ihn bricht eine W. zusammen,* Ü seine
Enttäuschung ist grenzenlos. **4)** die Menschheit: *alle W.
bewundert diese Tat; sie kennt Gott und die W.,* viele Menschen.
5) das Treiben der Menschen: *so geht's in der W.; er hat sich von
der W. zurückgezogen.* **6)** die Gesellschaft: *die große W.,*
führende Gesellschaftskreise; *ein Mann von W.,* von feiner
Lebensart. **7)** Lebenskreis, Wirkungskreis: *die gelehrte W.; die
W. der Technik; die W. der Hellenen.* **8)** das Dasein und das
Leben auf dieser Erde: *ein Kind kommt zur W., wird zur W.
gebracht, in die W. gesetzt, erblickt das Licht der W.,* wird
geboren. **9)** Relativitätstheorie: *die mathemat.* Vereinigung
des dreidimensionalen Raumes und der eindimensionalen Zeit
zu einem vierdimensionalen Gebilde. **Weltall** *das,* Kosmos,
der Weltraum mit der gesamten ausfüllenden Materie. **welt-
anschaulich. Weltanschauung** *die,* die Gesamtauffassung

von Wesen und Sinn der Welt und des menschl. Lebens. **Weltausstellung** *die,* allgemeine internat. Ausstellung. **Weltbank** *die,* -, die Internationale Bank für Wiederaufbau und Entwicklung in Washington. **weltbekannt,** *ein weltbekannter Kurort.* **weltberühmt,** *ein weltberühmter Künstler.* **Weltbestleistung** *die,* ✕ die beste bisher von einem Sportler in einer Sportart erreichte Leistung. **weltbewegend,** Ü wichtig, bedeutend: *so w. ist dieser Fall ja nun auch nicht.* **Weltbild** *das,* -(e)s, der vom Menschen erschließbare Zusammenhang des Seins. **Weltbürger** *der,* Anhänger des Weltbürgertums. **Weltbürgertum** *das,* Kosmopolitismus, die Anschauung, daß alle Menschen gleichwertige und gleichberechtigte Mitbürger einer die Menschheit umfassenden Gemeinschaft seien. **Weltenbummler** *der,* jemand, der große Reisen zu seinem Vergnügen macht. **welt|entrückt,** einsam; über den Dingen stehend.

Weltergewicht [engl. welterweight, zu welter ›schwerer Reiter‹] *das,* Gewichtsklasse beim Boxen, Ringen und Judo. **weltfremd,** realitätsfern: *ein weltfremder Gelehrter.* **Weltgeistliche** *der,* keinem Orden angehörender kath. Geistlicher. **Weltgericht** *das,* -(e)s, das Jüngste Gericht. **Weltgeschichte** *die,* Universalgeschichte, Geschichte der Menschheit. **weltgeschichtlich. Weltgesundheitsorganisation** *die,* Abk.: WHO. **weltgewandt,** erfahren im Umgang mit Menschen. **Welthandel** *der,* Gesamtheit der zwischenstaatl. Handelsbeziehungen: *Welthandelskonferenz.* **Welthilfssprachen,** *Pl.,* aus den Elementen verschiedener Sprachen aufgebaute Sprachen, die die Nationalsprachen ergänzen sollen. **Weltkind** *das,* ein das Diesseits genießender Mensch. **Weltklasse** *die,* -, ✕ beste Klasse, Klasse der Weltmeisterschaften: *die deutschen Reiter gehören zur W.* **weltklug,** weltgewandt. **Weltkörper** *der,* Gestirn. **Weltkrieg** *der,* große Teile der Welt erfassender Krieg: *der zweite W.* **weltlich,** 1) nicht der Geistlichkeit, der Kirche angehörig. 2) irdisch, aufs Diesseits ausgerichtet. **Weltlichkeit** *die,* -. **Weltliteratur** *die,* -, 1) Gesamtheit der Literatur aller Völker und Zeiten. 2) Werke, die über ihren nationalen Entstehungsbereich hinaus künstlerische Geltung haben. **Weltmacht** *die,* Großmacht, die in der ganzen Welt ihren Einfluß ausübt. **Weltmann** *der,* jemand, der im gesellschaftl. Verkehr gewandt ist. **weltmännisch. Weltmarkt** *der,* -(e)s, die internat. Warenmärkte: *Weltmarktpreis.* **Weltmeer** *das,* die Hauptwasserfläche der Erde, ABB. E 8. **Weltmeister** *der,* der jeweils beste Vertreter einer Sportart. **Weltmeisterschaft** *die.* **Weltpolitik** *die,* die Außenpolitik eines Staates im globalen Ausmaß. **weltpolitisch. Weltpriester** *der,* Weltgeistlicher. **Weltraum** *der,* -(e)s, Weltall. **Weltraumfahrt** *die,* Raumfahrt, vgl. ABB. R 9. **Weltreich** *das,* ein großes Gebiet beherrschendes Reich. **Weltrekord** *der,* ✕ offiziell anerkannte beste Leistung in einer Sportart. **Weltreligion** *die,* über die Welt ausgebreitete bedeutende Religion, z. B. das Christentum, der Islam. **Weltruf** *der,* -(e)s, große Berühmtheit: *er genießt W.* **Weltschmerz** *der,* -es, melanchol. Lebensüberdruß, Pessimismus. **Weltsprachen,** *Pl.,* die internationalen Verkehrssprachen. **Weltstadt** *die,* Stadt mit mehr als einer Million Einwohnern. **weltstädtisch,** großzügig in der Art einer Weltstadt. **weltumspannend,** *weltumspannende Handelsbeziehungen; ein welt(en)umspannender Geist,* aber: *die Welt umspannend.* **weltweit,** die ganze Erde umfassend: *ein Ereignis mit weltweitem Echo; ein Unternehmen mit weltweiten Verbindungen.* **Weltwirtschaft** *die,* -, Gesamtheit der Wirtschaftsvorgänge, die über Staaten oder Wirtschaftsräume hinausgreifen: *Weltwirtschaftskrise.* **Weltwunder** *das: die Sieben W.,* sieben im Altertum berühmte Bau- und Kunstwerke. **Weltzeituhr** *die,* eine Uhr, die einen Überblick über die Tageszeiten in bestimmten Weltstädten gibt.

wem, Dativ von wer, ÜBERS. P 24. **Wemfall** *der,* Dativ, vgl. ÜBERS. S 77.

wen, Akkusativ von wer, ÜBERS. P 24.

Wende *der,* -n/-n, Angehöriger der in Mittel- und Ostdeutschland und in den Ostalpenländern ansässigen Slawen; im engeren Sinn: Sorbe.

Wende [ahd. wenti] *die,* -/-n, 1) Wendepunkt, Umkehr: *eine entscheidende W. in der Außenpolitik; Zeitenwende; Jahrhundertwende.* 2) ✕ Turnen: das Überqueren eines Turngeräts, wobei der Turner dem Gerät zugewendet ist, ABB. L 7; Schwimmen: Körperdrehung an der Beckenwand zur Fortsetzung des Rennens: *Rückenwende.* **Wendegetriebe** *das,* ⊙ ein Rädergetriebe mit Einrichtung zur Umkehrung des Drehsinns.

Wendehals *der,* ein Specht. **Wendekreis** *der,* ⊕ ein jeder der beiden 23°27' nördlich und südlich vom Äquator entfernten Parallelkreise, ABB. E 8. **Wendel** *die,* -/-n, Schraubenlinie, bes. der schraubenförmig gewickelte Glühdraht der Glühlampen.

Wendelin [wohl zu Wandale], männl. Vorname. **Wendeltreppe** *die,* ABB. T 17. **wenden** [ahd. wenten], *ich wende* (wendete, habe gewendet oder wandte, habe gewandt), 1) (nur habe gewendet) *ihn, es,* drehe um, bringe in andere Lage: *sie wendet die Schnitzel in der Pfanne; er wendete das Heu,* harkte es durch, so daß das am Boden liegende nach oben gelangte, ABB. H 17; *bitte wenden!,* Abk.: b. w., Aufforderung zum Umdrehen eines Papierblattes. 2) (nur habe gewendet) *mich, es,* schlage die entgegengesetzte Richtung ein: *trotz der engen Straße habe ich (mit dem Wagen) gewendet.* 3) *mich irgendwohin,* drehe mich in eine Richtung: *er wandte sich zur Flucht.* 4) *mich mit einer Sache oder Bitte an ihn,* bitte ihn, befrage ihn; richte meine Worte an ihn: *er wandte sich an seinen Freund um Hilfe.* 5) *mich gegen ihn oder etwas,* verwahre mich dagegen, spreche dagegen, rate davon ab: *die Opposition wandte sich gegen die Plan der Regierung.* 6) *mich von ihm,* verlasse ihn (enttäuscht oder zornig). 7) *Geld, Mühe an etwas,* verwende, gebe aus, lasse mich kosten. 8) *es wendet sich,* Ü wird anders: *alles hat sich zum Guten gewendet.* **Wendepunkt** *der,* 1) △ Punkt einer Kurve, an dem sich der Sinn der Krümmung umkehrt. 2) Ü Zeitpunkt, an dem eine Änderung eintritt: *er ist an einem W. angelangt.* **Wender** *der,* -s/-, Gerät zum Wenden: *Bratenwender; Heuwender.* **Wendezeiger** *der,* ✈ ein Flugüberwachungsgerät zur Anzeige der Bewegungen um die Längsachse. **Wendezugbetrieb** *der,* -(e)s, eine Eisenbahnbetriebsweise, bei der die Züge zwischen den Endbahnhöfen abwechselnd gezogen und geschoben werden. **wendig,** 1) leicht beweglich: *ein wendiges Fahrzeug.* 2) Ü gewandt, geschickt: *er ist als Geschäftsmann sehr w.* **Wendigkeit** *die,* -.

wendisch, zu den Wenden gehörend. **Wendisch** *das,* -(s), dem -, die Sprache der Wenden; vgl. Deutsch.

Wendung *die,* -/-en, 1) Umkehr, Richtungsänderung: *eine W. nach rechts; Kehrtwendung.* 2) Ü Veränderung: *er versuchte, der Sache eine andere W. zu geben.* 3) Redeweise, Ausdrucksform: *Redewendung.*

Wenfall *der,* Akkusativ, vgl. ÜBERS. S 77.

wenig [ahd. wenag], in kleiner Zahl oder Menge, eine kleine Menge, selten nicht sehr: *ein w. Freude; ich freue mich ein w., ein bißchen, etwas; er ist mit wenig(em) zufrieden; um ein weniges; ein klein w. davon; ich habe sie nur wenige Male gesehen; es ist w. ergiebig; weniger davon; die wenigsten wissen das; das ist das wenigste, was du tun kannst; w. Gutes oder weniges Gute;* gleichzeitige starke Deklination des nachfolgenden Adjektivs: *inmitten weniger guter Freunde; weniges gutes Essen, das wenige, das es gab, war gut,* aber: *ein w. gutes Essen, das Essen war nicht sehr gut; nicht weniger als zehn,* zehn mindestens; *nicht mehr und nicht weniger als zehn; nichts weniger als zehn,* durchaus nicht, aber: *nichtsdestoweniger, trotzdem; noch weniger oder um so weniger,* erst recht nicht; *du hättest wenigstens anrufen können,* zumindest; *zum, zu wenigsten,* mindestens, vgl. zuwenig. **Wenig** *das,* -s/-, kleine Menge: *viele W. machen ein Viel.* **Wenigkeit** *die,* -, Kleinigkeit: *meine W.,* Ü ich.

wenn [mhd. wenne], 1) im Fall, daß, ÜBERS. K 35: *w. ich kann, komme ich noch vorbei; das kommt davon, w. man nicht aufpaßt; das Wenn und (das) Aber,* Zweifel, Einwand. 2) sooft (immer) *w. ich hier vorbeigehe, muß ich daran denken.* 3) *w. er doch käme!,* ich wünsche sehr, er käme. 4) sobald: *w. er kommt, benehme ich mich.* **wenngleich,** obgleich: *w. ich meine Zweifel hatte . . .* **wennschon,** [-ʃo:n], selten für: wenngleich. 2) [v'en–], *na w.!,* Ü das ist doch gleichgültig; *w., dennschon!,* U wenn man es tut, muß man es auch ordentlich tun.

Wenzel [Abk. von Wenzeslaus, zu tschech. Václav ›mehr Ruhm schaffend‹], 1) männl. Vorname. 2) *der,* -s/-, Bube, Unter, die Spielkarte, vgl. ABB. S 54. **Wenzelskrone** *die,* die böhm. Königskrone.

Wepfe *die,* -/-n, schweiz.: Pfluggabel, Lenkholz.

wer [ahd. (h)wer], 1) Interrogativpronomen und Relativpronomen, ÜBERS. P 24. 2) Indefinitpronomen, U jemand: *irgendwer; w.!,* ich habe doch wen gehört!

Wera [vgl. Vera], weibl. Vorname.

Werbeabteilung *die,* für die Werbung zuständige Abteilung eines Unternehmens. **Werbeagentur** *die,* **Werbebüro** *das,* gewerbliches Unternehmen zur Werbung für andere Unternehmen. **Werbeleiter** *der,* Leiter einer Werbeabtei-

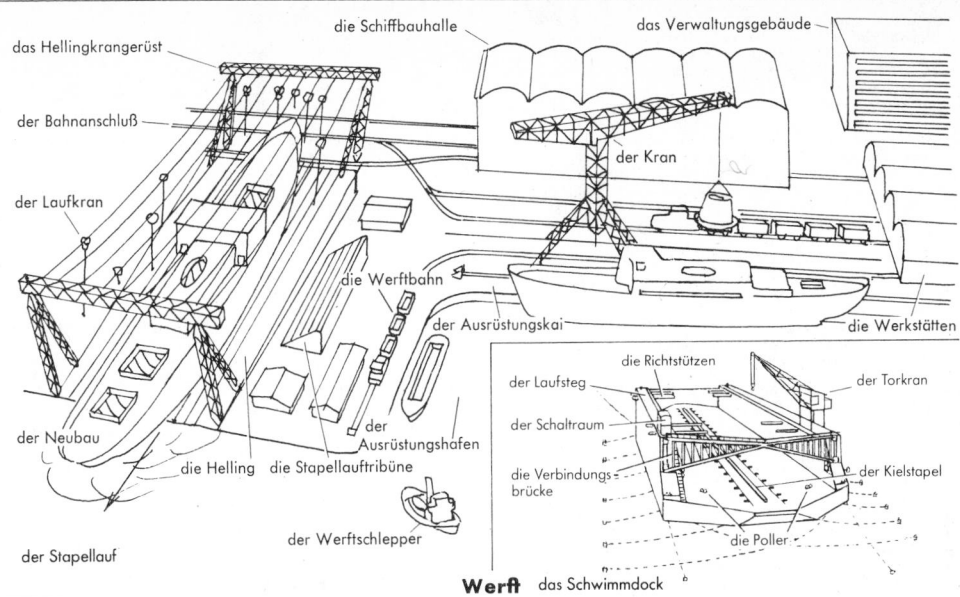

das Hellingkrangerüst
die Schiffbauhalle
das Verwaltungsgebäude
der Bahnanschluß
der Kran
der Laufkran
die Werftbahn
der Ausrüstungskai
die Werkstätten
die Richtstützen
der Laufsteg
der Torkran
der Schaltraum
der Neubau
der Ausrüstungshafen
die Helling   die Stapellauftribüne
die Verbindungsbrücke
der Kielstapel
der Werftschlepper
der Stapellauf
die Poller
Werft   das Schwimmdock

lung. **werben** [ahd. (h)werban], *ich* werbe (warb, habe geworben; du wirbst, er wirbt; wenn er würbe; wirb!), **1)** *um ihn*, will ihn gewinnen, bemühe mich um ihn: *er wirbt um meine Schwester*, sucht sie zur Ehe zu gewinnen; *er wirbt um ihre Gunst*. **2)** *für ihn* oder *etwas*, mache Reklame, suche Käufer oder Anhänger zu gewinnen: *er wirbt für einen Handelsartikel, für eine Partei; Werbefachmann; Werbefernsehen; Werbeschrift; Werbeslogan.* **3)** *ihn*, nehme in Dienst, suche Anhänger oder Käufer: *man warb Soldaten für die Fremdenlegion; wir könnten einige neue Mitglieder werben.* **Werber** *der, -s/-*, **1)** jemand, der um ein Mädchen wirbt, Freier. **2)** jemand, der Soldaten wirbt. **3)** Propagandist. **Werbetrommel** *die: ich muß die W. rühren,* U laut werben, Propaganda machen. **werblich,** die Werbung betreffend. **Werbung** *die, -/-en,* das Werben. **Werbungskosten,** *Pl.,* steuerlich absetzbare Aufwendungen des Steuerpflichtigen.
Werda!, Postenanruf.
Werdegang *der,* Entwicklung, Verlauf der Ausbildung.
werden [ahd. werdan], *ich* werde (wurde, P ward, bin geworden, als Hilfsverb: worden; du wirst, er wird; werde!), **1)** *(etwas),* entstehe, entwickle mich (zu etwas): *es werde Licht!; alles ist noch im Werden; er wird Arzt; sie ist eine gute Hausfrau geworden; ich w. krank; die Röcke werden wieder länger; die Tage werden merkbar kürzer; das Kind wird zum Manne; die Milch ist zu Quark geworden.* **2)** *aus etwas,* entwickle mich aus etwas: *aus ihm wird noch etwas werden; aus nichts wird nichts.* **3)** *es wird,* geschieht: *was nicht ist, kann noch werden; das wird heute nichts mehr,* U; *es wird schon wieder werden,* U; *dein Recht muß dir werden.* **4)** *es wird,* beginnt, tritt ein: *mir wird schlecht, es wird mir schlecht,* ich beginne mich schlecht zu fühlen; *es wird Winter; wird's bald!,* U beeil dich! **5)** Hilfsverb des Futurs sowie des Passivs und Umschreibung des Konjunktivs, ÜBERS. V 2.
werdend, zukünftig, im Werden: *eine werdende Mutter,* Schwangere.
Werder [mnd. werder] *der, -s/-*, **1)** Flußinsel, ABB. I 2. **2)** Land zwischen Fluß und Altwässern. **3)** aus Sumpf urbar gemachtes Land.
Werfall *der,* Nominativ, vgl. ÜBERS. S 77.
werfen [ahd. werfan], *ich* werfe (warf, habe geworfen; du wirfst, er wirft; wenn er würfe; wirf!), **1)** *es,* schleudere, gebe ihm einen Schwung, daß es fliegt: *er warf einen Stein nach dem Tier; er wurde aus dem Haus geworfen,* Ü zum Verlassen des Hauses gezwungen; *man hat ihn auf die Straße geworfen,*

Ü entlassen; *sie hat ein Auge auf ihn geworfen,* Ü interessiert sich für ihn; *er wirft eine Frage in die Diskussion,* Ü; *er warf beim Würfeln sechs Augen; ich möchte meine Sorgen von mir werfen,* Ü; *das Schiff wirft Anker; wir werfen die Bilder an die Wand,* Ü projizieren sie dorthin; *er warf sich in die Brust,* Ü demonstrierte Stolz. **2)** *es wirft etwas,* Ü bringt hervor, bildet: *die Abendsonne wirft lange Schatten; das Wasser wirft Blasen.* **3)** *mit etwas um mich,* Ü verschwende es prahlerisch: *er warf mit Geld nur so um sich.* **4)** *Tiere werfen (Junge),* gebären. **5)** *mich auf ihn, etwas,* decke es mit meinem Körper, greife heftig an: *er warf sich auf den Gegner.* **6)** *mich auf etwas,* U betreibe es mit großem Eifer: *sie hat sich auf die Malerei geworfen.* **7)** *Holz wirft sich,* wird wellig, krumm. **Werfer** *der, -s/-*, **1)** jemand, der etwas wirft: *Diskuswerfer.* **2)** Gerät, das etwas wirft, auch Waffe: *Wasserwerfer; Scheinwerfer; Panzerwerfer.* **Werft** *der, -(e)s/-e,* Weberei: Längsfäden.
Werft [niederl. werf, zu werben und Wirbel] *die, -/-en,* **1)** Schiffbauplatz, Unternehmen für Schiffbau, ABB. W 11, H 3: *Werftarbeiter.* **2)** Wurte.
Werg [ahd. werah(h)] *das, -(e)s,* Abfall von Flachs oder Hanf.
Wergeld [ahd. weragelt, zu (h)wer ›derjenige‹, ›irgendeiner‹] *das,* ☆ Sühnegeld für einen Totschlag an die Sippe des Erschlagenen, Blutgeld.
wergen [zu Werg], aus Flachs oder Hanf bestehend.
Werk [ahd. werc] *das, -(e)s/-e,* **1)** *ohne Pl.,* Arbeit, Tätigkeit: *laß uns ans W. gehen, zu Werke gehen, Hand ans W. legen, die Sache ins W. setzen.* **2)** Erzeugnis, Schöpfung: *das ist dein W.; das W. vieler Jahre; Goethes gesammelte Werke,* seine Schriften. **3)** *(gute) Tat,* Handlung: *er tat damit ein gutes W.; ein W. der Barmherzigkeit.* **4)** ineinandergreifender techn. Mechanismus: *Uhrwerk; Triebwerk; Rechenwerk; Schreibwerk.* **5)** Stoff zur Bearbeitung: *Pelzwerk.* **6)** technische Anlage, Fabrik, Betrieb: *Elektrizitätswerk; Kraftwerk; Wasserwerk; Werk(s)angehörige; Werk(s)arzt; Werk(s)bücherei; werk(s)eigen; Werk(s)halle; Werksküche; Werkspionage.* **7)** Festungsanlage: *Bollwerk.* **8)** *ohne Pl.,* als Sammelbezeichnung: *Blattwerk.* **Werkbank** *die, -/̈e,* fester Tisch für Handwerksarbeiten. **Werkel** *das, -s/-(n),* österr.: Leierkasten: *Werkelkasten; Werkelmann.* **werkeln,** *ich* werk(e)le (habe gewerkelt), mache mit mir mit Kleinigkeiten zu schaffen. **Werkeltag** *der,* ☆ Werktag. **werken** [ahd. werkon], *ich* werke (habe gewerkt), **1)** ☆ arbeite, schaffe. **2)** bastele, habe Werkunterricht. **werkgerecht, werkgetreu,** einem

Kunstwerk im Sinne des Schöpfers gerecht werdend: *eine werkgerechte Wiedergabe eines Musikstückes.* **Werkmann** *der, -(e)s/...leute,* P Handwerker, Arbeiter. **Werkmeister** *der,* Leiter einer Werkstatt oder einer Betriebsabteilung. **Werkstatt** *die, -/-ᵉᵉn,* **Werkstätte** *die,* Arbeitsstätte für die gewerbliche Herstellung oder Reparatur von Waren: *das Gerät muß zur Reparatur in die W.* **Werkstatt-Theater** *das,* Theater zur Aufführung avantgardist. und experimenteller Stücke. **Werkstein** *der,* vom Steinmetzen bearbeiteter Stein, ABB. B 13. **Werkstoff** *der,* jeder Stoff zur weiteren Be- und Verarbeitung: *Werkstoffprüfung.* **Werkstück** *das,* in der Fertigung, Bearbeitung oder Montage befindlicher Gegenstand, ABB. B 9, T 16. **Werkstudent** *der,* erwerbstätiger Student. **Werk(s)wohnung** *die,* von einem Unternehmen für Werkangehörige gebaute Mietwohnung. **Werktag** *der,* Wochentag, Tag außer Sonn- und Feiertagen. **werktäglich, 1)** den Werktag betreffend, dafür geeignet. **2)** werktags. **werktags,** an Werktagen: *dieser Zug verkehrt nur w.* **werktätig,** in einem Arbeitsverhältnis stehend, berufstätig: *die werktätige Bevölkerung.* **Werktätige** *der, die, -n/-n, ein-r, eine-,* jemand, der werktätig ist. **Werkunterricht** *der,* Unterrichtsfach an Schulen für handwerkl. Fertigkeit. **Werkvertrag** *der,* ♉ Vertrag über die Herstellung eines bestimmten Werkes. **Werkverzeichnis** *das,* Übersicht über ein Werk eines Künstlers. **Werkzeitschrift** *die,* für Betriebsangehörige herausgegebene Informationsschrift. **Werkzeug** *das, -(e)s/-e,* Gerät zur Bearbeitung von Werkstoffen oder Werkstücken, ABB. B 30: *Werkzeugkasten.* **Werkzeugmacher** *der,* jemand, der Werkzeuge herstellt und repariert.

Wermut [ahd. wer(i)muota] *der, -(e)s,* **1)** Würz- oder Aromapflanze. **2)** mit Wermut gewürztes weinhaltiges Getränk: *Wermutwein.* **3)** Ü Bitterkeit: *ein Tropfen W. (ein Wermutstropfen) in der allgemeinen Freude.*

Werner [ahd. wer(i)nheri, zu werjan ›schützen‹ und heri ›Heer‹], ♂ **Wernher,** männl. Vorname.

Werst [russ. wersta] *die, -/-en und bei Maßangaben -,* früheres russ. Längenmaß (1,067 km).

wert [ahd. werd], von bestimmtem Wert, geschätzt, bedeutsam: *Ihr werter Name; das ist (nicht) viel w.; das ist mir das Opfer, diesen Preis w., ich gebe es dafür; das ist der Mühe w.,* verdient diese Mühe; *er ist deines Vertrauens nicht w., verdient es nicht; das ist Gold w.,* Ü sehr wertvoll; *er ist keinen Heller w.,* Ü gar nichts; *er ist heute gar nichts w.,* Ü nicht leistungsfähig. **Wert** *der, -(e)s/-e,* **1)** Bedeutung eines Gutes nach dem Gebrauch oder dem Nutzen: *Marktwert; Wertarbeit; Wertgegenstände, Wertsachen, wertvolle Sachen; der W. des Grundstückes ist gestiegen; Wertminderung; Wertzuwachs.* **2)** ohne Pl., Bedeutung, Geltung: *erst spät erkannten wir den W. dieses Mannes; das hat großen W. für uns; ich lege keinen W. darauf, heiße es nicht für wichtig, es ist mir völlig gleichgültig.* **wertbeständig,** seinen Wert behaltend. **Wertbeständigkeit** *die.* **Wertbrief** *der,* bis zur Höhe des enthaltenen Wertes versicherter Brief. **werten,** *ich werte (habe gewertet) es,* beurteile, schätze ein, erkläre für gut oder schlecht. **...wertig,** von einem bestimmten Wert: *neuwertig; minderwertig.* **Wertigkeit** *die, -/-en,* Ↄ früher der Anzahl der Valenzen od. der elektr. Ladung eines Atoms. **wertlos,** ohne Wert. **Wertlosigkeit** *die, -.* **Wertpapier** *das,* 🜍 eine Urkunde, die Vermögensrechte verkörpert, z. B. Schuldschein, Wechsel, Aktie. **wertschätzen,** *ich schätze ihn, es wert (habe wertgeschätzt),* achte hoch. **Wertschätzung** *die, -,* Schätzung, Anerkennung: *er erfreut sich allgemeiner W.* **Wertschrift** *die, schweiz.:* Wertpapier. **Wertung** *die, -/-en,* das Werten: *Punktwertung,* ✕. **Werturteil** *das,* bewertendes Urteil. **wertvoll, 1)** von großem Wert, kostbar: *ein wertvolles Geschenk.* **2)** Ü bedeutend, nützlich: *deine Hilfe war mir w.* **Wertzoll** *der,* ein nach dem Wert der Ware erhobener Zoll.

werweißen [aus ›wer weiß‹], *ich werweiße (habe gerweißt), schweiz.:* mutmaße.

Werwolf [mhd. werwolf, zu wer ›irgendeiner‹] *der,* im Volksglauben ein Mensch, der zeitweilig Wolfsgestalt annehmen kann.

wes, ältere Form von wessen, ÜBERS. P 24: *das zeigt, w. Geistes Kind er ist.*

Wesen [ahd. wesan] *das, -s/-,* **1)** ohne Pl., natürliche Weise, Art, sich zu geben und zu benehmen: *ihr freundliches W.; das gehört zu seinem W.; er hat ein einnehmendes W.,* Ü nimmt gern (Geld). **2)** ohne Pl., Tun, Treiben: *er muß hier irgendwo sein W. treiben; man sollte nicht viel Wesen(s) davon machen,* Aufhebens, Lärm. **3)** Geschöpf, Lebewesen: *der Mensch als*

vollkommenstes irdisches W.; ein weibliches W.,* Ü Frau. **4)** Philosophie: das Sosein der Dinge im Unterschied zum Dasein. **5)** ♾ Grundstück: *Anwesen; Heimwesen.* **...wesen,** ein Ganzes, dessen Teile zusammenwirken: *das gemeine Wesen,* ♾, *Gemeinwesen, Gemeinde, Staat u. a.; Gesundheitswesen; Schulwesen; Rettungswesen; Bankwesen.* **wesenhaft, 1)** körperlich, wirklich. **2)** artbestimmend. **3)** dem Wesen nach. **Wesenheit** *die, -,* das Bestimmende, Entscheidende, Wesen einer Sache. **wesenlos,** gegenstandslos, unbedeutend. **Wesenlosigkeit** *die, -.* **Wesensart** *die,* Charakter, Art und Weise, Wesen. **wesenseigen,** seinem Wesen gemäß. **wesensfremd,** ganz anders geartet. **wesensgleich,** von gleichem Wesen. **Wesenszug** *der,* Eigentümlichkeit eines Charakters. **wesentlich,** grundlegend wichtig, hauptsächlich, den Kern ausmachend: *im wesentlichen,* in der Hauptsache, aber: *das Wesentliche; etwas, nichts Wesentliches; sie ist w. älter als ich,* sehr viel.

Wesfall *der,* Genitiv, vgl. ÜBERS. S 77. **weshalb,** warum, aus welchem Grund, ÜBERS. P 24.

Wesir [arab. wazir ›Träger‹, ›Stütze‹] *der, -s/-e,* Minister in islamischen Staaten: *Großwesir.*

Wespe [ahd. wefsa, aus lat. vespa] *die, -/-n,* ein Hautflügler, der schmerzhaft stechen kann: *Wespenstich; damit hat er in ein Wespennest gestochen,* Ü ungewollt eine heikle Sache angerührt. **Wespentaille** [-taljə] *die,* Ü sehr schlanke Taille.

wessen, Genitiv von wer, ÜBERS. P 24. **wessenthalben,** ♾ weshalb. **wessentwegen,** ♾ weswegen.

West [ahd. westan, vgl. Westen], **1)** Abk.: W, P und in geograph. und postal. Angaben für Westen: *aus Ost und W.; West-Berlin; Westküste.* **2)** *der, -(e)s/-e, Pl. selten,* P Westwind. **westdeutsch,** den Westen Deutschlands betreffend. **Westdeutsch** *das, -(s), dem -,* westdeutsche Mundarten, ÜBERS. M 24; vgl. Deutsch. **Weste** [frz. veste, zu lat. vestis ›Kleidung‹] *die, -/-n,* Kleidungsstück, meist ohne Ärmel, ABB. K 24: *Strickweste; er hat eine weiße, reine, saubere W.,* Ü man kann ihm keine Schuld nachweisen.

Westen, 1) Abk.: W, Himmelsrichtung, ABB. W 13. **2)** *der, -s,* die in Richtung der Sonnenuntergang liegende Gegend: *der W. Deutschlands,* Westdeutschland; *der W. Europas,* Westeuropa.

Westentasche *die,* kleine Tasche in der Weste des Mannes: *er kennt München wie seine W.,* Ü sehr gut.

Western [engl.] *der, -(s)/-,* Ü Wildwestroman, Wildwestfilm: *Italo-Western.*

westeuropäisch, Westeuropa betreffend: *westeuropäische Zeit,* Abk.: WEZ; aber: *Westeuropäische Union,* Abk.: WEU, ein Verteidigungsbündnis. **Westfale** *der, -n/-n,* **Westfälin** *die, -/-nen,* Bewohner(in) der Landschaft Westfalen. **westfälisch. Westgote** *der,* Angehöriger eines der beiden großen Stämme der Goten. **westisch,** einer bes. um das westliche Mittelmeer ansässigen Rasse zugehörig: *westische Rasse.* **westlich,** in Richtung nach Westen: *westlicher Länge,* Abk.: w. L., geograph. Länge westlich des Nullmeridians. **Westmächte,** *Pl.,* vor und im ersten Weltkrieg Großbritannien und Frankreich, nach 1945 auch die Vereinigten Staaten. **Westnordwest(en),** Abk.: WNW, Himmelsrichtung, ABB. W 13. **westöstlich,** den Westen und den Osten betreffend: *westöstlicher Warenaustausch;* aber: *der ›Westöstliche Diwan‹,* Gedichtsammlung von Goethe.

Westover [-'ovər, zu Weste und engl. over ›über‹] *der, -s/-,* ärmelloser Pullover.

Westpreuße *der,* Bewohner Westpreußens. **Westpunkt** *der,* der westl. Schnittpunkt zwischen Äquator und Horizont. **Westsüdwest(en),** Abk.: WSW, Himmelsrichtung, ABB. W 13. **westwärts,** nach Westen, in westl. Richtung. **Westwerk** *das,* 🜍 stattlicher Westbau in frühmittelalterl. Klosterkirchen, ABB. K 20.

weswegen, weshalb.

wett [mhd. wette], *wir sind w. (miteinander),* quitt, ausgeglichen; vgl. wettmachen. **Wettbewerb** *der, -(e)s/-e,* Kampf um die ersten Plätze; Konkurrenz: *unlauterer W.; freier W.; Wettbewerbsbeschränkungen,* 🜍; *Wettbewerbsverbot,* 🜍. **Wettbüro** *das,* Annahmestelle für Wetten, bes. bei Pferderennen. **Wette** [ahd. wetti] *die, -/-n,* **1)** Abmachung, nach der ein Teil dem anderen etwas leisten (zahlen) muß, je nachdem sich die strittige Tatsache als wahr oder falsch erweist: *um die W. gewonnen, verloren.* **2)** Kampf um das Besser- und Schnellersein: *wir schwimmen um die W.* **Wetteifer** *der,* Wunsch, die anderen zu übertreffen. **wetteifern,** *ich wetteif(e)re (habe* gewetteifert) *mit ihm um etwas.* **wetten** [spätahd. wetton], *ich wette (habe gewettet),* schließe eine Wette ab: *wir haben um eine Flasche Wein gewettet; ich w., daß er wieder zu spät kommt,* Ü ich bin überzeugt davon; *so haben wir nicht gewettet, das war nicht vereinbart, das kommt nicht in Frage.* **Wetter** *der, -s/-,* jemand, der eine Wette abschließt.

Wetter [ahd. wetar] *das, -s/-,* **1)** *ohne Pl.,* der Zustand der Lufthülle über einem Punkt der Erdoberfläche: *schönes W.; regnerisches W.; ich muß um gutes W. bitten,* Ü um günstige Stimmung, wohlwollende Aufnahme; *Wetterlage; Wetterhäuschen; Wettermantel.* **2)** ✂ die in der Grube vorhandenen Gasgemische: *schlagende W., Schlagwetter,* Explosionsgemisch. **3)** Gewitter, Unwetter. **4)** *alle W.!,* Ü Ausruf des Staunens. **Wetterbericht** *der,* Bericht der Wetterwarte über ihre Beobachtungen der Wetterlage. **Wetterdach** *das,* Dach ohne Seitenwände. **Wetterdienst** *der,* staatl. Einrichtung für Wetterkarten, Wettervorhersagen. **Wetterfahne** *die,* **1)** Windfahne, ABB. D 1, F 1. **2)** Ü wetterwendischer Mensch. **wetterfest,** wasserdicht: *wetterfeste Kleidung.* **Wetterfleck** *der, österr.:* Lodenumhang. **Wetterfrosch** *der,* Ü scherzhaft: Meteorologe. **Wetterfühligkeit** *die, -,* die Beeinflussung des Allgemeinbefindens durch das Wetter. **Wetterführung** *die,* ✂ die Zufuhr von Frischluft in Grubenbaue. **Wetterhahn** *der,* Windfahne in Form eines Hahnes. **Wetterkarte** *die,* Umrißkarte mit Angaben über die Wetterlage. **Wetterkunde** *die,* die Physik der Lufthülle der Erde, Meteorologie. **wetterkundig,** in der Wetterkunde erfahren. **wetterkundlich,** die Wetterkunde betreffend. **Wetterlampe** *die,* Grubenlampe, die schlagende Wetter anzeigt, jedoch nicht entzündet, ABB. B 21. **wetterleuchten,** *es* wetterleuchtet (hat gewetterleuchtet). **Wetterleuchten** *das, -s,* nachts sichtbare Entladung entfernter Blitze ohne hörbaren Donner. **wettern,** *ich* wett(e)re (habe gewettert), **1)** Ü schimpfe: *er hat sehr gegen diese Maßnahmen gewettert.* **2)** *es wettert,* gibt ein Unwetter, Gewitter. **Wettersatellit** *der,* Erdsatellit für wetterkundl. Beobachtungen. **Wetterscheide** *die,* Landschaftsteil (Höhenzug, Gewässer), der Einfluß auf das Wetter haben kann. **Wetterschenkel** *der,* Wasserschenkel, Teil des Fensters. **Wetterseite** *die,* Ü Himmelsrichtung, aus der gewöhnlich der Wind kommt. **Wetterstrahl** *der,* P Blitz. **Wettersturz** *der,* plötzliche Wetterverschlechterung. **Wettervorhersage** *die,* Bekanntgabe der voraussichtlichen Entwicklung des Wetters. **Wetterwarte** *die,* Beobachtungsstelle für die Wetterlage. **wetterwendisch,** Ü unbeständig, launisch.

Wettiner *der, -s/-,* Angehöriger eines dt. Fürstengeschlechts.

Wettkampf [zu Wette] *der,* friedliches Kämpfen um ein Ziel: *Leichtathletikwettkampf.* **Wettkämpfer** *der,* Teilnehmer an einem Wettkampf. **Wettlauf** *der,* sportlicher Lauf zur Ermittlung des besten Läufers; Ü Aufbietung aller Energie zum Erreichen eines Ziels. **wettlaufen,** *nur Infinitiv üblich.* **Wettläufer** *der,* Teilnehmer an einem Wettlauf. **wettmachen,** *ich* mache *es* wett (habe wettgemacht), hole ein, gleiche aus: *er will seine Schuld wettmachen.* **wettrennen,** *nur Infinitiv üblich.* **Wettrennen** *das,* **1)** Wettlauf, sportl. Rennen. **2)** Ü Aufbietung aller Energie zum Erreichen eines Ziels: *ein W. um diesen Posten setzte ein.* **wettschwimmen,** *nur Infinitiv üblich.* **Wettschwimmen** *das,* Wettkampf im Schwimmen. **Wettstreit** *der,* Wettkampf: *sie liegen in W. miteinander.* **wettstreiten,** *nur Infinitiv üblich.*

wetzen [ahd. wezzan], *ich* wetze (habe gewetzt), **1)** Werkzeuge, scharfe machen: *er nimmt einen Wetzstein wieder.* **2)** *ein Vogel wetzt seinen Schnabel,* reibt ihn. **3)** *der Auerhahn wetzt,* 🐦 schleift den Ton beim Balzen. **4)** (bin gewetzt), Ü laufe hastig, renne.

WEU, Abk. für: Westeuropäische Union.

WEZ, Abk. für: westeuropäische Zeit.

Wh, Zeichen für: Wattstunde.

Whiskey, Whisky [w'iski, engl., zu gäl. uisge beatha ›Lebenswasser‹; in Irland und den Vereinigten Staaten übliche Schreibung ›Whiskey‹; in Schottland und Kanada übliche Schreibung ›Whisky‹] *der, -s/-s,* Kornbranntwein: *Whisky-Soda; Whiskyglas,* vgl. ABB. G 27.

Whist [engl. ›pst‹, ›still‹] *das, -(e)s,* engl. Kartenspiel.

WHO *die,* Kurzw. für: World Health Organization, Weltgesundheitsorganisation, eine Sonderorganisation der Vereinten Nationen.

wibb(e)lig, *bes. westdt.:* unruhig, nervös.

wich, von weichen.

Wichs [viks], **1)** *der, -es/-e, süddt., österr.:* die, -/-en,

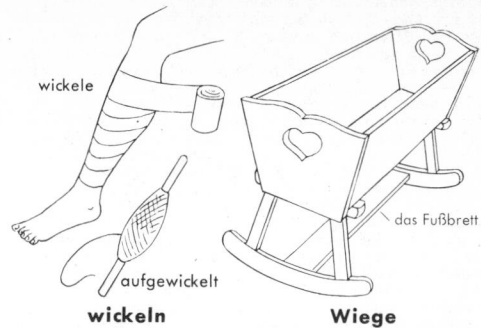

wickele ... das Fußbrett ... aufgewickelt

wickeln   **Wiege**

Festtracht der Chargierten in student. Verbindungen: *ich werfe mich in W., erscheine in vollem W.* **2)** *die, -/-en, bair.:* kurze Lederhose. **Wichse** [v'iksə] *die, -/-n,* **1)** Putzmittel: *Schuhwichse.* **2)** *ohne Pl.,* Ü Prügel: *er kriegt W.* **wichsen** [v'iksən, spätmhd. wihsen, zu Wachs], *ich* wichse (habe gewichst), **1)** *es,* mache glänzend; bohnere. **2)** *ihn,* verwichse. **3)** V masturbiere. **Wichsleinwand** [v'iks-] *die, österr.:* Wachstuch.

Wicht [ahd. wiht] *der, -(e)s/-e,* **1)** kleiner Kerl, Zwerg, Kobold. **2)** verächtlich: Schurke, Schuft, Bösewicht. **Wichte** [zu Gewicht] *die, -/-n,* ⚘ der Quotient aus der Gewichtskraft und dem Volumen eines Stoffes. **Wichtel** [vgl. Wicht] *der, -s/-,* **Wichtelmännchen** *das,* Zwerg, Heinzelmännchen.

wichtig [zu wichtig ›Gewicht habend‹], bedeutend, einflußreich, wirksam: *er macht sich w., tut (sich) w.,* spielt sich auf; *das nehme ich nicht so w., ich messe ihm keine große Bedeutung zu; das ist w. für die Gesundheit; eine wichtige Entscheidung; er hat noch etwas Wichtiges zu erledigen; alles Wichtige sage ich dir später.* **Wichtigkeit** *die, -.* **Wichtigtuer** *der, -s/-,* jemand, der sich aufspielt. **Wichtigtuerei** *die, -,* das Wichtigtun. **wichtigtuerisch.**

Wicke [ahd. wicka, zu lat. vicia] *die, -/-n,* ein Schmetterlingsblüter.

Wickel [ahd. wickilin] *der, -s/-,* **1)** Hülle, Packung; Bündel, Knäuel. **2)** 🩺 verbandartiger Umschlag: *Halswickel; Brustwikkel.* **3)** Spule, Rolle, um die man etwas wickelt: *Lockenwickel.* **4)** *ich kriege dich beim W.,* Ü fasse dich am Kragen, am Schopf; schelte dich aus. **Wickelgamasche** *die,* Gamasche, die um das Bein gewickelt wird. **Wickelkind** *das,* Säugling. **Wickelkommode** *die,* Möbelstück, auf dem der Säugling gewickelt wird, ABB. K 19. **Wickelkondensator** *der,* aus Folien und Papier gewickelter Kondensator. **wickeln** [spätmhd. wickelen], *ich* wick(e)le (habe gewickelt) *es (um etwas),* winde darum, rolle auf, ABB. W 12: *ich w. Draht um eine Rolle; ich w. den Säugling,* hülle in Windeln; *man kann ihn um den Finger wickeln,* Ü mit ihm tun, was man will; *da bist du schief gewickelt,* Ü im Irrtum. **Wick(e)lung** *die, -/-en,* **1)** das Wickeln. **2)** meist Wicklung, dichtgerollte Drähte u. a., ABB. D 15, M 1. **Wickler** *der, -s/-,* **1)** ein Schmetterling. **2)** kurz für: Lockenwickler, vgl. ABB. H 1.

Widder [ahd. widar, eigtl. ›einjähriges Tier‹] *der, -s/-,* **1)** männl. Schaf. **2)** Hauskaninchenrasse. **3)** *ohne Pl.,* ✶ ein Sternbild des Tierkreises, ÜBERS. A 22. **4)** ⚔ der Belagerungsmaschine. **Widderchen** *das, -s/-,* 'ein dickleibiger Schmetterling.

wider [ahd. widar] *ihn, gegen, entgegen,* ÜBERS. P 21: *das geschah w. meinen ausdrücklichen Willen; w. Erwarten bestand er die Prüfung; wir erwägen das Für und Wider; hin und wider, hin und her, aber: hin und wieder, gelegentlich.* **wider...,** in Verbindung mit Verben trennbar oder untrennbar zusammengesetzt, **1)** zurück: *widerhallen; widertönen;* vgl. widerhallen. **2)** gegen, entgegen: *widerklagen; widersagen;* vgl. widerfahren. **widerborstig,** widerspenstig. **Widerborstigkeit** *die, -.* **Widerchrist** *der, -(s),* der Antichrist. **Widerdruck** *der, -(e)s/-e,* 📖 Druck auf der Rückseite eines Druckbogens; vgl. aber: Wiederdruck (Neudruck). **widereinander,** gegeneinander. **widerfahren,** *es* widerfährt (widerfuhr, ist widerfahren) *mir,* geschieht mir, stößt mir zu. **Widergelt** *das, -s, schweiz.:* Ersatz. **Widergente** *der, -, schweiz.:* Anschwellung (Achsel). **wider-**

haarig, widerspenstig. **Wịderhaken** der, Haken, der ein Zurückgehen oder -drehen verhindert, ABB. H 9. **Wịderhall** der, Echo, Rückprall des Schalles an Wänden: der W. seiner Schritte; seine Worte fanden keinen W., Ü. **wịderhallen,** es hallt wider (hat widergehallt), tönt laut, wird verstärkt zurückgeworfen: der Schritt hallt in diesem Gewölbe wider. **Wịderhalt** der, -(e)s, Stütze. **Wịderhandlung** die, schweiz.: Zuwiderhandlung. **Wịderklage** die, ♌ 1) Zivilprozeß: Klage vom Beklagten während des Prozesses gegen den Kläger. 2) Strafprozeß: Klage des Beschuldigten gegen den Kläger im Privatklageverfahren. **Wịderkläger** der, jemand, der Widerklage erhebt. **wịderklingen,** es klingt wider (klang wider, hat widergeklungen), tönt zurück: das Echo hat widergeklungen. **Wịderlager** das, ⊞ massiver Baukörper, auf dem sich ein Bogen, Gewölbe abstützt, ABB. B 39, T 20. **widerlegbar,** so beschaffen, daß man es widerlegen kann. **widerlegen,** ich widerlege (habe widerlegt) es, erbringe den Beweis eines Irrtums: ihre Behauptung konnte nicht widerlegt werden. **Widerlegung** die, -/-en. **widerlich,** ekelhaft, abstoßend. **Wịderlichkeit** die, -. **wịdern,** es widert mich (hat mich gewidert), widert mich an. **wịdernatürlich,** gegen die Natur verstoßend: widernatürliches Verhalten. **Wịdernatürlichkeit** die. **Wịderpart** [mhd. widerpart(e)] der, ♂ Gegner(schaft): wir bieten, geben ihm W. **widerraten,** ich widerrate (widerriet, habe widerraten) es ihm, rate ihm davon ab. **widerrechtlich,** zu Unrecht. **Wịderrechtlichkeit** die. **Wịderrede** die, Widerspruch: ich dulde keine W. **widerreden,** ich widerrede (habe widerredet), widerspreche. **Wịderrist** der, vorderer höchster Rückenteil bei Säugetieren, ABB. P 9. **Wịderruf** der, 1) Zurücknahme, Ungültigkeitserklärung: das Betreten des Gebäudes ist (bis) auf W. gestattet. 2) schweiz.: Widerhall. **widerrufen,** ich widerrufe (widerrief, habe widerrufen) es, nehme zurück, erkläre für ungültig: der Zeuge hat seine Aussage widerrufen. **widerruflich,** mit dem Vorbehalt der Zurücknahme. **Wịdersacher** [ahd. widarsahcho] der, -s/-, Gegner, Widerpart, Feind. **Wịderschein** der, Abglanz, gespiegeltes Licht: der W. der Kerzen. **widerscheinen,** es scheint wider (hat widergeschienen). **Wịdersee** die, -, ⚓ rücklaufende Brandung. **widersetzen,** ich widersetze mich (habe widersetzt) ihm, leiste Widerstand, sträube mich. **widersẹtzlich. Wịdersẹtzlichkeit** die, -/-en. **Wịdersinn** der, Verkehrtheit, Torheit, Unsinn. **widersịnnig. Wịdersinnigkeit** die, -/-en. **wịderspenstig** [mhd. widerspænec], ungehorsam, unfügsam. **Wịderspenstigkeit** die, -. **widerspiegeln,** ich widerspiegle (habe widergespiegelt), gebe ein Spiegelbild, Abbild, eine Wirkung, reflektiere: der See spiegelt das Haus wider; jenes Erlebnis spiegelt sich in seiner Dichtung wider. **Wịderspieg(e)lung** die, zurückgeworfenes Spiegelbild, Reflexion. **Wịderspiel** das, Gegenteil, Gegenstück. **widersprẹchen,** ich widerspreche (widersprach, habe widersprochen) ihm, 1) erhebe Einspruch gegen seine Äußerungen, erkläre für unrichtig: widerspricht mir nicht dauernd!; mit dieser Behauptung hast du dir selbst widersprochen. 2) es widerspricht ihm, steht im Gegensatz dazu: die Meldungen widersprachen sich oder einander; das widerspricht meiner Natur. **Wịderspruch** der, 1) scharfe Ablehnung, Widerrede. 2) zwischen zwei Begriffen, Aussagen, Unvereinbarkeit der beiden: er verwickelte sich in Widersprüche; diese Forderung steht im W. zum Gesetz. 3) ♌ Rechtsbehelf im Zivilprozeß. **widersprụ̈chlich,** einander widersprechend, Widersprüche enthaltend: widersprüchliche Zeugenaussagen. **Wịdersprụ̈chlichkeit** die, -/-en. **Wịderspruchsgeist** der, -(e)s, 1) die Eigenschaft, gern zu widersprechen. 2) Pl. -er, Ü jemand, der gern widerspricht. **widerspruchslos,** er nahm die Anordnungen w. hin. **widerspruchsvoll,** voller Widersprüche. **Wịderstand** der, 1) Hindernis. 2) Pl. selten, das Sichentgegenstellen, tätliche Verteidigung: W. gegen die Staatsgewalt. 3) eine die Bewegung hindernde Kraft: Luftwiderstand; Reibungswiderstand. 4) das Verhältnis von Spannung zu Strom in einem Stromkreis, gemessen in Ohm, ÜBERS. M 8: Ohmscher Widerstand; auch der entsprechende Bauteil: Heizwiderstand. **Wịderstandsbewegung** die, aktive Auflehnung gegen ein als unrechtmäßig, tyrannisch oder als aufgezwungen empfundenes Regime. **widerstandsfähig,** stark, fest im Widerstand: w. gegen Feuchtigkeit, gegen schädliche Umwelteinflüsse. **Wịderstandsfähigkeit** die, -. **Wịderstandskämpfer** der, Angehöriger einer Widerstandsbewegung. **Wịderstandskraft** die, militärische, physische, psychische W. **widerstandslos,** ohne Gegenwehr. **Wịderstandslosigkeit** die, -. **widerstẹhen,** ich widerstehe (habe widerstanden), 1) ihm,

leiste Widerstand, wehre ab. 2) es widersteht mir, ist mir zuwider. **widerstrahlen,** es strahlt wider (hat widergestrahlt), strahlt zurück: der See strahlt das Sonnenlicht wider. **widerstreben,** ich widerstrebe (habe widerstrebt), 1) ihm, leiste Widerstand, wehre mich: er gab nur widerstrebend nach, ungern, nach Widerstand. 2) es widerstrebt mir, ich mag es nicht tun. **Wịderstreit** der, -(e)s, Widerspruch, gegeneinanderwirkende Kräfte: im W. der Gefühle. **widerstreiten,** ich widerstreite (habe widerstritten), 1) ihm, widerspreche. 2) es widerstreitet mir, ist mir unangenehm, steht im Widerspruch. **widerwärtig,** sehr unangenehm, ekelhaft. **Wịderwärtigkeit** die, -/-en. **Wịderwille** der, starke Abneigung. **widerwillig,** höchst ungern. **Wịderwilligkeit** die. **Wịderwort** das: gib keine Widerworte!, widersprich nicht!

wịdmen [ahd. widmen], ich widme (habe gewidmet), 1) es ihm, schenke, bringe dar, eigne zu: er widmete das Buch seiner Mutter. 2) mich einer Sache, beschäftige mich damit, wirke dafür. **Wịdmung** die, -/-en, Zueignung.

wịdrig [spätmhd., zu wider], 1) entgegenwirkend: ein widriger Wind. 2) im Widerspruch zu etwas befindlich: gesetzwidrig; pflichtwidrig; regelwidrig. 3) Widerwillen erregend: eine widrige Kost. **widrigenfalls,** wenn nicht, falls dies nicht geschieht. **Wịdrigkeit** die, -/-en.

wie [ahd. wi(o)], ÜBERS. P 24, 1) auf welche Weise?: ich begreife nicht, w. das geschah; w. ist das passiert?, aber: das Wie ist entscheidend, nicht das Was. 2) in welchem Grade, Maße?: wie groß ist er?; w. großartig!; w. sehr habe ich ihn darum gebeten! 3) Konjunktion der Gleichsetzung: (so) w. du willst; so stark w. er, aber: stärker als er; so schnell w. möglich; Dichter w. Schiller und Goethe; im Sommer w. (auch) im Winter. 4) Frage, wenn man etwas nicht verstanden hat: w. bitte?

Wịebel [ahd. wibil, zu weben] der, -s/-, ♂ ein Käfer, Getreideschädling. **wịebeln,** ich wieb(e)le (habe gewiebelt) es, ostmitteldt.: flicke, stopfe sorgfältig.

Wịechsle die, -/-n, schweiz.: Weichsel.

Wịede [zu Weide] die, -/-n, oberdt.: gedrehter Zweig von Weide oder Hasel zum Binden.

Wịedehopf [mhd. witehopfe, eigtl. ›Weidehüpfer‹] der, -(e)s/-e, ein Vogel mit aufrichtbarem Federschopf.

wịeder [urspr. identisch mit wider], 1) aufs neue, erneut, nochmals, noch einmal: die Preise steigen w.; seid ihr schon w. da?, nach so kurzer Zeit; das darfst du nie w. tun!; für nichts und w. nichts, vergebens. 2) hin und w., ab und zu, gelegentlich; aber: hin und wider, hin und her. **wieder . . .,** in Verbindung mit Verben trennbar zusammengesetzt in den Bedeutungen 1) nochmals, erneut: wiederaufführen; wiederauftauchen; wiedereinsetzen; wiedererzählen; vgl. wiederaufbauen. 2) zurück: wiederbekommen; wiederbringen; wiedererobern; wiedererstatten; wiederfordern. 3) Getrenntschreibung, wenn ›wieder‹ in der Bedeutung ›erneut‹, ›nochmals‹ und das einfache Verb gleich stark betont sind; in diesen Fällen liegt die ursprüngliche Bedeutung zugrunde; vgl. wiedergutmachen. **Wiederaufarbeitung** die, Kerntechnik: Zurückgewinnung von noch spaltbarem Material aus abgebrannten Brennelementen: Wiederaufarbeitungsanlage. **Wiederaufbau** der, Aufbau von Zerstörtem: der W. nach dem Krieg. **wiederaufbauen,** ich baue es wieder auf (habe wiederaufgebaut). **Wiederaufbereitung** die, Wiederaufarbeitung. **Wiederaufnahme** die, erneuter Beginn: W. des Verfahrens. **wiederaufnehmen,** ich nehme es wieder auf (nahm wieder auf, habe wiederaufgenommen). **wiederbeleben,** ich belebe ihn, es wieder (habe wiederbelebt). **Wiederbelebung** die, 1) ♥ Reanimation, Maßnahmen, die Herz und Kreislauf wieder in Gang bringen sollen: Wiederbelebungsversuch, künstl. Atmung oder Herzmassage. 2) Ü Erweckung zu neuem Leben: W. der Wirtschaft. **Wiederdruck** der, -(e)s/-e, ⚙ Neudruck; vgl. aber: Widerdruck. **wiedererkennen,** ich erkenne ihn, es wieder (habe wiedererkannt), nehme aufs neue wahr: ich hätte dich nach so langer Zeit kaum wiedererkannt. **wiedereröffnen,** ich eröffne es wieder (habe wiedereröffnet). **Wiedereröffnung** die: die W. des Geschäfts nach dem Umbau. **wiederfinden,** ich finde ihn, es wieder (fand wieder, habe wiedergefunden), entdecke aufs neue: die beiden haben sich wiedergefunden. **Wiedergabe** die, 1) Darbietung: die musikalische W. auf Schallplatten oder Tonband. 2) Nachbildung, Reproduktion. **Wiedergänger** der, -s/-, im Volksglauben der Toter, der als unerlöste Seele nachts mitternachts umgeht. **wiedergeben,** ich gebe es wieder (gab wieder, habe wiedergegeben), 1) ihm, gebe zurück. 2) bilde nach. 3) erzähle nach, berichte. **Wiedergeburt** die, Ü geistige Erneuerung. **wieder-**

gutmachen, *ich* mache *es* wieder gut (habe wiedergutgemacht), ersetze, bringe aufs neue in Ordnung: *sie hat den Schaden wiedergutgemacht;* aber: *sie hat ihre Aufgaben wieder gut gemacht,* erneut gut ausgeführt. **Wiedergutmachung** *die, -/-en,* **1)** Sühne. **2)** Entschädigung: *Wiedergutmachungsabkommen.* **wiederhaben,** *nur Infinitiv üblich,* Ü zurückbekommen: *ich will es wiederhaben;* aber: *du kannst es wieder haben,* erneut bekommen. **wiederherstellen, 1)** *ich stelle es wieder her* (habe wiederhergestellt), bringe wieder in den ursprüngl. Zustand: *2) er ist wiederhergestellt,* Ü wieder gesund. **Wiederherstellung** *die.* **wiederholen,** *ich* wiederhole (habe wiederholt) *es,* sage, mache dasselbe nochmals: *ich w. meine Forderung nach einer Neuwahl;* aber: *ich werde die Tabelle wieder holen,* erneut holen. **wiederholt,** nochmals, mehrmals. **Wiederholung** *die, -/-en.* **Wiederholungsfall** *der: im W.,* K wenn das noch einmal geschieht. **Wiederholungswahl** *die,* die Wiederholung einer Wahl, die für ungültig erklärt worden ist. **Wiederhören,** *auf W.!,* Gruß am Ende eines Telefongesprächs oder einer Rundfunksendung. **wiederkäuen,** *das Tier* käut wieder (hat wiedergekäut), kaut nochmals das aus dem Netzmagen heraufgewürgte Futter. **Wiederkäuer** *der, -s/-,* ein Paarhufer mit zweimaligem Kauvorgang. **Wiederkauf** *der,* Rückkauf: *Wiederkaufsrecht.* **wiederkaufen,** *ich* kaufe *es* wieder (habe wiedergekauft). **Wiederkäufer** *der.* **Wiederkehr** *die, -,* Heimkehr, Rückkehr. **wiederkehren,** *ich* kehre wieder (bin wiedergekehrt). **wiederkommen,** *ich* komme wieder (kam wieder, bin wiedergekommen), komme zurück: *er ist heute wiedergekommen;* aber: *er ist heute schon wieder gekommen,* nochmals. **wiedersehen,** *ich* sehe *ihn, es* wieder (sah wieder, habe wiedergesehen), treffe nach Trennung wieder; sehe noch einmal: *nach langer Trennung werde ich ihn wiedersehen;* aber: *er kann nach der Augenoperation wieder sehen.* **Wiedersehen** *das, -s/-,* erneutes Beieinandersein: *auf W.!,* Abschiedsgruß. **Wiedertäufer** *der,* kurz: Täufer, Anabaptist, Angehöriger von in der Reformationszeit gegründeten Sekten, welche die Erwachsenentaufe verfechten. **wiedertun,** *ich* tue *es* wieder (tat wieder, habe wiedergetan), wiederhole es: *ich will das nicht wiedertun.* **wieder|um, 1)** nochmals. **2)** dagegen, andererseits. **wiedervereinigen,** *ich* vereinige *es* wieder (habe wiedervereinigt) *mit ihm.* **Wiedervereinigung** *die, -,* eig. staatsrechtl. Vereinigung der seit Errichtung der Bundesrep. Dtl. und der Dt. Dem. Rep. (1949) geschaffenen dt. Teilgebiete: *das Streben nach W.* **Wiederverheiratung** *die,* erneute Heirat nach Tod des Ehepartners oder Scheidung. **Wiederverkäufer** *der,* Händler, Großhändler: *Abgabe nur an W.* *zur Wiederverwendung,* Abk.: z. Wv. **Wiedervorlage** *die, -: zur Wiedervorlage,* Abk.: z. Wv. **Wiederwahl** *die,* erneute Wahl einer Person nach Ablauf ihrer Amtszeit. **wiederwählen,** *ich* wähle *ihn, es* wieder (habe wiedergewählt).

wiefern, Ü inwiefern.

Wiege [ahd. wiga] *die, -/-n,* **1)** Kinderbett auf Schaukelbrettern, ABB. W 12: *von der W. an,* Ü von Geburt an; *meine W. stand in Wien,* P ich bin geborener Wiener; *das ist ihm nicht an der W. gesungen worden,* Ü das hätte er nicht erwartet. **2)** wiegenartiges Gerät, ABB. S 36. **3)** Turnübung, ABB. L 6. **Wiege|eisen** *das,* ABB. R 2. **Wiegemesser** *das,* Messer zum Feinhacken, ABB. M 13.

wiegen [zu wägen], *ich* wiege (habe gewogen), **1)** habe Gewicht: *ich w. 60 Kilo; seine Fehler wogen schwer,* Ü. **2)** *es, ihn,* stelle sein Gewicht fest.

wiegen [mhd. wigen], *ich* wiege (habe gewiegt), **1)** *ein Kind,* schaukele sanft. **2)** *es,* zerkleinere mit dem Wiegemesser: *ich w. Petersilie.* **3)** *mich,* bewege mich schaukelnd: *sie wiegte sich in den Hüften;* Ü *w. mich in (der) Hoffnung,* Ü ich hoffe; *er wiegt sich in Sicherheit,* Ü fühlt sich sicher. **Wiegendruck** *der, -(e)s/-e,* Inkunabel, Druck aus der Zeit vor 1500. **Wiegenfest** *das,* Geburtstag. **Wiegenlied** *das,* Lied, mit dem man ein kleines Kind in den Schlaf singt.

wiehern [mhd. wihelen], *ich* wiehere (habe gewiehert), **1)** *vor Lachen,* Ü lache laut, kreischend. **2)** *ein Pferd wiehert,* gibt Laut.

Wiek *die, -/-en, niederdt.:* flache Bucht.

Wiel [mittelniederl. wiel ›Rad‹] *das oder der, -(e)s/-e,* ✠ **1)** Rad. **2)** Garnbinde.

Wieland [Herkunft unklar], männl. Vorname.

Wiemen [mnd. wim(m)e ›Lattenwerk‹] *der, -s/-, norddt.:* **1)** Stange im Hühnerstall. **2)** Räucherkammer.

wienern, *ich* wienere (habe gewienert) *es,* Ü mache gründlich sauber, putze, daß es glänzt.

Wiepe [mnd. wipe] *die, -/-n, niederdt.:* Strohwisch.

wierig, *schweiz.:* dauerhaft; langwierig.

wies, von weisen.

Wiesbaum [mhd. wisboum] *der,* Stange zum Festhalten des Heus über dem Heuwagen.

Wiese [ahd. wisa] *die, -/-n,* mit Gräsern (und Kräutern) bewachsene Bodenfläche, ABB. P 3: *Wiesengrund; Wiesental.*

Wiesel [ahd. wisal] *das, -s/-,* ein Raubmarder, Sinnbild munterer Beweglichkeit: *flink wie ein W.* **wieseln,** *ich* wies(e)le (bin gewieselt), laufe schnell wie ein Wiesel.

Wies(en)wachs [-vaks, mhd. wisewahs] *der, -es,* ✠ Wiesenertrag. **Wiesland** *das, -(e)s, schweiz.:* Wiesenfläche.

wieso, warum?, wie kommt es?, ÜBERS. P 24.

Wiete *die, -/-n, alem.:* biegsames Bäumchen.

wieten, *ich* wiete (habe gewietet) *es, niederdt.:* jäte.

wieviel [auch v'i:-], welche Menge: *w. Zuschauer waren es?,* aber: *wie viele Zuschauer; w. mehr ist es?; ich weiß nicht, zum wievielten Mal ich das schon gesagt habe, den Wievielten haben wir heute?,* welches Datum? **wievielerlei** [auch v'i:-], wieviel Verschiedenes: *w. war vor der Reise noch zu bedenken?* **wievielmal** [auch v'i:-], wie oft: *w. habe ich das schon gesagt!;* aber: *wie viele Male!* **wieweit,** inwieweit, in welchem Maße: *ich weiß nicht, w. ich den Angaben stimmen;* aber: *ich weiß nicht, wie weit es noch bis dorthin ist.* **wiewohl,** obwohl.

wifeln [mhd. wifelen], *ich* wif(e)le (habe gewifelt) *es, schweiz.:* nähe, stopfe sorgfältig.

Wiggle *die, -/-n, schweiz.:* Zänkerin.

Wigwam [engl. aus Algonkin] *der, -s/-s,* Zelt oder Hütte als Unterkunft nordamerikanischer Indianer.

Wiking [vielleicht zu nord. wik ›Bucht‹] *der, -s/-er,* **Wikinger** *der, -s/-,* Normanne der Frühzeit, Seefahrer: *Wikingerschiff.*

Wilajet [türk.] *das, -(e)s/-s,* Verwaltungsbezirk in der Türkei.

wild [ahd. wildi], **1)** im Naturzustand; ungezähmt, freilebend; nicht veredelt: *wilde Tiere,* im Unterschied zu gezähmten Tieren und Haustieren; *diese Pflanzen wachsen w.,* nicht angebaut; *wilde Rosen,* unveredelte; *eine wilde Gegend,* zerklüftete, unwegsame, aber: *der Wilde Westen,* Wildwest. **2)** unbändig, heftig, ungestüm; zornig, erregt: *wilde Kinder; in wilder Panik; er warf wilde Blicke um sich; sie wurde (fuchsteufels)wild; sie ist w. aufs Ausgehen,* Ü versessen darauf; *er spielt den wilden Mann,* Ü übertreibt im energischen Auftreten; aber: *die Wilde Jagd,* ein Geisterheer; *der Wilde Jäger,* Wodan. **3)** vom Gewöhnlichen abweichend; ungesetzlich: *eine wilde Ehe,* ✠ weder vor Gesetz noch Kirche geschlossen; *wilder Streik,* von einer Gewerkschaft nicht genehmigter Streik; *wildes Fleisch,* überschüssiges Fleisch an heilenden Wunden. **4)** *der wilde Mann, die wilde Frau,* ✡ Schildhalter. **5)** *oberdt., bes. schweiz.:* fast senkrecht, steil: *sie gehen w.,* klettern. **Wild** *das, -(e)s,* jagdbare Säugetiere und Vögel: *Wildpark; Wildente; Wildhege; Wildreichtum; Wildschutzgebiete; Federwild; Raubwild; Rehwild.* **Wildbach** *der,* ungeregelter Bach im Gebirge. **Wildbahn** *die,* Jagdrevier, Jagdgebiet: *geschlossene W.,* eingezäuntes Revier; *freie W.,* offenes Revier. **Wildbret** [mhd. wildebrät, zu Braten] *das, -s,* Fleisch von eßbarem Wild, Wildbraten. **Wilddieb** *der,* Wilderer. **wilddieben,** *ich* wilddiebe (habe gewilddiebt), wildere. **Wilddieberei** *die.* **Wilde, 1)** *der, die, -n/-n, ein -r, eine -,* ✠ Angehörige(r) eines Naturvolkes. **2)** *der, die, schweiz.:* ein(e) keiner Fraktion angehörende(r) Volksvertreter(in). **3)** *die, -,* P Wildnis. **4)** *der, -, oberdt., bes. schweiz.:* Stromschnelle; Hochalp, Wiese. **wildeln,** *es* wildelt (hat gewildelt), ✠ wildergen *es* wildenzt (hat gewildenzt), riecht, schmeckt wie abgelagertes Wild, hat Hautgout. **Wilderer** *der, -s/-,* jemand, der wild (w)ildt(e)re (habe gewildert). **wildern,** *ich* wild(e)re (habe gewildert), **1)** jage unbefugterweise. **2)** *ein Hund wildert,* jagt unbeaufsichtigt. **Wildfang** *der,* **1)** ausgelassenes Kind. **2)** ✠ aus der Freiheit eingefangener Vogel. **wildfremd,** Ü ganz fremd, völlig unbekannt. **Wildheit** *die, -,* das Wildsein. **Wildheu** *das,* Heu von schwer zugängl. Stellen. **Wildheuer** *der,* jemand, der in den Alpen Wildheu einbringt. **Wildkalb** *das,* weibl. Hirsch im 1. Lebensjahr. **Wildkatze** *die,* eine meist im Wald lebende Katze. **wildlebend,** wildlebende Tiere. **Wildleder** *das,* Leder aus den Häuten von Rehen, Gemsen u. a. mit samtartiger Zurichtung: *Wildledermantel; Wildlederimitation.* **Wildling** *der, -s/-e,* **1)** ungezähmtes oder von Haustieren stammendes Tier. **2)** unveredelter Pflanzenschößling. **3)** Wildfang. **4)** ✠ nichteheliches Kind. **Wildnis** *die, -/-se,* Einöde, von Menschen nicht bewohnte Gegend. **Wildpferd**

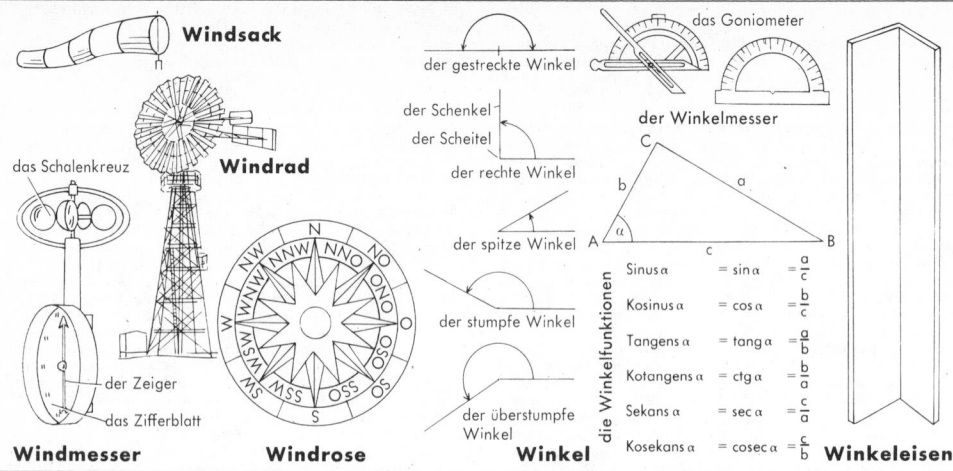

das, Przewalskipferd, Vorfahr des Hauspferdes. **wildroman-tisch,** U sehr romantisch: eine wildromantische Gebirgsland-schaft. **Wildschaden** der, durch jagdbares Wild angerichteter Schaden. **Wildschütz** der, ♂ 1) Wilderer. 2) Jäger. **Wild-schwein** das, ein nicht wiederkäuender Paarhufer, ABB. S 43. **wildwachsend,** nicht angebaut: wildwachsende Blumen, Sträucher. **Wildwechsel** der, regelmäßig eingehaltener Pfad des Schalen- und Großraubwilds, vgl. ABB. V 4. **Wildwest,** ohne Artikel, urwüchsige Bereiche im Westen Nordamerikas. **Wilfried** [ahd. willo, willio ›Wille‹ und fridu ›Friede‹], männl. Vorname.

Wilhelm [ahd. willo, willio ›Wille‹ und helm ›Schutz‹], 1) männl. Vorname. 2) der, -s/-(s): der falsche W., U künstl. Zopf. **Wilhelma, Wilhelmine,** weibl. Vornamen. **Wilhelminisch,** die Zeit Kaiser Wilhelms II. betreffend: Wilhelminisches Zeitalter.

will, von wollen.

Wille [ahd. willo, willio, zu wollen] der, -ns/-n, Pl. selten, auch Willen, zu etwas, es zu tun, feste Absicht, Wunsch, Vorsatz, Entschlossenheit: Willensäußerung; Willensbildung; es war sein fester W., er war entschlossen; das konnte ich beim besten Willen nicht tun; du sollst deinen Willen haben, was du willst, soll geschehen; aus, mit freiem Willen, ohne Zwang; es geschah wider seinen Willen, gegen seine Absicht, gezwungen oder unbedacht; er ist voll guten Willens; der Letzte W., Testament, schriftl. Verfügung für den Todesfall. **willen,** um einer Person oder Sache w., deshalb, weil es dafür gut ist: um seiner selbst w.; aber: um meinetwillen, deinetwillen, seinetwillen, ihretwillen, euretwillen. **Willen** der, -s/-, Pl. selten, Nebenform von Wille. **willenlos,** ohne eigenen Willen, schwach: sie ist ein willenloses Werkzeug in seinen Händen, tut alles, was er will. **Willenlosig-keit** die, -. **willens,** ich bin w., es zu tun, beabsichtige. **Willenserklärung** die, ⚖ eine Willensäußerung, die einen Rechtserfolg erstrebt. **Willensfreiheit** die, Möglichkeit des Menschen, Inhalt und Ziel seines Wollens selbst zu bestimmen. **Willenskraft** die, Fähigkeit, an einem Entschluß auch gegen Schwierigkeiten festzuhalten. **willensschwach,** mit schwachem Willen, nachgiebig. **Wil-lensschwäche** die. **willensstark.** **Willensstärke** die, Willenskraft. **Willensvollstrecker** der, schweiz.: Testa-mentsvollstrecker. **willentlich,** absichtlich: wissentlich und w. **willfahren,** ich willfahre (habe willfahrt), auch **willfahren** (habe gewillfahrt) ihm, erfülle seinen Willen. **willfährig,** gefügig, gehorsam, nachgiebig. **Willfährigkeit** die, -.

Willi [zu Wilhelm], männl. Vorname.

Willibald [ahd. willo willio ›Wille‹ und bald ›kühn‹], männl. Vorname.

willig, guten Willens; dienstfertig, arbeitsam. **Willigkeit** die, -. **Willkomm** der, -s/-e, Willkommen. **will-kommen,** angenehm, gern gesehen: das ist mir sehr w.; ich heiße ihn w., begrüße ihn; ein willkommener Gast. **Willkom-**

-men das, auch der, -s/-, freundl. Empfang: Willkommens-trunk; als Gruß: ich biete ihm W.; ein freundliches W.! **Willkür** [mhd. wilkür] die, -, 1) Handeln nach eigenem Gutdünken, Selbstherrlichkeit, Rücksichtslosigkeit, oft unter Machtmiß-brauch: Willkürherrschaft; Willkürurteil. 2) ♂ Gemeindeord-nung, rechtl. Bestimmung. **willkürlich** [auch -k'y:r-], 1) von Willkür geleitet: eine willkürliche Maßnahme; er wurde w. übergangen. 2) vom Willen gesteuert: willkürliche Muskeln. **willmütig,** niederrhein.: übermütig.

Willy [zu Wilhelm], männl. Vorname.

Wilma [zu Wilhelma], weibl. Vorname.

wimmeln [mhd. wimelen], es wimmelt (hat gewimmelt), regt sich in Massen durcheinander, gibt ein Gewühl: es w. hier von Ameisen; dein Aufsatz w. zu von Fehlern, Ü.

wimmeln [vgl. Wimmet], ich wimm(e)le (habe gewimmelt) Trauben, schwäb.: halte Weinlese. **wimmen,** ich wimme (habe gewimmet) Trauben, schweiz.: halte Weinlese. **Wimmer** der, -s/-, schweiz.: Winzer.

Wimmer [mhd. wim(m)er ›knorriger Auswuchs‹, ›Warze‹, ›Bläschen‹] der, -s/-, 1) in der Faserung abweichende, schwer zu bearbeitende Stelle im Holz. 2) südostdt.: kleines Geschwür. **Wimmerl** das, -s/-n, bair.-österr.: Pickel, Pustel.

wimmern [mhd. wimmer ›Gewinsel‹], ich wimm(e)re (habe gewimmert), jammere, klage leise vor Schmerz, weine unter-drückt: sie wimmerte kläglich vor sich hin.

Wimmet [mhd. wimmet, windemat, zu lat. vindemia] der, -s, schweiz.: Weinlese.

Wimpel [mhd. wimpel ›Wimpel‹, ›Kopftuch‹] der, -s/-, 1) schmale dreieckige Flagge, ABB. F 1. 2) Brusttuch der Nonnen, ABB. A 13.

Wimper [mhd. wintbra] die, -/-n, 1) Haar am Rand des Augenlides, ABB. A 24: ohne mit der W. zu zucken, Ü ganz ruhig, kaltblütig. 2) 🔬 Zellfortsatz, Flimmer. 3) ⚘ steifes Haar am Blattrand.

Wimperg [ahd. wintberga, zu bergen, eigtl. ›Windschutz‹] der, -(e)s/-e, **Wimperge** die, -/-n, ⌂ got. Ziergiebel, ABB. K 20.

Wimper|infusorium das, Wimpertier(chen). **Wimpern-tusche** die, kosmet. Mittel zum Schwärzen und Verlängern der Augenwimpern. **Wimpertier(chen)** das, einzelliges Tier mit Wimpern und zwei Zellkernen.

wind [mhd. winde, winne ›Schmerz‹], ♂ verkrümmt: mir ist w. und weh, südwestdt.: mir ist angst und bange.

Wind [ahd. wint, verwandt mit lat. ventus] der, -(e)s/-e, 1) durch Luftdruckgegensätze und Temperaturunterschiede her-vorgerufene Luftströmung: Windbö; Windrichtung; windge-schützt; Seewind; der W. weht, dreht sich; Windstau; in W. und Wetter; gegen W. und Wellen; vor dem W., mit Rückenwind; wie der W., Ü sehr schnell; nun merkst du, woher der W. weht, Ü was hier droht; die Geschwister sind in alle Winde verstreut, Ü wohnen an verschiedenen Orten weit entfernt voneinander;

sie bringt frischen W. in die Gesellschaft, Ü belebt sie; *diese Warnung solltest du nicht in den W. schlagen,* Ü unbeachtet lassen; *meine Ratschläge sind in den W. geredet,* Ü vergebens. **2)** Ü Nichtigkeit: *mach nicht so viel W.!,* U Aufhebens um nichts; *der spanische W.,* österr.: gebackener Eiweißschaum. **3)** *Wild bekommt W.,* ⚥ Witterung: *er hat davon W. bekommen,* U etwas gemerkt. **4)** abgehende Darmblähung. **5)** metallurgischen Öfen unter Druck zugeführte Luft. **6)** Orgel: durch den Blasebalg den Pfeifen zugeführte Luft. **Windbeutel** *der,* **1)** mit Schlagsahne gefülltes Gebäck, Abb. K 51. **2)** U leichtsinniger Mensch. **Windbeutelej** *die,* -, U Prahlerei. **Windbruch** *der,* ⚘ durch Wind entstandener Schaden im Wald. **Windbüchse** *die,* frühe Form des Luftgewehrs. **Winddrift** *die,* durch Wind erzeugte Meeresströmung. **Winde** *der,* -n/-n, ⚭ Slowene, Wende. **Winde** [mhd. winde, zu winden] *die,* -/-n, **1)** Gerät zum Heben von Lasten, Abb. B 3, L 4. **2)** trichterblütige, meist windende Pflanze. **3)** Drehbohrer, Abb. T 11. **4)** *schweiz.:* Dachboden. **Wind|ei** *das,* **1)** weichschaliges oder ohne Schale abgelegtes Vogelei. **2)** ⚢ abgestorbenes, zur Fehlgeburt führendes Ei. **Windel** [zu winden] *die,* -/-n, Wickeltuch für Kleinkinder, Abb. K 25. **windeln,** *ich* wind(e)le (habe gewindelt) *ein Kind,* wickele in Windeln. **windelweich,** *er wurde w. geschlagen,* U heftig verprügelt. **winden** [ahd. wintan], *ich* winde (wand, habe gewunden), **1)** *es,* bewege mit einer Winde (Lasten). **2)** *es,* wickle, schnüre; bewege drehend: *das Kind windet sich aus Blumen einen Kranz.* **3)** *mich,* krümme mich, werfe mich hin und her: *er wand sich in Todesqualen.* **4)** *mich,* Ü suche mich einer Lage zu entziehen: *da kannst du dich noch so sehr winden, du mußt es tun.* **winden** [zu Wind], *es* windet (hat gewindet), **1)** Wind geht heftig. **2)** *Wild w.,* wittert. **Wind|erhitzer** *der,* -s/-, Anlage zur Erhitzung der Verbrennungsluft des Hochofens. **Windes|eile** *die,* -, große Schnelligkeit: *sie zieht sich in W. an.* **Windfahne** *die,* Wetterfahne. **Windfang** *der,* **1)** kleiner Vorraum, Abb. H 11. **2)** Nase des wiederkäuenden Schalenwildes, z. B. Hirsch, Reh, Abb. R 13. **Windfege** *die,* -/-n, eine Getreidereinigungsmaschine. **Windharfe** *die,* Äolsharfe, ein Schallkasten, der mit auf den gleichen Ton gestimmten Saiten bespannt ist. **Windhauch** *der,* leichter Wind. **Windhose** *die,* Luftwirbel um eine fast senkrechte Achse, Trombe. **Windhund** *der,* **1)** Haushunderasse. **2)** Ü leichtsinniger Mensch. **windig,** **1)** voller Luftbewegung. **2)** Ü leichtsinnig, eitel: *ein windiger Bursche.* **3)** G gefährlich, unsicher: *eine windige Sache.* **windisch,** ⚭ windisch. **wind(i)sch,** *schweiz.:* windschief. **Windjacke** *die,* wetterfeste Jacke. **Windjammer** [engl. to jam ›pressen‹, eigtl. ›Windpresser‹] *der,* -s/-, Ehrenname für ein Segelschiff alter Art. **Windkanal** *der,* Anlage zur Untersuchung der strömungstechn. Eigenschaften von Körpern. **Windkessel** *der,* mit Druckluft gefüllter Speicher in Pumpen- und Verdichteranlagen. **Windkraftwerk** *das,* ein Kraftwerk, dessen Energie von Windrädern erzeugt wird. **Windlade** *die,* Orgel: Holzkasten, auf dem die Pfeifen stehen. **Windlicht** *das,* vor Luftströmung durch ein becherförmiges Glas geschützte Kerze. **Windmesser** *der,* Gerät zum Messen der Windstärke, Abb. W 13. **Windmühle** *die,* eine Windkraftmaschine, Abb. M 22. **Windpocken,** *Pl.,* ⚢ eine Kinderkrankheit, Spitzpocken. **Windrad** *das,* eine Kraftmaschine, Abb. W 13. **Windröschen** *das,* ⚘ ein halbstrauchiges mit wollfilzigen Früchten. **Windrose** *die,* Scheibe mit Einzeichnung der Himmelsrichtungen, Abb. W 13. **Windsack** *der,* aufgehängte röhrenförmige Stoffhülle zum Anzeigen der Richtung des Bodenwindes, Abb. W 13. **Windsbraut** [ahd. wintsprut] *die,* P Wirbelwind. **Windschatten** *der,* ⚓ Lee, in nicht vom Wind erreichter Raum im Schutz eines Hindernisses. **windschief** [zu winden, gewunden], verzogen, krumm; in den Fasern verdreht (Holz). **Windschliff** *der,* durch Flugsand abgeschliffene Flächen an Gesteinen. **Windschur** *die,* Verformung der Baumkronen durch starke Windeinwirkung. **Windschutzscheibe** *die,* beim Kraftwagen eine vorn angebrachte Scheibe aus Sicherheitsglas, Abb. K 40. **Windseite** *die,* ⚓ Luv, dem Wind zugewandte Seite. **Windsichter** *der,* -s/-, Gerät zur Staubabscheidung nach geringen Korngrößen. **Windspiel** [mhd. windspil] *das,* Windhund. **Windstärke** *die,* in 17 Stufen eingeteilte Stärkegrade des Windes. **windstill,** *es ist w.* **Windstille** *die,* das Fehlen fast jeder Luftbewegung, Flaute, Kalme. **Windstoß** *der,* die Bö. **Windsurfing** [-sə:fiŋ, engl.]

das, Surfing mit einem Surfbrett, das mit einem Segel ausgerüstet ist. **Windung** [zu winden] *die,* -/-en, **1)** Krümmung, Biegung: *Flußwindung.* **2)** bei einer Raumkurve die Abweichung vom ebenen Verlauf. **Windzug** *der,* -(e)s, Luftzug. **Win|fried** [ahd. wini ›Freund‹ und fridu ›Friede‹, männl. Vorname. **Wingert** [ahd. wingart] *der,* -s/-e, rhein.: Weinberg. **Wink** [mhd. winc] *der,* -(e)s, mit der Hand, dem Kopf oder den Augen gegebenes Zeichen; versteckter Hinweis: *man sollte ihm einen W. geben,* eine Andeutung, was er tun soll oder darüber, wie die Dinge liegen. **Winkel** [ahd. winkil] *der,* -s/-, **1)** enger Raum; stille abgelegene Stelle: *das Glück im W.,* Ü ein ungestörtes. **2)** △ die gegenseitige Neigung zweier sich schneidender Geraden, Abb. A 16, V 6, W 13: *rechter, spitzer, stumpfer W.; sie stehen in einem W. von 30° zueinander.* **3)** Name mehrerer Meßwerkzeuge, Abb. A 16, R 17, S 29, S 63, W 13. **4)** *niederrhein.-westfäl.:* Kramladen. **Winkeladvokat** *der,* Rechtsberater zweifelhaften Rufs. **Winkeleisen** *das,* Walzeisen mit L-förmigem Querschnitt, Abb. W 13. **Winkelfunktion** *die,* △ Seitenverhältnis im rechtwinkligen Dreieck, Abb. W 13. **Winkelgeschwindigkeit** *die,* bei einer Drehung der in der Zeiteinheit zurückgelegte Winkel. **Winkelhaken** *der,* ⚘ Werkzeug für Setzer. **wink(e)lig,** reich an Winkeln, verwinkelt: *winklige Altstadtgäßchen.* **Winkelmaß** *das,* ein Meßwerkzeug. **Winkelmesser** *der,* Gerät zum Messen von Winkeln, Abb. W 13, M 7. **Winkelzug** *der,* geschicktes, nicht ganz korrektes Vorgehen: *keine Winkelzüge!* **winken** [ahd. winchen ›Zeichen machen‹], *ich* winke (habe gewinkt), **1)** *mit der Hand, mit dem Taschentuch,* schwenke als Zeichen zum Abschied: *dir winkt heute noch eine Tracht Prügel,* Ü steht bevor. **2)** *ihm,* gebe ein Zeichen (auch mit Winkerflaggen). **Winker** *der,* -s/-, **1)** jemand, der winkt. **2)** früher: Fahrtrichtungsanzeiger an Kraftfahrzeugen. **winklig,** winkelig. **Winsel|ei** *die,* -, -en. **winseln** [mhd. winsen, verwandt mit wimmern], *ich* wins(e)le (habe gewinselt), jammere, klage wimmernd: *der Hund winselte nach seinem Herrn.* **Winter** [ahd. wintar] *der,* -s/-, **1)** die kalte Jahreszeit, Übers. J 7; Sinnbild des Todes oder der Kälte: *im W.; über den W.; den W. über; während des Winters; Sommer wie W.; ein strenger W.; Winteranfang; Winterkleid; Winterkurort; Wintersemester.* **2)** ⚭ Jahr: *drei W. lang.* **Winterbau** *der,* -(e)s, Bauarbeiten während der winterlichen Witterung. **Winterfahrplan** *der,* in den Wintermonaten gültiger Fahrplan. **winterfest,** *winterfeste Pflanzen.* **Winterfrische** *die,* -/-n, ⚢ Ferienaufenthalt im Winter außerhalb des ständigen Wohnsitzes. **Wintergarten** *der,* von Glaswänden umschlossener Raum am Haus für Zierpflanzen. **Wintergetreide** *das,* das im Herbst ausgesäte überwinternde Getreide (Winterweizen, Roggen, Gerste). **winterlich,** wie im Winter, den Winter betreffend: *winterliche Temperaturen.* **Winterling** *der,* -s/-e, ⚘ ein Hahnenfußgewächs. **wintern,** *es* wintert (hat gewintert), wird Winter. **winters,** den Winter über; aber: *während des Winters.* **Wintersaat** *die,* im Herbst ausgesäte überwinternde Nutzpflanzen. **Winterschlaf** *der,* bei manchen Säugetieren (z. B. Hamster, Igel, Murmeltier) ein Ruhezustand, bei dem die Lebensfunktionen auf ein Minimum herabgesetzt sind. **Winterschlußverkauf** *der,* Verkauf saisonbedingter Ware (bes. Kleidung) zu herabgesetzten Preisen. **Wintersport** *der,* bes. im Winter ausgeübte Sportarten, z. B. Skisport, Eissport, Schlittensport. **Winterung** *die,* -/-en, Wintersaat. **Winze** *die,* -/-n, ein Singvogel. **Winzer** [lat. vinitor, von lat. vinum ›Wein‹] *der,* -s/-, Weinbauer; Rebenarbeiter: *Winzergenossenschaft; Winzermesser.* **winzig** [mhd. winzic, zu wenig], sehr klein. **Winzigkeit** *die,* -. **Wipfel** [ahd. wipfel] *der,* -s/-, Oberteil, Gipfel eines Baumes, Abb. B 15. **Wippchen** *die,* -/-n, ⚢ Flause, Finte, Winkelzug. **Wippe** *die,* -/-n, **1)** ⚙ doppelarmiger Hebel. **2)** Turnerstellung, Abb. L 6. **3)** Gerät auf Kinderspielplätzen, Abb. S 53, S 55. **4)** Reisigbündel zum Ufer- und Flußbau. **5)** Strafvollzug des MA.: eine Vorrichtung, um den Übeltäter ins Wasser fallen zu lassen. **wippen** [mhd. wipfen], *ich* wippe (habe gewippt), **1)** schaukele, bewege (mich) stoßweise: *die Kinder wippten; er wippt mit den Füßen.* **2)** schnelle, stoße weg. **wir** [ahd. wir], Personalpronomen, Übers. P 24: *w. Deutschen* (⚭ *w. Deutsche*).

wirb!, von werben.

Wirbel [ahd. (h)wirbil] *der, -s/-*, **1)** schnelle, kreisende Bewegung, bes. einer Flüssigkeit oder eines Gases: *Wirbelwind; Wasserwirbel; im W. der Leidenschaft*, Ü; *wegen dieser Sache gab es einen großen W.*, Ü großes Aufsehen. **2)** Griff an Türen und Fenstern. **3)** spiralige Anordnung der Haare, ABB. H 1: *vom W. bis zur Zehe;* spiralige Anordnung der Tastlinien an den Fingerspitzen. **4)** ♪ schneller Wechsel der Schläge auf Schlaginstrumenten: *Trommelwirbel.* **5)** ♪ bei Saiteninstrumenten drehbarer Stift, um den die Saite gewunden ist, ABB. B 6, G 8, G 26, L 5, Z 11. **6)** Knochen der Wirbelsäule, ABB. M 12: *Wirbelbruch.* **wirb(e)lig**, Ü schwindlig: *mir wird w.* **Wirbellose**, *Pl.*, 🐚 Evertebraten. **wirbeln**, ich wirb(e)le (habe gewirbelt), **1)** *es, ihn, mich*, drehe wild, treibe drehend vor mir her. **2)** *auf der Trommel*, schlage einen Wirbel. **3)** *es wirbelt* (hat, ist gewirbelt), dreht sich: *Staub wirbelt.* **Wirbelsäule** *die*, beim Menschen und bei Wirbeltieren die den Schädel tragende und den Rumpf stützende Knochensäule, Rückgrat, vgl. ABB. M 12: *Wirbelsäulenverkrümmung.* **Wirbelstrom** *der*, der durch ein magnet. Wechselfeld in einem elektr. Leiter induzierte Strom: *Wirbelstrombremse.* **Wirbelsturm** *der*, Luftwirbel mit stürmischen Winden. **Wirbeltier** *das*, Tier mit Wirbelsäule.

wirbt, von werben.

wird, von werden.

wirf!, von werfen.

wirken [ahd. wirken], *ich wirke* (habe gewirkt), **1)** *irgendwo*, arbeite, bin tätig, schaffe etwas: *der Verstorbene hat 40 Jahre an der Schule gewirkt.* **2)** *auf ihn, etwas*, habe Einfluß: *die Musik wirkt auf mich beunruhigend.* **3)** mache Eindruck, habe Erfolg: *er wirkt durch seine Erscheinung; die Tabletten haben gewirkt.* **4)** *es*, tue, bringe hervor: *er hat viel Gutes gewirkt.* **5)** *(es)*, stelle Wirkwaren her. **6)** *Teig, oberdt.:* knete. **Wirker** *der, -s/-*, jemand, der Wirkwaren herstellt: *Strumpfwirker.* **Wirkerei** *die, -/-en*, **1)** *ohne Pl.*, die Herstellung von Wirkwaren. **2)** Betrieb dafür. **Wirkerin** *die, -/-nen*, Frau, die Wirkwaren herstellt. **wirklich**, **1)** tatsächlich, echt: *es ist w. wahr.* **2)** vorhanden, bestehend: *Begebenheiten aus dem wirklichen Leben.* **Wirklichkeit** *die, -/-en: Wirklichkeitsmensch; wirklichkeitsfremd; wirklichkeitsnah.* **Wirklichkeitsform** *die*, Ⓢ Indikativ, ÜBERS. V 2. **wirksam**, erfolgreich schaffend, wirkend, arbeitend, tätig: *ein wirksames Mittel.* **Wirksamkeit** *die, -.* **Wirkstoffe**, *Pl.*, lebensnotwendige Stoffe wie Hormone, Vitamine, Enzyme. **Wirkung** *die, -/-en*, **1)** Folge, Einfluß, Erfolg: *die W. blieb aus; Ursache und W.; mit W. vom . . .,* seit dann gültig, in Kraft; *Wirkungsbereich; Wirkungskreis.* **2)** Eindruck, Effekt: *Wirkungskraft.* **3)** Physik: das Produkt aus Arbeit und Zeit oder aus Impuls und Weg. **Wirkungsgrad** *der*, das Verhältnis von Nutzleistung zur aufgewandten Leistung (bei Maschinen). **wirkungslos**, *wirkungslose Mittel.* **Wirkungslosigkeit** *die, -.* **wirkungsvoll**, *eine wirkungsvolle Erscheinung.* **Wirkwaren**, *Pl.*, Textilien, bei denen sich die Fäden maschenförmig verschlingen, vgl. ABB. G 19.

wirr, **1)** ungeordnet, kreuz und quer liegend, verfilzt: *wirres Haar.* **2)** Ü verwirrt, unklar: *wirre Gedanken.* **wirren** [ahd. werran], *ich wirre* (habe gewirrt) *ihn, etwas* Ⓢ störe, belästige; verwirre. **Wirren**, *Pl.*, Unruhen, Aufruhr, Kämpfe: *Kriegswirren.* **Wirrheit** *die, -*, wirre Beschaffenheit, Verworrenheit. **Wirrkopf** *der* Ü jemand, der nicht klar denkt. **Wirrnis** *die, -/-se*, **Wirrsal** *das, -(e)s/-e*, die Wirren, Verwirrung. **Wirrung** *die, -/-en*, Verwirrung, Irrweg: *Irrungen und Wirrungen.* **Wirrwarr** *der, -s*, großes Durcheinander.

wirsch [zu wirr], *alem.:* grob, schroff, wild, zornig.

Wirsing [zu lat. viridia ›Grünzeug‹] *der, -s*, ein Kopfkohl, ABB. K 33: *Wirsinggemüse.*

wirst, von werden.

Wirt [ahd. wirt ›Hausherr‹] *der, -(e)s/-e*, **1)** Inhaber einer Gastwirtschaft: *Gastwirt.* **2)** jemand, bei dem man zu Gast ist, Gastgeber. **3)** Biologie: von einem Schmarotzer bewohntes Lebewesen: *Wirtspflanze; Wirtstier.* **4)** Vermieter einer Wohnung oder eines Zimmers. **5)** ✦ jemand, der einer Haushaltung vorsteht, Hausherr: *er ist ein guter W.,* versteht seine Haushaltung gut. **wirtbar**, ✦ geeignet, Gäste aufzunehmen.

Wirtel [mhd. wirtel] *der*, **1)** Schwungring auf der Handspindel, ABB. S 56. **2)** *oberdt.:* Quirl. **3)** ⚘ Quirl. **4)** 🔩 Schaftring der Säule.

wirten [mhd. wirten ›bewirten‹], *ich wirte* (habe gewirtet), *schweiz.:* betreibe eine Gastwirtschaft. **Wirtin** *die, -/-nen*, weibl. Wirt. **wirtlich**, gastlich, angenehm. **Wirtlichkeit** *die, -.* **Wirtschaft** [ahd. wirtscaft ›Festmahl‹] *die, -/-en*, **1)** jede Einrichtung und Tätigkeit zur Befriedigung der Bedürfnisse des Menschen an Gütern: *Volkswirtschaft; Weltwirtschaft; Wirtschaftsaufschwung; Wirtschaftsabkommen; Wirtschaftsberater; Wirtschaftshilfe; Wirtschaftskriminalität; Wirtschaftskrise; Wirtschaftslage; Wirtschaftswachstum.* **2)** Haushalt: *Hauswirtschaft; Wirtschaftsgeld.* **3)** *norddt.:* Landwirtschaftsbetrieb. **4)** einfache Gaststätte: *Gastwirtschaft.* **5)** Ü Unordnung, Mißstand: *so eine W.!* **wirtschaften**, *ich wirtschafte* (habe gewirtschaftet), **1)** betreibe eine Wirtschaft. **2)** teile Einnahmen und Ausgaben ein. **3)** Ü mache mir zu schaffen, beschäftige mich ständig. **Wirtschafter** *der, -s/-*, **Wirtschafterin** *die, -/-nen*, Name für Angestellte, die vertretungsweise die Wirtschaft führen. **Wirtschaftler** *der, -s/-,* **1)** Lehrer der Wirtschaftswissenschaften. **2)** leitende Persönlichkeit in Handel und Industrie. **wirtschaftlich**, **1)** die Wirtschaft betreffend: *die wirtschaftliche Lage des Staates.* **2)** geldlich; kaufmännisch: *wirtschaftliche Überlegungen zwangen zu Sparmaßnahmen.* **3)** sparsam, haushälterisch: *du mußt w. denken!* **4)** lohnend. **Wirtschaftlichkeit** *die, -.* **Wirtschaftspolitik** *die*, die Gestaltung der Wirtschaftsabläufe im Dienst der polit. und sozialen Zielsetzungen. **Wirtschaftsprüfer** *der*, öffentlich bestellte und vereidigte Person mit Hochschulstudium zur Überprüfung der Abschlüsse und steuerl. u. a. Beratung der Unternehmen. **Wirtschaftsprüfung** *die*, Revision. **Wirtschaftswissenschaften**, *Pl.*, Volkswirtschaftslehre, Finanzwissenschaft und Betriebswirtschaftslehre. **Wirtschaftswunder** *das*, Ü überraschender wirtschaftl. Aufstieg. **Wirtshaus** *das*, einfache Gaststätte, Schenke. **Wirtsleute**, *Pl.*, Wirt und Wirtin einer Gastwirtschaft, Ü auch Vermieter.

Wirz *der, -es/-e*, *schweiz.:* Wirsing.

Wis *der, -*, *schweiz.:* die Karten in der Hand des Jassers, die er vorweisen kann.

Wisch [mhd. wisch, zu ahd. . . .wisc] *der, -(e)s/-e*, **1)** Wischer, Wedel, Bündel: *Strohwisch; Wischtuch.* **2)** Ü verächtlich: Schriftstück. **wischen** [ahd. wiscon], *ich wische* (habe gewischt), **1)** *über etwas*, reibe, fahre darüber hin. **2)** *es von, aus etwas*, entferne durch Abreiben, bes. mit Tüchern: *wisch dir die Tränen aus den Augen!; ich w. Staub (von den Möbeln); ich muß noch den Fußboden wischen.* **3)** *ihm eine*, Ü gebe eine Ohrfeige. **4)** (bin gewischt) *aus, in etwas*, Ü bewege mich schnell: *sie wischte aus dem Zimmer, ins Zimmer.* **Wischer** *der, -s/-*, zum Wischen, Reinigen: *Scheibenwischer*, ABB. K 40. **wischig**, *norddt.:* zerstreut. **Wischiwaschi** *das, -s*, Ü Geschwätz.

Wischnu [altind. Visnu], einer der Hauptgötter des Hinduismus.

Wischwasch *der, -es*, Ü Geschwätz.

Wisent [ahd. wisunt] *der, -s/-e*, in europ. Bison, ABB. R 22.

Wismut [wohl nach dem ältesten Fundort Wiesen im Erzgebirge und ⚒ muten] *das, -(e)s*, ⚛ Element, Zeichen: Bi, sprödes, rötlichweißes Metall.

Wispel [gekürzt aus mnd. wichskepel] *der, -s/-*, altes Getreidemaß.

wispeln [ahd. wispalon], **wispern**, *ich wisp(e)le, wisp(e)re* (habe gewispelt, gewispert) *(es)*, flüstere, spreche leise.

Wißbegier(de) *die, -*, das Verlangen nach Kenntnissen. **wißbegierig. wissen** [ahd. wizzan], *ich weiß* (habe gewußt; du weißt, er weiß; wir wissen, ihr wißt, sie wissen; wenn er wüßte), **1)** *es, etwas* ist mir bekannt, bewußt, ich habe es erfahren, habe bereit: *er w., was er will; er will alles besser wissen; ich werde ihm Dank wissen; soviel ich w.,* soviel ich sagen kann; *weißt du schon das Neueste?; das w. doch jedes Kind,* Ü jeder. **2)** *von ihm, davon*, habe Kenntnis: *davon w. ich nichts,* habe ich nie etwas erfahren. **3)** *es zu tun,* kann: *sie w. gut mit Kindern umzugehen; er w. zu leben,* macht sich das Leben angenehm; *du weißt dich immer herauszureden,* hast immer Entschuldigungen bereit. **4)** *wer w., Gott w.,* Ü kein Mensch; *wer w. wo,* irgendwo; *ich w. nicht recht,* vielleicht, es ist mir zweifelhaft; *er ist wer w. wie ängstlich; ich weiß Sie, weiß du,* Ü Füllwort, etwa: nämlich. **Wissen** *das, -s*, Kenntnis, Kenntnisse: *Wissensgebiet; ohne mein W.; meines Wissens,* Abk.: m. W., soviel ich weiß; *nach bestem W. und Gewissen,* in voller Ehrlichkeit; *wider besseres W.* **Wissende** *der, die, -n/-n, ein -r, eine -*, jemand, der in etwas eingeweiht wurde. **Wissenschaft** *die, -/-en*, **1)** nach Einzelgebieten geordnete, methodisch ausgebaute Erkenntnis und Forschung: *Naturwissenschaft; das ist eine W. für sich,* Ü ist schwer zu verstehen. **2)** ✦ Kunde, Wissen. **Wissenschafter** *der, -s/-*, ✦ noch schweiz., österr., **Wissenschaftler** *der, -s/-*, jemand, der wissenschaftlich tätig ist, Gelehrter. **wissenschaftlich**, *wissenschaftliche Untersuchungen; Wis-*

senschaftlicher Rat (Titel). **Wissenschaftlichkeit** *die,* -. **Wissensdrang** *der,* **Wissensdurst** *der,* Wißbegierde. **wissensdurstig. wissenswert,** *wissenswerte Einzelheiten.* **wissentlich,** bewußt, mit Wissen: *er hat w. die Unwahrheit gesagt.*

wist! [wohl zu ahd. winstar ›links‹], Fuhrmannsruf: links!

Wistarie, Wisterie [-iə, nach dem amerikan. Arzt C. Wistar, 1761–1818] *die,* -/...*ri*|*en,* Glyzine, ein Zierstrauch. **Witfrau** *die,* **Witib** *die,* -/-e, ∞ Witwe. **Witiber** *der,* -s/-, **Witmann** *der,* ∞ Witwer.

Witold [ahd. witu ›Wald‹ und waltan ›walten‹], männl. Vorname.

witschen [verwandt mit wischen], *ich witsche* (bin gewitscht), ∪ bewege mich schnell: *er witscht um die Ecke.*

wittern [mhd. witeren, zu Wetter], *ich witt*(*e*)*re* (habe gewittert), 1) *es,* ∪ ahne, vermute: *sie wittert Unheil.* 2) *Wild wittert,* 🦌 riecht, spürt dem Geruch nach. 3) *es wittert,* gewittert.

Witterung *die,* -/-en, 1) Wetter, Wetterlage: *eine milde W.; witterungsbedingt; Witterungseinfluß.* 2) 🦌 Geruchssinn: *der Hund bekommt W. vom Hasen, eine Geruchsspur.* **Witterungsumschlag** *der,* plötzlicher Wechsel der Witterung.

Wittling *der,* -s/-e, ein Speisefisch.

Wittum [ahd. widamo, zu widmen] *das,* -(e)s/⁼er, im MA.: der Witwe zustehender Vermögensteil.

Witwe [ahd. wituwa, verwandt mit lat. vidua, eigtl. ›die Getrennte‹] *die,* -/-n, Abk.: Wwe., Frau, deren Ehemann gestorben ist: *Witwengeld; Witwenrente; Witwenschleier.* **Witwenschaft** *die,* **Witwentum** *das,* -s. **Witwer** *der,* -s/-, Mann, dessen Ehefrau gestorben ist. **Witwerschaft** *die,* **Witwertum** *das,* -s.

Witz [ahd. wizzi, urspr. ›Wissen‹, ›Verstand‹] *der,* -es, 1) *Pl.* -e, geistreicher Spaß, Scherz: *ein guter, politischer, zweideutiger W.; er erzählt, macht gern Witze; mach keine Witze!,* ∪ das ist doch wohl nicht wahr! 2) Gabe, Lustiges in schlagender Form anzubringen, Reichtum an belustigenden Einfällen: *eine witzsprühende Rede.* 3) ∞ Findigkeit, Schlauheit; Verstand. **Witzblatt** *das,* Zeitschrift witzigen Inhalts mit Karikaturen: *Witzblattfigur,* ∪. **Witzbold** *der,* -(e)s/-e, Scherzemacher. **Witzelei** *die,* -/-en. **witzeln,** *ich witz*(*e*)*le* (habe gewitzelt) *über etwas,* spotte, mache seichte Witze. **Witzfigur** *die,* ∪ lächerlicher Mensch. **witzig,** 1) voller Witz, treffend: *eine witzige Rede.* 2) ∞ klug und vorsichtig. **witzigen,** *ich witzige* (habe gewitzigt) *ihn,* ∞ mache durch Schaden klug; vgl. gewitzigt. **Witzigkeit** *die,* das ist *w.,* ∪ hat keinen Zweck.

w. L., Abk. für: westlicher Länge.

Wladimir [auch vl'a-, russ. vladet ›herrschen‹ und mir ›Frieden‹], männl. Vorname.

Wladislaus, Wladislaw [russ. vladet ›herrschen‹ und slava ›Ruhm‹], männl. Vornamen.

WNW, Abk. für: Westnordwest(en), Abb. W 13.

wo [ahd. (h)war], 1) Interrogativadverb und Relativadverb des Ortes, ÜBERS. P 24: *wo bist du?; dort, wo ich gerne bin; wo auch immer es sein mag.* 2) Relativadverb der Zeit: *die Stunde, wo es regnet.* 3) ∞ Konjunktion: wenn: *wo nicht ...,* andernfalls, *ach wo!,* ∪ nein, bestimmt nicht.

w. o., Abk. für: weiter oben.

woanders, an einem anderen Ort: *hier ist er nicht, er muß w. sein;* aber: *wo anders sollte er sein?,* sonst. **woandershin,** an einen anderen Ort: *laß uns w. fahren.*

wob, von weben.

wobbeln [engl. to wobble ›schwanken‹], *ich wobb*(*e*)*le* (habe gewobbelt) *(es),* verändere eine Größe, bes. die Frequenz elektr. Schwingungen, periodisch um den Mittelwert. **Wobbler** *der,* -s/-, 1) 📡 Gerät zum Wobbeln. 2) künstl. Köder für die Sportfischerei, Abb. A 14.

wobei [spätmhd. wa(r)bei], 1) Interrogativadverb: bei welcher Sache?: *w. ist das geschehen?* 2) Relativadverb: bei eben dieser Sache: ... *w. es also sicher gilt, daß ...*

Woche [ahd. wehha] *die,* -/-n, 1) Zeitraum von sieben Tagen, ÜBERS. J 2. 2) des Werktage: *in der W.,* werktags; *während der W.; im Lauf der W.* **Wochen,** *Pl.,* **Wochenbett** *das,* -(e)s, Kindbett, die auf die Geburt folgenden sechs bis acht Wochen: *sie ist in die Wochen gekommen,* ∞ hat ein Kind bekommen. **Wochenbettfieber** *das,* Kindbettfieber, fieberhafte Infektion der Wöchnerin. **Wochenblatt** *das,* wöchentlich erscheinende Zeitung. **Wochenende** *das,* Sonnabend und Sonntag. **Wochenendhaus** *das,* kleines Haus außerhalb der Stadt zum Aufenthalt am Wochenende. **wochenlang,** *wir haben w. daran gearbeitet; ein wochenlanger Krankenhausauf-*

enthalt; aber: *drei Wochen lang.* **Wochenlohn** *der,* Lohn für die Arbeit einer Woche. **Wochenmarkt** *der,* einmal oder mehrmals jede Woche abgehaltener Markt. **Wochenschau** *die,* wöchentl. Filmbericht über aktuelle Ereignisse. **Wochentag** *der,* 1) jeder der sieben Tage der Woche. 2) Werktag. **wochentags. wöchentlich,** jede Woche wiederkehrend: *eine wöchentliche Versammlung.* ...**wöchentlich,** in ... Wochen wiederkehrend: *zweiwöchentlich; allwöchentlich.* ...**wöchig,** ... Wochen dauernd: *eine vierwöchige Kur.* **Wöchnerin** *die,* -/-nen, Frau im Wochenbett.

Wocken *der,* -s/-, niederdt.: Spinnrocken.

Wodan, auch Wotan, german. Gott, Odin.

Wodka [russ. ›Wässerchen‹] *der,* -s/-s, Trinkbranntwein aus Kartoffeln.

wodurch [mhd. wa durch], 1) Interrogativadverb, ÜBERS. P 24: durch welche Sache?: *w. ist er darauf aufmerksam geworden?* 2) Relativadverb: durch eben diese Sache oder Handlung: *sie machte einige Bemerkungen über diesen Plan, w. er darauf aufmerksam wurde.* **wofern,** ∞ sofern, falls. **wofür,** 1) Interrogativadverb: für welche Sache?: *w. tut er das alles?* 2) Relativadverb: für eben diese Sache: *er hat sich sehr für mich eingesetzt, w. ich ihm dankbar bin.*

wog, 1) von wägen. 2) von wiegen.

woge, niederdt.: verwegen, frech.

Woge [ahd. wag ›Wasser‹, ›Flut‹] *die,* -/-n, große Welle: *die Wogen der Begeisterung gingen hoch,* ∪.

wogegen, 1) Interrogativadverb: gegen welche Sache?: *w. nimmst du diese Tropfen?* 2) Relativadverb: gegen eben diese Sache: *der Husten, w. er die Tropfen nimmt, hat sich gebessert.*

wogen, *es wogt* (hat gewogt), 1) schlägt Wellen: *die wogende See.* 2) bewegt sich heftig, geht auf und ab: *der Streit wogt heftig,* ∪; *eine wogende Menschenmenge.*

woher, Interrogativadverb, ÜBERS. P 24: von welchem Ort?: *w. kommt er?;* aber: *er will wieder dorthin, wo er hergekommen ist.* **wohin,** Interrogativadverb, ÜBERS. P 24: nach welchem Ort?: *w. gehst du?;* aber: *ich sehe, wo er hingeht.* **wohin|aus,** wohin: *w. führt diese Straße?* **wohingegen,** im Gegensatz dazu, andererseits. **wohinter,** hinter diese Sache.

wohl, wohler, am wohlsten oder besser, am besten [ahd. wola], 1) gut, angenehm, gesund: *w. bekomm's!; w. oder übel mußte ich arbeiten, ob ich wollte oder nicht; leb w.!; er soll sich w. fühlen; es ist mir w. ergangen; mir ist w.; jetzt ist mir wohler;* vgl. aber: Wohlsein. 2) vermutlich, wahrscheinlich, nach meiner Ansicht: *das ist w. vier Wochen her,* etwa, soweit ich mich erinnere; vgl. wohltun, wohlwollen. 3) zwar, allerdings: *das mag w. gut gemeint sein, aber es ist doch falsch!;* *w. ihm!; er ist glücklich zu schätzen.* 5) nun denn, es soll so sein; als Einleitung einer zusammenfassenden Erklärung: *nun denn, dann kann ich nichts mehr tun.* 6) verstärkend: *siehst du w.!; jawohl!* 7) schweiz.: viel. **Wohl** [ahd. wola ›Glück‹] *das,* -(e)s, Heil, Förderung, Gedeihen, Annehmlichkeit, Nutzen: *das W. meiner Familie, der Menschheit, des Staates; auf dein W.!; zum W.!,* Zuspruch beim Trinken; *das öffentliche W.,* allgemeine; *W. und Wehe,* Glück und Unglück. **wohl|an!,** nun denn! **wohl|auf,** 1) wohlan!; nun denn!: *w.!, noch getrunken!* 2) gesund: *sie ist wieder w.* **wohlbedacht,** gründlich überlegt: *ein wohlbedachter Plan.* **Wohlbefinden** *das,* gutes Befinden, Gesundheit. **Wohlbehagen** *das,* Behagen, Wohlgefühl. **wohlbehalten,** unbeschädigt, unverletzt: *alles ist w. angekommen.* **wohlbekannt** (besser bekannt, bestbekannt), gut bekannt. **wohlbestallt,** ∞ in guter Stellung: *ein wohlbestallter Beamter.* **wohlen,** *es wohlt* (hat gewohlt) *mir,* schweiz.: tut mir wohl, ist angenehm. **Wohlergehen** *das,* -s, alles Gute, Gesundheit, Glück. **wohlerhalten,** noch gut erhalten. **wohlerzogen,** *sie hat wohlerzogene Kinder.* **Wohlfahrt** *die,* -, 1) ∞ Wohlergehen. 2) öffentl. Fürsorge, Sozialhilfe: *Wohlfahrtspflege; Wohlfahrtsstaat.* **wohlfeil,** zu guten Bedingungen verkäuflich: *wohlfeile Ware.* **Wohlgeboren,** *Euer W.,* ∞ Höflichkeitsform. **Wohlgefallen** *das,* -s, Gefallen: *er findet sich in W. auf,* ∪ endet friedlich; wird zunichte. **wohlgefällig,** 1) Gefallen empfindend. 2) ∞ gut gefallend. **Wohlgefühl** *das,* das W. nach dem Bad.** **wohlgelitten,** *er ist hier w.* **wohlgemeint,** in guter Absicht: *ein wohlgemeinter Rat.* **wohlgemerkt,** bes. betont: *ich habe dich, w., vorher darauf aufmerksam gemacht.* **wohlgemut,** heiter, fröhlich, zukunftsfroh: *er ist immer w.* **wohlgenährt,** *wohlgenährte Kinder.* **wohlgeordnet,** *wohlgeordnete Verhältnisse.* **wohlgeraten,** *ein wohlgeratenes Werk.* **Wohlgeruch** *der:* eine Parfümerie voller Wohlgerüche. **Wohlgeschmack** *der:* Früchte voller W. **wohlgesetzt,** gut formuliert: *in wohlgesetzten Worten.* **wohlgesinnt,**

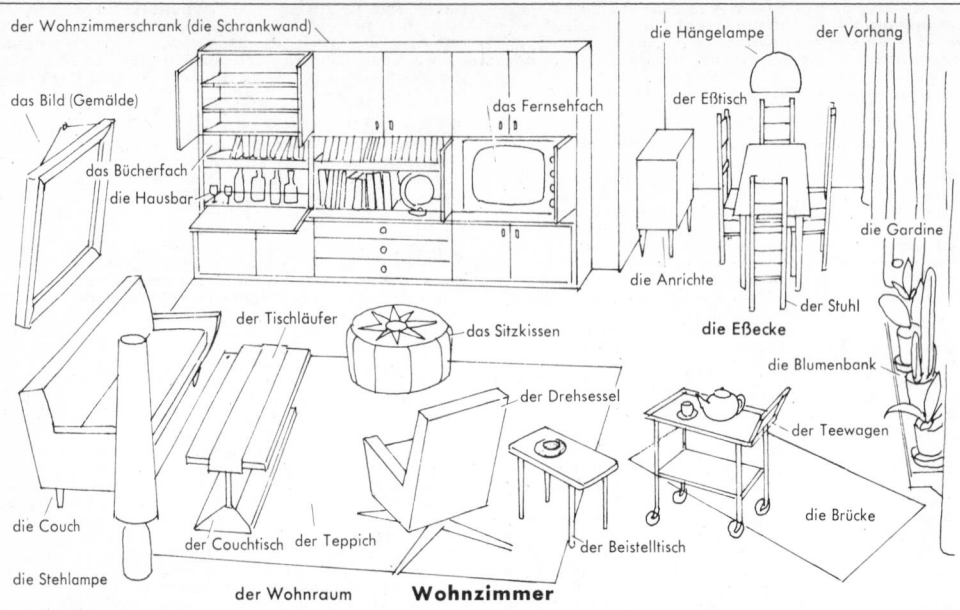

der Wohnzimmerschrank (die Schrankwand) · die Hängelampe · der Vorhang · das Bild (Gemälde) · das Fernsehfach · der Eßtisch · das Bücherfach · die Hausbar · die Gardine · die Anrichte · der Stuhl · der Tischläufer · das Sitzkissen · **die Eßecke** · die Blumenbank · der Drehsessel · der Teewagen · die Couch · die Brücke · der Couchtisch · der Teppich · der Beistelltisch · die Stehlampe · **der Wohnraum** · **Wohnzimmer**

---

ich bin ihm w., mag ihn gern. **wohlgestalt,** von Natur aus gut gewachsen: *ein wohlgestalter Mensch.* **wohlgestaltet,** gut gestaltet: *ein wohlgestaltetes Werk.* **wohlhabend,** begütert, reich. **Wohlhabenheit** die, -. **wohlig,** angenehm, behaglich: *wohlige Wärme.* **Wohlklang** der: *Musik voller W.* **wohlklingend. Wohllaut** der: *Vokale voller W.* **wohllautend. Wohlleben** das, -s, behagliches luxuriöses Leben. **wohlmeinend,** *wohlmeinende Ratschläge.* **wohlproportioniert,** *eine wohlproportionierte Gestalt.* **wohlriechend,** *wohlriechende Blüten.* **wohlschmeckend. Wohlsein** das, behagliches Befinden: *zum W.!,* Zuspruch beim Trinken; aber: *laß es dir wohl sein!* **wohlsituiert,** *wohlsituierte Leute.* **Wohlstand** der, -(e)s, 1) hoher Lebensstandard: *wir leben im W.; Wohlstandsgesellschaft; Wohlstandskriminalität; Wohlstandsmüll.*2) ⚭ Anstand. **Wohltat** die, 1) freiwillige unentgeltl. Hilfe: *er hat mir manche W. erwiesen.* 2) Annehmlichkeit, Linderung: *der kühle Trunk ist eine wahre W.* **Wohltäter** der, **Wohltäterin** die, jemand, der Wohltaten erweist. **wohltätig,** *Spenden für wohltätige Zwecke.* **Wohltätigkeit** die, -: *Wohltätigkeitsveranstaltung.* **Wohltemperierte Klavier** das, Musikstücke von J. S. Bach für Klavier mit temperierter Stimmung. **wohltuend,** angenehm: *wohltuende Stille.* **wohltun,** *ich tue ihm* wohl (tat wohl, habe wohlgetan), 1) erweise Wohltaten, helfe in der Not. 2) bin ihm angenehm: *das hat uns wohlgetan;* aber: *aber es wohl tun,* wahrscheinlich. **wohlüberlegt,** *ein wohlüberlegter Plan.* **wohlunterrichtet,** gut informiert: *wie aus wohlunterrichteten Kreisen verlautet. . .* **wohlverdient,** *wohlverdienter Urlaub; wohlverdiente Strafe.* **Wohlverhalten** das, Anpassung an soziale Gegebenheiten: *sein W. in dieser Sache (gegenüber seiner Partei) forderte Kritik heraus.* **Wohlverleih** der, -(e)s/-(e), Arnika. **wohlverstanden,** *wohlverstandene Ermahnungen.* **wohlverwahrt,** *wohlverwahrte Quittungen.* **wohlweislich,** mit Bedacht, klugerweise. **wohlwollen,** *ich will ihm* wohl (habe wohlgewollt), bin ihm geneigt: *ich kann ihm nicht wohlwollen;* aber: *er wird es wohl wollen,* wahrscheinlich will er es. **Wohlwollen** das, Geneigtheit, freundl. Gesinnung. **wohlwollend,** *ein wohlwollender Blick; er nahm meinen Vorschlag w. auf.*

Wohnbesitz der, eine Zwischenform von Miete und Wohnungseigentum. **Wohnbevölkerung** die, alle Personen, die in der jeweiligen Gemeinde ihren Wohnsitz haben. **Wohnblock** der, -s/-s, großes Mietshaus. **wohnen** [ahd. wonen], *ich wohne* (habe gewohnt), 1) habe mein Heim,

meinen ständigen Aufenthalt: *ich w. in Hamburg, zur Miete, in Untermiete, auf dem Land, in der Stadt.* 2) ⚭ befinde mich. **Wohngebiet** das, zum Wohnen bestimmter Teil einer Stadt. **Wohngeld** das, in der Bundesrep. Dtl. ein öffentl. Zuschuß zu den Aufwendungen für Wohnraum. **Wohngemeinschaft** die, das Zusammenleben mehrerer Personen in einer Wohnung mit gemeinschaftlichen Einrichtungen: *Studentenwohngemeinschaft.* **wohnhaft,** ansässig, wohnend. **Wohnhaus** das, Gebäude zum Wohnen für Menschen, vgl. ABB. H 11. **Wohnheim** das, Heim für Alleinstehende, z. B. Lehrlinge, Studenten, ältere Menschen. **Wohnkultur** die, -, die dem persönlichen Geschmack entsprechende zeitbedingte Art und Weise zu wohnen. **wohnlich,** behaglich, gemütlich. **Wohnraum** der: *Wohnraumbeschaffung.* **Wohnsiedlung** die, Zusammenfassung von Wohnstätten. **Wohnsitz** der, ⚭⚭ Ort der ständigen Niederlassung einer Person, Domizil. **Wohnung** die, -/-en, Zimmer zum ständigen Aufenthalt, ABB. H 11: *Dreizimmerwohnung* oder *3-Zimmer-Wohnung; Altbauwohnung; Eigentumswohnung; Neubauwohnung; Wohnungsbau; Wohnungsnot; Wohnungstausch; ich gehe auf Wohnungssuche; er ist der Wohnungseigentümer.* **Wohnungsamt** das, städt. Behörde zur Wohnungsaufsicht und -vermittlung. **Wohnungsmarkt** der, Angebot von und Nachfrage nach Wohnungen. **Wohnviertel** das, Stadtteil, in dem sich vor allem Wohnhäuser befinden. **Wohnwagen** der, 1) Wagen als Wohnung, bes. bei Schaustellern. 2) Kraftwagenanhänger zum Wohnen während des Urlaubs. **Wohnzimmer** das, Raum zum Aufenthalt während des Tages, ABB. W 14.

Wöhrde [wohl zu Werder] die, -/-n, niederdt.: um das Wohnhaus gelegenes Ackerland.

Woilach [v'ɔi-, russ vojlok ›Filz‹] der, -s/-e, wollene Pferdedecke.

Woiwode [vɔi-, slaw. ›Heerführer‹] der, -n/-n, früher poln. Heerführer, heute Oberpräsident eines poln. Verwaltungsbezirks. **Woiwodschaft** die, -/-en, Amt, Amtsbezirk eines Woiwoden.

wölben [mhd. welben], *ich wölbe* (habe gewölbt), 1) *es,* 🔲 spanne ein Gewölbe über einen Raum. 2) *es wölbt sich,* erhebt sich gerundet, ragt kuppelartig auf: *über uns wölbt sich ein wolkenloser Himmel; eine gewölbte Stirn.* **Wölbung** die, -/-en, 1) Rundung. 2) Gewölbe.

Woldemar [zu Waldemar], männl. Vorname.

Wolf [zu Wolfgang], männl. Vorname.

Wolf [ahd. wolf] *der, -es/⸚e,* **1)** hundeartiges Raubtier; Sinnbild gieriger Wildheit: *ein W. im Schafspelz,* Ü heuchelnder Missetäter; *er heult mit den Wölfen,* Ü macht mit, was die Umwelt tut; *hungrig wie ein W.,* sehr hungrig. **2)** *ohne Pl.,* ✶ Sternbild des südl. Himmels. **3)** *ohne Pl.,* ⚕ Hautentzündung: *Hautwolf.* **4)** Name von Maschinen zum Zerkleinern: *Fleischwolf; Reißwolf,* eine Spinnereimaschine. **5)** Name von Bauteilen, z. B. Joch am Glockenstuhl, ABB. G 31. **Wölfchen** *das, -s/-.* **wölfen,** *der Wolf, der Hund* wölft (hat gewölft), wirft Junge. **Wolfgang** [ahd. wolf ›Wolf‹ und gangan ›gehen‹], männl. Vorname. **Wölfin** *die, -/-nen,* weibl. Wolf. **wölfisch, 1)** wie ein Wolf. **2)** grausam. **Wölflein** *das, -s/-,* Diminutiv zu Wolf. **Wolfram** [ahd. wolf ›Wolf‹ und hraban ›Rabe‹], männl. Vorname. **Wolfram** [ahd. wolf ›Wolf‹ und mhd. ram ›Schmutz‹] *das, -s,* 🜔 Element, Zeichen: W, sehr hartes, graues Metall. **Wolframit** *das, -s,* ein wichtiges Wolframerz. **Wolfsgrube** [zu Wolf] *die,* **1)** Fallgrube zum Tierfang. **2)** ⚔ ⚒ Hindernis vor Feldbefestigungen. **Wolfshund** *der,* Haushunderasse. **Wolfshunger** *der,* U starker Hunger. **Wolfsmilch** *die,* ⚘ Pflanze mit giftigem Milchsaft. **Wolfsrachen** *der,* ⚕ angeborene Mißbildung im Gaumen. **Wolfsspinne** *die,* eine gelbbraune bis schwarze Spinne. **Wölkchen** *das, -s/-.* **Wolke** [ahd. wolko] *die, -/-n,* **1)** Gebilde, das durch Verdichtung der Luftfeuchtigkeit am Himmel entsteht: *Regenwolke; Wolken ballen, türmen sich, jagen, ziehen; er fiel aus allen Wolken,* U war völlig überrascht. **2)** Ü geballte Staub-, Dampf- oder Rauchmassen. **3)** Ü duftiger, gebauschter Stoff: *Wolkenstore,* ABB. F 13. **4)** flockige Trübung in Flüssigkeiten. **Wolkenbruch** *der,* heftiger, plötzlich einsetzender Regen. **Wolkenkratzer** *der,* U Hochhaus. **Wolkenkuckucksheim** *das,* Luftschloß, Utopie. **wolkenlos,** *ein* wolkenloser Himmel; *sie sieht die Zukunft w.,* Ü. **wolkig,** bewölkt, wolkenbedeckt, bezogen. **Wölklein** *das, -s/-.* **Wolle** [ahd. wolla] *die, -/-n,* verspinnbare Haare von Schaf, Ziege, Kamel und Angorakaninchen: *Schafwolle; Wollgarn; Wolldecke; Wollstoff; er gerät leicht in W.,* Ü wird schnell erregt. **wollen,** aus Wolle. **wollen** [ahd. wellen], *ich will* (habe gewollt; wir wollen, ihr wollt, sie wollen), **1)** *es* (tun), beabsichtige, plane: *ich w. es ihm sagen; das habe ich nicht gewollt; wenn du nur wolltest!; dem sei, wie ihm wolle,* gleichgültig, wie es ist; *meine Beine wollen nicht mehr,* U ich kann nicht mehr gehen. **2)** *es* (haben), wünsche den Besitz: *sie wollen* (keine) *Kinder.* **3)** *es,* verlange, fordere: *er will endlich Taten sehen; sie wollte dauernd Geld von mir; ich will meine Ruhe haben.* **4)** abgeschwächt: möchte: *ich w. nach Hause; das w. ich meinen,* meine ich; *damit w. ich nichts zu tun haben,* darum kümmere ich mich nicht, davon distanziere ich mich. **Wollen** *das, -s,* die Absicht, etwas zu tun. **Wollfett** *das,* das Fett der Schafwolle. **Wollhaar** *das, -(e)s,* krauses Haar. **wollig, 1)** wolletragend. **2)** gelockt und verbunden wie Wolle. **Wollkämmerei** *die,* Fabrik zum Auffasern von Wolle. **Wollkämmerer** *der, -s/-,* Arbeiter, der Wollbüschel auffasert. **Wollust** [ahd. wollust, zu wohl] *die, -/⸚e,* **1)** sinnl. Genuß; Lustgefühl bei Befriedigung des Geschlechtstriebs. **2)** ⚘ Wonne, Entzücken. **wollüstig. Wollüstling** *der,* Lüstling. **Wombat** [austral.] *der, -s/-s,* austral. Beuteltier. **womit** [mhd. wamit(e)], **1)** Interrogativadverb, ÜBERS. P 24: mit welcher Sache?: *w. habe ich das verdient?* **2)** Relativadverb: mit eben dieser Sache: *er hat es verboten, w. er recht hat.* **womöglich,** vielleicht: *w. kommt er nicht.* **wonach, 1)** Interrogativadverb: nach welcher Sache?: *w. soll ich mich richten?* **2)** Relativadverb: nach eben dieser Sache: *es gibt einen Erlaß, w. jeder, der . . .* **woneben,** gegenüber eben dieser Sache: *es war ein Erlebnis, w. alles andere verblaßt.* **Wonne** [ahd. wunna] *die, -/-n,* beglückender Genuß, tiefe Freude: *Wonnegefühl.* **Wonnemonat, Wonnemond** *der,* P Mai. **Wonneproppen** *der, -s/-,* U wohlgenährtes, pausbäkiges Kind. **wonnesam,** ⚘ wonnevoll. **wonnetrunken,** glückselig. **wonnevoll,** von Wonne erfüllt. **wonnig,** lustvoll, reizend. **wonniglich,** ⚘ wonnig. **Woog** *der, -(e)s/-e,* norddt.: Teich; tiefe Stelle im Fluß. **woran** [ahd. warana], **1)** Interrogativadverb: an welcher Sache?: *w. erkennst du das?* **2)** Relativadverb: an eben dieser Sache: *das ist es, w. ich ihn erkenne.* **worauf, 1)** Interrogativadverb: auf welche Sache?: *w. kommt es dabei besonders an?* **2)** Relativadverb: auf eben dieser Sache: *das ist es, w. es besonders ankommt.* **woraus, 1)** Interrogativadverb: aus welcher Sache?: *w. besteht dieser Stoff?* **2)** Relativadverb: aus eben dieser Sache: *der Stoff, w. dieses Kleid besteht, ist Seide.* **Worcestersauce** [w'ustəzo:sə, nach der engl. Stadt Worcester in SW-England] *die,* stark würzende Soße. **worden,** von werden. **Wörfel** [ahd. worphscuvala ›Worfschaufel‹] *die, -/-n,* breite Schaufel. **worfeln** [ahd. worphozen ›schütteln‹, ›hin und her werfen‹], *ich* worf(e)le (habe geworfelt) *Getreide,* trenne es von der Spreu. **worin, 1)** Interrogativadverb, ÜBERS. P 24: in welcher Sache?: *w. besteht der Unterschied?* **2)** Relativadverb: in eben dieser Sache: *das Land, w. wir leben.* **Workaholic** [wə:kah'ʃlik, engl. zu work ›Arbeit‹ und alcoholic ›Alkoholiker‹] *der, -s/-s,* jemand, für den Arbeit eine Ersatzbefriedigung darstellt. **Workshop** [w'ɔkʃɔp, engl. ›Werkstatt‹] *der, -s/-s,* **1)** Seminar, (Ferien)kurs, in dem durch Erfahrungsaustausch, in freier Diskussion sozialwissenschaftliche, künstlerische u. a. Probleme erarbeitet werden. **2)** Entstehungsort eines Kunstwerks. **Wort** [ahd. wort] *das, -(e)s/-e,* **1)** *Pl. ⸚er,* einfachster selbständiger sprachl. Bedeutungsträger: *ich buchstabiere ein W.; ich habe die Anlage W. für W. gelesen; Eigenschaftswort; Sachwort; Wortbedeutung; Wortfolge; Wortschöpfung; Wortsinn; Wortstamm.* **2)** Rede als Ausdruck von Gedanken, Gefühlen, Willensregungen: *er fand warme Worte des Dankes; ich bitte ums W., melde mich zum W., wünsche zu sprechen; man hat ihm das W. entzogen, die Redeerlaubnis; du sollst mir nicht ins W. fallen,* mich nicht unterbrechen; *ohne viel Worte; man hat mir das W. im Mund umgedreht,* U mich absichtlich mißverstanden; *er will immer das letzte W. haben,* Ü; *er kann nur schöne Worte machen,* redet nur, *hier versteht man sein eigenes W. nicht mehr* (so laut ist es). **3)** Spruch, Ausspruch, Losung: *er gehorcht aufs W.; das war ein W.,* eine treffende Bemerkung; *geflügelte Worte,* Ü Redensarten. **4)** Versprechen, Zusage: *ich habe ihm mein W. gegeben; ich halte* (mein) *W.; auf mein W.!; ich habe sein W.; ich werde ihn beim W. nehmen,* an sein Versprechen erinnern. **5)** Text: *das W. Gottes,* die Bibel; *Wortgottesdienst; W. und Weise,* Text und Melodie. **6)** *in Worten,* (bei Zahlangaben) ausgeschrieben; *2, in Worten: zwei.* **Wortarten,** *Pl.,* ÜBERS. G 34. **Wortbildung** *die,* ÜBERS. G 34. **Wortbruch** *der,* Bruch eines Versprechens. **wortbrüchig,** *er wurde w.* **Wörtchen** *das, -s/-: da habe ich ein W. mitzureden,* U; *mit ihm habe ich ein W. zu reden,* U ihm werde ich die Meinung sagen. **Wortemacher** *der,* U jemand, der nur leere Worte macht. **Wortemacherei** *die, -.* **Wörterbuch** *das,* alphabetisch geordnetes Wörterverzeichnis. **Wortfamilie** *die,* Wörter, die etymologisch verwandt sind, z. B. messen, Maß, mäßig. **Wortfeld** *das,* Wörter, die der Bedeutung nach zusammengehören, z. B. kalt, lau, warm, heiß. **Wortfetzen,** *Pl.,* aus dem Zusammenhang gerissene Wortteile: *ich konnte wegen des Lärms nur W. verstehen.* **Wortführer** *der,* Sprecher: *er machte sich zum W. der Mieter.* **Wortgefecht** *das,* **Wortgeplänkel** *das,* schlagfertiger Wortwechsel. **wortgetreu,** wörtlich genau. **wortgewandt,** *ein wortgewandter Parteisprecher.* **Worthülse** *die,* Ü abgegriffenes Wort, Phrase: *leergedroschene Worthülsen.* **wortkarg,** schweigsam. **Wortklauberei** *die,* engstirniges Festhalten an der wörtl. Bedeutung. **Wortlaut** *der, -(e)s,* wortgetreuer Inhalt, Text. **Wörtlein** *das, -s/-.* **wörtlich,** wortgetreu, das Gesagte genau wiedergebend: *wörtliche Übersetzung; wörtliche Rede,* wörtlich angeführte, vgl. ÜBERS. S 6. **wortlos,** *ohne etwas zu sagen.* **Wortmeldung** *die,* eine weitere W. zur Diskussion. **wortreich,** mit vielen Worten, weitschweifig. **Wortschatz** *der, -es,* Gesamtheit der Wörter einer Sprache, eines Menschen, ÜBERS. W 15: *Kinder mit beschränktem W.; Wortschatzübung.* **Wortschwall** *der, -(e)s,* Ü Gedankenlose Unterbrechung: *sie empfing uns mit einem W.* **Wortspiel** *das,* das Spielen mit Wortklängen, bes. zufälligen Gleichklängen. **Wortstreit** *der,* Streit um Worte, nicht um Wesentliches. **Wortwechsel** *der,* Streitgespräch. **wortwörtlich,** ganz wörtlich, Wort für Wort. **worüber, 1)** Interrogativadverb: über welche Sache?: *w. sprecht ihr?* **2)** Relativadverb: über eben dieser Sache, *w. ihr sprecht, interessiert mich nicht.* **worum, 1)** Interrogativadverb: um welche Sache?: *w. handelt es sich?* **2)** Relativadverb: um eben diese Sache: *w. es sich handelt, ist folgendes.* **worunter, 1)** Interrogativadverb: unter welcher Sache?: *w. leidest du?* **2)** Relativadverb: unter eben dieser Sache: *es sind ihre Launen, w. er leidet.* **woselbst,** ⚘ Relativadverb: wo.

Wọtan, Nebenform von: Wodan.

wovọn, 1) Interrogativadverb: von welcher Sache?: *w. sprecht ihr?* **2)** Relativadverb: von eben dieser Sache: *das ist es, w. wir gerade sprechen.* **wovọr, 1)** Interrogativadverb: vor welcher Sache?: *w. hast du Angst?* **2)** Relativadverb: vor eben dieser Sache: *es ist die Prüfung, w. er Angst hat.* **wozụ** [ahd. warazuo], **1)** Interrogativadverb, ÜBERS. P 24: zu welcher Sache?, zu welchem Zweck?: *w. brauchst du das?* **2)** Relativadverb: zu eben dieser Sache, diesem Zweck: *ich möchte mir etwas kaufen, w. ich noch Geld brauche.*

wrack [niederdt. wrak], unbrauchbar. **Wrack** das, *-(e)s/-s,* durch Zerstörung unbrauchbar gewordenes Fahrzeug, bes. Schiff: *er ist nur noch ein W.,* ∪ verbraucht, erledigt.

wrang, von Wringen.

W 15   Die Entwicklung des deutschen Wortschatzes

1) Der **Wortschatz** der deutschen Sprache ist nicht konstant, er verändert sich ständig durch den Gebrauch. Seine Teile sind auf verschiedene Weise entstanden. Die Schöpfung eines Ur-Wortschatzes in vorgeschichtlicher Zeit soll (nach W. Wundt) auf Lautgebärden (z. B. Bellen eines Hundes) zurückgehen. Relikte solcher Bildungsweisen sind im Deutschen mit Ausrufen wie *pst* und schallnachahmenden Wörtern wie *Bimbam, Kuckuck* vorhanden. Die Weiterentwicklung des Wortschatzes geschah und geschieht durch Ableitungen und Zusammensetzungen: so können im Deutschen von einem Wort Hunderte von Ableitungen (*stehen, Stand, Ständer, Zustand, ständig, bestehen, Bestand, beständig, gestehen, Geständnis, stetig, stets, unstet* usw.) und Zusammensetzungen (*abstehen, anstehen, kopfstehen, zusammenstehen, überstehen, Stehaufmännchen, Stehbierhalle, Stehkragen, Stehparty, Stehplatz, Stehpult* usw.) gebildet werden.

Neue Wörter entstehen ferner durch Entlehnungen aus anderen Sprachen (*Fenster, Palast, Palais, Peitsche, Teenager*), durch bewußte Wortschöpfung (Verdeutschung von *Perron* zu *Bahnsteig, Telefon* zu *Fernsprecher, Trottoir* zu *Bürgersteig* oder *Gehweg*), poetische Wortschöpfung wie *Doppelgänger, Ehehälfte, Flegeljahre, neureich, Weltschmerz* (alle durch Jean Paul), durch Aneinanderreihung von Anfangsbuchstaben oder -silben wie *DIN, D-Zug,* schließlich auch durch Wortkürzung wie *Auto* statt *Automobil.*

Die Einteilung des Wortschatzes geschieht unter formalgrammatischen Aspekten in Wortarten (vgl. ÜBERS. G 34), unter semantischen Aspekten in Wortfelder, in Synonyme (bedeutungsähnliche und bedeutungsgleiche Wörter), Homonyme (bedeutungsverschiedene, aber formal gleiche Wörter wie *Ball* ›Kinderspielzeug‹ und ›Fest‹) und Antonyme (Gegensatzwörter), unter historisch-genetischen Aspekten (Erbwörter, Fremdwörter, Wortfamilien), unter soziologischen Aspekten (Dialektwörter, umgangssprachliche Wörter, Slangwörter usw.), unter ästhetischen Aspekten (Modewörter, Schlagwörter) sowie unter geographischen Aspekten (vgl. ÜBERS. M 24). Schließlich teilt man den gesamten Wortschatz noch ein in die Appellative (Gattungsnamen) und in die Namen (Eigennamen, vgl. ÜBERS. N 3).

2) Bei der **Wortgeschichte** ist zu unterscheiden zwischen der grammatisch-formalen Entwicklung (Ausdrucksseite) und der semantischen Entwicklung (Inhaltsseite). Manche Wörter haben (wenigstens in der unflektierten Form, von der Großschreibung abgesehen) Ausdruck und Inhalt vom Althochdeutschen bis zur Gegenwart nicht verändert (ahd. *arm,* nhd. *Arm*). Andere haben ihren Ausdruck verändert, nicht ihren Inhalt (ahd. *arbeolaosa,* nhd. *erblos*), oder den Ausdruck bewahrt, aber den Inhalt verändert (mhd. *milte, milde* ›Freigebigkeit‹; Güte, Barmherzigkeit, Gnade; Sanftmut‹, nhd. *Milde*). Ein Teil der Wörter hat Ausdruck und Inhalt geändert (mhd. *marschalc* ›Pferdeknecht‹, nhd. *Marschall;* mhd. *biderbe* ›tüchtig‹, nhd. *bieder*).

Die formale Entwicklung der Wörter umfaßt die Veränderungen im Lautstand (mhd. *diemuot, diemüete,* nhd. *Demut;* mhd. *guot,* nhd. *Gut*), in der Wortbildung (mhd. *saelde* ›Glück‹, nhd. *Seligkeit;* mhd. *hochgezit* ›hohes Fest‹, ›höchste Freude‹, nhd. *Hochzeit*) und in der Morphologie (ahd. *finstarnessi,* nhd. *Finsternis*).

Die semantische Entwicklung hat ihre Hauptformen in der Bedeutungsverengung (*Gift* ›Gabe‹ zu ›tödliche Droge‹) und der Bedeutungserweiterung (*hübsch* ›höfisch‹ zu ›anmutig‹), mit denen Bedeutungsverschlechterungen (*Dirne* ›Mädchen‹ zu ›unsittliche Person‹) und Bedeutungsverbesserungen (*Marschall* ›Pferdeknecht‹ zu ›militärischer Befehlshaber‹) verbunden sein können. Weitere Hauptformen der semantischen Entwicklung sind die Bedeutungs-übertragung (*Strom* ›Wasserlauf‹ zu ›Elektrizität‹) und die Bedeutungsverschiebung (*Messe* ›kirchliche Feier‹ zu ›Markt während kirchlicher Feste‹ zu ›Handelsmarkt‹).

3) Ungefähr die Hälfte des deutschen Wortschatzes geht auf das **indogermanische und germanische Erbe** zurück. Zu den Wörtern, die sich durch Sprachvergleichung als bereits indogermanisch erwiesen haben, gehören z. B. Bezeichnungen für Körperteile (*Auge*), Pflanzen- und Tiernamen (*Buche, Elch*), Verwandtschaftsbezeichnungen (*Frau*) u. a. Die aus dem Indogermanischen stammenden Wörter sind im Deutschen bes. produktiv in der Bildung von Ableitungen und Zusammensetzungen geworden, was ihren verhältnismäßig hohen Anteil von knapp einem Viertel des deutschen Wortschatzes erklärt.

Ein weiteres Viertel geht auf den germanischen Wortschatz zurück, wobei sich Schwerpunkte bei der Benennung des entwickelten ökonomischen Bereichs von Ackerbau und Viehzucht (z. B. *Distel, Fleisch, Hof, Leder, rösten, sieden, weiden*), der Seefahrt und des Fischfangs (z. B. *Aal, Hafen, Kahn, leck, schwimmen, Sturm*), des militärischen Bereichs (*Bogen, Helm, Schild, Schwert, Waffe, folgen, fliehen*), der rechtlich-sozialen und sittlich-religiösen Normen (*Adel, Dieb, schwören, sühnen; Graf, Herr, Herzog, König; Gott, Himmel, Hölle, Neid, Ruhm, Seele*) ergaben.

Bereits der auf das Germanische zurückgehende Wortschatz weist Entlehnungen aus fremden Sprachen auf (*Erz*), bes. aus dem Keltischen (*Amt, Reich, welsch*). In der Geschichte der deutschen Sprache spielt die Entlehnung aus fremden Sprachen eine bedeutende Rolle, wobei jedoch die früher getroffene Unterscheidung in Lehnwort (formal eingedeutschte Entlehnung, z. B. *Fenster, Mauer, Ziegel*) und Fremdwort (nicht eingedeutschte Entlehnung, z. B. *Coupé, Korrespondenz*) nicht exakt durchführbar ist. Die lexikalische Entlehnung beschränkt sich nicht auf die Ausdrucksseite der Lehnwörter, sondern erscheint auch als Lehnübertragung (*vergangen* aus lat. *praeteritus*) und Lehnübersetzung (*Großvater* aus frz. *grand-père, Gewissen* nach lat. *conscientia, Schöngeist* nach frz. *bel esprit;* annähernde Lehnübersetzung: *Wolkenkratzer* aus engl. *sky-scraper*).

4) Außerordentlich vielfältig ist das Bild der **Lehnwörter** in der deutschen Sprache. Einen starken Einfluß übten seit der Christianisierung und der Renaissance die klassischen Sprachen aus (griechischen Ursprungs sind z. B. *Bischof, Engel, Pfingsten;* aus dem Lateinischen stammen u. a. *Kloster, Kreuz, Legende, Schule, Text*). Dieser Einfluß hat bis in die Gegenwart angehalten und wird bes. bei neugebildeten Fachwörtern der Wissenschaft und Technik deutlich. Eine weitere starke Bereicherung ist durch Entlehnungen aus den Einzelsprachen der drei großen europäischen Sprachfamilien zustande gekommen:

Aus dem germanischen Sprachbereich hat z. B. das Niederländische mit den Wörtern *baggern, Börse, Dose, Polder, Stulle* zum Deutschen beigetragen, das Englische mit *boxen, Boykott, Clown, Klub, Sport,* die nordischen Sprachen mit *Berserker, Fjord, Ski* usw.

Von den romanischen Sprachen hat das Französische den größten Anteil, z. B. *Onkel, Tante, Garderobe, Pavillon, Puder, Friseur, Mode, Krawatte, Sauce, Tanz,* danach das Italienische mit *Oper, Baß, Bariton, Sonett, Soldat, Spaghetti, Faschismus,* das Spanische mit *Infanterie, Matador, Vanille, Zigarre.*

Aus den slawischen Sprachen stammen u. a. *Droschke, Grenze, Gurke, Peitsche, Polka, Quark.* Von anderen europäischen Sprachen sind z. B. *Dalles, meschugge, mies, Schmuh, Stuß, Zores* (aus dem Jiddischen) und *Husar, Säbel, Gulasch* (aus dem Ungarischen) entlehnt. Aus orientalischen Sprachen stammen *Gummi, Oase, Pyramide* (aus dem Ägyptischen), ferner *Alkohol, Arsenal, Gala, Jacke, Mokka, Razzia* usw. Aus den fernöstlichen Sprachen sind *Apfelsine, Taifun, Tee* (aus dem Chinesischen), *Harakiri, Sojabohne* (aus dem Japanischen), *Dschungel, Pyjama, Veranda* (aus indischen Sprachen), *Gong, Orang-Utan, Zimt* (aus dem Malaiischen) ins Deutsche entlehnt, aus afrikanischen Sprachen z. B. *Giraffe, Schimpanse, Zebra,* aus amerikanischen *Kanu, Totem.*

Die Beispiele können nur einen Eindruck von der Vielfalt geben, nirgends aber die Entlehnung vollständig aufführen oder auch nur die Sprachen nennen, aus denen in das Deutsche entlehnt worden ist.

5) Die **Entwicklung** des deutschen Wortschatzes zerfällt in die Vorgeschichte bis zum Beginn der schriftlichen Überlieferung im 8. Jahrh. und in die eigentlich geschichtlichen Epochen. Bei der Vorgeschichte lassen sich drei Phasen nachweisen, die durch die Entwicklung eines bis in das Indogermanische zurückreichenden Erbwortschatzes, eines germanischen Erbes mit nichtgermanischen (bes. keltischen) Interferenzen und die Ausprägung eines von der römisch-mittelmeerischen Kultur bereicherten Wortschatzes bezeichnet werden. Dieser Einfluß erstreckte sich vor allem auf die Bezeichnung von Gegenständen und Sachverhalten des Handelns *(Pfund, Münze),* der Verwaltung *(Zoll, Pfand),* des Hauswesens *(Keller, Pforte)* und des militärischen Bereichs *(Straße, Kampf).*

Der deutsche Wortschatz wurde durch die Christianisierung aus zwei verschiedenen Missionen bereichert: Die gotisch-arianische des Südostens hatte eine oberdeutsche Kirchensprache zur Folge *(Christ, Teufel, taufen);* die irisch-angelsächsische des Nordwestens erweiterte sie auf das frühe Christentum am Rhein zurückgehende fränkisch-rheinische Kirchensprache *(Glocke, Mönch, Heiland).*

Den nächsten wichtigen Akzent in der Entwicklung des deutschen Wortschatzes setzte das Rittertum des Hochmittelalters, das die klösterliche Kultur der frühen Jahrhunderte durch eine weltlich-höfische ablöste. Diese Kultur entfaltete sich nach romanischem Vorbild, was sich in der Sprache z. B. in Lehnübersetzungen wie *Knappe, Ritter,* aber auch in Lehnwörtern wie *Turnier* und *Panzer* ausdrückt. Daneben wurde vor allem durch die Sprache der Dichtung der Erbwortschatz erweitert und semantisch genauer differenziert *(milte* ›Güte‹, *staete* ›Beständigkeit‹).

Auch die Mystik war von großer Bedeutung für die Entwicklung des deutschen Wortschatzes *(Gelassenheit, Einfluß, einbilden),* auch für die Entstehung einer philosophischen Terminologie in deutscher Sprache.

Im ausgehenden Mittelalter verlagerte sich der kulturelle Schwerpunkt auf das Bürgertum. Dementsprechend kam auch der weitere Zuwachs im Wortschatz aus dessen Sprachgebrauch *(Gesellschaft, Fracht, Kaufmannschaft)* und die zahlreichen italien. Fachwörter des Handels wie *Risiko, Porto.*

Das Zeitalter der Renaissance hat mit dem Humanismus und der Reformation dem Wortschatz wichtige Impulse verliehen. Aus der Rechtssprache kommen Termini wie *konfrontieren, legal;* aus der Sprache der Kanzleien, die zunächst stark verklausuliert und daher schwer verständlich war, die heute geläufigen *Disposition, Familie, Nation.* Die Reformation und die mit ihr in Zusammenhang stehenden politischen und religiösen Auseinandersetzungen brachten viele kraftvolle Wörter in den allgemeinen Gebrauch wie *Lästermaul, Mördergrube, Feuereifer.*

Das folgende 17. Jahrh. bereicherte den Wortschatz einerseits durch zahlreiche Fachwörter des Militärwesens *(Chef, Division, Front),* der Musik *(Konzert, Violine)* sowie der jetzt deutlicher hervortretenden Geheimsprachen *(Vorteil,* eigtl. ›vorweggenommener Beuteanteil‹; *abgebrannt* ›ohne Geld‹) wie auch durch zahlreiche gefühlsbetonte und bildhafte Prägungen *(Zärtlichkeit, hochberühmt, loderndhell).* Dem wiederum weitreichenden romanischen, vor allem franzö. Einfluß *(Balkon, Puder, Illumination)* suchten Sprachgesellschaften entgegenzuwirken, die z. B. *Nachruf* für *Nekrolog, Fernglas* für *Teleskop* durchsetzten.

Im 18. Jahrh. brachte die Aufklärung Wörter wie *vernünftig, wahrscheinlich* und die Dichtung der ersten Jahrhunderthälfte Wörter wie *Empfindung* und *Anmut* in den allgemeinen Wortschatz. Abgesehen von dem Wirken

Luthers und der Sprachgesellschaften des 17. Jahrhunderts haben die Literaten des 18. Jahrh. dem deutschen Wortschatz den bis dahin größten Zuwachs an individuellen Prägungen zugeführt.

Mit der Franzö. Revolution am Jahrhundertende kam die Sprache der Politik erstmals in großem Umfang auch für den deutschen Wortschatz zur Auswirkung *(Freiheit, Gleichheit, Brüderlichkeit, Revolution, liberal, öffentliche Meinung).* Die Romantik belebte zahlreiche alte Wörter neu *(Fehde, Gau, Hort).* Sie bevorzugte auch verhüllende und dunkle Ausdrücke *(Geheimnis, gespensterhaft, Waldeinsamkeit).* Wissenschaft und Technik trugen durch die Benennung neuer Gegenstände und Sachverhalte zur Erweiterung des Wortschatzes bei *(Tunnel, Kohlensäure, Leuchtgas).* Bis um die Mitte des 19. Jahrh. reicht der Einfluß der sozialistischen Theorie und Praxis auf den deutschen Wortschatz zurück (1840 *Proletariat,* 1841 *Kommunismus,* 1847 *Klassenkampf,* 1868 *Gewerkschaft).*

Im 20. Jahrh. wird der deutsche Wortschatz im Folge der veränderten Lebensbedingungen umgestaltet. Der erste und zweite Weltkrieg machten Wörter wie *Trommelfeuer, Bunker, verdunkeln, Entwarnung* allgemein bekannt. Aus der Benennung der wirtschaftlichen Verhältnisse stammen z. B. *hamstern, Schieber, Kunsthonig, Planwirtschaft,* aus der modernen Technik *Farbband, Chemiefaser, Parkuhr, Film,* überhaupt der ganze Bereich des modernen Verkehrswesens, der öffentlichen Kommunikationsmittel Film, Funk und Fernsehen sowie der Entwicklungen der modernen Industrien. Schließlich hat auch der Sport einen bedeutenden Anteil an der Erweiterung und Differenzierung des Wortschatzes *(starten, spurten, Außenseiter, Schrittmacher).*

Meist vollzieht sich die Erweiterung des Wortschatzes, ohne daß die Ursprünge bekannt werden, wie auch das Absterben von Wörtern nur selten bewußt wird. Es gibt aber Fälle, in denen bewußte Wortschöpfung nachweisbar ist oder in denen Wörter erstmals in den Schriften eines bestimmten Autors auftreten. Zuerst bei Luther tauchen u. a. folgende Wörter auf: *albern, Denkzettel, Spitzbube, Trübsal.* Aus dem Wortschatz des Grammatikers J. G. Schottel (1612–1676) sind *Fragezeichen, Nachruhm, Nebensache* in den Wortschatz gelangt; auf Ph. von Zesen (1619–1689) gehen u. a. *Entwurf, Grundriß, Rechtschreibung, Weltreich* zurück. Aus der reichen Sprache Goethes stammen *banal, Katzenjammer, Tragweite, Weltliteratur,* von Jean Paul *Doppelgänger, Fallschirm, Irrenanstalt, Leihbibliothek.* Manche dieser Wörter waren grammatisch-formal schon vorhanden, wurden aber von den genannten Autoren erstmals in dem heute geläufigen Zusammenhang gebraucht. Die Liste ließe sich noch beliebig vermehren, etwa um Beispiele aus dem Wortschatz Herders, Lessings, Wielands, Schillers.

6) Aus dem gesammten deutschen Wortschatz hat die **Hochsprache** eine Auswahl getroffen. Zu ihr gehören keine ausgesprochen mundartlichen Wörter wie *bair. enk* ›euch‹, auch keine nur umgangssprachlichen Wörter wie *kariert reden* ›unverständlich reden‹, *Wuppdich* ›Schwung‹, wobei aber die Grenzen der Umgangssprache zur Hochsprache und zur Mundart fließend sind. Zum allgemeinen Wortschatz gehört ferner nicht der weite Bereich der sondersprachlichen Wörter der Fach-, Berufs- und Standessprachen (z. B. *Bandfilter, Gleichrichter* aus der Fachsprache der Nachrichtentechnik; *bonifizieren, schleppend* aus der Berufssprache der Kaufleute; *Mezieh* ›gute Gelegenheit‹, *Wendrich* ›Mantel‹ aus der Standessprache der Gauner), wobei auch hier die Grenzen fließend sind. Der Wortgebrauch differenziert den Wortschatz weiter im Zusammenhang der Gesprächssituation, des Kontextes und der Stilschicht. Wenn solcher Wortgebrauch zu bestimmten Zeiten kulminiert, kann man von Schlagwörtern wie *völkisch* im Dritten Reich oder *sozialistisch* in der Dt. Dem. Rep.

7) Geographische Differenzierungen gibt es nicht nur in den Mundarten (vgl. ÜBERS. M 24), sondern auch in der Umgangssprache (nordwestdt. *Schlachter,* ostdt. *Fleischer,* westdt. *Metzger,* südostdt. *Fleischhacker)* und in der Hochsprache, die manche Unterschiede zwischen dem Wortschatz der deutschen Sprache in der Bundesrep. Dtl., der Dt. Dem. Rep., in Österreich und der Schweiz aufweist.

Wrasen der, -s/-, niederdt.: Dampf, Dunst: Wrasenabzug.

wricken, wriggeln, wriggen [niederl. wrikken], ich wricke, wrigg(e)le, wrigge (habe gewrickt, gewriggelt, gewriggt) ein Boot, niederdt.: bewege es durch besondere Handhabung des Riemens fort.

wringen [zu ringen], ich wringe (wrang, habe gewrungen) es, ringe, drehe pressend das Wasser heraus (Wäsche).

Wru(c)ke [wohl zu poln. brukiew] die, -/-n, nordostdt.: Kohlrübe.

Ws, Zeichen für: Wattsekunde.

WS, Abk. für: Wassersäule, in Maßeinheiten mWS und mmWS.

WSW, Abk. für: Westsüdwest(en), Abb. W 13.

Wucher [ahd. wuohhar ›Frucht‹, ›Ernte‹, ›Lohn‹] der, -s, **1)** Ausbeutung eines anderen zur Erzielung hohen eigenen Gewinns: er treibt W.; Wucherpreise; Wucherzinsen. **2)** ⚬⚬ B Zins, Gewinn. **Wucherblume** die, Chrysantheme, ein Korbblüter. **Wucherei** die, -. **Wucherer** der, -s/-, Ausbeuter, jemand, der überhöhte Zinsen oder Preise nimmt. **wucherisch,** ausbeuterisch. **wuchern** [ahd. wuohheron], ich wuch(e)re (habe gewuchert), **1)** mit etwas, treibe Wucher; er wuchert mit seinem Pfund, B verwertet seine Begabung. **2)** es wuchert, wächst üppig, unkrauthaft, krankhaft. **Wucherung** die, -/-n, ⚕ 🜍 ⊕ vermehrtes Zellenwachstum, geschwulstartige Bildung.

wuchs [vu:ks], von wachsen. **Wuchs** der, -es, **1)** Wachstum. **2)** Gestalt, Form: von schlankem W. **3)** Anzucht, Nachwuchs: ein W. junger Tannen. . . . **wüchsig,** von bestimmtem Wuchs: kleinwüchsig. **Wuchsstoff** der, Auxin, in der Pflanze gebildeter, für die Wachstumsvorgänge wirksamer Stoff.

Wucht [Nebenform von Gewicht] die, -, **1)** Kraft, Gewicht, Schwung, Druck: er prallte mit W. auf das Hindernis; unter der W. der Beweise, Ü der zwingenden Kraft. **2)** U Menge, Portion: es war eine W.!, großartig, bes. gelungen. **wuchten,** ich wuchte (habe gewuchtet), **1)** es, hebe mit Anstrengung. **2)** U arbeite schwer. **wuchtig,** gewaltig wirkend, kraftvoll: eine wuchtige Gestalt. **Wuchtigkeit** die, -.

Wuckerln [wohl zu frz. boucler ›sich ringeln‹, Pl., wien.: Ringellöckchen.

wühlen [ahd. wuolen], ich wühle (habe gewühlt), **1)** in etwas, grabe, greife darin herum, bringe es durcheinander: die Kinder wühlten im Sand; wühlender Schmerz, Ü peinigender. **2)** grabe mich unterirdisch her: hier hat eine Maus gewühlt. **3)** U hetze, wiegle insgeheim auf. **Wühler** der, -s/-, **1)** wühlendes Tier, z. B. Maulwurf. **2)** Ü Hetzer, Aufwiegler. **Wühlerei** die, -/-en, U **1)** stetes Wühlen. **2)** U anstrengende Arbeit. **3)** Ü Hetze, Aufwiegelei. **Wühlmaus** die, ein Nagetier.

Wuhne [spätmhd. wune] die, -/-n, auch Wune, eisfreie Stelle, Loch im Eis.

Wuhr das, -(e)s/-e, **Wuhre** die, -/-n, alem.: Wehr; Buhne.

wulg(e)rig, schweiz.: flockig, krümelig.

Wulst [ahd. wulsta, zu wölben] der, -es/¨e oder die, -/¨e, längl. Verdickung, rundliche Aufstülpung oder Ausbauchung, Abb. B 11, F 34, R 14. **wulstig,** breit herausgestülpt: wulstige Lippen. **Wulstling** der, -s/-e, weißsporiger Blätterpilz.

wummern [Schallw.], es wummert (hat gewummert), dröhnt dumpf.

wund [ahd. wunt ›verwundet‹], **1)** aufgerieben, an der Haut verletzt: sie hat sich (die Füße) w. gelaufen, vgl. aber: wundliegen; er schreibt sich die Finger w., Ü schreibt sehr viel (z. B. Bewerbungen), aber erfolglos; er hat sich den Mund w. geredet, Ü hat unaufhörlich, doch erfolglos geredet; ein wunder Punkt, Ü eine Angelegenheit, an die man nicht rühren soll. **2)** verwundet: er schoß das Tier w. **Wundarzt** der, ⚬⚬ Arzt für die Truppe, Feldschar. **Wundbrand** der, Entzündung einer Wunde. **Wunde** [ahd. wunta] die, -/-n, ⚕ Verletzung, bei der Gewebe gewaltsam durchtrennt wird: Schnittwunde; Wundfieber; Wundinfektion; Wundsalbe; die W. heilt, vernarbt; der Krieg hat viele Wunden geschlagen, Ü; eine Wunde auf eine offene W. gelegt, Ü eine unangenehmes Thema berührt.

Wunder [ahd. wuntar] das, -s/-, **1)** Vorgang, der dem gewöhnlichen Verlauf der Dinge oder den Naturgesetzen widerspricht: Wunderdoktor; Wunderglaube; Wunderkur; es geschehen noch Zeichen und W.; das ist ein W.; er ist wie durch ein W. noch am Leben. **2)** Ereignis oder Erzeugnis, das über das gewöhnliche Maß weit hinausgeht: ein W. an Schönheit, Tüchtigkeit; ein W. der Medizin; aber: er denkt, wunder was getan zu haben, etwas, das Bewunderung verdient; er bildet sich wunder was darauf ein. **3)** Verwunderung, Erstaunen: du wirst dein blaues W. erleben, U sehr überrascht sein; kein W.!, U das

überrascht mich nicht. **wunderbar, 1)** übernatürlich, erstaunlich: er wurde auf wunderbare Weise gerettet. **2)** herrlich, sehr schön: ein wunderbares Gemälde; wunderbares Wetter. **wunderbarerweise. Wunderblume** die, ⊕ eine amerikan. Zierpflanze. **Wunderfitz** der, -(en)/-en, alem.-schwäb.: Neugierige(r), Naseweis. **Wunderkerze** die, Christbaumschmuck, der funkensprühend verbrennt. **Wunderkind** das, Kind, das für sein Alter Ungewöhnliches leistet. **wunderlich,** merkwürdig, sonderbar, launisch, grillenhaft. **Wunderlichkeit** die, -/-en. **wundern** [ahd. wuntaron], ich wund(e)re (habe gewundert), **1)** mich über ihn, etwas, staune, bin überrascht, befremdet: ich w. mich, daß er noch gekommen ist. **2)** es wundert ihn, setzt in Erstaunen: es wundert mich nicht, daß er kündigen will. **3)** schweiz.: staune, bin neugierig. **Wundernase** die, schweiz.: Wunderfitz. **wundernehmen,** es nimmt mich wunder (nahm mich wunder, hat mich wundergenommen), wundert mich. **wundersam,** P **1)** übernatürlich. **2)** seltsam. **wunderschön,** ganz besonders schön. **wunderhalber,** schweiz.: aus Neugier. **Wundertier** das, U ein Mensch, der Erstaunen oder Verblüffung hervorrruft: alle drehten sich nach mir um, als sei ich ein W. **Wundertüte** die, Tüte mit überraschendem Inhalt für Kinder. **wundervoll,** wunderbar, herrlich. **Wunderwerk** das, erstaunl. Leistung: ein W. der Technik.

Wundklee der, ein Schmetterlingsblüter, Heilpflanze. **wundliegen,** ich liege mich wund (lag mich wund, habe mich wundgelegen), scheu(e)re mir durch langes Liegen die Haut auf. **Wundmal** das, -(e)s/-e, offene Wunde: die Wundmale Christi. **Wundrose** die, ⚕ bakterielle Entzündung der Haut. **Wundstarrkrampf** der, ⚕ Tetanus, eine gefährliche Wundinfektionskrankheit.

Wune die, -/-n, Wuhne.

Wunsch [ahd. wunsc(h)] der, -es/¨e, **1)** etwas, das man gern haben möchte; sehnsüchtiges Verlangen: Geburtstagswunsch; Lieblingswunsch; Wunschkonzert; Wunschprogramm; Wunschzettel; haben Sie noch Wünsche?; ich möchte einen W. aussprechen; kann ich dir einen W. erfüllen?; alles geht nach W., wie wir wollten; er liest ihr jeden W. von den Augen ab, Ü. **2)** kurz für: Glückwunsch: die besten Wünsche zum neuen Jahr! **Wunschbild** das, höchstes Ziel, Musterbild, Ideal. **Wunschdenken** das, -s, ein Denken, das die Realitäten nicht berücksichtigt. **Wünschelrute** [ahd. wunschiligarta] die, gegabelte Gerte, die in der Hand geeigneter Personen zum Aufsuchen von Erzlagern, Wasseradern u. a. dienen soll. **wünschen** [ahd. wunsc(h)en], ich wünsche (habe gewünscht), **1)** es, erhoffe, verlange: ich w., daß sie mich besucht; was wünschen Sie? (beim Einkaufen); das läßt zu wünschen übrig, befriedigt nicht ganz. **2)** es mir, möchte es gern haben: was wünschst du dir zu Weihnachten? **3)** es, soll ihm zuteil werden: ich w. Ihnen alles Gute, viel Glück; diese Krankheit w. ich meinem ärgsten Feind nicht, U. **wünschenswert,** erstrebenswert, so beschaffen, daß es erfreulich wäre. **Wunschform** die, Ⓢ Optativ, eine Aussageform des Verbs (wenn er doch käme!). **wunschgemäß,** nach Wunsch, wie gewünscht. **Wunschkind** das, U erwünschtes Kind, Kind, das mit ausdrücklichem Wunsch der Eltern gezeugt wurde. **wunschlos,** ohne Wunsch, vollkommen zufrieden: w. glücklich. **Wunschtraum** der, durch Sehnsucht eingegebener Traum, Vorstellung ersehnter Ziele: gib dich keinen Wunschträumen hin!

wupp, wuppdich! [Schallw.], U blitzschnell, mit einem Schlag, im Nu. **Wuppdich** der, -s/-s, U Schwung, schnelle Bewegung. **Wuppe** die, -/-n, norddt.: Wippe, Schaukel. **wuppen,** ich wuppe (habe gewuppt), norddt.: wippe, schaukele.

würbe, von werben.

wurde, von werden.

Würde [ahd. wirdi] die, -/-n, **1)** ohne Pl., die einem Menschen zukommende, sein Wesen als Ausdruck seines inneren Wertes: die W. des Alters; Menschenwürde; sie trägt ihr Unglück mit W.; das ist unter aller W. **2)** Rangstufe, Ehrenstelle, Amt: er ist zu höchsten Würden aufgestiegen; die W. eines Präsidenten; die Doktorwürde; Ehrwürden, Hochwürden (eigtl. Pl.). **würdelos,** würdeloses Verhalten. **Würdelosigkeit** die, -. **Würdenträger** der, Inhaber eines hohen Amtes: die W. von Staat und Kirche. **würderen,** ich würd(e)re (habe gewürdert) ihn, es, ⚬⚬ würdige. **Würderung** die, -. **würdevoll,** mit Würde. **würdig, 1)** mit Würde, ernst und angemessen; ehrwürdig, hochachtbar. **2)** seiner, ebenbürtig; angemessen: ein würdiger Nachfolger, Gegner. **würdigen** [mhd. wirdigen], ich würdige (habe gewürdigt), **1)** ihn, es, schätze seinen Wert, beurteile seine Verdienste: man würdigte seine Leistung (nicht genügend). **2)** ihn (einer Sache), halte für wert, würdig: er wurde

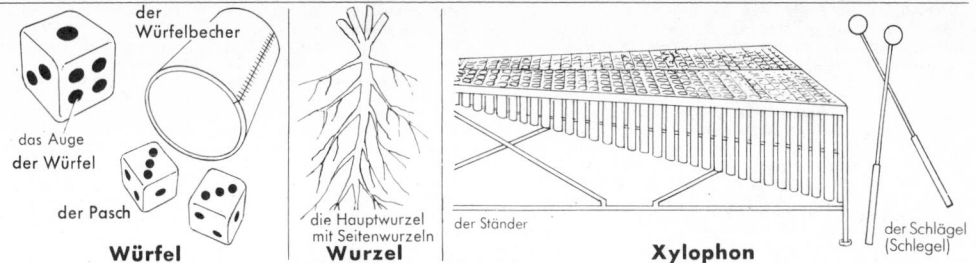

der Würfelbecher

das Auge
der Würfel

der Pasch

Würfel

die Hauptwurzel
mit Seitenwurzeln

der Ständer

Wurzel

Xylophon

der Schlägel
(Schlegel)

keines Blicks, keiner Antwort gewürdigt. **Würdigkeit** *die, -.*
Würdigung *die, -/-en,* Anerkennung, Beurteilung, Kritik,
Charakteristik: *eine W. seiner Verdienste.*

Wurf [ahd. wurf] *der, -es/⁻e,* **1)** Tätigkeit und Ergebnis des
Werfens, Schleudern eines Gegenstandes; Physik: die Bewe-
gung eines geworfenen Körpers im Schwerefeld der Erde:
*Wurfbahn; Wurfgeschoß; der Diskuswerfer holt zum W. aus;
ein W. von 60 m; er warf mit einem W. alle neune* (beim Kegeln),
Ü hatte Glück. **2)** Art, wie ein Stoff Falten wirft: *der W. der
Falten; Faltenwurf.* **3)** Ü besonders gelungenes Werk: *dieser
Roman ist ein ganz großer W.* **4)** 🦌 das Gebären und die Jungen
der Säugetiere: *ein W. Hunde, Katzen, Ferkel.* **5)** 🦌 Rüssel des
Wildschweins. **würfe,** von werfen.
Würfel [ahd. wurfil, zu werfen] *der, -s/-,* **1)** sechs-
quadrat. Flächen begrenzter Körper, ABB. K 38, Q 1. **2)**
Spielstein zum Würfelspiel, ABB. W 16: *die W. sind gefallen,*
Ü die Entscheidung ist getroffen (nach lat. alea iacta est). **Wür-
felbecher** *der,* ABB. W 16. **würf(e)lig,** würfelförmig. **Wür-
felkapitell** *das,* ABB. K 8. **würfeln,** *ich* würf(e)le (habe gewür-
felt), **1)** *(es),* werfe den Würfel: *wir würfeln um Geld; er würfelte
eine Sechs.* **2)** *es,* teile, schneide in Würfel: *sie würfelt Speck;* vgl.
gewürfelt. **Würfelzucker** *der,* Zucker in würfelförmigen
Stücken.
Wurfmaschine *die,* Kriegsmaschine des Altertums des
MA., die schwere Kugeln u. a. schleuderte. **Wurfsendung** *die,*
Verteilung von Massendrucksachen durch die Post. **Wurftau-
benschießen** *das, -s,* 🏹 das Schießen mit Schrotgewehren auf
tellerartige Scheiben (Wurftauben), die in die Luft geschleu-
dert werden.
würgeln, *ich* würg(e)le (habe würgelt), *schweiz.:* bewege
mich ungeschickt, bohre herum. **würgen** [ahd. wurgen], *ich*
würge (habe gewürgt), **1)** *(an etwas),* schlucke mühsam;
befinde mich zwischen Schlucken und Erbrechen. **2)** *ihn,* suche
zu ersticken, drücke ihm die Kehle zu. **3)** *ihn,* 🦌 erwürge. **4)** *es
würgt mich,* U ich bin nahe daran, mich zu übergeben. **5)**
U arbeite mühsam. **Würg|engel** *der,* todbringender Engel,
Todesengel. **Würger** *der, -s/-,* **1)** P Mörder, Henker, Töter. **2)**
ein Singvogel. **3)** Schmarotzer- und Schlingpflanze.
Wurm [ahd. wurm] *der, -(e)s/⁻er,* **1)** langgestrecktes
wirbelloses Tier: *Wurmkrankheit; Wurmmittel; er wand sich
wie ein W.,* suchte verlegen nach einer ausweichenden
Antwort; *man muß ihm die Würmer aus der Nase ziehen,* Ü eine
Information zu ihm herauslocken; Sinnbild für jämmerliche,
dumpf dahinlebende Vergänglichkeit: *Erdenwurm,* Mensch.
2) U allgemein: kriechendes Tier, bes. Made: *der Wurm hat den
W.,* ist madig; *der W. sitzt im Holz,* es wird von Holzschädlingen
zerfressen; *Lindwurm,* Drache; *in der Sache ist der W.,* sie
will nicht gelingen. **3)** *Pl.* ⁻er, 🦌 P riesenhaftes Untier. **4)**
🩺 Fingerentzündung: *Fingerwurm;* beim Pferd der Rotz. **5)**
Ü etwas Nagendes, Bohrendes: *Gewissenswurm,* schlechtes
Gewissen. **6)** *das, -(e)s/⁻er,* U hilfloses kleines Kind. **Würm-
chen** *das, -s/-.* **wurmen,** *es* wurmt (hat gewurmt) *ihn, mich,*
ärgert, bes. nachträglich und andauernd. **Wurmfortsatz** *der,*
Appendix, Ende des Blinddarms, ABB. M 12. **wurmig,**
wurmstichig. **Würmlein** *das, -s/-,* **wurmmäßig,** *schweiz.:*
wurmstichig, von Maden befallen: *wurmstichige Äpfel.*
Wurst [ahd. wurst] *die, -/⁻e,* Nahrungsmittel, zerkleinertes
gewürztes Fleisch in Därmen, Magen, Pergament- oder
Kunststoffschläuchen oder Dosen, ABB. F 26: *Dauerwurst;
Hartwurst; Wurstwaut; Wurstsuppe; Wurstwaren; W. wider W.,*
U wie du mir, so ich dir; *es geht jetzt um die W.,* U Entscheidung;
das ist mir W., auch *Wurscht,* U gleichgültig. **Wurstblatt** *das,*
U Zeitung mit geringem Niveau. **Würstchen** *das, -s/-,* **1)**
kleine Wurst: *Frankfurter W.* **2)** U bedauernswerter oder

unbedeutender Mensch: *dieses arme W.* **Wurstel** *der, -s/-,
bair., österr.:* Hanswurst. **Würstel** *das, -s/-(n), bair., österr.:*
Würstchen. **Wurstelej** *die, -.* **wursteln,** *ich* wurst(e)le (habe
gewurstelt), U arbeite langsam und unüberlegt. **wursten,** *ich*
wurste (habe gewurstet), mache Wurst. **Wurstfinger** *der,*
U häßlicher dicklicher Finger. **wurstig,** U gleichgültig, stumpf.
Wurstigkeit *die, -.*
Wurt [niederdt., zu Wehr] *die, -/-en,* **Wurte** *die, -/-n,* in der
Marsch und auf den Halligen künstlich aufgeschütteter
Wohnhügel.
Wurtzit [nach dem französ. Chemiker Ch. A. Wurtz,
1817–1884] *der, -s/-e,* hell- bis dunkelbraunes Zinkmineral.
Wurz [ahd. wurz] *die, -/-en,* ⁂, *noch bair.:* **1)** Kraut, Pflanze:
Nieswurz. **2)** Wurzel. **wurzab,** *bair.:* an der Wurzel, kurzweg.
Würze [mhd. würze, zu Wurz, Wurzel] *die, -/-n,* **1)** Mittel,
das Speisen und Getränken besonderen Geschmack gibt,
Gewürz, vgl. ABB. G 23: *Suppenwürze.* **2)** Ü besonderer Reiz: *in
der Kürze liegt die W.; sein Auftritt war die W. des Abends.* **3)**
Vorzustand des Bieres.
Wurzel [ahd. wurzala] *die, -/-n,* **1)** Pflanzenorgan zur
Befestigung und Ernährung. ABB. W 16; Sinnbild für festes,
gesundes Haften: *eine Pflanze schlägt Wurzeln,* wächst an; *er
hat hier Wurzeln geschlagen,* Ü ist hier seßhaft, heimisch
geworden. **2)** Stelle, wo etwas ansitzt: *Handwurzel; Haarwur-
zel; Zahnwurzel.* **3)** Ü Grund, Ursache: *mit etwas an die
Übels ausrotten, das Übel an der W. packen.* **4)** 🌳 Name ver-
schiedener Heilpflanzen. **5)** *nordwestdt.:* Mohrrübe. **6)** Ⓢ der
die Bedeutung tragende Kern des Wortes: *können und Kunst
gehen auf eine gemeinsame W. zurück.* **7)** △ *W. aus einer Zahl a,*
diejenige Zahl, die, in eine bestimmte Potenz erhoben, die
Zahl *a* ergibt, ÜBERS. R 11. **Würzelchen,** **Würz(e)lein** *das,
-s/-.* **Würzelfüßer** *der, -s/-,* einzelliges Lebewesen mit Schein-
füßchen. **Wurzelhaube** *die,* Schutzgewebe am Scheitel der
Wurzel. **Wurzelhaut** *die,* die Zahnwurzel umkleidende
Faserschicht: *Wurzelhautentzündung.* **wurzellos,** **1)** ohne
Wurzel. **2)** U ohne Halt in seiner Umgebung. **Wurzellosigkeit**
die, -. **wurzeln** [ahd. wurzelon], *es* wurzelt (hat gewurzelt),
1) treibt Wurzeln: *ein tief wurzelnder Baum.* **2)** ist damit
verbunden, ist heimisch: *seine Dichtung w. im Kriegserleben.*
Wurzelstock *der,* 🌳 der ausdauernde unter oder dicht über
dem Boden wachsende Sproßteil einer Staude. **Wurzel-
waschmaschine** *die,* Waschtrommel für Feldfrüchte. **Wur-
zelwerk** *das, -(e)s,* **1)** die Gesamtheit der Wurzeln einer
Pflanze. **2)** kleines Bündel mit Petersilie, Sellerie und Möhren,
das zum Würzen mitgekocht wird. **Wurzelziehen** *das, -s,*
△ das Berechnen einer Wurzel.
würzen [mhd. würzen], *ich* würze (habe gewürzt) *es,* **1)** gebe
Gewürz daran: *mit Thymian gewürzt.* **2)** U mache reizvol-
ler, kurzweilig: *seine Rede war mit Humor gewürzt.*
Würzen *der, -s/-, österr.:* **1)** Mensch, der ausgenutzt wird.
2) Nebenrolle in einem Theaterstück.
würzhaft, ⁂, **würzig,** mit viel Aroma, anregend, kräftig:
würzige Speisen; würzige Waldluft. **Würzigkeit** [zu Würze]
die, -. **Würzwein** *der,* Wein, dem Würzstoffe zugesetzt sind.
wusch, von waschen.
Wüsch *der, -es/-e* oder *-ete(n), alem.:* Haufen, Stoß, Wust.
Wusche *die, -/-n, ostdt.:* Pantoffel.
Wuschelhaar *das,* U krauses Haar. **wusch(e)lig,** U un-
ordentlich (Haar).
wuschen, *ich* wusche, *oberdt.:* **1)** (habe gewuscht) *es,*
wische. **2)** (bin gewuscht), husche.
wus(e)lig, *südwestdt.:* sich lebhaft hin und her bewegend:
ein wuseliges Kind. **wuseln,** *es* wuselt (hat gewuselt), *süd-
westdt.:* bewegt sich hin und her, wimmelt.

wußte, von wissen.

Wust [mhd. wuost] *der, -es,* ∪ häßliches Durcheinander, Ungeordnetes: *wie soll man sich in diesem W. zurechtfinden?* **wüst** [ahd. wuosti], **1)** öde, ohne Vegetation, unbebaut. **2)** in Unordnung: *hier sieht es w. aus.* **3)** wild, ungebärdig, ausschweifend: *ein wüster Kerl.* **4)** *alem.:* häßlich, unschön, schmutzig, eitrig. **Wüste** *die, -/-n,* **1)** Landschaft mit geringem oder ganz fehlendem Pflanzenwuchs: *Wüstensand; das Schiff der W.,* Ü Kamel; *man will ihn in die W. schicken,* Ü ihm jeglichen Einfluß entziehen. **2)** Einöde. **wüsten,** *ich* wüste (habe gewüstet) *mit etwas,* gehe verschwenderisch damit um: *er wüstet mit dem Geld, mit seiner Gesundheit.* **Wüstenei** *die, -/-en,* öde Gegend. **Wüstenkönig** *der,* P Löwe. **Wüstling** *der, -s/-e,* ausschweifend lebender Mensch. **Wüstung** *die, -/-en,* verlassene Siedlung; aufgegebene, ehemals landwirtschaftlich genutzte Fläche.

Wut [ahd. wuot] *die, -,* **1)** Zustand hoher Erregung, maßloser Zorn: *Wutanfall; in blinder, rasender, wilder W.; er kochte, schäumte vor W.; unbeherrscht läßt er seine W. an anderen aus.*

2) übermäßig gesteigerte Begeisterung: *Tanzwut.* **3)** kurz für: Tollwut. **wüten** [ahd. wuoten], *ich* wüte (habe gewütet), **1)** tobe, rase, zerstöre: *die Einbrecher wüteten auf der Suche nach Wertsachen in der Villa.* **2)** *es wütet,* wirkt verderblich: *eine Seuche, Unwetter wütet.* **wütend,** wutentbrannt, von Wut erfüllt: *er ist w. über dich, über dein Verhalten;* aber: *das Wütende Heer,* Wodans Heer. **wutentbrannt,** unbeherrscht vor Zorn. **Wüterich** *der, -s/-e,* grausamer, unbeherrschter Mensch. **wütig,** wütend: *blindwütig.*

Wutz *die, -/-e,* **Wutzchen** *das, -s/-,* südwestdt.: Schwein, Ferkel.

wu(t)zeln, *es* wu(t)zelt (hat gewu[t]zelt), *alem.:* wimmelt. **Wutzstahl** *der,* schmiedbarer Stahl der Antike und im alten Indien.

wuzeln, *ich* wuz(e)le (habe gewuzelt) *eine Zigarette, österr.:* drehe sie selbst. **Wuzerl** *das, -s/-,* **1)** österr.: kleines dickes Kind. **2)** bair., österr.: Knöllchen vom Radiergummi oder Papierfetzchen.

Wwe., Abk. für: Witwe.

X

x, X [iks] *das, -/-,* ein Konsonant, ᴀʙʙ. A 8, Üʙᴇʀs. A 26, G 34, der 24. Buchstabe des dt. Alphabets.

x, 1) △ Bez. für eine unbekannte Größe. **2)** ∪ eine unbestimmte Zahl umfassend: *ich habe x Bekannte getroffen.*

X, 1) röm. Zahlzeichen 10, Üʙᴇʀs. R 27: *man will mir ein X für ein U vormachen,* mich täuschen (eigtl. aus einer 5 [V, U] machen). **2)** ∪ jemand oder etwas Unbekanntes, Ungenanntes: *Herr X; in der Stadt X; der Tag X,* der Tag, an dem ein erwartetes Ereignis eintreten soll.

x-Achse ['iks-] *die,* Abszisse, ᴀʙʙ. K 37.

Xanthen *das, -s,* organische Verbindung zur Farbstoffherstellung.

Xanthippe [grch. ›blondes Pferd‹] *die, -/-n,* zänkisches Weib.

Xanthophyll [grch. xanthos ›gelb‹ und phyllon ›Blatt‹, ›Kraut‹] *das, -s,* gelber Pflanzenfarbstoff.

Xaver [ks'a:vər, aus dem Familiennamen Xavier, lat. Xaverius, urspr. Ortsname, des hl. Franz Xaver, 1506–1552], männl. Vorname.

X-Beine ['iks-], *Pl.,* Einwärtskrümmung des Oberschenkels mit Auswärtskrümmung des Unterschenkels. **X-beinig.**

x-beliebig [iks-], irgendein: *jeder x-beliebige.*

X-Chromosom ['iks-] *das,* ein Geschlechtschromosom.

Xe, ᴑ Zeichen für: Xenon.

X-Einheit ['iks-] *die, -,* Abk.: X. E., Physik: veraltete, in der Atomphysik verwendete, Längeneinheit, die jedoch nicht gesetzlich ist, etwa ein zehnmilliardstel Millimeter.

Xenia [grch. ›Gastfreundschaft‹], weibl. Vorname.

Xenie [-iə, grch. xenion ›Gastgeschenk‹] *die, -/. . .ni|en,* **1)** Gastgeschenk. **2)** Sinnspruch, Spottgedicht.

xen(o). . . [grch. xenos ›fremd‹], fremd. . . **Xeno|kratie** [grch. kratein ›herrschen‹] *die, -/. . .t'i|en,* Fremdherrschaft.

Xenon [vgl. xen(o). . .] *das, -s,* ᴑ Element, Zeichen: Xe, ein Edelgas. **Xenonlampe** *die,* eine Gasentladungslampe.

Xenophobie [vgl. xen(o). . . und Phobie] *die, -,* Fremdenfeindlichkeit.

Xeno|trans|plantat [vgl. xen(o). . . und Transplantat] *das,* auf einen artfremden Körper überpflanztes Körpergewebe.

Xero|graphie [grch. xeros ›trocken‹ und vgl. . . .graphie] *die, -/. . .ph'i|en,* ein Vervielfältigungsverfahren. **xero|graphisch. Xerokopie** *die,* xerographisch hergestellte Kopie. **xerophil** [vgl. . . .phil], Trockenheit bevorzugend: *xerophile Pflanzen.* **Xerophyt** [vgl. phyto. . .] *der, -en/-en,* ⊕ Pflanze trockener Standorte.

x-fach ['iks-], △ x-mal soviel. **X-fache** *das, -n, ein -s.*

X-Haken ['iks-] *der,* Aufhängehaken für Bilder.

Xi *das, -(s)/-s,* griech. Buchstabe, Üʙᴇʀs. G 36. **Xi-Teilchen** [ks'i-] *das,* zu den Baryonen gehörendes Elementarteilchen.

x-mal ['iks-], **1)** △ mit x multipliziert. **2)** ∪ sehr oft: *ich war schon x-mal dort.*

X-Strahlen ['iks-], *Pl.,* international übliche Bez. für Röntgenstrahlen.

x-te ['iks-], ∪ soundsovielte: *zum x-tenmal;* aber: *zum x-ten Male.*

Xylamon [grch. xylon ›Holz‹] *das, -s,* flüssiges Holzschutzmittel. **Xylem** [vgl. . . .em] *das, -s/-e,* ⊕ wasserleitender Gefäß- oder Holzteil. **Xylit** [vgl. . . .lith] *der, -s/-e,* Holzbestandteil der Braunkohle. **Xylograph** [vgl. . . .graph] *der, -en/-en,* Holzschneider. **Xylo|graphie** [vgl. . . .graphie] *die, -/. . .ph'i|en,* **1)** ohne *Pl.,* Holzschneidekunst. **2)** Holzschnitt. **xylo|graphisch. Xylol** *das, -s/-e, meist Pl.,* Kohlenwasserstoffverbindung im Steinkohlenteer. **Xylophon** [grch. phone ›Klang‹] *das, -s/-e,* ein Musikinstrument, ᴀʙʙ. W 16. **Xylose** *die, -,* Holzzucker.

Y

y, Y ['ypsilɔn] *das, -/-,* ein Konsonant, ᴀʙʙ. A 8, Üʙᴇʀs. A 26, G 34, der 25. Buchstabe des dt. Alphabets.

Y, 1) ᴑ Zeichen für: Yttrium. **2)** ∪ jemand oder etwas Unbekanntes, Ungenanntes: *Herr X oder Frau Y.*

y-Achse ['ypsilɔn-] *die,* Ordinate, ᴀʙʙ. K 37.

Yacht [engl. jɔt] *die, -/-en,* engl. Schreibung für Jacht.

Yak *der, -s/-s,* engl. Schreibung für Jak.

Yamswurzel [aus chines.] *die,* Jamswurzel, meist Kletterstaude, Kulturpflanze.

Yankee [j'æŋki, engl., Diminutiv von niederl. Jan] *der, -s/-s,* Spottname für die Bewohner der Nordstaaten der Verein. Staaten, im Ausland für alle Bewohner der Verein. Staaten.

Yard [ja:d, engl. ›Meßrute‹] *das, -s/-s* und bei Maßangaben -, Abk.: Yd., *Pl.* Yds., brit. und nordamerikan. Längenmaß, 0,9144 m.

Yawl [jɔ:l, engl.] *die, -/-s* oder *-e,* ⩘ eine Art Kutter.

Yb, ᴑ Zeichen für: Ytterbium.

Y-Chromosom ['ypsilɔn-] *das,* ein Geschlechtschromosom.

Yd., Abk. für: Yard. **Yds.,** Abk. für: Yards.

Yen [jɛn] *der, -(s)/-s* und bei Zahlangaben -, Währungseinheit in Japan.

Yerkumfaser [ind.] *die,* feste Bastfaser (für Schnüre, Seile, Polstermaterial).

Ygg|drasil(l), nord. Mythologie: Weltesche.

. . .yl [grch. hyle ›Holz‹, ›Stoff‹], Suffix für chem. Verbindungen.

Yoga *der, -(s)*, Joga. **Yogi** *der, -s/-s*, Jogi.
Yohimbin [afrikan. Name eines Baumes der Rötegewächse] *das, -*, ein Alkaloid.
Youngster [jʹʌŋstər, engl., zu young ›jung‹] *der, -s/-s*, junger Sportler.
Ypsilon *das, -(s)/-s*, **1)** ausgeschriebene Form des Y. **2)** griech. Buchstabe, ÜBERS. G 36.
Ysop [ahd. hysop, zu grch. hyssopos, aus babylon.] *der, -s/-e*, ein Lippenblüter, Salatwürze.

Ytterbium [nach dem schwed. Fundort Ytterby] *das, -s*, ᴖ Element, Zeichen: Yb, zur Gruppe der Lanthanoiden gehörig. **Ytter|erden**, *Pl.*, Bez. für eine Gruppe seltener Erden. **Yt|trium** *das, -s*, ᴖ Element, Zeichen: Y, seltenes unedles Metall.
Yucca, Yukka [jʹuka, span. yuca, aus indian.] *die, -/-s*, Palmlilie.
Yvette [ivʹɛt, frz., vgl. Ivo], **Yvonne** [ivʹɔn], weibl. Vornamen.

---

z, Z [tsɛt] *das, -/-*, ein Konsonant, ABB. A 8, ÜBERS. A 26, G 34, der 26. (letzte) Buchstabe im dt. Alphabet: *von A bis Z*, Ü *von Anfang bis Ende.*
Z., Abk. für: **1)** Zahl. **2)** Zeile.
Zabe, Zabig [zu Abend] *der* oder *das, -(s)/Z'öbig, schweiz.:* Vesperbrot.
zach, 1) *norddt.:* verschüchtert, zaghaft. **2)** *oberdt.:* zäh. **3)** *ostmitteldt.:* knauserig.
Zäch *der, -s/-en(en), alem.:* **1)** Zecke. **2)** Ochsenziemer.
Zacharias [hebr. Sĕcharja ›Jahwe war eingedenk‹], männl. Vorname.
zack!, Ausruf bei einer schnellen Bewegung, einem Wurf, Hieb u. a.
Zäckchen *das, -s/-.* **Zacke** [mhd. zacke] *die, -/-n*, **1)** vorragende breitere Spitze, oft an auffallender Form, z. B. am Geweih, an der Partisane, am Gebirgskamm. **2)** Spitze zwischen Kerben, Zinke, z. B. bei Kamm, Gabel, Säge. **3)** *norddt.:* derbes, kurzes Stück, Knorren, Ast. **zacken**, *ich zacke* (habe gezackt) *es*, versehe mit Zacken; vgl. gezackt. **Zacken** *der, -s/-*, Zacke.
zackern [zu mhd. ze acker ›zum Acker (fahren)‹], *ich zack(e)re* (habe gezackert), *oberdt., westmitteldt.:* pflüge.
zackig [zu Zacke], **1)** gezackt. **2)** Ü mit schneidiger militär. Haltung. **Zackigkeit** *die, -.*
Zaddeltracht *die,* Zatteltracht.
zag [ahd. zag ›kraftlos‹, ›schlecht‹], P zaghaft.
Zagel [ahd. zagel] *der, -s/-, niederdt., siebenbürg.:* Büschel, Schwanz.
zagen [vgl. zag], *ich zage* (habe gezagt) P zögere ängstlich: *zitternd und zagend.* **zaghaft** [ahd. zagolihho ›feige‹ verzagt], unentschlossen: *sei nicht so zag.!; ein zaghaftes Klopfen.*
Zaghaftigkeit *die, -.* **Zagheit** *die, -, P.*
zäh [mhd. zache], **1)** fest, schwer dehnbar, dickflüssig: *das Fleisch ist z.*, schwer zu zerkleinern; *zähes Leder.* **2)** Ü widerstandsfähig, hartnäckig: *ein zäher Bursche; in diesem Punkt war sie z.*, Ü gab nicht nach; *zähe Verhandlungen*, schwierige, sich hinziehende. **Zäheit** *die, -.* **zähflüssig**, *eine zähflüssige Masse.* **Zähigkeit** *die, -.*
Zahl [ahd. zala, urspr. ›Einschnitt im Kerbholz‹] *die, -/-en*, **1)** Abk.: Z., Grundbegriff der Mathematik, ÜBERS. Z 1: *ganze Zahlen*, 1, 2, 3, 4, 5, 6 usw.; *gerade Zahlen*, durch 2 teilbare; *ungerade Zahlen*, durch 2 nicht teilbare; *eine runde Z.*, abgerundete, möglichst durch 10 teilbare; *das Unternehmen soll in den roten Zahlen sein*, Ü Schulden haben; *Bruchzahlen; Dezimalzahlen; Ordnungszahlen; Zahlenfolge; Zahlengedächtnis; Zahlenreihe; Zahlenwert.* **2)** Menge, Gruppe: *in großer Z.*, viele; *ohne Z.*, unsagbar viel; *die volle Z.*, alle; *geringer an Z.*, *größer an Menge*, weniger Stücke, mehr Gewicht oder Masse. **3)** Ⓢ Sammelbez. für Einzahl (Singular) und Mehrzahl (Plural). **zahlbar**, K zu zahlen: *z. binnen 30 Tagen.*
zählbar, zum Auszählen geeignet.
zählebig, widerstandsfähig: *ein zählebiges Gerücht*, Ü ein nicht auszurottendes.
zahlen [ahd. zalon], *ich zahle* (habe gezahlt) (es), bezahle, gebe eine bestimmte Summe als Bezahlung: *was habe ich zu zahlen?; wieviel muß ich dafür zahlen? z. mit einem großen Schein; ich möchte zahlen!* (die Zeche); *er muß die Rechnung zahlen*, Ü die unangenehmen Folgen tragen; *ich zahlte 2 Franken, einen hohen Preis dafür zahlen; sie zahlte ihren Leichtsinn mit dem Leben*, Ü; *ich habe dafür viel Lehrgeld gezahlt*, Ü Erfahrungen durch Schaden erkauft. **zählen** [ahd. zellen], *ich zähle* (habe gezählt), **1)** es, stelle die Anzahl fest: *er zählt sein Geld; einmal mußt du z.; die Tage bis zum Fest; seine Tage sind gezählt*, Ü er wird bald sterben; *sie zählt 20 Jahre*, ist zwanzigjährig; *der Ort zählt 700 Einwohner*, hat. **2)** sage die Zahlenreihe auf: *er kann nicht bis drei zählen*, Ü ist dumm. **3)** *auf ihn*, rechne mit ihm, verlasse

mich darauf: *er hat auf deine Hilfe gezählt.* **4)** *zu etwas*, gehöre dazu: *der Walfisch zählt zu den Säugetieren.* **5)** *es, ihn zu etwas*, rechne darunter: *ich z. dich zu meinen Freunden.* **6)** *es zählt*, Ü gilt: *hier zählt nur das Können.* **Zahlenlotterie** *die*, eine Art der Lotterie. **Zahler** *der, -s/-*, jemand, der etwas bezahlt: *er ist ein pünktlicher, säumiger Z.*, er kommt seinen Geldverpflichtungen gut, schlecht nach. **Zähler** *der, -s/-*, **1)** jemand, der etwas zählt. **2)** die zu teilende Zahl eines Bruchs, ÜBERS. R 11. **3)** Zählwerk, Gerät zur Mengenbestimmung: *Elektrizitätszähler; Gaszähler.* **Zahlkarte** *die*, Formblatt zur Einzahlung von Geldbeträgen auf ein Postscheckkonto. **Zahlkellner** *der*, Oberkellner. **zahllos**, unzählig, *zahllose Menschen säumten die Straße.* **Zählmaß** *das*, Maßeinheit für Waren, die stückweise verkauft werden, z. B. Dutzend, Rolle. **Zahlmeister** *der*, Rechnungsführer, Verwaltungsbeamter beim Militär. **zahlreich**, in großer Zahl, viele: *zahlreiche Besucher.* **Zählrohr** *das*, Geigerzähler. **Zahltag** *der*, **1)** Tag der Lohnzahlung. **2)** Tag der Fälligkeit von Wechseln. **Zahlung** *die, -/-en*, die Übereignung von Geld, meist zur Schuldentilgung: *ich mußte eine größere Z. leisten; wir nehmen Ihre alte Nähmaschine in Z.* (beim Kauf einer neuen); *ich gebe mein Auto in Z.; an Zahlungs Statt; Zahlungsaufschub; Zahlungsbedingungen.* **Zählung** *die, -/-en*, das Zählen: *Verkehrszählung; Volkszählung.* **Zahlungsanweisung** *die*, vom Postscheckteilnehmer an die Postscheckamt gesandter Postscheck. **Zahlungsbefehl** *der, ℀* Mahnbescheid. **zahlungsfähig**, imstande, fällige Zahlungen zu leisten. **Zahlungsfähigkeit** *die, -.* **zahlungskräftig**, Ü über eine große Menge Geld verfügend: *zahlungskräftige Käufer.* **Zahlungsmittel** *das*, Münze, Banknote, Scheck, Wechsel. **zahlungsunfähig**, *der Schuldner ist z.* **Zahlungsunfähigkeit** *die, -.* **Zählwerk** *das*, der Zähler. **Zahlwort** *das*, Ⓢ Numerale, Wortklasse zur Benennung der Zahlenreihe und ihrer Ableitungen. **Zahlzeichen** *das*, Ziffer, Schriftzeichen für eine Zahl.
zahm [ahd. zam], **1)** von Tieren: an den Menschen gewöhnt, nicht wild. **2)** gebändigt, fügsam. **3)** Ü mild: *eine zahme Kritik.* **zähmbar**, geeignet, gezähmt zu werden: *zähmbare Tiere.* **Zähmbarkeit** *die, -.* **zähmen** [ahd. zemen], *ich zähme* (habe gezähmt), **1)** *ein Tier*, mache zahm, bändige; richte ab. **2)** *ihn*, Ü bezähme, beherrsche: *zähme deine Neugier!* **Zahmheit** *die, -.* **Zähmung** *die, -.*
Zahn [ahd. zane] *der, -(e)s/²e*, **1)** Kauwerkzeug bei Mensch und Tier, ABB. Z 2, G 6, M 23: *Zahnbehandlung; Zahnbett; Zahnklinik; Zahnpflege; Zahnschmerz; Zahnwurzel; Backenzahn; Fangzahn; sie hat gute Zähne; er muß sich einen Z. ziehen lassen; der Z. der Zeit hat daran genagt*, Ü die Dinge haben sich im Lauf der Zeit abgenutzt; *man wollte ihm auf den Z. fühlen*, Ü ihn prüfen, ausforschen; *du mußt die Zähne zusammenbeißen*, Ü dem Schmerz widerstehen, durchhalten; *der Gegner war bis an die Zähne bewaffnet*, Ü schwer bewaffnet; *denen werde ich die Zähne zeigen!*, Ü werde mich wehren, mein Recht erkämpfen. **2)** Schneidenträger eines Werkzeugs, z. B. einer Säge, ABB. S 1. **3)** Teil des Zahnrades, ABB. R 11. **4)** U hohe Geschwindigkeit. **Zahnarme**, *Pl.*, 🦥 auch Zahnlose, amerikan. Säugetiere (Gürteltier, Ameisenbär, Faultier). **Zahnarzt** *der*, Arzt, der die Zahnheilkunde ausübt, ABB. Z 2. **zahnärztlich**. **Zahnbürste** *die*, ABB. Z 3. **Zähnchen** *das, -s/-.* **zähnefletschend**, aber: *die Zähne fletschend.* **Zähneklappern** *das, -s:* *mit Heulen und Z.*, Ü. **zähneknirschend**, *er*

Zahlen

I. Zahlzeichen und ihre Aussprache
Grundzahlen

0 null, 1 eins, 2 zwei*, 3 drei*, 4 vier, 5 fünf, 6 sechs, 7 sieben, 8 acht, 9 neun.
10 zehn, 11 elf, 12 zwölf, 13 dreizehn, 14 vierzehn usw. bis 19 neunzehn.
20 zwanzig, 21 einundzwanzig, 22 zweiundzwanzig usw. bis 29 neunundzwanzig.
30 dreißig, 40 vierzig, 50 fünfzig, 60 sechzig, 70 siebzig, 80 achtzig, 90 neunzig.
100 hundert, 101 hundert(und)eins, 102 hundert(und)zwei usw. bis 199 hundert(und)neunundneunzig.
200 zweihundert, 300 dreihundert usw. bis 900 neunhundert, 999 neunhundert(und)neunundneunzig.
1 000 tausend, 1 101 tausendeinhundert(und)eins usw. bis 1 999 tausendneunhundert(und)neunundneunzig.
2 000 zweitausend, 3 000 dreitausend usw. bis 999 999 neunhundertneunundneunzigtausendneunhundert(und)neunundneunzig.
1 000 000 eine Million, 1 000 001 eine Million eins usw. bis 1 999 999, eine Million usw. wie oben.
2 000 000 zwei Millionen, 3 000 000 drei Millionen usw. bis 1 000 000 000 tausend Millionen = eine Milliarde.
Zehnerpotenzen: 100 (10^2), 1 000 (10^3), 10 000 (10^4), 100 000 (10^5), 1 000 000 (10^6), 10 000 000 (10^7), 100 000 000 (10^8), 1 000 000 000 (10^9) eine Milliarde. 1 000 000 000 000 (10^{12}) eine Billion. 10^{15} eine Billiarde. 10^{18} eine Trillion. 10^{21} eine Trilliarde. 10^{60} eine Dezillion.

* *Zwei* und *drei* sind flektierbar im Genitiv, wenn dieser nicht durch einen Artikel oder ein Pronomen gekennzeichnet ist: *das Haus zweier verwandter Familien, dreier Freunde;* aber: *das Haus der zwei verwandten Familien, dieser drei Freunde.*
Die Zahlen von *eins* bis *zwölf* können im Dativ flektiert werden, wenn sie als Substantiv gebraucht werden und der Kasus nicht durch ein anderes Wort gekennzeichnet ist: *zu vieren, zu fünfen.*

Ordnungszahlen

1. erstens, der, die, das erste. 2. zweitens, der, die, das zweite. 3. drittens, der, die, das dritte. 4. viertens, der, die, das vierte usw. bis 19. neunzehntens, der, die, das neunzehnte.
20. zwanzigstens, der, die, das zwanzigste. 21. einundzwanzigstens, der, die, das einundzwanzigste usw. bis 100. hundertstens, der, die, das hundertste. 101. hundert(und)erstens, der, die, das hundert(und)erste. 102. hundert(und)zweitens, der, die, das hundert(und)zweite usw. bis 1 000 000. millionstens, der, die, das millionste.

Bruchzahlen

$1/1$ ein Ganzes, ein Eintel, $1/2$ ein halb, $1/3$ ein drittel, $1/4$ ein viertel, $1/7$ ein siebentel oder siebtel usw. bis $1/19$ ein neunzehntel, $1/20$ ein zwanzigstel, $1/21$ ein einundzwanzigstel usw., ein hundertstel, ein tausendstel, ein million(s)tel, ein milliardstel, ein billion(s)tel, ein billiardstel, ein trillion(s)tel, ein trilliardstel.

Dezimalbrüche

0,1 nullkommaeins, ein zehntel; 0,01 nullkommanulleins, ein hundertstel usw.; $\pi = 3,14159$, Pi gleich dreikommaeinsviereinsfünfneun.

Vervielfachungszahlen

1mal einmal, 2mal zweimal, 3mal dreimal, 4mal viermal usw.

II. Wortbildung der Zahlen (als Beispiel: **vier**)

vier, *nicht flektierbar*, **1)** zur Bezeichnung der Anzahl: *v. Punkte; wir sind unser v.,* aber: *zu vieren.* **2)** *Meyer IV,* Meyer vier, der vierte Meyer in einer Gruppe. **3)** vier Uhr: *es ist v., schlägt v., um v.,* *es geht auf v.,* ABB. Z 5.
Vier *die, -/-en,* **1)** die Zahl 4. **2)** Wagen einer Straßenbahn- oder Buslinie Nr. 4. **3)** Leistungsnote ›ausreichend‹. **4)** Figur von der Form einer 4.
vierachsig, mit vier Achsen. **vierarmig,** mit vier Armen.
Vierachteltakt *der,* $4/8$-Takt, Takt aus vier Achtelnoten.
Vierblatt *das,* etwas, das aus vier Blättern besteht.
vierblätt(e)rig, *vierblättrige Kleeblätter.*
Viereck *das,* Fläche mit vier geraden Seiten, ABB. V 6.
viereckig.
viereinhalb (4 $1/2$), *nicht flektierbar,* vier und ein halb.
Vierer *der, -s/-,* **1)** Sportboot mit vier Ruderplätzen, ABB. B 43. **2)** U die Leistungsnote Vier. **3)** etwas aus dem Jahrgang 1804 oder 1904. **4)** U Gewinn mit vier richtigen Zahlen: *ein V. im Lotto.* **5)** ⚐ Gabler. **Vierer...,** vier Dinge oder Personen, bes. Sportler, betreffend: *Viererbob,* Bob für vier Personen.
viererlei, *nicht flektierbar,* vier verschiedene Arten.
vierfach, viermal dasselbe. **Vierfache** *das, -n/-n, ein -s,* Ergebnis einer Vervielfältigung mit vier.
vierfältig, 1) aus vier Teilen bestehend. **2)** in vierfacher Wiederholung. **Vierfältigkeit** *die, -/-en.*
Vierflach *das, -(e)s/-e,* Körper mit vier Flächen, Tetraeder.
Vierfüß(l)er *der, -s/-,* ein Wirbeltier mit vier Gliedmaßen.
viergeteilt, aus vier Teilen bestehend, in vier Teile zerfallend.
Vierheit *die, -/-en,* Gesamtheit von vier Teilen, Vierergruppe.
vierjährig, 1) vier Jahre alt. **2)** vier Jahre dauernd.
vierjährlich, alle vier Jahre stattfindend.
Vierling *der, -s/-e,* jedes von vier gemeinsam im Mutterleib entwickelten Kindern.

viermal, *nicht flektierbar,* meint, daß die folgende Zahl oder Sache mit vier vervielfältigt oder in vier Vertretern gebracht werden soll: *v. Kaffee!;* aber: *vier mal fünf.*
viermalig, viermal geschehen: *viermalige Wiederholung.*
Viermaster *der, -s/-,* Segelschiff mit vier Masten.
vierminütig, vierminutig, 1) vier Minuten dauernd. **2)** seit vier Minuten. **vierminütlich,** alle vier Minuten geschehend.
viermonatig, 1) vier Monate dauernd. **2)** vier Monate alt. **viermonatlich,** alle vier Monate geschehend.
vierräd(e)rig, mit vier Rädern.
Viersitzer *der, -s/-,* Wagen mit vier Sitzplätzen.
vierspännig, mit vier Pferden im Gespann.
vierstimmig, mit vier Singstimmen (Chor).
vierstündig, 1) vier Stunden dauernd. **2)** seit vier Stunden. **vierstündlich,** alle vier Stunden geschehend.
vierte *der, die, das,* der Reihe nach; aber: **Vierte** *der, die, das, -n/-n, ein -r, eine -, ein -s,* der Leistung, dem Rang nach: **1)** Inhaber eines vierten Platzes: *er war beim Test Vierter; der Vierte des Monats,* aber: *der vierte April.* **2)** Karl IV., *der Vierte.* **3)** *zu viert,* zu vieren. **4)** *zum vierten,* als vierter Punkt. **5)** *zum vierten Mal(e)* oder *zum viertenmal,* in viermaliger Wiederholung.
vierteilen, *ich* vierteile (habe geviertelt) *es,* zerlege in vier Teile. **vierteilig,** aus vier einzelnen Teilen bestehend. **Vierteiligkeit** *die, -/-en.*
viertel, *ein v., 1/4, nicht flektierbar.* **Viertel** *das, -s/-,* die durch vier geteilte Menge, Zeit usw: *ein Viertel Schinken,* aber: *ein viertel Pfund Schinken,* 125 Gramm; *dreiviertel Pfund,* 375 Gramm; *das oder der Viertelliter; die Viertelnote; die Viertelpause.*
vierteln, *ich* viert(e)le (habe geviertelt) *es,* zerlege in vier Teile.
viertens, 1) als vierter Punkt. **2)** in vierter Linie.
vierwöchentlich, alle vier Wochen stattfindend. **vierwöchig, 1)** vier Wochen dauernd. **2)** vier Wochen alt.

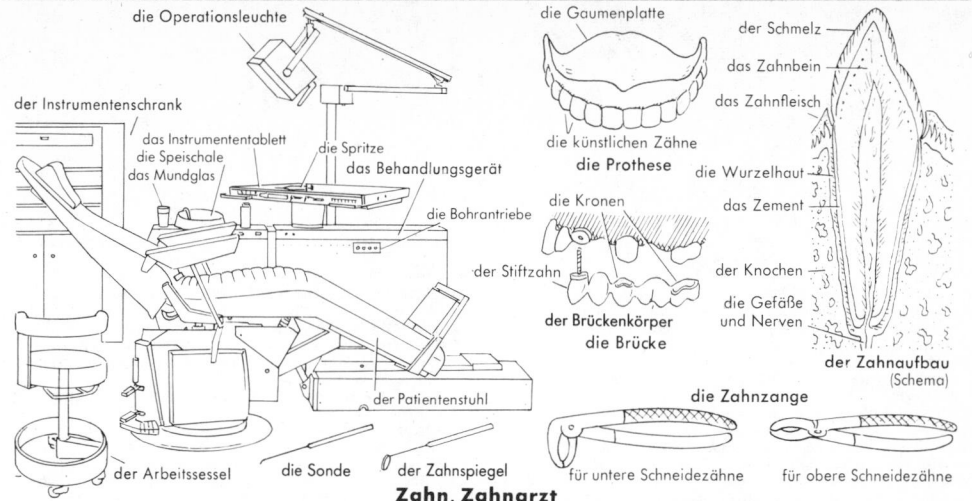

die Operationsleuchte
der Instrumentenschrank
das Instrumententablett
die Speischale
das Mundglas
die Spritze
das Behandlungsgerät
die Bohrantriebe
der Patientenstuhl
der Arbeitssessel
die Sonde
der Zahnspiegel

die Gaumenplatte
die künstlichen Zähne
die Prothese
die Kronen
der Stiftzahn
der Brückenkörper
die Brücke

der Schmelz
das Zahnbein
das Zahnfleisch
die Wurzelhaut
das Zement
der Knochen
die Gefäße
und Nerven
der Zahnaufbau
(Schema)

die Zahnzange
für untere Schneidezähne
für obere Schneidezähne

Zahn, Zahnarzt

willigte *z*. ein, Ü widerstrebend; aber: *mit den Zähnen knirschend*. **zahnen,** *ein Kind* zahnt (hat gezahnt), bekommt Zähne. **zähnen,** *ich* zähne *(habe gezähnt) es*, versehe mit Zähnen, Zacken. **Zahnersatz** *der,* künstl. Zähne. **Zahnfäule** *die,* Karies. **Zahnfleisch** *das,* die Zähne umgebende Schleimhaut: *Zahnfleischentzündung; ich gehe auf dem Z.,* Ü bin am Ende meiner Kräfte. **Zahnheilkunde** *die,* ✠ Odontologie. **Zahnlaut** *der,* Dental, ÜBERS G 34. **Zahnlose,** *Pl.,* ⌇ Zahnarme. **Zahnlücke** *die,* zahnlose Stelle des Kiefers. **Zahnpasta** *die,* Paste zur Zahnpflege, ABB. Z 3. **Zahnrad** *das,* ein mit Zähnen versehenes Rad zur Übertragung einer Drehbewegung, ABB. Z 3: *Zahnradgetriebe.* **Zahnradbahn** *die,* Bergbahn für große Steigungen. **Zahnschmelz** *der,* Schmelz. **Zahnstange** *die,* ⚙ mit Zähnen versehene Stange, die mit einem Zahnrad zusammenarbeitet. **Zahnstein** *der, -(e)s,* feste Ablagerung an Zähnen. **Zahnstocher** *der,* ABB. Z 3. **Zahnung** *die, -/-en,* ABB. M 3, S 1, S 26. **Zahnwal** *der,* ein Wal.

Zähre [ahd. zahar] *die, -/-n,* ⚬⚬, noch P Träne. **Zährte** [aus slaw.] *die, -/-n,* ein osteurop. Karpfenfisch. **Zain** [ahd. zein] *der, -(e)s/-e,* **1)** ⚬⚬, *noch oberdt.:* Weidengerte. **2)** dünner Metallstab. **3)** ♂ Penis des Hirsches. **4)** ♂ Schwanz des Dachses. **Zaine** *die, -/-n, oberdt., bes. schweiz.:* Korb. **zainen,** *ich* zaine *(habe gezaint), oberdt., bes. schweiz.:* flechte. **Zainer** *der, -s/-,* **1)** *oberdt., bes. schweiz.:* Korbflechter. **2)** ⚬⚬ Stabeisenschmied.

Zamba [z'amba, span.] *die, -/-s,* weibl., **Zambo** [z'ambɔ] *der, -s/-s,* männl. Mischling aus Indianer und Neger in Lateinamerika, bes. in Brasilien.

Zampano [Schallw., vermutlich aus der Artistenwelt] *der, -s/-s,* Ü jemand, der auf spektakuläre Weise (eine Gruppe zum) Erfolg bringt: *der große Z.*

Zander [mnd. sandar] *der, -s/-,* auch Schill, Fogasch, Fogosch, ein europ. Barsch.

Zange [ahd. zanga, zu Sanskrit dams ›beiße‹] *die, -/-n,*

die Zahnbürste
der Ständer
der Zahnstocher

das geradverzahnte
Kegelradpaar
das bogenverzahnte
Kegelradpaar

das Maul
die Backe
das Scharnier
der Hebelgriff
die Beißzange
(die Kneifzange)

die Rund-
zange
die Flach-
zange
die Kombinationszange

das Glas
(das Mundglas)
das Mund-
wasser

die Zahnpasta

das schrägverzahnte
Stirnrad
die Schnecke und
das Schneckenrad

die
Rohrzange
die verstellbare Rohrzange
(die Wasserpumpenzange)
(die Gasrohrzange)

die Revolver-
lochzange
der Hebel-
vorschneider
Schmiedezange

Zahnpflege
Zahnrad
Zange

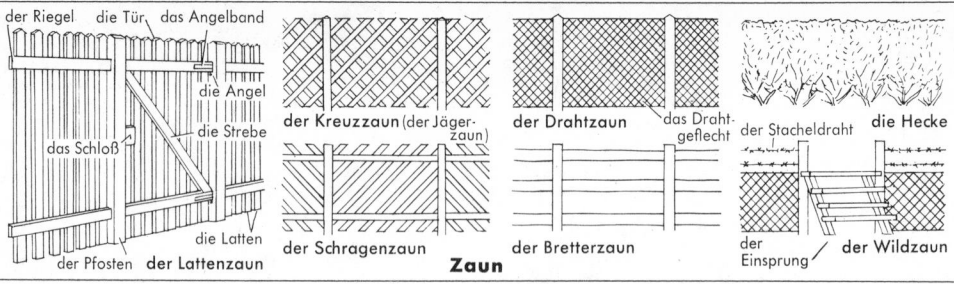

der Riegel · die Tür · das Angelband · die Angel · die Strebe · das Schloß · die Latten · der Pfosten · der Lattenzaun · der Kreuzzaun (der Jägerzaun) · der Schragenzaun · **Zaun** · der Drahtzaun · das Drahtgeflecht · der Stacheldraht · der Einsprung · der Bretterzaun · der Wildzaun · die Hecke

Werkzeug zum Greifen, Halten, Biegen, Schneiden, ABB. Z 3: *Kneifzange; Lochzange; Zangenbewegung; Zangengeburt,* früher: *Geburt mit Hilfe der Geburtszange; er wurde in die Z. genommen,* U heftig bedrängt. **2)** Greifwerkzeug bei manchen Tieren, z. B. beim Hirschkäfer. **3)** U zänkische Frau.

Zank *der, -(e)s,* in heftigen Worten sich äußernder Zwist, Wortwechsel: *Z. und Streit; sie ist mit ihr in Z. geraten.* **Zankapfel** *der,* Gegenstand eines Streites. **zanken** [spätmhd. zanken], *ich zanke (habe gezankt),* **1)** *(mich) mit ihm um, über etwas, habe* Streit: *die Kinder zankten sich um das Fahrrad.* **2)** *mit ihm,* schimpfe, schelte ihn mich. **Zänker** *der, -s/-,* zänkischer Mensch. **Zankerei** *die, -/-en,* U anhaltendes Zanken. **Zänkerei** *die, -/-en,* kleinlicher Streit. **zänkisch, zanksüchtig,** wegen Kleinigkeiten rasch streitend.

Zapf [ahd. zapho] *der, -(e)s/ᵘᵉ, oberdt.:* **1)** Ausschank. **2)** Zapfen. **Zäpfchen** *das, -s/-,* **§ 1)** Teil des weichen Gaumens: *Zäpfchen-r,* ÜBERS. G 34. **2)** Suppositorium, in den Darm einführbares Medikament. **zapfen** [mhd. zapfen], *ich zapfe (habe gezapft) es,* entnehme ein vom Faß, aus den Adern, lasse durch ein Spund- oder Bohrloch ausfließen: *gezapftes Bier, Bier vom Faß.* **Zapfen** *der, -s/-,* **1)** Verschlußstöpsel in Fässern, an Rohren, ABB. F 8. **2)** eine Holzverbindung, ABB. H 24. **3)** ☉ bei Achsen und Wellen der Teil, mit dem er im Lager läuft, ABB. W 10. **4)** ein Blütenstand mit verholzten Fruchtblättern, bes. bei Nadelhölzern, ABB. F 36: *Tannenzapfen.* **5)** *schweiz.:* Flaschenkork. **Zapfenstreich** *der, ☕* Abendsignal zur Rückkehr der Soldaten in die Quartiere. **Zapfer** *der, -s/-, oberdt.:* Schankwirt, Küfer. **Zapfhahn** *der: der Z. wurde in das Bierfaß geschlagen.* **Zapfsäule** *die,* ABB. T 4. **Zapfwelle** *die,* vom Motor angetriebene Welle, besonders bei Schleppern für landwirtschaftl. Geräte.

zaponieren, *ich zaponiere (habe zaponiert) es,* überziehe mit Zaponlack. **Zaponlack** [Herkunft unbekannt] *der,* durchsichtiger Schutzlack, bes. für Metalloberflächen.

zapp(e)lig, unruhig, mit zuckenden Bewegungen, nervös: *ein zappliges Kind.* **zappeln** [ahd. zabalon], *ich zapp(e)le (habe gezappelt),* bewege mich unruhig hin und her: *der Fisch zappelt an der Angel.* **Zappelphilipp** *der, -s/-e* oder *-s,* U unruhiges Kind.

zappenduster, U ganz dunkel; Ü völlig aussichtslos.

Zäppi [ital. zeppo] *das, -(s)/-, schweiz.:* Hebeeisen der Holzhauer.

Zar [bulgar., russ., verwandt mit Kaiser] *der, -en/-en,* ehemaliger slaw. Herrschertitel: *Zarenherrschaft; Zarenreich.* **Zarentum** *das, -s,* Würde eines Zaren. **Zarewitsch** *der, -(e)s/-e,* Sohn eines russ. Zaren. **Zarewna** *die, -/-s,* Tochter eines russ. Zaren.

Zarge [ahd. zarga, zu altnord. targa ›kleiner Schild‹, ›Schildrand‹] *die, -/-n,* **1)** rahmenartige Einfassung an Türen, Fenstern, Bänken, Stühlen u. a., ABB. B 10, S 75, T 12. **2)** Seitenwand von Schachteln. **3)** Seitenwand von Saiteninstrumenten mit rahmendem Schallkörper, ABB. G 8, G 26.

Zarin *die, -/-nen,* weibl. Zar; Gemahlin eines Zaren. **Zarismus** *der,* Herrschaft eines Zaren. **zaristisch.**

zart [mhd. zart], **1)** empfindlich, zerbrechlich, fein, dünn (Gegenstände). **2)** fein, weich, glatt (Haut, Fleisch, Obst). **3)** körperlich schwach, anfällig: *sie ist von zarter Gesundheit, Konstitution.* **4)** Ü lieblich, sanft, gefällig: *zarte Farben; zartblau; zarte Musik.* **5)** rücksichtsvoll, feinfühlig, liebevoll: *man muß z. mit ihr umgehen; eine zarte Andeutung; ein zarter Vorwurf.* **zartbesaitet,** Ü empfindsam. **Zärte** *die, -, ☕* Zartheit. **zärteln** [ahd. zarton], *ich zärt(e)le (habe gezärtelt),* **1)** *ihn, ☕* verzärtele, verweichliche ihn. **2)** *mit ihm,* liebkose, tausche

Zärtlichkeiten. **zartfühlend,** rücksichtsvoll, taktvoll. **Zartgefühl** *das, -(e)s,* rücksichtsvolles, taktvolles Verhalten. **Zartheit** *die, -.* **zärtlich,** liebevoll, liebkosend, anschmiegsam. **Zärtlichkeit** *die, -/-en,* **1)** ohne Pl., Anschmiegsamkeit, zärtliches Wesen. **2)** Liebkosung: *sie tauschen Zärtlichkeiten.* **Zärtling** *der, -s/-e, ☕* verweichlichter Mensch.

Zasel, Zaser *die, -/-n, ☕, noch süddt.:* Faser. **zas(e)rig.**

Zäsium *das, -s,* Cäsium.

Zaspel [mhd. zaspinnel, zu zal ›Garnmaß‹ und spinnla ›Spindel‹] *die, -/-n, ☕* ein Garnmaß. **zaspeln,** *ich zasp(e)le (habe gezaspelt), ☕* schlinge Fäden zusammen, haspele.

Zaster [Rotwelsch, zu zigeuner. saster ›Eisen‹] *der, -s,* U Geld.

Zäsur [lat. caesura, zu caedere ›schlagen‹] *die, -/-en,* **1)** Einschnitt, Ruhepunkt (in der Musik, im Vers, ÜBERS. M 14). **2)** Ü (gedanklicher) Einschnitt: *das Erlebnis des Krieges war eine bedeutende Z. in seiner künstlerischen Entwicklung.*

Zatteltracht *die,* auch Zaddeltracht, Kleidermode im MA., ABB. M 16.

Zauber [ahd. zoupar, zoufer ›Zauber‹, urspr. ›rote Farbe zum Färben der Runensteine‹] *der, -s/-,* **1)** magische Handlung für vielerlei Zwecke: *Fruchtbarkeitszauber; Zauberformel; Zauberkunst; Zauberkraft; Zauberspruch; Zauberstab; Zaubertrank.* **2)** ohne Pl., Ü unwiderstehlicher Reiz, hinreißende Schönheit. **3)** fauler *Z.,* U Schwindel. **Zauberei** *die, -/-en,* Zauberkunststück: *das ist ja Z.,* U das kann ich mir nicht erklären. **Zaub(e)rer** *der, -s/-,* jemand, der zaubert, Zauberkunststücke vorführt. **zauberhaft,** **1)** erstaunlich, unerklärlich. **2)** U bezaubernd, wunderschön. **Zauberhasel** *die,* auch Zaubernuß, ein Zierstrauch. **Zauberin** *die, -/-nen,* Frau, die zaubert, Hexe. **zauberisch,** magisch, unerklärlich. **Zauberkünstler** *der,* jemand, der Zauberkunststücke beherrscht. **Zauberkunststück** *das,* durch Trick und Geschicklichkeit bewirkter scheinbar unerklärlicher Vorgang. **zaubern,** *ich zaub(e)re (habe gezaubert),* **1)** bewirke durch Geschicklichkeit und Tricks scheinbar Unmögliches: *er kann zaubern.* **2)** *es,* bringe durch diese Geschicklichkeit hervor: *er zauberte lebende Tauben aus dem Zylinder.* **Zaubernuß** *die,* Zauberhasel. **Zauberin** *die, -/-nen,* Zauberin.

Zauche [vgl. Zohe] *die, -/-n, ostmitteldt.:* **1)** Hündin. **2)** liederliche Frau.

Zauderei *die, -,* lästiges Zaudern. **Zauderer** *der, -s/-,* zaudernder Mensch. **zaudern** [nhd., zu spätmhd. zouwen ›vonstatten gehen‹], *ich zaud(e)re (habe gezaudert),* zögere, bin unentschlossen: *ohne Zaudern; er half, ohne zu zaudern.*

zauen [ahd. zouwen], *ich zaue mich (habe mich gezaut), ☕* beeile mich.

Zaum [ahd. zoum] *der, -(e)s/ᵘᵉ,* Riemenzeug am Kopf der Reit- und Zugpferde zum Führen und Lenken, ABB. P 9: *ich halte ihn, mich im Z.,* Ü halte ihn vor etwas zurück, beherrsche mich. **zäumen** [mhd. zöumen], *ich zäume (habe gezäumt),* **1)** *ein Tier,* lege ihm den Zaum an. **2)** *Geflügel, ☕* richte für den Tisch an. **Zaumzeug** *das,* Zaum.

Zaun [ahd. zun] *der, -(e)s/ᵘᵉ,* Einfriedung eines Grundstückes aus Holz, Draht, Flach- oder Stabstahl, ABB. Z 4: *Drahtzaun; Lattenzaun; er brach einen Streit mit mir vom Z.,* Ü plötzlich, ohne Grund. **Zaungast** *der,* Zuschauer, der außerhalb, hinter dem Zaun steht, also kein Eintrittsgeld bezahlt hat; U ungebetener Zuschauer. **Zaunkönig** *der,* Singvogel. **Zaunpfahl** *der,* Pfahl eines Zaunes: *er gab ihm einen Wink mit dem Z.,* Ü einen sehr deutlichen Hinweis.

Zaupe [vgl. Zohe] *die, -/-n, süddt., westmitteldt.:* **1)** Hündin. **2)** liederliche Frau.

zausen [ahd. (zer)zuson], *ich zause (habe gezaust) ihn, es,* zupfe, rupfe, reiße ein wenig an ihm: *der Wind zaust die Baumkronen.* **zausig,** österr.: zerzaust: *zausige Haare.*

z. B., Abk. für: zum Beispiel.

z. b. V., Abk. für: zur besonderen Verwendung.

z. D., Abk. für: zur Disposition.

z. d. A., Abk. für: zu den Akten (erledigt).

ZDF, Abk. für: Zweites Deutsches Fernsehen.

Z-Diode [ts'ɛt-] *die,* auch Zener-Diode, eine Diode zur Amplitudenbegrenzung oder Spannungsstabilisierung.

z. E., Abk. für: zum Exempel.

Zebaoth [hebr. ›Heerscharen‹, *Pl.,* himmlische Heerscharen: *der Herr Z.,* B Gott der Heerscharen.

Zebedäus [hebr. Zabdi ›mein (Gottes) Geschenk‹, B männl. Vorname.

Ze|bra [span. cebra, aus afrikan. Eingeborenensprache] *das, -s/-s,* quergestreiftes Wildpferd. **Ze|brastreifen** *der,* durch weiße Querstreifen auf der Fahrbahn markierter Überweg mit Vorrang für Fußgänger, ABB. S 72. **Ze|broid** [vgl. . . . id] *das, -(e)s/-e,* Kreuzung aus Zebra und Pferd sowie aus Zebra und Esel.

Zebu [frz. zébu] *der oder das, -s/-s,* Buckelrind, ein Hausrind, bes. in Indien.

Zechbruder *der,* U Zecher. **Zeche** [mhd. zeche ›Gesellschaft‹, ›Reihenfolge‹] *die, -/-n,* 1) Bergwerk: *Zechenstillegung.* 2) Wirtshausrechnung: *er wollte die Z. prellen,* ohne zu zahlen fortgehen; *wir müssen die Z. bezahlen,* auch Ü den Schaden tragen, für alle büßen. **zechen** [mhd. zechen ›veranstalten‹, ›verfügen‹, ›auf Wirtshausrechnung trinken‹], *ich zeche (habe gezecht),* trinke viel Alkohol, halte ein Gelage: *sie zechten bis spät in die Nacht.* **Zecher** *der, -s/-,* jemand, der zecht. **Zechgenosse** *der,* jemand, der mit einem anderen zecht.

Zechine [mhd. zesin, zu ital. zecchino aus zecca ›Münzstätte‹] *die, -/-n,* alte venezian. Goldmünze, Dukaten.

Zechpreller *der,* jemand, der seine Zeche nicht bezahlt. **Zechprellerei** *die,* ♉ Betrug des Zechprellers. **Zechstein** *der,* ⊕ eine geolog. Abteilung des Perms. **Zechtour** *die: eine ausgedehnte Z.*

Zecke [ahd. zecho] *die, -/-n,* schmarotzende Milbe.

zecken [mhd. zecken ›necken‹, ›einen leichten Schlag geben‹], *ich zecke (habe gezeckt) ihn, mitteldt.:* necke, ärgere.

Zedent [zu zedieren] *der, -en/-en,* Gläubiger, der seine Forderung an einen Dritten abtritt.

Zeder [ahd. cedarboum, zu lat. cedrus, grch. kedros] *die, -/-n,* eine Kieferngewächsgattung. **zedern,** aus Zedernholz. **Zedernholz** *das,* Holz verschiedener Zedern und anderer Nadelhölzer.

zedieren [lat. cedere ›abtreten‹], *ich zediere (habe zediert) es ihm,* trete eine Forderung ab.

Ze|drachbaum [arab.] *der,* ein Zier- und Alleebaum. **Ze|drat** *das, -(e)s/-e,* ♉ Zitronat.

Zefir *der, -s/-e,* Zephir.

Zeh [ahd. ze(c)ha] *der, -s/-en,* **Zehe** *die, -/-n,* 1) Endglied des Fußes, ABB. M 12, V 7: *der kleine, große Z.; ihm kann man leicht auf die Zehen treten,* Ü ihn unabsichtigt kränken. 2) Teil der Knoblauchzwiebel: *Knoblauchzehe.*

zehen, ♉ zehn: *der zehende,* ♉ zehnte.

Zehengänger *der, -s/-,* Säugetier, das beim Laufen nur mit den Zehen den Boden berührt. **Zehenspitze** *die,* 1) Spitze der Zehe. 2) Fußspitze: *sie kam auf Zehenspitzen herein,* ganz leise. **. . . zehig,** mit einer bestimmten Art oder Zahl von Zehen: *fünfzehig.*

zehn (10) [ahd. zehan], ÜBERS. Z 1; vgl. acht: *wir sind zu zehnen oder zu zehnt; die zehnte Muse,* Muse der Kleinkunstbühne; *aber: das Zehnte Gebot,* B. Jähle die Zahl 10; vgl. Acht. **Zehner** *der, -s/-,* 1) vorletzte Ziffer einer mehrstelligen Zahl. 2) U Zehnpfennigstück. **Zehner . . . ,** *Zehnerkarte; Zehnerkarte.* **Zehnfingersystem** *das,* Methode, mit allen zehn Fingern auf der Schreibmaschine zu schreiben. **Zehnkampf** *der,* ♉ Wettkampf aus zehn leichtathlet. oder zehn turner. Einzelkämpfen. **Zehnmarkschein** *der,* auch 10-Mark-Schein, Banknote im Wert von zehn Mark. **Zehnt** [ahd. zehent] *der, -en/-en,* auch Zehnte, früher Abgabe (meist der zehnte Teil) vom Ertrag an die Kirche oder den Grundherrn. **zehntausend** (10 000), tausend: *die oberen Zehntausend,* Ü die oberste Gesellschaftsschicht. **Zehnte** *der, -n/-n,* Zehnt.

zehren [mhd. zeren, zu ahd. zeran ›zerstören‹], *ich zehre (habe gezehrt),* 1) *von etwas,* lebe davon, ernähre mich davon:

wir zehrten von unseren Vorräten; dieser Dichter zehrt von seinem einstigen Ruhm, Ü. 2) *es zehrt (an ihm),* beansprucht, zerstört ihn: *diese Arbeit zehrt an meinen Kräften; Seeluft zehrt,* macht mager. **Zehrgeld** *das,* **Zehrpfennig** *der,* ♊ Geld für den Unterhalt. **Zehrung** *die, -,* ♊ 1) das für den Unterhalt Notwendige. 2) Eßvorrat: *Reisezehrung; Wegzehrung,* auch Ü Sterbesakramente.

Zeibe *die, -/-n, schweiz.:* Schlitterbahn.

Zeichen [ahd. zeih(h)an, zu zeigen] *das, -s/-,* 1) etwas mit den Sinnen Wahrnehmbares, das etwas bedeutet, aus dem man etwas ersehen kann oder soll, Anzeichen, Merkmal: *Kennzeichen; Krankheitszeichen; Nervosität ist oft ein Z. von Überarbeitung; das ist kein gutes Z.* 2) Symbol, ABB. S 78, Hinweis, Signal: *chemische Z.; Schriftzeichen; Seezeichen; Kreuzzeichen; Verkehrszeichen; Warenzeichen; im Z. des Kreuzes; die Z. der Zeit; man verständigt sich durch Z.; er gab das Z. zum Aufbruch.* 3) Erscheinung, Vorzeichen: *im Z. der Zeit; im Z. des wirtschaftlichen Aufschwungs; es geschehen noch Z. und Wunder.* 4) *er ist Bäcker seines Zeichens,* ♊ von Beruf. 5) Sternbild: *Tierkreiszeichen; ich bin im Z. des Krebses geboren.* 6) kurz für: Satzzeichen. 7) ♈ Fährte; Merkmale, woran man Geschlecht und Stärke des Rotwildes erkennt. **Zeichenblock** *der,* Block zum Zeichnen. **Zeichenbrett** *das,* Reißbrett, ABB. R 17. **Zeichenerkennung** *die,* bei der Datenverarbeitung die Zuordnung technisch gelesener Zeichen zu einem vorgegebenen Zeichenvorrat. **Zeichenleser** *der,* techn. Einrichtung zum Lesen von Zeichen auf Schriftstücken. **Zeichenmaschine** *die,* Gerät für das technische Zeichnen. **Zeichenpapier** *das,* leichtes Papier mit meist gekörnter Oberfläche. **Zeichensetzung** *die, -,* ⑤ Interpunktion, ÜBERS. S 6. **Zeichensprache** *die: sie verständigten sich durch Z.* **Zeichentrickfilm** *der,* aus vielen einzelnen Zeichnungen zusammengesetzter Film. **zeichnen** [ahd. zeihhanan], *ich zeichne (habe gezeichnet),* 1) stelle mit Strichen dar: *ich z. einen Grundriß; Vögel mit schön gezeichnetem Gefieder,* mit einer schönen Musterung. 2) versehe mit Zeichen, kennzeichne: *ich z. die Wäsche; der Jäger zeichnet den Dachsbau,* macht ihn durch Reiser erkennbar; *sie bereits vom Tode gezeichnet,* P dem Tod nah, sehr krank. 3) ♦ unterschreibe: *als verantwortlich zeichnet . . . ; ich z. eine Aktie,* erwerbe als namentl. Besitz; *wir wollen zu dieser Sammlung 50 DM zeichnen,* sie beisteuern, uns in die Sammelliste einschreiben. 4) *ein Reh zeichnet,* ♈ läßt erkennen, daß es getroffen ist. **Zeichner** *der, -s/-,* Hersteller von Zeichnungen. **zeichnerisch,** das Zeichnen betreffend: *eine zeichnerische Begabung; Darstellung.* **Zeichnung** *die, -/-en,* 1) Darstellung in Linien, mit Bleistift, Kreide, Tusche u. a.: *Federzeichnung; Handzeichnung; Rötelzeichnung.* 2) Musterung, Farben und Muster: *die Z. eines Tierfells.* 3) Darstellung, Schilderung in Worten: *die Z. der Charaktere in diesem Roman ist unzureichend.* 4) ♦ Verpflichtung zur Abnahme von Aktien. **zeichnungsberechtigt,** zur rechtsverbindlichen Unterschrift bevollmächtigt.

Zeidel *das, -s/-, schwäb.:* Seidelbast. **zeideln,** *ich zeid(e)le (habe gezeidelt) es, bair.:* schneide Honigwaben aus dem Bienenstock. **Zeidler** [mhd. zidelære] *der, -s/-, bair.:* Bienenzüchter, Imker. **Zeidlerei** *die, -/-en, bair.:* Imkerei.

Zeigefinger *der,* der Finger neben dem Daumen, ABB. H 6: *mit erhobenem Z.,* Ü mahnend. **zeigen** [ahd. zeigon], *ich zeige (habe gezeigt),* 1) *es ihm,* weise darauf hin, gebe die Richtung: *ich zeig mir den Weg zeigen.* 2) *es ihm,* lasse anschauen, gebe zur Betrachtung: *ich z. ihm meine Briefmarkensammlung.* 3) *es,* lasse es merken, verberge nicht: *zeige keine Unruhe, kein Mißfallen; er zeigte sich von seiner besten Seite; ich werde es ihm zeigen!,* ihn fühlen lassen (daß ich der Herr bin). 4) *auf etwas, ihn,* deute darauf hin: *man wird mit den Fingern auf dich zeigen,* Ü sich über dich lustig machen, dich verachten. 5) *es zeigt etwas,* Ü beweist, spricht dafür: *sein Verhalten zeigt viel Mitgefühl.* 6) *es zeigt sich,* wird offenkundig, man merkt es: *es zeigte sich, daß der Plan nicht durchzuführen war; das wird sich zeigen,* die Zukunft wird es bringen. **Zeiger** *der, -s/-,* 1) Teil an Uhren und anderen Meßgeräten, der etwas anzeigt, ABB. U 1: *Uhrzeiger; Sekundenzeiger.* 2) Lichtzeiger, elektr. Lampe mit eng gebündeltem Strahl. 3) *schweiz. auch:* Wertungsrichter beim Schießsport. **Zeigestock** *der,* Stock, mit dem auf etwas hingewiesen wird.

zeihen [ahd. zihan], *ich zeihe (habe geziehen) ihn einer Tat,* ♊ beschuldige, bezichtige: *sie zieh ihn der Lüge.*

Zeile [ahd. zila] *die, -/-n,* 1) Abk.: Z., Reihe von Buchstaben, Wörtern nebeneinander, ABB. B 53, Z 6: *in der dritten Z. von*

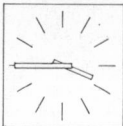

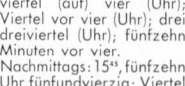

Die Uhr geht richtig (genau)
Richtige (genaue) Zeit

3²⁵, drei Uhr fünfundzwanzig (Minuten); fünf (Minuten) vor halb vier (Uhr); fünf vor halb.
Nachmittags: 15²⁵, fünfzehn Uhr fünfundzwanzig (Minuten); fünf Minuten vor halb sechzehn (Uhr).

3⁴⁵, 3³/₄, ³/₄ 4, drei Uhr fünfundvierzig (Minuten); dreiviertel (auf) vier (Uhr); Viertel vor vier (Uhr); drei dreiviertel (Uhr); fünfzehn Minuten vor vier.
Nachmittags: 15⁴⁵, fünfzehn Uhr fünfundvierzig; Viertel vor sechzehn Uhr; fünfzehn Minuten vor sechzehn (Uhr).

4⁰⁰, 4ʰ, vier Uhr; Punkt vier; Schlag vier; mit dem Schlage vier; um vier (Uhr).
Nachmittags: 16⁰⁰, 16ʰ, sechzehn Uhr; Punkt sechzehn Uhr; um sechzehn Uhr.

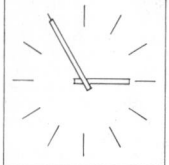

Die Uhr geht nach

4¹⁰, vier Uhr zehn (Minuten); zehn Minuten nach vier (Uhr).
Nachmittags: 16¹⁰, sechzehn Uhr zehn (Minuten); zehn (Minuten) nach sechzehn (Uhr).

4¹⁵, 4¹/₄, ¹/₄ 5, vier Uhr fünfzehn (Minuten); (ein) Viertel nach vier (Uhr); vier ein Viertel (Uhr); (ein) Viertel auf fünf (Uhr); Viertel fünf (Uhr).
Nachmittags: 16¹⁵, 16¹/₄, sechzehn Uhr fünfzehn (Minuten); sechzehn ein Viertel (Uhr).

4³⁰, 4¹/₂, ¹/₂ 5, viereinhalb (Uhr); vier Uhr dreißig (Minuten); halb fünf (Uhr).
Nachmittags: 16³⁰, 16¹/₂, sechzehn Uhr dreißig (Minuten); sechzehneinhalb (Uhr).

Die Uhr geht vor

23⁵⁹, dreiundzwanzig Uhr neunundfünfzig (Minuten); eine Minute vor Mitternacht.

24ʰ vierundzwanzig Uhr; Mitternacht; null Uhr.
12ʰ zwölf Uhr; Mittag

0⁰¹ null Uhr eine Minute; eine Minute nach Mitternacht.

Zeit

unten; das war zwischen den Zeilen zu lesen, zu erraten, aus Andeutungen zu schließen; *Zeilenabstand; Zeilenhonorar; Druckzeile.* **2)** *eine Z. von Häusern,* Häuserreihe; ♣ Straße. **3)** Reihe von Pflanzen im Boden, Furche. **4)** Aneinandergereihtes. **5)** beim Fernsehbild die vom Elektronenstrahl geschriebene horizontale Linie: *Zeilenfrequenz; Zeilendauer.* **zeilenweise,** in, nach Zeilen. **...zeiler,** mit ... Zeilen: *Vierzeiler.* **...zeilig,** ... Zeilen umfassend: *eine sechszeilige Strophe.* **Zeis** *der, -/-e, schweiz.:* Zins.
Zeiselbär *der, oberdt.:* Tanzbär. **zeiseln,** *ich zeis(e)le,* **1)** (bin gezeiselt), *oberdt.:* eile. **2)** (habe gezeiselt) *es, ihn, südwestdt.:* locke an. **Zeiselwagen** *der, oberdt.:* Leiterwagen.
zeisen, *ich zeise* (habe gezeis[e]t), *schweiz.:* zahle Zins.
zeisen [mhd. zeisen], *ich zeise* (habe gezeist), *bair.:* zupfe.
Zeisig [mhd. zisec, zu tschech. cíz, Schallw.] *der, -s/-e,* ein spitzschnäbliger Fink.
zeit *dessen,* während: *z. meines Lebens.* **Zeit** [ahd. zīt] *die, -/-en,* **1)** ohne Pl., der Ablauf allen Geschehens, den wir als Vergangenheit, Gegenwart und Zukunft, am Entstehen und Vergehen der Dinge erfahren: *die Relation von Z. und Raum.* **2)** ein bestimmter Abschnitt oder Punkt dieses Ablaufs: *zeitgebunden; Zeitgewinn; Zeitverschwendung; Arbeitszeit; Fastenzeit; Freizeit; Jahreszeit; Nachkriegszeit; Neuzeit; Urlaubszeit; die Z. Karls des Großen; schlechte Zeiten; die Zeiten kommen und gehen; in unserer Z.,* in der Gegenwart; *zu derselben Z.,* als *...,* gleichzeitig; *um diese Z.,* etwa gleichzeitig; *vor einiger Z.; nach kurzer Z.; eine kurze Z. lang,* aber: *eine Zeitlang; ein längerer Zeitabschnitt; das habe ich die längste Z. geduldet,* Ü *von jetzt an nicht mehr; zu jeder Z.,* aber: *jederzeit; alles zu seiner Z.,* aber: *seinerzeit; einige Z. später; von Z. zu Z.,*

gelegentlich; *zu meiner Z.,* als ich dort lebte, wirkte, jung war; *er will sich die Z. vertreiben,* etwas Unterhaltsames tun; *jetzt ist es Z. dafür,* muß es geschehen; *es ist höchste Z.,* sehr eilig; *außer der Z.,* zu einem ungewöhnlichen Zeitpunkt; *laß dir Z.!,* übereile nichts!; *ich habe keine Z.,* bin beschäftigt; *auf Zeit,* Abk.: a. Z., befristet; *zur Zeit,* Abk.: z. Z. oder z. Zt. **3)** kurz für: *Zeiteinteilung, Uhrzeit, Berechnung der Zeit,* Abb. Z 5: *Zeitzonen; die mitteleuropäische Zeit,* Abk.: MEZ; *ich biete ihm die Z.,* bes. *süddt.:* grüße ihn (mit der Tageszeit). **4)** B das vergängl. Diesseits: *in Z. und Ewigkeit.* **5)** Ⓢ Tempus. **6)** als Ausruf: *du meine Z.!; du liebe Z.!* **Zeitalter** *das,* größerer geschichtl. Zeitabschnitt: *das Z. der Entdeckungen.* **Zeitansage** *die,* Ansage der Uhrzeit in Telefon, Rundfunk, Fernsehen. **Zeitaufwand** *der,* Bedarf an Zeit: *für diese Arbeit lohnt sich der Z. nicht.* **Zeitball** *der,* ein Zeitzeichen (in Häfen). **Zeitbombe** *die: die Z. tickt,* Ü *eine Katastrophe großen Ausmaßes* scheint sich unausweichlich anzubahnen. **Zeitdehner** *der, -s/-,* Filmverfahren, das schnell verlaufende Vorgänge mit hoher Bildfrequenz aufnimmt und mit normaler Bildfrequenz wiedergibt, so daß sie zeitlich gedehnt erscheinen. **Zeitdruck** *der, -(e)s: ich bin in Z., arbeite unter Z.,* habe zu wenig Zeit für etwas zur Verfügung.
Zeite *die, -/-n, schweiz.:* Ausguß, Schnabel.
Zeiteinheit *die,* bestimmte Zeitdauer: *eine Z. von fünf Sekunden.* **Zeitfahren** *das, -s,* Radsport: Straßen- oder Bahnrennen, bei dem die Rennfahrer in gleichen Zeitabständen einzeln starten. **Zeitform** *die,* Ⓢ Tempus. **Zeitfrage** *die, -: es ist eine Z.,* ob ich die Einladung annehmen kann, ich weiß nicht, ob ich dafür Zeit habe. **Zeitgeist** *der, -es,* die Gleichartigkeit der geistigen Haltung, die sich in den Erschei-

nungen eines Zeitalters offenbart. **zeitgemäß,** der jeweiligen Zeit entsprechend, modern: *seine Ansichten sind nicht mehr z.* **Zeitgenosse** *der,* jemand, der gleichzeitig mit mir lebt oder mit einer historischen Persönlichkeit lebte: *ein Z. Napoleons.* **zeitgenössisch,** *eine zeitgenössische Biographie Friedrichs des Großen,* zu dessen Lebzeiten entstanden. **Zeitgeschäft** *das,* ⚹ Termingeschäft. **Zeitgeschehen** *das, -s,* gegenwärtige Ereignisse: *Kommentare zum Z.* **Zeitgeschichte** *die, -,* der Teil der Geschichte, den man miterlebt hat, und seine wissenschaftl. Behandlung. **zeitgeschichtlich. zeitgleich,** mit gleicher Zeit: *zwei Sprinter belegten z. den ersten Platz.* **Zeitgleichung** *die,* der Unterschied zwischen der wahren und mittleren Sonnenzeit eines Ortes. **Zeithafen** *der,* nur bei Flut zugänglicher Hafen. **zeither,** ⚹, *noch bes. oberdt.:* bisher; seither. **zeitig, 1)** früh: *wir wollen z. aufbrechen.* **2)** ⚹ reif. **zeitigen,** *es zeitigt (hat gezeitigt) etwas,* bringt hervor: *seine großen Anstrengungen zeitigten erste Erfolge.* **Zeitigung** *die, -,* ⚹ Reifung. **Zeitkarte** *die,* Fahrkarte für beliebig viele Fahrten während eines bestimmten Zeitabschnitts. **zeitkritisch,** dem Zeitgeschehen kritisch gegenüberstehend: *ein zeitkritisches Theaterstück.* **Zeitlang** *die, eine Z.,* einige Zeit; aber: *einige Zeit lang.* **Zeitlauf** *der, -(e)s/. . . läuf(t)e,* Folge der Ereignisse: *das bringen die Zeitläufte mit sich.* **zeitlebens,** während meines, seines, ihres Lebens: *er haderte z. mit seinem Schicksal;* aber: *zeit meines Lebens.* **zeitlich, 1)** auf die Zeit bezogen: *eine zeitliche Differenz.* **2)** irdisch, weltlich, vergänglich: *er hat das Zeitliche gesegnet,* ∪ ist gestorben. **Zeitlichkeit** *die, -,* Vergänglichkeit des Irdischen. **Zeitlohn** *der,* nach der Arbeitszeit berechneter Lohn, z. B. Wochenlohn, im Unterschied zum Stücklohn. **zeitlos,** der Mode nicht unterworfen: *ein Möbelstück von zeitloser Form.* **Zeitlose** *die, -/-n,* ♁ Herbstzeitlose. **Zeitlupe** *die, -,* Handelsname für einen Zeitdehner: *er arbeitet im Zeitlupentempo,* ∪ sehr langsam. **Zeitmangel** *der, -s: aus Z. konnte ich den Brief noch nicht beantworten.* **Zeitmaß** *das,* ♪ Tempo. **Zeitmessung** *die,* Messung der Zeit durch streng periodische Vorgänge, z. B. durch Schwingungen. **Zeitmietvertrag** *der,* für eine begrenzte Zeit abgeschlossener Mietvertrag. **zeitnah,** auf die Gegenwart bezogen: *ein Roman mit zeitnaher Thematik.* **Zeitnahme** *die, -/-n.* **Zeitnehmer** *der, -s/-,* **1)** ✂ Kampfrichter, der die Zeit mißt. **2)** jemand, der im Betrieb Arbeitsabläufe für Arbeitsstudien erfaßt. **Zeitnot** *die, -: ich bin in Z.* **Zeitpunkt** *der,* bestimmter Augenblick. **Zeitraffer** *der,*

-s/-, Filmverfahren, das langsam verlaufende Vorgänge mit geringer Bildfrequenz aufnimmt und mit normaler Bildfrequenz wiedergibt, so daß sie zeitlich gerafft erscheinen: *das Wachstum einer Pflanze im Z.* **zeitraubend,** viel Zeit beanspruchend: *eine leichte, aber zeitraubende Tätigkeit;* aber: *seine Zeit raubend.* **Zeitraum** *der,* bestimmter Abschnitt im zeitlichen Verlauf: *im Z. von drei Monaten.* **Zeitrechnung** *die,* die Zählung der Jahre von einem bestimmten Zeitpunkt an: *die christliche Z.* **Zeitschrift** *die,* regelmäßig (häufig wöchentlich oder monatlich) erscheinende (bebilderte) Druckschrift. **Zeitsinn** *der, -(e)s,* die Fähigkeit, die Dauer von Vorgängen, Zeiten abzuschätzen: *er hat während seiner langen Haft den Z. verloren.* **Zeitsoldat** *der,* Soldat, der sich über die Wehrpflicht hinaus für eine bestimmte Zeit verpflichtet hat. **Zeitspanne** *die,* Zeitraum. **zeitsparend,** *ein zeitsparendes Arbeitsverfahren;* aber: *viel Zeit sparend.* **Zeitspringen** *das, -s/-,* Pferdesport: Springprüfung, bei der die Springfehler in Sekunden umgerechnet werden. **Zeitstempel** *der,* Registriergerät mit druckendem Zifferwerk zur automat. Fortschaltung von Datum oder Uhrzeit. **Zeitstudie** [-iə] *die,* in Fertigungsbetrieben die Beobachtung und planmäßige Festlegung der Zeiten eines Bearbeitungsvorganges. **Zeittakt** *der,* Einteilung der Sprechzeit beim Telefonieren für eine Gebühreneinheit.

Zeitung [mhd. zitunge ›Kunde‹, ›Nachricht‹, zu Zeit] *die, -/-en,* **1)** regelmäßig, meist täglich erscheinende Druckschrift mit Nachrichten und Meinungen, Anzeigen und Unterhaltungsteil, ABB. Z 6: *Tageszeitung; Wirtschaftszeitung; Zeitungsartikel; Zeitungsausträger; Zeitungsinserat; Zeitungskiosk; Zeitungskorrespondent; Zeitungsmeldung; Zeitungsverlag.* **2)** ⚹ Botschaft, Nachricht: *schlechte, gute Z.* **Zeitungsente** *die,* ∪ falsche Zeitungsmeldung. **Zeitungspapier** *das,* in großen Mengen hergestelltes Druckpapier, meist in Rollen geliefert. **Zeitungswissenschaft** *die,* frühere Bez. für Publizistik (wissenschaft).

Zeitvertreib *der, -s,* Unterhaltung, Vergnügung: *das tue ich nur zum Z.* **Zeitwaage** *die,* Gerät zur raschen Prüfung des Ganges von Uhren. **zeitweilig,** jeweilig, zeitweise, eine Zeitlang, vorübergehend: *eine zeitweilige Sperrung.* **zeitweise,** immer wieder, mit Unterbrechungen. **Zeitwende** *die,* gelegentliche Bez. für den Beginn der christl. Zeitrechnung. **Zeitwert** *der,* der Wert von Vermögensgegenständen und Schulden zum Zeitpunkt der Bewertung. **Zeitwort** *das,*

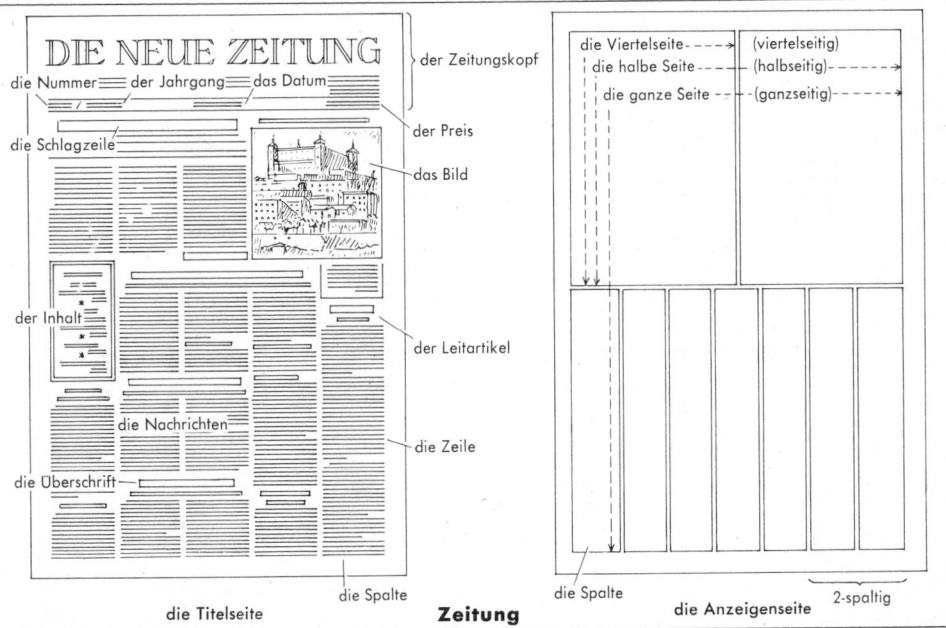

DIE NEUE ZEITUNG — der Zeitungskopf
die Nummer — der Jahrgang — das Datum
die Schlagzeile — der Preis — das Bild
der Inhalt — der Leitartikel
die Nachrichten — die Zeile
die Überschrift
die Spalte — die Titelseite — **Zeitung**

die Viertelseite → (viertelseitig)
die halbe Seite → (halbseitig)
die ganze Seite → (ganzseitig)
die Spalte — die Anzeigenseite — 2-spaltig

Z 6

-(e)s/ˮer, Verb, ÜBERS. V 2. **Zejtzünder** der, ein Zünder mit einstellbarer Zeit zwischen Ingangsetzen und Zündung der Sprengladung.
Zele|brant der, -en/-en, der Priester, der die Messe liest. **Zele|bration** [lat. celebratio] die, -/-en, Feier (des Meßopfers). **zele|brieren**, ich zelebriere (habe zelebriert) es, 1) feiere. 2) lese die Messe. **Zele|brität** die, -/-en, Berühmtheit.
Zelge [mhd. zelge] die, -/-n, süddt.: eingefriedetes Ackerland; Teilflur der Dreifelderwirtschaft. **zelgen**, ich zelge (habe gezelgt), süddt.: 1) bestelle ein brachliegendes Feld. 2) es, friede Ackerland ein. **Zelgen** der, -s/-, schweiz.: Zelge.
Zelle [ahd. cella, zu lat. cella ›Kammer‹, ›Keller‹] die, -/-n, 1) kleiner Raum, Kabine: Fernsprechzelle, ABB. F 16; Gefängniszelle. 2) Baubestandteil des Lebewesens: Zellgewebe; Zellteilung; Nervenzelle. 3) ⚡ einzelnes Element von Stromquellen: Photozelle; Sonnenzelle. 4) ⚡ abgeschlossener Raum mit zusammengehörenden Geräten einer Hochspannungsanlage. 5) Flugwerk eines Flugzeugs (Tragwerk, Rumpf, Leit- und Steuerwerk, Fahrwerk). 6) Teil der Bienenwabe, ABB. B 29. 7) kleinste Einheit politischer Organisationen. **Zellengewölbe** das, eine Gewölbeform der Spätgotik. **Zellenlehre** die, Zytologie, Lehre von der Organisation und den Lebenserscheinungen der Zelle.
Zeller der, -s/-, österr.: Sellerie.
Zellglas das, -es, Folie aus Hydratcellulose. **Zellgummi** der, Schaumstoff aus Kautschuk. **Zellhorn** das, -(e)s, Celluloid. ...zellig, aus ... Zellen bestehend: einzellige Lebewesen. **Zellkern** der, Chromosomenbereich der Zelle: Zellkernplasma; Zellkernsaft. **Zellplasma** das, Zytoplasma, Teil der Zelle. **Zellpulver** das, aus eingedicktem Sulfitzellstoffablauge gewonnener Futtermittelzusatz. **Zellstoff** der, natürl. Faserstoff mit Zellulose als Hauptbestandteil. **zellulär**, Biologie: zellenförmig, aus Zellen bestehend. **Zellulitis** die, -/.. .t'iden, auch Cellulitis, ⚡ Vermehrung des Fettgewebes unter der Haut. **Zelluloid** [auch -'ɔit, vgl. ... id] das, -s, Celluloid. **Zellulose** die, -, auch Cellulose, hochmolekulare organ. Verbindung als Baustoff der pflanzl. Zellwände. **Zellwolle** die, -, nach dem Viskoseverfahren hergestellte Chemiefasern auf Zellulosebasis: Zellwollstoffe.
Zelot [grch. zelotes ›Nacheiferer‹, ›Anhänger‹] der, -en/-en, Fanatiker, bes. in Glaubenssachen. **Zelotismus** [vgl. ... ismus] der, -.
Zelt [ahd. gezelt] das, -(e)s/-e, aus Stoff und Stangen hergestellte leichte Unterkunft, ABB. Z 7, Z 10: Campingzelt; Festzelt; Zeltlager; Zeltplatz; wir wollen unsere Zelte in Norddeutschland aufschlagen, Ü uns dort niederlassen. **Zeltbahn** die, abgepaßte Leinwand für Zelte, ABB. Z 7.
Zelte der, -n/-n, Zelten.
zelten, ich zelte (habe gezeltet), übernachte im Zelt, mache einen Campingurlaub: wir haben am Strand gezeltet.
Zelten [mhd. zelte] der, -s/-, oberdt.: flacher kleiner Kuchen, Fladen: Lebzelten.
Zelter [mhd. zeltære, zu zelt ›Paßgang‹] der, -s/-, im MA.: Reitpferd mit besonders ruhigem Gang.
Zeltplane die, Zeltbahn. **Zeltstoff** der, sehr starkes, wasserabweisendes Gewebe.
Zement [mhd. zimente, zu frz. cément aus lat. caementum ›Bruchstein‹] der, -(e)s/-e, 1) feingemahlener Baustoff als Bindemittel von Mörtel und Beton. 2) Masse für Zahnfüllungen. 3) ⚗ Beize, Pulver zum Scheiden von Metallen. 4) das, -(e)s/-e, eine Hartsubstanz der Zahnwurzel, ABB. Z 2. **Zementation** die, -/-en, Metallurgie: 1) das Abscheiden von Metallen aus Lösungen durch ein anderes Metall mit größerer Affinität zu Sauerstoff. 2) chem. Veränderung von Metallen durch Erhitzen in einem Zementierpulver, bes. an ihrer Oberfläche. **Zementationszone** die, unterhalb des Grundwasserspiegels befindlicher Verwitterungsbereich von Erzlagerstätten. **zementieren** [mhd. zementen], ich zementiere (habe zementiert) es, 1) verklebe mit Zementmörtel. 2) Metallurgie: führe eine Zementation aus. 3) Ü lasse einen Zustand unveränderlich werden, lege eine Meinung starr fest: durch diese Politik wurde ein in der Schwebe gehaltener Zustand zementiert. **Zementierung** die, -. **Zementstein** der, aus Beton mit Zement als Bindemittel hergestellter Stein.
Zen [japan., chines. ch'an, altind. dhyana ›Kontemplation‹] das oder der, -(s), Form des Buddhismus: Zen-Buddhismus.
Zener-Diode die, Z-Diode.
Zenit [ital. zenit, zu arab. samt (arraˡo) ›Richtung des Kopfes‹] der, -(e)s, 1) Scheitelpunkt (des Himmels). 2) Ü Höhepunkt: sie steht im Z. ihrer künstlerischen Karriere.

Zenotaph das, -s/-e, Kenotaph.
zensieren [lat. censere ›abschätzen‹], ich zensiere (habe zensiert) es, 1) beurteile, gebe eine Note, Zensur. 2) übe die Zensur aus: zensierte Druckschriften. **Zensierung** die, -. **Zensor** [lat. censor] der, -s/.. .s'oren, 1) (amtlicher) Prüfer. 2) Beamter im alten Rom. **Zensur** [lat. censura] die, -/-en, 1) Leistungsnote (im Zeugnis): gute Zensuren. 2) Amt der Zensoren im alten Rom. 3) staatliche Überwachung aller Äußerungen auf geistigem und kulturellem Gebiet: Pressezensur; Zensurbehörde. 4) kath. Kirche: Überprüfung von Druckschriften hinsichtlich ihres Glaubensgehalts. 5) kath. Kirche: eine Kirchenstrafe. **zensurieren**, ich zensuriere (habe zensuriert), österr.: zensiere (Briefe, Druckschriften). **Zensus** [lat. census] der, -/-, 1) Volkszählung. 2) im alten Rom: Schätzung der Bürger nach dem Vermögen.
Zent [mhd. zenta, zu lat. centena aus centum ›hundert‹] die, -/-en, im Frankenreich: Unterbezirk einer Grafschaft, Gerichtsbezirk: Zentgericht.
Zentaur [grch. Kentauros] der, -en/-en, auch Kentaur, 1) griech. Mythologie: ein Wesen mit Pferdeleib und menschlichem Oberkörper. 2) ohne Pl., ✹ ein Sternbild.
Zentenar [lat. centenarius ›hundertjährig‹, zu centum ›hundert‹] der, -s/-e, auch Centenar, selten für: Hundertjähriger. **Zentenarfeier** die, **Zentenarium** das, -s/.. .ri|en, Hundertjahrfeier.
zentern [zu Zentrum], ich zent(e)re (habe gezentert) den Fußball, österr.: spiele zur Mitte.
zentesimal [zu lat. centesimus ›der hundertste‹], hundertteilig. **Zenti...** [lat. centum ›hundert‹], Zeichen: c, vor Maßeinheiten: ein Hundertstel: Zentigramm, Zeichen: cg; Zentiliter, Zeichen: cl; Zentimeter, Zeichen, ÜBERS. M 8.
Zentifolie [-iə, lat. centifolius ›hundertblättrig‹] die, eine Rosensorte.
Zentner [mhd. zentenære, aus lat. centenarius ›aus hundert bestehend‹] der, -s/-, Abk.: Ztr., 100 Pfund = 50 kg; vgl. ÜBERS. M 8: zentnerweise; zentnerschwere Lasten.
zentral [lat. centralis, zu Zentrum], 1) im Mittelpunkt gelegen: dieses Geschäft hat eine zentrale Lage, ist z. gelegen. 2) Ü sehr wichtig: von zentraler Bedeutung. **zen|tral ..., 1)** innerste, mittelste, im Mittelpunkt gelegen: Zentralamerika, Mittelamerika; Zentralasien, Innerasien; Zentralperspektive. 2) wichtigste, haupt...: Zentralbank; Zentralproblem. **Zentralbau** der, -(e)s/-ten, ein Bau, bei dem alle Teile auf einen Mittelpunkt bezogen sind, ABB. K 20. **Zen|tralbehörde** die, Behörde, deren Tätigkeitsbereich sich auf den ganzen Staat erstreckt. **Zen|tralbewegung** die, Physik: die Bewegung eines Körpers unter dem Einfluß von Kräften, die auf ein Zentrum gerichtet sind. **Zen|trale** die, -/-n, 1) Hauptgeschäftsstelle; Mittelpunkt. 2) telefonischer Sammelschalter, Vermittlung: Telefonzentrale. 3) △ Verbindungsgerade der Mittelpunkte zweier Kreise. **Zen|tralgewalt** die, oberste Gewalt in einem Bundesstaat. **Zen|tralheizung** die, Heizung für das ganze Haus von einer Stelle aus. **Zen|tralisation** die, -, Zentralisierung. **Zen|tralisieren**, ich zentralisiere (habe zentralisiert) es, 1) vereinige in einem Mittelpunkt. 2) fasse so zusammen, daß es von einer übergeordneten Stelle aus geleitet werden kann: eine zentralisierte Verwaltung. **Zen|tralisierung** die, -. **Zen|tralismus** [vgl. ... ismus] der, -, Staatsform, bei der die gesamte öffentl. Tätigkeit vom zentralen Gewalt ausgeht und bei dieser zusammenläuft. **zen|tralistisch**. **Zen|tralkomitee** das, Abk.: ZK, Führungsgremium in kommunistischen und einigen sozialist. Parteien. **Zen|tralnervensystem** das, Abk.: ZNS, Gehirn und Rückenmark. **Zen|tralorgan** das, ⚡ Körperorgan, das die Tätigkeit anderer Organe zu einer einheitlichen Funktion zusammenfaßt. 2) (meist) das maßgebliche Druckorgan einer polit. Gruppe, z. B. einer Staatspartei. **Zen|tralverschluß** der, Kameraverschluß, dessen Öffnung von zentral angeordneten Lamellen gebildet wird, ABB. P 12. **zen|trieren** (habe zentriert) es, ⊙ stelle auf die Mitte ein. **zen|trifugal** [zu Zentrum und lat. fugere ›fliehen‹], vom Mittelpunkt wegstrebend: die zentrifugalen Kräfte in einer Partei, Ü. **Zen|trifugalkraft** die, Fliehkraft, aus der Trägheit resultierende Kraft, die die Richtungsänderung der Bewegung eines Körpers zu verhindern sucht. **Zen|trifuge** die, -/-n, eine Trennschleuder zur mechanischen Trennung von Gemischen durch Zentrifugalkraft. **zen|trifugieren**, ich zentrifugiere (habe zentrifugiert) es, trenne mit Hilfe einer Zentrifuge. **zen|tripetal** [lat. petere ›erstreben‹], auf den Mittelpunkt zustrebend. **Zen|tripetalkraft** die, die der Zentrifugalkraft entgegenwirkende

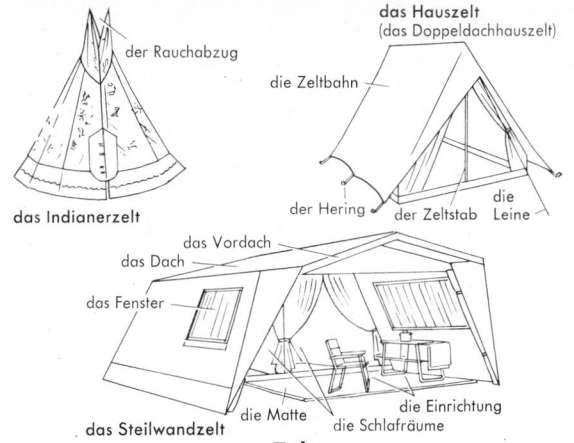

der Rauchabzug

das Hauszelt
(das Doppeldachhauszelt)

die Zeltbahn

das Indianerzelt

der Hering · der Zeltstab · die Leine

das Vordach

das Dach

das Fenster

das Steilwandzelt · die Matte · die Einrichtung · die Schlafräume

Zelt

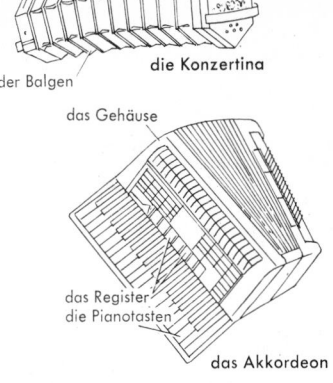

der Balgen

die Konzertina

das Gehäuse

das Register
die Pianotasten

das Akkordeon

Ziehharmonika

Kraft. **zen|trisch**, im Mittelpunkt. **Zen|triwinkel** der, Winkel, dessen Scheitel der Mittelpunkt eines Kreises ist, Mittelpunktswinkel, ABB. K 43. **Zen|trum** [lat. centrum, zu grch. kentron ›Nagel als Scheibenmitte‹] das, -s/. . .tren, **1)** Mitte, Mittelpunkt, ABB. K 43: Gemeindezentrum; das kulturelle Z. des Landes; im Z. des Interesses, Ü. **2)** Innenstadt: Stadtzentrum. **3)** ohne Pl., früher: Partei der dt. polit. Katholizismus: Zentrumspartei.
zent|um(e), alem.: überall; weitherum.
Zenturie [-iə, lat. centuria, zu centum ›hundert‹] die, -/. . .ri|en, im alten Rom: **1)** Grundeinheit der Landparzellierung. **2)** kleinste Einheit einer Legion. **3)** Einheit einer militärisch-polit. Gliederung der Bürgerschaft. **Zenturio** der, -s/. . .ri|onen, Befehlshaber einer Zenturie.
Zenz, Zenzi [kurz zu Crescentia u. a.], weibl. Vornamen.
Zeolith [grch. zein ›kochen‹ und vgl. . . .lith] der, -s/-e oder -en/-en, wasserhaltiges Silikatmineral.
. . .zephal [grch. kephale ›Kopf‹, auch . . .kephal, . . .köpfig, den Kopf betreffend: akrozephal. **. . .zephalie,** auch . . .kephalie, . . .köpfigkeit: Akrozephalie. **Zephalopode** [vgl. . . .pode] der, -n/-n, 🐙 Kopffüßer.
Zephir [grch. zephyros ›Westwind‹] der, -s, **1)** auch Zephyr, P sanfter Wind, besonders Westwind. **2)** auch Zefir, Pl. -e oder . . .ph're, feinfädiges Baumwollgewebe. **zephirisch,** auch zephyrisch, P säuselnd, sanft.
Zeppelin [nach dem Erfinder Graf Zeppelin, 1838–1917] der, -s/-e, ein Luftschiff.
Zepter [mhd. zepter, zu grch. skeptron ›Stab‹] das, selten: der, -s/-, Herrscherstab, ABB. K 48: er schwingt das Z., Ü bestimmt, herrscht.
Zer das, -s, Cer.
zer. . ., unbetontes Präfix, in Verbindung mit Verben untrennbar zusammengesetzt: vernichtend, auflösend, auseinander, entzwei: zerbeulen; zergrübeln; zerknautschen; zerknüllen; zersägen; zertrampeln.
Zerat [lat. ceratum, zu cera ›Wachs‹] das, -(e)s/-e, arzneiliche oder kosmet. Zubereitung aus Wachs, Fett, Öl.
zerbeißen, ich zerbeiße (zerbiß, habe zerbissen) es, beiße durch, beschädige durch Beißen: der Hund hat seine Leine zerbissen.
zerbersten, es zerbirst (zerbarst, ist zerborsten), bricht in Stücke: der Spiegel zerbarst.
Zerberus [grch. Kerberos] der, -, **1)** griech. Mythologie: Höllenhund, der Wächter am Eingang zur Unterwelt. **2)** Pl. -se, Ü grimmiger Wächter.
zerbomben, ich zerbombe (habe zerbombt) es, vernichte durch Bomben: zerbombte Industrieanlagen.
zerbrechen, ich zerbreche (zerbrach), **1)** (habe zerbrochen) es, breche entzwei: ich habe mir schon oft den Kopf darüber zerbrochen, Ü angestrengt nachgedacht. **2)** (bin zerbrochen) an ihm, an etwas, Ü gehe daran seelisch zugrunde: sie

ist an dieser Enttäuschung zerbrochen. **3)** es zerbricht (ist zerbrochen), geht entzwei. **zerbrechlich, 1)** so beschaffen, daß es leicht zerbricht (Glas, Porzellan). **2)** Ü besonders zart, schwächlich (Mädchen): sie wirkt z. **Zerbrechlichkeit** die, -.
zerbröckeln, 1) ich zerbröck(e)le (habe zerbröckelt) es, zerkleinere in Bröckchen (Brot). **2)** es zerbröckelt (ist zerbrökkelt), zerfällt (langsam) in Bröckchen.
zerdeppern, ich zerdepp(e)re (habe zerdeppert) es, zerteppere.
zerdrücken, ich zerdrücke (habe zerdrückt) es, **1)** zerkleinere durch Drücken: sie zerdrückt eine Banane zu Brei. **2)** zerstöre oder töte durch Drücken: er hat die Fliege in der Hand zerdrückt.
Zerealien [lat. Cerealia, nach der altröm. Göttin Ceres], Pl., Feldfrüchte, Getreide.
zere|bral [lat. cerebrum ›Gehirn‹, 🩺 das Gehirn betreffend: zerebrale Kinderlähmung. **zere|bro|spinal** [lat. spina ›Rückgrat‹, dorsalis) ›Wirbelsäule‹], 🩺 Gehirn und Rückenmark betreffend: zerebrospinale Nerven.
Zeremonie [auch -m'onia, lat. caerimonia ›heilige Verehrung‹] die, -/. . .n'i|en [auch -m'oniən], feierliche Handlung, herkömmliche Förmlichkeit. **zeremoniell. Zeremoniell** das, -s/-e, Gesamtheit der Gebräuche bei feierlichen Anlässen: Hofzeremoniell; das diplomatische Z. **Zeremoni|enmeister** der, Überwacher des Zeremoniells. **zeremoniös** [frz. cérémonieux], förmlich, gemessen.
Zeresin [lat. cera ›Wachs‹] das, -s, auch Ceresin, gebleichtes Erdwachs.
Zerevis [mlat. cerevisia ›Bier‹] das, -/-, student. Verbindungen: **1)** kleine, schirmlose Mütze. **2)** Bier.
zerfahren, 1) durch vieles Befahren beschädigt (Wege). **2)** Ü unkonzentriert, zerstreut. **Zerfahrenheit** die, -, Ü.
Zerfall der, -(e)s, Auflösung, Zusammenbruch: Atomzerfall; Zerfallserscheinungen; Zerfallsprodukte; die Zerfallszeit eines radioaktiven Elements. **zerfallen,** es zerfällt (zerfiel, ist zerfallen), fällt auseinander, löst sich auf: Gestein z. durch Witterungseinflüsse; das Reich zerfiel, Ü. **2)** ich bin mit ihm zerfallen, verfeindet: er ist mit Gott und der Welt zerfallen. **Zerfallsreihe** die, beim radioaktiven Zerfall eine Folge von auseinander hervorgehenden Stoffen.
zerfetzen, ich zerfetze (habe zerfetzt) es, reiße in Stücke.
zerfleddern, ich zerfled(e)re (habe zerfledert) es, nutze bis zur Unansehnlichkeit ab: das Buch ist völlig zerfledert. **zerfledern** [zu mhd. vlederen ›flattern‹], ich zerfled(e)re (habe zerfledert) es, Ü.
zerfleischen, ein Tier zerfleischt (hat zerfleischt) es, ihn, zerreißt mit den Zähnen und tötet dadurch: ein Hase wurde von Hunden zerfleischt.
zerfließen, es zerfließt (zerfloß, ist zerflossen), fließt auseinander, löst sich auf: schon beim geringsten Anlaß z. sie in Tränen, Ü.
zerfressen, es zerfrißt (zerfraß, hat zerfressen) etwas,

beschädigt, zerstört (durch Fraß, chem. Vorgänge): *die ausgelaufene Säure hat das Linoleum zerfressen; von Motten zerfressen; von Haß zerfressen,* Ü.

zerfurcht, voller Furchen: *mit sorgenvoll zerfurchter Stirn.*

zergehen, *es zergeht (zerging, ist zergangen),* schmilzt, löst sich auf: *Zucker z. in Flüssigkeit; das Fleisch z. auf der Zunge,* Ü *ist sehr zart.*

zergen [mnd. tergen], *ich zerge (habe gezergt) ihn, mitteldt., nordostdt.:* ärgere, höhne, necke.

zergliedern, *ich zerglied(e)re (habe zergliedert) es,* nehme auseinander, suche die Einzelheiten (zu verstehen), analysiere: *ich z. einen Aufsatz, eine Blüte.* **Zergliederung** *die.*

zerhacken, *ich zerhacke (habe zerhackt) es,* hacke entzwei, zerkleinere mit dem Beil. **Zerhacker** *der, -s/-,* ∮ selbsttätiger Unterbrecher.

Zerium *das, -s,* Cer.

zerkleinern, *ich zerklein(e)re (habe zerkleinert) es,* teile in Stücke. **Zerklein(e)rung** *die, -.*

zerklüftet, aufgespalten, tief eingeschnitten: *ein wild zerklüftetes Gebirge.* **Zerklüftung** *die, -.*

zerknallen, *es zerknallt (ist zerknallt),* springt knallend auseinander.

zerknirscht [zu mhd. zerknürsen ›zerdrücken‹], reuig, durch Schuldbewußtsein gedemütigt: *z. bat sie mich um Verzeihung.* **Zerknirschung** *die.* **Zerknirschung** *die, -.*

zerknittern, *ich zerknitt(e)re (habe zerknittert) es,* drücke in unregelmäßige Falten (Kleidung); balle zusammen (Papier): *zerknitterte Kleidung; ein zerknittertes Gesicht,* Ü; *er war ganz zerknittert,* Ü in gedrückter Stimmung, zerknirscht.

zerkratzen, *ich zerkratze (habe zerkratzt) es,* beschädige durch Kratzen: *die Katze hat mir die Hand zerkratzt.*

zerkrümeln, *ich zerkrüm(e)le (habe zerkrümelt) es,* zerreibe zu Krümeln.

zerlassen [ahd. zilazan], *ich zerlasse (zerließ, habe zerlassen) Fett,* lasse schmelzen: *zerlassene Butter.*

zerlaufen, *es zerläuft (zerlief, ist zerlaufen),* schmilzt: *die Schokolade z. in der Sonne.*

zerlegbar, so beschaffen, daß man es zerlegen kann: *zerlegbare Möbel.* **zerlegen,** *ich zerlege (habe zerlegt) es,* trenne, nehme auseinander: *er zerlegte die Maschine in ihre Einzelteile.* **Zerlegung** *die, -.*

zerlesen, vom vielen Lesen unansehnlich geworden: *zerlesene Bücher, Zeitschriften.*

zerlöchert, mit Löchern versehen: *zerlöcherte Schuhe.*

zerlumpt, Ü mit zerrissenen Kleidern: *er läuft z. herum.*

zermalmen [mhd. zermaln, zu ahd. mel ›Staub‹], *ich zermalme (habe zermalmt) es,* drücke und zerbreche in kleine Teile, zu einer formlosen Masse, zerstöre: *die Planierraupe zermalmte die Gartenhütten.*

zermartern, *ich zermart(e)re (habe zermartert) es, mich,* quäle: *ich z. mir den Kopf.*

zermürben, *ich zermürbe (habe zermürbt) ihn,* mache unfähig zum Widerstand, nehme ihm die Willenskraft: *vom Warten zermürbt.* **Zermürbung** *die, -: Zermürbungstaktik.*

zernieren [lat. cernere ›absondern‹, ›scheiden‹], *die Truppen zernieren (habe zerniert) eine Festung,* ⚔ schließen ein. **Zernierung** *die, -,* ⚔.

Zero, Zéro [z'e:ro, frz., zu arab. sifr ›leer‹] *die, -/-s oder das, -s/-s,* Null, z. B. Abb. R 28.

zerpflücken, *ich zerpflücke (habe zerpflückt) es,* **1)** reiße in kleine Teile (Blüte). **2)** Ü widerlege bis in kleinste Einzelheiten: *seine Argumente wurden zerpflückt.*

zerplatzen, *es zerplatzt (ist zerplatzt),* **1)** platzt auseinander: *eine Seifenblase z.* **2)** *ich zerplatze vor Wut,* Ü kann mich kaum noch beherrschen.

zerquält, von Qual gezeichnet: *ein zerquältes Gesicht.*

zerquetschen, *ich zerquetsche (habe zerquetscht) es,* zerdrücke heftig.

zerraufen, *ich zerraufe (habe zerrauft) es,* bringe in Unordnung: *mit zerrauften Haaren.*

Zerrbild *das,* Spottbild, boshafte Entstellung, Karikatur.

zerreden, *ich zerrede (habe zerredet) es,* rede mehr darüber, als der Sache dienlich ist: *das Problem wurde zerredet.*

zerreiben, *ich zerreibe (habe zerrieben) es,* reibe zu Pulver.

zerreißen, *ich zerreiße (zerriß, habe zerrissen),* **1)** reiße auseinander, trenne gewaltsam: *ich könnte sie in der Luft zerreißen,* Ü bin wütend auf sie. **2)** *mich für ihn,* Ü tue mehr für ihn, als meine Kräfte zulassen. **3)** *es zerreißt (ist zerrissen),* reißt, geht entzwei: *zerrissene Strümpfe.* **Zerreißprobe** *die,* **1)** Versuch, einen Werkstoff so zu zerreißen, um seine Festigkeit zu

prüfen. **2)** Ü übermäßige Beanspruchung: *eine Z. für meine Nerven.* **Zerreißung** *die, -,* **1)** das Zerreißen. **2)** ∮ Ruptur.

zerren [ahd. zerran], *ich zerre (habe gezerrt),* **1)** *ihn, es,* ziehe roh, gewaltsam: *sie zerrte das Kind von der Straße.* **2)** *an ihm, etwas,* ziehe stark: *der Hund zerrt an seiner Kette; das zerrt an meinen Nerven,* Ü. **3)** *es,* ∮ dehne übermäßig: *ich habe mir eine Sehne gezerrt.*

zerrinnen, *es zerrinnt (zerrann, ist zerronnen),* **1)** fließt langsam auseinander: *das Geld z. ihm unter den Fingern, Händen,* Ü er gibt es schnell aus. **2)** Ü wird zunichte: *seine Hoffnungen sind zerronnen; wie gewonnen, so zerronnen* (Sprichwort).

zerrissen, **1)** von zerreißen. **2)** Ü unglücklich, mit sich zerfallen (von Menschen). **Zerrissenheit** *die, -.*

Zerrspiegel *der,* Spiegel, der die Gespiegelte verzerrt wiedergibt: *ein Z. der Gesellschaft,* Ü. **Zerrung** *die, -/-en,* **1)** Veränderung der Form durch Zerren. **2)** ∮ übermäßige Dehnung einer Sehne: *Sehnenzerrung.*

zerrütten [vgl. rütteln], *ich zerrütte (habe zerrüttet) ihn, es,* bringe in geistige Unordnung, schädige seelisch, untergrabe: *ihre Karriere hat ihre Ehe zerrüttet; ein zerrütteter Geist; das starke Rauchen hat seine Gesundheit zerrüttet.* **Zerrüttung** *die, -: Zerrüttungsprinzip* (bei Ehescheidungen).

zerschellen [mhd. zerschellen, zu ahd. scellen ›(er)schallen‹, *es zerschellt (ist zerschellt),* bricht in Stücke: *das Schiff zerschellte an dem Riff.*

zerschlagen, *ich zerschlage (zerschlug, habe zerschlagen),* **1)** *es,* breche gewaltsam in viele Teile, mache entzwei, zerstöre: *er zerschlug im Zorn Geschirr; er hat viel Porzellan zerschlagen,* Ü etwas durch ungeschicktes oder voreiliges Vorgehen verdorben; *die Guerillaorganisation wurde zerschlagen,* Ü. **2)** *es zerschlägt sich,* Ü wird undurchführbar: *meine Pläne haben sich zerschlagen.* **3)** *ich fühle mich (wie) zerschlagen,* Ü erschöpft. **Zerschlagenheit** *die,* Ü Abgespanntheit, Erschöpfung. **Zerschlagung** *die, -/-en.*

zerschleißen, *ich zerschleiße (zerschliß, habe zerschlissen) es,* **1)** nutze durch langen Gebrauch völlig ab. **2)** *es zerschleißt* (ist zerschlissen) durch den Gebrauch schadhaft: *zerschlissene Kleidung; zerschlissene Nerven,* Ü.

zerschmettern, *ich zerschmett(e)re (habe zerschmettert) es,* schlage entzwei, vernichte: *zerschmetterte Fensterscheiben.*

zerschneiden, *ich zerschneide (habe zerschnitten) es,* schneide in Stücke. **Zerschneidung** *die, -.*

zerschunden [vgl. schinden], *zerschundene Hände, Haut,* rissige, spröde, rauhe.

zersetzen, *ich zersetze (habe zersetzt),* **1)** *es,* bewirke seine Auflösung, spalte eine chem. Verbindung: *Salzsäure zersetzt viele unedle Metalle.* **2)** *es,* Ü untergrabe, wurzele (Gesetz, Ordnung): *ein schlechtes Betriebsklima zersetzt die Arbeitsmoral.* **3)** *es zersetzt sich,* ↻ spaltet sich, löst sich auf. **Zersetzung** *die, -: Zersetzungserscheinungen,* Ü; *Zersetzungsprodukte; Zersetzungsprozeß.*

zersiedeln, nur Infinitiv und Partizip Perfekt üblich, *die natürliche Landschaft durch* (planlose) *Siedlungen zerstören.* **Zersied(e)lung** *die, -: stoppt die Z. der Landschaft!*

zerspalten, *ich zerspalte (habe zerspaltet) es,* spalte.

zerspanen, *ich zerspane (habe zerspant) es.* **Zerspanung** *die, -,* ⚙ das Abnehmen von Spänen von einem Werkstück.

zerspeilen, *ich zerspeile (habe zerspeilt) es,* spalte völlig in kleine Späne. **zerspeilen, zerspleißen,** ⚓ zerspeilen.

zersplittern, *ich zersplitt(e)re (habe zersplittert),* **1)** *es,* spalte in kleine Teile, in Splitter. **2)** *mich,* Ü beschäftige mich mit zu vielen Dingen. **2)** *es zersplittert* (ist zersplittert), bricht in viele Splitter. **Zersplitt(e)rung** *die, -.*

zerspratzen, *glühendes Gestein zerspratzt* (ist zerspratzt). **Zerspratzung** *die, -/-en,* ⊕ bei Vulkanausbrüchen durch Gasexplosionen bewirkte Zerreißung des Magmas.

zersprengen, *ich zersprenge (habe zersprengt),* **1)** *es,* bringe zum Bersten. **2)** *eine Truppe,* treibe auseinander.

zerspringen, *es zerspringt (zersprang, ist zersprungen),* zerbricht, reißt auseinander: *ihr Herz z. vor Glück,* P.

zerstäuben, *ich zerstäube (habe zerstäubt) es,* löse zu Staub, zu winzigen Tröpfchen auf. **Zerstäuber** *der, -s/-,* Gerät zum Zerstäuben von Flüssigkeiten aus Düsen, z. B. Abb. S 60: *Parfümzerstäuber.*

zerstechen, *ich zersteche (zerstach, habe zerstochen) es,* verletze durch viele Stiche: *ich bin von Mücken zerstochen.*

zerstieben [ahd. zestieben], *es zerstiebt (ist zerstoben),* weht nach allen Seiten auseinander: *bei dem Schuß zerstob der Vogelschwarm in alle Winde,* Ü.

zerstören [ahd. zestoren], *ich zerstöre (habe zerstört) es,* vernichte, mache unbrauchbar: *das Erdbeben hat mehrere Dörfer zerstört; das zerstört alle meine Zukunftsträume,* Ü. **Zerstörer** *der, -s/-,* **1)** jemand, der etwas vernichtet. **2)** leichtes, schnelles Kriegsschiff. **zerstörerisch,** *hier waren zerstörerische Kräfte am Werk.* **Zerstörung** *die: Kriegszerstörungen; Zerstörungstrieb; Zerstörungswut.*

zerstrahlen, *es zerstrahlt (ist zerstrahlt).* **Zerstrahlung** *die,* Kernphysik: Paarvernichtung.

zerstreiten, *ich zerstreite mich (habe mich zerstritten) mit ihm,* verzanke, entzweie mich: *zerstrittene Geschwister.*

zerstreuen, *ich zerstreue (habe zerstreut),* **1)** *es,* verteile streuend: *seine Asche wurde in alle Winde zerstreut; die Zuschauer zerstreuten sich,* gingen auseinander. **2)** *zerstreutes Licht,* in verschiedene Richtungen abgelenktes. **3)** *mich, ihn,* unterhalte, lenke die Gedanken ab: *er zerstreut sich mit der Lektüre von Kriminalromanen.* **4)** *einen Verdacht,* Ü entkräfte ihn. **zerstreut,** **1)** vereinzelt, verstreut. **2)** Ü unaufmerksam, abgelenkt: *ein zerstreuter Professor,* scherzhaft: ein unkonzentrierter Mensch. **Zerstreutheit** *die, -: aus Z. verpaßte er den Termin.* **Zerstreuung** *die,* Unterhaltung, Ablenkung: *er sucht Z. im Kino.*

zerstückeln, *ich zerstück(e)le (habe zerstückelt) es,* zerteile in kleine Stücke: *die Polizei fand eine zerstückelte Leiche.* **Zerstück(e)lung** *die, -.*

zerteilen, *ich zerteile (habe zerteilt) es,* zerlege in Teile: *das Boot zerteilt die Wellen; ich kann mich nicht zerteilen!,* U kann nicht mehrere Dinge zugleich tun. **Zerteilung** *die, -.*

zerteppern, *ich zertepp(e)re (habe zerteppert) es,* U zerschlage (Geschirr).

Zertifikat [mlat. certificatum, zu lat. certus ›gewiß‹ und facere ›machen‹] *das, -(e)s/-e,* **1)** (amtliche) Bescheinigung: *Schiffszertifikat,* Urkunde über die Eintragung in das Schiffsregister. **2)** ausgegebener Schuldschein, Anteilschein: *Investmentzertifikat.* **zertifizieren,** *ich zertifiziere (habe zertifiziert) es,* stelle ein Zertifikat aus.

zertrennen, *ich zertrenne (habe zertrennt) es,* trenne, teile; löse die Nähte auf (bei Kleidung).

zertreten, *ich zertrete (zertrat, habe zertreten) es,* trete mit den Füßen nieder, beschädige oder töte dadurch: *ich z. einen Käfer, den Rasen, die Beete.*

zertrümmern, *ich zertrümm(e)re (habe zertrümmert) es,* schlage in Trümmer, vernichte. **Zertrümm(e)rung** *die: Atomzertrümmerung.*

Zervelatwurst [auch zer-, ital. cervellata ›Hirnwurst‹ *die,* eine Hartwurst.

zervikal [lat. cervix ›Hals‹, ›Nacken‹], ⚕ den Hals (auch Gebärmutterhals) betreffend.

zerwerfen, *ich zerwerfe (zerwarf, habe zerworfen) mich mit ihm,* Ü verfeinde mich.

zerwirken, *ich zerwirke (habe zerwirkt) Wild,* ⚜ häute ab, nehme aus, zerteile.

zerwühlen, *ich zerwühle (habe zerwühlt) es,* bringe in Unordnung: *ein zerwühltes Bett.*

Zerwürfnis *das, -ses/-se,* Verfeindung, Entzweiung, Streit.

zerzausen, *ich zerzause (habe zerzaust) es,* bringe in Unordnung: *vom Wind zerzaustes Haar.*

Zession [lat. cessio] *die, -/-en,* 🕀 Abtretung einer Forderung. **Zessionar** *der, -s/-e,* der neue Gläubiger bei einer Zession.

Zeta *das, -(s)/-s,* griech. Buchstabe, ÜBERS. G 36.

Zeter [mhd. zeter] *das, -s,* ⚙ Jammer- und Hilferuf: *Zetergeschrei; er schreit Z. und Mord(io).* **zetern,** *ich zet(e)re (habe gezetert),* schreie gellend, jammere laut.

Zettel [mhd. zedele, zu grch. schide ›Splitter‹, schizein ›spalten‹] *der, -s/-,* loses Blatt Papier, Merkblatt: *ich notiere es auf einem Z.; Notizzettel; Zettelarbeit,* Klassenarbeit auf Zetteln (statt in ein Heft).

Zettel [mhd. zettel, zu ahd. zetten ›ausstreuen‹] *der, -s/-,* Längsfaden, Kette des Gewebes. **Zettelbaum** *der,* Vorrichtung für Längsfäden am Webstuhl. **Zettelkartei** *die,* **Zettelkasten** *der,* (alphabetisch oder sachlich geordnete) Sammlung von kurzen Notizen u. a., ABB. K 11.

zetteln [ahd. zetten], *ich zett(e)le (habe gezettelt) es,* bes. oberdt.: verstreue, breite aus.

Zetter *der, -s/-,* ein Heuwender.

zeuch!, *du zeuchst, er zeucht,* ⚙ P für: ziehe!, du ziehst, er zieht.

Zeug [ahd. giziug, zu ziehen] *das, -(e)s,* **1)** Kram, Dinge,

Siebensachen: *was ist das für Z.?; dummes Z.,* Unsinn. **2)** zur Verarbeitung bestimmter Rohstoff: *Fertigzeug; Halbzeug.* **3)** Geräte für eine Arbeit: *Handwerkszeug.* **4)** Ü Fähigkeit für eine bestimmte Arbeit: *er hat das Z. dazu,* alle Voraussetzungen, Begabung und Tatkraft; *er arbeitet, was das Z. hält,* so angespannt wie möglich (eigtl. Zuggeschirr); *er mußte sich kräftig dafür ins Z. legen,* sich mit allen seinen Mitteln dafür einsetzen. **5)** U Textilien: *Bettzeug; Leinenzeug; man will ihm etwas am Zeug(e) flicken,* Ü ihn rügen, schulmeistern. **6)** ⚔ Artilleriegerät: *Zeugamt; Zeugmeister.* **7)** ⚜ Lappen, Tücher und Netze für Jagden, ABB. J 1. . . . **zeug,** **1)** Bez. für Geräte: *Feuerzeug; Reißzeug; Schreibzeug.* **2)** als Sammelbez.: *Grünzeug; Reitzeug; Schuhzeug.* **Zeugdruck** *der, -(e)s,* Herstellung farbiger Muster durch Aufbringen von Druckfarben auf Textilien.

Zeuge [mhd. giziug] *der, -n/-n,* **1)** jemand, der einen Vorgang beobachtet hat und daher (vor Gericht) über ihn aussagen kann: *Augenzeuge; Beweiszeuge; Ohrenzeuge; Zeugenaussage; Zeugenvernehmung; er soll als Z. vor Gericht aussagen, vernommen werden; Burgruinen als Zeugen der Vergangenheit,* Ü. **2)** jemand, der zum Abschluß von bestimmten Rechtsgeschäften zugezogen wird: *Trauzeuge.* **zeugen** [mhd. ziugen], *ich zeuge (habe gezeugt),* **1)** *ein Kind,* erzeuge (vom Manne). **2)** *für, gegen ihn, etwas,* sage als Zeuge aus, lege Zeugnis ab. **3)** *es zeugt von etwas,* läßt darauf schließen: *sein Verhalten zeugt von Verständnis.* **Zeugenberg** *der,* ⊕ vor dem Rand einer Schichtstufe liegender Einzelberg. **Zeughaus** *das,* Gebäude zur Aufbewahrung von Kriegsgerät, Rüstkammer. **Zeugin** *die, -/-nen,* weibl. Zeuge.

Zeugma [grch. ›Joch‹] *das, -s/-s* oder *-ta,* Redefigur, bei der ein Prädikat auf mehrere Subjekte bezogen wird, während es nur zu einem paßt.

Zeugnis [mhd. ziugnisse] *das, -ses/-se,* **1)** Aussage von Zeugen und ähnliche Beglaubigungen: *ich muß Z. von etwas ablegen; es bekunden; Zeugnisverweigerung,* 🕀. **2)** urkundlich festgelegte Bescheinigung über Leistungen, bes. mit Bewertung: *Abgangszeugnis; Führungszeugnis; Schulzeugnis; ich kann ihm nur das beste Z. ausstellen,* U nur Gutes von ihm sagen. **3)** ℬ das Wort Gottes. **Zeugs** *das, -/,* U Kram, Dinge, Zeug. **Zeugung** [mhd. ziugunge] *die, -/-en,* das Hervorbringen von Nachkommenschaft. **zeugungsfähig,** imstande, befruchtungsfähige Geschlechtszellen zu bilden: *im zeugungsfähigen Alter.* **Zeugungsfähigkeit** *die, -.* **zeugungsunfähig. Zeugungsunfähigkeit** *die, -.*

zeukeln, *ich zeuk(e)le (habe gezeukel[e]t) ihn,* schweiz.: locke, ziehe.

Zeus, griech. Mythologie: der höchste Gott.

zeuseln, *ich zeus(e)le (habe gezeusel[e]t),* schweiz.: spiele mit Zündhölzern.

ZGB, in der Schweiz Abk. für: Zivilgesetzbuch.

z. H., Abk. für: zu Händen, zuhanden.

zhintenfür, *schweiz.:* umgekehrt.

Zibbe *die, -/-n,* norddt., mitteldt.: auch Zippe, Weibchen verschiedener Tiere, z. B. Häsin, Ziege.

Zibebe [arab. zibiba ›Rosine‹] *die, -/-n,* süddt., österr.: Rosine.

Zibeline [frz., zu Zobel] *die, -,* ein Wollgewebe mit zobelfellähnl. Oberfläche.

Ziber(t)li *das, -/-, schweiz.:* gelbliche frühe Pflaume.

Zibet [ital. zibetto, zu arab. sabad ›Schaum‹] *der, -s,* eine Drüsenausscheidung der Zibetkatzen, als Duftmittel verwendet: *Zibettinktur.* **Zibetkatze** *die,* eine Schleichkatze.

Ziborium [mhd. ziborje, zu lat. ciborium ›Trinkbecher‹, aus grch. kiborion] *das, -s/. . .ri|en,* auch Ciborium, kath. Kirche: **1)** Hostienbehälter, ABB. A 9. **2)** baldachinartiger Bau über dem Altar, ABB. A 9.

Zichorie [-ia, ital. cicoria, lat. cichoreum, grch. kichorion] *die, -/. . .ri|en,* **1)** ein Korbblüter. **2)** Ersatz für Kaffee.

Zick *der, -s/-e,* **Zicke** *die, zikin ›junge Ziege‹ die, -/-n,* **1)** ostmitteldt.: Ziege. **2)** Rehgeiß. **3)** U altjüngferliche, unangenehme weibl. Person. **4)** *nur Pl.,* U dumme Streiche: *mach keine Zicken!* **Zickel** *das, -s/-(n),* **Zickelchen** *das, -s/-,* **zickeln,** *die Ziege zickelt (hat gezickelt),* wirft Junge.

Zicken *der, -s/-,* auch Zick, oberdt.: Milchsäurestich des Weins.

zickig, U altjüngferlich. **Zicklein** *das, -s/-,* Ziegenjunges.

zickzack, in (unregelmäßigen) Zacken verlaufend, ABB. L 14, M 26: *der Betrunkene läuft z.* **Zickzack** *der, -(e)s/-e,* in (unregelmäßigen) Zacken verlaufende Linie: *Zickzacklinie; Zickzacknaht; er geht im Z.; die Schürze ist mit zickzack*

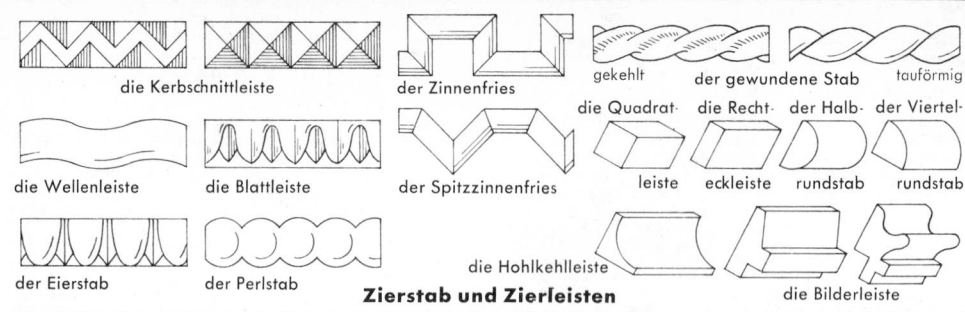

die Kerbschnittleiste der Zinnenfries gekehlt der gewundene Stab tauförmig

die Quadrat- die Recht- der Halb- der Viertel-

die Wellenleiste die Blattleiste der Spitzzinnenfries leiste eckleiste rundstab rundstab

der Eierstab der Perlstab **Zierstab und Zierleisten** die Hohlkehlleiste die Bilderleiste

Zickzacklitze verziert. **Zickzackkurs** *der,* häufig wechselnde (politische) Richtung: *der außenpolitische Z.* **Zider** [frz. cidre, zu hebr. chekar ›Rauschtrank‹] *der, -s,* Apfelwein; Obstmost. **Zieche** [ahd. ziahha] *die, -/-n, süddt., österr.:* Bettüberzug. **Ziefer** [ahd. zebar ›Opfer(tier)‹] *das, -s/-, südwestdt.:* Kleinvieh, bes. Federvieh. **Ziege** [ahd. ziga] *die, -/-n,* **1)** ein Horntier: *Ziegenkäse; Ziegenleder; Ziegenmilch.* **2)** U unangenehme weibl. Person: *du blöde Z.!* **Ziegel** [ahd. ziagal(a), zu lat. tegula] *der, -s/-,* Backstein, aus Lehm oder Ton gebrannter Baustein, ABB. B 12, B 13, D 2: *Dachziegel; Ziegeldach.* **Ziegelbrennerei, Ziegelei** *die, -/-en,* Herstellungsstätte für Ziegel. **ziegeln,** *ich* zieg(e)le (habe geziegelt), ⚬⚬ stelle Ziegel her. **ziegelrot,** gelblichrot. **Ziegenbart** *der,* **1)** Kinnhaar der Ziegen. **2)** Name verschiedener Blütenpflanzen. **3)** ein Pilz. **Ziegenbock** *der,* männl. Ziege. **Ziegenlippe** *die,* ein Speisepilz. **Ziegenmelker,** ein Vogel. **Ziegenpeter** *der, -s/-,* U ⚕ Mumps. **Zieger** [spätahd. ziger] *der, -s/-,* auch Ziger, *oberdt.:* Quark, Molkeneiweiß; daraus hergestellter Käse: *Ziegerkäse.* **Ziegler** *der, -s/-,* Ziegelbrenner. **zieh,** von zeihen. **Ziehbrunnen** *der,* ABB. B 52. **Ziehe** *die, -, sächs.:* Pflege und Erziehung eines fremden Kindes: *das Kind wurde in Z. gegeben.* **Zieheltern,** *Pl.,* Pflegeeltern. **ziehen** [ahd. ziohan], *ich* ziehe (habe gezogen), **1)** *ihn, es,* bewege auf mich zu oder in meiner Bewegungsrichtung: *ich z. den Handwagen; ich z. das Boot an Land; ich z. den Steuerknüppel,* bringe ein Flugzeug zum Steigen; *ich z. den Hut vor jemandem,* nehme ihn zum Gruß ab, Ü erkenne bewundernd seine Leistung an; *jeder Mitspieler zieht drei Karten; ich muß mir einen Zahn ziehen lassen; ich z. den Revolver, das Schwert; er zog mich in die andere Richtung; sie hat das große Los gezogen,* bei der Lotterie den Hauptgewinn erhalten, Ü *sie hat es im Leben besonders gut getroffen; das wird noch Folgen nach sich ziehen,* Folgen haben; *sie zog das Interesse, die Blicke auf sich; ich z. ihn zur Verantwortung.* **2)** *es,* dehne, strecke, spanne: *Gummi läßt sich ziehen.* **3)** *es aus etwas,* gewinne, entnehme: *sie zieht Fäden aus dem Gewebe; man kann Öl aus Samen ziehen; aus diesem Erlebnis solltest du eine Lehre ziehen,* Ü; *er hat die Folgerungen gezogen.* **4)** *mich aus etwas,* rette mich: *er hat sich geschickt aus der Affäre gezogen.* **5)** *ihn, es,* züchte (Tiere, Pflanzen). **6)** *ein Gesicht,* verziehe es, mache eine Grimasse. **7)** *Metall, Wachs u. a.,* stelle Drähte, Kerzen u. a. her. **8)** *Linien,* zeichne, male: *der Strich ist falsch gezogen.* **9)** *einen Wechsel,* stelle ihn als Zahlungsanweisung aus. **10)** *an etwas,* zerre, reiße: *der Hund zieht an der Leine.* **11)** *es zieht,* U lockt, zieht an: *ein Buch, Titel zieht,* ist ein großer Erfolg. **12)** *es zieht,* es ist Durchzug, Luftbewegung im Raum: *hier zieht's.* **13)** *es zieht irgendwohin,* begibt sich: *das Gewitter zieht nach Osten.* **14)** *es zieht sich,* ist dehnbar (Gummi), erstreckt sich (Weg): *die Rede zieht sich in die Länge,* Ü dauert zu lange, wird langweilig. **15)** (bin gezogen), gehe in eine Richtung, verlege meinen Wohnsitz: *ich z. nach München; Wolken ziehen am Himmel; Wild zieht,* ⚘ geht langsam fort; *ein Schmerz zieht mir durch die Glieder,* Ü; *die Bürger zogen gegen den Bau des Kernkraftwerks zu Felde,* Ü. **Zieher** *der, -s/-,* **1)** Gerät, mit dem man etwas herauszieht: *Korkenzieher.* **2)** ein Stoß beim Billard. **Ziehharmonika** *die,* Handharmonika, Musikinstrument mit Blasebalg, ABB. Z 7. **Ziehkind** *das,* Pflegekind. **Ziehklinge**

die, Stahlblechwerkzeug zum Abziehen von Holzoberflächen. **Ziehung** *die, -/-en,* **1)** *ohne Pl.,* das Ziehen. **2)** Bestimmung der Gewinner oder Gewinnzahlen einer Lotterie: *die Z. der Lottozahlen.* **Ziel** [ahd. zil ›Grenze‹] *das, -(e)s/-e,* **1)** Punkt, den man erreichen will, das erstrebte Ende: *Hamburg ist unser Z.,* dorthin wollen wir; *beim 400-m-Lauf ging er als erster durchs Z.; jeder muß sich ein Z. setzen,* sich im Z. stecken, was, wonach er strebt; *der Schuß fehlte das Z.,* traf genau ins Z., den Mittelpunkt der Schießscheibe; *der Schüler hat das Klassenziel erreicht,* ist versetzt worden. **2)** ⌇ festgesetzter Zeitpunkt, Zahlungsfrist: *mit drei Wochen Z.* **zielbewußt,** entschlossen, ein bestimmtes Ziel zu erreichen: *z. führte er seinen Plan durch; zielbewußtes Handeln.* **zielen,** *ich* ziele (habe gezielt) *auf ihn, etwas,* **1)** richte meine Waffe darauf. **2)** Ü spiele darauf an: *diese Bemerkung scheint auf mich zu zielen; worauf zielt deine Frage?;* vgl. gezielt. **3)** *zielendes Zeitwort,* Ⓢ transitives Verb, ÜBERS. V 2. **Zielfernrohr** *das,* Fernrohr zum Zielen an Gewehren, Maschinengewehren u. a., ABB. G 20. **Zielgerade** *die,* ⚔ letzter gerader Teil einer Renn- oder Laufstrecke vor dem Ziel. **Zielgruppe** *die,* bestimmter Personenkreis, auf den etwas ausgerichtet ist, z. B. Werbung. **zielig,** *schweiz.:* gering, begrenzt. **Zielkauf** *der,* Kauf auf Kredit. **Ziellandung** *die,* Landung eines Flugzeugs oder Fallschirmspringers in ein markiertes Feld. **ziellos,** ohne Ziel, planlos: *er lief z. durch die Straßen.* **Ziellosigkeit** *die, -.* **Zielphotographie** *die,* ⚔ photograph. Aufnahme am Ziel zur genauen Ermittlung der Sieger. **Zielprojektion** *die,* die Aufstellung langfristiger Wirtschaftspläne. **Zielscheibe** *die,* Schießscheibe: *ich will nicht die Z. seines Spottes sein,* Ü von ihm verhöhnt, bewitzelt werden. **zielsicher,** zuversichtlich, Gewißheites zu erreichen. **Zielsicherheit** *die, -.* **zielstrebig,** beharrlich ein Ziel verfolgend. **Zielstrebigkeit** *die, -: seine Z. führte ihn schließlich zum Erfolg.* **Zielsuchverfahren** *das,* ein Lenkverfahren, bei dem ein Flugkörper sich selbst ins Ziel lenkt. **Zieltaster** *der,* ein Telefonzusatzgerät zur automat. Herstellung oft benötigter Verbindungen. **ziemen** [ahd. zeman], *es ziemt* (hat geziemt) *sich (für ihn), ihm,* gehört sich, schickt sich: *dein Betragen z. sich nicht.* **Ziemer** [mhd. zimere, zimbere] *der, -s/-,* **1)** männl. Glied des Ochsen; Prügelgerät: *Ochsenziemer.* **2)** Rücken des Schalenwildes. **ziemlich** [ahd. zimilih ›schicklich‹, zu ziemen] **1)** ⚬⚬ geziemend. **2)** einigermaßen groß, verhältnismäßig viel, fast: *er ist z. frech; es ist z. neu; damit hatten wir z. viel Mühe.* **ziepen** [norddt., zu ziehen], *ich* ziepe (habe geziept) *ihn,* U zupfe (an den Haaren). **ziepen** [Schallw.], *der Vogel ziept* (hat geziept), *norddt.:* gibt einen hohen Pfeifton von sich, piept. **Zier** [ahd. zieri] *die, -,* P Zierde, Zierat. **Zierat** *der, -(e)s/-e,* P verschönerndes Beiwerk, Verzierung, Zierde. **Zierde** *die, -/-n,* **1)** Zierat. **2)** *ohne Pl.,* Ü etwas, das jemandes Ehre, sein Ansehen hebt: *das gereicht ihm zur Z.* **zieren** [ahd. zieren], *ich* ziere (habe geziert) **1)** *es, ihn, mich,* verschönere, schmücke (Pflanzen): *Zierfisch; Zierpflanze; Zierpuppe,* U Frau (Mädchen), die übertriebenen Wert auf ihr Äußeres legt; *Ziersträucher.* **2)** *mich,* bin zimperlich, stelle mich bescheiden: *sie griff zu, ohne sich lange zu zieren;* vgl. geziert. **3)** *es ziert ihn,* Ü macht ihm Ehre, hebt sein Ansehen. **Ziererei** *die, -,* U übertriebene Zimperlichkeit, zu bescheidene Abwehr.

Zierfandler der, -s, eine Weinrebsorte, bes. in Österreich.
Zierleiste die, Abb. L 9, Z 8. **zierlich, 1)** zart, fein, klein, anmutig: *von zierlicher Gestalt; sie ist sehr z.; eine zierliche Schrift.* **2)** ⚭ feierlich. **Zierlichkeit** die, -. **Zierschrift** die, verschnörkelte oder stilisierte Schrift.
Ziesel [mhd. zisel, zu tschech. sysel] der oder das, -s/-, ein Nagetier.
Ziest [tschech. čistec] der, -es/-e, ⊕ ein Lippenblüter.
Ziff., Abk. für: **Ziffer** [mhd. zif(f)er ›Null‹, zu mlat. cifra, vgl. Chiffre] die, -/-n, **1)** Zahlzeichen, Übers. R 27: *arabische, römische Ziffern; eine Zahl mit 5 Ziffern.* **2)** einstellige Zahl. **3)** bezifferter Absatz: § 3 Z. 2. **Zifferblatt** das, Zahlenscheibe an der Uhr, Abb. U 1... **ziff(e)rig,** aus einer bestimmten Anzahl von Ziffern bestehend: *dreiziff(e)rig* oder *3ziff(e)rig.*
zig, Ü sehr viele: *ich habe z. Beispiele dafür; das habe ich ihm schon zigmal gesagt; zigtausend Menschen; Zigtausende von Menschen.* **...zig** [verwandt mit zehn], Ableitungssilbe der Zehnerzahlen: *zwanzig, dreißig, vierzig usw.*
Zigarette [frz. cigarette ›kleine Zigarre‹] die, -/-n, fädig geschnittener Tabak in röhrenförmiger Papierhülse, Abb. R 7: *Filterzigarette; Zigarettenautomat; Zigarettenetui; Zigarettenpapier; selbstgedrehte Zigaretten.* **Zigarettenlänge** die, Ü Zeitraum, in dem man eine Zigarette rauchen kann: *ich komme nur auf eine Z.* **Zigarettenpause** die, (Arbeits)pause zum Rauchen einer Zigarette. **Zigarillo** das, auch der, -s/-s, kleine Zigarre. **Zigarre** [span. cigarro, aus indian.] die, -/-n, **1)** stabförmige Rolle aus Tabakblättern, Abb. R 7. **2)** Ü Verweis, Rüge: *ich verpasse ihm eine Z.*
Ziger der, -s/-, Zieger.
Zigeuner [spätmhd. zig(e)iner, weitere Herkunft unklar] der, -s/-, **1)** Angehöriger eines Wandervolks: *Zigeunermusik.* **2)** Ü unruhiger, wanderlustiger, auch unordentlicher Mensch: *Zigeunerleben.* **zigeunerhaft. Zigeunerin** die, -/-nen, weibl. Zigeuner, Einzelner. **zigeunerisch,** Zigeuner betreffend. **zigeunern,** *ich zigeun(e)re (bin zigeunert),* Ü führe ein unstetes Leben.
ziggeln, *ich zigg(e)le (habe geziggel[e]t) ihn, schweiz.:* necke, locke.
Zikade [lat. cicada] die, -/-n, ein Insekt.
Zikkur(r)at [akkad.] die, -/-s, Hochtempel auf einer künstl. Terrasse, häufig als Stufenturm.
Zilete die, -/-n, schweiz.: Reihe, Zeile.
ziliar [lat. cilium ›Augenlid‹, ›Augenwimper‹], die Wimpern betreffend. **Ziliarmuskel** der, Muskel der Akkommodation der Augenlinse betreffend. **Ziliarneuralgie** die, ⚕ Schmerzen in Augapfel und Augenhöhle. **Ziliaten,** *Pl.,* Wimpertierchen, eine Klasse der Einzeller. **Zilie** [-iə] die, -/...li|en, **1)** ⚕ Augenwimper. **2)** der Bewegung dienender Zellfortsatz.
Zilizium [nach der kleinasiat. Landschaft Kilikien] das, -s/...zi|en, Bußgewand aus Ziegenhaar.
Zille [mhd. zülle, aus slaw.] die, -/-n, auch Zülle, bair., österr., ostmitteldt.: Schleppkahn, Abb. S 24.

Zilli [zu Cäcilie], auch Cilli, weibl. Vorname.
Zimbal das, -s/-e oder -s, **Zimbel** [ahd. zymba, cymba, zu lat. cymbalum, grch. kymbalon] die, -/-n, auch Cymbal, antikes Schlaginstrument; später Name verschiedener Instrumente: *Klavizimbel.*
Zimber der, -s/-n, Kimber.
Zimelie [-iə] die, -/...li|en, **Zimelium** [grch. keimelion ›Kleinod‹] das, -s/...li|en, **1)** wertvoller Besitz einer Bibliothek, z. B. wertvolles Buch, seltene Handschrift. **2)** Kleinod, Kostbarkeit in kirchl. Besitz, Kirchenschatz.
Ziment [ital. cimento ›Probe‹] das, -(e)s/-e, bair., österr.: ⚭ ein Schöpfmaß.
Zimier [mhd. zimier, zu frz. cimier] das, -(e)s/-e, ⬡ Helmschmuck.
Zimis [zu Imbiß] das, -/-, schweiz.: Zwischenmahlzeit.
Zimmer [ahd. zimber ›Materie‹, ›Bau‹, ›Gebäude‹] das, -s/-, **1)** Raum zum Wohnen, Abb. H 11: *Wohnzimmer,* Abb. W 14; *Schlafzimmer,* Abb. S 20; *Badezimmer,* Abb. B 2; *Hotelzimmer; Kinderzimmer; Z. mit Balkon; Zimmereinrichtung; Zimmerpflanze; Zimmertemperatur; Zimmervermietung; ich gehe auf Zimmersuche; ich bestelle ein Z. mit Bad.* **2)** ⚭ ein Stückmaß für Felle. **Zimmerei** die, -, Tätigkeit, Handwerk des Zimmermanns. **Zimmerer** der, -s/-, Zimmermann. **Zimmerflucht** die, eine Reihe miteinander verbundener Zimmer. **...zimm(e)rig,** mit einer bestimmten Anzahl von Zimmern versehen: *eine dreizimm(e)rige* oder *3zimm(e)rige Wohnung.* **Zimmerlautstärke** die: *nach zehn Uhr sind Radios auf Z. zu stellen.* **Zimmerling** der, -s/-e, Bergmann, der die Zimmerung der Grube herstellt. **Zimmermädchen** das, Angestellte, die Hotelzimmer in Ordnung hält. **Zimmermann** der, -(e)s/ ...leute, Handwerker, der Bauteile aus Holz herstellt: *Zimmermannswerkzeuge,* Abb. Z 9. **zimmern** [ahd. zimberen], *ich zimm(e)re (habe gezimmert) es,* stelle aus Holz her (Bauteile): *sie zimmern den Dachstuhl; Zimmerhandwerk.* **Zimmertanne** die, Araukarie. **Zimmertheater** das, kleines Theater mit wenigen Sitzplätzen. **Zimmerung** die, -/-en, ⚒ Ausbau von Bergwerks- oder Tunnelhohlräumen mit Holz, Abb. Z 9. **Zimmervogel** der, Stubenvogel.
Zimmet der, -s, ⚭ Zimt.
zimperlich [mittelniederl. zimperlijc], übertrieben empfindlich gegen alles Kalte, Derbe oder Unsaubere. **Zimperlichkeit** die, -. **Zimperliese** die, -/-n, Ü zimperliches Mädchen. **zimpern,** *ich zimp(e)re (habe gezimpert), schwäb.:* tue zimperlich. **zimpfer,** *schweiz.:* zimperlich.
Zimt [Rotwelsch, zu jidd. simon ›Zeichen‹, ›Zahlennull‹] der, -(e)s, Ü wertloses Zeug: *der ganze Z. kann mir gestohlen bleiben!; red keinen Z.!; Zimtziege,* Schimpfwort für eine weibl. Person.
Zimt [mhd. zinemin, zu lat. cinnamum, grch. kinnamon] der, -(e)s, feine Gewürzrinde, Abb. G 23: *Zimtgebäck; Zimtöl; Zimtstange.* **zimtfarben, zimtfarbig.**

Z 9

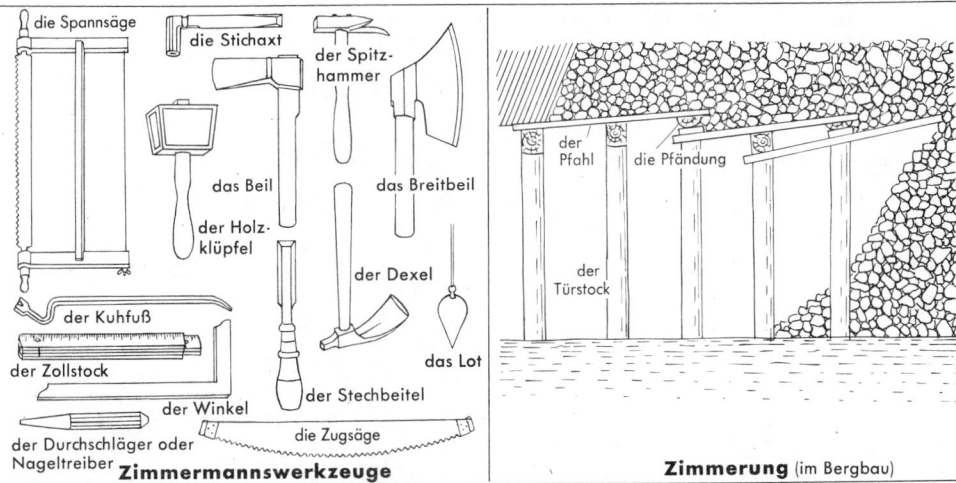

die Spannsäge · die Stichaxt · der Spitzhammer · das Beil · das Breitbeil · der Holzklüpfel · der Dexel · der Kuhfuß · der Zollstock · das Lot · der Winkel · der Stechbeitel · der Durchschläger oder Nageltreiber · die Zugsäge

Zimmermannswerkzeuge

der Pfahl · die Pfändung · der Türstock

Zimmerung (im Bergbau)

Zinerarie [-iə, lat. cinis ›Asche‹] *die, -/. . .ri|en,* ein Korbblüter.

Zingel [mhd. zingel, zu lat. cingulum ›Gürtel‹] *der, -s/-,* **1)** Ringmauer. **2)** *schweiz.:* Bergterrasse. **3)** eine Barschart.

Zingulum *das, -s/-s* oder . . . *la,* auch Cingulum, weiße Schnur zum Gürten der Albe.

Zink *der, -en/-en,* auch Zinken, Kornett, ein altes Blasinstrument.

Zink [nhd., wohl von Paracelsus, 1493–1541, so benannt] *das, -(e)s,* ⟥ Element, Zeichen: Zn, ein Metall. **Zinkblende** *die,* Schwefelzink, ein meist braunes fettglänzendes Mineral. **Zinkblüte,** *die,* ein Zinkmineral. **Zinkdruck** *der,* ein Flachdruckverfahren.

Zinke [ahd. cinko] *die, -/-n,* auch der Zinken, **1)** Zacke, bes. an Gabeln, Kämmen, Rechen u. a., ABB. E 1, G 1, K 4, R 10. **2)** eine Holzverbindung, ABB. H 24. **3)** der Zinken, Gaunerzeichen. **4)** ⚒ zerstreut gelegene Häusergruppe. **zinken,** *ich* zinke (habe gezinkt), **1)** *Spielkarten,* versehe mit einem geheimen Zeichen: *er spielt mit gezinkten Karten.* **2)** *Holz,* schneide Zinken für Eckverbindungen.

zinken, aus Zink.

Zinken [ital. cinque ›fünf‹] *die, -/-,* die Fünf im Kartenspiel.

Zinken *der, -s/-,* **1)** Zacke. **2)** der Zink. **3)** ⚘ große Nase. **4)** geheimes Zeichen der Bettler und Gauner: *Bettlerzinken; Gaunerzinken.* **Zinkenist** *der, -en/-en,* ⚒, noch schwäb.: Zinkenbläser, Musikant.

Zinkleim *der,* weiße Gallerte als Wundschutz. **Zinkoxid** *das,* Grundstoff für weiße Farben. **Zinksalbe** *die,* weiße Augen- und Wundsalbe. **Zinkspat** *der,* Zinkkarbonat, ein Mineral. **Zinkweiß** *das,* eine Pigmentfarbe.

Zinn [ahd. zin] *das, -(e)s,* ⟥ Element, Zeichen: Sn, ein Metall: *Zinnbecher; Zinnfiguren; Zinnguß; Zinnteller.*

Zinne [ahd. zinna, zu zint ›Zahn‹, ›Zacke‹] *die, -/-n,* **1)** zahnförmiger Aufbau auf einer Mauer, ABB. B 56, S 11. **2)** Zacken eines Berges, ABB. B 20.

zinnern, aus Zinn. **Zinngeschrei** *das,* das Knirschen beim Biegen von Zinngerät. **Zinngießer** *der,* Handwerker, der aus Zinn Geräte gießt.

Zinnie [-iə, nach dem dt. Botaniker J. G. Zinn, 1727 bis 1759] *die, -/. . .ni|en,* Zierpflanze.

Zinnkies *der,* ein Zinnerz. **Zinnkraut** *das, -(e)s,* ⚘ ein Schachtelhalm.

Zinnober [mhd. zinober, grch. kinnabari, zu pers. sängärf ›Mennig‹] *der, -s,* **1)** ein Quecksilbererz. **2)** rote Malerfarbe. **3)** ⟥ Unsinn, Umstände, Redensarten: *alles Z.!*

Zinnpest *die,* Zerfall von Zinn zu Pulver. **Zinnsoldat** *der,* kleine aus Zinn gegossene Figur: *er steht da wie ein Z.,* Ü steif, gerade. **Zinnstein** *der,* ein Zinnerz.

Zins [ahd. zins, zu lat. census ›Abgabe‹] *der, -es/-en,* **1)** *meist Pl.,* der Preis für die leihweise Überlassung von Kapital: *Zinspolitik; Zinsrechnung; Zinssenkung; Zinsspanne; ich muß für den Kredit 9% Zinsen zahlen; er lebt von den Zinsen seines Vermögens.* **2)** *Pl. -e,* Miete, Pacht. **3)** *Pl. -e,* früher: eine Abgabe an den Grundherrn. **zinsbar,** ⚒ zins-, abgabepflichtig. **zinsen,** *ich* zinse (habe gezinst) *(es) ihm,* ⚒ entrichte Steuern, Abgaben an den Grundherrn. **Zinseszins** *der,* die Zinsen, die entstehen, wenn die einfachen Zinsen zum Kapital geschlagen und mitverzinst werden. **Zinsfuß** *der,* Zinssatz, Höhe des Zinses in Prozenten des Kapitals. **Zinsgut** *das,* im MA.: vom Grundherrn abhängiges Bauerngut. **Zinsleute,** *Pl.,* im MA.: abgabepflichtige Bauern. **zinslos,** ein zinsloses Darlehen. **Zinssatz** *der,* Zinsfuß.

Zion [Name des ältesten Teils von Jerusalem], B das auserwählte Volk: *die Töchter Zions,* die Einwohnerinnen von Jerusalem. **Zionismus** [vgl. . . .ismus] *der,* ⚒ Bewegung innerhalb des Judentums zur Rückführung aller Juden in das Land Israel mit dem religiös-polit. Mittelpunkt Zion. **Zionist** *der, -en/-en,* Anhänger des Zionismus. **zionistisch,** die *zionistische Bewegung.*

Zipf *der, -(e)s, oberdt.:* Pips.

Zipfel [mhd. zipfel] *der, -s/-,* Ecke, Endstück, z. B. des Tischtuchs: *ich konnte nur noch einen Z. erwischen; Rockzipfel; Wurstzipfel.* **Zipfelchen** *das, -s/-.* **zipf(e)lig,** mit Zipfeln. **Zipfelmütze** *die,* in einer Spitze endende Mütze. **zipfeln,** *es* zipfelt (hat gezipfelt), hängt ungleichmäßig mit Zipfeln: *der Rock z.*

Zipolle [mhd. zibolle, ital. cipolla, zu lat. cepula] *die, -/-n, niederdt.:* Zwiebel.

zipp, *norddt.:* **1)** Lockruf der Singdrossel: *er kann nicht z. sagen,* Ü vor Angst, Schwäche keinen Laut von sich geben. **2)**

zimperlich, spröde. **Zippe** *die, -/-n, norddt., mitteldt.:* **1)** Zibbe. **2)** Singdrossel: *Zippdrossel.*

Zipperlein [mhd. zipperlin] *das, -s,* ⚕ ⚚ Gicht.

Zippverschluß [engl. zipper, zip-fastener] *der, österr.:* Reißverschluß.

Zirbe(l) [ahd. zirbens ›Fichtenzapfen‹] *die, -/-n,* Kiefer mit eßbaren Samen: *Zirbelkiefer.* **Zirbeldrüse** *die,* Epiphyse, Drüse mit innerer Sekretion am Zwischenhirn. **Zirbelnuß** *die,* Same der Zirbelkiefer.

zirka [lat. circa ›ringsherum‹], auch circa, Abk.: ca., ungefähr, etwa.

Zirkel [mhd. zirkel, lat. circulus, zu grch. kirkos ›Kreis‹] *der, -s/-,* **1)** Gerät zum Zeichnen von Kreisen, ABB. R 17: *Zirkelkasten.* **2)** Kreis, bes. Personenkreis, Kränzchen: *Lesezirkel.* **3)** eine Figur des Reitens, ABB. R 18. **4)** verschlungener Schriftzug als Abzeichen einer student. Verbindung. **5)** *ohne Pl.,* ✴ ein Sternbild. **zirkelrund,** kreisrund. **Zirkelschluß** *der,* Trugschluß, der zum Ausgangspunkt zurückführt. **Zirkeltraining** [-trɛ:-oder -tre:-] *das,* Circuit training.

Zirkon [pers. zargun ›goldfarben‹] *der, -s/-e,* ein Mineral. **Zirkonium** *das, -s,* ⟥ Element, Zeichen: Zr, ein Metall.

zirkular, zirkulär [lat. circulari ›einen Kreis bilden‹], kreisförmig: *Zirkulargeschwindigkeit,* Kreisbahngeschwindigkeit. **Zirkular** *das, -s/-e,* Rundschreiben: *Zirkularnote,* eine diplomatische Note. **Zirkulation** *die, -/-en,* **1)** Umlauf (von Geld), Kreislauf (von Blut). **2)** geschlossene Stromlinien bei der Umströmung eines Körpers. **3)** großräumiger Strömungsverlauf der Atmosphäre. **zirkulieren,** *es* zirkuliert (ist, hat zirkuliert).

zirkum. . . [lat. circum], um . . ., herum . . .: *zirkumpolar,* um einen Pol. **zirkumflektieren** [lat. circumflectere ›umbiegen‹], *ich* zirkumflektiere (habe zirkumflektiert) *es,* versehe mit einem Zirkumflex. **Zirkumflex** *der, -es/-e,* Dehnungszeichen über einem Vokal, z. B. â. **Zirkumpolarstern** *der,* ✴ ein Stern, dessen Winkelabstand vom Himmelspol so klein ist, daß er nicht unter den Horizont verschwindet. **zirkum|skript** [lat. scribere ›schreiben‹], ⚚ deutlich abgegrenzt. **Zirkum|skription** *die, -/-en,* die kirchl. Gliederung eines staatl. Gebietes. **Zirkumzision** [lat. circumcidere ›ringsum abschneiden‹] *die, -/-en,* ⚚ Beschneidung. **Zirkus** [lat. circus, zu grch. kirkos ›der, -/-se,* **1)** Gebäude oder Zelt mit rundem Vorführraum für Reitkunst, Tierdressur, Artistik u. a., ABB. Z 10: *Zirkuszelt; Wanderzirkus.* **2)** im Altertum: längl. Bahn für Wagen- und Pferderennen. **3)** *ohne Pl.,* ⟥ Durcheinander, Umstände, Trubel: *mach nicht solchen Z.!*

Zirm, Zirn *der, -/-, tirol.:* ⚘ Zirbelkiefer.

Zirpe [Schallw.] *die, -/-n,* ⚘ Zikade. **zirpen,** *ein Insekt* zirpt (hat gezirpt), stößt hohe, schrille Laute aus.

Zirrhose [grch. kirrhos ›schmutziggelb‹] *die, -/-n,* ⚚ narbige Schrumpfung eines Organs: *Leberzirrhose.*

Zirrus [lat. cirrus ›Haarlocke‹] *der, -/-* oder *Z'irren,* Federwolke. **3)** eine Federwolke: *Zirruswolken.*

zirzensisch [lat. circensis], den Zirkus betreffend: *zirzensische Spiele,* altröm. Zirkusspiele.

zis. . . [lat. cis ›diesseits‹], an Namen: diesseits . . .: *zisalpin(isch),* diesseits der Alpen (von Rom aus gesehen).

Zis [tsi:s] *der, -/-e, schweiz.:* Zins.

Zischelei *die, -/-en.* **zischeln,** *ich* zisch(e)le (habe gezischelt), flüstere zischend, tuschele, wispere. **zischen** [Schallw.], *ich* zische (habe gezischt), bilde Laute von der Art des S: *ausströmender Dampf, überkochendes Wasser, heißes Fett zischt; einige Zuschauer im Theater zischten* (als Zeichen des Mißfallens). **Zischlaut** *der,* ein Sibilant; auch jeder Spirant, stimmloser Reibelaut, s, sch, ÜBERS. G 34.

Ziseleur [-l'ø:r, frz. ciseleur] *der,* ⚒ Ziselierer. **ziselieren** [frz. ciseler ›ausmeißeln‹], *ich* ziseliere (habe ziseliert) *es,* verziere mit Meißel, Stichel und Punze (Metall, Glas). **Ziselierer** *der, -s/-,* Facharbeiter, der ziseliert.

Ziste [lat. cista, zu grch. kiste] *die, -/-n,* vorgeschichtliches zylindrisches Bronzegefäß.

Zisterne [mhd. zisterne, zu lat. cisterna] *die, -/-n,* **1)** Auffangbehälter für Regenwasser, ABB. Z 11. **2)** ⚚ normale anatomische Erweiterung in Organen, z. B. Gehirnkammer.

Zisterzienser [nach dem franzö. Kloster Citeaux bei Dijon, mlat. Cistercium] *der, -s/-,* Angehöriger eines kath. Ordens: *Zisterzienserkloster; Zisterzienserorden.*

Zit [tsi:t, ahd. zit ›Zeit‹] *das, -/-, schweiz.:* Wanduhr, Turmuhr.

Zita [ital. oder zu Felicitas], weibl. Vorname.

Zitadelle [ital. cittadella, Diminutiv von città, zu lat. civitas

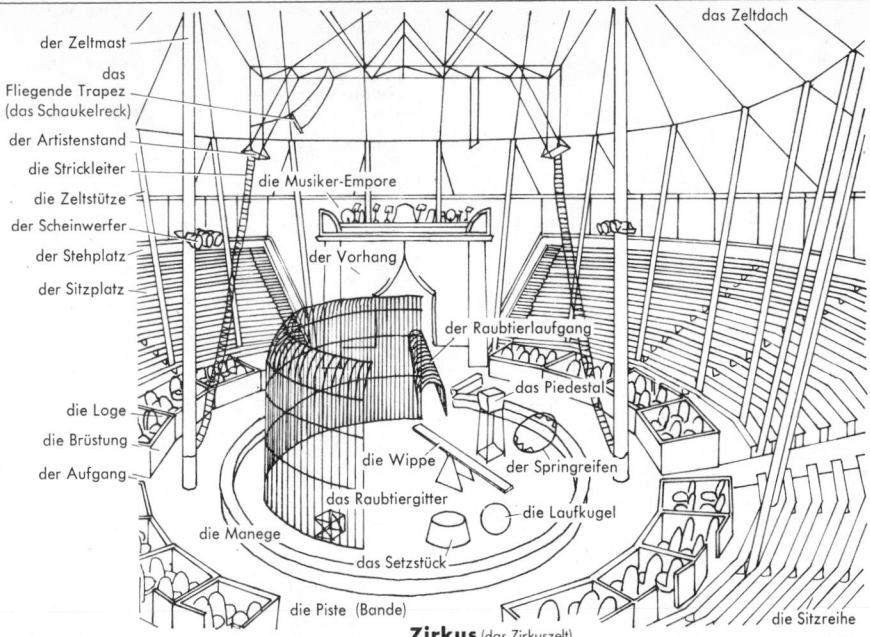

der Zeltmast

das
Fliegende Trapez
(das Schaukelreck)

der Artistenstand

die Strickleiter

die Zeltstütze

der Scheinwerfer

der Stehplatz

der Sitzplatz

die Musiker-Empore

das Zeltdach

der Vorhang

der Raubtierlaufgang

das Piedestal

die Loge

die Brüstung

der Aufgang

die Wippe

der Springreifen

das Raubtiergitter

die Laufkugel

die Manege

das Setzstück

die Piste (Bande)

die Sitzreihe

Zirkus (das Zirkuszelt)

›Bürgschaft‹, ›Stadt‹] *die, -/-n*, starke Befestigung am Rande älterer Festungen.
    Zitat [vgl. zitieren] *das, -(e)s/-e*, wörtlich angeführte Beleg-stelle, geflügeltes Wort: *Goethezitat; Zitatenlexikon; Zitaten-schatz*. **Zitation** *die, -/-en*, **1)** Aufforderung zum Erscheinen. **2)** ⚮ Vorladung.
    Zi|ther [ahd. zitera, zu lat. cithara, grch. kithara] *die, -/-n*, ein Saiteninstrument, ABB. Z 11: *Konzertzither; Zitherspiel.*
    zitieren [lat. citare ›herbeirufen‹], *ich* zitiere (habe zitiert), **1)** *es*, führe wörtlich an: *er zitierte seinen Vorredner, eine Passage aus dem Text.* **2)** *ihn*, fordere zum Erscheinen auf: *er zitierte ihn zu sich; man zitierte ihn vor Gericht.*
    Zi|trat *das, -(e)s/-e*, Salz der Zitronensäure. **Zi|trin** *der, -s/-e*, gelbe Quarzvarietät, ein Schmuckstein. **Zi|tronat** *das, -(e)s/-e*, kandierte Fruchtschale einer Zitronensorte. **Zitrone** [ital. citrone, zu lat. citrus ›Zitronenbaum‹] *die, -/-n*, immergrüner Baum und eine saftige, saure Frucht: *ich presse eine Z. aus; er quetscht mich wie eine Z. aus,* U fragt mich aus, kostet mich viel Geld; *Zitronenlimonade; Zitronenschale; zitronengelb.* **2)** U Sinnbild für Unfreundliches und Mangelhaftes. **Zi|tronen-falter** *der*, ein Schmetterling. **Zi|tronensäure** *die*, im Pflan-zenreich weit verbreitete organische Säure. **Zi|trulle** [frz. citrouille, aus lat. citrium] *die, -/-n*, Wassermelone, ein Kürbisgewächs: *Zitrullengurke.* **Zitrusfrüchte** *Pl.*, Zitrone, Apfelsine, Mandarine, Pampelmuse u. a.
    zitter..., **1)** bei Pflanzen: mit leicht schwankenden Teilen: *Zitterpilze.* **2)** bei Fischen: elektr. Schläge austeilend: *Zitteraal.* **Zittergras** *das*, Zier- und Futterpflanze, ABB. G 35. **zitt(e)rig**, zum Zittern neigend, vor Altersschwäche oder Angst, Er-regung zitternd: *mit zittrigen Händen; mit zittriger Stimme.* **zittern** [ahd. zitteron], *ich* zitt(e)re (habe gezittert), **1)** werde erschüttert durch rasche Bewegungen, bes. unwillkürlich: *mir zittern die Hände, die Knie; zittern vor Kälte; ein Ton zittert,* bebt. **2)** *vor ihm, um ihn,* Ü habe Angst: *mit Zittern und Zagen,* unter großen Ängsten. **Zitterpappel** *die*, Espe, eine Pappel mit fast kreisrunden Blättern und graugrüner Rinde. **Zitter-rochen** *der*, ein Fisch mit stromerzeugenden Organen.
    Zit(t)wer [spätahd. zitwar, zu arab. zidwar] *der, -s/-,* turkestan. Korbblütler, dessen Samen als Wurmmittel dienen.
    Zitz [niederl. sits, aus ind.] *der, -es/-e*, einfarbiger Baumwoll-kattun.

    Zitze [mhd. zitze] *die, -/-n*, schlauch- oder warzenförmige Erhebung der Milchdrüse bei Säugetieren.
    Ziu [vgl. Tyr], german. Mythologie: Gott des Krieges.
    zivil [tsiv'i:l, lat. civilis, zu civis ›Bürger‹], **1)** bürgerlich, nichtmilitärisch: *Zivilbevölkerung; Zivilkleidung; im Zivil-leben.* **2)** privatrechtlich: *Zivilklage; Ziviltrauung.* **3)** U billig, entgegenkommend: *zivile Preise.* **Zivil** *das, -s*, bürgerliche Kleidung: *er geht in Z.,* nicht in Uniform. **Zivilcourage** [-kuraʒ(ə)] *die*, Mut, die eigene Überzeugung stets zu vertre-ten. **Zivildienst** *der*, bei Kriegsdienstverweigerung der zivile Dienst außerhalb der Bundeswehr. **Zivilehe** *die*, vor dem Standesbeamten geschlossene Ehe. **Zivilgericht** *das*, in Zivilsachen entscheidendes Gericht. **Zivilgesetzbuch** *das*, Abk.: ZGB, in der Schweiz und der Dt. Dem. Rep.: Zu-sammenfassung des bürgerl. Rechts. **Zivilisation** *die, -/-en*, verfeinerte Lebensweise und Gesittung; die durch Wissen und Technik veränderten materiellen und sozialen Gegebenheiten einer Gesellschaft: *Zivilisationserscheinungen; Zivilisations-flucht; Zivilisationskrankheit,* durch Auswirkungen der Zivili-sation verursachte Krankheit; *Zivilisationsschäden.* **zivilisa-torisch. zivilisieren**, *ich* zivilisiere (habe zivilisiert) *ein Volk*, führe der Zivilisation zu: *ein hochzivilisiertes Volk; benimm dich etwas zivilisierter!,* U. **Zivilist** *der, -en/-en*, Bürgerlicher, Nichtsoldat. **Zivilkammer** *die,* ⚮ eine für Zivilsachen zustän-dige Kammer des Landgerichts. **Zivilprozeß** *der,* Verfahren des bürgerl. Rechts: *Zivilprozeßordnung,* Abk.: ZPO; *Zivil-prozeßverfahren.* **Zivilrecht** *das,* bürgerl. Recht, Privatrecht. **Zivilsachen,** *Pl.,* im Strafverfahren Tatbestände, die dem Zivilprozeßverfahren unterstehen. **Zivilschutz** *der,* ziviler Schutz der Bevölkerung. **Zivilstand** *der, -(e)s,* Personen-stand, Familienstand. **Zivilstandsamt** *das,* in der Schweiz: Standesamt. **Ziviltrauung** *die,* Eheschließung vor dem Stan-desbeamten.
    ZK, Abk. für: Zentralkomitee.
    Zł, Abk. für: Złoty.
    zleidwerken, *ich* zleidwerke (habe zleidgewerk[e]t) *ihm, schweiz.:* leidwerche.
    Złoty [z-, poln. ›Goldener‹] *der, -s/-s* und bei Wertangaben *Pl. -,* Abk.: Zł, poln. Währungseinheit.
    zmitst, *schweiz.:* auch mitst, mitten darin.
    Zmittag *der* oder *das, -(s)/-̈,* *schweiz.:* Mittagessen.

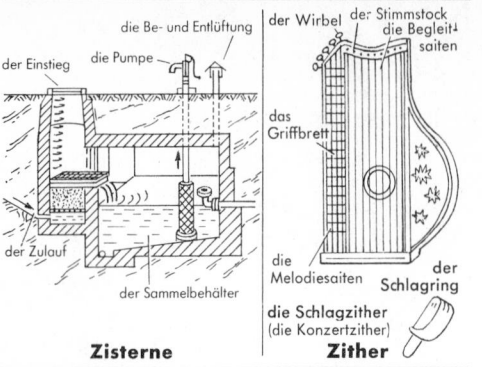

die Be- und Entlüftung — der Wirbel — der Stimmstock, die Begleit-saiten

der Einstieg — die Pumpe

das Griffbrett

der Zulauf

die Melodiesaiten — der Schlagring

der Sammelbehälter

die Schlagzither
(die Konzertzither)

Zisterne   **Zither**

Zmorgen *der oder das, -(s)/Zm'örge, schweiz.:* erstes Frühstück.
Zmüli *das, -(s), schweiz.:* Getreide, Mahlgut.
Zn, ⚗ Zeichen für: Zink.
Znächt *der oder das, -(s)/-, schweiz.:* Abendessen.
ZNS, Abk. für: Zentralnervensystem.
Znüni [›zu neun (Uhr)‹] *der oder das, -(s)/-, schweiz.:* zweites Frühstück.
Zobel [ahd. zobil, zu russ. sobol] *der, -s/-,* 1) asiat. Marder. 2) dessen Fell: *Zobelpelz.* 3) U kurz für: Zobelmantel.
Zober *der, -s/-, oberdt.:* Zuber.
Zoche [aus slaw.] *die, -/-n, ostpreuß.:* Pflug mit zweiteiliger Schar.
Zockel [ital. gnocco] *der, -/ ̈-, schweiz.:* Mehlkloß.
zockeln [zu ziehen], *ich zock(e)le (bin gezockelt),* bewege mich gemächlich vorwärts: *das Pferd zockelt,* trabt langsam; *Zockeltrab.*
zocken [Rotwelsch, zu jidd. zachkan], *ich zocke* (habe gezockt), spiele um Geld. **Zocker** *der, -s/-,* G Glücksspieler.
Zodiakallicht *das, -(e)s,* schwache Lichterscheinung am Nachthimmel längs der Tierkreiszone. **Zodiakus** [grch. zodiakos] *der, -,* Tierkreis.
Zoe [grch. ›Leben‹, weibl. Vorname.
Zofe [urspr. zoffmagd, zu obersächs. zoffeln ›hinterdrein zotteln‹] *die, -/-n,* Kammerjungfer.
Zoff [jidd. eigtl. ›Ende‹] *der, -s,* U Ärger, Streit, Unfrieden.
zog, von ziehen.
zögern [ahd. zogon, zu ziehen], *ich zög(e)re* (habe gezögert), bin unentschlossen, bin langsam, zaudere: *zögern Sie nicht zu lange!; er zögerte zu kommen; ohne zu zögern; ohne Zögern; er begann zögernd.* **Zögerung** *die, -/-en,* ⚘.
Zögling [zu ziehen] *der, -s/-e,* Erziehungsbefohlener, Schüler (eines Internats).
Zohe [ahd. zoha] *die, -/-n, südwestdt.:* Hündin.
Zöll|enterat [grch. koilos ›hohl‹ und enteron ›das Innere‹] *der, -en/-en, meist Pl.,* das Hohltier.
Zölestine, weibl., **Zölestin(us)** [lat. Coelestinus ›dem Himmel Zugewandte‹], männl. Vorname.
Zöliakie [grch. koiloma ›Höhle‹] *die, -/. . .k'i|en,* chronische Darmkrankung im Säuglingsalter.
Zölibat [lat. caelebs ›unvermählt‹] *der oder das, -(e)s,* Ehelosigkeit, bes. die kirchlich vorgeschriebene Ehelosigkeit der kath. Geistlichen. **zölibatär.**
Zoll [ahd. zol, zu mlat. toloneum, aus grch. telos ›Ziel‹, ›Ende‹, ›Zahlung‹] *der, -(e)s/ ̈-e,* 1) Warenverkehrssteuer, die an der Staatsgrenze erhoben wird: *Einfuhrzoll; Grenzzoll; Zollabfertigung; Zollfahndungsstelle; Zollgrenzbezirk; Zollinhaltserklärung; ich mußte dafür Z. bezahlen.* 2) kurz für: Zollbehörde, Zollstelle: *wir haben den Z. schon passiert.* 3) im Altertum und MA.: Wege- oder Brückengeld: *Wegezoll.*
Zoll [mhd. zol ›zylinderförmiges Holzstück‹] *der, -(e)s/-,* Zeichen: ″, ein altes Längenmaß, ¹/₁₀ oder ¹/₁₂ Fuß: *jeder Z. ein König,* Ü königlich von Kopf bis Fuß; *der englische Z.,* 2,54 cm.
zollang, von der Länge eines Zolls; vgl. Silbentrennung, ÜBERS. S 50; aber: *einen Zoll lang.* **zollbreit,** ein zollbreiter Stab, aber: *der Stab ist einen (keinen) Zoll breit; ich weiche keinen Zollbreit,* Ü.

zollen [mhd. zollen], *ich zolle* (habe gezollt) *es ihm,* entrichte, gebe nach Verdienst und Schuldigkeit: *man muß ihr Bewunderung zollen.* **Zoller** *der, -s/-, österr.:* Zollbeamter.
zollfrei, keinem Zoll unterworfen: *zollfreie Waren.*
zöllig, ⚘ einen Zoll dick.
Zöllner [ahd. zolonari] *der, -s/-,* 1) Zollbeamter. 2) B Einnehmer von Zollgeldern (als verachteter Stand). **zollpflichtig,** mit Zoll belastet: *zollpflichtige Waren.*
Zollstock *der, -(e)s/ ̈-e,* Gliedermaßstab, ABB. M 7, Z 9.
Zolltarif, *der,* die amtliche Zusammenstellung der Zölle innerhalb eines Zollgebiets. **Zollunion** *die,* Vereinigung selbständiger Staaten zu einem einheitl. Zollgebiet.
Zölom [grch. koiloma ›Höhle‹, -/-e, ⚕ Leibeshöhle.
Zombie [z'ɔmbi, engl.] *der, -s/-s,* eigtl. ein Toter als willenloses Werkzeug dessen, der ihn wiederbelebt hat; (durch Drogen) willenlos gemachter Mensch; Dummkopf; sehr sonderbar aussehender Mensch.
Zönakel [lat. cenaculum] *das, -s/-,* Refektorium, Speisesaal in Klöstern.
zonal, *zonale Vegetation.* **Zone** [grch. zone ›Gürtel‹] *die, -/-n,* 1) von zwei Parallelkreisen begrenzter Streifen der Erdoberfläche, ABB. E 8: *Vegetationszone.* 2) kleinster Teil einer Erdschichtenfolge. 3) Entfernungsstufe für die Berechnung von Fahrpreisen, Gebühren. 4) von zwei parallelen und zur Drehungsachse senkrechten Kreisen eingeschlossenes Stück der Oberfläche eines Rotationskörpers. 5) Teilgebiet eines nichtsouveränen Staates: *Besatzungszone; Interzonenzug.* 6) Ü Bereich, abgegrenztes Gebiet: *Gefahrenzone; Fußgängerzone; Z. des Schweigens.* **Zonenschmelzen** *das, -s,* ⚗ ⚛ Verfahren zur Darstellung reinster Stoffe.
Zoo [tso:, grch. zoon ›Lebewesen‹, ›Tier‹] *der, -(s)/-s,* kurz für: zoologischer Garten. **Zoo|an|throponose** [tso:o-, grch. anthropos ›Mensch‹] *die, -/-n,* $ Anthropozoonose. **Zoochorie** [grch. chorein ›von der Stelle gehen‹] *die, -,* Pflanzenverbreitung durch Tiere. **zoogen** [vgl. . . . gen], von tierischer Abkunft: *zoogene Gesteinsablagerungen.* **Zoohandlung** *die,* Geschäft, das mit Tieren handelt. **Zoologe** [vgl. . . . loge] *der, -n/-n.* **Zoologie** [vgl. . . . logie] *die, -,* Tierkunde, ÜBERS. N 5. **zoologisch,** *zoologischer Garten,* öffentl. oder private Einrichtung, in der Tiere gehalten werden; aber: *der Zoologische Garten der Stadt Frankfurt.*
Zoom [zu:m, engl. to zoom ›schnell ansteigen lassen‹] *der, -s,* Photographie, Film, Fernsehen: erhebliches Heranholen oder Entfernen des Aufnahmegegenstandes durch Heran- oder Zurückgehen mit der Kamera oder durch stufenloses Verändern der Brennweite des Kameraobjektivs: *Zoomlinse,* Gummilinse; *10fach-Zoom-Kamera.* **zoomen** [z'u:-], *ich zoome* (habe gezoomt).
Zoomorphose [tso:o-, vgl. . . . morph] *die, -/-n,* von Tieren verursachte Veränderung des Pflanzenkörpers. **Zoonose** [grch. nosos ›Seuche‹, ›Krankheit‹] *die, -/-n,* $ vom Tier auf den Menschen übertragbare Krankheit. **Zoon politikon** [grch.] *das, - -,* geselliges Wesen, nach Aristoteles Grundbestimmung des Menschen. **Zoophagen** [grch. phagein ›fressen‹], *Pl.,* tierfressende Tiere und tierfangende Pflanzen. **Zoophilie** [grch. philein ›lieben‹] *die, -/. . . l'i|en,* Sodomie. **Zoophobie** [vgl. Phobie] *die,* Ausbildung von Pflanzenorganen gegen Tierfraß. **Zootomie** *die, -,* Tieranatomie. **Zootop** [grch. topos ›Ort‹] *der, -s/-e,* der Tierbereich eines Biotops. **Zoozezidium** [grch. kekidion ›Gallapfel‹] *das, -s/. . . di|en,* durch Tiere hervorgerufene Wucherung an Pflanzen.
Zope [grch. . . .] *die, -/-n,* ein Karpfenfisch.
Zopf [ahd. zopf] *der, -(e)s/ ̈-e,* 1) geflochtenes langes Haupthaar, ABB. H 1: *Zopfmuster; Zopfperücke; Zopfspange; Mozartzopf; sie hat das Haar in Zöpfe geflochten.* 2) Ü überholte Ansicht, geistlose Rückständigkeit: *das ist ein alter Z.; die alten Zöpfe müssen abgeschnitten werden,* Neuerungen sind nötig. 3) aus Teigstreifen zopfartig geflochtenes Gebäck: *Hefezopf.* 4) ⚘ Kronende der Baumstammes. 5) *oberdt.:* Zipfel, Streifen. **Zöpfchen** *das, -s/-,* **zopfig,** Ü rückständig, überholt. **Zopfstil** *der, -(e)s,* ⚘ eine Stilstufe der dt. Kunst zwischen Rokoko und Klassizismus.
Zores [jidd., zu hebr. zarah] *der, -,* U 1) Not, Bedrängnis; Ärger, Lärm, Unfug. 2) Gesindel, Pöbel.
Zorn [ahd. zorn] *der, -(e)s,* jäh aufwallender Ärger (über Kränkung, Unrecht), heftiger Unwille, Wut: *er tat es aus, im, vor Z.; da packte mich der Z.; (Zorn)ausbruch; zornentbrannt; das trieb ihm die Zorn(es)röte ins Gesicht.* **zornentbrannt,** aber: *in Zorn entbrannt.* **Zorn(es)ader** *die,* U Stirnader: *die Z. schwoll ihm,* er geriet in Zorn. **zornig,** *ich bin z. auf,* über ihn.

zornmütig, schnell zornig werdend. **zornschnaubend,** sehr erregt vor Zorn; aber: *vor Zorn schnaubend.*

Zosse *die, -/-n,* **Zossen** [Rotwelsch, zu hebr. sus ›Pferd‹] *der, -/-,* U (altes, schlechtes) Pferd.

Zoster [grch. zoster ›Gürtel‹] *der, -,* $ Herpes zoster, Gürtelrose.

Zote [wohl zu frühnhd. zotte ›Schamhaar‹] *die, -/-n,* unanständiger Witz, schmutzige Redensart: *er riß Zoten.* **zoten,** *ich zote* (habe gezotet), erzähle Zoten. **Zotenreißer** *der,* jemand, der Zoten erzählt. **zotig,** *zotige Witze.*

Zotte *die, -/-n,* alem.: Schnabel, Ausgießer (an Töpfen, Kannen), Brause (an Gießkannen).

Zotte [ahd. zota ›Haarbüschel‹] *die, -/-n,* 1) Zottel. 2) meist Pl., $ finger- oder blattartige Erhebungen: *Darmzotten; Zottenhaut; Zottengeschwulst.* 3) niederhängender Schopf, Haarbüschel, Quaste, Troddel. **zott(e)lig,** in Strähnen herabhängend, ungepflegt (Haar).

zotteln [frühnhd. ›schwerfällig einhergehen‹] *ich zott(e)le* (bin gezottelt), U gehe langsam und schwerfällig.

zottig, büschelig, behaart, struppig: *zottiges Fell.*

Zötus [lat. coetus ›Zusammenkommen‹] *der, -/...ten,* ⚭ Schülerschaft; Jahrgang.

ZPO, Abk. für: Zivilprozeßordnung.

Zr, ⟳ Zeichen für: Zirkonium.

z. S., Abk. für: zur See: *Kapitän z. S.*

z. T., Abk. für: zum Teil.

Ztr., Abk. für: Zentner.

zu [ahd. zuo] *ihm,* Präposition, ÜBERS. P 21, 1) in seine Nähe, dahin; in seiner Nähe, dort: *ich fahre zu ihm, zur Arbeit, zum Theater; ich gehe zu meiner Mutter, zur Mutter, zum Vater, zum Bäcker; der Hausierer geht von Haus zu Haus; nimmst du Milch zum Kaffee?; er sieht zur Tür herein; sie setzten sich zu Tisch; es kam mir zu Ohren, ich hörte es zufällig; er nahm sich die Ermahnungen sehr zu Herzen; ich halte zu ihm,* Ü *bin seiner Meinung, stehe ihm bei; die Haare standen ihm zu Berge,* Ü *sträubten sich vor Angst; die Herde wurde zu Tal getrieben; er kriecht zu Kreuz,* unterwirft sich; *sie ist zu Hause, daheim; zu Wasser und zu Lande; er fährt zur See,* ist Seemann; *sie sitzen zu Gericht über ihn,* halten Gericht ab; *wie weit ist es zum Bahnhof?* 2) aus dem Anlaß, mit dem Zweck, dem Ziel, der Folge: *er kommt zum Essen; er geht zum Tanzen weg; wir müssen noch mit uns zu Rate gehen, gründlich überlegen; sie ist zum Sauber-machen angestellt; alles wird zu Staub,* auch Ü, *ist vergänglich; es geht zu Ende; zum Glück, glücklicherweise; ihm zum Trotz, gegen seinen Willen; zur Hälfte,* halb; *man hatte ihn zum Narren gehalten; zu deinem Dank verpflichtet; er wurde zum Gespött der Leute; zu deiner Beruhigung kann ich dir sagen, ...* 3) auf eine bestimmte Art und Weise: *zu Pferde; hoch zu Roß; zu Fuß; sie waren zu dritt oder zu dreien,* drei Personen. 4) ein Verhältnis ausdrückend: *2 verhält sich zu 4 wie 6 zu 12; das Fußballspiel endete eins zu null (1:0).* 5) einen Zeitpunkt, eine Zeitspanne betreffend: *zur Zeit,* Abk.: z. Z., zz. Zt.; *zu Ostern; sie geht zum 1. April; du kommst zur rechten Zeit; ich esse mit ihm zu Abend; zu Tag zu Tag besser; sie besucht mich von Zeit zu Zeit.* **zu,** Adverb, 1) eine Steigerung, ein Übermaß ausdrückend: *es steht alles zum besten, so gut wie möglich; zu schön, um wahr zu sein; zu schwer;* vgl. aber: zuletzt, zuviel, zuwenig. 2) *ihm zu, auf ihn zu,* in seiner Richtung, ihm näherkommend: *der Heimat zu; der Küste zu und die Küste zu.* 3) U verschlossen, ABB. E 2: *die Tür, das Fenster ist zu,* vgl. zusein; *Mund zu!* 4) drauflos, schnell: *nur zu!* **zu,** Konjunktion in Verbindung mit dem Infinitiv: *er versprach zu kommen; möglichst bald zu kommen; ich erlaube dir zu gehen; er erklärte, sich getäuscht zu haben; sie war lieblich anzusehen; er kam, um uns zu ärgern; das war zu erwarten; es ist nichts zu sehen;* Zeichensetzung vgl. ÜBERS. S 6. **zu...,** in Verbindung mit Verben trennbar zusammengesetzt: *zublinken; zudiktieren; zueilen; zuhacken; zulachen;* vgl. zubauen.

zu|allererst, zu|allerletzt, zu|allermeist, verstärkend: zuerst, zuletzt, zumeist. **zu|äußerst,** ganz außen.

Zuave [frz. zouave, nach dem kabyl. Berberstamm der Zuaua] *der, -n/-n,* Angehöriger einer ehemaligen, urspr. aus Berbern gebildeten franz. Infanterietruppe in Nordafrika.

Zubau *der, -(e)s/-ten,* österr.: Anbau. **zubauen,** *ich baue es* zu (habe zugebaut), U schließe, bedecke durch Bauen (eine Baulücke): *auch die letzten freien Grundstücke in unserer Straße sind jetzt zugebaut.*

Zubehör *das,* auch *der, -(e)s/-e, Pl.* selten, alles, was zu einer Hauptsache hinzugehört, ABB. K 40, S 60: *Zubehörindustrie; Zubehörteile eines Gerätes; Autozubehör.*

zubeißen, *ich beiße zu* (biß zu, habe zugebissen), beiße (kräftig, schnell): *wenn ihr den Hund neckt, wird er zubeißen.*

zubekommen, *ich bekomme es* zu (bekam zu, habe zubekommen), U 1) kann es schließen. 2) bekomme zusätzlich.

zubenamt, ⚭, **zubenannt,** mit einem Beinamen.

Zuber [ahd. zwibar ›Kübel mit zwei Henkeln‹] *der, -s/-,* großer Bottich mit Griffen: *Waschzuber.*

zubereiten, *ich bereite es* zu (habe zubereitet), bereite (Essen, Arznei). **Zubereitung** *die: Essenszubereitung.*

Zubettgehen *das, -s: vor dem Z. lese ich.*

zubilligen, *ich billige es ihm* zu (habe zugebilligt), erkenne zu, gestatte: *diese Sonderrechte können ihm nicht zugebilligt werden.* **Zubilligung** *die, -: unter Z. mildernder Umstände,* ⚖ ⚖.

zubinden, *ich binde es* zu (band zu, habe zugebunden), verschließe durch Binden mit Bindfaden u. a.: *ich binde mir die Schuhe zu.*

zubleiben, *es bleibt zu* (ist zugeblieben), U bleibt geschlossen: *das Fenster soll zubleiben!*

zublinzeln, *ich blinz(e)le ihm* zu (habe zugeblinzelt), gebe verstohlene Winke durch Blinzeln.

zubringen, *ich bringe es* zu (habe zugebracht), 1) verbringe, verlebe: *so muß ich meine Zeit zubringen!* 2) *ihm,* bringe hin; trage zu: *man hat ihm die Nachricht zugebracht.* 3) U kann es schließen: *ich bringe den Koffer nicht zu.* **Zubringer** *der, -s/-,* 1) Person, Sache, die etwas heranbringt: *Zubringerdienst.* 2) Straße von und zu einer Autobahn: *Zubringerstraße.* 3) Transport zu einem Verkehrsknotenpunkt, z. B. zu einem Flughafen oder zu einer Großveranstaltung: *Zubringerverkehr; der Zubringerbus bringt Flugpassagiere zum Flugplatz,* vgl. ABB. F 30. 4) Fluglinie zu den Flughäfen des Weltverkehrs. 5) österr.: Vermittler.

Zubuße [mhd. zuobuoze] *die,* Geldzuschuß.

zubuttern, *ich butt(e)re es* zu (habe zugebuttert), U zahle drauf, schieße, setze zu (Geld).

Zuc|chini [tsuk'ini, von ital. zucchino ›kleiner Kürbis‹], *Pl.,* ein nicht rankendes Kürbisgewächs mit länglichen Früchten.

Züche *die, -/-n,* Zühe.

Zucht [ahd. zuht ›Unterhalt‹, ›Erziehung‹, ›Zucht‹] *die, -,* 1) strenge Erziehung zu Ordnung, Pünktlichkeit und Gehorsam: *hier herrscht Z., wird Z. gehalten.* 2) ⚭ Anstand, Sittlichkeit: *Z. und Sitte.* 3) das Züchten von Vieh oder Nutzpflanzen: *Ackerbau und Viehzucht; Pferdezucht; Zuchtstute; gute Zucht-ergebnisse.* 4) *Pl. -en,* das Ergebnis planvollen Züchtens: *beide Tiere stammen aus verschiedenen Zuchten.* **Zuchtbulle** *der,* Stier zur Zucht. **züchten** [ahd. zuhten], *ich züchte* (habe gezüchtet) 1) vermehre Pflanzen, Tiere zur Zucht. Verbesserung, zur erhöhten Nutzbringung: *er züchtet Geflügel.* 2) bei dieser Erziehung werden Minderwertigkeitskomplexe gezüchtet, U wachgerufen, entfaltet. **Züchter** *der, -s/-,* jemand, der Tiere oder Pflanzen züchtet: *Viehzüchter; Hundezüchterverband; Katzenzüchter.* **züchterisch,** die Zucht betreffend.

Zuchthaus *das,* früher: Strafanstalt zur Verbüßung der Zuchthausstrafe. **Zuchthäusler** *der,* früher: jemand, der eine Zuchthausstrafe verbüßt. **Zuchthengst** *der,* Hengst zur Zucht. **züchtig,** sittsam, tugendhaft. **züchtigen** (habe gezüchtigt) *ihn,* bestrafe mit Schlägen. **Züchtigkeit** *die, -,* Sittsamkeit, Tugendhaftigkeit. **Züchtigung** *die, -/-en,* das Züchtigen. **zuchtlos,** ungehorsam, ungeordnet, undiszipliniert. **Zuchtlosigkeit** *die, -.* **Zuchtperle** *die,* durch Zucht entstandene Perle. **Zuchtrute** *die,* Rute zum Züchtigen; Sinnbild strengster Erziehung. **Zuchtvieh** *das, -(e)s/-en,* das Züchten und dessen Ergebnis. **Zuchtwahl** *die, -,* künstliche oder natürl. Auslese bei der Fortpflanzung.

zuck!, schnell, z.! **Zuck** [mhd. zuc] *der, -(e)s/-e,* U durchzuckendes Gefühl; blitzschnelle Bewegung: *mit einem Z.* **zuckeln,** *ich zuck(e)le* (bin gezuckelt), U bewege mich langsam und träge fort. **zucken** [ahd. zukken], *ich zucke* (habe gezuckt), mache eine jähe, blitzschnelle Bewegung, fahre plötzlich zusammen: *es zuckt mir durch alle Glieder, es zuckt in mir; ein plötzlicher Schmerz oder begeistert mich, reißt mich hin; ein Blitz zuckt am Himmel; ohne mit der Wimper zu zucken,* Ü *ganz ruhig, vollkommen beherrscht* es, *nehme rasch heraus, hervor: er zückte sein Schwert; er zückt das Portemonnaie, den Bleistift,* U.

Zucker [ahd. zuccer, zu arab. sukkar] *der, -s,* 1) süßes, leichtlösl. Kohlenhydrat. 2) U kurz für: Zuckerkrankheit. **Zuckerbäcker** *der, ⚭, noch südd., österr.:* Konditor. **Zuckerbäckerstil** *der, -(e)s,* abwertend für den Stil repräsentativer Bauten der Stalinära in der Sowjetunion u. a. Ostblockstaaten. **Zuckerbrot** das, ⚭ Konditorware: *mit Z. und Peitsche,* Ü je nach Situation mit Lob oder Strenge. **Zuckererbse** die, Erbse ohne zähe Innenhaut der Hülse. **Zuckergast** der, das Silberfischchen. **Zuckerguß** der, süße Glasur für Gebäck. **zuckerhaltig,** *zuckerhaltige Säfte.* **Zuckerhut** der, **1)** in Kegelform gegossener Zucker. **2)** ⊕ kegelförmiger Granitberg: *Zuckerhutberge.* **zuck(e)rig,** Zucker enthaltend, süß. **zuckerkrank. Zuckerkrankheit** die, -, ⚕ Diabetes mellitus, Erkrankung des Inselorgans der Bauchspeicheldrüse. **Zuckerl** das, *-s/-(n), österr.:* Bonbon. **Zuckerlecken** das: *das ist kein Z.,* Ü ist anstrengend, unangenehm. **zuckern,** *ich* zuck(e)re (habe gezuckert) *es,* süße mit Zucker: *gezuckerte Erdbeeren.* **Zuckerrohr** das, **Zuckerrübe** die, Pflanzen zur Gewinnung von Zucker. **Zuckerspiegel** der, der Gehalt des Blutes an Zucker, ausgedrückt in mg %. **zuckersüß, 1)** süß wie Zucker; sehr süß. **2)** Ü übertrieben freundlich: *ein zuckersüßes Lächeln.*

Zuckung die, -/-en, das Zucken.

zudecken, *ich* decke *ihn, es, mich* zu (habe zugedeckt), bedecke, verdecke; schließe *es* mit einem Deckel: *er schläft gut zugedeckt bei geöffnetem Fenster; zugedeckte Töpfe.*

zudem, außerdem, überdies.

zudiktieren, *ich* diktiere *es ihm* zu, bestimme, daß er es tut: *mir wurden die unangenehmsten Arbeiten zudiktiert.*

Zudrang der, ⚭ Andrang, Zustrom.

zudrehen, *ich* drehe *es* zu (habe zugedreht), **1)** schließe durch Drehen: *ich drehe den Wasserhahn zu.* **2)** wende zu: *sie drehte ihm den Rücken zu.*

zudringlich, sich aufdrängend, lästig: *er wurde z.; zudringliches Benehmen.* **Zudringlichkeit** die, -/-en.

zudrücken, *ich* drücke *es* zu (habe zugedrückt), schließe durch Drücken: *ich will noch einmal ein Auge, beide Augen zudrücken,* Ü über etwas hinwegsehen.

zueignen [mhd. zuoeignen], *ich* eigne *es ihm* zu (habe zugeeignet). **Zueignung** die, Widmung, Übereignung einer Sache als Zeichen der Verehrung oder Freundschaft.

zueinander, einer zu dem anderen: *ob sie wohl z. passen?*; aber Zusammenschreibung, wenn ein neuer Begriff entsteht: *sie werden noch zueinanderfinden,* Ü sich einigen, sich gut verstehen.

zuerkennen, *ich* erkenne *es ihm* zu (habe zuerkannt), spreche zu, gebe zu eigen: *man erkannte ihm das Ehrenbürgerrecht zu.* **Zuerkennung** die.

zuerst [mhd. zerist], als erstes, zu Anfang: *das wird z. erledigt; der z. genannte Vorschlag.*

zufächeln, zufächern, *ich* fäch(e)le, fäch(e)re *ihm* Luft zu (habe zugefächelt, zugefächert), wehe kühlend zu.

zufahren, *ich* fahre zu (fuhr zu, bin zugefahren), **1)** fahre schneller: *fahr zu!* **2)** *auf etwas, auf ihn,* bewege mich darauf zu. **Zufahrt** [mhd. zuovart ›Zugang‹] die, Straße zu einem bestimmten Ort hin: *Zufahrtsstraße.*

Zufall [mhd. zuoval] der, das Ereignis außerhalb der Gesetzmäßigkeit, überraschendes Geschehen: *Zufallsbekanntschaft; Zufallsergebnis; ein (un)glücklicher Z.; der blinde Z.; ich will es dem Z. überlassen, abwarten, was geschieht; ich habe durch Z. davon erfahren; der Z. wollte (es), daß . . .; welch ein Z.!* **zufallen** [mhd. zuovalen], *es* fällt *mir* zu (fiel zu, ist zugefallen), **1)** schließt sich plötzlich (von selbst): *die Tür ist zugefallen; vor Müdigkeit fielen ihm die Augen zu.* **2)** *mir,* Ü bekomme es: *das Erbteil ist ihm zugefallen; mir fiel die Aufgabe zu . . ., ich wurde beauftragt.* **zufällig,** *eine zufällige Begegnung; wir trafen uns z.* **zufälligerweise. Zufalls|treffer** der, richtiges Ergebnis ohne eigenes Verdienst.

zufassen, *ich* fasse zu (habe zugefaßt), helfe, arbeite tatkräftig mit: *beim Umzug muß die ganze Familie zufassen.*

zufleiß, *bair., österr.:* absichtlich, zu Schaden.

zufliegen, *ich* fliege zu (bin zugeflogen), **1)** *auf etwas,* fliege (mit dem Flugzeug) in Richtung auf etwas: *wir flogen auf Frankfurt, auf die Alpen zu.* **2)** *die Tür fliegt zu,* Ü fällt krachend zu (durch Zugwind). **3)** *es fliegt mir zu,* Ü: *mir ist ein Wellensittich zugeflogen; alle Herzen flogen ihr zu,* Ü sie erweckte überall Sympathie; *es fliegt ihm nur so zu,* Ü er lernt spielend leicht.

zufließen, *es* fließt *ihm* zu (floß zu, ist zugeflossen), **1)** fließt in seine Richtung, fließt hinein: *der Strom fließt dem Meer zu,* Ü er erhält von allen Seiten: *die Spenden flossen der Stiftung zu.*

Zuflucht [ahd. zuofluht] die, -, **1)** Ort, wo man Hilfe findet: *sie suchte bei ihm Z.; Zufluchtsort,* Asyl; *Zufluchtsstätte.* **2)** Ü Ausweg: *sie nahm Z. zu Ausreden.*

Zufluß der, **1)** jedes Gewässer, das einem anderen zufließt, ABB. F 32. **2)** Zustrom: *Z. von Spenden,* Ü.

zuflüstern, *ich* flüst(e)re *es ihm* zu (habe zugeflüstert), sage es leise, so daß andere es nicht merken.

zufolge [zu Folge], folgend, infolge, gemäß, nach: *seinem Befehl z.; demzufolge;* aber: *z. seines Befehls; z. eines Gesprächs;* vgl. ÜBERS. P 21.

zufrieden [nhd., zu mhd. vride], befriedigt, einverstanden mit dem Zustand, in dem man sich befindet: *man kann damit z. sein, z. werden;* aber Zusammenschreibung, wenn ein neuer Begriff entsteht, vgl. zufriedengeben, zufriedenlassen, zufriedenstellen. **zufriedengeben,** *ich* gebe *mich* zufrieden (gab mich zufrieden, habe mich zufriedengegeben), begnüge mich, bin zufrieden: *damit kann ich mich (nicht) zufriedengeben.* **Zufriedenheit** die, -. **zufriedenlassen,** *ich* lasse *ihn* zufrieden (ließ zufrieden, habe zufriedengelassen), lasse in Ruhe: *laß mich endlich mit deinen Ermahnungen zufrieden!* **zufriedenstellen,** *ich* stelle *ihn* zufrieden (habe zufriedengestellt), befriedige seine Wünsche: *sie ist schwer zufriedenzustellen; eine zufriedenstellende Leistung.*

zufrieren, *es* friert zu (ist zugefroren), bedeckt sich mit einer zusammenhängenden Eisschicht: *der Teich ist zugefroren.*

zufügen, *ich* füge *es ihm* zu (habe zugefügt), **1)** tue hinzu: *man füge dem Teig noch etwas Milch zu.* **2)** tue *ihm* etwas Schlechtes an: *das ihr zugefügte Leid, Unrecht, Ungemach.* **Zufügung** die.

Zufuhr die, -, das Herbeischaffen (von Waren, Gütern): *Lebensmittelzufuhr; der Z. kalter Meeresluft.* **zuführen,** *ich* führe *es* zu (habe zugeführt), **1)** *es, ihn,* einer Sache oder Person, leite zu, führe hin: *er führte dem Verein neue Mitglieder zu; er führte dem Bräutigam die Braut zu; dem Vergaser wird Kraftstoff zugeführt; der Verbrecher wurde seiner verdienten Strafe zugeführt.* **2)** *es führt auf etwas zu,* geht in seine Richtung: *der Weg führt auf den Weiher zu; die Bevölkerungsexplosion mancher Länder führt auf eine Katastrophe zu,* Ü. **Zuführung** die, -, das Hinzuführen; Leitung dafür: *die Z. von Frischluft; Zuführungsleitung.*

Zug [ahd. zug] der, *-(e)s/"e,* **1)** Tätigkeit des Ziehens; in Richtung wirkende Kraft: *Atemzug; der Armzug beim Schwimmen; ein guter Z.,* Trunk, Schluck, auch Fischfang; *ein kräftiger Z.,* das Anziehen, z. B. beim Rudern; *ich mache einen Z.* mit dem Bauern, beim Schachspiel; *er ist am Z.,* beim Brettspiel an der Reihe, U wird jetzt handeln; *ich komme nicht zum Zuge,* Ü habe keine Gelegenheit zu handeln; *sie folgte dem Z. des Herzens,* Ü einer Neigung; *er will sein Leben in vollen Zügen genießen; er liegt in den letzten Zügen,* U im Sterben. **2)** Bewegung, Schwung: *in der Sache ist kein Z.;* in einem *Z.,* ununterbrochen: *Z. um Z.,* ohne Verzug, ohne Unterbrechung: *Z. für Z.,* ⚮ sofort; *im Zug der Kreisreformen . . .,* im Zusammenhang damit. **3)** Luftbewegung in Räumen, Feuerungen: *Luftzug; Durchzug.* **4)** Gerät zum Ziehen: *Klingelzug;* Vorrichtung zum Spannen, z. B. Schnur in Kleidungsstücken: *Gummizug.* **5)** Gruppe, Schar (von Marschierenden): *Fastnachtszug; Festzug; Trauerzug.* **6)** Fahrt, Massenwanderung, Massenbewegung: *Kriegszug; Raubzug; Vogelzug.* **7)** ⚔ Unterabteilung: *der dritte Z. der Kompanie.* **8)** Einteilung bei Bildungseinrichtungen: *der mathematisch-naturwissenschaftliche Z.* **9)** mehrere miteinander verbundene, durch Maschinenkraft bewegte Fahrzeuge, Eisenbahn: *ich fahre mit dem Z.; Eisenbahnzug; Lastzug; Zugabteil; Zuganschluß; Zugkontrolle; Zugpersonal; Zugverbindung; Zugverkehr.* **10)** Strichführung, Linie, Umrißform: *die Züge des Gesichts, der Handschrift.* **11)** Ü Bestandteil des Wesens: *Charakterzug; das ist ein schöner Z. von ihm; nur das Wesentliche, keine Einzelheiten.* **12)** spiralig verlaufender, vertiefter Teil im Innern eines Laufs oder Rohrs bei Feuerwaffen: *Reit- und Fahrsport: Gespannart vor Wagen: Dreierzug.* **14)** Schubfach, Schiebefach, ABB. S 34: *ein Schrank mit Zügen für Wäsche.* **15)** Beanspruchung durch zwei gegenseitig wirkende Kräfte.

Zugabe [ahd. zuogeba] die, **1)** freiwillige zusätzliche Leistung eines darbietenden Künstlers über das Programm hinaus: *als Z. spielte sie einen Walzer von Chopin.* **2)** zusätzlich zur Hauptware oder -leistung unentgeltlich erbrachter Vorteil: *der Lieferung lag ein Kalender als Z. bei.*

Zugang [ahd. zuoanc] der, **1)** Eingangsweg, Zufahrt, Zutritt: *zum Hof war versperrt.* **2)** Ü Möglichkeit, an eine Stelle zu gelangen: *zu diesem Club hatte ich keinen Z.; zur modernen Musik fand sie keinen Z.,* keine innere Beziehung. **3)** Neuerwerb, Zuwachs: *die Zugänge einer Bücherei,* Neuanschaffungen; *gestern hatten wir auf der Krankenstation drei*

Zugänge, neu eingelieferte Patienten. **zugange**, *ich bin mit etwas z.*, beschäftige mich damit. **zugänglich, 1)** gut erreichbar, Zugang gewährend: *die Insel ist leicht z.* **2)** Ü aufgeschlossen, umgänglich; verständlich: *er ist gutem Rat z.*, nimmt ihn an; *ein schwer zugänglicher Mensch.* **Zugänglichkeit** *die, -.*
Zugbeeinflussung *die,* mechan. oder elektromagnet. Einrichtungen zur Sicherung des Eisenbahnverkehrs, notfalls durch Zwangsbremsung. **Zugbrücke** *die,* hochziehbare Brücke, Abb. B 51.
zugeben, *ich gebe es zu (gab zu, habe zugegeben),* **1)** gebe zusätzlich, spiele, singe als Zugabe, füge hinzu: *man gab ein Menuett zu; sie gab noch eine Prise Salz zu.* **2)** Ü gestehe: *sie würde ihre Schuld nie zugeben.* **3)** räume ein, erkläre für richtig: *ich gebe zu, daß er recht hat.* **4)** Ü erlaube, gestatte, lasse zu: *ich kann nicht zugeben, daß das Kind so lange aufbleibt.*
zugedenken, *ich gedenke es ihm zu (habe zugedacht): dieses Geschenk habe ich meinem Vetter zugedacht,* für ihn bestimmt.
zugegeben, 1) von zugeben. **2)** Ü richtig, es stimmt: *z., daß er fleißig war.* **zugegebenermaßen.**
zugegen, anwesend: *er wird z. sein.*
zugehen [ahd. zuogan], *ich gehe zu (ging zu, bin zugegangen),* **1)** gehe weiter, vorwärts. **2)** *auf ihn,* nähere mich ihm: *sie ging auf das Haus zu; es geht auf den Herbst zu.* **3)** *es geht zu,* läßt sich schließen (Fenster, Tür). **4)** *es geht zu,* Ü beschwert: *hier geht es lustig zu; das geht doch nicht mit rechten Dingen zu,* da ist etwas nicht in Ordnung. **5)** *es geht mir zu,* wird von mir in Empfang genommen (Post). **6)** *geht zu!, oberdt.: komm,* tu es doch! **7)** *es geht zu,* Ü verläuft, endet: *der Turm geht spitz zu.*
Zugeherin *die, -/-nen,* **Zugehfrau** *die,* süddt., österr.: Aufwartefrau.
zugehörig, zu etwas gehörend: *das ihm zugehörige Grundstück,* ⚭ sein Eigentum; *das ihm zugehörigen Garten.* **Zugehörigkeit** *die, -: Zugehörigkeitsgefühl.*
zugeknöpft, 1) von zuknöpfen. **2)** Ü unzugänglich, verschlossen (Mensch): *er ist immer sehr z.* **Zugeknöpftheit** *die, -,* Ü verschlossenes, reserviertes Verhalten.
Zügel [ahd. zugil] *der, -s/-,* **1)** Riemen zum Lenken von Reit- und Zugtieren, Abb. P 9: *mit verhängtem Z.,* in gestrecktem Lauf; *der Vater hatte ihm immer die Z. locker gelassen,* Ü ihn nie streng erzogen; *er hatte die Z. fest in der Hand,* Ü hielt strenge Ordnung; *er ließ seinen Leidenschaften die Z. schießen, legte ihnen Z. an,* Ü gab ihnen freien Lauf, beherrschte sie. **2)** Stelle zwischen Auge und Oberschnabel am Vogelkopf: *Zügelstreifen,* Abb. V 7. **Zügelgurtbrücke** *die,* Brücke, deren Träger von einem an Pylonen befestigten Hängegurt gebildet wird. **Zügelhand** *die,* die linke Hand, die die Zügel hält. **zügellos**, Ü unbändig, unbeherrscht. **Zügellosigkeit** *die, -.* **zügeln**, *ich züg(e)le (habe gezügelt),* **1)** *das Pferd,* halte es mit den Zügel zurück. **2)** *es, ihn,* Ü beherrsche, halte im Zaum: *man sollte seine Leidenschaften zügeln; der wilde Junge war kaum zu zügeln.* **3)** (bin gezügelt), schweiz.: ziehe um, wechsele die Wohnung.
Züg(e)lung *die, -.*
Zugereiste *der, die, -n/-n, ein -r, eine -,* Ü jemand, der zugezogen ist: *die unbeliebten Zugereisten.*
zugesellen, *ich geselle es, mich ihm zu (habe zugesellt),* schließe ihm an.
zugestanden, 1) von zustehen. **2)** richtig, es stimmt: *z., dich trifft keine Schuld.* **zugestandenermaßen. Zugeständnis** *das,* Entgegenkommen, Einräumung, Zubilligung: *er wollte (keine) Zugeständnisse machen, (nicht) einlenken.*
zugestehen, *ich gestehe es ihm zu (habe zugestanden),* billige zu, räume ein: *das mußte man ihm zugestehen.*
zugetan, 1) von zutun. **2)** freundlich gesinnt: *ich bin ihm z.*
zugewandt, 1) von zuwenden. **2)** *Zugewandte Orte,* Orte, die der alten Schweizer Eidgenossenschaft assoziiert waren.
Zugewinn *der,* Wert, um den das Vermögen eines Ehegatten steigt. **Zugewinngemeinschaft** *die,* der gesetzliche Güterstand im ehelichen Güterrecht.
Zugfeder *die,* auf Zug beanspruchte Feder. **Zugfestigkeit** *die,* die Belastbarkeit eines Werkstoffs durch Zug bis zum Bruch. **Zugführer** *der,* **1)** Beamter, dem die Aufsicht über einen Eisenbahnzug obliegt. **2)** ⚔ Anführer eines Zuges.
Zugfunk *der,* Zugtelefonie, drahtloser Fernsprechdienst zwischen fahrenden Eisenbahnzügen und ortsfesten Stellen.
zugießen, *ich gieße es zu (goß zu, habe zugegossen),* fülle nach, gieße hinzu: *darf ich Ihnen noch Kaffee zugießen?*
zugig, der Zugluft ausgesetzt: *eine zugige Bahnhofshalle.*
zügig, schwungvoll, ohne Stockung weiterlaufend: *er kam mit der Arbeit z. voran. . . . zügig*, mit . . . Zügen: *eine zweizügige*

Bildungseinrichtung. **Zügigkeit** *die, -: die Bauarbeiten wurden mit aller Z. vorangetrieben.* **zugkräftig**, große Anziehungskraft ausübend: *ein Film mit zugkräftigen Namen.*
zugleich, gleichzeitig, miteinander: *alle z.; z. mit ihm.*
Züglete *die, -/-n, schweiz.:* Umzug.
Zugluft *die, -,* Luftströmung in Räumen: *sie muß sich vor Z. in acht nehmen.*
Züglung *die,* Zügelung.
Zugmaschine *die,* Schlepper. **Zugnummer** *die: dieses Stück ist eine richtige Z.,* zieht viele Zuschauer an. **Zugpflaster** *das,* bes. mit Hautreizstoffen versehenes Arzneipflaster.
zugreifen, *ich greife zu (habe zugegriffen),* packe zu, fasse an (zu), nehme (was sich bietet): *bitte, greifen Sie zu!* (bei Tisch), essen Sie! **Zugriff** *der,* Griff nach etwas, Ü das Eingreifen, Vorgehen gegen etwas: *man muß es vor fremdem Z. sichern; er versuchte, dem Z. der Polizei zu entgehen.* **Zugriffszeit** *die,* in elektron. Rechenanlagen: Zeit zwischen Aufruf einer Speicherzelle und Verfügbarkeit deren Inhalts.
zugrunde, bis auf den Grund: *alles wird z. gehen,* vernichtet werden, untergehen; *dieser Plan soll ihm z. liegen,* als Grundlage dienen; *man will ihn z. richten,* vernichten, ruinieren. **Zugrundelegung** *die: unter Z. von . . .,* K.
Zugschalter *der,* ⚡ ein Schalter, Abb. E 6. **Zugsignal** *das,* Eisenbahnsignal. **Zugstück** *das,* vielbesuchtes Bühnenstück. **Zugtelefonie** *die, -,* Zugfunk. **Zugtelegramm** *das,* durch Zugfunk übermitteltes Telegramm. **Zugtier** *das,* Tier zum Wagenziehen (Pferd, Ochse u. a.).
zugunsten *seiner,* für ihn, zu seinen Gunsten: *sie verzichtete z. ihres Bruders auf eine Teilhaberschaft;* aber: *ihm z. ist er zurückgetreten;* vgl. ÜBERS. P 21.
zugute, ihm zum Vorteil, zum Nutzen: *das sollte man ihm z. halten,* ihm als Milderungsgrund, Entschuldigung anrechnen; *es wird ihm z. kommen,* ihm nützlich, helfen; *darauf sollte er sich nicht so viel z. tun,* nicht so stolz darauf sein.
Zugverband *der,* Streckverband, Extensionsverband, Verband, der zu Heilzwecken eine Gliedmaße in Streckstellung hält. **Zugversuch** *der,* Prüfung der Zugfestigkeit. **Zugvogel** *der,* im Vogel, der in jahresperiodisch wiederkehrende Ortsveränderungen durchführt. **Zugwaage** *die,* ein Querholz zum Einhängen der Ortscheite an der Deichsel. **Zugzwang** *der,* **1)** eine Lage im Schachspiel, in der aus dem Recht zu ziehen eine Pflicht wird und jede Figur in eine ungünstige Position gelangt. **2)** Ü Zwang, unter dem Druck der Verhältnisse handeln zu müssen: *er steht unter Z.*
zuhalten [mhd. zuohalten], *ich halte zu (hielt zu, habe zugehalten),* **1)** gebe nicht, bedecke: *er hielt (mir) die Tür zu; ich halte mir die Augen, die Ohren zu.* **2)** *auf etwas,* nähere mich (einem Ort). **Zuhälter** *der,* Mann, der von den Einkünften von Prostituierten lebt. **Zuhälterei** *die, -,* Gewerbe des Zuhälters. **Zuhaltung** *die, -,* derjenige Teil des Türschlosses, der die Sperrung bewirkt, Abb. S 28.
zuhanden, Abk.: z. H., *ihm z.,* ihm zu übergeben; *z. oder zu Händen (des, von) Herrn Meyer* (in Briefanschriften).
zuhängen, *ich hänge es zu (habe zugehängt),* verhänge, hänge etwas davor, darüber.
zuhauen, *ich haue zu (haute zu, habe zugehauen),* **1)** schlage (auf jemanden) ein: *in seiner Raserei hat er mit der Peitsche zugehauen.* **2)** behaue, bearbeite (Holz, Gestein).
zuhauf, P in Scharen: *sie kamen z.*
Zuhause *das, -,* Heim, Heimat, Wohnung, Geborgenheit: *sie hat kein Z. mehr,* aber: *ich bin zu Hause; die Zuhausegebliebenen.*
Zühe *die, -/-n, schweiz.:* Schublade.
zuheilen, *es heilt zu (ist zugeheilt),* verheilt: *die Wunde ist (noch nicht) zugeheilt.*
Zuhilfenahme *die, -: unter Z. von,* mit Hilfe von.
zuhinterst, ganz hinten, als letzte(r), als letztes.
zuhöchst, ganz oben. **2)** sehr: *ich war z. erstaunt.*
zuhören, *ich höre (ihm) zu (habe zugehört),* lausche aufmerksam über längere Zeit: *du mußt besser zuhören, wenn man dir etwas sagt!* **Zuhörer** *der,* jemand, der etwas anhört: *Zuhörerbank.* **Zuhörerschaft** *die, -,* Gesamtheit der Zuhörer.
zuinnerst, ganz innen.
zujubeln, *ich jub(e)le ihm zu (habe zugejubelt),* äußere Begeisterung: *die Zuhörer jubelten dem Künstler zu.*
zukehren, *ich kehre es, mich ihm zu (habe zugekehrt),* wende zu ihm hin: *sie hatte ihm den Rücken zugekehrt.*
zuklappen, 1) *ich klappe es zu (habe zugeklappt),* schließe mit klappendem Geräusch: *er klappte das Buch zu.* **2)** *es klappt zu (ist zugeklappt),* schlägt zu: *die Tür klappte zu.*

zukleben, *ich klebe es* zu (habe zugeklebt), verschließe mit Klebstoff.

zuklinken, *ich klinke eine Tür* zu (habe zugeklinkt), schließe.

zuknallen, 1) *ich knalle es zu* (habe zugeknallt), ∪ schließe heftig (Tür). **2)** *es knallt zu* (ist zugeknallt), ∪ schließt sich mit einem Knall: *die Fensterläden sind zugeknallt.*

zukneifen, *ich kneife ein Auge* zu (habe zugekniffen), drücke zu, Ü übersehe etwas.

zuknöpfen, *ich knöpfe es* zu (habe zugeknöpft), schließe mit Knöpfen: *er knöpfte den Mantel zu;* vgl. zugeknöpft.

zuknoten, *ich knote es* zu (habe zugeknotet), verschließe durch einen Knoten: *sie hat das Tuch zugeknotet.*

zukommen, *ich komme zu* (kam zu, bin zugekommen), **1)** *auf ihn, etwas,* nähere mich ihm: *der Polizist kam auf ihn zu; es wird noch viel Arbeit auf uns zukommen,* Ü uns bevorstehen; *ich lasse dir das Buch zukommen,* schicke es; *wenn es soweit ist, komme ich auf Sie zu,* Ü wende ich mich an Sie. **2)** *es kommt mir zu,* Ü ist mein Recht oder meine Pflicht: *eine Beurteilung seiner Arbeit kommt dir nicht zu.*

zukorken, *ich korke es* zu (habe zugekorkt), verschließe mit einem Korken (Flasche).

Zukost *die, -,* Beilage zum Hauptgericht.

zukriegen, *ich kriege es zu* (habe zugekriegt), ∪ **1)** kann schließen: *ich kriege den Koffer nicht zu; du kriegst die Tür nicht zu!,* Ü Ausruf des Erstaunens. **2)** bekomme zusätzlich: *die Warenprobe habe ich zugekriegt.*

Zukunft [ahd. zuokumpft, zu kommen] *die, -,* **1)** die vor uns liegende Zeit im Unterschied zur Vergangenheit und Gegenwart: *man prophezeit ihm eine große Z.,* bevorstehenden Erfolg: *in Z. werde ich vorsichtiger mit Versprechungen sein,* von nun an; *diese Sache hat doch keine Z.,* Ü daraus wird nichts; *Zukunftsängste; Zukunftsaussichten; Zukunftsforschung; zukunftsgläubig; Zukunftsplanung; Zukunftsroman.* **2)** Ⓢ Futur, ÜBERS. V 2.3) B Ankunft. **zukünftig,** die Zukunft betreffend, in der Zukunft stattfindend, bevorstehend: *mein zukünftiger Schwager; der, die Zukünftige,* Ü Verlobte(r); *dafür muß z. gesorgt werden.* **Zukunftsforschung** *die,* systematisch-kritisch planende Auseinandersetzung mit der Zukunft. **Zukunftsmusik** *die,* Ü verheißungsvolle, aber wenig aussichtsreiche Versprechungen oder Pläne: *das ist doch Z.!* **Zukunftspläne,** *Pl.,* Pläne für die Zukunft: *sie machen, schmieden Z.* **zukunftsreich,** mit guten Aussichten. **Zukunftsroman** *der,* utopischer Roman, Science fiction. **zukunfts|trächtig,** *eine zukunftsträchtige Erfindung.* **zukunft(s)weisend,** *zukunft(s)weisende Worte; seine Worte waren z.;* aber: *(in) die Zukunft weisend.*

zulächeln, *ich läch(e)le ihm zu* (habe zugelächelt), sehe ihn lächelnd an. **zulachen,** *ich lache* (habe gelacht) *ihm zu,* sehe ihn lachend an.

zuladen, *ich lade es zu* (lud zu, habe zugeladen). **Zuladung** *die,* Nutzlast, Ladegewicht, Tragfähigkeit.

Zulage *die,* etwas, das zusätzlich gegeben wird; erhöhte Zahlung, verbesserte finanzielle Leistung: *Gehaltszulage.*

zulande, zu Hause, daheim: *bei uns z.,* hierzulande; aber: *zu Wasser und zu Lande.*

zulangen, *ich lange zu* (habe zugelangt), **1)** greife zu, nehme (beim Essen): *bitte, langen Sie zu!,* ∪ **2)** *es langt zu,* ∪ reicht aus.

zulänglich, genügend, ausreichend. **Zulänglichkeit** *die, -.*

zulassen, *ich lasse zu* (ließ zu, habe zugelassen), **1)** *es, ihn,* gewähre ihm Zutritt, Erlaubnis, nehme auf: *er wurde als Teilnehmer zu diesem Wettbewerb nicht zugelassen; im vergangenen Jahr wurde er als Arzt zugelassen,* erhielt er die Erlaubnis zu praktizieren; *das Kraftfahrzeug wurde (zum Verkehr) zugelassen.* **2)** *es,* gestatte, verhindere nicht: *ich kann solchen Unfug nicht zulassen.* **3)** *es,* ∪ lasse geschlossen: *du sollst das Fenster zulassen!* **zulässig,** erlaubt, statthaft. **Zulässigkeit** *die, -.* **Zulassung** *die, -/-en,* ⚤ (formloser) Verwaltungsakt, bes. auf Gewährung der Benutzung von öffentlichen Anstalten oder Sachen im Gemeingebrauch; Approbation, Konzession: *Zulassungsbeschränkung; Zulassungsprüfung; Zulassungsstelle; die Z. von Wertpapieren zum Börsenhandel, zur selbständigen Ausübung eines Gewerbes; die Z. von Fahrzeugen zum Verkehr auf öffentlichen Straßen.*

Zulauf *der,* **1)** Öffnung zum Einlaufen von Flüssigkeiten, ABB. Z 11. **2)** *ohne Pl.,* Ü Andrang: *der Arzt, das Theaterstück hat viel Z.,* ist beliebt, gut besucht. **zulaufen,** *ich laufe zu* (lief zu, bin zugelaufen), **1)** *auf ihn, auf etwas,* laufe zu ihm hin: *sie lief auf mich zu.* **2)** *es läuft zu,* endet, verläuft: *der Turm läuft spitz zu.* **3)** *lauf zu!,* lauf so schnell du kannst! **4)** getigerte Katze

zugelaufen, abzuholen bei. . . (Zeitungsanzeige). **5)** *er ließ noch Flüssigkeit zulaufen,* in etwas hineinlaufen.

zulegen, *ich lege zu* (habe zugelegt), **1)** *es,* decke zu, schließe. **2)** *es,* gebe dazu: *wenn Sie noch fünfzig Mark zulegen, bekommen Sie einen Mantel von erstklassiger Qualität.* **3)** *es,* ∪ erwerbe: *wir haben uns ein Farbfernsehgerät zugelegt; er soll sich eine neue Freundin zugelegt haben,* Ü. **4)** *(Geld),* erleide einen finanziellen Verlust: *bei diesem Geschäft mußte er noch (Geld) zulegen.* **5)** *(einen Schritt),* beschleunige das Tempo.

zuleide, *ich tue ihm etwas z.,* schädige, kränke ihn; *er kann keiner Fliege was z. tun,* ∪ will niemanden kränken.

zuleiten, *ich leite es ihm zu* (habe zugeleitet), lasse zu ihm gelangen: *ich werde ihm die Post zuleiten.* **Zuleitung** *die,* das Zuführen; Leitung hierfür: *Zuleitungsrohr,* ABB. K 6.

zulernen, *ich lerne zu* (habe zugelernt), ∪ lerne hinzu, lerne zusätzlich: *man kann immer noch zulernen!*

zuletzt, 1) als letztes, ganz hinten, nach allen anderen, zum letzten Mal: *wann haben wir uns z. gesehen?; es war nicht z. seine Schuld, daß. . .* **2)** Ü endlich, am Ende: *er hat bis z. gearbeitet,* bis zu seinem Tod. **3)** aber: *zu guter Letzt.*

zuliebe, *ihm z.,* ihm zu Gefallen, zum Nutzen, mit Rücksicht auf ihn: *ich habe es nur ihm z. getan.*

Zulieferer *der, -s/-,* Lieferant von Rohstoffen, Halb- und Fertigprodukten, die in die Produktion eingehen: *Zuliefer(er)industrie.* **Zulieferung** *die.*

Zülle *die, -/-n,* Zille.

zulöten, *ich löte es zu* (habe zugelötet), verschließe, dichte durch Löten.

Zulp *der, -(e)s/-e, ostmitteldt.:* Schnuller. **zulpen,** *ich zulpe* (habe gezulpt), *ostmitteldt.:* lutsche, sauge.

Zulu *der, -(s)/-(s),* Angehöriger eines Bantuvolkes im südl. Afrika.

Zuluft *die, -,* die einem Raum zugeführte Luft.

zum, zusammengezogen aus: zu dem, ÜBERS. Z 13: *z. Beispiel,* abk.: z. B.; *z. Teil,* Abk.: z. T.; *z. mindesten; z. erstenmal,* aber: *z. ersten Male; z. letztenmal,* aber: *z. letzten Male; man hält sie z. besten,* narrt dich; *du kannst es noch z. besten werden; mit seiner Gesundheit steht es z. besten,* aber: *eine Sammlung z. Besten der Erdbebenopfer; es ist z. Weinen, z. Lachen.*

zumachen, *ich mache zu* (habe zugemacht), **1)** *es,* schließe: *ich mache das Buch, das Fenster, die Tür zu; der Laden hat zugemacht,* ∪ ist geschlossen oder besteht nicht mehr; *ich habe die ganze Nacht kein Auge zugemacht,* ∪ konnte nicht schlafen. **2)** Ü beeile mich: *mach zu!*

zumal [mhd. ze male, zu Mal], **1)** besonders, hauptsächlich: *die Vertreter der Aufklärung, z. Lessing.* **2)** vor allem da, weil; um so mehr, als *er hätte sich besser vorbereiten sollen, z. er die nötige Zeit dazu hatte.* **3)** ♋ zugleich, gleichzeitig: *alle z.,* alle auf einmal.

zumauern, *ich mau(e)re zu* (habe zugemauert), verschließe mit Mauersteinen.

zumeist, meistens, zum größten Teil.

zumessen, *ich messe ihm zu* (maß zu, habe zugemessen), **1)** teile zu: *einem jeden wurde sein Anteil zugemessen.* **2)** messe bei: *er mißt dem Vorfall keine Bedeutung zu.*

zumindest, wenigstens, mindestens, auf jeden Fall: *er hätte sich z. melden müssen;* aber: *zum mindesten.*

zumutbar, *diese Arbeit ist (ihm) nicht z.* **Zumutbarkeit** *die, -.* **zumute,** *mir ist gut, schlecht z.,* meine Stimmung ist gut, schlecht; *bei dieser Angelegenheit war ihm nicht wohl z.,* hatte er Bedenken. **zumuten,** [mhd. zuo muoten, zu Mut], *ich mute es ihm zu* (habe zugemutet), fordere, verlange etwas Unrechtes, Unbilliges von ihm: *das wollte man mir zumuten!; Sie dürfen sich nicht zuviel zumuten!,* vornehmen, aufbürden. **Zumutung** *die,* übertriebene Forderung, unbescheidenes Ansinnen: *das ist eine Z.!*

zunächst, 1) in der Nähe, ÜBERS. P 21: *dem Treffpunkt z.* **2)** zuerst, vorläufig: *z. warten wir ab.*

zunageln, *ich nag(e)le zu* (habe zugenagelt), schließe mit Nägeln (Kiste).

zunähen, *ich nähe es zu* (habe zugenäht), schließe durch Nähen: *verflixt und zugenäht!,* ∪ verflucht!

Zunahme *die, -/-n,* das Anwachsen, Ansteigen, Vermehrung: *Bevölkerungszunahme; Gewichtszunahme.*

Zuname *der,* **1)** Familienname. **2)** Beiname.

Zündblättchen *das,* Zündplättchen, Knallmunition für Spielzeugpistolen. **zündeln,** *ich zünd(e)le* (habe gezündelt), *bes. bair., österr.:* spiele mit Feuer. **zünden** [ahd. zunden], *ich zünde* (habe gezündet), **1)** *es,* leite eine Zündung ein: *die*

Sprengladung wurde gezündet. **2)** es zündet, fängt an zu brennen, fängt Feuer: der Funken hat gezündet. **3)** es zündet, U findet Zustimmung, erweckt Begeisterung: zündende Worte; diese Nummer zündet. **4)** ihm, schweiz.: leuchte, leuchte heim. **Zunder** der, -s/-, **1)** leicht brennbare Masse aus dem Inneren eines Pilzes, mit Salpeter getränkt: es brennt wie Z., sehr gut. **2)** U Beschießung; Prügel: gleich gibt's Z. **3)** lockere Eisenoxidschicht auf Stahl und Gußeisen. **Zünder** der, -s/-, **1)** Vorrichtung zum Entzünden eines Explosivstoffes, ABB. G 14. **2)** Zündfolge. **Zündfolge** die, die Reihenfolge der nacheinander gezündeten Zylinder eines Verbrennungsmotors. **Zündholz** das, Streichholz, Hölzchen, dessen Kuppe sich beim Reiben entzündet, ABB. S 74: Zündholzschachtel. **Zündhütchen** das, **1)** Kapsel mit Knallmunition, ABB. F 18. **2)** Sprengkapsel, Kapsel mit Explosivstoff, der ein Hauptladung zur Explosion bringt, ABB. G 14. **Zündkerze** die, Vorrichtung zur Zündung des Kraftstoff-Luft-Gemisches in Ottomotoren, ABB. K 17, M 20. **Zündnadel** die, früher: Nadel zum Entzünden der Pulverladung: Zündnadelgewehr. **Zündpfanne** die, Vertiefung für das Zündpulver bei älteren Handfeuerwaffen. **Zündplättchen** das, Zündblättchen. **Zündschlüssel** der, Schlüssel zum Betätigen des Zündanlaßschalters eines Kraftfahrzeugs. **Zündschnur** die, -/ⁿe, Mittel zur Zündung von Sprengladungen. **Zündsicherung** die, eine Gassicherung, die die Gaszufuhr bei erloschener Zündflamme unterbricht. **Zündstoff** der, **1)** Explosivstoff, der durch Schlag oder Hitze sich leicht entzündet. **2)** U Anlaß für eine gewaltsame Entwicklung: Z. für eine Revolution. **Zündtemperatur** die, Zündpunkt, die niedrigste Temperatur, bei der sich ein brennbarer Stoff entzündet. **Zündung** die, -/-en, **1)** der Zünder. **2)** Zündanlage von Ottomotoren. **3)** das Entzünden von Raketentreibstoffen und des Kraftstoff-Luft-Gemisches in Verbrennungsmotoren. **Zündwaren**, Pl., Zündhölzer, auch Feuersteine. **Zündwilligkeit** die, bei Dieselkraftstoffen die Bereitschaft zur Selbstzündung durch die Kompressionswärme.

zunehmen, ich nehme zu (nahm zu, habe zugenommen), **1)** gewinne Gewicht, werde dicker: ich habe (zwei Kilo) zugenommen. **2)** Maschen, vergrößere die Maschenzahl auf der Nadel. **3)** es nimmt zu, vermehrt sich, wird größer, wächst: die Mitgliederzahl hat zugenommen; der Mond nimmt zu, es geht auf Vollmond zu, ABB. M 17; vgl. ab und zu. **zunehmend**, wachsend, sich vergrößernd: es wird z. kälter; zunehmender Mond, ABB. M 17.

zuneigen, ich neige zu (habe zugeneigt), **1)** ihm, nähere mich einer bestimmten Richtung: unser Urlaub neigt sich dem Ende zu; ich neige eher der entgegengesetzten Auffassung zu. **2)** mich ihm, U bin ihm wohlgesinnt, empfinde Zuneigung zu ihm: er war ihr zugeneigt. **Zuneigung** die, -, freundschaftliche Regung, Sympathie: sie empfand Z. zu ihm, für ihn.

Zunft [mhd. zumft ›was sich ziemt‹, ›Regel‹] die, -/ⁿe, **1)** Innung, Genossenschaft, Standesgemeinschaft, bes. Handwerkervereinigung in den mittelalterl. Städten: Zunftbrief; Zunftordnung; Zunftzwang; er ist vom Fach, U vom Fach. **2)** U scherzhaft: Gruppe, Gesamtheit: die Z. der Gelehrten; U spöttisch: Gesellschaft: eine saubere Z. **zünftig**, **1)** fachgemäß, fachmännisch. **2)** U ordentlich, tüchtig.

Zunge [ahd. zunga ›Zunge‹, ›Rede‹, ›Sprache‹] die, -/-n, **1)** bewegliches, mit einer Schleimhaut überzogenes Muskelorgan in der Mundhöhle des Menschen und der meisten Wirbeltiere, ABB. M 23: der Kranke hatte eine belegte Z.; er streckte ihm die Z. heraus, Gebärde des Hohns; es gab Z. mit Reis, Zunge von Kalb, Rind oder Schwein als Speise; er prüfte den Bissen mit der Z.; er hat eine feine Z., U ist Feinschmecker; sie stößt mit der Z. an, U lispelt; sie kann ihre Z. nicht im Zaum halten; U sie kann sich in ihren Äußerungen nicht zurückhalten, nicht verschwiegen sein; sie hat sich die Z. verbrannt, U etwas ausgeplaudert und sich oder anderen damit geschadet; sie hat eine böse, scharfe, spitze Z., U sie spricht boshaft über andere; es hat, trägt das Herz auf der Z., U spricht offen, plaudert aus; er biß sich auf die Z., U unterbrach seine Rede, um etwas Bestimmtes nicht auszusprechen; mir liegt das Wort auf der Z., ich kann es nicht aussprechen, z. B. bei Trunkenheit; ich habe das Wort auf der Z., U es schwebt mir vor, aber es fällt mir nicht ein. **2)** die Sprache eines Volkes: sie reden in fremden Zungen, Sprachen. **3)** Name vieler zungenförmiger Dinge, z. B. Blütenblatt, ABB. B 38, am Rechenschieber, ABB. R 10, an Weichen, ABB. W 8, Zeiger an einer Waage, ABB. W 1: Gletscherzunge, ABB. G 29; Landzunge, ABB. K 56. **4)** biegsames Plättchen als Tonerzeuger bei Blasinstrumenten. **Züngelchen** das, -s/-. **züngeln**, es züngelt (hat gezüngelt), **1)** führt schnelle Bewegungen mit der

Zunge aus: die Schlange züngelt. **2)** Ü bewegt sich rasch hin und her: die Flammen züngeln lebhaft. **Zungenbein** das, unpaarer U-förmiger Knochen zwischen Unterkiefer und Kehlkopf. **Zungenbrecher** der, U ein schwer auszusprechendes Wort. **zungenfertig**, wortgewandt, nie um ein Wort verlegen. **Zungenfertigkeit** die, -. **Zungenprobe** die, die Prüfung von Lebens- und Genußmitteln mit Zunge, Gaumen, Nase. **Zungenschlag** der, **1)** Blasinstrumentenspiel: Zungenbewegung, durch die zwei oder mehrere staccato zu spielende Töne voneinander getrennt werden können. **2)** es war ein falscher Z. dabei, Ü die Worte konnten nicht über die eigentl. Absicht hinwegtäuschen. **Zünglein** das, -s/-: seine Meinung ist das Z. an der Waage, Ü gibt den Ausschlag, entscheidet.

zunichte [mhd. ze nihte ›zu nichts‹], er wird es z. machen, zerstören, vereiteln; alles soll z. werden.

zunicken, ich nicke ihm zu (habe zugenickt), gebe ein Zeichen mit dem Kopf: er nickte ihm freundlich zu.

zuniederst, oberdt.: ganz unten.

Zünsler [ahd. zinsilo, zu bair. zünseln ›mit Licht und Feuer spielen‹] der, -s/-, artenreiche Schmetterlingsgruppe.

zunutze, ich mache es mir z., nutze es aus, verwerte es in eigenem Interesse; er sollte sich den Rat z. machen; aber: zu Nutz und Frommen, ⚭ zum Vorteil.

Zunzel die, -/-n, U unordentliche Frau.

zuoberst, ganz oben: er kehrte das Unterste z., richtete große Unordnung an.

zuordnen, ich ordne es ihm zu (habe zugeordnet), stelle ordnend hinzu, gebe bei, bringe in eine Beziehung dazu: das Schwedische wird den nordgermanischen Sprachen zugeordnet. **Zuordnung** die.

zupacken, ich packe zu (habe zugepackt), greife kräftig, derb zu, greife tatkräftig ein: als er sah, daß wir die Arbeit nicht allein schaffen konnten, hat er tüchtig mit zugepackt.

zupaß, zupasse [zu passen], es kommt mir z., ist mir z. gekommen, im rechten, günstigen Augenblick.

Zupfe die, -/-n, schweiz.: ein Zopfgebäck.

zupfen [spätmhd. zopfen, wohl zu Zopf], ich zupfe (habe gezupft), **1)** ihn, es, ziehe wiederholt und vorsichtig: sie zupft am Ärmel; zupf dich an deiner eigenen Nase!, U beachte erst deine eigenen Fehler! **2)** es, lockere durch Auseinanderziehen: sie zupfte Wolle. **Zupfgeige** die, volkstümlich für: Gitarre. **Zupf|instrument** das, ein Saiteninstrument, das durch Zupfen oder Anreißen der Saiten gespielt wird.

zupfropfen, ich pfropfe eine Flasche zu (habe zugepfropft), schließe mit einem Pfropfen, korke zu.

zuprosten, ich proste ihm zu (habe zugeprostet), erhebe das Glas auf jemandes Wohl.

zur, zusammengesetzt aus zu der: zur Disposition, Abk.: z. D.; zur Zeit, Abk.: z. Z. oder z. Zt.; mein Platz zur Linken; zur Not geht es; er will sich zur Ruhe setzen, pensionieren lassen; ich bin zur Hand, U helfe ihm.

zuraten, ich rate ihm (zu etwas) zu (riet zu, habe zugeraten), empfehle es zu tun: er hat mir zugeraten, das Angebot anzunehmen.

zuraunen, ich raune es ihm zu (habe zugeraunt), sage leise zu ihm.

Zürcher der, -s/-, Einwohner von Zürich. **zürcherisch**, auf Zürich bezogen.

zurechnungsfähig, Zivilrecht: fähig, seine Handlungen zu verantworten; Strafrecht: fähig, das Unrecht der Tat einzusehen und nach dieser Einsicht zu handeln. **Zurechnungsfähigkeit** die, -.

zurecht . . ., in Verbindung mit Verben trennbar zusammengesetzt: richtig, in Ordnung, an die richtige Stelle, zur rechten Zeit, in den gewünschten Zustand: zurechtbasteln; zurechtschneiden, zurechtschustern, zurechtziehen; aber: das kann er zu Recht sagen, tun. **zurechtbiegen**, ich biege es zurecht (habe zurechtgebogen), bringe (durch Biegen) in die ursprüngl. Form: er hat die Sache wieder zurechtgebogen, Ü wieder in Ordnung gebracht. **zurechtfinden**, ich finde mich zurecht (fand mich zurecht, habe mich zurechtgefunden), kenne mich aus: sie findet sich in der Großstadt, im Haushalt (nicht) zurecht. **zurechtkommen**, ich komme zurecht (kam zurecht, bin zurechtgekommen), **1)** mit etwas, U bewältige es: er ist schnell mit der neuen Arbeit zurechtgekommen; mir, U denke aus; **2)** zur rechten Zeit kommen: ich bin gerade noch zurechtgekommen, ich konnte ohne Abfahrt noch zurechtkommen. **zurechtlegen**, ich lege es zurecht (habe zurechtgelegt), **1)** bereite vor, lege passend zum Gebrauch hin: ich muß die Akten für die Besprechung, die Sachen für die Reise noch zurechtlegen. **2)** mir, U denke aus: ich habe mir schon ein

Ausrede zurechtgelegt. **zurẹchtmachen,** *ich* mache zurecht (habe zurechtgemacht), **1)** *es,* bereite vor: *ich werde das Gästezimmer für euch zurechtmachen.* **2)** *mich,* Ü pflege mein Äußeres, schminke mich: *sie war zu sehr zurechtgemacht.* **zurẹchtrücken,** *ich* rücke zurecht (habe zurechtgerückt), **1)** *es,* stelle an den richtigen Platz. **2)** *ihm den Kopf,* Ü weise ihn zurecht. **zurẹchtsetzen,** *ich* setze zurecht (habe zurechtgesetzt), **1)** *mich, es,* setze an die richtige Stelle, bringe in die richtige Stellung: *sie setzte sich im Sessel zurecht.* **2)** *ihm den Kopf,* Ü weise ihn zurecht. **zurẹchtstutzen,** *ich* stutze zurecht (habe zurechtgestutzt), **1)** *es,* bringe (durch Stutzen) in die gewünschte Form: *er hat die Hecke zurechtgestutzt.* **2)** *ihn,* Ü weise zurecht. **zurẹchtweisen,** *ich* weise *ihn* zurecht (habe zurechtgewiesen), halte ihm sein Unrecht, seine Verfehlung vor, tadle ihn. **Zurẹchtweisung** *die,* Tadel, Verweis. **zurẹchtzimmern,** *ich* zimm(e)re *es (mir)* zurecht (habe zurechtgezimmert), baue, bastle zusammen: *jeder muß sich sein Leben selbst zurechtzimmern,* Ü nach seinen eigenen Vorstellungen gestalten.

zureden, *ich* rede *ihm* zu (habe zugeredet), versuche ihn durch Reden zu beeinflussen. **Zureden** *das, -s: trotz allen* oder *alles Zuredens, trotz allem Z. war er nicht zur Umkehr zu bewegen; alles Z. half nichts; trotz guten Zuredens.*

zureichen, *ich* reiche zu (habe zugereicht), **1)** *es ihm,* reiche ihm hin: *er reiche ihm das Werkzeug zu.* **2)** *es reicht zu,* genügt. **zureichend,** hinlänglich, genügend.

zureiten, *ich* reite zu, **1)** (habe zugeritten) *das Pferd,* bilde als Reitpferd aus. **2)** (bin zugeritten) *auf etwas, zu einem Ort: er ritt auf den Wald zu.*

zurichten, *ich* richte zu, **1)** *es,* mache es gebrauchsfertig. **2)** *es,* bereite Druckform, Rauchwaren, Leder, Holz, Stein für eine bestimmte Weiterverarbeitung vor. **3)** *ihn, es,* Ü bringe in schlechten Zustand, beschädige: *beide Wagen wurden bei dem Unfall furchtbar zugerichtet.* **Zurichter** *der,* jemand, der etwas zurichtet, fertigmacht, z. B. Leder, Rauchwaren, eine Druckform, eine Einstellung im Walzwerk. **Zurichterei** *die, -/-en,* Betrieb zum Zurichten. **Zurichtung** *die, -.*

zuriegeln, *ich* rieg(e)le *es* zu (habe zugeriegelt), verschließe mit einem Riegel: *die Tür war zugeriegelt.*

zürnen [ahd. zurnen], *ich* zürne (habe gezürnt) *ihm wegen einer Sache,* grolle, bin ärgerlich über ihn, böse auf ihn.

zurollen, *ich* rolle *es* (ihm) zu (habe zugerollt), bewege rollend auf ihn zu: *ich rollte ihm den Ball zu.* **2)** *es rollt auf ihn, etwas zu* (ist zugerollt), bewegt sich rollend: *der Wagen rollte auf den Baum zu.*

zurpfig, *schweiz.:* schwammig.

zurren [niederl. sjorren], *ich* zurre (habe gezurrt) *es,* binde lose Gegenstände sehr fest zusammen. **2)** ⚓ binde ein Boot, einen Anker u. a. auf Deck fest. **Zụrring** *der, -(e)s/-e* oder *-s,* ⚓ Leine zum Zurren; vgl. Silbentrennung, ÜBERS. S 50.

zurück [mhd. ze rucke, zu Rücken], **1)** nach hinten: *z.!,* kurz für: zurücktreten!, geh zurück! **2)** wieder zum Ausgangspunkt: *ich bin in einer Stunde z.; z. zur Natur!; wir sind hin und z. mit der Bahn gefahren; es gibt kein Zurück,* Ü keinen Rückweg, es ist unabänderlich. **3)** Ü hinter anderen: *wir sind in Deutsch noch weit z.,* hinter dem vorgeschriebenen Lehrstoff; *er ist in seiner geistigen und körperlichen Entwicklung etwas z.* **zurück...,** in Verbindung mit Verben trennbar zusammengesetzt: *zurückbegeben; zurückbeugen; zurückfliegen; zurückfordern; zurückhaben; zurückkämmen; zurückstrahlen; zurückstreichen; zurücktun; zurückverlangen.*

zurückbehalten, *ich* behalte *es* zurück (behielt zurück, habe zurückbehalten), behalte bei mir, gebe nicht her: *er hat 10% des Rechnungsbetrages zurückbehalten; hoffentlich behält er keinen Schaden zurück; Zurückbehaltungsrecht.*

zurückbekommen, *ich* bekomme *es* zurück (bekam zurück, habe zurückbekommen), erhalte zurück, bekomme wieder, bekomme heraus: *er hat 10 Mark zurückbekommen.*

zurückberufen, *ich* berufe *ihn* zurück (berief zurück, habe zurückberufen), beauftrage ihn, zurückzukehren, etwas zu verlassen: *er wurde von seinem Posten zurückberufen.*

zurückbilden, *es* bildet *sich* zurück (hat sich zurückgebildet), kehrt allmählich wieder zu einem früheren Entwicklungsstadium zurück, wird kleiner: *die Geschwulst hat sich zurückgebildet,* ⚕. **Zurückbildung** *die.*

zurückbleiben, *ich* bleibe zurück (bin zurückgeblieben), komme nicht hinterher: *er bleibt hinter der Spitzengruppe zurück,* ⚕; *er war geistig etwas zurückgeblieben,* Ü.

zurückblenden, *ich* blende zurück (habe zurückgeblen-

det), schalte eine Rückblende ein: *wenn man zwei Jahre zurückblendet,* Ü zurückdenkt.

zurückblicken, *ich* blicke zurück (habe zurückgeblickt), **1)** blicke nach hinten. **2)** Ü erinnere mich: *er blickte auf die Vergangenheit zurück.*

zurückbringen, *ich* bringe *es* zurück (habe zurückgebracht), bringe wieder: *er hat das Buch zurückgebracht.*

zurückdatieren, *ich* datiere *es* zurück (habe zurückdatiert), datiere nach, versehe mit einem zurückliegenden Datum.

zurückdenken, *ich* denke zurück (habe zurückgedacht), erinnere mich: *soweit ich zurückdenken kann, war es so.*

zurückdrängen, *ich* dränge *es, ihn* zurück (habe zurückgedrängt), **1)** dränge nach hinten: *die Menge wurde von Polizisten zurückgedrängt; sein Einfluß wurde allmählich zurückgedrängt.* **2)** Ü unterdrücke (Gefühle): *er drängte seinen aufkommenden Widerwillen zurück.*

zurückdrehen, *ich* drehe *es* zurück (habe zurückgedreht), drehe nach hinten: *man kann das Rad der Geschichte nicht zurückdrehen,* Ü das Geschehene nicht rückgängig machen.

zurückerobern, *ich* erob(e)re *es* zurück (habe zurückerobert), erobere wieder. **Zurückerob(e)rung** *die.*

zurückerstatten, *ich* erstatte *es* zurück (habe zurückerstattet), gebe, zahle zurück: *ich werde Ihnen den Betrag so bald wie möglich zurückerstatten.* **Zurückerstattung** *die.*

zurückfahren, *ich* fahre zurück (fuhr zurück, bin zurückgefahren), **1)** fahre wieder zum Ausgangspunkt. **2)** Ü pralle zurück: *sie ist vor Schreck zurückgefahren.* **3)** (habe zurückgefahren) *ihn, es,* bringe mit dem Wagen zurück.

zurückfallen, *ich* falle zurück (fiel zurück, bin zurückgefallen), **1)** falle nach hinten: *sie fiel erschöpft auf das Sofa zurück; der Schüler ist in allen Fächern stark zurückgefallen,* Ü in seinen Leistungen schlechter geworden; *er fällt immer wieder in seine alten Fehler zurück,* Ü. **2)** *die Gebiete fielen an Frankreich zurück,* gingen wieder in den Besitz Frankreichs über. **3)** *das fällt auf ihn zurück,* Ü wird als sein Fehler offensichtlich.

zurückfinden, *ich* finde zurück (fand zurück, habe zurückgefunden), **1)** finde den Weg zum Ausgangspunkt. **2)** *er hat zu sich selbst zurückgefunden,* Ü eine innere Krise überwunden.

zurückführen, *ich* führe zurück (habe zurückgeführt), **1)** *ihn,* führe wieder zum Ausgangspunkt: *das führte ihn auf seine ursprüngliche Frage zurück,* Ü. **2)** *auf etwas,* Ü finde die Ursache darin, erkläre dadurch: *der Unfall ist auf Fahrlässigkeit zurückzuführen.* **3)** *es führt kein Weg zurück,* auch Ü es ist unwiederbringlich vorbei. **Zurückführung** *die.*

Zurückgabe *die, -.* **zurückgeben,** *ich* gebe *es* zurück (gab zurück, habe zurückgegeben), **1)** gebe wieder: *gib mir den Ring zurück!; das gibt mir mein Selbstvertrauen zurück,* Ü. **2)** erwidere: *das mußt du entscheiden, gab sie zurück.*

zurückgehen, *ich* gehe zurück (ging zurück, bin zurückgegangen), **1)** gehe nach hinten, gehe zum Ausgangspunkt, trete den Rückweg an: *der Brief geht an den Absender zurück; ich lasse die beschädigte Ware zurückgehen,* sende sie zurück. **2)** *es geht zurück,* Ü nimmt ab, läßt nach: *die Nachfrage, die Preise, das Fieber, das Hochwasser gehen zurück.* **3)** *es geht zurück auf etwas,* Ü hat dort seinen Ursprung: *diese Ideen gehen auf die Aufklärung zurück.*

zurückgezogen, 1) von zurückziehen. **2)** Ü einsam, geselligen Umgang meidend: *seit dem Tod ihres Mannes lebt sie z.* **Zurückgezogenheit** *die, -.*

zurückgreifen, *ich* greife zurück (habe zurückgegriffen), Ü gehe zurück: *immerhin kann er in dieser Notlage auf seine Ersparnisse zurückgreifen, seine Existenz darauf stützen; er griff in seiner Erzählung weit zurück,* behandelte zurückliegende Zeiten.

zurückhalten, *ich* halte zurück (hielt zurück, habe zurückgehalten), **1)** *es, ihn,* halte auf, hindere an einer Tätigkeit, einem Vorhaben: *ich konnte ihn nur mit Mühe zurückhalten; sie hielt ihre Erregung nicht länger zurück,* Ü; *ich hielt den Brief noch zurückgehalten,* nicht abgesandt. **2)** *mich,* Ü beherrsche *nach dieser Provokation konnte sie sich nicht länger zurückhalten.* **3)** *mich,* verhalte mich reserviert: *ich hielt mich sehr seinen Kameraden gegenüber sehr zurück.* **4)** *ihn von, vor etwas,* Ü bewahre davor: *ich mußte vergeblich, ihn von dieser Dummheit zurückzuhalten.* **5)** *mit etwas,* äußere nicht, beherrsche mich: *ich habe mit meiner Kritik zurückgehalten.* **zurückhaltend,** abwartend, unaufdringlich, seine Gefühle verbergend. **Zurückhaltung** *die, -: er hat sich Z. auferlegt.*

zurückkaufen, *ich* kaufe *es* zurück (habe zurückgekauft), kaufe etwas wieder, was ich bereits verkauft hatte.

zurückkehren, *ich* kehre zurück (bin zurückgekehrt), **1)**

komme noch einmal, gehe zum Ausgangspunkt zurück. **2)** *zu ihm,* Ü wende mich ihm wieder zu: *er ist zu seiner Frau zurückgekehrt.*

zurückkommen, *ich* komme zurück (kam zurück, bin zurückgekommen), **1)** kehre zurück: *er ist erst sehr spät zurückgekommen.* **2)** *auf etwas,* Ü berühre es nochmals im Gespräch: *ich komme auf Ihr Angebot zurück.*

zurückkönnen, *ich* kann zurück (habe zurückgekonnt), Ü kann zum Ausgangspunkt kommen: *er konnte nicht mehr zurück,* Ü konnte das Geschehen, die Entscheidung nicht mehr rückgängig machen.

zurücklassen, *ich* lasse *ihn, es* zurück (ließ zurück, habe zurückgelassen), **1)** gehe weg, während er (es) dableibt: *sie ließ die Kinder bei der Großmutter zurück; der Verstorbene läßt eine Frau und zwei Kinder zurück.* **2)** Ü übertreffe, bin besser: *er ließ die übrigen Bewerber weit zurück.* **Zurücklassung** *die, -: unter Z. aller Wertgegenstände,* K.

zurücklegen, *ich* lege *es* zurück (habe zurückgelegt), **1)** lege nach hinten, beiseite, hebe auf, reserviere, spare: *der Verkäufer legte den Stoff für die Kundin zurück; ich lege den Kopf zurück auf die Lehne; hast du dir für den Notfall etwas Geld zurückgelegt?* **2)** bringe hinter mich: *wir haben 2 000 km mit dem Wagen zurückgelegt.*

zurücklehnen, *ich* lehne *mich* zurück (habe mich zurückgelehnt), lehne mich nach hinten (im Sessel).

zurückliegen, *es* liegt zurück (lag zurück, hat zurückgelegen), **1)** liegt hinten, rückwärts: *das Haus liegt etwas zurück, von der Straße entfernt.* **2)** Ü liegt in der Vergangenheit: *diese Ereignisse liegen lange zurück.*

zurückmelden, *ich* melde zurück (habe zurückgemeldet), **1)** *es,* melde an den Ursprungsort. **2)** *mich,* melde meine Rückkehr: *sie hat sich vom Urlaub noch nicht zurückgemeldet.*

zurückmüssen, *ich* muß zurück (habe zurückgemußt), Ü muß zum Ausgangspunkt kommen: *wir müssen noch heute zurück.*

Zurücknahme *die, -.* **zurücknehmen,** *ich* nehme *es* zurück (nahm zurück, habe zurückgenommen), **1)** nehme wieder in Empfang (Waren). **2)** Ü widerrufe, mache rückgängig: *nimm deine Beleidigung zurück!* **3)** verlege an eine weiter hinten gelegene Stelle (Truppen, Front).

zurückprallen, *ich* pralle zurück (bin zurückgeprallt), weiche heftig zurück: *der Ball prallte von der Wand zurück; beim Anblick dieser Unordnung prallte er förmlich zurück,* Ü.

zurückreichen, *ich* reiche zurück (habe zurückgereicht), **1)** *es,* gebe, reiche nach hinten. **2)** *es* reicht zurück, Ü läßt sich zurückverfolgen: *die Anfänge dieser Entwicklung reichen bis ins vorige Jahrhundert zurück.*

zurückrufen, *ich* rufe zurück (rief zurück, habe zurückgerufen), **1)** *ihn,* rufe zur Rückkehr: *ich wurde aus dem Urlaub zurückgerufen; alle ärztliche Kunst konnte ihn nicht ins Leben zurückrufen,* Ü. **2)** *es,* erinnere mich daran: *er rief sich die schönen Tage ins Gedächtnis zurück.* **3)** rufe wieder an: *ich habe im Augenblick keine Zeit, aber ich rufe in Kürze zurück.*

zurückschalten, *ich* schalte *es* zurück (habe zurückgeschaltet), bringe einen Schalter in eine frühere Stellung, ein Getriebe in eine niedrigere Stufe, schalte herunter: *wir schalten zurück nach Berlin,* (ʬ); *starkes Gefälle, zurückschalten!,* ⇦.

zurückschaudern, *ich* schaud(e)re zurück (bin zurückgeschaudert), schrecke zurück.

zurückschauen, *ich* schaue zurück (habe zurückgeschaut), blicke zurück.

zurückscheuchen, *ich* scheuche *es, ihn* zurück (habe zurückgescheucht), scheuche nach hinten, scheuche fort.

zurückschicken, *ich* schicke *ihn, es* zurück (habe zurückgeschickt), schicke zum Ausgangspunkt zurück: *man hat den Boten, den Brief zurückgeschickt.*

zurückschlagen, *ich* schlage zurück (schlug zurück, habe zurückgeschlagen), **1)** *es,* schlage in die Richtung, aus der es kam: *er schlug den Ball zurück.* **2)** *ihn,* öffne, schiebe zur Seite, klappe, schlage um: *als sie die Decke, den Vorhang zurückschlug, . . .* **2)** *ihn,* Ü wehre ab: *er schlug den Angriff des Gegners zurück.* **3)** schlage ebenfalls, wieder, setze mich zur Wehr: *er wurde angegriffen, nun schlägt er zurück.*

zurückschrauben, *ich* schraube *es* zurück (habe zurückgeschraubt): *du mußt deine Anforderungen etwas zurückschrauben,* Ü verringere.

zurückschrecken, 1) *ich* schrecke *ihn* zurück (schreckte zurück, habe zurückgeschreckt), versetze in Schrecken, schüchtere ihn ein. **2)** *ich* schrecke *vor ihm zurück* (schreckte oder schrak zurück, bin zurückgeschreckt, selten: zurück-

geschrocken), weiche vor Schreck zurück, nehme davon Abstand: *er schreckte vor dem Gedanken an Rache zurück.*

zurücksehnen, *ich* sehne zurück (habe zurückgesehnt), **1)** *es, ihn,* wünsche, sehne herbei. **2)** *mich nach etwas,* möchte es wieder erleben: *sie sehnte sich nach der Vergangenheit zurück.*

zurücksenden, *ich* sende zurück (sandte zurück, habe zurückgesandt; selten: sendete zurück, habe zurückgesendet), sende zum Ausgangspunkt zurück.

zurücksetzen, *ich* setze zurück (habe zurückgesetzt), **1)** *es,* setze wieder an den ursprüngl. Platz; setze nach hinten. **2)** *Waren,* setze im Preis herab. **3)** *ihn,* Ü vernachlässige: *er fühlt sich von seinen Eltern zurückgesetzt.* **4)** *(den Wagen),* ⇦ fahre im Rückwärtsgang: *er setzte zurück, ohne sich umzuschauen.* **5)** *der Hirsch setzt zurück,* ⚘ bildet geringeren Kopfschmuck als im Vorjahr aus. **Zurücksetzung** *die, -/-en,* Kränkung, Nichtachtung, Vernachlässigung.

zurückspielen, *ich* spiele *den Ball* zurück (habe zurückgespielt), spiele zu einem Hintermann, dem eigenen Torwart wieder zu.

zurückstecken, *ich* stecke zurück (habe zurückgesteckt), **1)** *es,* stecke an den ursprüngl. Platz zurück; stecke weiter nach hinten: *er steckte den Brief in den Umschlag zurück; wir müssen die Pfähle einen Meter zurückstecken.* **2)** Ü werde bescheidener: *er hat (seine Ansprüche) stark zurückgesteckt.*

zurückstehen, *ich* stehe *(vor ihm, hinter ihm)* zurück (stand zurück, habe, südd. auch bin zurückgestanden), **1)** stehe weiter hinten: *das etwas zurückstehende Haus.* **2)** Ü bin benachteiligt: *sie will nicht hinter ihm zurückstehen.*

zurückstellen, *ich* stelle zurück (habe zurückgestellt), **1)** *es,* stelle wieder an seinen Platz, rücke nach hinten: *stelle die Tasse in den Schrank zurück; sie hat den Zeiger der Uhr zurückgestellt.* **2)** *es,* Ü verschiebe auf später, erkläre für weniger wichtig: *ihn,* ziehe oder schule noch nicht ein (Rekruten, Schulanfänger). **Zurückstellung** *die.*

zurückstoßen, *ich* stoße zurück (stieß zurück), **1)** (habe zurückgestoßen) *ihn, es,* stoße beiseite oder nach hinten: *als er sich ihr näherte, stieß sie ihn zurück,* auch Ü. **2)** (bin zurückgestoßen), ⇦ fahre im Rückwärtsgang: *er ist mit dem Wagen zurückgestoßen.*

zurückstufen, *ich* stufe *ihn* zurück (habe zurückgestuft), ordne in eine niedrigere (Besoldungs)stufe ein.

zurücktreten, *ich* trete zurück (trat zurück, bin zurückgetreten), **1)** gehe (einige Schritte) zurück: *bitte von der Bahnsteigkante) zurücktreten!* **2)** *(von etwas),* Ü verzichte (darauf), gebe auf: *die Regierung ist zurückgetreten,* Ü hat den Rücktritt erklärt; *er ist von seinen Forderungen zurückgetreten,* Ü hat darauf verzichtet. **3)** *es* tritt zurück, Ü verliert an Bedeutung, wird unwesentlich: *die Nachteile treten dabei gegenüber den Vorteilen zurück.*

zurückübersetzen, rückübersetzen.

zurückverfolgen, *ich* verfolge *es* zurück (habe zurückverfolgt), verfolge bis zum Ausgangspunkt, zu den Ursprüngen: *die Geschichte des Pfarrhauses läßt sich bis ins frühe 18. Jahrhundert zurückverfolgen.*

zurückverlegen, *ich* verlege *es* zurück (habe zurückverlegt), **1)** verlege nach hinten (Front). **2)** versetze in eine zurückliegende Zeit: *der Film hat die Romanvorlage in die zwanziger Jahre zurückverlegt.*

zurückversetzen, *ich* versetze *es* zurück (habe zurückversetzt), **1)** *ihn,* versetze in seine frühere Stelle, wieder in sein ehemaliges (niedrigeres) Amt. **2)** *mich,* versuche in der Vorstellung, Vergangenes noch einmal zu erleben.

zurückweichen, *ich* weiche zurück (bin zurückgewichen), ziehe mich zurück, fliehe, weiche (aus): *die Truppen wichen zurück; er wich vor keiner Gefahr zurück,* Ü.

zurückweisen, *ich* weise zurück (habe zurückgewiesen), **1)** *es, ihn,* lehne ab: *er wies das Angebot zurück.* **2)** *es,* erkläre für unrichtig: *diese Beschuldigung muß ich zurückweisen.* **Zurückweisung** *die.*

zurückwerfen, *ich* werfe zurück (warf zurück, habe zurückgeworfen), **1)** *es,* werfe zum Ausgangspunkt zurück (Ball), werfe nach hinten: *sie wirft den Kopf zurück; sie warf sich in den Sessel zurück.* **2)** *den Gegner, Feind,* dränge zurück. **3)** *der Spiegel wirft die Lichtstrahlen zurück,* reflektiert sie; vgl. ABB. L 12. **4)** *es* wirft *mich* zurück, Ü bringt einen Rückschritt: *das wirft mich in meiner Arbeit um Monate zurück.*

zurückwollen, *ich* will zurück (habe zurückgewollt), Ü will wieder zum Ausgangspunkt kommen.

zurückwünschen, *ich* wünsche *es, ihn* zurück (habe zurückgewünscht), sehne wieder herbei.

zurückzahlen, *ich* zahle *es (ihm)* zurück (habe zurückgezahlt), erstatte eine Schuld: *das werde ich ihm mit gleicher Münze zurückzahlen,* Ü mich *rächen.* **Zurückzahlung** *die.*

zurückziehen, *ich* ziehe zurück (habe zurückgezogen), **1)** *mich,* weiche, sondere mich ab: *die feindlichen Truppen zogen sich zurück,* zogen nach hinten; *das Gericht zog sich zur Beratung zurück.* **2)** *es, ihn,* ziehe nach hinten, beiseite: *sie zog den Vorhang zurück.* **3)** *mich von ihm,* meide seinen Umgang: *sie zieht sich immer mehr von uns zurück; er hat sich vom Geschäftsleben (ins Privatleben) zurückgezogen;* vgl. zurückgezogen. **4)** *es,* verzichte darauf, mache es rückgängig: *er hat seinen Antrag zurückgezogen.*

zurückzucken, *ich* zucke zurück (bin zurückgezuckt) *vor etwas,* Ü schrecke zurück: *er zuckte zurück, als sie das sagte.*

Zuruf *der,* das Zurufen; das Zugerufene. **zurufen,** *ich* rufe *es ihm* zu (rief zu, habe zugerufen), teile mit lauter Stimme (auf eine gewisse Entfernung hin) mit.

Zusage *die,* bejahende Antwort, das Versprechen: *er hat seine Z. gegeben, gebrochen.* **zusagen,** *ich* sage zu (habe zugesagt), **1)** *(ihm),* antworte bejahend: *er hat zugesagt zu kommen.* **2)** *es (ihm),* verspreche: *man sagte ihm die Lieferung der Bücher fest zu.* **3)** *es sagt mir zu,* Ü gefällt mir: *seine neue Tätigkeit sagt ihm (nicht) zu.* **4)** *ich habe es ihm auf den Kopf zugesagt,* Ü mit Bestimmtheit behauptet.

zusammen [ahd. zisamane, zasamane, zu sammeln], gemeinsam, gleichzeitig; miteinander, vereinigt, insgesamt: *sie waren mit uns z. im Schwarzwald; wir verdienen z. 5 000 DM; das kostet z. drei Mark;* in Verbindung mit Verben Getrenntschreibung in der Bedeutung gemeinsam, gleichzeitig: *sie gingen z. spazieren; wir haben das Geschenk z. bekommen; wir wollen z. musizieren;* vgl. aber: zusammen... **zusammen...,** in Verbindung mit Verben trennbar zusammengesetzt in der Bedeutung **1)** vereinigen: *zusammenfegen; zusammenflechten; zusammenklingen; zusammenliegen; zusammenschieben; zusammenwerfen; zusammenwickeln;* vgl. zusammenarbeiten. **2)** entzwei, zuschanden: *zusammenkrachen; zusammenschlagen.*

Zusammenarbeit *die, -:* er hofft auf gute Z. **zusammenarbeiten,** *ich* arbeite *mit ihm* zusammen (habe zusammengearbeitet), arbeite auf ein gemeinsames Ziel hin, arbeite in einem Team: *bei diesem Forschungsauftrag haben Franzosen und Engländer zusammengearbeitet;* aber: *wir wollen gern zusammen arbeiten,* gemeinsam arbeiten.

zusammenballen, *ich* balle zusammen (habe zusammengeballt), **1)** *es,* drücke, presse zusammen (Schnee). **2)** *es ballt sich zusammen,* drängt sich zusammen, verdichtet sich: *schwarze Wolken haben sich zusammengeballt; das Unheil ballt sich zusammen,* Ü steht drohend bevor. **Zusammenballung** *die: die Z. von Industrieanlagen in diesem Gebiet.*

Zusammenbau *der, -(e)s,* **1)** das Zusammenbauen. **2)** *Pl. -e,* Montage. **zusammenbauen,** *ich* baue *es* zusammen (habe zusammengebaut), füge aus einzelnen Teilen zusammen: *ich kann das Regal selbst zusammenbauen;* aber: *sie haben das Haus zusammen gebaut,* gemeinsam.

zusammenbeißen, *ich* beiße *die Zähne* zusammen (biß zusammen, habe zusammengebissen), **1)** mache den Mund fest zu. **2)** Ü unterdrücke den Schmerz, bin tapfer. **3)** *die beiden haben sich endlich zusammengebissen,* Ü vertragen sich nach anfänglichen Schwierigkeiten miteinander.

zusammenbetteln, *ich* bett(e)le *es (mir, für ihn)* zusammen (habe zusammengebettelt), erbitte hier und dort etwas: *zusammengebettelte Almosen.*

zusammenbinden, *ich* binde *es* zusammen (band zusammen, habe zusammengebunden), vereinige durch Binden: *soll ich die Blumen zusammenbinden?;* aber: *wir haben den Kranz zusammen gebunden,* gemeinsam.

zusammenbleiben, *ich* bleibe *mit ihm* zusammen (bin zusammengeblieben), trenne mich nicht von ihm.

zusammenboxen, *ich* boxe *es* zusammen (habe zusammengeboxt), **1)** *ihn,* Ü schlage nieder. **2)** *sie boxen sich zusammen,* Ü gewöhnen sich aneinander, stimmen sich nach anfängl. Schwierigkeiten aufeinander ab; aber: *wollen wir zusammen boxen?,* miteinander.

zusammenbrauen, *ich* braue *es* zusammen (habe zusammengebraut), **1)** Ü mische (Getränk). **2)** *es braut sich zusammen,* entsteht (Unwetter, Ü Unheil).

zusammenbrechen, *es* bricht zusammen (brach zusammen, ist zusammengebrochen), **1)** stürzt ein (Gebäude): *das Unternehmen ist zusammengebrochen,* Ü hat (aus wirtschaftl. Schwierigkeiten) aufgehört zu bestehen; *durch heftige Schnee-* *verwehungen brach der Verkehr auf dieser Strecke zusammen.* **2)** *ich breche zusammen,* Ü habe keine Widerstandskraft mehr: *sie ist gesundheitlich völlig zusammengebrochen.*

zusammenbringen, *ich* bringe zusammen (habe zusammengebracht), **1)** *es,* häufe an (Vermögen). **2)** *Personen,* mache miteinander bekannt oder versöhne sie: *er hat uns zusammengebracht;* aber: *sie haben das Geschenk zusammen gebracht,* gemeinsam. **3)** Ü stelle im Gedächtnis einen Zusammenhang her, erinnere mich: *ich bringe den genauen Wortlaut nicht mehr zusammen.*

Zusammenbruch *der,* **1)** Ende, Vernichtung: *der Z. der Streitkräfte.* **2)** schwere gesundheitliche Schädigung: *Nervenzusammenbruch.*

zusammenbuchstabieren, *ich* buchstabiere *es mir* zusammen (habe zusammenbuchstabiert), Ü versuche zu verstehen; aber: *die Schüler mußten das Wort zusammen buchstabieren,* gemeinsam.

zusammendrängen, *ich* dränge *es* zusammen (habe zusammengedrängt), rücke dicht aneinander: *die Menschen waren auf engem Raum zusammengedrängt; eine gedrängte Schilderung der Ereignisse,* Ü kurze Zusammenfassung.

zusammendrücken, *ich* drücke *es* zusammen (habe zusammengedrückt), presse zusammen: *das Paket wurde bei der Verladung völlig zusammengedrückt.*

zusammenfahren, *ich* fahre zusammen (fuhr zusammen, bin zusammengefahren), **1)** *beide Wagen sind zusammengefahren,* stießen im Fahren aufeinander. **2)** Ü erschrecke heftig. **3)** (habe zusammengefahren) *es,* Ü zerstöre, beschädige mit einem Fahrzeug: *wer hat den Zaun zusammengefahren?;* aber: *wir sind ein großes Stück der Strecke zusammen gefahren,* gemeinsam.

Zusammenfall *der, -(e)s: der Z. zweier Geschehnisse,* Ü. **zusammenfallen,** *es* fällt zusammen (fiel zusammen, ist zusammengefallen), **1)** stürzt ein (Gebäude): *der Schuppen fällt bald zusammen; seine Intrigen sind in sich zusammengefallen,* Ü zunichte geworden. **2)** Ü geschieht gleichzeitig, deckt sich: *die beiden Ereignisse fallen zusammen.* **3)** *er fällt zusammen,* Ü magert ab, sieht krank, alt aus.

zusammenfalten, *ich* falte *es* zusammen (habe zusammengefaltet), lege durch Falten zusammen (Serviette, Bogen Papier).

zusammenfassen, *ich* fasse *(es)* zusammen (habe zusammengefaßt), **1)** raffe; gebe das Wichtigste an: *ich fasse das Ergebnis der Besprechung in wenigen Sätzen zusammen.* **2)** vereinige: *die unter einem Dachverband zusammengefaßten Leichtathletikverbände.* **Zusammenfassung** *die: eine Z. der wichtigsten Meldungen des Tages.*

zusammenfinden, *sie* finden *sich* zusammen (fanden sich zusammen, haben sich zusammengefunden), kommen zusammen, treffen sich.

zusammenflicken, *ich* flicke *es* zusammen (habe zusammengeflickt), füge durch Flicken zusammen: *die Abhandlung macht einen zusammengeflickten Eindruck,* Ü wirkt uneinheitlich.

zusammenfließen, *sie* fließen zusammen (sind zusammengeflossen), vereinigen sich (Flüsse): *zusammenfließende Farben, Klänge,* Ü. **Zusammenfluß** *der.*

zusammenfügen, *ich* füge *es* zusammen (habe zusammengefügt), vereinige, verbinde, setze zusammen: *er fügte die Teile zu einem Ganzen zusammen.* **Zusammenfügung** *die.*

zusammenführen, *ich* führe *sie* zusammen (habe zusammengeführt), führe zusammen: *ein seltsamer Zufall hat uns zusammengeführt.* **Zusammenführung** *die: Familienzusammenführung.*

zusammengehören, *sie* gehören zusammen (haben zusammengehört), gehören zueinander: *diese Schuhe gehören zusammen,* sind ein Paar; *man sieht, daß diese beiden Menschen zusammengehören,* sie sind einander innerlich verbunden; aber: *das Haus hat ihnen zusammen gehört,* beiden gemeinsam. **zusammengehörig.** **Zusammengehörigkeit** *die, -: zusammengehörigkeitsgefühl; Familienzusammengehörigkeit.*

zusammengewürfelt, *eine bunt zusammengewürfelte Gesellschaft,* Ü eine sehr verschiedenartig zusammengesetzte, uneinheitliche.

zusammengießen, *ich* gieße *es* zusammen (goß zusammen, habe zusammengegossen), gieße Verschiedenes in einen Behälter: *er hat die Flüssigkeiten zusammengegossen;* aber: *sie haben die Beete zusammen gegossen,* gemeinsam.

zusammenhaben, *ich* habe *es* zusammen (hatte zusammen, habe zusammengehabt), Ü habe gesammelt, gespart: *im Sommer wird er das Geld für eine Reise zusammenhaben.* **Zusammenhalt** *der, -(e)s,* das Aneinanderhaften; Verbundenheit. **zusammenhalten,** ich halte zusammen (hielt zusammen, habe zusammengehalten), **1)** *es,* halte zum Vergleich nebeneinander: *wenn man beide Stücke zusammenhält, sieht man den Unterschied;* aber: *wir wollen die schwere Platte zusammen halten,* gemeinsam. **2)** *Geld,* Ü spare: *sie kann das Geld nicht zusammenhalten.* **3)** *es,* achte darauf, daß etwas dicht beisammenbleibt: *er konnte die Gruppe von Schülern nicht zusammenhalten.* **4)** *die Teile halten zusammen,* bleiben aneinander haften; *sie haben immer zusammengehalten,* Ü einander beigestanden.

Zusammenhang *der,* (sinnvolle) Verbindung einzelner Teile: *es steht in* oder *im Z. mit etwas, damit,* in Verbindung, Beziehung. **zusammenhängen, 1)** *es hängt mit ihm zusammen* (hing zusammen, hat zusammengehangen), steht in Beziehung zu, in Verbindung mit: *die beiden Ereignisse hängen nicht (miteinander) zusammen; ihr seltsames Benehmen hängt mit ihrer Krankheit zusammen,* rührt daher; *die beiden hingen wie die Kletten zusammen,* Ü waren eng befreundet. **2)** *ich hänge es zusammen* (hängte zusammen, habe zusammengehängt), hänge dicht nebeneinander. **zusammenhängend,** *zusammenhängende Ereignisse.* **zusammenhang(s)los,** ohne Zusammenhang: *sie sprach verwirrt und z.* **Zusammenhang(s)losigkeit** *die, -.*

zusammenhauen, ich haue zusammen (haute zusammen, habe zusammengehauen), Ü **1)** *es, ihn,* zertrümmere, verprügele. **2)** *es,* pfusche, arbeite unordentlich.

zusammenheften, ich hefte es zusammen (habe zusammengeheftet), verbinde durch Heften (Papier, Stoffteile).

zusammenkauern, ich kau(e)re *mich* zusammen (habe mich zusammengekauert): *sie saßen zusammengekauert am Boden,* in kauernder Haltung.

zusammenkitten, ich kitte es zusammen (habe zusammengekittet), kitte, verbinde: *unsere zerstörte Freundschaft kann man nicht mehr zusammenkitten,* Ü.

zusammenklammern, ich klamm(e)re es zusammen (habe zusammengeklammert), verbinde durch Klammern.

Zusammenklang *der,* **1)** ♪ Akkord. **2)** Ü Übereinstimmung: *ein Z. der Empfindungen.*

zusammenklappbar, *ein zusammenklappbarer Liegestuhl.* **zusammenklappen,** ich klappe zusammen, **1)** (habe zusammengeklappt) *es,* lege zusammen, falte. **2)** (bin zusammengeklappt), Ü bin am Ende meiner Kräfte.

zusammenklauben, ich klaube es zusammen (habe zusammengeklaubt), suche von überallher zusammen.

zusammenkleben, ich klebe zusammen (habe zusammengeklebt), **1)** *es,* verbinde durch Klebstoff. **2)** *es klebt zusammen,* haftet aneinander: *die beiden Papierbogen kleben zusammen.*

zusammenkneifen, ich kneife es zusammen (habe zusammengekniffen), drücke, presse aneinander: *er saß mit zusammengekniffenen Augen da,* mit fast geschlossenen.

zusammenknoten, ich knote es zusammen (habe zusammengeknotet), verbinde durch Knoten.

zusammenknüllen, ich knülle es zusammen (habe zusammengeknüllt), drücke, presse zusammen (Papier).

zusammenknüpfen, ich knüpfe es zusammen (habe zusammengeknüpft), verknüpfe.

zusammenkommen, ich komme *mit ihm* zusammen (kam zusammen, bin zusammengekommen), **1)** treffe mit ihm: *wir sind gestern bei ihm zusammengekommen;* aber: *wir sind zusammen gekommen,* sind zur selben Zeit eingetroffen. **2)** *es kam einiges zusammen,* Ü sammelte sich an, häufte sich (Geld, Vorfälle).

zusammenkrachen, es kracht zusammen (ist zusammengekracht), stürzt ein: *die Ruine ist zusammengekracht.*

zusammenkrampfen, es krampft sich *(ihm)* zusammen (hat sich zusammengekrampft), verkrampft sich: *das Herz krampfte sich mir zusammen,* Ü (vor Schmerz, vor Empörung).

zusammenkratzen, ich kratze es zusammen (habe zusammengekratzt), sammle eifrig: *er kratzte seine letzten Groschen zusammen,* Ü alles Geld, das er besaß.

Zusammenkunft *die, -/¨ʾ,* Treffen, Begegnung, Versammlung, Tagung.

zusammenläppern, es läppert sich zusammen (hat sich zusammengeläppert), Ü sammelt sich aus vielen Kleinigkeiten: *die Summe läppert sich im Lauf der Zeit zusammen.*

zusammenlaufen, sie laufen zusammen (liefen zusammen, sind zusammengelaufen), fließen zusammen, vermi-

schen, vereinigen sich: *die Farben sind zusammengelaufen; das Wasser lief ihm im Munde zusammen,* Ü er bekam großen Appetit; *bei ihm liefen alle Fäden zusammen,* Ü er hatte eine Schlüsselstellung inne.

zusammenleben, 1) *ich lebe mit ihm zusammen* (habe zusammengelebt), führe eine Lebensgemeinschaft mit ihm: *sie haben einige Jahre zusammengelebt.* **2)** getrennte Formen nicht üblich, sich aufeinander einstellen: *wir haben uns (gut) zusammengelebt.* **Zusammenleben** *das, -,* Leben in Gemeinschaft: *das eheliche Z.*

zusammenlegbar, *ein zusammenlegbarer Fächer.* **zusammenlegen,** ich lege es zusammen (habe zusammengelegt), **1)** lege an einen gemeinsamen Platz. **2)** *sie legte die Wolldecke zusammen.* **3)** vereinige: *die Grundstücke wurden zusammengelegt.* **4)** setze auf denselben Termin fest: *vielleicht können wir die beiden Veranstaltungen zusammenlegen.* **5)** *sie legten zusammen,* Ü steuerten Geld bei. **Zusammenlegung** *die, -/-en,* **1)** Vereinigung: *Grundstückszusammenlegung.* **2)** ⚘ Vereinigung mehrerer Aktien zur Herabsetzung des Grundkapitals einer Aktiengesellschaft.

zusammenleimen, ich leime es zusammen (habe zusammengeleimt), verbinde durch Leimen.

zusammenlesen, ich lese es zusammen (las zusammen, habe zusammengelesen), hebe auf und sammle: *wir wollen das Fallobst zusammenlesen;* aber: *wir können die Zeitung zusammen lesen,* gemeinsam.

zusammenlügen, ich lüge es zusammen (habe zusammengelogen), Ü lüge dreist: *alles zusammengelogen!*

zusammennageln, ich nag(e)le es zusammen (habe zusammengenagelt), verbinde durch Nägel: *eine aus Brettern zusammengenagelte Kiste.*

zusammennähen, ich nähe es zusammen (habe zusammengenäht), verbinde durch Nähte.

zusammennehmen, ich nehme zusammen (nahm zusammen, habe zusammengenommen), **1)** sammle: *ich muß meine Gedanken zusammennehmen.* **2)** *mich,* Ü beherrsche mich: *er mußte sich sehr zusammennehmen, um nicht zu schreien.*

zusammenpacken, ich packe es zusammen (habe zusammengepackt), tue in eine Verpackung: *ich habe mein Reisegepäck schon zusammengepackt;* aber: *wir könnten unsere Koffer heute zusammen packen,* gemeinsam.

zusammenpassen, sie passen zusammen (haben zusammengepaßt), **1)** sind aufeinander abgestimmt: *die Möbel passen in Stil und Farbe gut zusammen.* **2)** sind einander im Wesen, in der Richtung ihrer Interessen ähnlich: *die jungen Leute passen ausgezeichnet zusammen.*

zusammenpferchen, ich pferche es zusammen (habe zusammengepfercht), **1)** sperre in einen Pferch (Vieh). **2)** Ü dränge dicht zusammen: *sie standen eng zusammengepfercht im überfüllten Abteil.*

zusammenphantasieren, ich phantasiere es *(mir)* zusammen (habe zusammenphantasiert): *dieser Träumer hat sich wieder eine tolle Geschichte zusammenphantasiert.*

Zusammenprall *der.* **zusammenprallen,** ich pralle mit *ihm* zusammen (bin zusammengeprallt), stoße zusammen.

zusammenpressen, ich presse es zusammen (habe zusammengepreßt), drücke fest auf-, aneinander.

zusammenraffen, ich raffe zusammen (habe zusammengerafft), **1)** *es,* sammle, reiße an mich: *er hat im Laufe der Jahre ein Vermögen zusammengerafft.* **2)** *mich,* Ü reiße mich zusammen, beherrsche mich.

zusammenrammeln, ich ramm(e)le *mit ihm* zusammen (bin zusammengerammelt), *mitteldt.:* stoße zusammen.

zusammenrappeln, ich rapp(e)le *mich* zusammen (habe mich zusammengerappelt), Ü raffe mich auf.

zusammenraufen, sie raufen sich zusammen (haben sich zusammengerauft), Ü gewöhnen sich aneinander, stimmen sich nach anfänglichen Schwierigkeiten aufeinander ab.

zusammenrechnen, ich rechne es zusammen (habe zusammengerechnet), addiere, zähle zusammen; aber: *wir wollen jetzt zusammen rechnen,* miteinander.

zusammenreimen, ich reime es *mir* zusammen (habe zusammengereimt), Ü versuche mir die Zusammenhänge zu erklären: *wie reimt sich das zusammen?*

zusammenreißen, ich reiße *mich* zusammen (riß mich zusammen, habe mich zusammengerissen), Ü nehme mich zusammen, beherrsche mich: *nun reiß dich endlich zusammen!*

zusammenrollen, ich rolle es zusammen (habe zusammengerollt), wickle zu einer Rolle: *zusammengerollte Kunstblätter.*

---

1) Verb + Verb

Zusammenschreibung, wenn beide Verben als Einheit aufgefaßt werden: *k'ennenlernen, spaz'ierengehen,* häufiger noch, wenn ein neuer Begriff entsteht: *du darfst dich nicht so g'ehenlassen,* Ü nachlässig sein; *man hat den Festgenommenen wieder l'aufenlassen,* Ü freigelassen. In diesen Fällen wird allein der erste Teil der Zusammensetzung stark betont.

Getrenntschreibung, wenn beide Verben in ihrer ursprünglichen Bedeutung gebraucht werden: *du solltest ihn jetzt g'ehen l'assen; du kannst das Badewasser noch l'aufen l'assen.* Die Betonung ist hier auf beide Wörter gleichmäßig verteilt.

2) Adjektiv oder Adverb + Verb

Zusammenschreibung, wenn ein neuer Begriff entsteht: *das wird nicht g'utgehen,* Ü gelingen; *wir sind noch glimpflich dav'ongekommen,* Ü haben keinen großen Schaden erlitten. In diesen Fällen wird allein der erste Teil der Zusammensetzung stark betont.

Getrenntschreibung, wenn die ursprüngliche Bedeutung beider Bestandteile erhalten ist: *in diesen Schuhen kann ich nicht g'ut g'ehen; das kann doch nicht d'avon gek'ommen sein!* Die Betonung ist hier auf beide Wörter gleichmäßig verteilt.

3) Substantiv + Verb

Zusammenschreibung, wenn die Tätigkeit betont ist, **Getrenntschreibung,** wenn beide Wörter gleiches Gewicht haben. Beides ist jedoch oft nicht klar zu unterscheiden: *k'opfstehen* (ich stehe kopf), *masch'ineschreiben* (ich schreibe Maschine), *r'adfahren* (ich fahre Rad); aber: *'Auto f'ahren, B'all sp'ielen, R'ollschuh l'aufen;* nebeneinander: *d'anksagen* und *D'ank s'agen.*

4) Präposition + Substantiv

Zusammenschreibung, wenn eine neue Präposition oder ein neues Adverb entsteht: *außerstande, infolge.*

Getrenntschreibung, wenn beide Wörter ihre ursprüngliche Bedeutung behalten haben: *in Frage (kommen), zu Händen.*
Auch hier kann man oft nicht scharf trennen, so stehen z. B. nebeneinander: *anstelle* und *an Stelle, anhand* und *an Hand.*

5) Adjektivische Zusammensetzungen

Zusammenschreibung, wenn das zusammengesetzte Wort insgesamt adjektivisch gebraucht wird, bes. in attributiver Stellung, wobei allein der erste Teil der Zusammensetzung stark betont wird: *schw'ererziehbare Kinder, l'eichtverletzte Passagiere.*

Getrenntschreibung, wenn beide Wörter eigenes Gewicht haben, bes. in prädikativer Stellung: *dieses Kind ist schw'er erz'iehbar; einige Passagiere wurden nur l'eicht verl'etzt.*
Die Trennung ist nicht immer eindeutig, es stehen z. B. nebeneinander: *das obenerwähnte Ergebnis* und *das oben erwähnte Ergebnis; der reichgedeckte Tisch* und *der reich gedeckte Tisch.* Jedoch schreibt man immer getrennt, wenn ein Teil der Zusammensetzung näher bestimmt ist: *das weiter oben erwähnte Ergebnis; der von der Hausfrau reich gedeckte Tisch.*

6) Bindestrich

verwendet man nur in Ausnahmefällen:
bei Zusammensetzungen, die sehr umfangreich oder nur aneinandergereiht und deshalb unübersichtlich sind: *Betriebsunfall-Versicherungsschutz, Rhein-Main-Halle;*
bei Straßennamen mit mehrteiligen Personennamen: *Friedrich-Schiller-Straße;*
bei Zusammensetzungen mit einzelnen Ziffern, Buchstaben oder Abkürzungen: *g-Moll-Sinfonie, I-Punkt, 50-Pfennig-Briefmarke, 5-kg-Packung, Vitamin-B-Komplex, Tbc-krank, UHF-Sender;*
bei Zusammensetzungen, deren erster Bestandteil üblicherweise nicht mit anderen Wörtern zusammengesetzt wird: *der Ach-Laut, der daß-Satz;*
beim Zusammentreffen von drei gleichen Vokalen, jedoch nur in Substantiven: *Tee-Ernte, Kaffee-Ersatz, See-Erprobung,* aber: *seeerprobt;*
bei abgekürzten Zusammensetzungen: *Stud.-Ass.* (Studienassessor), *Reg.-Rat* (Regierungsrat);
bei zusammengesetzten Adjektiven, wenn beide Bestandteile ihre Bedeutung erhalten haben und außerdem gleichmäßig stark betont werden: *d'eutsch-amerik'anische Beziehungen,* Beziehungen zwischen Deutschland und Amerika, aber: *ein d'eutschamerikanischer Schriftsteller,* ein amerikanischer Schriftsteller deutscher Abstammung.

---

zusammenrotten, *wir rotten uns zusammen* (haben uns zusammengerottet). **Zusammenrottung** *die, -/-en,* ⚅ der auf die Begehung von Gewalttätigkeiten ausgerichtete Zusammenschluß mehrerer Personen.

zusammenrücken, 1) *ich rücke es zusammen* (habe zusammengerückt), rücke nahe zueinander: *sie rückten die Tische zusammen.* **2)** *wir rücken zusammen* (sind zusammengerückt), rücken näher aneinander: *wir rücken noch ein wenig zusammen, damit du dich zu uns setzen kannst.*

Zusammenschau *die, -,* Zusammenfassung, Überblick.

zusammenschießen, *ich schieße zusammen* (schoß zusammen, habe zusammengeschossen), **1)** *ihn, es,* töte durch Schießen, vernichte. **2)** *sie haben das erforderliche Geld zusammengeschossen,* Ü gemeinsam dazu beigesteuert.

zusammenschlagen, *ich schlage zusammen* (schlug zusammen, habe zusammengeschlagen), **1)** *es,* schlage gegen-, aneinander: *der Soldat schlug die Hacken zusammen,* stand stramm; *er schlug die Hände (vor Erstaunen, Entsetzen) über dem Kopf zusammen,* Ü. **2)** *es, ihn,* zerschlage, schlage nieder: *er schlug seinen Gegner zusammen.* **3)** *es schlägt über ihm zusammen* (ist zusammengeschlagen), stürzt, geht darüber hinweg: *die Wellen schlugen über uns zusammen; das Unheil schlug über ihm zusammen,* Ü drohte, ihn zugrunde zu richten.

zusammenschließen, *wir schließen uns zusammen* (haben uns zusammengeschlossen), vereinigen uns zur Wahrung gemeinsamer Interessen. **Zusammenschluß** der.

zusammenschmelzen, 1) *ich schmelze es zusammen* (habe zusammengeschmolzen), verschmelze, verschweiße, legiere Metalle. **2)** *es schmilzt zusammen* (ist zusammengeschmolzen), Ü nimmt ab, wird (durch Schmelzen) weniger: *sein Vorrat ist rasch zusammengeschmolzen,* Ü.

zusammenschnüren, *ich schnüre es zusammen* (habe zusammengeschnürt), binde mit Schnüren zusammen: *sie hat ihre Habseligkeiten zu einem Bündel zusammengeschnürt; die Angst schnürte ihr die Kehle zusammen,* Ü.

zusammenschnurren, *es schnurrt zusammen* (ist zusammengeschnurrt), Ü schrumpft.

zusammenschrauben, *ich schraube es zusammen* (habe zusammengeschraubt), verbinde durch Schrauben.

zusammenschrecken, *ich schrecke zusammen* (schreckte oder schrak zusammen, bin zusammengeschreckt oder zusammengeschrocken), zucke vor Schreck zusammen.

zusammenschreiben, *ich schreibe zusammen* (habe zusammengeschrieben), **1)** schreibe in einem Wort: *das Wort ›zusammenschreiben‹ wird zusammengeschrieben.* **2)** entnehme verschiedenen Büchern und schreibe neu: *sein Referat ist aus mehreren Werken zusammengeschrieben.* **3)** Ü schreibe ohne klare Gedankenführung: *wie kann ein vernünftiger Mensch solch einen Schwachsinn zusammenschreiben?* **4)** Ü erwerbe durch Schreiben: *mit seinen Büchern hat er sich ein Vermögen zusammengeschrieben;* aber: *ein Autorenteam hat dieses Buch zusammen geschrieben,* gemeinsam. **Zusammenschreibung** *die,* Schreibung in einem Wort, ÜBERS. Z 12.

zusammenschrumpfen, *es schrumpft zusammen* (ist zusammengeschrumpft), schrumpft.

zusammenschustern, *ich schust(e)re es zusammen* (habe zusammengeschustert), Ü stelle eilig und schlecht zusammen: *er hat seinen Vortrag in zwei Tagen zusammengeschustert.*

zusammenschweißen, *ich schweiße es zusammen* (habe zusammengeschweißt), verbinde durch Schweißen.

Zusammensein *das: ein geselliges Z.*

zusammensetzen, *ich setze zusammen* (habe zusammengesetzt), **1)** *es, ihn,* setze an eine Stelle: *der Lehrer hat die beiden Schüler zusammengesetzt.* **2)** *mich mit ihm,* Ü halte eine

Zusammenziehung

Die **Präpositionen** *an, bei, in, von, zu* verschmelzen mit dem **unbetonten Artikel** *dem* zu: *am, beim im, vom, zum;* ebenso *an, auf, in* mit *das* zu: *ans, aufs, ins.*

Beispiele

unbetont	*betont*
am Eingang	an dem Eingang, den du kennst
beim rechten Eingang	bei dem Eingang dort
zum Eingang für Lieferanten	zu dem Eingang, bei dem man parken kann
ans Fenster	an das Fenster, das offensteht
aufs schönste	auf das schönste seiner Gedichte
ins Haus	in das Haus, in dem wir wohnen

In der *Umgangssprache* verschmelzen ferner häufig *für, hinter, über, unter, vor* mit *das* zu: *fürs, hinters, übers, unters, vors* mit *dem* zu: *hinterm, überm, unterm, vorm.*

Das unbetonte Pronomen *es* wird oft unter Wegfall des e mit dem **Verb** zusammengesprochen, in Schrift und Druck tritt ein Apostroph an seine Stelle: *'s ist, ist's, ich hab's, kommt's?, gib's her!*

In der poetischen Sprache werden aus Gründen des Wohlklangs auch sonst **unbetonte Vokale** fortgelassen, an deren Stelle ein Apostroph tritt: *ew'ger Friede, hätt' ich, käm' er, schön'rer Tag.*

---

zwanglose Besprechung mit ihm ab. **3)** *es,* füge zusammen, stelle aus Teilen ein Ganzes her: *er setzte das Puzzle zusammen; ein zusammengesetztes Wort,* Ⓢ Kompositum, Wort, das aus zwei oder mehreren Wörtern besteht. **4)** *es setzt sich zusammen,* besteht aus: *die Gruppe setzt sich aus fähigen Leuten zusammen.* **Zusammensetzung** *die, -/-en,* **1)** ohne Pl., das Zusammensetzen. **2)** das Zusammengesetzte, dessen Bestandteile. **3)** Ⓢ Kompositum, zusammengesetztes Wort.

zusammensitzen, *wir* sitzen zusammen (saßen zusammen, haben zusammengesessen), sitzen beieinander: *während wir gemütlich beim Kaffee zusammensaßen . . .*

zusammensparen, *ich* spare *es* zusammen (habe zusammengespart), sammle durch Sparen an.

Zusammenspiel *das,* **1)** gemeinsames Spiel mehrerer Personen. **2)** Ü Übereinstimmung: *dieses Ergebnis konnte nur durch das Z. aller Ressorts erreicht werden.* **zusammenspielen,** *wir* spielen zusammen (haben zusammengespielt), setzen uns im Spiel, im Wettkampf planvoll und aufeinander abgestimmt ein, Ⓤ machen gemeinsame Sache: *unsere Mannschaft hat hervorragend zusammengespielt; aber: wollen wir zusammen spielen?,* gemeinsam, miteinander.

zusammenstauchen, *ich* stauche *ihn* zusammen (habe zusammengestaucht), Ⓤ weise grob zurecht.

zusammenstecken, *ich* stecke *es* zusammen (habe zusammengesteckt), **1)** *es,* verbinde mit Nadeln u. a. (Stoffteile). **2)** *sie stecken die Köpfe zusammen,* Ü reden heimlich miteinander. **3)** *sie stecken ständig zusammen,* Ü sind zusammen.

zusammenstehen, *wir* stehen zusammen (haben zusammengestanden), **1)** stehen dicht beieinander: *diskutierende Gruppen standen zusammen.* **2)** Ü stehen einander bei: *sie stehen in allen Lebenslagen treu zusammen.*

zusammenstellen, *ich* stelle *es* zusammen (habe zusammengestellt), **1)** stelle an einen gemeinsamen Platz: *sie hat die Schüsseln auf dem Tisch zusammengestellt.* **2)** (nach einer Auswahl) zusammen: *können Sie mir einen hübschen Blumenstrauß zusammenstellen?* **Zusammenstellung** *die,* Fügung, Ordnung, Gruppierung.

zusammenstimmen, *sie* stimmen zusammen (haben zusammengestimmt), **1)** harmonieren (Instrumente). **2)** stimmen überein (Angaben).

zusammenstoppeln, *ich* stopp(e)le *es* zusammen (habe zusammengestoppelt), Ⓤ setze aus vielen Einzelteilen (behelfsmäßig) zusammen.

Zusammenstoß *der,* **1)** das Gegeneinanderprallen, bes. von Fahrzeugen: *Frontalzusammenstoß.* **2)** Ü Streit, Zank, Kampf: *es kam zu blutigen Zusammenstößen zwischen Polizei und Demonstranten.* **zusammenstoßen,** *sie* stoßen zusammen (stießen zusammen, sind zusammengestoßen), **1)** stoßen aneinander: *die beiden Fahrzeuge stießen frontal zusammen.* **2)** Ü streiten sich: *er ist schon mehrfach mit seinem Chef zusammengestoßen.*

zusammenstreichen, *ich* streiche *es* zusammen (habe zusammengestrichen), kürze (Texte durch Streichen).

zusammenströmen, *sie* strömen zusammen (sind zusammengeströmt), versammeln sich in großer Zahl: *zahllose Menschen waren auf dem Festplatz zusammengeströmt.*

zusammenstückeln, *ich* stück(e)le *es* zusammen (habe zusammengestückelt), setze aus kleinen Stücken zusammen.

Zusammensturz *der.* **zusammenstürzen,** *es* stürzt zusammen (ist zusammengestürzt), stürzt ein: *die Brücke ist zusammengestürzt; aber: der Eisläufer und seine Partnerin sind zusammen gestürzt,* beide gleichzeitig.

zusammensuchen, *ich* suche *es* zusammen (habe zusammengesucht), trage suchend zusammen: *ich mußte das Material zu meiner Arbeit von überallher zusammensuchen; aber: wir wollen den Ring zusammen suchen,* gemeinsam.

zusammentragen, *ich* trage *es* zusammen (trug zusammen, habe zusammengetragen), **1)** bringe herbei und sammle: *wir werten das zusammengetragene Material aus; aber: laß uns den schweren Korb zusammen tragen,* gemeinsam. **2)** ✑ bringe die bedruckten und numerierten gefalzten Bogen oder Bogenteile eines Druckwerkes in die richtige Reihenfolge.

zusammentreffen, *ich* treffe *mit ihm* zusammen (traf zusammen, bin zusammengetroffen), **1)** treffe mich mit ihm. **2)** *zwei Ereignisse trafen zusammen,* vollzogen sich zur gleichen Zeit. **Zusammentreffen** *das: durch ein Z. mehrerer Ereignisse . . .*

zusammentreten, 1) *ich* trete *es* zusammen (trat zusammen, habe zusammengetreten), zerstöre durch Tritte. **2)** *ein Personenkreis (Verein, Kabinett, Vorstand) tritt zusammen* (trat zusammen, ist zusammengetreten), versammelt sich.

zusammentrommeln, *ich* tromm(e)le *mehrere Personen* zusammen (habe zusammengetrommelt), Ⓤ gebe mir alle Mühe, sie (schnell) zu versammeln.

zusammentun *ich* tue *es* zusammen (habe zusammengetan), **1)** *es,* verbinde, vereinige: *man soll beide Flüssigkeiten nicht zusammentun.* **2)** *mich mit ihm,* arbeite zusammen, mache gemeinsame Sache mit ihm: *sie wollen sich zu einer Interessengemeinschaft zusammentun; aber: diese Arbeit können wir zusammen tun,* gemeinsam.

zusammenwachsen, *sie* wachsen zusammen (wuchsen zusammen, sind zusammengewachsen), vereinigen sich durch Wachstum: *die siamesischen Zwillinge sind am Rumpf zusammengewachsen,* miteinander verwachsen.

zusammenwirken, *sie* wirken zusammen (haben zusammengewirkt), wirken gemeinsam: *hier haben mehrere Ursachen zusammengewirkt.* **Zusammenwirkung** *die, -.*

zusammenzählen, *ich* zähle *es* zusammen (habe zusammengezählt), addiere, zähle eins zum anderen.

zusammenziehen, *ich* ziehe zusammen (habe zusammengezogen), **1)** *es,* mache enger, kürzer, schnüre ein, verbinde: *zusammenziehende Mittel,* Arzneimittel, die eine Schrumpfung des Gewebes hervorrufen, z. B. blutstillende Mittel; *er zog die Brauen zusammen; aber: wir haben den Schlitten zusammen gezogen,* gemeinsam. **2)** *Truppen,* Ü sammle, konzentriere. **3)** *es,* zähle zusammen. **4)** (bin zusammengezogen) *mit ihm,* ziehe in dieselbe Wohnung: *die beiden sind zusammengezogen.* **5)** *es zieht sich zusammen,* wird enger, kleiner, dichter: *ein Gewitter zieht sich zusammen,* Ü entsteht, bildet sich. **Zusammenziehung** *die,* **1)** Vereinigung auf kleinem Raum; Verdichtung. **2)** Ⓢ ÜBERS. Z 13.

zusammenzucken, *ich* zucke zusammen (bin zusammengezuckt), mache eine jähe Bewegung vor Schreck.

zusamt *ihm,* ✶ mit ihm, ihn einbegriffen.

Zusatz [mhd. zuosaz, zu zusetzen] *der,* etwas Hinzukommendes, Anfügung, Einschub, Ergänzung, Nachtrag: *in meinem Brief muß ich noch einen Z.* anbringen; *Zusatzabkommen; Zusatzbestimmung; Zusatzgerät; Zusatzmittel; Zusatzversicherung; Zusatzzahl* (beim Lotto); chemische Stoffe, die einem Stoff besondere Eigenschaften verleihen, z. B. Frostschutzmittel, Dichtungsmittel. **zusätzlich,** *zusätzliche Maßnahmen; z. wäre zu vereinbaren, daß . . .*

zuschanden, *es soll z.* gemacht werden, zunichte gemacht, zugrunde gerichtet, zerstört werden; *unsere Pläne wurden z. gemacht,* vereitelt; *er hat das Auto schon z. gefahren.*

zuschanzen [mhd. schanzen ›Glücksspiel treiben‹, ›gewinnen‹, ›durch Glück zufallen‹], *ich* schanze *es ihm zu* (habe zugeschanzt), ∪ verhelfe ihm dazu.

zuschauen, *ich* schaue zu (habe zugeschaut), **1)** *(ihm),* sehe zu: *er hat mir bei der Arbeit zugeschaut; er hat nicht mitgespielt, sondern nur zugeschaut.* **2)** *U* warte ab: *wir wollen zuschauen, ob unsere Befürchtungen sich bewahrheiten.* **Zuschauer** *der,* **1)** jemand, der einen Vorgang mit ansieht. **2)** Besucher einer Veranstaltung: *Zuschauerkulisse; Zuschauerraum; Zuschauerrang; Zuschauertribüne.*

zuschaufeln, *ich* schauf(e)le *es zu* (habe zugeschaufelt), schütte durch Schaufeln zu.

zuschicken, *ich* schicke *es ihm zu* (habe zugeschickt), übersende.

zuschieben, *ich* schiebe *es zu* (habe zugeschoben), **1)** schließe durch Schieben (Schublade). **2)** *ihm,* schiebe zu ihm hin: *er schob mir die Akten zu; er hat uns den Auftrag zugeschoben,* Ü (auf nicht ganz legalem Weg) dafür gesorgt, daß wir ihn erhalten. **3)** *ihm,* Ü mache ihn verantwortlich: *er wollte mir die Schuld zuschieben.*

zuschießen, *ich* schieße zu (schoß zu, habe zugeschossen), **1)** *ihm den Ball,* schieße ihn in Richtung auf ihn hin. **2)** *es,* U gebe Geld dazu: *die Eltern mußten zu seinem Lebensunterhalt einiges (Geld) zuschießen.* **3)** (bin zugeschossen) *auf ihn, auf etwas,* U stürze auf ihn, darauf zu, eile hin: *er ist, kam auf mich zugeschossen.*

Zuschlag *der,* **1)** zusätzlich zu zahlender Betrag: *Z. für Schnellzüge; Zuschlagkarte.* **2)** Preiserhöhung: *ein Z. von fünf Prozent.* **3)** die Annahme des Höchstgebotes bei Versteigerungen (durch den Schlag mit dem Hammer): *der Z. erfolgte an Herrn X.* **4)** Erteilung eines Lieferungsauftrags. **5)** Zuschlagstoff, die Art des Mörtels und Betons bestimmt, z. B. Sand, Splitt, Kies. **6)** Zusatzmittel bei der Metallverhüttung. **zuschlagen,** *ich* schlage zu (schlug zu, habe zugeschlagen), **1)** gebe einen heftigen Schlag: *er hat kräftig zugeschlagen.* **2)** *es,* schließe geräuschvoll (Fenster, Tür): *er schlägt die Autotür zu.* **3)** *es,* vernagele (Kiste). **4)** *es,* zähle dazu, z. B. Zinsen zu einem Kapital. **5)** *es ihm,* Versteigerung: spreche dem Meistbietenden zu. **6)** *es schlägt zu* (ist zugeschlagen), schließt sich plötzlich (durch Zuschlagen): *der Fensterladen schlug durch einen heftigen Windstoß zu.* **7)** *die Herzen der Zuhörer schlugen dem Künstler zu,* Ü alle waren für ihn eingenommen, von ihm begeistert. **zuschlagfrei,** ohne Zuschlag. **zuschlagpflichtig.**

zuschließen, *ich* schließe *es zu* (schloß zu, habe zugeschlossen), sperre zu, mache zu und schließe ab.

zuschmieren, *ich* schmiere *es zu* (habe zugeschmiert), bedecke, verschließe mit plastischer Masse.

zuschnallen, *ich* schnalle *es zu* (habe zugeschnallt), schließe mit Schnallen.

zuschnappen, 1) *es schnappt zu* (ist zugeschnappt), schließt sich: *die Tür ist zugeschnappt.* **2)** *der Hund schnappt zu* (hat zugeschnappt), faßt mit dem Maul nach etwas, beißt plötzlich.

zuschneiden, *ich* schneide *es zu* (habe zugeschnitten), schneide nach bestimmten Maßen in bestimmte Formen (Stoff): *ich habe das Kleid schon zugeschnitten; dieser Unterrichtsstoff ist auf die Prüfung zugeschnitten,* Ü ausgerichtet. **Zuschneider(in)** *der,* die, jemand, der die Schnitte herstellt und Stoff zuschneidet.

zuschneien, *es* schneit zu (ist zugeschneit), bedeckt sich völlig mit Schnee: *die Paßstraße ist zugeschneit.*

Zuschnitt *der,* **1)** Schnitt eines Kleidungsstückes. **2)** Ü Gestaltung, Aufbau: *der Z. seines Lebens; eine Person dieses Zuschnitts,* Ü von dieser Art, diesem Format.

zuschnüren, *ich* schnüre *es zu* (habe zugeschnürt), **1)** binde (mit einer Schnur) zu: *die Angst schnürte ihr die Kehle zu,* Ü.

zuschrauben, *ich* schraube *es zu* (habe zugeschraubt), schließe mit Schraubverschluß.

zuschreiben, *ich* schreibe *es zu* (habe zugeschrieben), **1)** schreibe hinzu. **2)** *ihm,* Ü halte ihn, es für den Urheber, die Ursache: *das Werk wurde früher einem anderen Künstler zugeschrieben; das ist seiner Unerfahrenheit zuzuschreiben; das hat er sich selbst zuzuschreiben,* U ist seine eigene Schuld. **3)** *ihm,* übertrage in seinen Besitz. **Zuschreibung** *die,* **1)** Kunstgeschichte: Bestimmung des Autors eines Kunstwerks, das nicht als authent. Arbeit eines Künstlers ausgewiesen ist. **2)** Betriebswirtschaftslehre: Erhöhung des Buchwerts von Gegenständen des Anlagevermögens. **3)** Zusammenlegung selbständiger Grundstücke. **Zuschrift** *die,* Brief, schriftliche Mitteilung: *Leserzuschrift; auf ihre Anzeige erhielt sie zahlreiche Zuschriften.*

zuschulden, *ich* lasse mir etwas *z.* kommen, begehe ein Unrecht.

Zuschuß *der,* **1)** Beitrag, zusätzl. Zahlung: *Reisekostenzuschuß; der Arbeitgeber gewährte ihm einen Z.* **2)** ⌖ eine über die bestellte Auflage hinausgehende Anzahl von Druckbogen. **Zuschußbetrieb** *der,* Betrieb, der ohne Zuschüsse nicht bestehen kann.

zuschustern, *ich* schust(e)re *es ihm zu* (habe zugeschustert), U lasse ihm (heimlich) zukommen.

zuschütten, *ich* schütte *es zu* (habe zugeschüttet), **1)** gieße hinzu. **2)** fülle und bedecke mit Erde.

zusehen, *ich* sehe zu (sah zu, habe zugesehen), **1)** betrachte (ohne mich zu beteiligen): *bei dem Betrügereien kann ich nicht mehr lange zusehen,* Ü werde ich bald einschreiten. **2)** *ihm,* betrachte ihn bei seinem Tun: *er läßt sich nicht gern bei der Arbeit zusehen.* **3)** bemühe mich; versuche: *ich will mal z., ob ich dir helfen kann.* **zusehends,** merklich schnell, sichtlich: *sein Zustand verbesserte sich z.*

zusein, *es* ist zu (war zu, ist zugewesen), U geschlossen: *sollten die Geschäfte schon zusein?*

zu seiten, an der Seite: *zu s. des Altars;* aber: *zu beiden Seiten.*

zusenden, *ich* sende *es ihm zu* (sandte zu, habe zugesandt), selten: sendete zu, habe zugesendet), sende, schicke zu. **Zusendung** *die,* ich bitte um Z. einiger Prospekte.

zusetzen, *ich* setze zu (habe zugesetzt), **1)** stelle, setze davor. **2)** *es,* füge hinzu: *er setzte der Bowle noch etwas Wein zu.* **3)** *(es),* U zahle drauf; verliere. **4)** sie hat nichts zuzusetzen, U keine körperl. Reserven. **5)** *ihm,* U bedränge ihn: *er setzte mir so lange zu, bis ich nachgab; die Anstrengungen haben ihr sehr zugesetzt,* ihre Gesundheit angegriffen.

zusichern, *ich* sich(e)re *es ihm zu* (habe zugesichert), verspreche: *äußerste Diskretion wird zugesichert.* **Zusicherung** *die,* Versprechen.

Zuspätkommende *der, die, -n/-n,* ein -r, eine -: *Z. finden erst nach der Pause Einlaß.*

zusperren, *ich* sperre *es zu* (habe zugesperrt), schließe zu.

Zuspiel *das,* das Weiterleiten des Balles u. ä. an einen anderen Spieler, Paß. **zuspielen,** *ich* spiele *es ihm zu* (habe zugespielt), **1)** ⚽ gebe den Ball an ihn weiter. **2)** Ü spiele in die Hände, sorge, daß er es (wie zufällig) bekommt: *man hat seine Äußerungen über das Projekt der Presse zugespielt.*

zuspitzen, *ich* spitze zu (habe zugespitzt), **1)** *es,* versehe mit einer Spitze. **2)** *es spitzt sich zu,* Ü verschärft sich, verändert sich zum Schlechten: *die allgemeine Lage spitzt sich bedrohlich zu.* **Zuspitzung** *die,* -.

Zusprache *die,* -, gütiges Zureden, Tröstung. **zusprechen,** *ich* spreche *ihm zu* (sprach zu, habe zugesprochen), **1)** rede (unterstützend) auf ihn ein: *ich sprach ihm Trost zu; sie spricht ihm gut zu.* **2)** Ü nehme es zu mir: *er hat dem Essen (Trinken) kräftig zugesprochen.* **3)** *es,* teile zu: *die Kinder wurden bei der Scheidung der Mutter zugesprochen.* **Zusprechung** *die,* -, das Zuerteilen eines Rechtes, von Eigentum.

zuspringen, *ich* springe zu (sprang zu, bin zugesprungen), **1)** *auf ihn, auf etwas,* springe hinzu, nähere mich ungestüm: *das Kind sprang auf den Großvater zu.* **2)** *es springt zu,* schließt sich rasch: *die Mausefalle ist zugesprungen.*

Zuspruch *der, -(e)s,* **1)** freundliches, tröstendes Zureden: *geistlicher Z.* **2)** Besuch, Andrang; Beliebtheit, Anklang: *das neue Theaterstück findet großen Z.*

Zustand *der,* **1)** Gesamtheit bestimmter Eigenschaften, augenblickliche Verfassung, Lage; Beschaffenheit: *Zustandsbericht; Aggregatzustand; das Haus ist in gutem Z.,* gut erhalten: *sein Z. ist sehr ernst,* er ist sehr krank; *hier herrschen Zustände!,* U es sieht hier übel aus; *das sind doch keine Zustände!,* U hier

muß sich etwas ändern! 2) *ich kriege Zustände!*, U rege mich auf. **zustande,** *ich bringe es z.,* leiste, schaffe; *es kam z.,* wurde verwirklicht, gelang; *es wird nicht z. kommen.* **zuständig,** maßgebend, verantwortlich, kompetent: *die zuständige Behörde,* die in diesem Fall zu entscheiden hat; *für dieses Fachgebiet bin ich nicht z.* **Zuständigkeit** die, -, der bes. einem Beamten oder einer Behörde zustehende Geschäftsbereich: *in wessen Z. fällt das?* **zuständigkeitshalber,** *wir haben Ihre Anfrage z. an unsere Rechtsabteilung weitergeleitet,* K. **zuständlich,** die Lage (nicht die Veränderungen) berücksichtigend, in dem Zustand beharrend. **Zustandsänderung** die, Übergang eines Stoffes aus einem Aggregatzustand in einen anderen. **Zustandsdia|gramm** das, schaubildliche Darstellung des Zusammenhangs von physikalischen und chemischen Zustandsgrößen. **Zustands|gleichung** die, mathematische Darstellung von Zustandsgrößen und -funktionen. **Zustands|größe** die, die Parameter, die den physikalischen Zustand zu einem bestimmten Zeitpunkt beschreiben.
zustatten, *es wird dir z. kommen,* nützen.
zustecken, *ich stecke es zu* (habe zugesteckt), **1)** schließe durch Nadeln. **2)** *ihm,* U gebe heimlich: *im Weggehen steckte er mir eine Nachricht zu.*
zustehen, *es steht mir zu* (hat zugestanden), ist mein Anteil, mein Recht, gebührt mir: *es steht Ihnen nicht zu, ein Urteil über meine Arbeit zu fällen.*
zusteigen, *ich steige zu* (bin zugestiegen), besteige an einer Haltestelle ein Fahrzeug: *wer ist noch zugestiegen?*
Zustellbereich der, Post: z. B. Teil einer Großstadt, mehrere Gemeinden auf dem Land. **Zustellbezirk** der, Teil eines Zustellbereichs. **zustellen,** *ich stelle es zu* (habe zugestellt), **1)** verschließe, indem ich etwas davorstelle. **2)** bringe, lasse zukommen: *die Briefe wurden ihm zugestellt.* **Zustellgebühr** die, Gebühr für die Zustellung von Paketsendungen. **Zustellung** die, das Austragen und Aushändigen von Postsachen, Schriftstücken, Waren an den Empfänger: *Zustellungsurkunde.*
zusteuern, *ich steue(e)re zu* (habe zugesteuert), U **1)** steuere bei, gebe dazu: *kannst du zu unserer Unternehmung noch etwas Geld zusteuern?* **2)** *auf ihn, etwas,* nehme Kurs auf ihn, etwas, arbeite, strebe auf ein Ziel hin: *im dichtesten Gewühl steuerte er auf mich zu; er steuert auf das Abitur zu.*
zustimmen, *ich stimme ihm zu* (habe zugestimmt), gebe recht, bekräftige seine Ansicht, bin damit einverstanden. **Zustimmung** die: *er hat seine Z. gegeben,* Einwilligung.
zustopfen, *ich stopfe es zu* (habe zugestopft), verschließe eine Öffnung: *er hat das Mauseloch zugestopft.*
zustöpseln, *ich stöps(e)le es zu* (habe zugestöpselt), schließe mit einem Stöpsel.
zustoßen, *ich stoße zu* (stieß zu, habe zugestoßen), **1)** *es,* schließe mit einem Stoß (Tür). **2)** führe einen Stoß (aus). **3)** *es stößt ihm zu,* U geschieht, widerfährt: *ihm ist etwas (Schlimmes) zugestoßen.*
zustreben, *ich strebe auf ihn, etwas zu* (bin zugestrebt), suche zu erreichen, strebe danach: *ich strebe dem Ziel zu.*
Zustrom der, -(e)s, Andrang, das Herbeikommen in Scharen. **zuströmen,** *es strömt zu* (ist zugeströmt), kommt in Scharen herbei, nähert sich: *die Menge strömte der Arena zu.*
Zustupf der, -(e)s, schweiz.: Zuschuß.
zustürzen, *ich stürze auf ihn, etwas zu* (bin zugestürzt), eile ihm ungestüm entgegen: *er stürzte verzweifelt auf uns zu.*
zutage, sichtbar, Ü offenkundig: *es wird z. gebracht, gefördert; seine Unschuld trat offen z.*
Zutat die, meist Pl., (nötiges oder wünschenswertes) Beiwerk, Beigabe, Bestandteil eines Ganzen, z. B. Gewürze an Speisen, Knöpfe oder Futter zu Kleidern.
zuteil, gewährt: *es soll ihm (nicht) z. werden,* er soll es (nicht) bekommen. **zuteilen,** *ich teile es ihm zu* (habe zugeteilt), gebe ihm als Anteil, spreche zu: *die uns zugeteilte Arbeit.* **Zuteilung** die, bewilligter Anteil, Anweisung, Übergabe: *Lebensmittelzuteilung.*
zutiefst, aufs tiefste, sehr; im Innersten: *z. betrübt.*
zutragen, *ich trage zu* (trug zu, habe zugetragen), **1)** *es ihm,* trage zu ihm hin; Ü erzähle (insgeheim): *das Gerücht wurde ihm zugetragen.* **2)** *es trägt sich zu,* geschieht, ereignet sich: *das trug sich vor langer Zeit zu.* **Zuträger** der, jemand, der Gerüchte, Klatsch verbreitet. **Zuträgerei** die, -. **zuträglich,** förderlich, vorteilhaft, ratsam: *das ist deiner Gesundheit (nicht) z.* **Zuträglichkeit** die, -.
zutrauen, *ich traue es mir, ihm zu* (habe zugetraut), **1)** glaube es leisten zu können: *hast du dir nicht zuviel zugetraut?*

2) erwarte, fürchte es von ihm: *das hätte ich ihm nie zugetraut; ihm ist alles zuzutrauen!* **Zutrauen** das, -s, Vertrauen: *ich habe (kein) Z. zu ihm.* **zutraulich,** voll Vertrauen, zahm, anschmiegsam: *ein zutrauliches Kind; die Rehe im Tierpark sind ziemlich z.* **Zutraulichkeit** die, -.
zutreffen, *es trifft zu* (traf zu, hat zugetroffen), ist richtig, bestätigt sich: *diese Feststellung trifft für alle vergleichbaren Fälle zu.* **zutreffend,** was für etwas oder jemanden zutrifft: *eine zutreffende Bemerkung; Nichtzutreffendes bitte streichen* (in Fragebogen). **zutreffendenfalls,** K.
zutrinken, *ich trinke ihm zu* (trank zu, habe zugetrunken), proste zu.
Zutritt der, -(e)s, das Eindringen, ungehindertes Hereinkommen: *Z. nur mit Ausweis gestattet.*
zutschen, *ich zutsche* (habe gezutscht), *ostmitteldt.:* sauge, lutsche. **Zutscher** der, -s/-, *ostmitteldt.:* Schnuller.
zutulich, zutunlich. **Zutulichkeit** die, -, Zutunlichkeit.
zutun [ahd. zuotuon], *ich tue zu* (habe zugetan), **1)** *es,* U füge hinzu. **2)** *es,* U schließe: *ich habe die ganze Nacht kein Auge zugetan, nicht geschlafen.* **3)** *es tut sich zu,* schließt sich: *die Pforte hat sich hinter ihm zugetan.* **Zutun** das, Unterstützung, Mitwirkung: *ohne mein Z. hat er die Arbeit beendet.* **zutunlich,** zutraulich, anschmiegsam. **Zutunlichkeit** die, -.
zuungunsten *seiner,* gegen ihn, zu seinem Nachteil.
zuunterst, ganz unten.
zuverlässig, verläßlich, sicher, vertrauenswürdig: *ich weiß es aus zuverlässiger Quelle.* **Zuverlässigkeit** die, -, Verläßlichkeit; Meßgenauigkeit, Abwesenheit von Zufallsschwankungen: *Zuverlässigkeitsprüfung; Zuverlässigkeitstest.*
Zuversicht [mhd. zuoversiht] die, -, feste Hoffnung, Vertrauen in die Zukunft: *voller Z.* **zuversichtlich. Zuversichtlichkeit** die, -.
zuviel, mehr als angemessen, als zulässig: *z. des Guten; ich habe wohl z. gesagt; er weiß z. davon; sie hat sich z. zugemutet; seine dauernden Fragen sind mir allmählich z.,* U lästig; *besser z. als zuwenig; ein Zuviel ist besser als ein Zuwenig; was z. ist, ist z.,* U das geht über das erträgliche Maß hinaus; aber Getrenntschreibung, wenn ›zu‹ betont ist oder wenn ›viel‹ flektiert wird: *er weiß viel, man möchte fast sagen zu viel davon; zu viele waren daran beteiligt.*
zuvor, vorher, als erstes: *ein Wort der Mahnung z.;* Getrenntschreibung in Verbindung mit Verben in ursprünglicher Bedeutung: *das will ich z. tun,* vorher; *er ist z. gekommen,* als erster, vor einem anderen; aber Zusammenschreibung, wenn ein neuer Begriff entsteht, vgl. zuvorkommen, zuvortun. **zuvörderst,** ganz vorn. **zuvörderst,** zuerst.
zuvorkommen, *ich komme ihm zuvor* (kam zuvor, bin zuvorgekommen), handle früher: *er wird mir zuvorkommen; er wollte der Gefahr zuvorkommen,* sie abwenden; vgl. aber: zuvor. **zuvorkommend,** freundlich, liebenswürdig, hilfsbereit: *ich wurde z. behandelt.* **Zuvorkommenheit** die, -.
zuvortun, *ich tue es ihm zuvor* (habe zuvorgetan), übertreffe ihn: *sie tut es ihm an Eifer zuvor;* vgl. aber: zuvor.
Zuwachs [-ks] der, -es, Vergrößerung, Zunahme, Vermehrung, Erhöhung: *wir haben Sohn den Mantel auf Z. gekauft,* U zu groß, im Hinblick auf künftiges Wachstum; *Zuwachsrate,* Verhältnis, in dem sich ein Wert vermehrt; *Familienzuwachs,* U Baby; *Vermögenszuwachs.* **zuwachsen,** *es wächst zu* (wuchs zu, ist zugewachsen), **1)** ist von Pflanzen verdeckt, bedeckt: *unser Haus ist vom Efeu ganz zugewachsen.* **2)** Ü wird größer: *es ist noch mehr Vermögen zugewachsen.*
Zuwand(e)rer der, Einwanderer. **zuwandern,** *ich wand(e)re zu* (bin zugewandert); *er ist vor kurzer Zeit zugewandert.* **Zuwanderung** die, Einwanderung.
zuwege, fertig, zustande, imstande: *er wird es z. bringen; er soll gut (schlecht) z. sein,* U gesund, rüstig (leidend, krank) sein.
zuwehen, *es weht zu* (ist zugeweht), wird durch Verwehung (mit Schnee, Sand u. a.) bedeckt.
zuweilen, manchmal, ab und zu.
zuweisen, *ich weise es ihm zu* (habe zugewiesen), teile zu, gebe ihm als sein Teil, beauftrage ihn damit: *die ihm zugewiesene Arbeit.* **Zuweisung** die.
zuwenden, *ich wende zu* (habe zugewandt oder zugewendet), **1)** *es ihm,* lasse zukommen (finanzielle Mittel). **2)** *es, mich ihm,* wende (mich) in Richtung auf ihn, etwas: *sie wandte ihm den Kopf zu.* **3)** *mich ihm,* beschäftige mich mit ihm, etwas: *sie hat sich der bildenden Kunst zugewandt (zugewendet).* **Zuwendung** die, **1)** Vermögensvorteil, den man einem anderen zukommen läßt: *dank großzügiger Zuwendungen.* **2)** seelische Unterstützung, liebevolle Fürsorge: *das Kind braucht viel Z.*

---

zuwenig, weniger als angemessen, als zulässig: *das ist (viel) z.; ein Zuviel ist besser als ein Zuwenig; er weiß z. davon,* aber: *er weiß wenig, man möchte fast sagen zu wenig davon;* vgl. zuviel.

zuwerfen, *ich werfe es zu* (warf zu, habe zugeworfen), **1)** schließe heftig: *der Wind warf die Tür zu.* **2)** *ihm,* werfe zu ihm hin: *er hat mir den Ball zugeworfen; er wirft ihr verliebte Blicke zu,* Ü. **3)** bedecke, fülle (mit Erde), z. B. eine Grube.

zuwider, 1) ungünstig: *das Glück war ihm z.* **2)** widerwärtig, unangenehm: *das ist mir z., wird mir schnell z. sein, werden,* vgl. aber: zuwiderhandeln, zuwiderlaufen. **3)** zuwiderstreitend, widersprechend: *dem Befehl z.* **zuwiderhandeln,** *ich hand(e)le ihm zuwider* (habe zuwidergehandelt), verstoße dagegen, befolge es nicht: *er hat der Anordnung zuwidergehandelt.* **Zuwiderhandelnde** *der, die, -n/-n, ein -r, eine –.* **Zuwiderhandlung** *die,* K Verstoß: *jede Z. wird bestraft.* **zuwiderlaufen,** *es läuft ihm zuwider* (lief zuwider, ist zuwidergelaufen), stellt sich dagegen, wirkt ihm entgegen: *das scheint seinen Plänen zuwiderzulaufen.*

zuwinken, *ich winke ihm zu* (habe zugewinkt), grüße ihn durch Winken.

zuzahlen, *ich zahle es zu* (habe zugezahlt), Ü zahle zusätzlich. **zuzählen,** *ich zähle zu* (habe zugezählt), zähle hinzu. **Zuzahlung** *die.* **Zuzählung** *die.*

zuzeiten, manchmal, bisweilen: *z. gefällt es mir in dieser Stadt ganz gut;* aber: *zu Zeiten der ersten Studentenunruhen.*

Zuzel *der, -s/-, bair., österr.:* Schnuller. **zuzeln,** *ich* zuz(e)le (habe gezuzelt), *bair., österr.:* sauge, lutsche.

zuziehen, *ich ziehe zu* (habe zugezogen), **1)** *es,* schließe, ziehe fest zusammen (Vorhänge, Schlinge). **2)** *es mir,* Ü bekomme (durch meine Schuld): *er hat sich eine Erkältung zugezogen.* **3)** *ihn,* ziehe heran, hinzu: *ich habe einen Internisten zugezogen.* **4)** (bin zugezogen), lasse mich an einem neuen Wohnort nieder: *wir sind erst kürzlich zugezogen.* **Zuzug** *der,* **1)** das Hinzukommen neuer Einwohner (in eine Gemeinde): *Zuzugsgenehmigung.* **2)** *ohne Pl.,* Verstärkung. **Zuzügler** *der, -s/-,* jemand, der zugezogen ist. **zuzüglich** *dessen,* K unter Hinzurechnung von: *z. der Zinsen.*

zuzwinkern, *ich zwink(e)re ihm zu* (habe zugezwinkert), sehe ihn zwinkernd an, gebe verstohlene Winke unter fast geschlossenen Lidern.

Zvieri [›zu vier (Uhr)‹] *der* oder *das, -s/-, schweiz.:* Nachmittagsimbiß.

zwacken [mhd. zwacken, verwandt mit zwicken], *ich* zwacke (habe gezwackt) *ihn, es,* zerre, zupfe; Ü quäle.

zwang, von zwingen. **Zwang** [ahd. gedwang, mhd. twanc] *der, -(e)s/⁔e,* **1)** unabweisl. Notwendigkeit: *der Z. der Naturgesetze.* **2)** gebieterische Forderung: *Impfzwang; kollektive Zwänge.* 🜲 seel. Vorgang, der sich zwingend aufdrängt und trotz Einsicht in seine objektive Unsinnigkeit nicht unterdrückt werden kann: *Zwangsneurosen.* 🗡 Gewalt, Drohung: *der Angeklagte handelte unter Z.; man übte Z. auf ihn aus.* **5)** Ü äußerste Beherrschung: *ich mußte mir Z. antun, um nicht grob zu werden.* **6)** 🦌 Fährte des Hirsches. **7)** 🦌 Bezirk, Bannkreis. **8)** 🐝 Innung. **zwängen** [ahd. dwengen], *ich* zwänge (habe gezwängt), **1)** *ihn, mich,* presse, drücke, quetsche: *er zwängte sich durch die Menge,* drängte sich; *sie hat sich in eine viel zu enge Hose gezwängt.* **2)** *es, ihn, schweiz.:* dränge, beschleunige, suche durchzudrücken. **3)** *der Hirsch zwängt,* 🦌 drückt beim Ziehen die Schalen seitlich zusammen und die Schalenspitzen gegen die Ballen hin. **zwanghaft,** *zwanghafte Handlungen.* **Zwängkopf** *der, schweiz.:* Hitzkopf, Eigensinn. **Zwanglauf** *der,* ⚙ in Getrieben ein Beweglichkeitszustand, der die Einleitung nur einer einzigen Bewegung erlaubt. **zwangläufig,** *ein zwangläufiges Getriebe;* vgl. aber: zwangsläufig. **zwanglos,** ungezwungen, ohne Förmlichkeit. **Zwanglosigkeit** *die, -.* **Zwangsarbeit** *die,* **1)** schwere Freiheitsstrafe. **2)** Verpflichtung zur Arbeit während des Vollzugs einer Freiheitsstrafe. **Zwangsernährung** *die,* künstl. Ernährung gegen den Willen des Betroffenen. **Zwangsjacke** *die,* Segeltuchjacke mit sehr langen Ärmeln ohne Öffnung (früher bei Tobsüchtigen verwendet); Sinnbild für Zwang und Unterdrückung. **Zwangslage** *die,* Notlage. **zwangsläufig, 1)** vom Zwang der Umstände gemäß, unabsichtlich, unabwendbar: *bei dieser Planung mußte es z. zu Terminschwierigkeiten kommen.* **2)** ⚙ zwangläufig. **Zwangsläufigkeit** *die, -.* **zwangsmäßig.** **Zwangsmaßnahme** *die,* erzwungene Maßnahme. **Zwangsneurotiker** *der,* seelisch Kranker mit Zwangserscheinungen. **Zwangssparen** *das,* der unfreiwillige Konsumverzicht. **Zwangsumtausch** *der,* Mindestumtausch, Betrag, den westl. Besucher der Dt. Dem. Rep.

mindestens in Mark der Dt. Dem. Rep. umtauschen müssen. **Zwangsvergleich** *der,* Vergleich im Konkursverfahren. **Zwangsversicherung** *die,* Pflichtversicherung. **Zwangsversteigerung** *die,* Form der Zwangsvollstreckung in Grundstücke, die auf Veräußerung gerichtet ist. **Zwangsverwaltung** *die,* Form der Zwangsvollstreckung in Grundstücke, die nicht auf Veräußerung gerichtet ist. **Zwangsvollstreckung** *die,* zwangsweise Realisierung von privatrechtl. Ansprüchen durch staatl. Organe. **zwangsweise,** erzwungen. **Zwangswirtschaft** *die,* die Beschränkung der Wirtschaftsfreiheit, bes. der freien Konsumwahl.

zwanzig (20) [ahd. zweinzug], ÜBERS. Z 1; vgl. achtzig. **zwanziger,** *in den z. Jahren,* zwischen 1920 und 1930. **Zwanziger** *der, -s/-,* **1)** Mann zwischen zwanzig und dreißig Jahren. **2)** *nur Pl.,* Lebensjahre zwischen zwanzig und dreißig: *er ist in den Zwanzigern.* **3)** *die goldenen Z.,* U die zwanziger Jahre dieses Jahrhunderts. **Zwanzigerin** *die, -/-nen,* Frau zwischen zwanzig und dreißig Jahren. **zwanzigjährig,** 20 Jahre alt. **Zwanzigmarkschein** *der,* 20-Mark-Schein, Banknote im Wert von 20 Mark.

zwar [mhd. ze ware, urspr. ›fürwahr‹], **1)** *z . . ., aber . . .,* wohl, dennoch: *er ist z. jung, aber doch erfahren.* **2)** *und z.,* Abk.: *u. zw.,* um es genauer zu sagen, nämlich: *der Regel gibt es Ausnahmen, und z. folgende.*

Zweck [ahd. zwec ›(Holz)nagel‹, später ›Ziel‹] *der, -(e)s/-e,* **1)** Ziel, Sinn eines Tuns oder Vorgangs: *wir brauchen den Raum für diesen Z.; das Mittel zum Z.; zu welchem Z.?, wozu?; das hat keinen Z.,* führt zu nichts; *er hat die Summe für einen guten Z. gestiftet; das erfüllt seinen Z. voll und ganz; Zweckpropaganda; Verwendungszweck.* **2)** 🐝 Zielpunkt (in der Zielscheibe). **Zweckbau** *der, -(e)s/-ten,* Bauwerk, dessen Zweck Vorrang vor architekton. Gestaltung hat. **zweckdienlich,** für einen bestimmten Zweck geeignet. **Zweckdienlichkeit** *die, -.* **Zwecke** *die, -/-n,* kurzer, breitköpfiger Nagel, Schuhnagel, Reißnagel: *Reißzwecke,* Abk. N 1. **zwecken,** *ich* zwecke (habe gezweckt), 🐝 befestige mit Zwecken, hefte an. **zweckentfremdet,** für einen anderen Zweck als ursprünglich vorgesehen: *die Spendengelder wurden z. verwendet; wir protestieren gegen eine zweckentfremdete Verwendung.* **Zweckentfremdung** *die,* zweckentsprechend, dem vorgesehenen Zweck gemäß, ihn erfüllend. **zweckfrei. zweckgebunden,** an einen bestimmten Verwendungszweck gebunden: *zweckgebundene Mittel.* **zweckgemäß,** zweckentsprechend. **zwecklos,** ohne Zweck, überflüssig, nutzlos: *seine Bemühungen waren z.* **Zwecklosigkeit** *die, -.* **zweckmäßig,** ratsam, geeignet für einen bestimmten Zweck: *eine zweckmäßige Ausstattung; das halte ich nicht für z.* **zweckmäßigerweise. Zweckmäßigkeit** *die,* zwecks, ZweckmVZweckvon. **Zweckverband** *der,* Zusammenschluß von Gemeinden und Gemeindeverbänden zur gemeinsamen Erfüllung bestimmter Aufgaben. **zweckvoll. zweckwidrig.**

zween, 🐝 männl. Form von zwei.

zweg, *alem.:* zuwege; passend, gesund.

Zwehle [mhd. twehele] *die, -/-n, westmitteldt.:* Handtuch, Leintuch.

zwei (2) [ahd. zwene], ÜBERS. Z 1; vgl. acht: *die Verschmelzung zweier Elemente; wir sind zu zweien oder zu zweit; der Briefwechsel zweier großer Dichter,* selten: ›zweier großen Dichter; das ist die Meinung von uns zweien; dazu gehören z., U es ist nur möglich, wenn beide einverstanden sind, beide mitmachen; vgl. Acht.* **Zweiachser** *der, -s/-,* Fahrzeug mit zwei Achsen. **zweiachsig. zweiaktig,** mit zwei Akten (Theaterstück). **zweiarmig,** *ein zweiarmiger Leuchter.* **Zweibeiner** *der, -s/-,* Ü Mensch. **zweibeinig,** mit zwei Beinen (Lebewesen). **zweibettig,** mit zwei Betten (Zimmer). **Zweibettzimmer** *das,* auch 2-Bett-Zimmer. **Zweidecker** *der, -s/-,* Doppeldecker. **zweideutig, 1)** doppeldeutig, unklar: *eine zweideutige Antwort.* **2)** unanständig, schlüpfrig, obszön: *ein zweideutiger Witz.* **Zweideutigkeit** *die, -/-en.* **zweidimensional,** mit zwei Dimensionen, flächig. **Zweidrittelmehrheit** *die,* Mehrheit aus mehr als zwei Dritteln der (Wähler-)Stimmen. **zweieiig,** aus zwei befruchteten Eizellen entstanden: *zweieiige Zwillinge.* **Zweier** *der, -s/-,* **1)** Renn- oder Übungsboot mit zwei Ruderplätzen, ABB. B 43. **2)** U Zwei. **zweierlei,** *nicht flektierbar: z. Sorten, Arten; Denken und Handeln ist z.; mit z. Maß,* Ü beurteilt ungerecht. **zweifach,** zweimal, doppelt. **Zweifamilienhaus** *das,* Wohnhaus für zwei Familien, ABB. H 11. **zweifarbig,** *ein zweifarbiges Kleid.*

Zweifel [ahd. zwival] *der, -s/-,* Unsicherheit, Unentschiedenheit, mangelnder Glaube, Bedenken, inneres Schwanken: *es besteht kein Z., es steht außer Z., es unterliegt keinem Z., daß. . .; ich bin mir im Z., ob es richtig war; ich habe sie über meine Pläne im Z. gelassen; das ist über jeden Z. erhaben.* **Zweifelderwirtschaft** *die,* alte Form der Bodennutzung, wobei Getreideanbau und Brache abwechseln. **zweifelhaft, 1)** unsicher: *es ist z., ob ich morgen kommen kann.* **2)** verdächtig, fragwürdig: *zweifelhafte Geschäfte; zweifelhafte Freunde.* **zweifellos** [ahd. zwivelen], *ich* zweif(e)le (habe gezweifelt) *an ihm,* bin nicht sicher, weiß nicht genau, habe Zweifel, glaube nicht fest daran: *ich zweifle nicht an seinen Fähigkeiten, aber. . .; manchmal zweifelt man an seinem Verstand,* Ü wundert man sich über sein Verhalten. **Zweifelsfall** *der,* Fall, der mehrere Entscheidungen ermöglicht: *im Z. solltest du die Partei des Schwächeren ergreifen.* **zweifelsfrei,** ohne Zweifel: *es steht z. fest.* **zweifels|ohne,** ohne Zweifel: *er hat z. recht.* **Zweifler** *der, -s/-,* jemand, der zweifelt. **zweiflüg(e)lig. Zweiflügler** *der, -s/-,* ein Insekt mit Schwingkölbchen und nur zwei Flügeln.

Zweifrontenkrieg *der,* Krieg, in dem an zwei Fronten (z. B. Ost- und Westfront) gleichzeitig gekämpft wird.

Zweig [ahd. zwig] *der, -(e)s/-e,* **1)** dünner Ast, Abb. A 18, B 15, E 1, R 10: *er kommt auf keinen grünen Z.,* Ü hat keinen Erfolg, erreicht nichts. **2)** Teil einer Gabelung, z. B. Abb. K 14. **3)** Nebenlinie, Seitenlinie: *ein Z. des Hauses Habsburg.* **4)** Untergruppe: *die Finanzwirtschaft ist ein Z. der Volkswirtschaft.*

zweigeleisig, zweigleisig. **zweigeschlechtig, 1)** ⚥ einhäusig. **2)** zwittrig. **Zweigeschlechtigkeit** *die, -.* **Zweigespann** *das,* **1)** mit Pferden bespanntér Wagen. **2)** Ü Paar, Gefährten: *ein munteres Z.* **zweigestrichen,** ♪ die zweite Oktave über dem Mittelton c: *das zweigestrichene e.* **Zweigeschäft** *das,* von einer Zentrale abhängige Nebenstelle eines Unternehmens, einer Behörde, Bank u. a.

zweigleisig, mit zwei Gleisen: *eine zweigleisige Strecke; der Vertrag erlaubt ihm, z. zu fahren,* Ü läßt ihm zwei Möglichkeiten offen. **zweiglied(e)rig,** aus zwei Gliedern bestehend (Zahl, Ausdruck). **Zweiglinie** [-iə] *die,* Seiten-, Nebenlinie (einer Eisenbahnlinie). **Zweigniederlassung** *die,* Zweiggeschäft. **Zweigstelle** *die,* Zweiggeschäft.

Zweihandbetätigung *die, -,* beidhändige Bedienung von Maschinen als Sicherheitsvorkehrung. **Zweihänder** *der, -s/-,* ein Schwert, dessen Griff mit beiden Händen gefaßt wurde. **zweihändig,** mit zwei Händen oder für zwei Hände. **zweihäusig,** ⚥ ♁ männliche und weibl. Geschlechtsorgane getrennt auf zwei verschiedene Individuen einer Art verteilt. **Zweihäusigkeit** *die, -,* Dualismus. **zweihenk(e)lig,** mit zwei Henkeln. **zweihundert** (200), vgl. hundert. **zweijährig, 1)** zwei Jahre alt: *ein zweijähriges Kind.* **2)** zwei Jahre dauernd: *im Laufe einer zweijährigen Entwicklung.* **3)** ♁ bienn. **Zweikammersystem** *das,* Teilung des gesetzgebenden Parlaments in zwei Kammern. **Zweikampf** *der,* **1)** Duell, Kampf zwischen zwei Personen, Kampf Mann gegen Mann. ⚔ **2)** ✗ Wettkampf mit Duellcharakter, auch Ü. **zweikeimblättrig,** ♁ mit zwei Keimblättern. **Zweikreistriebwerk** *das,* ein Strahltriebwerk. **zweimal,** mit zwei multipliziert: *ich habe sie z. gefragt.* **zweimalig,** zweimal stattfindend: *erst auf meine zweimalige Frage hin. . .* **Zweimarkstück** *das,* 2-Mark-Stück, Münze im Wert von zwei Mark. **Zweimaster** *der, -s/-,* Segelschiff mit zwei Masten. **zweimonatig, 1)** zwei Monate alt. **2)** zwei Monate dauernd: *ein zweimonatiger Krankenhausaufenthalt.* **zweimonatlich,** alle zwei Monate wiederkehrend: *in zweimonatlichen Abständen.* **zweimotorig,** mit zwei Motoren versehen (Flugzeug). **Zweiparteiensystem** *das,* parlamentarisches System, in dem zwei Parteien das polit. Hauptgewicht tragen. **Zweiphasenstrom** *der,* ⚡ die Verkettung zweier gleichfrequenter Wechselströme. **zweipolig,** mit zwei Polen versehen. **Zweirad** *das,* zweirädriges Fahrzeug. **zweiräd(e)rig,** *ein zweirädriger Karren.* **Zweireiher** *der,* Herrensakko mit doppelter Knopfreihe, vgl. Abb. K 24. **zweireihig. Zweisamkeit** *die, -,* Beisammensein zu zweit. **zweischläf(e)rig, zweischläfig,** für zwei Personen bestimmt (Bett). **zweischneidig, 1)** beidseitig geschliffen (Messer). **2)** Ü unter Umständen in einer anderen als der gewünschten Weise (sich aus)wirkend: *eine zweischneidige Angelegenheit, ein zweischneidiges Schwert,* Ü. **zweischürig,** zweimal jährlich zu mähen (Wiese) oder zu scheren (Schaf). **zweiseitig,** *ein zweiseitiges Abkommen.* **zweisilbig,** aus zwei Silben bestehend. **Zweisitzer** *der, -s/-,*

Fahrzeug mit zwei Sitzen. **zweisitzig,** *ein zweisitziger Sportwagen.* **zweispaltig,** ⚭ in zwei Spalten gesetzt. **Zweispänner** *der, -s/-,* Wagen für zwei Pferde. **zweispännig. Zweispitz** *der,* **1)** Hutform, Abb. M 16. **2)** Steinmetzwerkzeug, Abb. S 63. **zweisprachig,** in zwei Sprachen (Buch), mit zwei Sprachen: *ein zweisprachiger Gedichtband; das Kind wächst z. auf.* **Zweisprachigkeit** *die, -.* **zweispurig, 1)** mit zwei Gleisen. **2)** mit zwei Fahrstreifen: *eine zweispurige Fahrbahn.* **zweistimmig,** für zwei Stimmen komponiert: *ein zweistimmiges Lied.* **zweistöckig,** mit zwei Stockwerken versehen. **zweistufig,** in, mit zwei Stufen. **zweistündig,** zwei Stunden dauernd. **zweistündlich,** alle zwei Stunden wiederkehrend. **zweitägig,** zwei Tage dauernd, zwei Tage alt. **Zweitakter** *der, -s/-,* U, **Zweitaktmotor** *der,* ein Verbrennungsmotor. **zweitausend** (2 000), vgl. tausend.

Zweit|ausfertigung *die, -:* ich benötige noch eine Z. dieses Dokuments. **zweite,** *zu, vgl. erste,* Übers. Z 1: *er spielt nur die z. Geige,* Ü eine untergeordnete Rolle; *es ist aus zweiter Hand gekauft,* bereits gebraucht; *das kommt erst in zweiter Linie,* ist nebensächlich; *er kennt sich hier aus wie kein zweiter,* Ü besser als jeder andere; *ein zweiter Beethoven,* Ü von ebensolcher musikal. Begabung; *der zweite Bildungsweg,* vgl. Bildungsweg: *sie ist die zweitbeste Schülerin unserer Klasse;* aber: *Zweites Deutsches Fernsehen,* Abk.: ZDF; *sie hat das Zweite Gesicht,* Ü die angebl. Fähigkeit, räumlich entfernte oder zukünftige Ereignisse wahrzunehmen; *ich muß noch ein Zweites erwähnen.*

zweiteilig, in, mit zwei Teilen: *eine zweiteilige Sendefolge.* **Zweiteilung** *die.*

Zweite-Klasse-Abteil *das:* er saß im Zweiter-Klasse-Abteil. **zweitklassig,** von geringerem Wert. **Zweitourenmaschine** [-t'u-] *die,* eine Druckmaschine. **zweitourig** [-tu-], mit zwei Umdrehungen.

zweitrangig, von geringerem Wert, geringerer Bedeutung: *ein zweitrangiger Künstler.* **Zweitschrift** *die,* Abschrift, Kopie. **Zweitstimme** *die,* Stimme für eine der auf dem Stimmzettel aufgeführten Parteien (Bundestagswahl). **Zweitwagen** *der,* zweiter Personenkraftwagen in einem Haushalt.

zweiwertig, ⚛ mit zwei Valenzen. **Zweizeiler** *der, -s/-,* Gedicht in zwei Zeilen.

zwerch [ahd. twerh ›quer‹], ✂, *noch alem.:* quer. **Zwerchaxt** *die,* Abb. A 29. **Zwerchfell** *das,* Brust- und Bauchraum trennender kuppelförmiger Muskel, Abb. M 12: *zwerchfellerschütterndes Lachen,* Ü dröhnendes. **Zwerchhaus** *das,* Abb. B 56.

Zwerg [ahd. (ge)twerg] *der, -(e)s/-e,* **1)** kleines Wesen, Erdgeist, Kobold. **2)** Ü sehr kleiner Mensch. **3)** kleine Art, Rasse: *Zwergwuchs; Zwergkiefer.* **zwerg(en)haft,** sehr klein: *von zwergenhaftem Wuchs.* **Zwerggalerie** *die,* 🏛 an roman. Kirchen ein in Arkaden öffnender Laufgang unter einem Dachansatz. **zwergig,** zwergenhaft. **Zwergin** *die, -/-nen,* weibl. Zwerg. **Zwergstaat** *der,* sehr kleiner Staat. **Zwergsterne,** *Pl.,* Sterne relativ kleinen Durchmessers und geringer absoluter Helligkeit. **Zwergvölker,** *Pl.,* Pygmäen. **Zwergwuchs** [-ks] *der,* Wachstumsform, die weit unter der Durchschnittsgröße bleibt.

Zwetsche [nordital. davascena, zu roman. damascena ›Pflaume aus Damaskus‹] *die,* längliche Pflaume: *Zwetschenmus; Zwetschenschnaps.* **Zwetschge** *die, -/-n,* oberdt., rhein. und fachsprachlich: Zwetsche. **Zwetschgenwasser** *das,* ein Obstbranntwein. **Zwetschke** *die, -/-n,* österr.: Zwetsche: *Zwetschkenknödel.*

Zwicke [mhd. zwic] *die, -/-n,* **1)** Zange zum Zwicken. **2)** Zapfen. **3)** ⚥ weiblich angelegtes, unfruchtbares Tier von zweigeschlechtl. Rinder- und Ziegenzwillingen. **4)** ⚥ Zwecke. **Zwickel** *der, -s/-,* **1)** ⚭ ein dreieckiges, keilförmiges Flächenstück, Abb. G 22, K 53. **2)** keilförmiger Einsatz in Kleidungsstücken. **zwicken** [ahd. zwickan], ich zwicke (habe gezwickt), **1)** ihn, es, kneife, klemme: *er hat mich oder mir in den Arm gezwickt.* **2)** es, ziehen den Schaft des Schuhs über den Leisten und befestige ihn. **3)** es zwickt mich, Ü kneift, schmerzt leicht. **Zwicker** *der, -s/-,* Kneifer, eine Brille. **Zwickmühle** *die,* **1)** eine Stellung im Mühlespiel, Abb. B 48. **2)** Ü ausweglose Lage: *ich bin in einer Z.* **Zwickzange** *die,* Schuhmacherzange.

zwie. . ., zwei. . .: *zwiefach; Zwiegestalt; Zwienatur; Zwiemilchernährung.*

Zwie [mhd. zwi] *das, -s/-,* alem.: Zweig, Pfropfreis.

Zwieback [mhd. . .und backen] *der, -(e)s/ᵘe* oder *-e,* ein trockenes Gebäck aus Weizenmehl.

Zwiebel [ahd. zwibollo, zu lat. cepula ›kleine Zwiebel‹] *die,*

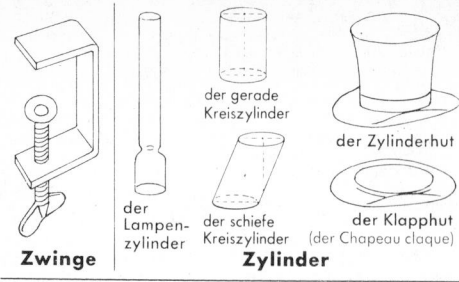

der gerade
Kreiszylinder

der Zylinderhut

der Klapphut
(der Chapeau claque)

der
Lampen-
zylinder

der schiefe
Kreiszylinder

Zwinge   Zylinder

-/-n, 1) ein Lauch als Gewürz- und Gemüsepflanze: *Küchen-zwiebel; Zwiebelringe.* 2) gedrungener, meist unterirdischer Sproß mit schuppenförmigen Blättern: *Zwiebelgewächse; Blumenzwiebel; Tulpenzwiebel.* 3) U scherzhaft: Armbanduhr, Taschenuhr. **Zwiebelchen** *das, -s/-.* **Zwiebelfische,** *Pl.,* ⌨ versehentlich im Satz erscheinende Buchstaben einer anderen Schrift; durcheinandergeworfene Buchstaben verschiedener Schrifttypen. **Zwiebelhaube** *die,* 📐 eine Turmbedachung, ABB. K 53. **Zwiebelkuppel** *die,* 📐 Zwiebelhaube. **Zwiebelmuster** *das,* unterglasurblauer Porzellandekor. **zwiebeln,** *ich* zwieb(e)le *ihn* (habe gezwiebelt), U quäle, peinige, stelle zu hohe Anforderungen. **Zwiebelturm** *der,* 📐 Turm mit einer Zwiebelhaube.

zwiefach, 1) zweifach, doppelt. **2)** *schweiz.:* sehr gekrümmt. **zwiefältig,** zweifach, doppelt. **zwiegenäht,** doppelt genäht: *zwiegenähte Schuhe.* **Zwiegespräch** *das,* Unterhaltung zu zweien. **Zwielaut** *der,* Diphthong, ÜBERS. G 34. **Zwielicht** *das, -(e)s,* Beleuchtung durch zwei verschiedenartige Lichtquellen gleichzeitig in einem Raum. **zwielichtig,** Ü nicht durchschaubar, verdächtig: *ein zwielichtiger Bursche.* **zwier** [ahd. zwiro], ⌀ zweimal.

Zwiesel [ahd. zwisila, verwandt mit zwei und Zweig] *die, -/-n* oder *der, -s/-,* **1)** bei Pflanzen die Gabelung in zwei nahezu gleich starke Triebe. **2)** zwei Querstücke am Sattel, ABB. S 5. **zwies(e)lig,** in zwei Äste gegabelt, verzweigt. **zwieseln,** *ich* zwiesele *sich* (hat sich gezwieselt), gabelt sich.

Zwiespalt *der, -(e)s/-e* oder, *Pl. selten,* innere Zerrissenheit, Uneinigkeit: *ich befinde mich in einem Z. zwischen Pflicht und Neigung.* **zwiespältig,** *ein zwiespältiger Charakter; meine Einstellung hierzu ist z.* **Zwiespältigkeit** *die, -/-ein.* **Zwiesprache** *die,* Aussprache zu zweien: *ich halte Z. mit ihm, mit mir selbst.* **Zwietracht** *die,* Uneinigkeit, Zwist, Feindschaft: *er stiftet, sät Z.* **zwieträchtig.**

Zwilch [ahd. zwilih(h) ›zweifädig‹] *der, -s/-e,* auch Zwillich, Drillich. **zwilchen,** aus Zwilch bestehend.

Zwille *die, -/-n,* niederdt.: Schleuder aus einer Astgabel.

Zwillich *der, -s/-e,* auch Zwilch, Drillich.

Zwilling [ahd. zwiniling] *der, -s/-e,* **1)** jedes von zwei gleichzeitig im Mutterleib entwickelten und kurz nacheinander geborenen Geschwistern: *Zwillingsbruder; Zwillingsschwester; Zwillingspaar; Zwillingsforschung; Zwillingsgeburt; Zwillingsfrucht.* **2)** Name von Doppelbildungen, z. B. orientierte Verwachsungen von Kristallen, vgl. ABB. K 46. **3)** ◎ doppelte Bauteile: *Zwillingsreifen; Zwillingskupplung; Zwillingsbüchse,* eine doppelläufige Büchse. **4)** *nur Pl.,* ☆ ein Sternbild des Tierkreises, ÜBERS. A 22.

Zwingburg *die,* Burg, die einen Landstrich beherrscht. **Zwinge** *die, -/-n,* **1)** Schraubenzwinge, ABB. L 4, Z 14. **2)** festigender Metallring am Werkzeuggriff, Stock, ABB. A 6, B 40, M 13, S 19. **zwingen** [ahd. zwingan], *ich* zwinge (zwang, habe gezwungen), **1)** *ihn, mich zu etwas,* veranlasse mit Gewalt oder Druck, nötige: *er zwang mich zum zu handeln; man kann niemanden zu seinem Glück zwingen,* U läßt jmdn. nicht selbst wissen, was ihm zu seinem Glück verhilft; *die wirtschaftliche Notlage zwang ihn, . . .; ich sehe mich gezwungen . . ., muß . . .; er hat seinen Widersacher auf (in) die Knie gezwungen,* auch Ü überwältigt, besiegt; vgl. gezwungen. **2)** *es,* U bringe fertig, leiste; esse auf: *ich kann's nicht zwingen.* **zwingend,** verpflichtend, stichhaltig, überzeugend: *seine Beweisführung ist nicht z.; zwingende Gründe.* **Zwinger** [mhd. twinger] *der, -s,* **1)** Umgang zwischen Außen- und Innenmauer mittelalterlicher Befestigungen oder zur Vorburg gehörender freier Platz zu

ritterl. Übungen und zur Haltung wilder Tiere u. a., ABB. B 56. **2)** eingezäunter Auslauf für Hunde, Zootiere u. a.: *Hundezwinger; Löwenzwinger; Zwingerhaltung.* **Zwingherr** *der,* Tyrann. **Zwingherrschaft** *die.*

Zwinglianer *der, -s/-,* Anhänger der Lehre Zwinglis (1484–1531).

zwinken [mhd. zwinken], *ich* zwinke (habe gezwinkt), ⌀ zwink(e)re. **zwinkern,** *ich* zwink(e)re (habe gezwinkert), schließe und öffne die Lider mehrmals schnell hintereinander, blinzele: *er zwinkerte mit den Augen; durch ein Zwinkern gab er ihr zu verstehen, daß er es nicht so ernst meinte.*

zwirbeln [mhd. zwirben], *ich* zwirb(e)le (habe gezwirbelt) *es,* drehe, steife durch Drehen: *er zwirbelt seinen Bart; Zwirbelbart,* ABB. B 11. **zwirlen,** *ich* zwirle (bin gezwirl[e]t), *alem.:* drehe mich im Kreis.

Zwirn [mhd. zwirn, zu zwei] *der, -(e)s/-e,* **1)** aus Einzelfäden zusammengedrehter Faden, ABB. G 2, N 2. **2)** *oberdt.:* Geld: *der Z. geht ihm aus.* **zwirnen** [mhd. zwirnen], *ich* zwirne (habe gezwirnt) *es,* drehe zusammen zu Zwirn. **zwirnen,** von, aus Zwirn. **Zwirner** *der.* **Zwirnerei** *die, -/-en,* **1)** ohne Pl., Zwirnherstellung. **2)** Betrieb dafür. **Zwirnsfaden** *der,* gedrehter Faden; Sinnbild des Dünnen, Geringfügigen: *man kann über Zwirnsfäden stolpern,* Ü sich durch Kleinigkeiten hindern lassen; *sein Leben hing an einem Z.,* Ü war in äußerster Gefahr.

zwischen [mhd. zwischen] *ihm* oder *ihn,* von zwei Bezugspunkten begrenzt, zu zwei oder mehreren begrenzenden Bezugspunkten in Verbindung stehend (räumlich, zeitlich), mitten unter, ÜBERS. P 21: *er setzte sich z. die Freunde,* in ihre Mitte; *z. gestern und morgen liegt das Heute; z. 6 und 7 Uhr; z. uns, z. ihm und mir herrscht Freundschaft; z. Gut und Böse; sie schwebt z. Furcht und Hoffnung.* **zwischen . . .,** **1)** eine Lücke füllend, dazwischen: *Zwischenglied; Zwischenhoch; Zwischenstufe.* **2)** inzwischen, vorläufig: *Zwischenlauf,* ⚔; *Zwischenlösung, vorläufige Lösung; Zwischenprüfung; Zwischenrunde,* ⚔; *Zwischenspurt,* ⚔; *Zwischenstation; Zwischenzeugnis.* **3)** mehrere umfassend: *zwischenmenschlich.* **4)** eingeschoben, nebensächlich: *Zwischenbemerkung; Zwischenfrage.* **5)** in Verbindung mit Verben trennbar zusammengesetzt: *zwischenlegen; zwischenreden; zwischenschalten; zwischenstreuen;* vgl. zwischenlanden, zwischenschieben.

Zwischenakt *der,* die Zeitspanne zwischen den Akten einer dramat. Dichtung: *Zwischenaktmusik.*

Zwischenbericht *der:* die Untersuchungskommission hat einen Z. vorgelegt.

Zwischenbescheid *der,* Bescheid vor dem endgültigen Bescheid.

Zwischenbilanz *die,* 📈 regelmäßig neben der Jahresbilanz oder zu besonderen Anlässen aufgestellte Bilanz.

zwischenblenden, *ich* blende es/zwischen (habe zwischengeblendet), *getrennte Formen selten,* unterbreche eine Sendung und schalte eine andere Aufnahme ein (Film, Fernsehen, Rundfunk): *zwischengeblendete Werbespots.*

Zwischenbuchhandel *der,* Buchhandel, der im Verkehr zwischen Verlagen und Bucheinzelhandel vermittelt.

Zwischendeck *das,* Deck unter dem Hauptdeck: *das Schiff hat drei Zwischendecks.*

Zwischending *das,* Mittelding.

zwischendrin, U mitten darin: *es wird z. liegen.*

zwischendurch, 1) (zeitlich) in der Zwischenzeit: *du solltest z. nicht soviel naschen,* zwischen den Mahlzeiten. **2)** (räumlich) dazwischen, stellenweise: *in der modern eingerichteten Wohnung stehen z. ein paar alte Möbel.*

Zwischeneiszeit *die,* wärmere Klimaperiode zwischen zwei Vereisungen.

Zwischenergebnis *das,* Ergebnis vor dem endgültigen Ergebnis.

Zwischenfall *der,* unerwartet oder störend eintretendes Ereignis: *Grenzzwischenfall; keine besonderen Zwischenfälle.*

zwischenfinanzieren, *getrennte Formen nicht üblich:* ein zwischenfinanzierter Bausparvertrag. **Zwischenfinanzierung** *die,* das Einsetzen kurzfristiger Bankkredite vor Eintreffen der zugesagten Dauerfinanzierungsmittel.

Zwischenform *die,* auch Übergangsform, Biologie: Bez. für Zwischenglied, Übergangsrasse und Bastard.

Zwischenfrequenz *die,* in Rundfunkempfängern die Frequenz, in die die Empfangsfrequenz durch Mischung mit einer Oszillatorfrequenz umgewandelt werden.

Zwischenfruchtbau *der, -(e)s,* Anbau von Pflanzen zwischen Ernte und Aussaat der Hauptfrüchte.

Zwischenfutter *das,* zwischen Futter und Oberstoff eingelegter Futterstoff bei Kleidungsstücken.

Zwischengerade *die,* ✂ eine gerade Strecke zwischen zwei Kurven.

Zwischengeschoß *das,* Stockwerk zwischen zwei Stockwerken.

Zwischengröße *die,* Schuh- oder Konfektionsgröße zwischen oder abweichend von zwei Normalgrößen.

Zwischenhandel *der,* 1) Handel zwischen Erzeugern und Weiterverarbeitern. 2) Handel zwischen verschiedenen Ländern. **Zwischenhändler** *der.*

zwischenher, U zwischendurch.

Zwischenhirn *das,* Teil des Gehirns.

Zwischenkieferknochen *der,* Knochen der Wirbeltiere, in dem die oberen Schneidezähne stecken.

Zwischenlager *das,* Lager für (meist radioaktive) Stoffe vor deren weiterer Bearbeitung oder Endlagerung.

zwischenlanden, *ich lande zwischen* (bin zwischengelandet), *getrennte Formen selten: wir sind in München zwischengelandet.* **Zwischenlandung** *die,* Landung auf einem Flughafen zwischen Start und Zielort.

Zwischenmahlzeit *die,* Mahlzeit zwischen den Hauptmahlzeiten.

zwischenmenschlich, *zwischenmenschliche Beziehungen.*

Zwischenprodukt *das,* Erzeugnis, dessen Bearbeitung im Betrieb noch nicht beendet ist.

Zwischenraum *der,* räumlicher oder zeitlicher Abstand.

Zwischenruf *der,* Ruf in eine Rede, ein Gespräch hinein: *er ließ sich durch die zahlreichen Zwischenrufe nicht beirren.*

zwischenschieben, *ich schiebe es, ihn zwischen* (habe zwischengeschoben); *schiebe dazwischen, zwischen zwei Dinge oder Vorgänge: ich kann den Termin noch zwischenschieben.*

Zwischensohle *die,* 1) Verstärkungssohle zwischen Lauf- und Brandsohle eines Schuhs. 2) ✂ Sohle zur Unterteilung der Abstände zwischen zwei Hauptsohlen.

Zwischenspiel *das,* 1) kleines dramat. Spiel zwischen den Akten von Dramen. 2) überleitender Abschnitt in einem Musikstück. 3) Ü unbedeutendes Ereignis: *bisher waren seine Amouren immer nur Zwischenspiele.*

zwischenstaatlich, international, Beziehungen zwischen mehreren Staaten betreffend.

Zwischenstock *der,* Zwischengeschoß.

Zwischenstunde *die,* Freistunde zwischen zwei Unterrichtsstunden.

Zwischentitel *der,* Film und Fernsehen: erläuternder Schrifttitel zwischen einzelnen Szenen oder Akten.

Zwischenträger *der,* jemand, der eine Person über Handlungen oder Äußerungen einer anderen Person informiert.

Zwischenurteil *das,* Zivilprozeß: Urteil über einzelne Streitpunkte.

Zwischenwand *die,* leichte, oft nachträglich in Gebäuden eingefügte Trennwand.

Zwischenwirt *der,* ein Lebewesen, in dem sich ein Parasit nur vorübergehend entwickelt.

Zwischenzeit *die,* 1) Zeitraum zwischen zwei Zeitpunkten, Vorgängen: *in der Z. wollen wir frühstücken.* 2) an bestimmten Punkten der Wettkampfstrecke festgehaltene Zeit. **zwischenzeitlich,** inzwischen, währenddessen.

Zwischenzins *der,* Zinsen für den Zeitraum zwischen der Zahlung und der späteren Fälligkeit einer Forderung.

Zwist [mhd. zwist, zu zwei] *der, -es/-s,* Zwietracht. **zwistig,** U umstritten. **Zwistigkeit** *die, -/-en, meist Pl.,* Zwist.

zwitschern [mhd. zwitzern, Schallw.], 1) *ein Vogel zwitschert* (hat gezwitschert), singt melodisch. 2) *ich zwitsch(e)re* (habe gezwitschert) *einen,* U trinke einen Schnaps.

Zwitter [mhd. zwitarn] *der, -s/-,* Lebewesen mit männl. und weibl. Keimdrüsengewebe, Hermaphrodit; Sinnbild einer unglücklichen, unausgeglichenen Mischung: *Zwitterwesen.* **zwitterhaft, zwitt(e)rig. Zwittertum** *das, -s,* zwittrige Beschaffenheit.

zwitzern [mhd. zwitzern], *es zwitzert* (hat gezwitzert), *südwestdt.:* schimmert, funkelt.

zwo, 1) ⚥ weibl. Form von zwei. 2) zwei (U und zur besseren Unterscheidung von drei.)

zwölf (12) [ahd. zwelif], ÜBERS. Z 1; vgl. acht: *wir sind zu zwölfen* oder *zu zwölft; z. Uhr mittags, nachts; es ist fünf vor z.,* Ü allerhöchste Zeit; *die z. Apostel;* aber: *die Zwölf Nächte,* die Zeit zwischen Weihnachten und Dreikönig. **Zwölf** *die, -/-en,*

die Zahl 12; vgl. Acht. **Zwölf|ender** *der, -s/-,* ✦ Hirsch mit zwölfendigem Geweih. **Zwölffingerdarm** *der,* Teil des Dünndarms, ABB. M 1. **Zwölfflach** *das, -(e)s/-e,* **Zwölfflächner** *der, -s/-,* Dodekaeder, von zwölf Flächen begrenzter Körper, ABB. K 38. **Zwölfkampf** *der,* ✂ Mehrkampf für Herren im Kunstturnen. **Zwölftonmusik** *die,* ♪ Kompositionsweise, die jeden der zwölf Halbtöne der chromat. Tonleiter als gleichwertig betrachtet.

zwote, zweite (U und zur besseren Verständigung, z. B. am Telefon).

zwude! [vgl. schwude], Fuhrmannsruf: links.

zwurig, *schweiz.:* zweimal.

z. Wv., 1) Abk. für: zur Wiedervorlage (von Akten). 2) Abk. für: zur Wiederverwendung.

Zyan [lat. cyanus, zu grch. kyaneos ›stahlblau‹] *das, -s,* ⊕ eine Kohlenstoff-Stickstoff-Verbindung, ein Giftgas. **Zyane** [grch. kyanos] *die, -/-n,* Kornblume. **Zyankali(um)** *das, -s,* ein äußerst giftiges farbloses Salz. **Zyanose** *die, -/-n,* bläuliche Färbung von Haut und Schleimhäuten infolge ungenügender Aufnahme von Sauerstoff. **zyanotisch. Zyanwasserstoff** *der,* die Blausäure.

Zygote [grch. zygotos ›verbunden‹, zu zygon ›Joch‹] *die, -/-n,* bei der Befruchtung entstehende Ursprungszelle eines Lebewesens.

zykl. . ., cycl. . ., vor Vokalen auch für *zyklo. . .*

Zy|klamen [neulat. cyclamen, zu grch. kyklos ›Scheibe‹, wegen der Knollenform] *das, -s/-,* Alpenveilchen.

Zy|klen, *Pl.* von Zyklus. **zy|klisch,** zu einem Zyklus gehörend, in der Art eines Zyklus; in regelmäßigen Abständen wiederkehrend; kreisförmig: *zyklische Verbindungen,* chem. Verbindungen, in denen Atome zu Ringstrukturen angeordnet sind. **zy|klo. . .** [lat. cyclus, zu grch. kyklos ›Kreis‹, ›Ring‹, ›Scheibe‹], *cyclo. . .,* vor Vokalen auch *zykl. . ., cycl. . ., kreis. . ., rund. . .* **zy|kloid** [vgl. . . .id], in einem Zyklothymie verwandten Seelenzustand. **Zy|kloide** *die, -/-n,* △ bestimmte Form einer ebenen Kurve. **Zy|klon** *der, -s/-e,* 1) Gerät zum Abscheiden von festen Stoffen aus gasförmigen oder flüssigen. 2) ein Wirbelsturm. **Zy|klone** *die, -/-n,* Tiefdruckgebiet.

Zy|klop [grch. Kyklops, zu kyklos ›Kreis‹ und ops ›Auge‹] *der, -en/-en,* einäugiger Riese der griechischen Mythologie. **Zy|klopenmauer** *die,* frühgeschichtl. Mauer aus unbehauenen Steinblöcken. **Zy|klopie** *die, -/. . .p'i|en,* nicht lebensfähige Mißbildung bei Mensch und Tier. **zy|klopisch,** Ü unheimlich, riesengroß.

zy|klothym. Zy|klothymie [vgl. zyklo. . . und grch. thymos ›Lebenskraft‹] *die, -,* 1) eine Form des Temperaments (nach E. Kretschmer). 2) manisch-depressive Erkrankung (nach K. Schneider). **Zy|klo|tron** *das, -s/-s* oder *. . .tro'ne* in Ionenbeschleuniger. **Zy|klus** *der, -/. . .klen,* 1) Kreislauf, regelmäßige Wiederkehr: *Konjunkturzyklen.* 2) zusammenhängende Folge von (künstlerischen) Werken, Schriften, Vorträgen u. a. 3) ⚥ periodisch ablaufender Vorgang, bes. die Menstruation.

Zylinder [lat. cylindrus, grch. kylindros ›Walze‹, zu kylindein ›wälzen‹] *der, -s/-,* 1) △ ein Körper, ABB. K 38. 2) ⊕ ein Hohlkörper, in dem sich ein Kolben bewegt, ABB. D 3, P 25: *Sechszylindermotor.* 3) ein walzenförmiges Glas in Lampen, ABB. G 4, L 10, Z 14. 4) hoher Hut: *Zylinderhut,* ABB. K 24, M 16, Z 14. **Zylinderkopf** *der,* bei Kolbenmaschinen der Abschluß des aus Kolben und Zylinder gebildeten Arbeitsraums. **. . .zylin**|drig, . . . Zylindern versehen: *zweizylindrig.* **zylin|drisch,** walzenförmig.

Zymase [grch. zyme ›Sauerteig‹] *die, -,* nicht mehr gebräuchl. Bez. für das Enzymsystem der Hefe. **zymotisch,** Gärung erregend.

Zyniker [nach der griech. Philosophenschule der Kyniker im 4. Jahrh. v. Chr.] *der, -s/-,* zynischer Mensch. **zynisch,** höhnisch, mit Spott andere verletzend: *er ist z.* **Zynismus** [vgl. . . .ismus] *der, -/. . .men,* bewußte Anstandsverletzung, Mißachtung und Verhöhnung von Gefühlen, Werten.

Zypergras [grch. kypeiros], ein Riedgras.

Zy|prer *der, -s/-,* Zypriot, Bewohner der Mittelmeerinsel Zypern.

Zy|presse [mhd. cipres(se), zu lat. cupressus, aus grch. kyparissos] *die, -/-n,* schuppig beblättertes Nadelholz, ABB. F 35: *Zypressenhain.*

Zy|priot *der, -en/-en,* Zyprer. **zy|priotisch, zy|prisch.**

Zyschtig [mhd. zistag, spätahd. ziestag, Tag des german. Kriegsgottes Ziu, dem röm. Mars entsprach; zu lat. dies martis] *der, -s/-e, schweiz.:* Dienstag.

Zyst

Zyste [grch. kystis ›Blase‹] *die, -/-n,* **1)** ⚕ 🜂 mit flüssigem Inhalt gefüllter Hohlraum im Gewebe. **2)** ⊕ 🜂 Ruheform bei manchen Algen und niederen Tieren. **zystisch,** blasenartig; die Zyste betreffend. **Zystitis** *die, -/. . .tit'iden,* ⚕ Harnblasenentzündung. **Zystizerkose** [Zyste und grch. kerkos ›Schwanz‹] *die, -/-n,* bei Mensch und Tier Erkrankung durch Ansiedlung der Finne bestimmter Bandwurmarten. **Zystoskop** [vgl. . . .skop] *das, -s/-e,* Instrument zur Untersuchung der Harnblase. **Zysto|skopie** [vgl. . . .skopie] *die, -/. . .p'i|en,* Blasenspiegelung, opt. Untersuchung der Harnblase mit dem Zystoskop.

zyto. . . [grch. kytos ›Höhlung‹], auf die Zelle bezüglich, zell. . . **Zytodia|gnostik** *die,* mikroskop. Untersuchungsmethode der zelligen Bestandteile von Körperflüssigkeit und Geweben zur Krankheitserkennung. **Zytogonie** [grch. gone ›Erzeugung‹] *die, -,* Fortpflanzung durch Gameten oder Sporen. **Zytologie** [vgl. . . .logie] *die, -,* Zellenlehre. **zytologisch. Zytolyse** [grch. lyein ›auflösen‹] *die, -/-n,* Zellauflösung. **Zyto|plasma** *das,* Zellplasma. **Zyto|statikum** [grch. statikos ›zum Stillstand bringend‹, ›hemmend‹] *das, -s/. . .ka,* Stoff, der hemmend auf das Zellwachstum wirkt.

z. Z., z. Zt., Abk. für: zur Zeit.

HINWEISE FÜR DEN BENUTZER

des Sprach-Brockhaus

Deutsches Bildwörterbuch von A–Z

Auswahl, Reihenfolge und Schreibung der Stichwörter

Der Sprach-Brockhaus faßt die wichtigsten Wörter und Regeln zum richtigen Verstehen und zum korrekten Gebrauch der deutschen Sprache in einem Alphabet zusammen. Hierzu gehören neben deutschen Wörtern und Fremdwörtern auch häufig benutzte Präfixe und Suffixe sowie Wortendungen, die das Verständnis vieler Wörter erleichtern, z. B. **ge**... und ...**heit, iso**... und ...**ismus.** Ebenfalls aufgenommen wurden Vornamen sowie unregelmäßige Ableitungen geographischer Namen. Über deren regelmäßige Ableitungen unterrichtet die Übersicht **Namen** N 3.

Die Stichwörter folgen einander nach dem deutschen Alphabet. Für das Einordnen gelten alle in **fetter** Schrift gesetzten Buchstaben, auch wenn das Stichwort aus mehreren Wörtern besteht. Eingeklammerte Buchstaben und Wortteile zählen beim Alphabetisieren mit.

Die **Umlaute ä, ö, ü** und die wie Umlaute gesprochenen **Doppelbuchstaben ae, oe, ue** werden wie die einfachen Buchstaben **a, o, u** behandelt. Zum Beispiel folgen aufeinander: achttausend, acht(und)einhalb, Achtung, Ächtung, achtunggebietend.

Wie getrennte Buchstaben werden dagegen behandelt ae, oe und ue, wenn sie nicht wie ä, ö, ü ausgesprochen werden, ferner die Doppellaute ai, au, äu, ei, eu sowie sch, st, sp usw. Zum Beispiel folgen aufeinander: Adyton, AE, aer..., Aerenchym. Mundartliche Wörter werden in einer der Schriftsprache angeglichenen Schreib- und Lautform gebracht. Gekennzeichnet werden mundartliche oder landschaftlich gebundene Ausdrücke, auch wenn sie der Umgangssprache angehören, sowie österreichische und schweizerische Spezialausdrücke, die weder mundartlich noch umgangssprachlich sind.

Abbildungen und Übersichten

Worterklärende Bildgruppen und Übersichten ergänzen die Stichwörter des Textes. Die Abbildungen und die Übersichten sind innerhalb der Buchstaben fortlaufend numeriert. Die Kennziffer zum Aufsuchen eines Bildes besteht aus Buchstaben und Zahl, z. B.

Ablaut, ÜBERS. A 2, V 2.

Unter der Kennziffer A 2 findet man die Übersicht ›Ablaut und andere Lautwechsel‹; bei V unter Ziffer 2 unterrichtet die Überschrift ›Verb‹ im Abschnitt Konjugation über den Ablaut bei starken Verben.

Raumanzug, ABB. R 9.

Die neunte Abbildung beim Buchstaben R ›Raumfahrt‹ zeigt einen Raumanzug.

Kreuz, 1) ABB. K 44, **4)** ABB. M 12, P 9, **6)** ABB. N 9, **7)** ABB. S 54, **8)** ABB. B 13.

Die Abbildungen K 44 ›Kreuz‹, M 12 ›Mensch‹, P 9 ›Pferd‹, N 9 ›Noten‹, S 54 ›Spielkarten‹ und B 13 ›bauen‹ zeigen Kreuze in verschiedenen Bedeutungen.

Eine Zusammenstellung aller Abbildungen und Übersichten befindet sich auf den Seiten 966–971.

Sprachlehre

Über die deutsche Sprache unterrichten folgende Übersichten:

Betonung und Aussprache

Die Betonung mehrsilbiger Stichwörter mit regelmäßiger Aussprache ist durch einen Punkt unter dem Laut, der betont wird, angegeben, z. B. **Batịst, Bastẹi, nẹhmen, gradịeren, Gradịent.**
Über die regelmäßige deutsche Aussprache unterrichtet die Übersicht **Aussprache** A 26.

Weicht die Aussprache eines Wortes von der regelmäßigen deutschen Aussprache ab, so steht sie in eckiger Klammer hinter dem Stichwort. Sie wird nach dem Internationalen Lautschriftsystem der Association Phonétique Internationale bezeichnet, z. B. **Charge** [ʃ'arʒə].
Die verwendeten Zeichen bedeuten:

a = helles a, dt. Blatt, frz. *patte*	ə = dumpfes e, dt. all*e*	ø = geschlossenes ö, dt. Höhle	w = halbvokalisches w, engl. *well*
ã = nasales a, frz. bl*anc*	ɛ̃ = nasales e, frz. f*in*	œ = offenes ö, dt. Hölle	x = deutscher Ach-Laut, dt. K*rach*
ʌ = dumpfes a, engl. b*u*t	ɣ = geriebenes g, span. Tarra*g*ona, niederländ. *G*ogh	œ̃ = nasales ö, frz. *un*	y = deutsches ü, dt. R*ü*be
β = halboffener Reibelaut b, span. Ha*b*anera	ł = dunkles l, poln. Stanis*ł*aw	s = stimmloses s, dt. wa*s*	ɥ = konsonantisches y, frz. h*u*ile, S*u*isse
ç = deutscher I*ch*-Laut	ʎ = lj, ital. e*gli*	z = stimmhaftes s, dt. *s*ingen	: bezeichnet Länge des vorhergehenden Vokals
ð = stimmhaftes engl. th, engl. *the*	ŋ = deutscher ng-Laut, dt. la*ng*e	ʃ = stimmloses sch, dt. *Sch*uh	' bezeichnet Betonung und steht vor dem *Vokal* der betonten Silbe, z. B. pas'e = passé
æ = breites ä, engl. h*a*t	ɲ = nj-Laut, Champa*gn*er	ʒ = stimmhaftes sch, frz. *j*our	
ɛ = offenes e, dt. f*e*tt	ɔ = offenes o, dt. K*o*pf	θ = stimmloses th, engl. *th*ing	
e = geschlossenes e, engl. *e*gg, dt. B*ee*t	o = geschlossenes o, dt. T*o*r	v = deutsches stimmhaftes w, dt. *W*ald	
	õ = nasales o, frz. *on*		

b d f g h i j k l m n p r t u geben etwa den Lautwert wieder, den sie im Deutschen haben.

Trennstrich

Weicht die Silbentrennung eines Stichwortes von den in der Übersicht S 50 zusammengestellten Regeln ab, so wird ein Trennstrich gesetzt, z. B. **Ab|itur.** Der Trennstrich wird auch zur Unterscheidung von ie [i:] und ie [iə] verwendet, jedoch nur bei Übereinstimmung mit der Silbentrennung, z. B. **Harmonịe** *die, -/. . . n'i|*en.

Schriftarten

Alle Stichwörter sind in **fetten** Buchstaben gesetzt, z. B. **a. a., Aach, Aal.**
Kursiv gesetzt sind beim Substantiv Artikel und Deklinationsendungen, z. B.
Abend [ahd. aband] *der, -s/-e,*
beim Verb Personalpronomen und Objekte, z. B.
mangeln [mhd. mangen], *ich* mang(e)le (habe gemangelt) *Wäsche,*
sagen [ahd. sagen], *ich* sage (habe gesagt), **1)** *es (zu) ihm,*
rüsten [ahd. rusten ›rüsten‹, ›schützen‹], *ich* rüste (habe gerüstet), **1)** *ihn, es, mich zu etwas,*
außerdem Beispiele für den syntaktischen und stilistischen Gebrauch des Wortes, für die Bildung von Komposita und orthographische Hilfen, z. B.
mangels *dessen,*
blank [ahd. blang], **1)** glänzend, spiegelglatt: *die Kupferschale ist wieder b. geworden, b. poliert;* aber: *die blankpolierte Kupferschale.*
Revision, 4) ⚖ Nachprüfung von Rechtsfragen innerhalb eines Verfahrens durch eine höhere Instanz: *Revisionsantrag; Revisionsfrist; Revisionsgericht; Revisionsverfahren; ich habe R. eingelegt.*
revidịeren, *ich* revidiere (habe revidiert) *es,* **2)** ändere nach Überprüfung: *ich habe meine Meinung, mein Urteil revidiert.*
Auch besondere sprachliche Angaben sind kursiv gesetzt, z. B.
ohne Pl., meist Pl., getrennte Formen nicht üblich, nicht flektierbar,
ebenso Hinweise auf die mundartliche oder landschaftliche Gebundenheit eines Wortes, z. B.
oberdt., österr., schweiz.
In KAPITÄLCHEN sind die Abkürzungen für Abbildung und Übersicht gesetzt: ABB., ÜBERS.

Definitionen

Grundsätzlich ist jedes Stichwort definiert. Die Definition entfällt, wenn sich das Wort selbst erklärt oder wenn seine Bedeutung aus vorangehenden oder folgenden Stichwörtern klar hervorgeht, z. B.
stẹllungslos, stellenlos, ohne Anstellung. **Stẹllungslosigkeit** *die, -.* **stẹllvertretend,** *der stellvertretende Chefredakteur.* **Stẹllvertreter** *der,* jemand, der im Namen eines anderen handelt, vorübergehend an seine Stelle tritt.
Stereomeǀtrịe [vgl. . . . metrie] *die, -,* Lehre von den räuml. Gebilden, bes. von den Körpern. **stereomẹtrisch. stereophọn** [grch. phone ›Klang‹, ›Stimme‹]. **Stereophonịe** *die, -,* Raumklang, Verfahren zur Übertragung von Sprache und Musik einschließlich ihrer Raumwirkung, vgl. ABB. L 5, P 17, R 30.
Die Beispiele für den Wortgebrauch werden ebenfalls definiert, wenn sie sich nicht selbst erklären, z. B.
Stẹuerschraube *die: die Regierung will die S. anziehen,* Ü die Steuern erhöhen.

Bei jedem Stichwort stehen sprachliche Informationen: Betonung und Aussprache, unregelmäßige Silbentrennung, Etymologie, Genus, Deklination und Konjugation, Komparation, Sprachschicht, mundartliche oder landschaftliche Gebundenheit sowie Beispiele für den syntaktischen und stilistischen Gebrauch. Alle diese Angaben stehen unmittelbar beim Stichwort, um eine sofortige Information zu ermöglichen. Auf Konjugations- und Deklinationstabellen, die zusätzliches Nachschlagen erfordern, konnte deshalb verzichtet werden.
Bei Substantiven gibt der nachgestellte Artikel das Genus an, der folgende Genitiv Singular und Nominativ Plural die Deklination, z. B.

Ader *die, -/-n* = der Ader/die Adern,
Re|greß *der, . . . gr'esses/. . . gr'esse* = des Regresses/ die Regresse,
Lamm *das, -(e)s/˝er* = des Lammes/die Lämmer.

Das Zeichen ˝ zeigt den Umlaut der Stammsilbe an, bei - sind das Stichwort zu ergänzen, bei . . . die fehlenden Silben des Stichworts.
Bei zusammengesetzten Substantiven sind die Deklinationsendungen nur dann angegeben, wenn sie nicht mit denen des Grundwortes übereinstimmen, z. B.

Blutader *die.*

Genitiv und Plural *(-/-n* = der Blutader/die Blutadern) stimmen mit ›Ader‹ überein. Aber

Ackerbau *der, -(e)s, ˝* = des Ackerbaus oder Ackerbaues.

Ein Plural wie beim Grundwort (je nach Bedeutung ›die Bauten‹ oder ›die Baue‹) ist hier nicht möglich.

Hinter Adjektiven ist die Komparation angegeben, wenn diese unregelmäßig ist, z. B.

arm, ärmer, am ärmsten,
gut, besser, am besten.

Über die regelmäßigen Formen der Komparation unterrichtet die Übersicht **Adjektiv** A 4.

Verben stehen im Infinitiv, es folgt das Präsens, meist in der ersten Person. Daran schließt sich bei schwachen Verben das Perfekt mit haben oder sein an, z. B.

sagen, *ich* sage (habe gesagt),
regnen, *es* regnet (hat geregnet).

Bei starken Verben wird außer dem Perfekt auch das Präteritum angegeben, wenn beide nicht den gleichen Stammvokal haben, z. B.

kommen, *ich* komme (kam, bin gekommen).

Dann folgen die Formen der starken Verben, die mit Ablaut gebildet werden, z. B.

sprechen, *ich* spreche (sprach, habe gesprochen; du sprichst, er spricht; sprich!).

Der Konjunktiv ist ebenfalls angegeben, wenn er von den auf der Übersicht **Verb** V 2 zusammengestellten regelmäßigen Formen abweicht, z. B.

beginnen, *ich* beginne (begann, habe begonnen; wenn er begönne).

Ein Akkusativobjekt kennzeichnet die transitiven, das Reflexivpronomen die reflexiven Verben, z. B.

lieben, *ich* liebe (habe geliebt) *ihn, es* = transitiv,
gehen, *ich* gehe (ging, bin gegangen) = intransitiv,
beeilen, *ich* beeile *mich* (habe mich beeilt) = reflexiv.

Sprachliche Herkunft der Wörter

Etymologien stehen in den eckigen Klammern hinter dem Stichwort, nach der Lautschrift.
Bei deutschen Wörtern wird die überlieferte mittelhochdeutsche oder althochdeutsche Form angegeben, z. B.

Fug [mhd. vuoc ›Schicklichkeit‹],
Fuge [ahd. fuogi, zu fügen],
fügen [ahd. fuogen].

In der Etymologie der Fremdwörter wird die Herkunftssprache angegeben. Das Herkunftswort und seine wörtliche deutsche Entsprechung werden genannt, wenn sie nicht mit dem Stichwort übereinstimmen, z. B.

Skrupel [lat. scrupulus, zu scrupus ›spitzer Stein‹],
Skylla [grch. ›Hündin‹],
Slibowitz [zu serbokroat. šljiva ›Pflaume‹],
Smog [smɔg, engl. aus smoke ›Rauch‹ und fog ›Nebel‹],
Solfatara, Solfatare [ital., nach dem Krater Solfatara bei Neapel, zu solfo ›Schwefel‹].

Abkürzungen

Die deklinierten Formen für die Endungen . . . lich und . . . isch können abgekürzt sein, z. B. geistl. für geistliche(-r, -s, -n), physikal. für physikalische(-r, -s, -n).
In den Beispielen für den syntaktischen Gebrauch wird bei buchstäblicher Übereinstimmung die Wiederholung des Stichworts mit dem Anfangsbuchstaben abgekürzt, z. B.

Abend, *es wird A.,*
grün, *ich habe mich g. und blau geärgert.*

Bei Verben wird die Form abgekürzt, die nach dem Infinitiv steht, z. B.

fahren, *ich fahre, ich f. Auto, Rad, spazieren,*
regnen, *es regnet, es r. in Strömen.*

Außerdem werden folgende Abkürzungen verwendet:

Abk.	Abkürzung	Dt. Dem. Rep.	Deutsche Demokratische Republik	kath.	katholisch
Adj.	Adjektiv			Kurzw.	Kurzwort
Adv.	Adverb	eigtl.	eigentlich	lat.	lateinisch
afrz.	altfranzösisch	evang.	evangelisch	Lü.	Lehnübersetzung
ahd.	althochdeutsch	frz.	französisch	MA.	Mittelalter
Akk.	Akkusativ	Gen.	Genitiv	mhd.	mittelhochdeutsch
alem.	alemannisch	germ.	germanisch	mitteldt.	mitteldeutsch
bes.	besonders	grch.	griechisch	mlat.	mittellateinisch
Bez.	Bezeichnung	hebr.	hebräisch	mnd.	mittelniederdeutsch
Bundesrep. Dtl.	Bundesrepublik Deutschland	hochdt.	hochdeutsch	nhd.	neuhochdeutsch
		ital.	italienisch	niederdt.	niederdeutsch
dt.	deutsch	Jahrh.	Jahrhundert	niederl.	niederländisch

Weitere Abkürzungen werden an ihrer Stelle im Alphabet erläutert.

Zeichen für Wissensgebiete
und für die Zugehörigkeit zu einer besonderen Sprachschicht

⊓	Architektur	△	Mathematik	⚕	Medizin	B	(Sprache der) Bibel
	Bergbau		Recht, Rechtssprache		Sport	G	Gaunersprache
	Chemie; chemisches	(ꞁ)	Nachrichtentechnik	✆	Buch, Buchherstellung	K	Kanzleistil
⊕	Geowissenschaften	⅃	Schiffahrt, Segelsport,	♪	Musik	P	poetische und
	militär. Bereich,		Seemannssprache	✦	Elektrizität,		gehobene Sprache
	Soldatensprache	☆	Astronomie		Elektrotechnik	U	Umgangssprache
✈	Luftfahrt		Weidmannssprache	⊕	Botanik	Ü	übertragene
	Wirtschaft, Handel	⊙	Technik		Forstwesen,		Bedeutung
	Kraftfahrzeug,		Heraldik		Holzwirtschaft	V	vulgärer Ausdruck
	Kraftverkehr		Zoologie, Viehzucht	Ⓢ	Sprachwissenschaft	⚭	veralteter Ausdruck

ABBILDUNGEN UND ÜBERSICHTEN

967

968

Der Sprach-Brockhaus wurde zusammengestellt und bearbeitet von der Brockhaus-Redaktion unter besonderer Mitwirkung von:

Reintraut Fendel-Sartorius
H. von Gayl
Dr. Margarete Lawetzky (Gesamtredaktion)
W. Müller, M. A.
Isolde Neubauer
Brigitte Röser
Marie-Luise Schmidt di Simoni
Dr. Renate Schmitt-Fiack
Monika Schneider-Gelberg
Ingrid Steinhauer
Marianne Strzysch

Korrekturstadien:
Renate Kasperek, Dipl.-Übers.
Ellen Kessel
Heidrun Kühnemund, M. A.
Emely Mohr
Hannelore Noky
H.-P. Pfaff
G. Ploetz
Renate Reeh
Gertrude Unkelbach
Marlen Wawra
Dr. F. Wurzel

Herstellung:
P. Molitor
G. Schäfer

Bildfriese:
H. Petzoldt

FUNDIERTES LÄNDERWISSEN VON BROCKHAUS

Wer sich umfassend und rasch über Frankreich, Italien, Griechenland und die Britischen Inseln informieren will, der findet in diesen Nachschlagewerken von A—Z geordnet quer durch alle Wissensbereiche fundiertes Länderwissen. Die Bände enthalten jeweils die auf ein Land bezogenen Texte aus der 18. Auflage des Großen Brockhaus, die von Grund auf überarbeitet, ergänzt und aktualisiert wurden. Durchgehend vierfarbig gedruckt mit einer Vielzahl von Abbildungen, Karten und Übersichten wird aus Vergangenheit und Gegenwart alles das vermittelt, was für die genaue Kenntnis dieser Länder bedeutsam und wichtig ist. Der Leser wird das zu schätzen wissen, denn er erhält Informationen, die ihn schnell zu einem Kenner ersten Ranges machen.

DER FRANKREICH-BROCKHAUS
320 Seiten mit zahlreichen ein- und mehrfarbigen Abbildungen.

DER GRIECHENLAND-BROCKHAUS
252 Seiten mit zahlreichen ein- und mehrfarbigen Abbildungen.

DER GROSSBRITANNIEN-BROCKHAUS
256 Seiten mit zahlreichen ein- und mehrfarbigen Abbildungen.

DER ITALIEN-BROCKHAUS
320 Seiten mit zahlreichen ein- und mehrfarbigen Abbildungen.

Jeweils strapazierfähiger, flexibler Einband

F. A. BROCKHAUS

Im Brockhaus steht's

DER KUNST-BROCKHAUS
FÜR ALLE, DIE KUNST LIEBEN.

Ein einzigartiges Lexikon der Weltkunst. Dieses Nachschlagewerk in 2 Bänden umfaßt alle Bereiche der bildenden Kunst auf der ganzen Welt: Malerei, Graphik, Bildhauerei, Architektur, Kunsthandwerk. Das breite Spektrum des Kunst-Brockhaus übertrifft alle Erwartungen. Von der Eiszeitkunst bis hin zu den aktuellen Trends, wie zum Beispiel den „Neuen Wilden", enthält dieses Lexikon detaillierte Informationen zur Kunst der Ur- und Frühgeschichte, zur Kunst des Abendlandes, von der Antike über das Mittelalter bis zur Gegenwart.

Breiten Raum nimmt auch die außereuropäische und die Kunst der Naturvölker ein. Die Bände enthalten außerdem größere Artikel über Stile und Epochen, über kunsthistorisch bedeutende Orte mit der Geschichte ihrer Baudenkmäler und Hinweisen auf die wichtigsten Museen.

In zwei Ausstattungen lieferbar:

Gebunden in Ganzleinen mit laminiertem, mehrfarbig bedrucktem Schutzumschlag.

Gebunden in Ganzleder mit Klarsichthülle.

 **F. A. BROCKHAUS**

Im Brockhaus steht's

BROCKHAUS NATURWISSENSCHAFTEN UND TECHNIK VON A–Z QUER DURCH ALLE BEREICHE

Ein Lexikon für alle Bereiche der Naturwissenschaften und Technik: Unter mehr als 20.000 Stichwörtern sind Informationen aus der Physik, Mathematik, Chemie, Astronomie, Kosmologie, Raumfahrt, Geologie, Biochemie, Maschinen-, Schiff- und Flugzeugbau, Fertigungsverfahren und -techniken, Kfz-, Landwirtschafts-, Bau- und Umwelttechnik, Kerntechnik, Elektronik, Optik, EDV und vielen anderen Gebieten.

Quer durch alle Wissensgebiete sind die Stichwörter alphabetisch geordnet. Die neuen Ergebnisse aus Forschung und Entwicklung werden dargestellt, die historische Entwicklung aufgezeigt.

Grundlagenwissenschaften und ihre technischen Anwendungen sind in ausgewogener Darstellung und durch ein System von Verweisungen miteinander verknüpft.

5 flexible Bände mit
je 320 Seiten in Kassette

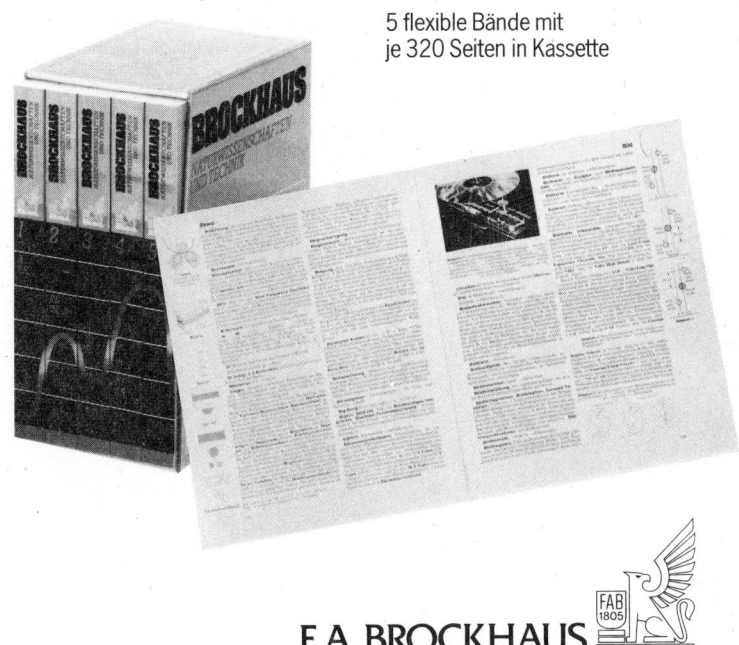

F. A. BROCKHAUS

Im Brockhaus steht's